2019

REDBOOKS™

REDBOOKS
Brands, Marketers, Agencies. Search Less. Find More.

ELIHU BURRITT LIBRARY
CENTRAL CONNECTICUT STATE UNIVERSITY
NEW BRITAIN, CT 06050

Content Operations:
Business Manager: Peter Valli
Content Manager: Himanshu P. Goodluck

2019

REDBOOKS™

Agencies
January

QUESTIONS ABOUT THIS PUBLICATION?

For CONTENT questions concerning this publication, please call:
The Content Operations Department at 800-908-5395, press 3

For CUSTOMER SERVICE ASSISTANCE concerning shipments, billing or other matters, please call:
The Customer Service Department at 800-908-5395, press 2

For SALES ASSISTANCE, please call:
The Sales Department at 800-908-5395, press 1

No part of this publication may be reproduced or transmitted in any form or by any means sorted in any information storage and retrieval system without prior written permission of Red Books, 3098 Piedmont Rd, Suite 200, Atlanta, GA 30305.

ISBN Number: 978-1-937606-39-8

©2019 Red Books

All Rights Reserved

REDBOOKS is a trademark of The List Partners, Inc.

Red Books has used its best efforts in collecting and preparing material for inclusion in REDBOOKS™ but does not assume, and hereby disclaims, any liability to any person for any loss or damage caused by errors or omissions in REDBOOKS whether such errors or omissions result from negligence, accident or any other cause.

Ref
HF
5805
S72
2019
Jan.

Red Books
Content Operations
3098 Piedmont Rd, Suite 200
Atlanta, GA 30305

www.redbooks.com

CONTENTS

Preface vii
How to Use the Agencies Edition ix
Abbreviations xii
Number of Agencies by Billing Classifications/Number of Agencies by State xiii
Mergers, Acquisitions and Name Changes xv
New Listings xvii

Index of Agency Names A-1
Geographic Index of U.S. Agencies A-47
Geographic Index of Non-U.S. Agencies A-105
Special Market Index A-125
Advertising Agencies 1
House Agencies 1219
Interactive Agencies 1231
Media Buying Services 1305
Sales Promotion Agencies 1395
Public Relations Firms 1421
Personnel Index 1691
Agency Responsibilities Index 1843

PREFACE

For over 100 years, REDBOOKS™ have been the most comprehensive source of information on the advertising practices of companies located in the United States and Canada. The *Agencies* edition, together with the *Advertisers* edition, provides a detailed profile of the advertising industry-whether you are seeking information on agencies and their clients or advertisers and their products.

CONTENT AND COVERAGE

At your fingertips are the essential facts about advertising agencies and their branches in the United States and around the world. Arranged in an easy-to-use format and published in January and July each year, with supplements in April and October, this directory keeps the reader up-to-date on the constantly changing world of advertising from clients to billings to personnel. Listed in this directory are agencies that are located in the U.S. or Canada. International agencies included in this directory have at least one U.S. or Canadian branch.

ARRANGEMENT AND INDEXES

Main listings are divided into six sections: Advertising Agencies, House Agencies, Interactive Agencies, Media Buying Services, Sales Promotion Agencies and Public Relations Firms.

The *Agencies* edition is also well served by four indexes, two of which refer to companies and two to personnel. Please refer to the 'How to Use' section for particular guidelines on referencing individual agencies, entry content and other features of the directory. There is also a Special Market Index that categorizes agencies by twenty-three different advertising specialities.

COMPILATION METHOD

The *Agencies* edition is compiled and updated from information supplied by the advertising agencies themselves and from business publications. Every effort is made to obtain dependable data; however, the publisher cannot guarantee complete accuracy or assume responsibility for any agency listed in or omitted from this directory.

RELATED SERVICES

For information on the www.redbooks.com web site, please call (800) 908-5395.

Mailing lists compiled from information contained in REDBOOKS may be ordered from:
Marie D. Briganti, Director, Data & Media Services
MeritDirect
2 International Drive, Rye Brook, NY 10573
(914) 368-1023
E-mail: mbriganti@meritdirect.com

Electronic database tapes of the directory in raw data format are available for licensing. For electronic database tapes or alliance opportunities, please contact:
Peter Valli, Business Manager
Red Books
3098 Piedmont Rd, Suite 200, Atlanta, GA 30305
Tel: (646) 710-4454
E-mail: petev@winmo.com

Companies who wish to add or correct their listings can send information to:

Red Books
3098 Piedmont Rd, Suite 200, Atlanta, GA 30305
Tel: (646) 710-4458
E-mail: support@redbooks.com

In addition to keeping the information in our directories as up to date as possible, we are constantly trying to improve their design and add useful new features. Any comments or suggestions in this regard can be directed to the General Manager at the above address.

ACKNOWLEDGMENTS

We would like to thank those in the thousands of advertising agencies throughout the United States who took the time to provide us with the information necessary to compile an accurate, comprehensive *Agencies* edition.

HOW TO USE THE *AGENCIES* EDITION

The *Agencies* edition of REDBOOKS™ provides a comprehensive overview of advertising agencies and their branch offices in the United States and around the world. Containing a vast amount of useful business information, this directory provides several different ways for users to locate detailed information on advertising agencies. The following guidelines are intended to help you find the data you need in the most logical way and to make that information work to your maximum benefit.

HOW TO FIND AN AGENCY BY THE COMPANY NAME

The first place to start in finding a company is the 'Index of Agency Names' starting on page A-1. This index interfiles the names of all the agencies listed in the book, regardless of what type of agency they are. For ease of reference, parent companies in this index are printed in bold type. The branch listings, which are printed in regular type, also show the name of the parent company and the page number of the listing.

A
A TEAM L.L.C., pg. 1279
AAA ADVERTISING CORPORATION, pg. 1
AAC SAATCHI & SAATCHI —see Saatchi & Saatchi, pg. 940
ADLAND SERVICES, pg. 1
ALPHA MARKETING, pg. 1

If the company name does not appear in the index, try looking in the 'Name Changes' section. This section provides a key to companies with names that have been altered or absorbed by another company.

BY THE COMPANY TYPE

There are six different types of agencies listed in this directory:

* **Full-Service Agencies**
* **House Agencies** (proprietary agencies that companies use to exclusively handle their advertising needs)
* **Interactive Agencies** (agencies offering a mix of web design/development, internet advertising/marketing, and e-business/e-commerce consulting)
* **Media Buying Services** (companies that offer services for planning, buying, placing and managing advertisers' media needs)
* **Sales Promotion Agencies** (those that design, develop and implement a wide variety of promotional activities)
* **Public Relations Firms**

The full listings of companies are presented alphabetically, generally by the parent company's name, within these sections. Related companies and branches are presented under the parent. Occasionally, there will be references to large or distinctive branches that are listed separately.

BY THE COMPANY LOCATION

The Geographic Index of Agencies has been provided to assist you in searching for companies in a specific city or state. Street addresses are also provided in this index. This index is separated into two sections, 'Geographic Index of U.S. Agencies' and 'Geographic Index of Non-U.S. Agencies'.

ALABAMA
Birmingham

BYNUM/LAWRENCE/RUSHING, 2204 Lakeshore Dr Ste 110, 35209-6701 pg. 186

DAVIS/DENNY ADVERTISING & RELATED SERVICES, INC., 2545 Highland Ave, 35205 pg. 306

EGN ADVERTISING, 605 Richard Arrington Jr Blvd N, 35203 pg. 1198

BY THE AGENCY SPECIALIZATION

The 'Special Market Index', in the front of the book, shows companies that have a very particular advertising specialization. Some examples of specializations are: Asian Market, Entertainment, Health Care Services, High Technology, Travel & Tourism, etc.

African-American Market

Adair Greene, Inc.; Atlanta, GA, pg. 16
Ads That Work; Pacifica, CA, pg. 21
Anderson Communications; Atlanta, GA, pg. 41
Arnold Worldwide; Boston, MA, pg. 49
A.S.A. Advertising, Inc.; Fort Lauderdale, FL, pg. 6

LOCATING ADVERTISING PERSONNEL

Agency personnel are indexed in two ways in the *Agencies* edition.

The "Personnel Index' features key decision-makers who are directly involved in their agencies' creative processes. This is a straight alpha-name index.

A

Aadland, Paul, Supvr-Media—Bradley/Reid Communications, Inc., Anchorage, AK, pg. 146
Aaron, Jennifer, Exec VP & Acct Supvr—Carroll/White, Atlanta, GA, pg. 204

The 'Responsibilities Index' presents the executives by their job function i.e., Account Director, Creative, Public Relations, etc.

ACCOUNT COORDINATOR

Abiera, Elaine, Acct Coord —Media Plus, Seattle, WA, pg. 1262
Adams, Kristy, Acct Coord —Cashman & Katz Integrated Communications, Glastonbury, CT, pg. 206

THE FOLLOWING IS AN EXAMPLE OF A TYPICAL AGENCY LISTING WITH TAGS TO INDICATE BASIC COMPONENTS

ABC ADVERTISING CO., INC. ---------- Company Name
1234 2nd St, New York, NY 10001 ---------- Company Address
Tel.: 212-632-9076 ---------- Telecommunications Data
Fax: 212-632-9648
E-Mail: info@abc.com ---------- Electronic Mail Data
Web Site: www.abcadv.com

E-Mail for Key Personnel:
President: alincoln@abc.com
Creative Dir.: glaberson@abc.com
Media Dir.: stanton@abc.com
Production Mgr.: pgibson@abc.com
Public Relations: wilson@abc.com

Employees: 154   Year Founded: 1978 ---------- Company Data

National Agency Associations: 4A's-BPA ---------- Association Memberships
Agency Specializes In: Health Care ---------- Agency's Specialization
(Agency Profile for some listings)

Approx. Annual Billings: $34,100,000 ---------- Annual Billings, Including Breakdown by Type of Media

Breakdown of Gross Billings by Media:
Bus. Publs.: $4,500,000; Mags.: $6,500,000; Outdoor: $3,000,000;
Radio: $5,350,000; T.V.: $12,750,000; Transit: $2,000,000

Andrew Lincoln *(Pres)* ---------- Key Personnel
Trevor Thomas *(Exec VP)*
Matthew Austin *(Sr VP & Acct Supvr)*
Charles Glaberson *(VP & Dir-Creative)*
Carol Greenberg *(VP & Acct Supvr)*
Susan Morrison *(Dir-Media)*
Paul Gibson *(Dir-Art)*
Daniel O'Connell *(Acct Supvr)*
Rory D'Arcy *(Copywriter)*

Accounts: ---------- Accounts Served by the Agency
GlaxoSmithKline; Research Triangle
   Park, NC Pharmaceuticals; 1980
New—Olympus Corp.-Medical Instrument Div.; Lake
   Success, NY Medical & Surgical Instruments; 2015
Pfizer International LLC; New York, NY Pharmaceuticals; 1978

Branch: ---------- Information on Branch Office
ABC Advertising Co., Inc.
1010 10th Ave, Los Angeles, CA 90035
Tel.: 714-959-7206
Fax: 714-959-5619

Elliott Miller *(VP & Gen Mgr)*

ABBREVIATIONS

GENERAL TERMS

Acct	Account		Matl	Material
Acctg	Accounting		Matls	Materials
Accts	Accounts		Mdse	Merchandise
Acq	Acquisition(s)		Mdsg	Merchandising
Admin	Administration/Administrative		Mfg	Manufacturing
Adv	Advertising		Mfr	Manufacturer
Assoc	Associate		Mgmt	Management
Asst	Assistant		Mgr	Manager
Brdcst	Broadcast		Mktg	Marketing
Bus	Business		Mng	Managing
CEO	Chief Executive Officer		Natl	National
CFO	Chief Financial Officer		Ops	Operations
Chm	Chairman of the Board		Org	Organization
CIO	Chief Information Officer		Pkg	Packaging
CMO	Chief Marketing Officer		Plng	Planning
Comm	Communication(s)		PR	Public Relations
Comml	Commercial		Pres	President
COO	Chief Operating Officer		Pro	Professional
Coord	Coordinator		Promo	Promotion
Corp	Corporate/Corporation		Promos	Promotions
CTO	Chief Technology Officer		Pub	Public
Dept	Department		Publ	Publishing
Dev	Development		Publr	Publisher
Dir	Director		Pur	Purchasing
Distr	Distribution		R&D	Research & Development
Div	Division		Reg	Regional
DP	Data Processing		Rep	Representative
Engr	Engineer		Res	Research
Engrg	Engineering		Sec	Secretary
Environ	Environmental		Sls	Sales
Exec	Executive		Sr	Senior
Fin	Finance/Financial		Supvr	Supervisor
Gen	General		Svc	Service
Govt	Government		Svcs	Services
Grp	Group		Sys	Systems
HR	Human Resources		Tech	Technology
Indus	Industry/Industrial		Telecom	Telecommunication(s)
Info	Information		Treas	Treasurer
Intl	International		Trng	Training
IR	Investor Relations		Vice Chm	Vice Chairman
IT	Information Technology		VP	Vice President
Jr	Junior			

NUMBER OF AGENCIES BY BILLING CLASSIFICATION

Billings Range	Numbers of Agencies Listed
Over $25 million	602
Between $10 million and $25 million	315
Between $5 million and $10 million	202
Between $1 million and $5 million	551
Agencies billing over $1 million	**1,690**

Billings Range	Numbers of Agencies Listed
Under $1 million	169
Agencies listing their annual billings	**2,176**
Agencies not listing their annual billings	9,270
Total number of agencies listed	**11,446**

NUMBER OF AGENCIES BY STATE

	Hdqtrs.	Branches		Hdqtrs.	Branches
Alabama	42	3	Montana	14	0
Alaska	17	0	Nebraska	37	2
Arizona	117	11	Nevada	46	5
Arkansas	32	119	New Hampshire	39	0
California	1,261	295	New Jersey	249	33
Colorado	174	19	New Mexico	18	1
Connecticut	125	14	New York	1,406	407
Delaware	12	1	North Carolina	184	24
District of Columbia	103	54	North Dakota	7	4
Florida	519	63	Ohio	209	27
Georgia	209	53	Oklahoma	38	3
Hawaii	14	1	Oregon	129	17
Idaho	19	4	Pennsylvania	293	33
Illinois	401	127	Puerto Rico	11	10
Indiana	83	10	Rhode Island	28	3
Iowa	41	3	South Carolina	74	7
Kansas	46	1	South Dakota	19	0
Kentucky	50	2	Tennessee	123	13
Louisiana	50	4	Texas	478	81
Maine	32	4	Utah	51	5
Maryland	117	12	Vermont	19	0
Massachusetts	271	54	Virginia	158	26
Michigan	157	32	Washington	120	35
Minnesota	167	30	West Virginia	13	2
Mississippi	21	2	Wisconsin	113	9
Missouri	131	22	Wyoming	9	1

MERGERS, ACQUISITIONS AND NAME CHANGES - 2018

C
Cnc - Communications & Network Consulting; New York, NY - See Under Kekst CNC
Cohn & Wolfe; New York, NY - Merged with Burson-Marsteller to Form BCW (Burson Cohn & Wolfe)
Cooperkatz & Company; New York, NY - Acquired & Absorbed by G&S Business Communications
Cpc Strategy; New York, NY - Acquired by Elite SEM

D
Ddcworks; Harrisburg, PA - Acquired & Absorbed by Pavone
Deep Focus; New York, NY - Name Changed to Engine US

E
Eleven Inc.; Quebec, Canada - Acquired by Vision7International

F
Fuel Youth Engagement; Irvine, CA - Acquired by Schiefer ChopShop

H
Happy Cog; New York, NY - Acquired by Vector Media Group

I
Idea Agency; Bedford, NH - Acquired & Absorbed by Pannos Marketing

J
Jmpr, Inc.; Baltimore, MD - Acquired by IMRE

K
Kastner & Partners; Los Angeles, CA - Name Changed to Kastner
Kekst & Co.; New York, NY - See Under Kekst CNC
Kwittken; New York, NY - Name Changed to KWT Global

L
Lambert, Edwards & Associates, Inc.; Grand Rapids, MI - Name Changed to Lambert & Co.
Level Brand; Minneapolis, MN - Name Changed to LEVEL Mpls

M
Missy Farren & Associates Ltd; New York, NY - Acquired by Finn Partners & Name Changed to Mfa PR
Missy Farren & Associates Ltd; New York, NY - Name Changed to Mfa PR
Monster Media, Llc; Orlando, FL - Name Changed to Monster XP
Muh-Tay-Zik Hof-Fer; San Francisco, CA - Name Changed to M/H VCCP

O
Office Of Baby; New York, NY - Name Changed to Interesting Development

R
Republica; Puteaux, France - Acquired by Havas & Name Changed to Republica Havas
Republica; Miami, FL - Name Changed to Republica Havas

S
Schiefer Media Inc; Irvine, CA - Merged with Chopshop to form Schiefer ChopShop

W
Webling Interactive; San Diego, CA - Acquired by Mirum Global & Name Changed to Mirum Australia

Y
Yes Lifecycle Marketing; Chicago, IL - Name Changed to Yes Marketing

NEW LISTINGS 2018

1
1st Degree, LLC: Manassas, VA

2
23 Stories: New York, NY

4
48 West Agency LLC: Phoenix, AZ
4media Group Inc: Bentonville, AR

6
61 Celsius: Hot Springs, AR

7
7ate9 Entertainment: Los Angeles, CA

A
A Hundred Monkeys Inc: Berkeley, CA
AboveNation Media: New York, NY
Absolute Web Services, Inc: Miami, FL
Abstrakt Marketing Group: Saint Louis, MO
ACME Brand Studio: Winter Park, FL
Actual Agency: San Francisco, CA
adam&eveDDB: New York, NY
Adcoast LLC: Fort Myers, FL
Adrea Rubin Marketing, Inc.: New York, NY
Advantage Sponsorship and Brand Experience Agency: Stamford, CT
The Agency Project: Dallas, TX
Agency Squid: Minneapolis, MN
Agentry PR: New York, NY
Allied Integrated Marketing: San Francisco, CA
Altr: Salem, MA
AMMUNITION, LLC: Atlanta, GA
Amuse Digital: Houston, TX
And/Or: Brooklyn, NY
Andon Guenther Design LLC: Denver, CO
Artefact: Seattle, WA
Artefact S.A: Paris, France
Arts & Letters Creative Co: Richmond, VA
Atomic Wash: Norcross, GA
Auxiliary Advertising & Design: Grand Rapids, MI
Avalaunch Media: Lehi, UT
Ayima Inc.: New York, NY
Ayima Ltd: Berkeley, CA

B
B.E. International: New York, NY
The Bait Shoppe: New York, NY
BAM Communications: San Diego, CA
Be The Machine: New York, NY
Becker Media: Oakland, CA
BeeSeen Solutions: Hauppauge, NY
Behrman Communications: New York, NY
Belo + Company: Dallas, TX
BeMarketing Solutions: Blue Bell, PA
Benenson Strategy Group: New York, NY
Beyond Marketing Group: Santa Ana, CA
Biotica LLC: Cincinnati, OH
Blind: Santa Monica, CA
BLKBOX: New York, NY
Blue Water: San Francisco, CA
Bluefish: Tempe, AZ
BMF Media: New York, NY
Bold Entity: Dallas, TX
Boldium LLC: Berkeley, CA
Bop Design, Inc.: San Diego, CA
Born A.I.: New York, NY
Brado Creative Insight: Saint Louis, MO
BRATSKEIR & CO: New York, NY
Bravo: New York, NY
BreadnButter: Seattle, WA
Bright Red\TBWA: Tallahassee, FL
Brinks Web Solutions: Sioux Falls, SD
BSTRO, Inc.: San Francisco, CA
BTC Revolutions: Washington, DC
btrax, Inc.: San Francisco, CA
Bully Pulpit Interactive: New York, NY
Burns Entertainment & Sports Marketing: Evanston, IL
Burns Marketing: Denver, CO
Butcher Shop Creative: San Francisco, CA
Butter Tree Studios: East Hanover, NJ
The Byne Group: Suffern, NY

C
C&I Studios Inc.: Fort Lauderdale, FL
C-4 Analytics LLC: Saugus, MA
Camelot Illinois: Chicago, IL
Canspan BMG: Venice, CA
Capture Marketing: Pewaukee, WI
Carousel: San Diego, CA
Cars Digital Inc: Commack, NY
CarusoPR: Chicago, IL
CATMEDIA: Tucker, GA
Ceradini Brand Design: Brooklyn, NY
Cerami Worldwide Communications, Inc.: Fairfield, NJ
Cerberus Agency: New Orleans, LA
Cerberus Agency: New Orleans, LA
CGPR: Newport Beach, CA
Channel V Media: New York, NY
Chapter: San Francisco, CA
Charles Communications Associates LLC: San Francisco, CA
Charlton Marketing Inc: Portland, OR
Cheetah Digital: New York, NY
Chen Design Associates Inc: Oakland, CA
Citizen Group: San Francisco, CA
Clarity PR: New York, NY
Clay: San Francisco, CA
Click4Corp: Allen, TX
Client Command: Cumming, GA
Clum Creative: Cleveland, OH
CMW Media: San Diego, CA
CN Communications: Chatham, NJ
Code and Theory: San Francisco, CA
Cogniscient Media: Stoneham, MA

NEW LISTINGS

ColdSpark: Pittsburgh, PA
Complete Public Relations: Greenville, SC
Conric PR & Marketing: Fort Myers, FL
Constructive: New York, NY
CORE IR: Garden City, NY
Cornerstone Government Affairs: Washington, DC
Crackerjack Media: Tampa, FL
Craft: New York, NY
Create Advertising Group: Culver City, CA
Croud Inc Ltd: New York, NY
Crow Creative: New York, NY
Cubicle Ninjas: Glen Ellyn, IL
Culture ONE World LLC: Washington, DC
CURA Strategies: Arlington, VA
Custom Creatives: Agoura Hills, CA

D

DAC Group: Chicago, IL
Dagger: Atlanta, GA
Damn Good: Delray Beach, FL
Daniel Brian Advertising: Rochester, MI
Darkstar Digital: Nashville, TN
Dealer Dot Com, Inc: Burlington, VT
Dealer Inspire: Naperville, IL
DealerOn, Inc: Rockville, MD
Decibel: New York, NY
DeepSleep Studio: Miami, FL
DeFazio Communications: Conshohocken, PA
Dell Blue: Round Rock, TX
Demps & Associates LLC: Jacksonville, FL
Dept Agency: Amsterdam, Netherlands
DeSantis Breindel: New York, NY
Designzillas, LLC: Orlando, FL
Diffusion PR: Los Angeles, CA
Digital Brew: Orlando, FL
Digital Firefly Marketing: Princeton, NJ
Digital Kitchen: Culver City, CA
Digital Media Solutions, LLC: Clearwater, FL
Digital Relativity: Fayetteville, WV
Dini von Mueffling Communications: New York, NY
Direct Access Digital: Burlington, Canada
DirectAvenue: Carlsbad, CA
Doberman: New York, NY
Doubletake Studios, Inc.: Tampa, FL
DPA Communications: Boston, MA
Drive Motorsports International: Lake Oswego, OR
Drive Social Media: Saint Louis, MO
DRUM, Inc.: Atlanta, GA
Duft Watterson: Boise, ID
Dynamo Communications: San Francisco, CA
DYS Media, LLC: Holland, MI

E

Earthling Interactive: Madison, WI
Eastern Standard: Philadelphia, PA
EDGE Marketing: Chicago, IL
eDriven Marketing: Moultonborough, NH
Egg Strategy Inc: New York, NY
Elegant Seagulls Inc: Marquette, MI
Elephant: San Francisco, CA

Elevate Communications: Boston, MA
Emotive Brand: Oakland, CA
Endeavor: New York, NY
Endeavor, LLC.: Beverly Hills, CA
Engage: Alexandria, VA
ENroute Communications: New York, NY
Etched Communication: Houston, TX
EthicOne LLC: New York, NY
EventLink, LLC: Sterling Heights, MI
EvolveMKD: New York, NY
Eyeview Inc: New York, NY

F

Fact & Fiction, LLC: Boulder, CO
Factory 360: San Francisco, CA
Faircom New York: New York, NY
Fanology LLC: Culver City, CA
Fearless Media LLC: San Francisco, CA
FF New York: New York, NY
Fingerpaint Marketing, Inc.: Saratoga Springs, NY
Fluid Inc.: Oakland, CA
FlyteVu: Nashville, TN
Fortnight Collective: Boulder, CO
Foxhound Productions: Topanga, CA
Freestyle Creative: Moore, OK
FRESH Communications: Stoneham, MA
Fresh Design Studio LLC: Chicago, IL
FRUKT: Los Angeles, CA
Fuse, LLC: Winooski, VT

G

G Media Studios: Providence, RI
GGain Theory: New York, NY
Genome: New York, NY
Geometry Global: Bentonville, AR
Giant Propeller: Burbank, CA
Gillies & Zaiser: Leland, NC
GLA Communications: Millburn, NJ
Global Strategy Group LLC: Seattle, WA
The Glover Park Group LLC: New York, NY
gnet: Los Angeles, CA
GoKart Labs: Minneapolis, MN
Gold Front: San Francisco, CA
Goodpep Digital Marketing: Huntington, NY
Graj + Gustavsen: New York, NY
Grapeseed Media: New York, NY
Greater Than One: San Francisco, CA
Groove Commerce: Baltimore, MD
Group Gordon: New York, NY
Gunderson Direct Inc: Hayward, CA
Gunpowder inc.: Delafield, WI
Guru Media Solutions LLC: Sausalito, CA

H

Happen: New York, NY
Harley & Co: New York, NY
Haymaker: Los Angeles, CA
helium creative: Fort Lauderdale, FL
Hero Digital: San Francisco, CA
High10 Media: New York, NY

NEW LISTINGS

Highdive Advertising: Chicago, IL
Hogarth Worldwide: London, United Kingdom
Hook Studios LLC: Ann Arbor, MI
Horizon Next: New York, NY
Horizontal Integration: Saint Louis Park, MN
How Funworks LLC: Oakland, CA
HS2 Solutions, Inc.: Chicago, IL
Hudsun Media: New York, NY
Huge: Washington, DC
Huge: Oakland, CA
Huge: Atlanta, GA
Hydric Media: New York, NY
HYFN: Los Angeles, CA
Hype Creative Partners: Los Angeles, CA

I

ICED Media: New York, NY
Iconoclast Artist Management LLC: New York, NY
Ideas That Kick: Minneapolis, MN
Illustria, Inc.: Washington, DC
Impact Consulting Enterprises: East Orange, NJ
Impact PR & Communications, Ltd.: Poughkeepsie, NY
IN Food Marketing: Minneapolis, MN
IN Marketing Services: Rogers, AR
Inamoto & Co: Brooklyn, NY
INKincPR: Overland Park, KS
IProspect: Chicago, IL
iQuanti, Inc.: Jersey City, NJ
Isobar: Chicago, IL

J

January Digital: New York, NY
Jennifer Bett Communications: New York, NY
Jerry DeFalco Advertising: Maitland, FL
JMR Connect: Washington, DC
John McNeil Studio: Berkeley, CA
John McNeil Studio: Berkeley, CA
Jones Knowles Ritchie: New York, NY
The JPR Group LLC: Montclair, NJ
JSL Marketing & Web Design LLC: Dallas, TX
Jungle Communications Inc: Jersey City, NJ
JVS Marketing LLC: Jupiter, FL

K

KFD Public Relations: New York, NY
KNI: San Francisco, CA
Kose: Minneapolis, MN

L

Latin2Latin Marketing + Communications LLC: Fort Lauderdale, FL
The Latino Way: Hartford, CT
Leroy & Rose: Santa Monica, CA
Leviathan Design: Chicago, IL
Levy Online: Las Vegas, NV
Lewis: New York, NY
LIQUID SOUL: Atlanta, GA
Lively Group: New York, NY
Living Proof Creative: Austin, TX
London : Los Angeles: El Segundo, CA
Los York: Santa Monica, CA

LoSasso Integrated Marketing: Chicago, IL
Loyalkaspar Inc: Los Angeles, CA
LPC, Inc: Austin, TX
Lucas Public Affairs: Sacramento, CA
Lucky Break Public Relations: Los Angeles, CA
Lucky Generals: London, United Kingdom
Luntz Global: Washington, DC

M

M2 Marketing and Management Services Inc.: Santa Ana, CA
Macias Creative: Miami, FL
Madison + Vine: West Hollywood, CA
Madison Avenue Social: New York, NY
Madras Global: New York, NY
Mardiks Public Relations: Brooklyn, NY
MarkeTeam Inc: Mission Viejo, CA
McNeely Brockman Public Relations: Nashville, TN
Media Allegory: New York, NY
Mediagistic: Tampa, FL
Mediahub New York: New York, NY
mediaRif corporation: Kaysville, UT
Melon Design Agency: Miami, FL
Melty Cone LLC: Brooklyn, NY
MessageGears LLC: Atlanta, GA
MetaDesign Inc.: San Francisco, CA
Metro Public Relations: Los Angeles, CA
MightyHive: San Francisco, CA
MightyHive: New York, NY
Miller Davis Inc: Salisbury, NC
Mirum Arkansas: Rogers, AR
Modern Promos: Minneapolis, MN
Momentum Design Lab: San Mateo, CA
Moniker Inc.: San Francisco, CA
Montieth & Company LLC: New York, NY
Mother LA: Los Angeles, CA
Movement Strategy: New York, NY
Moxie Communications Group: New York, NY
MPG Media Services: Louisville, KY
Mr. Smith Agency LLC: Buffalo, NY
Mr. Technique, Inc.: Atlanta, GA
mStoner, Inc.: Chicago, IL
Mucho: San Francisco, CA
Mungo Creative Group: New York, NY
Must Be Something Inc: Portland, OR
My Friend's Nephew: Atlanta, GA

N

NA Collective: New York, NY
Narrative: New York, NY
Narrative: Los Angeles, CA
nclud: Washington, DC
Netsertive, Inc: Morrisville, NC
New Heartland Group: Brentwood, TN
NewsCred: New York, NY
NEXT/NOW: Chicago, IL
Niftic Agency: Washington, DC
NJI Media LLC: Alexandria, VA
No Fixed Address, Inc.: Toronto, Canada
Noble Studios: Las Vegas, NV

xix

NEW LISTINGS

Noisy Trumpet: San Antonio, TX
Northstar Research Partners: Toronto, Canada
NRPR Group: Beverly Hills, CA
NuSpark Media: Morton, PA

O

O'Brien et al. Advertising: Virginia Beach, VA
Ogilvy Pride: London, United Kingdom
Oneighty: Guaynabo, PR
O'Neill and Associates: Boston, MA
Onion Labs: Chicago, IL
Oniracom Corp: Santa Barbara, CA
OPANCO, LLC: Dallas, TX
Orange Element: Baltimore, MD
Orange Orchard: Maryville, TN
Orange Orchard: Maryville, TN
OrangeYouGlad: Brooklyn, NY
Orbit Media Studios: Chicago, IL
Origin Eight: Minneapolis, MN
OutCold LLC: Chicago, IL

P

Pac/West Communications: Denver, CO
Paragon Public Relations LLC: Hoboken, NJ
Part Four LLC: Los Angeles, CA
The Participation Agency: New York, NY
Partnercentric: Austin, TX
Party Land: Los Angeles, CA
Path Interactive: New York, NY
Paul Gregory Media: Naperville, IL
Pb&: Seattle, WA
Pentagram: Austin, TX
Pepper Gang: Boston, MA
Performics: New York, NY
Pico+: Santa Monica, CA
Pil Creative Group, Inc: Coral Gables, FL
Pivot Design Inc: San Francisco, CA
PIXACORE: New York, NY
Pixel Motion, Inc: Irvine, CA
PORTAL A LIMITED: San Francisco, CA
Portavoce PR: Carlsbad, CA
Premium Retail Services: Rogers, AR
Premium Retail Services: Chesterfield, MO
Prim Communications: Littleton, CO
Prodigious: London, United Kingdom
Progressive Marketing Dynamics, LLC: Boonton, NJ
The Projects: West Hollywood, CA
Propac: Plano, TX
Prophet: San Francisco, CA
Proven Media: Carefree, AZ
Providence Strategic Consulting, Inc.: Bakersfield, CA
Public Works: Minneapolis, MN
PublicHaus: Los Angeles, CA
Push Digital: Charleston, SC

Q

Q4Launch: Mount Pleasant, SC
QooQoo: Irvine, CA
Quaintise, LLC: Santa Monica, CA
Quench: Harrisburg, PA
Quinn: Los Angeles, CA

R

R.J. Dale Advertising & Public Relations: Chicago, IL
R/GA: Portland, OR
R2C Group: San Francisco, CA
Rainier Communications: Westborough, MA
Rally: Los Angeles, CA
Rauxa: New York, NY
Reach Above Media: New York, NY
Reach Agency: Santa Monica, CA
Relevant Communications LLC: Boca Raton, FL
Rightpoint: Plano, TX
Robot House Creative: Oklahoma City, OK
RPM: New York, NY
RXMOSAIC: New York, NY

S

Saatchi & Saatchi: Dallas, TX
Saatchi & Saatchi: Dallas, TX
The Sage Group: San Francisco, CA
Sandbox: Kansas City, MO
Sandwich Video: Los Angeles, CA
Sanitas International Inc: Washington, DC
Sarah Hall Productions Inc: New York, NY
Scarlett: New York, NY
School House NYC: New York, NY
ScoutComms: Fredericksburg, VA
Scratch Marketing + Media: Cambridge, MA
Sentient Interactive LLC: Florham Park, NJ
Sideways8 Interactive LLC: Lilburn, GA
SilverBack Advertising: Baton Rouge, LA
Small Girls PR: New York, NY
SmartBug Media Inc: Newport Beach, CA
SmartSites: Paramus, NJ
Social Driver: Washington, DC
SocialBabies: Edgewater, NJ
SocialDeviant: Chicago, IL
SocioFabrica: San Francisco, CA
Spark44: New York, NY
SparkShoppe LTD: Albany, NY
Spectrum: Tampa, FL
Spokes Digital: San Francisco, CA
Spotlight Marketing Communications: Orange, CA
SRH Marketing: Milwaukee, WI
The Stable: Minneapolis, MN
Stafford Creative Inc.: Edmonds, WA
Star Power LLC: New York, NY
Station8 Branding: Tulsa, OK
Stellar Digital Design Agency: Torrance, CA
Stream Companies: Malvern, PA
Streetblimps Inc.: West Babylon, NY
Studio Black Tomato: New York, NY
Sublime Communications LLC: Stamford, CT
Substantial Inc.: Seattle, WA
Superunion: New York, NY
Sweden Unlimited: New York, NY
SYZYGY New York: New York, NY

NEW LISTINGS

T

Tanner + West Advertising & Design Agency: Owensboro, KY
Target Media USA: Harrisburg, PA
TBD: San Francisco, CA
TCAA: Dedham, MA
TDA Group: Redwood City, CA
Teak: San Francisco, CA
Technogics Inc.: Flushing, NY
Tendo Communications Inc.: San Francisco, CA
Theory SF: San Francisco, CA
Think Tank Communications: Johns Creek, GA
Thinkerbell: Melbourne, Australia
This Is Crowd Ltd: Detroit, MI
Three21: Orlando, FL
Tipping Point Communications Inc.: Rochester, NY
TLGG: New York, NY
TopFire Media: Homewood, IL
Touchpoint Communications: Charleston, SC
Townhouse: New York, NY
TracyLocke: Chicago, IL
Trendline Interactive: Austin, TX
TRIAD: Cuyahoga Falls, OH
Triad Advertising: Canton, MA
Tribe: Frederick, MD
Tronvig Group: Brooklyn, NY
Truffle Pig: New York, NY
Truth Collective LLC: Rochester, NY
T-Sign Studios LA: Marina Del Rey, CA
Twisted Rope: Buffalo, NY

U

UM Canada: Toronto, Canada
UM San Francisco: San Francisco, CA
Unique Influence: Austin, TX
Unity Works: Minneapolis, MN
UpSpring PR: New York, NY

V

Vault49: New York, NY
Vector Media Group: New York, NY
Velowerks: San Francisco, CA
Verbal+Visual: New York, NY
Virtue Worldwide: Brooklyn, NY
VisualFizz: Chicago, IL
VIVA Creative: Rockville, MD
Vivaldi: New York, NY
VML Inc: Seattle, WA
VOL.4: Los Angeles, CA
Vox Global: Washington, DC

W

Wagner Marketing LLC: Orlando, FL
Walk West: Raleigh, NC
We Are Listen LLC: New York, NY
WeUsThem Inc.: Halifax, Canada
Wheelhouse Digital Marketing Group: Seattle, WA
Where Eagles Dare: Pittsburgh, PA
Where It's Greater: Los Angeles, CA
WHM Creative: Oakland, CA
WHOSAY: New York, NY
Will & Grail: Kansas City, MO
Williams Randall Marketing: Indianapolis, IN
Wolf & Wilhelmine, Inc: Brooklyn, NY
Word PR + Marketing: Denver, CO
Work & Co.: Brooklyn, NY
Works Design Group: Pennsauken, NJ

X

X Studios: Maitland, FL
Xhibition: New York, NY
Xperience Communications: Dearborn, MI

Y

Y Media Labs: Redwood City, CA
Y&R Memphis: Memphis, TN
Yes Marketing: Chicago, IL
Yes& Holdings, LLC: Alexandria, VA
Yesler: Seattle, WA

TOGS; New York, NY

Trivvy Group; Brooklyn, NY

Veloworks; San Francisco, CA

VOX Los Angeles; CA

TX Studios; Maitland, FL

INDEX OF AGENCY NAMES

1

1-800-PUBLIC RELATIONS INC., pg. 1421
1 TRICK PONY, pg. 1
10 SQUARED PR, pg. 1421
10 THOUSAND DESIGN, pg. 1
104 DEGREES WEST PARTNERS, pg. 1421
1059 CREATIVE, pg. 1
10E MEDIA, pg. 1
10FOLD COMMUNICATIONS, pg. 1421
10TH DEGREE, pg. 1231
10TWELVE, pg. 1
10X GROUP, pg. 1
11:24 DESIGN ADVERTISING, INC., pg. 1
1185 DESIGN, pg. 1
120 WEST STRATEGIC COMMUNICATIONS LLC, pg. 2
12FPS, pg. 2
131DIGITAL, pg. 2
135TH STREET AGENCY, pg. 2
140 BBDO -see BBDO WORLDWIDE INC., pg. 108
15 FINGERS, pg. 2
15 MINUTES, INC., pg. 2
150PR, pg. 1421
15MILES, pg. 1231
160OVER90, pg. 2
16W MARKETING, LLC, pg. 3
180FUSION, pg. 3
19 IDEAS INC., pg. 1421
1EZ CONSULTING, pg. 1231
1ST DEGREE, LLC, pg. 3
1ST TEAM ADVERTISING LLC, pg. 3

2

2 STORY, pg. 3
20/10 DESIGN & MARKETING, INC., pg. 3
2020 EXHIBITS, INC., pg. 3
20:20 MSL -see MSLGROUP, pg. 1588
THE 2050 GROUP, pg. 1421
2060 DIGITAL, pg. 1231
20K GROUP, pg. 1422
20NINE DESIGN STUDIOS LLC, pg. 3
214 INTERACTIVE, pg. 1231
22FEET TRIBAL WORLDWIDE -see TRIBAL WORLDWIDE, pg. 1297
22SQUARED INC. -see 22SQUARED, pg. 4
22SQUARED, pg. 4
23 STORIES, pg. 1219
23K STUDIOS, pg. 4
24 COMMUNICATIONS, pg. 4
2930 CREATIVE, pg. 4
2E CREATIVE, pg. 4
2G MARKETING COMMUNICATIONS, INC., pg. 5
2.GC, INC., pg. 5
2N1 MEDIA, pg. 1231
2ONE5 CREATIVE INC, pg. 5

3

3 ADVERTISING, pg. 5
3 FEET MEDIA, pg. 5
3 MONKEYS/ZENO -see ZENO GROUP, pg. 1689
3 SONS MEDIA, pg. 5
30 MILES NORTH, pg. 1422
300FEETOUT, pg. 5
300M, pg. 6
303 MULLENLOWE -see MULLENLOWE GROUP, pg. 773
31 LENGTHS LLC, pg. 6
31,000 FT, pg. 6
33ACROSS INC, pg. 1305
352 MEDIA GROUP, pg. 6
360 GROUP, pg. 6
360 MEDIA INC, pg. 1422
360 PSG, INC., pg. 1231
360I -see DENTSU AEGIS, pg. 289
360I, pg. 6
360PR+, pg. 1422
36CREATIVE, pg. 7
3D PUBLIC RELATIONS AND MARKETING, pg. 7
3FOLD COMMUNICATIONS, pg. 7
3H COMMUNICATIONS INC., pg. 7
3HEADED MONSTER, pg. 7
3MARKETEERS ADVERTISING, INC., pg. 8
3PM CREATIVE, pg. 8
3POINTS COMMUNICATIONS, pg. 1422
3Q DIGITAL, pg. 8
3RD COAST PUBLIC RELATIONS, pg. 1422

4

4129GREY -see GREY NEW YORK, pg. 442
42 ENTERTAINMENT, LLC, pg. 8
42WEST, pg. 8
44 INTERACTIVE, pg. 8
454 CREATIVE, pg. 9
48 COMMUNICATIONS INC., pg. 1423
48 WEST AGENCY LLC, pg. 1423
49 SEO SERVICES, pg. 9
4HILTON, pg. 1231
4INFO, pg. 1395
4M COMMUNICATION, pg. 1423
4MEDIA GROUP INC, pg. 9

5

5 STONE ADVERTISING, pg. 9
50,000FEET, INC., pg. 9
522 DIGITAL, LLC, pg. 9
524 CREATIVE, INC., pg. 9
54, LLC., pg. 10
5BY5 AGENCY, pg. 10
5IVECANONS, pg. 10
5METACOM, pg. 10
5W PUBLIC RELATIONS, pg. 1423
5W PUBLIC RELATIONS -see 5W PUBLIC RELATIONS, pg. 1424

6

6 DEGREES INTEGRATED COMMUNICATIONS, pg. 10
61 CELSIUS, pg. 10
6AM MARKETING, pg. 10
6D GLOBAL TECHNOLOGIES, pg. 1231
6S MARKETING, pg. 1305

7

701 CREATIVE LLC, pg. 11
70KFT, pg. 11
72 ADVERTISING INC, pg. 11
72ANDSUNNY, pg. 11
72ANDSUNNY -see 72ANDSUNNY, pg. 12
77 VENTURES, pg. 12
78MADISON, pg. 12
7ATE9 ENTERTAINMENT, pg. 12

8

802 CREATIVE PARTNERS, INC., pg. 12
828 INC., pg. 1231
834 DESIGN & MARKETING, pg. 13
87AM, pg. 1231
88/BRAND PARTNERS, pg. 13
89 DEGREES, INC., pg. 13

9

90OCTANE, pg. 13
919 MARKETING COMPANY, pg. 13
92 WEST, pg. 14
93 OCTANE, pg. 14
954DESIGN, pg. 14
97 DEGREES WEST, pg. 14
97TH FLOOR, pg. 1232
9.8 GROUP, pg. 14
99MEDIALAB, pg. 1232
9SPR, pg. 1424

A

A&C AGENCY, pg. 1424
A&O PR, pg. 1424
A BIG CHIHUAHUA, INC., pg. 14
A. BRIGHT IDEA, pg. 1425
A. BROWN-OLMSTEAD ASSOCIATES, pg. 14
A DAY ADVERTISING, pg. 14
A. EICOFF & CO., pg. 14
THE A GROUP, pg. 15
A HUNDRED MONKEYS INC, pg. 15
A. LAVIN COMMUNICATIONS, pg. 15
A PARTNERSHIP, pg. 15
THE A TEAM, LLC, pg. 1395
THE A TEAM PROMOTIONAL -see THE A TEAM, LLC, pg. 1395
A TO Z COMMUNICATIONS, INC, pg. 15
A WORK OF ART INC., pg. 15
A2G, pg. 1395
AAAZA, INC. -see ADMERASIA, INC., pg. 31
AAC SAATCHI & SAATCHI -see SAATCHI & SAATCHI, pg. 981
AAI (ADVERTISING ASSOCIATES INTERNATIONAL), pg. 15
AAM BRAND MANAGEMENT GROUP, pg. 1425
AARS & WELLS, INC., pg. 15
AASMAN BRAND COMMUNICATIONS -see AASMAN DESIGN INC., pg. 16
AASMAN DESIGN INC., pg. 16
A.B. DATA, LTD., pg. 16
AB+C, pg. 16
AB+C -see AB+C, pg. 17
ABBE LABORATORIES, INC., pg. 1219
ABBEY, MECCA & COMPANY, pg. 17
THE ABBI AGENCY, pg. 1425
ABBOTT MEAD VICKERS BBDO -see BBDO WORLDWIDE INC., pg. 109
ABC (ADVERTISING BUSINESS CONSULTANTS), pg. 17
ABC CREATIVE GROUP, pg. 17
ABEL COMMUNICATIONS, INC., pg. 1425
ABELOW PR, pg. 1425
ABELOW PUBLIC RELATIONS, pg. 1425
ABELSON-TAYLOR, INC., pg. 17
ABERDEEN GROUP, INC. -see HARTE-HANKS, INC., pg. 471
ABERDEEN GROUP -see HARTE-HANKS, INC., pg. 470
ABERNATHY MACGREGOR GROUP-LOS ANGELES -see HAVAS WORLDWIDE, pg. 475
ABERNATHY MACGREGOR GROUP-LOS ANGELES -see ABERNATHY MACGREGOR GROUP-NEW YORK, pg. 1426
ABERNATHY MACGREGOR GROUP-NEW YORK, pg. 1425
ABERRO CREATIVE, pg. 18
ABI MARKETING PUBLIC RELATIONS, pg. 1426
ABLE&CO, pg. 18
ABNORMAL ADVERTISING, pg. 18
ABOVE PROMOTIONS COMPANY, pg. 18

AGENCIES — INDEX OF AGENCY NAMES

ABOVEBOARD BRANDING, pg. 18
ABOVENATION MEDIA, pg. 1305
ABRA MARKETING, INC., pg. 18
ABRAHAM PAISS & ASSOCIATES, INC., pg. 1426
ABRAZO MULTICULTURAL MARKETING, pg. 18
ABSOLUTE MEDIA INC., pg. 1305
ABSOLUTE WEB SERVICES, INC, pg. 1232
ABSOLUTELY PUBLIC RELATIONS, pg. 1426
ABSTRACT EDGE, pg. 18
ABSTRAKT MARKETING GROUP, pg. 18
ABZ CREATIVE PARTNERS, pg. 18
ACART COMMUNICATIONS, INC., pg. 19
ACCELERATOR ADVERTISING INC., pg. 19
ACCENT CREATIVE GROUP, pg. 19
ACCENT MEDIA PRODUCTIONS, INC., pg. 1426
ACCENTUATE PR, pg. 1426
ACCENTURE INTERACTIVE, pg. 1232
ACCESS ADVERTISING + PR, pg. 19
ACCESS ADVERTISING LLC, pg. 1305
ACCESS BRAND COMMUNICATIONS, pg. 19
ACCESS BRAND COMMUNICATIONS -see ACCESS BRAND COMMUNICATIONS, pg. 20
ACCESS COMMUNICATIONS LLC, pg. 20
ACCESS TO MEDIA, pg. 20
ACCESSPOINT -see BRAND INNOVATION GROUP, pg. 155
ACCUEN -see OMNICOM GROUP INC., pg. 836
ACE SAATCHI & SAATCHI -see SAATCHI & SAATCHI, pg. 985
ACENTO ADVERTISING, INC., pg. 20
ACHIEVE PR, pg. 1426
ACHTUNG, pg. 1232
ACKERMAN MCQUEEN, INC., pg. 21
ACKERMANN PR, pg. 1426
ACKMANN & DICKENSON, pg. 21
ACME BRAND STUDIO, pg. 22
ACNE ADVERTISING -see DELOITTE DIGITAL, pg. 1249
ACORN WOODS COMMUNICATIONS, INC., pg. 22
ACOSTA DESIGN INC, pg. 22
ACQUISIO, pg. 22
ACROBATANT, pg. 22
ACRONYM MEDIA, pg. 1305
ACTIFY MEDIA, pg. 22
ACTION GLOBAL COMMUNICATIONS -see GOLIN, pg. 1521
ACTION GLOBAL COMMUNICATIONS -see WEBER SHANDWICK, pg. 1678
ACTION PR CYPRUS -see WEBER SHANDWICK, pg. 1677
ACTIVA PR, pg. 1426
ACTIVE INTEGRATED MARKETING, pg. 22
ACTIVE INTERNATIONAL AUSTRALIA PTY LTD. -see ACTIVE INTERNATIONAL, pg. 1306
ACTIVE INTERNATIONAL (EUROPE) S.A.R.L -see ACTIVE INTERNATIONAL, pg. 1306
ACTIVE INTERNATIONAL LTD. -see ACTIVE INTERNATIONAL, pg. 1306
ACTIVE INTERNATIONAL, pg. 1305
ACTIVE MEDIA SERVICES CANADA INC. -see ACTIVE INTERNATIONAL, pg. 1306
ACTON INTERNATIONAL LTD., pg. 22
ACTUAL AGENCY, pg. 1232
ACUITYADS INC., pg. 23
ACXIOM DIGITAL, pg. 23
ACXIOM LLC -see THE INTERPUBLIC GROUP OF COMPANIES, INC., pg. 541
ACXIOM -see ACXIOM DIGITAL, pg. 23
A.D. ADAMS ADVERTISING, INC., pg. 1426
THE AD AGENCY, pg. 23
AD CETERA, INC., pg. 23
AD CLUB, pg. 1306
AD DAWG CREATIVE, pg. 23
AD-EZ ADVERTISING, pg. 23
AD HOUSE ADVERTISING, pg. 23
AD LEVERAGE, pg. 24
AD LIB UNLIMITED INC, pg. 24
A.D. LUBOW, LLC, pg. 24
AD MAIORA SRL, pg. 24
AD PARTNERS INC., pg. 24
AD RESULTS, pg. 24
AD-SUCCESS MARKETING, pg. 24
AD WORKSHOP, pg. 24
AD2PRO MEDIA SOLUTIONS, pg. 25
AD4CE MEDIA, pg. 25
AD:60, pg. 25
ADAM&EVEDDB, pg. 25
ADAM & EVEDDB -see DDB WORLDWIDE COMMUNICATIONS GROUP INC., pg. 281
ADAM FRIEDMAN ASSOCIATES, pg. 1427
ADAM RITCHIE BRAND DIRECTION, pg. 25
ADAMS & KNIGHT, INC., pg. 25
ADAMS & LONGINO ADVERTISING, INC., pg. 25
THE ADAMS GROUP, pg. 26
ADAMS OUTDOOR ADVERTISING, pg. 26
ADAMS OUTDOOR ADVERTISING -see ADAMS OUTDOOR ADVERTISING, pg. 27
ADAMS UNLIMITED, pg. 1427
ADAMUS MEDIA, pg. 27
ADAPTIVE EASEL LLC, pg. 27
ADARA MEDIA, INC., pg. 27
ADASHMORE CREATIVE, pg. 27
ADASIA COMMUNICATIONS, INC., pg. 27
ADBAY, pg. 27
ADBIT'S ADVERTISING & PR, pg. 27
ADCETERA GROUP, pg. 27
ADCO, pg. 28
ADCOAST LLC, pg. 28
ADCOLOR, INC, pg. 28
ADCOM GROUP, INC., pg. 28
THE ADCOM GROUP, pg. 28
ADCREASIANS, INC., pg. 28
ADD3, pg. 1232
ADDED VALUE -see WPP PLC, pg. 1184
ADDIS, pg. 28
THE ADDISON GROUP, pg. 29
(ADD)VENTURES, pg. 29
ADELL SAATCHI & SAATCHI -see SAATCHI & SAATCHI, pg. 978
ADELL TAIVAS OGILVY -see OGILVY, pg. 816
ADELPHI EDEN HEALTH COMMUNICATIONS -see DIVERSIFIED AGENCY SERVICES, pg. 304
ADELPHI GROUP LIMITED -see DIVERSIFIED AGENCY SERVICES, pg. 304
ADEPT MARKETING, pg. 1232
ADFARM, pg. 29
ADFERO GROUP, pg. 29
ADG CREATIVE, pg. 29
ADGENIO, pg. 30
ADGOOROO -see THE KANTAR GROUP, pg. 587
ADHOME CREATIVE, pg. 30
AD.IN DESIGN, pg. 30
ADIRONDACK MARKETING SERVICES, LLC, pg. 30
ADJECTIVE & CO, pg. 30
ADLER, CHOMSKI GREY -see GREY NEW YORK, pg. 440
ADLER DISPLAY, pg. 30
ADLUCENT, pg. 30
THE ADMARK GROUP, pg. 30
ADMARKETPLACE, pg. 30
ADMAX ADVERTISING, pg. 31
ADMEDIA., pg. 31
ADMERASIA, INC., pg. 31
ADMFG INC., pg. 31
ADMO, INC., pg. 31
ADMOSIS MEDIA, pg. 31
ADNET ADVERTISING AGENCY, INC., pg. 32
ADNORMA LLC, pg. 1233
ADORE CREATIVE, pg. 32
ADPEARANCE INC., pg. 1233
ADPERIO, pg. 1233
ADPERSUASION, pg. 32
ADREA RUBIN MARKETING, INC., pg. 32
ADRENALIN, INC, pg. 32
ADRENALINE, INC., pg. 32
ADS & ARTS, pg. 32
ADS ON WHEELS, pg. 33
ADSERVICES INC., pg. 33
ADSMITH COMMUNICATIONS, pg. 33
ADSOKA, INC., pg. 33
ADSOURCE, pg. 33
ADSPACE NETWORKS, INC., pg. 1233
ADSVALUE, pg. 1233
ADTEGRITY.COM, pg. 33
ADTOPIA MARKETING GROUP, pg. 33
ADVANCED MARKETING STRATEGIES, pg. 33
ADVANTA ADVERTISING, LLC, pg. 34
ADVANTAGE COMMUNICATIONS, INC., pg. 34
ADVANTAGE MEDIA LLC, pg. 34
ADVANTAGE PUBLIC RELATIONS, pg. 1427
ADVANTAGE SPONSORSHIP AND BRAND EXPERIENCE AGENCY, pg. 34
ADVANTAGE Y&R -see YOUNG & RUBICAM, pg. 1207
ADVANTIS COMMUNICATIONS, INC., pg. 34
ADVANTIX DIGITAL, pg. 1233
ADVENT DESIGN LLC, pg. 34
ADVENT MARKETING COMMUNICATIONS, pg. 34
ADVENTA LOWE -see MULLENLOWE GROUP, pg. 773
ADVENTIUM, LLC, pg. 34
ADVENTIVE MARKETING, INC., pg. 35
ADVENTURE ADVERTISING LLC, pg. 35
ADVENTURE ADVERTISING, pg. 35
ADVERTEL, INC., pg. 35
ADVERTISE.COM INC., pg. 35
ADVERTISEMINT, pg. 1233
ADVERTISING CONNECTION INC., pg. 1306
ADVERTISING FOR GOOD, pg. 35
ADVERTISING SAVANTS, INC., pg. 35
ADVERTUS MEDIA INC, pg. 36
ADVICE INTERACTIVE GROUP, pg. 1233
ADVICO Y&R AG -see YOUNG & RUBICAM, pg. 1203
ADVILLE/USA, pg. 36
ADVLUENCE LLC, pg. 36
ADVOCACY SOLUTIONS LLC, pg. 36
ADVOCATE DIGITAL MEDIA, pg. 36
ADWERKS, pg. 36
ADWHITE, LLC, pg. 36
ADWISE GROUP INC., pg. 36
ADWORKS, INC., pg. 36
ADZ ETC., INC., pg. 37
AEI ADVERTISING, pg. 37
AERIAL ADVERTISING SERVICES, pg. 1306
AFFECT NY, pg. 1427
AFFIPERF -see HAVAS, pg. 473
AFFIRM, pg. 37
AFG&, pg. 37
AFTER MIDNIGHT, INC, pg. 37
AGENCY 33, pg. 1427
AGENCY 451, pg. 1427
AGENCY 49 LLC, pg. 37
AGENCY 51, pg. 37
AGENCY 720, pg. 37
AGENCY CREATIVE, pg. 38
AGENCY ENTOURAGE LLC, pg. 38
AGENCY GUERRA, pg. 38
AGENCY H5, pg. 1427
THE AGENCY MARKETING GROUP, pg. 38
THE AGENCY PROJECT, pg. 39
AGENCY SQUID, pg. 39
AGENCY ZERO, pg. 39
AGENCY212, LLC, pg. 39
AGENCY501 INC., pg. 39
AGENCY59 RESPONSE -see AGENCY59, pg. 40
AGENCY59, pg. 39
AGENCYEA, pg. 40
AGENCYQ, pg. 40
AGENCYSACKS, pg. 40
AGENDA GLOBAL, pg. 1428
AGENDA, pg. 40
AGENDA -see WPP PLC, pg. 1179
AGENDA -see WUNDERMAN, pg. 1190
AGENTRY PR, pg. 1428
AGILECAT: COMMUNICATIONS CATALYSTS, pg. 1428
AGIO BRAND SOLUTIONS, pg. 1395
AGNES HUFF COMMUNICATIONS GROUP, LLC., pg. 1428
AGUILAR PUBLIC RELATIONS, pg. 1428
AGUILLON & ASSOCIATES LLC, pg. 1428
AH&M MARKETING COMMUNICATIONS, pg. 40
AHA CREATIVE STRATEGIES INC, pg. 1428
AI MEDIA GROUP LLC, pg. 1234
AID-ANALYSE INFORMATIQUE DE DONNEES -see RAPP, pg. 933
AIELLO PUBLIC RELATIONS & MARKETING, pg. 1429
AIGNER/PRENSKY MARKETING GROUP, pg. 1429
AILERON COMMUNICATIONS, pg. 41
AIM ADVERTISING, pg. 41
AIMIA, pg. 41
AIMS POLSKA SP. Z O.O. -see J. WALTER THOMPSON INSIDE, pg. 566
AINSLEY & CO, pg. 41
AINSWORTH MAGUIRE, pg. 1429
AIR PARIS/NEW YORK, pg. 41
AIRFOIL, pg. 1429
AIRT GROUP, pg. 41
AIS MEDIA, INC., pg. 41
AISLE ROCKET STUDIOS, pg. 41
AISLE ROCKET STUDIOS -see AISLE ROCKET STUDIOS, pg. 42
AJ ROSS CREATIVE MEDIA, INC., pg. 42
AJAX UNION, pg. 42
AJGPR, pg. 1429
AJL PARK -see FCB GLOBAL, pg. 372
AKA DIRECT, INC., pg. 42
AKA NYC, pg. 42

INDEX OF AGENCY NAMES

AKAVIT, pg. 43
AKER INK, LLC, pg. 1429
AKINS MARKETING & DESIGN L.L.C., pg. 43
AKINS PUBLIC STRATEGIES, pg. 1429
AKQA, INC., pg. 1234
AKQA, INC. -see AKQA, INC., pg. 1235
AKQA -see AKQA, INC., pg. 1235
AL PUNTO ADVERTISING, INC., pg. 43
AL SHULTZ ADVERTISING, INC., pg. 43
AL STARK'S A&M, pg. 43
ALAN GORDON ADVERTISING, pg. 1219
ALANIZ MARKETING, pg. 43
ALARIE DESIGN, pg. 44
ALBERS COMMUNICATIONS GROUP, pg. 1429
ALBERT PROMOSEVEN-RIYADH -see MCCANN, pg. 708
ALCHEMY ADVERTISING, pg. 44
ALCHEMY AT AMS, pg. 44
ALCHEMY MEDIA HOLDINGS, LLC, pg. 44
ALCONE MARKETING GROUP, pg. 1395
ALCONE MARKETING GROUP -see ALCONE MARKETING GROUP, pg. 1396
ALEXANDER & TOM, pg. 44
ALEXANDERG PUBLIC RELATIONS LLC, pg. 1429
THE ALEXIS AGENCY, pg. 44
ALFORD ADVERTISING INC, pg. 44
ALFRED COMMUNICATIONS, pg. 44
ALIANDA, pg. 45
ALICE BBDO -see BBDO WORLDWIDE INC., pg. 109
ALICE MARSHALL PUBLIC RELATIONS, pg. 1430
ALIMED INC, pg. 1219
ALINE MEDIA, pg. 1430
ALIPES CME, INC, pg. 1235
ALISON BROD PUBLIC RELATIONS, pg. 1430
THE ALISON GROUP, pg. 1396
ALISON MAZZOLA COMMUNICATIONS, pg. 1430
THE ALISON SOUTH MARKETING GROUP, pg. 45
ALL POINTS PUBLIC RELATIONS, LLC, pg. 1430
ALL PRO MEDIA INC, pg. 45
ALL SEASONS COMMUNICATIONS, pg. 45
ALL SEASONS MEDIACOM -see GREY NEW YORK, pg. 443
ALL SEASONS MEDIACOM -see MEDIACOM, pg. 1346
ALL STAR INCENTIVE MARKETING, INC., pg. 1396
ALL TERRAIN, pg. 45
ALL-WAYS ADVERTISING COMPANY, pg. 1396
ALLEBACH COMMUNICATIONS, pg. 45
ALLEGRA MARKETING & PRINT, pg. 45
ALLEN & GERRITSEN, pg. 45
ALLEN & GERRITSEN -see ALLEN & GERRITSEN, pg. 46
ALLEN & PARTNERS, pg. 46
ALLEN FINLEY ADVERTISING, INC., pg. 46
THE ALLEN LEWIS AGENCY, LLC, pg. 1430
ALLIANCE ACTIVATION, pg. 1306
ALLIED ADVERTISING, PUBLIC RELATIONS -see ALLIED INTEGRATED MARKETING, pg. 47
ALLIED EXPERIENTIAL, pg. 46
ALLIED INTEGRATED MARKETING, pg. 47
ALLIED INTEGRATED MARKETING -see ALLIED INTEGRATED MARKETING, pg. 48
ALLIED INTEGRATED MARKETING, pg. 1430
ALLIGATOR, pg. 48
ALLING HENNING & ASSOCIATES, pg. 48
ALLIONCE GROUP, LLC, pg. 1219
ALLISON & PARTNERS-WASHINGTON D.C., pg. 48
ALLISON & PARTNERS, pg. 48
ALLISON & PARTNERS -see MDC PARTNERS INC., pg. 721
ALLISON & PARTNERS, pg. 1430
ALLISON & PARTNERS -see ALLISON & PARTNERS, pg. 1431
ALLISON PARTNERS, pg. 49
ALLISON+PARTNERS -see MDC PARTNERS INC., pg. 721
ALLOFUS -see MCCANN, pg. 711
ALLSCOPE MEDIA, pg. 49
ALLYN MEDIA, pg. 49
ALLYSON CONKLIN PUBLIC RELATIONS, pg. 1431
ALMA, pg. 49
ALMAP BBDO -see BBDO WORLDWIDE INC., pg. 101
ALPHA DOG ADVERTISING, LLC, pg. 49
ALPINE COMMUNICATIONS, pg. 1431
ALSCHULER COMMUNICATIONS, pg. 1431
A.L.T. ADVERTISING & PROMOTION, pg. 49
ALTAI COMMUNICATIONS -see J. WALTER THOMPSON, pg. 562
ALTER IMAGING, pg. 1235
ALTERMARK LLC, pg. 1307
ALTERNATE TRANSIT ADVERTISING, pg. 49

ALTITUDE MARKETING, pg. 50
ALTMAN-HALL ASSOCIATES, pg. 50
ALTR, pg. 1235
THE ALTUS AGENCY, pg. 50
ALWAYS ON COMMUNICATIONS, pg. 50
AMA LEO BURNETT -see LEO BURNETT WORLDWIDE, INC., pg. 624
AMAZING LIFE CONCEPTS, pg. 50
AMBASSADOR ADVERTISING AGENCY, pg. 50
AMBIENT MEDIA, INC., pg. 50
AMBIT MARKETING COMMUNICATIONS, pg. 51
AMCI -see DIVERSIFIED AGENCY SERVICES, pg. 305
AMDUR SPITZ & ASSOCIATES INC., pg. 1431
AMELIE COMPANY, pg. 51
AMENDOLA COMMUNICATIONS, pg. 51
AMEREDIA, INC., pg. 52
AMERICAN ADVERTISING SERVICES, pg. 52
AMERICAN CLASSIFIED SERVICES, INC., pg. 1307
AMERICAN CONSULTING GROUP, INC., pg. 52
AMERICAN MASS MEDIA, pg. 52
AMERICAN MEDIA CONCEPTS INC., pg. 52
AMERICAN NEWSPAPER REPRESENTATIVES, INC., pg. 1307
AMERICAN ROGUE, pg. 52
AMERICOM MARKETING, pg. 53
AMF MEDIA GROUP, pg. 53
AMG CREATIVE INC., pg. 53
AMG MARKETING RESOURCES INC., pg. 53
AMI COMMUNICATIONS -see EDELMAN, pg. 1497
AMMUNITION, LLC, pg. 1236
AMNET GROUP, pg. 1307
AMOBEE, INC., pg. 1236
AMOBEE -see AMOBEE, INC., pg. 1236
AMOBEE, pg. 1307
AMP AGENCY, pg. 1236
AMP AGENCY -see AMP AGENCY, pg. 1237
AMP3 PUBLIC RELATIONS, pg. 1432
AMPERAGE, pg. 53
AMPERE COMMUNICATIONS LLC, pg. 54
THE AMPERSAND AGENCY, pg. 54
AMPLE, LLC, pg. 54
AMPLIFIED DIGITAL AGENCY LLC, pg. 1237
AMPLIMARK LLC, pg. 54
AMPM, INC. DETROIT -see AMPM, INC., pg. 54
AMPM, INC., pg. 54
AM:PM PR, pg. 1432
AMUSE DIGITAL, pg. 1237
AMUSEMENT PARK, pg. 54
AMW PR INC., pg. 1432
AMY LEVY PUBLIC RELATIONS, pg. 1432
ANALOGFOLK, pg. 55
ANCHOR MARKETING & DESIGN, LLC, pg. 55
ANCHOUR, pg. 55
&BARR, pg. 55
AND/OR, pg. 55
AND PARTNERS, pg. 55
THE&PARTNERSHIP LONDON -see THE&PARTNERSHIP, pg. 56
THE&PARTNERSHIP, pg. 55
ANDER&CO, pg. 1432
ANDERSON ADVERTISING & PUBLIC RELATIONS, pg. 56
ANDERSON DDB HEALTH & LIFESTYLE, pg. 57
ANDERSON DDB SANTE.VIE.ESPRIT. -see ANDERSON DDB HEALTH & LIFESTYLE, pg. 57
THE ANDERSON GROUP, pg. 57
ANDERSON-MADISON ADVERTISING, INC., pg. 57
ANDERSON MARKETING GROUP, pg. 58
ANDERSON PARTNERS, pg. 58
ANDIS ADVERTISING, pg. 1219
ANDON GUENTHER DESIGN LLC, pg. 58
ANDOSCIA COMMUNICATIONS, pg. 58
ANDOVER COMMUNICATIONS, INC., pg. 1432
ANDRADE COMMUNICATORS, pg. 58
ANDREOLI/MS&L -see MSLGROUP, pg. 1588
ANDREW E. FREEDMAN PUBLIC RELATIONS, pg. 1432
ANDREW EDSON & ASSOCIATES, INC., pg. 1432
ANDREW JOSEPH PR, pg. 1432
THE ANDREWS AGENCY, pg. 58
ANDRIA MITSAKOS PUBLIC RELATIONS, pg. 58
ANDROVETT LEGAL MEDIA AND MARKETING, pg. 1432
ANGELSMITH, pg. 1237
ANGLIN PUBLIC RELATIONS, INC., pg. 1433
ANIMAL INSTINCT ADVERTISING, pg. 58
ANIMAX ENTERTAINMENT, pg. 58
ANNALECT, pg. 1237
ANNE KLEIN COMMUNICATIONS GROUP, LLC, pg. 1433

AGENCIES

ANNEX88, pg. 1237
ANNODYNE, INC., pg. 58
ANOMALY AMSTERDAM -see ANOMALY, pg. 59
ANOMALY, pg. 59
ANOMALY -see ANOMALY, pg. 60
ANOMALY -see MDC PARTNERS INC., pg. 721
ANOMALY -see MDC PARTNERS INC., pg. 722
ANOROC AGENCY, pg. 60
ANR BBDO -see BBDO WORLDWIDE INC., pg. 109
ANREDER & CO., pg. 1433
ANSIBLE MOBILE, pg. 60
ANSIRA, pg. 60
ANSIRA, pg. 1396
ANSON-STONER INC., pg. 60
ANTEDOTE, pg. 61
ANTENNA GROUP, INC., pg. 1433
ANTHEM BRANDING, pg. 61
ANTHEM WORLDWIDE, pg. 61
ANTHEMIC AGENCY, pg. 61
ANTHOLOGIE, INC., pg. 61
ANTHOLOGY MARKETING GROUP, INC., pg. 1433
ANTHOLOGY MARKETING GROUP, pg. 1433
ANTHONY BARADAT & ASSOCIATES, pg. 61
ANTHONY THOMAS ADVERTISING, pg. 61
ANTHONYBARNUM, pg. 1433
ANTICS DIGITAL MARKETING, pg. 1237
ANTIDOTE 71, pg. 62
ANTITHESIS ADVERTISING, pg. 62
ANTONWEST ADVERTISING, pg. 62
ANVIL MEDIA, INC., pg. 1307
ANYTIME MARKETING GROUP, pg. 62
AOR, INC., pg. 62
APCO WORLDWIDE, pg. 62
APCO WORLDWIDE -see APCO WORLDWIDE, pg. 63
APCO WORLDWIDE -see APCO WORLDWIDE, pg. 64
APEX PUBLIC RELATIONS, pg. 1434
APOLLO INTERACTIVE-DALLAS -see APOLLO INTERACTIVE, INC., pg. 64
APOLLO INTERACTIVE, INC., pg. 64
APPETIZER MOBILE LLC, pg. 1238
APPLE BOX STUDIOS, pg. 64
APPLE ROCK, pg. 1396
APPLETON CREATIVE, INC., pg. 64
APPLOVIN CORPORATION, pg. 1238
APRA PORTER NOVELLI -see PORTER NOVELLI, pg. 1614
AQUA MARKETING & COMMUNICATIONS INC., pg. 64
AQUARIUS SPORTS & ENTERTAINMENT, pg. 64
ARA GROEP -see TBWA/WORLDWIDE, pg. 1083
ARADIUS GROUP, pg. 64
ARAGON ADVERTISING, pg. 64
ARC INTERMEDIA, pg. 65
ARC SOUTH AFRICA -see PUBLICIS GROUPE S.A., pg. 903
ARC WORLDWIDE, NORTH AMERICA -see ARC WORLDWIDE, pg. 1397
ARC WORLDWIDE, pg. 1397
ARCALEA LLC, pg. 1238
ARCANA ACADEMY, pg. 65
ARCANE, pg. 65
ARCHER COMMUNICATIONS, INC., pg. 65
THE ARCHER GROUP, pg. 65
ARCHER MALMO AUSTIN, pg. 66
ARCHER MALMO, pg. 65
ARCHRIVAL, pg. 66
ARCHWAY MARKETING SERVICES, pg. 66
ARCOS COMMUNICATIONS, pg. 66
ARCUS GROUP INC., pg. 67
ARDENT CREATIVE INC, pg. 67
AREA 17, pg. 1238
AREA 23, pg. 1238
ARENA BLM -see HAVAS, pg. 473
ARENA COMMUNICATIONS, pg. 67
ARENAS ENTERTAINMENT, pg. 67
ARGENTINA PORTER NOVELLI -see PORTER NOVELLI, pg. 1614
ARGONAUT INC., pg. 67
ARGUS, pg. 67
ARGYLE COMMUNICATIONS INC., pg. 1434
ARGYLE INTERACTIVE, pg. 68
ARGYLL, pg. 68
ARIAD COMMUNICATIONS, pg. 68
ARISTOTLE WEB DESIGN, pg. 68
ARKETI GROUP, pg. 68
ARKSIDE MARKETING, pg. 69
ARLAND COMMUNICATIONS INC., pg. 69
THE ARLAND GROUP, pg. 69

AGENCIES

INDEX OF AGENCY NAMES

ARLENE HOWARD PUBLIC RELATIONS, pg. 1434
ARMADA MEDICAL MARKETING, pg. 69
ARMANASCO PUBLIC RELATIONS, INC., pg. 1434
ARMCHAIR MEDIA, LLC, pg. 69
ARMENT DIETRICH, INC., pg. 69
ARMSTRONG CHAMBERLIN, pg. 69
ARMSTRONG Y&R -see YOUNG & RUBICAM, pg. 1208
ARNOLD FURNACE -see HAVAS, pg. 472
ARNOLD MADRID -see ARNOLD WORLDWIDE, pg. 70
ARNOLD MILAN -see ARNOLD WORLDWIDE, pg. 70
ARNOLD TORONTO -see ARNOLD WORLDWIDE, pg. 70
ARNOLD WORLDWIDE, pg. 69
ARNOLDNYC -see ARNOLD WORLDWIDE, pg. 70
AROLUXE, pg. 70
ARONFIELD STUDIOS, pg. 71
ARPR INC./KNOWLEDGE IN A NUTSHELL, pg. 1434
ARPR, pg. 1434
ARRAS KEATHLEY AGENCY, pg. 71
ARRAY CREATIVE, pg. 71
ARRCO MEDICAL MARKETING, pg. 71
ARRIVALS + DEPARTURES, pg. 1238
ARS DDB PUBLICIDAD -see DDB WORLDWIDE COMMUNICATIONS GROUP INC., pg. 283
ART MACHINE, pg. 71
ARTCRAFT HEALTH EDUCATION, pg. 71
ARTEAGA & ARTEAGA, pg. 71
ARTEFACT S.A, pg. 1238
ARTEFACT, pg. 72
ARTHUR AGENCY, pg. 72
ARTICHOKE CREATIVE, pg. 72
ARTICULATE COMMUNICATIONS INC., pg. 1434
ARTICULON MCKEEMAN, pg. 1435
ARTICUS LTD. MARKETING COMMUNICATIONS, pg. 72
ARTIFAX, pg. 72
ARTILLERY MARKETING COMMUNICATIONS LLC, pg. 72
THE ARTIME GROUP, pg. 72
ARTIST DEVELOPMENT GROUP, INC., pg. 73
THE ARTIST EVOLUTION, pg. 73
ARTS & LETTERS CREATIVE CO, pg. 73
ARTVERSION CREATIVE, pg. 1238
ARVIZU ADVERTISING & PROMOTIONS, pg. 73
AS PUBLICIDAD -see HAVAS WORLDWIDE, pg. 485
A.S.A.P.R, pg. 73
ASB COMMUNICATIONS, pg. 73
ASBURY DESIGN, pg. 73
ASCOT MEDIA GROUP, INC., pg. 1435
ASDA'A BURSON - MARSTELLER -see BCW (BURSON COHN & WOLFE), pg. 1444
ASEN MARKETING & ADVERTISING, INC., pg. 73
ASHAY MEDIA GROUP, pg. 73
ASHER AGENCY, INC., pg. 73
ASHER AGENCY, INC. -see ASHER AGENCY, INC., pg. 74
ASHER MEDIA, INC., pg. 1308
ASO ADVERTISING, pg. 74
ASPECTUS PR, pg. 1435
ASPEN MARKETING SERVICES -see EPSILON DATA MANAGEMENT, LLC, pg. 344
ASSEMBLY LA -see ASSEMBLY, pg. 1308
ASSEMBLY, pg. 1308
ASSOCIATED INTEGRATED MARKETING, pg. 74
ASTERIX GROUP, pg. 74
ASTUTE COMMUNICATIONS, pg. 74
@RADICAL MEDIA, pg. 74
ATAK INTERACTIVE INC., pg. 1238
ATEN DESIGN GROUP, INC., pg. 1238
ATHORN, CLARK & PARTNERS, pg. 75
ATILUS, LLC, pg. 1239
THE ATKINS GROUP, pg. 75
ATLARGE INC, pg. 1239
ATLAS BRANDING & DESIGN INC, pg. 75
ATLAS MARKETING, pg. 75
ATLAS, pg. 75
ATMOSPHERE PROXIMITY -see BBDO WORLDWIDE INC., pg. 98
ATOMIC COFFEE MEDIA, pg. 75
ATOMIC DIRECT, LTD, pg. 75
ATOMIC WASH, pg. 76
ATOMICDUST, pg. 76
ATREBOR GROUP, pg. 1435
ATS MOBILE, pg. 1397
ATTACHE, INC., pg. 76
ATTACK MARKETING, LLC, pg. 76
ATTENTION GLOBAL, pg. 76
ATWELL MEDIA SERVICES, INC., pg. 1308
AUDACITY HEALTH LLC, pg. 76
AUDIENCE INNOVATION, pg. 76

AUDIENCEX, pg. 77
THE AUDIENCI GROUP, pg. 1435
/AUDITOIRE -see TBWA/WORLDWIDE, pg. 1081
AUGUST, LANG & HUSAK, INC., pg. 77
AUGUST MEDIA -see PUBLICIS GROUPE S.A., pg. 902
AUGUSTINE, pg. 77
AUGUSTUS BARNETT ADVERTISING/DESIGN, pg. 77
AUMCORE LLC, pg. 78
AURORA COAST PRODUCTIONS, pg. 78
AUSTIN & WILLIAMS, pg. 78
AUSTIN LAWRENCE GROUP, pg. 78
AUTHENTIC, pg. 1239
AUXILIARY ADVERTISING & DESIGN, pg. 79
AVALA MARKETING GROUP, pg. 79
AVALANCHE MEDIA GROUP -see ASHER MEDIA, INC., pg. 1308
AVALAUNCH MEDIA, pg. 1239
AVALON COMMUNICATIONS, pg. 1435
AVANZA ADVERTISING, LLC, pg. 79
AVATARLABS, pg. 79
AVC MEDIA GROUP, pg. 79
AVENUE 25, pg. 79
AVENUE MARKETING & COMMUNICATIONS, pg. 79
AVEXDESIGNS, pg. 1239
AVID MARKETING GROUP, pg. 1397
AVOCET COMMUNICATIONS, pg. 79
AVREAFOSTER, pg. 80
AVS GROUP, pg. 80
AW OVEJA NEGRA SAATCHI & SAATCHI -see SAATCHI & SAATCHI, pg. 982
AWARE ADVERTISING, pg. 80
AWE COLLECTIVE, pg. 1435
A.WORDSMITH, pg. 1435
AXIA CREATIVE, pg. 80
AXIA PUBLIC RELATIONS, pg. 80
AXICOM COHN & WOLFE -see BCW (BURSON COHN & WOLFE), pg. 1442
AXIOM MARKETING COMMUNICATIONS, pg. 80
AXIOM, pg. 80
AXIOMPORT, pg. 81
THE AXIS AGENCY, pg. 81
AXIS MEDIA, pg. 1309
AXON, pg. 1435
AXXIS ADVERTISING LLC, pg. 81
AXZM, pg. 1239
AY DIGITAL, pg. 81
AYIMA INC., pg. 1239
AYIMA LTD -see AYIMA INC., pg. 1239
AYZENBERG GROUP, INC., pg. 81
AZIAM BURSON-MARSTELLER -see BCW (BURSON COHN & WOLFE), pg. 1444
AZIONE PR, pg. 1436

B

B&P ADVERTISING, pg. 81
B&Y MAGNETIC -see BOYDEN & YOUNGBLUTT ADVERTISING & MARKETING, pg. 150
B CREATIVE GROUP INC., pg. 82
B FLUID -see TBWA/WORLDWIDE, pg. 1083
B/H IMPACT, pg. 1436
B-LINE APPAREL, INC., pg. 1397
B PUBLIC RELATIONS LLC, pg. 1436
B-REEL, pg. 1239
B/W/R -see BCW (BURSON COHN & WOLFE), pg. 1440
B2 COMMUNICATIONS, pg. 1436
B2 INTERACTIVE, pg. 82
B2C ENTERPRISES, pg. 82
B2E DIRECT MARKETING, pg. 82
BABEL PUBLIC RELATIONS LTD, pg. 1436
BACHLEDA ADVERTISING LLC, pg. 82
BACKBAY COMMUNICATIONS, INC., pg. 82
BACKBONE MEDIA LLC, pg. 1437
BACKE DIGITAL BRAND MARKETING, pg. 82
BACKUS TURNER INTERNATIONAL, pg. 83
BAD MONKEY CIRCUS, pg. 83
THE BADDISH GROUP, pg. 1437
BADER RUTTER & ASSOCIATES, INC., pg. 83
BADGER & WINTERS, INC., pg. 83
BADGEVILLE, pg. 1398
BADILLO NAZCA SAATCHI & SAATCHI -see SAATCHI & SAATCHI, pg. 982
BADJAR OGILVY -see OGILVY, pg. 821
BAERING, pg. 1437
BAGWELL MARKETING, pg. 84
BAILEY BRAND CONSULTING, pg. 84
BAILEY LAUERMAN, pg. 84

THE BAILIWICK COMPANY, pg. 1437
BAIRD CONSULTING LLC, pg. 84
BAISE COMMUNICATIONS, pg. 1437
THE BAIT SHOPPE, pg. 84
BAKER COMMUNICATIONS ADVERTISING/MARKETING/PUBLIC RELATIONS, pg. 85
BAKER CREATIVE, pg. 85
BAKER PUBLIC RELATIONS, pg. 1438
BAKER STREET ADVERTISING, pg. 85
BAKERY, pg. 1240
THE BALCOM AGENCY, pg. 85
BALDWIN & OBENAUF, INC., pg. 86
BALDWIN&, pg. 85
BALL HORTICULTURAL COMPANY, pg. 1219
BALLANTINES PR, pg. 1438
BALLARD PARTNERS INC, pg. 86
BALSERA COMMUNICATIONS, pg. 1438
BALTZ & COMPANY, pg. 1438
BALZAC COMMUNICATIONS, pg. 86
BAM COMMUNICATIONS, pg. 1438
THE BAM CONNECTION, pg. 86
BAM STRATEGY, pg. 87
BAM, pg. 86
BAMBOO, pg. 1309
BANDUJO ADVERTISING & DESIGN, pg. 87
BANDY CARROLL HELLIGE ADVERTISING, pg. 87
BANGKOK PR PORTER NOVELLI -see PORTER NOVELLI, pg. 1616
BANIK COMMUNICATIONS, pg. 87
BANNERCONNECT -see XAXIS, LLC, pg. 1302
BANOWETZ + COMPANY INC., pg. 88
THE BARBARIAN GROUP, pg. 88
THE BARBAULD AGENCY, pg. 88
BARBEAU-HUTCHINGS ADVERTISING, INC., pg. 88
BARBER MARTIN AGENCY, pg. 88
THE BARBER SHOP MARKETING, pg. 88
THE BARBOUR SHOP, pg. 88
BARCELONA ENTERPRISES, pg. 89
BARD ADVERTISING, pg. 89
BAREFOOT PR, pg. 1438
BAREFOOT PROXIMITY, pg. 89
BARETZ + BRUNELLE LLC, pg. 89
BARK BARK, pg. 89
BARKER & CHRISTOL ADVERTISING, pg. 90
BARKER, pg. 89
BARKLEY, pg. 90
BARKLEYREI, pg. 90
BARNETT MURPHY DIRECT MARKETING, pg. 90
BARNHARDT, DAY & HINES, pg. 91
BARNHART, pg. 91
BAROKAS PUBLIC RELATIONS, pg. 1438
BAROLIN & SPENCER, INC., pg. 91
BARON & BARON, pg. 91
BARRETTSF, pg. 91
BARRIE D'ROZARIO DILORENZO, pg. 92
BARRON MARKETING COMMUNICATIONS, pg. 92
BARTLE BOGLE HEGARTY LIMITED, pg. 92
BARTLEY & DICK, pg. 94
BARTON F. GRAF, pg. 94
BARU ADVERTISING, pg. 95
BASELINE CREATIVE, pg. 95
BASIC AGENCY, pg. 95
BASS ADVERTISING, pg. 95
BASSAT, OGILVY COMUNICACION -see OGILVY, pg. 1600
BASSAT, OGILVY COMUNICACION -see OGILVY, pg. 816
BAST-DURBIN INC, pg. 95
BASTION TLG, pg. 95
THE BATEMAN GROUP, pg. 1439
BATES CHI & PARTNERS -see WPP PLC, pg. 1179
BATES CREATIVE GROUP, pg. 95
BATTALION, pg. 1439
BATTERY, pg. 96
BATTLE MEDIALAB INC., pg. 96
BAWDEN & LAREAU PUBLIC RELATIONS, pg. 1439
THE BAWMANN GROUP, pg. 1439
BAY BIRD INC PR, pg. 1439
BAYARD ADVERTISING AGENCY, INC., pg. 96
BAYCREATIVE, pg. 96
BAYSHORE SOLUTIONS INC, pg. 97
BAZINI HOPP LLC, pg. 1439
BB&M LOWE & PARTNERS -see THE INTERPUBLIC GROUP OF COMPANIES, INC., pg. 541
BBDO ARGENTINA -see BBDO WORLDWIDE INC., pg. 101
BBDO ATHENS -see BBDO WORLDWIDE INC., pg. 105

INDEX OF AGENCY NAMES — AGENCIES

BBDO ATLANTA -see BBDO WORLDWIDE INC., pg. 98
BBDO BANGKOK -see BBDO WORLDWIDE INC., pg. 115
BBDO CHILE -see BBDO WORLDWIDE INC., pg. 102
BBDO CHINA -see BBDO WORLDWIDE INC., pg. 112
BBDO DENMARK -see BBDO WORLDWIDE INC., pg. 104
BBDO DUBLIN -see BBDO WORLDWIDE INC., pg. 105
BBDO DUSSELDORF -see BBDO WORLDWIDE INC., pg. 105
BBDO EMEA -see BBDO WORLDWIDE INC., pg. 111
BBDO GUATEMALA -see BBDO WORLDWIDE INC., pg. 103
BBDO GUERRERO -see BBDO WORLDWIDE INC., pg. 114
BBDO HONG KONG -see BBDO WORLDWIDE INC., pg. 112
BBDO INDIA -see BBDO WORLDWIDE INC., pg. 112
BBDO KOMUNIKA -see BBDO WORLDWIDE INC., pg. 113
BBDO MALAYSIA -see BBDO WORLDWIDE INC., pg. 113
BBDO MEXICO -see BBDO WORLDWIDE INC., pg. 103
BBDO MINNEAPOLIS -see BBDO WORLDWIDE INC., pg. 98
BBDO MONTREAL, pg. 97
BBDO MOSCOW -see BBDO WORLDWIDE INC., pg. 107
BBDO NEW YORK -see BBDO WORLDWIDE INC., pg. 99
BBDO NORTH AMERICA, pg. 97
BBDO PORTUGAL -see BBDO WORLDWIDE INC., pg. 107
BBDO PROXIMITY BERLIN -see BBDO WORLDWIDE INC., pg. 105
BBDO PROXIMITY, pg. 97
BBDO PUERTO RICO -see BBDO WORLDWIDE INC., pg. 103
BBDO SINGAPORE -see BBDO WORLDWIDE INC., pg. 115
BBDO TORONTO -see BBDO WORLDWIDE INC., pg. 100
BBDO SAN FRANCISCO -see BBDO WORLDWIDE INC., pg. 99
BBDO WORLDWIDE INC., pg. 97
BBDO -see BBDO WORLDWIDE INC., pg. 107
BBG&G ADVERTISING, pg. 115
BBH CHINA -see BARTLE BOGLE HEGARTY LIMITED, pg. 93
BBH LA -see BARTLE BOGLE HEGARTY LIMITED, pg. 93
BBH MUMBAI -see BARTLE BOGLE HEGARTY LIMITED, pg. 93
BBH NEW YORK, pg. 115
BBH SINGAPORE -see BARTLE BOGLE HEGARTY LIMITED, pg. 94
BBH STOCKHOLM -see BARTLE BOGLE HEGARTY LIMITED, pg. 94
BBK WORLDWIDE, LLC, pg. 116
BBR CREATIVE, pg. 116
BBR SAATCHI & SAATCHI -see SAATCHI & SAATCHI, pg. 977
BCA (BRIAN CRONIN & ASSOCIATES INC.), pg. 116
BCA MARKETING COMMUNICATIONS, pg. 116
BCD PINPOINT DIRECT MARKETING INC. -see OGILVY, pg. 826
BCF, pg. 117
BCP LTD., pg. 117
BCW (BURSON COHN & WOLFE), pg. 1439
BD&E, pg. 117
BDOT, pg. 117
BDS MARKETING, pg. 117
BE FOUND ONLINE, pg. 117
BE INSPIRED PUBLIC RELATIONS, pg. 1446
B.E. INTERNATIONAL, pg. 118
BE SOCIAL PUBLIC RELATIONS LLC, pg. 1446
BE THE MACHINE, pg. 118
BEACON COMMUNICATIONS K.K. -see LEO BURNETT WORLDWIDE, INC., pg. 630
BEACON COMMUNICATIONS K.K. -see PUBLICIS GROUPE S.A., pg. 910
BEACON HEALTHCARE COMMUNICATIONS, pg. 118
BEACON MEDIA GROUP, pg. 118
BEACONFIRE RED, pg. 118
BEALS CUNNINGHAM STRATEGIC SERVICES, pg. 118
BEAM INTERACTIVE, pg. 1240
BEAM, pg. 1240
BEANSTALK, pg. 118
BEARDWOOD & CO, pg. 118
BEAULIEU ADVERTISING & DESIGN INC, pg. 119
BEAUTIFUL PLANNING MARKETING & PR, pg. 1446
BEAUTY@GOTHAM, pg. 119
BEBER SILVERSTEIN GROUP, pg. 119
BECCA PR, pg. 1446

BECK ELLMAN HEALD, pg. 1446
BECK INTERACTIVE, INC., pg. 119
BECKER COMMUNICATIONS, pg. 1446
BECKER GUERRY, pg. 119
BECKER MEDIA, pg. 120
BECKERMAN PUBLIC RELATIONS, pg. 1446
THE BECKET AGENCY, pg. 1447
BECKETT & BECKETT, INC., pg. 120
BEDFORD ADVERTISING INC., pg. 120
BEE-LINE COMMUNICATIONS, pg. 120
BEEBY CLARK + MEYLER, pg. 120
BEECHWOOD CREATIVE, INC., pg. 1219
BEEHIVE PR, pg. 1447
BEEKMAN MARKETING, INC., pg. 121
BEELER MARKETING, pg. 1447
BEESEEN SOLUTIONS, pg. 1240
BEHAN COMMUNICATIONS, INC., pg. 1447
BEHAVIOR DESIGN, pg. 121
BEHIND THE SCENES MARKETING, pg. 121
BEHR DESIGN, LLC, pg. 121
BEHRMAN COMMUNICATIONS, pg. 1447
BELIEF LLC, pg. 121
BELLA PR, pg. 1447
BELLE COMMUNICATIONS, pg. 1447
BELLEVUE COMMUNICATIONS GROUP, pg. 1448
BELLMONT PARTNERS, pg. 121
BELMONT ICEHOUSE, pg. 121
BELO + COMPANY, pg. 121
BELTRAME LEFFLER ADVERTISING, pg. 122
BEMARKETING SOLUTIONS, pg. 1240
BENAMOR, pg. 122
BENCHMARK DISPLAYS, pg. 1398
BENCHWORKS, pg. 122
BENDER/HELPER IMPACT, INC. -see B/H IMPACT, pg. 1436
BENDER8, pg. 1240
BENDURE COMMUNICATIONS INC, pg. 1448
BENEDICT ADVERTISING, pg. 122
BENENSON STRATEGY GROUP, pg. 122
BENNET GROUP, pg. 1448
BENNETT & COMPANY MARKETING, pg. 122
BENNETT GROUP, pg. 123
BENSIMON BYRNE, pg. 123
BENSON MARKETING GROUP LLC, pg. 123
BENSUR CREATIVE MARKETING GROUP, pg. 123
BENTLEY PORTER NOVELLI-SHANGHAI -see PORTER NOVELLI, pg. 1616
BENVENUTI PUBLIC RELATIONS, pg. 1448
BERGER BAADER HERMES GMBH -see YOUNG & RUBICAM, pg. 1202
BERGHOFF INTERNATIONAL INC., pg. 1219
BERGMAN GROUP, pg. 123
BERK COMMUNICATIONS, pg. 1448
BERKMAN COMMUNICATIONS, pg. 124
BERLIN CAMERON UNITED, pg. 124
BERLINE, pg. 124
BERLINROSEN, pg. 1448
THE BERMAN GROUP, pg. 1448
BERNARD & COMPANY, pg. 124
BERNI MARKETING & DESIGN, pg. 124
BERNIE DIMEO COMMUNICATIONS, pg. 1448
BERNS COMMUNICATIONS GROUP, LLC, pg. 1449
BERNSTEIN & ASSOCIATES INC, pg. 124
BERNSTEIN-REIN ADVERTISING, INC., pg. 125
BERRY ECKE ASSOCIATES, pg. 1449
BERRY NETWORK, INC., pg. 125
BESON 4 MEDIA GROUP, pg. 125
BETC -see HAVAS WORLDWIDE, pg. 479
BETH DICKSTEIN ENTERPRISES, pg. 1449
BETTER MERCHANTS, INC., pg. 125
BEUERMAN MILLER FITZGERALD, INC., pg. 125
BEUTLER INK, pg. 1449
BEWLEY COMMUNICATIONS, pg. 1449
BEYOND AGENCY, pg. 126
BEYOND FIFTEEN COMMUNICATIONS, INC., pg. 1449
BEYOND MARKETING GROUP, pg. 126
BEYOND SPOTS & DOTS INC., pg. 126
BEYOND TOTAL BRANDING, pg. 126
BFG COMMUNICATIONS ATLANTA -see BFG COMMUNICATIONS, pg. 126
BFG COMMUNICATIONS, pg. 126
BFG COMMUNICATIONS -see BFG COMMUNICATIONS, pg. 127
BFW ADVERTISING + INTERACTIVE, pg. 127
BG DIGITAL GROUP, pg. 127
BG, pg. 127
BGB GROUP, pg. 127
BGR GROUP, pg. 1449

BHAVA COMMUNICATIONS, pg. 1449
BHW1 ADVERTISING, pg. 127
BIANCA FRANK DESIGN, pg. 127
BIANCHI PUBLIC RELATIONS INC., pg. 1449
BIEDERMANN PUBLICIDAD S.A. -see MCCANN, pg. 707
BIG AL'S CREATIVE EMPORIUM, pg. 128
BIG APPLE CIRCUS, pg. 1220
BIG ARROW CONSULTING GROUP, LLC, pg. 128
BIG BANG ELECTRICAL, pg. 128
BIG BLUE SKY, pg. 128
BIG CAT ADVERTISING, pg. 128
BIG COMMUNICATIONS, INC., pg. 128
BIG CORNER CREATIVE, pg. 128
BIG DROP INC., pg. 1240
BIG FUEL COMMUNICATIONS LLC, pg. 128
BIG HONKIN' IDEAS (BHI), pg. 129
BIG HUMAN, pg. 129
BIG IDEA ADVERTISING INC, pg. 129
BIG IMAGINATION GROUP, pg. 129
BIG INK PR & MARKETING, pg. 1450
BIG KITTY LABS, pg. 1309
BIG PICTURE MEDIA INC., pg. 1450
BIG PICTURE PR, pg. 1450
BIG RIVER ADVERTISING, pg. 129
BIG SHOT MARKETING, pg. 129
BIG SKY COMMUNICATIONS, INC., pg. 1450
BIG SPACESHIP, pg. 129
BIG THINK STUDIOS, pg. 130
BIG WHEEL, pg. 130
BIGBUZZ MARKETING GROUP, pg. 130
BIGELOW ADVERTISING, pg. 130
BIGEYE AGENCY, pg. 130
BIGEYEDWISH LLC, pg. 131
BIGFISH COMMUNICATIONS, pg. 1450
BIGFISH CREATIVE GROUP, pg. 131
BILL BOSSE & ASSOCIATES, pg. 131
BILL HUDSON & ASSOCIATES, INC., ADVERTISING & PUBLIC RELATIONS, pg. 131
BILLBOARD CENTRAL, pg. 1309
BILLBOARD CONNECTION, pg. 1309
BILLBOARD EXPRESS, INC., pg. 1309
BILLUPS WORLDWIDE, pg. 1309
BIMM COMMUNICATIONS GROUP, pg. 131
BIOTICA LLC, pg. 131
BIRDSONG CREATIVE, pg. 131
BIRDSONG GREGORY, pg. 131
BIRNBACH COMMUNICATIONS, INC., pg. 1450
BISIG IMPACT GROUP, pg. 132
BITNER GOODMAN, pg. 1450
BIZCOM ASSOCIATES, pg. 132
BKWLD, pg. 1450
BLACK & VEATCH CORPORATE MARKETING & BRANDING, pg. 1220
BLACK & WHITE ADVERTISING, INC., pg. 132
BLACK BENAK, pg. 1451
BLACK DIAMOND MEDIA, pg. 1309
BLACK DIAMOND PR FIRM, pg. 132
BLACK LAB CREATIVE, pg. 132
BLACK OLIVE LLC, pg. 132
THE BLACK SHEEP AGENCY, pg. 1451
BLACK TWIG COMMUNICATIONS, pg. 132
BLACKBELT AGENCY, pg. 1240
BLACKBIRD PR, pg. 1451
BLACKDOG ADVERTISING, pg. 132
BLACKFIN MARKETING GROUP, pg. 133
BLACKIE MCDONALD -see BCW (BURSON COHN & WOLFE), pg. 1445
BLACKJET INC, pg. 133
BLACKLIGHT, INC., pg. 1310
BLACKWING CREATIVE, pg. 133
BLAINE WARREN ADVERTISING LLC, pg. 133
BLAINETURNER ADVERTISING, INC., pg. 133
BLAIR, INC., pg. 133
BLAKE ZIDELL & ASSOCIATES, pg. 1451
BLAKESLEE ADVERTISING, pg. 133
BLAKESLEE ADVERTISING -see BLAKESLEE ADVERTISING, pg. 134
BLANC & OTUS PUBLIC RELATIONS, pg. 1451
BLARE INC., pg. 134
BLASS MARKETING, pg. 134
BLAST! PR, pg. 1451
BLAST RADIUS AMSTERDAM -see BLAST RADIUS, pg. 134
BLAST RADIUS INC., pg. 135
BLAST RADIUS TORONTO -see BLAST RADIUS, pg. 134
BLAST RADIUS VANCOUVER -see BLAST RADIUS, pg. 134
BLAST RADIUS, pg. 134

A-5

AGENCIES

INDEX OF AGENCY NAMES

BLASTMEDIA, pg. 1451
BLATTEL COMMUNICATIONS, pg. 135
BLAZE, pg. 135
BLEECKER & SULLIVAN ADVERTISING, pg. 135
BLEND, pg. 135
BLENDED IDEAS GROUP, pg. 1310
BLENDERBOX INC., pg. 135
BLESSAD CHRISTIAN COMMUNICATIONS -see HENDRICK & ASSOCIATES MARKETING SERVICES INC., pg. 496
BLEU MARKETING SOLUTIONS, INC., pg. 135
BLEUBLANCROUGE, pg. 136
BLF MARKETING, pg. 136
BLH CONSULTING, pg. 1451
BLIND SOCIETY, pg. 136
BLIND, pg. 136
BLINK MEDIA WORKS, pg. 136
BLINK PR, pg. 1452
BLISSPR, pg. 136
BLISSPR -see BLISSPR, pg. 137
BLKBOX, pg. 137
BLND PUBLIC RELATIONS, pg. 137
BLOCK CLUB INC., pg. 137
BLOHM CREATIVE PARTNERS, pg. 137
BLOOM ADS INC., pg. 137
BLOOM COMMUNICATIONS, pg. 137
BLOOM, pg. 137
BLOOMFIELD KNOBLE, pg. 137
BLR/FURTHER, pg. 138
THE BLU GROUP - ADVERTISING & MARKETING, pg. 138
BLUBERRIES ADVERTISING, pg. 138
BLUE 449, pg. 1310
BLUE 449 -see BLUE 449, pg. 1311
BLUE ADVERTISING LLC, pg. 138
BLUE BEAR CREATIVE, pg. 1241
BLUE C, pg. 138
BLUE CHIP MARKETING WORLDWIDE, pg. 138
BLUE CHIP PUBLIC RELATIONS, INC., pg. 139
BLUE COLLAR INTERACTIVE MARKETING, pg. 139
BLUE CURRENT -see DIVERSIFIED AGENCY SERVICES, pg. 305
BLUE DAISY MEDIA, pg. 1312
BLUE DIMENSION, pg. 139
THE BLUE FLAME AGENCY, pg. 139
BLUE FLAME THINKING, pg. 139
BLUE FOUNTAIN MEDIA, pg. 1241
BLUE FROG COMMUNICATIONS, pg. 1452
BLUE FUSION, pg. 139
BLUE HERON COMMUNICATIONS, pg. 1452
BLUE LION DIGITAL, LLC, pg. 139
BLUE MEDIUM, INC., pg. 139
BLUE MOON STUDIOS, pg. 139
BLUE OLIVE CONSULTING, pg. 139
BLUE PRACTICE, pg. 140
BLUE PRINT AD AGENCY, pg. 140
BLUE SKY AGENCY, pg. 140
BLUE SKY COMMUNICATIONS, pg. 140
BLUE STATE DIGITAL, pg. 140
BLUE WATER, pg. 1241
BLUE WORLDWIDE -see EDELMAN, pg. 1491
BLUECADET INTERACTIVE, pg. 1241
BLUECURRENT HONG KONG -see FLEISHMANHILLARD INC., pg. 1510
BLUECURRENT JAPAN -see FLEISHMANHILLARD INC., pg. 1511
BLUEDOT COMMUNICATIONS, pg. 140
BLUEFISH, pg. 141
BLUEFOCUS INTERNATIONAL, pg. 141
BLUEIVY COMMUNICATIONS, pg. 1452
BLUEPOINT VENTURE MARKETING, pg. 1452
BLUEROCK, pg. 141
THE BLUESHIRT GROUP, pg. 1452
BLUESKY MEDIA GROUP, pg. 1312
BLUESOHO, pg. 141
BLUESPACE CREATIVE, pg. 141
BLUESPIRE MARKETING, pg. 141
BLUESTONE ADVERTISING, LLC, pg. 141
BLUETENT, pg. 1241
BLUETEXT, pg. 141
BLUETONE MARKETING & PUBLIC RELATIONS, pg. 1452
BLUETOOTH CREATIVE GROUP, INC., pg. 142
BLUEZOOM, pg. 142
BMC COMMUNICATIONS GROUP, LLC, pg. 142
BMDM, pg. 142
BMF MEDIA, pg. 142
BMI ELITE, pg. 142

BML PUBLIC RELATIONS, pg. 1452
BMR, pg. 142
BMWW, pg. 142
BOARDROOM COMMUNICATION INC. -see BOARDROOM COMMUNICATIONS INC., pg. 1453
BOARDROOM COMMUNICATIONS INC., pg. 1453
BOATHOUSE GROUP INC., pg. 143
BOB GOLD & ASSOCIATES, pg. 1453
BOB, pg. 143
BOB'S YOUR UNCLE, pg. 143
BOC PARTNERS, pg. 143
BOCA COMMUNICATIONS, pg. 1453
BODDEN PARTNERS, pg. 143
BODEN AGENCY, pg. 1453
BODKIN ASSOCIATES, INC., pg. 143
BOELTER + LINCOLN MARKETING COMMUNICATIONS, pg. 144
BOHAN, pg. 144
BOHEMIA -see M&C SAATCHI PLC, pg. 659
BOHLSENPR INC., pg. 1453
BOILING POINT MEDIA, pg. 144
BOLCHALK FREY MARKETING, ADVERTISING & PUBLIC RELATIONS, pg. 144
BOLD ENTITY, pg. 145
BOLD OGILVY GREECE -see OGILVY, pg. 815
BOLD+BEYOND, pg. 145
BOLDIUM LLC, pg. 145
BOLDWERKS, pg. 145
BOLIN MARKETING, pg. 145
BOLLARE, pg. 1454
BOLT ENTERPRISES, pg. 1454
BOLT MARKETING GROUP, LLC, pg. 145
BOLT PUBLIC RELATIONS, pg. 1454
BONAFIDE, pg. 145
BOND BRAND LOYALTY, pg. 145
BOND MOROCH, pg. 1454
BOND STRATEGY & INFLUENCE, pg. 145
BONEAU/BRYAN-BROWN, pg. 1454
BONEHOOK, pg. 146
BONFIRE LABS, pg. 146
BONNEVILLE COMMUNICATIONS, pg. 146
BONNIE HENESON COMMUNICATIONS, INC., pg. 146
BOOK PUBLICITY SERVICES, pg. 1454
BOOKMARK CONTENT -see WPP PLC, pg. 1186
BOOM ADVERTISING, pg. 146
BOOMERANG PHARMACEUTICAL COMMUNICATIONS, pg. 146
BOOMM! MARKETING & COMMUNICATIONS, pg. 146
BOONDOCK WALKER, pg. 146
BOONE DELEON COMMUNICATIONS, INC., pg. 147
BOONEOAKLEY, pg. 147
BOOYAH ADVERTISING, pg. 1241
BOP DESIGN, INC., pg. 1398
BORDERS PERRIN NORRANDER INC, pg. 147
THE BORENSTEIN GROUP, INC., pg. 147
BORGMEYER MARKETING GROUP, pg. 148
BORN A.I., pg. 148
BORN, pg. 148
BORSHOFF, pg. 148
BOSCOBEL MARKETING COMMUNICATIONS, pg. 148
BOSE PUBLIC AFFAIRS GROUP, pg. 148
BOSS CREATIVE, pg. 1312
THE BOSTON GROUP, pg. 149
BOSTON INTERACTIVE, pg. 1242
THE BOSWORTH GROUP, pg. 149
BOTHWELL MARKETING, pg. 149
BOTTLEROCKET MARKETING GROUP, pg. 149
BOTTOM LINE MARKETING & PUBLIC RELATIONS, pg. 1454
BOTTOM LINE MARKETING, pg. 149
BOUCHARD MCELROY COMMUNICATIONS GROUP INC., pg. 149
BOUCHER + CO, pg. 149
BOUNCE MARKETING AND EVENTS, LLC, pg. 1398
BOUVIER KELLY INC., pg. 149
BOVIL DDB -see DDB WORLDWIDE COMMUNICATIONS GROUP INC., pg. 277
BOVIL DDB -see TBWA/WORLDWIDE, pg. 1083
BOWEN MEDIA, INC., pg. 1242
BOWSTERN, pg. 150
BOX CREATIVE, pg. 1242
BOXCAR CREATIVE LLC, pg. 1242
BOXCAR PR, pg. 1454
BOXER CREATIVE -see THE MARKETING STORE, pg. 1410
BOXER -see THE MARKETING STORE, pg. 1410
BOXING CLEVER, pg. 150
BOYCE MEDIA GROUP LLC, pg. 150

BOYDEN & YOUNGBLUTT ADVERTISING & MARKETING, pg. 150
BOYLAN POINT AGENCY, pg. 150
BOZEKEN, LLC, pg. 150
BOZELL, pg. 150
BPCM, pg. 151
BPG ADVERTISING, pg. 151
BPG GROUP -see WPP PLC, pg. 1179
BPG LLC -see OGILVY HEALTHWORLD, pg. 832
BPN WORLDWIDE, pg. 151
BR CREATIVE, pg. 151
BR PUBLIC RELATIONS, pg. 1454
BRABENDERCOX, pg. 151
BRAD RITTER COMMUNICATIONS, pg. 151
BRAD -see OGILVY, pg. 812
THE BRADFORD GROUP, pg. 1454
BRADFORDLAWTON, LLC, pg. 151
BRADLEY & MONTGOMERY ADVERTISING, pg. 152
BRADO CREATIVE INSIGHT, pg. 152
BRADSHAW ADVERTISING, pg. 152
BRAFF COMMUNICATIONS LLC, pg. 1455
BRAIN BOX -see TBWA/WORLDWIDE, pg. 1084
BRAIN BYTES CREATIVE, LLC, pg. 152
BRAINBLAZE ADVERTISING & DESIGN, pg. 152
BRAINCHILD CREATIVE, pg. 152
BRAINIUM INC., pg. 152
BRAINS ON FIRE, INC., pg. 152
BRAINSHINE, pg. 153
BRAINSTORM MEDIA, pg. 153
BRAINSTORMS ADVERTISING & MARKETING, INC., pg. 153
BRAINSWITCH ADVERTISING, pg. 153
BRAINTRUST, pg. 153
BRAITHWAITE COMMUNICATIONS, pg. 1455
BRALEY DESIGN, pg. 153
BRAMBLETT GROUP, pg. 153
BRAMSON + ASSOCIATES, pg. 153
BRAND ACTION TEAM, LLC, pg. 153
BRAND ADVERTISING GROUP, pg. 153
BRAND AGENT, pg. 153
BRAND ARC, pg. 154
BRAND CENTRAL STATION, pg. 154
BRAND CONNECTIONS, pg. 154
BRAND CONTENT, pg. 154
BRAND COOL MARKETING INC, pg. 154
BRAND DEFINITION, pg. 154
BRAND ELEVEN ELVEN, pg. 154
BRAND INNOVATION GROUP, pg. 155
BRAND IT ADVERTISING, pg. 155
BRAND LUCENCE, pg. 155
BRAND MATTERS INC., pg. 155
BRAND SOCIETY, pg. 155
BRAND TANGO INC., pg. 155
BRAND33, pg. 155
BRANDADVISORS, pg. 155
BRANDDIRECTIONS, pg. 155
BRANDEMIX, pg. 156
BRANDESIGN, pg. 156
BRANDEXTRACT, LLC, pg. 156
BRANDFIRE, pg. 156
BRANDHIVE, pg. 156
BRANDIENCE LLC, pg. 156
BRANDIGO, pg. 156
BRANDIMAGE DESGRIPPES & LAGA, pg. 157
BRANDING BRAND, pg. 1242
BRANDING IRON MARKETING, pg. 157
BRANDINGBUSINESS, pg. 157
BRANDLINK COMMUNICATIONS LLC, pg. 1398
BRANDLINKDC -see BRANDLINK COMMUNICATIONS LLC, pg. 1398
THE BRANDMAN AGENCY INC. -see THE BRANDMAN AGENCY, pg. 157
THE BRANDMAN AGENCY, pg. 157
BRANDMOVERS, pg. 1242
BRANDNER COMMUNICATIONS, INC., pg. 157
THE BRANDON AGENCY, pg. 158
BRANDOPUS, pg. 158
BRANDRENEW PR, pg. 1455
BRANDSCAPES, pg. 158
BRANDSPARX, pg. 1398
BRANDSTAR, pg. 158
BRANDSTYLE COMMUNICATIONS, pg. 1455
BRANDSWAY CREATIVE, pg. 159
BRANDSYMBOL, pg. 159
BRANDTAILERS, pg. 159
BRANDTOPIA GROUP, pg. 159
BRANDTRUST, pg. 159
BRANDTUITIVE, pg. 159

A-6

INDEX OF AGENCY NAMES

AGENCIES

BRANDWARE PUBLIC RELATIONS, pg. 1455
BRANDWISE, pg. 160
BRANDWIZARD, pg. 160
BRANGER_BRIZ, pg. 160
BRASCO DESIGN + MARKETING, pg. 160
BRASHE ADVERTISING, INC., pg. 160
BRATSKEIR & CO, pg. 160
BRAVADA CONSUMER COMMUNICATIONS INC., pg. 160
BRAVE NEW MARKETS, pg. 1242
BRAVE ONE, pg. 1242
BRAVE PEOPLE, pg. 160
BRAVE PUBLIC RELATIONS, pg. 1455
BRAVENETMEDIA.COM, pg. 1312
THE BRAVO GROUP HQ, pg. 160
BRAVO GROUP INC., pg. 1455
THE BRAVO GROUP -see THE BRAVO GROUP HQ, pg. 161
BRAVO MEDIA, pg. 161
BRAVO, pg. 1242
BRAVURA ADVERTISING & DESIGN, pg. 161
BRAXTON STRATEGIC GROUP, pg. 1312
BREAD AND BUTTER PUBLIC RELATIONS, pg. 1456
BREADNBUTTER, pg. 1243
BREAKAWAY COMMUNICATIONS LLC, pg. 1456
BREAKAWAY, pg. 161
BREAKFAST LLC, pg. 1243
BRENER, ZWIKEL & ASSOCIATES, INC., pg. 1456
BRENESCO LLC, pg. 161
BRENLIN, pg. 1398
BREW MEDIA RELATIONS, pg. 161
BREW, pg. 161
BREWER DIRECT, INC., pg. 161
BRG COMMUNICATIONS, pg. 1456
BRIAN COMMUNICATIONS, pg. 1456
THE BRICK FACTORY, pg. 1243
BRICK, INC., pg. 162
BRICKHOUSE PUBLIC RELATIONS, pg. 1456
BRIDGE GLOBAL STRATEGIES LLC, pg. 1456
BRIDGE STRATEGIC COMMUNICATIONS, pg. 162
BRIDGEMAN COMMUNICATIONS, INC., pg. 1457
BRIDGES ADVERTISING LLC, pg. 162
BRIERLEY & PARTNERS, pg. 162
BRIERLEY & PARTNERS -see WPP PLC, pg. 1186
BRIGGS ADVERTISING, pg. 163
BRIGGS & CALDWELL, pg. 163
BRIGHAM & RAGO MARKETING COMMUNICATIONS, pg. 163
BRIGHAM SCULLY, pg. 163
BRIGHT AGE, pg. 163
BRIGHT ORANGE ADVERTISING, pg. 163
BRIGHT REDTBWA, pg. 163
THE BRIGHTER GROUP -see FINN PARTNERS, pg. 381
BRIGHTFIRE LLC, pg. 163
BRIGHTHOUSE BRANDING GROUP, pg. 164
BRIGHTLINE ITV, pg. 164
BRIGHTON AGENCY, INC., pg. 164
BRIGHTWAVE MARKETING, pg. 164
BRILLIANT MEDIA STRATEGIES, pg. 164
BRIMMCOMM, INC., pg. 1457
BRING, pg. 165
BRINK COMMUNICATIONS, pg. 165
BRINK, pg. 1243
BRINKS WEB SOLUTIONS, pg. 1243
BRISTOL PUBLIC RELATIONS, INC., pg. 1457
THE BRITTO AGENCY, pg. 1457
BRIVIC MEDIA, pg. 165
BROAD STREET CO, pg. 1243
BROAD STREET, pg. 165
BROADBASED COMMUNICATIONS INC., pg. 165
BROADCAST TIME, INC., pg. 1312
BROADHEAD, pg. 165
BROADREACH PUBLIC RELATIONS, pg. 1457
BROADSTREET, pg. 1398
BROCK COMMUNICATIONS, pg. 165
BROCKETT CREATIVE GROUP, INC., pg. 165
BRODEUR PARTNERS, pg. 1457
BRODEUR PARTNERS -see BRODEUR PARTNERS, pg. 1458
BROGAN & PARTNERS CONVERGENCE MARKETING, pg. 166
BROGAN TENNYSON GROUP, INC., pg. 166
BROKAW INC., pg. 166
BROLIK, pg. 1243
THE BROMLEY GROUP, pg. 166
THE BROOKLYN BROTHERS, pg. 167
BROOKLYN UNITED, pg. 1243
BROOKS BELL INTERACTIVE, pg. 167

THE BROOKS GROUP, pg. 1458
BROTHERS & CO., pg. 167
BROTMAN WINTER FRIED COMMUNICATIONS, pg. 1458
THE BROWER GROUP, pg. 1458
BROWN BAG MARKETING, pg. 167
BROWN COMMUNICATIONS GROUP, pg. 168
BROWN-FORMAN MEDIA SERVICES/B-F ADVERTISING, pg. 1220
BROWN PUBLIC RELATIONS LLC, pg. 1459
BROWN+DUTCH PUBLIC RELATIONS, INC., pg. 1459
BROWNBOOTS INTERACTIVE, INC., pg. 168
BROWNING AGENCY, pg. 168
BROWNSTEIN GROUP, pg. 168
BROWNSTONE PR, pg. 1459
BRUCE CLAY, INC., pg. 169
BRUCE MAU DESIGN, pg. 169
BRUM ADVERTISING, pg. 169
BRUNET-GARCIA ADVERTISING, INC., pg. 169
BRUNNER, pg. 169
BRUNNER -see BRUNNER, pg. 170
BRUSHFIRE, INC./NEW YORK -see BRUSHFIRE, INC., pg. 170
BRUSHFIRE, INC., pg. 170
BRUSTMAN CARRINO PUBLIC RELATIONS, pg. 1459
BRYAN MILLS LTD., pg. 170
BRYDAN CORPORATION, pg. 1399
BRYNN BAGOT PUBLIC RELATIONS, LLC, pg. 1459
BSTRO, INC., pg. 1244
BSY ASSOCIATES INC, pg. 170
BTC MARKETING, pg. 171
BTC REVOLUTIONS, pg. 171
BTL NETWORK, pg. 171
BTRAX, INC., pg. 171
BUBBLEUP, LLC., pg. 171
BUCHANAN COMMUNICATIONS LTD. -see WPP PLC, pg. 1184
BUCHANAN PUBLIC RELATIONS, pg. 1459
BUCK LA, pg. 171
BUCK NY -see BUCK LA, pg. 171
BUCKAROO MARKETING, pg. 171
BUERO NEW YORK, pg. 172
BUFFALO.AGENCY, pg. 1459
BUIE & CO, pg. 1460
BULLDOG CREATIVE SERVICES, pg. 172
BULLDOG DRUMMOND, INC., pg. 172
BULLFROG & BAUM, pg. 172
BULLISH, pg. 172
BULLPEN INTEGRATED MARKETING, pg. 172
BULLSEYE STRATEGY, pg. 172
BULLY PULPIT INTERACTIVE, pg. 172
BULLY PULPIT INTERACTIVE -see BULLY PULPIT INTERACTIVE, pg. 173
THE BUNTIN GROUP, pg. 173
BUNTIN OUT-OF-HOME MEDIA, pg. 1312
BURDETTE KETCHUM, pg. 173
BURFORD COMPANY ADVERTISING, pg. 173
BURGESS ADVERTISING & MARKETING, pg. 174
BURGESS COMMUNICATIONS, INC, pg. 174
BURK ADVERTISING & MARKETING, pg. 174
BURKE ADVERTISING LLC, pg. 174
BURKHEAD BRAND GROUP, pg. 175
BURKHOLDER/FLINT, pg. 175
THE BURMEISTER GROUP, INC., pg. 175
BURN CREATIVE, pg. 175
BURNETT ADVERTISING, pg. 175
BURNS 360, pg. 1460
BURNS ENTERTAINMENT & SPORTS MARKETING, pg. 175
THE BURNS GROUP, pg. 175
BURNS MARKETING, pg. 175
BURNS MCCLELLAN, INC., pg. 175
BURNT CREATIVE, pg. 176
BURRELL, pg. 176
BURRIS CREATIVE INC, pg. 176
BURROWS SHENFIELD -see WUNDERMAN, pg. 1193
BURSON-MARSTELLER A/S -see BCW (BURSON COHN & WOLFE), pg. 1442
BURSON-MARSTELLER AB -see BCW (BURSON COHN & WOLFE), pg. 1442
BURSON-MARSTELLER AUSTIN -see BCW (BURSON COHN & WOLFE), pg. 1440
BURSON-MARSTELLER GMBH -see BCW (BURSON COHN & WOLFE), pg. 1442
BURSON-MARSTELLER, LTDA. -see BCW (BURSON COHN & WOLFE), pg. 1444
BURSON-MARSTELLER LTD. -see BCW (BURSON COHN & WOLFE), pg. 1442

BURSON-MARSTELLER MEXICO, S.A. DE C.V. -see BCW (BURSON COHN & WOLFE), pg. 1444
BURSON-MARSTELLER S.A./N.V. -see BCW (BURSON COHN & WOLFE), pg. 1444
BURSON-MARSTELLER (SEA) PTE. LTD. -see BCW (BURSON COHN & WOLFE), pg. 1445
BURSON-MARSTELLER S.R.L. -see BCW (BURSON COHN & WOLFE), pg. 1442
BURSON-MARSTELLER -see BCW (BURSON COHN & WOLFE), pg. 1445
BURSON-MARSTELLER -see BCW (BURSON COHN & WOLFE), pg. 1440
BURSON-MARSTELLER -see BCW (BURSON COHN & WOLFE), pg. 1441
BURSON-MARSTELLER -see BCW (BURSON COHN & WOLFE), pg. 1443
BURSON-MARSTELLER -see BCW (BURSON COHN & WOLFE), pg. 1444
BURSON-MARSTELLER -see BCW (BURSON COHN & WOLFE), pg. 1445
BURST MARKETING, pg. 176
BURTON ADVERTISING, pg. 176
BURTON, LIVINGSTONE & KIRK, pg. 176
BUSH COMMUNICATIONS, LLC, pg. 176
BUSH RENZ, pg. 177
BUSINESS-TO-BUSINESS MARKETING COMMUNICATIONS, pg. 177
BUSINESSONLINE, pg. 177
BUSINESSONLINE, pg. 1244
BUTCHER SHOP CREATIVE, pg. 177
BUTCHERSHOP, pg. 177
BUTLER ASSOCIATES, pg. 1460
BUTLER, SHINE, STERN & PARTNERS, pg. 177
BUTLER/TILL, pg. 1313
BUTTER TREE STUDIOS, pg. 178
BUY ADS DIRECT, pg. 1313
BUYER ADVERTISING, INC., pg. 178
THE BUZZ AGENCY, pg. 1460
BUZZ BRAND MARKETING, pg. 178
BUZZ CREATORS, INC., pg. 1460
BUZZ MARKETING GROUP, pg. 178
BUZZSAW ADVERTISING & DESIGN INC., pg. 178
BUZZSHIFT, pg. 1244
BVK-CHICAGO, pg. 179
BVK DIRECT -see BVK, pg. 179
BVK-FORT MYERS -see BVK, pg. 179
BVK/MEKA -see BVK, pg. 179
BVK-TAMPA -see BVK, pg. 179
BVK, pg. 178
BWP COMMUNICATIONS, pg. 179
THE BYNE GROUP, pg. 179
BYNUMS MARKETING & COMMUNICATIONS, INC, pg. 179
BYNUMS MINORITY MARKETING GROUP -see BYNUMS MARKETING & COMMUNICATIONS, INC, pg. 180
BYRNE PR, LLC, pg. 1460

C

C-4 ANALYTICS LLC, pg. 1244
C&G PARTNERS, LLC., pg. 180
C&I STUDIOS INC., pg. 180
C&M MEDIA, pg. 1460
C&S CREATIVE, pg. 180
C BLOHM & ASSOCIATES INC, pg. 1460
C. MILAN COMMUNICATIONS, pg. 1461
C-SECTION -see YOUNG & RUBICAM, pg. 1204
C SPACE -see DIVERSIFIED AGENCY SERVICES, pg. 305
C-SQUARED PR, INC., pg. 1461
C SUITE COMMUNICATIONS, pg. 180
C2C OUTDOOR, pg. 1313
C.2K COMMUNICATIONS, pg. 181
C3 COMMUNICATIONS INC, pg. 1461
C3 - CREATIVE CONSUMER CONCEPTS, pg. 181
THE C3 GROUP, pg. 181
C3PR, pg. 1461
CABELLO ASSOCIATES, pg. 181
CABEZA ADVERTISING, pg. 181
CACTUS, pg. 181
CADDIS INTERACTIVE, pg. 181
CADE & ASSOCIATES ADVERTISING, INC., pg. 181
CADIENT GROUP, pg. 182
CADREON, pg. 1313
CAIN & COMPANY, pg. 182
CAKE & ARROW, pg. 1244
CAKE GROUP LTD -see HAVAS, pg. 473

AGENCIES

INDEX OF AGENCY NAMES

CALCIUM, pg. 182
CALDER BATEMAN COMMUNICATIONS LTD., pg. 182
CALDWELL COMMUNICATIONS, pg. 1220
CALDWELL VANRIPER, pg. 182
CALHOUN & COMPANY, pg. 1461
CALIBER CREATIVE, LLC, pg. 183
CALIBER CREATIVE, pg. 182
THE CALIBER GROUP, pg. 183
CALIFORNIA OUTDOOR ADVERTISING, pg. 183
CALISE PARTNERS INC., pg. 183
CALLAHAN CREEK, INC., pg. 183
CALLAHAN CREEK -see CALLAHAN CREEK, INC., pg. 183
CALLAN ADVERTISING COMPANY, pg. 184
CALLANAN & KLEIN COMMUNICATIONS, INC., pg. 184
CALLIS & ASSOC., pg. 184
CALYPSO, pg. 184
CALYSTO COMMUNICATIONS, pg. 1461
CALZONE & ASSOCIATES, pg. 184
CAMBRIDGE BIOMARKETING, pg. 184
CAMDEN, pg. 185
CAMELLIA DIGITAL AGENCY, pg. 185
CAMELOT ILLINOIS, pg. 185
CAMELOT STRATEGIC MARKETING & MEDIA, pg. 1314
CAMEO PUBLIC RELATIONS, pg. 1461
CAMP + KING, pg. 185
CAMP PACIFIC -see DARE, pg. 1248
CAMP, pg. 185
CAMPAIGN CONNECTIONS, pg. 1461
CAMPAIGNS & GREY -see GREY NEW YORK, pg. 447
CAMPBELL EWALD LOS ANGELES -see THE INTERPUBLIC GROUP OF COMPANIES, INC., pg. 541
CAMPBELL EWALD NEW YORK -see THE INTERPUBLIC GROUP OF COMPANIES, INC., pg. 541
CAMPBELL EWALD SAN ANTONIO -see THE INTERPUBLIC GROUP OF COMPANIES, INC., pg. 541
CAMPBELL EWALD, pg. 185
CAMPBELL LACOSTE, INC., pg. 186
CAMPBELL MARKETING & COMMUNICATIONS, pg. 186
CAMPFIRE, pg. 186
CAMPOS CREATIVE WORKS, pg. 186
CAMPUS MEDIA GROUP, INC., pg. 1314
CANALE COMMUNICATIONS, pg. 187
CANAUDI INC., pg. 1461
CANDOR, pg. 1461
CANNONBALL, pg. 187
CANOPY BRAND GROUP, pg. 187
CANSPAN BMG, pg. 187
CANTINA, pg. 1244
CANVAS WORLDWIDE, pg. 1314
CANYONPR, pg. 187
CAPITAL CITY PUBLIC RELATIONS, pg. 1462
CAPITAL GOODS, pg. 187
CAPITOL MARKETING GROUP, INC., pg. 187
CAPITOL MEDIA SOLUTIONS, pg. 187
CAPLAN COMMUNICATIONS, pg. 1462
CAPONIGRO MARKETING GROUP, LLC, pg. 188
CAPONIGRO PUBLIC RELATIONS, INC., pg. 1462
CAPPELLI MILES, pg. 188
CAPRICORN, pg. 1399
THE CAPSTONE GROUP LLC, pg. 1462
CAPSTRAT, pg. 1462
CAPSULE BRAND DEVELOPMENT, pg. 188
CAPTAINS OF INDUSTRY, pg. 188
CAPTIVA MARKETING, LLC, pg. 188
CAPTURA GROUP, pg. 1244
CAPTURE MARKETING, pg. 1462
CARABINER COMMUNICATIONS, pg. 1462
CARAT INSIGHT, pg. 1314
CARAT USA, INC., pg. 1314
CARBON8, pg. 188
CARBURE, pg. 188
CARDENAS MARKETING NETWORK INC., pg. 188
CARDINAL WEB SOLUTIONS, pg. 1244
CARDWELL BEACH, pg. 189
CAREN WEST PR, LLC, pg. 1462
CAREW CO, pg. 189
CARGO LLC, pg. 189
CARING MARKETING SOLUTIONS, pg. 189
CARL BLOOM ASSOCIATES, INC., pg. 189
CARLING COMMUNICATIONS, pg. 189
CARLTON FIELDS JORDEN BURT -see MWWPR, pg. 1592
CARMA PR, pg. 1463
CARMI & UBERTIS DESIGN S.R.L. -see PUBLICIS GROUPE S.A., pg. 899
CARMICHAEL LYNCH RELATE -see CARMICHAEL LYNCH, pg. 190
CARMICHAEL LYNCH, pg. 189
CARNEY & CO., pg. 190
CARNEY COMMUNICATIONS, pg. 1463
CARO MARKETING, pg. 1463
CAROL FOX AND ASSOCIATES, pg. 190
CAROL H. WILLIAMS ADVERTISING, pg. 190
CAROLE BERKE MEDIA SERVICES, pg. 191
CAROLYN IZZO INTEGRATED COMMUNICATIONS, pg. 1463
CAROLYN KAMII PUBLIC RELATIONS, pg. 191
CAROUSEL, pg. 191
CARR KNOWLEDGE LLC, pg. 191
CARR MARKETING COMMUNICATION, INC., pg. 191
CARRE NOIR BARCELONA -see PUBLICIS GROUPE S.A., pg. 901
CARRE NOIR -see PUBLICIS GROUPE S.A., pg. 898
CARROLL/WHITE, pg. 191
CARROT CREATIVE, pg. 191
CARROTNEWYORK, pg. 191
CARS DIGITAL INC, pg. 1244
THE CARSON GROUP, pg. 191
THE CARTER MALONE GROUP LLC, pg. 192
CARTER WEST PUBLIC RELATIONS, pg. 1463
CARTERTODD & ASSOCIATES, INC., pg. 1463
CARUSOPR, pg. 1463
CARYL COMMUNICATIONS, INC., pg. 192
CASACOM, pg. 192
CASANOVA PENDRILL, pg. 192
CASCADE WEB DEVELOPMENT, pg. 192
CASEY & SAYRE, pg. 1463
CASEY COMMUNICATIONS, INC., pg. 193
CASEY'S ADVERTISING, pg. 1220
CASHMAN & ASSOCIATES, pg. 1463
CASHMAN & KATZ INTEGRATED COMMUNICATIONS, pg. 193
CASHMERE AGENCY, pg. 193
CASON NIGHTINGALE CREATIVE COMMUNICATIONS, pg. 193
CASPARI MCCORMICK, pg. 193
CASSIDY & ASSOCIATES/WEBER SHANDWICK GOVERNMENT RELATIONS -see WEBER SHANDWICK, pg. 1674
CASTELLS & ASOCIADOS, pg. 194
CASTER COMMUNICATIONS, INC., pg. 1464
CASTILLO & RUIG COMMUNICATIONS, pg. 1464
CASTLE COMMUNICATIONS, pg. 194
THE CASTLE GROUP, pg. 1464
CATALPHA ADVERTISING & DESIGN, pg. 194
CATALYST ADVERTISING, pg. 194
CATALYST MARKETING COMMUNICATIONS INC., pg. 195
CATALYST MARKETING COMPANY, pg. 195
CATALYST MARKETING DESIGN, pg. 195
CATALYST ONLINE -see GROUPM NORTH AMERICA & CORPORATE HQ, pg. 1323
CATALYST S+F, pg. 195
CATALYST, SCIENCE + SOUL, pg. 195
CATALYST, pg. 194
CATAPULT MARKETING, pg. 196
CATAPULT PR-IR, L.L.C., pg. 1464
CATCH-22 CREATIVE INC, pg. 196
CATCH 24 ADVERTISING & DESIGN, pg. 196
CATCH NEW YORK, pg. 196
CATCHFIRE, pg. 196
CATMEDIA, pg. 196
CAUGHERTY HAHN COMMUNICATIONS, INC., pg. 1464
THE CAUSEWAY AGENCY, pg. 196
CAVALRY AGENCY, pg. 197
THE CAVALRY COMPANY, pg. 197
CAWOOD, pg. 1464
CAYENNE COMMUNICATION, pg. 1465
CAYENNE CREATIVE, pg. 197
CBA BE -see OGILVY, pg. 813
CBA BE -see WPP PLC, pg. 1179
CBC ADVERTISING, pg. 197
CBR PUBLIC RELATIONS, pg. 1465
CCG MARKETING SOLUTIONS, pg. 197
CCH MARKETING & PUBLIC RELATIONS, pg. 1465
CCM MARKETING COMMUNICATIONS, pg. 197
CD&M COMMUNICATIONS, pg. 198
CDHM COMMUNICATIONS, pg. 198
CDK GLOBAL, LLC, pg. 198
THE CDM GROUP, pg. 198
CDM WEST -see THE CDM GROUP, pg. 198
CEA MARKETING GROUP, pg. 199
CECE FEINBERG PUBLIC RELATIONS, pg. 1465
CEL PUBLIC RELATIONS INC, pg. 1465
CELLO HEALTH COMMUNICATIONS, pg. 199
CELTIC, INC., pg. 199
CELTIC MARKETING, INC., pg. 199
CEMENT MARKETING, pg. 199
THE CEMENTWORKS, LLC, pg. 199
CENTER MASS MEDIA, pg. 200
CENTERLINE DIGITAL, pg. 1244
CENTIGRADE INTERNATIONAL LTD., pg. 200
CENTIGRADE -see CENTIGRADE INTERNATIONAL LTD., pg. 200
CENTRA360, pg. 1399
CENTRIC, pg. 200
CENTRO LLC, pg. 1245
CENTRON -see HEALTHSTAR COMMUNICATIONS, INC., pg. 492
CENTURION STRATEGIES LLC, pg. 200
CERADINI BRAND DESIGN, pg. 200
CERAMI WORLDWIDE COMMUNICATIONS, INC., pg. 200
CERBERUS AGENCY, pg. 201
CERCONE BROWN CURTIS, pg. 201
CERRELL ASSOCIATES, INC., pg. 1465
CERTAINSOURCE, pg. 201
CFIVE SOLUTIONS, pg. 201
CFM STRATEGIC COMMUNICATIONS, INC., pg. 1465
CFX INC, pg. 201
CG LIFE, pg. 201
CGPR, LLC, pg. 1466
CGPR -see CGPR, LLC, pg. 1466
CGR CREATIVE, pg. 201
CGT MARKETING LLC, pg. 201
CHACKA MARKETING, pg. 1245
CHAMBERLAIN HEALTHCARE PUBLIC RELATIONS, pg. 1466
CHAMELEON PR -see DIVERSIFIED AGENCY SERVICES, pg. 305
CHAMPION MANAGEMENT, pg. 1466
CHANDELIER, pg. 202
CHANDLER CHICCO AGENCY-LOS ANGELES -see CHANDLER CHICCO AGENCY, pg. 202
CHANDLER CHICCO AGENCY-WASHINGTON -see CHANDLER CHICCO AGENCY, pg. 202
CHANDLER CHICCO AGENCY, pg. 202
CHANGE COMMUNICATIONS GMBH -see THE INTERPUBLIC GROUP OF COMPANIES, INC., pg. 541
CHANGE COMMUNICATIONS, pg. 1466
CHANGING OUR WORLD -see DIVERSIFIED AGENCY SERVICES, pg. 305
CHANNEL ISLANDS DESIGN, pg. 202
CHANNEL V MEDIA, pg. 1466
CHAPMAN CUBINE ADAMS + HUSSEY, pg. 202
CHAPPELLROBERTS, pg. 202
THE CHAPTER MEDIA, pg. 203
CHAPTER, pg. 202
CHARACTER, pg. 203
CHARENE CREATIVE, pg. 203
CHARISMA! COMMUNICATIONS, pg. 203
CHARLES COMMUNICATIONS ASSOCIATES LLC, pg. 1466
CHARLES RYAN ASSOCIATES INC., pg. 203
CHARLES RYAN ASSOCIATES -see CHARLES RYAN ASSOCIATES INC., pg. 203
CHARLES ZUKOW ASSOCIATES LLC, pg. 1466
CHARLESTON/ORWIG, INC., pg. 203
CHARLTON MARKETING INC, pg. 204
CHARTWELL AGENCY, pg. 1467
CHASE COMMUNICATIONS - A LEVICK COMPANY -see LEVICK, pg. 1566
CHASEDESIGN, LLC -see MOMENTUM WORLDWIDE, pg. 755
CHATTER BUZZ MEDIA, pg. 204
CHATTER CREATIVE, pg. 204
CHECKMARK COMMUNICATIONS, pg. 1220
CHEDDAR SOCIAL, pg. 204
CHEETAH DIGITAL, pg. 1245
CHEETHAM BELL -see J. WALTER THOMPSON, pg. 561
CHEIL CANADA, pg. 204
CHEIL NORTH AMERICA, pg. 204
CHEIL WORLDWIDE INC. -see HAKUHODO INCORPORATED, pg. 462
CHEMISTRY ATLANTA -see CHEMISTRY COMMUNICATIONS INC., pg. 205
CHEMISTRY CLUB, pg. 205
CHEMISTRY COMMUNICATIONS INC., pg. 205
CHEMISTRY, pg. 1467
CHEN DESIGN ASSOCIATES INC, pg. 205
CHERESKIN COMMUNICATIONS, pg. 206
CHERNOFF NEWMAN, pg. 1467

INDEX OF AGENCY NAMES

AGENCIES

CHERNOFF NEWMAN, pg. 206
CHEROKEE COMMUNICATIONS INC., pg. 1315
CHERYL ANDREWS MARKETING COMMUNICATIONS, pg. 1468
CHESLEY BRYAN MARKETING, pg. 206
CHESTER + COMPANY, pg. 206
CHEVALIER ADVERTISING, INC., pg. 206
CHF INVESTOR RELATIONS, pg. 206
CHICAGO DIGITAL, pg. 1245
CHILD'S PLAY COMMUNICATIONS, pg. 1468
CHILLI MARKETING LIMITED, pg. 207
CHILLINGWORTH/RADDING INC., pg. 207
CHIME COMMUNICATIONS PLC -see WPP PLC, pg. 1185
CHITIKA, INC., pg. 207
CHLETCOS/GALLAGHER INC., pg. 207
CHONG & KOSTER, pg. 1245
CHOPS ADVERTISING, LLC, pg. 207
THE CHR GROUP, pg. 207
CHRISTIE & CO, pg. 1468
CHRLX, pg. 207
CHROMIUM, pg. 207
CHUMNEY & ASSOCIATES, pg. 207
CI DESIGN INC., pg. 208
CI GROUP, pg. 208
C.I. VISIONS INC., pg. 1468
CIBO, pg. 1245
CICERON, INC., pg. 1245
CIDER HOUSE MEDIA, pg. 208
CIE DIRECT, pg. 1220
CIEN+, pg. 208
CIESADESIGN, pg. 208
CIMBRIAN, pg. 208
CINCH PR & BRANDING GROUP, pg. 1469
CINDY RICCIO COMMUNICATIONS, INC., pg. 1469
CINETRANSFORMER INTERNATIONAL INC., pg. 1399
CIRCLE OF ONE MARKETING, pg. 208
CIRCUS GREY -see GREY NEW YORK, pg. 444
CIRCUS MARKETING, pg. 208
CIRCUS MAXIMUS, pg. 209
THE CIRLOT AGENCY, INC., pg. 209
CITIZEN GROUP, pg. 209
CITIZEN RELATIONS, pg. 1469
CITRUS STUDIOS, pg. 209
CITYTWIST, pg. 209
CIVIC ENTERTAINMENT GROUP, LLC, pg. 209
CIVILIAN, pg. 210
CIVITAS MARKETING, pg. 210
CJ ADVERTISING LLC, pg. 210
CJ PUBLIC RELATIONS, pg. 1470
CJP ADVERTISING, pg. 1220
CJRW NORTHWEST, pg. 210
CK ADVERTISING, pg. 210
CK COMMUNICATIONS, INC. (CKC), pg. 210
CKC AGENCY, pg. 1470
CKR INTERACTIVE, pg. 211
CLAIREMONT COMMUNICATIONS, pg. 1470
CLAPP COMMUNICATIONS, pg. 211
CLARION COMMUNICATIONS -see WPP PLC, pg. 1185
CLARITY COVERDALE FURY ADVERTISING, INC., pg. 211
CLARITY PR, pg. 1470
CLARK & ASSOCIATES, pg. 211
CLARK COMMUNICATIONS, pg. 1470
CLARK CREATIVE GROUP, pg. 212
CLARK/NIKDEL/POWELL, pg. 212
CLARUS COMMUNICATIONS, pg. 1470
CLASSIFIED ADVERTISING PLUS, LLC, pg. 1315
CLAY POT CREATIVE, pg. 212
CLAY, pg. 1246
CLAYTON DESIGN GROUP LLC, pg. 212
CLEAN DESIGN, INC., pg. 212
CLEAN SHEET COMMUNICATIONS, pg. 213
CLEAR -see M&C SAATCHI PLC, pg. 659
CLEARMOTIVE MARKETING GROUP, pg. 213
CLEARPH DESIGN, pg. 213
CLEARPOINT AGENCY, pg. 1470
CLEARRIVER COMMUNICATIONS GROUP, pg. 213
CLEMENGER BBDO MELBOURNE -see BBDO WORLDWIDE INC., pg. 111
CLEMENGER BBDO WELLINGTON -see BBDO WORLDWIDE INC., pg. 113
CLEVELAND DESIGN, pg. 213
CLEVERBIRD CREATIVE INC, pg. 213
CLICK HERE LABS, pg. 1246
CLICK4CORP, pg. 1246
CLICKBOOTH, pg. 1315
CLICKCULTURE, pg. 213

CLICKMAIL MARKETING, INC., pg. 1399
CLICKSPRING DESIGN, pg. 213
CLIENT COMMAND, pg. 213
CLIENT FOCUSED MEDIA, pg. 214
CLIFF ROSS, pg. 214
CLINE, DAVIS & MANN, INC. -see THE CDM GROUP, pg. 199
CLIQUE STUDIOS, LLC, pg. 1246
CLIVE HOFFMAN ASSOCIATES, pg. 1470
CLIX MARKETING, pg. 214
CLM BBDO -see BBDO WORLDWIDE INC., pg. 104
CLM MARKETING & ADVERTISING, pg. 214
CLOCKWORK ACTIVE MEDIA, pg. 214
CLOCKWORK DESIGN GROUP INC., pg. 214
CLOSERLOOK, INC., pg. 214
CLOUDRAKER, pg. 214
CLS STRATEGIES, pg. 1470
CLUM CREATIVE, pg. 1246
CLY COMMUNICATION, pg. 1471
CLYNE MEDIA INC., pg. 215
CM COMMUNICATIONS, INC., pg. 215
CMD, pg. 215
CMDS, pg. 215
CMG WORLDWIDE-LOS ANGELES OFFICE -see CMG WORLDWIDE, pg. 215
CMG WORLDWIDE, pg. 215
CMI MEDIA, LLC, pg. 215
CMI MEDIA -see CMI MEDIA, LLC, pg. 216
CMPR LLC, pg. 1471
CMT CREATIVE MARKETING TEAM, pg. 216
CMW MEDIA, pg. 1471
CN COMMUNICATIONS, pg. 216
CO&P INTEGRATED MARKETING, pg. 216
CO: COLLECTIVE, pg. 216
CO-COMMUNICATIONS INC., pg. 1400
COALITION TECHNOLOGIES, pg. 216
COAST PUBLIC RELATIONS, pg. 1471
COATES KOKES, pg. 216
COBURN COMMUNICATIONS, pg. 1471
COCO+CO, pg. 217
CODE AND THEORY, pg. 217
CODE COMPUTERLOVE LTD. -see MEDIACOM, pg. 1347
CODE KOALAS, pg. 1246
COGNETIX, INC., pg. 217
COGNISCIENT MEDIA, pg. 1316
COGNITIVE IMPACT, pg. 217
COHEN COMMUNICATIONS, pg. 217
COHLMIA MARKETING, pg. 217
COHN & WOLFE AUSTIN -see BCW (BURSON COHN & WOLFE), pg. 1441
COHN & WOLFE BENELUX -see BCW (BURSON COHN & WOLFE), pg. 1443
COHN & WOLFE IMPACTASIA -see BCW (BURSON COHN & WOLFE), pg. 1445
COHN & WOLFE XPR INDONESIA -see BCW (BURSON COHN & WOLFE), pg. 1445
COHN & WOLFE -see BCW (BURSON COHN & WOLFE), pg. 1441
COHN & WOLFE -see BCW (BURSON COHN & WOLFE), pg. 1442
COHN & WOLFE -see BCW (BURSON COHN & WOLFE), pg. 1443
COHN MARKETING, pg. 217
COLANGELO & PARTNERS PUBLIC RELATIONS, pg. 1471
COLANGELO, pg. 218
COLDSPARK, pg. 218
COLE & WEBER UNITED, pg. 218
COLEHOUR + COHEN, pg. 218
COLENSO BBDO -see BBDO WORLDWIDE INC., pg. 114
COLETTE PHILLIPS COMMUNICATIONS, pg. 1472
COLEY PORTER BELL -see OGILVY, pg. 817
COLEY PORTER BELL -see WPP PLC, pg. 1179
COLISEUM COMMUNICATIONS, pg. 218
COLLABORATE COMMUNICATIONS, INC., pg. 219
COLLAGE ADVERTISING, pg. 219
COLLE+MCVOY, pg. 219
COLLECTIVE ID -see WPP PLC, pg. 1179
COLLIDE MEDIA GROUP, pg. 220
COLLING MEDIA LLC, pg. 220
COLLINS, pg. 220
COLMAN BROHAN DAVIS, pg. 220
COLONIAL MARKETING GROUP INC., pg. 220
COLORPLAY STUDIO, pg. 220
COLOUR, pg. 221
COLTRIN & ASSOCIATES, INC., pg. 1472
COLUMBIA UNIVERSITY PRESS ADVERTISING GROUP, pg. 1221

COLUMN FIVE, pg. 221
COMBLU INC., pg. 1472
COMBS & COMPANY, pg. 221
COMCAST SPOTLIGHT, pg. 221
COMMARCO GMBH -see WPP PLC, pg. 1180
COMMCREATIVE, pg. 221
COMMERCE HOUSE, pg. 221
COMMIT AGENCY, pg. 221
COMMON GROUND PUBLIC RELATIONS, pg. 1472
COMMON SENSE ADVERTISING, pg. 222
COMMONWEALTH CONSULTANTS, pg. 1472
COMMONWEALTH CREATIVE ASSOCIATES, pg. 222
COMMONWEALTH PUBLIC RELATIONS, pg. 1472
COMMONWEALTH -see MCCANN, pg. 698
COMMPRO LLC, pg. 222
COMMUNICA, INC., pg. 222
COMMUNICATION ASSOCIATES, pg. 222
COMMUNICATION SERVICES, pg. 222
COMMUNICATION STRATEGY GROUP & BRANDTELLING, pg. 223
COMMUNICATIONS 21, pg. 1472
COMMUNICATIONS ADVERTISING, INC., pg. 223
THE COMMUNICATIONS AGENCY, pg. 1473
THE COMMUNICATIONS GROUP, pg. 223
COMMUNICATIONS PACIFIC, pg. 1473
THE COMMUNICATIONS STRATEGY GROUP, INC., pg. 223
THE COMMUNICATORS GROUP, pg. 223
COMMUNIQUE PR, pg. 1473
COMMUNIQUE -see EDELMAN, pg. 1497
COMMUNITECH, pg. 1473
THE COMMUNITY, pg. 223
THE COMMUNITY -see THE COMMUNITY, pg. 224
THE COMPANY, pg. 224
COMPAS, INC., pg. 1316
COMPASS MARKETING, pg. 224
COMPASS POINT MEDIA, pg. 1316
COMPASS PORTER NOVELLI -see BRODEUR PARTNERS, pg. 1458
COMPASS PORTER NOVELLI -see PORTER NOVELLI, pg. 1614
COMPASS PUBLIC RELATIONS -see BCW (BURSON COHN & WOLFE), pg. 1446
COMPETE, INC. -see THE KANTAR GROUP, pg. 587
COMPLETE MARKETING RESOURCES INC., pg. 225
COMPLETE MEDIA INC., pg. 225
COMPLETE PUBLIC RELATIONS, pg. 1473
THE COMPUTER STUDIO, pg. 225
COMRADE, pg. 1246
COMUNIKA, pg. 225
CONCENTRIC HEALTH EXPERIENCE, pg. 225
CONCENTRIC MARKETING, pg. 225
CONCEPT ARTS, pg. 225
CONCEPT COMPANY, INC., pg. 226
CONCEPT ENVY, pg. 226
CONCEPT FARM, pg. 226
CONCEPT THREE INC., pg. 226
CONCEPT9 DIGITAL AGENCY, pg. 226
CONCEPTS INC., pg. 1473
CONCRETE DESIGN COMMUNICATIONS INC, pg. 226
CONDRON & COSGROVE, pg. 226
CONE COMMUNICATIONS LLC -see CONE COMMUNICATIONS, pg. 1473
CONE COMMUNICATIONS, pg. 1473
THE CONFLUENCE, pg. 226
CONILL ADVERTISING, INC., pg. 226
CONILL ADVERTISING, INC. -see CONILL ADVERTISING, INC., pg. 227
CONNECT MARKETING, INC., pg. 1473
CONNECT PUBLIC RELATIONS, pg. 1474
CONNECTIONS ADVERTISING & MARKETING, pg. 227
CONNECTIONS MEDIA, pg. 1247
CONNECTIVITY MARKETING AND MEDIA AGENCY, pg. 227
CONNELLY PARTNERS TRAVEL -see CONNELLY PARTNERS, pg. 228
CONNELLY PARTNERS, pg. 227
CONNELLYWORKS, INC., pg. 1474
CONNORS ADVERTISING & DESIGN, pg. 228
CONRANPR, pg. 1474
CONRIC PR & MARKETING, pg. 1474
THE CONROY MARTINEZ GROUP, pg. 228
CONSENSUS COMMUNICATIONS, INC., pg. 1474
CONSENSUS INC, pg. 1474
CONSOLIDATED SOLUTIONS, pg. 228
CONSORTIUM MEDIA SERVICES, pg. 228
CONSTRUCTION MARKETING INC, pg. 228

A-9

AGENCIES — INDEX OF AGENCY NAMES

CONSTRUCTIVE, pg. 228
CONSULTORES DEL PLATA S.A. -see BCW (BURSON COHN & WOLFE), pg. 1444
CONTAGIOUSLA, pg. 229
CONTEND, pg. 229
CONTEXT-BASED RESEARCH GROUP, pg. 229
CONTEXTUAL CODE, pg. 229
CONTRACT ADVERTISING (INDIA) LIMITED -see J. WALTER THOMPSON, pg. 555
CONTRAPUNTO -see BBDO WORLDWIDE INC., pg. 108
CONTRAST CREATIVE, pg. 229
CONVENTURES, INC., pg. 1474
CONVERSA, pg. 1474
CONVERSANT, INC., pg. 1316
CONVERSE MARKETING, pg. 229
CONVERSION PIPELINE, pg. 229
COOK & SCHMID, pg. 1475
COOKERLY PUBLIC RELATIONS, pg. 1475
COOKSEY COMMUNICATIONS, INC., pg. 1475
COOKSON STRATEGIC COMMUNICATIONS, pg. 1475
COOL NERDS MARKETING, pg. 229
COONEY/WATERS GROUP, pg. 229
COOPER COMMUNICATIONS, pg. 230
THE COOPER GROUP, pg. 230
COOPER HONG INC., pg. 1475
COOPER SMITH AGENCY, pg. 1475
COOPTIONS SHOPPER MARKETING, pg. 1400
COPACINO + FUJIKADO, LLC, pg. 230
COPERNIO, pg. 230
COPIOUS, pg. 231
COPP MEDIA SERVICES INC, pg. 231
CORBIN-HILLMAN COMMUNICATIONS, pg. 1475
CORD MEDIA, pg. 231
CORDERO & DAVENPORT ADVERTISING, pg. 231
CORE CREATIVE, INC., pg. 231
CORE DESIGNTEAM, pg. 1247
CORE GROUP ONE, INC., pg. 231
CORE IR, pg. 231
CORECUBED, pg. 231
CORINTHIAN MEDIA, INC., pg. 1316
THE CORKERY GROUP, INC. -see COONEY/WATERS GROUP, pg. 230
CORKTREE CREATIVE, pg. 1476
CORLISS MARKETING COMMUNICATIONS, pg. 232
CORNERSTONE AGENCY, INC., pg. 1476
CORNERSTONE COMMUNICATIONS LTD., pg. 1476
CORNERSTONE COMMUNICATIONS, pg. 1476
CORNERSTONE GOVERNMENT AFFAIRS, pg. 232
CORNERSTONE MARKETING & ADVERTISING, INC., pg. 232
CORNETT INTEGRATED MARKETING SOLUTIONS, pg. 232
CORNING PLACE COMMUNICATIONS, pg. 232
CORPORATE INK, pg. 1476
CORPORATE VOICE-WEBER SHANDWICK -see WEBER SHANDWICK, pg. 1681
CORRIDOR COMMUNICATIONS, INC., pg. 232
CORTEX, pg. 1247
COSINE -see DIVERSIFIED AGENCY SERVICES, pg. 305
COSSETTE B2B -see COSSETTE INC., pg. 233
COSSETTE COMMUNICATION-MARKETING (MONTREAL) INC. -see COSSETTE INC., pg. 233
COSSETTE COMMUNICATION-MARKETING -see COSSETTE INC., pg. 234
COSSETTE COMMUNICATIONS, pg. 232
COSSETTE COMMUNICATIONS -see COSSETTE INC., pg. 233
COSSETTE INC., pg. 233
COSTA DESIGNS, INC., pg. 234
COTTERWEB ENTERPRISES, INC., pg. 234
COTTMAN MCCANN ADVERTISING -see MCCANN, pg. 706
COUDAL PARTNERS, pg. 234
COVET PR, pg. 1476
COWAN & COMPANY COMMUNICATIONS, INC., pg. 1476
COWLEY ASSOCIATES, INC., pg. 234
COX GROUP, pg. 234
COXRASMUSSEN & CROSS MARKETING & ADVERTISING, INC., pg. 234
COYNE ADVERTISING & PUBLIC RELATIONS, pg. 234
COYNE PUBLIC RELATIONS, pg. 1476
CP+B BOULDER, pg. 235
CP+B LA -see CP+B BOULDER, pg. 235
CP+B -see CP+B BOULDER, pg. 235
CPC STRATEGY, pg. 1316
CPM AUSTRALIA -see CPM, pg. 236
CPM GERMANY GMBH -see CPM, pg. 236
CPM IRELAND -see CPM, pg. 236
CPM NETHERLANDS -see CPM, pg. 236
CPM SPAIN -see CPM, pg. 236
CPM SWITZERLAND -see CPM, pg. 236
CPM, pg. 236
CPMEDIA SERVICES, INC., pg. 1317
CPR STRATEGIC MARKETING COMMUNICATIONS, pg. 236
CRABB RADERMACHER, pg. 236
CRACKERJACK MEDIA, pg. 1477
CRAFT, pg. 236
CRAFTED, pg. 1247
CRAMER-KRASSELT, pg. 237
CRAMER PRODUCTIONS INC., pg. 238
CRAMP & ASSOCIATES, INC., pg. 238
CRANE WEST, pg. 238
CRANFORD JOHNSON ROBINSON WOODS, pg. 238
CRANIUM 360, pg. 238
CRANIUM STUDIO, pg. 238
CRAWFORD ADVERTISING ASSOCIATES, LTD., pg. 238
CRAWFORD STRATEGY, pg. 239
CRC MARKETING SOLUTIONS, pg. 1400
CREATE ADVERTISING GROUP, pg. 239
CREATETHE GROUP, INC., pg. 239
CREATETWO, pg. 1477
THE CREATIVE ALLIANCE, INC., pg. 239
CREATIVE ARTISTS AGENCY, pg. 239
CREATIVE BEARINGS, pg. 239
CREATIVE BRAND CONSULTING, pg. 239
CREATIVE BROADCAST CONCEPTS, pg. 239
CREATIVE CANNON, pg. 240
CREATIVE CIVILIZATION AN AGUILAR/GIRARD AGENCY, pg. 240
CREATIVE COMMUNICATION ASSOCIATES, pg. 240
CREATIVE COMMUNICATIONS CONSULTANTS, INC., pg. 1477
CREATIVE COMMUNICATIONS CONSULTANTS, INC., pg. 240
CREATIVE COMMUNICATIONS SERVICES, pg. 240
CREATIVE COMPANY, pg. 240
THE CREATIVE DEPARTMENT, pg. 241
CREATIVE DIMENSIONS, pg. 241
CREATIVE DIRECTION, INC., pg. 241
CREATIVE DISTILLERY, pg. 241
CREATIVE DYNAMIX INK, pg. 241
CREATIVE ENERGY GROUP INC, pg. 241
CREATIVE FEED, pg. 242
CREATIVE HEADS ADVERTISING, INC., pg. 242
CREATIVE HOUSE STUDIOS, pg. 242
CREATIVE I, pg. 242
CREATIVE IMAGE ADVERTISING & DESIGN, INC., pg. 242
CREATIVE IMPACT AGENCY, pg. 243
CREATIVE JUICE G1 -see TBWA/WORLDWIDE, pg. 1092
CREATIVE LICENSE, pg. 243
CREATIVE MARKETING ALLIANCE INC., pg. 243
CREATIVE MARKETING PLUS INC., pg. 243
CREATIVE MARKETING RESOURCE, INC., pg. 243
CREATIVE MARKETING RESOURCES, pg. 243
CREATIVE MEDIA AGENCY LLC, pg. 244
CREATIVE MEDIA ALLIANCE, pg. 244
CREATIVE MEDIA MARKETING, pg. 1477
CREATIVE MINDWORKS, pg. 244
THE CREATIVE MOMENTUM, pg. 244
CREATIVE MULTIMEDIA SOLUTIONS LLC, pg. 1247
CREATIVE NOGGIN, pg. 244
CREATIVE OPTIONS COMMUNICATIONS, pg. 244
THE CREATIVE OUTHOUSE, pg. 245
CREATIVE PARTNERS GROUP, INC., pg. 245
CREATIVE PARTNERS, pg. 245
CREATIVE PRODUCERS GROUP, pg. 245
CREATIVE PRODUCTIONS, pg. 1400
CREATIVE RESOURCES GROUP, pg. 245
CREATIVE RESPONSE CONCEPTS, pg. 1477
CREATIVE SOAPBOX, pg. 245
CREATIVE SOLUTIONS INTERNATIONAL, pg. 245
CREATIVE SPOT, pg. 246
CREATIVE STORM, pg. 246
THE CREATIVE STRATEGY AGENCY, pg. 246
CREATIVE VIDEO, pg. 246
CREATIVE:MINT LLC, pg. 246
CREATIVEONDEMAND, pg. 246
CREAXION, pg. 246
CRENDO, pg. 246
CRENSHAW COMMUNICATIONS, pg. 1478
CRESCENDO, pg. 247
CRESTA CREATIVE, pg. 247
CRESTA WEST -see CRESTA CREATIVE, pg. 247
CRIER COMMUNICATIONS, pg. 247
CRISTOFOLI-KEELING, INC., pg. 1478
CRITERION B. AGENCY, pg. 247
CRITICAL LAUNCH, LLC, pg. 247
CRITICAL MASS INC., pg. 248
CRITTENDEN ADVERTISING, pg. 248
CRN INTERNATIONAL, INC., pg. 1400
CROCKER & CROCKER, pg. 1478
CRONIN, pg. 248
CROSBY MARKETING COMMUNICATIONS, pg. 249
CROSBY-WRIGHT, pg. 249
CROSS MARKETING, pg. 1478
CROSSBOW GROUP, LLC, pg. 249
CROSSMEDIA, pg. 1317
CROSSOVER CREATIVE GROUP, pg. 250
CROSSROADS B2B CONSULTING, pg. 1478
CROSSROADS, pg. 250
CROSSWIND COMMUNICATIONS, LLC., pg. 1478
CROSSWIND MEDIA AND PUBLIC RELATIONS, pg. 1478
THE CROUCH GROUP, INC., pg. 250
CROUD INC LTD, pg. 1247
CROW CREATIVE, pg. 250
CROWE PR, pg. 1478
CROWL, MONTGOMERY & CLARK, pg. 250
CROWLEY WEBB, pg. 250
CROWN COMMUNICATIONS, pg. 250
CROWN SOCIAL AGENCY, pg. 251
CRUCIAL INTERACTIVE INC., pg. 251
THE CRUSH AGENCY, pg. 251
CRUX CREATIVE, pg. 251
CRYSTAL CLEAR CREATIVE, INC., pg. 251
CSI GROUP, INC., pg. 251
CSSI CULINARY, pg. 251
CSTRAIGHT MEDIA, pg. 251
CTB ADVERTISING, pg. 1221
CTI MEDIA, pg. 251
CTP, pg. 252
CUBIC, pg. 252
CUBICLE NINJAS, pg. 252
CUE CREATIVE, pg. 252
CUE INC, pg. 252
CUKER, pg. 252
CULLOTON STRATEGIES, pg. 1479
CULT360, pg. 253
CULTIVATE PUBLIC RELATIONS, pg. 1479
CULTURE ONE WORLD LLC, pg. 253
CULTURESPAN MARKETING, pg. 253
CULVER PUBLIC RELATIONS, pg. 1479
THE CUMMINGS GROUP, pg. 253
CUMMINS & PARTNERS, pg. 253
CUMMINS&PARTNERS -see CUMMINS & PARTNERS, pg. 253
CUMMINS, MACFAIL & NUTRY, INC., pg. 254
CUNDARI INTEGRATED ADVERTISING, pg. 254
CUNEO ADVERTISING, pg. 254
CUNNINGHAM GROUP, pg. 254
CURA STRATEGIES, pg. 254
CURATOR, pg. 1479
CURIOSITY ADVERTISING, pg. 254
CURLEY & PYNN, pg. 1479
CURLEY COMPANY INC, pg. 1479
CURRAN & CONNORS, INC., pg. 254
CURRENT LIFESTYLE MARKETING, pg. 1479
CURRENT360, pg. 255
CURTIS BIRCH INC., pg. 255
CURVE COMMUNICATIONS, pg. 1479
CURVE TRENDS MARKETING, pg. 255
CUSTOM CREATIVES, pg. 255
CUSTOMEDIALABS, pg. 255
CUTLER PR -see KITE HILL PR LLC, pg. 1559
CUTWATER, pg. 255
CVA ADVERTISING & MARKETING, INC., pg. 255
CWR & PARTNERS LLP, pg. 1480
CYBER COMMUNICATIONS INC. -see DENTSU INC., pg. 291
CYNTHCARM COMMUNICATIONS, pg. 256
THE CYPHERS AGENCY, INC., pg. 256
CYPRESS MEDIA GROUP, pg. 1480

D

D&DPR, pg. 1480
D&S CREATIVE COMMUNICATIONS INC., pg. 256
D/CO CONSULTING, pg. 1247
D EXPOSITO & PARTNERS, LLC, pg. 256

INDEX OF AGENCY NAMES
AGENCIES

D. HILTON ASSOCIATES, INC., pg. 256
D. WILLIAMS PUBLIC RELATIONS & EVENT MANAGEMENT GROUP, pg. 1480
D2 CREATIVE, pg. 256
D3 NYC, pg. 256
D4 CREATIVE GROUP, pg. 256
D4 MCCANN -see MCCANN, pg. 704
D50 MEDIA, pg. 257
DAC GROUP, pg. 257
DADA GOLDBERG, pg. 1480
D'ADDA, LORENZINI, VIGORELLI, BBDO -see BBDO WORLDWIDE INC., pg. 106
DAE ADVERTISING, INC., pg. 257
DAGGER, pg. 1247
DAHLIA PUBLIC RELATIONS, pg. 1480
DAHU AGENCY, pg. 257
DAIGLE CREATIVE, pg. 257
DAILEY & ASSOCIATES, pg. 258
DAISHO CREATIVE STRATEGIES, pg. 258
DALGAR COMMUNICATIONS GROUP LLC, pg. 1480
DALLAS RIFFLE MEDIA, pg. 258
DALTON AGENCY ATLANTA -see DALTON AGENCY JACKSONVILLE, pg. 258
DALTON AGENCY JACKSONVILLE, pg. 258
DALY GRAY PUBLIC RELATIONS, pg. 259
DALY-SWARTZ PUBLIC RELATIONS, pg. 1480
DALYN MILLER PUBLIC RELATIONS, LLC., pg. 259
DAMEN JACKSON, pg. 259
DAMN GOOD, pg. 259
DAMO ADVERTISING, pg. 259
DAN PIPKIN ADVERTISING AGENCY, INC., pg. 259
DANA AGENCY, pg. 1480
DANA COMMUNICATIONS, INC., pg. 259
DANA COMMUNICATIONS -see DANA COMMUNICATIONS, INC., pg. 259
DANARI MEDIA, pg. 1247
DANCIE PERUGINI WARE PUBLIC RELATIONS, pg. 1480
DANIEL BRIAN ADVERTISING, pg. 259
DANIELS & ROBERTS, INC., pg. 260
DANIKA COMMUNICATIONS, LLC, pg. 1481
DARBY COMMUNICATIONS, pg. 1481
DARBY O'BRIEN ADVERTISING, pg. 260
DARCI CREATIVE, pg. 260
DARE, pg. 1248
DARK HORSE MARKETING, pg. 260
DARK HORSE MEDIA, pg. 260
DARKSTAR DIGITAL, pg. 1248
DARLING, pg. 260
DARNELL WORKS INC, pg. 1481
DARRYL DOUGLAS MEDIA, pg. 260
DARWIN BBDO -see BBDO WORLDWIDE INC., pg. 103
DARWIN HEALTHCARE COMMUNICATIONS -see WPP PLC, pg. 1183
DAS GROUP, INC., pg. 260
DAS GROUP -see DAS GROUP, INC., pg. 260
DASH MEDIA PR, pg. 1481
DASH TWO, pg. 1317
DATALAB USA LLC, pg. 261
DATAXU, INC., pg. 1317
DAVID & GOLIATH, pg. 261
DAVID GELLER ASSOCIATES, INC., pg. 262
DAVID ID, INC., pg. 262
THE DAVID JAMES AGENCY, pg. 262
DAVID JAMES GROUP, pg. 262
DAVID PEARSON ASSOCIATES, pg. 1481
DAVID PR GROUP, pg. 1481
DAVID STARK DESIGN & PRODUCTION, pg. 262
DAVID THE AGENCY -see DAVID, pg. 261
DAVID, pg. 261
DAVIDSON & BELLUSO, pg. 263
DAVIESMOORE, pg. 263
DAVIS ADVERTISING, INC., pg. 263
DAVIS & CO. INC -see DAVIS & COMPANY, pg. 264
DAVIS & COMPANY, pg. 263
DAVIS BARONE MARKETING, pg. 264
DAVIS ELEN ADVERTISING, INC., pg. 264
DAVIS-ELEN ADVERTISING, INC. -see DAVIS ELEN ADVERTISING, INC., pg. 264
DAVIS ELEN ADVERTISING INC -see DAVIS ELEN ADVERTISING, INC., pg. 265
DAVIS ELEN ADVERTISING, INC. -see DAVIS ELEN ADVERTISING, INC., pg. 264
DAVIS ELEN ADVERTISING -see DAVIS ELEN ADVERTISING, INC., pg. 264
DAVIS HARRISON DION, INC., pg. 265
DAVRON MARKETING, pg. 265
DAY COMMUNICATIONS VANCOUVER, pg. 265

THE DAY GROUP, pg. 266
DAY ONE AGENCY, pg. 266
DAYNER HALL INC., pg. 266
DB&M MEDIA INC, pg. 266
DB STUDIOS, pg. 1221
DBOD -see WPP PLC, pg. 1180
DBOX, pg. 266
DBURNS, pg. 1248
DCA/DCPR, pg. 266
DCF ADVERTISING, pg. 266
DCI GROUP, pg. 1481
DCI-WEST -see DEVELOPMENT COUNSELLORS INTERNATIONAL, LTD., pg. 296
DCX GROWTH ACCELERATOR, pg. 266
DDB AMSTERDAM -see DDB WORLDWIDE COMMUNICATIONS GROUP INC., pg. 277
DDB ARGENTINA -see DDB WORLDWIDE COMMUNICATIONS GROUP INC., pg. 270
DDB BARCELONA S.A. -see DDB WORLDWIDE COMMUNICATIONS GROUP INC., pg. 280
DDB BERLIN -see DDB WORLDWIDE COMMUNICATIONS GROUP INC., pg. 274
DDB BRAZIL -see DDB WORLDWIDE COMMUNICATIONS GROUP INC., pg. 271
DDB BUCHAREST -see DDB WORLDWIDE COMMUNICATIONS GROUP INC., pg. 279
DDB BUDAPEST -see DDB WORLDWIDE COMMUNICATIONS GROUP INC., pg. 275
DDB CALIFORNIA -see ANDERSON DDB HEALTH & LIFESTYLE, pg. 57
DDB CANADA -see DDB VANCOUVER, pg. 267
DDB CASERS -see DDB WORLDWIDE COMMUNICATIONS GROUP INC., pg. 278
DDB CHICAGO -see DDB WORLDWIDE COMMUNICATIONS GROUP INC., pg. 268
DDB CHILE -see DDB WORLDWIDE COMMUNICATIONS GROUP INC., pg. 271
DDB CHINA - SHANGHAI -see DDB WORLDWIDE COMMUNICATIONS GROUP INC., pg. 272
DDB COMMUNICATION FRANCE -see DDB WORLDWIDE COMMUNICATIONS GROUP INC., pg. 273
DDB DENMARK -see DDB WORLDWIDE COMMUNICATIONS GROUP INC., pg. 272
DDB DUBAI -see DDB WORLDWIDE COMMUNICATIONS GROUP INC., pg. 281
DDB ESTONIA LTD. -see DDB WORLDWIDE COMMUNICATIONS GROUP INC., pg. 273
DDB EUROPE -see DDB WORLDWIDE COMMUNICATIONS GROUP INC., pg. 282
DDB GROUP BELGIUM -see DDB WORLDWIDE COMMUNICATIONS GROUP INC., pg. 271
DDB GROUP GERMANY -see DDB WORLDWIDE COMMUNICATIONS GROUP INC., pg. 274
DDB GUOAN COMMUNICATIONS BEIJING CO., LTD. -see DDB WORLDWIDE COMMUNICATIONS GROUP INC., pg. 272
DDB HEALTH, pg. 267
DDB HELSINKI -see DDB WORLDWIDE COMMUNICATIONS GROUP INC., pg. 273
DDB INDONESIA -see DDB WORLDWIDE COMMUNICATIONS GROUP INC., pg. 276
DDB JAPAN -see DDB WORLDWIDE COMMUNICATIONS GROUP INC., pg. 276
DDB LATIN AMERICA -see DDB WORLDWIDE COMMUNICATIONS GROUP INC., pg. 269
DDB LATINA PUERTO RICO, pg. 267
DDB LATVIA -see DDB WORLDWIDE COMMUNICATIONS GROUP INC., pg. 276
DDB LISBOA -see DDB WORLDWIDE COMMUNICATIONS GROUP INC., pg. 279
DDB MADRID, S.A. -see DDB WORLDWIDE COMMUNICATIONS GROUP INC., pg. 280
DDB MELBOURNE PTY. LTD. -see DDB WORLDWIDE COMMUNICATIONS GROUP INC., pg. 270
DDB MEXICO -see DDB WORLDWIDE COMMUNICATIONS GROUP INC., pg. 277
DDB MOZAMBIQUE -see DDB WORLDWIDE COMMUNICATIONS GROUP INC., pg. 277
DDB MUDRA GROUP -see DDB WORLDWIDE COMMUNICATIONS GROUP INC., pg. 275
DDB MUDRA -see DDB WORLDWIDE COMMUNICATIONS GROUP INC., pg. 276
DDB NEW YORK -see DDB WORLDWIDE COMMUNICATIONS GROUP INC., pg. 269
DDB NEW ZEALAND LTD. -see DDB WORLDWIDE COMMUNICATIONS GROUP INC., pg. 278
DDB OSLO A.S. -see DDB WORLDWIDE COMMUNICATIONS GROUP INC., pg. 278
DDB PARIS -see DDB WORLDWIDE COMMUNICATIONS GROUP INC., pg. 273
DDB PHILIPPINES INC. -see DDB WORLDWIDE COMMUNICATIONS GROUP INC., pg. 278
DDB PRAGUE -see DDB WORLDWIDE COMMUNICATIONS GROUP INC., pg. 272
DDB RUSSIA -see DDB WORLDWIDE COMMUNICATIONS GROUP INC., pg. 279
DDB SAN FRANCISCO -see DDB WORLDWIDE COMMUNICATIONS GROUP INC., pg. 269
DDB SOFIA -see DDB WORLDWIDE COMMUNICATIONS GROUP INC., pg. 271
DDB SOUTH AFRICA -see DDB WORLDWIDE COMMUNICATIONS GROUP INC., pg. 280
DDB S.R.L. ADVERTISING -see DDB WORLDWIDE COMMUNICATIONS GROUP INC., pg. 276
DDB STOCKHOLM -see DDB WORLDWIDE COMMUNICATIONS GROUP INC., pg. 280
DDB SYDNEY PTY. LTD. -see DDB WORLDWIDE COMMUNICATIONS GROUP INC., pg. 270
DDB VANCOUVER, pg. 267
DDB VIENNA -see DDB WORLDWIDE COMMUNICATIONS GROUP INC., pg. 274
DDB VIETNAM ADVERTISING -see DDB WORLDWIDE COMMUNICATIONS GROUP INC., pg. 282
DDB WARSAW -see DDB WORLDWIDE COMMUNICATIONS GROUP INC., pg. 279
DDB WORLDWIDE COLOMBIA, S.A. -see DDB WORLDWIDE COMMUNICATIONS GROUP INC., pg. 272
DDB WORLDWIDE COLOMBIA S.A. -see DDB WORLDWIDE COMMUNICATIONS GROUP INC., pg. 272
DDB WORLDWIDE COMMUNICATIONS GROUP INC., pg. 268
DDB WORLDWIDE LTD. -see DDB WORLDWIDE COMMUNICATIONS GROUP INC., pg. 274
DDB -see DDB WORLDWIDE COMMUNICATIONS GROUP INC., pg. 279
DDM ADVERTISING INC, pg. 283
DDR PUBLIC RELATIONS, pg. 1482
DE ALBA COMMUNICATIONS, pg. 283
DE LA CRUZ & ASSOCIATES, pg. 283
DE LA GARZA PUBLIC RELATIONS, INC., pg. 1482
DE LE MA/ MCCANN ERICKSON -see MCCANN, pg. 702
DEAD AS WE KNOW IT, pg. 283
DEALER DOT COM, INC, pg. 283
DEALER INSPIRE, pg. 283
DEALERON, INC, pg. 283
THE DEALEY GROUP, pg. 283
DEAN DESIGN/MARKETING GROUP, INC., pg. 284
DEANE/SMITH, pg. 1482
DEANHOUSTON, INC., pg. 284
DEARDORFF ASSOCIATES, pg. 284
DEARING GROUP, pg. 284
DEBOW COMMUNICATIONS, LTD., pg. 284
DEBRA SEIFERT COMMUNICATIONS, pg. 1482
DECCA DESIGN, pg. 284
DECIBEL BLUE, pg. 285
DECIBEL MEDIA, pg. 285
DECIBEL, pg. 284
DECK AGENCY, pg. 285
DECKER CREATIVE MARKETING, pg. 285
THE DECKER/ROYAL AGENCY, pg. 1482
DECODED ADVERTISING, pg. 285
DECODER, pg. 285
DEEP FRIED ADVERTISING LLC, pg. 285
DEEPLOCAL INC., pg. 285
DEEPSLEEP STUDIO, pg. 286
DEETERUSA, pg. 286
DEFAZIO COMMUNICATIONS, pg. 1482
DEFERO, pg. 286
DEFINITION 6, pg. 286
DEFYMEDIA, pg. 1248
DEG, pg. 1248
DEKSIA, pg. 286
DEL CAMPO NAZCA SAATCHI & SAATCHI -see SAATCHI & SAATCHI, pg. 981
DELANEY MATRIX, pg. 286
DELAUNAY COMMUNICATIONS, INC., pg. 1482
DELAUNE & ASSOCIATES, pg. 286
DELEON GROUP, LLC, pg. 286
DELFINO MARKETING COMMUNICATIONS, INC., pg. 287
DELIA ASSOCIATES, pg. 287
DELICIOUS BUZZ COMMUNICATIONS, pg. 1482
DELICIOUS DESIGN, pg. 287

A-11

AGENCIES

INDEX OF AGENCY NAMES

DELIGHTFUL COMMUNICATIONS LLC, pg. 1482
DELL BLUE, pg. 1221
DELLA FEMINA ADVERTISING, pg. 287
DELOITTE DIGITAL, pg. 1249
THE DELOR GROUP, pg. 288
DELPHIC DIGITAL, pg. 1249
DELTA MEDIA, INC., pg. 288
DELTA MEDIA, pg. 1482
DELUCA FRIGOLETTO ADVERTISING, INC., pg. 288
DELUCCHI PLUS, pg. 288
DEMI & COOPER ADVERTISING, pg. 288
DEMONSTRATE PR LLC, pg. 1482
DEMOSS, pg. 1483
DEMPS & ASSOCIATES LLC, pg. 288
DENMARK ADVERTISING & PUBLIC RELATIONS, pg. 288
DENNEEN & COMPANY, pg. 288
DENNIS PR GROUP, pg. 1483
DENNY INK, pg. 1483
DENOR BRANDS & PUBLIC RELATIONS, pg. 1483
DENTINO MARKETING, pg. 289
DENTSU AEGIS NETWORK AMERICAS, pg. 1318
DENTSU AEGIS NETWORK LTD. -see DENTSU INC., pg. 291
DENTSU AEGIS, pg. 289
DENTSU INC., pg. 289
DENTSU Y&R JAPAN -see YOUNG & RUBICAM, pg. 1199
DENTSU YOUNG & RUBICAM INC. -see YOUNG & RUBICAM, pg. 1201
DENTSUBOS, pg. 291
DEPARTMENT ZERO, pg. 291
DEPARTURE, pg. 291
DEPIRRO/GARRONE, LLC, pg. 292
DEPPE COMMUNICATIONS LLC, pg. 292
DEPT AGENCY, pg. 292
DEPTH PUBLIC RELATIONS, pg. 1483
DERSE INC., pg. 292
DESANTIS BREINDEL, pg. 292
DESIGN ABOUT TOWN, pg. 292
DESIGN ARMY, pg. 292
DESIGN AT WORK, pg. 293
DESIGN GROUP MARKETING, pg. 293
DESIGN HOUSE, pg. 293
DESIGN ONE CREATIVE INC., pg. 293
DESIGN REACTOR, INC., pg. 293
DESIGNKITCHEN, pg. 293
THE DESIGNORY, pg. 293
DESIGNZILLAS, LLC, pg. 1249
DESKEY, pg. 293
DESTINATION MARKETING, pg. 294
DETATI COMMUNICATIONS, pg. 1249
DEUTSCH, INC., pg. 294
DEUTSCH LA -see DEUTSCH, INC., pg. 294
DEUTSCH NEW YORK -see DEUTSCH, INC., pg. 295
DEUTSCHMEDIA -see DEUTSCH, INC., pg. 295
DEUTSER, pg. 295
DEVANEY & ASSOCIATES, pg. 295
DEVELOPER MEDIA, pg. 296
DEVELOPMENT COUNSELLORS INTERNATIONAL, LTD., pg. 296
DEVELOPMENT NOW, pg. 1249
DEVENEY COMMUNICATIONS, pg. 1483
DEVICEPHARM, pg. 296
DEVINE + PARTNERS, pg. 1483
DEVINE COMMUNICATIONS, pg. 296
DEVINE MULVEY LONGABAUGH, pg. 1483
DEVITO GROUP, pg. 296
DEVITO/VERDI, pg. 296
DEVON ADVERTISING AGENCY LLC, pg. 297
THE DEVON GROUP, pg. 1483
DEVOTE, pg. 297
DEVRIES GLOBAL, pg. 1484
DEWAR COMMUNICATIONS INC., pg. 297
DG COMMUNICATIONS GROUP, pg. 297
DGS MARKETING ENGINEERS, pg. 297
DH, pg. 298
DHX ADVERTISING, INC., pg. 298
DI MODA PUBLIC RELATIONS, pg. 1484
DIADEIS, pg. 298
DIAL HOUSE, pg. 298
DIALAMERICA MARKETING, INC., pg. 1221
DIALOG DIRECT, pg. 298
THE DIALOG MARKETING GROUP, pg. 299
DIALOGO PUBLIC RELATIONS, pg. 1484
DIAMOND MERCKENS HOGAN, pg. 299
DIAMOND PUBLIC RELATIONS, pg. 1484
DIAN GRIESEL INC., pg. 1484

DIANE TERMAN PUBLIC RELATIONS, pg. 1485
DIAZ & COOPER ADVERTISING INC, pg. 299
DIAZ COMMUNICATIONS, pg. 1485
DICKS + NANTON AGENCY, LLC, pg. 299
DICOM, INC., pg. 1318
DIDIT, pg. 1250
DIESTE, pg. 299
DIETCH PR, pg. 1485
DIETRICHDIRECT, LLC, pg. 299
DIF INC., pg. 1250
DIFFERENT PERSPECTIVE, pg. 300
DIFFUSION INC, pg. 1485
DIFFUSION PR, pg. 1485
DIGENNARO COMMUNICATIONS, pg. 1485
DIGILANT, pg. 300
DIGIPOWERS, INC., pg. 300
DIGITAL ADVERTISING CONSORTIUM, INC. -see HAKUHODO INCORPORATED, pg. 462
DIGITAL BRAND ARCHITECTS, pg. 300
DIGITAL BRAND EXPRESSIONS, pg. 300
DIGITAL BREW, pg. 300
DIGITAL CURRENT, pg. 1250
DIGITAL DOVETAIL LLC, pg. 300
DIGITAL EDGE, pg. 300
DIGITAL FIREFLY MARKETING, pg. 1250
DIGITAL HERETIX, pg. 300
DIGITAL KITCHEN, pg. 301
DIGITAL MEDIA MANAGEMENT, pg. 301
DIGITAL MEDIA SOLUTIONS, LLC, pg. 1250
DIGITAL OPERATIVE INC., pg. 301
DIGITAL PULP, pg. 301
DIGITAL RELATIVITY, pg. 301
DIGITAL STYLE TECHNOLOGIES, pg. 1250
DIGITAL SURGEONS LLC, pg. 301
DIGITAL THIRD COAST INTERNET MARKETING, pg. 1250
DIGITAS HEALTH LONDON -see DIGITAS, pg. 1251
DIGITAS HEALTH, pg. 302
DIGITAS HEALTH -see DIGITAS, pg. 1251
DIGITAS, pg. 302
DIGITAS, pg. 1250
DIGITAS -see DIGITAS, pg. 1251
DIGITAS -see DIGITAS, pg. 1252
DIGITAS -see DIGITAS, pg. 1253
DIGIWORKS MEDIA, pg. 302
DIGNEY & COMPANY PUBLIC RELATIONS, pg. 302
DILYON CREATIVE GROUP, pg. 302
DIMASSIMO GOLDSTEIN, pg. 302
THE DINGES GANG, LTD., pg. 1485
DINI VON MUEFFLING COMMUNICATIONS, pg. 1485
DIO, LLC, pg. 302
DION MARKETING COMPANY, pg. 303
DIRCKS ASSOCIATES, pg. 303
DIRECT ACCESS DIGITAL, pg. 1253
DIRECT AGENTS, INC., pg. 1253
DIRECT ASSOCIATES, pg. 303
DIRECT CHOICE, pg. 303
DIRECT EFFECT MEDIA SERVICES, pg. 1318
THE DIRECT IMPACT COMPANY -see BCW (BURSON COHN & WOLFE), pg. 1442
DIRECT MARKETING CENTER, pg. 303
DIRECT MARKETING SOLUTIONS, pg. 304
DIRECT RESPONSE ACADEMY, pg. 304
THE DIRECT RESPONSE GROUP, LLC, pg. 1318
DIRECT WEB ADVERTISING, INC., pg. 304
DIRECTAVENUE, pg. 1319
DISCOVER MEDIAWORKS INC, pg. 304
DISCOVER THE WORLD MARKETING, pg. 304
DISCOVERY USA -see PUBLICIS GROUPE S.A., pg. 905
DISNEY'S YELLOW SHOES CREATIVE GROUP/WALT DISNEY PARKS & RESORTS, pg. 1221
THE DISTILLERY PROJECT, pg. 304
DITCH CREATIVE, pg. 1253
DITTBORN & UNZUETA MRM -see MRM MCCANN, pg. 768
DITTOE PUBLIC RELATIONS, INC., pg. 1486
DIVERSIFIED AGENCY SERVICES, pg. 304
DIVISION ADVERTISING & DESIGN, pg. 308
DIVISION OF LABOR, pg. 308
DIX & EATON, pg. 308
DIXON/DAVIS MEDIA GROUP, pg. 1486
DIXON JAMES COMMUNICATIONS, pg. 1486
DIXON JAMES COMMUNICATIONS, pg. 308
DIXON SCHWABL ADVERTISING, pg. 309
DJ-LA LLC, pg. 309
DJD/GOLDEN ADVERTISING, INC., pg. 309
DKC LOS ANGELES -see DKC NEW YORK, pg. 1486
DKC NEW YORK, pg. 1486

DKC -see DKC NEW YORK, pg. 1486
D.L. MEDIA INC., pg. 309
DLS DESIGN, pg. 310
DM2 DESIGN CONSULTANCY, pg. 310
DM9DDB -see DDB WORLDWIDE COMMUNICATIONS GROUP INC., pg. 271
DMA UNITED, pg. 310
DMG MARKETING, pg. 310
DMI PARTNERS, pg. 311
DMN3/DALLAS -see DMN3, pg. 311
DMN3, pg. 311
DMNGOOD, pg. 311
DMW WORLDWIDE LLC, pg. 311
DNA CREATIVE COMMUNICATIONS, pg. 1486
DNA SEATTLE, pg. 311
DNT MEDIA INC, pg. 311
DO GOOD MARKETING, LLC, pg. 312
DOBERMAN, pg. 312
DODGE ASSOCIATES, INC., pg. 312
DOE-ANDERSON, pg. 312
DOE-ANDERSON -see DOE-ANDERSON, pg. 313
DOERR ASSOCIATES, pg. 1487
DOGGETT ADVERTISING, pg. 313
DOGTIME MEDIA INC., pg. 313
DOGWOOD PRODUCTIONS, INC., pg. 313
DOLABANY COMMUNICATIONS GROUP, pg. 313
DOM CAMERA & COMPANY, LLC, pg. 1319
DOMANI STUDIOS LLC, pg. 1253
DOMUS INC., pg. 313
DON FARLEO ADVERTISING & DESIGN COMPANY INC., pg. 314
DON JAGODA ASSOCIATES, INC., pg. 1401
DON SCHAAF & FRIENDS, INC., pg. 314
DONALD R. HARVEY, INC., pg. 314
THE DONALDSON GROUP, pg. 314
DONER, LONDON -see DONER, pg. 315
DONER, LONDON -see MDC PARTNERS INC., pg. 722
DONER, pg. 314
DONER -see DONER, pg. 315
DONER -see MDC PARTNERS INC., pg. 724
DONLEY COMMUNICATIONS, pg. 1487
DONOVAN ADVERTISING & MARKETING SERVICES, pg. 315
DOODL, pg. 316
DOODLE DOG ADVERTISING, pg. 316
THE DOOR, LLC, pg. 1487
DOOR NUMBER 3, pg. 316
DOREMUS (HONG KONG) -see DOREMUS, pg. 317
DOREMUS (SAN FRANCISCO) -see DOREMUS, pg. 316
DOREMUS (UNITED KINGDOM) -see DOREMUS, pg. 317
DOREMUS, pg. 316
DORN MARKETING, pg. 317
DORNENBURG KALLENBACH ADVERTISING, pg. 317
DORSEY STUDIOS, pg. 317
DOTTED LINE COMMUNICATIONS, pg. 1487
DOUBLE FORTE, pg. 1487
DOUBLE-TEAM BUSINESS PLANS, pg. 317
DOUBLE XXPOSURE MEDIA RELATIONS INC, pg. 317
DOUBLEPOSITIVE MARKETING GROUP, INC., pg. 318
DOUBLESPACE INC, pg. 1253
DOUBLETAKE STUDIOS, INC., pg. 318
DOUG&PARTNERS INC., pg. 318
DOUG CARPENTER + ASSOCIATES, pg. 318
DOUGLAS MARKETING GROUP, LLC, pg. 318
DOVETAIL PARTNER PROMOTIONS, pg. 1401
DOVETAIL PUBLIC RELATIONS, pg. 1487
DOVETAIL SOLUTIONS, pg. 1487
DOVETAIL, pg. 318
DOWNTOWN ACTION MARKETING -see TBWA/WORLDWIDE, pg. 1084
DOWNTOWN PARTNERS CHICAGO, pg. 318
DOZ, pg. 318
THE DOZIER COMPANY, pg. 318
DPA COMMUNICATIONS, pg. 1487
DPK PUBLIC RELATIONS, pg. 1488
DPR GROUP, INC., pg. 1488
DPZ-DUAILIBI, PETIT, ZARAGOZA, PROPAGANDA S.A. -see ACENTO ADVERTISING, INC., pg. 21
DPZ-DUAILIBI, PETIT, ZARAGOZA, PROPAGANDA S.A. -see PUBLICIS GROUPE S.A., pg. 906
DQMPR, pg. 1488
DRA COLLECTIVE, pg. 1488
DRAGON ARMY, pg. 1253
DRAKE ADVERTISING LTD, pg. 1319
DRAKE COOPER INC., pg. 319
DRAW, pg. 319
DREAM FACTORY, pg. 319
DREAMBEAR, LLC, pg. 319

A-12

INDEX OF AGENCY NAMES — AGENCIES

DREAMBIG, pg. 319
DREAMBOX CREATIONS, INC., pg. 1253
DREAMENTIA INC, pg. 320
DREAMWEAVER BRAND COMMUNICATIONS, pg. 320
DRESNER ALLEN CARON, pg. 1488
DRESNER CORPORATE SERVICES, pg. 1488
DRIFTWOOD MEDIA, pg. 320
DRINKCAFFEINE, pg. 1253
DRINKPR, pg. 320
DRIVE BRAND STUDIO, pg. 320
DRIVE COMMUNICATIONS INC., pg. 320
DRIVE MOTORSPORTS INTERNATIONAL, pg. 320
DRIVE RESULTS, LLC, pg. 321
DRIVE SOCIAL MEDIA, pg. 1254
DRIVEMG, pg. 321
DRIVEN 360, pg. 1488
DRIVEN SOLUTIONS INC., pg. 321
DRM PARTNERS, INC., pg. 1319
DROESE PUBLIC RELATIONS, pg. 1488
DROGA5, pg. 321
DROGA5 -see DROGA5, pg. 322
DROTMAN COMMUNICATIONS, pg. 1488
DROY ADVERTISING, pg. 322
DRS & ASSOCIATES, pg. 322
THE DRUCKER GROUP, pg. 322
DRUM, INC., pg. 322
DRUM OMG -see PHD, pg. 1363
DRUMROLL, pg. 323
DSB CREATIVE, pg. 1254
DSC (DILEONARDO SIANO CASERTA) ADVERTISING, pg. 323
DSD CREATIVE GROUP, INC., pg. 323
THE DSM GROUP, pg. 323
DSQUARED MEDIA, pg. 1254
DSTREET, pg. 1489
DTE STUDIO, pg. 323
D.TRIO, pg. 323
DUBLIN STRATEGIES GROUP, pg. 1489
DUBS & DASH, pg. 323
DUDNYK HEALTHCARE GROUP, pg. 324
DUDNYK -see DUDNYK HEALTHCARE GROUP, pg. 324
DUE NORTH MARKETING COMMUNICATIONS INC, pg. 1489
DUFFEY COMMUNICATIONS, INC., pg. 1489
DUFFEY PETROSKY, pg. 324
DUFFY & SHANLEY, INC., pg. 324
DUFOUR ADVERTISING, pg. 325
DUFT WATTERSON, pg. 325
DUKAS LINDEN PUBLIC RELATIONS, INC., pg. 1489
DUKE MARKETING, pg. 325
DUKE MORGAN PRODUCTIONS, pg. 1254
DUNCAN CHANNON, pg. 325
DUNCAN/DAY ADVERTISING, pg. 325
DUNCAN MCCALL, INC., pg. 325
DUNHAM+COMPANY, pg. 326
DUNN&CO, pg. 326
DUREE & COMPANY, pg. 1489
DURKAN GROUP, pg. 1254
DUVAL GUILLAUME -see PUBLICIS GROUPE S.A., pg. 897
DUX PUBLIC RELATIONS, pg. 1489
DVA ADVERTISING, pg. 326
DVC MARKETING, pg. 326
DVL SEIGENTHALER, pg. 1489
DVL SEIGENTHALER, pg. 326
DVMAIL FIRST SCREEN MARKETING, pg. 1254
DW ADVERTISING, pg. 326
DW LINKS, pg. 1254
DWA, A MERKLE COMPANY, pg. 1319
DXAGENCY, pg. 327
DXY SOLUTIONS, LLC, pg. 1254
DYNAMIC DIGITAL ADVERTISING, LLC, pg. 327
DYNAMIC INC, pg. 327
DYNAMO COMMUNICATIONS, pg. 1489
DYS MEDIA, LLC, pg. 1319
DYSTRICK DESIGN, INC., pg. 327

E

E-B DISPLAY CO., INC., pg. 327
E-GRAPHICS -see TBWA/WORLDWIDE, pg. 1081
E-GRAPHICS -see TBWA/WORLDWIDE, pg. 1084
E/LA (EVERYTHINGLA), pg. 327
E3 COMMUNICATIONS, pg. 1490
E3 LOCAL MARKETING, pg. 327
E3, pg. 327
E8 CREATIVE, pg. 328
EAG ADVERTISING & MARKETING, pg. 328
EAG GROUP, pg. 328
EAG SPORTS MANAGEMENT, pg. 1490
EARTHLING INTERACTIVE, pg. 1254
EAST 2 WEST COLLECTIVE, pg. 1490
EAST BANK COMMUNICATIONS INC., pg. 328
EAST COAST CATALYST, pg. 328
EAST HOUSE CREATIVE, pg. 328
EAST MEETS WEST PRODUCTIONS INC., pg. 328
EASTERN STANDARD, pg. 329
EASTMONT GROUP, pg. 1254
EASTPOINT GROUP, pg. 329
EASTWEST MARKETING GROUP, pg. 329
EASTWEST PUBLIC RELATIONS -see BRODEUR PARTNERS, pg. 1458
EAT SLEEP WORK, pg. 329
EBERLY & COLLARD PUBLIC RELATIONS, pg. 1490
EBUYMEDIA, pg. 329
ECHO-FACTORY INC, pg. 329
ECHO FACTORY, pg. 329
ECHO MEDIA GROUP, pg. 329
ECHOS COMMUNICATIONS, pg. 330
ECI SAN FRANCISCO -see DIVERSIFIED AGENCY SERVICES, pg. 306
ECITY INTERACTIVE INC, pg. 330
ECKEL & VAUGHAN, pg. 330
ECLIPSE ADVERTISING, INC., pg. 330
ECLIPSE CREATIVE INC., pg. 330
ECLIPSE MARKETING SERVICES, INC., pg. 330
ECLIPSE MARKETING, pg. 330
ECOMMERCE PARTNERS, pg. 1401
ECU COMMUNICATIONS LLC, pg. 330
ED LEWI AND ASSOCIATES, pg. 1490
EDELBROCK ADVERTISING, pg. 1221
EDELMAN BRUSSELS -see EDELMAN, pg. 1493
EDELMAN DABO -see EDELMAN, pg. 1497
EDELMAN DEPORTIVO -see EDELMAN, pg. 1493
EDELMAN FRANKFURT -see EDELMAN, pg. 1494
THE EDELMAN GROUP, pg. 331
EDELMAN PORTLAND -see EDELMAN, pg. 1491
EDELMAN PUBLIC RELATIONS, pg. 1497
EDELMAN SOUTH AFRICA -see EDELMAN, pg. 1497
EDELMAN, pg. 1490
EDELMAN -see EDELMAN, pg. 1491
EDELMAN -see EDELMAN, pg. 1492
EDELMAN -see EDELMAN, pg. 1493
EDELMAN -see EDELMAN, pg. 1494
EDELMAN -see EDELMAN, pg. 1495
EDELMAN -see EDELMAN, pg. 1496
EDELSBACHER DESIGN GROUP, pg. 331
EDGE COMMUNICATIONS, INC., pg. 1497
EDGE MARKETING, pg. 331
EDGE MULTIMEDIA, pg. 331
EDGE PARTNERSHIPS, pg. 331
EDGEDNA, pg. 331
EDIBLE INK, INC., pg. 1498
EDITION STUDIOS, LLC, pg. 331
EDRIVEN MARKETING, pg. 1255
EDSA, pg. 331
EFELLE MEDIA, INC, pg. 1255
EFFECTIVE IMMEDIATELY PR, pg. 1498
EFFECTIVE INC., pg. 1255
EFFECTIVE MEDIA SOLUTIONS, pg. 332
EFG CREATIVE INC., pg. 332
EFK GROUP, pg. 332
EFM AGENCY, pg. 332
EFX MEDIA, pg. 1319
EG INTEGRATED, pg. 332
EG PLUS WORLDWIDE -see TBWA/WORLDWIDE, pg. 1081
EG+ WORLDWIDE -see TBWA/WORLDWIDE, pg. 1077
THE EGC GROUP, pg. 332
EGG STRATEGY INC -see EGG STRATEGY, pg. 333
EGG STRATEGY, pg. 333
EGG, pg. 332
EGGFIRST, pg. 333
E.H. ANDERSON PUBLIC RELATIONS, pg. 1498
THE EHRHARDT GROUP, pg. 1498
EIC, pg. 1255
EIGHT HORSES, pg. 333
EIGHT25MEDIA, pg. 1255
THE EIGHTH FLOOR LLC, pg. 333
EIGHTY THREE CREATIVE, pg. 333
EILEEN KOCH & COMPANY, INC., pg. 1498
EIN COMMUNICATIONS, pg. 1498
EISBRENNER PUBLIC RELATIONS, pg. 1498
EISEN MANAGEMENT GROUP, pg. 333
EISENBERG & ASSOCIATES, pg. 333
EISENBERG & ASSOCIATES -see EISENBERG & ASSOCIATES, pg. 334
EISENBERG, VITAL & RYZE ADVERTISING, pg. 334
EJW ASSOCIATES, INC., pg. 334
EL CREATIVE, INC., pg. 334
EL TAIER DDB -see DDB WORLDWIDE COMMUNICATIONS GROUP INC., pg. 274
ELAN EDELMAN -see EDELMAN, pg. 1497
ELASTICITY, pg. 1498
ELECTRUM BRANDING, pg. 335
ELEGANT SEAGULLS INC, pg. 1255
ELEMENT ADVERTISING LLC, pg. 335
ELEMENT ELEVEN, pg. 335
ELEMENT-R PARTNERS LLC, pg. 1498
ELEMENTO L2, pg. 335
ELEPHANT, pg. 335
ELEVATE COMMUNICATIONS, pg. 1499
ELEVATE CREATIVE LLC, pg. 335
ELEVATE INC., pg. 1499
ELEVATE STUDIOS, pg. 335
ELEVATED THIRD, pg. 335
ELEVATION, pg. 336
ELEVATOR STRATEGY, pg. 336
ELEVATOR, pg. 336
ELEVEN INC., pg. 336
ELEVEN19 COMMUNICATIONS INC., pg. 337
ELEVENTH DAY ENTERTAINMENT INC., pg. 1401
ELEVENTY GROUP, pg. 337
ELF, pg. 337
ELIAS SAVION ADVERTISING, PUBLIC RELATIONS & INTERACTIVE, pg. 337
ELISCO ADVERTISING, INC., pg. 337
ELITE MARKETING GROUP, pg. 1401
ELITE MEDIA, INC., pg. 1320
ELITE SEM, pg. 1320
ELIZABETH CHRISTIAN PUBLIC RELATIONS, pg. 1499
ELL CREATIVE, pg. 337
ELLE COMMUNICATIONS, pg. 1499
ELLEV LLC, pg. 337
ELLIANCE, pg. 1255
ELLINGSEN BRADY ADVERTISING (EBA), pg. 337
ELLIPSES PUBLIC RELATIONS INC, pg. 1499
ELLIPSIS SOLUTIONS, pg. 338
ELLIS-HARPER ADVERTISING, pg. 338
ELMORE PR, pg. 1499
ELR MEDIA GROUP, pg. 338
ELSEWHERE ADVERTISING, pg. 338
EM MEDIA INC, pg. 338
EMA PUBLIC RELATIONS SERVICES -see ERIC MOWER + ASSOCIATES, pg. 347
EMAGINATION UNLIMITED INC., pg. 338
EMAIL AGENCY, pg. 1255
EMBARK DIGITAL, pg. 1255
EMBRYO CREATIVE, pg. 338
EMC OUTDOOR, pg. 1320
EMCEE11D, pg. 338
EMERGE INTERACTIVE, pg. 338
EMERGE PR, pg. 338
EMERGENCE, pg. 339
EMERGING INSIDER, pg. 1499
EMERGING MEDIA PR, pg. 1499
EMFLUENCE, pg. 339
EMG MARKETING, pg. 339
EMG3 -see TIDESMART GLOBAL, pg. 1103
EMI STRATEGIC MARKETING, INC., pg. 1401
EMLEY DESIGN GROUP, pg. 339
EMOTIVE BRAND, pg. 339
EMPIRE MEDIA GROUP, pg. 339
EMPOWER MEDIAMARKETING, pg. 1320
EMRL, pg. 339
EMSI PUBLIC RELATIONS, pg. 1499
ENA HEALTHCARE COMMUNICATIONS, pg. 340
ENC MARKETING & COMMUNICATIONS, pg. 1500
ENCHANTED PR, pg. 1500
ENCITE INTERNATIONAL, pg. 340
ENCODE, pg. 340
END TO END MARKETING SOLUTIONS PVT. LTD -see MCCANN, pg. 704
ENDEAVOR, LLC, pg. 340
ENDEAVOR -see ENDEAVOR, LLC, pg. 340
ENDEAVOUR MARKETING & MEDIA, LLC, pg. 340
ENDICOTT & CO PR, pg. 1500
ENDRIZZI ADVERTISING AGENCY LLC, pg. 340
ENE LIFE -see GSW WORLDWIDE, pg. 455
ENERGY BBDO -see BBDO WORLDWIDE INC., pg. 100
ENGAGE, pg. 1500
ENGEL O'NEILL ADVERTISING & PUBLIC RELATIONS, pg. 340

AGENCIES — INDEX OF AGENCY NAMES

ENGELBRECHT ADVERTISING, LLC., pg. 341
ENGINE DIGITAL, pg. 1255
THE ENGINE ROOM, pg. 341
ENGINE US, pg. 341
ENGLANDER KNABE & ALLEN, pg. 1401
ENGLE CREATIVE SOLUTIONS LLC, pg. 341
ENGSTROM PUBLIC RELATIONS, pg. 1500
ENLARGE MEDIA GROUP, pg. 341
ENROOT PR, pg. 1500
ENROUTE COMMUNICATIONS, pg. 1500
ENSEMBLE CREATIVE & MARKETING, pg. 341
ENSO COLLABORATIVE LLC, pg. 341
ENTERTAINMENT FUSION GROUP, pg. 1500
ENTICE ADVERTISING & DESIGN LLC, pg. 341
ENTREPRENEUR ADVERTISING GROUP, pg. 342
ENVENTYS PARTNERS, LLC, pg. 342
ENVIROMEDIA SOCIAL MARKETING, pg. 342
ENVISION CREATIVE GROUP, pg. 1321
ENVISION DENNIS ROMANO, LLC, pg. 342
ENVISIONIT MEDIA, pg. 342
ENVOI DESIGN, pg. 1256
ENVOY, pg. 342
ENYE MEDIA, LLC, pg. 342
EO INTEGRATION, pg. 343
EP+CO, pg. 343
EPIC CREATIVE, pg. 343
EPIC MARKETING, pg. 343
EPIC MSLGROUP -see MSLGROUP, pg. 1588
EPIC PR GROUP, pg. 1500
EPICOSITY, pg. 344
EPIQ SYSTEMS, INC., pg. 344
EPOCH 5 PUBLIC RELATIONS, pg. 1500
EPPS ADVERTISING, pg. 344
EPSILON DATA MANAGEMENT, LLC, pg. 344
EPSILON INTERNATIONAL -see EPSILON DATA MANAGEMENT, LLC, pg. 345
EPSILON, pg. 344
EPSILON -see EPSILON DATA MANAGEMENT, LLC, pg. 345
EPSILON -see EPSILON DATA MANAGEMENT, LLC, pg. 346
ER MARKETING, pg. 346
ERASERFARM, pg. 346
ERBACH COMMUNICATIONS GROUP, INC., pg. 346
ERIC MOWER + ASSOCIATES, pg. 346
ERIC MOWER + ASSOCIATES -see ERIC MOWER + ASSOCIATES, pg. 347
ERIC ROB & ISAAC, pg. 348
ERICH & KALLMAN, pg. 348
ERICHO PUBLIC RELATIONS, pg. 1501
EROI, INC., pg. 348
ERVIN & SMITH, pg. 348
ES ADVERTISING, pg. 348
ESB ADVERTISING, pg. 349
ESCAPE POD, pg. 349
ESD & ASSOCIATES, pg. 349
ESP BRANDS, pg. 349
ESPARZA ADVERTISING, pg. 349
ESPN CREATIVEWORKS, pg. 349
ESROCK PARTNERS, pg. 349
ESSENCE DIGITAL LIMITED -see WPP PLC, pg. 1184
ESTES PUBLIC RELATIONS, pg. 1501
ESTEY-HOOVER INC. ADVERTISING-PUBLIC RELATIONS, pg. 350
ESTIPONA GROUP, pg. 350
E.SULLIVAN ADVERTISING & DESIGN, pg. 350
ESWSTORYLAB, pg. 350
ETA ADVERTISING, pg. 350
ETARGETMEDIA.COM, INC., pg. 350
ETC ADVERTISING & PROMOTIONS LLC, pg. 351
ETCHED COMMUNICATION, pg. 1501
ETERNITY COMMUNICATIONS, INC., pg. 351
ETHERCYCLE, pg. 1256
ETHEREAL INNOVATIONS, pg. 1256
ETHICOM, pg. 351
ETHICONE LLC, pg. 351
ETHNICOM GROUP, pg. 351
ETHOS MARKETING & DESIGN, pg. 351
EUCALYPT MEDIA, pg. 1501
EVANS ALLIANCE ADVERTISING, pg. 351
EVANS COMMUNICATIONS, pg. 1501
EVANS, HARDY & YOUNG INC., pg. 352
EVANS MEDIA GROUP, pg. 352
EVB, pg. 352
EVE SECO DISPLAY INC., pg. 352
EVENTIGE MEDIA GROUP, pg. 352
EVENTIV (MARKETING, DESIGN & DISPLAY), pg. 353
EVENTIVE MARKETING, pg. 353

EVENTLINK, LLC, pg. 353
EVEO INC., pg. 1256
EVEREST BRAND SOLUTIONS -see YOUNG & RUBICAM, pg. 1200
EVERETT STUDIOS, pg. 353
EVERGREEN PR, pg. 1501
THE EVERSOLE GROUP, LLC, pg. 353
EVERY IDEA MARKETING, pg. 353
EVERYTHING/LA -see E/LA (EVERYTHINGLA), pg. 327
EVINS COMMUNICATIONS, LTD., pg. 1501
EVOK ADVERTISING, pg. 353
EVOKE HEALTH, pg. 354
EVOKE IDEA GROUP, INC., pg. 354
EVOKE MARKETING, pg. 1501
EVOL8TION LLC, pg. 354
EVOLUTIONARY MEDIA GROUP, pg. 1502
EVOLVE, INC., pg. 354
EVOLVE MEDIA LLC, pg. 354
EVOLVEMKD, pg. 1502
EVVIVA BRANDS, pg. 354
E.W. BULLOCK ASSOCIATES, pg. 354
EXCALIBUR EXHIBITS, pg. 1402
EXCELER8, pg. 355
EXCITANT HEALTHCARE ADVERTISING, pg. 355
EXCLAIM LLC, pg. 355
EXECUTIONISTS, pg. 1256
EXECUTIVE1 MEDIA GROUP, pg. 355
EXIT10, pg. 355
EXIT, pg. 355
EXPECT ADVERTISING, INC., pg. 355
EXPERIAN MARKETING SERVICES, pg. 356
EXPERIENCE ADVERTISING INC, pg. 356
EXPLORE COMMUNICATIONS, pg. 1321
EXPONENT PR, pg. 1502
EXPOSED PR & EVENTS LLC, pg. 1502
EXPOSURE, pg. 356
EXPOSYOUR, pg. 1256
EXSEL ADVERTISING, pg. 356
EXTEND COMUNICACIONES-WEBER SHANDWICK -see WEBER SHANDWICK, pg. 1680
EXTRACTABLE, INC., pg. 356
EXTREME MEASURES CREATIVE, pg. 356
EYE CUE, INC., pg. 356
EYEBALL ON THE FLOOR, INC., pg. 356
EYESEA SOLUTIONS, pg. 357
EYEVIEW INC, pg. 1256
EYLER CREATIVE, pg. 1256
EZRA PRODUCTIONS, pg. 357

F

F&H PORTER NOVELLI -see PORTER NOVELLI, pg. 1614
F/NAZCA SAATCHI & SAATCHI -see SAATCHI & SAATCHI, pg. 981
F/NAZCA SAATCHI & SAATCHI -see SAATCHI & SAATCHI, pg. 982
FABCOM, pg. 357
THE FACE - MELBOURNE -see HAVAS WORLDWIDE, pg. 485
FACT & FICTION, LLC, pg. 357
FACTOR1 STUDIOS, pg. 357
FACTOR360 DESIGN + TECHNOLOGY, pg. 357
FACTORY 360, pg. 357
FACTORY PR, pg. 357
FACTS & FICTION GMBH -see WUNDERMAN, pg. 1191
FACULTY NY LLC, pg. 357
FAHLGREN MORTINE (CINCINNATI) -see FAHLGREN MORTINE, pg. 358
FAHLGREN MORTINE (DAYTON) -see FAHLGREN MORTINE, pg. 358
FAHLGREN MORTINE (TOLEDO) -see FAHLGREN MORTINE, pg. 359
FAHLGREN MORTINE, pg. 358
FAHRENHEIT 212, pg. 359
FAIRCOM NEW YORK, pg. 359
FAIRLY PAINLESS ADVERTISING, pg. 359
FAIRMONT PRESS, INC., pg. 359
FAISS FOLEY WARREN, pg. 1502
FAKE LOVE, pg. 1256
FALK ASSOCIATES, pg. 1502
FALK HARRISON, pg. 359
FALLON LONDON -see FALLON WORLDWIDE, pg. 360
FALLON MEDICA LLC, pg. 359
FALLON MINNEAPOLIS -see FALLON WORLDWIDE, pg. 360
FALLON NEW YORK -see FALLON WORLDWIDE, pg. 360

FALLON THATCHER, pg. 1502
FALLON WORLDWIDE, pg. 359
THE FALLS AGENCY, pg. 360
FALLS COMMUNICATIONS, pg. 1502
FAMA PR, INC., pg. 1502
FAME, pg. 361
THE FAMILY ROOM, pg. 361
FAMOUS MARKS, INC., pg. 1402
FAMOUSGREY -see GREY NEW YORK, pg. 439
FANCY LLC, pg. 361
FANCY RHINO, pg. 361
FANGOHR, LLC, pg. 361
FANOLOGY LLC, pg. 361
FANSCAPE INC., pg. 361
THE FANTASTICAL, pg. 361
FANTASY INTERACTIVE, INC., pg. 1257
FANTICH MEDIA GROUP, pg. 361
FARAGO DESIGN, pg. 362
FARINELLA, pg. 362
FARM, pg. 362
THE FARM, pg. 362
FARNER CONSULTING AG -see PORTER NOVELLI, pg. 1615
FARRAR PUBLIC RELATIONS, INC., pg. 1503
FASONE & PARTNERS, pg. 362
FAST HORSE, pg. 362
FASTLANE, pg. 363
FAT CHIMP STUDIOS LLC, pg. 363
FATHOM COMMUNICATIONS, pg. 363
FATHOM, pg. 1257
FAULHABER COMMUNICATIONS, pg. 1503
FAYE CLACK COMMUNICATIONS INC., pg. 1503
FB DISPLAYS & DESIGNS, INC., pg. 363
F.BIZ -see WPP PLC, pg. 1183
FCB AFIRMA -see FCB GLOBAL, pg. 368
FCB AFRICA -see FCB GLOBAL, pg. 375
FCB AMSTERDAM -see FCB GLOBAL, pg. 367
FCB&FIRE ARGENTINA -see FCB GLOBAL, pg. 370
FCB&FIRE COLOMBIA -see FCB GLOBAL, pg. 371
FCB ARTGROUP -see FCB GLOBAL, pg. 368
FCB AUCKLAND -see FCB GLOBAL, pg. 374
FCB BANGKOK -see FCB GLOBAL, pg. 374
FCB BRIDGE2FUN -see FCB GLOBAL, pg. 367
FCB BUCHAREST -see FCB GLOBAL, pg. 367
FCB CAPE TOWN -see FCB GLOBAL, pg. 375
FCB CARACAS -see FCB GLOBAL, pg. 372
FCB CHANGE -see FCB GLOBAL, pg. 366
FCB CHICAGO -see FCB GLOBAL, pg. 364
FCB CREA -see FCB GLOBAL, pg. 371
FCB CREAD -see FCB GLOBAL, pg. 375
FCB CZECH -see FCB GLOBAL, pg. 366
FCB DOS PUNTOS CREA -see FCB GLOBAL, pg. 371
FCB FALTMAN & MALMEN -see FCB GLOBAL, pg. 368
FCB GLOBAL, pg. 363
FCB GNOMI -see FCB GLOBAL, pg. 367
FCB HALESWAY -see FCB HEALTH, pg. 376
FCB HAMBURG -see FCB GLOBAL, pg. 366
FCB HEALTH, pg. 376
FCB INFERNO -see FCB GLOBAL, pg. 369
FCB INTERFACE -see FCB GLOBAL, pg. 373
FCB JAKARTA -see FCB GLOBAL, pg. 373
FCB JOHANNESBURG -see FCB GLOBAL, pg. 375
FCB KUALA LUMPUR -see FCB GLOBAL, pg. 374
FCB LISBON -see FCB GLOBAL, pg. 367
FCB MANILA -see FCB GLOBAL, pg. 374
FCB MARKEZ -see FCB GLOBAL, pg. 372
FCB MAYO -see FCB GLOBAL, pg. 371
FCB MAYO -see FCB GLOBAL, pg. 372
FCB MEXICO CITY -see FCB GLOBAL, pg. 372
FCB MILAN -see FCB GLOBAL, pg. 367
FCB MONTEVIDEO -see FCB GLOBAL, pg. 372
FCB MONTREAL -see FCB GLOBAL, pg. 365
FCB NEUWIEN -see FCB GLOBAL, pg. 366
FCB NEW YORK -see FCB GLOBAL, pg. 365
FCB/RED -see FCB GLOBAL, pg. 365
FCB RIO DE JANEIRO -see FCB GLOBAL, pg. 370
FCB SAO PAULO -see FCB GLOBAL, pg. 370
FCB SEOUL -see FCB GLOBAL, pg. 374
FCB SHANGHAI -see FCB GLOBAL, pg. 372
FCB SHIMONI FINKELSTEIN -see FCB GLOBAL, pg. 370
FCB SOFIA -see FCB GLOBAL, pg. 366
FCB SPAIN -see FCB GLOBAL, pg. 368
FCB TAIPEI -see FCB GLOBAL, pg. 374
FCB TORONTO -see FCB GLOBAL, pg. 366
FCB ULKA -see FCB GLOBAL, pg. 373
FCB WEST -see FCB GLOBAL, pg. 365
FCB ZURICH -see FCB GLOBAL, pg. 368

INDEX OF AGENCY NAMES

AGENCIES

FCBCURE, pg. 376
FD2S, pg. 376
FEAR NOT AGENCY, pg. 376
THE FEAREY GROUP, pg. 1503
FEARLESS MEDIA LLC, pg. 1257
FEARWORM HAUNTVERTISING, pg. 376
FEAST, pg. 1257
FECHTOR ADVERTISING LLC, pg. 377
FEED COMPANY, pg. 377
FEED MEDIA PUBLIC RELATIONS, pg. 1503
FEIGLEY COMMUNICATIONS, pg. 377
FEINSTEIN KEAN HEALTHCARE -see OGILVY, pg. 1598
FEINTUCH COMMUNICATIONS, pg. 1503
FELDER COMMUNICATIONS GROUP, pg. 377
FELDSCHER HORWITZ PUBLIC RELATIONS, pg. 1504
FELICE + WHITNEY AGENCY, pg. 1504
FELL SWOOP, INC, pg. 1257
FELLOW, pg. 377
THE FENTON GROUP, pg. 378
FENTON, pg. 377
FEREBEE LANE & CO., pg. 378
FERGUSON ADVERTISING INC., pg. 378
FEROCIOUS COW, pg. 378
THE FERRARO GROUP, pg. 1504
FERRYADS.COM, pg. 1321
FETCH LA, pg. 378
FETCH PR, pg. 1504
FETCH, pg. 378
FETCHING COMMUNICATIONS, pg. 1504
FF NEW YORK, pg. 378
FFW AGENCY, pg. 1257
FG CREATIVE INC, pg. 378
FGM INTERNET MARKETING, pg. 379
FH GROUP, pg. 379
FHC MARKETING, pg. 1402
FHV BBDO -see BBDO WORLDWIDE INC., pg. 107
FICOMM PARTNERS, LLC, pg. 1504
FIELD DAY INC., pg. 379
FIELD DAY LONDON -see HAVAS MEDIA, pg. 1326
FIELDAY, pg. 1257
FIELDTRIP, pg. 379
FIFTEEN DEGREES, pg. 379
FIFTEEN MINUTES, pg. 379
FIFTY EIGHT ADVERTISING LLC, pg. 379
FIG ADVERTISING & MARKETING, pg. 379
FIGLIULO&PARTNERS, LLC, pg. 380
FIGMENT DESIGN, pg. 380
FINCH BRANDS, pg. 380
FINDSOME & WINMORE, pg. 380
FINE DESIGN GROUP, INC., pg. 1257
FINE DOG CREATIVE, pg. 380
FINEMAN PR, pg. 1504
FINGERPAINT MARKETING, INC., pg. 380
FINGERPRINT COMMUNICATIONS, pg. 1321
FINGERPRINT, pg. 1505
FINN PARTNERS LTD. -see FINN PARTNERS, pg. 381
FINN PARTNERS, pg. 381
FINN PARTNERS -see FINN PARTNERS, pg. 382
FINSBURY, pg. 1505
FINSBURY -see WPP PLC, pg. 1185
FIONA HUTTON & ASSOCIATES, pg. 382
FIORE ASSOCIATES, INC., pg. 382
FIRECRACKER PR, pg. 1505
FIREFLI MEDIA, pg. 383
FIREFLY CREATIVE, INC., pg. 383
FIREHOUSE, INC., pg. 1402
FIRELIGHT GROUP, pg. 1402
FIREMAN CREATIVE, pg. 383
FIRESPRING, pg. 383
FIREVINE INC., pg. 383
FIREWOOD MARKETING, pg. 383
THE FIRM PUBLIC RELATIONS & MARKETING, pg. 1505
FIRMANI & ASSOCIATES, pg. 383
FIRST CLASS, INC., pg. 1321
FIRST EXPERIENCE COMMUNICATIONS, pg. 383
FIRST GENERATION, pg. 383
FIRST MEDIA GROUP INC., pg. 384
FIRSTBORN, pg. 384
FISCHTANK, pg. 1505
FISH ADVERTISING, pg. 384
FISH CONSULTING, INC., pg. 384
FISH MARKETING, pg. 385
FISHBAT INC, pg. 385
FISHBOWL MARKETING, pg. 1402
FISHER VISTA, LLC, pg. 1505
FISHMAN PUBLIC RELATIONS, pg. 1505
THE FISKE GROUP, pg. 1505

FISLER COMMUNICATIONS, pg. 385
FISTER, pg. 385
FITCH DESIGN PVT. LTD. -see FITCH, pg. 386
FITCH, pg. 385
FITCH:LONDON -see FITCH, pg. 385
FITZ & CO, pg. 1506
FITZGERALD & CO, pg. 386
FITZGERALD MEDIA, pg. 1321
FIXATION MARKETING, pg. 386
FKQ ADVERTISING + MARKETING, pg. 386
FLACKABLE LLC, pg. 1506
FLAMINGO -see DIVERSIFIED AGENCY SERVICES, pg. 306
FLANIGAN COMMUNICATIONS INC., pg. 387
FLASH POINT COMMUNICATIONS LLC, pg. 387
FLASHPOINT PUBLIC RELATIONS, LLC, pg. 1506
THE FLATLAND, pg. 387
FLEISHMAN-HILLARD CZECH REPUBLIC -see FLEISHMANHILLARD INC., pg. 1509
FLEISHMAN-HILLARD FISHBURN -see FLEISHMANHILLARD INC., pg. 1509
FLEISHMAN-HILLARD GERMANY -see FLEISHMANHILLARD INC., pg. 1510
FLEISHMAN-HILLARD GUANGZHOU -see FLEISHMANHILLARD INC., pg. 1511
FLEISHMAN-HILLARD HONG KONG LTD. -see FLEISHMANHILLARD INC., pg. 1511
FLEISHMAN-HILLARD INC. -see FLEISHMANHILLARD INC., pg. 1506
FLEISHMAN-HILLARD INC. -see FLEISHMANHILLARD INC., pg. 1507
FLEISHMAN-HILLARD INC. -see FLEISHMANHILLARD INC., pg. 1508
FLEISHMAN-HILLARD ITALY -see FLEISHMANHILLARD INC., pg. 1510
FLEISHMAN-HILLARD/JAPAN -see FLEISHMANHILLARD INC., pg. 1511
FLEISHMAN-HILLARD KOREA -see FLEISHMANHILLARD INC., pg. 1511
FLEISHMAN-HILLARD LINK LTD. -see FLEISHMANHILLARD LINK, LTD. -see FLEISHMANHILLARD INC., pg. 1511
FLEISHMAN-HILLARD MALAYSIA -see FLEISHMANHILLARD INC., pg. 1511
FLEISHMAN-HILLARD MANILA -see FLEISHMANHILLARD INC., pg. 1511
FLEISHMAN-HILLARD POLAND -see FLEISHMANHILLARD INC., pg. 1510
FLEISHMAN-HILLARD PTE. LTD. -see FLEISHMANHILLARD INC., pg. 1511
FLEISHMAN-HILLARD/SOUTH AFRICA -see FLEISHMANHILLARD INC., pg. 1510
FLEISHMAN-HILLARD -see FLEISHMANHILLARD INC., pg. 1509
FLEISHMAN-HILLARD -see FLEISHMANHILLARD INC., pg. 1510
FLEISHMAN-HILLIARD INC. -see FLEISHMANHILLARD INC., pg. 1511
FLEISHMANHILLARD DUBLIN -see FLEISHMANHILLARD INC., pg. 1510
FLEISHMANHILLARD FRANCE -see FLEISHMANHILLARD INC., pg. 1510
FLEISHMANHILLARD GROUP LTD. -see FLEISHMANHILLARD INC., pg. 1510
FLEISHMANHILLARD INC., pg. 1506
FLEISHMANHILLARD INC. -see FLEISHMANHILLARD INC., pg. 1512
FLEK, INC., pg. 387
FLEMING & COMPANY INC., pg. 387
FLEMING CREATIVE GROUP, pg. 387
FLETCH CREATIVE, pg. 387
FLETCHER & ROWLEY INC, pg. 387
FLETCHER KNIGHT, pg. 388
FLETCHER MEDIA GROUP, pg. 388
FLIGHT PATH CREATIVE, pg. 388
FLIGHTPATH INC, pg. 388
FLINT COMMUNICATIONS, pg. 388
FLINT INTERACTIVE -see FLINT COMMUNICATIONS, pg. 388
FLIPELEVEN LLC, pg. 389
FLIPSIDE GROUP -see WEBER SHANDWICK, pg. 1679
FLM+, pg. 389
FLOCK & RALLY, pg. 1512
FLOURISH INC., pg. 389
FLUENT360, pg. 389
FLUID ADVERTISING, pg. 389
FLUID DRIVE MEDIA, pg. 389

FLUID INC., pg. 1257
FLUID STUDIO, pg. 389
FLY COMMUNICATIONS, pg. 389
FLYING A, pg. 1322
FLYING CORK MEDIA, pg. 389
FLYING MACHINE, pg. 389
FLYING POINT DIGITAL, pg. 390
FLYNN & FRIENDS, pg. 390
FLYNN WRIGHT, pg. 390
FLYTEVU, pg. 390
FLYWHEEL, pg. 390
FMB ADVERTISING, pg. 390
THE FOCUS GROUP, pg. 391
FOCUS MEDIA INC, pg. 1402
FOCUS ONLINE MARKETING AGENCY, pg. 1257
FOCUSED IMAGE, pg. 391
FOLLOW THE EYES, pg. 391
FOLSOM & ASSOCIATES, pg. 1512
THE FONTAYNE GROUP, pg. 1512
THE FOOD GROUP (CHICAGO) -see THE FOOD GROUP, pg. 391
THE FOOD GROUP (TAMPA) -see THE FOOD GROUP, pg. 391
THE FOOD GROUP, pg. 391
FOODMINDS LLC, pg. 1512
FOODMIX MARKETING COMMUNICATIONS, pg. 391
FOOTSTEPS, pg. 391
FOR OFFICE USE ONLY LLC, pg. 1258
FORCE 5 MEDIA, INC., pg. 392
FORCE MARKETING LLC, pg. 392
FOREFRONT COMMUNICATIONS GROUP INC, pg. 1512
FORESIGHT GROUP, INC., pg. 392
FOREST HOME MEDIA, pg. 392
FORGE MEDIA & DESIGN, pg. 392
FORGE SPONSORSHIP CONSULTING, LLC, pg. 1403
FORGE WORLDWIDE, pg. 392
FORMATIVE, pg. 392
FORREST & BLAKE INC., pg. 392
FORSMAN & BODENFORS -see MDC PARTNERS INC., pg. 722
FORT GROUP INC., pg. 393
FORTE GROUP INC., pg. 393
FORTE PR, pg. 1512
FORTE-THE COLLECTIVE, pg. 393
FORTNIGHT COLLECTIVE, pg. 393
FORTUNE PROMOSEVEN-LEBANON -see MCCANN, pg. 706
FORTUNE PUBLIC RELATIONS, pg. 1512
FORTY FORTY AGENCY, pg. 393
FORTYTWOEIGHTYNINE, pg. 393
FORWARD3D, pg. 1258
FORZA MIGLIOZZI, LLC, pg. 393
FOSTER MARKETING COMMUNICATIONS, pg. 394
FOUNDATIONS MARKETING GROUP, pg. 394
FOUNDRY 9 LLC, pg. 394
FOUNDRY, pg. 394
FOUR BROTHERS MEDIA, pg. 394
FOUR DEEP MULTIMEDIA LLC, pg. 394
FOUR LEAF PUBLIC RELATIONS LLC, pg. 1513
FOUR32C, pg. 1258
FOURTH IDEA, pg. 394
THE FOWLER GROUP, pg. 395
FOX GREENBERG PUBLIC RELATIONS, pg. 1513
FOXHOUND PRODUCTIONS, pg. 395
FOXTROT BRAVO ALPHA, pg. 395
FP7 JEDDAH -see MCCANN, pg. 708
FP7 MCCANN ALGERIA -see MCCANN, pg. 699
FP7 -see MCCANN, pg. 701
FP7 -see MCCANN, pg. 707
FP7 -see MCCANN, pg. 710
FRACTL, pg. 395
FRANCHISE ELEVATOR, pg. 1513
FRANCO PUBLIC RELATIONS GROUP, pg. 1513
FRANK ABOUT WOMEN, pg. 395
THE FRANK AGENCY INC, pg. 395
FRANK COLLECTIVE, pg. 395
FRANK CREATIVE INC, pg. 396
FRANK PR, pg. 1513
FRANK STRATEGIC MARKETING, pg. 396
FRANKEL MEDIA GROUP, pg. 396
FRANKLIN STREET MARKETING, pg. 396
FRASER COMMUNICATIONS, pg. 396
FRAZIERHEIBY, INC., pg. 1513
FRCH DESIGN WORLDWIDE, pg. 396
FRED AGENCY, pg. 396
FREDERICK SWANSTON, pg. 397
FREE RANGE STUDIOS, pg. 397
FREEBAIRN & COMPANY PUBLIC RELATIONS, pg.

AGENCIES
INDEX OF AGENCY NAMES

1513
FREEBAIRN & CO., pg. 397
FREED ADVERTISING, pg. 397
FREESTYLE CREATIVE, pg. 397
FREESTYLE MARKETING GROUP, pg. 398
FREESTYLE MEDIA INC, pg. 1513
FRENCH/BLITZER/SCOTT LLC, pg. 398
FRENCH/WEST/VAUGHAN, INC., pg. 398
FRENCH/WEST/VAUGHAN, INC. -see FRENCH/WEST/VAUGHAN, INC., pg. 399
FRESH COMMUNICATIONS, pg. 1514
FRESH DESIGN STUDIO LLC, pg. 399
FRESH DIGITAL GROUP, pg. 1258
THE FRESH IDEAS GROUP, pg. 1514
FRESH MEDIA GROUP, pg. 399
FREUD COMMUNICATIONS -see PUBLICIS GROUPE S.A., pg. 902
FRIENDS & NEIGHBORS, pg. 399
FRIENDSTBWA -see TBWA/WORLDWIDE, pg. 1084
FROEHLICH COMMUNICATIONS, INC., pg. 399
FROM, THE DIGITAL TRANSFORMATION AGENCY, INC., pg. 1258
FRONTGATE MEDIA, pg. 399
FRONTIER 3 ADVERTISING, pg. 400
FRONTIER STRATEGIES LLC, pg. 1514
FRONTLINE ADVERTISING, INC., pg. 400
FROZEN FIRE, pg. 400
FRUITION, pg. 1258
FRUITT COMMUNICATIONS, INC., pg. 400
FRUKT COMMUNICATIONS -see THE INTERPUBLIC GROUP OF COMPANIES, INC., pg. 542
FRUKT, pg. 400
FRY COMMUNICATIONS INC., pg. 400
FSB CORE STRATEGIES, pg. 1514
FSC MARKETING + DIGITAL, pg. 400
FTC -see PORTER NOVELLI, pg. 1615
FTI CONSULTING INC. -see FTI CONSULTING, pg. 1514
FTI CONSULTING, pg. 1514
FTI CONSULTING -see FTI CONSULTING, pg. 1515
FTI CONSULTING, pg. 400
FUEGO COMMUNICATIONS & MARKETING INC, pg. 401
FUEL CREATIVE GROUP, pg. 401
FUEL MARKETING, pg. 401
FUEL ONLINE, pg. 1258
FUEL PARTNERSHIPS, pg. 401
FUEL YOUTH ENGAGEMENT, pg. 401
FUEL, pg. 401
FUJITA & MIURA PUBLIC RELATIONS INC, pg. 1515
FULL CIRCLE PUBLIC RELATIONS, pg. 1515
FULL CIRCLE, pg. 401
FULL CONTACT ADVERTISING, pg. 402
FULL COURT PRESS COMMUNICATIONS, pg. 402
FULL SCALE MEDIA, pg. 1515
FULL SPECTRUM BRANDING, LLC, pg. 402
FULL-THROTTLE COMMUNICATIONS INC., pg. 402
FULL TILT ADVERTISING, pg. 402
FULLSCREEN, INC., pg. 402
FULLSIXADVERTISING -see HAVAS, pg. 472
FULTON OUTFITTERS, INC, pg. 1221
FUNK/LEVIS & ASSOCIATES, pg. 402
FUNKHAUS, pg. 403
FUNNEL SCIENCE, pg. 403
FUOR DIGITAL, pg. 403
FURBER ADVERTISING, LLC, pg. 403
FURIA RUBEL COMMUNICATIONS, pg. 1515
FURMAN, FEINER ADVERTISING -see FURMAN ROTH ADVERTISING, pg. 403
FURMAN ROTH ADVERTISING, pg. 403
FUSE/IDEAS, pg. 403
FUSE INTERACTIVE, pg. 403
FUSE, LLC, pg. 404
FUSEBOXWEST, pg. 404
FUSEPROJECT, pg. 404
FUSION IDEA LAB, pg. 404
FUSION MARKETING, pg. 404
FUSION PUBLIC RELATIONS, INC. -see FUSION PUBLIC RELATIONS, pg. 1515
FUSION PUBLIC RELATIONS, pg. 1515
FUSION92, pg. 404
FUSIONFARM, pg. 404
FUSZION COLLABORATIVE, pg. 405
FUTURA DDB -see DDB WORLDWIDE COMMUNICATIONS GROUP INC., pg. 279
FUTUREBRAND, pg. 405
FUZE, pg. 1258
FUZZCO INC., pg. 405
FVM STRATEGIC COMMUNICATIONS, pg. 406

FYI BRAND COMMUNICATIONS, pg. 406
FYN PUBLIC RELATIONS, pg. 1515

G

G&G ADVERTISING, INC., pg. 406
G&G OUTFITTERS INC., pg. 406
G&M PLUMBING, pg. 406
G&S BUSINESS COMMUNICATIONS, pg. 406
G&T COMMUNICATIONS, INC., pg. 1515
G&W ELECTRIC CO. ADVERTISING, pg. 1221
G-COMMUNICATIONS, pg. 406
G MEDIA STUDIOS, pg. 406
G/O DIGITAL, pg. 1258
THE G3 GROUP, pg. 407
G7 ENTERTAINMENT MARKETING, pg. 407
GA CREATIVE INC, pg. 407
THE GAB GROUP, pg. 407
GABRIEL DEGROOD BENDT, pg. 407
GABRIEL MARKETING GROUP, pg. 408
GAFFNEY BENNETT PUBLIC RELATIONS, pg. 1516
GAGA MARKETING, pg. 408
THE GAGE TEAM, pg. 408
GAGE, pg. 1403
GAGGI MEDIA COMMUNICATIONS, INC., pg. 408
GAGO MEDIA, INC., pg. 1322
GAIN THEORY, pg. 408
GALE PARTNERS, pg. 1258
GALEWILL DESIGN, pg. 408
GALLAGHER PR, pg. 1516
GALLEGOS UNITED, pg. 408
THE GAME AGENCY, pg. 409
GAME DAY COMMUNICATIONS, pg. 1516
GAMS COMMUNICATIONS, pg. 409
GANGWAY ADVERTISING, pg. 409
GARAGE BRANDING, pg. 409
THE GARAGE TEAM MAZDA, pg. 409
GARD COMMUNICATIONS, pg. 409
GARDNER KEATON, INC., pg. 410
GARFIELD GROUP, pg. 410
GARMEZY MEDIA, pg. 410
GARNIER BBDO -see BBDO WORLDWIDE INC., pg. 102
GARRANDPARTNERS, pg. 410
THE GARRIGAN LYMAN GROUP, INC, pg. 410
GARRISON ADVERTISING, pg. 410
GARRISON HUGHES, pg. 410
GARRITANO GROUP, pg. 411
GARRITY GROUP PUBLIC RELATIONS LLC, pg. 1516
THE GARY GROUP, pg. 411
GARZA CREATIVE GROUP, pg. 411
GAS LAMP MEDIA, pg. 411
GASLIGHT CREATIVE, pg. 411
GASPAR & ASOCIADOS -see WEBER SHANDWICK, pg. 1680
GASQUE ADVERTISING, INC., pg. 411
THE GATE WORLDWIDE NEW YORK, pg. 411
GATE6, INC., pg. 412
GATEHOUSE MEDIA PARTNERS, pg. 412
GATESMAN, pg. 412
GAUGER + ASSOCIATES, pg. 412
GAVIN ADVERTISING, pg. 413
GBG & ASSOCIATES, pg. 1516
GBK PRODUCTIONS, pg. 1516
GBRITT P.R. & MARKETING, pg. 1516
GCG MARKETING, pg. 413
GCI HEALTH -see WPP PLC, pg. 1184
GD SQUARED, pg. 413
GEAR COMMUNICATIONS, pg. 1516
GEARBOX FUNCTIONAL CREATIVE INC., pg. 413
GEARSHIFT ADVERTISING, pg. 413
THE GEARY COMPANY, pg. 413
GEBEN COMMUNICATION, pg. 1516
GEIGER & ASSOCIATES PUBLIC RELATIONS INC, pg. 1516
GEILE LEON MARKETING COMMUNICATIONS, pg. 414
GELIA-MEDIA, INC., pg. 414
GEM ADVERTISING, pg. 414
GEM GROUP, pg. 1403
GENERATOR MEDIA + ANALYTICS, pg. 414
GENESIS BURSON-MARSTELLER -see BCW (BURSON COHN & WOLFE), pg. 1446
GENOME, pg. 1259
GENUINE INTERACTIVE, pg. 414
GEOFFREY CARLSON GAGE, LLC, pg. 415
GEOFFREY WEILL ASSOCIATES, pg. 1516
GEOMETRY GLOBAL NORTH AMERICA HQ, pg. 415
GEOMETRY GLOBAL, pg. 415

GEOMETRY GLOBAL -see GEOMETRY GLOBAL NORTH AMERICA HQ, pg. 416
GEOMETRY GLOBAL -see GREY NEW YORK, pg. 441
GEORGE COHEN COMMUNICATIONS, pg. 1517
GEORGE H. SIMPSON COMMUNICATIONS, pg. 1517
GEORGE P. JOHNSON (AUSTRALIA) PTY., LTD. -see GEORGE P. JOHNSON COMPANY, INC., pg. 417
GEORGE P. JOHNSON COMPANY, INC., pg. 416
GEORGE P. JOHNSON EVENT MARKETING CO. LTD. -see GEORGE P. JOHNSON COMPANY, INC., pg. 417
GEORGE P. JOHNSON (FRANCE) SARL -see GEORGE P. JOHNSON COMPANY, INC., pg. 417
GEORGE P. JOHNSON (UK) LTD -see GEORGE P. JOHNSON COMPANY, INC., pg. 416
GEORGE P. JOHNSON, pg. 416
GEOVISION, pg. 417
GERARD MARKETING GROUP, pg. 417
GERMINDER & ASSOCIATES INC., pg. 1517
GERSHONI, pg. 417
GET INK PR, pg. 1517
GETFUSED, pg. 417
GETO & DEMILLY, INC., pg. 1517
GG BENITEZ & ASSOCIATES PUBLIC RELATIONS INC., pg. 1517
GHA/DDB -see DDB WORLDWIDE COMMUNICATIONS GROUP INC., pg. 271
GHG, pg. 417
GHIDOTTI COMMUNICATIONS, pg. 1517
GHOST COMMUNICATIONS, pg. 1517
GIAMBRONE + PARTNERS, pg. 418
GIANT CREATIVE/STRATEGY, LLC, pg. 418
GIANT NOISE, pg. 1517
GIANT PROPELLER, pg. 1259
GIANT SPOON, pg. 418
GIANTS & GENTLEMEN, pg. 418
GIBBONS/PECK MARKETING COMMUNICATION, pg. 419
GIBENS CREATIVE GROUP, pg. 419
GIBSON COMMUNICATIONS, INC., pg. 1518
GIESKEN OUTDOOR ADVERTISING, pg. 419
GIGANTE VAZ PARTNERS ADVERTISING, INC., pg. 419
GIGASAVVY, pg. 419
GIGUNDA GROUP, INC., pg. 419
GILBREATH COMMUNICATIONS, INC., pg. 420
GILES COMMUNICATIONS, LLC, pg. 1518
GILL FISHMAN ASSOCIATES, pg. 420
GILLESPIE GROUP, pg. 420
GILLIAN GAMSY INTERNATIONAL -see WEBER SHANDWICK, pg. 1678
GILLIES & ZAISER, pg. 1518
GILMORE MARKETING CONCEPTS, INC., pg. 420
GIN LANE MEDIA, pg. 420
GINESTRA WATSON, pg. 420
GINGER GRIFFIN MARKETING & DESIGN, pg. 420
GINNY RICHARDSON PUBLIC RELATIONS, pg. 1518
GIOMBETTI PUBLIC RELATIONS, pg. 1518
GIOVATTO ADVERTISING & CONSULTING INC., pg. 420
GIRARD ADVERTISING LLC, pg. 421
GIST & ERDMANN, INC., pg. 421
GITAM/BBDO -see BBDO WORLDWIDE INC., pg. 106
GITAM PORTER NOVELLI -see PORTER NOVELLI, pg. 1615
GK COMMUNICATIONS, INC., pg. 421
GKV COMMUNICATIONS, pg. 421
GLA COMMUNICATIONS, pg. 1518
GLANTZ DESIGN INC, pg. 421
GLASS & MARKER, pg. 421
THE GLENN GROUP, pg. 421
GLIMMER, INC., pg. 422
GLINT ADVERTISING, pg. 422
GLO CREATIVE, pg. 422
GLOBAL-5, INC., pg. 1518
GLOBAL EXPERIENCE SPECIALISTS, INC., pg. 422
GLOBAL MEDIA FUSION, INC., pg. 422
GLOBAL PRAIRIE, pg. 422
GLOBAL REACH ADVERTISING, pg. 423
GLOBAL RESULTS COMMUNICATIONS, pg. 1518
GLOBAL STRATEGY GROUP, LLC, pg. 1519
GLOBAL STRATEGY GROUP LLC -see GLOBAL STRATEGY GROUP, LLC, pg. 1519
GLOBAL TEAM BLUE, pg. 423
GLOBAL THINKING, pg. 423
GLOBALFLUENCY, pg. 1519
GLOBE RUNNER, pg. 423
GLODOW NEAD COMMUNICATIONS, LLC., pg. 1519
GLOO DESIGN AGENCY -see OGILVY, pg. 829
THE GLOVER PARK GROUP LLC -see THE GLOVER

INDEX OF AGENCY NAMES

AGENCIES

PARK GROUP, pg. 424
THE GLOVER PARK GROUP, pg. 423
GLOW INTERACTIVE, INC., pg. 424
GLYNNDEVINS ADVERTISING & MARKETING, pg. 424
GLYPH INTERFACE, pg. 424
GLYPHIX ADVERTISING, pg. 424
GMC+COMPANY, pg. 424
GMG ADVERTISING, pg. 425
GMG PUBLIC RELATIONS INC, pg. 1519
GMLV LLC, pg. 425
GMR ENTERTAINMENT -see GMR MARKETING LLC, pg. 1404
GMR MARKETING LLC, pg. 1403
GMR MARKETING SPAIN -see GMR MARKETING LLC, pg. 1404
GMR MARKETING -see GMR MARKETING LLC, pg. 1404
GNET, pg. 425
GO BIG MARKETING, pg. 425
GO FETCH MARKETING & DESIGN, pg. 425
GO LOCAL INTERACTIVE, LLC, pg. 1259
GO MEDIA, pg. 425
GO WELSH, pg. 425
GO! -see DIVERSIFIED AGENCY SERVICES, pg. 306
GO2 ADVERTISING, pg. 425
GOALEN GROUP MEDIA, pg. 425
GOCONVERGENCE, pg. 426
GODA ADVERTISING, pg. 426
GODFREY ADVERTISING, pg. 426
GODFREY DADICH, pg. 427
GODIVERSITY, pg. 427
GODWIN ADVERTISING AGENCY, INC., pg. 427
GODWINGROUP, pg. 427
GOFF PUBLIC, pg. 1519
GOING INTERACTIVE, pg. 427
GOING TO THE SUN MARKETING ASSOCIATES, LLC, pg. 427
GOKART LABS, pg. 1259
GOLD DOG COMMUNICATIONS, pg. 427
GOLD FRONT, pg. 427
GOLD N FISH MARKETING GROUP LLC, pg. 428
GOLDBERG MCDUFFIE COMMUNICATIONS, INC., pg. 1519
GOLDIN SOLUTIONS, pg. 1519
GOLDMAN & ASSOCIATES, pg. 1519
GOLDSTEIN GROUP COMMUNICATIONS, pg. 428
GOLIN, pg. 1519
GOLIN -see GOLIN, pg. 1520
GOLIN -see GOLIN, pg. 1521
GOLIN -see GOLIN, pg. 1522
GONZALEZ MARKETING LLC, pg. 428
GOOD ADVERTISING, INC., pg. 428
GOOD KARMA CREATIVE, pg. 428
GOOD MARKETING GROUP, pg. 428
GOODBY, SILVERSTEIN & PARTNERS, pg. 428
GOODEN GROUP, pg. 1522
GOODMAN MEDIA INTERNATIONAL, INC., pg. 1522
GOODMAN PUBLIC RELATIONS, pg. 1523
THE GOODNESS COMPANY, pg. 429
GOODPEP DIGITAL MARKETING, pg. 1259
GOODWAY GROUP, pg. 1322
GORA COMMUNICATIONS, pg. 429
GORDLEY GROUP, pg. 429
GORDON C JAMES PUBLIC RELATIONS, pg. 1523
GORGEOUS MEDIA GROUP, pg. 1523
GORILLA 76 LLC, pg. 430
THE GOSS AGENCY INC, pg. 430
GOTHAM PUBLIC RELATIONS, pg. 430
THE GOULDING AGENCY, INC., pg. 430
GOURMET MARKETING, pg. 430
GRADIENT EXPERIENTIAL LLC, pg. 430
GRADY BRITTON, pg. 430
GRAFFITI BBDO -see BBDO WORLDWIDE INC., pg. 104
GRAFIK MARKETING COMMUNICATIONS, pg. 431
GRAFITZ GROUP NETWORK, pg. 431
GRAGG ADVERTISING, pg. 431
GRAHAM & ASSOCIATES INC, pg. 1523
GRAHAM GROUP INTERACTIVE, pg. 431
THE GRAHAM GROUP, pg. 431
GRAHAM MEDIA PARTNERS, pg. 431
GRAHAM OLESON, pg. 432
GRAHAM STANLEY ADVERTISING, pg. 432
GRAJ + GUSTAVSEN, pg. 432
GRAMERCY COMMUNICATIONS, pg. 1523
GRAMMA FCB -see FCB GLOBAL, pg. 370
GRANT MARKETING, pg. 432
GRANTSTREET CREATIVE, pg. 432
GRANULAR, pg. 1259
GRAPESEED MEDIA, pg. 432

GRAPEVINE COMMUNICATIONS INC, pg. 432
GRAPEVINE DESIGNS, pg. 1404
GRAPEVINE PR, pg. 1523
GRAPHIC D-SIGNS INC, pg. 433
GRAPHICMACHINE INC., pg. 433
GRAVINA ONLINE STRATEGIES, pg. 433
GRAVINA, SMITH, MATTE & ARNOLD MARKETING AND PUBLIC RELATIONS, pg. 1523
GRAVITY DIGITAL, pg. 433
GRAVITY GROUP, pg. 433
GRAVITY MEDIA, pg. 433
GRAVITY SWITCH, pg. 433
GRAY DIGITAL GROUP, pg. 1259
GRAY LOON MARKETING GROUP, INC., pg. 433
GRAY MATTER AGENCY INC., pg. 434
GRAY PUBLIC RELATIONS, pg. 1523
GRAYLING CONNECTING POINT, pg. 1523
GRAYLING GLOBAL, pg. 1523
GRAYLING, pg. 1523
GRAYLING -see GRAYLING GLOBAL, pg. 1524
GREAT COMMUNICATORS, INC., pg. 434
GREAT RIVER CREATIVE, pg. 434
GREATER THAN ONE, pg. 434
GREATEST COMMON FACTORY, pg. 434
GREATEST CREATIVE FACTOR, pg. 434
GREEN DOOR MEDIAWORKS, pg. 435
GREEN DOT ADVERTISING & MARKETING, pg. 435
GREEN GRASS MARKETING & ADVERTISING, pg. 435
GREEN OLIVE MEDIA LLC, pg. 1524
GREEN POINT CREATIVE, pg. 435
GREEN ROOM PUBLIC RELATIONS, pg. 435
GREEN TEAM ADVERTISING, INC., pg. 435
GREENFIELD ADVERTISING GROUP, pg. 435
GREENLIGHT MEDIA & MARKETING, LLC, pg. 435
GREENLIGHT, pg. 435
GREENMARK PUBLIC RELATIONS, pg. 436
GREENOUGH COMMUNICATIONS, pg. 1524
GREENRUBINO, pg. 436
GREENSMITH PUBLIC RELATIONS LLC, pg. 1524
GREENSTREET MARKETING, pg. 436
GREENTARGET STRATEGIC COMMUNICATIONS, pg. 436
GREER, MARGOLIS, MITCHELL, BURNS & ASSOCIATES (GMMB) -see FLEISHMANHILLARD INC., pg. 1508
GREGORY FCA, pg. 1524
GRENADIER, pg. 437
GRENDENE OGILVY AG -see OGILVY, pg. 817
GRETEMAN GROUP, pg. 437
GREY AMSTERDAM -see GREY NEW YORK, pg. 441
GREY ARGENTINA -see GREY NEW YORK, pg. 443
GREY BANGLADESH LTD. -see GREY NEW YORK, pg. 445
GREY BARCELONA -see GREY NEW YORK, pg. 442
GREY BEIJING -see GREY NEW YORK, pg. 445
GREY BENELUX -see GREY NEW YORK, pg. 439
GREY CANADA, pg. 437
GREY CHILE -see GREY NEW YORK, pg. 443
GREY CIS -see GREY NEW YORK, pg. 442
GREY DIGITAL -see GREY NEW YORK, pg. 448
GREY D.O.O. BELGRADE -see GREY NEW YORK, pg. 442
GREY GCG PERU S.A.C. -see GREY NEW YORK, pg. 444
GREY GOTHENBURG -see WPP PLC, pg. 1182
GREY GROUP ASIA PACIFIC -see GREY NEW YORK, pg. 445
GREY GROUP BULGARIA -see GREY NEW YORK, pg. 439
GREY GROUP GERMANY -see GREY NEW YORK, pg. 440
GREY GROUP INDONESIA -see GREY NEW YORK, pg. 447
GREY GROUP JAPAN -see GREY NEW YORK, pg. 447
GREY GROUP KOREA -see GREY NEW YORK, pg. 447
GREY GROUP MALAYSIA -see GREY NEW YORK, pg. 447
GREY GROUP MIDDLE EAST NETWORK -see GREY NEW YORK, pg. 443
GREY GROUP POLAND -see GREY NEW YORK, pg. 441
GREY GROUP SAUDI ARABIA -see GREY NEW YORK, pg. 442
GREY GROUP SOUTH AFRICA -see GREY NEW YORK, pg. 443
GREY GROUP UKRAINE -see GREY NEW YORK, pg. 442
GREY GROUP, pg. 438
GREY HEALTHCARE GROUP -see GHG, pg. 417
GREY HEALTHCARE PARIS -see GHG, pg. 418

GREY HEALTHCARE -see GHG, pg. 418
GREY HONG KONG -see GREY NEW YORK, pg. 446
GREY (INDIA) LTD. (BANGALORE) -see GREY NEW YORK, pg. 446
GREY (INDIA) PVT. LTD. -see GREY NEW YORK, pg. 446
GREY (INDIA) PVT. PTY. LTD. (DELHI) -see GREY NEW YORK, pg. 446
GREY ITALIA S.P.A -see GREY NEW YORK, pg. 441
GREY LJUBLJANA D.O.O. -see GREY NEW YORK, pg. 442
GREY LONDON -see GREY NEW YORK, pg. 439
GREY MADRID -see GREY NEW YORK, pg. 442
GREY MEXICO, S.A. DE C.V -see GREY NEW YORK, pg. 444
GREY NEW YORK, pg. 438
GREY PARIS -see GREY NEW YORK, pg. 440
GREY PUERTO RICO, pg. 448
GREY: REP -see GREY NEW YORK, pg. 444
GREY SAN FRANCISCO, pg. 449
GREY SHANGHAI -see GREY NEW YORK, pg. 446
GREY SINGAPORE -see GREY NEW YORK, pg. 448
GREY TEL AVIV -see GREY NEW YORK, pg. 441
GREY THAILAND -see GREY NEW YORK, pg. 448
GREY VANCOUVER, pg. 449
GREY WORLDWIDE WARSAW -see BCW (BURSON COHN & WOLFE), pg. 1443
GREY -see GREY NEW YORK, pg. 440
GREY -see GREY NEW YORK, pg. 443
GREYNJ UNITED -see GREY NEW YORK, pg. 448
GREYUNITED -see GREY NEW YORK, pg. 441
GRIFF/SMC, INC. MEDICAL MARKETING COMMUNICATIONS, pg. 449
GRIFFIN & ASSOCIATES, pg. 449
GRIFFIN & COMPANY, pg. 1524
GRIFFIN ARCHER, pg. 449
GRIFFIN COMMUNICATIONS GROUP, pg. 449
GRIFFIN COMMUNICATIONS, INC., pg. 450
GRIFFIN WINK ADVERTISING, pg. 450
GRIFFIN360, pg. 1525
GRIGG GRAPHIC SERVICES, INC., pg. 450
GRIN, pg. 450
GRINLEY CREATIVE LLC, pg. 450
GRIP DESIGN, INC., pg. 450
GRIP LTD., pg. 450
GRISKO, pg. 1525
GROK, pg. 451
GROOVE COMMERCE, pg. 451
GROUNDFLOOR MEDIA, INC., pg. 1525
GROUNDSWELL PR, pg. 1525
GROUP 4, pg. 451
GROUP 5 WEST, INC., pg. 451
GROUP 7EVEN, pg. 451
THE GROUP ADVERTISING, pg. 451
GROUP FIFTY FIVE MARKETING, pg. 452
GROUP GORDON, pg. 1525
GROUP LEAF LLC, pg. 452
GROUP M5, pg. 452
GROUP SJR -see HILL+KNOWLTON STRATEGIES, pg. 1530
GROUP TWO ADVERTISING, INC., pg. 452
GROUP46, pg. 452
GROUPE RINALDI COMMUNICATION MARKETING, pg. 452
GROUPM APAC HQ -see GROUPM NORTH AMERICA & CORPORATE HQ, pg. 1323
GROUPM CHINA -see GROUPM NORTH AMERICA & CORPORATE HQ, pg. 1323
GROUPM EMEA HQ -see GROUPM NORTH AMERICA & CORPORATE HQ, pg. 1323
GROUPM ENTERTAINMENT, pg. 452
GROUPM LATAM HQ -see GROUPM NORTH AMERICA & CORPORATE HQ, pg. 1324
GROUPM NORTH AMERICA & CORPORATE HQ, pg. 1322
GROUPM SINGAPORE -see GROUPM NORTH AMERICA & CORPORATE HQ, pg. 1324
GROUPM THAILAND -see GROUPM NORTH AMERICA & CORPORATE HQ, pg. 1324
GROW MARKETING, pg. 453
GROW, pg. 453
GRP MEDIA, INC., pg. 1324
GRUEN AGENCY, pg. 1259
GRUPO ABC DE COMMUNICACAO -see DDB WORLDWIDE COMMUNICATIONS GROUP INC., pg. 271
GRUPO BASSAT, OGILVY -see OGILVY, pg. 817
GRW ADVERTISING, pg. 453
GS&F, pg. 453

AGENCIES

INDEX OF AGENCY NAMES

GS STRATEGY GROUP, pg. 1525
GSD&M CHICAGO -see GSD&M, pg. 454
GSD&M, pg. 453
GSS COMMUNICATIONS, INC., pg. 454
GSW WORLDWIDE, pg. 454
GUD MARKETING, pg. 455
GUERILLA SUIT, pg. 455
GUEST RELATIONS MARKETING, pg. 455
GUIDE PUBLICATIONS, pg. 455
GULF HILL & KNOWLTON -see HILL+KNOWLTON STRATEGIES, pg. 1534
GUMAS ADVERTISING, pg. 455
GUMGUM, INC., pg. 455
GUMP'S MARKETING, pg. 1222
GUNDERSON DIRECT INC, pg. 456
GUNPOWDER INC., pg. 1525
THE GUNTER AGENCY, pg. 456
GURU MEDIA SOLUTIONS LLC, pg. 456
GUSTIN ADVERTISING, pg. 456
GUTHRIE/MAYES, pg. 1525
G.W. HOFFMAN MARKETING & COMMUNICATIONS, pg. 1404
GWA/GREGORY WELTEROTH ADVERTISING, pg. 456
GWP BRAND ENGINEERING, pg. 456
GWP, INC., pg. 456
GYK ANTLER, pg. 457
GYRO CINCINNATI, pg. 458
GYRO DENVER, pg. 459
GYRO LONDON -see GYRO, pg. 458
GYRO PARIS -see GYRO, pg. 458
GYRO, pg. 457
GYRO CHICAGO -see GYRO, pg. 458

H

H&C, LEO BURNETT -see LEO BURNETT WORLDWIDE, INC., pg. 625
H&K GRAPHICS, pg. 459
H&L PARTNERS, pg. 459
H+A INTERNATIONAL, INC., pg. 459
H+K STRATEGIES THAILAND -see HILL+KNOWLTON STRATEGIES, pg. 1534
H+K STRATEGIES -see HILL+KNOWLTON STRATEGIES, pg. 1531
H+K STRATEGIES -see HILL+KNOWLTON STRATEGIES, pg. 1532
H+M COMMUNICATIONS, pg. 459
H2 PUBLIC RELATIONS, pg. 1526
H2R AGENCY, pg. 459
H4B CHELSEA -see HAVAS HEALTH & YOU, pg. 474
HABERMAN & ASSOCIATES, INC., pg. 460
HACKER AGENCY -see THE INTERPUBLIC GROUP OF COMPANIES, INC., pg. 540
HADROUT ADVERTISING & TECHNOLOGY, pg. 460
HAESE & WOOD MARKETING & PUBLIC RELATIONS, pg. 460
HAFENBRACK MARKETING & COMMUNICATIONS, pg. 460
HAGAN ASSOCIATES, pg. 460
HAGER SHARP INC., pg. 1526
HAGGERTY & ASSOCIATES, pg. 460
HAGGMAN, INC., pg. 461
HAGON DESIGN, pg. 461
HAGOPIAN INK, pg. 1259
HAHN PUBLIC COMMUNICATIONS, pg. 461
HAIL CREATIVE, pg. 461
HAKUHODO & SAIGON ADVERTISING CO., LTD. -see HAKUHODO INCORPORATED, pg. 463
HAKUHODO ERG, INC. -see HAKUHODO INCORPORATED, pg. 462
HAKUHODO HONG KONG LTD. -see HAKUHODO INCORPORATED, pg. 462
HAKUHODO I-STUDIO, INC. -see HAKUHODO INCORPORATED, pg. 462
HAKUHODO INC. KYUSHU OFFICE -see HAKUHODO INCORPORATED, pg. 462
HAKUHODO INCORPORATED, pg. 461
HAKUHODO MALAYSIA SDN. BHD. -see HAKUHODO INCORPORATED, pg. 463
HAKUHODO PERCEPT PVT. LTD. -see HAKUHODO INCORPORATED, pg. 463
HAKUHODO SINGAPORE PTE. LTD. -see HAKUHODO INCORPORATED, pg. 463
HALEY MARKETING GROUP, pg. 463
HALEY MIRANDA GROUP, pg. 1405
HALL AND PARTNERS, pg. 463
HALL COMPANY, pg. 1526

HALL STRATEGIES, pg. 1526
HALLARON ADVERTISING, pg. 463
HALLDIN PUBLIC RELATIONS, pg. 1526
HALLOCK & BRANCH, pg. 463
THE HALO GROUP, pg. 464
HAMAZAKI WONG MARKETING GROUP, pg. 464
HAMELIN MARTINEAU INC., pg. 464
HAMILTON & BOND ADVERTISING INC., pg. 464
HAMILTON INK, pg. 1526
HAMLYN SENIOR MARKETING, pg. 464
HAMMER CREATIVE, pg. 464
HAMMERQUIST STUDIOS, pg. 464
HAMPTON CREATIVE, pg. 465
HANCOCK ADVERTISING AGENCY, pg. 465
HANCOCK ADVERTISING GROUP, INC., pg. 465
HANDCRAFTED PR, pg. 1526
HANDY CUTTER LINE, pg. 1222
HANEKE DESIGN, pg. 1260
HANGAR 30 INC, pg. 465
HANLEY WOOD MARKETING, pg. 465
HANLON CREATIVE, pg. 465
HANNA & ASSOCIATES INC., pg. 465
HANNA LEE COMMUNICATIONS, INC., pg. 466
THE HANNON GROUP, pg. 1526
HANON MCKENDRY, pg. 466
HANSER & ASSOCIATES PUBLIC RELATIONS, pg. 1526
HANSON & SCHWAM PUBLIC RELATIONS, pg. 1527
HANSON ASSOCIATES, INC., pg. 466
HANSON DODGE INC., pg. 466
HANSON WATSON ASSOCIATES, pg. 466
HAP MARKETING SERVICES, INC., pg. 466
HAPPEN, pg. 467
HAPPY COG, pg. 467
HAPPY MCGARRYBOWEN -see MCGARRYBOWEN, pg. 717
HAPPY MEDIUM, pg. 467
THE HARBOUR GROUP LLC, pg. 467
HARBURGER/SCOTT ADVERTISING, pg. 467
HARD BEAT COMMUNICATIONS, INC., pg. 467
HARDEN COMMUNICATIONS PARTNERS, pg. 1527
HARFIELD & ASSOCIATES, pg. 467
HARGER, HOWE & WALSH, pg. 467
HARLAND CLARKE CORP., pg. 468
HARLEY & CO, pg. 468
HARLO INTERACTIVE INC., pg. 468
HARMELIN MEDIA, pg. 1324
THE HARMON GROUP, pg. 468
HAROLD WARNER ADVERTISING, INC., pg. 468
HARRIMAN CREATIVE, INC, pg. 468
HARRIS AGENCY, pg. 468
HARRIS, BAIO & MCCULLOUGH INC., pg. 469
HARRIS MARKETING GROUP, pg. 469
HARRISON & SHRIFTMAN LLC, pg. 1527
HARRISON & SHRIFTMAN -see HARRISON & SHRIFTMAN LLC, pg. 1527
HARRISON AND STAR LLC, pg. 469
HARRISON MARKETING & ADVERTISING, pg. 469
HARRISON MEDIA, pg. 469
HARRISONRAND ADVERTISING, pg. 469
THE HART AGENCY, INC., pg. 470
HART, pg. 469
HART -see HART, pg. 470
HARTE-HANKS CRM SERVICES BELGIUM N.V. -see HARTE-HANKS, INC., pg. 471
HARTE-HANKS DATA SERVICES LLC -see HARTE-HANKS, INC., pg. 471
HARTE-HANKS DIRECT, INC. -see HARTE-HANKS, INC., pg. 471
HARTE-HANKS DIRECT MARKETING/BALTIMORE, INC. -see HARTE-HANKS, INC., pg. 470
HARTE-HANKS DIRECT MARKETING/DALLAS, L.P. -see HARTE-HANKS, INC., pg. 470
HARTE-HANKS DIRECT MARKETING/FULLERTON, INC. -see HARTE-HANKS, INC., pg. 470
HARTE-HANKS DIRECT MARKETING/JACKSONVILLE, LLC -see HARTE-HANKS, INC., pg. 471
HARTE-HANKS, INC., pg. 470
HARTE-HANKS RESPONSE MANAGEMENT/BOSTON, INC. -see HARTE-HANKS, INC., pg. 470
HARVEST CREATIVE SERVICES, pg. 471
HARVEST CREATIVE, pg. 471
HARVEST PUBLIC RELATIONS, pg. 1527
HARVEY & DAUGHTERS, INC./ H&D BRANDING, pg. 471
HASAN & PARTNERS OY -see MCCANN, pg. 703
HASTINGS DESIGN CO, pg. 471
THE HATCH AGENCY, pg. 1527

HATCH MARKETING, pg. 471
THE HATCHER GROUP, pg. 471
HATFIELD MEDIA, pg. 472
HATLING FLINT -see FLINT COMMUNICATIONS, pg. 388
THE HAUSER GROUP INC., pg. 472
HAVAS DIGITAL FACTORY -see HAVAS WORLDWIDE, pg. 480
HAVAS DIGITAL SHANGHAI -see HAVAS WORLDWIDE, pg. 486
HAVAS DIGITAL -see HAVAS, pg. 474
HAVAS EDGE BOSTON -see HAVAS WORLDWIDE, pg. 476
HAVAS EDGE PORTLAND -see HAVAS WORLDWIDE, pg. 476
HAVAS EDGE -see HAVAS WORLDWIDE, pg. 476
HAVAS EXPERIENCE LISBON -see HAVAS WORLDWIDE, pg. 481
HAVAS FORMULA, pg. 1527
HAVAS GUATEMALA -see HAVAS WORLDWIDE, pg. 485
HAVAS HEALTH & YOU, pg. 474
HAVAS IMPACT CHICAGO -see HAVAS WORLDWIDE, pg. 476
HAVAS IMPACT -see HAVAS WORLDWIDE, pg. 476
HAVAS JUST:: PUTNEY -see HAVAS, pg. 474
HAVAS LIFE BIRD & SCHULTE -see HAVAS HEALTH & YOU, pg. 474
HAVAS LIFE MEDICOM UK -see HAVAS HEALTH & YOU, pg. 475
HAVAS LIFE METRO -see HAVAS HEALTH & YOU, pg. 474
HAVAS LIFE NEW YORK -see HAVAS HEALTH & YOU, pg. 474
HAVAS LIFE ROME -see HAVAS HEALTH & YOU, pg. 474
HAVAS LIFE SORENTO -see HAVAS WORLDWIDE, pg. 487
HAVAS LIFE -see HAVAS HEALTH & YOU, pg. 474
HAVAS LONDON -see HAVAS WORLDWIDE, pg. 482
HAVAS LYNX -see HAVAS HEALTH & YOU, pg. 474
HAVAS MEDIA IRELAND -see HAVAS MEDIA, pg. 1326
HAVAS MEDIA, pg. 1324
HAVAS MEDIA -see HAVAS MEDIA, pg. 1326
HAVAS MEDIA -see HAVAS MEDIA, pg. 1327
HAVAS MEDIA -see HAVAS MEDIA, pg. 1328
HAVAS PEOPLE BIRMINGHAM -see HAVAS WORLDWIDE, pg. 483
HAVAS PEOPLE GLASGOW -see HAVAS WORLDWIDE, pg. 483
HAVAS PEOPLE LONDON -see HAVAS WORLDWIDE, pg. 483
HAVAS PEOPLE MANCHESTER -see HAVAS WORLDWIDE, pg. 483
HAVAS PR LONDON -see HAVAS WORLDWIDE, pg. 483
HAVAS PR NORTH AMERICA -see HAVAS PR, pg. 1528
HAVAS PR, pg. 1528
HAVAS - SAN FRANCISCO -see HAVAS WORLDWIDE, pg. 476
HAVAS SOUTHEAST ASIA -see HAVAS WORLDWIDE, pg. 487
HAVAS SPORTS & ENTERTAINMENT, pg. 1260
HAVAS WORLDWIDE AMSTERDAM -see HAVAS WORLDWIDE, pg. 481
HAVAS WORLDWIDE ATHENS -see HAVAS WORLDWIDE, pg. 480
HAVAS WORLDWIDE AUSTRALIA -see HAVAS WORLDWIDE, pg. 485
HAVAS WORLDWIDE BANGALORE -see HAVAS WORLDWIDE, pg. 487
HAVAS WORLDWIDE BANGKOK -see HAVAS WORLDWIDE, pg. 487
HAVAS WORLDWIDE BEIJING -see HAVAS WORLDWIDE, pg. 486
HAVAS WORLDWIDE BEIRUT -see HAVAS WORLDWIDE, pg. 481
HAVAS WORLDWIDE BRUSSELS -see HAVAS WORLDWIDE, pg. 478
HAVAS WORLDWIDE BUCHAREST -see HAVAS WORLDWIDE, pg. 481
HAVAS WORLDWIDE BUDAPEST -see HAVAS WORLDWIDE, pg. 480
HAVAS WORLDWIDE CANADA -see HAVAS WORLDWIDE, pg. 477
HAVAS WORLDWIDE CHICAGO, pg. 488
HAVAS WORLDWIDE COPENHAGEN -see HAVAS WORLDWIDE, pg. 479
HAVAS WORLDWIDE DIGITAL BRUSSELS -see HAVAS WORLDWIDE, pg. 478
HAVAS WORLDWIDE DIGITAL CANADA -see HAVAS

INDEX OF AGENCY NAMES

WORLDWIDE, pg. 478
HAVAS WORLDWIDE DIGITAL DUSSELDORF -see HAVAS WORLDWIDE, pg. 480
HAVAS WORLDWIDE DIGITAL MILAN -see HAVAS WORLDWIDE, pg. 480
HAVAS WORLDWIDE DIGITAL PORTUGAL -see HAVAS WORLDWIDE, pg. 481
HAVAS WORLDWIDE DIGITAL PRAGUE -see HAVAS WORLDWIDE, pg. 478
HAVAS WORLDWIDE DIGITAL SPAIN -see HAVAS WORLDWIDE, pg. 481
HAVAS WORLDWIDE DUBLIN -see HAVAS WORLDWIDE, pg. 480
HAVAS WORLDWIDE DUSSELDORF -see HAVAS WORLDWIDE, pg. 480
HAVAS WORLDWIDE-EUROPE -see HAVAS WORLDWIDE, pg. 478
HAVAS WORLDWIDE GENEVA -see HAVAS WORLDWIDE, pg. 482
HAVAS WORLDWIDE GRANATH -see HAVAS WORLDWIDE, pg. 481
HAVAS WORLDWIDE GURGAON -see HAVAS WORLDWIDE, pg. 487
HAVAS WORLDWIDE HAMBURG -see HAVAS WORLDWIDE, pg. 480
HAVAS WORLDWIDE HELSINKI -see HAVAS WORLDWIDE, pg. 479
HAVAS WORLDWIDE HONG KONG -see HAVAS WORLDWIDE, pg. 486
HAVAS WORLDWIDE ISTANBUL -see HAVAS WORLDWIDE, pg. 482
HAVAS WORLDWIDE JOHANNESBURG -see HAVAS WORLDWIDE, pg. 488
HAVAS WORLDWIDE KIEV -see HAVAS WORLDWIDE, pg. 482
HAVAS WORLDWIDE KUALA LUMPUR -see HAVAS WORLDWIDE, pg. 486
HAVAS WORLDWIDE LATIN AMERICA -see HAVAS WORLDWIDE, pg. 484
HAVAS WORLDWIDE LONDON -see HAVAS WORLDWIDE, pg. 483
HAVAS WORLDWIDE MANILA -see HAVAS WORLDWIDE, pg. 487
HAVAS WORLDWIDE MEXICO -see HAVAS WORLDWIDE, pg. 485
HAVAS WORLDWIDE MIDDLE EAST -see HAVAS WORLDWIDE, pg. 488
HAVAS WORLDWIDE MILAN -see HAVAS WORLDWIDE, pg. 481
HAVAS WORLDWIDE MUMBAI -see HAVAS WORLDWIDE, pg. 488
HAVAS WORLDWIDE NEW YORK -see HAVAS WORLDWIDE, pg. 476
HAVAS WORLDWIDE POLAND -see HAVAS WORLDWIDE, pg. 481
HAVAS WORLDWIDE PRAGUE -see HAVAS WORLDWIDE, pg. 479
HAVAS WORLDWIDE SEOUL -see HAVAS WORLDWIDE, pg. 486
HAVAS WORLDWIDE SHANGHAI -see HAVAS WORLDWIDE, pg. 486
HAVAS WORLDWIDE SOFIA -see HAVAS WORLDWIDE, pg. 478
HAVAS WORLDWIDE SOUTHEAST ASIA -see HAVAS WORLDWIDE, pg. 485
HAVAS WORLDWIDE SOUTHERN SPAIN -see HAVAS WORLDWIDE, pg. 481
HAVAS WORLDWIDE-STRAT FARM -see HAVAS WORLDWIDE, pg. 477
HAVAS WORLDWIDE SYDNEY -see HAVAS WORLDWIDE, pg. 485
HAVAS WORLDWIDE TONIC -see HAVAS WORLDWIDE, pg. 477
HAVAS WORLDWIDE TORONTO -see HAVAS WORLDWIDE, pg. 478
HAVAS WORLDWIDE VIENNA -see HAVAS WORLDWIDE, pg. 478
HAVAS WORLDWIDE ZAGREB -see HAVAS WORLDWIDE, pg. 478
HAVAS WORLDWIDE ZURICH -see HAVAS WORLDWIDE, pg. 482
HAVAS WORLDWIDE, pg. 475
HAVAS, pg. 472
HAVEN TOWER, pg. 1529
HAVIT ADVERTISING, LLC, pg. 489
HAWK ASSOCIATES, INC., pg. 489
HAWK MARKETING SERVICES, pg. 489
HAWKE MEDIA, pg. 489

HAWKINS INTERNATIONAL PUBLIC RELATIONS, pg. 1529
HAWORTH MARKETING + MEDIA, pg. 1328
HAWTHORNE DIRECT INC., pg. 489
HAYGARTH GROUP -see RAPP, pg. 931
HAYMAKER, pg. 489
HAYNES MARKETING NETWORK, INC., pg. 489
HAYSLETT GROUP, pg. 1529
HAYTER COMMUNICATIONS, pg. 1529
HAYWORTH PUBLIC RELATIONS, pg. 490
HB/ERIC MOWER + ASSOCIATES -see ERIC MOWER + ASSOCIATES, pg. 348
HCB HEALTH CHICAGO, pg. 490
HCB HEALTH, pg. 490
HCK2 PARTNERS, pg. 490
HDE, LLC, pg. 490
HDM/ZOOMEDIA, pg. 491
HDSF, pg. 491
HEADLINE PUBLISHING AGENCY -see TBWA/WORLDWIDE, pg. 1080
HEADSPACE MARKETING, pg. 491
HEALIX, pg. 491
HEALTH SCIENCE COMMUNICATIONS, pg. 491
HEALTH2 RESOURCES, pg. 491
THE HEALTHCARE CONSULTANCY GROUP, pg. 491
HEALTHCARE SUCCESS STRATEGIES, pg. 492
HEALTHSTAR COMMUNICATIONS, INC., pg. 492
HEART, pg. 492
HEARTBEAT DIGITAL, pg. 492
HEARTS & SCIENCE, pg. 1328
HEAT, pg. 492
HEATHWALLACE LTD -see WPP PLC, pg. 1186
HEAVENSPOT, pg. 493
HECKART STUDIOS, pg. 1222
HECKLER ASSOCIATES, pg. 493
HEILBRICE, pg. 493
HEIMAT WERBEAGENTUR GMBH -see TBWA/WORLDWIDE, pg. 1082
HEINRICH HAWAII -see HEINRICH MARKETING, pg. 493
HEINRICH MARKETING, pg. 493
HEINZEROTH MARKETING GROUP, pg. 493
HEIRLOOM, pg. 494
HEISE MEDIA GROUP, pg. 494
HELEN THOMPSON MEDIA, pg. 1329
HELIA -see HAVAS, pg. 473
HELIA -see HAVAS WORLDWIDE, pg. 477
HELIA -see HAVAS WORLDWIDE, pg. 484
HELIUM CREATIVE, pg. 494
HELIUS CREATIVE ADVERTISING LLC, pg. 494
HELIX EDUCATION, pg. 494
HELKEN & HORN, pg. 494
HELLERMAN BARETZ COMMUNICATIONS, pg. 494
HELLMAN, pg. 494
HELLMAN -see HELLMAN, pg. 495
HELLO DESIGN, pg. 495
HELLOWORLD, A MERKLE COMPANY, pg. 495
HELPSGOOD, pg. 495
HEMLINE CREATIVE MARKETING, pg. 495
HEMSWORTH COMMUNICATIONS, pg. 1529
THE HENDERSON ROBB GROUP, pg. 495
HENDRICK & ASSOCIATES MARKETING SERVICES INC., pg. 495
HENEGHAN PR -see BCW (BURSON COHN & WOLFE), pg. 1443
HENKE & ASSOCIATES, INC., pg. 496
THE HENKER GROUP, LLC, pg. 496
HENKINSCHULTZ, pg. 496
HENRY & GERMANN PUBLIC AFFAIRS LLC, pg. 1529
HEPCATSMARKETING.COM, pg. 496
HERB GILLEN AGENCY, pg. 496
HERB GROSS & COMPANY, INC., pg. 496
HERCKY PASQUA HERMAN, INC., pg. 496
HERESY, LLC, pg. 496
HERING SCHUPPENER CONSULTING -see BCW (BURSON COHN & WOLFE), pg. 1443
HERING SCHUPPENER-FRANKFORT AMMAIN -see BCW (BURSON COHN & WOLFE), pg. 1444
HERMAN ADVERTISING, pg. 497
HERMAN & ALMONTE PUBLIC RELATIONS, LLC, pg. 1529
HERMAN ASSOCIATES, INC., pg. 497
HERMANOFF PUBLIC RELATIONS, pg. 1530
HERO DIGITAL, pg. 1260
HERO FARM, pg. 497
HERO, pg. 497
HERON AGENCY, pg. 497
HERRMANN ADVERTISING DESIGN/COMMUNICATIONS, pg. 497

THE HESTER GROUP LLC, pg. 497
HEY ADVERTISING, pg. 498
HEYE & PARTNER GMBH -see DDB WORLDWIDE COMMUNICATIONS GROUP INC., pg. 274
HFB ADVERTISING, INC., pg. 498
HG MEDIA, INC., pg. 498
HI-GLOSS, pg. 498
HIDALGO & DE VRIES, INC., pg. 498
HIEBING-AUSTIN -see HIEBING, pg. 499
HIEBING, pg. 498
HIGH RISE PR, pg. 1530
HIGH ROAD COMMUNICATIONS -see FLEISHMANHILLARD INC., pg. 1509
HIGH TIDE CREATIVE, pg. 499
HIGH-TOUCH COMMUNICATIONS INC., pg. 499
HIGH VIEW COMMUNICATIONS INC., pg. 1530
HIGH WIDE & HANDSOME, pg. 499
HIGH10 MEDIA, pg. 499
HIGHDIVE ADVERTISING, pg. 499
HIGHER IMAGES INC., pg. 499
HIGHTOWER AGENCY, pg. 500
HIGHWIRE PUBLIC RELATIONS, pg. 1530
HIGLEY DESIGN, pg. 500
HILL + KNOWLTON STRATEGIES MEXICO -see HILL+KNOWLTON STRATEGIES, pg. 1532
HILL + KNOWLTON STRATEGIES -see HILL+KNOWLTON STRATEGIES, pg. 1531
HILL + KNOWLTON STRATEGIES -see HILL+KNOWLTON STRATEGIES, pg. 1532
HILL + KNOWLTON STRATEGIES -see HILL+KNOWLTON STRATEGIES, pg. 1534
HILL AEVIUM, pg. 500
HILL & KNOWLTON AUSTRALIA PTY. LTD. -see HILL+KNOWLTON STRATEGIES, pg. 1535
HILL & KNOWLTON BRAZIL -see HILL+KNOWLTON STRATEGIES, pg. 1532
HILL & KNOWLTON DE ARGENTINA -see HILL+KNOWLTON STRATEGIES, pg. 1532
HILL+KNOWLTON STRATEGIES -see HILL+KNOWLTON STRATEGIES, pg. 1533
HILL & KNOWLTON ESPANA, S.A. -see HILL+KNOWLTON STRATEGIES, pg. 1533
HILL & KNOWLTON GAIA -see HILL+KNOWLTON STRATEGIES, pg. 1533
HILL & KNOWLTON HONG KONG LTD. -see HILL+KNOWLTON STRATEGIES, pg. 1534
HILL + KNOWLTON STRATEGIES -see HILL+KNOWLTON STRATEGIES, pg. 1531
HILL & KNOWLTON ITALY -see HILL+KNOWLTON STRATEGIES, pg. 1533
HILL & KNOWLTON (SEA) PVT. LTD. -see HILL+KNOWLTON STRATEGIES, pg. 1534
HILL & KNOWLTON (SEA) SDN. BHD. -see HILL+KNOWLTON STRATEGIES, pg. 1534
HILL & KNOWLTON STRATEGIES -see HILL+KNOWLTON STRATEGIES, pg. 1532
HILL & KNOWLTON/THOMPSON CORP. -see HILL+KNOWLTON STRATEGIES, pg. 1533
HILL & KNOWLTON -see HILL+KNOWLTON STRATEGIES, pg. 1532
HILL & PARTNERS INCORPORATED, pg. 500
HILL HOLLIDAY/NEW YORK, pg. 501
HILL HOLLIDAY, pg. 500
HILL ZOOG, pg. 501
HILL+KNOWLTON STRATEGIES B.V. -see HILL+KNOWLTON STRATEGIES, pg. 1533
HILL+KNOWLTON STRATEGIES POLAND -see HILL+KNOWLTON STRATEGIES, pg. 1533
HILL+KNOWLTON STRATEGIES, pg. 1530
HILL+KNOWLTON STRATEGIES -see HILL+KNOWLTON STRATEGIES, pg. 1531
HILL+KNOWLTON STRATEGIES -see HILL+KNOWLTON STRATEGIES, pg. 1532
HILL+KNOWLTON STRATEGIES -see HILL+KNOWLTON STRATEGIES, pg. 1533
HILLS BALFOUR -see MMGY GLOBAL, pg. 750
HILLSTROMPR INC, pg. 1535
HILSINGER MENDELSON PUBLIC RELATIONS, pg. 1535
HILTON & MYERS ADVERTISING, INC., pg. 501
HIMMELRICH PR, pg. 501
HINDSIGHT MANAGEMENT INC., pg. 501
HIP ADVERTISING, pg. 501
HIPERVINCULO, pg. 501
HIRECLIX LLC, pg. 502
HIRONS & COMPANY, pg. 502
HIRSHORN ZUCKERMAN DESIGN GROUP, pg. 502
HISPANIC GROUP, pg. 502

AGENCIES
INDEX OF AGENCY NAMES

HISPANIDAD, pg. 502
HITCHCOCK FLEMING & ASSOCIATES, INC., pg. 502
THE HIVE, pg. 503
HIVEMIND MARKETING INC., pg. 1260
HJMT COMMUNICATIONS, LLC, pg. 503
HK ADVERTISING, INC., pg. 503
HKA INC MARKETING COMMUNICATIONS, pg. 1535
HKDP COMMUNICATIONS & PUBLIC AFFAIRS -see HILL+KNOWLTON STRATEGIES, pg. 1532
HL GROUP, pg. 503
HLG HEALTH COMMUNICATIONS, pg. 503
HMA PUBLIC RELATIONS, pg. 1535
HMC ADVERTISING LLC, pg. 504
HMC ADVERTISING, pg. 504
HMG CREATIVE, pg. 1260
HMH-CHARLOTTE N.C. -see HMH, pg. 504
HMH, pg. 504
HOCKING MEDIA GROUP INC., pg. 1329
HODGES ADVERTISING INC, pg. 505
HODGES & ASSOCIATES, pg. 505
HODGES ASSOCIATES, INC., pg. 505
HODGES PARTNERSHIP, pg. 1535
HOEGGER COMMUNICATIONS, pg. 505
HOFF COMMUNICATIONS, pg. 505
THE HOFFMAN AGENCY, pg. 1535
THE HOFFMAN AGENCY -see THE HOFFMAN AGENCY, pg. 1536
HOFFMAN AND PARTNERS, pg. 505
HOFFMAN YORK, pg. 506
HOFFMANN PUBLISHING GROUP, pg. 506
HOGARTH WORLDWIDE, pg. 506
HOGARTH WORLDWIDE -see WPP PLC, pg. 1180
HOLBERG DESIGN, INC., pg. 506
HOLLAND ADVERTISING:INTERACTIVE, pg. 506
HOLLAND MARK, pg. 507
HOLLANDER EN VAN DER MEY/MS&L -see MSLGROUP, pg. 1588
HOLLYWOOD AGENCY, pg. 1536
HOLLYWOOD BRANDED INC., pg. 507
HOLMES MILLET ADVERTISING, pg. 507
HOLT CREATIVE GROUP, pg. 507
HOLTON SENTIVAN AND GURY, pg. 507
HOMERUN CREATIVE SERVICES INC., pg. 507
THE HONEY AGENCY, pg. 507
THE HONIG COMPANY, pg. 1537
HOOAH LLC., pg. 508
HOOK STUDIOS LLC, pg. 1260
HOOK, pg. 508
HOOKLEAD, pg. 508
HOOPLA MARKETING & PUBLIC RELATIONS, pg. 508
HOPE-BECKHAM, INC., pg. 508
HOPENING -see TBWA/WORLDWIDE, pg. 1081
HOPKINS PR, pg. 1537
THE HORAH GROUP, pg. 508
HORICH HECTOR LEBOW, pg. 508
HORIZON FCB BEIRUT -see FCB GLOBAL, pg. 369
HORIZON FCB CAIRO -see FCB GLOBAL, pg. 370
HORIZON FCB DUBAI -see FCB GLOBAL, pg. 369
HORIZON FCB JEDDAH -see FCB GLOBAL, pg. 369
HORIZON FCB KUWAIT -see FCB GLOBAL, pg. 369
HORIZON FCB RIYADH -see FCB GLOBAL, pg. 370
HORIZON MARKETING GROUP, INC., pg. 508
HORIZON MEDIA, INC., pg. 1329
HORIZON NEXT -see HORIZON MEDIA, INC., pg. 1330
HORIZON PRINT SERVICES GROUP, pg. 1330
HORIZONTAL INTEGRATION, pg. 1260
HORN GROUP INC., pg. 508
HORNALL ANDERSON, pg. 509
HORNERCOM, pg. 509
HORNSBY BRAND DESIGN, pg. 509
HOST -see HAVAS WORLDWIDE, pg. 486
HOT DISH ADVERTISING, pg. 509
HOT SCHATZ PR, pg. 1537
HOT TOMALI COMMUNICATIONS INC, pg. 509
HOTWIRE, pg. 1537
HOUSER & HENNESSEE, pg. 509
HOW FUNWORKS LLC, pg. 510
HOWARD COMMUNICATIONS INC, pg. 1537
HOWARD MILLER ASSOCIATES, INC., pg. 510
HOWARD RUBEN PR, pg. 1537
HOWELL, LIBERATORE & ASSOCIATES, INC., pg. 510
HOWERTON+WHITE, pg. 510
THE HOYT ORGANIZATION, pg. 1537
HP PR, pg. 1538
HPR, INC., pg. 1538
HR ADWORKS LTD., pg. 510
HS AD, INC. -see YOUNG & RUBICAM, pg. 1201
HS2 SOLUTIONS, INC., pg. 1261

HSC MARKETING, pg. 510
HSR GROUP, INC., pg. 510
HUB MEDIA, pg. 511
HUB STRATEGY AND COMMUNICATION, pg. 511
HUDSON CREATIVE, pg. 1261
HUDSON CUTLER & CO, pg. 511
HUDSON INTEGRATED, INC., pg. 1261
HUDSON MEDIA SERVICES LLC, pg. 1330
HUDSON MIND, pg. 511
HUDSON ROUGE, pg. 511
HUDSONYARDS, pg. 511
HUDSUN MEDIA, pg. 511
HUE & CRY, pg. 1538
HUE STUDIOS, pg. 512
HUEMOR DESIGNS, pg. 1261
HUGE LLC, pg. 512
HUGE -see HUGE LLC, pg. 512
HUGE -see HUGE LLC, pg. 513
HUGHES AGENCY LLC, pg. 513
HUGHES & STUART, INC., pg. 513
HUGHES LEAHY KARLOVIC, pg. 513
HUGHES MEDIA, pg. 1261
HUGHESLEAHYKARLOVIC, pg. 513
HULLABALOO -see TBWA/WORLDWIDE, pg. 1080
HULT MARKETING, pg. 513
HUMAN DIGITAL -see M&C SAATCHI PLC, pg. 659
HUMAN IMPACT SOLUTIONS, pg. 514
HUMAN, pg. 514
HUMANAUT, pg. 514
HUMBLE, pg. 514
HUMMINGBIRD CREATIVE GROUP, pg. 514
HUMPHREY ASSOCIATES INC, pg. 514
HUNT ADKINS, pg. 514
HUNTER OUTDOOR COMMUNICATIONS, pg. 1538
HUNTER PUBLIC RELATIONS, pg. 1538
HUNTER VALMONT PR, pg. 1538
HUNTER, pg. 515
HUNTSINGER & JEFFER, pg. 515
HURRAH MARKETING, pg. 1405
HUSEBO ADVERTISING & PUBLIC RELATIONS, pg. 515
HUSH, pg. 1261
HUTCHENS PR, pg. 1539
HUTS J. WALTER THOMPSON SOFIA -see J. WALTER THOMPSON, pg. 559
HUXLEY QUAYLE VON BISMARK, INC., pg. 515
HVM COMMUNICATIONS, pg. 1539
HVR -see TBWA/WORLDWIDE, pg. 1084
HWH PUBLIC RELATIONS, pg. 1539
HYC/MERGE, pg. 515
HYDRIC MEDIA, pg. 515
HYDROGEN ADVERTISING, pg. 515
HYFN, pg. 516
HYLINK DIGITAL SOLUTIONS, pg. 1261
HYPE CREATIVE PARTNERS, pg. 516
HYPE GROUP LLC, pg. 516
HYPERAKT, pg. 516
HYPERBOLOUS, pg. 516
HYPERQUAKE, pg. 516
HYPHEN COMMUNICATIONS, pg. 516
HYPHEN DIGITAL, pg. 516

I

I-ADVIZE CORPORATE COMMUNICATIONS, INC., pg. 1539
THE I AM GROUP, INC., pg. 517
I&S BBDO INC. -see BBDO WORLDWIDE INC., pg. 113
I DO PR, pg. 1539
I IMAGINE STUDIO, pg. 517
I-SITE, INC., pg. 517
I2 MARKETING INC, pg. 517
IBARRA STRATEGY GROUP INC., pg. 517
IBEL AGENCY, pg. 517
IBM IX, pg. 517
IBM IX -see IBM IX, pg. 518
ICE FACTOR, pg. 1405
ICED MEDIA, pg. 1261
ICF OLSON, pg. 518
ICI BARBES -see TBWA/WORLDWIDE, pg. 1081
ICIDIGITAL, pg. 519
ICM PARTNERS, pg. 519
ICON ADVERTISING & DESIGN INC, pg. 519
ICON INTERNATIONAL INC., pg. 1330
ICON MEDIA DIRECT, pg. 1331
ICONMOBILE -see YOUNG & RUBICAM, pg. 1202
ICONOCLAST ARTIST MANAGEMENT LLC, pg. 519
ICONOLOGIC, pg. 519

ICR, pg. 1539
ICROSSING CHICAGO -see ICROSSING NEW YORK, pg. 1262
ICROSSING DALLAS -see ICROSSING NEW YORK, pg. 1262
ICROSSING, INC. -see ICROSSING NEW YORK, pg. 1262
ICROSSING LONDON -see ICROSSING NEW YORK, pg. 1262
ICROSSING LOS ANGELES -see ICROSSING NEW YORK, pg. 1262
ICROSSING NEW YORK, pg. 1261
ICROSSING RESTON -see ICROSSING NEW YORK, pg. 1262
ICROSSING SAN FRANCISCO -see ICROSSING NEW YORK, pg. 1263
ICROSSING SANTIAGO -see ICROSSING NEW YORK, pg. 1263
ICROSSING SCOTTSDALE -see ICROSSING NEW YORK, pg. 1263
ID MEDIA-CHICAGO -see ID MEDIA, pg. 1331
ID MEDIA-LOS ANGELES -see ID MEDIA, pg. 1331
ID MEDIA, pg. 1331
ID PUBLIC RELATIONS, pg. 1539
ID29, pg. 519
IDEA ASSOCIATES, INC., pg. 519
IDEA BANK MARKETING, pg. 520
THE IDEA CENTER, pg. 520
IDEA ENGINEERING, INC., pg. 520
THE IDEA FACTORY, pg. 520
IDEA GROVE, pg. 520
IDEA HALL, pg. 520
IDEA LAB DIGITAL, LLC, pg. 1263
THE IDEA MARKETING, pg. 521
THE IDEA MILL, pg. 521
THE IDEA WORKSHOP LIMITED, pg. 1539
I.D.E.A., pg. 519
IDEABASE, pg. 521
IDEAHAUS, pg. 521
IDEAOLOGY ADVERTISING INC., pg. 521
IDEAS COLLIDE INC., pg. 521
IDEAS THAT EVOKE, pg. 521
IDEAS THAT KICK, pg. 521
IDEASCAPE, INC., pg. 521
IDEAWORK STUDIOS, pg. 522
IDEAWORKS, INC., pg. 522
IDENTITY MARKETING & PUBLIC RELATIONS, LLC, pg. 1540
IDENTITY MEDIA CO, pg. 1540
IDENTITY, pg. 522
IDFIVE, pg. 522
IDIRECT MARKETING, INC., pg. 522
IDYLLWILD ADVERTISING, pg. 522
IE, pg. 1263
IFUEL INTERACTIVE, pg. 1263
IGM CREATIVE GROUP, pg. 1405
IGNITE COMMUNICATIONS, pg. 522
IGNITE DESIGN AND ADVERTISING, INC., pg. 522
IGNITE DIGITAL, pg. 1263
IGNITE PUBLIC RELATIONS, LLC, pg. 1540
IGNITE SOCIAL MEDIA, pg. 1263
IGNITED, pg. 523
IGNITION BRANDING, pg. 523
IGNITION INTERACTIVE, pg. 523
IGNITIONONE, pg. 1263
IGNITIONONE -see IGNITIONONE, pg. 1264
IGRAFIX CREATIVE LLC, pg. 523
IKON PORTER NOVELLI -see PORTER NOVELLI, pg. 1615
ILAN GEVA & FRIENDS, pg. 523
ILFUSION INC, pg. 523
ILLUME COMMUNICATIONS, pg. 524
ILLUMINATION ADVERTISING INC., pg. 524
ILLUSTRIA, INC., pg. 524
IM IMAGE MARKETING, pg. 524
IMA INTERACTIVE, pg. 1264
IMAGE ASSOCIATES LLC, pg. 524
IMAGE MAKERS ADVERTISING INC, pg. 524
IMAGE MARKETING CONSULTANTS, pg. 524
IMAGE ONE PUBLIC RELATIONS, pg. 1540
IMAGE UNLIMITED COMMUNICATIONS, LTD., pg. 1540
IMAGEHAUS, pg. 524
IMAGEMAKERS INC., pg. 524
IMAGEMARK, INC., pg. 524
IMAGEN, pg. 524
IMAGERY CREATIVE, pg. 525
IMAGEWORKS STUDIO, pg. 1540
IMAGINASIUM INC., pg. 525

A-20

INDEX OF AGENCY NAMES

IMAGINATION AUSTRALIA -see THE IMAGINATION GROUP, pg. 526
IMAGINATION (CANADA) LTD., pg. 525
THE IMAGINATION COMPANY, pg. 525
THE IMAGINATION FACTORY, pg. 525
THE IMAGINATION GROUP, pg. 525
IMAGINATION THE AMERICAS -see THE IMAGINATION GROUP, pg. 526
IMAGINATION (USA) INC. -see THE IMAGINATION GROUP, pg. 526
IMAGINE GLOBAL COMMUNICATIONS, pg. 526
IMAGINE IT MEDIA, pg. 526
IMAGINE THIS, INC., pg. 526
IMAGINUITY INTERACTIVE, INC., pg. 1264
IMAGO COMMUNICATIONS, pg. 526
IMAJ ASSOCIATES, pg. 526
IMARC, pg. 1264
IMBUE CREATIVE, pg. 526
IMC, pg. 1405
IMG COLLEGE, pg. 527
IMILLER PUBLIC RELATIONS, pg. 1540
IMMEDIACY PUBLIC RELATIONS INC, pg. 1540
IMMERSION ACTIVE, pg. 527
IMMOTION STUDIOS, pg. 527
IMPACT BBDO -see BBDO WORLDWIDE INC., pg. 104
IMPACT BBDO -see BBDO WORLDWIDE INC., pg. 106
IMPACT BBDO -see BBDO WORLDWIDE INC., pg. 107
IMPACT BBDO -see BBDO WORLDWIDE INC., pg. 108
IMPACT BBDO -see BBDO WORLDWIDE INC., pg. 109
IMPACT COMMUNICATIONS, pg. 1541
IMPACT CONSULTING ENTERPRISES, pg. 1541
IMPACT DIRECT, pg. 527
IMPACT MARKETING & PUBLIC RELATIONS, INC., pg. 527
IMPACT PR & COMMUNICATIONS, LTD., pg. 1541
IMPACT XM - NEW JERSEY, pg. 527
THE IMPETUS AGENCY, pg. 1541
IMPRENTA COMMUNICATIONS GROUP, pg. 527
IMPRESSIONS-A.B.A. INDUSTRIES, INC., pg. 528
IMPRESTIGE MEDIA MARKETING, pg. 528
IMPRINT PROJECTS, pg. 528
IMPULSE CONCEPT GROUP, pg. 528
IMRE, pg. 528
IMRE -see IMRE, pg. 529
IMS ADVERTISING LLC, pg. 529
IN FOOD MARKETING, pg. 529
THE IN-HOUSE AGENCY, INC., pg. 529
IN MARKETING SERVICES, pg. 529
IN PLACE MARKETING, pg. 529
INAMOTO & CO, pg. 530
INCEPTION MARKETING, INC., pg. 530
INCHRIST COMMUNICATIONS, pg. 530
INDEPENDENT FLOORCOVERINGS DEALERS OF AMERICA, INC., pg. 530
INDEPENDENT GRAPHICS INC., pg. 530
INDICATE MEDIA, pg. 1541
INDOPACIFIC EDELMAN -see EDELMAN, pg. 1497
INDRA PUBLIC RELATIONS, pg. 1541
INDUSTRIAL IMAGE, pg. 530
INDUSTRIAL STRENGTH MARKETING, pg. 530
INFERNO, pg. 530
THE INFINITE AGENCY, pg. 531
INFINITE COMMUNICATIONS, INC., pg. 531
INFINITE GLOBAL, pg. 531
INFINITEE COMMUNICATIONS, INC., pg. 531
INFINITY CONCEPTS, pg. 531
INFINITY MARKETING, pg. 531
INFLEXION INTERACTIVE, LLC, pg. 1264
INFLIGHT CREATIONS, pg. 532
INFLUENT50, pg. 532
INFOGROUP INC., pg. 1222
INFOGROUP -see INFOGROUP INC., pg. 1222
INFORM, INC., pg. 532
INFORM VENTURES, pg. 532
INFORMATION ANALYTICS, INC., pg. 532
INFUSED PR & EVENTS, pg. 1541
INFUSION DIRECT MARKETING & ADVERTISING INC, pg. 532
INGEAR PUBLIC RELATIONS, pg. 1541
INGENEUS PR, pg. 1541
INGO -see GREY NEW YORK, pg. 442
INITIATIVE BEIRUT -see INITIATIVE WORLDWIDE, pg. 1334
INITIATIVE BUDAPEST -see INITIATIVE WORLDWIDE, pg. 1333
INITIATIVE BUENOS AIRES -see INITIATIVE WORLDWIDE, pg. 1333
INITIATIVE DUBAI -see INITIATIVE WORLDWIDE, pg. 1334

INITIATIVE HAMBURG -see INITIATIVE WORLDWIDE, pg. 1333
INITIATIVE LONDON -see INITIATIVE WORLDWIDE, pg. 1333
INITIATIVE LOS ANGELES -see INITIATIVE WORLDWIDE, pg. 1332
INITIATIVE MELBOURNE -see INITIATIVE WORLDWIDE, pg. 1334
INITIATIVE MIAMI -see INITIATIVE WORLDWIDE, pg. 1332
INITIATIVE MOSCOW -see INITIATIVE WORLDWIDE, pg. 1333
INITIATIVE PRAGUE -see INITIATIVE WORLDWIDE, pg. 1333
INITIATIVE SOUTH AFRICA -see INITIATIVE WORLDWIDE, pg. 1334
INITIATIVE SYDNEY -see INITIATIVE WORLDWIDE, pg. 1334
INITIATIVE TORONTO -see INITIATIVE WORLDWIDE, pg. 1332
INITIATIVE UNIVERSAL MEDIA NORWAY -see INITIATIVE WORLDWIDE, pg. 1333
INITIATIVE UNIVERSAL STOCKHOLM -see INITIATIVE WORLDWIDE, pg. 1333
INITIATIVE UNIVERSAL WARSAW -see INITIATIVE WORLDWIDE, pg. 1333
INITIATIVE VIENNA -see INITIATIVE WORLDWIDE, pg. 1333
INITIATIVE WORLDWIDE, pg. 1332
INITIATIVE -see IPG MEDIABRANDS, pg. 547
INITIATIVE, pg. 1331
INITIATIVE -see INITIATIVE WORLDWIDE, pg. 1334
INK & ROSES, pg. 1541
INK PUBLIC RELATIONS, pg. 1542
THE INK TANK, pg. 533
INK, pg. 533
INKHOUSE MEDIA + MARKETING, pg. 1542
INKHOUSE -see INKHOUSE MEDIA + MARKETING, pg. 1542
INKINCPR, pg. 1542
INKLINK MARKETING, pg. 1542
INLANDLIGHT LLC, pg. 533
INLINE MEDIA, INC., pg. 1334
INNATE, pg. 1264
INNER SPARK CREATIVE, pg. 533
INNERACTION MEDIA LLC, pg. 533
INNERSPIN MARKETING, pg. 533
INNERWORKINGS INC., pg. 1405
INNIS MAGGIORE GROUP, INC., pg. 533
INNOCEAN USA, pg. 534
INNOVA DESIGN & ADVERTISING, pg. 534
INNOVATION LEO BURNETT -see LEO BURNETT WORLDWIDE, INC., pg. 624
INNOVATIVE COMMUNICATIONS, pg. 1222
INNOVISION ADVERTISING, LLC, pg. 534
INNOVISION MARKETING GROUP, pg. 534
INOREK & GREY -see GREY NEW YORK, pg. 440
INOVAT DESIGN LLC, pg. 1264
INQUEST MARKETING, pg. 534
INSEGMENT, pg. 1264
INSIDE OUT COMMUNICATIONS, pg. 534
INSIDE OUT PR, pg. 1542
INSIDER MEDIA MANAGEMENT, pg. 1542
INSIGHT CREATIVE GROUP, pg. 535
INSIGHT CREATIVE INC., pg. 535
INSIGHT MARKETING COMMUNICATIONS, pg. 535
INSIGHT MARKETING DESIGN, pg. 535
INSITE ADVICE, pg. 1264
INSIVIA, pg. 535
INSPIRE CREATIVE STUDIOS, pg. 535
INSPIRE!, pg. 535
INSTINCT MARKETING, pg. 536
INSTITUTIONAL MARKETING SERVICES, pg. 1543
INSTRUMENT, pg. 536
INSYNC PLUS, pg. 536
INSYNTRIX, pg. 536
INTANDEM INC., pg. 536
THE INTEGER GROUP-DALLAS, pg. 1405
THE INTEGER GROUP - DENVER, pg. 1406
THE INTEGER GROUP, LLC, pg. 536
THE INTEGER GROUP-MIDWEST, pg. 1406
INTEGRAL AD SCIENCE, pg. 1335
INTEGRAL MEDIA INC., pg. 1335
INTEGRAPHIX, INC., pg. 536
INTEGRATE AGENCY -see WELLINGTON GROUP, pg. 1682
INTEGRATED CORPORATE RELATIONS - BEIJING -see INTEGRATED CORPORATE RELATIONS, INC., pg. 1543
INTEGRATED CORPORATE RELATIONS - BOSTON -see INTEGRATED CORPORATE RELATIONS, INC., pg. 1543
INTEGRATED CORPORATE RELATIONS, INC., pg. 1543
INTEGRATED CORPORATE RELATIONS - NEW YORK - see INTEGRATED CORPORATE RELATIONS, INC., pg. 1543
INTEGRATED MARKETING SERVICES, pg. 536
INTEGRATED MARKETING WORKS, pg. 1406
INTEGRATED MERCHANDISING SYSTEMS -see DIVERSIFIED AGENCY SERVICES, pg. 306
INTEGRITY MEDIA CORP, pg. 1264
INTEGRITY SPORTS MARKETING, MEDIA & MANAGEMENT, pg. 1406
INTELLECT DESIGN ARENA INC -see POLARIS FINANCIAL TECHNOLOGY LIMITED, pg. 881
INTELLIGENT COMMUNITIES GROUP, pg. 537
INTERACTIVE AVENUES PVT. LTD. -see THE INTERPUBLIC GROUP OF COMPANIES, INC., pg. 542
INTERACTIVE STRATEGIES, pg. 537
INTERACTIVEWEST, pg. 1264
INTERACTIVITY MARKETING, pg. 537
INTERBRAND & CEE -see OMNICOM GROUP INC., pg. 836
INTERBRAND B.V. -see OMNICOM GROUP INC., pg. 836
INTERBRAND CORPORATION, pg. 537
INTERBRAND DESIGN FORUM, pg. 538
INTERBRAND SAN FRANCISCO -see INTERBRAND DESIGN FORUM, pg. 538
INTERBRAND, pg. 537
INTERBRAND -see OMNICOM GROUP INC., pg. 836
INTERBRANDHEALTH -see INTERBRAND CORPORATION, pg. 538
INTERCEPT GROUP - CAMPUS INTERCEPT / CONSUMER INTERCEPT, pg. 538
INTERCOMMUNICATIONS INC., pg. 538
THE INTERCONNECT GROUP, pg. 1335
INTERESTING DEVELOPMENT, pg. 538
INTERFACEPR.COM, pg. 1543
INTERKOM CREATIVE MARKETING, pg. 538
INTERLEX COMMUNICATIONS INC., pg. 538
INTERMARK GROUP, INC., pg. 539
INTERMARKET COMMUNICATIONS, pg. 1543
INTERMEDIA ADVERTISING, pg. 539
INTERMUNDO MEDIA, pg. 539
INTERNECTION, pg. 539
INTERNET EXPOSURE, INC., pg. 540
INTERNET MARKETING, INC., pg. 540
INTERNETWEBBUILDERS.COM, pg. 1335
INTERONE WORLDWIDE -see BBDO WORLDWIDE INC., pg. 105
INTERPLANETARY, pg. 540
INTERPROSE INC., pg. 1544
THE INTERPUBLIC GROUP OF COMPANIES, INC., pg. 540
INTERSECT MEDIA SOLUTIONS, pg. 1335
INTERSECTION, pg. 543
INTERSECTION -see INTERSECTION, pg. 544
INTERSPORT INC, pg. 544
INTERSTAR MARKETING & PUBLIC RELATIONS, pg. 1544
INTERTREND COMMUNICATIONS, INC., pg. 544
INTOUCH SOLUTIONS, pg. 544
INTRAMED COMMUNICATIONS MILAN -see SUDLER & HENNESSEY WORLDWIDE HEADQUARTERS, pg. 1059
INTRAMED EDUCATIONAL GROUP -see SUDLER & HENNESSEY WORLDWIDE HEADQUARTERS, pg. 1058
INTREPID MARKETING GROUP, pg. 545
INTREPID, pg. 1544
INTRIGUE, pg. 545
INTRINZIC MARKETING + DESIGN INC., pg. 545
INTROWORKS, INC., pg. 545
INTUIT MEDIA GROUP, pg. 545
INUVO, INC., pg. 1265
INVENTIVA, pg. 545
INVERSE MARKETING, pg. 546
INVERVE MARKETING, pg. 546
INVESTORCOM INC., pg. 1544
INVNT, pg. 546
INVOKE, pg. 546
INXPO, pg. 1265
IOMEDIA, pg. 546
ION BRAND DESIGN, pg. 546
IONIC MEDIA, pg. 546

AGENCIES
INDEX OF AGENCY NAMES

IOSTUDIO, pg. 547
IPG MEDIABRANDS, pg. 547
IPROSPECT, pg. 548
IPROSPECT, pg. 1335
IQ 360, pg. 548
IQ AGENCY, pg. 1265
IQ SOLUTIONS, pg. 548
IQUANTI, INC., pg. 548
IRIS PR SOFTWARE, pg. 1544
IRON CREATIVE COMMUNICATION, pg. 548
IRONCLAD MARKETING, pg. 548
IRONPAPER, pg. 1265
ISA ADVERTISING, pg. 548
ISABELLI MEDIA RELATIONS, pg. 1544
ISADORA DESIGN, pg. 1265
ISOBAR BRAZIL -see ISOBAR US, pg. 549
ISOBAR HONG KONG -see ISOBAR US, pg. 549
ISOBAR INDIA -see ISOBAR US, pg. 549
ISOBAR MENA -see ISOBAR US, pg. 550
ISOBAR NORTH AMERICA -see ISOBAR US, pg. 550
ISOBAR UK -see ISOBAR US, pg. 550
ISOBAR US, pg. 549
ISOBAR, pg. 549
ISOBAR -see ISOBAR US, pg. 550
ISOM GLOBAL STRATEGIES, pg. 550
ISSA PR, pg. 1544
ISTRATEGYLABS, pg. 1265
ISTROPOLITANA OGILVY -see OGILVY, pg. 816
IT GIRL PUBLIC RELATIONS, pg. 1544
ITC, pg. 550
IVIE & ASSOCIATES INC., pg. 551
IVIE COMMUNICATIONS, LLC, pg. 1544
IVUE DIGITAL ADVERTISING, INC., pg. 551
IVY CREATIVE, pg. 551
THE IVY GROUP, LTD., pg. 551
IVY PUBLIC RELATIONS, pg. 1544
IW GROUP, INC., pg. 551
IW GROUP -see IW GROUP, INC., pg. 552
IWERX MEDIA & ADVERTISING, pg. 552

J

J&L MARKETING, pg. 1266
J&M MARKETING COMMUNICATIONS, LLC, pg. 552
J DANIEL AGENCY, pg. 552
J. FITZGERALD GROUP, pg. 552
J. GREG SMITH, INC., pg. 552
J LAUREN PR LLC, pg. 1545
J. LINCOLN GROUP, pg. 552
J PUBLIC RELATIONS, pg. 1407
J. WALTER THOMPSON ATLANTA, pg. 564
J. WALTER THOMPSON AUSTRALIA -see J. WALTER THOMPSON, pg. 554
J. WALTER THOMPSON BEIJING -see J. WALTER THOMPSON, pg. 555
J. WALTER THOMPSON BUDAPEST -see J. WALTER THOMPSON, pg. 560
J. WALTER THOMPSON CAIRO -see J. WALTER THOMPSON, pg. 562
J. WALTER THOMPSON CANADA -see J. WALTER THOMPSON, pg. 553
J. WALTER THOMPSON CANADA, pg. 565
J. WALTER THOMPSON CAPE TOWN -see J. WALTER THOMPSON, pg. 554
J. WALTER THOMPSON DIALOGUE -see J. WALTER THOMPSON, pg. 559
J. WALTER THOMPSON FABRIKANT -see J. WALTER THOMPSON, pg. 561
J. WALTER THOMPSON FRANCE -see J. WALTER THOMPSON, pg. 559
J. WALTER THOMPSON FRANKFURT -see J. WALTER THOMPSON, pg. 560
J. WALTER THOMPSON INSIDE, pg. 565
J. WALTER THOMPSON INSIDE -see J. WALTER THOMPSON INSIDE, pg. 566
J. WALTER THOMPSON INTERNATIONAL -see J. WALTER THOMPSON, pg. 558
J. WALTER THOMPSON JAPAN -see J. WALTER THOMPSON, pg. 557
J. WALTER THOMPSON KOREA -see J. WALTER THOMPSON, pg. 557
J. WALTER THOMPSON MILAN -see J. WALTER THOMPSON, pg. 560
J. WALTER THOMPSON POLAND -see J. WALTER THOMPSON, pg. 561
J. WALTER THOMPSON SAN FRANCISCO -see J. WALTER THOMPSON, pg. 553
J. WALTER THOMPSON SINGAPORE -see J. WALTER THOMPSON, pg. 558
J. WALTER THOMPSON THAILAND -see J. WALTER THOMPSON, pg. 559
J. WALTER THOMPSON U.S.A., INC., pg. 566
J. WALTER THOMPSON U.S.A., INC. -see J. WALTER THOMPSON U.S.A., INC., pg. 567
J. WALTER THOMPSON WERBEAGENTUR GMBH -see J. WALTER THOMPSON, pg. 559
J. WALTER THOMPSON, pg. 553
J. WALTER THOMPSON -see J. WALTER THOMPSON, pg. 554
J. WALTER THOMPSON -see J. WALTER THOMPSON, pg. 555
J. WALTER THOMPSON -see J. WALTER THOMPSON, pg. 556
J. WALTER THOMPSON -see J. WALTER THOMPSON, pg. 557
J. WALTER THOMPSON -see J. WALTER THOMPSON, pg. 558
J. WALTER THOMPSON -see J. WALTER THOMPSON, pg. 559
J. WALTER THOMPSON -see J. WALTER THOMPSON, pg. 560
J. WALTER THOMPSON -see J. WALTER THOMPSON, pg. 561
J. WALTER THOMPSON -see J. WALTER THOMPSON, pg. 562
J. WALTER THOMPSON -see J. WALTER THOMPSON, pg. 563
J. WALTER THOMPSON -see J. WALTER THOMPSON, pg. 564
J3 NEW YORK, pg. 567
JAB ADVERTISING, pg. 567
JACK MORTON EXHIBITS -see JACK MORTON WORLDWIDE, pg. 568
JACK MORTON WORLDWIDE (DUBAI) -see JACK MORTON WORLDWIDE, pg. 567
JACK MORTON WORLDWIDE (DUSSELDORF) -see JACK MORTON WORLDWIDE, pg. 567
JACK MORTON WORLDWIDE (HONG KONG) -see JACK MORTON WORLDWIDE, pg. 568
JACK MORTON WORLDWIDE (SAO PAULO) -see JACK MORTON WORLDWIDE, pg. 568
JACK MORTON WORLDWIDE (SEOUL) -see JACK MORTON WORLDWIDE, pg. 568
JACK MORTON WORLDWIDE (SHANGHAI) -see JACK MORTON WORLDWIDE, pg. 568
JACK MORTON WORLDWIDE (SINGAPORE) -see JACK MORTON WORLDWIDE, pg. 567
JACK MORTON WORLDWIDE, pg. 567
JACK MORTON WORLDWIDE -see JACK MORTON WORLDWIDE, pg. 568
JACK MORTON WORLDWIDE -see JACK MORTON WORLDWIDE, pg. 569
JACK NADEL, INC., pg. 1407
JACK NADEL INTERNATIONAL, pg. 1407
JACKSON MARKETING GROUP, pg. 569
JACKSON SPALDING, pg. 1545
JACOB TYLER BRAND COMMUNICATIONS, pg. 569
JACOBS AGENCY, pg. 569
JACOBS & CLEVENGER, INC., pg. 569
JACOBSON ROST, pg. 570
JADI COMMUNICATIONS, pg. 570
JAFFE & PARTNERS, pg. 570
JAFFE COMMUNICATIONS, pg. 1545
JAFFE, pg. 1545
JAJO, INC., pg. 570
JAM COLLECTIVE, pg. 1545
JAM3, pg. 570
THE JAMES AGENCY, pg. 570
JAMES & MATTHEW, pg. 571
JAMES & THOMAS, INC., pg. 571
JAMES HOGGAN & ASSOCIATES, INC., pg. 1545
JAMES ROSS ADVERTISING, pg. 571
JAMES STREET ASSOCIATES, LTD., pg. 571
JAMPOLE COMMUNICATIONS, INC., pg. 571
JAN KELLEY MARKETING, pg. 571
JANE OWEN PR, pg. 1545
JANIS BROWN & ASSOCIATES, pg. 572
JANKOWSKICO., pg. 572
JANUARY DIGITAL, pg. 1266
JARRARD PHILLIPS CATE & HANCOCK, INC., pg. 572
JASCULCA/TERMAN AND ASSOCIATES, pg. 1545
JASE GROUP, LLC, pg. 572
JAVELIN MARKETING GROUP, pg. 572
JAY ADVERTISING, INC., pg. 573
JAYMIE SCOTTO & ASSOCIATES LLC (JSA), pg. 1546
JAYNE AGENCY, pg. 573
JAYRAY, A COMMUNICATIONS CONSULTANCY, pg. 573
JB CHICAGO, pg. 573
JC MARKETING ASSOCIATES INC., pg. 1546
J.C. THOMAS MARKETING COMMUNICATIONS, pg. 573
JCDECAUX NORTH AMERICA, pg. 573
JCIR, pg. 1546
JCM EVENTS -see JC MARKETING ASSOCIATES INC., pg. 1546
JCM MEDIA GROUP, pg. 1266
JCONNELLY, INC., pg. 1546
JDA FRONTLINE, pg. 573
JDCOMMUNICATIONS INC, pg. 574
JEFF DEZEN PUBLIC RELATIONS, pg. 1546
JEFFREY ALEC COMMUNICATIONS, pg. 574
THE JEFFREY GROUP ARGENTINA -see THE JEFFREY GROUP, pg. 1547
THE JEFFREY GROUP BRAZIL -see THE JEFFREY GROUP, pg. 1547
JEFFREY GROUP MEXICO -see THE JEFFREY GROUP, pg. 1547
THE JEFFREY GROUP NEW YORK -see THE JEFFREY GROUP, pg. 1547
THE JEFFREY GROUP, pg. 1546
JEFFREY SCOTT AGENCY, pg. 574
JEKYLL AND HYDE, pg. 574
JELENA GROUP, pg. 1547
JELLYFISH, pg. 574
JENERATION PR, pg. 1547
JENNA COMMUNICATIONS LLC, pg. 1547
JENNIFER BETT COMMUNICATIONS, pg. 574
JENNINGS & COMPANY, pg. 575
JENNINGS SOCIAL MEDIA MARKETING, pg. 575
JERRY DEFALCO ADVERTISING, pg. 575
JERRY THOMAS PUBLIC RELATIONS, pg. 1547
JESS3, pg. 575
JESSICA AUFIERO COMMUNICATIONS, pg. 1547
JESSON + COMPANY COMMUNICATIONS INC., pg. 1548
JET MARKETING, pg. 575
JETSET STUDIOS, pg. 575
JETSTREAM PUBLIC RELATIONS, pg. 575
J.F. MILLS & WORLDWIDE, pg. 1548
JFK COMMUNICATIONS INC., pg. 1548
JG BLACK BOOK OF TRAVEL, pg. 1548
J.G. SULLIVAN INTERACTIVE, INC., pg. 575
J.G. SULLIVAN INTERACTIVE INC. -see LOCAL MARKETING SOLUTIONS GROUP, INC., pg. 649
J.GRIFFITH PUBLIC RELATIONS, pg. 1548
JH COMMUNICATIONS LLC, pg. 575
JHA MARKETING, pg. 576
JIBE MEDIA, pg. 576
JIGSAW LLC, pg. 576
JILL SCHMIDT PR, pg. 1548
JJR MARKETING, INC, pg. 1548
JK DESIGN, pg. 576
JKL COPENHAGEN -see MSLGROUP, pg. 1588
JKL STOCKHOLM -see MSLGROUP, pg. 1588
JKR ADVERTISING & MARKETING, pg. 576
JL MEDIA DIRECT RESPONSE, pg. 577
JL MEDIA, INC., pg. 1336
JLM PARTNERS, pg. 577
JM FOX ASSOCIATES INC, pg. 577
JMC MARKETING COMMUNICATIONS & PR, pg. 577
JMD COMMUNICATIONS, pg. 577
JMPR, INC., pg. 1548
JMR CONNECT, pg. 1549
JNA ADVERTISING, pg. 577
J.O. DESIGN, pg. 577
JOAN, pg. 577
JOBELEPHANT.COM INC., pg. 578
JODYANDIANE CREATIVE COMMUNICATIONS, LLC, pg. 578
JOE AGENCY, pg. 578
JOELE FRANK, WILKINSON BRIMMER KATCHER, pg. 1549
THE JOEY COMPANY, pg. 578
JOHANNES LEONARDO, pg. 1266
JOHN APPLEYARD AGENCY, INC., pg. 578
JOHN LAMBERT ASSOCIATES, pg. 578
JOHN MANLOVE ADVERTISING, pg. 579
JOHN MCNEIL STUDIO, pg. 579
JOHN ST., pg. 579
JOHNNY LIGHTNING STRIKES AGAIN LLC, pg. 579
JOHNSON & MURPHY, pg. 579
JOHNSON & SEKIN, pg. 580
JOHNSON DESIGN GROUP, pg. 580

INDEX OF AGENCY NAMES

JOHNSON GRAY ADVERTISING, pg. 580
THE JOHNSON GROUP, pg. 580
JOHNSON GROUP, pg. 580
JOHNSON INC., pg. 580
JOHNSON MARKETING GROUP INC., pg. 580
JOHNSONRAUHOFF MARKETING COMMUNICATIONS -see JOHNSONRAUHOFF, pg. 581
JOHNSONRAUHOFF, pg. 581
JOHNXHANNES, pg. 581
JONES ADVERTISING, pg. 581
THE JONES AGENCY, pg. 581
JONES & THOMAS, INC., pg. 581
JONES FOSTER DEAL ADVERTISING & PUBLIC RELATIONS, INC., pg. 582
JONES HUYETT PARTNERS, pg. 582
JONES KNOWLES RITCHIE, pg. 582
JONES PUBLIC AFFAIRS, INC, pg. 1549
JONES SOCIAL PUBLIC RELATIONS, pg. 1549
JONESWORKS INC., pg. 1549
JORDAN ASSOCIATES, pg. 582
JOSEPH PEDOTT ADVERTISING & MARKETING, INC., pg. 1223
JOTABEQU ADVERTISING -see GREY NEW YORK, pg. 444
JOTABEQU ADVERTISING -see MEDIACOM, pg. 1348
JOTO PR, pg. 1549
JP&R ADVERTISING AGENCY INC., pg. 583
JPA HEALTH COMMUNICATIONS, pg. 583
JPL INTEGRATED COMMUNICATIONS, INC., pg. 583
JPR COMMUNICATIONS, pg. 1550
THE JPR GROUP LLC, pg. 1550
J.R. NAVARRO & ASSOCIATES INC., pg. 583
THE JRT AGENCY, pg. 583
JS2 COMMUNICATIONS, pg. 583
JSL MARKETING & WEB DESIGN LLC, pg. 1266
JSML MEDIA, LLC, pg. 1336
JSTOKES AGENCY, pg. 584
J.T. MEGA FOOD MARKETING COMMUNICATIONS, pg. 584
JTS COMMUNICATIONS, INC., pg. 1550
JUDGE PUBLIC RELATIONS, pg. 1550
JUGULAR LLC, pg. 584
JUICE GROUP, pg. 584
JUICE PHARMA WORLDWIDE, pg. 584
JUICEBOX INTERACTIVE, pg. 584
JULIE A. LAITIN ENTERPRISES, INC., pg. 584
JULIET ZULU, pg. 585
JUMBOSHRIMP ADVERTISING, INC., pg. 585
JUMP BRANDING & DESIGN INC., pg. 585
JUMP START AGENCY LLC, pg. 585
JUMPI, pg. 585
JUMPSTART AUTOMOTIVE MEDIA, pg. 585
JUNE ADVERTISING, pg. 585
JUNGLE COMMUNICATIONS INC, pg. 585
JUNGLE DIGITAL ENTERPRISES, pg. 585
JUNIPER PARK/TBWA -see TBWA/WORLDWIDE, pg. 1079
JUPITER DRAWING ROOM -see WPP PLC, pg. 1180
JUPITER DRAWING ROOM -see YOUNG & RUBICAM, pg. 1207
JUST MEDIA, INC., pg. 1336
JUXT, pg. 1266
JV MEDIA DESIGN, pg. 585
JVS MARKETING LLC, pg. 585
J.W. MORTON & ASSOCIATES, pg. 586
JWALCHER COMMUNICATIONS, pg. 586
JWALK, pg. 586
JWT FOLK -see J. WALTER THOMPSON, pg. 560
JWT -see WPP PLC, pg. 1180
JZPR, pg. 1550

K

K PUBLIC RELATIONS LLC, pg. 1550
K. SUTHERLAND PR, pg. 1550
K2 COMMUNICATIONS, pg. 586
K2 KRUPP KOMMUNICATIONS, INC, pg. 1550
KABOOKABOO MARKETING, pg. 586
KAHN MEDIA, INC., pg. 1407
KALEIDICO DIGITAL MARKETING, pg. 1267
KALEIDOSCOPE MARKETING AND COMMUNICATIONS INCORPORATED, pg. 586
KALEIDOSCOPE, pg. 586
KAMP GRIZZLY, pg. 586
KANATSIZ COMMUNICATIONS INC, pg. 1551
KANEEN ADVERTISING & PR, pg. 587
THE KANTAR GROUP, pg. 587
KANTAR -see WPP PLC, pg. 1184
KAPLOW, pg. 1551
KAPOR HAMILTON PUBLIC RELATIONS, pg. 1551
KAPOWZA, pg. 587
KARBO COMMUNICATIONS, pg. 1551
KAREN MORSTAD & ASSOCIATES LLC., pg. 587
KARI FEINSTEIN PUBLIC RELATIONS, pg. 587
KARL JAMES & COMPANY, pg. 1551
KARLA OTTO, pg. 1551
KARLIN+PIMSLER, pg. 587
THE KARMA AGENCY, pg. 1551
KARMORY, pg. 588
KARO GROUP, INC., pg. 588
KARSH & HAGAN COMMUNICATIONS, INC., pg. 588
KARSTAN COMMUNICATIONS, pg. 588
KARV COMMUNICATIONS, pg. 1551
KARWOSKI & COURAGE -see MARTIN WILLIAMS ADVERTISING INC., pg. 689
KASTNER, pg. 588
KATALYST CREATIVE MARKETING, pg. 588
KATALYST PUBLIC RELATIONS, pg. 1551
KATHODERAY MEDIA INC., pg. 588
KATHY DAY PUBLIC RELATIONS, pg. 1551
KATHY HERNANDEZ & ASSOCIATES, pg. 1552
KATHY SCHAEFFER AND ASSOCIATES, INC., pg. 1552
KAYE COMMUNICATIONS INC., pg. 1552
KAZOO BRANDING, pg. 589
KB NETWORK NEWS, pg. 1552
KB WOODS PUBLIC RELATIONS, pg. 1552
KBM GROUP -see WPP PLC, pg. 1183
KBM GROUP -see WUNDERMAN, pg. 1189
KC PROJECTS, pg. 1552
KCD, INC., pg. 1552
KCD PUBLIC RELATIONS, pg. 1552
KCSA STRATEGIC COMMUNICATIONS, pg. 1552
KDR MEDIA GROUP, pg. 589
KEA ADVERTISING, pg. 589
KEATING & CO., pg. 1553
KEATING MAGEE MARKETING COMMUNICATIONS, pg. 589
KEEN BRANDING, pg. 589
KEENAN-NAGLE ADVERTISING, pg. 590
KEENE PROMOTIONS, INC., pg. 1408
KEITH BATES & ASSOCIATES, INC., pg. 590
KEITH SHERMAN & ASSOCIATES, INC., pg. 1553
KEKST CNC, pg. 590
KELLEN COMMUNICATIONS, pg. 590
KELLEN EUROPE -see KELLEN COMMUNICATIONS, pg. 590
KELLENFOL ADVERTISING, pg. 591
THE KELLER GROUP LIMITED, pg. 1553
KELLETT COMMUNICATIONS, pg. 591
KELLEY & ASSOCIATES ADVERTISING, pg. 591
KELLEY & COMPANY, pg. 591
KELLEY CHUNN & ASSOC., pg. 1553
KELLEY HABIB JOHN, pg. 591
KELLIHER SAMETS VOLK NY, pg. 592
KELLIHER SAMETS VOLK, pg. 591
KELLOGG & CAVIAR LLC, pg. 1553
KELLY & COMPANY, pg. 592
KELLY OLIVER PR INC, pg. 1554
KELLY SCOTT MADISON, pg. 1336
KELSEY ADVERTISING & DESIGN, pg. 592
KELTON RESEARCH, pg. 1554
KEMP ADVERTISING & MARKETING, pg. 592
KEMPERLESNIK, pg. 1554
KEN SLAUF & ASSOCIATES, INC., pg. 592
KENNA, pg. 592
KENNEDY COMMUNICATIONS, pg. 592
KENT COMMUNICATIONS, pg. 592
KEO MARKETING INC, pg. 1554
KEPLER GROUP, pg. 1267
KERIGAN MARKETING ASSOCIATES, INC., pg. 592
KERMISH-GEYLIN PUBLIC RELATIONS, pg. 1554
KERN, pg. 593
KERVIN MARKETING, pg. 593
KETCHUM CANADA -see KETCHUM, pg. 1556
KETCHUM ICON SINGAPORE -see KETCHUM, pg. 1556
KETCHUM PLEON PUBLIC AFFAIRS -see KETCHUM, pg. 1556
KETCHUM PLEON ROMA -see KETCHUM, pg. 1557
KETCHUM PLEON -see KETCHUM, pg. 1557
KETCHUM-PUBLIC RELATIONS LTD. -see KETCHUM, pg. 1557
KETCHUM-PUBLIC RELATIONS -see KETCHUM, pg. 1557
KETCHUM PUBLICO -see KETCHUM, pg. 1557
KETCHUM SEOUL -see KETCHUM, pg. 1557
KETCHUM SPAIN -see KETCHUM, pg. 1557
KETCHUM, pg. 1554
KETCHUM -see KETCHUM, pg. 1555
KETCHUM -see KETCHUM, pg. 1556
KETCHUM -see KETCHUM, pg. 1557
KETCHUM -see KETCHUM, pg. 1558
KETNER GROUP, pg. 1558
KETTLE, pg. 1267
KEVIN J. ASH CREATIVE DESIGN, LLC, pg. 593
KEY GORDON COMMUNICATIONS, pg. 593
KEYAD, LLC, pg. 593
KEYBRIDGE COMMUNICATIONS, pg. 1558
KEYPATH EDUCATION, pg. 593
KEYSTONE MARKETING, pg. 593
KFD PUBLIC RELATIONS, pg. 1558
KGBTEXAS, pg. 593
KGLOBAL, pg. 594
KH COMPLETE ADVERTISING, pg. 594
KHEMISTRY, pg. 594
KICKSTART CONSULTING INC, pg. 594
KIDD GROUP, pg. 594
KIDS AT PLAY, pg. 594
KIDSTUFF PUBLIC RELATIONS, pg. 1558
KIDVERTISERS, pg. 594
KILLEEN FURTNEY GROUP, INC., pg. 595
KILLERSPOTS, pg. 595
KILLIAN BRANDING, pg. 595
KIMBALL COMMUNICATIONS LLC, pg. 1558
KINDLING MEDIA, LLC, pg. 595
KINDRED, pg. 595
KINER COMMUNICATIONS, pg. 595
KINETIC DESIGN & ADVERTISING PVT. LTD. -see KINETIC, pg. 1337
KINETIC KNOWLEDGE, pg. 595
KINETIC SOCIAL, pg. 595
KINETIC, pg. 1337
KINETIC -see KINETIC, pg. 1338
KINETIX CREATIVE, pg. 596
KING + COMPANY, pg. 1558
THE KING AGENCY, pg. 596
KING & PARTNERS, LLC, pg. 596
KING FISH MEDIA, pg. 596
KING MEDIA, pg. 596
KINGS ENGLISH LLC, pg. 596
KINNEY GROUP CREATIVE, pg. 596
KINZIEGREEN MARKETING GROUP, pg. 596
KIOSK CREATIVE LLC, pg. 596
KIP HUNTER MARKETING, pg. 597
KIP MORRISON & ASSOCIATES, pg. 1559
THE KIRBY GROUP, pg. 1408
KIRK COMMUNICATIONS, pg. 597
KIRVIN DOAK COMMUNICATIONS, pg. 1559
KITCH & SCHREIBER, INC., pg. 597
KITCHEN LEO BURNETT -see LEO BURNETT WORLDWIDE, INC., pg. 626
KITCHEN PUBLIC RELATIONS, LLC, pg. 597
KITCHEN SINK STUDIOS, pg. 597
KITE HILL PR LLC, pg. 1559
KITEROCKET, pg. 597
KIVVIT, pg. 1559
KIWI CREATIVE, pg. 597
KK BOLD, pg. 597
KKPR MARKETING & PUBLIC RELATIONS, pg. 598
KLEBER & ASSOCIATES MARKETING & COMMUNICATIONS, pg. 598
KLEIDON & ASSOCIATES, pg. 598
KLICKPICKS, pg. 598
KLUGE INTERACTIVE, pg. 598
THE KLUGER AGENCY, pg. 598
KLUNDT HOSMER, pg. 598
KLUNK & MILLAN ADVERTISING INC., pg. 599
KMGI.COM, pg. 599
KMK MEDIA GROUP, pg. 599
KMR COMMUNICATIONS, pg. 599
KNACK4 DESIGN, INC., pg. 599
KNB COMMUNICATIONS, pg. 599
KNI, pg. 1267
KNIGHT ADV. CO., pg. 1223
THE KNIGHT AGENCY, pg. 599
KNIGHT MARKETING, pg. 599
KNOODLE ADVERTISING, pg. 599
KNOW ADVERTISING, pg. 600
KNOWMAD DIGITAL MARKETING, pg. 1267
KNUDSEN, GARDNER & HOWE, INC., pg. 600
KOCH COMMUNICATIONS, pg. 1559
KOCH CREATIVE GROUP, pg. 1223
KOCHAN & COMPANY MARKETING COMMUNICATIONS, pg. 600

AGENCIES
INDEX OF AGENCY NAMES

KODA, pg. 600
KOENIG ADVERTISING PUBLIC RELATIONS, pg. 1559
KOEPPEL DIRECT, pg. 600
KOHNSTAMM COMMUNICATIONS, pg. 600
KOIKO DESIGN LLC, pg. 600
KOLBECO MARKETING RESOURCES, pg. 600
KOLT COMMUNICATIONS, INC., pg. 1560
KONICA MINOLTA BUSINESS SOLUTIONS, pg. 1223
KONNECT PUBLIC RELATIONS, pg. 1560
KONTUUR-LEO BURNETT -see LEO BURNETT WORLDWIDE, INC., pg. 624
KOOPMAN OSTBO, pg. 601
KOROBERI, pg. 1267
KORTENHAUS COMMUNICATIONS, INC., pg. 1560
KOSE, pg. 1267
KOSSMAN/KLEIN & CO., pg. 601
KOUNTERATTACK, LLC, pg. 1267
KOVAK LIKLY COMMUNICATIONS, pg. 1560
KOVEL/FULLER, pg. 601
KOVERT CREATIVE, pg. 601
KP PUBLIC RELATIONS, pg. 1560
KPI AGENCY, pg. 601
KPS3 MARKETING, pg. 602
KRACO ENTERPRISES, pg. 1223
KRACOE SZYKULA & TOWNSEND INC., pg. 602
KRAFTWORKS LTD., pg. 602
KRATIVE LLC, pg. 602
KRAUS MARKETING, pg. 602
KRAUSE ADVERTISING, pg. 602
KRAUSE TAYLOR ASSOCIATES, LLC, pg. 1560
KREAB BARCELONA -see KREAB, pg. 1560
KREAB BRUSSELS -see KREAB, pg. 1560
KREAB HELSINKI -see KREAB, pg. 1561
KREAB HONG KONG -see KREAB, pg. 1561
KREAB MADRID -see KREAB, pg. 1561
KREAB SINGAPORE -see KREAB, pg. 1561
KREAB TOKYO -see KREAB, pg. 1561
KREAB, pg. 1560
KREATIVE, pg. 602
KREIGER & ASSOCIATES, pg. 1339
KREPS DEMARIA, INC., pg. 1561
KRISTOF CREATIVE, INC., pg. 603
KRONER COMMUNICATION, pg. 603
KRT MARKETING, pg. 603
KRUEGER COMMUNICATIONS, pg. 603
KRUSH DIGITAL ADVERTISING AGENCY, pg. 603
KRUSKOPF & COMPANY, INC., pg. 603
KSM SOUTH -see KELLY SCOTT MADISON, pg. 1337
KTK DESIGN, pg. 603
KUHN & ASSOCIATES, pg. 604
KUNDELL COMMUNICATIONS, pg. 1561
KUNO CREATIVE, pg. 604
KURMAN COMMUNICATIONS, INC., pg. 1561
KUSZMAUL DESIGN & PR INC, pg. 1561
KW2, pg. 604
KWE PARTNERS, INC., pg. 1561
KWG, pg. 604
KWORQ, pg. 604
KWT GLOBAL, pg. 604
KYK ADVERTISING MARKETING PROMOTIONS, pg. 605
KYNE, pg. 1561
KZSW ADVERTISING, pg. 605

L

L-A ADVERTISING, pg. 605
L-AVENUE, pg. 605
L2 MARKETING, pg. 605
L2TMEDIA, pg. 1267
L3 ADVERTISING INC., pg. 606
L7 CREATIVE, pg. 606
LA ADS, pg. 606
LA AGENCIA DE ORCI & ASOCIADOS, pg. 606
LA TORRE COMMUNICATIONS, pg. 1562
LABOV ADVERTISING, MARKETING AND TRAINING, pg. 606
LABSTORE NORTH AMERICA -see YOUNG & RUBICAM, pg. 1198
THE LACEK GROUP, pg. 606
LAER PEARCE & ASSOCIATES, pg. 607
LAFAMOS PR & BRANDING, pg. 1562
LAFORCE, pg. 1562
LAGES & ASSOCIATES INC., pg. 1562
LAGRANT COMMUNICATIONS, pg. 607
THE LAIDLAW GROUP, LLC, pg. 607
LAIR, pg. 607

LAIRD+PARTNERS, pg. 607
LAK PR, pg. 1562
LAKE GROUP MEDIA, INC., pg. 607
LAKE STRATEGIC MARKETING, pg. 608
LAM-ANDREWS INC., pg. 608
LAMAR ADVERTISING COMPANY, pg. 608
LAMAR CORPORATION -see LAMAR ADVERTISING COMPANY, pg. 608
LAMBERT & CO., pg. 1562
LAMBERT EDWARDS & ASSOCIATES -see LAMBERT & CO., pg. 1562
LAMBERT EDWARDS & ASSOCIATES -see LAMBERT & CO., pg. 1563
LAMBESIS, pg. 608
LANDERS & PARTNERS, INC., pg. 609
LANDIS COMMUNICATIONS INC., pg. 1563
LANDOR ASSOCIATES, pg. 609
LANDOR ASSOCIATES -see LANDOR ASSOCIATES, pg. 610
LANDOR ASSOCIATES -see YOUNG & RUBICAM, pg. 1199
LANE MARKETING -see LANE PR, pg. 1563
LANE PR, pg. 1563
LANETERRALEVER, pg. 610
LANGLAND -see PUBLICIS HEALTHCARE COMMUNICATIONS GROUP, pg. 911
LANMARK360, pg. 610
LAPIZ -see LEO BURNETT WORLDWIDE, INC., pg. 622
LAPLACA COHEN, pg. 611
THE LAREDO GROUP, pg. 1268
LARGEMOUTH COMMUNICATIONS, INC., pg. 1563
LAROUCHE MARKETING COMMUNICATION, pg. 611
LARSON O'BRIEN MARKETING GROUP, pg. 611
LASER ADVERTISING, pg. 611
LASPATA DECARO, pg. 611
LATCHA+ASSOCIATES, pg. 611
LATIN CONNECTION -see HANSON WATSON ASSOCIATES, pg. 466
LATIN WORLD ENTERTAINMENT AGENCY, pg. 612
LATIN2LATIN MARKETING + COMMUNICATIONS LLC, pg. 612
LATIN3 INC., pg. 612
LATINA CREATIVE AGENCY, pg. 612
THE LATINO WAY, pg. 612
LATINWORKS MARKETING, INC., pg. 612
LATITUDE, pg. 1564
LATITUDE, pg. 1408
LATORRA, PAUL & MCCANN, pg. 1564
LATREILLE ADVERTISING & TALENT INC, pg. 613
LAUGHING SAMURAI, pg. 613
LAUGHLIN/CONSTABLE, INC., pg. 613
LAUGHLIN/CONSTABLE, INC. -see LAUGHLIN/CONSTABLE, INC., pg. 614
LAUGHLIN/CONSTABLE NEW YORK -see LAUGHLIN/CONSTABLE, INC., pg. 614
LAUNCH AGENCY, pg. 614
LAUNCH DIGITAL MARKETING, pg. 1268
LAUNCH DYNAMIC MEDIA, LLC, pg. 614
LAUNCH, pg. 614
LAUNCHFIRE INTERACTIVE INC., pg. 615
LAUNCHIT PUBLIC RELATIONS, pg. 1564
LAUNCHPAD ADVERTISING, pg. 615
LAUNCHPAD, pg. 615
LAUNCHSQUAD, pg. 615
LAUNDRY SERVICE, pg. 615
LAURA BURGESS MARKETING, pg. 1564
LAURA DAVIDSON PUBLIC RELATIONS, INC., pg. 615
LAVERDAD MARKETING & MEDIA, pg. 616
LAVIDGE & ASSOCIATES INC., pg. 616
THE LAVIDGE COMPANY, pg. 616
LAVOIE STRATEGIC COMMUNICATIONS GROUP, INC., pg. 1564
LAVOIEHEALTHSCIENCE, pg. 1564
LAWLER BALLARD VAN DURAND, pg. 616
LAWRENCE & SCHILLER, INC., pg. 616
LAWRENCE RAGAN COMMUNICATIONS, INC., pg. 1564
LAZBRO, INC., pg. 617
L.C. WILLIAMS & ASSOCIATES, LLC, pg. 1564
LCH COMMUNICATIONS, pg. 1565
LDV UNITED -see COLE & WEBER UNITED, pg. 218
LDV UNITED -see WPP PLC, pg. 1180
LDWWGROUP, pg. 617
LEAD ME MEDIA, pg. 617
LEAD TO CONVERSION, pg. 617
LEADDOG MARKETING GROUP, pg. 618
LEADING EDGE COMMUNICATIONS LLC, pg. 618
LEADING EDGES, pg. 618

LEANIN' TREE, INC., pg. 1223
LEAP CREATIVE INC., pg. 618
LEAP PUBLIC RELATIONS, pg. 1565
LEAP STRATEGIC MARKETING, LLC, pg. 618
LEAPFROG ONLINE, pg. 618
LEAPFROG SOLUTIONS, INC., pg. 618
LEAVITT COMMUNICATIONS INC, pg. 618
THE LEDLIE GROUP, pg. 1565
LEE & ASSOCIATES, INC., pg. 1565
LEE BRANDING, pg. 619
LEE TILFORD AGENCY, pg. 619
LEESBURG PR, pg. 1565
LEFF & ASSOCIATES, pg. 1565
LEFT FIELD CREATIVE, pg. 619
LEGACY MARKETING PARTNERS, pg. 619
LEGACY WORLDWIDE, pg. 619
LEGEND CREATIVE GROUP, pg. 1408
LEGEND INC., pg. 619
LEGEND PR, pg. 1565
LEGGETT & PLATT INC., pg. 1223
LEGION ADVERTISING, pg. 619
LEGRAND & ASSOCIATES, pg. 619
LEHIGH MINING & NAVIGATION, pg. 619
THE LEIGH AGENCY, pg. 620
LEINICKE GROUP, pg. 620
LENNON & ASSOCIATES, pg. 620
LENZ MARKETING, pg. 620
LEO BURNETT & TARGET SA -see LEO BURNETT WORLDWIDE, INC., pg. 626
LEO BURNETT ASSOCIATES -see LEO BURNETT WORLDWIDE, INC., pg. 625
LEO BURNETT-BEIJING -see LEO BURNETT WORLDWIDE, INC., pg. 629
LEO BURNETT BELGIUM -see LEO BURNETT WORLDWIDE, INC., pg. 624
LEO BURNETT BUENOS AIRES -see LEO BURNETT WORLDWIDE, INC., pg. 623
LEO BURNETT BUSINESS, pg. 620
LEO BURNETT CASABLANCA -see LEO BURNETT WORLDWIDE, INC., pg. 626
LEO BURNETT COLOMBIA, S.A. -see LEO BURNETT WORLDWIDE, INC., pg. 623
LEO BURNETT COMPANY LTD., pg. 620
LEO BURNETT CO., S.R.L. -see LEO BURNETT WORLDWIDE, INC., pg. 625
LEO BURNETT CO. S.R.L. -see LEO BURNETT WORLDWIDE, INC., pg. 625
LEO BURNETT DETROIT, INC., pg. 621
LEO BURNETT FRANCE -see PUBLICIS GROUPE S.A., pg. 898
LEO BURNETT-GUANGZHOU -see LEO BURNETT WORLDWIDE, INC., pg. 629
LEO BURNETT-HONG KONG -see LEO BURNETT WORLDWIDE, INC., pg. 629
LEO BURNETT INDIA -see LEO BURNETT WORLDWIDE, INC., pg. 629
LEO BURNETT INDIA -see LEO BURNETT WORLDWIDE, INC., pg. 630
LEO BURNETT INDONESIA -see LEO BURNETT WORLDWIDE, INC., pg. 630
LEO BURNETT JORDAN -see LEO BURNETT WORLDWIDE, INC., pg. 625
LEO BURNETT KIEV -see LEO BURNETT WORLDWIDE, INC., pg. 627
LEO BURNETT KOREA -see LEO BURNETT WORLDWIDE, INC., pg. 631
LEO BURNETT, LTD. -see LEO BURNETT WORLDWIDE, INC., pg. 624
LEO BURNETT LONDON -see LEO BURNETT WORLDWIDE, INC., pg. 627
LEO BURNETT - LOS ANGELES -see LEO BURNETT WORLDWIDE, INC., pg. 622
LEO BURNETT MALAYSIA -see LEO BURNETT WORLDWIDE, INC., pg. 631
LEO BURNETT MANILA -see LEO BURNETT WORLDWIDE, INC., pg. 631
LEO BURNETT MELBOURNE -see LEO BURNETT WORLDWIDE, INC., pg. 628
LEO BURNETT MEXICO S.A. DE C.V. -see LEO BURNETT WORLDWIDE, INC., pg. 624
LEO BURNETT MOSCOW -see LEO BURNETT WORLDWIDE, INC., pg. 626
LEO BURNETT ORCHARD -see LEO BURNETT WORLDWIDE, INC., pg. 630
LEO BURNETT PUBLICIDADE, LTDA. -see LEO BURNETT WORLDWIDE, INC., pg. 626
LEO BURNETT ROME -see LEO BURNETT WORLDWIDE, INC., pg. 625

INDEX OF AGENCY NAMES

LEO BURNETT SHANGHAI ADVERTISING CO., LTD. -see LEO BURNETT WORLDWIDE, INC., pg. 629
LEO BURNETT SOLUTIONS INC. -see LEO BURNETT WORLDWIDE, INC., pg. 631
LEO BURNETT SYDNEY -see LEO BURNETT WORLDWIDE, INC., pg. 628
LEO BURNETT TAILOR MADE -see LEO BURNETT WORLDWIDE, INC., pg. 622
LEO BURNETT TAILOR MADE -see LEO BURNETT WORLDWIDE, INC., pg. 623
LEO BURNETT USA -see LEO BURNETT WORLDWIDE, INC., pg. 622
LEO BURNETT VILNIUS -see LEO BURNETT WORLDWIDE, INC., pg. 626
LEO BURNETT WARSAW SP.Z.O.O. -see LEO BURNETT WORLDWIDE, INC., pg. 626
LEO BURNETT WORLDWIDE, INC., pg. 621
LEO BURNETT -see LEO BURNETT WORLDWIDE, INC., pg. 625
LEO BURNETT -see LEO BURNETT WORLDWIDE, INC., pg. 631
LEO J. BRENNAN, INC., pg. 632
LEONE ADVERTISING, pg. 632
LEOPARD, pg. 632
LEOPOLD KETEL & PARTNERS, pg. 632
LEPOIDEVIN MARKETING, pg. 632
L.E.R. PR, pg. 632
LER PUBLIC RELATIONS, pg. 1566
LEROY + CLARKSON, pg. 633
LEROY & ROSE, pg. 633
LESIC & CAMPER COMMUNICATIONS, pg. 1566
LESLEY FRANCIS PR, pg. 1566
LESNIEWICZ ASSOCIATES LLC, pg. 633
LESSING-FLYNN ADVERTISING CO., pg. 633
LETIZIA MASS MEDIA, pg. 633
THE LETTER M MARKETING, pg. 633
LEVATAS, pg. 633
LEVEL MPLS, pg. 633
LEVELTEN INTERACTIVE, pg. 1268
LEVELWING, pg. 1268
LEVENSON & BRINKER PUBLIC RELATIONS, pg. 1566
LEVENSON GROUP, pg. 634
THE LEVERAGE AGENCY, pg. 634
LEVERAGE MARKETING GROUP, pg. 634
LEVERAGE PR, pg. 1566
LEVIATHAN DESIGN, pg. 634
LEVICK, pg. 1566
LEVINE & ASSOCIATES, INC., pg. 634
THE LEVINSON TRACTENBERG GROUP, pg. 634
LEVLANE ADVERTISING/PR/INTERACTIVE, pg. 635
LEVO HEALTH, pg. 635
LEVY INDUSTRIAL, pg. 635
LEVY ONLINE, pg. 1268
LEWIS ADVERTISING, INC., pg. 635
LEWIS COMMUNICATIONS LIMITED, pg. 637
LEWIS COMMUNICATIONS, pg. 636
LEWIS COMMUNICATIONS -see LEWIS COMMUNICATIONS, pg. 637
LEWIS MEDIA PARTNERS, pg. 639
LEWIS PULSE, pg. 1567
LEWIS -see LEWIS COMMUNICATIONS LIMITED, pg. 637
LEWIS -see LEWIS COMMUNICATIONS LIMITED, pg. 638
LEXICON COMMUNICATIONS CORP., pg. 1567
LFB MEDIA GROUP, pg. 1567
LFPR LLC, pg. 1567
LG-PR PUBLIC RELATIONS, pg. 1567
LG2, pg. 639
LGD COMMUNICATIONS, INC., pg. 639
LHWH ADVERTISING & PUBLIC RELATIONS, pg. 639
LIBERTY COMMUNICATIONS, pg. 1567
LIDA -see M&C SAATCHI PLC, pg. 659
LIDA -see M&C SAATCHI PLC, pg. 660
LIFEBLUE, pg. 1268
LIFT AGENCY, pg. 639
LIGHT YEARS AHEAD, pg. 1567
LIGHT+CO, pg. 639
LIGHTHOUSE LIST COMPANY, pg. 640
LIGHTHOUSE MARKETING, pg. 640
LIGHTMAKER, pg. 640
LIGHTNING JAR, pg. 1408
LIGHTQUEST MEDIA INC, pg. 640
LIGHTSPEED PUBLIC RELATIONS, pg. 1567
LIGNE AGENCY, pg. 1567
LIGON MEDIA, pg. 640
LIKEABLE MEDIA, pg. 640
THE LILIAN RAJI AGENCY, pg. 1567

LILLETHORUP PRODUCTIONS, INC., pg. 640
LIME VALLEY ADVERTISING, INC., pg. 640
LIMEGREEN MOROCH, LLC, pg. 640
LIMELIGHT DEPARTMENT, pg. 1268
LIMELIGHT NETWORKS, pg. 640
LINCOLN MEDIA SERVICES, INC., pg. 1339
LINDA GAUNT COMMUNICATIONS, pg. 1568
LINDA ROTH PR, pg. 1568
LINDEN LAB, pg. 1268
LINDSAY, STONE & BRIGGS, INC., pg. 641
LINEAR CREATIVE LLC, pg. 641
LINETT & HARRISON, pg. 641
LINHART PUBLIC RELATIONS, pg. 1568
THE LINICK GROUP, INC., pg. 641
LINK ADVERTISING INC., pg. 641
THE LINK AGENCY, pg. 641
LINKMEDIA 360, pg. 642
LINKSTORM, pg. 642
LINKSWORLDGROUP, pg. 642
LINN PRODUCTIONS, pg. 642
LINNIHAN FOY ADVERTISING, pg. 642
LINX COMMUNICATIONS CORP., pg. 642
LION & ORB, pg. 1568
LION DIGITAL MEDIA, pg. 1268
LIONFISH ADVERTISING, pg. 643
LIPMAN HEARNE, INC., pg. 643
LIPOF MCGEE ADVERTISING, pg. 643
LIPPE TAYLOR, pg. 1568
LIPPERT/HEILSHORN & ASSOCIATES, INC., pg. 1569
THE LIPPIN GROUP, pg. 1569
LIPPINCOTT, pg. 643
LIQUID ADVERTISING, pg. 644
LIQUID AGENCY, INC., pg. 644
LIQUID SOUL, pg. 644
LIQUIDFISH, pg. 644
LIQUIDHUB, INC., pg. 644
LITOS STRATEGIC COMMUNICATION, pg. 645
LITTLE & COMPANY, pg. 645
LITTLE BIG BRANDS, pg. 645
LITTLE BIRD MARKETING, pg. 645
LITTLE DOG AGENCY INC., pg. 645
LITTLE GREEN PICKLE, pg. 1569
LITTLE L COMMUNICATIONS, pg. 646
LITTLEFIELD AGENCY, pg. 646
LITZKY PUBLIC RELATIONS, pg. 1569
LIVE & BREATHE, pg. 646
LIVE NATION, pg. 1223
LIVE WIRE MEDIA RELATIONS, LLC, pg. 1569
LIVEAREALABS, pg. 646
LIVELY GROUP, pg. 646
LIVING PROOF CREATIVE, pg. 646
LIZ LAPIDUS PUBLIC RELATIONS, pg. 1569
LJF ASSOCIATES, INC., pg. 647
LKF MARKETING, pg. 647
LKH&S LOUISVILLE -see LKH&S, pg. 647
LKH&S, pg. 647
LLOYD & CO., pg. 647
LMA, pg. 648
LMD AGENCY, pg. 648
LMGPR, pg. 648
LMI ADVERTISING, pg. 648
LMO ADVERTISING, pg. 648
LOADED CREATIVE LLC, pg. 648
LOCAL MARKETING SOLUTIONS GROUP, INC., pg. 649
LOCALITE LA, pg. 649
LOCATION3 MEDIA, INC., pg. 649
LOCKARD & WECHSLER, pg. 649
LOCOMOTION CREATIVE, pg. 649
LODESTONE ADVERTISING, pg. 650
LODICO & COMPANY, pg. 650
LOGAN, pg. 650
LOGOWORKS, pg. 650
LOHRE & ASSOCIATES, INCORPORATED, pg. 650
LOIS GELLER MARKETING GROUP, pg. 650
LOIS PAUL & PARTNERS -see FLEISHMANHILLARD INC., pg. 1508
LOIS PAUL & PARTNERS, pg. 1569
LOLA MULLENLOWE -see THE INTERPUBLIC GROUP OF COMPANIES, INC., pg. 542
LOLA RED PR, pg. 1570
LONDON : LOS ANGELES, pg. 650
LONGBOTTOM COMMUNICATIONS -see SAGE COMMUNICATIONS, pg. 987
LONGREN & PARKS, pg. 651
LONSDALE SAATCHI & SAATCHI -see SAATCHI & SAATCHI, pg. 982
LOOK-LISTEN, pg. 1268
LOOK MEDIA USA, LLC, pg. 1409

LOOKTHINKMAKE, LLC, pg. 651
THE LOOMIS AGENCY, pg. 651
LOONEY ADVERTISING AND DESIGN, pg. 651
LOPEZ NEGRETE COMMUNICATIONS, INC., pg. 651
LOPEZ NEGRETE COMMUNICATIONS WEST, INC. -see LOPEZ NEGRETE COMMUNICATIONS, INC., pg. 652
LOPITO, ILEANA & HOWIE, INC., pg. 652
LORRAINE GREGORY COMMUNICATIONS, pg. 652
LORRIE WALKER PUBLIC RELATIONS, pg. 1570
LOS YORK, pg. 652
LOSASSO INTEGRATED MARKETING, pg. 652
LOTUS823, pg. 1570
LOU HAMMOND & ASSOCIATES, INC., pg. 1570
LOUDMAC CREATIVE, pg. 1571
LOUNGE LIZARD WORLDWIDE, pg. 652
LOVE ADVERTISING INC., pg. 652
LOVE & COMPANY, INC., pg. 653
LOVE AND WAR ASSOCIATES LLC, pg. 653
LOVE COMMUNICATIONS, pg. 653
LOVELL COMMUNICATIONS, INC., pg. 653
THE LOVELL GROUP, pg. 653
LOVGREN MARKETING GROUP, pg. 653
LOVIO GEORGE INC., pg. 1571
LOWE GINKGO -see MULLENLOWE GROUP, pg. 773
LOWE MENA -see MULLENLOWE GROUP, pg. 773
LOWE -see MULLENLOWE GROUP, pg. 773
LOWRY CREATIVE, pg. 654
LOYALKASPAR INC -see LOYALKASPAR, pg. 654
LOYALKASPAR, pg. 654
LOYALME, pg. 1269
LP&G MARKETING, pg. 654
LPC, INC, pg. 1571
LPI COMMUNICATIONS GROUP INC., pg. 654
LPI COMMUNICATIONS -see LPI COMMUNICATIONS GROUP INC., pg. 654
LPK SARL GENEVA -see LPK, pg. 655
LPK, pg. 654
LPNY LTD., pg. 655
LRXD, pg. 1269
LSHD ADVERTISING INC., pg. 655
LT PUBLIC RELATIONS, pg. 1571
LTC ADVERTISING LAGOS -see J. WALTER THOMPSON, pg. 554
LUBICOM MARKETING CONSULTING, pg. 655
LUCAS PUBLIC AFFAIRS, pg. 1571
LUCI CREATIVE, pg. 655
LUCID AGENCY, pg. 655
LUCKIE & COMPANY, pg. 655
LUCKIE & COMPANY -see LUCKIE & COMPANY, pg. 656
LUCKIE & CO. -see LUCKIE & COMPANY, pg. 656
LUCKY BREAK PUBLIC RELATIONS, pg. 1571
LUCKY GENERALS, pg. 656
LUCKYFISH, pg. 656
LUDOMADE, pg. 656
LUKAS PARTNERS, pg. 1572
LUKRECIJA BBDO -see BBDO WORLDWIDE INC., pg. 107
LUMENTUS LLC, pg. 656
LUMINA COMMUNICATIONS, pg. 1572
LUMINATE ADVERTISING, pg. 656
LUMINUS MEDIA, LLC, pg. 1269
LUNA AD, pg. 656
LUNA TBWA BELGRADE -see TBWA/WORLDWIDE, pg. 1085
LUNA TBWA SARAJEVO -see TBWA/WORLDWIDE, pg. 1080
LUNA TBWA -see TBWA/WORLDWIDE, pg. 1085
LUNCH, pg. 1269
LUNCHBUCKET CREATIVE, pg. 657
LUNDMARK ADVERTISING + DESIGN INC., pg. 657
LUNTZ GLOBAL, pg. 1572
LUPEER, pg. 657
LUQUIRE GEORGE ANDREWS, INC., pg. 657
LURE AGENCY, pg. 657
LURE DESIGN, INC., pg. 657
LUXE COLLECTIVE GROUP, pg. 1339
LUXURIA PUBLIC RELATIONS, pg. 1572
LUXURIOUS ANIMALS LLC, pg. 1572
L.W. RAMSEY ADVERTISING AGENCY, pg. 657
LYERLY AGENCY INC., pg. 658
LYNN ARONBERG PUBLIC RELATIONS, pg. 1572
LYNOTT & ASSOCIATES, pg. 1572
LYNX PORTER NOVELLI AS -see BRODEUR PARTNERS, pg. 1458
LYNX PORTER NOVELLI AS -see PORTER NOVELLI, pg. 1615
LYONS CONSULTING GROUP, LLC, pg. 1269
LYONS PUBLIC RELATIONS, LLC, pg. 1572

AGENCIES

INDEX OF AGENCY NAMES

LYQUIX, pg. 658
LYTHOS STUDIOS, pg. 658

M

M&C SAATCHI ABEL -see M&C SAATCHI PLC, pg. 660
M&C SAATCHI MILAN -see M&C SAATCHI PLC, pg. 660
M&C SAATCHI PERFORMANCE -see M&C SAATCHI PLC, pg. 660
M&C SAATCHI PUBLIC RELATIONS, pg. 1572
M&C SAATCHI SPORT & ENTERTAINMENT -see M&C SAATCHI PLC, pg. 660
M&C SAATCHI PLC, pg. 658
M&C SAATCHI -see M&C SAATCHI PLC, pg. 661
M&C SAATCHI -see M&C SAATCHI PLC, pg. 662
M&G/ERIC MOWER + ASSOCIATES, pg. 1572
M&K MEDIA, pg. 1339
M&P FOOD COMMUNICATIONS, INC., pg. 1573
M&R MARKETING GROUP, pg. 663
M. BOOTH & ASSOCIATES, pg. 663
M GROUP STRATEGIC COMMUNICATIONS, pg. 1573
M/H VCCP, pg. 664
M IS GOOD, pg. 664
M J KRETSINGER, pg. 664
M/K ADVERTISING PARTNERS, LTD., pg. 664
M. SILVER/A DIVISION OF FINN PARTNERS, pg. 1573
M. SILVER ASSOCIATES INC. -see M. SILVER/A DIVISION OF FINN PARTNERS, pg. 1573
M/SIX, pg. 665
M/SIX -see GROUPM NORTH AMERICA & CORPORATE HQ, pg. 1323
M-SQUARED PUBLIC RELATIONS, pg. 1573
M SS NG P ECES, pg. 665
M STUDIO, pg. 665
M16 MARKETING, pg. 665
M18 PUBLIC RELATIONS, pg. 1573
M2 MARKETING AND MANAGEMENT SERVICES INC., pg. 665
M3 GROUP, pg. 665
M320 CONSULTING, pg. 665
M5 NEW HAMPSHIRE, pg. 665
M8 AGENCY, pg. 666
MA3 AGENCY, pg. 666
THE MAAC GROUP, pg. 666
MABBLY.COM, pg. 1269
MAC STRATEGIES GROUP, pg. 666
MACCABEE GROUP, INC., pg. 1573
MACDONALD MEDIA/LOS ANGELES -see MACDONALD MEDIA, pg. 1339
MACDONALD MEDIA, pg. 666
MACDONALD MEDIA, pg. 1339
MACDOUGALL BIOMEDICAL COMMUNICATIONS, INC., pg. 666
MACHINERY, pg. 666
MACIAS CREATIVE, pg. 666
MACIAS PR, pg. 1574
MACLYN GROUP, pg. 667
MACQUARIUM INTELLIGENT COMMUNICATIONS, pg. 667
MACRO COMMUNICATIONS, pg. 667
MACROHYPE, pg. 667
MACY + ASSOCIATES INC., pg. 667
MAD 4 MARKETING, pg. 667
MAD ADDIE MARKETING, pg. 668
MAD DOGS & ENGLISHMEN, pg. 668
MAD GENIUS, pg. 668
MAD MEN MARKETING, pg. 668
MADANO PARTNERSHIP -see NATIONAL PUBLIC RELATIONS, pg. 1593
MADDASH E-MEDIA, pg. 668
MADDOCK DOUGLAS, INC., pg. 668
MADDOCKS, pg. 669
MADE BRANDS, LLC, pg. 669
MADE BY MANY, pg. 1269
MADE MOVEMENT LLC, pg. 669
MADEIRA PUBLIC RELATIONS, pg. 1574
MADEO, pg. 1269
MADETOORDER, pg. 1409
MADISON + MAIN, pg. 669
MADISON + VINE, pg. 669
MADISON & FIFTH, pg. 669
MADISON AVENUE SOCIAL, pg. 669
MADRAS BRAND SOLUTIONS, pg. 669
MADRAS GLOBAL, pg. 670
MADWELL, pg. 670
MAGIC DOG CREATIVE, pg. 670
MAGIC JOHNSON ENTERPRISES, pg. 670

MAGIC LOGIX INC., pg. 1270
MAGNA CARTA -see TBWA/WORLDWIDE, pg. 1087
MAGNA GLOBAL, pg. 670
MAGNANI CARUSO DUTTON, pg. 670
MAGNANI, pg. 670
MAGNET CO, pg. 1270
MAGNETIC COLLABORATIVE, pg. 671
MAGNETO BRAND ADVERTISING, pg. 671
MAGNIFICENT MARKETING LLC, pg. 671
MAGNIFY360, pg. 671
MAGNOLIA COMMUNICATIONS, pg. 671
MAGNUM CREATIVE INC., pg. 671
MAGNUSON DESIGN, pg. 671
MAGRINO PUBLIC RELATIONS, pg. 671
MAHER BIRD ASSOCIATES -see TBWA/WORLDWIDE, pg. 1086
MAHOGANY BLUE PR, pg. 1574
MAIER ADVERTISING, INC., pg. 672
MAIER & WARNER PUBLIC RELATIONS, pg. 1574
MAIN IDEAS, pg. 672
MAITLAND/AMO -see HAVAS WORLDWIDE, pg. 484
MAIZE MARKETING INC., pg. 672
MAJESTYK APPS, pg. 672
MAKAI, pg. 672
MAKEABLE LLC, pg. 1270
MAKIARIS MEDIA SERVICES, pg. 673
MAKING WAVES, pg. 673
MAKOVSKY INTEGRATED COMMUNICATIONS, pg. 1574
MALEN YANTIS PUBLIC RELATIONS, pg. 1574
MALETZKY MEDIA, pg. 673
MALKUS COMMUNICATIONS GROUP, pg. 673
MALLOF, ABRUZINO & NASH MARKETING, pg. 673
MALONEY STRATEGIC COMMUNICATIONS, pg. 673
MAMMOTH ADVERTISING LLC, pg. 673
MAMUS, INC., pg. 673
MAN MARKETING, pg. 674
MANA MEANS ADVERTISING & PUBLIC RELATIONS, pg. 1574
THE MANAHAN GROUP, pg. 674
MANAJANS THOMPSON ISTANBUL -see J. WALTER THOMPSON, pg. 561
MANCUSO MEDIA, LLC, pg. 674
MANDALA, pg. 674
MANDO BRAND ASSURANCE LIMITED -see WPP PLC, pg. 1183
MANGAN HOLCOMB PARTNERS, pg. 674
MANGO PR LTD., pg. 1409
MANGOS, pg. 674
MANHATTAN MARKETING ENSEMBLE, pg. 675
MANIFEST, pg. 1574
MANIFEST, pg. 1270
MANIFOLD, INC., pg. 675
MANJON STUDIOS, pg. 675
MANNFOLK PR, pg. 1574
MANNING, SELVAGE & LEE FRANKFURT -see MSLGROUP, pg. 1588
MANNING SELVAGE & LEE LONDON -see MSLGROUP, pg. 1589
MANNING SELVAGE & LEE -see MSLGROUP, pg. 1587
MANNING SELVAGE & LEE -see MSLGROUP, pg. 1588
MANSELL MEDIA, pg. 675
MANSFIELD + ASSOCIATES, INC., pg. 675
MANSFIELD INC., pg. 675
MANSI MEDIA, pg. 1340
MANTERA ADVERTISING, pg. 675
MANTOOTH MARKETING COMPANY, pg. 676
MANTRA PUBLIC RELATIONS, INC., pg. 1575
MANZELLA MARKETING GROUP, pg. 676
MANZER COMMUNICATIONS, pg. 676
MAPLES COMMUNICATIONS, INC., pg. 1575
MARBURY GROUP, pg. 676
MARC ATLAN DESIGN, INC., pg. 676
MARC GENDRON PR, pg. 1575
M/A/R/C RESEARCH, pg. 676
MARC USA BOSTON, pg. 677
MARC USA CHICAGO, pg. 677
MARC USA, pg. 676
MARCA MIAMI, pg. 677
MARCEL DIGITAL, pg. 678
MARCH COMMUNICATIONS, pg. 1575
MARCHEX, INC., pg. 678
MARCOM GROUP INC., pg. 678
MARCOSOLO DESIGN, pg. 678
THE MARCUS GROUP, INC., pg. 678
MARCUS THOMAS LLC, pg. 679
MARDEN-KANE, INC., pg. 1409
MARDIKS PUBLIC RELATIONS, pg. 1575

THE MAREK GROUP, pg. 679
MARGIE KORSHAK INC., pg. 1575
MARIA CHRISSOVERGIS PUBLIC RELATIONS, pg. 1576
MARICICH BRAND COMMUNICATIONS, pg. 679
MARINA MAHER COMMUNICATIONS, pg. 1576
MARINELLI & COMPANY, pg. 679
THE MARINO ORGANIZATION, INC., pg. 680
MARION INTEGRATED MARKETING, pg. 680
MARIPOSA COMMUNICATIONS, pg. 1576
MARIS, WEST & BAKER, INC., pg. 680
MARK ADVERTISING AGENCY, INC., pg. 680
MARK BBDO -see BBDO WORLDWIDE INC., pg. 104
MARK BBDO -see BBDO WORLDWIDE INC., pg. 108
MARK ONE MARKETING, pg. 680
MARKEN COMMUNICATIONS INC., pg. 680
MARKER SEVEN, INC., pg. 681
THE MARKET CONNECTION, pg. 1576
MARKET CONNECTIONS, pg. 681
MARKET DEVELOPMENT GROUP, INC., pg. 681
MARKET FORCE, INC., pg. 681
MARKETCOM PUBLIC RELATIONS, LLC, pg. 1576
MARKETEAM INC, pg. 681
MARKETING ALTERNATIVES, INC., pg. 681
MARKETING & ADVERTISING BUSINESS UNLIMITED, INC., pg. 681
MARKETING & MEDIA SERVICES, LLC -see R2C GROUP, pg. 928
MARKETING & MEDIA SOLUTIONS, INC., pg. 682
MARKETING ARCHITECTS, INC., pg. 682
THE MARKETING ARM, pg. 682
MARKETING ASSOCIATES USA, pg. 1409
MARKETING CONCEPTS GROUP, pg. 682
THE MARKETING DEPARTMENT, pg. 683
MARKETING DIRECTIONS, INC., pg. 683
MARKETING EDGE GROUP, pg. 683
MARKETING FACTORY, pg. 683
THE MARKETING GARAGE, pg. 683
MARKETING IN COLOR, pg. 683
MARKETING MATTERS, pg. 683
MARKETING MAVEN PUBLIC RELATIONS, INC., pg. 1576
MARKETING MEDIA COMMUNICATION, pg. 684
MARKETING OPTIONS, LLC, pg. 684
MARKETING PERFORMANCE GROUP, pg. 1340
MARKETING REFRESH, pg. 1270
MARKETING RESOURCE GROUP, pg. 684
MARKETING RESOURCES, INC., pg. 1409
MARKETING RESULTS INC., pg. 684
THE MARKETING SHOP, pg. 684
MARKETING SPECIFICS INC., pg. 684
THE MARKETING STORE-PROMOTIONAL PRODUCTS -see THE MARKETING STORE, pg. 1410
THE MARKETING STORE, pg. 1410
MARKETING STRATEGIES INC., pg. 684
MARKETING VISIONS, INC., pg. 1410
MARKETING WERKS, INC., pg. 1411
MARKETING WORKS, INC., pg. 684
THE MARKETING WORKS, pg. 684
MARKETLOGIC, pg. 1411
MARKETSHARE PLUS, INC., pg. 685
MARKETSMITH INC, pg. 685
MARKETSMITHS CONTENT STRATEGISTS LLC, pg. 685
MARKETSTAR CORPORATION, pg. 685
MARKETVISION -see MKTG, INC., pg. 1412
MARKHAM & STEIN UNLIMITED, pg. 685
MARKOM/LEO BURNETT -see LEO BURNETT WORLDWIDE, INC., pg. 627
MARKSTEIN CONSULTING, LLC, pg. 1270
THE MARLIN NETWORK, INC., pg. 685
MARLIN OUTDOOR ADVERTISING LTD., pg. 1340
MARLO MARKETING COMMUNICATIONS, pg. 1576
MAROON PUBLIC RELATIONS, pg. 1577
MARRINER MARKETING COMMUNICATIONS, INC., pg. 686
THE MARS AGENCY, pg. 686
MARS Y&R -see YOUNG & RUBICAM, pg. 1204
MARSDEN MARKETING, pg. 686
MARSHAD TECHNOLOGY GROUP, pg. 686
MARSHALL FENN COMMUNICATIONS LTD., pg. 1577
MARSHFIELD GROUP, pg. 686
MARSTELLER -see BCW (BURSON COHN & WOLFE), pg. 1444
MARSTON WEBB INTERNATIONAL, pg. 687
MARTEC PORTER NOVELLI -see PORTER NOVELLI, pg. 1614
MARTIN ADVERTISING, pg. 687

A-26

INDEX OF AGENCY NAMES

THE MARTIN AGENCY, pg. 687
MARTIN & CO ADVERTISING, pg. 687
MARTIN DAVISON PUBLIC RELATIONS, pg. 1577
MARTIN FLORY GROUP, pg. 1577
THE MARTIN GROUP, LLC., pg. 688
MARTIN RETAIL GROUP/MARTIN ADVERTISING, pg. 688
MARTIN THOMAS INTERNATIONAL, pg. 688
MARTIN WAYMIRE, pg. 688
MARTIN WILLIAMS ADVERTISING INC., pg. 688
MARTINO BLUM, pg. 689
MARTINO FLYNN LLC, pg. 689
MARTOPIA, INC., pg. 689
MARTY WEISS & FRIENDS, pg. 689
MARURI GREY -see GREY NEW YORK, pg. 444
THE MARX GROUP, pg. 689
MARX LAYNE & COMPANY, pg. 690
MARY BETH WEST COMMUNICATIONS, pg. 1577
MARY FISHER DESIGN, pg. 690
MASCOLA ADVERTISING, pg. 690
MASLANSKY + PARTNERS, pg. 690
MASLOW LUMIA BARTORILLO ADVERTISING, pg. 690
MASON, INC., pg. 691
MASON INTERACTIVE INC, pg. 691
MASON MARKETING, INC, pg. 691
MASONBARONET, pg. 691
MASS MEDIA MARKETING, pg. 691
MASS NAZCA SAATCHI & SAATCHI -see SAATCHI & SAATCHI, pg. 982
MASS PUBLICIDAD S.R.L. -see LEO BURNETT WORLDWIDE, INC., pg. 624
MASSIVEMEDIA, pg. 692
MASSMEDIA CORPORATE COMMUNICATIONS, pg. 692
MASSMEDIA, INC., pg. 692
MASTERMIND MARKETING, pg. 1411
MASTERMINDS, pg. 692
MASTERPIECE ADVERTISING, pg. 692
MASTERWORKS, pg. 692
MATARI ADVERTISING -see YOUNG & RUBICAM, pg. 1201
MATCH MARKETING GROUP, pg. 693
MATCHA DESIGN LLC, pg. 693
MATCHBOOK CREATIVE, pg. 693
MATCHBOX DESIGN GROUP, pg. 1271
MATCHCRAFT, INC., pg. 1411
MATLOCK ADVERTISING & PUBLIC RELATIONS-NY -see MATLOCK ADVERTISING & PUBLIC RELATIONS, pg. 693
MATLOCK ADVERTISING & PUBLIC RELATIONS, pg. 693
MATOMY MEDIA GROUP, pg. 1340
MATRIX MARKETING GROUP LLC, pg. 693
MATRIX MEDIA SERVICES, INC., pg. 1340
MATRIX PARTNERS LTD., pg. 693
MATRIX2 ADVERTISING, pg. 694
MATTER COMMUNICATIONS, pg. 694
MATTER CREATIVE GROUP, pg. 694
MATTER UNLIMITED LLC, pg. 694
MATTHEW JAMES CREATIVE, INC., pg. 694
THE MATTHEWS GROUP, INC., pg. 694
MATTS & DAVIDSON INC., pg. 694
MATTSON CREATIVE INC, pg. 695
MATTSON, pg. 695
MAURICE PUBLICITE LTD. -see OGILVY, pg. 828
MAVEN COMMUNICATIONS LLC, pg. 695
MAVEN CREATIVE, pg. 695
MAVERICK PUBLIC RELATIONS, pg. 1577
MAX BORGES AGENCY, pg. 1578
MAXAUDIENCE, pg. 695
MAXIIGYROHSR -see GYRO, pg. 458
MAXIMUM DESIGN & ADVERTISING, pg. 695
MAXIMUM EXPOSURE PUBLIC RELATIONS & MEDIA, pg. 1578
MAXIMUM MEDIA ENTERPRISES, INC., pg. 695
MAXLETICS CORPORATION, pg. 1271
MAXWELL & MILLER MARKETING COMMUNICATIONS, pg. 695
MAXWELL PR, pg. 1578
MAXX MARKETING LTD. -see OGILVY, pg. 822
MAXX MARKETING, pg. 696
MAYCREATE, pg. 696
MAYER/MCCANN-ERICKSON S.R.O. -see MCCANN, pg. 709
MAYER-MCCANN -see MCCANN, pg. 709
THE MAYFIELD GROUP, pg. 1578
THE MAYOROS AGENCY, pg. 696
MAYOSEITZ MEDIA, pg. 1340
MAYR COMMUNICATIONS INC, pg. 696

MB PILAND ADVERTISING & MARKETING LLC, pg. 696
MBI INC., pg. 1223
MBLM, pg. 696
MBS VALUE PARTNERS, INC., pg. 696
MBT MARKETING, pg. 696
MC SQUARED ADVERTISING AGENCY, pg. 697
MCBEARD, pg. 697
MCBRIDE PUBLIC RELATIONS, pg. 1578
MCC, pg. 697
MCCABE DUVAL + ASSOCIATES, pg. 697
MCCABE PROMOTIONAL ADVERTISING, pg. 1411
MCCAFFERTY & CO. ADVERTISING, pg. 697
MCCANN AMSTERDAM -see MCCANN, pg. 707
MCCANN CALGARY -see MCCANN CANADA, pg. 713
MCCANN CANADA, pg. 712
MCCANN COPENHAGEN -see MCCANN, pg. 703
MCCANN DETROIT -see MCCANN, pg. 699
MCCANN ECHO NORTH AMERICA, pg. 713
MCCANN ERICKSON ADVERTISING LTD. -see MCCANN, pg. 711
MCCANN ERICKSON ADVERTISING PTY. LTD. -see MCCANN, pg. 700
MCCANN ERICKSON AFRICA -see MCCANN, pg. 709
MCCANN ERICKSON ATHENS -see MCCANN, pg. 704
MCCANN ERICKSON BRAND COMMUNICATIONS AGENCY -see MCCANN, pg. 703
MCCANN ERICKSON BRISTOL -see MCCANN, pg. 711
MCCANN ERICKSON CAMEROON -see MCCANN, pg. 701
MCCANN ERICKSON CENTRAL -see MCCANN, pg. 712
MCCANN ERICKSON COMMUNICATIONS GROUP -see MCCANN, pg. 710
MCCANN ERICKSON COMMUNICATIONS HOUSE LTD. MACCLESFIELD -see MCCANN, pg. 712
MCCANN ERICKSON CORP. S.A. -see MCCANN, pg. 702
MCCANN ERICKSON CORP. (S.A.) -see MCCANN, pg. 702
MCCANN ERICKSON DEUTSCHLAND -see MCCANN, pg. 703
MCCANN ERICKSON GEORGIA -see MCCANN, pg. 703
MCCANN ERICKSON GROUP -see MCCANN, pg. 708
MCCANN ERICKSON GUANGMING LTD. -see MCCANN, pg. 702
MCCANN ERICKSON HAMBURG GMBH -see MCCANN, pg. 704
MCCANN ERICKSON HONG KONG LTD. -see MCCANN, pg. 704
MCCANN ERICKSON INC. -see MCCANN, pg. 706
MCCANN ERICKSON INDIA -see MCCANN, pg. 704
MCCANN ERICKSON INDIA -see MCCANN, pg. 705
MCCANN ERICKSON ITALIANA S.P.A. -see MCCANN, pg. 706
MCCANN ERICKSON ITALIANA S.P.A. -see MCCANN WORLDGROUP S.R.L, pg. 715
MCCANN ERICKSON JAPAN INC. -see MCCANN, pg. 706
MCCANN ERICKSON (MALAYSIA) SDN. BHD. -see MCCANN, pg. 706
MCCANN ERICKSON MEXICO -see MCCANN, pg. 706
MCCANN ERICKSON PARIS -see MCCANN, pg. 703
MCCANN ERICKSON (PERU) PUBLICIDAD S.A. -see MCCANN, pg. 707
MCCANN ERICKSON (PHILIPPINES), INC. -see MCCANN, pg. 707
MCCANN ERICKSON PRAGUE -see MCCANN, pg. 702
MCCANN ERICKSON PUBLICIDAD -see MCCANN, pg. 712
MCCANN ERICKSON PUBLICIDADE LTDA. -see MCCANN, pg. 701
MCCANN ERICKSON ROMANIA -see MCCANN, pg. 708
MCCANN ERICKSON S.A. DE PUBLICIDAD -see MCCANN, pg. 701
MCCANN ERICKSON S.A. -see MCCANN, pg. 709
MCCANN ERICKSON S.A. -see MCCANN, pg. 710
MCCANN ERICKSON SARAJEVO -see MCCANN, pg. 701
MCCANN ERICKSON (SINGAPORE) PRIVATE LIMITED -see MCCANN, pg. 708
MCCANN ERICKSON / SP -see MCCANN, pg. 701
MCCANN ERICKSON SWITZERLAND -see MCCANN, pg. 710
MCCANN ERICKSON WORLDGROUP TURKEY -see MCCANN, pg. 710
MCCANN ERICKSON WORLDWIDE -see MCCANN, pg. 712
MCCANN ERICKSON -see MCCANN, pg. 700
MCCANN ERICKSON -see MCCANN, pg. 702
MCCANN ERICKSON -see MCCANN, pg. 705
MCCANN ERICKSON -see MCCANN, pg. 707

MCCANN HEALTH GLOBAL HQ, pg. 713
MCCANN HEALTHCARE MELBOURNE -see MCCANN, pg. 700
MCCANN HEALTHCARE SINGAPORE -see MCCANN, pg. 709
MCCANN HEALTHCARE SYDNEY -see MCCANN, pg. 700
MCCANN HELSINKI -see MCCANN, pg. 703
MCCANN MINNEAPOLIS, pg. 713
MCCANN MONTREAL, pg. 714
MCCANN NEW YORK -see MCCANN, pg. 698
MCCANN STOCKHOLM -see MCCANN, pg. 710
MCCANN TORRE LAZUR WEST, pg. 714
MCCANN TORRE LAZUR, pg. 714
MCCANN VANCOUVER, pg. 714
MCCANN WORLDGROUP JOHANNESBURG -see MCCANN, pg. 709
MCCANN WORLDGROUP PORTUGAL -see MCCANN, pg. 708
MCCANN WORLDGROUP (SINGAPORE) PTE LTD -see MCCANN, pg. 709
MCCANN WORLDGROUP S.R.L, pg. 715
MCCANN WORLDGROUP THAILAND -see MCCANN, pg. 710
MCCANN WORLDGROUP -see MCCANN, pg. 699
MCCANN WORLDGROUP, pg. 714
MCCANN, pg. 697
MCCANN -see MCCANN, pg. 700
MCCANNBLUE -see MCCANN, pg. 705
MCCLAIN MARKETING GROUP, pg. 715
MCCLENAHAN BRUER COMMUNICATIONS, pg. 1579
MCCLOUD & ASSOCIATES PR, pg. 1579
MCCULLOUGH PUBLIC RELATIONS, INC., pg. 1579
MCDANIELS MARKETING COMMUNICATIONS, pg. 715
MCDONALD MARKETING, pg. 715
THE MCDONNELL GROUP INC., pg. 1579
MCDOUGALL & DUVAL, pg. 715
MCDOUGALL COMMUNICATIONS LLC, pg. 1579
MCFRANK & WILLIAMS ADVERTISING AGENCY, INC., pg. 716
MCGAFFIC ADVERTISING & MARKETING, pg. 716
MCGARRAH JESSEE, pg. 716
MCGARRYBOWEN, pg. 716
MCGARRYBOWEN -see MCGARRYBOWEN, pg. 717
MCGARRYBOWEN -see MCGARRYBOWEN, pg. 718
MCGILL BUCKLEY, pg. 718
MCGOLDRICK MARKETING, pg. 718
MCGRATH/POWER, pg. 1579
MCKAY ADVERTISING + ACTIVATION, pg. 1271
MCKEE WALLWORK & COMPANY, pg. 718
MCKEEMAN COMMUNICATIONS, pg. 1579
MCKENDALL COMMUNICATIONS, pg. 1580
MCKENZIE WAGNER INC., pg. 719
MCKENZIE WORLDWIDE, pg. 1580
MCKIM, pg. 719
MCKINNEY NEW YORK -see MCKINNEY, pg. 719
MCKINNEY, pg. 719
MCLELLAN MARKETING GROUP, pg. 720
MCMAHON MARKETING, pg. 720
MCMILLAN GROUP, pg. 720
MCNEELY BROCKMAN PUBLIC RELATIONS, pg. 1580
MCNEIL, GRAY & RICE, pg. 1580
MCNEILL COMMUNICATIONS GROUP INC., pg. 1580
MCQUEEN MARKETING, pg. 720
THE MCRAE AGENCY, pg. 1580
MCS ADVERTISING, pg. 720
MCS HEALTHCARE PUBLIC RELATIONS, pg. 1580
MDB COMMUNICATIONS, INC., pg. 720
MDC PARTNERS INC., pg. 720
MDC PARTNERS, pg. 720
MDDC PRESS ASSOCIATION & PRESS SERVICE, pg. 1341
MDG, pg. 724
MDVC CREATIVE INC., pg. 724
MDW ADVERTISING SOLUTIONS INC, pg. 724
ME CREATIVE AGENCY, pg. 724
MEADSDURKET, pg. 724
MEANS ADVERTISING, pg. 725
M.E.C.H. -see MCCANN, pg. 704
MECHANICA, pg. 725
MEDDAUGH ADVERTISING INC., pg. 725
THE MEDIA ADVANTAGE, pg. 725
MEDIA ALLEGORY, pg. 725
MEDIA & COMMUNICATIONS STRATEGIES INC., pg. 1581
MEDIA ARCHITECTS ADVERTISING & DESIGN, pg. 725
MEDIA BRIDGE ADVERTISING, pg. 725
MEDIA BROKERS INTERNATIONAL, INC., pg. 1341

AGENCIES — INDEX OF AGENCY NAMES

MEDIA BUYING SERVICES, INC., pg. 1341
THE MEDIA CENTER, pg. 725
MEDIA CONNECT PARTNERS LLC, pg. 1271
MEDIA DESIGN GROUP LLC, pg. 1341
MEDIA DIRECTIONS ADVERTISING, INC., pg. 1341
MEDIA EDGE, INC., pg. 1341
MEDIA ETC., pg. 725
MEDIA EXPERTS, pg. 1342
MEDIA FRENZY GLOBAL, pg. 1581
MEDIA HORIZONS, INC., pg. 726
MEDIA II, INC., pg. 726
THE MEDIA KITCHEN, pg. 1342
MEDIA LOGIC, pg. 726
MEDIA MADE GREAT, pg. 1271
MEDIA MATCHED INC, pg. 726
THE MEDIA MATTERS INC, pg. 726
MEDIA MIX, pg. 727
MEDIA ON THE GO LTD., pg. 727
MEDIA ONE ADVERTISING/MARKETING, pg. 727
MEDIA PARTNERS, INC., pg. 727
MEDIA PARTNERSHIP CORPORATION, pg. 1342
MEDIA PERIOD, pg. 1342
MEDIA PLAYGROUND PR, pg. 1581
MEDIA POWER ADVERTISING, pg. 1342
THE MEDIA PUSH, pg. 1581
MEDIA RELATIONS, INC., pg. 1581
MEDIA RESOURCES/BOSTON -see MEDIA RESOURCES, LTD., pg. 1343
MEDIA RESOURCES, LTD., pg. 1342
MEDIA RESPONSE, INC., pg. 727
MEDIA RESULTS, pg. 727
MEDIA SOLSTICE MARKETING & PUBLIC RELATIONS, pg. 1581
MEDIA SOLUTIONS, pg. 1343
MEDIA STORM LLC, pg. 1343
MEDIA STRATEGIES & RESEARCH, pg. 727
MEDIA TWO INTERACTIVE, pg. 727
MEDIA VISION ADVERTISING, pg. 727
MEDIA WORKS CHARLOTTE -see MEDIA WORKS, LTD., pg. 1344
MEDIA WORKS, LTD., pg. 1344
MEDIABOOM, pg. 727
MEDIACOM AMSTERDAM -see MEDIACOM, pg. 1346
MEDIACOM AS -see MEDIACOM, pg. 1346
MEDIACOM ATHENS -see MEDIACOM, pg. 1346
MEDIACOM AUSTRALIA PTY. LTD. -see MEDIACOM, pg. 1348
MEDIACOM BANGALORE -see MEDIACOM, pg. 1349
MEDIACOM BEIJING -see MEDIACOM, pg. 1349
MEDIACOM DENMARK -see MEDIACOM, pg. 1345
MEDIACOM DUSSELDORF -see KINETIC, pg. 1338
MEDIACOM DUSSELDORF -see MEDIACOM, pg. 1346
MEDIACOM EDINBURGH -see MEDIACOM, pg. 1347
MEDIACOM HONG KONG -see MEDIACOM, pg. 1349
MEDIACOM INDIA -see MEDIACOM, pg. 1349
MEDIACOM IRELAND -see MEDIACOM, pg. 1346
MEDIACOM ITALY -see MEDIACOM, pg. 1346
MEDIACOM JAPAN -see MEDIACOM, pg. 1349
MEDIACOM LONDON -see MEDIACOM, pg. 1347
MEDIACOM PARIS -see MEDIACOM, pg. 1345
MEDIACOM PORTUGAL -see MEDIACOM, pg. 1346
MEDIACOM PRAHA -see MEDIACOM, pg. 1345
MEDIACOM PUERTO RICO -see MEDIACOM, pg. 1348
MEDIACOM SHANGHAI -see MEDIACOM, pg. 1349
MEDIACOM SINGAPORE -see MEDIACOM, pg. 1350
MEDIACOM SOUTH AFRICA -see MEDIACOM, pg. 1347
MEDIACOM SVERIGE AB -see MEDIACOM, pg. 1347
MEDIACOM SWITZERLAND -see MEDIACOM, pg. 1347
MEDIACOM SYDNEY -see MEDIACOM, pg. 1349
MEDIACOM US -see MEDIACOM, pg. 1345
MEDIACOM USA -see MEDIACOM, pg. 1345
MEDIACOM VANCOUVER -see MEDIACOM, pg. 1345
MEDIACOM VIENNA -see MEDIACOM, pg. 1345
MEDIACOM WARSZAWA -see MEDIACOM, pg. 1346
MEDIACOM, pg. 1344
MEDIACOM -see MEDIACOM, pg. 1345
MEDIACOMP, INC., pg. 1350
MEDIACROSS, INC., pg. 728
MEDIAFUEL, pg. 728
MEDIAGISTIC, pg. 728
MEDIAHUB NEW YORK -see MULLENLOWE GROUP, pg. 771
MEDIALINK WORLDWIDE INCORPORATED -see THE NEWSMARKET, INC., pg. 793
MEDIALINKS ADVERTISING, pg. 728
MEDIAMATH, pg. 728
MEDIAPLUS ADVERTISING, pg. 728
MEDIARIF CORPORATION, pg. 1271

MEDIASMITH, pg. 1350
MEDIASOURCE, pg. 1581
MEDIASPACE SOLUTIONS, pg. 1350
MEDIASPOT, INC., pg. 1350
MEDIASSOCIATES, INC., pg. 1351
MEDIATIVE, pg. 728
MEDIATREE ADVERTISING, pg. 728
MEDIAURA INC, pg. 728
MEDICUS LIFE BRANDS, pg. 729
MEDINA/TURGUL DDB -see DDB WORLDWIDE COMMUNICATIONS GROUP INC., pg. 281
MEDTHINK COMMUNICATIONS, pg. 729
MEGAN LICURSI MARKETING COMMUNICATION, pg. 729
MEIER, pg. 729
MEKANISM, pg. 729
MEKANISM -see MEKANISM, pg. 730
MELISSA LIBBY & ASSOCIATES, pg. 1581
MELON DESIGN AGENCY, pg. 730
MELROSE PR, pg. 1581
MELT, pg. 730
MELTY CONE LLC, pg. 1271
MEMAC OGILVY W.L.L. -see OGILVY, pg. 830
MEMAC OGILVY -see OGILVY, pg. 1602
MEMAC OGILVY -see OGILVY, pg. 828
MEMAC OGILVY -see OGILVY, pg. 830
MEMAC OGILVY -see OGILVY, pg. 831
MENTUS, pg. 730
THE MEPR AGENCY, pg. 1581
MERCURY COMMUNICATIONS, pg. 1351
MERCURY LABS, pg. 1581
MERCURY MAMBO, pg. 730
MERCURY MEDIA, INC., pg. 730
MERCURY PUBLIC AFFAIRS, pg. 1582
MERCURYCSC, pg. 730
MEREDITH COMMUNICATIONS, pg. 731
MERGE ATLANTA -see MERGE BOSTON, pg. 731
MERGE BOSTON, pg. 731
THE MERIDIAN GROUP, pg. 731
MERIDIAN OUTDOOR ADVERTISING -see ZENITH MEDIA, pg. 1389
MERING & ASSOCIATES, pg. 731
MERINGCARSON -see MERING & ASSOCIATES, pg. 731
MERIT MILE COMMUNICATIONS, pg. 732
MERITDIRECT, LLC., pg. 732
MERITUS MEDIA, pg. 1582
MERKLE CONNECT -see MERKLE INC., pg. 733
MERKLE IMPAQT -see MERKLE INC., pg. 733
MERKLE INC., pg. 732
MERKLE INC. -see MERKLE INC., pg. 733
MERKLE -see MERKLE INC., pg. 733
MERKLEY+PARTNERS, pg. 733
MERLIN EDGE INC., pg. 734
MERLOT MARKETING, pg. 734
MERRICK TOWLE COMMUNICATIONS, pg. 734
MERRITT GROUP, pg. 1582
MERYL D. PEARLSTEIN PUBLICITY, pg. 1411
MESEREAU PUBLIC RELATIONS, pg. 1582
MESH DESIGN, pg. 734
MESH INTERACTIVE AGENCY, pg. 734
MESS, pg. 1271
MESSAGE FIRST, pg. 735
MESSAGEGEARS LLC, pg. 735
MESSINA DESIGN, pg. 735
METADESIGN INC., pg. 735
METAVISION MEDIA, pg. 735
METHOD COMMUNICATIONS, pg. 1582
METHOD ENGINE, LLC, pg. 1271
METHOD INC., pg. 735
METHOD SAVVY, pg. 735
METHOD -see METHOD INC., pg. 735
METHODIKAL, INC., pg. 735
METIA, pg. 1272
METIS COMMUNICATIONS INC., pg. 1583
METRE LLC, pg. 735
METRICS MARKETING, INC., pg. 736
METRO BROADCAST LTD. -see WPP PLC, pg. 1186
METRO PUBLIC RELATIONS, pg. 1583
METROPOLIS ADVERTISING, pg. 736
METROPOLITANREPUBLIC -see WPP PLC, pg. 1180
METZGER ALBEE PUBLIC RELATIONS, pg. 1583
MEYER BENNETT CREATIVE, pg. 736
MEYERS + PARTNERS, pg. 736
THE MEYOCKS GROUP, pg. 736
MFA PR, pg. 1583
MFV EXPOSITIONS, pg. 1223
MG LOMB ADVERTISING, INC., pg. 736
MGA MEDIA GROUP, pg. 736

MGH, INC., pg. 736
MGM GOLD COMMUNICATIONS, pg. 737
MHA MEDIA, pg. 737
MHZ DESIGN COMMUNICATIONS INC., pg. 737
THE MICHAEL ALAN GROUP, pg. 737
MICHAEL J. LONDON & ASSOCIATES, pg. 1583
MICHAEL MEYERS PUBLIC RELATIONS, pg. 1583
MICHAEL WALTERS ADVERTISING, pg. 738
MICHAELSWILDER, pg. 738
MICHELE MARIE PR, pg. 1583
MICHELSEN ADVERTISING, pg. 738
MICHIGAN CREATIVE, pg. 738
MICROARTS, pg. 738
MICROMASS COMMUNICATIONS INC, pg. 738
MICSTURA, pg. 739
MIDAS EXCHANGE, pg. 739
MIDDLE EAST COMMUNICATION NETWORKS - MCN - see THE INTERPUBLIC GROUP OF COMPANIES, INC., pg. 542
MIDDLEBERG COMMUNICATIONS, LLC, pg. 739
MIDNIGHT OIL CREATIVE, pg. 739
MIDWEST COMMUNICATIONS & MEDIA, pg. 1351
MIGHTY 8TH MEDIA, LLC, pg. 739
MIGHTY ENGINE, pg. 739
MIGHTYHIVE, pg. 1272
MIKADO S.A. -see PUBLICIS GROUPE S.A., pg. 900
MILAGRO MARKETING, pg. 740
MILE 9, pg. 740
MILESTONE BROADCAST, pg. 740
MILKSONO LLC, pg. 740
MILLDAM PUBLIC RELATIONS, pg. 1584
MILLENNIUM 3 MANAGEMENT INC., pg. 740
MILLENNIUM AGENCY, pg. 740
MILLENNIUM BUSINESS COMMUNICATIONS LLC, pg. 740
MILLENNIUM COMMUNICATIONS, INC., pg. 741
MILLER AD AGENCY, pg. 741
MILLER ADVERTISING AGENCY INC.-CHICAGO -see MILLER ADVERTISING AGENCY INC., pg. 741
MILLER ADVERTISING AGENCY INC., pg. 741
MILLER ADVERTISING -see MILLER ADVERTISING AGENCY INC., pg. 741
MILLER BROOKS, pg. 742
MILLER DAVIS INC, pg. 742
THE MILLER GROUP, pg. 742
MILLER LEGAL SERVICES -see MILLER ADVERTISING AGENCY INC., pg. 742
MILLER MAXFIELD INC, pg. 1584
MILLER PR, pg. 1584
MILLER PUBLIC RELATIONS, pg. 1584
MILLER RADCLIFFE MARKETING, INC., pg. 742
MILLER-REID, INC., pg. 742
MILLER-STEPHENSON CHEMICAL CO., pg. 1224
THE MILLERSCHIN GROUP, pg. 1584
MILLWARD BROWN AUSTRALIA -see MILLWARD BROWN INC., pg. 742
MILLWARD BROWN BRAZIL -see MILLWARD BROWN INC., pg. 742
MILLWARD BROWN CANADA -see MILLWARD BROWN INC., pg. 742
MILLWARD BROWN/CENTRUM -see MILLWARD BROWN INC., pg. 743
MILLWARD BROWN CHINA -see MILLWARD BROWN INC., pg. 743
MILLWARD BROWN DELFO -see MILLWARD BROWN INC., pg. 743
MILLWARD BROWN DENMARK -see MILLWARD BROWN INC., pg. 743
MILLWARD BROWN DIGITAL, pg. 1272
MILLWARD BROWN INC., pg. 742
MILLWARD BROWN, INC. -see MILLWARD BROWN INC., pg. 743
MILLWARD BROWN LANSDOWNE -see MILLWARD BROWN INC., pg. 743
MILLWARD BROWN MARKET RESEACH SERVICES -see MILLWARD BROWN INC., pg. 743
MILLWARD BROWN MEXICO -see MILLWARD BROWN INC., pg. 743
MILLWARD BROWN PHILIPPINES -see MILLWARD BROWN INC., pg. 743
MILLWARD BROWN SINGAPORE -see MILLWARD BROWN INC., pg. 743
MILLWARD BROWN SMG/KRC -see MILLWARD BROWN INC., pg. 743
MILLWARD BROWN SOUTH AFRICA -see MILLWARD BROWN INC., pg. 743
MILLWARD BROWN SPAIN -see MILLWARD BROWN INC., pg. 743

A-28

INDEX OF AGENCY NAMES

MILLWARD BROWN TAIWAN -see MILLWARD BROWN INC., pg. 744
MILLWARD BROWN THAILAND -see MILLWARD BROWN INC., pg. 744
MILLWARD BROWN ULSTER -see MILLWARD BROWN INC., pg. 744
MILLWARD BROWN UK LTD. -see MILLWARD BROWN INC., pg. 744
MILLWARD BROWN -see MILLWARD BROWN INC., pg. 744
MILNER BUTCHER MEDIA GROUP, pg. 1351
MIND ECOLOGY, pg. 744
MINDENSEMBLE, pg. 744
MINDFIRE COMMUNICATIONS INC, pg. 744
MINDFRAME, INC., pg. 745
MINDFUL KREATIVE, pg. 745
MINDGRUVE, INC., pg. 745
MINDSAILING, pg. 745
MINDSHARE PR, pg. 1584
MINDSHARE -see WPP PLC, pg. 1181
MINDSHARE STRATEGIES, pg. 745
MINDSHARE, pg. 1351
MINDSMACK, pg. 745
MINDSPACE, pg. 745
MINDSPIKE DESIGN LLC, pg. 745
MINDSTORM COMMUNICATIONS GROUP, INC., pg. 745
MINDSTREAM MEDIA, pg. 1272
MINDVOLT, pg. 746
MINDWRITE COMMUNICATIONS, INC., pg. 746
MINERVA DESIGN, pg. 746
MING UTILITY AND ENTERTAINMENT GROUP, pg. 746
MINISTERS OF DESIGN, pg. 746
MINT ADVERTISING, pg. 746
MINTZ & HOKE COMMUNICATIONS GROUP, pg. 746
MIRABAL & ASSOCIATES, pg. 747
MIRAGE ADVERTISING, pg. 747
MIRAMAR EVENTS, pg. 1584
MIRESBALL, pg. 747
MIRRORBALL, pg. 747
MIRUM AFRICA -see MIRUM LLC, pg. 1272
MIRUM ARKANSAS -see MIRUM LLC, pg. 1273
MIRUM AUSTRALIA -see MIRUM LLC, pg. 1273
MIRUM LLC, pg. 1272
MIRUM MINNEAPOLIS -see MIRUM LLC, pg. 1273
MIRUM NEW YORK -see MIRUM LLC, pg. 1273
MISSION MEDIA, LLC., pg. 747
MISSISSIPPI PRESS SERVICES, pg. 1352
MISTRESS, pg. 747
M.I.T.A. -see PUBLICIS GROUPE S.A., pg. 897
MITCHELL COMMUNICATIONS GROUP, pg. 748
MITCHELL, LINDBERG & TAYLOR, INC., pg. 748
MITHOFF BURTON PARTNERS, pg. 748
MITRE AGENCY, pg. 748
MITTCOM LTD., pg. 748
MIXTAPE MARKETING, pg. 748
THE MIXX, pg. 748
MJ LILLY ASSOCIATES LLC, pg. 1584
MJD INTERACTIVE AGENCY, pg. 1273
MJE MARKETING SERVICES, pg. 749
MJR CREATIVE GROUP, pg. 749
MK COMMUNICATIONS INC, pg. 1584
MKG, pg. 749
MKTG INC., pg. 749
MKTG, INC., pg. 1412
MKTG -see MKTG, INC., pg. 1412
MKTWORKS, INC., pg. 749
MKTX INC, pg. 749
MLB ADVANCED MEDIA, L.P., pg. 1273
MLT CREATIVE, pg. 749
MMB, pg. 750
MMG -see MMGY GLOBAL, pg. 751
MMG -see OMNICOM GROUP INC., pg. 837
MMGY GLOBAL, pg. 750
MMGY GLOBAL -see MMGY GLOBAL, pg. 751
MMI AGENCY, pg. 751
MML INC., pg. 1585
MMS MARKETINSKE KOMUNIKACIJE, D.O.O. -see PUBLICIS GROUPE S.A., pg. 901
MNI TARGETED MEDIA INC., pg. 1352
MO DESIGN, pg. 1585
MOB MEDIA, pg. 751
MOBEXT, pg. 752
MOBIENTO -see DELOITTE DIGITAL, pg. 1249
MOBILE POSSE, INC., pg. 752
MOBILITY QUOTIENT SOLUTIONS INC., pg. 1273
MOBIUM INTEGRATED BRANDING, pg. 752
MOCEAN, pg. 752
MOCENTRIC, pg. 1274

MOCK, pg. 752
MOD & COMPANY, pg. 752
MODASSIC GROUP, pg. 752
MODCO MEDIA, pg. 753
MODEA, pg. 753
MODERN BRAND COMPANY, pg. 753
MODERN CLIMATE, pg. 753
MODERN PROMOS, pg. 753
THE MODERNS, pg. 753
MODUS OPERANDI, pg. 753
MOIRE MARKETING PARTNERS, pg. 754
MOJO LAB, pg. 754
MOLE STREET, pg. 1274
MOLINA DDB EL SALVADOR -see DDB WORLDWIDE COMMUNICATIONS GROUP INC., pg. 273
MOLIO, INC., pg. 754
MOLISE PR, pg. 1585
MOMENT STUDIO, pg. 754
MOMENTUM COMMUNICATIONS GROUP, pg. 1585
MOMENTUM DESIGN LAB, pg. 1274
MOMENTUM MARKETING, pg. 754
MOMENTUM MEDIA PR, pg. 1585
MOMENTUM WORLDWIDE, pg. 754
MOMENTUM -see MOMENTUM WORLDWIDE, pg. 755
MONARCH COMMUNICATIONS INC., pg. 755
MONCUR ASSOCIATES MIAMI, pg. 1274
MONDO ROBOT, pg. 755
MONIKER INC., pg. 755
MONO, pg. 755
MONO -see MONO, pg. 756
THE MONOGRAM GROUP, pg. 756
MONOPOLIZE YOUR MARKETPLACE, pg. 756
MONSTER XP, pg. 756
MONTAGNE COMMUNICATIONS, pg. 1585
THE MONTELLO AGENCY, pg. 756
MONTIETH & COMPANY LLC, pg. 756
MONTNER TECH PR, pg. 1585
MOONLIGHT CREATIVE GROUP, INC., pg. 756
MOORE & ISHERWOOD COMMUNICATIONS, INC., pg. 756
MOORE COMMUNICATIONS GROUP, pg. 757
MOORE, EPSTEIN, MOORE, pg. 757
MOOSYLVANIA MARKETING, pg. 757
THE MORAN GROUP LLC, pg. 757
MORE ADVERTISING, pg. 757
MORE MEDIA GROUP, pg. 757
MOREHEAD DOTTS RYBAK, pg. 757
MORGAN + COMPANY, pg. 758
MORGAN & MYERS, INC., pg. 758
MORGAN MARKETING & PUBLIC RELATIONS LLC, pg. 1585
MORNINGSTAR MEDIA GROUP, pg. 758
MOROCH HOLDINGS, INC., pg. 758
MOROCH -see MOROCH HOLDINGS, INC., pg. 759
MOROCH -see MOROCH HOLDINGS, INC., pg. 760
MORONEY & GILL, INC., pg. 760
MORRIS & CASALE INC., pg. 760
MORRIS CREATIVE GROUP, pg. 760
THE MORRISON AGENCY, pg. 760
MORRISON CREATIVE COMPANY INC, pg. 760
MORROW LANE, pg. 760
MORSEKODE, pg. 761
MORTAR ADVERTISING, pg. 761
MORTENSON SAFAR KIM, pg. 761
MORTON ADVERTISING INC., pg. 761
MORTON VARDEMAN & CARLSON, pg. 761
MORVIL ADVERTISING & DESIGN GROUP, pg. 762
MOSES INC., pg. 762
MOST BRAND DEVELOPMENT + ADVERTISING, pg. 762
MOTHER LA -see MOTHER LTD., pg. 763
MOTHER LTD., pg. 762
MOTHER NEW YORK -see MOTHER LTD., pg. 763
MOTHER SAUCE, pg. 763
MOTION PR, pg. 1585
MOTIV, pg. 763
MOTIVATE, INC., pg. 763
MOTIVATED MARKETING, pg. 764
MOTIVATORS INC., pg. 1412
MOTIVE, pg. 764
MOTTIS, pg. 764
MOTUM B2B, pg. 764
MOUNT & NADLER, INC., pg. 1586
MOVEMENT MEDIA, pg. 1586
MOVEMENT PUBLIC RELATIONS, pg. 764
MOVEMENT STRATEGY, pg. 1274
MOVEO, pg. 764
MOXE, pg. 765

MOXIE COMMUNICATIONS GROUP, pg. 765
MOXIE SOZO, pg. 765
MOXIE, pg. 1274
MOXIE -see MOXIE, pg. 1275
MOXLEY CARMICHAEL, pg. 765
MOXXY MARKETING, pg. 765
MOXY OX LLC, pg. 765
MOZAIC MEDIA + COMMUNICATIONS, pg. 765
MP AGENCY, LLC, pg. 766
MP&A DIGITAL & ADVERTISING, pg. 766
MP&F STRATEGIC COMMUNICATIONS, pg. 1586
MP DISPLAYS LLC, pg. 1413
MPG MEDIA SERVICES, pg. 1353
MPRM PUBLIC RELATIONS, pg. 1586
MQ&C ADVERTISING & MARKETING, pg. 766
MQI BRNO, SPOL. S R.O. -see WPP PLC, pg. 1186
M.R. DANIELSON ADVERTISING LLC, pg. 766
MR. SMITH AGENCY LLC, pg. 766
MR. TECHNIQUE, INC., pg. 766
MRB PUBLIC RELATIONS, pg. 1586
MRC MEDICAL COMMUNICATIONS, pg. 766
MRM LONDON -see MRM MCCANN, pg. 767
MRM MCCANN -see MCCANN, pg. 699
MRM MCCANN, pg. 766
MRM PARIS -see MRM MCCANN, pg. 768
MRM PRINCETON, pg. 768
MRM WORLDWIDE HONG KONG -see MRM MCCANN, pg. 768
MRM WORLDWIDE INDIA -see MRM MCCANN, pg. 768
MRM WORLDWIDE NEW YORK -see MRM MCCANN, pg. 767
MRM WORLDWIDE -see MRM MCCANN, pg. 767
MRM WORLDWIDE -see MRM MCCANN, pg. 768
MRP MARKETING CLOUD, pg. 769
MRS. FIELDS', pg. 1224
MRW COMMUNICATIONS LLC, pg. 769
MRY, pg. 769
MS&L CHINA -see MSLGROUP, pg. 1589
MS&L FRANCE -see MSLGROUP, pg. 1589
MS&L ITALIA -see MSLGROUP, pg. 1589
MS&L JAPAN -see MSLGROUP, pg. 1589
MS&L SHANGHAI -see MSLGROUP, pg. 1589
MSA ADVERTISING & PUBLIC RELATIONS, pg. 769
MSA MARKETING, pg. 769
MSA: THE THINK AGENCY, pg. 769
MSI COMMUNICATIONS, pg. 1586
MSI, pg. 769
MSL GROUP INDIA -see PUBLICIS GROUPE S.A., pg. 908
MSL SEATTLE -see MSLGROUP, pg. 1588
MSL SEATTLE -see PUBLICIS USA, pg. 913
MSL WARSAW -see MSLGROUP, pg. 1589
MSL -see MSLGROUP, pg. 1589
MSLGROUP, pg. 1587
MSLGROUP -see MSLGROUP, pg. 1589
MSM DESIGNZ INC, pg. 770
MSR COMMUNICATIONS, pg. 1589
MSTONER, INC., pg. 770
MTH DEGREE, pg. 1275
MUCHNIK, ALURRALDE, JASPER & ASSOC./MS&L -see MSLGROUP, pg. 1589
MUCHO, pg. 770
MUDBUG MEDIA INC., pg. 1275
MUDD ADVERTISING, pg. 770
MUELLER COMMUNICATIONS INC, pg. 1590
MULLENLOWE AGE -see MULLENLOWE GROUP, pg. 773
MULLENLOWE ASIA-PACIFIC -see MULLENLOWE GROUP, pg. 774
MULLENLOWE ATHENS -see MULLENLOWE GROUP, pg. 774
MULLENLOWE BRASIL -see THE INTERPUBLIC GROUP OF COMPANIES, INC., pg. 542
MULLENLOWE BRINDFORS -see MULLENLOWE GROUP, pg. 774
MULLENLOWE GGK -see MULLENLOWE GROUP, pg. 774
MULLENLOWE GROUP, pg. 770
MULLENLOWE INDONESIA -see MULLENLOWE GROUP, pg. 774
MULLENLOWE ISTANBUL -see MULLENLOWE GROUP, pg. 774
MULLENLOWE LINTAS GROUP -see MULLENLOWE GROUP, pg. 774
MULLENLOWE LONDON -see MULLENLOWE GROUP, pg. 775
MULLENLOWE MALAYSIA -see MULLENLOWE GROUP, pg. 775

AGENCIES

Index of Agency Names

MULLENLOWE MEDIAHUB -see MULLENLOWE GROUP, pg. 771
MULLENLOWE MOSCOW -see MULLENLOWE GROUP, pg. 775
MULLENLOWE PARIS -see MULLENLOWE GROUP, pg. 776
MULLENLOWE PHILIPPINES -see MULLENLOWE GROUP, pg. 776
MULLENLOWE PIRELLA -see MULLENLOWE GROUP, pg. 776
MULLENLOWE PROFERO LTD. -see MULLENLOWE GROUP, pg. 776
MULLENLOWE PROFERO -see MULLENLOWE GROUP, pg. 776
MULLENLOWE RAUF -see MULLENLOWE GROUP, pg. 776
MULLENLOWE ROMANIA -see MULLENLOWE GROUP, pg. 777
MULLENLOWE SALT -see MULLENLOWE GROUP, pg. 777
MULLENLOWE SINGAPORE -see MULLENLOWE GROUP, pg. 777
MULLENLOWE SOUTH AFRICA -see MULLENLOWE GROUP, pg. 777
MULLENLOWE SRI LANKA -see MULLENLOWE GROUP, pg. 777
MULLENLOWE SSP3 -see MULLENLOWE GROUP, pg. 777
MULLENLOWE SWING -see MULLENLOWE GROUP, pg. 778
MULLENLOWE THAILAND -see MULLENLOWE GROUP, pg. 778
MULLENLOWE TOKYO -see MULLENLOWE GROUP, pg. 778
MULLENLOWE VIETNAM -see MULLENLOWE GROUP, pg. 778
MULLENLOWE WARSAW -see MULLENLOWE GROUP, pg. 778
MULLENLOWE -see MULLENLOWE GROUP, pg. 772
MULLER BRESSLER BROWN, pg. 778
THE MULLIKIN AGENCY, pg. 778
MULLIN/ASHLEY ASSOCIATES, INC., pg. 778
MULTI MEDIA SERVICES CORP., pg. 1353
MULTI-NET MARKETING, INC., pg. 1353
MULTICULTURAL MARKETING RESOURCES, pg. 779
MULTIPLY, pg. 1590
MUNGO CREATIVE GROUP, pg. 779
MUNN RABOT LLC, pg. 779
MUNROE CREATIVE PARTNERS, pg. 779
MURDOCH MARKETING, pg. 779
MURPHY O'BRIEN, INC., pg. 1590
MURPHYEPSON, INC., pg. 780
MUSE COMMUNICATIONS, pg. 780
MUSIC & EVENT MANAGEMENT, INC., pg. 1224
MUST BE SOMETHING INC, pg. 780
MUSTACHE AGENCY, pg. 780
MUTO COMMUNICATIONS, LLC, pg. 1590
MUTT INDUSTRIES, pg. 780
MVC, pg. 780
MVNP, pg. 780
MVP COLLABORATIVE, pg. 781
MVS MEDIA GROUP, pg. 1413
MW MARKETING GROUP, pg. 781
MWH ADVERTISING, INC., pg. 781
MWW UK -see MWWPR, pg. 1592
MWWGROUP@DEUTSCH -see MWWPR, pg. 1592
MWWGROUP@DEUTSCH -see DEUTSCH, INC., pg. 295
MWWPR, pg. 1590
MWWPR -see MWWPR, pg. 1591
MWWPR -see MWWPR, pg. 1592
THE MX GROUP, pg. 781
MXM, pg. 781
MXM -see MXM, pg. 782
MY BLUE ROBOT, pg. 782
MY FRIEND'S NEPHEW, pg. 782
MYERSBIZNET, INC., pg. 782
MYJIVE INC, pg. 782
MYRIAD TRAVEL MARKETING, pg. 782
MYTHIC, pg. 782
MZ GROUP, pg. 783

N

N BBDO -see BBDO WORLDWIDE INC., pg. 103
THE N GROUP, pg. 783
NA COLLECTIVE, pg. 783
NAARTJIE MULTIMEDIA, pg. 783

NABARCO ADVERTISING ASSOCIATES, INC., pg. 1224
NADA GLOBAL, pg. 783
NADEL PHELAN, INC., pg. 1592
NADI LLC, pg. 783
NAGA DDB SDN. BHD. -see DDB WORLDWIDE COMMUNICATIONS GROUP INC., pg. 277
NAIL COMMUNICATIONS, pg. 783
NAIL MARKETING 360, pg. 1353
NANCY J. FRIEDMAN PUBLIC RELATIONS, INC., pg. 784
NANCY MARSHALL COMMUNICATIONS, pg. 1592
NARRATIVE, pg. 784
NAS RECRUITMENT COMMUNICATIONS -see NAS RECRUITMENT INNOVATION, pg. 785
NAS RECRUITMENT INNOVATION, pg. 784
NASH IMAGING EVENTS, pg. 1275
NASUTI + HINKLE CREATIVE THINKING, pg. 785
NATCOM MARKETING, pg. 785
NATIONAL HOT ROD ASSOCIATION, pg. 1224
NATIONAL MEDIA SERVICES, INC., pg. 785
NATIONAL PUBLIC RELATIONS, pg. 1593
NATIONAL PUBLIC RELATIONS -see WPP PLC, pg. 1186
NATIONWIDE COURT SERVICES, INC., pg. 1353
NATREL COMMUNICATIONS, pg. 786
NAUTILUS COMMUNICATIONS, INC., pg. 1593
NAVAJO COMPANY, pg. 786
NAVEO, pg. 786
NAVIGANT MARKETING / KSR, pg. 786
NAVIGATION ADVERTISING LLC, pg. 786
NAYLOR, LLC, pg. 786
NCI CONSULTING LLC, pg. 786
NCLUD, pg. 786
NCOMPASS INTERNATIONAL, pg. 787
NDN GROUP, pg. 1275
NEA, pg. 1275
NEATHAWK DUBUQUE & PACKETT, pg. 787
NEBO AGENCY LLC, pg. 787
NECTAR COMMUNICATIONS, pg. 1593
NEEDLE INC., pg. 787
NEEDLEMAN DROSSMAN & PARTNERS, pg. 788
THE NEELY AGENCY INC, pg. 1593
NEFF + ASSOCIATES, INC., pg. 788
NEHLSEN COMMUNICATIONS, pg. 1593
NEHMEN-KODNER, pg. 788
THE NEIBART GROUP, pg. 1594
NEIMAN MARCUS ADVERTISING, pg. 1224
NELSON ADVERTISING SOLUTIONS, pg. 1224
NELSON & GILMORE, pg. 788
NELSON CREATIVE, pg. 788
NELSON SCHMIDT, pg. 788
NEMER FIEGER, pg. 788
NEMO DESIGN, pg. 789
NEO@OGILVY LOS ANGELES, pg. 789
NEO@OGILVY, pg. 789
NEO-PANGEA, LLC, pg. 789
NEON -see FCB GLOBAL, pg. 364
NEOTROPE, pg. 1594
NEPTUNE ADVERTISING, pg. 789
NET#WORK BBDO -see BBDO WORLDWIDE INC., pg. 108
NETPLUS MARKETING, INC., pg. 790
NETPR, INC., pg. 1594
NETREACH, pg. 790
NETSERTIVE, INC, pg. 790
NETWAVE INTERACTIVE MARKETING, INC., pg. 790
NETWORK AFFILIATES INC., pg. 790
NEUGER COMMUNICATIONS GROUP, pg. 790
NEURON SYNDICATE, pg. 790
NEVER WITHOUT, LLC, pg. 791
NEVINS & ASSOCIATES, pg. 1594
NEW AGE MEDIA, pg. 791
NEW & IMPROVED MEDIA, pg. 1353
NEW BOSTON CREATIVE GROUP, pg. 791
NEW DAY MARKETING, LTD., pg. 1353
NEW ENGLAND MACHINERY ADVERTISING, pg. 1224
NEW ENGLAND PRESS SERVICE, pg. 1354
NEW HARBOR GROUP, pg. 1594
NEW HEARTLAND GROUP, pg. 791
NEW HONOR SOCIETY, pg. 791
NEW JUPITER MEDIA, INC., pg. 1275
NEW LIFE COMMUNICATIONS, pg. 1594
NEW MEDIA AGENCY, pg. 791
NEW MEDIA SOLUTIONS, INC., pg. 791
NEW RIVER COMMUNICATIONS, INC., pg. 791
NEW RULES ADVERTISING, pg. 792
NEW WAVE INDUSTRIES INC., pg. 1275
NEW WEST LLC, pg. 792
NEWBERRY PUBLIC RELATIONS & MARKETING INC,
pg. 1594

NEWDAY COMMUNICATIONS, pg. 1413
NEWFIRE MEDIA, pg. 792
NEWGROUND PR & MARKETING, pg. 1594
NEWKIRK COMMUNICATIONS, INC., pg. 792
NEWLINK GROUP, pg. 792
NEWMAN COMMUNICATIONS, pg. 1594
NEWMAN GRACE INC., pg. 792
NEWMANPR, pg. 1594
NEWMARK ADVERTISING, INC., pg. 792
NEWSCRED, pg. 1275
NEWSMARK PUBLIC RELATIONS INC., pg. 1595
THE NEWSMARKET, INC., pg. 793
NEWTON ASSOCIATES MARKETING COMMUNICATIONS, INC., pg. 793
NEWTON MEDIA, pg. 1354
NEWTON O'NEILL COMMUNICATIONS, pg. 1595
NEXT/NOW, pg. 1276
NEXT STEP COMMUNICATIONS INC., pg. 793
NEXT STEP COMMUNICATIONS, pg. 1595
NEXTMEDIA INC., pg. 1354
NEXUS DIRECT, pg. 793
NFM+DYUMN, pg. 794
NGL COLLECTIVE, pg. 794
NICE SHOES, LLC, pg. 794
NICHOLAS & LENCE COMMUNICATIONS LLC, pg. 794
NICKELODEON CREATIVE ADVERTISING, pg. 794
NICKERSON PR, pg. 1595
NICOLL PUBLIC RELATIONS, pg. 1595
NIFTIC AGENCY, pg. 794
NIGHT AFTER NIGHT, pg. 794
NIGHT AGENCY, pg. 1276
NIGHT KITCHEN INTERACTIVE, pg. 1276
NIKALABS, pg. 1276
NIKE COMMUNICATIONS, INC., pg. 1595
NIKI JONES AGENCY, pg. 794
NIKITA MEDIA, INC., pg. 1354
NIMBLE WORLDWIDE, pg. 794
NIMBLELIGHT, pg. 1276
NINA HALE INC., pg. 1276
NINICO COMMUNICATIONS, pg. 1595
THE NISSEN GROUP, pg. 795
NJI MEDIA LLC, pg. 1276
NKPR, pg. 1595
NL PARTNERS, pg. 795
NMV STRATEGIES, pg. 795
NO FIXED ADDRESS, INC., pg. 795
NO LIMIT AGENCY, pg. 795
NO LIMIT MARKETING & ADVERTISING, INC., pg. 795
NOBLE PACIFIC SEA TO SEA, INC., pg. 796
NOBLE PEOPLE, pg. 796
NOBLE STUDIOS, pg. 1276
NOBLE, pg. 795
NOBLES GLOBAL COMMUNICATIONS LLC, pg. 1596
NOBOX MARKETING GROUP, INC., pg. 796
NOISE, INC., pg. 796
NOISE, INC. -see NOISE, INC., pg. 797
NOISY TRUMPET, pg. 1277
NOLAN/LEHR GROUP, pg. 1596
NOMADIC AGENCY, pg. 797
NON-LINEAR CREATIONS INC., pg. 797
NONBOX, pg. 797
NORBELLA INC., pg. 1354
NOREEN HERON & ASSOCIATES, pg. 1596
NORMAN DIEGNAN & ASSOCIATES, pg. 797
NORTH 6TH AGENCY, INC., pg. 798
NORTH CHARLES STREET DESIGN ORGANIZATION, pg. 798
NORTH FORTY, pg. 798
NORTH OF NINE COMMUNICATIONS, pg. 798
NORTH STAR MARKETING, INC., pg. 798
NORTH STAR MARKETING, pg. 798
NORTH STRATEGIC, pg. 1596
NORTH WOODS ADVERTISING, pg. 799
NORTH, pg. 797
NORTHCUTT CONSULTING GROUP, LLC, pg. 799
NORTHEAST MEDIA ASSOCIATES, pg. 1596
NORTHEASTERN MEDIA, pg. 1413
NORTHERN LIGHTS DIRECT, pg. 799
NORTHLICH-COLUMBUS -see NORTHLICH PUBLIC RELATIONS, pg. 799
NORTHLICH PUBLIC RELATIONS, pg. 799
NORTHLICH, pg. 799
NORTHLIGHT ADVERTISING, pg. 800
NORTHSHORE DESIGNERS, pg. 800
NORTHSTAR DESTINATION STRATEGIES, pg. 800
NORTHSTAR RESEARCH PARTNERS, pg. 800
NORTHSTAR, pg. 1596

INDEX OF AGENCY NAMES

NORTHWEST POLITE SOCIETY, pg. 1596
NORTHWEST STRATEGIES, pg. 1596
NORTON CREATIVE, pg. 800
NORTON NORRIS, pg. 800
NORTON RUBBLE & MERTZ ADVERTISING, pg. 800
NOSTRUM INC., pg. 800
NOT MAURICE, pg. 801
NOVA ADVERTISING, pg. 801
NOVA CREATIVE GROUP, INC., pg. 801
NOVA MARKETING, pg. 801
NOVITA COMMUNICATIONS, pg. 801
NOVUS MEDIA INC, pg. 1354
NOW + ZEN PUBLIC RELATIONS, pg. 1596
NOW COMMUNICATIONS, pg. 801
NOWAK ASSOCIATES, INC, pg. 801
NOWSPEED, INC., pg. 1277
NOYD COMMUNICATIONS INC, pg. 1596
NPJ ADVERTISING & PUBLIC RELATIONS, INC., pg. 802
NRC REALTY CAPITAL ADVISORS, pg. 1224
NRPR GROUP, pg. 1597
NSA MEDIA GROUP, INC. -see INITIATIVE WORLDWIDE, pg. 1332
NSG/SWAT, pg. 802
NSPHERE INC., pg. 802
NTHREEQ MEDIA LLC, pg. 802
NUCLEUS DIGITAL -see BROWNSTEIN GROUP, pg. 169
NUCLEUS WORLDWIDE, pg. 802
NUEVA COMUNICACION-WEBER SHANDWICK -see WEBER SHANDWICK, pg. 1680
NUEVO ADVERTISING GROUP, INC., pg. 802
NUF SAID ADVERTISING, pg. 802
NUFFER SMITH TUCKER PUBLIC RELATIONS, pg. 1597
NURUN/CHINA INTERACTIVE -see PUBLICIS GROUPE S.A., pg. 903
NURUN INC., pg. 803
NURUN INC. -see PUBLICIS GROUPE S.A., pg. 903
NURUN INC. -see PUBLICIS GROUPE S.A., pg. 904
NURUN SPAIN -see PUBLICIS GROUPE S.A., pg. 904
NUSPARK MEDIA, pg. 1355
NVS DESIGN INC., pg. 803
NYC RESTAURANT, pg. 1277
NYE & ASSOCIATES, pg. 803
NYHUS COMMUNICATIONS LLC, pg. 1597
NYLON TECHNOLOGY, pg. 803

O

O&M CO., pg. 1597
O2IDEAS, INC., pg. 803
O2KL, pg. 803
O3 WORLD, LLC, pg. 804
OBERHAUSEN MARKETING & PUBLIC RELATIONS, pg. 804
OBERLAND, pg. 804
OBERLANDER GROUP, pg. 804
O'BERRY CAVANAUGH, pg. 804
OBI CREATIVE, pg. 805
OBJECT9, pg. 805
OBJECTDC, pg. 805
OBLIQUE DESIGN, pg. 805
O'BRIEN ET AL. ADVERTISING, pg. 805
OBSCURA DIGITAL, INC., pg. 1277
OBSIDIAN PUBLIC RELATIONS, pg. 805
THE O'CARROLL GROUP, pg. 805
OCD MEDIA, pg. 805
OCEAN BRIDGE GROUP, pg. 805
OCEAN MEDIA INC., pg. 1355
OCEAN OGILVY -see OGILVY, pg. 828
OCEANOS MARKETING, INC., pg. 1355
OCG PR, pg. 1597
O'CONNELL & GOLDBERG, pg. 1597
O'CONNELL COMMUNICATIONS LLC, pg. 1597
THE O'CONNOR GROUP, pg. 806
OCREATIVE DESIGN STUDIO, pg. 806
OCTAGON SYDNEY -see OCTAGON, pg. 807
OCTAGON, pg. 806
OCTAGON -see OCTAGON, pg. 807
OCTANE VTM, pg. 808
ODATO MARKETING GROUP INC., pg. 808
ODEN MARKETING AND DESIGN, pg. 808
ODNEY ADVERTISING-FARGO -see ODNEY, pg. 808
ODNEY ADVERTISING-MINOT -see ODNEY, pg. 808
ODNEY, pg. 808
O'DONNELL AGENCY, pg. 808
ODONNELL COMPANY, pg. 808

ODYSSEUS ARMS, pg. 808
ODYSSEY NETWORKS, pg. 809
ODYSSEY, pg. 809
OFF MADISON AVE, pg. 809
OFFICE OF EXPERIENCE, pg. 1277
OFFICE, pg. 809
OFFLEASH, pg. 1597
OGAN/DALLAL ASSOCIATES, INC., pg. 1598
OGILVY ADVERTISING BEIJING -see OGILVY, pg. 822
OGILVY ADVERTISING -see OGILVY, pg. 822
OGILVY ADVERTISING -see OGILVY, pg. 826
OGILVY ADVERTISING -see OGILVY, pg. 827
OGILVY ADVERTISING -see OGILVY, pg. 828
OGILVY (AMSTERDAM) B.V. -see OGILVY, pg. 816
OGILVY ARGENTINA -see OGILVY, pg. 819
OGILVY ASIA/PACIFIC -see OGILVY, pg. 823
OGILVY ATLANTA -see OGILVY, pg. 1598
OGILVY CAPE TOWN -see OGILVY, pg. 829
OGILVY (CHINA) LTD. -see OGILVY, pg. 822
OGILVY COMMONHEALTH INSIGHTS & ANALYTICS, pg. 831
OGILVY COMMONHEALTH INTERACTIVE MARKETING, pg. 831
OGILVY COMMONHEALTH MADRID -see OGILVY HEALTHWORLD, pg. 833
OGILVY COMMONHEALTH MEDICAL EDUCATION, pg. 831
OGILVY COMMONHEALTH PAYER MARKETING, pg. 831
OGILVY COMMONHEALTH SPECIALTY MARKETING, pg. 831
OGILVY COMMONHEALTH WELLNESS MARKETING, pg. 832
OGILVY COMMONHEALTH WORLDWIDE, pg. 832
OGILVY COMUNICACION -see OGILVY, pg. 1600
OGILVY CZECH -see OGILVY, pg. 813
OGILVY (EASTERN AFRICA) LTD. -see OGILVY, pg. 828
OGILVY EL SALVADOR -see OGILVY, pg. 820
OGILVY EMEA -see OGILVY, pg. 818
OGILVY FRANKFURT -see OGILVY, pg. 814
OGILVY GES M.B.H. -see OGILVY, pg. 813
OGILVY HEALTHWORLD BARCELONA -see OGILVY HEALTHWORLD, pg. 832
OGILVY HEALTHWORLD/COPENHAGEN -see OGILVY HEALTHWORLD, pg. 833
OGILVY HEALTHWORLD EAME -see OGILVY HEALTHWORLD, pg. 833
OGILVY HEALTHWORLD GMBH -see OGILVY, pg. 1599
OGILVY HEALTHWORLD GMBH -see OGILVY, pg. 814
OGILVY HEALTHWORLD INDIA -see OGILVY HEALTHWORLD, pg. 833
OGILVY HEALTHWORLD PAYER MARKETING -see OGILVY HEALTHWORLD, pg. 833
OGILVY HEALTHWORLD-TORONTO, pg. 833
OGILVY HEALTHWORLD UK -see OGILVY HEALTHWORLD, pg. 832
OGILVY HEALTHWORLD -see OGILVY, pg. 829
OGILVY HEALTHWORLD, pg. 832
OGILVY INDIA -see OGILVY, pg. 823
OGILVY INDIA -see OGILVY, pg. 824
OGILVY JAPAN K.K. -see OGILVY, pg. 825
OGILVY JOHANNESBURG (PTY.) LTD. -see OGILVY, pg. 829
OGILVY, LTD. -see OGILVY, pg. 818
OGILVY MONTREAL -see OGILVY, pg. 812
OGILVY MOZAMBIQUE -see OGILVY, pg. 828
OGILVY MUMBAI -see OGILVY, pg. 1601
OGILVY NEW YORK -see OGILVY, pg. 811
OGILVY NEW ZEALAND -see OGILVY, pg. 826
OGILVY NORTH AMERICA -see OGILVY, pg. 811
OGILVY NV/SA -see OGILVY, pg. 813
OGILVY (PHILIPPINES) INC. -see OGILVY, pg. 826
OGILVY PORTUGAL -see OGILVY, pg. 816
OGILVY PRIDE -see OGILVY, pg. 818
OGILVY (SINGAPORE) PVT. LTD. -see OGILVY, pg. 827
OGILVY SOUTH AFRICA (PTY.) LTD. -see OGILVY, pg. 829
OGILVY S.P.A. -see OGILVY, pg. 1600
OGILVY SYDNEY -see OGILVY, pg. 821
OGILVY TAIWAN -see OGILVY, pg. 1601
OGILVY (VIETNAM) LTD. -see OGILVY, pg. 828
OGILVY, pg. 1598
OGILVY -see OGILVY, pg. 1599
OGILVY -see OGILVY, pg. 1600
OGILVY -see OGILVY, pg. 1601
OGILVY -see OGILVY, pg. 1602
OGILVY, pg. 809
OGILVY -see OGILVY, pg. 811

OGILVY -see OGILVY, pg. 812
OGILVY -see OGILVY, pg. 813
OGILVY -see OGILVY, pg. 814
OGILVY -see OGILVY, pg. 815
OGILVY -see OGILVY, pg. 816
OGILVY -see OGILVY, pg. 817
OGILVY -see OGILVY, pg. 818
OGILVY -see OGILVY, pg. 819
OGILVY -see OGILVY, pg. 820
OGILVY -see OGILVY, pg. 821
OGILVY -see OGILVY, pg. 823
OGILVY -see OGILVY, pg. 824
OGILVY -see OGILVY, pg. 825
OGILVY -see OGILVY, pg. 826
OGILVY -see OGILVY, pg. 828
OGILVY -see OGILVY, pg. 830
OGILVYHEALTHCARE -see OGILVY, pg. 814
OGILVYHEALTHCARE -see OGILVY, pg. 817
OGILVYHEALTHCARE, pg. 833
OGILVYINTERACTIVE -see OGILVY, pg. 817
OGILVYINTERACTIVE -see OGILVY, pg. 819
OGILVYINTERACTIVE -see OGILVY, pg. 822
OGILVYINTERACTIVE -see OGILVY, pg. 830
OGILVYINTERACTIVE, pg. 1277
OGILVYONE AG -see OGILVY, pg. 817
OGILVYONE BUSINESS -see OGILVY, pg. 819
OGILVYONE GMBH -see OGILVY, pg. 815
OGILVYONE MIDDLE EAST -see OGILVY, pg. 831
OGILVYONE WORLDWIDE-CAPE TOWN -see OGILVY, pg. 830
OGILVYONE WORLDWIDE LTD. -see OGILVY, pg. 819
OGILVYONE WORLDWIDE NEW YORK -see OGILVY, pg. 812
OGILVYONE WORLDWIDE -see OGILVY, pg. 812
OGILVYONE WORLDWIDE -see OGILVY, pg. 813
OGILVYONE WORLDWIDE -see OGILVY, pg. 815
OGILVYONE WORLDWIDE -see OGILVY, pg. 817
OGILVYONE WORLDWIDE -see OGILVY, pg. 819
OGILVYONE WORLDWIDE -see OGILVY, pg. 820
OGILVYONE WORLDWIDE -see OGILVY, pg. 821
OGILVYONE WORLDWIDE -see OGILVY, pg. 822
OGILVYONE WORLDWIDE -see OGILVY, pg. 823
OGILVYONE WORLDWIDE -see OGILVY, pg. 825
OGILVYONE WORLDWIDE -see OGILVY, pg. 826
OGILVYONE WORLDWIDE -see OGILVY, pg. 827
OGILVYONE WORLDWIDE -see OGILVY, pg. 828
OGILVYONE -see OGILVY, pg. 812
OGILVYONE -see OGILVY, pg. 814
OGILVYONE -see OGILVY, pg. 822
THE OH GROUP, LLC, pg. 833
OH PARTNERS, pg. 833
THE O'HARA PROJECT, pg. 834
THE OHLMANN GROUP, pg. 834
OIA MARKETING COMMUNICATIONS, pg. 834
OISHII CREATIVE, pg. 834
O'KEEFE REINHARD & PAUL, pg. 834
O'KEEFFE & CO., pg. 1602
OKEEFFE, pg. 1602
OLANDER GROUP, pg. 1355
OLD FASHION FOODS ADVERTISING, pg. 1225
OLIVE INTERACTIVE DESIGN & MARKETING INC., pg. 834
OLIVE PR SOLUTIONS INC, pg. 835
OLIVER RUSSELL, pg. 835
OLMSTEAD WILLIAMS COMMUNICATIONS, INC., pg. 1602
OLOGIE, pg. 835
OLOMANA LOOMIS ISC, pg. 835
OLSON ENGAGE -see ICF OLSON, pg. 518
OMAC ADVERTISING, pg. 835
OMAHA CREATIVE GROUP, pg. 1225
O'MALLEY HANSEN COMMUNICATIONS, pg. 1602
O'MALLEY HANSEN COMMUNICATIONS, pg. 1413
OMD ATLANTA -see OMD NORTH AMERICA, pg. 1356
OMD AUSTRALIA -see OMD WORLDWIDE, pg. 1357
OMD CANADA -see OMD WORLDWIDE, pg. 1357
OMD CHICAGO -see OMD NORTH AMERICA, pg. 1356
OMD CROSS CULTURAL -see OMD NORTH AMERICA, pg. 1356
OMD FINLAND OY -see OMD WORLDWIDE, pg. 1357
OMD GUANGZHOU -see OMD WORLDWIDE, pg. 1357
OMD HONG KONG -see OMD WORLDWIDE, pg. 1358
OMD LOS ANGELES -see OMD NORTH AMERICA, pg. 1356
OMD MALAYSIA -see OMD WORLDWIDE, pg. 1358
OMD NEDERLAND -see OMD WORLDWIDE, pg. 1358
OMD NEW ZEALAND/AUCKLAND -see OMD WORLDWIDE, pg. 1358

AGENCIES — INDEX OF AGENCY NAMES

OMD NORTH AMERICA, pg. 1355
OMD PHILIPPINES -see OMD WORLDWIDE, pg. 1358
OMD SAN FRANCISCO -see OMD NORTH AMERICA, pg. 1356
OMD SINGAPORE -see OMD WORLDWIDE, pg. 1358
OMD UK -see OMD WORLDWIDE, pg. 1359
OMD VANCOUVER -see OMD WORLDWIDE, pg. 1359
OMD WORLDWIDE, pg. 1357
OMD -see OMD WORLDWIDE, pg. 1359
OMEGA ENGINEERING ADVERTISING, pg. 1225
OMELET LLC, pg. 835
OMG ATLANTA -see OMNICOM MEDIA GROUP, pg. 1360
OMG CHICAGO -see OMNICOM MEDIA GROUP, pg. 1360
OMG LOS ANGELES -see OMNICOM MEDIA GROUP, pg. 1360
OMG NEW YORK -see OMNICOM MEDIA GROUP, pg. 1360
OMNI DIRECT INC., pg. 835
OMNICO PROMOTIONS, LTD., pg. 1413
OMNICON GROUP INC., pg. 836
OMNICOM MEDIA GROUP, pg. 1359
OMOBONO, pg. 1277
ON 3 PUBLIC RELATIONS, pg. 1602
ON ADVERTISING, pg. 1277
ON BOARD EXPERIENTIAL MARKETING, pg. 1413
ON IDEAS, INC., pg. 838
ON-TARGET GRAPHICS, pg. 838
ON-TARGET MARKETING & ADVERTISING, pg. 838
ONBEYOND LLC, pg. 838
ONE & ALL, pg. 838
ONE EIGHTEEN ADVERTISING, pg. 839
ONE GREEN BEAN -see HAVAS PR, pg. 1528
ONE NET MARKETING INC., pg. 839
ONE NORTH INTERACTIVE, pg. 1277
ONE ROCKWELL, pg. 1277
ONE SIMPLE PLAN, pg. 839
ONE SOURCE DIRECT MARKETING, INC., pg. 1278
ONE TRIBE CREATIVE LLC, pg. 839
ONE TWELFTH INC., pg. 839
ONE7 COMMUNICATIONS, pg. 1603
ONECOMMAND, LLC, pg. 1413
ONEIGHTY, pg. 839
O'NEILL AND ASSOCIATES, pg. 1603
O'NEILL COMMUNICATIONS, pg. 839
ONEMAGNIFY, pg. 840
ONEMETHOD INC, pg. 840
ONEUPWEB, pg. 840
ONEWORLD COMMUNICATIONS, INC., pg. 840
ONION LABS, pg. 840
ONIRACOM CORP, pg. 841
ONLINE CORPORATION OF AMERICA, pg. 841
ONPOINT IMAGE & DESIGN INC, pg. 841
ONPR, pg. 1603
ONTOGENY ADVERTISING & DESIGN LLC, pg. 841
ONTRACK COMMUNICATIONS, pg. 841
OOH IMPACT, INC., pg. 1360
OOH PITCH INC., pg. 1360
OOHOLOGY, pg. 841
OOTEM, INC., pg. 841
OOYALA, INC., pg. 841
OPAD MEDIA SOLUTIONS, LLC, pg. 842
OPANCO, LLC, pg. 1278
OPEN. A CREATIVE COMPANY, pg. 842
OPENFIELD CREATIVE, pg. 842
OPFER COMMUNICATIONS INC., pg. 842
OPPERMAN WEISS, pg. 842
OPR -see OGILVY, pg. 1600
OPTFIRST INC., pg. 842
OPTIC NERVE DIRECT MARKETING, pg. 842
OPTIMA PUBLIC RELATIONS LLC, pg. 1603
OPTIMEDIA BLUE 449 -see PUBLICIS MEDIA, pg. 1365
OPTIMEDIA MALAYSIA -see ZENITH MEDIA, pg. 1390
OPTIMEDIA -see ZENITH MEDIA, pg. 1388
OPTIMEDIA -see ZENITH MEDIA, pg. 1389
OPTIMUM SPORTS, pg. 842
OPTO DESIGN, pg. 843
OPTS IDEAS, pg. 843
OPUS 59 CREATIVE GROUP, pg. 843
ORAIKO, pg. 843
ORANGE BARREL, pg. 843
ORANGE ELEMENT, pg. 843
ORANGE LABEL ART & ADVERTISING, pg. 843
ORANGE ORCHARD -see RIPLEY PR LLC, pg. 1632
ORANGESEED, INC., pg. 843
ORANGESQUARE, pg. 844
ORANGEYOUGLAD, pg. 844

ORBIT MEDIA STUDIOS, pg. 844
ORCA COMMUNICATIONS UNLIMITED, LLC., pg. 1603
OREGON NEWSPAPER ADVERTISING CO., pg. 1360
ORGANIC, INC., pg. 1278
ORIGIN EIGHT, pg. 1278
ORION TRADING, pg. 1360
ORLOFF WILLIAMS, pg. 844
ORPHMEDIA LLC, pg. 1278
ORSI PUBLIC RELATIONS, pg. 1603
OSBORN & BARR COMMUNICATIONS, pg. 844
OSBORN & BARR -see OSBORN & BARR COMMUNICATIONS, pg. 844
OSTER & ASSOCIATES, INC., pg. 845
O'SULLIVAN COMMUNICATIONS, pg. 845
OTEY WHITE & ASSOCIATES, pg. 845
OTHERWISE INC, pg. 845
OTTAWAY COMMUNICATIONS, INC., pg. 845
OTTO, pg. 845
OUR MAN IN HAVANA, pg. 845
THE OUSSET AGENCY, INC., pg. 846
OUT THERE ADVERTISING, pg. 846
OUT THERE, pg. 846
OUTCAST COMMUNICATIONS, pg. 1603
OUTCOLD LLC, pg. 846
OUTDOOR FIRST, INC., pg. 1361
OUTER BANKS MEDIA, pg. 846
OUTERNATIONAL INC, pg. 846
OUTHOUSE PR, pg. 1603
OUTLET TAGS COMPANY, pg. 846
OUTLIER SOLUTIONS, pg. 846
OUTLOOK MARKETING SERVICES, INC., pg. 846
OUTOFTHEBLUE ADVERTISING, pg. 847
OUTSIDE PR, pg. 1604
OUTSIDE THE BOX INTERACTIVE LLC, pg. 847
OVATION BBDO -see BBDO WORLDWIDE INC., pg. 108
OVATION PR & ADVERTISING, pg. 847
OVE DESIGN & COMMUNICATIONS LTD. -see PUBLICIS GROUPE S.A., pg. 904
OVERDRIVE INTERACTIVE, pg. 1279
OVERGROUND INC, pg. 847
OVERIT, pg. 847
THE OWEN GROUP, pg. 847
OWEN MEDIA, pg. 847
OWENS DDB -see DDB WORLDWIDE COMMUNICATIONS GROUP INC., pg. 276
OXFORD COMMUNICATIONS, INC., pg. 847
OXFORD ROAD, pg. 848

P

P & M ADVERTISING, pg. 848
P&P LINK SAATCHI & SAATCHI -see SAATCHI & SAATCHI, pg. 984
P2R ASSOCIATES, pg. 848
PAC/WEST COMMUNICATIONS, pg. 1604
PACE ADVERTISING, pg. 848
PACE PUBLIC RELATIONS, pg. 1604
PACIFIC COMMUNICATIONS GROUP, pg. 848
PACIFIC COMMUNICATIONS, pg. 848
PACIFIC, pg. 1279
PACIFICCOAST ADVERTISING INC., pg. 849
PACIFICO INC., pg. 849
PACO COMMUNICATIONS, INC, pg. 849
PADILLA, pg. 849
PADILLA -see PADILLA, pg. 850
PADULO INTEGRATED INC., pg. 851
PAGANO MEDIA, pg. 851
PAGE AGENCY, pg. 851
PAGE COMMUNICATIONS, pg. 1604
PAGES BBDO -see BBDO WORLDWIDE INC., pg. 102
PAGODA PORTER NOVELLI -see PORTER NOVELLI, pg. 1615
THE PAIGE GROUP, pg. 851
PAIGE HENDRICKS PUBLIC RELATIONS INC, pg. 851
PAIGE PR, pg. 1604
PAIGE WOLF MEDIA & PUBLIC RELATIONS, pg. 1604
PAIM COMUNICACAO -see MCCANN, pg. 701
PALE MORNING MEDIA, LLC, pg. 1604
PALISADES MEDIA GROUP, INC., pg. 1361
PALLEY ADVERTISING INC., pg. 851
PALM TREE CREATIVE LLC, pg. 851
PALMER AD AGENCY, pg. 851
PAN COMMUNICATIONS, pg. 1605
PANCOM INTERNATIONAL, INC., pg. 852
PANDORA/OGILVY -see OGILVY, pg. 813
PANNOS MARKETING, pg. 852
PANORAMA PUBLIC RELATIONS, pg. 852

PANTHER MARKETING INC., pg. 852
PANTIN/BEBER SILVERSTEIN PUBLIC RELATIONS, pg. 1605
PAPA ADVERTISING INC, pg. 852
PAPPAS GROUP, pg. 852
PAPRIKA COMMUNICATIONS, pg. 852
PAPROCKI & CO., pg. 852
PARADIGM ASSOCIATES, pg. 1606
PARADIGM MARKETING & CREATIVE, pg. 852
PARADIGM MEDIA CONSULTANTS, INC., pg. 1279
PARADIGMNEXT, pg. 1279
PARADISE ADVERTISING & MARKETING-NAPLES -see PARADISE ADVERTISING & MARKETING, pg. 853
PARADISE ADVERTISING & MARKETING, pg. 853
PARADOWSKI CREATIVE, pg. 853
PARADUX MEDIA GROUP, pg. 853
PARAGON PUBLIC RELATIONS LLC, pg. 1606
PARAGRAPH, pg. 853
PARALLEL PATH, pg. 1279
PARAMORE THE DIGITAL AGENCY, pg. 854
PARAMOUNT PUBLIC RELATIONS, INC., pg. 1606
PARASOL MARKETING, pg. 1413
PARDES COMMUNICATIONS, INC., pg. 854
PARK&CO, pg. 854
THE PARK GROUP, pg. 854
PARKER ADVERTISING SERVICE, INC., pg. 854
PARKER AVENUE, pg. 854
PARKER BRAND CREATIVE SERVICES, pg. 854
PARKER MADISON DIALOG MARKETING, pg. 854
PARKERWHITE INC., pg. 855
PARKWAY DIGITAL, pg. 855
PARLEESTUMPF INC, pg. 855
PARR MOTO, pg. 1361
PARRIS COMMUNICATIONS, INC., pg. 1606
PART FOUR LLC, pg. 1279
THE PARTICIPATION AGENCY, pg. 1279
PARTNERCENTRIC, pg. 855
PARTNERS & SPADE, pg. 855
PARTNERS CREATIVE, pg. 855
PARTNERS FOR INCENTIVES, pg. 1414
PARTNERS+NAPIER, pg. 855
PARTNERS+NAPIER -see PARTNERS+NAPIER, pg. 856
PARTNERSHIP ADVERTISING, pg. 856
PARTNERSHIP OF PACKER, OESTERLING & SMITH (PPO&S), pg. 856
THE PARTNERSHIP, pg. 856
PARTNERSRILEY, pg. 856
PARTY LAND, pg. 857
PASADENA ADVERTISING, pg. 857
PASCALE COMMUNICATIONS LLC, pg. 1606
PASKILL STAPLETON & LORD, pg. 857
PASSANTINO ANDERSEN, pg. 1606
PASSENGER, pg. 857
PASSEY ADVERTISING INC, pg. 857
PATH INTERACTIVE, pg. 1279
PATHFINDERS ADVERTISING & MARKETING GROUP, pg. 857
PATHWAY GROUP, pg. 857
THE PATIENT RECRUITING AGENCY, pg. 858
PATIENTS & PURPOSE -see THE CDM GROUP, pg. 198
PATRICKORTMAN, INC., pg. 1279
PATRIOT ADVERTISING INC., pg. 858
PATTERSON RIEGEL ADVERTISING, pg. 858
PATTISON OUTDOOR ADVERTISING, pg. 858
PAUL GREGORY MEDIA, pg. 858
PAUL MILES ADVERTISING, pg. 858
PAUL WERTH ASSOCIATES, INC., pg. 858
PAULA BIEHLER PR, pg. 1606
PAULSEN MARKETING COMMUNICATIONS, INC., pg. 859
PAULSONDANIELS, pg. 859
PAUSBACK ADVERTISING, pg. 859
PAVLOV, pg. 859
PAVONE, pg. 859
PAYNE, ROSS & ASSOCIATES ADVERTISING, INC., pg. 860
PB&J PROMOTIONS LLC, pg. 1280
PB&, pg. 860
PBN HILL + KNOWLTON STRATEGIES -see HILL+KNOWLTON STRATEGIES, pg. 1531
PBN HILL + KNOWLTON STRATEGIES, pg. 860
PCG ADVISORY GROUP, pg. 1606
PEAK COMMUNICATORS, pg. 1607
PEAK CREATIVE MEDIA, pg. 860
PEAK SEVEN ADVERTISING, pg. 860
PEAKBIETY, BRANDING + ADVERTISING, pg. 860
PEAR ADVERTISING, pg. 861
PEARL BRANDS, pg. 861

INDEX OF AGENCY NAMES

AGENCIES

PEARL MEDIA LLC, pg. 861
PEARL PR GROUP, pg. 1607
PEAVEY ELECTRONIC ADVERTISING, pg. 1225
PEDERSEN DESIGN LLC, pg. 861
THE PEDOWITZ GROUP, pg. 861
PEEBLES CREATIVE GROUP, pg. 861
THE PEKOE GROUP, pg. 861
PELOTON SPORTS INC., pg. 1607
PENINSULA AGENCY, pg. 861
PENMAN PR, INC., pg. 1607
PENNA POWERS, pg. 861
PENNEBAKER, pg. 862
PENTAGRAM DESIGN, INC., pg. 862
PENTAGRAM -see PENTAGRAM DESIGN, INC., pg. 862
PENVINE, pg. 862
PEOPLE IDEAS & CULTURE, pg. 862
PEOPLE MAKING GOOD, pg. 1607
PEOPLE WHO THINK, pg. 862
PEOPLESCOUT, pg. 862
PEPPER GANG, pg. 1280
THE PEPPER GROUP, pg. 862
PEPPERCOMM, pg. 1607
PEPPERCOMM -see PEPPERCOMM, pg. 1608
PEPPERSHOCK MEDIA PRODUCTIONS, LLC., pg. 862
PEPPERTREE MARKETING, pg. 862
PERCEPTURE, pg. 863
PEREIRA & O'DELL, pg. 863
PERENNIAL INC., pg. 863
PERFECT SEARCH MEDIA, pg. 1280
PERFORMANCE MARKETING, pg. 864
PERFORMICS -see PUBLICIS MEDIA, pg. 1365
PERFORMICS -see PUBLICIS MEDIA, pg. 1366
PERI MARKETING & PUBLIC RELATIONS, INC., pg. 1608
PERICH ADVERTISING + DESIGN, pg. 864
PERISCOPE, pg. 864
PERITUS PUBLIC RELATIONS, pg. 1608
PERKETT PR, INC., pg. 1608
PERQ LLC, pg. 865
PERRONE GROUP, pg. 865
PERRY COMMUNICATIONS GROUP, INC., pg. 865
PERRY DESIGN & ADVERTISING, pg. 865
THE PERRY GROUP, pg. 1608
PERRY PRODUCTIONS, pg. 865
PERRY STREET COMMUNICATIONS, pg. 1608
PERSUASION ARTS & SCIENCES, pg. 865
PERSUASION MARKETING & MEDIA, pg. 865
PERSUASIVE BRANDS, pg. 865
PERSUASIVE COMMUNICATIONS, pg. 865
PERWANAL SAATCHI & SAATCHI -see SAATCHI & SAATCHI, pg. 982
PETER HILL DESIGN, pg. 866
PETER MAYER ADVERTISING, INC., pg. 866
THE PETERMANN AGENCY, pg. 866
PETERSGROUP PUBLIC RELATIONS, pg. 866
PETERSON MILLA HOOKS, pg. 866
PETRIE CREATIVE, pg. 866
PETROL ADVERTISING, pg. 866
PETRYNA ADVERTISING, pg. 867
PETTUS ADVERTISING, INC., pg. 867
PG CREATIVE, pg. 867
PGN AGENCY, pg. 867
PGR MEDIA, LLC., pg. 867
PHASE 3 MARKETING & COMMUNICATIONS, pg. 867
PHASE FIVE COMMUNICATIONS -see GHG, pg. 418
PHD CANADA -see PHD MEDIA UK, pg. 1364
PHD CHICAGO -see PHD, pg. 1362
PHD CHINA -see PHD, pg. 1363
PHD LOS ANGELES -see PHD, pg. 1362
PHD MEDIA UK, pg. 1363
PHD NEW YORK -see PHD, pg. 1362
PHD NEW ZEALAND -see PHD, pg. 1363
PHD PHILIPPINES -see PHD, pg. 1363
PHD SINGAPORE -see PHD, pg. 1363
PHD THAILAND -see PHD, pg. 1363
PHD TORONTO -see PHD, pg. 1362
PHD, pg. 1361
PHELPS, pg. 867
PHENOMBLUE, pg. 868
PHENOMENON, pg. 868
PHIL & CO., pg. 868
PHILIP JOHNSON ASSOCIATES -see PJA, pg. 875
PHILIPS HEALTHCARE COMMUNICATIONS, INC., pg. 868
PHILOSOPHY COMMUNICATION, pg. 869
PHINNEY BISCHOFF, pg. 869
PHIRE GROUP, pg. 869
PHOENIX CREATIVE CO., pg. 1414

PHOENIX GROUP, pg. 869
PHOENIX MARKETING ASSOCIATES, pg. 869
PHOENIX MARKETING INTERNATIONAL, pg. 869
PHOENIX MEDIA GROUP INC., pg. 869
PHONEVALLEY -see PUBLICIS GROUPE S.A., pg. 898
PIA AGENCY, pg. 870
PICCIRILLI DORSEY, INC., pg. 870
PICO+, pg. 870
PICTURE MARKETING, INC., pg. 1414
PIEHEAD PRODUCTIONS LLC, pg. 870
PIER 8 GROUP, pg. 870
PIERCE COMMUNICATIONS, INC., pg. 870
PIERCE-COTE ADVERTISING, pg. 870
PIERCE CREATIVE, pg. 870
PIERCE MATTIE PUBLIC RELATIONS, pg. 1608
PIERCE PROMOTIONS, pg. 1414
PIERPONT COMMUNICATIONS, INC., pg. 1608
PIERRY INC., pg. 1280
PIERSON GRANT PUBLIC RELATIONS, pg. 870
PIL CREATIVE GROUP, INC, pg. 871
PILCHER CREATIVE AGENCY, pg. 871
PILGRIM, pg. 871
PILMERPR LLC, pg. 1609
PILOT COMMUNICATIONS GROUP LLC, pg. 1609
PILOT PMR, pg. 1414
PILOT, pg. 871
PINCKNEY HUGO GROUP, pg. 871
PINCKNEY MARKETING, INC., pg. 871
PINDOT MEDIA, pg. 871
PINEAPPLE PUBLIC RELATIONS, pg. 1609
PINEROCK, pg. 871
PINGER PR AT POWERS, pg. 1609
THE PINK COLLECTIVE, pg. 872
PINKSTON GROUP, pg. 1609
PINNACLE ADVERTISING & MARKETING GROUP, pg. 872
PINNACLE ADVERTISING, pg. 872
PINNACLE DIRECT, pg. 872
PINSTRIPE MARKETING, pg. 1609
PINTA USA LLC, pg. 872
PINTA, pg. 872
PIONEER STRATEGIES, pg. 1609
PIPELINE COMMUNICATIONS, pg. 1609
PIPELINE PUBLIC RELATIONS & MARKETING, pg. 1609
PIPER & GOLD PUBLIC RELATIONS, pg. 1609
PIPITONE GROUP, pg. 873
PIRATE GIRL PR, pg. 1609
PIROZZOLO COMPANY PUBLIC RELATIONS, pg. 1610
PISTON AGENCY, pg. 873
PITA COMMUNICATIONS LLC, pg. 873
PITBULL CREATIVE, pg. 873
THE PITCH AGENCY, pg. 873
PITCH PRESS, pg. 1610
PITCH PUBLIC RELATIONS, pg. 1610
PIVOT COMMUNICATION, pg. 873
PIVOT DESIGN INC, pg. 873
PIVOT MARKETING, pg. 874
PIVOT PR, pg. 1610
PIVOT+LEVY, pg. 874
PIXACORE, pg. 874
PIXEL LOGIC, INC., pg. 874
PIXEL MOTION, INC, pg. 1280
PIXELETTE STUDIOS, pg. 874
PIXELPARK AG -see PUBLICIS GROUPE S.A., pg. 899
PIXELS & DOTS LLC, pg. 874
PJA ADVERTISING + MARKETING -see PJA, pg. 874
PJA, pg. 874
PJURE ISOBAR -see ISOBAR US, pg. 550
PK NETWORK COMMUNICATIONS, pg. 875
PKP BBDO -see BBDO WORLDWIDE INC., pg. 103
PKPR, pg. 1610
PL COMMUNICATIONS, pg. 875
PLACE CREATIVE COMPANY, pg. 875
THE PLACEMAKING GROUP, pg. 875
PLACEMENT LABS, pg. 875
PLAID SWAN, pg. 875
PLAN A ADVERTISING, pg. 875
PI AN A PR & MARKETING, INC, pg. 1610
PLAN B (THE AGENCY ALTERNATIVE), pg. 876
PLAN C AGENCY, pg. 876
PLAN LEFT LLC, pg. 876
PLANA ZUBIZARRETA GROUP, pg. 1610
PLANET CENTRAL, pg. 876
PLANET MEDIA, LLC, pg. 876
PLANET PR, pg. 1610
PLANET PROPAGANDA, INC., pg. 876
PLANIT, pg. 877

PLANITRETAIL, LLC, pg. 1364
PLASTIC MOBILE, pg. 877
PLATFORM MEDIA GROUP, pg. 877
PLATINUM PR, pg. 1610
PLATYPUS ADVERTISING + DESIGN, pg. 877
PLAY ADVERTISING, pg. 877
PLAY COMMUNICATION -see GROUPM NORTH AMERICA & CORPORATE HQ, pg. 1324
PLAYWIRE MEDIA, pg. 877
PLEON IMPACT -see BBDO WORLDWIDE INC., pg. 104
PLETH, pg. 877
PLONTA CREATIVE, LLC, pg. 878
PLOWSHARE GROUP, INC., pg. 878
PLUME21, pg. 878
PLUS ULTRA ADVERTISING, pg. 878
PLUS, pg. 878
PLUSMEDIA, LLC, pg. 878
PM PUBLICIDAD, pg. 878
PMA INC., pg. 878
PMBC GROUP, pg. 1610
PMG WORLDWIDE, LLC, pg. 878
PMK*BNC -see THE INTERPUBLIC GROUP OF COMPANIES, INC., pg. 543
PMS ADVERTISING, INC., pg. 879
PMX AGENCY, pg. 879
PNEUMA33, pg. 879
POCKET HERCULES, pg. 879
THE POD ADVERTISING, pg. 879
THE PODESTA GROUP, pg. 879
POGGENPOHL U.S., INC., pg. 1225
POHJOISRANTA - HELSINKI -see BCW (BURSON COHN & WOLFE), pg. 1444
POINT A MEDIA INC., pg. 879
POINT B COMMUNICATIONS, pg. 880
POINT B, pg. 880
THE POINT GROUP, pg. 880
POINT TAKEN COMMUNICATIONS, pg. 1611
POINT TO POINT INC., pg. 880
POINTER ADVERTISING LLC, pg. 880
POKE -see PUBLICIS GROUPE S.A., pg. 902
POLARIS FINANCIAL TECHNOLOGY LIMITED, pg. 881
POLARIS PUBLIC RELATIONS, INC., pg. 881
POLARIS RECRUITMENT COMMUNICATIONS, pg. 881
POLARIS SOFTWARE LAB INDIA LIMITED -see POLARIS FINANCIAL TECHNOLOGY LIMITED, pg. 881
POLISHED PIG MEDIA, pg. 1611
POLK & COMPANY, pg. 1611
THE POLLACK PR MARKETING GROUP, pg. 1611
POLLER & JORDAN ADVERTISING AGENCY, INC., pg. 881
POLLINATE, pg. 881
POLLOCK COMMUNICATIONS, pg. 1612
POLSKA MCCANN ERICKSON -see MCCANN, pg. 708
POLSKIN ARTS & COMMUNICATIONS COUNSELORS - see RUDER FINN INC., pg. 1637
POLYCREATIVE, pg. 881
POMEGRANATE, INC, pg. 881
THE POMERANTZ AGENCY LLC, pg. 882
PONCE BUENOS AIRES -see THE INTERPUBLIC GROUP OF COMPANIES, INC., pg. 543
PONDELWILKINSON INC., pg. 882
PONDER IDEAWORKS, pg. 882
THE PONTES GROUP, pg. 1612
POOLE COMMUNICATIONS, pg. 882
POOLHOUSE, pg. 882
POP-DOT MARKETING, pg. 882
POP LABS, INC, pg. 883
POP, pg. 882
POPULAR PRESS MEDIA GROUP, pg. 1612
PORCARO COMMUNICATIONS, pg. 883
PORCH LIGHT PUBLIC RELATIONS, pg. 1612
PORETTA & ORR, INC., pg. 883
PORTAL A LIMITED, pg. 1280
PORTAVOCE PR, pg. 1612
PORTE ADVERTISING, INC., pg. 883
PORTER LEVAY & ROSE, INC., pg. 1612
PORTER NOVELLI-AUSTIN -see PORTER NOVELLI, pg. 1613
PORTER NOVELLI AUSTRALIA-MELBOURNE -see PORTER NOVELLI, pg. 1616
PORTER NOVELLI-BAY AREA-SAN FRANCISCO -see PORTER NOVELLI, pg. 1613
PORTER NOVELLI-BEIJING -see PORTER NOVELLI, pg. 1616
PORTER NOVELLI-BOSTON -see PORTER NOVELLI, pg. 1613
PORTER NOVELLI-CHICAGO -see PORTER NOVELLI, pg. 1613

AGENCIES — INDEX OF AGENCY NAMES

PORTER NOVELLI-FT. LAUDERDALE -see PORTER NOVELLI, pg. 1613
PORTER NOVELLI-IRVINE -see PORTER NOVELLI, pg. 1613
PORTER NOVELLI-LONDON -see PORTER NOVELLI, pg. 1615
PORTER NOVELLI-LOS ANGELES -see PORTER NOVELLI, pg. 1613
PORTER NOVELLI NEW ZEALAND-AUCKLAND -see PORTER NOVELLI, pg. 1616
PORTER NOVELLI-PARIS -see PORTER NOVELLI, pg. 1615
PORTER NOVELLI PUBLIC SERVICES -see PORTER NOVELLI, pg. 1613
PORTER NOVELLI-SAN DIEGO -see PORTER NOVELLI, pg. 1614
PORTER NOVELLI-SEATTLE -see PORTER NOVELLI, pg. 1614
PORTER NOVELLI SYDNEY -see PORTER NOVELLI, pg. 1616
PORTER NOVELLI-TORONTO -see PORTER NOVELLI, pg. 1614
PORTER NOVELLI, pg. 1612
PORTER NOVELLI -see PORTER NOVELLI, pg. 1614
PORTER NOVELLI -see PORTER NOVELLI, pg. 1615
PORTER NOVELLI -see PORTER NOVELLI, pg. 1616
PORTLAND PR LTD, pg. 1616
PORTLAND -see DIVERSIFIED AGENCY SERVICES, pg. 306
PORTSIDE ADVERTISING, pg. 883
POSNER MILLER ADVERTISING, pg. 883
POSSIBLE CINCINNATI -see POSSIBLE NEW YORK, pg. 1280
POSSIBLE LONDON -see POSSIBLE NEW YORK, pg. 1281
POSSIBLE LOS ANGELES -see POSSIBLE NEW YORK, pg. 1281
POSSIBLE NEW YORK, pg. 1280
POSSIBLE SINGAPORE -see POSSIBLE NEW YORK, pg. 1281
POSSIBLE -see WPP PLC, pg. 1181
POSSIBLE -see WUNDERMAN, pg. 1189
POSSIBLE -see POSSIBLE NEW YORK, pg. 1281
POSTERSCOPE, pg. 884
POTRATZ PARTNERS ADVERTISING INC., pg. 884
POTTS MARKETING GROUP LLC, pg. 884
POUTRAY PEKAR ASSOCIATES, pg. 884
POWELL CREATIVE, pg. 884
THE POWELL GROUP, pg. 1617
POWELL TATE-WEBER SHANDWICK -see WEBER SHANDWICK, pg. 1674
POWER CREATIVE, pg. 884
THE POWER GROUP, pg. 884
POWER MEDIA INC., pg. 1364
POWER PR, pg. 1617
POWERHOUSE FACTORIES, pg. 885
POWERHOUSE PR, pg. 1617
POWERPACT, LLC, pg. 885
POWERS AGENCY, pg. 885
POWERS BRAND COMMUNICATIONS LLC, pg. 1617
POZA CONSULTING SERVICES, pg. 885
PP+K, pg. 885
PPR WORLDWIDE, pg. 1617
PR 20/20, pg. 886
THE PR BOUTIQUE, pg. 1617
PR-BS, pg. 886
PR CAFFEINE, pg. 886
PR/DNA, pg. 1617
PR MAGIC, pg. 886
PR ON CALL, pg. 1617
PR REVOLUTION LLC, pg. 1617
PRA PUBLIC RELATIONS, pg. 1617
THE PRACTICE PORTER NOVELLI -see PORTER NOVELLI, pg. 1616
PRAGER CREATIVE, pg. 886
PRAIRIE DOG/TCG, pg. 886
PRAXIS COMMUNICATIONS, INC., pg. 886
PRAYTELL, pg. 1618
PRCG/HAGGERTY LLC, pg. 1618
PREACHER, pg. 886
PRECEPT MEDICAL COMMUNICATIONS -see SUDLER & HENNESSEY WORLDWIDE HEADQUARTERS, pg. 1058
PRECISE COMMUNICATIONS, pg. 1618
PRECISION ADVERTISING, pg. 887
PRECISIONEFFECT, pg. 887
PREDIQ MEDIA, pg. 887
PREFERRED PUBLIC RELATIONS & MARKETING, pg. 1618
PREJEAN CREATIVE, INC., pg. 887
PREMIER AGENCY, pg. 1618
PREMIUM RETAIL SERVICES, pg. 887
PREMIUM RETAIL SERVICES -see PREMIUM RETAIL SERVICES, pg. 888
PRESCOTT PUBLIC RELATIONS, pg. 1618
PRESIDIO STUDIOS, pg. 888
PRESTON KELLY, pg. 888
THE PRICE GROUP, INC., pg. 888
PRICEWEBER MARKETING COMMUNICATIONS, INC., pg. 889
PRICHARD COMMUNICATIONS, pg. 1618
PRIM COMMUNICATIONS, pg. 1619
PRIMACY, pg. 889
PRIMARY DESIGN INC, pg. 889
PRIME ADVERTISING, pg. 889
PRIME L.A., pg. 889
PRIME POLICY GROUP -see BCW (BURSON COHN & WOLFE), pg. 1442
PRIME PUBLIC RELATIONS -see WEBER SHANDWICK, pg. 1678
THE PRIME TIME AGENCY, pg. 889
PRIMEDIA, INC., pg. 890
PRIMEDIA INC., pg. 1364
THE PRIMM COMPANY, pg. 890
PRINCETON MARKETECH, pg. 890
PRINCETON PARTNERS, INC., pg. 890
PRINCETON PUBLIC AFFAIRS GROUP, INC. -see WINNING STRATEGIES PUBLIC RELATIONS, pg. 1684
PRIORITY PUBLIC RELATIONS, pg. 1619
PRISM DIGITAL MEDIA, pg. 890
PRISMA PUBLIC RELATIONS -see BRODEUR PARTNERS, pg. 1458
PRISMATIC, pg. 890
PRISTOP GROUP D.O.O. -see WEBER SHANDWICK, pg. 1678
PRO COMMUNICATIONS, pg. 1619
PRO MOTION, INC., pg. 1414
PROCEED INNOVATIVE, LLC., pg. 1281
PROCLAIM INTERACTIVE, pg. 1282
PRODIGAL MEDIA COMPANY, pg. 890
PRODIGIOUS -see PUBLICIS GROUPE S.A., pg. 902
PRODUCE RESULTS, LLC, pg. 891
PRODUCT MARKETING GROUP, INC., pg. 891
PRODUCTIVITY PR INC., pg. 1619
THE PROFESSIONAL IMAGE INCORPORATED, pg. 1619
PROFESSIONAL MEDIA MANAGEMENT, pg. 1364
PROFILES, INC., pg. 891
PROGRESSIVE MARKETING DYNAMICS, LLC, pg. 891
PROJECT 2050, pg. 892
PROJECT X, pg. 892
PROJECT6 DESIGN, INC., pg. 892
PROJECT, pg. 891
THE PROJECTS, pg. 892
PROLAM Y&R S.A. -see YOUNG & RUBICAM, pg. 1206
PROLIFIC INTERACTIVE, pg. 1282
PROM KROG ALTSTIEL INC., pg. 892
PROMARK DIRECT INC., pg. 1414
PROMEDIA GROUP, pg. 893
PROMERICA HEALTH -see TIDESMART GLOBAL, pg. 1103
PROMO PARTNERS INC., pg. 1414
PROMOGROUP, pg. 1415
PROMOSEVEN-MOROCCO -see MCCANN, pg. 707
THE PROMOTION FACTORY, pg. 893
PROOF ADVERTISING, pg. 893
PROOF EXPERIENCES, pg. 893
PROOF STRATEGIES INC., pg. 1619
PROPAC, pg. 893
PROPAGANDA AMERICAS -see PROPAGANDA GLOBAL ENTERTAINMENT MARKETING, pg. 894
PROPAGANDA GLOBAL ENTERTAINMENT MARKETING, pg. 893
PROPANE STUDIO, pg. 894
PROPELLER, pg. 894
PROPERVILLAINS, pg. 894
PROPHET, pg. 894
PROPHETA COMMUNICATIONS, pg. 1619
PROPHIT MARKETING, pg. 894
PROSEK PARTNERS, pg. 1619
PROSIO COMMUNICATIONS, pg. 1620
PROSPECT MEDIA GROUP LTD., pg. 1415
PROSPER FOR PURPOSE, pg. 1620
PROSPER STRATEGIES, pg. 1620
PROTAGONIST LLC, pg. 894
PROTERRA ADVERTISING, pg. 894
PROTOBRAND, pg. 895
PROTOTYPE ADVERTISING, INC, pg. 895
PROVE AGENCY, pg. 895
PROVEN MEDIA, pg. 1620
PROVERB, pg. 895
PROVID BBDO -see BBDO WORLDWIDE INC., pg. 109
PROVIDENCE MARKETING GROUP, pg. 895
PROVIDENCE STRATEGIC CONSULTING, INC., pg. 1620
PROVING GROUND MEDIA, INC., pg. 1365
PROVOCATEUR MEDIA, pg. 1620
PROXIMITY BBDO -see BBDO WORLDWIDE INC., pg. 103
PROXIMITY CHICAGO, pg. 895
PROXIMITY WORLDWIDE & LONDON -see BBDO WORLDWIDE INC., pg. 111
PROXIMO MARKETING STRATEGIES, pg. 895
PROXY SPONSORSHIPS, pg. 1415
PRR INC, pg. 895
PRX DIGITAL SILICON VALLEY, pg. 1620
PS, pg. 896
PSYNCHRONOUS COMMUNICATIONS, INC., pg. 896
PSYOP, INC., pg. 896
PSYOP, pg. 896
PUBLIC COMMUNICATIONS, INC., pg. 896
THE PUBLIC RELATIONS & MARKETING GROUP, pg. 896
PUBLIC WORKS, pg. 896
PUBLICCITY PR, pg. 1621
PUBLICHAUS, pg. 1621
PUBLICIDAD COMERCIAL -see THE INTERPUBLIC GROUP OF COMPANIES, INC., pg. 543
PUBLICIS 67 -see PUBLICIS GROUPE S.A., pg. 907
PUBLICIS ACTIV ANNECY -see PUBLICIS GROUPE S.A., pg. 898
PUBLICIS ACTIV STRASBOURG -see PUBLICIS GROUPE S.A., pg. 898
PUBLICIS AMBIENCE MUMBAI -see PUBLICIS GROUPE S.A., pg. 909
PUBLICIS ARREDONDO DE HARO -see PUBLICIS GROUPE S.A., pg. 907
PUBLICIS ASIA/PACIFIC PTE. LTD. -see PUBLICIS GROUPE S.A., pg. 907
PUBLICIS AUSTRALIA -see PUBLICIS GROUPE S.A., pg. 907
PUBLICIS AUSTRALIA -see PUBLICIS GROUPE S.A., pg. 908
PUBLICIS BEEHIVE -see PUBLICIS GROUPE S.A., pg. 909
PUBLICIS (BEIJING) -see PUBLICIS GROUPE S.A., pg. 908
PUBLICIS BRAND/DESIGN -see PUBLICIS GROUPE S.A., pg. 904
PUBLICIS BRASIL COMMUNICAO -see PUBLICIS GROUPE S.A., pg. 906
PUBLICIS CARIBBEAN -see PUBLICIS GROUPE S.A., pg. 907
PUBLICIS-CB -see PUBLICIS GROUPE S.A., pg. 906
PUBLICIS CHILE SA -see PUBLICIS GROUPE S.A., pg. 906
PUBLICIS COMMUNICATIONS -see PUBLICIS GROUPE S.A., pg. 898
PUBLICIS CONSEIL -see PUBLICIS GROUPE S.A., pg. 898
PUBLICIS DIALOG & INTERACTIVE-MONTREAL -see PUBLICIS GROUPE S.A., pg. 904
PUBLICIS DIALOG BOISE -see PUBLICIS GROUPE S.A., pg. 905
PUBLICIS DIALOG BOISE -see PUBLICIS USA, pg. 913
PUBLICIS DIALOG ZURICH -see PUBLICIS GROUPE S.A., pg. 901
PUBLICIS DIALOG -see PUBLICIS GROUPE S.A., pg. 904
PUBLICIS D.O.O. -see PUBLICIS GROUPE S.A., pg. 897
PUBLICIS ET NOUS -see PUBLICIS GROUPE S.A., pg. 899
PUBLICIS EXPERIENCES, pg. 896
PUBLICIS GRAFFITI -see PUBLICIS GROUPE S.A., pg. 906
PUBLICIS GROUPE S.A., pg. 897
PUBLICIS GUANGZHOU -see PUBLICIS GROUPE S.A., pg. 908
PUBLICIS HAWKEYE, pg. 1282
PUBLICIS HEALTHCARE COMMUNICATIONS GROUP, pg. 911
PUBLICIS HELLAS -see PUBLICIS GROUPE S.A., pg. 899
PUBLICIS HONG KONG -see PUBLICIS GROUPE S.A.,

INDEX OF AGENCY NAMES

PUBLICIS IMPETU -see PUBLICIS GROUPE S.A., pg. 907
PUBLICIS INDIA COMMUNICATIONS PVT. LTD. -see PUBLICIS GROUPE S.A., pg. 909
PUBLICIS INDIA COMMUNICATIONS PVT. LTD. -see PUBLICIS GROUPE S.A., pg. 910
PUBLICIS INDIANAPOLIS -see PUBLICIS GROUPE S.A., pg. 905
PUBLICIS INDIANAPOLIS -see PUBLICIS USA, pg. 913
PUBLICIS INDONESIA -see PUBLICIS GROUPE S.A., pg. 910
PUBLICIS ITALIA -see PUBLICIS GROUPE S.A., pg. 899
PUBLICIS JIMENEZBASIC -see PUBLICIS GROUPE S.A., pg. 910
PUBLICIS JOHANNESBURG PTY. LTD. -see PUBLICIS GROUPE S.A., pg. 903
PUBLICIS LIFE BRANDS -see PUBLICIS HEALTHCARE COMMUNICATIONS GROUP, pg. 911
PUBLICIS (MALAYSIA) SDN. BHD. -see PUBLICIS GROUPE S.A., pg. 910
PUBLICIS MANILA -see PUBLICIS GROUPE S.A., pg. 910
PUBLICIS MARC -see PUBLICIS GROUPE S.A., pg. 897
PUBLICIS MEDIA, pg. 1365
PUBLICIS MONTREAL -see PUBLICIS GROUPE S.A., pg. 904
PUBLICIS NETWORKS -see PUBLICIS GROUPE S.A., pg. 900
PUBLICIS NETWORKS -see PUBLICIS GROUPE S.A., pg. 904
PUBLICIS NEW YORK, pg. 912
PUBLICIS PANAMA -see PUBLICIS GROUPE S.A., pg. 907
PUBLICIS PDI -see PUBLICIS HEALTHCARE COMMUNICATIONS GROUP, pg. 911
PUBLICIS PIXELPARK -see PUBLICIS GROUPE S.A., pg. 899
PUBLICIS PUBLICIDADE LDA. -see PUBLICIS GROUPE S.A., pg. 901
PUBLICIS SEATTLE -see PUBLICIS GROUPE S.A., pg. 905
PUBLICIS SEATTLE -see PUBLICIS USA, pg. 913
PUBLICIS SHANGHAI -see PUBLICIS GROUPE S.A., pg. 908
PUBLICIS SINGAPORE -see PUBLICIS GROUPE S.A., pg. 911
PUBLICIS S.R.L. -see PUBLICIS GROUPE S.A., pg. 900
PUBLICIS (THAILAND) LTD. -see PUBLICIS GROUPE S.A., pg. 911
PUBLICIS TORONTO -see PUBLICIS GROUPE S.A., pg. 904
PUBLICIS TOUCHPOINT SOLUTIONS -see PUBLICIS HEALTHCARE COMMUNICATIONS GROUP, pg. 912
PUBLICIS UK -see PUBLICIS GROUPE S.A., pg. 902
PUBLICIS USA, pg. 912
PUBLICIS -see PUBLICIS GROUPE S.A., pg. 897
PUBLICIS -see PUBLICIS GROUPE S.A., pg. 898
PUBLICIS -see PUBLICIS GROUPE S.A., pg. 900
PUBLICIS -see PUBLICIS GROUPE S.A., pg. 901
PUBLICIS -see ARC WORLDWIDE, pg. 1397
PUBLICIS.SAPIENT, pg. 913
PUBLICIS.SAPIENT -see PUBLICIS.SAPIENT, pg. 915
THE PUBLICITY AGENCY, pg. 1621
PUBLICITY MATTERS, pg. 1621
PUBLICITY MATTERS, pg. 915
PUBLICOM/HILL + KNOWLTON STRATEGIES -see HILL+KNOWLTON STRATEGIES, pg. 1533
PUBLISHERS ADVERTISING ASSOCIATES, pg. 1225
PUDER PUBLIC RELATIONS LLC, pg. 1621
PUGNACIOUS PR, pg. 1621
PULSAR ADVERTISING, INC., pg. 915
PULSAR ADVERTISING, INC. -see PULSAR ADVERTISING, INC., pg. 916
PULSE CREATIVE LONDON, pg. 916
PULSE MARKETING & ADVERTISING LLC, pg. 916
PULSECX, pg. 916
PULSEPOINT, pg. 916
PUMPED INC, pg. 916
PUNTO OGILVY -see OGILVY, pg. 821
PURDIE ROGERS, INC., pg. 916
PURDUE MARION & ASSOCIATES, pg. 1621
PURE BRAND COMMUNICATIONS, LLC, pg. 916
PURE BRAND COMMUNICATIONS -see PURE BRAND COMMUNICATIONS, LLC, pg. 917
PURE COMMUNICATIONS, INC., pg. 1621
PURE COMMUNICATIONS, pg. 917
PURE GROWTH, pg. 917
PURE MATTER, pg. 917
PURE MOXIE, pg. 917

PURE STRATEGIC INC., pg. 1282
PUREI, pg. 917
PUREMOXIE, pg. 917
PURERED/FERRARA, pg. 917
PURERED/FERRARA -see PURERED/FERRARA, pg. 918
PURERED -see PURERED/FERRARA, pg. 918
PUROHIT NAVIGATION, pg. 918
PURPLE DIAMOND, pg. 918
PURPLE DOOR COMMUNICATIONS, pg. 918
PURPLE GROUP, pg. 918
PURPLE ORANGE LLC, pg. 1621
PURPLE PR, pg. 1621
PURPLE, ROCK, SCISSORS, pg. 1282
PURPOSE ADVERTISING, pg. 918
PUSH CRANK PRESS, pg. 919
PUSH DIGITAL, pg. 1283
PUSH10, INC., pg. 919
PUSH22, pg. 919
PUSH, pg. 918
PUSHFIRE INC, pg. 1283
PUSHKIN PUBLIC RELATIONS, LLC, pg. 1621
PUSHTWENTYTWO, pg. 919
PWB MARKETING COMMUNICATIONS, pg. 919
PWC DIGITAL SERVICES, pg. 1283
PYPER YOUNG, pg. 919
PYRO BRAND DEVELOPMENT, pg. 919
PYTCHBLACK, pg. 919
PYXL, INC., pg. 919
PYXL -see PYXL, INC., pg. 920

Q

Q LTD., pg. 920
Q STRATEGIES, pg. 920
Q1MEDIA, INC., pg. 1415
Q4LAUNCH, pg. 920
QD SOLUTIONS, INC., pg. 920
QOOQOO, pg. 920
QORVIS MSLGROUP, pg. 1621
QUADRANT TWO PUBLIC RELATIONS, pg. 1622
QUAINTISE, LLC, pg. 920
QUAKER CITY MERCANTILE, pg. 920
QUALICONTACT -see TBWA/WORLDWIDE, pg. 1081
QUALLSBENSON LLC, pg. 921
QUALLY & COMPANY, INC., pg. 921
QUANGO, pg. 921
QUANTASY, INC., pg. 921
QUANTUM COMMUNICATIONS, pg. 921
QUARRY INTEGRATED COMMUNICATIONS USA -see QUARRY INTEGRATED COMMUNICATIONS, pg. 921
QUARRY INTEGRATED COMMUNICATIONS, pg. 921
QUATTRO DIRECT LLC, pg. 921
THE QUELL GROUP, pg. 922
QUENCH, pg. 922
QUENZEL & ASSOCIATES, pg. 922
QUEST GROUP, pg. 922
QUESTUS, pg. 922
QUEUE CREATIVE MARKETING GROUP LLC, pg. 923
QUEUE CREATIVE, pg. 922
QUICKLIGHT MEDIA, pg. 923
QUIET LIGHT COMMUNICATIONS, pg. 923
QUIGLEY-SIMPSON, pg. 923
QUILLIN ADVERTISING, pg. 923
QUINLAN & COMPANY, pg. 923
QUINLAN MARKETING COMMUNICATIONS, pg. 924
QUINN & CO., pg. 1622
QUINN & HARY MARKETING, pg. 924
QUINN/BREIN COMMUNICATIONS, pg. 1622
QUINN FABLE ADVERTISING, pg. 924
QUINN GILLESPIE & ASSOCIATES LLC, pg. 1622
QUINN GROUP, pg. 924
QUINN -see QUINN & CO., pg. 1622
QUINTESSENTIAL PR, pg. 924
QUISENBERRY, pg. 924
QUIXOTE RESEARCH, MARKETING & PUBLIC RELATIONS, pg. 1622
QUORUM NAZCA SAATCHI & SAATCHI -see SAATCHI & SAATCHI, pg. 982

R

R&J STRATEGIC COMMUNICATIONS, pg. 1622
R&R PARTNERS, pg. 924
R&R PARTNERS -see R&R PARTNERS, pg. 925
R/GA LONDON -see R/GA, pg. 926
R/GA LOS ANGELES -see R/GA, pg. 926
R/GA SAN FRANCISCO -see R/GA, pg. 926

R/GA SAO PAULO -see R/GA, pg. 926
R/GA, pg. 925
R/GA -see R/GA, pg. 926
R/GA -see R/GA, pg. 927
R/P MARKETING PUBLIC RELATIONS, pg. 1623
R/WEST, pg. 927
R+M, pg. 927
R2C GROUP, pg. 927
R2C GROUP -see R2C GROUP, pg. 928
R2INTEGRATED, pg. 928
R.A. DINKEL & ASSOCIATES, INC., pg. 1415
RABINOVICI & ASSOCIATES, pg. 928
RACEPOINT GLOBAL, pg. 1623
RACEPOINT GLOBAL -see RACEPOINT GLOBAL, pg. 1624
RACHEL KAY PUBLIC RELATIONS, pg. 1624
RADAR STUDIOS, pg. 928
RADIAL, pg. 1283
THE RADIO AGENCY, pg. 928
RADIO LOUNGE - RADIO ADVERTISING AGENCY, pg. 928
RADIOVISION LP, pg. 928
RADIUS ADVERTISING, pg. 929
RADIUS LEO BURNETT -see LEO BURNETT WORLDWIDE, INC., pg. 627
RADIX COLLECTIVE, pg. 1624
RADONICRODGERS COMMUNICATIONS INC., pg. 929
RAFFETTO HERMAN STRATEGIC COMMUNICATIONS LLC, pg. 1624
RAFFETTO HERMAN -see RAFFETTO HERMAN STRATEGIC COMMUNICATIONS LLC, pg. 1624
RAGAN CREATIVE STRATEGY & DESIGN, pg. 929
RAGE AGENCY, pg. 1283
RAIN43, pg. 929
RAIN, pg. 1283
RAINIER COMMUNICATIONS, pg. 1624
RAINMAKER ADVERTISING, pg. 929
RAINMAKER COMMUNICATIONS, pg. 929
RAINS BIRCHARD MARKETING, pg. 929
RAKA, pg. 930
RALLY, pg. 930
RALSTON & ANTHONY ADVERTISING, pg. 930
RAM COMMUNICATIONS, pg. 1624
THE RAMEY AGENCY LLC, pg. 930
RAMSEY MEDIAWORKS LLC, pg. 930
RANCH7 CREATIVE, LLC, pg. 930
RAND ADVERTISING, pg. 930
THE RANDALL BRANDING, pg. 930
RANDALL PR, LLC, pg. 1625
RANDLE COMMUNICATIONS, pg. 1625
THE RANKIN GROUP, LTD., pg. 931
RAPP AMSTERDAM -see RAPP, pg. 933
RAPP ARGENTINA -see RAPP, pg. 932
RAPP BRAZIL -see RAPP, pg. 932
RAPP CDS EMEA LIMITED -see RAPP, pg. 932
RAPP DALLAS -see RAPP, pg. 931
RAPP LONDON -see RAPP, pg. 932
RAPP LOS ANGELES -see RAPP, pg. 931
RAPP MALAYSIA -see RAPP, pg. 932
RAPP MELBOURNE -see RAPP, pg. 933
RAPP PARIS -see RAPP, pg. 933
RAPP STRATEGIES, pg. 1625
RAPP TOKYO -see RAPP, pg. 933
RAPP UK -see RAPP, pg. 932
RAPP, pg. 931
RAPPDIGITAL BRAZIL -see RAPP, pg. 932
RAPPORT WORLDWIDE, pg. 1366
RASKY PARTNERS, INC., pg. 1625
RASKY PARTNERS INC -see RASKY PARTNERS, INC., pg. 1625
RATIONAL 360, INC., pg. 1625
RATIONAL INTERACTION, pg. 1283
RATTLE ADVERTISING, pg. 933
RAUMTECHNICK -see PROJECT, pg. 892
RAUXA, pg. 933
RAVE COMMUNICATIONS INC, pg. 1625
RAWLE MURDY ASSOCIATES, INC., pg. 934
RAZ PUBLIC RELATIONS, pg. 1625
RAZORFISH HEALTH -see SAPIENTRAZORFISH NEW YORK, pg. 1287
RAZR, pg. 934
RB OPPENHEIM ASSOCIATES + DIGITAL OPPS, pg. 934
RBB COMMUNICATIONS, pg. 1625
RBMM, pg. 934
R.C. AULETTA & CO., pg. 1626
RCG PRODUCTIONS, pg. 1225
RCI, pg. 934

AGENCIES

INDEX OF AGENCY NAMES

RCP MARKETING, pg. 934
RCW MEDIA GROUP, pg. 1626
RDA INTERNATIONAL, pg. 935
RDG ADVERTISING, pg. 935
RDW GROUP INC., pg. 935
RDW GROUP, INC. -see RDW GROUP INC., pg. 935
REA MEDIA GROUP, pg. 935
REACH ABOVE MEDIA, pg. 935
REACH AGENCY, pg. 935
READE COMMUNICATIONS GROUP, pg. 1626
READE WEST -see READE COMMUNICATIONS GROUP, pg. 1626
READY SET ROCKET, pg. 936
READY STATE LLC, pg. 936
READY366, pg. 936
REAL FRESH CREATIVE, pg. 936
REAL INTEGRATED, pg. 936
REAL PIE MEDIA, pg. 936
REALITY2 LLC, pg. 936
REALM ADVERTISING, pg. 937
REALTIME MARKETING GROUP, pg. 937
REALTIME MEDIA, INC., pg. 937
REALWORLD MARKETING, pg. 937
REARVIEW, pg. 937
REASON PARTNERS, INC., pg. 937
REASON2B, pg. 1284
REBEL INDUSTRIES, pg. 937
REBRANDERY, pg. 938
REBUILD GROUP, pg. 938
RECESS CREATIVE LLC, pg. 938
RECIPROCAL RESULTS, pg. 1367
RECOGNITION PUBLIC RELATIONS -see BRODEUR PARTNERS, pg. 1458
RECRUITMENT AD PLACEMENT LLC, pg. 1367
RECRUITSAVVY, pg. 938
RED ANTLER, pg. 938
RED APPLES MEDIA, pg. 938
RED BANYAN GROUP, pg. 1626
RED BROWN KLE, pg. 938
RED CELL -see COLE & WEBER UNITED, pg. 218
RED CELL -see WPP PLC, pg. 1181
RED CIRCLE AGENCY, pg. 938
RED CLAY INTERACTIVE, pg. 1284
RED COMMA MEDIA, INC., pg. 1367
RED CROW MARKETING INC., pg. 939
RED DOOR INTERACTIVE, INC., pg. 939
RED DOT DESIGN, LLC, pg. 939
RED ENERGY PUBLIC RELATIONS, pg. 1627
RED FAN COMMUNICATIONS, pg. 1627
RED FUSE COMMUNICATIONS, INC., pg. 939
RED HOT JOE, pg. 939
RED HOUSE ATLANTA LLC, pg. 939
RED HOUSE COMMUNICATIONS, pg. 1627
RED HOUSE MEDIA LLC, pg. 939
RED ID AGENCY, pg. 940
RED INTERACTIVE AGENCY, pg. 1284
RED JAVELIN COMMUNICATIONS INC, pg. 1627
RED LIGHT PR, pg. 1627
RED LION, pg. 940
RED MARKETING COMMUNICATIONS, pg. 940
RED MOON MARKETING, pg. 940
RED OLIVE, pg. 1284
THE RED PEAK GROUP, pg. 940
RED PEG MARKETING, pg. 940
RED PEPPER, INC., pg. 940
RED PEPPER, INC -see RED PEPPER, INC., pg. 941
RED PR, pg. 1627
RED RACER ADVERTISING, pg. 941
RED ROCK STRATEGIES, pg. 941
RED ROCKET MEDIA GROUP, pg. 941
RED ROCKET STUDIOS, pg. 941
RED ROOK ROYAL, pg. 941
RED SHOES PR, pg. 1627
RED SIX MEDIA, pg. 941
RED SKY PUBLIC RELATIONS, pg. 1627
RED SPOT INTERACTIVE, pg. 941
RED SQUARE GAMING, pg. 941
RED TETTEMER O'CONNELL & PARTNERS, pg. 941
RED THE AGENCY, pg. 942
RED URBAN, pg. 942
RED212, pg. 942
RED7 AGENCY, pg. 942
RED7E, pg. 942
REDBEAN SOCIETY, pg. 943
REDBEARD, pg. 943
REDBIRD COMMUNICATIONS, pg. 943
REDCHIP COMPANIES, INC., pg. 1627
REDDING COMMUNICATIONS LLC, pg. 943

REDFONT MARKETING GROUP, pg. 943
REDHEAD MARKETING & PR, pg. 943
REDHYPE, pg. 943
REDIFFUSION WUNDERMAN -see WUNDERMAN, pg. 1191
REDIFFUSION Y&R PVT. LTD. -see YOUNG & RUBICAM, pg. 1200
REDIFFUSION Y&R PVT. LTD. -see YOUNG & RUBICAM, pg. 1201
REDINGTON INC., pg. 943
REDMOND DESIGN, pg. 943
REDPOINT MARKETING PUBLIC RELATIONS INC., pg. 1628
REDROC AUSTIN, pg. 943
REDROCKET CONNECT LLC, pg. 944
REDSCOUT LLC, pg. 944
REDSHIFT, pg. 1284
REDSTONE COMMUNICATIONS INC., pg. 944
REED & ASSOCIATES MARKETING, pg. 944
REED PUBLIC RELATIONS, pg. 1628
REED SENDECKE KREBSBACH, pg. 944
REEVES LAVERDURE PUBLIC RELATIONS, pg. 1628
THE REFINERY, pg. 944
REFLECTIVE DIGITAL SOLUTIONS, pg. 944
RE:FUEL, pg. 944
RE:FUEL -see RE:FUEL, pg. 945
REGAN COMMUNICATIONS GROUP, pg. 1628
THE REGAN GROUP, pg. 945
RE:GROUP, INC., pg. 945
REIDY COMMUNICATIONS, pg. 1628
REILLY CONNECT, pg. 1628
REINGOLD, INC., pg. 1629
THE REIS GROUP, INC., pg. 1629
RELEVANCE INTERNATIONAL, pg. 1629
RELEVANT 24, pg. 945
RELEVANT COMMUNICATIONS LLC, pg. 1629
RELEVANT PUBLIC RELATIONS, LLC, pg. 1629
RELEVENT PARTNERS LLC, pg. 945
RELIC ADVERTISING, pg. 945
RELISH INTERACTIVE, pg. 1284
REMEDY COMMUNICATIONS, pg. 1629
REMEDY, pg. 946
REMER INC. CREATIVE MARKETING, pg. 946
REMERINC, pg. 946
REMEZCLA LLC, pg. 946
REMIXED, pg. 946
RENEGADE COMMUNICATIONS, pg. 946
RENEGADE, LLC, pg. 946
RENMARK FINANCIAL COMMUNICATIONS, INC., pg. 946
REP INTERACTIVE, pg. 1284
REPLACEMENTS, LTD., pg. 1225
REPORT PORTER NOVELLI -see PORTER NOVELLI, pg. 1616
REPRISE MEDIA AUSTRALIA -see IPG MEDIABRANDS, pg. 547
REPRISE MEDIA -see IPG MEDIABRANDS, pg. 547
REPUBLICA HAVAS, pg. 947
REPUBLIK PUBLICITE + DESIGN INC., pg. 947
THE REPUBLIK, pg. 947
REPUTATION INK, pg. 948
REPUTATION LIGHTHOUSE, pg. 1629
REPUTATION PARTNERS LLC, pg. 948
REPUTATION -see PUBLICIS GROUPE S.A., pg. 898
REQ, pg. 948
RES PUBLICA GROUP, pg. 1629
RESEARCH DEVELOPMENT & PROMOTIONS, pg. 948
RESERVOIR, pg. 948
RESH MARKETING CONSULTANTS, INC., pg. 948
RESOLUTE CONSULTING, pg. 1630
RESOLUTE DIGITAL, pg. 1285
RESOLUTE PR, pg. 1630
RESOLUTION MEDIA, pg. 948
RESOLUTION MEDIA -see RESOLUTION MEDIA, pg. 949
RESONANCE PR, pg. 1630
RESOUND CREATIVE, pg. 949
RESOUND MARKETING, pg. 1630
RESOURCE COMMUNICATIONS GROUP, pg. 949
RESPONSE LLC, pg. 949
RESPONSE MARKETING GROUP LLC, pg. 949
RESPONSE MEDIA, INC., pg. 949
RESPONSE MINE INTERACTIVE, pg. 949
THE RESPONSE SHOP, INC., pg. 950
RESPONSORY, pg. 950
RESULTRIX, pg. 1285
RESULTS DIRECT MARKETING, pg. 950
RESULTS, INC., ADVERTISING AGENCY, pg. 950
RESULTS PUBLIC RELATIONS, pg. 1630

RETAIL PRINT MEDIA, pg. 1367
RETAIL REINVENTED, pg. 1285
RETELE COMPANY, pg. 950
RETHINC ADVERTISING, pg. 951
RETHINK CREATIVE GROUP, pg. 951
RETHINK MEDIA GROUP, pg. 951
RETHINK, pg. 951
RETNA MEDIA INC., pg. 952
REUBEN RINK, pg. 952
REVEL ADVERTISING, pg. 952
REVEL INTERACTIVE, pg. 952
REVEL UNITED, pg. 952
REVEL, pg. 952
REVERB COMMUNICATIONS INC., pg. 952
REVERSED OUT, pg. 1285
REVHEALTH, pg. 952
REVIVEHEALTH, pg. 952
REVLOCAL, pg. 953
REVOLUTION MARKETING, LLC, pg. 953
REVOLUTION PUBLIC RELATIONS, pg. 1630
REVOLVE, pg. 953
REVSHARE, pg. 953
REX DIRECT NET, INC., pg. 953
REYNOLDS & ASSOCIATES, pg. 953
THE REYNOLDS GROUP, pg. 954
REZONATE MEDIA INC., pg. 954
RF BINDER PARTNERS -see RUDER FINN INC., pg. 1637
RF BINDER, pg. 1630
RFB COMMUNICATIONS GROUP, pg. 954
RFPR, INC., pg. 1631
RG NARRATIVE, pg. 1631
R.H. BLAKE, INC., pg. 954
RHEA + KAISER, pg. 954
RHINO MARKETING WORLDWIDE, pg. 954
RHINO PUBLIC RELATIONS, pg. 1631
RHOADS CREATIVE, INC., pg. 954
RHUMBLINE COMMUNICATIONS, pg. 1631
RHYCOM STRATEGIC ADVERTISING, pg. 954
RHYME DIGITAL, LLC., pg. 1285
RHYMES ADVERTISING & MARKETING, pg. 955
RHYTHM, pg. 1285
RHYTHMONE, pg. 955
RIALTO COMMUNICATIONS, pg. 1631
THE RIBAUDO GROUP, pg. 955
RIBBOW MEDIA GROUP, INC., pg. 955
RICHARDS/CARLBERG, pg. 956
THE RICHARDS GROUP, INC., pg. 956
RICHARDS/LERMA, pg. 957
RICHARDS PARTNERS, pg. 1631
RICHARDS, pg. 955
RICHESON COMMUNICATIONS LLC, pg. 1631
RICHMOND PUBLIC RELATIONS, pg. 1631
RICHTER7, pg. 957
RICOCHET PARTNERS, INC., pg. 957
RIDE FOR THE BRAND, pg. 1285
RIDGE MARKETING & DESIGN LLC, pg. 958
RIEGNER & ASSOCIATES, INC., pg. 958
RIESTER, pg. 958
RIGER ADVERTISING AGENCY, INC., pg. 958
RIGGS PARTNERS, pg. 1631
RIGHT ANGLE, pg. 958
THE RIGHT LIST, pg. 959
RIGHT PLACE MEDIA, pg. 1367
RIGHTPOINT, pg. 1285
RILEY HAYES ADVERTISING, pg. 959
R.I.M. PORTER NOVELLI -see PORTER NOVELLI, pg. 1616
RINCK ADVERTISING, pg. 1632
RINEY, pg. 959
RIOT, pg. 959
RIPE MEDIA, INC, pg. 1285
RIPLEY PR LLC, pg. 1632
RISDALL MARKETING GROUP, pg. 959
RISE INTERACTIVE, pg. 960
RITTA, pg. 960
RIVAS Y&R -see YOUNG & RUBICAM, pg. 1207
RIVENDELL MEDIA INC., pg. 1368
RIVER COMMUNICATIONS, INC., pg. 960
RIVERS AGENCY, pg. 961
RIZEN CREATIVE, pg. 961
RIZK ADVERTISING, pg. 961
R.J. DALE ADVERTISING & PUBLIC RELATIONS, pg. 961
RJW MEDIA, pg. 1368
R.K. SWAMY BBDO -see BBDO WORLDWIDE INC., pg. 112
RK VENTURE, pg. 961

INDEX OF AGENCY NAMES — AGENCIES

RKD GROUP, pg. 961
RLF COMMUNICATIONS LLC, pg. 1632
RLM PUBLIC RELATIONS, INC., pg. 1632
RLS GROUP, pg. 961
R.M. BARROWS, INC. ADVERTISING & PUBLIC RELATIONS, pg. 962
RMD ADVERTISING, pg. 962
RMI MARKETING & ADVERTISING, pg. 962
RMR & ASSOCIATES, INC., pg. 962
RNO1, LLC, pg. 962
ROARMEDIA, pg. 1632
ROBERT FLEEGE & PARTNERS, pg. 963
ROBERT J. BERNS ADVERTISING LTD., pg. 963
ROBERT MARSTON & ASSOCIATES, INC., pg. 963
ROBERT SHARP & ASSOCIATES, pg. 963
ROBERTS + LANGER DDB, pg. 963
ROBERTS COMMUNICATIONS INC., pg. 963
ROBERTS CREATIVE GROUP, pg. 963
ROBERTSON & MARKOWITZ ADVERTISING & PR, pg. 964
ROBERTSON & PARTNERS, pg. 964
ROBERTSON COMMUNICATIONS CORP., pg. 1632
ROBIN LEEDY & ASSOCIATES, pg. 1632
ROBINSON & ASSOCIATES INC, pg. 964
ROBINSON CREATIVE INC., pg. 964
ROBOLIZARD, pg. 964
ROBOSOFT TECHNOLOGIES INC., pg. 1286
ROBOT HOUSE CREATIVE, pg. 964
ROCK CANDY MEDIA, pg. 964
ROCKAWAY PR, pg. 1633
ROCKET 55, pg. 964
ROCKET POP MEDIA, pg. 965
ROCKET RED, pg. 965
ROCKET SCIENCE, pg. 965
ROCKETCREATIVE, pg. 965
ROCKETLAWNCHAIR, pg. 965
ROCKFISH, pg. 1286
THE ROCKFORD GROUP, pg. 965
ROCKIT SCIENCE AGENCY, pg. 965
ROCKORANGE, pg. 1633
RODGERS TOWNSEND, LLC, pg. 965
ROEPKE PUBLIC RELATIONS, pg. 1633
THE ROGERS AGENCY, pg. 966
ROGERS & COWAN -see WEBER SHANDWICK, pg. 1674
ROGERS & COWAN -see WEBER SHANDWICK, pg. 1675
ROGERS FINN PARTNERS, pg. 1633
ROHATYNSKI-HARLOW PUBLIC RELATIONS LLC, pg. 1633
ROI MEDIA, pg. 1368
ROI REVOLUTION, pg. 1286
ROKKAN, pg. 966
ROMADS, pg. 966
ROMANELLI COMMUNICATIONS, pg. 1633
THE ROMANS -see MOTHER LTD., pg. 763
ROME & COMPANY, pg. 966
ROMJUE ADVERTISING & CO, pg. 967
ROMPH & POU AGENCY, pg. 967
RON FOTH ADVERTISING, pg. 967
RON SONNTAG PUBLIC RELATIONS, pg. 1633
THE RON TANSKY ADVERTISING & PUBLIC RELATIONS, pg. 967
RONI HICKS & ASSOCIATES, pg. 967
RONIN ADVERTISING GROUP, pg. 967
ROOFTOP COMMUNICATIONS, pg. 968
ROOKS ADVERTISING LLC, pg. 968
ROOM 214, INC., pg. 968
ROOP & CO., pg. 1633
ROOSTER, pg. 968
ROSBERG FOZMAN ROLANDELLI ADVERTISING, pg. 968
ROSE COMMUNICATIONS, INC., pg. 1634
ROSE COMMUNICATIONS, pg. 1634
THE ROSE GROUP, pg. 1634
ROSE+MOSER+ALLYN PUBLIC RELATIONS, pg. 1634
THE ROSEN GROUP, pg. 1634
ROSEN, pg. 968
ROSENBERG ADVERTISING, pg. 968
ROSICA STRATEGIC PUBLIC RELATIONS, pg. 1635
ROSLAN & CAMPION PUBLIC RELATIONS, pg. 1635
ROSS ADVERTISING, INC., pg. 968
ROSS & LAWRENCE PUBLIC RELATIONS, pg. 1635
THE ROSS GROUP, pg. 968
ROTH ADVERTISING, INC., pg. 969
ROTTER GROUP INC., pg. 969
ROUNDHOUSE MARKETING & PROMOTION, INC., pg. 969
ROUNDHOUSE, pg. 969
ROUNDPEG, pg. 969
ROUNTREE GROUP COMMUNICATIONS MANAGEMENT, pg. 1635
ROUTE 1A ADVERTISING, pg. 969
ROUTE2 ADVERTISING, pg. 970
ROX UNITED PUBLIC RELATIONS, pg. 1635
THE ROXBURGH AGENCY INC, pg. 970
ROYALL MEDIA, INC., pg. 970
RP3 AGENCY, pg. 970
RPA, pg. 970
RPM ADVERTISING, pg. 971
RPM/LAS VEGAS -see RPM ADVERTISING, pg. 971
RPM, pg. 971
RPMC, INC., pg. 1415
RPR PUBLIC RELATIONS INC., pg. 1635
RSQ, pg. 971
RT&E INTEGRATED COMMUNICATIONS, pg. 971
RUANE COMMUNICATIONS, INC., pg. 1635
RUBENSTEIN ASSOCIATES, INC., pg. 1636
RUBENSTEIN PUBLIC RELATIONS -see RUBENSTEIN ASSOCIATES, INC., pg. 1636
RUBIK MARKETING, pg. 1226
RUBIN COMMUNICATIONS GROUP, pg. 1636
RUBY MEDIA GROUP, pg. 1637
RUBY PORTER MARKETING & DESIGN, pg. 972
RUCKUS MARKETING, LLC, pg. 972
RUDER FINN ASIA LIMITED -see RUDER FINN INC., pg. 1637
RUDER FINN ASIA LIMITED -see RUDER FINN INC., pg. 1638
RUDER FINN HEALTHCARE -see RUDER FINN INC., pg. 1637
RUDER FINN INC., pg. 1637
RUDER FINN UK, LTD. -see RUDER FINN INC., pg. 1637
RUDER FINN -see RUDER FINN INC., pg. 1637
RUECKERT ADVERTISING, pg. 972
RUMBLETREE, pg. 972
RUMOR ADVERTISING, pg. 972
RUNNER AGENCY, pg. 1286
RUNSWITCH PUBLIC RELATIONS, pg. 1638
RUNWAY 21 STUDIOS INC., pg. 972
RUNYON SALTZMAN & EINHORN, pg. 972
RUPERT, pg. 972
RUSHTON GREGORY COMMUNICATIONS, pg. 972
RUSSELL HERDER, pg. 972
RUSSELL PUBLIC COMMUNICATIONS, pg. 1638
RUSSO PARTNERS LLC, pg. 973
RUSTMEDIA, pg. 973
RUSTY GEORGE CREATIVE, pg. 973
THE RUTH GROUP, pg. 1638
RUXLY CREATIVE, pg. 973
RX COMMUNICATIONS GROUP LLC, pg. 973
RXM CREATIVE, pg. 973
RXMOSAIC, pg. 973
RYAN JAMES AGENCY, pg. 973
RYAN MARKETING PARTNERS, LLC, pg. 973
RYGR, pg. 974

S

S&A COMMUNICATIONS, pg. 974
S&D MARKETING ADVERTISING, pg. 974
S&S PUBLIC RELATIONS, INC., pg. 1638
S. GRONER ASSOCIATES, INC., pg. 1638
S+L COMMUNICATIONS, pg. 974
S2 ADVERTISING, pg. 974
S2K GRAPHICS, pg. 974
S3, pg. 974
SAATCHI & SAATCHI A/S -see SAATCHI & SAATCHI, pg. 979
SAATCHI & SAATCHI ARACHNID -see SAATCHI & SAATCHI, pg. 984
SAATCHI & SAATCHI ASIA PACIFIC -see SAATCHI & SAATCHI, pg. 985
SAATCHI & SAATCHI AUSTRALIA -see SAATCHI & SAATCHI, pg. 983
SAATCHI & SAATCHI DIRECT -see SAATCHI & SAATCHI, pg. 984
SAATCHI & SAATCHI EMEA REGION HEADQUARTERS -see SAATCHI & SAATCHI, pg. 980
SAATCHI & SAATCHI FALLON TOKYO -see FALLON WORLDWIDE, pg. 360
SAATCHI & SAATCHI FALLON TOKYO -see SAATCHI & SAATCHI, pg. 984
SAATCHI & SAATCHI HEALTHCARE -see SAATCHI & SAATCHI, pg. 978
SAATCHI & SAATCHI ISTANBUL -see SAATCHI & SAATCHI, pg. 980
SAATCHI & SAATCHI LATIN AMERICA -see SAATCHI & SAATCHI, pg. 975
SAATCHI & SAATCHI LONDON -see SAATCHI & SAATCHI, pg. 980
SAATCHI & SAATCHI LOS ANGELES -see SAATCHI & SAATCHI, pg. 975
SAATCHI & SAATCHI MALAYSIA -see SAATCHI & SAATCHI, pg. 984
SAATCHI & SAATCHI NEW YORK -see SAATCHI & SAATCHI, pg. 976
SAATCHI & SAATCHI PRO -see SAATCHI & SAATCHI, pg. 981
SAATCHI & SAATCHI RUSSIA -see SAATCHI & SAATCHI, pg. 979
SAATCHI & SAATCHI WELLNESS, pg. 985
SAATCHI & SAATCHI X -see SAATCHI & SAATCHI, pg. 976
SAATCHI & SAATCHI ZURICH -see SAATCHI & SAATCHI, pg. 980
SAATCHI & SAATCHI, pg. 975
SAATCHI & SAATCHI -see SAATCHI & SAATCHI, pg. 977
SAATCHI & SAATCHI -see SAATCHI & SAATCHI, pg. 978
SAATCHI & SAATCHI -see SAATCHI & SAATCHI, pg. 979
SAATCHI & SAATCHI -see SAATCHI & SAATCHI, pg. 980
SAATCHI & SAATCHI -see SAATCHI & SAATCHI, pg. 983
SAATCHI & SAATCHI -see SAATCHI & SAATCHI, pg. 984
SAATCHI & SAATCHI -see SAATCHI & SAATCHI, pg. 985
SABA AGENCY, pg. 986
SABERTOOTH INTERACTIVE, pg. 1286
SACHS MEDIA GROUP, pg. 986
SACUNAS, pg. 986
SAESHE ADVERTISING, pg. 986
SAGE COMMUNICATIONS PARTNERS, LLP., pg. 987
SAGE COMMUNICATIONS, pg. 986
THE SAGE GROUP, pg. 987
SAGE ISLAND, pg. 987
SAGE, pg. 986
SAGEFROG MARKETING GROUP, LLC, pg. 987
SAGEPATH INC., pg. 987
SAGMEISTER & WALSH, pg. 987
SAGON-PHIOR, pg. 1638
SAGON-PHIOR -see SAGON-PHIOR, pg. 1639
SAHARA COMMUNICATIONS, INC., pg. 987
SAHL COMMUNICATIONS, INC., pg. 1639
SAIBOT MEDIA INC., pg. 987
SAINT BERNADINE MISSION COMMUNICATIONS INC, pg. 988
SAINT-JACQUES VALLEE TACTIK, pg. 988
SALES DEVELOPMENT ASSOCIATES, INC., pg. 988
SALESFORCE MARKETING CLOUD, pg. 1368
SALESFUEL, INC., pg. 988
SALLY FISCHER PUBLIC RELATIONS, pg. 1639
SALLY JOHNS DESIGN, pg. 988
SALMONBORRE GROUP LTD., pg. 1639
SALTERMITCHELL INC., pg. 1639
SALTIVERI OGILVY GUAYAQUIL -see OGILVY, pg. 820
SALTIVERI OGILVY -see OGILVY, pg. 820
SALTWORKS, pg. 988
SAM BROWN INC., pg. 988
SAMANTHA CRAFTON PUBLIC RELATIONS, pg. 1639
SAMANTHA SLAVEN PUBLICITY, pg. 988
SAMBA ROCK, pg. 988
SAMMIS & OCHOA, pg. 1640
THE SAN JOSE GROUP, pg. 989
SANCHO BBDO -see BBDO WORLDWIDE INC., pg. 102
SANDBOX CHICAGO, pg. 989
SANDBOX STRATEGIES, pg. 1640
SANDBOX -see SANDBOX CHICAGO, pg. 989
SANDERSWINGO ADVERTISING, INC., pg. 989
SANDERSWINGO -see SANDERSWINGO ADVERTISING, INC., pg. 990
SANDIA ADVERTISING, pg. 990
SANDRA EVANS & ASSOCIATES, pg. 1640
SANDSTORM DESIGN, pg. 1286
SANDSTROM PARTNERS, pg. 1286
SANDWICH VIDEO, pg. 990
SANDY HILLMAN COMMUNICATIONS, pg. 1640
SANDY HULL & ASSOCIATES, pg. 990
SANGAM & ASSOCIATES, pg. 990
SANGER & EBY, pg. 990
SANITAS INTERNATIONAL INC, pg. 990
SANTA CRUZ COMMUNICATIONS INC., pg. 1640
SANTA FE NATURAL TOBACCO ADVERTISING, pg. 1226
SANTO BUENOS AIRES -see WPP PLC, pg. 1181
SANTY INTEGRATED, pg. 990

AGENCIES — INDEX OF AGENCY NAMES

SAPIENT ATLANTA -see PUBLICIS.SAPIENT, pg. 914
SAPIENT CANADA INC. -see PUBLICIS.SAPIENT, pg. 915
SAPIENT CHICAGO -see PUBLICIS.SAPIENT, pg. 914
SAPIENT CONSULTING, pg. 991
SAPIENT CORPORATION PTE. LTD. - NOIDA -see PUBLICIS.SAPIENT, pg. 915
SAPIENT CORPORATION PRIVATE LIMITED -see PUBLICIS.SAPIENT, pg. 915
SAPIENT GMBH - DUSSELDORF -see PUBLICIS.SAPIENT, pg. 915
SAPIENT HOUSTON -see PUBLICIS.SAPIENT, pg. 914
SAPIENT SECURITIES CORPORATION -see PUBLICIS.SAPIENT, pg. 914
SAPIENT WASHINGTON DC -see PUBLICIS.SAPIENT, pg. 914
SAPIENT -see PUBLICIS.SAPIENT, pg. 914
SAPIENT -see PUBLICIS.SAPIENT, pg. 915
SAPIENTRAZORFISH ATLANTA -see SAPIENTRAZORFISH NEW YORK, pg. 1287
SAPIENTRAZORFISH AUSTRALIA -see SAPIENTRAZORFISH NEW YORK, pg. 1287
SAPIENTRAZORFISH BOSTON -see PUBLICIS.SAPIENT, pg. 914
SAPIENTRAZORFISH CHICAGO -see SAPIENTRAZORFISH NEW YORK, pg. 1288
SAPIENTRAZORFISH GERMANY -see SAPIENTRAZORFISH NEW YORK, pg. 1288
SAPIENTRAZORFISH GMBH -see SAPIENTRAZORFISH NEW YORK, pg. 1288
SAPIENTRAZORFISH HONG KONG -see SAPIENTRAZORFISH NEW YORK, pg. 1288
SAPIENTRAZORFISH MIAMI -see PUBLICIS.SAPIENT, pg. 914
SAPIENTRAZORFISH MILAN -see SAPIENTRAZORFISH NEW YORK, pg. 1288
SAPIENTRAZORFISH MUNICH -see PUBLICIS.SAPIENT, pg. 915
SAPIENTRAZORFISH NANCY -see SAPIENTRAZORFISH NEW YORK, pg. 1287
SAPIENTRAZORFISH NEW YORK, pg. 1286
SAPIENTRAZORFISH PARIS -see SAPIENTRAZORFISH NEW YORK, pg. 1287
SAPIENTRAZORFISH PHILADELPHIA -see SAPIENTRAZORFISH NEW YORK, pg. 1288
SAPIENTRAZORFISH SAN FRANCISCO -see SAPIENTRAZORFISH NEW YORK, pg. 1288
SAPIENTRAZORFISH SEATTLE -see SAPIENTRAZORFISH NEW YORK, pg. 1288
SAPIENTRAZORFISH UK -see SAPIENTRAZORFISH NEW YORK, pg. 1289
SAPUTO DESIGN, INC., pg. 991
SARAH HALL PRODUCTIONS INC, pg. 1640
SARD VERBINNEN & CO., pg. 1640
SARD VERBINNEN & CO -see SARD VERBINNEN & CO., pg. 1640
SARD VERBINNEN & CO. -see SARD VERBINNEN & CO., pg. 1641
SARKISSIAN PARTNERS, pg. 991
SASQUATCH, pg. 992
SASS PUBLIC RELATIONS INC., pg. 1641
SATO CONSULTANTS, pg. 992
SATURDAY BRAND COMMUNICATIONS, pg. 992
SATURDAY MFG INC., pg. 992
SAVAGE INITIATIVE, pg. 992
SAVAGE SOLUTIONS, LLC, pg. 992
SAVVY INC., pg. 1641
SAWMILL MARKETING PUBLIC RELATIONS, pg. 1641
SAWMILL -see WEBER SHANDWICK, pg. 1675
THE SAWTOOTH GROUP, pg. 992
SAWTOOTH HEALTH -see THE SAWTOOTH GROUP, pg. 993
SAWYER STUDIOS INC., pg. 993
SAXTON HORNE ADVERTISING, pg. 1226
SAXUM PUBLIC RELATIONS, pg. 1641
SAY IT LOUD, pg. 993
SAY MEDIA, INC. -see WPP PLC, pg. 1182
SAYLES & WINNIKOFF COMMUNICATIONS, pg. 993
SBC, pg. 993
SBPR CORP., pg. 1641
SCA PROMOTIONS, INC., pg. 1415
SCALES ADVERTISING, pg. 994
SCANAD -see WPP PLC, pg. 1182
SCARECROW M&C SAATCHI -see M&C SAATCHI PLC, pg. 663
SCARLETT, pg. 994
SCATENA DANIELS COMMUNICATIONS, INC., pg. 994
SCENARIODNA, pg. 994

SCG ADVERTISING & PUBLIC RELATIONS, pg. 994
SCHAEFER ADVERTISING CO., pg. 994
SCHAEFER MEDIA & MARKETING, pg. 995
SCHAFER CONDON CARTER, pg. 995
SCHEFFEY INC, pg. 995
SCHERMER, INC., pg. 995
SCHIEFER CHOPSHOP, pg. 995
SCHIFINO LEE ADVERTISING, pg. 996
SCHLUMBERGER LTD., pg. 1226
SCHMALZ COMMUNICATIONS, pg. 1641
SCHMIDT PUBLIC AFFAIRS, pg. 1641
SCHNEIDER ASSOCIATES, pg. 1641
SCHNEIDER ELECTRIC'S AGENCY, pg. 1226
SCHNUR ASSOCIATES, INC., pg. 1642
SCHOLLNICK ADVERTISING, pg. 996
SCHOOL HOUSE NYC, pg. 996
SCHOOL OF THOUGHT, pg. 996
SCHOOL -see PROJECT, pg. 892
SCHRAMM MARKETING GROUP, pg. 996
SCHROEDER ADVERTISING, INC., pg. 996
SCHUBERT COMMUNICATIONS, INC., pg. 996
SCHUM & ASSOCIATES, pg. 996
SCHWARTZ MEDIA STRATEGIES, pg. 1642
SCHWARTZ PUBLIC RELATIONS ASSOCIATES, INC., pg. 1642
SCOOTER MEDIA, pg. 1642
SCOPE CREATIVE AGENCY, pg. 997
SCOPPECHIO, pg. 997
SCORCH AGENCY, pg. 997
SCORPION, pg. 1289
SCORR MARKETING, pg. 1642
THE SCOTT & MILLER GROUP, pg. 997
SCOTT CIRCLE COMMUNICATIONS, INC., pg. 1642
SCOTT COOPER ASSOCIATES, LTD., pg. 997
SCOTT DESIGN INC, pg. 998
SCOTT, INC. OF MILWAUKEE, pg. 998
SCOTT PHILLIPS & ASSOCIATES, pg. 998
SCOTT PUBLIC RELATIONS, pg. 1642
SCOTT THORNLEY + COMPANY, pg. 998
SCOUT BRANDING CO., pg. 998
SCOUT MARKETING, pg. 998
SCOUTCOMMS, pg. 999
SCPF, pg. 999
SCPF -see WPP PLC, pg. 1182
SCRATCH MARKETING + MEDIA, pg. 999
SCRATCH, pg. 999
SCREAM AGENCY, pg. 999
SCREAMER CO., pg. 999
SCREEN STRATEGIES MEDIA, pg. 999
SCRIBBLERS' CLUB, pg. 999
SCRIPT TO SCREEN LLC, pg. 999
SDB CREATIVE, pg. 1000
SDI MARKETING, pg. 1000
SDSOL TECHNOLOGIES, pg. 1289
SE2, pg. 1643
SEAN TRACEY ASSOCIATES, pg. 1000
THE SEARCH AGENCY, pg. 1000
SEARCH OPTICS, pg. 1289
SECOND STORY, INC. -see SAPIENT CONSULTING, pg. 991
SECRET LOCATION, pg. 1000
SECRET WEAPON MARKETING, pg. 1000
SEE YA GROUP, pg. 1000
SEED FACTORY MARKETING, pg. 1000
SEED STRATEGY, INC., pg. 1000
SEEDLING COMMUNICATIONS, pg. 1643
SEER INTERACTIVE, pg. 1001
SEGAL LICENSING -see FCB GLOBAL, pg. 364
THE SEIDEN GROUP, pg. 1001
SEK & GREY -see GREY NEW YORK, pg. 440
SELECT WORLD, pg. 1001
SELECTNY.BERLIN GMBH -see SELECT WORLD, pg. 1001
SELECTNY.HAMBURG GMBH -see SELECT WORLD, pg. 1001
SELECTNY.KOBLENZ GMBH -see SELECT WORLD, pg. 1001
SELECTNY.PARIS -see SELECT WORLD, pg. 1001
SELF OPPORTUNITY, INC., pg. 1368
SELIGMAN BRAND STRATEGIES, pg. 1643
SELLIGENT, INC., pg. 1001
SELLING SOLUTIONS, INC., pg. 1416
THE SELLS AGENCY, INC., pg. 1002
SELMARQ, pg. 1002
THE SELTZER LICENSING GROUP, pg. 1002
SENSIS, pg. 1002
SENTIENT INTERACTIVE LLC, pg. 1289
SEO INC., pg. 1002

SEQUEL RESPONSE, LLC, pg. 1003
SERENDIPIT, pg. 1003
SERIF GROUP, pg. 1003
SERINO COYNE LLC, pg. 1003
SEROKA, pg. 1003
SERUM, pg. 1003
SET CREATIVE, pg. 1003
SEVAG PUBLIC RELATIONS, pg. 1643
SEVELL+SEVELL, INC., pg. 1004
THE SEVENTH ART, LLC, pg. 1004
SEVENTH POINT, pg. 1004
SEVENTWENTY STRATEGIES, pg. 1643
SEXTON & CO., pg. 1004
SEYFERTH & ASSOCIATES INC., pg. 1643
SEYMOUR PR, pg. 1643
SFW AGENCY, pg. 1004
SGW, pg. 1004
SHADOW PR, pg. 1005
SHAKER RECRUITMENT ADVERTISING & COMMUNICATIONS, INC., pg. 1005
SHAMIN ABAS PUBLIC RELATIONS, pg. 1005
SHAMLIAN CREATIVE, pg. 1005
SHARAVSKY COMMUNICATIONS, pg. 1005
SHARK COMMUNICATIONS, pg. 1005
SHARON MERRILL, pg. 1643
SHARP COMMUNICATIONS, pg. 1006
SHASHO JONES DIRECT INC., pg. 1006
SHAW + SCOTT, pg. 1289
SHAW & TODD, INC., pg. 1006
SHAZAAAM LLC, pg. 1006
SHEA COMMUNICATIONS, pg. 1643
SHEEHY & ASSOCIATES, pg. 1006
SHEEPSCOT CREATIVE, pg. 1006
SHEILA DONNELLY & ASSOCIATES, pg. 1006
SHELTON GROUP, pg. 1007
SHELTON INTERACTIVE, pg. 1289
THE SHEPHERD GROUP, pg. 1007
SHEPHERD, pg. 1007
SHEPPARD LEGER NOWAK INC., pg. 1007
THE SHEPPARD, pg. 1007
SHERIDAN PUBLIC RELATIONS LLC, pg. 1644
SHERMAN COMMUNICATIONS & MARKETING, pg. 1007
SHERPAI WEB STUDIOS, INC., pg. 1290
SHERRI JONES PUBLIC RELATIONS, pg. 1644
SHERRY MATTHEWS ADVOCACY MARKETING, pg. 1007
SHIFT COMMUNICATIONS LLC, pg. 1644
SHIFT COMMUNICATIONS, pg. 1644
SHIFT CREATIVE GROUP, pg. 1008
SHIFT, INC., pg. 1008
SHINE UNITED LLC, pg. 1008
SHINE UNITED, pg. 1008
SHINY ADVERTISING, pg. 1008
THE SHIPYARD, pg. 1008
SHIRLEY/HUTCHINSON CREATIVE WORKS, pg. 1009
SHOESTRING, pg. 1009
THE SHOP AGENCY, pg. 1009
SHOPPER MARKETING GROUP ADVERTISING INC., pg. 1009
SHOPTOLOGY INC, pg. 1009
SHORE CREATIVE GROUP, pg. 1009
SHORE FIRE MEDIA, pg. 1645
SHOREPOINT COMMUNICATIONS, LLC, pg. 1009
SHOTWELL DIGITAL, pg. 1009
SHOTWELL PUBLIC RELATIONS, pg. 1645
SHOUT OUT LLC, pg. 1009
SHOUT PUBLIC RELATIONS, pg. 1645
SHOW MANAGEMENT ADVERTISING, pg. 1226
SHOW MEDIA, LLC, pg. 1010
SHUMAN & ASSOCIATES INC, pg. 1645
SIBRAY PUBLIC RELATIONS, pg. 1645
SID LEE, pg. 1010
SIDDALL, INC., pg. 1010
SIDECAR MEDIA, pg. 1368
SIDES & ASSOCIATES, INC., pg. 1011
SIDEWAYS8 INTERACTIVE LLC, pg. 1290
SIEGEL+GALE, pg. 1011
SIGMA GROUP, pg. 1011
SIGMA MARKETING GROUP LLC, pg. 1012
SIGNA MARKETING, pg. 1012
SIGNAL GROUP CONSULTING, LLC, pg. 1012
SIGNAL INC., pg. 1012
SIGNAL OUTDOOR ADVERTISING, pg. 1012
SIGNAL POINT MARKETING+DESIGN, pg. 1013
SIGNALFIRE, LCC, pg. 1013
SIGNATURE ADVERTISING, pg. 1013
THE SIGNATURE AGENCY, pg. 1013

A-38

INDEX OF AGENCY NAMES — AGENCIES

SIGNATURE BRAND FACTORY, pg. 1013
SIGNATURE COMMUNICATIONS, pg. 1013
SIGNATURE CREATIVE, INC., pg. 1013
SIGNATURE GRAPHICS -see DIVERSIFIED AGENCY SERVICES, pg. 307
SILTANEN & PARTNERS, pg. 1013
SILVER COMMUNICATIONS, INC., pg. 1014
SILVER CREATIVE GROUP, pg. 1014
THE SILVER MAN GROUP INC., pg. 1645
SILVERBACK ADVERTISING, pg. 1014
SILVERCREST ADVERTISING, pg. 1014
SILVERLIGHT DIGITAL, pg. 1368
SILVERMAN MEDIA & MARKETING GROUP, INC., pg. 1014
SIMANTEL, pg. 1014
SIMMER MEDIA GROUP, pg. 1014
SIMMONSFLINT -see FLINT COMMUNICATIONS, pg. 388
THE SIMON GROUP, INC., pg. 1014
SIMON GROUP MARKETING COMMUNICATIONS, INC., pg. 1015
THE SIMONS GROUP, pg. 1015
SIMONS MICHELSON ZIEVE, INC., pg. 1015
SIMPLE TRUTH COMMUNICATION PARTNERS, pg. 1015
SIMPLY THE BEST PUBLIC RELATIONS, pg. 1645
SIMPSON COMMUNICATIONS LLC, pg. 1646
SINGER ASSOCIATES INC, pg. 1646
SINGLE THROW INTERNET MARKETING, pg. 1016
SINGLETON & PARTNERS, LTD., pg. 1016
SINGLEY & MACKIE INC, pg. 1290
SINUATE MEDIA, LLC., pg. 1016
SIQUIS, LTD., pg. 1016
SIR ISAAC, pg. 1016
SIRE ADVERTISING, pg. 1016
SIREN PR LLC, pg. 1646
SIRIUS STUDIOS, pg. 1016
SITEWIRE, pg. 1016
SITRICK & CO., pg. 1646
SITUATIO NORMAL, pg. 1017
SITUATION INTERACTIVE, pg. 1017
SIX DEGREES, pg. 1017
SIX POINT CREATIVE WORKS, pg. 1017
SIXSPEED, pg. 1017
SIZMEK, pg. 1017
SJ COMMUNICATIONS, pg. 1017
SJI ASSOCIATES, INC., pg. 1018
SK+G ADVERTISING LLC, pg. 1018
SKADADDLE MEDIA, pg. 1018
SKAGGS CREATIVE, pg. 1018
SKAI BLUE MEDIA, pg. 1646
SKAR ADVERTISING, pg. 1018
SKDKNICKERBOCKER, pg. 1018
SKDKNICKERBOCKER -see SKDKNICKERBOCKER, pg. 1019
SKF USA INC., pg. 1226
SKIRT PR, pg. 1646
SKIVER, pg. 1019
SKY ADVERTISING-CHICAGO -see SKY ADVERTISING, INC., pg. 1019
SKY ADVERTISING, INC., pg. 1019
SKY ALPHABET, pg. 1019
SKYACHT AIRCRAFT INC., pg. 1368
SKYCASTLE MEDIA, LLC., pg. 1019
SKYLINE MEDIA GROUP, pg. 1019
SKYTYPERS, INC., pg. 1416
SKYWORLD INTERACTIVE, pg. 1020
SKYYA COMMUNICATIONS, pg. 1020
SLACK AND COMPANY, pg. 1020
SLANT MEDIA LLC, pg. 1020
SLATE COMMUNICATIONS, pg. 1646
SLEEK MACHINE, LLC, pg. 1020
SLEIGHT ADVERTISING INC, pg. 1020
SLICE COMMUNICATIONS, pg. 1646
SLIGHTLY MAD, pg. 1021
SLINGSHOT INC., pg. 1021
SLINGSHOT, LLC, pg. 1021
SLOANE & COMPANY LLC, pg. 1646
SLOT RIGHT MARKETING, pg. 1021
SLOWEY MCMANUS COMMUNICATIONS, pg. 1647
SLS ADVERTISING CO, pg. 1021
SMA NYC, pg. 1021
SMACK MEDIA, pg. 1021
SMACKET CREATIVE, pg. 1021
SMAK STRATEGIES, pg. 1022
SMAK, pg. 1022
SMALL ARMY, pg. 1022
SMALL GIRLS PR, pg. 1647
S.MARK GRAPHICS FLORIDA INC., pg. 1022

SMART CONNECTIONS PR, pg. 1647
SMART MARKETING ADVERTISING AGENCY, pg. 1022
SMARTACRE, pg. 1290
SMARTBUG MEDIA INC, pg. 1290
SMARTLITE, pg. 1022
SMARTMARK COMMUNICATIONS, LLC, pg. 1647
SMARTMARKETING COMMUNICATIONS, pg. 1647
SMARTSITES, pg. 1290
SMG CONVONIX -see STARCOM, pg. 1373
SMG PERFORMANCE MARKETING -see STARCOM, pg. 1371
SMITH ADVERTISING AND DESIGN, pg. 1022
SMITH & DRESS LTD., pg. 1022
SMITH & HARROFF, INC., pg. 1022
SMITH & JONES, pg. 1023
SMITH & MARGOL, INC., pg. 1416
SMITH ASBURY INC, pg. 1023
SMITH BROTHERS AGENCY, LP, pg. 1023
SMITH MARKETING GROUP, pg. 1647
SMITH MILLER MOORE, INC., pg. 1023
SMITH, PHILLIPS & DI PIETRO, pg. 1024
SMITH PUBLIC RELATIONS, pg. 1647
SMITH WALKER DESIGN, pg. 1024
SMITH, pg. 1022
SMITHGIFFORD, pg. 1024
SMITHSOLVE LLC, pg. 1024
SMIZER PERRY, pg. 1024
SMM ADVERTISING, pg. 1024
SMOAK PUBLIC RELATIONS, pg. 1647
SMS, pg. 1025
SMUGGLER, pg. 1025
SMY MEDIA, INC., pg. 1369
SNACKBOX LLC, pg. 1647
SNAP AGENCY, pg. 1025
SNAPPCONNER PR, pg. 1025
SNELLER CREATIVE PROMOTIONS, pg. 1416
THE SNYDER GROUP, pg. 1025
SO&U SAATCHI & SAATCHI -see SAATCHI & SAATCHI, pg. 978
SO CREATIVE, pg. 1025
THE SOAP GROUP, pg. 1025
SOAR COMMUNICATIONS, pg. 1026
SOCIAL CONTROL, pg. 1026
SOCIAL DISTILLERY, pg. 1026
SOCIAL DRIVER, pg. 1290
SOCIAL FORCES, LLC, pg. 1026
SOCIAL HOUSE INC, pg. 1026
SOCIALBABIES, pg. 1290
SOCIALCODE LLC, pg. 1290
SOCIALDEVIANT, pg. 1026
SOCIALFIX, pg. 1290
SOCIALFLY, LLC, pg. 1026
SOCIALITY SQUARED LLC, pg. 1026
SOCIALLY PRESENT, pg. 1026
SOCIALLYIN, pg. 1291
SOCIALWRX, pg. 1648
SOCIEDAD, pg. 1027
SOCIOFABRICA, pg. 1291
SOCKEYE CREATIVE, pg. 1027
SODA & LIME LLC, pg. 1027
SODAPOP MEDIA LLC, pg. 1027
SOKAL MEDIA GROUP, pg. 1027
SOLOMON MCCOWN & COMPANY, INC., pg. 1648
SOLOMON TURNER PUBLIC RELATIONS, pg. 1648
SOLSTICE ADVERTISING LLC, pg. 1027
THE SOLUTIONS GROUP INC., pg. 1027
SOLVE AGENCY, INC., pg. 1028
SOLVE, pg. 1028
SOME CONNECT, pg. 1291
SOMETHING DIFFERENT, pg. 1028
SOMETHING MASSIVE, pg. 1291
SONICBIDS, pg. 1028
SONNHALTER, pg. 1028
SONSHINE COMMUNICATIONS, pg. 1029
SOPEXA USA, pg. 1029
SOPEXA -see SOPEXA USA, pg. 1029
SOUBRIET & BYRNE, pg. 1029
SOUND COMMUNICATIONS, INC., pg. 1369
SOURCE COMMUNICATIONS, pg. 1029
SOURCE MARKETING LLC, pg. 1416
SOURCE OUTDOOR GROUP, pg. 1029
SOURCELINK, pg. 1030
SOUTH CENTRAL MEDIA, pg. 1291
SOUTH END MEDIA, pg. 1030
SOUTHARD COMMUNICATIONS, pg. 1648
SOUTHPAW -see HAKUHODO INCORPORATED, pg. 463
SOUTHWARD & ASSOCIATES, INC., pg. 1030
SOUTHWEST MEDIA GROUP, pg. 1369

SOUTHWEST STRATEGIES LLC, pg. 1030
SOUTHWESTERN INDUSTRIES, INC., pg. 1226
THE SOUZA AGENCY, pg. 1030
SOVRN, pg. 1030
SPACE CHIMP MEDIA, pg. 1291
SPACE150, pg. 1031
SPACETIME, INC., pg. 1369
SPAFAX -see WPP PLC, pg. 1187
SPARK COMMUNICATIONS -see BRODEUR PARTNERS, pg. 1458
SPARK FOUNDRY -see PUBLICIS MEDIA, pg. 1366
SPARK FOUNDRY, pg. 1369
THE SPARK GROUP, pg. 1291
SPARK PUBLIC RELATIONS, pg. 1648
SPARK STRATEGIC IDEAS, pg. 1031
SPARK WORLDWIDE, pg. 1416
SPARK44, pg. 1226
SPARK44 -see SPARK44, pg. 1227
SPARK, pg. 1031
SPARKABLE INC., pg. 1031
SPARKFACTOR, pg. 1031
SPARKLOFT MEDIA, pg. 1031
SPARKPLUG MARKETING & COMMUNICATIONS INC., pg. 1031
SPARKPR, pg. 1648
SPARKS & HONEY, pg. 1032
SPARKS GROVE, pg. 1032
SPARKS MARKETING CORP, pg. 1032
SPARKSHOPPE LTD, pg. 1291
SPARXOO, pg. 1032
SPAULDING COMMUNICATIONS, INC., pg. 1032
SPAWN IDEAS, pg. 1032
SPEAK CREATIVE, pg. 1292
SPEAK, pg. 1033
SPEAKEASY STRATEGIES, pg. 1648
SPEAKERBOX COMMUNICATIONS, pg. 1648
SPEARHALL ADVERTISING & PUBLIC RELATIONS, pg. 1033
SPECIALIST -see OMNICOM GROUP INC., pg. 837
SPECIALISTS MARKETING SERVICES, INC, pg. 1292
SPECIALIZED MEDIA SERVICES, INC., pg. 1370
SPECIALTY TRUCK RENTALS, pg. 1416
SPECK COMMUNICATIONS, pg. 1033
SPECOPS COMMUNICATIONS, INC., pg. 1648
SPECTOR & ASSOCIATES, INC., pg. 1649
SPECTRUM INTERACTIVE MEDIA LLC, pg. 1033
SPECTRUM SCIENCE COMMUNICATIONS, INC., pg. 1649
SPECTRUM, pg. 1033
SPELLING COMMUNICATIONS, pg. 1649
SPENCER ADVERTISING AND MARKETING, pg. 1033
SPERO MEDIA, pg. 1033
SPHERE ADVERTISING, pg. 1033
SPHERICAL, pg. 1033
THE SPI GROUP LLC, pg. 1649
SPIDERBOOST COMMUNICATIONS, pg. 1292
SPIKE/DDB -see DDB WORLDWIDE COMMUNICATIONS GROUP INC., pg. 269
SPIKER COMMUNICATIONS, INC., pg. 1033
SPILLMANN/FELSER/LEO BURNETT -see LEO BURNETT WORLDWIDE, INC., pg. 627
SPIN ADVERTISING, pg. 1034
SPIN COMMUNICATIONS, pg. 1649
SPIN CREATIVE STUDIO, pg. 1034
SPIN RECRUITMENT ADVERTISING, pg. 1034
SPINIFEX GROUP -see PROJECT, pg. 892
SPINX INC., pg. 1292
SPIRE AGENCY, pg. 1034
SPIRE DIGITAL, pg. 1292
SPIRO & ASSOCIATES MARKETING, ADVERTISING & PUBLIC RELATIONS, pg. 1034
SPITBALL LLC, pg. 1034
SPLASH MEDIA GROUP, pg. 1034
THE SPLINTER GROUP, pg. 1034
SPM COMMUNICATIONS, pg. 1034
SPM MARKETING & COMMUNICATIONS, pg. 1035
SPN OGILVY COMMUNICATIONS AGENCY -see OGILVY, pg. 816
SPOKE AGENCY, pg. 1035
SPOKE LLC, pg. 1035
SPOKE MARKETING, pg. 1035
SPOKES DIGITAL, pg. 1292
SPONGE, LLC, pg. 1035
SPONTANEOUS, pg. 1035
SPOON+FORK, pg. 1035
SPORTSBRANDEDMEDIA INC., pg. 1035
THE SPOT MEDIA GROUP, pg. 1036
SPOT ON, pg. 1036

AGENCIES — INDEX OF AGENCY NAMES

SPOT SAVVY, LLC, pg. 1036
SPOTCO, pg. 1036
SPOTLIGHT MARKETING COMMUNICATIONS, pg. 1036
SPOTLIGHT MEDIA RELATIONS, pg. 1649
THE SPR AGENCY, pg. 1649
SPRAGUE NELSON, LLC., pg. 1036
SPREAD PR, pg. 1650
SPRING ADVERTISING, pg. 1036
SPRINGBOARD COMMUNICATIONS, pg. 1650
SPRINGBOX, LTD., pg. 1037
SPRINGER ASSOCIATES PR, pg. 1650
SPRITZ LLC, pg. 1650
SPROCKET COMMUNICATIONS, pg. 1650
SPROKKIT, pg. 1037
SPRY GROUP, pg. 1037
SPURRIER MEDIA GROUP, pg. 1370
SPYGLASS BRAND MARKETING, pg. 1037
SQ1, pg. 1037
SQUARE ONE MARKETING, pg. 1037
SQUARE TOMATO, pg. 1038
SQUARE205, pg. 1292
SQUAT NEW YORK, pg. 1038
SQUEAKY WHEEL MEDIA, pg. 1038
SQUEAKYWHEEL PROMOTIONS, pg. 1038
SQUID INK CREATIVE, pg. 1038
SQUIRES & COMPANY, pg. 1038
S.R. VIDEO PICTURES, LTD., pg. 1038
SRB COMMUNICATIONS, pg. 1039
SRCPMEDIA, pg. 1039
SRH MARKETING, pg. 1039
SRI ADVERTISING, pg. 1039
SRJ MARKETING COMMUNICATIONS, LLC, pg. 1039
SRPR, INC., pg. 1039
SRW, pg. 1039
SS DIGITAL MEDIA, pg. 1292
SS PR, pg. 1650
SS+K AGENCY, pg. 1039
SSCG MEDIA GROUP, pg. 1040
SSPR, pg. 1650
THE ST. GREGORY GROUP, INC., pg. 1040
ST. JACQUES MARKETING, pg. 1040
ST. JOHN & PARTNERS, pg. 1040
ST8 CREATIVE SOLUTIONS INC, pg. 1292
ST8MNT INC., pg. 1041
THE STABLE, pg. 1041
STACKPOLE & PARTNERS ADVERTISING, pg. 1041
STAFFORD CREATIVE INC., pg. 1041
STAKE, pg. 1041
STALKER ADVERTISING & PUBLIC RELATIONS LLC, pg. 1042
STALWART COMMUNICATIONS, pg. 1650
STAMATS, pg. 1042
STAMEN DESIGN, pg. 1042
STAMP IDEA GROUP, LLC, pg. 1042
STAN ADLER ASSOCIATES, pg. 1042
STANDARD BLACK, pg. 1042
STANDING PARTNERSHIP, pg. 1650
STANTON & NOBODY, pg. 1042
STANTON COMMUNICATIONS, INC., pg. 1651
STANTON COMMUNICATIONS -see STANTON COMMUNICATIONS, INC., pg. 1651
STANTON, pg. 1042
STAPLEGUN, pg. 1042
STAR MARKETING INC, pg. 1043
STAR POWER LLC, pg. 1043
STAR7, pg. 1043
STARCOM DENMARK -see STARCOM, pg. 1372
STARCOM GUANGZHOU -see STARCOM, pg. 1373
STARCOM HONG KONG -see STARCOM, pg. 1374
STARCOM MEDIA WORLDWIDE ESTRATEGIA -see STARCOM, pg. 1372
STARCOM MEDIAVEST GROUP MOSCOW -see STARCOM, pg. 1372
STARCOM MEDIAVEST GROUP -see STARCOM, pg. 1371
STARCOM MEDIAVEST -see STARCOM, pg. 1372
STARCOM MEDIOS -see STARCOM, pg. 1371
STARCOM MELBOURNE -see STARCOM, pg. 1374
STARCOM MIDDLE EAST & EGYPT REGIONAL HEADQUARTERS -see STARCOM, pg. 1373
STARCOM SHANGHAI -see STARCOM, pg. 1374
STARCOM SP. Z O.O. -see STARCOM, pg. 1373
STARCOM UK -see STARCOM, pg. 1373
STARCOM WORLDWIDE SOUTHEAST ASIA HQ -see STARCOM, pg. 1374
STARCOM WORLDWIDE -see STARCOM, pg. 1373
STARCOM WORLDWIDE -see STARCOM, pg. 1374
STARCOM, pg. 1043

STARCOM, pg. 1370
STARCOM -see STARCOM, pg. 1371
STARCOM -see STARCOM, pg. 1372
STARCOM -see STARCOM, pg. 1373
STARFISH PUBLIC RELATIONS, pg. 1651
STARKMEDIA INC., pg. 1292
STARMARK INTERNATIONAL, INC., pg. 1043
STARMEDIA GROUP, pg. 1044
THE STARR CONSPIRACY, pg. 1044
STARWORKS GROUP, pg. 1044
STATION FOUR, pg. 1044
STATION8 BRANDING, pg. 1044
STATTNER COMMUNICATIONS INC., pg. 1044
STC ASSOCIATES, pg. 1651
STEADFAST CREATIVE, pg. 1293
STEADYRAIN, INC., pg. 1044
STEALTH CREATIVE, pg. 1044
STEARNS 208 MARKETING LLC, pg. 1045
STEBBINGS PARTNERS, pg. 1045
STEEL ADVERTISING & INTERACTIVE, pg. 1045
STEELE & ASSOCIATES, INC., pg. 1045
STEELE+, pg. 1045
STEELHOUSE, pg. 1045
STEENMAN ASSOCIATES, pg. 1045
STEIN IAS, pg. 1045
STEIN IAS -see STEIN IAS, pg. 1046
STEINER SPORTS MARKETING, pg. 1046
STEINREICH COMMUNICATIONS, pg. 1651
STELLAR DIGITAL DESIGN AGENCY, pg. 1046
STELLAR ENGINE, pg. 1046
STELLARHEAD, pg. 1046
STEP ONE CREATIVE, pg. 1046
STEPHAN & BRADY, INC., pg. 1046
STEPHAN PARTNERS, INC., pg. 1046
STEPHEN BRADLEY & ASSOCIATES, LLC, pg. 1652
STEPHEN HALES CREATIVE INC, pg. 1047
STEPHENS & ASSOCIATES ADVERTISING, INC., pg. 1047
STEPHENS DIRECT, pg. 1047
THE STEPHENZ GROUP, INC., pg. 1047
STERLING BRANDS -see DIVERSIFIED AGENCY SERVICES, pg. 307
STERLING COMMUNICATIONS, pg. 1652
STERLING CROSS COMMUNICATIONS, pg. 1047
STERLING RICE GROUP, pg. 1047
STERN ADVERTISING, INC., pg. 1048
STERN PR MARKETING, pg. 1048
STERN STRATEGY GROUP, pg. 1652
STEVE CHIRELLO ADVERTISING, pg. 1048
STEVE NGUYEN & ASSOCIATES, pg. 1652
STEVENS ADVERTISING, pg. 1048
STEVENS & TATE MARKETING, pg. 1048
STEVENS STRATEGIC COMMUNICATIONS, INC., pg. 1048
STEVENSON ADVERTISING, pg. 1049
STEWARD MARKETING, LLC, pg. 1049
STICKYEYES -see IPG MEDIABRANDS, pg. 548
STILLWATER AGENCY, pg. 1049
STILT MEDIA, pg. 1049
STIMPSON COMMUNICATIONS, pg. 1652
STIMULANT, pg. 1293
STIMULUS ADVERTISING & WEB DESIGN, pg. 1049
STIMULUS BRAND COMMUNICATIONS, pg. 1049
STINK STUDIOS, pg. 1049
STINK STUDIOS -see STINK STUDIOS, pg. 1050
STIR ADVERTISING & INTEGRATED MARKETING, pg. 1050
STIR COMMUNICATIONS, pg. 1652
STIRISTA, LLC, pg. 1293
STOCKHOLM DESIGN, pg. 1050
STOLTZ MARKETING GROUP, pg. 1050
THE STONE AGENCY, pg. 1050
STONE WARD, pg. 1050
STONEARCH, pg. 1051
STONER BUNTING ADVERTISING, pg. 1051
STOREBOARD MEDIA, pg. 1051
STOREY, pg. 1652
STOREYMANSEAU, LLC, pg. 1051
STORY PARTNERS, pg. 1653
STORY WORLDWIDE, pg. 1051
STORY WORLDWIDE -see STORY WORLDWIDE, pg. 1052
STOWE AREA ASSOCIATION AGENCY, pg. 1227
STRADA ADVERTISING, LLC., pg. 1052
STRADELLA ROAD, pg. 1293
STRAHAN ADVERTISING, pg. 1052
STRAIGHT NORTH, pg. 1052
STRATA-MEDIA, INC., pg. 1052

STRATACOMM, INC. -see FLEISHMANHILLARD INC., pg. 1508
STRATACOMM, LLC, pg. 1052
THE STRATACT MEDIA GROUP LLC, pg. 1374
STRATEGIC AMERICA, pg. 1052
STRATEGIC COMMUNICATIONS GROUP, pg. 1653
STRATEGIC DOMAIN, INC., pg. 1053
STRATEGIC MARKETING INC., pg. 1053
STRATEGIC MEDIA, INC., pg. 1053
STRATEGIC MEDIA INC, pg. 1053
STRATEGIC OBJECTIVES, pg. 1653
STRATEGIC VISION LLC, pg. 1653
STRATEGIC, pg. 1052
STRATEGICAMPERSAND INC., pg. 1053
STRATEGIES, A MARKETING COMMUNICATIONS CORPORATION, pg. 1053
STRATEGIS, pg. 1054
STRATEGY+STYLE MARKETING GROUP, pg. 1054
STRAUSS MARKETING, pg. 1653
STRAUSS RADIO STRATEGIES, INC., pg. 1653
STRAWBERRYFROG, pg. 1054
STREAM ADVERTISING LLC, pg. 1054
STREAM COMPANIES, pg. 1054
STREET FACTORY MEDIA, pg. 1054
STREET LEVEL STUDIO, pg. 1054
STREETBLIMPS INC., pg. 1417
STREICKER & COMPANY INC., pg. 1054
STRENG AGENCY, pg. 1055
STRIDE CREATIVE GROUP, pg. 1055
STRIKE MARKETING, pg. 1055
STRONG, pg. 1055
STROTHER COMMUNICATIONS, pg. 1055
STRUCK, pg. 1055
STUART ROWLANDS PR, pg. 1653
STUBS COMMUNICATIONS COMPANY, pg. 1227
STUDE-BECKER ADVERTISING LLC, pg. 1055
STUDIO 2 ADVERTISING, pg. 1056
STUDIO A ADVERTISING, pg. 1056
STUDIO BLACK TOMATO, pg. 1056
STUDIO BRAND COLLECTIVE, pg. 1056
STUDIO CENTER, pg. 1056
STUDIO D MARKETING COMMUNICATIONS, pg. 1056
STUDIO MARKETING J. WALTER THOMPSON -see J. WALTER THOMPSON, pg. 559
STUDIO MARKETING -see J. WALTER THOMPSON, pg. 561
STUDIO WULF, pg. 1056
STUDIO303INC., pg. 1056
STUDIOTHINK, pg. 1056
STUN CREATIVE, pg. 1057
STUNTMAN PUBLIC RELATIONS, pg. 1653
STURGES WORD COMMUNICATIONS, pg. 1654
STYLE ADVERTISING, pg. 1057
STYLE HOUSE PR, pg. 1654
SUASION COMMUNICATIONS GROUP, pg. 1057
SUB ROSA, pg. 1057
SUBJECT MATTER, pg. 1654
SUBLIME COMMUNICATIONS LLC, pg. 1057
SUBMIT EXPRESS INC., pg. 1057
SUBSTANTIAL INC., pg. 1293
SUBURBIA ADVERTISING, pg. 1058
SUDDEN IMPACT MARKETING, pg. 1058
SUDLER & HENNESSEY EUROPEAN HEADQUARTERS - see SUDLER & HENNESSEY WORLDWIDE HEADQUARTERS, pg. 1059
SUDLER & HENNESSEY FRANKFURT -see SUDLER & HENNESSEY WORLDWIDE HEADQUARTERS, pg. 1058
SUDLER & HENNESSEY LTD.-LONDON -see SUDLER & HENNESSEY WORLDWIDE HEADQUARTERS, pg. 1059
SUDLER & HENNESSEY MILAN -see SUDLER & HENNESSEY WORLDWIDE HEADQUARTERS, pg. 1059
SUDLER & HENNESSEY SYDNEY -see SUDLER & HENNESSEY WORLDWIDE HEADQUARTERS, pg. 1058
SUDLER & HENNESSEY WORLDWIDE HEADQUARTERS, pg. 1058
SUDLER & HENNESSEY, pg. 1058
SUE PROCKO PUBLIC RELATIONS, pg. 1654
SUGARTOWN COMMUNICATIONS, pg. 1059
SUITE PUBLIC RELATIONS, pg. 1654
SUITS & SANDALS, LLC, pg. 1293
SUKLE ADVERTISING, INC., pg. 1059
SULLIVAN & ASSOCIATES, pg. 1654
SULLIVAN BRANDING, pg. 1059
SULLIVAN CREATIVE SERVICES, LTD., pg. 1059

INDEX OF AGENCY NAMES

SULLIVAN HIGDON & SINK INCORPORATED, pg. 1059
SULLIVAN HIGDON & SINK INCORPORATED -see SULLIVAN HIGDON & SINK INCORPORATED, pg. 1060
SULLIVAN PERKINS, pg. 1060
SUM DIGITAL INC, pg. 1293
SUMERIAN SPORTS -see TIDESMART GLOBAL, pg. 1103
SUMMERFIELD ADVERTISING INC., pg. 1060
THE SUMMIT GROUP, pg. 1060
SUMMIT GROUP -see SUMMIT MARKETING, pg. 1061
SUMMIT MARKETING, pg. 1060
SUMMIT MARKETING -see SUMMIT MARKETING, pg. 1061
SUN & MOON MARKETING COMMUNICATIONS, INC., pg. 1061
SUNDANCE MARKETING, LLC, pg. 1061
SUNDIN ASSOCIATES, INC., pg. 1061
SUNDOG, pg. 1061
THE SUNFLOWER GROUP, pg. 1417
SUNSHINE SACHS, pg. 1654
SUNSTAR, pg. 1062
SUPER GENIUS LLC, pg. 1062
SUPER TOP SECRET, pg. 1062
SUPERCOOL CREATIVE, pg. 1062
SUPERMOON, pg. 1062
SUPEROXYGEN, INC., pg. 1062
SUPERUNION, pg. 1062
SUPERUNION -see SUPERUNION, pg. 1063
SURDELL & PARTNERS, LLC, pg. 1063
SURE MEDIA GROUP, LLC, pg. 1654
SURPRISE ADVERTISING, pg. 1063
SUSAN BLOND, INC., pg. 1063
SUSAN DAVIS INTERNATIONAL, pg. 1063
SUSSMAN AGENCY, pg. 1064
SUTHERLAND WESTON MARKETING COMMUNICATIONS, pg. 1064
SUTHERLANDGOLD GROUP, pg. 1655
THE SUTTER GROUP, pg. 1064
SUZANNE COLLIER PUBLIC RELATIONS, pg. 1655
SVM PUBLIC RELATIONS & MARKETING COMMUNICATIONS, pg. 1064
SWAFFORD & COMPANY ADVERTISING, pg. 1064
SWAN ADVERTISING, pg. 1064
SWANK PUBLIC RELATIONS, pg. 1655
SWANSON COMMUNICATIONS, pg. 1655
SWANSON R, pg. 1064
SWANSON RUSSELL ASSOCIATES, pg. 1064
SWANSON RUSSELL ASSOCIATES -see SWANSON RUSSELL ASSOCIATES, pg. 1065
SWARM NYC, pg. 1293
SWASH LABS, pg. 1065
SWBR, INC., pg. 1065
SWEDA ADVERTISING, pg. 1065
SWEDEN UNLIMITED, pg. 1294
SWEENEY MEDIA MARKETING, pg. 1375
SWEENEY, pg. 1065
SWEENEY -see SWEENEY, pg. 1066
SWEENEYVESTY, pg. 1066
SWELL, pg. 1066
SWELLSHARK, pg. 1066
SWIFT AGENCY, pg. 1066
SWIFT SMART SOLUTIONS, pg. 1066
SWIM CREATIVE, pg. 1067
SWING MEDIA INC., pg. 1375
SWIRL MCGARRYBOWEN, pg. 1067
SWISS COMMERCE, pg. 1067
SWITCH, pg. 1067
SWIZZLE COLLECTIVE, pg. 1067
SWOOP INC., pg. 1067
SWORDFISH COMMUNICATIONS, pg. 1655
SYMMETRI MARKETING GROUP, LLC, pg. 1067
SYMPOINT COMMUNICATIONS, pg. 1655
SYNAPTIC DIGITAL, pg. 1068
SYNCAPSE CORP., pg. 1068
SYNDCTD, pg. 1068
SYNEOS HEALTH COMMUNICATIONS -see SYNEOS HEALTH, INC., pg. 1068
SYNEOS HEALTH, INC., pg. 1068
SYZYGY NEW YORK, pg. 1294
SYZYGY UK LTD -see WPP PLC, pg. 1182
SZEN MARKETING, pg. 1068

T

T. J. SACKS & ASSOCIATES, pg. 1068
T-SIGN STUDIOS LA, pg. 1294
T+P ADVERTISING, pg. 1068
T3, pg. 1069
TABER CREATIVE GROUP, pg. 1069
TACO TRUCK CREATIVE, pg. 1069
TACTICAL MAGIC, pg. 1070
TAFT & PARTNERS, pg. 1070
TAG CREATIVE, pg. 1070
TAG ONLINE INC., pg. 1070
TAG WORLDWIDE, pg. 1070
TAG, pg. 1070
TAGLINE MEDIA GROUP, pg. 1070
TAGTEAM BUSINESS PARTNERS LLC, pg. 1070
TAIGMARKS INC., pg. 1071
TAILFIN, pg. 1071
TAILORED MARKETING INC., pg. 1071
TAIVAS -see OGILVY, pg. 813
TAKE 5 MEDIA GROUP, pg. 1071
TALK GLOBAL -see M&C SAATCHI PLC, pg. 663
TALLGRASS PUBLIC RELATIONS, pg. 1655
TAM-TAM/TBWA -see TBWA/WORLDWIDE, pg. 1079
TAMBOURINE, pg. 1071
TAMM + KIT, pg. 1071
TANDEM PR, pg. 1655
TANDEM THEORY, pg. 1072
TANEN DIRECTED ADVERTISING, pg. 1072
TANGELO, pg. 1072
TANGIBLE MEDIA, INC., pg. 1375
TANIS COMMUNICATIONS, pg. 1072
TANK, pg. 1072
TANNER + WEST ADVERTISING & DESIGN AGENCY, pg. 1072
TAOTI CREATIVE, pg. 1294
TAPIA ADVERTISING, pg. 1072
TAPROOT CREATIVE, pg. 1072
TARA, INK., pg. 1073
TARGET + RESPONSE INC., pg. 1073
TARGET ENTERPRISES, INC., pg. 1375
TARGET MARKETING & COMMUNICATIONS INC., pg. 1073
TARGET MARKETING, pg. 1417
TARGET MEDIA USA, pg. 1375
TARGET, pg. 1073
TARGETBASE, pg. 1073
TARGETBASE -see TARGETBASE, pg. 1074
TARGETED VICTORY LLC, pg. 1074
TARGET:HEALTH -see KINETIC, pg. 1338
TARGETS/LEO BURNETT -see LEO BURNETT WORLDWIDE, INC., pg. 627
TARTAGLIA COMMUNICATIONS, pg. 1074
TARTAN MARKETING, pg. 1074
THE TASC GROUP, pg. 1655
TASTE ADVERTISING, BRANDING & PACKAGING, pg. 1074
TATTOO PROJECTS, pg. 1074
TAUBE/VIOLANTE, INC., pg. 1074
TAXI 2 -see TAXI, pg. 1075
TAXI CALGARY -see TAXI, pg. 1075
TAXI NEW YORK -see TAXI, pg. 1075
TAXI VANCOUVER -see TAXI, pg. 1075
TAXI, pg. 1075
TAYLOE GRAY LLC, pg. 1076
TAYLOR & COMPANY, pg. 1656
TAYLOR & MARTIN, INC., pg. 1227
TAYLOR & POND CORPORATE COMMUNICATIONS, pg. 1076
TAYLOR JOHNSON, pg. 1656
TAYLOR WEST ADVERTISING, pg. 1076
TAYLOR, pg. 1655
TAYLOR -see TAYLOR, pg. 1656
TBC DIRECT, INC. -see TBC INC., pg. 1076
TBC, INC./PR DIVISION, pg. 1656
TBC INC., pg. 1076
TBD, pg. 1076
TBWA AB STOCKHOLM -see TBWA/WORLDWIDE, pg. 1085
TBWA ASIA PACIFIC -see TBWA/WORLDWIDE, pg. 1089
TBWA AUCKLAND -see TBWA/WORLDWIDE, pg. 1091
TBWA BRUSSELS -see TBWA/WORLDWIDE, pg. 1080
TBWA BUDAPEST -see TBWA/WORLDWIDE, pg. 1083
TBWA CENTRAL ASIA -see TBWA/WORLDWIDE, pg. 1088
TBWACHIATDAY LOS ANGELES -see TBWA/WORLDWIDE, pg. 1077
TBWA CHIAT DAY NEW YORK -see TBWA/WORLDWIDE, pg. 1078
TBWA/COLOMBIA SUIZA DE PUBLICIDAD LTDA -see TBWA/WORLDWIDE, pg. 1092
TBWA/COMPACT -see TBWA/WORLDWIDE, pg. 1081
TBWA COMPANY GROUP -see TBWA/WORLDWIDE, pg. 1084
TBWA CONCEPT UNIT -see TBWA/WORLDWIDE, pg. 1087
TBWA COPENHAGEN -see TBWA/WORLDWIDE, pg. 1080
TBWA CORPORATE -see TBWA/WORLDWIDE, pg. 1081
TBWA COSTA RICA -see TBWA/WORLDWIDE, pg. 1092
TBWA DESIGNERS COMPANY -see TBWA/WORLDWIDE, pg. 1084
TBWA DIGITAL ARTS NETWORK -see TBWA/WORLDWIDE, pg. 1078
TBWADUBLIN -see TBWA/WORLDWIDE, pg. 1083
TBWA DURBAN -see TBWA/WORLDWIDE, pg. 1087
TBWA ESPANA -see TBWA/WORLDWIDE, pg. 1085
TBWA ESTONIA -see TBWA/WORLDWIDE, pg. 1080
TBWA EUROPE -see TBWA/WORLDWIDE, pg. 1081
TBWA FREDERICK -see TBWA/WORLDWIDE, pg. 1092
TBWA/G1 -see TBWA/WORLDWIDE, pg. 1081
TBWA GERMANY, BERLIN -see TBWA/WORLDWIDE, pg. 1082
TBWA/GERMANY -see TBWA/WORLDWIDE, pg. 1082
TBWA GERMANY -see TBWA/WORLDWIDE, pg. 1082
TBWA GREATER CHINA -see TBWA/WORLDWIDE, pg. 1089
TBWA GROUP POLAND -see TBWA/WORLDWIDE, pg. 1084
TBWA GROUP -see TBWA/WORLDWIDE, pg. 1080
TBWA/GUATEMALA -see TBWA/WORLDWIDE, pg. 1092
TBWA/HAKUHODO -see TBWA/WORLDWIDE, pg. 1090
TBWA HEALTH A.G. -see TBWA/WORLDWIDE, pg. 1085
TBWA HONG KONG -see TBWA/WORLDWIDE, pg. 1089
TBWA HUNT LASCARIS CAPE TOWN -see TBWA/WORLDWIDE, pg. 1087
TBWA HUNT LASCARIS (DURBAN) -see TBWA/WORLDWIDE, pg. 1087
TBWA HUNT LASCARIS (JOHANNESBURG) -see TBWA/WORLDWIDE, pg. 1087
TBWA INDIA -see TBWA/WORLDWIDE, pg. 1090
TBWA INTERACTIVE -see TBWA/WORLDWIDE, pg. 1080
TBWA ISC MALAYSIA -see TBWA/WORLDWIDE, pg. 1091
TBWA ISTANBUL -see TBWA/WORLDWIDE, pg. 1088
TBWA ITALIA -see TBWA/WORLDWIDE, pg. 1083
TBWA KOREA -see TBWA/WORLDWIDE, pg. 1092
TBWA LATVIJA -see TBWA/WORLDWIDE, pg. 1083
TBWA LISBON -see TBWA/WORLDWIDE, pg. 1084
TBWALONDON -see TBWA/WORLDWIDE, pg. 1086
TBWA LOS ANGELES -see TBWA/WORLDWIDE, pg. 1078
TBWA/MANCHESTER -see TBWA/WORLDWIDE, pg. 1086
TBWAMEDIA ARTS LAB -see TBWA/WORLDWIDE, pg. 1078
TBWA MELBOURNE -see TBWA/WORLDWIDE, pg. 1088
TBWA NEBOKO -see TBWA/WORLDWIDE, pg. 1084
TBWA NORTH AMERICA -see TBWA/WORLDWIDE, pg. 1079
TBWA/PARAGON -see TBWA/WORLDWIDE, pg. 1087
TBWA PARIS -see TBWA/WORLDWIDE, pg. 1081
TBWA PERU -see TBWA/WORLDWIDE, pg. 1093
TBWA PHS -see TBWA/WORLDWIDE, pg. 1080
TBWA RAAD -see TBWA/WORLDWIDE, pg. 1088
TBWA RAAD -see TBWA/WORLDWIDE, pg. 1093
TBWA ROMA -see TBWA/WORLDWIDE, pg. 1083
TBWA SANTIAGO MANGADA PUNO -see TBWA/WORLDWIDE, pg. 1091
TBWA SHANGHAI -see TBWA/WORLDWIDE, pg. 1090
TBWA SINGAPORE -see TBWA/WORLDWIDE, pg. 1091
TBWA SOUTH AFRICA GROUP -see TBWA/WORLDWIDE, pg. 1087
TBWA STOCKHOLM -see TBWA/WORLDWIDE, pg. 1085
TBWA SWITZERLAND A.G. -see TBWA/WORLDWIDE, pg. 1085
TBWA SYDNEY -see TBWA/WORLDWIDE, pg. 1089
TBWA THAILAND -see TBWA/WORLDWIDE, pg. 1092
TBWA/UK GROUP -see TBWA/WORLDWIDE, pg. 1086
TBWA/UNITED STATE OF FANS -see TBWA/WORLDWIDE, pg. 1084
TBWA/VIETNAM -see TBWA/WORLDWIDE, pg. 1092
TBWA WARSZAWA -see TBWA/WORLDWIDE, pg. 1084
TBWA WIEN -see TBWA/WORLDWIDE, pg. 1079
TBWAWORLDHEALTH LONDON -see TBWA/WORLDWIDE, pg. 1086
TBWA/WORLDHEALTH, pg. 1077
TBWA/WORLDWIDE, pg. 1077
TBWAWORLDHEALTH -see TBWA/WORLDHEALTH, pg. 1077

AGENCIES
INDEX OF AGENCY NAMES

TC CREATIVES LLC, pg. 1093
TC PUBLIC RELATIONS, pg. 1656
TCAA, pg. 1093
TCGPR, pg. 1656
TCI-SMITH PUBLICITY, pg. 1656
TCP-TBWA INDONESIA -see TBWA/WORLDWIDE, pg. 1090
TCREATIVE, INC., pg. 1093
TCS ADVERTISING, pg. 1093
TCS MEDIA, INC., pg. 1094
TDA GROUP, pg. 1094
TDA_BOULDER, pg. 1094
TDG COMMUNICATIONS, pg. 1094
TDW+CO, pg. 1094
TEAGUE COMMUNICATION, pg. 1656
TEAK MEDIA & COMMUNICATION, pg. 1657
TEAK, pg. 1094
TEAM CREATIF USA, pg. 1095
TEAM ENTERPRISES, INC. -see MDC PARTNERS INC., pg. 723
TEAM EPIPHANY, pg. 1095
TEAM ONE USA, pg. 1095
TEAM SAATCHI/SAATCHI & SAATCHI HEALTHCARE - see SAATCHI & SAATCHI, pg. 983
TEAM VELOCITY MARKETING, LLC, pg. 1095
TEAM VISION, pg. 1657
TEAM/Y&R ABU DHABI -see YOUNG & RUBICAM, pg. 1205
TEAM/Y&R HQ DUBAI -see YOUNG & RUBICAM, pg. 1205
TEC DIRECT MEDIA, INC., pg. 1375
TECH IMAGE LTD., pg. 1657
TECHNICAL PROMOTIONS, pg. 1227
TECHNOGICS INC., pg. 1294
TECHTARGET, INC., pg. 1095
TELARIA, INC., pg. 1294
TELESCO CREATIVE GROUP, pg. 1096
TELEVISION AD GROUP, pg. 1375
TELIA & PAVLA BBDO -see BBDO WORLDWIDE INC., pg. 104
TELL YOUR STORY, pg. 1096
TELLEM GRODY PUBLIC RELATIONS, INC., pg. 1657
TEMPO CREATIVE, INC., pg. 1096
TEN BRIDGE COMMUNICATIONS, INC., pg. 1096
TEN, pg. 1096
TENDO COMMUNICATIONS INC., pg. 1096
TENET PARTNERS, pg. 1096
TENNESSEE PRESS SERVICE, INC, pg. 1375
TENTH CROW CREATIVE, pg. 1097
TENZING COMMUNICATIONS, pg. 1097
TEQUILA AGENCY.COM -see TBWA/WORLDWIDE, pg. 1080
TEQUILA COMMUNICATION & MARKETING INC., pg. 1097
TEQUILA DURBAN MARKETING SERVICES -see TBWA/WORLDWIDE, pg. 1088
TEQUILA ESECE -see TBWA/WORLDWIDE, pg. 1093
TEQUILA GUATEMALA -see TBWA/WORLDWIDE, pg. 1092
TERAN TBWA -see TBWA/WORLDWIDE, pg. 1092
TERRA PUBLIC RELATIONS, pg. 1657
TERRAIN COLLECTIVE, pg. 1097
THE TERRI & SANDY SOLUTION, pg. 1097
TERZETTO CREATIVE, pg. 1097
TESSER INC., pg. 1097
TETHER, INC., pg. 1097
TEUWEN COMMUNICATIONS, pg. 1657
TEXAS CREATIVE, pg. 1098
TEXAS FARM PRODUCTS ADVERTISING, pg. 1227
TEXAS PRESS ASSOCIATION, pg. 1375
TEXT 100 BOSTON CORP. -see TEXT 100 GLOBAL PUBLIC RELATIONS, pg. 1658
TEXT 100 GLOBAL PUBLIC RELATIONS, pg. 1657
TEXT 100 HONG KONG -see TEXT 100 GLOBAL PUBLIC RELATIONS, pg. 1658
TEXT 100 INDIA PVT. LTD. -see TEXT 100 GLOBAL PUBLIC RELATIONS, pg. 1659
TEXT 100 MADRID S.L. -see TEXT 100 GLOBAL PUBLIC RELATIONS, pg. 1658
TEXT 100 MILAN S.R.L. -see TEXT 100 GLOBAL PUBLIC RELATIONS, pg. 1658
TEXT 100 MUNICH GMBH -see TEXT 100 GLOBAL PUBLIC RELATIONS, pg. 1658
TEXT 100 NEW YORK CORP. -see TEXT 100 GLOBAL PUBLIC RELATIONS, pg. 1658
TEXT 100 ROCHESTER CORP. -see TEXT 100 GLOBAL PUBLIC RELATIONS, pg. 1658
TEXT 100 SHANGHAI -see TEXT 100 GLOBAL PUBLIC RELATIONS, pg. 1659
TEXT 100 SINGAPORE PVT. LTD. -see TEXT 100 GLOBAL PUBLIC RELATIONS, pg. 1659
TEXT 100 SYDNEY -see TEXT 100 GLOBAL PUBLIC RELATIONS, pg. 1658
THACHER INTERACTIVE LLC, pg. 1098
THAT AGENCY, pg. 1098
THAYER MEDIA, INC., pg. 1376
THE1STMOVEMENT, pg. 1098
THEAUDIENCE, pg. 1098
THEFRAMEWORKS, pg. 1098
THEOREM, pg. 1294
THEORY SF, pg. 1294
THEPRGUY, pg. 1659
THERAPY, pg. 1098
THESE DAYS Y&R -see YOUNG & RUBICAM, pg. 1202
THESEUS COMMUNICATIONS, pg. 1376
THIEL DESIGN LLC, pg. 1098
THINK AGENCY, pg. 1099
THINK COMMUNICATIONS GROUP, LLC, pg. 1099
THINK CREATIVE INC., pg. 1099
THINK, INC., pg. 1099
THINK NOCTURNAL LLC, pg. 1099
THINK SHIFT, pg. 1099
THINK TANK COMMUNICATIONS, pg. 1099
THINK TANK PR & MARKETING, pg. 1659
THINKERBELL, pg. 1099
THINKHOUSE, pg. 1100
THINKINK COMMUNICATIONS, pg. 1100
THINKMODO, INC., pg. 1100
THINKPR, pg. 1659
THINKSO CREATIVE LLC, pg. 1100
THINKZILLA, pg. 1659
THIRD DEGREE ADVERTISING, pg. 1100
THIRD RAIL CREATIVE, pg. 1100
THIRD STREET MEDIA GROUP, pg. 1659
THIRD WAVE DIGITAL, pg. 1101
THIRDEYE DESIGN, pg. 1101
THIRDWAVE, LLC, pg. 1295
THIS IS CROWD LTD, pg. 1101
THIS IS RED, pg. 1101
THOMA & THOMA CREATIVE SERVICES, INC., pg. 1101
THOMAS BOYD COMMUNICATIONS, pg. 1101
THOMAS J. PAYNE MARKET DEVELOPMENT, pg. 1659
THOMAS PUBLIC RELATIONS INC, pg. 1660
THOMAS PUCKETT ADVERTISING, pg. 1101
THOMPSON ADVERTISING, INC., pg. 1101
THE THOMPSON AGENCY, pg. 1101
THOMPSON & BENDER, pg. 1101
THOMPSON & CO. PUBLIC RELATIONS, pg. 1660
THOMSON COMMUNICATIONS, pg. 1660
THORNBERG & FORESTER, pg. 1102
THOUGHT FOR FOOD & SON LLC, pg. 1660
THREAD CONNECTED CONTENT, pg. 1102
THREE ATLANTA, pg. 1102
THREE BOX STRATEGIC COMMUNICATIONS, INC., pg. 1660
THREE GIRLS MEDIA, INC., pg. 1660
THREE LAKES MARKETING, pg. 1102
THREE21, pg. 1295
THREESPOT MEDIA, LLC, pg. 1295
THRIVE ADVERTISING CO., pg. 1102
THRIVE PR, pg. 1660
THUG, LLC, pg. 1102
TIBEREND STRATEGIC ADVISORS, pg. 1102
TIC TOC, pg. 1102
TIDAL SHORES INC., pg. 1102
TIDESMART GLOBAL, pg. 1103
TIEMPO BBDO -see BBDO WORLDWIDE INC., pg. 108
TIER ONE PARTNERS, pg. 1660
TIER10 MARKETING, pg. 1103
TIERNEY COMMUNICATIONS, pg. 1103
TILLMAN, ALLEN, GREER, pg. 1104
TILSON PR, pg. 1661
TILTED CHAIR CREATIVE, pg. 1104
TIME ADVERTISING, pg. 1104
TIMEZONEONE, pg. 1104
TIMMERMANN GROUP, pg. 1295
TIMMONS & COMPANY, INC., pg. 1104
TINA THOMSON, pg. 1104
TINSLEY ADVERTISING, pg. 1104
TINSLEY CREATIVE, pg. 1105
TIPPING POINT COMMUNICATIONS INC. -see TIPPING POINT COMMUNICATIONS, pg. 1105
TIPPING POINT COMMUNICATIONS, pg. 1105
TIPPIT & MOO ADVERTISING, pg. 1105
TIPTON & MAGLIONE INC., pg. 1417
TIPTON COMMUNICATIONS, pg. 1105
TIVOLI PARTNERS, pg. 1105
TIZIANI & WHITMYRE, INC., pg. 1105
TJM COMMUNICATIONS, pg. 1106
TKO ADVERTISING, pg. 1106
TLGG, pg. 1106
TM ADVERTISING, pg. 1106
TMA+PERITUS, pg. 1106
TMC COMMUNICATIONS, LLC, pg. 1106
TMINUS1 CREATIVE, INC., pg. 1107
TMP WORLDWIDE ADVERTISING & COMMUNICATIONS, LLC, pg. 1107
TMP WORLDWIDE/ADVERTISING & COMMUNICATIONS -see TMP WORLDWIDE ADVERTISING & COMMUNICATIONS, LLC, pg. 1107
TMP WORLDWIDE/ADVERTISING & COMMUNICATIONS -see TMP WORLDWIDE ADVERTISING & COMMUNICATIONS, LLC, pg. 1108
TNG, pg. 1108
TODD ALLEN DESIGN, pg. 1108
TOGORUN -see FLEISHMANHILLARD INC., pg. 1508
TOLLESON DESIGN, INC., pg. 1108
TOM, DICK & HARRY CREATIVE, pg. 1108
TOM SCOTT COMMUNICATION SHOP, pg. 1108
THE TOMBRAS GROUP, pg. 1108
TOMMASI PR, pg. 1661
TOMSHEEHAN WORLDWIDE, pg. 1109
TONGAL, pg. 1295
TONIC BLUE COMMUNICATIONS, pg. 1109
TONIC, pg. 1109
TOOL GUY PR, pg. 1661
TOOLHOUSE INC., pg. 1109
TOP FLOOR TECHNOLOGIES, pg. 1110
TOP HAND MEDIA, pg. 1110
TOPETE/STONEFIELD, INC., pg. 1110
TOPFIRE MEDIA, pg. 1661
THE TOPSPIN GROUP, pg. 1110
TORCH GROUP, pg. 1110
TORQUE, pg. 1110
TORRES MULTICULTURAL COMMUNICATIONS, pg. 1661
TOTAL BS MEDIA, pg. 1110
TOTAL MARKET EXPOSURE, pg. 1110
TOTAL PROMOTIONS, pg. 1417
TOTALCOM, INC. -see TOTALCOM MARKETING, INC., pg. 1111
TOTALCOM MARKETING, INC., pg. 1110
TOTH BRAND IMAGING, pg. 1111
TOUCHDOWN MEDIA, pg. 1111
TOUCHDOWN PR, pg. 1661
TOUCHPOINT COMMUNICATIONS, pg. 1111
TOUCHPOINTS MARKETING, LLC, pg. 1111
TOWER MARKETING, pg. 1111
TOWNHOUSE, pg. 1112
TPG DIRECT -see DIVERSIFIED AGENCY SERVICES, pg. 307
TPN INC., pg. 1418
TR CUTLER, INC., pg. 1661
TRACK -see DIVERSIFIED AGENCY SERVICES, pg. 307
TRACK -see OMNICOM GROUP INC., pg. 837
TRACKDDB -see RAPP, pg. 931
TRACTENBERG & CO., pg. 1112
TRACTION CORPORATION, pg. 1112
TRACTION FACTORY, pg. 1112
TRACTION PUBLIC RELATIONS, pg. 1662
TRACTION, pg. 1112
TRACTORBEAM, pg. 1112
TRACYLOCKE, pg. 1113
TRADECRAFT, pg. 1113
TRADEMARK ADVERTISING, pg. 1113
TRADEMARK PRODUCTIONS, pg. 1113
TRAFFIC DIGITAL AGENCY, pg. 1295
TRAFFIK, pg. 1113
TRANSIT MEDIA GROUP, pg. 1376
TRANSLATION LLC, pg. 1113
TRANSMEDIA GROUP, pg. 1662
TRANSPARENT HOUSE, pg. 1114
TRANSWORLD ADVERTISING, INC., pg. 1114
TRAPEZE COMMUNICATIONS, pg. 1114
TRAVEL SPIKE, LLC, pg. 1114
TREBLE PUBLIC RELATIONS, pg. 1662
TREE RING DIGITAL, pg. 1114
TREEFROG MARKETING AND COMMUNICATIONS, pg. 1114
TREETREE, pg. 1114
TREFOIL GROUP, pg. 1114
TREISTER MURRY AGENCY, pg. 1115
TRELLIS MARKETING, INC, pg. 1115
TRENDLINE INTERACTIVE, pg. 1115

A-42

INDEX OF AGENCY NAMES — AGENCIES

TRENDYMINDS INC, pg. 1115
TREPOINT BARC, pg. 1418
TREVELINO/KELLER, pg. 1662
TREVOR PETER COMMUNICATIONS LTD, pg. 1115
TRI-MEDIA INTEGRATED MARKETING TECHNOLOGIES INC., pg. 1115
TRIAD ADVERTISING, pg. 1116
TRIAD BUSINESS MARKETING, pg. 1116
TRIAD RETAIL MEDIA, LLC, pg. 1116
TRIAD, pg. 1115
TRIBAL FUSION, INC., pg. 1376
TRIBAL WORLDWIDE AMSTERDAM -see TRIBAL WORLDWIDE, pg. 1296
TRIBAL WORLDWIDE ATHENS -see TRIBAL WORLDWIDE, pg. 1296
TRIBAL WORLDWIDE CHICAGO -see TRIBAL WORLDWIDE, pg. 1296
TRIBAL WORLDWIDE HAMBURG -see TRIBAL WORLDWIDE, pg. 1296
TRIBAL WORLDWIDE LONDON -see TRIBAL WORLDWIDE, pg. 1296
TRIBAL WORLDWIDE MALAYSIA -see TRIBAL WORLDWIDE, pg. 1297
TRIBAL WORLDWIDE MELBOURNE -see TRIBAL WORLDWIDE, pg. 1297
TRIBAL WORLDWIDE MILAN -see TRIBAL WORLDWIDE, pg. 1297
TRIBAL WORLDWIDE SINGAPORE -see TRIBAL WORLDWIDE, pg. 1297
TRIBAL WORLDWIDE SYDNEY -see TRIBAL WORLDWIDE, pg. 1297
TRIBAL WORLDWIDE TORONTO -see TRIBAL WORLDWIDE, pg. 1296
TRIBAL WORLDWIDE VANCOUVER -see TRIBAL WORLDWIDE, pg. 1296
TRIBAL WORLDWIDE -see DDB WORLDWIDE COMMUNICATIONS GROUP INC., pg. 274
TRIBAL WORLDWIDE, pg. 1295
TRIBALVISION, pg. 1116
TRIBE, pg. 1116
TRIBU, pg. 1116
TRIBUNE DIRECT MARKETING, INC., pg. 1228
TRICKEY JENNUS. INC, pg. 1117
TRICOM ASSOCIATES, pg. 1117
TRICOMB2B, pg. 1117
TRIER AND COMPANY, pg. 1117
TRIFECTA, pg. 1117
TRIGGER AGENCY, pg. 1418
TRIGGER COMMUNICATIONS & DESIGN, pg. 1117
TRIGGERFISH MARKETING, pg. 1117
TRIGHTON INTERACTIVE, pg. 1297
TRILIA MEDIA, pg. 1117
TRILION STUDIOS, pg. 1228
TRILIX MARKETING GROUP, INC., pg. 1117
TRILLION CREATIVE LLC, pg. 1118
TRILOGY INTERACTIVE LLC, pg. 1118
TRIMARK DIGITAL, pg. 1297
TRIMENTION ADVERTISING, pg. 1118
TRINET INTERNET SOLUTIONS, INC., pg. 1118
TRIO GROUP NW, pg. 1118
TRIPLE 7 PUBLIC RELATIONS, LLC., pg. 1663
TRIPLEINK, pg. 1118
TRIPLEPOINT, pg. 1663
TRIPTENT INC, pg. 1119
TRIZCOM, INC., pg. 1663
TRO -see DIVERSIFIED AGENCY SERVICES, pg. 307
TROIKA DESIGN GROUP, pg. 1119
TROLLBACK + COMPANY, pg. 1119
TRONE BRAND ENERGY, INC., pg. 1119
TRONVIG GROUP, pg. 1119
TROSPER COMMUNICATIONS LLC, pg. 1663
TRUE BLUE COMMUNICATIONS, pg. 1663
TRUE MEDIA, pg. 1376
TRUE MEDIA -see TRUE MEDIA, pg. 1377
TRUE NORTH INC., pg. 1119
TRUE NORTH INTERACTIVE, pg. 1298
TRUE POINT COMMUNICATIONS, pg. 1663
TRUFFLE PIG, pg. 1120
TRUMPET LLC, pg. 1120
TRUNGALE EGAN + ASSOCIATES, pg. 1120
TRUSCOTT ROSSMAN, pg. 1120
TRUTH BE TOLD PR, pg. 1418
TRUTH COLLECTIVE LLC, pg. 1120
TRUTH NORTH MARKETING + PUBLIC RELATIONS, pg. 1663
TRY J ADVERTISING, pg. 1120
TSA COMMUNICATIONS, INC., pg. 1121
TSAICOMMS, pg. 1121

TSM DESIGN, pg. 1663
TSN ADVERTISING, pg. 1121
TTC GROUP, pg. 1663
TTG PARTNERSHIPS, pg. 1121
TUCCI CREATIVE INC, pg. 1121
TUCKER & ASSOCIATES, pg. 1663
TUCKER/HALL, INC., pg. 1663
TUERFF-DAVIS ENVIROMEDIA, pg. 1664
TUFFY ADVERTISING, pg. 1228
TUNGSTEN CREATIVE GROUP, pg. 1121
TUNHEIM PARTNERS, pg. 1664
TURCHETTE ADVERTISING AGENCY LLC, pg. 1121
TUREC ADVERTISING ASSOCIATES, INC., pg. 1122
TURKEL BRANDS, pg. 1122
TURN KEY OFFICE LTD, pg. 1122
TURNER DUCKWORTH DESIGN, pg. 1122
TURNER DUCKWORTH -see PUBLICIS GROUPE S.A., pg. 903
TURNER PUBLIC RELATIONS, pg. 1664
TURNPOST CREATIVE GROUP, pg. 1122
TURNSTILE INC., pg. 1123
TURNSTILE, pg. 1122
TURTLEDOVE CLEMENS, INC., pg. 1123
TUS ISOBAR -see ISOBAR US, pg. 550
TUXEDO AGENCY, pg. 1123
TV, INC., pg. 1123
TVA MEDIA GROUP, INC., pg. 1298
TVGLA, pg. 1123
TVI DESIGNS, pg. 1298
TWENTY FOUR SEVEN, INC., pg. 1123
TWENTY FOUR SEVEN -see TWENTY FOUR SEVEN, INC., pg. 1123
TWEYEN INC, pg. 1123
TWG COMMUNICATIONS, pg. 1123
TWIN ADVERTISING, pg. 1124
TWINOAKS, pg. 1124
TWIST CREATIVE INC., pg. 1124
TWISTED ROPE, pg. 1298
TWO BY FOUR, pg. 1124
TWO NIL, pg. 1377
TWO RIVERS MARKETING, pg. 1124
TWO WEST, INC., pg. 1124
TWOFIFTEENMCCANN, pg. 1124
TYLER BARNETT PUBLIC RELATIONS, pg. 1664
TYPEWORK STUDIO, pg. 1125
TYSON ASSOCIATES, INC., pg. 1125

U

U30 GROUP, INC. -see DIVERSIFIED AGENCY SERVICES, pg. 307
UADV MEDIA & ADVERTISING, pg. 1125
UBACHSWISBRUN J. WALTER THOMPSON -see J. WALTER THOMPSON, pg. 560
UBM CANON, pg. 1125
UBU ENTERPRISES, pg. 1125
UGLY DOG MEDIA INC., pg. 1664
UM CANADA, pg. 1377
UM LA -see UM NY, pg. 1377
UM NY, pg. 1377
UM SAN FRANCISCO, pg. 1378
UM -see MCCANN, pg. 702
UM -see MCCANN, pg. 704
UM -see MCCANN, pg. 710
UM -see UM NY, pg. 1378
UMLAUT, pg. 1125
UN/COMMON, pg. 1125
UNANIMOUS, pg. 1125
UNBOUNDARY, INC., pg. 1126
UNCLE GREY A/S -see GREY NEW YORK, pg. 440
UNCLE GREY OSLO -see GREY NEW YORK, pg. 441
UNDERGROUND ADVERTISING, pg. 1126
UNDERSCORE MARKETING LLC, pg. 1378
UNDERTONE, pg. 1126
UNDIVIDED, pg. 1126
THE UNGAR GROUP, pg. 1126
UNIFIED GROCERS INC., pg. 1228
UNION NY DC, pg. 1298
UNION, pg. 1126
UNION, pg. 1298
UNIQUE INFLUENCE, pg. 1126
UNIT PARTNERS, pg. 1127
UNIT9, pg. 1299
UNITED ENTERTAINMENT GROUP, pg. 1127
UNITED LANDMARK ASSOCIATES, INC., pg. 1127
UNITED TALENT AGENCY, LLC, pg. 1127
UNITREND LTD. -see MCCANN, pg. 701

UNITY WORKS, pg. 1127
UNIVERSAL MEDIA INC., pg. 1378
UNIVERSAL MUSIC GROUP ADVERTISING & MEDIA SERVICES, pg. 1228
UNLEADED COMMUNICATIONS, INC., pg. 1127
THE UNREAL AGENCY, pg. 1127
UNSER COMMUNICATIONS, pg. 1665
UNTITLED WORLDWIDE, pg. 1128
UP AGENCY, pg. 1128
UPBEAT MARKETING, pg. 1128
UPBRAND COLLABORATIVE, pg. 1128
UPP ENTERTAINMENT MARKETING, pg. 1128
UPRAISE MARKETING & PR, pg. 1665
UPROAR PR, pg. 1665
UPROAR, pg. 1128
UPSHIFT CREATIVE GROUP, pg. 1128
UPSHOT, pg. 1128
UPSPRING PR, pg. 1665
UPTOWN PR, pg. 1665
URBAN COMMUNICATIONS, pg. 1378
URIAS COMMUNICATIONS, pg. 1665
US INTERACTIVE MEDIA, pg. 1129
U.S. INTERNATIONAL MEDIA, LLC, pg. 1378
USADWEB, LLC, pg. 1129
USE ALL FIVE INC., pg. 1129
THE UTMOST GROUP, pg. 1129
UWG, pg. 1129
THE UXB, pg. 1129

V

V-FLUENCE INTERACTIVE PUBLIC RELATIONS, INC., pg. 1129
V2 MARKETING COMMUNICATIONS, pg. 1130
V2G INTERACTIVE, pg. 1299
VALASSIS 1 TO 1 SOLUTIONS, pg. 1130
VALDEZ & TORRY ADVERTISING LIMITED -see GREY NEW YORK, pg. 444
VALMARK ASSOCIATES, LLC, pg. 1130
VALPO MEDIOS, INC., pg. 1379
VAN EPEREN & COMPANY, pg. 1665
VAN WAGNER COMMUNICATIONS, LLC., pg. 1130
VAN WAGNER SPORTS GROUP LLC -see VAN WAGNER COMMUNICATIONS, LLC., pg. 1130
VAN WINKLE & ASSOCIATES, pg. 1130
VANDER HOUWEN PUBLIC RELATIONS, INC., pg. 1666
THE VANDIVER GROUP INC., pg. 1666
VANGUARD PUBLIC AFFAIRS, INC., pg. 1666
VANGUARDCOMM, pg. 1130
VAN'S GENERAL STORE, pg. 1131
VANTAGEPOINT, INC, pg. 1131
VARALLO PUBLIC RELATIONS, pg. 1666
VARCOM SOLUTIONS LLC, pg. 1666
VARGAS & AMIGOS INC., pg. 1131
THE VARIABLE AGENCY, pg. 1131
VARIABLE, pg. 1131
VARICK MEDIA MANAGEMENT, pg. 1379
VARSITY -see PAVONE, pg. 860
VAULT COMMUNICATIONS, INC., pg. 1666
THE VAULT NYC, pg. 1132
VAULT49, pg. 1132
VAYNERMEDIA, pg. 1299
VBAT -see WPP PLC, pg. 1182
VBP ORANGE, pg. 1132
VECTOR 5, pg. 1418
VECTOR MEDIA GROUP, pg. 1299
VECTOR MEDIA, pg. 1132
VEHR COMMUNICATIONS, LLC, pg. 1666
VELA ADVERTISING, pg. 1132
VELA AGENCY, pg. 1132
VELIR INC., pg. 1299
VELOCITAS, pg. 1666
VELOCITY AGENCY, pg. 1132
VELOCITY MEDIA, pg. 1132
VELOWERKS, pg. 1299
VENABLES, BELL & PARTNERS, pg. 1132
VENDI ADVERTISING, pg. 1133
VENEZIA DESIGN INC., pg. 1133
VENTURA ASSOCIATES INTERNATIONAL LLC, pg. 1418
VENTURE COMMUNICATIONS LTD., pg. 1133
VENTURE, pg. 1133
VERASOLVE, pg. 1133
VERASONI WORLDWIDE, pg. 1666
VERBA S.R.L. ADVERTISING -see DDB WORLDWIDE COMMUNICATIONS GROUP INC., pg. 276
VERBAL+VISUAL, pg. 1300

AGENCIES
INDEX OF AGENCY NAMES

VERBFACTORY, pg. 1133
VERDE BRAND COMMUNICATIONS, pg. 1667
VERDIN, pg. 1134
VERITAS COMMUNICATIONS, INC. -see MDC PARTNERS INC., pg. 723
VERITONE MEDIA, pg. 1134
VERMILION INC., pg. 1134
VERMONT SKI AREA ASSOCIATION, pg. 1228
VERSA CREATIVE GROUP, pg. 1134
VERSANT, pg. 1134
VERSION 2.0 COMMUNICATION, pg. 1134
VERSION 2.0 COMMUNICATIONS, pg. 1667
VERSO ADVERTISING, INC., pg. 1134
VERT MOBILE, pg. 1135
VERTIC, pg. 1135
VERTICAL MARKETING NETWORK LLC, pg. 1418
VERTIGO MEDIA GROUP, pg. 1135
VERVE MARKETING & DESIGN, pg. 1135
VERY, INC., pg. 1135
VEST ADVERTISING, pg. 1135
VESTED, pg. 1135
VI MARKETING & BRANDING, pg. 1135
THE VIA AGENCY, pg. 1136
VIA MARKETING, INC., pg. 1136
VIAMARK ADVERTISING, pg. 1136
VIAS LATINO MARKETING, pg. 1136
VIBES MEDIA, pg. 1136
VIBRANCE PR, pg. 1667
VIBRANT CREATIVE, pg. 1136
VIBRANT MEDIA LTD. -see VIBRANT MEDIA, pg. 1137
VIBRANT MEDIA, pg. 1136
VICTORY HEALTHCARE COMMUNICATIONS, pg. 1137
VIEO DESIGN, LLC, pg. 1137
VIETTI MARKETING GROUP, pg. 1137
VIEWPOINT CREATIVE, pg. 1137
VIGET, pg. 1300
VILLING & COMPANY, INC., pg. 1137
VILOCITY INTERACTIVE, INC., pg. 1138
THE VIMARC GROUP, pg. 1138
VIMBY, pg. 1138
VINCODO, pg. 1138
VINE COMMUNICATIONS INC, pg. 1138
VINIZIUS/Y&R -see YOUNG & RUBICAM, pg. 1203
VINUM INC., pg. 1228
VIP MARKETING & ADVERTISING, pg. 1138
VIRGEN ADVERTISING, CORP., pg. 1138
VIRTUAL FARM CREATIVE INC, pg. 1138
VIRTUE WORLDWIDE, pg. 1139
VISIGILITY, pg. 1139
VISINTINE & RYAN PR, pg. 1667
VISION CREATIVE GROUP, INC., pg. 1139
VISION CRITICAL, pg. 1667
VISION7INTERNATIONAL, pg. 1139
VISIONMARK COMMUNICATIONS, pg. 1139
VISIONS ADVERTISING MEDIA, LLC, pg. 1139
VISITECH PR, pg. 1667
VISITURE, pg. 1140
VISTO, pg. 1379
VISTRA COMMUNICATIONS, pg. 1667
VISUAL APP, pg. 1140
VISUAL LURE, pg. 1300
VISUAL PRINT GROUP & DESIGN, pg. 1140
VISUALFIZZ, pg. 1300
VISUALMAX, pg. 1140
VITALINK, pg. 1140
VITAMIN, pg. 1140
VITRO NY -see VITRO, pg. 1141
VITRO, pg. 1141
VITTLES, pg. 1141
VIVA + IMPULSE CREATIVE CO, pg. 1141
VIVA & CO., pg. 1141
VIVA CREATIVE, pg. 1141
VIVA PARTNERSHIP, pg. 1141
VIVALDI, pg. 1142
VIVID CANDI, pg. 1142
VIZION INTERACTIVE, pg. 1142
VIZWERKS, pg. 1142
VLADIMIR JONES, pg. 1142
VMG CREATIVE, pg. 1143
VML, INC., pg. 1143
VML INC -see VML, INC., pg. 1144
VML MEXICO -see VML, INC., pg. 1144
VML-NEW YORK -see VML, INC., pg. 1144
VML QAIS -see VML, INC., pg. 1144
VML-WHITE SALMON -see VML, INC., pg. 1144
VML -see VML, INC., pg. 1144
VML -see VML, INC., pg. 1145
VML, pg. 1300

VOCE COMMUNICATIONS, pg. 1667
VOCO CREATIVE, LLC, pg. 1145
VOG ADVERTISING, pg. 1145
VOGEL MARKETING SOLUTIONS LLC, pg. 1145
THE VOICE, pg. 1145
VOICEFLIX INC, pg. 1145
VOL.4, pg. 1146
VOLTAGE LTD, pg. 1146
VOLUME PUBLIC RELATIONS, pg. 1668
THE VON AGENCY INC, pg. 1146
VORTICOM INC, pg. 1668
VOX GLOBAL, pg. 1146
VOX OPTIMA LLC, pg. 1668
VOX PUBLIC RELATIONS, pg. 1668
VOX SOLID COMMUNICATIONS, pg. 1668
VOXUS INC., pg. 1146
VOXY MEDIA GROUP, pg. 1146
VOYAGE LLC, pg. 1146
VP+C PARTNERS, pg. 1668
VPE PUBLIC RELATIONS, pg. 1668
VREELAND MARKETING & DESIGN, pg. 1146
VRRB INTERACTIVE, pg. 1146
VRTC, INC., pg. 1146
VSA PARTNERS, INC., pg. 1146
VSA PARTNERS, INC. -see VSA PARTNERS, INC., pg. 1147
VSA PARTNERS -see VSA PARTNERS, INC., pg. 1147
VSBROOKS, pg. 1147
VUP MEDIA, pg. 1147
VVL BBDO -see BBDO WORLDWIDE INC., pg. 103

W

W A FISHER, CO., pg. 1147
W & CIE -see HAVAS, pg. 473
W INC., pg. 1147
W+K SAO PAULO -see WIEDEN + KENNEDY, INC., pg. 1164
W2O GROUP, pg. 1148
WACHSMAN PR, pg. 1668
WAGNER DESIGN ASSOCIATES, pg. 1148
THE WAGNER JUNKER AGENCY, pg. 1148
WAGNER MARKETING LLC, pg. 1148
WAGSTAFF WORLDWIDE, pg. 1668
WAGSTAFF WORLDWIDE -see WAGSTAFF WORLDWIDE, pg. 1669
THE WAITE COMPANY, pg. 1148
THE WAKEMAN AGENCY, pg. 1669
WALDINGER CREATIVE, pg. 1148
WALEKPEPPERCOMM, pg. 1669
WALK WEST, pg. 1300
WALKER ADVERTISING, INC., pg. 1148
WALKER & ASSOCIATES, INC., pg. 1148
WALKER & COMPANY, INC., pg. 1149
WALKER BRANDS, pg. 1149
WALKER MARKETING, INC., pg. 1149
WALKER SANDS COMMUNICATIONS, pg. 1669
WALKING STAR MARKETING & DESIGN, pg. 1149
WALKUP ADVERTISING, pg. 1149
WALL STREET COMMUNICATIONS, pg. 1669
THE WALLACE AGENCY, pg. 1149
WALLACE & COMPANY, pg. 1149
WALLAROO MEDIA, pg. 1149
WALLRICH, pg. 1149
WALLWORK CURRY MCKENNA, pg. 1149
WALMART LABS, pg. 1150
WALO CREATIVE, INC, pg. 1150
WALRUS, pg. 1150
WALSH PUBLIC RELATIONS, pg. 1669
WALSH SHEPPARD, pg. 1150
WALT & COMPANY, pg. 1670
WALT KLEIN ADVERTISING, pg. 1150
WALTER F. CAMERON ADVERTISING INC., pg. 1151
WALTON / ISAACSON, pg. 1151
WALTON ISAACSON -see WALTON / ISAACSON, pg. 1151
WALZ TETRICK ADVERTISING, pg. 1151
WANDERLUST, pg. 1151
WARD CREATIVE COMMUNICATIONS, INC., pg. 1670
THE WARD GROUP, pg. 1152
WARD, pg. 1670
WARHAFTIG ASSOCIATES INC., pg. 1152
WARK COMMUNICATIONS, pg. 1152
WARNE/MCKENNA ADVERTISING, pg. 1152
WARNER COMMUNICATIONS, pg. 1670
WARP FACTOR 2, LLC, pg. 1152
WARREN DOUGLAS, pg. 1152

WARSCHAWSKI, pg. 1670
WASABI RABBIT INC, pg. 1152
WASHINGTON MEDIA GROUP, pg. 1153
WASSERMAN & PARTNERS ADVERTISING INC., pg. 1153
WASSERMAN MEDIA GROUP, pg. 1153
WAT - WE ARE TOGETHER -see J. WALTER THOMPSON INSIDE, pg. 566
WATAUGA GROUP, pg. 1153
WATER & WALL GROUP, LLC, pg. 1671
WATERHOUSE PUBLIC RELATIONS, pg. 1671
WATERMARK, pg. 1153
WATERSHED COMMUNICATIONS, pg. 1671
WATERWERKS COMMUNICATIONS, pg. 1153
WATSON COMPANY, pg. 1153
WATSON DESIGN GROUP, pg. 1301
THE WATSONS, pg. 1153
WATT INTERNATIONAL, INC., pg. 1154
WAVELENGTH MARKETING, LLC, pg. 1154
WAVELENGTH, pg. 1154
WAVEMAKER APAC HQ -see WAVEMAKER GLOBAL LTD, pg. 1385
WAVEMAKER - EMEA HQ -see WAVEMAKER GLOBAL LTD, pg. 1381
WAVEMAKER GLOBAL HQ, LONDON -see WAVEMAKER GLOBAL LTD, pg. 1380
WAVEMAKER GLOBAL LTD, pg. 1379
WAVEMAKER - NA HQ, NEW YORK, pg. 1386
WAVEMAKER SAUDI ARABIA -see WAVEMAKER GLOBAL LTD, pg. 1384
WAVEMAKER SOUTH AFRICA -see WAVEMAKER GLOBAL LTD, pg. 1384
WAVEMAKER -see WAVEMAKER GLOBAL LTD, pg. 1380
WAVEMAKER -see WAVEMAKER GLOBAL LTD, pg. 1381
WAVEMAKER -see WAVEMAKER GLOBAL LTD, pg. 1382
WAVEMAKER -see WAVEMAKER GLOBAL LTD, pg. 1383
WAVEMAKER -see WAVEMAKER GLOBAL LTD, pg. 1384
WAVEMAKER -see WAVEMAKER GLOBAL LTD, pg. 1385
WAVEMAKER -see WAVEMAKER GLOBAL LTD, pg. 1386
WAVEMKAKER GMBH -see WAVEMAKER GLOBAL LTD, pg. 1382
WAX CUSTOM COMMUNICATIONS, pg. 1154
WAX PARTNERSHIP, pg. 1154
WAXWORDS INCORPORATED, pg. 1154
WAYMAKER, pg. 1671
WC&G AD LOGIC, pg. 1154
WC MEDIA INC., pg. 1154
WCG, pg. 1671
WE ARE ALEXANDER, pg. 1155
WE ARE LISTEN LLC, pg. 1301
WE ARE SOCIAL INC., pg. 1155
WE ARE UNLIMITED, pg. 1155
WE BELIEVERS, pg. 1155
WE BUCHAN -see WE, pg. 1672
WE MARKETING GROUP, pg. 1228
WE, pg. 1671
WE -see WE, pg. 1672
WE -see WE, pg. 1673
WEB SOLUTIONS INC., pg. 1155
WEB STRATEGY PLUS, pg. 1155
WEBB STRATEGIC COMMUNICATIONS, pg. 1155
WEBENERTIA, pg. 1301
WEBER & ASSOCIATES PUBLIC RELATIONS, pg. 1673
WEBER SHANDWICK-ATLANTA -see WEBER SHANDWICK, pg. 1675
WEBER SHANDWICK-AUSTIN -see WEBER SHANDWICK, pg. 1675
WEBER SHANDWICK-BALTIMORE -see WEBER SHANDWICK, pg. 1675
WEBER SHANDWICK-BOSTON/CAMBRIDGE -see WEBER SHANDWICK, pg. 1675
WEBER SHANDWICK BRAZIL -see WEBER SHANDWICK, pg. 1680
WEBER SHANDWICK-CHICAGO -see WEBER SHANDWICK, pg. 1675
WEBER SHANDWICK-DALLAS -see WEBER SHANDWICK, pg. 1676
WEBER SHANDWICK-DENVER -see WEBER SHANDWICK, pg. 1676
WEBER SHANDWICK-DETROIT -see WEBER SHANDWICK, pg. 1676

A-44

INDEX OF AGENCY NAMES

WEBER SHANDWICK-FCC -see WEBER SHANDWICK, pg. 1678
WEBER SHANDWICK FINANCIAL -see WEBER SHANDWICK, pg. 1679
WEBER SHANDWICK-LOS ANGELES -see WEBER SHANDWICK, pg. 1676
WEBER SHANDWICK-MINNEAPOLIS -see WEBER SHANDWICK, pg. 1676
WEBER SHANDWICK-SAINT LOUIS -see WEBER SHANDWICK, pg. 1676
WEBER SHANDWICK-SAN FRANCISCO -see WEBER SHANDWICK, pg. 1677
WEBER SHANDWICK-SEATTLE -see WEBER SHANDWICK, pg. 1677
WEBER SHANDWICK-SUNNYVALE -see WEBER SHANDWICK, pg. 1677
WEBER SHANDWICK UK -see WEBER SHANDWICK, pg. 1679
WEBER SHANDWICK, pg. 1673
WEBER SHANDWICK -see WEBER SHANDWICK, pg. 1677
WEBER SHANDWICK -see WEBER SHANDWICK, pg. 1678
WEBER SHANDWICK -see WEBER SHANDWICK, pg. 1679
WEBER SHANDWICK -see WEBER SHANDWICK, pg. 1680
WEBER SHANDWICK -see WEBER SHANDWICK, pg. 1681
WEBER SHANDWICK -see WEBER SHANDWICK, pg. 1682
WEBFEAT COMPLETE, INC., pg. 1155
WEBLIFT, pg. 1156
WEBNBEYOND, pg. 1156
WEBSCOPE, pg. 1156
WEBSITE PROMOTION, pg. 1301
WEBTIVITY MARKETING & DESIGN, pg. 1156
WEBWORKS ALLIANCE, pg. 1156
WEDGIE MEDIA, pg. 1156
WEDNESDAY, pg. 1156
WEE BEASTIE, pg. 1156
WEIDERT GROUP INC., pg. 1156
THE WEINBACH GROUP, INC., pg. 1157
WEINBERG HARRIS & ASSOCIATES, pg. 1682
WEINRICH ADVERTISING/COMMUNICATIONS, INC., pg. 1157
THE WEINSTEIN ORGANIZATION, INC., pg. 1157
WEINSTEIN PR, pg. 1682
WEINTRAUB ADVERTISING, pg. 1157
WEISS PR INC, pg. 1682
WEITZMAN, INC., pg. 1158
WELCOMM, INC., pg. 1158
WELIKESMALL, INC, pg. 1158
THE WELL ADVERTISING, pg. 1158
WELL DONE MARKETING, pg. 1158
WELLINGTON GROUP, pg. 1682
WELLNESS COMMUNICATIONS, pg. 1158
WELLONS COMMUNICATIONS, pg. 1158
WELLS COMMUNICATIONS, INC., pg. 1158
WELZ & WEISEL COMMUNICATIONS, pg. 1158
THE WENDT AGENCY, pg. 1159
WENSTROM COMMUNICATIONS, pg. 1387
WEST ADVERTISING, pg. 1159
WEST CARY GROUP, pg. 1159
WESTBOUND COMMUNICATIONS, INC., pg. 1159
WESTFOURTH COMMUNICATIONS, pg. 1682
WESTON MASON MARKETING, pg. 1159
WESTOVER MEDIA, pg. 1419
WESTWERK, pg. 1159
WESTWIND COMMUNICATIONS, pg. 1682
WEUSTHEM INC., pg. 1160
WEXLER & WALKER PUBLIC POLICY ASSOCIATES -see HILL+KNOWLTON STRATEGIES, pg. 1532
WH2P, INC., pg. 1160
WHAT IF CREATIVE, pg. 1160
WHAT'S UP PUBLIC RELATIONS, pg. 1682
WHEELER ADVERTISING, pg. 1160
WHEELHOUSE DIGITAL MARKETING GROUP, pg. 1301
WHEELHOUSE PR, pg. 1682
WHERE EAGLES DARE, pg. 1160
WHERE IT'S GREATER, pg. 1160
WHIRLED, pg. 1160
WHITE & PARTNERS, pg. 1160
WHITE GOOD & CO. ADVERTISING, pg. 1161
WHITE HAT AGENCY, pg. 1161
WHITE RHINO PRODUCTIONS, INC., pg. 1161
WHITE RICE ADVERTISING & PR, pg. 1161
WHITE WATER AGENCY, pg. 1683

WHITECOAT STRATEGIES, LLC, pg. 1161
WHITEGATE PR, pg. 1683
WHITEGREY -see GREY NEW YORK, pg. 445
WHITEMYER ADVERTISING, INC., pg. 1161
WHITE'S ADVERTISING AGENCY, pg. 1228
WHITESPACE CREATIVE, pg. 1161
WHITNEY ADVERTISING & DESIGN, INC., pg. 1162
WHITTEN DESIGN, pg. 1162
WHM CREATIVE, pg. 1162
WHOISCARRUS, pg. 1162
WHOLE WHEAT CREATIVE, pg. 1162
WHOSAY, pg. 1162
WIAN -see PORCARO COMMUNICATIONS, pg. 883
WICK CREATIVE, pg. 1301
WICK MARKETING, pg. 1163
WICKED CREATIVE, pg. 1683
WIDE AWAKE, pg. 1163
WIDEGROUP INTERACTIVE, pg. 1163
WIDMEYER COMMUNICATIONS, pg. 1683
WIEDEN + KENNEDY AMSTERDAM -see WIEDEN + KENNEDY, INC., pg. 1164
WIEDEN + KENNEDY, INC., pg. 1163
WIEDEN + KENNEDY INDIA -see WIEDEN + KENNEDY, INC., pg. 1166
WIEDEN + KENNEDY JAPAN -see WIEDEN + KENNEDY, INC., pg. 1166
WIEDEN + KENNEDY NEW YORK -see WIEDEN + KENNEDY, INC., pg. 1165
WIEDEN + KENNEDY -see WIEDEN + KENNEDY, INC., pg. 1165
WIEDEN + KENNEDY -see WIEDEN + KENNEDY, INC., pg. 1166
WIGWAM CREATIVE, pg. 1166
WIKREATE, pg. 1166
WIKTOR/LEO BURNETT, S.R.O. -see LEO BURNETT WORLDWIDE, INC., pg. 627
THE WILBERT GROUP, pg. 1683
WILD CONSORT, INC., pg. 1167
WILDBIT LLC, pg. 1167
WILDEBEEST, pg. 1301
WILDERNESS AGENCY, pg. 1167
WILDFIRE LLC, pg. 1167
WILDROCK PUBLIC RELATIONS, pg. 1684
WILEN DIRECT -see WILEN GROUP, pg. 1167
WILEN GROUP, pg. 1167
WILESMITH ADVERTISING & DESIGN, pg. 1167
WILKINS MEDIA, pg. 1387
WILKINSON + ASSOCIATES, pg. 1684
WILKINSON FERRARI & COMPANY, pg. 1684
WILL & GRAIL, pg. 1168
WILL MOKRY DESIGN LLC, pg. 1168
WILLIAM FRASER, pg. 1301
WILLIAM JOSEPH COMMUNICATIONS, pg. 1168
WILLIAM MILLS AGENCY, pg. 1168
WILLIAMS AND HOUSE, pg. 1168
WILLIAMS/CRAWFORD & ASSOCIATES, pg. 1168
WILLIAMS CREATIVE GROUP, pg. 1169
WILLIAMS-HELDE MARKETING COMMUNICATIONS, pg. 1169
WILLIAMS MEDIA GROUP, pg. 1169
WILLIAMS RANDALL MARKETING, pg. 1169
WILLIAMS WHITTLE ASSOCIATES, INC., pg. 1169
WILLIS DESIGN STUDIOS, pg. 1169
WILLOW MARKETING, pg. 1170
WILLOW ST. AGENCY, pg. 1170
WILLS & ASSOCIATES, pg. 1684
WILMINGTON DESIGN COMPANY, pg. 1301
WILSON CREATIVE GROUP, INC., pg. 1170
WILSON HARTNELL (WH) -see OGILVY, pg. 1600
WILSON PUBLIC RELATIONS, pg. 1684
WILSON STRATEGIC, pg. 1684
WILT PR, pg. 1684
WINFIELD & ASSOCIATES MARKETING & ADVERTISING, pg. 1170
WING, pg. 1170
WINGARD CREATIVE, pg. 1170
WINGER MARKETING, pg. 1170
WINGMAN ADVERTISING, pg. 1171
WINGNUT ADVERTISING, pg. 1171
WINK, INCORPORATED, pg. 1171
WINKREATIVE, pg. 1171
WINNING STRATEGIES PUBLIC RELATIONS, pg. 1684
WINNING STRATEGIES WASHINGTON -see WINNING STRATEGIES PUBLIC RELATIONS, pg. 1685
WINSPER, pg. 1171
WINSTANLEY PARTNERS, pg. 1171
WINSTAR INTERACTIVE MEDIA, pg. 1171
WINSTON ADVERTISING, pg. 1171

WINTR, pg. 1172
WINUK COMMUNICATIONS, pg. 1685
WIRE STONE LLC, pg. 1172
WIRE STONE -see WIRE STONE LLC, pg. 1172
WIRED ISLAND INTERNATIONAL LLC, pg. 1685
WIRED ISLAND LTD., pg. 1172
WIRED PR GROUP, pg. 1685
WIRED SEO COMPANY, pg. 1172
WIRESIDE COMMUNICATIONS, pg. 1685
WIRESTONE, LLC -see WIRE STONE LLC, pg. 1172
WIRESTONE -see WIRE STONE LLC, pg. 1172
WIRZ WERBUNG AG -see BBDO WORLDWIDE INC., pg. 109
WISE PUBLIC RELATIONS, pg. 1685
WISER STRATEGIES, pg. 1685
WIT MEDIA, pg. 1173
WITECK COMMUNICATIONS, pg. 1685
WITHERSPOON & ASSOCIATES, INC., pg. 1173
WITMER GROUP, pg. 1173
WITZ COMMUNICATIONS, INC., pg. 1173
WMC/GREY -see GREY NEW YORK, pg. 439
THE WOLCOTT COMPANY, pg. 1685
THE WOLF AGENCY, pg. 1173
WOLF & WILHELMINE, INC, pg. 1173
WOLF-KASTELER, pg. 1685
WOLF PRESS & PUBLIC RELATIONS -see EDELMAN, pg. 1497
WOLFF OLINS-NEW YORK -see WOLFF OLINS, pg. 1174
WOLFF OLINS, pg. 1173
WOLFGANG LOS ANGELES, pg. 1174
WOMANWISE LLC, pg. 1174
WOMENKIND, pg. 1174
WOMEN'S MARKETING INC., pg. 1174
WONACOTT COMMUNICATIONS, LLC, pg. 1685
THE WONDERFUL AGENCY, pg. 1228
WONDERSAUCE, pg. 1302
WONGDOODY, pg. 1175
WOO CREATIVE LLC, pg. 1175
THE WOO, pg. 1175
THE WOOD AGENCY, pg. 1175
WOODRUFF, pg. 1175
WOODRUFF -see WOODRUFF, pg. 1176
THE WOODS & CO, pg. 1686
WOODWARD CREATIVE GROUP LLC, pg. 1176
WOONTEILER INK, pg. 1176
WORD PR + MARKETING, pg. 1686
WORDS AND PICTURES CREATIVE SERVICE, INC., pg. 1176
WORDSMITH DESIGN & ADVERTISING -see PIER 8 GROUP, pg. 870
WORDSWORTH COMMUNICATIONS, pg. 1686
WORDWRITE COMMUNICATIONS, pg. 1686
WORK & CO, pg. 1176
WORK, INC., pg. 1176
WORKER BEES, INC., pg. 1177
WORKHORSE MARKETING, pg. 1177
WORKHOUSE, pg. 1686
WORKING MEDIA GROUP, pg. 1387
WORKINPROGRESS, pg. 1177
WORKPLACE IMPACT, pg. 1419
WORKS DESIGN GROUP, pg. 1177
WORKTANK ENTERPRISES, LLC, pg. 1177
WORLD ONE COMMUNICATIONS, LLC, pg. 1177
WORLDLINK MEDIA, pg. 1177
WORLDMEDIA INTERACTIVE, pg. 1177
WORLDWAYS SOCIAL MARKETING, pg. 1178
WORTHWHILE, pg. 1178
WORX BRANDING & ADVERTISING, pg. 1178
THE WOW FACTOR, INC., pg. 1178
WP NARRATIVE_, pg. 1178
WPP AUNZ -see WPP PLC, pg. 1182
WPP PLC, pg. 1178
WPP US -see WPP PLC, pg. 1183
WRAGG & CASAS PUBLIC RELATIONS, INC., pg. 1686
WRAGG & CASAS PUBLIC RELATIONS, INC. -see WRAGG & CASAS PUBLIC RELATIONS, INC., pg. 1687
WRAY WARD MARKETING COMMUNICATIONS, pg. 1187
WRG PHILADELPHIA, pg. 1187
WRIGHT ON COMMUNICATIONS, pg. 1187
WRIGHTIMC, pg. 1187
THE WRIJEN COMPANY, pg. 1188
WRITE2MARKET, pg. 1687
WRL ADVERTISING, INC., pg. 1188
WS -see WOODRUFF, pg. 1176
THE WTA GROUP, LLC, pg. 1188
WUNDERMAN BEIJING -see WUNDERMAN, pg. 1190

AGENCIES

INDEX OF AGENCY NAMES

WUNDERMAN HELSINKI -see WUNDERMAN, pg. 1191
WUNDERMAN INTERACTIVE -see WUNDERMAN, pg. 1188
WUNDERMAN INTERACTIVE -see WUNDERMAN, pg. 1193
WUNDERMAN KOREA -see WUNDERMAN, pg. 1192
WUNDERMAN SEATTLE -see WUNDERMAN, pg. 1189
WUNDERMAN WORLD HEALTH, pg. 1193
WUNDERMAN, pg. 1188
WUNDERMAN -see WUNDERMAN, pg. 1189
WUNDERMAN -see WUNDERMAN, pg. 1190
WUNDERMAN -see WUNDERMAN, pg. 1191
WUNDERMAN -see WUNDERMAN, pg. 1192
WUNDERMAN -see WUNDERMAN, pg. 1193
WUNDERMAN -see YOUNG & RUBICAM, pg. 1198
WWAV -see RAPP, pg. 933
WWDB INTEGRATED MARKETING, pg. 1193
WWWINS ISOBAR -see ISOBAR US, pg. 550
WYSE, pg. 1193

X

X STUDIOS, pg. 1302
XA, THE EXPERIENTIAL AGENCY, INC., pg. 1687
XANTHUS COMMUNICATIONS LLC, pg. 1687
XAXIS - APAC HEADQUARTERS -see XAXIS, LLC, pg. 1302
XAXIS - EMEA HEADQUARTERS -see XAXIS, LLC, pg. 1302
XAXIS - LATAM HEADQUARTERS -see XAXIS, LLC, pg. 1302
XAXIS, LLC, pg. 1302
XAXIS -see XAXIS, LLC, pg. 1302
XAXIS -see XAXIS, LLC, pg. 1303
XENOPHON STRATEGIES, pg. 1687
XENOPSI, pg. 1303
XHIBITION, pg. 1687
XIIK, pg. 1194
XPERIENCE COMMUNICATIONS, pg. 1194
XPOSURE PR, pg. 1687
XSTATIC PUBLIC RELATIONS, pg. 1194
XURLI, pg. 1303

Y

Y&R AUSTIN, pg. 1194
Y&R BUDAPEST -see YOUNG & RUBICAM, pg. 1205
Y&R CALIFORNIA -see YOUNG & RUBICAM, pg. 1198
Y&R CAPE TOWN -see YOUNG & RUBICAM, pg. 1207
Y&R FRANCE S.A. -see YOUNG & RUBICAM, pg. 1202
Y&R HONG KONG -see YOUNG & RUBICAM, pg. 1199
Y&R ITALIA, SRL -see YOUNG & RUBICAM, pg. 1203
Y&R JOHANNESBURG -see YOUNG & RUBICAM, pg. 1208
Y&R LATIN AMERICAN HEADQUARTERS -see YOUNG & RUBICAM, pg. 1198
Y&R, LTD., pg. 1194
Y&R LONDON -see YOUNG & RUBICAM, pg. 1204
Y&R MALAYSIA -see YOUNG & RUBICAM, pg. 1201
Y&R MEMPHIS, pg. 1195
Y&R MIAMI -see YOUNG & RUBICAM, pg. 1205
Y&R NEW YORK -see YOUNG & RUBICAM, pg. 1198
Y&R PARIS -see YOUNG & RUBICAM, pg. 1202
Y&R PERU -see YOUNG & RUBICAM, pg. 1207
Y&R PORTUGAL -see YOUNG & RUBICAM, pg. 1203
Y&R PRAHA, S.R.O. -see YOUNG & RUBICAM, pg. 1205
Y&R PUERTO RICO, INC. -see YOUNG & RUBICAM, pg. 1207
Y&R ROMA SRL -see YOUNG & RUBICAM, pg. 1203
Y&R SAO PAULO -see YOUNG & RUBICAM, pg. 1205
Y&R SINGAPORE -see YOUNG & RUBICAM, pg. 1201
Y&R THAILAND -see YOUNG & RUBICAM, pg. 1202
Y&R TURKEY -see YOUNG & RUBICAM, pg. 1204
Y&R URUGUAY -see YOUNG & RUBICAM, pg. 1207
Y&R VIENNA -see YOUNG & RUBICAM, pg. 1202
Y&R -see WUNDERMAN, pg. 1192
Y MEDIA LABS, pg. 1195
YAEGER PUBLIC RELATIONS, pg. 1687
YAFFE DIRECT -see YAFFE GROUP, pg. 1195
YAFFE GROUP, pg. 1195
YAMAMOTO -see MDC PARTNERS INC., pg. 723
YANKEE PUBLIC RELATIONS, pg. 1195
YARD, pg. 1303
YC MEDIA, pg. 1688
YECK BROTHERS COMPANY, pg. 1195
YEHOSHUA TBWA -see TBWA/WORLDWIDE, pg. 1088
YELLIN/MCCARRON, INC., pg. 1387

YELLOW BUS LLC, pg. 1195
YELLOW PAGES RESOURCE, pg. 1196
YELLOW SUBMARINE MARKETING COMMUNICATIONS INC., pg. 1196
YELLOWFAN STUDIOS, pg. 1229
YELLOWHAMMER MEDIA GROUP, LLC, pg. 1303
YES& HOLDINGS, LLC, pg. 1196
YES MARKETING, pg. 1196
YESLER, pg. 1196
YIELD BRANDING, pg. 1196
YMT VACATIONS, pg. 1229
YODLE, INC., pg. 1196
YORK & CHAPEL, pg. 1303
YOU SQUARED MEDIA, pg. 1196
YOUNG & ASSOCIATES, pg. 1688
YOUNG & LARAMORE, pg. 1196
YOUNG & RUBICAM AUSTRALIA/NEW ZEALAND -see YOUNG & RUBICAM, pg. 1199
YOUNG & RUBICAM BOGOTA -see YOUNG & RUBICAM, pg. 1206
YOUNG & RUBICAM BRANDS AFRICA -see YOUNG & RUBICAM, pg. 1207
YOUNG & RUBICAM BRANDS, SAN FRANCISCO -see YOUNG & RUBICAM, pg. 1199
YOUNG & RUBICAM FMS -see YOUNG & RUBICAM, pg. 1205
YOUNG & RUBICAM GUANGZHOU -see YOUNG & RUBICAM, pg. 1200
YOUNG & RUBICAM LTD. -see YOUNG & RUBICAM, pg. 1204
YOUNG & RUBICAM MIDWEST -see YOUNG & RUBICAM, pg. 1199
YOUNG & RUBICAM NZ LTD. -see YOUNG & RUBICAM, pg. 1199
YOUNG & RUBICAM PHILIPPINES -see YOUNG & RUBICAM, pg. 1201
YOUNG & RUBICAM SHANGHAI -see YOUNG & RUBICAM, pg. 1200
YOUNG & RUBICAM, S.L. -see YOUNG & RUBICAM, pg. 1203
YOUNG & RUBICAM WELLINGTON -see YOUNG & RUBICAM, pg. 1200
YOUNG & RUBICAM, pg. 1197
YOUNG COMPANY, pg. 1208
YOUNGER ASSOCIATES, pg. 1208
YOUNNEL ADVERTISING, INC., pg. 1208
YOUR MAJESTY, pg. 1208
YOUR PEOPLE LLC, pg. 1688
YOUTECH & ASSOCIATES, pg. 1209
YS AND PARTNERS, INC., pg. 1209
YUME, pg. 1209
YYES, CO., pg. 1209

Z

Z BRAND, pg. 1209
Z COMMUNICATIONS, pg. 1209
Z MARKETING PARTNERS, pg. 1209
ZABLE FISHER PUBLIC RELATIONS, pg. 1688
ZAG COMMUNICATIONS, pg. 1688
ZAG INTERACTIVE, pg. 1303
ZAKKA -see TBWA/WORLDWIDE, pg. 1082
ZAMBEZI, pg. 1209
ZANDER GUINN MILLAN, pg. 1210
ZAPWATER COMMUNICATIONS INC -see ZAPWATER COMMUNICATIONS, pg. 1689
ZAPWATER COMMUNICATIONS, pg. 1688
ZAVOD BBDO -see BBDO WORLDWIDE INC., pg. 104
ZEEKEE INTERACTIVE, pg. 1303
ZEESMAN COMMUNICATIONS INC., pg. 1210
ZEHNDER COMMUNICATIONS, INC., pg. 1210
ZEHNDER COMMUNICATIONS -see ZEHNDER COMMUNICATIONS, INC., pg. 1211
ZELEN COMMUNICATIONS, pg. 1211
ZELLER MARKETING & DESIGN, pg. 1211
ZELLMER MCCONNELL ADVERTISING, pg. 1211
ZEMI COMMUNICATIONS, pg. 1211
ZEMOGA, pg. 1303
ZENITH CHICAGO -see ZENITH USA, pg. 1392
ZENITH LOS ANGELES -see ZENITH USA, pg. 1392
ZENITH MALAYSIA -see ZENITH MEDIA, pg. 1390
ZENITH MEDIA, pg. 1387
ZENITH MEDIA -see ZENITH MEDIA, pg. 1389
ZENITH SAN FRANCISCO -see ZENITH USA, pg. 1393
ZENITH USA, pg. 1391
ZENITHOPTIMEDIA CANADA INC. -see ZENITH MEDIA, pg. 1388

ZENITHOPTIMEDIA INDIA -see ZENITH MEDIA, pg. 1390
ZENITHOPTIMEDIA INTERACTIVE DIRECT -see ZENITH MEDIA, pg. 1388
ZENITHOPTIMEDIA -see ZENITH MEDIA, pg. 1388
ZENITHOPTIMEDIA -see ZENITH MEDIA, pg. 1389
ZENITHOPTIMEDIA -see ZENITH MEDIA, pg. 1390
ZENITHOPTIMEDIA -see ZENITH MEDIA, pg. 1391
ZENMAN, pg. 1211
ZENMARK VERBAL DESIGN, pg. 1211
ZENO GROUP -see EDELMAN, pg. 1493
ZENO GROUP, pg. 1689
ZENO GROUP -see ZENO GROUP, pg. 1690
ZENZI COMMUNICATIONS, pg. 1690
ZER0 TO 5IVE, pg. 1211
ZERO GRAVITY GROUP, LLC, pg. 1212
ZETA GLOBAL, pg. 1303
ZETA GLOBAL -see ZETA GLOBAL, pg. 1304
ZFACTOR COMMUNICATIONS INC., pg. 1212
ZGM, pg. 1212
ZIG MARKETING, pg. 1212
ZIMMERMAN ADVERTISING, pg. 1212
ZIMMERMAN ADVERTISING -see ZIMMERMAN ADVERTISING, pg. 1213
THE ZIMMERMAN AGENCY LLC, pg. 1213
THE ZIMMERMAN GROUP, pg. 1213
ZINGPR, pg. 1690
ZINK INC, pg. 1304
ZION & ZION, pg. 1213
ZIP COMMUNICATION INC, pg. 1214
ZIZZO GROUP, INC., pg. 1214
ZLOKOWER COMPANY LLC, pg. 1690
ZLRIGNITION, pg. 1214
ZOCALO GROUP LLC -see CRITICAL MASS INC., pg. 248
ZOG DIGITAL, pg. 1214
ZONE 5, pg. 1215
Z'ONION CREATIVE GROUP, pg. 1215
ZOOKEEPER INDUSTRIES LLC., pg. 1215
ZOOM ADVERTISING, pg. 1215
ZOOM CREATES, pg. 1215
ZORCH INTERNATIONAL, INC., pg. 1690
ZOYES CREATIVE GROUP, pg. 1215
ZUBI ADVERTISING SERVICES, INC., pg. 1215
ZUCHELLI & JOHNSON HEALTHCARE COMMUNICATIONS, pg. 1216
ZUGARA INC., pg. 1216
ZULLO AGENCY, INC., pg. 1216
ZULU ALPHA KILO, pg. 1216
ZULU CREATIVE, pg. 1216
ZUVA MARKETING, INC., pg. 1216
ZUVI CREATIVE LLC, pg. 1217
ZWO, pg. 1217
ZYNC COMMUNICATIONS INC., pg. 1217
ZYNGA NEW YORK, pg. 1217

GEOGRAPHIC INDEX OF U.S. AGENCIES

ALABAMA

Anniston

POTTS MARKETING GROUP LLC, 1115 Leighton Ave Ste 1-B, 36207, pg. 884

Athens

MINDVOLT, 102 E Washington St, 35611, pg. 746

Auburn

ELLIS-HARPER ADVERTISING, 710 Old Stage Rd, 36831, pg. 338
INNER SPARK CREATIVE, 1735 E University Dr Ste 104, 36830, pg. 533

Birmingham

BIG COMMUNICATIONS, INC., 2121 2nd Ave N, 35203, pg. 128
BLR/FURTHER, 1600 Resource Dr, 35242, pg. 138
BRUM ADVERTISING, 2700 Corporate Dr, 35242, pg. 169
BURTON ADVERTISING, 1701 Providence Pk, 35242, pg. 176
CAYENNE CREATIVE, 2931 2Nd Ave S, 35233, pg. 197
DEVOTE, 2768 BM Montgomery St, 35209, pg. 297
HINDSIGHT MANAGEMENT INC., 2213 Morris Ave Ste 2020, 35203-4214, pg. 501
HODGES & ASSOCIATES, The Dr Pepper Bldg Ste 300 2829 2nd Ave S, 35233, pg. 505
INTERMARK GROUP, INC., 101 25th St N, 35203, pg. 539
LAWLER BALLARD VAN DURAND, PO Box 59746, 35259, pg. 616
LEWIS COMMUNICATIONS, 2030 1st Ave N, 35203, pg. 636
LUCKIE & COMPANY, 600 Luckie Dr Ste 150, 35223-2429, pg. 655
MARTIN RETAIL GROUP/MARTIN ADVERTISING, 2801 University Blvd Ste 200, 35233, pg. 688
MEANS ADVERTISING, 4320 Eagle Pt Pkwy, 35242, pg. 725
MODERN BRAND COMPANY, 1826 3rd Ave N, 35203, pg. 753
O2IDEAS, INC., 505 20Th St N Ste 1500, 35203, pg. 803
PANORAMA PUBLIC RELATIONS, 1500 1st Ave N, 35203, pg. 852
SCOUT BRANDING CO., 1616 2nd Ave, 35233, pg. 998
STRONG, 201 Office Park Dr Ste 220, 35223, pg. 1055
STYLE ADVERTISING, 3617 8th Ave S, 35222, pg. 1057

Daphne

PORTSIDE ADVERTISING, 26211 Equity Dr Ste C, 36526, pg. 883

Dothan

PUSH CRANK PRESS, 131 N Foster, 36302, pg. 919

Florence

BLUE OLIVE CONSULTING, 303 E College St, 35630, pg. 139

Huntsville

TOTALCOM, INC., 708 Ward Ave, 35801, pg. 1111

Mobile

DOGWOOD PRODUCTIONS, INC., 757 Government St, 36602-1404, pg. 313
LEWIS COMMUNICATIONS, 1668 Government St, 36604, pg. 636
RED SQUARE GAMING, 54 Saint Emanuel St, 36602, pg. 941
RSQ, 54 Saint Emanuel St, 36602, pg. 971

Montgomery

24 COMMUNICATIONS, 12 W Jefferson St Ste 230, 36104, pg. 4
CUNNINGHAM GROUP, 35 S Ct St, 36104, pg. 254
STAMP IDEA GROUP, LLC, 111 Washington Ave, 36104, pg. 1042

Tuscaloosa

TOTALCOM MARKETING, INC., 922 20th Ave, 35401-2307, pg. 1110

ALASKA

Anchorage

BIANCA FRANK DESIGN, 1202 Ramona Dr Unit B, 99515, pg. 127
BRILLIANT MEDIA STRATEGIES, 900 W 5th Ave Ste 100, 99501, pg. 164
EYE CUE, INC., 3257 Lk Park Cir, 99517, pg. 356
GONZALEZ MARKETING LLC, 2804 West Northern Lights, 99517, pg. 428
PLONTA CREATIVE, LLC, 255 E Fireweed Ln Ste 109, 99503, pg. 878
PORCARO COMMUNICATIONS, 433 W 9th Ave, 99501-3519, pg. 883
SOLSTICE ADVERTISING LLC, 5015 Business Park Blvd Ste 3000, 99503, pg. 1027
SPAWN IDEAS, 510 L St, 99501-3532, pg. 1032
WALSH SHEPPARD, 111 W 9th Ave, 99501, pg. 1150

Fairbanks

AGENCY 49 LLC, 135 32nd Ave, 99701, pg. 37

Wasilla

CRYSTAL CLEAR CREATIVE, INC., 1751 E Gardner Way Ste G, 99654, pg. 251

ARIZONA

Chandler

COMMIT AGENCY, 58 W Bufalo St #200, 85225, pg. 221

Gilbert

KODA, 2836 E Appaloosa Rd, 85296, pg. 600
WEDGIE MEDIA, 1166 E Warner Rd, 85296, pg. 1156

Paradise Vly

CROSBY-WRIGHT, 7117 N Tatum Blvd, 85253, pg. 249

Peoria

72 ADVERTISING INC, 24654 N Lake Pleasant Pkwy Ste 103-112, 85383, pg. 11
MICHAELSWILDER, 7773 W Golden Ln, 85345-7977, pg. 738

Phoenix

AEI ADVERTISING, Mountain Sage, 85045, pg. 37
ALLEGRA MARKETING & PRINT, 4050 E Cotton Center Blvd Ste 68, 85040, pg. 45
ARVIZU ADVERTISING & PROMOTIONS, 3101 N Central Ave Ste 150, 85012-2650, pg. 73
AVENUE 25, 9201 N 25th Ave Ste 120, 85021, pg. 79
AXXIS ADVERTISING LLC, 11811 N Tatum Blvd #3031, 85028-1614, pg. 81
COMMON SENSE ADVERTISING, PO Box 82277, 85071-2277, pg. 222
CREATIVE BRAND CONSULTING, 1429 N 1st St Ste 100, 85004-1642, pg. 239
DAVIDSON & BELLUSO, 4105 N 20th St Ste 155, 85016, pg. 263
DEFERO, 3131 E Camelback Rd Ste 350, 85016, pg. 286
HDE, LLC., 22 E Victory St, 85040, pg. 490
KITCHEN SINK STUDIOS, 828 N Third St, 85004, pg. 597
KITEROCKET, 515 E Grant St, 85004, pg. 597
KNOODLE ADVERTISING, 4450 N 12th St Ste 120, 85014, pg. 599
LANETERRALEVER, 645 E Missouri Ave Ste 400, 85012, pg. 610
THE LAVIDGE COMPANY, 2777 E Camelback Rd Ste 300, 85016, pg. 616
MEDIA ARCHITECTS ADVERTISING & DESIGN, 11811 N Tatum Blvd Ste 3031, 85028, pg. 725
MOSES INC., PO Box 20248, 85036, pg. 762
NTHREEQ MEDIA LLC, 2999 North 44th St, 85018, pg. 802
OFF MADISON AVE, 5555 E Van Buren St Ste 215, 85008, pg. 809
OH PARTNERS, 3550 N Central Ave Ste 1900, 85012, pg. 833
PARK&CO, 4144 N 44th St Ste A-2, 85018, pg. 854
R&R PARTNERS, 121 E Buchanan St, 85004, pg. 925
RETHINC ADVERTISING, 4714 N 44th St, 85018, pg. 951
RIESTER, 3344 E Camelback Rd, 85018, pg. 958
SERENDIPIT, 4450 N 12th St Ste 238, 85014, pg. 1003
TOPETE/STONEFIELD, INC., 325 W Encanto Boulevard Ste B, 85003, pg. 1110
ZOG DIGITAL, 11201 N Tatum Blvd Ste 200, 85028, pg. 1214

Prescott

HELKEN & HORN, 230 N Mccormick St # B, 86301, pg. 494

Queen Creek

STALKER ADVERTISING & PUBLIC RELATIONS LLC,

AGENCIES

GEOGRAPHIC INDEX OF U.S.

24853 S 194th St, 85142, pg. 1042

Scottsdale

ABNORMAL ADVERTISING, 16674 N 91st St Ste 204, 85260, pg. 18
ALLIED INTEGRATED MARKETING, 11333 N Scottsdale Rd #190, 85254, pg. 47
ALLISON & PARTNERS, 7135 E Camelback Rd, 85251, pg. 721
AMENDOLA COMMUNICATIONS, 9280 E Raintree Dr Ste 104, 85260, pg. 51
ANDERSON ADVERTISING & PUBLIC RELATIONS, 5800 East Thomas Road, 85251, pg. 56
BIGFISH CREATIVE GROUP, 7000 E 1st Ave, 85251, pg. 131
BLIND SOCIETY, 4222 N Marshall Way, 85251, pg. 136
COLLING MEDIA LLC, 14362 N Frank Lloyd Wright Blvd Ste 1270, 85260, pg. 220
DECIBEL BLUE, 7524 E Angus Dr Ste B, 85251, pg. 285
DIGITAL HERETIX, 9171 E Bell Rd, 85260, pg. 300
DISCOVER THE WORLD MARKETING, 7020 E Acoma Dr, 85254, pg. 304
FABCOM, 7819 E Greenway Rd Ste 5, 85260, pg. 357
FITCH, 16435 N Scottsdale Rd Ste 195, 85254-1649, pg. 385
GATE6, INC., 16624 N 90Th St Ste 111, 85260, pg. 412
IDEAS COLLIDE INC., 6125 E Indian School Rd Studio Ste 1005, 85251, pg. 521
INFLIGHT CREATIONS, 9393 N 90Th St Ste 208, 85258, pg. 532
INLANDLIGHT LLC, 20343 N Hayden Rd Ste 105-116, 85255, pg. 533
THE JAMES AGENCY, 6240 E Thomas Rd Ste 200, 85251, pg. 570
THE KNIGHT AGENCY, 6895 E Camelback Rd Ste 118, 85251, pg. 599
MP AGENCY, LLC, 7077 E Marilyn Rd Bldg 5, 85254, pg. 766
NOMADIC AGENCY, 7702 E Doubletree Ranch Rd Ste 200, 85258, pg. 797
PANTHER MARKETING INC., 16641 N 91st St, 85260, pg. 852
PEPPERTREE MARKETING, 10565 E Blanche Dr, 85258, pg. 862
PHOENIX MARKETING ASSOCIATES, 8101 E McDowell Rd, 85257, pg. 869
PYXL, 1365 N. Scottsdale Rd Ste 140, 85257, pg. 920
QUAINTISE, LLC, 4400 N Scottsdale Rd Ste 9567, 85251, pg. 920
REALWORLD MARKETING, 8098 N Via De Nogocio, 85258, pg. 937
ROBOLIZARD, 8723 E Via De Commercio B101, 85258, pg. 964
RUNWAY 21 STUDIOS INC., 6501 E Greenway Pkwy, 85254, pg. 972
SANTY INTEGRATED, 8370 E Via de Ventura Ste K-100, 85258, pg. 990
SIGNA MARKETING, 7030 E Fifth Ave Ste 2B, 85251, pg. 1012
TEMPO CREATIVE, INC., 13951 N Scottsdale Rd Ste 213, 85254-3402, pg. 1096
UP AGENCY, 7025 E 1st Ave Ste 5, 85251, pg. 1128
VILOCITY INTERACTIVE, INC., 9927 E Bell Rd Ste 140, 85260, pg. 1138

Tempe

BLUEFISH, 110 E 7th St, 85281, pg. 141
FACTOR1 STUDIOS, 3923 S McClintock Dr, 85282, pg. 357
LIMELIGHT NETWORKS, 222 South Mill Ave Ste 800, 85281, pg. 640
LUCID AGENCY, 117 E 5th St 2nd Fl, 85281, pg. 655
MINDSPACE, 725 S Rural Rd Ste C207, 85281, pg. 745
PARKER MADISON DIALOG MARKETING, 80 E Rio Salado Pkwy Ste 101, 85281, pg. 854
RESOUND CREATIVE, 1430 W Broadway Road, 85282, pg. 949
SITEWIRE, 740 S Mill Ave Ste 210, 85281, pg. 1016
ZION & ZION, 432 S Farmer Ave, 85281, pg. 1213

Tucson

BOLCHALK FREY MARKETING, ADVERTISING & PUBLIC RELATIONS, 310 S Williams Blvd Ste 260, 85711-4407, pg. 144
THE CALIBER GROUP, 4007 E Paradise Falls Dr Ste 210, 85712, pg. 183
DARK HORSE MEDIA, 4441 E 5th St, 85711, pg. 260
GORDLEY GROUP, 2540 N Tucson Blvd, 85716, pg. 429
HILTON & MYERS ADVERTISING, INC., 3350 N Country Club Rd, 85716, pg. 501
KANEEN ADVERTISING & PR, 100 N Stone Ave Ste 450, 85701, pg. 587
LP&G MARKETING, 2552 N Alvernon Way, 85712, pg. 654
THE N GROUP, 160 North Forgeus Ave, 85716, pg. 783
REA MEDIA GROUP, 423 E 9th St, 85705, pg. 935
TAGLINE MEDIA GROUP, 1655 N Swan Rd, 85712, pg. 1070
TUCCI CREATIVE INC, 5967 E Fairmount, 85712, pg. 1121

ARKANSAS

Batesville

PLETH, 2010 Reynolds St, 72501, pg. 877

Bentonville

4MEDIA GROUP INC, 700 SE 5th St Ste 38, 72712, pg. 9
GEOMETRY GLOBAL, 701 Horsebarn Rd Ste 200, 72758, pg. 415

Conway

ACXIOM LLC, PO Box 2000, 72032, pg. 541

Fayetteville

THE ARTIST EVOLUTION, 1674 East Joyce Blvd, 72703, pg. 73
MITCHELL COMMUNICATIONS GROUP, 2 N College Ave, 72701, pg. 748
RED ROOK ROYAL, 4149 W Bradstreet Ln, 72704, pg. 941
THE SELLS AGENCY, INC., 112 W Center St, 72701, pg. 1002

Fort Smith

WHAT IF CREATIVE, 4301 Regions Pk Dr Ste 12, 72916, pg. 1160
WILLIAMS/CRAWFORD & ASSOCIATES, 415 N 5th St PO Box 789, 72902, pg. 1168

Hot Springs

61 CELSIUS, 306 Ouachita Ave, 71901, pg. 10

Little Rock

ADVANTAGE COMMUNICATIONS, INC., 11908 Kanis Rd, 72211, pg. 34
AGENCY501 INC., 805 W 2nd St, 72201, pg. 39
ARISTOTLE WEB DESIGN, 401 W Capitol Ave Ste 700, 72201, pg. 68
COMBS & COMPANY, 3426 Old Cantrell Rd, 72202-1860, pg. 221
THE COMMUNICATIONS GROUP, 400 W Capitol Ste 1391, 72201, pg. 223
CRANFORD JOHNSON ROBINSON WOODS, 300 Main St, 72201-3531, pg. 238
DESIGN GROUP MARKETING, 400 W Capitol Ste 1802, 72201, pg. 293
DNT MEDIA INC, 1817 S Broadway St, 72206, pg. 311
ERIC ROB & ISAAC, 509 President Clinton Ave, 72201, pg. 348
EXIT, 1509 Louisiana St, 72202, pg. 355
GROUP 5 WEST, INC., 810 W Second St, 72201-2118, pg. 451
MANGAN HOLCOMB PARTNERS, 2300 Cottondale Ln Ste 300, 72202, pg. 674
MOROCH, 10809 Executive Ctr Dr Ste Plz 8, 72211, pg. 759
THE SELLS AGENCY, INC., 401 W Capitol Ave Ste 400, 72201-3414, pg. 1002
STONE WARD, 225 E Markham St Ste 450, 72201-1629, pg. 1050
THOMA & THOMA CREATIVE SERVICES, INC., 1500 Rebsamen Park Rd, 72202, pg. 1101

Rogers

PREMIUM RETAIL SERVICES, 2000 Promenade Blvd Ste 201, 72758, pg. 888

Springdale

CJRW NORTHWEST, 4100 Corporate Center Dr Ste 300, 72762, pg. 210
THE MULLIKIN AGENCY, 1391 Plz Pl Ste A, 72764, pg. 778
SAATCHI & SAATCHI X, 605 Lakeview Dr, 72764, pg. 976

Tontitown

MOXY OX LLC, PO Box 846, 72770, pg. 765

CALIFORNIA

Agoura Hills

CUSTOM CREATIVES, 30141 Agoura Rd Ste 210, 91301, pg. 255
ITC, 27001 Agoura Rd Ste 150, 91301, pg. 550

Alameda

WEST ADVERTISING, 1410 Park Ave, 94501, pg. 1159

Aliso Viejo

THE ENGINE ROOM, 109 Night Heron Ln, 92656, pg. 341
MOST BRAND DEVELOPMENT + ADVERTISING, 25 Enterprise Ste 250, 92656, pg. 762

Altadena

BECKETT & BECKETT, INC., 1051 E Altadena Dr, 91001-2040, pg. 120

Anaheim

G&M PLUMBING, 1165 S Summer Breeze Ln, 92808, pg. 406

Bakersfield

HARRISON MARKETING & ADVERTISING, 333 Palmer Dr Ste 220, 93309, pg. 469
HEISE MEDIA GROUP, 1400 Easton Dr Ste 148, 93309, pg. 494
MANTERA ADVERTISING, 1902 Three Bridges Way, 93311, pg. 675
SABA AGENCY, 5329 Office Ctr Ct Ste 220, 93309, pg. 986
SCOPE CREATIVE AGENCY, 3401 Chester Ave Ste G, 93301, pg. 997
WILLIS DESIGN STUDIOS, 1703 Forrest St, 93304, pg. 1169

Belmont

PR MAGIC, 3622 Reposo Way, 94002, pg. 886

Berkeley

A HUNDRED MONKEYS INC, 2604 Ninth St, 94710, pg. 15
ADDIS, 2612-A 8th St, 94710, pg. 28
BOLDIUM LLC, 1331 7th St Unit F, 94710, pg. 145
JOHN MCNEIL STUDIO, 720 Channing Way, 94710, pg. 579
PIXELETTE STUDIOS, PO Box 2315, 94702, pg. 874
TRILOGY INTERACTIVE LLC, 1936 University Ave Ste 191, 94704, pg. 1118

Beverly Hills

THE BRANDMAN AGENCY INC., 8444 Wilshire Blvd Fl 7, 90211, pg. 157
CRIER COMMUNICATIONS, 9507 Santa Monica Blvd,

GEOGRAPHIC INDEX OF U.S. AGENCIES

90210, pg. 247
ENDEAVOR, LLC., 9601 Wilshire Blvd, 90210, pg. 340
HL GROUP, 9300 Wilshire Blvd Ste 300, 90212, pg. 503
MAGIC JOHNSON ENTERPRISES, 9100 Wilshire Blvd Ste 700 E Tower, 90212, pg. 670
PULSAR ADVERTISING, INC., 8383 Wilshire Blvd Ste 334, 90211, pg. 915
QUINTESSENTIAL PR, 8913 W Olympic Blvd 104, 90211, pg. 924
UNITED TALENT AGENCY, LLC, 9336 Civic Ctr Dr, 90210, pg. 1127
THE UXB, 9701 Wilshire Blvd Ste 1000, 90212, pg. 1129
WIDEGROUP INTERACTIVE, 9701 Wilshire Blvd Ste 1000, 90212, pg. 1163
ZEESMAN COMMUNICATIONS INC., 8383 Wilshire Blvd Ste 310, 90211, pg. 1210

Brea

ZUBI ADVERTISING SERVICES, INC., 10 Pointe Dr Ste 125, 92821, pg. 1215

Burbank

ADMEDIA., 901 W Alameda Ave Ste 102, 91506, pg. 31
CALLAN ADVERTISING COMPANY, 1126 N Hollywood Way, 91505, pg. 184
ECLIPSE ADVERTISING, INC., 1329 Scott Rd, 91504, pg. 330
LENNON & ASSOCIATES, 7590 N Glenoaks Blvd Ste 105, 91504, pg. 620
LOPEZ NEGRETE COMMUNICATIONS WEST, INC., 2222 W Olive Ave, 91506, pg. 652
MIDNIGHT OIL CREATIVE, 3800 W Vanowen St, 91505, pg. 739
PETROL ADVERTISING, 443 N Varney St, 91502, pg. 866
ROSS ADVERTISING, INC., 60 E Magnolia Blvd, 91502, pg. 968
UPP ENTERTAINMENT MARKETING, 3401 Winona Ave, 91504, pg. 1128

Burlingame

AMEREDIA, INC., 6 Kenmar Way, 94010, pg. 52

Calabasas

MILE 9, 23632 Calabasas Rd Ste 100, 91302, pg. 740
RED MARKETING COMMUNICATIONS, 3832 Mtn Shadows Rd, 91301, pg. 940

Campbell

CKR INTERACTIVE, 399 N 3rd St, 95008, pg. 211
R2INTEGRATED, 300 Orchard City Dr Ste 131, 95008, pg. 928

Capistrano Beach

MACRO COMMUNICATIONS, 34281 Doheny Park Rd #2163, 92624, pg. 667

Capitola

SCOTT DESIGN INC, PO Box 758, 95010, pg. 998
YELLOW BUS LLC, 207 Monterey Ave Unit 100, 95010, pg. 1195

Carlsbad

CREATIVE COMMUNICATIONS SERVICES, 2888 Loker Ave E Ste 316, 92010, pg. 240
ELEVATOR, 2965 Roosevelt St Ste C, 92009, pg. 336
HAVAS EDGE, 2386 Faraday Ave Ste 200, 92008, pg. 476
HAVAS EDGE PORTLAND, 2386 Faraday Ave Ste 200, 92008, pg. 476
L7 CREATIVE, 5927 Balfour Ct Ste 104, 92008, pg. 606
MANCUSO MEDIA, LLC, 701 Palomar Airport Rd Ste 300, 92011, pg. 674
MAXAUDIENCE, 5845 Avenida Encinas Ste 128, 92008, pg. 695
PIA AGENCY, 5930 Priestly Dr, 92008, pg. 870
SEO INC, 5841 Edison Place, 92008, pg. 1002
TACO TRUCK CREATIVE, 3172 Lionshead Ave, 92010, pg. 1069
TRY J ADVERTISING, 6030 Avenida Encinas Ste 210, 92011, pg. 1120

Chatsworth

S2K GRAPHICS, 9255 Deering Ave, 91311, pg. 974

Chico

ENGELBRECHT ADVERTISING, LLC., 1000 Esplanade, 95926, pg. 341

Chula Vista

HMC ADVERTISING, 453 D St Ste C, 91910, pg. 504

Claremont

PERRY DESIGN & ADVERTISING, 206 W. Bonita Ave, K2, 91711, pg. 865

Corte Madera

MILLER RADCLIFFE MARKETING, INC., 240 Tamal Vista Blvd Ste 190, 94925, pg. 742
PURPLE DOOR COMMUNICATIONS, 305 Montecito Dr Ste A, 94925, pg. 918
TURNSTILE, 145 Corte Madera Town Center, 94925, pg. 1122

Costa Mesa

BLUE C, 3183-C Airway Ave, 92626, pg. 138
CASANOVA PENDRILL, 275-A McCormick Ave Ste 100, 92626-3369, pg. 192
DB&M MEDIA INC, 3200 Park Center Dr Ste 1110, 92626, pg. 266
EXPERIAN MARKETING SERVICES, 475 Anton Blvd, 92626, pg. 356
FLASH POINT COMMUNICATIONS LLC, 3070 Bristol St Ste 580, 92626, pg. 387
THE GARAGE TEAM MAZDA, 3200 Bristol St Ste 300, 92626, pg. 409
GEARSHIFT ADVERTISING, 930 W 16th St Ste E2, 92627, pg. 413
IDEA HALL, 611 Anton Blvd Ste 140, 92626, pg. 520
RAUXA, 275 A McCormick Ave, 92626, pg. 933
VERITONE MEDIA, 575 Anton Blvd Ste 900, 92626, pg. 1134
WUNDERMAN, 535 Anton Blvd Ste 450, 92626, pg. 1189

Culver City

BARU ADVERTISING, 8695 Washington Blvd, 90232, pg. 95
CREATE ADVERTISING GROUP, 6022 Washington Blvd, 90232, pg. 239
DIGITAL KITCHEN, 3585 Hayden Ave, 90232, pg. 301
FANOLOGY LLC, 5855 Green Valley Cir Ste 202, 90230, pg. 361
HELLO DESIGN, 10305 Jefferson Blvd, 90232, pg. 495
HIGH WIDE & HANDSOME, 9430 West Washington Blvd, 90232, pg. 499
KOVEL/FULLER, 9925 Jefferson Blvd, 90232-3505, pg. 601
LUDOMADE, 5101 Fairbanks Way, 90230, pg. 656
MXM, 800 Corporate Pointe Ste 100, 90230, pg. 781
OMELET LLC, 3540 Hayden Ave, 90232, pg. 835
THE PITCH AGENCY, 8825 National Blvd, 90232, pg. 873
PROPAGANDA AMERICAS, 11264 Playa Ct, 90230, pg. 894
QUANTASY, INC., 9543 Culver Blvd, 90232, pg. 921
STEELHOUSE, 3644 Eastham Dr, 90232, pg. 1045
THERAPY, 11811 Teale St, 90230, pg. 1098
WALTON / ISAACSON, 3630 Eastham Dr, 90232, pg. 1151
WINGMAN ADVERTISING, 5855 Green Valley Circle, 90230, pg. 1171
WONGDOODY, 8500 Steller Dr Ste 5, 90232-2427, pg. 1175
THE WOO, 9601 Jefferson Blvd # A, 90232, pg. 1175
ZAMBEZI, 10441 Jefferson Blvd, 90232, pg. 1209

Dana Point

SZEN MARKETING, 34145 Pacific Coast Hwy #607, 92629, pg. 1068

Del Mar

IDEAHAUS, 1014 Stratford Ct, 92014, pg. 521

El Segundo

APOLLO INTERACTIVE, INC., 139 Illinois St, 90245-4312, pg. 64
CONILL ADVERTISING, INC., 2101 Rosecrans Ave 2nd Fl, 90245, pg. 227
DAVID & GOLIATH, 909 N Sepulveda Blvd Ste 700, 90245, pg. 261
EAT SLEEP WORK, 360 N Sepulveda Blvd Ste 1056, 90245, pg. 329
HOLLYWOOD BRANDED INC., 110 Lomita St, 90245, pg. 507
IGNITED, 2150 Park Pl Ste 100, 90245, pg. 523
LIQUID ADVERTISING, 138 Eucalyptus Dr, 90245, pg. 644
LONDON : LOS ANGELES, 840 Apollo St Ste 100, 90245, pg. 650
MAGNIFY360, 429 Main Street, 90245, pg. 671
MAKAI, 211 Nevada St, 90245, pg. 672
MULLENLOWE, 999 N Sepulveda Blvd, 90245, pg. 772
NUCLEUS WORLDWIDE, 212 Eucalyptus Dr, 90245, pg. 802
R&R PARTNERS, 1700 E Walnut Ave, 90245, pg. 925
REYNOLDS & ASSOCIATES, 2041 Rosecrans Ave, 90245, pg. 953
SILTANEN & PARTNERS, 353 Coral Cir, 90245, pg. 1013

Emeryville

FARINELLA, 1195 Park Ave, 94608, pg. 362
PROJECT6 DESIGN, INC., 4071 Emery St, 94608, pg. 892

Encinitas

ARTICHOKE CREATIVE, 590 Hygeia Ave, 92024, pg. 72
CHERESKIN COMMUNICATIONS, Village Park Way Ste 205B, 92024, pg. 206
PARKERWHITE INC., 230 Birmingham Dr, 92007, pg. 855
SLOT RIGHT MARKETING, 533 2nd St, 92024, pg. 1021

Encino

AVATARLABS, 16030 Ventura Blvd, 91436, pg. 79
BULLPEN INTEGRATED MARKETING, 16130 Ventura Blvd, 91436, pg. 172
CREATIVE IMPACT AGENCY, 16000 Ventura Boulevard Ste 750, 91436, pg. 243
SMITH MILLER MOORE, INC., 6219 Balcom Ave Ste 101, 91316-7209, pg. 1023
SRI ADVERTISING, 16200 Ventura Blvd, 91436, pg. 1039

Escondido

JANIS BROWN & ASSOCIATES, 19434 4th Pl, 92029-8111, pg. 572

Eureka

COXRASMUSSEN & CROSS MARKETING & ADVERTISING, INC., 2830 F St, 95501, pg. 234
SIRIUS STUDIOS, 3805 H St, 95503, pg. 1016

Fairfax

BRAINBLAZE ADVERTISING & DESIGN, 355 Scenic Rd, 94930, pg. 152
ONBEYOND LLC, 237 Cascade Dr, 94930, pg. 838

Fallbrook

LEAVITT COMMUNICATIONS INC, 5221 Olive Hill Rd, 92028, pg. 618

Foothill Rnch

MOB MEDIA, 26632 Towne Centre Dr Ste 300, 92610, pg. 751

Foster City

AGENCIES

MATTSON, 343 Hatch Dr, 94404, pg. 695

Fresno

CATALYST MARKETING COMPANY, 1466 Van Ness Ave, 93721, pg. 195
COHEN COMMUNICATIONS, 1201 W Shaw Ave, 93711, pg. 217
DELANEY MATRIX, 6770 N West Ave, 93711, pg. 286
JEFFREY SCOTT AGENCY, 1544 Fulton St, 93721, pg. 574
MJR CREATIVE GROUP, 1114 N Fulton St, 93728, pg. 749
TOP HAND MEDIA, 2014 Tulare St, 93722, pg. 1110

Fullerton

COGNITIVE IMPACT, PO Box 5509, 92838-0509, pg. 217
HARTE-HANKS DIRECT MARKETING/FULLERTON, INC., 680 Langsdorf Dr, 92831-3702, pg. 470

Garden Grove

COPERNIO, 11602 Knott St Ste 13, 92841, pg. 230

Gardena

INTERSECTION, 879W 190th St Ste 265, 90248, pg. 544

Glendale

HEAVENSPOT, 1800 S Brand Blvd Ste 205, 91204, pg. 493
PANCOM INTERNATIONAL, INC., 924 Calle Canta, 91208, pg. 852
THE SEARCH AGENCY, 801 N Brand Blvd Ste 1020, 91203, pg. 1000
SUBMIT EXPRESS INC., 1201 N Pacific Ave Ste 103, 91202, pg. 1057
TMP WORLDWIDE/ADVERTISING & COMMUNICATIONS, 330 N Brand Blvd Ste 1050, 91203, pg. 1107
VENEZIA DESIGN INC., 1988 L Arbolita Dr, 91208, pg. 1133
YYES, CO., 3460 Ocean View Blvd Ste D, 91208, pg. 1209

Gold River

CASTLE COMMUNICATIONS, 2377 Gold Meadow Way, 95670, pg. 194

Hayward

GUNDERSON DIRECT INC, 1275 A St, 94541, pg. 456

Hermosa Beach

BLND PUBLIC RELATIONS, 205 Pier Ave, 90254, pg. 137

Hollister

REDBEARD, 378 5th St, 95023, pg. 943

Hollywood

ALLIED INTEGRATED MARKETING, 6908 Hollywood Blvd 3rd Fl, 90028, pg. 47
ART MACHINE, 6922 Hollywood Blvd 12th Flr, 90028, pg. 71
CONCEPT ARTS, 6422 Selma Ave, 90028, pg. 225
ENGINE US, 6922 Hollywood Blvd 10th Fl, 90028, pg. 341
FORZA MIGLIOZZI, LLC, 5419 Hollywood Blvd, 90027, pg. 393
GREENLIGHT MEDIA & MARKETING, LLC, 8439 Sunset Blvd W, 90069, pg. 435
HAMMER CREATIVE, 1020 North Cole Ave, 90038, pg. 464
KIDS AT PLAY, 959 Cole Ave, 90038, pg. 594
KINDLING MEDIA, LLC, 1728 Whitley Ave, 90028, pg. 595
OXFORD ROAD, 6430 Sunset Blvd, 90028, pg. 848
PRIME L.A, 6525 Sunset Blvd Ste G2, 90028, pg. 889

Huntington Beach

ACORN WOODS COMMUNICATIONS, INC., 2120 Main St Ste 130, 92648, pg. 22
GALLEGOS UNITED, 300 Pacific Coast Hwy Ste 200, 92648, pg. 408
INNOCEAN USA, 180 5th St Ste 200, 92648, pg. 534
PONDER IDEAWORKS, 20291 Ravenwood Ln, 92646, pg. 882

Inglewood

PLUS ULTRA ADVERTISING, 355 E Manchester Blvdl, 90301, pg. 878

Irvine

454 CREATIVE, 5251 California Ave Ste 230, 92617, pg. 9
ADPERSUASION, 17595 Harvard Ave Ste C5000, 92614, pg. 32
AMBASSADOR ADVERTISING AGENCY, 1641 Langley Ave, 92614, pg. 50
BDS MARKETING, 10 Holland, 92618, pg. 117
BRANDINGBUSINESS, 1 Wrigley, 92618, pg. 157
BUZZSAW ADVERTISING & DESIGN INC., 19600 Fairchild Rd Ste 140, 92612, pg. 178
COLUMN FIVE, 5151 California Ave Ste 230, 92617, pg. 221
CREATIVE DYNAMIX INK, 19800 MacArthur Blvd., Ste 300, 92642, pg. 241
DEVICEPHARM, 2100 Main St Ste 250, 92614, pg. 296
EIGHT HORSES, 4790 Irvine Blvd, 92620, pg. 333
ENVOY, 34 Tesla # 100, 92618, pg. 342
GIGASAVVY, 14988 Sand Canyon Ave Studio 4, 92618, pg. 419
HEALTHCARE SUCCESS STRATEGIES, 2860 Michelle Ste 230, 92606, pg. 492
IDIRECT MARKETING, INC., 6789 Quail Hill Pkwy Ste 550, 92603, pg. 522
IMAGINE THIS, INC., 43 Corporate Park, 92606, pg. 526
INTERBRAND DESIGN FORUM, 15375 Barranca Pkwy Ste E106, 92618, pg. 538
MARICICH BRAND COMMUNICATIONS, 18201 McDurmott W Ste A, 92614, pg. 679
MATTSON CREATIVE INC, 14988 Sand Canyon Ave Studio 8, 92618, pg. 695
PACIFIC COMMUNICATIONS, 18581 Teller Ave, 92612, pg. 848
QOOQOO, 14988 Sand Canyon Ave Studio 5, 92618, pg. 920
SCHIEFER CHOPSHOP, 17922 Fitch, 92614, pg. 995
TRAFFIK, 8821 Research Dr, 92618, pg. 1113
TRINET INTERNET SOLUTIONS, INC., 108 Discovery, 92618, pg. 1118
US INTERACTIVE MEDIA, 2603 Main St Ste 800, 92614, pg. 1129
YS AND PARTNERS, INC., 5151 California Ave Ste 100, 92617, pg. 1209

La Jolla

LAMBESIS, INC., 7911 Herschel Ave, 92037, pg. 608
PLUME21, 375 Nautilus St, 92037, pg. 878
THE RESPONSE SHOP, INC., 7486 La Jolla Blvd Ste 164, 92037, pg. 950

Lafayette

KRT MARKETING, 3685 Mt Diablo Blvd Ste 255, 94549-3776, pg. 603

Laguna Beach

FUSE INTERACTIVE, 775 Laguna Canyon Rd, 92651, pg. 403
INK, 31652 2Nd Ave, 92651, pg. 532
JADI COMMUNICATIONS, 1110 Glenneyre St, 92651, pg. 570
JOHNSON GRAY ADVERTISING, 395 2Nd St, 92651, pg. 580
NADA GLOBAL, 931 S Coast Hwy, 92651, pg. 783
ROTTER GROUP INC., 2670 Solana Way, 92651, pg. 969
STRATA-MEDIA, INC., PO Box 1689, 92652, pg. 1052
YOUNG COMPANY, 361 Forest Ave Ste 105, 92651, pg. 1208

Laguna Hills

GEOGRAPHIC INDEX OF U.S.

CFIVE SOLUTIONS, 23382 Mill Creek Dr Ste 220, 92653, pg. 201

Laguna Niguel

ECLIPSE MARKETING, 11 Villamoura, 92677, pg. 330

Lakeside

LURE AGENCY, 11525 Legendale Dr, 92040, pg. 657

Larkspur

BLUE PRACTICE, 80 E Sir Francis Drake Blvd Ste 4D, 94939, pg. 140
ERICH & KALLMAN, 100 Larkspur Landing Cir Ste 214, 94939, pg. 348
ROCKET SCIENCE, 700 Larkspur Landing Cir Ste 199, 94939, pg. 965

Lemon Grove

NAS RECRUITMENT COMMUNICATIONS, 2580 Bonita St, 91945, pg. 785

Long Beach

BASTION TLG, 5001 Airport Plz Dr Ste 210, 90803, pg. 95
THE DESIGNORY, 211 E Ocean Blvd Ste 100, 90802-4850, pg. 293
ETA ADVERTISING, 444 W Ocean Blvd # 150, 90802, pg. 350
INTERTREND COMMUNICATIONS, INC., 213 E Broadway, 90802-5003, pg. 544
NOSTRUM INC., 555 E Ocean Blvd Ste 468, 90802, pg. 800
REZONATE MEDIA INC., 228 E Broadway, 90802, pg. 954

Los Alamitos

STAR MARKETING INC, 3291 Yellowtail Dr, 90720, pg. 1043

Los Angeles

180FUSION, 11620 Wilshire Boulevard Ste 820, 90025, pg. 3
42WEST, 1840 Century Pk E Ste 700, 90067, pg. 8
7ATE9 ENTERTAINMENT, 740 N La Brea Ave, 90038, pg. 12
AAAZA, INC., 3250 Wilshire Blvd Ste 1901, 90010, pg. 31
ABERNATHY MACGREGOR GROUP-LOS ANGELES, 707 Wilshire Blvd Ste 3950, 90017-3110, pg. 475
ADCREASIANS, INC., 3530 Wilshire Blvd Ste 1180, 90010, pg. 28
ADORE CREATIVE, 8033 Sunset Blvd Ste 5750, 90046, pg. 32
ALCHEMY MEDIA HOLDINGS, LLC, 3434 Overland Ave, 90034, pg. 44
ALLIGATOR, 639 S. Spring St #4A, 90014, pg. 48
ALLISON & PARTNERS, 11611 San Vicente Blvd Ste 910, 90049-6510, pg. 721
AMCI, 5353 Grosvenor Blvd, 90066, pg. 305
ANTHEMIC AGENCY, 542 N Larchmont Blvd, 90004, pg. 61
ARCANA ACADEMY, 13323 Washington Blvd Ste 301, 90066, pg. 65
ARENAS ENTERTAINMENT, 3375 Barham Blvd, 90068, pg. 67
THE AXIS AGENCY, 1840 Century Park E 6th Fl, 90069, pg. 81
BATTERY, 7257 Beverly Blvd, 90036, pg. 96
BAYARD ADVERTISING AGENCY, INC., 4929 Wilshire Blvd Ste 770, 90010-3817, pg. 96
BIG HONKIN' IDEAS (BHI), 3767 Overland Ave, 90034, pg. 129
BIG IMAGINATION GROUP, 525 S Hewitt St, 90013, pg. 129
BLEND, 700 S Flower, 90017, pg. 135
BOLD+BEYOND, 8033 Sunset Blvd, 90046, pg. 145
BPG ADVERTISING, 110 S Fairfax Blvd, 90036, pg. 151
BRAMSON + ASSOCIATES, 7400 Beverly Blvd, 90036-2725, pg. 153
BUCK LA, 515 W 7th St 4th Fl, 90014, pg. 171
C.2K COMMUNICATIONS, 1067 Gayley Ave, 90024, pg.

GEOGRAPHIC INDEX OF U.S. AGENCIES

181
CAROLYN KAMII PUBLIC RELATIONS, 2715 Greenfield Ave, 90064, pg. 191
CASHMERE AGENCY, 12530 Beatrice St, 90066-7002, pg. 193
CASTELLS & ASOCIADOS, 865 S Figueroa St Ste 1100, 90017-2543, pg. 194
THE CAVALRY COMPANY, 15504 Adagio Ct, 90077, pg. 197
CDM WEST, 12555 W Jefferson Blvd, 90066, pg. 198
COALITION TECHNOLOGIES, 3750 S Robertson Blvd, 90232, pg. 216
THE CONFLUENCE, 12910 Culver 1024 Santee StBlvd, 90015, pg. 226
CONTAGIOUSLA, 424 S Broadway #604, 90013, pg. 229
CONTEND, 130 S Broadway LA Times Contend 2nd Fl, 90012, pg. 229
CREATIVE ARTISTS AGENCY, 2000 Ave of the Stars, 90067, pg. 239
CRESTA WEST, 6815 Willoughby Ave Ste 102, 90038, pg. 247
DAVIS ELEN ADVERTISING, INC., 865 S Figueroa St Ste 1200, 90017-2543, pg. 264
DEUTSCH LA, 5454 Beethoven St, 90066-7017, pg. 294
DIGITAL MEDIA MANAGEMENT, 5670 Wilshire Blvd Fl 11, 90036, pg. 301
DIGNEY & COMPANY PUBLIC RELATIONS, PO Box 1169, 90078, pg. 302
DJ-LA LLC, 11400 W Olympic Blvd Ste 200, 90064-1644, pg. 309
DREAMENTIA INC, 453 S Spring St Ste 1101, 90013, pg. 320
E/LA (EVERYTHINGLA), 12655 W Jefferson Blvd 4th Fl, 92612, pg. 327
ENLARGE MEDIA GROUP, 110 East 9th St, 90079, pg. 341
ES ADVERTISING, 6222 Wilshire Blvd Ste 302, 90048, pg. 348
EVOLVE MEDIA LLC, 5140 W Goldleaf Cir Fl 3, 90056, pg. 354
EZRA PRODUCTIONS, 12575 Beatrice St, 90066, pg. 357
FANSCAPE INC., 12777 W Jefferson Blvd Ste 120, 90066, pg. 361
FEED COMPANY, 2840 Angus Street, 90039, pg. 377
FETCH LA, 12655 Jefferson Blvd, 90230, pg. 378
FIFTEEN MINUTES, 5670 Wilshire Blvd, 90036, pg. 379
FINN PARTNERS, 1875 Century Park East, Ste 200, 90067, pg. 382
FRASER COMMUNICATIONS, 1631 Pontius Ave, 90025, pg. 396
FRUKT, 1840 Century Park E, Fl 2, 90067, pg. 400
FULLSCREEN, INC., 12180 Millennium Dr, 90094, pg. 402
FUNKHAUS, 1855 Industrial St Ste 103, 90021, pg. 403
FUSEBOXWEST, 6101 Del Valle Dr, 90048, pg. 404
GIANT SPOON, 6100 Wilshire Blvd Ste 700, 90048, pg. 418
GK COMMUNICATIONS, INC., 149 S Barrington Ave Ste 780, 90049, pg. 421
GNET, 7920 Sunset Blvd 2nd FL, 90046, pg. 425
GSS COMMUNICATIONS, INC., 5042 Wilshire Blvd Ste 317, 90036, pg. 454
HAYMAKER, 4126 W Jefferson Blvd, 90016, pg. 489
HUGE, 6100 Wilshire Blvd 2nd Fl, 90048, pg. 512
HUMAN IMPACT SOLUTIONS, Corbin Ave, 91306, pg. 514
HUMBLE, 1265 S Cochran Ave, 90019, pg. 514
HYFN, 12777 Jefferson Blvd, 90066, pg. 516
HYPE CREATIVE PARTNERS, 12655 W Jefferson Blvd, 90066, pg. 516
ICM PARTNERS, 10250 Constellation Blvd., 90067, pg. 519
IGNITION INTERACTIVE, 12959 Coral Tree Pl, 90066, pg. 523
IMPRENTA COMMUNICATIONS GROUP, 315 W 9Th St Ste 700, 90015, pg. 527
IMRE, 6100 Wilshire Blvd Ste 1110, 90048, pg. 529
INFORM VENTURES, 606 N Larchmont Blvd Ste 307, 90004, pg. 532
INNERSPIN MARKETING, 3250 Wilshire Blvd Ste 2150, 90010, pg. 533
INSYNC PLUS, 3530 Wilshire Blvd Ste 1500, 90010, pg. 536
J. WALTER THOMPSON INSIDE, 6300 Wilshire Blvd, 90048, pg. 565
JACK MORTON WORLDWIDE, 1840 Century Park E Ste 1800, 90067, pg. 568
JEFFREY ALEC COMMUNICATIONS, 149 S Barrington Ave Ste 331, 90049, pg. 574

JETSET STUDIOS, 11150 W Olympic Blvd Ste 1020, 90064, pg. 575
JOE AGENCY, 5603 W Washington Blvd, 90016, pg. 578
JS2 COMMUNICATIONS, 303 N Sweetzer Ave, 90048, pg. 583
KASTNER, 5340 Alla Rd Ste 110, 90066, pg. 588
KILLEEN FURTNEY GROUP, INC., 149 S Barrington Ave Ste 800, 90049-3310, pg. 595
LAGRANT COMMUNICATIONS, 633 W 5th St, 90071-2005, pg. 607
LEO BURNETT - LOS ANGELES, 6500 Wilshire Blvd Ste 1950, 90048, pg. 622
LOGAN, 4221 Redwood Ave Ste 2A, 90066, pg. 650
LOYALKASPAR INC, 3767 Overland Ave Unit 107, 90034, pg. 654
MACY + ASSOCIATES INC., 411 Culver Blvd, 90293-7705, pg. 667
MADDOCKS, 2011 Pontius Ave, 90025, pg. 669
MAIZE MARKETING INC., 21031 Ventura Blvd, 91364, pg. 672
MARC ATLAN DESIGN, INC., 434 Carroll Canal, 90291, pg. 676
THE MARKETING ARM, 12777 W Jefferson Blvd Ste 120, 90066, pg. 682
MC SQUARED ADVERTISING AGENCY, 325 W Eighth St Ste 405, 90014, pg. 697
MCBEARD, 12180 Millennium Dr, 90094, pg. 697
MERCURY MEDIA, INC., 11620 Wilshire Blvd Ste 600, 90025, pg. 730
MHA MEDIA, 5150 Wilshire Blvd Ste 300, 90036, pg. 737
THE MILLER GROUP, 1516 S Bundy Dr Ste 200, 90025, pg. 742
MOCEAN, 2440 S Sepulveda Blvd, 90064, pg. 752
MODUS OPERANDI, 758 N Highland Ave, 90038, pg. 753
MOTHER LA, 5290 Washington Blvd, 90016, pg. 763
MOZAIC MEDIA + COMMUNICATIONS, 611 Wilshire Boulevard Ste 913, 90017, pg. 765
NARRATIVE, 1640 Wilcox Ave, 90028, pg. 784
NAS RECRUITMENT COMMUNICATIONS, 11620 Wilshire Blvd., 9th Fl, 90025, pg. 785
NEW MEDIA AGENCY, 4870 W Adams Blvd, 90016, pg. 791
OCEAN BRIDGE GROUP, 2032 Armacost Ave, 90025, pg. 805
OCTAGON, 8687 Melrose Ave 7th Fl, 90069, pg. 807
ONE EIGHTEEN ADVERTISING, 12400 Wilshire Blvd Ste 540, 90025, pg. 839
PADILLA, 617 W 7th St, 90017, pg. 850
PARTY LAND, 7930 Campion Dr, 90045, pg. 857
PASSENGER, 5900 Wilshire Blvd 28th Fl, 90036, pg. 857
PHENOMENON, 5900 Wilshire Blvd 28th Fl, 90036, pg. 868
PLAN C AGENCY, 120 E 8Th St Ste 912, 90014, pg. 876
PLATFORM MEDIA GROUP, 6767 Forest Lawn Dr Ste 211, 90068, pg. 877
PMK*BNC, 1840 Century Park E Ste 1400, 90067, pg. 543
PROVE AGENCY, 12910 Culver Blvd Ste D, 90066, pg. 895
QUIGLEY-SIMPSON, 11601 Wilshire Blvd 7th Fl, 90025, pg. 923
RAPP LOS ANGELES, 12777 W Jefferson Blvd Ste 100, 90066, pg. 931
REALITY2 LLC, 11661 San Vicente Blvd Ste 802, 90049, pg. 936
REBEL INDUSTRIES, 10573 Pico Blvd #290, 90064, pg. 937
THE REGAN GROUP, 360 W 132nd St, 90061, pg. 945
THE ROSS GROUP, 6511 Hayes Dr, 90048, pg. 968
S+L COMMUNICATIONS, 1700 Sawtelle Blvd Ste 111, 90025, pg. 974
SAESHE ADVERTISING, 1055 W Seventh St Ste 2150, 90017-2577, pg. 986
SANDWICH VIDEO, 923 E 3rd St Ste 304, 90013, pg. 990
SANGAM & ASSOCIATES, 3435 Wilshire Blvd Ste 2880, 90010, pg. 990
SECRET WEAPON MARKETING, 5870 W Jefferson Blvd, 90016, pg. 1000
SENSIS, 818 S Broadway Ste 1100, 90014, pg. 1002
THE SHEPPARD, 201 N Westmoreland Ave Ste 130, 90004, pg. 1007
SHOTWELL DIGITAL, 1042 S Olive St, 90015, pg. 1009
SIEGEL+GALE, 12777 Jefferson Blvd, 90066, pg. 1011
SIGNATURE CREATIVE, INC., 1513 N Gardner St, 90046, pg. 1013
SJ COMMUNICATIONS, 25251 Paseo De Alicia Ste 200, 92653, pg. 1017
SMUGGLER, 823 Seward St Hollywood, 90038, pg. 1025
THE SNYDER GROUP, 9255 Doheny Rd, 90069, pg. 1025

SODA & LIME LLC, 6515 W Sunset Blvd Ste 300, 90028, pg. 1027
SOURCELINK, 10866 Wilshire Blvd Ste 700, 90024-4354, pg. 1030
SPROKKIT, 818 W 7th St, 90017, pg. 1037
SRPR, INC., 2858 Griffith Park Blvd, 90039, pg. 1039
STANDARD BLACK, 163 S La Brea Ave, 90036, pg. 1042
STUN CREATIVE, 6420 Wilshire Blvd Fl 4, 90048, pg. 1057
SUPERCOOL CREATIVE, 1556 N La Brea Ave Ste 100, 90028, pg. 1062
SUPEROXYGEN, INC., 10599 Wilshire Blvd Ste 212, 90024, pg. 1062
SYNDCTD, 1506 N Gardner St Fl 2, 90046, pg. 1068
TBWACHIATDAY LOS ANGELES, 5353 Grosvenor Blvd, 90066, pg. 1077
TBWA LOS ANGELES, 5353 Grosvenor Blvd, 90066-6913, pg. 1078
TBWAMEDIA ARTS LAB, 12539 Beatrice St, 90066, pg. 1078
TEAM ONE USA, 13031 W Jefferson Blvd, 90094-7039, pg. 1095
THEAUDIENCE, 5670 Wilshire Blvd Ste 100, 90036, pg. 1098
TROIKA DESIGN GROUP, 101 S La Brea Ave, 90036, pg. 1119
TVGLA, 5340 Alla Rd Ste 100, 90066, pg. 1123
VOL.4, 8322 Beverly Blvd, 90048, pg. 1146
VRRB INTERACTIVE, 7083 Hollywood Blvd, 90028, pg. 1146
WARP FACTOR 2, LLC, 4344 Washington Blvd, 90066, pg. 1152
WASSERMAN MEDIA GROUP, 10900 Wilshire Blvd Fl 12, 90024, pg. 1153
WHERE IT'S GREATER, 2982 W Pico Blvd, 90006, pg. 1160
WORLDLINK MEDIA, 6100 Wilshire Blvd, 90048, pg. 1177
ZIMMERMAN ADVERTISING, 5353 Grosvenor Blvd, 90066-6913, pg. 1212
ZOOKEEPER INDUSTRIES LLC., 7507 W Sunset Blvd 14, 90046, pg. 1215
ZUGARA INC., 13101 W Washington Blvd Ste 403, 90066-8128, pg. 1216

Malibu

VIVID CANDI, 22601 Pacific Coast Hwy Ste 230, 90265, pg. 1142

Manhattan Beach

MANSFIELD + ASSOCIATES, INC., 629 12th St, 90266, pg. 675
MYRIAD TRAVEL MARKETING, 6033 W Century, 90045, pg. 782

Marina Del Rey

IDEAOLOGY ADVERTISING INC., 4223 Glencoe Ave Ste A 127, 90292, pg. 521
KLUGE INTERACTIVE, 4133 Redwood Ave Unit 4032, 90066, pg. 598
PILOT, 4551 Glencoe Ave Ste 255, 90292, pg. 871

Marina Di Rey

AUDIENCEX, 13468 Beach Ave, 90292, pg. 77

Menlo Park

ATLAS, 1601 Willow Rd, 94025, pg. 75
LEONE ADVERTISING, 2024 Santa Cruz Ave, 94025, pg. 632
VERY, INC., PO Box 517, 94026, pg. 1135

Mill Valley

SKADADDLE MEDIA, 17 Alta Vista Ave, 94941, pg. 1018

Millbrae

TIME ADVERTISING, 50 Victoria Ave, 94030-2645, pg. 1104

Milpitas

AGENCIES — GEOGRAPHIC INDEX OF U.S.

NAVAJO COMPANY, 2676 Greenrock Rd, 95035, pg. 786

Mission Viejo

FRONTGATE MEDIA, 28256 San Marcos, 92692, pg. 399
MARKETEAM INC, 26012 Pala, 92691, pg. 681
SOCIAL HOUSE INC, 27525 Puerta Real Ste 100, 92691, pg. 1026

Monrovia

BREWER DIRECT, INC., 507 S Myrtle Ave, 91016, pg. 161

Moorpark

FULL-THROTTLE COMMUNICATIONS INC., 5301 N Commerce Ave Ste C, 93021, pg. 402

Morgan Hill

ORLOFF WILLIAMS, 18406 Ruby Ln, 95037, pg. 844

Mountain View

BLUEFOCUS INTERNATIONAL, 1451 Grant Rd Ste 200, 94040, pg. 141
IQ 360, 800 W El Camino Real Ste 180, 94040, pg. 548
RAINMAKER COMMUNICATIONS, 650 Castro St Ste 120 220, 94041, pg. 929
TANIS COMMUNICATIONS, 800 W El Camino Real Ste 180, 94040, pg. 1072

Napa

BALZAC COMMUNICATIONS, 1200 Jefferson St, 94559, pg. 86
BENSON MARKETING GROUP LLC, 2700 Napa Vly Corporate Dr Ste H, 94558, pg. 123
WARK COMMUNICATIONS, 1135 Serendipity Way, 94558, pg. 1152

Newhall

CENTRIC, 22508 Market Street, 91321, pg. 200

Newport Beach

BRANDTAILERS, 1501 Quail St #210, 92660, pg. 159
BURTON, LIVINGSTONE & KIRK, 4665 MacArthur Ct Ste 235, 92660-8830, pg. 176
CALIFORNIA OUTDOOR ADVERTISING, 503 32nd St Ste 110, 92663, pg. 183
ESTEY-HOOVER INC. ADVERTISING-PUBLIC RELATIONS, 1600 Dove St Ste 315, 92660, pg. 350
HEILBRICE, 1 Corporate Plaza Dr, 92660, pg. 493
INTERCOMMUNICATIONS INC., 1375 Dove St Ste 200, 92660, pg. 538
ORANGE LABEL ART & ADVERTISING, 4000 MacArthur Blvd, 92660, pg. 843
THE ROXBURGH AGENCY INC, 4300 Campus Dr Ste 100, 92660, pg. 970
THE SHEPHERD GROUP, 4695 MacArthur Court Ste #1100, 92660, pg. 1007
SKIVER, 3434 Via Lido 2nd Fl, 92663, pg. 1019

Nipomo

DSD CREATIVE GROUP, INC., 1521 La Loma Dr, 93444, pg. 323

North Hollywood

3D PUBLIC RELATIONS AND MARKETING, 6340 Coldwater Canyon Ave Ste 206, 91606, pg. 7
R/GA LOS ANGELES, 5636 Tujunga Ave, 91601, pg. 926

Northridge

LA ADS, 9018 Balboa Blvd 536, 91325, pg. 606

Novato

ALANIZ MARKETING, 7250 Redwood Blvd Ste 109, 94945, pg. 43
BIG CAT ADVERTISING, 10 Commercial Blvd Ste 10, 94949, pg. 128
KIOSK CREATIVE LLC, 750 Grant Ave 200, 94945, pg. 596

Oakland

BECKER MEDIA, 144 Linden St, 94607, pg. 120
CAROL H. WILLIAMS ADVERTISING, 1625 Clay St, 94612, pg. 190
CHEN DESIGN ASSOCIATES INC, 1759 Broadway, 94612, pg. 205
EMOTIVE BRAND, 580 2nd St Ste 245, 94607, pg. 339
EVB, 1740 Telegraph Ave, 94612, pg. 352
FULL COURT PRESS COMMUNICATIONS, 409 13th St 13th Fl, 94612, pg. 402
GLASS & MARKER, 2220 Livingston St, 94606, pg. 421
HOW FUNWORKS LLC, 343 19th St, 94612, pg. 510
HUGE, 426 17th St 2nd Fl, 94612, pg. 512
MAD DOGS & ENGLISHMEN, 363 17th St, 94612, pg. 668
THE PLACEMAKING GROUP, 505 14th St 5th Fl, 94612, pg. 875
VERBFACTORY, 1956 Webster St Ste 250, 94612, pg. 1133
WHM CREATIVE, 1808 Telegraph Ave, 94612, pg. 1162
WITZ COMMUNICATIONS, INC., 1111 Broadway # 3, 94607, pg. 1173

Oaks

INFINITE COMMUNICATIONS, INC., 15250 Ventura Blvd 730 Sherman, 91403, pg. 531

Oceano

ON-TARGET GRAPHICS, PO Box 943, 93475, pg. 838

Orange

SPOTLIGHT MARKETING COMMUNICATIONS, 265 S Anita Dr Ste 250, 92868, pg. 1036
WESTBOUND COMMUNICATIONS, INC., 625 The City Dr Ste 360, 92868, pg. 1159

Oxnard

CHANNEL ISLANDS DESIGN, 2434 Monaco Dr, 93035, pg. 202

Palm Desert

CORD MEDIA, 43-645 Monterey Ave Ste D, 92260, pg. 231
FG CREATIVE INC, 74020 Alessandro Dr Ste E, 92260, pg. 378
KINER COMMUNICATIONS, 44651 Village Ct Ste 114, 92260, pg. 595
TASTE ADVERTISING, BRANDING & PACKAGING, 78206 Varner Rd, 92211, pg. 1074

Palm Springs

BRAND ARC, 1133 Camino Mirasol, 92262, pg. 154
IMAGINE IT MEDIA, 318 N Palm Canyon Dr, 92262, pg. 526
THE JONES AGENCY, 303 N Indian Canyon Dr, 92262-6015, pg. 581
PMA INC., 550 S Oleander Dr, 92264, pg. 878

Palo Alto

1185 DESIGN, 941 Emerson St, 94301, pg. 1
ADARA MEDIA, INC., 1070 E Meadow Cir, 94303, pg. 27
JUNGLE DIGITAL ENTERPRISES, 530 Emerson St, 94301, pg. 585

Palos Verdes Estates

CREATIVE PARTNERS GROUP, INC., 409 Via Corta, 90274, pg. 245
PACIFICCOAST ADVERTISING INC., 2516 Via Tejon Ste 207, 90274, pg. 849

Pasadena

42 ENTERTAINMENT, LLC, 87 E Green St Ste 210, 91105, pg. 8
THE ADMARK GROUP, 96 N Sunnyslope Ave, 91107, pg. 30
ADVILLE/USA, 44 S Mentor Ave, 91106-2902, pg. 36
ALWAYS ON COMMUNICATIONS, 1308 E Colorado Blvd Ste 1371, 91106, pg. 50
THE ARTIME GROUP, 65 N Raymond Ave Ste 240, 91103, pg. 72
AYZENBERG GROUP, INC., 49 E Walnut St, 91103, pg. 81
ECHO FACTORY, 36 W Colorado, 91105, pg. 329
ECHO-FACTORY INC, 36 W Colorado Ste 200, 91105, pg. 329
OISHII CREATIVE, 645 Westbridge Pl, 91105, pg. 834
ONE & ALL, 2 N Lake Ave Ste 600, 91101-1868, pg. 838
PASADENA ADVERTISING, 117 E Colorado Blvd, 91105, pg. 857
THE1STMOVEMENT, 751 N Fair Oaks Ave # 100, 91103, pg. 1098
UNDIVIDED, 959 E Colorado Blvd Ste 230, 91106, pg. 1126

Paso Robles

ADGENIO, 560 10th St, 93446, pg. 30

Pinole

CROSSOVER CREATIVE GROUP, 2643 Appian Way Ste J, 94564, pg. 250

Pismo Beach

SOLVE AGENCY, INC., 263 Harloe Ave Ste 100, 93449, pg. 1028

Playa Del Rey

11:24 DESIGN ADVERTISING, INC., 322 Culver Blvd, 90293-7703, pg. 1

Playa Vista

72ANDSUNNY, 12101 W Buffalo Creek Dr, 90094, pg. 11
DONER, 5510 Lincoln Blvd Ste 220, 90094, pg. 724
DONER, 5510 Lincoln Blvd Ste 220, 90094, pg. 315
MILLWARD BROWN, 12180 Millennium Ste 380, 90094, pg. 744
NEO@OGILVY LOS ANGELES, 12180 Millennium Dr Ste 440, 90094, pg. 789
OGILVY, 12180 Millennium Ste 440, 90094, pg. 811
PHELPS, 12121 Bluff Creek Dr, 90094, pg. 867

Pleasanton

ELLIPSIS SOLUTIONS, 4900 Hopyard Rd Ste 100, 94588, pg. 338

Porter Ranch

SHOPPER MARKETING GROUP ADVERTISING INC., 11611 Tampa Ave Unit 185, 91326, pg. 1009

Rancho Mirage

KENNEDY COMMUNICATIONS, 34690 Mission Hill Dr, 92270, pg. 592

Rch Cucamonga

IGNITE DESIGN AND ADVERTISING, INC., 8431 Utica Ave, 91730, pg. 522

Redondo Beach

ARGYLL, 2110 Artesia Blvd Ste 324, 90278-3014, pg. 68
LOCALITE LA, 116 S Catalina Ave Ste 107 & 109, 90277, pg. 649
MORE MEDIA GROUP, 1427 Goodman Ave, 90278, pg. 757
NELSON & GILMORE, 1604 Aviation Blvd, 90278, pg. 788

Redwood City

GEOGRAPHIC INDEX OF U.S. AGENCIES

ACXIOM DIGITAL, 100 Redwood Shores Pkwy, 94065, pg. 23
AD DAWG CREATIVE, 1805 Poplar Ave, 94061, pg. 23
RNO1, LLC, 274 Redwood Shores Pkwy, 94065, pg. 962
SELLIGENT, INC., 1300 Island Dr Ste 200, 94065, pg. 1001
TDA GROUP, 3 Lagoon Dr Ste 160, 94065, pg. 1094
Y MEDIA LABS, 255 Shoreline Dr 6th Fl, 94065, pg. 1195
YUME, 1204 Middlefield Rd, 94063, pg. 1209

Redwood Shores

BECK INTERACTIVE, INC., 784 Lakeshore Dr, 94070, pg. 119

Ripon

INTERNECTION, 1577 Riverview Cir W, 95366-9330, pg. 539

Riverside

ARKSIDE MARKETING, 3737 Main St, 92501, pg. 69

Roseville

AUGUSTINE, 532 Gibson Dr Ste 250, 95678, pg. 77
BOUCHARD MCELROY COMMUNICATIONS GROUP INC., 1430 Blue Oaks Blvd Ste 280, 95747-5156, pg. 149
TABER CREATIVE GROUP, 1693 Eureka Rd Ste 200, 95661, pg. 1069

Sacramento

3FOLD COMMUNICATIONS, 2031 K St Ste 100, 95811, pg. 7
ADTOPIA MARKETING GROUP, 440 Florin Rd, 95831-2007, pg. 33
CLARK & ASSOCIATES, 2743 Pope Ave, 95821, pg. 211
EMCEE11D, 1700 I St, 95811, pg. 338
EMRL, 1020 10th St, 95814, pg. 339
FUEL CREATIVE GROUP, 2321 P St 2nd Fl, 95816, pg. 401
THE HONEY AGENCY, 1050 20th St Ste 220, 95811, pg. 507
IMPRENTA COMMUNICATIONS GROUP, 1225 8th St Ste 440, 95814, pg. 527
LIGON MEDIA, PO Box 161776, 95816, pg. 640
MERING & ASSOCIATES, 1700 I St Ste 210, 95811, pg. 731
MERLOT MARKETING, 4430 Duckhorn Dr, 95834, pg. 734
MOROCH, 2450 Venture Oaks Way, 95833, pg. 759
PERRY COMMUNICATIONS GROUP, INC., 980 9th St, 95814, pg. 865
RUNYON SALTZMAN & EINHORN, 2020 L St Ste 100, 95811, pg. 972
UN/COMMON, 2700 J St 2nd Fl, 95816, pg. 1125
WALLRICH, 8801 Folsom Blvd Ste 190, 95826, pg. 1149
WIRE STONE LLC, 920 20th St, 95811, pg. 1172

Salinas

MOXXY MARKETING, 380 Main St, 93901, pg. 765

San Anselmo

BUSINESSONLINE, 321 San Anselmo Ave, 94960, pg. 177

San Bruno

WALMART LABS, 850 Cherry Ave, 94066, pg. 1150

San Carlos

GEORGE P. JOHNSON COMPANY, INC., 999 Skyway Rd Ste 300, 94070, pg. 416

San Clemente

EMG MARKETING, 13 Vista Encanta, 92672, pg. 339

San Diego

49 SEO SERVICES, 5842 Mott St, 92122, pg. 9
ABERDEEN GROUP, 15015 Avenue Of Science Ste 110, 92128, pg. 470
ADVANCED MARKETING STRATEGIES, 8910 University Center Ln Ste 620, 92122-1027, pg. 33
ALLIED INTEGRATED MARKETING, Cabrillo Plza 3990 Old Town Ave Ste B206, 92110-2968, pg. 47
ALLISON & PARTNERS, 2750 Womble Rd Ste 104, 92106, pg. 721
AUDACITY HEALTH LLC, 3560 Dunhill St Ste 100, 92121, pg. 76
BASIC AGENCY, 251 10th Ave, 92101, pg. 95
BERKMAN COMMUNICATIONS, 3920 Conde St # B, 92110, pg. 124
BRAINSHINE, 11650 Ramsdell Ct, 92131, pg. 153
BULLDOG DRUMMOND, INC., 655 G Street, 92101, pg. 172
CANALE COMMUNICATIONS, 4010 Goldfinch St, 92103, pg. 187
CARLING COMMUNICATIONS, 2550 5Th Ave Ste 150, 92103, pg. 189
CAROUSEL, 710 13th St, Ste 314, 92101, pg. 191
CORDERO & DAVENPORT ADVERTISING, 839 W Harbor Dr Ste 2, 92101, pg. 231
DEPARTURE, 427 C St Ste 406, 92101, pg. 291
DIGITAL OPERATIVE INC., 404 Camino Del Rio S Ste 200, 92108, pg. 301
EFM AGENCY, 101 W Broadway, 92101, pg. 332
ELEVATE CREATIVE LLC, 925 B St Ste 604, 92101, pg. 335
GAS LAMP MEDIA, 9810 Scripps Lake Dr Ste F, 92131, pg. 411
I.D.E.A., 444 W Beech St 4th Fl, 92101, pg. 519
INNOVISION MARKETING GROUP, 5961 Kearny Villa Road, 92123, pg. 534
INTERNET MARKETING, INC., 10620 Treena St Ste 250, 92131, pg. 540
JACOB TYLER BRAND COMMUNICATIONS, 6863 Friars Rd, 92108, pg. 569
JOBELEPHANT.COM INC., 5443 Fremontia Ln, 92115, pg. 578
JWALCHER COMMUNICATIONS, 2986 Ivy St, 92104, pg. 586
KPI AGENCY, 302 Washington St, 82103, pg. 601
LEWIS, 3131 Camino del Rio N Ste 200, 92108, pg. 638
MEADSDURKET, 502 10th Ave, 92101, pg. 724
MENTUS, 6755 Mira Mesa Blvd Ste 123, 92121-4311, pg. 730
MERINGCARSON, 624 Broadway Ste 502, 92101, pg. 731
MESSINA DESIGN, 1425 University Ave Ste B, 92103, pg. 735
MINDGRUVE, INC., 627 8th Ave, 92101, pg. 745
MIRESBALL, 2605 State St, 92103-6419, pg. 747
MJE MARKETING SERVICES, 3111 Camino del Rio N Ste 100, 92108, pg. 749
MOTIVATE, INC., PO Box 178410, 92177, pg. 763
OLIVE PR SOLUTIONS INC, 401 W A St, 92101, pg. 835
OSTER & ASSOCIATES, INC., 3525 5th Ave 2nd Fl, 92103, pg. 845
PIERCE CREATIVE, 1228 University Ave # 200, 92103, pg. 870
PISTON AGENCY, 530 B St, 92101, pg. 873
RED DOOR INTERACTIVE, INC., 350 10th Ave Set 1100, 92101, pg. 939
RONI HICKS & ASSOCIATES, 11682 El Camino Real Ste 200, 92130, pg. 967
SCATENA DANIELS COMMUNICATIONS, INC., 2165 San Diego Ave, 92110, pg. 994
SCG ADVERTISING & PUBLIC RELATIONS, 1545 Hotel Circle S Ste 145, 92108, pg. 994
SMACK MEDIA, 4913 Smith Canyon Ct, 92130, pg. 1021
SOUTHWEST STRATEGIES LLC, 401 B St Ste 150, 92101, pg. 1030
SPEARHALL ADVERTISING & PUBLIC RELATIONS, 2150 West Washington St Ste 402, 92110, pg. 1033
TAYLOR & POND CORPORATE COMMUNICATIONS, 840 5Th Ave Ste 300, 92101, pg. 1076
V-FLUENCE INTERACTIVE PUBLIC RELATIONS, INC., 7770 Regents Rd Ste 113-576, 92122-1937, pg. 1129
VENTURE, 3639 Midway Dr, 92110, pg. 1133
VITRO, 2305 Historic Decatur Rd Ste 205, 92106, pg. 1141
WELCOMM, INC., 7975 Raytheon Rd Ste 340, 92111-1622, pg. 1158

San Francisco

300FEETOUT, 1035 Folsom St, 94103, pg. 5
ACCESS BRAND COMMUNICATIONS, 650 California St, 94108, pg. 19
ALLIED INTEGRATED MARKETING, 345 California St Ste 1200, 94104, pg. 47
ANTEDOTE, 535 Mission 15th Floor, 94110, pg. 61
ARGONAUT INC., 1268 Sutter St, 94109, pg. 67
ASTERIX GROUP, 535 Mission St, 94105, pg. 74
ATTACK MARKETING, LLC, 367 Nineth St Ste B, 94103, pg. 76
BAKER STREET ADVERTISING, 15 Lombard St, 94111, pg. 85
BARRETTSF, 250 Sutter St, 94108, pg. 91
BAYCREATIVE, 400 Brannan St Ste 207, 94107, pg. 96
BBDO SAN FRANCISCO, 600 California St, 94108, pg. 99
BEYOND AGENCY, 100 Montgomery St, 94104, pg. 126
BIG THINK STUDIOS, 512 Missouri St, 94107, pg. 130
BLAST RADIUS INC., 303 2nd St Ste 8, 94107, pg. 135
BLATTEL COMMUNICATIONS, 250 Montgomery St, 94104, pg. 135
BONFIRE LABS, 190 Pacific Ave, 94111, pg. 146
BRAINCHILD CREATIVE, 12 Geary St Ste 607, 94108, pg. 152
BRANDADVISORS, 512 Union St, 94133, pg. 155
BTRAX, INC., 665 3rd St Ste 536, 94107, pg. 171
BUTCHER SHOP CREATIVE, 432 Clay St, 94111, pg. 177
BUTCHERSHOP, 432 Clay St, 94111, pg. 177
CAMP + KING, 87 Graham St, 94129, pg. 185
CATALYST S+F, 550 Montgomery St. Ste 750, 94111, pg. 195
CHAPTER, 2745 19th St, 94110, pg. 202
CHARACTER, 447 Battery St, 94111, pg. 203
CHEMISTRY CLUB, 451 Pacific Ave, 94133, pg. 205
CHROMIUM, 440 Brannan St, 94107, pg. 207
CITIZEN GROUP, 465 California St, 94104, pg. 209
CODE AND THEORY, 250 Montgomery St Ste 800, 94104, pg. 217
COLLABORATE COMMUNICATIONS, INC., 445 Bush St 3rd Fl, 94108, pg. 219
CREATIVE FEED, 39 Mesa St The Presidio Ste 105, 94129, pg. 242
CREATIVE:MINT LLC, 667 Mission St, 94105, pg. 246
CUTWATER, 950 Battery St, 94111, pg. 255
DAE ADVERTISING, INC., 71 Stevenson St Ste 1450, 94105, pg. 257
DDB CALIFORNIA, 600 California St, 94108, pg. 57
DDB SAN FRANCISCO, 600 California St, 94108, pg. 269
DE ALBA COMMUNICATIONS, 1 Polk St, 94102, pg. 283
DESIGN ABOUT TOWN, 824 Teresita Blvd, 94127, pg. 292
DIAL HOUSE, 306 Precita Ave, 94110, pg. 298
DIGIPOWERS, INC., 765 Market St, 94103, pg. 300
DIGITAS, 2001 The Embarcadero, 94133, pg. 302
DOGTIME MEDIA INC., PO Box 576, 94104, pg. 313
DOREMUS (SAN FRANCISCO), 550 3rd St, 94107, pg. 316
DOZ, 589 Howard Street, 94105, pg. 318
DRINKPR, 3055 Scott St, 94123, pg. 320
DUNCAN CHANNON, 114 Sansome St, 94104, pg. 325
ECHOS COMMUNICATIONS, 680 Mission St, 94105, pg. 330
ECI SAN FRANCISCO, 55 Union Street, 94111, pg. 306
ELEPHANT, 333 Bryant St Ste 320, 94107, pg. 335
ELEVEN INC., 500 Sansome St., 94111, pg. 336
ELSEWHERE ADVERTISING, 525 Brannan St Ste 206, 94107, pg. 338
EVVIVA BRANDS, 414 Jackson St Ste 301, 94111, pg. 354
EXTRACTABLE, INC., 612 Howard St Ste 400, 94105, pg. 356
FACTORY 360, 236 8th St Ste A, 94103, pg. 357
FCB WEST, 1160 Battery St Ste 450, 94111, pg. 365
FENTON, 600 California St Fl 11, 94108, pg. 377
FETCH, 153 Kearny St Fl 4, 94108, pg. 378
FINN PARTNERS, 101 Montgomery St Fl 15, 94104, pg. 382
FIREWOOD MARKETING, 23 Geary St # 7, 94108, pg. 383
FORTY FORTY AGENCY, PO Box 2866, 94126, pg. 393
FUSEPROJECT, 1401 16th St, 94103, pg. 404
GAUGER + ASSOCIATES, 360 Post St, 94108, pg. 412
GERSHONI, 785 Market St The Dome, 94103, pg. 417
GIANT CREATIVE/STRATEGY, LLC, 1700 Montgomery St, 94111, pg. 418
GODFREY DADICH, 140 New Montgomery St Fl 7, 94105, pg. 427
GOLD FRONT, 158 11th St, 94103, pg. 427
GOODBY, SILVERSTEIN & PARTNERS, 720 California St,

A-53

AGENCIES
GEOGRAPHIC INDEX OF U.S.

94108-2404, pg. 428
GREATER THAN ONE, 100 Montgomery St Ste 1700, 94104, pg. 434
GREY SAN FRANCISCO, 303 2nd St Ste 800 S Tower, 94107, pg. 449
GROW MARKETING, 570 Pacific Ave 3rd Fl, 94133, pg. 453
GUMAS ADVERTISING, 99 Shotwell St, 94103-3625, pg. 455
H&L PARTNERS, 353 Sacramento St 21st Fl, 94111, pg. 459
HAVAS - SAN FRANCISCO, 1725 Montgomery St, 94111, pg. 476
HDM/ZOOMEDIA, 1620 Montgomery St, 94111, pg. 491
HDSF, 88 Townsend St, 94107, pg. 491
HEAT, 1100 Sansome St, 94111, pg. 492
HEIRLOOM, 60 29th St Ste 430, 94110, pg. 494
HUB STRATEGY AND COMMUNICATION, 39 Mesa St, 94129, pg. 511
INCEPTION MARKETING, INC., 268 Bush St, 94104, pg. 530
INTERBRAND SAN FRANCISCO, 555 Market St Ste 500, 94105, pg. 538
IRON CREATIVE COMMUNICATION, 120 2nd St Fl 3, 94105, pg. 548
IW GROUP, 33 New Montgomery St Ste 990, 94105, pg. 552
J. WALTER THOMPSON SAN FRANCISCO, 1001 Front St, 94111, pg. 553
JACK MORTON WORLDWIDE, 600 Battery St 2nd Fl, 94111, pg. 568
JUMBOSHRIMP ADVERTISING, INC., 544 Bryant St, 94107, pg. 585
JUMPSTART AUTOMOTIVE MEDIA, 550 Kearny St Ste 500, 94108, pg. 585
KITEROCKET, 811 Sansome St, 94111, pg. 597
LANDOR ASSOCIATES, 1001 Front St, 94111, pg. 609
LAUNCHSQUAD, 340 Pine St Ste 100, 94104, pg. 615
LEWIS, 575 Market St, 94105, pg. 638
LIFT AGENCY, 650 California St Fl 22, 94108, pg. 639
M/H VCCP, 220 Sansome St, 94104, pg. 664
MACY + ASSOCIATES INC., 1750 Montgomery St, 94111, pg. 667
MANIFOLD, INC., 531 Howard St 3rd flr, 94105, pg. 675
MARKER SEVEN, INC., 300 Beale St Ste A, 94105-2091, pg. 681
MCCANN TORRE LAZUR WEST, 600 Battery St, 94111, pg. 714
MCCANN WORLDGROUP, 600 Battery St, 94111, pg. 699
MEKANISM, 640 Second St 3rd Fl, 94107, pg. 729
METADESIGN INC., 2001 The Embarcadero, 94133, pg. 735
METHOD, 585 Howard St Fl 1, 94105, pg. 735
METHOD INC., 585 Howard St Fl 1, 94105, pg. 735
MILLWARD BROWN, 303 2nd St N Tower 3rd Fl, 94107, pg. 744
MONIKER INC., 2169 Folsom St M101, 94110, pg. 755
MONO, 99 Osgood Place, 94133, pg. 756
MORTAR ADVERTISING, 415 Stockton St Fl 3, 94108, pg. 761
MRM WORLDWIDE, 600 Battery St, 94111, pg. 767
MUCHO, 466 Geary St Ste 500, 94102, pg. 770
MULLENLOWE, 600 Battery St, 94111, pg. 772
NORTH OF NINE COMMUNICATIONS, 303 2nd St S Tower Ste 800, 94107, pg. 798
OCTAGON, 560 Pacific Ave, 94133, pg. 807
ODYSSEUS ARMS, 8 California St, 94111, pg. 808
OFFICE, 1060 Capp St, 94110, pg. 809
OGILVYONE, 111 Sutter St 10th Fl, 94104, pg. 812
ONEWORLD COMMUNICATIONS, INC., 2001 Harrison St, 94110, pg. 840
OOTEM, INC., 180 Carnelian Way, 94131, pg. 841
OPTIC NERVE DIRECT MARKETING, 457 30th St Ste A WWing, 94131, pg. 842
PALMER AD AGENCY, 466 Geary St Ste 301, 94102, pg. 851
PEREIRA & O'DELL, 215 2nd St, 94105, pg. 863
PHILIP JOHNSON ASSOCIATES, 214 Grant Ave Ste 450, 94108-4628, pg. 875
PIVOT DESIGN INC, 450 Geary Ste 501, 94102, pg. 873
PJA ADVERTISING + MARKETING, 214 Grant Ave Ste 450, 94108, pg. 874
PROPANE STUDIO, 1160 Battery St Ste 350, 94111, pg. 894
PROPHET, One Bush St 7th Fl, 94104, pg. 894
PURE COMMUNICATIONS, 50 Francisco St Ste 103, 94133, pg. 917
PURE MOXIE, 340 Fremont St Apt 4101, 94105, pg. 917

QUESTUS, 675 Davis St, 94111, pg. 922
R/GA SAN FRANCISCO, 35 S Park, 94107, pg. 926
R2C GROUP, 727 Sansome St Ste 200, 94111, pg. 928
READY STATE LLC, 524 Union St, 94133, pg. 936
REDSCOUT LLC, 99 Osgood Pl 2nd Fl, 94133, pg. 944
RINEY, 2001 The Embarcadero, 94133-5200, pg. 959
THE SAGE GROUP, 33 Falmouth St, 94107, pg. 987
SCHOOL OF THOUGHT, 544 Pacific Ave 3rd Fl, 94133, pg. 996
SKYCASTLE MEDIA, LLC, 3701 Sacramento St, 94118, pg. 1019
STAMEN DESIGN, 2017 Mission St Ste 300, 94110, pg. 1042
STEIN IAS, 149 Natoma St, 94105, pg. 1046
SWIRL MCGARRYBOWEN, 101 Montgomery St, 94129, pg. 1067
T3, 576 Folsom St, 94105, pg. 1069
TBD, 156 2nd St, 94105, pg. 1076
TEAK, 330 Jackson St 2nd Fl, 94111, pg. 1094
TENDO COMMUNICATIONS INC., 340 Brannan St Ste 500, 94107, pg. 1096
TESSER INC., 121 2nd St Top Fl, 94105, pg. 1097
TMP WORLDWIDE/ADVERTISING & COMMUNICATIONS, 150 Spear St, 94105, pg. 1107
TOLLESON DESIGN, INC., 560 Pacific Ave, 94133, pg. 1108
TRACTION CORPORATION, 1349 Larkin St, 94109, pg. 1112
TRANSPARENT HOUSE, 472 Jackson St, 94111, pg. 1114
TRIER AND COMPANY, 649 Mission St 5th Fl, 94103, pg. 1117
TRIGGERFISH MARKETING, 200 Townsend St Ste 45, 94107, pg. 1117
TURNER DUCKWORTH, 831 Montgomery St, 94133, pg. 903
TWOFIFTEENMCCANN, 215 Leidesdorff St, 94111, pg. 1124
UMLAUT, 60 Rausch St Apt 203, 94103, pg. 1125
UNDERGROUND ADVERTISING, 916 Kearny St, 94133, pg. 1126
UNIT PARTNERS, 1416 Larkin St Unit B, 94109, pg. 1127
VBP ORANGE, 201 Post St 4th Fl, 94108, pg. 1132
VENABLES, BELL & PARTNERS, 201 Post St Ste 200, 94108, pg. 1132
W2O GROUP, 50 Francisco St Ste 400, 94133, pg. 1148
WIKREATE, 145 Vallejo St Ste 6, 94111, pg. 1166
Y&R CALIFORNIA, 303 2nd St 8th Fl S Tower, 94107, pg. 1198
YOUNG & RUBICAM BRANDS, SAN FRANCISCO, 303 2nd St 8th Fl S Tower, 94107, pg. 1199
ZENMARK VERBAL DESIGN, PO Box 192564, 94119, pg. 1211
ZONE 5, 950 Greenwich St, 94133, pg. 1215

San Jose

3MARKETEERS ADVERTISING, INC., 6399 San Ignacio Ave, 95119, pg. 8
ABC (ADVERTISING BUSINESS CONSULTANTS), 1334 Lincoln Ave, 95125, pg. 17
AL SHULTZ ADVERTISING, INC., 1346 The Alameda, 95126, pg. 43
CANYONPR, 103 Bonaventura Dr, 95134, pg. 187
CREATIVE I, PO Box 1708, 95109, pg. 242
DECCA DESIGN, 476 S 1st St, 95113, pg. 284
DYSTRICK DESIGN, INC., 90 Great Oaks Blvd Ste 204, 95119, pg. 327
GIST & ERDMANN, INC., 1978 The Alameda, 95126, pg. 421
LIQUID AGENCY, INC., 448 S Market St, 95113, pg. 644
MILAGRO MARKETING, 1141 Ringwood Ct Ste 20, 95131, pg. 740
MINDWRITE COMMUNICATIONS, INC., 117 Bernal Rd Ste 70-126, 95119, pg. 746
OOYALA, INC., 2099 Gateway Pl Ste 600, 95110, pg. 841
PACIFICO INC., 1953 Otoole Way, 95131, pg. 849
PURE MATTER, PO Box 36147, 95158, pg. 917
THE STEPHENZ GROUP, INC., 505 S Market St, 95113, pg. 1047

San Luis Obispo

VERDIN, 3580 Sacramento Dr, 93401, pg. 1134

San Mateo

3Q DIGITAL, 155 Bovet Rd Ste 480, 94402, pg. 8
KICKSTART CONSULTING INC, 217 State St, 94401, pg. 594
PARKER AVENUE, 205 E Third Ave Ste 303, 94401, pg. 854
R.M. BARROWS, INC. ADVERTISING & PUBLIC RELATIONS, 847 N. Humboldt St #207, 94401, pg. 962

San Pedro

WALKER ADVERTISING, INC., 1010 S Cabrillo Ave, 90731-4067, pg. 1148

San Rafael

AIRT GROUP, 91 Dockside Cir, 94903, pg. 41
BLEU MARKETING SOLUTIONS, INC., 101 Lucas Valley Rd, 94903, pg. 135
BLOOM, 777 Grand Ave Ste 201, 94901, pg. 137
DUKE MARKETING, 4040 Civic Center Dr Ste 200, 94903, pg. 325
EXCLAIM LLC, 2100 4Th St Ste C, 94901, pg. 355
HILL ZOOG, 77 Mark Dr Ste 3, 94903, pg. 501
THE MARX GROUP, 2175 E Francisco Blvd East Ste F, 94901, pg. 689

San Ramon

AMF MEDIA GROUP, 12657 Alcosta Blvd Ste 500, 94583, pg. 53
CRESCENDO, 5000 Exec Pkwy Ste 350, 94583, pg. 247

Santa Ana

AGENCY 51, 106 W 4th St 4th Fl, 92701, pg. 37
AMUSEMENT PARK, 217 N Main St Ste 200, 92701, pg. 54
BEYOND MARKETING GROUP, 2850 Red Hill Ste 225, 92705, pg. 126
M2 MARKETING AND MANAGEMENT SERVICES INC., 200 N Tustin Ave Ste 200, 92705, pg. 665
PRECISIONEFFECT, 3 MacArthur Pl Ste 700, 92707, pg. 887
SCRIPT TO SCREEN LLC, 200 N Tustin Ave Ste 200, 92705, pg. 999
STRAHAN ADVERTISING, 1940 Old Tustin Ave, 92705, pg. 1052

Santa Barbara

THE BARBOUR SHOP, PO Box 21153, 93121, pg. 88
EVANS, HARDY & YOUNG INC., 829 De La Vina St, 93101-3238, pg. 352
HUB MEDIA, 827 State St Ste 24, 93101, pg. 511
IDEA ENGINEERING, INC., 21 E Carrillo St, 93101, pg. 520
IDEAWORK STUDIOS, 735 State St, 93101, pg. 522
ONIRACOM CORP, 216 E Gutierrez St, 93101, pg. 841

Santa Clara

DESIGN REACTOR, INC., PO Box 5151, 95056, pg. 293
MARKEN COMMUNICATIONS INC., 3375 Scott Blvd Ste 236, 95054-3113, pg. 680

Santa Clarita

FORTE-THE COLLECTIVE, 20523 Starling Ct, 91350, pg. 393

Santa Monica

ACENTO ADVERTISING, INC., 2001 Wilshire Blvd Ste 600, 90403, pg. 20
AMERICAN ROGUE, 3100 Donald Douglas Loop N Ste 107, 90405, pg. 52
BLAZE, 1427 Third St Promenade Ste 201, 90401, pg. 135
BLIND, 1702 Olympic Blvd, 90404, pg. 136
BREW MEDIA RELATIONS, 2110 Main St Ste 201, 90405, pg. 161
CAMPOS CREATIVE WORKS, 1715 14th St, 90404, pg. 186
CHANDLER CHICCO AGENCY-LOS ANGELES, 1315 Lincoln Blvd Ste 270, 90401, pg. 202
CIRCUS MARKETING, 1550 16th St, 90404, pg. 208
CITRUS STUDIOS, 1512 18th St Ste 3, 90404, pg. 209

GEOGRAPHIC INDEX OF U.S. AGENCIES

CP+B LA, 2110 Colorado Ave Ste 200, 90404, pg. 235
CURTIS BIRCH INC., 1547 10th St Unit A, 90401, pg. 255
DOUBLE-TEAM BUSINESS PLANS, 1617 Broaadway #10, 90404, pg. 317
ENSO COLLABORATIVE LLC, 1526 Cloverfield Blvd, 90404, pg. 341
EVERYTHING/LA, 604 Arizona Blvd, 90401, pg. 327
THE GARY GROUP, 1546 7th St, 90401, pg. 411
GOALEN GROUP MEDIA, 2700 Neilson Way #629, 90405, pg. 425
GROUPM ENTERTAINMENT, 2425 Olympic Blvd, 90404-4030, pg. 452
GUMGUM, INC., 1314 7Th St, 90401, pg. 455
HAESE & WOOD MARKETING & PUBLIC RELATIONS, 1223 Wilshire Blvd Ste 100, 90403, pg. 460
HAWKE MEDIA, 1640 5th St 107, 90401, pg. 489
J.R. NAVARRO & ASSOCIATES INC., 212 26th St Ste 315, 90402, pg. 583
KARI FEINSTEIN PUBLIC RELATIONS, 1610 Broadway Ste 102, 90404, pg. 587
LA AGENCIA DE ORCI & ASOCIADOS, 2800 28th St Ste 222, 90405-6202, pg. 606
LEROY & ROSE, 1522F Cloverfield Blvd, 90404, pg. 633
LOS YORK, 1823 Colorado Ave, 90404, pg. 652
M&C SAATCHI, 2032 Broadway, 90404, pg. 662
MISTRESS, 2415 Michigan Ave, 90404, pg. 747
MUSE COMMUNICATIONS, 2001 Wilshire Blvd Ste 600, 90403, pg. 780
NEURON SYNDICATE, 1016 Pico Blvd, 90405, pg. 790
NOBLE PEOPLE, 312 Arizona Ave, 90401, pg. 796
OFF MADISON AVE, 604 Arizona Ave Ste 261, 90401, pg. 809
PICO+, 2716 Ocean Park Blvd Unit 1020, 90405, pg. 870
POZA CONSULTING SERVICES, 2425 Olympic Blvd Ste 4000W, 90404, pg. 885
QUAINTISE, LLC, 127 Broadway Ste 208, 90401, pg. 920
REACH AGENCY, 2920 Nebraska Ave, 90404, pg. 935
RPA, 2525 Colorado Ave, 90404, pg. 970
SLS ADVERTISING CO, 1453 3rd St 320, 90401, pg. 1021
SUPERMOON, 1316 3rd Street Promenade, 90401, pg. 1062
SWAFFORD & COMPANY ADVERTISING, 820 Washinton Ave Ste D, 90403, pg. 1064
TSN ADVERTISING, 301 Arizona Ave Ste 250, 90401, pg. 1121
TURN KEY OFFICE LTD, 520 Broadway 2nd Fl, 90401, pg. 1122
UBM CANON, 2901 28th St, 90405, pg. 1125
WALKER & COMPANY, INC., 2812 Santa Monica Blvd, 90404, pg. 1149
WESTON MASON MARKETING, 3130 Wilshire Blvd 4th Fl, 90403, pg. 1159

Santa Rosa

ABRA MARKETING, INC., 555 5th St Ste 300D, 95401, pg. 18
BOYLAN POINT AGENCY, 2525 Cleveland Ave, 95403, pg. 150
RANCH7 CREATIVE, LLC, 6 W 9Th St, 95401, pg. 930

Sausalito

BUTLER, SHINE, STERN & PARTNERS, 20 Liberty Ship Way, 94965-3312, pg. 177
DIVISION OF LABOR, 328 Pine St, 94965, pg. 308
GURU MEDIA SOLUTIONS LLC, PO Box 340, 94966, pg. 456
KINDRED, 460 Gate Five Rd, 94965, pg. 595
OPTS IDEAS, 1 Gate Six Rd Ste B203, 94965, pg. 843
VITTLES, 141 Santa Rosa Ave, 94965, pg. 1141

Scotts Valley

AFTER MIDNIGHT, INC, 552 Bean Creek Rd Spc 199, 95066, pg. 37

Sherman Oaks

ADVERTISE.COM INC., 15303 Ventura Blvd Ste 1150, 91403, pg. 35
BARCELONA ENTERPRISES, 4230 Stansbury Ave Ste 101, 91423, pg. 89
BRIERLEY & PARTNERS, 15303 Ventura Blvd, 91403, pg. 1186
BRIERLEY & PARTNERS, 15303 Ventura Blvd, 91403, pg. 162
THE REFINERY, 14455 Ventura Blvd, 91423, pg. 944

Simi Valley

BRUCE CLAY, INC., 2245 First St, 93065, pg. 169
STILLWATER AGENCY, 1919 Williams St Ste 201, 93065, pg. 1049

Solana Beach

CUKER, 320 S Cedros Ave Ste 200, 92075, pg. 252
DAVIS ELEN ADVERTISING, INC., 420 Stevens Ave Ste 240, 92075, pg. 265
WRIGHT ON COMMUNICATIONS, 674 Vie de la Valle, 92075, pg. 1187

Sonoma

BOTHWELL MARKETING, 20525 5Th St E, 95476, pg. 149

Stockton

YOUNNEL ADVERTISING, INC., 3137 Fairway Drive, 95204, pg. 1208

Studio City

DRS & ASSOCIATES, 11684 Ventura Blvd 861, 91604, pg. 322
FIONA HUTTON & ASSOCIATES, 12711 Ventura Blvd Ste 170, 91604, pg. 382
STOCKHOLM DESIGN, 11846 Ventura Blvd Ste 202, 91604, pg. 1050
THE WOW FACTOR, INC., 11330 Ventura Blvd, 91604, pg. 1178

Suisun City

PUREMOXIE, 1 Hbr Center Dr, 94585, pg. 917

Sunnyvale

LMGPR, 111 W Evelyn Ave Ste 308, 94086, pg. 648

Temecula

REVSHARE, 32836 Wolf Store Rd, 92592, pg. 953

Thousand Oaks

AD LEVERAGE, 1329 E Thousand Oaks Blvd, 91362, pg. 24
THE DAVID JAMES AGENCY, 223 E Thousand Oaks Blvd Ste 417, 91360, pg. 262
THE RON TANSKY ADVERTISING & PUBLIC RELATIONS, 3140 Woodgreen Ct, 91362, pg. 967

Topanga

FOXHOUND PRODUCTIONS, 20200 Paradise Ln #2, 90290, pg. 395

Torrance

BRAND33, 1304 El Prado Ave Ste D, 90501, pg. 155
CALLAHAN CREEK, 19001 S Western Ave T200, 90501, pg. 183
DIRECT MARKETING CENTER, 21171 S Western Ave Ste 260, 90501-3449, pg. 303
GEORGE P. JOHNSON COMPANY, INC., 18500 Crenshaw Blvd, 90504, pg. 416
NORTHSHORE DESIGNERS, 3655 Torrance Blvd Ste 361, 90503, pg. 800
PACIFIC COMMUNICATIONS GROUP, 21605 Hawthorne Blvd Ste 100, 90503, pg. 848
SAATCHI & SAATCHI LOS ANGELES, 3501 Sepulveda Blvd, 90505, pg. 975
STELLAR DIGITAL DESIGN AGENCY, 21515 Hawthorne Blvd 850, 90503, pg. 1046

Trabuco Canyon

LAER PEARCE & ASSOCIATES, 23 Blackhawk, 92679, pg. 607

Tustin

AL PUNTO ADVERTISING, INC., 730 El Camino Way Ste 200, 92780-7733, pg. 43
ECHO MEDIA GROUP, 2841 E Walnut Ave, 92780, pg. 329
THE RANKIN GROUP, LTD., 17821 E 17th St Ste 270, 92780-2137, pg. 931
STRATEGIES, A MARKETING COMMUNICATIONS CORPORATION, 13681 Newport Ave Ste 8 Ste 616, 92780, pg. 1053

Twain Harte

REVERB COMMUNICATIONS INC., 18711 Tiffeni Dr Ste K, 95383, pg. 952

Van Nuys

ANIMAX ENTERTAINMENT, 6627 Valjean Ave, 91406, pg. 58
HELPSGOOD, 6627 Valjean Ave, 91406, pg. 495
JOHNSON & MURPHY, 16120 Sherman Way, 91406, pg. 579
SILVERCREST ADVERTISING, 6818 Chisholm Ave, 91406, pg. 1014
VIMBY, 16333 Raymer St Ste B, 91406, pg. 1138

Venice

ANOMALY, 1319 Abbot Kinney Blvd, 90291, pg. 60
CANSPAN BMG, 1501 Main St Ste 204, 90291, pg. 187
KRUEGER COMMUNICATIONS, 1222 Preston Way, 90291, pg. 603
MARKETING FACTORY, 815 Hamton Dr, 90291, pg. 683
NOT MAURICE, 524 Sunset Ave, 90291, pg. 801
PSYOP, 523 Victoria Ave, 90291, pg. 896
USE ALL FIVE INC., 4223 Glencoe Avenue, 90292, pg. 1129
WHIRLED, 2127 Linden Ave, 90291, pg. 1160
WOLFGANG LOS ANGELES, 316 S Venice Blvd, 90291, pg. 1174

Ventura

CONSORTIUM MEDIA SERVICES, 4572 Telephone Rd Ste 913, 93003, pg. 228
MVC, 14724 Ventura Blvd Ste 505, 91403, pg. 780

Victorville

EXECUTIVE1 MEDIA GROUP, 12366 Blazing Star Ln, 92323, pg. 355

Vista

SOURCE COMMUNICATIONS, 2592 Coronado Pl, 92081, pg. 1029

W Hollywood

H+M COMMUNICATIONS, 8656 Holloway Plaza Dr, 90069, pg. 459

Walnut Creek

JSTOKES AGENCY, 1444 N Main St, 94596-4605, pg. 584
SPIN RECRUITMENT ADVERTISING, 712 Bancroft Rd Ste 521, 94598, pg. 1034

West Hills

GLYPHIX ADVERTISING, 6964 Shoup Ave, 91307, pg. 424

West Hollywood

BBH LA, 8360 Melrose Ave 2nd Fl, 90069, pg. 93
CAMPBELL EWALD LOS ANGELES, 8687 Melrose Ave Ste G510, 90069, pg. 541
CMG WORLDWIDE-LOS ANGELES OFFICE, 9229 W Sunset Blvd Ste 950, 90069, pg. 215
DAILEY & ASSOCIATES, 8687 Melrose Ave Ste G300,

AGENCIES — GEOGRAPHIC INDEX OF U.S.

90069, pg. 258
IW GROUP, INC., 8687 Melrose Ave Ste G540, 90069, pg. 551
MADISON + VINE, 8075 W 3rd St Ste 560, 90048, pg. 669
MOTHER SAUCE, 906 N Kings Road #1, 90069, pg. 763
NCOMPASS INTERNATIONAL, 8223 Santa Monica Blvd, 90064, pg. 787
THE PROJECTS, 8680 Melrose Ave, 90069, pg. 892
SAMANTHA SLAVEN PUBLICITY, 8285 W Sunset Blvd 10, 90046-2419, pg. 988
THE WAGNER JUNKER AGENCY, 7111 Santa Monica Blvd Apt 605, 90046, pg. 1148

Westlake Village

CORRIDOR COMMUNICATIONS, INC., 3835R E 1000 Oaks Blvd Ste 237, 91362, pg. 232
MARK ONE MARKETING, 1377 Cheswick Pl, 91361, pg. 680
SAPUTO DESIGN, INC., 870 Hampshire Rd Ste D, 91361, pg. 991
SOCIAL CONTROL, 5655 Lindero Canyon Rd Ste 425, 91362, pg. 1026

Woodland Hills

AD2PRO MEDIA SOLUTIONS, 23371 Mulholland Dr Ste 132, 91364, pg. 25
BLOOM ADS INC., 20720 Ventura Blvd Ste 140, 91364, pg. 137
BRIGHT AGE, 22220 Gilmore St, 91303, pg. 163
INTERMEDIA ADVERTISING, 22120 Clarendon St, 91367, pg. 539
IONIC MEDIA, 21300 Victory Blvd, 91367, pg. 546
KERN, 20955 Warner Center Ln, 91367-6511, pg. 593
NEWMAN GRACE INC., 6133 Fallbrook Ave, 91367, pg. 792
TC CREATIVES LLC, 6301 De Soto Ave, 91367, pg. 1093

Woodland Hls

NEWMARK ADVERTISING, INC., 21550 Oxnard St Ste 460, 91367, pg. 793
PONDELWILKINSON INC., 21700 Oxnard St Ste 1840, 91367, pg. 882

COLORADO

Arvada

ARMADA MEDICAL MARKETING, 6385 W 52nd Ave, 80002, pg. 69

Aurora

DCI-WEST, 19594 E Ida Pl, 80015, pg. 296
SEXTON & CO., 4429 South Atchison Circle, 80015, pg. 1004

Avon

BRAND CONNECTIONS, 910 Nottingham Rd, 81620, pg. 154

Boulder

ANTHEM BRANDING, 2617 Broadway St, 80304, pg. 61
CP+B BOULDER, 6450 Gunpark Dr, 80301, pg. 235
DIGITAL DOVETAIL LLC, 2088 Broadway, 80302, pg. 300
EGG STRATEGY, 909 Walnut St, 80302, pg. 333
FACT & FICTION, LLC, 2000 Central Ave, 80301, pg. 357
FORTNIGHT COLLECTIVE, 1727 15th St Ste 200, 80302, pg. 393
GRENADIER, 1221 Pennsylvania Ave, 80302, pg. 437
GRIFF/SMC, INC. MEDICAL MARKETING COMMUNICATIONS, 9042 Thunderhead Dr, 80302, pg. 449
INTERMUNDO MEDIA, 2000 Central Ave, 80301, pg. 539
KRONER COMMUNICATION, 4966 Valhalla Dr, 80301, pg. 603
MADE MOVEMENT LLC, 205 Canyon Blvd # 100, 80302, pg. 669
MONDO ROBOT, 5445 Conestoga Ct, 80301, pg. 755
MOXIE SOZO, 1140 Pearl St, 80302-5253, pg. 765
OBLIQUE DESIGN, 2088 Broadway, 80302, pg. 805

PIVOT COMMUNICATION, 4760 Walnut St Ste 108, 80301, pg. 873
PYXL, 939 Pearl St Ste 205, 80302, pg. 920
ROOM 214, INC., 3340 Mitchell Ln, 80301, pg. 968
SCHOOL, 1711 Pearl St, 80304, pg. 892
SMAK STRATEGIES, 3840 Broadway St Apt 27, 80304, pg. 1022
STERLING RICE GROUP, 1801 13th St Ste 400, 80302, pg. 1047
TDA_BOULDER, 1435 Arapahoe Ave, 80302-6307, pg. 1094
TERRAIN COLLECTIVE, 2625 28th St, 80301, pg. 1097
VERMILION INC., 3055 Center Green Dr, 80301, pg. 1134
WELLS COMMUNICATIONS, INC., 3460 4th St, 80304, pg. 1158
WORKINPROGRESS, 5660 Valmont Rd Ste A, 80301, pg. 1177

Broomfield

LUMINATE ADVERTISING, 390 Interlocken Cres Ste 350, 80021, pg. 656

Carbondale

5 STONE ADVERTISING, PO Box 429, 81623, pg. 9
RYGR, 818 Industry Way Ste B, 81623, pg. 974

Colorado Springs

ACKERMAN MCQUEEN, INC., 517 Cascade Ave Ste 150, 80903, pg. 21
GRAHAM OLESON, 525 Communication Cir, 80905-1736, pg. 432
LUNCHBUCKET CREATIVE, 616 W Colorado Ave, 80904, pg. 657
SANDIA ADVERTISING, 510 N Tejon St, 80903, pg. 990
TAPIA ADVERTISING, PO Box 64021, 80962, pg. 1072
VLADIMIR JONES, 6 N Tejon St 4 Fl, 80903-1509, pg. 1142

Denver

90OCTANE, 621 17Th St Ste 600, 80293, pg. 13
ADRENALIN, INC, 54 W 11th Ave, 80204, pg. 32
AGENCY ZERO, 1201 E Colfax Ste 203, 80218, pg. 39
AKAVIT, 1644 Platte St, 80204, pg. 43
AMELIE COMPANY, 2601 Blake St Ste 150, 80205, pg. 51
ANDON GUENTHER DESIGN LLC, 1550 Larimer St Ste 468, 80202, pg. 58
AOR, INC., 1020 Cherokee St, 80204, pg. 62
BARNHART, 1641 California St, 80202-1233, pg. 91
BURNS MARKETING, 456 S Broadway Ste 200, 80209, pg. 175
CACTUS, 2128 15th St Ste 100, 80202, pg. 181
CAPITAL GOODS, 2420 17th St, 80202, pg. 187
CARBON8, 2290 W 29th Ave, 80211, pg. 188
COHN MARKETING, 2434 W Caithness Pl, 80211, pg. 217
CRANIUM STUDIO, 1240 S Parker Rd Ste 102, 80231, pg. 238
DROY ADVERTISING, 10000 E Yale Ave Ste 13, 80231, pg. 322
ELEVATED THIRD, 535 16th St, 80202, pg. 335
ENCITE INTERNATIONAL, 9995 E Harvard Ave, 80231, pg. 340
FEAR NOT AGENCY, 1740 Blake St, 80202, pg. 376
FIG ADVERTISING & MARKETING, 518 17th St, 80202, pg. 379
GYRO DENVER, 1625 Broadway Ste 2800, 80202, pg. 459
HANGAR 30 INC, PO Box 461344, 80246, pg. 465
HEINRICH MARKETING, 2228 Blake St Ste 200, 80205-2120, pg. 493
HISPANIDAD, 2228 Blake St Ste 200, 80205, pg. 502
HUGHES LEAHY KARLOVIC, 1415 Park Ave W, 80205, pg. 513
THE IDEA MARKETING, 2121 S Oneida St Ste 550, 80224, pg. 521
KARSH & HAGAN COMMUNICATIONS, INC., 685 S Broadway, 80209, pg. 588
LEOPARD, 555 17th St Ste 300, 80202-3908, pg. 632
LOCATION3 MEDIA, INC., 1515 Arapahoe St Tower 2 Ste 400, 80202, pg. 649
MEDIA STRATEGIES & RESEARCH, 8999 E Vassar Ave, 80231, pg. 727
MERKLE CONNECT, 1050 17th St Ste 2100, 80265, pg. 733

MOTIVE, 2901 Blake St Ste 180, 80205, pg. 764
PEAK CREATIVE MEDIA, 1801 Boulder St Ste 200, 80202-2658, pg. 860
PHILOSOPHY COMMUNICATION, 209 Kalamath St Ste 2, 80223, pg. 869
PILGRIM, 477 Locust St, 80220, pg. 871
PLANET MEDIA, LLC, 2100 16th St, 80202, pg. 876
PURE BRAND COMMUNICATIONS, LLC, 621 Kalamath St, 80204, pg. 916
S&D MARKETING ADVERTISING, 1873 S Bellaire St Ste 1600, 80222, pg. 974
SCREAM AGENCY, 1501 Wazee St Unit 1B, 80202, pg. 999
STRADA ADVERTISING, LLC., 604 West 6th Ave, 80204, pg. 1052
SUKLE ADVERTISING, INC., 2430 W 32nd Ave, 80211, pg. 1059
TREE RING DIGITAL, PO Box 300363, 80203, pg. 1114
VLADIMIR JONES, 677 S Colorado Blvd, 80246, pg. 1142
VOCO CREATIVE, LLC, PO Box 16002, 80216, pg. 1145
WALT KLEIN ADVERTISING, 1873 S. Bellaire St, 80222-4353, pg. 1150
WATERMARK, 400 S Colorado Blvd Ste 380, 80246, pg. 1153
WEBB STRATEGIC COMMUNICATIONS, 616 East Speer Blvd, 80203, pg. 1155
WIGWAM CREATIVE, 3461 Ringsby Ct Ste 310, 80216, pg. 1166
ZENMAN, 621 Kalamath St, 80204, pg. 1211

Dillon

GREEN DOOR MEDIAWORKS, 263 Soda Creek Ct, 80435, pg. 435

Edwards

HILL AEVIUM, 34215 Hwy 6 Ste 204, 81632, pg. 500

Erie

NUF SAID ADVERTISING, 3000 Airport Drive, 80516, pg. 802

Fort Collins

AMG CREATIVE INC., 2580 E Harmony Rd Ste 301, 80528, pg. 53
CLAY POT CREATIVE, 418 S Howes St Ste 100, 80521, pg. 212
JET MARKETING, 1929 W County Rd 56, 80524, pg. 575
MANTOOTH MARKETING COMPANY, 8334 Coeur DAlene Dr, 80525, pg. 676
ONE TRIBE CREATIVE LLC, 200 S College Ave Ste 140, 80524, pg. 839
WIRESTONE, 123 N College Ave Ste 200, 80524, pg. 1172

Fruita

CRANIUM 360, 1241 Dakota Dr, 81521, pg. 238

Glenwood Spgs

SPIN CREATIVE STUDIO, 7906 County Road 117, 81601, pg. 1034

Golden

AD-EZ ADVERTISING, 6253 McIntyre Court, 80403, pg. 23

Grand Junction

REVEL INTERACTIVE, 2190 W Morrison Ct, 81501, pg. 952

Greenwood Village

HUGHES & STUART, INC., 6050 Greenwood Pl Blvd Ste 130, 80111, pg. 513

Lafayette

GEOGRAPHIC INDEX OF U.S. AGENCIES

THE CREATIVE ALLIANCE, INC., 2675 Northpark Dr, 80026, pg. 239
EPSILON, 2550 Crescent Dr, 80026, pg. 345

Lakewood

BAYARD ADVERTISING AGENCY, INC., 550 S Wadsworth Blvd Ste 500, 80226, pg. 96
THE INTEGER GROUP, LLC, 7245 W Alaska Dr, 80226, pg. 536
NETWORK AFFILIATES INC., 940 Wadsworth Blvd Ste 300, 80214, pg. 790

Littleton

CREATIVE MARKETING RESOURCES, 7807 S Marshall Ct, 80128, pg. 243
VELOCITY MEDIA, 26 W Dry Creek Cir Ste 600, 80120, pg. 1132

Longmont

AVOCET COMMUNICATIONS, 425 Main St, 80501, pg. 79

Louisville

VOLTAGE LTD, 901 Front St 340, 80027, pg. 1146

Loveland

H2R AGENCY, 5106 Lebsack Ln, 80537, pg. 459

Northglenn

INSYNTRIX, 2829 E 107Th Ct, 80233, pg. 536

Parker

CENTER MASS MEDIA, PO Box 84, 80134, pg. 200
XSTATIC PUBLIC RELATIONS, 9834 Centre Circle, 80134, pg. 1194

Steamboat Springs

CREATIVE BEARINGS, 211 3rd St, 80477, pg. 239

Windsor

RED ROCKET MEDIA GROUP, 9351 Eastman Park Dr, 80550, pg. 941

CONNECTICUT

Avon

ADAMS & KNIGHT, INC., 80 Avon Meadow Ln, 06001, pg. 25
BRAND ACTION TEAM, LLC, 1 Darling Dr, 06001, pg. 153
THE DONALDSON GROUP, 21 Paper Chase Trl, 06001, pg. 314
GROUP 4, 147 Simsbury Rd, 06001, pg. 451
MINTZ & HOKE COMMUNICATIONS GROUP, 40 Tower Ln, 06001-4222, pg. 746
WILLIAMS AND HOUSE, PO Box 1567, 06001, pg. 1168

Bethany

MASON, INC., 23 Amity Rd, 06524-3417, pg. 691

Bloomfield

DORNENBURG KALLENBACH ADVERTISING, 16 Southwood Dr, 06002, pg. 317
DW ADVERTISING, 682 Bloomfield Ave, 06002, pg. 326

Chester

PAULSONDANIELS, 15 N Main St, 06412, pg. 859

Danbury

PLUSMEDIA, LLC, 100 Mill Plain Rd 4th Fl, 06811, pg. 878
TYSON ASSOCIATES, INC., 1 E Hayestown Rd Unit 80, 06811, pg. 1125

Darien

COLANGELO, 120 Tokeneke Rd, 06820, pg. 218
DAVID ID, INC., 83 Delafield Island Rd 1st Fl, 06820, pg. 262

Fairfield

CERTAINSOURCE, 338 Commerce Dr 2nd Fl, 06825, pg. 201
THE VOICE, 170 Brookfield Ave, 06825, pg. 1145

Farmington

MAIER ADVERTISING, INC., 1789 New Britain Ave, 06032-3317, pg. 672
PRIMACY, 157 New Britain Ave, 06032, pg. 889
RYAN MARKETING PARTNERS, LLC, 270 Farmington Ave Ste 171 The Exchange, 06032, pg. 973

Georgetown

REAL PIE MEDIA, PO Box 990, 06829, pg. 936

Glastonbury

CASHMAN & KATZ INTEGRATED COMMUNICATIONS, 76 Eastern Blvd, 06033, pg. 193
CRONIN, 50 Nye Rd, 06033-1280, pg. 248
DECKER CREATIVE MARKETING, 99 Citizens Dr, 06033-1262, pg. 285
FIRST EXPERIENCE COMMUNICATIONS, 381 Hubbard St, 06033, pg. 383

Greenwich

BERNI MARKETING & DESIGN, 660 Steamboat Rd, 06830, pg. 124
KAREN MORSTAD & ASSOCIATES LLC., PO Box 1687, 06836, pg. 587
RETELE COMPANY, 15 Division St, 06830, pg. 950

Guilford

MEDIABOOM, 73 Church St, 06437, pg. 727

Hartford

THE LATINO WAY, 330 Main St 3rd Fl, 06106, pg. 612

Kent

MEIER, 278 Kent Cornwall Rd, 06757, pg. 729

Meriden

WEB SOLUTIONS INC., 250 Pomeroy Ave Ste 201, 06450, pg. 1155

Middletown

IMS ADVERTISING LLC, 769 Newfield St Ste 6, 06457, pg. 529
MAKIARIS MEDIA SERVICES, 101 Centerpoint Dr Ste 101, 06457, pg. 673
PALM TREE CREATIVE LLC, 210 S Main St, 06457, pg. 851

Milford

POUTRAY PEKAR ASSOCIATES, PO Box 392, 06460, pg. 884

Milldale

SIGNATURE BRAND FACTORY, 409 Canal St, 06467-0698, pg. 1013

New Haven

DIGITAL SURGEONS LLC, 470 James St Ste 1, 06513, pg. 301
GEM ADVERTISING, 85 Willow St Ste 2, 06511, pg. 414
KRATIVE LLC, 129 Church St # 227, 06510, pg. 602
MASCOLA ADVERTISING, 434 Forbes Ave, 06512-1932, pg. 690
ODONNELL COMPANY, 59 Elm St Ste 402, 06510, pg. 808
RESPONSE LLC, 100 Crown St, 06510, pg. 949

New London

QUINN & HARY MARKETING, PO Box 456, 06320, pg. 924

Newtown

LEVERAGE MARKETING GROUP, 117-119 S Main St, 06470-2380, pg. 634

Norwalk

THE FAMILY ROOM, 41 N Main St # 2, 06854, pg. 361
IMPULSE CONCEPT GROUP, 18 Leonard St, 06850, pg. 528
IN MARKETING SERVICES, Merritt 7 Corporate Park 501, 06851, pg. 529
MEDIA HORIZONS, INC., 800 Connecticut Ave Ste 2, 06854, pg. 726
MILLWARD BROWN, INC., 401 Merritt 7 Ste 3, 06851, pg. 743
OCTAGON, 800 Connecticut Ave 2nd Fl, 06854, pg. 806
SILVER CREATIVE GROUP, 50 Water St Ste 1, 06854, pg. 1014
TANEN DIRECTED ADVERTISING, 12 S Main St Ste 401, 06854-2980, pg. 1072
TAUBE/VIOLANTE, INC., 15 Alrowood Dr, 06851, pg. 1074

Plantsville

IMAGE MARKETING CONSULTANTS, 681 Main St, 06479, pg. 524

Prospect

WORX BRANDING & ADVERTISING, 18 Waterbury Rd, 06712-1215, pg. 1178

Rocky Hill

PITA COMMUNICATIONS LLC, 40 Cold Spring Rd, 06067, pg. 873
TAGTEAM BUSINESS PARTNERS LLC, 2189 Silas Deane Highway Ste 11, 06067, pg. 1070

Shelton

BARBEAU-HUTCHINGS ADVERTISING, INC., 30 Controls Dr, 06484, pg. 88

South Norwalk

MILKSONO LLC, 11 Day St, 06854, pg. 740

Southington

HORIZON MARKETING GROUP, INC., 215 Rockwood Dr, 06489, pg. 508

Stamford

ADVANTAGE SPONSORSHIP AND BRAND EXPERIENCE AGENCY, 290 Harbor Dr 2nd Fl, 06902, pg. 34
AUSTIN LAWRENCE GROUP, 300 Main St Ste 600, 06901, pg. 78
BEEBY CLARK + MEYLER, 700 Canal Street, 3rd Floor, 06902, pg. 120
CATALYST MARKETING COMMUNICATIONS INC., 2777 Summer St Ste 301, 06905, pg. 195
CDHM ADVERTISING, 1100 Summer St 1st Fl, 06905, pg. 198
CREATIVE PARTNERS, 62 Southfield Ave Ste 120, 06902,

AGENCIES

GEOGRAPHIC INDEX OF U.S.

pg. 245
FLETCHER KNIGHT, 1 Dock St 620, 06902, pg. 388
PLOWSHARE GROUP, INC., One Dock St, 06902, pg. 878
REBRANDERY, 100 Hope St, 06906, pg. 938
SUBLIME COMMUNICATIONS LLC, 20 Acosta St Ste 200, 06902, pg. 1057

Stonington

GORA COMMUNICATIONS, 3 Front St, 06378, pg. 429

Stratford

ME CREATIVE AGENCY, 287 Roosevelt Ave, 06615, pg. 724
YELLOW PAGES RESOURCE, 999 Oronoque Ln, 06614, pg. 1196

Wallingford

INSIGHT MARKETING COMMUNICATIONS, 10 Alexander Dr, 06492, pg. 535

West Hartford

BLUESPIRE MARKETING, 29 South Main St, 06107, pg. 141
IGRAFIX CREATIVE LLC, 1245 Farmington Avenue, 06107, pg. 523
SQUARE ONE MARKETING, 1993 Albany Ave, 06117, pg. 1037

Weston

MARKETING CONCEPTS GROUP, 6 Old Field Rd, 06883, pg. 682

Westport

THE CAUSEWAY AGENCY, 21 Charles St Ste 201, 06880, pg. 196
CROSSBOW GROUP, LLC, 136 Main St, 06880, pg. 249
MCMILLAN GROUP, 25 Otter Trail, 06880, pg. 720
REDINGTON INC., 49 Richmondville Ave Ste 108, 06880, pg. 943
WOMEN'S MARKETING INC., 1221 Post Rd E Ste 201, 06880-5430, pg. 1174

Wilton

CATAPULT MARKETING, 10 WestPOrt Rd Ste 200, 06897, pg. 196
HELIA, 372 Danbury Rd Ste 100, 06897, pg. 477
IMAGEMARK, INC., 12 Godfrey Pl 3rd Fl, 06897, pg. 524
TRACYLOCKE, 131 Danbury Rd, 06897, pg. 1113

DELAWARE

Lewes

DEAN DESIGN/MARKETING GROUP, INC., PO Box 605, 19958, pg. 284

Milton

KEEN BRANDING, 30616 Overbrook Ctr Way, 19969, pg. 589

Nassau

KEEN BRANDING, PO Box 416, 19969, pg. 589

Newark

TIPTON COMMUNICATIONS, 323 E Main St, 19711, pg. 1105

Wilmington

AB+C, 819 N. Washington St, 19801, pg. 16
THE ARCHER GROUP, 233 N King St, 19801, pg. 65
BARRON MARKETING COMMUNICATIONS, 833 N Washington St, 19801-1509, pg. 92
CASPARI MCCORMICK, 307 A St 2nd Fl, 19801-5345, pg. 193
COOL NERDS MARKETING, 300 N Market St, 19801, pg. 229
CREATIVE SOLUTIONS INTERNATIONAL, 1011 Centre Rd, 19805, pg. 245
DMG MARKETING, 3801 Kennett Pike Ste D-301, 19807, pg. 310
SHINY ADVERTISING, 1800 Wawaset St, 19806, pg. 1008

Yorklyn

WH2P, INC., PO Box 22, 19736, pg. 1160

DISTRICT OF COLUMBIA

Washington

A.B. DATA, LTD., 915 15Th St Nw Ste 300, 20005, pg. 16
THE AD AGENCY, 1101 Connecticut Ave NW Ste 450, 20036, pg. 23
ADFERO GROUP, 1101 15Th St Nw Ste 500, 20005, pg. 29
ADWORKS, INC., 5335 Wisconsin Ave NW, 20015, pg. 36
AGENCYQ, 1825 K St NW Ste 500, 20006, pg. 40
ALLIED INTEGRATED MARKETING, 1726 M St NW Ste 801, 20036-4650, pg. 47
ALLISON & PARTNERS-WASHINGTON D.C., 1129 20th St NW Ste 250, 20036, pg. 48
APCO WORLDWIDE, 1299 Pennsylvania Ave Nw Ste 300, 20004, pg. 63
APCO WORLDWIDE, 1299 Pennsylvania Ave Nw Ste 3, 20004, pg. 62
BLUE ADVERTISING LLC, 607 14th St NW Ste 300, 20005, pg. 138
BLUE FUSION, 1875 Connecticut Ave NW Ste 10203, 20009, pg. 139
BLUE STATE DIGITAL, 734 15th St NW Ste 1200, 20005, pg. 140
BLUETEXT, 2121 Wisconsin Ave NW Ste 320, 20007, pg. 141
BTC REVOLUTIONS, 1440 G St NW, 20005, pg. 171
BULLY PULPIT INTERACTIVE, 1140 Connecticut Ave NW Ste 800, 20036, pg. 172
CHANDLER CHICCO AGENCY-WASHINGTON, 25 Massachusetts Ave Nw Ste 470, 20001, pg. 202
CORNERSTONE GOVERNMENT AFFAIRS, 300 Independence Ave SE, 20003, pg. 232
CULTURE ONE WORLD LLC, 1333 H St NW Ste 900W, 20005, pg. 253
DAVIS & CO. INC., 1250 H St NW, 20005, pg. 264
DELUCCHI PLUS, 1750 Pennsylvania Ave NW, 20006, pg. 288
DESIGN ARMY, 510 H St NE Ste 200, 20002, pg. 292
DMNGOOD, 425 L St Nw Apt 730, 20001, pg. 311
DON SCHAAF & FRIENDS, INC., 1313 F St NW 2nd Fl, 20004, pg. 314
ELEVATION, 1027 33rd St NW Ste 260, 20007, pg. 336
FINN PARTNERS, 1129 20Th St Nw Ste 200, 20036, pg. 382
FREE RANGE STUDIOS, 1110 Vermont Ave NW Ste 500, 20005, pg. 397
FTI CONSULTING, 555 12Th St Nw, 20004, pg. 400
THE GLOVER PARK GROUP, 1025 F St NW 9th Fl, 20004-1409, pg. 423
THE HARBOUR GROUP LLC, 1200 New Hampshire Ave NW Ste 850, 20036, pg. 467
HELLERMAN BARETZ COMMUNICATIONS, 5335 Wisconsin Ave NW Ste 640, 20015, pg. 494
HUGE, 530 Penn St NE, 20002, pg. 513
IBARRA STRATEGY GROUP INC., 1101 17Th St Nw Ste 607, 20036, pg. 517
ILLUSTRIA, INC., 1401 K St NW Ste 450, 20005, pg. 524
INFLUENT50, 650 F Street NW, 20004, pg. 532
INTERACTIVE STRATEGIES, 1140 Connecticut Ave NW Ste 1008, 20036, pg. 537
ISOM GLOBAL STRATEGIES, 300 New Jersey Ave Nw Ste 900, 20001, pg. 550
JDA FRONTLINE, 800 N Capitol St Nw Ste 800, 20002, pg. 573
JESS3, 1707 L St NW Ste 1000, 20036, pg. 575
JPA HEALTH COMMUNICATIONS, 1420 K St NW Ste 1050, 20005, pg. 583
KELLEN COMMUNICATIONS, 1156 15th St NW Ste 900, 20005, pg. 590
KGLOBAL, 2001 L St NW 6th Fl, 20036, pg. 594
LEWIS, 2000 S St NW, 20009, pg. 638
MARKET DEVELOPMENT GROUP, INC., 5151 Wisconsin Ave NW 4th Fl, 20016, pg. 681
MDB COMMUNICATIONS, INC., 1634 Eye St NW, 20006, pg. 720
MINISTERS OF DESIGN, 1610 20th St NW, 20009, pg. 746
NCLUD, 1424 K St NW 3rd Fl, 20005, pg. 786
NIFTIC AGENCY, 1342 Florida Ave NW, 20009, pg. 794
NPJ ADVERTISING & PUBLIC RELATIONS, INC., 100 M St Se Ste 600, 20003, pg. 802
OVATION PR & ADVERTISING, 840 1st St NE, 20002, pg. 847
PBN HILL + KNOWLTON STRATEGIES, 607 14th ST NW, 20005, pg. 860
THE PODESTA GROUP, 1001 G St NW Ste 900 E, 20001, pg. 879
PULSAR ADVERTISING, INC., 1023 15th St NW Ste 800, 20005, pg. 915
R&R PARTNERS, 101 Constitution Ave NW Ste L110, 20001, pg. 925
REQ, 1211 Connecticut Ave NW Ste 250, 20036, pg. 948
SANITAS INTERNATIONAL INC, 1629 K St NW Ste 300, 20006, pg. 990
SIGNAL GROUP CONSULTING, LLC, 455 Massachusetts Avenue, NW, 20004, pg. 1012
SKDKNICKERBOCKER, 1150 18Th St Nw Ste 800, 20036, pg. 1018
SPOKE LLC, 3304 9th St NE Ste1, 20017, pg. 1035
SRB COMMUNICATIONS, 1020 16Th St Nw Ste 400, 20036, pg. 1039
STRATACOMM, LLC, 1156 15Th St Nw Ste 800, 20005, pg. 1052
SUSAN DAVIS INTERNATIONAL, 1101 K St NW Ste 400, 20005, pg. 1063
TRICOM ASSOCIATES, 1750 New York Ave NW, 20006, pg. 1117
VOX GLOBAL, 1615 L St NW Ste 1110, 20036, pg. 1146
WASHINGTON MEDIA GROUP, 525 9th St NW Ste 800, 20004, pg. 1153
WHITECOAT STRATEGIES, LLC, 718 7th St NW, 20001, pg. 1161
WUNDERMAN, 1055 Thomas Jefferson Street NW, 20007, pg. 1198
WUNDERMAN WORLD HEALTH, 1055 Thomas Jefferson St NW # 200, 20007, pg. 1193
Z COMMUNICATIONS, 910 17th St NW, 20006, pg. 1209

FLORIDA

Altamonte Spg

PRODUCT MARKETING GROUP, INC., PO Box 160430, 32716, pg. 891

Altamonte Springs

78MADISON, 999 Douglas Ave Ste 3301, 32701, pg. 12
THINK AGENCY, 217 N Westmonte Dr, 32714, pg. 1099

Apollo Beach

MEGAN LICURSI MARKETING COMMUNICATION, 6409 Grenada Island Ave, 33572, pg. 729

Boca Raton

BATTLE MEDIALAB INC., 117 E Boca Raton Rd, 33432, pg. 96
BFW ADVERTISING + INTERACTIVE, 2500 N Military Trl, 33431, pg. 127
CITYTWIST, 1200 N Federal Hwy Ste 417, 33432, pg. 209
FUEL PARTNERSHIPS, 6111 Broken Sound Pkwy NW Ste 265, 33487, pg. 401
THE GAB GROUP, 95 S Federal Hgwy Ste 201, 33432, pg. 407
MERIT MILE COMMUNICATIONS, 131 NE 1st Ave Ste 100, 33432, pg. 732
PEAK SEVEN ADVERTISING, 40 SE 5th St Ste 402, 33432, pg. 860
PINNACLE ADVERTISING & MARKETING GROUP, 1515 S Federal Hwy Ste 406, 33432, pg. 872
PR-BS, 9735 Tavernier Dr, 33496, pg. 886
PREDIQ MEDIA, 7000 W Palmetto Park Rd Ste 210,

GEOGRAPHIC INDEX OF U.S. AGENCIES

33433, pg. 887
SAIBOT MEDIA INC., 5455 N Federal Hwy, 33487, pg. 987
SMARTLITE, 4800 N Federal Hwy Ste 200A, 33431, pg. 1022
TAKE 5 MEDIA GROUP, 2385 NW Executive Center Dr Ste 200, 33431, pg. 1071

Boynton Beach

DANIELS & ROBERTS, INC., 209 N Seacrest Blvd Ste 209, 33435, pg. 260
DAVIS BARONE MARKETING, 4566 S Lake Dr, 33436, pg. 264
DIRECT WEB ADVERTISING, INC., 1375 Gateway Blvd, 33426, pg. 304

Bradenton

BRAND ELEVEN ELVEN, PO Box 10978, 34282, pg. 154
H&K GRAPHICS, 8374 Market St Ste 489, 34202, pg. 459
MMG, 919 Fish Hook Cove, 34212, pg. 751
ROOKS ADVERTISING LLC, 6170 State Road 70 E Ste 108, 34203, pg. 968

Cape Coral

CK ADVERTISING, 1521 Commerce Creek Blvd, 33909, pg. 210

Casselberry

VOYAGE LLC, 208 Live Oaks Blvd, 32707, pg. 1146

Chipley

THE GOULDING AGENCY, INC., 1367-C S Railrd Ave, 32428, pg. 430

Clearwater

CEA MARKETING GROUP, 2233 Nursery Rd, 33764, pg. 199
FKQ ADVERTISING + MARKETING, 15351 Roosevelt Blvd, 33760-3534, pg. 386
ILLUMINATION ADVERTISING INC., 650 Cleveland St Ste 1236, 33757, pg. 524
LANDERS & PARTNERS, INC., 13555 Automobile Blvd Ste 610, 33762, pg. 609
STRATEGIC MEDIA, INC., 2857 Executive Dr, 33762, pg. 1053
TV, INC., 2465 Northside Dr Ste 1704, 33761, pg. 1123

Coconut Creek

BMI ELITE, 6119 Lyons Rd Ste 100, 33073, pg. 142
DREAMWEAVER BRAND COMMUNICATIONS, 4851 W. Hillsboro Blvd, 33073, pg. 320
ETARGETMEDIA.COM, INC., 6810 Lyons Technology Circle Ste 160, 33073, pg. 350

Coconut Grove

ALMA, 2601 S Bayshore Dr 4th Fl, 33133, pg. 49
CREATIVEONDEMAND, 2601 S Bayshore Dr Ste 1400, 33133, pg. 246
MARCA MIAMI, 3390 Mary St Ste 254, 33133, pg. 677

Coral Gables

THE CONROY MARTINEZ GROUP, 300 Sevilla Ave, 33134, pg. 228
ELF, 2332 Galiano St 2nd Fl, 33134, pg. 337
GREAT COMMUNICATORS, INC., 2655 LeJeune Rd, 33134, pg. 434
IMAGEN, 800 Douglas Rd La Puerta del Sol Ste 101, 33134, pg. 524
J. WALTER THOMPSON U.S.A., INC., 2600 Douglas Ave Ste 610, 33134, pg. 566
KABOOKABOO MARKETING, 396 Alhambra Cir S Twr Ste 210, 33134, pg. 586
LINKSWORLDGROUP, 770 POnce De Leon Blvd Ste 308, 33134, pg. 642
OUTOFTHEBLUE ADVERTISING, 355 Alhambra Cir Ste 800, 33134, pg. 847
PIL CREATIVE GROUP, INC, 2030 Douglas Rd Ste 211, 33134, pg. 871
PUMPED INC, 95 Merrick Way Fl 3, 33134, pg. 916
RESEARCH DEVELOPMENT & PROMOTIONS, 360 Menores Ave, 33134, pg. 948
THINKINK COMMUNICATIONS, 110 Madeira Ave, 33134, pg. 1100
TMP WORLDWIDE/ADVERTISING & COMMUNICATIONS, 255 Alhambra Cir Ste 760, 33134, pg. 1107
TURKEL BRANDS, 800 S Douglas Rd Ste 230, 33134, pg. 1122
VINE COMMUNICATIONS INC, 299 Alhambra Cir Ste 221, 33134, pg. 1138
VSBROOKS, 255 Alhambra Cir Ste 835, 33134, pg. 1147
ZUBI ADVERTISING SERVICES, INC., 2990 Ponce De Leon Blvd Ste 600, 33134-5006, pg. 1215

Coral Springs

A WORK OF ART INC., 1621 NW 102nd Way, 33071, pg. 15

Daytona Beach

BENEDICT ADVERTISING, 640 N Peninsula Dr, 32118-3829, pg. 122
PLACEMENT LABS, 140 South Beach St Ste 203, 32114, pg. 875

Deerfield Bch

HARTE-HANKS, INC., 1400 E NewPort Center Dr # 21, 33442, pg. 470

Deerfield Beach

BRANDSTAR, 3860 N Powerline Rd, 33073, pg. 158
COMMUNICATIONS ADVERTISING, INC., 2363 Deer Creek Trl, 33442-1323, pg. 223
LEAD ME MEDIA, 1166 W Newport Ctr Dr, 33442, pg. 617
PLAYWIRE MEDIA, 1000 E Hillsboro Blvd Ste 201, 33441, pg. 877
WILEN DIRECT, 3333 SW 15th St, 33442, pg. 1167

Delray Beach

DAMN GOOD, 998 SE 6th Ave #1, 33483, pg. 259
DG COMMUNICATIONS GROUP, 98 Se 6Th Ave Ste 1, 33483, pg. 297
FRACTL, 601 N Congress Ave Ste 206, 33445, pg. 395
REALTIME MARKETING GROUP, 61 SE 4th Ave, 33483, pg. 937
WOO CREATIVE LLC, 135 E Atlantic Ave, 33444, pg. 1175

Doral

DILYON CREATIVE GROUP, 3901 NW 79 Ave, 33166, pg. 302
LATIN WORLD ENTERTAINMENT AGENCY, 3470 Nw 82Nd Ave, 33122, pg. 612
MICHELSEN ADVERTISING, 10855 NW 33rd St, 33172, pg. 738

Fort Lauderdale

954DESIGN, 2967 Ravenswood Rd Ste 5, 33312, pg. 14
ADBIT'S ADVERTISING & PR, 757 SE 17th St 358, 33316, pg. 27
AMBIT MARKETING COMMUNICATIONS, 19 NW 5th St, 33301, pg. 51
BRAINSTORMS ADVERTISING & MARKETING, INC., 2201 Wilton Dr, 33305-2131, pg. 153
BULLSEYE STRATEGY, 110 E Broward Blvd Ste 1550, 33301, pg. 172
C&I STUDIOS INC., 545 N Andrews Ave, 33301, pg. 180
EDSA, 1512 E Broward Blvd Ste 110, 33301-2126, pg. 331
EISENBERG & ASSOCIATES, 511 NE 3rd Ave, 33301-3235, pg. 333
ELECTRUM BRANDING, 3333 W Commercial Boulevard Ste 111, 33309, pg. 335
HELIUM CREATIVE, 3327 NE 32nd St, 33308, pg. 494
HERMAN ADVERTISING, 6400 N Andrews Ave Ste 340, 33309, pg. 497
INTUIT MEDIA GROUP, 1239 NE 8th Ave, 33304, pg. 545
KIP HUNTER MARKETING, 888 E Las Olas Blvd Ste 500, 33301, pg. 597
LASER ADVERTISING, 1500 Cordova Rd Ste 200, 33316, pg. 611
LATIN2LATIN MARKETING + COMMUNICATIONS LLC, 333 N New River Dr E Ste 1200, 33301, pg. 612
MAD 4 MARKETING, 5255 Nw 33Rd Ave, 33309, pg. 667
MALKUS COMMUNICATIONS GROUP, 888 Las Olas Blvd Ste 508, 33301, pg. 673
NEW RIVER COMMUNICATIONS, INC., 1819 SE 17th St, 33316, pg. 791
PIERSON GRANT PUBLIC RELATIONS, 6301 NW 5th Way Ste 2600, 33309, pg. 870
S.MARK GRAPHICS FLORIDA INC., 500 NE 9th Ave, 33301, pg. 1022
STARMARK INTERNATIONAL, INC., 210 S. Andrews Ave., 33301, pg. 1043
TAMBOURINE, 2941 W Cypress Creek Rd 2nd Fl, 33309, pg. 1071
TEAM ENTERPRISES, INC., 1 W Las Olas Blvd Ste 400, 33301, pg. 723
TEN, 330 SW 2nd St Bldg 111, 33312, pg. 1096
WWDB INTEGRATED MARKETING, 412 SE 13th St, 33316, pg. 1193
ZIMMERMAN ADVERTISING, 6600 N Andrews Avenue, 33309-3064, pg. 1212

Fort Myers

ADCOAST LLC, 13190 Bella Casa Cir, 33966, pg. 28
BVK-FORT MYERS, 12697 New Brittany Blvd, 33907-3631, pg. 179
GREENFIELD ADVERTISING GROUP, 12551 New Brittany Blvd Bldg 26, 33907-3625, pg. 435
PEARL BRANDS, 2233 Second St, 33901, pg. 861
QUENZEL & ASSOCIATES, 12801 University Dr Ste 1 - 4, 33907, pg. 922
SPIRO & ASSOCIATES MARKETING, ADVERTISING & PUBLIC RELATIONS, 2286 W First St, 33901, pg. 1034

Ft Lauderdale

FISH CONSULTING, INC., 117 Ne 2Nd St, 33301, pg. 384

Gainesville

NAYLOR, LLC, 5950 NW 1st Place, 32607, pg. 786

Gulf Breeze

ROMJUE ADVERTISING & CO, 913 Gulf Breeze Pkwy Ste 40, 32561, pg. 967

Hallandle Beach

RABINOVICI & ASSOCIATES, 800 Silks Run Unit 2320, 33009, pg. 928

Heathrow

EVOK ADVERTISING, 1485 International Pwky, 32746, pg. 353

Hernando

THE I AM GROUP, INC., 2875 East Timberwood, 34442, pg. 517

Hollywood

ADSERVICES INC., 2450 Hollywood Blvd Ste 202, 33020, pg. 33
LATIN3 INC., 4000 Hollywood Blvd, 33021, pg. 612
MEDIA RESPONSE, INC., 2501 Hollywood Blvd Ste 210, 33020, pg. 727
THE PINK COLLECTIVE, 1932 Tyler St, 33020, pg. 872
UADV MEDIA & ADVERTISING, 232 Hollywood Blvd, 33020, pg. 1125

Indialantic

CK COMMUNICATIONS, INC. (CKC), 445 Newport Dr, 32903, pg. 210

Jacksonville

Geographic Index-U.S.

A-59

AGENCIES — GEOGRAPHIC INDEX OF U.S.

5IVECANONS, 10 Newnan St, 32202, pg. 10
ANTONWEST ADVERTISING, 10175 Bishop Lake Rd W, 32256, pg. 62
AXIA PUBLIC RELATIONS, 222 E Forsyth St, 32202, pg. 80
BESON 4 MEDIA GROUP, 13500 Sutton Park Dr S Ste 105, 32224, pg. 125
BROADBASED COMMUNICATIONS INC., 1301 Riverplace Blvd Ste 1830, 32207, pg. 165
BRUNET-GARCIA ADVERTISING, INC., 25 N Market St, 32202, pg. 169
BURDETTE KETCHUM, 1023 Kings Ave, 32207, pg. 173
CLIENT FOCUSED MEDIA, 1611 San Marco Blvd, 32207, pg. 214
DAIGLE CREATIVE, 9957 Moorings Dr, 32257, pg. 257
DALTON AGENCY JACKSONVILLE, 140 W Monroe St, 32202, pg. 258
DEMPS & ASSOCIATES LLC, 3809 LaVista Cir Ste 225, 32217, pg. 288
DIGITAL EDGE, 10161 Centurion Pkwy N, 32256, pg. 300
DION MARKETING COMPANY, 2014 MayPOrt Rd, 32233, pg. 303
ENCODE, P.O. Box 600534, 32260, pg. 340
HARTE-HANKS DIRECT MARKETING/JACKSONVILLE, LLC, 7498 Fullerton St, 32256-3508, pg. 471
THE HESTER GROUP LLC, 100 N Laura St Ste 802, 32202, pg. 497
MAD MEN MARKETING, 1001 Kings Ave Ste 300, 32202, pg. 668
MARY FISHER DESIGN, 1731 Emerson St, 32207, pg. 690
MEDIA MIX, 9822 Tapestry Park Circle, 32246, pg. 727
THE MONTELLO AGENCY, 1886 Melrose Plantation Dr, 32223, pg. 756
ON IDEAS, INC., 6 E Bay St Ste 100, 32202-5422, pg. 838
REPUTATION INK, 1710 N Main St, 32206, pg. 948
RLS GROUP, 5 W Forsyth St, 32202, pg. 961
ROSBERG FOZMAN ROLANDELLI ADVERTISING, 4745 Sutton Park Ct Ste 804, 32224, pg. 968
SHEPHERD, 1301 Riverplace Blvd Ste 1100, 32207, pg. 1007
ST. JOHN & PARTNERS, 1301 Riverplace Blvd Ste 200, 32207, pg. 1040
STATION FOUR, 100 N Laura St Ste 602, 32202, pg. 1044
WINGARD CREATIVE, 245 Riverside Ave Ste 425, 32202, pg. 1170

Jacksonville Beach

ADJECTIVE & CO, 320 1St St N Ste 707, 32250, pg. 30

Jupiter

JVS MARKETING LLC, 860 Jupiter Park Dr Ste 1-A, 33458, pg. 585
RCI, 112 Intracoastal Pointe Drive, 33458, pg. 934
RED SPOT INTERACTIVE, 1001 Jupiter Park Dr. #124, 33458, pg. 941

Key Largo

HAWK ASSOCIATES, INC., 99353 Overseas Hwy Ste 15, 33037, pg. 489

Lakeland

LOWRY CREATIVE, 2525 Drane Field Rd Ste 12, 33811, pg. 654
MADE BRANDS, LLC, 1935 Florida Ave Ste 101, 32803, pg. 669
MCQUEEN MARKETING, 3616 Harden Blvd Ste 340, 33803, pg. 720
TINSLEY CREATIVE, 115 Hillcrest St, 33815, pg. 1105

Leesburg

RED APPLES MEDIA, 734 N 3rd St Ste 119, 34748, pg. 938

Longwood

BENNETT & COMPANY MARKETING, 543 Estates Pl, 32779-2857, pg. 122
WELLONS COMMUNICATIONS, 195 Wekiva Springs Rd Ste214, 32779, pg. 1158

Maitland

JERRY DEFALCO ADVERTISING, 1060 Maitland Ctr Commons Ste 410, 32751, pg. 575
JKR ADVERTISING & MARKETING, 291 Southhall Ln Ste 200, 32751, pg. 576
TCS MEDIA, INC., 2333 Chinook Trl, 32751-4079, pg. 1094

Margate

HEPCATSMARKETING.COM, 6224 NW 16th St, 33063, pg. 496

Medley

BTL NETWORK, 9675 Nw 117Th Ave Ste 405, 33178, pg. 171

Melbourne

TRANSWORLD ADVERTISING, INC., 3684 N Wickham Rd Ste C, 32935, pg. 1114

Mexico Beach

KERIGAN MARKETING ASSOCIATES, INC., 3706 Highway 98 Apt 103, 32456, pg. 592

Miami

AGENCY GUERRA, 3301 NE 1st Ave Ste H2701, 33137, pg. 38
ANTHONY BARADAT & ASSOCIATES, 1235 Coral Way Ste 200, 33145, pg. 61
BEBER SILVERSTEIN GROUP, 89 NE 27th St, 33137, pg. 119
BENAMOR, 6355 NW 36th St Ste 307, 33166, pg. 122
BEYOND TOTAL BRANDING, 98 NW 29th St, 33127, pg. 126
BLACKDOG ADVERTISING, 8771 SW 129th Terr, 33176, pg. 132
BRAINSWITCH ADVERTISING, 250 NW 23rd St Ste 210, 33127, pg. 153
BRANGER_BRIZ, 261 Ne 1St St Fl 3, 33132, pg. 160
THE BRAVO GROUP HQ, 601 Brickell Key Drive Ste 1100, 33131, pg. 160
BUSH RENZ, 4141 NE 2nd Ave Ste 203E, 33137, pg. 177
BVK/MEKA, 848 Brickell Ave Ste 430, 33131-2915, pg. 179
CIRCLE OF ONE MARKETING, 2400 NE 2nd Ave Studio C, 33137, pg. 208
THE COMMUNITY, 6400 Biscayne Blvd, 33138, pg. 223
CONILL ADVERTISING, INC., 800 Brickell Ave, 33131, pg. 226
CREATIVE MINDWORKS, 12000 Biscayne Blvd Ste 703, 33181, pg. 244
DAISHO CREATIVE STRATEGIES, 8603 S Dixie Hwy, 33143, pg. 258
DAVID THE AGENCY, 21 Ne 26Th St, 33137, pg. 261
DDB LATIN AMERICA, 770 S Dixie Hwy Ste 109, 33146, pg. 269
DDM ADVERTISING INC, 92 SW 3rd St Ste 2903, 33130, pg. 283
DEEPSLEEP STUDIO, 40 SW 13th St Ph4, 33130, pg. 286
DELTA MEDIA, INC., 11780 Sw 89Th St Ste 201, 33186, pg. 288
DESIGN HOUSE, 1880 Coral Gate Dr, 33145, pg. 293
DIAZ & COOPER ADVERTISING INC, 75 Sw 15Th Rd, 33129, pg. 299
EAG GROUP, 2001 Ludlam Rd, 33155, pg. 328
EYESEA SOLUTIONS, 801 Brickell Bay Dr Ste 13, 33131, pg. 357
FIGMENT DESIGN, 2977 McFarlane Rd, 33133, pg. 380
GLO CREATIVE, 1221 Brickell Ave S990 Biscayne Blvdte 900, 33132, pg. 422
GMG ADVERTISING, 13500 N Kendall Dr Ste 115, 33186, pg. 425
GREEN DOT ADVERTISING & MARKETING, 5400 NE 4th Ct, 33137, pg. 435
HISPANIC GROUP, 8181 NW 14th St Ste 250, 33126, pg. 502
IMAGERY CREATIVE, 7440 Sw 50Th Ter Ste 102, 33155, pg. 525
THE KLUGER AGENCY, 1200 Brickell Ave 14th Fl, 33131, pg. 598
LGD COMMUNICATIONS, INC., 3819 N Miami Ave, 33137, pg. 639
LOIS GELLER MARKETING GROUP, 3801 Ne 207Th St Apt 1003, 33180, pg. 650
M8 AGENCY, 3301 NE 1st Ave Ste Ph6, 33137, pg. 666
MACIAS CREATIVE, 261 NE 1st St Fl 3, 33132, pg. 666
MARKHAM & STEIN UNLIMITED, 3326 Mary St, 33133, pg. 685
MATRIX2 ADVERTISING, 1903 NW 97th Ave, 33172, pg. 694
MELON DESIGN AGENCY, 2700 W 3rd CT, 33010, pg. 730
MICSTURA, 12955 Biscayne Blvd Ste 314, 33181, pg. 739
MWH ADVERTISING, INC., 1101 Brickell Ave Ste 800S, 33131, pg. 781
NATCOM MARKETING, 318 Nw 23Rd St, 33127, pg. 785
NAVIGANT MARKETING / KSR, 2103 Coral Way Ste 724, 33145, pg. 786
NEWLINK GROUP, 1111 Brickell Ave Ste 1350, 33131, pg. 792
NOBOX MARKETING GROUP, INC., 3390 Mary St Ste 310, 33133, pg. 796
OMNI DIRECT INC., 10800 Biscayne Blvd Ste 510, 33161, pg. 835
ONE TWELFTH INC., 7251 Ne 2Nd Ave Ste 201, 33138, pg. 839
PG CREATIVE, 14 Ne 1St Ave Ste 706, 33132, pg. 867
POLLER & JORDAN ADVERTISING AGENCY, INC., PO Box 166249, 33116-6249, pg. 881
REPUBLICA HAVAS, 2153 Coral Way, 33145, pg. 947
RONIN ADVERTISING GROUP, 400 University Dr Ste 200, 33134, pg. 967
SAATCHI & SAATCHI LATIN AMERICA, 800 Brickell Ave Ste 400, 33131, pg. 975
SAPIENTRAZORFISH MIAMI, 2911 Grand Ave, 33133, pg. 914
SEE YA GROUP, 275 Ne 18Th St Apt 406, 33132, pg. 1000
SONSHINE COMMUNICATIONS, 152 NE 167th St, 33162, pg. 1029
STILT MEDIA, 250 Catalonia Ste 805, 33134, pg. 1049
TINSLEY ADVERTISING, 2000 S Dixie Hwy Ste 201, 33133, pg. 1104
VIVA PARTNERSHIP, 10800 Biscayne Blvd Ste 137, pg. 1141
WAX CUSTOM COMMUNICATIONS, 261 NE 1st St Ste 600, 33132, pg. 1154
WEBLIFT, 18495 S Dixie Hwy Ste 365, 33157-6817, pg. 1156
WORLDMEDIA INTERACTIVE, 3401 N Miami Ave Ste 239, 33127, pg. 1177
WUNDERMAN, 601 Brickell Key Dr, 33131, pg. 1189
Y&R LATIN AMERICAN HEADQUARTERS, Courvoisier Ctr II 601 Brickell Key Dr Ste 1100, 33131, pg. 1198
Y&R MIAMI, 601 Brickell Key Dr Ste 1100, 33131, pg. 1205

Miami Beach

HI-GLOSS, 1666 Kennedy Causeway, 33141, pg. 498
KMR COMMUNICATIONS, 1111 Lincoln Rd, 33139, pg. 599
OBERHAUSEN MARKETING & PUBLIC RELATIONS, 1000 Lincoln Rd Ste 206, 33139, pg. 804
OPTFIRST INC., 168 NE 96th St, 33138, pg. 842
PINTA USA LLC, 1111 Lincoln Rd Ste 800, 33139, pg. 872
RUXLY CREATIVE, 1019 Kane Concourse, 33152, pg. 973
SAMBA ROCK, 1691 Michigan Ave, 33139, pg. 988
SCPF, 1674 Meridian Ave Ste 500, 33139, pg. 999
TARA, INK., 1666 Kennedy Causeway Ste 703, 33141, pg. 1073
TREISTER MURRY AGENCY, 1130 Washington Ave 1st Fl N, 33139-4600, pg. 1115
TRIMENTION ADVERTISING, 555 Washington Ave, 33139, pg. 1118

Miami Springs

AVANZA ADVERTISING, LLC, 5465 NW 36th St, 33166, pg. 79

Middleburg

DEPPE COMMUNICATIONS LLC, 1880 Paradise Moorings Blvd, 32068, pg. 292

GEOGRAPHIC INDEX OF U.S. AGENCIES

Mount Dora

HUSEBO ADVERTISING & PUBLIC RELATIONS, 411 N Donnelly St, 32757, pg. 515

Naples

ADSOURCE, 1415 Panther Ln Ste 360, 34109, pg. 33
PARADISE ADVERTISING & MARKETING-NAPLES, 5660 Stand Ct, 34110, pg. 853
WILSON CREATIVE GROUP, INC., 2343 Vanderbilt Beach Rd Ste 608, 34109, pg. 1170

Newberry

352 MEDIA GROUP, 133 SW 130th Way Ste D, 32669, pg. 6
FRANKEL MEDIA GROUP, 105 SW 128th St Ste 200, 32669-3244, pg. 396

North Palm Beach

CHUMNEY & ASSOCIATES, 660 US Hwy 1 2nd Fl, 33408, pg. 207

Ocala

NEPTUNE ADVERTISING, 3003 SW College Rd Ste 1071, 34474, pg. 789

Orlando

&BARR, 600 E Washington St, 32801-2938, pg. 55
APPLETON CREATIVE, INC., 539 Delaney Ave, 32801, pg. 64
BARNETT MURPHY DIRECT MARKETING, 1323 Brookhaven Dr, 32803, pg. 90
BIGEYE AGENCY, 3023 Lawton Road, 32803, pg. 130
BMDM, 1323 Brookhaven Dr, 32803, pg. 142
CHATTER BUZZ MEDIA, 100 W Lucerne Cir, 32801, pg. 204
DAYNER HALL INC., 621 E Pine St, 32801, pg. 266
DIFFERENT PERSPECTIVE, 201 S Orange Ave Ste 890, 32801, pg. 300
DIGITAL BREW, 1112 Mt Vernon St, 32803, pg. 300
DREAM FACTORY, 189 S Orange Ave Ste 1400, 32801, pg. 319
FINDSOME & WINMORE, 4776 New Broad St Ste 100, 32814, pg. 380
FUEGO COMMUNICATIONS & MARKETING INC, 6900 Turkey Lake Rd, 32819, pg. 401
GO BIG MARKETING, 1000 N Magnolia Ave, 32803, pg. 425
GOCONVERGENCE, 4545 36th St, 32811, pg. 426
GREEN GRASS MARKETING & ADVERTISING, 4539 36th St, 32811, pg. 435
THE GROUP ADVERTISING, 1221 N Mills Ave Ste B, 32803, pg. 451
LAUGHING SAMURAI, 1221 N Mills Ave, 32803, pg. 613
LIGHTMAKER, 6881 Kingspointe Pkwy Ste 12, 32819, pg. 640
LURE DESIGN, INC., 1009 Virginia Dr, 32803, pg. 657
MAVEN CREATIVE, 62 W Colonial Dr Ste 302, 32801, pg. 695
METROPOLIS ADVERTISING, 719 Peachtree Rd Ste 210, 32804, pg. 736
MMGY GLOBAL, 301 E Pine St Ste 1150, 32801, pg. 751
MONSTER XP, 555 S Lake Destiny Dr, 32810, pg. 756
NONBOX, 1970 E Osceola Pkwy Ste 47, 34743, pg. 797
ORANGESQUARE, 1 S Orange Ave Ste 306, 32801, pg. 844
PRISMATIC, 745 N Magnolia Ave #301, 32803, pg. 890
PUSH, 101 Ernestine St, 32801-2317, pg. 918
RED ROCKET STUDIOS, 1405 West Colonial Dr, 32804, pg. 941
REMIXED, 37 N Orange Ave Ste 1050, 32801, pg. 946
ROYALL MEDIA, INC., 801 N Magnolia Ave Ste 210, 32803, pg. 970
SAY IT LOUD, 1121 N Mills Ave, 32803, pg. 993
SIGNAL OUTDOOR ADVERTISING, 101 Sunnytown Rd, 32707, pg. 1012
SIX DEGREES, 1217B N Orange Ave, 32804, pg. 1017
SPRY GROUP, 189 S Orange Ave Ste 1530B, 32801, pg. 1037
TCREATIVE, INC., 10219 General Dr, 32824, pg. 1093
THINK CREATIVE INC., 1011 E Colonial Dr Ste 407, 32803, pg. 1099
WAGNER MARKETING LLC, 1 S Orange Ave Ste 502, 32801, pg. 1148
WATAUGA GROUP, 1501 W Colonial Dr, 32804, pg. 1153
ZUVI CREATIVE LLC, 1844 Clacton Dr, 32837, pg. 1217

Ormond Beach

HAYWORTH PUBLIC RELATIONS, 700 W Granada Blvd Ste 100, 32174, pg. 490
S2 ADVERTISING, PO Box 4264, 32175, pg. 974

Oviedo

NO LIMIT MARKETING & ADVERTISING, INC., 2789 Wrights Rd, 32765, pg. 795
TJM COMMUNICATIONS, 2441 SR 426 Ste 1061, 32708, pg. 1106

Palm Beach

WILESMITH ADVERTISING & DESIGN, 222D N County Rd, 33480, pg. 1167

Palm Beach Gardens

LEVATAS, 11701 Lk Victoria Gardens Ave, 33410, pg. 633
STRATEGIC MARKETING INC., 8895 N Military Trl Ste 202B, 33410-6284, pg. 1053

Palm Coast

ONLINE CORPORATION OF AMERICA, 2 Fielding Ln, 32137, pg. 841

Pembroke Pines

DAS GROUP, INC., 9050 Pines Blvd Ste 250, 33024, pg. 260

Pensacola

DUNCAN MCCALL, INC., 4400 Bayou Blvd Ste 11, 32503-2691, pg. 325
EMAGINATION UNLIMITED INC., 1225 W Gregory St, 32502, pg. 338
E.W. BULLOCK ASSOCIATES, 730 Bayfront Pkwy Ste 5, 32502-6250, pg. 354
IDEAWORKS, INC., 1110 N Palafox St, 32501-2608, pg. 522
JOHN APPLEYARD AGENCY, INC., 4400 Bayou Blvd Ste 34, 32503-2668, pg. 578

Plantation

LIPOF MCGEE ADVERTISING, 830 Peters Rd Ste D100, 33324, pg. 643

Pompano Beach

BACKUS TURNER INTERNATIONAL, 3116 N Federal Hwy, 33064, pg. 83
DRIVE RESULTS, LLC, 2300 W Sample Rd Ste 307, 33073, pg. 321
JAMES ROSS ADVERTISING, 1180 SW 36th Ave Ste 101, 33069, pg. 571
LIGHTHOUSE LIST COMPANY, 27 SE 24th Ave Ste 6, 33062, pg. 640

Pt Charlotte

MDW ADVERTISING SOLUTIONS INC, 800 Dobell Ter Nw, 33948, pg. 724

Safety Harbor

MY BLUE ROBOT, 310 10th Ave N, 34695, pg. 782

Saint Petersburg

AQUA MARKETING & COMMUNICATIONS INC., 360 Central Ave Ste 420, 33701, pg. 64
DEVINE COMMUNICATIONS, 9300 5th St N, 33702, pg. 296
MARKETING MATTERS, 4000 13th Lane NE, 33703, pg. 683
PARADISE ADVERTISING & MARKETING, 150 2nd Ave N Ste 800, 33701, pg. 853
PYPER YOUNG, 235 Central Ave, 33701, pg. 919
TRIAD RETAIL MEDIA, LLC, 100 Carillon Pkwy, 33716, pg. 1116

Sanibel

NOISE, INC., PO Box 869, 33957, pg. 797
NOISE, INC., 4702 Rue Belle Mer, 33957, pg. 796

Santa Rosa Beach

CORNERSTONE MARKETING & ADVERTISING, INC., 114 Logan Ln Ste 4, 32459, pg. 232
UBU ENTERPRISES, 405 Loblolly Bay Dr, 32459, pg. 1125

Sarasota

AKINS MARKETING & DESIGN L.L.C., 5599 Shadow Lawn Dr, 34242, pg. 43
C SUITE COMMUNICATIONS, 401 N Cattlemen Rd Ste 308, 34232, pg. 180
CONSTRUCTION MARKETING INC, 2534 Trailmate Dr, 34243, pg. 228
EDELSBACHER DESIGN GROUP, 7158 Captain Kidd Ave, 34231, pg. 331
GARDNER KEATON, INC., 3536 East Forest Lk Dr, 34232, pg. 410
GRAPEVINE COMMUNICATIONS INC, 5201 Paylor Ln, 34240, pg. 432
IGNITION BRANDING, 7770 Westmoreland Dr, 34243, pg. 523
KNIGHT MARKETING, 2032 Hawthorne St, 34239, pg. 599
NUEVO ADVERTISING GROUP, INC., 1990 Main St Ste 750, 34236, pg. 802
ODATO MARKETING GROUP INC., 330 S Pineapple Ave Ste 203, 34236, pg. 808

Shalimar

THE PETERMANN AGENCY, 22 Sherwood Dr, 32579, pg. 866

South Miami

THE WEINBACH GROUP, INC., 7301 SW 57th Ct Ste 550, 33143-5334, pg. 1157

St Petersburg

CLEARPH DESIGN, 327 11Th Ave N, 33701, pg. 213
HYPE GROUP LLC, 360 Central Ave Ste 300, 33701, pg. 516
WEBTIVITY MARKETING & DESIGN, 138 Pinellas Way N, 33710, pg. 1156

Sunrise

EXPERIENCE ADVERTISING INC, 10218 Nw 47Th St, 33351, pg. 356

Tallahassee

BALLARD PARTNERS INC, 201 E Park Ave, 32301, pg. 86
BOWSTERN, 1650 Summit Lake Dr Ste 101, 32317, pg. 150
BRIGHT REDTBWA, 1821 Miccosukee Commons Dr, 32308, pg. 163
CADE & ASSOCIATES ADVERTISING, INC., 1645 Metropolitan Blvd, 32308, pg. 181
CONTEXTUAL CODE, 1240 Thomasville Rd Ste 200, 32303, pg. 229
KIDD GROUP, 2074 Centre Point Blvd Ste 200, 32308, pg. 594
MOORE COMMUNICATIONS GROUP, 2011 Delta Blvd, 32303, pg. 757
THE POD ADVERTISING, 502 E Pk Ave, 32301, pg. 879
RB OPPENHEIM ASSOCIATES + DIGITAL OPPS, 2040 Delta Way, 32303, pg. 934
SACHS MEDIA GROUP, 114 S Duval St, 32301, pg. 986

AGENCIES — GEOGRAPHIC INDEX OF U.S.

TAPROOT CREATIVE, 2057 Delta Way, 32303, pg. 1072
VOXY MEDIA GROUP, 1700 N Monroe St Ste 11, 32303, pg. 1146
THE ZIMMERMAN AGENCY LLC, 1821 Miccosukee Commons Dr, 32308-5433, pg. 1213

Tampa

22SQUARED INC., 100 N Tampa St, 33602, pg. 4
ABOVE PROMOTIONS COMPANY, 15419 Plantation Oaks Dr, 33647, pg. 18
AD PARTNERS INC., 5020 W Linebaugh Ave Ste 240, 33624, pg. 24
ADVLUENCE LLC, 1910 W Platt St, 33606, pg. 36
AXXIS ADVERTISING LLC, 913 E New Orleans Ave, 33603, pg. 81
BAYSHORE SOLUTIONS INC, 600 N Westshore Blvd Ste 700, 33609, pg. 97
BRAVE PEOPLE, 1613 N Franklin St, 33602, pg. 160
BROCK COMMUNICATIONS, 3413 W Fletcher Ave, 33618, pg. 165
BVK-TAMPA, 201 Columbia Dr Ste 2, 33606-3722, pg. 179
CENTURION STRATEGIES LLC, 2202 N W Shore Blvd Ste 200, 33607, pg. 200
CHAPPELLROBERTS, 1600 E 8th Ave Ste A-133, 33605, pg. 202
CONNECTIVITY MARKETING AND MEDIA AGENCY, 715 N Franklin St # B, 33602, pg. 227
DIGIWORKS MEDIA, 100 S Ashley Dr, 33602, pg. 302
DOUBLETAKE STUDIOS, INC., 1311 N Church Ave, 33607, pg. 318
DUNN&CO, 202 S 22nd St Ste 202, 33605, pg. 326
DVC MARKETING, 5420 Pioneer Park Blvd Ste C, 33634, pg. 326
ERASERFARM, 3123 E 4th Ave, 33605, pg. 346
THE FOOD GROUP (TAMPA), 3820 Northdale Blvd Ste 202B, 33624, pg. 391
FRENCH/WEST/VAUGHAN, INC., 2211 E 7th Ave, 33605, pg. 399
IN PLACE MARKETING, 703 N Willow Ave, 33606, pg. 529
JONES FOSTER DEAL ADVERTISING & PUBLIC RELATIONS, INC., 412 E Madison St, 33602, pg. 582
LEVO HEALTH, 3414 W Bay to Bay Blvd, 33629, pg. 635
MAMUS, INC., 3902 Henderson Blvd, 33629, pg. 673
MARKETING IN COLOR, 1515 N Marion St, 33602, pg. 683
MEDIAGISTIC, 8675 Hidden River Pkwy, 33637, pg. 728
PEAKBIETY, BRANDING + ADVERTISING, 2901 W Busch Blvd Ste 309, 33618, pg. 860
POLYCREATIVE, 2308 E 10th Ave B, 33605, pg. 881
PP+K, 1102 N Florida Ave, 33602, pg. 885
SCHIFINO LEE ADVERTISING, 511 W Bay St Ste 400, 33606, pg. 996
SHAKER RECRUITMENT ADVERTISING & COMMUNICATIONS, INC., 1408 N Westshore Blvd Ste 508, 33607-3844, pg. 1005
SHIRLEY/HUTCHINSON CREATIVE WORKS, 707 N Franklin Ste 100, 33602, pg. 1009
SIGNAL OUTDOOR ADVERTISING, 6011 Benjamin Rd Ste 104, 33634, pg. 1012
SOCIAL FORCES, LLC, 1001 E Columbus Dr, 33605, pg. 1026
SPARK, 2309 W Platt St, 33609, pg. 1031
SPARXOO, 450 Knights Run Ave Unit 1, 33602, pg. 1032
SPECTRUM, 108 S 12th St, 33602, pg. 1033
TRICKEY JENNUS. INC, 530 W Cypress St, 33607, pg. 1117
UNITED LANDMARK ASSOCIATES, INC., 3708 W Swann Ave Ste 201, 33609, pg. 1127
WALKER BRANDS, 1810 W Kennedy Blvd, 33606, pg. 1149
ZELEN COMMUNICATIONS, 1304 DeSoto Ave Ste 200, 33606, pg. 1211

Vero Beach

THE ALEXIS AGENCY, 1201 19th Pl B-401, 32960, pg. 44

Wellington

AXIA CREATIVE, 12161 Ken Adams Way Ste 110Y1, 33414, pg. 80

West Palm Bch

THAT AGENCY, 2000 Palm Beach Lakes Blvd Ste 601, 33409, pg. 1098

West Palm Beach

BG, 360 Columbia Dr, 33409, pg. 127
EXCELER8, 301 Clematis St Ste 3000, 33401, pg. 355
O'DONNELL AGENCY, 303 Banyan Blvd Ste 101, 33401, pg. 808
SHAMIN ABAS PUBLIC RELATIONS, 222 Clematis St Ste 204, 33401, pg. 1005

Weston

HIPERVINCULO, 2700 Glades Cir Ste 108, 33327, pg. 501

Winter Garden

ALARIE DESIGN, 260 E Plant St, 34787, pg. 44

Winter Haven

CLARK/NIKDEL/POWELL, 72 4Th St Nw, 33881, pg. 212
THE NISSEN GROUP, 150 Third St SW, 33880, pg. 795

Winter Park

ACME BRAND STUDIO, 511 W New England Ave, 32789, pg. 22
ANSON-STONER INC., 111 E Fairbanks Ave, 32789-7004, pg. 60
DICKS + NANTON AGENCY, LLC, 520 N Orlando Ave Apt 2, 32789-7317, pg. 299
HOOAH LLC, PO Box 1390, 32790, pg. 508
MOXE, 1201 S Orlando Ave, 32789, pg. 765

GEORGIA

Acworth

MARKETING SPECIFICS INC., 6217 Arnall Court, 30101, pg. 684
NAS RECRUITMENT COMMUNICATIONS, 4462 Bretton Ct, 30101, pg. 785

Alpharetta

ABOVEBOARD BRANDING, 9050 Brockham Wy, 30022, pg. 18
EJW ASSOCIATES, INC., Crabapple Village Office Park 1602 Abbey Ct, 30004, pg. 334
FREDERICK SWANSTON, 2400 Lakeview Pkwy Ste 175, 30009, pg. 397
MERGE ATLANTA, 11675 Rainwater Dr Ste 300, 30009-8685, pg. 731
RED HOUSE ATLANTA LLC, 10 Roswell St Ste 200, 30009, pg. 939

Atlanta

22SQUARED, 1170 Peachtree St NE Fl 14, 30309-7649, pg. 4
360I, 1545 Peachtree St Ste 450, 30309, pg. 289
524 CREATIVE, INC., 1170 Peachtree St NE 14th Fl, 30309, pg. 9
A. BROWN-OLMSTEAD ASSOCIATES, 274 W Paces Ferry Rd, 30305, pg. 14
ADRENALINE, INC., 3405 Piedmont Rd NE Ste 300, 30305, pg. 32
ADVERTISING FOR GOOD, 1654 Anita Pl Ne, 30306, pg. 35
AIS MEDIA, INC., 3340 Peachtree Rd Ne Ste 2500, 30326, pg. 41
ALLIED INTEGRATED MARKETING, 2727 Paces Ferry Rd SE Bldg 2 Ste 450, 30339, pg. 48
ARKETI GROUP, 2801 Buford Hwy Druid Chase Ste 375, 30329, pg. 68
ARMCHAIR MEDIA, LLC, 617 E Pelham Rd Ne, 30324, pg. 69
ASO ADVERTISING, 245 Peachtree Center Ave 23rd Fl, 30303, pg. 74
BARK BARK, 730 Peachtree St Ne Ste 600, 30308, pg. 89
BBDO ATLANTA, 3500 Lenox Rd NE Ste 1900, 30326-4232, pg. 98
BFG COMMUNICATIONS ATLANTA, 1000 Marietta St Ste 208, 30318, pg. 126
BIGELOW ADVERTISING, 723 Piedmont Ave, 30308, pg. 130
BLUE SKY AGENCY, 950 Joseph Lowery Blvd Ste 30, 30318, pg. 140
BRAIN BYTES CREATIVE, LLC, 120 Interstate N Pkwy SE Ste 448, 30339, pg. 152
BRIGHTWAVE MARKETING, 67 Peachtree Park Dr Ste 200, 30309, pg. 164
BROWN BAG MARKETING, 3060 Peachtree Rd NW, 30305, pg. 167
BRUNNER, 1100 Peachtree St NE Ste 550, 30309, pg. 170
THE BURMEISTER GROUP, INC., 1200 Abernathy Rd, 30328, pg. 175
CAPITOL MEDIA SOLUTIONS, 3340 Peachtree Rd NE Ste 1050, 30326, pg. 187
CARROLL/WHITE, 53 Perimeter Ctr E, 30346, pg. 191
CENTIGRADE INTERNATIONAL LTD., 1 Glenlake Pkwy, 30328, pg. 200
CHEMISTRY ATLANTA, 1045 West Marietta St NW, 30318, pg. 205
CO&P INTEGRATED MARKETING, 500 Bishop St Ste 2B, 30080, pg. 216
CRABB RADERMACHER, 200 Ashford Ctr N Ste 205, 30338, pg. 236
THE CREATIVE OUTHOUSE, 6 W Druid Hills Dr NE Ste 310, 30329, pg. 245
CREAXION, 1230 W Peachtree St NE, 30309, pg. 246
CTI MEDIA, 6100 Lake Forrest Dr Ste 520, 30328, pg. 251
CURRAN & CONNORS, INC., 3455 Peachtree Rd NE 5th Fl, 30326-3236, pg. 254
DALTON AGENCY ATLANTA, 1360 Peachtree St Ste 700, 30309, pg. 258
DEFINITION 6, 420 Plasters Ave Ne, 30324, pg. 286
DENMARK ADVERTISING & PUBLIC RELATIONS, 6000 Lake Forest Dr Ste 260, 30328, pg. 288
DRUM, INC., 3390 Peachtree Rd 10th Fl, 30326, pg. 322
FIFTY EIGHT ADVERTISING LLC, 433 Bishop St NW, 30318, pg. 379
FIREFLY CREATIVE, INC., 2556 Apple Valley Rd Ste 200, 30319, pg. 383
FITZGERALD & CO, 944 Brady Ave Nw, 30318, pg. 386
FLETCH CREATIVE, 585 Waterview Trl, 30022, pg. 387
FORCE MARKETING LLC, 5955 Shiloh Rd E Ste 204, 30005, pg. 392
FRED AGENCY, 550 Pharr Road, 30305, pg. 396
FREEBAIRN & CO., 3384 Peachtree Rd, 30326, pg. 397
GOI, 1123 Zonolite Rd Ste 19, 30306, pg. 306
GUEST RELATIONS MARKETING, 1375 Peachtree St 360, 30309, pg. 455
HOPE-BECKHAM, INC., 1900 Century Pl Ne Ste 250, 30345, pg. 508
HUGE, 1375 Peachtree St NE Ste 400, 30309, pg. 513
ICONOLOGIC, 400 Trabert Ave NW, 30309, pg. 519
IDEA ASSOCIATES, INC., 6000 Lake Forrest Dr NW, 30341, pg. 519
INFINITEE COMMUNICATIONS, INC., 3525 Piedmont Rd Ne Bldg 7-210, 30305, pg. 531
J. WALTER THOMPSON ATLANTA, 3630 Peachtree Road NE Ste 1200, 30326, pg. 564
J. WALTER THOMPSON INSIDE, 3630 Peachtree Rd, Ste 1200, 30326, pg. 565
JUMP!, 1417 Mayson St, 30324, pg. 585
KATALYST CREATIVE MARKETING, 195 Arizona Ave, 30307, pg. 588
KLEBER & ASSOCIATES MARKETING & COMMUNICATIONS, 1215 Hightower Trl Bldg C, 30350, pg. 598
LAWLER BALLARD VAN DURAND, 675 Ponce De Leon Ave Ne, 30308, pg. 616
LAZBRO, INC., 5 Concourse Pkwy Ste 3000, 30328, pg. 617
LIQUID SOUL, 1024 Hemphill Ave Ste B, 30318, pg. 644
LUCKYFISH, 161 Mangum St SW Ste 101, 30313, pg. 656
M16 MARKETING, 140 Peachtree St NW, 30303, pg. 665
M320 CONSULTING, 2806 N Martin St E Point, 30334, pg. 665
MACQUARIUM INTELLIGENT COMMUNICATIONS, 1800 Peachtree St NW Ste 250, 30309, pg. 667
MARSDEN MARKETING, 225 Ottley Dr NE Ste 150, 30324, pg. 680
MATLOCK ADVERTISING & PUBLIC RELATIONS, 107 Luckie St, 30303, pg. 693
MELT, 3630 Peachtree Rd Ste 960, 30326, pg. 730
MESSAGEGEARS LLC, 191 Peachtree St NE Ste 900, 30303, pg. 735

GEOGRAPHIC INDEX OF U.S. AGENCIES

METRICS MARKETING, INC., 10 Marietta St Ste 2310, 30303, pg. 736
MOCK, 247 14th St NW, 30318, pg. 752
MOMENTUM, 944 Brady Ave Nw, 30318, pg. 755
MOROCH, 590 Means St NW, 30318, pg. 759
THE MORRISON AGENCY, 3500 Piedmont Rd Ste 700, 30305, pg. 760
MR. TECHNIQUE, INC., 1040 West Marietta St NW, 30318, pg. 766
MY FRIEND'S NEPHEW, 1000 Marietta St NW Ste 234, 30318, pg. 782
NEBO AGENCY LLC, 1000 Marietta St NW, 30318, pg. 787
NEVER WITHOUT, LLC, 1731 Ted Turner Dr NW, 30303, pg. 791
OBJECT9, 1145 Zonolite Rd Ne Ste 2, 30306, pg. 805
OCTAGON, 1375 Peachtree St Ne Ste 175, 30309, pg. 807
ONE & ALL, 3500 Lenox Rd Ne Ste 1900, 30326, pg. 838
PAPROCKI & CO., 865 Adair Ave, 30306, pg. 852
THE PARTNERSHIP, 3500 Piedmont Rd Ne, 30305, pg. 856
PHASE 3 MARKETING & COMMUNICATIONS, 60 Walton St NW, 30303, pg. 867
PITBULL CREATIVE, 1983 Woodsdale Rd, 30324, pg. 873
PM PUBLICIDAD, 1776 Peachtree St NW, 30309, pg. 878
POINT B, 1001 Euclid Ave, 30307, pg. 880
PROPHET, 3475 Piedmont Rd Ne Ste 1650, 30305, pg. 894
REALM ADVERTISING, 5901 Peachtree Dunwoody Rd, 30328, pg. 937
RED PEPPER, INC, 3423 Piedmont Rd NE, 30305, pg. 941
RESPONSE MINE INTERACTIVE, 3390 Peachtree Rd Ste 800, 30326, pg. 949
THE REYNOLDS GROUP, 60 Walton St Nw Ste 200, 30303, pg. 954
SAGEPATH INC., 3500 Lenox Rd Ne Ste 1200, 30326, pg. 987
SAPIENT ATLANTA, 3630 Peachtree Rd NE, 30326, pg. 914
SAPIENT CONSULTING, 500 North Park Town Center 1100 AbernathyRd NE, 30328, pg. 991
SCOUT MARKETING, 3391 Peachtree Rd Ste 105, 30326, pg. 998
SEED FACTORY MARKETING, 692 10th St NW 2nd Fl, 30318, pg. 1000
SKIVER, 11 Piedmont Ctr 7th Fl, 30305, pg. 1019
SPARKS GROVE, 3333 Piedmont Rd NE Ste 800, 30305-1811, pg. 1032
STEELE+, 2500 Northwinds Pkwy Ste 190, 30009, pg. 1045
TAILFIN, 1246 Virginia Ave NE, 30306, pg. 1071
THREE ATLANTA, 550 Pharr Rd NE, 30305, pg. 1102
TMP WORLDWIDE/ADVERTISING & COMMUNICATIONS, 47 Perimeter Ctr E Ste 350, 30346-2001, pg. 1107
TRAVEL SPIKE, LLC, 2849 Paces Ferry Rd SE, 30339, pg. 1114
TRIBE, 2100 Riveredge Pkwy Ste 125, 30328, pg. 1116
UNBOUNDARY, INC., 201 17th St NW, 30363, pg. 1126
VAN WINKLE & ASSOCIATES, 3384 Peachtree Rd Ne Ste 200, 30326, pg. 1130
VERT MOBILE, 1075 Zonolite Rd NE Ste 6, 30306, pg. 1135
VML, INC., 191 Peachtree St NE Ste 4025, 30303, pg. 1143
W INC., 1215 Hightower Trl Ste B100, 30350, pg. 1147
WC&G AD LOGIC, 6 W Druid Hills Dr NE, 30326, pg. 1154
WILLIAM MILLS AGENCY, 300 W Wieuca Rd Bldg 1 Ste 300, 30342, pg. 1168

Augusta

MASS MEDIA MARKETING, 229 Fury's Ferry Rd, 30907, pg. 691

Buford

ADVENTURE ADVERTISING LLC, 303 W Shadburn Ave Ste 100, 30518, pg. 35
MIGHTY 8TH MEDIA, LLC, 83 E Main St, 30518, pg. 739
TILLMAN, ALLEN, GREER, PO Box 1269, 30515, pg. 1104

Columbus

NAARTJIE MULTIMEDIA, 1300 6th Ave, 31901-2275, pg. 783

Cumming

CLIENT COMMAND, 410 Peachtree Pkwy Ste 4240, 30041, pg. 213

Decatur

LENZ MARKETING, 119 E Ct Sq Ste 201, 30030, pg. 620
SPAULDING COMMUNICATIONS, INC., One West Court Square, 30030, pg. 1032

Duluth

IGNITE COMMUNICATIONS, 11445 JohnsCreek Pkwy, 30097, pg. 522
LEGACY WORLDWIDE, 2775 Premiere Pkwy Ste 100, 30097, pg. 619
LUCKIE & COMPANY, 3160 Main St, 30096, pg. 656

Evans

ADMAX ADVERTISING, PO Box 1820, 30809, pg. 31

Fort Oglethorpe

VISUAL PRINT GROUP & DESIGN, 1474 Battlefield Pkwy Ste I-9, 30742, pg. 1140

Gainesville

MORTON VARDEMAN & CARLSON, 200 Broad St Ste 203, 30503, pg. 761
SOURCE OUTDOOR GROUP, 210 Washington St NW, 30501, pg. 1029

Johns Creek

THINK TANK COMMUNICATIONS, 403 Colonsay Dr, 30097, pg. 1099

Kennesaw

INDEPENDENT FLOORCOVERINGS DEALERS OF AMERICA, INC., 3104 Creekside Village Dr Nw Ste 507, 30144, pg. 530
LEAP CREATIVE INC., 1301 Shiloh Rd Ste 1140, 30144, pg. 618
REARVIEW, PO Box 440518, 30160, pg. 937

Lagrange

KELSEY ADVERTISING & DESIGN, 115 Broad St, 30240, pg. 592

Lawrenceville

ACCENT CREATIVE GROUP, 365 S Perry St, 30046, pg. 19

Lilburn

FAIRMONT PRESS, INC., 700 Indian Trail Lilburn Rd NW, 30047-3724, pg. 359

Macon

HAYNES MARKETING NETWORK, INC., 715 Jarrell Plantation Rd, 31046, pg. 489
M&R MARKETING GROUP, 331 3rd St, 31201, pg. 663
THE PARK GROUP, 153 Gateway Dr Ste A, 31210, pg. 854
THIRD WAVE DIGITAL, 1841 Hardeman Ave, 31201, pg. 1101

Marietta

ALIANDA, 1199 Soaring Ridge, 30062, pg. 45
O'NEILL COMMUNICATIONS, 1355 Terrell Mill Rd SE, 30067, pg. 839
VARGAS & AMIGOS INC., 3055 Waterfront Cir, 30062-5659, pg. 1131

Milton

THE PEDOWITZ GROUP, 810 Mayfield Rd, 30009, pg. 861
PERSUASION MARKETING & MEDIA, 13400 Providence Lake Dr, 30004, pg. 865

Norcross

ATOMIC WASH, 7 Jones St Ste B, 30071, pg. 76
HAVAS IMPACT, 2885 Pacific Dr Ste A, 30071-1807, pg. 476
RESPONSE MEDIA, INC., 3155 Medlock Bridge Rd, 30071-1423, pg. 949

Roswell

ADAMS OUTDOOR ADVERTISING, 500 Colonial Center Pkwy Ste 120, 30076-8852, pg. 26
THE CREATIVE MOMENTUM, 1801 Old Alabama Rd Ste 125, 30076, pg. 244
GOING INTERACTIVE, 912 Holcomb Bridge Rd, 30076, pg. 427
LUXURIOUS ANIMALS LLC, 2030 Shallowford Park Mnr, 30075, pg. 657
NELSON CREATIVE, 10290 Kinross Rd, 30076, pg. 788
PINDOT MEDIA, 620 Colonial Park Dr, 30075-3746, pg. 871
SIGNAL OUTDOOR ADVERTISING, 200 Mansell Court East, 30076, pg. 1012

Savannah

ROBERTSON & MARKOWITZ ADVERTISING & PR, 108 E Montgomery Crossroads, 31406, pg. 964

Smyrna

SUMMIT GROUP, 4500 Highlands Pkwy Se, 30082, pg. 1061

Stone Mountain

PURERED/FERRARA, 2196 W Park Ct, 30087, pg. 917

Suwanee

BRIGHTFIRE LLC, 1100 Satellite Blvd Nw, 30024, pg. 163

Tucker

CATMEDIA, 3776 LaVista Rd Ste 200, 30084, pg. 196
MITCHELL, LINDBERG & TAYLOR, INC., 2730 Mountain Industrial Blvd Ste 107, 30084, pg. 748
MLT CREATIVE, 2730 Mountain Industrial Blvd Ste 107, 30084, pg. 749
PURERED/FERRARA, 2038 Weems Rd, 30084, pg. 918

Woodstock

3 FEET MEDIA, 99 Weatherstone Dr, 30188, pg. 5
EXCITANT HEALTHCARE ADVERTISING, 1410 Meadowbrook Way, 30189, pg. 355
MORRIS & CASALE INC., 335 Parkway 575 Ste 310, 30188, pg. 760

HAWAII

Honolulu

CORE GROUP ONE, INC., 928 Nuuanu Ave No 100, 96817, pg. 231
HARRIS AGENCY, 2250 Kalakaua Ave Ste 313, 96815, pg. 468
HEINRICH HAWAII, 900 Fort St Mall Ste 860, 96813, pg. 493
MEDIA ETC., 2222 Kalakaua Ave Ste 701, 96815-2516, pg. 725
MVNP, 745 Fort Street Mall Ste 900, 96813, pg. 780
OLOMANA LOOMIS ISC, 900 Fort St Mall, 96813, pg. 835
SHEILA DONNELLY & ASSOCIATES, 1600 Kapiolani Blvd Ste 800, 96814, pg. 1006

AGENCIES

IDAHO

Boise

CAREW CO, 223 N 6th St Ste 50, 83702, pg. 189
CLM MARKETING & ADVERTISING, 588 W Idaho St, 83702-5928, pg. 214
DAVIESMOORE, 805 Idaho St Ste 300, 83702, pg. 263
DRAKE COOPER INC., 416 S 8th 3rd Fl, 83702-5471, pg. 319
DUFT WATTERSON, 176 S Capitol Blvd, 83702, pg. 325
MAGNUSON DESIGN, 1890 E Mortimer Dr, 83712, pg. 671
OLIVER RUSSELL, 217 S 11th St, 83702, pg. 835
PUBLICIS DIALOG BOISE, 168 N 9th St Ste 250, 83702, pg. 905
PUBLICIS DIALOG BOISE, 168 N 9th St Ste 250, 83702, pg. 913
RIZEN CREATIVE, 314 S 9th St Ste 200, 83702, pg. 961
SOVRN, 1101 W Grove St 201, 83702, pg. 1030
STOLTZ MARKETING GROUP, 101 S Capitol Blvd Ste 900, 83702, pg. 1050
TOM SCOTT COMMUNICATION SHOP, 1020 W Main St Ste 310, 83702, pg. 1108
WIRESTONE, 913 W River St Ste 200, 83702, pg. 1172

Coeur D'Alene

HANNA & ASSOCIATES INC., 1090 E Lakeshore Dr Ste 201, 83814, pg. 465

Eagle

COMMPRO LLC, 3210 E Chinden Blvd Ste 115-315, 83616, pg. 222

Nampa

PEPPERSHOCK MEDIA PRODUCTIONS, LLC., 1215 3Rd St S, 83651, pg. 862

Pocatello

STEELE & ASSOCIATES, INC., 125 N Garfield, 83204, pg. 1045

Post Falls

SIGNAL POINT MARKETING+DESIGN, 607 E 6th Ave, 83854, pg. 1013

ILLINOIS

Arlington Heights

TWEYEN INC, 171 W Wing St Ste 201, 60005, pg. 1123

Aurora

BAD MONKEY CIRCUS, 31 W Downer Pl Ste 400, 60506, pg. 83

Barrington

2.GC, INC., 335 Old Sutton Rd, 60010, pg. 5

Batavia

PEDERSEN DESIGN LLC, 121 Flinn St, 60510, pg. 861
PUREI, 12 E Wilson St, 60510, pg. 917

Blue Island

JAMES STREET ASSOCIATES, LTD., 2441 W Vermont St Ste 298, 60406, pg. 571

Burr Ridge

THE MX GROUP, 7020 High Grove Blvd, 60527-7599, pg. 781

Carbondale

ARTHUR AGENCY, 104 E Jackson S, 62901, pg. 72
SOCIALLY PRESENT, 800 E Walnut St, 62901, pg. 1026

Carol Stream

MALLOF, ABRUZINO & NASH MARKETING, 765 Kimberly Dr, 60188-9407, pg. 673
MAN MARKETING, 765 Kimberly Dr, 60188, pg. 674

Champaign

ADAMS OUTDOOR ADVERTISING, 1711 Dobbins Dr, 61821, pg. 26
MCKENZIE WAGNER INC., 1702 Interstate Dr, 61822, pg. 719

Chicago

50,000FEET, INC., 1700 W Irving Park Rd, 60657, pg. 9
88/BRAND PARTNERS, 542 S Dearborn Ste 1300, 60605, pg. 13
A. EICOFF & CO., 401 N Michigan Ave 4th Fl, 60611-4212, pg. 14
ABELSON-TAYLOR, INC., 33 W Monroe St, 60603, pg. 17
ACCUEN, 225 N Michigan Ave 21st Fl, 60602, pg. 836
ADGOOROO, 730 W Randolph, 60661, pg. 587
ADVENTIVE MARKETING, INC., 10400 S Hoyne Ave, 60643, pg. 35
AGENCYEA, 311 W Walton St, 60610, pg. 40
AILERON COMMUNICATIONS, 8 S Michigan Ave Ste 3000, 60603, pg. 41
ALL TERRAIN, 2675 W Grand Ave, 60612, pg. 45
ALLIED ADVERTISING, PUBLIC RELATIONS, 500 N Michigan Ave Ste 400, 60611, pg. 47
AMERICAN MASS MEDIA, 207 E Ohio St Ste 218, 60611, pg. 52
ARMENT DIETRICH, INC., PO Box 13013, 60613, pg. 69
AVENUE MARKETING & COMMUNICATIONS, 363 W Erie St 4th Fl E, 60654, pg. 79
BE FOUND ONLINE, 3304 N Lincoln Ave, 60657, pg. 117
BIG SHOT MARKETING, 5525 N Milwaukee Ave, 60630, pg. 129
BLACK OLIVE LLC, 125 S Wacker Dr Ste 300, 60606, pg. 132
BLISSPR, 17 N State St Ste #1700, 60602, pg. 137
BLUE FLAME THINKING, 55 W Monroe St Ste 1500, 60603, pg. 139
BRANDIMAGE DESGRIPPES & LAGA, 1918 W Walnut St, 60612, pg. 157
BRANDTRUST, 444 N Michigan Ave Fl 3100, 60611, pg. 159
THE BRAVO GROUP, 233 N Michigan Ave Ste 1600, 60601-5518, pg. 161
BURRELL, 233 N Michigan Ave, 60601, pg. 176
CAMELOT ILLINOIS, 318 W Adams St Ste 1100E, 60606, pg. 185
CARDENAS MARKETING NETWORK INC., 1459 W Hubbard St, 60642, pg. 188
CAROL FOX AND ASSOCIATES, 1412 W Belmont, 60657, pg. 190
CAROL H. WILLIAMS ADVERTISING, 444 N Michigan Ave, 60611, pg. 190
CAVALRY AGENCY, 233 N Michigan Ave, 60601, pg. 197
CIVILIAN, 444 N Michigan Ave 33rd Fl, 60611-3905, pg. 210
CLOSERLOOK, INC., 212 West Superior St Ste 300, 60654, pg. 214
COLMAN BROHAN DAVIS, 54 W Hubbard St Councourse Level E, 60654, pg. 220
COUDAL PARTNERS, 401 N Racine Ave, 60642, pg. 234
CRAMER-KRASSELT, 225 N Michigan Ave, 60601-7601, pg. 237
CREATIVE MARKETING RESOURCE, INC., 990 N Lake Shore Dr Apt 5A, 60611, pg. 243
CRESTA CREATIVE, 1050 N State St, 60610, pg. 247
CSSI CULINARY, 452 N Sangamon St, 60642, pg. 251
DAC GROUP, 444 N Michigan Ave Ste 1270, 60611, pg. 257
DALYN MILLER PUBLIC RELATIONS, LLC., 4800 N Broadway St, 60640, pg. 259
DAMEN JACKSON, 954 W Washington Blvd Ste 750, 60607, pg. 259
DAVIS HARRISON DION, INC., 333 N Michigan Ave 2300, 60601-4109, pg. 265
DDB CHICAGO, 200 E Randolph St, 60601, pg. 268

GEOGRAPHIC INDEX OF U.S.

DESIGNKITCHEN, 233 N Michigan Ave Ste 1500, 60601, pg. 293
DIGITAL KITCHEN, 600 W Fulton, Ste 401, 60661, pg. 301
DISCOVERY USA, Merchandise Mart Plz Ste 550, 60654, pg. 905
THE DISTILLERY PROJECT, 300 N Elizabeth St, 60607, pg. 304
DIXON JAMES COMMUNICATIONS, 824 W Superior 205, 60642, pg. 308
DOWNTOWN PARTNERS CHICAGO, 200 E Randolph St 34th Fl, 60601, pg. 318
EDGE MARKETING, 33 W Monroe St Ste 520, 60603, pg. 331
EG+ WORLDWIDE, 200 E Randolph St 3620, 60601, pg. 1077
ELEMENTO L2, 401 S LaSalle Ste 1501, 60605, pg. 335
ELEVATE STUDIOS, 328 S Jefferson St Ste 540, 60661, pg. 335
ENERGY BBDO, 225 N Michigan Ave, 60601, pg. 100
ENVISIONIT MEDIA, 130 E Randolph St, 60601, pg. 342
EPSILON, 233 N Michigan Ave Ste 810, 60601, pg. 344
ESCAPE POD, 400 N Peoria St, 60642, pg. 349
ESWSTORYLAB, 910 W Van Buren St, 60607, pg. 350
FATHOM COMMUNICATIONS, 200 E Randolf St Ste 3800, 60601-6436, pg. 363
FCB CHICAGO, 875 N Michigan Ave, 60611, pg. 364
FCB/RED, 875 N Michigan Ave, 60611, pg. 365
FINN PARTNERS, 625 N Michigan Ave Ste 2300, 60611, pg. 382
FLANIGAN COMMUNICATIONS INC., 54 W Hubbard St Concourse Level E, 60654, pg. 387
FLUENT360, 200 E Randolph St 38th Fl, 60601, pg. 389
THE FOOD GROUP (CHICAGO), 1140 W Fulton Market Ste 300, 60607, pg. 391
FRESH DESIGN STUDIO LLC, 29 E Madison St Ste 1620, 60602, pg. 399
FUOR DIGITAL, 444 N Wells Ste 502, 60654, pg. 403
FUSION IDEA LAB, 506 N Clark St, 60654, pg. 404
FUSION92, 440 W Ontario St, 60654, pg. 404
GAMS COMMUNICATIONS, 308 W Erie St Ste 400, 60654-3624, pg. 409
GD SQUARED, 4900 N Talman Ave Ste 1, 60625, pg. 413
GEOMETRY GLOBAL, 350 N Orleans St, 60654, pg. 415
GREAT RIVER CREATIVE, 233 S Wacker Dr 84th Fl, 60606, pg. 434
GREENTARGET STRATEGIC COMMUNICATIONS, 141 W Jackson Blvd Ste 3100, 60604, pg. 436
GRIP DESIGN, INC., 1128 N Ashland Ave, 60185, pg. 450
GSD&M CHICAGO, 200 E Randolph St Ste 4100, 60601, pg. 454
GYRO CHICAGO, 410 N Michigan Ave Ste 800, 60611, pg. 458
H+A INTERNATIONAL, INC., 70 E Lake St Ste 1220, 60601, pg. 459
HAVAS IMPACT CHICAGO, 36 E Grand Ave Stes 3 & 4, 60611, pg. 476
HAVAS LIFE METRO, 36 E Grand Ave, 60611, pg. 474
HAVAS WORLDWIDE CHICAGO, 36 E Grand Ave, 60611, pg. 488
HCB HEALTH CHICAGO, 205 N Michigan Ave Ste 2315, 60601-5923, pg. 490
HDM/ZOOMEDIA, 55 W Wacker Dr, 60601, pg. 491
HERON AGENCY, 1528 W Fullerton, 60614, pg. 497
HIGHDIVE ADVERTISING, 820 W Jackson Blvd Ste 525B, 60607, pg. 499
HYC/MERGE, 142 E Ontario St Ste 13, 60611-2818, pg. 515
I IMAGINE STUDIO, 152 W Huron St Unit 100, 60654, pg. 517
IBM IX, 400 N Michigan Ave Ste 600, 60611, pg. 517
ICF OLSON, 564 W Randolph St, 60661, pg. 518
ICIDIGITAL, 650 W Lake St 330, 60661, pg. 519
INTERSPORT INC, 303 E Wacker Dr Ste 2200, 60601, pg. 544
INVERSE MARKETING, 300 East Randolph St, 60601, pg. 546
ISOBAR, 300 E Randolph Ste 4000, 60601, pg. 550
JACK MORTON WORLDWIDE, 875 N Michigan Ave 27th Fl, 60611, pg. 568
JACOBS AGENCY, 325 W Huron St, 60654, pg. 569
JACOBS & CLEVENGER, INC., 303 E Wacker Dr, 60601, pg. 569
JB CHICAGO, 230 W Superior St Ste 300, 60654, pg. 573
J.G. SULLIVAN INTERACTIVE INC., 343 W Erie St Ste 440, 60654, pg. 649
KEITH BATES & ASSOCIATES, INC., 4319 N Lowell Ave, 60641, pg. 590

GEOGRAPHIC INDEX OF U.S. AGENCIES

KILLIAN BRANDING, 73 W Monroe St Ste B, 60603, pg. 595
KTK DESIGN, 53 W Jackson Blvd Ste 720, 60604, pg. 603
LANDOR ASSOCIATES, 233 N Michigan Ave Ste 1400, 60601, pg. 610
LAPIZ, 35 W Wacker Dr 12th Fl, 60601, pg. 622
LAUGHLIN/CONSTABLE, INC., 200 S Michigan Ave, 60604, pg. 614
LEGACY MARKETING PARTNERS, 640 N LaSalle Dr 5th Fl, 60654, pg. 619
LEO BURNETT USA, 35 W Wacker Dr, 60601-1723, pg. 622
LEO BURNETT WORLDWIDE, INC., 35 W Wacker Dr, 60601-1723, pg. 621
LEVIATHAN DESIGN, 327 N Aberdeen Ste 201, 60607, pg. 634
LIMEGREEN MOROCH, LLC, 150 N Michigan Ave Ste 1450, 60601, pg. 640
LIPMAN HEARNE, INC., 200 S Michigan Ave Ste 1600, 60604-2423, pg. 643
LKH&S, 54 W Hubbard Ste 100, 60610, pg. 647
LOSASSO INTEGRATED MARKETING, 4853 N Ravenswood Ave, 60640, pg. 652
MAC STRATEGIES GROUP, 53 W Jackson Blvd, 60604, pg. 666
MAGNANI, 200 S Michigan Ave Ste 500, 60604, pg. 670
MARC USA CHICAGO, 325 N La Salle Blvd Ste 750, 60654, pg. 677
MARCEL DIGITAL, 445 W Erie St Ste 200, 60654, pg. 678
THE MARKETING ARM, 200 E Randolph St 42nd Flr, 60601, pg. 682
MATCH MARKETING GROUP, 130 S Jefferson St 5th Fl, 60661, pg. 693
MATRIX PARTNERS LTD., 566 W Adams St Ste 720, 60661, pg. 693
MAXX MARKETING, 222 W Merchandise Mart Plz Ste 250, 60654, pg. 696
MCGARRYBOWEN, 515 N State St 29th Fl, 60654, pg. 718
MEYERS + PARTNERS, 833 W Jackson Blvd Ste 600, 60607, pg. 736
MICHAEL WALTERS ADVERTISING, 444 N Wabash Ste 4W, 60030, pg. 738
MILLER LEGAL SERVICES, 2442 N Lincoln Ave, 60614, pg. 742
MKTG INC., 343 W Erie St Ste 520, 60654, pg. 749
MOBIUM INTEGRATED BRANDING, 200 S Michigan Ave, 60604, pg. 752
MOMENTUM, 444 N Michigan Ave Ste 1700, 60611, pg. 755
THE MONOGRAM GROUP, 4001 N Ravenswood Ave Ste 501, 60613, pg. 756
MOVEO, 190 S La Salle St Ste 2010, 60603, pg. 764
MSI, 233 N Michigan Ave Ste 3000, 60601, pg. 769
MSTONER, INC., 4809 N Ravenswood Ave Ste 415, 60640, pg. 770
NAS RECRUITMENT COMMUNICATIONS, 101 E Erie St, 60611, pg. 785
NO LIMIT AGENCY, 1 Prudential Plaza 130 E Randolph St, 60601, pg. 795
NORTHCUTT CONSULTING GROUP, LLC., 5106 N Lincoln Ave 2S, 60625, pg. 799
NORTHERN LIGHTS DIRECT, 314 West Superior St, 60654, pg. 799
NORTON NORRIS, 55 E Jackson Blvd Ste 950, 60604-4800, pg. 800
NORTON RUBBLE & MERTZ ADVERTISING, 549 W Randolph St, 60661, pg. 800
OGILVY, 350 W Mart Ctr Dr Ste 1100, 60654-1866, pg. 811
OGILVYONE WORLDWIDE, 350 W Mart Ctr Dr Ste 1100, 60654-1866, pg. 812
O'KEEFE REINHARD & PAUL, 328 S Jefferson St Ste 850, 60661, pg. 834
ONION LABS, 730 N Franklin Ave Ste 700, 60654, pg. 840
ORBIT MEDIA STUDIOS, 4043 N Ravenswood Ave Ste 316, 60613, pg. 844
OTHERWISE INC, 900 N Western Ave, 60622, pg. 845
OUTCOLD LLC, 2848 W Chicago Ave Unit B, 60622, pg. 846
OUTLOOK MARKETING SERVICES, INC., 221 N La Salle St Ste 635, 60601, pg. 846
PACO COMMUNICATIONS, INC, 400 S Green St, 60607, pg. 849
PEOPLESCOUT, 860 W Evergreen, 60642, pg. 862
PLAN B (THE AGENCY ALTERNATIVE), 116 W Illinois St 2W, 60654, pg. 876
POINT B COMMUNICATIONS, 600 W Fulton St Ste 710, 60661, pg. 880
PROXIMITY CHICAGO, 410 N Michigan Ave, 60611, pg. 895
PUBLIC COMMUNICATIONS, INC., 1 E Wacker Dr Ste 2400, 60601, pg. 896
PUBLICIS EXPERIENCES, 35 W Wacker Dr 14th Fl, 60601, pg. 896
PUROHIT NAVIGATION, 233 S Wacker Dr Ste 6220, 60606, pg. 918
PURPLE GROUP, 2845 N. Kedzie Ave., 60618, pg. 918
QUEUE CREATIVE MARKETING GROUP LLC, 820 W Jackson, 60607, pg. 923
R/GA, 217 N Jefferson 5th Fl, 60661, pg. 926
RADAR STUDIOS, 401 W Ontario St Ste 300, 60654, pg. 928
RALSTON & ANTHONY ADVERTISING, 875 N Michigan Ave, 60611, pg. 930
REMEDY, 121 W Wacker Dr Ste 2250, 60601, pg. 946
REPUTATION PARTNERS LLC, 30 West Monroe St, 60603, pg. 948
RESOLUTION MEDIA, 225 N Michigan Ave, 60601, pg. 948
REVOLUTION MARKETING, LLC, 600 W Chicago Ave Ste 220, 60654, pg. 953
RISE INTERACTIVE, 1 S Wacker Dr Ste 300, 60606, pg. 960
R.J. DALE ADVERTISING & PUBLIC RELATIONS, 211 E Ontario St Ste 200, 60611, pg. 961
RPM ADVERTISING, 222 S Morgan St, 60607, pg. 971
SAATCHI & SAATCHI X, 222 Merchandise Mart Plz, 60654, pg. 976
SANDBOX CHICAGO, 1 E Wacker Dr 32nd Fl, 60601-2002, pg. 989
SAPIENT CHICAGO, 30 W Monroe 12th Fl, 60603, pg. 914
SCHAFER CONDON CARTER, 1029 W Madison, 60607, pg. 995
SCOTT PHILLIPS & ASSOCIATES, 101 W Grand Ave Ste 405, 60610, pg. 998
SHERMAN COMMUNICATIONS & MARKETING, 200 E Randolph, 60601, pg. 1007
THE SIMONS GROUP, 303 E Wacker Dr #1109, 60601, pg. 1015
SIMPLE TRUTH COMMUNICATION PARTNERS, 314 W Superior St Ste 300, 60654, pg. 1015
SLACK AND COMPANY, 233 N Michigan Ave Ste 3050, 60601, pg. 1020
SOCIALDEVIANT, 1143 W Rundell Pl Ste 201, 60607, pg. 1026
SOUTHWARD & ASSOCIATES, INC., 10 S Riverside Plz Ste 1950, 60606-3801, pg. 1030
SPARKFACTOR, 1644 N Honore St Ste 200, 60622, pg. 1031
SRW, 220 N Green St, 60607, pg. 1039
SUPER GENIUS LLC, 343 WEst Erie St Ste 520, 60654, pg. 1062
SYMMETRI MARKETING GROUP, LLC, 625 N Michigan, 60611, pg. 1067
TBWAWORLDHEALTH, 225 N Michigan Ave, 60601, pg. 1077
TELL YOUR STORY, 20 N Wacker Dr Ste 3330, 60606, pg. 1096
TIMEZONEONE, 65 E Wacker Pl, 60601, pg. 1104
TMP WORLDWIDE/ADVERTISING & COMMUNICATIONS, 205 N MICHIGAN AVE, 60601, pg. 1107
TOM, DICK & HARRY CREATIVE, 350 W Erie 2nd Fl, 60654, pg. 1108
TORQUE, 167 N Racine, 60607, pg. 1110
TRUNGALE EGAN + ASSOCIATES, 8 S Michigan Ave Ste 2310, 60603, pg. 1120
TWO BY FOUR, 10 N Dearborn St Ste 1000, 60602, pg. 1124
UPSHIFT CREATIVE GROUP, 730 N Franklin St Ste 500, 60654, pg. 1128
UPSHOT, 350 N Orleans St 5th Fl, 60654, pg. 1128
VIBES MEDIA, 300 W Adams St 7th Fl, 60606-5101, pg. 1136
VML, 233 N Michigan Ave Ste 1600, 60601, pg. 1145
VSA PARTNERS, INC., 600 W Chicago Ave, 60654, pg. 1146
WE ARE UNLIMITED, 225 N Michigan Ave Fl 21, 60601-6515, pg. 1155
THE WEINSTEIN ORGANIZATION, INC., 1 S Wacker Dr Ste 1670, 60606-4670, pg. 1157
THE WELL ADVERTISING, 230 W Superior St Ste 300, 60654, pg. 1158
WINGER MARKETING, 180 W Washington Ste 700, 60602, pg. 1170
WIRESTONE, LLC, 225 W Illinois Ste 400, 60654, pg. 1172
WUNDERMAN, 233 N Michigan Ave Ste 1500, 60601-5519, pg. 1188
WUNDERMAN INTERACTIVE, 233 N Michigan Ave Ste 1500, 60601-5519, pg. 1188
YES MARKETING, 200 W Adams St Ste 1400, 60606, pg. 1196
YOUNG & RUBICAM MIDWEST, 233 N Michigan Ave 16th Fl, 60601-5519, pg. 1199
ZOCALO GROUP LLC, 225 N Michigan, 60601, pg. 248
ZOOM ADVERTISING, 820 W Jackson Blvd, 60607, pg. 1215

Crystal Lake

THE MEDIA CENTER, 735 McArdle Dr Ste F, 60014, pg. 725

Danville

DAN PIPKIN ADVERTISING AGENCY, INC., 429 N Walnut St, 61832, pg. 259

Decatur

JONES & THOMAS, INC., 363 S. Main St, 62523, pg. 581

Deer Park

MARKETING ALTERNATIVES, INC., 21925 Field Pkwy Ste 200, 60010-7208, pg. 681

Deerfield Beach

BRAND TANGO INC., 426 S Military Trl, 33442, pg. 155

Des Plaines

THE DRUCKER GROUP, 2800 S River Rd, 60018, pg. 322

Downers Grove

DAS GROUP, 1501 Ogden Ave, 60515, pg. 260
STRAIGHT NORTH, 211 W Upper Wacker Dr, 60606, pg. 1052
ZIMMERMAN ADVERTISING, 1411 Opus Pl Ste 220, 60515, pg. 1213

East Dundee

ZELLER MARKETING & DESIGN, 322 N River St, 60118, pg. 1211

Elgin

DEMI & COOPER ADVERTISING, 18 Villa Ct, 60120, pg. 288
PMS ADVERTISING, INC., 1814 Grandstand Pl Ste 5, 60123, pg. 879

Elmhurst

FOODMIX MARKETING COMMUNICATIONS, 103 W Arthur St, 60126, pg. 391
MADDOCK DOUGLAS, INC., 111 Adell Pl, 60126, pg. 668

Evanston

BLUE DIMENSION, 2906 Central St Ste 135, 60201, pg. 139
BURNS ENTERTAINMENT & SPORTS MARKETING, 820 Davis St Ste 222, 60201, pg. 175
GLANTZ DESIGN INC, 1840 Oak Ave, 60201, pg. 421
LEAPFROG ONLINE, 807 Greenwood St, 60201, pg. 618
SIMON GROUP MARKETING COMMUNICATIONS, INC., 2121A Dewey Ave, 60201, pg. 1015
SPONGE, LLC, 2519 Orrington Ave, 60201, pg. 1035
THE UNGAR GROUP, 2800 Grant, 60201, pg. 1126

Freeburg

BOXING CLEVER, PO Box 209, 62243, pg. 150

AGENCIES

GEOGRAPHIC INDEX OF U.S.

Geneva
DORN MARKETING, 34 N Bennett St, 60134, pg. 317

Gilberts
GILMORE MARKETING CONCEPTS, INC., 142 Glenbrook Cir, 60136, pg. 420

Glen Ellyn
CUBICLE NINJAS, 800 Roosevelt Rd D 115, 60137, pg. 252

Glenview
10TWELVE, 1872 Johns Dr, 60025, pg. 1

Highland Park
JAYNE AGENCY, PO Box 556, 60035, pg. 573

Highwood
STREET LEVEL STUDIO, 250 Waukegan Ave, 60040, pg. 1054

Hoffman Estates
CDK GLOBAL, LLC, 1950 Hassell Rd, 60169, pg. 198

Inverness
GODA ADVERTISING, 1603 Colonial Pkwy, 60067, pg. 426

Itasca
EPSILON, 1 Pierce Pl Ste 550W, 60143, pg. 345
SOURCELINK, 500 Pk Blvd Ste 415, 60143, pg. 1030
SUMMIT GROUP, 960 Maplewood Dr, 60143, pg. 1061

La Grange
BOOMM! MARKETING & COMMUNICATIONS, 17 N Catherine Ave, 60525, pg. 146
SPM MARKETING & COMMUNICATIONS, 15 W Harris Ave Ste 300, 60525-2498, pg. 1035

Lake Forest
SWIFT SMART SOLUTIONS, 717 N Forest Ave 200N, 60045, pg. 1066

Libertyville
BEE-LINE COMMUNICATIONS, 100 East Cook Avenue, 60048, pg. 120

Lincolnwood
LUCI CREATIVE, 6900 N Central Park Ave, 60712, pg. 655

Lisle
MILLWARD BROWN, 3333 Warrenville Rd Ste 400, 60532, pg. 744
MILLWARD BROWN INC., 3333 Warrenville Rd, 60532, pg. 742

Lombard
KEN SLAUF & ASSOCIATES, INC., 1 N Main St, 60148, pg. 592
STEVENS & TATE MARKETING, 1900 S Highland Ave Ste 200, 60148, pg. 1048

Moline
HANSON WATSON ASSOCIATES, 1411 15th St, 61265, pg. 466
LATIN CONNECTION, 1411 15th St, 61265, pg. 466
PEAR ADVERTISING, 108 27th Ave E, 61244, pg. 861

Montgomery
HAMILTON & BOND ADVERTISING INC., 3003 Foxmoor Dr, 60538-4091, pg. 464

Morton Grove
CLEVERBIRD CREATIVE INC, 6157 Mayfair St, 60053, pg. 213
INTEGRATED MERCHANDISING SYSTEMS, 8338 Austin Ave, 60053-3209, pg. 306

Mount Prospect
TONIC BLUE COMMUNICATIONS, 200 E Evergreen Ave, 60056, pg. 1109

Mundelein
GREENMARK PUBLIC RELATIONS, 1200 Darnell Dr Ste L, 60060-1084, pg. 436

Naperville
DEALER INSPIRE, 1864 High Grove Ln Ste 100, 60540, pg. 283
GLIMMER, INC., 9 S Columbia St, 60540, pg. 422
MACLYN GROUP, 1573 Naperville/Wheaton Rd, 60563, pg. 667
PAUL GREGORY MEDIA, 200 E 5th Ave Ste 105, 60563, pg. 858
RHEA + KAISER, 400 E Diehl Rd, 60563, pg. 954
YOUTECH & ASSOCIATES, 1730 Park St, 60563, pg. 1209

Niles
CELTIC MARKETING, INC., 6311 W Gross Point Rd, 60714, pg. 199

Northbrook
BLUE CHIP MARKETING WORLDWIDE, 650 Dundee Rd Ste 250, 60062, pg. 138
ILAN GEVA & FRIENDS, 2252 Washington Dr, 60062, pg. 523

Northfield
MILLER ADVERTISING AGENCY INC.-CHICAGO, 1 Northfield Plz Ste 300, 60093-1214, pg. 741

Oak Brook
TEAM ONE USA, 1 Tower Ste 3120 Oak Brook Cerrace, 60181, pg. 1095

Oak Park
SHAKER RECRUITMENT ADVERTISING & COMMUNICATIONS, INC., The Shaker Bldg 1100 Lk St, 60301, pg. 1005
SKY ADVERTISING-CHICAGO, 159 N Marion St Ste 292, 60301-1032, pg. 1019

Oakbrook Terrace
DAVID JAMES GROUP, 1 Trans Am Plz Dr Ste 300, 60181, pg. 262

Orland Park
ESROCK PARTNERS, 14550 S 94th Ave, 60462-2652, pg. 349
JOHNSON MARKETING GROUP INC., 15255 S 94Th Ave Ste 500, 60462, pg. 580

Oswego
ROMADS, 712 Keene Ave, 60543, pg. 966

Palatine
AISLE ROCKET STUDIOS, 220 N Smith St Ste 310, 60067-2448, pg. 42
BERNARD & COMPANY, 1540 E Dundee Rd Ste 250, 60074-8320, pg. 124
INTEGRAPHIX, INC., 305 N Eric Dr Ste E, 60067, pg. 536
THE PEPPER GROUP, 220 N Smith St Ste 406, 60067, pg. 862

Park Ridge
ROBERT J. BERNS ADVERTISING LTD., 920 S Seminary Ave, 60068, pg. 963

Pekin
MCDANIELS MARKETING COMMUNICATIONS, 11 Olt Ave, 61554, pg. 715

Peoria
ADAMS OUTDOOR ADVERTISING, 911 SW Adams St, 61602, pg. 26
CONVERSE MARKETING, 1125 Main St, 61606, pg. 229
HULT MARKETING, 619 SW Water Street, 61605-5123, pg. 513
KELLY & COMPANY, 3100 N Knoxville Ave Ste 213, 61603, pg. 592
SIMANTEL, 321 SW Water St, 61602, pg. 1014

Peru
MCS ADVERTISING, 4110 Progress Blvd Ste 1c, 61354, pg. 720

Pt Barrington
ROCKETCREATIVE, 762 Brighton Cir, 60010, pg. 965

Quincy
RETHINK MEDIA GROUP, 729 Monroe St, 62301, pg. 951

Rockford
BLAIR, INC., 6085 Strathmoor Dr, 61107, pg. 133
CAIN & COMPANY, 685 Featherstone Rd, 61107-6304, pg. 182
GINESTRA WATSON, 907 E State St, 61104, pg. 420
HEINZEROTH MARKETING GROUP, 415 Y Blvd, 61107-3059, pg. 493
KMK MEDIA GROUP, 716 N Church St, 61103, pg. 599
NADI LLC, 406 E State St, 61104, pg. 783
QUIET LIGHT COMMUNICATIONS, 220 E State St, 61104, pg. 923
V2 MARKETING COMMUNICATIONS, 220 E State St Ste G, 61104, pg. 1130

Rockton
FORTYTWOEIGHTYNINE, 12533 Wagon Wheel Rd, 61072, pg. 393

Rolling Meadows
LOCAL MARKETING SOLUTIONS GROUP, INC., 1600 Golf Rd Ste 1200, 60008, pg. 649

Roselle
BVK-CHICAGO, 385 Ambleside Dr, 60172, pg. 179

Saint Charles
EVOKE IDEA GROUP, INC., 902 S Randall Rd Ste 336C, 60174, pg. 354
JAMES & THOMAS, INC., 6N397 Corron Rd Ste 100, 60175-8420, pg. 571
MARTOPIA, INC., 3805 E Main St, 60174, pg. 689
STRENG AGENCY, 244 W River Dr, 60174, pg. 1055

Schaumburg
KDR MEDIA GROUP, 1051 Perimeter Dr Ste, 1150, 60173, pg. 589
PINNACLE ADVERTISING, 1435 Plum Grove Rd, 60173,

GEOGRAPHIC INDEX OF U.S. AGENCIES

pg. 872

Springfield

HIP ADVERTISING, 2809 Mansion Rd Ste A, 62711, pg. 501
WC MEDIA INC., 1824 S MacArthur Blvd, 62704, pg. 1154

Sycamore

MORNINGSTAR MEDIA GROUP, 240 Edward St, 60178, pg. 758

Wadsworth

AL STARK'S A&M, 2620 N Augusta Dr, 60083, pg. 43

West Chicago

ASPEN MARKETING SERVICES, 1240 N Ave, 60185, pg. 344

Wheaton

TARGET + RESPONSE INC., 1751 S Naperville Rd Ste 208, 60189, pg. 1073

Wilmette

QUALLY & COMPANY, INC., 1187 Wilmette Ave, Ste 160, 60091-2719, pg. 921

Winnetka

THE SAN JOSE GROUP, 320 Woodley Rd, 60093, pg. 989

Woodridge

ROME & COMPANY, 7325 Janes Ave Ste 100, 60517, pg. 966

Worth

RIZK ADVERTISING, 11410 S Harlem Ave, 60482, pg. 961

INDIANA

Carmel

ARLAND COMMUNICATIONS INC., 600 East Carmel Drive, 46032, pg. 69
QUINLAN MARKETING COMMUNICATIONS, 704 Adams St Ste A, 46032, pg. 924

Elkhart

ADIRONDACK MARKETING SERVICES, LLC, PO Box 1175, 46515, pg. 30
TAIGMARKS INC., 223 S Main St Ste 100, 46516, pg. 1071
TODD ALLEN DESIGN, 2812 Warren St, 46516, pg. 1108

Evansville

B&Y MAGNETIC, 401 E Indiana, 47711, pg. 150
GRAY LOON MARKETING GROUP, INC., 300 SE Riverside Dr Ste 200, 47713, pg. 433
GRIN, 225 Court St, 47708, pg. 450
KITCH & SCHREIBER, INC., 402 Court St, 47708-1130, pg. 597
LIONFISH ADVERTISING, 4847 E Virginia St Ste D, 47715, pg. 643

Fishers

BUCKAROO MARKETING, 8380 Shoe Overlook Dr, 46038, pg. 171
DGS MARKETING ENGINEERS, 10100 Lantern Rd Ste 225, 46037, pg. 297
MEDIAFUEL, 12574 Promise Creek Ln Ste 138, 46038, pg. 728
PARADIGM MEDIA CONSULTANTS, INC., PO Box 6213, 46038, pg. 853

Fort Wayne

ASHER AGENCY, INC., 535 W Wayne St, 46802-2123, pg. 73
BOYDEN & YOUNGBLUTT ADVERTISING & MARKETING, 120 W Superior St, 46802, pg. 150
BRAND INNOVATION GROUP, 8902 Airport Dr Ste A, 46809, pg. 155
CATALYST MARKETING DESIGN, 624 W Wayne St, 46802, pg. 195
COMCAST SPOTLIGHT, 7221 Engle Rd Ste 115, 46804, pg. 221
EMLEY DESIGN GROUP, 8010 Illinois Rd, 46804, pg. 339
FERGUSON ADVERTISING INC., 347 West Berry, 46802, pg. 378
LABOV ADVERTISING, MARKETING AND TRAINING, 609 E Cook Rd, 46825, pg. 606
MARKETSHARE PLUS, INC., 12730 Coldwater Rd Ste 102, 46845, pg. 685
PATTERSON RIEGEL ADVERTISING, 200 E Main St Ste 710, 46802, pg. 858

Goshen

ADVENT DESIGN LLC, 20102 County Road 20, 46528, pg. 34

Haubstadt

MARKETING & MEDIA SOLUTIONS, INC., 304 E Gibson St, 47639, pg. 682

Indianapolis

360 GROUP, 301 W Michigan St Ste A, 46202, pg. 6
5METACOM, 10401 N Meridian St Ste 100, 46290, pg. 10
ACCESSPOINT, 3925 River Crossing Pkwy Ste 60, 46240, pg. 155
AXIOMPORT, 1125 Brookside Ave Ste B35, 46202, pg. 81
BANDY CARROLL HELLIGE ADVERTISING, 101 W Ohio St Ste 800, 46204, pg. 87
BELTRAME LEFFLER ADVERTISING, 708 Massachusetts Ave, 46204, pg. 122
BORSHOFF, 47 S Pennsylvania St Ste 500, 46204, pg. 148
BOSE PUBLIC AFFAIRS GROUP, 111 Monument Cir Ste 2700, 46204, pg. 148
BRADLEY & MONTGOMERY ADVERTISING, 1 Monument Circle Fl 2, 46204, pg. 152
CABELLO ASSOCIATES, 8340 Little Eagle Ct, 46234, pg. 181
CALDWELL VANRIPER, 111 Monument Cir, 46204, pg. 182
CMG WORLDWIDE, 10500 Crosspoint Blvd, 46256-3331, pg. 215
CREATIVE DIRECTION, INC., 4911 S Missouri St, 46217, pg. 241
THE FLATLAND, 614 Massachusetts Ave Ste D, 46204, pg. 387
GLYPH INTERFACE, 5216 Central Ave, 46220, pg. 424
HIRONS & COMPANY, 422 E New York St, 46202, pg. 502
J. WALTER THOMPSON U.S.A., INC., 10401 N Meridian St Ste 216, 46290-1090, pg. 567
KH COMPLETE ADVERTISING, 10073 Hague Rd, 46256, pg. 594
MATCHBOOK CREATIVE, 1317 N Pennsylvania St, 46202, pg. 693
MORTENSON SAFAR KIM, 6334 E Westfield Blvd, 46220, pg. 761
NVS DESIGN INC., 8888 Keystone Crossing Ste 1300, 46220, pg. 803
OCTANE VTM, 3650 Washington Blvd, 46205, pg. 808
PERQ LLC, 7225 Georgetown Rd, 46268, pg. 865
PIVOT MARKETING, 646 Virginia Ave, 46203, pg. 874
PUBLICIS INDIANAPOLIS, 200 S Meridian St Ste 500, 46225-1076, pg. 913
PUBLICIS INDIANAPOLIS, 200 S Meridian St Ste 500, 46225-1076, pg. 905
ROUNDPEG, 1003 E 106th St, 46280, pg. 969
TRENDYMINDS INC, 531 East Market St, 46204, pg. 1115
WELL DONE MARKETING, 1043 Virginia Ave, 46203, pg. 1158
WILLIAMS RANDALL MARKETING, 21 Virginia Ave Ste 400, 46204, pg. 1169
WILLOW MARKETING, 3590 N Meridian Ste 200, 46208, pg. 1170
XIIK, 107 South Pennsylvania St, 46204, pg. 1194
YOUNG & LARAMORE, 407 Fulton St, 46202, pg. 1196
Z MARKETING PARTNERS, 3905 Vincennes Rd Ste 103, 46268, pg. 1209

Jeffersonvlle

MEDIAURA INC, 360 Spring St, 47130, pg. 728

Lafayette

BETTER MERCHANTS INC., 1100 N 9th St Ste 203, 47904, pg. 125
TREEFROG MARKETING AND COMMUNICATIONS, 302 Ferry St Ste 200, 47901, pg. 1114

Merrillville

VIA MARKETING, INC., 2646 W Lincoln Hwy, 46410, pg. 1136

Mishawaka

PATHFINDERS ADVERTISING & MARKETING GROUP, 1250 Park Pl, 46545, pg. 857
STUDIO A ADVERTISING, 203 N Main St, 46544-1410, pg. 1056

New Albany

PROMEDIA GROUP, 4106 Reas Ln, 47150, pg. 893
TMP WORLDWIDE/ADVERTISING & COMMUNICATIONS, 115 E Spring St Ste 600, 47150, pg. 1107

Newburgh

WELLNESS COMMUNICATIONS, 2857 Hannah Ct, 47630, pg. 1158

Porter

SIGNATURE GRAPHICS, 1000 Signature Dr, 46304, pg. 307

South Bend

FORCE 5 MEDIA, INC., 1433 Northside Blvd, 46615, pg. 392
J.G. SULLIVAN INTERACTIVE, INC., 6101 Nimtz Pkwy, 46628-6111, pg. 575
VILLING & COMPANY, INC., 5909 Nimtz Pkwy, 46628, pg. 1137

Trafalgar

NEW RULES ADVERTISING, 3956 W Poplar Point Ct, 46181, pg. 792

Valparaiso

THE BARBAULD AGENCY, PO Box 367, 46384, pg. 88
GROUP 7EVEN, 2305 Roosevelt Rd, 46383, pg. 451

Warsaw

TSA COMMUNICATIONS, INC., 307 S Buffalo St, 46580-4304, pg. 1121

West Lafayette

DEARING GROUP, 1330 Win Hentschel Blvd Ste 130, 47906, pg. 284

Westfield

MARCOSOLO DESIGN, 17226 Tilbury Way, 46074, pg. 678

Zionsville

AGENCIES

BODKIN ASSOCIATES, INC., PO Box 12, 46077, pg. 143
MILLER BROOKS, 11712 N Michigan St, 46077, pg. 742

IOWA

Bettendorf

BRAND CENTRAL STATION, 5012 State St, 52722, pg. 154

Cedar Falls

AMPERAGE, 6711 Chancellor Dr, 50613-6969, pg. 53
MUDD ADVERTISING, 915 Technology Pkwy, 50613, pg. 770

Cedar Rapids

FUSIONFARM, 500 3rd Ave SE, 52401, pg. 404
J.W. MORTON & ASSOCIATES, 1924 Saint Andrews Ct NE, 52402-5889, pg. 586
STAMATS, 615 5th St SE, 52406-1888, pg. 1042

Davenport

L.W. RAMSEY ADVERTISING AGENCY, PO Box 2561, 52809, pg. 657

Denison

BLUESPACE CREATIVE, 1205 Broadway, 51442, pg. 141

Des Moines

ADAPTIVE EASEL LLC, 1620 Pleasant St, 50314, pg. 27
B2E DIRECT MARKETING, 307 E Court Ave Unit 103, 50309, pg. 82
FLYNN WRIGHT, 1408 Locust St, 50309-3014, pg. 390
FROEHLICH COMMUNICATIONS, INC, 309 Ct Ave Ste 234, 50309, pg. 399
HAPPY MEDIUM, 1717 Ingersoll Ave Ste 117, 50309, pg. 467
JUICEBOX INTERACTIVE, 516 3rd St Ste 202, 50309, pg. 584
LESSING-FLYNN ADVERTISING CO., 220 Se 6Th St Ste 210, 50309, pg. 633
RED DOT DESIGN, LLC, 112 5th St W, 50265, pg. 939
SATURDAY MFG INC., 1717 Ingersoll Ave Bay 121, 50309, pg. 992
TRILIX MARKETING GROUP, INC., 615 3rd St Ste 300, 50309, pg. 1117
TWO RIVERS MARKETING, 106 E 6th St, 50309, pg. 1124
ZLRIGNITION, 303 Watson Powell Jr Way Ste 100, 50309-1724, pg. 1214

Dubuque

PLAID SWAN, PO Box 1623, 52004, pg. 875

Edgewood

WILD CONSORT, INC., 34557 Hawk Ave, 52042, pg. 1167

Fairfield

HAWTHORNE DIRECT INC., 2280 W Tyler St Ste 200, 52556, pg. 489

Hiawatha

NORTH FORTY, 1501 Boyson Sq Dr Ste 201, 52233, pg. 798

Le Claire

MINDFIRE COMMUNICATIONS INC, 102 N Cody Rd, 52753, pg. 744

Lisbon

WILLIAMS MEDIA GROUP, PO Box 85, 52253, pg. 1169

Sioux City

ANTIDOTE 71, 600 4Th St Ste 227, 51101, pg. 62
BASS ADVERTISING, 815 Nebraska St, 51101-1111, pg. 95

Urbandale

MCLELLAN MARKETING GROUP, 2330 Rocklyn Dr, 50322, pg. 720

Waterloo

HELLMAN, 1225 W 4th St, 50702, pg. 494
MORGAN & MYERS, INC., 1005 Stratford Ave, 50701-1952, pg. 758

West Des Moines

AMPLIMARK LLC, 1200 Valley West Dr Ste 706, 50266, pg. 54
THE MEYOCKS GROUP, 6800 Lake Dr Ste 150, 50266-2544, pg. 736
PERFORMANCE MARKETING, 1501 42nd St Ste 550, 50266, pg. 864
STRATEGIC AMERICA, 6600 Westown Pkwy Ste 100, 50266-7708, pg. 1052

KANSAS

Eastborough

MEDIA PARTNERS, INC., 15 E Douglas Ave, 67207, pg. 727

Haysville

ARMSTRONG CHAMBERLIN, 7450 S Seneca, 67060, pg. 69

Kansas City

THE HART AGENCY, INC., 13310 Leavenworth Rd, 66109, pg. 470

Lawrence

CALLAHAN CREEK, INC., 805 New Hampshire St, 66044-2739, pg. 183

Leawood

JENNINGS SOCIAL MEDIA MARKETING, 5251 W. 116th St., Ste. 200, 66221, pg. 575
MULLER BRESSLER BROWN, 11610 Ash St Ste 200, 66211, pg. 778
PULSE MARKETING & ADVERTISING LLC, 3344 W 143rd Terr, 66224, pg. 916

Lenexa

KEYPATH EDUCATION, 15500 W 113 Ste #200, 66219, pg. 593
KUHN & ASSOCIATES, 10901 W 84th Terr Ste 240, 66214, pg. 604
SUMMIT MARKETING, 10916 Strang Line Rd, 66215, pg. 1061

Manhattan

NEW BOSTON CREATIVE GROUP, 315 Houston St Ste E, 66502, pg. 791

Mission

ETC ADVERTISING & PROMOTIONS LLC, 6005 Martway Street, 66202, pg. 351
WALZ TETRICK ADVERTISING, 6299 Nall Ave Ste 300, 66202-3547, pg. 1151

Overland Park

BRAINSTORM MEDIA, 7111 W 151st St Ste 311, 66223, pg. 153
C3 - CREATIVE CONSUMER CONCEPTS, 10955 Granada Ln, 66211, pg. 181
THE FRANK AGENCY INC, 10561 Barkley St Ste 200, 66212, pg. 395
INTOUCH SOLUTIONS, 7045 College Blvd Ste 300, 66211, pg. 544
JNA ADVERTISING, 7101 College Blvd Ste 120, 66210, pg. 577
RHYCOM STRATEGIC ADVERTISING, Corporate Woods, Bldg 27, 66210, pg. 954
STEPHENS & ASSOCIATES ADVERTISING, INC., 14720 Metcalf Ave, 66223, pg. 1047

Prairie Village

IMPRESTIGE MEDIA MARKETING, 4402 W 95th St, 66207, pg. 528

Shawnee

PILCHER CREATIVE AGENCY, 8704 W 49th St, 66203, pg. 871

Topeka

JONES HUYETT PARTNERS, 3200 SW Huntoon St, 66604-1606, pg. 582
MB PILAND ADVERTISING & MARKETING LLC, 3127 Southwest Huntoon, 66604, pg. 696

Wamego

IMAGEMAKERS INC., 514 Lincoln Ave, 66547, pg. 524

Wichita

ASSOCIATED INTEGRATED MARKETING, 300 N Mead St Ste 104, 67202, pg. 74
BASELINE CREATIVE, 110 N Hillside Ave, 67214, pg. 95
BIG CORNER CREATIVE, 9501 W Kellogg Dr, 67209, pg. 128
COHLMIA MARKETING, 535 W Douglas Ste 170, 67213, pg. 217
COPP MEDIA SERVICES INC, 322 S Mosley Ste 15, 67202, pg. 231
GRETEMAN GROUP, 1425 E Douglas 2nd Fl, 67211, pg. 437
HOWERTON+WHITE, 520 E Douglas, 67202, pg. 510
JAJO, INC., 131 N Rock Island St, 67202, pg. 570
NYE & ASSOCIATES, 428 Pattie, 67211, pg. 803
RESULTS DIRECT MARKETING, 555 N Woodlawn Ste 300, 67208-3683, pg. 950
SQUID INK CREATIVE, 200 W Douglas Ave Ste 230, 67202, pg. 1038
SULLIVAN HIGDON & SINK INCORPORATED, 255 N Mead St, 67202-2707, pg. 1059

KENTUCKY

Crestview Hills

SEED STRATEGY, INC., 740 Ctr View Blvd, 41017, pg. 1000

Erlanger

EISEN MANAGEMENT GROUP, 3809 Gregory Ln, 41018, pg. 333

Fisherville

LKH&S LOUISVILLE, 4907 Dunbarvalley Rd, 40023, pg. 647

Lexington

AD-SUCCESS MARKETING, 868 Calypso Breeze Dr, 40515, pg. 24
ADCOLOR, INC, 620 Adcolor Dr, 40511, pg. 28
ASHER AGENCY, INC., 4101 Tates Creek Ctr Rd Ste 150, 40517-3096, pg. 74
BAKER COMMUNICATIONS ADVERTISING/MARKETING/PUBLIC RELATIONS,

GEOGRAPHIC INDEX OF U.S. AGENCIES

3628 Antilles Dr, 40509, pg. 85
BRAND ADVERTISING GROUP, 128 E Reynolds Rd Ste 200, 40517, pg. 153
CONNECTIONS ADVERTISING & MARKETING, 148 Jefferson St Ste B, 40508, pg. 227
CORNETT INTEGRATED MARKETING SOLUTIONS, 249 E Main St, 40507, pg. 232
ETERNITY COMMUNICATIONS, INC., 467 W Second St, 40507, pg. 351
SERIF GROUP, 2309 Old Keene Pl, 40515, pg. 1003
TRIFECTA, 149 Jefferson St, 40508, pg. 1117

Louisville

BANDY CARROLL HELLIGE ADVERTISING, 307 W Muhammad Ali Blvd, 40202, pg. 87
BISIG IMPACT GROUP, 640 S 4th St Ste 300, 40202, pg. 132
CLIX MARKETING, 1619 Dunbarton Wynde, 40205, pg. 214
CURRENT360, 1324 E Washington St, 40206-1759, pg. 255
DAC GROUP, 401 S 4Th St Ste 1910, 40202, pg. 257
THE DELOR GROUP, 902 Flat Rock Rd, 40245, pg. 288
DOE-ANDERSON, 620 W Main St, 40202-2933, pg. 312
FIELDTRIP, 642 S 4th St Ste 400, 40202, pg. 379
GO FETCH MARKETING & DESIGN, 7613 Ashleywood Dr, 40241, pg. 425
HATFIELD MEDIA, 12450 Lake Station Pl, 40299, pg. 472
KYK ADVERTISING MARKETING PROMOTIONS, 2600 Constant Comment Pl, 40299, pg. 605
MCCAFFERTY & CO. ADVERTISING, 1014 S Floyd St, 40203, pg. 697
NEW WEST LLC, 9630 Ormsby Station Rd, 40223, pg. 792
OOHOLOGY, 908 S 8th St, 40203, pg. 841
POWER CREATIVE, 11701 Commonwealth Dr, 40299-2358, pg. 884
PRICEWEBER MARKETING COMMUNICATIONS, INC., 10701 Shelbyville Rd, 40243, pg. 889
QUANTUM COMMUNICATIONS, 1201 Story Ave Ste 123, 40206, pg. 921
RED7E, 637 W Main St, 40202-2987, pg. 942
SCOPPECHIO, 400 W Market St Ste 1400, 40202, pg. 997
SHEEHY & ASSOCIATES, 2297 Lexington Rd, 40206-2818, pg. 1006
VEST ADVERTISING, 3007 Sprowl Rd, 40299-3620, pg. 1135
THE VIMARC GROUP, 1205 E Washington St Ste 120, 40206, pg. 1138

Madisonville

COMPLETE MARKETING RESOURCES INC., 140 S Main St Ste 102, 42431, pg. 225

Newport

INTRINZIC MARKETING + DESIGN INC., 1 Levee Way Ste 3121, 41071, pg. 545

Owensboro

TANNER + WEST ADVERTISING & DESIGN AGENCY, 3115 Commonwealth Ct Ste B-6, 42303, pg. 1072

LOUISIANA

Alexandria

KINETIX CREATIVE, 934 3rd St Ste 401, 71301, pg. 596

Baton Rouge

2G MARKETING COMMUNICATIONS, INC., PO Box 77555, 70879, pg. 5
THE DAY GROUP, 5815 Cherryridge Dr, 70809, pg. 266
FEIGLEY COMMUNICATIONS, 10000 Perkins Rowe Town Hall W Ste 325, 70810, pg. 377
GARRISON ADVERTISING, 17931 Shoal Creek Dr, 70810, pg. 410
THE GRAHAM GROUP, 11505 Perkins Rd Bldg 3 Ste 3, 70810, pg. 431
LAMAR ADVERTISING COMPANY, 5321 Corporate Blvd, 70808, pg. 608
LAMAR CORPORATION, 5321 Corporate Blvd, 70808, pg. 608
MESH DESIGN, 7924 Wrenwood Blvd Ste C, 70809, pg. 734
THE MORAN GROUP LLC, 8900 Bluebonnet Blvd, 70810, pg. 757
OTEY WHITE & ASSOCIATES, 8146 One Calais Ave, 70808-3155, pg. 845
RED SIX MEDIA, 319 3rd St, 70801, pg. 941
ROCKIT SCIENCE AGENCY, 7520 Perkins Rd Ste 330, 70808, pg. 965
SILVERBACK ADVERTISING, 10538 Kentshire Ct, 70810, pg. 1014
ZEHNDER COMMUNICATIONS, 4311 Bluebonnet Blvd, 70809, pg. 1211

Bossier City

LEGRAND & ASSOCIATES, 3925 Benton Rd, 71111, pg. 619

Gretna

TOUCHPOINTS MARKETING, LLC, 629 2Nd St, 70053, pg. 1111

Lafayette

BBR CREATIVE, 300 Rue Beauregard Bldg 1, 70508, pg. 116
CALZONE & ASSOCIATES, 1011 Lee Ave, 70502, pg. 184
FOSTER MARKETING COMMUNICATIONS, 3909-F Ambassador Caffrey, 70503, pg. 394
THE GRAHAM GROUP, 2014 W Pinhook Rd Ste 210, 70508-3297, pg. 431
GRAHAM GROUP INTERACTIVE, 2014 W Pinhook Rd Ste 210, 70508-8504, pg. 431
PREJEAN CREATIVE, INC., 216 La Rue France, 70508, pg. 887
RIGHT ANGLE, 119 E Main St, 70501, pg. 958
SIDES & ASSOCIATES, INC., 222 Jefferson St Ste B, 70501-3267, pg. 1011

Lake Charles

THE O'CARROLL GROUP, 125 Jefferson Dr, 70605, pg. 805

Mandeville

NEW MEDIA SOLUTIONS, INC., 3343 Hwy 190 Ste 333, 70471, pg. 791
PEOPLE WHO THINK, 4250 Hwy 22, 70471, pg. 862

Metairie

BLARE INC., 3221 25th St, 70002, pg. 134
HERO FARM, 3525 Hessmer Ave, 70002, pg. 497
KEATING MAGEE MARKETING COMMUNICATIONS, 708 Phosphor Ave, 70005, pg. 589
SCHOLLNICK ADVERTISING, 2828 Metairie Ct, 70002, pg. 996

New Orleans

ALFORD ADVERTISING INC, 1055 St Charles Ave Ste 201, 70130, pg. 44
BEUERMAN MILLER FITZGERALD, INC., 643 Magazine St, 70130, pg. 125
BRAND SOCIETY, 365 Canal St Ste 1500, 70130, pg. 155
CERBERUS AGENCY, 6317 Marshall Foch, 70124, pg. 201
DEEP FRIED ADVERTISING LLC, 1104 Sixth St, 70115, pg. 285
GMC+COMPANY, 866 Camp St, 70130, pg. 424
HSR GROUP, INC., 1539 Jackson Ave 5th Fl, 70130, pg. 510
MORGAN + COMPANY, 4407 Canal St, 70119, pg. 758
PETER MAYER ADVERTISING, INC., 318 Camp St, 70130-2804, pg. 866
TRUMPET LLC, 2803 St Philip St, 70119, pg. 1120
VELOCITY AGENCY, 710 Papworth Ave, 70005, pg. 1132
ZEHNDER COMMUNICATIONS, INC., 650 Poydras St Ste 2450, 70130, pg. 1210

Shreveport

ROMPH & POU AGENCY, 7225 Fern Ave Ste 100, 71105, pg. 967
WILLIAMS CREATIVE GROUP, 330 Marshall St, 71101, pg. 1169

Sulphur

PARKER BRAND CREATIVE SERVICES, 2412 Maplewood Dr Ste 1, 70663, pg. 854

MAINE

Bangor

BRIGHAM SCULLY, 25 5th St, 04401, pg. 163
SUTHERLAND WESTON MARKETING COMMUNICATIONS, 6 State St Ste 102, 04401, pg. 1064

Bath

BRIGGS ADVERTISING, 199 Water St, 04530, pg. 163

Falmouth

BURGESS ADVERTISING & MARKETING, 6 Fundy Rd Ste 300, 04105, pg. 174
EMG3, 380 US Route 1, 04105, pg. 1103
MCCLAIN MARKETING GROUP, 5 Fundy Rd Ste 24, 04105, pg. 715
PROMERICA HEALTH, 380 US Route 1, 04105, pg. 1103
SUMERIAN SPORTS, 380 US Route 1, 04105, pg. 1103
TIDESMART GLOBAL, 380 US Route 1, 04105, pg. 1103

Gardiner

SHOESTRING, PO Box 616, 04345, pg. 1009

Harpswell

MCCABE DUVAL + ASSOCIATES, 58 Narrows Ln, 04079, pg. 697

Kittery Point

NEXT STEP COMMUNICATIONS INC., 40 Goodwin Rd, 03905-5220, pg. 793

Lewiston

ANCHOUR, 223 Lisbon St, 04240, pg. 55

Lincoln

RAND ADVERTISING, 6 Tibbetts Dr, 04457, pg. 930

Portland

CD&M COMMUNICATIONS, 48 Free St, 04101, pg. 198
GARRANDPARTNERS, Ste 201 75 Washington Ave, 04101-2665, pg. 410
NL PARTNERS, 188 State St, 04101, pg. 795
THE SOAP GROUP, 24 Bedell St, 04103, pg. 1025
STRATEGIC MEDIA INC, 511 Congress St 9th Fl, 04101, pg. 1053
SURPRISE ADVERTISING, 369 Capisic St, 04102, pg. 1063
THE VIA AGENCY, 619 Congress St, 04101, pg. 1136

Saco

CBC ADVERTISING, 56 Indsutrial Pk Rd Ste 103, 04072, pg. 197
CREATIVE BROADCAST CONCEPTS, 56 Industrial Park Rd, 04072, pg. 239

Turner

DIETRICHDIRECT, LLC, 121 Poplar Hill Rd, 04282, pg. 299

AGENCIES — GEOGRAPHIC INDEX OF U.S.

Westbrook
ETHOS MARKETING & DESIGN, 17 Ash St, 04092, pg. 351

Yarmouth
VREELAND MARKETING & DESIGN, 40 Forest Falls Dr, 04096-1938, pg. 1146

MARYLAND

Annapolis
COMPASS MARKETING, 222 Severn Ave Bldg 14 Ste 200, 21403, pg. 224
CROSBY MARKETING COMMUNICATIONS, 705 Melvin Ave Ste 200, 21401-1540, pg. 249
THE CYPHERS AGENCY, INC., 53 Old Solomons Rd, 21401, pg. 256
HERRMANN ADVERTISING DESIGN/COMMUNICATIONS, 30 W St, 21401, pg. 497
THE POMERANTZ AGENCY LLC, 175 Admiral Cochrane Dr Ste 104, 21401, pg. 882
THE SOUZA AGENCY, 2543 Housley Rd, 21401, pg. 1030
WEITZMAN, INC., 3 Church Cir, 21401, pg. 1158

Baltimore
ADLER DISPLAY, 7140 Windsor Blvd, 21244, pg. 30
AINSLEY & CO, 505 S Exeter St, 21202, pg. 41
ALEXANDER & TOM, 3500 Boston St Ste 225, 21224-5275, pg. 44
B CREATIVE GROUP INC., 1700 Union Ave Ste A, 21211, pg. 82
BLAKESLEE ADVERTISING, 916 N Charles St, 21201, pg. 133
CLAPP COMMUNICATIONS, 6115 Falls Rd Penthouse, 21209, pg. 211
CONTEXT-BASED RESEARCH GROUP, 72 Dunkirk Rd, 21212, pg. 229
DOUBLEPOSITIVE MARKETING GROUP, INC., 1111 Light St Ste A, 21230, pg. 318
EXIT10, 323 W Camden St, 21201, pg. 355
GKV COMMUNICATIONS, 1500 Whetstone Way 4th Fl, 21230, pg. 421
GROOVE COMMERCE, 415 S Central, 21202, pg. 451
HARTE-HANKS DIRECT MARKETING/BALTIMORE, INC., 4545 Annapolis Rd, 21227-4817, pg. 470
HELIA, 400 E Pratt St 10th Fl, 21202-6174, pg. 477
HIMMELRICH PR, PO Box 10444, 21209, pg. 501
IDFIVE, 3600 Clipper Mill Rd, 21211, pg. 522
ILLUME COMMUNICATIONS, 420 Dunkirk Rd, 21212, pg. 524
IMRE, 909 Ridgebrook Rd Ste 300, 21152, pg. 528
JELLYFISH, 729 E Pratt St Ste 600, 21202, pg. 574
KAPOWZA, 101 N Haven St, 21224, pg. 587
LMO ADVERTISING, 1200 Steuart St Ste C1, 21230, pg. 648
MISSION MEDIA, LLC., 616 Water St Ste 225, 21202, pg. 747
NORTH CHARLES STREET DESIGN ORGANIZATION, 222 W Saratoga St, 21201, pg. 798
ORANGE ELEMENT, 509 S Exeter St Ste 300, 21202, pg. 843
PLANIT, 1414 Key Highway, 21230, pg. 877
PROFILES, INC., 3000 Chestnut Ave Ste 201, 21211, pg. 891
SAHARA COMMUNICATIONS, INC., 1607 Saint Paul St, 21202, pg. 987
SIQUIS, LTD., PO Box 6382, 21230, pg. 1016
TBC DIRECT, INC., 900 S Wolfe St, 21231, pg. 1076
TBC INC., 900 S Wolfe St, 21231, pg. 1076
USADWEB, LLC, 1498-M Reisterstown Rd Ste 330, 21208-3835, pg. 1129
VISIONMARK COMMUNICATIONS, 6115 Falls Rd Ste 100, 21209, pg. 1139
VITAMIN, 3237 Eastern Ave, 21224, pg. 1140

Bel Air
PICCIRILLI DORSEY, INC., 502 Rock Spring Rd, 21014, pg. 870

Bethesda
AUGUST, LANG & HUSAK, INC., 4630 Montgomery Ave Ste 400, 20814-3443, pg. 77
CROSBY MARKETING COMMUNICATIONS, 4550 Montgomery Ave Ste 790 N, 20814, pg. 249
FIXATION MARKETING, 4340 E-W Hwy Ste 200, 20814, pg. 386
THE HATCHER GROUP, 4340 E W Highway Ste 912, 20814, pg. 471
NASUTI + HINKLE CREATIVE THINKING, 5812 Walton Rd, 20817, pg. 785
RP3 AGENCY, 7316 Wisconsin Ave Ste 450, 20814, pg. 970

Brooklandvl
ROOFTOP COMMUNICATIONS, PO Box 435, 21022, pg. 968

Burtonsville
PUBLICITY MATTERS, 14644 McKnew Rd, 20866, pg. 915

Chestertown
BENCHWORKS, 954 High St, 21620, pg. 122
MULLIN/ASHLEY ASSOCIATES, INC., 332 Cannon St, 21620, pg. 778

Clarksville
REAL FRESH CREATIVE, 6320 Victorious Song Lane, 21029, pg. 936

Columbia
ADG CREATIVE, 7151 Columbia Gateway Dr Ste B, 21046-2149, pg. 29
IMPACT MARKETING & PUBLIC RELATIONS, INC., 6310 Stevens Forest Rd Ste 260, 21046, pg. 527
MARRINER MARKETING COMMUNICATIONS, INC., 6731 Columbia Gateway Dr Ste 250, 21046, pg. 686
MERKLE INC., 7001 Columbia Gateway Dr, 21046, pg. 732

Easton
THE HENKER GROUP, LLC., 26 N Washington St Ste 201, 21601, pg. 496

Edgewater
BAIRD CONSULTING LLC, 2115 Millhaven Dr, 21037, pg. 84

Ellicott City
FRANK STRATEGIC MARKETING, 803 Oella Ave, 21043, pg. 396

Fallston
MARTINO BLUM, 2101 Bel Air Rd Ste D, 21047, pg. 689

Frederick
IMMERSION ACTIVE, 44 North Market St, 21701, pg. 527
LOVE & COMPANY, INC., 1209 N East St, 21701, pg. 653

Gaithersburg
AQUARIUS SPORTS & ENTERTAINMENT, 9801 Washingtonian Blvd, 20878, pg. 64

Germantown
DATALAB USA LLC, 20261 Goldenrod Ln, 20876, pg. 261

Glen Burnie
HARTE-HANKS DATA SERVICES LLC, 6701 Baymeadow Dr Ste D, 21060-6405, pg. 471

Greenbelt
MERRICK TOWLE COMMUNICATIONS, 7474 Greenway Center Dr Ste 910, 20770, pg. 734

Hunt Valley
HORICH HECTOR LEBOW, 101 Schilling Rd Ste 30, 21031, pg. 508
RENEGADE COMMUNICATIONS, 10950 Gilroy Rd Ste J, 21031, pg. 946

Lanham
G&G OUTFITTERS INC., 4901 Forbes Blvd, 20706, pg. 406
THE SUTTER GROUP, 4640 Forbes Blvd Ste 160, 20706, pg. 1064

Laurel
LMD AGENCY, 14409 Greenview Dr Ste 200, 20708, pg. 648

Linthicum
THE G3 GROUP, 832 Oregon Ave Ste L, 21090, pg. 407

Owings Mills
BONNIE HENESON COMMUNICATIONS, INC., 9199 Reisterstown Rd Ste 212C, 21117, pg. 146
DEVANEY & ASSOCIATES, 135 Village Queen Dr, 21117, pg. 295
MGH, INC., 100 Painters Mill Rd Ste 600, 21117-7305, pg. 736

Potomac
VERASOLVE, 9916 Logan Dr, 20854, pg. 1133

Rockville
DEALERON, INC, 7361 Calhoun Pl Ste 420, 20855, pg. 283
HIRSHORN ZUCKERMAN DESIGN GROUP, 10101 Molecular Dr, 20850, pg. 502
IQ SOLUTIONS, 11300 Rockville Pk Ste 901, 20852, pg. 548
MMG, 700 King Farm Blvd Ste 500, 20850, pg. 837
RMR & ASSOCIATES, INC., 5870 Hubbard Dr, 20852-6425, pg. 962
VIVA CREATIVE, 164 Rollins Ave Fl 2, 20852, pg. 1141

Salisbury
A.S.A.P.R, 212 W Main St Ste 301B, 21801, pg. 73

Silver Spring
BATES CREATIVE GROUP, 8505 Fenton St Ste 211, 20910, pg. 95
BOSCOBEL MARKETING COMMUNICATIONS, 8606 2nd Ave, 20910-3326, pg. 148
SUMMIT GROUP, 11961 Tech Rd, 20904, pg. 1061

Sparks
GRIFFIN COMMUNICATIONS, INC., 1432 Sparks Rd, 21152, pg. 450
HARVEY & DAUGHTERS, INC./ H&D BRANDING, 952 Ridgebrook Rd Ste 1000, 21152, pg. 471

Stevenson
GAGA MARKETING, 1925 Old Valley Rd 2nd Flr, 21153, pg. 408

Towson
CATALPHA ADVERTISING & DESIGN, 6801 Loch Raven Blvd, 21286, pg. 194
WALDINGER CREATIVE, 606 Bosley Ave Ste 2B, 21204, pg. 1148

White Marsh

ADASHMORE CREATIVE, PO Box 371, 21162, pg. 27

Windsor Mill

BMWW, 7104 Ambassador Rd Ste 260, 21244, pg. 142

MASSACHUSETTS

Abington

ICON ADVERTISING & DESIGN INC, 1035 Bedford St, 02351, pg. 519

Acton

O'SULLIVAN COMMUNICATIONS, 42 Davis Rd Ste 1, 01720, pg. 845

Amesbury

MCDOUGALL & DUVAL, 26 Millyard Ste 7, 01913, pg. 715

Andover

PHILIPS HEALTHCARE COMMUNICATIONS, INC., 3000 Minuteman Rd, 01810-1099, pg. 868

Attleboro Falls

STEBBINGS PARTNERS, 427 John L Dietsch Blvd, 02763-1000, pg. 1045

Beverly

HAGGMAN, INC., 39 Dodge St PMB 331, 01915, pg. 461
KING FISH MEDIA, 900 Cummings Center, 01915, pg. 596
PURPLE DIAMOND, 32 Jordan St, 01915, pg. 918
RATTLE ADVERTISING, 16 Broadway, 01915-4457, pg. 933

Boston

1059 CREATIVE, 98 N Washington St, 02114, pg. 1
AAI (ADVERTISING ASSOCIATES INTERNATIONAL), 65 Sprague St, 02136, pg. 15
ABERDEEN GROUP, INC., 451D St 7th Fl Ste 710, 02210, pg. 471
ADAM RITCHIE BRAND DIRECTION, 41 Winter St, 02108, pg. 25
ALLEN & GERRITSEN, 2 Seaport Ln, 02210, pg. 45
ALLIED INTEGRATED MARKETING, 55 Cambridge Pkwy, 02116, pg. 48
ALLISON+PARTNERS, 745 Atlantic Ave Fl 9, 02111, pg. 721
ARGUS, 75 Central St, 02109, pg. 67
ARNOLD WORLDWIDE, 10 Summer St, 02110, pg. 69
BACKBAY COMMUNICATIONS, INC., 20 Park Plaza Ste 801, 02116, pg. 82
THE BOSTON GROUP, 500 Harrison Ave 3F, 02118, pg. 149
BRAND CONTENT, 580 Harrison Ave, 02118, pg. 154
BREAKAWAY, 399 Boylston St 5th Fl, 02116, pg. 161
CAPTAINS OF INDUSTRY, 21 Union St, 02108, pg. 188
CERCONE BROWN CURTIS, 77 N Washington St Ste 304, 02114-1913, pg. 201
CG LIFE, 745 Atlantic Ave 8th Flr, 02111, pg. 201
CM COMMUNICATIONS, INC., 20 Park Plz Ste 1000A, 02116, pg. 215
COMPETE, INC., 501 Boylston St, 02116, pg. 587
CONNELLY PARTNERS, 46 Waltham St Fl 4, 02118, pg. 227
CONNELLY PARTNERS TRAVEL, 46 Waltham St, 02118, pg. 228
CTP, 77 N Washington St, 02114, pg. 252
DECIBEL MEDIA, 10 City Sq 5th Fl, 02129, pg. 285
DENNEEN & COMPANY, 222 Berkeley St, 02116, pg. 288
DIGILANT, 2 Oliver St, 02109, pg. 300
EAST COAST CATALYST, 300 Summer St, 02210, pg. 328
THE FANTASTICAL, 33 Union St, 4th Fl, 02108, pg. 361
FORGE WORLDWIDE, 142 Berkeley St, 02116, pg. 392
FULL CONTACT ADVERTISING, 186 Lincoln St Fl 7, 02111, pg. 402
GENUINE INTERACTIVE, 500 Harrison Ave 5R, 02118, pg. 414
GEORGE P. JOHNSON COMPANY, INC., 120 Saint James Ave # 4, 02116, pg. 416
GETFUSED, 285 Summer St, 02210, pg. 417
GRANT MARKETING, 581 Boylston St, 02116, pg. 432
GYK ANTLER, 93 Summer St 4th Fl, 02111, pg. 457
HATCH MARKETING, 560 Harrison Ave Ste 302, 02118, pg. 471
HAVAS EDGE BOSTON, 10 Summer St, 02110, pg. 476
HEART, 105 Bch Street, 02111, pg. 492
HILL HOLLIDAY, 53 State St, 02109, pg. 500
HOLLAND MARK, 727 Atlantic Ave, 02111, pg. 507
INTERSECTION, 195 State St 4th Fl, 02109, pg. 543
IPROSPECT, 1 S Station, 02110, pg. 548
ISOBAR US, One S Station, 02110, pg. 549
JACK MORTON WORLDWIDE, 500 Harrison Ave Ste 5R, 02118, pg. 567
KARMORY, 745 Atlantic Ave Fl 8, 02111, pg. 588
KELLEY HABIB JOHN, 155 Seaport Blvd, 02210, pg. 591
THE LAIDLAW GROUP, LLC, 560 Harrison Ave Ste 404, 02118, pg. 607
MATTER COMMUNICATIONS, 197 Portland St 3rd Fl, 02114, pg. 694
MERGE BOSTON, 23 Drydock Ave St 810W, 02210, pg. 731
MESH INTERACTIVE AGENCY, 745 Atlantic Ave, 02111, pg. 734
MMB, 580 Harrison Ave, 02118, pg. 750
MOTIV, 25 Drydock Ave, 02210, pg. 763
MULLENLOWE GROUP, 40 Broad St, 02109, pg. 770
MULLENLOWE MEDIAHUB, 40 Broad St, 02109, pg. 771
NOVA MARKETING, 51 Melcher St Fl 1, 02210, pg. 801
NSPHERE INC., 51 Melcher St Bsmt 1, 02210, pg. 802
PGR MEDIA, LLC., 34 Farnsworth St 2nd Fl, 02210, pg. 867
PRECISIONEFFECT, 101 Tremont St, 02108, pg. 887
PROPERVILLAINS, 45 Bromfield St Fl 11, 02108, pg. 894
PROVERB, 195 W Springfield St, 02118-3406, pg. 895
PUBLICIS.SAPIENT, 131 Dartmouth St, 02116, pg. 913
RELEVANT 24, 46 Plympton St, 02118, pg. 945
SAPIENT SECURITIES CORPORATION, 131 Tartmouth 3rd Fl, 02116, pg. 915
SAPIENTRAZORFISH BOSTON, 131 Dartmouth St 3rd Fl, 02116, pg. 914
SLEEK MACHINE, LLC, 1 State St Ste 750, 02109, pg. 1020
SMALL ARMY, 300 Massachusetts Ave, 02115, pg. 1022
SONICBIDS, 500 Harrison Ave Fl 4 Ste 404R, 02118, pg. 1028
TOTH BRAND IMAGING, 500 Harrison Ave 5F, 02118, pg. 1111
TRIBALVISION, 295 Devonshire St 4th Fl, 02110, pg. 1116
TRILIA MEDIA, 53 State St, 02109, pg. 1117
VERSION 2.0 COMMUNICATION, 500 Harrison Ave Ste 401R, 02118, pg. 1134
WINSPER, 101 Arch St Ste 240, 02110, pg. 1171

Braintree

HOFFMAN AND PARTNERS, 44 Adams St, 02184, pg. 505
PERRONE GROUP, 140 Wood Rd Ste 201, 02184, pg. 865

Bridgewater

FGM INTERNET MARKETING, 1625 Old Plymouth St, 02324, pg. 379

Burlington

89 DEGREES, INC., 25 Burlington Mall Rd Ste 610, 01803, pg. 13
HARGER, HOWE & WALSH, 1 Van De Graaff Dr Ste 401, 01803, pg. 467
LEWIS, 200 Wheeler Rd, 01803, pg. 638
RHYTHMONE, 8 New England Executive Pk, 01803, pg. 955

Cambridge

ALLIED INTEGRATED MARKETING, 55 Cambridge Pkwy Ste 200, 02142, pg. 47
CAMBRIDGE BIOMARKETING, 245 First St. l2th Fl, 02142, pg. 184
GILL FISHMAN ASSOCIATES, 675 Massachusetts Ave, 02139, pg. 420
PJA, 12 Arrow St, 02138-5105, pg. 874
SCRATCH MARKETING + MEDIA, 84 Sherman St 3rd Fl, 02140, pg. 999
SWOOP INC., 125 Cambridgepark Dr, 02140, pg. 1067
TEN BRIDGE COMMUNICATIONS, INC., 678 Massachusetts Ave Ste 701, 02139, pg. 1096

Canton

JDCOMMUNICATIONS INC, 776 Washington St, 02021, pg. 574
TRIAD ADVERTISING, 1017 Turnpike St Ste 32A, 02021, pg. 1116

Carlisle

LODICO & COMPANY, 60 McAllister Dr, 01741, pg. 650

Charlestown

WALLWORK CURRY MCKENNA, 10 City Sq 5th Fl, 02129, pg. 1149

Chicopee

ACCESS TO MEDIA, 432 Front St, 01013, pg. 20

Dedham

TCAA, 900 Washington St Ste 219, 02026, pg. 1093

East Bridgewater

HARTE-HANKS RESPONSE MANAGEMENT/BOSTON, INC., 600 N Bedford St, 02333, pg. 470

East Weymouth

HILL & PARTNERS INCORPORATED, 25 Mathewson Dr Ste 200, 02189-2345, pg. 500

Easthampton

CIDER HOUSE MEDIA, 28 Northampton St, 01027, pg. 208
LSHD ADVERTISING INC., 180 Pleasant St Ste 3, 01027, pg. 655

Framingham

COMMCREATIVE, 75 Fountain St, 01702, pg. 221
COMMONWEALTH CREATIVE ASSOCIATES, 75 Fountain St, 01702, pg. 222

Gloucester

HIRECLIX LLC, 3 Heritage Way, 01930, pg. 502

Hadley

GRAVITY SWITCH, 195 Russell St Ste B11, 01035, pg. 433

Haverhill

PRIMARY DESIGN INC, 57 Wingate St 4th Fl, 01832, pg. 889

Hingham

BR CREATIVE, 175 Derby St Ste 39, 02043, pg. 151
GRAY MATTER AGENCY INC., 24 Shipyard Drive, 02043, pg. 434
WOONTEILER INK, 1193 Main St Apt D1, 02043, pg. 1176

Holliston

CHITIKA, INC., 169 Mohawk Path, 01746, pg. 207
INSIDE OUT COMMUNICATIONS, 24 Water St, 01746,

AGENCIES

pg. 534
MDG, 13 Water St, 01746, pg. 724

Hopedale

GUSTIN ADVERTISING, 3 Charlesview Rd Ste 1, 01747, pg. 456

Lenox

WINSTANLEY PARTNERS, 114 Main St 01240-2353, pg. 1171

Lexington

FRUITT COMMUNICATIONS, INC., 37 Baker Ave, 02421, pg. 400
THE MAAC GROUP, 333 Waltham St, 02421, pg. 666
WHITE RHINO PRODUCTIONS, INC., 99 Hayden Ave, 02421, pg. 1161

Longmeadow

P & M ADVERTISING, 89 Silver Birch Rd, 01106, pg. 848

Marblehead

THE COMMUNICATIONS STRATEGY GROUP, INC., 42 Front St, 01945, pg. 223
LEGEND INC., PO Box 50, 01945-0050, pg. 619

Medford

MCGOLDRICK MARKETING, 39 Metcalf St, 02155, pg. 718

Natick

DIRECT ASSOCIATES, 46 Rockland St, 01760, pg. 303
IVY CREATIVE, 214 N Main St Ste 102, 01760, pg. 551
PARDES COMMUNICATIONS, INC., 17 Shattuck St, 01760, pg. 854
SUNDIN ASSOCIATES, INC., 34 Main St 3rd Fl, 01760, pg. 1061

Needham

BBK WORLDWIDE, LLC, 117 Kendrick St Ste 600, 02494, pg. 116
MITTCOM LTD., 300 1St Ave Ste 201, 02492, pg. 748

New Bedford

MOORE & ISHERWOOD COMMUNICATIONS, INC., 128 Union St Ste 1, 02740, pg. 756

Newbury

FISLER COMMUNICATIONS, 26 Dartmouth Way, 01951, pg. 385

Newburyport

BRANDIGO, 26 Parker St, 01950, pg. 156
MATTER COMMUNICATIONS, 50 Water St, Mill #3, The Tannery, 01950, pg. 694
MECHANICA, 75 Water St Level 2, 01950, pg. 725
STACKPOLE & PARTNERS ADVERTISING, 222 Merrimac St, 01950, pg. 1041
THIRDEYE DESIGN, 9 Ferry Wharf Ste 5D, 01950, pg. 1101

Newton

BUYER ADVERTISING, INC., 189 Wells Ave 2nd Fl, 02459, pg. 178
CALLANAN & KLEIN COMMUNICATIONS, INC., 1001 Watertown St, 02465, pg. 184
D50 MEDIA, 1330 Boylston St, 02461, pg. 257
HB/ERIC MOWER + ASSOCIATES, 134 Rumford Ave Ste 307, 02466-1378, pg. 348
MASSMEDIA, INC., 67 Walnut Hill Rd, 02459-2666, pg. 692
TECHTARGET, INC., 275 Grove St, 02466, pg. 1095
VIEWPOINT CREATIVE, 55 Chapel St, 02458-1060, pg.

1137

North Scituate

BEAULIEU ADVERTISING & DESIGN INC, PO Box 703, 02060, pg. 119

Norwell

MEDDAUGH ADVERTISING INC., 12 Circuit St, 02061, pg. 725

Norwood

CRAMER PRODUCTIONS INC., 425 Univ Ave, 02062, pg. 238
DOLABANY COMMUNICATIONS GROUP, 57 Providence Hwy, 02062, pg. 313

Osterville

PIERCE-COTE ADVERTISING, 683 Main St Unit C, 02655, pg. 870

Pembroke

MRW COMMUNICATIONS LLC, 6 Barker Square Dr # 1, 02359-2225, pg. 769

Pittsfield

AH&M MARKETING COMMUNICATIONS, 152 N St Ste 340, 01201-5118, pg. 40

Plymouth

CREATIVE RESOURCES GROUP, 116 Long Pond Rd Ste W6, 02360, pg. 245
STRATEGIS, 21 Taylor Ave Apt 2109, 02360, pg. 1054

Quincy

CLEVELAND DESIGN, 25 Foster St, 02169, pg. 213
EMERGE PR, 300 Congress St Ste 204, 02169, pg. 338

S Dartmouth

LITOS STRATEGIC COMMUNICATION, 62 Wilson St, 02748, pg. 645

Salem

SIR ISAAC, 81 Washington St Ste 203, 01970, pg. 1016

Saugus

MAXIMUM MEDIA ENTERPRISES, INC., 999 Broadway Ste 204, 01906, pg. 695

Sharon

EMBRYO CREATIVE, 7 Foundry Rd, 02067, pg. 338
TIZIANI & WHITMYRE, INC., 2 Commercial St, 02067, pg. 1105

Shirley

JAMES & MATTHEW, 2 Shaker Rd Ste D220, 01464, pg. 571

South Hadley

DARBY O'BRIEN ADVERTISING, 9 College St, 01075, pg. 260

Springfield

THE CREATIVE STRATEGY AGENCY, 41 Taylor St Ste 2, 01103, pg. 246
SIX POINT CREATIVE WORKS, 9 Hampden St, 01103, pg. 1017

Stoneham

GEOGRAPHIC INDEX OF U.S.

IDEASCAPE, INC., 57 Newcomb Rd, 02180, pg. 521
MARC USA BOSTON, 91 Montvale Ave Ste 104, 02180, pg. 677

Sturbridge

EXSEL ADVERTISING, 559 Main St., 01518, pg. 356

Wakefield

EPSILON, 601 Edgewater Dr, 01880-6235, pg. 345

Walpole

ARRCO MEDICAL MARKETING, 1600 Providence Hwy, 02081-2542, pg. 71

Waltham

BOATHOUSE GROUP INC., 260 Charles St 4th Fl, 02453-3826, pg. 143
CLOCKWORK DESIGN GROUP INC., 13 Felton St, 02453, pg. 214

Ward Hill

COCO+CO, 189 Ward Hill Ave, 01835, pg. 217

Watertown

GEOVISION, 75 N Beacon St, 02472, pg. 417
ISOBAR NORTH AMERICA, 343 Arsenal St, 02472, pg. 550
LAUNCHPAD, 100 Galen St 2nd Fl, 02472, pg. 615
MORE ADVERTISING, 50 Hunt St Ste 140, 02472, pg. 757

Wellesley

KELLEY & COMPANY, 70 Walnut St, 02481, pg. 591
MACDOUGALL BIOMEDICAL COMMUNICATIONS, INC., 888 Worcester St, 02482, pg. 666

Wellfleet

BENNETT GROUP, PO Box 1610, 02667, pg. 123

Westfield

ADVERTUS MEDIA INC, PO Box 610, 01096, pg. 36

Weymouth

SMIZER PERRY, 34 Essex Heights Dr, 02188, pg. 1024
SPRAGUE NELSON, LLC., 28 Sherricks Farm Rd, 02188, pg. 1036

Wilmington

MEDIA RESULTS, 10 Upton Dr, 01887, pg. 727

Winchester

FUSE/IDEAS, 8 Winchester Pl, 01890, pg. 403

Woburn

HAGGERTY & ASSOCIATES, One Arrow Drive, 01801, pg. 460
MADDASH E-MEDIA, 827 Main St, 01801, pg. 668
PSYCHRONOUS COMMUNICATIONS, INC., 300 TradeCtr Ste 1530, 01801, pg. 896
SKYWORLD INTERACTIVE, 444 Washington St, 02180, pg. 1020

Worcester

DAVIS ADVERTISING, INC., 1331 Grafton St, 01604, pg. 263
PAGANO MEDIA, 11 Millbrook St, 01606, pg. 851
PALLEY ADVERTISING INC., 100 Grove St Ste 403, 01605-2627, pg. 851
RDW GROUP, INC., 32 Franklin St, 01608-1900, pg. 935

MICHIGAN

GEOGRAPHIC INDEX OF U.S. AGENCIES

Ada

JOHNSON DESIGN GROUP, 5353 Fulton St E, 49301, pg. 580

Alpena

INDUSTRIAL IMAGE, 111 S 2nd Ave, 49707, pg. 530

Ann Arbor

PERICH ADVERTISING + DESIGN, 117 N 1st St Ste 100, 48104-1354, pg. 864
PHIRE GROUP, 111 Miller Ave, 48104, pg. 869
PWB MARKETING COMMUNICATIONS, 2750 South State St, 48104, pg. 919
Q LTD., 109 Catherine St, 48104, pg. 920
RE:GROUP, INC., 213 W Liberty St, 48104-1398, pg. 945
SPIN ADVERTISING, 2008 E Stadium Blvd, 48104, pg. 1034
WAGNER DESIGN ASSOCIATES, 123 N Ashley St Ste 100, 48104, pg. 1148

Auburn Hills

GEORGE P. JOHNSON COMPANY, INC., 3600 Giddings Rd, 48326-1515, pg. 416
PROJECT, 3600 Giddings Rd, 48326, pg. 891

Battle Creek

GREENSTREET MARKETING, 75 20Th St S, 49015, pg. 436

Benton Harbor

JOHNSONRAUHOFF MARKETING COMMUNICATIONS, 300 W Britain Ave, 49022, pg. 581

Bingham Farms

PUSH22, 30300 Telegraph Rd Ste 410, 48025, pg. 919

Birmingham

BROGAN & PARTNERS CONVERGENCE MARKETING, 800 N Old Woodward Ave, 48009, pg. 166
HARRIS MARKETING GROUP, 700 Forest Ave, 48009, pg. 469
MCCANN DETROIT, 360 W Maple Rd, 48009, pg. 699
MRM WORLDWIDE, 360 W Maple Rd, 48009, pg. 767
THEFRAMEWORKS, 108 Willits St, 48009, pg. 1098

Bloomfield

THE UTMOST GROUP, 2140 S Hammond Lake Rd W, 48324, pg. 1129

Bridgeport

HOUSER & HENNESSEE, 6000 Dixie Hwy, 48722, pg. 509

Clinton Township

HARRISON MEDIA, 24416 Crocker Blvd, 48036, pg. 469

Davison

CONCEPT THREE INC., 424 S Main St, 48423-1608, pg. 226

Dearborn

CAMPBELL MARKETING & COMMUNICATIONS, 3200 Greenfield Ste 280, 48120, pg. 186
GLOBAL TEAM BLUE, 550 Town Ctr Dr, 48126-2750, pg. 423
IMAGINATION (USA) INC., 290 Town Center Dr 7th Fl, 48126-2765, pg. 526
UWG, 500 Town Ctr Dr, 48126, pg. 1129
XPERIENCE COMMUNICATIONS, 3 Parklane Blvd, 48126, pg. 1194
ZUBI ADVERTISING SERVICES, INC., 500 Town Center Dr Ste 100, 48126, pg. 1215

Detroit

AGENCY 720, 500 Woodward Ave Ste 2100, 48226, pg. 37
CAMPBELL EWALD, 2000 Brush St Ste 601, 48226, pg. 185
COMMONWEALTH, 500 Woodward Ave, 48075, pg. 698
DOUGLAS MARKETING GROUP, LLC, 10900 Harper Rd Ste 100, 48213, pg. 318
GROUP FIFTY FIVE MARKETING, 3011 W Grand Blvd, 48202, pg. 452
JACK MORTON WORLDWIDE, 1 Woodward Ave, 48226-3430, pg. 568
ONEMAGNIFY, 777 Woodward Ave Ste 500, 48226, pg. 840
REBUILD GROUP, 2990 W Grand Blvd Ste 408, 48202, pg. 938
THIS IS CROWD LTD, 1938 Franklin St Studio 202, 48207, pg. 1101

East Lansing

BLOHM CREATIVE PARTNERS, 1331 E Grand River Ave Ste 210, 48823, pg. 137
KING MEDIA, 1555 Watertower Place Ste 200, 48823, pg. 596

Edwardsburg

FIREVINE INC., 69950 M-62, 49112, pg. 383

Farmington Hills

DUFFEY PETROSKY, 38505 Country Club Dr, 48331, pg. 324
THE JRT AGENCY, 26970 Haggerty Rd Ste 100, 48331, pg. 583
LATCHA+ASSOCIATES, 24600 Hallwood Ct, 48335-1603, pg. 611
MARX LAYNE & COMPANY, 31420 Northwestern Hwy Ste 100, 48334, pg. 690

Fenton

LATREILLE ADVERTISING & TALENT INC, 1219 N Leroy St, 48430, pg. 613
LEO J. BRENNAN, INC., 1130 S Lake Valley Dr, 48430, pg. 632

Ferndale

HADROUT ADVERTISING & TECHNOLOGY, 195 W Nine Mile, 48220, pg. 460
ZOYES CREATIVE GROUP, 1280 Hilton Rd, 48220, pg. 1215

Grand Rapids

834 DESIGN & MARKETING, 1430 Monroe Ave Nw Ste 170, 49505, pg. 13
ADTEGRITY.COM, 408 Broadway Ave Nw, 49504, pg. 33
AUXILIARY ADVERTISING & DESIGN, 818 Butterworth St SW Ste 5, 49504, pg. 79
DEKSIA, 120 Stevens St Sw, 49507, pg. 286
FELDER COMMUNICATIONS GROUP, 1593 Galbraith Ave Se Ste 201, 49546-9032, pg. 377
FULL CIRCLE, 648 Monroe Ave NW Ste 500, 49503, pg. 401
HANON MCKENDRY, 125 Ottawa SW Ste 305, 49503, pg. 466
HIDALGO & DE VRIES, INC., 560 5th St Ste 401, 49504, pg. 498
THE IMAGINATION FACTORY, 15 Ionia Ave SW Ste 220, 49503, pg. 525
PAUL MILES ADVERTISING, 1345 Monroe Ave Nw Ste 257, 49505, pg. 858
STEVENS ADVERTISING, 190 Monroe Ave NW Ste 200, 49503, pg. 1048
VIAS LATINO MARKETING, 4322 Stratton Blvd SE, 49512, pg. 1136

Grosse Pointe Park

FRONTIER 3 ADVERTISING, 15127 Kercheval Ave, 48230, pg. 400

Highland Park

DIALOG DIRECT, 13700 Oakland Ave, 48203, pg. 298

Holland

FAIRLY PAINLESS ADVERTISING, 44 E 8th St Ste 300, 49423, pg. 359
MURDOCH MARKETING, 217 E 24th St Baker Lofts Ste 220, 49423, pg. 779

Hudsonville

MW MARKETING GROUP, 7831 Meadowood Dr, 49426, pg. 781

Kalamazoo

ADAMS OUTDOOR ADVERTISING, 407 E. Ransom St, 49007, pg. 26
LKF MARKETING, 259 East Michigan Ave, 49008, pg. 647
MAXWELL & MILLER MARKETING COMMUNICATIONS, 141 E Michigan Ste 500, 49007-3943, pg. 695

Lansing

ADAMS OUTDOOR ADVERTISING, 3801 Capital City Blvd, 48906, pg. 26
CIESADESIGN, 200 E Grand River Ave, 48906, pg. 208
EDGE PARTNERSHIPS, 117 E Kalamazoo St, 48933, pg. 331
FORESIGHT GROUP, INC., 2822 N Martin Luther King Jr Blvd, 48906-2927, pg. 392
GUD MARKETING, 1223 Turner St Ste 101, 48906, pg. 455
HARVEST CREATIVE SERVICES, 1011 North Washington, 48906, pg. 471
INVERVE MARKETING, 1035 N Washington Ave, 48906, pg. 546
M3 GROUP, 221 W Saginaw St, 48933, pg. 665
MARKETING RESOURCE GROUP, 225 S Washington Sq, 48933, pg. 684
MARTIN WAYMIRE, 600 W Saint Joseph St # 100, 48933, pg. 688
THE MEDIA ADVANTAGE, 414 E Michigan Ave Ste 1A, 48933, pg. 725
MICHIGAN CREATIVE, 1149 S Washington Ave, 48910, pg. 738
QUEUE CREATIVE, 410 S Cedar St Ste F, 48912, pg. 922
TRACTION, 617 E Michigan Ave, 48912, pg. 1112
TRUSCOTT ROSSMAN, 124 W Allegan St Ste 800, 48933, pg. 1120

Laurel

ROBERTS CREATIVE GROUP, 107 S Magnolia St, 39440, pg. 963

Livonia

P2R ASSOCIATES, 39201 Schoolcraft Rd Ste B-15, 48150, pg. 848
VALASSIS 1 TO 1 SOLUTIONS, 19975 Victor Pkwy, 48152, pg. 1130

Madison Heights

MVP COLLABORATIVE, 1751 E Lincoln Ave, 48071, pg. 781

Marquette

BOTTOM LINE MARKETING, 722 W Washington St, 49855, pg. 149

Midland

ABERRO CREATIVE, 127 Mcdonald St, 48640, pg. 18
AMPM, INC., 7403 W. Wackerly St., 48642-7344, pg. 54
CLEARRIVER COMMUNICATIONS GROUP, 2401 Eastlawn Dr, 48640, pg. 213

AGENCIES

Muskegon
RCP MARKETING, 1756 Lakeshore Dr, 49441, pg. 934

Northville
AMPM, INC. DETROIT, 21442 Beauford Ln, 48167, pg. 54

Pleasant Rdg
DRIVEN SOLUTIONS INC., 404 E 10 Mile Rd, 48069, pg. 321

Plymouth
EBUYMEDIA, 332 S Main St, 48170, pg. 329

Pontiac
PUSHTWENTYTWO, 22 W Huron St, 48342, pg. 919

Redford
JEKYLL AND HYDE, 26135 Plymouth Rd, 48239, pg. 574

Rochester
DANIEL BRIAN ADVERTISING, 222 S Main St, 48307, pg. 259

Romeo
ALL SEASONS COMMUNICATIONS, 5455 34 Mile Rd, 48065, pg. 45

Royal Oak
BERLINE, 423 North Main St, 48067, pg. 124
KNOW ADVERTISING, 422 W 11 Mile Rd, 48067, pg. 600
PGN AGENCY, 1504 E 11 Mile Rd, 48067, pg. 867
TRADEMARK PRODUCTIONS, 309 S Main St, 48067, pg. 1113

Saginaw
THE SCOTT & MILLER GROUP, 816 S Hamilton St, 48602-1516, pg. 997

Saint Joseph
AISLE ROCKET STUDIOS, 511 Renaissance Dr Ste 150, 49085, pg. 42
JOHNSONRAUHOFF, 2525 Lake Pines Dr, 49085, pg. 581

Southfield
CAPONIGRO MARKETING GROUP, LLC, 24725 W Twelve Mile Rd, 48034, pg. 188
DONER, 25900 Northwestern Hwy, 48075, pg. 314
GRIGG GRAPHIC SERVICES, INC., 20982 Bridge St, 48033-4033, pg. 450
HELLOWORLD, A MERKLE COMPANY, 300 Town Center Ste 2100, 48075, pg. 495
THE MARS AGENCY, 25200 Telegraph Rd, 48033-7496, pg. 686
MILLWARD BROWN, 2 Towne Sq Ste 200, 48076, pg. 744
SUSSMAN AGENCY, 29200 Northwestern Hwy Ste 130, 48034, pg. 1064
YAFFE DIRECT, 26100 American Dr 4th Fl Ste 401, 48034, pg. 1195
YAFFE GROUP, 26100 American Dr Ste 401, 48034, pg. 1195

Sterling Heights
EVENTLINK, LLC, 5500 18 Mile Rd, 48314, pg. 353

Traverse City
FLIGHT PATH CREATIVE, 117 S Union St, 49684, pg. 388

ONEUPWEB, 1371 Gray Dr, 49684, pg. 840

Troy
JANKOWSKICO., 570 Kirts Blvd Ste 202, 48084, pg. 572
KRACOE SZYKULA & TOWNSEND INC., 2950 W Square Lake Rd Ste 112, 48098-5725, pg. 602
LEO BURNETT DETROIT, INC., 3310 W Big Beaver Rd Ste 107, 48084-2809, pg. 621
OTTAWAY COMMUNICATIONS, INC., 3250 W Big Beaver Rd Ste 230, 48084, pg. 845
THE QUELL GROUP, 2282 Livernois Rd, 48083, pg. 922
REAL INTEGRATED, 888 W Big Beaver Rd Ste 501, 48084, pg. 936
RIEGNER & ASSOCIATES, INC., 1200 Rochester Rd, 48083, pg. 958
SIMONS MICHELSON ZIEVE, INC., 1200 Kirts Blvd Ste 100, 48084, pg. 1015

West Bloomfield
SHAZAAAM LLC, PO Box 250784, 48325, pg. 1006

MINNESOTA

Bloomington
AXIOM MARKETING COMMUNICATIONS, 3800 American Blvd W Ste 1275, 55431, pg. 80
CUNEO ADVERTISING, 1401 American Blvd E Ste 6, 55425, pg. 254
THE MAREK GROUP, 6625 W 78th St Ste 260, 55439, pg. 679

Brainerd
RED HOUSE MEDIA LLC, 1001 Kingwood St Studio 218, 56401, pg. 939

Burnsville
PR CAFFEINE, 2438 E 117th St Ste 100, 55337, pg. 886

Duluth
FLINT INTERACTIVE, 11 E Superior St Ste 514, 55802, pg. 388
OUT THERE ADVERTISING, 22 E 2nd St, 55802, pg. 846
SWIM CREATIVE, 415 E Superior St, 55802, pg. 1067

Eden Prairie
SEQUEL RESPONSE, LLC, 7480 Flying Cloud Dr # 100, 55344, pg. 1003

Edina
BARD ADVERTISING, 4900 Lincoln Dr, 55436, pg. 89

Fairmont
ADMFG INC., 100 N State St Ste D, 56031, pg. 31

Grand Rapids
E3, 419 5th Ave NE, 55744, pg. 327

Hopkins
LONGREN & PARKS, 5265 Beachside Dr, 55343, pg. 651
THE ZIMMERMAN GROUP, 12701 Whitewater Dr Ste 120, 55343, pg. 1213

Lakeville
ENSEMBLE CREATIVE & MARKETING, 20790 Holyoke Ave, 55044, pg. 341

Mankato
LIME VALLEY ADVERTISING, INC., 1620 S Riverfront Dr, 56001, pg. 640

GEOGRAPHIC INDEX OF U.S.

Maple Grove
STERLING CROSS COMMUNICATIONS, 12416 90th Pl N, 55369, pg. 1047
TARTAN MARKETING, 6900 Wedgwood Rd N Ste 350, 55311, pg. 1074

Maplewood
CYNTHCARM COMMUNICATIONS, 2246 Ide Ct N, 55109, pg. 256

Mendota Heights
COTTERWEB ENTERPRISES, INC., 1295 Northland Dr Ste 300, 55120, pg. 234

Minneapolis
10 THOUSAND DESIGN, 400 First Ave N Ste 700, 55401, pg. 1
ACKMANN & DICKENSON, 515 Washington Ave N Ste 400, 55401, pg. 21
ADSOKA, INC., 100 South 1st St, 55458-3237, pg. 33
ADVENTURE ADVERTISING, 111 N Washington Ave Ste 200, 55401, pg. 35
AGENCY SQUID, 414 N 3rd Ave, 55401, pg. 39
AIMIA, 100 N 6th St, 55403, pg. 41
ANDERSON-MADISON ADVERTISING, INC., 4600 West 77th St, 55435, pg. 57
BARRIE D'ROZARIO DILORENZO, 400 1st Ave N Ste 220, 55401, pg. 92
BBDO MINNEAPOLIS, 150 S 5Th St Ste 1000, 55402, pg. 98
BBDO PROXIMITY, 150 S 5th St Ste 3500, 55402, pg. 97
BELLMONT PARTNERS, 3300 Edinborough Way Ste 700, 55435, pg. 121
BOLIN MARKETING, 2523 Wayzata Blvd, 55405, pg. 145
BREW, 201 6th St SE, 55414, pg. 161
BRICK, INC., 200 Lumber Exchange Bldg 10 S 5th St, 55402, pg. 162
BROADHEAD, 123 N 3rd St 4th Fl, 55401, pg. 165
CAPSULE BRAND DEVELOPMENT, 100 2nd Ave N, 55401, pg. 188
CARMICHAEL LYNCH, 110 N 5th St, 55403, pg. 189
CARMICHAEL LYNCH RELATE, 110 N 5th St, 55403, pg. 190
CATCHFIRE, 708 N 1st St 131, 55401, pg. 196
CLARITY COVERDALE FURY ADVERTISING, INC., 120 S 6th St Ste 1300, 55402-1810, pg. 211
CLOCKWORK ACTIVE MEDIA, 1501 E Hennepin Ave, 55414, pg. 214
COLLE+MCVOY, 400 1st Ave N Ste 700, 55401-1954, pg. 219
CREATIVE COMMUNICATIONS CONSULTANTS, INC., 111 3rd Ave S Ste 390, 55401-2553, pg. 240
CUE INC, 520 Nicollet Mall Ste 500, 55402, pg. 252
DREAMBIG, 125 1st Ave NW #602, 55369, pg. 319
D.TRIO, 401 N 3rd St Ste 480, 55401, pg. 323
EDITION STUDIOS, LLC, 323 Washington Ave N # 200, 55401, pg. 331
FALLON MINNEAPOLIS, 901 Marquette Ave Ste 2400, 55402, pg. 360
FALLON WORLDWIDE, 901 Marquette Ave Ste 2400, 55402, pg. 359
THE FALLS AGENCY, 900 6th Ave SE Ste 105, 55414-1379, pg. 360
FAME, 527 Marquette Ave Ste 2400, 55402, pg. 361
FAST HORSE, 240 N 9th Ave, 55401, pg. 362
FELLOW, 718 W 34Th St, 55408, pg. 377
FRIENDS & NEIGHBORS, 401 1St Ave N Ste 100, 55401, pg. 399
GABRIEL DEGROOD BENDT, 515 Washington Ave N Ste 200, 55401, pg. 407
GRIFFIN ARCHER, 126 N 3rd St Ste 204, 55401, pg. 449
HABERMAN & ASSOCIATES, INC., 430 N 1st Ave, 55401, pg. 460
HANLEY WOOD MARKETING, 430 1st Ave N Ste 550, 55401, pg. 465
HOT DISH ADVERTISING, 800 Washington Ave N Ste 200, 55401, pg. 509
HUNT ADKINS, 15 S 5th St Fl 12, 55402, pg. 514
ICF OLSON, 420 N 5th St Ste 1000, 55401, pg. 518
IDEAS THAT KICK, 911 W 50th St, 55419, pg. 521
IMAGEHAUS, 221 N 1St Ave Ste 225, 55401, pg. 524
IN FOOD MARKETING, 600 N Washington Ave Ste C101, 55401, pg. 529

GEOGRAPHIC INDEX OF U.S. AGENCIES

INTERNET EXPOSURE, INC., 1101 Washington Ave S, 55415, pg. 540
J.T. MEGA FOOD MARKETING COMMUNICATIONS, 4020 Minnetonka Blvd, 55416-4100, pg. 584
KARWOSKI & COURAGE, 150 S 5Th St, 55402, pg. 689
KAZOO BRANDING, 316 E Hennepin Ave Ste 202-203, 55414, pg. 589
KRUSKOPF & COMPANY, INC., 310 4th Ave S 2nd Fl, 55415, pg. 603
THE LACEK GROUP, 900 2nd Ave S Ste 1800, 55402, pg. 606
LEE BRANDING, 945 Broadway St NE Ste 280, 55413, pg. 619
LEVEL MPLS, 724 N 1st St, 55401-1143, pg. 633
LINNIHAN FOY ADVERTISING, 615 1st Ave NE Ste 320, 55413, pg. 642
LITTLE & COMPANY, 100 Washington Ave S Ste 1200, 55401, pg. 645
M J KRETSINGER, 7760 France Avenue South, 55435, pg. 664
MARTIN WILLIAMS ADVERTISING INC., 150 S 5th St, 55402-4428, pg. 688
MCCANN MINNEAPOLIS, 510 Marquette Ave, 55402, pg. 713
MEDIA BRIDGE ADVERTISING, 212 3Rd Ave N Ste 140, 55401, pg. 725
MINDSAILING, 600 Highway 169 S Ste 1970, 55426, pg. 745
MODERN CLIMATE, 515 Washington Ave N Ste 300, 55401, pg. 753
MODERN PROMOS, 7400 Metro Blvd Ste 400, 55439, pg. 753
MONO, 1350 Lagoon Ave, 55408, pg. 755
MORSEKODE, 333 S 7Th St Ste 100, 55402, pg. 761
NEMER FIEGER, 6250 Excelsior Blvd, 55416, pg. 788
NORTH WOODS ADVERTISING, 402 Cedar Lake Rd S Apt 1, 55405, pg. 799
OCTAGON, 510 Marquette Ave Fl 13, 55402, pg. 807
OLSON ENGAGE, 420 N 5th St #1000, 55401, pg. 518
ONE SIMPLE PLAN, 509 1st Ave NE Ste 2A, 55413, pg. 839
ORANGESEED, INC., 901 N 3rd St Ste 305, 55401, pg. 843
PADILLA, 1101 W River Pkwy Ste 400, 55415-1241, pg. 849
PERISCOPE, 921 Washington Ave S, 55415, pg. 864
PERSUASION ARTS & SCIENCES, 4600 Vincent Ave S, 55410, pg. 865
PETER HILL DESIGN, 222 N 2nd St Ste 220, 55401, pg. 866
PETERSON MILLA HOOKS, 1315 Harmon Pl, 55403-1926, pg. 866
POCKET HERCULES, 510 1St Ave N Ste 550, 55403, pg. 879
PRESTON KELLY, 222 First Ave NE, 55413, pg. 888
PUBLIC WORKS, 211 N 1st St Ste 300, 55401, pg. 896
RAZR, 10590 Wayzata Boulevard, 55305, pg. 934
RED CIRCLE AGENCY, 420 North 5th St, 55401, pg. 938
RILEY HAYES ADVERTISING, 333 S First St, 55401, pg. 959
ROCKET 55, 807 Broadway St NE, 55413, pg. 964
RUSSELL HERDER, 275 Market St, 55405, pg. 972
SANDY HULL & ASSOCIATES, 1143 Cedar View Dr, 55405, pg. 990
SCHERMER, INC., 12 N 12th St Ste 400, 55403, pg. 995
SIXSPEED, 4828 W 35Th St, 55416, pg. 1017
SKYYA COMMUNICATIONS, 12100 Singletree Ln, 55344, pg. 1020
SNAP AGENCY, 725 Florida Ave S, 55426, pg. 1025
SOLVE, 9 S 12Th St # 2, 55403, pg. 1028
SPACE150, 212 3rd Ave N Ste 150, 55401, pg. 1031
SPYGLASS BRAND MARKETING, 1639 Hennepin Ave S, 55403, pg. 1037
THE STABLE, 923 Nicollet Mall Ste 300, 55402, pg. 1041
STONEARCH, 710 S 2nd St 7th Fl, 55401, pg. 1051
STREET FACTORY MEDIA, 2942 Pleasant Ave S, 55408, pg. 1054
STROTHER COMMUNICATIONS, 222 S 9th St Fl 41, 55402, pg. 1055
THREAD CONNECTED CONTENT, 807 Broadway St Ne Ste 270, 55413, pg. 1102
TRIPLEINK, 150 S 5Th St, 55402, pg. 1118
UNITY WORKS, 7900 Xerxes Ave S Ste 600, 55431, pg. 1127
VSA PARTNERS, INC., 322 First Ave. N., #300, 55401, pg. 1147
WESTWERK, 1621 E Hennepin Ave Ste B26, 55414, pg. 1159
WINGNUT ADVERTISING, 708 N 1st St Ste 133, 55401, pg. 1171
WINK, INCORPORATED, 126 N 3rd St #100, 55401, pg. 1171
WOMANWISE LLC, PO Box 27008, 55427, pg. 1174
YAMAMOTO, 219 N 2Nd St Ste 200, 55401, pg. 723

Minnetonka

BLACKFIN MARKETING GROUP, 13736 Spring Lake Rd, 55345-2330, pg. 133
INTROWORKS, INC., 13911 Ridgedale Dr Ste 280, 55305, pg. 545
MARKETING ARCHITECTS, INC., 110 Cheshire Ln Ste 200, 55305, pg. 682

Northfield

NEUGER COMMUNICATIONS GROUP, 25 Bridge Sq, 55057, pg. 790

Red Wing

WOODRUFF, 1926 Old West Main St, 55066, pg. 1176

Rochester

ADS & ARTS, 2715 Pennington Ct NW, 55901-0115, pg. 32

Rogers

ARCHWAY MARKETING SERVICES, 19850 S Diamond Lake Rd, 55374, pg. 66

Roseville

RISDALL MARKETING GROUP, 2685 Long Lake Rd Ste 100, 55113, pg. 959

Saint Cloud

DON FARLEO ADVERTISING & DESIGN COMPANY INC., 56 33rd Avenue South, 56301, pg. 314
GASLIGHT CREATIVE, 713 W Saint Germain St Ste 200, 56301, pg. 411
GEARBOX FUNCTIONAL CREATIVE INC., 412 37th Ave N, 56303, pg. 413
HATLING FLINT, 330 Hwy 10 S, 56304, pg. 388
JOHNSON GROUP, 15 S 16th Ave, 56301, pg. 580
STEARNS 208 MARKETING LLC, PO Box 2221, 56302, pg. 1045

Saint Paul

HELLMAN, Ste 250 The Gilbert Bldg 413 Wacouta Street, 55101, pg. 495
IVUE DIGITAL ADVERTISING, INC., 670 Pelham Blvd # 207, 55114, pg. 551
KOHNSTAMM COMMUNICATIONS, 400 N Robert St Ste 1450 Securian Tower, 55101, pg. 600
LAKE STRATEGIC MARKETING, 2341 Ellis Ave St, 55114, pg. 608
MINDFRAME, INC., 347 Kellogg Blvd E, 55101-1411, pg. 745
MOD & COMPANY, 159 Dousman St, 55102, pg. 752
M.R. DANIELSON ADVERTISING LLC, 1464 Summit Ave, 55105, pg. 766
SCALES ADVERTISING, 2303 Wycliff St, 55114, pg. 994
STUDE-BECKER ADVERTISING LLC, 332 Minnesota St Ste E100, 55101, pg. 1055

St Paul

AMPERE COMMUNICATIONS LLC, 1616 Niles Ave, 55116, pg. 54

Virginia

W A FISHER, CO., 123 Chestnut St, 55792, pg. 1147

Waconia

MINDSHARE STRATEGIES, 9382 Oak Ave, 55387, pg. 745

Wayzata

GARRITANO GROUP, 305 Minnetonka Ave S Ste 200, 55391, pg. 411
GEOFFREY CARLSON GAGE, LLC, 125 Lake St W Ste 212, 55391-1573, pg. 415

MISSISSIPPI

Clinton

MANSELL MEDIA, 402 Monroe St, 39056, pg. 675

Gulfport

THE FOCUS GROUP, 11545 Old Hwy 49, 39505, pg. 391
GODWINGROUP, 1617 25th Ave, 39501, pg. 427
THE PRIME TIME AGENCY, 1313 25th Ave, 39501, pg. 889

Jackson

THE CIRLOT AGENCY, INC., 1505 Airport Rd, 39232, pg. 209
CREATIVE DISTILLERY, 3000 Old Canton Rd, 39216, pg. 241
GODWIN ADVERTISING AGENCY, INC., 1 Jackson Pl 188 E Capitol St Ste 800, 39201, pg. 427
MARIS, WEST & BAKER, INC., 18 Northtown Dr, 39211-3016, pg. 680
THE RAMEY AGENCY LLC, 3100 N State St Ste 300, 39216, pg. 930

Madison

HIGHTOWER AGENCY, 970 Ebenezer Blvd, 39110, pg. 500
SOURCELINK, 5 Olympic Way, 39110, pg. 1030

Meridian

LEADING EDGES, 2100 8th St, 39301, pg. 618

Ocean Springs

AD.IN DESIGN, 936 Porter Ave, 39564, pg. 30
BLACK & WHITE ADVERTISING, INC., 6616 Rose Farm Rd, 39564, pg. 132

Ridgeland

THE EVERSOLE GROUP, LLC, 402A Legacy Pk, 39157, pg. 353
MAD GENIUS, 279 S Perkins St, 39157, pg. 668

Starkville

QUEST GROUP, 1012 N Jackson St, 39759, pg. 922

Tupelo

GIBENS CREATIVE GROUP, 1014 N Gloster Ste C, 38804, pg. 419
ROBINSON & ASSOCIATES INC, 640 W Jefferson St, 38804, pg. 964

MISSOURI

Cape Girardeau

RUSTMEDIA, 307 Broadway, 63701, pg. 973

Chesterfield

PREMIUM RETAIL SERVICES, 618 Spirit Dr, 63005, pg. 887
VOG ADVERTISING, 624 Trade Ctr Blvd B, 63005, pg. 1145

Columbia

A-75

AGENCIES

ENGLE CREATIVE SOLUTIONS LLC, 4807 Walnut Rdg Ct, 65203, pg. 341
WOODRUFF, 501 Fay St Ste 110, 65201, pg. 1175

Earth City

EPSILON, 1 American Eagle Plz, 63045, pg. 345

Hannibal

POOLE COMMUNICATIONS, 108 N 3rd St Ste 100, 63401, pg. 882

Joplin

LITTLE BIRD MARKETING, 1027 S Main St, 64801, pg. 645
RAMSEY MEDIAWORKS LLC, PO Box 279, 64802, pg. 930

Kansas City

ADFARM, 2101 Broadway Blvd Ste 21, 64108, pg. 29
ALLIED INTEGRATED MARKETING, 1656 Washington St, 64108, pg. 48
BARKLEY, 1740 Main St, 64108, pg. 90
BERNSTEIN-REIN ADVERTISING, INC., 4600 Madison Ave Ste 1500, 64112-3016, pg. 125
CROSSROADS, 1740 Main St, 64108, pg. 250
DEPARTMENT ZERO, 2023 Washington St, 64108, pg. 291
DIAMOND MERCKENS HOGAN, 1505 Genessee Ste 300, 64102, pg. 299
EAG ADVERTISING & MARKETING, 2029 Wyandotte Ste 101, 64108, pg. 328
EMFLUENCE, 1720 Wyandotte St, 64108, pg. 339
ENTREPRENEUR ADVERTISING GROUP, 2029 Wyandotte St Ste 101, 64108, pg. 342
ER MARKETING, 908 Broadway Blvd Fl 2, 64105, pg. 346
FASONE & PARTNERS, 4003 Pennsylvania Ave, 64111, pg. 362
GLOBAL PRAIRIE, 1703 Wyandotte St Ste 400, 64108, pg. 422
GLYNNDEVINS ADVERTISING & MARKETING, 8880 Ward Pkwy Ste 400, 64114, pg. 424
GRAGG ADVERTISING, 450 E 4th St Ste 100, 64106, pg. 431
GRAPHICMACHINE INC., 140 Walnut St, 64106, pg. 433
GREY HEALTHCARE GROUP, 1656 Washington Ste 300, 64108, pg. 417
INQUEST MARKETING, 9100 Ward Pkwy, 64114, pg. 534
JOHNNY LIGHTNING STRIKES AGAIN LLC, 1818 Wyandotte St Ste 100, 64108, pg. 579
LUNDMARK ADVERTISING + DESIGN INC., 2345 Grand Blvd Ste 200, 64108, pg. 657
MMGY GLOBAL, 4601 Madison Ave, 64112, pg. 750
OSBORN & BARR, 1911 Baltimore Ave Ste A, 64108, pg. 844
PRAIRIE DOG/TCG, 811 Wyandotte St, 64105-1608, pg. 886
SAGE, 1525 Locust St, 64108, pg. 986
SANDBOX, 300 Wyandotte 3rd Fl, 64105, pg. 989
SULLIVAN HIGDON & SINK INCORPORATED, 2000 Central, 64108-2022, pg. 1060
TWO WEST, INC., 920 Main St Ste 1850, 64105, pg. 1124
VML, INC., 250 Richards Rd, 64116-4279, pg. 1143
WILL & GRAIL, 1810 Cherry St, 64108, pg. 1168
WOODRUFF, 331 Southwest Blvd, 64108, pg. 1176
ZUVA MARKETING, INC., 5225 N Wayne Ave, 64118, pg. 1216

Lees Summit

THOMPSON ADVERTISING, INC., 5121 SW Mallard Point, 64082, pg. 1101

Nixa

D.L. MEDIA INC., 720 W Center Cir, 65714, pg. 309
ELEMENT ELEVEN, 588 E Hwy CC Ste 1, 65714, pg. 335

Prairie City

KOLBECO MARKETING RESOURCES, 1676 Bryan Rd Ste 113, 63368, pg. 600

Saint Charles

BORGMEYER MARKETING GROUP, 1540 Country Club Plaza Dr, 63303, pg. 148

Saint Louis

2E CREATIVE, 411 N 10th Ste 600, 63101, pg. 4
ABSTRAKT MARKETING GROUP, 727 N 1st St Ste 500, 63102, pg. 18
ADMO, INC., 1714 Deer Tracks Trl Ste 205, 63131, pg. 31
ADVERTISING SAVANTS, INC., 2100 Locust St 3rd Fl N, 63103, pg. 35
ALLIED INTEGRATED MARKETING, 103 W Lockwood Ste 204, 63119, pg. 48
ANSIRA, 2300 Locust St, 63103, pg. 60
THE ARLAND GROUP, 1049 N Clay Ave, 63122, pg. 69
ATOMICDUST, 3021 Locust St, 63103, pg. 76
AVALA MARKETING GROUP, 1082 Headquarters Park, 63026, pg. 79
AWARE ADVERTISING, 2004 Waters Edge Ct, 63367, pg. 80
BLACK TWIG COMMUNICATIONS, 7711 Bonhomme Ave Ste 310, 63105, pg. 132
BRADO CREATIVE INSIGHT, 900 Spruce St 4th Fl, 63102, pg. 152
BRIGHTON AGENCY, INC., 7711 Bonhomme Ave, 63105, pg. 164
CANNONBALL, 8251 Maryland Ave Ste 200, 63105, pg. 187
CAPTIVA MARKETING, LLC., 10805 Sunset Office Dr Ste 207, 63127, pg. 188
CASEY COMMUNICATIONS, INC., 7710 Carondelet Ave Ste 345, 63105, pg. 193
CFX INC, 3221 Oak Hill Ave, 63116, pg. 201
CREATIVE ARTISTS AGENCY, 222 S Central Ave Ste 1008, 63105, pg. 239
CREATIVE PRODUCERS GROUP, 1220 Olive St Ste 210, 63103, pg. 245
DOVETAIL, 12 Maryland Plz, 63108-1502, pg. 318
FALK HARRISON, 1300 Baur Blvd, 63132, pg. 359
FAT CHIMP STUDIOS LLC, 2065 Walton Rd, 63114, pg. 363
FINE DOG CREATIVE, 103 W Lockwood Ave Ste 201, 63119, pg. 380
FISTER, 5401 itaska St, 63109, pg. 385
FUSION MARKETING, 1928 Locust St, 63103, pg. 404
GEILE LEON MARKETING COMMUNICATIONS, 5257 Shaw Ave Ste 102, 63110, pg. 414
GERARD MARKETING GROUP, 618 Oakwood Ave, 63119, pg. 417
GORILLA 76 LLC, 408 N Euclid Ave 3rd Fl, 63108, pg. 430
H&L PARTNERS, 30 Maryland Plz, 63108-1526, pg. 459
THE HAUSER GROUP INC., 13354 Manchester Rd Ste 200, 63131, pg. 472
HUGHESLEAHYKARLOVIC, 1141 S 7th St, 63104, pg. 513
J. WALTER THOMPSON INSIDE, 11973 Westline Industrial Ste 100, 63146, pg. 566
KOCHAN & COMPANY MARKETING COMMUNICATIONS, 7107 Cambridge Ave, 63130, pg. 600
LEFT FIELD CREATIVE, 2020 Washington Ave, 63103, pg. 619
LEINICKE GROUP, 213 Old Meramec Station Rd, 63021, pg. 620
MEDIACROSS, INC., 2001 S Hanley Rd, 63144, pg. 728
MOMENTUM, 1831 Chestnut St Fl 7, 63103, pg. 755
MOOSYLVANIA MARKETING, 7303 Marietta, 63143, pg. 757
MOROCH, 135 N Meramec Ave Ste 405, 63105, pg. 759
NAS RECRUITMENT COMMUNICATIONS, 7930 Clayton Rd, 63117, pg. 785
NEHMEN-KODNER, 431 N Polo Dr, 63105, pg. 788
NEW HONOR SOCIETY, 555 Washington Ave Ste 200, 63101, pg. 791
OSBORN & BARR COMMUNICATIONS, Cupples Sta 914 Spruce St, 63102, pg. 844
PARADOWSKI CREATIVE, 349 Marshall Ave Ste 200, 63119, pg. 853
RFB COMMUNICATIONS GROUP, 750 S Hanley Rd Apt 190, 63105, pg. 954
RODGERS TOWNSEND, LLC, 200 N Broadway Ste 1200, 63102, pg. 965
SALES DEVELOPMENT ASSOCIATES, INC., 1617 Locust St, 63103, pg. 988

GEOGRAPHIC INDEX OF U.S.

SCORCH AGENCY, 3010 Locust St Ste 102, 63103, pg. 997
SPOKE MARKETING, 3145 Locust St, 63103, pg. 1035
STEADYRAIN, INC., 716 Geyer Ave Ste 400, 63104-4073, pg. 1044
STEALTH CREATIVE, 1617 Locust St, 63103, pg. 1044
STUDIO D MARKETING COMMUNICATIONS, 9374 Olive Blvd Ste 104, 63132, pg. 1056
SUMMIT MARKETING, 425 N New Ballas Rd, 63141-7091, pg. 1060
SWITCH, 6600 Manchester Ave, 63139, pg. 1067
TUREC ADVERTISING ASSOCIATES, INC., 9272 Olive Blvd, 63132, pg. 1122
UPBRAND COLLABORATIVE, 1220 Olive St Ste 220, 63103, pg. 1128
WE ARE ALEXANDER, 1227 Washington Ave, 63103, pg. 1155
WEINTRAUB ADVERTISING, 7745 Carondelet Ave Ste 308, 63105-3315, pg. 1157
WHOISCARRUS, 404 Cannonbury Dr, 63119, pg. 1162

Sedalia

CALLIS & ASSOC., 1727 W 7Th St, 65301, pg. 184

Springfield

ADSMITH COMMUNICATIONS, 1736 E Sunshine Ste 801, 65804, pg. 33
THE MARLIN NETWORK, INC., 305 W Mill St, 65806, pg. 685
NOBLE, 2215 W Chesterfield Blvd, 65807-8650, pg. 795
OPFER COMMUNICATIONS INC., 2861 S Meadowbrook Ave, 65807, pg. 842
RED CROW MARKETING INC., 1320 N Stewart, 65802, pg. 939
REVEL ADVERTISING, 429 N Boonville, 65806, pg. 952
VIETTI MARKETING GROUP, PO Box 3598, 65808, pg. 1137

MONTANA

Billings

G&G ADVERTISING, INC., 2804 3rd Ave N, 59101, pg. 406

Bozeman

MERCURYCSC, 22 S Grand Ave, 59715, pg. 730
O'BERRY CAVANAUGH, 20 E Main St, 59715, pg. 804
TOTAL BS MEDIA, 121 S Grand Ave, 59715, pg. 1110

Great Falls

BANIK COMMUNICATIONS, 121 4th St N Ste 1B, 59401, pg. 87
LODESTONE ADVERTISING, PO Box 3086, 59403, pg. 650
THE WENDT AGENCY, 105 Park Dr S, 59401, pg. 1159

Helena

ACTIFY MEDIA, 2047 N Last Chance Gulch Ste 337, 59601, pg. 22

Missoula

PARTNERS CREATIVE, 603 Woody St, 59802, pg. 855
SPIKER COMMUNICATIONS, INC., PO Box 8567, 59807, pg. 1033
STREAM ADVERTISING LLC, 401 S Catlin, 59801, pg. 1054

Stevensville

DOODL, 857 Three Mile Creek Rd, 59870, pg. 316

Victor

FOUR BROTHERS MEDIA, 2089 Alder Springs Ln, 59875, pg. 394

Whitefish

GEOGRAPHIC INDEX OF U.S. AGENCIES

GOING TO THE SUN MARKETING ASSOCIATES, LLC, 1250 Whitefish Hills Dr, 59937, pg. 427

NEBRASKA

Hastings

IDEA BANK MARKETING, 701 W Second St, 68901, pg. 520

Lincoln

ACTON INTERNATIONAL LTD., PO Box 5266, 68505, pg. 22
ARCHRIVAL, 720 O St, 68508, pg. 66
BADER RUTTER & ASSOCIATES, INC., 808 P St Ste 210, 68508-2246, pg. 83
FIRESPRING, 1201 Infinity Ct, 68512, pg. 383
INFORMATION ANALYTICS, INC., 7205 S Hampton Rd, 68506, pg. 532
SWANSON RUSSELL ASSOCIATES, 1202 P St, 68508-1425, pg. 1064
UNANIMOUS, 8600 Executive Woods Dr. Ste. 300, 68512, pg. 1125

Omaha

92 WEST, 2626 Harney St # D, 68131, pg. 14
ANDERSON PARTNERS, 444 Regency Parkway Dr Ste 311, 68114, pg. 58
ARADIUS GROUP, 4700 F St, 68117, pg. 64
B2 INTERACTIVE, 223 S 143rd Cir, 68137, pg. 82
BAILEY LAUERMAN, 1299 Farnam St 14th Fl, 68102, pg. 84
BLUE PRINT AD AGENCY, 11138 Q St, 68137, pg. 140
BOZELL, 1022 Leavenworth St, 68102, pg. 150
BRANDSCAPES, 16333 Ohio St, 68116, pg. 158
CLARK CREATIVE GROUP, 514 S 13th St, 68102, pg. 212
EG INTEGRATED, 11820 Nicholas St Ste 102, 68154, pg. 332
ELEVEN19 COMMUNICATIONS INC., 900 S 74th Plz Ste 100, 68114, pg. 337
ERVIN & SMITH, 1926 S 67th St Ste 250, 68106, pg. 348
J. GREG SMITH, INC., 14707 California St, 68154, pg. 552
JUNE ADVERTISING, PO Box 541221, 68154, pg. 585
LILLETHORUP PRODUCTIONS, INC., 5011 Seward St, 68104, pg. 640
LOVGREN MARKETING GROUP, 809 N 96th St Ste 2, 68114, pg. 653
OBI CREATIVE, 2920 Farnam St, 68131, pg. 805
PHENOMBLUE, 2111 S 67Th St Ste 300, 68106, pg. 868
REDSTONE COMMUNICATIONS INC., 10031 Maple St, 68134, pg. 944
SKAR ADVERTISING, 111 S 108th Ave, 68154-2699, pg. 1018
SLEIGHT ADVERTISING INC, 15405 Weir St, 68154, pg. 1020
STERN PR MARKETING, 16508 Taylor St, 68116, pg. 1048
SURDELL & PARTNERS, LLC, 3738 S 149th St, 68144, pg. 1063
SWANSON RUSSELL ASSOCIATES, 14301 FNB Pkwy Ste 312, 68154-5299, pg. 1065
TURNPOST CREATIVE GROUP, 412 N 85Th St, 68114, pg. 1122

NEVADA

Henderson

BRANDTOPIA GROUP, 2831 St Rose Pkwy Ste 450, 89052, pg. 159
MARKETING RESULTS INC., 2900 W Horizon Rdg Pkwy Ste 200, 89052, pg. 684
MASSMEDIA CORPORATE COMMUNICATIONS, 2230 CorPOrate Cir Ste 210, 89074, pg. 692
VIRGEN ADVERTISING, CORP., 2470 Saint Rose Pkwy Ste 308, 89074, pg. 1138

Las Vegas

10E MEDIA, 10080 Alta Dr, 89145, pg. 1
B&P ADVERTISING, 900 S Pavilion Ctr Dr Ste 170, 89144, pg. 81
BLAINE WARREN ADVERTISING LLC, 7120 Smoke Ranch Rd, 89128, pg. 133
BRAINTRUST, 8948 Spanish Ridge Ave, 89148, pg. 153
THE GEARY COMPANY, 3136 E Russell Rd, 89120-3463, pg. 413
GLOBAL EXPERIENCE SPECIALISTS, INC., 7000 Lindell Rd, 89118, pg. 422
LETIZIA MASS MEDIA, 5460 Desert Point Dr, 89118, pg. 633
QUILLIN ADVERTISING, 8080 W Sahara Ave Ste A, 89117, pg. 923
R&R PARTNERS, 900 S Pavilion Center Dr, 89144, pg. 924
RDG ADVERTISING, 6675 S Tenaya Way Ste 160, 89113, pg. 935
RED ROCK STRATEGIES, 9500 W Flamingo Rd Ste 203, 89147, pg. 941
ROBERTSON & PARTNERS, 6061 S Fort Apachee Rd Ste 100, 89148, pg. 964
RPM/LAS VEGAS, 7251 W Lake Mead Blvd Ste 300, 89128, pg. 971
SK+G ADVERTISING LLC, 8912 Spanish Ridge Ave, 89148, pg. 1018
STAR7, 289 Pilot Rd Ste B, 89119, pg. 1043
SWAN ADVERTISING, 9121 W Russell Rd Ste 116, 89148, pg. 1064
THOMAS PUCKETT ADVERTISING, 1710 Bannie Ave, 89102, pg. 1101

Reno

120 WEST STRATEGIC COMMUNICATIONS LLC, 316 California Ave, 89509, pg. 2
ESTIPONA GROUP, PO Box 10606, 89511, pg. 350
FOUNDRY, 500 Damonte Ranch Pkwy Ste 675, 89521, pg. 394
THE GLENN GROUP, 50 Washington St, 89503-5603, pg. 421
KPS3 MARKETING, 500 Ryland St Ste 300, 89502, pg. 602
R&R PARTNERS, 6160 Plumas St Ste 200, 89519, pg. 925
WIDE AWAKE, 50 Washington St Ste 200, 89503, pg. 1163

NEW HAMPSHIRE

Bedford

ADS ON WHEELS, 15 Constitution Dr Ste 1A, 03110, pg. 33
BURKE ADVERTISING LLC, 9 Cedarwood Dr Ste 11, 03110, pg. 174
PANNOS MARKETING, 116 S River Rd, 03110, pg. 852

Concord

SOUTH END MEDIA, PO Box 286, 03302, pg. 1030
SULLIVAN CREATIVE SERVICES, LTD., 6C Hills Ave, 03301, pg. 1059

Exeter

THINK NOCTURNAL LLC, 8 Continental Dr Unit E, 03833, pg. 1099

Goffstown

GRINLEY CREATIVE LLC, 28 Benjamin Dr, 03045, pg. 450

Greenland

ALTERNATE TRANSIT ADVERTISING, 2 Alden Ave, 03840, pg. 49
MICROARTS, 655 Portsmouth Ave, 03840-2246, pg. 738

Hopkinton

STOREYMANSEAU, LLC, 603 Upper Straw Rd, 03229, pg. 1051

Keene

THE COMMUNICATORS GROUP, 9 Church St, 03431, pg. 223

Lee

RUSHTON GREGORY COMMUNICATIONS, 40 Snell Road, 03861, pg. 972

Manchester

AD4CE MEDIA, 1001 Elm St Ste 203, 03101, pg. 25
BRAINIUM INC., 373 S Willow Ste 197, 03103, pg. 152
EISENBERG, VITAL & RYZE ADVERTISING, 155 Dow St Ste 101, 03101, pg. 334
GYK ANTLER, 175 Canal St, 03101, pg. 457
M5 NEW HAMPSHIRE, 707 Chestnut St, 03104, pg. 665
MILLENNIUM AGENCY, 150 Dow St, 3rd Fl, 03101, pg. 740

Merrimack

GIRARD ADVERTISING LLC, 604 DW Hwy Ste 105, 03054, pg. 421

Nashua

COLLAGE ADVERTISING, 76 Northeastern Blvd Ste 28, 03062-3174, pg. 219
THE RIGHT LIST, 20a North West Blvd Ste 290, 03053, pg. 959

North Conway

DRIVE BRAND STUDIO, 170 Kearsarge St, 03860, pg. 320

North Hampton

RUMBLETREE, 216 Lafayette Rd, 03862, pg. 972

Northwood

KEVIN J. ASH CREATIVE DESIGN, LLC, 58 Meadow Lane, 03261, pg. 593

Peterborough

FLETCHER MEDIA GROUP, 70 Main St, 03458, pg. 388

Portsmouth

BOLDWERKS, 477 State St, 03801, pg. 145
CALYPSO, 20 Ladd St, 03801, pg. 184
DARCI CREATIVE, 96 Chestnut St, 03801, pg. 260
GIGUNDA GROUP, INC., 139 Flightline Rd, 03801, pg. 419
KIRK COMMUNICATIONS, 1 New Hampshire Ave Ste 125, 03801, pg. 597
PIEHEAD PRODUCTIONS LLC, 73 Ct St, 03801, pg. 870
RAKA, 33 Penhallow St., 03801, pg. 930
SEAN TRACEY ASSOCIATES, 401 State St Ste 3, 03801-4030, pg. 1000

Salem

36CREATIVE, 23 S Broadway Ste 11, 03079, pg. 7

NEW JERSEY

Asbury Park

M STUDIO, 513C Bangs Ave, 07712, pg. 665

Atlantic City

MASTERPIECE ADVERTISING, 3101 Boardwalk Ste 13, 08401, pg. 692
SPARKABLE INC., 1616 Pacific Ave Ste 307, 08401, pg. 1031

Avalon

AGENCIES

GEOGRAPHIC INDEX OF U.S.

EPPS ADVERTISING, 55 21St St W, 08202, pg. 344

Barnegat

PURPOSE ADVERTISING, 79 S Main St, 08005, pg. 918

Basking Ridge

BRIGHAM & RAGO MARKETING COMMUNICATIONS, 95 Highland Ave, 07920, pg. 163
RIDGE MARKETING & DESIGN LLC, 91 S Maple Ave, 07920, pg. 958
VICTORY HEALTHCARE COMMUNICATIONS, 25 Mountainview Boulevard, 07920, pg. 1137

Bedminster

BEACON HEALTHCARE COMMUNICATIONS, 135 Route 202/206 S Ste 1, 07921, pg. 118

Berkeley Heights

ACCESS COMMUNICATIONS LLC, 400 Connell Dr Ste 2, 07922-2739, pg. 20
PRECEPT MEDICAL COMMUNICATIONS, 4 Connell Dr Bldg IV Ste 601, 07922-2705, pg. 1058

Blackwood

ADAMUS MEDIA, PO Box 8145, 08012, pg. 27

Boonton

GREEN ROOM PUBLIC RELATIONS, 333 W Main St Ste 1, 07005, pg. 435
PROGRESSIVE MARKETING DYNAMICS, LLC, 611 Main St, 07005, pg. 891
S3, 718 Main St, 07005, pg. 974
STRATEGY+STYLE MARKETING GROUP, 3 Masar Rd, 07005, pg. 1054

Branchburg

PERCEPTURE, 3322 US 22 W Ste 411, 08876, pg. 863

Brielle

KINETIC KNOWLEDGE, 620 Harris Ave, 08730, pg. 595

Butler

FIORE ASSOCIATES, INC., 208 Main St, 07405, pg. 382

Cedar Knolls

BRUSHFIRE, INC., 2 Wing Dr, 07927, pg. 170
ECLIPSE MARKETING SERVICES, INC., 240 Cedar Knolls Rd, 07927, pg. 330
MARKETSMITH INC, 2 Wing Dr, 07927, pg. 685

Chatham

CN COMMUNICATIONS, 127 Main St, 07928, pg. 216

Cherry Hill

REX DIRECT NET, INC., 100 Springdale Rd A3 Ste 253, 08003, pg. 953
TMP WORLDWIDE/ADVERTISING & COMMUNICATIONS, One Cherry Hill One Mall Dr Ste 610, 08002, pg. 1108

Clifton

BLUBERRIES ADVERTISING, 258 Dayton Ave Ste A, 07011, pg. 138
EXPECT ADVERTISING, INC., 1033 Route 46, 07013, pg. 355
TAG ONLINE INC., 6 Prospect Village Plz 1st Fl, 07013, pg. 1070
WEINRICH ADVERTISING/COMMUNICATIONS, INC., 881 Allwood Rd Ste 2, 07012, pg. 1157

Clinton

MINT ADVERTISING, 120 W Main St, 08809, pg. 746

Colts Neck

CMDS, 265 State Route 34, Bldg 2, 07722, pg. 215

Cranford

KOIKO DESIGN LLC, 322 Stoughton Ave, 07016, pg. 600

Dayton

BROGAN TENNYSON GROUP, INC., 2245 US Hwy 130 Ste 102, 08810-2420, pg. 166
IMPACT XM - NEW JERSEY, 250 Ridge Rd, 08810, pg. 527

East Brunswick

VANGUARDCOMM, 2 Disbrow Court 3rd Fl, 08816, pg. 1130

East Hanover

BUTTER TREE STUDIOS, 32 Merry Ln, 07936, pg. 178

Eatontown

HAP MARKETING SERVICES, INC., 265 Industrial Way W Ste 7, 07724, pg. 466

Edgewater

DXAGENCY, 75 Gorge Rd, 07020, pg. 327

Edison

MORTON ADVERTISING INC., 3 Cranbury Ct, 08820, pg. 761

Egg Harbor Township

MASTERMINDS, 6727 Delilah Rd, 08234, pg. 692

Emerson

MRC MEDICAL COMMUNICATIONS, 12 Lincoln Blvd Ste 201, 07630, pg. 766
RMI MARKETING & ADVERTISING, 436 Old Hook Rd 2nd Fl, 07631, pg. 962

Englewood

SCHROEDER ADVERTISING, INC., 412 Tenafly Rd, 07631-1733, pg. 996

Englewood Cliffs

ADASIA COMMUNICATIONS, INC., 400 Sylvan Ave, 07632, pg. 27
FURMAN, FEINER ADVERTISING, 560 Sylvan Ave, 07632, pg. 403

Ewing

IMBUE CREATIVE, 200 Ludlow Dr, 08638, pg. 526
STIMULUS BRAND COMMUNICATIONS, 1 Currier Way, 08628, pg. 1049

Fairfield

CERAMI WORLDWIDE COMMUNICATIONS, INC., 100 Passaic Avenue, 07004, pg. 200
INTERSECTION, 55 Dwight Pl, 07004, pg. 544
THE MARCUS GROUP, INC., 310 Passaic Ave Ste 301, 07004, pg. 678
PEARL MEDIA LLC, 363 Rt 46 W, 07004, pg. 861
TURCHETTE ADVERTISING AGENCY LLC, 9 Law Dr, 07004, pg. 1121

Flemington

ARTCRAFT HEALTH EDUCATION, 39 Highway 12, 08822, pg. 71

Florham Park

BOOMERANG PHARMACEUTICAL COMMUNICATIONS, 500 Campus Dr Ste 300, 07932, pg. 146

Fort Lee

DOUBLE XXPOSURE MEDIA RELATIONS INC, 2037 Lemoine Ave Ste 205, 07024, pg. 317

Freehold

SHAW & TODD, INC., PO Box 7197, 07728, pg. 1006
THE UNREAL AGENCY, 30 South St # 2A, 07728, pg. 1127

Guttenberg

HARRISONRAND ADVERTISING, 6823 Bergenline Ave, 07093, pg. 469

Hackensack

EAST HOUSE CREATIVE, 85 Main St Ste 201, 07601, pg. 328
SOURCE COMMUNICATIONS, 433 Hackensack Ave 8th Fl, 07601-6319, pg. 1029

Haddonfield

ADVANTA ADVERTISING, LLC, 16 S Haddon Ave, 08033, pg. 34
BUZZ MARKETING GROUP, 132 Kings Hwy E Ste 202, 08033, pg. 178
HAMLYN SENIOR MARKETING, 25 Chestnut St, 08033, pg. 464
SCG ADVERTISING & PUBLIC RELATIONS, 131 Kings Hwy E Fl 2, 08033, pg. 994

Hamilton

PUBLICIS PDI, 100 American Metro Blvd, 08619, pg. 911

Hammonton

1 TRICK PONY, 251 Bellevue Ave 2nd Fl, 08037, pg. 1

Hasbrouck Heights

CPR STRATEGIC MARKETING COMMUNICATIONS, 777 Terrace Ave, 07604, pg. 236
RESULTS, INC., ADVERTISING AGENCY, 777 Terrace Ave, 07604-0822, pg. 950

Hightstown

BRANDESIGN, 137 South St, 08520, pg. 156

Hillsborough

JK DESIGN, 465 Amwell Rd, 08844, pg. 576

Holmdel

BSY ASSOCIATES INC, 960 Holmdel Rd Bldg II Ste 201, 07733, pg. 170

Hopewell

DANA COMMUNICATIONS, INC., 2 E Broad St, 08525, pg. 259

Iselin

POLARIS SOFTWARE LAB INDIA LIMITED, Woodbridge Pl 517 Rte 1 S Ste 2103, 08830, pg. 881

Jersey City

IQUANTI, INC., 111 Town Square Pl Ste 1201, 07310, pg. 548

GEOGRAPHIC INDEX OF U.S. AGENCIES

JUNGLE COMMUNICATIONS INC, 9 Broadman Pkwy, 07305, pg. 585
OUTSIDE THE BOX INTERACTIVE LLC, 150 Bay St Ste 706, 07302, pg. 847

Lambertville

OXFORD COMMUNICATIONS, INC., 11 Music Mtn Blvd, 08530, pg. 847

Landisville

SMS, Weymouth Rd., 08326, pg. 1025

Lawrenceville

TAFT & PARTNERS, 2000 Lenox Drive, 08648, pg. 1070

Little Silver

ELR MEDIA GROUP, 54 Little Silver POint Rd, 07739, pg. 338

Long Branch

GUIDE PUBLICATIONS, 422 Morris Ave Ste 5, 07740, pg. 455
SHORE CREATIVE GROUP, 176 Broadway Ste B, 07740, pg. 1009

Lyndhurst

ERBACH COMMUNICATIONS GROUP, INC., 1099 Wall St W Ste 175, 07071-3623, pg. 346

Mahwah

BEACON MEDIA GROUP, 1 International Blvd Ste 1110, 07495, pg. 118
THE DSM GROUP, 575 CorPOrate Dr Ste 420, 07430, pg. 323
HEALTHSTAR COMMUNICATIONS, INC., 1000 Wyckoff Ave, 07430, pg. 492
RECRUITSAVVY, 330 Franklin Tpke, 07430, pg. 938

Marlton

A.L.T. ADVERTISING & PROMOTION, 12000 Lincoln Dr W Ste 408, 08053, pg. 49

Metuchen

TOUCHDOWN MEDIA, 40 Bridge St, 08840, pg. 1111

Middlesex

BOC PARTNERS, 601 Bound Brook Rd Ste 100, 08846-2155, pg. 143

Middletown

BECKER GUERRY, 107 Tindall Rd, 07748-2321, pg. 119

Millburn

MONARCH COMMUNICATIONS INC, 343 Millburn Ave Ste 305, 07041, pg. 755

Monmouth Jct

RE:FUEL, 68 Culver Rd Ste 110, 08852, pg. 945

Monroe Township

DEVON ADVERTISING AGENCY LLC, 96 Drawbridge Dr, 08831, pg. 297

Montclair

GWP, INC., 32 Park Ave, 07042, pg. 456
LOONEY ADVERTISING AND DESIGN, 7 N Mountain Ave, 07042, pg. 651
SITUATIO NORMAL, 7 N Willow St Ste 8A, 07042, pg. 1017

Montvale

CSI GROUP, INC., 160 Summit Ave Ste 200, 07645, pg. 251

Montville

LINETT & HARRISON, 219 Changebridge Rd, 07045, pg. 641
SGW, 219 Changebridge Rd, 07045-9514, pg. 1004

Moorestown

NCI CONSULTING LLC, 820 Matlack Dr Ste 101, 08057, pg. 786
THOMAS BOYD COMMUNICATIONS, 117 N Church St, 08057, pg. 1101

Morris Plains

VISION CREATIVE GROUP, INC., 2740 State Route 10 Ste 301, 07950, pg. 1139

Morristown

THE IN-HOUSE AGENCY, INC., 55 Madison Ave Ste 400, 07960, pg. 529
KRAUS MARKETING, 4 Spring St, 07960, pg. 602
THE O'HARA PROJECT, 9 Washington St 2nd Fl, 07960, pg. 834
REVHEALTH, 55 Bank St, 07960, pg. 952
SMITHSOLVE LLC, 16 Washington St Ste 204, 07960, pg. 1024
ST. JACQUES MARKETING, PO Box 366, 07963, pg. 1040

Mountain Lakes

MCCANN ECHO NORTH AMERICA, 49 Bloomfield Ave, 07046, pg. 713

Mountainside

FORREST & BLAKE INC., 1139 Spruce Dr 2nd Fl, 07092, pg. 392

New Providence

BROWNING AGENCY, 121 Chanlon Rd, 07974, pg. 168

Newark

GMLV LLC, 53 Edison Pl Level 3, 07102, pg. 425

North Brunswick

MARKETING EDGE GROUP, 1555 Ruth Rd Units 1 & 2, 08902, pg. 683

Ocean

AURORA COAST PRODUCTIONS, 802 W Park Ave Ste 222, 07712, pg. 78
ENVISION DENNIS ROMANO, LLC, 20 Stonehenge Dr, 07712, pg. 342

Oldwick

NORMAN DIEGNAN & ASSOCIATES, PO Box 298, 08858, pg. 797

Paramus

CARYL COMMUNICATIONS, INC., 40 Eisenhower Dr Ste 203, 07652, pg. 192
GIOVATTO ADVERTISING & CONSULTING INC, 95 Rte 17 S, 07652, pg. 420
MAYR COMMUNICATIONS INC, 15 Farview Terr Ste 2, 07652, pg. 696
RITTA, 45 Eisenhower Dr Ste 510, 07652, pg. 960

Park Ridge

WORDS AND PICTURES CREATIVE SERVICE, INC., 1 Maynard Dr Ste 1103, 07656, pg. 1176

Parsippany

AIMIA, 1 Gatehill Dr Ste 205, 07054-4514, pg. 41
CMI MEDIA, 442 & 426 Interpace Pkwy, 07054, pg. 216
FCBCURE, 5 Sylvan Way, 07054, pg. 376
MCCANN TORRE LAZUR, 20 Waterview Blvd, 07054-1295, pg. 714
NATREL COMMUNICATIONS, 119 Cherry Hill Rd, 07054, pg. 786
OGILVY COMMONHEALTH INSIGHTS & ANALYTICS, 440 Interpace Pkwy, 07054, pg. 831
OGILVY COMMONHEALTH INTERACTIVE MARKETING, 430 Interpace Pkwy, 07054, pg. 831
OGILVY COMMONHEALTH MEDICAL EDUCATION, 402 Interpace Pkwy Bldg B, 07054, pg. 831
OGILVY COMMONHEALTH PAYER MARKETING, 422 Interpace Pkwy, 07054, pg. 831
OGILVY COMMONHEALTH SPECIALTY MARKETING, 444 Interpace Pkwy Bld B, 07054, pg. 831
OGILVY COMMONHEALTH WELLNESS MARKETING, 424 Interpace Pkwy, 07054, pg. 832
OGILVY COMMONHEALTH WORLDWIDE, 400 Interpace Pkwy, 07054, pg. 832
OGILVY HEALTHWORLD PAYER MARKETING, 343 Interspace Pkwy, 07054, pg. 833

Pennsauken

WORKS DESIGN GROUP, 7905 Browning Rd Ste 104, 08109, pg. 1177

Pine Brook

BEHIND THE SCENES MARKETING, 90 Windsor Dr, 07058, pg. 121

Piscataway

INTELLECT DESIGN ARENA INC, 20 CorPOrate Pl S, 08854, pg. 881

Pittstown

YANKEE PUBLIC RELATIONS, 8 Sunshine Dr, 08867, pg. 1195

Plainfield

ALLEN & PARTNERS, 620 Sheridan Ave, 07060, pg. 46

Plainsboro

DIGITAL BRAND EXPRESSIONS, 101 Morgan Ln Ste 203B, 08536, pg. 300

Point Pleasant

NETWAVE INTERACTIVE MARKETING, INC., 600 Bay Ave, 08742, pg. 790

Princeton

CLINE, DAVIS & MANN, INC., 210 Carnegie Ctr Ste 200, 08540-6226, pg. 199
DENTINO MARKETING, 515 Executive Dr, 08540, pg. 289
HG MEDIA, INC., 31 Airpark Rd Ste 6, 08540-1524, pg. 498
INTEGRATED MARKETING SERVICES, 279 Wall St Research Park, 08540-1519, pg. 536
J&M MARKETING COMMUNICATIONS, LLC, 177 Parkside Dr, 08540-4814, pg. 552
MRM PRINCETON, 105 Carnegie Ctr, 08540, pg. 768
PRINCETON PARTNERS, INC., 205 Rockingham Row, 08540, pg. 890
PURERED, 301C College Rd E, 08540, pg. 918
THE TOPSPIN GROUP, 415 Executive Dr, 08540, pg. 1110
ZULLO AGENCY, INC., 1 Academy St, 08540, pg. 1216

Princeton Junction

CREATIVE MARKETING ALLIANCE INC., 191 Clarksville

AGENCIES

Rd, 08550, pg. 243
PRINCETON MARKETECH, 2 Alice Rd, 08550, pg. 890

Red Bank

THE SAWTOOTH GROUP, 25 Bridge Ave Ste 203, 07701, pg. 992
SPITBALL LLC, 60 Broad St, 07701, pg. 1034

Ridgefield Park

DM2 DESIGN CONSULTANCY, 100 Challenger Rd, 07660, pg. 310
FORT GROUP INC., 100 Challenger Rd 8th Fl, 07660, pg. 393

Ridgewood

DO GOOD MARKETING, LLC, 76 W Ridgewood Ave Ste 9, 07450, pg. 312

Robbinsville

JACK MORTON EXHIBITS, 10 Applegate Dr, 08691, pg. 568

Roselle Park

HERCKY PASQUA HERMAN, INC., 319 Chestnut St, 07204, pg. 496

Rutherford

16W MARKETING, LLC, 75 Union Ave 2nd Fl, 07070, pg. 3

Scotch Plains

PL COMMUNICATIONS, 417 Victor St, 07076, pg. 875

Shrewsbury

ENA HEALTHCARE COMMUNICATIONS, 1161 Broad Street, 07702, pg. 340

Somers Point

SUASION COMMUNICATIONS GROUP, 235 Shore Rd, 08244, pg. 1057
VISIONS ADVERTISING MEDIA, LLC, 426 Shore Rd Ste B, 08401, pg. 1139

Somerset

D2 CREATIVE, 28 Worlds Fair Dr, 08873, pg. 256
TARTAGLIA COMMUNICATIONS, PO Box 5148, 08875-5148, pg. 1074

Somerville

BALDWIN & OBENAUF, INC., 50 Division St, 08876, pg. 86
CUMMINS, MACFAIL & NUTRY, INC., 320 East Main St, 08876, pg. 254

South Orange

THE CHAPTER MEDIA, 216 Coudert Pl, 07079, pg. 203

Sparta

EVANS ALLIANCE ADVERTISING, 72 Cobbler Sq, 07871, pg. 351

Summit

TRILLION CREATIVE LLC, 382 Springfield Ave Ste 408, 07901, pg. 1118

Tinton Falls

FALLON MEDICA LLC, 620 Shrewsbury Ave, 07701, pg. 359

Trenton

EFK GROUP, 1027 S Clinton Ave, 08611, pg. 332
RYAN JAMES AGENCY, 3687 Nottingham Way # A, 08690, pg. 973

Union

JL MEDIA DIRECT RESPONSE, 1600 Us Route 22 E, 07083-3415, pg. 577

Upper Saddle River

SIGMA GROUP, 10 Mountainview Road, 07458-1933, pg. 1011

Voorhees

BAROLIN & SPENCER, INC., 1015 Main St, 08043-4602, pg. 91

Wall

SHOREPOINT COMMUNICATIONS, LLC, 2604 Atlantic Ave, 07719, pg. 1009

Wall Township

SAVAGE INITIATIVE, 3502 Windsor Rd, 07719, pg. 992
SINGLE THROW INTERNET MARKETING, 1800 Route 34, 07719, pg. 1016

Warren

THE SOLUTIONS GROUP INC., 161 Washington Valley Rd Ste 205, 07059-7121, pg. 1027

Washington

GRAPHIC D-SIGNS INC, 279 Rte 31 S Ste 4, 07882, pg. 433

West Caldwell

CCG MARKETING SOLUTIONS, 14 Henderson Dr, 07006-6608, pg. 197

West Long Branch

LANMARK360, 804 Broadway, 07764, pg. 610

West Paterson

BLUE MOON STUDIOS, 86 Lackawanna Ave, 07424, pg. 139

Whitehouse

CI GROUP, 10 Salem Park, 08888, pg. 208
DELIA ASSOCIATES, 456 Route 22 W, 08888-0338, pg. 287

Woodbridge

SAWTOOTH HEALTH, 100 Woodbridge Ctr Dr Ste 102, 07095, pg. 993

Woodbury

AVC MEDIA GROUP, 58 S Broad St, 08096, pg. 79
CREATIVE VIDEO, 26 Colonial Ave, 08096, pg. 246

NEW MEXICO

Albuquerque

3 ADVERTISING, 1550 Mercantile Ave NE 2nd Fl, 87107, pg. 5
ESPARZA ADVERTISING, 423 Cooper Ave NW, 87102, pg. 349
GRIFFIN & ASSOCIATES, 119 Dartmouth Dr SE, 87106, pg. 449
MCKEE WALLWORK & COMPANY, 1030 18th St NW,

GEOGRAPHIC INDEX OF U.S.

87104, pg. 718
MEDIA MATCHED INC, 9798 Coors Blvd Nw Bldg C100, 87114, pg. 726
MOROCH, 115 Gold Ave SW Ste 205, 87102, pg. 759
RK VENTURE, 120 Morningside SE, 87108, pg. 961
THE WAITE COMPANY, 6000 Uptown Boulevard Ste 350, 87110, pg. 1148

Las Cruces

CHEDDAR SOCIAL, 304 W Griggs Ave, 88005, pg. 204
SINUATE MEDIA, LLC., 2001 E Lohman Ave Ste 110-323, 88001, pg. 1016

Rio Rancho

AD HOUSE ADVERTISING, 918 Pinehurst Rd NE Ste 102, 87124, pg. 23
EFG CREATIVE INC., 1424 Deborah Rd Se Ste 204D, 87124, pg. 332

Santa Fe

12FPS, 1424 Santa Rosa Dr, 87505, pg. 2
HK ADVERTISING, INC., 41 Bisbee Ct Ste A-1, 87508, pg. 503

NEW YORK

Albany

COMMUNICATION SERVICES, PO Box 1115, 12201, pg. 222
CORNING PLACE COMMUNICATIONS, 121 State St, 12207, pg. 232
ERIC MOWER + ASSOCIATES, 30 S Pearl St Ste 1210, 12207, pg. 347
MEDIA LOGIC, 59 Wolf Rd, 12205, pg. 726
NOWAK ASSOCIATES, INC, 6 Wembley Ct, 12205, pg. 801
OVERIT, 435 New Scotland Ave, 12208, pg. 847
RUECKERT ADVERTISING, 638 Albany Shaker Rd, 12211, pg. 972
SCHAEFER MEDIA & MARKETING, 1659 Central Ave Ste 201, 12205, pg. 995

Amherst

PARTNERSHIP ADVERTISING, 11 Pinchot Ct Ste 100, 14228, pg. 856
VALMARK ASSOCIATES, LLC, 4242 Ridge Lea Rd Ste 5, 14226, pg. 1130

Amityville

CGT MARKETING LLC, 275-B Dixon Ave, 11701, pg. 201

Armonk

GOLD N FISH MARKETING GROUP LLC, 53 Old Route 22, 10504, pg. 428
LAKE GROUP MEDIA, INC., 1 Byram Group Pl, 10504, pg. 607

Baldwin

WEBNBEYOND, 2280 Grand Ave Ste 314, 11510, pg. 1156

Ballston Lake

MAD ADDIE MARKETING, 46 Old Stage Rd, 12019, pg. 668

Binghamton

HUE STUDIOS, 222 Water St Ste 228, 13901, pg. 512
RIGER ADVERTISING AGENCY, INC., 53 Chenango St, 13902, pg. 958

Bohemia

FISHBAT INC, 25 Orville Dr Ste 101B, 11716, pg. 385

GEOGRAPHIC INDEX OF U.S. AGENCIES

Bowmansville

E8 CREATIVE, PO BOX 326, 14026, pg. 328
MANZELLA MARKETING GROUP, 5360 Genesee St Ste 203, 14026, pg. 676

Brooklyn

72ANDSUNNY, 55 Water St, 11201, pg. 12
ACOSTA DESIGN INC, 317 3Rd St Apt 1B, 11215, pg. 22
AD LIB UNLIMITED INC, 1507 Ave M, 11230, pg. 24
AD:60, 68 Jay St Unit 616, 11201, pg. 25
AJAX UNION, 253 36Th St Unit 24, 11232, pg. 42
AMERICAN MEDIA CONCEPTS INC., 189 Montague St Ste 801A, 11201-3610, pg. 52
AND/OR, 68 Jay St Ste 419, 11201, pg. 55
ASHAY MEDIA GROUP, 159 20th St, 11232, pg. 73
THE BAM CONNECTION, 20 Jay St, 11201, pg. 86
BIG SPACESHIP, 55 Washington St Ste 512, 11201, pg. 129
BLENDERBOX INC., 26 Dobbin St 3rd Fl, 11222, pg. 135
BRALEY DESIGN, 306 E 3rd St, 11218, pg. 153
CARDWELL BEACH, 155 Water St, 11201, pg. 189
CARROT CREATIVE, 55 Washington St Ste 900, 11201, pg. 191
CERADINI BRAND DESIGN, 417 Grand St, 11211, pg. 200
DAVID STARK DESIGN & PRODUCTION, 219 36Th St Unit 3, 11232, pg. 262
DCX GROWTH ACCELERATOR, 361 Stagg St Ste 310, 11206, pg. 266
DEAD AS WE KNOW IT, 51 Cunthair Ave, 11222-3143, pg. 283
DREAMBEAR, LLC, 111 Jewel St, 11222, pg. 319
FACULTY NY LLC, 216 Plymouth St Fl 2, 11201, pg. 357
FANGOHR, LLC, 329 14Th St # 2, 11215, pg. 361
FRANK COLLECTIVE, 20 Jay St Ste 930, 11201, pg. 395
HUGE LLC, 45 Main St Ste 300, 11201, pg. 512
HYPERAKT, 400 3rd Ave, 11215, pg. 516
INAMOTO & CO, 117 8th St, 11215, pg. 530
THE JOEY COMPANY, 45 Main St Ste 413, 11201, pg. 578
KOVERT CREATIVE, 77 Sands St, 11201, pg. 601
LUBICOM MARKETING CONSULTING, 1428 36th St, 11218, pg. 655
M SS NG P ECES, 836 Manhattan Ave Ste 2, 11222, pg. 665
MADWELL, 243 Boerum St, 11206, pg. 670
MEDIA ON THE GO LTD., 1088 Bedford Ave, 11216, pg. 727
MUSTACHE AGENCY, 20 Jay St, 11201, pg. 780
NEW AGE MEDIA, pob 245456, 11224, pg. 791
ORANGEYOUGLAD, 423 Smith St, 11231, pg. 844
OUR MAN IN HAVANA, 55 Washington St Ste 400, 11201, pg. 845
PEOPLE IDEAS & CULTURE, 68 Jay St Ste 203, 11201, pg. 862
RED ANTLER, 20 Jay St, 11201, pg. 938
REMEZCLA LLC, 101 N 3rd St Ste 113, 11249, pg. 946
THE RIBAUDO GROUP, 59 Bay 38Th St, 11214, pg. 955
SOMETHING DIFFERENT, 37 Greenpoint Ave #4a, 11222, pg. 1028
SPIKE/DDB, 55 Washington St Ste 624, 11201, pg. 269
STELLAR ENGINE, 67 W St Ste 401, 11222, pg. 1046
STELLARHEAD, 45 Main St Ste 1010, 11201, pg. 1046
STINK STUDIOS, 20 Jay St Ste 404, 11201, pg. 1049
TRONVIG GROUP, 68 34th St Bldg. 6 5th Fl Ste B520, 11232, pg. 1119
UWG, 1 Metrotech Center N 11th Fl, 11201, pg. 1129
VARIABLE, 20 Jay St Ste 802, 11201, pg. 1131
VIRTUE WORLDWIDE, 55 Washington St Ste 900, 11201, pg. 1139
WOLF & WILHELMINE, INC, 7 Front St Second Fl, 11201, pg. 1173
WORK & CO., 231 Front St 5th Fl, 11201, pg. 1176

Buffalo

15 FINGERS, 599 Delaware Ave, 14202, pg. 2
ABBEY, MECCA & COMPANY, 95 Perry St, 14203, pg. 17
BLOCK CLUB INC., 731 Main St, 14203, pg. 137
CARR MARKETING COMMUNICATION, INC., 300 International Dr Ste 100, 14221, pg. 191
CROWLEY WEBB, 268 Main St Ste 400, 14202-4108, pg. 250
FLYNN & FRIENDS, PO Box 1543, 14205, pg. 390
FOURTH IDEA, 500 Seneca St Ste 507, 14204, pg. 394
HAROLD WARNER ADVERTISING, INC., 700 Parkside Ave, 14216, pg. 468
THE MARTIN GROUP, LLC., 487 Main St Ste 200, 14203, pg. 688
MR. SMITH AGENCY LLC, 465 Washington St B01, 14203, pg. 766
QUINLAN & COMPANY, 726 Exchange St Ste 612, 14210, pg. 923
TIPPING POINT COMMUNICATIONS, 849 Delaware Ave Apt 605, 14209, pg. 1105
TRELLIS MARKETING, INC, 41 Delaware Rd, 14217, pg. 1115
TYPEWORK STUDIO, 40 Pine Ridge Terrace, 14225, pg. 1125

Campbell Hall

BBG&G ADVERTISING, 3020 Rte 207, 10013, pg. 115

Chester

AJ ROSS CREATIVE MEDIA, INC., 62 Wood Rd, 10918, pg. 42

City Island

SPOT ON, 213 Fordham St, 10464, pg. 1036

Cohoes

OBERLANDER GROUP, 143 Remsen St, 12047, pg. 804

Cold Spring

MKTWORKS, INC., 292 Main St, 10516, pg. 749

Depew

FARM, 6350 Transit Rd, 14043, pg. 362

Edgewood

LORRAINE GREGORY COMMUNICATIONS, 95 Executive Dr Ste A, 11717, pg. 652

Elmira

HOWELL, LIBERATORE & ASSOCIATES, INC., 50 Pennsylvania Ave, 14902, pg. 510

Fairport

MG LOMB ADVERTISING, INC., 1387 Fairport Rd Ste 700, 14450, pg. 736

Forest Hills

ARAGON ADVERTISING, 7036 Nansen St, 11375, pg. 64

Fulton

STEVE CHIRELLO ADVERTISING, 121 S 1st St, 13069, pg. 1048

Garden City

CORE IR, 377 Oak St Concourse 2, 11530, pg. 231

Goshen

MEDIA VISION ADVERTISING, 25 Main St Ste 2, 10924, pg. 727

Great Neck

SWISS COMMERCE, 60 Cutter Mill Rd, 11021, pg. 1067

Greenville

KATHODERAY MEDIA INC., 20 Country Estates Rd PO Box 545, 12083, pg. 588

Harrison

MILLER ADVERTISING, 84 Calvert St, 10528-3213, pg. 741

Hartsdale

WEBWORKS ALLIANCE, 95 Caterson Ter, 10530, pg. 1156

Hastings Hdsn

STEPHAN PARTNERS, INC., 30 Lincoln Ave, 10706, pg. 1046

Hauppauge

AUSTIN & WILLIAMS, 80 Arkay Dr Ste 220, 11788, pg. 78
INFUSION DIRECT MARKETING & ADVERTISING INC, 350 Motor Pky Ste 410, 11788, pg. 532
WALTER F. CAMERON ADVERTISING INC., 350 Motor Pkwy Ste 410, 11788-5125, pg. 1151

Haverstraw

S.R. VIDEO PICTURES, LTD., 23 S Route 9W, 10927, pg. 1038

Holbrook

CREATIVE IMAGE ADVERTISING & DESIGN, INC., 19 Lindsey Pl, 11741, pg. 242

Huntington

KNACK4 DESIGN, INC., 29 Whistler Hill Ln, 11743, pg. 599
ROTTER GROUP INC., 256 Main St 2nd Fl, 11743, pg. 969
SMITH & DRESS LTD., 432 W Main St, 11743, pg. 1022
THINKHOUSE, 20 Connelly Rd, 11743, pg. 1100

Huntington Bay

NATIONAL MEDIA SERVICES, INC., 91 Summit Dr, 11743, pg. 785

Irvington

GALEWILL DESIGN, 1 Bridge St, 10533, pg. 408
LOCKARD & WECHSLER, 2 Bridge St Ste 200, 10533, pg. 649

Ithaca

AMERICAN CONSULTING GROUP, INC., 1329 Taughannock Blvd, 14850, pg. 52

Jericho

BRASHE ADVERTISING, INC., 471 N Broadway, 11753, pg. 160

Katonah

EVERETT STUDIOS, 22 Valley Rd, 10536, pg. 353

Kingston

JMC MARKETING COMMUNICATIONS & PR, 10 Pearl St, 12401, pg. 577

Lake Placid

AD WORKSHOP, 44 Hadjis Way, 12946, pg. 24

Lockport

J. FITZGERALD GROUP, 12 W Main St, 14094, pg. 552

Long Beach

HJMT COMMUNICATIONS, LLC, 78 E Park Ave, 11561, pg. 503

Long Is City

A-81

AGENCIES

CONCEPT FARM, 1125 44Th Rd, 11101, pg. 226

Long Island City

CREATIVE MARKETING PLUS INC., 4705 Center Blvd Ste 806, 11109, pg. 243

Melville

THE EGC GROUP, 1175 Walt Whitman Rd Ste 200, 11747-3030, pg. 332
INTRIGUE, 425 Broad Hallow Rd, 11747, pg. 545
PENVINE, 200 Broadhollow Rd Ste 20, 11747, pg. 862
WAXWORDS INCORPORATED, 105 Maxess Rd Ste S124, 11747, pg. 1154
WILEN GROUP, 45 Melville Park Rd, 11747, pg. 1167

Middle Island

THE LINICK GROUP, INC., Linick Bldg 7 Putter Ln Dept RB08, 11953-0102, pg. 641

Mineola

CREATIVE MEDIA AGENCY LLC, 393 Jericho Tpke Ste #300, 11501-1299, pg. 244
IMPRESSIONS-A.B.A. INDUSTRIES, INC., 393 Jericho Tpk, 11501, pg. 528

Morristown

LIGHTHOUSE MARKETING, PO Box 9, 13664, pg. 640

New City

CRAWFORD ADVERTISING ASSOCIATES, LTD., 216 Congers Rd, 10956, pg. 238
THE ROCKFORD GROUP, 216 Congers Rd Bldg 2, 10956, pg. 965

New Hartford

BROCKETT CREATIVE GROUP, INC., 4299 Middle Settlement Rd, 13413, pg. 165

New Rochelle

JODYANDIANE CREATIVE COMMUNICATIONS, LLC, 111 Wood Hollow Ln, 10804, pg. 578
STEINER SPORTS MARKETING, 145 Huguenot St, 10801-6454, pg. 1046

New York

135TH STREET AGENCY, 424 W 33rd St, 10001, pg. 2
31 LENGTHS LLC, 43 W 24th St 7th Fl, 10010, pg. 6
360I, 32 Ave of the Americas 6th Fl, 10013, pg. 6
42WEST, 600 3Rd Ave Fl 23, 10016, pg. 8
77 VENTURES, 122 Hudson St 3rd Fl, 10013, pg. 12
9.8 GROUP, 40 Fulton St Rm 600, 10038, pg. 14
A. LAVIN COMMUNICATIONS, 8 Haven Ave Ste 223, 10001, pg. 15
A PARTNERSHIP, 307 Fifth Ave, 10016, pg. 15
ABSTRACT EDGE, 455 Broadway 4th Fl, 10013, pg. 18
ACCESS BRAND COMMUNICATIONS, 220 E 42nd St, 10017, pg. 20
A.D. LUBOW, LLC, 404 5th Avenue, 10018, pg. 24
ADAM&EVEDDB, 487 Madison Ave, 10022, pg. 25
ADELPHI EDEN HEALTH COMMUNICATIONS, 488 Madison Ave, 10022, pg. 304
ADMARKETPLACE, 1250 Broadway Fl 31, 10001, pg. 30
ADMERASIA, INC., 159 W 25th St 6th Fl, 10001-7203, pg. 31
ADNET ADVERTISING AGENCY, INC., 111 John St Ste 701, 10038, pg. 32
ADREA RUBIN MARKETING, INC., 19 W 44th St Ste 1415, 10036, pg. 32
ADVENTIUM, LLC, 320 E 35th St Ste 5B, 10016, pg. 34
AFG&, 1 Dag Hammarskjold Plz, 10017, pg. 37
AGENCY212, LLC, 276 Fifth Ave Ste 801, 10001, pg. 39
AGENCYSACKS, 345 7th Ave 7th Fl, 10001-5006, pg. 40
AGENDA, 311 W 43rd St Ste 703, 10036, pg. 40
AIR PARIS/NEW YORK, 20 W 22nd St 901, 10010, pg. 41
AKA NYC, 321 W 44th St, 10036, pg. 42

ALCHEMY ADVERTISING, 2109 Broadway Ste 1462, 10023, pg. 44
ALLIED ADVERTISING, PUBLIC RELATIONS, 5 Penn Plz 21st Fl, 10001, pg. 47
ALLIED EXPERIENTIAL, 233 Broadway Fl 13, 10279, pg. 46
ALLISON & PARTNERS, 71 5th Ave, 10003, pg. 721
ALLSCOPE MEDIA, 462 7th Ave 8th Fl, 10018, pg. 49
ANALOGFOLK, 13-17 Laight St Unit 602, 10013, pg. 55
AND PARTNERS, 158 W 27th St Fl 7, 10001, pg. 55
THE&PARTNERSHIP, 72 Spring St Fl 4, 10012, pg. 55
ANDOSCIA COMMUNICATIONS, 29 King St, 10014, pg. 58
ANDRIA MITSAKOS PUBLIC RELATIONS, 76 9th Ave Ste 1110, 10011, pg. 58
ANOMALY, 536 Broadway 11th Fl, 10012, pg. 59
ANSIBLE MOBILE, 55 5th Ave 16th Fl, 10003, pg. 60
APCO WORLDWIDE, 360 Park Ave S, 10010, pg. 63
ARCOS COMMUNICATIONS, 18 E 41st St, 10017, pg. 66
AREA 23, 622 3rd Ave 3rd Fl, 10017, pg. 67
ARNOLDNYC, 205 Hudson St, 10013, pg. 70
ASB COMMUNICATIONS, 519 8Th Ave Rm 802, 10018, pg. 73
@RADICAL MEDIA, 435 Hudson St, 10014, pg. 74
ATHORN, CLARK & PARTNERS, 21 W 46Th St Ste 905, 10036, pg. 75
ATMOSPHERE PROXIMITY, 437 Madison Ave Bsmt 1, 10022, pg. 98
ATTENTION GLOBAL, 160 Varick St 3rd Fl, 10013, pg. 76
AUMCORE LLC, 215 Park Ave S Ste 1802, 10003, pg. 78
AY DIGITAL, 245 5Th Ave Rm 1002, 10016, pg. 81
BADGER & WINTERS, INC., 49 W 23Rd St Fl 10, 10010, pg. 83
THE BAIT SHOPPE, 36 E 23rd St, 10010, pg. 84
BANDUJO ADVERTISING & DESIGN, 22 W 21st St 8th Fl, 10010, pg. 87
THE BARBARIAN GROUP, 112 W 20th St, 10011, pg. 88
BARETZ + BRUNELLE LLC, 100 William St 18th Flr, 10038, pg. 89
BARKER, 30 Broad St, 10004, pg. 89
BARON & BARON, 435 Hudson St 5th Fl, 10014, pg. 91
BARTLEY & DICK, 330 W 38Th St Ste 1401, 10018, pg. 94
BARTON F. GRAF, 60 Madison Ave Ste 201, 10010, pg. 94
BAYARD ADVERTISING AGENCY, INC., 1430 Broadway Fl 20, 10018, pg. 96
BBDO NEW YORK, 1285 Ave of the Americas 7th Fl, 10019-6028, pg. 99
BBDO NORTH AMERICA, 1285 Ave of the Americas, 10019-6028, pg. 97
BBDO WORLDWIDE INC., 1285 Ave of the Americas, 10019-6028, pg. 97
BBH NEW YORK, 32 Avenue of the Americas 19th Fl, 10013, pg. 115
BDOT, 54 W 40th St, 10018, pg. 117
B.E. INTERNATIONAL, 1745 Broadway 17th Fl, 10019, pg. 118
BE THE MACHINE, 817 Broadway 4th Fl, 10003, pg. 118
BEANSTALK, 220 E 42nd St, 10017, pg. 118
BEARDWOOD & CO, 588 Broadway Ste 803, 10012, pg. 118
BEAUTY@GOTHAM, 622 3Rd Ave Fl 16, 10017, pg. 119
BEEKMAN MARKETING, INC., 5 W 19th St, 10011, pg. 121
BEHAVIOR DESIGN, 40 W 27th St Ste 401, 10001, pg. 121
BENENSON STRATEGY GROUP, 777 3rd Ave 33rd Fl, 10017, pg. 122
BERLIN CAMERON UNITED, 3 Columbus Circle, 10019, pg. 124
BFG COMMUNICATIONS, 665 Broadway Ste 300, 10012, pg. 127
BGB GROUP, 462 Broadway 6th Fl, 10013, pg. 127
BIG ARROW CONSULTING GROUP, LLC, 124 Hudson St, 10013, pg. 128
BIG FUEL COMMUNICATIONS LLC, 299 W Houston 14th Fl, 10014, pg. 128
BIG HUMAN, 51 E 12th St 9th Fl, 10003, pg. 129
BIG IDEA ADVERTISING INC, 6 Maiden Ln, 10038, pg. 129
BIGBUZZ MARKETING GROUP, 520 8th Ave Fl 22, 10018, pg. 130
BIGEYEDWISH LLC, 349 5th Avenue, 10016, pg. 131
BLAST RADIUS, 3 Columbus Cir, 10019, pg. 134
BLEECKER & SULLIVAN ADVERTISING, 214 Sullivan St, 10012, pg. 135
BLISSPR, 500 5th Ave Ste 1010, 10110, pg. 136

GEOGRAPHIC INDEX OF U.S.

BLKBOX, 26 W 23rd St Fl 4, 10010, pg. 137
THE BLUE FLAME AGENCY, 1710 Bdwy, 10019, pg. 139
BLUE MEDIUM, INC., 20 W 22nd St Ste 807, 10010, pg. 139
BLUE SKY COMMUNICATIONS, 276 5Th Ave Rm 205, 10001, pg. 140
BLUEROCK, 575 Lexington Ave Fl 26, 10022, pg. 141
BLUESOHO, 160 Varick St 2nd Fl, 10013, pg. 141
BMC COMMUNICATIONS GROUP, LLC, 740 Broadway 9th Fl, 10003, pg. 142
BMF MEDIA, 50 W 23rd St 7th Fl, 10010, pg. 142
BODDEN PARTNERS, 102 Madison Ave, 10016-7417, pg. 143
BOND STRATEGY & INFLUENCE, 466 Broome St Fl 4, 10013, pg. 145
BORN, 114 W 26Th St Fl 2, 10001, pg. 148
BORN A.I., 711 3rd Ave, 10017, pg. 148
BOTTLEROCKET MARKETING GROUP, 1500 Broadway, 32nd Fl, 10036, pg. 149
BOUCHER + CO, 121 W 27Th St Ste 1004, 10001, pg. 149
BPCM, 550 Broadway 3rd Fl, 10012, pg. 151
BPN WORLDWIDE, 100 W 33rd St, 10001, pg. 151
BRAND DEFINITION, 121 W 27Th St Ste 1203, 10001, pg. 154
BRAND LUCENCE, 28 W. 36th St. Ste 901, 10018, pg. 155
BRANDEMIX, 31 W 34th St 7th Flr, 10001, pg. 156
BRANDFIRE, 555 8th Ave Ste 901, 10018, pg. 156
THE BRANDMAN AGENCY, 261 5th Ave Fl 22, 10016, pg. 157
BRANDOPUS, 524 Broadway 11th Fl, 10012, pg. 158
BRANDSWAY CREATIVE, 77-79 Ludlow St 2nd Fl, 10002, pg. 159
BRANDTUITIVE, 275 Madison Ave Ste 1700, 10016, pg. 159
BRANDWIZARD, 130 Fifth Ave, 10011, pg. 160
BRATSKEIR & CO, 152 Madison Ave, 10016, pg. 160
BRAVO MEDIA, 145 W 28th St, 10001, pg. 161
BRENESCO LLC, 291 Broadway Ste 802, 10007, pg. 161
BRIGHTLINE ITV, 565 Fifth Ave 18th Fl, 10017, pg. 164
BROAD STREET, 242 W 30th St, 10001, pg. 165
THE BROMLEY GROUP, 15W 26th St 3rd Fl, 10010, pg. 166
THE BROOKLYN BROTHERS, 7 W 22Nd St Fl 7, 10010, pg. 167
BRUSHFIRE, INC./NEW YORK, 555 5th Ave 17th Fl, 10017, pg. 170
BUCK NY, 247 Centre St 5fl, 10013, pg. 171
BUERO NEW YORK, 401 Broadway, 10013, pg. 172
BULLFROG & BAUM, 56 W 22nd St, 10010, pg. 172
BULLISH, 135 Bowery # 7, 10002, pg. 172
BULLY PULPIT INTERACTIVE, 12 W 27th St 6th Fl, 10001, pg. 173
THE BURNS GROUP, 220 West 19th St 12th Fl, 10011, pg. 175
BURNS MCCLELLAN, INC., 257 Park Ave S 15th Fl, 10010, pg. 175
BUZZ BRAND MARKETING, 54 W 40th St, 10018, pg. 178
C&G PARTNERS, LLC., 116 E 16th St 10th Fl, 10003, pg. 180
CAMPBELL EWALD NEW YORK, 386 Park Ave S, 10016, pg. 541
CAMPFIRE, 40 Fulton St Fl 2, 10038, pg. 186
CANOPY BRAND GROUP, 337 Broome St 3rd Fl, 10002, pg. 187
CARMICHAEL LYNCH RELATE, 150 E 42nd St 12th Fl, 10017, pg. 190
CARROTNEWYORK, 75 Broad St 33rd Fl, 10004, pg. 191
CATCH 24 ADVERTISING & DESIGN, 132 W 31st St, 10001, pg. 196
CATCH NEW YORK, 15 E 32nd St 4th Fl, 10016, pg. 196
CCM MARKETING COMMUNICATIONS, 11 E 47th St Fl 3, 10017-7916, pg. 197
THE CDM GROUP, 200 Varick St 2nd Fl, 10014, pg. 198
THE CEMENTWORKS, LLC, 1 Financial Sq Fl 15, 10005, pg. 199
CENTRON, 1745 Broadway, 10019, pg. 492
CHANDELIER, 611 Broadway Ph, 10012, pg. 202
CHANDLER CHICCO AGENCY, 450 W 15th St 7th Fl, 10011, pg. 202
CHANGING OUR WORLD, 220 E 42nd St 5th Fl, 10017, pg. 305
CHEIL NORTH AMERICA, 118 W 20Th St Fl 7, 10011, pg. 204
CHILLINGWORTH/RADDING INC., 1123 Broadway Ste 1107, 10010, pg. 207

GEOGRAPHIC INDEX OF U.S. AGENCIES

CHLETCOS/GALLAGHER INC., 121 W 27th St Ste 1103, 10001, pg. 207
THE CHR GROUP, 333 Seventh Ave 6th Fl, 10001, pg. 207
CHRLX, 2 W 45th St, 10036, pg. 207
CIEN+, 234 W 39th St, 10018, pg. 208
CIRCUS MAXIMUS, 33 Irving Pl 3rd Fl, 10003, pg. 209
CIVIC ENTERTAINMENT GROUP, LLC, 436 Lafayette St 5th Flr, 10003, pg. 209
CLEAR, 88 Pine St Fl 30, 10005, pg. 659
CLICKSPRING DESIGN, 200 Lexington Ave, 10016, pg. 213
CO: COLLECTIVE, 419 Park Ave S, 10016, pg. 216
CODE AND THEORY, 575 Bdwy 5th Fl, 10012, pg. 217
COLLINS, 88 University Place, 10003, pg. 220
COMMUNICATION ASSOCIATES, 244 Madison Ave, 10016, pg. 222
CONCENTRIC HEALTH EXPERIENCE, 330 Hudson St 5h Fl, 10013, pg. 225
CONSTRUCTIVE, 611 Broadway Ste 430, 10012, pg. 228
COONEY/WATERS GROUP, 111 Fifth Ave 2nd Fl, 10003, pg. 229
THE COOPER GROUP, 381 Park Ave S Eighth Fl, 10016-8806, pg. 230
THE CORKERY GROUP, INC., 111 Fifth Ave 2nd Fl, 10003, pg. 230
CRAFT, 622 Third Ave, 10017, pg. 236
CRAMER-KRASSELT, 902 Broadway, 5th Fl, 10010, pg. 237
CREATETHE GROUP, INC., 805 3Rd Ave Fl 14, 10022, pg. 239
CREATIVE LICENSE, 71 8th Ave, 10014, pg. 243
CROW CREATIVE, 25 Broadway 9th Fl, 10004, pg. 250
CULT360, 261 5th Ave, 10016, pg. 253
CUMMINS & PARTNERS, Level 4 32 Union Square E, 10003, pg. 253
D EXPOSITO & PARTNERS, LLC, 875 Ave of the Americas, 10001, pg. 256
D3 NYC, 401 Broadway Ste 403, 10013, pg. 256
DANA COMMUNICATIONS, 350 5th Ave Ste 2620, 10118, pg. 259
DARLING, 181 Christopher St, 10014, pg. 260
DAVID GELLER ASSOCIATES, INC., 110 W 40th St, 10018, pg. 262
DAY ONE AGENCY, 56 W 22nd St 3rd Fl, 10010, pg. 266
DBOX, 15 Park Row Lbby L, 10038, pg. 266
DCF ADVERTISING, 35 W 36th St Ste 6W, 10018, pg. 266
DDB HEALTH, 200 Varick St 3rd Fl, 10014, pg. 267
DDB NEW YORK, 437 Madison Ave, 10022-7001, pg. 269
DDB WORLDWIDE COMMUNICATIONS GROUP INC., 437 Madison Ave, 10022-7001, pg. 268
DEBOW COMMUNICATIONS, LTD., 235 W 56th St, 10019, pg. 284
DECIBEL, 575 Lexington Ave Fl 22, 10022, pg. 284
DECODED ADVERTISING, 21 Penn Plz Ste 1000, 10001, pg. 285
DEFINITION 6, 218 W 40th St Fl 2, 10018, pg. 286
DELLA FEMINA ADVERTISING, 129 W 29th St, 10001, pg. 287
DENTSU AEGIS, 32 Ave of the Americas 16th Fl, 10013, pg. 289
DEPIRRO/GARRONE, LLC, 80 8th Ave, 10011, pg. 292
DESANTIS BREINDEL, 30 W 21st St, 10010, pg. 292
DEUTSCH, INC., 330 W 34th St, 10001, pg. 294
DEUTSCH NEW YORK, 330 W 34th St, 10001, pg. 295
DEUTSCHMEDIA, 111 8th Ave 14th Fl, 10011-5201, pg. 295
DEVELOPMENT COUNSELLORS INTERNATIONAL, LTD., 215 Park Ave S Ste 1403, 10003, pg. 296
DEVITO GROUP, 151 W 19th St 4th Fl, 10011-5511, pg. 296
DEVITO/VERDI, 100 5th Ave 16th Fl, 10011, pg. 296
DIADEIS, 33 E 17th St, 10003, pg. 298
DIGITAL BRAND ARCHITECTS, 133 W 19th St 4th Fl, 10011, pg. 300
DIGITAL PULP, 220 E 23rd St Ste 900, 10010, pg. 301
DIMASSIMO GOLDSTEIN, 220 E 23rd St, 10010, pg. 302
DIVERSIFIED AGENCY SERVICES, 437 Madison Ave, 10022-7001, pg. 304
DJD/GOLDEN ADVERTISING, INC., 225 W 36th St Rm 400, 10018, pg. 309
DLS DESIGN, 274 Madison Ave, 10016, pg. 310
DMA UNITED, 68 White St # 3, 10013, pg. 310
DOBERMAN, 333 Park Ave S Ste 5C, 10010, pg. 312
DOREMUS, 437 Madison Ave Bsmt 1, 10022, pg. 316
DRIVE COMMUNICATIONS INC., 133 W 19th St Fifth Fl, 10011, pg. 320
DROGA5, 120 Wall St 11th Fl, 10005, pg. 321

DTE STUDIO, 150 W 30th St Ste 1301, 10001, pg. 323
EASTWEST MARKETING GROUP, 575 8th Ave Ste 2114, 10018, pg. 329
THE EDELMAN GROUP, 110 W 40th St Ste 2302, 10018, pg. 331
EDGEDNA, 611 Broadway 5th Fl, 10012, pg. 331
EGG STRATEGY INC, 54 W 21st St Ste 404, 10010, pg. 333
THE EIGHTH FLOOR LLC, 20 W 20th St Ste 905, 10011, pg. 333
ELEVATION, 139 Fulton St Ste 211, 10007, pg. 336
EMERGENCE, 120 E 23rd St, 10010, pg. 339
ENDEAVOR, 11 Madison Ave, 10010, pg. 340
ENGINE US, 232 W 44Th St, 10036, pg. 341
EO INTEGRATION, 419 Park Ave S 2nd Fl, 10016, pg. 343
EP+CO, 104 W 40Th St Fl 7, 10018, pg. 343
EPSILON, 199 Water St Fl 15, 10038, pg. 345
ESP BRANDS, 825 7th Ave, 10019, pg. 349
ESPN CREATIVEWORKS, 77 W 66th St, 10023, pg. 349
ETHICONE LLC, 1212 5th Ave Ste 6D, 10029, pg. 351
EVENTIGE MEDIA GROUP, 1501 Broadway 12th Fl, 10036, pg. 352
EVENTIVE MARKETING, 437 Madison Ave, 10022, pg. 353
EVOKE HEALTH, 101 Ave of the Americas 13th Fl, 10013, pg. 354
EVOL8TION LLC, 33 W 37th St, 10018, pg. 354
EXPERIAN MARKETING SERVICES, 29 Broadway 6th Fl, 10006, pg. 356
EXPOSURE, 393 Broadway 2nd Fl, 10013, pg. 356
EYEBALL ON THE FLOOR, INC., 187 Lafayette St Fl 2, 10013, pg. 356
FACTORY 360, 120 Fifth Ave 8th Flr, 10011, pg. 357
FACTORY PR, 263 11th Ave 6th Fl, 10001, pg. 357
FAHRENHEIT 212, 665 Broadway, 10012, pg. 359
FAIRCOM NEW YORK, 12 W 27th St 13th Fl, 10001, pg. 359
FALLON NEW YORK, 1675 Broadway Ave Ste 30, 10019, pg. 360
FANCY LLC, 11 Broadway Ste 560, 10004, pg. 361
FARAGO DESIGN, 71 Broadway, 10006, pg. 362
THE FARM, 611 Broadway, 10012, pg. 362
FASTLANE, 261 Madison Ave 9th Fl, 10016, pg. 363
FATHOM COMMUNICATIONS, 437 Madison Ave, 10022, pg. 363
FCB GLOBAL, 100 W 33rd St, 10001, pg. 363
FCB HEALTH, 100 W 33rd St, 10001, pg. 376
FCB NEW YORK, 100 W 33rd St, 10001, pg. 365
FENTON, 630 Ninth Ave Ste 910, 10036, pg. 377
FEROCIOUS COW, 310 E 70Th St Apt 12Q, 10021, pg. 378
FF NEW YORK, 530 7th Ave Ste 3001, 10018, pg. 378
FIFTEEN DEGREES, 27 E 21st St, 10010, pg. 379
FIGLIULO&PARTNERS, LLC, 628 Broadway, 10012, pg. 380
FINN PARTNERS, 301 E 57th St, 10022, pg. 381
FIRSTBORN, 32 Avenue Of the Americas, 10013, pg. 384
FLIGHTPATH INC, 36 W 25th St 9th Fl, 10010, pg. 388
FLY COMMUNICATIONS, 575 8th Avenue, 10018, pg. 389
FLYING MACHINE, 1261 Broadway Rm 405, 10001, pg. 389
FLYING POINT DIGITAL, 35 W 36th St, 10018, pg. 390
FLYWHEEL, 90 Broad St Ste 2400, 10004, pg. 390
THE FOOD GROUP, 589 8th Ave 4th Fl, 10018, pg. 391
FOOTSTEPS, 85 Broad St Fl 16, 10004, pg. 391
FOUNDATIONS MARKETING GROUP, 1140 Ave of the Americas 9th Flr, 10036, pg. 394
FOUNDRY 9 LLC, 44 W 28th St 6th Fl, 10001, pg. 394
FRENCH/BLITZER/SCOTT LLC, 275 Madison Ave 4th Fl, 10016, pg. 398
FRENCH/WEST/VAUGHAN, INC., 185 Madison Ave Ste 401, 10016, pg. 399
FURMAN ROTH ADVERTISING, 801 Second Avenue, 10017, pg. 403
FUTUREBRAND, 909 3Rd Ave Fl 8, 10022, pg. 405
FYI BRAND COMMUNICATIONS, 174 5th Ave Ste 404, 10010, pg. 406
G&S BUSINESS COMMUNICATIONS, 60 E 42nd St 44th Fl, 10165, pg. 406
GAIN THEORY, Three World Trade Ctr 175 Greenwich St, 10007, pg. 408
THE GAME AGENCY, 18 E 16th St 7th Fl, 10003, pg. 409
THE GATE WORLDWIDE NEW YORK, 71 5th Ave, 10003, pg. 411
GCI HEALTH, 200 5th Ave, 10010, pg. 1184
GENERATOR MEDIA + ANALYTICS, 353 Lexington Ave Fl 14, 10016, pg. 414

GEOMETRY GLOBAL NORTH AMERICA HQ, 636 11th Ave, 10036, pg. 415
GEORGE P. JOHNSON, 11 E 26th St Fl 12, 10010, pg. 416
GHG, 200 5th Ave, 10010, pg. 417
GIGANTE VAZ PARTNERS ADVERTISING, INC., 915 Broadway, 10010, pg. 419
GIN LANE MEDIA, 136 E Broadway Fl 2, 10002, pg. 420
GLOBAL MEDIA FUSION, INC., 223 W 73rd St Ste 1014, 10023, pg. 422
THE GLOVER PARK GROUP LLC, 114 5th Ave 17th Fl, 10011, pg. 424
GLOW INTERACTIVE, INC., 105 Chambers St Fl 2, 10007, pg. 424
GODIVERSITY, 436 E 58th St Ste 3D, 10022, pg. 427
GOOD KARMA CREATIVE, 37 W 12th St, 10011, pg. 428
GOTHAM PUBLIC RELATIONS, 400 W. Broadway, 10012, pg. 430
GOURMET MARKETING, 307 7th Ave Ste 1104, 10001, pg. 430
GRADIENT EXPERIENTIAL LLC, 150 W 28th St Fl 2, 10001, pg. 430
GRAJ + GUSTAVSEN, 156 5th Ave Fifth Fl, 10010, pg. 432
GRAPESEED MEDIA, 79 Madison Ave Fl 3, 10016, pg. 432
GRAVITY MEDIA, 114 W 26th St 8th Fl, 10001, pg. 433
GREATER THAN ONE, 395 Hudson St, 10014, pg. 434
GREEN POINT CREATIVE, 555 8th Ave Ste 409, 10018, pg. 435
GREY GROUP, 200 5th Ave, 10010, pg. 438
GREY NEW YORK, 200 5th Ave, 10010, pg. 438
GROK, 20 W 22nd St, 10010, pg. 451
GRW ADVERTISING, 19 W 21St St Rm 402, 10010, pg. 453
GYRO, 115 Broadway, 10006, pg. 457
H4B CHELSEA, 75 9th Ave, 10011, pg. 474
HALL AND PARTNERS, 488 Madison Ave, 10022, pg. 463
THE HALO GROUP, PO Box 20435, 10001, pg. 464
HANNA LEE COMMUNICATIONS, INC., 575 Madison Ave 8th Fl, 10022, pg. 466
HAPPEN, 1115 Broadway Unit 1031, 10010, pg. 467
HARD BEAT COMMUNICATIONS, INC., 1515 Broadway 11th Fl, 10036, pg. 467
HARLEY & CO, 252 7th Ave 5V, 10001, pg. 468
HARRISON AND STAR LLC, 75 Varick St 6th Fl, 10013, pg. 469
HAVAS HEALTH & YOU, 200 Madison Ave, 10016, pg. 474
HAVAS LIFE METRO, 200 Madison Ave, 10016, pg. 474
HAVAS LIFE NEW YORK, 200 Madison Ave, 10016, pg. 474
HAVAS WORLDWIDE, 200 Hudson St, 10013, pg. 475
HAVAS WORLDWIDE NEW YORK, 200 Hudson St, 10013, pg. 476
HAVAS WORLDWIDE-STRAT FARM, 200 Hudson St, 10013, pg. 477
HAVAS WORLDWIDE TONIC, 200 Hudson St, 10013, pg. 477
HEALIX, 100 W 33rd St, 10001, pg. 491
HEALTH SCIENCE COMMUNICATIONS, 711 3rd Ave Ste 17, 10017, pg. 491
THE HEALTHCARE CONSULTANCY GROUP, 711 3rd Ave 17th Fl, 10017, pg. 491
HEARTBEAT DIGITAL, 200 Hudson St 9th Fl, 10013, pg. 492
HERMAN ASSOCIATES, INC., 1430 Broadway, 10018, pg. 497
HERO, 44W 28th St 8th Fl, 10001, pg. 497
HIGH10 MEDIA, 62 W 45th St 4th Fl, 10036, pg. 499
HILL HOLLIDAY/NEW YORK, 622 3rd Ave 14th Fl, 10017, pg. 501
HL GROUP, 350 Madison Ave Fl 17, 10017, pg. 503
HOGARTH WORLDWIDE, 230 Park Ave S 11th Fl, 10003, pg. 1180
HOGARTH WORLDWIDE, 230 Park Ave S 11th Fl, 10003, pg. 506
HORN GROUP INC., 301 E 57th St 4th Fl, 10022, pg. 508
HUDSON CUTLER & CO, 50 Lexington Ave, 10010, pg. 511
HUDSON MIND, 833 Broadway, 10003, pg. 511
HUDSON ROUGE, 257 Park Ave S 20th Fl, 10010, pg. 511
HUDSONYARDS, 80 Broad St 26th Fl, 10004, pg. 511
HUDSUN MEDIA, 200 Varick St Ste 611, 10014, pg. 511
HUMAN, 153 Essex St Apt 7B, 10002, pg. 514
HYDRIC MEDIA, The Yard Flatiron N 246 5th Ave, 10001, pg. 515

A-83

AGENCIES — GEOGRAPHIC INDEX OF U.S.

HYPERBOLOUS, 116 Nassau St Fl 6, 10038, pg. 516
HYPHEN DIGITAL, 488 Madison Ave 5th Fl, 10022, pg. 516
IBM IX, 19 Union Sq W 11th Fl, 10003, pg. 517
ICONOCLAST ARTIST MANAGEMENT LLC, 420 W 14th St 5 NW, 10014, pg. 519
THE IDEA FACTORY, 122 E 42nd St Ste 2900, 10168, pg. 520
IDENTITY, 100 W 33rd St, 10017, pg. 522
IMAGINATION THE AMERICAS, 155 Franklin St, 10013, pg. 526
IMAGINE GLOBAL COMMUNICATIONS, 262 W 38Th St Rm 703, 10018, pg. 526
IMPRINT PROJECTS, 500 Broadway Fl 2, 10012, pg. 528
IMRE, 60 Broad St, 10004, pg. 529
INFINITE GLOBAL, 205 E 42nd St 17th Fl, 10017, pg. 531
INNOVISION ADVERTISING, LLC, 5140 30th Ave, 11377, pg. 534
INTELLIGENT COMMUNITIES GROUP, 250 Park Ave 7th Fl, 10177, pg. 537
INTERBRAND CORPORATION, 130 5th Ave, 10011-4306, pg. 537
INTERBRANDHEALTH, 130 5th Ave, 10011, pg. 538
INTERESTING DEVELOPMENT, 25 Peck Slip, 10038, pg. 538
INTERPLANETARY, 175 Varick St, 10014, pg. 540
THE INTERPUBLIC GROUP OF COMPANIES, INC., 909 Third Ave, 10022, pg. 540
INTERSECTION, 10 Hudson Yards Fl 26, 10001, pg. 543
INTRAMED EDUCATIONAL GROUP, 230 Park Ave S 5th Fl, 10003-1502, pg. 1058
INVNT, 524 Broadway Rm 402, 10012, pg. 546
IOMEDIA, 640 W 28th St, 10001, pg. 546
IPG MEDIABRANDS, 100 W 33rd St 9th Fl, 10001, pg. 547
ISA ADVERTISING, 845 3rd Ave, 10022, pg. 548
ISOBAR, 140 Bdwy Ste 4520, 10005, pg. 549
IW GROUP, 215 PArk Ave S, 10003, pg. 552
J. WALTER THOMPSON, 466 Lexington Ave, 10017-3140, pg. 553
J. WALTER THOMPSON INSIDE, 466 Lexington Ave 4th Fl, 10017-3166, pg. 566
J. WALTER THOMPSON U.S.A., INC., 466 Lexington Ave, 10017-3140, pg. 566
J3 NEW YORK, 1400 Broadway, 10018, pg. 567
JACK MORTON WORLDWIDE, 909 3rd Ave 11th Floor, 10022, pg. 569
JAFFE & PARTNERS, 222 E 34Th St Apt 1204, 10016, pg. 570
JCDECAUX NORTH AMERICA, 350 5th Ave Fl 73, 10118, pg. 573
JENNIFER BETT COMMUNICATIONS, 54 W 21st St Ste 508, 10010, pg. 574
JOAN, 110 E 25th St, 10010, pg. 577
JOHNXHANNES, 627 Broadway 9th Fl, 10012, pg. 581
JONES KNOWLES RITCHIE, 85 Spring St 5th Fl, 10012, pg. 582
JP&R ADVERTISING AGENCY INC., 305 Broadway Ste 200, 10007, pg. 583
JUGULAR LLC, 1 Little W 12th St, 10014, pg. 584
JUICE PHARMA WORLDWIDE, 322 8th Ave 10th Fl, 10001, pg. 584
JULIE A. LAITIN ENTERPRISES, INC., 1350 Ave of the Americas 2nd Fl, 10019, pg. 584
JWALK, 419 Pk Ave S, 10016, pg. 586
KALEIDOSCOPE, 64 Wooster St Apt 6E, 10012, pg. 586
THE KANTAR GROUP, 11 Madison Ave, 10010, pg. 587
KARLIN+PIMSLER, 115 E 30th St Fl 1, 10016-7532, pg. 587
KEKST CNC, 437 Madison Ave 37th Fl, 10022, pg. 590
KELLEN COMMUNICATIONS, 355 Lexington Ave Ste 1515, 10017, pg. 590
KELLIHER SAMETS VOLK NY, 337 Broome St 3rd Fl, 10002, pg. 592
KIDVERTISERS, 1133 Broadway Ste 1000, 10010, pg. 594
KINETIC SOCIAL, 134 W 37th St 7th Fl, 10018, pg. 595
KING & PARTNERS, LLC, 35 Great Jones St 6th Fl, 10012, pg. 596
KINNEY GROUP CREATIVE, 424 W 33rd St Ste 570, 10001, pg. 596
KITCHEN PUBLIC RELATIONS, LLC, 5 Penn Plz, 10001, pg. 597
KLICKPICKS, 136 E 57th St, 10022, pg. 598
KMGI.COM, 228 Park Ave S Ste 16065, 10003, pg. 599
KNB COMMUNICATIONS, 230 Park Ave 10th Fl Ste 1000, 10169, pg. 599
KRAFTWORKS LTD., 60 Broad St Fl 25, 10004, pg. 602

KWG, 512 7th Ave 41st Fl, 10018, pg. 604
KWORQ, 5 Crosby St Ste 2E, 10013, pg. 604
KWT GLOBAL, 160 Varick St, 10013, pg. 604
L3 ADVERTISING INC., 115 Bowery 3rd Fl, 10002-4933, pg. 606
LABSTORE NORTH AMERICA, 3 Columbus Circle, 10019, pg. 1198
LAIR, 125 W 29th St 4th Fl, 10001, pg. 607
LAIRD+PARTNERS, 475 10th Ave 7th Fl, 10018, pg. 607
LANDOR ASSOCIATES, 230 Park Ave S 6th Fl, 10003, pg. 610
LAPLACA COHEN, 43 W 24th St Tenth Fl, 10010-3205, pg. 611
LASPATA DECARO, 450 W 15th St Ste 600, 10011, pg. 611
LAUGHLIN/CONSTABLE NEW YORK, 27 Whitehall St 7th Fl, 10004, pg. 614
LAUNCHPAD ADVERTISING, 119 W 24Th St Fl 2, 10011, pg. 615
LAUNDRY SERVICE, 40 W 25th St, 10010, pg. 615
LAURA DAVIDSON PUBLIC RELATIONS, INC., 72 Madison Ave, 10016, pg. 615
LEADDOG MARKETING GROUP, 159 W 25th St 2nd Fl, 10001, pg. 618
LEO BURNETT BUSINESS, 300 Park Ave S, 10010, pg. 620
LEO BURNETT TAILOR MADE, 300 Park Ave S 7th Fl, 10013, pg. 622
L.E.R. PR, 580 Broadway Ste 309, 10012, pg. 632
LEROY + CLARKSON, 211 Centre St, 10013, pg. 633
THE LEVERAGE AGENCY, 888 7th Ave, 10106, pg. 634
THE LEVINSON TRACTENBERG GROUP, 154 Grand St, 10013, pg. 634
LEWIS, 379 W Broadway Ste 528, 10012, pg. 638
LIGHT+CO, 205 E 42nd St, 10017, pg. 639
LIKEABLE MEDIA, 240 W 37th St 7th Fl, 10018, pg. 640
LINKSTORM, 1 Penn Plz #6244, 10119, pg. 642
LIPPINCOTT, 499 Park Ave, 10022-1240, pg. 643
LIQUIDHUB, INC., 44 W 28th St Fl 6, 10001, pg. 644
LIVELY GROUP, 575 Lexington Ave Fl 27, 10022, pg. 646
LLOYD & CO., 180 Varick St Ste 1018, 10014, pg. 647
LOVE AND WAR ASSOCIATES LLC, 414 Broadway 5th Fl, 10013, pg. 653
LOYALKASPAR, 13 Crosby St Ste 402, 10013, pg. 654
LPNY LTD., 135 E 65th St, 10021, pg. 655
LUMENTUS LLC, 99 Madison Ave 9th Flr, 10016, pg. 656
M&C SAATCHI PERFORMANCE, 625 Broadway 6th Fl, 10012, pg. 660
M. BOOTH & ASSOCIATES, 666 3rd Ave, 10017, pg. 663
M/K ADVERTISING PARTNERS, LTD., 16 W 22Nd St, 10010, pg. 664
M/SIX, 2nd Fl 75 Spring St, 10012, pg. 665
MA3 AGENCY, 39 Walker St Apt 3F, 10013, pg. 666
MACROHYPE, 32 Broadway, 10004, pg. 667
MADISON AVENUE SOCIAL, Central Park W, 10023, pg. 669
MADRAS BRAND SOLUTIONS, 379 W Broadway, 10012, pg. 669
MADRAS GLOBAL, 84 Wooster St Ste 203, 10012, pg. 670
MAGIC DOG CREATIVE, 477 Madison Ave 2nd Fl Ste 1, 10022, pg. 670
MAGNA GLOBAL, 100 W 33rd St 9th Fl, 10001, pg. 670
MAGNANI CARUSO DUTTON, 138 W 25th St, 10001, pg. 670
MAGNETIC COLLABORATIVE, 159 W 25th St 7th Flr, 10001, pg. 671
MAGRINO PUBLIC RELATIONS, 352 Park Ave S, 10010, pg. 671
MAJESTYK APPS, 265 W 37th St Rm 618, 10018, pg. 672
MALETZKY MEDIA, 157 Columbus Ave Fl 5, 10023, pg. 673
MAMMOTH ADVERTISING LLC, 46 East 20th St, 10003, pg. 673
MANHATTAN MARKETING ENSEMBLE, 443 Park Ave S 4th Fl, 10016-7322, pg. 675
MARINELLI & COMPANY, 25 E 21st St 9th Fl, 10010-6207, pg. 679
THE MARINO ORGANIZATION, INC., 171 Madison Ave 12th Fl, 10016, pg. 680
THE MARKETING ARM, 711 3rd Ave 11th Fl, 10017, pg. 682
MARKETSMITHS CONTENT STRATEGISTS LLC, 401 Park Ave S, 10016, pg. 685
MARSHAD TECHNOLOGY GROUP, 12 Desbrosses St, 10013, pg. 686
MARSTON WEBB INTERNATIONAL, 270 Madison Ave, 10016, pg. 687

MARTY WEISS & FRIENDS, 41 E 11th Street 11th Floor, 10003, pg. 689
MASLANSKY + PARTNERS, 200 Varick St, 10014, pg. 690
MASON INTERACTIVE INC, 130 W 29th St 6th Fl, 10001, pg. 691
MASSIVEMEDIA, 34 W 27th St 6 Fl, 10001, pg. 692
MATLOCK ADVERTISING & PUBLIC RELATIONS-NY, 160 Varick St, 10013, pg. 693
MATTER UNLIMITED LLC, 205 Hudson St Fl 7, 10013, pg. 694
MBLM, 114 W 27Th St Apt 2N, 10001, pg. 696
MBS VALUE PARTNERS, INC., 501 Madison Ave Fl 12A, 10022, pg. 696
MCCANN, 622 3rd Ave, 10017-6707, pg. 697
MCCANN HEALTH GLOBAL HQ, 622 Third Ave, 10017, pg. 713
MCCANN NEW YORK, 622 3rd Ave, 10017, pg. 698
MCCANN WORLDGROUP, 622 3rd Ave, 10017, pg. 714
MCFRANK & WILLIAMS ADVERTISING AGENCY, INC., 266 W 37th St, 10018, pg. 716
MCGARRYBOWEN, 601 W 26th St, 10001, pg. 716
MCKINNEY NEW YORK, 15 Watts St, 10013, pg. 719
MDC PARTNERS INC., 745 5th Avenue, 10151, pg. 720
MEDIA ALLEGORY, 711 Third Ave, 10017, pg. 725
MEDIAHUB NEW YORK, 386 Park Ave S 13th Fl, 10016, pg. 771
MEDIALINK WORLDWIDE INCORPORATED, 1155 Ave of the Americas, 10036, pg. 793
MEDIAMATH, 415 Madison Ave 3rd Fl, 10017, pg. 728
MEDICUS LIFE BRANDS, 1 Penn Plaza, 10019, pg. 729
MEKANISM, 80 Broad St Fl 35, 10004, pg. 730
MERKLEY+PARTNERS, 200 Varick St, 10014-4810, pg. 733
METAVISION MEDIA, 498 7th Ave, 10018, pg. 735
MGA MEDIA GROUP, 1345 Ave of the Americas 2nd fl, 10105, pg. 736
MGM GOLD COMMUNICATIONS, 28 W 27th St Fl 2, 10001, pg. 737
THE MICHAEL ALAN GROUP, 22 W 38th St, 10018, pg. 737
MIDAS EXCHANGE, 200 5th Ave 6th Fl, 10010, pg. 739
MIDDLEBERG COMMUNICATIONS, LLC, 40 W. 25th St 4th Floor, 10010, pg. 739
MILESTONE BROADCAST, 515 Madison Ave Rm 1600, 10022, pg. 740
MILLER ADVERTISING AGENCY INC., 220 W 42Nd St Fl 12, 10036, pg. 741
MILLWARD BROWN, 11 Madison Ave 12th Fl, 10010, pg. 744
MINDSMACK, 311 W 43rd St, 10036, pg. 745
MING UTILITY AND ENTERTAINMENT GROUP, 25 Peck Slip, 10038, pg. 746
MIRRORBALL, 134 W 25th St, 10001, pg. 747
MITCHELL COMMUNICATIONS GROUP, 32 Ave of the Americas 25th Flr, 10013, pg. 748
THE MIXX, 350 7th Ave Ste 1403, 10001, pg. 748
MKG, 599 Broadway 4th Fl, 10012, pg. 749
MMGY GLOBAL, 245 5th Ave 9th Fl, 10016, pg. 751
MOBEXT, 200 Hudson St, 10013, pg. 752
MODCO MEDIA, 102 Madison Ave 10th Fl, 10016, pg. 753
THE MODERNS, 900 Broadway Ste 903, 10003, pg. 753
MOMENT STUDIO, 229 W 43rd St 8th Flr, 10036, pg. 754
MOMENTUM WORLDWIDE, 250 Hudson St, 10013, pg. 754
MONTIETH & COMPANY LLC, 12 E 49th St 11th Fl, 10017, pg. 756
MORONEY & GILL, INC., 245 Park Ave 39th Fl, 10167, pg. 760
MORROW LANE, 120 E 23rd St, 10010, pg. 760
MOTHER NEW YORK, 595 11th Ave, 10036, pg. 763
MOXIE COMMUNICATIONS GROUP, 27W 24th St Ste 305, 10010, pg. 765
MRM MCCANN, 622 3rd Ave, 10017-6707, pg. 766
MRM WORLDWIDE NEW YORK, 622 3rd Ave, 10017, pg. 767
MRY, 299 W Houston St Fl 12, 10014, pg. 769
MSA ADVERTISING & PUBLIC RELATIONS, 325 West 38th St, 10018, pg. 769
MULLENLOWE, 386 Park Ave S, 10016, pg. 772
MULTICULTURAL MARKETING RESOURCES, 720 Greenwich St Apt 7T, 10014, pg. 779
MUNGO CREATIVE GROUP, 1201 Broadway Ste 801, 10001, pg. 779
MUNN RABOT LLC, 33 W 17th St Fl 3, 10011-5511, pg. 779
MUNROE CREATIVE PARTNERS, 711 3rd Ave 16th Fl,

GEOGRAPHIC INDEX OF U.S. AGENCIES

10017, pg. 779
MWWGROUP@DEUTSCH, 111 8th Ave, 10011-5201, pg. 295
MXM, 805 3rd Ave, 10022, pg. 781
MYERSBIZNET, INC., PO Box 4757, 10185, pg. 782
MYRIAD TRAVEL MARKETING, 501 5th Ave Ste 1101, 10017-7805, pg. 782
MZ GROUP, 1001 Ave of the Americas Ste 411, 10018, pg. 783
NA COLLECTIVE, 147 W 25th St 4th Fl, 10001, pg. 783
NANCY J. FRIEDMAN PUBLIC RELATIONS, INC., 360 Lexington Ave Fl 10, 10017, pg. 784
NARRATIVE, 19 W 21st St Ste 601, 10010, pg. 784
NEEDLEMAN DROSSMAN & PARTNERS, 902 Broadway 15th Fl, 10010, pg. 788
NEO@OGILVY, 636 11th Ave, 10036, pg. 789
NEON, 1400 Broadway, 10018, pg. 364
THE NEWSMARKET, INC., 708 3rd Ave, 10017, pg. 793
NGL COLLECTIVE, 1345 Ave of the Americas 2nd Flr, 10015, pg. 794
NICE SHOES, LLC, 352 Park Ave S 16th Fl, 10010, pg. 794
NICHOLAS & LENCE COMMUNICATIONS LLC, 25 W 43Rd St Ste 301, 10036, pg. 794
NICKELODEON CREATIVE ADVERTISING, 1515 Broadway, 10036, pg. 794
NIGHT AFTER NIGHT, 135 W 29th St Ste 902, 10001, pg. 794
NOBLE PEOPLE, 13 Crosby St Ste 402, 10013, pg. 796
NORTH 6TH AGENCY, INC., 50 Greene St 3rd Fl, 10013, pg. 798
NOVITA COMMUNICATIONS, 277 Broadway Ste 201, 10007, pg. 801
NSG/SWAT, 299 Broadway Ste 920, 10007, pg. 802
NURUN INC., 18 E 16th St 7th Fl, 10003, pg. 904
NYLON TECHNOLOGY, 350 7th Ave 10th Fl, 10001-5013, pg. 803
O2KL, 3 W 18th St, 10011, pg. 803
OBERLAND, 254 Canal St Rm 5000, 10013, pg. 804
OCD MEDIA, 347 W 36th St Rm 905, 10018, pg. 805
OCTAGON, 919 3rd Ave 18th Fl, 10022, pg. 806
ODYSSEY NETWORKS, The Interchurch Ctr 475 Riverside Dr, 10115, pg. 809
OGILVY, 636 11th Ave, 10036, pg. 809
OGILVY HEALTHWORLD, 636 11th Ave, 10036, pg. 832
OGILVY NEW YORK, 636 11th Ave, 10036, pg. 811
OGILVY NORTH AMERICA, 636 11th Ave, 10036, pg. 811
OGILVYONE WORLDWIDE NEW YORK, 636 11th Ave, 10036, pg. 812
OMNICOM GROUP INC., 437 Madison Ave, 10022, pg. 836
OPAD MEDIA SOLUTIONS, LLC, 275 Madison Ave Ste 2200, 10016, pg. 842
OPPERMAN WEISS, 55-59 Chrystie Ste 500, 10002, pg. 842
OPTIMUM SPORTS, 195 Broadway 17th Fl, 10007, pg. 842
OPTO DESIGN, 150 W 28Th St Ste 704, 10001, pg. 843
ORAIKO, 11 Broadway, 10004, pg. 843
OUT THERE, 157 Columbus Ave Fl 4, 10023, pg. 846
OUTERNATIONAL INC, 49 W 27th St 6th Fl, 10001, pg. 846
PACE ADVERTISING, 200 5Th Ave Fl 6, 10010, pg. 848
PADILLA, 150 Greenwich St Fl 48, 10007, pg. 850
PARTNERS & SPADE, 324 Lafayette St 2nd Fl, 10012, pg. 855
PARTNERS+NAPIER, 11 E 26th St 6th Fl, 10010, pg. 856
PATHWAY GROUP, 437 Madison Ave 7th FL, 10022, pg. 857
PATIENTS & PURPOSE, 200 Varick St Fl 4, 10014, pg. 198
THE PEKOE GROUP, 1460 Broadway # 8, 10036, pg. 861
PENTAGRAM DESIGN, INC., 250 Park Ave S Fl 12, 10003, pg. 862
PEREIRA & O'DELL, 5 Crosby St, 10013, pg. 863
PHASE FIVE COMMUNICATIONS, 114 5th Ave, 10011-5604, pg. 418
PHIL & CO., 33 Irving Pl Fl 3, 10003, pg. 868
PHOENIX MEDIA GROUP INC, 375 Greenwich St, 10013, pg. 869
PILOT, 25 W 36th St Fl 4, 10018, pg. 871
PINEROCK, 12 W 21st St 9th Fl, 10010, pg. 871
PINTA, 60 E 42nd St Ste 5310, 10165, pg. 872
PIXACORE, 15 W 39th St 13th Fl, 10018, pg. 874
PK NETWORK COMMUNICATIONS, 11 E 47th St 4th Fl, 10017-7915, pg. 875
PLUS, 162 W 21 St 4th Fl, 10011, pg. 878
PMK*BNC, 622 3rd Ave 8th Fl, 10017, pg. 543

PMX AGENCY, 1 World Trade Ctr Fl 63, 10007, pg. 879
POMEGRANATE, INC, 228 Park Ave S Ste 38570, 10003, pg. 881
PORTE ADVERTISING, INC., 462 7th Ave 6th Fl, 10018, pg. 883
POSNER MILLER ADVERTISING, 71 5th Ave, 10003, pg. 883
POSTERSCOPE, 2 Park Ave., 24th Fl, 10016, pg. 884
POWERPACT, LLC, 450 Lexington Ave Fl 4, 10017, pg. 885
PRAGER CREATIVE, 25 Broadway, 10004, pg. 886
PRIMEDIA, INC., 350 5th Ave 59th Fl, 10119, pg. 890
PRISM DIGITAL MEDIA, 535 5th Ave, 10017, pg. 890
PROJECT 2050, 54 Thompson St, 10010, pg. 892
PROJECT X, 247 Centre St Fl 6, 10013, pg. 892
THE PROMOTION FACTORY, 5 E 19th St 6th Fl, 10003, pg. 893
PROTAGONIST LLC, 360 W 31st St Ste 1000, 10001, pg. 894
PS, 36 Cooper Sq, 10003, pg. 896
PSYOP, INC., 45 Howard St Fl 5, 10013, pg. 896
PUBLICIS HEALTHCARE COMMUNICATIONS GROUP, One Penn Plz 5th Fl, 10019, pg. 911
PUBLICIS NEW YORK, 1675 Broadway, 10019, pg. 912
PUBLICIS USA, 4 Herald Sq 950 6th Ave, 10001, pg. 912
PULSEPOINT, 20 Broad St Fl 6, 10005, pg. 916
PURE GROWTH, 680 5th Ave 8th Fl, 10019, pg. 917
QUALLSBENSON LLC, 272 Water St Ste 3F, 10038, pg. 921
QUESTUS, 250 Hudson St, 10013, pg. 922
QUINN FABLE ADVERTISING, 131 W 35Th St Fl 9, 10001, pg. 924
R/GA, 450 W 33rd St, 10001, pg. 925
RAPP, 437 Madison Ave 3rd Fl, 10022, pg. 931
RAUXA, 225 Liberty St Ste 4301, 10281, pg. 933
RDA INTERNATIONAL, 100 Vandam St 1st Fl, 10013, pg. 935
REACH ABOVE MEDIA, 103-20 117 St S Richmond Hill, 11419, pg. 935
READY SET ROCKET, 636 Broadway Ste 1200, 10012, pg. 936
READY366, 33 E 17th St Union Sq, 10003, pg. 936
RED FUSE COMMUNICATIONS, INC., 3 Columbus Cir, 10019, pg. 939
THE RED PEAK GROUP, 560 Broadway Ste 506, 10012, pg. 940
REDBEAN SOCIETY, 44 W 28th St 8th Fl, 10001, pg. 943
REDSCOUT LLC, 30 Cooper Sq Fl 10, 10003, pg. 944
RE:FUEL, 1350 Broadway Ste 830, 10018, pg. 944
RELEVENT PARTNERS LLC, 170 Varick St 12th Flr, 10013, pg. 945
RENEGADE, LLC, 437 5th Ave, 10016, pg. 946
REPRISE MEDIA, 100 W 33rd St Ste 921, 10001, pg. 547
RESOLUTION MEDIA, 195 Broadway 20th Fl, 10007, pg. 949
RHYTHMONE, 1156 Ave Of The Americas Ste 301, 10168, pg. 955
RIOT, 126 2nd Ave 3rd Fl, 10003, pg. 959
ROBERT MARSTON & ASSOCIATES, INC., 555 Madison Ave, 10022, pg. 963
ROBERTS + LANGER DDB, 437 Madison Ave 8th Fl, 10022, pg. 963
ROKKAN, 375 Hudson St, 10014, pg. 966
ROOSTER, 200 Hudson St Fl 4, 10013, pg. 968
RPM, 1501 Broadway, 10036, pg. 971
RUCKUS MARKETING, LLC, 261 West 35th St, 10001, pg. 972
RUSSO PARTNERS LLC, 12 W 27th St 4th Fl, 10001, pg. 973
RX COMMUNICATIONS GROUP LLC, 555 Madison Fl 5, 10022, pg. 973
RXM CREATIVE, 5 Crosby St, 10013, pg. 973
RXMOSAIC, 830 3rd Ave, 10022, pg. 973
SAATCHI & SAATCHI, 355 Park Ave S, 10010, pg. 975
SAATCHI & SAATCHI NEW YORK, 375 Hudson St, 10014-3660, pg. 976
SAATCHI & SAATCHI WELLNESS, 355 Park Ave S, 10010, pg. 985
SAGMEISTER & WALSH, 900 Broadway, 10003, pg. 987
SAPIENT, 40 Fulton St 2nd Fl, 10138, pg. 914
SAPIENT CONSULTING, 375 Hudson St Fl 6, 10014, pg. 991
SARKISSIAN PARTNERS, 110 E 25th St, 10010, pg. 991
SAWYER STUDIOS INC., 36 W 25th St 12th Fl, 10010, pg. 993
SAYLES & WINNIKOFF COMMUNICATIONS, 1201 Broadway Ste 904, 10001, pg. 993
SCARLETT, 575 Lexington Ave Fl 22, 10022, pg. 994

SCENARIODNA, 41 E 11th St, 10003, pg. 994
SCG ADVERTISING & PUBLIC RELATIONS, 575 8th Ave, 10018, pg. 994
SCHOOL HOUSE NYC, 20 W 22nd St Ste 511, 10010, pg. 996
SCHRAMM MARKETING GROUP, 11 Penn Plz 5th Fl, 10001-2003, pg. 996
THE SEIDEN GROUP, 708 3rd Ave 13th Fl, 10017, pg. 1001
SELECT WORLD, 401 Broadway, 10013, pg. 1001
THE SELTZER LICENSING GROUP, 1180 Ave of the Americas 3rd Fl, 10036, pg. 1002
SERINO COYNE LLC, 437 Madison Ave, 10022, pg. 1003
SET CREATIVE, 12 W 27th St Fl 6, 10001, pg. 1003
THE SEVENTH ART, LLC, 900 Broadway, 10003, pg. 1004
SHADOW PR, 30 W 21st St, 10010, pg. 1005
SHARP COMMUNICATIONS, 415 Madison Ave 24th Fl, 10017, pg. 1006
SHASHO JONES DIRECT INC., 145 W 67Th St Apt 4D, 10023, pg. 1006
SHOW MEDIA, LLC, 116 W 23Rd St Fl 5, 10011, pg. 1010
SIEGEL+GALE, 625 Ave of the Americas 4th Fl, 10011, pg. 1011
SILVER COMMUNICATIONS, INC., 35 E 21st St 7th Fl, 10010, pg. 1014
SIMMER MEDIA GROUP, 38 W 28th St Fl 5, 10001, pg. 1014
SITUATION INTERACTIVE, 469 Fashion Ave Rm 1300, 10018, pg. 1017
SJI ASSOCIATES, INC., 1001 6th Ave 23rd Fl, 10018, pg. 1018
SKAGGS CREATIVE, 414 Broadway, 10013, pg. 1018
SKDKNICKERBOCKER, 1 World Trade Ctr Fl 63, 10007, pg. 1019
SKY ADVERTISING, INC., 14 E 33 St 8th Fl, 10016, pg. 1019
SMA NYC, 121 E 24th St 9th Fl, 10010, pg. 1021
SMUGGLER, 38 W 21st St 12th Fl, 10010, pg. 1025
SOCIALFLY, LLC, 231 W 29Th St Rm 702, 10001, pg. 1026
SOCIALITY SQUARED LLC, 110 E 25th St, 10010, pg. 1026
SOCIEDAD, 386 Park Ave S 15th Flr, 10016, pg. 1027
SOPEXA USA, 250 Hudson St Ste 703, 10013-1437, pg. 1029
SOUBRIET & BYRNE, 45 West 21th St. Ste 3A, 10018, pg. 1029
SPARKS & HONEY, 437 Madison Ave 3rd Fl, 10022, pg. 1032
SPECTRUM INTERACTIVE MEDIA LLC, 419 Lafayette St 2nd Fl, 10003, pg. 1033
SPERO MEDIA, 295 Madison Ste 1808, 10017, pg. 1033
SPHERICAL, 200 Centre St Ste 3N, 10013, pg. 1033
SPONTANEOUS, 575 Lexington Ave Fl 25, 10022, pg. 1035
SPOON+FORK, 419 Lafayette St, 10003, pg. 1035
SPOT SAVVY, LLC, 235 E 22nd St Ste 15J, 10010, pg. 1036
SPOTCO, 114 W 41st St 18th Fl, 10036, pg. 1036
SQUAT NEW YORK, 85 Broad St Fl 7, 10004, pg. 1038
SQUEAKY WHEEL MEDIA, 640 W 28th St, 10001, pg. 1038
SS+K AGENCY, 88 Pine St 30th Fl, 10005, pg. 1039
SSCG MEDIA GROUP, 220 E 42nd St, 10017, pg. 1040
STAKE, 22 W 23rd St, 10010, pg. 1041
STAN ADLER ASSOCIATES, 575 8Th Ave Fl 11R, 10018, pg. 1042
STANTON, 880 3rd Ave, 10022, pg. 1042
STAR POWER LLC, 915 Broadway Ste 1109, 10010, pg. 1043
STARCOM, 1675 Broadway, 10019, pg. 1043
STARWORKS GROUP, 5 Crosby St 6th Fl, 10013, pg. 1044
STEIN IAS, 432 Park Ave S, 10016-8013, pg. 1045
STERLING BRANDS, 75 Varick St 8th Fl, 10013, pg. 307
STOREBOARD MEDIA, 360 Lexington Ave Fl 19, 10017, pg. 1051
STORY WORLDWIDE, 48 W 25th St, 10010, pg. 1051
STRATEGIC, 177 Mott St, 10012, pg. 1052
STRATEGIC DOMAIN, INC., 347 W 36th St Rm 1101, 10018, pg. 1053
STRAWBERRYFROG, 60 Madison Ave, 10010, pg. 1054
STUDIO BLACK TOMATO, 119 W 24th St, 10011, pg. 1056
SUB ROSA, 353 West 12th Street, 10014, pg. 1057
SUDLER & HENNESSEY WORLDWIDE HEADQUARTERS, 230 Park Ave S, 10003-1566, pg.

A-85

AGENCIES
GEOGRAPHIC INDEX OF U.S.

1058
SUN & MOON MARKETING COMMUNICATIONS, INC., 75 Broad St, 10004, pg. 1061
SUPERUNION, 3 Columbus Circle, 10019, pg. 1062
SUSAN BLOND, INC., 50 W 57th St Fl 14, 10019, pg. 1063
SWEENEYVESTY, 95 Morton St Ground Fl, 10014, pg. 1066
SWELL, 77 Franklin St, 10013, pg. 1066
SWELLSHARK, 55 W 39th St, 18th Fl, 10018, pg. 1066
SYNAPTIC DIGITAL, 218 W 40Th St Fl 2, 10018, pg. 1068
T. J. SACKS & ASSOCIATES, 445 Park Ave 9th Fl, 10022, pg. 1068
T+P ADVERTISING, 405 Lexington Ave Fl 26, 10174, pg. 1068
T3, 33 Irving Pl Fl 3, 10003, pg. 1069
TAG CREATIVE, 443 Pk Ave S Fl 11, 10016, pg. 1070
TAG WORLDWIDE, 75 Spring St 3rd Fl, 10012, pg. 1070
TAXI NEW YORK, 230 Park Ave S, 10003, pg. 1075
TBWA CHIAT DAY NEW YORK, 488 Madison Ave, 10022, pg. 1078
TBWA DIGITAL ARTS NETWORK, 488 Madison Ave, 10022, pg. 1078
TBWA NORTH AMERICA, 488 Madison Ave, 10022, pg. 1079
TBWA/WORLDHEALTH, 488 Madison Ave 5th Fl, 10022, pg. 1077
TBWA/WORLDWIDE, 488 Madison Ave, 10022, pg. 1077
TEAM EPIPHANY, 1235 Broadway 4th Fl, 10001, pg. 1095
TENET PARTNERS, 122 W 27th St 9th Fl, 10001, pg. 1096
THE TERRI & SANDY SOLUTION, 1133 Bdwy Ste 928, 10010, pg. 1097
THACHER INTERACTIVE LLC, 41 Grove St 4th Fl, 10014, pg. 1098
THINKMODO, INC., 1 Little W 12th St, 10014, pg. 1100
THINKSO CREATIVE LLC, 10 W 37th St Fl 7, 10018, pg. 1100
THORNBERG & FORESTER, 78 5th Ave Fl 6, 10011, pg. 1102
TIBEREND STRATEGIC ADVISORS, 35 W 35th St 5th Fl, 10001-2205, pg. 1102
TINA THOMSON, 130 W 25th St Ste 6A, 10001, pg. 1104
TLGG, 220 E 42nd St Fl 12, 10017, pg. 1106
TMC COMMUNICATIONS, LLC, 757 3 Ave, 10117, pg. 1106
TMP WORLDWIDE ADVERTISING & COMMUNICATIONS, LLC, 125 Broad St 10th Fl, 10004, pg. 1107
TOWNHOUSE, 230 Park Ave S 8th Fl, 10003, pg. 1112
TRACTENBERG & CO., 116 East 16th St, 10003, pg. 1112
TRANSLATION LLC, 145 W 45th St 12th Fl, 10036, pg. 1113
TRIPTENT INC, 400 W 14th St 3rd Fl, 10014, pg. 1119
TROLLBACK + COMPANY, 490 Broadway, 10012, pg. 1119
TRUE NORTH INC., 630 Third Ave 12th Fl, 10017, pg. 1119
TRUFFLE PIG, 466 Lexington Ave 4th Fl, 10017, pg. 1120
TWENTY FOUR SEVEN, 250 Hudson St 11th Fl I@ Sandbox, 10013, pg. 1123
UNDERTONE, 340 Madison Ave, 10173, pg. 1126
UNITED ENTERTAINMENT GROUP, 155 Avenue Of The Americas Fl 3, 10013, pg. 1127
UNTITLED WORLDWIDE, 584 Broadway Rm 901, 10012, pg. 1128
VAN WAGNER COMMUNICATIONS, LLC., 800 3rd Ave 28th Fl, 10022, pg. 1130
VAN WAGNER SPORTS GROUP LLC, 800 3rd Ave 28th Fl, 10022-7604, pg. 1130
VAN'S GENERAL STORE, 47 Orchard St, 10002, pg. 1131
THE VAULT NYC, 420 Lexington Ave, 10170, pg. 1132
VAULT49, 36 W 20th St 8th Fl, 10011, pg. 1132
VECTOR MEDIA, 560 Lexington Ave, 10022, pg. 1132
VERSO ADVERTISING, INC., 50 W 17th St 5th Fl, 10011-5702, pg. 1134
VERTIC, 180 Varick St Ste 1620, 10014, pg. 1135
VERTIGO MEDIA GROUP, 1593 Locust Ave Bohemia, 11716, pg. 1135
VESTED, 12 E 33Rd St Fl 2, 10016, pg. 1135
VIBRANT MEDIA, 524 Broadway Fl 11, 10012, pg. 1136
VISUALMAX, 630 9th Ave Ste 414, 10036, pg. 1140
VITRO NY, 160 Varick St, 10013, pg. 1141
VIVALDI, 30 W 21st St 12th Fl, 10010, pg. 1142
VMG CREATIVE, 150 5th Ave, 10011, pg. 1143
VML-NEW YORK, 3 Columbus Cir 3rd Fl, 10019, pg. 1144

VSA PARTNERS, 95 Morton St # 7, 10014, pg. 1147
VSA PARTNERS, INC., 95 Morton St Ste 7A, 10014, pg. 1147
WALRUS, 18 E 17th St Fl 4, 10003, pg. 1150
WALTON ISAACSON, 43 W 24th St Rm 11A, 10010, pg. 1151
WARHAFTIG ASSOCIATES INC., 740 Broadway, 10003, pg. 1152
WASABI RABBIT INC, 19 Fulton St Ste 307, 10038, pg. 1152
THE WATSONS, 150 W 30 St Ste 905, 10001, pg. 1153
WE ARE SOCIAL INC., 26 Mercer St, 10013, pg. 1155
WE BELIEVERS, 110 E 25th St, 10010, pg. 1155
WEDNESDAY, 245 5th Ave 25th Fl, 10016, pg. 1156
WEE BEASTIE, 116 Chambers St 5th FL, 10007, pg. 1156
WHOSAY, 333 Park Ave S Ste 2B, 10010, pg. 1162
WIEDEN + KENNEDY NEW YORK, 150 Varick St, 10013, pg. 1165
WING, 200 5th Ave 3rd Fl, 10010, pg. 1170
WINSTAR INTERACTIVE MEDIA, 307 7th Ave Ste 2003, 10001, pg. 1171
WINSTON ADVERTISING, 122 E 42nd St, 10168, pg. 1171
WIRE STONE, 48 W 25th 8th Fl, 10010, pg. 1172
WIT MEDIA, 250 West 28 St, 10001, pg. 1173
WOLFF OLINS-NEW YORK, 200 Varick St Ste 1001, 10014, pg. 1174
WOMENKIND, 1441 Broadway Suite 3101, 10018, pg. 1174
WP NARRATIVE_, 989 Ave of the Americas, 10018, pg. 1178
WPP US, 100 Park Ave, 10017-5529, pg. 1183
WUNDERMAN, 3 Columbus Cir, 10019, pg. 1188
Y&R NEW YORK, 3 Columbus Cir, 10019, pg. 1198
YODLE, INC., 330 W 34th St Fl 18, 10001, pg. 1196
YOUNG & RUBICAM, 3 Columbus Cir, 10019, pg. 1197
YOUR MAJESTY, 29 E 19th St Third Fl, 10003, pg. 1208
ZEMI COMMUNICATIONS, 10 E 40th St Ste 1900, 10016, pg. 1211
ZERO GRAVITY GROUP, LLC, PO Box 624, 10013, pg. 1212
ZIMMERMAN ADVERTISING, 437 Madison Ave 12th Fl, 10022, pg. 1213
ZYNGA NEW YORK, 45 W 21st St Ste 3C, 10010, pg. 1217

Newburgh
HARBURGER/SCOTT ADVERTISING, 72 Balmville Rd, 12550, pg. 467

Northport
SLIGHTLY MAD, 81 Scudder Ave, 11768, pg. 1021

Old Chatham
BLASS MARKETING, 17 Drowne Rd, 12136-3006, pg. 134

Oneonta
VIBRANT CREATIVE, 293 Chestnut St, 13820, pg. 1136

Oswego
STEP ONE CREATIVE, 317 W 1st St Ste 101, 13126, pg. 1046

Patchogue
LOUNGE LIZARD WORLDWIDE, 31 W Main St, 11772, pg. 652
THE PUBLIC RELATIONS & MARKETING GROUP, 156 N Ocean Ave, 11772, pg. 896

Pelham
DARK HORSE MARKETING, 1 Fifth Ave, 10803, pg. 260
ONPOINT IMAGE & DESIGN INC, 525 5th Ave, 10803, pg. 841

Penfield
MASON MARKETING, INC, 400 Whitney Rd, 14526, pg. 691

Pittsford
BUSH COMMUNICATIONS, LLC, 3 S Main St, 14534, pg. 176
GATEHOUSE MEDIA PARTNERS, 175 Sully's Trail, 14534, pg. 412
MARTINO FLYNN LLC, 175 Sully's Trl Ste 100, 14534, pg. 689
PERSUASIVE COMMUNICATIONS, 141 Sullys Trl Ste 9, 14534, pg. 865
TWIN ADVERTISING, 7 S Main St, 14534, pg. 1124
WALKUP ADVERTISING, 115 Sullys Trl Ste 9, 14534, pg. 1149

Pleasantville
THE HORAH GROUP, 351 Manville Rd #105, 10570, pg. 508

Port Jervis
NIKI JONES AGENCY, 39 Front St, 12771, pg. 794

Rochester
ANTITHESIS ADVERTISING, 72 Cascade Dr, 14614, pg. 62
ARCHER COMMUNICATIONS, INC., 252 Alexander St, 14607-2515, pg. 65
BRAND COOL MARKETING INC, 1565 Jefferson Rd Ste 280, 14623, pg. 154
CATALYST, SCIENCE + SOUL, 110 Marina Dr, 14626, pg. 195
FRONTLINE ADVERTISING, INC., 52 Conmar Dr, 14609, pg. 400
JAY ADVERTISING, INC., 170 Linden Oaks, 14625-2836, pg. 573
MINERVA DESIGN, 94 Southern Pkwy, 14618, pg. 746
PARTNERS+NAPIER, 192 Mill St Ste 600, 14614-1022, pg. 855
ROBERTS COMMUNICATIONS INC., 64 Commercial St, 14614-1010, pg. 963
SIGMA MARKETING GROUP LLC, 1 Cambridge Pl 1850 Winton Rd S, 14618-3923, pg. 1012
TIPPING POINT COMMUNICATIONS INC., 1349 University Ave, 14607, pg. 1105
TRUTH COLLECTIVE LLC, 25 Russell St, 14607, pg. 1120

Rockville Centre
SPORTSBRANDEDMEDIA INC., 8 Rockwin Rd, 11570, pg. 1035

Ronkonkoma
BLUETOOTH CREATIVE GROUP, INC., 3075 Veterans Memorial Hwy Ste 130, 11779, pg. 142
DONALD R. HARVEY, INC., 3555 Veterans Memorial Hwy, 11779-9916, pg. 314

Roslyn
SCOTT COOPER ASSOCIATES, LTD., 474 Links Dr S, 11576, pg. 997

Rye
CASON NIGHTINGALE CREATIVE COMMUNICATIONS, 5021 Theall Rd, 10580, pg. 193

Rye Brook
BCA (BRIAN CRONIN & ASSOCIATES INC.), 800 Westchester Ave, 10573, pg. 116
BCA MARKETING COMMUNICATIONS, 800 Westchester Ave. N641, 10573, pg. 116
MATTS & DAVIDSON INC., 7 Rye Ridge Plz, 10573, pg. 694
MERITDIRECT, LLC., 2 International Dr, 10573, pg. 732

Saint James
DIRCKS ASSOCIATES, 550 N Country Rd Ste A, 11780-

GEOGRAPHIC INDEX OF U.S. AGENCIES

1427, pg. 303

Saratoga Springs

FINGERPAINT MARKETING, INC., 395 Broadway, 12866, pg. 380

Schenectady

MILLENNIUM BUSINESS COMMUNICATIONS LLC, 136 Paddock Cir, 12306, pg. 740
POTRATZ PARTNERS ADVERTISING INC., 31 Lafayette St, 12305, pg. 884

Sea Cliff

ROTH ADVERTISING, INC., PO Box 96, 11579-0096, pg. 969

Seaford

ZUCHELLI & JOHNSON HEALTHCARE COMMUNICATIONS, 2873 Ocean Ave, 11783-3455, pg. 1216

Setauket

KZSW ADVERTISING, 19 Bennetts Rd, 11733, pg. 605

Skaneateles

CHASEDESIGN, LLC, 1326 New Seneca Tpk, 13152, pg. 755

Smithtown

COMMUNICATION STRATEGY GROUP & BRANDTELLING, 1020 W Jericho Tpke Ste 210, 11787, pg. 223
LINX COMMUNICATIONS CORP., 155 E Main St 2nd Fl, 11787-2808, pg. 642
SMM ADVERTISING, 811 W Jericho Tpke, 11787, pg. 1024

South Salem

BLUE CHIP PUBLIC RELATIONS, INC., 14 Canaan Cir, 10590, pg. 139

Staten Island

DELEON GROUP, LLC, 20 Kenneth Pl, 10309, pg. 286
THE VON AGENCY INC, 1911 Richmond Ave Ste 200, 10314, pg. 1146

Suffern

THE BYNE GROUP, 75 Montebello Rd, 10901, pg. 179

Syosset

MILLENNIUM COMMUNICATIONS, INC., 6900 Jericho Tpke Ste 115W, 11791, pg. 741

Syracuse

ABC CREATIVE GROUP, 430 E Genesee St Ste 401, 13202, pg. 17
COWLEY ASSOCIATES, INC., 407 S Warren St Ste 100, 13202, pg. 234
EMA PUBLIC RELATIONS SERVICES, 211 W Jefferson St, 13202-2561, pg. 347
ERIC MOWER + ASSOCIATES, 211 West Jefferson St., 13202, pg. 346
FIRST MEDIA GROUP INC., 120 E Washington St Ste 721, 13202, pg. 384
LATORRA, PAUL & MCCANN, 120 E Washington St, 13202-4000, pg. 613
NOWAK ASSOCIATES, INC, 6075 E Molloy Bldg 7, 13211, pg. 801
PINCKNEY HUGO GROUP, 760 W Genesee St, 13204-2306, pg. 871
WARNE/MCKENNA ADVERTISING, 110 S Lowell Ave, 13204-2629, pg. 1152

Tarrytown

MSM DESIGNZ INC, 505 White Plains Rd 2nd Fl Ste 204, 10591, pg. 770

Tonawanda

TELESCO CREATIVE GROUP, 1868 Niagara Fls Blvd Ste 200, 14150, pg. 1096

Troy

BURST MARKETING, 297 River St, 12180, pg. 176
CREATIVE COMMUNICATION ASSOCIATES, 2 Third Street, 12180, pg. 240
ID29, 425 River St, 12180, pg. 519
SMITH & JONES, 297 River St, 12180, pg. 1023
WANDERLUST, 297 River St, 12180, pg. 1151

Utica

THE PAIGE GROUP, 258 Genesee St Ste 204, 13502, pg. 851

Valhalla

DELFINO MARKETING COMMUNICATIONS, INC., 400 Columbus Ave Ste 120S, 10595-1396, pg. 287

Valley Cottage

KEA ADVERTISING, 217 Rte 303 Ste 1, 10989-2534, pg. 589

Valley Stream

ARTIFAX, 117 Delmonico Pl, 11581, pg. 72
WEBSCOPE, 99 W Hawthorne Ave Ste 420, 11580, pg. 1156

Victor

DIXON SCHWABL ADVERTISING, 1595 Moseley Rd, 14564, pg. 309

Wantagh

GREEN TEAM ADVERTISING, INC., 3305 Jerusalem Ave Ste 201, 11793, pg. 435

Warwick

VELA ADVERTISING, 127 Pine Island Tpke, 10990, pg. 1132

Webster

SUNDANCE MARKETING, LLC, 430 Sundance Trail, 14580, pg. 1061

West Islip

HFB ADVERTISING, INC., 1283 Minerva Ave, 11795, pg. 498

White Plains

CARL BLOOM ASSOCIATES, INC., 81 Main St Ste 126, 10601-1711, pg. 189
GRAHAM STANLEY ADVERTISING, 75 S Broadway 4th Fl, 10601, pg. 432
LITTLE BIG BRANDS, 1 N Broadway Ste 201, 10601, pg. 645
RIVER COMMUNICATIONS, INC., 711 Westchester Ave, 10604, pg. 961
SQUEAKYWHEEL PROMOTIONS, 75 S Broadway Ste 400, 10601, pg. 1038

Williamsville

FB DISPLAYS & DESIGNS, INC., 338 Harris Hill Rd Ste 107, 14221, pg. 363
GELIA-MEDIA, INC., 390 S Youngs Rd, 14221, pg. 414
HALEY MARKETING GROUP, 6028 Sheridan Dr, 14231, pg. 463
HOMERUN CREATIVE SERVICES INC., 5436 Main St, 14221, pg. 507
PARKWAY DIGITAL, 19 Limestone Dr Ste 4, 14221, pg. 855

Woodbury

SILVERMAN MEDIA & MARKETING GROUP, INC., 2829 Merrick Rd Ste 115, 11710, pg. 1014

Yonkers

THE COMPUTER STUDIO, 1280 Saw Mill River Rd, 10710-2722, pg. 225

NORTH CAROLINA

Asheville

ATLAS BRANDING & DESIGN, INC., 35 Haywood St Ste 205, 28801, pg. 75
CORECUBED, 700 POle Creasman Rd, 28806, pg. 231
ELEMENT ADVERTISING LLC, 1 Tingle Alley, 28801, pg. 335
THE GOSS AGENCY INC., 49 Broadway Ste 202, 28801, pg. 430
I2 MARKETING INC, 96 Madeline Ave, 28806, pg. 517
MARKET CONNECTIONS, 82 Patton Ave Ste 710, 28801, pg. 681
TIVOLI PARTNERS, PO Box 18501, 28814, pg. 1105

Belmont

LYERLY AGENCY INC., 126 N Main St, 28012, pg. 658

Burlington

ALL PRO MEDIA INC., 422 S Spring St, 27215, pg. 45

Carrboro

THE SPLINTER GROUP, 605 W Main St 201, 27510, pg. 1034

Cary

BROGAN & PARTNERS CONVERGENCE MARKETING, 14600 Western Pkwy Ste 300, 27513, pg. 166
CONTRAST CREATIVE, 2598 Highstone Rd, 27519, pg. 229
CRITTENDEN ADVERTISING, 805 Queensferry Rd, 27511, pg. 248
HUMMINGBIRD CREATIVE GROUP, 160 NE Maynard Rd Ste 205, 27513, pg. 514
MEDTHINK COMMUNICATIONS, 1001 Winstead Dr Ste 100, 27513, pg. 729
MICROMASS COMMUNICATIONS INC, 100 Regency Forest Dr, 27518, pg. 738
R+M, 15100 Weston Pkwy, 27513, pg. 927
S&A COMMUNICATIONS, 301 Cascade Pointe Ln, 27513, pg. 974
WINFIELD & ASSOCIATES MARKETING & ADVERTISING, 100 Moss Rose Ct, 27518, pg. 1170

Chapel Hill

JENNINGS & COMPANY, 110 Banks Dr Ste 200, 27514, pg. 575
RIVERS AGENCY, 601 W Rosemary St Unit 108, 27516, pg. 961

Charlotte

3PM CREATIVE, 1405 Morningside Dr, 28205, pg. 8
54, LLC., 417 E Blvd, 28203, pg. 10
ABZ CREATIVE PARTNERS, 2810 Selwyn Ave Unit 407, 28209, pg. 18
ADAMS OUTDOOR ADVERTISING, 1134 N. Graham St, 28231, pg. 26
THE AGENCY MARKETING GROUP, 3202B N Davidson St, 28205, pg. 38
THE ALISON SOUTH MARKETING GROUP, 1211 Torrence Cir, 28036, pg. 45

AGENCIES

GEOGRAPHIC INDEX OF U.S.

BIRDSONG GREGORY, 715 N Church St Ste 101, 28202, pg. 131
BOONEOAKLEY, 1445 S Mint St, 28203, pg. 147
BRANDSYMBOL, 8845 Red Oak Blvd, 28217, pg. 159
CGR CREATIVE, 1930 Abbott St Ste 304, 28203, pg. 201
CONCENTRIC MARKETING, 101 W Worthington Ave Ste 108, 28203, pg. 225
CROWN COMMUNICATIONS, PO Box 31623, 28231, pg. 250
DOGGETT ADVERTISING, INC., 5970 Fairview Road, 28210, pg. 313
ENVENTYS PARTNERS, LLC, 520 Elliot St, 28202, pg. 342
HERB GROSS & COMPANY, INC., 10000 Gatehouse Ct, 28277-8730, pg. 496
HMH-CHARLOTTE N.C., 1435 W Morehead St Ste 140, 28208, pg. 504
HODGES ADVERTISING INC, 3727 Rose Lake Dr Ste 101, 28217, pg. 505
J.C. THOMAS MARKETING COMMUNICATIONS, PO Box 11716, 28220, pg. 573
LUQUIRE GEORGE ANDREWS, INC., 4201 Congress St Ste 400, 28209, pg. 657
MINDSTORM COMMUNICATIONS GROUP, INC., 10316 Feld Farm Ln, 28210, pg. 745
MOONLIGHT CREATIVE GROUP, INC., 930 E Blvd Ste B, 28203, pg. 756
MYJIVE INC, 1000 NC Music Factory Blvd Ste C7, 28206, pg. 782
MYTHIC, 200 S Tryon St 9th Fl, 28202, pg. 782
OCTAGON, 9115 Harris Corners Pkwy Ste 550, 28269, pg. 807
OVERGROUND INC, 1713 Cleveland Ave, 28203, pg. 847
PINCKNEY MARKETING, INC., 800 W Hill St # 402, 28208, pg. 871
RED MOON MARKETING, 4100 Coca-Cola Plz Ste 215, 28211, pg. 940
SATURDAY BRAND COMMUNICATIONS, 1310 S Tryon St Ste 110, 28203, pg. 992
SELMARQ, 2435 Merrywood Rd, 28210, pg. 1002
SPARK STRATEGIC IDEAS, 6230 Fairview Rd Ste 430, 28210, pg. 1031
TATTOO PROJECTS, 801 S Cedar St, 28208, pg. 1074
TEAM CREATIF USA, 201 S Tryon St Ste 1450, 28202, pg. 1095
THE THOMPSON AGENCY, 1908 Dilworth Rd E, 28203, pg. 1101
WRAY WARD MARKETING COMMUNICATIONS, 900 Baxter St, 28204, pg. 1187
ZANDER GUINN MILLAN, 201 S Tryon St Ste 525, 28202, pg. 1210

Concord

BARNHARDT, DAY & HINES, 56 Cabarrus Ave W, 28026, pg. 91
PERRY PRODUCTIONS, 41 Edgewood Ave Ne, 28025, pg. 865
REDFONT MARKETING GROUP, 8410 Pit Stop Ct Ste 142, 28027, pg. 943
WALKER MARKETING, INC., 805 Trade St NW Ste 101, 28027, pg. 1149

Cornelius

GINGER GRIFFIN MARKETING & DESIGN, 19109 W Catawba Ave Ste 114, 28031, pg. 420
IMPACT DIRECT, 17830 Statesville Rd Ste 200, 28031, pg. 527

Denver

DESIGN ONE CREATIVE INC., PO Box 280, 28037, pg. 293

Durham

MCKINNEY, 318 Blackwell St, 27701, pg. 719
METHOD SAVVY, 404 Hunt St Ste 500, 27701, pg. 735
MSA: THE THINK AGENCY, 2530 Meridian Pkwy Ste 200, 27713, pg. 769
PAUSBACK ADVERTISING, 3711 Medford Rd, 27705, pg. 859
QUARRY INTEGRATED COMMUNICATIONS USA, 4819 Emperor Blvd Ste 400, 27703-5420, pg. 921

Fayetteville

HODGES ASSOCIATES, INC., PO Box 53805, 28305, pg. 505
THE WRIJEN COMPANY, 225 Green St Ste 902, 28301, pg. 1188

Graham

REFLECTIVE DIGITAL SOLUTIONS, 2755 DARRELL NEWTON DR, 27253, pg. 944

Greensboro

BLUEZOOM, 230 S Elm St Ste B, 27401, pg. 142
BOUVIER KELLY INC., 212 S Elm St Ste 200, 27401-2631, pg. 149
KINGS ENGLISH LLC, 335 S Davie St, 27401, pg. 596
MITRE AGENCY, 328 E Market St Ste 201, 27401, pg. 748
TARGETBASE, 202 Centreport Dr Ste 300, 27409, pg. 1074

Greenville

ADAMS & LONGINO ADVERTISING, INC., 605 Lynndale Ct Ste F, 27858, pg. 25
EVOLVE, INC., 1210 E Arlington Blvd, 27858, pg. 354
INTANDEM INC., 1302 E Firetower Rd, 27858, pg. 536

Hickory

ALLEN FINLEY ADVERTISING, INC., 42 Third St NW, 28601-6135, pg. 46
INFORM, INC., PO Box 1708, 28603, pg. 532
SPHERE ADVERTISING, 940 Tate Blvd SE Ste 107, 28602, pg. 1033

High Point

KEMP ADVERTISING & MARKETING, 3001 N Main St, 27265, pg. 592
REDDING COMMUNICATIONS LLC, 1325 N Main St, 27262, pg. 943
TRONE BRAND ENERGY, INC., 1823 Eastchester Dr Ste A, 27265, pg. 1119

Holly Springs

919 MARKETING COMPANY, 102 Avent Ferry Rd, 27540, pg. 13

Huntersville

COX GROUP, 16315 Northcross Dr Ste F, 28078, pg. 234
PLANET CENTRAL, 16740 Birkdale Commons Pkwy Ste 210, 28078, pg. 876

Kernersville

DANA COMMUNICATIONS, 5690 Bromley Dr, 27284, pg. 259

Lexington

THE MEDIA MATTERS INC, PO Box 1442, 27293, pg. 726

Manteo

OUTER BANKS MEDIA, 102 Old Tom St Ste 205, 27954, pg. 846

Matthews

BURRIS CREATIVE INC, 325 Matthews-Mint Hill Rd Ste 204, 28105, pg. 176
OPUS 59 CREATIVE GROUP, 250 N Trade St Ste 209, 28105, pg. 843

Mooresville

INCHRIST COMMUNICATIONS, 256 S Academy St, 28115, pg. 530

Morehead City

BG DIGITAL GROUP, 809 Arendell St, 28557, pg. 127

Morrisville

NETSERTIVE, INC, 2400 Perimeter Pk Dr Ste 100 Research Triangle Region, 27560, pg. 790

New Bern

HIGH TIDE CREATIVE, PO Box 1714, 28563, pg. 499
VIAMARK ADVERTISING, 233 Middle St Ste 212, 28560, pg. 1136

Raleigh

ABLE&CO, 8801 Fast Park Dr Ste 115, 27617, pg. 18
ANOROC AGENCY, 822 Wake Forest Rd, 27604, pg. 60
BALDWIN&, 321 W Davie St, 27601, pg. 85
BRASCO DESIGN + MARKETING, 305 W Martin St, 27601, pg. 160
BROOKS BELL INTERACTIVE, 711 Hillsborough St, 27603, pg. 167
BURKHEAD BRAND GROUP, 1340 Brooks Ave, 27607, pg. 175
BUSINESS-TO-BUSINESS MARKETING COMMUNICATIONS, 900 Ridgefield Dr Ste 270, 27609-8524, pg. 177
CLEAN DESIGN, INC., 6601 Six Forks Rd Ste 430, 27615, pg. 212
CLICKCULTURE, 9121 Anson Way, 27615, pg. 213
ECKEL & VAUGHAN, 706 Hillsborough St Ste 102, 27603, pg. 330
FRENCH/WEST/VAUGHAN, INC., 112 E Hargett St, 27601, pg. 398
INTREPID MARKETING GROUP, 6500 Creedmoor Rd Ste 216, 27613, pg. 545
M IS GOOD, 8216 Creedmoor Rd Ste 201, 27613, pg. 664
MARKET FORCE, INC., 109 N Boylan Ave, 27603, pg. 681
MEDIA TWO INTERACTIVE, 111 E Hargett St Ste 200, 27601, pg. 727
MEREDITH COMMUNICATIONS, 8311 Brier Creek Pkwy Ste 105, 27617, pg. 731
MOROCH, 5400 Glenwood Ave Ste G05, 27612, pg. 759
MSA MARKETING, 612 Wade Ave # 101, 27605, pg. 769
PETRIE CREATIVE, 715 W Johnson St Ste 101, 27603, pg. 866
POINTER ADVERTISING LLC, 204 Longneedle Ct, 27603, pg. 880
THE REPUBLIK, 520 S Harrington St, 27601, pg. 947
SALLY JOHNS DESIGN, 1040 Washington St, 27605, pg. 988
SIGNAL INC., 7780 Brier Creek Pkwy Ste 415, 27617, pg. 1012
SOKAL MEDIA GROUP, 11550 Common Oaks Dr Ste 200, 27614, pg. 1027
THE STONE AGENCY, 3906 Wake First Rd, 27609, pg. 1050
SYNEOS HEALTH, INC., 3201 Beechleaf Ct Ste 600, 27604-1547, pg. 1068
VITALINK, 10809 Cokesbury Ln, 27614, pg. 1140
WITZ COMMUNICATIONS, INC., 310 S Harrington St, 27603, pg. 1173

Rocky Mount

CARNEY & CO., 1653 Thomas A Betts Pkwy, 27804, pg. 190
LEWIS ADVERTISING, INC., 1050 Country Club Rd, 27804, pg. 635

Salisbury

MILLER DAVIS INC, 205 E Council St Ste C, 28144, pg. 742

Sanford

MOTTIS, 1111 Haynes St, 27604, pg. 764

Southern Shores

EVANS MEDIA GROUP, 5561 N Croatan Hwy, 27949, pg. 352

GEOGRAPHIC INDEX OF U.S. AGENCIES

Wake Forest

THE SIGNATURE AGENCY, 1784 Heritage Center Dr, 27587, pg. 1013

Wilmington

COLONIAL MARKETING GROUP INC., 3901 Oleander Dr Ste E, 28403, pg. 220
INSPIRE CREATIVE STUDIOS, St George Technology Bldg, 28405, pg. 535
LUNA AD, 116 Princess St, 28401, pg. 656
MAXIMUM DESIGN & ADVERTISING, 7032 Wrightsville Ave Ste 201, 28403, pg. 695
MORVIL ADVERTISING & DESIGN GROUP, 1409 Audubon Blvd Ste B3, 28403, pg. 762
PLAN A ADVERTISING, 3710 Shipyard Blvd Ste B, 28403, pg. 875
SAGE ISLAND, 1638 Military Cutoff Rd, 28403, pg. 987
SWEENEY, 201 N Front St Ste 904, 28401, pg. 1066
TAYLOE GRAY LLC, 221 N 2nd St, 28401, pg. 1076

Winston Salem

FRANK ABOUT WOMEN, 525 Vine St, 27101, pg. 395
GARAGE BRANDING, 410 W 4th St Ste 100, 27101, pg. 409
IMG COLLEGE, 540 North Trade St, 27101, pg. 527
KEYSTONE MARKETING, 709 N Main St, 27101, pg. 593
MULLENLOWE, 525 Vine St Ste 340, 27101, pg. 772
REUBEN RINK, 939 Burke St Ste A, 27101, pg. 952
SFW AGENCY, 210 S Cherry St, 27101-5231, pg. 1004
THE VARIABLE AGENCY, 575 E 4Th St, 27101, pg. 1131
VELA AGENCY, 315 N Spruce St Ste 215, 27101, pg. 1132
WILDFIRE LLC, 709 N Main St, 27101, pg. 1167

NORTH DAKOTA

Bismarck

KK BOLD, 505 E Main Ave Ste 250 PO Box 693, 58502-4412, pg. 597
MARKETING & ADVERTISING BUSINESS UNLIMITED, INC., 1003 Gateway Ave, 58503, pg. 681
ODNEY, 117 W Front Ave, 58504, pg. 808

Fargo

ADFARM, 101 N 10th St Ste 110, 58102, pg. 29
FLINT COMMUNICATIONS, 101 10th St N, 58102, pg. 388
ODNEY ADVERTISING-FARGO, 102 Broadway, 58102, pg. 808
SUNDOG, 2000 44th St SW 6th Fl, 58103, pg. 1061

Grand Forks

SIMMONSFLINT, 33 S 3Rd St Ste C, 58201, pg. 388

Minot

IWERX MEDIA & ADVERTISING, 101 S Main Street, 58701, pg. 552
ODNEY ADVERTISING-MINOT, 2400 Burdick Expy E, 58701, pg. 808

West Fargo

IRONCLAD MARKETING, PO Box 733, 58078, pg. 548

OHIO

Akron

ANTHONY THOMAS ADVERTISING, 727 S Broadway St, 44311, pg. 61
ARRAY CREATIVE, 495 Wolf Ledges Pkwy, 44311, pg. 71
ELEVENTY GROUP, 453 S High St, 44311, pg. 337
GEOMETRY GLOBAL, 388 S Main St, 44311, pg. 416
HITCHCOCK FLEMING & ASSOCIATES, INC., 500 Wolf Ledges Pkwy, 44311-1022, pg. 502
KLEIDON & ASSOCIATES, 3517 Embassy Parkway, 44333, pg. 598
WHITESPACE CREATIVE, 243 Furnace St, 44304, pg. 1161

Aurora

CHARENE CREATIVE, 965 Centerville Trl, 44202, pg. 203

Avon

KUNO CREATIVE, 36901 American Way Ste 2A, 44011, pg. 604

Bay Village

PARTNERSRILEY, 468 Lake Forest Dr, 44140, pg. 856

Beachwood

ALLIED INTEGRATED MARKETING, 3601 Green Rd Ste 316, 44122, pg. 48
POINT TO POINT INC., 23240 Chagrin Blvd Ste 200, 44122, pg. 880

Beavercreek

FAHLGREN MORTINE (DAYTON), 4380 Buckeye Ln Ste 210, 45440, pg. 358

Bellbrook

CONCEPT COMPANY, INC., 4065 Eckworth Dr, 45305, pg. 226

Boardman

PRODIGAL MEDIA COMPANY, 42 Mcclurg Rd, 44512, pg. 890

Canfield

IM IMAGE MARKETING, 2979 Whispering Pines Dr, 44406, pg. 524

Canton

INNIS MAGGIORE GROUP, INC., 4715 Whipple Ave NW, 44718-2651, pg. 533
JAB ADVERTISING, 203 Market Ave S Ste 212, 44702, pg. 567
WRL ADVERTISING, INC., 4470 Dressler Rd NW, 44718-2716, pg. 1188

Chesterland

BOONDOCK WALKER, PO Box 692, 44026, pg. 146

Cincinnati

AMPLE, LLC, 200 W 4th St 5th Fl, 45202, pg. 54
ANIMAL INSTINCT ADVERTISING, 2124 Madison Rd Ste 3F, 45208, pg. 58
ANTHEM WORLDWIDE, 537 E Pete Rose Way Ste 100, 45202-3578, pg. 61
BAREFOOT PROXIMITY, 700 W Pete Rose Way, 45203, pg. 89
BIOTICA LLC, 9435 Waterstone Blvd Ste 140, 45249, pg. 131
BRANDIENCE LLC, 700 Walnut St Ste 500, 45202, pg. 156
THE CREATIVE DEPARTMENT, 1209 Sycamore St, 45202, pg. 241
CREATIVE DIMENSIONS, 4555 Lake Forest Dr Ste 650, 45242, pg. 241
CURIOSITY ADVERTISING, 35 E 7Th St Ste 800, 45202, pg. 254
DEANHOUSTON, INC., 310 Culvert St Ste 300, 45202, pg. 284
DESKEY, 120 E 8th St, 45202, pg. 293
E3 LOCAL MARKETING, 2601 Malsbary Rd, 45242, pg. 327
EPSILON, 445 Lake Forest Dr Ste 200, 45242, pg. 346
FRCH DESIGN WORLDWIDE, 311 Elm St Ste 600, 45202, pg. 396
GIAMBRONE + PARTNERS, 5177 Salem Hills Ln, 45230, pg. 418
GYRO CINCINNATI, 7755 Montgomery Rd Ste 300, 45236, pg. 458
HOLLAND ADVERTISING:INTERACTIVE, 8040 Hosbrook Rd, 45236, pg. 506
HYPERQUAKE, 205 W Fourth St Ste 1010, 45202, pg. 516
INTERBRAND, 700 W Pete Rose Way Ste 460, 45203, pg. 537
INTERBRAND DESIGN FORUM, 700 W Pete Rose Way Ste 460, 45203, pg. 538
KILLERSPOTS, 463 Ohio Pke Ste 102, 45255, pg. 595
LANDOR ASSOCIATES, 110 Shillito Pl, 45202-2361, pg. 610
LOHRE & ASSOCIATES, INCORPORATED, 126A W 14th St, 45202, pg. 650
LPK, 19 Garfield Pl, 45202, pg. 654
MATTER CREATIVE GROUP, 9466 Montgomery Rd, 45242, pg. 694
NORTHLICH, Sawyer Point Bldg 720 E Pete Rose Way, 45202, pg. 799
NORTHLICH-COLUMBUS, 720 E Pete Rose Way, 45202, pg. 799
NORTHLICH PUBLIC RELATIONS, 720 E Pete Rose Way Ste 120, 45202-3579, pg. 799
OPENFIELD CREATIVE, 1 W 4th St 25th Fl, 45202, pg. 842
PIXELS & DOTS LLC, 3181 Linwood Ave, 45208, pg. 874
POWERHOUSE FACTORIES, 1111 St Gregory St, 45202, pg. 885
POWERS AGENCY, 1 W 4th St 5th Fl, 45202-3623, pg. 885
RED212, 5509 Fair Lane, 45227, pg. 942
SANGER & EBY, 501 Chestnut St, 45203, pg. 990
THE ST. GREGORY GROUP, INC., 9435 Waterstone Blvd, 45249, pg. 1040
TCAA, 4555 Lk Forest Dr Ste 550, 45242-3792, pg. 1093
WEB STRATEGY PLUS, 201 E Fifth St Ste 1900-1008, 45202, pg. 1155
WEBFEAT COMPLETE, INC., 4907 Eastern Ave, 45208, pg. 1155

Cleveland

THE ADCOM GROUP, 1370 W Sixth St 3rd Fl, 44113-1222, pg. 28
ARRAS KEATHLEY AGENCY, 1151 N Marginal Rd, 44114, pg. 71
BROKAW INC., 1213 W 6th St, 44113, pg. 166
CONSOLIDATED SOLUTIONS, 1614 E 40th St, 44103, pg. 228
CREATIVE HOUSE STUDIOS, 1419 E. 40th St, 44103, pg. 242
DALLAS RIFFLE MEDIA, 3030 E 63rd St Ste 404, 44127, pg. 258
DIX & EATON, 200 Public Sq Ste 3900, 44114, pg. 308
DONER, 1001 Lakeside Ave E Ste 1010, 44114, pg. 315
DONER, 1001 Lakeside Ave E Ste 1010, 44114, pg. 724
FLOURISH INC., 1001 Huron Rd E Ste 102, 44115-1755, pg. 389
GO MEDIA, 4507 Lorain Ave, 44102, pg. 425
INSIVIA, 5000 Euclid Ave, 44103, pg. 535
MARCUS THOMAS LLC, 4781 Richmond Rd, 44128, pg. 679
MARKETING DIRECTIONS, INC., 28005 Clemens Rd, 44145, pg. 683
NAS RECRUITMENT INNOVATION, 9700 Rockside Rd Ste 170, 44125, pg. 784
NMV STRATEGIES, 7336 W Cross Creek Trl, 44141, pg. 795
PR 20/20, 812 Huron Rd Ste 80, 44115, pg. 886
RECESS CREATIVE LLC, 635 W Lakeside Ave Ste 101, 44113, pg. 938
R.H. BLAKE, INC., 26600 Renaissance Pkwy, 44128-5773, pg. 954
SINGLETON & PARTNERS, LTD., 740 W Superior Ave, 44113, pg. 1016
SONNHALTER, 1320 Summer Ave, 44115-2851, pg. 1028
STERN ADVERTISING, INC., 950 Main Ave, 44113, pg. 1048
STUDIOTHINK, 1301 E 9th St, 44114, pg. 1056
SWEENEY, 19106 Old Detroit Rd, 44116, pg. 1065
TORCH GROUP, 30675 Solon Rd Ste 102, 44139-2942, pg. 1110
TWIST CREATIVE INC., 2306 W 17th St Ste 3, 44113, pg. 1124
WYSE, 668 Euclid Ave, 44114, pg. 1193

AGENCIES

ZIG MARKETING, 812 Huron Rd, 44115, pg. 1212

Columbus

300M, 300 Marconi Blvd 3rd Fl, 43215, pg. 6
ATTACHE, INC., 10 E Weber Rd Ste A, 43202, pg. 76
BURKHOLDER/FLINT, 10 E Weber Rd Apt 201, 43202, pg. 175
CARING MARKETING SOLUTIONS, 111 W Johnstown Rd Ste C, 43230, pg. 189
CIVITAS MARKETING, 536 S Wall St Ste 100, 43215, pg. 210
CREATIVE SPOT, 430 E Rich St, 43215, pg. 246
DOE-ANDERSON, 624 N Hight St, 43215, pg. 313
FAHLGREN MORTINE, 4030 Easton Sta Ste 300, 43219, pg. 358
FAHLGREN MORTINE (CINCINNATI), 4030 Easton Sta Ste 300, 43219, pg. 358
FECHTOR ADVERTISING LLC, 14 E Gay St Fl 4, 43215, pg. 377
FITCH, 585 S Front St Ste 300, 43215, pg. 385
HART, 1398 Goodale Blvd, 43212, pg. 469
HERB GILLEN AGENCY, 1953 S Mallway Ave, 43221, pg. 496
IBEL AGENCY, 243 N 5th St, 43215, pg. 517
IBM IX, 250 S High St, 43215-2219, pg. 518
LINEAR CREATIVE LLC, 20 S 3rd St, 43215, pg. 641
MADISON & FIFTH, 5 E Long St 8th Fl, 43215, pg. 669
MURPHYEPSON, INC., 1650 Watermark Dr Fl 2, 43215, pg. 780
OLOGIE, 447 E Main St, 43215, pg. 835
ORANGE BARREL, 250 North Hartford Ave, 43222, pg. 843
PAUL WERTH ASSOCIATES, INC., 10 N High St Ste 300, 43215-3552, pg. 858
PIERCE COMMUNICATIONS, INC., 208 E State St, 43215-4311, pg. 870
RMD ADVERTISING, 6116 Cleveland Ave, 43231, pg. 962
ROBERT FLEEGE & PARTNERS, 340 Howland Dr, 43230, pg. 963
RON FOTH ADVERTISING, 8100 N High St, 43235-6400, pg. 967
SBC, 333 W Nationwide Blvd, 43215, pg. 993
SEVELL+SEVELL, INC., 939 N High St, 43201, pg. 1004
THE SHIPYARD, 580 North 4th St Ste 500, 43215, pg. 1008
SUMMERFIELD ADVERTISING INC., 939 N High St Ste 207, 43201, pg. 1060
TREETREE, 444 N Front St Unit 101, 43215, pg. 1114

Cuyahoga Falls

TRIAD, 1701 Front St, 44221, pg. 1115

Dayton

78MADISON, 2000 Old Byers Rd, 45342, pg. 12
BERRY NETWORK, INC., 3100 Kettering Blvd, 45439, pg. 125
EASTPOINT GROUP, 7601 Paragon Rd Ste 300, 45459, pg. 329
HAFENBRACK MARKETING & COMMUNICATIONS, 116 E 3rd St, 45402, pg. 460
MARKETING OPTIONS, LLC, 7965 Washington Woods Dr, 45459, pg. 684
NOVA CREATIVE GROUP, INC., 7812 Mcewen Rd Ste 300, 45459, pg. 801
THE OHLMANN GROUP, 1605 N Main St, 45405-4141, pg. 834
OIA MARKETING COMMUNICATIONS, 4240 Wagner Rd, 45440, pg. 834
TRICOMB2B, 109 N Main St Ste 700, 45402, pg. 1117
YECK BROTHERS COMPANY, 2222 Arbor Blvd, 45439-1522, pg. 1195

Delaware

BRAD RITTER COMMUNICATIONS, 3801 Olentangy River Rd, 43015, pg. 151

Dover

GRANTSTREET CREATIVE, 137 E Iron Ave 2nd Fl, 44622, pg. 432

Dublin

BRAVURA ADVERTISING & DESIGN, 5131 Post Rd, 43017, pg. 161
PEEBLES CREATIVE GROUP, 4260 Tuller Rd Ste 200, 43017, pg. 861

Fairborn

WILDERNESS AGENCY, 2555 University Blvd, 45324, pg. 1167

Findlay

MEDIALINKS ADVERTISING, 101 E Sandusky St Ste 322, 45840, pg. 728

Geneva

LITTLE L COMMUNICATIONS, PO Box 63, 44041, pg. 646

Granville

REVLOCAL, 4009 Columbus Rd SW Ste 222, 43023, pg. 953

Groveport

BAKER CREATIVE, 386 Main St, 43125, pg. 85

Hilliard

MEYER BENNETT CREATIVE, 4713 Shineystone Way, 43026, pg. 736

Hudson

LEAD TO CONVERSION, 115 Executive Pkwy Ste 100, 44236, pg. 617

Independence

LINKMEDIA 360, 2 Summit Park Dr, 44131, pg. 642

Kent

IDEABASE, 138 E Main St Ste 203, 44240, pg. 521

Kettering

STEPHENS DIRECT, 417 E Stroop Rd, 45429, pg. 1047

Lakewood

ROSENBERG ADVERTISING, 12613 Detroit Ave, 44107, pg. 968

Lewis Center

ACCELERATOR ADVERTISING INC., 399 Venture Dr Ste A, 43035, pg. 19

Lima

FOLLOW THE EYES, PO Box 717, 45802, pg. 391

Loveland

LAVERDAD MARKETING & MEDIA, 1517 Woodstrail Ln, 45140, pg. 616

Mansfield

D&S CREATIVE COMMUNICATIONS INC., 140 Park Ave E, 44902-1830, pg. 256

Mason

CREATIVE STORM, 7588 Central Parke Blvd, 45040, pg. 246

Massillon

GEOGRAPHIC INDEX OF U.S.

E-B DISPLAY CO., INC., 1369 Sanders Ave SW, 44647-7632, pg. 327

Mentor

MARSHFIELD GROUP, 9025 Osborne Dr, 44060, pg. 686

Miamisburg

POLARIS RECRUITMENT COMMUNICATIONS, 13 E Central Ave Ste 100, 45342, pg. 881
SOURCELINK, 3303 W Tech Rd, 45342, pg. 1030

Niles

CORLISS MARKETING COMMUNICATIONS, 303 Lincoln Ave, 44446, pg. 232

North Canton

CROWL, MONTGOMERY & CLARK, 713 S Main St, 44720, pg. 250

Northfield

MEDIA II, INC., 7452 Millrace Ln, 44067, pg. 726

Ottawa

GIESKEN OUTDOOR ADVERTISING, 115 Sophia's Lane, 45875, pg. 419

Perrysburg

LESNIEWICZ ASSOCIATES LLC, 500 E Front St, 43551-2134, pg. 633

POwell

CEMENT MARKETING, 5 S Liberty St, 43065, pg. 199

Russell

RICHARDS, 8350 Whispering Pines Dr, 44072-9591, pg. 955

Sandusky

MARK ADVERTISING AGENCY, INC., 1600 5th St, 44870, pg. 680

Sidney

BEHR DESIGN, LLC, 114 E Poplar St, 45365, pg. 121

Solon

AMG MARKETING RESOURCES INC., 30670 Bainbridge Rd # 200, 44139, pg. 53
GOLDSTEIN GROUP COMMUNICATIONS, 30500 Solon Industrial Pkwy, 44139, pg. 428

Steubenville

EM MEDIA INC, 2728 Sunset Blvd, 43952, pg. 338

Strongsville

KIWI CREATIVE, 22600 Ascoa Ct, 44149, pg. 597
RADIUS ADVERTISING, 10883 Pearl Rd Ste 100, 44136, pg. 929

Sunbury

REDROCKET CONNECT LLC, 6632 Blue Church Rd, 43074, pg. 944

Toledo

COMMUNICA, INC., 31 N Erie St, 43604, pg. 222
FAHLGREN MORTINE (TOLEDO), One Seagate Ste 901, 43604, pg. 359
HART, 811 Madison Ave Fl 1, 43604, pg. 470

GEOGRAPHIC INDEX OF U.S. AGENCIES

Twinsburg

GO2 ADVERTISING, 2265 E Enterprise Pkwy, 44087, pg. 425
KNUDSEN, GARDNER & HOWE, INC., PO Box 1043, 44087, pg. 600

Westerville

ADVANTAGE MEDIA LLC, 167 South State St, 43081, pg. 34
GSW WORLDWIDE, 500 Olde Worthington Rd, 43082, pg. 454
SALESFUEL, INC., 600 N Cleveland Ave Ste 260, 43082, pg. 988
SUDDEN IMPACT MARKETING, 653 McCorkle Blvd Ste J, 43082, pg. 1058

Westlake

STEVENS STRATEGIC COMMUNICATIONS, INC., Gemini Towers, Ste 500, 44115, pg. 1048

Whitehouse

EVENTIV (MARKETING, DESIGN & DISPLAY), 10116 Blue Creek N, 43571, pg. 353

Worthington

FLM+, 500 W Wilson Bridge Rd Ste 316, 43085, pg. 389
MARKETING WORKS, INC., 740 Lakeview Plz Blvd Ste 100, 43085, pg. 684

Yellow Springs

BRIDGE STRATEGIC COMMUNICATIONS, 321 N Walnut St, 45387, pg. 162

Zoar

WHITEMYER ADVERTISING, INC., 254 E 4th St, 44697, pg. 1161

OKLAHOMA

Bixby

MATCHA DESIGN LLC, 13406 S 19Th Ct, 74008, pg. 693

Broken Arrow

THE C3 GROUP, PO Box 141061, 74014, pg. 181

Moore

FREESTYLE CREATIVE, 2200 N Broadway St, 73160, pg. 397

Norman

MCMAHON MARKETING, 102 W Apache St, 73069, pg. 720
THIRD DEGREE ADVERTISING, 102 W Eufaula St Ste 200, 73069, pg. 1100

Oklahoma City

ACKERMAN MCQUEEN, INC., 1601 Nw Expressway Ste 1100, 73118, pg. 21
ACKERMAN MCQUEEN, INC., 1100 The Tower 1601 NW Expy, 73118, pg. 21
BEALS CUNNINGHAM STRATEGIC SERVICES, 2333 E Britton Rd, 73131-3526, pg. 118
BOILING POINT MEDIA, 100 W Wilshire Blvd Ste C2, 73116, pg. 144
BRIDGES ADVERTISING LLC, 1345 Sw 29th St, 73119, pg. 162
THE CUMMINGS GROUP, 820 Ne 61st St, 73105, pg. 253
ENYE MEDIA, LLC, PO Box 8362, 73153, pg. 342
INSIGHT CREATIVE GROUP, 19 NE 9th St, 73104, pg. 535
JORDAN ASSOCIATES, 3111 Quail Springs Pkwy Ste 200, 73134-2625, pg. 582
KRUSH DIGITAL ADVERTISING AGENCY, 15812 N Pennsylvania Ave, 73013, pg. 603
LIQUIDFISH, 401 E California Ave Ste 201, 73104, pg. 644
MOROCH, 301 NW 63rd Ste 690, 73116, pg. 759
ROBOT HOUSE CREATIVE, 24 W Park Place Ste B, 73103, pg. 964
SKYLINE MEDIA GROUP, 5823 Mosteller Dr, 73112, pg. 1019
STAPLEGUN, 204 N Robinson Ste 2000, 73102, pg. 1042
VI MARKETING & BRANDING, 125 Park Ave Ste 200, 73102, pg. 1135

Tulsa

ACROBATANT, 1336 E 15th St, 74120, pg. 22
BROTHERS & CO., 4860 S Lewis Ave Ste 100, 74105-5171, pg. 167
CUBIC, 1643 S Boston Ave, 74119, pg. 252
HAMPTON CREATIVE, 3939 S Harvard Ave Ste 204, 74135, pg. 465
HUMPHREY ASSOCIATES INC, 2256 E 7Th St, 74104, pg. 514
J. WALTER THOMPSON U.S.A., INC., 7666 E 61st St Ste 130, 74145, pg. 567
LIGHTQUEST MEDIA INC, 7666 E 61st St Ste 120, 74133, pg. 640
LITTLEFIELD AGENCY, 1350 S Boulder Ave Ste 500, 74119-3214, pg. 646
STATION8 BRANDING, 1400 S Trenton, 74120, pg. 1044
VISIGILITY, 2448 E 81st St Ste 5628, 74137, pg. 1139

OREGON

Ashland

HIGLEY DESIGN, 389 Taylor St, 97520, pg. 500

Beaverton

EPIQ SYSTEMS, INC., 10300 SW Allen Blvd, 97005-4833, pg. 344

Bend

COLORPLAY STUDIO, 20921 Sage Creek Drive, 97702, pg. 220
DELICIOUS DESIGN, 915 NW Gasoline Alley, 97703, pg. 287
DVA ADVERTISING, 109 NW Greenwood Ave Ste 103, 97701, pg. 326
EVERY IDEA MARKETING, 355 NE Lafayette Ave, 97701, pg. 353
HMH, 19797 Village Office Ct, 97702, pg. 504
MANDALA, 2855 NW Crossing Dr Ste 201, 97701-2744, pg. 674
PNEUMA33, 1001 Sw Emkay Dr Ste 130, 97702, pg. 879
WHITTEN DESIGN, 2894 NE Baroness Pl, 97701, pg. 1162
Z'ONION CREATIVE GROUP, 61396 S Hwy 97, 97702, pg. 1215

Eagle Point

PARADUX MEDIA GROUP, 121 W Main St, 97524, pg. 853

Eugene

ASBURY DESIGN, 1603 E 22nd Ave, 97403, pg. 73
CAPPELLI MILES, 160 S Park St, 97401, pg. 188
CREATIVE SOAPBOX, 3820 Monroe St, 97405, pg. 245
FUNK/LEVIS & ASSOCIATES, 931 Oak St, 97401, pg. 402
RUBY PORTER MARKETING & DESIGN, 2504 Oakmont Way Ste A, 97401, pg. 972

Happy Valley

TOTAL MARKET EXPOSURE, 9132 Se Wyndham Way, 97086, pg. 1110

Hillsboro

MKTX INC, 1333 Ne Orenco Station Pkwy, 97124, pg. 749
SPEAK, 205 E Main St, 97123, pg. 1033
ZOOM CREATES, 22115 NW Imbrie St, 97124, pg. 1215

Hood River

BLUE COLLAR INTERACTIVE MARKETING, 116 3rd St, 97031-1123, pg. 139

Lake Oswego

CAPPELLI MILES, 2 Centerpointe Dr, 97035, pg. 188
CHEVALIER ADVERTISING, INC., 1 Centerpointe Dr Ste 550, 97035, pg. 206
DRIVE MOTORSPORTS INTERNATIONAL, 5200 SW Meadows Rd Office Ste 150, 97035, pg. 320

McMinnville

CREATIVE COMPANY, 726 NE 4th St, 97128, pg. 240

Medford

PASSEY ADVERTISING INC, 1124 W Main St, 97501, pg. 857

Portland

AKA DIRECT, INC., 2415 N Ross Ave, 97227, pg. 42
ATOMIC DIRECT, LTD, 1219 SE Lafayette St, 97202, pg. 75
BLUEDOT COMMUNICATIONS, PO Box 29031, 97296, pg. 140
BOLT MARKETING GROUP, LLC, 2505 SE 11th Ave Ste 326, 97202, pg. 145
BONEHOOK, 220 NW 8th Ave, 97209, pg. 146
BORDERS PERRIN NORRANDER INC, 520 SW Yamhill St, 97204, pg. 147
BRADSHAW ADVERTISING, 811 NW 19th Ave, 97209-1401, pg. 152
BRINK COMMUNICATIONS, 531 Se 14Th Ave # 201, 97214, pg. 165
CAROLE BERKE MEDIA SERVICES, 8605 SW Bohmann Pkwy, 97223, pg. 191
CASCADE WEB DEVELOPMENT, 2505 SE 11th Ave Ste 328, 97217, pg. 192
CHARISMA! COMMUNICATIONS, 8358 SW Birch St, 97223, pg. 203
CHARLTON MARKETING INC, 2950 SE Stark St Ste 200, 97214, pg. 204
CMD, 1631 NW Thurman St, 97209-2558, pg. 215
COATES KOKES, 421 SW 6th Ave Ste 1300, 97204-1637, pg. 216
COPIOUS, 501 Se 14Th Ave, 97214, pg. 231
DAVIS-ELEN ADVERTISING, INC., 1200 NW Naito Pkwy Ste 500, 97209, pg. 264
DECODER, 537 SE Ash St #305, 97214, pg. 285
DHX ADVERTISING, INC., 217 NE 8th Ave, 97232-2940, pg. 298
DIRECT MARKETING SOLUTIONS, 8534 NE Alderwood Rd, 97220, pg. 304
DRIVEMG, 2626 SW Corbett Ave Ste 200, 97201, pg. 321
EAST BANK COMMUNICATIONS INC., 215 SE 9th Ave Ste 202, 97214, pg. 328
EDGE MULTIMEDIA, PO Box 90057, 97290, pg. 331
EMERGE INTERACTIVE, 412 Sw 12Th Ave, 97205, pg. 338
EROI, INC., 505 NW Couch St Ste 300, 97209, pg. 348
FISH MARKETING, 107 SE Washington St Ste 620, 97214, pg. 385
FRANK CREATIVE INC, 1100 Se Division St Ste 110, 97202, pg. 396
GARD COMMUNICATIONS, 1140 SW 11th Ave, 97205, pg. 409
GRADY BRITTON, 107 SE Washington St Ste 300, 97214-2613, pg. 430
HALLOCK & BRANCH, 4137 Sw 6Th Avenue Dr, 97239, pg. 463
HARLO INTERACTIVE INC., 700 Ne 22Nd Ave Ste A, 97232, pg. 468
HARRIMAN CREATIVE, INC, PO Box 12667, 97212, pg. 468
HMH, 1800 SW 1st Ave Ste 250, 97201, pg. 504
INSTRUMENT, 3529 North Williams Avenue, 97227, pg. 536
JULIET ZULU, 4243 Se Belmont St, 97215, pg. 585

AGENCIES

KAMP GRIZZLY, 2316 Ne Oregon St Ste 109, 97232, pg. 586
KERVIN MARKETING, 14121 NE Airport Way Ste 207572, 97230, pg. 593
KOOPMAN OSTBO, 412 NW 8th Ave, 97209, pg. 601
LEOPOLD KETEL & PARTNERS, 118 Sw 1St Ave, 97204, pg. 632
MACDONALD MEDIA, 1306 NW Hoyt St 204, 97209, pg. 666
MAGNETO BRAND ADVERTISING, 227 Sw Pine St Ste 200, 97204, pg. 671
MBT MARKETING, 107 SE Washington St, 97214, pg. 696
MOVEMENT PUBLIC RELATIONS, 4277 SW COUNCIL CREST DR, 97239, pg. 764
MUST BE SOMETHING INC, 412 NW Couch St Ste 410, 97209, pg. 780
MUTT INDUSTRIES, 431 Nw Flanders St Ste 202, 97209, pg. 780
NEMO DESIGN, 1875 SE Belmont St, 97214, pg. 789
NONBOX, 319 SW Washington St Mezzanine Level, 97204, pg. 797
NORTH, 1515 NW 19th Ave, 97209, pg. 797
OUTLIER SOLUTIONS, 213 SW Ash St Ste 205, 97204, pg. 846
POLLINATE, 315 SW 11th Ave, 97205, pg. 881
QUANGO, 4380 SW Mcadam Ave Ste 380, 97239, pg. 921
R/GA, 423 NW 13th Ave, 97209, pg. 927
R/WEST, 1430 SE 3rd Ave 3rd Fl, 97214, pg. 927
R2C GROUP, 207 NW Park Ave, 97209, pg. 927
RAINS BIRCHARD MARKETING, 1001 SE Water Ave Ste 420, 97214, pg. 929
RICOCHET PARTNERS, INC., 521 SW 11th Ave Ste 400, 97205, pg. 957
ROSEN, 1631 NE Broadway Ste 615, 97232, pg. 968
ROUNDHOUSE, 537 SE Ash St Ste 401, 97214, pg. 969
SASQUATCH, 911 NE Davis St, 97232, pg. 992
SAY MEDIA, INC., 428 Sw 4Th Ave # 3, 97204, pg. 1182
SECOND STORY, INC., 1330 Nw 14Th Ave, 97209, pg. 991
SHEEPSCOT CREATIVE, SE Hawthorne Blvd, 97214, pg. 1006
SOCKEYE CREATIVE, 240 N Broadway Ste 301, 97209, pg. 1027
SPARKLOFT MEDIA, 601 SW Oak St, 97205, pg. 1031
SQ1, 209 SW Oak St Ste 201, 97204, pg. 1037
STRUCK, 531 Se 14Th Ave # 106, 97214, pg. 1055
SWIFT AGENCY, 1250 Nw 17Th Ave, 97209, pg. 1066
THINK SHIFT, 1201 SW 12th Ave, 97205, pg. 1099
THUG, LLC, 2189 NW Wilson St, 97210, pg. 1102
TNG, 4540 SW Kelly Ave, 97239, pg. 1108
TSAICOMMS, 112 NW Maywood Dr Ste B, 97210, pg. 1121
TURTLEDOVE CLEMENS, INC., 1110 NW Flanders Street, 97209, pg. 1123
TWENTY FOUR SEVEN, INC., 425 NE 9th Ave, 97232, pg. 1123
VIZWERKS, 1887 SE Milport Rd, 97222, pg. 1142
WATSON CREATIVE, 240 N Broadway Ste 12, 97227, pg. 1153
WIEDEN + KENNEDY, INC., 224 NW 13th Ave, 97209, pg. 1163

Roseburg

JV MEDIA DESIGN, 177 Kestrel Ln, 97471, pg. 585

Salem

CRENDO, 750 Van Buren Dr NW, 97304-3547, pg. 246
OMAC ADVERTISING, PO Box 3994, 97302, pg. 835

West Linn

BURNETT ADVERTISING, 19363 Willamette Dr, 97068, pg. 175
SMITH ASBURY INC, 5605 Summit St, 97068, pg. 1023

PENNSYLVANIA

Allentown

FIRST GENERATION, 410 Allentown Dr, 18109, pg. 383
KEENAN-NAGLE ADVERTISING, 1301 S 12th St, 18103-3814, pg. 590
KLUNK & MILLAN ADVERTISING INC., 1620 POnd Rd Unit 300, 18104, pg. 599

Ambler

HOLTON SENTIVAN AND GURY, PO Box 957, 19002, pg. 507
NETREACH, 124 S Maple St 2nd Fl, 19002, pg. 790

Bala Cynwyd

AMERICAN ADVERTISING SERVICES, 29 Bala Ave Ste 114, 19004-3206, pg. 52
ETHNICOM GROUP, 45 E City Ave Ste 512, 19107, pg. 351

Beaver

MCGAFFIC ADVERTISING & MARKETING, 433 State Ave, 15009, pg. 716

Bellefonte

LOADED CREATIVE LLC, 141 W High St, 16823, pg. 648

Berwyn

QUATTRO DIRECT LLC, 920 Cassatt Rd Ste 310, 19312, pg. 921

Bethel Park

LARSON O'BRIEN MARKETING GROUP, 3591 Ridgeway Dr Ste 200, 15102, pg. 611

Bethlehem

ADAMS OUTDOOR ADVERTISING, 2176 Ave C, 18017-2120, pg. 26
LEHIGH MINING & NAVIGATION, 1 W Broad St, 18018, pg. 619
SWBR, INC., 3865 Adler Pl, 18017-9000, pg. 1065

Bloomsburg

AB+C, 29 E Main St Ste R, 17815, pg. 17

Blue Bell

ANNODYNE, INC., 751 Arbor Way, 19422, pg. 58

Bridgeville

HIGHER IMAGES INC., 368 Commercial St, 15017, pg. 499

Broomall

THE MARKETING SHOP, 605 East Baltimore450 Parkway Dr Pike 2nd Fl E, 19008, pg. 684

Bryn Mawr

NUCLEUS DIGITAL, 1012 W Lancaster Ave # 2, 19010, pg. 169

Canonsburg

BAM, 395 Valley Brook Rd Ste 7, 15317, pg. 86

Chester Springs

NORTHLIGHT ADVERTISING, 1208 Kimberton Rd, 19425, pg. 800

Chesterbrook

DMW WORLDWIDE LLC, 701 Lee Rd Ste 103, 19087-5612, pg. 311

Clarks Green

SWEDA ADVERTISING, 120 N Abington Rd, 18411, pg. 1065

GEOGRAPHIC INDEX OF U.S.

Columbia

WAVELENGTH, 401 Locust St 2nd Fl, 17512, pg. 1154
WAVELENGTH MARKETING, LLC, 401 Locust St, 17512, pg. 1154

Conshohocken

15 MINUTES, INC., 1982 Butler Pike Ste 600, 19428, pg. 2
20NINE DESIGN STUDIOS LLC, 730 E Elm St Ste 100, 19428, pg. 3
MANGOS, 1010 Spring Mill Ave, 19428, pg. 674

Devon

ZERO TO 5IVE, 28 S Waterloo Rd, 19333, pg. 1211

Downingtown

SCHUBERT COMMUNICATIONS, INC., 112 Schubert Dr, 19335-3382, pg. 996

Doylestown

DEETERUSA, 2005 S Easton Rd Ste 204, 18901, pg. 286
PORETTA & ORR, INC., 450 East St, 18901, pg. 883
SAGEFROG MARKETING GROUP, LLC, 62 E Oakland Ave, 18901, pg. 987

E Petersburg

LMI ADVERTISING, 1987 State St, 17520, pg. 648

Easton

CLIFF ROSS, 400 Northampton St, 18042, pg. 214

Emmaus

ALTITUDE MARKETING, 417 State Rd 2nd Fl, 18049, pg. 50

Erie

ALTMAN-HALL ASSOCIATES, 235 W 7th St, 16501-1601, pg. 50
BENSUR CREATIVE MARKETING GROUP, 1062 Brown Ave Ste 300, 16502, pg. 123
ENGEL O'NEILL ADVERTISING & PUBLIC RELATIONS, 2124 Sassafras St, 16502, pg. 340
FH GROUP, 3421 W 26Th St, 16506, pg. 379
PAPA ADVERTISING INC, 1673 W 8th St, 16505, pg. 852
ROUTE 1A ADVERTISING, 5507 W Ridge Rd, 16506, pg. 969
TUNGSTEN CREATIVE GROUP, 510 W 7th St, 16502, pg. 1121

Export

INFINITY CONCEPTS, 5331 Triangle Ln, 15632, pg. 531

Exton

TMINUS1 CREATIVE, INC., 122 John Robert Thomas Dr, 19341, pg. 1107

Feasterville Trevose

HARTE-HANKS DIRECT, INC., 3800 Horizon Blvd Ste 500, 19053, pg. 471

Fort Washington

J. WALTER THOMPSON U.S.A., INC., 455 Pennsylvania Ave Ste 136, 19034, pg. 567

Glen Mills

VERVE MARKETING & DESIGN, 36 Derry Dr, 19342-1810, pg. 1135

Glenside

PASKILL STAPLETON & LORD, 1 Roberts Ave, 19038-

Greensburg

STUDIO 2 ADVERTISING, 1641 Broad St, 15601, pg. 1056

Harleysville

HORNERCOM, 474 Main St, 19438, pg. 509

Harrisburg

JPL INTEGRATED COMMUNICATIONS, INC., 471 JPLWick Dr, 17111, pg. 583
PARTNERSHIP OF PACKER, OESTERLING & SMITH (PPO&S), 513 N 2Nd St Ste 1, 17101, pg. 856
PAVONE, 1006 Market St, 17101-2811, pg. 859
QUENCH, 1006 Market St, 17101, pg. 922
SACUNAS, 2201 N Front St, 17110, pg. 986

Haverford

CONNORS ADVERTISING & DESIGN, 355 W Lancaster Ave Bldg E 2nd Fl, 19041, pg. 228

Honesdale

DELUCA FRIGOLETTO ADVERTISING, INC., 1023 Main Street, 18431, pg. 288

Horsham

DUDNYK, 5 Walnut Grove Dr Ste 200, 19044, pg. 324
DUDNYK HEALTHCARE GROUP, 5 Walnut Grove Dr Ste 280, 19044, pg. 324

Huntingdon Valley

PRAXIS COMMUNICATIONS, INC., 2600 Philmont Ave Ste 111, 19006-5307, pg. 886

Jamison

TIMMONS & COMPANY, INC., 2514 Lockleigh Rd, 18929, pg. 1104

Johnstown

1ST TEAM ADVERTISING LLC, 1407 Eisenhower Blvd Sq II Ste 303, 15904, pg. 3

King of Prussia

ARC INTERMEDIA, 1150 1st Ave Ste 501, 19406, pg. 65
CMI MEDIA, LLC, 2200 Renaissance Blvd Ste 102, 19406, pg. 215
MERKLE INC., 900 E 8th Ave Ste 200, 19406, pg. 733

Kng Of Prussa

THE CRUSH AGENCY, 640 Freedom Business Ctr Dr Ste 130, 19406, pg. 251

Kulpsville

HANLON CREATIVE, 1744 Sumneytown Pike, 19443, pg. 465

Lafayette Hill

SHARAVSKY COMMUNICATIONS, 4128 Dana Ln, 19444-1320, pg. 1005

Lahaska

EVE SECO DISPLAY INC, PO Box 359, 18931, pg. 352

Lancaster

ALPHA DOG ADVERTISING, LLC, One50 N Prince St, 17603, pg. 49
CIMBRIAN, 114 E Chestnut St # 200, 17602, pg. 208
GO WELSH, 3055 Yellow Goose Rd, 17601, pg. 425
GODFREY ADVERTISING, 40 N Christian St, 17602, pg. 426
HOWARD MILLER ASSOCIATES, INC., 20A E Roseville Rd, 17601, pg. 510
LUPEER, 210 W Grant St, 17603, pg. 657
NORTH STAR MARKETING, 245 Butler Ave, 17601, pg. 798
PARKER ADVERTISING SERVICE, INC., 101 N Pointe Blvd 2nd Fl, 17601, pg. 854
SCHEFFEY INC, 350 New Holland Ave, 17602, pg. 995
STONER BUNTING ADVERTISING, 322 N Arch St Fl 1, 17603-2991, pg. 1051
TOWER MARKETING, 626 N Charlotte St, 17603, pg. 1111
VOGEL MARKETING SOLUTIONS LLC, 255 Butler Ave Ste 201-B, 17601, pg. 1145
WHITE GOOD & CO. ADVERTISING, 226 N Arch St Ste 1, 17603, pg. 1161

Langhorne

VINCODO, 2300 E Lincoln Hwy Ste 317, 19047, pg. 1138

Lansdowne

HOFF COMMUNICATIONS, 23 S Lansdowne Ave, 19050, pg. 505

Lititz

A DAY ADVERTISING, 319 Portland Pl, 17543, pg. 14
DONOVAN ADVERTISING & MARKETING SERVICES, 180 W Airport Rd, 17543, pg. 315

Malvern

CADIENT GROUP, 72 E Swedesford Rd, 19355, pg. 182
STREAM COMPANIES, 400 Lapp Rd, 19355, pg. 1054

Mechanicsburg

FRY COMMUNICATIONS INC., 800 W Church Rd, 17055-3179, pg. 400

Media

SHAMLIAN CREATIVE, 105 W 3rd St, 19063, pg. 1005

Milford

KKPR MARKETING & PUBLIC RELATIONS, PO Box 511, 18337, pg. 598

Monroeville

MIRAGE ADVERTISING, 206 Monroe St, 15146, pg. 747

Montgomeryville

PULSECX, 211B Progress Dr, 18936-9618, pg. 916

Montoursville

GWA/GREGORY WELTEROTH ADVERTISING, 356 Laurens Rd, 17754, pg. 456

Moosic

WORLD ONE COMMUNICATIONS, LLC, 3711 Birney Avenue, 18507, pg. 1177

Mountville

SPENCER ADVERTISING AND MARKETING, 3708 Hempland Rd, 17554, pg. 1033

Nevillewood

COYNE ADVERTISING & PUBLIC RELATIONS, 3030 Annandale Dr, 15142, pg. 234

Newtown Sq

THE RADIO AGENCY, 15 Reese Ave Ste 200, 19073, pg. 928

Norristown

JM FOX ASSOCIATES INC, 616 Dekalb St, 19401, pg. 577

North Wales

COLISEUM COMMUNICATIONS, 1501 Lower State Rd Ste 204, 19454, pg. 218

Paoli

SUGARTOWN COMMUNICATIONS, 1486 Sugartown Rd, 19301, pg. 1059

Parkesburg

HUNTER, 204 Julie Dr, 19365, pg. 515

Perkasie

PARLEESTUMPF INC, 628 Highland Dr, 18944, pg. 855

Philadelphia

160OVER90, 510 Walnut St Fl 19, 19106, pg. 2
2ONE5 CREATIVE INC, 230 N 2nd St Ste 2B, 19106, pg. 5
701 CREATIVE LLC, 701 Walnut St Ste 200, 19106, pg. 11
AB+C, 1429 Walnut St, 19102, pg. 17
ALLEN & GERRITSEN, 1619 Walnut St, 19103, pg. 46
THE ALTUS AGENCY, 211 N 13th St 802, 19107, pg. 50
ARGYLE INTERACTIVE, 1518 Walnut St Ste 504, 19102, pg. 68
ARTICUS LTD. MARKETING COMMUNICATIONS, 230 North Second St, 19106, pg. 72
BLUESTONE ADVERTISING, LLC, 142 North 2nd St, 19106, pg. 141
BROWNSTEIN GROUP, 215 S Broad St 9th Fl, 19107-5325, pg. 168
CALCIUM, The Curtis Ctr Ste 250-S, 19106, pg. 182
D4 CREATIVE GROUP, 4646 Umbria St, 19127, pg. 256
DEARDORFF ASSOCIATES, 400 Market St Ste 800, 19106, pg. 284
DIGITAS HEALTH, 100 Penn Square E 11th Fl, 19107, pg. 302
DISCOVERY USA, 100 E Penn Square 4th Flr, 19107, pg. 905
DMI PARTNERS, 1 S Broad St 11th Fl, 19107, pg. 311
DOMUS INC., 123 Avenue of Arts Ste 1980, 19109, pg. 313
DSC (DILEONARDO SIANO CASERTA) ADVERTISING, 237 Chestnut St, 19106, pg. 323
EASTERN STANDARD, 1218 Chestnut St 4th Fl, 19107, pg. 329
ECITY INTERACTIVE INC, 136 South 15th St, 19102, pg. 330
FINCH BRANDS, 123 S Broad St Ste 1, 19109, pg. 380
GARFIELD GROUP, 325 Chestnut St Ste 400, 19106, pg. 410
GROUP TWO ADVERTISING, INC., 1617 John F Kennedy Blvd Ste 510, 19103, pg. 452
HANSON ASSOCIATES, INC., 30 N 41St St Ste 400, 19104, pg. 466
HAPPY COG, 109 S 13th St Unit 3 S, 19107, pg. 467
HARRIS, BAIO & MCCULLOUGH INC., 520 S Frnt St, 19147-1723, pg. 469
HLG HEALTH COMMUNICATIONS, 1700 Market St Sixth Fl, 19103-3913, pg. 503
HOOPLA MARKETING & PUBLIC RELATIONS, 2011 Walnut St, 19103, pg. 508
I-SITE, INC., 15 S Third St Ste 200, 19106-2801, pg. 517
INTERSECTION, 1635 Market St Fl 17, 19103, pg. 544
LEVLANE ADVERTISING/PR/INTERACTIVE, 100 Penn Sq E, 19107, pg. 635
LYQUIX, 400 Market St, 19106, pg. 658
MACHINERY, 924 Cherry St, 19107, pg. 666
MAVEN COMMUNICATIONS LLC, 123 S Broad St Ste 830, 19109, pg. 695
MESSAGE FIRST, 230 N 2nd St Ste 2C, 19106, pg. 735
MIGHTY ENGINE, 219 Cuthbert St Ste 600, 19106, pg. 739
MILLENNIUM 3 MANAGEMENT INC., 726 Market St Unit

AGENCIES

805, 19106, pg. 740
MRP MARKETING CLOUD, 1880 JFK Blvd 19th Fl, 19103, pg. 769
MUNROE CREATIVE PARTNERS, 121 S Broad St Ste 1900, 19107, pg. 779
NEFF + ASSOCIATES, INC., 13 S Third St, 19106, pg. 788
NETPLUS MARKETING, INC., 718 Arch St Ste 400S, 19106, pg. 790
NEWKIRK COMMUNICATIONS, INC., 832 N Newkirk St, 19130, pg. 792
O3 WORLD, LLC, 1339 Frankford Ave Ste 3, 19125, pg. 804
PARAGRAPH, 1429 Walnut St Ste 500, 19102, pg. 853
PROTOBRAND, 1818 Pine St 4th Fl, 19103, pg. 895
PUSH10, INC., 123 N 3rd St 2nd Fl, 19106, pg. 919
QUAKER CITY MERCANTILE, 114-120 S 13th St, 19107, pg. 920
RED TETTEMER O'CONNELL & PARTNERS, 1 S Broad St 24th Fl, 19107, pg. 941
SAGE COMMUNICATIONS PARTNERS, LLP., 30 S 15th St, 19102, pg. 987
SEER INTERACTIVE, 1033 N 2Nd St Fl 2, 19123, pg. 1001
SIGNATURE COMMUNICATIONS, 417 N 8th St Ste 401, 19123, pg. 1013
SPARKS MARKETING CORP, 2828 Charter Rd, 19154-2111, pg. 1032
TIERNEY COMMUNICATIONS, The Bellevue 200 S Broad St, 19102-3803, pg. 1103
TPG DIRECT, PO Box 16426, 19122, pg. 307
WILDBIT LLC, 20 N 3rd St 2nd Fl, 19106, pg. 1167
WRG PHILADELPHIA, 1800 John F Kennedy Blvd Ste 503, 19103, pg. 1187

Phoenixville

BOZEKEN, LLC, 1288 Valley Forge Rd Ste 68, 19460, pg. 150
VIRTUAL FARM CREATIVE INC., 31 A Ridge Rd Ste 1, 19460, pg. 1138

Pipersville

THINK COMMUNICATIONS GROUP, LLC, 5948-A Easton Rd, 18947, pg. 1099

Pittsburgh

A TO Z COMMUNICATIONS, INC, 960 Penn Ave 9th Fl, 15222, pg. 15
ADVERTEL, INC., PO Box 18053, 15236-0053, pg. 35
APPLE BOX STUDIOS, 1243 Penn Ave 2nd Fl, 15222, pg. 64
BARKLEYREI, 2740 Smallman St, 15222, pg. 90
BD&E, 681 Andersen Drive, 15220, pg. 117
BEYOND SPOTS & DOTS INC., 1034 5th Ave, 15219, pg. 126
BRIGHT ORANGE ADVERTISING, 3257 Eastmont Ave, 15216, pg. 163
BRUNNER, 11 Stanwix St 5th Fl, 15222-1312, pg. 169
BYNUMS MARKETING & COMMUNICATIONS, INC 301 Grant St, 15219, pg. 179
BYNUMS MINORITY MARKETING GROUP, 301 Grant St, 15219, pg. 180
CATALYST ADVERTISING, 10 Bedford Square, 15203, pg. 194
CHEMISTRY COMMUNICATIONS INC., 535 Smithfield St Ste 550, 15222, pg. 205
COLDSPARK, 307 Fourth Ave 14th Fl, 15222, pg. 218
DEEPLOCAL INC., 1601 Marys Ave Ste 10, 15215, pg. 285
ELIAS SAVION ADVERTISING, PUBLIC RELATIONS & INTERACTIVE, 625 Liberty Ave, 15222, pg. 337
ELISCO ADVERTISING, INC., 3707 Butler St, 15201, pg. 337
FIREMAN CREATIVE, PO Box 5255, 15206, pg. 383
FLYING CORK MEDIA, 320 Fort Duquesne Blvd Ste 200, 15222, pg. 389
FSC MARKETING + DIGITAL, 1 Oxford Ctr, 15219, pg. 400
GARRISON HUGHES, 100 First Avenue, 15222, pg. 410
GATESMAN, 2730 Sidney St Bldg 2 Ste 300, 15203, pg. 412
THE IDEA MILL, 6101 Penn Ave Ste 400, 15206, pg. 521
JAMPOLE COMMUNICATIONS, INC., 428 Forbes Ave, 15219-1620, pg. 571

LEVY INDUSTRIAL, Four Smithfield St, 15222-2222, pg. 635
MARBURY GROUP, 16 Terminal Way, 15219, pg. 676
MARC USA, 225 W Station Square Dr Ste 500, 15219, pg. 676
MATTHEW JAMES CREATIVE, INC., 596 Squaw Run Rd E, 15238, pg. 694
MERKLE IMPAQT, Foster Plaza 10 680 Andersen Dr, 15220, pg. 733
MINDFUL KREATIVE, 895 Graydon Dr, 15209, pg. 745
NFM+DYUMN, 200 First Ave Ste 400, 15222, pg. 794
PIPITONE GROUP, 3933 Perrysville Ave., 15214, pg. 873
SMITH BROTHERS AGENCY, LP, 116 Federal St, 15212, pg. 1023
TAILORED MARKETING INC., 307 4Th Ave Ste 920, 15222, pg. 1071
THINK, INC., 2100 Wharton St, 15203, pg. 1099
THIS IS RED, 216 Blvd of the Allies 6th Fl, 15222, pg. 1101
WHERE EAGLES DARE, 200 1st Ave Ste 203, 15222, pg. 1160
YELLOW SUBMARINE MARKETING COMMUNICATIONS INC., 24 S 18th St, 15203, pg. 1196
Z BRAND, The Gulf Twr Ste 3205 707 Grant St, 15219, pg. 1209

Plymouth Meeting

BAILEY BRAND CONSULTING, 200 W Germantown Pike, 19462, pg. 84
FVM STRATEGIC COMMUNICATIONS, 630 W Germantown Pke Ste 400, 19462, pg. 406
NEWTON ASSOCIATES MARKETING COMMUNICATIONS, INC., 527 Plymouth Rd, 19462, pg. 793

Radnor

BACKE DIGITAL BRAND MARKETING, 100 Matsonford Rd, 19087, pg. 82

Reading

LAUNCH DYNAMIC MEDIA, LLC, 1103 Rocky Drive, Suite 202, 19609, pg. 614
NEO-PANGEA, LLC, 215 S 5th Ave West, 19611, pg. 789
TOMSHEEHAN WORLDWIDE, 645 Penn St, 19601-3408, pg. 1109

Reedsville

GREATEST CREATIVE FACTOR, 7991 Back Mountain Rd, 17084, pg. 434

Schaefferstown

BACHLEDA ADVERTISING LLC, 1148 Heidelberg Ave, 17088, pg. 82

Scranton

CONDRON & COSGROVE, 220 Penn Ave Ste 303, 18503, pg. 226

Selinsgrove

SIRE ADVERTISING, 24 N Market St Ste A, 17870, pg. 1016

Sellersville

THE SIMON GROUP, INC., 1506 Old Bethlehem Pike, 18960-1427, pg. 1014

Sewickley

ATLAS MARKETING, 438 Walnut St, 15143, pg. 75

Sinking Spring

THE ANDERSON GROUP, 879 Fritztown Rd, 19608, pg. 57
HOFFMANN PUBLISHING GROUP, 2921 Windmill Rd, 19608, pg. 506

Souderton

GEOGRAPHIC INDEX OF U.S.

ALLEBACH COMMUNICATIONS, 117 N Main St, 18964, pg. 45

Southampton

K2 COMMUNICATIONS, 180 E Rambler Dr, 18966, pg. 586

Springfield

THE IVY GROUP, LTD., 1489 Baltimore Pike Suite 215, 19064, pg. 551

Thornton

BURGESS COMMUNICATIONS, INC, 84 Dilworthtown Rd, 19373, pg. 174

Trappe

GOOD MARKETING GROUP, 580 W Main St Ste 3, 19426-1940, pg. 428

Villanova

RT&E INTEGRATED COMMUNICATIONS, 768 Mount Moro Rd Ste 27, 19085-2007, pg. 971

Wallingford

GILLESPIE GROUP, 101 N Providence Rd, 19086, pg. 420

Washington

FRESH MEDIA GROUP, 382 W Chestnut St Ste 109, 15301, pg. 399

Wayne

23K STUDIOS, 232 Conestoga Rd, 19087, pg. 4
BTC MARKETING, 994 Old Eagle School Rd Ste 1015, 19087-1802, pg. 171
CUSTOMEDIALABS, 460 E Swedesford Rd Ste 2020, 19087, pg. 255
DIRECT CHOICE, 480 E Swedesford Rd Ste 210, 19087, pg. 303
GRAHAM MEDIA PARTNERS, 512 Saint Davids Rd, 19087, pg. 431
SAM BROWN INC., 303 W Lancaster Ave, 19087, pg. 988

West Chester

20/10 DESIGN & MARKETING, INC., 325 Willowbrook Ln Bldg 600, 19382, pg. 3
RHOADS CREATIVE, INC., 600 Willowbrook Ln Ste 601, 19382, pg. 954

West Conshohocken

REALTIME MEDIA, INC., 200 Four Falls Corporate Center, 19428, pg. 937

Whitehall

L-A ADVERTISING, 1541 Alta Dr Ste 202, 18052, pg. 605

Wilkes Barre

HARTE-HANKS, INC., 165 New Commerce Blvd, 18706-1439, pg. 470
MASLOW LUMIA BARTORILLO ADVERTISING, 182 N Franklin St, 18701-1404, pg. 690

Willow Grove

ACTIVE INTEGRATED MARKETING, 3959 Welsh Road, 19090, pg. 22
DYNAMIC DIGITAL ADVERTISING, LLC., 2713 Easton Rd, 19090, pg. 327

Winfield

A-94

GEOGRAPHIC INDEX OF U.S. AGENCIES

AIM ADVERTISING, PO Box 111, 17889, pg. 41

Wormleysburg

VARSITY, 532 N Front St, 17043, pg. 860

Wynnewood

CRAMP & ASSOCIATES, INC., 1327 Grenox Rd, 19096-2402, pg. 238

Wyoming

INDEPENDENT GRAPHICS INC., 242 West 8th Street, 18644, pg. 530

Yardley

CELLO HEALTH COMMUNICATIONS, 790 Township Line Rd Ste 200, 19067, pg. 199
PUBLICIS TOUCHPOINT SOLUTIONS, 1000 Floral Vale Blvd Ste 400, 19067-5570, pg. 912

York

DIO, LLC, 3111 Farmtrail Rd, 17406, pg. 302
GAVIN ADVERTISING, 328 W Market St, 17401, pg. 413
HOLBERG DESIGN, INC., 2559 Fairway Dr, 17402, pg. 506
THE SPOT MEDIA GROUP, 600 N Hartley St Ste 140, 17404, pg. 1036

PUERTO RICO

Guaynabo

ADCOM GROUP, INC., Plaza Triple S 1510 FD Roosevelt Ave Ste 11A, 00968, pg. 28
BADILLO NAZCA SAATCHI & SAATCHI, A-16 Calle Genova, 00966-1729, pg. 982
BBDO PUERTO RICO, Metro Office Park 14 calle 2 Ste, 00907-1831, pg. 103
DE LA CRUZ & ASSOCIATES, Metro Office Park St 1 No 9 Ste 201, 00968-1705, pg. 283
LOPITO, ILEANA & HOWIE, INC., Metro Office Park #13 First St, 00968, pg. 652
NOBOX MARKETING GROUP, INC., Metro Parque #7 1st St Ste 303, 00968, pg. 796
ONEIGHTY, Ave. Alejandrino C-5, 00969, pg. 839

Mayaguez

MIRABAL & ASSOCIATES, Doral Bank Plz Ste 801-802 101 W Mendez Vigo St, 00680-3890, pg. 747

San Juan

ARTEAGA & ARTEAGA, 1571 Calle Alda Urb Caribe, 00926, pg. 71
DDB LATINA PUERTO RICO, PO Box 195006, 00918, pg. 267
GREY PUERTO RICO, PO Box 367, 00918, pg. 448
J. WALTER THOMPSON, 791 Calle C, 00920, pg. 564
JMD COMMUNICATIONS, 760 Calle Bolivar, 00909, pg. 577
PIXEL LOGIC, INC., Pixelogic Bldg 283 Matadero Rd, 00920, pg. 874
Y&R PUERTO RICO, INC., PO Box 366288, 00936-6288, pg. 1207

RHODE ISLAND

Barrington

THE LINK AGENCY, 38 Talcott St, 02806, pg. 641

Cranston

VUP MEDIA, 1140 Pk Ave, 02910, pg. 1147

East Providence

SHEPPARD LEGER NOWAK INC., 400 Massasiot Ave, 02914, pg. 1007
STREICKER & COMPANY INC., 37 Eastern Ave, 02914, pg. 1054

NewPOrt

FLEMING & COMPANY INC., 555 Thames St, 02840, pg. 387
WORLDWAYS SOCIAL MARKETING, 240 Thames St, 02840, pg. 1178

North Kingstown

NORTH STAR MARKETING, INC., 1130 10 Rod Rd Ste A205, 02852, pg. 798

Providence

(ADD)VENTURES, 117 Chapman St, 02905, pg. 29
ADVOCACY SOLUTIONS LLC, 4 Richmond Sq Ste 300, 02906, pg. 36
BOYCE MEDIA GROUP LLC, 11 S Angell St Ste 376, 02906, pg. 150
CATALYST, 275 Promenade St Ste 275, 02908, pg. 194
DODGE ASSOCIATES, INC., 67 Cedar St Ste 102, 02903, pg. 312
DUFFY & SHANLEY, INC., 10 Charles St, 02904, pg. 324
THE FENTON GROUP, 44 Weybosset St, 02903, pg. 378
G MEDIA STUDIOS, 86 Weybosset St 2nd Fl, 02903, pg. 406
JH COMMUNICATIONS LLC, 111 Wayland Ave, 02906, pg. 575
NAIL COMMUNICATIONS, 63 Eddy St, 02903, pg. 783
RDW GROUP INC., 125 Holden St, 02908-4919, pg. 935
SVM PUBLIC RELATIONS & MARKETING COMMUNICATIONS, 2 Charles St 3rd Fl N, 02904, pg. 1064

Warwick

MARKETING & MEDIA SERVICES, LLC, 931 Jefferson Blvd Ste 1001, 02886, pg. 928

West Kingston

FISH ADVERTISING, 25 Autumn Ln, 02892, pg. 384
IMAJ ASSOCIATES, 11 William Reynolds Farm Rd, 02892, pg. 526

SOUTH CAROLINA

Anderson

MARTIN ADVERTISING, 1650-C E Greenville St, 29621, pg. 687
SMART MARKETING ADVERTISING AGENCY, 100 Old Smith Mill Rd, 29625, pg. 1022

Andrews

RED7 AGENCY, 219 Safety Ave, 29510, pg. 942

Bluffton

BFG COMMUNICATIONS, 6 Anolyn Ct, 29910, pg. 126
GROUP46, 1323 May River Rd Ste 202, 22910, pg. 452

Charleston

BOOM ADVERTISING, 260-G Seven Farms Dr, 29492, pg. 146
THE BOSWORTH GROUP, 668 Shortwood St, 29412, pg. 149
COGNETIX, INC., 1866 Wallenberg Blvd Ste B, 29407, pg. 217
FUZZCO INC., 141 Spring St, 29403, pg. 405
GRAVINA ONLINE STRATEGIES, 49 Archdale St Ste 2G, 29401, pg. 433
HOOK, 522 King St, 29403, pg. 508
HOOKLEAD, 68 Line St, 29403, pg. 508
JDA FRONTLINE, 68 1/2 Queen St, 29401, pg. 573
MOMENTUM MARKETING, 295 Seven Farms Dr, 29492, pg. 754

PENINSULA AGENCY, 170 Meeting St Ste 110, 29401, pg. 861
RAWLE MURDY ASSOCIATES, INC., 960 Morrison Dr Ste 300, 29403, pg. 934
TOUCHPOINT COMMUNICATIONS, 522 King St, 29403, pg. 1111
VISITURE, 444 King St 2nd Fl, 29403, pg. 1140

Columbia

THE ADAMS GROUP, PO Box 221, 29202, pg. 26
ADCO, 1220 Pickens St, 29201, pg. 28
CHERNOFF NEWMAN, 1411 Gervais St 5th Fl, 29201-3125, pg. 206
RESH MARKETING CONSULTANTS, INC., 22 Surrey Ct, 29212-3140, pg. 948

Conway

INTERACTIVITY MARKETING, 408 Main St, 29526, pg. 537

Easley

BLUE LION DIGITAL, LLC, 711 James Rd, 29642, pg. 139

Florence

ADAMS OUTDOOR ADVERTISING, 1385 Alice Dr, 29505, pg. 26

Fort Mill

THE MAYOROS AGENCY, 2764 Pleasant Rd, 29708, pg. 696

Greenville

10X GROUP, 104 W Broad St, 29601, pg. 1
BRAINS ON FIRE, INC., 1263 Pendleton St, 29611, pg. 152
CARGO LLC, 631 S Main St Ste 401, 29601, pg. 189
CRAWFORD STRATEGY, 201 W Mcbee Ave Fl 1, 29601, pg. 239
EP+CO, 110 E Court St Ste 400, 29601, pg. 343
FEREBEE LANE & CO., 3 N Laurens St, 29601, pg. 378
GIBBONS/PECK MARKETING COMMUNICATION, PO Box 5396, 29606, pg. 419
HUGHES AGENCY LLC, 110 E Court St Ste 100, 29601, pg. 513
INFINITY MARKETING, 874 S Pleasantburg Dr, 29607, pg. 531
JACKSON MARKETING GROUP, 2 Task Ct, 29607, pg. 569
REDHYPE, 248 N Laurens St, 29601, pg. 943
SHIFT, INC., 24 Vardy St Ste 202, 29601, pg. 1008
SLANT MEDIA LLC, PO Box 8797, 29604, pg. 1020
SOURCELINK, 1224 Poinsett Hwy, 29609, pg. 1030
VANTAGEPOINT, INC, 80 Villa Rd, 29615, pg. 1131
WORTHWHILE, 7 S Laurens St, 29615, pg. 1178
ZWO, 655 S Main St Flr 2, 29601, pg. 1217

Hilton Head Island

PERSUASIVE BRANDS, 301 Central Ave, 29926, pg. 865

Johns Island

FLEMING CREATIVE GROUP, PO Box 1247, 29457, pg. 387

Mount Pleasant

LITTLE DOG AGENCY INC., 3850 Bessemer Rd Ste 220, 29466, pg. 645
Q4LAUNCH, 498 Wando Pk Blvd Ste 100, 29464, pg. 920

Murrells Inlet

COOPER COMMUNICATIONS, 4447 Hwy 17 Business, 29576, pg. 230

Myrtle Beach

AGENCIES

THE BRANDON AGENCY, 3023 Church St, 29577, pg. 158
ELLEV LLC, 807 Main St, 29577, pg. 337
FUEL, 3023 Church St, 29577, pg. 401
LHWH ADVERTISING & PUBLIC RELATIONS, 3005 Hwy 17 Bypass N, 29577-6742, pg. 639
MARKETING STRATEGIES INC., 4603 Oleander Dr Ste 4, 29577, pg. 684
STUDIO303INC., 771 Waterbridge Blvd, 29579, pg. 1056

N Charleston

VIP MARKETING & ADVERTISING, 1019 E Montague Ave, 29405, pg. 1138

North Augusta

NEWFIRE MEDIA, 43 Crystal Lk Dr Ste 200, 29841, pg. 792

North Charleston

ADAMS OUTDOOR ADVERTISING, 4845 O'Hear Ave, 29405, pg. 27
MOTIVATED MARKETING, 7091 Rivers Ave, 29406, pg. 764

Pawleys Island

131DIGITAL, 131 Library Ln, 29585, pg. 2

Seneca

MOORE, EPSTEIN, MOORE, 273 Applewood Ctr Place Ste 342, 29678, pg. 757

Spartanburg

LAUNCH, 351 E Kennedy St, 29302, pg. 614

Tega Cay

EFFECTIVE MEDIA SOLUTIONS, 554 Pine Links Dr, 29708, pg. 332

West Columbia

GASQUE ADVERTISING, INC., 3195 Leaphart Rd, 29169-3001, pg. 411

SOUTH DAKOTA

Brandon

MAIN IDEAS, 26485 482nd Ave, 57005, pg. 672

Deadwood

TDG COMMUNICATIONS, 93 Sherman St, 57732, pg. 1094

Pierre

FACTOR360 DESIGN + TECHNOLOGY, 120 Euclid Ave, 57501, pg. 357

Rapid City

LINN PRODUCTIONS, PO Box 2724, 57709, pg. 642
ROBERT SHARP & ASSOCIATES, 3615 Canyon Lake Dr Ste 1, 57702, pg. 963

Sioux Falls

44 INTERACTIVE, 1602 S Western Ave, 57105, pg. 8
ADWERKS, 512 N. Main Ave, 57104, pg. 36
CALIBER CREATIVE, 6221 E Silver Maple Cir Ste 102, 57110, pg. 182
COMPLETE MEDIA INC., 927 E 8th St, 57103, pg. 225
EPICOSITY, 300 N Main Ave, 57104, pg. 344
THE GAGE TEAM, 601 S Phillips, 57104, pg. 408
HENKINSCHULTZ, 6201 S Pinnacle Pl, 57108, pg. 496
INSIGHT MARKETING DESIGN, 401 E 8th St Ste 304, 57103, pg. 535
LAWRENCE & SCHILLER, INC., 3932 S Willow Ave, 57105-6234, pg. 616
MEDIA ONE ADVERTISING/MARKETING, 3918 S Western Ave, 57105, pg. 727
PAULSEN MARKETING COMMUNICATIONS, INC., 3510 S 1st Ave Cir, 57105-5807, pg. 859

TENNESSEE

Bartlett

KELLEY & ASSOCIATES ADVERTISING, 8410 Wolf Lake Dr Ste 104, 38133, pg. 591

Brentwood

5BY5 AGENCY, 5203 Maryland Way, 37027, pg. 10
THE A GROUP, 320 Seven Springs Wy Ste 100, 37027, pg. 15
AROLUXE, 5111 Maryland Way, 37027, pg. 70
ASTUTE COMMUNICATIONS, 709 Winsley Pl, 37027, pg. 74
JARRARD PHILLIPS CATE & HANCOCK, INC., 219 Ward Cir Ste 3, 37027, pg. 572
NEW HEARTLAND GROUP, 8115 Isabella Ln Ste 11, 37027, pg. 791

Bristol

CAMELLIA DIGITAL AGENCY, 40 Stine St, 37620, pg. 185

Chattanooga

AISLE ROCKET STUDIOS, 1001 Reads Lake Rd, 37415-2056, pg. 41
FANCY RHINO, 600 Georgia Ave Ste 4, 37402, pg. 361
HUMANAUT, 1427 Williams St, 37408, pg. 514
THE JOHNSON GROUP, 436 Market St, 37402-1203, pg. 580
MAYCREATE, 701 Broad St Ste 100, 37402, pg. 696
MILLER-REID, INC., 1200 Mountain Creek Rd Ste 480, 37405, pg. 742
NEATHAWK DUBUQUE & PACKETT, 417 Market St, 37402, pg. 787
Q STRATEGIES, 832 Georgia Ave Ste 300, 37402, pg. 920

Clarksville

BLF MARKETING, 103 Jefferson St, Ste 103, 37040, pg. 136

Cookeville

SHIFT CREATIVE GROUP, PO Box 49654, 38506, pg. 1008

Franklin

BIRDSONG CREATIVE, 9045 Carothers Pkwy Ste 300, 37067, pg. 131
CADDIS INTERACTIVE, 216 Noah Dr, 37064, pg. 181
COLLIDE MEDIA GROUP, 154 Allenhurst Cir, 37067, pg. 220
FOREST HOME MEDIA, 1059 Barrel Springs Hollow Rd, 37069, pg. 392
FULL TILT ADVERTISING, 2550 Meridian Blvd Ste 200, 37067, pg. 402
LEADING EDGE COMMUNICATIONS LLC, 206 Bridge St, 37064, pg. 618
RIBBOW MEDIA GROUP, INC., 251 2nd Ave S Ste 102, 37064, pg. 955
THE WTA GROUP, LLC, 321 Billingsly Ct ste 7, 37067, pg. 1188

Germantown

KOSSMAN/KLEIN & CO., PO Box 38624, 38183-0624, pg. 601

Henderson

BRAMBLETT GROUP, 106 W Main St Ste C, 38340, pg. 153

Hermitage

JUMP START AGENCY LLC, 4050 Andrew Jackson Way, 37076, pg. 585

Jackson

DCA/DCPR, 441 E Chester St, 38301-6313, pg. 266
YOUNGER ASSOCIATES, 97 Directors Row Ste 100, 38305, pg. 1208

Johnson City

BRANDING IRON MARKETING, 3119 Bristol Hwy, 37601-1564, pg. 157
CREATIVE ENERGY GROUP INC, 3206 Hanover Rd, 37604, pg. 241

Knoxville

ASEN MARKETING & ADVERTISING, INC., 18 Emory Pl Ste 100, 37917, pg. 73
BIG WHEEL, 920 Volunteer Landing Ln, 37915, pg. 130
FMB ADVERTISING, 145 S Gay St, 37902-1004, pg. 390
HORNSBY BRAND DESIGN, PO Box 51204, 37950, pg. 509
LAVIDGE & ASSOCIATES INC., 3819 Oakhurst Dr, 37919, pg. 616
MORRIS CREATIVE GROUP, 555 W Jackson Ave Ste 301, 37902, pg. 760
MOXLEY CARMICHAEL, 800 S Gay St Ste 1105, 37929, pg. 765
PYXL, INC., 625 S Gay St Ste 450, 37902, pg. 919
SHOUT OUT LLC, PO Box 50552, 37950, pg. 1009
THE TOMBRAS GROUP, 630 Concord St, 37919-3305, pg. 1108
TRADEMARK ADVERTISING, 9815 Cogdill Rd Ste 4, 37932, pg. 1113
U30 GROUP, INC., 6700 Baum Dr Ste 1, 37919, pg. 307
VIEO DESIGN, LLC, 2575 Willow Point Way Ste 203, 37931, pg. 1137

La Vergne

GEORGE P. JOHNSON COMPANY, INC., 4000 Centre Pointe Dr, 37086, pg. 416

Memphis

ARCHER MALMO, 65 Union Ave Ste 500, 38103-5137, pg. 65
THE CARTER MALONE GROUP LLC, 1509 Madison Ave, 38104, pg. 192
DOUG CARPENTER + ASSOCIATES, 11 Huling Ave, 38103, pg. 318
ENTICE ADVERTISING & DESIGN LLC, 6707 Fletcher Creek Cove, 38133, pg. 341
GOOD ADVERTISING, INC., 5100 Poplar Ave Ste 1700, 38137, pg. 428
GROUP 5 WEST, INC., 197 Walnut Gardens Dr, 38018-2907, pg. 451
HARVEST CREATIVE, 348 N Main, 38103, pg. 471
HEMLINE CREATIVE MARKETING, 506 S Main Ste 201, 38103, pg. 495
INFERNO, 505 Tennessee St Ste 108, 38103, pg. 530
OBSIDIAN PUBLIC RELATIONS, 493 S Main St Ste 101, 38103-6406, pg. 805
ODEN MARKETING AND DESIGN, 119 S Main St Ste 300, 38103, pg. 808
PARADIGM MARKETING & CREATIVE, 89 N Cooper St, 38104, pg. 852
REDMOND DESIGN, 1460 Madison Ave, 38104, pg. 943
SIGNATURE ADVERTISING, 1755 Kirby Pkwy Ste 200, 38120, pg. 1013
SULLIVAN BRANDING, 175 Toyota Plz Ste 100, 38103, pg. 1059
TACTICAL MAGIC, 1460 Madison Ave, 38104, pg. 1070
WALKER & ASSOCIATES, INC., 5100 Poplar Ave, 38137, pg. 1148
Y&R MEMPHIS, 80 Monroe Ave Ste 600, 38103, pg. 1195

Mount Juliet

GEOGRAPHIC INDEX OF U.S. AGENCIES

KRISTOF CREATIVE, INC., 707 Bob White Ct, 37122, pg. 603

Murfreesboro

BARKER & CHRISTOL ADVERTISING, PO Box 330937, 37133, pg. 90
CHOPS ADVERTISING, LLC, 3221 Valley Bend Rd, 37129, pg. 207
ENDEAVOUR MARKETING & MEDIA, LLC, 1715-K S Rutherford Blvd, 37130, pg. 340
NAVIGATION ADVERTISING LLC, 416-B Medical Ctr Pkwy, 37129, pg. 786

Nashville

3 SONS MEDIA, 401 Church St Ste 1700, 37219, pg. 5
ACXIOM, 3102 West End Ave Ste 300, 37203, pg. 23
THE ANDREWS AGENCY, 1612 16Th Ave S, 37212, pg. 58
ARTIST DEVELOPMENT GROUP, INC., PO Box 120068, 37212, pg. 73
BILL HUDSON & ASSOCIATES, INC., ADVERTISING & PUBLIC RELATIONS, 814 Church St Ste 100, 37203, pg. 131
BOHAN, 124 12th Ave S, 37203, pg. 144
THE BUNTIN GROUP, 716 Division St, 37203-4758, pg. 173
CJ ADVERTISING LLC, 300 10th Ave S, 37203, pg. 210
CLYNE MEDIA INC., 169-B Belle Forest Cir, 37221, pg. 215
DVL SEIGENTHALER, 209 7th Ave N, 37219-1802, pg. 326
EXTREME MEASURES CREATIVE, 4737 Sterling Cross, 37211, pg. 356
FLETCHER & ROWLEY INC, 1720 W End Ste 630, 37203, pg. 387
FLYTEVU, 700 12th Ave S Ste 200, 37203, pg. 390
G7 ENTERTAINMENT MARKETING, 801 18th Ave S, 37203, pg. 407
GARMEZY MEDIA, 53 Lindsley Ave, 37210, pg. 410
GS&F, 209 10th Ave S Ste 222, 37203, pg. 453
THE HARMON GROUP, 807 3rd Ave S, 37210, pg. 468
INDUSTRIAL STRENGTH MARKETING, 1401 5th Ave N, 37208, pg. 530
IOSTUDIO, 565 Marriott Dr Ste 820, 37214, pg. 547
LAM-ANDREWS INC., 1201 8th Ave S, 37203, pg. 608
LEWIS COMMUNICATIONS, 30 Burton Hills Blvd Ste 207, 37215-6184, pg. 637
LOCOMOTION CREATIVE, 2535 Franklin Rd Ste 201, 37204, pg. 649
LOVELL COMMUNICATIONS, INC., 2021 Richard Jones Rd Ste 310, 37215, pg. 653
MEDIATREE ADVERTISING, PO Box 150069, 37215, pg. 728
NORTHSTAR DESTINATION STRATEGIES, 220 Danyacrest Dr, 37214, pg. 800
PARAMORE THE DIGITAL AGENCY, 500 Church Street, 37219, pg. 854
PLAN LEFT LLC, 615 Main Street, 37206, pg. 876
POWELL CREATIVE, 1801 West End Ave Ste 800, 37203, pg. 884
RED PEPPER, INC., 305 Jefferson St, 37208, pg. 940
REVIVEHEALTH, Ste 214, 37203, pg. 952
ST8MNT INC., 822 3Rd Ave S, 37210, pg. 1041
ZEHNDER COMMUNICATIONS, 209 Tenth Ave S Ste 319, 37203, pg. 1211

Whites Creek

MARTIN & CO ADVERTISING, 3504 Knight Rd, 37189, pg. 687

TEXAS

Addison

31,000 FT, 1501 Surveyor Blvd, 75001, pg. 6
AD CETERA, INC., 15570 Quorum Dr, 75001, pg. 23
THE BARBER SHOP MARKETING, 14135 Midway Rd G150, 75001, pg. 88
BLACK LAB CREATIVE, 16415 Addison Rd Ste 550, 75001, pg. 132
GLOBE RUNNER, 16415 Addison Rd Ste 550, 75001, pg. 423
HCK2 PARTNERS, 3875 Ponte Ave, 75001, pg. 490
PROTERRA ADVERTISING, 16415 Addison Rd Ste 250, 75001, pg. 894
RED HOT JOE, 15455 Dallas Pkwy, 75001, pg. 939
SPLASH MEDIA GROUP, 5040 Addison Cir Ste 400, 75001, pg. 1034
WITMER GROUP, 14681 Midway Rd 2nd Fl, 75001, pg. 1173

Amarillo

CREATIVE CANNON, 2201 Civic Cir Ste 917, 79109, pg. 240

Arlington

RETHINK CREATIVE GROUP, 401 Pebble Way, 76006, pg. 951
WHEELER ADVERTISING, 624 Six Flags Dr, 76011, pg. 1160

Austin

97 DEGREES WEST, 901 S MoPac Expy, 78746, pg. 14
ADLUCENT, 2130 S Congress, 78704, pg. 30
THE AMPERSAND AGENCY, 1011 San Jacinto Blvd, 78701, pg. 54
ARCHER MALMO AUSTIN, 2901 Via Fortuna Bldg 6 Ste 100, 78746, pg. 66
AUDIENCE INNOVATION, PO Box 162671, 78716, pg. 76
BIG BLUE SKY, 13021 Tantivy Dr, 78729, pg. 128
BLOOM COMMUNICATIONS, 8705 Shoal Creek Blvd Ste 201, 78757, pg. 137
CAMP, 2414 Exposition Blvd Ste 280, 78703, pg. 185
CREATIVE HEADS ADVERTISING, INC., 7301 Ranch Rd, 78701, pg. 242
DAHU AGENCY, 101 Westlake Dr Ste 152, 78746, pg. 257
DELAUNE & ASSOCIATES, 3500 Jefferson St Ste 320, 78731, pg. 286
THE DIALOG MARKETING GROUP, 908 Congress Ave, 78701, pg. 299
DIRECT RESPONSE ACADEMY, 140 Lotus Cir, 78737, pg. 304
DOOR NUMBER 3, 910 West Ave # 1, 78701, pg. 316
DRUMROLL, 301 Congress Ave 2000, 78701, pg. 323
ENVIROMEDIA SOCIAL MARKETING, 2021 E 5th St, 78702, pg. 342
FD2S, 1634 E Cesar Chavez St, 78702, pg. 376
FEARWORM HAUNTVERTISING, 11044 Research Blvd A-525, 78759, pg. 376
FOXTROT BRAVO ALPHA, 638 Tillery St, 78702, pg. 395
GREATEST COMMON FACTORY, 2000 E 6th St, 78702, pg. 434
GSD&M, 828 W 6th St, 78703, pg. 453
GUERILLA SUIT, 1208 E 7th St 2nd Fl, 78702, pg. 455
HAHN PUBLIC COMMUNICATIONS, 4200 Marathon Blvd, 78756, pg. 461
HCB HEALTH, 701 Brazos Ste 1100, 78701, pg. 490
HERESY, LLC, 10304 Nolina Cove, 78759-6413, pg. 496
HIEBING-AUSTIN, 1214 W 6th St Ste 207, 78703, pg. 499
JHA MARKETING, 2312 Western Trl Ste 303C, 78745, pg. 576
LATINWORKS MARKETING, INC., 2500 Bee Caves Rd, 78746, pg. 612
LEE TILFORD AGENCY, 5725 W Hwy 290 Ste 201, 78735, pg. 619
LIVING PROOF CREATIVE, 1305 E 6th St #8, 78702, pg. 646
LOOKTHINKMAKE, LLC, 4704 E Cesar Chaves St, 78702, pg. 651
LUCKIE & CO., 7201 Ranch Rd 2222, 78730, pg. 656
MAGNIFICENT MARKETING LLC, 511 w 41st St, 78751, pg. 671
MANZER COMMUNICATIONS, 1201 W 24th St Ste 103, 78705, pg. 676
MCGARRAH JESSEE, 121 W 6th St, 78701-2913, pg. 716
MERCURY MAMBO, 1107 S 8th St, 78704, pg. 730
MIND ECOLOGY, 107 Leland St Ste 3, 78704, pg. 744
MIXTAPE MARKETING, 1509 W Koenig Ln, 78756, pg. 748
MQ&C ADVERTISING & MARKETING, 1417 W 10Th St, 78703, pg. 766
OLIVE INTERACTIVE DESIGN & MARKETING INC., 401 Congress Ave Ste 1540, 78701-3637, pg. 834
PARTNERCENTRIC, 2028 E Ben White Blvd Ste 240-1144, 78741, pg. 855
THE PATIENT RECRUITING AGENCY, 6207 Bee Caves Rd Ste 288, 78746, pg. 858
PENTAGRAM, 1508 W Fifth St, 78703, pg. 862
PETERSGROUP PUBLIC RELATIONS, 7800 Shoal Creek Blvd, 78757, pg. 866
PREACHER, 119 W 8th St, 78701, pg. 886
PROOF ADVERTISING, 114 W 7th St Ste 500, 78701, pg. 893
QD SOLUTIONS, INC., 4801 Southwest Pkwy, 78735, pg. 920
QUICKLIGHT MEDIA, 3100 Scott Dr Ste 301, 78734, pg. 923
R/GA, 405 N Lamar Blvd, 78703, pg. 927
REDROC AUSTIN, 11044 Research Blvd A-525, 78759, pg. 943
ROCK CANDY MEDIA, 5900 Balcones Dr Ste 205, 78731, pg. 964
SANDERSWINGO, 101 W 6Th St, 78701, pg. 990
SCREAMER CO., 419 W Johanna St, 78704, pg. 999
SHERRY MATTHEWS ADVOCACY MARKETING, 200 S Congress Ave, 78704-1219, pg. 1007
SOCIAL DISTILLERY, 421 E 6Th St Ste A, 78701, pg. 1026
SPRINGBOX, LTD., 706 Congress Ave Ste A, 78701, pg. 1037
STEEL ADVERTISING & INTERACTIVE, 6414 Bee Cave Rd, 78746, pg. 1045
SWIZZLE COLLECTIVE, 2511 East 6th Street, 78702, pg. 1067
T3, 1801 N Lamar Blvd, 78701, pg. 1069
THIRD RAIL CREATIVE, 716 Congress Ave Ste 200, 78701, pg. 1100
THREE LAKES MARKETING, 2303 Ranch Rd 620, 78734, pg. 1102
TILTED CHAIR CREATIVE, 640 Tillery St, 78702, pg. 1104
TKO ADVERTISING, 6606 N Lamar Blvd, 78752, pg. 1106
TRENDLINE INTERACTIVE, 11612 Bee Caves Rd Lake Pointe II Ste 220, 78738, pg. 1115
UNIQUE INFLUENCE, 1145 w 5th St Ste 300, 78703, pg. 1126
UPBEAT MARKETING, 16238 Ranch Road 620 N Ste F, 78717, pg. 1128
WHITE HAT AGENCY, 1021 E 7th St 103 Ste, 78702, pg. 1161
WICK MARKETING, 1524 S Interstate 35 Ste 224, 78704, pg. 1163
WILL MOKRY DESIGN LLC, 3300 Bee Cave Rd Ste 650-182, 78746, pg. 1168
WORKHORSE MARKETING, 3809 S 2nd St, 78704, pg. 1177
Y&R AUSTIN, 206 E 9Th St Ste 1600, 78701, pg. 1194
ZELLMER MCCONNELL ADVERTISING, 2301 E Riverside Dr, 78741, pg. 1211

Avery

BURN CREATIVE, 5181 Fm 1701, 75554, pg. 175

Beaumont

AMERICOM MARKETING, 2615 Calder Ste 145, 77702, pg. 53
E.SULLIVAN ADVERTISING & DESIGN, 448 Orleans St, 77701, pg. 350

Bellaire

BERNSTEIN & ASSOCIATES INC, 6300 W Loop S Ste 218, 77401, pg. 124
RHYMES ADVERTISING & MARKETING, 4516 Larch Ln, 77401, pg. 955

Bryan

THE MATTHEWS GROUP, INC., 400 Lake St, 77801, pg. 694

Carrollton

BEDFORD ADVERTISING INC., 1718 Trinity Vly Dr Ste 200, 75006, pg. 120
LAUNCH AGENCY, 4100 Midway Rd Ste 2110, 75007, pg. 614

Colleyville

AGENCIES

BVK DIRECT, 4350 Lexington Pkwy, 76034, pg. 179

Conroe

GRAVITY DIGITAL, 12603 Hwy 105 W Ste 204, 77304, pg. 433

Corpus Christi

EAST MEETS WEST PRODUCTIONS INC., 1024 Leopard St., 78401, pg. 328
MOREHEAD DOTTS RYBAK, 2767 Santa Fe St, 78404, pg. 757
PETTUS ADVERTISING, INC., 101 N Shoreline Blvd Ste 200, 78401-2824, pg. 867

Dallas

2930 CREATIVE, 1910 Pacific Ave, 75201, pg. 4
3HEADED MONSTER, 1333 N Stemmons Freeway Ste 110, 75207, pg. 7
70KFT, 325 N St Paul St Ste 3000, 75201, pg. 11
AARS & WELLS, INC., 2100 Commerce St, 76201, pg. 15
ACKERMAN MCQUEEN, INC., 1717 McKinney Ave Ste 1800, 75202, pg. 21
ADWISE GROUP INC, PO Box 816127, 75381, pg. 36
AGENCY CREATIVE, 14875 Landmark Blvd, 75254, pg. 38
AGENCY ENTOURAGE LLC, 7700 John Carpenter Freeway, 75247, pg. 38
THE AGENCY PROJECT, 1601 Elm St Fl 33, 75201, pg. 39
ALCHEMY AT AMS, 16986 N. Dallas Pkwy, 75248-1920, pg. 44
ALLYN MEDIA, 3838 Oak Lawn Ave, 75219, pg. 49
ANSIRA, 13155 Noel Rd Ste 600, 75240, pg. 60
APOLLO INTERACTIVE-DALLAS, Republic Ctr 325 N Saint Paul St Ste 1575, 75201, pg. 64
AVREAFOSTER, 500 North Akard St Ste 2000, 75201, pg. 80
BAGWELL MARKETING, 13211 Deer Run Trail, 75243, pg. 84
BANOWETZ + COMPANY INC., 3809 Parry Ave Ste 208, 75226, pg. 88
BELMONT ICEHOUSE, 3116 Commerce St Ste D, 75226, pg. 121
BELO + COMPANY, 8350 N Central Expy 16th Fl, 75206, pg. 121
BLACK DIAMOND PR FIRM, 9330 LBJ Freeway Ste 900, 75243, pg. 132
BOLD ENTITY, 1722 N Hall St, 75204, pg. 145
BRAND AGENT, 2929 N Stemmons Fwy, 75247, pg. 153
BURK ADVERTISING & MARKETING, 12850 Hillcrest Rd Ste F210, 75230, pg. 174
CALIBER CREATIVE, LLC, 501 S Second Ave B-108, 75226, pg. 183
CALISE PARTNERS INC., 1601 Bryan St Ste 4500, 75201, pg. 183
COMMERCE HOUSE, 110 Leslie St Ste 200, 75207, pg. 221
THE COMPANY, 3710 Rawlins St Ste 900, 75219, pg. 224
CRITERION B. AGENCY, 400 North St Paul Street, 75201, pg. 247
CRITICAL LAUNCH, LLC, 1412 Main Street, 75202, pg. 247
THE DEALEY GROUP, 1409 S Lamar Ste 1500, 75215, pg. 283
DIESTE, 1999 Bryan St Ste 2700, 75201, pg. 299
DMN3/DALLAS, 2710 Swiss Ave, 75204, pg. 311
DOODLE DOG ADVERTISING, 2919 Commerce Ste 192, 75226, pg. 316
THE DOZIER COMPANY, PO Box 140247, 75214, pg. 318
EIGHTY THREE CREATIVE, 400 S Record St Ste 400, 75202, pg. 333
EISENBERG & ASSOCIATES, 3102 Oak Lawn LB 104, 75219, pg. 334
EL CREATIVE, INC., 13154 Coit Rd Ste 206, 75240, pg. 334
FORTE GROUP INC., 5949 Sherry Ln Ste 1800, 75225, pg. 393
FROZEN FIRE, 325 N St Paul St, 75201, pg. 400
GANGWAY ADVERTISING, 4313 Purdue Ave, 75225, pg. 409
GARZA CREATIVE GROUP, 2601 Hibernia St Ste 200, 75204, pg. 411
GREENLIGHT, 4827 Memphis St, 75207, pg. 435
HOLMES MILLET ADVERTISING, 4161 McKinney Ave Ste 200, 75204, pg. 507
HSC MARKETING, 5050 Quorum Dr Ste 700, 75254, pg. 510
IDEA GROVE, 14800 Quorum Dr Ste 320, 75254, pg. 520
INSPIRE1, 3625 N Hall St Ste 1100, 75219, pg. 535
J. WALTER THOMPSON U.S.A., INC., 1 Dallas Ctr 350 N Saint Paul St Ste 2410, 75201, pg. 566
JETSTREAM PUBLIC RELATIONS, PO Box 796367, 75379, pg. 575
JOHNSON & SEKIN, 800 Jackson St Ste 500, 75202, pg. 580
KOEPPEL DIRECT, 16200 Dallas Pkwy Ste 270, 75248, pg. 600
KRAUSE ADVERTISING, 5307 E Mockingbird Ln Ste 250, 75206, pg. 602
LDWWGROUP, 1444 Oak Lawn Ave Ste 119, 75207, pg. 617
LEVENSON GROUP, 2100 Ross Avenue, 75201, pg. 634
THE LOOMIS AGENCY, 17120 Dallas Pkwy Ste 200, 75248-1189, pg. 651
THE LOVELL GROUP, 8080 N Central Expwy Ste 1410, 75026-1817, pg. 653
MALONEY STRATEGIC COMMUNICATIONS, 9441 Lyndon B Johnson Fwy Ste 506, 75243-4541, pg. 673
THE MARKETING ARM, 1999 Bryan St 18th Fl, 75201-3125, pg. 682
MASONBARONET, 1801 N Lamar St Ste 250, 75202, pg. 691
MCC, 12377 Merit Dr, Ste 800, 75251, pg. 697
MCDONALD MARKETING, 2700 Thomas Ave, 75204-2641, pg. 715
MDVC CREATIVE INC., 121 Payne St, 75207, pg. 724
MILLER AD AGENCY, 2711 Valley View Ln, 75234, pg. 741
MOROCH, 3625 N Hall St Ste 1100, 75219, pg. 759
MOROCH HOLDINGS, INC., 3625 N Hall St Ste 1100, 75219-5122, pg. 758
NIMBLE WORLDWIDE, 12801 N Central Expy N Central Plz 3, 75243-1727, pg. 794
ODYSSEY, 302 N Market St Ste 200, 75202, pg. 809
THE OH GROUP, LLC, 2633 McKinney Ave Ste 130-113, 75204, pg. 833
PAGE AGENCY, 5612 Richmond Ave, 75206, pg. 851
THE POINT GROUP, 5949 Sherry Ln Ste 1800, 75225-8084, pg. 880
THE POWER GROUP, 3131 McKinney Ave, 75204, pg. 884
PYRO BRAND DEVELOPMENT, 2801 N Central Expressway, 75204, pg. 919
RAINMAKER ADVERTISING, 7237 Tangleglen Dr, 75248, pg. 929
RBMM, 7007 Twin Hills Ave Ste 200, 75231, pg. 934
RED ID AGENCY, 1717 McKinney Ave Ste 700, 75202, pg. 940
RED RACER ADVERTISING, 5646 Milton St Ste 800, 75206, pg. 941
THE RICHARDS GROUP, INC., 2801 N Central Expwy, 75204, pg. 956
RICHARDS/LERMA, 7007 Twin Hills Ave Ste 300, 75231-6437, pg. 957
ROCKET RED, PO Box 600156, 75360, pg. 965
SAATCHI & SAATCHI, 2021 McKinney Ave, 75201, pg. 977
SHELTON GROUP, 12400 Coit Rd Ste 650, 75251, pg. 1007
THE SHOP AGENCY, 2919 Commerce St Ste 547, 75226, pg. 1009
SLINGSHOT, LLC, 208 N Market St Ste 500, 75202, pg. 1021
SPECK COMMUNICATIONS, 3200 Main St Ste 1.2, 75226, pg. 1033
SPIRE AGENCY, 15950 N Dallas Pkwy Ste 400, 75248, pg. 1034
SPM COMMUNICATIONS, 2030 Main St Ste 325, 75201, pg. 1034
SQUIRES & COMPANY, 3624 Oak Lawn Ave Ste 200, 75219, pg. 1038
SRJ MARKETING COMMUNICATIONS, LLC, 3131 McKinney Ave Ste 600, 75204, pg. 1039
SULLIVAN PERKINS, 3100 McKinnon St, 75201, pg. 1060
TANDEM THEORY, 15400 Knoll Trail Dr Ste 503, 75248, pg. 1072
TIC TOC, 4006 E Side Ave, 75226, pg. 1102
TM ADVERTISING, 3030 Olive St, 75219-7690, pg. 1106
TRACTORBEAM, 325 S Central Expy, 75201, pg. 1112
TRACYLOCKE, 1999 Bryan St Ste 2800, 75201, pg. 1113
TRIAD BUSINESS MARKETING, 10670 N Central Expy, 75231, pg. 1116

GEOGRAPHIC INDEX OF U.S.

TURNSTILE INC., 2002 Academy Ln Ste 100, 75234, pg. 1123
WALO CREATIVE, INC, 1601 Elm St Ste 3300, 75201, pg. 1150
WILLOW ST. AGENCY, 3900 Willow St 2nd Fl, 75226, pg. 1170
THE WOLF AGENCY, 3900 Willow St Ste 250, 75226, pg. 1173

Denison

RADIOVISION LP, 531 W Main St, 75020, pg. 928

Denton

THE CROUCH GROUP, INC., 300 N Carroll Blvd Ste 103, 76201, pg. 250
PRODUCE RESULTS, LLC, 2220 San Jacinto Blvd Ste, 76205, pg. 891
SWASH LABS, 608 E Hickory St, 76205, pg. 1065

El Paso

CULTURESPAN MARKETING, 5407 N Mesa St 2nd Fl, 79912, pg. 253
MITHOFF BURTON PARTNERS, 123 W Mills Ave Ste 500, 79901, pg. 748
SANDERSWINGO ADVERTISING, INC., 221 N Kansas Ste 900, 79901, pg. 989
VIVA + IMPULSE CREATIVE CO, 1002 Arizona Ste 2, 79902, pg. 1141

Fair Oaks Ranch

AMAZING LIFE CONCEPTS, 28720 Interstate 10 W Ste 800, 78006, pg. 50

Flower Mound

IVIE & ASSOCIATES INC., 601 Silveron Blvd, 75028, pg. 551

Fort Worth

ANCHOR MARKETING & DESIGN, LLC, 101 Summit Ave, 76102, pg. 55
ARDENT CREATIVE INC, 707 W Vickery Blvd Ste 103, 76104, pg. 67
THE BALCOM AGENCY, 1500 Ballinger, 76201, pg. 85
BRANDWISE, 3420 Kelvin Ave, 76133, pg. 160
GCG MARKETING, 2421 W 7th St Ste 400, 76107-2388, pg. 413
GLINT ADVERTISING, 5761 Park Vista Cir Ste 205, 76244, pg. 422
ILFUSION INC, 209 S Main St, 76104, pg. 523
IMMOTION STUDIOS, 4717 Fletcher Ave, 76107, pg. 527
J.O. DESIGN, 440 S Main, 76104, pg. 577
PAIGE HENDRICKS PUBLIC RELATIONS INC, 201 S Calhoun St, 76104, pg. 851
PAVLOV, 3017 W 7Th St, 76107, pg. 859
PMG WORLDWIDE, LLC, 2821 W 7th St STE 270, 76107, pg. 878
PYTCHBLACK, 707 W Magnolia Ave, 76104, pg. 919
SCHAEFER ADVERTISING CO., 1228 S Adams St, 76104, pg. 994
THE STARR CONSPIRACY, 122 S Main St, 76104, pg. 1044
WARREN DOUGLAS, 1204 W 7th St Ste 100, 76102, pg. 1152
WIRED SEO COMPANY, 5208 Airport Fwy Ste 210, 76117, pg. 1172
WITHERSPOON & ASSOCIATES, INC., 1200 West Fwy, 76102, pg. 1173

Frisco

FLUID DRIVE MEDIA, Fluid Dr Media 8101 Yacht St, 75035, pg. 389
INSTINCT MARKETING, 7460 Warren Parkway, 75034, pg. 536
THE WARD GROUP, 5750 Genesis Ct Ste 220, 75034, pg. 1152

Grand Prairie

HARTE-HANKS DIRECT MARKETING/DALLAS, L.P.,

GEOGRAPHIC INDEX OF U.S. AGENCIES

2750 114th St Ste 100, 75050-8737, pg. 470

Houston

2020 EXHIBITS, INC., 10550 S Sam Huston Pkwy W, 77071, pg. 3
AD RESULTS, 6110 Clarkson Ln, 77055, pg. 24
ADCETERA GROUP, 3000 Louisiana St, 77006, pg. 27
ADVENT MARKETING COMMUNICATIONS, 6605 Roxburgh Dr, 77041, pg. 34
ANYTIME MARKETING GROUP, 2345 Bering Dr, 77057, pg. 62
AXIOM, 1702 Washington Ave, 77007, pg. 80
BILL BOSSE & ASSOCIATES, 12107 Queensbury Ln, 77024, pg. 131
BONAFIDE, 5318 Weslayan St 128, 77005, pg. 145
BOONE DELEON COMMUNICATIONS, INC., 201 VanderPOol Ln Apt 48, 77024, pg. 147
BRANDEXTRACT, LLC, 7026 Old Katy Rd Ste 210, 77024, pg. 156
BRIGGS & CALDWELL, 9801 Westheimer Rd Ste 701, 77042, pg. 163
BRIVIC MEDIA, 10200 Richmond Ave, 77042, pg. 165
THE CARSON GROUP, 1708 Hwy 6 S, 77077, pg. 191
CMT CREATIVE MARKETING TEAM, 1600 W 13th St, 77008, pg. 216
THE COMPANY, 1800 W Loop S Ste 2001, 77027, pg. 224
DARRYL DOUGLAS MEDIA, 12123 PlumPOint Dr, 77099, pg. 260
DESIGN AT WORK, 3701 Kirby Dr Ste 1050, 77098, pg. 293
DEUTSER, 5847 San Felipe St Ste 2500, 77057, pg. 295
DIVISION ADVERTISING & DESIGN, 2700 Post Oak Blvd Ste 1400, 77056, pg. 308
DMN3, PO Box 925399, 77292, pg. 311
ELL CREATIVE, 629 W 22nd St Ste 4, 77008, pg. 337
FOSTER MARKETING COMMUNICATIONS, 1160 Dairy Ashford Ste 310, 77079, pg. 394
GILBREATH COMMUNICATIONS, INC., 15995 N Barkers Landing Ste 100, 77079, pg. 420
INNOVA DESIGN & ADVERTISING, 9211 W Rd Ste 143-109, 77064, pg. 534
J. WALTER THOMPSON INSIDE, 1001 Fannin St Ste 4500, 77002, pg. 565
J. WALTER THOMPSON U.S.A., INC., 1001 Fannin Ste 4500, 77002, pg. 566
JOHN MANLOVE ADVERTISING, 5125 Preston Ave, 77505, pg. 579
LOPEZ NEGRETE COMMUNICATIONS, INC., 3336 Richmond Ave Ste 200, 77098, pg. 651
LOVE ADVERTISING INC., 3550 W 12Th St, 77008, pg. 652
MARION INTEGRATED MARKETING, 7026 Old Katy Rd Ste 249, 77024, pg. 680
MINDENSEMBLE, 909 Texas Ave Ste 1403, 77002, pg. 744
MMI AGENCY, 1712 Pease St, 77703, pg. 751
MOROCH, 2100 Travis St Ste 200, 77002, pg. 759
NORTON CREATIVE, 9434 Old Katy Rd Ste 400, 77055, pg. 800
ON-TARGET MARKETING & ADVERTISING, 7915 Cypress Creek Pkwy Ste 310, 77070, pg. 838
PENNEBAKER, 1100 W 23rd St Ste 200, 77008, pg. 862
THE POINT GROUP, 1990 Post Oak Blvd Ste 240, 77056, pg. 880
POP LABS, INC, PO Box 79214, 77279, pg. 883
RETNA MEDIA INC., 2100 W Loop S Ste 900, 77027, pg. 952
RHINO MARKETING WORLDWIDE, 550 Post Oak Blvd Ste 450, 77027, pg. 954
RICHARDS/CARLBERG, 1900 W Loop S Ste 1100, 77027, pg. 956
SAPIENT HOUSTON, 1111 Bagby St Ste 1950, 77002, pg. 914
SO CREATIVE, 1610 Silber Rd, 77055, pg. 1025
STRIKE MARKETING, 906 Rutland St, 77008, pg. 1055
STUDIO BRAND COLLECTIVE, 1824 Spring St Ste 201, 77007, pg. 1056
TANGELO, 2444 Times Blvd Ste 300, 77005, pg. 1072
TIDAL SHORES INC., PO Box 70207, 77270, pg. 1102
TIPPIT & MOO ADVERTISING, 3336 Richmond Ave Ste 300, 77098, pg. 1105
UNLEADED COMMUNICATIONS, INC., 1701 Commerce St 3rd Fl, 77002, pg. 1127
VERSA CREATIVE GROUP, 5444 Westheimer Rd Ste 200, 77056, pg. 1134
VRTC, INC., 10613 W Sam Houston Pkwy N Ste 150, 77064, pg. 1146
WHOLE WHEAT CREATIVE, 1006 W 9th St, 77007, pg. 1162
YOU SQUARED MEDIA, 7026 Old Katy Rd Ste 350, 77024, pg. 1196
ZULU CREATIVE, 2406 Kingston St, 77019, pg. 1216

Irving

BLOOMFIELD KNOBLE, 400 E Royal Ln Ste 215, 75039, pg. 137
EPSILON DATA MANAGEMENT, LLC, 6021 Connection Dr, 75039, pg. 344
THE INFINITE AGENCY, 220 E Las Colinas Blvd, 75039, pg. 531
JAVELIN MARKETING GROUP, 7850 N Belt Line Rd, 75063-6098, pg. 572
LEGION ADVERTISING, 1400 Corporate Dr Ste 100, 75038, pg. 619
M/A/R/C RESEARCH, 1660 N Westridge Cir, 75038, pg. 676
RAPP DALLAS, 7850 N Belt Line Rd, 75063, pg. 931
SIZMEK, 750 W John Carpenter Fwy Ste 400 & 700, 75039, pg. 1017
SYNEOS HEALTH COMMUNICATIONS, 1707 Market Pl Blvd Ste 350, 75063, pg. 1068
TARGETBASE, 7850 N Belt Line Rd, 75063-6098, pg. 1073
VIZION INTERACTIVE, 400 E Royal Ln 290, 75039, pg. 1142

Katy

PATRIOT ADVERTISING INC., 1801 East Ave, 77493, pg. 858

Kennedale

THE FOWLER GROUP, 404 W Kennedale Pk way, 76060, pg. 395

Lakeway

CABEZA ADVERTISING, 2303 Ranch Rd 620 S Ste 135-190, 78734, pg. 181

Lewisville

CREATIVE OPTIONS COMMUNICATIONS, 1381 Colby Dr, 75067, pg. 244
SODAPOP MEDIA LLC, 808 Office Park Cir Ste 400, 75057, pg. 1027

Lubbock

GRIFFIN WINK ADVERTISING, 6306 Iola Ave, 79424, pg. 450
THE OWEN GROUP, 1502 Texas Ave, 79401, pg. 847
THE PRICE GROUP, INC., 1801 Broadway, 79401-3015, pg. 888

Magnolia

ADWHITE, LLC, 33300 Egypt Ln, 77354, pg. 36

McAllen

FANTICH MEDIA GROUP, 609 W Us Highway 83, 78501, pg. 361

Midland

HANCOCK ADVERTISING GROUP, INC., 3300 N A Bldg 1 Ste 302, 79705-5356, pg. 465
SDB CREATIVE, 3000 N Garfield Ste 185, 79705, pg. 1000

Nacogdoches

HANCOCK ADVERTISING AGENCY, PO Box 630010, 75963-0010, pg. 465
POINT A MEDIA INC., 2908 Westward Dr, 75964, pg. 879

Odessa

CVA ADVERTISING & MARKETING, INC., 5030 E University Ste B401, 79762, pg. 255

Plano

BIZCOM ASSOCIATES, 1400 Preston Rd, 75093, pg. 132
BRIERLEY & PARTNERS, 5465 Legacy Dr Ste 300, 75024, pg. 162
DUNCAN/DAY ADVERTISING, 6513 Preston Rd Ste 200, 75024, pg. 325
DUNHAM+COMPANY, 6111 W Plano Pkwy Ste 2700, 75093, pg. 326
FUNNEL SCIENCE, 2800 Regal Rd, 75075, pg. 403
PROPAC, 6300 Communications Pkwy Ste 100, 75024, pg. 893
RESOURCE COMMUNICATIONS GROUP, 6401 Twin Oaks Dr, 75024, pg. 949
SHOPTOLOGY INC, 7800 N Dallas Pkwy Ste 160, 75024, pg. 1009
TWINOAKS, 5850 Granite Pkwy Ste 750, 75024, pg. 1124
WRIGHTIMC, 660 N Central Expressway Ste 450, 75074, pg. 1187

Richardson

KBM GROUP, 2050 N Greenville Ave, 75082, pg. 1189
KBM GROUP, 2050 N Greenville Ave, 75082, pg. 1183
MODASSIC GROUP, 221 W Campbell Rd #123, 75080, pg. 752
REVEL, 1651 N Collins Blvd, 75080, pg. 952
REVEL UNITED, 1651 N Collins Blvd, 75080, pg. 952
RKD GROUP, 3400 Waterview Pkwy Ste 220, 75080, pg. 961
VISUAL APP, 2425 N Central Expy Ste 475, 75080, pg. 1140

Richmond

FURBER ADVERTISING, LLC, 11014 Wynfield Springs Dr, 77406, pg. 403

San Antonio

A BIG CHIHUAHUA, INC., PO Box 761113, 78245, pg. 14
ANDERSON MARKETING GROUP, 7420 Blanco Rd Ste 200, 78216, pg. 58
ANDRADE COMMUNICATORS, PO Box 15009, 78212, pg. 58
THE ATKINS GROUP, 501 Soledad, 78205, pg. 75
BRADFORDLAWTON, LLC, 315 Encino Ave, 78209, pg. 151
CAMPBELL EWALD SAN ANTONIO, 816 Camaron Ste 102, 78212, pg. 541
CREATIVE CIVILIZATION AN AGUILAR/GIRARD AGENCY, 106 Auditorium Cir 2nd Fl, 78205-1310, pg. 240
CREATIVE NOGGIN, 29610 Double Eagle Cir, 78015, pg. 244
DAMO ADVERTISING, 1338 Pasadena St, 78201, pg. 259
ESD & ASSOCIATES, 1202 W Bitters Bldg 9, 78216, pg. 349
FULL SPECTRUM BRANDING, LLC, 19514 Encino Spur, 78259, pg. 402
HARLAND CLARKE CORP., 15955 La Cantera Pkwy, 78256, pg. 468
HARTE-HANKS, INC., 9601 McAllister Freeway Ste 610, 78216, pg. 470
INTERLEX COMMUNICATIONS INC., 4005 Broadway Ste B, 78209-6311, pg. 538
INVENTIVA, 19179 Blanco Rd, 78258-4009, pg. 545
KEYAD, LLC, 1723 N Loop 1604 E Ste 211, 78232, pg. 593
KGBTEXAS, 200 E Grayson St, 78215, pg. 593
L-AVENUE, 11467 Huebner Rd Ste 368, 78230, pg. 605
MANJON STUDIOS, 7650 W Us Hwy 90 Lot 410, 78227, pg. 675
MOROCH, 901 NE Loop 410 Ste 826, 78209-1310, pg. 759
TAYLOR WEST ADVERTISING, 503 Avenue A, 78215, pg. 1076
TEXAS CREATIVE, 334 N Pk Dr, 78216, pg. 1098
TRADECRAFT, 317 Lexington Ave Ste 5, 78215, pg. 1113
TRIBU, 801 E Quincy St, 78215, pg. 1116
THE WOOD AGENCY, 7550 IH-10 W, 78229, pg. 1175

Seabrook

AGENCIES

GRIFFIN COMMUNICATIONS GROUP, 3101 NASA Parkway Ste L, 77586, pg. 449

Southlake

MONOPOLIZE YOUR MARKETPLACE, 2140 E Southlake Blvd #L812, 76092, pg. 756
ROBINSON CREATIVE INC., 930 S Kimball Ave, 76092, pg. 964

Spring

BUBBLEUP, LLC., 9391 Grogans Mill Rd Ste A4, 77380, pg. 171

Spring Branch

THE OUSSET AGENCY, INC., 20475 Hwy 46 W Ste 180-602, 78070, pg. 846

Sugar Land

FREED ADVERTISING, 1650 Hwy 6, 77478, pg. 397
RADIO LOUNGE - RADIO ADVERTISING AGENCY, 12926 Dairy Ashford Ste 120, 77478, pg. 928

Temple

WOODWARD CREATIVE GROUP LLC, 219 Westfield Blvd Ste 100, 76502, pg. 1176

The Woodlands

D. HILTON ASSOCIATES, INC., 9450 Grogans Mill Rd Ste 200, 77380, pg. 256
HALLARON ADVERTISING, 2202 Timberloch Pl Ste 128, 77380, pg. 463
J. LINCOLN GROUP, 9595 Six Pines Dr Ste 8210, 77380, pg. 552
LJF ASSOCIATES, INC., 26419 Oak Rdg Dr, 77380-1964, pg. 647
STEWARD MARKETING, LLC, 9595 Six Pines Ste 8210, 77380, pg. 1049

Tyler

CHESLEY BRYAN MARKETING, 16820 Lafayette Dr, 75703, pg. 206
CUE CREATIVE, 117 W Ferguson, 75702, pg. 252
HOLT CREATIVE GROUP, 119 University Place, 75702, pg. 507
L2 MARKETING, 114 W Sixth St, 75701, pg. 605
ROUTE2 ADVERTISING, 112 E Line St Ste 312, 75702, pg. 970

Uvalde

DRIFTWOOD MEDIA, PO Box 1438, 78802, pg. 320

Victoria

ADVOCATE DIGITAL MEDIA, 311 E Constitution St, 77901, pg. 36

Wichita Falls

CRANE WEST, 4245 Kemp Blvd Ste 815, 76308, pg. 238
HOEGGER COMMUNICATIONS, 901 Indiana Ave Ste 100, 76301, pg. 505

UTAH

American Fork

LOGOWORKS, 825 E 1180 S Ste 300, 84003, pg. 650

Bluffdale

MOLIO, INC., 14850 S Pony Express Rd Ste 200, 84065, pg. 754
NEEDLE INC., 14864 S Pony Express Rd, 84065, pg. 787

Bountiful

FLUID ADVERTISING, 1065 S 500 W, 84010, pg. 389
FLUID STUDIO, 1065 S 500 W, 84010, pg. 389

Draper

EPIC MARKETING, 12356 S 900 E Ste 105, 84020, pg. 343

Murray

HELIUS CREATIVE ADVERTISING LLC, 1935 E Vine St Ste 290, 84121, pg. 494

Ogden

MARKETSTAR CORPORATION, 2475 Washington Blvd, 84401, pg. 685

Park City

BLAKESLEE ADVERTISING, 1790 Bonanza Dr Ste 275, 84060, pg. 134
C&S CREATIVE, 5532 Lillehammer Ln Ste 104, 84098, pg. 180
REDHEAD MARKETING & PR, PO Box 3522, 84060, pg. 943
RIESTER, 1441 Ute Blvd Ste 360, 84098, pg. 958
WHITNEY ADVERTISING & DESIGN, INC., 6410 N Business Park Loop Rd Ste H, 84098, pg. 1162

Provo

RELIC ADVERTISING, 290 N University Ave, 84601, pg. 945
STEPHEN HALES CREATIVE INC, 2230 N University Pkwy Ste 7D, 84604, pg. 1047
WALLAROO MEDIA, 55 N University Ave Ste 215, 84601, pg. 1149

Saint George

TCS ADVERTISING, 46 W Saint George Blvd, 84770, pg. 1093

Salt Lake City

ARENA COMMUNICATIONS, 1780 W Sequoia Vista Cir, 84104, pg. 67
BONNEVILLE COMMUNICATIONS, 55 N 300 W, 84101-3502, pg. 146
BRANDHIVE, 146 W Pierpont Ave, 84101, pg. 156
BWP COMMUNICATIONS, 654 W 100 S, 84104, pg. 179
FREESTYLE MARKETING GROUP, 211 E Bdwy No 214, 84111, pg. 398
FUEL MARKETING, 703 E 1700 S, 84105, pg. 401
HELIX EDUCATION, 175 SW Temple Ste 700, 84101, pg. 494
JIBE MEDIA, 774 S 300 W Unit B, 84101, pg. 576
LOVE COMMUNICATIONS, 546 S 200 W, 84101, pg. 653
MARKETING MEDIA COMMUNICATION, PO Box 2063, 84110, pg. 684
MRM MCCANN, 60 E South Temple, 84111, pg. 699
PENNA POWERS, 1706 S Major St, 84115, pg. 861
R&R PARTNERS, 837 E S Temple, 84102-1304, pg. 925
RICHTER7, 150 S State St Ste 400, 84111, pg. 957
RUMOR ADVERTISING, 807 East South Temple, 84102, pg. 972
SALTWORKS, PO Box 522023, 84152, pg. 988
SOAR COMMUNICATIONS, PO Box 581138, 84158, pg. 1026
STRUCK, 159 W Broadway Ste 200, 84101, pg. 1055
THE SUMMIT GROUP, 117 W 400 S, 84101, pg. 1060
SUPER TOP SECRET, 244 S Edison St, 84111, pg. 1062
WELIKESMALL, INC, 252 Edison St, 84111, pg. 1158

Sandy

IDYLLWILD ADVERTISING, 8188 S Highland Dr Ste D5, 84093, pg. 522

South Jordan

SNAPPCONNER PR, 1258 W 104th S Ste 301, 84095, pg. 1025

GEOGRAPHIC INDEX OF U.S.

VERMONT

Bethel

THE IMAGINATION COMPANY, 920 Campbell Rd, 05032, pg. 525

Burlington

DEALER DOT COM, INC, 1 Howard St, 05401, pg. 283
KELLIHER SAMETS VOLK, 212 Battery St, 05401-5281, pg. 591
MATRIX MARKETING GROUP LLC, 47 Maple St, 05401, pg. 693
METHODIKAL, INC., 77 College St Ste 3E, 05401, pg. 735
PLACE CREATIVE COMPANY, 187 S Winooski Ave, 05401, pg. 875
SHARK COMMUNICATIONS, 255 S Champlain Ste 7, 05401-5261, pg. 1005
STRIDE CREATIVE GROUP, 305 St Paul St, 05401, pg. 1055
TENTH CROW CREATIVE, 337 College St, 05401, pg. 1097

Charlotte

CURVE TRENDS MARKETING, 939 Ferry Rd, 05445, pg. 255

Essex

HAGAN ASSOCIATES, 8 Carmichael St, 05452, pg. 460

Richmond

HMC ADVERTISING LLC, 65 Millet St Ste 301, 05477, pg. 504

Saint Johnsbury

FLEK, INC., 370 Railroad St Ste 4, 05819, pg. 387

Stowe

802 CREATIVE PARTNERS, INC., PO Box 1075, 05672, pg. 12

Winooski

FUSE, LLC, 110 W Canal St Ste 101, 05404, pg. 404

VIRGINIA

Alexandria

522 DIGITAL, LLC, 711 King St, 22314, pg. 9
FUSZION COLLABORATIVE, 1420 Prince St Ste 100, 22314-2868, pg. 405
GLOBAL THINKING, 3670 Wheeler Ave, 22304, pg. 423
GRAFIK MARKETING COMMUNICATIONS, 625 N Washington St, 22314, pg. 431
LEAPFROG SOLUTIONS, INC., 1700 Diagonal Rd Ste 450, 22314, pg. 618
RED PEG MARKETING, 727 N Washington St, 22314, pg. 940
SMITH & HARROFF, INC., 300 N Washington St Ste 405, 22314, pg. 1022
SRCPMEDIA, 201 N Union St Ste 200, 22314, pg. 1039
SUNSTAR, 300 N Washington St Ste 505, 22314, pg. 1062
WILLIAMS WHITTLE ASSOCIATES, INC., 711 Princess St, 22314-2221, pg. 1169
YES& HOLDINGS, LLC, 1700 Diagonal Rd Ste 450, 22314, pg. 1196

Arlington

BEACONFIRE RED, 2300 Clarendon Blvd Ste 925, 22201, pg. 118
CHAPMAN CUBINE ADAMS + HUSSEY, 2000 15th St N Ste 550, 22201, pg. 202

GEOGRAPHIC INDEX OF U.S. AGENCIES

CURA STRATEGIES, 2011 Crystal Dr Ste 1005, 22202, pg. 254
DAVIS ELEN ADVERTISING, 2000 15Th St N Ste 225, 22201, pg. 264
EPSILON, 1100 N Glebe Rd Ste 1000, 22201, pg. 346
HAVIT ADVERTISING, LLC, 3811 N Fairfax Dr, 22203, pg. 489
LEVINE & ASSOCIATES, INC., 130 N Edgewood St, 22201, pg. 634
LMO ADVERTISING, 1776 Wilson Blvd 5th Fl, 22209, pg. 648
MOBILE POSSE, INC., 1010 N Glebe Rd Ste 200, 22201, pg. 752
MXM, 1100 Wilson Blvd Ste 1400, 22209, pg. 782
PAPPAS GROUP, 4100 Fairfax Dr Ste 400, 22203, pg. 852
SAPIENT WASHINGTON DC, 1515 N Courthouse Rd, 22201, pg. 914
TARGETED VICTORY LLC, 1100 Wilson Blvd Fl 10, 22209, pg. 1074

Blacksburg

MODEA, 117 Washington St SW, 24060, pg. 753

Chantilly

CONVERSION PIPELINE, 4501 Daly Dr, 20151, pg. 229
ESB ADVERTISING, 25395 Pleasant Valley Rd Ste 170, 20152, pg. 349

Charlottesville

ALLISON PARTNERS, 1716-2 Allied St, 22903, pg. 49
THE IVY GROUP, LTD., 1001 E Market St Ste 202, 22902, pg. 551
MERKLE, 701 E Water St, 22902, pg. 733
PAYNE, ROSS & ASSOCIATES ADVERTISING, INC., 206 E Jefferson St, 22902-5105, pg. 860

Chesapeake

ETHICOM, 4240 Portsmouth Blvd, 23321, pg. 351
MOROCH, 3101 American Legion Rd Ste 23, 23321, pg. 760
THE ROGERS AGENCY, 117 Coastal Way, 23320, pg. 966

Dunn Loring

THE LEIGH AGENCY, 2192 Harithy Dr, 22027, pg. 620

Fairfax

THE BORENSTEIN GROUP, INC., 11240 Waples Mill Rd Ste 420, 22030, pg. 147
CAPITOL MARKETING GROUP, INC., 3900 Jermantown Rd, 22030, pg. 187
NOVA ADVERTISING, 3917 Old Lee Hwy Ste 13C, 22030, pg. 801
SCREEN STRATEGIES MEDIA, 11150 Fairfax Blvd Ste 505, 22030, pg. 999

Falls Church

FOCUSED IMAGE, 2941 Fairview Park Dr Ste 650, 22042, pg. 391
GOLD DOG COMMUNICATIONS, 6609 Goldsboro Rd, 22042, pg. 427
MOIRE MARKETING PARTNERS, 407 N Washington St, 22046, pg. 754
SMITHGIFFORD, 106 W Jefferson St, 22046, pg. 1024

Forest

PROTOTYPE ADVERTISING, INC, 1035 Avalon Dr, 24551, pg. 895

Fredericksburg

SCOUTCOMMS, 521 Sophia St, 22401, pg. 999

Glen Allen

BERGMAN GROUP, PO Box 2755, 23058, pg. 123

HELIA, 4490 Cox Rd, 23060, pg. 477

Harrisonburg

GRAVITY GROUP, 107 E Water St, 22801, pg. 433

Herndon

DALY GRAY PUBLIC RELATIONS, 620 Herndon Pkwy Ste 115, 20170, pg. 259
TEAM VELOCITY MARKETING, LLC, 13825 Sunrise Vly Dr Ste 150, 20171, pg. 1095
TIER10 MARKETING, 13825 Sunrise Valley Dr Ste 150, 20171, pg. 1103

King George

ENDRIZZI ADVERTISING AGENCY LLC, 610 McCarthy Dr, 22485, pg. 340

Leesburg

BRABENDERCOX, 108 South St, 20175, pg. 151

Lovettsville

CLAYTON DESIGN GROUP LLC, 12386 Mountain Rd, 20180, pg. 212

Lynchburg

STIMULUS ADVERTISING & WEB DESIGN, 1000 Jefferson St Unit 2B, 24502, pg. 1049

Manassas

1ST DEGREE, LLC, 9720 Capital Ct, 20110, pg. 3
ECU COMMUNICATIONS LLC, 12775 Randolph Ridge Ln Ste 201, 20109, pg. 330

McLean

GABRIEL MARKETING GROUP, 8200 Greensboro Dr Ste 403, 22102, pg. 408
LONGBOTTOM COMMUNICATIONS, 1651 Old Meadow Road, 22102, pg. 987
OCTAGON, 7950 Jones Branch Dr, 22107, pg. 807
SAGE COMMUNICATIONS, 1651 Old Meadow Rd Ste 500, 22102-4321, pg. 986
SCHUM & ASSOCIATES, 1438 Cedar Ave, 22101-3514, pg. 996
WELZ & WEISEL COMMUNICATIONS, 8200 Greensboro Dr, 22102, pg. 1158

Norfolk

ADAMS OUTDOOR ADVERTISING, 5547 Virginia Beach Blvd, 23451, pg. 26
ARTILLERY MARKETING COMMUNICATIONS LLC, 1709 Colley Ave Ste 308, 23517, pg. 72
GROW, 427 Granby St, 23510, pg. 453
JASE GROUP, LLC, 614 Georgia Ave, 23508, pg. 572
NEXUS DIRECT, 101 W Main St Ste 400, 23510, pg. 793
OTTO, 1611 Colley Ave, 23517, pg. 845
PADILLA, 440 Monticello Ave, 23510, pg. 850
THE PRIMM COMPANY, 112 College Pl, 23510-1992, pg. 890
REED & ASSOCIATES MARKETING, 253 W Bute St, 23510, pg. 944

Reston

CSTRAIGHT MEDIA, 1897 Preston White Dr Ste 310, 20191, pg. 251

Richmond

93 OCTANE, 105 East Grace St, 23219, pg. 14
ARTS & LETTERS CREATIVE CO, 1805 Highpoint Ave, 23230, pg. 73
BARBER MARTIN AGENCY, 7400 Beaufont Springs Dr Ste 201, 23225-5519, pg. 88
BIG RIVER ADVERTISING, 515 Hull St, 23224, pg. 129
BURFORD COMPANY ADVERTISING, 125 E Main St, 23219, pg. 173
BURNT CREATIVE, 23 W Broad St Ste 402, 23223, pg. 176
CHARLES RYAN ASSOCIATES, 1900-A E Franklin St, 23223, pg. 203
FOUR DEEP MULTIMEDIA LLC, 501 E Franklin St Ste 619, 23219, pg. 394
FRANKLIN STREET MARKETING, 9700 Farrar Ct, 23236, pg. 396
HUNTSINGER & JEFFER, 809 Brook Hill Cir, 23227-2503, pg. 515
THE IDEA CENTER, 15 S 23Rd St, 23223, pg. 520
JOHNSON INC., 7 E 2Nd St # A, 23224, pg. 580
KENT COMMUNICATIONS, 6402 Westchester Cir, 23225, pg. 592
THE KING AGENCY, 3 N Lombardy St, 23220, pg. 596
LAMAR ADVERTISING COMPANY, 700 Southlake Blvd, 23236, pg. 608
LEWIS MEDIA PARTNERS, 500 Libbie Ave Ste 2C, 23226, pg. 639
LYTHOS STUDIOS, 1303 Brookland Pkwy, 23227, pg. 658
MADISON + MAIN, 101 E Cary St, 23219, pg. 669
THE MARTIN AGENCY, One Shockoe Plz, 23219, pg. 687
NEATHAWK DUBUQUE & PACKETT, 2912 W Leigh St, 23230, pg. 787
OCTAGON, 7231 Forest Ave Ste 103, 23226, pg. 807
PADILLA, 101 W Commerce Rd, 23224, pg. 850
PLANET CENTRAL, 9 S 5th St, 23219, pg. 876
POOLHOUSE, 23 W Broad St Ste 404, 23220, pg. 882
PULSAR ADVERTISING, INC., 830 E Main St Ste 2310, 23219, pg. 916
THE RANDALL BRANDING, 1329 E Cary St Ste 200, 23219, pg. 930
RESPONSE MARKETING GROUP LLC, 1145 Gaskins Rd, 23238, pg. 949
ROCKET POP MEDIA, 2530 W Main ST, 23220, pg. 965
SIDDALL, INC., 715 East 4th St, 23224, pg. 1010
SWANSON R, 9 W Main St, 23220, pg. 1064
WEST CARY GROUP, 5 W Cary St, 23220, pg. 1159
WORK, INC., 2019 Monument Ave, 23220, pg. 1176

Roanoke

ACCESS ADVERTISING + PR, 701 Patterson Ave SW, 24016, pg. 19
B2C ENTERPRISES, 18a Kirk Ave SW, 24011, pg. 82
FIREFLI MEDIA, 213 Market St SE, 24011, pg. 383
HASTINGS DESIGN CO, PO Box 8813, 24014, pg. 471
JOHN LAMBERT ASSOCIATES, 4370 Starkey Rd Ste 4D, 24018, pg. 578
NEATHAWK DUBUQUE & PACKETT, 410 S Jefferson St, 24011, pg. 787
THE O'CONNOR GROUP, 1007 1st St, 24016, pg. 806
THE WALLACE AGENCY, 1921 Power St SE Bldg 9B1, 24013, pg. 1149

Sterling

MARTIN THOMAS INTERNATIONAL, 20367 Clover Field Ter, 20165, pg. 688
WALLACE & COMPANY, 22970 Indian Creek Dr Ste 190, 20166, pg. 1149

Suffolk

THE ADDISON GROUP, PO Box 1826, 23439, pg. 29

Tysons Corner

WHITE & PARTNERS, 8603 Westwood Ctr Dr 4th Fl, 22182, pg. 1160

Vienna

HEALTH2 RESOURCES, 8230 Old Courthouse Rd Ste 105, 22182, pg. 491
OBJECTDC, 8212-A, 22182, pg. 805

Virginia Bch

COSTA DESIGNS, INC., 204 Rudee Ave, 23451, pg. 234

Virginia Beach

BCF, 4500 Main St Ste 600, 23462, pg. 117
DAVIS & COMPANY, 1705 Baltic Ave, 23451, pg. 263
THE MERIDIAN GROUP, 575 Lynnhaven Pkwy 3rd Fl,

AGENCIES — GEOGRAPHIC INDEX OF U.S.

23452-7350, pg. 731
O'BRIEN ET AL. ADVERTISING, 3113 Pacific Ave, 23451, pg. 805
OTTO, 217 77th St, 23451, pg. 845
SEVENTH POINT, 4752 Euclid Rd, 23462-3823, pg. 1004
STUDIO CENTER, 161 Business Park Dr, 23462, pg. 1056

Williamsburg

MP&A DIGITAL & ADVERTISING, 4804 Courthouse St Ste 3B, 23188, pg. 766

Yorktown

PROXIMO MARKETING STRATEGIES, 4102 George Washington Mem Hwy Ste 204, 23692, pg. 895

WASHINGTON

Bainbridge Island

STANTON & NOBODY, 15326 Euclid Ave Ne, 98110, pg. 1042

Bellevue

GA CREATIVE INC, 10500 Ne 8Th St Ste 1140, 98004, pg. 407
HECKLER ASSOCIATES, 6638 114Th Ave Se, 98006, pg. 493
HELLOWORLD, A MERKLE COMPANY, Ste 1920 One Bellevue Center 411 108th Ave NE, 98004, pg. 495
VOICEFLIX INC, 227 Bellevue Way NE 670, 98004, pg. 1145

Bellingham

TOOLHOUSE INC., 2925 Roeder Ave, 98225, pg. 1109

Bothell

KREATIVE, 1725 220Th St Se Ste 101, 98021, pg. 602

Edmonds

STAFFORD CREATIVE INC., 110 James Building, 98020, pg. 1041

Everett

EGG, PO Box 4430, 98204, pg. 332

Federal Way

BRANDNER COMMUNICATIONS, INC., 32026 32nd Ave S, 98001, pg. 157

Fox Island

AUGUSTUS BARNETT ADVERTISING/DESIGN, PO Box 197, 98333-0197, pg. 77

Issaquah

THRIVE ADVERTISING CO., PO Box 596, 98025, pg. 1102

Kirkland

CHATTER CREATIVE, 11702 98th Ave NE, 98034, pg. 204

Lynnwood

STEVENSON ADVERTISING, 19231 36Th Ave W Ste B202, 98036, pg. 1049

Monroe

NOBLE PACIFIC SEA TO SEA, INC., 19916 Old Owen Rd Ste 229 PMB 229, 98272-9778, pg. 796

Mountlake Terrace

DESTINATION MARKETING, 6808 220th St SW Ste 300, 98043, pg. 294

Newcastle

BIG BANG ELECTRICAL, 8370 143rd Ct SE, 98059, pg. 128

Poulsbo

MASTERWORKS, 19462 Powder Hill Pl NE, 98370, pg. 692

Puyallup

CARR KNOWLEDGE LLC, 14901 80Th St E, 98372, pg. 191

Renton

TRIO GROUP NW, 239 SW 41st St, 98057, pg. 1118

Seattle

ADMOSIS MEDIA, 92 Lenora St, 98121, pg. 31
ALLIED INTEGRATED MARKETING, 100 W Harrison St S Tower, 98119, pg. 48
ALLISON & PARTNERS, 710 2Nd Ave Ste 500, 98104, pg. 48
APCO WORLDWIDE, 520 Pike St Ste 1001, 98101, pg. 64
ARTEFACT, 619 W Ave Ste 500, 98104, pg. 72
BELIEF LLC, 4611 11Th Ave Nw, 98107, pg. 121
BLACKWING CREATIVE, 1500 4Th Ave Ste 200, 98101, pg. 133
COLE & WEBER UNITED, 221 Yale Ave N Ste 600, 98109, pg. 218
COLEHOUR + COHEN, 1011 W Ave Ste 702, 98104, pg. 218
COPACINO + FUJIKADO, LLC, 1425 4th Ave Ste 700, 98101-2265, pg. 230
CREATIVE MEDIA ALLIANCE, 81 Columbia St, 98104, pg. 244
CROWN SOCIAL AGENCY, 1415 10th Ave Ste 2, 98122, pg. 251
DIGITAL KITCHEN, 720 Third Ave, Ste 800, 98104, pg. 301
DNA SEATTLE, 1301 5th Ave Ste 2600, 98101-3100, pg. 311
FIRMANI & ASSOCIATES, 306 Fairview Ave N, 98109-5313, pg. 383
FORMATIVE, 821 2Nd Ave Ste 600, 98104, pg. 392
THE GARRIGAN LYMAN GROUP, INC, 1524 Fifth Ave 4th Fl, 98101, pg. 410
GLOBAL REACH ADVERTISING, 12595 - 301 Union St, 98111, pg. 423
GREENRUBINO, 1938 Fairview Ave E Ste 200, 98102, pg. 436
HACKER AGENCY, 1215 4th Ave Ste 2100, 98161-1018, pg. 540
HAIL CREATIVE, 2819 Elliott Ave Ste 204, 98121, pg. 461
HAMMERQUIST STUDIOS, 221 Yale Ave N, 98109, pg. 464
HEY ADVERTISING, 1501 4Th Ave Ste 2450, 98101, pg. 498
HORNALL ANDERSON, 710 2nd Ave Ste 1300, 98104-1712, pg. 509
HYDROGEN ADVERTISING, 1520 4th Ave Ste 600, 98101, pg. 515
INTERSECTION, 4636 E Marginal Way S Ste B-100, 98134, pg. 544
JLM PARTNERS, 1001 4Th Ave Ste 4340, 98154, pg. 577
JONES ADVERTISING, 603 Stewart St Ste 600, 98101, pg. 581
LATINA CREATIVE AGENCY, 506 2Nd Ave Ste 1400, 98104, pg. 612
LIVEAREALABS, 3131 Western Ave Ste515, 98121, pg. 646
MARCHEX, INC., 520 Pike St Ste 2000, 98101, pg. 678
MSL SEATTLE, 424 2nd Ave W, 98119-4013, pg. 913
OWEN MEDIA, 4111 E Madison St Ste 39, 98112, pg. 847
PB&, 107 Spring St, 98104, pg. 860
PHINNEY BISCHOFF, 614 Boylston Ave E, 98102, pg. 869
PIVOT+LEVY, 1505 Westlake Ave N 4th Fl Ste 495, 98109, pg. 874
POP, 1326 5th Ave Ste 800, 98101, pg. 882

POSSIBLE, 414 Olive Way Ste 500, 98101, pg. 1189
POSSIBLE, 414 Olive Way Ste 500, 98101, pg. 1181
PRR INC, 1501 4th Ave Ste 550, 98101, pg. 895
PUBLICIS EXPERIENCES, 424 2nd W 4th Fl, 98119, pg. 896
PUBLICIS SEATTLE, 424 2nd Ave W, 98119-4013, pg. 905
PUBLICIS SEATTLE, 424 2nd Ave W, 98119-4013, pg. 913
PURDIE ROGERS, INC., 2288 W Commodore Way Ste 200, 98199, pg. 916
RALLY, 1218 3rd Ave Ste 300 Seattle Twr, 98101, pg. 930
REMER INC. CREATIVE MARKETING, 205 Marion St, 98104, pg. 946
REMERINC, 205 Marion St, 98104, pg. 946
RUPERT, 3668 Albion Pl N, 98103, pg. 972
SERUM, 1215 4th Ave Ste 2100, 98161, pg. 1003
SQUARE TOMATO, 900 1st Ave South Ste 411, 98134, pg. 1038
STEENMAN ASSOCIATES, 2811 245th Pl SE Sammamish, 98075, pg. 1045
STORY WORLDWIDE, 87 Wall St, 98121, pg. 1052
TDW+CO, 409 Maynard Ave S, 98104, pg. 1094
TETHER, INC., 316 Occidental Ave S Ste 400, 98104, pg. 1097
TMP WORLDWIDE/ADVERTISING & COMMUNICATIONS, 720 3rd Ave, 98104, pg. 1108
UPROAR, 206 1st Ave S Ste 410, 98104, pg. 1128
VML INC, 221 Yale Ave N Ste 600, 98109, pg. 1144
WILLIAMS-HELDE MARKETING COMMUNICATIONS, 2929 1st Ave, 98121, pg. 1169
WINTR, 111 S Jackson St, 98104, pg. 1172
WONGDOODY, 1011 Western Ave Ste 900, 98104, pg. 1175
WORKER BEES, INC., 2300 7th Ave, 98121, pg. 1177
WORKTANK ENTERPRISES, LLC, 400 E Pine St Ste 301, 98122-2315, pg. 1177
WUNDERMAN SEATTLE, 221 Yale Ave N Ste 500, 98109, pg. 1189
YESLER, 506 2nd Ave Ste 300, 98104, pg. 1196

Spokane

BHW1 ADVERTISING, 522 W Riverside Fl 3, 99201, pg. 127
BRAND IT ADVERTISING, 122 N Raymond Rd Ste 2, 99206, pg. 155
DH, 315 W Riverside Ste 200, 99201, pg. 298
KLUNDT HOSMER, 216 W Pacific Ste 201, 99201, pg. 598
MOJO LAB, 30 W 3rd Ave Ste 200, 99201, pg. 754
QUINN GROUP, 727 W Garland, 99205, pg. 924
SMITH, 518 W Riverside Ave, 99201-0504, pg. 1022

SPOkane Vly

QUISENBERRY, 700 S Dishman Rd, 99206, pg. 924

Tacoma

JAYRAY, A COMMUNICATIONS CONSULTANCY, 535 E Dock St Ste 205, 98402-4630, pg. 573
RUSTY GEORGE CREATIVE, 732 Broadway Ste 302, 98402, pg. 973
VOXUS INC., 117 South 8th St, 98402, pg. 1146

Tukwila

DAVIS ELEN ADVERTISING INC, 16400 Southcenter Pkwy Ste 206, 98188, pg. 265
SMITH WALKER DESIGN, 6700 S Glacier St, 98188, pg. 1024

Vancouver

ALLING HENNING & ASSOCIATES, 415 W 6th St Ste 605, 98660, pg. 48

White Salmon

VML-WHITE SALMON, 131B NE Estes Ave, 98672-0558, pg. 1144

Yakima

SMITH, PHILLIPS & DI PIETRO, 1440 N 16th Ave, 98902,

GEOGRAPHIC INDEX OF U.S. AGENCIES

pg. 1024

WEST VIRGINIA

Alderson

PRESIDIO STUDIOS, 100 Railroad Avenue, 24910, pg. 888

Barboursville

TERZETTO CREATIVE, PO Box 188, 25504, pg. 1097

Beckley

ARONFIELD STUDIOS, PO Box 58272, 25802, pg. 71

Charleston

ASHER AGENCY, INC., 117 Summers St, 25301, pg. 74
CHARLES RYAN ASSOCIATES INC., 601 Morris St, 25301, pg. 203
IMAGE ASSOCIATES LLC, 700 Virginia St E Ste 220, 25301, pg. 524
THE MANAHAN GROUP, 222 Capitol St, 25301, pg. 674

Fayetteville

DIGITAL RELATIVITY, 129 S Court St Unit 2, 25840, pg. 301

Huntington

BULLDOG CREATIVE SERVICES, 1400 Commerce Ave, 25701, pg. 172
GRAFITZ GROUP NETWORK, 1102 3rd Ave Ste 204, 25701, pg. 431

Morgantown

BLAINETURNER ADVERTISING, INC., 1401 Saratoga Ave, 26505, pg. 133
INNERACTION MEDIA LLC, 1440 Ctr Hill Ave Ste 4, 26505, pg. 533

Parkersburg

MOROCH, 3901 Brisco Rd Ste 12, 26104, pg. 760

WISCONSIN

Appleton

WEIDERT GROUP INC., 901 Lawe St, 54915, pg. 1156

Black Earth

CAMPBELL LACOSTE, INC., 4981 Scherbel Rd, 53515, pg. 186

Brookfield

IMAGE MAKERS ADVERTISING INC, 17110 W Greenfield Ave # 1, 53005, pg. 524
LEPOIDEVIN MARKETING, 245 S Executive Dr, 53005, pg. 632
RESPONSORY, 250 Bishops Way, 53005, pg. 950

Cedarburg

HENKE & ASSOCIATES, INC., 236 Hamilton Rd, 53012, pg. 496

Delavan

SIGNALFIRE, LCC, 1711 Woolsey St, 53115, pg. 1013

Fond Du Lac

BROWNBOOTS INTERACTIVE, INC., 15 N Main St, 54935, pg. 168

Franklin

SAVAGE SOLUTIONS, LLC, 4118 W Minnesota Ct, 53132, pg. 992

Germantown

WHITE RICE ADVERTISING & PR, W156N11355 Pilgrim Rd, 53022, pg. 1161

Green Bay

BRING, 900 Challenger Dr # B, 54311, pg. 165
IMAGINASIUM INC., 110 S Washington St, 54301, pg. 525
INSIGHT CREATIVE INC., 1816 Sal St, 54302, pg. 535
PROPHIT MARKETING, 154 N Broadway St, 54303, pg. 894

Hales Corners

NONBOX, 5307 S 92nd St, 53130-1677, pg. 797

Hartland

CHARLESTON/ORWIG, INC., 515 W North Shore Dr, 53029-8312, pg. 203

Hudson

GROUP LEAF LLC, PO Box 546, 54016, pg. 452

Kenosha

ADAMS OUTDOOR ADVERTISING, 5732 95th Ave Ste 500, 53144, pg. 26

La Crosse

AVS GROUP, 3120 S Ave, 54601, pg. 80
THE BLU GROUP - ADVERTISING & MARKETING, 319 Main Street, 54601, pg. 138
METRE LLC, 116 5th Ave S, 54601, pg. 735
VENDI ADVERTISING, 125 4th St N Ste 200, 54601, pg. 1133

Madison

6AM MARKETING, 330 S Whitney Way Ste 300, 53705, pg. 10
ADAMS OUTDOOR ADVERTISING, 102 East Badger St, 53713, pg. 26
ATOMIC COFFEE MEDIA, 918 High St Ste A, 53715, pg. 75
DISCOVER MEDIAWORKS INC, 4801 Hayes Rd, 53704, pg. 304
HIEBING, 315 Wisconsin Ave, 53703-2107, pg. 498
IDEAS THAT EVOKE, 301 S Blount St Fl 2, 53703, pg. 521
J DANIEL AGENCY, 583 Donofrio Dr Ste 218, 53719, pg. 552
KW2, 2010 Eastwood Drive, 53704, pg. 604
LINDSAY, STONE & BRIGGS, INC., 1 S Pickney St, 53703, pg. 641
PLANET PROPAGANDA, INC., 605 Williamson St, 53703, pg. 876
POP-DOT MARKETING, 122 W Washington Ave, 53703, pg. 882
REED SENDECKE KREBSBACH, 701 Deming Way, 53717-1937, pg. 944
SHINE UNITED, 612 W Main St Ste 105, 53703, pg. 1008
SHINE UNITED LLC, 202 N Henry St, 53703, pg. 1008
STEPHAN & BRADY, INC., 1850 Hoffman St, 53704-2541, pg. 1046
TMA+PERITUS, 33 E Main St Ste 451, 53703, pg. 1106

Menomonee Falls

ADZ ETC., INC., N88 W16749 Main St Ste 3, 53051-2826, pg. 37
NAVEO, N56 W13585 Silver Spring Dr., 53051, pg. 786

Mequon

PROM KROG ALTSTIEL INC., 1009 W Glen Oaks Ln Ste 107, 53092-3382, pg. 892

Milwaukee

2 STORY, 641 W National Ave, 53204, pg. 3
A.B. DATA, LTD., 600 AB Data Dr, 53217-2645, pg. 16
ABRAZO MULTICULTURAL MARKETING, 229 E Wisconsin Ave Ste 1102, 53202, pg. 18
ANTHOLOGIE, INC., 207 E Buffalo St Ste 650, 53202, pg. 61
BADER RUTTER & ASSOCIATES, INC., 1433 N Water St, 53202, pg. 83
BOELTER + LINCOLN MARKETING COMMUNICATIONS, 222 E Erie 4th Fl, 53202, pg. 144
BVK, 250 W Coventry Ct #300, 53217-3972, pg. 178
BVK DIRECT, 250 W Coventry Ct Ste 300, 53217, pg. 179
CATCH-22 CREATIVE INC, 700 W Virginia St Ste 307, 53204, pg. 196
CELTIC, INC., 316 N Milwaukee St Ste 350, 53202, pg. 199
CI DESIGN INC., 306 N Milwaukee St Ste 200, 53202, pg. 208
CORE CREATIVE, INC., 600 W Virginia St, 53204, pg. 231
CRAMER-KRASSELT, 246 E Chicago St, 53202, pg. 237
CRUX CREATIVE, 250 E Wisconsin Ave, 53202, pg. 251
DERSE INC., 3800 W Canal St, 53208-2916, pg. 292
ELLINGSEN BRADY ADVERTISING (EBA), 207 E Buffalo St Ste 400, 53202, pg. 337
FLIPELEVEN LLC, 1818 N Water St # 100, 53202, pg. 389
G-COMMUNICATIONS, 224 N Broadway Ste 302, 53202, pg. 406
HANSON DODGE INC., 220 E Buffalo St, 53202, pg. 466
HOFFMAN YORK, 200 N Water St, 53202, pg. 506
JACOBSON ROST, 233 N Water St 6th Fl, 53202, pg. 570
JIGSAW LLC, 710 N Plankinton Ave, 53203, pg. 576
LAUGHLIN/CONSTABLE, INC., 207 E Michigan St, 53202-4998, pg. 613
MINDSPIKE DESIGN LLC, 320 E Buffalo St Ste 606, 53202, pg. 745
MORTENSON SAFAR KIM, 117 N Jefferson St Ste 204, 53202-4615, pg. 761
NELSON SCHMIDT, 600 E Wisconsin Ave, 53202, pg. 788
PHOENIX MARKETING INTERNATIONAL, 6750 Maple Terr, 53213, pg. 869
PROPELLER, 207 E Buffalo St Ste 643, 53202, pg. 894
RED BROWN KLE, 840 N Old World Third St Ste 401, 53203, pg. 938
ROCKETLAWNCHAIR, 205 W Highland Ave Ste 400, 53203, pg. 965
SCOTT, INC. OF MILWAUKEE, 1031 N Astor St, 53202-3324, pg. 998
SRH MARKETING, 1818 N Hubbard St Fl 2, 53212, pg. 1039
STIR ADVERTISING & INTEGRATED MARKETING, 252 E Highland Ave, 53202, pg. 1050
THIEL DESIGN LLC, 320 E Buffalo St Ste 501, 53202, pg. 1098
TRACTION FACTORY, 247 S Water St, 53204, pg. 1112
TREFOIL GROUP, 735 N Water St Ste 200, 53202, pg. 1114
VERSANT, 316 N Milwaukee St, 53202, pg. 1134
ZIZZO GROUP, INC., 207 N Milwaukee St, 53202, pg. 1214

Monroe

EMPIRE MEDIA GROUP, 1412 13th St, 53566, pg. 339

Mosinee

ONTOGENY ADVERTISING & DESIGN LLC, PO Box 221, 54455, pg. 841

Neenah

BRANDDIRECTIONS, 333 N. Commercial St, 54956, pg. 155

New Berlin

TOP FLOOR TECHNOLOGIES, 2725 S Moorland Rd, 53151, pg. 1110

New Glarus

THE GUNTER AGENCY, N9191 Cardinal Crest Ln, 53574,

AGENCIES
GEOGRAPHIC INDEX OF U.S.

Oconomowoc

OCREATIVE DESIGN STUDIO, PO Box 46, 53066, pg. 806

Pepin

PROVIDENCE MARKETING GROUP, 9151 Lerum Ln, 54759, pg. 895

Pewaukee

AFFIRM, N28W23050 Roundy Dr Ste 100, 53072, pg. 37
PLATYPUS ADVERTISING + DESIGN, N29 W23810 Woodgate Ct W Ste 100, 53072, pg. 877

Sheboygan

DUFOUR ADVERTISING, 532 S 8th St Ste 100, 53081, pg. 325
DYNAMIC INC, 1526 S 12th St, 53081, pg. 327

Slinger

BAST-DURBIN INC, 101 Kettle Moraine Dr S, 53086, pg. 95

Verona

ROUNDHOUSE MARKETING & PROMOTION, INC., 560 E Verona Ave, 53593, pg. 969

Waukesha

CONCEPT ENVY, 804 N Grand Ave, 53186, pg. 226
LEAP STRATEGIC MARKETING, LLC, N16 W23250 Stone Rdg Dr Ste 4, 53188, pg. 618
MORGAN & MYERS, INC., N16 W23233 Stone Ridge Dr Ste 200, 53188, pg. 758
SEROKA, N17 W24222 Riverwood Dr, 53188, pg. 1003

Wausau

AMPERAGE, 3550 W Stewart Ave, 54401, pg. 53
KINZIEGREEN MARKETING GROUP, 915 5th St, 54403, pg. 596

West Bend

EPIC CREATIVE, 3014 E Progress Dr, 53095, pg. 343

Wisconsin Rapids

THE GOODNESS COMPANY, 820 Baker St, 54494, pg. 429

WYOMING

Casper

ADBAY, 627 W Yellowstone Hwy, 82601, pg. 27

Cheyenne

PURE BRAND COMMUNICATIONS, PO Box 225, 82003, pg. 917

Cody

MORRISON CREATIVE COMPANY INC, 1625 Cedar View Dr, 82414, pg. 760
WALKING STAR MARKETING & DESIGN, 921 14th St, 82414, pg. 1149

Shoshoni

SMACKET CREATIVE, 63 Missouri Valley Rd, 82649, pg. 1021

GEOGRAPHIC INDEX OF NON-U.S. AGENCIES

AFGHANISTAN

Kabul

ALTAI COMMUNICATIONS, House 733-124 St 4 Qala-e-Fatullah, pg. 562

ALGERIA

Algiers

FP7 MCCANN ALGERIA, 31 Mohammad khoudi, El Biar, pg. 699

ARGENTINA

Buenos Aires

ARGENTINA PORTER NOVELLI, Reconquinsta 723 2 FL, pg. 1614
BBDO ARGENTINA, Arenales 495 3rd Fl, Vincente Lopez, pg. 101
BURSON-MARSTELLER, Rivadavia 620 4to piso, pg. 1444
THE COMMUNITY, Avenida Del Libertador 13548, Martinez, pg. 224
CONSULTORES DEL PLATA S.A., Santa Fe 911 1st Fl Office A, pg. 1444
DDB ARGENTINA, Juncal 1207, pg. 270
DEL CAMPO NAZCA SAATCHI & SAATCHI, Bogota 973, Martinez, pg. 981
EDELMAN, Paraguay 610 Piso 29, pg. 1496
FCB&FIRE ARGENTINA, Ciudad de la Paz 46, pg. 370
GREY ARGENTINA, Balafco 845, pg. 443
HILL & KNOWLTON DE ARGENTINA, Lavalle 1675, Piso 7, Oficina 8, Ciudad Autonoma de, pg. 1532
INITIATIVE BUENOS AIRES, Leandro N Alem 1110 4th Fl, pg. 1333
J. WALTER THOMPSON, Alsina 465, pg. 563
THE JEFFREY GROUP ARGENTINA, Talcahuano 833 Piso 8 G, pg. 1547
LEO BURNETT BUENOS AIRES, Sucre 865 1428, pg. 623
MCCANN ERICKSON, Esmeralda 1080, pg. 700
MUCHNIK, ALURRALDE, JASPER & ASSOC./MS&L, Callao 1046 Piso 4, pg. 1589
OGILVY ARGENTINA, Arevalo 1880, pg. 819
OGILVYONE WORLDWIDE, Arevalo 1880, pg. 819
OPTIMEDIA, Armenia 1528, pg. 1388
PONCE BUENOS AIRES, Avenida del Libertador 14950, Acassuso, pg. 543
PUBLICIS GRAFFITI, Azopardo 1315, pg. 906
RAPP ARGENTINA, Reconquista 723 2 Piso, pg. 932
SANTO BUENOS AIRES, Darwin 1212, pg. 1181
WAVEMAKER, Juramento 1775 piso 11, pg. 1384
WUNDERMAN, Arribenos 2740, pg. 1189

Rosario

NUEVA COMUNICACION-WEBER SHANDWICK, Colon 1428 Piso 2 - Dptos A y B, pg. 1680

AUSTRALIA

Adelaide

WAVEMAKER, Level 1 46 Fullarton Rd Norwood, pg. 1385

Alexandria

SPINIFEX GROUP, 14/32 Ralph Street, pg. 892

Brisbane

PUBLICIS AUSTRALIA, Level 3 164 Grey Street, South, pg. 907
STARCOM WORLDWIDE, Level 6 307 Queen Street, pg. 1374

Cremorne

WHITEGREY, Level 2, 16 Palmer Parade, pg. 445

Melbourne

AKQA, Lvl 12 Royal Domain Centre, pg. 1235
BADJAR OGILVY, Level 12, Royal Domain Centre, 380 St Kilda Road, pg. 821
CLEMENGER BBDO MELBOURNE, 474 Saint Kilda Road, pg. 111
DDB MELBOURNE PTY. LTD., 7 Electric Street, pg. 270
FUTUREBRAND, 520 Bourke St Level 4, West, pg. 405
INITIATIVE MELBOURNE, Level 2 468 St Kilda Road, pg. 1334
JACK MORTON WORLDWIDE, Level 2, 114 Flinders St, pg. 568
LEO BURNETT MELBOURNE, Level 7 28 Fresh Water Supply South Bank, pg. 628
M&C SAATCHI, Level 27 140 William Street, pg. 662
MCCANN ERICKSON ADVERTISING PTY. LTD., Level 7 574 Saint Kilda, South, pg. 700
MCCANN HEALTHCARE MELBOURNE, Level 7 574 St Kilda Rd, pg. 700
MEDIACOM AUSTRALIA PTY. LTD., Level 1 195 Little Collins Street, pg. 1348
PUBLICIS AUSTRALIA, Level 6 Freshwater place, pg. 908
SAPIENT, 161 Fitzroy Street, Saint Kilda, pg. 915
STARCOM MELBOURNE, Level 6 Building 3 6 Riverside Quay, Southbank, pg. 1374
TBWA MELBOURNE, 288 Coventry Street, South, pg. 1088
THINKERBELL, 43 Hardware Ln, pg. 1099
WE BUCHAN, Level 13 Fawkner Centre 499 St Kilda Road, pg. 1672

Millers Point

SAPIENTRAZORFISH AUSTRALIA, Bond 3 30 Windmill Street, pg. 1287

Nedlands

FTI CONSULTING, The Courtyard 33 Broadway, pg. 1514

North Sydney

BLACKIE MCDONALD, Level 8 65 Berry St, pg. 1445
HAVAS WORLDWIDE AUSTRALIA, Level 12 60 Miller Street, pg. 485
LANDOR ASSOCIATES, Level 11 15 Blue Street, pg. 1199

Pyrmont

CPM AUSTRALIA, 137 Pyrmont Street, pg. 236
IMAGINATION AUSTRALIA, Ste 121 Jones Bay Wharf, pg. 526

Richmond

THE FACE - MELBOURNE, Level 1 132 B Gwynne St, pg. 485
J. WALTER THOMPSON AUSTRALIA, Bldg 18A 64 Ballmain St, pg. 554
RAPP MELBOURNE, 7 Electric Street, pg. 933
TRIBAL WORLDWIDE MELBOURNE, 7 Electric St, pg. 1297

Saint Kilda

CUMMINS&PARTNERS, Level 5 201 Fitzroy Street, pg. 253

Saint Leonards

BOHEMIA, 72 Christie St, pg. 659
OGILVY SYDNEY, 72 Thristia Street, pg. 821
OPR, Level 2 72 Christie Street, pg. 1600
PORTER NOVELLI SYDNEY, Clemenger Building Ground Floor, 118-120 Pacific Highway, pg. 1616
WPP AUNZ, Level 6 72 Christie Street, pg. 1182

Southbank

AMOBEE, Level 9 28 Freshwater Pl, pg. 1236

Surry Hills

INITIATIVE SYDNEY, LEVEL 3, 100 CHALMERS STREET, pg. 1334
PLAY COMMUNICATION, Level 1 91 Campbell Street, pg. 1324

Sydney

303 MULLENLOWE, Level 2 33 Playfair Street, The Rocks, pg. 773
ACTIVE INTERNATIONAL AUSTRALIA PTY LTD., Level 3 140 Arthur St, pg. 1306
AKQA, 72 Christie Street, pg. 1235
ARNOLD FURNACE, Level 11 60 Miller St, pg. 472
BURSON-MARSTELLER, 65 Berry Street Level 16, pg. 1445
EDELMAN, Level 7 1 York Street, pg. 1495
EPSILON INTERNATIONAL, 88 Cumberland St Suite 22 Level 1, The Rocks, pg. 345
GEORGE P. JOHNSON (AUSTRALIA) PTY., LTD., Suite 101 Level 1 63-79 Miller St, Pyrmont, pg. 417
GREY HEALTHCARE, Northpoint Building Level 18 100 Miller Street, North, pg. 418
GROUPM APAC HQ, Level 14, 65 Berry Street, pg. 1323
HAVAS WORLDWIDE SYDNEY, 60 Miller Street Level 12, North, pg. 485
HILL & KNOWLTON AUSTRALIA PTY. LTD., Level 13 338 Pitt Street, pg. 1535
HOST, Level 7 155 Clarence St, pg. 486
J. WALTER THOMPSON, Level 14 338 Pitt Street, pg. 554
J. WALTER THOMPSON INSIDE, Level 12 99 Walker St l, pg. 566
JACK MORTON WORLDWIDE, Royal Navy House 32

AGENCIES

Grosvenor St, The Rocks, pg. 568
LEO BURNETT SYDNEY, 26 Hickson Road, Millers Point Point, pg. 628
LEWIS, Suite 102 Level 1, 15 Blue St N, pg. 637
LIDA, Level 3 99 Macquarie St, pg. 660
M&C SAATCHI, 99 MacQuarie St, pg. 661
MCCANN, 32 Grosvenor St The Rocks, pg. 700
MCCANN HEALTHCARE SYDNEY, Royal Naval House 32-34 Grosvenor Street, The Rocks, pg. 700
MEDIACOM SYDNEY, Level 17, 65 Berry St North, pg. 1349
MILLWARD BROWN AUSTRALIA, Level 11, 181 Miller St North, pg. 742
MIRUM AUSTRALIA, Level 7 235 Pyrmont Street, pg. 1273
OCTAGON SYDNEY, 166 William St, Woolloomooloo, pg. 807
OGILVY HEALTHWORLD, 72 Christie St, St Leonards, pg. 832
OMD AUSTRALIA, 32 Pyrmont Bridge Road, Pyrmont, pg. 1357
ONE GREEN BEAN, Level 1 276 Devonshire Street, Surry Hills, pg. 1528
PUBLICIS AUSTRALIA, Bond Store 3 30 Windmill St, Walsh Bay, pg. 907
RECOGNITION PUBLIC RELATIONS, Level 2 51 Pitt Street, pg. 1458
REPRISE MEDIA AUSTRALIA, Level 1, 166 William St, pg. 547
SAATCHI & SAATCHI AUSTRALIA, 70 George Street, The Rocks, pg. 983
STARCOM WORLDWIDE, Bond Store 2 28 Windmill St Walsh Bay, pg. 1374
SUDLER & HENNESSEY SYDNEY, The Denison Level 8 65 Berry St, North, pg. 1058
TBWA SYDNEY, Level 3, 137 Pyrmont St, pg. 1089
TEAM SAATCHI/SAATCHI & SAATCHI HEALTHCARE, 70 George Street, The Rocks, pg. 983
TEXT 100 SYDNEY, Level 28 100 Miller St., pg. 1658
TRACK, Level 3 46-52 Mountain Street, Ultimo, pg. 307
TRIBAL WORLDWIDE SYDNEY, Wilcox Mofflin Bldg 46-52 Mountain St, Ultimo, pg. 1297
VML, 35 Clarence St, pg. 1145
WAVEMAKER, Level 14 65 Berry Street, pg. 1385
WEBER SHANDWICK, 166 William St, Wooloomooloo, pg. 1680
WUNDERMAN, 35 Clarence St, pg. 1190
XAXIS, Level 11 65 Berry Street, pg. 1302
YOUNG & RUBICAM AUSTRALIA/NEW ZEALAND, Level 14, 35 Clarence Street, pg. 1199
ZENITHOPTIMEDIA, Bond Store 3 30 Windmill St, Walsh Bay, pg. 1390

Ultimo

DDB SYDNEY PTY. LTD., 46-52 Mountain Street Level 3, pg. 270

Windsor

IE, 178 Albert Street, pg. 1263

Woolloomooloo

MCCANN ERICKSON ADVERTISING PTY. LTD., 166 William St, pg. 700

Yarra

PORTER NOVELLI AUSTRALIA-MELBOURNE, Level 14 Como Centre 644 Chapel Street, pg. 1616

AUSTRIA

Vienna

DDB VIENNA, Thaliastrasse 125 B, pg. 274
FCB NEUWIEN, Mariahilfer Strasse 17, pg. 366
HAVAS WORLDWIDE VIENNA, Hasnerstrasse 123, pg. 478
INITIATIVE VIENNA, Operngasse 21/9, pg. 1333
J. WALTER THOMPSON WERBEAGENTUR GMBH, Muthgasse 109, pg. 559
KETCHUM PUBLICO, Neulinggasse 37, pg. 1557
MEDIACOM VIENNA, Vordere, Zollamtsstrasse 13/5. OG, pg. 1345
MULLENLOWE GGK, Mariahilfer Strasse 17, pg. 774
OGILVY, Bachosengasse 8, pg. 1599
OGILVY GES M.B.H., Bachofengasse 8, pg. 813
PJURE ISOBAR, Ignaz Kock Strasse 17, pg. 550
PKP BBDO, Guglgasse 7-9, pg. 103
PUBLICIS, Kettenbruckengasse 16, pg. 897
TBWA WIEN, Heiligenstaedter Strasse 31/401/3, pg. 1079
WUNDERMAN, Laimgrubengasse 14, pg. 1190
Y&R VIENNA, Rotemturmstrasse 1618 6th Fl, pg. 1202

BAHRAIN

Manama

FP7, 609 City Centre Building 6th Floor Government Avenue, pg. 701
GULF HILL & KNOWLTON, Building 655, Road 3614, Block 346, Address Tower, Office 52, Fl 5, pg. 1534
MEMAC OGILVY W.L.L., Offices 3501 3502 3503 3504 Almoayyed Tower Building 2504, Road 2382 Al Seef District, pg. 830

BANGLADESH

Dhaka

GREY BANGLADESH LTD., House 06 5th Floor Road 137 Block SE(D), Gulshan 1, pg. 445
UNITREND LTD., House #49 Rd #27, Dhanmondi R/A, pg. 701

BARBADOS

Saint Michael

GHA/DDB, 22 George St, pg. 271

BELGIUM

Antwerp

DUVAL GUILLAUME, Uitbreidingstraat 2-8, pg. 897
HEADLINE PUBLISHING AGENCY, Vorstermanstraat 14A, pg. 1080
LDV UNITED, Rijnkaai 99, Hangar 26, pg. 1180
LDV UNITED, Rijnkaai 99, Hangar 26, pg. 218
THESE DAYS Y&R, Generaal Lemanstraat 47 Box 2, pg. 1202

Brussels

APCO WORLDWIDE, 47 Rue Montoyer 5th Floor, pg. 63
BURSON-MARSTELLER S.A./N.V., 37 Square de Meeus, pg. 1444
DDB GROUP BELGIUM, 17 rue Saint Hubert, pg. 271
EDELMAN BRUSSELS, Avenue Marnix 28, pg. 1493
FLEISHMAN-HILLARD, 35 Square de Meeus, pg. 1510
GREY BENELUX, Rue Jules Cockxstraat 8-10, pg. 439
HAVAS WORLDWIDE BRUSSELS, Dekenijstraat 58 rue du Doyenne, pg. 478
HAVAS WORLDWIDE DIGITAL BRUSSELS, 58 rue du Doyenne, pg. 478
HILL + KNOWLTON STRATEGIES, Neo Building, pg. 1532
J. WALTER THOMPSON, Avenue Franklin Roosevelt 86, pg. 559
J. WALTER THOMPSON DIALOGUE, 86 Avenue Franklin Roosevelt, pg. 559
KELLEN EUROPE, Avenue Jules Bordet 142, pg. 590
KETCHUM PLEON PUBLIC AFFAIRS, Avenue des Arts 44, pg. 1556
KINETIC, Rue de Stallestraat 65 6th Fl, Uccle, pg. 1338
KREAB BRUSSELS, Av de Tervueren 2, pg. 1560
LEO BURNETT BELGIUM, 18 Place Eugene Flageyplien, pg. 624
MEDIACOM, Rue Jules Cockxstraat 8-10, pg. 1345
N BBDO, Scheldestraat 122, pg. 103
OGILVY, Boulevard de l'Imperatrice 13 Keizerinlaan, pg. 1599
OGILVY NV/SA, Cantersteen 47, pg. 813
OGILVYONE WORLDWIDE, Blvd de l'Imperatrice 13 Keizerinlaan, pg. 813

GEOGRAPHIC INDEX-NON U.S.

PROXIMITY BBDO, Scheldestraat 122 Rue de l'Escaut, pg. 103
PUBLICIS, Koolmijnenkaai 62 Quai Des Charbonnages, pg. 897
PUBLICIS, Boulevard d'Anvers 40, pg. 1397
TBWA BRUSSELS, Kroonlaan 165 Avenue de la Couronne, pg. 1080
TBWA GROUP, Kroonlaan Ave de la Couronne 165, pg. 1080
TEQUILA AGENCY.COM, Rue Haute-Hoogstraat 139, pg. 1080
VVL BBDO, 122 Rue de l'Escaut, pg. 103
WAVEMAKER, Rue de Stallestraat 65, pg. 1381
WEBER SHANDWICK, Ave Cortenbergh 100, pg. 1677
ZENITHOPTIMEDIA, Clos Lucien Outers 11-21, pg. 1388

Diegem

DARWIN BBDO, Bessenveldstraat 25, pg. 103

Groot-Bijgaarden

FAMOUSGREY, Hendrik Placestraat 43a, pg. 439

Hasselt

HARTE-HANKS CRM SERVICES BELGIUM N.V., Ekkelgaarden 6, pg. 471

BERMUDA

Hamilton

AAC SAATCHI & SAATCHI, 29 Front Street, pg. 981

BOLIVIA

Santa Cruz

GRAMMA FCB, Torre Empresarial Cainco Piso 7 Oficina 4, pg. 370

BOSNIA & HERZEGOVINA

Sarajevo

LUNA TBWA SARAJEVO, Fra Andjela Zvizdovica 1, pg. 1080
MCCANN ERICKSON SARAJEVO, GM Lokateli 21, pg. 701
M.I.T.A., Trg Solidarnofpi 2A, pg. 897
STUDIO MARKETING J. WALTER THOMPSON, Cobanija 20, pg. 559

BRAZIL

Botafogo

WEBER SHANDWICK BRAZIL, Torre De Rio Sul, Rau Lauro Muller 116, pg. 1680

Brasilia

OGILVY, SCN Q 1 Bloco F Salas 811 a 880, pg. 819

Porto Alegre

PAIM COMUNICACAO, Rua Padre Chagas 79 5 Andar, Moinhos de Vento, pg. 701

Rio de Janeiro

F/NAZCA SAATCHI & SAATCHI, Praia de Flamengo 200 19th Floor, pg. 982
FCB RIO DE JANEIRO, Avda das America 3500 Edificio Londres, Barra da Tijuca, pg. 370
MCCANN ERICKSON PUBLICIDADE LTDA., Rua Visconde de Ouro Preto 5 12-13 Floors, pg. 701
OGILVY, Praia do Botafogo 228 18th Floor, pg. 820
OGILVYONE WORLDWIDE, Praia do Botafogo 228 18th

GEOGRAPHIC INDEX-NON U.S. AGENCIES

Floor, pg. 820
PUBLICIS BRASIL COMMUNICAO, Praca X 15 fl 8, pg. 906

Sao Paulo

ALMAP BBDO, Av Roque Petroni JR 999 35e 7 anderas, pg. 101
ANDREOLI/MS&L, Av Ibirapuera, 2332 Torre 1 - 14 andar, Moema, pg. 1588
BURSON-MARSTELLER, LTDA., Chedid Jafet 222 5th Fl, pg. 1444
DAVID, Avenida Pedrosa de Morais 15553, pg. 261
DDB BRAZIL, Av Brigadeiro Luis Antonio 5013, pg. 271
DM9DDB, Avenida Brigadeiro Luis Antonio 5013, Jardim Paulista, pg. 271
DPZ-DUAILIBI, PETIT, ZARAGOZA, PROPAGANDA S.A., Cidade Jardim Ave 280, pg. 906
DPZ-DUAILIBI, PETIT, ZARAGOZA, PROPAGANDA S.A., Cidade Jardim Ave 280, pg. 21
EDELMAN, Rua Joaquim Floriano N 820 20 andar, pg. 1496
F/NAZCA SAATCHI & SAATCHI, Av Republica do Libano, 253 Ibirapuera, pg. 981
F.BIZ, Rua Tenente Negrao 90/2, pg. 1183
FCB SAO PAULO, Av das Nacoes Unidas 12 901, Torre Norte 17th Floor, pg. 370
GASPAR & ASOCIADOS, Rua Dona Ana Helena de Sales Gusmao, 230, pg. 1680
GREY, Avenida Major Sylvio de Magalnaes Padiha Edificio Philadelphia 1st Fl, 5200 Condominio America Bus Pk, pg. 443
GRUPO ABC DE COMMUNICACAO, Avenida Brigadeiro Faria Lima 2277 18th Fl, Jardim Paulistano, pg. 271
HAVAS WORLDWIDE LATIN AMERICA, Av. Sao Gabriel 301, Itaim Bibi, pg. 484
HILL & KNOWLTON BRAZIL, Rua Andre Ampere 34 8 andar, pg. 1532
ISOBAR BRAZIL, Rua Wisard 298 - 5 andar, vila Madalena, pg. 549
J. WALTER THOMPSON, Rua Mario Amaral 50, Paraiso, pg. 563
JACK MORTON WORLDWIDE (SAO PAULO), Av Antonio Joaquim de Moura Andrade, 425, Vila Nova Conceicao, pg. 567
THE JEFFREY GROUP BRAZIL, Joaquim Floriano 466 5 cj 508 Itaim Bibi, pg. 1547
KETCHUM, R Alvaro Rodrigues 182-2 andar, Brooklin, pg. 1558
LEO BURNETT TAILOR MADE, Rua Brejo Alegre 93/99, pg. 623
MCCANN ERICKSON / SP, Rua Loefgreen 2527, pg. 701
MILLWARD BROWN BRAZIL, Al Santos 2101 - 7 Andar, pg. 742
MULLENLOWE BRASIL, Rua Gomes De Carvalho 1195, Vila Olimpia, pg. 542
OGILVY, Av Nacoes Unidas 5777, pg. 819
PUBLICIS BRASIL COMMUNICAO, Av Juscelino Kubitschek 1909, pg. 906
R/GA SAO PAULO, Av. Nacoes Unidas 12.551 - 12 andar, Brooklin Novo, pg. 926
RAPP BRAZIL, Av Juscelino Kubetischek 1726, 4 e 5 andares Itam Bibi, pg. 932
RAPPDIGITAL BRAZIL, Av Juscelino Kubitschek, pg. 932
W+K SAO PAULO, Rua Natingui 632, Vila Madalena, pg. 1164
WEBER SHANDWICK BRAZIL, Ed Sudameris Av Eng Luiz Carlos Berrini, 1297 - 3 andar, pg. 1680
WUNDERMAN, Av das Nacoes Unidas 14171-Torre B, pg. 1190
Y&R SAO PAULO, Rua General Furtado do Nascimento 9, pg. 1205

BULGARIA

Sofia

APRA PORTER NOVELLI, 111 Georgi S Rakovski Str, pg. 1614
DDB SOFIA, Business Park Sofia, Bldg 1A, pg. 271
FCB SOFIA, 19 Oborishte, pg. 366
GRAFFITI BBDO, 3A Nikolay Haytov Str FL3, pg. 104
GREY GROUP BULGARIA, 23 Mizia Strasse 2nd Floor, pg. 439
HAVAS WORLDWIDE SOFIA, 16, Tundja Str. Sofia, pg. 478

HUTS J. WALTER THOMPSON SOFIA, Iztok District 14 B Charles Darwin Street, pg. 559
MULLENLOWE SWING, 92-94 Tzar Assen St, pg. 778
PUBLICIS MARC, Abacus Business Center, pg. 897
ZENITHOPTIMEDIA, Abacus Business Building, fl.5, 118, Bulgaria Blvd., pg. 1388

CAMEROON

Douala

MCCANN ERICKSON CAMEROON, 39 rue Kitchener Place de la Chamber de Commerce, pg. 701

CANADA

Aurora

THE MARKETING GARAGE, 15243 Yonge St, pg. 683

Bedford

REVOLVE, Suite 225 200 Waterfront Drive, pg. 953

Burlington

DIRECT ACCESS DIGITAL, 711 Oval Court, pg. 1253
INTERKOM CREATIVE MARKETING, 720 Guelph Line Ste 304, pg. 538
JAN KELLEY MARKETING, 1005 Skyview Dr Ste 322, pg. 571
PLAY ADVERTISING, 1455 Lakeshore Rd Ste 208 S, pg. 877
XPOSURE PR, 1191 Appleford Ln, pg. 1687

Burnaby

AMBIENT MEDIA, INC., 3765 Eton St, pg. 50

Calgary

ADFARM, 333 24th Ave SW Ste 250, pg. 29
ARCANE, 326 11 Ave SW Ste 802, pg. 65
BLESSAD CHRISTIAN COMMUNICATIONS, 1015 4th St SW, Ste 750, pg. 496
CLEARMOTIVE MARKETING GROUP, Ste 300 - 239 10 Ave SE, pg. 213
CRITICAL MASS INC., 402 11th Ave SE, pg. 248
HENDRICK & ASSOCIATES MARKETING SERVICES INC., 1015 Fourth St SW Ste 750, pg. 495
HILL + KNOWLTON STRATEGIES, Ste 300 Watermark Tower 530 8th Ave SW, pg. 1532
KARO GROUP, INC., 1817 10th Ave SW, pg. 588
LPI COMMUNICATIONS GROUP INC., 101 253 62nd Ave SE, pg. 654
MCCANN CALGARY, 238 11 Ave SE Ste 100, pg. 713
MERLIN EDGE INC., 602-12th Ave SW Ste 100, pg. 734
MOBILITY QUOTIENT SOLUTIONS INC., 229 11th Ave SE Ste 130, pg. 1273
NON-LINEAR CREATIONS INC., 888 3rd St SW Suite 1000, pg. 797
TAXI CALGARY, 805 10th Avenue SW Suite 500, pg. 1075
TRIGGER COMMUNICATIONS & DESIGN, 200 1725 10 Ave SW, pg. 1117
VENTURE COMMUNICATIONS LTD., 2540 Kensington Road NW, pg. 1133
WAX PARTNERSHIP, 333 24th Ave Southwest Ste 320, pg. 1154
WILLIAM JOSEPH COMMUNICATIONS, 2nd Fl Eau Claire Market, pg. 1168
WS, 1220 Kensington Road NW Ste 303, pg. 1176
ZGM, 201 322 - 11th Avenue SW, pg. 1212

Delta

DAVRON MARKETING, 7231 120th St Ste 473, pg. 265
SUBURBIA ADVERTISING, 3-1363 56th St, pg. 1058

Edmonton

CALDER BATEMAN COMMUNICATIONS LTD., 10241 109th St, pg. 182
DDB CANADA, 1000-10235 101 St, pg. 267

LPI COMMUNICATIONS, 4220 98th St NW Ste 104, pg. 654
RED THE AGENCY, 10235 111th St Ste 6, pg. 942

Gibsons

AHA CREATIVE STRATEGIES INC., 1423 Sunrise Pl, pg. 1428

Guelph

DUBS & DASH, 26 Hasler Cres, pg. 323
THE LETTER M MARKETING, 285 Woolwich St, pg. 633

Halifax

CHESTER + COMPANY, 1668 Barrington Street 302, pg. 206
COLOUR, 7051 Bayers Rd Ste 400, pg. 221
COSSETTE COMMUNICATIONS, 1883 Upper Water Street Ste 203, pg. 233
WEUSTHEM INC., 5486 Spring Garden Road Ste 301, pg. 1160

Hamilton

PIER 8 GROUP, 605 James St N 4th Fl, pg. 870
WORDSMITH DESIGN & ADVERTISING, 605 James Street N 4th Floor, pg. 870

Kamloops

RAGAN CREATIVE STRATEGY & DESIGN, 261B Victoria St, pg. 929

Kelowna

MEDIATIVE, 1620 Dickson Ave Ste 410, pg. 728

Kitchener

HAGON DESIGN, 72 St Leger St Ste 321, pg. 461
SCRIBBLERS' CLUB, 288 Frederick St, pg. 999

Laval

CARBURE, 1600 Cunard Bureau 200, pg. 188

London

ADHOME CREATIVE, 123 Saint George St Ste 105, pg. 30
LINK ADVERTISING INC., 554 Waterloo St, pg. 641
THE MARKETING DEPARTMENT, 457 King St, pg. 683
MCCABE PROMOTIONAL ADVERTISING, 384 Sovereign Rd, pg. 1411
TENZING COMMUNICATIONS, 615 Wellington St, pg. 1097

Mississauga

AIMIA, 2845 Mathieson Blvd E, pg. 41
BOND BRAND LOYALTY, 6900 Maritz Dr, pg. 145
IGNITE DIGITAL, 5579 Quartermain Crst, pg. 1263
KENNA, 90 Burnhamthorpe Road West 5th Floor, pg. 592
MARCOM GROUP INC., 1180 Courtneypark Dr E, pg. 678
MATCH MARKETING GROUP, 5225 Satellite Drive, pg. 693

Moncton

HAWK MARKETING SERVICES, 77 Vaughan Harvey Blvd 4th Fl Unit 28, pg. 489

Montreal

ALFRED COMMUNICATIONS, 1435 Rue Saint Alexandre bur 870, pg. 44
ANDERSON DDB SANTE.VIE.ESPRIT., 3500 Blvd De Maisonneuve St W Ste 610, Westmount, pg. 57
BAM STRATEGY, 4810 Jean-Talon W Ste 203, pg. 87
BBDO MONTREAL, 3575 Boulevard St-Laurent Suite 300, pg. 97
BCP LTD., 3530 St Lawrence Ste 300, pg. 117
BLEUBLANCROUGE, 606 Cathcart Street, pg. 136
BOB, 774 Saint-Paul St W, pg. 143

AGENCIES

GEOGRAPHIC INDEX-NON U.S.

BRAD, 3451 Blvd Saint-Laurent 2nd Fl, pg. 812
CAMDEN, 5455 de Gaspe Ste 440, pg. 185
CANAUDI INC., 75 Alie Street, pg. 187
CANSPAN BMG, 3700 St-Patrick Suite #314B, pg. 187
CASACOM, 407 McGill Bureau 1000, pg. 192
CLOUDRAKER, 1435 rue Saint-Alexandre, Ste 700, pg. 214
COHN & WOLFE, 2001 Ave McGill College Bureau 760, pg. 1441
COMUNIKA, 4000 St-Ambroise Ste 387, pg. 225
CONCEPT9 DIGITAL AGENCY, 317-4950 Rue de la Savane, pg. 226
COSSETTE COMMUNICATION-MARKETING (MONTREAL) INC., 2100 Drummond Street, pg. 233
DENTSUBOS, 3970 Saint Ambroise Street, pg. 291
EDELMAN, 1000 Sherbrooke West Suite 1900, pg. 1491
FCB MONTREAL, 1751 rue Richardson Suite 6.200, pg. 365
GEOMETRY GLOBAL, 215 Rue Saint-Jacques Bureau 333, pg. 415
GROUPE RINALDI COMMUNICATION MARKETING, Ste 400 6750 av de l'Esplanade, pg. 452
H+K STRATEGIES, 1100 Rene Levesque Blvd W Ste 600, pg. 1532
HAMELIN MARTINEAU INC., 505 Maisonneuve Blvd W Ste 300, pg. 464
HAVAS WORLDWIDE CANADA, 1253 McGill College Ave 3rd Fl, pg. 477
HIGH ROAD COMMUNICATIONS, 3575 Blvd St-Laurent Ste 200, pg. 1509
HIGH-TOUCH COMMUNICATIONS INC., 372 Ste-Catherine St W Ste 320, pg. 499
J. WALTER THOMPSON CANADA, 500 rue St-Jacques Ste 1410, pg. 553
LG2, 3575 Saint-Laurent Boulevard Suite 900, pg. 639
MCCANN MONTREAL, 1100 Rene-Levesque Boulevard West 19th Floor, pg. 714
MEDIA EXPERTS, 7236 ru Marconi, pg. 1342
NATIONAL PUBLIC RELATIONS, 2001 McGill College Ave Ste 800, pg. 1593
NURUN INC., 740 Notre Dame West Street, pg. 803
OGILVY MONTREAL, 215 Rue St-Jaccques Ste 333, pg. 812
PAPRIKA COMMUNICATIONS, 400 Laurier St W Ste 610, pg. 852
PINNACLE DIRECT, 4700 rue de la Savane Ste 102, pg. 872
PRECISION ADVERTISING, 5530 Pare St Ste 201, pg. 887
PUBLICIS DIALOG & INTERACTIVE-MONTREAL, 3530 Boulvard Saint-Laurent Bureau 400, pg. 904
PUBLICIS MONTREAL, 3530 Blvd St- Laurent St 400, pg. 904
RENMARK FINANCIAL COMMUNICATIONS, INC., 1550 Metcalfe Ste 502, pg. 946
REPUBLIK PUBLICITE + DESIGN INC., 1435 St-Alexandre Ste 220, pg. 947
RESERVOIR, 5721 Monkland, pg. 948
SAINT-JACQUES VALLEE TACTIK, 1600 boul Rene-Levesque W 10th Fl, pg. 988
SID LEE, 75 Queen Street Ofc 1400, pg. 1010
STARMEDIA GROUP, 1285 Rue Hodge, pg. 1044
STATTNER COMMUNICATIONS INC., 3001 Sherbrooke St W Ste 102, pg. 1044
SUDLER & HENNESSEY, 4700 De La Savane Ste 200, pg. 1058
TAM-TAM/TBWA, 1470 Peel St Tower A Ste 700, pg. 1079
TANK, 55 Prince St, pg. 1072
TAXI, 1435 Rue Saint Alexandre Bureau 620, pg. 1075
TEQUILA COMMUNICATION & MARKETING INC., 3556 boul Saint Laurent Bureau Ste 200, pg. 1097
TUXEDO AGENCY, 3414 Ave du Parc Ste 202, pg. 1123
ZENITHOPTIMEDIA CANADA INC., 3530 St-Laurent Boulevard Ste 400, pg. 1388
ZIP COMMUNICATION INC, 388 Saint-Jacques St Ste 500, pg. 1214

North Bay

TWG COMMUNICATIONS, 101 Worthington St E Ste 433, pg. 1123

North Vancouver

MAGNOLIA COMMUNICATIONS, 988 Sauve Ct, pg. 671

North York

PRIME ADVERTISING, 111 Gordon Baker Rd Ste 428, pg. 889

Oakville

3H COMMUNICATIONS INC., 309 Church St, pg. 7
KARSTAN COMMUNICATIONS, 700 Doorbell Dr Ste 301, pg. 588
PATTISON OUTDOOR ADVERTISING, 2285 Wyecroft Rd, pg. 858

Ottawa

ACART COMMUNICATIONS, INC., 171 Nepean St Ste 600, pg. 19
DELTA MEDIA, 350 Sparks St Ste 405, pg. 1482
FLEISHMAN-HILLARD, 100 Queen Street 13th Floor, pg. 1509
FUEL YOUTH ENGAGEMENT, 7 Hinton Ave N Ste 100, pg. 401
HIGH ROAD COMMUNICATIONS, 100 Queen st ste 1300, pg. 1509
HILL+KNOWLTON STRATEGIES, 55 Metcalfe St Ste 1100, pg. 1532
LAUNCHFIRE INTERACTIVE INC., 200 Isabella St 5th Fl, pg. 615
THE MARKETING WORKS, 55 Murray St Ste 108, pg. 684
MCGILL BUCKLEY, 2206 Anthony Avenue, pg. 718
MEDIAPLUS ADVERTISING, 200-203 Catherine St, pg. 728
WEBER SHANDWICK, 130 Albert St Ste 802, pg. 1677

Parksville

BRAVENETMEDIA.COM, 100-200 Jensen Ave Ste 101, pg. 1312

Quebec

CORTEX, 520 Charest Est Bureau 330, pg. 1247
COSSETTE COMMUNICATION-MARKETING, 300 Saint Paul Street Ste 300, pg. 234
COSSETTE INC., 300 St Paul Street 3rd Floor, pg. 233
HKDP COMMUNICATIONS & PUBLIC AFFAIRS, 580 Grand Allee E Ste 240, pg. 1532
LAROUCHE MARKETING COMMUNICATION, 871 Grande Allee Ouest Ste 205, pg. 611
VISION7INTERNATIONAL, 300 St Paul Street Ste 300, pg. 1139

Regina

BROWN COMMUNICATIONS GROUP, 2275 Albert St, pg. 168
PHOENIX GROUP, 195-1621 Albert St, pg. 869

Saint Catharines

TRI-MEDIA INTEGRATED MARKETING TECHNOLOGIES INC., 20 Corporate Park Dr Ste 202, pg. 1115

Saint Jacobs

QUARRY INTEGRATED COMMUNICATIONS, 1440 King Street North, pg. 921

Saint John's

GROUP M5, 42 O'Leary Avenue, pg. 452
TARGET, 90 Water Street on the Park, pg. 1073
TARGET MARKETING & COMMUNICATIONS INC., 90 Water St, pg. 1073
WATERWERKS COMMUNICATIONS, 96 LeMarchant Rd, Churchill Square, pg. 1153

Saint-Lambert

ACQUISIO, 465 Victoria Suite 300, pg. 22

Sainte-Marie

IMAGO COMMUNICATIONS, 200-168 rue Notre-Dame Nord, pg. 526

Sault Sainte Marie

BMR, 390 Bay St Ste 400, pg. 142

Sudbury

PETRYNA ADVERTISING, 487 Bouchard St, pg. 867

Thornhill

TAG, 10 Disera Drive, Suite 260, pg. 1070

Toronto

6 DEGREES INTEGRATED COMMUNICATIONS, 1210 Sheppard Ave E Ste 700, pg. 10
A&C AGENCY, 119 Spadina Ave Ste 900, pg. 1424
ACTIVE MEDIA SERVICES CANADA INC., 4100 Yonge Street Ste 406 4th Floor, pg. 1306
ACUITYADS INC., 181 Bay Street, Suite 320, Brookfield Place, Bellington Tower, pg. 23
ADVANTIS COMMUNICATIONS, INC., 4936 Yonge St Ste 806, pg. 34
AGENCY59, 1910 Yonge St 4th Fl, pg. 39
AGENCY59 RESPONSE, 1910 Yonge Street 4th Fl, pg. 40
ANDERSON DDB HEALTH & LIFESTYLE, 1300-33 Bloor St E, pg. 57
ANOMALY, 46 Spadina, pg. 59
ANOMALY, 46 Spadina, pg. 722
APEX PUBLIC RELATIONS, 600-1075 Bay St, pg. 1434
ARCUS GROUP INC., 1 Yonge St 18 Fl, pg. 67
ARGYLE COMMUNICATIONS INC., Ste 1007 S Tower 175 Bloor Street E, pg. 1434
ARIAD COMMUNICATIONS, 277 Wellington St W 9th Fl, pg. 68
ARNOLD TORONTO, 473 Adelaide St W 3rd Floor, pg. 70
ARRIVALS + DEPARTURES, 47 Fraser Avenue North 2nd Floor, pg. 1238
BBDO TORONTO, 2 Bloor St W, pg. 100
BENSIMON BYRNE, 420 Wellington St W, pg. 123
BIMM COMMUNICATIONS GROUP, 175 Bloor St E, S Tower Ste 1101, pg. 131
BLACKJET INC, 183 Bathurst St Ste 401, pg. 133
BLAST RADIUS TORONTO, 60 Bloor St W, 9th Fl, pg. 134
BOB'S YOUR UNCLE, 219 Dufferin St Ste 304A, pg. 143
BRAND MATTERS INC., 220 Bay St Ste 600, pg. 155
BRUCE MAU DESIGN, 469C King St W, pg. 169
BRYAN MILLS LTD., 1129 Leslie St, pg. 170
CALDWELL COMMUNICATIONS, 165 Ave Rd, pg. 1220
CHEIL CANADA, 152 King St E Ste 300, pg. 204
CHF INVESTOR RELATIONS, 90 Adelaide St W Ste 600, pg. 206
CLEAN SHEET COMMUNICATIONS, 164 Merton St 4th Fl, pg. 213
COHN & WOLFE, 175 Bloor St E Ste 705, pg. 1441
CONCRETE DESIGN COMMUNICATIONS INC, 2 Silver Ave, pg. 226
COSSETTE B2B, 502 King St W, pg. 233
COSSETTE COMMUNICATION-MARKETING, 32 Atlantic Ave, pg. 234
COWAN & COMPANY COMMUNICATIONS, INC., 20 Bay Street 11th Floor, pg. 1476
CRITICAL MASS INC., 425 Adelaide St W 10th Fl, pg. 248
CRUCIAL INTERACTIVE INC., 21 Camden St 5th Fl, pg. 251
CUNDARI INTEGRATED ADVERTISING, 26 Duncan St, pg. 254
DDB CANADA, 33 Bloor Street East Suite 1700, pg. 267
DECK AGENCY, 116 Spadina Ave Ste 407, pg. 285
DENTSUBOS, 559 College St Ste 401, pg. 291
DEVELOPER MEDIA, 503-250 Ferrand Drive, pg. 296
DEWAR COMMUNICATIONS INC., 9 Prince Arthur Ave, pg. 297
DORSEY STUDIOS, 243 Macdonnell Street, pg. 317
DOUG&PARTNERS INC., 380 Wellington St W 2nd Fl, pg. 318
DRAKE ADVERTISING LTD, 320 Bay St Ste 1400, pg. 1319
EDELMAN, 214 King Street W Suite 600, pg. 1491
FAYE CLACK COMMUNICATIONS INC., 108a Royal York Road, pg. 1503
FCB TORONTO, 219 Dufferin Street, pg. 366
FIELD DAY INC., 171 E Liberty St Ste 320, pg. 379
FINGERPRINT COMMUNICATIONS, 1179 King St W Ste 011, pg. 1321
FLEISHMAN-HILLARD, 33 Bloor Street E Ste 1500, pg. 1509

GEOGRAPHIC INDEX-NON U.S.   AGENCIES

FORGE MEDIA & DESIGN, 135 Liberty Street Ste 300, pg. 392
GAGGI MEDIA COMMUNICATIONS, INC., 2200 Yonge Street, Suite 1711, pg. 408
GIANTS & GENTLEMEN, 145 Berkeley St Ste 200, pg. 418
GREY CANADA, 46 Spadina Ave Ste 500, pg. 437
GRIP LTD., 179 John St 6th Fl, pg. 450
GWP BRAND ENGINEERING, 365 Bloor St E Ste 1900, pg. 456
HAVAS LIFE, 20 Richmond St E 6th Fl, pg. 474
HAVAS MEDIA, 473 Adelaide Street West Ste 300, pg. 1327
HAVAS WORLDWIDE DIGITAL CANADA, 473 Adelaide St W Ste 300, pg. 478
HAVAS WORLDWIDE TORONTO, 473 Adelaide St W Ste 300, pg. 478
HEADSPACE MARKETING, 2323 Yonge St Ste 204, pg. 491
THE HENDERSON ROBB GROUP, 401 Bay St Ste 1600, pg. 495
HIGH ROAD COMMUNICATIONS, 360 Adelaide St W 4th Fl, pg. 1509
THE HIVE, 544 King St W, pg. 503
HUXLEY QUAYLE VON BISMARK, INC., 2 Berkeley St Ste 301, pg. 515
THE IDEA WORKSHOP LIMITED, 460 Richmond St W Ste 602, pg. 1539
IMAGINATION (CANADA) LTD., 22 Wellesley St E Ste 2202, pg. 525
INITIATIVE TORONTO, 10 Bay St Ste 1605, pg. 1332
THE INK TANK, 2461 Queen St E, pg. 533
INTERCEPT GROUP - CAMPUS INTERCEPT / CONSUMER INTERCEPT, 251 Consumers Rd 3rd Fl, pg. 538
J. WALTER THOMPSON CANADA, 160 Bloor St E Ste 800, pg. 565
J. WALTER THOMPSON INSIDE, 160 Bloor St E 8th Floor, pg. 566
JAM3, 171 E Liberty St Ste 252, pg. 570
JESSON + COMPANY COMMUNICATIONS INC., 77 Bloor St W, pg. 1548
JOHN ST., 172 John Street, pg. 579
JUMP BRANDING & DESIGN INC., 235 Carlaw Ave Ste 403, pg. 585
JUNIPER PARK/TBWA, 33 Bloor Street East 14th Fl, pg. 1079
KALEIDOSCOPE MARKETING AND COMMUNICATIONS INCORPORATED, 346 Fairlawn Avenue, pg. 586
KETCHUM CANADA, 33 Bloor St E Ste 1607, pg. 1556
KEY GORDON COMMUNICATIONS, 70 The Esplanade Ste 300, pg. 593
LEO BURNETT COMPANY LTD., 175 Bloor St E North Twr, pg. 620
LMA, 2300 Yonge St Ste 1000, pg. 648
M&K MEDIA, 688 Richmond St W Ste 401, pg. 1339
MANNING SELVAGE & LEE, 175 Bloor Street E Suite 801, North Tower, pg. 1587
MANSFIELD INC., 1200 Bay St, Suite 604, pg. 675
THE MARKETING STORE, 1209 King Street W Suite 100, pg. 1410
MARSHALL FENN COMMUNICATIONS LTD., 890 Yonge St Ste 300, pg. 1577
MAVERICK PUBLIC RELATIONS, 37 Madison Ave, pg. 1577
MCCANN CANADA, 200 Wellington St W, pg. 712
MDC PARTNERS, 33 Draper St, pg. 720
MEDIA EXPERTS, 495 Wellington St W Ste 250, pg. 1342
MHZ DESIGN COMMUNICATIONS INC., 171 E Liberty St Ste 340, pg. 737
MILLWARD BROWN CANADA, 4950 Yonge Street Suite 600, pg. 742
MOTUM B2B, 376 Wellington St W, pg. 764
NO FIXED ADDRESS, INC., 50 Carroll St, pg. 795
NORTH STRATEGIC, 380 Wellington St W, pg. 1596
NORTHSTAR RESEARCH PARTNERS, 18 King St E Ste 1500, pg. 800
NURUN INC., 96 Spadina Ave 9th Fl, pg. 903
OGILVY, 33 Yonge St, pg. 812
OGILVY HEALTHWORLD-TORONTO, 33 Yonge St, pg. 833
OGILVYONE WORLDWIDE, 33 Yonge St, pg. 812
OMD CANADA, 67 Richmond St W 2nd Fl, pg. 1357
ONEMETHOD INC, 445 King Street West Suite 201, pg. 840
ONTRACK COMMUNICATIONS, 68 Broadview Ave Ste 407, pg. 841
OPEN. A CREATIVE COMPANY, 850 Adelaide St W, pg. 842
OUTLET TAGS COMPANY, 16 Unit, 390 Progressive Ave, pg. 846
OVE DESIGN & COMMUNICATIONS LTD., 111 Queen Street East, Suite 555, pg. 904
PADULO INTEGRATED INC., The Padulo Buliding Suite 10, St Clair Ave W, pg. 851
PERENNIAL INC., 15 Waulron St, pg. 863
PHD CANADA, 96 Spadina Ave Ste 600, pg. 1364
PHD TORONTO, s: 96 Spadina Avenue Suite 600, pg. 1362
PILOT PMR, 250 The Esplanade, pg. 1414
PLASTIC MOBILE, 171 E Liberty St Ste 204, pg. 877
POLARIS PUBLIC RELATIONS, INC., One Yonge St, S-1801, pg. 881
PORTER NOVELLI-TORONTO, 33 Bloor Street East Suite 1450, pg. 1614
PROOF EXPERIENCES, 33 Bloor Street East Suite 802, pg. 893
PROSPECT MEDIA GROUP LTD., 129 Spadina Ave Ste 300, pg. 1415
PUBLICIS BRAND/DESIGN, 111 Queen St E Ste 200, pg. 904
PUBLICIS DIALOG, 111 Queen St E Ste 200, pg. 904
PUBLICIS NETWORKS, 111 Queen Street East Ste 200, pg. 904
PUBLICIS TORONTO, 111 Queen St E Ste 200, pg. 904
RAIN43, 445 King Street W Ste 301, pg. 929
REASON PARTNERS, INC., 2 Berkeley St Ste 304, pg. 937
RED LION, 111 Queen St E Ste 400, pg. 940
RED URBAN, 1100 33 Bloor Street East, pg. 942
RELISH INTERACTIVE, 156 Augusta Avenue, pg. 1284
RETHINK, 110 Spadina Ave Ste 200, pg. 951
SANDBOX, 70 Richmond Street East Main Floor, pg. 989
SAPIENT CANADA INC., 129 Spadina Ave Ste 500, pg. 915
SCOTT THORNLEY + COMPANY, 384 Adelaide St W 1st Fl, pg. 998
SCRATCH, 67 Mowat Ave Ste 240, pg. 999
SDI MARKETING, 200-65 International Blvd Ste, pg. 1000
SECRET LOCATION, 777 Richmond St W Unit 102, pg. 1000
SEGAL LICENSING, 219 Dufferin Street, pg. 364
SID LEE, 36 Distillery Lane, Suite 500, pg. 1010
SLINGSHOT INC., 161 Liberty St Ste LL1, pg. 1021
SPARKPLUG MARKETING & COMMUNICATIONS INC., 57 Lascelles Blvd, pg. 1031
SPOKE AGENCY, 32 Britain St Ste 400, pg. 1035
STARCOM MEDIAVEST GROUP, 175 Bloor St E N Tower 10th Fl, pg. 1371
STRATEGIC OBJECTIVES, 184 Front Street E 4th Floor, pg. 1653
STRATEGICAMPERSAND INC., 250 Bloor St E Ste 1440, pg. 1053
STUDIO WULF, 1655 Dupont St Ste 324, pg. 1056
SYNCAPSE CORP., 20 Duncan St Suite 301, pg. 1068
TAMM + KIT, 250 The Esplanade Berkeley Hall Ste 402, pg. 1072
TAXI, 495 Wellington St W Ste 102, pg. 1075
TAXI 2, 49 Spadina Ave Ste 403, pg. 1075
TCGPR, 250 Ferrand Dr 4th Fl, pg. 1656
TMP WORLDWIDE/ADVERTISING & COMMUNICATIONS, 36 Lombard St 3rd Fl, pg. 1107
TRACKDDB, 33 Bloor Street 17th Fl, pg. 931
TREVOR PETER COMMUNICATIONS LTD., 488 Wellington St W Ste 100, pg. 1115
TRIBAL WORLDWIDE TORONTO, 33 Bloor Street East 12th Floor, pg. 1296
UM CANADA, 10 Bay St 11th Fl, pg. 1377
UNION, 479 Wellington St W, pg. 1128
VERITAS COMMUNICATIONS, INC., 370 King St W Ste 800, pg. 723
VIVA & CO., 99 Crown's Ln, pg. 1141
WATT INTERNATIONAL, INC., 300 Bayview Ave, pg. 1154
WAVEMAKER, 160 Bloor St E Ste 500, pg. 1380
WEBER SHANDWICK, 207 Queen's Quay W Ste 400, pg. 1677
WINKREATIVE, 776 College Street, pg. 1171
WUNDERMAN, 60 Bloor Street W Ste 800, pg. 1190
Y&R, LTD., 60 Bloor Street West, pg. 1194
YIELD BRANDING, 128 Sterling Rd Ste 200, pg. 1196
ZENITHOPTIMEDIA CANADA INC., 111 Queen St Ste 200, pg. 1388
ZINK INC, 409 King St W Ste 403, pg. 1304
ZULU ALPHA KILO, 512 King St E, pg. 1216
ZYNC COMMUNICATIONS INC., 282 Richmond St E Ste 200, pg. 1217

Vancouver

BLAST RADIUS VANCOUVER, 1146 Homer St, pg. 134
BLINK MEDIA WORKS, 420 W Hastings St, pg. 136
CAMP PACIFIC, 1085 Homer Street Ste 500, pg. 1248
COSSETTE COMMUNICATIONS, 1085 Homer Street, pg. 232
CURVE COMMUNICATIONS, 122-1020 Mainland St, pg. 1479
DAY COMMUNICATIONS VANCOUVER, 101 1591 Bowser Ave, pg. 265
DDB VANCOUVER, 1600-777 Hornby St, pg. 267
ELEVATOR STRATEGY, 300-1505 W 2nd Ave, Granville Island, pg. 336
FLEISHMAN-HILLARD, 777 Hornby St Ste 1920, pg. 1509
GREY VANCOUVER, 736 Granville St, pg. 449
HAMAZAKI WONG MARKETING GROUP, 1155 Pender St W Ste 700, pg. 464
HARFIELD & ASSOCIATES, Ste 320 - 1385 W 8th Ave, pg. 467
HIGH VIEW COMMUNICATIONS INC., 422 Richards St 3rd Fl, pg. 1530
HOT TOMALI COMMUNICATIONS INC, 1441 E Pender St, pg. 509
HYPHEN COMMUNICATIONS, 110-375 Water St, pg. 516
INVOKE, 322 Water St Ste 400, pg. 546
ION BRAND DESIGN, 948 West 7th Ave, pg. 546
JAMES HOGGAN & ASSOCIATES, INC., #510-1125 Howe St, pg. 1545
JUICE GROUP, Ste 212-1650 Duranleau St, pg. 584
MAGNUM CREATIVE INC., 807 Powell Street, pg. 671
MCCANN VANCOUVER, 100 W Pender St, pg. 714
MEDIACOM VANCOUVER, 850 West Hastings St Ste 700, pg. 1345
NAS RECRUITMENT COMMUNICATIONS, 1665 W Broadway Ste 670, pg. 785
NOW COMMUNICATIONS, 750 W Pender St Ste 710, pg. 801
OMD VANCOUVER, 777 Hornby Street Suite 1600, pg. 1359
PEAK COMMUNICATORS, 403-1155 Robson Street, pg. 1607
PORTER NOVELLI, 455 Granville St Ste 300, pg. 1614
RETHINK, 700-470 Granville St, pg. 951
SAINT BERNADINE MISSION COMMUNICATIONS INC, 228 E Georgia Main Fl, pg. 988
SKY ALPHABET, 1005 Beach Ave Ste 603, pg. 1019
SMAK, 326 W Cordova St, pg. 1022
SPRING ADVERTISING, 301-1250 Homer St, pg. 1036
TAXI VANCOUVER, 515 Richards St, pg. 1075
TRIBAL WORLDWIDE VANCOUVER, 1600-777 Hornby St, pg. 1296
TTG PARTNERSHIPS, 450 - 375 Water St, pg. 1121
WASSERMAN & PARTNERS ADVERTISING INC., 1020 Mainland St Ste 160, pg. 1153
WIAN, 504-221 West Esplanade, pg. 883

Vaughan

RADONICRODGERS COMMUNICATIONS INC., 418 Hanlan Road Building B Unit 19, pg. 929

Victoria

ECLIPSE CREATIVE INC., Ste 200 388 Harbour Rd, pg. 330
NATIONAL PUBLIC RELATIONS, 931 Fort St 4th Fl, pg. 1186
NATIONAL PUBLIC RELATIONS, 931 Fort St 4th Fl, pg. 1593
ONE NET MARKETING INC., Ste 301-733 Johnson St, pg. 839
REDBIRD COMMUNICATIONS, 201-4489 Viewmont Ave, pg. 943
SUBURBIA ADVERTISING, 590 Beaver Lk Rd RR3, pg. 1058
TRAPEZE COMMUNICATIONS, 300-1005 Broad St, pg. 1114

Waterloo

BRAVADA CONSUMER COMMUNICATIONS INC., 105 Park St, pg. 160
BRIGHTHOUSE BRANDING GROUP, 33 Dupont St E, pg. 164
ZFACTOR COMMUNICATIONS INC., 160 Frobisher Dr Ste

AGENCIES — GEOGRAPHIC INDEX-NON U.S.

15, pg. 1212

Whitehorse

AASMAN BRAND COMMUNICATIONS, 402 Hanson St 2nd Fl, pg. 16
AASMAN DESIGN INC., 201-402 Hansen St, pg. 16

Winnipeg

HR ADWORKS LTD., 280 Smith Street Main Floor, pg. 510
MCKIM, 5th Floor 211 Bannatyne Ave, pg. 719
SMITH ADVERTISING AND DESIGN, 23 Collingwood Cres, pg. 1022
THINK SHIFT, A-120 Donald Street, pg. 1099

Yellowknife

KELLETT COMMUNICATIONS, 5012 50th Ave, pg. 591

CHILE

Santiago

BBDO CHILE, Av Vitacura 2939 Piso 14 Las Condes, pg. 102
BURSON-MARSTELLER, Edificio Millenium Av Vitacura 2939 piso 3ro Oficina 301, Las Condes, pg. 1444
DDB CHILE, Av Del Vallee 945 4 Piso of 4615, Ciudad Empresarial, pg. 271
DITTBORN & UNZUETA MRM, Avenida Ezdora Goyenechea 3477 8th Fl, Las Condes, pg. 768
EXTEND COMUNICACIONES-WEBER SHANDWICK, Rosario Norte 555 Piso 12, Las Condes, pg. 1680
FCB MAYO, Los Militares 5890, Las Condes, pg. 371
FUTUREBRAND, Avenida El Bosque Norte, Oficina 1003 Las Condes, pg. 405
GREY CHILE, Eleodoro Yanez 2376, Providencia Las Condes, pg. 443
HILL & KNOWLTON STRATEGIES, Av Ricardo Lyon 1262, Providencia, pg. 1532
ICROSSING SANTIAGO, Av President Kennedy 5118 Piso 4, Vitacura, pg. 1263
J. WALTER THOMPSON, Avenida Ricardo Lyon 1262 Providencia, pg. 564
MCCANN ERICKSON S.A. DE PUBLICIDAD, Ave Andres Bello 2711, 7th Fl, Comuna las Condes, pg. 701
PROLAM Y&R S.A., Avenida del Parque 5045 Ciudad Empresarial, Huechuraba, pg. 1206
PUBLICIS CHILE SA, Apoquindo 3000 Piso 8, pg. 906
STARCOM MEDIOS, Avenida Apoquindo 3000, Las Condes Piso 7, pg. 1371
TBWA FREDERICK, Avda Italia #850 2 Fl, Providencia, pg. 1092
WAVEMAKER, Av del Condor N 844 OF 103 1er PISO Ciudad Empresarial, Huechuraba, pg. 1384
WUNDERMAN, Avenida del Valle 961 Oficina 1707, Huechuraba, pg. 1190

CHINA

Beijing

APCO WORLDWIDE, 16th Floor NCI Tower No 1 Jianguomenwai Avenue, Chaoyang District, pg. 63
BBDO CHINA, Suite 301 Bldg 1 TEDA Times Centre 12C 15 Guang Hua Rd, Chao Yang District, pg. 112
BURSON-MARSTELLER, Suite 602 Tower W1 Oriental Plaza 1 East Chang An Avenue, Dong Cheng District, pg. 1445
DDB GUOAN COMMUNICATIONS BEIJING CO., LTD., 7/F Ocean Center Building D 62 East 4th Ring Road, Chaoyang District, pg. 272
EDELMAN, Rm 3301 Office Tower A Beijing Fortune Plaza, Chaoyang District, pg. 1495
EPSILON INTERNATIONAL, Rm 1507 15/F Wantong Ctr Block C 6A Chaoyangmen Wai Ave, pg. 345
FLEISHMAN-HILLARD LINK LTD., Room 3006 Jianwai SOHO Office Tower B 39 East Third Ring Road, Chaoyang District, pg. 1511
GEORGE P. JOHNSON EVENT MARKETING CO. LTD., Unit 703 SK Tower 6A Jianguomenwai Street, Chaoyang District, pg. 417
GOLIN, 17th Floor China Life Tower 16 Chao Yang Men Wai Street, pg. 1522
GREY BEIJING, 607 Tower W3 Oriental Plaza 1 East Chang An Avenue, Dong Cheng District, pg. 445
HAVAS WORLDWIDE BEIJING, 19/F Tower B Global Trade Center No 36 Bei San Huan East Road, Dongcheng District, pg. 486
THE HOFFMAN AGENCY, CITIC Bldg 19 Jianguomenwai St Ste 2104, pg. 1536
INTEGRATED CORPORATE RELATIONS - BEIJING, Unit 805 Tower 1 Prosper Center No 5 Guanghua Road, Chao Yang District, pg. 1543
J. WALTER THOMPSON BEIJING, RM 501, 5/F Jin Bao Tower, 89 Jin Bao St., pg. 555
JUXT, Unit 706, SK Tower, 6A Jianguomenwai Street, pg. 1266
KETCHUM-PUBLIC RELATIONS LTD., 10/F Tower A, Vantone Center, Chaoyang District, pg. 1557
LEO BURNETT-BEIJING, Room 1308 China World Tower 2 No 1 Jian Guo Merl Wai Avenue, pg. 629
MEDIACOM BEIJING, Room 1205B Jin Bao Tower 89 Jino Bao St, Dong Cheng District, pg. 1349
MS&L CHINA, 12F 01-03 Prospect Center West, 5 Guanghua Road, pg. 1589
OGILVY, Room 1901-1904 19th Floor Jinbao Tower, No 89 Jinbao Street, pg. 1601
OGILVY ADVERTISING BEIJING, 9th Floor Huali Building 58 Jinbao Street, pg. 822
OGILVYONE WORLDWIDE, 9th Floor Huali Building 58 Jinbao Street, pg. 822
PORTER NOVELLI-BEIJING, 12A Prime Tower NO22 Chaowai Street, Chaoyang District, pg. 1616
PUBLICIS (BEIJING), Rm 1510 15/F Zhuzong Tower No 25 Dong San Huan Zhong Rd, Chaoyang District, pg. 908
RUDER FINN ASIA LIMITED, Room 101 Office Building East Lake Villas 35 Dongzhimenwai Main Street, Dongcheng District, pg. 1637
SAATCHI & SAATCHI, 36/F Central International Trade Centre Tower C, 6A Jianguomen Wai Avenue, pg. 983
TBWA GREATER CHINA, Unit 605 Jianwai SOHO Ofc Tower B No 39 Dong San Huan Zhong Lu, pg. 1089
WAVEMAKER, 1206 12/F The Huali Building No 58 Jinbao Street, Dongcheng District, pg. 1385
WE MARKETING GROUP, Tower W1 Oriental Plz, pg. 1228
WEBER SHANDWICK, Unit 706 -707 7F China Life Tower, 16 Chaoyangmen Rd Chaoyang, pg. 1680
WUNDERMAN BEIJING, #502 Building 17 Jianwal SOHO 39 East 3rd Ring Road, Chao Yang District, pg. 1190

Guangzhou

APCO WORLDWIDE, No 3 Xing An Rd Pearl River New Town, pg. 63
EDELMAN, Room 707 Dongshan Plaza 69 Xianlie Zhong Road, pg. 1496
EPSILON INTERNATIONAL, Room 2019 20/F Tian Qi Yi HongXiang Building, 611 Tian He Bei Road, pg. 345
FLEISHMAN-HILLARD GUANGZHOU, 3707 F Center Plz No 161 Linhe Road W, Tianhe District, pg. 1511
GOLIN, Unit 2408-09 Guangdong Telecom Plaza, No 18 Zhongshan Er Road, pg. 1522
KETCHUM-PUBLIC RELATIONS, Room 2003 Peace World Plaza 362-366 Huanshi Dong Lu, pg. 1557
LEO BURNETT-GUANGZHOU, 5/F North Tower Poly International Plaza, Yue Jiang Zhong Road, pg. 629
MCCANN ERICKSON GUANGMING LTD., 33/F Telecom Plaza, 18 Zhong Shan Er Road, pg. 702
OGILVY, Bldg 12 No 1 Xia Shi Zhi Street, Fangcun Ave Liwan District, pg. 1601
OMD GUANGZHOU, Rm 3707 Tower B Ctr Plz, 161 Linhe Rd W Tianhe District, pg. 1357
PUBLICIS GUANGZHOU, Publicis House Guangdong Guest House, pg. 908
SAATCHI & SAATCHI, 2-5F Gold Sun Building 109 Ti Yu Xi Road, pg. 983
STARCOM GUANGZHOU, 2&3A/F SanXin Plz No 33 W Huangpu Ave, pg. 1373
WEBER SHANDWICK, Unit 3301B Guangdong Telecom Plz 18 Zhongshan Er Rd, Yuexiu District, pg. 1681
WUNDERMAN, Room 04-06 31/f Onelink Center, No. 230-232 Tianhe Road, pg. 1191
YOUNG & RUBICAM GUANGZHOU, 28th Fl 246 ZhongShanSi Road, pg. 1200

Shanghai

AKQA, INC., Rm B201-203 Bldg 2 Park 2 Space, 169 Meng Zi Rd, pg. 1234
APCO WORLDWIDE, Suites 2102-2103 CITIC Square, 1168 Nanjing Road West, pg. 63
BBDO CHINA, 42/F 1 Grand Gateway Plaza, NO 1 Hong Qiao Road, pg. 112
BBH CHINA, 1/F Building 2-3 23 Shao Xing Road, pg. 93
BENTLEY PORTER NOVELLI-SHANGHAI, International Rm 2012 Cloud Nine International Plz, No1018 Changning Road, pg. 1616
DDB CHINA - SHANGHAI, Park2Space 4th Floor Building 2 169 Mengzi Road, Luwan District, pg. 272
EDELMAN, 3F Want Want Plaza, 211 Shi Men Yi Lu, pg. 1495
EPSILON INTERNATIONAL, Ste 103 Block D Red Town, 570 Huai Hai Rd W, pg. 345
FCB SHANGHAI, 20/F Huai Hai Plaza 1045 Huai Hai Zhong Rd, pg. 372
FLEISHMAN-HILLARD LINK, LTD., 1 Grand Gateway 1 Hongqiao Rd, Xu Hui District, pg. 1511
GOLIN, 18/F HuaiHai Plz, 1045 HuaiHai Zhong Rd, pg. 1522
GREY SHANGHAI, 3/F Block 3 The Bridge 8 Phase III, 550 Jumen Road, pg. 446
GROUPM CHINA, 31th Fl 1038 Nanjing Xi Rd, Westgate, pg. 1323
HAVAS DIGITAL SHANGHAI, 11/F Novel Building No 887 Huaihai Zhong Road, pg. 486
HAVAS WORLDWIDE SHANGHAI, 11/F, Novel Building, 887 Huaihai Zhong Road, pg. 486
J. WALTER THOMPSON, 26F/2702-2704, WPP Campus, 399 Heng Feng Road, pg. 555
JACK MORTON WORLDWIDE (SHANGHAI), 1045 Huaihai Zhong Road, 16/F Huai Hai Plaza, pg. 568
KETCHUM-PUBLIC RELATIONS, Rm 2707-2710 Tower One Kerry Everbright City, No 218 Tian Mu Rd W, pg. 1557
LEO BURNETT SHANGHAI ADVERTISING CO., LTD., 2F Block F Red Town 570 Huai Hai Road (W), pg. 629
M&C SAATCHI, No 486 Fuxing Middle Road, pg. 662
MCGARRYBOWEN, No 44 Ln 1285 Middle Huaihai Rd, pg. 718
MEDIACOM SHANGHAI, 989 Changle Rd, The Centre 26th Fl, pg. 1349
MILLWARD BROWN CHINA, Fl 17 Golden Bridge Plz, No 585 Xizang Rd Middle, pg. 743
MS&L SHANGHAI, 19F SOHO Donghai Plaza, 299 Tongren Road, pg. 1589
MULLENLOWE PROFERO LTD., 36/F Huai Hai Plaza, 1045 Huai Hai Zhong Road, pg. 776
NURUN/CHINA INTERACTIVE, 162 Yong Nian Rd, 3rd Fl, pg. 903
OGILVY, 26th Floor The Center, 989 Changle Road, pg. 1601
OGILVY (CHINA) LTD., 25F The Center 989 Changle Road, pg. 822
OGILVYONE, 26F The Center 989 Changle Road, pg. 822
PHD CHINA, Rm 1101 Tower 2, No 3 Hongqiao Rd, pg. 1363
PUBLICIS SHANGHAI, 6/F Building A 98 Yan Ping Road, pg. 908
RUDER FINN ASIA LIMITED, 2nd Floor Block 7 789 Huang Pi Nan Road, pg. 1638
SAATCHI & SAATCHI, 29 F Lippo Plaza, 222 Huai Hai Zhong Road, pg. 983
STARCOM SHANGHAI, 3/F 900 HuaiHai Middle Rd, pg. 1374
SUPERUNION, 11F WPP Campus 399 Hengfeng Rd, pg. 1063
TBWA SHANGHAI, 9F 71 West Suzhou Road, pg. 1090
TEXT 100 SHANGHAI, Unit 2005 Ascenda Plz, 333 Tian Yao Qiao Rd, pg. 1659
UM, 21/F HuaiHai Plz, 1045 Huaihai Rd, pg. 702
WEBER SHANDWICK, 18/F HuaiHai Plaza, 1045 HuaiHai Zhong Rd, pg. 1681
WIEDEN + KENNEDY, Floor 5th No1035 ChangLe Road, pg. 1166
WUNDERMAN, 19F, 889 WanHangDu Road, Yueda 889 Center, pg. 1190
WWWINS ISOBAR, Suite 103 1st Floor, Block G Huai Hai Xi Road, pg. 550
YOUNG & RUBICAM SHANGHAI, Rm 608-606 Ocean Tower 550 Yan An Rd E, pg. 1200
ZENITHOPTIMEDIA, 1-4/F900 Huai Hai Zhong Road, pg. 1390

CHINA (HONG KONG)

A-110

GEOGRAPHIC INDEX-NON U.S.   AGENCIES

Causeway Bay

BATES CHI & PARTNERS, 23/F The Center, pg. 1179
MCCANN ERICKSON HONG KONG LTD., 23F Sunning Plz 10 Hysan Ave, pg. 704
MRM WORLDWIDE HONG KONG, 14 Fl Sunning Plaza 10 Hysan Avenue, pg. 768
UM, 23rd Floor Sunning Plaza, Hysan Ave, pg. 704

Central

APCO WORLDWIDE, 19/F Cambridge House Taikoo Place, 979 Kings Road, pg. 63
COHN & WOLFE IMPACTASIA, Ste 801 Chinacham Hollywood Ctr 1 Hollywood Rd, pg. 1445
THE HOFFMAN AGENCY, The Workstation 16th Fl 43 Lyndhurst Terrace, pg. 1536
KREAB HONG KONG, 19/F Kinwick Centre 32 Hollywood Road, Suite 1902-04, pg. 1561
LEWIS, Unit B 19/F On Hing Bldg 1 On Hing Terrace, pg. 638
OGILVY, 23rd Floor The Center 99 Queens Road, pg. 1600
OGILVY ADVERTISING, 23rd Floor The Center 99 Queen's Road, pg. 822
OGILVY ASIA/PACIFIC, 23rd Floor The Center 99 Queen's Road, pg. 823
OGILVYONE WORLDWIDE, 23rd Floor The Center, 99 Queen's Road, pg. 823
SUPERUNION, 23rd Floor 99 Queens Road, pg. 1063

Hong Kong

AGENDA, 03-06 32F, 118 Connaight Road West, pg. 1190
AGENDA, 03-06 32F, 118 Connaight Road West, pg. 1179
BLUE CURRENT, Ste 1501 Cityplaza 4 12 Taikoo Wan Road, Taikoo Shing, pg. 305
DDB WORLDWIDE LTD., Unit 1201 Core E Cyberport 3, 100 Cyberport Road, pg. 274
DOREMUS (HONG KONG), Ste 1501 15/F Cityplaza 4, 12 Taikoo Wan Road Taikoo, pg. 317
EDELMAN, 701 Central Plaza 18 Harbour Rd, pg. 1496
HAVAS WORLDWIDE HONG KONG, 9/F Northeast Warwick House Taikoo Place, 979 King's Road, Island East, pg. 486
JACK MORTON WORLDWIDE (HONG KONG), 10/F Oxford House TaiKoo Place, Quarry Bay, pg. 568
MAXX MARKETING LTD., 7/F Manley Tower, 828 Cheung Sha Wan Road, pg. 822
OMD HONG KONG, Unit 808 Core E Cyberport 3, 100 Cyberport Rd, pg. 1358
PUBLICIS HONG KONG, 23/F 1063 Kings Road, Quarry Bay, pg. 908
TBWA HONG KONG, 16/F Cambridge House, Taikoo Place, pg. 1089
WE, Room 1901-07 19/F Tai Yau Building, Johnston Road, Wan Chai, pg. 1672

Kowloon

CHILLI MARKETING LIMITED, Rm A9, 8/F, Lee King Ind. Bldg., 12 Ng Fong St, pg. 207

Kwun Tong

DIGITAS, 100 How Ming St, 6F AIA Kowloon Tower, pg. 1252

North Point

GREY HONG KONG, 31/F 169 Electric Rd, pg. 446
HAKUHODO HONG KONG LTD., 25th F Prosperity Mellennia Traza 663 Kings Road, pg. 462
ISOBAR HONG KONG, 16/F 633 King's Rd, pg. 549
KETCHUM-PUBLIC RELATIONS, 33rd Floor Two Chinacham Exchange Square, 338 King's Road, pg. 1557

Quarry Bay

BURSON-MARSTELLER, 23/F Chinacham Exchange Square, 1 Hoi Wan Street, pg. 1445
FUTUREBRAND, 8/F Oxford House Taikoo Place, 979 King's Rd, pg. 405
GOLIN, 8/F Oxford House, 979 King's Road, pg. 1522
HILL & KNOWLTON HONG KONG LTD., 36/F PCCW Tower Taikoo Place 979 Kings Road, pg. 1534
J. WALTER THOMPSON, 36/F PCCW Tower Taikoo Place 979 King's Road, pg. 555
LEO BURNETT-HONG KONG, 6th Fl City Plaza 3 14 Taikoo Wan Road, pg. 629
LOWE, 6th Floor Oxford House tai Koo Place 979 Kings Road, pg. 773
THE MARKETING STORE, 18 Westlands Rd, pg. 1410
THE MARKETING STORE-PROMOTIONAL PRODUCTS, 18 Westlands Road, pg. 1410
MEDIACOM HONG KONG, 36 Floor PCCW Tower 979 Kings Road Taikoo Place, pg. 1349
SAPIENTRAZORFISH HONG KONG, 22/F Chinachern Exchange Square 1, pg. 1288
STARCOM HONG KONG, Room 602-605 1063 King's Road, pg. 1374
TBWA ASIA PACIFIC, 16 & 17/F Cambridge House Taikoo Place, 979 King's Road, pg. 1089
WAVEMAKER, 37th Floor PCCW Tower Taikoo Place 979 King's Road, pg. 1385
WEBER SHANDWICK, 10/F Oxford House Taikoo Place, 979 King's Rd, pg. 1681
Y&R HONG KONG, 16F Oxford House 979 Kings Rd, pg. 1199
ZENITHOPTIMEDIA, Room 1403-05 14/F 1063 Kings Road, pg. 1390

Taikoo Shing

BBDO HONG KONG, Ste 1501 15th Fl Cityplaza 4, 12 Taikoo Wan Rd, pg. 112
BLUECURRENT HONG KONG, Suite 1501, Cityplaza 4, 12 Taikoo Wan Road, pg. 1510
FLEISHMAN-HILLARD HONG KONG LTD., Suite 1501 Cityplaza 4 12 Taikoo Wan Road, pg. 1511

Wanchai

EPSILON INTERNATIONAL, Rm 2502 25/F Hopewell Ctr 183 Queen's Rd E, pg. 345
LEWIS, 1101A 11/F CRE Building, 303 Henness Road, pg. 638
RACEPOINT GLOBAL, 8th Floor The Broadway, 54-62 Lockhart Road, pg. 1624
SAATCHI & SAATCHI, 27/F Tai Tung Building Fleming Road, pg. 983
TEXT 100 HONG KONG, Ste 3805 Level 38 Hopewell Center, 183 Queens Rd E, pg. 1658

COLOMBIA

Bogota

BURSON-MARSTELLER, Carrera 11 A # 93 B - 30 Piso 3, pg. 1444
COMPASS PORTER NOVELLI, Diagonal 97 #17-60 Piso 3, pg. 1458
COMPASS PORTER NOVELLI, Diagonal 97 #17-60 Piso 3, pg. 1614
DDB WORLDWIDE COLOMBIA S.A., Diagonal 97 #17-60 Piso 10, pg. 272
FCB&FIRE COLOMBIA, Transversal 22 No 98-82, Edifio Porta 100, piso 9, pg. 371
GREY: REP, Calle 94 #16-57, pg. 444
J. WALTER THOMPSON, Calle 98 No 22 64 Floor 12, pg. 564
LEO BURNETT COLOMBIA, S.A., Carrera 13 N 89-59, pg. 623
MCCANN ERICKSON CORP. S.A., Calle 96 #13A-21/33, Santafe de Bogota, pg. 702
MULLENLOWE SSP3, Carrera 9, 79A - 19 Piso 6, pg. 777
OGILVY, Carrera 13 No 94A-26, pg. 820
PUBLICIS-CB, Calle 82 No 6-51, pg. 906
SANCHO BBDO, Calle 98 No 903 2nd Floor, pg. 102
TBWA/COLOMBIA SUIZA DE PUBLICIDAD LTDA, Diagonal 97 # 17/60 Edificio Centro Empresarial, 3rd Floor, pg. 1092
WAVEMAKER, Cra14 No 94-65 Piso 3 Edificio Plazuela 94, pg. 1384
YOUNG & RUBICAM BOGOTA, Carrera 11 A #93B-30, 5 Piso Santa Fe De, pg. 1206

Cali

DDB WORLDWIDE COLOMBIA, S.A., Calle 6 Oeste No 1B-72, pg. 272
OGILVY, Calle 64 Norte 5BN 146 of 315, Centro Empresa, pg. 820

Medellin

MCCANN ERICKSON CORP. (S.A.), Edificio Banco Andino Carrera 43A #16A Sur 38, Ofc 1205, pg. 702
WAVEMAKER, Carrera 43A No9 Sur-91 Oficina 1304 Centro de Negocios Las Villas, Torre Norte, pg. 1384

COSTA RICA

San Jose

FCB CREA, Sabana Norte, Sabana Tower, 1st Floor, pg. 371
GARNIER BBDO, Urbanizacion Tournon Diagonal a la Camara de Comercio Barrio Tournn, pg. 102
JOTABEQU ADVERTISING, Avenue 1 & 3, pg. 1348
JOTABEQU ADVERTISING, Avenue 1 & 3, pg. 444
TBWA COSTA RICA, Guachipelin Escazu, pg. 1092

COTE D'IVOIRE

Abidjan

OCEAN OGILVY, Avenue C16 Jean Mermoz Villa n66, pg. 828

CROATIA

Zagreb

HAVAS WORLDWIDE ZAGREB, Ilica 26, pg. 478
MCCANN ERICKSON, Heinzelova 33A, pg. 702
PUBLICIS D.O.O., Heinzelova 33, pg. 897
STUDIO MARKETING J. WALTER THOMPSON, Draskoviceva 5, pg. 559
ZENITHOPTIMEDIA, Heinzelova 33, pg. 1388

CYPRUS

Nicosia

ACTION GLOBAL COMMUNICATIONS, 6 Kondilaki Street, 1090, pg. 1521
ACTION PR CYPRUS, Kondilaki 6, pg. 1677
DE LE MA/ MCCANN ERICKSON, 36 Grivas Dighenis Ave, pg. 702
INNOVATION LEO BURNETT, 90 Ifigenias St 2nd Fl, 2003 Strovolos, pg. 624
PANDORA/OGILVY, Kennedy Business Center 12-14 Kennedy Ave 1st Fl Ofc 101, pg. 813
TELIA & PAVLA BBDO, 62 Pericleous St, 2021 Strovolos, pg. 104

CZECH REPUBLIC

Brno

MQI BRNO, SPOL. S R.O., Lipova 17, pg. 1186
OGILVY, Hybesova 18, pg. 813

Prague

AMI COMMUNICATIONS, Tyn 4/641, pg. 1497
DDB PRAGUE, Lomnickeho 1705/5, pg. 272
FCB CZECH, Kubanske namesti 1391/11, pg. 366
FLEISHMAN-HILLARD CZECH REPUBLIC, Lomnickeho 1705/9, pg. 1509
HAVAS WORLDWIDE DIGITAL PRAGUE, Expo 58 Letenske sady 1500, pg. 478
HAVAS WORLDWIDE PRAGUE, Expo 58 Letenske Sady 1500, pg. 479
HULLABALOO, Belehradska 347/54, pg. 1080
INITIATIVE PRAGUE, Palac Karlin Thamova 11, pg. 1333
MARK BBDO, Krizikova 34, pg. 104

AGENCIES

MCCANN ERICKSON PRAGUE, Riegrovy Sady 28, pg. 702
MEDIACOM PRAHA, Nadrazni 32, pg. 1345
OGILVY, Privozni 2a, pg. 1599
OGILVY, Privozni 2A, pg. 813
OGILVY CZECH, Prohuni 13, pg. 813
OGILVYONE WORLDWIDE, Privozni 2A Grounds, pg. 813
PLEON IMPACT, Konviktska 24, pg. 104
PUBLICIS, Jankovcova 1114-1123, pg. 898
SAATCHI & SAATCHI, Jankovcova 23, pg. 977
WEBER SHANDWICK, Narodni 25, pg. 1677
WMC/GREY, Belgicka 115/40, pg. 439
WUNDERMAN, Nadrazni 32, pg. 1191
Y&R PRAHA, S.R.O., Nadrazni 762/32, pg. 1205

DENMARK

Arhus

UNCLE GREY A/S, Studsgade 35, pg. 440

Copenhagen

BBDO DENMARK, St Kongensgade 72, pg. 104
DDB DENMARK, Bredgade 6, pg. 272
HAVAS WORLDWIDE COPENHAGEN, Jagtvej 169B, pg. 479
JKL COPENHAGEN, Amaliegade 41 A, pg. 1588
MCCANN COPENHAGEN, Gothersgade 14 4, pg. 703
MEDIACOM DENMARK, Europaplads 2 3.sal, 8000 Aarhus, pg. 1345
MILLWARD BROWN DENMARK, Raadhuspladsen 45-47 5th Fl, pg. 743
OGILVY HEALTHWORLD/COPENHAGEN, Toltbodsgade 55, pg. 833
OGILVYONE WORLDWIDE, Toldbodgade 55, pg. 813
REPUTATION, Bredgade 15, pg. 898
SAATCHI & SAATCHI, Esplanaden 34A 1 sal, pg. 977
TBWA COPENHAGEN, Bredgade 6, 3.sal, pg. 1080
TBWA INTERACTIVE, Bredgade 6 3 sal, pg. 1080
WAVEMAKER, St Kongengade 59, pg. 1381
WUNDERMAN, Strandboulevarden 122 4, pg. 1191
ZENITH MEDIA, Sankt Annae Plads 13, pg. 1389

Frederiksberg

STARCOM DENMARK, Solbjergvej 3 3 sal, pg. 1372

Hellerup

COMMUNIQUE, Ryvangs Alle 50, pg. 1497

DOMINICAN REPUBLIC

Santo Domingo

AS PUBLICIDAD, Jose Contreras no 62, Zona Universitaria, pg. 485
PAGES BBDO, Manuel De Jesus Troncoso No 16, Piantini, pg. 102
WAVEMAKER, Avenida de los Proceres, Esquina Eric Leonard Ekman #25,, Arroya Hondo, pg. 1384

ECUADOR

Guayaquil

MARURI GREY, Avenida Las Aguas #640, pg. 444
SALTIVERI OGILVY, Avenida Francisco de Orellana Edificio World Trade Center, Torre A Oficina 1105, pg. 820

Quito

FCB MAYO, Av Orellana E11-75 y Coruna, Edificio Albra Office 608, pg. 371
RIVAS Y&R, Edificio La Previsora Av Amazonas Y NNUU Esquina, Torre A Piso 7, pg. 1207
SALTIVERI OGILVY GUAYAQUIL, Av Amazonas y calle UN de Periodistas Edificio Puerta del Sol, Torre Este Piso 7, pg. 820
WAVEMAKER, Avenida Amazonas y Naciones Unidas, Edificio La Previsora,, Torre A, Piso 8, pg. 1384

EGYPT

Cairo

AMA LEO BURNETT, 2005C Corniche El Nil St Ramlet Beaulec, Nile City Towers N Tower, pg. 624
HORIZON FCB CAIRO, 66 Nile Corniche Maadi, pg. 370
IMPACT BBDO, 15 Hassan Sabry, zamalek, pg. 104
ISOBAR MENA, 2 El Malek El Afdal Street, Zamalek, pg. 550
J. WALTER THOMPSON CAIRO, 306 Cornish El Nile, Maadi, pg. 562
MEMAC OGILVY, 4 Abdel Rahman El Rafei St Mohandessin, pg. 828
SAATCHI & SAATCHI, 19 Soliman Abaza Street, Mohandesseen, pg. 977
WAVEMAKER, 8 Gazirat El Arab St 2 Fl, Al Mohandissin, pg. 1384

EL SALVADOR

La Libertad

PUBLICIDAD COMERCIAL, Edificio Comercial, Avenida el Espino No.77, Urbanizacion Madre Selva Antig, pg. 543

San Salvador

FCB CREA, 5a calle Poniente y 101 Avenida Norte, pg. 371
J. WALTER THOMPSON, Calle Circunvalacion No 332, Colonia San Benito, pg. 564
MOLINA DDB EL SALVADOR, Blvd del Hipodromo No 539, col San Benito, pg. 273
OGILVY EL SALVADOR, 550 Avenida La Capilla No, Col San Benito, pg. 820

ESTONIA

Tallinn

DDB ESTONIA LTD., Parnu Mnt 69, pg. 273
INOREK & GREY, Mafina 20, pg. 440
KONTUUR-LEO BURNETT, Parnu Road 142A, pg. 624
TBWA ESTONIA, Pamu mnt 139a, pg. 1080
ZAVOD BBDO, Rotermanni 5/ Roseni 10, pg. 104

FINLAND

Helsinki

DDB HELSINKI, Hietaniemenkatu 7A, pg. 273
HASAN & PARTNERS OY, Pursimiehenkatu 29-31B, pg. 703
HAVAS WORLDWIDE HELSINKI, Peramiehenkatu 12 E, pg. 479
KREAB HELSINKI, Etelaesplanadi 18, pg. 1561
MCCANN HELSINKI, Lautatarhankatu 8 B, pg. 703
OMD FINLAND OY, Fredrikinkatu 42, pg. 1357
POHJOISRANTA - HELSINKI, Kalevankatu 20, pg. 1444
SEK & GREY, Annankatu 28, pg. 440
TAIVAS, Unioninkatu 13, pg. 813
TBWA PHS, Fredrikinkatu 42, pg. 1080
WAVEMAKER, Unioninkatue 24, pg. 1382
WUNDERMAN HELSINKI, Koydenpunojankatu 2 a D, pg. 1191

FRANCE

Boulogne

Y&R PARIS, 67 Avenue Andre Morizet, pg. 1202

Boulogne-Billancourt

BURSON-MARSTELLER, 6 rue Escudier, CEDEX, pg. 1443

GEOGRAPHIC INDEX-NON U.S.

CLM BBDO, 93 Rue Nationale, pg. 104
E-GRAPHICS, 162-164 rue de Billancourt, pg. 1081
EG PLUS WORLDWIDE, 50/54 rue de Silly, pg. 1081
GREY HEALTHCARE PARIS, 63 bis rue de Sevres, pg. 418
TBWA CORPORATE, 50-54 rue de Silly, pg. 1081
TBWA EUROPE, 50/54 rue de Silly, pg. 1081
TBWA/G1, 162-164 rue de Billancourt, pg. 1081
TBWA PARIS, 162-164 rue de Billancourt, pg. 1081
W & CIE, 1 Cours de 1Ile Seguin, pg. 473
WUNDERMAN, 57 avenue Andre Morizet, pg. 1191
Y&R FRANCE S.A., 57 Ave Andre Morizet, pg. 1202
ZAKKA, 50/54 rue du Silly, pg. 1082

Clichy

FUTUREBRAND, 69 Blvd du General, Leclerc, pg. 405
MCCANN ERICKSON PARIS, 69 Blvd du General Leclerc, pg. 703
MRM PARIS, 69 Blvd du General Leclerc, pg. 768
QUALICONTACT, Espace Clichy 38 av Mozart, pg. 1081

Levallois-Perret

FULLSIXADVERTISING, 157 Rue Anatole, pg. 472
THE MARKETING STORE, 105 rue Anatole France, pg. 1410
ZENITHOPTIMEDIA, 68 bis rue Marjolin, CEDEX, pg. 1388

Metz-Tessy

PUBLICIS ACTIV ANNECY, Park Nord Les Pleiades no26, BP 434, pg. 898

Montpellier

NEA, Espace St-Charles Bat B., 300 rue Auguste Broussonnet, pg. 1275

Nancy

SAPIENTRAZORFISH NANCY, 14 rue Francois de Neufchateau, Longlaville CEDEX, pg. 1287

Neuilly-sur-Seine

HILL & KNOWLTON/THOMPSON CORP., 88 Avenue Charles de Gaulle, CEDEX, pg. 1533
J. WALTER THOMPSON FRANCE, 88 Avenue Charles de Gaulle, pg. 559

Paris

ACTIVE INTERNATIONAL (EUROPE) S.A.R.L., 27 rue Nicolo, pg. 1306
APCO WORLDWIDE, 15 rue de Marignan, pg. 62
ARTEFACT S.A, 19 Rue Richer, pg. 1238
/AUDITOIRE, 9 rue du Helder, pg. 1081
BETC, 1 Rue de l'Ancien Canal, pg. 479
CBA BE, 96 rue Edouard Vaillant, Levallois-Perret, pg. 1179
CBA BE, 96 rue Edouard Vaillant, Levallois-Perret, pg. 813
DDB COMMUNICATION FRANCE, 55 rue d'Amsterdam, pg. 273
DDB PARIS, 73-75 rue La Condamine, pg. 273
DIGITAS, 30-34 Rue du Chemin Vert, pg. 1252
ELAN EDELMAN, 54 Rue de Monceau, pg. 1497
FCB CHANGE, 1-3 Rue Caumartin, pg. 366
FINN PARTNERS LTD., 21 boulevard Haussmann, pg. 381
FLEISHMANHILLARD FRANCE, 37 rue de la Biensaisance, pg. 1510
GOLIN, Square d"Orleans, pg. 1521
GREY PARIS, 92 Avenue Des Ternes, pg. 440
GYRO PARIS, 38 bis rue du fer a Moulin, pg. 458
ICI BARBES, 146 rue du Faubourg Poissonniere, pg. 1081
KETCHUM, 54 Rue de Clichy, CEDEX, pg. 1557
LANDOR ASSOCIATES, 44 rues des Petites Ecuries, pg. 609
LEO BURNETT FRANCE, 133 Avenue des Champs Elysees, CEDEX, pg. 898
LEWIS, 44 rue Blanche, pg. 637
M&C SAATCHI, 32 rue du Notre Dame des Victoires, pg. 661
MEDIACOM PARIS, 32 Rue Guersant, pg. 1345
MS&L FRANCE, 15 rue Bleue, CEDEX, pg. 1589
MULLENLOWE PARIS, Square d'Orleans 80 rue Taitbout,

GEOGRAPHIC INDEX-NON U.S.   AGENCIES

pg. 776
OGILVY, 40 Ave George V, pg. 814
OGILVYHEALTHCARE, 44 avenue George V, pg. 814
OGILVYONE, 136 Avenue des Champs Elysees, pg. 814
PHONEVALLEY, 131 Ave Charles de Gaulle, Neuilly, pg. 898
PORTER NOVELLI-PARIS, 28 Rue Broca, pg. 1615
PUBLICIS COMMUNICATIONS, 133 Ave des Champs-Elysee, pg. 898
PUBLICIS CONSEIL, 133 Champs-Elysees, pg. 898
PUBLICIS ET NOUS, 33 rue des Jeuneurs, pg. 899
PUBLICIS GROUPE S.A., 133 Ave des Champs-Elysee, pg. 897
RAPP PARIS, 55 Rue de Amsterdam, pg. 933
SAPIENTRAZORFISH PARIS, 57 Boulevard de La Villette, pg. 1287
SELECTNY.PARIS, 94 Rue Saint Lazare, Esc A 7eme etage, pg. 1001
SID LEE, 12, rue du Sentier, pg. 1010
SUPERUNION, 26 Rue Notre-Dame des Victoires, pg. 1063
WAT - WE ARE TOGETHER, 6 boulevard des Capucines, pg. 566
WAVEMAKER, 32 Rue Guersant TSA 70022, CEDEX, pg. 1382

Puteaux

AFFIPERF, 8 rue Godefroy, pg. 473
HAVAS, 29/30 quai de Dion Bouton, pg. 472
HAVAS DIGITAL, 11 Square Leon Blum, pg. 474
HAVAS WORLDWIDE-EUROPE, 29/30 quai de Dion Bouton, pg. 478
HOPENING, 4 rue Bernard Palissy, pg. 1081

Rennes

HAVAS DIGITAL FACTORY, 17 rue de la Quintaine, pg. 480

Strasbourg

PUBLICIS ACTIV STRASBOURG, 1 rue du Dome, pg. 898

Suresnes

CARRE NOIR, 24 rue Salmon de Rothschild, pg. 898
GEORGE P. JOHNSON (FRANCE) SARL, 74 Rue Rouget de Lisle, pg. 417
LEO BURNETT, 26 Rue Salomon de Rothschild, pg. 625
SAATCHI & SAATCHI, 26 Rue Salomon de Rothschild, pg. 977

Toulouse

TBWA/COMPACT, 239 route de Saint-Simon, pg. 1081

Versailles

AID-ANALYSE INFORMATIQUE DE DONNEES, 4 Rue Henri le Sidamer, pg. 933

GEORGIA

Tbilisi

MCCANN ERICKSON GEORGIA, 71 Vazha-Pshavela Ave BCV 4th Fl, pg. 703

GERMANY

Bad Homburg

CPM GERMANY GMBH, Siemensstrasse 21, pg. 236

Berlin

APCO WORLDWIDE, Kontorhaus Mitte Friedrichstrasse 186, pg. 63
BBDO PROXIMITY BERLIN, Hausvogteiplatz 2, pg. 105
BURSON-MARSTELLER, Lennestrasse 1, pg. 1443
DDB BERLIN, Neue Schonhauser Strasse 3-5, pg. 274
DDB GROUP GERMANY, Neue Schoenhauser Strasse 3-5, pg. 274
HEIMAT WERBEAGENTUR GMBH, Segitzdamm 2, pg. 1082
ICONMOBILE, Wallstrasse 14a, pg. 1202
M&C SAATCHI, Oranienburgerstr 5a, pg. 661
M.E.C.H., Schonhauser Allee 37, Kultur Brauerei, pg. 704
OMD, Friedrichstrasse 61, pg. 1359
PIXELPARK AG, Bergmannstrasse 72, pg. 899
SAPIENTRAZORFISH GERMANY, Stralauer Allee 2b, pg. 1288
SELECTNY.BERLIN GMBH, Chaussee Strasse 123, pg. 1001
TBWA GERMANY, BERLIN, Rosenstrasse 16-17, pg. 1082
WEBER SHANDWICK, Schonhauser Allee 37 Geb P, pg. 1678

Bielefeld

PUBLICIS PIXELPARK, Walther-Rathenau-Strasse 33, pg. 899

Cologne

FACTS & FICTION GMBH, Anna-Schneider-Steig 2 Rheinauhafen, pg. 1191
INTERBRAND & CEE, Weinsbergstrasse 118a, pg. 836
WEBER SHANDWICK, Hohenzollernring 79-83, pg. 1678

Dusseldorf

BBDO DUSSELDORF, Konigsallee 92, pg. 105
GREY GROUP GERMANY, Platz der Ideen 1, pg. 440
HAVAS WORLDWIDE DIGITAL DUSSELDORF, Kaiserwerther Strasse 135, pg. 480
HAVAS WORLDWIDE DUSSELDORF, Kaiserwerther Strasse 135, pg. 480
HERING SCHUPPENER CONSULTING, Kreuzstrasse 60, pg. 1443
JACK MORTON WORLDWIDE (DUSSELDORF), Rochusstrasse 47, pg. 567
KETCHUM PLEON, Bahnstrasse 2, pg. 1557
KINETIC, Rather Strasse 110a, pg. 1338
MEDIACOM DUSSELDORF, Derendorfer Alle 10, pg. 1338
MEDIACOM DUSSELDORF, Derendorfer Alle 10, pg. 1346
OGILVY, Am Handelshafen 2-4, pg. 814
OGILVY HEALTHWORLD GMBH, Am Handelshafen 2-4, pg. 814
OGILVY HEALTHWORLD GMBH, Am Handelshafen 2-4, pg. 1599
SAPIENT GMBH - DUSSELDORF, Hammer St 19, pg. 915
TBWA GERMANY, Schanzenstrasse 54a, pg. 1082
TRIBAL WORLDWIDE, Berliner Allee 10, pg. 274
WAVEMAKER, Rosstrasse 92, pg. 1382

Frankfurt

GREY, Schwedter St 6, pg. 440
HERING SCHUPPENER-FRANKFORT AMMAIN, Mainzer Land Street 41, pg. 1444
HILL+KNOWLTON STRATEGIES, Schwedlerstrasse 6, pg. 1533
KINETIC, Darmstadter Landstrasse 110, pg. 1338
MANNING, SELVAGE & LEE FRANKFURT, Otto Messmer St 1, pg. 1588
MRM WORLDWIDE, Grosser Hasenpfad 44, pg. 768
OCTAGON, Opernplatz 2, pg. 807
OGILVY FRANKFURT, Darmstadter Landstrasse 112, pg. 814
OGILVYONE GMBH, Darmstadter Landstrasse 112, pg. 815
SAPIENTRAZORFISH GMBH, Jakob Latscha Strasse 3, pg. 1288
TBWA GERMANY, Hanauer Landstrasse 182b, pg. 1082

Frankfurt am Main

BURSON-MARSTELLER GMBH, Hanauer Landstrabe 126 - 128, pg. 1442
CHANGE COMMUNICATIONS GMBH, Solmstrasse 4, pg. 541
EDELMAN FRANKFURT, Niddastrasse 91, pg. 1494
J. WALTER THOMPSON FRANKFURT, Hanauer Landstrasse 147, pg. 560
MCCANN ERICKSON BRAND COMMUNICATIONS AGENCY, Grosser Hasenpad 44, pg. 703
MCCANN ERICKSON DEUTSCHLAND, Grosser Hasenpfad 44, pg. 703
SAATCHI & SAATCHI, Uhlandstrasse 2, pg. 977
WUNDERMAN, Kleyerstrasse 19, pg. 1191

Freiburg

HAVAS LIFE BIRD & SCHULTE, Urachstrasse 19, pg. 474

Germering

FINN PARTNERS LTD., Augsburger Strasse 17, pg. 381

Hamburg

COHN & WOLFE, Hanseatic Trade Center, Am Sandtorkai 76, pg. 1443
COMMARCO GMBH, Hanseatic Trade Center, Am Sandtorkai 76, pg. 1180
EDELMAN, Media Park Kampnagel Barmbeker Str 4, pg. 1495
FCB HAMBURG, Bleichenbruecke 10, pg. 366
HAVAS WORLDWIDE HAMBURG, Brahms Kontor Johannes-Brahms-Platz 1, pg. 480
INITIATIVE HAMBURG, Schloss-Strasse 8e, pg. 1333
INTERBRAND, Zirkusweg 1, pg. 836
LANDOR ASSOCIATES, An der Alster 47, pg. 610
MCCANN ERICKSON HAMBURG GMBH, Neuer Wall 43, pg. 704
SELECTNY.HAMBURG GMBH, Hohelustchaussee 18, pg. 1001
SUPERUNION, Bahrenfelder Chaussee 49, pg. 1063
TBWA/GERMANY, Bernhard Nocht Ste 113, pg. 1082
TRIBAL WORLDWIDE HAMBURG, Willy-Brandt Strasse 1, pg. 1296
WAVEMKAKER GMBH, Oberbaumbruecke 1, pg. 1382

Koblenz

SELECTNY.KOBLENZ GMBH, Schlossstrasse 1, pg. 1001

Munich

BERGER BAADER HERMES GMBH, Nymphenburger Strasse 86, pg. 1202
DIGITAS, Arnulfstrasse 60, c/o SapientRazorfish, pg. 1252
EDELMAN, Pelkovenstrasse 147, pg. 1495
F&H PORTER NOVELLI, Brabanter Str 4, pg. 1614
FLEISHMAN-HILLARD GERMANY, Herzog-Wilhelm-Strasse 26, pg. 1510
HEYE & PARTNER GMBH, Blumenstr. 28,, pg. 274
INTERONE WORLDWIDE, Therecienhoehe 12, pg. 105
LEWIS, Baierbrunner Str 15, pg. 637
MAXIIGYROHSR, Munich Lindwurmstr 76, pg. 458
POSSIBLE, Arnulfstrasse 58, pg. 1281
PUBLICIS PIXELPARK, Implerstr 11, pg. 899
SAPIENTRAZORFISH MUNICH, Arnulfstrasse 60, pg. 915
TEXT 100 MUNICH GMBH, Nymphenburgerstrasse 168, pg. 1658
WAVEMAKER, Theresienhohe 13a, pg. 1382
WE, Sandstrasse 33, pg. 1672
WEBER SHANDWICK, Seidlstrabe 26, pg. 1678

Neu-Isenburg

SUDLER & HENNESSEY FRANKFURT, Dornhof Str 44 46, pg. 1058

Ostfildern

RAUMTECHNICK, Plieninger Strasse 54, pg. 892

GREECE

Athens

ACTION GLOBAL COMMUNICATIONS, 49-51 Ypsilantou Str, Kolonaki, pg. 1678
BBDO ATHENS, 48 Ethnikis Antistaseos St, pg. 105
BOLD OGILVY GREECE, 10 Imathias Str, Gerakas, pg. 815
FCB GNOMI, Iroos Matsi & Archaiou Theatrou Str, Alimos, pg. 367
HAVAS WORLDWIDE ATHENS, 226 Snygrou Avenue, pg. 480

A-113

IKON PORTER NOVELLI, 7 Ethnikis Antistasseos Halandri, pg. 1615
MCCANN ERICKSON ATHENS, 2 Hydras st & 280 Kifissias ave, Halandri, pg. 704
MEDIACOM ATHENS, 350 Kifisias Avenue & 2 Christou Lada, 15233 Chalandri, pg. 1346
MULLENLOWE ATHENS, 54 Kapodistriou, Filothei, pg. 774
OGILVY, 7 Granikou Street, Maroussi, pg. 1600
OGILVYONE WORLDWIDE, 10 Imathias Street, pg. 815
PUBLICIS HELLAS, 3-5 Menandrou Street, Kifissia, pg. 899
PUBLICOM/HILL + KNOWLTON STRATEGIES, Charilaou Trikoupi & Xenias 5 Street, Amarousiou, pg. 1533
TRIBAL WORLDWIDE ATHENS, 4 Kastorias & Messinias Str, Gerakas, pg. 1296

GUATEMALA

Guatemala

BBDO GUATEMALA, 5 Ave 5-55 Zona 14 Europlaza Torre 4 nivel 17, pg. 103
D4 MCCANN, 5a Ave 5-55 zona 14 Europlaza Torre I Nivel 7, pg. 704
EL TAIER DDB, Via 4 1-61 Zona 4, 1er nivel 4 Grados Norte, pg. 274
FCB DOS PUNTOS CREA, Km 8.6 antigua Carretera a El Salvador Ctro Corp Muxbal, Torre Este Nivel 9, pg. 371
HAVAS GUATEMALA, 18 Calle 24-69 Zona 10 Empresarial Zona Pradera, Torre 4 Nivel 8 Oficina 805, pg. 485
TBWA/GUATEMALA, 23 Calle 15-14 Zone 13, pg. 1092
TEQUILA GUATEMALA, 7A Avenida 14-44 Zona 9, Nivel 2, pg. 1092
WAVEMAKER, 14 calle 3-51 zona 10 Edificio Murano Center, Oficina 402, pg. 1384

HONDURAS

Tegucigalpa

FCB CREA, Edif Mall El Dorado Bulevard Morazan, pg. 371
MASS NAZCA SAATCHI & SAATCHI, Colonia Palmira Avenue Republica de Venezuela 2130, 1396, pg. 982

HUNGARY

Budapest

DDB BUDAPEST, Dozsa Gyorgy ut 84/a 3rd Floor, pg. 275
HAVAS WORLDWIDE BUDAPEST, Nagyszombat u 1, pg. 480
INITIATIVE BUDAPEST, Vajdahhunyad U. 33-43, pg. 1333
J. WALTER THOMPSON BUDAPEST, Revesz 27-29, pg. 560
POSSIBLE, Bocskai Ut 134-146, pg. 1281
SAATCHI & SAATCHI, Alvinci Ut 16, pg. 977
STARCOM WORLDWIDE, Szepvolgyi Business Park Cepulet Building 1V Emelet Floor, pg. 1373
TBWA BUDAPEST, Szuret utca 15, pg. 1083
WAVEMAKER, Lajos utca 80, pg. 1382
WEBER SHANDWICK, Montevideo utca 10, pg. 1678
WUNDERMAN, Alkotas u 53 C epulet, MOM park, pg. 1191
Y&R BUDAPEST, MOM Park,Alkotasu 53C, pg. 1205

INDIA

Bengaluru

22FEET TRIBAL WORLDWIDE, 4th Floor Serene 106 4th C Cross 5th Block, pg. 1297
CORPORATE VOICE-WEBER SHANDWICK, No 2561 16th D Main HAL II Stage, Indiranagar, pg. 1681
END TO END MARKETING SOLUTIONS PVT. LTD, #173 9th Cross, Indiranagar 1st Stage, pg. 704
FCB ULKA, 1103 11th Floor Barton Centre 84 MG Road, pg. 373
GREY (INDIA) LTD. (BANGALORE), Mount Kailash No 33/5 2nd Floor Meanee Avenue Road, pg. 446

HAPPY MCGARRYBOWEN, No 40 City Centre CMH Road, Indiranagar, pg. 717
HAVAS WORLDWIDE BANGALORE, 4016 First Cross 17th Main, HAL II Stage - Domlur, Indiran, pg. 487
J. WALTER THOMPSON, 9th Floor Embassy Heights 13 Magrath Road, pg. 557
LEO BURNETT ORCHARD, HAL 3rd Stage No 37 80 Foot Road, pg. 630
MEDIACOM BANGALORE, 3rd Fl Mahalakshmi Chambers, No 29 M G Road, pg. 1349
MILLWARD BROWN MARKET RESEACH SERVICES, Mahalakshmi Chamber 3rd Fl Mahatma Gandhi Rd, pg. 743
OGILVY, Level 06 5th Fl Bagmane Laurel Bagmane Techpark, C V Raman Nagar, pg. 823
OGILVY, Level - 06 Fifth Floor Bagmane Laurel 65/2 Bagmane Teck Park, CV Raman Nagar Byrasandra, pg. 1601
THE PRACTICE PORTER NOVELLI, 812 7th Fl Oxford Towers, Airport Rd, pg. 1616
SAATCHI & SAATCHI DIRECT, 37/6 Aga Abbas Ali Road off Ulsoor Road, pg. 984
TBWA INDIA, A - 1 Tower 4th Fl Golden Enclave, Airport Rd, pg. 1090
WAVEMAKER, Mahalaxmi Chambers 5th Floor, 29 M G Road, pg. 1386

Chennai

J. WALTER THOMPSON, 26 Ethiraj Salai, Egmore, pg. 557
OGILVY INDIA, 139/140 Rukmani Lakshmipathy Salia Marshalls Road, Egmore, pg. 823
POLARIS FINANCIAL TECHNOLOGY LIMITED, Polaris House 244 Anna Salai, pg. 881
R.K. SWAMY BBDO, Film Chamber Bldg 604 Anna Salai, pg. 112
TBWA INDIA, No 62 1st Fl 3rd St, Abhiramapuram, pg. 1090
WAVEMAKER, New No. 13, Old No. 7, 5th Street, Nandanam Extension, pg. 1386

Gurgaon

BBDO INDIA, 207/2 Solitaire Plz, pg. 112
EDELMAN, 6th Floor, Vatika Triangle, Sushant Lok-1, Block - A, pg. 1495
EVEREST BRAND SOLUTIONS, 2nd Floor Parsvnath Arcadia, No 1 Mehrauli Gurgaon Road, pg. 1200
FCB ULKA, Unitech Business Park, 4th Flr, Tower B, South City 1 Sector 41, pg. 373
GENESIS BURSON-MARSTELLER, 807-B Signature Towers South City, pg. 1446
GREY (INDIA) PVT. PTY. LTD. (DELHI), Park Centra 503-505 Sector 30 NH-8, Opp 32nd Milestone, pg. 446
HAVAS WORLDWIDE GURGAON, 5th Floor Tower A Building No 9, DLF Cyber City Phase III, pg. 487
PUBLICIS INDIA COMMUNICATIONS PVT. LTD., Vatika Triangle 6th Fl Sushant Lok, Phase I Block A, pg. 910
REDIFFUSION Y&R PVT. LTD., DLF Cyber City, Building No 9B, pg. 1201
SAPIENT CORPORATION PRIVATE LIMITED, The Presidency Mehrauli-Gurgaon Road Sector 14, pg. 915
ZENITHOPTIMEDIA INDIA, 90 D Sector 18 Udyog Vihar, Phase 4, pg. 1390

Hyderabad

OGILVY, Mahavir House 303-304 3rd Floor Mahavir House, Basheer Bagh Cross Roads, pg. 824

Kochi

FCB INTERFACE, Vallamattam Estate Mahatma Gandhi Road, Ravipuram, pg. 373

Kolkata

J. WALTER THOMPSON, Bengal Intelligent Park, Omega Bldg, 18th Fl, Blk EP&GP, Salt Lake, Sector V, pg. 557

Mumbai

20:20 MSL, 14th Floor, Urmi Estate, 95, GanapatraoKadamMarg, Lower Parel (W), pg. 1588
APCO WORLDWIDE, Office No 433 Level 4 Dynasty Business Park A Wing, Andheri Kurla Road Andheri E, pg. 63
BBH MUMBAI, Amiye 2nd Floor Linking Road, Santacruz (West), pg. 93
CONTRACT ADVERTISING (INDIA) LIMITED, Vaswani Chambers 264 Dr Annie Bessant Road, pg. 555
DDB MUDRA GROUP, Mudra House Opp Grand Hyatt, pg. 275
DIGITAS, 17th Fl Tower A Urmi Estate, Ganpat Rao Kadam Marg, pg. 1252
EGGFIRST, B-52/206 Eggfirst Villa, Goregaon (W), pg. 333
EVEREST BRAND SOLUTIONS, 5th Floor Terminal 9 Nehru Road, Vile Parle E, pg. 1200
FCB INTERFACE, A Wing-206 2nd Fl Phoenix House Phoenix Mills Compound, SenapatiBapat Marg Lower Parel, pg. 373
FCB ULKA, Chibber House, Sakinaka, Andheri (E), pg. 373
GREY (INDIA) PVT. LTD., Grey House 28 Dr E Borge Road Oppos Dr Shirodkar High School, Parel, pg. 446
HAKUHODO PERCEPT PVT. LTD., P22, Raghuvanshi Estate, Lower Parel, pg. 463
HAVAS LIFE SORENTO, 12 Garodia Estate 3A Udyog Nagar SV Road Goregaon West, pg. 487
HAVAS WORLDWIDE MUMBAI, Valencia Building - 4th floor, Off Dr SS Rao Road, Parel, pg. 488
INTERACTIVE AVENUES PVT. LTD., First Floor Kagalwala House C Block - East Wing, pg. 542
ISOBAR INDIA, 7th Floor B Wing Poonam Chambers II Dr Annie, pg. 549
J. WALTER THOMPSON, 301 Peninsula Chambers Ganpatrao Kadam Marg, Lower Parel West, pg. 556
LEO BURNETT INDIA, Big Apple A, 36 Dr L Shirodkar Rd Parel, pg. 629
MCCANN ERICKSON INDIA, McCann House Dr SS Rao Road, Parel East, pg. 704
MEDIACOM INDIA, 201 2nd Fl Kamla Executive Park Opp Vazir Glass Factory, Andheri East, pg. 1349
MRM WORLDWIDE, F-Block Voltas House, pg. 768
MSL GROUP INDIA, Urmi Estate 14th Floor Tower A, Lower Parel (W), pg. 908
MULLENLOWE LINTAS GROUP, Express Towers 15th Floor, Nariman Point, pg. 774
OGILVY, 11th Floor Oberoi Commerz International Business Park, Off Western Express Highway, pg. 1601
OGILVY HEALTHWORLD INDIA, Trade World 2nd Floor C Wing, Senapati Bapat Marg, pg. 833
OGILVY INDIA, 14th Floor Commerz International Business Park Oberoi Garden City, Goregaon, pg. 824
OGILVY MUMBAI, 11th Floor Oberoi Commerz International Business Park Oberoi Garden, Gurgaon (East), pg. 1601
OGILVYONE WORLDWIDE, 12 Floor Commerz International Business Park Oberoi Garden City, Goregaon (East), pg. 825
PUBLICIS AMBIENCE MUMBAI, Viva Ctr 126 Mathuradas Mills Compound, N M Joshi Marg Lower Parel (W), pg. 909
PUBLICIS BEEHIVE, 701-A Poonam Chambers Dr Annie Besant Road, Worli, pg. 909
PUBLICIS INDIA COMMUNICATIONS PVT. LTD., 126 Mathuradas Mills Compound N M Joshi Marg, Off Senapati Bapat Marg Lower, pg. 909
REDIFFUSION Y&R PVT. LTD., Terminal 9 5th Floor Nehru Road, Vile Parle East, pg. 1200
SAATCHI & SAATCHI, Urmi Estate Tower A 15th Floor 95 Ganpatrao Kadam Marg, Lower Parel, pg. 984
SCARECROW M&C SAATCHI, 2nd Floor Kamani Chambers 32 Ramjibhai Kamani Marg, Ballard Estate, pg. 663
SMG CONVONIX, Urmi Estate 16th Fl, Lower Parel (W), pg. 1373
TBWA INDIA, G11/12 Paragon Centre Opp Century Mills P.B. Marg, pg. 1090
WAVEMAKER, 8th Floor Commerz International Business Park, Oberoi Garden City, pg. 1386
WEBER SHANDWICK, Vilco Ctr B Wing 4th Fl No 8 Subash Rd, Vile Parle, pg. 1681

New Delhi

DDB MUDRA, Platinum Tower Ground Floor, pg. 276
LEO BURNETT INDIA, 24 & 30 Okhla Industrial Real Estate Phase III 3rd Floor, pg. 630
M&C SAATCHI, 141B Shahpur Jat, pg. 662
MCCANN ERICKSON INDIA, 8 Balaji Estate Guru Ravi Dass Marg Kalkaji, Near Kailash Colony, pg. 705
MRM WORLDWIDE INDIA, 8 Balaji Estate Guru Ravi Dass

GEOGRAPHIC INDEX-NON U.S.

AGENCIES

Marg, Kalkaji, pg. 768
OGILVY, Tower A 6th to 8th Floor Global Business Park Mehrauli Gurgaon Road, Gurgaon Haryana, pg. 825
OGILVYONE WORLDWIDE, Ogilvy Centre 1 Okhla Industrial Estate Phase III, pg. 825
REDIFFUSION WUNDERMAN, Building No 9A 4th Floor DLF Cyber City, Gurgaon Haryana, pg. 1191
TBWA INDIA, Millenium Plaza Ground Floor Tower 'B' Sushant Lok-I Sector-27, Gurgaon, pg. 1090
TEXT 100 INDIA PVT. LTD., 2nd Fl TDI Centre Plot No.7, Jasola, pg. 1659
WEBER SHANDWICK, No 212 Second Floor Okhla Industrial Estate, Phase III, pg. 1681
WIEDEN + KENNEDY INDIA, 314 DLF South Court, Saket, pg. 1166

Noida

SAPIENT CORPORATION PTE. LTD. - NOIDA, Green Blvd Tower C 3rd & 4th Fl, pg. 915

INDONESIA

Jakarta

APCO WORLDWIDE, 10th Floor World Trade Center Jl Jend Sudirman Kav 29-31, pg. 63
BBDO KOMUNIKA, Hero Bldg II 7th Fl JL Gatot Subroto, 177 A Kav 64, pg. 113
BURSON-MARSTELLER, Wisma BNI 46 Kota BNI Suite 16-07, Jln Jend Sudirman Kav 1, pg. 1445
COHN & WOLFE XPR INDONESIA, Equity Tower Building 35th Fl JL Jend, Sudirman Kav 52-53, pg. 1445
DDB INDONESIA, Jl Proklamasi No 49, pg. 276
FCB JAKARTA, Gedung Permata Kuningan 7th Fl, pg. 373
FLEISHMAN-HILLIARD INC., Hero Building II, 7/F J1 Jend Gatot, pg. 1511
GREY GROUP INDONESIA, 5th Fl Tetra Pak Building, Jl Buncit Raya Kav 100, pg. 447
INDOPACIFIC EDELMAN, Recapital Bldg 3rd Fl Jl Adityawarman Kav 55, Kebayoran Baru, pg. 1497
J. WALTER THOMPSON, Jalan Proklamasi No 46, pg. 557
LEO BURNETT INDONESIA, JL MH Thamrin Kav 3 Menara Thamrin 26th, pg. 630
MATARI ADVERTISING, Puri Matari Jalan HR Rasuna Said Kav H 1-2, pg. 1201
MULLENLOWE INDONESIA, 4th - 6th Floors Victoria Building Jl Sultan Hasanuddin kav No 47-51, pg. 774
OGILVY, Sentral Senayan III 11th Fl, Gelora Bung Kamo - Senayan, pg. 825
OGILVYINTERACTIVE, Bapindo Plaza Bank Mandiri Tower 25th Floor Jalan Jendral, Sudirman Kav 54-55, pg. 825
PERWANAL SAATCHI & SAATCHI, Menara Jamsostek South Tower 22nd Fl, JL Jend Gatot Subroto Kav 38, pg. 982
PRISMA PUBLIC RELATIONS, Jl Padang No 18, pg. 1458
PUBLICIS INDONESIA, Samudera Indonesia Building 5th Floor Jl Jend S Parman Kav 35, Slipi, pg. 900
TCP-TBWA INDONESIA, Mulia Business Park T Garden, pg. 1090
WEBER SHANDWICK, PT Inpurema Konsultama Gedung BRI II Lt 16, Jl Jend Sudirman Kav 44-46, pg. 1681

IRELAND

Dublin

BBDO DUBLIN, 17 Gilford Road, Sandymount, pg. 105
CPM IRELAND, 33 Greenmount Office Park, Harolds Cross, pg. 236
EDELMAN, Huguenot House 37 Saint Stephens Green, pg. 1494
FLEISHMANHILLIARD DUBLIN, 15 Fitzwilliam Quay, pg. 1510
HAVAS MEDIA IRELAND, Park View House Beech Hill Office Campus, Clonskeagh, pg. 1326
HAVAS WORLDWIDE DUBLIN, 64 Lower Leeson St, pg. 480
HENEGHAN PR, 54 Pembroke Road, pg. 1443
JWT FOLK, 20 North Umbeland Road, Ballsbridge, pg. 560
KINETIC, 31 Ballsbridge Terr, pg. 1338
LEO BURNETT ASSOCIATES, 46 Wellington Rd Ballsbridge, pg. 625
MCCANNBLUE, Malting Tower Grand Canal Quay, pg. 705
MEDIACOM IRELAND, Marconi House, Lower Ground Floor, pg. 1346
MILLWARD BROWN LANSDOWNE, Millbank House Arkle Road, Sandyford, pg. 743
OGILVY, 6 Ely Place, pg. 815
OGILVYONE WORLDWIDE, 6 Ely Place, pg. 815
OWENS DDB, The Schoolhouse, 1 Grantham Street, pg. 276
STARCOM MEDIAVEST, 16 Sir John Rogersons Quay, pg. 1372
TBWADUBLIN, 41A Blackberry Lane, Rathmines, pg. 1083
WAVEMAKER, 6 Ely Pl, pg. 1382
WEBER SHANDWICK-FCC, Hambleden House 19-26 Lower Pembroke Street, pg. 1678
WILSON HARTNELL (WH), 6 Ely Pl, pg. 1600
ZENITHOPTIMEDIA, 3rd Fl Molyneax House Bride St, pg. 1388

ISRAEL

Jerusalem

FINN PARTNERS, 8 Hartum Street, Har Hotzvim, pg. 382

Ramat Gan

BBR SAATCHI & SAATCHI, 6 Hachilason Street, pg. 977
ZENITH MEDIA, 3 Chilason St, pg. 1389

Tel Aviv

ADLER, CHOMSKI GREY, 154 Menacham Begin Road, pg. 440
FCB SHIMONI FINKELSTEIN, 57 Rothschild Blvd, pg. 370
GITAM/BBDO, 8 Raul Wallenberg Street, pg. 106
GITAM PORTER NOVELLI, Gitam House 8 Raul Walenberg St, pg. 1615
GREY TEL AVIV, 98 Igal Alon St, pg. 441
MCCANN ERICKSON, 2A Raul Valenberg St, pg. 705
WOLF PRESS & PUBLIC RELATIONS, 65 Yigal Alon St, pg. 1497
YEHOSHUA TBWA, 1 Nirim Street, pg. 1088

ITALY

Casale Monferrato

CARMI & UBERTIS DESIGN S.R.L., 2 Via Savio Alessandro, pg. 899

Milan

ARNOLD MILAN, Via Torino, 68, 10-20123, pg. 70
B FLUID, Via Leto Pomponia 3/5, pg. 1083
BURSON-MARSTELLER S.R.L., Via tortona 37, pg. 1442
COHN & WOLFE, via Benedetto Marcello 63, pg. 1443
D'ADDA, LORENZINI, VIGORELLI, BBDO, Via Lanzone 4, pg. 106
DDB S.R.L. ADVERTISING, Via Andrea Solari 11, pg. 276
FCB MILAN, Via Spadolini 7, pg. 367
FLEISHMAN-HILLARD ITALY, Via Solari 11, pg. 1510
GREY ITALIA S.P.A, Via Alberto Mario 19, pg. 441
GREYUNITED, Via Galvano Fiamma 18, pg. 441
HAVAS WORLDWIDE DIGITAL MILAN, Via San Vito, 7, pg. 480
HAVAS WORLDWIDE MILAN, Via San Vito 7, pg. 481
HILL & KNOWLTON ITALY, Via Paolo Lomazzo 19, pg. 1533
INTRAMED COMMUNICATIONS MILAN, Via Bertieri 4, pg. 1059
J. WALTER THOMPSON MILAN, Via Lomazzo 19, pg. 560
KETCHUM, Via Leto Pomponio, n. 3/5, pg. 1557
KINETIC, Piazza della Conciliazione n 1, pg. 1337
LANDOR ASSOCIATES, Via Tortona 37, pg. 609
LEO BURNETT CO. , S.R.L., Via Fatebenefratelli 14, pg. 625
LEWIS, Via Lecco 12, pg. 637
M&C SAATCHI MILAN, Viale Monte Nero 76, pg. 660
MARSTELLER, Via Tortona 37, pg. 1444
MCCANN WORLDGROUP S.R.L., Via Valtellena 15/17, pg. 715
MEDIACOM ITALY, Corso Sempione 2, pg. 1346
MILLWARD BROWN DELFO, Via Guglielmo Silva 36, pg. 743
MRM WORLDWIDE, Via Valtellina 15/17, pg. 768
MS&L ITALIA, Via Bernina 34, pg. 1589
MULLENLOWE PIRELLA, Viale Lancetti 43, pg. 776
OGILVY, Viale Lancetti 29, pg. 815
OGILVY S.P.A., Via Lancetti 29, pg. 1600
OGILVYHEALTHCARE, V le V Lancetti 29, pg. 833
PUBLICIS ITALIA, Via A Riva Villasanta 3, pg. 899
PUBLICIS NETWORKS, Via Riva Villa Santa 3, pg. 900
PUBLICIS S.R.L., Via A Riva di Villasanta 3, pg. 900
RED CELL, Alberto Mario N 19, pg. 1181
RED CELL, Alberto Mario N 19, pg. 218
REPORT PORTER NOVELLI, Piazza Grandi 24, pg. 1616
SAATCHI & SAATCHI, Corso Monforte 52, pg. 978
SAATCHI & SAATCHI HEALTHCARE, Corso Monforte 52, pg. 978
SAPIENTRAZORFISH MILAN, Corso Monforte 36, pg. 1288
SUDLER & HENNESSEY EUROPEAN HEADQUARTERS, Via Traiano 7, pg. 1059
SUDLER & HENNESSEY MILAN, Via Bertieri 4, pg. 1059
TBWA ITALIA, Via Leto Pomponio 3-5, pg. 1083
TEXT 100 MILAN S.R.L., Piazza Principessa Clotilde 8, pg. 1658
TRIBAL WORLDWIDE MILAN, via Solari 11, pg. 1297
VERBA S.R.L. ADVERTISING, Via Savona 16, pg. 276
WAVEMAKER, Via Carducci 14, pg. 1382
WEBER SHANDWICK, Via Pietrasanta 14, pg. 1678
WUNDERMAN, Via Tortona 37, pg. 1192
Y&R ITALIA, SRL, Tortona 37, pg. 1203
ZENITHOPTIMEDIA, 5 via Cavriana, pg. 1389
ZENITHOPTIMEDIA INTERACTIVE DIRECT, 5 via Cavriana, pg. 1388

Rome

AD MAIORA SRL, Via Machiavelli 25, pg. 24
BURSON-MARSTELLER S.R.L., Via Gregoriana 54, pg. 1442
HAVAS LIFE ROME, Via del Poggio Laurentino 118, pg. 474
HILL & KNOWLTON GAIA, Via Nomentana 257, pg. 1533
J. WALTER THOMPSON, Via del Commercio 36, pg. 560
KETCHUM PLEON ROMA, Via Cassia 1081, pg. 1557
LEO BURNETT ROME, Via Crescenzio 38, pg. 625
MCCANN ERICKSON ITALIANA S.P.A., Via Libano 68/74, pg. 706
MCCANN ERICKSON ITALIANA S.P.A., Via Libano 68/74, pg. 715
OGILVY, V Pio Emanuelli 1, pg. 815
PUBLICIS, Via Tata Giovanni 8, pg. 900
SAATCHI & SAATCHI, Via Nazionale 75, pg. 978
TBWA ROMA, Via Flaminia Vecchia 495, pg. 1083
WAVEMAKER, Via Cristofo Colombo 163, pg. 1382
WEBER SHANDWICK, Via Magazzini Generali, 18, pg. 1678
Y&R ROMA SRL, Via Giulio Cesare 2, pg. 1203
ZENITHOPTIMEDIA, Piazza G Marconi 15, pg. 1389

Turin

LEO BURNETT CO. S.R.L., Via San Quintino 28, pg. 625

Verona

WAVEMAKER, Via Leoncino 16, pg. 1382

JAPAN

Fukuoka

HAKUHODO ERG, INC., 11th Floor Hakata Riverain East Site 2-1 Shimokawabata-machi, Hakata-ku, pg. 462
HAKUHODO INC. KYUSHU OFFICE, Hakata Riverain East Site 2-1 Shimokawabata-machi, pg. 462

Osaka

MCCANN ERICKSON INC., Aqua Dojima West 19th Floor 1-4-16, Dojimahama Kita-ku, pg. 706

Tokyo

BEACON COMMUNICATIONS K.K., JR Tokyo Maguro Building 3-1-1 Kami-Osaki, Shinagawa-ku, pg. 630
BEACON COMMUNICATIONS K.K., JR Tokyo Maguro

A-115

AGENCIES

Building 3-1-1 Kami-Osaki, Shinagawa-ku, pg. 910
BLUECURRENT JAPAN, Nichirei Higashi-Ginza Bldg 7F, 6-19-20 Tsukiji Chuo-Ku, pg. 1511
CYBER COMMUNICATIONS INC., 7F Comodio Shiodome 2-14-1 Higashi-shimbashi, Minato-ku, pg. 291
DDB JAPAN, 40th Floor, Hraumi Triton Square X, 1-8-10 Harumi Cho-ku, pg. 276
DENTSU INC., 1-8-1 Higashi-shimbashi, Minato-ku, pg. 289
DENTSU Y&R JAPAN, 2-chome Higashi shinbashi Shiodome KOMODIO No 14 No 1, Minato-ku, pg. 1199
DENTSU YOUNG & RUBICAM INC., Comodio Shiodome 2-14-1 Higashi Shimbashi, Minato-ku, pg. 1201
DIGITAL ADVERTISING CONSORTIUM, INC., Yebisu Garden Place Twr 33F 4-20-3 Ebisu, Shibuya-ku, pg. 462
EDELMAN, 3rd Floor Toranomon 45 MT Bldg, 5-1-5 Toranomon Minato-ku, pg. 1494
FLEISHMAN-HILLARD/JAPAN, Nichirei Higashi-Ginza Building 7F 6-19-20, Tsukiji Chuo-Ku, pg. 1511
GREY GROUP JAPAN, Ebisu Square, 1-23-23 Ebisu, Shibuya-ku, pg. 447
HAKUHODO I-STUDIO, INC., NBF Toyosu Gardenfront 9F 5-6-15 Toyosu, Koto-ku, pg. 462
HAKUHODO INCORPORATED, Akasaka Biz Tower 5-3-1 Akasaka, Minato-ku, pg. 461
HILL + KNOWLTON STRATEGIES, 3-5-27 Roppongi Minato-Ku, Yamada Roppongi Building 8F, pg. 1534
THE HOFFMAN AGENCY, Burex Kyobashi Suite 515 2-7-14 Kyobashi, Chuo-ku, pg. 1536
I&S BBDO INC., Harumi Triton Square X 1-8-10 Harumi, Chuo-ku, pg. 113
J. WALTER THOMPSON JAPAN, Yebisu Garden Place Tower 30th Floor 4-20-3 Ebisu, Shibuya-ku, pg. 557
KREAB TOKYO, Shibakoen Ridge Bldg 1-8-21 Shibakoen, pg. 1561
M&C SAATCHI, 1-26-1 Ebisunishi Shibuya-Ku, pg. 661
MCCANN ERICKSON JAPAN INC., Shin Aoyama Bldg., E 1-1-1 Minami-Aoyama, Minato-ku, pg. 706
MEDIACOM JAPAN, Yebisu Garden Place Tower 30F, 4-20-3 Ebisu Shibuya-ku, pg. 1349
MRM WORLDWIDE, Shin-Aoyama Building E 1-1-1 Minami-Aoyama, Minato-ku, pg. 768
MS&L JAPAN, 14F JR Tokyu Meguro Blg, 3-1-1 Kami-Osaki Shinagawa-ku, pg. 1589
MULLENLOWE TOKYO, Aoyama Plaza Bldg., 2-11-3, Kita-Aoyama, Minato-Ku, pg. 778
OGILVY JAPAN K.K., Yebisu Garden Place Tower 25F 4-20-3 Ebisu, pg. 825
OGILVYONE WORLDWIDE, Yebisu Garden Place Tower, 25F 4-20-3 Ebisu, Shibuya-ku, pg. 826
RAPP TOKYO, 3-1-1 Higashi-Ikebukuro, pg. 933
SAATCHI & SAATCHI FALLON TOKYO, 4-9-3 Jingumae, Shibuya-ku, pg. 984
SAATCHI & SAATCHI FALLON TOKYO, 4-9-3 Jingumae, Shibuya-ku, pg. 360
TBWA/HAKUHODO, 1-13-10 Shibaura, pg. 1090
WEBER SHANDWICK, Mita Kokusai Bldg 13th Fl 1-4-28 Mita, Minato-ku, pg. 1681
WIEDEN + KENNEDY JAPAN, 7-5-6 Roppongi, Minato-ku, pg. 1166
WUNDERMAN, San Marino Shiodome 2-4-1 Higashi-shimbashi, Minato-ku, pg. 1192

JORDAN

Amman

LEO BURNETT JORDAN, 18 Al Mutanabi Street 3rd Cicle, pg. 625

KAZAKHSTAN

Almaty

TBWA CENTRAL ASIA, Tole Bi 83, pg. 1088

KENYA

Nairobi

OGILVY, CVS Plaza 3rd Floor Lenara Rd, pg. 1602
OGILVY (EASTERN AFRICA) LTD., 3rd Fl CVS Plaza Kasuku Road Lenana Road, pg. 828
SCANAD, PO Box 34537 5th Fl The Chancery, Valley Road, pg. 1182
YOUNG & RUBICAM BRANDS AFRICA, 2nd Fl Panesar Centre Mombasa Road, pg. 1207

KOREA (SOUTH)

Seoul

BURSON-MARSTELLER, 9F East Tower Signature Towers, 99 Supyo-dong Jund-gu, pg. 1445
CHEIL WORLDWIDE INC., 222 Itaewon-ro, pg. 462
EDELMAN, 18th Fl Ferrum Tower, Suha Dong Jungu, pg. 1494
FCB SEOUL, 4/Fl., Byuk-Am Building, 406 Nonhyeon-Ro, Gangnam-gu, pg. 374
FLEISHMAN-HILLARD KOREA, 24th Fl City Air Tower 159-9 Samsung-Dong, Kangnam-Ku, pg. 1511
GREY GROUP KOREA, 2 & 3F ISA Bldg 600-1, Gangnam-Gu, pg. 447
HAVAS WORLDWIDE SEOUL, 10th Fl Dongwon Bldg 128 27 Dangju-dong, Jongro-gu, pg. 486
HS AD, INC., 14th Floor LG Mapo Building, 275 Gongdeok-Dong, pg. 1201
J. WALTER THOMPSON KOREA, 8F JS Tower 144 20 Samsung-dong, Kangnam-gu, pg. 557
JACK MORTON WORLDWIDE (SEOUL), Dae-gong Building, 4/F, Gangnam-gu, pg. 568
KETCHUM SEOUL, 24th Fl City Air Tower, 159-9 Samsung-Dong Kangnam Ku, pg. 1557
LEO BURNETT KOREA, East Wing 15th Fl Signature Towers 100 Cheonggyecheon-ro, Jongno-gu, pg. 631
OGILVY, 27-8 Chamwon-Dong, Seocho-Ku, pg. 826
TBWA KOREA, 7-12F J-Tower 538 Sinsa Dong, Kangnam Gu, pg. 1092
WUNDERMAN KOREA, 9F Bosung Bldg 891-25, Daechi-dong Gangman-gu, pg. 1192

KUWAIT

Daiya

J. WALTER THOMPSON, Wataniya Tower 10th Floor Fahed Al Salem Street, pg. 563

Kuwait

HORIZON FCB KUWAIT, Al Arabiya Tower Ahmed Al Jaber Street, Sharq Kuwait City, pg. 369
IMPACT BBDO, Sharq Mutanaby St Bldg No 42, Safat 13071, pg. 107
LEO BURNETT, Al Khaleeja Building 12th Floor, Safat, pg. 625
MEMAC OGILVY, Future Trade Zone Shuwaikh Al Argan Building Block A 1st Floor, Safat, pg. 830

LATVIA

Riga

ADELL SAATCHI & SAATCHI, 15 Elizabetes Street, pg. 978
DDB LATVIA, Brivibas Street 40-34, pg. 276
TBWA LATVIJA, Brivibas Str 40-40A, pg. 1083

LEBANON

Beirut

FORTUNE PROMOSEVEN-LEBANON, Ashrafieh 784 Bldg Sodeco, pg. 706
H&C, LEO BURNETT, Sofil Center 5th Floor Achrafieh, pg. 625
HAVAS WORLDWIDE BEIRUT, Voice of Lebanon Bldg, Achrafieh,, pg. 481
HORIZON FCB BEIRUT, Badaro Trade Center, El-Fata Street, pg. 369
IMPACT BBDO, Bldg 635 Omar Daouk Street Jumblatt Area, Ain-Mreysseh, pg. 106
INITIATIVE BEIRUT, Badaro Trade Center Suite 801 Sami El Solh Avenue, pg. 1334
J. WALTER THOMPSON, 47 Patriarch Howeiyek Street Sabbagh Bld 3rd Floor, Bab Idriss, pg. 563
MEMAC OGILVY, Rizkallah & Boutrous Centre Futuroscope Roundabout 8th Floor, Sin-El-Fil, pg. 830
OPTIMEDIA, Omar Saab Building Verdun Rachid Karame Street, 2nd Fl, pg. 1389
SAATCHI & SAATCHI, Quantum Tower 9th Floor Charles Malek Avenue Saint Nicolas St, pg. 978

LITHUANIA

Vilnius

ADELL TAIVAS OGILVY, J Jasinskio Street 16A, pg. 816
LEO BURNETT VILNIUS, Birutes 1D, pg. 626
LUKRECIJA BBDO, K Kalinausko 2B, pg. 107
MULLENLOWE AGE, Suvalku Str 2a, pg. 773

LUXEMBOURG

Luxembourg

MIKADO S.A., 38 route d'Esch, pg. 900

MALAWI

Blantyre

COTTMAN MCCANN ADVERTISING, Hisco House Chipembere Highway, pg. 706

MALAYSIA

Kuala Lumpur

BBDO MALAYSIA, Suite 50-01-01 Wisma UOA Damansara 50 Jalan Dungun, Damansara Heights, pg. 113
EDELMAN, 45-9 The Boulevard Mid Valley City, Lingkaran Syed Putra, pg. 1496
FCB KUALA LUMPUR, Common Ground TTDI, Lvl 11, Menara, 37, Jalan Burhanuddin Helmi, pg. 374
FLEISHMAN-HILLARD MALAYSIA, Suite 1702 Level 17 Centrepoint South The Boulevard, Mid Valley city Lingkaran Sye, pg. 1511
GREY GROUP MALAYSIA, 15th Floor Wisma Genting, Jalan Sultan Ismail, pg. 447
HAKUHODO MALAYSIA SDN. BHD., 9Fl Bldg A Peremba Square Saujana Resort Section U2, pg. 463
HILL & KNOWLTON (SEA) SDN. BHD., 7th floor Wisma Genting, Jalan Sultan Ismail, pg. 1534
J. WALTER THOMPSON, Level 6 Wismean Anta Jalan Changtat Senantan, Damansara Heights, pg. 558
LEO BURNETT MALAYSIA, Level 5 Menara Olympia, 8 Jalan Raja Chulan, pg. 631
M&C SAATCHI, Banguan Malaysia Re 17 Lorong Dungun, pg. 662
MCCANN ERICKSON (MALAYSIA) SDN. BHD., 5-01 & 5-02 Wisma LYL No 12 Jalan 51A/223 Petaling Jaya, Selangor Darul Ehsan, pg. 706
OGILVY, Level 11 Menara Milenium 8 Jalan Damanlela, Bukit Damansara, pg. 1601
OGILVY ADVERTISING, Level 11 Menara Milenium 8 Jalan Damanlela, Bukit Damansara, pg. 826
OPTIMEDIA MALAYSIA, Level 16, 8 Jalan Raja Chulan, pg. 1390
SAATCHI & SAATCHI ARACHNID, A-16-1 Tower A Northpoint Offices Midvalley City, pg. 984
SAATCHI & SAATCHI MALAYSIA, A-16-2, Tower A, Northpoint Offices, MidValley City, 1 Medan Syed Putra Utara, pg. 984
TBWA ISC MALAYSIA, 15th Floor Block B HP Towers 12 Jalan Gelenggang, pg. 1091
Y&R MALAYSIA, 6th & 8th Floors Wisma E&C No 2 Lorong Dungan Kiri, Damansara Heights, pg. 1201
ZENITH MALAYSIA, 9th Fl, Menara BRDB,, Bangsar, pg. 1390

Petaling Jaya

HAVAS WORLDWIDE KUALA LUMPUR, 11F, The Crest, 3

GEOGRAPHIC INDEX-NON U.S.

Two Square 2 Jalan 19/1, pg. 486
MULLENLOWE MALAYSIA, 2A 2nd Fl Ikano Huset 2 Jalan PJU, 7/2 Mutiara Damansara, pg. 775
NAGA DDB SDN. BHD., D708 7th Fl Block D Kelana Square No 17 Jln SS7/26, Kelana Jaya, pg. 277
OMD MALAYSIA, Level 3 Tower C Uptown 5, pg. 1358
PUBLICIS (MALAYSIA) SDN. BHD., M1 Mezanine Fl Wisme LYL, pg. 910
RAPP MALAYSIA, D601-D605 6th Floor Block D Kelana Square 17 Jalan SS7/26, pg. 932
TRIBAL WORLDWIDE MALAYSIA, D601-605 6th Floor Block D Kelana Square 17, Jalan SS7/26 Selangor, pg. 1297
WEBER SHANDWICK, 4-01 4th Fl Wisma LYL No 12 Jalan 51A/223, pg. 1681

MAURITIUS

Beau Bassin

FCB CREAD, Les 5 Palmiers, Route Royale, pg. 375

Port Louis

MAURICE PUBLICITE LTD., 5th Fl Cerne House Chaussee St, pg. 828
P&P LINK SAATCHI & SAATCHI, D Seetulsingh St, pg. 984

MEXICO

Mexico

BBDO MEXICO, Guillermo Gonzalez Camarena No 800 3er Piso, Col Zedec Santa Fe, pg. 103
BURSON-MARSTELLER MEXICO, S.A. DE C.V., Boulevard Manuel Avila Camacho No 176 5to Piso, Miguel Hidalgo, pg. 1444
DDB MEXICO, Av Santa Fe 505 Piso 16 Col Cruz Manca, Cuajimalpa, pg. 277
EDELMAN, Santa Margarita #108 Piso 1, Col Del Valle, pg. 1495
FCB MEXICO CITY, Miguel de Cervantes Saavedra 193, Colonia Granada, pg. 372
GREY MEXICO, S.A. DE C.V., Jaime Balmes No 8-104 Col Los Morales Polanco, pg. 444
GROUPM LATAM HQ, Avenida Ejercito Nacional, No. 216, piso 2 col. Veronica Anzures, pg. 1324
HAVAS WORLDWIDE MEXICO, Av Insurgentes Sur 694-9, pg. 485
HILL + KNOWLTON STRATEGIES MEXICO, Prol Paseo de la Reforma No 490 1st Fl, pg. 1532
J. WALTER THOMPSON, Avenue Ejercito Nacional No 519, Col Granada, pg. 564
JEFFREY GROUP MEXICO, Homero 1343 No 402, Col Los Morales Polanco, pg. 1547
LEO BURNETT MEXICO S.A. DE C.V., Bosque de Duraznos 65-8P Bosques de las Lomas, pg. 624
MARTEC PORTER NOVELLI, La Fontaine 36, Chapultepec Polanco, pg. 1614
MCCANN ERICKSON MEXICO, Palo Santo No 22, Lomas Altas, pg. 706
MILLWARD BROWN MEXICO, Avenida Tamaulipas 150-1202 Colonia Condesa, pg. 743
OGILVY, Montes Urales 505 5th Fl Col Lomas de Chapultepec, pg. 821
OGILVYONE WORLDWIDE, Montes Urales 505 5th Fl, Col Lomas de Chapultepec, pg. 821
PUBLICIS ARREDONDO DE HARO, Prolongacion Paseo de la Reforma, 1015 5 piso Col Desarrollo, pg. 907
TERAN TBWA, Monte Pelvoux 210 4 Piso, Lomas de Chapultepec, pg. 1092
VML MEXICO, Periferico Blvrd Manuel Avila Camacho 176 Piso 3, pg. 1144
WAVEMAKER, Avenida Ejercito Nacional 216-20 Piso, Colonia, Veronica Anzures, pg. 1384

MOROCCO

Casablanca

LEO BURNETT CASABLANCA, Villa Oasis, 14 rue Mohamed Benbrahim, Bd, Abderrahim Bouabid, pg. 626

PROMOSEVEN-MOROCCO, 237 Bd Zerktouni Residence El Kheir, pg. 707
WAVEMAKER, 157 Boulevard d'Anfa Immeuble Racine d'Anfa 4eme Etage, Quartier Racine, pg. 1384

MOZAMBIQUE

Maputo

DDB MOZAMBIQUE, Av Fernao Magalhaes, Nr 34, 30 andar, pg. 277
OGILVY MOZAMBIQUE, 17 Avenue Agostinho Neto, pg. 828

NAMIBIA

Windhoek

ADVANTAGE Y&R, 5 Storch Street, pg. 1207
TBWA/PARAGON, House 40 Eros Route, pg. 1087

NETHERLANDS

Amstelveen

CPM NETHERLANDS, Amsterdamseweg 206, Wildenborch 4, pg. 236
DDB AMSTERDAM, Prof WH Keesomlaan 4, pg. 277
DIGITAS, Professor W.H. Keesomlaan 12, pg. 1253
FHV BBDO, Amsterdamseweg 204, pg. 107
INTERBRAND B.V., Prof WH Keesomlaan 4, pg. 836
KETCHUM PLEON, Amsterdamseweg 206, pg. 1557
MCCANN AMSTERDAM, Bovenkerkerweg 6-8, pg. 707
OMD NEDERLAND, Amsterdams sawag 204, pg. 1358
PUBLICIS, Prof WH Keesomlaan 12, pg. 901
RAPP AMSTERDAM, Prof WH Keesomlaan 4, pg. 933
TRIBAL WORLDWIDE AMSTERDAM, Prof WH Keesomlaan 4, pg. 1296
ZENITHOPTIMEDIA, Prof WH Keesomlaan 12, pg. 1389

Amsterdam

72ANDSUNNY, Westerhuis 1st Fl Westerstraat 187, pg. 11
ACHTUNG, Prins Hendrikkade 20-11, pg. 1232
ANOMALY AMSTERDAM, Herengracht 551, pg. 59
BLAST RADIUS AMSTERDAM, Max Euweplein 46, pg. 134
COHN & WOLFE BENELUX, Danzigerkade 53, Amsterdam, pg. 1443
DBOD, Jacob Bontiuspaalt 9, pg. 1180
DEPT AGENCY, Generaal Vetterstraat 66, pg. 292
DOWNTOWN ACTION MARKETING, General Vetter Straat 82, pg. 1084
EDELMAN, Gustaz Mahlerplein 66a, pg. 1495
FCB AMSTERDAM, Wibautstraat 24, pg. 367
GREY AMSTERDAM, Watertorenplein 4b, pg. 441
HAVAS WORLDWIDE AMSTERDAM, Sarphatistraat 370, pg. 481
HILL+KNOWLTON STRATEGIES B.V., Weerdestein 20, pg. 1533
INITIATIVE, Atlas ArenA Amsterdam Asia Building, Hoogoorddreef 5, pg. 1334
KINETIC, Karperstraat 8, pg. 1338
MEDIACOM AMSTERDAM, Karperstraat 8, pg. 1346
MILLWARD BROWN/CENTRUM, Paulvan Vlissingen Scraac 10B, pg. 743
MSL, Jan van Goyenkade 10, pg. 1589
OGILVY (AMSTERDAM) B.V., Pilotenstraat 41, pg. 816
TBWA COMPANY GROUP, GENERAAL VETTERSTRAAT 82, pg. 1084
TBWA DESIGNERS COMPANY, Generaal Vetterstraat 82, pg. 1084
TBWA NEBOKO, General Vetterstraat 82, pg. 1084
TBWA/UNITED STATE OF FANS, Generaal Vetterstraat 82, pg. 1084
UBACHSWISBRUN J. WALTER THOMPSON, Rietlandpark 301, pg. 560
VBAT, Pilotenstraat 41 A, pg. 1182
WAVEMAKER, Karperstraat 10, pg. 1383
WIEDEN + KENNEDY AMSTERDAM, Herengracht 258-266, pg. 1164

Eindhoven

BOVIL DDB, Dillenburgstraat 5E, pg. 277
BOVIL DDB, Dillenburgstraat 5E, pg. 1083
LEWIS, Meerenakkerplein 16, pg. 638

Hague

HVR, Parkstraat 83, pg. 1084
WEBER SHANDWICK, Koninginnegracht 23, pg. 1678

Hilversum

BRAIN BOX, Mozartlaan 27c, pg. 1084

Rotterdam

ARA GROEP, Kratonkade 3, pg. 1083

Sittard

BANNERCONNECT, Poststraat 12, pg. 1302

Voorburg

HOLLANDER EN VAN DER MEY/MS&L, Villa Vronesteijn Oosteinde 237, pg. 1588

Woerden

WWAV, Stationsweg 2, pg. 933

NEW ZEALAND

Auckland

COLENSO BBDO, 100 College Hill, Ponsonby, pg. 114
DDB NEW ZEALAND LTD., Level 6 80 Greys Ave, pg. 278
FCB AUCKLAND, 57 Wellington Street, Freemans Bay, pg. 374
J. WALTER THOMPSON INTERNATIONAL, The Axis Bldg CNR 91 St Georges Bay & Cleveland Roads, Parnell, pg. 558
OGILVY NEW ZEALAND, 22 Stanley St, Parnell, pg. 826
OMD NEW ZEALAND/AUCKLAND, Level 1 33 College Hill, Posonby, pg. 1358
PHD NEW ZEALAND, Level 7 University of Otago Bldg, 385 Queen St, pg. 1363
PORTER NOVELLI NEW ZEALAND-AUCKLAND, Zone 23 110/23 Edwin St Mt Eden, Symonds St, pg. 1616
SAATCHI & SAATCHI, Level 3 123-125 The Strand Parnell, pg. 984
TBWA AUCKLAND, 11 Mayoral Dr, pg. 1091
TRACK, 80 Greys Ave Level 2, pg. 837
Y&R, Level 4 Corner Augustus Terrace & Parnell Rise, Parnell, pg. 1192
YOUNG & RUBICAM NZ LTD., Level 4 Corner Augustas Terrace& Parnell Rise, pg. 1199
ZENITHOPTIMEDIA, The Textile Centre 4th Fl Kenwyn St, Parnell, pg. 1390

Wellington

CLEMENGER BBDO WELLINGTON, Clemenger BBDO House 8 Kent Ter Level 2, pg. 113
SAATCHI & SAATCHI, 101-103 Courtenay Pl, Te Aro, pg. 985
YOUNG & RUBICAM WELLINGTON, Level 3 107 Custom House Quay, pg. 1200

NIGERIA

Lagos

ALL SEASONS MEDIACOM, No 50 Adekunle Fajuyi Way, GRA Ikeja, pg. 1346
ALL SEASONS MEDIACOM, No 50 Adekunle Fajuyi Way, GRA Ikeja, pg. 443
DDB CASERS, 6 Adeola Hopewell St, Victoria Island, pg. 278
LTC ADVERTISING LAGOS, 2nd Fl Motorway Centre 1 Motorway Ave, PMB 21772 Ikeja, pg. 554

AGENCIES

SO&U SAATCHI & SAATCHI, 2 Oyetula Street Off Ajanaku Street via Thomas Ajufo Street Opebi, Ikeja, pg. 978
TBWA CONCEPT UNIT, 37 Ladipo Bateye GRA Ikeja, pg. 1087

NORWAY

Oslo

BURSON-MARSTELLER A/S, Sjolyst Plass 4, pg. 1442
DDB OSLO A.S., Wergelandsveien 21, pg. 278
INITIATIVE UNIVERSAL MEDIA NORWAY, Sandakerveien 24C, Bygning C1, pg. 1333
KITCHEN LEO BURNETT, Drammensveien 127, BYGG 86,2 ETG, pg. 626
LYNX PORTER NOVELLI AS, Bryggegata 5, pg. 1615
LYNX PORTER NOVELLI AS, Bryggegata 5, pg. 1458
MCCANN ERICKSON, Sandakervn 24C Building C1, pg. 707
MEDIACOM AS, Torggata 5 PB 8904, Youngstorget, pg. 1346
SAATCHI & SAATCHI A/S, Storgata 33, pg. 979
UNCLE GREY OSLO, Sorkedalsveien 6, pg. 441
WAVEMAKER, Stortorvet 10, pg. 1383
ZENITHOPTIMEDIA, Munkedamsveien 35, pg. 1389

OMAN

Muscat

FP7, 1st Fl Homuz Bldg Next Near Ruwi Roundabout, pg. 707

PAKISTAN

Karachi

J. WALTER THOMPSON, 4th Floor Executive Tower Dolmen City, Marine Drive, pg. 558
MULLENLOWE RAUF, 159 Bangalore Town, Shahrah-e-faisal, pg. 776
OGILVY, 94 Jinnah Cooperative Housing Society, Block 7/8 Tipu Sultan Rd, pg. 830

PANAMA

Panama

BB&M LOWE & PARTNERS, Ave Ricardo Arango y Calle 54 Urbanizacion Obarrio 4, pg. 541
FCB MARKEZ, Calle 63B Los Angeles #20, pg. 372
PUBLICIS PANAMA, Calle 50 y Calle 67 San Francisco Building 3rd Fl, pg. 907

PARAGUAY

Asuncion

BIEDERMANN PUBLICIDAD S.A., Alejo Garcia 2589 c/ Rio de la Plata, pg. 707
MASS PUBLICIDAD S.R.L., Estados Unidos 961 3rd Floor, pg. 624

PERU

Lima

CIRCUS GREY, Av Pedro de Osma 205, Barranco, pg. 444
FCB MAYO, Av Salaverry 2423, San Isidro, pg. 372
GREY GCG PERU S.A.C., Av Arequipa No 4080, Miraflores, pg. 444
J. WALTER THOMPSON, Paseo de la Republica 5883, pg. 564
MCCANN ERICKSON (PERU) PUBLICIDAD S.A., Calle Tripoli 102 Miraflores Apartado 180668, pg. 707
QUORUM NAZCA SAATCHI & SAATCHI, Av Benavides 1551-1558 Piso 8, Miraflores, pg. 982

TBWA PERU, San Ignacia de Loyola 150, Miraflores, pg. 1093
Y&R PERU, Av Angamos Oeste 915, Miraflores, pg. 1207

PHILIPPINES

Makati

ACE SAATCHI & SAATCHI, Saatchi House 2296 Don Chino Roces Avenue Parso Tamo Extension, Kayamanan C, pg. 985
ARC WORLDWIDE, 25/F Tower 2 The Enterprise Ctr, Corner Paseo de Roxas, pg. 1397
BBDO GUERRERO, 11th Floor Insular Life Building Ayala Avenue corner, Paseo de Roxas, pg. 114
CAMPAIGNS & GREY, 2723 Sabio Street, Chino Roces Avenue, pg. 447
FCB MANILA, 1009 Metropol Building, Metropolitan Avenue, pg. 374
J. WALTER THOMPSON, 7th F Equitable Bank Tower 8751 Paseo de Roxas, Salcedo Village, pg. 558
KINETIC, 11-B Country Space 1 Building HV dela Costa St, Salcedo Village, pg. 1338
LEO BURNETT MANILA, Enterprise Center Tower 2 24th Fl 6766 Ayala Avenue Corner, Paseo de Roxas, pg. 631
MILLWARD BROWN PHILIPPINES, 8/F Equitable Bank Tower 8751 Paseo De Roxas, Salcedo Village, pg. 743
OGILVY, 15th Floor Philamlife Tower 8767 Paseo de Roxas, pg. 1601
PHD PHILIPPINES, 10F Bankmer Bldg, 6756 Ayala Avenue, pg. 1363
PUBLICIS JIMENEZBASIC, 14/F Solaris One Bldg 130 Dela Rosa St, Legaspi Village, pg. 910
PUBLICIS MANILA, 4F Herco Center 114 Benavides Street Legaspi Village, pg. 910
STARCOM WORLDWIDE, 24F Tower 2 Enterprise Center 6766 Ayala Avenue Corner, Paseo de Roxas, pg. 1374

Manila

BCD PINPOINT DIRECT MARKETING INC., 4th Floor Bloomingdale Bldg 205 Salcedo St, Legaspi Village, pg. 826
FLEISHMAN-HILLARD MANILA, 4/F Zeta Building 191 Salcedo Street, Legaspi Village Makati City, pg. 1511
MCCANN ERICKSON (PHILIPPINES), INC., 34th Floor GT Tower 6813 Ayala Avenue Corner HV Dela Costa Street, Makati City, pg. 707
MULLENLOWE PHILIPPINES, Rufino Pacific Towers 6784 Ayala Avenue, Makati City, pg. 776
OGILVY (PHILIPPINES) INC., 24 & 25 F Picadilly Star Building, Taguig City, pg. 826
OGILVYONE WORLDWIDE, 15th Floor Philamlife Tower 8767 Paseo de Roxas, Makati City Metro, pg. 827
OMD PHILIPPINES, 11th Floor Bankmer Building 6756 Ayala Ave, Makati City, pg. 1358
TBWA SANTIAGO MANGADA PUNO, 1195 Chino Races Ave Corner Yakal Street, Makati City, pg. 1091
WEBER SHANDWICK, 10/F JAKA Bldg 6780 Ayala Ave, Makati City, pg. 1681
YOUNG & RUBICAM PHILIPPINES, 9th Fl Marajo Twr 312 26th St W Corner 1 Ave, Bonifacio Global City, pg. 1201

Pasig

HAVAS WORLDWIDE MANILA, 16F Robinsons Equitable Bank Tower 4 ADB, pg. 487

Taguig

DDB PHILIPPINES INC., 16th Fl Two World Square 22 Upper Mckinley Road, Fort Bonifacio, pg. 278

POLAND

Warsaw

AIMS POLSKA SP. Z O.O., ul Flory 9/10, pg. 566
BBDO, Ul Burakowska 5/7, pg. 107
DDB WARSAW, Athina Park 6c, Wybreze Gdyrishie St, pg. 279
E-GRAPHICS, Ul Rzymowskiego 34, pg. 1084
FCB BRIDGE2FUN, ul Bobrowiecka 1a, pg. 367
FLEISHMAN-HILLARD POLAND, ul Burakowska 5/7, pg. 1510

GEOGRAPHIC INDEX-NON U.S.

GREY GROUP POLAND, Ul Jasna 24, pg. 441
GREY WORLDWIDE WARSAW, Ul Jasna 24, pg. 1443
HAVAS WORLDWIDE POLAND, Ul Marynarska 11, pg. 481
HILL+KNOWLTON STRATEGIES POLAND, Ul Adama Branickiego 17, pg. 1533
INITIATIVE UNIVERSAL WARSAW, 6 Altowa St, pg. 1333
J. WALTER THOMPSON POLAND, Ul Zurawia 45, pg. 561
LEO BURNETT WARSAW SP.Z.O.O., UL Woloska 9, pg. 626
MEDIACOM WARSZAWA, u Postepu 6, pg. 1346
MILLWARD BROWN SMG/KRC, ul Nowoursynowska 154a, pg. 743
MSL WARSAW, Platinum Business Park Woloska 9, pg. 1589
MSLGROUP, ul Domaniewska 42, pg. 1589
MULLENLOWE WARSAW, ul Domaniewska 39, NEFRYT Building, pg. 778
POLSKA MCCANN ERICKSON, Cybernetyki 19, pg. 708
SAATCHI & SAATCHI, Ul Domaniewska 42, pg. 979
STARCOM SP. Z O.O., ul Sobieskiego 104, pg. 1373
TBWA GROUP POLAND, ul Rzymowskiego 34, pg. 1084
TBWA WARSZAWA, Ul Rzymowskiego 34, pg. 1084
WAVEMAKER, ul Dobra 56/66, pg. 1383
ZENITHOPTIMEDIA, ul Domaniewska 42, pg. 1389

PORTUGAL

Lisbon

BBDO PORTUGAL, Av Eng Duarte Pancheco, No.26, 12th Andar, pg. 107
DDB LISBOA, Av Duque de Avila 46 Piso 4, pg. 279
FCB LISBON, Av Antonio Augusto de Aguiar 163-5A Esq, pg. 367
HAVAS EXPERIENCE LISBON, Alameda dos Oceanos Torre Euro RSCG, Parque das Nacoes, pg. 481
HAVAS WORLDWIDE DIGITAL PORTUGAL, Zona Intervencao Expo 98 Alameda dos Oceanos, Pav Exposicoes, pg. 481
J. WALTER THOMPSON, Centro Cultural de Belem, Rua Bartolomeu Dias, pg. 561
LEO BURNETT PUBLICIDADE, LTDA., Rua das Flores 7, pg. 626
MCCANN WORLDGROUP PORTUGAL, Rua Carlos Alberto da Mota Pinto n 17A, Piso 8, pg. 708
OGILVY PORTUGAL, Edificio Atrium Saldanha Praa Duque de Saldanha Number 1-4E, pg. 816
PORTER NOVELLI, Av 5 de Outubro 10 2 Esq, pg. 1615
PUBLICIS PUBLICIDADE LDA., Rua Goncalves Zarco 14, pg. 901
TBWA LISBON, Avenida de Liberdade 38 6th Fl, pg. 1084
WAVEMAKER, Av Fontess Pereira de Melo 6 2nd Fl 2 Andar Dir, pg. 1383
WUNDERMAN, Avenidas Eng Duarte Pacheco Amoreiras Torre 1 9th Fl, pg. 1192
Y&R PORTUGAL, Av Eng Duarte Pacheco, Tower 1 9th Fl, pg. 1203

Porto Salvo

MEDIACOM PORTUGAL, Edificio 5C 4o Lagoas Park, pg. 1346

ROMANIA

Bucharest

DDB BUCHAREST, No21 Carol Davila St, Sector 5, pg. 279
FCB BUCHAREST, 137A Barbu Vacarescu 2nd District, pg. 367
FRIENDSTBWA, 4 Ion Brezoianu St, pg. 1084
GEOMETRY GLOBAL, Frumoasa St 39, Sector 1, pg. 441
HAVAS WORLDWIDE BUCHAREST, Calea Victoriei 141 Sector 1, pg. 481
LEO BURNETT & TARGET SA, 13 Nicolae Iorga Str, pg. 626
MCCANN ERICKSON ROMANIA, Jules Michelet 18 1st Sector, pg. 708
MULLENLOWE ROMANIA, Metropolis Bravo 89-97, Grigore Alexandrescu, pg. 777
OGILVY, 86 Grigore Alexandrescu Street, pg. 816

GEOGRAPHIC INDEX-NON U.S. AGENCIES

PUBLICIS, 8 Luminei Street, pg. 901
SAATCHI & SAATCHI, Central Business Park Cladirea D+E Parter Calea Serban Voda nr 133, Sector 4, pg. 979

RUSSIA

Moscow

APCO WORLDWIDE, 11 Leontievsky Pereulok, pg. 63
BBDO MOSCOW, 7 Derbenevskaya emb. bldg. 13, pg. 107
DDB RUSSIA, 40/2 Prechistenka St Bldg 3, pg. 279
GREY CIS, Olimpiyskiy pr. 16, pg. 442
INITIATIVE MOSCOW, Office 407-408 Bldg 1, 18 Malaya Pirogovskaya str, pg. 1333
LEO BURNETT MOSCOW, 11 Bldg 2-5 Timur Frunze Str 2nd Fl, Business Centre Red Rose, pg. 626
MULLENLOWE MOSCOW, Kutuzovsky prospect 12/5, pg. 775
PBN HILL + KNOWLTON STRATEGIES, 3 Uspensky Pereulok Bldg 4, pg. 1531
R.I.M. PORTER NOVELLI, 36 bld 4 B Novodmitrovskaya st office centre Khrustalny, pg. 1616
SAATCHI & SAATCHI RUSSIA, Bolshoy Levshinky 6/2 bld 1, pg. 979
SPN OGILVY COMMUNICATIONS AGENCY, 4a Novodanilovskya emb, pg. 816
STARCOM MEDIAVEST GROUP MOSCOW, Usievitcha U1 20/1, pg. 1372
WAVEMAKER, 23 Osenniy Blvd Krylatsky Business Centre, pg. 1383
YOUNG & RUBICAM FMS, 12 Krasnopresnenskaya Nab Office 809, pg. 1205

SAUDI ARABIA

Jeddah

FP7 JEDDAH, 4th Floor, Bin Hamran Tower, Office 409B, Al Tahlia Street, pg. 708
HORIZON FCB JEDDAH, King Abdullah St Intl Economy Tower 3rd Floor, pg. 369
IMPACT BBDO, Ali Reza Tower 1st Floor Medina Road, pg. 108
TBWA RAAD, Salama Center, Prince Sultan Street, pg. 1093

Riyadh

ALBERT PROMOSEVEN-RIYADH, 2nd FloorMawhid Center Olaya St N, pg. 708
GREY GROUP SAUDI ARABIA, NCCI Building (Abraj Towers), King Fahad Road, pg. 442
HORIZON FCB RIYADH, Al Mas Plaza Thahlia Street Office # 205, 2nd Floor, pg. 370
TARGETS/LEO BURNETT, Al Faisalah Tower 7th Fl, King Fahd Rd, pg. 627
WAVEMAKER SAUDI ARABIA, Al Khairiya Tower 2nd Floor King Fahad Road, pg. 1384

SERBIA

Belgrade

FCB AFIRMA, Cara Dusana 42, pg. 368
GREY D.O.O. BELGRADE, Bade Pivljanina 39, pg. 442
LUNA TBWA BELGRADE, Milovana Marinkoviaa 3, pg. 1085
MCCANN ERICKSON GROUP, Terazje 7-0, pg. 708
OVATION BBDO, Velisava Vulovica 16, pg. 108
STUDIO MARKETING, Bul Arsenija Carnojevica 52/34, pg. 561

SINGAPORE

Singapore

BBDO SINGAPORE, 30 Merchant Road #03-12, Riverside Point, pg. 115
BBH SINGAPORE, 5 Magazine Road #03 03 Central Mall, pg. 94
BURSON-MARSTELLER (SEA) PTE. LTD., 8 Temasek Boulevard, 40-02 Suntec Tower Three, pg. 1445
DDB, Level 10 Pico Creative Centre, 20 Kallang Avenue, pg. 279
DW LINKS, 1 Pemimpin Dr #09-01, pg. 1254
EASTWEST PUBLIC RELATIONS, 77B Amoy Street, pg. 1458
EDELMAN, 111 Somerset Unit 14-03, pg. 1496
EPSILON INTERNATIONAL, 8 Eu Tong Sen St #18-98 Office 1, The Central, pg. 345
FITCH DESIGN PVT. LTD., 78 Amoy St #03-01, pg. 386
FLEISHMAN-HILLARD PTE. LTD., 20 Kallang Avenue, Level 8, PICO Creative Centre, pg. 1511
GOLIN, 40A Orchard Rd #07-01, The MacDonald House, pg. 1522
GREY DIGITAL, No. 1 Magazine Road, pg. 448
GREY GROUP ASIA PACIFIC, No 1 Magazine Road #03-07 Central Mall, pg. 445
GREY SINGAPORE, No1 Magazine Road, #03-07 Central Mall, pg. 448
GROUPM SINGAPORE, 700 Beach Rd 07-01, pg. 1324
HAKUHODO SINGAPORE PTE. LTD., 111 Somerset Rd 12-01 Singapore Power Building, pg. 463
HAVAS SOUTHEAST ASIA, 80 Robinson Road #20-02, pg. 487
HAVAS WORLDWIDE SOUTHEAST ASIA, 150 Cantonment Road, Block B, Cantonment Centre #03-06/07/08, pg. 485
HILL & KNOWLTON (SEA) PVT. LTD., 50 Scotts Road, #04-01, pg. 1534
THE HOFFMAN AGENCY, 175A Bencoolen St, 08-01/02 Burlington Sq, pg. 1536
J. WALTER THOMPSON SINGAPORE, 50 Scotts Rd Unit 01-01, pg. 558
JACK MORTON WORLDWIDE (SINGAPORE), 40A Orchard Road, #07-01 MacDonald House, pg. 567
KETCHUM ICON SINGAPORE, 28 Maxwell Rd, #03-03 RedDot Traffic Bldg, pg. 1556
KINETIC DESIGN & ADVERTISING PVT. LTD., 2 Leng Kee Rd #04-03A, Thye Hong Ctr, pg. 1337
KREAB SINGAPORE, 24 Raffles Place #21-05 Clifford Centre, pg. 1561
LEO BURNETT, 16, Collyer Quay #03-00, pg. 631
LEWIS, 3 Pickering St #01-58/59 Nankin Row, pg. 638
M&C SAATCHI, 21 Media Circle, pg. 662
MCCANN ERICKSON (SINGAPORE) PRIVATE LIMITED, 40A Orchard Road #06-00 the MacDonald House, pg. 708
MCCANN HEALTHCARE SINGAPORE, The MacDonald House, 40A Orchard Rd 05-01, pg. 709
MCCANN WORLDGROUP (SINGAPORE) PTE LTD, 40A Orchard Road, #06-01 The MacDonald House, pg. 709
MEDIACOM SINGAPORE, China Square Central, 18 Cross Street, pg. 1350
MILLWARD BROWN SINGAPORE, 300 Beach Rd, #35-03 The Concourse, pg. 743
MULLENLOWE ASIA-PACIFIC, 150 Cantonment Road 03 01 03 Cantonment Centre Blk A, pg. 774
MULLENLOWE SINGAPORE, 150 Cantonment Road #03-01/03 Cantonment Centre Blk A, pg. 777
OGILVY ADVERTISING, 35 Robinson Road 03-01 The Ogilvy Centre, pg. 827
OGILVY (SINGAPORE) PVT. LTD., The Ogilvy Centre 35 Robinson Rd 03-01, pg. 827
OGILVYONE WORLDWIDE, 35 Robinson Road #03-01, The Ogilvy Centre, pg. 827
OMD SINGAPORE, 3 Anson Road #30-03 Springleaf Tower, pg. 1358
PHD SINGAPORE, 3 Anson Rd 31-02 Springleaf Tower, pg. 1363
POSSIBLE SINGAPORE, 1 Maritime Square Harbour-Front Centre #13-02, pg. 1281
PUBLICIS ASIA/PACIFIC PTE. LTD., 80 Anson Road #33-00, Fuji Xerox Twrs, pg. 907
PUBLICIS SINGAPORE, 80 Anson Road, #33-00 Fuji Xerox Twrs, pg. 911
R/GA, The MacDonald House, 40A Orchard Rd, #05-01, pg. 926
RUDER FINN ASIA LIMITED, 1 Coleman Street #08-11 The Adelphi, pg. 1638
SAATCHI & SAATCHI ASIA PACIFIC, 3D River Valley Road #03-01, Clarke Quay, pg. 985
SAPIENT CONSULTING, 158 Cecil St 03-01, pg. 991
STARCOM WORLDWIDE SOUTHEAST ASIA HQ, 137 Telok Ayer St #06-01, pg. 1374
TBWA SINGAPORE, No 5 Kadayanallur Street, pg. 1091
TEXT 100 SINGAPORE PVT. LTD., 146 Robinson Road, #05-01, pg. 1659
TRIBAL WORLDWIDE SINGAPORE, Level 10 Pico Creative Centre, 20 Kallang Avenue, pg. 1297
TUS ISOBAR, 77 Robinson Road, #19-00, pg. 550
VML QAIS, 1A Stanley Street, pg. 1144
WAVEMAKER, 700 Beach Road #04-01, pg. 1386
WAVEMAKER APAC HQ, 700 Beach Road #04-01, pg. 1385
WE, 3 Pickering St, China Square Central, pg. 1672
WEBER SHANDWICK, 40A Orchard Rd, #07-01 The MacDonald House, pg. 1682
WUNDERMAN, 50 Scotts Road #03-01, pg. 1192
XAXIS - APAC HEADQUARTERS, 18 Cross Street China Square Central, #04-01 & 03, pg. 1302
Y&R SINGAPORE, 50 Scotts Road #03-01, pg. 1201
ZENITHOPTIMEDIA, 137 Telok Ayer Street #07-01, pg. 1390

SLOVAKIA

Bratislava

ISTROPOLITANA OGILVY, Martincekova 17, pg. 816
MARK BBDO, Zamocka 5, pg. 108
MAYER/MCCANN-ERICKSON S.R.O., Viedenska Cesta 5, pg. 709
MULLENLOWE GGK, Mlynske Luhy 88, pg. 774
OPTIMEDIA, Panonska cesta 7, pg. 1389
WAVEMAKER, Karadzicova 8, pg. 1382
WIKTOR/LEO BURNETT, S.R.O., Leskova 5, pg. 627

SLOVENIA

Ljubljana

FUTURA DDB, Poljanski nasip 6, pg. 279
GREY LJUBLJANA D.O.O., Bravnicarjeva ulica 13, pg. 442
LUNA TBWA, Koprska Ulica 106A, pg. 1085
MAYER-MCCANN, Dunajska cesta 163, pg. 709
MMS MARKETINSKE KOMUNIKACIJE, D.O.O., Ameriska ulica 8, pg. 901
PRISTOP GROUP D.O.O., Trubarjeva cesta 79, pg. 1678
SAATCHI & SAATCHI, Poslovna Stavba Slovenijales III Nadstopje, Dunajska Cesta 22, pg. 979
STUDIO MARKETING, Vojkova 50, pg. 561
ZENITHOPTIMEDIA, Dunajska 22, pg. 1388

SOUTH AFRICA

Bryanston

GREY GROUP SOUTH AFRICA, 17 Muswell Road South Block A, Wedgefield Office Park, pg. 443
HAVAS WORLDWIDE JOHANNESBURG, Cedarwood House Ballywoods Office Park Bally Clare Dr, pg. 488
INITIATIVE SOUTH AFRICA, , pg. 1334
Y&R JOHANNESBURG, The Crescent Georgian Crescent East, pg. 1208

Cape Town

140 BBDO, 30 Chiappini Street, pg. 108
ARC SOUTH AFRICA, Dunkley House 32 Barnet Street Gardens, pg. 903
FCB CAPE TOWN, 5 Armdale Street, Woodstock, pg. 375
GLOO DESIGN AGENCY, 30 Chiappini Street 3rd Floor, pg. 829
J. WALTER THOMPSON CAPE TOWN, 30 Keerom Street 3rd Floor, pg. 554
M&C SAATCHI ABEL, Media Quarter, De Waterkant, pg. 660
MIRUM AFRICA, The Boulevard 3rd Floor Block C, Woodstock, pg. 1272
OGILVY CAPE TOWN, 41 Sir Lowry Road, Woodstock, pg. 829
OGILVYINTERACTIVE, 41 Sir Lowry Road, Woodstock, pg. 830
OGILVYONE WORLDWIDE-CAPE TOWN, 41 Sir Lowry Road, Woodstock, pg. 830
PUBLICIS JOHANNESBURG PTY. LTD., 5th Fl Eklay House 186 Loop St, pg. 903
SAATCHI & SAATCHI, The Foundry Ebenezer Road, Greenpoint, pg. 979
TBWA HUNT LASCARIS CAPE TOWN, The Foundry Level

AGENCIES

5 Cardiff Street, Greenpoint, pg. 1087
Y&R CAPE TOWN, Ground & 1st Floor The Warehouse, 24 Alfred St, pg. 1207

Durban

TBWA DURBAN, Colchester Essex Gardens Nelson Road, Westville Kwa Zulu Natal, pg. 1087
TBWA HUNT LASCARIS (DURBAN), Southend Essex Gardens 1 Nelson Road, pg. 1087
TEQUILA DURBAN MARKETING SERVICES, Colchester Essex Gardens Nelson Road, Westville, pg. 1088

Gauteng

MILLWARD BROWN SOUTH AFRICA, 7 Mellis Rd, Bradenham Hall, pg. 743
NET#WORK BBDO, East Block, Albury Road Jansmuts Avenue, pg. 108

Johannesburg

DDB SOUTH AFRICA, Silverpoint Office Park Bldg 1 22 Ealing Crescent, Bryanston, pg. 280
EPIC MSLGROUP, 10th Floor Fredman Towers, pg. 1588
FCB AFRICA, 164 Katherine Street, Pin Mill Farm, pg. 375
FCB JOHANNESBURG, Pin Mill Farm 164 Katherine Street, Sandown, pg. 375
FLEISHMAN-HILLARD/SOUTH AFRICA, 15 Georgian Crescent Ground Floor, Bryanston, pg. 1510
GILLIAN GAMSY INTERNATIONAL, Houghton Pl 51 W St, Houghton, pg. 1678
MAGNA CARTA, 38 Wierda Road West The Hunt, Ground Floor, pg. 1087
MCCANN WORLDGROUP JOHANNESBURG, 4 Kikuyu Road, Sunninghill, pg. 709
MEDIACOM SOUTH AFRICA, GroupM House, 7 Naivasha Rd, pg. 1347
METROPOLITANREPUBLIC, 7 Wessel Road Edenburg, pg. 1087
MULLENLOWE SOUTH AFRICA, Block 2 Strathavon Pinmill Office Park, 164 Katherine St, pg. 777
OGILVY HEALTHWORLD, The Brand Building 15 Sloane Street, Bryanston, pg. 829
OGILVY JOHANNESBURG (PTY.) LTD., The Brand Building 15 Sloane Street, Bryanston, pg. 829
OGILVY SOUTH AFRICA (PTY.) LTD., The Brand Building 15 Sloane Street, Bryanston, pg. 829
SAATCHI & SAATCHI, 28 Roos Street ext 29, Fourways, pg. 979
SUPERUNION, Illovo Muse Fl 2 198 Oxford Rd, pg. 1063
TBWA HUNT LASCARIS (JOHANNESBURG), 3 Sandown Valley Crescent, Sandown, pg. 1087
TBWA SOUTH AFRICA GROUP, 3 Sandown Valley Crescent Sandton, PO Box 785203, pg. 1087

Randburg

EDELMAN SOUTH AFRICA, 11 Ralda Rd, Blairgowrie, pg. 1497

Rivonia

J. WALTER THOMPSON, 34 Homestead Rd cnr 12th Ave & Rivonia Rd, pg. 554
JUPITER DRAWING ROOM, River Park, 42 Holmstead Rd, pg. 1180
JUPITER DRAWING ROOM, River Park, 42 Holmstead Rd, pg. 1207
WAVEMAKER SOUTH AFRICA, Merton Place The Avenues Office Park, 45 Homestead Rd,, pg. 1384

Sandton

COLLECTIVE ID, Illovo Muse 198 Oxford Road, Illovo, pg. 1179
MCCANN ERICKSON AFRICA, 4 Kikuya Road South Sunninghill, pg. 709
OCTAGON, Octagon House 47 Wierda Road West, Wierda Valley, pg. 807

SPAIN

Barcelona

BASSAT, OGILVY COMUNICACION, Josep Tarradellas 123-2nd Fl, pg. 816
BASSAT, OGILVY COMUNICACION, Josep Tarradellas 123-2nd Fl, pg. 1600
CARRE NOIR BARCELONA, Duana 3-2, pg. 901
CPM SPAIN, A-7 C / Henri Dunant March 9 to 11 08 174, Saint Cugat del Valles, pg. 236
DDB BARCELONA S.A., Enrique Granados 86-88, pg. 280
EDELMAN, Passeig De Gracia 86, 3A planta, pg. 1496
ENE LIFE, Calle Villarroell 216, pg. 455
FCB SPAIN, Muntaner 240-242 5 2a, pg. 368
GREY BARCELONA, Santalo 10, pg. 442
HILL & KNOWLTON ESPANA, S.A., Corsega Street 329 6th Floor, pg. 1533
J. WALTER THOMPSON, Via Augusta 281 4a Planta, pg. 561
KELLENFOL ADVERTISING, Gran Via Corts Catalanes, pg. 591
KREAB BARCELONA, C Mandri 36 bajos, pg. 1560
MCCANN ERICKSON S.A., Josep Irla y Bosch 1 3, pg. 710
NURUN SPAIN, Entenza 94 Office 1, pg. 904
OGILVY HEALTHWORLD BARCELONA, Avda Josef Tarradellas 123 2, pg. 832
OGILVYINTERACTIVE, Avda-Josep Tarradellas 123-6, pg. 817
OGILVYONE WORLDWIDE, Bolivia 68-70, pg. 817
PORTER NOVELLI, Paseo de Gracia 56 ,6, pg. 1616
SCPF, C/Calatrava num 71, pg. 1182
STARCOM, Beethoven 15, Planta 5, pg. 1373
TBWA ESPANA, Paseo de Gracia 56 2nd Floor, pg. 1085
TIEMPO BBDO, Tuset 5 6a, pg. 108
VINIZIUS/Y&R, C/Numancia 164-168 8th Floor, pg. 1203

Madrid

ARNOLD MADRID, Paseo de la Castellana 259, Torre de Cristal, pg. 70
COHN & WOLFE, C/ Fuencarral 6, pg. 1443
CONTRAPUNTO, C/Cardenal Marcelo Spinola Sp # 4-4a Planta, pg. 108
DDB MADRID, S.A., Orense 4, pg. 280
EDELMAN, Paseo de la Castellana 91-5A Pta, Edificio Centro 23, pg. 1494
FCB SPAIN, Doctor Forquet 29, pg. 368
GMR MARKETING SPAIN, Calle Aviador Lindbergh 3, pg. 1404
GREY MADRID, Paseo de la Castellana ,53, pg. 442
GRUPO BASSAT, OGILVY, Maria de Molina 39, pg. 817
HAVAS MEDIA, Avda General Peron No 38 Planta 14, pg. 1327
HAVAS WORLDWIDE DIGITAL SPAIN, Plaza de Canalejas 3, pg. 481
HAVAS WORLDWIDE SOUTHERN SPAIN, Plaza de Canalejas No 3, pg. 481
HILL+KNOWLTON STRATEGIES, Paseo de la Castellana 130, pg. 1533
J. WALTER THOMPSON, La Palma # 10, pg. 561
KETCHUM SPAIN, Luchana 23 4, pg. 1557
KREAB MADRID, Capitan Haya 38, Edificio Cuzco II-8, pg. 1561
LOLA MULLENLOWE, C. Marques de Cubas, 4, pg. 542
MCCANN ERICKSON S.A., Paseo de la Castellana 165, pg. 709
MILLWARD BROWN SPAIN, Alcala 474, pg. 743
OGILVY COMMONHEALTH MADRID, Maria de Molina 39, pg. 833
OGILVY COMUNICACION, Enrique Larreta 2, pg. 1600
OGILVYINTERACTIVE, Maria Molina 39, pg. 817
OGILVYONE WORLDWIDE, Maria de Molina 39, pg. 817
OPTIMEDIA, Paseo de la Castellana 95 20th Floor, Torre Europa, pg. 1389
PUBLICIS, C/ Ramirez De Arellano 21, pg. 901
SAATCHI & SAATCHI, Calle Goya 24 4a Planta, pg. 979
STARCOM MEDIA WORLDWIDE ESTRATEGIA, Goya 22 1 Fl, pg. 1372
TBWA ESPANA, Alfonso XI 12, pg. 1085
TEXT 100 MADRID S.L., Plaza de Colon n2 Torre 1, Planta 17, pg. 1658
WAVEMAKER, Calle Las Norias 92, pg. 1383
WUNDERMAN, Avenida de Burgos 21, Complejo Triada Torre C 11th Fl, pg. 1192
XAXIS, C/Norias 92 Majadahonda, pg. 1302
YOUNG & RUBICAM, S.L., Avenida de Burgos 21 Planta 9A, pg. 1203
ZENITH MEDIA, Puerta de Europa Paseo de la Castellana 216 Floor 16, pg. 1389

GEOGRAPHIC INDEX-NON U.S.

Valencia

MCCANN ERICKSON S.A., Plaza de America 2 piso 6, pg. 710
PORTER NOVELLI, San Vicente Martir 16, pg. 1615
WAVEMAKER, C/Naturalista Charles Robert Darwin, 5 Parque Tecnologico, pg. 1383

SRI LANKA

Colombo

LEO BURNETT SOLUTIONS INC., No 379 R A de Mel Mawatha, pg. 631
MULLENLOWE SRI LANKA, 66/15 Ananda Coomaraswamy Mawatha (Green Path), pg. 777
OGILVY, No 16 Barnes Pl, pg. 1601

SWEDEN

Gothenburg

CP+B, Ostra Hamngatan 26-28, pg. 235
GREY GOTHENBURG, Ostra Hamngatan 35, pg. 1182

Stockholm

ACNE ADVERTISING, Lilla Nygatan 23 Box 2327, pg. 1249
ANR BBDO, David Bagares gata 5, pg. 109
B-REEL, Tjarhovsgatan 4, pg. 1239
BBH STOCKHOLM, Jakobsbergsgatan 17, pg. 94
BURSON-MARSTELLER AB, Master Samuelsgatan 56 6th floor, pg. 1442
DDB STOCKHOLM, Torsgatan 19 8th Fl, pg. 280
DIGITAS, Hamngatan 2, pg. 1252
EDELMAN, Brunnsgatan 21B, pg. 1496
EDELMAN DEPORTIVO, Rosenlundsgatan 29A, pg. 1493
FCB FALTMAN & MALMEN, Valhallavagen 86, pg. 368
FORSMAN & BODENFORS, Kungsgatan 48, pg. 722
HAVAS WORLDWIDE GRANATH, Peter Myndes Backe 8, pg. 481
INGO, Master Samuelsgatan 56, pg. 442
INITIATIVE UNIVERSAL STOCKHOLM, Grevturegatan 11A, pg. 1333
JKL STOCKHOLM, Sveavagen 24-26, pg. 1588
MAKING WAVES, Drottninggatan 92, pg. 673
MCCANN STOCKHOLM, Grev Turegaton 11A, pg. 710
MEDIACOM SVERIGE AB, Birger Jarlsgatan 52, pg. 1347
MOBIENTO, Savageness 25, pg. 1249
MULLENLOWE BRINDFORS, Birger Jarlsgatan 57C, pg. 774
PRIME PUBLIC RELATIONS, Slussplan 9, pg. 1678
SAATCHI & SAATCHI, Drukningtatam 95A, pg. 980
TBWA AB STOCKHOLM, Blasieholmsgatan 5, pg. 1085
TBWA STOCKHOLM, Wallimgatam 2, pg. 1085

SWITZERLAND

Carouge

FTC, 48 Rue Jacques-Dalphin, pg. 1615
SAATCHI & SAATCHI, Place du Temple 15, pg. 980

Geneva

BURSON-MARSTELLER, 18 bd des Philosophes, pg. 1443
HAVAS WORLDWIDE GENEVA, 42 rue du XXXI Decembre, pg. 482
LANDOR ASSOCIATES, Rue Lugardon 1, pg. 609
LPK SARL GENEVA, Avenue des Morgines 12, Petit-Lancy, pg. 655
MCCANN ERICKSON SWITZERLAND, 15 Passage Malbuisson, pg. 710
PROPAGANDA GLOBAL ENTERTAINMENT MARKETING, 2 Bis Rue De La Maison Rouge, pg. 893
WEBER SHANDWICK, Passage Malbuisson 15, pg. 1679

Lausanne

WAVEMAKER, Rue Bellefontaine 2, pg. 1383

GEOGRAPHIC INDEX-NON U.S. AGENCIES

Zurich

ADVICO Y&R AG, Werbeagentur BSW Hardturmstrasse 133, pg. 1203
CPM SWITZERLAND, 1st Floor Seestrasse 93, pg. 236
FARNER CONSULTING AG, Oberdorfstrasse 28, pg. 1615
FCB ZURICH, Heinrichstrasse 267, pg. 368
GRENDENE OGILVY AG, Bergstrasse 50, pg. 817
HAVAS WORLDWIDE ZURICH, Gutstrasse 73, pg. 482
J. WALTER THOMPSON FABRIKANT, Binzmuhlestrasse 170, pg. 561
MEDIACOM SWITZERLAND, Manessestrasse 85, pg. 1347
OGILVYHEALTHCARE, Bergstrasse 50, pg. 817
OGILVYONE AG, Weberstrasse 21, pg. 817
PUBLICIS, Stadelhofer Strasse 25, pg. 901
PUBLICIS DIALOG ZURICH, Stradelhofer Strasse 25, pg. 901
SAATCHI & SAATCHI ZURICH, Raffelstrasse 32, pg. 980
SPILLMANN/FELSER/LEO BURNETT, Armtlerstrasse 201, pg. 627
TBWA HEALTH A.G., Seefeldstrasse 19, pg. 1085
TBWA SWITZERLAND A.G., Seefeldstrasse 19, pg. 1085
WAVEMAKER, Seestrasse 315, pg. 1383
WIRZ WERBUNG AG, Uetlibergstrasse 132, pg. 109
WUNDERMAN, Hardturmstrasse 133, Postfach, pg. 1192

SYRIA

Damascus

J. WALTER THOMPSON, Shoshara Building Hilal Al Bizim Street, Malki, pg. 563

TAIWAN

Taipei

COMPASS PUBLIC RELATIONS, 10th Fl C 167 Tun Hwa N Rd, pg. 1446
EDELMAN, 10F No 36 Pateh Road Sec 3, pg. 1495
FCB TAIPEI, 4F No 1 Sec 5 Nanking E Road, pg. 374
J. WALTER THOMPSON, 11F No. 35, Lane 11 GuangFu N. Rd., pg. 559
MCCANN ERICKSON COMMUNICATIONS GROUP, 11th Fl No 2 Lane 150 Section 5 Hsin Yi Rd, pg. 710
MILLWARD BROWN TAIWAN, 7F-1 No 37 Sec 3, Minsheng E Rd, pg. 744
OGILVY, 90 Song Ren Road, Hsin Yi Dist, pg. 828
OGILVY ADVERTISING, 90 Song Ren Road, pg. 827
OGILVY TAIWAN, 3F No 89 Song Ren Road, pg. 1601
OGILVYONE WORLDWIDE, 3F 89 Song Ren Road, pg. 828
WAVEMAKER, 4F No 31-2 Lane 11 GuangFu N Road, pg. 1386
ZENITHOPTIMEDIA, 8th Floor 6 Xinyi Road, pg. 1391

THAILAND

Bangkok

AZIAM BURSON-MARSTELLER, 16th Fl Alma Link Bldg 25 Soi Chidlom, Ploenchit Rd, pg. 1444
BANGKOK PR PORTER NOVELLI, 622 Emporium Tower Fl 22/4, Sukhumvit Rd, pg. 1616
BBDO BANGKOK, 18th Fl U Chu Liang Bldg, 968 Rama IV Rd Silom, pg. 115
CREATIVE JUICE G1, 161/1 SG Tower 2nd Floor Soi Mahadle Kluang 3 Rajdamri Road, Lumpini Pat, pg. 1092
FCB BANGKOK, 159/25 Serm-Mit Tower Sukhumvit 21 Road, North Klongtoey Wattana, pg. 374
GREY THAILAND, 8th Fl Q House Ploenjit Bldg 598 Ploenchite Rd, Lumpini Pathumwan, pg. 448
GREYNJ UNITED, 1028/5 Pongamorn Building Rama 4 Rd, pg. 448
GROUPM THAILAND, Ploanchit Center 23rd Floor, 2 Sukhumvit Road Khlong Toey, pg. 1324
H+K STRATEGIES THAILAND, Unit 14C 14th Fl Q House Ploenjit Bldg 598 Ploenchit Rd, Lumpini Pathumwan, pg. 1534
HAVAS WORLDWIDE BANGKOK, 29 Bangkok Business Center Building 28th Floor Room 2802 Soi Ekamai, Sukhumvit 63 Klongton Nua Watt, pg. 487
J. WALTER THOMPSON THAILAND, 591 19/F UBC 2 Bldg Sukhumvit 33 Road, Klongton Nua Wattana, pg. 559
LEO BURNETT, Sindhorn Bldg Tower 1 3rd Fl 130-132 Wireless Rd, Lumpini Pathumwan, pg. 631
MCCANN WORLDGROUP THAILAND, 555 Narathiwas Rd, pg. 710
MILLWARD BROWN THAILAND, Level 14 Kamol Sukosol Bldg 317 Silom Road, Bangrak, pg. 744
MULLENLOWE THAILAND, 1 Empire Tower 27-28th Fl, South Sathorn Rd, pg. 778
OGILVY ADVERTISING, 14th Flr The Offices at Centralworld 999/9 Rama 1 Rd, Patumwan, pg. 828
PHD THAILAND, 10 Floor Amarin Plaza, 500 Ploenchit Road, pg. 1363
PUBLICIS (THAILAND) LTD., 130-132 Singhorn Building, Lumpini, pg. 911
SAATCHI & SAATCHI, 25/F Sathorn City Tower 175 S Sathorn Rd Khwaeng Thungmahamek, Khet Sathorn, pg. 985
SPARK COMMUNICATIONS, 11/F One Pacific Pl, 140 Sukhumvit Road Klong Toey, pg. 1458
TBWA THAILAND, 1st-2nd Fl Golden Payilion Bldg 153/3 Soi Mahardlekluang 1 Rajdamri Rd, Pathumwan, pg. 1092
Y&R THAILAND, 16-17th & 19th Floors Siam Tower 989 Rama 1 Road, Pathumwan, pg. 1202

TRINIDAD & TOBAGO

Port of Spain

LONSDALE SAATCHI & SAATCHI, 8 & 10 Herbert Street, pg. 982
PUBLICIS CARIBBEAN, Albion Court 61 Dundonald Street, pg. 907
VALDEZ & TORRY ADVERTISING LIMITED, 46 Murray St, Woodbrook, pg. 444

TUNISIA

Tunis

J. WALTER THOMPSON, 91 Avenue Louis Braille, Cite El-Khadrah, pg. 554

TURKEY

Beyoglu

MEDINA/TURGUL DDB, Tuzambari Kasimpasa Bedrettin Mah Havuzbasi Degirmeni Sok No 2, pg. 281

Istanbul

4129GREY, Tesvikiye mah. Hakk? Yeten cad. No: 11-13 Terrace Fulya Center 1-2, M2 kat? 34365 Sisli, pg. 442
ALICE BBDO, Maslak Mah Dereboyu Caddesi Bilim Solak No 5 Sun Plaza, BBDO Blok Sisli, pg. 109
C-SECTION, Istiklal Caddesi Kallavi Sokak No 1 Kat 1, pg. 1204
FCB ARTGROUP, Buyukdere Cad.Ecza Sok No. 6, Levent 34394, pg. 368
HAVAS WORLDWIDE ISTANBUL, Istiklal Caddesi No 284-286 Odakule Is Merkezi Kat 16, Beyoglu, pg. 482
MANAJANS THOMPSON ISTANBUL, Buyukdere Cad Harman Sokak No 4 Kat 7 Levent, pg. 561
MARKOM/LEO BURNETT, Buyukdere Cad 26/6 Beytem Plaza, Sisli, pg. 627
MCCANN ERICKSON WORLDGROUP TURKEY, Buyukdere Caddesi Ecza Sokak No 6, Levent, pg. 710
MULLENLOWE ISTANBUL, Macka Residences B2, Besiktas, pg. 774
OGILVY, Harmancy Giz Plaza Harman Sokak M1-2 Levant, pg. 817
SAATCHI & SAATCHI ISTANBUL, Adnan Saygun Cad Kelaynak Sok No 1/1, Ulus Besiktas, pg. 980
TBWA ISTANBUL, ATA Center Ahi Evren Cad No 1 Kat G2, Maslak, pg. 1088
UM, Buyukdere Caddesi Ecza Sok No 6, Levent, pg. 710
WAVEMAKER, Dereboyu Caddesi No 78/1-4 Ortakoy, pg. 1383
Y&R TURKEY, Bomonti Firin Sokak No: 51, pg. 1204

TURKS & CAICOS ISLANDS

Providenciales

WIRED ISLAND LTD., PO Box 661, pg. 1172

UKRAINE

Kiev

ADVENTA LOWE, 13 Pymonenka Str., Building 5A, 5th Floor, pg. 773
GREY GROUP UKRAINE, 4A Verhnii Val St, pg. 442
HAVAS WORLDWIDE KIEV, 41 Vozdvyzhenska Street, pg. 482
JWT, 146 Zhilanskaya St 4th Fl, pg. 1180
LEO BURNETT KIEV, 24 Vorovskogo Str building 2 2nd floor, pg. 627
OGILVY, 4a Verkhnii Val str., pg. 817
PROVID BBDO, 3 Lev Tolstoy Str, pg. 109
ZENITHOPTIMEDIA, Vorovskogo 24, pg. 1389

UNITED ARAB EMIRATES

Abu Dhabi

TEAM/Y&R ABU DHABI, 3rd Floor AMF Building, Corniche, pg. 1205

Dubai

APCO WORLDWIDE, Al Thuraya Tower 1st Floor, Dubai Media City, pg. 62
APCO WORLDWIDE, DIFC Ctr The Gate E Gate Fl 15 Office 13, pg. 62
ASDA'A BURSON - MARSTELLER, The Gateway Building, Dubai Media City, pg. 1444
BPG GROUP, Level 6 MAF Tower Deira City Center, pg. 1179
BPG LLC, Level 6 MAF Tower, pg. 832
DDB DUBAI, Park Office, Seventh Fl, Block B, pg. 281
EDELMAN DABO, Villa 162a 2d Street, pg. 1497
FP7, 7th Floor MCN Hive Tecom Section C, pg. 710
GOLIN, Capricorn Tower 7th Fl, Sheikh Zayed Rd, pg. 1521
GREY GROUP MIDDLE EAST NETWORK, 10th Fl API Tower Sheikh Zayed Rd, pg. 443
GULF HILL & KNOWLTON, , pg. 1534
HAVAS WORLDWIDE MIDDLE EAST, Choueiri Building, 1st Floor Al Sufouh 2 St., pg. 488
HORIZON FCB DUBAI, Capricorn Tower 10th Floor, Sheikh Zayed Road, pg. 369
IMPACT BBDO, Emirates Office Tower 17th Fl Sheikh Zayed Rd, pg. 109
INITIATIVE DUBAI, Office 214-215 Bldg No 4, Dubai Media City, pg. 1334
J. WALTER THOMPSON, Business Central Tower Block B 36 Rd, Media City, pg. 563
JACK MORTON WORLDWIDE (DUBAI), Office 2201-2202, Bayswater Tower, pg. 567
LOWE MENA, 11th Fl Shatha Tower, Dubai Media City, pg. 773
MEMAC OGILVY, Al Attar Bus Tower 24th Fl, Shiekh Zayed Rd, pg. 1602
MEMAC OGILVY, Al-Attar Business Tower 24th Fl Sheikh Zayed Rd, pg. 831
MIDDLE EAST COMMUNICATION NETWORKS - MCN, Emarat Atrium Bldg 4th Fl, Sheikh Zayed Rd, pg. 542
OGILVYONE MIDDLE EAST, Al Attar Business Tower 24th Floor, Sheikh Zayed Road, pg. 831
RADIUS LEO BURNETT, Dubai Media City Bldg No 11, pg. 627
SAATCHI & SAATCHI, 40th Fl Business Central Towers, Tower B Dubai Media City, pg. 980
STARCOM MIDDLE EAST & EGYPT REGIONAL HEADQUARTERS, Dubai Media City Bldg No 11, pg. 1373
SUPERUNION, Tower B Bus Central Towers, 43rd Fl Sheikh Zayed Rd, pg. 1062
TBWA RAAD, Emaar Square, Building One, 6th Floor, pg. 1088

AGENCIES

GEOGRAPHIC INDEX-NON U.S.

TEAM/Y&R HQ DUBAI, Dubai Media City-Gateway, pg. 1205
TONIC, Gold & Diamond Park, Phase 2, Bldg 3, Fl 2, Barsha, pg. 1109
WAVEMAKER, Thuraya Tower 1, 3rd Floor, Office IP5304, Dubai Internet City, pg. 1385

UNITED KINGDOM

Aberdeen

WEBER SHANDWICK, 58 Queens Rd, pg. 1679

Andover

FCB HALESWAY, 36 East Street, pg. 376

Aylesbury

MANDO BRAND ASSURANCE LIMITED, The Corner Bldg, pg. 1183

Belfast

MILLWARD BROWN ULSTER, Aisling House, pg. 744
WEBER SHANDWICK, 32-38 Linenhall Street, pg. 1679

Birmingham

BOXER, Fort Dunlop Unit 201 Fort Parkway, pg. 1410
BOXER CREATIVE, Two Snow Hill, Snow Hill Queensway, pg. 1410
HAVAS PEOPLE BIRMINGHAM, Ground Fl 39 Dominion Ct Sta Rd Solihull, pg. 483

Brentwood

BURROWS SHENFIELD, The Burrows Building 5 Rayleigh Road, Shenfield, pg. 1193

Brighton

ICROSSING, INC., Moore House 13 Black Lion St, pg. 1262

Bristol

MCCANN ERICKSON BRISTOL, 125 Redcliff St, pg. 711
PUBLICITY MATTERS, 75 Whiteladies Road, Clifton, pg. 1621
SPECIALIST, Clifton Heights, Triangle W, pg. 837

Bury

AINSWORTH MAGUIRE, Unit 28 Peel Indus Estate, Chamberhall Street, pg. 1429

Cirencester

HELIA, Phoenix Way, pg. 473
HELIA, Phoenix Way, pg. 484

Cranleigh

FLIPSIDE GROUP, Smithbrook Barns, pg. 1679

East Grinstead

RAPP UK, Olympic House The Birches, pg. 932

Edinburgh

MEDIACOM EDINBURGH, 6 Dock Pl, pg. 1347
PAGODA PORTER NOVELLI, 4 Eyre Place, pg. 1615
WEBER SHANDWICK, 9 York Place, pg. 1679

Glasgow

HAVAS PEOPLE GLASGOW, Standard Building 3rd Floor 94 Hope Street, pg. 483

Hampton

ADDED VALUE, 6 Lower Teddington Rd, Hampton Wick Surrey, pg. 1184

Isleworth

TRO, 6 Church St Isleworth, pg. 307

Kingston

GEORGE P. JOHNSON (UK) LTD, Picton House 52 High St, pg. 416

Leeds

STICKYEYES, West One Wellington Street, pg. 548

London

3 MONKEYS/ZENO, 2 Sharaton St, Medius House, pg. 1689
ABBOTT MEAD VICKERS BBDO, 151 Marylebone Rd, pg. 109
ACCESS BRAND COMMUNICATIONS, Bankside 2, pg. 20
ACTIVE INTERNATIONAL LTD., 103 New Oxford St, pg. 1306
ADAM & EVEDDB, 12 Bishop's Bridge Rd, pg. 281
AIMIA, Carlson Ct 116 Putney Bridge Rd, pg. 41
AKQA, INC., 1 Saint John's Ln, pg. 1234
ALLOFUS, 112-116 Old Street, pg. 711
THE&PARTNERSHIP LONDON, 7 Rathbone Street, pg. 56
ANOMALY, 25 Charterhouse Square, pg. 59
ANOMALY, 25 Charterhouse Square, pg. 721
APCO WORLDWIDE, 90 Long Acre, pg. 63
ARENA BLM, 247 Tottenham Court Rd, pg. 473
AUGUST MEDIA, Zetland House, pg. 902
AXICOM COHN & WOLFE, AxiCom Court 67 Barnes High Street, pg. 1442
BARTLE BOGLE HEGARTY LIMITED, 60 Kingly Street, pg. 92
BBDO EMEA, 151 Marylebone Road, pg. 111
BDG ARCHITECTURE+DESIGN, 33 Saint John Street, pg. 1179
BIG AL'S CREATIVE EMPORIUM, 53A Brewer St, pg. 128
BOOKMARK CONTENT, The Griffin Building, 83 Clerkenwell Rd, pg. 1186
BRIERLEY & PARTNERS, Clover House 4th Floor, Farringdon Road, pg. 1186
BRIERLEY & PARTNERS, Clover House 4th Floor, Farringdon Road, pg. 162
THE BRIGHTER GROUP, The Pod London's Vertical Gateway Bridges Wharf, Battersea, pg. 381
THE BROOKLYN BROTHERS, 11-29 Smiths Ct, Soho, pg. 167
BUCHANAN COMMUNICATIONS LTD., 107 Cheapside, pg. 1184
BURSON-MARSTELLER LTD., 24-28 Bloomsbury Way, pg. 1442
C SPACE, 75 Wells Street, pg. 305
CAKE GROUP LTD, The HKX Building, 3 Pancras Sq, pg. 473
CENTIGRADE, 33 Cavendish Square, pg. 200
CHAMELEON PR, 63-65 N Wharf Rd, Paddington, pg. 305
CHIME COMMUNICATIONS PLC, Southside 6th Floor, Victoria, pg. 1185
CITIZEN RELATIONS, 101 New Cavendish Street, pg. 1469
CLARION COMMUNICATIONS, The Griffin Bldg 83 Clerkenwell Rd, pg. 1185
COHN & WOLFE, 30 Orange Street, pg. 1443
COLEY PORTER BELL, 18 Grosvenor Gardens, pg. 817
COLEY PORTER BELL, 18 Grosvenor Gardens, pg. 1179
COSINE, 239 Old Marleyebone Road, pg. 305
CP+B, The Brassworks, 32 York Way, pg. 235
CPM, 239 Old Marylebone Rd, pg. 236
CRITICAL MASS INC., 1 Riverside, Manbre Rd, pg. 248
DARE, 2 Tabernacle Street, pg. 1248
DARWIN HEALTHCARE COMMUNICATIONS, 4th Fl Lynton House 7-12 Tavistock Sq, pg. 1183
DDB EUROPE, 12 Bishop's Bridge Road, pg. 282
DENTSU AEGIS NETWORK LTD., 10 Triton Street, pg. 291
DIGITAS, 146 Brick Lane, pg. 1251
DIGITAS HEALTH LONDON, Pembroke Building, Avonmore Road, Kensington Village, pg. 1251
DONER, LONDON, 60 Charlotte St, pg. 315
DONER, LONDON, 60 Charlotte St, pg. 722
DOREMUS (UNITED KINGDOM), 10 Regents Wharf All Saints St London, pg. 317
DRAW, The Leathermarket, Weston Street, pg. 319
DROGA5, 12-14 Denman Street, pg. 322
DRUM OMG, 11 Chenief St, pg. 1363
EDELMAN, Southside 105 Victoria Street, pg. 1494
ESSENCE DIGITAL LIMITED, Academy House 36 Poland Street, pg. 1184
FALLON LONDON, Elsley Court, 20-22 Great Titchfield Street, pg. 360
FCB INFERNO, 31 Great Queen Street, Covent Garden, pg. 369
FIELD DAY LONDON, 247 Tottenham Court Road, pg. 1326
FINN PARTNERS, Unit B The Cube Building, 17-21 Wenlock Road, pg. 381
FINSBURY, 45 Moorfields, pg. 1185
FITCH, 121-141 Westbourne Terrace, pg. 385
FITCH:LONDON, 121-141 Westbourne Terrace, pg. 385
FLAMINGO, 1st Floor 1 Riverside Manbre Road, pg. 306
FLEISHMAN-HILLARD FISHBURN, Barkside 2 100 Southwark Street, pg. 1509
FLEISHMANHILLARD GROUP LTD., 40 Long Acre, Covent Garden, pg. 1510
FREUD COMMUNICATIONS, 55 Newman St, pg. 902
FRUKT COMMUNICATIONS, No 2 Warehouse Sq, 140 Holborn, pg. 542
FUTUREBRAND, 2 Waterhouse Square 140 Holborn, pg. 405
GLOBAL TEAM BLUE, Sea Containers House, pg. 423
GOLIN, Fox Court, 14 Gray's Inn Road, pg. 1521
GREY HEALTHCARE, Lynton House, pg. 418
GREY LONDON, The Johnson Building 77 Hatton Garden, pg. 439
GROUPM EMEA HQ, 101 St Martins Lane, pg. 1323
GYRO LONDON, 15 Macklin St, pg. 458
HAVAS JUST:: PUTNEY, 3 Pancras Square, pg. 474
HAVAS LONDON, The HKX, 3 Pancras Square, pg. 482
HAVAS LYNX, 168-173, Berkshire House, pg. 474
HAVAS MEDIA, 60 St Martin's Lane, pg. 1326
HAVAS PEOPLE LONDON, 6 Briset Street, pg. 483
HAVAS PR LONDON, Cupola House 15 Alfred Pl, pg. 483
HAVAS WORLDWIDE LONDON, Cupola House 15 Alfred Place, pg. 483
HAYGARTH GROUP, 28-31 High Street, Wimbledon Village, pg. 931
HELIA, 6 Briset Street, pg. 473
HELIA, 6 Briset Street, pg. 484
HILL+KNOWLTON STRATEGIES, The Buckley Building 49, pg. 1533
HILLS BALFOUR, 3rd Floor Colechurch House, pg. 750
THE HOFFMAN AGENCY, The Horton Mix Third Floor 86-90 Paul Street, pg. 1536
HOGARTH WORLDWIDE, 164 Shaftesbury Ave, pg. 506
HUGE, 60 Sloane Avenue, pg. 512
HUMAN DIGITAL, Portland House, 4 Great Portland Street, pg. 659
ICROSSING LONDON, 22 Chapter St 2nd Fl, pg. 1262
IGNITIONONE, 200-208 Tottenham Court Rd, pg. 1264
THE IMAGINATION GROUP, 25 Store St, South Crescent, pg. 525
INITIATIVE, 42 St John Square, pg. 547
INITIATIVE LONDON, 42 St Johns Sq, pg. 1333
INTERBRAND, 85 Strand, pg. 537
ISOBAR UK, 10 Triton Street Regents Place, pg. 550
J. WALTER THOMPSON, 1 Knightsbridge Green, pg. 562
JACK MORTON WORLDWIDE, 16-18 Acton Pk Estate Stanley Gardens, The Vale, pg. 568
KANTAR, 6 More London Place, Tooley Street, pg. 1184
THE KANTAR GROUP, 6 More London Pl, Tooley St, pg. 587
KEKST CNC, 40 Chancery Lane, pg. 590
KETCHUM, Bankside 3 90 Southwark St, pg. 1557
KETCHUM PLEON, 35-41 Folgate Street, pg. 1557
KHEMISTRY, 14-16 Brewer Street, pg. 594
KINETIC, 24-28 Bloomsbury Way, pg. 1558
THE KIRBY GROUP, Regents Place, 33 Euston Road, pg. 1408
KREAB, Scandinavian House 2-6 Cannon Street, pg. 1560
LANDOR ASSOCIATES, Klamath House, 18 Clerkenwell Green, pg. 609
LEO BURNETT, LTD., Warwick Building Kensington Village, Avonmore Road, pg. 624
LEO BURNETT LONDON, Kensington Village, Avonmore Road, pg. 627
LEWIS COMMUNICATIONS LIMITED, Millbank Tower, Millbank, pg. 637
LIDA, 36 Golden Square, pg. 659

A-122

GEOGRAPHIC INDEX-NON U.S. — AGENCIES

THE LIPPIN GROUP, 31 Southampton Row, pg. 1569
LIVE & BREATHE, Crown House, 143-147 Regent Street, pg. 646
LUCKY GENERALS, 160 Exmouth House 3-11 Pine St, pg. 656
M&C SAATCHI SPORT & ENTERTAINMENT, 36 Golden Square, pg. 660
M&C SAATCHI PLC, 36 Golden Sq, Soho, pg. 658
M/SIX, The Charlotte Building, 6 Evelyn Yard, pg. 1323
MADANO PARTNERSHIP, 76 Great Suffolk Street, Southwalk, pg. 1593
MADE BY MANY, Diespeker Wharf 38 Graham Street, pg. 1269
MAHER BIRD ASSOCIATES, 11 Slingsby Place, pg. 1086
MAITLAND/AMO, 3 Pancras Square, pg. 484
MANGO PR LTD., 2nd Fl Commonwealth House, 1-19, New Oxford Street, pg. 1409
MANNING SELVAGE & LEE LONDON, 55 Whitfield Street, pg. 1589
THE MARKETING STORE, 16 Hatfields, Southwark, pg. 1410
MARS Y&R, 230 City Road, pg. 1204
THE MARTIN AGENCY, 3 Grosvenor Gardens, pg. 687
MCCANN ERICKSON ADVERTISING LTD., 7-11 Herbrand Street, pg. 711
MCCANN ERICKSON WORLDWIDE, 7-11 Herbrand Street, pg. 712
MCGARRYBOWEN, 10 Hills Place, pg. 717
MEDIACOM LONDON, 124 Theobalds Road, pg. 1347
MERIDIAN OUTDOOR ADVERTISING, 24 Percey Street, pg. 1389
METRO BROADCAST LTD., 53 Great Suffolk Street, pg. 1186
MILLWARD BROWN, 24-48 Bloomsbury Way, Level 2, pg. 744
MINDSHARE, 1 St Giles High St, pg. 1181
MOTHER LTD., Biscuit Bldg 10 Redchurch St, pg. 762
MRM LONDON, 76-80 Southwark Street, pg. 767
MULLENLOWE LONDON, C-Space, 37-45 City Road, pg. 775
MULLENLOWE PROFERO, C-Space, 37-45 City Rd, pg. 776
MULLENLOWE SALT, Cramer House 39 Brixton Rd, pg. 777
MWW UK, 56A Poland St, pg. 1592
OCTAGON, Octagon House 81-83 Fullham High St, pg. 807
OGILVY, 10 Cabot Square, Canary Wharf, pg. 1600
OGILVY, 10 Cabot Square Canary Wharf, pg. 818
OGILVY EMEA, 10 Cabot Square Canary Wharf, pg. 818
OGILVY HEALTHWORLD EAME, 121-141 Westbourne Terrace, pg. 833
OGILVY HEALTHWORLD UK, 121-141 Westbourne Terrace, pg. 832
OGILVY, LTD., 18 Upper Ground, Sea Containers, pg. 818
OGILVY PRIDE, 10 Cabot Square, Canary Wharf, pg. 818
OGILVYINTERACTIVE, 10 Cabot Square Canary Wharf, pg. 819
OGILVYONE BUSINESS, 121-141 Westbourne Ter, pg. 819
OGILVYONE WORLDWIDE LTD., 10 Cabot Square Canary Wharf, pg. 819
OMD UK, 1-4 North Crescent Chenies Street, pg. 1359
OPTIMEDIA BLUE 449, Middlesex House 34-42 Cleveland St, pg. 1365
PHD MEDIA UK, The Telephone Exchange 5 N Crescent, Chenies St, pg. 1363
POKE, 5th Floor 82 Baker Street, pg. 902
PORTER NOVELLI-LONDON, 31 St Petersburgh Pl, pg. 1615
PORTLAND, 1 Red Lion Court, pg. 306
POSSIBLE LONDON, 77 Hatton Garden, pg. 1281
PRODIGIOUS, 2627 Castlereagh Street, pg. 902
PROXIMITY WORLDWIDE & LONDON, 191 Old Marylebone Rd, pg. 111
PUBLICIS LIFE BRANDS, Pembroke Building Kensington Village, Avonmore Road, pg. 911
PUBLICIS UK, 82 Baker St, pg. 902
PUBLICIS.SAPIENT, Eden House 8 Spital Square, pg. 915
PULSE CREATIVE LONDON, The News UK Blvd 1 London Bridge St, pg. 916
R/GA LONDON, 15 Rosebery Ave, pg. 926
RACEPOINT GLOBAL, Metro Building 2nd Fl, 1 Butterwick, pg. 1624
RAPP CDS EMEA LIMITED, 1 Riverside Manbre Road, pg. 932
RAPP LONDON, 1 Riverside Manbre Road, pg. 932
THE ROMANS, 10 Redchurch Street, pg. 763
RUDER FINN UK, LTD., 2nd Floor 1 Bedford Street, pg. 1637
SAATCHI & SAATCHI EMEA REGION HEADQUARTERS, 80 Charlotte Street, pg. 980
SAATCHI & SAATCHI LONDON, 80 Charlotte Street, pg. 980
SAATCHI & SAATCHI PRO, 40 Chancery Ln, pg. 981
SAPIENTRAZORFISH UK, 23 Howland St, pg. 1289
SATO CONSULTANTS, 27 Old Gloucester St, pg. 992
SOPEXA, Trident House, 46-48 Webber Street, pg. 1029
SPAFAX, The Pumphouse 13-16 Jacob's Well Mews, pg. 1187
STARCOM UK, Whitfield House 89 Whitfield St, pg. 1373
STINK STUDIOS, 5-23 Old St, 2nd Fl, pg. 1050
SUDLER & HENNESSEY LTD.-LONDON, 11 - 33 St Johns Street, pg. 1059
SYZYGY UK LTD, The Johnson Bldg 77 Hatton Garden, pg. 1182
TALK.GLOBAL, 3-5 Rathbone Place, pg. 663
TBWALONDON, 76-80 Whitfield Street, pg. 1086
TBWA/UK GROUP, 76-80 Whitfield St, pg. 1086
TBWAWORLDHEALTH LONDON, Bankside 2, 100 Southwark St, pg. 1086
TRIBAL WORLDWIDE LONDON, 12 Bishops Bridge Rd, Paddington, pg. 1296
TURNER DUCKWORTH DESIGN, Voysey House Barley Mow Passage, pg. 1122
UNIT9, 2-4 Hoxton Sq, pg. 1299
VIBRANT MEDIA LTD., 7th Floor, 140 Aldersgate Street, pg. 1137
VML, Greater London House, pg. 1144
WAVEMAKER - EMEA HQ, 1 Paris Garden, pg. 1381
WAVEMAKER GLOBAL HQ, LONDON, 1 Paris Garden, pg. 1380
WE, Tower House Fourth Floor, pg. 1672
WEBER SHANDWICK FINANCIAL, Fox Court 14 Gray's Inn Road, pg. 1679
WEBER SHANDWICK UK, Fox Court 14 Gray's Inn Rd, pg. 1679
WIEDEN + KENNEDY, 16 Hanbury Street, pg. 1165
WOLFF OLINS, 10 Regents Wharf All Saints Street, pg. 1173
WPP PLC, 27 Farm Street, pg. 1178
WUNDERMAN, Greater London House, Hampstead Rd 3rd Fl, pg. 1193
WUNDERMAN INTERACTIVE, Greater London House Hampstead Road, pg. 1193
XAXIS - EMEA HEADQUARTERS, 26 Red Lion Square, Paddington, pg. 1302
Y&R LONDON, Greater London House Hampstead Rd, pg. 1204
YOUNG & RUBICAM LTD., Greater London House Hampstead Road, pg. 1204
ZENITH MEDIA, 24 Percey Street, pg. 1387
ZENO GROUP, Hammersley House, 5-8 Warwick St, pg. 1493

Macclesfield

ADELPHI GROUP LIMITED, Adelphi Mill Grimshaw Lane Bollington, pg. 304

Manchester

CHEETHAM BELL, Astley House Quay St, pg. 561
CODE COMPUTERLOVE LTD., Jutland House, 15 Jutland St, pg. 1347
HAVAS PEOPLE MANCHESTER, Trafford House Chester Rd, Stretford, pg. 483
TBWA/MANCHESTER, St Paul's 781 Wilmslow Road, Didsbury Village, pg. 1086
WAVEMAKER, Bass Warehouse 4 Castle Street, Castlefield, pg. 1383
WEBER SHANDWICK, 2 Jordan St Knott Mill, pg. 1680

Prestbury

MCCANN-ERICKSON COMMUNICATIONS HOUSE LTD , MACCLESFIELD, Bonis Hall, Bonis Hall Lane, pg. 712

Reading

HEATHWALLACE LTD, 5-9 Merchants Pl, pg. 1186

Richmond

CLEAR, The Poppy Factory Petersham Rd, pg. 659

Solihull

MCCANN ERICKSON CENTRAL, McCann Erickson House Highlands Road, Shirley, pg. 712

Thames Ditton

HAVAS LIFE MEDICOM UK, Ferry Works, Summer Road, pg. 475

Tunbridge Wells

SOUTHPAW, The Warehouse Hill Street, pg. 463

Warwick

MILLWARD BROWN UK LTD., Olympus Avenue Tachbrook Park, pg. 744

Windsor

LANGLAND, Quadrant 55-57 High St, pg. 911

URUGUAY

Montevideo

FCB MONTEVIDEO, Mac Eachen 1391 Bis, pg. 372
LOWE GINKGO, Joaquin Nunes 3082, pg. 773
NUEVA COMUNICACION-WEBER SHANDWICK, Ellauri 1212, pg. 1680
PUBLICIS IMPETU, Colonia 922 Piso 8, pg. 907
PUNTO OGILVY, Plaza Independencia, pg. 821
TEQUILA ESECE, Ellauri 1232, pg. 1093
Y&R URUGUAY, Bvar Espana 2617, pg. 1207

VENEZUELA

Caracas

AJL PARK, Torre Multinvest Piso 4 Plaza La Castellana Chacao, pg. 372
ARS DDB PUBLICIDAD, Av Diego Cisneros Edif ARS, Los Ruices, pg. 283
AW OVEJA NEGRA SAATCHI & SAATCHI, Edificio ABA 4th Fl, Las Mercedes, pg. 982
BURSON-MARSTELLER, Avenida La Estancia, Centro Benaven (Cubo Negro) Torre C, Piso 2, Chuao, pg. 1444
FCB CARACAS, Av.Paseo Enrique Erason con c/Chivacoa, Ed. Tamanaco, URb. San Roman, pg. 372
J. WALTER THOMPSON, Centro Banaven Torre C Piso 3 Ave La Estancia Chuao, pg. 564
MCCANN ERICKSON PUBLICIDAD, Av Francisco Solano Lopez entre Calles Negrin y Apamates Pisos 18, Sabana Grande Apartado, pg. 712
OGILVY, Av La Estancia Centro Banaven Torre D Piso 3, Chuao, pg. 821
PUBLICIS 67, Av Casanova Centro Comercial, Plaza Venezuela, pg. 907

VIETNAM

Ho Chi Minh City

APCO WORLDWIDE, Unit 12 4/F Saigon Centre 65 Le Loi, District 1, pg. 63
DDB VIETNAM ADVERTISING, 201 PetroVietnam Tower 1 Le Duan, District 1, pg. 282
HAKUHODO & SAIGON ADVERTISING CO., LTD., 10th Floor Room 6 Saigon Centre 65 Le Loi St, District 1, pg. 463
MULLENLOWE VIETNAM, Level 47 Bitexco Financial Tower, 02 Hai Trieu Street, pg. 778
OGILVY (VIETNAM) LTD., Centec Tower 12th Floor 72-74 Nguyen Thi Minh Khai Street, District 3, pg. 828
TBWA/VIETNAM, 4th fl Saigon Financial Tower, pg. 1092

ZAMBIA

Lusaka

ARMSTRONG Y&R, Wing F 2nd Floor Comesa Centre Ben bella Rd, pg. 1208

SPECIAL MARKET INDEX

African-American Market

11:24 DESIGN ADVERTISING, INC., Playa Del Rey, CA, pg. 1
15 MINUTES, INC., Conshohocken, PA, pg. 2
5W PUBLIC RELATIONS, New York, NY, pg. 1423
9.8 GROUP, New York, NY, pg. 14
ACCESS ADVERTISING LLC, Kansas City, MO, pg. 1305
ACCESS TO MEDIA, Chicopee, MA, pg. 20
ACTIFY MEDIA, Helena, MT, pg. 22
ADMO, INC., Saint Louis, MO, pg. 31
AGENCY CREATIVE, Dallas, TX, pg. 38
AMERICAN ADVERTISING SERVICES, Bala Cynwyd, PA, pg. 52
AMERICAN MEDIA CONCEPTS INC., Brooklyn, NY, pg. 52
ANDIS ADVERTISING, Sturtevant, WI, pg. 1219
ANVIL MEDIA, INC., Portland, OR, pg. 1307
ARCANA ACADEMY, Los Angeles, CA, pg. 65
ARCOS COMMUNICATIONS, New York, NY, pg. 66
ARGUS, Boston, MA, pg. 67
ARGYLL, Redondo Beach, CA, pg. 68
ARKSIDE MARKETING, Riverside, CA, pg. 69
ARNOLD WORLDWIDE, Boston, MA, pg. 69
ASHAY MEDIA GROUP, Brooklyn, NY, pg. 73
ATTACHE, INC., Columbus, OH, pg. 76
ATWELL MEDIA SERVICES, INC., Rancho Murieta, CA, pg. 1308
AUDIENCE INNOVATION, Austin, TX, pg. 76
BARCELONA ENTERPRISES, Sherman Oaks, CA, pg. 89
BARNETT MURPHY DIRECT MARKETING, Orlando, FL, pg. 90
BASS ADVERTISING, Sioux City, IA, pg. 95
BAYARD ADVERTISING AGENCY, INC., New York, NY, pg. 96
BDOT, New York, NY, pg. 117
BERLINE, Royal Oak, MI, pg. 124
BFG COMMUNICATIONS, Bluffton, SC, pg. 126
BIGEYE AGENCY, Orlando, FL, pg. 130
BITNER GOODMAN, Fort Lauderdale, FL, pg. 1450
BLEND, Los Angeles, CA, pg. 135
BLH CONSULTING, Atlanta, GA, pg. 1451
BODKIN ASSOCIATES, INC., Zionsville, IN, pg. 143
THE BORENSTEIN GROUP, INC., Fairfax, VA, pg. 147
BRAMSON + ASSOCIATES, Los Angeles, CA, pg. 153
BRANDTAILERS, Newport Beach, CA, pg. 159
BROLIK, Philadelphia, PA, pg. 1243
BROWNING AGENCY, New Providence, NJ, pg. 168
THE BUNTIN GROUP, Nashville, TN, pg. 173
BURRELL, Chicago, IL, pg. 176
BUY ADS DIRECT, Ridge Manor, FL, pg. 1313
BYNUMS MARKETING & COMMUNICATIONS, INC, Pittsburgh, PA, pg. 179
CAMELOT STRATEGIC MARKETING & MEDIA, Dallas, TX, pg. 1314
CAPRICORN, Melville, NY, pg. 1399
CAROL H. WILLIAMS ADVERTISING, Oakland, CA, pg. 190
CASHMAN & KATZ INTEGRATED COMMUNICATIONS, Glastonbury, CT, pg. 193
CASTELLS & ASOCIADOS, Los Angeles, CA, pg. 194
CFIVE SOLUTIONS, Laguna Hills, CA, pg. 201
C.I. VISIONS INC., New York, NY, pg. 1468
CIRCLE OF ONE MARKETING, Miami, FL, pg. 208
THE CIRLOT AGENCY, INC., Jackson, MS, pg. 209
CK COMMUNICATIONS, INC. (CKC), Indialantic, FL, pg. 210
COLLE+MCVOY, Minneapolis, MN, pg. 219
CONNECTIONS ADVERTISING & MARKETING, Lexington, KY, pg. 227
CORINTHIAN MEDIA, INC., New York, NY, pg. 1316
CP+B BOULDER, Boulder, CO, pg. 235
CREATIVE ENERGY GROUP INC, Johnson City, TN, pg. 241
CREATIVE MARKETING ALLIANCE INC., Princeton Junction, NJ, pg. 243
CREATIVE MEDIA AGENCY LLC, Mineola, NY, pg. 244
CRITICAL LAUNCH, LLC, Dallas, TX, pg. 247
CRONIN, Glastonbury, CT, pg. 248
CROSSOVER CREATIVE GROUP, Pinole, CA, pg. 250
DATALAB USA LLC, Germantown, MD, pg. 261
DAVIS ELEN ADVERTISING, INC., Los Angeles, CA, pg. 264
DDB WORLDWIDE COMMUNICATIONS GROUP INC., New York, NY, pg. 268
DELLA FEMINA ADVERTISING, New York, NY, pg. 287
DEPARTURE, San Diego, CA, pg. 291
DMA UNITED, New York, NY, pg. 310
DREAMENTIA INC, Los Angeles, CA, pg. 320
DROGA5, New York, NY, pg. 321
EAST MEETS WEST PRODUCTIONS INC., Corpus Christi, TX, pg. 328
EL CREATIVE, INC., Dallas, TX, pg. 334
EMG MARKETING, San Clemente, CA, pg. 339
EMPOWER MEDIAMARKETING, Cincinnati, OH, pg. 1320
EP+CO, Greenville, SC, pg. 343
ETARGETMEDIA.COM, INC., Coconut Creek, FL, pg. 350
EXECUTIVE1 MEDIA GROUP, Victorville, CA, pg. 355
EXPECT ADVERTISING, INC., Clifton, NJ, pg. 355
EXPLORE COMMUNICATIONS, Denver, CO, pg. 1321
FAHLGREN MORTINE, Columbus, OH, pg. 358
FLEISHMANHILLARD INC., Saint Louis, MO, pg. 1506
FLYING A, Pasadena, CA, pg. 1322
FOOTSTEPS, New York, NY, pg. 391
FRASER COMMUNICATIONS, Los Angeles, CA, pg. 396
GILBREATH COMMUNICATIONS, INC., Houston, TX, pg. 420
GMR MARKETING LLC, New Berlin, WI, pg. 1403
GOCONVERGENCE, Orlando, FL, pg. 426
THE GOODNESS COMPANY, Wisconsin Rapids, WI, pg. 429
THE GOSS AGENCY INC., Asheville, NC, pg. 430
GREENLIGHT MEDIA & MARKETING, LLC, Hollywood, CA, pg. 435
GROUP46, Bluffton, SC, pg. 452
HAKUHODO INCORPORATED, Tokyo, pg. 461
HARD BEAT COMMUNICATIONS, INC., New York, NY, pg. 467
HARMELIN MEDIA, Bala Cynwyd, PA, pg. 1324
HATFIELD MEDIA, Louisville, KY, pg. 472
HAVAS MEDIA, New York, NY, pg. 1324
HAWORTH MARKETING + MEDIA, Minneapolis, MN, pg. 1328
HERMANOFF PUBLIC RELATIONS, Bingham Farms, MI, pg. 1530
HMH, Portland, OR, pg. 504
HOLLAND ADVERTISING:INTERACTIVE, Cincinnati, OH, pg. 506
HOLLYWOOD BRANDED INC., El Segundo, CA, pg. 507
HORIZON MEDIA, INC., New York, NY, pg. 1329
HUDSON MEDIA SERVICES LLC, West Orange, NJ, pg. 1330
HUGE LLC, Brooklyn, NY, pg. 512
ICE FACTOR, Carpentersville, IL, pg. 1405
IMPACT CONSULTING ENTERPRISES, East Orange, NJ, pg. 1541
INTERLEX COMMUNICATIONS INC., San Antonio, TX, pg. 538
THE INTERPUBLIC GROUP OF COMPANIES, INC., New York, NY, pg. 540
INTRIGUE, Melville, NY, pg. 545
ISA ADVERTISING, New York, NY, pg. 548
JAMES ROSS ADVERTISING, Pompano Beach, FL, pg. 571
JEFFREY ALEC COMMUNICATIONS, Los Angeles, CA, pg. 574
JOBELEPHANT.COM INC., San Diego, CA, pg. 578
JOE AGENCY, Los Angeles, CA, pg. 578
K2 KRUPP KOMMUNICATIONS, INC, New York, NY, pg. 1550
KATHODERAY MEDIA INC., Greenville, NY, pg. 588
KEEN BRANDING, Milton, DE, pg. 589
KELLEY CHUNN & ASSOC., Boston, MA, pg. 1553
KELLY SCOTT MADISON, Chicago, IL, pg. 1336
KINDLING MEDIA, LLC, Hollywood, CA, pg. 595
KPI AGENCY, San Diego, CA, pg. 601
KW2, Madison, WI, pg. 604
LAKE GROUP MEDIA, INC., Armonk, NY, pg. 607
LATCHA+ASSOCIATES, Farmington Hills, MI, pg. 611
LATINWORKS MARKETING, INC., Austin, TX, pg. 612
LAVERDAD MARKETING & MEDIA, Loveland, OH, pg. 616
LAZBRO, INC., Atlanta, GA, pg. 617
LEAD ME MEDIA, Deerfield Beach, FL, pg. 617
LEO BURNETT WORLDWIDE, INC., Chicago, IL, pg. 621
LEVO HEALTH, Tampa, FL, pg. 635
LIQUID ADVERTISING, El Segundo, CA, pg. 644
LITTLE DOG AGENCY INC., Mount Pleasant, SC, pg. 645
LUCKY BREAK PUBLIC RELATIONS, Los Angeles, CA, pg. 1571
LUQUIRE GEORGE ANDREWS, INC., Charlotte, NC, pg. 657
MAGIC JOHNSON ENTERPRISES, Beverly Hills, CA, pg. 670
MANGOS, Conshohocken, PA, pg. 674
MANTERA ADVERTISING, Bakersfield, CA, pg. 675
MARKETING WERKS, INC., Chicago, IL, pg. 1411
MASCOLA ADVERTISING, New Haven, CT, pg. 690
MASSIVEMEDIA, New York, NY, pg. 692
MATRIX MEDIA SERVICES, INC., Columbus, OH, pg. 1340
MAXIMUM EXPOSURE PUBLIC RELATIONS & MEDIA, Woodcliff Lake, NJ, pg. 1578
MAXLETICS CORPORATION, Colorado Springs, CO, pg. 1271
MCFRANK & WILLIAMS ADVERTISING AGENCY, INC., New York, NY, pg. 716
MEDIA RESOURCES, LTD., Canton, OH, pg. 1342
MEDIA SOLUTIONS, Sacramento, CA, pg. 1343
MEDIACOMP, INC., Houston, TX, pg. 1350
METRICS MARKETING, INC., Atlanta, GA, pg. 736
MICHAEL WALTERS ADVERTISING, Chicago, IL, pg. 738
MICSTURA, Miami, FL, pg. 739
MILESTONE BROADCAST, New York, NY, pg. 740
MILLENNIUM 3 MANAGEMENT INC., Philadelphia, PA, pg. 740
MILLWARD BROWN INC., Lisle, IL, pg. 742
MKTWORKS, INC., Cold Spring, NY, pg. 749
MOCENTRIC, Scottsdale, AZ, pg. 1274
MOMENTUM WORLDWIDE, New York, NY, pg. 754
MOROCH HOLDINGS, INC., Dallas, TX, pg. 758
MOTIVATE, INC., San Diego, CA, pg. 763
MOXIE, Atlanta, GA, pg. 1274
MRB PUBLIC RELATIONS, Freehold, NJ, pg. 1586
MUSE COMMUNICATIONS, Santa Monica, CA, pg. 780
NATCOM MARKETING, Miami, FL, pg. 785
NATIONAL MEDIA SERVICES, INC., Huntington Bay, NY, pg. 785
NEURON SYNDICATE, Santa Monica, CA, pg. 790
NEWSMARK PUBLIC RELATIONS INC., Boca Raton, FL, pg. 1595
NORTHEASTERN MEDIA, Doylestown, OH, pg. 1413
NPJ ADVERTISING & PUBLIC RELATIONS, INC., Washington, DC, pg. 802
NUEVO ADVERTISING GROUP, INC., Sarasota, FL, pg. 802
O2IDEAS, INC., Birmingham, AL, pg. 803
O3 WORLD, LLC, Philadelphia, PA, pg. 804
OCEAN BRIDGE GROUP, Los Angeles, CA, pg. 805
OCTAGON, Norwalk, CT, pg. 806
OGILVY, New York, NY, pg. 809
OMNICOM GROUP INC., New York, NY, pg. 836
ONE SOURCE DIRECT MARKETING, INC., Coral Springs, FL, pg. 1278
ONE TWELFTH INC., Miami, FL, pg. 839
ONEWORLD COMMUNICATIONS, INC., San Francisco, CA, pg. 840
ONION LABS, Chicago, IL, pg. 840
OPTIC NERVE DIRECT MARKETING, San Francisco, CA, pg. 842
OUTDOOR FIRST, INC., Germantown, WI, pg. 1361
OUTERNATIONAL INC, New York, NY, pg. 846
PALISADES MEDIA GROUP, INC., Santa Monica, CA, pg.

AGENCIES

1361
PARKER ADVERTISING SERVICE, INC., Lancaster, PA, pg. 854
PARTNERSHIP OF PACKER, OESTERLING & SMITH (PPO&S), Harrisburg, PA, pg. 856
THE PATIENT RECRUITING AGENCY, Austin, TX, pg. 858
PATRIOT ADVERTISING INC., Katy, TX, pg. 858
PHD, New York, NY, pg. 1361
PIERCE COMMUNICATIONS, INC., Columbus, OH, pg. 870
PINTA, New York, NY, pg. 872
PITA COMMUNICATIONS LLC, Rocky Hill, CT, pg. 873
POLLER & JORDAN ADVERTISING AGENCY, INC., Miami, FL, pg. 881
PONDER IDEAWORKS, Huntington Beach, CA, pg. 882
PP+K, Tampa, FL, pg. 885
PRINCETON PARTNERS, INC., Princeton, NJ, pg. 890
PROJECT, Auburn Hills, MI, pg. 891
PROJECT 2050, New York, NY, pg. 892
PROTERRA ADVERTISING, Addison, TX, pg. 894
PUBLISHERS ADVERTISING ASSOCIATES, New York, NY, pg. 1225
QUIGLEY-SIMPSON, Los Angeles, CA, pg. 923
RADIO LOUNGE - RADIO ADVERTISING AGENCY, Sugar Land, TX, pg. 928
RAWLE MURDY ASSOCIATES, INC., Charleston, SC, pg. 934
REAL INTEGRATED, Troy, MI, pg. 936
RED INTERACTIVE AGENCY, Santa Monica, CA, pg. 1284
RED MOON MARKETING, Charlotte, NC, pg. 940
REPUBLICA HAVAS, Miami, FL, pg. 947
THE RESPONSE SHOP, INC., La Jolla, CA, pg. 950
REX DIRECT NET, INC., Cherry Hill, NJ, pg. 953
RICHARDS/CARLBERG, Houston, TX, pg. 956
THE RICHARDS GROUP, INC., Dallas, TX, pg. 956
RITTA, Paramus, NJ, pg. 960
ROCKET 55, Minneapolis, MN, pg. 964
THE ROGERS AGENCY, Chesapeake, VA, pg. 966
RON FOTH ADVERTISING, Columbus, OH, pg. 967
RUNYON SALTZMAN & EINHORN, Sacramento, CA, pg. 972
S3, Boonton, NJ, pg. 974
SAGON-PHIOR, West Los Angeles, CA, pg. 1638
SANDERS\WINGO ADVERTISING, INC., El Paso, TX, pg. 989
SBC, Columbus, OH, pg. 993
SENSIS, Los Angeles, CA, pg. 1002
SHERRY MATTHEWS ADVOCACY MARKETING, Austin, TX, pg. 1007
SLINGSHOT, LLC, Dallas, TX, pg. 1021
SMY MEDIA, INC., Chicago, IL, pg. 1369
SOCIALLYIN, Birmingham, AL, pg. 1291
THE SOUZA AGENCY, Annapolis, MD, pg. 1030
SPECIALTY TRUCK RENTALS, Santa Monica, CA, pg. 1416
SPOT ON, City Island, NY, pg. 1036
SPOT SAVVY, LLC, New York, NY, pg. 1036
SPURRIER MEDIA GROUP, Richmond, VA, pg. 1370
STARCOM, Chicago, IL, pg. 1370
STERN ADVERTISING, INC., Cleveland, OH, pg. 1048
STRONG, Birmingham, AL, pg. 1055
SUBMIT EXPRESS INC., Glendale, CA, pg. 1057
SWARM NYC, New York, NY, pg. 1293
TAKE 5 MEDIA GROUP, Boca Raton, FL, pg. 1071
TC CREATIVES LLC, Woodland Hills, CA, pg. 1093
TEC DIRECT MEDIA, INC., Chicago, IL, pg. 1375
THAT AGENCY, West Palm Bch, FL, pg. 1098
TIDAL SHORES INC., Houston, TX, pg. 1102
THE TOMBRAS GROUP, Knoxville, TN, pg. 1108
TRELLIS MARKETING, INC, Buffalo, NY, pg. 1115
UNDIVIDED, Pasadena, CA, pg. 1126
UNION, Charlotte, NC, pg. 1298
U.S. INTERNATIONAL MEDIA, LLC, Los Angeles, CA, pg. 1378
UWG, Brooklyn, NY, pg. 1129
VANGUARDCOMM, East Brunswick, NJ, pg. 1130
VARGAS & AMIGOS INC., Marietta, GA, pg. 1131
WALTON / ISAACSON, Culver City, CA, pg. 1151
THE WARD GROUP, Frisco, TX, pg. 1152
WC MEDIA INC., Springfield, IL, pg. 1154
WEBER SHANDWICK, New York, NY, pg. 1673
WIEDEN + KENNEDY, INC., Portland, OR, pg. 1163
XAXIS, LLC, New York, NY, pg. 1302
Z MARKETING PARTNERS, Indianapolis, IN, pg. 1209
ZEHNDER COMMUNICATIONS, INC., New Orleans, LA, pg. 1210

ZENITH USA, New York, NY, pg. 1391

Agriculture

454 CREATIVE, Irvine, CA, pg. 9
5 STONE ADVERTISING, Carbondale, CO, pg. 9
5METACOM, IndianaPOlis, IN, pg. 10
ABSOLUTELY PUBLIC RELATIONS, Lakewood, CO, pg. 1426
ACCESS TO MEDIA, Chicopee, MA, pg. 20
ACTIFY MEDIA, Helena, MT, pg. 22
ADCETERA GROUP, Houston, TX, pg. 27
ADFARM, Calgary, pg. 29
ADSOKA, INC., Minneapolis, MN, pg. 33
AGENCY CREATIVE, Dallas, TX, pg. 38
AMELIE COMPANY, Denver, CO, pg. 51
AMERICAN ADVERTISING SERVICES, Bala Cynwyd, PA, pg. 52
AMERICAN NEWSPAPER REPRESENTATIVES, INC., Troy, MI, pg. 1307
ANDIS ADVERTISING, Sturtevant, WI, pg. 1219
ANSIRA, Chicago, IL, pg. 1396
ANVIL MEDIA, INC., Portland, OR, pg. 1307
APCO WORLDWIDE, Washington, DC, pg. 62
ARCANA ACADEMY, Los Angeles, CA, pg. 65
ARCHER MALMO, Memphis, TN, pg. 65
ARCHER MALMO AUSTIN, Austin, TX, pg. 66
ARGYLL, Redondo Beach, CA, pg. 68
ARKSIDE MARKETING, Riverside, CA, pg. 69
ARNOLD WORLDWIDE, Boston, MA, pg. 69
ATTACHE, INC., Columbus, OH, pg. 76
AUDIENCE INNOVATION, Austin, TX, pg. 76
AUGUST, LANG & HUSAK, INC., Bethesda, MD, pg. 77
AUGUSTUS BARNETT ADVERTISING/DESIGN, Fox Island, WA, pg. 77
BAILEY LAUERMAN, Omaha, NE, pg. 84
THE BALCOM AGENCY, Fort Worth, TX, pg. 85
BARBER MARTIN AGENCY, Richmond, VA, pg. 88
BASS ADVERTISING, Sioux City, IA, pg. 95
BAYARD ADVERTISING AGENCY, INC., New York, NY, pg. 96
BECKER GUERRY, Middletown, NJ, pg. 119
BECKETT & BECKETT, INC., Altadena, CA, pg. 120
BENCHMARK DISPLAYS, Palm Desert, CA, pg. 1398
BERNSTEIN-REIN ADVERTISING, INC., Kansas City, MO, pg. 125
BIG RIVER ADVERTISING, Richmond, VA, pg. 129
BILL HUDSON & ASSOCIATES, INC., ADVERTISING & PUBLIC RELATIONS, Nashville, TN, pg. 131
BLEND, Los Angeles, CA, pg. 135
BLUE FOUNTAIN MEDIA, New York, NY, pg. 1241
BLUE OLIVE CONSULTING, Florence, AL, pg. 139
BODKIN ASSOCIATES, INC., Zionsville, IN, pg. 143
BOUVIER KELLY INC., Greensboro, NC, pg. 149
BRANDTAILERS, Newport Beach, CA, pg. 159
BRAVE NEW MARKETS, Owings Mills, MD, pg. 1242
BRIGHTON AGENCY, INC., Saint Louis, MO, pg. 164
BRING, Green Bay, WI, pg. 165
BROADHEAD, Minneapolis, MN, pg. 165
BROWNING AGENCY, New Providence, NJ, pg. 168
CALZONE & ASSOCIATES, Lafayette, LA, pg. 184
CASHMAN & KATZ INTEGRATED COMMUNICATIONS, Glastonbury, CT, pg. 193
CASTELLS & ASOCIADOS, Los Angeles, CA, pg. 194
CATALYST MARKETING COMMUNICATIONS INC., Stamford, CT, pg. 195
CATALYST MARKETING COMPANY, Fresno, CA, pg. 195
CENTRIC, Newhall, CA, pg. 200
CHARLESTON/ORWIG, INC., Hartland, WI, pg. 203
C.I. VISIONS INC., New York, NY, pg. 1468
CINETRANSFORMER INTERNATIONAL INC., Hallandale Beach, FL, pg. 1399
THE CIRLOT AGENCY, INC., Jackson, MS, pg. 209
CIVILIAN, Chicago, IL, pg. 210
COLLE+MCVOY, Minneapolis, MN, pg. 219
COLMAN BROHAN DAVIS, Chicago, IL, pg. 220
COMMUNICATIONS 21, Atlanta, GA, pg. 1472
CONNECTIONS ADVERTISING & MARKETING, Lexington, KY, pg. 227
CORNERSTONE GOVERNMENT AFFAIRS, Washington, DC, pg. 232
CREATIVE COMPANY, McMinnville, OR, pg. 240
CREATIVE DIRECTION, INC., Indianapolis, IN, pg. 241
CREATIVE ENERGY GROUP INC, Johnson City, TN, pg. 241
CRITICAL LAUNCH, LLC, Dallas, TX, pg. 247
CRUX CREATIVE, Milwaukee, WI, pg. 251

SPECIAL MARKET INDEX

CTB ADVERTISING, Milford, IN, pg. 1221
CUBICLE NINJAS, Glen Ellyn, IL, pg. 252
DAN PIPKIN ADVERTISING AGENCY, INC., Danville, IL, pg. 259
DEAN DESIGN/MARKETING GROUP, INC., Lewes, DE, pg. 284
DELAUNAY COMMUNICATIONS, INC., Seattle, WA, pg. 1482
DELLA FEMINA ADVERTISING, New York, NY, pg. 287
DROGA5, New York, NY, pg. 321
EARTHLING INTERACTIVE, Madison, WI, pg. 1254
EGG, Everett, WA, pg. 332
ENCODE, Jacksonville, FL, pg. 340
EPICOSITY, Sioux Falls, SD, pg. 344
ERVIN & SMITH, Omaha, NE, pg. 348
EVANS ALLIANCE ADVERTISING, Sparta, NJ, pg. 351
EVANS, HARDY & YOUNG INC., Santa Barbara, CA, pg. 352
EXPECT ADVERTISING, INC., Clifton, NJ, pg. 355
FAHLGREN MORTINE, Columbus, OH, pg. 358
FAYE CLACK COMMUNICATIONS INC., Toronto, pg. 1503
FELDER COMMUNICATIONS GROUP, Grand Rapids, MI, pg. 377
FINEMAN PR, San Francisco, CA, pg. 1504
FLEISHMANHILLARD INC., Saint Louis, MO, pg. 1506
FLEMING & COMPANY INC., NewPOrt, RI, pg. 387
FLINT COMMUNICATIONS, Fargo, ND, pg. 388
FMB ADVERTISING, Knoxville, TN, pg. 390
THE FRANK AGENCY INC, Overland Park, KS, pg. 395
FREEBAIRN & CO., Atlanta, GA, pg. 397
FTI CONSULTING, Washington, DC, pg. 400
GABRIEL DEGROOD BENDT, MinneaPOlis, MN, pg. 407
THE GOSS AGENCY INC., Asheville, NC, pg. 430
GRIFFIN WINK ADVERTISING, Lubbock, TX, pg. 450
GROUP46, Bluffton, SC, pg. 452
GUD MARKETING, Lansing, MI, pg. 455
GUMAS ADVERTISING, San Francisco, CA, pg. 455
THE GUNTER AGENCY, New Glarus, WI, pg. 456
GYRO, New York, NY, pg. 457
HAKUHODO INCORPORATED, Tokyo, pg. 461
THE HALO GROUP, New York, NY, pg. 464
HAP MARKETING SERVICES, INC., Eatontown, NJ, pg. 466
HAVAS MEDIA, New York, NY, pg. 1324
HAVAS PR, New York, NY, pg. 1528
HMH, Portland, OR, pg. 504
HODGES ASSOCIATES, INC., Fayetteville, NC, pg. 505
HUGE LLC, Brooklyn, NY, pg. 512
IDEA BANK MARKETING, Hastings, NE, pg. 520
IMA INTERACTIVE, El Granada, CA, pg. 1264
INITIATIVE, New York, NY, pg. 1331
THE INK TANK, Toronto, pg. 533
INNIS MAGGIORE GROUP, INC., Canton, OH, pg. 533
THE INTEGER GROUP-MIDWEST, Des Moines, IA, pg. 1406
INTEGRATED MARKETING WORKS, Costa Mesa, CA, pg. 1406
INTERLEX COMMUNICATIONS INC., San Antonio, TX, pg. 538
INTRIGUE, Melville, NY, pg. 545
JONES & THOMAS, INC., Decatur, IL, pg. 581
JORDAN ASSOCIATES, Oklahoma City, OK, pg. 582
KINDLING MEDIA, LLC, Hollywood, CA, pg. 595
THE KIRBY GROUP, London, pg. 1408
KK BOLD, Bismarck, ND, pg. 597
KOOPMAN OSTBO, Portland, OR, pg. 601
KW2, Madison, WI, pg. 604
LATCHA+ASSOCIATES, Farmington Hills, MI, pg. 611
LATORRA, PAUL & MCCANN, Syracuse, NY, pg. 613
LAWRENCE & SCHILLER, INC., Sioux Falls, SD, pg. 616
LEE & ASSOCIATES, INC., Canoga Park, CA, pg. 1565
LESSING-FLYNN ADVERTISING CO., Des Moines, IA, pg. 633
LEVEL MPLS, Minneapolis, MN, pg. 633
LEVO HEALTH, Tampa, FL, pg. 635
LEWIS ADVERTISING, INC., Rocky Mount, NC, pg. 635
THE LINICK GROUP, INC., Middle Island, NY, pg. 641
LITTLE DOG AGENCY INC., Mount Pleasant, SC, pg. 645
LKH&S, Chicago, IL, pg. 647
L.W. RAMSEY ADVERTISING AGENCY, Davenport, IA, pg. 657
MANGAN HOLCOMB PARTNERS, Little Rock, AR, pg. 674
MANGOS, Conshohocken, PA, pg. 674
MANTERA ADVERTISING, Bakersfield, CA, pg. 675
THE MARTIN AGENCY, Richmond, VA, pg. 687
MAXAUDIENCE, Carlsbad, CA, pg. 695

A-126

SPECIAL MARKET INDEX — AGENCIES

MCCANN MINNEAPOLIS, Minneapolis, MN, pg. 713
MCDANIELS MARKETING COMMUNICATIONS, Pekin, IL, pg. 715
MCKIM, Winnipeg, pg. 719
MEDIA SOLUTIONS, Sacramento, CA, pg. 1343
THE MEYOCKS GROUP, West Des Moines, IA, pg. 736
MICHAEL WALTERS ADVERTISING, Chicago, IL, pg. 738
MICSTURA, Miami, FL, pg. 739
MKTWORKS, INC., Cold Spring, NY, pg. 749
MOBIUM INTEGRATED BRANDING, Chicago, IL, pg. 752
MORGAN & MYERS, INC., Waukesha, WI, pg. 758
M.R. DANIELSON ADVERTISING LLC, Saint Paul, MN, pg. 766
MRB PUBLIC RELATIONS, Freehold, NJ, pg. 1586
NAVEO, Menomonee Falls, WI, pg. 786
NEW MEDIA AGENCY, Los Angeles, CA, pg. 791
THE NISSEN GROUP, Winter Haven, FL, pg. 795
NUFFER SMITH TUCKER PUBLIC RELATIONS, San Diego, CA, pg. 1597
OCEAN BRIDGE GROUP, Los Angeles, CA, pg. 805
ODNEY, Bismarck, ND, pg. 808
OGILVY, New York, NY, pg. 809
ONEWORLD COMMUNICATIONS, INC., San Francisco, CA, pg. 840
ONION LABS, Chicago, IL, pg. 840
ORAIKO, New York, NY, pg. 843
OSBORN & BARR COMMUNICATIONS, Saint Louis, MO, pg. 844
OSTER & ASSOCIATES, INC., San Diego, CA, pg. 845
OUTDOOR FIRST, INC., Germantown, WI, pg. 1361
PADILLA, Minneapolis, MN, pg. 849
PAPROCKI & CO., Atlanta, GA, pg. 852
PARTNERSHIP OF PACKER, OESTERLING & SMITH (PPO&S), Harrisburg, PA, pg. 856
PATRIOT ADVERTISING INC., Katy, TX, pg. 858
PAUL WERTH ASSOCIATES, INC., Columbus, OH, pg. 858
PAULSEN MARKETING COMMUNICATIONS, INC., Sioux Falls, SD, pg. 859
PAVONE, Harrisburg, PA, pg. 859
PINCKNEY HUGO GROUP, Syracuse, NY, pg. 871
PINTA, New York, NY, pg. 872
PONDER IDEAWORKS, Huntington Beach, CA, pg. 882
PP+K, Tampa, FL, pg. 885
THE PRICE GROUP, INC., Lubbock, TX, pg. 888
PRINCETON PARTNERS, INC., Princeton, NJ, pg. 890
PROM KROG ALTSTIEL INC., Mequon, WI, pg. 892
PUBLICIS HAWKEYE, Dallas, TX, pg. 1282
PUREI, Batavia, IL, pg. 917
QUARRY INTEGRATED COMMUNICATIONS, Saint Jacobs, pg. 921
QUEUE CREATIVE MARKETING GROUP LLC, Chicago, IL, pg. 923
RAWLE MURDY ASSOCIATES, INC., Charleston, SC, pg. 934
REDSTONE COMMUNICATIONS INC., Omaha, NE, pg. 944
RHEA + KAISER, Naperville, IL, pg. 954
ROCKET 55, Minneapolis, MN, pg. 964
ROCKORANGE, Miami, FL, pg. 1633
RPM ADVERTISING, Chicago, IL, pg. 971
S3, Boonton, NJ, pg. 974
SAGON-PHIOR, West Los Angeles, CA, pg. 1638
SAMBA ROCK, Miami Beach, FL, pg. 988
SCORR MARKETING, Kearney, NE, pg. 1642
SIGNAL POINT MARKETING+DESIGN, Post Falls, ID, pg. 1013
THE SIGNATURE AGENCY, Wake Forest, NC, pg. 1013
SIMANTEL, Peoria, IL, pg. 1014
SOCIALLYIN, Birmingham, AL, pg. 1291
SQUARE TOMATO, Seattle, WA, pg. 1038
STANDING PARTNERSHIP, Saint Louis, MO, pg. 1650
STARCOM, Chicago, IL, pg. 1370
STEELE & ASSOCIATES, INC., Pocatello, ID, pg. 1045
STEPHENS & ASSOCIATES ADVERTISING, INC., Overland Park, KS, pg. 1047
STERLING RICE GROUP, Boulder, CO, pg. 1047
STOLTZ MARKETING GROUP, Boise, ID, pg. 1050
SUBMIT EXPRESS INC., Glendale, CA, pg. 1057
SWANSON RUSSELL ASSOCIATES, Lincoln, NE, pg. 1064
SWIRL MCGARRYBOWEN, San Francisco, CA, pg. 1067
TAKE 5 MEDIA GROUP, Boca Raton, FL, pg. 1071
TEXAS FARM PRODUCTS ADVERTISING, Nacogdoches, TX, pg. 1227
THAT AGENCY, West Palm Bch, FL, pg. 1098
THOMAS J. PAYNE MARKET DEVELOPMENT, San Mateo, CA, pg. 1659
TIDAL SHORES INC., Houston, TX, pg. 1102
TOM, DICK & HARRY CREATIVE, Chicago, IL, pg. 1108
TRIAD BUSINESS MARKETING, Dallas, TX, pg. 1116
TRILIX MARKETING GROUP, INC., Des Moines, IA, pg. 1117
TRIPLEINK, Minneapolis, MN, pg. 1118
TRUE MEDIA, Columbia, MO, pg. 1376
TSA COMMUNICATIONS, INC., Warsaw, IN, pg. 1121
UN/COMMON, Sacramento, CA, pg. 1125
UNION, Charlotte, NC, pg. 1298
VML, INC., Kansas City, MO, pg. 1143
WALZ TETRICK ADVERTISING, Mission, KS, pg. 1151
WAX PARTNERSHIP, Calgary, pg. 1154
WC MEDIA INC., Springfield, IL, pg. 1154
WIEDEN + KENNEDY, INC., Portland, OR, pg. 1163
WINSTANLEY PARTNERS, Lenox, MA, pg. 1171
WOODRUFF, Columbia, MO, pg. 1175

Asian Market

11:24 DESIGN ADVERTISING, INC., Playa Del Rey, CA, pg. 1
15 MINUTES, INC., Conshohocken, PA, pg. 2
5W PUBLIC RELATIONS, New York, NY, pg. 1423
6S MARKETING, New York, NY, pg. 1305
9.8 GROUP, New York, NY, pg. 14
A PARTNERSHIP, New York, NY, pg. 15
ACCESS ADVERTISING LLC, Kansas City, MO, pg. 1305
ACCESS TO MEDIA, Chicopee, MA, pg. 20
ACTIFY MEDIA, Helena, MT, pg. 22
ADASIA COMMUNICATIONS, INC., Englewood Cliffs, NJ, pg. 27
ADCREASIANS, INC., Los Angeles, CA, pg. 28
ADMERASIA, INC., New York, NY, pg. 31
ADVENTIUM, LLC, New York, NY, pg. 34
AGENCY CREATIVE, Dallas, TX, pg. 38
AGENCY SQUID, Minneapolis, MN, pg. 39
AGENCY212, LLC, New York, NY, pg. 39
AMERICAN ADVERTISING SERVICES, Bala Cynwyd, PA, pg. 52
AMERICAN MEDIA CONCEPTS INC., Brooklyn, NY, pg. 52
ANTEDOTE, San Francisco, CA, pg. 61
ANTHOLOGY MARKETING GROUP, Honolulu, HI, pg. 1433
ANVIL MEDIA, INC., Portland, OR, pg. 1307
APCO WORLDWIDE, Washington, DC, pg. 62
ARCANA ACADEMY, Los Angeles, CA, pg. 65
ARCOS COMMUNICATIONS, New York, NY, pg. 66
ARKSIDE MARKETING, Riverside, CA, pg. 69
ASB COMMUNICATIONS, New York, NY, pg. 73
ASSOCIATED INTEGRATED MARKETING, Wichita, KS, pg. 74
AUDIENCE INNOVATION, Austin, TX, pg. 76
BARCELONA ENTERPRISES, Sherman Oaks, CA, pg. 89
BASS ADVERTISING, Sioux City, IA, pg. 95
BAYARD ADVERTISING AGENCY, INC., New York, NY, pg. 96
BLIND, Santa Monica, CA, pg. 136
BODKIN ASSOCIATES, INC., Zionsville, IN, pg. 143
THE BORENSTEIN GROUP, INC., Fairfax, VA, pg. 147
BRAMSON + ASSOCIATES, Los Angeles, CA, pg. 153
BRANDTAILERS, Newport Beach, CA, pg. 159
BRIERLEY & PARTNERS, Plano, TX, pg. 162
BROGAN & PARTNERS CONVERGENCE MARKETING, Birmingham, MI, pg. 166
BROLIK, Philadelphia, PA, pg. 1243
BROWNING AGENCY, New Providence, NJ, pg. 168
BTRAX, INC., San Francisco, CA, pg. 171
CASTELLS & ASOCIADOS, Los Angeles, CA, pg. 194
CATALYST MARKETING COMPANY, Fresno, CA, pg. 195
CFIVE SOLUTIONS, Laguna Hills, CA, pg. 201
CHATTER BUZZ MEDIA, Orlando, FL, pg. 204
C.I. VISIONS INC., New York, NY, pg. 1468
COLLE+MCVOY, Minneapolis, MN, pg. 219
CORINTHIAN MEDIA, INC., New York, NY, pg. 1316
COSSETTE INC., Quebec, pg. 233
CP+B BOULDER, Boulder, CO, pg. 235
CREATIVE COMPANY, McMinnville, OR, pg. 240
CREATIVE ENERGY GROUP INC, Johnson City, TN, pg. 241
CRITICAL LAUNCH, LLC, Dallas, TX, pg. 247
CRONIN, Glastonbury, CT, pg. 248
CROSSOVER CREATIVE GROUP, Pinole, CA, pg. 250
CRUX CREATIVE, Milwaukee, WI, pg. 251
DAE ADVERTISING, INC., San Francisco, CA, pg. 257
DATALAB USA LLC, Germantown, MD, pg. 261
DAVIS ELEN ADVERTISING, INC., Los Angeles, CA, pg. 264
DDB WORLDWIDE COMMUNICATIONS GROUP INC., New York, NY, pg. 268
DELLA FEMINA ADVERTISING, New York, NY, pg. 287
DENTSU INC., Tokyo, pg. 289
DIX & EATON, Cleveland, OH, pg. 308
DREAMENTIA INC, Los Angeles, CA, pg. 320
DROGA5, New York, NY, pg. 321
DWA, A MERKLE COMPANY, San Francisco, CA, pg. 1319
EAST MEETS WEST PRODUCTIONS INC., Corpus Christi, TX, pg. 328
EGGFIRST, Mumbai, pg. 333
ES ADVERTISING, Los Angeles, CA, pg. 348
ETARGETMEDIA.COM, INC., Coconut Creek, FL, pg. 350
EVANS ALLIANCE ADVERTISING, Sparta, NJ, pg. 351
EXPECT ADVERTISING, INC., Clifton, NJ, pg. 355
FANGOHR, LLC, Brooklyn, NY, pg. 361
FLEISHMANHILLARD INC., Saint Louis, MO, pg. 1506
FOOTSTEPS, New York, NY, pg. 391
FORWARD3D, New York, NY, pg. 1258
FRASER COMMUNICATIONS, Los Angeles, CA, pg. 396
GALLEGOS UNITED, Huntington Beach, CA, pg. 408
GODA ADVERTISING, Inverness, IL, pg. 426
THE GOSS AGENCY INC., Asheville, NC, pg. 430
GROUP46, Bluffton, SC, pg. 452
HAKUHODO INCORPORATED, Tokyo, pg. 461
HAMAZAKI WONG MARKETING GROUP, Vancouver, pg. 464
HATFIELD MEDIA, Louisville, KY, pg. 472
HAWORTH MARKETING + MEDIA, Minneapolis, MN, pg. 1328
HMH, Portland, OR, pg. 504
THE HOFFMAN AGENCY, San Jose, CA, pg. 1535
HOLLYWOOD BRANDED INC., El Segundo, CA, pg. 507
HORIZON MEDIA, INC., New York, NY, pg. 1329
HUGE LLC, Brooklyn, NY, pg. 512
INNERSPIN MARKETING, Los Angeles, CA, pg. 533
THE INTEGER GROUP - DENVER, Lakewood, CO, pg. 1406
THE INTEGER GROUP, LLC, Lakewood, CO, pg. 536
THE INTERCONNECT GROUP, Atlanta, GA, pg. 1335
INTERLEX COMMUNICATIONS INC., San Antonio, TX, pg. 538
THE INTERPUBLIC GROUP OF COMPANIES, INC., New York, NY, pg. 540
INTERTREND COMMUNICATIONS, INC., Long Beach, CA, pg. 544
INTRIGUE, Melville, NY, pg. 545
ISA ADVERTISING, New York, NY, pg. 548
IW GROUP, INC., West Hollywood, CA, pg. 551
JOBELEPHANT.COM INC., San Diego, CA, pg. 578
JOE AGENCY, Los Angeles, CA, pg. 578
KEEN BRANDING, Milton, DE, pg. 589
KELLEY CHUNN & ASSOC., Boston, MA, pg. 1553
KETCHUM, New York, NY, pg. 1554
KINDLING MEDIA, LLC, Hollywood, CA, pg. 595
KPI AGENCY, San Diego, CA, pg. 601
KW2, Madison, WI, pg. 604
L3 ADVERTISING INC., New York, NY, pg. 606
LATCHA+ASSOCIATES, Farmington Hills, MI, pg. 611
LAVERDAD MARKETING & MEDIA, Loveland, OH, pg. 616
LCH COMMUNICATIONS, Port Washington, NY, pg. 1565
LEO BURNETT WORLDWIDE, INC., Chicago, IL, pg. 621
LEVO HEALTH, Tampa, FL, pg. 635
THE LINICK GROUP, INC., Middle Island, NY, pg. 641
LIQUID ADVERTISING, El Segundo, CA, pg. 644
LITTLE DOG AGENCY INC., Mount Pleasant, SC, pg. 645
LITTLE L COMMUNICATIONS, Geneva, OH, pg. 646
LODICO & COMPANY, Carlisle, MA, pg. 650
MAGIC JOHNSON ENTERPRISES, Beverly Hills, CA, pg. 670
MANGOS, Conshohocken, PA, pg. 674
MANTERA ADVERTISING, Bakersfield, CA, pg. 675
MASSIVEMEDIA, New York, NY, pg. 692
MAXLETICS CORPORATION, Colorado Springs, CO, pg. 1271
MCCANN VANCOUVER, Vancouver, pg. 714
MEDIA ETC., Honolulu, HI, pg. 725
MEDIA SOLUTIONS, Sacramento, CA, pg. 1343
MEDIACOMP, INC., Houston, TX, pg. 1350
MICHAEL WALTERS ADVERTISING, Chicago, IL, pg. 738
MICSTURA, Miami, FL, pg. 739
MILESTONE BROADCAST, New York, NY, pg. 740
MKTWORKS, INC., Cold Spring, NY, pg. 749
MOCENTRIC, Scottsdale, AZ, pg. 1274

AGENCIES

SPECIAL MARKET INDEX

MOROCH HOLDINGS, INC., Dallas, TX, pg. 758
MOTIVATE, INC., San Diego, CA, pg. 763
MRB PUBLIC RELATIONS, Freehold, NJ, pg. 1586
MUSE COMMUNICATIONS, Santa Monica, CA, pg. 780
NDN GROUP, New York, NY, pg. 1275
NEURON SYNDICATE, Santa Monica, CA, pg. 790
OCEAN BRIDGE GROUP, Los Angeles, CA, pg. 805
OGILVY, New York, NY, pg. 809
ONE TWELFTH INC., Miami, FL, pg. 839
ONEWORLD COMMUNICATIONS, INC., San Francisco, CA, pg. 840
ONION LABS, Chicago, IL, pg. 840
PANCOM INTERNATIONAL, INC., Glendale, CA, pg. 852
PATRIOT ADVERTISING INC., Katy, TX, pg. 858
PINTA, New York, NY, pg. 872
PLAN C AGENCY, Los Angeles, CA, pg. 876
PONDER IDEAWORKS, Huntington Beach, CA, pg. 882
PRINCETON PARTNERS, INC., Princeton, NJ, pg. 890
PROJECT, Auburn Hills, MI, pg. 891
PROJECT 2050, New York, NY, pg. 892
PRX DIGITAL SILICON VALLEY, San Jose, CA, pg. 1620
PUBLISHERS ADVERTISING ASSOCIATES, New York, NY, pg. 1225
RAWLE MURDY ASSOCIATES, INC., Charleston, SC, pg. 934
RENEGADE, LLC, New York, NY, pg. 946
RICHARDS, Russell, OH, pg. 955
RICHARDS/CARLBERG, Houston, TX, pg. 956
RIOT, New York, NY, pg. 959
ROCKET 55, Minneapolis, MN, pg. 964
RON FOTH ADVERTISING, Columbus, OH, pg. 967
RUNYON SALTZMAN & EINHORN, Sacramento, CA, pg. 972
S3, Boonton, NJ, pg. 974
SAESHE ADVERTISING, Los Angeles, CA, pg. 986
SAGON-PHIOR, West Los Angeles, CA, pg. 1638
SANGAM & ASSOCIATES, Los Angeles, CA, pg. 990
SENSIS, Los Angeles, CA, pg. 1002
SHERRY MATTHEWS ADVOCACY MARKETING, Austin, TX, pg. 1007
SKYTYPERS, INC., Las Vegas, NV, pg. 1416
SPECIALTY TRUCK RENTALS, Santa Monica, CA, pg. 1416
SQUARE TOMATO, Seattle, WA, pg. 1038
STARCOM, Chicago, IL, pg. 1370
STRONG, Birmingham, AL, pg. 1055
SUBMIT EXPRESS INC., Glendale, CA, pg. 1057
TAKE 5 MEDIA GROUP, Boca Raton, FL, pg. 1071
THAT AGENCY, West Palm Bch, FL, pg. 1098
TIDAL SHORES INC., Houston, TX, pg. 1102
TIDESMART GLOBAL, Falmouth, ME, pg. 1103
TIME ADVERTISING, Millbrae, CA, pg. 1104
TOMSHEEHAN WORLDWIDE, Reading, PA, pg. 1109
TRELLIS MARKETING, INC, Buffalo, NY, pg. 1115
TRIPLEINK, Minneapolis, MN, pg. 1118
TSAICOMMS, Portland, OR, pg. 1121
TV, INC., Clearwater, FL, pg. 1123
UNION, Charlotte, NC, pg. 1298
U.S. INTERNATIONAL MEDIA, LLC, Los Angeles, CA, pg. 1378
VANGUARDCOMM, East Brunswick, NJ, pg. 1130
VARGAS & AMIGOS INC., Marietta, GA, pg. 1131
THE WARD GROUP, Frisco, TX, pg. 1152
WAVEMAKER GLOBAL LTD, New York, NY, pg. 1379
WAVEMAKER - NA HQ, NEW YORK, New York, NY, pg. 1386
WC MEDIA INC., Springfield, IL, pg. 1154
WEBER SHANDWICK, New York, NY, pg. 1673
WIEDEN + KENNEDY, INC., Portland, OR, pg. 1163
WILDEBEEST, Los Angeles, CA, pg. 1301
WORDS AND PICTURES CREATIVE SERVICE, INC., Park Ridge, NJ, pg. 1176
ZENITH USA, New York, NY, pg. 1391

Automotive

22SQUARED, Atlanta, GA, pg. 4
454 CREATIVE, Irvine, CA, pg. 9
5 STONE ADVERTISING, Carbondale, CO, pg. 9
6S MARKETING, New York, NY, pg. 1305
802 CREATIVE PARTNERS, INC., Stowe, VT, pg. 12
THE A TEAM, LLC, New York, NY, pg. 1395
ABBEY, MECCA & COMPANY, Buffalo, NY, pg. 17
ABC (ADVERTISING BUSINESS CONSULTANTS), San Jose, CA, pg. 17
ABSOLUTE MEDIA INC., Stamford, CT, pg. 1305
ABSTRAKT MARKETING GROUP, Saint Louis, MO, pg. 18
ACCELERATOR ADVERTISING INC., Lewis Center, OH, pg. 19
ACCESS TO MEDIA, Chicopee, MA, pg. 20
ACENTO ADVERTISING, INC., Santa Monica, CA, pg. 20
ACTIFY MEDIA, Helena, MT, pg. 22
ACTIVE INTEGRATED MARKETING, Willow Grove, PA, pg. 22
AD CETERA, INC., Addison, TX, pg. 23
ADAMUS MEDIA, Blackwood, NJ, pg. 27
ADASHMORE CREATIVE, White Marsh, MD, pg. 27
ADASIA COMMUNICATIONS, INC., Englewood Cliffs, NJ, pg. 27
ADCETERA GROUP, Houston, TX, pg. 27
ADMERASIA, INC., New York, NY, pg. 31
ADPERSUASION, Irvine, CA, pg. 32
ADS ON WHEELS, Bedford, NH, pg. 33
ADVANCED MARKETING STRATEGIES, San Diego, CA, pg. 33
ADVANTIX DIGITAL, Addison, TX, pg. 1233
ADVENTIVE MARKETING, INC., Chicago, IL, pg. 35
ADVERTEL, INC., Pittsburgh, PA, pg. 35
ADVERTISING SAVANTS, Inc., Saint Louis, MO, pg. 35
AERIAL ADVERTISING SERVICES, Livermore, CA, pg. 1306
AGENCY CREATIVE, Dallas, TX, pg. 38
AGENCY ENTOURAGE LLC, Dallas, TX, pg. 38
AGENCY SQUID, Minneapolis, MN, pg. 39
AGENCY212, LLC, New York, NY, pg. 39
AGENCYSACKS, New York, NY, pg. 40
AH&M MARKETING COMMUNICATIONS, Pittsfield, MA, pg. 40
AKA DIRECT, INC., Portland, OR, pg. 42
AL SHULTZ ADVERTISING, INC., San Jose, CA, pg. 43
AL STARK'S A&M, Wadsworth, IL, pg. 43
THE ALISON GROUP, North Miami Beach, FL, pg. 1396
ALL STAR INCENTIVE MARKETING, INC., Fiskdale, MA, pg. 1396
ALLEN & GERRITSEN, Boston, MA, pg. 45
ALLEN FINLEY ADVERTISING, INC., Hickory, NC, pg. 46
ALLIONCE GROUP, LLC, Norwell, MA, pg. 1219
AMELIE COMPANY, Denver, CO, pg. 51
AMERICAN ADVERTISING SERVICES, Bala Cynwyd, PA, pg. 52
AMERICAN NEWSPAPER REPRESENTATIVES, INC., Troy, MI, pg. 1307
AMERICAN ROGUE, Santa Monica, CA, pg. 52
AMG MARKETING RESOURCES INC., Solon, OH, pg. 53
AMP AGENCY, Boston, MA, pg. 1236
AMPERAGE, Cedar Falls, IA, pg. 53
AMPM, INC., Midland, MI, pg. 54
AMUSEMENT PARK, Santa Ana, CA, pg. 54
ANDERSON MARKETING GROUP, San Antonio, TX, pg. 58
ANSIRA, Chicago, IL, pg. 1396
ANVIL MEDIA, INC., Portland, OR, pg. 1307
APCO WORLDWIDE, Washington, DC, pg. 62
ARCANA ACADEMY, Los Angeles, CA, pg. 65
ARCHER MALMO, Memphis, TN, pg. 65
ARKSIDE MARKETING, Riverside, CA, pg. 69
ARNOLD WORLDWIDE, Boston, MA, pg. 69
ARRAS KEATHLEY AGENCY, Cleveland, OH, pg. 71
ASSEMBLY, New York, NY, pg. 1308
AUDIENCE INNOVATION, Austin, TX, pg. 76
AUSTIN & WILLIAMS, Hauppauge, NY, pg. 78
AUSTIN LAWRENCE GROUP, Stamford, CT, pg. 78
AUXILIARY ADVERTISING & DESIGN, Grand Rapids, MI, pg. 79
AXIA PUBLIC RELATIONS, Jacksonville, FL, pg. 80
THE AXIS AGENCY, Los Angeles, CA, pg. 81
AXIS MEDIA, Agoura Hills, CA, pg. 1309
AXXIS ADVERTISING LLC, Phoenix, AZ, pg. 81
BAILEY LAUERMAN, Omaha, NE, pg. 84
BAKERY, Austin, TX, pg. 1240
THE BALCOM AGENCY, Fort Worth, TX, pg. 85
THE BAM CONNECTION, Brooklyn, NY, pg. 86
BARBEAU-HUTCHINGS ADVERTISING, INC., Shelton, CT, pg. 88
BARBER MARTIN AGENCY, Richmond, VA, pg. 88
BARKLEY, Kansas City, MO, pg. 90
BAROLIN & SPENCER, INC., Voorhees, NJ, pg. 91
BASS ADVERTISING, Sioux City, IA, pg. 95
BASTION TLG, Long Beach, CA, pg. 95
BAYARD ADVERTISING AGENCY, INC., New York, NY, pg. 96
BBDO MONTREAL, Montreal, pg. 97
BBH NEW YORK, New York, NY, pg. 115
BDOT, New York, NY, pg. 117
BEALS CUNNINGHAM STRATEGIC SERVICES, Oklahoma City, OK, pg. 118
BEANSTALK, New York, NY, pg. 118
BECKER GUERRY, Middletown, NJ, pg. 119
BECKETT & BECKETT, INC., Altadena, CA, pg. 120
BEDFORD ADVERTISING INC., Carrollton, TX, pg. 120
BEEBY CLARK + MEYLER, Stamford, CT, pg. 120
BENCHMARK DISPLAYS, Palm Desert, CA, pg. 1398
BERGHOFF INTERNATIONAL INC., Odessa, FL, pg. 1219
BERLINE, Royal Oak, MI, pg. 124
BERNARD & COMPANY, Palatine, IL, pg. 124
BFW ADVERTISING + INTERACTIVE, Boca Raton, FL, pg. 127
BG, West Palm Beach, FL, pg. 127
BIANCHI PUBLIC RELATIONS INC., Troy, MI, pg. 1449
BIG CAT ADVERTISING, Novato, CA, pg. 128
BIGBUZZ MARKETING GROUP, New York, NY, pg. 130
BITNER GOODMAN, Fort Lauderdale, FL, pg. 1450
BLEND, Los Angeles, CA, pg. 135
BLUE OLIVE CONSULTING, Florence, AL, pg. 139
BMI ELITE, Coconut Creek, FL, pg. 142
BOC PARTNERS, Middlesex, NJ, pg. 143
BOONEOAKLEY, Charlotte, NC, pg. 147
BORDERS PERRIN NORRANDER INC, Portland, OR, pg. 147
THE BORENSTEIN GROUP, INC., Fairfax, VA, pg. 147
BOSE PUBLIC AFFAIRS GROUP, Indianapolis, IN, pg. 148
THE BOSWORTH GROUP, Charleston, SC, pg. 149
BOUVIER KELLY INC., Greensboro, NC, pg. 149
BRADSHAW ADVERTISING, Portland, OR, pg. 152
BRANDTAILERS, Newport Beach, CA, pg. 159
BRASHE ADVERTISING, INC., Jericho, NY, pg. 160
BRIERLEY & PARTNERS, Plano, TX, pg. 162
BRIGHT RED\TBWA, Tallahassee, FL, pg. 163
BRING, Green Bay, WI, pg. 165
BROADSTREET, New York, NY, pg. 1398
BROGAN & PARTNERS CONVERGENCE MARKETING, Birmingham, MI, pg. 166
BROLIK, Philadelphia, PA, pg. 1243
BROWNING AGENCY, New Providence, NJ, pg. 168
BRUNNER, Pittsburgh, PA, pg. 169
THE BUNTIN GROUP, Nashville, TN, pg. 173
BUSINESS-TO-BUSINESS MARKETING COMMUNICATIONS, Raleigh, NC, pg. 177
BUTLER, SHINE, STERN & PARTNERS, Sausalito, CA, pg. 177
BUY ADS DIRECT, Ridge Manor, FL, pg. 1313
CALZONE & ASSOCIATES, Lafayette, LA, pg. 184
CAMPBELL EWALD, Detroit, MI, pg. 185
CAMPBELL MARKETING & COMMUNICATIONS, Dearborn, MI, pg. 186
CAMPUS MEDIA GROUP, INC., Bloomington, MN, pg. 1314
CANVAS WORLDWIDE, New York, NY, pg. 1314
CARABINER COMMUNICATIONS, Lilburn, GA, pg. 1462
CARROLL/WHITE, Atlanta, GA, pg. 191
CARS DIGITAL INC, Commack, NY, pg. 1244
THE CARSON GROUP, Houston, TX, pg. 191
CASHMAN & KATZ INTEGRATED COMMUNICATIONS, Glastonbury, CT, pg. 193
CASTELLS & ASOCIADOS, Los Angeles, CA, pg. 194
CATALYST MARKETING COMPANY, Fresno, CA, pg. 195
CATALYST, SCIENCE + SOUL, Rochester, NY, pg. 195
CCG MARKETING SOLUTIONS, West Caldwell, NJ, pg. 197
CENTRA360, Westbury, NY, pg. 1399
CHUMNEY & ASSOCIATES, North Palm Beach, FL, pg. 207
C.I. VISIONS INC., New York, NY, pg. 1468
CINETRANSFORMER INTERNATIONAL INC., Hallandale Beach, FL, pg. 1399
THE CIRLOT AGENCY, INC., Jackson, MS, pg. 209
CIVILIAN, Chicago, IL, pg. 210
CJ PUBLIC RELATIONS, Southington, CT, pg. 1470
CK ADVERTISING, Cape Coral, FL, pg. 210
CK COMMUNICATIONS, INC. (CKC), Indialantic, FL, pg. 210
CLICK HERE LABS, Dallas, TX, pg. 1246
CLIENT COMMAND, Cumming, GA, pg. 213
CLM MARKETING & ADVERTISING, Boise, ID, pg. 214
COLLE+MCVOY, Minneapolis, MN, pg. 219
COMBS & COMPANY, Little Rock, AR, pg. 221
COMMON SENSE ADVERTISING, Phoenix, AZ, pg. 222
COMMUNICATION ASSOCIATES, New York, NY, pg. 222
THE COMMUNITY, Miami, FL, pg. 223
THE COMPANY, Houston, TX, pg. 224
THE COMPUTER STUDIO, Yonkers, NY, pg. 225

SPECIAL MARKET INDEX — AGENCIES

CONILL ADVERTISING, INC., Miami, FL, pg. 226
CONNECTIONS ADVERTISING & MARKETING, Lexington, KY, pg. 227
CONNECTIVITY MARKETING AND MEDIA AGENCY, Tampa, FL, pg. 227
CONTAGIOUSLA, Los Angeles, CA, pg. 229
COPACINO + FUJIKADO, LLC, Seattle, WA, pg. 230
CORINTHIAN MEDIA, INC., New York, NY, pg. 1316
COSSETTE INC., Quebec, pg. 233
COYNE ADVERTISING & PUBLIC RELATIONS, Nevillewood, PA, pg. 234
CRAFT, New York, NY, pg. 236
CRAWFORD ADVERTISING ASSOCIATES, LTD., New City, NY, pg. 238
CREATIVE BROADCAST CONCEPTS, Saco, ME, pg. 239
CREATIVE DIRECTION, INC., Indianapolis, IN, pg. 241
CREATIVE ENERGY GROUP INC, Johnson City, TN, pg. 241
CREATIVE STORM, Mason, OH, pg. 246
CREAXION, Atlanta, GA, pg. 246
CRITICAL LAUNCH, LLC, Dallas, TX, pg. 247
CRN INTERNATIONAL, INC., Hamden, CT, pg. 1400
CTI MEDIA, Atlanta, GA, pg. 251
CUBICLE NINJAS, Glen Ellyn, IL, pg. 252
DAILEY & ASSOCIATES, West Hollywood, CA, pg. 258
DALTON AGENCY JACKSONVILLE, Jacksonville, FL, pg. 258
DAMEN JACKSON, Chicago, IL, pg. 259
DAN PIPKIN ADVERTISING AGENCY, INC., Danville, IL, pg. 259
DAVID & GOLIATH, El Segundo, CA, pg. 261
DAVIS & COMPANY, Virginia Beach, VA, pg. 263
DAVIS ELEN ADVERTISING, INC., Los Angeles, CA, pg. 264
DDB WORLDWIDE COMMUNICATIONS GROUP INC., New York, NY, pg. 268
DEALER DOT COM, INC, Burlington, VT, pg. 283
DEALER INSPIRE, Naperville, IL, pg. 283
DEALERON, INC, Rockville, MD, pg. 283
DELLA FEMINA ADVERTISING, New York, NY, pg. 287
DENTSU AEGIS, New York, NY, pg. 289
DENTSU INC., Tokyo, pg. 289
DEPARTURE, San Diego, CA, pg. 291
DIALOG DIRECT, Highland Park, MI, pg. 298
DIESTE, Dallas, TX, pg. 299
DIGITAS, Boston, MA, pg. 1250
DIRECT WEB ADVERTISING, INC., Boynton Beach, FL, pg. 304
D.L. MEDIA INC., Nixa, MO, pg. 309
DMA UNITED, New York, NY, pg. 310
DO GOOD MARKETING, LLC, Ridgewood, NJ, pg. 312
DOE-ANDERSON, Louisville, KY, pg. 312
DOGGETT ADVERTISING, INC., Charlotte, NC, pg. 313
DOMUS INC., Philadelphia, PA, pg. 313
DONER, Southfield, MI, pg. 314
DOOR NUMBER 3, Austin, TX, pg. 316
DORN MARKETING, Geneva, IL, pg. 317
DREAMENTIA INC, Los Angeles, CA, pg. 320
DRIVE MOTORSPORTS INTERNATIONAL, Lake Oswego, OR, pg. 320
DROGA5, New York, NY, pg. 321
DUBLIN STRATEGIES GROUP, San Antonio, TX, pg. 1489
DUFFEY PETROSKY, Farmington Hills, MI, pg. 324
DVL SEIGENTHALER, Nashville, TN, pg. 326
E/LA (EVERYTHINGLA), Los Angeles, CA, pg. 327
EAST MEETS WEST PRODUCTIONS INC., Corpus Christi, TX, pg. 328
EDELBROCK ADVERTISING, Torrance, CA, pg. 1221
THE EGC GROUP, Melville, NY, pg. 332
EGG STRATEGY, Boulder, CO, pg. 333
EISENBERG & ASSOCIATES, Fort Lauderdale, FL, pg. 333
EL CREATIVE, INC., Dallas, TX, pg. 334
ELEVATION, Washington, DC, pg. 336
ELEVEN INC., San Francisco, CA, pg. 336
ELITE SEM, New York, NY, pg. 1320
EMG MARKETING, San Clemente, CA, pg. 339
EMLEY DESIGN GROUP, Fort Wayne, IN, pg. 339
EMPOWER MEDIAMARKETING, Cincinnati, OH, pg. 1320
ENCODE, Jacksonville, FL, pg. 340
EP+CO, Greenville, SC, pg. 343
ER MARKETING, Kansas City, MO, pg. 346
ES ADVERTISING, Los Angeles, CA, pg. 348
ESTEY-HOOVER INC. ADVERTISING-PUBLIC RELATIONS, NewPort Beach, CA, pg. 350
ETARGETMEDIA.COM, INC, Coconut Creek, FL, pg. 350
EVANS ALLIANCE ADVERTISING, Sparta, NJ, pg. 351

EVENTLINK, LLC, Sterling Heights, MI, pg. 353
EVOLVE, INC., Greenville, NC, pg. 354
EXPECT ADVERTISING, INC., Clifton, NJ, pg. 355
EYEVIEW INC, New York, NY, pg. 1256
FACTOR360 DESIGN + TECHNOLOGY, Pierre, SD, pg. 357
FAHLGREN MORTINE, Columbus, OH, pg. 358
THE FARM, New York, NY, pg. 362
FCB GLOBAL, New York, NY, pg. 363
FELDER COMMUNICATIONS GROUP, Grand Rapids, MI, pg. 377
FINCH BRANDS, Philadelphia, PA, pg. 380
FIRSTBORN, New York, NY, pg. 384
FITCH, London, pg. 385
FITZGERALD & CO, Atlanta, GA, pg. 386
FKQ ADVERTISING + MARKETING, Clearwater, FL, pg. 386
FLIPELEVEN LLC, Milwaukee, WI, pg. 389
FMB ADVERTISING, Knoxville, TN, pg. 390
FORESIGHT GROUP, INC., Lansing, MI, pg. 392
FORGE SPONSORSHIP CONSULTING, LLC, San Anselmo, CA, pg. 1403
FORREST & BLAKE INC., Mountainside, NJ, pg. 392
FRANK ABOUT WOMEN, Winston Salem, NC, pg. 395
THE FRANK AGENCY INC, Overland Park, KS, pg. 395
FRASER COMMUNICATIONS, Los Angeles, CA, pg. 396
FREED ADVERTISING, Sugar Land, TX, pg. 397
FTI CONSULTING, Washington, DC, pg. 400
FULL CONTACT ADVERTISING, Boston, MA, pg. 402
G&M PLUMBING, Anaheim, CA, pg. 406
THE G3 GROUP, Linthicum, MD, pg. 407
GABRIEL DEGROOD BENDT, MinneaPolis, MN, pg. 407
GAIN THEORY, New York, NY, pg. 408
GALLEGOS UNITED, Huntington Beach, CA, pg. 408
GARMEZY MEDIA, Nashville, TN, pg. 410
THE GATE WORLDWIDE NEW YORK, New York, NY, pg. 411
GATESMAN, Pittsburgh, PA, pg. 412
THE GEARY COMPANY, Las Vegas, NV, pg. 413
GELIA-MEDIA, INC., Williamsville, NY, pg. 414
GILLESPIE GROUP, Wallingford, PA, pg. 420
GINESTRA WATSON, Rockford, IL, pg. 420
GIOVATTO ADVERTISING & CONSULTING INC., Paramus, NJ, pg. 420
GLOBAL-5, INC., Longwood, FL, pg. 1518
GMR MARKETING LLC, New Berlin, WI, pg. 1403
GOCONVERGENCE, Orlando, FL, pg. 426
THE GOODNESS COMPANY, Wisconsin Rapids, WI, pg. 429
GOODWAY GROUP, Jenkintown, PA, pg. 1322
THE GOSS AGENCY INC, Asheville, NC, pg. 430
GRAHAM OLESON, Colorado Springs, CO, pg. 432
GREENLIGHT MEDIA & MARKETING, LLC, Hollywood, CA, pg. 435
GREENRUBINO, Seattle, WA, pg. 436
GREENSTREET MARKETING, Battle Creek, MI, pg. 436
GREY CANADA, Toronto, pg. 437
GRIFFIN WINK ADVERTISING, Lubbock, TX, pg. 450
GROUP46, Bluffton, SC, pg. 452
GS&F, Nashville, TN, pg. 453
GUD MARKETING, Lansing, MI, pg. 455
GUMAS ADVERTISING, San Francisco, CA, pg. 455
GYRO DENVER, Denver, CO, pg. 459
HAGGERTY & ASSOCIATES, Woburn, MA, pg. 460
HAGOPIAN INK, New York, NY, pg. 1259
HAKUHODO INCORPORATED, Tokyo, pg. 461
HAP MARKETING SERVICES, INC., Eatontown, NJ, pg. 466
HARMELIN MEDIA, Bala Cynwyd, PA, pg. 1324
HAVAS MEDIA, New York, NY, pg. 1324
HAVAS PR, New York, NY, pg. 1528
HAVAS WORLDWIDE, New York, NY, pg. 475
HAWTHORNE DIRECT INC., Fairfield, IA, pg. 489
HAYNES MARKETING NETWORK, INC., Macon, GA, pg. 489
HENKE & ASSOCIATES, INC., Cedarburg, WI, pg. 496
HERMANOFF PUBLIC RELATIONS, Bingham Farms, MI, pg. 1530
HFB ADVERTISING, INC., West Islip, NY, pg. 498
HITCHCOCK FLEMING & ASSOCIATES, INC., Akron, OH, pg. 502
HMH, Portland, OR, pg. 504
HODGES ASSOCIATES, INC., Fayetteville, NC, pg. 505
HOLTON SENTIVAN AND GURY, Ambler, PA, pg. 507
HORNALL ANDERSON, Seattle, WA, pg. 509
HOT DISH ADVERTISING, Minneapolis, MN, pg. 509
HUDSON MEDIA SERVICES LLC, West Orange, NJ, pg. 1330

HUDSONYARDS, New York, NY, pg. 511
HUGE LLC, Brooklyn, NY, pg. 512
HUGHESLEAHYKARLOVIC, Saint Louis, MO, pg. 513
HULT MARKETING, Peoria, IL, pg. 513
ICON INTERNATIONAL INC., Stamford, CT, pg. 1330
THE IDEA FACTORY, New York, NY, pg. 520
IGNITE DESIGN AND ADVERTISING, INC., Rch Cucamonga, CA, pg. 522
IGNITED, El Segundo, CA, pg. 523
ILAN GEVA & FRIENDS, Northbrook, IL, pg. 523
IMA INTERACTIVE, El Granada, CA, pg. 1264
THE IMAGINATION GROUP, London, pg. 525
IMPRESTIGE MEDIA MARKETING, Prairie Village, KS, pg. 528
THE IN-HOUSE AGENCY, INC., Morristown, NJ, pg. 529
INFORMATION ANALYTICS, INC., Lincoln, NE, pg. 532
INITIATIVE, New York, NY, pg. 1331
INNIS MAGGIORE GROUP, INC., Canton, OH, pg. 533
INSIGHT MARKETING COMMUNICATIONS, Wallingford, CT, pg. 535
INTEGRATED MARKETING WORKS, Costa Mesa, CA, pg. 1406
INTERACTIVEWEST, Denver, CO, pg. 1264
INTERLEX COMMUNICATIONS INC., San Antonio, TX, pg. 538
INTERMARK GROUP, INC., Birmingham, AL, pg. 539
INTERSTAR MARKETING & PUBLIC RELATIONS, Fort Worth, TX, pg. 1544
INTERTREND COMMUNICATIONS, INC., Long Beach, CA, pg. 544
INTRIGUE, Melville, NY, pg. 545
IONIC MEDIA, Woodland Hills, CA, pg. 546
ISA ADVERTISING, New York, NY, pg. 548
J&M MARKETING COMMUNICATIONS, LLC, Princeton, NJ, pg. 552
JACKSON MARKETING GROUP, Greenville, SC, pg. 569
JACOBS & CLEVENGER, INC., Chicago, IL, pg. 569
JAMES ROSS ADVERTISING, Pompano Beach, FL, pg. 571
JAN KELLEY MARKETING, Burlington, pg. 571
JAVELIN MARKETING GROUP, Irving, TX, pg. 572
JAY ADVERTISING, INC., Rochester, NY, pg. 573
JEFFREY ALEC COMMUNICATIONS, Los Angeles, CA, pg. 574
JERRY DEFALCO ADVERTISING, Maitland, FL, pg. 575
JMPR, INC., Woodland Hills, CA, pg. 1548
JOE AGENCY, Los Angeles, CA, pg. 578
THE JOEY COMPANY, Brooklyn, NY, pg. 578
JOHNSON DESIGN GROUP, Ada, MI, pg. 580
JOHNSONRAUHOFF, Saint Joseph, MI, pg. 581
THE JONES AGENCY, Palm Springs, CA, pg. 581
JORDAN ASSOCIATES, Oklahoma City, OK, pg. 582
THE JRT AGENCY, Farmington Hills, MI, pg. 583
JUMPSTART AUTOMOTIVE MEDIA, San Francisco, CA, pg. 585
JVS MARKETING LLC, Jupiter, FL, pg. 585
KEA ADVERTISING, Valley Cottage, NY, pg. 589
KEEN BRANDING, Milton, DE, pg. 589
KELLEY & COMPANY, Wellesley, MA, pg. 591
KEYAD, LLC, San Antonio, TX, pg. 593
KHEMISTRY, London, pg. 594
KINDLING MEDIA, LLC, Hollywood, CA, pg. 595
THE KIRBY GROUP, London, pg. 1408
KNUDSEN, GARDNER & HOWE, INC., Twinsburg, OH, pg. 600
KOSSMAN/KLEIN & CO., Germantown, TN, pg. 601
KOVEL/FULLER, Culver City, CA, pg. 601
KRACOE SZYKULA & TOWNSEND INC., Troy, MI, pg. 602
KURMAN COMMUNICATIONS, INC., Chicago, IL, pg. 1561
KWORQ, New York, NY, pg. 604
KWT GLOBAL, New York, NY, pg. 604
LA AGENCIA DE ORCI & ASOCIADOS, Santa Monica, CA, pg. 606
LABOV ADVERTISING, MARKETING AND TRAINING, Fort Wayne, IN, pg. 606
LAKE GROUP MEDIA, INC., Armonk, NY, pg. 607
LAMBERT & CO., Grand Rapids, MI, pg. 1562
LAMBESIS, INC., La Jolla, CA, pg. 608
LANETERRALEVER, Phoenix, AZ, pg. 610
LATINWORKS MARKETING, INC., Austin, TX, pg. 612
LAVERDAD MARKETING & MEDIA, Loveland, OH, pg. 616
LAWRENCE & SCHILLER, INC., Sioux Falls, SD, pg. 616
LEAPFROG ONLINE, Evanston, IL, pg. 618
LEO BURNETT WORLDWIDE, INC., Chicago, IL, pg. 621
LEO J. BRENNAN, INC., Fenton, MI, pg. 632

AGENCIES

SPECIAL MARKET INDEX

LEVO HEALTH, Tampa, FL, pg. 635
LEWIS COMMUNICATIONS, Birmingham, AL, pg. 636
THE LILIAN RAJI AGENCY, Atlanta, GA, pg. 1567
THE LINICK GROUP, INC., Middle Island, NY, pg. 641
LIPOF MCGEE ADVERTISING, Plantation, FL, pg. 643
LIQUID ADVERTISING, El Segundo, CA, pg. 644
LITTLE DOG AGENCY INC., Mount Pleasant, SC, pg. 645
LITTLE L COMMUNICATIONS, Geneva, OH, pg. 646
LKH&S, Chicago, IL, pg. 647
LOIS GELLER MARKETING GROUP, Miami, FL, pg. 650
THE LOOMIS AGENCY, Dallas, TX, pg. 651
LOONEY ADVERTISING AND DESIGN, Montclair, NJ, pg. 651
LOPEZ NEGRETE COMMUNICATIONS, INC., Houston, TX, pg. 651
LOVE ADVERTISING INC., Houston, TX, pg. 652
LUQUIRE GEORGE ANDREWS, INC., Charlotte, NC, pg. 657
M5 NEW HAMPSHIRE, Manchester, NH, pg. 665
MAD MEN MARKETING, Jacksonville, FL, pg. 668
MALLOF, ABRUZINO & NASH MARKETING, Carol Stream, IL, pg. 673
MANGOS, Conshohocken, PA, pg. 674
MANTERA ADVERTISING, Bakersfield, CA, pg. 675
MANTRA PUBLIC RELATIONS, INC., New York, NY, pg. 1575
MARC USA, Pittsburgh, PA, pg. 676
MARC USA BOSTON, Stoneham, MA, pg. 677
MARCA MIAMI, Coconut Grove, FL, pg. 677
MARINELLI & COMPANY, New York, NY, pg. 679
MARIS, WEST & BAKER, INC., Jackson, MS, pg. 680
THE MARKET CONNECTION, Newport Beach, CA, pg. 1576
MARKETING CONCEPTS GROUP, Weston, CT, pg. 682
MARKETING DIRECTIONS, INC., Cleveland, OH, pg. 683
MARKETING EDGE GROUP, North Brunswick, NJ, pg. 683
MARKETING WERKS, INC., Chicago, IL, pg. 1411
THE MARTIN AGENCY, Richmond, VA, pg. 687
THE MARX GROUP, San Rafael, CA, pg. 689
MASCOLA ADVERTISING, New Haven, CT, pg. 690
MASSIVEMEDIA, New York, NY, pg. 692
MATRIX MEDIA SERVICES, INC., Columbus, OH, pg. 1340
MAXLETICS CORPORATION, Colorado Springs, CO, pg. 1271
MAYCREATE, Chattanooga, TN, pg. 696
MCCANN VANCOUVER, Vancouver, pg. 714
MCCULLOUGH PUBLIC RELATIONS, INC., Uniontown, OH, pg. 1579
MCKIM, Winnipeg, pg. 719
MCKINNEY, Durham, NC, pg. 719
MEDIA DIRECTIONS ADVERTISING, INC., Knoxville, TN, pg. 1341
MEDIA II, INC., Northfield, OH, pg. 726
MEDIA POWER ADVERTISING, Cornelius, NC, pg. 1342
MEDIA RESOURCES, LTD., Canton, OH, pg. 1342
MEDIA SOLUTIONS, Sacramento, CA, pg. 1343
MEDIA WORKS, LTD., Baltimore, MD, pg. 1344
MEDIACOMP, INC., Houston, TX, pg. 1350
MEDIASMITH, San Francisco, CA, pg. 1350
THE MERIDIAN GROUP, Virginia Beach, VA, pg. 731
METHOD ENGINE, LLC, Chicago, IL, pg. 1271
MGH, INC., Owings Mills, MD, pg. 736
MICHAEL WALTERS ADVERTISING, Chicago, IL, pg. 738
MICSTURA, Miami, FL, pg. 739
MILLER ADVERTISING AGENCY INC., New York, NY, pg. 741
MILNER BUTCHER MEDIA GROUP, Los Angeles, CA, pg. 1351
MINDGRUVE, INC., San Diego, CA, pg. 745
MINDSTORM COMMUNICATIONS GROUP, INC., Charlotte, NC, pg. 745
MINT ADVERTISING, Clinton, NJ, pg. 746
MIRESBALL, San Diego, CA, pg. 747
MITCHELL COMMUNICATIONS GROUP, Fayetteville, AR, pg. 748
MKTG, INC., New York, NY, pg. 1412
MKTWORKS, INC., Cold Spring, NY, pg. 749
MMB, Boston, MA, pg. 750
MOCENTRIC, Scottsdale, AZ, pg. 1274
MOMENTUM WORLDWIDE, New York, NY, pg. 754
MONO, Minneapolis, MN, pg. 755
MORE MEDIA GROUP, Redondo Beach, CA, pg. 757
MOROCH HOLDINGS, INC., Dallas, TX, pg. 758
MOST BRAND DEVELOPMENT + ADVERTISING, Aliso Viejo, CA, pg. 762
MOTIVATE, INC., San Diego, CA, pg. 763

MOXIE SOZO, Boulder, CO, pg. 765
MP AGENCY, LLC, Scottsdale, AZ, pg. 766
MQ&C ADVERTISING & MARKETING, Austin, TX, pg. 766
MRB PUBLIC RELATIONS, Freehold, NJ, pg. 1586
MUDD ADVERTISING, Cedar Falls, IA, pg. 770
MULLENLOWE GROUP, Boston, MA, pg. 770
MULLER BRESSLER BROWN, Leawood, KS, pg. 778
MUSE COMMUNICATIONS, Santa Monica, CA, pg. 780
NAIL COMMUNICATIONS, Providence, RI, pg. 783
NAVEO, Menomonee Falls, WI, pg. 786
NEMER FIEGER, Minneapolis, MN, pg. 788
NETSERTIVE, INC, Morrisville, NC, pg. 790
NEURON SYNDICATE, Santa Monica, CA, pg. 790
NEXTMEDIA INC., Dallas, TX, pg. 1354
NFM+DYUMN, Pittsburgh, PA, pg. 794
NIKE COMMUNICATIONS, INC., New York, NY, pg. 1595
NORTHEASTERN MEDIA, Doylestown, OH, pg. 1413
NUEVO ADVERTISING GROUP, INC., Sarasota, FL, pg. 802
O2KL, New York, NY, pg. 803
O3 WORLD, LLC, Philadelphia, PA, pg. 804
OCEAN BRIDGE GROUP, Los Angeles, CA, pg. 805
ODNEY, Bismarck, ND, pg. 808
OFF MADISON AVE, Phoenix, AZ, pg. 809
OGILVY, New York, NY, pg. 809
OIA MARKETING COMMUNICATIONS, Dayton, OH, pg. 834
OMNICO PROMOTIONS, LTD., Katonah, NY, pg. 1413
OMNICOM GROUP INC., New York, NY, pg. 836
ONE TWELFTH INC., Miami, FL, pg. 839
ONECOMMAND, LLC, Mason, OH, pg. 1413
ONEWORLD COMMUNICATIONS, INC., San Francisco, CA, pg. 840
ONION LABS, Chicago, IL, pg. 840
ORAIKO, New York, NY, pg. 843
ORGANIC, INC., San Francisco, CA, pg. 1278
OTEY WHITE & ASSOCIATES, Baton Rouge, LA, pg. 845
OUTDOOR FIRST, INC., Germantown, WI, pg. 1361
OUTERNATIONAL INC, New York, NY, pg. 846
OVERDRIVE INTERACTIVE, Boston, MA, pg. 1279
P & M ADVERTISING, Longmeadow, MA, pg. 848
PACO COMMUNICATIONS, INC, Chicago, IL, pg. 849
PALLEY ADVERTISING INC., Worcester, MA, pg. 851
PANTIN/BEBER SILVERSTEIN PUBLIC RELATIONS, Miami, FL, pg. 1605
PAPROCKI & CO., Atlanta, GA, pg. 852
PARADIGM ASSOCIATES, San Juan, PR, pg. 1606
PATHFINDERS ADVERTISING & MARKETING GROUP, Mishawaka, IN, pg. 857
PATRIOT ADVERTISING INC., Katy, TX, pg. 858
PEPPERCOMM, New York, NY, pg. 1607
PERICH ADVERTISING + DESIGN, Ann Arbor, MI, pg. 864
PERISCOPE, Minneapolis, MN, pg. 864
PERQ LLC, Indianapolis, IN, pg. 865
PHD, New York, NY, pg. 1361
PHELPS, Playa Vista, CA, pg. 867
PICO+, Santa Monica, CA, pg. 870
PINCKNEY HUGO GROUP, Syracuse, NY, pg. 871
PINGER PR AT POWERS, Cincinnati, OH, pg. 1609
PINTA, New York, NY, pg. 872
PIXEL MOTION, INC, Irvine, CA, pg. 1280
PLAN B (THE AGENCY ALTERNATIVE), Chicago, IL, pg. 876
PLAN C AGENCY, Los Angeles, CA, pg. 876
PLATYPUS ADVERTISING + DESIGN, Pewaukee, WI, pg. 877
PM PUBLICIDAD, Atlanta, GA, pg. 878
THE POLLACK PR MARKETING GROUP, Los Angeles, CA, pg. 1611
POLLER & JORDAN ADVERTISING AGENCY, INC., Miami, FL, pg. 881
POTRATZ PARTNERS ADVERTISING INC., Schenectady, NY, pg. 884
POWERS AGENCY, Cincinnati, OH, pg. 885
PP+K, Tampa, FL, pg. 885
PR/DNA, La Mirada, CA, pg. 1617
THE PRICE GROUP, INC., Lubbock, TX, pg. 888
PRICEWEBER MARKETING COMMUNICATIONS, INC., Louisville, KY, pg. 889
PRIMEDIA INC., Warwick, RI, pg. 1364
THE PRIMM COMPANY, Norfolk, VA, pg. 890
PRINCETON PARTNERS, INC., Princeton, NJ, pg. 890
PROGRESSIVE MARKETING DYNAMICS, LLC, Boonton, NJ, pg. 891
PROJECT, Auburn Hills, MI, pg. 891
PROM KROG ALTSTIEL INC., Mequon, WI, pg. 892
PROSPECT MEDIA GROUP LTD., Toronto, pg. 1415

PUREI, Batavia, IL, pg. 917
PUSHTWENTYTWO, Pontiac, MI, pg. 919
PYRO BRAND DEVELOPMENT, Dallas, TX, pg. 919
THE QUELL GROUP, Troy, MI, pg. 922
QUEUE CREATIVE, Lansing, MI, pg. 922
QUEUE CREATIVE MARKETING GROUP LLC, Chicago, IL, pg. 923
QUIGLEY-SIMPSON, Los Angeles, CA, pg. 923
RADIOVISION LP, Denison, TX, pg. 928
THE RANKIN GROUP, LTD., Tustin, CA, pg. 931
RAPP, New York, NY, pg. 931
RAWLE MURDY ASSOCIATES, INC., Charleston, SC, pg. 934
REAL INTEGRATED, Troy, MI, pg. 936
REALWORLD MARKETING, Scottsdale, AZ, pg. 937
REBEL INDUSTRIES, Los Angeles, CA, pg. 937
RED INTERACTIVE AGENCY, Santa Monica, CA, pg. 1284
RED MOON MARKETING, Charlotte, NC, pg. 940
REDSTONE COMMUNICATIONS INC., Omaha, NE, pg. 944
RE:GROUP, INC., Ann Arbor, MI, pg. 945
THE REPUBLIK, Raleigh, NC, pg. 947
REPUBLIK PUBLICITE + DESIGN INC., Montreal, pg. 947
RESPONSORY, Brookfield, WI, pg. 950
RESULTS DIRECT MARKETING, Wichita, KS, pg. 950
REVOLUTION MARKETING, LLC, Chicago, IL, pg. 953
RHYMES ADVERTISING & MARKETING, Bellaire, TX, pg. 955
RICHARDS, Russell, OH, pg. 955
RICHARDS/CARLBERG, Houston, TX, pg. 956
THE RICHARDS GROUP, INC., Dallas, TX, pg. 956
RIGHT PLACE MEDIA, Lexington, KY, pg. 1367
RITTA, Paramus, NJ, pg. 960
RJW MEDIA, Pittsburgh, PA, pg. 1368
R.M. BARROWS, INC. ADVERTISING & PUBLIC RELATIONS, San Mateo, CA, pg. 962
RMI MARKETING & ADVERTISING, Emerson, NJ, pg. 962
ROARMEDIA, Coral Gables, FL, pg. 1632
ROBERT FLEEGE & PARTNERS, Columbus, OH, pg. 963
ROCKET 55, Minneapolis, MN, pg. 964
THE ROCKFORD GROUP, New City, NY, pg. 965
ROCKORANGE, Miami, FL, pg. 1633
THE ROGERS AGENCY, Chesapeake, VA, pg. 966
ROGERS FINN PARTNERS, Los Angeles, CA, pg. 1633
ROME & COMPANY, Woodridge, IL, pg. 966
ROMPH & POU AGENCY, Shreveport, LA, pg. 967
RON FOTH ADVERTISING, Columbus, OH, pg. 967
ROOP & CO., Cleveland, OH, pg. 1633
ROUNTREE GROUP COMMUNICATIONS MANAGEMENT, Alpharetta, GA, pg. 1635
RPA, Santa Monica, CA, pg. 970
RPM ADVERTISING, Chicago, IL, pg. 971
RSQ, Mobile, AL, pg. 971
S3, Boonton, NJ, pg. 974
SAGON-PHIOR, West Los Angeles, CA, pg. 1638
SAIBOT MEDIA INC., Boca Raton, FL, pg. 987
SAMBA ROCK, Miami Beach, FL, pg. 988
SAPUTO DESIGN, INC., Westlake Village, CA, pg. 991
SBC, Columbus, OH, pg. 993
SELMARQ, Charlotte, NC, pg. 1002
SEVENTH POINT, Virginia Beach, VA, pg. 1004
SHERMAN COMMUNICATIONS & MARKETING, Chicago, IL, pg. 1007
SHOPPER MARKETING GROUP ADVERTISING INC., Porter Ranch, CA, pg. 1009
SIGMA MARKETING GROUP LLC, Rochester, NY, pg. 1012
SILTANEN & PARTNERS, El Segundo, CA, pg. 1013
SILVERLIGHT DIGITAL, New York, NY, pg. 1368
SMITH BROTHERS AGENCY, LP, Pittsburgh, PA, pg. 1023
SMITHGIFFORD, Falls Church, VA, pg. 1024
SOCIALLYIN, Birmingham, AL, pg. 1291
SOMETHING MASSIVE, Los Angeles, CA, pg. 1291
SPECIALTY TRUCK RENTALS, Santa Monica, CA, pg. 1416
SPIRO & ASSOCIATES MARKETING, ADVERTISING & PUBLIC RELATIONS, Fort Myers, FL, pg. 1034
SPURRIER MEDIA GROUP, Richmond, VA, pg. 1370
S.R. VIDEO PICTURES, LTD., Haverstraw, NY, pg. 1038
THE ST. GREGORY GROUP, INC., Cincinnati, OH, pg. 1040
ST. JOHN & PARTNERS, Jacksonville, FL, pg. 1040
STACKPOLE & PARTNERS ADVERTISING, Newburyport, MA, pg. 1041
STARCOM, Chicago, IL, pg. 1370
STEELE & ASSOCIATES, INC., Pocatello, ID, pg. 1045

SPECIAL MARKET INDEX

AGENCIES

STEVENS STRATEGIC COMMUNICATIONS, INC., Westlake, OH, pg. 1048
STEVENSON ADVERTISING, Lynnwood, WA, pg. 1049
STIR ADVERTISING & INTEGRATED MARKETING, Milwaukee, WI, pg. 1050
STOCKHOLM DESIGN, Studio City, CA, pg. 1050
STONER BUNTING ADVERTISING, Lancaster, PA, pg. 1051
STREAM COMPANIES, Malvern, PA, pg. 1054
STRONG, Birmingham, AL, pg. 1055
SUBMIT EXPRESS INC., Glendale, CA, pg. 1057
THE SUTTER GROUP, Lanham, MD, pg. 1064
SWBR, INC., Bethlehem, PA, pg. 1065
SWEENEY, Cleveland, OH, pg. 1065
SWEENEYVESTY, New York, NY, pg. 1066
SWIRL MCGARRYBOWEN, San Francisco, CA, pg. 1067
T3, Austin, TX, pg. 1069
TAKE 5 MEDIA GROUP, Boca Raton, FL, pg. 1071
TARGET MARKETING, Rockland, ME, pg. 1417
TBD, San Francisco, CA, pg. 1076
TCAA, Cincinnati, OH, pg. 1093
TEAM ONE USA, Los Angeles, CA, pg. 1095
THAT AGENCY, West Palm Bch, FL, pg. 1098
TIDAL SHORES INC., Houston, TX, pg. 1102
TIDESMART GLOBAL, Falmouth, ME, pg. 1103
TIER ONE PARTNERS, Lexington, MA, pg. 1660
TIER10 MARKETING, Herndon, VA, pg. 1103
TINSLEY ADVERTISING, Miami, FL, pg. 1104
TM ADVERTISING, Dallas, TX, pg. 1106
TOM, DICK & HARRY CREATIVE, Chicago, IL, pg. 1108
THE TOMBRAS GROUP, Knoxville, TN, pg. 1108
TOMSHEEHAN WORLDWIDE, Reading, PA, pg. 1109
TONGAL, Santa Monica, CA, pg. 1295
TOTALCOM MARKETING, INC., Tuscaloosa, AL, pg. 1110
TR CUTLER, INC., Fort Lauderdale, FL, pg. 1661
TRACTION CORPORATION, San Francisco, CA, pg. 1112
TRACTION FACTORY, Milwaukee, WI, pg. 1112
TRANSIT MEDIA GROUP, Huntington Beach, CA, pg. 1376
TRELLIS MARKETING, INC, Buffalo, NY, pg. 1115
TRI-MEDIA INTEGRATED MARKETING TECHNOLOGIES INC., Saint Catharines, pg. 1115
TRIBALVISION, Boston, MA, pg. 1116
TRILIX MARKETING GROUP, INC., Des Moines, IA, pg. 1117
TRINET INTERNET SOLUTIONS, INC., Irvine, CA, pg. 1118
TRONE BRAND ENERGY, INC., High Point, NC, pg. 1119
TUFFY ADVERTISING, Toledo, OH, pg. 1228
TYLER BARNETT PUBLIC RELATIONS, Beverly Hills, CA, pg. 1664
UNION, Charlotte, NC, pg. 1298
UNITY WORKS, Minneapolis, MN, pg. 1127
VENABLES, BELL & PARTNERS, San Francisco, CA, pg. 1132
VERSANT, Milwaukee, WI, pg. 1134
VISION CREATIVE GROUP, INC., Morris Plains, NJ, pg. 1139
VMG CREATIVE, New York, NY, pg. 1143
W INC., Atlanta, GA, pg. 1147
WALTER F. CAMERON ADVERTISING INC., Hauppauge, NY, pg. 1151
WALTON / ISAACSON, Culver City, CA, pg. 1151
THE WARD GROUP, Frisco, TX, pg. 1152
WARNE/MCKENNA ADVERTISING, Syracuse, NY, pg. 1152
WAVEMAKER GLOBAL LTD, New York, NY, pg. 1379
WAVEMAKER - NA HQ, NEW YORK, New York, NY, pg. 1386
WC MEDIA INC., Springfield, IL, pg. 1154
WEBER SHANDWICK, New York, NY, pg. 1673
WEIDERT GROUP INC., Appleton, WI, pg. 1156
THE WEINSTEIN ORGANIZATION, INC., Chicago, IL, pg. 1157
WENSTROM COMMUNICATIONS, Clearwater, FL, pg. 1387
WH2P, INC., Yorklyn, DE, pg. 1160
WHEELER ADVERTISING, Arlington, TX, pg. 1160
WIEDEN + KENNEDY, INC., Portland, OR, pg. 1163
WILDEBEEST, Los Angeles, CA, pg. 1301
WILLIAMS-HELDE MARKETING COMMUNICATIONS, Seattle, WA, pg. 1169
WILLIAMS WHITTLE ASSOCIATES, INC., Alexandria, VA, pg. 1169
WINFIELD & ASSOCIATES MARKETING & ADVERTISING, Cary, NC, pg. 1170
WING, New York, NY, pg. 1170
WITECK COMMUNICATIONS, Washington, DC, pg. 1685
WITHERSPOON & ASSOCIATES, INC., Fort Worth, TX, pg. 1173
WRAY WARD MARKETING COMMUNICATIONS, Charlotte, NC, pg. 1187
WUNDERMAN, New York, NY, pg. 1188
WUNDERMAN WORLD HEALTH, Washington, DC, pg. 1193
WWDB INTEGRATED MARKETING, Fort Lauderdale, FL, pg. 1193
WYSE, Cleveland, OH, pg. 1193
YECK BROTHERS COMPANY, Dayton, OH, pg. 1195
YOUNG COMPANY, Laguna Beach, CA, pg. 1208
Z MARKETING PARTNERS, Indianapolis, IN, pg. 1209
ZANDER GUINN MILLAN, Charlotte, NC, pg. 1210
ZEHNDER COMMUNICATIONS, INC., New Orleans, LA, pg. 1210
ZENITH USA, New York, NY, pg. 1391
ZOG DIGITAL, Phoenix, AZ, pg. 1214
ZOOM ADVERTISING, Chicago, IL, pg. 1215

Business-To-Business

11:24 DESIGN ADVERTISING, INC., Playa Del Rey, CA, pg. 1
1185 DESIGN, Palo Alto, CA, pg. 1
3 ADVERTISING, Albuquerque, NM, pg. 5
36CREATIVE, Salem, NH, pg. 7
3MARKETEERS ADVERTISING, INC., San Jose, CA, pg. 8
48 WEST AGENCY LLC, Phoenix, AZ, pg. 1423
5BY5 AGENCY, Brentwood, TN, pg. 10
5METACOM, IndianaPOlis, IN, pg. 10
5W PUBLIC RELATIONS, New York, NY, pg. 1423
6S MARKETING, New York, NY, pg. 1305
802 CREATIVE PARTNERS, INC., Stowe, VT, pg. 12
919 MARKETING COMPANY, Holly Springs, NC, pg. 13
9.8 GROUP, New York, NY, pg. 14
THE A TEAM, LLC, New York, NY, pg. 1395
A2G, W Hollywood, CA, pg. 1395
AAI (ADVERTISING ASSOCIATES INTERNATIONAL), Boston, MA, pg. 15
AB+C, Wilmington, DE, pg. 16
ABSOLUTE MEDIA INC., Stamford, CT, pg. 1305
ABSOLUTELY PUBLIC RELATIONS, Lakewood, CO, pg. 1426
ABSTRAKT MARKETING GROUP, Saint Louis, MO, pg. 18
ACCELERATOR ADVERTISING INC., Lewis Center, OH, pg. 19
ACCESS ADVERTISING LLC, Kansas City, MO, pg. 1305
ACCESS TO MEDIA, Chicopee, MA, pg. 20
ACENTO ADVERTISING, INC., Santa Monica, CA, pg. 20
ACKERMANN PR, Knoxville, TN, pg. 1426
ACTIFY MEDIA, Helena, MT, pg. 22
ACTIVE INTEGRATED MARKETING, Willow Grove, PA, pg. 22
A.D. ADAMS ADVERTISING, INC., Englewood Cliffs, NJ, pg. 1426
AD CETERA, INC., Addison, TX, pg. 23
AD DAWG CREATIVE, Redwood City, CA, pg. 23
AD-SUCCESS MARKETING, Lexington, KY, pg. 24
ADAMS & KNIGHT, INC., Avon, CT, pg. 25
ADAMS & LONGINO ADVERTISING, INC., Greenville, NC, pg. 25
ADASHMORE CREATIVE, White Marsh, MD, pg. 27
ADASIA COMMUNICATIONS, INC., Englewood Cliffs, NJ, pg. 27
ADCETERA GROUP, Houston, TX, pg. 27
ADEPT MARKETING, Columbus, OH, pg. 1232
ADIRONDACK MARKETING SERVICES, LLC, Elkhart, IN, pg. 30
THE ADMARK GROUP, Pasadena, CA, pg. 30
ADMERASIA, INC., New York, NY, pg. 31
ADMO, INC., Saint Louis, MO, pg. 31
ADPERSUASION, Irvine, CA, pg. 32
ADSOKA, INC., Minneapolis, MN, pg. 33
ADVANCED MARKETING STRATEGIES, San Diego, CA, pg. 33
ADVANTIX DIGITAL, Addison, TX, pg. 1233
ADVENTIUM, LLC, New York, NY, pg. 34
ADVENTIVE MARKETING, INC., Chicago, IL, pg. 35
ADVERTEL, INC., Pittsburgh, PA, pg. 35
ADVERTISING SAVANTS, INC., Saint Louis, MO, pg. 35
ADWORKS, INC., Washington, DC, pg. 36
AERIAL ADVERTISING SERVICES, Livermore, CA, pg. 1306
AGENCY CREATIVE, Dallas, TX, pg. 38
AGENCY SQUID, Minneapolis, MN, pg. 39
AGENCY212, LLC, New York, NY, pg. 39
AGENCY59, Toronto, pg. 39
AH&M MARKETING COMMUNICATIONS, Pittsfield, MA, pg. 40
AINSWORTH MAGUIRE, Bury, pg. 1429
AJ ROSS CREATIVE MEDIA, INC., Chester, NY, pg. 42
AKA DIRECT, INC., Portland, OR, pg. 42
AKINS MARKETING & DESIGN L.L.C., Sarasota, FL, pg. 43
AL SHULTZ ADVERTISING, INC., San Jose, CA, pg. 43
AL STARK'S A&M, Wadsworth, IL, pg. 43
ALAN GORDON ADVERTISING, Los Angeles, CA, pg. 1219
THE ALISON SOUTH MARKETING GROUP, Charlotte, NC, pg. 45
ALL STAR INCENTIVE MARKETING, INC., Fiskdale, MA, pg. 1396
ALLEN & GERRITSEN, Boston, MA, pg. 45
ALLEN FINLEY ADVERTISING, INC., Hickory, NC, pg. 46
ALPINE COMMUNICATIONS, Marietta, GA, pg. 1431
ALTMAN-HALL ASSOCIATES, Erie, PA, pg. 50
THE ALTUS AGENCY, Philadelphia, PA, pg. 50
AMBIT MARKETING COMMUNICATIONS, Fort Lauderdale, FL, pg. 51
AMELIE COMPANY, Denver, CO, pg. 51
AMERICAN ADVERTISING SERVICES, Bala Cynwyd, PA, pg. 52
AMERICAN CLASSIFIED SERVICES, INC., Carbondale, IL, pg. 1307
AMERICAN CONSULTING GROUP, INC., Ithaca, NY, pg. 52
AMG MARKETING RESOURCES INC., Solon, OH, pg. 53
AMMUNITION, LLC, Atlanta, GA, pg. 1236
AMPERAGE, Cedar Falls, IA, pg. 53
AMPM, INC., Midland, MI, pg. 54
AM:PM PR, Portland, OR, pg. 1432
AMUSEMENT PARK, Santa Ana, CA, pg. 54
AMY LEVY PUBLIC RELATIONS, Los Angeles, CA, pg. 1432
ANDERSON DDB HEALTH & LIFESTYLE, Toronto, pg. 57
THE ANDERSON GROUP, Sinking Spring, PA, pg. 57
ANDERSON-MADISON ADVERTISING, INC., Minneapolis, MN, pg. 57
ANDERSON PARTNERS, Omaha, NE, pg. 58
ANNE KLEIN COMMUNICATIONS GROUP, LLC, Mount Laurel, NJ, pg. 1433
ANTHEM WORLDWIDE, Cincinnati, OH, pg. 61
ANTHOLOGIE, INC., Milwaukee, WI, pg. 61
ANTHONY THOMAS ADVERTISING, Akron, OH, pg. 61
ANTICS DIGITAL MARKETING, San Carlos, CA, pg. 1237
ANVIL MEDIA, INC., Portland, OR, pg. 1307
APCO WORLDWIDE, Washington, DC, pg. 62
ARCANA ACADEMY, Los Angeles, CA, pg. 65
ARCHER COMMUNICATIONS, INC., Rochester, NY, pg. 65
ARCHER MALMO, Memphis, TN, pg. 65
ARCHER MALMO AUSTIN, Austin, TX, pg. 66
ARGYLL, Redondo Beach, CA, pg. 68
ARIAD COMMUNICATIONS, Toronto, pg. 68
ARKSIDE MARKETING, Riverside, CA, pg. 69
ARMENT DIETRICH, INC., Chicago, IL, pg. 69
ARNOLD WORLDWIDE, Boston, MA, pg. 69
ARPR INC./KNOWLEDGE IN A NUTSHELL, Pittsburgh, PA, pg. 1434
ARRAS KEATHLEY AGENCY, Cleveland, OH, pg. 71
ARRCO MEDICAL MARKETING, Walpole, MA, pg. 71
ARTICULATE COMMUNICATIONS INC., New York, NY, pg. 1434
THE ARTIME GROUP, Pasadena, CA, pg. 72
ASHAY MEDIA GROUP, Brooklyn, NY, pg. 73
ASO ADVERTISING, Atlanta, GA, pg. 74
ASSEMBLY, New York, NY, pg. 1308
ASSOCIATED INTEGRATED MARKETING, Wichita, KS, pg. 74
ATHORN, CLARK & PARTNERS, New York, NY, pg. 75
ATTACHE, INC., Columbus, OH, pg. 76
ATWELL MEDIA SERVICES, INC., Rancho Murieta, CA, pg. 1308
AUDIENCE INNOVATION, Austin, TX, pg. 76
AUGUST, LANG & HUSAK, INC., Bethesda, MD, pg. 77
AUGUSTUS BARNETT ADVERTISING/DESIGN, Fox Island, WA, pg. 77
AUSTIN & WILLIAMS, Hauppauge, NY, pg. 78
AUSTIN LAWRENCE GROUP, Stamford, CT, pg. 78
AUXILIARY ADVERTISING & DESIGN, Grand Rapids, MI, pg. 79
AVID MARKETING GROUP, Rocky Hill, CT, pg. 1397

A-131

AGENCIES

SPECIAL MARKET INDEX

AVOCET COMMUNICATIONS, Longmont, CO, pg. 79
AVREAFOSTER, Dallas, TX, pg. 80
AXIA PUBLIC RELATIONS, Jacksonville, FL, pg. 80
THE AXIS AGENCY, Los Angeles, CA, pg. 81
AY DIGITAL, New York, NY, pg. 81
BACKBAY COMMUNICATIONS, INC., Boston, MA, pg. 82
BACKE DIGITAL BRAND MARKETING, Radnor, PA, pg. 82
BACKUS TURNER INTERNATIONAL, Pompano Beach, FL, pg. 83
BADER RUTTER & ASSOCIATES, INC., Milwaukee, WI, pg. 83
BAGWELL MARKETING, Dallas, TX, pg. 84
BAILEY LAUERMAN, Omaha, NE, pg. 84
THE BAILIWICK COMPANY, New Hope, PA, pg. 1437
BAKER CREATIVE, Groveport, OH, pg. 85
THE BALCOM AGENCY, Fort Worth, TX, pg. 85
THE BAM CONNECTION, Brooklyn, NY, pg. 86
BAM STRATEGY, Montreal, pg. 87
BANDUJO ADVERTISING & DESIGN, New York, NY, pg. 87
BANDY CARROLL HELLIGE ADVERTISING, Louisville, KY, pg. 87
BARBEAU-HUTCHINGS ADVERTISING, INC., Shelton, CT, pg. 88
BARKER, New York, NY, pg. 89
BARKLEY, Kansas City, MO, pg. 90
BARNETT MURPHY DIRECT MARKETING, Orlando, FL, pg. 90
BARNHART, Denver, CO, pg. 91
BAROLIN & SPENCER, INC., Voorhees, NJ, pg. 91
BASELINE CREATIVE, Wichita, KS, pg. 95
BASS ADVERTISING, Sioux City, IA, pg. 95
BATTERY, Los Angeles, CA, pg. 96
BAYARD ADVERTISING AGENCY, INC., New York, NY, pg. 96
BAYCREATIVE, San Francisco, CA, pg. 96
BBDO MONTREAL, Montreal, pg. 97
BBG&G ADVERTISING, Campbell Hall, NY, pg. 115
BBH NEW YORK, New York, NY, pg. 115
BBR CREATIVE, Lafayette, LA, pg. 116
BCA (BRIAN CRONIN & ASSOCIATES INC.), Rye Brook, NY, pg. 116
BDOT, New York, NY, pg. 117
BDS MARKETING, Irvine, CA, pg. 117
BE FOUND ONLINE, Chicago, IL, pg. 117
BEALS CUNNINGHAM STRATEGIC SERVICES, Oklahoma City, OK, pg. 118
BEAUTY\@GOTHAM, New York, NY, pg. 119
BECKER GUERRY, Middletown, NJ, pg. 119
BECKETT & BECKETT, INC., Altadena, CA, pg. 120
BEEBY CLARK + MEYLER, Stamford, CT, pg. 120
BENCHMARK DISPLAYS, Palm Desert, CA, pg. 1398
BENEDICT ADVERTISING, Daytona Beach, FL, pg. 122
BENSIMON BYRNE, Toronto, pg. 123
BERGMAN GROUP, Glen Allen, VA, pg. 123
BERLINE, Royal Oak, MI, pg. 124
BERNARD & COMPANY, Palatine, IL, pg. 124
BERNSTEIN-REIN ADVERTISING, INC., Kansas City, MO, pg. 125
BERRY ECKE ASSOCIATES, Newton, NJ, pg. 1449
BERRY NETWORK, INC., Dayton, OH, pg. 125
BEUERMAN MILLER FITZGERALD, INC., New Orleans, LA, pg. 125
BFG COMMUNICATIONS, Bluffton, SC, pg. 126
BFW ADVERTISING + INTERACTIVE, Boca Raton, FL, pg. 127
BIANCA FRANK DESIGN, Anchorage, AK, pg. 127
BIANCHI PUBLIC RELATIONS INC., Troy, MI, pg. 1449
BIG CAT ADVERTISING, Novato, CA, pg. 128
BIG HONKIN' IDEAS (BHI), Los Angeles, CA, pg. 129
BIG RIVER ADVERTISING, Richmond, VA, pg. 129
BIGBUZZ MARKETING GROUP, New York, NY, pg. 130
BIGEYE AGENCY, Orlando, FL, pg. 130
BILL BOSSE & ASSOCIATES, Houston, TX, pg. 131
BILL HUDSON & ASSOCIATES, INC., ADVERTISING & PUBLIC RELATIONS, Nashville, TN, pg. 131
BIRNBACH COMMUNICATIONS, INC., Marblehead, MA, pg. 1450
BITNER GOODMAN, Fort Lauderdale, FL, pg. 1450
BLACK & WHITE ADVERTISING, INC., Ocean Springs, MS, pg. 132
BLACK OLIVE LLC, Chicago, IL, pg. 132
BLACKFIN MARKETING GROUP, Minnetonka, MN, pg. 133
BLACKWING CREATIVE, Seattle, WA, pg. 133
BLAIR, INC., Rockford, IL, pg. 133
BLASS MARKETING, Old Chatham, NY, pg. 134

BLEND, Los Angeles, CA, pg. 135
BLF MARKETING, Clarksville, TN, pg. 136
BLH CONSULTING, Atlanta, GA, pg. 1451
BLOOMFIELD KNOBLE, Irving, TX, pg. 137
BLR/FURTHER, Birmingham, AL, pg. 138
THE BLU GROUP - ADVERTISING & MARKETING, La Crosse, WI, pg. 138
BLUE DAISY MEDIA, Coral Gables, FL, pg. 1312
BLUE DIMENSION, Evanston, IL, pg. 139
BLUE FOUNTAIN MEDIA, New York, NY, pg. 1241
BLUE OLIVE CONSULTING, Florence, AL, pg. 139
BLUE SKY AGENCY, Atlanta, GA, pg. 140
BLUESPIRE MARKETING, West Hartford, CT, pg. 141
BLUESTONE ADVERTISING, LLC, Philadelphia, PA, pg. 141
BMI ELITE, Coconut Creek, FL, pg. 142
BMWW, Windsor Mill, MD, pg. 142
BOC PARTNERS, Middlesex, NJ, pg. 143
BOCA COMMUNICATIONS, San Francisco, CA, pg. 1453
BODDEN PARTNERS, New York, NY, pg. 143
BOLIN MARKETING, Minneapolis, MN, pg. 145
BOOMM! MARKETING & COMMUNICATIONS, La Grange, IL, pg. 146
BOONDOCK WALKER, Chesterland, OH, pg. 146
BOONE DELEON COMMUNICATIONS, INC., Houston, TX, pg. 147
BOP DESIGN, INC., San Diego, CA, pg. 1398
THE BORENSTEIN GROUP, INC., Fairfax, VA, pg. 147
BORSHOFF, Indianapolis, IN, pg. 148
THE BOSTON GROUP, Boston, MA, pg. 149
BOSTON INTERACTIVE, Charlestown, MA, pg. 1242
THE BOSWORTH GROUP, Charleston, SC, pg. 149
BOTHWELL MARKETING, Sonoma, CA, pg. 149
BOTTOM LINE MARKETING, Marquette, MI, pg. 149
BOZELL, Omaha, NE, pg. 150
BRADSHAW ADVERTISING, Portland, OR, pg. 152
BRAFF COMMUNICATIONS LLC, Fair Lawn, NJ, pg. 1455
BRAINS ON FIRE, INC., Greenville, SC, pg. 152
BRAINSTORMS ADVERTISING & MARKETING, INC., Fort Lauderdale, FL, pg. 153
BRAMSON + ASSOCIATES, Los Angeles, CA, pg. 153
BRAND AGENT, Dallas, TX, pg. 153
BRAND CONTENT, Boston, MA, pg. 154
BRAND LUCENCE, New York, NY, pg. 155
BRAND SOCIETY, New Orleans, LA, pg. 155
BRANDDIRECTIONS, Neenah, WI, pg. 155
BRANDHIVE, Salt Lake City, UT, pg. 156
BRANDIGO, Newburyport, MA, pg. 156
BRANDINGBUSINESS, Irvine, CA, pg. 157
BRANDSYMBOL, Charlotte, NC, pg. 159
BRANDTAILERS, Newport Beach, CA, pg. 159
BRANDTUITIVE, New York, NY, pg. 159
BRANDWISE, Fort Worth, TX, pg. 160
BRASHE ADVERTISING, INC., Jericho, NY, pg. 160
BRAVE NEW MARKETS, Owings Mills, MD, pg. 1242
BRAVENETMEDIA.COM, Parkville, MD, pg. 1312
BREAKAWAY COMMUNICATIONS LLC, New York, NY, pg. 1456
THE BRICK FACTORY, Washington, DC, pg. 1243
BRIDGE GLOBAL STRATEGIES LLC, New York, NY, pg. 1456
BRIDGEMAN COMMUNICATIONS, INC., Boston, MA, pg. 1457
BRIERLEY & PARTNERS, Plano, TX, pg. 162
BRIGHAM & RAGO MARKETING COMMUNICATIONS, Basking Ridge, NJ, pg. 163
BRIGHAM SCULLY, Bangor, ME, pg. 163
BRIGHTON AGENCY, INC., Saint Louis, MO, pg. 164
BRILLIANT MEDIA STRATEGIES, Anchorage, AK, pg. 164
BRIMMCOMM, INC., Deerfield, IL, pg. 1457
BROADHEAD, Minneapolis, MN, pg. 165
BROADSTREET, New York, NY, pg. 1398
BRODEUR PARTNERS, Boston, MA, pg. 1457
BROGAN & PARTNERS CONVERGENCE MARKETING, Birmingham, MI, pg. 166
BROKAW INC., Cleveland, OH, pg. 166
BROLIK, Philadelphia, PA, pg. 1243
BROTHERS & CO., Tulsa, OK, pg. 167
THE BROWER GROUP, Los Angeles, CA, pg. 1458
BROWN BAG MARKETING, Atlanta, GA, pg. 167
BROWNING AGENCY, New Providence, NJ, pg. 168
BROWNSTEIN GROUP, Philadelphia, PA, pg. 168
BRUNNER, Pittsburgh, PA, pg. 169
BRUSHFIRE, INC., Cedar Knolls, NJ, pg. 170
BTC MARKETING, Wayne, PA, pg. 171
BUCHANAN PUBLIC RELATIONS, Bryn Mawr, PA, pg. 1459
THE BUNTIN GROUP, Nashville, TN, pg. 173

BURDETTE KETCHUM, Jacksonville, FL, pg. 173
BURGESS ADVERTISING & MARKETING, Falmouth, ME, pg. 174
BURGESS COMMUNICATIONS, INC, Thornton, PA, pg. 174
BURK ADVERTISING & MARKETING, Dallas, TX, pg. 174
BURNS 360, Dallas, TX, pg. 1460
BURNS MARKETING, Denver, CO, pg. 175
BUSH COMMUNICATIONS, LLC, Pittsford, NY, pg. 176
BUSINESS-TO-BUSINESS MARKETING COMMUNICATIONS, Raleigh, NC, pg. 177
BUSINESSONLINE, San Diego, CA, pg. 1244
BUTLER, SHINE, STERN & PARTNERS, Sausalito, CA, pg. 177
BUTLER/TILL, Rochester, NY, pg. 1313
BUY ADS DIRECT, Ridge Manor, FL, pg. 1313
BVK, Milwaukee, WI, pg. 178
BYNUMS MARKETING & COMMUNICATIONS, INC, Pittsburgh, PA, pg. 179
C SUITE COMMUNICATIONS, Sarasota, FL, pg. 180
CAIN & COMPANY, Rockford, IL, pg. 182
CALDWELL VANRIPER, Indianapolis, IN, pg. 182
CALLAHAN CREEK, INC., Lawrence, KS, pg. 183
CALZONE & ASSOCIATES, Lafayette, LA, pg. 184
CAMPBELL EWALD, Detroit, MI, pg. 185
CAMPBELL LACOSTE, INC., Black Earth, WI, pg. 186
CAPITOL MEDIA SOLUTIONS, Atlanta, GA, pg. 187
CAPONIGRO MARKETING GROUP, LLC, Southfield, MI, pg. 188
CAPSTRAT, Raleigh, NC, pg. 1462
CAPSULE BRAND DEVELOPMENT, Minneapolis, MN, pg. 188
CARABINER COMMUNICATIONS, Lilburn, GA, pg. 1462
CARGO LLC, Greenville, SC, pg. 189
CARNEY & CO., Rocky Mount, NC, pg. 190
CAROLYN IZZO INTEGRATED COMMUNICATIONS, Nyack, NY, pg. 1463
CARROLL/WHITE, Atlanta, GA, pg. 191
THE CARSON GROUP, Houston, TX, pg. 191
CARUSOPR, Chicago, IL, pg. 1463
CASACOM, Montreal, pg. 192
CASCADE WEB DEVELOPMENT, Portland, OR, pg. 192
CASHMAN & KATZ INTEGRATED COMMUNICATIONS, Glastonbury, CT, pg. 193
CASTELLS & ASOCIADOS, Los Angeles, CA, pg. 194
CATALPHA ADVERTISING & DESIGN, Towson, MD, pg. 194
CATALYST MARKETING COMMUNICATIONS INC., Stamford, CT, pg. 195
CATALYST MARKETING COMPANY, Fresno, CA, pg. 195
CATALYST, SCIENCE + SOUL, Rochester, NY, pg. 195
CATAPULT PR-IR, L.L.C., Boulder, CO, pg. 1464
CAUGHERTY HAHN COMMUNICATIONS, INC., Glen Rock, NJ, pg. 1464
CBR PUBLIC RELATIONS, Maitland, FL, pg. 1465
CCG MARKETING SOLUTIONS, West Caldwell, NJ, pg. 197
CCM MARKETING COMMUNICATIONS, New York, NY, pg. 197
CD&M COMMUNICATIONS, Portland, ME, pg. 198
CDHM ADVERTISING, Stamford, CT, pg. 198
CELTIC, INC., Milwaukee, WI, pg. 199
CELTIC MARKETING, INC., Niles, IL, pg. 199
CENTER MASS MEDIA, Parker, CO, pg. 200
CENTRIC, Newhall, CA, pg. 200
CFIVE SOLUTIONS, Laguna Hills, CA, pg. 201
CGPR, LLC, Marblehead, MA, pg. 1466
CGT MARKETING LLC, Amityville, NY, pg. 201
CHARLES RYAN ASSOCIATES INC., Charleston, WV, pg. 203
CHATTER BUZZ MEDIA, Orlando, FL, pg. 204
CHEMISTRY, San Diego, CA, pg. 1467
CHEMISTRY COMMUNICATIONS INC., Pittsburgh, PA, pg. 205
CHERNOFF NEWMAN, Columbia, SC, pg. 206
CHEROKEE COMMUNICATIONS INC., New City, NY, pg. 1315
C.I. VISIONS INC., New York, NY, pg. 1468
CIBO, San Francisco, CA, pg. 1245
CIMBRIAN, Lancaster, PA, pg. 208
CINETRANSFORMER INTERNATIONAL INC., Hallandale Beach, FL, pg. 1399
THE CIRLOT AGENCY, INC., Jackson, MS, pg. 209
CIVILIAN, Chicago, IL, pg. 210
CJRW NORTHWEST, Springdale, AR, pg. 210
CK COMMUNICATIONS, INC. (CKC), Indialantic, FL, pg. 210
CLARITY COVERDALE FURY ADVERTISING, INC.,

SPECIAL MARKET INDEX — AGENCIES

Minneapolis, MN, pg. 211
CLARUS COMMUNICATIONS, Roswell, GA, pg. 1470
CLASSIFIED ADVERTISING PLUS, LLC, Tampa, FL, pg. 1315
CLEARRIVER COMMUNICATIONS GROUP, Midland, MI, pg. 213
CLICK HERE LABS, Dallas, TX, pg. 1246
CLICKMAIL MARKETING, INC., San Mateo, CA, pg. 1399
CLM MARKETING & ADVERTISING, Boise, ID, pg. 214
CLS STRATEGIES, Washington, DC, pg. 1470
CMD, Portland, OR, pg. 215
CMDS, Colts Neck, NJ, pg. 215
COCO+CO, Ward Hill, MA, pg. 217
COLLAGE ADVERTISING, Nashua, NH, pg. 219
COLLE+MCVOY, Minneapolis, MN, pg. 219
COLMAN BROHAN DAVIS, Chicago, IL, pg. 220
COLORPLAY STUDIO, Bend, OR, pg. 220
COMBLU INC., Chicago, IL, pg. 1472
COMBS & COMPANY, Little Rock, AR, pg. 221
COMMONWEALTH PUBLIC RELATIONS INC., Richmond, VA, pg. 1472
COMMUNICA, INC., Toledo, OH, pg. 222
COMMUNICATION ASSOCIATES, New York, NY, pg. 222
COMMUNICATION STRATEGY GROUP & BRANDTELLING, Smithtown, NY, pg. 223
COMMUNICATIONS 21, Atlanta, GA, pg. 1472
THE COMPANY, Houston, TX, pg. 224
THE COMPUTER STUDIO, Yonkers, NY, pg. 225
COMRADE, Oakland, CA, pg. 1246
CONCEPT COMPANY, INC., Bellbrook, OH, pg. 226
CONNECT PUBLIC RELATIONS, Provo, UT, pg. 1474
CONNECTIONS ADVERTISING & MARKETING, Lexington, KY, pg. 227
COOK & SCHMID, San Diego, CA, pg. 1475
THE COOPER GROUP, New York, NY, pg. 230
COPACINO + FUJIKADO, LLC, Seattle, WA, pg. 230
COPERNIO, Garden Grove, CA, pg. 230
CORECUBED, Asheville, NC, pg. 231
CORINTHIAN MEDIA, INC., New York, NY, pg. 1316
CORNETT INTEGRATED MARKETING SOLUTIONS, Lexington, KY, pg. 232
COSSETTE INC., Quebec, pg. 233
COYNE ADVERTISING & PUBLIC RELATIONS, Nevillewood, PA, pg. 234
CP+B BOULDER, Boulder, CO, pg. 235
CPMEDIA SERVICES, INC., Dublin, OH, pg. 1317
CRAMP & ASSOCIATES, INC., Wynnewood, PA, pg. 238
CREATIVE BROADCAST CONCEPTS, Saco, ME, pg. 239
CREATIVE COMMUNICATIONS CONSULTANTS, INC., Minneapolis, MN, pg. 240
CREATIVE COMPANY, McMinnville, OR, pg. 240
THE CREATIVE DEPARTMENT, Cincinnati, OH, pg. 241
CREATIVE DIRECTION, INC., Indianapolis, IN, pg. 241
CREATIVE ENERGY GROUP INC, Johnson City, TN, pg. 241
CREATIVE HEADS ADVERTISING, INC., Austin, TX, pg. 242
CREATIVE HOUSE STUDIOS, Cleveland, OH, pg. 242
CREATIVE MARKETING ALLIANCE INC., Princeton Junction, NJ, pg. 243
CREATIVE MARKETING PLUS INC., Long Island City, NY, pg. 243
CREATIVE MARKETING RESOURCES, Littleton, CO, pg. 243
CREATIVE MINDWORKS, Miami, FL, pg. 244
CREATIVE OPTIONS COMMUNICATIONS, Lewisville, TX, pg. 244
CREATIVE PARTNERS, Stamford, CT, pg. 245
CREATIVE PRODUCERS GROUP, Saint Louis, MO, pg. 245
CREATIVE STORM, Mason, OH, pg. 246
CREAXION, Atlanta, GA, pg. 246
CRENSHAW COMMUNICATIONS, New York, NY, pg. 1478
CRESTA CREATIVE, Chicago, IL, pg. 247
CRITICAL LAUNCH, LLC, Dallas, TX, pg. 247
CRONIN, Glastonbury, CT, pg. 248
CROSBY MARKETING COMMUNICATIONS, Annapolis, MD, pg. 249
CROSSBOW GROUP, LLC, Westport, CT, pg. 249
CRUX CREATIVE, Milwaukee, WI, pg. 251
CSI GROUP, INC., Montvale, NJ, pg. 251
CTI MEDIA, Atlanta, GA, pg. 251
CTP, Boston, MA, pg. 252
CULVER PUBLIC RELATIONS, Dallas, TX, pg. 1479
CUMMINS, MACFAIL & NUTRY, INC., Somerville, NJ, pg. 254
CURIOSITY ADVERTISING, Cincinnati, OH, pg. 254
CURRENT360, Louisville, KY, pg. 255
CUSTOMEDIALABS, Wayne, PA, pg. 255
D&S CREATIVE COMMUNICATIONS INC., Mansfield, OH, pg. 256
DALTON AGENCY JACKSONVILLE, Jacksonville, FL, pg. 258
DAMEN JACKSON, Chicago, IL, pg. 259
DAN PIPKIN ADVERTISING AGENCY, INC., Danville, IL, pg. 259
DANIELS & ROBERTS, INC., Boynton Beach, FL, pg. 260
DARK HORSE MARKETING, Pelham, NY, pg. 260
DAVID JAMES GROUP, Oakbrook Terrace, IL, pg. 262
DAVID PR GROUP, Miami, FL, pg. 1481
DAVIESMOORE, Boise, ID, pg. 263
DAVIS & COMPANY, Virginia Beach, VA, pg. 263
DAVIS ELEN ADVERTISING, INC., Los Angeles, CA, pg. 264
DAVIS HARRISON DION, INC., Chicago, IL, pg. 265
THE DAY GROUP, Baton Rouge, LA, pg. 266
DCA/DCPR, Jackson, TN, pg. 266
DDB WORLDWIDE COMMUNICATIONS GROUP INC., New York, NY, pg. 268
DE LA GARZA PUBLIC RELATIONS, INC., Houston, TX, pg. 1482
DEANHOUSTON, INC., Cincinnati, OH, pg. 284
DEARDORFF ASSOCIATES, Philadelphia, PA, pg. 284
DEBOW COMMUNICATIONS, LTD., New York, NY, pg. 284
DECKER CREATIVE MARKETING, Glastonbury, CT, pg. 285
DELFINO MARKETING COMMUNICATIONS, INC., Valhalla, NY, pg. 287
DELIA ASSOCIATES, Whitehouse, NJ, pg. 287
DELLA FEMINA ADVERTISING, New York, NY, pg. 287
THE DELOR GROUP, Louisville, KY, pg. 288
DELUCA FRIGOLETTO ADVERTISING, INC., Honesdale, PA, pg. 288
DEMI & COOPER ADVERTISING, Elgin, IL, pg. 288
DENMARK ADVERTISING & PUBLIC RELATIONS, Atlanta, GA, pg. 288
DENNIS PR GROUP, West Hartford, CT, pg. 1483
DENTSU AEGIS, New York, NY, pg. 289
DENTSU AEGIS NETWORK AMERICAS, New York, NY, pg. 1318
DENTSU INC., Tokyo, pg. 289
DEPARTURE, San Diego, CA, pg. 291
DEPT AGENCY, Amsterdam, pg. 292
DESIGN REACTOR, INC., Santa Clara, CA, pg. 293
DEVELOPER MEDIA, Toronto, pg. 296
DEVELOPMENT COUNSELLORS INTERNATIONAL, LTD., New York, NY, pg. 296
DEVITO GROUP, New York, NY, pg. 296
THE DEVON GROUP, Red Bank, NJ, pg. 1483
DEWAR COMMUNICATIONS INC., Toronto, pg. 297
DGS MARKETING ENGINEERS, Fishers, IN, pg. 297
DHX ADVERTISING, INC., Portland, OR, pg. 298
DIADEIS, New York, NY, pg. 298
DIALOG DIRECT, Highland Park, MI, pg. 298
THE DIALOG MARKETING GROUP, Austin, TX, pg. 299
DICKS + NANTON AGENCY, LLC, Winter Park, FL, pg. 299
DICOM, INC., Saint Louis, MO, pg. 1318
DIETRICHDIRECT, LLC, Turner, ME, pg. 299
DIGENNARO COMMUNICATIONS, New York, NY, pg. 1485
DIGITAS, Boston, MA, pg. 1250
DIMASSIMO GOLDSTEIN, New York, NY, pg. 302
DIRCKS ASSOCIATES, Saint James, NY, pg. 303
DIRECT CHOICE, Wayne, PA, pg. 303
DIRECT EFFECT MEDIA SERVICES, Encinitas, CA, pg. 1318
DIRECT MARKETING CENTER, Torrance, CA, pg. 303
DIRECT MARKETING SOLUTIONS, Portland, OR, pg. 304
DIRECT WEB ADVERTISING, INC., Boynton Beach, FL, pg. 304
DIX & EATON, Cleveland, OH, pg. 308
DJ-LA LLC, Los Angeles, CA, pg. 309
DJD/GOLDEN ADVERTISING, INC., New York, NY, pg. 309
D.L. MEDIA INC., Nixa, MO, pg. 309
DMA UNITED, New York, NY, pg. 310
DMW WORLDWIDE LLC, Chesterbrook, PA, pg. 311
DNA SEATTLE, Seattle, WA, pg. 311
DO GOOD MARKETING, LLC, Ridgewood, NJ, pg. 312
DODGE ASSOCIATES, INC., Providence, RI, pg. 312
DOE-ANDERSON, Louisville, KY, pg. 312
DOGGETT ADVERTISING, Charlotte, NC, pg. 313
DOMUS INC., Philadelphia, PA, pg. 313
DONER, Southfield, MI, pg. 314
DONOVAN ADVERTISING & MARKETING SERVICES, Lititz, PA, pg. 315
DOOR NUMBER 3, Austin, TX, pg. 316
DOREMUS, New York, NY, pg. 316
DORN MARKETING, Geneva, IL, pg. 317
DOUBLE-TEAM BUSINESS PLANS, Santa Monica, CA, pg. 317
DOVETAIL, Saint Louis, MO, pg. 318
THE DOZIER COMPANY, Dallas, TX, pg. 318
DPR GROUP, INC., Frederick, MD, pg. 1488
DRAKE COOPER INC., Boise, ID, pg. 319
DREAMENTIA INC, Los Angeles, CA, pg. 320
DREAMWEAVER BRAND COMMUNICATIONS, Coconut Creek, FL, pg. 320
DRIVE BRAND STUDIO, North Conway, NH, pg. 320
DRIVE MOTORSPORTS INTERNATIONAL, Lake Oswego, OR, pg. 320
DROGA5, New York, NY, pg. 321
THE DRUCKER GROUP, Des Plaines, IL, pg. 322
DSC (DILEONARDO SIANO CASERTA) ADVERTISING, Philadelphia, PA, pg. 323
DUFFEY COMMUNICATIONS, INC., Atlanta, GA, pg. 1489
DUFFEY PETROSKY, Farmington Hills, MI, pg. 324
DUFFY & SHANLEY, INC., Providence, RI, pg. 324
DUNCAN CHANNON, San Francisco, CA, pg. 325
DUNCAN MCCALL, INC., Pensacola, FL, pg. 325
DUX PUBLIC RELATIONS, Canton, TX, pg. 1489
DWA, A MERKLE COMPANY, San Francisco, CA, pg. 1319
E/LA (EVERYTHINGLA), Los Angeles, CA, pg. 327
EAST BANK COMMUNICATIONS INC., Portland, OR, pg. 328
EAST COAST CATALYST, Boston, MA, pg. 328
EAST MEETS WEST PRODUCTIONS INC., Corpus Christi, TX, pg. 328
ECOMMERCE PARTNERS, New York, NY, pg. 1401
THE EDELMAN GROUP, New York, NY, pg. 331
EDELMAN PUBLIC RELATIONS, Houston, TX, pg. 1497
EDGE COMMUNICATIONS, INC., Los Angeles, CA, pg. 1497
EGGFIRST, Mumbai, pg. 333
THE EHRHARDT GROUP, New Orleans, LA, pg. 1498
EIC, New York, NY, pg. 1255
EISENBERG & ASSOCIATES, Fort Lauderdale, FL, pg. 333
EJW ASSOCIATES, INC., Alpharetta, GA, pg. 334
EL CREATIVE, INC., Dallas, TX, pg. 334
ELEVATE COMMUNICATIONS, Boston, MA, pg. 1499
ELEVATED THIRD, Denver, CO, pg. 335
ELEVATION, Washington, DC, pg. 336
ELEVEN INC., San Francisco, CA, pg. 336
ELEVENTH DAY ENTERTAINMENT INC., Mission Hills, CA, pg. 1401
ELLIANCE, Pittsburgh, PA, pg. 1255
EMAIL AGENCY, Boca Raton, FL, pg. 1255
EMG MARKETING, San Clemente, CA, pg. 339
EMI STRATEGIC MARKETING, INC., Boston, MA, pg. 1401
EMLEY DESIGN GROUP, Fort Wayne, IN, pg. 339
EMOTIVE BRAND, Oakland, CA, pg. 339
ENCODE, Jacksonville, FL, pg. 340
ENDEAVOR, LLC., Beverly Hills, CA, pg. 340
ENDEAVOUR MARKETING & MEDIA, LLC, Murfreesboro, TN, pg. 340
ENDICOTT & CO PR, Dallas, TX, pg. 1500
ENVISION DENNIS ROMANO, LLC, Ocean, NJ, pg. 342
ENVISIONIT MEDIA, Chicago, IL, pg. 342
EP+CO, Greenville, SC, pg. 343
EPICOSITY, Sioux Falls, SD, pg. 344
ER MARKETING, Kansas City, MO, pg. 346
ERIC MOWER + ASSOCIATES, Syracuse, NY, pg. 346
ERVIN & SMITH, Omaha, NE, pg. 348
ES ADVERTISING, Los Angeles, CA, pg. 348
ESROCK PARTNERS, Orland Park, IL, pg. 349
ESTEY-HOOVER INC. ADVERTISING-PUBLIC RELATIONS, NewPOrt Beach, CA, pg. 350
ESWSTORYLAB, Chicago, IL, pg. 350
ETARGETMEDIA.COM, INC., Coconut Creek, FL, pg. 350
ETCHED COMMUNICATION, Houston, TX, pg. 1501
ETHERCYCLE, Skokie, IL, pg. 1256
EVANS ALLIANCE ADVERTISING, Sparta, NJ, pg. 351
EVANS, HARDY & YOUNG INC., Santa Barbara, CA, pg. 352
EVENTIV (MARKETING, DESIGN & DISPLAY), Whitehouse, OH, pg. 353
EVERETT STUDIOS, Katonah, NY, pg. 353
EVINS COMMUNICATIONS, LTD., New York, NY, pg.

A-133

AGENCIES

SPECIAL MARKET INDEX

EVOK ADVERTISING, Heathrow, FL, pg. 353 1501
EVOKE IDEA GROUP, INC., Saint Charles, IL, pg. 354
EVOLVE, INC., Greenville, NC, pg. 354
EXCELER8, West Palm Beach, FL, pg. 355
EXPECT ADVERTISING, INC., Clifton, NJ, pg. 355
EXPLORE COMMUNICATIONS, Denver, CO, pg. 1321
FACTOR360 DESIGN + TECHNOLOGY, Pierre, SD, pg. 357
FAHLGREN MORTINE, Columbus, OH, pg. 358
FALK HARRISON, Saint Louis, MO, pg. 359
THE FALLS AGENCY, Minneapolis, MN, pg. 360
FANGOHR, LLC, Brooklyn, NY, pg. 361
THE FARM, New York, NY, pg. 362
FASONE & PARTNERS, Kansas City, MO, pg. 362
FATHOM COMMUNICATIONS, New York, NY, pg. 363
FAYE CLACK COMMUNICATIONS INC., Toronto, pg. 1503
FCB GLOBAL, New York, NY, pg. 363
FD2S, Austin, TX, pg. 376
FELDER COMMUNICATIONS GROUP, Grand Rapids, MI, pg. 377
FELLOW, Minneapolis, MN, pg. 377
FERGUSON ADVERTISING INC., Fort Wayne, IN, pg. 378
FETCHING COMMUNICATIONS, Tarpon Springs, FL, pg. 1504
FIELD DAY INC., Toronto, pg. 379
FINCH BRANDS, Philadelphia, PA, pg. 380
FIREFLY CREATIVE, INC., Atlanta, GA, pg. 383
FIRELIGHT GROUP, Madison, WI, pg. 1402
FIRST CLASS, INC., Chicago, IL, pg. 1321
FIRST EXPERIENCE COMMUNICATIONS, Glastonbury, CT, pg. 383
FIRST GENERATION, Allentown, PA, pg. 383
FIRST MEDIA GROUP INC., Syracuse, NY, pg. 384
FISLER COMMUNICATIONS, Newbury, MA, pg. 385
FISTER, Saint Louis, MO, pg. 385
FITZGERALD & CO, Atlanta, GA, pg. 386
FITZGERALD MEDIA, Atlanta, GA, pg. 1321
FIXATION MARKETING, Bethesda, MD, pg. 386
FKQ ADVERTISING + MARKETING, Clearwater, FL, pg. 386
FLEISHMANHILLARD INC., Saint Louis, MO, pg. 1506
FLEMING & COMPANY INC., NewPOrt, RI, pg. 387
FLETCHER MEDIA GROUP, Peterborough, NH, pg. 388
FLYING A, Pasadena, CA, pg. 1322
FLYING POINT DIGITAL, New York, NY, pg. 390
FLYWHEEL, New York, NY, pg. 390
FMB ADVERTISING, Knoxville, TN, pg. 390
FOODMIX MARKETING COMMUNICATIONS, Elmhurst, IL, pg. 391
FOREFRONT COMMUNICATIONS GROUP INC, Maplewood, NJ, pg. 1512
FORESIGHT GROUP, INC., Lansing, MI, pg. 392
FORGE SPONSORSHIP CONSULTING, LLC, San Anselmo, CA, pg. 1403
FORTYTWOEIGHTYNINE, Rockton, IL, pg. 393
FORZA MIGLIOZZI, LLC, Hollywood, CA, pg. 393
FOSTER MARKETING COMMUNICATIONS, Lafayette, LA, pg. 394
THE FRANK AGENCY INC, Overland Park, KS, pg. 395
FRASER COMMUNICATIONS, Los Angeles, CA, pg. 396
FREEBAIRN & CO., Atlanta, GA, pg. 397
FREEBAIRN & COMPANY PUBLIC RELATIONS, Atlanta, GA, pg. 1513
FREED ADVERTISING, Sugar Land, TX, pg. 397
FRENCH/BLITZER/SCOTT LLC, New York, NY, pg. 398
FRENCH/WEST/VAUGHAN, INC., Raleigh, NC, pg. 398
FRONTLINE ADVERTISING, INC., Rochester, NY, pg. 400
FSC MARKETING + DIGITAL, Pittsburgh, PA, pg. 400
FULL CONTACT ADVERTISING, Boston, MA, pg. 402
FURIA RUBEL COMMUNICATIONS, Doylestown, PA, pg. 1515
FUSION IDEA LAB, Chicago, IL, pg. 404
FVM STRATEGIC COMMUNICATIONS, Plymouth Meeting, PA, pg. 406
G&G ADVERTISING, INC., Billings, MT, pg. 406
G&S BUSINESS COMMUNICATIONS, New York, NY, pg. 406
THE G3 GROUP, Linthicum, MD, pg. 407
GABRIEL DEGROOD BENDT, MinneaPOlis, MN, pg. 407
GAGE, Minneapolis, MN, pg. 1403
GAMS COMMUNICATIONS, Chicago, IL, pg. 409
GARRANDPARTNERS, Portland, ME, pg. 410
GARRISON ADVERTISING, Baton Rouge, LA, pg. 410
GARZA CREATIVE GROUP, Dallas, TX, pg. 411
GASQUE ADVERTISING, INC., West Columbia, SC, pg. 411
THE GATE WORLDWIDE NEW YORK, New York, NY, pg. 411
GATESMAN, Pittsburgh, PA, pg. 412
GCG MARKETING, Fort Worth, TX, pg. 413
THE GEARY COMPANY, Las Vegas, NV, pg. 413
GEILE LEON MARKETING COMMUNICATIONS, Saint Louis, MO, pg. 414
GEM GROUP, Eden Prairie, MN, pg. 1403
GENERATOR MEDIA + ANALYTICS, New York, NY, pg. 414
GENUINE INTERACTIVE, Boston, MA, pg. 414
GEOFFREY CARLSON GAGE, LLC, Wayzata, MN, pg. 415
GHG, New York, NY, pg. 417
GIAMBRONE + PARTNERS, Cincinnati, OH, pg. 418
GIGANTE VAZ PARTNERS ADVERTISING, INC., New York, NY, pg. 419
GILBREATH COMMUNICATIONS, INC., Houston, TX, pg. 420
GINESTRA WATSON, Rockford, IL, pg. 420
THE GLENN GROUP, Reno, NV, pg. 421
GLIMMER, INC., Naperville, IL, pg. 422
GLOBAL-5, INC., Longwood, FL, pg. 1518
GLOBAL REACH ADVERTISING, Seattle, WA, pg. 423
GLYPHIX ADVERTISING, West Hills, CA, pg. 424
GMR MARKETING LLC, New Berlin, WI, pg. 1403
GOCONVERGENCE, Orlando, FL, pg. 426
GODA ADVERTISING, Inverness, IL, pg. 426
GODFREY ADVERTISING, Lancaster, PA, pg. 426
GOLIN, Chicago, IL, pg. 1519
GOOD ADVERTISING, INC., Memphis, TN, pg. 428
THE GOODNESS COMPANY, Wisconsin Rapids, WI, pg. 429
THE GOSS AGENCY INC., Asheville, NC, pg. 430
GRADY BRITTON, Portland, OR, pg. 430
GRAGG ADVERTISING, Kansas City, MO, pg. 431
GRAHAM MEDIA PARTNERS, Wayne, PA, pg. 431
GRAHAM OLESON, Colorado Springs, CO, pg. 432
GRANT MARKETING, Boston, MA, pg. 432
GRAY LOON MARKETING GROUP, INC., Evansville, IN, pg. 433
GRAY MATTER AGENCY INC., Hingham, MA, pg. 434
GREATER THAN ONE, New York, NY, pg. 434
GREENMARK PUBLIC RELATIONS, Mundelein, IL, pg. 436
GREENSTREET MARKETING, Battle Creek, MI, pg. 436
GREENTARGET STRATEGIC COMMUNICATIONS, Chicago, IL, pg. 436
GREGORY FCA, Ardmore, PA, pg. 1524
GRETEMAN GROUP, Wichita, KS, pg. 437
GREY CANADA, Toronto, pg. 437
GREY NEW YORK, New York, NY, pg. 438
GRIFF/SMC, INC. MEDICAL MARKETING COMMUNICATIONS, Boulder, CO, pg. 449
GRIFFIN WINK ADVERTISING, Lubbock, TX, pg. 450
GROUP 5 WEST, INC., Little Rock, AR, pg. 451
GROUP46, Bluffton, SC, pg. 452
GRW ADVERTISING, New York, NY, pg. 453
GS&F, Nashville, TN, pg. 453
GSS COMMUNICATIONS, INC., Los Angeles, CA, pg. 454
GSW WORLDWIDE, Westerville, OH, pg. 454
GUD MARKETING, Lansing, MI, pg. 455
GUMAS ADVERTISING, San Francisco, CA, pg. 455
GUNDERSON DIRECT INC, Hayward, CA, pg. 456
THE GUNTER AGENCY, New Glarus, WI, pg. 456
GWP, INC., Montclair, NJ, pg. 456
GYK ANTLER, Manchester, NH, pg. 457
GYRO CINCINNATI, Cincinnati, OH, pg. 458
GYRO DENVER, Denver, CO, pg. 459
HAGGERTY & ASSOCIATES, Woburn, MA, pg. 460
HAGOPIAN INK, New York, NY, pg. 1259
HAKUHODO INCORPORATED, Tokyo, pg. 461
THE HALO GROUP, New York, NY, pg. 464
HAMELIN MARTINEAU INC., Montreal, pg. 464
HAMILTON & BOND ADVERTISING INC., Montgomery, IL, pg. 464
HANCOCK ADVERTISING AGENCY, Nacogdoches, TX, pg. 465
HANNA & ASSOCIATES INC., Coeur D'Alene, ID, pg. 465
HANSER & ASSOCIATES PUBLIC RELATIONS, West Des Moines, IA, pg. 1526
HANSON WATSON ASSOCIATES, Moline, IL, pg. 466
HAP MARKETING SERVICES, INC., Eatontown, NJ, pg. 466
HARBURGER/SCOTT ADVERTISING, Newburgh, NY, pg. 467
HARMELIN MEDIA, Bala Cynwyd, PA, pg. 1324
HAROLD WARNER ADVERTISING, INC., Buffalo, NY, pg. 468
HARRIMAN CREATIVE, INC, Portland, OR, pg. 468
HARRIS, BAIO & MCCULLOUGH INC., Philadelphia, PA, pg. 469
HART, Columbus, OH, pg. 469
THE HART AGENCY, INC., Kansas City, KS, pg. 470
HATFIELD MEDIA, Louisville, KY, pg. 472
HAVAS MEDIA, New York, NY, pg. 1324
HAVAS PR, New York, NY, pg. 1528
HAVAS WORLDWIDE, New York, NY, pg. 475
HAWORTH MARKETING + MEDIA, Minneapolis, MN, pg. 1328
HAWTHORNE DIRECT INC., Fairfield, IA, pg. 489
HAYNES MARKETING NETWORK, INC., Macon, GA, pg. 489
HCB HEALTH, Austin, TX, pg. 490
HCK2 PARTNERS, Addison, TX, pg. 490
HDM/ZOOMEDIA, Chicago, IL, pg. 491
HEILBRICE, Newport Beach, CA, pg. 493
HEINZEROTH MARKETING GROUP, Rockford, IL, pg. 493
THE HENDERSON ROBB GROUP, Toronto, pg. 495
HENKE & ASSOCIATES, INC., Cedarburg, WI, pg. 496
HENRY & GERMANN PUBLIC AFFAIRS LLC, Yardley, PA, pg. 1529
HERCKY PASQUA HERMAN, INC., Roselle Park, NJ, pg. 496
HERMAN & ALMONTE PUBLIC RELATIONS, LLC, New York, NY, pg. 1529
HERMAN ASSOCIATES, INC., New York, NY, pg. 497
HERMANOFF PUBLIC RELATIONS, Bingham Farms, MI, pg. 1530
HERO DIGITAL, San Francisco, CA, pg. 1260
HFB ADVERTISING, INC., West Islip, NY, pg. 498
HI-GLOSS, Miami Beach, FL, pg. 498
HIEBING, Madison, WI, pg. 498
HILL HOLLIDAY, Boston, MA, pg. 500
HILL HOLLIDAY/NEW YORK, New York, NY, pg. 501
HINDSIGHT MANAGEMENT INC., Birmingham, AL, pg. 501
HIRONS & COMPANY, Indianapolis, IN, pg. 502
HITCHCOCK FLEMING & ASSOCIATES, INC., Akron, OH, pg. 502
HIVEMIND MARKETING INC., San Jose, CA, pg. 1260
HMH, Portland, OR, pg. 504
HODGES ASSOCIATES, INC., Fayetteville, NC, pg. 505
HODGES PARTNERSHIP, Richmond, VA, pg. 1535
HOFF COMMUNICATIONS, Lansdowne, PA, pg. 505
THE HOFFMAN AGENCY, San Jose, CA, pg. 1535
HOFFMAN AND PARTNERS, Braintree, MA, pg. 505
HOFFMAN YORK, Milwaukee, WI, pg. 506
HOLLAND ADVERTISING:INTERACTIVE, Cincinnati, OH, pg. 506
HOLTON SENTIVAN AND GURY, Ambler, PA, pg. 507
HOPE-BECKHAM, INC., Atlanta, GA, pg. 508
THE HORAH GROUP, Pleasantville, NY, pg. 508
HORIZON MEDIA, INC., New York, NY, pg. 1329
HORN GROUP INC., New York, NY, pg. 508
HORNALL ANDERSON, Seattle, WA, pg. 509
HOT DISH ADVERTISING, Minneapolis, MN, pg. 509
HOWARD MILLER ASSOCIATES, INC., Lancaster, PA, pg. 510
HOWELL, LIBERATORE & ASSOCIATES, INC., Elmira, NY, pg. 510
HOWERTON+WHITE, Wichita, KS, pg. 510
HUDSON MEDIA SERVICES LLC, West Orange, NJ, pg. 1330
HUDSONYARDS, New York, NY, pg. 511
HUEMOR DESIGNS, Farmingdale, NY, pg. 1261
HUGE LLC, Brooklyn, NY, pg. 512
HUGHESLEAHYKARLOVIC, Saint Louis, MO, pg. 513
HULT MARKETING, Peoria, IL, pg. 513
HUNT ADKINS, Minneapolis, MN, pg. 514
HYC/MERGE, Chicago, IL, pg. 515
HYDROGEN ADVERTISING, Seattle, WA, pg. 515
THE I AM GROUP, INC., Hernando, FL, pg. 517
ICE FACTOR, Carpentersville, IL, pg. 1405
ICROSSING NEW YORK, New York, NY, pg. 1261
THE IDEA FACTORY, New York, NY, pg. 520
IDEASCAPE, INC., Stoneham, MA, pg. 521
IDFIVE, Baltimore, MD, pg. 522
IGM CREATIVE GROUP, Lincoln Park, NJ, pg. 1405
IGNITE COMMUNICATIONS, Duluth, GA, pg. 522
IGNITE DIGITAL, Mississauga, pg. 1263
IGNITED, El Segundo, CA, pg. 523
ILAN GEVA & FRIENDS, Northbrook, IL, pg. 523
IMA INTERACTIVE, El Granada, CA, pg. 1264
IMAGERY CREATIVE, Miami, FL, pg. 525

SPECIAL MARKET INDEX — AGENCIES

IMAGINASIUM INC., Green Bay, WI, pg. 525
IMPRESSIONS-A.B.A. INDUSTRIES, INC., Mineola, NY, pg. 528
THE IN-HOUSE AGENCY, INC., Morristown, NJ, pg. 529
INFERNO, Memphis, TN, pg. 530
INFINITEE COMMUNICATIONS, INC., Atlanta, GA, pg. 531
INFOGROUP INC., Omaha, NE, pg. 1222
INFORM, INC., Hickory, NC, pg. 532
INFORMATION ANALYTICS, INC., Lincoln, NE, pg. 532
INNERSPIN MARKETING, Los Angeles, CA, pg. 533
INNIS MAGGIORE GROUP, INC., Canton, OH, pg. 533
INQUEST MARKETING, Kansas City, MO, pg. 534
INSPIRE CREATIVE STUDIOS, Wilmington, NC, pg. 535
THE INTEGER GROUP - DENVER, Lakewood, CO, pg. 1406
THE INTEGER GROUP, LLC, Lakewood, CO, pg. 536
THE INTEGER GROUP-MIDWEST, Des Moines, IA, pg. 1406
INTEGRATED MARKETING SERVICES, Princeton, NJ, pg. 536
INTERACTIVEWEST, Denver, CO, pg. 1264
INTERLEX COMMUNICATIONS INC., San Antonio, TX, pg. 538
INTERMARK GROUP, INC., Birmingham, AL, pg. 539
INTERNETWEBBUILDERS.COM, Rocklin, CA, pg. 1335
INTERTREND COMMUNICATIONS, INC., Long Beach, CA, pg. 544
INTRIGUE, Melville, NY, pg. 545
INVERSE MARKETING, Chicago, IL, pg. 546
IONIC MEDIA, Woodland Hills, CA, pg. 546
ISA ADVERTISING, New York, NY, pg. 548
THE IVY GROUP, LTD., Charlottesville, VA, pg. 551
J. GREG SMITH, INC., Omaha, NE, pg. 552
J. WALTER THOMPSON ATLANTA, Atlanta, GA, pg. 564
J. WALTER THOMPSON INSIDE, Los Angeles, CA, pg. 565
JACK MORTON WORLDWIDE, Boston, MA, pg. 567
JACK NADEL INTERNATIONAL, Westport, CT, pg. 1407
JACOBS & CLEVENGER, INC., Chicago, IL, pg. 569
JACOBSON ROST, Milwaukee, WI, pg. 570
JAJO, INC., Wichita, KS, pg. 570
JAMES & THOMAS, INC., Saint Charles, IL, pg. 571
JAMES ROSS ADVERTISING, Pompano Beach, FL, pg. 571
JAN KELLEY MARKETING, Burlington, pg. 571
JAVELIN MARKETING GROUP, Irving, TX, pg. 572
JEFFREY ALEC COMMUNICATIONS, Los Angeles, CA, pg. 574
JETSTREAM PUBLIC RELATIONS, Dallas, TX, pg. 575
J.F. MILLS & WORLDWIDE, Denver, CO, pg. 1548
JJR MARKETING, INC, Naperville, IL, pg. 1548
JLM PARTNERS, Seattle, WA, pg. 577
THE JOEY COMPANY, Brooklyn, NY, pg. 578
JOHNSON DESIGN GROUP, Ada, MI, pg. 580
JOHNSON MARKETING GROUP INC., Orland Park, IL, pg. 580
JOHNSONRAUHOFF, Saint Joseph, MI, pg. 581
THE JONES AGENCY, Palm Springs, CA, pg. 581
JONES & THOMAS, INC., Decatur, IL, pg. 581
JONES FOSTER DEAL ADVERTISING & PUBLIC RELATIONS, INC., Tampa, FL, pg. 582
JONES HUYETT PARTNERS, Topeka, KS, pg. 582
JORDAN ASSOCIATES, Oklahoma City, OK, pg. 582
THE JRT AGENCY, Farmington Hills, MI, pg. 583
JSML MEDIA, LLC, Maple Grove, MN, pg. 1336
JSTOKES AGENCY, Walnut Creek, CA, pg. 584
J.T. MEGA FOOD MARKETING COMMUNICATIONS, Minneapolis, MN, pg. 584
JVS MARKETING LLC, Jupiter, FL, pg. 585
J.W. MORTON & ASSOCIATES, Cedar Rapids, IA, pg. 586
K2 COMMUNICATIONS, Southampton, PA, pg. 586
K2 KRUPP KOMMUNICATIONS, INC, New York, NY, pg. 1550
KARL JAMES & COMPANY, Chicago, IL, pg. 1551
KARLIN+PIMSLER, New York, NY, pg. 587
KEATING & CO., Florham Park, NJ, pg. 1553
KEATING MAGEE MARKETING COMMUNICATIONS, Metairie, LA, pg. 589
KEEN BRANDING, Milton, DE, pg. 589
KEITH BATES & ASSOCIATES, INC., Chicago, IL, pg. 590
KELLEY HABIB JOHN, Boston, MA, pg. 591
KELLY SCOTT MADISON, Chicago, IL, pg. 1336
KEN SLAUF & ASSOCIATES, INC., Lombard, IL, pg. 592
KEO MARKETING INC, Phoenix, AZ, pg. 1554
KETCHUM, New York, NY, pg. 1554
KEYAD, LLC, San Antonio, TX, pg. 593

KHEMISTRY, London, pg. 594
KILLIAN BRANDING, Chicago, IL, pg. 595
KINDLING MEDIA, LLC, Hollywood, CA, pg. 595
KINZIEGREEN MARKETING GROUP, Wausau, WI, pg. 596
KITEROCKET, Phoenix, AZ, pg. 597
KLEBER & ASSOCIATES MARKETING & COMMUNICATIONS, Atlanta, GA, pg. 598
KLEIDON & ASSOCIATES, Akron, OH, pg. 598
KOCHAN & COMPANY MARKETING COMMUNICATIONS, Saint Louis, MO, pg. 600
KOOPMAN OSTBO, Portland, OR, pg. 601
KOROBERI, Durham, NC, pg. 1267
KOVEL/FULLER, Culver City, CA, pg. 601
KPI AGENCY, San Diego, CA, pg. 601
KRACOE SZYKULA & TOWNSEND INC., Troy, MI, pg. 602
KRT MARKETING, Lafayette, CA, pg. 603
KTK DESIGN, Chicago, IL, pg. 603
KUNDELL COMMUNICATIONS, New York, NY, pg. 1561
KURMAN COMMUNICATIONS, INC., Chicago, IL, pg. 1561
KW2, Madison, WI, pg. 604
KWE PARTNERS, INC., Miami, FL, pg. 1561
KWORQ, New York, NY, pg. 604
KWT GLOBAL, New York, NY, pg. 604
KZSW ADVERTISING, Setauket, NY, pg. 605
L7 CREATIVE, Carlsbad, CA, pg. 606
LA AGENCIA DE ORCI & ASOCIADOS, Santa Monica, CA, pg. 606
LABOV ADVERTISING, MARKETING AND TRAINING, Fort Wayne, IN, pg. 606
LAKE GROUP MEDIA, INC., Armonk, NY, pg. 607
LANDIS COMMUNICATIONS INC., San Francisco, CA, pg. 1563
LANETERRALEVER, Phoenix, AZ, pg. 610
LANMARK360, West Long Branch, NJ, pg. 610
LARSON O'BRIEN MARKETING GROUP, Bethel Park, PA, pg. 611
LATCHA+ASSOCIATES, Farmington Hills, MI, pg. 611
LATITUDE, Dallas, TX, pg. 1408
LATORRA, PAUL & MCCANN, Syracuse, NY, pg. 613
LAUGHLIN/CONSTABLE, INC., Milwaukee, WI, pg. 613
LAWRENCE & SCHILLER, INC., Sioux Falls, SD, pg. 616
L.C. WILLIAMS & ASSOCIATES, LLC, Chicago, IL, pg. 1564
LEAD ME MEDIA, Deerfield Beach, FL, pg. 617
THE LEDLIE GROUP, Atlanta, GA, pg. 1565
LEE & ASSOCIATES, INC., Canoga Park, CA, pg. 1565
LEGEND INC., Marblehead, MA, pg. 619
LEO BURNETT BUSINESS, New York, NY, pg. 620
LEO BURNETT COMPANY LTD., Toronto, pg. 620
LEO BURNETT WORLDWIDE, INC., Chicago, IL, pg. 621
LEO J. BRENNAN, INC., Fenton, MI, pg. 632
LEOPARD, Denver, CO, pg. 632
LESSING-FLYNN ADVERTISING CO., Des Moines, IA, pg. 633
LEVERAGE MARKETING GROUP, Newtown, CT, pg. 634
LEVLANE ADVERTISING/PR/INTERACTIVE, Philadelphia, PA, pg. 635
LEVO HEALTH, Tampa, FL, pg. 635
LEVY INDUSTRIAL, Pittsburgh, PA, pg. 635
LEWIS ADVERTISING, INC., Rocky Mount, NC, pg. 635
LEWIS COMMUNICATIONS, Birmingham, AL, pg. 636
LEXICON COMMUNICATIONS CORP., Pasadena, CA, pg. 1567
LINETT & HARRISON, Montville, NJ, pg. 641
THE LINICK GROUP, INC., Middle Island, NY, pg. 641
LINX COMMUNICATIONS CORP., Smithtown, NY, pg. 642
LIQUID ADVERTISING, El Segundo, CA, pg. 644
LITOS STRATEGIC COMMUNICATION, S Dartmouth, MA, pg. 645
LITTLE & COMPANY, Minneapolis, MN, pg. 645
LITTLE DOG AGENCY INC., Mount Pleasant, SC, pg. 645
LITTLE L COMMUNICATIONS, Geneva, OH, pg. 646
LITTLEFIELD AGENCY, Tulsa, OK, pg. 646
LIVING PROOF CREATIVE, Austin, TX, pg. 646
LJF ASSOCIATES, INC., The Woodlands, TX, pg. 647
LKH&S, Chicago, IL, pg. 647
LOCATION3 MEDIA, INC., Denver, CO, pg. 649
LODICO & COMPANY, Carlisle, MA, pg. 650
LOHRE & ASSOCIATES, INCORPORATED, Cincinnati, OH, pg. 650
LOIS PAUL & PARTNERS, Boston, MA, pg. 1569
LOONEY ADVERTISING AND DESIGN, Montclair, NJ, pg. 651
LOPEZ NEGRETE COMMUNICATIONS, INC., Houston, TX, pg. 651

LOUDMAC CREATIVE, Tarpon Springs, FL, pg. 1571
LOYALME, New York, NY, pg. 1269
LP&G MARKETING, Tucson, AZ, pg. 654
LPNY LTD., New York, NY, pg. 655
LUBICOM MARKETING CONSULTING, Brooklyn, NY, pg. 655
LUCKIE & COMPANY, Birmingham, AL, pg. 655
LUNDMARK ADVERTISING + DESIGN INC., Kansas City, MO, pg. 657
LUQUIRE GEORGE ANDREWS, INC., Charlotte, NC, pg. 657
LYERLY AGENCY INC., Belmont, NC, pg. 658
LYONS CONSULTING GROUP, LLC, Chicago, IL, pg. 1269
M/K ADVERTISING PARTNERS, LTD., New York, NY, pg. 664
M. SILVER/A DIVISION OF FINN PARTNERS, New York, NY, pg. 1573
M5 NEW HAMPSHIRE, Manchester, NH, pg. 665
MACDOUGALL BIOMEDICAL COMMUNICATIONS, INC., Wellesley, MA, pg. 666
MAD 4 MARKETING, Fort Lauderdale, FL, pg. 667
MADDOCK DOUGLAS, INC., Elmhurst, IL, pg. 668
MADEO, Brooklyn, NY, pg. 1269
MADETOORDER, Pleasanton, CA, pg. 1409
MAGNANI, Chicago, IL, pg. 670
MAGNANI CARUSO DUTTON, New York, NY, pg. 670
MAIER ADVERTISING, INC., Farmington, CT, pg. 672
MAIN IDEAS, Brandon, SD, pg. 672
MAJESTYK APPS, New York, NY, pg. 672
MAKIARIS MEDIA SERVICES, Middletown, CT, pg. 673
MAKOVSKY INTEGRATED COMMUNICATIONS, New York, NY, pg. 1574
MANGAN HOLCOMB PARTNERS, Little Rock, AR, pg. 674
MANGOS, Conshohocken, PA, pg. 674
MANTERA ADVERTISING, Bakersfield, CA, pg. 675
MANTRA PUBLIC RELATIONS, INC., New York, NY, pg. 1575
MANZER COMMUNICATIONS, Austin, TX, pg. 676
MARC GENDRON PR, Wellesley Hills, MA, pg. 1575
MARC USA, Pittsburgh, PA, pg. 676
MARC USA BOSTON, Stoneham, MA, pg. 677
MARC USA CHICAGO, Chicago, IL, pg. 677
MARCA MIAMI, Coconut Grove, FL, pg. 677
THE MARCUS GROUP, INC., Fairfield, NJ, pg. 678
MARCUS THOMAS LLC, Cleveland, OH, pg. 679
MARDEN-KANE, INC., Syosset, NY, pg. 1409
MARDIKS PUBLIC RELATIONS, Brooklyn, NY, pg. 1575
THE MAREK GROUP, Bloomington, MN, pg. 679
MARICICH BRAND COMMUNICATIONS, Irvine, CA, pg. 679
MARINELLI & COMPANY, New York, NY, pg. 679
MARKEN COMMUNICATIONS INC., Santa Clara, CA, pg. 680
MARKET FORCE, INC., Raleigh, NC, pg. 681
MARKETING ALTERNATIVES, INC., Deer Park, IL, pg. 681
MARKETING & ADVERTISING BUSINESS UNLIMITED, INC., Bismarck, ND, pg. 681
MARKETING DIRECTIONS, INC., Cleveland, OH, pg. 683
MARKETING OPTIONS, LLC, Dayton, OH, pg. 684
MARKETING PERFORMANCE GROUP, Boca Raton, FL, pg. 1340
MARKETING REFRESH, Houston, TX, pg. 1270
MARKETING VISIONS, INC., Tarrytown, NY, pg. 1410
MARKETING WERKS, INC., Chicago, IL, pg. 1411
THE MARKETING WORKS, Ottawa, pg. 684
MARKETSTAR CORPORATION, Ogden, UT, pg. 685
THE MARLIN NETWORK, INC., Springfield, MO, pg. 685
MARRINER MARKETING COMMUNICATIONS, INC., Columbia, MD, pg. 686
MARSDEN MARKETING, Atlanta, GA, pg. 686
MARSTON WEBB INTERNATIONAL, New York, NY, pg. 687
THE MARTIN AGENCY, Richmond, VA, pg. 687
MARTIN THOMAS INTERNATIONAL, Sterling, VA, pg. 688
MARTIN WILLIAMS ADVERTISING INC., Minneapolis, MN, pg. 688
MARTINO FLYNN LLC, Pittsford, NY, pg. 689
THE MARX GROUP, San Rafael, CA, pg. 689
MASCOLA ADVERTISING, New Haven, CT, pg. 690
MASLOW LUMIA BARTORILLO ADVERTISING, Wilkes Barre, PA, pg. 690
MASON, INC., Bethany, CT, pg. 691
MASON MARKETING, INC, Penfield, NY, pg. 691
MASONBARONET, Dallas, TX, pg. 691

AGENCIES

SPECIAL MARKET INDEX

MASTERMIND MARKETING, Atlanta, GA, pg. 1411
MATTHEW JAMES CREATIVE, INC., Pittsburgh, PA, pg. 694
MATTS & DAVIDSON INC., Rye Brook, NY, pg. 694
MAXAUDIENCE, Carlsbad, CA, pg. 695
MAXIMUM EXPOSURE PUBLIC RELATIONS & MEDIA, Woodcliff Lake, NJ, pg. 1578
MAXWELL & MILLER MARKETING COMMUNICATIONS, Kalamazoo, MI, pg. 695
MAYCREATE, Chattanooga, TN, pg. 696
MAYOSEITZ MEDIA, Blue Bell, PA, pg. 1340
MCC, Dallas, TX, pg. 697
MCCABE DUVAL + ASSOCIATES, Harpswell, ME, pg. 697
MCCANN MINNEAPOLIS, Minneapolis, MN, pg. 713
MCCANN VANCOUVER, Vancouver, pg. 714
MCDANIELS MARKETING COMMUNICATIONS, Pekin, IL, pg. 715
MCFRANK & WILLIAMS ADVERTISING AGENCY, INC., New York, NY, pg. 716
MCGILL BUCKLEY, Ottawa, pg. 718
MCKEE WALLWORK & COMPANY, Albuquerque, NM, pg. 718
MCKIM, Winnipeg, pg. 719
MCKINNEY, Durham, NC, pg. 719
MCNEIL, GRAY & RICE, Boston, MA, pg. 1580
MDB COMMUNICATIONS, INC., Washington, DC, pg. 720
MEDIA BUYING SERVICES, INC., Phoenix, AZ, pg. 1341
MEDIA II, INC., Northfield, OH, pg. 726
THE MEDIA KITCHEN, New York, NY, pg. 1342
MEDIA LOGIC, Albany, NY, pg. 726
MEDIA RELATIONS, INC., Burnsville, MN, pg. 1581
MEDIA RESPONSE, INC., Hollywood, FL, pg. 727
MEDIA SOLUTIONS, Sacramento, CA, pg. 1343
MEDIA STORM LLC, South Norwalk, CT, pg. 1343
MEDIA TWO INTERACTIVE, Raleigh, NC, pg. 727
MEDIA WORKS, LTD., Baltimore, MD, pg. 1344
MEDIASMITH, San Francisco, CA, pg. 1350
MEDIASSOCIATES, INC., Sandy Hook, CT, pg. 1351
MEDTHINK COMMUNICATIONS, Cary, NC, pg. 729
THE MERIDIAN GROUP, Virginia Beach, VA, pg. 731
MESH INTERACTIVE AGENCY, Boston, MA, pg. 734
METHOD ENGINE, LLC, Chicago, IL, pg. 1271
METHOD INC., San Francisco, CA, pg. 735
METRO PUBLIC RELATIONS, Los Angeles, CA, pg. 1583
MEYERS + PARTNERS, Chicago, IL, pg. 736
THE MEYOCKS GROUP, West Des Moines, IA, pg. 736
MGH, INC., Owings Mills, MD, pg. 736
MGM GOLD COMMUNICATIONS, New York, NY, pg. 737
THE MICHAEL ALAN GROUP, New York, NY, pg. 737
MICHAEL J. LONDON & ASSOCIATES, Trumbull, CT, pg. 1583
MICHAEL WALTERS ADVERTISING, Chicago, IL, pg. 738
MICSTURA, Miami, FL, pg. 739
MILLENNIUM AGENCY, Manchester, NH, pg. 740
MILLWARD BROWN DIGITAL, New York, NY, pg. 1272
MILLWARD BROWN INC., Lisle, IL, pg. 742
MINDFRAME, INC., Saint Paul, MN, pg. 745
MINDSHARE PR, Los Altos, CA, pg. 1584
MINDSTORM COMMUNICATIONS GROUP, INC., Charlotte, NC, pg. 745
MINTZ & HOKE COMMUNICATIONS GROUP, Avon, CT, pg. 746
MIRABAL & ASSOCIATES, Mayaguez, PR, pg. 747
MITCHELL, LINDBERG & TAYLOR, INC., Tucker, GA, pg. 748
MITHOFF BURTON PARTNERS, El Paso, TX, pg. 748
THE MIXX, New York, NY, pg. 748
MKTG, INC., New York, NY, pg. 1412
MKTWORKS, INC., Cold Spring, NY, pg. 749
MLT CREATIVE, Tucker, GA, pg. 749
MMB, Boston, MA, pg. 750
MOB MEDIA, Foothill Rnch, CA, pg. 751
MOBIUM INTEGRATED BRANDING, Chicago, IL, pg. 752
MODCO MEDIA, New York, NY, pg. 753
MODERN BRAND COMPANY, Birmingham, AL, pg. 753
MOMENTUM WORLDWIDE, New York, NY, pg. 754
MONTNER TECH PR, Westport, CT, pg. 1585
MORE MEDIA GROUP, Redondo Beach, CA, pg. 757
MORGAN + COMPANY, New Orleans, LA, pg. 758
MORGAN & MYERS, INC., Waukesha, WI, pg. 758
MORRIS & CASALE INC., Woodstock, GA, pg. 760
THE MORRISON AGENCY, Atlanta, GA, pg. 760
MORTAR ADVERTISING, San Francisco, CA, pg. 761
MORTON ADVERTISING INC., Edison, NJ, pg. 761
MOTIVATE, INC., San Diego, CA, pg. 763
MOTUM B2B, Toronto, pg. 764
MOVEO, Chicago, IL, pg. 764
MOXIE, Atlanta, GA, pg. 1274

MOXIE SOZO, Boulder, CO, pg. 765
MOZAIC MEDIA + COMMUNICATIONS, Los Angeles, CA, pg. 765
MP AGENCY, LLC, Scottsdale, AZ, pg. 766
MPRM PUBLIC RELATIONS, Los Angeles, CA, pg. 1586
M.R. DANIELSON ADVERTISING LLC, Saint Paul, MN, pg. 766
MRB PUBLIC RELATIONS, Freehold, NJ, pg. 1586
MRM MCCANN, New York, NY, pg. 766
MRM PRINCETON, Princeton, NJ, pg. 768
MRW COMMUNICATIONS LLC, Pembroke, MA, pg. 769
MSI, Chicago, IL, pg. 769
MSR COMMUNICATIONS, San Francisco, CA, pg. 1589
MULLENLOWE GROUP, Boston, MA, pg. 770
MULLIN/ASHLEY ASSOCIATES, INC., Chestertown, MD, pg. 778
MUSE COMMUNICATIONS, Santa Monica, CA, pg. 780
MVC, Ventura, CA, pg. 780
MVP COLLABORATIVE, Madison Heights, MI, pg. 781
MWH ADVERTISING, INC., Miami, FL, pg. 781
THE MX GROUP, Burr Ridge, IL, pg. 781
MYERSBIZNET, INC., New York, NY, pg. 782
NAARTJIE MULTIMEDIA, Columbus, GA, pg. 783
NAIL COMMUNICATIONS, Providence, RI, pg. 783
NATCOM MARKETING, Miami, FL, pg. 785
NAVAJO COMPANY, Milpitas, CA, pg. 786
NAVEO, Menomonee Falls, WI, pg. 786
NAVIGANT MARKETING / KSR, Miami, FL, pg. 786
NEA, Montpellier, pg. 1275
NEATHAWK DUBUQUE & PACKETT, Richmond, VA, pg. 787
NEFF + ASSOCIATES, INC., Philadelphia, PA, pg. 788
NEHMEN-KODNER, Saint Louis, MO, pg. 788
NELSON ADVERTISING SOLUTIONS, Sonoma, CA, pg. 1224
NELSON & GILMORE, Redondo Beach, CA, pg. 788
NELSON SCHMIDT, Milwaukee, WI, pg. 788
NEO\@OGILVY LOS ANGELES, Playa Vista, CA, pg. 789
NETPLUS MARKETING, INC., Philadelphia, PA, pg. 790
NEURON SYNDICATE, Santa Monica, CA, pg. 790
NEW & IMPROVED MEDIA, El Segundo, CA, pg. 1353
NEW RIVER COMMUNICATIONS, INC., Fort Lauderdale, FL, pg. 791
NEWKIRK COMMUNICATIONS, INC., Philadelphia, PA, pg. 792
NEWMAN GRACE INC., Woodland Hills, CA, pg. 792
NEWMARK ADVERTISING, INC., Woodland Hls, CA, pg. 793
NEWSMARK PUBLIC RELATIONS INC., Boca Raton, FL, pg. 1595
NEWTON ASSOCIATES MARKETING COMMUNICATIONS, INC., Plymouth Meeting, PA, pg. 793
NEWTON MEDIA, Chesapeake, VA, pg. 1354
NEXTMEDIA INC., Dallas, TX, pg. 1354
NIMBLE WORLDWIDE, Dallas, TX, pg. 794
THE NISSEN GROUP, Winter Haven, FL, pg. 795
NOBLE, Springfield, MO, pg. 795
NOBLE PACIFIC SEA TO SEA, INC., Monroe, WA, pg. 796
NOBLE STUDIOS, Las Vegas, NV, pg. 1276
NOISE, INC., Sanibel, FL, pg. 796
NORBELLA INC., Boston, MA, pg. 1354
NORTH STAR MARKETING, Lancaster, PA, pg. 798
NORTHEASTERN MEDIA, Doylestown, OH, pg. 1413
NOSTRUM INC., Long Beach, CA, pg. 800
NOVA CREATIVE GROUP, INC., Dayton, OH, pg. 801
NPJ ADVERTISING & PUBLIC RELATIONS, INC., Washington, DC, pg. 802
NRC REALTY CAPITAL ADVISORS, Chicago, IL, pg. 1224
NUEVO ADVERTISING GROUP, INC., Sarasota, FL, pg. 802
O2IDEAS, INC., Birmingham, AL, pg. 803
O2KL, New York, NY, pg. 803
O3 WORLD, LLC, Philadelphia, PA, pg. 804
O'BERRY CAVANAUGH, Bozeman, MT, pg. 804
OCEAN BRIDGE GROUP, Los Angeles, CA, pg. 805
OCEANOS MARKETING, INC., Marshfield, MA, pg. 1355
O'CONNELL COMMUNICATIONS LLC, Peoria, AZ, pg. 1597
OCTAGON, Norwalk, CT, pg. 806
ODNEY, Bismarck, ND, pg. 808
OFF MADISON AVE, Phoenix, AZ, pg. 809
OFFICE OF EXPERIENCE, Chicago, IL, pg. 1277
OGILVY, New York, NY, pg. 809
OGILVY COMMONHEALTH WORLDWIDE, Parsippany, NJ, pg. 832
OGILVY HEALTHWORLD-TORONTO, Toronto, pg. 833

THE OHLMANN GROUP, Dayton, OH, pg. 834
OIA MARKETING COMMUNICATIONS, Dayton, OH, pg. 834
OLANDER GROUP, Ottawa, IL, pg. 1355
OLOGIE, Columbus, OH, pg. 835
OMEGA ENGINEERING ADVERTISING, Stamford, CT, pg. 1225
OMNICOM GROUP INC., New York, NY, pg. 836
ON IDEAS, INC., Jacksonville, FL, pg. 838
ONE EIGHTEEN ADVERTISING, Los Angeles, CA, pg. 839
ONE SOURCE DIRECT MARKETING, INC., Coral Springs, FL, pg. 1278
ONE TWELFTH INC., Miami, FL, pg. 839
O'NEILL COMMUNICATIONS, Marietta, GA, pg. 839
ONEWORLD COMMUNICATIONS, INC., San Francisco, CA, pg. 840
OPTIC NERVE DIRECT MARKETING, San Francisco, CA, pg. 842
OPUS 59 CREATIVE GROUP, Matthews, NC, pg. 843
ORAIKO, New York, NY, pg. 843
ORANGE LABEL ART & ADVERTISING, Newport Beach, CA, pg. 843
ORGANIC, INC., San Francisco, CA, pg. 1278
OSBORN & BARR COMMUNICATIONS, Saint Louis, MO, pg. 844
OSTER & ASSOCIATES, INC., San Diego, CA, pg. 845
THE OUSSET AGENCY, INC., Spring Branch, TX, pg. 846
OUTCAST COMMUNICATIONS, San Francisco, CA, pg. 1603
OUTDOOR FIRST, INC., Germantown, WI, pg. 1361
OUTERNATIONAL INC, New York, NY, pg. 846
OUTSIDE THE BOX INTERACTIVE LLC, Jersey City, NJ, pg. 847
OVERDRIVE INTERACTIVE, Boston, MA, pg. 1279
OVERGROUND INC, Charlotte, NC, pg. 847
P2R ASSOCIATES, Livonia, MI, pg. 848
PACIFICO INC., San Jose, CA, pg. 849
PACO COMMUNICATIONS, INC, Chicago, IL, pg. 849
PADILLA, Minneapolis, MN, pg. 849
THE PAIGE GROUP, Utica, NY, pg. 851
PAN COMMUNICATIONS, Boston, MA, pg. 1605
PANTIN/BEBER SILVERSTEIN PUBLIC RELATIONS, Miami, FL, pg. 1605
PAPROCKI & CO., Atlanta, GA, pg. 852
PARADIGM ASSOCIATES, San Juan, PR, pg. 1606
PARALLEL PATH, Boulder, CO, pg. 1279
PARDES COMMUNICATIONS, INC., Natick, MA, pg. 854
PARKER ADVERTISING SERVICE, INC., Lancaster, PA, pg. 854
PARKER AVENUE, San Mateo, CA, pg. 854
PARTNERS FOR INCENTIVES, Cleveland, OH, pg. 1414
PARTNERSHIP OF PACKER, OESTERLING & SMITH (PPO&S), Harrisburg, PA, pg. 856
PARTNERSRILEY, Bay Village, OH, pg. 856
PASSENGER, Los Angeles, CA, pg. 857
PATH INTERACTIVE, New York, NY, pg. 1279
PATHFINDERS ADVERTISING & MARKETING GROUP, Mishawaka, IN, pg. 857
PATRICKORTMAN, INC., Studio City, CA, pg. 1279
PATRIOT ADVERTISING INC., Katy, TX, pg. 858
PAUL WERTH ASSOCIATES, INC., Columbus, OH, pg. 858
PAULSEN MARKETING COMMUNICATIONS, INC., Sioux Falls, SD, pg. 859
PAVLOV, Fort Worth, TX, pg. 859
PAVONE, Harrisburg, PA, pg. 859
PAYNE, ROSS & ASSOCIATES ADVERTISING, INC., Charlottesville, VA, pg. 860
PEAKBIETY, BRANDING + ADVERTISING, Tampa, FL, pg. 860
THE PEDOWITZ GROUP, Milton, GA, pg. 861
PEPPERCOMM, New York, NY, pg. 1607
PERCEPTURE, Branchburg, NJ, pg. 863
PERICH ADVERTISING + DESIGN, Ann Arbor, MI, pg. 864
PERISCOPE, Minneapolis, MN, pg. 864
PERRONE GROUP, Braintree, MA, pg. 865
PERSUASIVE BRANDS, Hilton Head Island, SC, pg. 865
PG CREATIVE, Miami, FL, pg. 867
PHD, New York, NY, pg. 1361
PHELPS, Playa Vista, CA, pg. 867
PHIRE GROUP, Ann Arbor, MI, pg. 869
PHOENIX MARKETING INTERNATIONAL, Milwaukee, WI, pg. 869
PINCKNEY HUGO GROUP, Syracuse, NY, pg. 871
PINDOT MEDIA, Roswell, GA, pg. 871
PINGER PR AT POWERS, Cincinnati, OH, pg. 1609

A-136

SPECIAL MARKET INDEX — AGENCIES

PINTA, New York, NY, pg. 872
PITA COMMUNICATIONS LLC, Rocky Hill, CT, pg. 873
PJA, Cambridge, MA, pg. 874
PK NETWORK COMMUNICATIONS, New York, NY, pg. 875
PLAN B (THE AGENCY ALTERNATIVE), Chicago, IL, pg. 876
PLAN C AGENCY, Los Angeles, CA, pg. 876
PLATYPUS ADVERTISING + DESIGN, Pewaukee, WI, pg. 877
POINT B COMMUNICATIONS, Chicago, IL, pg. 880
THE POINT GROUP, Dallas, TX, pg. 880
POINT TO POINT INC., Beachwood, OH, pg. 880
THE POLLACK PR MARKETING GROUP, Los Angeles, CA, pg. 1611
POLLER & JORDAN ADVERTISING AGENCY, INC., Miami, FL, pg. 881
PONDER IDEAWORKS, Huntington Beach, CA, pg. 882
PORTER NOVELLI, New York, NY, pg. 1612
POSNER MILLER ADVERTISING, New York, NY, pg. 883
POUTRAY PEKAR ASSOCIATES, Milford, CT, pg. 884
THE POWELL GROUP, Dallas, TX, pg. 1617
POWER CREATIVE, Louisville, KY, pg. 884
POWER MEDIA INC., Jericho, NY, pg. 1364
POWER PR, Torrance, CA, pg. 1617
POWERS AGENCY, Cincinnati, OH, pg. 885
PP+K, Tampa, FL, pg. 885
PR/DNA, La Mirada, CA, pg. 1617
PRAXIS COMMUNICATIONS, INC., Huntingdon Valley, PA, pg. 886
PRESTON KELLY, Minneapolis, MN, pg. 888
THE PRICE GROUP, INC., Lubbock, TX, pg. 888
PRICEWEBER MARKETING COMMUNICATIONS, INC., Louisville, KY, pg. 889
PRIMEDIA INC., Warwick, RI, pg. 1364
THE PRIMM COMPANY, Norfolk, VA, pg. 890
PRINCETON MARKETECH, Princeton Junction, NJ, pg. 890
PRINCETON PARTNERS, INC., Princeton, NJ, pg. 890
PRODIGAL MEDIA COMPANY, Boardman, OH, pg. 890
PROJECT, Auburn Hills, MI, pg. 891
PROM KROG ALTSTIEL INC., Mequon, WI, pg. 892
PROMARK DIRECT INC., Saddle Brook, NJ, pg. 1414
PROOF ADVERTISING, Austin, TX, pg. 893
PROSEK PARTNERS, Stratford, CT, pg. 1619
PROSPECT MEDIA GROUP LTD., Toronto, pg. 1415
PROTERRA ADVERTISING, Addison, TX, pg. 894
PRX DIGITAL SILICON VALLEY, San Jose, CA, pg. 1620
PUBLICIS HAWKEYE, Dallas, TX, pg. 1282
PULSECX, Montgomeryville, PA, pg. 916
PURERED/FERRARA, Stone Mountain, GA, pg. 917
PUROHIT NAVIGATION, Chicago, IL, pg. 918
PUSH, Orlando, FL, pg. 918
PUSHTWENTYTWO, Pontiac, MI, pg. 919
QUARRY INTEGRATED COMMUNICATIONS, Saint Jacobs, pg. 921
THE QUELL GROUP, Troy, MI, pg. 922
QUEUE CREATIVE, Lansing, MI, pg. 922
QUEUE CREATIVE MARKETING GROUP LLC, Chicago, IL, pg. 923
QUINLAN & COMPANY, Buffalo, NY, pg. 923
QUINLAN MARKETING COMMUNICATIONS, Carmel, IN, pg. 924
R2INTEGRATED, Campbell, CA, pg. 928
RACHEL KAY PUBLIC RELATIONS, Solana Beach, CA, pg. 1624
RAGE AGENCY, Westmont, IL, pg. 1283
RAIN, New York, NY, pg. 1283
RAINS BIRCHARD MARKETING, Portland, OR, pg. 929
RAKA, Portsmouth, NH, pg. 930
THE RAMEY AGENCY LLC, Jackson, MS, pg. 930
RAND ADVERTISING, Lincoln, ME, pg. 930
THE RANKIN GROUP, LTD., Tustin, CA, pg. 931
RAPP, New York, NY, pg. 931
RATTLE ADVERTISING, Beverly, MA, pg. 933
RAUXA, Costa Mesa, CA, pg. 933
RAWLE MURDY ASSOCIATES, INC., Charleston, SC, pg. 934
RBMM, Dallas, TX, pg. 934
R.C. AULETTA & CO., New York, NY, pg. 1626
RDW GROUP INC., Providence, RI, pg. 935
READE COMMUNICATIONS GROUP, Providence, RI, pg. 1626
REAL INTEGRATED, Troy, MI, pg. 936
REALITY2 LLC, Los Angeles, CA, pg. 936
REALTIME MEDIA, INC., West Conshohocken, PA, pg. 937
REARVIEW, Kennesaw, GA, pg. 937

RED BROWN KLE, Milwaukee, WI, pg. 938
RED COMMA MEDIA, INC., Madison, WI, pg. 1367
RED DOOR INTERACTIVE, INC., San Diego, CA, pg. 939
RED HOUSE ATLANTA LLC, Alpharetta, GA, pg. 939
RED INTERACTIVE AGENCY, Santa Monica, CA, pg. 1284
RED MOON MARKETING, Charlotte, NC, pg. 940
RED ROCKET MEDIA GROUP, Windsor, CO, pg. 941
REDCHIP COMPANIES, INC., Maitland, FL, pg. 1627
REDSTONE COMMUNICATIONS INC., Omaha, NE, pg. 944
RE:GROUP, INC., Ann Arbor, MI, pg. 945
REILLY CONNECT, Chicago, IL, pg. 1628
REMER INC. CREATIVE MARKETING, Seattle, WA, pg. 946
RENEGADE COMMUNICATIONS, Hunt Valley, MD, pg. 946
RENEGADE, LLC, New York, NY, pg. 946
THE REPUBLIK, Raleigh, NC, pg. 947
RESOURCE COMMUNICATIONS GROUP, Plano, TX, pg. 949
RESPONSE MARKETING GROUP LLC, Richmond, VA, pg. 949
RESPONSE MEDIA, INC., Norcross, GA, pg. 949
THE RESPONSE SHOP, INC., La Jolla, CA, pg. 950
RESPONSORY, Brookfield, WI, pg. 950
RESULTS, INC., ADVERTISING AGENCY, Hasbrouck Heights, NJ, pg. 950
RETELE COMPANY, Greenwich, CT, pg. 950
RETHINK CREATIVE GROUP, Arlington, TX, pg. 951
REVEL, Richardson, TX, pg. 952
REVOLUTION MARKETING, LLC, Chicago, IL, pg. 953
REX DIRECT NET, INC., Cherry Hill, NJ, pg. 953
REYNOLDS & ASSOCIATES, El Segundo, CA, pg. 953
R.H. BLAKE, INC., Cleveland, OH, pg. 954
RHEA + KAISER, Naperville, IL, pg. 954
RHYCOM STRATEGIC ADVERTISING, Overland Park, KS, pg. 954
RHYMES ADVERTISING & MARKETING, Bellaire, TX, pg. 955
RICHARDS, Russell, OH, pg. 955
RICHARDS/CARLBERG, Houston, TX, pg. 956
THE RICHARDS GROUP, INC., Dallas, TX, pg. 956
RICHARDS PARTNERS, Dallas, TX, pg. 1631
RICHTER7, Salt Lake City, UT, pg. 957
RIESTER, Phoenix, AZ, pg. 958
RIGER ADVERTISING AGENCY, INC., Binghamton, NY, pg. 958
RIGHT PLACE MEDIA, Lexington, KY, pg. 1367
RILEY HAYES ADVERTISING, Minneapolis, MN, pg. 959
RIOT, New York, NY, pg. 959
RISDALL MARKETING GROUP, Roseville, MN, pg. 959
RISE INTERACTIVE, Chicago, IL, pg. 960
RITTA, Paramus, NJ, pg. 960
R.M. BARROWS, INC. ADVERTISING & PUBLIC RELATIONS, San Mateo, CA, pg. 962
RMI MARKETING & ADVERTISING, Emerson, NJ, pg. 962
RMR & ASSOCIATES, INC., Rockville, MD, pg. 962
ROBERT FLEEGE & PARTNERS, Columbus, OH, pg. 963
ROBERTS COMMUNICATIONS INC., Rochester, NY, pg. 963
ROBERTSON & PARTNERS, Las Vegas, NV, pg. 964
ROCKET 55, Minneapolis, MN, pg. 964
ROCKET RED, Dallas, TX, pg. 965
ROCKETCREATIVE, Pt Barrington, IL, pg. 965
THE ROCKFORD GROUP, New City, NY, pg. 965
ROCKIT SCIENCE AGENCY, Baton Rouge, LA, pg. 965
ROGERS FINN PARTNERS, Los Angeles, CA, pg. 1633
ROHATYNSKI-HARLOW PUBLIC RELATIONS, Howell, MI, pg. 1633
ROME & COMPANY, Woodridge, IL, pg. 966
ROMPH & POU AGENCY, Shreveport, LA, pg. 967
RON FOTH ADVERTISING, Columbus, OH, pg. 967
RON SONNTAG PUBLIC RELATIONS, Milwaukee, WI, pg. 1633
THE RON TANSKY ADVERTISING & PUBLIC RELATIONS, Thousand Oaks, CA, pg. 967
RONI HICKS & ASSOCIATES, San Diego, CA, pg. 967
ROOP & CO., Cleveland, OH, pg. 1633
ROSE COMMUNICATIONS, Union, KY, pg. 1634
ROSE COMMUNICATIONS, INC., Hoboken, NJ, pg. 1634
THE ROSS GROUP, Los Angeles, CA, pg. 968
ROTH ADVERTISING, INC., Sea Cliff, NY, pg. 969
ROUNTREE GROUP COMMUNICATIONS MANAGEMENT, Alpharetta, GA, pg. 1635
RPA, Santa Monica, CA, pg. 970
RPM ADVERTISING, Chicago, IL, pg. 971
RPMC, INC., Calabasas, CA, pg. 1415

RT&E INTEGRATED COMMUNICATIONS, Villanova, PA, pg. 971
RUBIK MARKETING, New York, NY, pg. 1226
RUSSELL HERDER, Minneapolis, MN, pg. 972
S&S PUBLIC RELATIONS, INC., Chicago, IL, pg. 1638
S2 ADVERTISING, Ormond Beach, FL, pg. 974
S3, Boonton, NJ, pg. 974
SACUNAS, Harrisburg, PA, pg. 986
SAESHE ADVERTISING, Los Angeles, CA, pg. 986
SAGON-PHIOR, West Los Angeles, CA, pg. 1638
SAIBOT MEDIA INC., Boca Raton, FL, pg. 987
SALES DEVELOPMENT ASSOCIATES, INC., Saint Louis, MO, pg. 988
SAMBA ROCK, Miami Beach, FL, pg. 988
SANDY HULL & ASSOCIATES, Minneapolis, MN, pg. 990
SASQUATCH, Portland, OR, pg. 992
SBC, Columbus, OH, pg. 993
SCHAEFER ADVERTISING CO., Fort Worth, TX, pg. 994
SCHAFER CONDON CARTER, Chicago, IL, pg. 995
SCHERMER, INC., Minneapolis, MN, pg. 995
SCHNEIDER ASSOCIATES, Boston, MA, pg. 1641
SCHUBERT COMMUNICATIONS, INC., Downingtown, PA, pg. 996
SCHWARTZ PUBLIC RELATIONS ASSOCIATES, INC., New York, NY, pg. 1642
SCORR MARKETING, Kearney, NE, pg. 1642
THE SCOTT & MILLER GROUP, Saginaw, MI, pg. 997
SCOTT COOPER ASSOCIATES, LTD., Roslyn, NY, pg. 997
SCOTT DESIGN INC, Capitola, CA, pg. 998
SCOTT, INC. OF MILWAUKEE, Milwaukee, WI, pg. 998
SCOUT MARKETING, Atlanta, GA, pg. 998
SCRATCH MARKETING + MEDIA, Cambridge, MA, pg. 999
SCRIBBLERS' CLUB, Kitchener, pg. 999
SELMARQ, Charlotte, NC, pg. 1002
SENSIS, Los Angeles, CA, pg. 1002
SEVENTH POINT, Virginia Beach, VA, pg. 1004
SEXTON & CO., Aurora, CO, pg. 1004
SFW AGENCY, Winston Salem, NC, pg. 1004
SHARAVSKY COMMUNICATIONS, Lafayette Hill, PA, pg. 1005
SHARK COMMUNICATIONS, Burlington, VT, pg. 1005
SHAW & TODD, INC., Freehold, NJ, pg. 1006
SHEPPARD LEGER NOWAK INC., East Providence, RI, pg. 1007
SHERMAN COMMUNICATIONS & MARKETING, Chicago, IL, pg. 1007
SHIRLEY/HUTCHINSON CREATIVE WORKS, Tampa, FL, pg. 1009
SHOPPER MARKETING GROUP ADVERTISING INC., Porter Ranch, CA, pg. 1009
SIDDALL, INC., Richmond, VA, pg. 1010
SIEGEL+GALE, New York, NY, pg. 1011
SIGMA MARKETING GROUP LLC, Rochester, NY, pg. 1012
THE SIGNATURE AGENCY, Wake Forest, NC, pg. 1013
SILVER COMMUNICATIONS, INC., New York, NY, pg. 1014
SIMANTEL, Peoria, IL, pg. 1014
THE SIMON GROUP, INC., Sellersville, PA, pg. 1014
SIMON GROUP MARKETING COMMUNICATIONS, INC., Evanston, IL, pg. 1015
SIMONS MICHELSON ZIEVE, INC., Troy, MI, pg. 1015
SIMPLE TRUTH COMMUNICATION PARTNERS, Chicago, IL, pg. 1015
SIQUIS, LTD., Baltimore, MD, pg. 1016
SJ COMMUNICATIONS, Los Angeles, CA, pg. 1017
SK+G ADVERTISING LLC, Las Vegas, NV, pg. 1018
SKYYA COMMUNICATIONS, Minneapolis, MN, pg. 1020
SLACK AND COMPANY, Chicago, IL, pg. 1020
SLINGSHOT, LLC, Dallas, TX, pg. 1021
SMARTACRE, Bethlehem, PA, pg. 1290
SMITH ASBURY INC, West Linn, OR, pg. 1023
SMITH BROTHERS AGENCY, LP, Pittsburgh, PA, pg. 1023
SMITH MARKETING GROUP, Campbell, CA, pg. 1647
SMITH WALKER DESIGN, Tukwila, WA, pg. 1024
SMM ADVERTISING, Smithtown, NY, pg. 1024
SMY MEDIA, INC., Chicago, IL, pg. 1369
THE SOAP GROUP, Portland, ME, pg. 1025
SOCIALLY PRESENT, Carbondale, IL, pg. 1026
SOCIALLYIN, Birmingham, AL, pg. 1291
SOLOMON MCCOWN & COMPANY, INC., Boston, MA, pg. 1648
SOME CONNECT, Chicago, IL, pg. 1291
SONNHALTER, Cleveland, OH, pg. 1028
SOUND COMMUNICATIONS, INC., New York, NY, pg.

A-137

AGENCIES · SPECIAL MARKET INDEX

SOURCE COMMUNICATIONS, Hackensack, NJ, pg. 1029
SOURCE MARKETING LLC, Norwalk, CT, pg. 1416
SOUTHWARD & ASSOCIATES, INC., Chicago, IL, pg. 1030
SOUTHWEST MEDIA GROUP, Dallas, TX, pg. 1369
THE SOUZA AGENCY, Annapolis, MD, pg. 1030
SPACETIME, INC., Chicago, IL, pg. 1369
SPARKPLUG MARKETING & COMMUNICATIONS INC., Toronto, pg. 1031
SPEAKEASY STRATEGIES, San Francisco, CA, pg. 1648
SPECIALTY TRUCK RENTALS, Santa Monica, CA, pg. 1416
THE SPI GROUP LLC, Fairfield, NJ, pg. 1649
SPIKER COMMUNICATIONS, INC., Missoula, MT, pg. 1033
SPIRO & ASSOCIATES MARKETING, ADVERTISING & PUBLIC RELATIONS, Fort Myers, FL, pg. 1034
SPOT SAVVY, LLC, New York, NY, pg. 1036
SPRINGBOX, LTD., Austin, TX, pg. 1037
SPROKKIT, Los Angeles, CA, pg. 1037
SPURRIER MEDIA GROUP, Richmond, VA, pg. 1370
SQUARE ONE MARKETING, West Hartford, CT, pg. 1037
SQUARE TOMATO, Seattle, WA, pg. 1038
SQUEAKY WHEEL MEDIA, New York, NY, pg. 1038
S.R. VIDEO PICTURES, LTD., Haverstraw, NY, pg. 1038
THE ST. GREGORY GROUP, INC., Cincinnati, OH, pg. 1040
ST. JACQUES MARKETING, Morristown, NJ, pg. 1040
ST. JOHN & PARTNERS, Jacksonville, FL, pg. 1040
THE STABLE, Minneapolis, MN, pg. 1041
STACKPOLE & PARTNERS ADVERTISING, Newburyport, MA, pg. 1041
STAKE, New York, NY, pg. 1041
STANDING PARTNERSHIP, Saint Louis, MO, pg. 1650
STANTON, New York, NY, pg. 1042
STANTON COMMUNICATIONS, INC., Washington, DC, pg. 1651
STAR7, Las Vegas, NV, pg. 1043
STARCOM, Chicago, IL, pg. 1370
STARMARK INTERNATIONAL, INC., Fort Lauderdale, FL, pg. 1043
STARMEDIA GROUP, Montreal, pg. 1044
THE STARR CONSPIRACY, Fort Worth, TX, pg. 1044
STC ASSOCIATES, New York, NY, pg. 1651
STEBBINGS PARTNERS, Attleboro Falls, MA, pg. 1045
STEIN IAS, New York, NY, pg. 1045
STEPHAN & BRADY, INC., Madison, WI, pg. 1046
STEPHAN PARTNERS, INC., Hastings Hdsn, NY, pg. 1046
STEPHENS & ASSOCIATES ADVERTISING, INC., Overland Park, KS, pg. 1047
STEPHENS DIRECT, Kettering, OH, pg. 1047
THE STEPHENZ GROUP, INC., San Jose, CA, pg. 1047
STERLING RICE GROUP, Boulder, CO, pg. 1047
STERN STRATEGY GROUP, Iselin, NJ, pg. 1652
STEVENS ADVERTISING, Grand Rapids, MI, pg. 1048
STEVENS & TATE MARKETING, Lombard, IL, pg. 1048
STEVENS STRATEGIC COMMUNICATIONS, INC., Westlake, OH, pg. 1048
STEVENSON ADVERTISING, Lynnwood, WA, pg. 1049
STEWARD MARKETING, LLC, The Woodlands, TX, pg. 1049
STIR ADVERTISING & INTEGRATED MARKETING, Milwaukee, WI, pg. 1050
STIRISTA, LLC, San Antonio, TX, pg. 1293
STOLTZ MARKETING GROUP, Boise, ID, pg. 1050
STONE WARD, Little Rock, AR, pg. 1050
STONER BUNTING ADVERTISING, Lancaster, PA, pg. 1051
STRAHAN ADVERTISING, Santa Ana, CA, pg. 1052
THE STRATACT MEDIA GROUP LLC, Rockwall, TX, pg. 1374
STRATEGIC AMERICA, West Des Moines, IA, pg. 1052
STRATEGIC COMMUNICATIONS GROUP, McLean, VA, pg. 1653
STRATEGIC DOMAIN, INC., New York, NY, pg. 1053
STRATEGIES, A MARKETING COMMUNICATIONS CORPORATION, Tustin, CA, pg. 1053
STREICKER & COMPANY INC., East Providence, RI, pg. 1054
STURGES WORD COMMUNICATIONS, Kansas City, MO, pg. 1654
SUBMIT EXPRESS INC., Glendale, CA, pg. 1057
SUDDEN IMPACT MARKETING, Westerville, OH, pg. 1058
SUITS & SANDALS, LLC, Brooklyn, NY, pg. 1293
SULLIVAN BRANDING, Memphis, TN, pg. 1059

SULLIVAN CREATIVE SERVICES, LTD., Concord, NH, pg. 1059
SULLIVAN HIGDON & SINK INCORPORATED, Wichita, KS, pg. 1059
SUM DIGITAL INC, San Francisco, CA, pg. 1293
SUN & MOON MARKETING COMMUNICATIONS, INC., New York, NY, pg. 1061
SUPERCOOL CREATIVE, Los Angeles, CA, pg. 1062
THE SUTTER GROUP, Lanham, MD, pg. 1064
SVM PUBLIC RELATIONS & MARKETING COMMUNICATIONS, Providence, RI, pg. 1064
SWANSON RUSSELL ASSOCIATES, Lincoln, NE, pg. 1064
SWARM NYC, New York, NY, pg. 1293
SWBR, INC., Bethlehem, PA, pg. 1065
SWEENEY, Cleveland, OH, pg. 1065
SWIRL MCGARRYBOWEN, San Francisco, CA, pg. 1067
SYMMETRI MARKETING GROUP, LLC, Chicago, IL, pg. 1067
SYNEOS HEALTH, INC., Raleigh, NC, pg. 1068
SZEN MARKETING, Dana Point, CA, pg. 1068
T3, Austin, TX, pg. 1069
TAFT & PARTNERS, Lawrenceville, NJ, pg. 1070
TAG ONLINE INC., Clifton, NJ, pg. 1070
TAGTEAM BUSINESS PARTNERS LLC, Rocky Hill, CT, pg. 1070
TAILORED MARKETING INC., Pittsburgh, PA, pg. 1071
TAKE 5 MEDIA GROUP, Boca Raton, FL, pg. 1071
TANEN DIRECTED ADVERTISING, Norwalk, CT, pg. 1072
TARTAN MARKETING, Maple Grove, MN, pg. 1074
TASTE ADVERTISING, BRANDING & PACKAGING, Palm Desert, CA, pg. 1074
TAUBE/VIOLANTE, INC., Norwalk, CT, pg. 1074
TAYLOR & MARTIN, INC., Fremont, NE, pg. 1227
TBC INC., Baltimore, MD, pg. 1076
TBC, INC./PR DIVISION, Baltimore, MD, pg. 1656
TBD, San Francisco, CA, pg. 1076
TC CREATIVES LLC, Woodland Hills, CA, pg. 1093
TCS MEDIA, INC., Maitland, FL, pg. 1094
TDA GROUP, Redwood City, CA, pg. 1094
TECH IMAGE LTD., Chicago, IL, pg. 1657
TECHNICAL PROMOTIONS, Neenah, WI, pg. 1227
TECHTARGET, INC., Newton, MA, pg. 1095
TENET PARTNERS, New York, NY, pg. 1096
TESSER INC., San Francisco, CA, pg. 1097
THAT AGENCY, West Palm Bch, FL, pg. 1098
THINK, INC., Pittsburgh, PA, pg. 1099
THINKINK COMMUNICATIONS, Coral Gables, FL, pg. 1100
THIRD DEGREE ADVERTISING, Norman, OK, pg. 1100
THOMPSON ADVERTISING, INC., Lees Summit, MO, pg. 1101
THREE LAKES MARKETING, Austin, TX, pg. 1102
TIDAL SHORES INC., Houston, TX, pg. 1102
TIDESMART GLOBAL, Falmouth, ME, pg. 1103
TIER ONE PARTNERS, Lexington, MA, pg. 1660
TIERNEY COMMUNICATIONS, Philadelphia, PA, pg. 1103
TILLMAN, ALLEN, GREER, Buford, GA, pg. 1104
TINSLEY ADVERTISING, Miami, FL, pg. 1104
TIPTON & MAGLIONE INC., Great Neck, NY, pg. 1417
TIVOLI PARTNERS, Asheville, NC, pg. 1105
TIZIANI & WHITMYRE, INC., Sharon, MA, pg. 1105
TM ADVERTISING, Dallas, TX, pg. 1106
TOM, DICK & HARRY CREATIVE, Chicago, IL, pg. 1108
THE TOMBRAS GROUP, Knoxville, TN, pg. 1108
TOMSHEEHAN WORLDWIDE, Reading, PA, pg. 1109
TOP HAND MEDIA, Fresno, CA, pg. 1110
TOPFIRE MEDIA, Homewood, IL, pg. 1661
TORCH GROUP, Cleveland, OH, pg. 1110
TOTALCOM MARKETING, INC., Tuscaloosa, AL, pg. 1110
TOWER MARKETING, Lancaster, PA, pg. 1111
TR CUTLER, INC., Fort Lauderdale, FL, pg. 1661
TRACTION CORPORATION, San Francisco, CA, pg. 1112
TRACTION FACTORY, Milwaukee, WI, pg. 1112
TRANSMEDIA GROUP, Boca Raton, FL, pg. 1662
TRELLIS MARKETING, INC, Buffalo, NY, pg. 1115
TREPOINT BARC, San Francisco, CA, pg. 1418
TRIAD BUSINESS MARKETING, Dallas, TX, pg. 1116
TRIBALVISION, Boston, MA, pg. 1116
TRICOMB2B, Dayton, OH, pg. 1117
TRILION STUDIOS, Lawrence, KS, pg. 1228
TRILIX MARKETING GROUP, INC., Des Moines, IA, pg. 1117
TRINET INTERNET SOLUTIONS, INC., Irvine, CA, pg. 1118
TRIPLEINK, Minneapolis, MN, pg. 1118
TRONE BRAND ENERGY, INC., High Point, NC, pg. 1119
TRUE MEDIA, Columbia, MO, pg. 1376

TRUE NORTH INC., New York, NY, pg. 1119
TRUMPET LLC, New Orleans, LA, pg. 1120
TSA COMMUNICATIONS, INC., Warsaw, IN, pg. 1121
TUCKER & ASSOCIATES, Dallas, TX, pg. 1663
TUCKER/HALL, INC., Tampa, FL, pg. 1663
TURCHETTE ADVERTISING AGENCY LLC, Fairfield, NJ, pg. 1121
TURKEL BRANDS, Coral Gables, FL, pg. 1122
TV, INC., Clearwater, FL, pg. 1123
TWO WEST, INC., Kansas City, MO, pg. 1124
UM SAN FRANCISCO, San Francisco, CA, pg. 1378
UNDIVIDED, Pasadena, CA, pg. 1126
THE UNGAR GROUP, Evanston, IL, pg. 1126
UNION, Charlotte, NC, pg. 1298
UNION NY DC, Alexandria, VA, pg. 1298
THE UNREAL AGENCY, Freehold, NJ, pg. 1127
U.S. INTERNATIONAL MEDIA, LLC, Los Angeles, CA, pg. 1378
VALASSIS 1 TO 1 SOLUTIONS, Livonia, MI, pg. 1130
VANTAGEPOINT, INC, Greenville, SC, pg. 1131
VARGAS & AMIGOS INC., Marietta, GA, pg. 1131
VAYNERMEDIA, New York, NY, pg. 1299
VECTOR 5, Fitchburg, MA, pg. 1418
VENABLES, BELL & PARTNERS, San Francisco, CA, pg. 1132
VERSANT, Milwaukee, WI, pg. 1134
VIA MARKETING, INC., Merrillville, IN, pg. 1136
VIGET, Falls Church, VA, pg. 1300
VILOCITY INTERACTIVE, INC., Scottsdale, AZ, pg. 1138
VINCODO, Langhorne, PA, pg. 1138
VIRTUAL FARM CREATIVE INC., Phoenixville, PA, pg. 1138
VISION CREATIVE GROUP, INC., Morris Plains, NJ, pg. 1139
VISUAL APP, Richardson, TX, pg. 1140
VISUAL PRINT GROUP & DESIGN, Fort Oglethorpe, GA, pg. 1140
VITAMIN, Baltimore, MD, pg. 1140
VITRO, San Diego, CA, pg. 1141
VML, INC., Kansas City, MO, pg. 1143
VREELAND MARKETING & DESIGN, Yarmouth, ME, pg. 1146
W INC., Atlanta, GA, pg. 1147
WACHSMAN PR, New York, NY, pg. 1668
THE WAITE COMPANY, Albuquerque, NM, pg. 1148
WALKER & COMPANY, INC., Santa Monica, CA, pg. 1149
WALRUS, New York, NY, pg. 1150
WALT & COMPANY, Campbell, CA, pg. 1670
WALT KLEIN ADVERTISING, Denver, CO, pg. 1150
WALTER F. CAMERON ADVERTISING INC., Hauppauge, NY, pg. 1151
WALZ TETRICK ADVERTISING, Mission, KS, pg. 1151
THE WARD GROUP, Frisco, TX, pg. 1152
WARSCHAWSKI, Baltimore, MD, pg. 1670
WAVEMAKER GLOBAL LTD, New York, NY, pg. 1379
WAVEMAKER - NA HQ, NEW YORK, New York, NY, pg. 1386
WC MEDIA INC., Springfield, IL, pg. 1154
WEBER SHANDWICK, New York, NY, pg. 1673
WEBNBEYOND, Baldwin, NY, pg. 1156
WEIDERT GROUP INC., Appleton, WI, pg. 1156
THE WEINBACH GROUP, INC., South Miami, FL, pg. 1157
WEINRICH ADVERTISING/COMMUNICATIONS, INC., Clifton, NJ, pg. 1157
THE WEINSTEIN ORGANIZATION, INC., Chicago, IL, pg. 1157
WELLNESS COMMUNICATIONS, Newburgh, IN, pg. 1158
WELLS COMMUNICATIONS, INC., Boulder, CO, pg. 1158
THE WENDT AGENCY, Great Falls, MT, pg. 1159
WH2P, INC., Yorklyn, DE, pg. 1160
WHEELHOUSE DIGITAL MARKETING GROUP, Seattle, WA, pg. 1301
WHITE & PARTNERS, Tysons Corner, VA, pg. 1160
WHITEMYER ADVERTISING, INC., Zoar, OH, pg. 1161
WHITESPACE CREATIVE, Akron, OH, pg. 1161
WHITNEY ADVERTISING & DESIGN, INC., Park City, UT, pg. 1162
WIEDEN + KENNEDY, INC., Portland, OR, pg. 1163
WIKREATE, San Francisco, CA, pg. 1166
WILDEBEEST, Los Angeles, CA, pg. 1301
WILDFIRE LLC, Winston Salem, NC, pg. 1167
WILKINSON + ASSOCIATES, Arlington, VA, pg. 1684
WILLIAMS AND HOUSE, Avon, CT, pg. 1168
WILLIAMS-HELDE MARKETING COMMUNICATIONS, Seattle, WA, pg. 1169
WILLIAMS WHITTLE ASSOCIATES, INC., Alexandria, VA, pg. 1169

SPECIAL MARKET INDEX — AGENCIES

WINFIELD & ASSOCIATES MARKETING & ADVERTISING, Cary, NC, pg. 1170
WINGMAN ADVERTISING, Culver City, CA, pg. 1171
WINSTANLEY PARTNERS, Lenox, MA, pg. 1171
WIRE STONE LLC, Sacramento, CA, pg. 1172
WITHERSPOON & ASSOCIATES, INC., Fort Worth, TX, pg. 1173
WITZ COMMUNICATIONS, INC., Raleigh, NC, pg. 1173
THE WOOD AGENCY, San Antonio, TX, pg. 1175
WORDWRITE COMMUNICATIONS, Pittsburgh, PA, pg. 1686
WORX BRANDING & ADVERTISING, Prospect, CT, pg. 1178
WRAGG & CASAS PUBLIC RELATIONS, INC., Miami, FL, pg. 1686
WRAY WARD MARKETING COMMUNICATIONS, Charlotte, NC, pg. 1187
WRL ADVERTISING, INC., Canton, OH, pg. 1188
WUNDERMAN, New York, NY, pg. 1188
WUNDERMAN WORLD HEALTH, Washington, DC, pg. 1193
WWDB INTEGRATED MARKETING, Fort Lauderdale, FL, pg. 1193
WYSE, Cleveland, OH, pg. 1193
XAXIS, LLC, New York, NY, pg. 1302
Y&R AUSTIN, Austin, TX, pg. 1194
YECK BROTHERS COMPANY, Dayton, OH, pg. 1195
YELLIN/MCCARRON, INC., Salem, NH, pg. 1387
YESLER, Seattle, WA, pg. 1196
YOUNG & LARAMORE, Indianapolis, IN, pg. 1196
YOUNG COMPANY, Laguna Beach, CA, pg. 1208
Z MARKETING PARTNERS, Indianapolis, IN, pg. 1209
ZEEKEE INTERACTIVE, Birmingham, AL, pg. 1303
ZEHNDER COMMUNICATIONS, INC., New Orleans, LA, pg. 1210
ZENITH USA, New York, NY, pg. 1391
ZERO GRAVITY GROUP, LLC, New York, NY, pg. 1212
THE ZIMMERMAN GROUP, Hopkins, MN, pg. 1213
ZLRIGNITION, Des Moines, IA, pg. 1214
ZOG DIGITAL, Phoenix, AZ, pg. 1214
ZUVA MARKETING, INC., Kansas City, MO, pg. 1216

Children's Market

1185 DESIGN, Palo Alto, CA, pg. 1
15 MINUTES, INC., Conshohocken, PA, pg. 2
3 ADVERTISING, Albuquerque, NM, pg. 5
3MARKETEERS ADVERTISING, INC., San Jose, CA, pg. 8
5W PUBLIC RELATIONS, New York, NY, pg. 1423
7ATE9 ENTERTAINMENT, Los Angeles, CA, pg. 12
ACCELERATOR ADVERTISING INC., Lewis Center, OH, pg. 19
ACENTO ADVERTISING, INC., Santa Monica, CA, pg. 20
ACTIFY MEDIA, Helena, MT, pg. 22
ADAMS & KNIGHT, INC., Avon, CT, pg. 25
ADCETERA GROUP, Houston, TX, pg. 27
ADMO, INC., Saint Louis, MO, pg. 31
ADSOKA, INC., Minneapolis, MN, pg. 33
ADVANCED MARKETING STRATEGIES, San Diego, CA, pg. 33
ADVANTIX DIGITAL, Addison, TX, pg. 1233
ADVERTISING SAVANTS, INC., Saint Louis, MO, pg. 35
AGENCY CREATIVE, Dallas, TX, pg. 38
AKA DIRECT, INC., Portland, OR, pg. 42
ALCHEMY AT AMS, Dallas, TX, pg. 44
ALLIONCE GROUP, LLC, Norwell, MA, pg. 1219
AMELIE COMPANY, Denver, CO, pg. 51
AMERICAN ADVERTISING SERVICES, Bala Cynwyd, PA, pg. 52
AMERICAN MEDIA CONCEPTS INC., Brooklyn, NY, pg. 52
ANDERSON ADVERTISING & PUBLIC RELATIONS, Scottsdale, AZ, pg. 56
ANTEDOTE, San Francisco, CA, pg. 61
ANVIL MEDIA, INC., Portland, OR, pg. 1307
ARCANA ACADEMY, Los Angeles, CA, pg. 65
ARGYLL, Redondo Beach, CA, pg. 68
ARKSIDE MARKETING, Riverside, CA, pg. 69
ARPR INC./KNOWLEDGE IN A NUTSHELL, Pittsburgh, PA, pg. 1434
ARTCRAFT HEALTH EDUCATION, Flemington, NJ, pg. 71
AUDIENCE INNOVATION, Austin, TX, pg. 76
AXIA PUBLIC RELATIONS, Jacksonville, FL, pg. 80
BACKUS TURNER INTERNATIONAL, Pompano Beach, FL, pg. 83
BAKER CREATIVE, Groveport, OH, pg. 85

THE BAM CONNECTION, Brooklyn, NY, pg. 86
BARKER, New York, NY, pg. 89
BARNETT MURPHY DIRECT MARKETING, Orlando, FL, pg. 90
BASS ADVERTISING, Sioux City, IA, pg. 95
BATTERY, Los Angeles, CA, pg. 96
BAYARD ADVERTISING AGENCY, INC., New York, NY, pg. 96
BBH NEW YORK, New York, NY, pg. 115
BEACON MEDIA GROUP, Mahwah, NJ, pg. 118
BENCHMARK DISPLAYS, Palm Desert, CA, pg. 1398
BENSUR CREATIVE MARKETING GROUP, Erie, PA, pg. 123
BERNSTEIN-REIN ADVERTISING, INC., Kansas City, MO, pg. 125
BIG RIVER ADVERTISING, Richmond, VA, pg. 129
BIGEYE AGENCY, Orlando, FL, pg. 130
BLEND, Los Angeles, CA, pg. 135
BLUE DAISY MEDIA, Coral Gables, FL, pg. 1312
BLUE FOUNTAIN MEDIA, New York, NY, pg. 1241
BLUE OLIVE CONSULTING, Florence, AL, pg. 139
BMI ELITE, Coconut Creek, FL, pg. 142
BRANDHIVE, Salt Lake City, UT, pg. 156
BRANDTAILERS, Newport Beach, CA, pg. 159
BRIDGE GLOBAL STRATEGIES LLC, New York, NY, pg. 1456
BROGAN & PARTNERS CONVERGENCE MARKETING, Birmingham, MI, pg. 166
BROLIK, Philadelphia, PA, pg. 1243
BROWNING AGENCY, New Providence, NJ, pg. 168
BUY ADS DIRECT, Ridge Manor, FL, pg. 1313
BYNUMS MARKETING & COMMUNICATIONS, INC, Pittsburgh, PA, pg. 179
CASHMAN & KATZ INTEGRATED COMMUNICATIONS, Glastonbury, CT, pg. 193
CASTELLS & ASOCIADOS, Los Angeles, CA, pg. 194
CAUGHERTY HAHN COMMUNICATIONS, INC., Glen Rock, NJ, pg. 1464
CCG MARKETING SOLUTIONS, West Caldwell, NJ, pg. 197
CCM MARKETING COMMUNICATIONS, New York, NY, pg. 197
CHATTER BUZZ MEDIA, Orlando, FL, pg. 204
CHILD'S PLAY COMMUNICATIONS, New York, NY, pg. 1468
C.I. VISIONS INC., New York, NY, pg. 1468
THE CIRLOT AGENCY, INC., Jackson, MS, pg. 209
CK COMMUNICATIONS, INC. (CKC), Indialantic, FL, pg. 210
COLLE+MCVOY, Minneapolis, MN, pg. 219
THE COOPER GROUP, New York, NY, pg. 230
COOPTIONS SHOPPER MARKETING, Apex, NC, pg. 1400
CORINTHIAN MEDIA, INC., New York, NY, pg. 1316
COSSETTE INC., Quebec, pg. 233
COYNE ADVERTISING & PUBLIC RELATIONS, Nevillewood, PA, pg. 234
CP+B BOULDER, Boulder, CO, pg. 235
CREATIVE ENERGY GROUP INC, Johnson City, TN, pg. 241
CRITICAL LAUNCH, LLC, Dallas, TX, pg. 247
CRONIN, Glastonbury, CT, pg. 248
CROSSBOW GROUP, LLC, Westport, CT, pg. 249
DAILEY & ASSOCIATES, West Hollywood, CA, pg. 258
DAN PIPKIN ADVERTISING AGENCY, INC., Danville, IL, pg. 259
DAVID & GOLIATH, El Segundo, CA, pg. 261
DDB VANCOUVER, Vancouver, pg. 267
DDB WORLDWIDE COMMUNICATIONS GROUP INC., New York, NY, pg. 268
DEBOW COMMUNICATIONS, LTD., New York, NY, pg. 284
DEFYMEDIA, New York, NY, pg. 1248
DELLA FEMINA ADVERTISING, New York, NY, pg. 287
DENTSU INC., Tokyo, pg. 289
DEPARTURE, San Diego, CA, pg. 291
DEVITO GROUP, New York, NY, pg. 296
DHX ADVERTISING, INC., Portland, OR, pg. 298
DMA UNITED, New York, NY, pg. 310
DO GOOD MARKETING, LLC, Ridgewood, NJ, pg. 312
DOMUS INC., Philadelphia, PA, pg. 313
DREAMWEAVER BRAND COMMUNICATIONS, Coconut Creek, FL, pg. 320
DROGA5, New York, NY, pg. 321
DSC (DILEONARDO SIANO CASERTA) ADVERTISING, Philadelphia, PA, pg. 323
EAST BANK COMMUNICATIONS INC., Portland, OR, pg. 328

EAST MEETS WEST PRODUCTIONS INC., Corpus Christi, TX, pg. 328
EASTWEST MARKETING GROUP, New York, NY, pg. 329
EISENBERG & ASSOCIATES, Fort Lauderdale, FL, pg. 333
EL CREATIVE, INC., Dallas, TX, pg. 334
ELEVATION, Washington, DC, pg. 336
ENCODE, Jacksonville, FL, pg. 340
ERIC MOWER + ASSOCIATES, Syracuse, NY, pg. 346
ESWSTORYLAB, Chicago, IL, pg. 350
EVANS ALLIANCE ADVERTISING, Sparta, NJ, pg. 351
EVINS COMMUNICATIONS, LTD., New York, NY, pg. 1501
EVOKE IDEA GROUP, INC., Saint Charles, IL, pg. 354
EXPECT ADVERTISING, INC., Clifton, NJ, pg. 355
EXPLORE COMMUNICATIONS, Denver, CO, pg. 1321
FACTOR360 DESIGN + TECHNOLOGY, Pierre, SD, pg. 357
FAHLGREN MORTINE, Columbus, OH, pg. 358
THE FAMILY ROOM, Norwalk, CT, pg. 361
FASONE & PARTNERS, Kansas City, MO, pg. 362
FCB GLOBAL, New York, NY, pg. 363
FIREFLY CREATIVE, INC., Atlanta, GA, pg. 383
FITCH, London, pg. 385
FLETCHER KNIGHT MEDIA GROUP, Peterborough, NH, pg. 388
FRASER COMMUNICATIONS, Los Angeles, CA, pg. 396
FRONTGATE MEDIA, Mission Viejo, CA, pg. 399
FULL CONTACT ADVERTISING, Boston, MA, pg. 402
FUSION IDEA LAB, Chicago, IL, pg. 404
GABRIEL DEGROOD BENDT, MinneaPOlis, MN, pg. 407
GAGE, Minneapolis, MN, pg. 1403
GIAMBRONE + PARTNERS, Cincinnati, OH, pg. 418
GMR MARKETING LLC, New Berlin, WI, pg. 1403
GOCONVERGENCE, Orlando, FL, pg. 426
GODA ADVERTISING, Inverness, IL, pg. 426
THE GOODNESS COMPANY, Wisconsin Rapids, WI, pg. 429
THE GOSS AGENCY INC., Asheville, NC, pg. 430
GREY GROUP, New York, NY, pg. 438
GREY NEW YORK, New York, NY, pg. 438
GRIN, Evansville, IN, pg. 450
GROUP46, Bluffton, SC, pg. 452
GUD MARKETING, Lansing, MI, pg. 455
GUMAS ADVERTISING, San Francisco, CA, pg. 455
THE GUNTER AGENCY, New Glarus, WI, pg. 456
GYK ANTLER, Manchester, NH, pg. 457
HAKUHODO INCORPORATED, Tokyo, pg. 461
HART, Columbus, OH, pg. 469
HAVAS PR, New York, NY, pg. 1528
HAWORTH MARKETING + MEDIA, Minneapolis, MN, pg. 1328
HMH, Portland, OR, pg. 504
HUGE LLC, Brooklyn, NY, pg. 512
HUGHESLEAHYKARLOVIC, Saint Louis, MO, pg. 513
HYC/MERGE, Chicago, IL, pg. 515
THE I AM GROUP, INC., Hernando, FL, pg. 517
I-SITE, INC., Philadelphia, PA, pg. 517
ICON MEDIA DIRECT, Van Nuys, CA, pg. 1331
INNIS MAGGIORE GROUP, INC., Canton, OH, pg. 533
INTEGRAL MEDIA INC., Excelsior, MN, pg. 1335
INTERLEX COMMUNICATIONS INC., San Antonio, TX, pg. 538
INTERTREND COMMUNICATIONS, INC., Long Beach, CA, pg. 544
INTRIGUE, Melville, NY, pg. 545
ISA ADVERTISING, New York, NY, pg. 548
J. GREG SMITH, INC., Omaha, NE, pg. 552
JAMES ROSS ADVERTISING, Pompano Beach, FL, pg. 571
JOHNSON DESIGN GROUP, Ada, MI, pg. 580
JOHNSONRAUHOFF, Saint Joseph, MI, pg. 581
THE JONES AGENCY, Palm Springs, CA, pg. 581
K2 KRUPP KOMMUNIKATIONS, INC, New York, NY, pg. 1550
KATHODERAY MEDIA INC., Greenville, NY, pg. 588
KEEN BRANDING, Milton, DE, pg. 589
KETCHUM, New York, NY, pg. 1554
KIDVERTISERS, New York, NY, pg. 594
KINDLING MEDIA, LLC, Hollywood, CA, pg. 595
KPI AGENCY, San Diego, CA, pg. 601
KURMAN COMMUNICATIONS, INC., Chicago, IL, pg. 1561
KW2, Madison, WI, pg. 604
KWORQ, New York, NY, pg. 604
LAKE GROUP MEDIA, INC., Armonk, NY, pg. 607
LATCHA+ASSOCIATES, Farmington Hills, MI, pg. 611
LATINWORKS MARKETING, INC., Austin, TX, pg. 612

A-139

AGENCIES

SPECIAL MARKET INDEX

LAUGHLIN/CONSTABLE, INC., Milwaukee, WI, pg. 613
LAWRENCE & SCHILLER, INC., Sioux Falls, SD, pg. 616
LAZBRO, INC., Atlanta, GA, pg. 617
LEAD ME MEDIA, Deerfield Beach, FL, pg. 617
LEO BURNETT COMPANY LTD., Toronto, pg. 620
LEO BURNETT WORLDWIDE, INC., Chicago, IL, pg. 621
LEVO HEALTH, Tampa, FL, pg. 635
LEWIS COMMUNICATIONS, Birmingham, AL, pg. 636
LINETT & HARRISON, Montville, NJ, pg. 641
THE LINICK GROUP, INC., Middle Island, NY, pg. 641
LINX COMMUNICATIONS CORP., Smithtown, NY, pg. 642
LIQUID ADVERTISING, El Segundo, CA, pg. 644
LITTLE DOG AGENCY INC., Mount Pleasant, SC, pg. 645
LITTLE L COMMUNICATIONS, Geneva, OH, pg. 646
LOONEY ADVERTISING AND DESIGN, Montclair, NJ, pg. 651
LOPEZ NEGRETE COMMUNICATIONS, INC., Houston, TX, pg. 651
LPNY LTD., New York, NY, pg. 655
LUQUIRE GEORGE ANDREWS, INC., Charlotte, NC, pg. 657
M/K ADVERTISING PARTNERS, LTD., New York, NY, pg. 664
MACIAS CREATIVE, Miami, FL, pg. 666
MAD 4 MARKETING, Fort Lauderdale, FL, pg. 667
MAGNANI CARUSO DUTTON, New York, NY, pg. 670
MANGOS, Conshohocken, PA, pg. 674
MANTERA ADVERTISING, Bakersfield, CA, pg. 675
MANTRA PUBLIC RELATIONS, INC., New York, NY, pg. 1575
MARC USA, Pittsburgh, PA, pg. 676
MARC USA BOSTON, Stoneham, MA, pg. 677
MARC USA CHICAGO, Chicago, IL, pg. 677
MARCA MIAMI, Coconut Grove, FL, pg. 677
MARGIE KORSHAK INC., Chicago, IL, pg. 1575
MARINA MAHER COMMUNICATIONS, New York, NY, pg. 1576
MARINELLI & COMPANY, New York, NY, pg. 679
MARKETING WERKS, INC., Chicago, IL, pg. 1411
MARKETSHARE PLUS, INC., Fort Wayne, IN, pg. 685
THE MARTIN AGENCY, Richmond, VA, pg. 687
MASSIVEMEDIA, New York, NY, pg. 692
MCCANN MINNEAPOLIS, Minneapolis, MN, pg. 713
MCNEILL COMMUNICATIONS GROUP INC., High Point, NC, pg. 1580
THE MEDIA KITCHEN, New York, NY, pg. 1342
MEDIASMITH, San Francisco, CA, pg. 1350
MESS, Chicago, IL, pg. 1271
MICHAEL WALTERS ADVERTISING, Chicago, IL, pg. 738
MICSTURA, Miami, FL, pg. 739
MILLWARD BROWN INC., Lisle, IL, pg. 742
MKTWORKS, INC., Cold Spring, NY, pg. 749
MORRIS & CASALE INC., Woodstock, GA, pg. 760
MOXIE SOZO, Boulder, CO, pg. 765
MPRM PUBLIC RELATIONS, Los Angeles, CA, pg. 1586
MRB PUBLIC RELATIONS, Freehold, NJ, pg. 1586
NAIL COMMUNICATIONS, Providence, RI, pg. 783
NATIONAL MEDIA SERVICES, INC., Huntington Bay, NY, pg. 785
NEURON SYNDICATE, Santa Monica, CA, pg. 790
NOBLE, Springfield, MO, pg. 795
NUEVO ADVERTISING GROUP, INC., Sarasota, FL, pg. 802
O2KL, New York, NY, pg. 803
OCEAN BRIDGE GROUP, Los Angeles, CA, pg. 805
OFF MADISON AVE, Phoenix, AZ, pg. 809
OGILVY, New York, NY, pg. 809
OGILVYHEALTHCARE, Milan, pg. 833
OLANDER GROUP, Ottawa, IL, pg. 1355
OMNICOM GROUP INC., New York, NY, pg. 836
ONE SOURCE DIRECT MARKETING, INC., Coral Springs, FL, pg. 1278
ONE TWELFTH INC., Miami, FL, pg. 839
ONEWORLD COMMUNICATIONS, INC., San Francisco, CA, pg. 840
ORGANIC, INC., San Francisco, CA, pg. 1278
PALISADES MEDIA GROUP, INC., Santa Monica, CA, pg. 1361
PAN COMMUNICATIONS, Boston, MA, pg. 1605
PANTIN/BEBER SILVERSTEIN PUBLIC RELATIONS, Miami, FL, pg. 1605
PINGER PR AT POWERS, Cincinnati, OH, pg. 1609
PINTA, New York, NY, pg. 872
POLLER & JORDAN ADVERTISING AGENCY, INC., Miami, FL, pg. 881
PONDER IDEAWORKS, Huntington Beach, CA, pg. 882
POWERS AGENCY, Cincinnati, OH, pg. 885
POZA CONSULTING SERVICES, Santa Monica, CA, pg. 885
PP+K, Tampa, FL, pg. 885
PRESTON KELLY, Minneapolis, MN, pg. 888
PRIMEDIA INC., Warwick, RI, pg. 1364
PRINCETON PARTNERS, INC., Princeton, NJ, pg. 890
PROJECT, Auburn Hills, MI, pg. 891
PUBLICIS NEW YORK, New York, NY, pg. 912
PUBLISHERS ADVERTISING ASSOCIATES, New York, NY, pg. 1225
QUEUE CREATIVE MARKETING GROUP LLC, Chicago, IL, pg. 923
QUIGLEY-SIMPSON, Los Angeles, CA, pg. 923
RAKA, Portsmouth, NH, pg. 930
RATTLE ADVERTISING, Beverly, MA, pg. 933
RAWLE MURDY ASSOCIATES, INC., Charleston, SC, pg. 934
RCG PRODUCTIONS, Coral Springs, FL, pg. 1225
RED INTERACTIVE AGENCY, Santa Monica, CA, pg. 1284
RED MOON MARKETING, Charlotte, NC, pg. 940
REPUBLIK PUBLICITE + DESIGN INC., Montreal, pg. 947
REQ, Washington, DC, pg. 948
REVEL, Richardson, TX, pg. 952
REX DIRECT NET, INC., Cherry Hill, NJ, pg. 953
REYNOLDS & ASSOCIATES, El Segundo, CA, pg. 953
RHYMES ADVERTISING & MARKETING, Bellaire, TX, pg. 955
THE RICHARDS GROUP, INC., Dallas, TX, pg. 956
RIESTER, Phoenix, AZ, pg. 958
ROCKET 55, Minneapolis, MN, pg. 964
RON FOTH ADVERTISING, Columbus, OH, pg. 967
ROTTER GROUP INC., Huntington, NY, pg. 969
RPM ADVERTISING, Chicago, IL, pg. 971
S3, Boonton, NJ, pg. 974
SAESHE ADVERTISING, Los Angeles, CA, pg. 986
SAGON-PHIOR, West Los Angeles, CA, pg. 1638
SAMBA ROCK, Miami Beach, FL, pg. 988
SAPIENT CONSULTING, New York, NY, pg. 991
SBC, Columbus, OH, pg. 993
SCHWARTZ PUBLIC RELATIONS ASSOCIATES, INC., New York, NY, pg. 1642
SHERRY MATTHEWS ADVOCACY MARKETING, Austin, TX, pg. 1007
SHINE UNITED, Madison, WI, pg. 1008
SHOPPER MARKETING GROUP ADVERTISING INC., Porter Ranch, CA, pg. 1009
SILTANEN & PARTNERS, El Segundo, CA, pg. 1013
SIQUIS, LTD., Baltimore, MD, pg. 1016
SMITH BROTHERS AGENCY, LP, Pittsburgh, PA, pg. 1023
SMITHGIFFORD, Falls Church, VA, pg. 1024
SOCIALLY PRESENT, Carbondale, IL, pg. 1026
SOMETHING MASSIVE, Los Angeles, CA, pg. 1291
SPARKPLUG MARKETING & COMMUNICATIONS INC., Toronto, pg. 1031
SPECIALTY TRUCK RENTALS, Santa Monica, CA, pg. 1416
SPIRO & ASSOCIATES MARKETING, ADVERTISING & PUBLIC RELATIONS, Fort Myers, FL, pg. 1034
SPURRIER MEDIA GROUP, Richmond, VA, pg. 1370
S.R. VIDEO PICTURES, LTD., Haverstraw, NY, pg. 1038
STARCOM, Chicago, IL, pg. 1370
STERLING RICE GROUP, Boulder, CO, pg. 1047
SUBMIT EXPRESS INC., Glendale, CA, pg. 1057
SWARM NYC, New York, NY, pg. 1293
SWBR, INC., Bethlehem, PA, pg. 1065
SWEENEY, Cleveland, OH, pg. 1065
TAKE 5 MEDIA GROUP, Boca Raton, FL, pg. 1071
TANGIBLE MEDIA, INC., New York, NY, pg. 1375
TARGETBASE, Irving, TX, pg. 1073
TBC INC., Baltimore, MD, pg. 1076
TC CREATIVES LLC, Woodland Hills, CA, pg. 1093
TEC DIRECT MEDIA, INC., Chicago, IL, pg. 1375
THAT AGENCY, West Palm Bch, FL, pg. 1098
THREE LAKES MARKETING, Austin, TX, pg. 1102
TIDAL SHORES INC., Houston, TX, pg. 1102
TIDESMART GLOBAL, Falmouth, ME, pg. 1103
TOP HAND MEDIA, Fresno, CA, pg. 1110
TRACTION CORPORATION, San Francisco, CA, pg. 1112
TRELLIS MARKETING, INC, Buffalo, NY, pg. 1115
TRILION STUDIOS, Lawrence, KS, pg. 1228
TRINET INTERNET SOLUTIONS, INC., Irvine, CA, pg. 1118
TRONE BRAND ENERGY, INC., High Point, NC, pg. 1119
TURNER DUCKWORTH DESIGN, London, pg. 1122
UM SAN FRANCISCO, San Francisco, CA, pg. 1378
UNION, Charlotte, NC, pg. 1298
VENABLES, BELL & PARTNERS, San Francisco, CA, pg. 1132
VENEZIA DESIGN INC., Glendale, CA, pg. 1133
VENTURA ASSOCIATES INTERNATIONAL LLC, New York, NY, pg. 1418
VIBES MEDIA, Chicago, IL, pg. 1136
VITAMIN, Baltimore, MD, pg. 1140
VITRO, San Diego, CA, pg. 1141
VML, Kalamazoo, MI, pg. 1300
VML, INC., Kansas City, MO, pg. 1143
WAVEMAKER GLOBAL LTD, New York, NY, pg. 1379
WAVEMAKER - NA HQ, NEW YORK, New York, NY, pg. 1386
WC MEDIA INC., Springfield, IL, pg. 1154
WEBER SHANDWICK, New York, NY, pg. 1673
WESTOVER MEDIA, Portland, OR, pg. 1419
WHITESPACE CREATIVE, Akron, OH, pg. 1161
WIEDEN + KENNEDY, INC., Portland, OR, pg. 1163
WINSTANLEY PARTNERS, Lenox, MA, pg. 1171
WWDB INTEGRATED MARKETING, Fort Lauderdale, FL, pg. 1193
ZENITH USA, New York, NY, pg. 1391
ZLRIGNITION, Des Moines, IA, pg. 1214
ZOG DIGITAL, Phoenix, AZ, pg. 1214

Direct Response Marketing

10TWELVE, Glenview, IL, pg. 1
1185 DESIGN, Palo Alto, CA, pg. 1
15 MINUTES, INC., Conshohocken, PA, pg. 2
22SQUARED, Atlanta, GA, pg. 4
23K STUDIOS, Wayne, PA, pg. 4
3 ADVERTISING, Albuquerque, NM, pg. 5
300M, Columbus, OH, pg. 6
3MARKETEERS ADVERTISING, INC., San Jose, CA, pg. 8
454 CREATIVE, Irvine, CA, pg. 9
49 SEO SERVICES, San Diego, CA, pg. 9
5BY5 AGENCY, Brentwood, TN, pg. 10
5METACOM, IndianaPOlis, IN, pg. 10
78MADISON, Dayton, OH, pg. 12
802 CREATIVE PARTNERS, INC., Stowe, VT, pg. 12
919 MARKETING COMPANY, Holly Springs, NC, pg. 13
93 OCTANE, Richmond, VA, pg. 14
9.8 GROUP, New York, NY, pg. 14
A. EICOFF & CO., Chicago, IL, pg. 14
THE A GROUP, Brentwood, TN, pg. 15
THE A TEAM, LLC, New York, NY, pg. 1395
AAI (ADVERTISING ASSOCIATES INTERNATIONAL), Boston, MA, pg. 15
AARS & WELLS, INC., Dallas, TX, pg. 15
A.B. DATA, LTD., Milwaukee, WI, pg. 16
AB+C, Wilmington, DE, pg. 16
ABBE LABORATORIES, INC., Farmingdale, NY, pg. 1219
ABELSON-TAYLOR, INC., Chicago, IL, pg. 17
ABOVEBOARD BRANDING, Alpharetta, GA, pg. 18
ABZ CREATIVE PARTNERS, Charlotte, NC, pg. 18
ACCELERATOR ADVERTISING INC., Lewis Center, OH, pg. 19
ACCENTURE INTERACTIVE, New York, NY, pg. 1232
ACCESS ADVERTISING + PR, Roanoke, VA, pg. 19
ACCESS TO MEDIA, Chicopee, MA, pg. 20
ACENTO ADVERTISING, INC., Santa Monica, CA, pg. 20
ACTIFY MEDIA, Helena, MT, pg. 22
ACTIVE INTEGRATED MARKETING, Willow Grove, PA, pg. 22
ACTON INTERNATIONAL LTD., Lincoln, NE, pg. 22
AD DAWG CREATIVE, Redwood City, CA, pg. 23
AD RESULTS, Houston, TX, pg. 24
ADAMS & KNIGHT, INC., Avon, CT, pg. 25
ADAMS & LONGINO ADVERTISING, INC., Greenville, NC, pg. 25
ADASIA COMMUNICATIONS, INC., Englewood Cliffs, NJ, pg. 27
ADBIT'S ADVERTISING & PR, Fort Lauderdale, FL, pg. 27
ADCETERA GROUP, Houston, TX, pg. 27
ADCOM GROUP, INC., Guaynabo, PR, pg. 28
THE ADMARK GROUP, Pasadena, CA, pg. 30
ADMERASIA, INC., New York, NY, pg. 31
ADMO, INC., Saint Louis, MO, pg. 31
ADPERIO, Denver, CO, pg. 1233
ADPERSUASION, Irvine, CA, pg. 32
ADREA RUBIN MARKETING, INC., New York, NY, pg. 32
ADS ON WHEELS, Bedford, NH, pg. 33
ADSOKA, INC., Minneapolis, MN, pg. 33
ADVANCED MARKETING STRATEGIES, San Diego, CA, pg. 33
ADVANTIX DIGITAL, Addison, TX, pg. 1233

SPECIAL MARKET INDEX — AGENCIES

ADVENTIUM, LLC, New York, NY, pg. 34
ADVENTIVE MARKETING, INC., Chicago, IL, pg. 35
ADVERTEL, INC., Pittsburgh, PA, pg. 35
ADVERTISEMINT, Santa Monica, CA, pg. 1233
ADVERTISING SAVANTS, INC., Saint Louis, MO, pg. 35
ADVOCACY SOLUTIONS LLC, Providence, RI, pg. 36
AFFECT NY, New York, NY, pg. 1427
AGENCY 51, Santa Ana, CA, pg. 37
AGENCY CREATIVE, Dallas, TX, pg. 38
AGENCY212, LLC, New York, NY, pg. 39
AGENCY59, Toronto, pg. 39
AGENCYSACKS, New York, NY, pg. 40
AGENDA, New York, NY, pg. 40
AIMIA, Minneapolis, MN, pg. 41
AJ ROSS CREATIVE MEDIA, INC., Chester, NY, pg. 42
AJAX UNION, Brooklyn, NY, pg. 42
AKA DIRECT, INC., Portland, OR, pg. 42
AL STARK'S A&M, Wadsworth, IL, pg. 43
ALCHEMY AT AMS, Dallas, TX, pg. 44
ALIMED INC, Dedham, MA, pg. 1219
ALL STAR INCENTIVE MARKETING, INC., Fiskdale, MA, pg. 1396
ALL-WAYS ADVERTISING COMPANY, Bloomfield, NJ, pg. 1396
ALLEGRA MARKETING & PRINT, Phoenix, AZ, pg. 45
ALLIANCE ACTIVATION, Atlanta, GA, pg. 1306
ALLISON & PARTNERS-WASHINGTON D.C., Washington, DC, pg. 48
ALTMAN-HALL ASSOCIATES, Erie, PA, pg. 50
AMBIT MARKETING COMMUNICATIONS, Fort Lauderdale, FL, pg. 51
AMERICAN ADVERTISING SERVICES, Bala Cynwyd, PA, pg. 52
AMERICAN MEDIA CONCEPTS INC., Brooklyn, NY, pg. 52
AMG MARKETING RESOURCES INC., Solon, OH, pg. 53
AMP AGENCY, Boston, MA, pg. 1236
AMUSEMENT PARK, Santa Ana, CA, pg. 54
ANDERSON DDB HEALTH & LIFESTYLE, Toronto, pg. 57
THE ANDERSON GROUP, Sinking Spring, PA, pg. 57
ANDERSON-MADISON ADVERTISING, INC., Minneapolis, MN, pg. 57
ANTHEM WORLDWIDE, Cincinnati, OH, pg. 61
ANVIL MEDIA, INC., Portland, OR, pg. 1307
APCO WORLDWIDE, Washington, DC, pg. 62
APOLLO INTERACTIVE, INC., El Segundo, CA, pg. 64
ARC WORLDWIDE, Chicago, IL, pg. 1397
ARCANA ACADEMY, Los Angeles, CA, pg. 65
ARCHER COMMUNICATIONS, INC., Rochester, NY, pg. 65
ARCHER MALMO, Memphis, TN, pg. 65
ARCHER MALMO AUSTIN, Austin, TX, pg. 66
ARENA COMMUNICATIONS, Salt Lake City, UT, pg. 67
ARGUS, Boston, MA, pg. 67
ARGYLE INTERACTIVE, Philadelphia, PA, pg. 68
ARGYLL, Redondo Beach, CA, pg. 68
ARKSIDE MARKETING, Riverside, CA, pg. 69
ARMADA MEDICAL MARKETING, Arvada, CO, pg. 69
ARNOLD WORLDWIDE, Boston, MA, pg. 69
ARRAS KEATHLEY AGENCY, Cleveland, OH, pg. 71
ARRCO MEDICAL MARKETING, Walpole, MA, pg. 71
ARTICHOKE CREATIVE, Encinitas, CA, pg. 72
THE ARTIME GROUP, Pasadena, CA, pg. 72
ARVIZU ADVERTISING & PROMOTIONS, Phoenix, AZ, pg. 73
ASHAY MEDIA GROUP, Brooklyn, NY, pg. 73
ASO ADVERTISING, Atlanta, GA, pg. 74
ATOMIC DIRECT, LTD, Portland, OR, pg. 75
ATS MOBILE, King of Prussia, PA, pg. 1397
ATTACHE, INC., Columbus, OH, pg. 76
AUDIENCE INNOVATION, Austin, TX, pg. 76
AUGUST, LANG & HUSAK, INC., Bethesda, MD, pg. 77
AUSTIN & WILLIAMS, Hauppauge, NY, pg. 78
AUSTIN LAWRENCE GROUP, Stamford, CT, pg. 78
AVANZA ADVERTISING, LLC, Miami Springs, FL, pg. 79
AVEXDESIGNS, New York, NY, pg. 1239
AVOCET COMMUNICATIONS, Longmont, CO, pg. 79
AVREAFOSTER, Dallas, TX, pg. 80
AXIS MEDIA, Agoura Hills, CA, pg. 1309
B2E DIRECT MARKETING, Des Moines, IA, pg. 82
BADER RUTTER & ASSOCIATES, INC., Milwaukee, WI, pg. 83
BAKER CREATIVE, Groveport, OH, pg. 85
BAKERY, Austin, TX, pg. 1240
THE BALCOM AGENCY, Fort Worth, TX, pg. 85
BALLANTINES PR, West Hollywood, CA, pg. 1438
THE BAM CONNECTION, Brooklyn, NY, pg. 86
BAM STRATEGY, Montreal, pg. 87

BAMBOO, San Francisco, CA, pg. 1309
BANDUJO ADVERTISING & DESIGN, New York, NY, pg. 87
BANDY CARROLL HELLIGE ADVERTISING, Louisville, KY, pg. 87
BARBER MARTIN AGENCY, Richmond, VA, pg. 88
BARKER, New York, NY, pg. 89
BARKLEY, Kansas City, MO, pg. 90
BARNHART, Denver, CO, pg. 91
BAROLIN & SPENCER, INC., Voorhees, NJ, pg. 91
BARTLEY & DICK, New York, NY, pg. 94
BASS ADVERTISING, Sioux City, IA, pg. 95
BAYARD ADVERTISING AGENCY, INC., New York, NY, pg. 96
BBDO MONTREAL, Montreal, pg. 97
BBG&G ADVERTISING, Campbell Hall, NY, pg. 115
BCA MARKETING COMMUNICATIONS, Rye Brook, NY, pg. 116
BCF, Virginia Beach, VA, pg. 117
BECKER GUERRY, Middletown, NJ, pg. 119
BECKETT & BECKETT, INC., Altadena, CA, pg. 120
BEEBY CLARK + MEYLER, Stamford, CT, pg. 120
BEEKMAN MARKETING, INC., New York, NY, pg. 121
BEELER MARKETING, Lake Oswego, OR, pg. 1447
BENCHWORKS, Chestertown, MD, pg. 122
BENEDICT ADVERTISING, Daytona Beach, FL, pg. 122
BENSIMON BYRNE, Toronto, pg. 123
BENSUR CREATIVE MARKETING GROUP, Erie, PA, pg. 123
BERGMAN GROUP, Glen Allen, VA, pg. 123
BERLIN CAMERON UNITED, New York, NY, pg. 124
BERLINE, Royal Oak, MI, pg. 124
BERNARD & COMPANY, Palatine, IL, pg. 124
BERNSTEIN-REIN ADVERTISING, INC., Kansas City, MO, pg. 125
BERRY NETWORK, INC., Dayton, OH, pg. 125
BFG COMMUNICATIONS, Bluffton, SC, pg. 126
BIG APPLE CIRCUS, Brooklyn, NY, pg. 1220
BIG COMMUNICATIONS, INC., Birmingham, AL, pg. 128
BIMM COMMUNICATIONS GROUP, Toronto, pg. 131
BLACK & VEATCH CORPORATE MARKETING & BRANDING, Overland Park, KS, pg. 1220
BLACK & WHITE ADVERTISING, INC., Ocean Springs, MS, pg. 132
BLACK OLIVE LLC, Chicago, IL, pg. 132
BLACKWING CREATIVE, Seattle, WA, pg. 133
BLAINE WARREN ADVERTISING LLC, Las Vegas, NV, pg. 133
BLAKESLEE ADVERTISING, Baltimore, MD, pg. 133
BLASS MARKETING, Old Chatham, NY, pg. 134
BLF MARKETING, Clarksville, TN, pg. 136
THE BLU GROUP - ADVERTISING & MARKETING, La Crosse, WI, pg. 138
BLUE DIMENSION, Evanston, IL, pg. 139
BLUE OLIVE CONSULTING, Florence, AL, pg. 139
BLUE SKY AGENCY, Atlanta, GA, pg. 140
BLUESPIRE MARKETING, West Hartford, CT, pg. 141
BLUESTONE ADVERTISING, LLC, Philadelphia, PA, pg. 141
BLUETOOTH CREATIVE GROUP, INC., Ronkonkoma, NY, pg. 142
BMI ELITE, Coconut Creek, FL, pg. 142
BMWW, Windsor Mill, MD, pg. 142
BOB GOLD & ASSOCIATES, Redondo Beach, CA, pg. 1453
BOB'S YOUR UNCLE, Toronto, pg. 143
BOC PARTNERS, Middlesex, NJ, pg. 143
BODDEN PARTNERS, New York, NY, pg. 143
BOLCHALK FREY MARKETING, ADVERTISING & PUBLIC RELATIONS, Tucson, AZ, pg. 144
BOLD+BEYOND, Los Angeles, CA, pg. 145
BONNEVILLE COMMUNICATIONS, Salt Lake City, UT, pg. 146
BOOMM! MARKETING & COMMUNICATIONS, La Grange, IL, pg. 146
BOONEOAKLEY, Charlotte, NC, pg. 147
THE BORENSTEIN GROUP, INC., Fairfax, VA, pg. 147
BOSCOBEL MARKETING COMMUNICATIONS, Silver Spring, MD, pg. 148
THE BOSTON GROUP, Boston, MA, pg. 149
BOUCHER + CO, New York, NY, pg. 149
BOUVIER KELLY INC., Greensboro, NC, pg. 149
BOZELL, Omaha, NE, pg. 150
BRAINSWITCH ADVERTISING, Miami, FL, pg. 153
BRAND AGENT, Dallas, TX, pg. 153
BRANDDIRECTIONS, Neenah, WI, pg. 155
BRANDIGO, Newburyport, MA, pg. 156
BRANDINGBUSINESS, Irvine, CA, pg. 157

THE BRANDON AGENCY, Myrtle Beach, SC, pg. 158
BRANDSCAPES, Omaha, NE, pg. 158
BRANDTAILERS, Newport Beach, CA, pg. 159
BRANDTUITIVE, New York, NY, pg. 159
BRANDWISE, Fort Worth, TX, pg. 160
BRICK, INC., Minneapolis, MN, pg. 162
BRIDGEMAN COMMUNICATIONS, INC., Boston, MA, pg. 1457
BRIERLEY & PARTNERS, Plano, TX, pg. 162
BRIGHAM & RAGO MARKETING COMMUNICATIONS, Basking Ridge, NJ, pg. 163
BRIGHT RED\TBWA, Tallahassee, FL, pg. 163
BRIGHTHOUSE BRANDING GROUP, Waterloo, pg. 164
BRIGHTON AGENCY, INC., Saint Louis, MO, pg. 164
BRILLIANT MEDIA STRATEGIES, Anchorage, AK, pg. 164
BRING, Green Bay, WI, pg. 165
BROADHEAD, Minneapolis, MN, pg. 165
BROADSTREET, New York, NY, pg. 1398
BROOKS BELL INTERACTIVE, Raleigh, NC, pg. 167
THE BROWER GROUP, Los Angeles, CA, pg. 1458
BROWN-FORMAN MEDIA SERVICES/B-F ADVERTISING, Nashville, TN, pg. 1220
BROWNING AGENCY, New Providence, NJ, pg. 168
BROWNSTEIN GROUP, Philadelphia, PA, pg. 168
BRUNNER, Pittsburgh, PA, pg. 169
THE BUNTIN GROUP, Nashville, TN, pg. 173
BURDETTE KETCHUM, Jacksonville, FL, pg. 173
BURGESS ADVERTISING & MARKETING, Falmouth, ME, pg. 174
BURK ADVERTISING & MARKETING, Dallas, TX, pg. 174
BURNS MARKETING, Denver, CO, pg. 175
BURTON, LIVINGSTONE & KIRK, Newport Beach, CA, pg. 176
BUSINESS-TO-BUSINESS MARKETING COMMUNICATIONS, Raleigh, NC, pg. 177
BUTLER, SHINE, STERN & PARTNERS, Sausalito, CA, pg. 177
BUTLER/TILL, Rochester, NY, pg. 1313
BUY ADS DIRECT, Ridge Manor, FL, pg. 1313
BVK, Milwaukee, WI, pg. 178
BVK-CHICAGO, Roselle, IL, pg. 179
CALDWELL VANRIPER, Indianapolis, IN, pg. 182
CALISE PARTNERS INC., Dallas, TX, pg. 183
CALLAHAN CREEK, INC., Lawrence, KS, pg. 183
CAMBRIDGE BIOMARKETING, Cambridge, MA, pg. 184
CAMPBELL EWALD, Detroit, MI, pg. 185
CAMPBELL LACOSTE, INC., Black Earth, WI, pg. 186
CAMPUS MEDIA GROUP, INC., Bloomington, MN, pg. 1314
CAPONIGRO MARKETING GROUP, LLC, Southfield, MI, pg. 188
CAPRICORN, Melville, NY, pg. 1399
CAPTAINS OF INDUSTRY, Boston, MA, pg. 188
CARDWELL BEACH, Brooklyn, NY, pg. 189
CARL BLOOM ASSOCIATES, INC., White Plains, NY, pg. 189
CARMICHAEL LYNCH, Minneapolis, MN, pg. 189
CAROLYN IZZO INTEGRATED COMMUNICATIONS, Nyack, NY, pg. 1463
CARROLL/WHITE, Atlanta, GA, pg. 191
CASEY COMMUNICATIONS, INC., Saint Louis, MO, pg. 193
CASHMAN & KATZ INTEGRATED COMMUNICATIONS, Glastonbury, CT, pg. 193
CASTELLS & ASOCIADOS, Los Angeles, CA, pg. 194
CATALPHA ADVERTISING & DESIGN, Towson, MD, pg. 194
CATALYST MARKETING COMMUNICATIONS INC., Stamford, CT, pg. 195
CATALYST MARKETING COMPANY, Fresno, CA, pg. 195
CATALYST, SCIENCE + SOUL, Rochester, NY, pg. 195
CAUGHERTY HAHN COMMUNICATIONS, INC., Glen Rock, NJ, pg. 1464
CCG MARKETING SOLUTIONS, West Caldwell, NJ, pg. 197
CCM MARKETING COMMUNICATIONS, New York, NY, pg. 197
CD&M COMMUNICATIONS, Portland, ME, pg. 198
CDHM ADVERTISING, Stamford, CT, pg. 198
CELTIC, INC., Milwaukee, WI, pg. 199
CELTIC MARKETING, INC., Niles, IL, pg. 199
CENTRA360, Westbury, NY, pg. 1399
CFIVE SOLUTIONS, Laguna Hills, CA, pg. 201
CGT MARKETING LLC, Amityville, NY, pg. 201
CHARLESTON/ORWIG, INC., Hartland, WI, pg. 203
CHATTER BUZZ MEDIA, Orlando, FL, pg. 204
CHECKMARK COMMUNICATIONS, Saint Louis, MO, pg. 1220

AGENCIES

SPECIAL MARKET INDEX

CHEMISTRY COMMUNICATIONS INC., Pittsburgh, PA, pg. 205
CHUMNEY & ASSOCIATES, North Palm Beach, FL, pg. 207
CI GROUP, Whitehouse, NJ, pg. 208
C.I. VISIONS INC., New York, NY, pg. 1468
THE CIRLOT AGENCY, INC., Jackson, MS, pg. 209
CIVILIAN, Chicago, IL, pg. 210
CK ADVERTISING, Cape Coral, FL, pg. 210
CK COMMUNICATIONS, INC. (CKC), Indialantic, FL, pg. 210
CKR INTERACTIVE, Campbell, CA, pg. 211
CLARK & ASSOCIATES, Sacramento, CA, pg. 211
CLASSIFIED ADVERTISING PLUS, LLC, Tampa, FL, pg. 1315
CLICK HERE LABS, Dallas, TX, pg. 1246
CM COMMUNICATIONS, INC., Boston, MA, pg. 215
CMD, Portland, OR, pg. 215
CO-COMMUNICATIONS INC., West Harrison, NY, pg. 1400
COCO+CO, Ward Hill, MA, pg. 217
COLE & WEBER UNITED, Seattle, WA, pg. 218
COLLE+MCVOY, Minneapolis, MN, pg. 219
COLMAN BROHAN DAVIS, Chicago, IL, pg. 220
COLORPLAY STUDIO, Bend, OR, pg. 220
COLOUR, Halifax, pg. 221
COMMON SENSE ADVERTISING, Phoenix, AZ, pg. 222
COMMUNICATION ASSOCIATES, New York, NY, pg. 222
COMMUNICATION SERVICES, Albany, NY, pg. 222
COMMUNICATIONS 21, Atlanta, GA, pg. 1472
THE COMMUNITY, Miami, FL, pg. 223
THE COMPANY, Houston, TX, pg. 224
COMPASS POINT MEDIA, Minneapolis, MN, pg. 1316
THE COMPUTER STUDIO, Yonkers, NY, pg. 225
COMRADE, Oakland, CA, pg. 1246
CONCENTRIC MARKETING, Charlotte, NC, pg. 225
CONCEPT COMPANY, INC., Bellbrook, OH, pg. 226
CONSOLIDATED SOLUTIONS, Cleveland, OH, pg. 228
THE COOPER GROUP, New York, NY, pg. 230
COPACINO + FUJIKADO, LLC, Seattle, WA, pg. 230
CORINTHIAN MEDIA, INC., New York, NY, pg. 1316
CORNETT INTEGRATED MARKETING SOLUTIONS, Lexington, KY, pg. 232
COSSETTE INC., Quebec, pg. 233
COWLEY ASSOCIATES, INC., Syracuse, NY, pg. 234
COYNE ADVERTISING & PUBLIC RELATIONS, Nevillewood, PA, pg. 234
CP+B BOULDER, Boulder, CO, pg. 235
CRAMER-KRASSELT, Chicago, IL, pg. 237
CRAMER PRODUCTIONS INC., Norwood, MA, pg. 238
CRAMP & ASSOCIATES, INC., Wynnewood, PA, pg. 238
CRANFORD JOHNSON ROBINSON WOODS, Little Rock, AR, pg. 238
CREATIVE COMMUNICATIONS CONSULTANTS, INC., Minneapolis, MN, pg. 240
CREATIVE COMPANY, McMinnville, OR, pg. 240
CREATIVE DIRECTION, INC., Indianapolis, IN, pg. 241
CREATIVE ENERGY GROUP INC, Johnson City, TN, pg. 241
CREATIVE HEADS ADVERTISING, INC., Austin, TX, pg. 242
CREATIVE MARKETING ALLIANCE INC., Princeton Junction, NJ, pg. 243
CREATIVE OPTIONS COMMUNICATIONS, Lewisville, TX, pg. 244
CREATIVE PARTNERS, Stamford, CT, pg. 245
CREATIVE PARTNERS GROUP, INC., Palos Verdes Estates, CA, pg. 245
CREATIVE SOLUTIONS INTERNATIONAL, Wilmington, DE, pg. 245
CREATIVE STORM, Mason, OH, pg. 246
CRENDO, Salem, OR, pg. 246
CRITICAL LAUNCH, LLC, Dallas, TX, pg. 247
CRITICAL MASS INC., Calgary, pg. 248
CRITTENDEN ADVERTISING, Cary, NC, pg. 248
CRN INTERNATIONAL, INC., Hamden, CT, pg. 1400
CRONIN, Glastonbury, CT, pg. 248
CROSBY MARKETING COMMUNICATIONS, Annapolis, MD, pg. 249
CROSBY-WRIGHT, Paradise Vly, AZ, pg. 249
CROSSBOW GROUP, LLC, Westport, CT, pg. 249
CROW CREATIVE, New York, NY, pg. 250
CROWL, MONTGOMERY & CLARK, North Canton, OH, pg. 250
CROWLEY WEBB, Buffalo, NY, pg. 250
CTI MEDIA, Atlanta, GA, pg. 251
CTP, Boston, MA, pg. 252
CUBICLE NINJAS, Glen Ellyn, IL, pg. 252
CULT360, New York, NY, pg. 253
D&S CREATIVE COMMUNICATIONS INC., Mansfield, OH, pg. 256
DAE ADVERTISING, INC., San Francisco, CA, pg. 257
DAN PIPKIN ADVERTISING AGENCY, INC., Danville, IL, pg. 259
DATALAB USA LLC, Germantown, MD, pg. 261
DAVID & GOLIATH, El Segundo, CA, pg. 261
DAVID GELLER ASSOCIATES, INC., New York, NY, pg. 262
DAVID JAMES GROUP, Oakbrook Terrace, IL, pg. 262
DAVID PEARSON ASSOCIATES, Coral Gables, FL, pg. 1481
DAVIDSON & BELLUSO, Phoenix, AZ, pg. 263
DAVIS HARRISON DION, INC., Chicago, IL, pg. 265
DDB VANCOUVER, Vancouver, pg. 267
DDB WORLDWIDE COMMUNICATIONS GROUP INC., New York, NY, pg. 268
DE LA GARZA PUBLIC RELATIONS, INC., Houston, TX, pg. 1482
DEBOW COMMUNICATIONS, LTD., New York, NY, pg. 284
DECCA DESIGN, San Jose, CA, pg. 284
DECKER CREATIVE MARKETING, Glastonbury, CT, pg. 285
DEFYMEDIA, New York, NY, pg. 1248
DELIA ASSOCIATES, Whitehouse, NJ, pg. 287
DELLA FEMINA ADVERTISING, New York, NY, pg. 287
THE DELOR GROUP, Louisville, KY, pg. 288
DELUCA FRIGOLETTO ADVERTISING, INC., Honesdale, PA, pg. 288
DENMARK ADVERTISING & PUBLIC RELATIONS, Atlanta, GA, pg. 288
DENTINO MARKETING, Princeton, NJ, pg. 289
DENTSU AEGIS NETWORK AMERICAS, New York, NY, pg. 1318
DENTSU INC., Tokyo, pg. 289
DEPARTURE, San Diego, CA, pg. 291
DEVELOPMENT NOW, Portland, OR, pg. 1249
DEVITO GROUP, New York, NY, pg. 296
DEWAR COMMUNICATIONS INC., Houston, pg. 297
DGS MARKETING ENGINEERS, Fishers, IN, pg. 297
DH, Spokane, WA, pg. 298
DHX ADVERTISING, INC., Portland, OR, pg. 298
DIALAMERICA MARKETING, INC., Mahwah, NJ, pg. 1221
DIALOG DIRECT, Highland Park, MI, pg. 298
THE DIALOG MARKETING GROUP, Austin, TX, pg. 299
DICOM, INC., Saint Louis, MO, pg. 1318
DIESTE, Dallas, TX, pg. 299
DIETRICHDIRECT, LLC, Turner, ME, pg. 299
DIGIPOWERS, INC., San Francisco, CA, pg. 300
DIGITAS, Boston, MA, pg. 1250
DIGITAS HEALTH, Philadelphia, PA, pg. 302
DIMASSIMO GOLDSTEIN, New York, NY, pg. 302
DIRCKS ASSOCIATES, Saint James, NY, pg. 303
DIRECT ASSOCIATES, Natick, MA, pg. 303
DIRECT CHOICE, Wayne, PA, pg. 303
DIRECT EFFECT MEDIA SERVICES, Encinitas, CA, pg. 1318
DIRECT MARKETING CENTER, Torrance, CA, pg. 303
DIRECT MARKETING SOLUTIONS, Portland, OR, pg. 304
DIRECT RESPONSE ACADEMY, Austin, TX, pg. 304
THE DIRECT RESPONSE GROUP, LLC, Melville, NY, pg. 1318
DIRECT WEB ADVERTISING, INC., Boynton Beach, FL, pg. 304
DIRECTAVENUE, Carlsbad, CA, pg. 1319
DIXON SCHWABL ADVERTISING, Victor, NY, pg. 309
DJ-LA LLC, Los Angeles, CA, pg. 309
DJD/GOLDEN ADVERTISING, INC., New York, NY, pg. 309
D.L. MEDIA INC., Nixa, MO, pg. 309
DM2 DESIGN CONSULTANCY, Ridgefield Park, NJ, pg. 310
DMN3, Houston, TX, pg. 311
DMW WORLDWIDE LLC, Chesterbrook, PA, pg. 311
DO GOOD MARKETING, LLC, Ridgewood, NJ, pg. 312
DOE-ANDERSON, Louisville, KY, pg. 312
DOGGETT ADVERTISING, INC., Charlotte, NC, pg. 313
DOMUS INC., Philadelphia, PA, pg. 313
DON SCHAAF & FRIENDS, INC., Washington, DC, pg. 314
DONALD R. HARVEY, INC., Ronkonkoma, NY, pg. 314
DONER, Southfield, MI, pg. 314
DONOVAN ADVERTISING & MARKETING SERVICES, Lititz, PA, pg. 315
DOREMUS, New York, NY, pg. 316
DORN MARKETING, Geneva, IL, pg. 317
DOUBLE-TEAM BUSINESS PLANS, Santa Monica, CA, pg. 317
DOZ, San Francisco, CA, pg. 318
THE DOZIER COMPANY, Dallas, TX, pg. 318
DPR GROUP, INC., Frederick, MD, pg. 1488
DRAKE COOPER INC., Boise, ID, pg. 319
DREAMENTIA INC, Los Angeles, CA, pg. 320
DRIVE BRAND STUDIO, North Conway, NH, pg. 320
DRM PARTNERS, INC., Hoboken, NJ, pg. 1319
DROGA5, New York, NY, pg. 321
DROY ADVERTISING, Denver, CO, pg. 322
DSC (DILEONARDO SIANO CASERTA) ADVERTISING, Philadelphia, PA, pg. 323
DSD CREATIVE GROUP, INC., Nipomo, CA, pg. 323
D.TRIO, Minneapolis, MN, pg. 323
DUFFEY PETROSKY, Farmington Hills, MI, pg. 324
DUFFY & SHANLEY, INC., Providence, RI, pg. 324
DUFOUR ADVERTISING, Sheboygan, WI, pg. 325
DUNCAN CHANNON, San Francisco, CA, pg. 325
EAG ADVERTISING & MARKETING, Kansas City, MO, pg. 328
EAST BANK COMMUNICATIONS INC., Portland, OR, pg. 328
EAST MEETS WEST PRODUCTIONS INC., Corpus Christi, TX, pg. 328
THE EDELMAN GROUP, New York, NY, pg. 331
THE EGC GROUP, Melville, NY, pg. 332
EISENBERG & ASSOCIATES, Fort Lauderdale, FL, pg. 333
EJW ASSOCIATES, INC., Alpharetta, GA, pg. 334
EL CREATIVE, INC., Dallas, TX, pg. 334
ELEVATION, Washington, DC, pg. 336
ELEVEN INC., San Francisco, CA, pg. 336
ELITE SEM, New York, NY, pg. 1320
ELLINGSEN BRADY ADVERTISING (EBA), Milwaukee, WI, pg. 337
ELLIPSIS SOLUTIONS, Pleasanton, CA, pg. 338
ELLIS-HARPER ADVERTISING, Auburn, AL, pg. 338
EMAIL AGENCY, Boca Raton, FL, pg. 1255
EMG MARKETING, San Clemente, CA, pg. 339
EMI STRATEGIC MARKETING, INC., Boston, MA, pg. 1401
EMLEY DESIGN GROUP, Fort Wayne, IN, pg. 339
EMPOWER MEDIAMARKETING, Cincinnati, OH, pg. 1320
ENC MARKETING & COMMUNICATIONS, McLean, VA, pg. 1500
ENDEAVOUR MARKETING & MEDIA, LLC, Murfreesboro, TN, pg. 340
THE ENGINE ROOM, Aliso Viejo, CA, pg. 341
ENTREPRENEUR ADVERTISING GROUP, Kansas City, MO, pg. 342
ENYE MEDIA, LLC, Oklahoma City, OK, pg. 342
EP+CO, Greenville, SC, pg. 343
EPSILON DATA MANAGEMENT, LLC, Irving, TX, pg. 344
ER MARKETING, Kansas City, MO, pg. 346
ERASERFARM, Tampa, FL, pg. 346
ERBACH COMMUNICATIONS GROUP, INC., Lyndhurst, NJ, pg. 346
ERIC MOWER + ASSOCIATES, Syracuse, NY, pg. 346
ERICHO PUBLIC RELATIONS, White Plains, NY, pg. 1501
ERVIN & SMITH, Omaha, NE, pg. 348
ES ADVERTISING, Los Angeles, CA, pg. 348
ESROCK PARTNERS, Orland Park, IL, pg. 349
ESTEY-HOOVER INC. ADVERTISING-PUBLIC RELATIONS, NewPOrt Beach, CA, pg. 350
ESWSTORYLAB, Chicago, IL, pg. 350
ETARGETMEDIA.COM, INC., Coconut Creek, FL, pg. 350
EUCALYPT MEDIA, Scarborough, ME, pg. 1501
EVANS ALLIANCE ADVERTISING, Sparta, NJ, pg. 351
EVENTIV (MARKETING, DESIGN & DISPLAY), Whitehouse, OH, pg. 353
EVINS COMMUNICATIONS, LTD., New York, NY, pg. 1501
EVOK ADVERTISING, Heathrow, FL, pg. 353
EVOKE IDEA GROUP, INC., Saint Charles, IL, pg. 354
EVOLVE, INC., Greenville, NC, pg. 354
EXPECT ADVERTISING, INC., Clifton, NJ, pg. 355
EXPLORE COMMUNICATIONS, Denver, CO, pg. 1321
FACTOR360 DESIGN + TECHNOLOGY, Pierre, SD, pg. 357
FAHLGREN MORTINE, Columbus, OH, pg. 358
FARAGO DESIGN, New York, NY, pg. 362
FASONE & PARTNERS, Kansas City, MO, pg. 362
FAT CHIMP STUDIOS LLC, Saint Louis, MO, pg. 363
FATHOM COMMUNICATIONS, New York, NY, pg. 363
FCB GLOBAL, New York, NY, pg. 363
FELDER COMMUNICATIONS GROUP, Grand Rapids, MI, pg. 377

A-142

SPECIAL MARKET INDEX — AGENCIES

FIFTEEN DEGREES, New York, NY, pg. 379
FIG ADVERTISING & MARKETING, Denver, CO, pg. 379
FINCH BRANDS, Philadelphia, PA, pg. 380
FIRECRACKER PR, Brea, CA, pg. 1505
FIREHOUSE, INC., Dallas, TX, pg. 1402
FIRST CLASS, INC., Chicago, IL, pg. 1321
FIRST MEDIA GROUP INC., Syracuse, NY, pg. 384
FISLER COMMUNICATIONS, Newbury, MA, pg. 385
FISTER, Saint Louis, MO, pg. 385
FIXATION MARKETING, Bethesda, MD, pg. 386
FKQ ADVERTISING + MARKETING, Clearwater, FL, pg. 386
FLEMING & COMPANY INC., NewPort, RI, pg. 387
FLETCHER MEDIA GROUP, Peterborough, NH, pg. 388
FLY COMMUNICATIONS, New York, NY, pg. 389
FLYING A, Pasadena, CA, pg. 1322
FLYING POINT DIGITAL, New York, NY, pg. 390
FMB ADVERTISING, Knoxville, TN, pg. 390
FOODMIX MARKETING COMMUNICATIONS, Elmhurst, IL, pg. 391
FORREST & BLAKE INC., Mountainside, NJ, pg. 392
FORT GROUP INC., Ridgefield Park, NJ, pg. 393
FORTYTWOEIGHTYNINE, Rockton, IL, pg. 393
FORWARD3D, New York, NY, pg. 1258
FOSTER MARKETING COMMUNICATIONS, Lafayette, LA, pg. 394
THE FRANK AGENCY INC, Overland Park, KS, pg. 395
FRANKEL MEDIA GROUP, Newberry, FL, pg. 396
FREEBAIRN & CO., Atlanta, GA, pg. 397
FREED ADVERTISING, Sugar Land, TX, pg. 397
FRONTLINE ADVERTISING, INC., Rochester, NY, pg. 400
FSC MARKETING + DIGITAL, Pittsburgh, PA, pg. 400
FTI CONSULTING, Washington, DC, pg. 400
FULL CONTACT ADVERTISING, Boston, MA, pg. 402
FUSEBOXWEST, Los Angeles, CA, pg. 404
FUSION IDEA LAB, Chicago, IL, pg. 404
G&G ADVERTISING, INC., Billings, MT, pg. 406
THE G3 GROUP, Linthicum, MD, pg. 407
GABRIEL DEGROOD BENDT, MinneaPOlis, MN, pg. 407
GAGE, Minneapolis, MN, pg. 1403
GAGO MEDIA, INC., Tiburon, CA, pg. 1322
GAMS COMMUNICATIONS, Chicago, IL, pg. 409
GARRITANO GROUP, Wayzata, MN, pg. 411
GARZA CREATIVE GROUP, Dallas, TX, pg. 411
GCG MARKETING, Fort Worth, TX, pg. 413
THE GEARY COMPANY, Las Vegas, NV, pg. 413
GEILE LEON MARKETING COMMUNICATIONS, Saint Louis, MO, pg. 414
GELIA-MEDIA, INC., Williamsville, NY, pg. 414
GEM GROUP, Eden Prairie, MN, pg. 1403
GENERATOR MEDIA + ANALYTICS, New York, NY, pg. 414
GENUINE INTERACTIVE, Boston, MA, pg. 414
GEOFFREY CARLSON GAGE, LLC, Wayzata, MN, pg. 415
GEOMETRY GLOBAL NORTH AMERICA HQ, New York, NY, pg. 415
GHG, New York, NY, pg. 417
GIAMBRONE + PARTNERS, Cincinnati, OH, pg. 418
GIGANTE VAZ PARTNERS ADVERTISING, INC., New York, NY, pg. 419
GKV COMMUNICATIONS, Baltimore, MD, pg. 421
THE GLENN GROUP, Reno, NV, pg. 421
GLIMMER, INC., Naperville, IL, pg. 422
GLYNNDEVINS ADVERTISING & MARKETING, Kansas City, MO, pg. 424
GOCONVERGENCE, Orlando, FL, pg. 426
GODA ADVERTISING, Inverness, IL, pg. 426
GODFREY ADVERTISING, Lancaster, PA, pg. 426
GODWIN ADVERTISING AGENCY, INC., Jackson, MS, pg. 427
GOLDSTEIN GROUP COMMUNICATIONS, Solon, OH, pg. 428
GOOD ADVERTISING, INC., Memphis, TN, pg. 428
THE GOODNESS COMPANY, Wisconsin Rapids, WI, pg. 429
GOODWAY GROUP, Jenkintown, PA, pg. 1322
THE GOSS AGENCY INC., Asheville, NC, pg. 430
GRAFIK MARKETING COMMUNICATIONS, Alexandria, VA, pg. 431
GRAGG ADVERTISING, Kansas City, MO, pg. 431
GRAHAM OLESON, Colorado Springs, CO, pg. 432
GRAY LOON MARKETING GROUP, INC., Evansville, IN, pg. 433
GRAY MATTER AGENCY INC., Hingham, MA, pg. 434
GREENLIGHT, Dallas, TX, pg. 435
GREENRUBINO, Seattle, WA, pg. 436
GREENSTREET MARKETING, Battle Creek, MI, pg. 436
GREY CANADA, Toronto, pg. 437
GREY GROUP, New York, NY, pg. 438
GREY PUERTO RICO, San Juan, PR, pg. 448
GRIFF/SMC, INC. MEDICAL MARKETING COMMUNICATIONS, Boulder, CO, pg. 449
GRIFFIN WINK ADVERTISING, Lubbock, TX, pg. 450
GROUP46, Bluffton, SC, pg. 452
GS&F, Nashville, TN, pg. 453
GSS COMMUNICATIONS, INC., Los Angeles, CA, pg. 454
GSW WORLDWIDE, Westerville, OH, pg. 454
GUD MARKETING, Lansing, MI, pg. 455
GUMAS ADVERTISING, San Francisco, CA, pg. 455
GUNDERSON DIRECT INC, Hayward, CA, pg. 456
THE GUNTER AGENCY, New Glarus, WI, pg. 456
GWA/GREGORY WELTEROTH ADVERTISING, Montoursville, PA, pg. 456
GWP, INC., Montclair, NJ, pg. 456
GYRO, New York, NY, pg. 457
GYRO CINCINNATI, Cincinnati, OH, pg. 458
GYRO DENVER, Denver, CO, pg. 459
H&L PARTNERS, San Francisco, CA, pg. 459
H+A INTERNATIONAL, INC., Chicago, IL, pg. 459
HAGGERTY & ASSOCIATES, Woburn, MA, pg. 460
HAKUHODO INCORPORATED, Tokyo, pg. 461
HAMLYN SENIOR MARKETING, Haddonfield, NJ, pg. 464
HANCOCK ADVERTISING AGENCY, Nacogdoches, TX, pg. 465
HANNA & ASSOCIATES INC., Coeur D'Alene, ID, pg. 465
HANSON DODGE INC., Milwaukee, WI, pg. 466
HANSON WATSON ASSOCIATES, Moline, IL, pg. 466
HAP MARKETING SERVICES, INC., Eatontown, NJ, pg. 466
HARFIELD & ASSOCIATES, Vancouver, pg. 467
HARGER, HOWE & WALSH, Burlington, MA, pg. 467
HARMELIN MEDIA, Bala Cynwyd, PA, pg. 1324
HAROLD WARNER ADVERTISING, INC., Buffalo, NY, pg. 468
HARRIMAN CREATIVE, INC, Portland, OR, pg. 468
HARRIS, BAIO & MCCULLOUGH INC., Philadelphia, PA, pg. 469
HARRISON MARKETING & ADVERTISING, Bakersfield, CA, pg. 469
HART, Columbus, OH, pg. 469
THE HART AGENCY, INC., Kansas City, KS, pg. 470
HARTE-HANKS, INC., San Antonio, TX, pg. 470
HAVAS, Puteaux, pg. 472
HAVAS MEDIA, New York, NY, pg. 1324
HAVIT ADVERTISING, LLC, Arlington, VA, pg. 489
HAWTHORNE DIRECT INC., Fairfield, IA, pg. 489
HAYNES MARKETING NETWORK, INC., Macon, GA, pg. 489
HCB HEALTH, Austin, TX, pg. 490
HCK2 PARTNERS, Addison, TX, pg. 490
HEILBRICE, Newport Beach, CA, pg. 493
HEINRICH MARKETING, Denver, CO, pg. 493
HEINZEROTH MARKETING GROUP, Rockford, IL, pg. 493
HELIX EDUCATION, Salt Lake City, UT, pg. 494
HELLMAN, Waterloo, IA, pg. 494
HENKE & ASSOCIATES, INC., Cedarburg, WI, pg. 496
HEPCATSMARKETING.COM, Margate, FL, pg. 496
HERMAN & ALMONTE PUBLIC RELATIONS, LLC, New York, NY, pg. 1529
HERMAN ASSOCIATES, INC., New York, NY, pg. 497
HFB ADVERTISING, INC., West Islip, NY, pg. 498
HIEBING, Madison, WI, pg. 498
HILL HOLLIDAY, Boston, MA, pg. 500
HILL HOLLIDAY/NEW YORK, New York, NY, pg. 501
HIRONS & COMPANY, Indianapolis, IN, pg. 502
HIRSHORN ZUCKERMAN DESIGN GROUP, Rockville, MD, pg. 502
HITCHCOCK FLEMING & ASSOCIATES, INC., Akron, OH, pg. 502
HIVEMIND MARKETING INC., San Jose, CA, pg. 1260
HMC ADVERTISING LLC, Richmond, VT, pg. 504
HMH, Portland, OR, pg. 504
HODGES ASSOCIATES, INC., Fayetteville, NC, pg. 505
HOFFMAN AND PARTNERS, Braintree, MA, pg. 505
HOLLAND ADVERTISING:INTERACTIVE, Cincinnati, OH, pg. 506
HOLTON SENTIVAN AND GURY, Ambler, PA, pg. 507
THE HORAH GROUP, Pleasantville, NY, pg. 508
HORIZON MEDIA, INC., New York, NY, pg. 1329
HORNERCOM, Harleysville, PA, pg. 509
HOWELL, LIBERATORE & ASSOCIATES, INC., Elmira, NY, pg. 510
HSR GROUP, INC., New Orleans, LA, pg. 510
HUGE LLC, Brooklyn, NY, pg. 512
HUGHESLEAHYKARLOVIC, Saint Louis, MO, pg. 513
HULT MARKETING, Peoria, IL, pg. 513
HUMMINGBIRD CREATIVE GROUP, Cary, NC, pg. 514
HUNTSINGER & JEFFER, Richmond, VA, pg. 515
HYC/MERGE, Chicago, IL, pg. 515
ICON MEDIA DIRECT, Van Nuys, CA, pg. 1331
ICROSSING NEW YORK, New York, NY, pg. 1261
ID MEDIA, New York, NY, pg. 1331
ID29, Troy, NY, pg. 519
I.D.E.A., San Diego, CA, pg. 519
IDEA BANK MARKETING, Hastings, NE, pg. 520
THE IDEA FACTORY, New York, NY, pg. 520
IDEA HALL, Costa Mesa, CA, pg. 520
IDEASCAPE, INC., Stoneham, MA, pg. 521
IDEAWORKS, INC., Pensacola, FL, pg. 522
IDIRECT MARKETING, INC., Irvine, CA, pg. 522
IGM CREATIVE GROUP, Lincoln Park, NJ, pg. 1405
IGNITE COMMUNICATIONS, Duluth, GA, pg. 522
ILAN GEVA & FRIENDS, Northbrook, IL, pg. 523
IMAGE UNLIMITED COMMUNICATIONS, LTD., Boston, MA, pg. 1540
IMAGINASIUM INC., Green Bay, WI, pg. 525
IMMERSION ACTIVE, Frederick, MD, pg. 527
IMPACT DIRECT, Cornelius, NC, pg. 527
IMPRESSIONS-A.B.A. INDUSTRIES, INC., Mineola, NY, pg. 528
IMPRESTIGE MEDIA MARKETING, Prairie Village, KS, pg. 528
THE IN-HOUSE AGENCY, INC., Morristown, NJ, pg. 529
INDUSTRIAL STRENGTH MARKETING, Nashville, TN, pg. 530
INFERNO, Memphis, TN, pg. 530
INFINITY CONCEPTS, Export, PA, pg. 531
INFOGROUP INC., Omaha, NE, pg. 1222
INFORMATION ANALYTICS, INC., Lincoln, NE, pg. 532
INNIS MAGGIORE GROUP, INC., Canton, OH, pg. 533
INNOVISION ADVERTISING, LLC, New York, NY, pg. 534
INQUEST MARKETING, Kansas City, MO, pg. 534
INSIGHT MARKETING COMMUNICATIONS, Wallingford, CT, pg. 535
INSPIRE CREATIVE STUDIOS, Wilmington, NC, pg. 535
INSTINCT MARKETING, Frisco, TX, pg. 536
THE INTEGER GROUP - DENVER, Lakewood, CO, pg. 1406
THE INTEGER GROUP, LLC, Lakewood, CO, pg. 536
THE INTEGER GROUP-MIDWEST, Des Moines, IA, pg. 1406
INTEGRAL MEDIA INC., Excelsior, MN, pg. 1335
INTEGRATED MARKETING SERVICES, Princeton, NJ, pg. 536
INTERACTIVEWEST, Denver, CO, pg. 1264
INTERLEX COMMUNICATIONS INC., San Antonio, TX, pg. 538
INTERMARK GROUP, INC., Birmingham, AL, pg. 539
INTERMEDIA ADVERTISING, Woodland Hills, CA, pg. 539
INTERNETWEBBUILDERS.COM, Rocklin, CA, pg. 1335
THE INTERPUBLIC GROUP OF COMPANIES, INC., New York, NY, pg. 540
INTERTREND COMMUNICATIONS, INC., Long Beach, CA, pg. 544
INTRIGUE, Melville, NY, pg. 545
IONIC MEDIA, Woodland Hills, CA, pg. 546
ISA ADVERTISING, New York, NY, pg. 548
ISOBAR US, Boston, MA, pg. 549
THE IVY GROUP, LTD., Charlottesville, VA, pg. 551
IWERX MEDIA & ADVERTISING, Minot, ND, pg. 552
J&L MARKETING, Louisville, KY, pg. 1266
J. GREG SMITH, INC., Omaha, NE, pg. 552
J. WALTER THOMPSON ATLANTA, Atlanta, GA, pg. 564
JACK NADEL, INC., Los Angeles, CA, pg. 1407
JACOBS & CLEVENGER, INC., Chicago, IL, pg. 569
JAFFE & PARTNERS, New York, NY, pg. 570
JAJO, INC., Wichita, KS, pg. 570
JAMES & THOMAS, INC., Saint Charles, IL, pg. 571
JAMES ROSS ADVERTISING, Pompano Beach, FL, pg. 571
JAN KELLEY MARKETING, Burlington, pg. 571
JANIS BROWN & ASSOCIATES, Escondido, CA, pg. 572
JAVELIN MARKETING GROUP, Irving, TX, pg. 572
JEFFREY ALEC COMMUNICATIONS, Los Angeles, CA, pg. 574
JEKYLL AND HYDE, Redford, MI, pg. 574
JELLYFISH, Baltimore, MD, pg. 574
JENNINGS SOCIAL MEDIA MARKETING, Leawood, KS, pg. 575
JHA MARKETING, Austin, TX, pg. 576
JMC MARKETING COMMUNICATIONS & PR, Kingston, NY, pg. 577

AGENCIES

SPECIAL MARKET INDEX

THE JOEY COMPANY, Brooklyn, NY, pg. 578
JOHNSON DESIGN GROUP, Ada, MI, pg. 580
JOHNSON MARKETING GROUP INC., Orland Park, IL, pg. 580
JOHNSONRAUHOFF, Saint Joseph, MI, pg. 581
THE JONES AGENCY, Palm Springs, CA, pg. 581
JONES & THOMAS, INC., Decatur, IL, pg. 581
JONES FOSTER DEAL ADVERTISING & PUBLIC RELATIONS, INC., Tampa, FL, pg. 582
JONES HUYETT PARTNERS, Topeka, KS, pg. 582
JORDAN ASSOCIATES, Oklahoma City, OK, pg. 582
THE JRT AGENCY, Farmington Hills, MI, pg. 583
JSTOKES AGENCY, Walnut Creek, CA, pg. 584
JULIE A. LAITIN ENTERPRISES, INC., New York, NY, pg. 584
K2 COMMUNICATIONS, Southampton, PA, pg. 586
KAREN MORSTAD & ASSOCIATES LLC., Greenwich, CT, pg. 587
KARLIN+PIMSLER, New York, NY, pg. 587
KARMORY, Boston, MA, pg. 588
KARSTAN COMMUNICATIONS, Oakville, pg. 588
KATHODERAY MEDIA INC., Greenville, NY, pg. 588
KDR MEDIA GROUP, Schaumburg, IL, pg. 589
KEITH BATES & ASSOCIATES, INC., Chicago, IL, pg. 590
KELLEY HABIB JOHN, Boston, MA, pg. 591
KELLY SCOTT MADISON, Chicago, IL, pg. 1336
KEO MARKETING INC, Phoenix, AZ, pg. 1554
KERN, Woodland Hills, CA, pg. 593
KEVIN J. ASH CREATIVE DESIGN, LLC, Northwood, NH, pg. 593
KEYAD, LLC, San Antonio, TX, pg. 593
KEYPATH EDUCATION, Lenexa, KS, pg. 593
KHEMISTRY, London, pg. 594
KINZIEGREEN MARKETING GROUP, Wausau, WI, pg. 596
KLEBER & ASSOCIATES MARKETING & COMMUNICATIONS, Atlanta, GA, pg. 598
KOCHAN & COMPANY MARKETING COMMUNICATIONS, Saint Louis, MO, pg. 600
KODA, Gilbert, AZ, pg. 600
KORTENHAUS COMMUNICATIONS, INC., Boston, MA, pg. 1560
KOVEL/FULLER, Culver City, CA, pg. 601
KPI AGENCY, San Diego, CA, pg. 601
KRT MARKETING, Lafayette, CA, pg. 603
KTK DESIGN, Chicago, IL, pg. 603
KURMAN COMMUNICATIONS, INC., Chicago, IL, pg. 1561
KW2, Madison, WI, pg. 604
KWG, New York, NY, pg. 604
KYK ADVERTISING MARKETING PROMOTIONS, Louisville, KY, pg. 605
KZSW ADVERTISING, Setauket, NY, pg. 605
L7 CREATIVE, Carlsbad, CA, pg. 606
LA AGENCIA DE ORCI & ASOCIADOS, Santa Monica, CA, pg. 606
LABOV ADVERTISING, MARKETING AND TRAINING, Fort Wayne, IN, pg. 606
THE LACEK GROUP, Minneapolis, MN, pg. 606
LAKE GROUP MEDIA, INC., Armonk, NY, pg. 607
LAM-ANDREWS INC., Nashville, TN, pg. 608
LAMBESIS, INC., La Jolla, CA, pg. 608
LANETERRALEVER, Phoenix, AZ, pg. 610
LANMARK360, West Long Branch, NJ, pg. 610
LATITUDE, Dallas, TX, pg. 1408
LATORRA, PAUL & MCCANN, Syracuse, NY, pg. 613
LAUGHING SAMURAI, Orlando, FL, pg. 613
LAUGHLIN/CONSTABLE, INC., Milwaukee, WI, pg. 613
LAUNCHPAD ADVERTISING, New York, NY, pg. 615
LAWRENCE & SCHILLER, INC., Sioux Falls, SD, pg. 616
LAZBRO, INC., Atlanta, GA, pg. 617
LEAD ME MEDIA, Deerfield Beach, FL, pg. 617
LEAPFROG ONLINE, Evanston, IL, pg. 618
LEE & ASSOCIATES, INC., Canoga Park, CA, pg. 1565
LEE TILFORD AGENCY, Austin, TX, pg. 619
LEGEND INC., Marblehead, MA, pg. 619
THE LEIGH AGENCY, Dunn Loring, VA, pg. 620
LEO BURNETT COMPANY LTD., Toronto, pg. 620
LEO BURNETT WORLDWIDE, INC., Chicago, IL, pg. 621
LEPOIDEVIN MARKETING, Brookfield, WI, pg. 632
LEVEL MPLS, Minneapolis, MN, pg. 633
LEVINE & ASSOCIATES, INC., Arlington, VA, pg. 634
LEVO HEALTH, Tampa, FL, pg. 635
LEVY INDUSTRIAL, Pittsburgh, PA, pg. 635
LINETT & HARRISON, Montville, NJ, pg. 641
THE LINICK GROUP, INC., Middle Island, NY, pg. 641
THE LINK AGENCY, Barrington, RI, pg. 641
LINX COMMUNICATIONS CORP., Smithtown, NY, pg. 642

LIPMAN HEARNE, INC., Chicago, IL, pg. 643
LIQUID ADVERTISING, El Segundo, CA, pg. 644
LITOS STRATEGIC COMMUNICATION, S Dartmouth, MA, pg. 645
LITTLE DOG AGENCY INC., Mount Pleasant, SC, pg. 645
LIVE & BREATHE, London, pg. 646
LJF ASSOCIATES, INC., The Woodlands, TX, pg. 647
LKH&S, Chicago, IL, pg. 647
LMO ADVERTISING, Arlington, VA, pg. 648
LOCAL MARKETING SOLUTIONS GROUP, INC., Rolling Meadows, IL, pg. 649
LOCATION3 MEDIA, INC., Denver, CO, pg. 649
LOCKARD & WECHSLER, Irvington, NY, pg. 649
LOIS GELLER MARKETING GROUP, Miami, FL, pg. 650
THE LOOMIS AGENCY, Dallas, TX, pg. 651
LOONEY ADVERTISING AND DESIGN, Montclair, NJ, pg. 651
LOPEZ NEGRETE COMMUNICATIONS, INC., Houston, TX, pg. 651
LOUDMAC CREATIVE, Tarpon Springs, FL, pg. 1571
LOVE ADVERTISING INC., Houston, TX, pg. 652
LOVE & COMPANY, INC., Frederick, MD, pg. 653
LOVIO GEORGE INC., Detroit, MI, pg. 1571
LOYALME, New York, NY, pg. 1269
LP&G MARKETING, Tucson, AZ, pg. 654
LPI COMMUNICATIONS GROUP INC., Calgary, pg. 654
LUBICOM MARKETING CONSULTING, Brooklyn, NY, pg. 655
LUCKIE & COMPANY, Birmingham, AL, pg. 655
LUNDMARK ADVERTISING + DESIGN INC., Kansas City, MO, pg. 657
LUQUIRE GEORGE ANDREWS, INC., Charlotte, NC, pg. 657
LYERLY AGENCY INC., Belmont, NC, pg. 658
M/K ADVERTISING PARTNERS, LTD., New York, NY, pg. 664
M2 MARKETING AND MANAGEMENT SERVICES INC., Santa Ana, CA, pg. 665
M5 NEW HAMPSHIRE, Manchester, NH, pg. 665
MACCABEE GROUP, INC., Minneapolis, MN, pg. 1573
MACRO COMMUNICATIONS, Capistrano Beach, CA, pg. 667
MAD 4 MARKETING, Fort Lauderdale, FL, pg. 667
MADDOCK DOUGLAS, INC., Elmhurst, IL, pg. 668
MADISON + MAIN, Richmond, VA, pg. 669
MAGNANI, Chicago, IL, pg. 670
MAGNANI CARUSO DUTTON, New York, NY, pg. 670
MAIER ADVERTISING, INC., Farmington, CT, pg. 672
MALLOF, ABRUZINO & NASH MARKETING, Carol Stream, IL, pg. 673
MANTERA ADVERTISING, Bakersfield, CA, pg. 675
MARC USA, Pittsburgh, PA, pg. 676
MARC USA BOSTON, Stoneham, MA, pg. 677
MARC USA CHICAGO, Chicago, IL, pg. 677
MARCA MIAMI, Coconut Grove, FL, pg. 677
MARCUS THOMAS LLC, Cleveland, OH, pg. 679
MARDEN-KANE, INC., Syosset, NY, pg. 1409
THE MAREK GROUP, Bloomington, MN, pg. 679
MARICICH BRAND COMMUNICATIONS, Irvine, CA, pg. 679
MARINELLI & COMPANY, New York, NY, pg. 679
MARK ONE MARKETING, Westlake Village, CA, pg. 680
MARKET DEVELOPMENT GROUP, INC., Washington, DC, pg. 681
MARKET FORCE, INC., Raleigh, NC, pg. 681
MARKETING ASSOCIATES USA, Tampa, FL, pg. 1409
MARKETING MAVEN PUBLIC RELATIONS, INC., Camarillo, CA, pg. 1576
MARKETING PERFORMANCE GROUP, Boca Raton, FL, pg. 1340
MARKETING RESOURCES, INC., Oak Park, IL, pg. 1409
MARKETING RESULTS INC., Henderson, NV, pg. 684
MARKETING SPECIFICS INC., Acworth, GA, pg. 684
MARKETING VISIONS, INC., Tarrytown, NY, pg. 1410
MARKETSMITH INC, Cedar Knolls, NJ, pg. 685
MARRINER MARKETING COMMUNICATIONS, INC., Columbia, MD, pg. 686
THE MARS AGENCY, Southfield, MI, pg. 686
MARSHALL FENN COMMUNICATIONS LTD., Toronto, pg. 1577
THE MARTIN AGENCY, Richmond, VA, pg. 687
MARTIN RETAIL GROUP/MARTIN ADVERTISING, Birmingham, AL, pg. 688
MARTIN THOMAS INTERNATIONAL, Sterling, VA, pg. 688
MARTIN WILLIAMS ADVERTISING INC., Minneapolis, MN, pg. 688
MARTINO FLYNN LLC, Pittsford, NY, pg. 689

THE MARX GROUP, San Rafael, CA, pg. 689
MASCOLA ADVERTISING, New Haven, CT, pg. 690
MASLOW LUMIA BARTORILLO ADVERTISING, Wilkes Barre, PA, pg. 690
MASON, INC., Bethany, CT, pg. 691
MASON MARKETING, INC, Penfield, NY, pg. 691
MASONBARONET, Dallas, TX, pg. 691
MASTERMIND MARKETING, Atlanta, GA, pg. 1411
MASTERMINDS, Egg Harbor Township, NJ, pg. 692
MASTERWORKS, Poulsbo, WA, pg. 692
MATLOCK ADVERTISING & PUBLIC RELATIONS, Atlanta, GA, pg. 693
MATTS & DAVIDSON INC., Rye Brook, NY, pg. 694
MAXAUDIENCE, Carlsbad, CA, pg. 695
MAXIMUM EXPOSURE PUBLIC RELATIONS & MEDIA, Woodcliff Lake, NJ, pg. 1578
MAXWELL & MILLER MARKETING COMMUNICATIONS, Kalamazoo, MI, pg. 695
MAYCREATE, Chattanooga, TN, pg. 696
MCC, Dallas, TX, pg. 697
MCCABE DUVAL + ASSOCIATES, Harpswell, ME, pg. 697
MCCAFFERTY & CO. ADVERTISING, Louisville, KY, pg. 697
MCCANN MINNEAPOLIS, Minneapolis, MN, pg. 713
MCCANN VANCOUVER, Vancouver, pg. 714
MCFRANK & WILLIAMS ADVERTISING AGENCY, INC., New York, NY, pg. 716
MCGILL BUCKLEY, Ottawa, pg. 718
MCKIM, Winnipeg, pg. 719
MDB COMMUNICATIONS, INC., Washington, DC, pg. 720
MEDIA DESIGN GROUP LLC, Los Angeles, CA, pg. 1341
MEDIA ETC., Honolulu, HI, pg. 725
MEDIA HORIZONS, INC., Norwalk, CT, pg. 726
MEDIA II, INC., Northfield, OH, pg. 726
MEDIA LOGIC, Albany, NY, pg. 726
MEDIA POWER ADVERTISING, Cornelius, NC, pg. 1342
MEDIA RESOURCES, LTD., Canton, OH, pg. 1342
MEDIA RESULTS, Wilmington, MA, pg. 727
MEDIA SOLUTIONS, Sacramento, CA, pg. 1343
MEDIA STORM LLC, South Norwalk, CT, pg. 1343
MEDIA TWO INTERACTIVE, Raleigh, NC, pg. 727
MEDIASMITH, San Francisco, CA, pg. 1350
MEDIASSOCIATES, INC., Sandy Hook, CT, pg. 1351
MENTUS, San Diego, CA, pg. 730
MERCURY COMMUNICATIONS, Santa Monica, CA, pg. 1351
MERCURY MEDIA, INC., Los Angeles, CA, pg. 730
MERKLE INC., Columbia, MD, pg. 732
MESH DESIGN, Baton Rouge, LA, pg. 734
MESH INTERACTIVE AGENCY, Boston, MA, pg. 734
MEYERS + PARTNERS, Chicago, IL, pg. 736
THE MEYOCKS GROUP, West Des Moines, IA, pg. 736
MGH, INC., Owings Mills, MD, pg. 736
MICHAEL WALTERS ADVERTISING, Chicago, IL, pg. 738
MICSTURA, Miami, FL, pg. 739
MILE 9, Calabasas, CA, pg. 740
MILLENNIUM BUSINESS COMMUNICATIONS LLC, Schenectady, NY, pg. 740
MILLER AD AGENCY, Dallas, TX, pg. 741
THE MILLER GROUP, Los Angeles, CA, pg. 742
MILNER BUTCHER MEDIA GROUP, Los Angeles, CA, pg. 1351
MINDSTREAM MEDIA, San Diego, CA, pg. 1272
MINTZ & HOKE COMMUNICATIONS GROUP, Avon, CT, pg. 746
MIRABAL & ASSOCIATES, Mayaguez, PR, pg. 747
MISTRESS, Santa Monica, CA, pg. 747
MKTWORKS, INC., Cold Spring, NY, pg. 749
MMB, Boston, MA, pg. 750
MOB MEDIA, Foothill Rnch, CA, pg. 751
MOBIUM INTEGRATED BRANDING, Chicago, IL, pg. 752
MODCO MEDIA, New York, NY, pg. 753
MORE MEDIA GROUP, Redondo Beach, CA, pg. 757
MORGAN MARKETING & PUBLIC RELATIONS LLC, Laguna Beach, CA, pg. 1585
MOROCH HOLDINGS, INC., Dallas, TX, pg. 758
MORROW LANE, New York, NY, pg. 760
MORTAR ADVERTISING, San Francisco, CA, pg. 761
MORTON ADVERTISING INC., Edison, NJ, pg. 761
MOST BRAND DEVELOPMENT + ADVERTISING, Aliso Viejo, CA, pg. 762
MOTTIS, Sanford, NC, pg. 764
MOTUM B2B, Toronto, pg. 764
MOVEO, Chicago, IL, pg. 764
MOXIE, Atlanta, GA, pg. 1274
MOXIE SOZO, Boulder, CO, pg. 765
MRB PUBLIC RELATIONS, Freehold, NJ, pg. 1586
MRM MCCANN, New York, NY, pg. 766

A-144

SPECIAL MARKET INDEX — AGENCIES

MRM PRINCETON, Princeton, NJ, pg. 768
MRW COMMUNICATIONS LLC, Pembroke, MA, pg. 769
MSA ADVERTISING & PUBLIC RELATIONS, New York, NY, pg. 769
MSI, Chicago, IL, pg. 769
MULLENLOWE GROUP, Boston, MA, pg. 770
MUSE COMMUNICATIONS, Santa Monica, CA, pg. 780
MVNP, Honolulu, HI, pg. 780
MW MARKETING GROUP, Hudsonville, MI, pg. 781
THE MX GROUP, Burr Ridge, IL, pg. 781
NAIL COMMUNICATIONS, Providence, RI, pg. 783
NAIL MARKETING 360, New York, NY, pg. 1353
NATCOM MARKETING, Miami, FL, pg. 785
NATREL COMMUNICATIONS, Parsippany, NJ, pg. 786
NAVAJO COMPANY, Milpitas, CA, pg. 786
NAVIGANT MARKETING / KSR, Miami, FL, pg. 786
NEFF + ASSOCIATES, INC., Philadelphia, PA, pg. 788
NELSON ADVERTISING SOLUTIONS, Sonoma, CA, pg. 1224
NELSON SCHMIDT, Milwaukee, WI, pg. 788
NEMER FIEGER, Minneapolis, MN, pg. 788
NETPLUS MARKETING, INC., Philadelphia, PA, pg. 790
NEW RIVER COMMUNICATIONS, INC., Fort Lauderdale, FL, pg. 791
NEWKIRK COMMUNICATIONS, INC., Philadelphia, PA, pg. 792
NEWMAN GRACE INC., Woodland Hills, CA, pg. 792
NEWMARK ADVERTISING, INC., Woodland Hls, CA, pg. 793
NEWTON MEDIA, Chesapeake, VA, pg. 1354
NEXUS DIRECT, Norfolk, VA, pg. 793
NIMBLE WORLDWIDE, Dallas, TX, pg. 794
THE NISSEN GROUP, Winter Haven, FL, pg. 795
NMV STRATEGIES, Cleveland, OH, pg. 795
NOISE, INC., Sanibel, FL, pg. 796
NORBELLA INC., Boston, MA, pg. 1354
NORTHLIGHT ADVERTISING, Chester Springs, PA, pg. 800
NOSTRUM INC., Long Beach, CA, pg. 800
NOVUS MEDIA INC, Plymouth, MN, pg. 1354
NRC REALTY CAPITAL ADVISORS, Chicago, IL, pg. 1224
NUEVO ADVERTISING GROUP, INC., Sarasota, FL, pg. 802
NVS DESIGN INC., Indianapolis, IN, pg. 803
O2IDEAS, INC., Birmingham, AL, pg. 803
O2KL, New York, NY, pg. 803
O3 WORLD, LLC, Philadelphia, PA, pg. 804
O'BERRY CAVANAUGH, Bozeman, MT, pg. 804
OCEAN BRIDGE GROUP, Los Angeles, CA, pg. 805
OCEAN MEDIA INC., Huntington Beach, CA, pg. 1355
OCEANOS MARKETING, INC., Marshfield, MA, pg. 1355
ODNEY, Bismarck, ND, pg. 808
OGILVY, New York, NY, pg. 809
OGILVY COMMONHEALTH WORLDWIDE, Parsippany, NJ, pg. 832
OGILVY HEALTHWORLD-TORONTO, Toronto, pg. 833
THE OHLMANN GROUP, Dayton, OH, pg. 834
OIA MARKETING COMMUNICATIONS, Dayton, OH, pg. 834
OLANDER GROUP, Ottawa, IL, pg. 1355
OMAHA CREATIVE GROUP, Omaha, NE, pg. 1225
OMEGA ENGINEERING ADVERTISING, Stamford, CT, pg. 1225
OMNICOM GROUP INC., New York, NY, pg. 836
ON IDEAS, INC., Jacksonville, FL, pg. 838
ON-TARGET GRAPHICS, Oceano, CA, pg. 838
ONE & ALL, Pasadena, CA, pg. 838
ONE EIGHTEEN ADVERTISING, Los Angeles, CA, pg. 839
ONE SOURCE DIRECT MARKETING, INC., Coral Springs, FL, pg. 1278
ONEWORLD COMMUNICATIONS, INC., San Francisco, CA, pg. 840
OOH IMPACT, INC., New York, NY, pg. 1360
OPFER COMMUNICATIONS INC., Springfield, MO, pg. 842
OPTIC NERVE DIRECT MARKETING, San Francisco, CA, pg. 842
ORANGE LABEL ART & ADVERTISING, Newport Beach, CA, pg. 843
ORGANIC, INC., San Francisco, CA, pg. 1278
OSBORN & BARR COMMUNICATIONS, Saint Louis, MO, pg. 844
OUTERNATIONAL INC, New York, NY, pg. 846
OUTSIDE THE BOX INTERACTIVE LLC, Jersey City, NJ, pg. 847
OVERDRIVE INTERACTIVE, Boston, MA, pg. 1279
OXFORD ROAD, Hollywood, CA, pg. 848

PACE ADVERTISING, New York, NY, pg. 848
PACIFIC COMMUNICATIONS, Irvine, CA, pg. 848
PACIFICO INC., San Jose, CA, pg. 849
PACO COMMUNICATIONS, INC, Chicago, IL, pg. 849
PADILLA, Minneapolis, MN, pg. 849
PADULO INTEGRATED INC., Toronto, pg. 851
PALISADES MEDIA GROUP, INC., Santa Monica, CA, pg. 1361
PALLEY ADVERTISING INC., Worcester, MA, pg. 851
PAN COMMUNICATIONS, Boston, MA, pg. 1605
PANCOM INTERNATIONAL, INC., Glendale, CA, pg. 852
PARADIGM ASSOCIATES, San Juan, PR, pg. 1606
PARADIGM MEDIA CONSULTANTS, INC., Fishers, IN, pg. 853
PARKER ADVERTISING SERVICE, INC., Lancaster, PA, pg. 854
PARKER AVENUE, San Mateo, CA, pg. 854
PARTNERSHIP ADVERTISING, Amherst, NY, pg. 856
PATHFINDERS ADVERTISING & MARKETING GROUP, Mishawaka, IN, pg. 857
THE PATIENT RECRUITING AGENCY, Austin, TX, pg. 858
PAUL WERTH ASSOCIATES, INC., Columbus, OH, pg. 858
PAVLOV, Fort Worth, TX, pg. 859
PEAKBIETY, BRANDING + ADVERTISING, Tampa, FL, pg. 860
PERICH ADVERTISING + DESIGN, Ann Arbor, MI, pg. 864
PERISCOPE, Minneapolis, MN, pg. 864
PERQ LLC, Indianapolis, IN, pg. 865
PERRONE GROUP, Braintree, MA, pg. 865
PERSUASIVE BRANDS, Hilton Head Island, SC, pg. 865
PETER MAYER ADVERTISING, INC., New Orleans, LA, pg. 866
PG CREATIVE, Miami, FL, pg. 867
PGR MEDIA, LLC., Boston, MA, pg. 867
PHD, New York, NY, pg. 1361
PHELPS, Playa Vista, CA, pg. 867
PHOENIX MARKETING INTERNATIONAL, Milwaukee, WI, pg. 869
PINCKNEY HUGO GROUP, Syracuse, NY, pg. 871
PINGER PR AT POWERS, Cincinnati, OH, pg. 1609
PINNACLE DIRECT, Montreal, pg. 872
PINTA, New York, NY, pg. 872
PITA COMMUNICATIONS LLC, Rocky Hill, CT, pg. 873
THE PLACEMAKING GROUP, Oakland, CA, pg. 875
PLAN B (THE AGENCY ALTERNATIVE), Chicago, IL, pg. 876
PLAN C AGENCY, Los Angeles, CA, pg. 876
PLATYPUS ADVERTISING + DESIGN, Pewaukee, WI, pg. 877
PLUSMEDIA, LLC, Danbury, CT, pg. 878
PM PUBLICIDAD, Atlanta, GA, pg. 878
THE POINT GROUP, Dallas, TX, pg. 880
POINT TAKEN COMMUNICATIONS, Jacksonville, FL, pg. 1611
POINT TO POINT INC., Beachwood, OH, pg. 880
POLARIS RECRUITMENT COMMUNICATIONS, Miamisburg, OH, pg. 881
POLLER & JORDAN ADVERTISING AGENCY, INC., Miami, FL, pg. 881
PONDER IDEAWORKS, Huntington Beach, CA, pg. 882
PORETTA & ORR, INC., Doylestown, PA, pg. 883
PORTE ADVERTISING, INC., New York, NY, pg. 883
PORTER NOVELLI, New York, NY, pg. 1612
POSNER MILLER ADVERTISING, New York, NY, pg. 883
POWER MEDIA INC., Jericho, NY, pg. 1364
POWERS AGENCY, Cincinnati, OH, pg. 885
PP+K, Tampa, FL, pg. 885
PR/DNA, La Mirada, CA, pg. 1617
PRAGER CREATIVE, New York, NY, pg. 886
PRAXIS COMMUNICATIONS, INC., Huntingdon Valley, PA, pg. 886
PRECISIONEFFECT, Boston, MA, pg. 887
PRESTON KELLY, Minneapolis, MN, pg. 888
THE PRICE GROUP, INC., Lubbock, TX, pg. 888
PRICEWEBER MARKETING COMMUNICATIONS, INC., Louisville, KY, pg. 889
PRIMEDIA INC., Warwick, RI, pg. 1364
THE PRIMM COMPANY, Norfolk, VA, pg. 890
PRINCETON MARKETECH, Princeton Junction, NJ, pg. 890
PRINCETON PARTNERS, INC., Princeton, NJ, pg. 890
PRODIGAL MEDIA COMPANY, Boardman, OH, pg. 890
PROJECT, Auburn Hills, MI, pg. 891
PROM KROG ALTSTIEL INC., Mequon, WI, pg. 892
PROMARK DIRECT INC., Saddle Brook, NJ, pg. 1414

PROMOGROUP, Chicago, IL, pg. 1415
PROSPECT MEDIA GROUP LTD., Toronto, pg. 1415
PROTERRA ADVERTISING, Addison, TX, pg. 894
PROVE AGENCY, Los Angeles, CA, pg. 895
PROVING GROUND MEDIA, INC., Spencerville, MD, pg. 1365
PRX DIGITAL SILICON VALLEY, San Jose, CA, pg. 1620
PUBLICIS HAWKEYE, Dallas, TX, pg. 1282
PUBLICIS USA, New York, NY, pg. 912
PULSECX, Montgomeryville, PA, pg. 916
PURDIE ROGERS, INC., Seattle, WA, pg. 916
PUREI, Batavia, IL, pg. 917
PUSH, Orlando, FL, pg. 918
QUAKER CITY MERCANTILE, Philadelphia, PA, pg. 920
QUATTRO DIRECT LLC, Berwyn, PA, pg. 921
QUEUE CREATIVE, Lansing, MI, pg. 922
QUEUE CREATIVE MARKETING GROUP LLC, Chicago, IL, pg. 923
QUIGLEY-SIMPSON, Los Angeles, CA, pg. 923
QUINLAN & COMPANY, Buffalo, NY, pg. 923
R2C GROUP, Portland, OR, pg. 927
R2INTEGRATED, Campbell, CA, pg. 928
THE RADIO AGENCY, Newtown Sq, PA, pg. 928
RADIO LOUNGE - RADIO ADVERTISING AGENCY, Sugar Land, TX, pg. 928
RAIN, New York, NY, pg. 1283
THE RAMEY AGENCY LLC, Jackson, MS, pg. 930
THE RANKIN GROUP, LTD., Tustin, CA, pg. 931
RAPP, New York, NY, pg. 931
RATTLE ADVERTISING, Beverly, MA, pg. 933
RAWLE MURDY ASSOCIATES, INC., Charleston, SC, pg. 934
RBMM, Dallas, TX, pg. 934
R.C. AULETTA & CO., New York, NY, pg. 1626
RCG PRODUCTIONS, Coral Springs, FL, pg. 1225
RDW GROUP INC., Providence, RI, pg. 935
READY STATE LLC, San Francisco, CA, pg. 936
REALITY2 LLC, Los Angeles, CA, pg. 936
REALTIME MEDIA, INC., West Conshohocken, PA, pg. 937
RED DOOR INTERACTIVE, INC., San Diego, CA, pg. 939
RED MOON MARKETING, Charlotte, NC, pg. 940
RED7 AGENCY, Andrews, SC, pg. 942
REDSTONE COMMUNICATIONS INC., Omaha, NE, pg. 944
RE:FUEL, New York, NY, pg. 944
REGAN COMMUNICATIONS GROUP, Boston, MA, pg. 1628
RE:GROUP, INC., Ann Arbor, MI, pg. 945
REILLY CONNECT, Chicago, IL, pg. 1628
REMER INC. CREATIVE MARKETING, Seattle, WA, pg. 946
RENEGADE COMMUNICATIONS, Hunt Valley, MD, pg. 946
RENEGADE, LLC, New York, NY, pg. 946
REPLACEMENTS, LTD., McLeansville, NC, pg. 1225
THE REPUBLIK, Raleigh, NC, pg. 947
REPUBLIK PUBLICITE + DESIGN INC., Montreal, pg. 947
RESH MARKETING CONSULTANTS, INC., Columbia, SC, pg. 948
RESPONSE MEDIA, INC., Norcross, GA, pg. 949
THE RESPONSE SHOP, INC., La Jolla, CA, pg. 950
RESPONSORY, Brookfield, WI, pg. 950
RESULTS DIRECT MARKETING, Wichita, KS, pg. 950
RESULTS, INC., ADVERTISING AGENCY, Hasbrouck Heights, NJ, pg. 950
RETAIL REINVENTED, Los Angeles, CA, pg. 1285
RETNA MEDIA INC., Houston, TX, pg. 952
REYNOLDS & ASSOCIATES, El Segundo, CA, pg. 953
RHEA + KAISER, Naperville, IL, pg. 954
RHYCOM STRATEGIC ADVERTISING, Overland Park, KS, pg. 954
RHYMES ADVERTISING & MARKETING, Bellaire, TX, pg. 955
RHYTHM, Irvine, CA, pg. 1285
THE RIBAUDO GROUP, Brooklyn, NY, pg. 955
RICHARDS, Russell, OH, pg. 955
RICHARDS/CARLBERG, Houston, TX, pg. 956
THE RICHARDS GROUP, INC., Dallas, TX, pg. 956
RICHARDS/LERMA, Dallas, TX, pg. 957
RICHARDS PARTNERS, Dallas, TX, pg. 1631
RICHTER7, Salt Lake City, UT, pg. 957
RIESTER, Phoenix, AZ, pg. 958
RIGER ADVERTISING AGENCY, INC., Binghamton, NY, pg. 958
RIGHT ANGLE, Lafayette, LA, pg. 958
THE RIGHT LIST, Nashua, NH, pg. 959
RIGHT PLACE MEDIA, Lexington, KY, pg. 1367

A-145

AGENCIES

RILEY HAYES ADVERTISING, Minneapolis, MN, pg. 959
RISDALL MARKETING GROUP, Roseville, MN, pg. 959
RISE INTERACTIVE, Chicago, IL, pg. 960
RITTA, Paramus, NJ, pg. 960
RKD GROUP, Richardson, TX, pg. 961
R.M. BARROWS, INC. ADVERTISING & PUBLIC RELATIONS, San Mateo, CA, pg. 962
RMD ADVERTISING, Columbus, OH, pg. 962
RMI MARKETING & ADVERTISING, Emerson, NJ, pg. 962
RMR & ASSOCIATES, INC., Rockville, MD, pg. 962
ROBERT J. BERNS ADVERTISING LTD., Park Ridge, IL, pg. 963
ROBERTS COMMUNICATIONS INC., Rochester, NY, pg. 963
ROBERTSON & PARTNERS, Las Vegas, NV, pg. 964
ROCKET RED, Dallas, TX, pg. 965
THE ROCKFORD GROUP, New City, NY, pg. 965
ROCKIT SCIENCE AGENCY, Baton Rouge, LA, pg. 965
RODGERS TOWNSEND, LLC, Saint Louis, MO, pg. 965
ROME & COMPANY, Woodridge, IL, pg. 966
ROMPH & POU AGENCY, Shreveport, LA, pg. 967
RON FOTH ADVERTISING, Columbus, OH, pg. 967
RON SONNTAG PUBLIC RELATIONS, Milwaukee, WI, pg. 1633
RONI HICKS & ASSOCIATES, San Diego, CA, pg. 967
ROOFTOP COMMUNICATIONS, Brooklandvl, MD, pg. 968
ROSEN, Portland, OR, pg. 968
ROSS ADVERTISING, INC., Burbank, CA, pg. 968
ROTH ADVERTISING, INC., Sea Cliff, NY, pg. 969
RPA, Santa Monica, CA, pg. 970
RPM ADVERTISING, Chicago, IL, pg. 971
RT&E INTEGRATED COMMUNICATIONS, Villanova, PA, pg. 971
RXM CREATIVE, New York, NY, pg. 973
RYAN MARKETING PARTNERS, LLC, Farmington, CT, pg. 973
S3, Boonton, NJ, pg. 974
SAESHE ADVERTISING, Los Angeles, CA, pg. 986
SAGEFROG MARKETING GROUP, LLC, Doylestown, PA, pg. 987
SAGON-PHIOR, West Los Angeles, CA, pg. 1638
SALES DEVELOPMENT ASSOCIATES, INC., Saint Louis, MO, pg. 988
SAMBA ROCK, Miami Beach, FL, pg. 988
THE SAN JOSE GROUP, Winnetka, IL, pg. 989
SANDY HULL & ASSOCIATES, Minneapolis, MN, pg. 990
SANTA FE NATURAL TOBACCO ADVERTISING, Santa Fe, NM, pg. 1226
SAVAGE SOLUTIONS, LLC, Franklin, WI, pg. 992
SBC, Columbus, OH, pg. 993
SCALES ADVERTISING, Saint Paul, MN, pg. 994
SCHAEFER ADVERTISING CO., Fort Worth, TX, pg. 994
SCHNEIDER ELECTRIC'S AGENCY, West Kingston, RI, pg. 1226
THE SCOTT & MILLER GROUP, Saginaw, MI, pg. 997
SCOTT COOPER ASSOCIATES, LTD., Roslyn, NY, pg. 997
SCOTT, INC. OF MILWAUKEE, Milwaukee, WI, pg. 998
SCOTT THORNLEY + COMPANY, Toronto, pg. 998
SCOUT MARKETING, Atlanta, GA, pg. 998
SEAN TRACEY ASSOCIATES, Portsmouth, NH, pg. 1000
SELMARQ, Charlotte, NC, pg. 1002
SENSIS, Los Angeles, CA, pg. 1002
SERINO COYNE LLC, New York, NY, pg. 1003
SEROKA, Waukesha, WI, pg. 1003
SERUM, Seattle, WA, pg. 1003
SEVENTH POINT, Virginia Beach, VA, pg. 1004
SHARP COMMUNICATIONS, New York, NY, pg. 1006
SHASHO JONES DIRECT INC., New York, NY, pg. 1006
SHERRY MATTHEWS ADVOCACY MARKETING, Austin, TX, pg. 1007
SHINE UNITED, Madison, WI, pg. 1008
SHIRLEY/HUTCHINSON CREATIVE WORKS, Tampa, FL, pg. 1009
SHOPPER MARKETING GROUP ADVERTISING INC., Porter Ranch, CA, pg. 1009
SID LEE, Montreal, pg. 1010
SIDDALL, INC., Richmond, VA, pg. 1010
SIGMA GROUP, Upper Saddle River, NJ, pg. 1011
SIGMA MARKETING GROUP LLC, Rochester, NY, pg. 1012
THE SIGNATURE AGENCY, Wake Forest, NC, pg. 1013
SIGNATURE COMMUNICATIONS, Philadelphia, PA, pg. 1013
SIMANTEL, Peoria, IL, pg. 1014
THE SIMON GROUP, INC., Sellersville, PA, pg. 1014
SIMON GROUP MARKETING COMMUNICATIONS, INC., Evanston, IL, pg. 1015

THE SIMONS GROUP, Chicago, IL, pg. 1015
SIQUIS, LTD., Baltimore, MD, pg. 1016
SITEWIRE, Tempe, AZ, pg. 1016
SK+G ADVERTISING LLC, Las Vegas, NV, pg. 1018
SKYLINE MEDIA GROUP, Oklahoma City, OK, pg. 1019
SLACK AND COMPANY, Chicago, IL, pg. 1020
SMALL ARMY, Boston, MA, pg. 1022
S.MARK GRAPHICS FLORIDA INC., Fort Lauderdale, FL, pg. 1022
SMITH ASBURY INC, West Linn, OR, pg. 1023
SMITH BROTHERS AGENCY, LP, Pittsburgh, PA, pg. 1023
SMM ADVERTISING, Smithtown, NY, pg. 1024
SOCIALLY PRESENT, Carbondale, IL, pg. 1026
SONNHALTER, Cleveland, OH, pg. 1028
SOPEXA USA, New York, NY, pg. 1029
SOUND COMMUNICATIONS, INC., New York, NY, pg. 1369
SOURCE COMMUNICATIONS, Hackensack, NJ, pg. 1029
SOURCE MARKETING LLC, Norwalk, CT, pg. 1416
SOUTHWEST MEDIA GROUP, Dallas, TX, pg. 1369
THE SOUZA AGENCY, Annapolis, MD, pg. 1030
SPARKPLUG MARKETING & COMMUNICATIONS INC., Toronto, pg. 1031
SPARKS GROVE, Atlanta, GA, pg. 1032
SPAWN IDEAS, Anchorage, AK, pg. 1032
SPERO MEDIA, New York, NY, pg. 1033
SPIKER COMMUNICATIONS, INC., Missoula, MT, pg. 1033
SPIRO & ASSOCIATES MARKETING, ADVERTISING & PUBLIC RELATIONS, Fort Myers, FL, pg. 1034
SPOT SAVVY, LLC, New York, NY, pg. 1036
SPRAGUE NELSON, LLC., Weymouth, MA, pg. 1036
SPURRIER MEDIA GROUP, Richmond, VA, pg. 1370
SQUARE ONE MARKETING, West Hartford, CT, pg. 1037
SRPR, INC., Los Angeles, CA, pg. 1039
THE ST. GREGORY GROUP, INC., Cincinnati, OH, pg. 1040
ST. JACQUES MARKETING, Morristown, NJ, pg. 1040
ST. JOHN & PARTNERS, Jacksonville, FL, pg. 1040
STACKPOLE & PARTNERS ADVERTISING, Newburyport, MA, pg. 1041
STAFFORD CREATIVE INC., Edmonds, WA, pg. 1041
STAMATS, Cedar Rapids, IA, pg. 1042
STAR7, Las Vegas, NV, pg. 1043
STARCOM, Chicago, IL, pg. 1370
STARMARK INTERNATIONAL, INC., Fort Lauderdale, FL, pg. 1043
STC ASSOCIATES, New York, NY, pg. 1651
STEELE & ASSOCIATES, INC., Pocatello, ID, pg. 1045
STEIN IAS, New York, NY, pg. 1045
STEPHAN & BRADY, INC., Madison, WI, pg. 1046
STEPHAN PARTNERS, INC., Hastings Hdsn, NY, pg. 1046
STEPHENS DIRECT, Kettering, OH, pg. 1047
THE STEPHENZ GROUP, INC., San Jose, CA, pg. 1047
STEVENS ADVERTISING, Grand Rapids, MI, pg. 1048
STEVENS & TATE MARKETING, Lombard, IL, pg. 1048
STEVENS STRATEGIC COMMUNICATIONS, INC., Westlake, OH, pg. 1048
STEVENSON ADVERTISING, Lynnwood, WA, pg. 1049
STEWARD MARKETING, LLC, The Woodlands, TX, pg. 1049
STIR ADVERTISING & INTEGRATED MARKETING, Milwaukee, WI, pg. 1050
STOLTZ MARKETING GROUP, Boise, ID, pg. 1050
STOWE AREA ASSOCIATION AGENCY, Stowe, VT, pg. 1227
STRATEGIC AMERICA, West Des Moines, IA, pg. 1052
STRATEGIC COMMUNICATIONS GROUP, McLean, VA, pg. 1653
STRATEGIC MARKETING INC., Palm Beach Gardens, FL, pg. 1053
STRATEGIC MEDIA INC, Portland, ME, pg. 1053
STRATEGICAMPERSAND INC., Toronto, pg. 1053
STRATEGIES, A MARKETING COMMUNICATIONS CORPORATION, Tustin, CA, pg. 1053
STREICKER & COMPANY INC., East Providence, RI, pg. 1054
STRONG, Birmingham, AL, pg. 1055
STUDE-BECKER ADVERTISING LLC, Saint Paul, MN, pg. 1055
STUDIO WULF, Toronto, pg. 1056
SUBMIT EXPRESS INC., Glendale, CA, pg. 1057
SUITS & SANDALS, LLC, Brooklyn, NY, pg. 1293
SULLIVAN BRANDING, Memphis, TN, pg. 1059
SULLIVAN CREATIVE SERVICES, LTD., Concord, NH, pg. 1059

SPECIAL MARKET INDEX

SUPERMOON, Santa Monica, CA, pg. 1062
THE SUTTER GROUP, Lanham, MD, pg. 1064
SVM PUBLIC RELATIONS & MARKETING COMMUNICATIONS, Providence, RI, pg. 1064
SWBR, INC., Bethlehem, PA, pg. 1065
SWEENEY, Cleveland, OH, pg. 1065
SWIRL MCGARRYBOWEN, San Francisco, CA, pg. 1067
SYNEOS HEALTH, INC., Raleigh, NC, pg. 1068
T3, Austin, TX, pg. 1069
TACTICAL MAGIC, Memphis, TN, pg. 1070
TAFT & PARTNERS, Lawrenceville, NJ, pg. 1070
TAG, Thornhill, pg. 1070
TAKE 5 MEDIA GROUP, Boca Raton, FL, pg. 1071
TANEN DIRECTED ADVERTISING, Norwalk, CT, pg. 1072
TANGELO, Houston, TX, pg. 1072
TARGET + RESPONSE INC., Wheaton, IL, pg. 1073
TARGETBASE, Irving, TX, pg. 1073
TARTAN MARKETING, Maple Grove, MN, pg. 1074
TASTE ADVERTISING, BRANDING & PACKAGING, Palm Desert, CA, pg. 1074
TAUBE/VIOLANTE, INC., Norwalk, CT, pg. 1074
TAYLOR & MARTIN, INC., Fremont, NE, pg. 1227
TBC INC., Baltimore, MD, pg. 1076
TCAA, Cincinnati, OH, pg. 1093
TCS MEDIA, INC., Maitland, FL, pg. 1094
TEAM ONE USA, Los Angeles, CA, pg. 1095
TEC DIRECT MEDIA, INC., Chicago, IL, pg. 1375
TECHNICAL PROMOTIONS, Neenah, WI, pg. 1227
THAT AGENCY, West Palm Bch, FL, pg. 1098
THINK, INC., Pittsburgh, PA, pg. 1099
THIRD DEGREE ADVERTISING, Norman, OK, pg. 1100
THOMPSON ADVERTISING, INC., Lees Summit, MO, pg. 1101
THE THOMPSON AGENCY, Charlotte, NC, pg. 1101
THREE LAKES MARKETING, Austin, TX, pg. 1102
TIDAL SHORES INC., Houston, TX, pg. 1102
TIERNEY COMMUNICATIONS, Philadelphia, PA, pg. 1103
TIMEZONEONE, Chicago, IL, pg. 1104
TIMMONS & COMPANY, INC., Jamison, PA, pg. 1104
TIPTON & MAGLIONE INC., Great Neck, NY, pg. 1417
TIVOLI PARTNERS, Asheville, NC, pg. 1105
TIZIANI & WHITMYRE, INC., Sharon, MA, pg. 1105
TM ADVERTISING, Dallas, TX, pg. 1106
TMA+PERITUS, Madison, WI, pg. 1106
TOMSHEEHAN WORLDWIDE, Reading, PA, pg. 1109
TOTALCOM MARKETING, INC., Tuscaloosa, AL, pg. 1110
TOWER MARKETING, Lancaster, PA, pg. 1111
TR CUTLER, INC., Fort Lauderdale, FL, pg. 1661
TRACTION CORPORATION, San Francisco, CA, pg. 1112
TRANSMEDIA GROUP, Boca Raton, FL, pg. 1662
TREFOIL GROUP, Milwaukee, WI, pg. 1114
TRELLIS MARKETING, INC, Buffalo, NY, pg. 1115
TREPOINT BARC, San Francisco, CA, pg. 1418
TRIAD BUSINESS MARKETING, Dallas, TX, pg. 1116
TRILION STUDIOS, Lawrence, KS, pg. 1228
TRILIX MARKETING GROUP, INC., Des Moines, IA, pg. 1117
TRINET INTERNET SOLUTIONS, INC., Irvine, CA, pg. 1118
TRONE BRAND ENERGY, INC., High Point, NC, pg. 1119
TRUE NORTH INC., New York, NY, pg. 1119
TRUE NORTH INTERACTIVE, San Francisco, CA, pg. 1298
TURCHETTE ADVERTISING AGENCY LLC, Fairfield, NJ, pg. 1121
TURKEL BRANDS, Coral Gables, FL, pg. 1122
TV, INC., Clearwater, FL, pg. 1123
TVA MEDIA GROUP, INC., Studio City, CA, pg. 1298
TWISTED ROPE, Buffalo, NY, pg. 1298
TWO WEST, INC., Kansas City, MO, pg. 1124
TYSON ASSOCIATES, INC., Danbury, CT, pg. 1125
UNDIVIDED, Pasadena, CA, pg. 1126
UNION, Charlotte, NC, pg. 1298
UNION NY DC, Alexandria, VA, pg. 1298
UNIQUE INFLUENCE, Austin, TX, pg. 1126
THE UNREAL AGENCY, Freehold, NJ, pg. 1127
US INTERACTIVE MEDIA, Irvine, CA, pg. 1129
U.S. INTERNATIONAL MEDIA, LLC, Los Angeles, CA, pg. 1378
VALASSIS 1 TO 1 SOLUTIONS, Livonia, MI, pg. 1130
VALMARK ASSOCIATES, LLC, Amherst, NY, pg. 1130
VANTAGEPOINT, INC, Greenville, SC, pg. 1131
VELOCITY MEDIA, Littleton, CO, pg. 1132
VENABLES, BELL & PARTNERS, San Francisco, CA, pg. 1132
VENTURA ASSOCIATES INTERNATIONAL LLC, New York, NY, pg. 1418
VERSANT, Milwaukee, WI, pg. 1134

SPECIAL MARKET INDEX — AGENCIES

VEST ADVERTISING, Louisville, KY, pg. 1135
VINCODO, Langhorne, PA, pg. 1138
VIRTUAL FARM CREATIVE INC., Phoenixville, PA, pg. 1138
VISION CREATIVE GROUP, INC., Morris Plains, NJ, pg. 1139
VITAMIN, Baltimore, MD, pg. 1140
VIVA PARTNERSHIP, Miami, FL, pg. 1141
VLADIMIR JONES, Colorado Springs, CO, pg. 1142
VML, INC., Kansas City, MO, pg. 1143
VOGEL MARKETING SOLUTIONS LLC, Lancaster, PA, pg. 1145
THE VOICE, Fairfield, CT, pg. 1145
W INC., Atlanta, GA, pg. 1147
WALKER ADVERTISING, San Pedro, CA, pg. 1148
WALKER & COMPANY, INC., Santa Monica, CA, pg. 1149
WALKING STAR MARKETING & DESIGN, Cody, WY, pg. 1149
WALLWORK CURRY MCKENNA, Charlestown, MA, pg. 1149
WALT KLEIN ADVERTISING, Denver, CO, pg. 1150
WALTER F. CAMERON ADVERTISING INC., Hauppauge, NY, pg. 1151
THE WARD GROUP, Frisco, TX, pg. 1152
WARSCHAWSKI, Baltimore, MD, pg. 1670
THE WATSONS, New York, NY, pg. 1153
WAVEMAKER GLOBAL LTD, New York, NY, pg. 1379
WAVEMAKER - NA HQ, NEW YORK, New York, NY, pg. 1386
WC MEDIA INC., Springfield, IL, pg. 1154
WEBNBEYOND, Baldwin, NY, pg. 1156
WEIDERT GROUP INC., Appleton, WI, pg. 1156
THE WEINBACH GROUP, INC., South Miami, FL, pg. 1157
WEINRICH ADVERTISING/COMMUNICATIONS, INC., Clifton, NJ, pg. 1157
THE WEINSTEIN ORGANIZATION, INC., Chicago, IL, pg. 1157
WELLNESS COMMUNICATIONS, Newburgh, IN, pg. 1158
THE WENDT AGENCY, Great Falls, MT, pg. 1159
WENSTROM COMMUNICATIONS, Clearwater, FL, pg. 1387
WEST CARY GROUP, Richmond, VA, pg. 1159
WHEELHOUSE PR, Fort Worth, TX, pg. 1682
WHITE & PARTNERS, Tysons Corner, VA, pg. 1160
WHITE GOOD & CO. ADVERTISING, Lancaster, PA, pg. 1161
WHITEMYER ADVERTISING, INC., Zoar, OH, pg. 1161
WHITESPACE CREATIVE, Akron, OH, pg. 1161
WIDE AWAKE, Reno, NV, pg. 1163
WIEDEN + KENNEDY, INC., Portland, OR, pg. 1163
WIKREATE, San Francisco, CA, pg. 1166
WILDFIRE LLC, Winston Salem, NC, pg. 1167
WILEN GROUP, Melville, NY, pg. 1167
WILLIAMS AND HOUSE, Avon, CT, pg. 1168
WILLIAMS WHITTLE ASSOCIATES, INC., Alexandria, VA, pg. 1169
WINFIELD & ASSOCIATES MARKETING & ADVERTISING, Cary, NC, pg. 1170
WINGMAN ADVERTISING, Culver City, CA, pg. 1171
WINSPER, Boston, MA, pg. 1171
WINSTANLEY PARTNERS, Lenox, MA, pg. 1171
WIRE STONE LLC, Sacramento, CA, pg. 1172
WITHERSPOON & ASSOCIATES, INC., Fort Worth, TX, pg. 1173
WOMENKIND, New York, NY, pg. 1174
WORKPLACE IMPACT, Mentor, OH, pg. 1419
WORLD ONE COMMUNICATIONS, LLC, Moosic, PA, pg. 1177
WRAY WARD MARKETING COMMUNICATIONS, Charlotte, NC, pg. 1187
WUNDERMAN, New York, NY, pg. 1188
WUNDERMAN WORLD HEALTH, Washington, DC, pg. 1193
WWDB INTEGRATED MARKETING, Fort Lauderdale, FL, pg. 1193
WYSE, Cleveland, OH, pg. 1193
XAXIS, LLC, New York, NY, pg. 1302
Y&R AUSTIN, Austin, TX, pg. 1194
YAFFE GROUP, Southfield, MI, pg. 1195
YECK BROTHERS COMPANY, Dayton, OH, pg. 1195
YOUNG & LARAMORE, Indianapolis, IN, pg. 1196
YOUNG COMPANY, Laguna Beach, CA, pg. 1208
Z MARKETING PARTNERS, Indianapolis, IN, pg. 1209
ZEHNDER COMMUNICATIONS, INC., New Orleans, LA, pg. 1210
ZENITH MEDIA, London, pg. 1387
ZENITH USA, New York, NY, pg. 1391
ZETA GLOBAL, New York, NY, pg. 1303
ZIG MARKETING, Cleveland, OH, pg. 1212
THE ZIMMERMAN GROUP, Hopkins, MN, pg. 1213
ZLRIGNITION, Des Moines, IA, pg. 1214

Entertainment

11:24 DESIGN ADVERTISING, INC., Playa Del Rey, CA, pg. 1
1185 DESIGN, Palo Alto, CA, pg. 1
135TH STREET AGENCY, New York, NY, pg. 2
15 MINUTES, INC., Conshohocken, PA, pg. 2
1ST DEGREE, LLC, Manassas, VA, pg. 3
3MARKETEERS ADVERTISING, INC., San Jose, CA, pg. 8
42WEST, New York, NY, pg. 8
454 CREATIVE, Irvine, CA, pg. 9
5 STONE ADVERTISING, Carbondale, CO, pg. 9
5BY5 AGENCY, Brentwood, TN, pg. 10
5W PUBLIC RELATIONS, New York, NY, pg. 1423
6S MARKETING, New York, NY, pg. 1305
7ATE9 ENTERTAINMENT, Los Angeles, CA, pg. 12
802 CREATIVE PARTNERS, INC., Stowe, VT, pg. 12
919 MARKETING COMPANY, Holly Springs, NC, pg. 13
A BIG CHIHUAHUA, INC., San Antonio, TX, pg. 14
A2G, W Hollywood, CA, pg. 1395
AB+C, Wilmington, DE, pg. 16
ABSOLUTE MEDIA INC., Stamford, CT, pg. 1305
ABSOLUTELY PUBLIC RELATIONS, Lakewood, CO, pg. 1426
ACCELERATOR ADVERTISING INC., Lewis Center, OH, pg. 19
ACTIFY MEDIA, Helena, MT, pg. 22
AD DAWG CREATIVE, Redwood City, CA, pg. 23
A.D. LUBOW, LLC, New York, NY, pg. 24
ADAMS & KNIGHT, INC., Avon, CT, pg. 25
ADCETERA GROUP, Houston, TX, pg. 27
ADMO, INC., Saint Louis, MO, pg. 31
ADPERSUASION, Irvine, CA, pg. 32
ADVANCED MARKETING STRATEGIES, San Diego, CA, pg. 33
ADVANTAGE PUBLIC RELATIONS, Los Angeles, CA, pg. 1427
ADVENTIUM, LLC, New York, NY, pg. 34
ADVENTIVE MARKETING, INC., Chicago, IL, pg. 35
ADVERTISING SAVANTS, INC., Saint Louis, MO, pg. 35
AERIAL ADVERTISING SERVICES, Livermore, CA, pg. 1306
AGENCY CREATIVE, Dallas, TX, pg. 38
AGENTRY PR, New York, NY, pg. 1428
AKA DIRECT, INC., Portland, OR, pg. 42
AL PUNTO ADVERTISING, INC., Tustin, CA, pg. 43
ALAN GORDON ADVERTISING, Los Angeles, CA, pg. 1219
ALCHEMY AT AMS, Dallas, TX, pg. 44
ALLEN & GERRITSEN, Boston, MA, pg. 45
ALLEN FINLEY ADVERTISING, INC., Hickory, NC, pg. 46
ALLIED INTEGRATED MARKETING, Cambridge, MA, pg. 47
ALLIONCE GROUP, LLC, Norwell, MA, pg. 1219
AMELIE COMPANY, Denver, CO, pg. 51
AMERICAN ADVERTISING SERVICES, Bala Cynwyd, PA, pg. 52
AMERICAN MEDIA CONCEPTS INC., Brooklyn, NY, pg. 52
AMP AGENCY, Boston, MA, pg. 1236
AMUSEMENT PARK, Santa Ana, CA, pg. 54
ANDERSON ADVERTISING & PUBLIC RELATIONS, Scottsdale, AZ, pg. 56
ANIMAX ENTERTAINMENT, Van Nuys, CA, pg. 58
ANTHOLOGY MARKETING GROUP, Honolulu, HI, pg. 1433
ANVIL MEDIA, INC., Portland, OR, pg. 1307
APCO WORLDWIDE, Washington, DC, pg. 62
AQUARIUS SPORTS & ENTERTAINMENT, Gaithersburg, MD, pg. 64
ARCANA ACADEMY, Los Angeles, CA, pg. 65
ARCHER MALMO, Memphis, TN, pg. 65
ARCHER MALMO AUSTIN, Austin, TX, pg. 66
ARCOS COMMUNICATIONS, New York, NY, pg. 66
ARKSIDE MARKETING, Riverside, CA, pg. 69
ARNOLD WORLDWIDE, Boston, MA, pg. 69
ARTEFACT, Seattle, WA, pg. 72
ARTICUS LTD. MARKETING COMMUNICATIONS, Philadelphia, PA, pg. 72
THE ARTIME GROUP, Pasadena, CA, pg. 72
ARTIST DEVELOPMENT GROUP, INC., Nashville, TN, pg. 73
ASSEMBLY, New York, NY, pg. 1308
AUDIENCE INNOVATION, Austin, TX, pg. 76
AUSTIN & WILLIAMS, Hauppauge, NY, pg. 78
AUXILIARY ADVERTISING & DESIGN, Grand Rapids, MI, pg. 79
AVEXDESIGNS, New York, NY, pg. 1239
AXIA PUBLIC RELATIONS, Jacksonville, FL, pg. 80
AY DIGITAL, New York, NY, pg. 81
AYZENBERG GROUP, INC., Pasadena, CA, pg. 81
B/H IMPACT, Los Angeles, CA, pg. 1436
BACKUS TURNER INTERNATIONAL, Pompano Beach, FL, pg. 83
BADGEVILLE, Redwood City, CA, pg. 1398
BAILEY LAUERMAN, Omaha, NE, pg. 84
BAKERY, Austin, TX, pg. 1240
THE BALCOM AGENCY, Fort Worth, TX, pg. 85
THE BAM CONNECTION, Brooklyn, NY, pg. 86
BANDUJO ADVERTISING & DESIGN, New York, NY, pg. 87
BANDY CARROLL HELLIGE ADVERTISING, Louisville, KY, pg. 87
BARKER, New York, NY, pg. 89
BARKLEY, Kansas City, MO, pg. 90
BARNHART, Denver, CO, pg. 91
BASS ADVERTISING, Sioux City, IA, pg. 95
BASTION TLG, Long Beach, CA, pg. 95
BATTERY, Los Angeles, CA, pg. 96
BAYARD ADVERTISING AGENCY, INC., New York, NY, pg. 96
BBH NEW YORK, New York, NY, pg. 115
BDOT, New York, NY, pg. 117
BEACON MEDIA GROUP, Mahwah, NJ, pg. 118
BEANSTALK, New York, NY, pg. 118
BEEBY CLARK + MEYLER, Stamford, CT, pg. 120
BEHAVIOR DESIGN, New York, NY, pg. 121
BENSUR CREATIVE MARKETING GROUP, Erie, PA, pg. 123
BERLINE, Royal Oak, MI, pg. 124
BERNSTEIN-REIN ADVERTISING, INC., Kansas City, MO, pg. 125
BFG COMMUNICATIONS, Bluffton, SC, pg. 126
BG, West Palm Beach, FL, pg. 127
BIG RIVER ADVERTISING, Richmond, VA, pg. 129
BIGBUZZ MARKETING GROUP, New York, NY, pg. 130
BIGEYE AGENCY, Orlando, FL, pg. 130
BILL HUDSON & ASSOCIATES, INC., ADVERTISING & PUBLIC RELATIONS, Nashville, TN, pg. 131
BLAST! PR, Santa Barbara, CA, pg. 1451
BLAZE, Santa Monica, CA, pg. 135
BLEND, Los Angeles, CA, pg. 135
BLIND SOCIETY, Scottsdale, AZ, pg. 136
BLUE FOUNTAIN MEDIA, New York, NY, pg. 1241
BLUE OLIVE CONSULTING, Florence, AL, pg. 139
BLUE SKY AGENCY, Atlanta, GA, pg. 140
BMF MEDIA, New York, NY, pg. 142
BOLIN MARKETING, Minneapolis, MN, pg. 145
BOONEOAKLEY, Charlotte, NC, pg. 147
THE BORENSTEIN GROUP, INC., Fairfax, VA, pg. 147
BORSHOFF, Indianapolis, IN, pg. 148
BOTTLEROCKET MARKETING GROUP, New York, NY, pg. 149
BOUVIER KELLY INC., Greensboro, NC, pg. 149
BR CREATIVE, Hingham, MA, pg. 151
BRAND CONTENT, Boston, MA, pg. 154
BRAND LUCENCE, New York, NY, pg. 155
BRANDTAILERS, Newport Beach, CA, pg. 159
BRATSKEIR & CO, New York, NY, pg. 160
BRIDGE STRATEGIC COMMUNICATIONS, Yellow Springs, OH, pg. 162
BRIERLEY & PARTNERS, Plano, TX, pg. 162
BROADSTREET, New York, NY, pg. 1398
BRODEUR PARTNERS, Boston, MA, pg. 1457
BROLIK, Philadelphia, PA, pg. 1243
BROTMAN WINTER FRIED COMMUNICATIONS, McLean, VA, pg. 1458
THE BROWER GROUP, Los Angeles, CA, pg. 1458
BROWNING AGENCY, New Providence, NJ, pg. 168
BROWNSTEIN GROUP, Philadelphia, PA, pg. 168
BRUSTMAN CARRINO PUBLIC RELATIONS, Miami, FL, pg. 1459
BURNS ENTERTAINMENT & SPORTS MARKETING, Evanston, IL, pg. 175
BUTLER, SHINE, STERN & PARTNERS, Sausalito, CA, pg. 177
BUY ADS DIRECT, Ridge Manor, FL, pg. 1313
C.2K COMMUNICATIONS, Los Angeles, CA, pg. 181
CALYPSO, Portsmouth, NH, pg. 184

A-147

AGENCIES

SPECIAL MARKET INDEX

CALZONE & ASSOCIATES, Lafayette, LA, pg. 184
CAMPUS MEDIA GROUP, INC., Bloomington, MN, pg. 1314
CAPRICORN, Melville, NY, pg. 1399
CARMA PR, Miami Beach, FL, pg. 1463
CASACOM, Montreal, pg. 192
CASHMAN & ASSOCIATES, Philadelphia, PA, pg. 1463
CASHMAN & KATZ INTEGRATED COMMUNICATIONS, Glastonbury, CT, pg. 193
CASTELLS & ASOCIADOS, Los Angeles, CA, pg. 194
CATALYST MARKETING COMPANY, Fresno, CA, pg. 195
CCG MARKETING SOLUTIONS, West Caldwell, NJ, pg. 197
CD&M COMMUNICATIONS, Portland, ME, pg. 198
CECE FEINBERG PUBLIC RELATIONS, New York, NY, pg. 1465
CENTRA360, Westbury, NY, pg. 1399
CHARISMA! COMMUNICATIONS, Portland, OR, pg. 203
CHEMISTRY, San Diego, CA, pg. 1467
CHILD'S PLAY COMMUNICATIONS, New York, NY, pg. 1468
C.I. VISIONS INC., New York, NY, pg. 1468
CINETRANSFORMER INTERNATIONAL INC., Hallandale Beach, FL, pg. 1399
CIRCLE OF ONE MARKETING, Miami, FL, pg. 208
CIRCUS MARKETING, Santa Monica, CA, pg. 208
THE CIRLOT AGENCY, INC., Jackson, MS, pg. 209
CIVILIAN, Chicago, IL, pg. 210
CJ PUBLIC RELATIONS, Southington, CT, pg. 1470
CK COMMUNICATIONS, INC. (CKC), Indialantic, FL, pg. 210
CLASSIFIED ADVERTISING PLUS, LLC, Tampa, FL, pg. 1315
CLICK HERE LABS, Dallas, TX, pg. 1246
CLICKSPRING DESIGN, New York, NY, pg. 213
CM COMMUNICATIONS, INC., Boston, MA, pg. 215
CMG WORLDWIDE, Indianapolis, IN, pg. 215
COBURN COMMUNICATIONS, New York, NY, pg. 1471
COLLE+MCVOY, Minneapolis, MN, pg. 219
COMBS & COMPANY, Little Rock, AR, pg. 221
THE COMMUNITY, Miami, FL, pg. 223
CONCEPT ARTS, Hollywood, CA, pg. 225
CONNECTIONS ADVERTISING & MARKETING, Lexington, KY, pg. 227
CONNECTIVITY MARKETING AND MEDIA AGENCY, Tampa, FL, pg. 227
THE CONROY MARTINEZ GROUP, Coral Gables, FL, pg. 228
COOK & SCHMID, San Diego, CA, pg. 1475
THE COOPER GROUP, New York, NY, pg. 230
CORINTHIAN MEDIA, INC., New York, NY, pg. 1316
CORNETT INTEGRATED MARKETING SOLUTIONS, Lexington, KY, pg. 232
COSSETTE INC., Quebec, pg. 233
COYNE ADVERTISING & PUBLIC RELATIONS, Nevillewood, PA, pg. 234
CREATE ADVERTISING GROUP, Culver City, CA, pg. 239
CREATIVE ENERGY GROUP INC, Johnson City, TN, pg. 241
CREATIVE HEADS ADVERTISING, INC., Austin, TX, pg. 242
CREATIVE HOUSE STUDIOS, Cleveland, OH, pg. 242
CREATIVE IMPACT AGENCY, Encino, CA, pg. 243
CREATIVE LICENSE, New York, NY, pg. 243
CREATIVE PARTNERS, Stamford, CT, pg. 245
CREATIVE VIDEO, Woodbury, NJ, pg. 246
CREAXION, Atlanta, GA, pg. 246
CRITICAL LAUNCH, LLC, Dallas, TX, pg. 247
CRN INTERNATIONAL, INC., Hamden, CT, pg. 1400
CTI MEDIA, Atlanta, GA, pg. 251
CUBICLE NINJAS, Glen Ellyn, IL, pg. 252
CURIOSITY ADVERTISING, Cincinnati, OH, pg. 254
CVA ADVERTISING & MARKETING, INC., Odessa, TX, pg. 255
DAE ADVERTISING, INC., San Francisco, CA, pg. 257
DAILEY & ASSOCIATES, West Hollywood, CA, pg. 258
DALTON AGENCY JACKSONVILLE, Jacksonville, FL, pg. 258
DAMEN JACKSON, Chicago, IL, pg. 259
DAVID & GOLIATH, El Segundo, CA, pg. 261
DAVIS ELEN ADVERTISING, INC., Los Angeles, CA, pg. 264
THE DAY GROUP, Baton Rouge, LA, pg. 266
DDB WORLDWIDE COMMUNICATIONS GROUP INC., New York, NY, pg. 268
DELAUNAY COMMUNICATIONS, INC., Seattle, WA, pg. 1482
DENTSU AEGIS NETWORK AMERICAS, New York, NY, pg. 1318
DENTSU INC., Tokyo, pg. 289
DEPARTURE, San Diego, CA, pg. 291
DIESTE, Dallas, TX, pg. 299
DIGITAS, Boston, MA, pg. 1250
DIRCKS ASSOCIATES, Saint James, NY, pg. 303
DIRECT RESPONSE ACADEMY, Austin, TX, pg. 304
DJ-LA LLC, Los Angeles, CA, pg. 309
D.L. MEDIA INC., Nixa, MO, pg. 309
DMA UNITED, New York, NY, pg. 310
DO GOOD MARKETING, LLC, Ridgewood, NJ, pg. 312
DOMUS INC., Philadelphia, PA, pg. 313
DONER, Southfield, MI, pg. 314
DREAMENTIA INC, Los Angeles, CA, pg. 320
DRIVEN 360, Temecula, CA, pg. 1488
DROGA5, New York, NY, pg. 321
DSC (DILEONARDO SIANO CASERTA) ADVERTISING, Philadelphia, PA, pg. 323
DUFFY & SHANLEY, INC., Providence, RI, pg. 324
DVL SEIGENTHALER, Nashville, TN, pg. 326
E/LA (EVERYTHINGLA), Los Angeles, CA, pg. 327
EAST COAST CATALYST, Boston, MA, pg. 328
EAST MEETS WEST PRODUCTIONS INC., Corpus Christi, TX, pg. 328
ECOMMERCE PARTNERS, New York, NY, pg. 1401
EDGE COMMUNICATIONS, INC., Los Angeles, CA, pg. 1497
EGG STRATEGY, Boulder, CO, pg. 333
EILEEN KOCH & COMPANY, INC., Beverly Hills, CA, pg. 1498
EL CREATIVE, INC., Dallas, TX, pg. 334
ELEVATION, Washington, DC, pg. 336
ELEVEN INC., San Francisco, CA, pg. 336
ELITE SEM, New York, NY, pg. 1320
EMLEY DESIGN GROUP, Fort Wayne, IN, pg. 339
EMPOWER MEDIAMARKETING, Cincinnati, OH, pg. 1320
ENCODE, Jacksonville, FL, pg. 340
ENGINE DIGITAL, New York, NY, pg. 1255
ENGINE US, New York, NY, pg. 341
ENTERTAINMENT FUSION GROUP, Los Angeles, CA, pg. 1500
ENYE MEDIA, LLC, Oklahoma City, OK, pg. 342
EPICOSITY, Sioux Falls, SD, pg. 344
ES ADVERTISING, Los Angeles, CA, pg. 348
ETARGETMEDIA.COM, INC., Coconut Creek, FL, pg. 350
EVANS ALLIANCE ADVERTISING, Sparta, NJ, pg. 351
EVE SECO DISPLAY INC., Lahaska, PA, pg. 352
EVINS COMMUNICATIONS, LTD., New York, NY, pg. 1501
EVOK ADVERTISING, Heathrow, FL, pg. 353
EVOLVE MEDIA LLC, Los Angeles, CA, pg. 354
EXPECT ADVERTISING, INC., Clifton, NJ, pg. 355
EXPLORE COMMUNICATIONS, Denver, CO, pg. 1321
FAHLGREN MORTINE, Columbus, OH, pg. 358
FATHOM COMMUNICATIONS, New York, NY, pg. 363
FCB GLOBAL, New York, NY, pg. 363
FELDER COMMUNICATIONS GROUP, Grand Rapids, MI, pg. 377
FIELD DAY INC., Toronto, pg. 379
FIREFLY CREATIVE, INC., Atlanta, GA, pg. 383
FISLER COMMUNICATIONS, Newbury, MA, pg. 385
FITZGERALD & CO, Atlanta, GA, pg. 386
FIXATION MARKETING, Bethesda, MD, pg. 386
FKQ ADVERTISING + MARKETING, Clearwater, FL, pg. 386
FLEISHMANHILLARD INC., Saint Louis, MO, pg. 1506
FLEMING & COMPANY INC., NewPOrt, RI, pg. 387
FLETCHER MEDIA GROUP, Peterborough, NH, pg. 388
FLIPELEVEN LLC, Milwaukee, WI, pg. 389
FLYING A, Pasadena, CA, pg. 1322
FLYING POINT DIGITAL, New York, NY, pg. 390
FLYTEVU, Nashville, TN, pg. 390
FORGE SPONSORSHIP CONSULTING, LLC, San Anselmo, CA, pg. 1403
FORZA MIGLIOZZI, LLC, Hollywood, CA, pg. 393
FOX GREENBERG PUBLIC RELATIONS, New York, NY, pg. 1513
FRANK ABOUT WOMEN, Winston Salem, NC, pg. 395
THE FRANK AGENCY INC, Overland Park, KS, pg. 395
FRASER COMMUNICATIONS, Los Angeles, CA, pg. 396
FRCH DESIGN WORLDWIDE, Cincinnati, OH, pg. 396
FREED ADVERTISING, Sugar Land, TX, pg. 397
FRONTGATE MEDIA, Mission Viejo, CA, pg. 399
FRUKT, Los Angeles, CA, pg. 400
FUEL YOUTH ENGAGEMENT, Ottawa, pg. 401
FULL CONTACT ADVERTISING, Boston, MA, pg. 402
FULLSCREEN, INC., Los Angeles, CA, pg. 402
FUSION IDEA LAB, Chicago, IL, pg. 404
G&G ADVERTISING, INC., Billings, MT, pg. 406
G&M PLUMBING, Anaheim, CA, pg. 406
GABRIEL DEGROOD BENDT, MinneaPOlis, MN, pg. 407
THE GAME AGENCY, New York, NY, pg. 409
THE GARY GROUP, Santa Monica, CA, pg. 411
THE GATE WORLDWIDE NEW YORK, New York, NY, pg. 411
THE GEARY COMPANY, Las Vegas, NV, pg. 413
GEM GROUP, Eden Prairie, MN, pg. 1403
GILLESPIE GROUP, Wallingford, PA, pg. 420
THE GLENN GROUP, Reno, NV, pg. 421
GMR MARKETING LLC, New Berlin, WI, pg. 1403
GOCONVERGENCE, Orlando, FL, pg. 426
THE GOODNESS COMPANY, Wisconsin Rapids, WI, pg. 429
THE GOSS AGENCY INC., Asheville, NC, pg. 430
GOTHAM PUBLIC RELATIONS, New York, NY, pg. 430
GREATER THAN ONE, New York, NY, pg. 434
GREENLIGHT MEDIA & MARKETING, LLC, Hollywood, CA, pg. 435
GREENRUBINO, Seattle, WA, pg. 436
GREY SAN FRANCISCO, San Francisco, CA, pg. 449
GRIFFIN WINK ADVERTISING, Lubbock, TX, pg. 450
GRIFFIN360, New York, NY, pg. 1525
GROUP46, Bluffton, SC, pg. 452
GROUPM NORTH AMERICA & CORPORATE HQ, New York, NY, pg. 1322
GRW ADVERTISING, New York, NY, pg. 453
GS&F, Nashville, TN, pg. 453
GSD&M, Austin, TX, pg. 453
GUMAS ADVERTISING, San Francisco, CA, pg. 455
THE GUNTER AGENCY, New Glarus, WI, pg. 456
GYK ANTLER, Manchester, NH, pg. 457
HAGGERTY & ASSOCIATES, Woburn, MA, pg. 460
HAGOPIAN INK, New York, NY, pg. 1259
HAKUHODO INCORPORATED, Tokyo, pg. 461
THE HALO GROUP, New York, NY, pg. 464
HAMMER CREATIVE, Hollywood, CA, pg. 464
HANNA & ASSOCIATES INC., Coeur D'Alene, ID, pg. 465
HARMELIN MEDIA, Bala Cynwyd, PA, pg. 1324
HAVAS, Puteaux, pg. 472
HAVAS MEDIA, New York, NY, pg. 1324
HAVAS SPORTS & ENTERTAINMENT, Atlanta, GA, pg. 1260
HAWORTH MARKETING + MEDIA, Minneapolis, MN, pg. 1328
HAWTHORNE DIRECT INC., Fairfield, IA, pg. 489
HELPSGOOD, Van Nuys, CA, pg. 495
HENKE & ASSOCIATES, INC., Cedarburg, WI, pg. 496
HERMANOFF PUBLIC RELATIONS, Bingham Farms, MI, pg. 1530
HILL HOLLIDAY/NEW YORK, New York, NY, pg. 501
HITCHCOCK FLEMING & ASSOCIATES, INC., Akron, OH, pg. 502
HMC ADVERTISING, Chula Vista, CA, pg. 504
HMC ADVERTISING LLC, Richmond, VT, pg. 504
HMH, Portland, OR, pg. 504
HODGES ASSOCIATES, INC., Fayetteville, NC, pg. 505
HOLLAND ADVERTISING:INTERACTIVE, Cincinnati, OH, pg. 506
HOLLYWOOD BRANDED INC., El Segundo, CA, pg. 507
HOPE-BECKHAM, INC., Atlanta, GA, pg. 508
THE HORAH GROUP, Pleasantville, NY, pg. 508
HORIZON MEDIA, INC., New York, NY, pg. 1329
HOWELL, LIBERATORE & ASSOCIATES, INC., Elmira, NY, pg. 510
HUB MEDIA, Santa Barbara, CA, pg. 511
HUDSON MEDIA SERVICES LLC, West Orange, NJ, pg. 1330
HUDSON MIND, New York, NY, pg. 511
HUDSONYARDS, New York, NY, pg. 511
HUEMOR DESIGNS, Farmingdale, NY, pg. 1261
HUGE LLC, Brooklyn, NY, pg. 512
HUGHESLEAHYKARLOVIC, Saint Louis, MO, pg. 513
HUNT ADKINS, Minneapolis, MN, pg. 514
HUSH, Brooklyn, NY, pg. 1261
THE I AM GROUP, INC., Hernando, FL, pg. 517
IBARRA STRATEGY GROUP INC., Washington, DC, pg. 517
ICE FACTOR, Carpentersville, IL, pg. 1405
ICM PARTNERS, Los Angeles, CA, pg. 519
ICON MEDIA DIRECT, Van Nuys, CA, pg. 1331
ICR, Norwalk, CT, pg. 1539
ID29, Troy, NY, pg. 519
IGNITE DESIGN AND ADVERTISING, INC., Rch Cucamonga, CA, pg. 522
IGNITED, El Segundo, CA, pg. 523
IMA INTERACTIVE, El Granada, CA, pg. 1264

A-148

SPECIAL MARKET INDEX — AGENCIES

IMPACT XM - NEW JERSEY, Dayton, NJ, pg. 527
THE IN-HOUSE AGENCY, INC., Morristown, NJ, pg. 529
INFERNO, Memphis, TN, pg. 530
INFORM VENTURES, Los Angeles, CA, pg. 532
INITIATIVE, New York, NY, pg. 1331
INNERSPIN MARKETING, Los Angeles, CA, pg. 533
INNIS MAGGIORE GROUP, INC., Canton, OH, pg. 533
INQUEST MARKETING, Kansas City, MO, pg. 534
INSYNC PLUS, Los Angeles, CA, pg. 536
THE INTEGER GROUP-DALLAS, Dallas, TX, pg. 1405
THE INTEGER GROUP - DENVER, Lakewood, CO, pg. 1406
THE INTEGER GROUP, LLC, Lakewood, CO, pg. 536
INTERCEPT GROUP - CAMPUS INTERCEPT / CONSUMER INTERCEPT, Toronto, pg. 538
THE INTERCONNECT GROUP, Atlanta, GA, pg. 1335
INTERMARK GROUP, INC., Birmingham, AL, pg. 539
INTERSPORT INC, Chicago, IL, pg. 544
INTERTREND COMMUNICATIONS, INC., Long Beach, CA, pg. 544
INTRIGUE, Melville, NY, pg. 545
IONIC MEDIA, Woodland Hills, CA, pg. 546
JACK MORTON WORLDWIDE, Boston, MA, pg. 567
JAMES ROSS ADVERTISING, Pompano Beach, FL, pg. 571
JANIS BROWN & ASSOCIATES, Escondido, CA, pg. 572
JAY ADVERTISING, INC., Rochester, NY, pg. 573
JETSET STUDIOS, Los Angeles, CA, pg. 575
JETSTREAM PUBLIC RELATIONS, Dallas, TX, pg. 575
JMPR, INC., Woodland Hills, CA, pg. 1548
JOE AGENCY, Los Angeles, CA, pg. 578
THE JOEY COMPANY, Brooklyn, NY, pg. 578
JOHNSON & MURPHY, Van Nuys, CA, pg. 579
JOHNSON DESIGN GROUP, Ada, MI, pg. 580
THE JONES AGENCY, Palm Springs, CA, pg. 581
JSML MEDIA, LLC, Maple Grove, MN, pg. 1336
K2 KRUPP KOMMUNICATIONS, INC, New York, NY, pg. 1550
KEATING MAGEE MARKETING COMMUNICATIONS, Metairie, LA, pg. 589
KEEN BRANDING, Milton, DE, pg. 589
KEITH SHERMAN & ASSOCIATES, INC., New York, NY, pg. 1553
KELLEY CHUNN & ASSOC., Boston, MA, pg. 1553
KETCHUM, New York, NY, pg. 1554
KEYAD, LLC, San Antonio, TX, pg. 593
KHEMISTRY, London, pg. 594
KIDVERTISERS, New York, NY, pg. 594
KINDLING MEDIA, LLC, Hollywood, CA, pg. 595
THE KIRBY GROUP, London, pg. 1408
THE KLUGER AGENCY, Miami, FL, pg. 598
KOCHAN & COMPANY MARKETING COMMUNICATIONS, Saint Louis, MO, pg. 600
KOVEL/FULLER, Culver City, CA, pg. 601
KRAUSE ADVERTISING, Dallas, TX, pg. 602
KRUSKOPF & COMPANY, INC., Minneapolis, MN, pg. 603
KURMAN COMMUNICATIONS, INC., Chicago, IL, pg. 1561
KW2, Madison, WI, pg. 604
KWORQ, New York, NY, pg. 604
KWT GLOBAL, New York, NY, pg. 604
L7 CREATIVE, Carlsbad, CA, pg. 606
LAKE GROUP MEDIA, INC., Armonk, NY, pg. 607
LAM-ANDREWS INC., Nashville, TN, pg. 608
LAMBESIS, INC., La Jolla, CA, pg. 608
LANDIS COMMUNICATIONS INC., San Francisco, CA, pg. 1563
LANETERRALEVER, Phoenix, AZ, pg. 610
LATCHA+ASSOCIATES, Farmington Hills, MI, pg. 611
LATINWORKS MARKETING, INC., Austin, TX, pg. 612
LATITUDE, Dallas, TX, pg. 1408
LAUGHLIN/CONSTABLE, INC., Milwaukee, WI, pg. 613
LAWRENCE & SCHILLER, INC., Sioux Falls, SD, pg. 616
LAZBRO, INC., Atlanta, GA, pg. 617
LEAD ME MEDIA, Deerfield Beach, FL, pg. 617
LEADDOG MARKETING GROUP, New York, NY, pg. 618
LEGEND INC., Marblehead, MA, pg. 619
LEO BURNETT COMPANY LTD., Toronto, pg. 620
LEO BURNETT WORLDWIDE, INC., Chicago, IL, pg. 621
LEVENSON GROUP, Dallas, TX, pg. 634
LEVINE & ASSOCIATES, INC., Arlington, VA, pg. 634
LEVLANE ADVERTISING/PR/INTERACTIVE, Philadelphia, PA, pg. 635
LEVO HEALTH, Tampa, FL, pg. 635
LHWH ADVERTISING & PUBLIC RELATIONS, Myrtle Beach, SC, pg. 639
THE LILIAN RAJI AGENCY, Atlanta, GA, pg. 1567
THE LINICK GROUP, INC., Middle Island, NY, pg. 641

LINX COMMUNICATIONS CORP., Smithtown, NY, pg. 642
THE LIPPIN GROUP, Los Angeles, CA, pg. 1569
LIQUID ADVERTISING, El Segundo, CA, pg. 644
LIQUID SOUL, Atlanta, GA, pg. 644
LITTLE DOG AGENCY INC., Mount Pleasant, SC, pg. 645
LIVE NATION, Saint Louis, MO, pg. 1223
LIVELY GROUP, New York, NY, pg. 646
LKH&S, Chicago, IL, pg. 647
THE LOOMIS AGENCY, Dallas, TX, pg. 651
LOONEY ADVERTISING AND DESIGN, Montclair, NJ, pg. 651
LOPEZ NEGRETE COMMUNICATIONS, INC., Houston, TX, pg. 651
LOSASSO INTEGRATED MARKETING, Chicago, IL, pg. 652
LOVELL COMMUNICATIONS, INC., Nashville, TN, pg. 653
LP&G MARKETING, Tucson, AZ, pg. 654
LUNCH, Atlanta, GA, pg. 1269
LUQUIRE GEORGE ANDREWS, INC., Charlotte, NC, pg. 657
M/K ADVERTISING PARTNERS, LTD., New York, NY, pg. 664
MACIAS CREATIVE, Miami, FL, pg. 666
MAD MEN MARKETING, Jacksonville, FL, pg. 668
MADE BY MANY, London, pg. 1269
MADISON + VINE, West Hollywood, CA, pg. 669
MAGNANI, Chicago, IL, pg. 670
MAGNANI CARUSO DUTTON, New York, NY, pg. 670
MAKAI, El Segundo, CA, pg. 672
MANTERA ADVERTISING, Bakersfield, CA, pg. 675
MANTRA PUBLIC RELATIONS, INC., New York, NY, pg. 1575
MARC USA, Pittsburgh, PA, pg. 676
MARC USA BOSTON, Stoneham, MA, pg. 677
MARC USA CHICAGO, Chicago, IL, pg. 677
MARCA MIAMI, Coconut Grove, FL, pg. 677
MARGIE KORSHAK INC., Chicago, IL, pg. 1575
MARINA MAHER COMMUNICATIONS, New York, NY, pg. 1576
MARINELLI & COMPANY, New York, NY, pg. 679
THE MARKETING ARM, Dallas, TX, pg. 682
MARKETING FACTORY, Venice, CA, pg. 683
MARKETING MATTERS, Saint Petersburg, FL, pg. 683
MARKETING PERFORMANCE GROUP, Boca Raton, FL, pg. 1340
MARKETING RESOURCES, INC., Oak Park, IL, pg. 1409
MARKETING VISIONS, INC., Tarrytown, NY, pg. 1410
MARKETING WERKS, INC., Chicago, IL, pg. 1411
MARSHAD TECHNOLOGY GROUP, New York, NY, pg. 686
MARSHALL FENN COMMUNICATIONS LTD., Toronto, pg. 1577
MARSTON WEBB INTERNATIONAL, New York, NY, pg. 687
THE MARTIN AGENCY, Richmond, VA, pg. 687
MASCOLA ADVERTISING, New Haven, CT, pg. 690
MASLOW LUMIA BARTORILLO ADVERTISING, Wilkes Barre, PA, pg. 690
MASONBARONET, Dallas, TX, pg. 691
MASSIVEMEDIA, New York, NY, pg. 692
MASTERMIND MARKETING, Atlanta, GA, pg. 1411
MASTERMINDS, Egg Harbor Township, NJ, pg. 692
MATRIX MEDIA SERVICES, INC., Columbus, OH, pg. 1340
MATTS & DAVIDSON INC., Rye Brook, NY, pg. 694
MAVERICK PUBLIC RELATIONS, Toronto, pg. 1577
MAXIMUM EXPOSURE PUBLIC RELATIONS & MEDIA, Woodcliff Lake, NJ, pg. 1578
MAXLETICS CORPORATION, Cclorado Springs, CO, pg. 1271
MAYOSEITZ MEDIA, Blue Bell, PA, pg. 1340
MCC, Dallas, TX, pg. 697
MCKIM, Winnipeg, pg. 719
MCKINNEY, Durham, NC, pg. 719
MEDIA DIRECTIONS ADVERTISING, INC., Knoxville, TN, pg. 1341
THE MEDIA KITCHEN, New York, NY, pg. 1342
MEDIA POWER ADVERTISING, Cornelius, NC, pg. 1342
MEDIA STORM LLC, South Norwalk, CT, pg. 1343
MEDIACOMP, INC., Houston, TX, pg. 1350
MEDIASMITH, San Francisco, CA, pg. 1350
MEKANISM, San Francisco, CA, pg. 729
MESS, Chicago, IL, pg. 1271
METHOD INC., San Francisco, CA, pg. 735
MGH, INC., Owings Mills, MD, pg. 736
THE MICHAEL ALAN GROUP, New York, NY, pg. 737
MICHAEL MEYERS PUBLIC RELATIONS, San Ramon, CA, pg. 1583

MICHAEL WALTERS ADVERTISING, Chicago, IL, pg. 738
MICSTURA, Miami, FL, pg. 739
MILESTONE BROADCAST, New York, NY, pg. 740
MILLWARD BROWN INC., Lisle, IL, pg. 742
MILNER BUTCHER MEDIA GROUP, Los Angeles, CA, pg. 1351
MINDGRUVE, INC., San Diego, CA, pg. 745
MINDSTORM COMMUNICATIONS GROUP, INC., Charlotte, NC, pg. 745
MITHOFF BURTON PARTNERS, El Paso, TX, pg. 748
MKTG, INC., New York, NY, pg. 1412
MKTWORKS, INC., Cold Spring, NY, pg. 749
MMB, Boston, MA, pg. 750
MOCENTRIC, Scottsdale, AZ, pg. 1274
MODCO MEDIA, New York, NY, pg. 753
MOMENTUM WORLDWIDE, New York, NY, pg. 754
MORE MEDIA GROUP, Redondo Beach, CA, pg. 757
MORGAN + COMPANY, New Orleans, LA, pg. 758
MOROCH HOLDINGS, INC., Dallas, TX, pg. 758
MORSEKODE, Minneapolis, MN, pg. 761
MOTIVATE, INC., San Diego, CA, pg. 763
MOVEO, Chicago, IL, pg. 764
MOXIE, Atlanta, GA, pg. 1274
MOXIE SOZO, Boulder, CO, pg. 765
MPRM PUBLIC RELATIONS, Los Angeles, CA, pg. 1586
MQ&C ADVERTISING & MARKETING, Austin, TX, pg. 766
MRB PUBLIC RELATIONS, Freehold, NJ, pg. 1586
MULLENLOWE GROUP, Boston, MA, pg. 770
MUSE COMMUNICATIONS, Santa Monica, CA, pg. 780
MUTO COMMUNICATIONS, LLC, Port Jefferson, NY, pg. 1590
MVC, Ventura, CA, pg. 780
MVS MEDIA GROUP, Hallandale, FL, pg. 1413
MYERSBIZNET, INC., New York, NY, pg. 782
NAIL COMMUNICATIONS, Providence, RI, pg. 783
NAIL MARKETING 360, New York, NY, pg. 1353
NEFF + ASSOCIATES, INC., Philadelphia, PA, pg. 788
NEMER FIEGER, Minneapolis, MN, pg. 788
NEURON SYNDICATE, Santa Monica, CA, pg. 790
NEW & IMPROVED MEDIA, El Segundo, CA, pg. 1353
NEW MEDIA AGENCY, Los Angeles, CA, pg. 791
NIGHT AFTER NIGHT, New York, NY, pg. 794
NIGHT AGENCY, New York, NY, pg. 1276
NIMBLE WORLDWIDE, Dallas, TX, pg. 794
NOISE, INC., Sanibel, FL, pg. 796
NUEVO ADVERTISING GROUP, INC., Sarasota, FL, pg. 802
O3 WORLD, LLC, Philadelphia, PA, pg. 804
OCEAN BRIDGE GROUP, Los Angeles, CA, pg. 805
OCTAGON, Norwalk, CT, pg. 806
OFF MADISON AVE, Phoenix, AZ, pg. 809
OGILVY, New York, NY, pg. 809
OISHII CREATIVE, Pasadena, CA, pg. 834
OLANDER GROUP, Ottawa, IL, pg. 1355
OLIVE INTERACTIVE DESIGN & MARKETING INC., Austin, TX, pg. 834
OMNICOM GROUP INC., New York, NY, pg. 836
ONE SOURCE DIRECT MARKETING, INC., Coral Springs, FL, pg. 1278
ONEWORLD COMMUNICATIONS, INC., San Francisco, CA, pg. 840
ONION LABS, Chicago, IL, pg. 840
ONIRACOM CORP, Santa Barbara, CA, pg. 841
OOH IMPACT, INC., New York, NY, pg. 1360
ORAIKO, New York, NY, pg. 843
ORGANIC, INC., San Francisco, CA, pg. 1278
OUTERNATIONAL INC, New York, NY, pg. 846
PALISADES MEDIA GROUP, INC., Santa Monica, CA, pg. 1361
PAPROCKI & CO., Atlanta, GA, pg. 852
PARADIGM ASSOCIATES, San Juan, PR, pg. 1606
PASADENA ADVERTISING, Pasadena, CA, pg. 857
PATRICKORTMAN, INC., Studio City, CA, pg. 1279
PATRIOT ADVERTISING INC., Katy, TX, pg. 858
PAVLOV, Fort Worth, TX, pg. 859
PERISCOPE, Minneapolis, MN, pg. 864
PG CREATIVE, Miami, FL, pg. 867
PHD, New York, NY, pg. 1361
PHELPS, Playa Vista, CA, pg. 867
PIA AGENCY, Carlsbad, CA, pg. 870
PICO+, Santa Monica, CA, pg. 870
PICTURE MARKETING, INC., Novato, CA, pg. 1414
PINGER PR AT POWERS, Cincinnati, OH, pg. 1609
PINTA, New York, NY, pg. 872
PK NETWORK COMMUNICATIONS, New York, NY, pg. 875
PLAN C AGENCY, Los Angeles, CA, pg. 876
PLAYWIRE MEDIA, Deerfield Beach, FL, pg. 877

A-149

AGENCIES

SPECIAL MARKET INDEX

POINT B COMMUNICATIONS, Chicago, IL, pg. 880
PONDER IDEAWORKS, Huntington Beach, CA, pg. 882
PORTAL A LIMITED, San Francisco, CA, pg. 1280
PORTER NOVELLI, New York, NY, pg. 1612
POWERS AGENCY, Cincinnati, OH, pg. 885
PP+K, Tampa, FL, pg. 885
PREFERRED PUBLIC RELATIONS & MARKETING, Las Vegas, NV, pg. 1618
THE PRICE GROUP, INC., Lubbock, TX, pg. 888
PRIME L.A, Hollywood, CA, pg. 889
PRIMEDIA INC., Warwick, RI, pg. 1364
PRINCETON PARTNERS, INC., Princeton, NJ, pg. 890
PRIORITY PUBLIC RELATIONS, Santa Monica, CA, pg. 1619
PROJECT, Auburn Hills, MI, pg. 891
THE PROMOTION FACTORY, New York, NY, pg. 893
PROSPECT MEDIA GROUP LTD., Toronto, pg. 1415
PROTERRA ADVERTISING, Addison, TX, pg. 894
PRX DIGITAL SILICON VALLEY, San Jose, CA, pg. 1620
PUBLICIS HAWKEYE, Dallas, TX, pg. 1282
PUBLICIS NEW YORK, New York, NY, pg. 912
PUREI, Batavia, IL, pg. 917
PUSH, Orlando, FL, pg. 918
Q1MEDIA, INC., Austin, TX, pg. 1415
QUAKER CITY MERCANTILE, Philadelphia, PA, pg. 920
QUIGLEY-SIMPSON, Los Angeles, CA, pg. 923
QUINN/BREIN COMMUNICATIONS, Bainbridge Island, WA, pg. 1622
RAGE AGENCY, Westmont, IL, pg. 1283
RAIN, New York, NY, pg. 1283
RATTLE ADVERTISING, Beverly, MA, pg. 933
RAWLE MURDY ASSOCIATES, INC., Charleston, SC, pg. 934
RBMM, Dallas, TX, pg. 934
RDA INTERNATIONAL, New York, NY, pg. 935
REAL INTEGRATED, Troy, MI, pg. 936
REALITY2 LLC, Los Angeles, CA, pg. 936
REBEL INDUSTRIES, Los Angeles, CA, pg. 937
RECIPROCAL RESULTS, Staten Island, NY, pg. 1367
RED INTERACTIVE AGENCY, Santa Monica, CA, pg. 1284
RED MOON MARKETING, Charlotte, NC, pg. 940
RED TETTEMER O'CONNELL & PARTNERS, Philadelphia, PA, pg. 941
RED7E, Louisville, KY, pg. 942
REDSTONE COMMUNICATIONS INC., Omaha, NE, pg. 944
THE REPUBLIK, Raleigh, NC, pg. 947
REPUBLIK PUBLICITE + DESIGN INC., Montreal, pg. 947
THE RESPONSE SHOP, INC., La Jolla, CA, pg. 950
REVOLUTION MARKETING, LLC, Chicago, IL, pg. 953
RHYMES ADVERTISING & MARKETING, Bellaire, TX, pg. 955
THE RICHARDS GROUP, INC., Dallas, TX, pg. 956
RIESTER, Phoenix, AZ, pg. 958
RIOT, New York, NY, pg. 959
RISE INTERACTIVE, Chicago, IL, pg. 960
RITTA, Paramus, NJ, pg. 960
RJW MEDIA, Pittsburgh, PA, pg. 1368
R.M. BARROWS, INC. ADVERTISING & PUBLIC RELATIONS, San Mateo, CA, pg. 962
RMI MARKETING & ADVERTISING, Emerson, NJ, pg. 962
ROBERT FLEEGE & PARTNERS, Columbus, OH, pg. 963
ROBERTSON & PARTNERS, Las Vegas, NV, pg. 964
ROCKET 55, Minneapolis, MN, pg. 964
ROCKET RED, Dallas, TX, pg. 965
ROCKORANGE, Miami, FL, pg. 1633
ROGERS FINN PARTNERS, Los Angeles, CA, pg. 1633
RON FOTH ADVERTISING, Columbus, OH, pg. 967
ROSLAN & CAMPION PUBLIC RELATIONS, New York, NY, pg. 1635
ROSS ADVERTISING, INC., Burbank, CA, pg. 967
THE ROSS GROUP, Los Angeles, CA, pg. 968
ROTTER GROUP INC., Huntington, NY, pg. 969
RPA, Santa Monica, CA, pg. 970
RPM ADVERTISING, Chicago, IL, pg. 971
RPMC, INC., Calabasas, CA, pg. 1415
RUNNER AGENCY, Dallas, TX, pg. 1286
S&S PUBLIC RELATIONS, INC., Chicago, IL, pg. 1638
S3, Boonton, NJ, pg. 974
SAESHE ADVERTISING, Los Angeles, CA, pg. 986
SAGON-PHIOR, West Los Angeles, CA, pg. 1638
SAIBOT MEDIA INC., Boca Raton, FL, pg. 987
SAMBA ROCK, Miami Beach, FL, pg. 988
SASQUATCH, Portland, OR, pg. 992
SCHWARTZ PUBLIC RELATIONS ASSOCIATES, INC., New York, NY, pg. 1642
SCOPPECHIO, Louisville, KY, pg. 997

SERINO COYNE LLC, New York, NY, pg. 1003
SEVENTH POINT, Virginia Beach, VA, pg. 1004
SHADOW PR, New York, NY, pg. 1005
SHAMIN ABAS PUBLIC RELATIONS, West Palm Beach, FL, pg. 1005
SHARAVSKY COMMUNICATIONS, Lafayette Hill, PA, pg. 1005
SHINE UNITED, Madison, WI, pg. 1008
SHOPPER MARKETING GROUP ADVERTISING INC., Porter Ranch, CA, pg. 1009
SHOW MANAGEMENT ADVERTISING, Fort Lauderdale, FL, pg. 1226
SIGMA GROUP, Upper Saddle River, NJ, pg. 1011
SILTANEN & PARTNERS, El Segundo, CA, pg. 1013
SIMON GROUP MARKETING COMMUNICATIONS, INC., Evanston, IL, pg. 1015
SIMONS MICHELSON ZIEVE, INC., Troy, MI, pg. 1015
SITUATION INTERACTIVE, New York, NY, pg. 1017
SJ COMMUNICATIONS, Los Angeles, CA, pg. 1017
SK+G ADVERTISING LLC, Las Vegas, NV, pg. 1018
SKYTYPERS, INC., Las Vegas, NV, pg. 1416
SKYYA COMMUNICATIONS, Minneapolis, MN, pg. 1020
SLINGSHOT, LLC, Dallas, TX, pg. 1021
SMITH BROTHERS AGENCY, LP, Pittsburgh, PA, pg. 1023
SMITH MARKETING GROUP, Campbell, CA, pg. 1647
SMITHGIFFORD, Falls Church, VA, pg. 1024
SMUGGLER, New York, NY, pg. 1025
SOCIALLY PRESENT, Carbondale, IL, pg. 1026
SOMETHING MASSIVE, Los Angeles, CA, pg. 1291
SOUND COMMUNICATIONS, INC., New York, NY, pg. 1369
SOURCE MARKETING LLC, Norwalk, CT, pg. 1416
SOUTHWEST MEDIA GROUP, Dallas, TX, pg. 1369
THE SOUZA AGENCY, Annapolis, MD, pg. 1030
SPARKLOFT MEDIA, Portland, OR, pg. 1031
SPARKS GROVE, Atlanta, GA, pg. 1032
SPARXOO, Tampa, FL, pg. 1032
SPECIALIZED MEDIA SERVICES, INC., Charlotte, NC, pg. 1370
SPECIALTY TRUCK RENTALS, Santa Monica, CA, pg. 1416
SPERO MEDIA, New York, NY, pg. 1033
SPIKER COMMUNICATIONS, INC., Missoula, MT, pg. 1033
SPORTSBRANDEDMEDIA INC., Rockville Centre, NY, pg. 1035
SPOT ON, City Island, NY, pg. 1036
SPRINGER ASSOCIATES PR, Croton on Hudson, NY, pg. 1650
SPURRIER MEDIA GROUP, Richmond, VA, pg. 1370
SQUARE TOMATO, Seattle, WA, pg. 1038
S.R. VIDEO PICTURES, LTD., Haverstraw, NY, pg. 1038
STAR POWER LLC, New York, NY, pg. 1043
STAR7, Las Vegas, NV, pg. 1043
STARCOM, Chicago, IL, pg. 1370
STARMEDIA GROUP, Montreal, pg. 1044
STEIN IAS, New York, NY, pg. 1045
STEVENS ADVERTISING, Grand Rapids, MI, pg. 1048
STEVENS & TATE MARKETING, Lombard, IL, pg. 1048
STOWE AREA ASSOCIATION AGENCY, Stowe, VT, pg. 1227
STRATEGIC AMERICA, West Des Moines, IA, pg. 1052
STUBS COMMUNICATIONS COMPANY, New York, NY, pg. 1227
STURGES WORD COMMUNICATIONS, Kansas City, MO, pg. 1654
SUBMIT EXPRESS INC., Glendale, CA, pg. 1057
SUITS & SANDALS, LLC, Brooklyn, NY, pg. 1293
SULLIVAN BRANDING, Memphis, TN, pg. 1059
SULLIVAN HIGDON & SINK INCORPORATED, Wichita, KS, pg. 1059
SUNSHINE SACHS, New York, NY, pg. 1654
SUPER GENIUS LLC, Chicago, IL, pg. 1062
SUSAN DAVIS INTERNATIONAL, Washington, DC, pg. 1063
SWARM NYC, New York, NY, pg. 1293
SWBR, INC., Bethlehem, PA, pg. 1065
SWEENEYVESTY, New York, NY, pg. 1066
SWING MEDIA INC., Los Angeles, CA, pg. 1375
SWIRL MCGARRYBOWEN, San Francisco, CA, pg. 1067
T3, Austin, TX, pg. 1069
TAKE 5 MEDIA GROUP, Boca Raton, FL, pg. 1071
TARA, INK., Miami Beach, FL, pg. 1073
TARGETVISION, Irving, TX, pg. 1073
TATTOO PROJECTS, Charlotte, NC, pg. 1074
TBD, San Francisco, CA, pg. 1076
TC CREATIVES LLC, Woodland Hills, CA, pg. 1093

TEAM ONE USA, Los Angeles, CA, pg. 1095
TEC DIRECT MEDIA, INC., Chicago, IL, pg. 1375
TELLEM GRODY PUBLIC RELATIONS, INC., Malibu, CA, pg. 1657
THAT AGENCY, West Palm Bch, FL, pg. 1098
THEAUDIENCE, Los Angeles, CA, pg. 1098
THREE LAKES MARKETING, Austin, TX, pg. 1102
TIDAL SHORES INC., Houston, TX, pg. 1102
TIDESMART GLOBAL, Falmouth, ME, pg. 1103
TIERNEY COMMUNICATIONS, Philadelphia, PA, pg. 1103
TJM COMMUNICATIONS, Oviedo, FL, pg. 1106
TOM, DICK & HARRY CREATIVE, Chicago, IL, pg. 1108
THE TOMBRAS GROUP, Knoxville, TN, pg. 1108
TOMSHEEHAN WORLDWIDE, Reading, PA, pg. 1109
TONGAL, Santa Monica, CA, pg. 1295
TRACTION CORPORATION, San Francisco, CA, pg. 1112
TRANSIT MEDIA GROUP, Huntington Beach, CA, pg. 1376
TRANSMEDIA GROUP, Boca Raton, FL, pg. 1662
TRELLIS MARKETING, INC, Buffalo, NY, pg. 1115
TRINET INTERNET SOLUTIONS, INC., Irvine, CA, pg. 1118
TRIPLE 7 PUBLIC RELATIONS, LLC., Los Angeles, CA, pg. 1663
TRIPLEPOINT, San Francisco, CA, pg. 1663
TROLLBACK + COMPANY, New York, NY, pg. 1119
TRONE BRAND ENERGY, INC., High Point, NC, pg. 1119
TRUE NORTH INC., New York, NY, pg. 1119
TRUE NORTH INTERACTIVE, San Francisco, CA, pg. 1298
TRUMPET LLC, New Orleans, LA, pg. 1120
TWO NIL, Los Angeles, CA, pg. 1377
TYLER BARNETT PUBLIC RELATIONS, Beverly Hills, CA, pg. 1664
UM SAN FRANCISCO, San Francisco, CA, pg. 1378
UN/COMMON, Sacramento, CA, pg. 1125
UNION, Charlotte, NC, pg. 1298
UNION NY DC, Alexandria, VA, pg. 1298
THE UNREAL AGENCY, Freehold, NJ, pg. 1127
UPP ENTERTAINMENT MARKETING, Burbank, CA, pg. 1128
U.S. INTERNATIONAL MEDIA, LLC, Los Angeles, CA, pg. 1378
VENABLES, BELL & PARTNERS, San Francisco, CA, pg. 1132
VERTICAL MARKETING NETWORK LLC, Tustin, CA, pg. 1418
VIEWPOINT CREATIVE, Newton, MA, pg. 1137
VIGET, Falls Church, VA, pg. 1300
VITAMIN, Baltimore, MD, pg. 1140
VITRO, San Diego, CA, pg. 1141
VML, Kalamazoo, MI, pg. 1300
VOL.4, Los Angeles, CA, pg. 1146
WALRUS, New York, NY, pg. 1150
THE WARD GROUP, Frisco, TX, pg. 1152
WAVEMAKER - NA HQ, NEW YORK, New York, NY, pg. 1386
WC MEDIA INC., Springfield, IL, pg. 1154
WEBER SHANDWICK, New York, NY, pg. 1673
WEBNBEYOND, Baldwin, NY, pg. 1156
WELLNESS COMMUNICATIONS, Newburgh, IN, pg. 1158
THE WENDT AGENCY, Great Falls, MT, pg. 1159
WENSTROM COMMUNICATIONS, Clearwater, FL, pg. 1387
WESTON MASON MARKETING, Santa Monica, CA, pg. 1159
WESTOVER MEDIA, Portland, OR, pg. 1419
WHITE WATER AGENCY, Palm Beach Gardens, FL, pg. 1683
WIEDEN + KENNEDY, INC., Portland, OR, pg. 1163
WILDFIRE LLC, Winston Salem, NC, pg. 1167
WILLIAMS-HELDE MARKETING COMMUNICATIONS, Seattle, WA, pg. 1169
WILLIAMS WHITTLE ASSOCIATES, INC., Alexandria, VA, pg. 1169
WING, New York, NY, pg. 1170
WINSTANLEY PARTNERS, Lenox, MA, pg. 1171
WIRE STONE LLC, Sacramento, CA, pg. 1172
WORKHOUSE, New York, NY, pg. 1686
WRAY WARD MARKETING COMMUNICATIONS, Charlotte, NC, pg. 1187
WWDB INTEGRATED MARKETING, Fort Lauderdale, FL, pg. 1193
XAXIS, LLC, New York, NY, pg. 1302
YELLIN/MCCARRON, INC., Salem, NH, pg. 1387
ZEHNDER COMMUNICATIONS, INC., New Orleans, LA, pg. 1210
ZENITH USA, New York, NY, pg. 1391

SPECIAL MARKET INDEX

AGENCIES

ZENMARK VERBAL DESIGN, San Francisco, CA, pg. 1211
ZLOKOWER COMPANY LLC, New York, NY, pg. 1690
ZLRIGNITION, Des Moines, IA, pg. 1214
ZYNGA NEW YORK, New York, NY, pg. 1217

Fashion/Apparel

11:24 DESIGN ADVERTISING, INC., Playa Del Rey, CA, pg. 1
135TH STREET AGENCY, New York, NY, pg. 2
15 MINUTES, INC., Conshohocken, PA, pg. 2
454 CREATIVE, Irvine, CA, pg. 9
5 STONE ADVERTISING, Carbondale, CO, pg. 9
5W PUBLIC RELATIONS, New York, NY, pg. 1423
6S MARKETING, New York, NY, pg. 1305
919 MARKETING COMPANY, Holly Springs, NC, pg. 13
A2G, W Hollywood, CA, pg. 1395
ABSOLUTE MEDIA INC., Stamford, CT, pg. 1305
ACCESS TO MEDIA, Chicopee, MA, pg. 20
ACTIFY MEDIA, Helena, MT, pg. 22
ADAMS & KNIGHT, INC., Avon, CT, pg. 25
ADCETERA GROUP, Houston, TX, pg. 27
ADDIS, Berkeley, CA, pg. 28
ADSOKA, INC., Minneapolis, MN, pg. 33
ADVENTIUM, LLC, New York, NY, pg. 34
AGENCY CREATIVE, Dallas, TX, pg. 38
AGENCY SQUID, Minneapolis, MN, pg. 39
AGENCY212, LLC, New York, NY, pg. 39
AGENCYSACKS, New York, NY, pg. 40
AGENTRY PR, New York, NY, pg. 1428
ALLEN & GERRITSEN, Boston, MA, pg. 45
ALLEN FINLEY ADVERTISING, INC., Hickory, NC, pg. 46
ALLIONCE GROUP, LLC, Norwell, MA, pg. 1219
AMBIT MARKETING COMMUNICATIONS, Fort Lauderdale, FL, pg. 51
AMELIE COMPANY, Denver, CO, pg. 51
AMERICAN ADVERTISING SERVICES, Bala Cynwyd, PA, pg. 52
AMP AGENCY, Boston, MA, pg. 1236
ANDERSON ADVERTISING & PUBLIC RELATIONS, Scottsdale, AZ, pg. 56
ANDRIA MITSAKOS PUBLIC RELATIONS, New York, NY, pg. 58
ANVIL MEDIA, INC., Portland, OR, pg. 1307
APCO WORLDWIDE, Washington, DC, pg. 62
ARCANA ACADEMY, Los Angeles, CA, pg. 65
ARCHER MALMO, Memphis, TN, pg. 65
ARCHER MALMO AUSTIN, Austin, TX, pg. 66
ARKSIDE MARKETING, Riverside, CA, pg. 69
ARNOLD WORLDWIDE, Boston, MA, pg. 69
ASSEMBLY, New York, NY, pg. 1308
AUDIENCE INNOVATION, Austin, TX, pg. 76
AUGUST, LANG & HUSAK, INC., Bethesda, MD, pg. 77
AUXILIARY ADVERTISING & DESIGN, Grand Rapids, MI, pg. 79
AVEXDESIGNS, New York, NY, pg. 1239
AXIA PUBLIC RELATIONS, Jacksonville, FL, pg. 80
B-LINE APPAREL, INC., Doral, FL, pg. 1397
BADGER & WINTERS, INC., New York, NY, pg. 83
BAKERY, Austin, TX, pg. 1240
THE BALCOM AGENCY, Fort Worth, TX, pg. 85
THE BAM CONNECTION, Brooklyn, NY, pg. 86
BANDUJO ADVERTISING & DESIGN, New York, NY, pg. 87
BARBER MARTIN AGENCY, Richmond, VA, pg. 88
BARCELONA ENTERPRISES, Sherman Oaks, CA, pg. 89
BARKER, New York, NY, pg. 89
BARKLEY, Kansas City, MO, pg. 90
BARRON MARKETING COMMUNICATIONS, Wilmington, DE, pg. 92
BASS ADVERTISING, Sioux City, IA, pg. 95
BAYARD ADVERTISING AGENCY, INC., New York, NY, pg. 96
BBH NEW YORK, New York, NY, pg. 115
BDOT, New York, NY, pg. 117
BEAUTY@GOTHAM, New York, NY, pg. 119
BENCHMARK DISPLAYS, Palm Desert, CA, pg. 1398
BENEDICT ADVERTISING, Daytona Beach, FL, pg. 122
BERLINE, Royal Oak, MI, pg. 124
BERNSTEIN-REIN ADVERTISING, INC., Kansas City, MO, pg. 125
BFG COMMUNICATIONS, Bluffton, SC, pg. 126
BIG RIVER ADVERTISING, Richmond, VA, pg. 129
BIGBUZZ MARKETING GROUP, New York, NY, pg. 130
BLEND, Los Angeles, CA, pg. 135
BLIND SOCIETY, Scottsdale, AZ, pg. 136

BLUE FOUNTAIN MEDIA, New York, NY, pg. 1241
BOONEOAKLEY, Charlotte, NC, pg. 147
BORDERS PERRIN NORRANDER INC, Portland, OR, pg. 147
THE BORENSTEIN GROUP, INC., Fairfax, VA, pg. 147
BPCM, New York, NY, pg. 151
BRAND AGENT, Dallas, TX, pg. 153
BRANDTAILERS, Newport Beach, CA, pg. 159
BRIERLEY & PARTNERS, Plano, TX, pg. 162
BRIGHT RED\TBWA, Tallahassee, FL, pg. 163
BROADSTREET, New York, NY, pg. 1398
BROGAN TENNYSON GROUP, INC., Dayton, NJ, pg. 166
BROLIK, Philadelphia, PA, pg. 1243
THE BROMLEY GROUP, New York, NY, pg. 166
THE BROWER GROUP, Los Angeles, CA, pg. 1458
BROWNING AGENCY, New Providence, NJ, pg. 168
BRUSTMAN CARRINO PUBLIC RELATIONS, Miami, FL, pg. 1459
BUERO NEW YORK, New York, NY, pg. 172
BURGESS ADVERTISING & MARKETING, Falmouth, ME, pg. 174
BURRELL, Chicago, IL, pg. 176
BUTLER, SHINE, STERN & PARTNERS, Sausalito, CA, pg. 177
BUY ADS DIRECT, Ridge Manor, FL, pg. 1313
C&M MEDIA, New York, NY, pg. 1460
CALDWELL VANRIPER, Indianapolis, IN, pg. 182
CALISE PARTNERS INC., Dallas, TX, pg. 183
CALLAHAN CREEK, INC., Lawrence, KS, pg. 183
CAMEO PUBLIC RELATIONS, Marlboro, NJ, pg. 1461
CAMPBELL EWALD, Detroit, MI, pg. 185
CAPRICORN, Melville, NY, pg. 1399
CARMA PR, Miami Beach, FL, pg. 1463
CASHMAN & ASSOCIATES, Philadelphia, PA, pg. 1463
CASHMAN & KATZ INTEGRATED COMMUNICATIONS, Glastonbury, CT, pg. 193
CASTELLS & ASOCIADOS, Los Angeles, CA, pg. 194
CATALYST MARKETING COMPANY, Fresno, CA, pg. 195
CAUGHERTY HAHN COMMUNICATIONS, INC., Glen Rock, NJ, pg. 1464
CECE FEINBERG PUBLIC RELATIONS, New York, NY, pg. 1465
CENTRA360, Westbury, NY, pg. 1399
THE CHAPTER MEDIA, South Orange, NJ, pg. 203
CHEMISTRY, San Diego, CA, pg. 1467
CHEMISTRY COMMUNICATIONS INC., Pittsburgh, PA, pg. 205
C.I. VISIONS INC., New York, NY, pg. 1468
CIBO, San Francisco, CA, pg. 1245
THE CIRLOT AGENCY, INC., Jackson, MS, pg. 209
CJ PUBLIC RELATIONS, Southington, CT, pg. 1470
CK COMMUNICATIONS, INC. (CKC), Indialantic, FL, pg. 210
CLICK HERE LABS, Dallas, TX, pg. 1246
CLICKSPRING DESIGN, New York, NY, pg. 213
COLLE+MCVOY, Minneapolis, MN, pg. 219
COLMAN BROHAN DAVIS, Chicago, IL, pg. 220
COMBS & COMPANY, Little Rock, AR, pg. 221
THE COMMUNITY, Miami, FL, pg. 223
CONCRETE DESIGN COMMUNICATIONS INC, Toronto, pg. 226
CONE COMMUNICATIONS, Boston, MA, pg. 1473
CONNECTIONS ADVERTISING & MARKETING, Lexington, KY, pg. 227
COPACINO + FUJIKADO, LLC, Seattle, WA, pg. 230
CORINTHIAN MEDIA, INC., New York, NY, pg. 1316
CRAWFORD ADVERTISING ASSOCIATES, LTD., New City, NY, pg. 238
CREATETHE GROUP, INC., New York, NY, pg. 239
CREATIVE ENERGY GROUP INC, Johnson City, TN, pg. 241
CREATIVE MARKETING PLUS INC., Long Island City, NY, pg. 243
CRITICAL LAUNCH, LLC, Dallas, TX, pg. 247
CRN INTERNATIONAL, INC., Hamden, CT, pg. 1400
CTP, Boston, MA, pg. 252
CUBICLE NINJAS, Glen Ellyn, IL, pg. 252
DAMEN JACKSON, Chicago, IL, pg. 259
DAVID & GOLIATH, El Segundo, CA, pg. 261
DAVIS ELEN ADVERTISING, INC., Los Angeles, CA, pg. 264
DCA/DCPR, Jackson, TN, pg. 266
DDB WORLDWIDE COMMUNICATIONS GROUP INC., New York, NY, pg. 268
DEFYMEDIA, New York, NY, pg. 1248
DELIA ASSOCIATES, Whitehouse, NJ, pg. 287
DELLA FEMINA ADVERTISING, New York, NY, pg. 287
DENTSU INC., Tokyo, pg. 289

DEPARTURE, San Diego, CA, pg. 291
DEVITO GROUP, New York, NY, pg. 296
DEVRIES GLOBAL, New York, NY, pg. 1484
DIAL HOUSE, San Francisco, CA, pg. 298
DIESTE, Dallas, TX, pg. 299
DIRCKS ASSOCIATES, Saint James, NY, pg. 303
DJ-LA LLC, Los Angeles, CA, pg. 309
D.L. MEDIA INC., Nixa, MO, pg. 309
DMA UNITED, New York, NY, pg. 310
DO GOOD MARKETING, LLC, Ridgewood, NJ, pg. 312
DOGGETT ADVERTISING, INC., Charlotte, NC, pg. 313
DONER, Southfield, MI, pg. 314
DOOR NUMBER 3, Austin, TX, pg. 316
DORN MARKETING, Geneva, IL, pg. 317
THE DOZIER COMPANY, Dallas, TX, pg. 318
DREAMENTIA INC, Los Angeles, CA, pg. 320
DRIVE BRAND STUDIO, North Conway, NH, pg. 320
DRIVEN 360, Temecula, CA, pg. 1488
DROGA5, New York, NY, pg. 321
DTE STUDIO, New York, NY, pg. 323
DUFFY & SHANLEY, INC., Providence, RI, pg. 324
DVL SEIGENTHALER, Nashville, TN, pg. 326
EAST MEETS WEST PRODUCTIONS INC., Corpus Christi, TX, pg. 328
ECOMMERCE PARTNERS, New York, NY, pg. 1401
EILEEN KOCH & COMPANY, INC., Beverly Hills, CA, pg. 1498
EL CREATIVE, INC., Dallas, TX, pg. 334
ELEVATION, Washington, DC, pg. 336
ELEVEN INC., San Francisco, CA, pg. 336
ELITE SEM, New York, NY, pg. 1320
EMLEY DESIGN GROUP, Fort Wayne, IN, pg. 339
EMPOWER MEDIAMARKETING, Cincinnati, OH, pg. 1320
ENCODE, Jacksonville, FL, pg. 340
ENDEAVOR, LLC, Beverly Hills, CA, pg. 340
ENGINE DIGITAL, New York, NY, pg. 1255
EP+CO, Greenville, SC, pg. 343
ESTEY-HOOVER INC. ADVERTISING-PUBLIC RELATIONS, NewPOrt Beach, CA, pg. 350
EVANS ALLIANCE ADVERTISING, Sparta, NJ, pg. 351
EVE SECO DISPLAY INC., Lahaska, PA, pg. 352
EVINS COMMUNICATIONS, LTD., New York, NY, pg. 1501
EXPECT ADVERTISING, INC., Clifton, NJ, pg. 355
EXPLORE COMMUNICATIONS, Denver, CO, pg. 1321
FAHLGREN MORTINE, Columbus, OH, pg. 358
THE FARM, New York, NY, pg. 362
FCB GLOBAL, New York, NY, pg. 363
FITCH, London, pg. 385
FLEISHMANHILLARD INC., Saint Louis, MO, pg. 1506
FLEMING & COMPANY INC., NewPOrt, RI, pg. 387
FLYING POINT DIGITAL, New York, NY, pg. 390
FORWARD3D, New York, NY, pg. 1258
FORZA MIGLIOZZI, LLC, Hollywood, CA, pg. 393
FOX GREENBERG PUBLIC RELATIONS, New York, NY, pg. 1513
FRANK ABOUT WOMEN, Winston Salem, NC, pg. 395
FRASER COMMUNICATIONS, Los Angeles, CA, pg. 396
FRENCH/WEST/VAUGHAN, INC., Raleigh, NC, pg. 398
FULL CONTACT ADVERTISING, Boston, MA, pg. 402
GABRIEL DEGROOD BENDT, MinneaPOlis, MN, pg. 407
GAIN THEORY, New York, NY, pg. 408
THE GATE WORLDWIDE NEW YORK, New York, NY, pg. 411
GATESMAN, Pittsburgh, PA, pg. 412
GCG MARKETING, Fort Worth, TX, pg. 413
GENERATOR MEDIA + ANALYTICS, New York, NY, pg. 414
GIAMBRONE + PARTNERS, Cincinnati, OH, pg. 418
GIGANTE VAZ PARTNERS ADVERTISING, INC., New York, NY, pg. 419
GIOVATTO ADVERTISING & CONSULTING INC., Paramus, NJ, pg. 420
GOCONVERGENCE, Orlando, FL, pg. 426
THE GOODNESS COMPANY, Wisconsin Rapids, WI, pg. 429
THE GOSS AGENCY INC., Asheville, NC, pg. 430
GREENLIGHT MEDIA & MARKETING, LLC, Hollywood, CA, pg. 435
GREENRUBINO, Seattle, WA, pg. 436
GROUP46, Bluffton, SC, pg. 452
GUMAS ADVERTISING, San Francisco, CA, pg. 455
GYK ANTLER, Manchester, NH, pg. 457
HAGOPIAN INK, New York, NY, pg. 1259
HAKUHODO INCORPORATED, Tokyo, pg. 461
THE HALO GROUP, New York, NY, pg. 464
HARBURGER/SCOTT ADVERTISING, Newburgh, NY, pg. 467

A-151

AGENCIES

SPECIAL MARKET INDEX

HARRISON & SHRIFTMAN LLC, New York, NY, pg. 1527
HAVAS MEDIA, New York, NY, pg. 1324
HAVAS PR, New York, NY, pg. 1528
HAVAS WORLDWIDE, New York, NY, pg. 475
HAWTHORNE DIRECT INC., Fairfield, IA, pg. 489
HCK2 PARTNERS, Addison, TX, pg. 490
HI-GLOSS, Miami Beach, FL, pg. 498
HILL HOLLIDAY, Boston, MA, pg. 500
HIPERVINCULO, Weston, FL, pg. 501
HMH, Portland, OR, pg. 504
HODGES ASSOCIATES, INC., Fayetteville, NC, pg. 505
HOLLYWOOD BRANDED INC., El Segundo, CA, pg. 507
HOLTON SENTIVAN AND GURY, Ambler, PA, pg. 507
HORNALL ANDERSON, Seattle, WA, pg. 509
HUDSON MEDIA SERVICES LLC, West Orange, NJ, pg. 1330
HUDSON MIND, New York, NY, pg. 511
HUEMOR DESIGNS, Farmingdale, NY, pg. 1261
HUGE LLC, Brooklyn, NY, pg. 512
HUGHESLEAHYKARLOVIC, Saint Louis, MO, pg. 513
HULT MARKETING, Peoria, IL, pg. 513
ID29, Troy, NY, pg. 519
THE IDEA FACTORY, New York, NY, pg. 520
IDEASCAPE, INC., Stoneham, MA, pg. 521
IGNITE DESIGN AND ADVERTISING, INC., Rch Cucamonga, CA, pg. 522
IGNITE DIGITAL, Mississauga, pg. 1263
IGNITED, El Segundo, CA, pg. 523
IMAGEHAUS, MinneaPOlis, MN, pg. 524
THE IN-HOUSE AGENCY, INC., Morristown, NJ, pg. 529
INFERNO, Memphis, TN, pg. 530
INITIATIVE, New York, NY, pg. 1331
INNERSPIN MARKETING, Los Angeles, CA, pg. 533
INNIS MAGGIORE GROUP, INC., Canton, OH, pg. 533
INTERACTIVEWEST, Denver, CO, pg. 1264
INTERLEX COMMUNICATIONS INC., San Antonio, TX, pg. 538
INTERTREND COMMUNICATIONS, INC., Long Beach, CA, pg. 544
INTRIGUE, Melville, NY, pg. 545
ISA ADVERTISING, New York, NY, pg. 548
JAMES ROSS ADVERTISING, Pompano Beach, FL, pg. 571
JANIS BROWN & ASSOCIATES, Escondido, CA, pg. 572
JEFFREY ALEC COMMUNICATIONS, Los Angeles, CA, pg. 574
JOE AGENCY, Los Angeles, CA, pg. 578
THE JOEY COMPANY, Brooklyn, NY, pg. 578
JOHNSON DESIGN GROUP, Ada, MI, pg. 580
JOHNSONRAUHOFF, Saint Joseph, MI, pg. 581
THE JONES AGENCY, Palm Springs, CA, pg. 581
K2 KRUPP KOMMUNICATIONS, INC, New York, NY, pg. 1550
KCD, INC., New York, NY, pg. 1552
KEEN BRANDING, Milton, DE, pg. 589
KENNA, Mississauga, pg. 592
KETCHUM, New York, NY, pg. 1554
KINDLING MEDIA, LLC, Hollywood, CA, pg. 595
KRAFTWORKS LTD., New York, NY, pg. 602
KRAUSE ADVERTISING, Dallas, TX, pg. 602
KRISTOF CREATIVE, INC., Mount Juliet, TN, pg. 603
KURMAN COMMUNICATIONS, INC., Chicago, IL, pg. 1561
KWORQ, New York, NY, pg. 604
KWT GLOBAL, New York, NY, pg. 604
LAFORCE, New York, NY, pg. 1562
LAIRD+PARTNERS, New York, NY, pg. 607
LAKE GROUP MEDIA, INC., Armonk, NY, pg. 607
LAM-ANDREWS INC., Nashville, TN, pg. 608
LAMBESIS, INC., La Jolla, CA, pg. 608
LANDIS COMMUNICATIONS INC., San Francisco, CA, pg. 1563
LANETERRALEVER, Phoenix, AZ, pg. 610
LATCHA+ASSOCIATES, Farmington Hills, MI, pg. 611
LAUGHLIN/CONSTABLE, INC., Milwaukee, WI, pg. 613
LEAD ME MEDIA, Deerfield Beach, FL, pg. 617
LEE & ASSOCIATES, INC., Canoga Park, CA, pg. 1565
LEO BURNETT COMPANY LTD., Toronto, pg. 620
LEOPOLD KETEL & PARTNERS, Portland, OR, pg. 632
LEVO HEALTH, Tampa, FL, pg. 635
THE LILIAN RAJI AGENCY, Atlanta, GA, pg. 1567
THE LINICK GROUP, INC., Middle Island, NY, pg. 641
LINX COMMUNICATIONS CORP., Smithtown, NY, pg. 642
LIQUID ADVERTISING, El Segundo, CA, pg. 644
LITTLE DOG AGENCY INC., Mount Pleasant, SC, pg. 645
LOIS GELLER MARKETING GROUP, Miami, FL, pg. 650
LOONEY ADVERTISING AND DESIGN, Montclair, NJ, pg. 651

LOPEZ NEGRETE COMMUNICATIONS, INC., Houston, TX, pg. 651
LUQUIRE GEORGE ANDREWS, INC., Charlotte, NC, pg. 657
LYONS CONSULTING GROUP, LLC, Chicago, IL, pg. 1269
MACIAS CREATIVE, Miami, FL, pg. 666
MAD MEN MARKETING, Jacksonville, FL, pg. 668
MADEO, Brooklyn, NY, pg. 1269
MADETOORDER, Pleasanton, CA, pg. 1409
MAGNANI, Chicago, IL, pg. 670
MAGNANI CARUSO DUTTON, New York, NY, pg. 670
MANGOS, Conshohocken, PA, pg. 674
MANTERA ADVERTISING, Bakersfield, CA, pg. 675
MANTRA PUBLIC RELATIONS, INC., New York, NY, pg. 1575
MARC USA, Pittsburgh, PA, pg. 676
MARC USA BOSTON, Stoneham, MA, pg. 677
MARC USA CHICAGO, Chicago, IL, pg. 677
MARCA MIAMI, Coconut Grove, FL, pg. 677
MARGIE KORSHAK INC., Chicago, IL, pg. 1575
MARINA MAHER COMMUNICATIONS, New York, NY, pg. 1576
THE MARTIN AGENCY, Richmond, VA, pg. 687
MASONBARONET, Dallas, TX, pg. 691
MASSMEDIA, INC., Newton, MA, pg. 692
MAXIMUM EXPOSURE PUBLIC RELATIONS & MEDIA, Woodcliff Lake, NJ, pg. 1578
MAXLETICS CORPORATION, Colorado Springs, CO, pg. 1271
MAYCREATE, Chattanooga, TN, pg. 696
MCCANN MINNEAPOLIS, Minneapolis, MN, pg. 713
MCKIM, Winnipeg, pg. 719
MCKINNEY, Durham, NC, pg. 719
THE MEDIA KITCHEN, New York, NY, pg. 1342
MEDIA POWER ADVERTISING, Cornelius, NC, pg. 1342
MEKANISM, San Francisco, CA, pg. 729
MGM GOLD COMMUNICATIONS, New York, NY, pg. 737
THE MICHAEL ALAN GROUP, New York, NY, pg. 737
MICHAEL WALTERS ADVERTISING, Chicago, IL, pg. 738
MICSTURA, Miami, FL, pg. 739
MILLWARD BROWN INC., Lisle, IL, pg. 742
MILNER BUTCHER MEDIA GROUP, Los Angeles, CA, pg. 1351
MINDGRUVE, INC., San Diego, CA, pg. 745
MINDSMACK, New York, NY, pg. 745
MIRABAL & ASSOCIATES, Mayaguez, PR, pg. 747
MKTG, INC., New York, NY, pg. 1412
MKTWORKS, INC., Cold Spring, NY, pg. 749
MMB, Boston, MA, pg. 750
MML INC., Santa Monica, CA, pg. 1585
MODCO MEDIA, New York, NY, pg. 753
MOMENTUM WORLDWIDE, New York, NY, pg. 754
MORE MEDIA GROUP, Redondo Beach, CA, pg. 757
MOROCH HOLDINGS, INC., Dallas, TX, pg. 758
MORRIS & CASALE INC., Woodstock, GA, pg. 760
MOTIVATE, INC., San Diego, CA, pg. 763
MOXIE, Atlanta, GA, pg. 1274
MOXIE SOZO, Boulder, CO, pg. 765
MRB PUBLIC RELATIONS, Freehold, NJ, pg. 1586
MULLENLOWE GROUP, Boston, MA, pg. 770
MVC, Ventura, CA, pg. 780
NAIL COMMUNICATIONS, Providence, RI, pg. 783
NASUTI + HINKLE CREATIVE THINKING, Bethesda, MD, pg. 785
NATIONAL MEDIA SERVICES, INC., Huntington Bay, NY, pg. 785
NEFF + ASSOCIATES, INC., Philadelphia, PA, pg. 788
NEOTROPE, Torrance, CA, pg. 1594
NETPLUS MARKETING, INC., Philadelphia, PA, pg. 790
NEURON SYNDICATE, Santa Monica, CA, pg. 790
NEW & IMPROVED MEDIA, El Segundo, CA, pg. 1353
NEW MEDIA AGENCY, Los Angeles, CA, pg. 791
NEWKIRK COMMUNICATIONS, INC., Philadelphia, PA, pg. 792
NEWSMARK PUBLIC RELATIONS INC., Boca Raton, FL, pg. 1595
NIKE COMMUNICATIONS, INC., New York, NY, pg. 1595
NIMBLE WORLDWIDE, Dallas, TX, pg. 794
NUEVO ADVERTISING GROUP, INC., Sarasota, FL, pg. 802
O3 WORLD, LLC, Philadelphia, PA, pg. 804
OCEAN BRIDGE GROUP, Los Angeles, CA, pg. 805
OGILVY, New York, NY, pg. 809
OIA MARKETING COMMUNICATIONS, Dayton, OH, pg. 834
ONE SOURCE DIRECT MARKETING, INC., Coral Springs, FL, pg. 1278

ONE TWELFTH INC., Miami, FL, pg. 839
ONEWORLD COMMUNICATIONS, INC., San Francisco, CA, pg. 840
ONION LABS, Chicago, IL, pg. 840
OOH IMPACT, INC., New York, NY, pg. 1360
ORAIKO, New York, NY, pg. 843
ORGANIC, INC., San Francisco, CA, pg. 1278
OUTERNATIONAL INC, New York, NY, pg. 846
OUTHOUSE PR, New York, NY, pg. 1603
OUTSIDE THE BOX INTERACTIVE LLC, Jersey City, NJ, pg. 847
P & M ADVERTISING, Longmeadow, MA, pg. 848
PALISADES MEDIA GROUP, INC., Santa Monica, CA, pg. 1361
PAN COMMUNICATIONS, Boston, MA, pg. 1605
PANTIN/BEBER SILVERSTEIN PUBLIC RELATIONS, Miami, FL, pg. 1605
PAPROCKI & CO., Atlanta, GA, pg. 852
PASADENA ADVERTISING, Pasadena, CA, pg. 857
PATRIOT ADVERTISING INC., Katy, TX, pg. 858
PERICH ADVERTISING + DESIGN, Ann Arbor, MI, pg. 864
PETERSON MILLA HOOKS, Minneapolis, MN, pg. 866
PGR MEDIA, LLC., Boston, MA, pg. 867
PHD, New York, NY, pg. 1361
PHELPS, Playa Vista, CA, pg. 867
PICO+, Santa Monica, CA, pg. 870
PIERCE MATTIE PUBLIC RELATIONS, New York, NY, pg. 1608
PINCKNEY HUGO GROUP, Syracuse, NY, pg. 871
PINTA, New York, NY, pg. 872
PLAN C AGENCY, Los Angeles, CA, pg. 876
THE POLLACK PR MARKETING GROUP, Los Angeles, CA, pg. 1611
PONDER IDEAWORKS, Huntington Beach, CA, pg. 882
PORTER NOVELLI, New York, NY, pg. 1612
PP+K, Tampa, FL, pg. 885
PRESTON KELLY, Minneapolis, MN, pg. 888
PRINCETON PARTNERS, INC., Princeton, NJ, pg. 890
PROJECT, Auburn Hills, MI, pg. 891
PROM KROG ALTSTIEL INC., Mequon, WI, pg. 892
THE PROMOTION FACTORY, New York, NY, pg. 893
PUBLICIS HAWKEYE, Dallas, TX, pg. 1282
PUREI, Batavia, IL, pg. 917
QUAKER CITY MERCANTILE, Philadelphia, PA, pg. 920
QUIXOTE RESEARCH, MARKETING & PUBLIC RELATIONS, Greensboro, NC, pg. 1622
RAGE AGENCY, Westmont, IL, pg. 1283
RATTLE ADVERTISING, Beverly, MA, pg. 933
RAWLE MURDY ASSOCIATES, INC., Charleston, SC, pg. 934
R.C. AULETTA & CO., New York, NY, pg. 1626
REBEL INDUSTRIES, Los Angeles, CA, pg. 937
RECIPROCAL RESULTS, Staten Island, NY, pg. 1367
RED INTERACTIVE AGENCY, Santa Monica, CA, pg. 1284
RE:GROUP, INC., Ann Arbor, MI, pg. 945
REILLY CONNECT, Chicago, IL, pg. 1628
RENEGADE COMMUNICATIONS, Hunt Valley, MD, pg. 946
THE REPUBLIK, Raleigh, NC, pg. 947
RESPONSE MEDIA, INC., Norcross, GA, pg. 949
REVOLUTION MARKETING, LLC, Chicago, IL, pg. 953
RHYMES ADVERTISING & MARKETING, Bellaire, TX, pg. 955
THE RIBAUDO GROUP, Brooklyn, NY, pg. 955
THE RICHARDS GROUP, INC., Dallas, TX, pg. 956
RIESTER, Phoenix, AZ, pg. 958
RILEY HAYES ADVERTISING, Minneapolis, MN, pg. 959
RIOT, New York, NY, pg. 959
RISE INTERACTIVE, Chicago, IL, pg. 960
RITTA, Paramus, NJ, pg. 960
RMI MARKETING & ADVERTISING, Emerson, NJ, pg. 962
ROBERTS + LANGER DDB, New York, NY, pg. 963
ROCKET 55, Minneapolis, MN, pg. 964
ROCKORANGE, Miami, FL, pg. 1633
ROGERS FINN PARTNERS, Los Angeles, CA, pg. 1633
RON FOTH ADVERTISING, Columbus, OH, pg. 967
ROSICA STRATEGIC PUBLIC RELATIONS, Fair Lawn, NJ, pg. 1635
THE ROSS GROUP, Los Angeles, CA, pg. 968
ROTTER GROUP INC., Huntington, NY, pg. 969
RPM ADVERTISING, Chicago, IL, pg. 971
S2 ADVERTISING, Ormond Beach, FL, pg. 974
S3, Boonton, NJ, pg. 974
SAGON-PHIOR, West Los Angeles, CA, pg. 1638
SAIBOT MEDIA INC., Boca Raton, FL, pg. 987
SAMANTHA SLAVEN PUBLICITY, West Hollywood, CA,

SPECIAL MARKET INDEX

AGENCIES

pg. 988
SAMBA ROCK, Miami Beach, FL, pg. 988
SAPIENT CONSULTING, New York, NY, pg. 991
SASQUATCH, Portland, OR, pg. 992
SBC, Columbus, OH, pg. 993
SCENARIODNA, New York, NY, pg. 994
SEAN TRACEY ASSOCIATES, Portsmouth, NH, pg. 1000
SFW AGENCY, Winston Salem, NC, pg. 1004
SHADOW PR, New York, NY, pg. 1005
SHAMIN ABAS PUBLIC RELATIONS, West Palm Beach, FL, pg. 1005
SHASHO JONES DIRECT INC., New York, NY, pg. 1006
SILTANEN & PARTNERS, El Segundo, CA, pg. 1013
SIMONS MICHELSON ZIEVE, INC., Troy, MI, pg. 1015
SIQUIS, LTD., Baltimore, MD, pg. 1016
SK+G ADVERTISING LLC, Las Vegas, NV, pg. 1018
SKIRT PR, Chicago, IL, pg. 1646
SMITH BROTHERS AGENCY, LP, Pittsburgh, PA, pg. 1023
SOCIALLY PRESENT, Carbondale, IL, pg. 1026
SOCIALLYIN, Birmingham, AL, pg. 1291
SOME CONNECT, Chicago, IL, pg. 1291
SOMETHING MASSIVE, Los Angeles, CA, pg. 1291
SOUTHWEST MEDIA GROUP, Dallas, TX, pg. 1369
SPACETIME, INC., Chicago, IL, pg. 1369
SPECIALTY TRUCK RENTALS, Santa Monica, CA, pg. 1416
SQUARE ONE MARKETING, West Hartford, CT, pg. 1037
SQUARE TOMATO, Seattle, WA, pg. 1038
SQUEAKY WHEEL MEDIA, New York, NY, pg. 1038
THE ST. GREGORY GROUP, INC., Cincinnati, OH, pg. 1040
STAR POWER LLC, New York, NY, pg. 1043
STARCOM, Chicago, IL, pg. 1370
STC ASSOCIATES, New York, NY, pg. 1651
STEINREICH COMMUNICATIONS, New York, NY, pg. 1651
STERN ADVERTISING, INC., Cleveland, OH, pg. 1048
STEVENS ADVERTISING, Grand Rapids, MI, pg. 1048
STOCKHOLM DESIGN, Studio City, CA, pg. 1050
STREICKER & COMPANY INC., East Providence, RI, pg. 1054
STURGES WORD COMMUNICATIONS, Kansas City, MO, pg. 1654
SUBLIME COMMUNICATIONS LLC, Stamford, CT, pg. 1057
SUBMIT EXPRESS INC., Glendale, CA, pg. 1057
SUITS & SANDALS, LLC, Brooklyn, NY, pg. 1293
SUNSHINE SACHS, New York, NY, pg. 1654
SUSAN BLOND, INC., New York, NY, pg. 1063
SWARM NYC, New York, NY, pg. 1293
SWEDEN UNLIMITED, New York, NY, pg. 1294
SWEENEY, Cleveland, OH, pg. 1065
SWEENEYVESTY, New York, NY, pg. 1066
SWIRL MCGARRYBOWEN, San Francisco, CA, pg. 1067
SZEN MARKETING, Dana Point, CA, pg. 1068
T. J. SACKS & ASSOCIATES, New York, NY, pg. 1068
T3, Austin, TX, pg. 1069
TAKE 5 MEDIA GROUP, Boca Raton, FL, pg. 1071
TBC INC., Baltimore, MD, pg. 1076
TBD, San Francisco, CA, pg. 1076
TC CREATIVES LLC, Woodland Hills, CA, pg. 1093
THAT AGENCY, West Palm Bch, FL, pg. 1098
THREE LAKES MARKETING, Austin, TX, pg. 1102
TIDAL SHORES INC., Houston, TX, pg. 1102
TIDESMART GLOBAL, Falmouth, ME, pg. 1103
TM ADVERTISING, Dallas, TX, pg. 1106
TOTH BRAND IMAGING, Boston, MA, pg. 1111
TRACTION CORPORATION, San Francisco, CA, pg. 1112
TRACTORBEAM, Dallas, TX, pg. 1112
TRELLIS MARKETING, INC, Buffalo, NY, pg. 1115
TRIBALVISION, Boston, MA, pg. 1116
TRILION STUDIOS, Lawrence, KS, pg. 1228
TRINET INTERNET SOLUTIONS, INC., Irvine, CA, pg. 1118
TRIPLEINK, Minneapolis, MN, pg. 1118
TRONE BRAND ENERGY, INC., High Point, NC, pg. 1119
TURKEL BRANDS, Coral Gables, FL, pg. 1122
UN/COMMON, Sacramento, CA, pg. 1125
UNION, Charlotte, NC, pg. 1298
VALASSIS 1 TO 1 SOLUTIONS, Livonia, MI, pg. 1130
THE VARIABLE AGENCY, Winston Salem, NC, pg. 1131
VENABLES, BELL & PARTNERS, San Francisco, CA, pg. 1132
VERBAL+VISUAL, New York, NY, pg. 1300
VIGET, Falls Church, VA, pg. 1300
VMG CREATIVE, New York, NY, pg. 1143
VML, Kalamazoo, MI, pg. 1300

WALRUS, New York, NY, pg. 1150
WARSCHAWSKI, Baltimore, MD, pg. 1670
WAVEMAKER GLOBAL LTD, New York, NY, pg. 1379
WAVEMAKER - NA HQ, NEW YORK, New York, NY, pg. 1386
WAX PARTNERSHIP, Calgary, pg. 1154
WC MEDIA INC., Springfield, IL, pg. 1154
WEBER SHANDWICK, New York, NY, pg. 1673
THE WEINBACH GROUP, INC., South Miami, FL, pg. 1157
WEINTRAUB ADVERTISING, Saint Louis, MO, pg. 1157
WESTOVER MEDIA, Portland, OR, pg. 1419
WIEDEN + KENNEDY, INC., Portland, OR, pg. 1163
WILDFIRE LLC, Winston Salem, NC, pg. 1167
WILLIAMS-HELDE MARKETING COMMUNICATIONS, Seattle, WA, pg. 1169
WING, New York, NY, pg. 1170
WINK, INCORPORATED, Minneapolis, MN, pg. 1171
WINSTANLEY PARTNERS, Lenox, MA, pg. 1171
WIRE STONE LLC, Sacramento, CA, pg. 1172
THE WOLF AGENCY, Dallas, TX, pg. 1173
WOMENKIND, New York, NY, pg. 1174
WORKHOUSE, New York, NY, pg. 1686
WP NARRATIVE_, New York, NY, pg. 1178
WRAY WARD MARKETING COMMUNICATIONS, Charlotte, NC, pg. 1187
THE WRIJEN COMPANY, Fayetteville, NC, pg. 1188
WWDB INTEGRATED MARKETING, Fort Lauderdale, FL, pg. 1193
YOUNG & LARAMORE, Indianapolis, IN, pg. 1196
ZENITH USA, New York, NY, pg. 1391
ZOG DIGITAL, Phoenix, AZ, pg. 1214

Financial

120 WEST STRATEGIC COMMUNICATIONS LLC, Reno, NV, pg. 2
15 MINUTES, INC., Conshohocken, PA, pg. 2
3MARKETEERS ADVERTISING, INC., San Jose, CA, pg. 8
454 CREATIVE, Irvine, CA, pg. 9
5METACOM, IndianaPOlis, IN, pg. 10
5W PUBLIC RELATIONS, New York, NY, pg. 1423
6S MARKETING, New York, NY, pg. 1305
802 CREATIVE PARTNERS, INC., Stowe, VT, pg. 12
919 MARKETING COMPANY, Holly Springs, NC, pg. 13
9.8 GROUP, New York, NY, pg. 14
A. LAVIN COMMUNICATIONS, New York, NY, pg. 15
AAI (ADVERTISING ASSOCIATES INTERNATIONAL), Boston, MA, pg. 15
AB+C, Wilmington, DE, pg. 16
ABBEY, MECCA & COMPANY, Buffalo, NY, pg. 17
ABERNATHY MACGREGOR GROUP-NEW YORK, New York, NY, pg. 1425
ABSOLUTE MEDIA INC., Stamford, CT, pg. 1305
ACCELERATOR ADVERTISING INC., Lewis Center, OH, pg. 19
ACCESS TO MEDIA, Chicopee, MA, pg. 20
ACENTO ADVERTISING, INC., Santa Monica, CA, pg. 20
ACTIFY MEDIA, Helena, MT, pg. 22
ACTON INTERNATIONAL LTD., Lincoln, NE, pg. 22
AD-SUCCESS MARKETING, Lexington, KY, pg. 24
ADAMS & KNIGHT, INC., Avon, CT, pg. 25
THE ADAMS GROUP, Columbia, SC, pg. 26
ADAMUS MEDIA, Blackwood, NJ, pg. 27
ADCETERA GROUP, Houston, TX, pg. 27
THE ADCOM GROUP, Cleveland, OH, pg. 28
ADDIS, Berkeley, CA, pg. 28
ADIRONDACK MARKETING SERVICES, LLC, Elkhart, IN, pg. 30
ADMERASIA, INC., New York, NY, pg. 31
ADMO, INC., Saint Louis, MO, pg. 31
ADPERSUASION, Irvine, CA, pg. 32
ADRENALINE, INC., Atlanta, GA, pg. 32
ADSOKA, INC., Minneapolis, MN, pg. 33
ADVANCED MARKETING STRATEGIES, San Diego, CA, pg. 33
ADVANTIX DIGITAL, Addison, TX, pg. 1233
ADVENTIUM, LLC, New York, NY, pg. 34
ADVERTEL, INC., Pittsburgh, PA, pg. 35
ADVERTISING SAVANTS, INC., Saint Louis, MO, pg. 35
AGENCY CREATIVE, Dallas, TX, pg. 38
AGENCY ENTOURAGE LLC, Dallas, TX, pg. 38
AGENCY SQUID, Minneapolis, MN, pg. 39
AGENCY59, Toronto, pg. 39
AGENCYSACKS, New York, NY, pg. 40
AJ ROSS CREATIVE MEDIA, INC., Chester, NY, pg. 42

AKA DIRECT, INC., Portland, OR, pg. 42
AKINS MARKETING & DESIGN L.L.C., Sarasota, FL, pg. 43
ALL STAR INCENTIVE MARKETING, INC., Fiskdale, MA, pg. 1396
ALL-WAYS ADVERTISING COMPANY, Bloomfield, NJ, pg. 1396
ALLEN & GERRITSEN, Boston, MA, pg. 45
ALLEN FINLEY ADVERTISING, INC., Hickory, NC, pg. 46
ALLIONCE GROUP, LLC, Norwell, MA, pg. 1219
ALMA, Coconut Grove, FL, pg. 49
AMBIT MARKETING COMMUNICATIONS, Fort Lauderdale, FL, pg. 51
AMERICAN ADVERTISING SERVICES, Bala Cynwyd, PA, pg. 52
AMERICAN NEWSPAPER REPRESENTATIVES, INC., Troy, MI, pg. 1307
AMG MARKETING RESOURCES INC., Solon, OH, pg. 53
AMP AGENCY, Boston, MA, pg. 1236
AMPERAGE, Cedar Falls, IA, pg. 55
ANDERSON ADVERTISING & PUBLIC RELATIONS, Scottsdale, AZ, pg. 56
THE ANDERSON GROUP, Sinking Spring, PA, pg. 57
ANNE KLEIN COMMUNICATIONS GROUP, LLC, Mount Laurel, NJ, pg. 1433
ANTENNA GROUP, INC., San Francisco, CA, pg. 1433
ANVIL MEDIA, INC., Portland, OR, pg. 1307
APCO WORLDWIDE, Washington, DC, pg. 62
ARCANA ACADEMY, Los Angeles, CA, pg. 65
ARCHER MALMO, Memphis, TN, pg. 65
ARCHER MALMO AUSTIN, Austin, TX, pg. 66
ARGYLL, Redondo Beach, CA, pg. 68
ARKSIDE MARKETING, Riverside, CA, pg. 69
ARNOLD WORLDWIDE, Boston, MA, pg. 69
ARRAS KEATHLEY AGENCY, Cleveland, OH, pg. 71
ARRCO MEDICAL MARKETING, Walpole, MA, pg. 71
ARTCRAFT HEALTH EDUCATION, Flemington, NJ, pg. 71
ARTICUS LTD. MARKETING COMMUNICATIONS, Philadelphia, PA, pg. 72
THE ARTIME GROUP, Pasadena, CA, pg. 72
ASO ADVERTISING, Atlanta, GA, pg. 74
ASSEMBLY, New York, NY, pg. 1308
ASSOCIATED INTEGRATED MARKETING, Wichita, KS, pg. 74
ATTACHE, INC., Columbus, OH, pg. 76
AUDIENCE INNOVATION, Austin, TX, pg. 76
AUGUST, LANG & HUSAK, INC., Bethesda, MD, pg. 77
AUGUSTUS BARNETT ADVERTISING/DESIGN, Fox Island, WA, pg. 77
AUSTIN & WILLIAMS, Hauppauge, NY, pg. 78
AUSTIN LAWRENCE GROUP, Stamford, CT, pg. 78
AUXILIARY ADVERTISING & DESIGN, Grand Rapids, MI, pg. 79
AVEXDESIGNS, New York, NY, pg. 1239
AVREAFOSTER, Dallas, TX, pg. 80
AXIA PUBLIC RELATIONS, Jacksonville, FL, pg. 80
THE AXIS AGENCY, Los Angeles, CA, pg. 81
BACKBAY COMMUNICATIONS, INC., Boston, MA, pg. 82
BACKE DIGITAL BRAND MARKETING, Radnor, PA, pg. 82
BACKUS TURNER INTERNATIONAL, Pompano Beach, FL, pg. 83
BAILEY LAUERMAN, Omaha, NE, pg. 84
BAKER CREATIVE, Groveport, OH, pg. 85
THE BALCOM AGENCY, Fort Worth, TX, pg. 85
BANDUJO ADVERTISING & DESIGN, New York, NY, pg. 87
BANDY CARROLL HELLIGE ADVERTISING, Louisville, KY, pg. 87
BARBER MARTIN AGENCY, Richmond, VA, pg. 88
BARKER, New York, NY, pg. 89
BARNETT MURPHY DIRECT MARKETING, Orlando, FL, pg. 90
BARNHART, Denver, CO, pg. 91
BASS ADVERTISING, Sioux City, IA, pg. 95
BASTION TLG, Long Beach, CA, pg. 95
BAYARD ADVERTISING AGENCY, INC., New York, NY, pg. 96
BBH NEW YORK, New York, NY, pg. 115
BCA (BRIAN CRONIN & ASSOCIATES INC.), Rye Brook, NY, pg. 116
BEAUTY\@GOTHAM, New York, NY, pg. 119
BECKER GUERRY, Middletown, NJ, pg. 119
BECKETT & BECKETT, INC., Altadena, CA, pg. 120
BEEBY CLARK + MEYLER, Stamford, CT, pg. 120
BEECHWOOD CREATIVE, INC., Jericho, NY, pg. 1219
BENCHMARK DISPLAYS, Palm Desert, CA, pg. 1398
BENEDICT ADVERTISING, Daytona Beach, FL, pg. 122

A-153

AGENCIES

SPECIAL MARKET INDEX

BENSIMON BYRNE, Toronto, pg. 123
BENSUR CREATIVE MARKETING GROUP, Erie, PA, pg. 123
BERGMAN GROUP, Glen Allen, VA, pg. 123
BERLINE, Royal Oak, MI, pg. 124
BERNI MARKETING & DESIGN, Greenwich, CT, pg. 124
BERNS COMMUNICATIONS GROUP, LLC, New York, NY, pg. 1449
BERNSTEIN-REIN ADVERTISING, INC., Kansas City, MO, pg. 125
BFW ADVERTISING + INTERACTIVE, Boca Raton, FL, pg. 127
BG, West Palm Beach, FL, pg. 127
BIANCA FRANK DESIGN, Anchorage, AK, pg. 127
BIANCHI PUBLIC RELATIONS INC., Troy, MI, pg. 1449
BIG HONKIN' IDEAS (BHI), Los Angeles, CA, pg. 129
BIG RIVER ADVERTISING, Richmond, VA, pg. 129
BIGBUZZ MARKETING GROUP, New York, NY, pg. 130
BIGEYE AGENCY, Orlando, FL, pg. 130
BILL HUDSON & ASSOCIATES, INC., ADVERTISING & PUBLIC RELATIONS, Nashville, TN, pg. 131
BITNER GOODMAN, Fort Lauderdale, FL, pg. 1450
BLACK OLIVE LLC, Chicago, IL, pg. 132
BLACKWING CREATIVE, Seattle, WA, pg. 133
BLASS MARKETING, Old Chatham, NY, pg. 134
BLAST! PR, Santa Barbara, CA, pg. 1451
BLEND, Los Angeles, CA, pg. 135
BLF MARKETING, Clarksville, TN, pg. 136
BLOOMFIELD KNOBLE, Irving, TX, pg. 137
BLUE DIMENSION, Evanston, IL, pg. 139
BLUE OLIVE CONSULTING, Florence, AL, pg. 139
BMC COMMUNICATIONS GROUP, LLC, New York, NY, pg. 142
BOATHOUSE GROUP INC., Waltham, MA, pg. 143
BODKIN ASSOCIATES, INC., Zionsville, IN, pg. 143
BOELTER + LINCOLN MARKETING COMMUNICATIONS, Milwaukee, WI, pg. 144
BOONE DELEON COMMUNICATIONS, INC., Houston, TX, pg. 147
BOONEOAKLEY, Charlotte, NC, pg. 147
BORDERS PERRIN NORRANDER INC, Portland, OR, pg. 147
THE BORENSTEIN GROUP, INC., Fairfax, VA, pg. 147
BORSHOFF, Indianapolis, IN, pg. 148
THE BOSTON GROUP, Boston, MA, pg. 149
THE BOSWORTH GROUP, Charleston, SC, pg. 149
BOUVIER KELLY INC., Greensboro, NC, pg. 149
BOYDEN & YOUNGBLUTT ADVERTISING & MARKETING, Fort Wayne, IN, pg. 150
BOZELL, Omaha, NE, pg. 150
BRADSHAW ADVERTISING, Portland, OR, pg. 152
BRAINS ON FIRE, INC., Greenville, SC, pg. 152
BRAMSON + ASSOCIATES, Los Angeles, CA, pg. 153
BRAND CONTENT, Boston, MA, pg. 154
BRANDIGO, Newburyport, MA, pg. 156
THE BRANDON AGENCY, Myrtle Beach, SC, pg. 158
BRANDTAILERS, Newport Beach, CA, pg. 159
BRANDTUITIVE, New York, NY, pg. 159
BRASHE ADVERTISING, INC., Jericho, NY, pg. 160
BRIDGE GLOBAL STRATEGIES LLC, New York, NY, pg. 1456
BRIERLEY & PARTNERS, Plano, TX, pg. 162
BRIGHT RED\TBWA, Tallahassee, FL, pg. 163
BRIGHTON AGENCY, INC., Saint Louis, MO, pg. 164
BRING, Green Bay, WI, pg. 165
BROADSTREET, New York, NY, pg. 1398
BROGAN & PARTNERS CONVERGENCE MARKETING, Birmingham, MI, pg. 166
BROKAW INC., Cleveland, OH, pg. 166
BROLIK, Philadelphia, PA, pg. 1243
THE BROWER GROUP, Los Angeles, CA, pg. 1458
BROWNING AGENCY, New Providence, NJ, pg. 168
BRUNNER, Pittsburgh, PA, pg. 169
BTC MARKETING, Wayne, PA, pg. 171
THE BUNTIN GROUP, Nashville, TN, pg. 173
BURDETTE KETCHUM, Jacksonville, FL, pg. 173
BURGESS ADVERTISING & MARKETING, Falmouth, ME, pg. 174
BURK ADVERTISING & MARKETING, Dallas, TX, pg. 174
BURNS MARKETING, Denver, CO, pg. 175
BUTLER, SHINE, STERN & PARTNERS, Sausalito, CA, pg. 177
BUTLER/TILL, Rochester, NY, pg. 1313
BUY ADS DIRECT, Ridge Manor, FL, pg. 1313
BVK, Milwaukee, WI, pg. 178
BVK-CHICAGO, Roselle, IL, pg. 179
BYNUMS MARKETING & COMMUNICATIONS, INC., Pittsburgh, PA, pg. 179

CAIN & COMPANY, Rockford, IL, pg. 182
CALISE PARTNERS INC., Dallas, TX, pg. 183
CALLAHAN CREEK, INC., Lawrence, KS, pg. 183
CALYPSO, Portsmouth, NH, pg. 184
CAMPBELL EWALD, Detroit, MI, pg. 185
CAMPBELL MARKETING & COMMUNICATIONS, Dearborn, MI, pg. 186
CAMPUS MEDIA GROUP, INC., Bloomington, MN, pg. 1314
CARR MARKETING COMMUNICATION, INC., Buffalo, NY, pg. 191
CASEY COMMUNICATIONS, INC., Saint Louis, MO, pg. 193
CASHMAN & KATZ INTEGRATED COMMUNICATIONS, Glastonbury, CT, pg. 193
CASTELLS & ASOCIADOS, Los Angeles, CA, pg. 194
CATALYST MARKETING COMPANY, Fresno, CA, pg. 195
CATALYST, SCIENCE + SOUL, Rochester, NY, pg. 195
CATAPULT PR-IR, L.L.C., Boulder, CO, pg. 1464
CBR PUBLIC RELATIONS, Maitland, FL, pg. 1465
CCG MARKETING SOLUTIONS, West Caldwell, NJ, pg. 197
CCM MARKETING COMMUNICATIONS, New York, NY, pg. 197
CD&M COMMUNICATIONS, Portland, ME, pg. 198
CDHM ADVERTISING, Stamford, CT, pg. 198
CELTIC, INC., Milwaukee, WI, pg. 199
CHARLES RYAN ASSOCIATES INC., Charleston, WV, pg. 203
CHARLESTON/ORWIG, INC., Hartland, WI, pg. 203
CHEMISTRY COMMUNICATIONS INC., Pittsburgh, PA, pg. 205
CHEROKEE COMMUNICATIONS INC., New City, NY, pg. 1315
CI GROUP, Whitehouse, NJ, pg. 208
C.I. VISIONS INC., New York, NY, pg. 1468
CIBO, San Francisco, CA, pg. 1245
CIMBRIAN, Lancaster, PA, pg. 208
CINETRANSFORMER INTERNATIONAL INC., Hallandale Beach, FL, pg. 1399
THE CIRLOT AGENCY, INC., Jackson, MS, pg. 209
CIVILIAN, Chicago, IL, pg. 210
CK COMMUNICATIONS, INC, (CKC), Indialantic, FL, pg. 210
CLARITY COVERDALE FURY ADVERTISING, INC., Minneapolis, MN, pg. 211
CLICK HERE LABS, Dallas, TX, pg. 1246
CLIVE HOFFMAN ASSOCIATES, Los Angeles, CA, pg. 1470
CLM MARKETING & ADVERTISING, Boise, ID, pg. 214
CMDS, Colts Neck, NJ, pg. 215
COLLAGE ADVERTISING, Nashua, NH, pg. 219
COLLE+MCVOY, Minneapolis, MN, pg. 219
COLMAN BROHAN DAVIS, Chicago, IL, pg. 220
COLORPLAY STUDIO, Bend, OR, pg. 220
COMMON SENSE ADVERTISING, Phoenix, AZ, pg. 222
COMMONWEALTH CREATIVE ASSOCIATES, Framingham, MA, pg. 222
THE COMMUNICATORS GROUP, Keene, NH, pg. 223
THE COMMUNITY, Miami, FL, pg. 223
THE COMPANY, Houston, TX, pg. 224
THE COMPUTER STUDIO, Yonkers, NY, pg. 225
COMRADE, Oakland, CA, pg. 1246
CONNECTIONS ADVERTISING & MARKETING, Lexington, KY, pg. 227
COOK & SCHMID, San Diego, CA, pg. 1475
THE COOPER GROUP, New York, NY, pg. 230
COPACINO + FUJIKADO, LLC, Seattle, WA, pg. 230
CORINTHIAN MEDIA, INC., New York, NY, pg. 1316
CORNETT INTEGRATED MARKETING SOLUTIONS, Lexington, KY, pg. 232
COSSETTE INC., Quebec, pg. 233
COYNE ADVERTISING & PUBLIC RELATIONS, Nevillewood, PA, pg. 234
CREATIVE COMPANY, McMinnville, OR, pg. 240
CREATIVE ENERGY GROUP INC, Johnson City, TN, pg. 241
CREATIVE HEADS ADVERTISING, INC., Austin, TX, pg. 242
CREATIVE MARKETING ALLIANCE INC., Princeton Junction, NJ, pg. 243
CREATIVE MARKETING RESOURCE, INC., Chicago, IL, pg. 243
CREATIVE PARTNERS, Stamford, CT, pg. 245
CRENSHAW COMMUNICATIONS, New York, NY, pg. 1478
CRESTA CREATIVE, Chicago, IL, pg. 247
CRITICAL LAUNCH, LLC, Dallas, TX, pg. 247

CRONIN, Glastonbury, CT, pg. 248
CROSBY MARKETING COMMUNICATIONS, Annapolis, MD, pg. 249
CROSSBOW GROUP, LLC, Westport, CT, pg. 249
CROSSOVER CREATIVE GROUP, Pinole, CA, pg. 250
CROWLEY WEBB, Buffalo, NY, pg. 250
CRUX CREATIVE, Milwaukee, WI, pg. 251
CTI MEDIA, Atlanta, GA, pg. 251
CUBICLE NINJAS, Glen Ellyn, IL, pg. 252
CURIOSITY ADVERTISING, Cincinnati, OH, pg. 254
CUSTOMEDIALABS, Wayne, PA, pg. 255
THE CYPHERS AGENCY, INC., Annapolis, MD, pg. 256
DAE ADVERTISING, INC., San Francisco, CA, pg. 257
DALTON AGENCY JACKSONVILLE, Jacksonville, FL, pg. 258
DAVID & GOLIATH, El Segundo, CA, pg. 261
DAVIESMOORE, Boise, ID, pg. 263
DAVIS ADVERTISING, INC., Worcester, MA, pg. 263
DAVIS ELEN ADVERTISING, INC., Los Angeles, CA, pg. 264
DAVIS HARRISON DION, INC., Chicago, IL, pg. 265
DCA/DCPR, Jackson, TN, pg. 266
DDB WORLDWIDE COMMUNICATIONS GROUP INC., New York, NY, pg. 268
DEBOW COMMUNICATIONS, LTD., New York, NY, pg. 284
DEFYMEDIA, New York, NY, pg. 1248
DELLA FEMINA ADVERTISING, New York, NY, pg. 287
DELUCA FRIGOLETTO ADVERTISING, INC., Honesdale, PA, pg. 288
DENTSU AEGIS, New York, NY, pg. 289
DENTSU INC., Tokyo, pg. 289
DEPARTURE, San Diego, CA, pg. 291
DEVITO GROUP, New York, NY, pg. 296
DHX ADVERTISING, INC., Portland, OR, pg. 298
DIESTE, Dallas, TX, pg. 299
DIGITAS, Boston, MA, pg. 1250
DIRCKS ASSOCIATES, Saint James, NY, pg. 303
DIRECT CHOICE, Wayne, PA, pg. 303
DIRECT MARKETING CENTER, Torrance, CA, pg. 303
DIRECT RESPONSE ACADEMY, Austin, TX, pg. 304
DIRECT WEB ADVERTISING, INC., Boynton Beach, FL, pg. 304
DIX & EATON, Cleveland, OH, pg. 308
DJ-LA LLC, Los Angeles, CA, pg. 309
DJD/GOLDEN ADVERTISING, INC., New York, NY, pg. 309
D.L. MEDIA INC., Nixa, MO, pg. 309
DMW WORLDWIDE LLC, Chesterbrook, PA, pg. 311
DO GOOD MARKETING, LLC, Ridgewood, NJ, pg. 312
DOE-ANDERSON, Louisville, KY, pg. 312
DOGGETT ADVERTISING, INC., Charlotte, NC, pg. 313
DOMUS INC., Philadelphia, PA, pg. 313
DONER, Southfield, MI, pg. 314
DONOVAN ADVERTISING & MARKETING SERVICES, Lititz, PA, pg. 315
DOOR NUMBER 3, Austin, TX, pg. 316
DOREMUS, New York, NY, pg. 316
DORN MARKETING, Geneva, IL, pg. 317
DOUBLE-TEAM BUSINESS PLANS, Santa Monica, CA, pg. 317
DOVETAIL PUBLIC RELATIONS, Los Gatos, CA, pg. 1487
THE DOZIER COMPANY, Dallas, TX, pg. 318
DPR GROUP, INC., Frederick, MD, pg. 1488
DRIVE BRAND STUDIO, North Conway, NH, pg. 320
DROGA5, New York, NY, pg. 321
DUBLIN STRATEGIES GROUP, San Antonio, TX, pg. 1489
DUFFEY PETROSKY, Farmington Hills, MI, pg. 324
DUFFY & SHANLEY, INC., Providence, RI, pg. 324
DUNCAN MCCALL, INC., Pensacola, FL, pg. 325
DUNN&CO, Tampa, FL, pg. 326
EAST MEETS WEST PRODUCTIONS INC., Corpus Christi, TX, pg. 328
THE EDELMAN GROUP, New York, NY, pg. 331
EL CREATIVE, INC., Dallas, TX, pg. 334
ELEVEN INC., San Francisco, CA, pg. 336
ELISCO ADVERTISING, INC., Pittsburgh, PA, pg. 337
ELITE SEM, New York, NY, pg. 1320
EMG MARKETING, San Clemente, CA, pg. 339
EMI STRATEGIC MARKETING, INC., Boston, MA, pg. 1401
EMLEY DESIGN GROUP, Fort Wayne, IN, pg. 339
EMPOWER MEDIAMARKETING, Cincinnati, OH, pg. 1320
EMSI PUBLIC RELATIONS, Wesley Chapel, FL, pg. 1499
ENCODE, Jacksonville, FL, pg. 340
ENGINE DIGITAL, New York, NY, pg. 1255
EP+CO, Greenville, SC, pg. 343

A-154

SPECIAL MARKET INDEX — AGENCIES

EPICOSITY, Sioux Falls, SD, pg. 344
ER MARKETING, Kansas City, MO, pg. 346
ERIC MOWER + ASSOCIATES, Syracuse, NY, pg. 346
ERVIN & SMITH, Omaha, NE, pg. 348
ES ADVERTISING, Los Angeles, CA, pg. 348
ESTEY-HOOVER INC. ADVERTISING-PUBLIC RELATIONS, NewPOrt Beach, CA, pg. 350
ESWSTORYLAB, Chicago, IL, pg. 350
ETARGETMEDIA.COM, INC., Coconut Creek, FL, pg. 350
EVANS ALLIANCE ADVERTISING, Sparta, NJ, pg. 351
EVOLVE, INC., Greenville, NC, pg. 354
EXPECT ADVERTISING, INC., Clifton, NJ, pg. 355
FACTOR360 DESIGN + TECHNOLOGY, Pierre, SD, pg. 357
FAHLGREN MORTINE, Columbus, OH, pg. 358
FALK HARRISON, Saint Louis, MO, pg. 359
FALLS COMMUNICATIONS, Cleveland, OH, pg. 1502
FANGOHR, LLC, Brooklyn, NY, pg. 361
THE FARM, New York, NY, pg. 362
FASONE & PARTNERS, Kansas City, MO, pg. 362
FCB GLOBAL, New York, NY, pg. 363
FELDER COMMUNICATIONS GROUP, Grand Rapids, MI, pg. 377
FERGUSON ADVERTISING INC., Fort Wayne, IN, pg. 378
FIREFLY CREATIVE, INC., Atlanta, GA, pg. 383
FIRST GENERATION, Allentown, PA, pg. 383
FIRST MEDIA GROUP INC., Syracuse, NY, pg. 384
FISTER, Saint Louis, MO, pg. 385
FITCH, London, pg. 385
FITZGERALD & CO, Atlanta, GA, pg. 386
FITZGERALD MEDIA, Atlanta, GA, pg. 1321
FKQ ADVERTISING + MARKETING, Clearwater, FL, pg. 386
FLEISHMANHILLARD INC., Saint Louis, MO, pg. 1506
FLEMING & COMPANY INC., NewPOrt, RI, pg. 387
FLETCHER MEDIA GROUP, Peterborough, NH, pg. 388
FLINT COMMUNICATIONS, Fargo, ND, pg. 388
FMB ADVERTISING, Knoxville, TN, pg. 390
FORGE WORLDWIDE, Boston, MA, pg. 392
FORT GROUP INC., Ridgefield Park, NJ, pg. 393
FOSTER MARKETING COMMUNICATIONS, Lafayette, LA, pg. 394
FRANK ABOUT WOMEN, Winston Salem, NC, pg. 395
THE FRANK AGENCY INC, Overland Park, KS, pg. 395
FRASER COMMUNICATIONS, Los Angeles, CA, pg. 396
FREEBAIRN & CO., Atlanta, GA, pg. 397
FREEBAIRN & COMPANY PUBLIC RELATIONS, Atlanta, GA, pg. 1513
FREED ADVERTISING, Sugar Land, TX, pg. 397
FRENCH/BLITZER/SCOTT LLC, New York, NY, pg. 398
FRENCH/WEST/VAUGHAN, Raleigh, NC, pg. 398
FTI CONSULTING, Washington, DC, pg. 400
FTI CONSULTING, New York, NY, pg. 1514
FULL CONTACT ADVERTISING, Boston, MA, pg. 402
FUSEBOXWEST, Los Angeles, CA, pg. 404
G&G ADVERTISING, INC., Billings, MT, pg. 406
GABRIEL DEGROOD BENDT, MinneaPOlis, MN, pg. 407
GAGE, Minneapolis, MN, pg. 1403
THE GATE WORLDWIDE NEW YORK, New York, NY, pg. 411
GATESMAN, Pittsburgh, PA, pg. 412
GCG MARKETING, Fort Worth, TX, pg. 413
GENERATOR MEDIA + ANALYTICS, New York, NY, pg. 414
GENUINE INTERACTIVE, Boston, MA, pg. 414
GIGANTE VAZ PARTNERS ADVERTISING, INC., New York, NY, pg. 419
GILBREATH COMMUNICATIONS, INC., Houston, TX, pg. 420
GIOVATTO ADVERTISING & CONSULTING INC., Paramus, NJ, pg. 420
GKV COMMUNICATIONS, Baltimore, MD, pg. 421
THE GLENN GROUP, Reno, NV, pg. 421
GMR MARKETING LLC, New Berlin, WI, pg. 1403
GOCONVERGENCE, Orlando, FL, pg. 426
GODWIN ADVERTISING AGENCY, INC., Jackson, MS, pg. 427
GODWINGROUP, Gulfport, MS, pg. 427
GOKART LABS, Minneapolis, MN, pg. 1259
GOLIN, Chicago, IL, pg. 1519
THE GOODNESS COMPANY, Wisconsin Rapids, WI, pg. 429
THE GOSS AGENCY INC., Asheville, NC, pg. 430
GRADY BRITTON, Portland, OR, pg. 430
THE GRAHAM GROUP, Lafayette, LA, pg. 431
GREAT COMMUNICATORS, INC., Coral Gables, FL, pg. 434
GREENLIGHT MEDIA & MARKETING, LLC, Hollywood, CA, pg. 435
GREENRUBINO, Seattle, WA, pg. 436
GREENSTREET MARKETING, Battle Creek, MI, pg. 436
GREGORY FCA, Ardmore, PA, pg. 1524
GRETEMAN GROUP, Wichita, KS, pg. 437
GRIFFIN WINK ADVERTISING, Lubbock, TX, pg. 450
GROUP46, Bluffton, SC, pg. 452
GRP MEDIA, INC., Chicago, IL, pg. 1324
GS&F, Nashville, TN, pg. 453
GSD&M, Austin, TX, pg. 453
GSS COMMUNICATIONS, INC., Los Angeles, CA, pg. 454
GSW WORLDWIDE, Westerville, OH, pg. 454
GUMAS ADVERTISING, San Francisco, CA, pg. 455
THE GUNTER AGENCY, New Glarus, WI, pg. 456
GWP, INC., Montclair, NJ, pg. 456
GYK ANTLER, Manchester, NH, pg. 457
GYRO, New York, NY, pg. 457
GYRO CINCINNATI, Cincinnati, OH, pg. 458
HAGAN ASSOCIATES, Essex, VT, pg. 460
HAGGERTY & ASSOCIATES, Woburn, MA, pg. 460
HAGGMAN, INC., Beverly, MA, pg. 461
HAGOPIAN INK, New York, NY, pg. 1259
HAKUHODO INCORPORATED, Tokyo, pg. 461
THE HALO GROUP, New York, NY, pg. 464
HANCOCK ADVERTISING AGENCY, Nacogdoches, TX, pg. 465
HANNA & ASSOCIATES INC., Coeur D'Alene, ID, pg. 465
HANSER & ASSOCIATES PUBLIC RELATIONS, West Des Moines, IA, pg. 1526
HARBURGER/SCOTT ADVERTISING, Newburgh, NY, pg. 467
HARLAND CLARKE CORP., San Antonio, TX, pg. 468
HARMELIN MEDIA, Bala Cynwyd, PA, pg. 1324
HART, Columbus, OH, pg. 469
HAVAS, Puteaux, pg. 472
HAVAS MEDIA, New York, NY, pg. 1324
HAVAS WORLDWIDE, New York, NY, pg. 475
HAVEN TOWER, Santa Monica, CA, pg. 1529
HAWORTH MARKETING + MEDIA, Minneapolis, MN, pg. 1328
HAWTHORNE DIRECT INC., Fairfield, IA, pg. 489
HAYNES MARKETING NETWORK, INC., Macon, GA, pg. 489
HCK2 PARTNERS, Addison, TX, pg. 490
HENKE & ASSOCIATES, INC., Cedarburg, WI, pg. 496
HERMAN & ALMONTE PUBLIC RELATIONS, LLC, New York, NY, pg. 1529
HERMAN ASSOCIATES, INC., New York, NY, pg. 497
HFB ADVERTISING, INC., West Islip, NY, pg. 498
HIEBING, Madison, WI, pg. 498
HILL HOLLIDAY, Boston, MA, pg. 500
HILL HOLLIDAY/NEW YORK, New York, NY, pg. 501
HMC ADVERTISING LLC, Richmond, VT, pg. 504
HMH, Portland, OR, pg. 504
HODGES ASSOCIATES, INC., Fayetteville, NC, pg. 505
THE HOFFMAN AGENCY, San Jose, CA, pg. 1535
HOFFMAN AND PARTNERS, Braintree, MA, pg. 505
HOLLAND ADVERTISING:INTERACTIVE, Cincinnati, OH, pg. 506
THE HORAH GROUP, Pleasantville, NY, pg. 508
HORIZON MEDIA, INC., New York, NY, pg. 1329
HORNALL ANDERSON, Seattle, WA, pg. 509
HOWELL, LIBERATORE & ASSOCIATES, INC., Elmira, NY, pg. 510
HUDSON MEDIA SERVICES LLC, West Orange, NJ, pg. 1330
HUGE LLC, Brooklyn, NY, pg. 512
HUGHESLEAHYKARLOVIC, Saint Louis, MO, pg. 513
HULT MARKETING, Peoria, IL, pg. 513
HUNT ADKINS, Minneapolis, MN, pg. 514
THE I AM GROUP, INC., Hernando, FL, pg. 517
ICON INTERNATIONAL INC., Stamford, CT, pg. 1330
ICON MEDIA DIRECT, Van Nuys, CA, pg. 1331
ICR, Norwalk, CT, pg. 1539
ID MEDIA, New York, NY, pg. 1331
ID29, Troy, NY, pg. 519
THE IDEA FACTORY, New York, NY, pg. 520
IDEAWORKS, INC., Pensacola, FL, pg. 522
IGNITE DIGITAL, Mississauga, pg. 1263
IGNITED, El Segundo, CA, pg. 523
ILAN GEVA & FRIENDS, Northbrook, IL, pg. 523
IMAGERY CREATIVE, Miami, FL, pg. 525
IMAGINASIUM INC., Green Bay, WI, pg. 525
THE IMAGINATION GROUP, London, pg. 525
IMPRESSIONS-A.B.A. INDUSTRIES, INC., Mineola, NY, pg. 528
THE IN-HOUSE AGENCY, INC., Morristown, NJ, pg. 529
INFERNO, Memphis, TN, pg. 530
INITIATIVE, New York, NY, pg. 1331
THE INK TANK, Toronto, pg. 533
INNERSPIN MARKETING, Los Angeles, CA, pg. 533
INNIS MAGGIORE GROUP, INC., Canton, OH, pg. 533
INQUEST MARKETING, Kansas City, MO, pg. 534
THE INTEGER GROUP - DENVER, Lakewood, CO, pg. 1406
THE INTEGER GROUP, LLC, Lakewood, CO, pg. 536
THE INTEGER GROUP-MIDWEST, Des Moines, IA, pg. 1406
INTEGRATED CORPORATE RELATIONS, INC., Norwalk, CT, pg. 1543
INTEGRATED MARKETING SERVICES, Princeton, NJ, pg. 536
INTERACTIVEWEST, Denver, CO, pg. 1264
THE INTERCONNECT GROUP, Atlanta, GA, pg. 1335
INTERLEX COMMUNICATIONS INC., San Antonio, TX, pg. 538
INTERMARK GROUP, INC., Birmingham, AL, pg. 539
INTERMARKET COMMUNICATIONS, New York, NY, pg. 1543
INTERSTAR MARKETING & PUBLIC RELATIONS, Fort Worth, TX, pg. 1544
INTERTREND COMMUNICATIONS, INC., Long Beach, CA, pg. 544
INTRIGUE, Melville, NY, pg. 545
INTROWORKS, INC., Minnetonka, MN, pg. 545
INVESTORCOM INC., New Canaan, CT, pg. 1544
IONIC MEDIA, Woodland Hills, CA, pg. 546
IQUANTI, INC., Jersey City, NJ, pg. 548
ISA ADVERTISING, New York, NY, pg. 548
IW GROUP, INC., West Hollywood, CA, pg. 551
J&M MARKETING COMMUNICATIONS, LLC, Princeton, NJ, pg. 552
J. GREG SMITH, INC., Omaha, NE, pg. 552
JACK MORTON WORLDWIDE, Boston, MA, pg. 567
JACKSON MARKETING GROUP, Greenville, SC, pg. 569
JACOBS & CLEVENGER, INC., Chicago, IL, pg. 569
JAJO, INC., Wichita, KS, pg. 570
JAMES & THOMAS, INC., Saint Charles, IL, pg. 571
JAMES HOGGAN & ASSOCIATES, INC., Vancouver, pg. 1545
JAMES ROSS ADVERTISING, Pompano Beach, FL, pg. 571
JANKOWSKICO., Troy, MI, pg. 572
JAVELIN MARKETING GROUP, Irving, TX, pg. 572
JAYRAY, A COMMUNICATIONS CONSULTANCY, Tacoma, WA, pg. 573
JC MARKETING ASSOCIATES INC., Wakefield, MA, pg. 1546
JEFFREY ALEC COMMUNICATIONS, Los Angeles, CA, pg. 574
JETSTREAM PUBLIC RELATIONS, Dallas, TX, pg. 575
J.F. MILLS & WORLDWIDE, Denver, CO, pg. 1548
JHA MARKETING, Austin, TX, pg. 576
JMR CONNECT, Washington, DC, pg. 1549
JOBELEPHANT.COM INC., San Diego, CA, pg. 578
JOE AGENCY, Los Angeles, CA, pg. 578
THE JOEY COMPANY, Brooklyn, NY, pg. 578
JOHNSON DESIGN GROUP, Ada, MI, pg. 580
JOHNSONRAUHOFF, Saint Joseph, MI, pg. 581
THE JONES AGENCY, Palm Springs, CA, pg. 581
JONES & THOMAS, INC., Decatur, IL, pg. 581
JONES FOSTER DEAL ADVERTISING & PUBLIC RELATIONS, INC., Tampa, FL, pg. 582
JONES HUYETT PARTNERS, Topeka, KS, pg. 582
JORDAN ASSOCIATES, Oklahoma City, OK, pg. 582
JSML MEDIA, LLC, Maple Grove, MN, pg. 1336
JSTOKES AGENCY, Walnut Creek, CA, pg. 584
JUMPSTART AUTOMOTIVE MEDIA, San Francisco, CA, pg. 585
J.W. MORTON & ASSOCIATES, Cedar Rapids, IA, pg. 586
K2 COMMUNICATIONS, Southampton, PA, pg. 586
K2 KRUPP KOMMUNICATIONS, INC, New York, NY, pg. 1550
KARSH & HAGAN COMMUNICATIONS, INC., Denver, CO, pg. 588
KEATING & CO., Florham Park, NJ, pg. 1553
KEATING MAGEE MARKETING COMMUNICATIONS, Metairie, LA, pg. 589
KEEN BRANDING, Milton, DE, pg. 589
KEENAN-NAGLE ADVERTISING, Allentown, PA, pg. 590
KELLEY & COMPANY, Wellesley, MA, pg. 591
KELLEY CHUNN & ASSOC., Boston, MA, pg. 1553
KELLEY HABIB JOHN, Boston, MA, pg. 591
KELLIHER SAMETS VOLK, Burlington, VT, pg. 591
KELLY SCOTT MADISON, Chicago, IL, pg. 1336

AGENCIES

SPECIAL MARKET INDEX

KENNA, Mississauga, pg. 592
KETCHUM, New York, NY, pg. 1554
KEVIN J. ASH CREATIVE DESIGN, LLC, Northwood, NH, pg. 593
KHEMISTRY, London, pg. 594
KIDD GROUP, Tallahassee, FL, pg. 594
KILLIAN BRANDING, Chicago, IL, pg. 595
KINDLING MEDIA, LLC, Hollywood, CA, pg. 595
KINZIEGREEN MARKETING GROUP, Wausau, WI, pg. 596
KNUDSEN, GARDNER & HOWE, INC., Twinsburg, OH, pg. 600
KOCHAN & COMPANY MARKETING COMMUNICATIONS, Saint Louis, MO, pg. 600
KOHNSTAMM COMMUNICATIONS, Saint Paul, MN, pg. 600
KOVEL/FULLER, Culver City, CA, pg. 601
KPI AGENCY, San Diego, CA, pg. 601
KRAUSE ADVERTISING, Dallas, TX, pg. 602
KREAB, London, pg. 1560
KRISTOF CREATIVE, INC., Mount Juliet, TN, pg. 603
KRT MARKETING, Lafayette, CA, pg. 603
KW2, Madison, WI, pg. 604
KWT GLOBAL, New York, NY, pg. 604
L3 ADVERTISING INC., New York, NY, pg. 606
LA AGENCIA DE ORCI & ASOCIADOS, Santa Monica, CA, pg. 606
LABOV ADVERTISING, MARKETING AND TRAINING, Fort Wayne, IN, pg. 606
LAK PR, New York, NY, pg. 1562
LAKE GROUP MEDIA, INC., Armonk, NY, pg. 607
LAM-ANDREWS INC., Nashville, TN, pg. 608
LAMBERT & CO., Grand Rapids, MI, pg. 1562
LANDIS COMMUNICATIONS INC., San Francisco, CA, pg. 1563
LANETERRALEVER, Phoenix, AZ, pg. 610
LATCHA+ASSOCIATES, Farmington Hills, MI, pg. 611
LATINWORKS MARKETING, INC., Austin, TX, pg. 612
LATORRA, PAUL & MCCANN, Syracuse, NY, pg. 613
LAUGHLIN/CONSTABLE, INC., Milwaukee, WI, pg. 613
LAVIDGE & ASSOCIATES INC., Knoxville, TN, pg. 616
LAWLER BALLARD VAN DURAND, Birmingham, AL, pg. 616
LAWRENCE & SCHILLER, INC., Sioux Falls, SD, pg. 616
L.C. WILLIAMS & ASSOCIATES, LLC, Chicago, IL, pg. 1564
LEAD ME MEDIA, Deerfield Beach, FL, pg. 617
LEAPFROG ONLINE, Evanston, IL, pg. 618
LEE & ASSOCIATES, INC., Canoga Park, CA, pg. 1565
LEO BURNETT BUSINESS, New York, NY, pg. 620
LEO BURNETT COMPANY LTD., Toronto, pg. 620
LEO BURNETT WORLDWIDE, INC., Chicago, IL, pg. 621
LEO J. BRENNAN, INC., Fenton, MI, pg. 632
LEOPARD, Denver, CO, pg. 632
LEOPOLD KETEL & PARTNERS, Portland, OR, pg. 632
LEVEL MPLS, Minneapolis, MN, pg. 633
LEVLANE ADVERTISING/PR/INTERACTIVE, Philadelphia, PA, pg. 635
LEVO HEALTH, Tampa, FL, pg. 635
LEVY INDUSTRIAL, Pittsburgh, PA, pg. 635
LEWIS ADVERTISING, INC., Rocky Mount, NC, pg. 635
LEWIS COMMUNICATIONS, Birmingham, AL, pg. 636
LHWH ADVERTISING & PUBLIC RELATIONS, Myrtle Beach, SC, pg. 639
LINCOLN MEDIA SERVICES, INC., Lake Bluff, IL, pg. 1339
LINETT & HARRISON, Montville, NJ, pg. 641
THE LINICK GROUP, INC., Middle Island, NY, pg. 641
LINKMEDIA 360, Independence, OH, pg. 642
LINX COMMUNICATIONS CORP., Smithtown, NY, pg. 642
LIQUID ADVERTISING, El Segundo, CA, pg. 644
LITTLE & COMPANY, Minneapolis, MN, pg. 645
LITTLE DOG AGENCY INC., Mount Pleasant, SC, pg. 645
LITTLE L COMMUNICATIONS, Geneva, OH, pg. 646
LITTLEFIELD AGENCY, Tulsa, OK, pg. 646
LJF ASSOCIATES, INC., The Woodlands, TX, pg. 647
LKH&S, Chicago, IL, pg. 647
LOCKARD & WECHSLER, Irvington, NY, pg. 649
LOONEY ADVERTISING AND DESIGN, Montclair, NJ, pg. 651
LOPEZ NEGRETE COMMUNICATIONS, INC., Houston, TX, pg. 651
LOVE & COMPANY, INC., Frederick, MD, pg. 653
LOVELL COMMUNICATIONS, INC., Nashville, TN, pg. 653
LOVGREN MARKETING GROUP, Omaha, NE, pg. 653
LUCKIE & COMPANY, Birmingham, AL, pg. 655
LUQUIRE GEORGE ANDREWS, INC., Charlotte, NC, pg. 657

LYERLY AGENCY INC., Belmont, NC, pg. 658
M2 MARKETING AND MANAGEMENT SERVICES INC., Santa Ana, CA, pg. 665
M5 NEW HAMPSHIRE, Manchester, NH, pg. 665
MACIAS CREATIVE, Miami, FL, pg. 666
MACY + ASSOCIATES INC., Los Angeles, CA, pg. 667
MAD MEN MARKETING, Jacksonville, FL, pg. 668
MADEO, Brooklyn, NY, pg. 1269
MAGNANI, Chicago, IL, pg. 670
MAGNANI CARUSO DUTTON, New York, NY, pg. 670
MAKOVSKY INTEGRATED COMMUNICATIONS, New York, NY, pg. 1574
MANDALA, Bend, OR, pg. 674
MANGAN HOLCOMB PARTNERS, Little Rock, AR, pg. 674
MANGOS, Conshohocken, PA, pg. 674
MANTERA ADVERTISING, Bakersfield, CA, pg. 675
MANTRA PUBLIC RELATIONS, INC., New York, NY, pg. 1575
MARC USA, Pittsburgh, PA, pg. 676
MARC USA BOSTON, Stoneham, MA, pg. 677
MARC USA CHICAGO, Chicago, IL, pg. 677
MARCA MIAMI, Coconut Grove, FL, pg. 677
MARCUS THOMAS LLC, Cleveland, OH, pg. 679
THE MAREK GROUP, Bloomington, MN, pg. 679
MARINELLI & COMPANY, New York, NY, pg. 679
THE MARINO ORGANIZATION, INC., New York, NY, pg. 680
MARIS, WEST & BAKER, INC., Jackson, MS, pg. 680
MARKETING EDGE GROUP, North Brunswick, NJ, pg. 683
MARKETING VISIONS, INC., Tarrytown, NY, pg. 1410
MARKETSMITH INC, Cedar Knolls, NJ, pg. 685
MARSHAD TECHNOLOGY GROUP, New York, NY, pg. 686
MARSTON WEBB INTERNATIONAL, New York, NY, pg. 687
THE MARTIN AGENCY, Richmond, VA, pg. 687
MARTINO FLYNN LLC, Pittsford, NY, pg. 689
MARTOPIA, INC., Saint Charles, IL, pg. 689
MASCOLA ADVERTISING, New Haven, CT, pg. 690
MASON MARKETING, INC, Penfield, NY, pg. 691
MASONBARONET, Dallas, TX, pg. 691
MASSMEDIA, INC., Newton, MA, pg. 692
MATRIX MEDIA SERVICES, INC., Columbus, OH, pg. 1340
MAVERICK PUBLIC RELATIONS, Toronto, pg. 1577
MAXAUDIENCE, Carlsbad, CA, pg. 695
MAYCREATE, Chattanooga, TN, pg. 696
MAYOSEITZ MEDIA, Blue Bell, PA, pg. 1340
MBS VALUE PARTNERS, INC., New York, NY, pg. 696
MCC, Dallas, TX, pg. 697
MCCABE DUVAL + ASSOCIATES, Harpswell, ME, pg. 697
MCCANN MINNEAPOLIS, Minneapolis, MN, pg. 713
MCDANIELS MARKETING COMMUNICATIONS, Pekin, IL, pg. 715
MCGILL BUCKLEY, Ottawa, pg. 718
MCKIM, Winnipeg, pg. 719
MDB COMMUNICATIONS, INC., Washington, DC, pg. 720
THE MEDIA KITCHEN, New York, NY, pg. 1342
MEDIA LOGIC, Albany, NY, pg. 726
MEDIA ONE ADVERTISING/MARKETING, Sioux Falls, SD, pg. 727
MEDIA RESPONSE, INC., Hollywood, FL, pg. 727
MEDIA TWO INTERACTIVE, Raleigh, NC, pg. 727
MEDIASMITH, San Francisco, CA, pg. 1350
MEDIASPACE SOLUTIONS, Norwalk, CT, pg. 1350
MEDIASSOCIATES, INC., Sandy Hook, CT, pg. 1351
MEKANISM, San Francisco, CA, pg. 729
MENTUS, San Diego, CA, pg. 730
MERGE BOSTON, Boston, MA, pg. 731
THE MERIDIAN GROUP, Virginia Beach, VA, pg. 731
MESH INTERACTIVE AGENCY, Boston, MA, pg. 734
METHOD ENGINE, LLC, Chicago, IL, pg. 1271
MGH, INC., Owings Mills, MD, pg. 736
MICHAEL WALTERS ADVERTISING, Chicago, IL, pg. 738
MICSTURA, Miami, FL, pg. 739
MILLER ADVERTISING AGENCY INC., New York, NY, pg. 741
MILLWARD BROWN INC., Lisle, IL, pg. 742
MILNER BUTCHER MEDIA GROUP, Los Angeles, CA, pg. 1351
MINDGRUVE, INC., San Diego, CA, pg. 745
MINDSTORM COMMUNICATIONS GROUP, INC., Charlotte, NC, pg. 745
MINT ADVERTISING, Clinton, NJ, pg. 746
MIRABAL & ASSOCIATES, Mayaguez, PR, pg. 747
MITCHELL COMMUNICATIONS GROUP, Fayetteville, AR, pg. 748

MITHOFF BURTON PARTNERS, El Paso, TX, pg. 748
MJE MARKETING SERVICES, San Diego, CA, pg. 749
MKTWORKS, INC., Cold Spring, NY, pg. 749
MMB, Boston, MA, pg. 750
MOBIUM INTEGRATED BRANDING, Chicago, IL, pg. 752
MODCO MEDIA, New York, NY, pg. 753
MOMENTUM WORLDWIDE, New York, NY, pg. 754
MORE MEDIA GROUP, Redondo Beach, CA, pg. 757
MORGAN + COMPANY, New Orleans, LA, pg. 758
MORGAN & MYERS, INC., Waukesha, WI, pg. 758
MOROCH HOLDINGS, INC., Dallas, TX, pg. 758
MORRIS & CASALE INC., Woodstock, GA, pg. 760
THE MORRISON AGENCY, Atlanta, GA, pg. 760
MORTAR ADVERTISING, San Francisco, CA, pg. 761
MOST BRAND DEVELOPMENT + ADVERTISING, Aliso Viejo, CA, pg. 762
MOUNT & NADLER, INC., New York, NY, pg. 1586
MOXIE, Atlanta, GA, pg. 1274
MOXIE SOZO, Boulder, CO, pg. 765
MP AGENCY, LLC, Scottsdale, AZ, pg. 766
MPRM PUBLIC RELATIONS, Los Angeles, CA, pg. 1586
MRB PUBLIC RELATIONS, Freehold, NJ, pg. 1586
MRM PRINCETON, Princeton, NJ, pg. 768
MRW COMMUNICATIONS LLC, Pembroke, MA, pg. 769
MULLENLOWE GROUP, Boston, MA, pg. 770
MULLER BRESSLER BROWN, Leawood, KS, pg. 778
MUNN RABOT LLC, New York, NY, pg. 779
MUSE COMMUNICATIONS, Santa Monica, CA, pg. 780
MWH ADVERTISING, INC., Miami, FL, pg. 781
THE N GROUP, Tucson, AZ, pg. 783
NATCOM MARKETING, Miami, FL, pg. 785
NATIONAL MEDIA SERVICES, INC., Huntington Bay, NY, pg. 785
NAVIGANT MARKETING / KSR, Miami, FL, pg. 786
NELSON & GILMORE, Redondo Beach, CA, pg. 788
NELSON SCHMIDT, Milwaukee, WI, pg. 788
NEO\@OGILVY LOS ANGELES, Playa Vista, CA, pg. 789
NEVINS & ASSOCIATES, Towson, MD, pg. 1594
NEW MEDIA AGENCY, Los Angeles, CA, pg. 791
NEWKIRK COMMUNICATIONS, INC., Philadelphia, PA, pg. 792
NEWMARK ADVERTISING, INC., Woodland Hls, CA, pg. 793
NEWSMARK PUBLIC RELATIONS INC., Boca Raton, FL, pg. 1595
NEWTON ASSOCIATES MARKETING COMMUNICATIONS, INC., Plymouth Meeting, PA, pg. 793
NEXTMEDIA, INC., Dallas, TX, pg. 1354
NIMBLE WORLDWIDE, Dallas, TX, pg. 794
THE NISSEN GROUP, Winter Haven, FL, pg. 795
NOISE, INC., Sanibel, FL, pg. 796
NORTHLICH, Cincinnati, OH, pg. 799
NORTHLICH PUBLIC RELATIONS, Cincinnati, OH, pg. 799
NUEVO ADVERTISING GROUP, INC., Sarasota, FL, pg. 802
O2IDEAS, INC., Birmingham, AL, pg. 803
THE O'CARROLL GROUP, Lake Charles, LA, pg. 805
OCD MEDIA, New York, NY, pg. 805
OCEAN BRIDGE GROUP, Los Angeles, CA, pg. 805
ODNEY, Bismarck, ND, pg. 808
OFF MADISON AVE, Phoenix, AZ, pg. 809
OGILVY, New York, NY, pg. 809
OGILVY HEALTHWORLD-TORONTO, Toronto, pg. 833
OIA MARKETING COMMUNICATIONS, Dayton, OH, pg. 834
OLANDER GROUP, Ottawa, pg. 1355
OLOGIE, Columbus, OH, pg. 835
O'MALLEY HANSEN COMMUNICATIONS, Chicago, IL, pg. 1413
OMNICO PROMOTIONS, LTD., Katonah, NY, pg. 1413
OMNICOM GROUP INC., New York, NY, pg. 836
ON IDEAS, INC., Jacksonville, FL, pg. 838
ONEWORLD COMMUNICATIONS, INC., San Francisco, CA, pg. 840
ONION LABS, Chicago, IL, pg. 840
OOH IMPACT, INC., New York, NY, pg. 1360
OPTIC NERVE DIRECT MARKETING, San Francisco, CA, pg. 842
ORAIKO, New York, NY, pg. 843
ORGANIC, INC., San Francisco, CA, pg. 1278
OSBORN + BARR COMMUNICATIONS, Saint Louis, MO, pg. 844
OUTDOOR FIRST, INC., Germantown, WI, pg. 1361
OUTERNATIONAL INC, New York, NY, pg. 846
PACIFICO INC., San Jose, CA, pg. 849

A-156

SPECIAL MARKET INDEX — AGENCIES

PACO COMMUNICATIONS, INC, Chicago, IL, pg. 849
PADILLA, Minneapolis, MN, pg. 849
PALISADES MEDIA GROUP, INC., Santa Monica, CA, pg. 1361
PALLEY ADVERTISING INC., Worcester, MA, pg. 851
PAN COMMUNICATIONS, Boston, MA, pg. 1605
PARAGON PUBLIC RELATIONS LLC, Hoboken, NJ, pg. 1606
PARKER ADVERTISING SERVICE, INC., Lancaster, PA, pg. 854
PARKER AVENUE, San Mateo, CA, pg. 854
PARTNERSHIP OF PACKER, OESTERLING & SMITH (PPO&S), Harrisburg, PA, pg. 856
PATHFINDERS ADVERTISING & MARKETING GROUP, Mishawaka, IN, pg. 857
PATRICKORTMAN, INC., Studio City, CA, pg. 1279
PATRIOT ADVERTISING INC., Katy, TX, pg. 858
PAUL WERTH ASSOCIATES, INC., Columbus, OH, pg. 858
PAULSEN MARKETING COMMUNICATIONS, INC., Sioux Falls, SD, pg. 859
PEAKBIETY, BRANDING + ADVERTISING, Tampa, FL, pg. 860
PEPPERCOMM, New York, NY, pg. 1607
PERICH ADVERTISING + DESIGN, Ann Arbor, MI, pg. 864
PERISCOPE, Minneapolis, MN, pg. 864
PG CREATIVE, Miami, FL, pg. 867
PHD, New York, NY, pg. 1361
PHELPS, Playa Vista, CA, pg. 867
PHENOMBLUE, Omaha, NE, pg. 868
PHOENIX MARKETING INTERNATIONAL, Milwaukee, WI, pg. 869
PIERSON GRANT PUBLIC RELATIONS, Fort Lauderdale, FL, pg. 870
PINCKNEY HUGO GROUP, Syracuse, NY, pg. 871
PINGER PR AT POWERS, Cincinnati, OH, pg. 1609
PINTA, New York, NY, pg. 872
PITA COMMUNICATIONS LLC, Rocky Hill, CT, pg. 873
PLAN C AGENCY, Los Angeles, CA, pg. 876
THE POINT GROUP, Dallas, TX, pg. 880
THE POLLACK PR MARKETING GROUP, Los Angeles, CA, pg. 1611
POLLER & JORDAN ADVERTISING AGENCY, INC., Miami, FL, pg. 881
PONDELWILKINSON INC., Woodland Hls, CA, pg. 882
PORTER NOVELLI, New York, NY, pg. 1612
POWERS AGENCY, Cincinnati, OH, pg. 885
PP+K, Tampa, FL, pg. 885
PREFERRED PUBLIC RELATIONS & MARKETING, Las Vegas, NV, pg. 1618
PRESTON KELLY, Minneapolis, MN, pg. 888
THE PRICE GROUP, INC., Lubbock, TX, pg. 888
PRICEWEBER MARKETING COMMUNICATIONS, INC., Louisville, KY, pg. 889
PRIME L.A., Hollywood, CA, pg. 889
PRIMEDIA INC., Warwick, RI, pg. 1364
THE PRIMM COMPANY, Norfolk, VA, pg. 890
PRINCETON MARKETECH, Princeton Junction, NJ, pg. 890
PRINCETON PARTNERS, INC., Princeton, NJ, pg. 890
PRODUCT MARKETING GROUP, INC., Altamonte Spg, FL, pg. 891
PROJECT, Auburn Hills, MI, pg. 891
PROM KROG ALTSTIEL INC., Mequon, WI, pg. 892
PROSEK PARTNERS, Stratford, CT, pg. 1619
PROTERRA ADVERTISING, Addison, TX, pg. 894
PROXY SPONSORSHIPS, Denver, CO, pg. 1415
PUBLICIS HAWKEYE, Dallas, TX, pg. 1282
PUBLICIS NEW YORK, New York, NY, pg. 912
PULSECX, Montgomeryville, PA, pg. 916
PUREI, Batavia, IL, pg. 917
PWC DIGITAL SERVICES, New York, NY, pg. 1283
THE QUELL GROUP, Troy, MI, pg. 922
QUEUE CREATIVE, Lansing, MI, pg. 922
QUIGLEY-SIMPSON, Los Angeles, CA, pg. 923
RAGE AGENCY, Westmont, IL, pg. 1283
RAIN, New York, NY, pg. 1283
RAINS BIRCHARD MARKETING, Portland, OR, pg. 929
RAKA, Portsmouth, NH, pg. 930
THE RAMEY AGENCY LLC, Jackson, MS, pg. 930
RAPP, New York, NY, pg. 931
RATTLE ADVERTISING, Beverly, MA, pg. 933
RAWLE MURDY ASSOCIATES, INC., Charleston, SC, pg. 934
R.C. AULETTA & CO., New York, NY, pg. 1626
REAL INTEGRATED, Troy, MI, pg. 936
RED INTERACTIVE AGENCY, Santa Monica, CA, pg. 1284
RED7E, Louisville, KY, pg. 942
REDCHIP COMPANIES, INC., Maitland, FL, pg. 1627
REDSTONE COMMUNICATIONS INC., Omaha, NE, pg. 944
RE:GROUP, INC., Ann Arbor, MI, pg. 945
RENEGADE COMMUNICATIONS, Hunt Valley, MD, pg. 946
RENMARK FINANCIAL COMMUNICATIONS, INC., Montreal, pg. 946
THE REPUBLIK, Raleigh, NC, pg. 947
REPUBLIK PUBLICITE + DESIGN INC., Montreal, pg. 947
RESPONSE MEDIA, INC., Norcross, GA, pg. 949
THE RESPONSE SHOP, INC., La Jolla, CA, pg. 950
RESPONSORY, Brookfield, WI, pg. 950
RESULTS, INC., ADVERTISING AGENCY, Hasbrouck Heights, NJ, pg. 950
REVOLUTION MARKETING, LLC, Chicago, IL, pg. 953
REYNOLDS & ASSOCIATES, El Segundo, CA, pg. 953
RHYMES ADVERTISING & MARKETING, Bellaire, TX, pg. 955
RICHARDS/CARLBERG, Houston, TX, pg. 956
THE RICHARDS GROUP, INC., Dallas, TX, pg. 956
RICHARDS PARTNERS, Dallas, TX, pg. 1631
RICHTER7, Salt Lake City, UT, pg. 957
RIESTER, Phoenix, AZ, pg. 958
RIGER ADVERTISING AGENCY, INC., Binghamton, NY, pg. 958
RIGHT PLACE MEDIA, Lexington, KY, pg. 1367
RILEY HAYES ADVERTISING, Minneapolis, MN, pg. 959
RIOT, New York, NY, pg. 959
RISDALL MARKETING GROUP, Roseville, MN, pg. 959
RISE INTERACTIVE, Chicago, IL, pg. 960
RITTA, Paramus, NJ, pg. 960
RJW MEDIA, Pittsburgh, PA, pg. 1368
R.M. BARROWS, INC. ADVERTISING & PUBLIC RELATIONS, San Mateo, CA, pg. 962
RMI MARKETING & ADVERTISING, Emerson, NJ, pg. 962
ROBERTS COMMUNICATIONS INC., Rochester, NY, pg. 963
ROCKET 55, Minneapolis, MN, pg. 964
ROGERS FINN PARTNERS, Los Angeles, CA, pg. 1633
RON FOTH ADVERTISING, Columbus, OH, pg. 967
ROOP & CO., Cleveland, OH, pg. 1633
ROSS & LAWRENCE PUBLIC RELATIONS, New York, NY, pg. 1635
ROUNTREE GROUP COMMUNICATIONS MANAGEMENT, Alpharetta, GA, pg. 1635
RPA, Santa Monica, CA, pg. 970
RPM ADVERTISING, Chicago, IL, pg. 971
RSQ, Mobile, AL, pg. 971
RT&E INTEGRATED COMMUNICATIONS, Villanova, PA, pg. 971
RUNNER AGENCY, Dallas, TX, pg. 1286
RUSSELL HERDER, Minneapolis, MN, pg. 972
S&S PUBLIC RELATIONS, INC., Chicago, IL, pg. 1638
S3, Boonton, NJ, pg. 974
SAGON-PHIOR, West Los Angeles, CA, pg. 1638
SAIBOT MEDIA INC., Boca Raton, FL, pg. 987
SAMBA ROCK, Miami Beach, FL, pg. 988
SASQUATCH, Portland, OR, pg. 992
THE SAWTOOTH GROUP, Red Bank, NJ, pg. 992
SBC, Columbus, OH, pg. 993
SCHWARTZ PUBLIC RELATIONS ASSOCIATES, INC., New York, NY, pg. 1642
SEAN TRACEY ASSOCIATES, Portsmouth, NH, pg. 1000
THE SELLS AGENCY, INC., Little Rock, AR, pg. 1002
SEROKA, Waukesha, WI, pg. 1003
SHAMIN ABAS PUBLIC RELATIONS, West Palm Beach, FL, pg. 1005
SHEEHY & ASSOCIATES, Louisville, KY, pg. 1006
THE SHIPYARD, Columbus, OH, pg. 1008
SHIRLEY/HUTCHINSON CREATIVE WORKS, Tampa, FL, pg. 1009
SHOPPER MARKETING GROUP ADVERTISING INC., Porter Ranch, CA, pg. 1009
SIDDALL, INC., Richmond, VA, pg. 1010
SIEGEL+GALE, New York, NY, pg. 1011
SIGMA MARKETING GROUP LLC, Rochester, NY, pg. 1012
SIGNAL GROUP CONSULTING, LLC, Washington, DC, pg. 1012
SIMANTEL, Peoria, IL, pg. 1014
SIMON GROUP MARKETING COMMUNICATIONS, INC., Evanston, IL, pg. 1015
SIMONS MICHELSON ZIEVE, INC., Troy, MI, pg. 1015
SIMPLE TRUTH COMMUNICATION PARTNERS, Chicago, IL, pg. 1015
SIQUIS, LTD., Baltimore, MD, pg. 1016
SLACK AND COMPANY, Chicago, IL, pg. 1020
SLINGSHOT, LLC, Dallas, TX, pg. 1021
SLOANE & COMPANY LLC, New York, NY, pg. 1646
SMA NYC, New York, NY, pg. 1021
SMITH ASBURY INC, West Linn, OR, pg. 1023
SMITH BROTHERS AGENCY, LP, Pittsburgh, PA, pg. 1023
SMITH, PHILLIPS & DI PIETRO, Yakima, WA, pg. 1024
SMITHGIFFORD, Falls Church, VA, pg. 1024
SMM ADVERTISING, Smithtown, NY, pg. 1024
SOAR COMMUNICATIONS, Salt Lake City, UT, pg. 1026
SOCIALLY PRESENT, Carbondale, IL, pg. 1026
SOCIALLYIN, Birmingham, AL, pg. 1291
SOME CONNECT, Chicago, IL, pg. 1291
SOUTHWARD & ASSOCIATES, INC., Chicago, IL, pg. 1030
SPACETIME, INC., Chicago, IL, pg. 1369
SPECIALTY TRUCK RENTALS, Santa Monica, CA, pg. 1416
SPIKER COMMUNICATIONS, INC., Missoula, MT, pg. 1033
SPIRO & ASSOCIATES MARKETING, ADVERTISING & PUBLIC RELATIONS, Fort Myers, FL, pg. 1034
SPROKKIT, Los Angeles, CA, pg. 1037
SPURRIER MEDIA GROUP, Richmond, VA, pg. 1370
SQUARE ONE MARKETING, West Hartford, CT, pg. 1037
SQUARE TOMATO, Seattle, WA, pg. 1038
SQUEAKY WHEEL MEDIA, New York, NY, pg. 1038
SRPR, INC., Los Angeles, CA, pg. 1039
THE ST. GREGORY GROUP, INC., Cincinnati, OH, pg. 1040
STACKPOLE & PARTNERS ADVERTISING, Newburyport, MA, pg. 1041
STANDING PARTNERSHIP, Saint Louis, MO, pg. 1650
STANTON COMMUNICATIONS, INC., Washington, DC, pg. 1651
STARCOM, Chicago, IL, pg. 1370
STARMARK INTERNATIONAL, INC., Fort Lauderdale, FL, pg. 1043
STEELE & ASSOCIATES, INC., Pocatello, ID, pg. 1045
STEIN IAS, New York, NY, pg. 1045
STEINREICH COMMUNICATIONS, New York, NY, pg. 1651
STEPHAN PARTNERS, INC., Hastings Hdsn, NY, pg. 1046
STEPHENS DIRECT, Kettering, OH, pg. 1047
STERLING RICE GROUP, Boulder, CO, pg. 1047
STEVENS ADVERTISING, Grand Rapids, MI, pg. 1048
STEVENS & TATE MARKETING, Lombard, IL, pg. 1048
STEVENS STRATEGIC COMMUNICATIONS, INC., Westlake, OH, pg. 1048
STIR ADVERTISING & INTEGRATED MARKETING, Milwaukee, WI, pg. 1050
STOCKHOLM DESIGN, Studio City, CA, pg. 1050
STRATA-MEDIA, INC., Laguna Beach, CA, pg. 1052
THE STRATACT MEDIA GROUP LLC, Rockwall, TX, pg. 1374
STRATEGIC AMERICA, West Des Moines, IA, pg. 1052
STUDE-BECKER ADVERTISING LLC, Saint Paul, MN, pg. 1055
STURGES WORD COMMUNICATIONS, Kansas City, MO, pg. 1654
SUBMIT EXPRESS INC., Glendale, CA, pg. 1057
SUITS & SANDALS, LLC, Brooklyn, NY, pg. 1293
SULLIVAN BRANDING, Memphis, TN, pg. 1059
SULLIVAN CREATIVE SERVICES, LTD., Concord, NH, pg. 1059
SULLIVAN HIGDON & SINK INCORPORATED, Wichita, KS, pg. 1059
SUN & MOON MARKETING COMMUNICATIONS, INC., New York, NY, pg. 1061
SUNDIN ASSOCIATES, INC., Natick, MA, pg. 1061
SUNDOG, Fargo, ND, pg. 1061
SUSAN BLOND, INC., New York, NY, pg. 1063
SWBR, INC., Bethlehem, PA, pg. 1065
SWEENEY, Cleveland, OH, pg. 1065
SWEENEYVESTY, New York, NY, pg. 1066
SWIRL MCGARRYBOWEN, San Francisco, CA, pg. 1067
SYNAPTIC DIGITAL, New York, NY, pg. 1068
SYNCAPSE CORP., Toronto, pg. 1068
SYNEOS HEALTH, INC., Raleigh, NC, pg. 1068
T3, Austin, TX, pg. 1069
TAILORED MARKETING INC., Pittsburgh, PA, pg. 1071
TAKE 5 MEDIA GROUP, Boca Raton, FL, pg. 1071
TANEN DIRECTED ADVERTISING, Norwalk, CT, pg. 1072
TARGETBASE, Irving, TX, pg. 1073
TARTAN MARKETING, Maple Grove, MN, pg. 1074

A-157

AGENCIES

TAYLOR WEST ADVERTISING, San Antonio, TX, pg. 1076
TBC INC., Baltimore, MD, pg. 1076
TBD, San Francisco, CA, pg. 1076
TC CREATIVES LLC, Woodland Hills, CA, pg. 1093
TEAM ONE USA, Los Angeles, CA, pg. 1095
TENET PARTNERS, New York, NY, pg. 1096
THAT AGENCY, West Palm Bch, FL, pg. 1098
THIRD DEGREE ADVERTISING, Norman, OK, pg. 1100
TIBEREND STRATEGIC ADVISORS, New York, NY, pg. 1102
TIDAL SHORES INC., Houston, TX, pg. 1102
TIDESMART GLOBAL, Falmouth, ME, pg. 1103
TIERNEY COMMUNICATIONS, Philadelphia, PA, pg. 1103
TINSLEY CREATIVE, Lakeland, FL, pg. 1105
TIVOLI PARTNERS, Asheville, NC, pg. 1105
TM ADVERTISING, Dallas, TX, pg. 1106
TMC COMMUNICATIONS, LLC, New York, NY, pg. 1106
TOM, DICK & HARRY CREATIVE, Chicago, IL, pg. 1108
THE TOMBRAS GROUP, Knoxville, TN, pg. 1108
TOMSHEEHAN WORLDWIDE, Reading, PA, pg. 1109
TONGAL, Santa Monica, CA, pg. 1295
TOTALCOM MARKETING, INC., Tuscaloosa, AL, pg. 1110
TRACTION CORPORATION, San Francisco, CA, pg. 1112
TRACTION FACTORY, Milwaukee, WI, pg. 1112
TRANSMEDIA GROUP, Boca Raton, FL, pg. 1662
TRELLIS MARKETING, INC, Buffalo, NY, pg. 1115
TREPOINT BARC, San Francisco, CA, pg. 1418
TRIAD BUSINESS MARKETING, Dallas, TX, pg. 1116
TRIBALVISION, Boston, MA, pg. 1116
TRIPLEINK, Minneapolis, MN, pg. 1118
TRONE BRAND ENERGY, INC., High Point, NC, pg. 1119
TRUE MEDIA, Columbia, MO, pg. 1376
TRUE NORTH INC., New York, NY, pg. 1119
TRUE NORTH INTERACTIVE, San Francisco, CA, pg. 1298
TURCHETTE ADVERTISING AGENCY LLC, Fairfield, NJ, pg. 1121
TURKEL BRANDS, Coral Gables, FL, pg. 1122
UNION, Charlotte, NC, pg. 1298
U.S. INTERNATIONAL MEDIA, LLC, Los Angeles, CA, pg. 1378
VALASSIS 1 TO 1 SOLUTIONS, Livonia, MI, pg. 1130
VAN EPEREN & COMPANY, Rockville, MD, pg. 1665
VARGAS & AMIGOS INC., Marietta, GA, pg. 1131
VENABLES, BELL & PARTNERS, San Francisco, CA, pg. 1132
VERSANT, Milwaukee, WI, pg. 1134
VIAS LATINO MARKETING, Grand Rapids, MI, pg. 1136
VIGET, Falls Church, VA, pg. 1300
VINCODO, Langhorne, PA, pg. 1138
VISION CREATIVE GROUP, INC., Morris Plains, NJ, pg. 1139
VISITECH PR, Denver, CO, pg. 1667
VITAMIN, Baltimore, MD, pg. 1140
VML, INC., Kansas City, MO, pg. 1143
VOCE COMMUNICATIONS, San Jose, CA, pg. 1667
VOGEL MARKETING SOLUTIONS LLC, Lancaster, PA, pg. 1145
W INC., Atlanta, GA, pg. 1147
WALKER & ASSOCIATES, INC., Memphis, TN, pg. 1148
WALLWORK CURRY MCKENNA, Charlestown, MA, pg. 1149
WALT KLEIN ADVERTISING, Denver, CO, pg. 1150
WALTER F. CAMERON ADVERTISING INC., Hauppauge, NY, pg. 1151
WALZ TETRICK ADVERTISING, Mission, KS, pg. 1151
THE WARD GROUP, Frisco, TX, pg. 1152
WARNE/MCKENNA ADVERTISING, Syracuse, NY, pg. 1152
WASSERMAN & PARTNERS ADVERTISING INC., Vancouver, pg. 1153
WAVEMAKER GLOBAL LTD, New York, NY, pg. 1379
WAVEMAKER - NA HQ, NEW YORK, New York, NY, pg. 1386
WC MEDIA INC., Springfield, IL, pg. 1154
WE, Bellevue, WA, pg. 1671
WEBER SHANDWICK, New York, NY, pg. 1673
WEIDERT GROUP INC., Appleton, WI, pg. 1156
THE WEINBACH GROUP, INC., South Miami, FL, pg. 1157
THE WEINSTEIN ORGANIZATION, INC., Chicago, IL, pg. 1157
WEINTRAUB ADVERTISING, Saint Louis, MO, pg. 1157
THE WENDT AGENCY, Great Falls, MT, pg. 1159
WESTON MASON MARKETING, Santa Monica, CA, pg. 1159
WHITEMYER ADVERTISING, INC., Zoar, OH, pg. 1161

WHITNEY ADVERTISING & DESIGN, INC., Park City, UT, pg. 1162
WIEDEN + KENNEDY, INC., Portland, OR, pg. 1163
WILLIAMS/CRAWFORD & ASSOCIATES, Fort Smith, AR, pg. 1168
WILLIAMS WHITTLE ASSOCIATES, INC., Alexandria, VA, pg. 1169
WINGMAN ADVERTISING, Culver City, CA, pg. 1171
WINSTANLEY PARTNERS, Lenox, MA, pg. 1171
WITHERSPOON & ASSOCIATES, INC., Fort Worth, TX, pg. 1173
WRAY WARD MARKETING COMMUNICATIONS, Charlotte, NC, pg. 1187
WUNDERMAN WORLD HEALTH, Washington, DC, pg. 1193
WWDB INTEGRATED MARKETING, Fort Lauderdale, FL, pg. 1193
WYSE, Cleveland, OH, pg. 1193
XAXIS, LLC, New York, NY, pg. 1302
Y&R AUSTIN, Austin, TX, pg. 1194
YANKEE PUBLIC RELATIONS, Pittstown, NJ, pg. 1195
YECK BROTHERS COMPANY, Dayton, OH, pg. 1195
YELLIN/MCCARRON, INC., Salem, NH, pg. 1387
YOUNG & LARAMORE, Indianapolis, IN, pg. 1196
Z MARKETING PARTNERS, Indianapolis, IN, pg. 1209
ZAG COMMUNICATIONS, Atlanta, GA, pg. 1688
ZANDER GUINN MILLAN, Charlotte, NC, pg. 1210
ZEHNDER COMMUNICATIONS, INC., New Orleans, LA, pg. 1210
ZENITH USA, New York, NY, pg. 1391
ZLOKOWER COMPANY LLC, New York, NY, pg. 1690
ZLRIGNITION, Des Moines, IA, pg. 1214
ZOG DIGITAL, Phoenix, AZ, pg. 1214
ZONE 5, San Francisco, CA, pg. 1215

Food Service

11:24 DESIGN ADVERTISING, INC., Playa Del Rey, CA, pg. 1
1185 DESIGN, Palo Alto, CA, pg. 1
454 CREATIVE, Irvine, CA, pg. 9
802 CREATIVE PARTNERS, INC., Stowe, VT, pg. 12
919 MARKETING COMPANY, Holly Springs, NC, pg. 13
ACCELERATOR ADVERTISING INC., Lewis Center, OH, pg. 19
ACCESS TO MEDIA, Chicopee, MA, pg. 20
ACENTO ADVERTISING, INC., Santa Monica, CA, pg. 20
ACTIFY MEDIA, Helena, MT, pg. 22
ADAMS & KNIGHT, INC., Avon, CT, pg. 25
ADCETERA GROUP, Houston, TX, pg. 27
ADPERSUASION, Irvine, CA, pg. 32
ADRENALINE, INC., Atlanta, GA, pg. 32
ADSOKA, INC., Minneapolis, MN, pg. 33
ADVANCED MARKETING STRATEGIES, San Diego, CA, pg. 33
ADVENTURE ADVERTISING, Minneapolis, MN, pg. 35
ADVOCACY SOLUTIONS LLC, Providence, RI, pg. 36
AGENCY CREATIVE, Dallas, TX, pg. 38
AGENCY212, LLC, New York, NY, pg. 39
AJ ROSS CREATIVE MEDIA, INC., Chester, NY, pg. 42
AKA DIRECT, INC., Portland, OR, pg. 42
ALCHEMY AT AMS, Dallas, TX, pg. 44
ALLEN & GERRITSEN, Boston, MA, pg. 45
ALLEN FINLEY ADVERTISING, INC., Hickory, NC, pg. 46
ALMA, Coconut Grove, FL, pg. 49
ALTMAN-HALL ASSOCIATES, Erie, PA, pg. 50
AMELIE COMPANY, Denver, CO, pg. 51
AMERICAN ADVERTISING SERVICES, Bala Cynwyd, PA, pg. 52
AMERICAN NEWSPAPER REPRESENTATIVES, INC., Troy, MI, pg. 1307
AMERICAN ROGUE, Santa Monica, CA, pg. 52
AMG MARKETING RESOURCES INC., Solon, OH, pg. 53
AMP AGENCY, Boston, MA, pg. 1236
AMPERAGE, Cedar Falls, IA, pg. 53
AMUSEMENT PARK, Santa Ana, CA, pg. 54
AMY LEVY PUBLIC RELATIONS, Los Angeles, CA, pg. 1432
ANDERSON MARKETING GROUP, San Antonio, TX, pg. 58
ANSON-STONER INC., Winter Park, FL, pg. 60
ANVIL MEDIA, INC., Portland, OR, pg. 1307
ARCANA ACADEMY, Los Angeles, CA, pg. 65
ARCHER MALMO, Memphis, TN, pg. 65
ARCHER MALMO AUSTIN, Austin, TX, pg. 66
ARGYLL, Redondo Beach, CA, pg. 68
ARKSIDE MARKETING, Riverside, CA, pg. 69

SPECIAL MARKET INDEX

ARNOLD WORLDWIDE, Boston, MA, pg. 69
ARTICHOKE CREATIVE, Encinitas, CA, pg. 72
THE ARTIME GROUP, Pasadena, CA, pg. 72
ARTIST DEVELOPMENT GROUP, INC., Nashville, TN, pg. 73
AUDIENCE INNOVATION, Austin, TX, pg. 76
AUGUST, LANG & HUSAK, INC., Bethesda, MD, pg. 77
AUGUSTINE, Roseville, CA, pg. 77
AUGUSTUS BARNETT ADVERTISING/DESIGN, Fox Island, WA, pg. 77
AUXILIARY ADVERTISING & DESIGN, Grand Rapids, MI, pg. 79
AXIA PUBLIC RELATIONS, Jacksonville, FL, pg. 80
THE AXIS AGENCY, Los Angeles, CA, pg. 81
AXIS MEDIA, Agoura Hills, CA, pg. 1309
BAKERY, Austin, TX, pg. 1240
THE BALCOM AGENCY, Fort Worth, TX, pg. 85
BANDY CARROLL HELLIGE ADVERTISING, Louisville, KY, pg. 87
BARBER MARTIN AGENCY, Richmond, VA, pg. 88
BARKER, New York, NY, pg. 89
BARKLEY, Kansas City, MO, pg. 90
BARNHART, Denver, CO, pg. 91
BARTLEY & DICK, New York, NY, pg. 94
BASS ADVERTISING, Sioux City, IA, pg. 95
BAYARD ADVERTISING AGENCY, INC., New York, NY, pg. 96
BBR CREATIVE, Lafayette, LA, pg. 116
BEANSTALK, New York, NY, pg. 118
BECKER GUERRY, Middletown, NJ, pg. 119
BENCHMARK DISPLAYS, Palm Desert, CA, pg. 1398
BENCHWORKS, Chestertown, MD, pg. 122
BENEDICT ADVERTISING, Daytona Beach, FL, pg. 122
BENNETT & COMPANY MARKETING, Longwood, FL, pg. 122
BENSON MARKETING GROUP LLC, Napa, CA, pg. 123
BENSUR CREATIVE MARKETING GROUP, Erie, PA, pg. 123
BERLINE, Royal Oak, MI, pg. 124
BERNSTEIN-REIN ADVERTISING, INC., Kansas City, MO, pg. 125
BFG COMMUNICATIONS, Bluffton, SC, pg. 126
BIG RIVER ADVERTISING, Richmond, VA, pg. 129
BILL BOSSE & ASSOCIATES, Houston, TX, pg. 131
BILL HUDSON & ASSOCIATES, INC., ADVERTISING & PUBLIC RELATIONS, Nashville, TN, pg. 131
BLASS MARKETING, Old Chatham, NY, pg. 134
BLAZE, Santa Monica, CA, pg. 135
BLEND, Los Angeles, CA, pg. 135
BLUE FOUNTAIN MEDIA, New York, NY, pg. 1241
BLUE OLIVE CONSULTING, Florence, AL, pg. 139
BLUE SKY AGENCY, Atlanta, GA, pg. 140
BLUESPIRE MARKETING, West Hartford, CT, pg. 141
BMI ELITE, Coconut Creek, FL, pg. 142
BOOMM! MARKETING & COMMUNICATIONS, La Grange, IL, pg. 146
BOONEOAKLEY, Charlotte, NC, pg. 147
BOSE PUBLIC AFFAIRS GROUP, Indianapolis, IN, pg. 148
BOUVIER KELLY INC., Greensboro, NC, pg. 149
BOZELL, Omaha, NE, pg. 150
BRAINS ON FIRE, INC., Greenville, SC, pg. 152
BRAMSON + ASSOCIATES, Los Angeles, CA, pg. 153
BRAND AGENT, Dallas, TX, pg. 153
BRAND CONTENT, Boston, MA, pg. 154
BRANDDIRECTIONS, Neenah, WI, pg. 155
BRANDIGO, Newburyport, MA, pg. 156
THE BRANDMAN AGENCY, New York, NY, pg. 157
BRANDTAILERS, Newport Beach, CA, pg. 159
BRANDTUITIVE, New York, NY, pg. 159
BRIDGE GLOBAL STRATEGIES LLC, New York, NY, pg. 1456
BRIERLEY & PARTNERS, Plano, TX, pg. 162
BRIMMCOMM, INC., Deerfield, IL, pg. 1457
BRING, Green Bay, WI, pg. 165
BROKAW INC., Cleveland, OH, pg. 166
BROLIK, Philadelphia, PA, pg. 1243
BROWNING AGENCY, New Providence, NJ, pg. 168
BRUNNER, Pittsburgh, PA, pg. 169
THE BUNTIN GROUP, Nashville, TN, pg. 173
BURGESS ADVERTISING & MARKETING, Falmouth, ME, pg. 174
BUTLER, SHINE, STERN & PARTNERS, Sausalito, CA, pg. 177
BUTLER/TILL, Rochester, NY, pg. 1313
BUY ADS DIRECT, Ridge Manor, FL, pg. 1313
BUYER ADVERTISING, INC., Newton, MA, pg. 178
BUZZSAW ADVERTISING & DESIGN INC., Irvine, CA, pg.

SPECIAL MARKET INDEX — AGENCIES

BVK, Milwaukee, WI, pg. 178
BYNUMS MARKETING & COMMUNICATIONS, INC., Pittsburgh, PA, pg. 179
CAPRICORN, Melville, NY, pg. 1399
THE CARSON GROUP, Houston, TX, pg. 191
CASACOM, Montreal, pg. 192
CASHMAN & ASSOCIATES, Philadelphia, PA, pg. 1463
CASHMAN & KATZ INTEGRATED COMMUNICATIONS, Glastonbury, CT, pg. 193
CASTELLS & ASOCIADOS, Los Angeles, CA, pg. 194
CATALYST MARKETING COMPANY, Fresno, CA, pg. 195
CATALYST MARKETING DESIGN, Fort Wayne, IN, pg. 195
CD&M COMMUNICATIONS, Portland, ME, pg. 198
CDHM ADVERTISING, Stamford, CT, pg. 198
CHARLESTON/ORWIG, INC., Hartland, WI, pg. 203
CHEMISTRY, San Diego, CA, pg. 1467
CHEMISTRY CLUB, San Francisco, CA, pg. 205
CHEROKEE COMMUNICATIONS INC., New City, NY, pg. 1315
C.I. VISIONS INC., New York, NY, pg. 1468
CIBO, San Francisco, CA, pg. 1245
CIMBRIAN, Lancaster, PA, pg. 208
THE CIRLOT AGENCY, INC., Jackson, MS, pg. 209
CIVILIAN, Chicago, IL, pg. 210
CJ PUBLIC RELATIONS, Southington, CT, pg. 1470
CK COMMUNICATIONS, INC. (CKC), Indialantic, FL, pg. 210
CLARITY COVERDALE FURY ADVERTISING, INC., Minneapolis, MN, pg. 211
CLICK HERE LABS, Dallas, TX, pg. 1246
CL:M MARKETING & ADVERTISING, Boise, ID, pg. 214
COBURN COMMUNICATIONS, New York, NY, pg. 1471
COLANGELO & PARTNERS PUBLIC RELATIONS, New York, NY, pg. 1471
COLLE+MCVOY, Minneapolis, MN, pg. 219
COLMAN BROHAN DAVIS, Chicago, IL, pg. 220
COLORPLAY STUDIO, Bend, OR, pg. 220
COMMUNICATIONS 21, Atlanta, GA, pg. 1472
CONNECTIONS ADVERTISING & MARKETING, Lexington, KY, pg. 227
CONNECTIVITY MARKETING AND MEDIA AGENCY, Tampa, FL, pg. 227
CORINTHIAN MEDIA, INC., New York, NY, pg. 1316
CORNETT INTEGRATED MARKETING SOLUTIONS, Lexington, KY, pg. 232
COSSETTE INC., Quebec, pg. 233
COYNE ADVERTISING & PUBLIC RELATIONS, Nevillewood, PA, pg. 234
CPMEDIA SERVICES, INC., Dublin, OH, pg. 1317
CRAFT, New York, NY, pg. 236
CREATIVE COMPANY, McMinnville, OR, pg. 240
CREATIVE ENERGY GROUP INC, Johnson City, TN, pg. 241
CREATIVE HEADS ADVERTISING, INC., Austin, TX, pg. 242
CREATIVE HOUSE STUDIOS, Cleveland, OH, pg. 242
CREATIVE OPTIONS COMMUNICATIONS, Lewisville, TX, pg. 244
CREATIVE PARTNERS, Stamford, CT, pg. 245
CREATIVE STORM, Mason, OH, pg. 246
CRITICAL LAUNCH, LLC, Dallas, TX, pg. 247
CRN INTERNATIONAL, INC., Hamden, CT, pg. 1400
CRONIN, Glastonbury, CT, pg. 248
CRUX CREATIVE, Milwaukee, WI, pg. 251
CSSI CULINARY, Chicago, IL, pg. 251
CUBICLE NINJAS, Glen Ellyn, IL, pg. 252
DALTON AGENCY JACKSONVILLE, Jacksonville, FL, pg. 258
DAN PIPKIN ADVERTISING AGENCY, INC., Danville, IL, pg. 259
DAVID & GOLIATH, El Segundo, CA, pg. 261
DAVID JAMES GROUP, Oakbrook Terrace, IL, pg. 262
DAVIESMOORE, Boise, ID, pg. 263
DAVIS ELEN ADVERTISING, INC., Los Angeles, CA, pg. 264
DCA/DCPR, Jackson, TN, pg. 266
DDB WORLDWIDE COMMUNICATIONS GROUP INC., New York, NY, pg. 268
DEAN DESIGN/MARKETING GROUP, INC., Lewes, DE, pg. 284
DECKER CREATIVE MARKETING, Glastonbury, CT, pg. 285
DELLA FEMINA ADVERTISING, New York, NY, pg. 287
DENTSU INC., Tokyo, pg. 289
DEPARTURE, San Diego, CA, pg. 291
DEVITO GROUP, New York, NY, pg. 296

DIALOG DIRECT, Highland Park, MI, pg. 298
DIRCKS ASSOCIATES, Saint James, NY, pg. 303
DJ-LA LLC, Los Angeles, CA, pg. 309
DMA UNITED, New York, NY, pg. 310
DO GOOD MARKETING, LLC, Ridgewood, NJ, pg. 312
DOE-ANDERSON, Louisville, KY, pg. 312
DOMUS INC., Philadelphia, PA, pg. 313
DONER, Southfield, MI, pg. 314
DONOVAN ADVERTISING & MARKETING SERVICES, Lititz, PA, pg. 315
DORN MARKETING, Geneva, IL, pg. 317
DREAMENTIA INC, Los Angeles, CA, pg. 320
DRIVE BRAND STUDIO, North Conway, NH, pg. 320
DROGA5, New York, NY, pg. 321
THE DRUCKER GROUP, Des Plaines, IL, pg. 322
DUBLIN STRATEGIES GROUP, San Antonio, TX, pg. 1489
DUX PUBLIC RELATIONS, Canton, TX, pg. 1489
DVL SEIGENTHALER, Nashville, TN, pg. 326
E/LA (EVERYTHINGLA), Los Angeles, CA, pg. 327
EAST BANK COMMUNICATIONS INC., Portland, OR, pg. 328
EAST MEETS WEST PRODUCTIONS INC., Corpus Christi, TX, pg. 328
THE EGC GROUP, Melville, NY, pg. 332
EGG STRATEGY, Boulder, CO, pg. 333
EL CREATIVE, INC., Dallas, TX, pg. 334
ELITE SEM, New York, NY, pg. 1320
EMLEY DESIGN GROUP, Fort Wayne, IN, pg. 339
EMPOWER MEDIAMARKETING, Cincinnati, OH, pg. 1320
ENCODE, Jacksonville, FL, pg. 340
ENGINE DIGITAL, New York, NY, pg. 1255
ENVISIONIT MEDIA, Chicago, IL, pg. 342
EP+CO, Greenville, SC, pg. 343
ER MARKETING, Kansas City, MO, pg. 346
ERVIN & SMITH, Omaha, NE, pg. 348
ESROCK PARTNERS, Orland Park, IL, pg. 349
ESTEY-HOOVER INC. ADVERTISING-PUBLIC RELATIONS, NewPort Beach, CA, pg. 350
ESWSTORYLAB, Chicago, IL, pg. 350
EVANS ALLIANCE ADVERTISING, Sparta, NJ, pg. 351
EVANS, HARDY & YOUNG INC., Santa Barbara, CA, pg. 352
EXPECT ADVERTISING, INC., Clifton, NJ, pg. 355
FACTOR360 DESIGN + TECHNOLOGY, Pierre, SD, pg. 357
FAHLGREN MORTINE, Columbus, OH, pg. 358
FASONE & PARTNERS, Kansas City, MO, pg. 362
FAYE CLACK COMMUNICATIONS INC., Toronto, pg. 1503
FCB GLOBAL, New York, NY, pg. 363
FELDER COMMUNICATIONS GROUP, Grand Rapids, MI, pg. 377
FIREFLY CREATIVE, INC., Atlanta, GA, pg. 383
FIRSTBORN, New York, NY, pg. 384
FITZGERALD MEDIA, Atlanta, GA, pg. 1321
FKQ ADVERTISING + MARKETING, Clearwater, FL, pg. 386
FLEISHMANHILLARD INC., Saint Louis, MO, pg. 1506
FLETCHER MEDIA GROUP, Peterborough, NH, pg. 388
FMB ADVERTISING, Knoxville, TN, pg. 390
THE FOOD GROUP, New York, NY, pg. 391
FOODMINDS LLC, Chicago, IL, pg. 1512
FOODMIX MARKETING COMMUNICATIONS, Elmhurst, IL, pg. 391
FORTUNE PUBLIC RELATIONS, Berkeley, CA, pg. 1512
FORTYTWOEIGHTYNINE, Rockton, IL, pg. 393
FOSTER MARKETING COMMUNICATIONS, Lafayette, LA, pg. 394
FOX GREENBERG PUBLIC RELATIONS, New York, NY, pg. 1513
FRANK ABOUT WOMEN, Winston Salem, NC, pg. 395
FREED ADVERTISING, Sugar Land, TX, pg. 397
FRENCH/WEST/VAUGHAN, INC., Raleigh, NC, pg. 398
FRESH COMMUNICATIONS, Stoneham, MA, pg. 1514
FULL CONTACT ADVERTISING, Boston, MA, pg. 402
FUSION IDEA LAB, Chicago, IL, pg. 404
G&M PLUMBING, Anaheim, CA, pg. 406
THE G3 GROUP, Linthicum, MD, pg. 407
GALLEGOS UNITED, Huntington Beach, CA, pg. 408
GARRISON ADVERTISING, Baton Rouge, LA, pg. 410
GIAMBRONE + PARTNERS, Cincinnati, OH, pg. 418
GIOVATTO ADVERTISING & CONSULTING INC., Paramus, NJ, pg. 420
GOCONVERGENCE, Orlando, FL, pg. 426
GODWIN ADVERTISING AGENCY, INC., Jackson, MS, pg. 427
GOLIN, Chicago, IL, pg. 1519

THE GOODNESS COMPANY, Wisconsin Rapids, WI, pg. 429
THE GOSS AGENCY INC., Asheville, NC, pg. 430
GREENRUBINO, Seattle, WA, pg. 436
GREENSTREET MARKETING, Battle Creek, MI, pg. 436
GRIFFIN WINK ADVERTISING, Lubbock, TX, pg. 450
GROUP46, Bluffton, SC, pg. 452
GS&F, Nashville, TN, pg. 453
GSD&M, Austin, TX, pg. 453
GUD MARKETING, Lansing, MI, pg. 455
GUMAS ADVERTISING, San Francisco, CA, pg. 455
THE GUNTER AGENCY, New Glarus, WI, pg. 456
GYRO, New York, NY, pg. 457
GYRO CINCINNATI, Cincinnati, OH, pg. 458
HAGGERTY & ASSOCIATES, Woburn, MA, pg. 460
HAGGMAN, INC., Beverly, MA, pg. 461
HAGOPIAN INK, New York, NY, pg. 1259
HAKUHODO INCORPORATED, Tokyo, pg. 461
THE HALO GROUP, New York, NY, pg. 464
HANNA LEE COMMUNICATIONS, INC., New York, NY, pg. 466
HARMELIN MEDIA, Bala Cynwyd, PA, pg. 1324
HAVAS MEDIA, New York, NY, pg. 1324
HAVAS WORLDWIDE, New York, NY, pg. 475
HCK2 PARTNERS, Addison, TX, pg. 490
HEILBRICE, Newport Beach, CA, pg. 493
HENKE & ASSOCIATES, INC., Cedarburg, WI, pg. 496
HERMANOFF PUBLIC RELATIONS, Bingham Farms, MI, pg. 1530
THE HESTER GROUP LLC, Jacksonville, FL, pg. 497
HFB ADVERTISING, INC., West Islip, NY, pg. 498
HI-GLOSS, Miami Beach, FL, pg. 498
HILL HOLLIDAY, Boston, MA, pg. 500
HIRONS & COMPANY, Indianapolis, IN, pg. 502
HITCHCOCK FLEMING & ASSOCIATES, INC., Akron, OH, pg. 502
HMH, Portland, OR, pg. 504
HODGES ASSOCIATES, INC., Fayetteville, NC, pg. 505
HOFFMAN YORK, Milwaukee, WI, pg. 506
HORNALL ANDERSON, Seattle, WA, pg. 509
HUDSON MEDIA SERVICES LLC, West Orange, NJ, pg. 1330
HUDSONYARDS, New York, NY, pg. 511
HUGE LLC, Brooklyn, NY, pg. 512
HUGHESLEAHYKARLOVIC, Saint Louis, MO, pg. 513
HUNT ADKINS, Minneapolis, MN, pg. 514
I-SITE, INC., Philadelphia, PA, pg. 517
ICONOLOGIC, Atlanta, GA, pg. 519
ID MEDIA, New York, NY, pg. 1331
ID29, Troy, NY, pg. 519
THE IDEA FACTORY, New York, NY, pg. 520
IGNITE COMMUNICATIONS, Duluth, GA, pg. 522
IGNITE DIGITAL, Mississauga, pg. 1263
IGNITED, El Segundo, CA, pg. 523
ILAN GEVA & FRIENDS, Northbrook, IL, pg. 523
IMA INTERACTIVE, El Granada, CA, pg. 1264
IMAGERY CREATIVE, Miami, FL, pg. 525
IN FOOD MARKETING, Minneapolis, MN, pg. 529
INITIATIVE, New York, NY, pg. 1331
THE INK TANK, Toronto, pg. 533
INNERSPIN MARKETING, Los Angeles, CA, pg. 533
INNIS MAGGIORE GROUP, INC., Canton, OH, pg. 533
INQUEST MARKETING, Kansas City, MO, pg. 534
INSPIRE CREATIVE STUDIOS, Wilmington, NC, pg. 535
INTEGRATED MARKETING WORKS, Costa Mesa, CA, pg. 1406
INTERLEX COMMUNICATIONS INC., San Antonio, TX, pg. 538
INTERMARK GROUP, INC., Birmingham, AL, pg. 539
INTERTREND COMMUNICATIONS, INC., Long Beach, CA, pg. 544
INTRIGUE, Melville, NY, pg. 545
INVENTIVA, San Antonio, TX, pg. 545
ISA ADVERTISING, New York, NY, pg. 548
IVIE & ASSOCIATES INC., Flower Mound, TX, pg. 551
J. GREG SMITH, INC., Omaha, NE, pg. 552
JACOBS & CLEVENGER, INC., Chicago, IL, pg. 569
JACOBSON ROST, Milwaukee, WI, pg. 570
JAMES HOGGAN & ASSOCIATES, INC., Vancouver, pg. 1545
JAMES ROSS ADVERTISING, Pompano Beach, FL, pg. 571
JAN KELLEY MARKETING, Burlington, pg. 571
JANIS BROWN & ASSOCIATES, Escondido, CA, pg. 572
JEFFREY ALEC COMMUNICATIONS, Los Angeles, CA, pg. 574
JOE AGENCY, Los Angeles, CA, pg. 578
THE JOEY COMPANY, Brooklyn, NY, pg. 578

A-159

AGENCIES SPECIAL MARKET INDEX

JOHNSON DESIGN GROUP, Ada, MI, pg. 580
JOHNSON MARKETING GROUP INC., Orland Park, IL, pg. 580
JOHNSONRAUHOFF, Saint Joseph, MI, pg. 581
THE JONES AGENCY, Palm Springs, CA, pg. 581
JONES & THOMAS, INC., Decatur, IL, pg. 581
JONES FOSTER DEAL ADVERTISING & PUBLIC RELATIONS, INC., Tampa, FL, pg. 582
JORDAN ASSOCIATES, Oklahoma City, OK, pg. 582
JSML MEDIA, LLC, Maple Grove, MN, pg. 1336
JSTOKES AGENCY, Walnut Creek, CA, pg. 584
J.T. MEGA FOOD MARKETING COMMUNICATIONS, Minneapolis, MN, pg. 584
KCD, INC., New York, NY, pg. 1552
KEEN BRANDING, Milton, DE, pg. 589
KELLEN COMMUNICATIONS, New York, NY, pg. 590
KETCHUM, New York, NY, pg. 1554
KHEMISTRY, London, pg. 594
KILLIAN BRANDING, Chicago, IL, pg. 595
KINDLING MEDIA, LLC, Hollywood, CA, pg. 595
THE KIRBY GROUP, London, pg. 1408
KOOPMAN OSTBO, Portland, OR, pg. 601
KPI AGENCY, San Diego, CA, pg. 601
KRAUSE ADVERTISING, Dallas, TX, pg. 602
KRISTOF CREATIVE, INC., Mount Juliet, TN, pg. 603
KRUSKOPF & COMPANY, INC., Minneapolis, MN, pg. 603
KURMAN COMMUNICATIONS, INC., Chicago, IL, pg. 1561
KW2, Madison, WI, pg. 604
KWT GLOBAL, New York, NY, pg. 604
KYK ADVERTISING MARKETING PROMOTIONS, Louisville, KY, pg. 605
LANDIS COMMUNICATIONS INC., San Francisco, CA, pg. 1563
LANETERRALEVER, Phoenix, AZ, pg. 610
LATCHA+ASSOCIATES, Farmington Hills, MI, pg. 611
LATINWORKS MARKETING, INC., Austin, TX, pg. 612
LAUGHLIN/CONSTABLE, INC., Milwaukee, WI, pg. 613
LAWLER BALLARD VAN DURAND, Birmingham, AL, pg. 616
LAWRENCE & SCHILLER, INC., Sioux Falls, SD, pg. 616
LAZBRO, INC., Atlanta, GA, pg. 617
LEAD ME MEDIA, Deerfield Beach, FL, pg. 617
LEE & ASSOCIATES, INC., Canoga Park, CA, pg. 1565
LEO BURNETT COMPANY LTD., Toronto, pg. 620
LEO BURNETT WORLDWIDE, INC., Chicago, IL, pg. 621
LEOPOLD KETEL & PARTNERS, Portland, OR, pg. 632
LEVLANE ADVERTISING/PR/INTERACTIVE, Philadelphia, PA, pg. 635
LEVO HEALTH, Tampa, FL, pg. 635
LEWIS ADVERTISING, INC., Rocky Mount, NC, pg. 635
LEWIS COMMUNICATIONS, Birmingham, AL, pg. 636
LEXICON COMMUNICATIONS CORP., Pasadena, CA, pg. 1567
THE LINICK GROUP, INC., Middle Island, NY, pg. 641
LINX COMMUNICATIONS CORP., Smithtown, NY, pg. 642
LIQUID ADVERTISING, El Segundo, CA, pg. 644
LITTLE DOG AGENCY INC., Mount Pleasant, SC, pg. 645
LITTLE GREEN PICKLE, Portland, OR, pg. 1569
LITTLE L COMMUNICATIONS, Geneva, OH, pg. 646
THE LOOMIS AGENCY, Dallas, TX, pg. 651
LOONEY ADVERTISING AND DESIGN, Montclair, NJ, pg. 651
LOPEZ NEGRETE COMMUNICATIONS, INC., Houston, TX, pg. 651
LOU HAMMOND & ASSOCIATES, INC., New York, NY, pg. 1570
LOVE ADVERTISING INC., Houston, TX, pg. 652
LUBICOM MARKETING CONSULTING, Brooklyn, NY, pg. 655
LUCKIE & COMPANY, Birmingham, AL, pg. 655
LUQUIRE GEORGE ANDREWS, INC., Charlotte, NC, pg. 657
LUXE COLLECTIVE GROUP, New York, NY, pg. 1339
LYERLY AGENCY INC., Belmont, NC, pg. 658
MACIAS CREATIVE, Miami, FL, pg. 666
MAD MEN MARKETING, Jacksonville, FL, pg. 668
MADEO, Brooklyn, NY, pg. 1269
MADETOORDER, Pleasanton, CA, pg. 1409
MANGOS, Conshohocken, PA, pg. 674
MANHATTAN MARKETING ENSEMBLE, New York, NY, pg. 675
MANTERA ADVERTISING, Bakersfield, CA, pg. 675
MANTRA PUBLIC RELATIONS, INC., New York, NY, pg. 1575
MARC USA, Pittsburgh, PA, pg. 676
MARCA MIAMI, Coconut Grove, FL, pg. 677
THE MAREK GROUP, Bloomington, MN, pg. 679

MARINA MAHER COMMUNICATIONS, New York, NY, pg. 1576
MARINELLI & COMPANY, New York, NY, pg. 679
MARKETEAM INC, Mission Viejo, CA, pg. 681
MARKETING DIRECTIONS, INC., Cleveland, OH, pg. 683
MARKETING RESOURCES, INC., Oak Park, IL, pg. 1409
MARKETING VISIONS, INC., Tarrytown, NY, pg. 1410
MARKETING WERKS, INC., Chicago, IL, pg. 1411
MARKETSHARE PLUS, INC., Fort Wayne, IN, pg. 685
MARKETSMITH INC, Cedar Knolls, NJ, pg. 685
THE MARLIN NETWORK, INC., Springfield, MO, pg. 685
MARRINER MARKETING COMMUNICATIONS, INC., Columbia, MD, pg. 686
THE MARS AGENCY, Southfield, MI, pg. 686
MASCOLA ADVERTISING, New Haven, CT, pg. 690
MASLOW LUMIA BARTORILLO ADVERTISING, Wilkes Barre, PA, pg. 690
MASONBARONET, Dallas, TX, pg. 691
MASS MEDIA MARKETING, Augusta, GA, pg. 691
MATRIX MEDIA SERVICES, INC., Columbus, OH, pg. 1340
MATTSON, Foster City, CA, pg. 695
MAVERICK PUBLIC RELATIONS, Toronto, pg. 1577
MAXIMUM EXPOSURE PUBLIC RELATIONS & MEDIA, Woodcliff Lake, NJ, pg. 1578
MAXLETICS CORPORATION, Colorado Springs, CO, pg. 1271
MAYCREATE, Chattanooga, TN, pg. 696
MCGARRAH JESSEE, Austin, TX, pg. 716
MCGILL BUCKLEY, Ottawa, pg. 718
MDB COMMUNICATIONS, Washington, DC, pg. 720
THE MEDIA KITCHEN, New York, NY, pg. 1342
MEDIA ONE ADVERTISING/MARKETING, Sioux Falls, SD, pg. 727
MEDIA SOLUTIONS, Sacramento, CA, pg. 1343
MEDIACOMP, INC., Houston, TX, pg. 1350
THE MERIDIAN GROUP, Virginia Beach, VA, pg. 731
THE MEYOCKS GROUP, West Des Moines, IA, pg. 736
MGH, INC., Owings Mills, MD, pg. 736
MICHAEL WALTERS ADVERTISING, Chicago, IL, pg. 738
MICSTURA, Miami, FL, pg. 739
MINDGRUVE, INC., San Diego, CA, pg. 745
MINDSTORM COMMUNICATIONS GROUP, INC., Charlotte, NC, pg. 745
MIRABAL & ASSOCIATES, Mayaguez, PR, pg. 747
MIRESBALL, San Diego, CA, pg. 747
MITCHELL COMMUNICATIONS GROUP, Fayetteville, AR, pg. 748
MKTWORKS, INC., Cold Spring, NY, pg. 749
MMB, Boston, MA, pg. 750
MOMENTUM WORLDWIDE, New York, NY, pg. 754
MORGAN & MYERS, INC., Waukesha, WI, pg. 758
MORGAN MARKETING & PUBLIC RELATIONS LLC, Laguna Beach, CA, pg. 1585
MOROCH HOLDINGS, INC., Dallas, TX, pg. 758
MORRIS & CASALE INC., Woodstock, GA, pg. 760
THE MORRISON AGENCY, Atlanta, GA, pg. 760
MOST BRAND DEVELOPMENT + ADVERTISING, Aliso Viejo, CA, pg. 762
MOTHER SAUCE, West Hollywood, CA, pg. 763
MOTIVATE, INC., San Diego, CA, pg. 763
MOXIE SOZO, Boulder, CO, pg. 765
MRB PUBLIC RELATIONS, Freehold, NJ, pg. 1586
MULLENLOWE GROUP, Boston, MA, pg. 770
MULLER BRESSLER BROWN, Leawood, KS, pg. 778
MUSE COMMUNICATIONS, Santa Monica, CA, pg. 780
MVC, Ventura, CA, pg. 780
NAVEO, Menomonee Falls, WI, pg. 786
NEATHAWK DUBUQUE & PACKETT, Richmond, VA, pg. 787
NEMER FIEGER, Minneapolis, MN, pg. 788
NEW MEDIA AGENCY, Los Angeles, CA, pg. 791
NEWMARK ADVERTISING, INC., Woodland Hls, CA, pg. 793
NEWTON ASSOCIATES MARKETING COMMUNICATIONS, INC., Plymouth Meeting, PA, pg. 793
NEXTMEDIA INC., Dallas, TX, pg. 1354
NIMBLE WORLDWIDE, Dallas, TX, pg. 794
THE NISSEN GROUP, Winter Haven, FL, pg. 795
NOBLE, Springfield, MO, pg. 795
NOISE, INC., Sanibel, FL, pg. 796
NORTH STAR MARKETING, Lancaster, PA, pg. 798
NORTH WOODS ADVERTISING, Minneapolis, MN, pg. 799
NORTHLICH, Cincinnati, OH, pg. 799
NORTHLICH PUBLIC RELATIONS, Cincinnati, OH, pg. 799

NUEVO ADVERTISING GROUP, INC., Sarasota, FL, pg. 802
O2IDEAS, INC., Birmingham, AL, pg. 803
O3 WORLD, LLC, Philadelphia, PA, pg. 804
OCD MEDIA, New York, NY, pg. 805
OCEAN BRIDGE GROUP, Los Angeles, CA, pg. 805
ODNEY, Bismarck, ND, pg. 808
OFF MADISON AVE, Phoenix, AZ, pg. 809
OGILVY, New York, NY, pg. 809
OGILVYHEALTHCARE, Milan, pg. 833
THE OHLMANN GROUP, Dayton, OH, pg. 834
OLANDER GROUP, Ottawa, IL, pg. 1355
OMNICO PROMOTIONS, LTD., Katonah, NY, pg. 1413
OMNICOM GROUP INC., New York, NY, pg. 836
ONE TWELFTH INC., Miami, FL, pg. 839
O'NEILL COMMUNICATIONS, Marietta, GA, pg. 839
ONION LABS, Chicago, IL, pg. 840
OOH IMPACT, INC., New York, NY, pg. 1360
ORAIKO, New York, NY, pg. 843
OUTERNATIONAL INC, New York, NY, pg. 846
P & M ADVERTISING, Longmeadow, MA, pg. 848
PALLEY ADVERTISING INC., Worcester, MA, pg. 851
PAPROCKI & CO., Atlanta, GA, pg. 852
PARKER AVENUE, San Mateo, CA, pg. 854
PARTNERSHIP ADVERTISING, Amherst, NY, pg. 856
PARTNERSHIP OF PACKER, OESTERLING & SMITH (PPO&S), Harrisburg, PA, pg. 856
PATHFINDERS ADVERTISING & MARKETING GROUP, Mishawaka, IN, pg. 857
PATRIOT ADVERTISING INC., Katy, TX, pg. 858
PAUL WERTH ASSOCIATES, INC., Columbus, OH, pg. 858
PAVONE, Harrisburg, PA, pg. 859
PERISCOPE, Minneapolis, MN, pg. 864
PG CREATIVE, Miami, FL, pg. 867
PHELPS, Playa Vista, CA, pg. 867
PINTA, New York, NY, pg. 872
PLAN B (THE AGENCY ALTERNATIVE), Chicago, IL, pg. 876
PLAN C AGENCY, Los Angeles, CA, pg. 876
THE POINT GROUP, Dallas, TX, pg. 880
THE POLLACK PR MARKETING GROUP, Los Angeles, CA, pg. 1611
PONDER IDEAWORKS, Huntington Beach, CA, pg. 882
POUTRAY PEKAR ASSOCIATES, Milford, CT, pg. 884
PP+K, Tampa, FL, pg. 885
PREFERRED PUBLIC RELATIONS & MARKETING, Las Vegas, NV, pg. 1618
THE PRICE GROUP, INC., Lubbock, TX, pg. 888
PRIMEDIA INC., Warwick, RI, pg. 1364
THE PRIMM COMPANY, Norfolk, VA, pg. 890
PRINCETON PARTNERS, INC., Princeton, NJ, pg. 890
PRODUCT MARKETING GROUP, INC., Altamonte Spg, FL, pg. 891
PROJECT, Auburn Hills, MI, pg. 891
PROM KROG ALTSTIEL INC., Mequon, WI, pg. 892
PROTERRA ADVERTISING, Addison, TX, pg. 894
PUREI, Batavia, IL, pg. 917
THE QUELL GROUP, Troy, MI, pg. 922
QUEUE CREATIVE MARKETING GROUP LLC, Chicago, IL, pg. 923
QUINN & CO., New York, NY, pg. 1622
QUIXOTE RESEARCH, MARKETING & PUBLIC RELATIONS, Greensboro, NC, pg. 1622
RAIN, New York, NY, pg. 1283
RAKA, Portsmouth, NH, pg. 930
RATTLE ADVERTISING, Beverly, MA, pg. 933
RAWLE MURDY ASSOCIATES, INC., Charleston, SC, pg. 934
RBMM, Dallas, TX, pg. 934
R.C. AULETTA & CO., New York, NY, pg. 1626
RDW GROUP INC., Providence, RI, pg. 935
REAL INTEGRATED, Troy, MI, pg. 936
REBEL INDUSTRIES, Los Angeles, CA, pg. 937
RED INTERACTIVE AGENCY, Santa Monica, CA, pg. 1284
RED MOON MARKETING, Charlotte, NC, pg. 940
REDSTONE COMMUNICATIONS INC., Omaha, NE, pg. 944
RE:GROUP, INC., Ann Arbor, MI, pg. 945
RENEGADE, LLC, New York, NY, pg. 946
THE REPUBLIK, Raleigh, NC, pg. 947
REPUBLIK PUBLICITE + DESIGN INC., Montreal, pg. 947
RESEARCH DEVELOPMENT & PROMOTIONS, Coral Gables, FL, pg. 948
RETELE COMPANY, Greenwich, CT, pg. 950
REVOLUTION MARKETING, LLC, Chicago, IL, pg. 953
RHYMES ADVERTISING & MARKETING, Bellaire, TX, pg.

SPECIAL MARKET INDEX — AGENCIES

955
THE RIBAUDO GROUP, Brooklyn, NY, pg. 955
THE RICHARDS GROUP, INC., Dallas, TX, pg. 956
RIESTER, Phoenix, AZ, pg. 958
RIGER ADVERTISING AGENCY, INC., Binghamton, NY, pg. 958
RIOT, New York, NY, pg. 959
RISDALL MARKETING GROUP, Roseville, MN, pg. 959
RISE INTERACTIVE, Chicago, IL, pg. 960
R.M. BARROWS, INC. ADVERTISING & PUBLIC RELATIONS, San Mateo, CA, pg. 962
RMD ADVERTISING, Columbus, OH, pg. 962
RMI MARKETING & ADVERTISING, Emerson, NJ, pg. 962
ROBERTSON & PARTNERS, Las Vegas, NV, pg. 964
ROCKET 55, Minneapolis, MN, pg. 964
ROCKORANGE, Miami, FL, pg. 1633
ROGERS FINN PARTNERS, Los Angeles, CA, pg. 1633
RON FOTH ADVERTISING, Columbus, OH, pg. 967
RONIN ADVERTISING GROUP, Miami, FL, pg. 967
ROSICA STRATEGIC PUBLIC RELATIONS, Fair Lawn, NJ, pg. 1635
ROSS ADVERTISING, INC., Burbank, CA, pg. 968
RPA, Santa Monica, CA, pg. 970
RPM ADVERTISING, Chicago, IL, pg. 971
S&S PUBLIC RELATIONS, INC., Chicago, IL, pg. 1638
S3, Boonton, NJ, pg. 974
SAESHE ADVERTISING, Los Angeles, CA, pg. 986
SAGON-PHIOR, West Los Angeles, CA, pg. 1638
SAIBOT MEDIA INC., Boca Raton, FL, pg. 987
SANDSTROM PARTNERS, Portland, OR, pg. 1286
THE SAWTOOTH GROUP, Red Bank, NJ, pg. 992
SBC, Columbus, OH, pg. 993
SCHAFER CONDON CARTER, Chicago, IL, pg. 995
SCOTT, INC. OF MILWAUKEE, Milwaukee, WI, pg. 998
SELF OPPORTUNITY, INC., Lewisville, TX, pg. 1368
SELLING SOLUTIONS, INC., Atlanta, GA, pg. 1416
SELMARQ, Charlotte, NC, pg. 1002
SHERMAN COMMUNICATIONS & MARKETING, Chicago, IL, pg. 1007
SHIRLEY/HUTCHINSON CREATIVE WORKS, Tampa, FL, pg. 1009
SIMON GROUP MARKETING COMMUNICATIONS, INC., Evanston, IL, pg. 1015
SIMONS MICHELSON ZIEVE, INC., Troy, MI, pg. 1015
SK+G ADVERTISING LLC, Las Vegas, NV, pg. 1018
SLACK AND COMPANY, Chicago, IL, pg. 1020
SLINGSHOT, LLC, Dallas, TX, pg. 1021
SMITH ASBURY INC, West Linn, OR, pg. 1023
SMITH BROTHERS AGENCY, LP, Pittsburgh, PA, pg. 1023
SMITH, PHILLIPS & DI PIETRO, Yakima, WA, pg. 1024
SMITHGIFFORD, Falls Church, VA, pg. 1024
SMY MEDIA, INC., Chicago, IL, pg. 1369
SOCIAL FORCES, LLC, Tampa, FL, pg. 1026
SOCIALLY PRESENT, Carbondale, IL, pg. 1026
SOCIALLYIN, Birmingham, AL, pg. 1291
SOME CONNECT, Chicago, IL, pg. 1291
SOMETHING MASSIVE, Los Angeles, CA, pg. 1291
SPARKSHOPPE LTD, Albany, NY, pg. 1291
SPECIALTY TRUCK RENTALS, Santa Monica, CA, pg. 1416
SPIKER COMMUNICATIONS, INC., Missoula, MT, pg. 1033
SPURRIER MEDIA GROUP, Richmond, VA, pg. 1370
SQUARE TOMATO, Seattle, WA, pg. 1038
S.R. VIDEO PICTURES, LTD., Haverstraw, NY, pg. 1038
ST. JOHN & PARTNERS, Jacksonville, FL, pg. 1040
STANDING PARTNERSHIP, Saint Louis, MO, pg. 1650
STANTON COMMUNICATIONS, INC., Washington, DC, pg. 1651
STARCOM, Chicago, IL, pg. 1370
STC ASSOCIATES, New York, NY, pg. 1651
STEPHAN & BRADY, INC., Madison, WI, pg. 1046
STERLING RICE GROUP, Boulder, CO, pg. 1047
STEVENS ADVERTISING, Grand Rapids, MI, pg. 1048
STEVENS & TATE MARKETING, Lombard, IL, pg. 1048
STEVENS STRATEGIC COMMUNICATIONS, INC., Westlake, OH, pg. 1048
STOLTZ MARKETING GROUP, Boise, ID, pg. 1050
STONE WARD, Little Rock, AR, pg. 1050
STRAHAN ADVERTISING, Santa Ana, CA, pg. 1052
STRATEGIC AMERICA, West Des Moines, IA, pg. 1052
STURGES WORD COMMUNICATIONS, Kansas City, MO, pg. 1654
SUBMIT EXPRESS INC., Glendale, CA, pg. 1057
SULLIVAN BRANDING, Memphis, TN, pg. 1059
SULLIVAN HIGDON & SINK INCORPORATED, Wichita, KS, pg. 1059

SWEENEY, Cleveland, OH, pg. 1065
SWIRL MCGARRYBOWEN, San Francisco, CA, pg. 1067
T. J. SACKS & ASSOCIATES, New York, NY, pg. 1068
T3, Austin, TX, pg. 1069
TAG, Thornhill, pg. 1070
TAKE 5 MEDIA GROUP, Boca Raton, FL, pg. 1071
TARTAN MARKETING, Maple Grove, MN, pg. 1074
TASTE ADVERTISING, BRANDING & PACKAGING, Palm Desert, CA, pg. 1074
TBC INC., Baltimore, MD, pg. 1076
TC CREATIVES LLC, Woodland Hills, CA, pg. 1093
TEAM CREATIF USA, Charlotte, NC, pg. 1095
TEN, Fort Lauderdale, FL, pg. 1096
THAT AGENCY, West Palm Bch, FL, pg. 1098
THOMAS J. PAYNE MARKET DEVELOPMENT, San Mateo, CA, pg. 1659
TIDAL SHORES INC., Houston, TX, pg. 1102
TIDESMART GLOBAL, Falmouth, ME, pg. 1103
TIERNEY COMMUNICATIONS, Philadelphia, PA, pg. 1103
TINSLEY ADVERTISING, Miami, FL, pg. 1104
TIZIANI & WHITMYRE, INC., Sharon, MA, pg. 1105
TJM COMMUNICATIONS, Oviedo, FL, pg. 1106
TM ADVERTISING, Dallas, TX, pg. 1106
TOM, DICK & HARRY CREATIVE, Chicago, IL, pg. 1108
THE TOMBRAS GROUP, Knoxville, TN, pg. 1108
TOMSHEEHAN WORLDWIDE, Reading, PA, pg. 1109
TORCH GROUP, Cleveland, OH, pg. 1110
TR CUTLER, INC., Fort Lauderdale, FL, pg. 1661
TRACTION CORPORATION, San Francisco, CA, pg. 1112
TRACTION FACTORY, Milwaukee, WI, pg. 1112
TRANSIT MEDIA GROUP, Huntington Beach, CA, pg. 1376
TRANSMEDIA GROUP, Boca Raton, FL, pg. 1662
TRELLIS MARKETING, INC, Buffalo, NY, pg. 1115
TREPOINT BARC, San Francisco, CA, pg. 1418
TRIBALVISION, Boston, MA, pg. 1116
TRUMPET LLC, New Orleans, LA, pg. 1120
TURNER DUCKWORTH DESIGN, London, pg. 1122
TURTLEDOVE CLEMENS, INC., Portland, OR, pg. 1123
UN/COMMON, Sacramento, CA, pg. 1125
THE UNGAR GROUP, Evanston, IL, pg. 1126
UNIFIED GROCERS INC., Commerce, CA, pg. 1228
UNION, Charlotte, NC, pg. 1298
U.S. INTERNATIONAL MEDIA, LLC, Los Angeles, CA, pg. 1378
VARGAS & AMIGOS INC., Marietta, GA, pg. 1131
THE VARIABLE AGENCY, Winston Salem, NC, pg. 1131
VENABLES, BELL & PARTNERS, San Francisco, CA, pg. 1132
VITAMIN, Baltimore, MD, pg. 1140
VITRO, San Diego, CA, pg. 1141
VOGEL MARKETING SOLUTIONS LLC, Lancaster, PA, pg. 1145
W INC., Atlanta, GA, pg. 1147
WALKER & ASSOCIATES, INC., Memphis, TN, pg. 1148
WALTON / ISAACSON, Culver City, CA, pg. 1151
WALZ TETRICK ADVERTISING, Mission, KS, pg. 1151
WARSCHAWSKI, Baltimore, MD, pg. 1670
WASSERMAN & PARTNERS ADVERTISING INC., Vancouver, pg. 1153
WAVEMAKER GLOBAL LTD, New York, NY, pg. 1379
WAVEMAKER - NA HQ, NEW YORK, New York, NY, pg. 1386
WC MEDIA INC., Springfield, IL, pg. 1154
WEBER SHANDWICK, New York, NY, pg. 1673
WEIDERT GROUP INC., Appleton, WI, pg. 1156
WENSTROM COMMUNICATIONS, Clearwater, FL, pg. 1387
WHITE & PARTNERS, Tysons Corner, VA, pg. 1160
WHITNEY ADVERTISING & DESIGN, INC., Park City, UT, pg. 1162
WIEDEN + KENNEDY, INC., Portland, OR, pg. 1163
WILLIAMS-HELDE MARKETING COMMUNICATIONS, Seattle, WA, pg. 1169
WILLIAMS WHITTLE ASSOCIATES, INC., Alexandria, VA, pg. 1169
WINSTANLEY PARTNERS, Lenox, MA, pg. 1171
WIRE STONE LLC, Sacramento, CA, pg. 1172
THE WOLF AGENCY, Dallas, TX, pg. 1173
WORDS AND PICTURES CREATIVE SERVICE, INC., Park Ridge, NJ, pg. 1176
WORKPLACE IMPACT, Mentor, OH, pg. 1419
WWDB INTEGRATED MARKETING, Fort Lauderdale, FL, pg. 1193
WYSE, Cleveland, OH, pg. 1193
YOUNG & LARAMORE, Indianapolis, IN, pg. 1196
ZEHNDER COMMUNICATIONS, INC., New Orleans, LA, pg. 1210

ZENITH USA, New York, NY, pg. 1391
THE ZIMMERMAN GROUP, Hopkins, MN, pg. 1213
ZLRIGNITION, Des Moines, IA, pg. 1214
ZOG DIGITAL, Phoenix, AZ, pg. 1214

Health Care Services

1185 DESIGN, Palo Alto, CA, pg. 1
1ST DEGREE, LLC, Manassas, VA, pg. 3
3MARKETEERS ADVERTISING, INC., San Jose, CA, pg. 8
454 CREATIVE, Irvine, CA, pg. 9
5BY5 AGENCY, Brentwood, TN, pg. 10
5METACOM, IndianaPOlis, IN, pg. 10
5W PUBLIC RELATIONS, New York, NY, pg. 1423
802 CREATIVE PARTNERS, INC., Stowe, VT, pg. 12
919 MARKETING COMPANY, Holly Springs, NC, pg. 13
A. LAVIN COMMUNICATIONS, New York, NY, pg. 15
A WORK OF ART INC., Coral Springs, FL, pg. 15
AAI (ADVERTISING ASSOCIATES INTERNATIONAL), Boston, MA, pg. 15
AB+C, Wilmington, DE, pg. 16
ABBEY, MECCA & COMPANY, Buffalo, NY, pg. 17
ABELSON-TAYLOR, INC., Chicago, IL, pg. 17
ABSOLUTE MEDIA INC., Stamford, CT, pg. 1305
ABSOLUTELY PUBLIC RELATIONS, Lakewood, CO, pg. 1426
ACCELERATOR ADVERTISING INC., Lewis Center, OH, pg. 19
ACCENT MEDIA PRODUCTIONS, INC., Vienna, VA, pg. 1426
ACCESS COMMUNICATIONS LLC, Berkeley Heights, NJ, pg. 20
ACCESS TO MEDIA, Chicopee, MA, pg. 20
ACENTO ADVERTISING, INC., Santa Monica, CA, pg. 20
ACTIFY MEDIA, Helena, MT, pg. 22
ACTIVE INTEGRATED MARKETING, Willow Grove, PA, pg. 22
AD CETERA, INC., Addison, TX, pg. 23
AD DAWG CREATIVE, Redwood City, CA, pg. 23
AD-SUCCESS MARKETING, Lexington, KY, pg. 24
ADAMS & KNIGHT, INC., Avon, CT, pg. 25
THE ADAMS GROUP, Columbia, SC, pg. 26
ADASHMORE CREATIVE, White Marsh, MD, pg. 27
ADASIA COMMUNICATIONS, INC., Englewood Cliffs, NJ, pg. 27
ADCETERA GROUP, Houston, TX, pg. 27
THE ADCOM GROUP, Cleveland, OH, pg. 28
ADIRONDACK MARKETING SERVICES, LLC, Elkhart, IN, pg. 30
ADMERASIA, INC., New York, NY, pg. 31
ADPERSUASION, Irvine, CA, pg. 32
ADS & ARTS, Rochester, MN, pg. 32
ADSOKA, INC., Minneapolis, MN, pg. 33
ADVANCED MARKETING STRATEGIES, San Diego, CA, pg. 33
ADVANTIX DIGITAL, Addison, TX, pg. 1233
ADVENTIUM, LLC, New York, NY, pg. 34
ADVENTIVE MARKETING, INC., Chicago, IL, pg. 35
ADVERTISING SAVANTS, INC., Saint Louis, MO, pg. 35
ADVOCACY SOLUTIONS LLC, Providence, RI, pg. 36
ADWORKS, INC., Washington, DC, pg. 36
AERIAL ADVERTISING SERVICES, Livermore, CA, pg. 1306
AGENCY CREATIVE, Dallas, TX, pg. 38
AGENCY ENTOURAGE LLC, Dallas, TX, pg. 38
AGENCY SQUID, Minneapolis, MN, pg. 39
AGENCY59, Toronto, pg. 39
AJ ROSS CREATIVE MEDIA, INC., Chester, NY, pg. 42
AKINS MARKETING & DESIGN L.L.C., Sarasota, FL, pg. 43
AL PUNTO ADVERTISING, INC., Tustin, CA, pg. 43
ALCHEMY AT AMS, Dallas, TX, pg. 44
ALIANDA, Marietta, GA, pg. 45
ALIMED INC, Dedham, MA, pg. 1219
ALL-WAYS ADVERTISING COMPANY, Bloomfield, NJ, pg. 1396
ALLEN & GERRITSEN, Boston, MA, pg. 45
ALLEN FINLEY ADVERTISING, INC., Hickory, NC, pg. 46
ALMA, Coconut Grove, FL, pg. 49
ALTMAN-HALL ASSOCIATES, Erie, PA, pg. 50
AMBIT MARKETING COMMUNICATIONS, Fort Lauderdale, FL, pg. 51
AMELIE COMPANY, Denver, CO, pg. 51
AMENDOLA COMMUNICATIONS, Scottsdale, AZ, pg. 51
AMERICAN ADVERTISING SERVICES, Bala Cynwyd, PA, pg. 52

A-161

AGENCIES

SPECIAL MARKET INDEX

AMERICAN MEDIA CONCEPTS INC., Brooklyn, NY, pg. 52
AMERICAN NEWSPAPER REPRESENTATIVES, INC., Troy, MI, pg. 1307
AMG MARKETING RESOURCES INC., Solon, OH, pg. 53
AMP AGENCY, Boston, MA, pg. 1236
AMPERAGE, Cedar Falls, IA, pg. 53
AMUSEMENT PARK, Santa Ana, CA, pg. 54
&BARR, Orlando, FL, pg. 55
ANDERSON ADVERTISING & PUBLIC RELATIONS, Scottsdale, AZ, pg. 56
ANDERSON DDB HEALTH & LIFESTYLE, Toronto, pg. 57
THE ANDERSON GROUP, Sinking Spring, PA, pg. 57
ANDERSON MARKETING GROUP, San Antonio, TX, pg. 58
ANDIS ADVERTISING, Sturtevant, WI, pg. 1219
ANDOVER COMMUNICATIONS, INC., Fort Lee, NJ, pg. 1432
ANNE KLEIN COMMUNICATIONS GROUP, LLC, Mount Laurel, NJ, pg. 1433
ANSON-STONER INC., Winter Park, FL, pg. 60
ANTENNA GROUP, INC., San Francisco, CA, pg. 1433
ANVIL MEDIA, INC., Portland, OR, pg. 1307
APCO WORLDWIDE, Washington, DC, pg. 62
ARCANA ACADEMY, Los Angeles, CA, pg. 65
ARCHER MALMO, Memphis, TN, pg. 65
ARCHER MALMO AUSTIN, Austin, TX, pg. 66
ARGYLL, Redondo Beach, CA, pg. 68
ARKSIDE MARKETING, Riverside, CA, pg. 69
ARMADA MEDICAL MARKETING, Arvada, CO, pg. 69
ARMENT DIETRICH, INC., Chicago, IL, pg. 69
ARNOLD WORLDWIDE, Boston, MA, pg. 69
ARRCO MEDICAL MARKETING, Walpole, MA, pg. 71
ARTCRAFT HEALTH EDUCATION, Flemington, NJ, pg. 71
ARTEFACT, Seattle, WA, pg. 72
THE ARTIME GROUP, Pasadena, CA, pg. 72
ASSEMBLY, New York, NY, pg. 1308
ASSOCIATED INTEGRATED MARKETING, Wichita, KS, pg. 74
THE ATKINS GROUP, San Antonio, TX, pg. 75
ATTACHE, INC., Columbus, OH, pg. 76
AUDACITY HEALTH LLC, San Diego, CA, pg. 76
AUDIENCE INNOVATION, Austin, TX, pg. 76
AUGUST, LANG & HUSAK, INC., Bethesda, MD, pg. 77
AUGUSTUS BARNETT ADVERTISING/DESIGN, Fox Island, WA, pg. 77
AUSTIN & WILLIAMS, Hauppauge, NY, pg. 78
AUXILIARY ADVERTISING & DESIGN, Grand Rapids, MI, pg. 79
AVREAFOSTER, Dallas, TX, pg. 80
AXIA PUBLIC RELATIONS, Jacksonville, FL, pg. 80
THE AXIS AGENCY, Los Angeles, CA, pg. 81
AXXIS ADVERTISING LLC, Phoenix, AZ, pg. 81
BACKE DIGITAL BRAND MARKETING, Radnor, PA, pg. 82
BADGEVILLE, Redwood City, CA, pg. 1398
BAILEY LAUERMAN, Omaha, NE, pg. 84
THE BALCOM AGENCY, Fort Worth, TX, pg. 85
BALLARD PARTNERS INC, Tallahassee, FL, pg. 86
THE BAM CONNECTION, Brooklyn, NY, pg. 86
BANDUJO ADVERTISING & DESIGN, New York, NY, pg. 87
BANDY CARROLL HELLIGE ADVERTISING, Louisville, KY, pg. 87
BARNHART, Denver, CO, pg. 91
BAROLIN & SPENCER, INC., Voorhees, NJ, pg. 91
BARRON MARKETING COMMUNICATIONS, Wilmington, DE, pg. 92
BARTLEY & DICK, New York, NY, pg. 94
BASS ADVERTISING, Sioux City, IA, pg. 95
BASTION TLG, Long Beach, CA, pg. 95
BAYARD ADVERTISING AGENCY, INC., New York, NY, pg. 96
BBH NEW YORK, New York, NY, pg. 115
BBK WORLDWIDE, LLC, Needham, MA, pg. 116
BBR CREATIVE, Lafayette, LA, pg. 116
BEALS CUNNINGHAM STRATEGIC SERVICES, Oklahoma City, OK, pg. 118
BEAUTY\@GOTHAM, New York, NY, pg. 119
BEBER SILVERSTEIN GROUP, Miami, FL, pg. 119
BECKER GUERRY, Middletown, NJ, pg. 119
BECKETT & BECKETT, INC., Altadena, CA, pg. 120
BEEBY CLARK + MEYLER, Stamford, CT, pg. 120
BEESEEN SOLUTIONS, Hauppauge, NY, pg. 1240
BENCHMARK DISPLAYS, Palm Desert, CA, pg. 1398
BENEDICT ADVERTISING, Daytona Beach, FL, pg. 122
BENSIMON BYRNE, Toronto, pg. 123
BERGMAN GROUP, Glen Allen, VA, pg. 123

BERLINE, Royal Oak, MI, pg. 124
BERRY NETWORK, INC., Dayton, OH, pg. 125
BEUERMAN MILLER FITZGERALD, INC., New Orleans, LA, pg. 125
BFG COMMUNICATIONS, Bluffton, SC, pg. 126
BG, West Palm Beach, FL, pg. 127
BIG RIVER ADVERTISING, Richmond, VA, pg. 129
BIGBUZZ MARKETING GROUP, New York, NY, pg. 130
BIGEYE AGENCY, Orlando, FL, pg. 130
BILL BOSSE & ASSOCIATES, Houston, TX, pg. 131
BILL HUDSON & ASSOCIATES, INC., ADVERTISING & PUBLIC RELATIONS, Nashville, TN, pg. 131
BIOTICA LLC, Cincinnati, OH, pg. 131
BIRNBACH COMMUNICATIONS, INC., Marblehead, MA, pg. 1450
BITNER GOODMAN, Fort Lauderdale, FL, pg. 1450
BLACK & WHITE ADVERTISING, INC., Ocean Springs, MS, pg. 132
BLACK OLIVE LLC, Chicago, IL, pg. 132
BLACKWING CREATIVE, Seattle, WA, pg. 133
BLAIR, INC., Rockford, IL, pg. 133
BLASS MARKETING, Old Chatham, NY, pg. 134
BLAZE, Santa Monica, CA, pg. 135
BLEND, Los Angeles, CA, pg. 135
BLF MARKETING, Clarksville, TN, pg. 136
BLR/FURTHER, Birmingham, AL, pg. 138
BLUE DAISY MEDIA, Coral Gables, FL, pg. 1312
BLUE DIMENSION, Evanston, IL, pg. 139
BLUE FOUNTAIN MEDIA, New York, NY, pg. 1241
BLUE OLIVE CONSULTING, Florence, AL, pg. 139
BLUESPIRE MARKETING, West Hartford, CT, pg. 141
BMWW, Windsor Mill, MD, pg. 142
BOATHOUSE GROUP INC., Waltham, MA, pg. 143
BOCA COMMUNICATIONS, San Francisco, CA, pg. 1453
BODKIN ASSOCIATES, INC., Zionsville, IN, pg. 143
BOHAN, Nashville, TN, pg. 144
BOLCHALK FREY MARKETING, ADVERTISING & PUBLIC RELATIONS, Tucson, AZ, pg. 144
BONNIE HENESON COMMUNICATIONS, INC., Owings Mills, MD, pg. 146
BOONDOCK WALKER, Chesterland, OH, pg. 146
BOONE DELEON COMMUNICATIONS, INC., Houston, TX, pg. 147
THE BORENSTEIN GROUP, INC., Fairfax, VA, pg. 147
BORSHOFF, Indianapolis, IN, pg. 148
THE BOSWORTH GROUP, Charleston, SC, pg. 149
BOUVIER KELLY INC., Greensboro, NC, pg. 149
BOYDEN & YOUNGBLUTT ADVERTISING & MARKETING, Fort Wayne, IN, pg. 150
BOZELL, Omaha, NE, pg. 150
BRADSHAW ADVERTISING, Portland, OR, pg. 152
BRAINS ON FIRE, INC., Greenville, SC, pg. 152
BRAINSTORMS ADVERTISING & MARKETING, INC., Fort Lauderdale, FL, pg. 153
BRAMSON + ASSOCIATES, Los Angeles, CA, pg. 153
BRAND AGENT, Dallas, TX, pg. 153
BRAND CONTENT, Boston, MA, pg. 154
BRANDIGO, Newburyport, MA, pg. 156
BRANDINGBUSINESS, Irvine, CA, pg. 157
THE BRANDON AGENCY, Myrtle Beach, SC, pg. 158
BRANDTAILERS, Newport Beach, CA, pg. 159
BRANDTUITIVE, New York, NY, pg. 159
BRANDWISE, Fort Worth, TX, pg. 160
BRASHE ADVERTISING, INC., Jericho, NY, pg. 160
THE BRICK FACTORY, Washington, DC, pg. 1243
BRICK, INC., Minneapolis, MN, pg. 162
BRIDGE GLOBAL STRATEGIES LLC, New York, NY, pg. 1456
BRIDGEMAN COMMUNICATIONS, INC., Boston, MA, pg. 1457
BRIERLEY & PARTNERS, Plano, TX, pg. 162
BRIMMCOMM, INC., Deerfield, IL, pg. 1457
BRING, Green Bay, WI, pg. 165
BROADSTREET, New York, NY, pg. 1398
BRODEUR PARTNERS, Boston, MA, pg. 1457
BROGAN & PARTNERS CONVERGENCE MARKETING, Birmingham, MI, pg. 166
BROKAW INC., Cleveland, OH, pg. 166
BROLIK, Philadelphia, PA, pg. 1243
BROTHERS & CO., Tulsa, OK, pg. 167
BROWNING AGENCY, New Providence, NJ, pg. 168
BROWNSTEIN GROUP, Philadelphia, PA, pg. 168
BRUNNER, Pittsburgh, PA, pg. 169
THE BUNTIN GROUP, Nashville, TN, pg. 173
BURDETTE KETCHUM, Jacksonville, FL, pg. 173
BURGESS ADVERTISING & MARKETING, Falmouth, ME, pg. 174
BURGESS COMMUNICATIONS, INC, Thornton, PA, pg. 174

BURNS MCCLELLAN, INC., New York, NY, pg. 175
BURRELL, Chicago, IL, pg. 176
BUTLER, SHINE, STERN & PARTNERS, Sausalito, CA, pg. 177
BUTLER/TILL, Rochester, NY, pg. 1313
BUY ADS DIRECT, Ridge Manor, FL, pg. 1313
BVK, Milwaukee, WI, pg. 178
BVK-CHICAGO, Roselle, IL, pg. 179
BYNUMS MARKETING & COMMUNICATIONS, INC, Pittsburgh, PA, pg. 179
C SUITE COMMUNICATIONS, Sarasota, FL, pg. 180
CAIN & COMPANY, Rockford, IL, pg. 182
CALCIUM, Philadelphia, PA, pg. 182
CALISE PARTNERS INC., Dallas, TX, pg. 183
CALLAHAN CREEK, INC., Lawrence, KS, pg. 183
CALYPSO, Portsmouth, NH, pg. 184
CAMBRIDGE BIOMARKETING, Cambridge, MA, pg. 184
CAMPBELL EWALD, Detroit, MI, pg. 185
CAPSTRAT, Raleigh, NC, pg. 1462
CARABINER COMMUNICATIONS, Lilburn, GA, pg. 1462
CARR MARKETING COMMUNICATION, INC., Buffalo, NY, pg. 191
CASACOM, Montreal, pg. 192
CASHMAN & ASSOCIATES, Philadelphia, PA, pg. 1463
CASHMAN & KATZ INTEGRATED COMMUNICATIONS, Glastonbury, CT, pg. 193
CASTELLS & ASOCIADOS, Los Angeles, CA, pg. 194
CATALYST MARKETING COMMUNICATIONS INC., Stamford, CT, pg. 195
CATALYST MARKETING COMPANY, Fresno, CA, pg. 195
CATALYST, SCIENCE + SOUL, Rochester, NY, pg. 195
CAUGHERTY HAHN COMMUNICATIONS, INC., Glen Rock, NJ, pg. 1464
CAWOOD, Eugene, OR, pg. 1464
CAYENNE CREATIVE, Birmingham, AL, pg. 197
CCG MARKETING SOLUTIONS, West Caldwell, NJ, pg. 197
CCM MARKETING COMMUNICATIONS, New York, NY, pg. 197
CD&M COMMUNICATIONS, Portland, ME, pg. 198
CDHM ADVERTISING, Stamford, CT, pg. 198
THE CDM GROUP, New York, NY, pg. 198
CELLO HEALTH COMMUNICATIONS, Yardley, PA, pg. 199
CENTRIC, Newhall, CA, pg. 200
CGT MARKETING LLC, Amityville, NY, pg. 201
CHAMBERLAIN HEALTHCARE PUBLIC RELATIONS, New York, NY, pg. 1466
CHANDLER CHICCO AGENCY, New York, NY, pg. 202
CHARISMA! COMMUNICATIONS, Portland, OR, pg. 203
CHARLES RYAN ASSOCIATES INC., Charleston, WV, pg. 203
CHARLESTON/ORWIG, INC., Hartland, WI, pg. 203
CHEMISTRY, San Diego, CA, pg. 1467
CHEMISTRY COMMUNICATIONS INC., Pittsburgh, PA, pg. 205
CHERNOFF NEWMAN, Columbia, SC, pg. 206
CHEROKEE COMMUNICATIONS INC., New City, NY, pg. 1315
CI DESIGN INC., Milwaukee, WI, pg. 208
C.I. VISIONS INC., New York, NY, pg. 1468
CIMBRIAN, Lancaster, PA, pg. 208
CINETRANSFORMER INTERNATIONAL INC., Hallandale Beach, FL, pg. 1399
THE CIRLOT AGENCY, INC., Jackson, MS, pg. 209
CIVILIAN, Chicago, IL, pg. 210
CJRW NORTHWEST, Springdale, AR, pg. 210
CK COMMUNICATIONS, INC. (CKC), Indialantic, FL, pg. 210
CLARITY COVERDALE FURY ADVERTISING, INC., Minneapolis, MN, pg. 211
CLASSIFIED ADVERTISING PLUS, LLC, Tampa, FL, pg. 1315
CLEARRIVER COMMUNICATIONS GROUP, Midland, MI, pg. 213
CLICK HERE LABS, Dallas, TX, pg. 1246
CLM MARKETING & ADVERTISING, Boise, ID, pg. 214
CLOSERLOOK, INC., Chicago, IL, pg. 214
CMDS, Colts Neck, NJ, pg. 215
CMI MEDIA, LLC, King of Prussia, PA, pg. 215
COBURN COMMUNICATIONS, New York, NY, pg. 1471
COLISEUM COMMUNICATIONS, North Wales, PA, pg. 218
COLLE+MCVOY, Minneapolis, MN, pg. 219
COLORPLAY STUDIO, Bend, OR, pg. 220
COLOUR, Halifax, pg. 221
COMBLU INC., Chicago, IL, pg. 1472

SPECIAL MARKET INDEX

AGENCIES

COMMON SENSE ADVERTISING, Phoenix, AZ, pg. 222
COMMONWEALTH CREATIVE ASSOCIATES, Framingham, MA, pg. 222
COMMUNICA, INC., Toledo, OH, pg. 222
COMMUNICATION ASSOCIATES, New York, NY, pg. 222
COMMUNICATION SERVICES, Albany, NY, pg. 222
COMMUNICATIONS 21, Atlanta, GA, pg. 1472
THE COMMUNICATORS GROUP, Keene, NH, pg. 223
THE COMPANY, Houston, TX, pg. 224
COMPAS, INC., Cherry Hill, NJ, pg. 1316
COMRADE, Oakland, CA, pg. 1246
CONCENTRIC HEALTH EXPERIENCE, New York, NY, pg. 225
CONCENTRIC MARKETING, Charlotte, NC, pg. 225
CONNECTIONS ADVERTISING & MARKETING, Lexington, KY, pg. 227
THE CONROY MARTINEZ GROUP, Coral Gables, FL, pg. 228
COOK & SCHMID, San Diego, CA, pg. 1475
COOKERLY PUBLIC RELATIONS, Atlanta, GA, pg. 1475
COOPER COMMUNICATIONS, Murrells Inlet, SC, pg. 230
COPACINO + FUJIKADO, LLC, Seattle, WA, pg. 230
CORECUBED, Asheville, NC, pg. 231
CORINTHIAN MEDIA, INC., New York, NY, pg. 1316
CORNERSTONE GOVERNMENT AFFAIRS, Washington, DC, pg. 232
CORNETT INTEGRATED MARKETING SOLUTIONS, Lexington, KY, pg. 232
COSSETTE INC., Quebec, pg. 233
COYNE ADVERTISING & PUBLIC RELATIONS, Nevillewood, PA, pg. 234
CPMEDIA SERVICES, INC., Dublin, OH, pg. 1317
CPR STRATEGIC MARKETING COMMUNICATIONS, Hasbrouck Heights, NJ, pg. 236
CRAMP & ASSOCIATES, INC., Wynnewood, PA, pg. 238
CREATIVE COMMUNICATIONS CONSULTANTS, INC., Minneapolis, MN, pg. 240
CREATIVE COMPANY, McMinnville, OR, pg. 240
CREATIVE DIRECTION, INC., Indianapolis, IN, pg. 241
CREATIVE ENERGY GROUP INC, Johnson City, TN, pg. 241
CREATIVE HEADS ADVERTISING, INC., Austin, TX, pg. 242
CREATIVE MARKETING ALLIANCE INC., Princeton Junction, NJ, pg. 243
CREATIVE MARKETING RESOURCE, INC., Chicago, IL, pg. 243
CREATIVE MINDWORKS, Miami, FL, pg. 244
CREATIVE PARTNERS, Stamford, CT, pg. 245
CRENSHAW COMMUNICATIONS, New York, NY, pg. 1478
CRITICAL LAUNCH, LLC, Dallas, TX, pg. 247
CRITICAL MASS INC., Calgary, pg. 248
CRN INTERNATIONAL, INC., Hamden, CT, pg. 1400
CRONIN, Glastonbury, CT, pg. 248
CROSBY MARKETING COMMUNICATIONS, Annapolis, MD, pg. 249
CROWLEY WEBB, Buffalo, NY, pg. 250
CTI MEDIA, Atlanta, GA, pg. 251
CTP, Boston, MA, pg. 252
CUBICLE NINJAS, Glen Ellyn, IL, pg. 252
THE CUMMINGS GROUP, Oklahoma City, OK, pg. 253
CUMMINS, MACFAIL & NUTRY, INC., Somerville, NJ, pg. 254
CURA STRATEGIES, Arlington, VA, pg. 254
CURIOSITY ADVERTISING, Cincinnati, OH, pg. 254
CUSTOMEDIALABS, Wayne, PA, pg. 255
CVA ADVERTISING & MARKETING, INC., Odessa, TX, pg. 255
DAE ADVERTISING, INC., San Francisco, CA, pg. 257
DALTON AGENCY JACKSONVILLE, Jacksonville, FL, pg. 258
DALYN MILLER PUBLIC RELATIONS, LLC., Chicago, IL, pg. 259
DAN PIPKIN ADVERTISING AGENCY, INC., Danville, IL, pg. 259
DAVID & GOLIATH, El Segundo, CA, pg. 261
DAVID JAMES GROUP, Oakbrook Terrace, IL, pg. 262
DAVIDSON & BELLUSO, Phoenix, AZ, pg. 263
DAVIESMOORE, Boise, ID, pg. 263
DAVIS & COMPANY, Virginia Beach, VA, pg. 263
DDB HEALTH, New York, NY, pg. 267
DDB WORLDWIDE COMMUNICATIONS GROUP INC., New York, NY, pg. 268
DEAN DESIGN/MARKETING GROUP, INC., Lewes, DE, pg. 284
DEBOW COMMUNICATIONS, LTD., New York, NY, pg. 284

DECCA DESIGN, San Jose, CA, pg. 284
DECKER CREATIVE MARKETING, Glastonbury, CT, pg. 285
DELAUNAY COMMUNICATIONS, INC., Seattle, WA, pg. 1482
DELICIOUS DESIGN, Bend, OR, pg. 287
DELLA FEMINA ADVERTISING, New York, NY, pg. 287
DELTA MEDIA, Ottawa, pg. 1482
DELUCA FRIGOLETTO ADVERTISING, INC., Honesdale, PA, pg. 288
DEMI & COOPER ADVERTISING, Elgin, IL, pg. 288
DENTSU INC., Tokyo, pg. 289
DEPARTURE, San Diego, CA, pg. 291
DESIGN ABOUT TOWN, San Francisco, CA, pg. 292
DEVITO GROUP, New York, NY, pg. 296
DHX ADVERTISING, INC., Portland, OR, pg. 298
DIESTE, Dallas, TX, pg. 299
DIGITAS HEALTH, Philadelphia, PA, pg. 302
DIRECT CHOICE, Wayne, PA, pg. 303
DIRECT MARKETING CENTER, Torrance, CA, pg. 303
DIRECT RESPONSE ACADEMY, Austin, TX, pg. 304
D.L. MEDIA INC., Nixa, MO, pg. 309
DMW WORLDWIDE LLC, Chesterbrook, PA, pg. 311
DO GOOD MARKETING, LLC, Ridgewood, NJ, pg. 312
DOBERMAN, New York, NY, pg. 312
DOE-ANDERSON, Louisville, KY, pg. 312
DOGGETT ADVERTISING, INC., Charlotte, NC, pg. 313
DOMUS INC., Philadelphia, PA, pg. 313
DONALD R. HARVEY, INC., Ronkonkoma, NY, pg. 314
DONER, Southfield, MI, pg. 314
DONOVAN ADVERTISING & MARKETING SERVICES, Lititz, PA, pg. 315
DOOR NUMBER 3, Austin, TX, pg. 316
DORN MARKETING, Geneva, IL, pg. 317
DOVETAIL, Saint Louis, MO, pg. 318
DOVETAIL PUBLIC RELATIONS, Los Gatos, CA, pg. 1487
THE DOZIER COMPANY, Dallas, TX, pg. 318
DRAKE COOPER INC., Boise, ID, pg. 319
DREAMENTIA INC, Los Angeles, CA, pg. 320
DRIVE BRAND STUDIO, North Conway, NH, pg. 320
DROGA5, New York, NY, pg. 321
THE DRUCKER GROUP, Des Plaines, IL, pg. 322
DSC (DILEONARDO SIANO CASERTA) ADVERTISING, Philadelphia, PA, pg. 323
DUDNYK HEALTHCARE GROUP, Horsham, PA, pg. 324
DUFFEY PETROSKY, Farmington Hills, MI, pg. 324
DUNCAN MCCALL, INC., Pensacola, FL, pg. 325
DUNN&CO, Tampa, FL, pg. 326
DVL SEIGENTHALER, Nashville, TN, pg. 326
EARTHLING INTERACTIVE, Madison, WI, pg. 1254
EAST HOUSE CREATIVE, Hackensack, NJ, pg. 328
EAST MEETS WEST PRODUCTIONS INC., Corpus Christi, TX, pg. 328
EDELMAN PUBLIC RELATIONS, Houston, TX, pg. 1497
EDGE COMMUNICATIONS, INC., Los Angeles, CA, pg. 1497
EDSA, Fort Lauderdale, FL, pg. 331
EGG STRATEGY, Boulder, CO, pg. 333
EISENBERG & ASSOCIATES, Fort Lauderdale, FL, pg. 333
EJW ASSOCIATES, INC., Alpharetta, GA, pg. 334
EL CREATIVE, INC., Dallas, TX, pg. 334
ELEVATION, Washington, DC, pg. 336
ELISCO ADVERTISING, INC., Pittsburgh, PA, pg. 337
EMC OUTDOOR, Newtown Square, PA, pg. 1320
EMG MARKETING, San Clemente, CA, pg. 339
EMLEY DESIGN GROUP, Fort Wayne, IN, pg. 339
EMPOWER MEDIAMARKETING, Cincinnati, OH, pg. 1320
ENA HEALTHCARE COMMUNICATIONS, Shrewsbury, NJ, pg. 340
ENCODE, Jacksonville, FL, pg. 340
ENGINE DIGITAL, New York, NY, pg. 1255
EP+CO, Greenville, SC, pg. 343
EPICOSITY, Sioux Falls, SD, pg. 344
ER MARKETING, Kansas City, MO, pg. 346
ERBACH COMMUNICATIONS GROUP, INC., Lyndhurst, NJ, pg. 346
ERIC MOWER + ASSOCIATES, Syracuse, NY, pg. 346
ERVIN & SMITH, Omaha, NE, pg. 348
ESTEY-HOOVER INC. ADVERTISING-PUBLIC RELATIONS, NewPort Beach, CA, pg. 350
ESWSTORYLAB, Chicago, IL, pg. 350
ETARGETMEDIA.COM, INC., Coconut Creek, FL, pg. 350
EVANS ALLIANCE ADVERTISING, Sparta, NJ, pg. 351
EVENTIV (MARKETING, DESIGN & DISPLAY), Whitehouse, OH, pg. 353
EVEO INC., San Francisco, CA, pg. 1256
EVINS COMMUNICATIONS, LTD., New York, NY, pg. 1501

EVOK ADVERTISING, Heathrow, FL, pg. 353
EVOKE IDEA GROUP, INC., Saint Charles, IL, pg. 354
EVOLVE, INC., Greenville, NC, pg. 354
EXCITANT HEALTHCARE ADVERTISING, Woodstock, GA, pg. 355
EXPECT ADVERTISING, INC., Clifton, NJ, pg. 355
EXPLORE COMMUNICATIONS, Denver, CO, pg. 1321
FACTOR360 DESIGN + TECHNOLOGY, Pierre, SD, pg. 357
FAHLGREN MORTINE, Columbus, OH, pg. 358
THE FARM, New York, NY, pg. 362
FASONE & PARTNERS, Kansas City, MO, pg. 362
FCB GLOBAL, New York, NY, pg. 363
FCB HEALTH, New York, NY, pg. 376
FCBCURE, Parsippany, NJ, pg. 376
FD2S, Austin, TX, pg. 376
FELDER COMMUNICATIONS GROUP, Grand Rapids, MI, pg. 377
FERGUSON ADVERTISING INC., Fort Wayne, IN, pg. 378
FINN PARTNERS, New York, NY, pg. 381
FIREFLY CREATIVE, INC., Atlanta, GA, pg. 383
FIREHOUSE, INC., Dallas, TX, pg. 1402
THE FIRM PUBLIC RELATIONS & MARKETING, Las Vegas, NV, pg. 1505
FIRST GENERATION, Allentown, PA, pg. 383
FIRST MEDIA GROUP INC., Syracuse, NY, pg. 384
FISLER COMMUNICATIONS, Newbury, MA, pg. 385
FISTER, Saint Louis, MO, pg. 385
FITZGERALD & CO, Atlanta, GA, pg. 386
FKQ ADVERTISING + MARKETING, Clearwater, FL, pg. 386
FLEISHMANHILLARD INC., Saint Louis, MO, pg. 1506
FLEMING & COMPANY INC., NewPOrt, RI, pg. 387
FLINT COMMUNICATIONS, Fargo, ND, pg. 388
FLIPELEVEN LLC, Milwaukee, WI, pg. 389
FLYWHEEL, New York, NY, pg. 390
FMB ADVERTISING, Knoxville, TN, pg. 390
FORESIGHT GROUP, INC., Lansing, MI, pg. 392
FORTYTWOEIGHTYNINE, Rockton, IL, pg. 393
FRANK ABOUT WOMEN, Winston Salem, NC, pg. 395
THE FRANK AGENCY INC, Overland Park, KS, pg. 395
FRANKLIN STREET MARKETING, Richmond, VA, pg. 396
FRASER COMMUNICATIONS, Los Angeles, CA, pg. 396
FREEBAIRN & CO., Atlanta, GA, pg. 397
FREEBAIRN & COMPANY PUBLIC RELATIONS, Atlanta, GA, pg. 1513
FREED ADVERTISING, Sugar Land, TX, pg. 397
FRENCH/WEST/VAUGHAN, INC., Raleigh, NC, pg. 398
FSB CORE STRATEGIES, Sacramento, CA, pg. 1514
FSC MARKETING + DIGITAL, Pittsburgh, PA, pg. 400
FTI CONSULTING, New York, NY, pg. 1514
FULL CONTACT ADVERTISING, Boston, MA, pg. 402
FURIA RUBEL COMMUNICATIONS, Doylestown, PA, pg. 1515
FUSEBOXWEST, Los Angeles, CA, pg. 404
THE G3 GROUP, Linthicum, MD, pg. 405
GABRIEL DEGROOD BENDT, MinneaPOlis, MN, pg. 407
GAGE, Minneapolis, MN, pg. 1403
GARD COMMUNICATIONS, Portland, OR, pg. 409
GCG MARKETING, Fort Worth, TX, pg. 413
GELIA-MEDIA, INC., Williamsville, NY, pg. 414
GENUINE INTERACTIVE, Boston, MA, pg. 414
GETO & DEMILLY, INC., New York, NY, pg. 1517
GHG, New York, NY, pg. 417
GIAMBRONE + PARTNERS, Cincinnati, OH, pg. 418
GIANT CREATIVE/STRATEGY, LLC, San Francisco, CA, pg. 418
GIGANTE VAZ PARTNERS ADVERTISING, INC., New York, NY, pg. 419
GILLESPIE GROUP, Wallingford, PA, pg. 420
GINESTRA WATSON, Rockford, IL, pg. 420
THE GLENN GROUP, Reno, NV, pg. 421
GLIMMER, INC., Naperville, IL, pg. 422
GLYNNDEVINS ADVERTISING & MARKETING, Kansas City, MO, pg. 424
GLYPH INTERFACE, Indianapolis, IN, pg. 424
GMR MARKETING LLC, New Berlin, WI, pg. 1403
GOCONVERGENCE, Orlando, FL, pg. 426
GODA ADVERTISING, Inverness, IL, pg. 426
GODWIN ADVERTISING AGENCY, INC., Jackson, MS, pg. 427
GODWINGROUP, Gulfport, MS, pg. 427
GOKART LABS, Minneapolis, MN, pg. 1259
GOLIN, Chicago, IL, pg. 1519
GOOD ADVERTISING, INC., Memphis, TN, pg. 428
THE GOODNESS COMPANY, Wisconsin Rapids, WI, pg. 429

AGENCIES

SPECIAL MARKET INDEX

THE GOSS AGENCY INC., Asheville, NC, pg. 430
THE GRAHAM GROUP, Lafayette, LA, pg. 431
GRAY MATTER AGENCY INC., Hingham, MA, pg. 434
GREENRUBINO, Seattle, WA, pg. 436
GREENSTREET MARKETING, Battle Creek, MI, pg. 436
GRETEMAN GROUP, Wichita, KS, pg. 437
GREY NEW YORK, New York, NY, pg. 438
GREY SAN FRANCISCO, San Francisco, CA, pg. 449
GRIFF/SMC, INC. MEDICAL MARKETING COMMUNICATIONS, Boulder, CO, pg. 449
GRIFFIN WINK ADVERTISING, Lubbock, TX, pg. 450
GROUP46, Bluffton, SC, pg. 452
GRP MEDIA, INC., Chicago, IL, pg. 1324
GS&F, Nashville, TN, pg. 453
GSD&M, Austin, TX, pg. 453
GSS COMMUNICATIONS, INC., Los Angeles, CA, pg. 454
GSW WORLDWIDE, Westerville, OH, pg. 454
GUD MARKETING, Lansing, MI, pg. 455
GUMAS ADVERTISING, San Francisco, CA, pg. 455
THE GUNTER AGENCY, New Glarus, WI, pg. 456
GUTHRIE/MAYES, Louisville, KY, pg. 1525
G.W. HOFFMAN MARKETING & COMMUNICATIONS, Darien, CT, pg. 1404
GWP, INC., Montclair, NJ, pg. 456
GYK ANTLER, Manchester, NH, pg. 457
GYRO, New York, NY, pg. 457
GYRO CINCINNATI, Cincinnati, OH, pg. 458
HAGAN ASSOCIATES, Essex, VT, pg. 460
HAGGERTY & ASSOCIATES, Woburn, MA, pg. 460
HAGGMAN, INC., Beverly, MA, pg. 461
HAKUHODO INCORPORATED, Tokyo, pg. 461
HALLOCK & BRANCH, Portland, OR, pg. 463
THE HALO GROUP, New York, NY, pg. 464
HANCOCK ADVERTISING AGENCY, Nacogdoches, TX, pg. 465
HANSER & ASSOCIATES PUBLIC RELATIONS, West Des Moines, IA, pg. 1526
HANSON WATSON ASSOCIATES, Moline, IL, pg. 466
HAP MARKETING SERVICES, INC., Eatontown, NJ, pg. 466
HARGER, HOWE & WALSH, Burlington, MA, pg. 467
HARMELIN MEDIA, Bala Cynwyd, PA, pg. 1324
HARRIMAN CREATIVE, INC, Portland, OR, pg. 468
HARRIS, BAIO & MCCULLOUGH INC., Philadelphia, PA, pg. 469
HARRISON AND STAR LLC, New York, NY, pg. 469
HART, Columbus, OH, pg. 469
HAVAS HEALTH & YOU, New York, NY, pg. 474
HAVAS MEDIA, New York, NY, pg. 1324
HAVAS PR, New York, NY, pg. 1528
HAVAS WORLDWIDE, New York, NY, pg. 475
HAWORTH MARKETING + MEDIA, Minneapolis, MN, pg. 1328
HAWTHORNE DIRECT INC., Fairfield, IA, pg. 489
HCB HEALTH, Austin, TX, pg. 490
HCB HEALTH CHICAGO, Chicago, IL, pg. 490
HCK2 PARTNERS, Addison, TX, pg. 490
HEALIX, New York, NY, pg. 491
HEALTH SCIENCE COMMUNICATIONS, New York, NY, pg. 491
HEALTHCARE SUCCESS STRATEGIES, Irvine, CA, pg. 492
HEALTHSTAR COMMUNICATIONS, INC., Mahwah, NJ, pg. 492
HENKE & ASSOCIATES, INC., Cedarburg, WI, pg. 496
HENRY & GERMANN PUBLIC AFFAIRS LLC, Yardley, PA, pg. 1529
HERMAN ASSOCIATES, INC., New York, NY, pg. 497
HERMANOFF PUBLIC RELATIONS, Bingham Farms, MI, pg. 1530
HERO DIGITAL, San Francisco, CA, pg. 1260
HI-GLOSS, Miami Beach, FL, pg. 498
HIEBING, Madison, WI, pg. 498
HILL HOLLIDAY, Boston, MA, pg. 500
HINDSIGHT MANAGEMENT INC., Birmingham, AL, pg. 501
HIRONS & COMPANY, Indianapolis, IN, pg. 502
HITCHCOCK FLEMING & ASSOCIATES, INC., Akron, OH, pg. 502
HIVEMIND MARKETING INC., San Jose, CA, pg. 1260
HMC ADVERTISING LLC, Richmond, VT, pg. 504
HMH, Portland, OR, pg. 504
HODGES ASSOCIATES, INC., Fayetteville, NC, pg. 505
HOFFMAN AND PARTNERS, Braintree, MA, pg. 505
HOFFMAN YORK, Milwaukee, WI, pg. 506
HOLLAND ADVERTISING:INTERACTIVE, Cincinnati, OH, pg. 506
HOLTON SENTIVAN AND GURY, Ambler, PA, pg. 507

THE HORAH GROUP, Pleasantville, NY, pg. 508
HORIZON MEDIA, INC., New York, NY, pg. 1329
HORNALL ANDERSON, Seattle, WA, pg. 509
HOWARD MILLER ASSOCIATES, INC., Lancaster, PA, pg. 510
HOWELL, LIBERATORE & ASSOCIATES, INC., Elmira, NY, pg. 510
HUDSON MIND, New York, NY, pg. 511
HUGE LLC, Brooklyn, NY, pg. 512
HUGHESLEAHYKARLOVIC, Saint Louis, MO, pg. 513
HULT MARKETING, Peoria, IL, pg. 513
HUNT ADKINS, Minneapolis, MN, pg. 514
HYPHEN DIGITAL, New York, NY, pg. 516
I-SITE, INC., Philadelphia, PA, pg. 517
ICR, Norwalk, CT, pg. 1539
ID MEDIA, New York, NY, pg. 1331
THE IDEA FACTORY, New York, NY, pg. 520
IDEASCAPE, INC., Stoneham, MA, pg. 521
IDEAWORKS, INC., Pensacola, FL, pg. 522
IGNITE DESIGN AND ADVERTISING, INC., Rch Cucamonga, CA, pg. 522
IGNITE DIGITAL, Mississauga, pg. 1263
IGNITED, El Segundo, CA, pg. 523
ILAN GEVA & FRIENDS, Northbrook, IL, pg. 523
IMAGEHAUS, MinneaPOlis, MN, pg. 524
IMAGERY CREATIVE, Miami, FL, pg. 525
IMAGINASIUM INC., Green Bay, WI, pg. 525
IMC, Holmdel, NJ, pg. 1405
IMPRESSIONS-A.B.A. INDUSTRIES, INC., Mineola, NY, pg. 528
IMPRESTIGE MEDIA MARKETING, Prairie Village, KS, pg. 528
THE IN-HOUSE AGENCY, INC., Morristown, NJ, pg. 529
INFERNO, Memphis, TN, pg. 530
INFLEXION INTERACTIVE, LLC., Hoboken, NJ, pg. 1264
INNIS MAGGIORE GROUP, INC., Canton, OH, pg. 533
INQUEST MARKETING, Kansas City, MO, pg. 534
INSPIRE CREATIVE STUDIOS, Wilmington, NC, pg. 535
INTEGRATED MARKETING SERVICES, Princeton, NJ, pg. 536
INTEGRATED MARKETING WORKS, Costa Mesa, CA, pg. 1406
INTERACTIVEWEST, Denver, CO, pg. 1264
THE INTERCONNECT GROUP, Atlanta, GA, pg. 1335
INTERLEX COMMUNICATIONS INC., San Antonio, TX, pg. 538
INTERMARK GROUP, INC., Birmingham, AL, pg. 539
THE INTERPUBLIC GROUP OF COMPANIES, INC., New York, NY, pg. 540
INTERSTAR MARKETING & PUBLIC RELATIONS, Fort Worth, TX, pg. 1544
INTERTREND COMMUNICATIONS, INC., Long Beach, CA, pg. 544
INTRIGUE, Melville, NY, pg. 545
IQ SOLUTIONS, Rockville, MD, pg. 548
ISA ADVERTISING, New York, NY, pg. 548
THE IVY GROUP, LTD., Charlottesville, VA, pg. 551
JACK MORTON WORLDWIDE, Boston, MA, pg. 567
JACKSON MARKETING GROUP, Greenville, SC, pg. 569
JACOBS & CLEVENGER, INC., Chicago, IL, pg. 569
JAJO, INC., Wichita, KS, pg. 570
JAMES & THOMAS, INC., Saint Charles, IL, pg. 571
JAMES ROSS ADVERTISING, Pompano Beach, FL, pg. 571
JAN KELLEY MARKETING, Burlington, pg. 571
JARRARD PHILLIPS CATE & HANCOCK, INC., Brentwood, TN, pg. 572
JAVELIN MARKETING GROUP, Irving, TX, pg. 572
JAY ADVERTISING, INC., Rochester, NY, pg. 573
JAYRAY, A COMMUNICATIONS CONSULTANCY, Tacoma, WA, pg. 573
JEFFREY ALEC COMMUNICATIONS, Los Angeles, CA, pg. 574
J.F. MILLS & WORLDWIDE, Denver, CO, pg. 1548
THE JOEY COMPANY, Brooklyn, NY, pg. 578
JOHNSON DESIGN GROUP, Ada, MI, pg. 580
JOHNSONRAUHOFF, Saint Joseph, MI, pg. 581
THE JONES AGENCY, Palm Springs, CA, pg. 581
JONES & THOMAS, INC., Decatur, IL, pg. 581
JONES FOSTER DEAL ADVERTISING & PUBLIC RELATIONS, INC., Tampa, FL, pg. 582
JONES HUYETT PARTNERS, Topeka, KS, pg. 582
JORDAN ASSOCIATES, Oklahoma City, OK, pg. 582
JPA HEALTH COMMUNICATIONS, Washington, DC, pg. 583
JSML MEDIA, LLC, Maple Grove, MN, pg. 1336
JSTOKES AGENCY, Walnut Creek, CA, pg. 584
JULIE A. LAITIN ENTERPRISES, INC., New York, NY, pg. 584

J.W. MORTON & ASSOCIATES, Cedar Rapids, IA, pg. 586
K2 COMMUNICATIONS, Southampton, PA, pg. 586
K2 KRUPP KOMMUNICATIONS, INC, New York, NY, pg. 1550
KARSH & HAGAN COMMUNICATIONS, INC., Denver, CO, pg. 588
KEATING & CO., Florham Park, NJ, pg. 1553
KEATING MAGEE MARKETING COMMUNICATIONS, Metairie, LA, pg. 589
KEEN BRANDING, Milton, DE, pg. 589
KEENAN-NAGLE ADVERTISING, Allentown, PA, pg. 590
KELLEY CHUNN & ASSOC., Boston, MA, pg. 1553
KELLEY HABIB JOHN, Boston, MA, pg. 591
KELLY SCOTT MADISON, Chicago, IL, pg. 1336
KETCHUM, New York, NY, pg. 1554
KEVIN J. ASH CREATIVE DESIGN, LLC, Northwood, NH, pg. 593
KIDD GROUP, Tallahassee, FL, pg. 594
KILLIAN BRANDING, Chicago, IL, pg. 595
KINETIC, New York, NY, pg. 1337
KINZIEGREEN MARKETING GROUP, Wausau, WI, pg. 596
THE KIRBY GROUP, London, pg. 1408
KK BOLD, Bismarck, ND, pg. 597
KOCHAN & COMPANY MARKETING COMMUNICATIONS, Saint Louis, MO, pg. 600
KOOPMAN OSTBO, Portland, OR, pg. 601
KOSSMAN/KLEIN & CO., Germantown, TN, pg. 601
KPI AGENCY, San Diego, CA, pg. 601
KRAUSE ADVERTISING, Dallas, TX, pg. 602
KRISTOF CREATIVE, INC., Mount Juliet, TN, pg. 603
KRT MARKETING, Lafayette, CA, pg. 603
KRUSKOPF & COMPANY, INC., Minneapolis, MN, pg. 603
KTK DESIGN, Chicago, IL, pg. 603
KURMAN COMMUNICATIONS, INC., Chicago, IL, pg. 1561
KW2, Madison, WI, pg. 604
KYNE, New York, NY, pg. 1561
KZSW ADVERTISING, Setauket, NY, pg. 605
L3 ADVERTISING INC., New York, NY, pg. 606
LA AGENCIA DE ORCI & ASOCIADOS, Santa Monica, CA, pg. 606
LABOV ADVERTISING, MARKETING AND TRAINING, Fort Wayne, IN, pg. 606
LAKE GROUP MEDIA, INC., Armonk, NY, pg. 607
LAM-ANDREWS INC., Nashville, TN, pg. 608
LAMBERT & CO., Grand Rapids, MI, pg. 1562
LANDIS COMMUNICATIONS INC., San Francisco, CA, pg. 1563
LANETERRALEVER, Phoenix, AZ, pg. 610
LANMARK360, West Long Branch, NJ, pg. 610
LATCHA+ASSOCIATES, Farmington Hills, MI, pg. 611
LATIN2LATIN MARKETING + COMMUNICATIONS LLC, Fort Lauderdale, FL, pg. 612
LATITUDE, Dallas, TX, pg. 1408
LAUGHLIN/CONSTABLE, INC., Milwaukee, WI, pg. 613
LAVOIE STRATEGIC COMMUNICATIONS GROUP, INC., Boston, MA, pg. 1564
LAWRENCE & SCHILLER, INC., Sioux Falls, SD, pg. 616
LAZBRO, INC., Atlanta, GA, pg. 617
LEAD ME MEDIA, Deerfield Beach, FL, pg. 617
LEE & ASSOCIATES, INC., Canoga Park, CA, pg. 1565
LEGEND INC., Marblehead, MA, pg. 619
LEO BURNETT BUSINESS, New York, NY, pg. 620
LEO BURNETT COMPANY LTD., Toronto, pg. 620
LEO BURNETT WORLDWIDE, INC., Chicago, IL, pg. 621
LEO J. BRENNAN, INC., Fenton, MI, pg. 632
LEVEL MPLS, Minneapolis, MN, pg. 633
LEVINE & ASSOCIATES, INC., Arlington, VA, pg. 634
LEVLANE ADVERTISING/PR/INTERACTIVE, Philadelphia, PA, pg. 635
LEVO HEALTH, Tampa, FL, pg. 635
LEVY INDUSTRIAL, Pittsburgh, PA, pg. 635
LEWIS ADVERTISING, INC., Rocky Mount, NC, pg. 635
LEWIS COMMUNICATIONS, Birmingham, AL, pg. 636
LEXICON COMMUNICATIONS CORP., Pasadena, CA, pg. 1567
LHWH ADVERTISING & PUBLIC RELATIONS, Myrtle Beach, SC, pg. 639
LIGHTNING JAR, New York, NY, pg. 1408
LINCOLN MEDIA SERVICES, INC., Lake Bluff, IL, pg. 1339
LINDSAY, STONE & BRIGGS, INC., Madison, WI, pg. 641
LINETT & HARRISON, Montville, NJ, pg. 641
THE LINICK GROUP, INC., Middle Island, NY, pg. 641
LINKMEDIA 360, Independence, OH, pg. 642

SPECIAL MARKET INDEX — AGENCIES

LINX COMMUNICATIONS CORP., Smithtown, NY, pg. 642
LIPMAN HEARNE, INC., Chicago, IL, pg. 643
LIQUID ADVERTISING, El Segundo, CA, pg. 644
LITTLE & COMPANY, Minneapolis, MN, pg. 645
LITTLE DOG AGENCY INC., Mount Pleasant, SC, pg. 645
LITTLE L COMMUNICATIONS, Geneva, OH, pg. 646
LJF ASSOCIATES, INC., The Woodlands, TX, pg. 647
LKH&S, Chicago, IL, pg. 647
LOONEY ADVERTISING AND DESIGN, Montclair, NJ, pg. 651
LOPEZ NEGRETE COMMUNICATIONS, INC., Houston, TX, pg. 651
LOSASSO INTEGRATED MARKETING, Chicago, IL, pg. 652
LOVELL COMMUNICATIONS, INC., Nashville, TN, pg. 653
LP&G MARKETING, Tucson, AZ, pg. 654
LPNY LTD., New York, NY, pg. 655
LUBICOM MARKETING CONSULTING, Brooklyn, NY, pg. 655
LUCKIE & COMPANY, Birmingham, AL, pg. 655
LUCKY BREAK PUBLIC RELATIONS, Los Angeles, CA, pg. 1571
LUNCH, Atlanta, GA, pg. 1269
LUQUIRE GEORGE ANDREWS, INC., Charlotte, NC, pg. 657
LUXE COLLECTIVE GROUP, New York, NY, pg. 1339
LYERLY AGENCY INC., Belmont, NC, pg. 658
M&P FOOD COMMUNICATIONS, INC., Chicago, IL, pg. 1573
M5 NEW HAMPSHIRE, Manchester, NH, pg. 665
MACIAS CREATIVE, Miami, FL, pg. 666
MAD 4 MARKETING, Fort Lauderdale, FL, pg. 667
MAD MEN MARKETING, Jacksonville, FL, pg. 668
MADISON + MAIN, Richmond, VA, pg. 669
MAGNANI, Chicago, IL, pg. 670
MAKOVSKY INTEGRATED COMMUNICATIONS, New York, NY, pg. 1574
MANDALA, Bend, OR, pg. 674
MANGAN HOLCOMB PARTNERS, Little Rock, AR, pg. 674
MANGOS, Conshohocken, PA, pg. 674
MANTERA ADVERTISING, Bakersfield, CA, pg. 675
MANTRA PUBLIC RELATIONS, INC., New York, NY, pg. 1575
MARC USA, Pittsburgh, PA, pg. 676
MARC USA BOSTON, Stoneham, MA, pg. 677
MARC USA CHICAGO, Chicago, IL, pg. 677
MARCA MIAMI, Coconut Grove, FL, pg. 677
THE MARCUS GROUP, INC., Fairfield, NJ, pg. 678
MARCUS THOMAS LLC, Cleveland, OH, pg. 679
THE MAREK GROUP, Bloomington, MN, pg. 679
MARICICH BRAND COMMUNICATIONS, Irvine, CA, pg. 679
MARINA MAHER COMMUNICATIONS, New York, NY, pg. 1576
MARINELLI & COMPANY, New York, NY, pg. 679
MARIS, WEST & BAKER, INC., Jackson, MS, pg. 680
MARKET DEVELOPMENT GROUP, INC., Washington, DC, pg. 681
MARKETING & ADVERTISING BUSINESS UNLIMITED, INC., Bismarck, ND, pg. 681
MARKETING DIRECTIONS, INC., Cleveland, OH, pg. 683
MARKETING MEDIA COMMUNICATION, Salt Lake City, UT, pg. 684
MARKETING PERFORMANCE GROUP, Boca Raton, FL, pg. 1340
MARKETING VISIONS, INC., Tarrytown, NY, pg. 1410
MARKETING WERKS, INC., Chicago, IL, pg. 1411
MARKETSTAR CORPORATION, Ogden, UT, pg. 685
THE MARS AGENCY, Southfield, MI, pg. 686
MARSHAD TECHNOLOGY GROUP, New York, NY, pg. 686
MARSTON WEBB INTERNATIONAL, New York, NY, pg. 687
THE MARTIN AGENCY, Richmond, VA, pg. 687
MARTINO FLYNN LLC, Pittsford, NY, pg. 689
MARTOPIA, INC., Saint Charles, IL, pg. 689
MASON, INC., Bethany, CT, pg. 691
MASON MARKETING, INC, Penfield, NY, pg. 691
MASONBARONET, Dallas, TX, pg. 691
MASSIVEMEDIA, New York, NY, pg. 692
MATRIX MEDIA SERVICES, INC., Columbus, OH, pg. 1340
MAVERICK PUBLIC RELATIONS, Toronto, pg. 1577
MAXLETICS CORPORATION, Colorado Springs, CO, pg. 1271
MAYCREATE, Chattanooga, TN, pg. 696
MCCANN ECHO NORTH AMERICA, Mountain Lakes, NJ, pg. 713
MCCANN HEALTH GLOBAL HQ, New York, NY, pg. 713
MCCANN MINNEAPOLIS, Minneapolis, MN, pg. 713
MCCANN TORRE LAZUR, Parsippany, NJ, pg. 714
MCCANN TORRE LAZUR WEST, San Francisco, CA, pg. 714
MCDANIELS MARKETING COMMUNICATIONS, Pekin, IL, pg. 715
MCFRANK & WILLIAMS ADVERTISING AGENCY, INC., New York, NY, pg. 716
MCGILL BUCKLEY, Ottawa, pg. 718
MCKEE WALLWORK & COMPANY, Albuquerque, NM, pg. 718
MCS HEALTHCARE PUBLIC RELATIONS, Basking Ridge, NJ, pg. 1580
MDC PARTNERS, Toronto, pg. 720
MEDIA DIRECTIONS ADVERTISING, INC., Knoxville, TN, pg. 1341
MEDIA II, INC., Northfield, OH, pg. 726
THE MEDIA KITCHEN, New York, NY, pg. 1342
MEDIA LOGIC, Albany, NY, pg. 726
MEDIA POWER ADVERTISING, Cornelius, NC, pg. 1342
MEDIA SOLUTIONS, Sacramento, CA, pg. 1343
MEDIA TWO INTERACTIVE, Raleigh, NC, pg. 727
MEDIA WORKS, LTD., Baltimore, MD, pg. 1344
MEDIACOMP, INC., Houston, TX, pg. 1350
MEDICUS LIFE BRANDS, New York, NY, pg. 729
MEDTHINK COMMUNICATIONS, Cary, NC, pg. 729
MENTUS, San Diego, CA, pg. 730
MERGE BOSTON, Boston, MA, pg. 731
THE MERIDIAN GROUP, Virginia Beach, VA, pg. 731
MESH INTERACTIVE AGENCY, Boston, MA, pg. 734
METHOD ENGINE, LLC, Chicago, IL, pg. 1271
MEYERS + PARTNERS, Chicago, IL, pg. 736
MFA PR, New York, NY, pg. 1583
MGH, INC., Owings Mills, MD, pg. 736
MGM GOLD COMMUNICATIONS, New York, NY, pg. 737
MICHAEL WALTERS ADVERTISING, Chicago, IL, pg. 738
MICSTURA, Miami, FL, pg. 739
MILLENNIUM AGENCY, Manchester, NH, pg. 740
MILLWARD BROWN INC., Lisle, IL, pg. 742
MILNER BUTCHER MEDIA GROUP, Los Angeles, CA, pg. 1351
MINDGRUVE, INC., San Diego, CA, pg. 745
MINDSTORM COMMUNICATIONS GROUP, INC., Charlotte, NC, pg. 745
MINTZ & HOKE COMMUNICATIONS GROUP, Avon, CT, pg. 746
MIRESBALL, San Diego, CA, pg. 747
MITHOFF BURTON PARTNERS, El Paso, TX, pg. 748
MKTG, INC., New York, NY, pg. 1412
MKTWORKS, INC., Cold Spring, NY, pg. 749
MMB, Boston, MA, pg. 750
MOBIUM INTEGRATED BRANDING, Chicago, IL, pg. 752
MOCENTRIC, Scottsdale, AZ, pg. 1274
MODCO MEDIA, New York, NY, pg. 753
MOMENTUM WORLDWIDE, New York, NY, pg. 754
MOORE & ISHERWOOD COMMUNICATIONS, INC., New Bedford, MA, pg. 756
MORGAN + COMPANY, New Orleans, LA, pg. 758
MORGAN & MYERS, INC., Waukesha, WI, pg. 758
MOROCH HOLDINGS, INC., Dallas, TX, pg. 758
MORONEY & GILL, INC., New York, NY, pg. 760
MORRIS & CASALE INC., Woodstock, GA, pg. 760
THE MORRISON AGENCY, Atlanta, GA, pg. 760
MORSEKODE, Minneapolis, MN, pg. 761
MORTAR ADVERTISING, San Francisco, CA, pg. 761
MOTIVATE, INC., San Diego, CA, pg. 763
MOVEO, Chicago, IL, pg. 764
MOXIE, Atlanta, GA, pg. 1274
MOXIE SOZO, Boulder, CO, pg. 765
MP AGENCY, LLC, Scottsdale, AZ, pg. 766
MRB PUBLIC RELATIONS, Freehold, NJ, pg. 1586
MRM MCCANN, New York, NY, pg. 766
MRM PRINCETON, Princeton, NJ, pg. 768
MRW COMMUNICATIONS LLC, Pembroke, MA, pg. 769
MULLER BRESSLER BROWN, Leawood, KS, pg. 778
MULLIN/ASHLEY ASSOCIATES, INC., Chestertown, MD, pg. 778
MUNN RABOT LLC, New York, NY, pg. 779
MUSE COMMUNICATIONS, Santa Monica, CA, pg. 780
MVC, Ventura, CA, pg. 780
THE N GROUP, Tucson, AZ, pg. 783
NAIL COMMUNICATIONS, Providence, RI, pg. 783
NAIL MARKETING 360, New York, NY, pg. 1353
NATCOM MARKETING, Miami, FL, pg. 785
NATREL COMMUNICATIONS, Parsippany, NJ, pg. 786
NAVEO, Menomonee Falls, WI, pg. 786
NCI CONSULTING LLC, Moorestown, NJ, pg. 786
NEATHAWK DUBUQUE & PACKETT, Richmond, VA, pg. 787
NELSON SCHMIDT, Milwaukee, WI, pg. 788
NETSERTIVE, INC, Morrisville, NC, pg. 790
NEURON SYNDICATE, Santa Monica, CA, pg. 790
NEWMAN GRACE INC., Woodland Hills, CA, pg. 792
NEWMARK ADVERTISING, INC., Woodland Hls, CA, pg. 793
NEWSMARK PUBLIC RELATIONS INC., Boca Raton, FL, pg. 1595
NEXTMEDIA INC., Dallas, TX, pg. 1354
NIMBLE WORLDWIDE, Dallas, TX, pg. 794
THE NISSEN GROUP, Winter Haven, FL, pg. 795
NOBLE, Springfield, MO, pg. 795
NOBLE STUDIOS, Las Vegas, NV, pg. 1276
NOISE, INC., Sanibel, FL, pg. 796
NORTHLICH, Cincinnati, OH, pg. 799
NORTHLICH PUBLIC RELATIONS, Cincinnati, OH, pg. 799
NOSTRUM INC., Long Beach, CA, pg. 800
NUEVO ADVERTISING GROUP, INC., Sarasota, FL, pg. 802
O2IDEAS, INC., Birmingham, AL, pg. 803
O2KL, New York, NY, pg. 803
O3 WORLD, LLC, Philadelphia, PA, pg. 804
OCD MEDIA, New York, NY, pg. 805
OCEAN BRIDGE GROUP, Los Angeles, CA, pg. 805
OCEANOS MARKETING, INC., Marshfield, MA, pg. 1355
ODNEY, Bismarck, ND, pg. 808
OGILVY, New York, NY, pg. 809
OGILVY COMMONHEALTH WORLDWIDE, Parsippany, NJ, pg. 832
OGILVY HEALTHWORLD, New York, NY, pg. 832
OGILVY HEALTHWORLD-TORONTO, Toronto, pg. 833
OGILVYHEALTHCARE, Milan, pg. 833
THE OHLMANN GROUP, Dayton, OH, pg. 834
OIA MARKETING COMMUNICATIONS, Dayton, OH, pg. 834
OLANDER GROUP, Ottawa, IL, pg. 1355
OMNICOM GROUP INC., New York, NY, pg. 836
ON IDEAS, INC., Jacksonville, FL, pg. 838
ONE TWELFTH INC., Miami, FL, pg. 839
ONEWORLD COMMUNICATIONS, INC., San Francisco, CA, pg. 840
ONION LABS, Chicago, IL, pg. 840
OOH IMPACT, INC., New York, NY, pg. 1360
OPTIC NERVE DIRECT MARKETING, San Francisco, CA, pg. 842
ORAIKO, New York, NY, pg. 843
ORGANIC, INC., San Francisco, CA, pg. 1278
OUTDOOR FIRST, INC., Germantown, WI, pg. 1361
PACE ADVERTISING, New York, NY, pg. 848
PACIFIC COMMUNICATIONS, Irvine, CA, pg. 848
PACIFICO INC., San Jose, CA, pg. 849
PACO COMMUNICATIONS, INC, Chicago, IL, pg. 849
PADILLA, Minneapolis, MN, pg. 849
PALLEY ADVERTISING INC., Worcester, MA, pg. 851
PAN COMMUNICATIONS, Boston, MA, pg. 1605
PANTIN/BEBER SILVERSTEIN PUBLIC RELATIONS, Miami, FL, pg. 1605
PARADIGM ASSOCIATES, San Juan, PR, pg. 1606
PARKER ADVERTISING SERVICE, INC., Lancaster, PA, pg. 854
PARKER AVENUE, San Mateo, CA, pg. 854
PARTNERS+NAPIER, Rochester, NY, pg. 855
PARTNERSHIP OF PACKER, OESTERLING & SMITH (PPO&S), Harrisburg, PA, pg. 856
PATHFINDERS ADVERTISING & MARKETING GROUP, Mishawaka, IN, pg. 857
THE PATIENT RECRUITING AGENCY, Austin, TX, pg. 858
PATRIOT ADVERTISING INC., Katy, TX, pg. 858
PAUL WERTH ASSOCIATES, INC., Columbus, OH, pg. 858
PAULSEN MARKETING COMMUNICATIONS, INC., Sioux Falls, SD, pg. 859
PAVLOV, Fort Worth, TX, pg. 859
PEAKBIETY, BRANDING + ADVERTISING, Tampa, FL, pg. 860
PEPPERCOMM, New York, NY, pg. 1607
PERICH ADVERTISING + DESIGN, Ann Arbor, MI, pg. 864
PERISCOPE, Minneapolis, MN, pg. 864
PG CREATIVE, Miami, FL, pg. 867
PGR MEDIA, LLC., Boston, MA, pg. 867
PHD, New York, NY, pg. 1361
PHELPS, Playa Vista, CA, pg. 867

AGENCIES

SPECIAL MARKET INDEX

PHOENIX MARKETING INTERNATIONAL, Milwaukee, WI, pg. 869
PIERPONT COMMUNICATIONS, INC., Houston, TX, pg. 1608
PIERSON GRANT PUBLIC RELATIONS, Fort Lauderdale, FL, pg. 870
PINCKNEY HUGO GROUP, Syracuse, NY, pg. 871
PINGER PR AT POWERS, Cincinnati, OH, pg. 1609
PINTA, New York, NY, pg. 872
PITA COMMUNICATIONS LLC, Rocky Hill, CT, pg. 873
PIXACORE, New York, NY, pg. 874
PJA, Cambridge, MA, pg. 874
PLAN B (THE AGENCY ALTERNATIVE), Chicago, IL, pg. 876
PLAN C AGENCY, Los Angeles, CA, pg. 876
PLATYPUS ADVERTISING + DESIGN, Pewaukee, WI, pg. 877
POINT TO POINT INC., Beachwood, OH, pg. 880
POLARIS RECRUITMENT COMMUNICATIONS, Miamisburg, OH, pg. 881
POLLER & JORDAN ADVERTISING AGENCY, INC., Miami, FL, pg. 881
PONDELWILKINSON INC., Woodland Hls, CA, pg. 882
PONDER IDEAWORKS, Huntington Beach, CA, pg. 882
PORETTA & ORR, INC., Doylestown, PA, pg. 883
PORTAVOCE PR, Carlsbad, CA, pg. 1612
PORTER NOVELLI, New York, NY, pg. 1612
POSNER MILLER ADVERTISING, New York, NY, pg. 883
POWER MEDIA INC., Jericho, NY, pg. 1364
POWERS AGENCY, Cincinnati, OH, pg. 885
PP+K, Tampa, FL, pg. 885
PRAIRIE DOG/TCG, Kansas City, MO, pg. 886
PRECISIONEFFECT, Boston, MA, pg. 887
PRESTON KELLY, Minneapolis, MN, pg. 888
THE PRICE GROUP, INC., Lubbock, TX, pg. 888
PRICEWEBER MARKETING COMMUNICATIONS, INC., Louisville, KY, pg. 889
PRIMEDIA INC., Warwick, RI, pg. 1364
PRINCETON PARTNERS, INC., Princeton, NJ, pg. 890
PRODIGAL MEDIA COMPANY, Boardman, OH, pg. 890
PRODUCT MARKETING GROUP, INC., Altamonte Spg, FL, pg. 891
PROJECT, Auburn Hills, MI, pg. 891
PROM KROG ALTSTIEL INC., Mequon, WI, pg. 892
PROSEK PARTNERS, Stratford, CT, pg. 1619
PROTERRA ADVERTISING, Addison, TX, pg. 894
PRR INC, Seattle, WA, pg. 895
PRX DIGITAL SILICON VALLEY, San Jose, CA, pg. 1620
PUBLICIS HAWKEYE, Dallas, TX, pg. 1282
PUBLICIS HEALTHCARE COMMUNICATIONS GROUP, New York, NY, pg. 911
PUBLICIS NEW YORK, New York, NY, pg. 912
PULSECX, Montgomeryville, PA, pg. 916
PUREI, Batavia, IL, pg. 917
PUROHIT NAVIGATION, Chicago, IL, pg. 918
PUSH, Orlando, FL, pg. 918
PUSHTWENTYTWO, Pontiac, MI, pg. 919
QD SOLUTIONS, INC., Austin, TX, pg. 920
QOOQOO, Irvine, CA, pg. 920
QUARRY INTEGRATED COMMUNICATIONS, Saint Jacobs, pg. 921
THE QUELL GROUP, Troy, MI, pg. 922
QUEUE CREATIVE, Lansing, MI, pg. 922
R&J STRATEGIC COMMUNICATIONS, Bridgewater, NJ, pg. 1622
R&R PARTNERS, Las Vegas, NV, pg. 924
RACEPOINT GLOBAL, Boston, MA, pg. 1623
RAIN, New York, NY, pg. 1283
RAKA, Portsmouth, NH, pg. 930
RAPP, New York, NY, pg. 931
RATTLE ADVERTISING, Beverly, MA, pg. 933
RAWLE MURDY ASSOCIATES, INC., Charleston, SC, pg. 934
RBMM, Dallas, TX, pg. 934
R.C. AULETTA & CO., New York, NY, pg. 1626
RCG PRODUCTIONS, Coral Springs, FL, pg. 1225
RDW GROUP INC., Providence, RI, pg. 935
RED7E, Louisville, KY, pg. 942
REDSTONE COMMUNICATIONS INC., Omaha, NE, pg. 944
RE:GROUP, INC., Ann Arbor, MI, pg. 945
REILLY CONNECT, Chicago, IL, pg. 1628
THE REPUBLIK, Raleigh, NC, pg. 947
REPUBLIK PUBLICITE + DESIGN INC., Montreal, pg. 947
RESOURCE COMMUNICATIONS GROUP, Plano, TX, pg. 949
RESPONSORY, Brookfield, WI, pg. 950
REVEL, Richardson, TX, pg. 952

RHEA + KAISER, Naperville, IL, pg. 954
RHYMES ADVERTISING & MARKETING, Bellaire, TX, pg. 955
RICHARDS, Russell, OH, pg. 955
THE RICHARDS GROUP, INC., Dallas, TX, pg. 956
RICHARDS PARTNERS, Dallas, TX, pg. 1631
RICHTER7, Salt Lake City, UT, pg. 957
RIESTER, Phoenix, AZ, pg. 958
RIGER ADVERTISING AGENCY, INC., Binghamton, NY, pg. 958
RIGHT PLACE MEDIA, Lexington, KY, pg. 1367
RILEY HAYES ADVERTISING, Minneapolis, MN, pg. 959
RISDALL MARKETING GROUP, Roseville, MN, pg. 959
RISE INTERACTIVE, Chicago, IL, pg. 960
RITTA, Paramus, NJ, pg. 960
RJW MEDIA, Pittsburgh, PA, pg. 1368
R.M. BARROWS, INC. ADVERTISING & PUBLIC RELATIONS, San Mateo, CA, pg. 962
RMI MARKETING & ADVERTISING, Emerson, NJ, pg. 962
ROBERT MARSTON & ASSOCIATES, INC., New York, NY, pg. 963
ROBERTS COMMUNICATIONS INC., Rochester, NY, pg. 963
ROBERTSON & PARTNERS, Las Vegas, NV, pg. 964
ROBIN LEEDY & ASSOCIATES, Pleasantville, NY, pg. 1632
ROCKET 55, Minneapolis, MN, pg. 964
ROCKET RED, Dallas, TX, pg. 965
THE ROCKFORD GROUP, New City, NY, pg. 965
ROGERS FINN PARTNERS, Los Angeles, CA, pg. 1633
ROME & COMPANY, Woodridge, IL, pg. 966
RON FOTH ADVERTISING, Columbus, OH, pg. 967
RONIN ADVERTISING GROUP, Miami, FL, pg. 967
ROOP & CO., Cleveland, OH, pg. 1633
ROUNTREE GROUP COMMUNICATIONS MANAGEMENT, Alpharetta, GA, pg. 1635
RPA, Santa Monica, CA, pg. 970
RPM ADVERTISING, Chicago, IL, pg. 971
RSQ, Mobile, AL, pg. 971
RT&E INTEGRATED COMMUNICATIONS, Villanova, PA, pg. 971
RUNNER AGENCY, Dallas, TX, pg. 1286
RUSSELL HERDER, Minneapolis, MN, pg. 972
RXMOSAIC, New York, NY, pg. 973
S3, Boonton, NJ, pg. 974
SACUNAS, Harrisburg, PA, pg. 986
SAESHE ADVERTISING, Los Angeles, CA, pg. 986
SAGON-PHIOR, West Los Angeles, CA, pg. 1638
SAIBOT MEDIA INC., Boca Raton, FL, pg. 987
SAMBA ROCK, Miami Beach, FL, pg. 988
SANDBOX CHICAGO, Chicago, IL, pg. 989
SANDY HULL & ASSOCIATES, Minneapolis, MN, pg. 990
SAPUTO DESIGN, INC., Westlake Village, CA, pg. 991
SAVAGE SOLUTIONS, LLC, Franklin, WI, pg. 992
THE SAWTOOTH GROUP, Red Bank, NJ, pg. 992
SBC, Columbus, OH, pg. 993
SCHAEFER ADVERTISING CO., Fort Worth, TX, pg. 994
SCOPPECHIO, Louisville, KY, pg. 997
SCOTT PUBLIC RELATIONS, Canoga Park, CA, pg. 1642
SCOUT MARKETING, Atlanta, GA, pg. 998
SEAN TRACEY ASSOCIATES, Portsmouth, NH, pg. 1000
THE SELLS AGENCY, INC., Little Rock, AR, pg. 1002
SEROKA, Waukesha, WI, pg. 1003
SEVENTH POINT, Virginia Beach, VA, pg. 1004
SEXTON & CO., Aurora, CO, pg. 1004
SFW AGENCY, Winston Salem, NC, pg. 1004
SHARAVSKY COMMUNICATIONS, Lafayette Hill, PA, pg. 1005
SHASHO JONES DIRECT INC., New York, NY, pg. 1006
SHEEHY & ASSOCIATES, Louisville, KY, pg. 1006
SHERMAN COMMUNICATIONS & MARKETING, Chicago, IL, pg. 1007
SHERRY MATTHEWS ADVOCACY MARKETING, Austin, TX, pg. 1007
SHOPPER MARKETING GROUP ADVERTISING INC., Porter Ranch, CA, pg. 1009
SIDDALL, INC., Richmond, VA, pg. 1010
SIGMA GROUP, Upper Saddle River, NJ, pg. 1011
SIGMA MARKETING GROUP LLC, Rochester, NY, pg. 1012
THE SIGNATURE AGENCY, Wake Forest, NC, pg. 1013
SILVERLIGHT DIGITAL, New York, NY, pg. 1368
SIMANTEL, Peoria, IL, pg. 1014
THE SIMON GROUP, INC., Sellersville, PA, pg. 1014
SIMPLE TRUTH COMMUNICATION PARTNERS, Chicago, IL, pg. 1015
SLINGSHOT, LLC, Dallas, TX, pg. 1021
SMA NYC, New York, NY, pg. 1021

SMITH ASBURY INC, West Linn, OR, pg. 1023
SMITH BROTHERS AGENCY, LP, Pittsburgh, PA, pg. 1023
SMITH, PHILLIPS & DI PIETRO, Yakima, WA, pg. 1024
SMITHGIFFORD, Falls Church, VA, pg. 1024
SMITHSOLVE LLC, Morristown, NJ, pg. 1024
SOCIALLY PRESENT, Carbondale, IL, pg. 1026
SOLOMON MCCOWN & COMPANY, INC., Boston, MA, pg. 1648
SOME CONNECT, Chicago, IL, pg. 1291
SOMETHING MASSIVE, Los Angeles, CA, pg. 1291
SPACETIME, INC., Chicago, IL, pg. 1369
SPARKS GROVE, Atlanta, GA, pg. 1032
SPAWN IDEAS, Anchorage, AK, pg. 1032
SPECIALTY TRUCK RENTALS, Santa Monica, CA, pg. 1416
SPECTRUM SCIENCE COMMUNICATIONS, INC., Washington, DC, pg. 1649
THE SPI GROUP LLC, Fairfield, NJ, pg. 1649
SPIKER COMMUNICATIONS, INC., Missoula, MT, pg. 1033
SPIRO & ASSOCIATES MARKETING, ADVERTISING & PUBLIC RELATIONS, Fort Myers, FL, pg. 1034
SPM MARKETING & COMMUNICATIONS, La Grange, IL, pg. 1035
SPURRIER MEDIA GROUP, Richmond, VA, pg. 1370
SQUARE ONE MARKETING, West Hartford, CT, pg. 1037
SQUARE TOMATO, Seattle, WA, pg. 1038
S.R. VIDEO PICTURES, LTD., Haverstraw, NY, pg. 1038
SRPR, Los Angeles, CA, pg. 1039
THE ST. GREGORY GROUP, INC., Cincinnati, OH, pg. 1040
ST. JOHN & PARTNERS, Jacksonville, FL, pg. 1040
STANDING PARTNERSHIP, Saint Louis, MO, pg. 1650
STANTON COMMUNICATIONS, INC., Washington, DC, pg. 1651
STARCOM, Chicago, IL, pg. 1370
STARMARK INTERNATIONAL, INC., Fort Lauderdale, FL, pg. 1043
STEELE & ASSOCIATES, INC., Pocatello, ID, pg. 1045
STEINREICH COMMUNICATIONS, New York, NY, pg. 1651
STERLING RICE GROUP, Boulder, CO, pg. 1047
STERN ADVERTISING, INC., Cleveland, OH, pg. 1048
STERN STRATEGY GROUP, Iselin, NJ, pg. 1652
STEVENS & TATE MARKETING, Lombard, IL, pg. 1048
STEVENS STRATEGIC COMMUNICATIONS, INC., Westlake, OH, pg. 1048
STEWARD MARKETING, LLC, The Woodlands, TX, pg. 1049
STIR ADVERTISING & INTEGRATED MARKETING, Milwaukee, WI, pg. 1050
STOCKHOLM DESIGN, Studio City, CA, pg. 1050
STONE WARD, Little Rock, AR, pg. 1050
STRATEGIC AMERICA, West Des Moines, IA, pg. 1052
STRATEGIC DOMAIN, INC., New York, NY, pg. 1053
STRATEGIES, A MARKETING COMMUNICATIONS CORPORATION, Tustin, CA, pg. 1053
STREICKER & COMPANY INC., East Providence, RI, pg. 1054
STUDE-BECKER ADVERTISING LLC, Saint Paul, MN, pg. 1055
STURGES WORD COMMUNICATIONS, Kansas City, MO, pg. 1654
SUBLIME COMMUNICATIONS LLC, Stamford, CT, pg. 1057
SUBMIT EXPRESS INC., Glendale, CA, pg. 1057
SUDLER & HENNESSEY, Montreal, pg. 1058
SUITS & SANDALS, LLC, Brooklyn, NY, pg. 1293
SULLIVAN BRANDING, Memphis, TN, pg. 1059
SULLIVAN HIGDON & SINK INCORPORATED, Wichita, KS, pg. 1059
SUNDOG, Fargo, ND, pg. 1061
SUSAN BLOND, INC., New York, NY, pg. 1063
SUSAN DAVIS INTERNATIONAL, Washington, DC, pg. 1063
SVM PUBLIC RELATIONS & MARKETING COMMUNICATIONS, Providence, RI, pg. 1064
SWANSON RUSSELL ASSOCIATES, Lincoln, NE, pg. 1064
SWBR, INC., Bethlehem, PA, pg. 1065
SWEENEY, Cleveland, OH, pg. 1065
SWIRL MCGARRYBOWEN, San Francisco, CA, pg. 1067
SYNEOS HEALTH, INC., Raleigh, NC, pg. 1068
T. J. SACKS & ASSOCIATES, New York, NY, pg. 1068
T3, Austin, TX, pg. 1069
TAFT & PARTNERS, Lawrenceville, NJ, pg. 1070
TAIGMARKS INC., Elkhart, IN, pg. 1071

SPECIAL MARKET INDEX

AGENCIES

TAKE 5 MEDIA GROUP, Boca Raton, FL, pg. 1071
TARGETBASE, Irving, TX, pg. 1073
TARTAN MARKETING, Maple Grove, MN, pg. 1074
TBC INC., Baltimore, MD, pg. 1076
TBC, INC./PR DIVISION, Baltimore, MD, pg. 1656
TBD, San Francisco, CA, pg. 1076
TBWA/WORLDHEALTH, New York, NY, pg. 1077
TC CREATIVES LLC, Woodland Hills, CA, pg. 1093
THAT AGENCY, West Palm Bch, FL, pg. 1098
THAYER MEDIA, INC., Denver, CO, pg. 1376
THIRD DEGREE ADVERTISING, Norman, OK, pg. 1100
THE THOMPSON AGENCY, Charlotte, NC, pg. 1101
THREE LAKES MARKETING, Austin, TX, pg. 1102
TIDAL SHORES INC., Houston, TX, pg. 1102
TIDESMART GLOBAL, Falmouth, ME, pg. 1103
TIER ONE PARTNERS, Lexington, MA, pg. 1660
TIERNEY COMMUNICATIONS, Philadelphia, PA, pg. 1103
TINSLEY ADVERTISING, Miami, FL, pg. 1104
TINSLEY CREATIVE, Lakeland, FL, pg. 1105
TMP WORLDWIDE ADVERTISING & COMMUNICATIONS, LLC, New York, NY, pg. 1107
TOM, DICK & HARRY CREATIVE, Chicago, IL, pg. 1108
THE TOMBRAS GROUP, Knoxville, TN, pg. 1108
TOMSHEEHAN WORLDWIDE, Reading, PA, pg. 1109
TOTALCOM MARKETING, INC., Tuscaloosa, AL, pg. 1110
TRACTION FACTORY, Milwaukee, WI, pg. 1112
TRANSIT MEDIA GROUP, Huntington Beach, CA, pg. 1376
TRANSMEDIA GROUP, Boca Raton, FL, pg. 1662
TRELLIS MARKETING, INC, Buffalo, NY, pg. 1115
TRI-MEDIA INTEGRATED MARKETING TECHNOLOGIES INC., Saint Catharines, pg. 1115
TRIAD BUSINESS MARKETING, Dallas, TX, pg. 1116
TRIBALVISION, Boston, MA, pg. 1116
TRILIX MARKETING GROUP, INC., Des Moines, IA, pg. 1117
TRINET INTERNET SOLUTIONS, INC., Irvine, CA, pg. 1118
TRIPLEINK, Minneapolis, MN, pg. 1118
TRONE BRAND ENERGY, INC., High Point, NC, pg. 1119
TRUMPET LLC, New Orleans, LA, pg. 1120
TSA COMMUNICATIONS, INC., Warsaw, IN, pg. 1121
TURCHETTE ADVERTISING AGENCY LLC, Fairfield, NJ, pg. 1121
TURKEL BRANDS, Coral Gables, FL, pg. 1122
TURTLEDOVE CLEMENS, INC., Portland, OR, pg. 1123
UN/COMMON, Sacramento, CA, pg. 1125
UNION, Charlotte, NC, pg. 1298
THE UNREAL AGENCY, Freehold, NJ, pg. 1127
U.S. INTERNATIONAL MEDIA, LLC, Los Angeles, CA, pg. 1378
UWG, Brooklyn, NY, pg. 1129
VALMARK ASSOCIATES, LLC, Amherst, NY, pg. 1130
VAN EPEREN & COMPANY, Rockville, MD, pg. 1665
VANTAGEPOINT, INC, Greenville, SC, pg. 1131
VARGAS & AMIGOS INC., Marietta, GA, pg. 1131
THE VARIABLE AGENCY, Winston Salem, NC, pg. 1131
VERSANT, Milwaukee, WI, pg. 1134
VIA MARKETING, INC., Merrillville, IN, pg. 1136
VIAS LATINO MARKETING, Grand Rapids, MI, pg. 1136
VIGET, Falls Church, VA, pg. 1300
VILLING & COMPANY, INC., South Bend, IN, pg. 1137
VINCODO, Langhorne, PA, pg. 1138
VISION CREATIVE GROUP, INC., Morris Plains, NJ, pg. 1139
VISITECH PR, Denver, CO, pg. 1667
VITAMIN, Baltimore, MD, pg. 1140
VITRO, San Diego, CA, pg. 1141
VLADIMIR JONES, Colorado Springs, CO, pg. 1142
VML, Kalamazoo, MI, pg. 1300
VML, INC., Kansas City, MO, pg. 1143
VOGEL MARKETING SOLUTIONS LLC, Lancaster, PA, pg. 1145
VOX GLOBAL, Washington, DC, pg. 1146
WALKER & ASSOCIATES, INC., Memphis, TN, pg. 1148
WALT KLEIN ADVERTISING, Denver, CO, pg. 1150
WALTER F. CAMERON ADVERTISING INC., Hauppauge, NY, pg. 1151
WALZ TETRICK ADVERTISING, Mission, KS, pg. 1151
THE WARD GROUP, Frisco, TX, pg. 1152
WARHAFTIG ASSOCIATES INC., New York, NY, pg. 1152
WASSERMAN & PARTNERS ADVERTISING INC., Vancouver, pg. 1153
WAVEMAKER GLOBAL LTD, New York, NY, pg. 1379
WC MEDIA INC., Springfield, IL, pg. 1154
WE, Bellevue, WA, pg. 1671
WEBER SHANDWICK, New York, NY, pg. 1673
WEBWORKS ALLIANCE, Hartsdale, NY, pg. 1156

WEIDERT GROUP INC., Appleton, WI, pg. 1156
THE WEINBACH GROUP, INC., South Miami, FL, pg. 1157
THE WEINSTEIN ORGANIZATION, INC., Chicago, IL, pg. 1157
WELLNESS COMMUNICATIONS, Newburgh, IN, pg. 1158
THE WENDT AGENCY, Great Falls, MT, pg. 1159
WENSTROM COMMUNICATIONS, Clearwater, FL, pg. 1387
WH2P, INC., Yorklyn, DE, pg. 1160
WHITESPACE CREATIVE, Akron, OH, pg. 1161
WHITNEY ADVERTISING & DESIGN, INC., Park City, UT, pg. 1162
WIDEGROUP INTERACTIVE, Beverly Hills, CA, pg. 1163
WIEDEN + KENNEDY, INC., Portland, OR, pg. 1163
WILLIAMS AND HOUSE, Avon, CT, pg. 1168
WILLIAMS/CRAWFORD & ASSOCIATES, Fort Smith, AR, pg. 1168
WILLIAMS-HELDE MARKETING COMMUNICATIONS, Seattle, WA, pg. 1169
WILLIAMS WHITTLE ASSOCIATES, INC., Alexandria, VA, pg. 1169
WILSON STRATEGIC, Lynnwood, WA, pg. 1684
WINFIELD & ASSOCIATES MARKETING & ADVERTISING, Cary, NC, pg. 1170
WING, New York, NY, pg. 1170
WINSTANLEY PARTNERS, Lenox, MA, pg. 1171
WITECK COMMUNICATIONS, Washington, DC, pg. 1685
WITHERSPOON & ASSOCIATES, INC., Fort Worth, TX, pg. 1173
THE WOLF AGENCY, Dallas, TX, pg. 1173
WOMENKIND, New York, NY, pg. 1174
THE WOOD AGENCY, San Antonio, TX, pg. 1175
WOODRUFF, Columbia, MO, pg. 1175
WOONTEILER INK, Hingham, MA, pg. 1176
WORDS AND PICTURES CREATIVE SERVICE, INC., Park Ridge, NJ, pg. 1176
WORDWRITE COMMUNICATIONS, Pittsburgh, PA, pg. 1686
WORKER BEES, INC., Seattle, WA, pg. 1177
WORLD ONE COMMUNICATIONS, LLC, Moosic, PA, pg. 1177
WORX BRANDING & ADVERTISING, Prospect, CT, pg. 1178
WRAY WARD MARKETING COMMUNICATIONS, Charlotte, NC, pg. 1187
WUNDERMAN WORLD HEALTH, Washington, DC, pg. 1193
WWDB INTEGRATED MARKETING, Fort Lauderdale, FL, pg. 1193
WYSE, Cleveland, OH, pg. 1193
XAXIS, LLC, New York, NY, pg. 1302
XSTATIC PUBLIC RELATIONS, Parker, CO, pg. 1194
Y&R AUSTIN, Austin, TX, pg. 1194
YAFFE GROUP, Southfield, MI, pg. 1195
YANKEE PUBLIC RELATIONS, Pittstown, NJ, pg. 1195
YELLIN/MCCARRON, INC., Salem, NH, pg. 1387
Z MARKETING PARTNERS, Indianapolis, IN, pg. 1209
ZEHNDER COMMUNICATIONS, INC., New Orleans, LA, pg. 1210
ZENITH USA, New York, NY, pg. 1391
ZLOKOWER COMPANY LLC, New York, NY, pg. 1690
ZLRIGNITION, Des Moines, IA, pg. 1214
ZOG DIGITAL, Phoenix, AZ, pg. 1214
ZONE 5, San Francisco, CA, pg. 1215
ZUCHELLI & JOHNSON HEALTHCARE COMMUNICATIONS, Seaford, NY, pg. 1216

High Technology

10FOLD COMMUNICATIONS, Pleasanton, CA, pg. 1421
1185 DESIGN, Palo Alto, CA, pg. 1
36CREATIVE, Salem, NH, pg. 7
3MARKETEERS ADVERTISING, INC., San Jose, CA, pg. 8
5BY5 AGENCY, Brentwood, TN, pg. 10
5METACOM, IndianaPOlis, IN, pg. 10
5W PUBLIC RELATIONS, New York, NY, pg. 1423
6S MARKETING, New York, NY, pg. 1305
802 CREATIVE PARTNERS, INC., Stowe, VT, pg. 12
919 MARKETING COMPANY, Holly Springs, NC, pg. 13
AAI (ADVERTISING ASSOCIATES INTERNATIONAL), Boston, MA, pg. 15
AB+C, Wilmington, DE, pg. 16
ABSOLUTE MEDIA INC., Stamford, CT, pg. 1305
ABZ CREATIVE PARTNERS, Charlotte, NC, pg. 18
ACCELERATOR ADVERTISING INC., Lewis Center, OH, pg. 19
ACENTO ADVERTISING, INC., Santa Monica, CA, pg. 20
ACTIFY MEDIA, Helena, MT, pg. 22
A.D. ADAMS ADVERTISING, INC., Englewood Cliffs, NJ, pg. 1426
AD CETERA, INC., Addison, TX, pg. 23
AD DAWG CREATIVE, Redwood City, CA, pg. 23
AD-SUCCESS MARKETING, Lexington, KY, pg. 24
ADAMS & KNIGHT, INC., Avon, CT, pg. 25
THE ADAMS GROUP, Columbia, SC, pg. 26
ADCETERA GROUP, Houston, TX, pg. 27
ADPERSUASION, Irvine, CA, pg. 32
ADSOKA, INC., Minneapolis, MN, pg. 33
ADVANCED MARKETING STRATEGIES, San Diego, CA, pg. 33
ADVANTIX DIGITAL, Addison, TX, pg. 1233
ADVENTIUM, LLC, New York, NY, pg. 34
ADVENTIVE MARKETING, INC., Chicago, IL, pg. 35
ADVERTEL, INC., Pittsburgh, PA, pg. 35
AERIAL ADVERTISING SERVICES, Livermore, CA, pg. 1306
AGENCY CREATIVE, Dallas, TX, pg. 38
AGENCY59, Toronto, pg. 39
AIRFOIL, Royal Oak, MI, pg. 1429
AJ ROSS CREATIVE MEDIA, INC., Chester, NY, pg. 42
AKA DIRECT, INC., Portland, OR, pg. 42
AKINS MARKETING & DESIGN L.L.C., Sarasota, FL, pg. 43
AL SHULTZ ADVERTISING, INC., San Jose, CA, pg. 43
ALCHEMY AT AMS, Dallas, TX, pg. 44
ALLEN & GERRITSEN, Boston, MA, pg. 45
ALLEN FINLEY ADVERTISING, INC., Hickory, NC, pg. 46
ALLISON & PARTNERS, San Francisco, CA, pg. 1430
ALTMAN-HALL ASSOCIATES, Erie, PA, pg. 50
THE ALTUS AGENCY, Philadelphia, PA, pg. 50
AMBIT MARKETING COMMUNICATIONS, Fort Lauderdale, FL, pg. 51
AMELIE COMPANY, Denver, CO, pg. 51
AMERICAN NEWSPAPER REPRESENTATIVES, INC., Troy, MI, pg. 1307
AMPERAGE, Cedar Falls, IA, pg. 53
AMPM, INC., Midland, MI, pg. 54
ANDERSON-MADISON ADVERTISING, INC., Minneapolis, MN, pg. 57
ANSIRA, Chicago, IL, pg. 1396
ANSON-STONER INC., Winter Park, FL, pg. 60
ANTENNA GROUP, INC., San Francisco, CA, pg. 1433
ANVIL MEDIA, INC., Portland, OR, pg. 1307
APCO WORLDWIDE, Washington, DC, pg. 62
ARCHER MALMO AUSTIN, Austin, TX, pg. 66
ARGYLL, Redondo Beach, CA, pg. 68
ARKSIDE MARKETING, Riverside, CA, pg. 69
ARNOLD WORLDWIDE, Boston, MA, pg. 69
ARRCO MEDICAL MARKETING, Walpole, MA, pg. 71
ARTICULATE COMMUNICATIONS INC., New York, NY, pg. 1434
ARTICUS LTD. MARKETING COMMUNICATIONS, Philadelphia, PA, pg. 72
THE ARTIME GROUP, Pasadena, CA, pg. 72
ARTS & LETTERS CREATIVE CO, Richmond, VA, pg. 73
ASSEMBLY, New York, NY, pg. 1308
ATTACHE, INC., Columbus, OH, pg. 76
AUDIENCE INNOVATION, Austin, TX, pg. 76
AUGUST, LANG & HUSAK, INC., Bethesda, MD, pg. 77
AUSTIN LAWRENCE GROUP, Stamford, CT, pg. 78
AXIA PUBLIC RELATIONS, Jacksonville, FL, pg. 80
AXXIS ADVERTISING LLC, Phoenix, AZ, pg. 81
THE BAILIWICK COMPANY, New Hope, PA, pg. 1437
THE BALCOM AGENCY, Fort Worth, TX, pg. 85
THE BAM CONNECTION, Brooklyn, NY, pg. 86
BANDUJO ADVERTISING & DESIGN, New York, NY, pg. 87
BARBEAU-HUTCHINGS ADVERTISING, INC., Shelton, CT, pg. 88
BARNHART, Denver, CO, pg. 91
BAROLIN & SPENCER, INC., Voorhees, NJ, pg. 91
BARTLEY & DICK, New York, NY, pg. 94
BASS ADVERTISING, Sioux City, IA, pg. 95
BAYARD ADVERTISING AGENCY, INC., New York, NY, pg. 96
BBH NEW YORK, New York, NY, pg. 115
BDOT, New York, NY, pg. 117
BDS MARKETING, Irvine, CA, pg. 117
BEAM, Boston, MA, pg. 1240
BEAM INTERACTIVE, Boston, MA, pg. 1240
BEAUTY\@GOTHAM, New York, NY, pg. 119
BECKER GUERRY, Middletown, NJ, pg. 119
BECKETT & BECKETT, INC., Altadena, CA, pg. 120

A-167

AGENCIES

SPECIAL MARKET INDEX

BEEBY CLARK + MEYLER, Stamford, CT, pg. 120
BENDER8, Kansas City, MO, pg. 1240
BENEDICT ADVERTISING, Daytona Beach, FL, pg. 122
BERLINE, Royal Oak, MI, pg. 124
BERNARD & COMPANY, Palatine, IL, pg. 124
BFW ADVERTISING + INTERACTIVE, Boca Raton, FL, pg. 127
BIANCHI PUBLIC RELATIONS INC., Troy, MI, pg. 1449
BIG RIVER ADVERTISING, Richmond, VA, pg. 129
BIGBUZZ MARKETING GROUP, New York, NY, pg. 130
BITNER GOODMAN, Fort Lauderdale, FL, pg. 1450
BLACK & WHITE ADVERTISING, INC., Ocean Springs, MS, pg. 132
BLACK OLIVE LLC, Chicago, IL, pg. 132
BLACKWING CREATIVE, Seattle, WA, pg. 133
BLANC & OTUS PUBLIC RELATIONS, San Francisco, CA, pg. 1451
BLASS MARKETING, Old Chatham, NY, pg. 134
BLEND, Los Angeles, CA, pg. 135
BLIND SOCIETY, Scottsdale, AZ, pg. 136
BLOOMFIELD KNOBLE, Irving, TX, pg. 137
BLR/FURTHER, Birmingham, AL, pg. 138
BLUE DIMENSION, Evanston, IL, pg. 139
BLUE FOUNTAIN MEDIA, New York, NY, pg. 1241
BLUE OLIVE CONSULTING, Florence, AL, pg. 139
BOATHOUSE GROUP INC., Waltham, MA, pg. 143
BOC PARTNERS, Middlesex, NJ, pg. 143
BOLIN MARKETING, Minneapolis, MN, pg. 145
THE BORENSTEIN GROUP, INC., Fairfax, VA, pg. 147
BOSCOBEL MARKETING COMMUNICATIONS, Silver Spring, MD, pg. 148
THE BOSTON GROUP, Boston, MA, pg. 149
THE BOSWORTH GROUP, Charleston, SC, pg. 149
BOTHWELL MARKETING, Sonoma, CA, pg. 149
BOZELL, Omaha, NE, pg. 150
BRAINS ON FIRE, INC., Greenville, SC, pg. 152
BRAINSTORMS ADVERTISING & MARKETING, INC., Fort Lauderdale, FL, pg. 153
BRAND LUCENCE, New York, NY, pg. 155
BRANDIGO, Newburyport, MA, pg. 156
BRANDINGBUSINESS, Irvine, CA, pg. 157
BRANDSYMBOL, Charlotte, NC, pg. 159
BRANDTAILERS, Newport Beach, CA, pg. 159
BRANDTUITIVE, New York, NY, pg. 159
BRANDWISE, Fort Worth, TX, pg. 160
BRAVE NEW MARKETS, Owings Mills, MD, pg. 1242
BREAKAWAY COMMUNICATIONS LLC, New York, NY, pg. 1456
THE BRICK FACTORY, Washington, DC, pg. 1243
BRICK, INC., Minneapolis, MN, pg. 162
BRIDGE GLOBAL STRATEGIES LLC, New York, NY, pg. 1456
BRIDGEMAN COMMUNICATIONS, INC., Boston, MA, pg. 1457
BRIERLEY & PARTNERS, Plano, TX, pg. 162
BRIGHAM SCULLY, Bangor, ME, pg. 163
BROADSTREET, New York, NY, pg. 1398
BRODEUR PARTNERS, Boston, MA, pg. 1457
BROGAN & PARTNERS CONVERGENCE MARKETING, Birmingham, MI, pg. 166
BROLIK, Philadelphia, PA, pg. 1243
BROWNING AGENCY, New Providence, NJ, pg. 168
BRUNNER, Pittsburgh, PA, pg. 169
BURGESS COMMUNICATIONS, INC, Thornton, PA, pg. 174
BURK ADVERTISING & MARKETING, Dallas, TX, pg. 174
BUSINESS-TO-BUSINESS MARKETING COMMUNICATIONS, Raleigh, NC, pg. 177
BUTCHER SHOP CREATIVE, San Francisco, CA, pg. 177
BUTLER, SHINE, STERN & PARTNERS, Sausalito, CA, pg. 177
BUTLER/TILL, Rochester, NY, pg. 1313
BUY ADS DIRECT, Ridge Manor, FL, pg. 1313
BUZZSAW ADVERTISING & DESIGN INC., Irvine, CA, pg. 178
CALISE PARTNERS INC., Dallas, TX, pg. 183
CALYPSO, Portsmouth, NH, pg. 184
CALYSTO COMMUNICATIONS, Atlanta, GA, pg. 1461
CAMPBELL EWALD, Detroit, MI, pg. 185
CAPITOL MARKETING GROUP, INC., Fairfax, VA, pg. 187
CARABINER COMMUNICATIONS, Lilburn, GA, pg. 1462
CARROLL/WHITE, Atlanta, GA, pg. 191
CASCADE WEB DEVELOPMENT, Portland, OR, pg. 192
CASHMAN & KATZ INTEGRATED COMMUNICATIONS, Glastonbury, CT, pg. 193
CASTELLS & ASOCIADOS, Los Angeles, CA, pg. 194
CATALYST MARKETING COMMUNICATIONS INC., Stamford, CT, pg. 195
CATALYST MARKETING COMPANY, Fresno, CA, pg. 195
CATALYST, SCIENCE + SOUL, Rochester, NY, pg. 195
CATAPULT PR-IR, L.L.C, Boulder, CO, pg. 1464
CAWOOD, Eugene, OR, pg. 1464
CCG MARKETING SOLUTIONS, West Caldwell, NJ, pg. 197
CD&M COMMUNICATIONS, Portland, ME, pg. 198
CDHM ADVERTISING, Stamford, CT, pg. 198
CENTRIC, Newhall, CA, pg. 200
CFIVE SOLUTIONS, Laguna Hills, CA, pg. 201
CGT MARKETING LLC, Amityville, NY, pg. 201
THE CHAPTER MEDIA, South Orange, NJ, pg. 203
CHARLES RYAN ASSOCIATES INC., Charleston, WV, pg. 203
CHARLESTON/ORWIG, INC., Hartland, WI, pg. 203
CHATTER BUZZ MEDIA, Orlando, FL, pg. 204
CHEMISTRY COMMUNICATIONS INC., Pittsburgh, PA, pg. 205
C.I. VISIONS INC., New York, NY, pg. 1468
CIBO, San Francisco, CA, pg. 1245
THE CIRLOT AGENCY, INC., Jackson, MS, pg. 209
CIVILIAN, Chicago, IL, pg. 210
CK COMMUNICATIONS, INC. (CKC), Indialantic, FL, pg. 210
CLEARPOINT AGENCY, Encinitas, CA, pg. 1470
CLICK HERE LABS, Dallas, TX, pg. 1246
CLICKBOOTH, Sarasota, FL, pg. 1315
CLICKMAIL MARKETING, INC., San Mateo, CA, pg. 1399
CLM MARKETING & ADVERTISING, Boise, ID, pg. 214
CMD, Portland, OR, pg. 215
COLLAGE ADVERTISING, Nashua, NH, pg. 219
COLLE+MCVOY, Minneapolis, MN, pg. 219
COLMAN BROHAN DAVIS, Chicago, IL, pg. 220
COLORPLAY STUDIO, Bend, OR, pg. 220
COMBLU INC., Chicago, IL, pg. 1472
COMBS & COMPANY, Little Rock, AR, pg. 221
COMMUNICATIONS 21, Atlanta, GA, pg. 1472
THE COMPANY, Houston, TX, pg. 224
THE COMPUTER STUDIO, Yonkers, NY, pg. 225
COMRADE, Oakland, CA, pg. 1246
CONNECT PUBLIC RELATIONS, Provo, UT, pg. 1474
COOK & SCHMID, San Diego, CA, pg. 1475
COOPER COMMUNICATIONS, Murrells Inlet, SC, pg. 230
COPACINO + FUJIKADO, LLC, Seattle, WA, pg. 230
CORINTHIAN MEDIA, INC., New York, NY, pg. 1316
CORPORATE INK, Boston, MA, pg. 1476
CORTEX, Quebec, pg. 1247
COYNE ADVERTISING & PUBLIC RELATIONS, Nevillewood, PA, pg. 234
CP+B BOULDER, Boulder, CO, pg. 235
CREATIVE COMMUNICATIONS CONSULTANTS, INC., Minneapolis, MN, pg. 240
CREATIVE DIRECTION, INC., Indianapolis, IN, pg. 241
CREATIVE ENERGY GROUP INC, Johnson City, TN, pg. 241
CREATIVE HOUSE STUDIOS, Cleveland, OH, pg. 242
CREATIVE MARKETING ALLIANCE INC., Princeton Junction, NJ, pg. 243
CREATIVE MINDWORKS, Miami, FL, pg. 244
CREATIVE PARTNERS, Stamford, CT, pg. 245
CREAXION, Atlanta, GA, pg. 246
CRENSHAW COMMUNICATIONS, New York, NY, pg. 1478
CRITICAL LAUNCH, LLC, Dallas, TX, pg. 247
CRITICAL MASS INC., Calgary, pg. 248
CRONIN, Glastonbury, CT, pg. 248
CROSBY MARKETING COMMUNICATIONS, Annapolis, MD, pg. 249
CROSSBOW GROUP, LLC, Westport, CT, pg. 249
CRUX CREATIVE, Milwaukee, WI, pg. 251
CTI MEDIA, Atlanta, GA, pg. 251
CTP, Boston, MA, pg. 252
CUMMINS, MACFAIL & NUTRY, INC., Somerville, NJ, pg. 254
CURRENT360, Louisville, KY, pg. 255
THE CYPHERS AGENCY, INC., Annapolis, MD, pg. 256
DAS GROUP, INC., Pembroke Pines, FL, pg. 260
THE DAVID JAMES AGENCY, Thousand Oaks, CA, pg. 262
DAVIESMOORE, Boise, ID, pg. 263
DAVIS ELEN ADVERTISING, INC., Los Angeles, CA, pg. 264
DAVIS HARRISON DION, INC., Chicago, IL, pg. 265
DAYNER HALL INC., Orlando, FL, pg. 266
DDB WORLDWIDE COMMUNICATIONS GROUP INC., New York, NY, pg. 268
DEBOW COMMUNICATIONS, LTD., New York, NY, pg. 284
DECCA DESIGN, San Jose, CA, pg. 284
DELFINO MARKETING COMMUNICATIONS, INC., Valhalla, NY, pg. 287
DELIA ASSOCIATES, Whitehouse, NJ, pg. 287
DELLA FEMINA ADVERTISING, New York, NY, pg. 287
DENTSU AEGIS, New York, NY, pg. 289
DENTSU INC., Tokyo, pg. 289
DEPARTURE, San Diego, CA, pg. 291
DESIGN ABOUT TOWN, San Francisco, CA, pg. 292
DEVELOPER MEDIA, Toronto, pg. 296
DEVITO GROUP, New York, NY, pg. 296
THE DEVON GROUP, Red Bank, NJ, pg. 1483
DEWAR COMMUNICATIONS INC., Toronto, pg. 297
DGS MARKETING ENGINEERS, Fishers, IN, pg. 297
DIAL HOUSE, San Francisco, CA, pg. 298
THE DIALOG MARKETING GROUP, Austin, TX, pg. 299
DIGITAS, Boston, MA, pg. 1250
DIRCKS ASSOCIATES, Saint James, NY, pg. 303
DIRECT EFFECT MEDIA SERVICES, Encinitas, CA, pg. 1318
DISCOVER THE WORLD MARKETING, Scottsdale, AZ, pg. 304
DJD/GOLDEN ADVERTISING, INC., New York, NY, pg. 309
DMA UNITED, New York, NY, pg. 310
DO GOOD MARKETING, LLC, Ridgewood, NJ, pg. 312
DOMUS INC., Philadelphia, PA, pg. 313
DOOR NUMBER 3, Austin, TX, pg. 316
DOREMUS, New York, NY, pg. 316
DORN MARKETING, Geneva, IL, pg. 317
DOUBLE-TEAM BUSINESS PLANS, Santa Monica, CA, pg. 317
DOVETAIL, Saint Louis, MO, pg. 318
DPR GROUP, INC., Frederick, MD, pg. 1488
DRAKE COOPER INC., Boise, ID, pg. 319
DREAMENTIA INC, Los Angeles, CA, pg. 320
DREAMWEAVER BRAND COMMUNICATIONS, Coconut Creek, FL, pg. 320
DRIVE BRAND STUDIO, North Conway, NH, pg. 320
DRIVEN 360, Temecula, CA, pg. 1488
DROGA5, New York, NY, pg. 321
THE DRUCKER GROUP, Des Plaines, IL, pg. 322
DSC (DILEONARDO SIANO CASERTA) ADVERTISING, Philadelphia, PA, pg. 323
DUFFEY COMMUNICATIONS, INC., Atlanta, GA, pg. 1489
DUFFEY PETROSKY, Farmington Hills, MI, pg. 324
DUFFY & SHANLEY, INC., Providence, RI, pg. 324
DUX PUBLIC RELATIONS, Canton, TX, pg. 1489
DWA, A MERKLE COMPANY, San Francisco, CA, pg. 1319
EAST COAST CATALYST, Boston, MA, pg. 328
EAST MEETS WEST PRODUCTIONS INC., Corpus Christi, TX, pg. 328
EDGE COMMUNICATIONS, INC., Los Angeles, CA, pg. 1497
EGG STRATEGY, Boulder, CO, pg. 333
EIC, New York, NY, pg. 1255
EJW ASSOCIATES, INC., Alpharetta, GA, pg. 334
EL CREATIVE, INC., Dallas, TX, pg. 334
ELEVEN INC., San Francisco, CA, pg. 336
EMG MARKETING, San Clemente, CA, pg. 339
EMI STRATEGIC MARKETING, INC., Boston, MA, pg. 1401
EMLEY DESIGN GROUP, Fort Wayne, IN, pg. 339
ENCODE, Jacksonville, FL, pg. 340
ENYE MEDIA, LLC, Oklahoma City, OK, pg. 342
EP+CO, Greenville, SC, pg. 343
EPICOSITY, Sioux Falls, SD, pg. 344
ERVIN & SMITH, Omaha, NE, pg. 348
ESTEY-HOOVER INC. ADVERTISING-PUBLIC RELATIONS, NewPOrt Beach, CA, pg. 350
ETARGETMEDIA.COM, INC., Coconut Creek, FL, pg. 350
EVANS ALLIANCE ADVERTISING, Sparta, NJ, pg. 351
EVENTIV (MARKETING, DESIGN & DISPLAY), Whitehouse, OH, pg. 353
EVINS COMMUNICATIONS, LTD., New York, NY, pg. 1501
EVOK ADVERTISING, Heathrow, FL, pg. 353
EVOKE IDEA GROUP, INC., Saint Charles, IL, pg. 354
EVOLVE, INC., Greenville, NC, pg. 354
EXCELER8, West Palm Beach, FL, pg. 355
EXPECT ADVERTISING, INC., Clifton, NJ, pg. 355
EXPLORE COMMUNICATIONS, Denver, CO, pg. 1321
FAHLGREN MORTINE, Columbus, OH, pg. 358
FASONE & PARTNERS, Kansas City, MO, pg. 362
FASTLANE, New York, NY, pg. 363
FCB GLOBAL, New York, NY, pg. 363

A-168

SPECIAL MARKET INDEX — AGENCIES

FELDER COMMUNICATIONS GROUP, Grand Rapids, MI, pg. 377
FINCH BRANDS, Philadelphia, PA, pg. 380
FIREFLY CREATIVE, INC., Atlanta, GA, pg. 383
FIRELIGHT GROUP, Madison, WI, pg. 1402
FIRST EXPERIENCE COMMUNICATIONS, Glastonbury, CT, pg. 383
FIRST MEDIA GROUP INC., Syracuse, NY, pg. 384
FISLER COMMUNICATIONS, Newbury, MA, pg. 385
FKQ ADVERTISING + MARKETING, Clearwater, FL, pg. 386
FLEISHMANHILLARD INC., Saint Louis, MO, pg. 1506
FLEMING & COMPANY INC., NewPOrt, RI, pg. 387
FLYING POINT DIGITAL, New York, NY, pg. 390
FMB ADVERTISING, Knoxville, TN, pg. 390
FORGE WORLDWIDE, Boston, MA, pg. 392
FORTYTWOEIGHTYNINE, Rockton, IL, pg. 393
THE FRANK AGENCY INC, Overland Park, KS, pg. 395
FREEBAIRN & CO., Atlanta, GA, pg. 397
FREEBAIRN & COMPANY PUBLIC RELATIONS, Atlanta, GA, pg. 1513
FREED ADVERTISING, Sugar Land, TX, pg. 397
FSB CORE STRATEGIES, Sacramento, CA, pg. 1514
FTI CONSULTING, Washington, DC, pg. 400
FTI CONSULTING, New York, NY, pg. 1514
FULL CONTACT ADVERTISING, Boston, MA, pg. 402
FULLSCREEN, INC., Los Angeles, CA, pg. 402
GABRIEL DEGROOD BENDT, MinneaPOlis, MN, pg. 407
GABRIEL MARKETING GROUP, McLean, VA, pg. 408
GAGE, Minneapolis, MN, pg. 1403
GAMS COMMUNICATIONS, Chicago, IL, pg. 409
GARRANDPARTNERS, Portland, ME, pg. 410
GARZA CREATIVE GROUP, Dallas, TX, pg. 411
THE GATE WORLDWIDE NEW YORK, New York, NY, pg. 411
GCG MARKETING, Fort Worth, TX, pg. 413
GENUINE INTERACTIVE, Boston, MA, pg. 414
GEOFFREY CARLSON GAGE, LLC, Wayzata, MN, pg. 415
GEORGE H. SIMPSON COMMUNICATIONS, New York, NY, pg. 1517
GIGANTE VAZ PARTNERS ADVERTISING, INC., New York, NY, pg. 419
GILES COMMUNICATIONS, LLC, Purchase, NY, pg. 1518
GIST & ERDMANN, INC., San Jose, CA, pg. 421
GLOBAL-5, INC., Longwood, FL, pg. 1518
GMR MARKETING LLC, New Berlin, WI, pg. 1403
GO MEDIA, Cleveland, OH, pg. 425
GOCONVERGENCE, Orlando, FL, pg. 426
GODA ADVERTISING, Inverness, IL, pg. 426
GODFREY ADVERTISING, Lancaster, PA, pg. 426
GODWIN ADVERTISING AGENCY, INC., Jackson, MS, pg. 427
GOOD ADVERTISING, INC., Memphis, TN, pg. 428
THE GOODNESS COMPANY, Wisconsin Rapids, WI, pg. 429
THE GOSS AGENCY INC., Asheville, NC, pg. 430
GRADY BRITTON, Portland, OR, pg. 430
GRANT MARKETING, Boston, MA, pg. 432
GREENRUBINO, Seattle, WA, pg. 436
GRETEMAN GROUP, Wichita, KS, pg. 437
GREY NEW YORK, New York, NY, pg. 438
GRIFF/SMC, INC. MEDICAL MARKETING COMMUNICATIONS, Boulder, CO, pg. 449
GRIFFIN WINK ADVERTISING, Lubbock, TX, pg. 450
GRIFFIN360, New York, NY, pg. 1525
GROUP46, Bluffton, SC, pg. 452
GUMAS ADVERTISING, San Francisco, CA, pg. 455
THE GUNTER AGENCY, New Glarus, WI, pg. 456
GYK ANTLER, Manchester, NH, pg. 457
GYRO, New York, NY, pg. 457
GYRO CINCINNATI, Cincinnati, OH, pg. 458
GYRO DENVER, Denver, CO, pg. 459
HAGGERTY & ASSOCIATES, Woburn, MA, pg. 460
HAGOPIAN INK, New York, NY, pg. 1259
HAKUHODO INCORPORATED, Tokyo, pg. 461
THE HALO GROUP, New York, NY, pg. 464
HANNA & ASSOCIATES INC., Coeur D'Alene, ID, pg. 465
HAP MARKETING SERVICES, INC., Eatontown, NJ, pg. 466
HARGER, HOWE & WALSH, Burlington, MA, pg. 467
HARMELIN MEDIA, Bala Cynwyd, PA, pg. 1324
HART, Columbus, OH, pg. 469
HATFIELD MEDIA, Louisville, KY, pg. 472
HAVAS MEDIA, New York, NY, pg. 1324
HAVAS PR, New York, NY, pg. 1528
HAVAS WORLDWIDE, New York, NY, pg. 475
HAVIT ADVERTISING, LLC, Arlington, VA, pg. 489

HAWORTH MARKETING + MEDIA, Minneapolis, MN, pg. 1328
HCB HEALTH, Austin, TX, pg. 490
HCK2 PARTNERS, Addison, TX, pg. 490
HEINZEROTH MARKETING GROUP, Rockford, IL, pg. 493
HENKE & ASSOCIATES, INC., Cedarburg, WI, pg. 496
HERMAN & ALMONTE PUBLIC RELATIONS, LLC, New York, NY, pg. 1529
HERMAN ASSOCIATES, INC., New York, NY, pg. 497
HI-GLOSS, Miami Beach, FL, pg. 498
HILL HOLLIDAY, Boston, MA, pg. 500
HILL HOLLIDAY/NEW YORK, New York, NY, pg. 501
HITCHCOCK FLEMING & ASSOCIATES, INC., Akron, OH, pg. 502
HIVEMIND MARKETING INC., San Jose, CA, pg. 1260
HMH, Portland, OR, pg. 504
HODGES ASSOCIATES, INC., Fayetteville, NC, pg. 505
THE HOFFMAN AGENCY, San Jose, CA, pg. 1535
HOLTON SENTIVAN AND GURY, Ambler, PA, pg. 507
HORIZON MEDIA, INC., New York, NY, pg. 1329
HORN GROUP INC., New York, NY, pg. 508
HORNALL ANDERSON, Seattle, WA, pg. 509
HOWERTON+WHITE, Wichita, KS, pg. 510
HUDSON MEDIA SERVICES LLC, West Orange, NJ, pg. 1330
HUDSONYARDS, New York, NY, pg. 511
HUGE LLC, Brooklyn, NY, pg. 512
HUGHESLEAHYKARLOVIC, Saint Louis, MO, pg. 513
HULT MARKETING, Peoria, IL, pg. 513
HUNT ADKINS, Minneapolis, MN, pg. 514
HUSH, Brooklyn, NY, pg. 1261
THE IDEA FACTORY, New York, NY, pg. 520
IDEASCAPE, INC., Stoneham, MA, pg. 521
IGM CREATIVE GROUP, Lincoln Park, NJ, pg. 1405
IGNITED, El Segundo, CA, pg. 523
IMA INTERACTIVE, El Granada, CA, pg. 1264
IMAGERY CREATIVE, Miami, FL, pg. 525
IMPRESSIONS-A.B.A. INDUSTRIES, INC., Mineola, NY, pg. 528
THE IN-HOUSE AGENCY, INC., Morristown, NJ, pg. 529
INAMOTO & CO, Brooklyn, NY, pg. 530
INFORMATION ANALYTICS, INC., Lincoln, NE, pg. 532
INNIS MAGGIORE GROUP, INC., Canton, OH, pg. 533
INQUEST MARKETING, Kansas City, MO, pg. 534
THE INTEGER GROUP-DALLAS, Dallas, TX, pg. 1405
INTEGRAL MEDIA INC., Excelsior, MN, pg. 1335
INTEGRATED MARKETING SERVICES, Princeton, NJ, pg. 536
INTERACTIVEWEST, Denver, CO, pg. 1264
THE INTERCONNECT GROUP, Atlanta, GA, pg. 1335
INTERNETWEBBUILDERS.COM, Rocklin, CA, pg. 1335
INTERSTAR MARKETING & PUBLIC RELATIONS, Fort Worth, TX, pg. 1544
INTERTREND COMMUNICATIONS, INC., Long Beach, CA, pg. 544
INTRIGUE, Melville, NY, pg. 545
ISA ADVERTISING, New York, NY, pg. 548
ISOBAR US, Boston, MA, pg. 549
THE IVY GROUP, LTD., Charlottesville, VA, pg. 551
J. WALTER THOMPSON ATLANTA, Atlanta, GA, pg. 564
JACOBS & CLEVENGER, INC., Chicago, IL, pg. 569
JAJO, INC., Wichita, KS, pg. 570
JAMES HOGGAN & ASSOCIATES, INC., Vancouver, pg. 1545
JAMES ROSS ADVERTISING, Pompano Beach, FL, pg. 571
JANIS BROWN & ASSOCIATES, Escondido, CA, pg. 572
JAVELIN MARKETING GROUP, Irving, TX, pg. 572
JEFFREY ALEC COMMUNICATIONS, Los Angeles, CA, pg. 574
JETSTREAM PUBLIC RELATIONS, Dallas, TX, pg. 575
J.F. MILLS & WORLDWIDE, Denver, CO, pg. 1548
JHA MARKETING, Austin, TX, pg. 576
JOBELEPHANT.COM INC., San Diego, CA, pg. 578
JOHNSON DESIGN GROUP, Ada, MI, pg. 580
JOHNSON MARKETING GROUP INC., Orland Park, IL, pg. 580
JOHNSONRAUHOFF, Saint Joseph, MI, pg. 581
THE JONES AGENCY, Palm Springs, CA, pg. 581
JONES FOSTER DEAL ADVERTISING & PUBLIC RELATIONS, INC., Tampa, FL, pg. 582
JORDAN ASSOCIATES, Oklahoma City, OK, pg. 582
JPR COMMUNICATIONS, Woodland Hills, CA, pg. 1550
JULIE A. LAITIN ENTERPRISES, INC., New York, NY, pg. 584
JUST MEDIA, INC., Emeryville, CA, pg. 1336
J.W. MORTON & ASSOCIATES, Cedar Rapids, IA, pg. 586

K2 COMMUNICATIONS, Southampton, PA, pg. 586
KEATING & CO., Florham Park, NJ, pg. 1553
KEEN BRANDING, Milton, DE, pg. 589
KEITH BATES & ASSOCIATES, INC., Chicago, IL, pg. 590
KELLEN COMMUNICATIONS, New York, NY, pg. 590
KELLEY & COMPANY, Wellesley, MA, pg. 591
KELLEY HABIB JOHN, Boston, MA, pg. 591
KETCHUM, New York, NY, pg. 1554
KEVIN J. ASH CREATIVE DESIGN, LLC, Northwood, NH, pg. 593
KILLIAN BRANDING, Chicago, IL, pg. 595
KINDLING MEDIA, LLC, Hollywood, CA, pg. 595
KMGI.COM, New York, NY, pg. 599
KOSSMAN/KLEIN & CO., Germantown, TN, pg. 601
KOVEL/FULLER, Culver City, CA, pg. 601
KPI AGENCY, San Diego, CA, pg. 601
KRT MARKETING, Lafayette, CA, pg. 603
KTK DESIGN, Chicago, IL, pg. 603
KURMAN COMMUNICATIONS, INC., Chicago, IL, pg. 1561
KW2, Madison, WI, pg. 604
KWORQ, New York, NY, pg. 604
KZSW ADVERTISING, Setauket, NY, pg. 605
LAKE GROUP MEDIA, INC., Armonk, NY, pg. 607
LANETERRALEVER, Phoenix, AZ, pg. 610
LATCHA+ASSOCIATES, Farmington Hills, MI, pg. 611
LATITUDE, Dallas, TX, pg. 1408
LAWRENCE & SCHILLER, INC., Sioux Falls, SD, pg. 616
LAZBRO, INC., Atlanta, GA, pg. 617
LCH COMMUNICATIONS, Port Washington, NY, pg. 1565
LEAD ME MEDIA, Deerfield Beach, FL, pg. 617
LEAPFROG ONLINE, Evanston, IL, pg. 618
LEE & ASSOCIATES, INC., Canoga Park, CA, pg. 1565
LEGEND INC., Marblehead, MA, pg. 619
LEO BURNETT COMPANY LTD., Toronto, pg. 620
LEO BURNETT WORLDWIDE, INC., Chicago, IL, pg. 621
LEO J. BRENNAN, INC., Fenton, MI, pg. 632
LEOPARD, Denver, CO, pg. 632
LEVERAGE MARKETING GROUP, Newtown, CT, pg. 634
LEVINE & ASSOCIATES, INC., Arlington, VA, pg. 634
LEVLANE ADVERTISING/PR/INTERACTIVE, Philadelphia, PA, pg. 635
LEVO HEALTH, Tampa, FL, pg. 635
LEVY INDUSTRIAL, Pittsburgh, PA, pg. 635
LEWIS ADVERTISING, INC., Rocky Mount, NC, pg. 635
LINETT & HARRISON, Montville, NJ, pg. 641
THE LINICK GROUP, INC., Middle Island, NY, pg. 641
LINX COMMUNICATIONS CORP., Smithtown, NY, pg. 642
LIQUID ADVERTISING, El Segundo, CA, pg. 644
LITOS STRATEGIC COMMUNICATION, S Dartmouth, MA, pg. 645
LITTLE DOG AGENCY INC., Mount Pleasant, SC, pg. 645
LITTLE L COMMUNICATIONS, Geneva, OH, pg. 646
LJF ASSOCIATES, INC., The Woodlands, TX, pg. 647
LKH&S, Chicago, IL, pg. 647
LOCATION3 MEDIA, INC., Denver, CO, pg. 649
LODICO & COMPANY, Carlisle, MA, pg. 650
LOHRE & ASSOCIATES, INCORPORATED, Cincinnati, OH, pg. 650
LOIS PAUL & PARTNERS, Boston, MA, pg. 1569
LOONEY ADVERTISING AND DESIGN, Montclair, NJ, pg. 651
LP&G MARKETING, Tucson, AZ, pg. 654
LUCKIE & COMPANY, Birmingham, AL, pg. 655
LYERLY AGENCY INC., Belmont, NC, pg. 658
MAD MEN MARKETING, Jacksonville, FL, pg. 668
MADE BY MANY, London, pg. 1269
MADEO, Brooklyn, NY, pg. 1269
MADETOORDER, Pleasanton, CA, pg. 1409
MAGNANI, Chicago, IL, pg. 670
MAIER ADVERTISING, INC., Farmington, CT, pg. 672
MAJESTYK APPS, New York, NY, pg. 672
MAKOVSKY INTEGRATED COMMUNICATIONS, New York, NY, pg. 1574
MANGOS, Conshohocken, PA, pg. 674
MANTERA ADVERTISING, Bakersfield, CA, pg. 675
MANTRA PUBLIC RELATIONS, INC., New York, NY, pg. 1575
MAPLES COMMUNICATIONS, INC., Mission Viejo, CA, pg. 1575
THE MAREK GROUP, Bloomington, MN, pg. 679
MARINELLI & COMPANY, New York, NY, pg. 679
MARKEN COMMUNICATIONS INC., Santa Clara, CA, pg. 680
MARKETING CONCEPTS GROUP, Weston, CT, pg. 682
MARKETING VISIONS, INC., Tarrytown, NY, pg. 1410
THE MARKETING WORKS, Ottawa, pg. 684

AGENCIES

SPECIAL MARKET INDEX

MARKETSTAR CORPORATION, Ogden, UT, pg. 685
MARSTON WEBB INTERNATIONAL, New York, NY, pg. 687
THE MARTIN AGENCY, Richmond, VA, pg. 687
MARTINO FLYNN LLC, Pittsford, NY, pg. 689
THE MARX GROUP, San Rafael, CA, pg. 689
MASCOLA ADVERTISING, New Haven, CT, pg. 690
MASON, INC., Bethany, CT, pg. 691
MASONBARONET, Dallas, TX, pg. 691
MASSMEDIA, INC., Newton, MA, pg. 692
MATTER COMMUNICATIONS, Newburyport, MA, pg. 694
MAX BORGES AGENCY, Miami, FL, pg. 1578
MAXLETICS CORPORATION, Colorado Springs, CO, pg. 1271
MCC, Dallas, TX, pg. 697
MCCLENAHAN BRUER COMMUNICATIONS, POrtland, OR, pg. 1579
MCGILL BUCKLEY, Ottawa, pg. 718
MCGRATH/POWER, San Jose, CA, pg. 1579
MCNEIL, GRAY & RICE, Boston, MA, pg. 1580
MDB COMMUNICATIONS, INC., Washington, DC, pg. 720
MEDIA II, INC., Northfield, OH, pg. 726
MEDIASMITH, San Francisco, CA, pg. 1350
MEKANISM, San Francisco, CA, pg. 729
MENTUS, San Diego, CA, pg. 730
MERRITT GROUP, McLean, VA, pg. 1582
MESH INTERACTIVE AGENCY, Boston, MA, pg. 734
METZGER ALBEE PUBLIC RELATIONS, Boulder, CO, pg. 1583
MEYERS + PARTNERS, Chicago, IL, pg. 736
MGH, INC., Owings Mills, MD, pg. 736
MICHAEL WALTERS ADVERTISING, Chicago, IL, pg. 738
MICSTURA, Miami, FL, pg. 739
MILLWARD BROWN INC., Lisle, IL, pg. 742
MINDFRAME, INC., Saint Paul, MN, pg. 745
MINDSMACK, New York, NY, pg. 745
MINDSTREAM MEDIA, San Diego, CA, pg. 1272
MIRABAL & ASSOCIATES, Mayaguez, PR, pg. 747
MIRESBALL, San Diego, CA, pg. 747
MJE MARKETING SERVICES, San Diego, CA, pg. 749
MKTWORKS, INC., Cold Spring, NY, pg. 749
MMB, Boston, MA, pg. 750
MOBIUM INTEGRATED BRANDING, Chicago, IL, pg. 752
MOCENTRIC, Scottsdale, AZ, pg. 1274
MODCO MEDIA, New York, NY, pg. 753
MOMENTUM WORLDWIDE, New York, NY, pg. 754
MONO, Minneapolis, MN, pg. 755
MORE MEDIA GROUP, Redondo Beach, CA, pg. 757
MOROCH HOLDINGS, Dallas, TX, pg. 758
MORRIS & CASALE INC., Woodstock, GA, pg. 760
THE MORRISON AGENCY, Atlanta, GA, pg. 760
MORSEKODE, Minneapolis, MN, pg. 761
MOVEO, Chicago, IL, pg. 764
MOXIE, Atlanta, GA, pg. 1274
MP AGENCY, LLC, Scottsdale, AZ, pg. 766
M.R. DANIELSON ADVERTISING LLC, Saint Paul, MN, pg. 766
MRB PUBLIC RELATIONS, Freehold, NJ, pg. 1586
MRM PRINCETON, Princeton, NJ, pg. 768
MRP MARKETING CLOUD, Philadelphia, PA, pg. 769
MRW COMMUNICATIONS LLC, Pembroke, MA, pg. 769
MSA ADVERTISING & PUBLIC RELATIONS, New York, NY, pg. 769
MULLENLOWE GROUP, Boston, MA, pg. 770
MUSE COMMUNICATIONS, Santa Monica, CA, pg. 780
MUTO COMMUNICATIONS, LLC, Port Jefferson, NY, pg. 1590
THE MX GROUP, Burr Ridge, IL, pg. 781
THE N GROUP, Tucson, AZ, pg. 783
NAIL COMMUNICATIONS, Providence, RI, pg. 783
NATIONAL MEDIA SERVICES, INC., Huntington Bay, NY, pg. 785
NAVAJO COMPANY, Milpitas, CA, pg. 786
NAVIGANT MARKETING / KSR, Miami, FL, pg. 786
NEA, Montpellier, pg. 1275
NEATHAWK DUBUQUE & PACKETT, Richmond, VA, pg. 787
NELSON ADVERTISING SOLUTIONS, Sonoma, CA, pg. 1224
NELSON SCHMIDT, Milwaukee, WI, pg. 788
NEOTROPE, Torrance, CA, pg. 1594
NETSERTIVE, INC, Morrisville, NC, pg. 790
NEURON SYNDICATE, Santa Monica, CA, pg. 790
NEW & IMPROVED MEDIA, El Segundo, CA, pg. 1353
NEWTON ASSOCIATES MARKETING COMMUNICATIONS, INC., Plymouth Meeting, PA, pg. 793
NEXTMEDIA INC., Dallas, TX, pg. 1354

THE NISSEN GROUP, Winter Haven, FL, pg. 795
NORTHLICH PUBLIC RELATIONS, Cincinnati, OH, pg. 799
NUEVO ADVERTISING GROUP, INC., Sarasota, FL, pg. 802
NYLON TECHNOLOGY, New York, NY, pg. 803
O2KL, New York, NY, pg. 803
O3 WORLD, LLC, Philadelphia, PA, pg. 804
OCEAN BRIDGE GROUP, Los Angeles, CA, pg. 805
OCEANOS MARKETING, INC., Marshfield, MA, pg. 1355
ODNEY, Bismarck, ND, pg. 808
OGILVY, New York, NY, pg. 809
OGILVY HEALTHWORLD-TORONTO, Toronto, pg. 833
THE OHLMANN GROUP, Dayton, OH, pg. 834
OIA MARKETING COMMUNICATIONS, Dayton, OH, pg. 834
O'KEEFFE & CO., Alexandria, VA, pg. 1602
OLANDER GROUP, Ottawa, IL, pg. 1355
OLIVE INTERACTIVE DESIGN & MARKETING INC., Austin, TX, pg. 834
OMNICOM GROUP INC., New York, NY, pg. 836
ONE SOURCE DIRECT MARKETING, INC., Coral Springs, FL, pg. 1278
ONE TWELFTH INC., Miami, FL, pg. 839
ONEWORLD COMMUNICATIONS, INC., San Francisco, CA, pg. 840
ONION LABS, Chicago, IL, pg. 840
ONPR, Bellevue, WA, pg. 1603
OOH IMPACT, INC., New York, NY, pg. 1360
ORGANIC, INC., San Francisco, CA, pg. 1278
OSBORN & BARR COMMUNICATIONS, Saint Louis, MO, pg. 844
OUTCAST COMMUNICATIONS, San Francisco, CA, pg. 1603
OUTERNATIONAL INC, New York, NY, pg. 846
OVERDRIVE INTERACTIVE, Boston, MA, pg. 1279
PACIFICO INC., San Jose, CA, pg. 849
PADILLA, Minneapolis, MN, pg. 849
PAN COMMUNICATIONS, Boston, MA, pg. 1605
PAPPAS GROUP, Arlington, VA, pg. 852
PAPROCKI & CO., Atlanta, GA, pg. 852
PARKER ADVERTISING SERVICE, INC., Lancaster, PA, pg. 854
PARKER AVENUE, San Mateo, CA, pg. 854
PATHFINDERS ADVERTISING & MARKETING GROUP, Mishawaka, IN, pg. 857
PATRICKORTMAN, INC., Studio City, CA, pg. 1279
PATRIOT ADVERTISING INC, Katy, TX, pg. 858
PAUL WERTH ASSOCIATES, INC., Columbus, OH, pg. 858
PEAKBIETY, BRANDING + ADVERTISING, Tampa, FL, pg. 860
PEPPERCOMM, New York, NY, pg. 1607
PERICH ADVERTISING + DESIGN, Ann Arbor, MI, pg. 864
PERISCOPE, Minneapolis, MN, pg. 864
PHELPS, Playa Vista, CA, pg. 867
PHENOMBLUE, Omaha, NE, pg. 868
PIERPONT COMMUNICATIONS, INC., Houston, TX, pg. 1608
PINTA, New York, NY, pg. 872
PITA COMMUNICATIONS LLC, Rocky Hill, CT, pg. 873
PJA, Cambridge, MA, pg. 874
PK NETWORK COMMUNICATIONS, New York, NY, pg. 875
THE POINT GROUP, Dallas, TX, pg. 880
POINT TO POINT INC., Beachwood, OH, pg. 880
THE POLLACK PR MARKETING GROUP, Los Angeles, CA, pg. 1611
POLLER & JORDAN ADVERTISING AGENCY, INC., Miami, FL, pg. 881
PONDELWILKINSON INC., Woodland Hls, CA, pg. 882
PONDER IDEAWORKS, Huntington Beach, CA, pg. 882
POP LABS, INC, Houston, TX, pg. 883
PORTER NOVELLI, New York, NY, pg. 1612
POWER CREATIVE, Louisville, KY, pg. 884
PP+K, Tampa, FL, pg. 885
PR/DNA, La Mirada, CA, pg. 1617
PRAXIS COMMUNICATIONS, INC., Huntingdon Valley, PA, pg. 886
THE PRICE GROUP, INC., Lubbock, TX, pg. 888
PRICEWEBER MARKETING COMMUNICATIONS, INC., Louisville, KY, pg. 889
PRINCETON MARKETECH, Princeton Junction, NJ, pg. 890
PRINCETON PARTNERS, INC., Princeton, NJ, pg. 890
PROJECT, Auburn Hills, MI, pg. 891
PROM KROG ALTSTIEL INC., Mequon, WI, pg. 892

PROVE AGENCY, Los Angeles, CA, pg. 895
PRX DIGITAL SILICON VALLEY, San Jose, CA, pg. 1620
PUBLICIS HAWKEYE, Dallas, TX, pg. 1282
PULSECX, Montgomeryville, PA, pg. 916
PWC DIGITAL SERVICES, New York, NY, pg. 1283
QUARRY INTEGRATED COMMUNICATIONS, Saint Jacobs, pg. 921
QUEUE CREATIVE MARKETING GROUP LLC, Chicago, IL, pg. 923
QUIGLEY-SIMPSON, Los Angeles, CA, pg. 923
QUINN/BREIN COMMUNICATIONS, Bainbridge Island, WA, pg. 1622
R2INTEGRATED, Campbell, CA, pg. 928
RACEPOINT GLOBAL, Boston, MA, pg. 1623
RAGE AGENCY, Westmont, IL, pg. 1283
RAIN, New York, NY, pg. 1283
RAINIER COMMUNICATIONS, Westborough, MA, pg. 1624
RAINS BIRCHARD MARKETING, Portland, OR, pg. 929
THE RANKIN GROUP, LTD., Tustin, CA, pg. 931
RAPP, New York, NY, pg. 931
RATTLE ADVERTISING, Beverly, MA, pg. 933
RAWLE MURDY ASSOCIATES, INC., Charleston, SC, pg. 934
R.C. AULETTA & CO., New York, NY, pg. 1626
RDW GROUP INC., Providence, RI, pg. 935
READE COMMUNICATIONS GROUP, Providence, RI, pg. 1626
REARVIEW, Kennesaw, GA, pg. 937
RED INTERACTIVE AGENCY, Santa Monica, CA, pg. 1284
REDSTONE COMMUNICATIONS INC., Omaha, NE, pg. 944
RE:GROUP, INC., Ann Arbor, MI, pg. 945
RENEGADE, LLC, New York, NY, pg. 946
THE REPUBLIK, Raleigh, NC, pg. 947
RESPONSE MEDIA, INC., Norcross, GA, pg. 949
RESPONSORY, Brookfield, WI, pg. 950
REYNOLDS & ASSOCIATES, El Segundo, CA, pg. 953
RHYMES ADVERTISING & MARKETING, Bellaire, TX, pg. 955
RICHARDS/CARLBERG, Houston, TX, pg. 956
RIESTER, Phoenix, AZ, pg. 958
RIGER ADVERTISING AGENCY, INC., Binghamton, NY, pg. 958
RIOT, New York, NY, pg. 959
RISDALL MARKETING GROUP, Roseville, MN, pg. 959
RISE INTERACTIVE, Chicago, IL, pg. 960
RITTA, Paramus, NJ, pg. 960
R.M. BARROWS, INC. ADVERTISING & PUBLIC RELATIONS, San Mateo, CA, pg. 962
RMI MARKETING & ADVERTISING, Emerson, NJ, pg. 962
RMR & ASSOCIATES, INC., Rockville, MD, pg. 962
ROBERT FLEEGE & PARTNERS, Columbus, OH, pg. 963
ROBERTS COMMUNICATIONS INC., Rochester, NY, pg. 963
ROBERTSON & PARTNERS, Las Vegas, NV, pg. 964
ROCKET 55, Minneapolis, MN, pg. 964
ROCKET RED, Dallas, TX, pg. 965
THE RON TANSKY ADVERTISING & PUBLIC RELATIONS, Thousand Oaks, CA, pg. 967
RPA, Santa Monica, CA, pg. 970
RPM ADVERTISING, Chicago, IL, pg. 971
RT&E INTEGRATED COMMUNICATIONS, Villanova, PA, pg. 971
S&S PUBLIC RELATIONS, INC., Chicago, IL, pg. 1638
S2 ADVERTISING, Ormond Beach, FL, pg. 974
S3, Boonton, NJ, pg. 974
SAGON-PHIOR, West Los Angeles, CA, pg. 1638
SAMBA ROCK, Miami Beach, FL, pg. 988
SBC, Columbus, OH, pg. 993
SCHNEIDER ELECTRIC'S AGENCY, West Kingston, RI, pg. 1226
SCOTT COOPER ASSOCIATES, LTD., Roslyn, NY, pg. 997
SEROKA, Waukesha, WI, pg. 1003
SEXTON & CO., Aurora, CO, pg. 1004
SHARK COMMUNICATIONS, Burlington, VT, pg. 1005
SHAW & TODD, INC., Freehold, NJ, pg. 1006
SHEPPARD LEGER NOWAK INC., East Providence, RI, pg. 1007
SHERMAN COMMUNICATIONS & MARKETING, Chicago, IL, pg. 1007
SIGMA GROUP, Upper Saddle River, NJ, pg. 1011
SIGMA MARKETING GROUP LLC, Rochester, NY, pg. 1012
THE SIMON GROUP, INC., Sellersville, PA, pg. 1014
SIMON GROUP MARKETING COMMUNICATIONS, INC.,

A-170

SPECIAL MARKET INDEX — AGENCIES

Evanston, IL, pg. 1015
SIQUIS, LTD., Baltimore, MD, pg. 1016
SKYTYPERS, INC., Las Vegas, NV, pg. 1416
SLACK AND COMPANY, Chicago, IL, pg. 1020
SLINGSHOT, LLC, Dallas, TX, pg. 1021
SMA NYC, New York, NY, pg. 1021
SMITH, Spokane, WA, pg. 1022
SMITH BROTHERS AGENCY, LP, Pittsburgh, PA, pg. 1023
SMITH MILLER MOORE, INC., Encino, CA, pg. 1023
SMITH WALKER DESIGN, Tukwila, WA, pg. 1024
SMITHGIFFORD, Falls Church, VA, pg. 1024
SOCIALLY PRESENT, Carbondale, IL, pg. 1026
SOCIALLYIN, Birmingham, AL, pg. 1291
SOURCE COMMUNICATIONS, Hackensack, NJ, pg. 1029
SPEAKERBOX COMMUNICATIONS, Vienna, VA, pg. 1648
SPECIALTY TRUCK RENTALS, Santa Monica, CA, pg. 1416
SPRINGBOX, LTD., Austin, TX, pg. 1037
SPURRIER MEDIA GROUP, Richmond, VA, pg. 1370
SQUARE ONE MARKETING, West Hartford, CT, pg. 1037
SQUARE TOMATO, Seattle, WA, pg. 1038
S.R. VIDEO PICTURES, LTD., Haverstraw, NY, pg. 1038
THE ST. GREGORY GROUP, INC., Cincinnati, OH, pg. 1040
ST. JOHN & PARTNERS, Jacksonville, FL, pg. 1040
STACKPOLE & PARTNERS ADVERTISING, Newburyport, MA, pg. 1041
STAKE, New York, NY, pg. 1041
STANTON COMMUNICATIONS, INC., Washington, DC, pg. 1651
STARCOM, Chicago, IL, pg. 1370
STARMARK INTERNATIONAL, INC., Fort Lauderdale, FL, pg. 1043
STC ASSOCIATES, New York, NY, pg. 1651
STEBBINGS PARTNERS, Attleboro Falls, MA, pg. 1045
STEELE & ASSOCIATES, INC., Pocatello, ID, pg. 1045
STEIN IAS, New York, NY, pg. 1045
THE STEPHENZ GROUP, INC., San Jose, CA, pg. 1047
STERN STRATEGY GROUP, Iselin, NJ, pg. 1652
STEVENS STRATEGIC COMMUNICATIONS, INC., Westlake, OH, pg. 1048
STEWARD MARKETING, LLC, The Woodlands, TX, pg. 1049
STRATEGIC AMERICA, West Des Moines, IA, pg. 1052
STRATEGIC COMMUNICATIONS GROUP, McLean, VA, pg. 1653
STRATEGIES, A MARKETING COMMUNICATIONS CORPORATION, Tustin, CA, pg. 1053
STREICKER & COMPANY INC., East Providence, RI, pg. 1054
STURGES WORD COMMUNICATIONS, Kansas City, MO, pg. 1654
SUBMIT EXPRESS INC., Glendale, CA, pg. 1057
SUITS & SANDALS, LLC, Brooklyn, NY, pg. 1293
SULLIVAN BRANDING, Memphis, TN, pg. 1059
SULLIVAN CREATIVE SERVICES, LTD., Concord, NH, pg. 1059
SULLIVAN HIGDON & SINK INCORPORATED, Wichita, KS, pg. 1059
SUTHERLANDGOLD GROUP, San Francisco, CA, pg. 1655
SVM PUBLIC RELATIONS & MARKETING COMMUNICATIONS, Providence, RI, pg. 1064
SWARM NYC, New York, NY, pg. 1293
SWBR, INC., Bethlehem, PA, pg. 1065
SWIRL MCGARRYBOWEN, San Francisco, CA, pg. 1067
SYNEOS HEALTH, INC., Raleigh, NC, pg. 1068
T3, Austin, TX, pg. 1069
TAFT & PARTNERS, Lawrenceville, NJ, pg. 1070
TAG ONLINE INC., Clifton, NJ, pg. 1070
TAKE 5 MEDIA GROUP, Boca Raton, FL, pg. 1071
TARTAN MARKETING, Maple Grove, MN, pg. 1074
TAUBE/VIOLANTE, INC., Norwalk, CT, pg. 1074
TBC INC., Baltimore, MD, pg. 1076
TBD, San Francisco, CA, pg. 1076
TC CREATIVES LLC, Woodland Hills, CA, pg. 1093
TDA GROUP, Redwood City, CA, pg. 1094
TECH IMAGE LTD., Chicago, IL, pg. 1657
TEXT 100 GLOBAL PUBLIC RELATIONS, San Francisco, CA, pg. 1657
THAT AGENCY, West Palm Bch, FL, pg. 1098
THREE LAKES MARKETING, Austin, TX, pg. 1102
TIDAL SHORES INC., Houston, TX, pg. 1102
TIDESMART GLOBAL, Falmouth, ME, pg. 1103
TIER ONE PARTNERS, Lexington, MA, pg. 1660
TIVOLI PARTNERS, Asheville, NC, pg. 1105

TIZIANI & WHITMYRE, INC., Sharon, MA, pg. 1105
TM ADVERTISING, Dallas, TX, pg. 1106
TMP WORLDWIDE ADVERTISING & COMMUNICATIONS, LLC, New York, NY, pg. 1107
THE TOMBRAS GROUP, Knoxville, TN, pg. 1108
TOMSHEEHAN WORLDWIDE, Reading, PA, pg. 1109
TOP HAND MEDIA, Fresno, CA, pg. 1110
TR CUTLER, INC., Fort Lauderdale, FL, pg. 1661
TRACTION CORPORATION, San Francisco, CA, pg. 1112
TRANSMEDIA GROUP, Boca Raton, FL, pg. 1662
TRELLIS MARKETING, INC, Buffalo, NY, pg. 1115
TRIAD BUSINESS MARKETING, Dallas, TX, pg. 1116
TRIBAL WORLDWIDE, New York, NY, pg. 1295
TRILIX MARKETING GROUP, INC., Des Moines, IA, pg. 1117
TRINET INTERNET SOLUTIONS, INC., Irvine, CA, pg. 1118
TRONE BRAND ENERGY, INC., High Point, NC, pg. 1119
TURKEL BRANDS, Coral Gables, FL, pg. 1122
UNDIVIDED, Pasadena, CA, pg. 1126
UNION, Charlotte, NC, pg. 1298
UNION NY DC, Alexandria, VA, pg. 1298
UNIT9, London, pg. 1299
VANTAGEPOINT, INC, Greenville, SC, pg. 1131
VARGAS & AMIGOS INC., Marietta, GA, pg. 1131
VELOWERKS, San Francisco, CA, pg. 1299
VENABLES, BELL & PARTNERS, San Francisco, CA, pg. 1132
VIGET, Falls Church, VA, pg. 1300
VITAMIN, Baltimore, MD, pg. 1140
VITRO, San Diego, CA, pg. 1141
VLADIMIR JONES, Colorado Springs, CO, pg. 1142
VML, INC., Kansas City, MO, pg. 1143
VOCE COMMUNICATIONS, San Jose, CA, pg. 1667
W INC., Atlanta, GA, pg. 1147
WALRUS, New York, NY, pg. 1150
WALT & COMPANY, Campbell, CA, pg. 1670
WALT KLEIN ADVERTISING, Denver, CO, pg. 1150
WALTER F. CAMERON ADVERTISING INC., Hauppauge, NY, pg. 1151
WAVEMAKER GLOBAL LTD, New York, NY, pg. 1379
WC MEDIA INC., Springfield, IL, pg. 1154
WE, Bellevue, WA, pg. 1671
WEBER SHANDWICK, New York, NY, pg. 1673
WEINRICH ADVERTISING/COMMUNICATIONS, INC., Clifton, NJ, pg. 1157
WELCOMM, INC., San Diego, CA, pg. 1158
THE WENDT AGENCY, Great Falls, MT, pg. 1159
WHITE & PARTNERS, Tysons Corner, VA, pg. 1160
WIEDEN + KENNEDY, INC., Portland, OR, pg. 1163
WILDEBEEST, Los Angeles, CA, pg. 1301
WILKINSON + ASSOCIATES, Arlington, VA, pg. 1684
WILLIAMS-HELDE MARKETING COMMUNICATIONS, Seattle, WA, pg. 1169
WILLIAMS WHITTLE ASSOCIATES, INC., Alexandria, VA, pg. 1169
WING, New York, NY, pg. 1170
WINSTANLEY PARTNERS, Lenox, MA, pg. 1171
WIRE STONE LLC, Sacramento, CA, pg. 1172
WIRED ISLAND LTD., Providenciales, pg. 1172
THE WOLF AGENCY, Dallas, TX, pg. 1173
WOMENKIND, New York, NY, pg. 1174
WORDS AND PICTURES CREATIVE SERVICE, INC., Park Ridge, NJ, pg. 1176
WRAY WARD MARKETING COMMUNICATIONS, Charlotte, NC, pg. 1187
WUNDERMAN WORLD HEALTH, Washington, DC, pg. 1193
WWDB INTEGRATED MARKETING, Fort Lauderdale, FL, pg. 1193
WYSE, Cleveland, OH, pg. 1193
XAXIS, LLC, New York, NY, pg. 1302
Y&R AUSTIN, Austin, TX, pg. 1194
Y MEDIA LABS, Redwood City, CA, pg. 1195
YOUNG COMPANY, Laguna Beach, CA, pg. 1208
ZEHNDER COMMUNICATIONS, INC., New Orleans, LA, pg. 1210
ZENITH USA, New York, NY, pg. 1391
ZOG DIGITAL, Phoenix, AZ, pg. 1214

Hispanic Market

11:24 DESIGN ADVERTISING, INC., Playa Del Rey, CA, pg. 1
3 ADVERTISING, Albuquerque, NM, pg. 5
5BY5 AGENCY, Brentwood, TN, pg. 10
5W PUBLIC RELATIONS, New York, NY, pg. 1423

9.8 GROUP, New York, NY, pg. 14
A BIG CHIHUAHUA, INC., San Antonio, TX, pg. 14
ACCENT MEDIA PRODUCTIONS, INC., Vienna, VA, pg. 1426
ACCESS ADVERTISING LLC, Kansas City, MO, pg. 1305
ACCESS TO MEDIA, Chicopee, MA, pg. 20
ACENTO ADVERTISING, INC., Santa Monica, CA, pg. 20
ACTIFY MEDIA, Helena, MT, pg. 22
AD RESULTS, Houston, TX, pg. 24
ADCETERA GROUP, Houston, TX, pg. 27
THE ADMARK GROUP, Pasadena, CA, pg. 30
ADVANCED MARKETING STRATEGIES, San Diego, CA, pg. 33
ADVANTIX DIGITAL, Addison, TX, pg. 1233
ADVERTISING SAVANTS, INC., Saint Louis, MO, pg. 35
AGENCY CREATIVE, Dallas, TX, pg. 38
AJ ROSS CREATIVE MEDIA, INC., Chester, NY, pg. 42
AL PUNTO ADVERTISING, INC., Tustin, CA, pg. 43
ALCHEMY AT AMS, Dallas, TX, pg. 44
ALCONE MARKETING GROUP, Irvine, CA, pg. 1395
ALMA, Coconut Grove, FL, pg. 49
AMBIT MARKETING COMMUNICATIONS, Fort Lauderdale, FL, pg. 51
AMERICAN ADVERTISING SERVICES, Bala Cynwyd, PA, pg. 52
AMERICAN CLASSIFIED SERVICES, INC., Carbondale, IL, pg. 1307
AMUSEMENT PARK, Santa Ana, CA, pg. 54
ANDERSON DDB HEALTH & LIFESTYLE, Toronto, pg. 57
ANDERSON-MADISON ADVERTISING, INC., Minneapolis, MN, pg. 57
ANDERSON MARKETING GROUP, San Antonio, TX, pg. 58
ANSON-STONER INC., Winter Park, FL, pg. 60
ANVIL MEDIA, INC., Portland, OR, pg. 1307
ARAGON ADVERTISING, Forest Hills, NY, pg. 64
ARGUS, Boston, MA, pg. 67
ARKSIDE MARKETING, Riverside, CA, pg. 69
ARNOLD WORLDWIDE, Boston, MA, pg. 69
ARVIZU ADVERTISING & PROMOTIONS, Phoenix, AZ, pg. 73
ASHAY MEDIA GROUP, Brooklyn, NY, pg. 73
THE ATKINS GROUP, San Antonio, TX, pg. 75
ATTACHE, INC., Columbus, OH, pg. 76
ATWELL MEDIA SERVICES, INC., Rancho Murieta, CA, pg. 1308
AUDIENCE INNOVATION, Austin, TX, pg. 76
THE AXIS AGENCY, Los Angeles, CA, pg. 81
AXIS MEDIA, Agoura Hills, CA, pg. 1309
AY DIGITAL, New York, NY, pg. 81
B2E DIRECT MARKETING, Des Moines, IA, pg. 82
BAKERY, Austin, TX, pg. 1240
BANDUJO ADVERTISING & DESIGN, New York, NY, pg. 87
BANDY CARROLL HELLIGE ADVERTISING, Louisville, KY, pg. 87
BARCELONA ENTERPRISES, Sherman Oaks, CA, pg. 89
BARKER, New York, NY, pg. 89
BASS ADVERTISING, Sioux City, IA, pg. 95
BAYARD ADVERTISING AGENCY, INC., New York, NY, pg. 96
BDOT, New York, NY, pg. 117
BEBER SILVERSTEIN GROUP, Miami, FL, pg. 119
BERRY NETWORK, INC., Dayton, OH, pg. 125
BFG COMMUNICATIONS, Bluffton, SC, pg. 126
BIGEYE AGENCY, Orlando, FL, pg. 130
BITNER GOODMAN, Fort Lauderdale, FL, pg. 1450
BLEND, Los Angeles, CA, pg. 135
BLH CONSULTING, Atlanta, GA, pg. 1451
BLUE DAISY MEDIA, Coral Gables, FL, pg. 1312
BLUE SKY AGENCY, Atlanta, GA, pg. 140
BODKIN ASSOCIATES, INC., Zionsville, IN, pg. 143
BOLCHALK FREY MARKETING, ADVERTISING & PUBLIC RELATIONS, Tucson, AZ, pg. 144
BOONE DELEON COMMUNICATIONS, INC., Houston, TX, pg. 147
THE BORENSTEIN GROUP, INC., Fairfax, VA, pg. 147
BRAND AGENT, Dallas, TX, pg. 153
BRANDTAILERS, Newport Beach, CA, pg. 159
BRANDTUITIVE, New York, NY, pg. 159
THE BRAVO GROUP HQ, Miami, FL, pg. 160
BROGAN & PARTNERS CONVERGENCE MARKETING, Birmingham, MI, pg. 166
BROLIK, Philadelphia, PA, pg. 1243
BROWNING AGENCY, New Providence, NJ, pg. 168
THE BUNTIN GROUP, Nashville, TN, pg. 173
BUTLER/TILL, Rochester, NY, pg. 1313
BUY ADS DIRECT, Ridge Manor, FL, pg. 1313

A-171

AGENCIES

SPECIAL MARKET INDEX

BVK, Milwaukee, WI, pg. 178
CALIFORNIA OUTDOOR ADVERTISING, Newport Beach, CA, pg. 183
CAMELOT STRATEGIC MARKETING & MEDIA, Dallas, TX, pg. 1314
CASANOVA PENDRILL, Costa Mesa, CA, pg. 192
CASHMAN & KATZ INTEGRATED COMMUNICATIONS, Glastonbury, CT, pg. 193
CASTELLS & ASOCIADOS, Los Angeles, CA, pg. 194
CATALYST MARKETING COMPANY, Fresno, CA, pg. 195
CFIVE SOLUTIONS, Laguna Hills, CA, pg. 201
CHATTER BUZZ MEDIA, Orlando, FL, pg. 204
C.I. VISIONS INC., New York, NY, pg. 1468
CINETRANSFORMER INTERNATIONAL INC., Hallandale Beach, FL, pg. 1399
CIRCUS MARKETING, Santa Monica, CA, pg. 208
CK COMMUNICATIONS, INC. (CKC), Indialantic, FL, pg. 210
CLASSIFIED ADVERTISING PLUS, LLC, Tampa, FL, pg. 1315
CMG WORLDWIDE, Indianapolis, IN, pg. 215
COLLE+MCVOY, Minneapolis, MN, pg. 219
THE COMMUNITY, Miami, FL, pg. 223
CONILL ADVERTISING, INC., Miami, FL, pg. 226
CONNECTIONS ADVERTISING & MARKETING, Lexington, KY, pg. 227
CORINTHIAN MEDIA, INC., New York, NY, pg. 1316
CP+B BOULDER, Boulder, CO, pg. 235
CREATE ADVERTISING GROUP, Culver City, CA, pg. 239
CREATIVE CIVILIZATION AN AGUILAR/GIRARD AGENCY, San Antonio, TX, pg. 240
CREATIVE ENERGY GROUP INC, Johnson City, TN, pg. 241
CREATIVE MARKETING ALLIANCE INC., Princeton Junction, NJ, pg. 243
CREATIVE MINDWORKS, Miami, FL, pg. 244
CREATIVEONDEMAND, Coconut Grove, FL, pg. 246
CRITICAL LAUNCH, LLC, Dallas, TX, pg. 247
CRN INTERNATIONAL, INC., Hamden, CT, pg. 1400
CRONIN, Glastonbury, CT, pg. 248
CROSSOVER CREATIVE GROUP, Pinole, CA, pg. 250
CTI MEDIA, Atlanta, GA, pg. 251
D EXPOSITO & PARTNERS, LLC, New York, NY, pg. 256
DANIELS & ROBERTS, INC., Boynton Beach, FL, pg. 260
DAVID, Sao Paulo, pg. 261
DAVID PEARSON ASSOCIATES, Coral Gables, FL, pg. 1481
DAVID PR GROUP, Miami, FL, pg. 1481
DAVIS ELEN ADVERTISING, INC., Los Angeles, CA, pg. 264
DDB WORLDWIDE COMMUNICATIONS GROUP INC., New York, NY, pg. 268
DE LA GARZA PUBLIC RELATIONS, INC., Houston, TX, pg. 1482
DEBOW COMMUNICATIONS, LTD., New York, NY, pg. 284
DEFYMEDIA, New York, NY, pg. 1248
DELLA FEMINA ADVERTISING, New York, NY, pg. 287
DIESTE, Dallas, TX, pg. 299
DIRECT CHOICE, Wayne, PA, pg. 303
DIRECT WEB ADVERTISING, INC., Boynton Beach, FL, pg. 304
DIRECTAVENUE, Carlsbad, CA, pg. 1319
DON JAGODA ASSOCIATES, INC., Melville, NY, pg. 1401
DONOVAN ADVERTISING & MARKETING SERVICES, Lititz, PA, pg. 315
DREAMWEAVER BRAND COMMUNICATIONS, Coconut Creek, FL, pg. 320
DRM PARTNERS, INC., Hoboken, NJ, pg. 1319
EAST MEETS WEST PRODUCTIONS INC., Corpus Christi, TX, pg. 328
EISENBERG & ASSOCIATES, Fort Lauderdale, FL, pg. 333
EL CREATIVE, INC., Dallas, TX, pg. 334
ELEVATION, Washington, DC, pg. 336
EMG MARKETING, San Clemente, CA, pg. 339
EMPOWER MEDIAMARKETING, Cincinnati, OH, pg. 1320
ENYE MEDIA, LLC, Oklahoma City, OK, pg. 342
EP+CO, Greenville, SC, pg. 343
ERBACH COMMUNICATIONS GROUP, INC., Lyndhurst, NJ, pg. 346
ESPARZA ADVERTISING, Albuquerque, NM, pg. 349
ESTEY-HOOVER INC. ADVERTISING-PUBLIC RELATIONS, NewPOrt Beach, CA, pg. 350
ETARGETMEDIA.COM, INC., Coconut Creek, FL, pg. 350
EVANS ALLIANCE ADVERTISING, Sparta, NJ, pg. 351
EXPECT ADVERTISING, INC., Clifton, NJ, pg. 355
EXPLORE COMMUNICATIONS, Denver, CO, pg. 1321

FAHLGREN MORTINE, Columbus, OH, pg. 358
FASONE & PARTNERS, Kansas City, MO, pg. 362
FCB GLOBAL, New York, NY, pg. 363
FINEMAN PR, San Francisco, CA, pg. 1504
FKQ ADVERTISING + MARKETING, Clearwater, FL, pg. 386
FLEISHMANHILLARD INC., Saint Louis, MO, pg. 1506
FLYING A, Pasadena, CA, pg. 1322
FMB ADVERTISING, Knoxville, TN, pg. 390
FOOTSTEPS, New York, NY, pg. 391
FRASER COMMUNICATIONS, Los Angeles, CA, pg. 396
FTI CONSULTING, Washington, DC, pg. 400
FURBER ADVERTISING, LLC, Richmond, TX, pg. 403
FURIA RUBEL COMMUNICATIONS, Doylestown, PA, pg. 1515
GALLEGOS UNITED, Huntington Beach, CA, pg. 408
GARZA CREATIVE GROUP, Dallas, TX, pg. 411
GENERATOR MEDIA + ANALYTICS, New York, NY, pg. 414
GEOVISION, Watertown, MA, pg. 417
GHG, New York, NY, pg. 417
GLIMMER, INC., Naperville, IL, pg. 422
GMR MARKETING LLC, New Berlin, WI, pg. 1403
GOCONVERGENCE, Orlando, FL, pg. 426
THE GOODNESS COMPANY, Wisconsin Rapids, WI, pg. 429
THE GOSS AGENCY INC., Asheville, NC, pg. 430
GRAHAM OLESON, Colorado Springs, CO, pg. 432
GREATER THAN ONE, New York, NY, pg. 434
GREENLIGHT MEDIA & MARKETING, LLC, Hollywood, CA, pg. 435
GREENSTREET MARKETING, Battle Creek, MI, pg. 436
GREY GROUP, New York, NY, pg. 438
GREY SAN FRANCISCO, San Francisco, CA, pg. 449
GROUP46, Bluffton, SC, pg. 452
GRP MEDIA, INC., Chicago, IL, pg. 1324
GYRO, New York, NY, pg. 457
H&L PARTNERS, San Francisco, CA, pg. 459
HAKUHODO INCORPORATED, Tokyo, pg. 461
HANSON WATSON ASSOCIATES, Moline, IL, pg. 466
HAP MARKETING SERVICES, INC., Eatontown, NJ, pg. 466
HARMELIN MEDIA, Bala Cynwyd, PA, pg. 1324
HAVAS MEDIA, New York, NY, pg. 1324
HAVAS PR, New York, NY, pg. 1528
HAWORTH MARKETING + MEDIA, Minneapolis, MN, pg. 1328
HEILBRICE, Newport Beach, CA, pg. 493
HI-GLOSS, Miami Beach, FL, pg. 498
HILL HOLLIDAY, Boston, MA, pg. 500
HIPERVINCULO, Weston, FL, pg. 501
HITCHCOCK FLEMING & ASSOCIATES, INC., Akron, OH, pg. 502
HMC ADVERTISING, Chula Vista, CA, pg. 504
HMH, Portland, OR, pg. 504
HODGES ASSOCIATES, INC., Fayetteville, NC, pg. 505
HOLLYWOOD BRANDED INC., El Segundo, CA, pg. 507
HORIZON MEDIA, INC., New York, NY, pg. 1329
HUDSON MEDIA SERVICES LLC, West Orange, NJ, pg. 1330
HUGE LLC, Brooklyn, NY, pg. 512
IBARRA STRATEGY GROUP INC., Washington, DC, pg. 517
ICON MEDIA DIRECT, Van Nuys, CA, pg. 1331
ICROSSING NEW YORK, New York, NY, pg. 1261
ILAN GEVA & FRIENDS, Northbrook, IL, pg. 523
INFINITY MARKETING, Greenville, SC, pg. 531
INNIS MAGGIORE GROUP, INC., Canton, OH, pg. 533
INQUEST MARKETING, Kansas City, MO, pg. 534
INSPIRE!, Dallas, TX, pg. 535
THE INTEGER GROUP - DENVER, Lakewood, CO, pg. 1406
THE INTEGER GROUP, LLC, Lakewood, CO, pg. 536
INTEGRATED MARKETING SERVICES, Princeton, NJ, pg. 536
INTEGRATED MARKETING WORKS, Costa Mesa, CA, pg. 1406
INTERACTIVEWEST, Denver, CO, pg. 1264
INTERLEX COMMUNICATIONS INC., San Antonio, TX, pg. 538
INTERMARK GROUP, INC., Birmingham, AL, pg. 539
THE INTERPUBLIC GROUP OF COMPANIES, INC., New York, NY, pg. 540
INTRIGUE, Melville, NY, pg. 545
INVENTIVA, San Antonio, TX, pg. 545
IONIC MEDIA, Woodland Hills, CA, pg. 546
ISA ADVERTISING, New York, NY, pg. 548
JACK MORTON WORLDWIDE, Boston, MA, pg. 567

JACOBS & CLEVENGER, INC., Chicago, IL, pg. 569
JAMES ROSS ADVERTISING, Pompano Beach, FL, pg. 571
JANIS BROWN & ASSOCIATES, Escondido, CA, pg. 572
THE JEFFREY GROUP, Miami Beach, FL, pg. 1546
JOE AGENCY, Los Angeles, CA, pg. 578
THE JOEY COMPANY, Brooklyn, NY, pg. 578
JOHNSON DESIGN GROUP, Ada, MI, pg. 580
JONES FOSTER DEAL ADVERTISING & PUBLIC RELATIONS, INC., Tampa, FL, pg. 582
JSTOKES AGENCY, Walnut Creek, CA, pg. 584
KEEN BRANDING, Milton, DE, pg. 589
KELLEY CHUNN & ASSOC., Boston, MA, pg. 1553
KELLEY HABIB JOHN, Boston, MA, pg. 591
KELLY SCOTT MADISON, Chicago, IL, pg. 1336
KETCHUM, New York, NY, pg. 1554
KINDLING MEDIA, LLC, Hollywood, CA, pg. 595
KINETIC, New York, NY, pg. 1337
KPI AGENCY, San Diego, CA, pg. 601
KURMAN COMMUNICATIONS, INC., Chicago, IL, pg. 1561
KW2, Madison, WI, pg. 604
KWE PARTNERS, INC., Miami, FL, pg. 1561
LA AGENCIA DE ORCI & ASOCIADOS, Santa Monica, CA, pg. 606
LANETERRALEVER, Phoenix, AZ, pg. 610
LATCHA+ASSOCIATES, Farmington Hills, MI, pg. 611
LATIN2LATIN MARKETING + COMMUNICATIONS LLC, Fort Lauderdale, FL, pg. 612
THE LATINO WAY, Hartford, CT, pg. 612
LATINWORKS MARKETING, INC., Austin, TX, pg. 612
LATORRA, PAUL & MCCANN, Syracuse, NY, pg. 613
LAUGHLIN/CONSTABLE, INC., Milwaukee, WI, pg. 613
LAVERDAD MARKETING & MEDIA, Loveland, OH, pg. 616
LAZBRO, INC., Atlanta, GA, pg. 617
LEAD ME MEDIA, Deerfield Beach, FL, pg. 617
LEE & ASSOCIATES, INC., Canoga Park, CA, pg. 1565
LEGION ADVERTISING, Irving, TX, pg. 619
LEO BURNETT WORLDWIDE, INC., Chicago, IL, pg. 621
LEVO HEALTH, Tampa, FL, pg. 635
LINETT & HARRISON, Montville, NJ, pg. 641
THE LINICK GROUP, INC., Middle Island, NY, pg. 641
THE LINK AGENCY, Barrington, RI, pg. 641
LIQUID ADVERTISING, El Segundo, CA, pg. 644
LITTLE DOG AGENCY INC., Mount Pleasant, SC, pg. 645
LOCATION3 MEDIA, INC., Denver, CO, pg. 649
LOPEZ NEGRETE COMMUNICATIONS, INC., Houston, TX, pg. 651
LOVE ADVERTISING INC., Houston, TX, pg. 652
LUCKIE & COMPANY, Birmingham, AL, pg. 655
LUQUIRE GEORGE ANDREWS, INC., Charlotte, NC, pg. 657
M8 AGENCY, Miami, FL, pg. 666
MACIAS CREATIVE, Miami, FL, pg. 666
MAGIC JOHNSON ENTERPRISES, Beverly Hills, CA, pg. 670
MANTERA ADVERTISING, Bakersfield, CA, pg. 675
MARC USA, Pittsburgh, PA, pg. 676
MARC USA BOSTON, Stoneham, MA, pg. 677
MARC USA CHICAGO, Chicago, IL, pg. 677
MARCA MIAMI, Coconut Grove, FL, pg. 677
MARKETING MAVEN PUBLIC RELATIONS, INC., Camarillo, CA, pg. 1576
MARKETING WERKS, INC., Chicago, IL, pg. 1411
THE MARS AGENCY, Southfield, MI, pg. 686
MASCOLA ADVERTISING, New Haven, CT, pg. 690
MASSIVEMEDIA, New York, NY, pg. 692
MATRIX MEDIA SERVICES, INC., Columbus, OH, pg. 1340
MAXIMUM EXPOSURE PUBLIC RELATIONS & MEDIA, Woodcliff Lake, NJ, pg. 1578
MAXLETICS CORPORATION, Colorado Springs, CO, pg. 1271
MEDIA RESOURCES, LTD., Canton, OH, pg. 1342
MEDIA SOLUTIONS, Sacramento, CA, pg. 1343
MEDIA STORM LLC, South Norwalk, CT, pg. 1343
MEDIACOMP, INC., Houston, TX, pg. 1350
MEDIASPACE SOLUTIONS, Norwalk, CT, pg. 1350
MEKANISM, San Francisco, CA, pg. 729
MERCURY MAMBO, Austin, TX, pg. 730
METRICS MARKETING, INC., Atlanta, GA, pg. 736
MGH, INC., Owings Mills, MD, pg. 736
MICHAEL WALTERS ADVERTISING, Chicago, IL, pg. 738
MICSTURA, Miami, FL, pg. 739
MILESTONE BROADCAST, New York, NY, pg. 740
MILLWARD BROWN INC., Lisle, IL, pg. 742
MILNER BUTCHER MEDIA GROUP, Los Angeles, CA, pg.

SPECIAL MARKET INDEX — AGENCIES

1351
MITHOFF BURTON PARTNERS, El Paso, TX, pg. 748
MKTG, INC., New York, NY, pg. 1412
MKTWORKS, INC., Cold Spring, NY, pg. 749
MMB, Boston, MA, pg. 750
MOCENTRIC, Scottsdale, AZ, pg. 1274
MODCO MEDIA, New York, NY, pg. 753
MOMENTUM WORLDWIDE, New York, NY, pg. 754
MORE MEDIA GROUP, Redondo Beach, CA, pg. 757
MORGAN MARKETING & PUBLIC RELATIONS LLC, Laguna Beach, CA, pg. 1585
MOROCH HOLDINGS, INC., Dallas, TX, pg. 758
MOST BRAND DEVELOPMENT + ADVERTISING, Aliso Viejo, CA, pg. 762
MOTIVATE, INC., San Diego, CA, pg. 763
MOXIE, Atlanta, GA, pg. 1274
MRB PUBLIC RELATIONS, Freehold, NJ, pg. 1586
MRM PRINCETON, Princeton, NJ, pg. 768
MUSE COMMUNICATIONS, Santa Monica, CA, pg. 780
MVC, Ventura, CA, pg. 780
NATCOM MARKETING, Miami, FL, pg. 785
NATIONAL MEDIA SERVICES, INC., Huntington Bay, NY, pg. 785
NAVIGANT MARKETING / KSR, Miami, FL, pg. 786
NEURON SYNDICATE, Santa Monica, CA, pg. 790
NEW MEDIA AGENCY, Los Angeles, CA, pg. 791
NEWMARK ADVERTISING, INC., Woodland Hls, CA, pg. 793
NEWTON MEDIA, Chesapeake, VA, pg. 1354
NIMBLE WORLDWIDE, Dallas, TX, pg. 794
NOISE, INC., Sanibel, FL, pg. 796
NORTON NORRIS, Chicago, IL, pg. 800
NUEVO ADVERTISING GROUP, INC., Sarasota, FL, pg. 802
OCEAN BRIDGE GROUP, Los Angeles, CA, pg. 805
OCTAGON, Norwalk, CT, pg. 806
OGILVY, New York, NY, pg. 809
OMNICOM GROUP INC., New York, NY, pg. 836
ONE & ALL, Pasadena, CA, pg. 838
ONE SOURCE DIRECT MARKETING, INC., Coral Springs, FL, pg. 1278
ONE TWELFTH INC., Miami, FL, pg. 839
ONEWORLD COMMUNICATIONS, INC., San Francisco, CA, pg. 840
ONION LABS, Chicago, IL, pg. 840
OPTIC NERVE DIRECT MARKETING, San Francisco, CA, pg. 842
ORANGE LABEL ART & ADVERTISING, Newport Beach, CA, pg. 843
PACO COMMUNICATIONS, INC, Chicago, IL, pg. 849
PALISADES MEDIA GROUP, INC., Santa Monica, CA, pg. 1361
PANTIN/BEBER SILVERSTEIN PUBLIC RELATIONS, Miami, FL, pg. 1605
PARADIGM ASSOCIATES, San Juan, PR, pg. 1606
PARKER ADVERTISING SERVICE, INC., Lancaster, PA, pg. 854
PARTNERSHIP OF PACKER, OESTERLING & SMITH (PPO&S), Harrisburg, PA, pg. 856
THE PATIENT RECRUITING AGENCY, Austin, TX, pg. 858
PATRIOT ADVERTISING INC., Katy, TX, pg. 858
PAUL WERTH ASSOCIATES, INC., Columbus, OH, pg. 858
PAVLOV, Fort Worth, TX, pg. 859
PG CREATIVE, Miami, FL, pg. 867
PHD, New York, NY, pg. 1361
PHELPS, Playa Vista, CA, pg. 867
PINTA, New York, NY, pg. 872
PITA COMMUNICATIONS LLC, Rocky Hill, CT, pg. 873
PM PUBLICIDAD, Atlanta, GA, pg. 878
POLLER & JORDAN ADVERTISING AGENCY, INC., Miami, FL, pg. 881
PONDER IDEAWORKS, Huntington Beach, CA, pg. 882
PORTER NOVELLI, New York, NY, pg. 1612
POZA CONSULTING SERVICES, Santa Monica, CA, pg. 885
PP+K, Tampa, FL, pg. 885
PRINCETON PARTNERS, INC., Princeton, NJ, pg. 890
PROJECT, Auburn Hills, MI, pg. 891
PROJECT 2050, New York, NY, pg. 892
PROTERRA ADVERTISING, Addison, TX, pg. 894
PRX DIGITAL SILICON VALLEY, San Jose, CA, pg. 1620
PUBLICIS HAWKEYE, Dallas, TX, pg. 1282
PUBLICIS USA, New York, NY, pg. 912
PUBLISHERS ADVERTISING ASSOCIATES, New York, NY, pg. 1225
QUEUE CREATIVE MARKETING GROUP LLC, Chicago, IL, pg. 923
QUIGLEY-SIMPSON, Los Angeles, CA, pg. 923
RABINOVICI & ASSOCIATES, Hallandale Beach, FL, pg. 928
RADIO LOUNGE - RADIO ADVERTISING AGENCY, Sugar Land, TX, pg. 928
RAIN, New York, NY, pg. 1283
RAWLE MURDY ASSOCIATES, INC., Charleston, SC, pg. 934
REALITY2 LLC, Los Angeles, CA, pg. 936
RED MOON MARKETING, Charlotte, NC, pg. 940
REDBEAN SOCIETY, New York, NY, pg. 943
RENEGADE, LLC, New York, NY, pg. 946
REPUBLICA HAVAS, Miami, FL, pg. 947
RESPONSE MEDIA, INC., Norcross, GA, pg. 949
THE RESPONSE SHOP, INC., La Jolla, CA, pg. 950
REVEL, Richardson, TX, pg. 952
REVOLUTION MARKETING, LLC, Chicago, IL, pg. 953
REYNOLDS & ASSOCIATES, El Segundo, CA, pg. 953
RICHARDS/CARLBERG, Houston, TX, pg. 956
THE RICHARDS GROUP, INC., Dallas, TX, pg. 956
RICHARDS/LERMA, Dallas, TX, pg. 957
RICHARDS PARTNERS, Dallas, TX, pg. 1631
RIESTER, Phoenix, AZ, pg. 958
RITTA, Paramus, NJ, pg. 960
R.M. BARROWS, INC. ADVERTISING & PUBLIC RELATIONS, San Mateo, CA, pg. 962
ROBERTS + LANGER DDB, New York, NY, pg. 963
ROBERTSON & PARTNERS, Las Vegas, NV, pg. 964
ROCKET 55, Minneapolis, MN, pg. 964
ROCKORANGE, Miami, FL, pg. 1633
THE ROGERS AGENCY, Chesapeake, VA, pg. 966
ROGERS FINN PARTNERS, Los Angeles, CA, pg. 1633
RON FOTH ADVERTISING, Columbus, OH, pg. 967
RPM ADVERTISING, Chicago, IL, pg. 971
RUNYON SALTZMAN & EINHORN, Sacramento, CA, pg. 972
S3, Boonton, NJ, pg. 974
SAGON-PHIOR, West Los Angeles, CA, pg. 1638
SAMBA ROCK, Miami Beach, FL, pg. 988
THE SAN JOSE GROUP, Winnetka, IL, pg. 989
SBC, Columbus, OH, pg. 993
SEAN TRACEY ASSOCIATES, Portsmouth, NH, pg. 1000
SELF OPPORTUNITY, INC., Lewisville, TX, pg. 1368
SENSIS, Los Angeles, CA, pg. 1002
SHERRY MATTHEWS ADVOCACY MARKETING, Austin, TX, pg. 1007
SHOPPER MARKETING GROUP ADVERTISING INC., Porter Ranch, CA, pg. 1009
SIDECAR MEDIA, Chicago, IL, pg. 1368
SKYTYPERS, INC., Las Vegas, NV, pg. 1416
SLINGSHOT, LLC, Dallas, TX, pg. 1021
SMY MEDIA, INC., Chicago, IL, pg. 1369
SOCIALLY PRESENT, Carbondale, IL, pg. 1026
SOME CONNECT, Chicago, IL, pg. 1291
SOUTHWEST MEDIA GROUP, Dallas, TX, pg. 1369
SPACETIME, INC., Chicago, IL, pg. 1369
SPECIALTY TRUCK RENTALS, Santa Monica, CA, pg. 1416
SPOT ON, City Island, NY, pg. 1036
SPOT SAVVY, LLC, New York, NY, pg. 1036
SPURRIER MEDIA GROUP, Richmond, VA, pg. 1370
THE ST. GREGORY GROUP, INC., Cincinnati, OH, pg. 1040
STARCOM, Chicago, IL, pg. 1370
STEWARD MARKETING, LLC, The Woodlands, TX, pg. 1049
THE STRATACT MEDIA GROUP LLC, Rockwall, TX, pg. 1374
SUBMIT EXPRESS INC., Glendale, CA, pg. 1057
THE SUNFLOWER GROUP, Lenexa, KS, pg. 1417
SWARM NYC, New York, NY, pg. 1293
SWIRL MCGARRYBOWEN, San Francisco, CA, pg. 1067
TAKE 5 MEDIA GROUP, Boca Raton, FL, pg. 1071
TBC INC., Baltimore, MD, pg. 1076
TCAA, Cincinnati, OH, pg. 1093
THAT AGENCY, West Palm Bch, FL, pg. 1098
THAYER MEDIA, INC., Denver, CO, pg. 1376
TIDAL SHORES INC., Houston, TX, pg. 1102
TIDESMART GLOBAL, Falmouth, ME, pg. 1103
TINSLEY ADVERTISING, Miami, FL, pg. 1104
TIPTON & MAGLIONE INC., Great Neck, NY, pg. 1417
THE TOMBRAS GROUP, Knoxville, TN, pg. 1108
TR CUTLER, INC., Fort Lauderdale, FL, pg. 1661
TRACTION FACTORY, Milwaukee, WI, pg. 1112
TRANSIT MEDIA GROUP, Huntington Beach, CA, pg. 1376
TRANSMEDIA GROUP, Boca Raton, FL, pg. 1662
TRELLIS MARKETING, INC, Buffalo, NY, pg. 1115
TRIMENTION ADVERTISING, Miami Beach, FL, pg. 1118
TRINET INTERNET SOLUTIONS, INC., Irvine, CA, pg. 1118
TRIPLEINK, Minneapolis, MN, pg. 1118
TURKEL BRANDS, Coral Gables, FL, pg. 1122
TURNSTILE, Corte Madera, CA, pg. 1122
UNION, Charlotte, NC, pg. 1298
U.S. INTERNATIONAL MEDIA, LLC, Los Angeles, CA, pg. 1378
UWG, Brooklyn, NY, pg. 1129
VALPO MEDIOS, INC., Riverside, CA, pg. 1379
VANGUARDCOMM, East Brunswick, NJ, pg. 1130
VARGAS & AMIGOS INC., Marietta, GA, pg. 1131
VERTICAL MARKETING NETWORK LLC, Tustin, CA, pg. 1418
VIAS LATINO MARKETING, Grand Rapids, MI, pg. 1136
WALKER ADVERTISING, INC., San Pedro, CA, pg. 1148
WALLWORK CURRY MCKENNA, Charlestown, MA, pg. 1149
WALT KLEIN ADVERTISING, Denver, CO, pg. 1150
THE WARD GROUP, Frisco, TX, pg. 1152
WAVEMAKER GLOBAL LTD, New York, NY, pg. 1379
WC MEDIA INC., Springfield, IL, pg. 1154
WEBER SHANDWICK, New York, NY, pg. 1673
THE WEINSTEIN ORGANIZATION, INC., Chicago, IL, pg. 1157
WENSTROM COMMUNICATIONS, Clearwater, FL, pg. 1387
WESTOVER MEDIA, Portland, OR, pg. 1419
WIEDEN + KENNEDY, INC., Portland, OR, pg. 1163
WIKREATE, San Francisco, CA, pg. 1166
WING, New York, NY, pg. 1170
THE WOLF AGENCY, Dallas, TX, pg. 1173
WWDB INTEGRATED MARKETING, Fort Lauderdale, FL, pg. 1193
WYSE, Cleveland, OH, pg. 1193
XAXIS, LLC, New York, NY, pg. 1302
YAFFE GROUP, Southfield, MI, pg. 1195
YELLIN/MCCARRON, INC., Salem, NH, pg. 1387
YOUNNEL ADVERTISING, INC., Stockton, CA, pg. 1208
ZEHNDER COMMUNICATIONS, INC., New Orleans, LA, pg. 1210
ZENITH USA, New York, NY, pg. 1391
ZUBI ADVERTISING SERVICES, INC., Coral Gables, FL, pg. 1215

Industrial

3MARKETEERS ADVERTISING, INC., San Jose, CA, pg. 8
454 CREATIVE, Irvine, CA, pg. 9
5METACOM, IndianaPOlis, IN, pg. 10
802 CREATIVE PARTNERS, INC., Stowe, VT, pg. 12
AAI (ADVERTISING ASSOCIATES INTERNATIONAL), Boston, MA, pg. 15
AB+C, Wilmington, DE, pg. 16
ACCELERATOR ADVERTISING INC., Lewis Center, OH, pg. 19
ACTIFY MEDIA, Helena, MT, pg. 22
AD CETERA, INC., Addison, TX, pg. 23
ADAMS & KNIGHT, INC., Avon, CT, pg. 25
ADAMS & LONGINO ADVERTISING, INC., Greenville, NC, pg. 25
ADCETERA GROUP, Houston, TX, pg. 27
ADIRONDACK MARKETING SERVICES, LLC, Elkhart, IN, pg. 30
ADS & ARTS, Rochester, MN, pg. 32
ADVENTIVE MARKETING, INC., Chicago, IL, pg. 35
ADVERTEL, INC., Pittsburgh, PA, pg. 35
ADVERTISING SAVANTS, INC., Saint Louis, MO, pg. 35
AGENCY CREATIVE, Dallas, TX, pg. 38
AGENCY59, Toronto, pg. 39
AH&M MARKETING COMMUNICATIONS, Pittsfield, MA, pg. 40
AINSWORTH MAGUIRE, Bury, pg. 1429
AJ ROSS CREATIVE MEDIA, INC., Chester, NY, pg. 42
AKA DIRECT, INC., Portland, OR, pg. 42
AKINS MARKETING & DESIGN L.L.C., Sarasota, FL, pg. 43
AL SHULTZ ADVERTISING, INC., San Jose, CA, pg. 43
ALCHEMY AT AMS, Dallas, TX, pg. 44
ALLEN FINLEY ADVERTISING, INC., Hickory, NC, pg. 46
ALTMAN-HALL ASSOCIATES, Erie, PA, pg. 50
AMBIT MARKETING COMMUNICATIONS, Fort Lauderdale, FL, pg. 51
AMERICAN ADVERTISING SERVICES, Bala Cynwyd, PA,

AGENCIES

SPECIAL MARKET INDEX

pg. 52
AMG MARKETING RESOURCES INC., Solon, OH, pg. 53
AMPERAGE, Cedar Falls, IA, pg. 53
AMUSEMENT PARK, Santa Ana, CA, pg. 54
THE ANDERSON GROUP, Sinking Spring, PA, pg. 57
ANDERSON-MADISON ADVERTISING, INC., Minneapolis, MN, pg. 57
ANVIL MEDIA, INC., Portland, OR, pg. 1307
APCO WORLDWIDE, Washington, DC, pg. 62
ARCANA ACADEMY, Los Angeles, CA, pg. 65
ARCHER MALMO, Memphis, TN, pg. 65
ARCHER MALMO AUSTIN, Austin, TX, pg. 66
ARGYLL, Redondo Beach, CA, pg. 68
ARKSIDE MARKETING, Riverside, CA, pg. 69
THE ARTIME GROUP, Pasadena, CA, pg. 72
ATTACHE, INC., Columbus, OH, pg. 76
AUDIENCE INNOVATION, Austin, TX, pg. 76
AUGUST, LANG & HUSAK, INC., Bethesda, MD, pg. 77
AUXILIARY ADVERTISING & DESIGN, Grand Rapids, MI, pg. 79
AVREAFOSTER, Dallas, TX, pg. 80
AXIA PUBLIC RELATIONS, Jacksonville, FL, pg. 80
BAILEY LAUERMAN, Omaha, NE, pg. 84
THE BALCOM AGENCY, Fort Worth, TX, pg. 85
BANDY CARROLL HELLIGE ADVERTISING, Louisville, KY, pg. 87
BAROLIN & SPENCER, INC., Voorhees, NJ, pg. 91
BARTLEY & DICK, New York, NY, pg. 94
BASS ADVERTISING, Sioux City, IA, pg. 95
BASTION TLG, Long Beach, CA, pg. 95
BAYARD ADVERTISING AGENCY, INC., New York, NY, pg. 96
BECKER GUERRY, Middletown, NJ, pg. 119
BECKETT & BECKETT, INC., Altadena, CA, pg. 120
BEEBY CLARK + MEYLER, Stamford, CT, pg. 120
BENEDICT ADVERTISING, Daytona Beach, FL, pg. 122
BENSUR CREATIVE MARKETING GROUP, Erie, PA, pg. 123
BERNARD & COMPANY, Palatine, IL, pg. 124
BIANCHI PUBLIC RELATIONS INC., Troy, MI, pg. 1449
BIG RIVER ADVERTISING, Richmond, VA, pg. 129
BIGBUZZ MARKETING GROUP, New York, NY, pg. 130
BILL BOSSE & ASSOCIATES, Houston, TX, pg. 131
BILL HUDSON & ASSOCIATES, INC. ADVERTISING & PUBLIC RELATIONS, Nashville, TN, pg. 131
BLAIR, INC., Rockford, IL, pg. 133
BLASS MARKETING, Old Chatham, NY, pg. 134
BLEND, Los Angeles, CA, pg. 135
BLR/FURTHER, Birmingham, AL, pg. 138
BLUE FOUNTAIN MEDIA, New York, NY, pg. 1241
BLUESPIRE MARKETING, West Hartford, CT, pg. 141
BOB GOLD & ASSOCIATES, Redondo Beach, CA, pg. 1453
BOC PARTNERS, Middlesex, NJ, pg. 143
BOONE DELEON COMMUNICATIONS, INC., Houston, TX, pg. 147
THE BORENSTEIN GROUP, INC., Fairfax, VA, pg. 147
BORSHOFF, Indianapolis, IN, pg. 148
THE BOSWORTH GROUP, Charleston, SC, pg. 149
BRAMSON + ASSOCIATES, Los Angeles, CA, pg. 153
BRANDINGBUSINESS, Irvine, CA, pg. 157
BRANDTAILERS, Newport Beach, CA, pg. 159
BRANDTUITIVE, New York, NY, pg. 159
BRASHE ADVERTISING, INC., Jericho, NY, pg. 160
BRAVE NEW MARKETS, Owings Mills, MD, pg. 1242
THE BRICK FACTORY, Washington, DC, pg. 1243
BRIDGEMAN COMMUNICATIONS, INC., Boston, MA, pg. 1457
BRIERLEY & PARTNERS, Plano, TX, pg. 162
BRIGHAM & RAGO MARKETING COMMUNICATIONS, Basking Ridge, NJ, pg. 163
BRIGHAM SCULLY, Bangor, ME, pg. 163
BRIMMCOMM, INC., Deerfield, IL, pg. 1457
BROADSTREET, New York, NY, pg. 1398
BROLIK, Philadelphia, PA, pg. 1243
BROWNING AGENCY, New Providence, NJ, pg. 168
BRUNNER, Pittsburgh, PA, pg. 169
BURDETTE KETCHUM, Jacksonville, FL, pg. 173
BURGESS ADVERTISING & MARKETING, Falmouth, ME, pg. 174
BURGESS COMMUNICATIONS, INC, Thornton, PA, pg. 174
BURK ADVERTISING & MARKETING, Dallas, TX, pg. 174
BUSINESS-TO-BUSINESS MARKETING COMMUNICATIONS, Raleigh, NC, pg. 177
BUY ADS DIRECT, Ridge Manor, FL, pg. 1313
C SUITE COMMUNICATIONS, Sarasota, FL, pg. 180
CAIN & COMPANY, Rockford, IL, pg. 182

CASHMAN & KATZ INTEGRATED COMMUNICATIONS, Glastonbury, CT, pg. 193
CASTELLS & ASOCIADOS, Los Angeles, CA, pg. 194
CATALYST MARKETING COMMUNICATIONS INC., Stamford, CT, pg. 195
CATALYST MARKETING COMPANY, Fresno, CA, pg. 195
CAYENNE CREATIVE, Birmingham, AL, pg. 197
CCG MARKETING SOLUTIONS, West Caldwell, NJ, pg. 197
CENTRIC, Newhall, CA, pg. 200
CGT MARKETING LLC, Amityville, NY, pg. 201
CHARLES RYAN ASSOCIATES INC., Charleston, WV, pg. 203
CHEMISTRY COMMUNICATIONS INC., Pittsburgh, PA, pg. 205
C.I. VISIONS INC., New York, NY, pg. 1468
THE CIRLOT AGENCY, INC., Jackson, MS, pg. 209
CK COMMUNICATIONS, INC. (CKC), Indialantic, FL, pg. 210
CMDS, Colts Neck, NJ, pg. 215
COLLAGE ADVERTISING, Nashua, NH, pg. 219
COLLE+MCVOY, Minneapolis, MN, pg. 219
COLORPLAY STUDIO, Bend, OR, pg. 220
THE COMPUTER STUDIO, Yonkers, NY, pg. 225
CONCEPT THREE INC., Davison, MI, pg. 226
CONNECTIONS ADVERTISING & MARKETING, Lexington, KY, pg. 227
COPERNIO, Garden Grove, CA, pg. 230
CORECUBED, Asheville, NC, pg. 231
CORINTHIAN MEDIA, INC., New York, NY, pg. 1316
COYNE ADVERTISING & PUBLIC RELATIONS, Nevillewood, PA, pg. 234
CREATIVE COMMUNICATIONS CONSULTANTS, INC., Minneapolis, MN, pg. 240
CREATIVE COMPANY, McMinnville, OR, pg. 240
CREATIVE ENERGY GROUP INC, Johnson City, TN, pg. 241
CREATIVE MARKETING ALLIANCE INC., Princeton Junction, NJ, pg. 243
CREATIVE MARKETING RESOURCES, Littleton, CO, pg. 243
CRITICAL LAUNCH, LLC, Dallas, TX, pg. 247
CRUX CREATIVE, Milwaukee, WI, pg. 251
CUBICLE NINJAS, Glen Ellyn, IL, pg. 252
D&S CREATIVE COMMUNICATIONS INC., Mansfield, OH, pg. 256
DAMEN JACKSON, Chicago, IL, pg. 259
DAN PIPKIN ADVERTISING AGENCY, INC., Danville, IL, pg. 259
DAVIESMOORE, Boise, ID, pg. 263
DCA/DCPR, Jackson, TN, pg. 266
DEARING GROUP, West Lafayette, IN, pg. 284
DELFINO MARKETING COMMUNICATIONS, INC., Valhalla, NY, pg. 287
DELIA ASSOCIATES, Whitehouse, NJ, pg. 287
DELLA FEMINA ADVERTISING, New York, NY, pg. 287
DELUCA FRIGOLETTO ADVERTISING, INC., Honesdale, PA, pg. 288
DENTSU INC., Tokyo, pg. 289
DEPARTURE, San Diego, CA, pg. 291
DESIGN REACTOR, INC., Santa Clara, CA, pg. 293
DEWAR COMMUNICATIONS INC., Toronto, pg. 297
DGS MARKETING ENGINEERS, Fishers, IN, pg. 297
DHX ADVERTISING, INC., Portland, OR, pg. 298
DO GOOD MARKETING, LLC, Ridgewood, NJ, pg. 312
DODGE ASSOCIATES, INC., Providence, RI, pg. 312
DOMUS INC., Philadelphia, PA, pg. 313
DONOVAN ADVERTISING & MARKETING SERVICES, Lititz, PA, pg. 315
DORN MARKETING, Geneva, IL, pg. 317
THE DOZIER COMPANY, Dallas, TX, pg. 318
DPR GROUP, INC., Frederick, MD, pg. 1488
DRIVE BRAND STUDIO, North Conway, NH, pg. 320
DROGA5, New York, NY, pg. 321
THE DRUCKER GROUP, Des Plaines, IL, pg. 322
DSC (DILEONARDO SIANO CASERTA) ADVERTISING, Philadelphia, PA, pg. 323
DUNCAN MCCALL, INC., Pensacola, FL, pg. 325
EAST BANK COMMUNICATIONS INC., Portland, OR, pg. 328
EAST MEETS WEST PRODUCTIONS INC., Corpus Christi, TX, pg. 328
EJW ASSOCIATES, INC., Alpharetta, GA, pg. 334
EL CREATIVE, INC., Dallas, TX, pg. 334
ENCODE, Jacksonville, FL, pg. 340
EP+CO, Greenville, SC, pg. 343
EPICOSITY, Sioux Falls, SD, pg. 344
ERIC MOWER + ASSOCIATES, Syracuse, NY, pg. 346

ESTEY-HOOVER INC. ADVERTISING-PUBLIC RELATIONS, NewPort Beach, CA, pg. 350
EVANS ALLIANCE ADVERTISING, Sparta, NJ, pg. 351
EVENTIV (MARKETING, DESIGN & DISPLAY), Whitehouse, OH, pg. 353
EVOKE IDEA GROUP, INC., Saint Charles, IL, pg. 354
EXPECT ADVERTISING, INC., Clifton, NJ, pg. 355
EXPLORE COMMUNICATIONS, Denver, CO, pg. 1321
FACTOR360 DESIGN + TECHNOLOGY, Pierre, SD, pg. 357
FAHLGREN MORTINE, Columbus, OH, pg. 358
FASONE & PARTNERS, Kansas City, MO, pg. 362
FCB GLOBAL, New York, NY, pg. 363
THE FEAREY GROUP, Seattle, WA, pg. 1503
FELDER COMMUNICATIONS GROUP, Grand Rapids, MI, pg. 377
FERGUSON ADVERTISING INC., Fort Wayne, IN, pg. 378
FINCH BRANDS, Philadelphia, PA, pg. 380
FIREFLY CREATIVE, INC., Atlanta, GA, pg. 383
FIRST GENERATION, Allentown, PA, pg. 383
FIRST MEDIA GROUP INC., Syracuse, NY, pg. 384
FISLER COMMUNICATIONS, Newbury, MA, pg. 385
FITZGERALD & CO, Atlanta, GA, pg. 386
FLINT COMMUNICATIONS, Fargo, ND, pg. 388
FLIPELEVEN LLC, Milwaukee, WI, pg. 389
FMB ADVERTISING, Knoxville, TN, pg. 390
FOODMIX MARKETING COMMUNICATIONS, Elmhurst, IL, pg. 391
FORESIGHT GROUP, INC., Lansing, MI, pg. 392
FORTYTWOEIGHTYNINE, Rockton, IL, pg. 393
FOSTER MARKETING COMMUNICATIONS, Lafayette, LA, pg. 394
THE FRANK AGENCY INC., Overland Park, KS, pg. 395
FREEBAIRN & COMPANY PUBLIC RELATIONS, Atlanta, GA, pg. 1513
FREED ADVERTISING, Sugar Land, TX, pg. 397
GAMS COMMUNICATIONS, Chicago, IL, pg. 409
GASQUE ADVERTISING, INC., West Columbia, SC, pg. 411
THE GATE WORLDWIDE NEW YORK, New York, NY, pg. 411
GATESMAN, Pittsburgh, PA, pg. 412
GCG MARKETING, Fort Worth, TX, pg. 413
GEOFFREY CARLSON GAGE, LLC, Wayzata, MN, pg. 415
GOCONVERGENCE, Orlando, FL, pg. 426
GODA ADVERTISING, Inverness, IL, pg. 426
GODFREY ADVERTISING, Lancaster, PA, pg. 426
GOOD ADVERTISING, INC., Memphis, TN, pg. 428
THE GOODNESS COMPANY, Wisconsin Rapids, WI, pg. 429
THE GOSS AGENCY INC., Asheville, NC, pg. 430
GRANT MARKETING, Boston, MA, pg. 432
GRAY LOON MARKETING GROUP, INC., Evansville, IN, pg. 433
GREY NEW YORK, New York, NY, pg. 438
GRIFF/SMC, INC. MEDICAL MARKETING COMMUNICATIONS, Boulder, CO, pg. 449
GRIFFIN WINK ADVERTISING, Lubbock, TX, pg. 450
GROUNDFLOOR MEDIA, INC., Denver, CO, pg. 1525
GROUP 5 WEST, INC., Little Rock, AR, pg. 451
GROUP46, Bluffton, SC, pg. 452
GS&F, Nashville, TN, pg. 453
GUMAS ADVERTISING, San Francisco, CA, pg. 455
THE GUNTER AGENCY, New Glarus, WI, pg. 456
GYRO, New York, NY, pg. 457
GYRO CINCINNATI, Cincinnati, OH, pg. 458
GYRO DENVER, Denver, CO, pg. 459
HAGGERTY & ASSOCIATES, Woburn, MA, pg. 460
HAKUHODO INCORPORATED, Tokyo, pg. 461
THE HALO GROUP, New York, NY, pg. 464
HANCOCK ADVERTISING GROUP, INC., Midland, TX, pg. 465
HANNA & ASSOCIATES INC., Coeur D'Alene, ID, pg. 465
HANNA LEE COMMUNICATIONS, INC., New York, NY, pg. 466
HAP MARKETING SERVICES, INC., Eatontown, NJ, pg. 466
HAROLD WARNER ADVERTISING, INC., Buffalo, NY, pg. 468
HART, Columbus, OH, pg. 469
HAVAS MEDIA, New York, NY, pg. 1324
HAVAS PR, New York, NY, pg. 1528
HAYNES MARKETING NETWORK, INC., Macon, GA, pg. 489
HEINZEROTH MARKETING GROUP, Rockford, IL, pg. 493
HENKE & ASSOCIATES, INC., Cedarburg, WI, pg. 496

SPECIAL MARKET INDEX

AGENCIES

HERMAN ASSOCIATES, INC., New York, NY, pg. 497
HITCHCOCK FLEMING & ASSOCIATES, INC., Akron, OH, pg. 502
HIVEMIND MARKETING INC., San Jose, CA, pg. 1260
HMH, Portland, OR, pg. 504
HODGES ASSOCIATES, INC., Fayetteville, NC, pg. 505
HOLTON SENTIVAN AND GURY, Ambler, PA, pg. 507
HOWARD MILLER ASSOCIATES, INC., Lancaster, PA, pg. 510
HOWELL, LIBERATORE & ASSOCIATES, INC., Elmira, NY, pg. 510
HUDSON MEDIA SERVICES LLC, West Orange, NJ, pg. 1330
HUEMOR DESIGNS, Farmingdale, NY, pg. 1261
HUGE LLC, Brooklyn, NY, pg. 512
HUGHESLEAHYKARLOVIC, Saint Louis, MO, pg. 513
HULT MARKETING, Peoria, IL, pg. 513
IDEA BANK MARKETING, Hastings, NE, pg. 520
THE IDEA FACTORY, New York, NY, pg. 520
IGM CREATIVE GROUP, Lincoln Park, NJ, pg. 1405
IGNITE COMMUNICATIONS, Duluth, GA, pg. 522
IGNITED, El Segundo, CA, pg. 523
IMA INTERACTIVE, El Granada, CA, pg. 1264
IMPRESSIONS-A.B.A. INDUSTRIES, INC., Mineola, NY, pg. 528
THE IN-HOUSE AGENCY, INC., Morristown, NJ, pg. 529
INNIS MAGGIORE GROUP, INC., Canton, OH, pg. 533
INQUEST MARKETING, Kansas City, MO, pg. 534
INSPIRE CREATIVE STUDIOS, Wilmington, NC, pg. 535
THE INTEGER GROUP-MIDWEST, Des Moines, IA, pg. 1406
INTEGRATED MARKETING SERVICES, Princeton, NJ, pg. 536
INTERACTIVEWEST, Denver, CO, pg. 1264
INTERMARK GROUP, INC., Birmingham, AL, pg. 539
INTRIGUE, Melville, NY, pg. 545
J. GREG SMITH, INC., Omaha, NE, pg. 552
JAJO, INC., Wichita, KS, pg. 570
JEFFREY ALEC COMMUNICATIONS, Los Angeles, CA, pg. 574
JOE AGENCY, Los Angeles, CA, pg. 578
JOHNSON DESIGN GROUP, Ada, MI, pg. 580
JOHNSON MARKETING GROUP INC., Orland Park, IL, pg. 580
JOHNSONRAUHOFF, Saint Joseph, MI, pg. 581
JONES & THOMAS, Decatur, IL, pg. 581
JONES FOSTER DEAL ADVERTISING & PUBLIC RELATIONS, INC., Tampa, FL, pg. 582
J.T. MEGA FOOD MARKETING COMMUNICATIONS, Minneapolis, MN, pg. 584
J.W. MORTON & ASSOCIATES, Cedar Rapids, IA, pg. 586
K2 COMMUNICATIONS, Southampton, PA, pg. 586
KEEN BRANDING, Milton, DE, pg. 589
KEENAN-NAGLE ADVERTISING, Allentown, PA, pg. 590
KELLEN COMMUNICATIONS, New York, NY, pg. 590
KELLEY HABIB JOHN, Boston, MA, pg. 591
KEN SLAUF & ASSOCIATES, INC., Lombard, IL, pg. 592
KETCHUM, New York, NY, pg. 1554
KILLIAN BRANDING, Chicago, IL, pg. 595
KINDLING MEDIA, LLC, Hollywood, CA, pg. 595
THE KIRBY GROUP, London, pg. 1408
KNIGHT ADV. CO., Northbrook, IL, pg. 1223
KOHNSTAMM COMMUNICATIONS, Saint Paul, MN, pg. 600
KOROBERI, Durham, NC, pg. 1267
KRACOE SZYKULA & TOWNSEND INC., Troy, MI, pg. 602
KW2, Madison, WI, pg. 604
LABOV ADVERTISING, MARKETING AND TRAINING, Fort Wayne, IN, pg. 606
LATCHA+ASSOCIATES, Farmington Hills, MI, pg. 611
LATORRA, PAUL & MCCANN, Syracuse, NY, pg. 613
LAWRENCE & SCHILLER, INC., Sioux Falls, SD, pg. 616
L.C. WILLIAMS & ASSOCIATES, LLC, Chicago, IL, pg. 1564
LEAD ME MEDIA, Deerfield Beach, FL, pg. 617
LEE & ASSOCIATES, INC., Canoga Park, CA, pg. 1565
LEO BURNETT BUSINESS, New York, NY, pg. 620
LEO J. BRENNAN, INC., Fenton, MI, pg. 632
LEVO HEALTH, Tampa, FL, pg. 635
LEVY INDUSTRIAL, Pittsburgh, PA, pg. 635
LEXICON COMMUNICATIONS CORP., Pasadena, CA, pg. 1567
LINETT & HARRISON, Montville, NJ, pg. 641
THE LINICK GROUP, INC., Middle Island, NY, pg. 641
LINX COMMUNICATIONS CORP., Smithtown, NY, pg. 642
LITTLE DOG AGENCY INC., Mount Pleasant, SC, pg. 645

LITTLE L COMMUNICATIONS, Geneva, OH, pg. 646
LITTLEFIELD AGENCY, Tulsa, OK, pg. 646
LJF ASSOCIATES, INC., The Woodlands, TX, pg. 647
LKH&S, Chicago, IL, pg. 647
LOHRE & ASSOCIATES, INCORPORATED, Cincinnati, OH, pg. 650
LONGREN & PARKS, Hopkins, MN, pg. 651
LOONEY ADVERTISING AND DESIGN, Montclair, NJ, pg. 651
LUQUIRE GEORGE ANDREWS, INC., Charlotte, NC, pg. 657
LYERLY AGENCY INC., Belmont, NC, pg. 658
MACY + ASSOCIATES INC., Los Angeles, CA, pg. 667
MADEO, Brooklyn, NY, pg. 1269
MAIER ADVERTISING, INC., Farmington, CT, pg. 672
MANGOS, Conshohocken, PA, pg. 674
MANTERA ADVERTISING, Bakersfield, CA, pg. 675
MANTRA PUBLIC RELATIONS, INC., New York, NY, pg. 1575
MARCUS THOMAS LLC, Cleveland, OH, pg. 679
THE MAREK GROUP, Bloomington, MN, pg. 679
MARKEN COMMUNICATIONS INC., Santa Clara, CA, pg. 680
MARKETING VISIONS, INC., Tarrytown, NY, pg. 1410
MARTIN THOMAS INTERNATIONAL, Sterling, VA, pg. 688
MARTINO FLYNN LLC, Pittsford, NY, pg. 689
MARTOPIA, INC., Saint Charles, IL, pg. 689
THE MARX GROUP, San Rafael, CA, pg. 689
MASON, INC., Bethany, CT, pg. 691
MASON MARKETING, INC, Penfield, NY, pg. 691
MAXAUDIENCE, Carlsbad, CA, pg. 695
MAYCREATE, Chattanooga, TN, pg. 696
MCC, Dallas, TX, pg. 697
MCDANIELS MARKETING COMMUNICATIONS, Pekin, IL, pg. 715
MCGILL BUCKLEY, Ottawa, pg. 718
MEDIA II, INC., Northfield, OH, pg. 726
MEDIA LOGIC, Albany, NY, pg. 726
MEDIA ONE ADVERTISING/MARKETING, Sioux Falls, SD, pg. 727
MEKANISM, San Francisco, CA, pg. 729
MGH, INC., Owings Mills, MD, pg. 736
MICHAEL WALTERS ADVERTISING, Chicago, IL, pg. 738
MICSTURA, Miami, FL, pg. 739
MINDSTORM COMMUNICATIONS GROUP, INC., Charlotte, NC, pg. 745
MINTZ & HOKE COMMUNICATIONS GROUP, Avon, CT, pg. 746
MKTWORKS, INC., Cold Spring, NY, pg. 749
MOBIUM INTEGRATED BRANDING, Chicago, IL, pg. 752
MORE MEDIA GROUP, Redondo Beach, CA, pg. 757
MORGAN & MYERS, INC., Waukesha, WI, pg. 758
MOROCH HOLDINGS, INC., Dallas, TX, pg. 758
THE MORRISON AGENCY, Atlanta, GA, pg. 760
MORTON ADVERTISING INC., Edison, NJ, pg. 761
MOTUM B2B, Toronto, pg. 764
MRB PUBLIC RELATIONS, Freehold, NJ, pg. 1586
MRM PRINCETON, Princeton, NJ, pg. 768
MRW COMMUNICATIONS LLC, Pembroke, MA, pg. 769
MSI, Chicago, IL, pg. 769
MW MARKETING GROUP, Hudsonville, MI, pg. 781
THE MX GROUP, Burr Ridge, IL, pg. 781
NAIL COMMUNICATIONS, Providence, RI, pg. 783
NAVEO, Menomonee Falls, WI, pg. 786
NELSON SCHMIDT, Milwaukee, WI, pg. 788
NEWTON ASSOCIATES MARKETING COMMUNICATIONS, INC., Plymouth Meeting, PA, pg. 793
THE NISSEN GROUP, Winter Haven, FL, pg. 795
NORMAN DIEGNAN & ASSOCIATES, Oldwick, NJ, pg. 797
NORTH STAR MARKETING, Lancaster, PA, pg. 798
NRC REALTY CAPITAL ADVISORS, Chicago, IL, pg. 1224
NUEVO ADVERTISING GROUP, INC., Sarasota, FL, pg. 802
O2KL, New York, NY, pg. 803
O3 WORLD, LLC, Philadelphia, PA, pg. 804
OCEAN BRIDGE GROUP, Los Angeles, CA, pg. 805
OCEANOS MARKETING, INC., Marshfield, MA, pg. 1355
ODNEY, Bismarck, ND, pg. 808
OGILVY, New York, NY, pg. 809
THE OHLMANN GROUP, Dayton, OH, pg. 834
OIA MARKETING COMMUNICATIONS, Dayton, OH, pg. 834
OLANDER GROUP, Ottawa, IL, pg. 1355
OMEGA ENGINEERING ADVERTISING, Stamford, CT, pg. 1225

ONE TWELFTH INC., Miami, FL, pg. 839
ONEWORLD COMMUNICATIONS, INC., San Francisco, CA, pg. 840
ONION LABS, Chicago, IL, pg. 840
OPTO DESIGN, New York, NY, pg. 843
ORAIKO, New York, NY, pg. 843
THE OUSSET AGENCY, INC., Spring Branch, TX, pg. 846
OUTERNATIONAL INC, New York, NY, pg. 846
OUTSIDE THE BOX INTERACTIVE LLC, Jersey City, NJ, pg. 847
PADILLA, Minneapolis, MN, pg. 849
PALLEY ADVERTISING INC., Worcester, MA, pg. 851
PAPROCKI & CO., Atlanta, GA, pg. 852
PARKER AVENUE, San Mateo, CA, pg. 854
PATHFINDERS ADVERTISING & MARKETING GROUP, Mishawaka, IN, pg. 857
PATRICKORTMAN, INC., Studio City, CA, pg. 1279
PATRIOT ADVERTISING INC., Katy, TX, pg. 858
PAULSEN MARKETING COMMUNICATIONS, INC., Sioux Falls, SD, pg. 859
PEAKBIETY, BRANDING + ADVERTISING, Tampa, FL, pg. 860
PERISCOPE, Minneapolis, MN, pg. 864
PETER MAYER ADVERTISING, INC., New Orleans, LA, pg. 866
PHELPS, Playa Vista, CA, pg. 867
PINCKNEY HUGO GROUP, Syracuse, NY, pg. 871
PINTA, New York, NY, pg. 872
PLATYPUS ADVERTISING + DESIGN, Pewaukee, WI, pg. 877
POINT B COMMUNICATIONS, Chicago, IL, pg. 880
POINT TO POINT INC., Beachwood, OH, pg. 880
PONDELWILKINSON INC., Woodland Hls, CA, pg. 882
POWER CREATIVE, Louisville, KY, pg. 884
POWER PR, Torrance, CA, pg. 1617
PP+K, Tampa, FL, pg. 885
PRAXIS COMMUNICATIONS, INC., Huntingdon Valley, PA, pg. 886
THE PRICE GROUP, INC., Lubbock, TX, pg. 888
PRICEWEBER MARKETING COMMUNICATIONS, INC., Louisville, KY, pg. 889
THE PRIMM COMPANY, Norfolk, VA, pg. 890
PRINCETON PARTNERS, INC., Princeton, NJ, pg. 890
PRODIGAL MEDIA COMPANY, Boardman, OH, pg. 890
PROJECT, Auburn Hills, MI, pg. 891
PROM KROG ALTSTIEL INC., Mequon, WI, pg. 892
PROSEK PARTNERS, Stratford, CT, pg. 1619
PRX DIGITAL SILICON VALLEY, San Jose, CA, pg. 1620
PULSECX, Montgomeryville, PA, pg. 916
PUREI, Batavia, IL, pg. 917
QUEUE CREATIVE, Lansing, MI, pg. 922
QUEUE CREATIVE MARKETING GROUP LLC, Chicago, IL, pg. 923
QUINLAN & COMPANY, Buffalo, NY, pg. 923
QUINLAN MARKETING COMMUNICATIONS, Carmel, IN, pg. 924
RAGE AGENCY, Westmont, IL, pg. 1283
RAINS BIRCHARD MARKETING, Portland, OR, pg. 929
THE RANKIN GROUP, LTD., Tustin, CA, pg. 931
RAVE COMMUNICATIONS INC, Pocatello, ID, pg. 1625
RAWLE MURDY ASSOCIATES, INC., Charleston, SC, pg. 934
RDW GROUP INC., Providence, RI, pg. 935
READE COMMUNICATIONS GROUP, Providence, RI, pg. 1626
READY366, New York, NY, pg. 936
RED COMMA MEDIA, INC., Madison, WI, pg. 1367
THE REPUBLIK, Raleigh, NC, pg. 947
RESH MARKETING CONSULTANTS, INC., Columbia, SC, pg. 948
RESPONSORY, Brookfield, WI, pg. 950
REYNOLDS & ASSOCIATES, El Segundo, CA, pg. 953
R.H. BLAKE, INC., Cleveland, OH, pg. 954
RHYMES ADVERTISING & MARKETING, Bellaire, TX, pg. 955
RICHARDS, Russell, OH, pg. 955
RICHARDS/CARLBERG, Houston, TX, pg. 956
RIGER ADVERTISING AGENCY, INC., Binghamton, NY, pg. 958
RISDALL MARKETING GROUP, Roseville, MN, pg. 959
RISE INTERACTIVE, Chicago, IL, pg. 960
R.M. BARROWS, INC. ADVERTISING & PUBLIC RELATIONS, San Mateo, CA, pg. 962
RMD ADVERTISING, Columbus, OH, pg. 962
RMI MARKETING & ADVERTISING, Emerson, NJ, pg. 962
ROBERTS COMMUNICATIONS INC., Rochester, NY, pg. 963
ROCKET 55, Minneapolis, MN, pg. 964

AGENCIES

SPECIAL MARKET INDEX

ROGERS FINN PARTNERS, Los Angeles, CA, pg. 1633
THE RON TANSKY ADVERTISING & PUBLIC RELATIONS, Thousand Oaks, CA, pg. 967
ROOP & CO., Cleveland, OH, pg. 1633
RPM ADVERTISING, Chicago, IL, pg. 971
S2 ADVERTISING, Ormond Beach, FL, pg. 974
S3, Boonton, NJ, pg. 974
SACUNAS, Harrisburg, PA, pg. 986
SAESHE ADVERTISING, Los Angeles, CA, pg. 986
SAGON-PHIOR, West Los Angeles, CA, pg. 1638
SAIBOT MEDIA INC., Boca Raton, FL, pg. 987
SAMBA ROCK, Miami Beach, FL, pg. 988
SANDSTROM PARTNERS, Portland, OR, pg. 1286
SANDY HULL & ASSOCIATES, Minneapolis, MN, pg. 990
SBC, Columbus, OH, pg. 993
SCHUBERT COMMUNICATIONS, INC., Downingtown, PA, pg. 996
SCOTT, INC. OF MILWAUKEE, Milwaukee, WI, pg. 998
SELMARQ, Charlotte, NC, pg. 1002
SEROKA, Waukesha, WI, pg. 1003
SEVENTH POINT, Virginia Beach, VA, pg. 1004
SHAW & TODD, INC., Freehold, NJ, pg. 1006
SHEPPARD LEGER NOWAK INC., East Providence, RI, pg. 1007
SIGMA GROUP, Upper Saddle River, NJ, pg. 1011
THE SIGNATURE AGENCY, Wake Forest, NC, pg. 1013
SIMANTEL, Peoria, IL, pg. 1014
THE SIMON GROUP, INC., Sellersville, PA, pg. 1014
SIMON GROUP MARKETING COMMUNICATIONS, INC., Evanston, IL, pg. 1015
SLACK AND COMPANY, Chicago, IL, pg. 1020
SMITH ASBURY INC, West Linn, OR, pg. 1023
SMITH WALKER DESIGN, Tukwila, WA, pg. 1024
SMITHGIFFORD, Falls Church, VA, pg. 1024
SMM ADVERTISING, Smithtown, NY, pg. 1024
SOCIALLY PRESENT, Carbondale, IL, pg. 1026
SOCIALLYIN, Birmingham, AL, pg. 1291
SOME CONNECT, Chicago, IL, pg. 1291
SONNHALTER, Cleveland, OH, pg. 1028
SOUTHWARD & ASSOCIATES, INC., Chicago, IL, pg. 1030
SPOT SAVVY, LLC, New York, NY, pg. 1036
SQUARE ONE MARKETING, West Hartford, CT, pg. 1037
SQUARE TOMATO, Seattle, WA, pg. 1038
S.R. VIDEO PICTURES, LTD., Haverstraw, NY, pg. 1038
SRI ADVERTISING, Encino, CA, pg. 1039
THE ST. GREGORY GROUP, INC., Cincinnati, OH, pg. 1040
STACKPOLE & PARTNERS ADVERTISING, Newburyport, MA, pg. 1041
STANDING PARTNERSHIP, Saint Louis, MO, pg. 1650
STARCOM, Chicago, IL, pg. 1370
STEELE & ASSOCIATES, INC., Pocatello, ID, pg. 1045
STEIN IAS, New York, NY, pg. 1045
STEVENS STRATEGIC COMMUNICATIONS, INC., Westlake, OH, pg. 1048
STEWARD MARKETING, LLC, The Woodlands, TX, pg. 1049
STRATEGIC AMERICA, West Des Moines, IA, pg. 1052
STREICKER & COMPANY INC., East Providence, RI, pg. 1054
STUDIO 2 ADVERTISING, Greensburg, PA, pg. 1056
SUBMIT EXPRESS INC., Glendale, CA, pg. 1057
SUITS & SANDALS, LLC, Brooklyn, NY, pg. 1293
SULLIVAN BRANDING, Memphis, TN, pg. 1059
SWBR, INC., Bethlehem, PA, pg. 1065
SWEENEY, Cleveland, OH, pg. 1065
T. J. SACKS & ASSOCIATES, New York, NY, pg. 1068
TAFT & PARTNERS, Lawrenceville, NJ, pg. 1070
TAIGMARKS INC., Elkhart, IN, pg. 1071
TAKE 5 MEDIA GROUP, Boca Raton, FL, pg. 1071
TARTAN MARKETING, Maple Grove, MN, pg. 1074
TAUBE/VIOLANTE, INC., Norwalk, CT, pg. 1074
TC CREATIVES LLC, Woodland Hills, CA, pg. 1093
THAT AGENCY, West Palm Bch, FL, pg. 1098
THINK, INC., Pittsburgh, PA, pg. 1099
THOMAS J. PAYNE MARKET DEVELOPMENT, San Mateo, CA, pg. 1659
TIDAL SHORES INC., Houston, TX, pg. 1102
TIZIANI & WHITMYRE, INC., Sharon, MA, pg. 1105
THE TOMBRAS GROUP, Knoxville, TN, pg. 1108
TOMSHEEHAN WORLDWIDE, Reading, PA, pg. 1109
TOTALCOM MARKETING, INC., Tuscaloosa, AL, pg. 1110
TR CUTLER, INC., Fort Lauderdale, FL, pg. 1661
TRACTION FACTORY, Milwaukee, WI, pg. 1112
TRELLIS MARKETING, INC, Buffalo, NY, pg. 1115
TRIAD BUSINESS MARKETING, Dallas, TX, pg. 1116
TRIBALVISION, Boston, MA, pg. 1116

TRONE BRAND ENERGY, INC., High Point, NC, pg. 1119
TSA COMMUNICATIONS, INC., Warsaw, IN, pg. 1121
UNDIVIDED, Pasadena, CA, pg. 1126
UNION, Charlotte, NC, pg. 1298
VANTAGEPOINT, INC, Greenville, SC, pg. 1131
VIGET, Falls Church, VA, pg. 1300
VISUAL PRINT GROUP & DESIGN, Fort Oglethorpe, GA, pg. 1140
VMG CREATIVE, New York, NY, pg. 1143
VOGEL MARKETING SOLUTIONS LLC, Lancaster, PA, pg. 1145
WALMART LABS, San Bruno, CA, pg. 1150
WALT KLEIN ADVERTISING, Denver, CO, pg. 1150
WALTER F. CAMERON ADVERTISING INC., Hauppauge, NY, pg. 1151
WC MEDIA INC., Springfield, IL, pg. 1154
WEBER SHANDWICK, New York, NY, pg. 1673
WEIDERT GROUP INC., Appleton, WI, pg. 1156
WH2P, INC., Yorklyn, DE, pg. 1160
WHITEMYER ADVERTISING, INC., Zoar, OH, pg. 1161
WIEDEN + KENNEDY, INC., Portland, OR, pg. 1163
WILLIAMS-HELDE MARKETING COMMUNICATIONS, Seattle, WA, pg. 1169
WINSTANLEY PARTNERS, Lenox, MA, pg. 1171
WITHERSPOON & ASSOCIATES, INC., Fort Worth, TX, pg. 1173
WRAY WARD MARKETING COMMUNICATIONS, Charlotte, NC, pg. 1187
WWDB INTEGRATED MARKETING, Fort Lauderdale, FL, pg. 1193
WYSE, Cleveland, OH, pg. 1193
Y&R AUSTIN, Austin, TX, pg. 1194
YOUNG COMPANY, Laguna Beach, CA, pg. 1208
ZEHNDER COMMUNICATIONS, INC., New Orleans, LA, pg. 1210
ZOG DIGITAL, Phoenix, AZ, pg. 1214

Infomercials

11:24 DESIGN ADVERTISING, INC., Playa Del Rey, CA, pg. 1
300M, Columbus, OH, pg. 6
5BY5 AGENCY, Brentwood, TN, pg. 10
ACCELERATOR ADVERTISING INC., Lewis Center, OH, pg. 19
ACCESS TO MEDIA, Chicopee, MA, pg. 20
ADAMS & KNIGHT, INC., Avon, CT, pg. 25
THE ADMARK GROUP, Pasadena, CA, pg. 30
ADMERASIA, INC., New York, NY, pg. 31
ADMO, INC., Saint Louis, MO, pg. 31
ADPERSUASION, Irvine, CA, pg. 32
ADVANCED MARKETING STRATEGIES, San Diego, CA, pg. 33
AGENCY CREATIVE, Dallas, TX, pg. 38
AJ ROSS CREATIVE MEDIA, INC., Chester, NY, pg. 42
AMERICAN ADVERTISING SERVICES, Bala Cynwyd, PA, pg. 52
AMPERAGE, Cedar Falls, IA, pg. 53
ANDERSON-MADISON ADVERTISING, INC., Minneapolis, MN, pg. 57
ANVIL MEDIA, INC., Portland, OR, pg. 1307
ARKSIDE MARKETING, Riverside, CA, pg. 69
ARPR INC./KNOWLEDGE IN A NUTSHELL, Pittsburgh, PA, pg. 1434
ATOMIC DIRECT, LTD, Portland, OR, pg. 75
AUDIENCE INNOVATION, Austin, TX, pg. 76
AVANZA ADVERTISING, LLC, Miami Springs, FL, pg. 79
AXIS MEDIA, Agoura Hills, CA, pg. 1309
BARKER, New York, NY, pg. 89
BASS ADVERTISING, Sioux City, IA, pg. 95
BAYARD ADVERTISING AGENCY, INC., New York, NY, pg. 96
BBH NEW YORK, New York, NY, pg. 115
BEALS CUNNINGHAM STRATEGIC SERVICES, Oklahoma City, OK, pg. 118
BEAUTY\@GOTHAM, New York, NY, pg. 119
BEDFORD ADVERTISING INC., Carrollton, TX, pg. 120
BLACKWING CREATIVE, Seattle, WA, pg. 133
BLUE DAISY MEDIA, Coral Gables, FL, pg. 1312
BLUE OLIVE CONSULTING, Florence, AL, pg. 139
BRANDIGO, Newburyport, MA, pg. 156
BRANDTAILERS, Newport Beach, CA, pg. 159
BROWNING AGENCY, New Providence, NJ, pg. 168
BUY ADS DIRECT, Ridge Manor, FL, pg. 1313
BVK, Milwaukee, WI, pg. 178
CASTELLS & ASOCIADOS, Los Angeles, CA, pg. 194
C.I. VISIONS INC., New York, NY, pg. 1468

CIVILIAN, Chicago, IL, pg. 210
CK ADVERTISING, Cape Coral, FL, pg. 210
CK COMMUNICATIONS, INC. (CKC), Indialantic, FL, pg. 210
CLASSIFIED ADVERTISING PLUS, LLC, Tampa, FL, pg. 1315
COLLE+MCVOY, Minneapolis, MN, pg. 219
COMMUNICATION ASSOCIATES, New York, NY, pg. 222
CONNECTIONS ADVERTISING & MARKETING, Lexington, KY, pg. 227
CORINTHIAN MEDIA, INC., New York, NY, pg. 1316
COYNE ADVERTISING & PUBLIC RELATIONS, Nevillewood, PA, pg. 234
CREATIVE BROADCAST CONCEPTS, Saco, ME, pg. 239
CREATIVE COMMUNICATION ASSOCIATES, Troy, NY, pg. 240
CREATIVE ENERGY GROUP INC, Johnson City, TN, pg. 241
CREATIVE MARKETING ALLIANCE INC., Princeton Junction, NJ, pg. 243
CREATIVE MINDWORKS, Miami, FL, pg. 244
CRITICAL LAUNCH, LLC, Dallas, TX, pg. 247
DECKER CREATIVE MARKETING, Glastonbury, CT, pg. 285
DELLA FEMINA ADVERTISING, New York, NY, pg. 287
DENTSU INC., Tokyo, pg. 289
DEPARTURE, San Diego, CA, pg. 291
DIRECT MARKETING CENTER, Torrance, CA, pg. 303
DIRECT RESPONSE ACADEMY, Austin, TX, pg. 304
D.L. MEDIA INC., Nixa, MO, pg. 309
DO GOOD MARKETING, LLC, Ridgewood, NJ, pg. 312
DONER, Southfield, MI, pg. 314
DORN MARKETING, Geneva, IL, pg. 317
DRAKE COOPER INC., Boise, ID, pg. 319
DRM PARTNERS, INC., Hoboken, NJ, pg. 1319
DUKE MORGAN PRODUCTIONS, Las Vegas, NV, pg. 1254
EL CREATIVE, INC., Dallas, TX, pg. 334
ENYE MEDIA, LLC, Oklahoma City, OK, pg. 342
EPICOSITY, Sioux Falls, SD, pg. 344
EVANS ALLIANCE ADVERTISING, Sparta, NJ, pg. 351
EVANS, HARDY & YOUNG INC., Santa Barbara, CA, pg. 352
EVOLVE, INC., Greenville, NC, pg. 354
EXECUTIVE1 MEDIA GROUP, Victorville, CA, pg. 355
EXPECT ADVERTISING, INC., Clifton, NJ, pg. 355
FACULTY NY LLC, Brooklyn, NY, pg. 357
FAT CHIMP STUDIOS LLC, Saint Louis, MO, pg. 363
FCB GLOBAL, New York, NY, pg. 363
FELDER COMMUNICATIONS GROUP, Grand Rapids, MI, pg. 377
FLEISHMANHILLARD INC., Saint Louis, MO, pg. 1506
FLIPELEVEN LLC, Milwaukee, WI, pg. 389
FORESIGHT GROUP, INC., Lansing, MI, pg. 392
FORREST & BLAKE INC., Mountainside, NJ, pg. 392
THE FRANK AGENCY INC, Overland Park, KS, pg. 395
GAGO MEDIA, INC., Tiburon, CA, pg. 1322
GAMS COMMUNICATIONS, Chicago, IL, pg. 409
GARMEZY MEDIA, Nashville, TN, pg. 410
THE GEARY COMPANY, Las Vegas, NV, pg. 413
GOCONVERGENCE, Orlando, FL, pg. 426
THE GOSS AGENCY INC., Asheville, NC, pg. 430
GRAHAM OLESON, Colorado Springs, CO, pg. 432
GRAY LOON MARKETING GROUP, INC., Evansville, IN, pg. 433
GREY CANADA, Toronto, pg. 437
GRIFFIN WINK ADVERTISING, Lubbock, TX, pg. 450
GROUP46, Bluffton, SC, pg. 452
GUMAS ADVERTISING, San Francisco, CA, pg. 455
GWP, INC., Montclair, NJ, pg. 456
HAKUHODO INCORPORATED, Tokyo, pg. 461
HAVAS MEDIA, New York, NY, pg. 1324
HAWTHORNE DIRECT INC., Fairfield, IA, pg. 489
HELIX EDUCATION, Salt Lake City, UT, pg. 494
HENKE & ASSOCIATES, INC., Cedarburg, WI, pg. 496
HMH, Portland, OR, pg. 504
HOWERTON+WHITE, Wichita, KS, pg. 510
HUDSON MEDIA SERVICES LLC, West Orange, NJ, pg. 1330
HUGE LLC, Brooklyn, NY, pg. 512
HULT MARKETING, Peoria, IL, pg. 513
ICON MEDIA DIRECT, Van Nuys, CA, pg. 1331
ID MEDIA, New York, NY, pg. 1331
ID29, Troy, NY, pg. 519
THE IDEA FACTORY, New York, NY, pg. 520
IMPRESTIGE MEDIA MARKETING, Prairie Village, KS, pg. 528
INNIS MAGGIORE GROUP, INC., Canton, OH, pg. 533

SPECIAL MARKET INDEX — AGENCIES

INNOVISION ADVERTISING, LLC, New York, NY, pg. 534
INSPIRE CREATIVE STUDIOS, Wilmington, NC, pg. 535
INTELLIGENT COMMUNITIES GROUP, New York, NY, pg. 537
THE INTERCONNECT GROUP, Atlanta, GA, pg. 1335
INTERLEX COMMUNICATIONS INC., San Antonio, TX, pg. 538
INTERMARK GROUP, INC., Birmingham, AL, pg. 539
INTERNETWEBBUILDERS.COM, Rocklin, CA, pg. 1335
INTRIGUE, Melville, NY, pg. 545
IONIC MEDIA, Woodland Hills, CA, pg. 546
ISA ADVERTISING, New York, NY, pg. 548
JANIS BROWN & ASSOCIATES, Escondido, CA, pg. 572
THE JONES AGENCY, Palm Springs, CA, pg. 581
KEEN BRANDING, Milton, DE, pg. 589
KELLENFOL ADVERTISING, Barcelona, pg. 591
KMGI.COM, New York, NY, pg. 599
KRUSH DIGITAL ADVERTISING AGENCY, Oklahoma City, OK, pg. 603
KW2, Madison, WI, pg. 604
LANETERRALEVER, Phoenix, AZ, pg. 610
LATCHA+ASSOCIATES, Farmington Hills, MI, pg. 611
LAWRENCE & SCHILLER, INC., Sioux Falls, SD, pg. 616
LAZBRO, INC., Atlanta, GA, pg. 617
LEE & ASSOCIATES, INC., Canoga Park, CA, pg. 1565
LENNON & ASSOCIATES, Burbank, CA, pg. 620
LEO BURNETT COMPANY LTD., Toronto, pg. 620
LEO BURNETT WORLDWIDE, INC., Chicago, IL, pg. 621
LEPOIDEVIN MARKETING, Brookfield, WI, pg. 632
LEVO HEALTH, Tampa, FL, pg. 635
THE LINICK GROUP, INC., Middle Island, NY, pg. 641
LINX COMMUNICATIONS CORP., Smithtown, NY, pg. 642
LIQUID ADVERTISING, El Segundo, CA, pg. 644
LITTLE DOG AGENCY INC., Mount Pleasant, SC, pg. 645
LOUDMAC CREATIVE, Tarpon Springs, FL, pg. 1571
MALLOF, ABRUZINO & NASH MARKETING, Carol Stream, IL, pg. 673
MANTERA ADVERTISING, Bakersfield, CA, pg. 675
MARK ONE MARKETING, Westlake Village, CA, pg. 680
MARKET DEVELOPMENT GROUP, INC., Washington, DC, pg. 681
MASSMEDIA, INC., Newton, MA, pg. 692
MATTS & DAVIDSON INC., Rye Brook, NY, pg. 694
MAXIMUM EXPOSURE PUBLIC RELATIONS & MEDIA, Woodcliff Lake, NJ, pg. 1578
MAXLETICS CORPORATION, Colorado Springs, CO, pg. 1271
MCFRANK & WILLIAMS ADVERTISING AGENCY, INC., New York, NY, pg. 716
MEDIA II, INC., Northfield, OH, pg. 726
MEDIA POWER ADVERTISING, Cornelius, NC, pg. 1342
MEDIA RESULTS, Wilmington, MA, pg. 727
MEDIA STORM LLC, South Norwalk, CT, pg. 1343
MERCURY COMMUNICATIONS, Santa Monica, CA, pg. 1351
MICHAEL WALTERS ADVERTISING, Chicago, IL, pg. 738
MICSTURA, Miami, FL, pg. 739
MKTWORKS, INC., Cold Spring, NY, pg. 749
MOROCH HOLDINGS, INC., Dallas, TX, pg. 758
MORRIS & CASALE INC., Woodstock, GA, pg. 760
MOVEO, Chicago, IL, pg. 764
MRB PUBLIC RELATIONS, Freehold, NJ, pg. 1586
MRM PRINCETON, Princeton, NJ, pg. 768
NEW DAY MARKETING, LTD., Santa Barbara, CA, pg. 1353
NEWTON MEDIA, Chesapeake, VA, pg. 1354
NORTON NORRIS, Chicago, IL, pg. 800
NUEVO ADVERTISING GROUP, INC., Sarasota, FL, pg. 802
O2IDEAS, INC., Birmingham, AL, pg. 803
O2KL, New York, NY, pg. 803
OCEAN BRIDGE GROUP, Los Angeles, CA, pg. 805
OGILVY, New York, NY, pg. 809
OLANDER GROUP, Ottawa, IL, pg. 1355
ON IDEAS, INC., Jacksonville, FL, pg. 838
ONEWORLD COMMUNICATIONS, INC., San Francisco, CA, pg. 840
OXFORD ROAD, Hollywood, CA, pg. 848
P & M ADVERTISING, Longmeadow, MA, pg. 848
PARADIGM MEDIA CONSULTANTS, INC., Fishers, IN, pg. 853
PARTNERSHIP ADVERTISING, Amherst, NY, pg. 856
PATRICKORTMAN, INC., Studio City, CA, pg. 1279
PINTA, New York, NY, pg. 872
PP+K, Tampa, FL, pg. 885
PRIME L.A., Hollywood, CA, pg. 889
PRIMEDIA INC., Warwick, RI, pg. 1364
PROTERRA ADVERTISING, Addison, TX, pg. 894

PROVING GROUND MEDIA, INC., Spencerville, MD, pg. 1365
PUBLICIS HAWKEYE, Dallas, TX, pg. 1282
PUREI, Batavia, IL, pg. 917
QUEUE CREATIVE, Lansing, MI, pg. 922
QUIGLEY-SIMPSON, Los Angeles, CA, pg. 923
R2C GROUP, Portland, OR, pg. 927
THE RADIO AGENCY, Newtown Sq, PA, pg. 928
RAPP, New York, NY, pg. 931
RAWLE MURDY ASSOCIATES, INC., Charleston, SC, pg. 934
RCG PRODUCTIONS, Coral Springs, FL, pg. 1225
RED7 AGENCY, Andrews, SC, pg. 942
RENEGADE COMMUNICATIONS, Hunt Valley, MD, pg. 946
RESH MARKETING CONSULTANTS, INC., Columbia, SC, pg. 948
THE RESPONSE SHOP, INC., La Jolla, CA, pg. 950
RESULTS, INC., ADVERTISING AGENCY, Hasbrouck Heights, NJ, pg. 950
RHYMES ADVERTISING & MARKETING, Bellaire, TX, pg. 955
RICHARDS, Russell, OH, pg. 955
RIGHT ANGLE, Lafayette, LA, pg. 958
RIOT, New York, NY, pg. 959
RITTA, Paramus, NJ, pg. 960
R.M. BARROWS, INC. ADVERTISING & PUBLIC RELATIONS, San Mateo, CA, pg. 962
THE ROCKFORD GROUP, New City, NY, pg. 965
THE ROGERS AGENCY, Chesapeake, VA, pg. 966
RPM ADVERTISING, Chicago, IL, pg. 971
S3, Boonton, NJ, pg. 974
SAGON-PHIOR, West Los Angeles, CA, pg. 1638
SAMBA ROCK, Miami Beach, FL, pg. 988
SCOUT MARKETING, Atlanta, GA, pg. 998
SEAN TRACEY ASSOCIATES, Portsmouth, NH, pg. 1000
SEED FACTORY MARKETING, Atlanta, GA, pg. 1000
SEXTON & CO., Aurora, CO, pg. 1004
SHOPPER MARKETING GROUP ADVERTISING INC., Porter Ranch, CA, pg. 1009
SIGMA GROUP, Upper Saddle River, NJ, pg. 1011
SIMONS MICHELSON ZIEVE, INC., Troy, MI, pg. 1015
SMITH BROTHERS AGENCY, LP, Pittsburgh, PA, pg. 1023
SOCIALLY PRESENT, Carbondale, IL, pg. 1026
SOUND COMMUNICATIONS, INC., New York, NY, pg. 1369
SOURCE MARKETING LLC, Norwalk, CT, pg. 1416
SPOT ON, City Island, NY, pg. 1036
S.R. VIDEO PICTURES, LTD., Haverstraw, NY, pg. 1038
STARCOM, Chicago, IL, pg. 1370
SUBMIT EXPRESS INC., Glendale, CA, pg. 1057
SWBR, INC., Bethlehem, PA, pg. 1065
TAKE 5 MEDIA GROUP, Boca Raton, FL, pg. 1071
TARGETBASE, Irving, TX, pg. 1073
TEC DIRECT MEDIA, INC., Chicago, IL, pg. 1375
THAT AGENCY, West Palm Bch, FL, pg. 1098
THERAPY, Culver City, CA, pg. 1098
TIDAL SHORES INC., Houston, TX, pg. 1102
TRANSMEDIA GROUP, Boca Raton, FL, pg. 1662
TRELLIS MARKETING, INC, Buffalo, NY, pg. 1115
TV, INC., Clearwater, FL, pg. 1123
UADV MEDIA & ADVERTISING, Hollywood, FL, pg. 1125
UNION, Charlotte, NC, pg. 1298
THE UNREAL AGENCY, Freehold, NJ, pg. 1127
WALKER & COMPANY, INC., Santa Monica, CA, pg. 1149
WALT KLEIN ADVERTISING, Denver, CO, pg. 1150
WARNE/MCKENNA ADVERTISING, Syracuse, NY, pg. 1152
WELLNESS COMMUNICATIONS, Newburgh, IN, pg. 1158
WIEDEN + KENNEDY, INC., Portland, OR, pg. 1163
WILLIAMS WHITTLE ASSOCIATES, INC., Alexandria, VA, pg. 1169
WINFIELD & ASSOCIATES MARKETING & ADVERTISING, Cary, NC, pg. 1170
THE WOLF AGENCY, Dallas, TX, pg. 1173
WOMENKIND, New York, NY, pg. 1174
WOMEN'S MARKETING INC., Westport, CT, pg. 1174
THE WOOD AGENCY, San Antonio, TX, pg. 1175
WWDB INTEGRATED MARKETING, Fort Lauderdale, FL, pg. 1193
YOUNG COMPANY, Laguna Beach, CA, pg. 1208
ZENITH USA, New York, NY, pg. 1391

LGBTQ Market

15 MINUTES, INC., Conshohocken, PA, pg. 2

5BY5 AGENCY, Brentwood, TN, pg. 10
5W PUBLIC RELATIONS, New York, NY, pg. 1423
ACCELERATOR ADVERTISING INC., Lewis Center, OH, pg. 19
ACCESS TO MEDIA, Chicopee, MA, pg. 20
ACTIFY MEDIA, Helena, MT, pg. 22
THE ADMARK GROUP, Pasadena, CA, pg. 30
AGENCY CREATIVE, Dallas, TX, pg. 38
AKA DIRECT, INC., Portland, OR, pg. 42
AMERICAN ADVERTISING SERVICES, Bala Cynwyd, PA, pg. 52
ANVIL MEDIA, INC., Portland, OR, pg. 1307
ARCANA ACADEMY, Los Angeles, CA, pg. 65
ARCOS COMMUNICATIONS, New York, NY, pg. 66
ARKSIDE MARKETING, Riverside, CA, pg. 69
ARNOLD WORLDWIDE, Boston, MA, pg. 69
ASHAY MEDIA GROUP, Brooklyn, NY, pg. 73
AUDIENCE INNOVATION, Austin, TX, pg. 76
BARKER, New York, NY, pg. 89
BASS ADVERTISING, Sioux City, IA, pg. 95
BAYARD ADVERTISING AGENCY, INC., New York, NY, pg. 96
BEAM INTERACTIVE, Boston, MA, pg. 1240
BEBER SILVERSTEIN GROUP, Miami, FL, pg. 119
BERNSTEIN-REIN ADVERTISING, INC., Kansas City, MO, pg. 125
BIGBUZZ MARKETING GROUP, New York, NY, pg. 130
BIGEYE AGENCY, Orlando, FL, pg. 130
BLEND, Los Angeles, CA, pg. 135
BLUE DAISY MEDIA, Coral Gables, FL, pg. 1312
THE BORENSTEIN GROUP, INC., Fairfax, VA, pg. 147
BRANDTAILERS, Newport Beach, CA, pg. 159
BROGAN & PARTNERS CONVERGENCE MARKETING, Birmingham, MI, pg. 166
BROLIK, Philadelphia, PA, pg. 1243
BROWNING AGENCY, New Providence, NJ, pg. 168
BUTLER/TILL, Rochester, NY, pg. 1313
BUY ADS DIRECT, Ridge Manor, FL, pg. 1313
THE CHAPTER MEDIA, South Orange, NJ, pg. 203
C.I. VISIONS INC., New York, NY, pg. 1468
CK COMMUNICATIONS, INC. (CKC), Indialantic, FL, pg. 210
CLICK HERE LABS, Dallas, TX, pg. 1246
COLLE+MCVOY, Minneapolis, MN, pg. 219
COMMUNICATION SERVICES, Albany, NY, pg. 222
THE COMMUNITY, Miami, FL, pg. 223
CP+B BOULDER, Boulder, CO, pg. 235
CREATIVE ENERGY GROUP INC, Johnson City, TN, pg. 241
CREAXION, Atlanta, GA, pg. 246
CRITICAL LAUNCH, LLC, Dallas, TX, pg. 247
DAVIS ELEN ADVERTISING, INC., Los Angeles, CA, pg. 264
DECKER CREATIVE MARKETING, Glastonbury, CT, pg. 285
DELLA FEMINA ADVERTISING, New York, NY, pg. 287
THE DIALOG MARKETING GROUP, Austin, TX, pg. 299
DREAMENTIA INC, Los Angeles, CA, pg. 320
DROGA5, New York, NY, pg. 321
EL CREATIVE, INC., Dallas, TX, pg. 334
EMG MARKETING, San Clemente, CA, pg. 339
EVANS ALLIANCE ADVERTISING, Sparta, NJ, pg. 351
EVOK ADVERTISING, Heathrow, FL, pg. 353
EXPECT ADVERTISING, INC., Clifton, NJ, pg. 355
EXPLORE COMMUNICATIONS, Denver, CO, pg. 1321
FACTOR360 DESIGN + TECHNOLOGY, Pierre, SD, pg. 357
FCB GLOBAL, New York, NY, pg. 363
FLEISHMANHILLARD INC., Saint Louis, MO, pg. 1506
FRASER COMMUNICATIONS, Los Angeles, CA, pg. 396
FUSION IDEA LAB, Chicago, IL, pg. 404
GABRIEL DEGROOD BENDT, MinneaPOlis, MN, pg. 407
GETO & DEMILLY, INC., New York, NY, pg. 1517
GLIMMER, INC., Naperville, IL, pg. 422
GMR MARKETING LLC, New Berlin, WI, pg. 1403
THE GOSS AGENCY INC., Asheville, NC, pg. 430
GREATER THAN ONE, New York, NY, pg. 434
GREENRUBINO, Seattle, WA, pg. 436
GROUP46, Bluffton, SC, pg. 452
GS&F, Nashville, TN, pg. 453
GUMAS ADVERTISING, San Francisco, CA, pg. 455
HAKUHODO INCORPORATED, Tokyo, pg. 461
HARMELIN MEDIA, Bala Cynwyd, PA, pg. 1324
HARRIMAN CREATIVE, INC, Portland, OR, pg. 468
HAVAS MEDIA, New York, NY, pg. 1324
HAWORTH MARKETING + MEDIA, Minneapolis, MN, pg. 1328
HELPSGOOD, Van Nuys, CA, pg. 495

A-177

AGENCIES

SPECIAL MARKET INDEX

HI-GLOSS, Miami Beach, FL, pg. 498
HMH, Portland, OR, pg. 504
HOLLYWOOD BRANDED INC., El Segundo, CA, pg. 507
HUDSON MEDIA SERVICES LLC, West Orange, NJ, pg. 1330
HUGE LLC, Brooklyn, NY, pg. 512
IMAGEHAUS, MinneaPOlis, MN, pg. 524
INTERLEX COMMUNICATIONS INC, San Antonio, TX, pg. 538
INTRIGUE, Melville, NY, pg. 545
IONIC MEDIA, Woodland Hills, CA, pg. 546
ISA ADVERTISING, New York, NY, pg. 548
JAMES ROSS ADVERTISING, Pompano Beach, FL, pg. 571
JOE AGENCY, Los Angeles, CA, pg. 578
THE JOEY COMPANY, Brooklyn, NY, pg. 578
JOHNSONRAUHOFF, Saint Joseph, MI, pg. 581
THE JONES AGENCY, Palm Springs, CA, pg. 581
KEITH SHERMAN & ASSOCIATES, INC., New York, NY, pg. 1553
KELLY SCOTT MADISON, Chicago, IL, pg. 1336
KEO MARKETING INC, Phoenix, AZ, pg. 1554
KINDLING MEDIA, LLC, Hollywood, CA, pg. 595
KPI AGENCY, San Diego, CA, pg. 601
KTK DESIGN, Chicago, IL, pg. 603
KURMAN COMMUNICATIONS, INC., Chicago, IL, pg. 1561
LAKE GROUP MEDIA, INC., Armonk, NY, pg. 607
LANDIS COMMUNICATIONS INC., San Francisco, CA, pg. 1563
LATCHA+ASSOCIATES, Farmington Hills, MI, pg. 611
LATINWORKS MARKETING, INC., Austin, TX, pg. 612
LAZBRO, INC., Atlanta, GA, pg. 617
LEGEND INC., Marblehead, MA, pg. 619
LEO BURNETT WORLDWIDE, INC., Chicago, IL, pg. 621
LEVO HEALTH, Tampa, FL, pg. 635
LIQUID ADVERTISING, El Segundo, CA, pg. 644
LITTLE DOG AGENCY INC., Mount Pleasant, SC, pg. 645
LOVE ADVERTISING INC., Houston, TX, pg. 652
LP&G MARKETING, Tucson, AZ, pg. 654
LPNY LTD., New York, NY, pg. 655
LUQUIRE GEORGE ANDREWS, INC., Charlotte, NC, pg. 657
MAD 4 MARKETING, Fort Lauderdale, FL, pg. 667
MANGOS, Conshohocken, PA, pg. 674
MANTERA ADVERTISING, Bakersfield, CA, pg. 675
MANTRA PUBLIC RELATIONS, INC., New York, NY, pg. 1575
MASCOLA ADVERTISING, New Haven, CT, pg. 690
MASONBARONET, Dallas, TX, pg. 691
MASSIVEMEDIA, New York, NY, pg. 692
MATRIX MEDIA SERVICES, INC., Columbus, OH, pg. 1340
MAXIMUM EXPOSURE PUBLIC RELATIONS & MEDIA, Woodcliff Lake, NJ, pg. 1578
MAXLETICS CORPORATION, Colorado Springs, CO, pg. 1271
MCGILL BUCKLEY, Ottawa, pg. 718
MEDIASPACE SOLUTIONS, Norwalk, CT, pg. 1350
MICHAEL WALTERS ADVERTISING, Chicago, IL, pg. 738
MICSTURA, Miami, FL, pg. 739
MKTWORKS, INC., Cold Spring, NY, pg. 749
MOCENTRIC, Scottsdale, AZ, pg. 1274
MOMENTUM WORLDWIDE, New York, NY, pg. 754
MOROCH HOLDINGS, INC., Dallas, TX, pg. 758
MOXIE, Atlanta, GA, pg. 1274
MRB PUBLIC RELATIONS, Freehold, NJ, pg. 1586
NEURON SYNDICATE, Santa Monica, CA, pg. 790
NUEVO ADVERTISING GROUP, INC., Sarasota, FL, pg. 802
O3 WORLD, LLC, Philadelphia, PA, pg. 804
OGILVY, New York, NY, pg. 809
ONE EIGHTEEN ADVERTISING, Los Angeles, CA, pg. 839
ONE TWELFTH INC., Miami, FL, pg. 839
ONEWORLD COMMUNICATIONS, INC., San Francisco, CA, pg. 840
ONION LABS, Chicago, IL, pg. 840
OOH IMPACT, INC., New York, NY, pg. 1360
OPTIC NERVE DIRECT MARKETING, San Francisco, CA, pg. 842
OUTERNATIONAL INC, New York, NY, pg. 846
PETER MAYER ADVERTISING, INC., New Orleans, LA, pg. 866
PINTA, New York, NY, pg. 872
POINT B COMMUNICATIONS, Chicago, IL, pg. 880
POSNER MILLER ADVERTISING, New York, NY, pg. 883
PP+K, Tampa, FL, pg. 885

PROJECT, Auburn Hills, MI, pg. 891
PRX DIGITAL SILICON VALLEY, San Jose, CA, pg. 1620
PUBLISHERS ADVERTISING ASSOCIATES, New York, NY, pg. 1225
RAWLE MURDY ASSOCIATES, INC., Charleston, SC, pg. 934
REARVIEW, Kennesaw, GA, pg. 937
REVEL, Richardson, TX, pg. 952
RIOT, New York, NY, pg. 959
RIVENDELL MEDIA INC., Mountainside, NJ, pg. 1368
ROCKET 55, Minneapolis, MN, pg. 964
ROCKORANGE, Miami, FL, pg. 1633
ROGERS FINN PARTNERS, Los Angeles, CA, pg. 1633
RON FOTH ADVERTISING, Columbus, OH, pg. 967
RPM ADVERTISING, Chicago, IL, pg. 971
S3, Boonton, NJ, pg. 974
SAGON-PHIOR, West Los Angeles, CA, pg. 1638
SENSIS, Los Angeles, CA, pg. 1002
SOCIALLY PRESENT, Carbondale, IL, pg. 1026
SPARXOO, Tampa, FL, pg. 1032
SPECIALTY TRUCK RENTALS, Santa Monica, CA, pg. 1416
SQUARE ONE MARKETING, West Hartford, CT, pg. 1037
STAKE, New York, NY, pg. 1041
STARCOM, Chicago, IL, pg. 1370
STURGES WORD COMMUNICATIONS, Kansas City, MO, pg. 1654
SUBMIT EXPRESS INC., Glendale, CA, pg. 1057
SUITS & SANDALS, LLC, Brooklyn, NY, pg. 1293
SWARM NYC, New York, NY, pg. 1293
SWIRL MCGARRYBOWEN, San Francisco, CA, pg. 1067
TAKE 5 MEDIA GROUP, Boca Raton, FL, pg. 1071
TEC DIRECT MEDIA, INC., Chicago, IL, pg. 1375
THAT AGENCY, West Palm Bch, FL, pg. 1098
TIDAL SHORES INC., Houston, TX, pg. 1102
TIDESMART GLOBAL, Falmouth, ME, pg. 1103
TINSLEY ADVERTISING, Miami, FL, pg. 1104
TR CUTLER, INC., Fort Lauderdale, FL, pg. 1661
TRANSIT MEDIA GROUP, Huntington Beach, CA, pg. 1376
TRELLIS MARKETING, INC, Buffalo, NY, pg. 1115
UNDIVIDED, Pasadena, CA, pg. 1126
UNION, Charlotte, NC, pg. 1298
U.S. INTERNATIONAL MEDIA, LLC, Los Angeles, CA, pg. 1378
VERMILION INC., Boulder, CO, pg. 1134
VIRTUAL FARM CREATIVE INC., Phoenixville, PA, pg. 1138
WAVEMAKER GLOBAL LTD, New York, NY, pg. 1379
WAVEMAKER - NA HQ, NEW YORK, New York, NY, pg. 1386
WC MEDIA INC., Springfield, IL, pg. 1154
WEBNBEYOND, Baldwin, NY, pg. 1156
WIEDEN + KENNEDY, INC., Portland, OR, pg. 1163
WINSTANLEY PARTNERS, Lenox, MA, pg. 1171
WITECK COMMUNICATIONS, Washington, DC, pg. 1685
WWDB INTEGRATED MARKETING, Fort Lauderdale, FL, pg. 1193
XAXIS, LLC, New York, NY, pg. 1302
YELLIN/MCCARRON, INC., Salem, NH, pg. 1387
ZENITH USA, New York, NY, pg. 1391

New Product Development

10FOLD COMMUNICATIONS, Pleasanton, CA, pg. 1421
11:24 DESIGN ADVERTISING, INC., Playa Del Rey, CA, pg. 1
15 MINUTES, INC., Conshohocken, PA, pg. 2
1ST DEGREE, LLC, Manassas, VA, pg. 3
300M, Columbus, OH, pg. 6
3MARKETEERS ADVERTISING, INC., San Jose, CA, pg. 8
454 CREATIVE, Irvine, CA, pg. 9
5BY5 AGENCY, Brentwood, TN, pg. 10
5METACOM, IndianaPOlis, IN, pg. 10
5W PUBLIC RELATIONS, New York, NY, pg. 1423
802 CREATIVE PARTNERS, INC., Stowe, VT, pg. 12
919 MARKETING COMPANY, Holly Springs, NC, pg. 13
9.8 GROUP, New York, NY, pg. 14
AB+C, Wilmington, DE, pg. 16
ABOVEBOARD BRANDING, Alpharetta, GA, pg. 18
ACCELERATOR ADVERTISING, INC., Lewis Center, OH, pg. 19
ACTIVE INTEGRATED MARKETING, Willow Grove, PA, pg. 22
ACTUAL AGENCY, San Francisco, CA, pg. 1232
ADAMS & KNIGHT, INC., Avon, CT, pg. 25

ADCETERA GROUP, Houston, TX, pg. 27
ADMO, INC., Saint Louis, MO, pg. 31
ADPERSUASION, Irvine, CA, pg. 32
ADSOKA, INC., Minneapolis, MN, pg. 33
ADVANCED MARKETING STRATEGIES, San Diego, CA, pg. 33
ADVENTIUM, LLC, New York, NY, pg. 34
ADVENTIVE MARKETING, INC., Chicago, IL, pg. 35
ADVERTEL, INC., Pittsburgh, PA, pg. 35
AGENCY CREATIVE, Dallas, TX, pg. 38
AGENCY ENTOURAGE LLC, Dallas, TX, pg. 38
AGENCY212, LLC, New York, NY, pg. 39
AGENTRY PR, New York, NY, pg. 1428
AH&M MARKETING COMMUNICATIONS, Pittsfield, MA, pg. 40
AJ ROSS CREATIVE MEDIA, INC., Chester, NY, pg. 42
AL STARK'S A&M, Wadsworth, IL, pg. 43
ALCHEMY AT AMS, Dallas, TX, pg. 44
ALL-WAYS ADVERTISING COMPANY, Bloomfield, NJ, pg. 1396
ALLEN FINLEY ADVERTISING, INC., Hickory, NC, pg. 46
ALMA, Coconut Grove, FL, pg. 49
ALTMAN-HALL ASSOCIATES, Erie, PA, pg. 50
AMERICAN ADVERTISING SERVICES, Bala Cynwyd, PA, pg. 52
AMERICAN CONSULTING GROUP, INC., Ithaca, NY, pg. 52
AMG MARKETING RESOURCES INC., Solon, OH, pg. 53
AMP AGENCY, Boston, MA, pg. 1236
AMPERE COMMUNICATIONS LLC, St Paul, MN, pg. 54
ANDERSON DDB HEALTH & LIFESTYLE, Toronto, pg. 57
ANTHEM WORLDWIDE, Cincinnati, OH, pg. 61
ANVIL MEDIA, INC., Portland, OR, pg. 1307
APCO WORLDWIDE, Washington, DC, pg. 62
ARCANA ACADEMY, Los Angeles, CA, pg. 65
ARGYLL, Redondo Beach, CA, pg. 68
ARKSIDE MARKETING, Riverside, CA, pg. 69
ARNOLD WORLDWIDE, Boston, MA, pg. 69
ARPR INC./KNOWLEDGE IN A NUTSHELL, Pittsburgh, PA, pg. 1434
ARRAS KEATHLEY AGENCY, Cleveland, OH, pg. 71
ARRCO MEDICAL MARKETING, Walpole, MA, pg. 71
ARTCRAFT HEALTH EDUCATION, Flemington, NJ, pg. 71
ATTACHE, INC., Columbus, OH, pg. 76
AUDIENCE INNOVATION, Austin, TX, pg. 76
AUGUST, LANG & HUSAK, INC., Bethesda, MD, pg. 77
AUGUSTUS BARNETT ADVERTISING/DESIGN, Fox Island, WA, pg. 77
AUSTIN & WILLIAMS, Hauppauge, NY, pg. 78
AUXILIARY ADVERTISING & DESIGN, Grand Rapids, MI, pg. 79
AXIA PUBLIC RELATIONS, Jacksonville, FL, pg. 80
BACKBONE MEDIA LLC, Carbondale, CO, pg. 1437
BADGER & WINTERS, INC., New York, NY, pg. 83
BAKER CREATIVE, Groveport, OH, pg. 85
BAKERY, Austin, TX, pg. 1240
THE BALCOM AGENCY, Fort Worth, TX, pg. 85
THE BAM CONNECTION, Brooklyn, NY, pg. 86
BANDUJO ADVERTISING & DESIGN, New York, NY, pg. 87
BANDY CARROLL HELLIGE ADVERTISING, Louisville, KY, pg. 87
BARKER, New York, NY, pg. 89
BARKLEY, Kansas City, MO, pg. 90
BARNHART, Denver, CO, pg. 91
BAROLIN & SPENCER, INC., Voorhees, NJ, pg. 91
BASS ADVERTISING, Sioux City, IA, pg. 95
BAYARD ADVERTISING AGENCY, INC., New York, NY, pg. 96
BBDO MONTREAL, Montreal, pg. 97
BBH NEW YORK, New York, NY, pg. 115
BCF, Virginia Beach, VA, pg. 117
BEAUTY\@GOTHAM, New York, NY, pg. 119
BECKER GUERRY, Middletown, NJ, pg. 119
BECKETT & BECKETT, INC., Altadena, CA, pg. 120
BENEDICT ADVERTISING, Daytona Beach, FL, pg. 122
BENSIMON BYRNE, Toronto, pg. 123
BENSUR CREATIVE MARKETING GROUP, Erie, PA, pg. 123
BERLIN CAMERON UNITED, New York, NY, pg. 124
BERLINE, Royal Oak, MI, pg. 124
BERNI MARKETING & DESIGN, Greenwich, CT, pg. 124
BERNSTEIN-REIN ADVERTISING, INC., Kansas City, MO, pg. 125
BFG COMMUNICATIONS, Bluffton, SC, pg. 126
BIANCA FRANK DESIGN, Anchorage, AK, pg. 127
BIG RIVER ADVERTISING, Richmond, VA, pg. 129
BIGEYE AGENCY, Orlando, FL, pg. 130

SPECIAL MARKET INDEX — AGENCIES

- BLACK OLIVE LLC, Chicago, IL, pg. 132
- BLASS MARKETING, Old Chatham, NY, pg. 134
- BLEND, Los Angeles, CA, pg. 135
- BLIND, Santa Monica, CA, pg. 136
- BLIND SOCIETY, Scottsdale, AZ, pg. 136
- BLR/FURTHER, Birmingham, AL, pg. 138
- BLUE DIMENSION, Evanston, IL, pg. 139
- BLUE OLIVE CONSULTING, Florence, AL, pg. 139
- BOB GOLD & ASSOCIATES, Redondo Beach, CA, pg. 1453
- BOC PARTNERS, Middlesex, NJ, pg. 143
- BOLCHALK FREY MARKETING, ADVERTISING & PUBLIC RELATIONS, Tucson, AZ, pg. 144
- BOLIN MARKETING, Minneapolis, MN, pg. 145
- BOLT ENTERPRISES, Dallas, TX, pg. 1454
- BOONE DELEON COMMUNICATIONS, INC., Houston, TX, pg. 147
- BORDERS PERRIN NORRANDER INC, Portland, OR, pg. 147
- THE BORENSTEIN GROUP, INC., Fairfax, VA, pg. 147
- THE BOSTON GROUP, Boston, MA, pg. 149
- THE BOSWORTH GROUP, Charleston, SC, pg. 149
- BOZELL, Omaha, NE, pg. 150
- BRADSHAW ADVERTISING, Portland, OR, pg. 152
- BRAINS ON FIRE, INC., Greenville, SC, pg. 152
- BRAINSTORMS ADVERTISING & MARKETING, INC., Fort Lauderdale, FL, pg. 153
- BRAMSON + ASSOCIATES, Los Angeles, CA, pg. 153
- BRAND AGENT, Dallas, TX, pg. 153
- BRAND CONTENT, Boston, MA, pg. 154
- BRANDHIVE, Salt Lake City, UT, pg. 156
- BRANDIGO, Newburyport, MA, pg. 156
- BRANDOPUS, New York, NY, pg. 158
- BRANDSYMBOL, Charlotte, NC, pg. 159
- BRANDTAILERS, Newport Beach, CA, pg. 159
- BRANDTUITIVE, New York, NY, pg. 159
- BRASHE ADVERTISING, INC., Jericho, NY, pg. 160
- BRENLIN, Norco, CA, pg. 1398
- BROADSTREET, New York, NY, pg. 1398
- THE BROMLEY GROUP, New York, NY, pg. 166
- BROWNING AGENCY, New Providence, NJ, pg. 168
- BROWNSTEIN GROUP, Philadelphia, PA, pg. 168
- BRUNNER, Pittsburgh, PA, pg. 169
- THE BUNTIN GROUP, Nashville, TN, pg. 173
- BURDETTE KETCHUM, Jacksonville, FL, pg. 173
- BURK ADVERTISING & MARKETING, Dallas, TX, pg. 174
- BUTCHER SHOP CREATIVE, San Francisco, CA, pg. 177
- BUTLER, SHINE, STERN & PARTNERS, Sausalito, CA, pg. 177
- BUY ADS DIRECT, Ridge Manor, FL, pg. 1313
- BVK, Milwaukee, WI, pg. 178
- CALZONE & ASSOCIATES, Lafayette, LA, pg. 184
- CAMPBELL EWALD, Detroit, MI, pg. 185
- CAMPBELL LACOSTE, INC., Black Earth, WI, pg. 186
- CAPSTRAT, Raleigh, NC, pg. 1462
- CARROLL/WHITE, Atlanta, GA, pg. 191
- CARUSOPR, Chicago, IL, pg. 1463
- CASHMAN & KATZ INTEGRATED COMMUNICATIONS, Glastonbury, CT, pg. 193
- CASHMERE AGENCY, Los Angeles, CA, pg. 193
- CASTELLS & ASOCIADOS, Los Angeles, CA, pg. 194
- CATALPHA ADVERTISING & DESIGN, Towson, MD, pg. 194
- CATALYST MARKETING COMPANY, Fresno, CA, pg. 195
- CAUGHERTY HAHN COMMUNICATIONS, INC., Glen Rock, NJ, pg. 1464
- CD&M COMMUNICATIONS, Portland, ME, pg. 198
- CENTER MASS MEDIA, Parker, CO, pg. 200
- CGT MARKETING LLC, Amityville, NY, pg. 201
- CHANDLER CHICCO AGENCY, New York, NY, pg. 202
- CHANNEL V MEDIA, New York, NY, pg. 1466
- CHARLESTON/ORWIG, INC., Hartland, WI, pg. 203
- CHEMISTRY COMMUNICATIONS INC., Pittsburgh, PA, pg. 205
- CI GROUP, Whitehouse, NJ, pg. 208
- C.I. VISIONS INC., New York, NY, pg. 1468
- CIBO, San Francisco, CA, pg. 1245
- CIMBRIAN, Lancaster, PA, pg. 208
- THE CIRLOT AGENCY, INC., Jackson, MS, pg. 209
- CK COMMUNICATIONS, INC. (CKC), Indialantic, FL, pg. 210
- CLARITY COVERDALE FURY ADVERTISING, INC., Minneapolis, MN, pg. 211
- CLASSIFIED ADVERTISING PLUS, LLC, Tampa, FL, pg. 1315
- CLEARRIVER COMMUNICATIONS GROUP, Midland, MI, pg. 213
- CLICK HERE LABS, Dallas, TX, pg. 1246
- CLM MARKETING & ADVERTISING, Boise, ID, pg. 214
- COLLE+MCVOY, Minneapolis, MN, pg. 219
- COLMAN BROHAN DAVIS, Chicago, IL, pg. 220
- COLORPLAY STUDIO, Bend, OR, pg. 220
- COMMUNICATION ASSOCIATES, New York, NY, pg. 222
- COMMUNICATIONS 21, Atlanta, GA, pg. 1472
- THE COMMUNITY, Miami, FL, pg. 223
- THE COMPANY, Houston, TX, pg. 224
- THE COMPUTER STUDIO, Yonkers, NY, pg. 225
- COMRADE, Oakland, CA, pg. 1246
- CONCENTRIC MARKETING, Charlotte, NC, pg. 225
- CONTEND, Los Angeles, CA, pg. 229
- COPERNIO, Garden Grove, CA, pg. 230
- CORECUBED, Asheville, NC, pg. 231
- CORINTHIAN MEDIA, INC., New York, NY, pg. 1316
- CORTEX, Quebec, pg. 1247
- COSSETTE INC., Quebec, pg. 233
- COYNE ADVERTISING & PUBLIC RELATIONS, Nevillewood, PA, pg. 234
- CP+B BOULDER, Boulder, CO, pg. 235
- CREATIVE COMPANY, McMinnville, OR, pg. 240
- CREATIVE ENERGY GROUP INC, Johnson City, TN, pg. 241
- CREATIVE HEADS ADVERTISING, INC., Austin, TX, pg. 242
- CREATIVE HOUSE STUDIOS, Cleveland, OH, pg. 242
- CREATIVE MARKETING ALLIANCE INC., Princeton Junction, NJ, pg. 243
- CREATIVE MINDWORKS, Miami, FL, pg. 244
- CREATIVE STORM, Mason, OH, pg. 246
- CRESTA CREATIVE, Chicago, IL, pg. 247
- CRITICAL LAUNCH, LLC, Dallas, TX, pg. 247
- CROWE PR, San Diego, CA, pg. 1478
- DAMEN JACKSON, Chicago, IL, pg. 259
- DAN PIPKIN ADVERTISING AGENCY, INC., Danville, IL, pg. 259
- DAVID & GOLIATH, El Segundo, CA, pg. 261
- DAVIDSON & BELLUSO, Phoenix, AZ, pg. 263
- DAVIS ELEN ADVERTISING, INC., Los Angeles, CA, pg. 264
- DAVIS HARRISON DION, INC., Chicago, IL, pg. 265
- DDR PUBLIC RELATIONS, Pleasantville, NY, pg. 1482
- DEANHOUSTON, INC., Cincinnati, OH, pg. 284
- DEBOW COMMUNICATIONS, LTD., New York, NY, pg. 284
- DECKER CREATIVE MARKETING, Glastonbury, CT, pg. 285
- DEFYMEDIA, New York, NY, pg. 1248
- DELFINO MARKETING COMMUNICATIONS, INC., Valhalla, NY, pg. 287
- DELLA FEMINA ADVERTISING, New York, NY, pg. 287
- DELUCA FRIGOLETTO ADVERTISING, INC., Honesdale, PA, pg. 288
- DENTSU INC., Tokyo, pg. 289
- DEPARTURE, San Diego, CA, pg. 291
- DEVITO GROUP, New York, NY, pg. 296
- DGS MARKETING ENGINEERS, Fishers, IN, pg. 297
- DHX ADVERTISING, INC., Portland, OR, pg. 298
- DIADEIS, New York, NY, pg. 298
- DIESTE, Dallas, TX, pg. 299
- DIGITAS, Boston, MA, pg. 1250
- DIRECT CHOICE, Wayne, PA, pg. 303
- DIRECT MARKETING CENTER, Torrance, CA, pg. 303
- DIX & EATON, Cleveland, OH, pg. 308
- DMA UNITED, New York, NY, pg. 310
- DO GOOD MARKETING, LLC, Ridgewood, NJ, pg. 312
- DOBERMAN, New York, NY, pg. 312
- DOE-ANDERSON, Louisville, KY, pg. 312
- DOMUS INC., Philadelphia, PA, pg. 313
- DONOVAN ADVERTISING & MARKETING SERVICES, Lititz, PA, pg. 315
- DOREMUS, New York, NY, pg. 316
- DORN MARKETING, Geneva, IL, pg. 317
- DOUBLE-TEAM BUSINESS PLANS, Santa Monica, CA, pg. 317
- THE DOZIER COMPANY, Dallas, TX, pg. 318
- DPR GROUP, INC., Frederick, MD, pg. 1488
- DREAMENTIA INC, Los Angeles, CA, pg. 320
- DREAMWEAVER BRAND COMMUNICATIONS, Coconut Creek, FL, pg. 320
- DRIVE BRAND STUDIO, North Conway, NH, pg. 320
- DROGA5, New York, NY, pg. 321
- THE DRUCKER GROUP, Des Plaines, IL, pg. 322
- DSC (DILEONARDO SIANO CASERTA) ADVERTISING, Philadelphia, PA, pg. 323
- DTE STUDIO, New York, NY, pg. 323
- DUFFEY PETROSKY, Farmington Hills, MI, pg. 324
- DUFFY & SHANLEY, INC., Providence, RI, pg. 324
- DUNCAN CHANNON, San Francisco, CA, pg. 325
- EARTHLING INTERACTIVE, Madison, WI, pg. 1254
- EAST HOUSE CREATIVE, Hackensack, NJ, pg. 328
- EAST MEETS WEST PRODUCTIONS INC., Corpus Christi, TX, pg. 328
- ECOMMERCE PARTNERS, New York, NY, pg. 1401
- EGG STRATEGY, Boulder, CO, pg. 333
- EISENBERG & ASSOCIATES, Fort Lauderdale, FL, pg. 333
- EJW ASSOCIATES, INC., Alpharetta, GA, pg. 334
- EL CREATIVE, INC., Dallas, TX, pg. 334
- ELEGANT SEAGULLS INC, Marquette, MI, pg. 1255
- ELEVATION, Washington, DC, pg. 336
- ELISCO ADVERTISING, INC., Pittsburgh, PA, pg. 337
- EMI STRATEGIC MARKETING, INC., Boston, MA, pg. 1401
- ENGINE DIGITAL, New York, NY, pg. 1255
- ENYE MEDIA, LLC, Oklahoma City, OK, pg. 342
- EP+CO, Greenville, SC, pg. 343
- EPICOSITY, Sioux Falls, SD, pg. 344
- ER MARKETING, Kansas City, MO, pg. 346
- ERBACH COMMUNICATIONS GROUP, INC., Lyndhurst, NJ, pg. 346
- ERVIN & SMITH, Omaha, NE, pg. 348
- ESTEY-HOOVER INC. ADVERTISING-PUBLIC RELATIONS, NewPort Beach, CA, pg. 350
- ESWSTORYLAB, Chicago, IL, pg. 350
- EVANS ALLIANCE ADVERTISING, Sparta, NJ, pg. 351
- EVINS COMMUNICATIONS, LTD., New York, NY, pg. 1501
- EVOK ADVERTISING, Heathrow, FL, pg. 353
- EVOKE IDEA GROUP, INC., Saint Charles, IL, pg. 354
- EVOLVE MEDIA LLC, Los Angeles, CA, pg. 354
- EXPECT ADVERTISING, INC., Clifton, NJ, pg. 355
- FACTOR360 DESIGN + TECHNOLOGY, Pierre, SD, pg. 357
- FAHLGREN MORTINE, Columbus, OH, pg. 358
- FALLS COMMUNICATIONS, Cleveland, OH, pg. 1502
- FAME, Minneapolis, MN, pg. 361
- THE FAMILY ROOM, Norwalk, CT, pg. 361
- FANGOHR, LLC, Brooklyn, NY, pg. 361
- FASONE & PARTNERS, Kansas City, MO, pg. 362
- FATHOM COMMUNICATIONS, New York, NY, pg. 363
- FCB GLOBAL, New York, NY, pg. 363
- FELDER COMMUNICATIONS GROUP, Grand Rapids, MI, pg. 377
- FELLOW, Minneapolis, MN, pg. 377
- FERGUSON ADVERTISING INC., Fort Wayne, IN, pg. 378
- FINCH BRANDS, Philadelphia, PA, pg. 380
- FIORE ASSOCIATES, INC., Butler, NJ, pg. 382
- FIREFLY CREATIVE, INC., Atlanta, GA, pg. 383
- FITCH, London, pg. 385
- FKQ ADVERTISING + MARKETING, Clearwater, FL, pg. 386
- FLEISHMANHILLARD INC., Saint Louis, MO, pg. 1506
- FLEMING & COMPANY INC., NewPort, RI, pg. 387
- FLETCHER MEDIA GROUP, Peterborough, NH, pg. 388
- FOODMIX MARKETING COMMUNICATIONS, Elmhurst, IL, pg. 391
- FORTYTWOEIGHTYNINE, Rockton, IL, pg. 393
- FOSTER MARKETING COMMUNICATIONS, Lafayette, LA, pg. 394
- THE FRANK AGENCY INC, Overland Park, KS, pg. 395
- FREEBAIRN & CO., Atlanta, GA, pg. 397
- FREEBAIRN & COMPANY PUBLIC RELATIONS, Atlanta, GA, pg. 1513
- FREED ADVERTISING, Sugar Land, TX, pg. 397
- FRESH COMMUNICATIONS, Stoneham, MA, pg. 1514
- FSC MARKETING + DIGITAL, Pittsburgh, PA, pg. 400
- FTI CONSULTING, New York, NY, pg. 1514
- FULL CONTACT ADVERTISING, Boston, MA, pg. 402
- FUSE INTERACTIVE, Laguna Beach, CA, pg. 403
- FUSION IDEA LAB, Chicago, IL, pg. 404
- THE G3 GROUP, Linthicum, MD, pg. 407
- GABRIEL DEGROOD BENDT, Minneapolis, MN, pg. 407
- GABRIEL MARKETING GROUP, McLean, VA, pg. 408
- GALLEGOS UNITED, Huntington Beach, CA, pg. 408
- GAMS COMMUNICATIONS, Chicago, IL, pg. 409
- GARRISON ADVERTISING, Baton Rouge, LA, pg. 410
- THE GATE WORLDWIDE NEW YORK, New York, NY, pg. 411
- GAUGER + ASSOCIATES, San Francisco, CA, pg. 412
- GCG MARKETING, Fort Worth, TX, pg. 413
- GELIA-MEDIA, INC., Williamsville, NY, pg. 414
- GIAMBRONE + PARTNERS, Cincinnati, OH, pg. 418
- GIGANTE VAZ PARTNERS ADVERTISING, INC., New York, NY, pg. 419
- GILLIES & ZAISER, Leland, NC, pg. 1518

A-179

AGENCIES

SPECIAL MARKET INDEX

GLA COMMUNICATIONS, Millburn, NJ, pg. 1518
THE GLENN GROUP, Reno, NV, pg. 421
GLIMMER, INC., Naperville, IL, pg. 422
GLYPHIX ADVERTISING, West Hills, CA, pg. 424
GOCONVERGENCE, Orlando, FL, pg. 426
GODFREY ADVERTISING, Lancaster, PA, pg. 426
GOKART LABS, Minneapolis, MN, pg. 1259
THE GOODNESS COMPANY, Wisconsin Rapids, WI, pg. 429
THE GOSS AGENCY INC., Asheville, NC, pg. 430
GRAY LOON MARKETING GROUP, INC., Evansville, IN, pg. 433
GREENRUBINO, Seattle, WA, pg. 436
GRIFFIN COMMUNICATIONS, INC., Sparks, MD, pg. 450
GRIFFIN WINK ADVERTISING, Lubbock, TX, pg. 450
GRIN, Evansville, IN, pg. 450
GROUP46, Bluffton, SC, pg. 452
GSW WORLDWIDE, Westerville, OH, pg. 454
GUD MARKETING, Lansing, MI, pg. 455
GUMAS ADVERTISING, San Francisco, CA, pg. 455
THE GUNTER AGENCY, New Glarus, WI, pg. 456
GWP, INC., Montclair, NJ, pg. 456
GYK ANTLER, Manchester, NH, pg. 457
GYRO, New York, NY, pg. 457
GYRO DENVER, Denver, CO, pg. 459
HAGGERTY & ASSOCIATES, Woburn, MA, pg. 460
HAKUHODO INCORPORATED, Tokyo, pg. 461
THE HALO GROUP, New York, NY, pg. 464
HAMLYN SENIOR MARKETING, Haddonfield, NJ, pg. 464
HAP MARKETING SERVICES, INC., Eatontown, NJ, pg. 466
HARBURGER/SCOTT ADVERTISING, Newburgh, NY, pg. 467
HARLEY & CO, New York, NY, pg. 468
HARRISON MARKETING & ADVERTISING, Bakersfield, CA, pg. 469
HATFIELD MEDIA, Louisville, KY, pg. 472
HAVAS MEDIA, New York, NY, pg. 1324
HCB HEALTH, Austin, TX, pg. 490
HCK2 PARTNERS, Addison, TX, pg. 490
HEART, Boston, MA, pg. 492
HEINZEROTH MARKETING GROUP, Rockford, IL, pg. 493
HELIX EDUCATION, Salt Lake City, UT, pg. 494
HENKE & ASSOCIATES, INC., Cedarburg, WI, pg. 496
HERMAN & ALMONTE PUBLIC RELATIONS, LLC, New York, NY, pg. 1529
HERMANOFF PUBLIC RELATIONS, Bingham Farms, MI, pg. 1530
HERO DIGITAL, San Francisco, CA, pg. 1260
HI-GLOSS, Miami Beach, FL, pg. 498
HIDALGO & DE VRIES, INC., Grand Rapids, MI, pg. 498
HITCHCOCK FLEMING & ASSOCIATES, INC., Akron, OH, pg. 502
HMH, Portland, OR, pg. 504
HODGES ASSOCIATES, INC., Fayetteville, NC, pg. 505
HOLLAND ADVERTISING:INTERACTIVE, Cincinnati, OH, pg. 506
HORIZONTAL INTEGRATION, Saint Louis Park, MN, pg. 1260
HOWERTON+WHITE, Wichita, KS, pg. 510
HUDSON MEDIA SERVICES LLC, West Orange, NJ, pg. 1330
HUGE LLC, Brooklyn, NY, pg. 512
HUGHESLEAHYKARLOVIC, Saint Louis, MO, pg. 513
HULT MARKETING, Peoria, IL, pg. 513
HUNT ADKINS, Minneapolis, MN, pg. 514
HWH PUBLIC RELATIONS, New York, NY, pg. 1539
HYPHEN DIGITAL, New York, NY, pg. 516
THE I AM GROUP, INC., Hernando, FL, pg. 517
ID29, Troy, NY, pg. 519
IDEA BANK MARKETING, Hastings, NE, pg. 520
THE IDEA FACTORY, New York, NY, pg. 520
IDEAWORKS, INC., Pensacola, FL, pg. 522
IGM CREATIVE GROUP, Lincoln Park, NJ, pg. 1405
IMAGERY CREATIVE, Miami, FL, pg. 525
IMPRESSIONS-A.B.A. INDUSTRIES, INC., Mineola, NY, pg. 528
IMPRESTIGE MEDIA MARKETING, Prairie Village, KS, pg. 528
THE IN-HOUSE AGENCY, INC., Morristown, NJ, pg. 529
INFERNO, Memphis, TN, pg. 530
INNIS MAGGIORE GROUP, INC., Canton, OH, pg. 533
INQUEST MARKETING, Kansas City, MO, pg. 534
INTEGRATED MARKETING SERVICES, Princeton, NJ, pg. 536
INTELLIGENT COMMUNITIES GROUP, New York, NY, pg. 537

INTERACTIVEWEST, Denver, CO, pg. 1264
INTERLEX COMMUNICATIONS INC., San Antonio, TX, pg. 538
INTERMARK GROUP, INC., Birmingham, AL, pg. 539
INTERNETWEBBUILDERS.COM, Rocklin, CA, pg. 1335
INTERTREND COMMUNICATIONS, INC., Long Beach, CA, pg. 544
INTRIGUE, Melville, NY, pg. 545
THE IVY GROUP, LTD., Charlottesville, VA, pg. 551
J. GREG SMITH, INC., Omaha, NE, pg. 552
JACOBS & CLEVENGER, INC., Chicago, IL, pg. 569
JAFFE & PARTNERS, New York, NY, pg. 570
JAMES ROSS ADVERTISING, Pompano Beach, FL, pg. 571
JAN KELLEY MARKETING, Burlington, pg. 571
JENNIFER BETT COMMUNICATIONS, New York, NY, pg. 574
J.F. MILLS & WORLDWIDE, Denver, CO, pg. 1548
THE JOEY COMPANY, Brooklyn, NY, pg. 578
JOHNSON DESIGN GROUP, Ada, MI, pg. 580
JOHNSON MARKETING GROUP INC., Orland Park, IL, pg. 580
JOHNSONRAUHOFF, Saint Joseph, MI, pg. 581
THE JONES AGENCY, Palm Springs, CA, pg. 581
JONES & THOMAS, INC., Decatur, IL, pg. 581
JONES FOSTER DEAL ADVERTISING & PUBLIC RELATIONS, INC., Tampa, FL, pg. 582
K2 KRUPP KOMMUNICATIONS, INC, New York, NY, pg. 1550
KAREN MORSTAD & ASSOCIATES LLC., Greenwich, CT, pg. 587
KEEN BRANDING, Milton, DE, pg. 589
KELLIHER SAMETS VOLK NY, New York, NY, pg. 592
KELLY SCOTT MADISON, Chicago, IL, pg. 1336
KEYAD, LLC, San Antonio, TX, pg. 593
KHEMISTRY, London, pg. 594
KILLIAN BRANDING, Chicago, IL, pg. 595
KOOPMAN OSTBO, Portland, OR, pg. 601
KRACOE SZYKULA & TOWNSEND INC., Troy, MI, pg. 602
KRUSKOPF & COMPANY, INC., Minneapolis, MN, pg. 603
KTK DESIGN, Chicago, IL, pg. 603
KW2, Madison, WI, pg. 604
KWG, New York, NY, pg. 604
KYK ADVERTISING MARKETING PROMOTIONS, Louisville, KY, pg. 605
L7 CREATIVE, Carlsbad, CA, pg. 606
LABOV ADVERTISING, MARKETING AND TRAINING, Fort Wayne, IN, pg. 606
LAM-ANDREWS INC., Nashville, TN, pg. 608
LAMBESIS, INC., La Jolla, CA, pg. 608
LANETERRALEVER, Phoenix, AZ, pg. 610
LANMARK360, West Long Branch, NJ, pg. 610
LATCHA+ASSOCIATES, Farmington Hills, MI, pg. 611
LATITUDE, Dallas, TX, pg. 1408
LATORRA, PAUL & MCCANN, Syracuse, NY, pg. 613
LAUGHLIN/CONSTABLE, INC., Milwaukee, WI, pg. 613
LAVIDGE & ASSOCIATES INC., Knoxville, TN, pg. 616
LAWRENCE & SCHILLER, INC., Sioux Falls, SD, pg. 616
L.C. WILLIAMS & ASSOCIATES, LLC, Chicago, IL, pg. 1564
LEAD ME MEDIA, Deerfield Beach, FL, pg. 617
LEE & ASSOCIATES, INC., Canoga Park, CA, pg. 1565
LEGEND INC., Marblehead, MA, pg. 619
LEO BURNETT COMPANY LTD., Toronto, pg. 620
LEO BURNETT WORLDWIDE, INC., Chicago, IL, pg. 621
LEO J. BRENNAN, INC., Feriton, MI, pg. 632
LEVLANE ADVERTISING/PR/INTERACTIVE, Philadelphia, PA, pg. 635
LEVO HEALTH, Tampa, FL, pg. 635
LEVY INDUSTRIAL, Pittsburgh, PA, pg. 635
LEWIS ADVERTISING, INC., Rocky Mount, NC, pg. 635
THE LILIAN RAJI AGENCY, Atlanta, GA, pg. 1567
LINCOLN MEDIA SERVICES, INC., Lake Bluff, IL, pg. 1339
LINDSAY, STONE & BRIGGS, INC., Madison, WI, pg. 641
THE LINICK GROUP, INC., Middle Island, NY, pg. 641
LINX COMMUNICATIONS CORP., Smithtown, NY, pg. 642
LITTLE DOG AGENCY INC., Mount Pleasant, SC, pg. 645
LITTLE L COMMUNICATIONS, Geneva, OH, pg. 646
LKH&S, Chicago, IL, pg. 647
THE LOOMIS AGENCY, Dallas, TX, pg. 651
LOONEY ADVERTISING AND DESIGN, Montclair, NJ, pg. 651
LOPEZ NEGRETE COMMUNICATIONS, INC., Houston, TX, pg. 651
LOUDMAC CREATIVE, Tarpon Springs, FL, pg. 1571
LOVE ADVERTISING INC., Houston, TX, pg. 652

LP&G MARKETING, Tucson, AZ, pg. 654
LPNY LTD., New York, NY, pg. 655
LUBICOM MARKETING CONSULTING, Brooklyn, NY, pg. 655
LUCKIE & COMPANY, Birmingham, AL, pg. 655
LUQUIRE GEORGE ANDREWS, INC., Charlotte, NC, pg. 657
LUXE COLLECTIVE GROUP, New York, NY, pg. 1339
MAD 4 MARKETING, Fort Lauderdale, FL, pg. 667
MAD MEN MARKETING, Jacksonville, FL, pg. 668
MADDOCK DOUGLAS, INC., Elmhurst, IL, pg. 668
MADEO, Brooklyn, NY, pg. 1269
MAGNANI, Chicago, IL, pg. 670
MANGOS, Conshohocken, PA, pg. 674
MANTERA ADVERTISING, Bakersfield, CA, pg. 675
MANTRA PUBLIC RELATIONS, INC., New York, NY, pg. 1575
MARC USA, Pittsburgh, PA, pg. 676
MARC USA BOSTON, Stoneham, MA, pg. 677
MARC USA CHICAGO, Chicago, IL, pg. 677
MARCA MIAMI, Coconut Grove, FL, pg. 677
MARINA MAHER COMMUNICATIONS, New York, NY, pg. 1576
MARINELLI & COMPANY, New York, NY, pg. 679
MARKET DEVELOPMENT GROUP, INC., Washington, DC, pg. 681
MARKETING CONCEPTS GROUP, Weston, CT, pg. 682
MARKETING DIRECTIONS, INC., Cleveland, OH, pg. 683
MARKETING OPTIONS, LLC, Dayton, OH, pg. 684
MARKETING RESOURCES, INC., Oak Park, IL, pg. 1409
MARKETING VISIONS, INC., Tarrytown, NY, pg. 1410
THE MARLIN NETWORK, INC., Springfield, MO, pg. 685
MARRINER MARKETING COMMUNICATIONS, INC., Columbia, MD, pg. 686
THE MARS AGENCY, Southfield, MI, pg. 686
THE MARTIN AGENCY, Richmond, VA, pg. 687
MASCOLA ADVERTISING, New Haven, CT, pg. 690
MASLOW LUMIA BARTORILLO ADVERTISING, Wilkes Barre, PA, pg. 690
MATRIX MEDIA SERVICES, INC., Columbus, OH, pg. 1340
MATTS & DAVIDSON INC., Rye Brook, NY, pg. 694
MATTSON, Foster City, CA, pg. 695
MAXIMUM EXPOSURE PUBLIC RELATIONS & MEDIA, Woodcliff Lake, NJ, pg. 1578
MAYCREATE, Chattanooga, TN, pg. 696
MCCANN MINNEAPOLIS, Minneapolis, MN, pg. 713
MCDANIELS MARKETING COMMUNICATIONS, Pekin, IL, pg. 715
MCGILL BUCKLEY, Ottawa, pg. 718
MCKIM, Winnipeg, pg. 719
MDB COMMUNICATIONS, INC., Washington, DC, pg. 720
MEDIA II, INC., Northfield, OH, pg. 726
MEDIA LOGIC, Albany, NY, pg. 726
MEDIASMITH, San Francisco, CA, pg. 1350
MEKANISM, San Francisco, CA, pg. 729
MESH INTERACTIVE AGENCY, Boston, MA, pg. 734
METHOD INC., San Francisco, CA, pg. 735
MEYERS + PARTNERS, Chicago, IL, pg. 736
MICHAEL WALTERS ADVERTISING, Chicago, IL, pg. 738
MICSTURA, Miami, FL, pg. 739
MILLENNIUM AGENCY, Manchester, NH, pg. 740
THE MILLER GROUP, Los Angeles, CA, pg. 742
MILLWARD BROWN INC., Lisle, IL, pg. 742
MINDSTORM COMMUNICATIONS GROUP, INC., Charlotte, NC, pg. 745
MIRESBALL, San Diego, CA, pg. 747
MIRUM LLC, San Diego, CA, pg. 1272
MKTWORKS, INC., Cold Spring, NY, pg. 749
MOBIUM INTEGRATED BRANDING, Chicago, IL, pg. 752
MODCO MEDIA, New York, NY, pg. 753
MORE MEDIA GROUP, Redondo Beach, CA, pg. 757
MOROCH HOLDINGS, INC., Dallas, TX, pg. 758
MORRIS & CASALE INC., Woodstock, GA, pg. 760
THE MORRISON AGENCY, Atlanta, GA, pg. 760
MORTAR ADVERTISING, San Francisco, CA, pg. 761
MOST BRAND DEVELOPMENT + ADVERTISING, Aliso Viejo, CA, pg. 762
MOTUM B2B, Toronto, pg. 764
MOXIE, Atlanta, GA, pg. 1274
MOXIE SOZO, Boulder, CO, pg. 765
MP AGENCY, LLC, Scottsdale, AZ, pg. 766
MRB PUBLIC RELATIONS, Freehold, NJ, pg. 1586
MRM PRINCETON, Princeton, NJ, pg. 768
MSI, Chicago, IL, pg. 769
MUSE COMMUNICATIONS, Santa Monica, CA, pg. 780
MVS MEDIA GROUP, Hallandale, FL, pg. 1413
NATCOM MARKETING, Miami, FL, pg. 785

A-180

SPECIAL MARKET INDEX — AGENCIES

NATIONAL MEDIA SERVICES, INC., Huntington Bay, NY, pg. 785
NAVIGANT MARKETING / KSR, Miami, FL, pg. 786
NEMO DESIGN, Portland, OR, pg. 789
NEURON SYNDICATE, Santa Monica, CA, pg. 790
NEW MEDIA AGENCY, Los Angeles, CA, pg. 791
NEWSMARK PUBLIC RELATIONS INC., Boca Raton, FL, pg. 1595
NEWTON ASSOCIATES MARKETING COMMUNICATIONS, INC., Plymouth Meeting, PA, pg. 793
NIMBLE WORLDWIDE, Dallas, TX, pg. 794
THE NISSEN GROUP, Winter Haven, FL, pg. 795
NOBLE, Springfield, MO, pg. 795
NOISE, INC., Sanibel, FL, pg. 796
NORMAN DIEGNAN & ASSOCIATES, Oldwick, NJ, pg. 797
NORTH STAR MARKETING, Lancaster, PA, pg. 798
NORTHLICH, Cincinnati, OH, pg. 799
NPJ ADVERTISING & PUBLIC RELATIONS, INC., Washington, DC, pg. 802
NRPR GROUP, Beverly Hills, CA, pg. 1597
NUEVO ADVERTISING GROUP, INC., Sarasota, FL, pg. 802
NUFFER SMITH TUCKER PUBLIC RELATIONS, San Diego, CA, pg. 1597
O2IDEAS, INC., Birmingham, AL, pg. 803
O3 WORLD, LLC, Philadelphia, PA, pg. 804
OCEAN BRIDGE GROUP, Los Angeles, CA, pg. 805
OFF MADISON AVE, Phoenix, AZ, pg. 809
OFFICE OF EXPERIENCE, Chicago, IL, pg. 1277
OGILVY, New York, NY, pg. 809
OGILVY COMMONHEALTH WORLDWIDE, Parsippany, NJ, pg. 832
THE OHLMANN GROUP, Dayton, OH, pg. 834
OIA MARKETING COMMUNICATIONS, Dayton, OH, pg. 834
OMNICOM GROUP INC., New York, NY, pg. 836
ONEWORLD COMMUNICATIONS, INC., San Francisco, CA, pg. 840
ONION LABS, Chicago, IL, pg. 840
ONPR, Bellevue, WA, pg. 1603
OPTIC NERVE DIRECT MARKETING, San Francisco, CA, pg. 842
ORGANIC, INC., San Francisco, CA, pg. 1278
OUTERNATIONAL INC, New York, NY, pg. 846
OUTSIDE THE BOX INTERACTIVE LLC, Jersey City, NJ, pg. 847
PACIFIC COMMUNICATIONS, Irvine, CA, pg. 848
PACO COMMUNICATIONS, INC, Chicago, IL, pg. 849
PALLEY ADVERTISING INC., Worcester, MA, pg. 851
PANTIN/BEBER SILVERSTEIN PUBLIC RELATIONS, Miami, FL, pg. 1605
PATHFINDERS ADVERTISING & MARKETING GROUP, Mishawaka, IN, pg. 857
PATRICKORTMAN, INC., Studio City, CA, pg. 1279
PATRIOT ADVERTISING INC., Katy, TX, pg. 858
PAVONE, Harrisburg, PA, pg. 859
PAYNE, ROSS & ASSOCIATES ADVERTISING, INC., Charlottesville, VA, pg. 860
PEPPERCOMM, New York, NY, pg. 1607
PHELPS, Playa Vista, CA, pg. 867
PINGER PR AT POWERS, Cincinnati, OH, pg. 1609
PINTA, New York, NY, pg. 872
PK NETWORK COMMUNICATIONS, New York, NY, pg. 875
PM PUBLICIDAD, Atlanta, GA, pg. 878
POINT B COMMUNICATIONS, Chicago, IL, pg. 880
POLLER & JORDAN ADVERTISING AGENCY, INC., Miami, FL, pg. 881
PONDER IDEAWORKS, Huntington Beach, CA, pg. 882
PORTAVOCE PR, Carlsbad, CA, pg. 1612
PORTER NOVELLI, New York, NY, pg. 1612
POWERHOUSE PR, Santa Ana, CA, pg. 1617
POWERS AGENCY, Cincinnati, OH, pg. 885
PP+K, Tampa, FL, pg. 885
PRICEWEBER MARKETING COMMUNICATIONS, INC., Louisville, KY, pg. 889
PRIMEDIA INC., Warwick, RI, pg. 1364
PRINCETON MARKETECH, Princeton Junction, NJ, pg. 890
PRINCETON PARTNERS, INC., Princeton, NJ, pg. 890
PROJECT, Auburn Hills, MI, pg. 891
PROM KROG ALTSTIEL INC., Mequon, WI, pg. 892
PROTERRA ADVERTISING, Addison, TX, pg. 894
PROXY SPONSORSHIPS, Denver, CO, pg. 1415
PUBLICIS HAWKEYE, Dallas, TX, pg. 1282
PULSECX, Montgomeryville, PA, pg. 916

PYRO BRAND DEVELOPMENT, Dallas, TX, pg. 919
QUAKER CITY MERCANTILE, Philadelphia, PA, pg. 920
QUALLY & COMPANY, INC., Wilmette, IL, pg. 921
THE QUELL GROUP, Troy, MI, pg. 922
QUEUE CREATIVE MARKETING GROUP LLC, Chicago, IL, pg. 923
QUIGLEY-SIMPSON, Los Angeles, CA, pg. 923
RAIN, New York, NY, pg. 1283
RAINIER COMMUNICATIONS, Westborough, MA, pg. 1624
THE RANKIN GROUP, LTD., Tustin, CA, pg. 931
RATTLE ADVERTISING, Beverly, MA, pg. 933
RAWLE MURDY ASSOCIATES, INC., Charleston, SC, pg. 934
RBMM, Dallas, TX, pg. 934
RCG PRODUCTIONS, Coral Springs, FL, pg. 1225
RDW GROUP INC., Providence, RI, pg. 935
RED INTERACTIVE AGENCY, Santa Monica, CA, pg. 1284
RED MOON MARKETING, Charlotte, NC, pg. 940
RELEVANT COMMUNICATIONS LLC, Boca Raton, FL, pg. 1629
THE REPUBLIK, Raleigh, NC, pg. 947
REPUBLIK PUBLICITE + DESIGN INC., Montreal, pg. 947
RESPONSE MARKETING GROUP LLC, Richmond, VA, pg. 949
RESPONSE MEDIA, INC., Norcross, GA, pg. 949
RESULTS, INC., ADVERTISING AGENCY, Hasbrouck Heights, NJ, pg. 950
RETELE COMPANY, Greenwich, CT, pg. 950
REYNOLDS & ASSOCIATES, El Segundo, CA, pg. 953
RHYCOM STRATEGIC ADVERTISING, Overland Park, KS, pg. 954
THE RIBAUDO GROUP, Brooklyn, NY, pg. 955
RICHARDS, Russell, OH, pg. 955
RICHARDS/CARLBERG, Houston, TX, pg. 956
THE RICHARDS GROUP, INC., Dallas, TX, pg. 956
RICHTER7, Salt Lake City, UT, pg. 957
RICOCHET PARTNERS, INC., Portland, OR, pg. 957
RIESTER, Phoenix, AZ, pg. 958
RIGER ADVERTISING AGENCY, INC., Binghamton, NY, pg. 958
RIGHT ANGLE, Lafayette, LA, pg. 958
RISDALL MARKETING GROUP, Roseville, MN, pg. 959
RITTA, Paramus, NJ, pg. 960
R.M. BARROWS, INC. ADVERTISING & PUBLIC RELATIONS, San Mateo, CA, pg. 962
RMI MARKETING & ADVERTISING, Emerson, NJ, pg. 962
ROCKET RED, Dallas, TX, pg. 965
THE ROCKFORD GROUP, New City, NY, pg. 965
ROI REVOLUTION, Raleigh, NC, pg. 1286
ROKKAN, New York, NY, pg. 966
ROME & COMPANY, Woodridge, IL, pg. 966
THE RON TANSKY ADVERTISING & PUBLIC RELATIONS, Thousand Oaks, CA, pg. 967
ROOP & CO., Cleveland, OH, pg. 1633
ROSICA STRATEGIC PUBLIC RELATIONS, Fair Lawn, NJ, pg. 1635
THE ROSS GROUP, Los Angeles, CA, pg. 968
RPM ADVERTISING, Chicago, IL, pg. 971
RT&E INTEGRATED COMMUNICATIONS, Villanova, PA, pg. 971
RUSSELL HERDER, Minneapolis, MN, pg. 972
S3, Boonton, NJ, pg. 974
SAGON-PHIOR, West Los Angeles, CA, pg. 1638
SAIBOT MEDIA INC., Boca Raton, FL, pg. 987
SAMBA ROCK, Miami Beach, FL, pg. 988
SARAH HALL PRODUCTIONS INC, New York, NY, pg. 1640
SAVAGE SOLUTIONS, LLC, Franklin, WI, pg. 992
SBC, Columbus, OH, pg. 993
SCHAFER CONDON CARTER, Chicago, IL, pg. 995
SCHOOL HOUSE NYC, New York, NY, pg. 996
SCOPPECHIO, Louisville, KY, pg. 997
SCOTT COOPER ASSOCIATES, LTD., Roslyn, NY, pg. 997
SCOTT, INC. OF MILWAUKEE, Milwaukee, WI, pg. 998
SCRIBBLERS' CLUB, Kitchener, pg. 999
SEED STRATEGY, INC., Crestview Hills, KY, pg. 1000
THE SEIDEN GROUP, New York, NY, pg. 1001
SELMARQ, Charlotte, NC, pg. 1002
SEVENTH POINT, Virginia Beach, VA, pg. 1004
SHAW & TODD, INC., Freehold, NJ, pg. 1006
SHEILA DONNELLY & ASSOCIATES, Honolulu, HI, pg. 1006
SHEPPARD LEGER NOWAK INC., East Providence, RI, pg. 1007
SHERMAN COMMUNICATIONS & MARKETING, Chicago, IL, pg. 1007

SHOPPER MARKETING GROUP ADVERTISING INC., Porter Ranch, CA, pg. 1009
SHOTWELL PUBLIC RELATIONS, Watsonville, CA, pg. 1645
SIGMA GROUP, Upper Saddle River, NJ, pg. 1011
SIGMA MARKETING GROUP LLC, Rochester, NY, pg. 1012
SIGNAL POINT MARKETING+DESIGN, Post Falls, ID, pg. 1013
THE SIMON GROUP, INC., Sellersville, PA, pg. 1014
SIMON GROUP MARKETING COMMUNICATIONS, INC., Evanston, IL, pg. 1015
SIMONS MICHELSON ZIEVE, INC., Troy, MI, pg. 1015
SKYTYPERS, INC., Las Vegas, NV, pg. 1416
SLACK AND COMPANY, Chicago, IL, pg. 1020
SLINGSHOT, LLC, Dallas, TX, pg. 1021
SMITH ASBURY INC, West Linn, OR, pg. 1023
SMITH BROTHERS AGENCY, LP, Pittsburgh, PA, pg. 1023
SMITH WALKER DESIGN, Tukwila, WA, pg. 1024
SMITHSOLVE LLC, Morristown, NJ, pg. 1024
SMM ADVERTISING, Smithtown, NY, pg. 1024
SOCIALLY PRESENT, Carbondale, IL, pg. 1026
SONNHALTER, Cleveland, OH, pg. 1028
SOPEXA USA, New York, NY, pg. 1029
SOUND COMMUNICATIONS, INC., New York, NY, pg. 1369
THE SOUZA AGENCY, Annapolis, MD, pg. 1030
SPACE150, Minneapolis, MN, pg. 1031
SPARKPLUG MARKETING & COMMUNICATIONS INC., Toronto, pg. 1031
SPARKS GROVE, Atlanta, GA, pg. 1032
SPECIALTY TRUCK RENTALS, Santa Monica, CA, pg. 1416
SPIKER COMMUNICATIONS, INC., Missoula, MT, pg. 1033
SPIRO & ASSOCIATES MARKETING, ADVERTISING & PUBLIC RELATIONS, Fort Myers, FL, pg. 1034
SQUARE ONE MARKETING, West Hartford, CT, pg. 1037
S.R. VIDEO PICTURES, LTD., Haverstraw, NY, pg. 1038
ST. JOHN & PARTNERS, Jacksonville, FL, pg. 1040
STARMARK INTERNATIONAL, INC., Fort Lauderdale, FL, pg. 1043
STEELE & ASSOCIATES, INC., Pocatello, ID, pg. 1045
STEIN IAS, New York, NY, pg. 1045
STEPHAN PARTNERS, INC., Hastings Hdsn, NY, pg. 1046
STERLING CROSS COMMUNICATIONS, Maple Grove, MN, pg. 1047
STERLING RICE GROUP, Boulder, CO, pg. 1047
STEVENS STRATEGIC COMMUNICATIONS, INC., Westlake, OH, pg. 1048
STIR ADVERTISING & INTEGRATED MARKETING, Milwaukee, WI, pg. 1050
STONER BUNTING ADVERTISING, Lancaster, PA, pg. 1051
STREICKER & COMPANY INC., East Providence, RI, pg. 1054
STURGES WORD COMMUNICATIONS, Kansas City, MO, pg. 1654
SUBMIT EXPRESS INC., Glendale, CA, pg. 1057
SUITS & SANDALS, LLC, Brooklyn, NY, pg. 1293
SULLIVAN BRANDING, Memphis, TN, pg. 1059
SUPERUNION, New York, NY, pg. 1062
SWARM NYC, New York, NY, pg. 1293
SWBR, INC., Bethlehem, PA, pg. 1065
SWEENEY, Cleveland, OH, pg. 1065
SWEENEYVESTY, New York, NY, pg. 1066
SWIRL MCGARRYBOWEN, San Francisco, CA, pg. 1067
SYNEOS HEALTH, INC., Raleigh, NC, pg. 1068
SZEN MARKETING, Dana Point, CA, pg. 1068
T3, Austin, TX, pg. 1069
TAKE 5 MEDIA GROUP, Boca Raton, FL, pg. 1071
TAUBE/VIOLANTE, INC., Norwalk, CT, pg. 1074
TBD, San Francisco, CA, pg. 1076
TCS MEDIA, INC., Maitland, FL, pg. 1094
TEAM ONE USA, Los Angeles, CA, pg. 1095
TEC DIRECT MEDIA, INC., Chicago, IL, pg. 1375
THAT AGENCY, West Palm Bch, FL, pg. 1098
THOMAS J. PAYNE MARKET DEVELOPMENT, San Mateo, CA, pg. 1659
THREE LAKES MARKETING, Austin, TX, pg. 1102
TIDAL SHORES INC., Houston, TX, pg. 1102
TINSLEY ADVERTISING, Miami, FL, pg. 1104
TIZIANI & WHITMYRE, INC., Sharon, MA, pg. 1105
TM ADVERTISING, Dallas, TX, pg. 1106
TOMSHEEHAN WORLDWIDE, Reading, PA, pg. 1109

AGENCIES

SPECIAL MARKET INDEX

TORCH GROUP, Cleveland, OH, pg. 1110
TR CUTLER, INC., Fort Lauderdale, FL, pg. 1661
TRACTION CORPORATION, San Francisco, CA, pg. 1112
TRANSIT MEDIA GROUP, Huntington Beach, CA, pg. 1376
TRELLIS MARKETING, INC, Buffalo, NY, pg. 1115
TRIAD BUSINESS MARKETING, Dallas, TX, pg. 1116
TRILIX MARKETING GROUP, INC., Des Moines, IA, pg. 1117
TRONE BRAND ENERGY, INC., High Point, NC, pg. 1119
TRUMPET LLC, New Orleans, LA, pg. 1120
TURCHETTE ADVERTISING AGENCY LLC, Fairfield, NJ, pg. 1121
TURN KEY OFFICE LTD, Santa Monica, CA, pg. 1122
TURNER DUCKWORTH DESIGN, London, pg. 1122
UNDIVIDED, Pasadena, CA, pg. 1126
UNION, Charlotte, NC, pg. 1298
UNION NY DC, Alexandria, VA, pg. 1298
THE UNREAL AGENCY, Freehold, NJ, pg. 1127
VANTAGEPOINT, INC, Greenville, SC, pg. 1131
VARGAS & AMIGOS INC., Marietta, GA, pg. 1131
THE VARIABLE AGENCY, Winston Salem, NC, pg. 1131
VENTURE, San Diego, CA, pg. 1133
VERSANT, Milwaukee, WI, pg. 1134
VERTICAL MARKETING NETWORK LLC, Tustin, CA, pg. 1418
VIGET, Falls Church, VA, pg. 1300
VINE COMMUNICATIONS INC, Coral Gables, FL, pg. 1138
VIRTUAL FARM CREATIVE INC., Phoenixville, PA, pg. 1138
VISION CREATIVE GROUP, INC., Morris Plains, NJ, pg. 1139
VITAMIN, Baltimore, MD, pg. 1140
VITRO, San Diego, CA, pg. 1141
VMG CREATIVE, New York, NY, pg. 1143
W INC., Atlanta, GA, pg. 1147
WALRUS, New York, NY, pg. 1150
WALT KLEIN ADVERTISING, Denver, CO, pg. 1150
WAVEMAKER - NA HQ, NEW YORK, New York, NY, pg. 1386
WC MEDIA INC., Springfield, IL, pg. 1154
WE BELIEVERS, New York, NY, pg. 1155
WEBNBEYOND, Baldwin, NY, pg. 1156
WEINRICH ADVERTISING/COMMUNICATIONS, INC., Clifton, NJ, pg. 1157
WELLNESS COMMUNICATIONS, Newburgh, IN, pg. 1158
WESTOVER MEDIA, Portland, OR, pg. 1419
WHITE & PARTNERS, Tysons Corner, VA, pg. 1160
WHITNEY ADVERTISING & DESIGN, INC., Park City, UT, pg. 1162
WIEDEN + KENNEDY, INC., Portland, OR, pg. 1163
WILDEBEEST, Los Angeles, CA, pg. 1301
WILDFIRE LLC, Winston Salem, NC, pg. 1167
WILLIAMS/CRAWFORD & ASSOCIATES, Fort Smith, AR, pg. 1168
WILLIAMS-HELDE MARKETING COMMUNICATIONS, Seattle, WA, pg. 1169
WING, New York, NY, pg. 1170
WINSTANLEY PARTNERS, Lenox, MA, pg. 1171
THE WOLF AGENCY, Dallas, TX, pg. 1173
WOMENKIND, New York, NY, pg. 1174
WORKS DESIGN GROUP, Pennsauken, NJ, pg. 1177
WP NARRATIVE_, New York, NY, pg. 1178
WWDB INTEGRATED MARKETING, Fort Lauderdale, FL, pg. 1193
WYSE, Cleveland, OH, pg. 1193
YOUNG & LARAMORE, Indianapolis, IN, pg. 1196
YOUNG COMPANY, Laguna Beach, CA, pg. 1208
ZEHNDER COMMUNICATIONS, INC., New Orleans, LA, pg. 1210
THE ZIMMERMAN GROUP, Hopkins, MN, pg. 1213
ZULLO AGENCY, INC., Princeton, NJ, pg. 1216

Real Estate

1185 DESIGN, Palo Alto, CA, pg. 1
3MARKETEERS ADVERTISING, INC., San Jose, CA, pg. 8
454 CREATIVE, Irvine, CA, pg. 9
5 STONE ADVERTISING, Carbondale, CO, pg. 9
5W PUBLIC RELATIONS, New York, NY, pg. 1423
6S MARKETING, New York, NY, pg. 1305
ACCELERATOR ADVERTISING INC., Lewis Center, OH, pg. 19
ACCESS ADVERTISING LLC, Kansas City, MO, pg. 1305
ACCESS TO MEDIA, Chicopee, MA, pg. 20

ACTIFY MEDIA, Helena, MT, pg. 22
AD CETERA, INC., Addison, TX, pg. 23
ADAMS & KNIGHT, INC., Avon, CT, pg. 25
ADAMUS MEDIA, Blackwood, NJ, pg. 27
ADASHMORE CREATIVE, White Marsh, MD, pg. 27
ADCETERA GROUP, Houston, TX, pg. 27
ADMO, INC., Saint Louis, MO, pg. 31
ADPERSUASION, Irvine, CA, pg. 32
ADSOKA, INC., Minneapolis, MN, pg. 33
ADVANTIX DIGITAL, Addison, TX, pg. 1233
ADVENTIUM, LLC, New York, NY, pg. 34
ADVERTISING SAVANTS, INC., Saint Louis, MO, pg. 35
AGENCY CREATIVE, Dallas, TX, pg. 38
AGENCY ENTOURAGE LLC, Dallas, TX, pg. 38
AGENCY212, LLC, New York, NY, pg. 39
AGENCYSACKS, New York, NY, pg. 40
AKA DIRECT, INC., Portland, OR, pg. 42
ALIANDA, Marietta, GA, pg. 45
ALL-WAYS ADVERTISING COMPANY, Bloomfield, NJ, pg. 1396
ALLEN FINLEY ADVERTISING, INC., Hickory, NC, pg. 46
AMBIT MARKETING COMMUNICATIONS, Fort Lauderdale, FL, pg. 51
AMELIE COMPANY, Denver, CO, pg. 51
AMENDOLA COMMUNICATIONS, Scottsdale, AZ, pg. 51
AMERICAN ADVERTISING SERVICES, Bala Cynwyd, PA, pg. 52
AMUSEMENT PARK, Santa Ana, CA, pg. 54
&BARR, Orlando, FL, pg. 55
ANDRIA MITSAKOS PUBLIC RELATIONS, New York, NY, pg. 58
ANSON-STONER INC., Winter Park, FL, pg. 60
ANTENNA GROUP, INC., San Francisco, CA, pg. 1433
ANVIL MEDIA, INC., Portland, OR, pg. 1307
APCO WORLDWIDE, Washington, DC, pg. 62
ARCANA ACADEMY, Los Angeles, CA, pg. 65
ARCHER MALMO, Memphis, TN, pg. 65
ARCHER MALMO AUSTIN, Austin, TX, pg. 66
ARKSIDE MARKETING, Riverside, CA, pg. 69
ARRAS KEATHLEY AGENCY, Cleveland, OH, pg. 71
THE ARTIME GROUP, Pasadena, CA, pg. 72
ARTIST DEVELOPMENT GROUP, Nashville, TN, pg. 73
ASSEMBLY, New York, NY, pg. 1308
THE ATKINS GROUP, San Antonio, TX, pg. 75
AUDIENCE INNOVATION, Austin, TX, pg. 76
AUGUSTINE, Roseville, CA, pg. 77
AVREAFOSTER, Dallas, TX, pg. 80
AXIA PUBLIC RELATIONS, Jacksonville, FL, pg. 80
BACKUS TURNER INTERNATIONAL, Pompano Beach, FL, pg. 83
THE BALCOM AGENCY, Fort Worth, TX, pg. 85
BARKER, New York, NY, pg. 89
BARNETT MURPHY DIRECT MARKETING, Orlando, FL, pg. 90
BARNHART, Denver, CO, pg. 91
BASS ADVERTISING, Sioux City, IA, pg. 95
BASTION TLG, Long Beach, CA, pg. 95
BAYARD ADVERTISING AGENCY, INC., New York, NY, pg. 96
BEBER SILVERSTEIN GROUP, Miami, FL, pg. 119
BECKERMAN PUBLIC RELATIONS, Hackensack, NJ, pg. 1446
BEEBY CLARK + MEYLER, Stamford, CT, pg. 120
BEECHWOOD CREATIVE, INC., Jericho, NY, pg. 1219
BENEDICT ADVERTISING, Daytona Beach, FL, pg. 122
BENNETT & COMPANY MARKETING, Longwood, FL, pg. 122
BERGMAN GROUP, Glen Allen, VA, pg. 123
BERLINE, Royal Oak, MI, pg. 124
BFW ADVERTISING + INTERACTIVE, Boca Raton, FL, pg. 127
BIANCHI PUBLIC RELATIONS INC., Troy, MI, pg. 1449
BIG RIVER ADVERTISING, Richmond, VA, pg. 129
BIGEYE AGENCY, Orlando, FL, pg. 130
BILL HUDSON & ASSOCIATES, INC., ADVERTISING & PUBLIC RELATIONS, Nashville, TN, pg. 131
BITNER GOODMAN, Fort Lauderdale, FL, pg. 1450
BLACKWING CREATIVE, Seattle, WA, pg. 133
BLASS MARKETING, Old Chatham, NY, pg. 134
BLAZE, Santa Monica, CA, pg. 135
BLEND, Los Angeles, CA, pg. 135
BLUE DAISY MEDIA, Coral Gables, FL, pg. 1312
BLUE DIMENSION, Evanston, IL, pg. 139
BLUE FOUNTAIN MEDIA, New York, NY, pg. 1241
BLUE OLIVE CONSULTING, Florence, AL, pg. 139
BOC PARTNERS, Middlesex, NJ, pg. 143
BODKIN ASSOCIATES, INC., Zionsville, IN, pg. 143

BOLCHALK FREY MARKETING, ADVERTISING & PUBLIC RELATIONS, Tucson, AZ, pg. 144
THE BORENSTEIN GROUP, INC., Fairfax, VA, pg. 147
BORSHOFF, Indianapolis, IN, pg. 148
THE BOSWORTH GROUP, Charleston, SC, pg. 149
BOUVIER KELLY INC., Greensboro, NC, pg. 149
BRADSHAW ADVERTISING, Portland, OR, pg. 152
BRAINSTORMS ADVERTISING & MARKETING, INC., Fort Lauderdale, FL, pg. 153
BRAMSON + ASSOCIATES, Los Angeles, CA, pg. 153
BRANDINGBUSINESS, Irvine, CA, pg. 157
THE BRANDON AGENCY, Myrtle Beach, SC, pg. 158
BRANDTAILERS, Newport Beach, CA, pg. 159
BRASHE ADVERTISING, INC., Jericho, NY, pg. 160
BRIGHTON AGENCY, INC., Saint Louis, MO, pg. 164
BRING, Green Bay, WI, pg. 165
BROADSTREET, New York, NY, pg. 1398
BROLIK, Philadelphia, PA, pg. 1243
THE BROWER GROUP, Los Angeles, CA, pg. 1458
BROWNING AGENCY, New Providence, NJ, pg. 168
BRUNNER, Pittsburgh, PA, pg. 169
BRUSTMAN CARRINO PUBLIC RELATIONS, Miami, FL, pg. 1459
BURK ADVERTISING & MARKETING, Dallas, TX, pg. 174
BUTLER, SHINE, STERN & PARTNERS, Sausalito, CA, pg. 177
BUY ADS DIRECT, Ridge Manor, FL, pg. 1313
C SUITE COMMUNICATIONS, Sarasota, FL, pg. 180
CAMPBELL EWALD, Detroit, MI, pg. 185
CAPRICORN, Melville, NY, pg. 1399
CARROLL/WHITE, Atlanta, GA, pg. 191
THE CARSON GROUP, Houston, TX, pg. 191
CARYL COMMUNICATIONS, INC., Paramus, NJ, pg. 192
CASACOM, Montreal, pg. 192
CASCADE WEB DEVELOPMENT, Portland, OR, pg. 192
CASEY COMMUNICATIONS, INC., Saint Louis, MO, pg. 193
CASHMAN & ASSOCIATES, Philadelphia, PA, pg. 1463
CASHMAN & KATZ INTEGRATED COMMUNICATIONS, Glastonbury, CT, pg. 193
CATALYST MARKETING COMPANY, Fresno, CA, pg. 195
CAYENNE CREATIVE, Birmingham, AL, pg. 197
CCG MARKETING SOLUTIONS, West Caldwell, NJ, pg. 197
CD&M COMMUNICATIONS, Portland, ME, pg. 198
CEA MARKETING GROUP, Clearwater, FL, pg. 199
CHARISMA! COMMUNICATIONS, Portland, OR, pg. 203
CHARLESTON/ORWIG, INC., Hartland, WI, pg. 203
CHEMISTRY, San Diego, CA, pg. 1467
CI DESIGN INC., Milwaukee, WI, pg. 208
C.I. VISIONS INC., New York, NY, pg. 1468
CINETRANSFORMER INTERNATIONAL INC., Hallandale Beach, FL, pg. 1399
CIRCLE OF ONE MARKETING, Miami, FL, pg. 208
THE CIRLOT AGENCY, INC., Jackson, MS, pg. 209
CIVILIAN, Chicago, IL, pg. 210
CK COMMUNICATIONS, INC. (CKC), Indialantic, FL, pg. 210
CLASSIFIED ADVERTISING PLUS, LLC, Tampa, FL, pg. 1315
CLIVE HOFFMAN ASSOCIATES, Los Angeles, CA, pg. 1470
CMDS, Colts Neck, NJ, pg. 215
COCO+CO, Ward Hill, MA, pg. 217
COLLE+MCVOY, Minneapolis, MN, pg. 219
COLMAN BROHAN DAVIS, Chicago, IL, pg. 220
COMBLU INC., Chicago, IL, pg. 1472
COMMUNICATIONS 21, Atlanta, GA, pg. 1472
THE COMPANY, Houston, TX, pg. 224
COMRADE, Oakland, CA, pg. 1246
THE CONROY MARTINEZ GROUP, Coral Gables, FL, pg. 228
COOK & SCHMID, San Diego, CA, pg. 1475
COOPER COMMUNICATIONS, Murrells Inlet, SC, pg. 230
CORINTHIAN MEDIA, INC., New York, NY, pg. 1316
COYNE ADVERTISING & PUBLIC RELATIONS, Nevillewood, PA, pg. 234
CRAWFORD ADVERTISING ASSOCIATES, LTD., New City, NY, pg. 238
CREATIVE BRAND CONSULTING, Phoenix, AZ, pg. 239
CREATIVE COMPANY, McMinnville, OR, pg. 240
CREATIVE ENERGY GROUP INC, Johnson City, TN, pg. 241
CREATIVE HOUSE STUDIOS, Cleveland, OH, pg. 242
CREATIVE MARKETING ALLIANCE INC., Princeton Junction, NJ, pg. 243
CREATIVE MEDIA AGENCY LLC, Mineola, NY, pg. 244
CREATIVE MINDWORKS, Miami, FL, pg. 244

A-182

SPECIAL MARKET INDEX — AGENCIES

CREATIVE OPTIONS COMMUNICATIONS, Lewisville, TX, pg. 244
CREATIVE PARTNERS, Stamford, CT, pg. 245
CREATIVE STORM, Mason, OH, pg. 246
CRITICAL LAUNCH, LLC, Dallas, TX, pg. 247
CROSBY MARKETING COMMUNICATIONS, Annapolis, MD, pg. 249
CTI MEDIA, Atlanta, GA, pg. 251
CUBICLE NINJAS, Glen Ellyn, IL, pg. 252
THE CYPHERS AGENCY, INC., Annapolis, MD, pg. 256
DALTON AGENCY JACKSONVILLE, Jacksonville, FL, pg. 258
DAVID PEARSON ASSOCIATES, Coral Gables, FL, pg. 1481
DDB WORLDWIDE COMMUNICATIONS GROUP INC., New York, NY, pg. 268
DEBOW COMMUNICATIONS, LTD., New York, NY, pg. 284
DELICIOUS DESIGN, Bend, OR, pg. 287
DELLA FEMINA ADVERTISING, New York, NY, pg. 287
DELUCCHI PLUS, Washington, DC, pg. 288
DEMI & COOPER ADVERTISING, Elgin, IL, pg. 288
DENMARK ADVERTISING & PUBLIC RELATIONS, Atlanta, GA, pg. 288
DENTSU INC., Tokyo, pg. 289
DEPARTURE, San Diego, CA, pg. 291
DEVINE + PARTNERS, Philadelphia, PA, pg. 1483
DHX ADVERTISING, INC., Portland, OR, pg. 298
DIALOG DIRECT, Highland Park, MI, pg. 298
DICOM, INC., Saint Louis, MO, pg. 1318
DIRECT WEB ADVERTISING, INC., Boynton Beach, FL, pg. 304
DJ-LA LLC, Los Angeles, CA, pg. 309
DJD/GOLDEN ADVERTISING, INC., New York, NY, pg. 309
DM2 DESIGN CONSULTANCY, Ridgefield Park, NJ, pg. 310
DOERR ASSOCIATES, Winchester, MA, pg. 1487
DOGGETT ADVERTISING, INC., Charlotte, NC, pg. 313
DOMUS INC., Philadelphia, PA, pg. 313
DOOR NUMBER 3, Austin, TX, pg. 316
DORN MARKETING, Geneva, IL, pg. 317
DOVETAIL, Saint Louis, MO, pg. 318
THE DOZIER COMPANY, Dallas, TX, pg. 318
DRIVE BRAND STUDIO, North Conway, NH, pg. 320
DROGA5, New York, NY, pg. 321
DTE STUDIO, New York, NY, pg. 323
EARTHLING INTERACTIVE, Madison, WI, pg. 1254
EAST HOUSE CREATIVE, Hackensack, NJ, pg. 328
EAST MEETS WEST PRODUCTIONS INC., Corpus Christi, TX, pg. 328
ECOMMERCE PARTNERS, New York, NY, pg. 1401
EDRIVEN MARKETING, Moultonborough, NH, pg. 1255
EDSA, Fort Lauderdale, FL, pg. 331
EJW ASSOCIATES, INC., Alpharetta, GA, pg. 334
EL CREATIVE, INC., Dallas, TX, pg. 334
EMG MARKETING, San Clemente, CA, pg. 339
EMLEY DESIGN GROUP, Fort Wayne, IN, pg. 339
ENCODE, Jacksonville, FL, pg. 340
ENGINE DIGITAL, New York, NY, pg. 1255
EP+CO, Greenville, SC, pg. 343
ER MARKETING, Kansas City, MO, pg. 346
ERVIN & SMITH, Omaha, NE, pg. 348
ESTEY-HOOVER INC. ADVERTISING-PUBLIC RELATIONS, NewPOrt Beach, CA, pg. 350
ETARGETMEDIA.COM, INC., Coconut Creek, FL, pg. 350
EVANS ALLIANCE ADVERTISING, Sparta, NJ, pg. 351
EXPECT ADVERTISING, INC., Clifton, NJ, pg. 355
EXPLORE COMMUNICATIONS, Denver, CO, pg. 1321
FAHLGREN MORTINE, Columbus, OH, pg. 358
FANGOHR, LLC, Brooklyn, NY, pg. 361
FASONE & PARTNERS, Kansas City, MO, pg. 362
FIREFLY CREATIVE, Atlanta, GA, pg. 383
FKQ ADVERTISING + MARKETING, Clearwater, FL, pg. 386
FLEMING & COMPANY INC., NewPOrt, RI, pg. 387
FLETCHER MEDIA GROUP, Peterborough, NH, pg. 388
FLYING POINT DIGITAL, New York, NY, pg. 390
FOSTER MARKETING COMMUNICATIONS, Lafayette, LA, pg. 394
FOX GREENBERG PUBLIC RELATIONS, New York, NY, pg. 1513
THE FRANK AGENCY INC, Overland Park, KS, pg. 395
FREED ADVERTISING, Sugar Land, TX, pg. 397
FRENCH/WEST/VAUGHAN, INC., Raleigh, NC, pg. 398
FTI CONSULTING, New York, NY, pg. 1514
FULL CONTACT ADVERTISING, Boston, MA, pg. 402
GAMS COMMUNICATIONS, Chicago, IL, pg. 409

GARZA CREATIVE GROUP, Dallas, TX, pg. 411
THE GATE WORLDWIDE NEW YORK, New York, NY, pg. 411
THE GEARY COMPANY, Las Vegas, NV, pg. 413
GETO & DEMILLY, INC., New York, NY, pg. 1517
GIAMBRONE + PARTNERS, Cincinnati, OH, pg. 418
THE GLENN GROUP, Reno, NV, pg. 421
GLIMMER, INC., Naperville, IL, pg. 422
GOCONVERGENCE, Orlando, FL, pg. 426
THE GOODNESS COMPANY, Wisconsin Rapids, WI, pg. 429
THE GOSS AGENCY INC., Asheville, NC, pg. 430
GRADY BRITTON, Portland, OR, pg. 430
GREENRUBINO, Seattle, WA, pg. 436
GREGORY FCA, Ardmore, PA, pg. 1524
GRIFFIN WINK ADVERTISING, Lubbock, TX, pg. 450
GROUP TWO ADVERTISING, INC., Philadelphia, PA, pg. 452
GROUP46, Bluffton, SC, pg. 452
GUMAS ADVERTISING, San Francisco, CA, pg. 455
GYRO, New York, NY, pg. 457
HAGGERTY & ASSOCIATES, Woburn, MA, pg. 460
HAKUHODO INCORPORATED, Tokyo, pg. 461
HALLOCK & BRANCH, Portland, OR, pg. 463
HAMLYN SENIOR MARKETING, Haddonfield, NJ, pg. 464
HARMELIN MEDIA, Bala Cynwyd, PA, pg. 1324
HART, Columbus, OH, pg. 469
HAVAS MEDIA, New York, NY, pg. 1324
HCK2 PARTNERS, Addison, TX, pg. 490
HELIUM CREATIVE, Fort Lauderdale, FL, pg. 494
HENKE & ASSOCIATES, INC., Cedarburg, WI, pg. 496
HERMANOFF PUBLIC RELATIONS, Bingham Farms, MI, pg. 1530
HFB ADVERTISING, INC., West Islip, NY, pg. 498
HI-GLOSS, Miami Beach, FL, pg. 498
HIPERVINCULO, Weston, FL, pg. 501
HIRONS & COMPANY, Indianapolis, IN, pg. 502
HMH, Portland, OR, pg. 504
HODGES ASSOCIATES, INC., Fayetteville, NC, pg. 505
HOLTON SENTIVAN AND GURY, Ambler, PA, pg. 507
HORNALL ANDERSON, Seattle, WA, pg. 509
HPR, INC., Carmel, CA, pg. 1538
HUDSON MEDIA SERVICES LLC, West Orange, NJ, pg. 1330
HUGE LLC, Brooklyn, NY, pg. 512
THE I AM GROUP, INC., Hernando, FL, pg. 517
ICON INTERNATIONAL INC., Stamford, CT, pg. 1330
ICR, Norwalk, CT, pg. 1539
IDEA ASSOCIATES, INC., Atlanta, GA, pg. 519
IDEAWORKS, INC., Pensacola, FL, pg. 522
IDIRECT MARKETING, INC., Irvine, CA, pg. 522
IGM CREATIVE GROUP, Lincoln Park, NJ, pg. 1405
IGNITE DESIGN AND ADVERTISING, INC., Rch Cucamonga, CA, pg. 522
IGNITED, El Segundo, CA, pg. 523
ILAN GEVA & FRIENDS, Northbrook, IL, pg. 523
IMA INTERACTIVE, El Granada, CA, pg. 1264
IMAGERY CREATIVE, Miami, FL, pg. 525
THE IN-HOUSE AGENCY, INC., Morristown, NJ, pg. 529
IN PLACE MARKETING, Tampa, FL, pg. 529
INFORMATION ANALYTICS, INC., Lincoln, NE, pg. 532
THE INK TANK, Toronto, pg. 533
INNIS MAGGIORE GROUP, INC., Canton, OH, pg. 533
INSPIRE CREATIVE STUDIOS, Wilmington, NC, pg. 535
INTELLIGENT COMMUNITIES GROUP, New York, NY, pg. 537
INTERACTIVEWEST, Denver, CO, pg. 1264
INTERLEX COMMUNICATIONS INC., San Antonio, TX, pg. 538
INTERMARK GROUP, INC., Birmingham, AL, pg. 539
INTERTREND COMMUNICATIONS, INC., Long Beach, CA, pg. 544
INTRIGUE, Melville, NY, pg. 545
J&M MARKETING COMMUNICATIONS, LLC, Princeton, NJ, pg. 552
J. GREG SMITH, INC., Omaha, NE, pg. 552
JAMES ROSS ADVERTISING, Pompano Beach, FL, pg. 571
JANIS BROWN & ASSOCIATES, Escondido, CA, pg. 572
JAYRAY, A COMMUNICATIONS CONSULTANCY, Tacoma, WA, pg. 573
JC MARKETING ASSOCIATES INC., Wakefield, MA, pg. 1546
JEFFREY ALEC COMMUNICATIONS, Los Angeles, CA, pg. 574
J.F. MILLS & WORLDWIDE, Denver, CO, pg. 1548
THE JOEY COMPANY, Brooklyn, NY, pg. 578
JOHNSON DESIGN GROUP, Ada, MI, pg. 580

JOHNSONRAUHOFF, Saint Joseph, MI, pg. 581
THE JONES AGENCY, Palm Springs, CA, pg. 581
JONES FOSTER DEAL ADVERTISING & PUBLIC RELATIONS, INC., Tampa, FL, pg. 582
JP&R ADVERTISING AGENCY INC., New York, NY, pg. 583
JSTOKES AGENCY, Walnut Creek, CA, pg. 584
K2 KRUPP KOMMUNICATIONS, INC, New York, NY, pg. 1550
KARSH & HAGAN COMMUNICATIONS, INC., Denver, CO, pg. 588
KATHODERAY MEDIA INC., Greenville, NY, pg. 588
KEATING MAGEE MARKETING COMMUNICATIONS, Metairie, LA, pg. 589
KEEN BRANDING, Milton, DE, pg. 589
KELLEY HABIB JOHN, Boston, MA, pg. 591
KELLIHER SAMETS VOLK NY, New York, NY, pg. 592
KELLY SCOTT MADISON, Chicago, IL, pg. 1336
KINDLING MEDIA, LLC, Hollywood, CA, pg. 595
THE KIRBY GROUP, London, pg. 1408
KOIKO DESIGN LLC, Cranford, NJ, pg. 600
KRAUSE ADVERTISING, Dallas, TX, pg. 602
KRT MARKETING, Lafayette, CA, pg. 603
KURMAN COMMUNICATIONS, INC., Chicago, IL, pg. 1561
LAER PEARCE & ASSOCIATES, Trabuco Canyon, CA, pg. 607
LAKE GROUP MEDIA, INC., Armonk, NY, pg. 607
LAM-ANDREWS INC., Nashville, TN, pg. 608
LANETERRALEVER, Phoenix, AZ, pg. 610
LATCHA+ASSOCIATES, Farmington Hills, MI, pg. 611
LAVIDGE & ASSOCIATES INC., Knoxville, TN, pg. 616
LEAD ME MEDIA, Deerfield Beach, FL, pg. 617
LEGEND INC., Marblehead, MA, pg. 619
LEVO HEALTH, Tampa, FL, pg. 635
LEWIS ADVERTISING, INC., Rocky Mount, NC, pg. 635
LEWIS COMMUNICATIONS, Birmingham, AL, pg. 636
LEXICON COMMUNICATIONS CORP., Pasadena, CA, pg. 1567
LHWH ADVERTISING & PUBLIC RELATIONS, Myrtle Beach, SC, pg. 639
THE LILIAN RAJI AGENCY, Atlanta, GA, pg. 1567
LINETT & HARRISON, Montville, NJ, pg. 641
THE LINICK GROUP, INC., Middle Island, NY, pg. 641
LINX COMMUNICATIONS CORP., Smithtown, NY, pg. 642
LION & ORB, Malibu, CA, pg. 1568
LITTLE DOG AGENCY INC., Mount Pleasant, SC, pg. 645
LITTLE L COMMUNICATIONS, Geneva, OH, pg. 646
LOIS GELLER MARKETING GROUP, Miami, FL, pg. 650
LOONEY ADVERTISING AND DESIGN, Montclair, NJ, pg. 651
LOPEZ NEGRETE COMMUNICATIONS, INC., Houston, TX, pg. 651
LP&G MARKETING, Tucson, AZ, pg. 654
LUCKIE & COMPANY, Birmingham, AL, pg. 655
LUQUIRE GEORGE ANDREWS, INC., Charlotte, NC, pg. 657
LYERLY AGENCY INC., Belmont, NC, pg. 658
M18 PUBLIC RELATIONS, New York, NY, pg. 1573
MACY + ASSOCIATES INC., Los Angeles, CA, pg. 667
MAD 4 MARKETING, Fort Lauderdale, FL, pg. 667
MAD MEN MARKETING, Jacksonville, FL, pg. 668
MADDOCK DOUGLAS, INC., Elmhurst, IL, pg. 668
MANDALA, Bend, OR, pg. 674
MANGOS, Conshohocken, PA, pg. 674
MANTERA ADVERTISING, Bakersfield, CA, pg. 675
MANTRA PUBLIC RELATIONS, INC., New York, NY, pg. 1575
MARC USA, Pittsburgh, PA, pg. 676
MARC USA BOSTON, Stoneham, MA, pg. 677
MARC USA CHICAGO, Chicago, IL, pg. 677
MARCA MIAMI, Coconut Grove, FL, pg. 677
THE MARINO ORGANIZATION, INC., New York, NY, pg. 680
MARKET FORCE, INC., Raleigh, NC, pg. 681
MARKETING & ADVERTISING BUSINESS UNLIMITED, INC., Bismarck, ND, pg. 681
MARKETING EDGE GROUP, North Brunswick, NJ, pg. 683
MARKETING SPECIFICS INC., Acworth, GA, pg. 684
MARSTON WEBB INTERNATIONAL, New York, NY, pg. 687
THE MARX GROUP, San Rafael, CA, pg. 689
MASCOLA ADVERTISING, New Haven, CT, pg. 690
MASON, INC., Bethany, CT, pg. 691
MASONBARONET, Dallas, TX, pg. 691
MASSIVEMEDIA, New York, NY, pg. 692
MAVERICK PUBLIC RELATIONS, Toronto, pg. 1577

AGENCIES

SPECIAL MARKET INDEX

MAXAUDIENCE, Carlsbad, CA, pg. 695
MAXIMUM DESIGN & ADVERTISING, Wilmington, NC, pg. 695
MAXIMUM EXPOSURE PUBLIC RELATIONS & MEDIA, Woodcliff Lake, NJ, pg. 1578
MAYCREATE, Chattanooga, TN, pg. 696
MCC, Dallas, TX, pg. 697
MCFRANK & WILLIAMS ADVERTISING AGENCY, INC., New York, NY, pg. 716
MDB COMMUNICATIONS, INC., Washington, DC, pg. 720
MEDIA WORKS, LTD., Baltimore, MD, pg. 1344
MEDIACOMP, INC., Houston, TX, pg. 1350
MEDIASMITH, San Francisco, CA, pg. 1350
THE MERIDIAN GROUP, Virginia Beach, VA, pg. 731
MERRICK TOWLE COMMUNICATIONS, Greenbelt, MD, pg. 734
MGH, INC., Owings Mills, MD, pg. 736
MICHAEL WALTERS ADVERTISING, Chicago, IL, pg. 738
MICSTURA, Miami, FL, pg. 739
MILLER ADVERTISING AGENCY INC., New York, NY, pg. 741
MINDGRUVE, INC., San Diego, CA, pg. 745
MINDSMACK, New York, NY, pg. 745
MINDSTORM COMMUNICATIONS GROUP, INC., Charlotte, NC, pg. 745
MINDSTREAM MEDIA, San Diego, CA, pg. 1272
MIRABAL & ASSOCIATES, Mayaguez, PR, pg. 747
MITHOFF BURTON PARTNERS, El Paso, TX, pg. 748
THE MIXX, New York, NY, pg. 748
MKTWORKS, INC., Cold Spring, NY, pg. 749
MOBIUM INTEGRATED BRANDING, Chicago, IL, pg. 752
MOCENTRIC, Scottsdale, AZ, pg. 1274
MORE MEDIA GROUP, Redondo Beach, CA, pg. 757
MORGAN MARKETING & PUBLIC RELATIONS LLC, Laguna Beach, CA, pg. 1585
THE MORRISON AGENCY, Atlanta, GA, pg. 760
MORTAR ADVERTISING, San Francisco, CA, pg. 761
MOST BRAND DEVELOPMENT + ADVERTISING, Aliso Viejo, CA, pg. 762
MOXIE SOZO, Boulder, CO, pg. 765
MP AGENCY, LLC, Scottsdale, AZ, pg. 766
MQ&C ADVERTISING & MARKETING, Austin, TX, pg. 766
MRB PUBLIC RELATIONS, Freehold, NJ, pg. 1586
MRM PRINCETON, Princeton, NJ, pg. 768
MURPHY O'BRIEN, INC., Los Angeles, CA, pg. 1590
MWH ADVERTISING, INC., Miami, FL, pg. 781
NASUTI + HINKLE CREATIVE THINKING, Bethesda, MD, pg. 785
NATCOM MARKETING, Miami, FL, pg. 785
NAVIGANT MARKETING / KSR, Miami, FL, pg. 786
NEFF + ASSOCIATES, INC., Philadelphia, PA, pg. 788
NELSON & GILMORE, Redondo Beach, CA, pg. 788
NETPLUS MARKETING, Philadelphia, PA, pg. 790
NETPR, INC., Santa Rosa Beach, FL, pg. 1594
NEURON SYNDICATE, Santa Monica, CA, pg. 790
NEW MEDIA AGENCY, Los Angeles, CA, pg. 791
NEWKIRK COMMUNICATIONS, INC., Philadelphia, PA, pg. 792
NEWSMARK PUBLIC RELATIONS INC., Boca Raton, FL, pg. 1595
NEWTON ASSOCIATES MARKETING COMMUNICATIONS, INC., Plymouth Meeting, PA, pg. 793
NIKE COMMUNICATIONS, INC., New York, NY, pg. 1595
NIMBLE WORLDWIDE, Dallas, TX, pg. 794
THE NISSEN GROUP, Winter Haven, FL, pg. 795
NOISE, INC., Sanibel, FL, pg. 796
NOSTRUM INC., Long Beach, CA, pg. 800
NRC REALTY CAPITAL ADVISORS, Chicago, IL, pg. 1224
NUEVO ADVERTISING GROUP, INC., Sarasota, FL, pg. 802
O2IDEAS, INC., Birmingham, AL, pg. 803
O2KL, New York, NY, pg. 803
O3 WORLD, LLC, Philadelphia, PA, pg. 804
OCEAN BRIDGE GROUP, Los Angeles, CA, pg. 805
OFF MADISON AVE, Phoenix, AZ, pg. 809
OGILVY, New York, NY, pg. 809
THE OHLMANN GROUP, Dayton, OH, pg. 834
OLANDER GROUP, Ottawa, IL, pg. 1355
ONE EIGHTEEN ADVERTISING, Los Angeles, CA, pg. 839
ONE TWELFTH INC., Miami, FL, pg. 839
ONEWORLD COMMUNICATIONS, INC., San Francisco, CA, pg. 840
ONION LABS, Chicago, IL, pg. 840
OOH IMPACT, INC., New York, NY, pg. 1360
OPTIC NERVE DIRECT MARKETING, San Francisco, CA, pg. 842

OPTO DESIGN, New York, NY, pg. 843
ORAIKO, New York, NY, pg. 843
ORGANIC, INC., San Francisco, CA, pg. 1278
OUTDOOR FIRST, INC., Germantown, WI, pg. 1361
OUTERNATIONAL INC, New York, NY, pg. 846
OXFORD COMMUNICATIONS, INC., Lambertville, NJ, pg. 847
PACE ADVERTISING, New York, NY, pg. 848
PACIFICO INC., San Jose, CA, pg. 849
PADILLA, Minneapolis, MN, pg. 849
PAN COMMUNICATIONS, Boston, MA, pg. 1605
PANTIN/BEBER SILVERSTEIN PUBLIC RELATIONS, Miami, FL, pg. 1605
PAPROCKI & CO., Atlanta, GA, pg. 852
PARADIGM ASSOCIATES, San Juan, PR, pg. 1606
PASADENA ADVERTISING, Pasadena, CA, pg. 857
PATHFINDERS ADVERTISING & MARKETING GROUP, Mishawaka, IN, pg. 857
PATRICKORTMAN, INC., Studio City, CA, pg. 1279
PATRIOT ADVERTISING INC., Katy, TX, pg. 858
PAUL WERTH ASSOCIATES, INC., Columbus, OH, pg. 858
PAVLOV, Fort Worth, TX, pg. 859
PEAKBIETY, BRANDING + ADVERTISING, Tampa, FL, pg. 860
PENMAN PR, INC., Austin, TX, pg. 1607
PETERSON MILLA HOOKS, Minneapolis, MN, pg. 866
PG CREATIVE, Miami, FL, pg. 867
PHELPS, Playa Vista, CA, pg. 867
PIERSON GRANT PUBLIC RELATIONS, Fort Lauderdale, FL, pg. 870
PINCKNEY HUGO GROUP, Syracuse, NY, pg. 871
PINTA, New York, NY, pg. 872
PITA COMMUNICATIONS LLC, Rocky Hill, CT, pg. 873
PLAN A PR & MARKETING, INC, Orlando, FL, pg. 1610
PLAN C AGENCY, Los Angeles, CA, pg. 876
THE POINT GROUP, Dallas, TX, pg. 880
PORTER NOVELLI, New York, NY, pg. 1612
POSNER MILLER ADVERTISING, New York, NY, pg. 883
PP+K, Tampa, FL, pg. 885
PREFERRED PUBLIC RELATIONS & MARKETING, Las Vegas, NV, pg. 1618
THE PRICE GROUP, INC., Lubbock, TX, pg. 888
PRICEWEBER MARKETING COMMUNICATIONS, INC., Louisville, KY, pg. 889
PRIMEDIA INC., Warwick, RI, pg. 1364
PRINCETON PARTNERS, INC., Princeton, NJ, pg. 890
PRODUCT MARKETING GROUP, INC., Altamonte Spg, FL, pg. 891
PROJECT, Auburn Hills, MI, pg. 891
PROOF ADVERTISING, Austin, TX, pg. 893
PUBLICIS NEW YORK, New York, NY, pg. 912
PUSH, Orlando, FL, pg. 918
QUINN & CO., New York, NY, pg. 1622
RAGE AGENCY, Westmont, IL, pg. 1283
RATTLE ADVERTISING, Beverly, MA, pg. 933
RAWLE MURDY ASSOCIATES, INC., Charleston, SC, pg. 934
RBMM, Dallas, TX, pg. 934
R.C. AULETTA & CO., New York, NY, pg. 1626
RDW GROUP INC., Providence, RI, pg. 935
REARVIEW, Kennesaw, GA, pg. 937
RED INTERACTIVE AGENCY, Santa Monica, CA, pg. 1284
REFLECTIVE DIGITAL SOLUTIONS, Graham, NC, pg. 944
RE:GROUP, INC., Ann Arbor, MI, pg. 945
THE REPUBLIC, Raleigh, NC, pg. 947
REPUBLIK PUBLICITE + DESIGN INC., Montreal, pg. 947
RESH MARKETING CONSULTANTS, INC., Columbia, SC, pg. 948
RESOURCE COMMUNICATIONS GROUP, Plano, TX, pg. 949
RESULTS, INC., ADVERTISING AGENCY, Hasbrouck Heights, NJ, pg. 950
RETELE COMPANY, Greenwich, CT, pg. 950
RHYMES ADVERTISING & MARKETING, Bellaire, TX, pg. 955
THE RIBAUDO GROUP, Brooklyn, NY, pg. 955
THE RICHARDS GROUP, INC., Dallas, TX, pg. 956
RICHARDS PARTNERS, Dallas, TX, pg. 1631
RIESTER, Phoenix, AZ, pg. 958
RISDALL MARKETING GROUP, Roseville, MN, pg. 959
RISE INTERACTIVE, Chicago, IL, pg. 960
RJW MEDIA, Pittsburgh, PA, pg. 1368
R.M. BARROWS, INC. ADVERTISING & PUBLIC RELATIONS, San Mateo, CA, pg. 962
RMI MARKETING & ADVERTISING, Emerson, NJ, pg. 962

ROARMEDIA, Coral Gables, FL, pg. 1632
ROBERTSON & PARTNERS, Las Vegas, NV, pg. 964
ROCKET 55, Minneapolis, MN, pg. 964
ROCKET RED, Dallas, TX, pg. 965
ROGERS FINN PARTNERS, Los Angeles, CA, pg. 1633
RONI HICKS & ASSOCIATES, San Diego, CA, pg. 967
RONIN ADVERTISING GROUP, Miami, FL, pg. 967
ROOP & CO., Cleveland, OH, pg. 1633
ROSBERG FOZMAN ROLANDELLI ADVERTISING, Jacksonville, FL, pg. 968
ROSS & LAWRENCE PUBLIC RELATIONS, New York, NY, pg. 1635
ROUNTREE GROUP COMMUNICATIONS MANAGEMENT, Alpharetta, GA, pg. 1635
RPM ADVERTISING, Chicago, IL, pg. 971
RUNNER AGENCY, Dallas, TX, pg. 1286
S3, Boonton, NJ, pg. 974
SAGON-PHIOR, West Los Angeles, CA, pg. 1638
SAIBOT MEDIA INC., Boca Raton, FL, pg. 987
SAMBA ROCK, Miami Beach, FL, pg. 988
SASQUATCH, Portland, OR, pg. 992
THE SAWTOOTH GROUP, Red Bank, NJ, pg. 992
SHEA COMMUNICATIONS, New York, NY, pg. 1643
SHEILA DONNELLY & ASSOCIATES, Honolulu, HI, pg. 1006
SHERMAN COMMUNICATIONS & MARKETING, Chicago, IL, pg. 1007
SHERRY MATTHEWS ADVOCACY MARKETING, Austin, TX, pg. 1007
SIDDALL, INC., Richmond, VA, pg. 1010
SILTANEN & PARTNERS, El Segundo, CA, pg. 1013
SK+G ADVERTISING LLC, Las Vegas, NV, pg. 1018
SKY ADVERTISING, INC., New York, NY, pg. 1019
SMITH BROTHERS AGENCY, LP, Pittsburgh, PA, pg. 1023
SMITH MARKETING GROUP, Campbell, CA, pg. 1647
SMITHGIFFORD, Falls Church, VA, pg. 1024
SMM ADVERTISING, Smithtown, NY, pg. 1024
SMY MEDIA, INC., Chicago, IL, pg. 1369
SOCIALLY PRESENT, Carbondale, IL, pg. 1026
SOLOMON MCCOWN & COMPANY, INC., Boston, MA, pg. 1648
SOME CONNECT, Chicago, IL, pg. 1291
THE SOUZA AGENCY, Annapolis, MD, pg. 1030
SPECIALTY TRUCK RENTALS, Santa Monica, CA, pg. 1416
THE SPI GROUP LLC, Fairfield, NJ, pg. 1649
SPIKER COMMUNICATIONS, INC., Missoula, MT, pg. 1033
SPIRO & ASSOCIATES MARKETING, ADVERTISING & PUBLIC RELATIONS, Fort Myers, FL, pg. 1034
SPROKKIT, Los Angeles, CA, pg. 1037
SPURRIER MEDIA GROUP, Richmond, VA, pg. 1370
SQUARE ONE MARKETING, West Hartford, CT, pg. 1037
S.R. VIDEO PICTURES, LTD., Haverstraw, NY, pg. 1038
THE ST. GREGORY GROUP, INC., Cincinnati, OH, pg. 1040
ST. JACQUES MARKETING, Morristown, NJ, pg. 1040
ST. JOHN & PARTNERS, Jacksonville, FL, pg. 1040
STAMP IDEA GROUP, LLC, Montgomery, AL, pg. 1042
STARCOM, Chicago, IL, pg. 1370
STC ASSOCIATES, New York, NY, pg. 1651
STEELE & ASSOCIATES, INC., Pocatello, ID, pg. 1045
STEIN IAS, New York, NY, pg. 1045
STEVENS & TATE MARKETING, Lombard, IL, pg. 1048
STEVENS STRATEGIC COMMUNICATIONS, INC., Westlake, OH, pg. 1048
STEWARD MARKETING, LLC, The Woodlands, TX, pg. 1049
STOLTZ MARKETING GROUP, Boise, ID, pg. 1050
STURGES WORD COMMUNICATIONS, Kansas City, MO, pg. 1654
SUBMIT EXPRESS INC., Glendale, CA, pg. 1057
SUITS & SANDALS, LLC, Brooklyn, NY, pg. 1293
SULLIVAN BRANDING, Memphis, TN, pg. 1059
SUN & MOON MARKETING COMMUNICATIONS, INC., New York, NY, pg. 1061
SUSAN DAVIS INTERNATIONAL, Washington, DC, pg. 1063
SWIRL MCGARRYBOWEN, San Francisco, CA, pg. 1067
TAILORED MARKETING INC., Pittsburgh, PA, pg. 1071
TAKE 5 MEDIA GROUP, Boca Raton, FL, pg. 1071
TARA, INK., Miami Beach, FL, pg. 1073
TBC INC., Baltimore, MD, pg. 1076
TC CREATIVES LLC, Woodland Hills, CA, pg. 1093
TCGPR, Toronto, pg. 1656
TCS MEDIA, INC., Maitland, FL, pg. 1094
THAT AGENCY, West Palm Bch, FL, pg. 1098

SPECIAL MARKET INDEX — AGENCIES

THAYER MEDIA, INC., Denver, CO, pg. 1376
THREE LAKES MARKETING, Austin, TX, pg. 1102
TIDAL SHORES INC., Houston, TX, pg. 1102
TIDESMART GLOBAL, Falmouth, ME, pg. 1103
TIERNEY COMMUNICATIONS, Philadelphia, PA, pg. 1103
TINSLEY ADVERTISING, Miami, FL, pg. 1104
THE TOMBRAS GROUP, Knoxville, TN, pg. 1108
TOMSHEEHAN WORLDWIDE, Reading, PA, pg. 1109
TOTALCOM MARKETING, INC., Tuscaloosa, AL, pg. 1110
TRANSMEDIA GROUP, Boca Raton, FL, pg. 1662
TRELLIS MARKETING, INC, Buffalo, NY, pg. 1115
TRI-MEDIA INTEGRATED MARKETING TECHNOLOGIES INC., Saint Catharines, pg. 1115
TRIAD BUSINESS MARKETING, Dallas, TX, pg. 1116
TRIBALVISION, Boston, MA, pg. 1116
TRINET INTERNET SOLUTIONS, INC., Irvine, CA, pg. 1118
TURCHETTE ADVERTISING AGENCY LLC, Fairfield, NJ, pg. 1121
TURKEL BRANDS, Coral Gables, FL, pg. 1122
UNION, Charlotte, NC, pg. 1298
UNION NY DC, Alexandria, VA, pg. 1298
UNITED LANDMARK ASSOCIATES, INC., Tampa, FL, pg. 1127
UPSPRING PR, New York, NY, pg. 1665
U.S. INTERNATIONAL MEDIA, LLC, Los Angeles, CA, pg. 1378
VAN EPEREN & COMPANY, Rockville, MD, pg. 1665
VARGAS & AMIGOS INC., Marietta, GA, pg. 1131
VIGET, Falls Church, VA, pg. 1300
VITAMIN, Baltimore, MD, pg. 1140
VITRO, San Diego, CA, pg. 1141
W INC., Atlanta, GA, pg. 1147
WACHSMAN PR, New York, NY, pg. 1668
WALT KLEIN ADVERTISING, Denver, CO, pg. 1150
WALTER F. CAMERON ADVERTISING INC., Hauppauge, NY, pg. 1151
WANDERLUST, Troy, NY, pg. 1151
THE WARD GROUP, Frisco, TX, pg. 1152
WAVEMAKER - NA HQ, NEW YORK, New York, NY, pg. 1386
WC MEDIA INC., Springfield, IL, pg. 1154
WEBER SHANDWICK, New York, NY, pg. 1673
WEINTRAUB ADVERTISING, Saint Louis, MO, pg. 1157
WESTON MASON MARKETING, Santa Monica, CA, pg. 1159
WHITNEY ADVERTISING & DESIGN, INC., Park City, UT, pg. 1162
WIEDEN + KENNEDY, INC., Portland, OR, pg. 1163
WILLIAMS-HELDE MARKETING COMMUNICATIONS, Seattle, WA, pg. 1169
WILLIAMS WHITTLE ASSOCIATES, INC., Alexandria, VA, pg. 1169
WINGMAN ADVERTISING, Culver City, CA, pg. 1171
WINSTANLEY PARTNERS, Lenox, MA, pg. 1171
WINSTON ADVERTISING, New York, NY, pg. 1171
WIRE STONE LLC, Sacramento, CA, pg. 1172
WITHERSPOON & ASSOCIATES, INC., Fort Worth, TX, pg. 1173
WOONTEILER INK, Hingham, MA, pg. 1176
WRAY WARD MARKETING COMMUNICATIONS, Charlotte, NC, pg. 1187
WWDB INTEGRATED MARKETING, Fort Lauderdale, FL, pg. 1193
WYSE, Cleveland, OH, pg. 1193
YANKEE PUBLIC RELATIONS, Pittstown, NJ, pg. 1195
ZEHNDER COMMUNICATIONS, INC., New Orleans, LA, pg. 1210
ZLOKOWER COMPANY LLC, New York, NY, pg. 1690
ZUVA MARKETING, INC., Kansas City, MO, pg. 1216

Recruitment

454 CREATIVE, Irvine, CA, pg. 9
5W PUBLIC RELATIONS, New York, NY, pg. 1423
802 CREATIVE PARTNERS, INC., Stowe, VT, pg. 12
A WORK OF ART INC., Coral Springs, FL, pg. 15
AAI (ADVERTISING ASSOCIATES INTERNATIONAL), Boston, MA, pg. 15
AB+C, Wilmington, DE, pg. 16
ACCELERATOR ADVERTISING INC., Lewis Center, OH, pg. 19
ACCESS ADVERTISING LLC, Kansas City, MO, pg. 1305
ACCESS TO MEDIA, Chicopee, MA, pg. 20
ACTIFY MEDIA, Helena, MT, pg. 22
AD CLUB, Modesto, CA, pg. 1306
AD-EZ ADVERTISING, Golden, CO, pg. 23

ADMERASIA, INC., New York, NY, pg. 31
ADMO, INC., Saint Louis, MO, pg. 31
ADNET ADVERTISING AGENCY, INC., New York, NY, pg. 32
ADPERSUASION, Irvine, CA, pg. 32
ADVENTIUM, LLC, New York, NY, pg. 34
ADZ ETC., INC., Menomonee Falls, WI, pg. 37
AERIAL ADVERTISING SERVICES, Livermore, CA, pg. 1306
AGENCY CREATIVE, Dallas, TX, pg. 38
AJ ROSS CREATIVE MEDIA, INC., Chester, NY, pg. 42
ALLEN FINLEY ADVERTISING, INC., Hickory, NC, pg. 46
AMERICAN ADVERTISING SERVICES, Bala Cynwyd, PA, pg. 52
AMERICAN CLASSIFIED SERVICES, INC., Carbondale, IL, pg. 1307
AMPERAGE, Cedar Falls, IA, pg. 53
ANVIL MEDIA, INC., Portland, OR, pg. 1307
ARCANA ACADEMY, Los Angeles, CA, pg. 65
ARKSIDE MARKETING, Riverside, CA, pg. 69
ARRCO MEDICAL MARKETING, Walpole, MA, pg. 71
ARVIZU ADVERTISING & PROMOTIONS, Phoenix, AZ, pg. 73
AUDIENCE INNOVATION, Austin, TX, pg. 76
AXIA PUBLIC RELATIONS, Jacksonville, FL, pg. 80
THE AXIS AGENCY, Los Angeles, CA, pg. 81
AXIS MEDIA, Agoura Hills, CA, pg. 1309
AXXIS ADVERTISING LLC, Phoenix, AZ, pg. 81
BAILEY LAUERMAN, Omaha, NE, pg. 84
THE BALCOM AGENCY, Fort Worth, TX, pg. 85
THE BAM CONNECTION, Brooklyn, NY, pg. 86
BASS ADVERTISING, Sioux City, IA, pg. 95
BAYARD ADVERTISING AGENCY, INC., New York, NY, pg. 96
BENSIMON BYRNE, Toronto, pg. 123
BIG RIVER ADVERTISING, Richmond, VA, pg. 129
BILL BOSSE & ASSOCIATES, Houston, TX, pg. 131
BILLBOARD EXPRESS, INC., Trabuco Canyon, CA, pg. 1309
BLACK & WHITE ADVERTISING, INC., Ocean Springs, MS, pg. 132
BLEND, Los Angeles, CA, pg. 135
BLUE FOUNTAIN MEDIA, New York, NY, pg. 1241
BLUE OLIVE CONSULTING, Florence, AL, pg. 139
BLUE SKY AGENCY, Atlanta, GA, pg. 140
BMWW, Windsor Mill, MD, pg. 142
BOC PARTNERS, Middlesex, NJ, pg. 143
BOLCHALK FREY MARKETING, ADVERTISING & PUBLIC RELATIONS, Tucson, AZ, pg. 144
THE BORENSTEIN GROUP, INC., Fairfax, VA, pg. 147
BRAINSTORMS ADVERTISING & MARKETING, INC., Fort Lauderdale, FL, pg. 153
BRANDTAILERS, Newport Beach, CA, pg. 159
BRASHE ADVERTISING, INC., Jericho, NY, pg. 160
BROGAN & PARTNERS CONVERGENCE MARKETING, Birmingham, MI, pg. 166
BROLIK, Philadelphia, PA, pg. 1243
BROWNING AGENCY, New Providence, NJ, pg. 168
BRUNNER, Pittsburgh, PA, pg. 169
THE BUNTIN GROUP, Nashville, TN, pg. 173
BURGESS ADVERTISING & MARKETING, Falmouth, ME, pg. 174
BUY ADS DIRECT, Ridge Manor, FL, pg. 1313
BUYER ADVERTISING, INC., Newton, MA, pg. 178
BVK, Milwaukee, WI, pg. 178
CALDWELL COMMUNICATIONS, Toronto, pg. 1220
CAMPBELL EWALD, Detroit, MI, pg. 185
CAMPUS MEDIA GROUP, INC., Bloomington, MN, pg. 1314
CATALYST MARKETING COMPANY, Fresno, CA, pg. 195
CAYENNE CREATIVE, Birmingham, AL, pg. 197
CCG MARKETING SOLUTIONS, West Caldwell, NJ, pg. 197
CD&M COMMUNICATIONS, Portland, ME, pg. 198
CHARLESTON/ORWIG, INC., Hartland, WI, pg. 203
CHEROKEE COMMUNICATIONS INC., New City, NY, pg. 1315
C.I. VISIONS INC., New York, NY, pg. 1468
THE CIRLOT AGENCY, INC., Jackson, MS, pg. 209
CK ADVERTISING, Cape Coral, FL, pg. 210
CK COMMUNICATIONS, INC. (CKC), Indialantic, FL, pg. 210
CKR INTERACTIVE, Campbell, CA, pg. 211
CLASSIFIED ADVERTISING PLUS, LLC, Tampa, FL, pg. 1315
CLUM CREATIVE, Cleveland, OH, pg. 1246
COLISEUM COMMUNICATIONS, North Wales, PA, pg. 218

COLLE+MCVOY, Minneapolis, MN, pg. 219
COMBS & COMPANY, Little Rock, AR, pg. 221
COMMUNICATIONS ADVERTISING, INC., Deerfield Beach, FL, pg. 223
THE COMPANY, Houston, TX, pg. 224
COYNE ADVERTISING & PUBLIC RELATIONS, Nevillewood, PA, pg. 234
CPMEDIA SERVICES, INC., Dublin, OH, pg. 1317
CRAWFORD ADVERTISING ASSOCIATES, LTD., New City, NY, pg. 238
CREATIVE ENERGY GROUP INC, Johnson City, TN, pg. 241
CREATIVE MARKETING ALLIANCE INC., Princeton Junction, NJ, pg. 243
CREATIVE MEDIA AGENCY LLC, Mineola, NY, pg. 244
CRESTA CREATIVE, Chicago, IL, pg. 247
CRITICAL LAUNCH, LLC, Dallas, TX, pg. 247
CRONIN, Glastonbury, CT, pg. 248
CROSBY MARKETING COMMUNICATIONS, Annapolis, MD, pg. 249
CTP, Boston, MA, pg. 252
CUBICLE NINJAS, Glen Ellyn, IL, pg. 252
DAS GROUP, INC., Pembroke Pines, FL, pg. 260
DAY COMMUNICATIONS VANCOUVER, Vancouver, pg. 265
DEBOW COMMUNICATIONS, LTD., New York, NY, pg. 284
DELLA FEMINA ADVERTISING, New York, NY, pg. 287
DENTSU INC., Tokyo, pg. 289
DEPARTURE, San Diego, CA, pg. 291
DEVITO GROUP, New York, NY, pg. 296
DEVON ADVERTISING AGENCY LLC, Monroe Township, NJ, pg. 297
DISCOVER THE WORLD MARKETING, Scottsdale, AZ, pg. 304
D.L. MEDIA INC., Nixa, MO, pg. 309
DO GOOD MARKETING, LLC, Ridgewood, NJ, pg. 312
DONOVAN ADVERTISING & MARKETING SERVICES, Lititz, PA, pg. 315
DOOR NUMBER 3, Austin, TX, pg. 316
DORN MARKETING, Geneva, IL, pg. 317
DRAKE ADVERTISING LTD, Toronto, pg. 1319
DROGA5, New York, NY, pg. 321
DSC (DILEONARDO SIANO CASERTA) ADVERTISING, Philadelphia, PA, pg. 323
DUFFEY PETROSKY, Farmington Hills, MI, pg. 324
EAST MEETS WEST PRODUCTIONS INC., Corpus Christi, TX, pg. 328
EISENBERG & ASSOCIATES, Fort Lauderdale, FL, pg. 333
ELEVATION, Washington, DC, pg. 336
EMC OUTDOOR, Newtown Square, PA, pg. 1320
ENCODE, Jacksonville, FL, pg. 340
ENYE MEDIA, LLC, Oklahoma City, OK, pg. 342
EPICOSITY, Sioux Falls, SD, pg. 344
ER MARKETING, Kansas City, MO, pg. 346
ERVIN & SMITH, Omaha, NE, pg. 348
ESROCK PARTNERS, Orland Park, IL, pg. 349
EVANS ALLIANCE ADVERTISING, Sparta, NJ, pg. 351
EVOK ADVERTISING, Heathrow, FL, pg. 353
EXCELER8, West Palm Beach, FL, pg. 355
EXPECT ADVERTISING, INC., Clifton, NJ, pg. 355
EXPLORE COMMUNICATIONS, Denver, CO, pg. 1321
FACTOR360 DESIGN + TECHNOLOGY, Pierre, SD, pg. 357
FASONE & PARTNERS, Kansas City, MO, pg. 362
FELDER COMMUNICATIONS GROUP, Grand Rapids, MI, pg. 377
FISTER, Saint Louis, MO, pg. 385
FORREST & BLAKE INC., Mountainside, NJ, pg. 392
THE FRANK AGENCY INC, Overland Park, KS, pg. 395
FRANKLIN STREET MARKETING, Richmond, VA, pg. 396
FREED ADVERTISING, Sugar Land, TX, pg. 397
FRENCH/WEST/VAUGHAN, INC., Raleigh, NC, pg. 398
FURBER ADVERTISING, LLC, Richmond, TX, pg. 403
G&G ADVERTISING, INC., Billings, MT, pg. 406
G-COMMUNICATIONS, Milwaukee, WI, pg. 406
THE GATE WORLDWIDE NEW YORK, New York, NY, pg. 411
GELIA-MEDIA, INC., Williamsville, NY, pg. 414
GILBREATH COMMUNICATIONS, INC., Houston, TX, pg. 420
GINESTRA WATSON, Rockford, IL, pg. 420
THE GLENN GROUP, Reno, NV, pg. 421
GLIMMER, INC., Naperville, IL, pg. 422
GOCONVERGENCE, Orlando, FL, pg. 426
THE GOODNESS COMPANY, Wisconsin Rapids, WI, pg. 429

A-185

AGENCIES

SPECIAL MARKET INDEX

THE GOSS AGENCY INC., Asheville, NC, pg. 430
GRAGG ADVERTISING, Kansas City, MO, pg. 431
GREENRUBINO, Seattle, WA, pg. 436
GRETEMAN GROUP, Wichita, KS, pg. 437
GROUP46, Bluffton, SC, pg. 452
GUIDE PUBLICATIONS, Long Branch, NJ, pg. 455
GUMAS ADVERTISING, San Francisco, CA, pg. 455
GWP, INC., Montclair, NJ, pg. 456
HAGGERTY & ASSOCIATES, Woburn, MA, pg. 460
HAKUHODO INCORPORATED, Tokyo, pg. 461
THE HALO GROUP, New York, NY, pg. 464
HARD BEAT COMMUNICATIONS, INC., New York, NY, pg. 467
HARGER, HOWE & WALSH, Burlington, MA, pg. 467
HELIX EDUCATION, Salt Lake City, UT, pg. 494
HENKE & ASSOCIATES, INC., Cedarburg, WI, pg. 496
HERMAN & ALMONTE PUBLIC RELATIONS, LLC, New York, NY, pg. 1529
HFB ADVERTISING, INC., West Islip, NY, pg. 498
HI-GLOSS, Miami Beach, FL, pg. 498
HIGHTOWER AGENCY, Madison, MS, pg. 500
HIRECLIX LLC, Gloucester, MA, pg. 502
HITCHCOCK FLEMING & ASSOCIATES, INC., Akron, OH, pg. 502
HMH, Portland, OR, pg. 504
HODGES ASSOCIATES, INC., Fayetteville, NC, pg. 505
HOLLAND ADVERTISING:INTERACTIVE, Cincinnati, OH, pg. 506
HR ADWORKS LTD., Winnipeg, pg. 510
HUGE LLC, Brooklyn, NY, pg. 512
HUGHESLEAHYKARLOVIC, Saint Louis, MO, pg. 513
IBARRA STRATEGY GROUP INC., Washington, DC, pg. 517
ID29, Troy, NY, pg. 519
IGNITED, El Segundo, CA, pg. 523
IMA INTERACTIVE, El Granada, CA, pg. 1264
IMAGINASIUM INC., Green Bay, WI, pg. 525
THE IN-HOUSE AGENCY, INC., Morristown, NJ, pg. 529
INFERNO, Memphis, TN, pg. 530
INNIS MAGGIORE GROUP, INC., Canton, OH, pg. 533
THE INTEGER GROUP-MIDWEST, Des Moines, IA, pg. 1406
THE INTERCONNECT GROUP, Atlanta, GA, pg. 1335
INTERLEX COMMUNICATIONS INC., San Antonio, TX, pg. 538
INTERNECTION, Ripon, CA, pg. 539
INTRIGUE, Melville, NY, pg. 545
THE IVY GROUP, LTD., Charlottesville, VA, pg. 551
J. WALTER THOMPSON INSIDE, Los Angeles, CA, pg. 565
JACK MORTON WORLDWIDE, Boston, MA, pg. 567
JACK NADEL, INC., Los Angeles, CA, pg. 1407
JAMES & THOMAS, INC., Saint Charles, IL, pg. 571
JOBELEPHANT.COM INC., San Diego, CA, pg. 578
JOHNSON DESIGN GROUP, Ada, MI, pg. 580
JONES FOSTER DEAL ADVERTISING & PUBLIC RELATIONS, INC., Tampa, FL, pg. 582
JUNGLE DIGITAL ENTERPRISES, Palo Alto, CA, pg. 585
KARSH & HAGAN COMMUNICATIONS, INC., Denver, CO, pg. 588
KEVIN J. ASH CREATIVE DESIGN, LLC, Northwood, NH, pg. 593
KRT MARKETING, Lafayette, CA, pg. 603
KW2, Madison, WI, pg. 604
L7 CREATIVE, Carlsbad, CA, pg. 606
LANETERRALEVER, Phoenix, AZ, pg. 610
LATCHA+ASSOCIATES, Farmington Hills, MI, pg. 611
LAWRENCE & SCHILLER, INC., Sioux Falls, SD, pg. 616
LEAD ME MEDIA, Deerfield Beach, FL, pg. 617
LEGEND INC., Marblehead, MA, pg. 619
LEO BURNETT BUSINESS, New York, NY, pg. 620
LEVO HEALTH, Tampa, FL, pg. 635
LINETT & HARRISON, Montville, NJ, pg. 641
THE LINICK GROUP, INC., Middle Island, NY, pg. 641
LINX COMMUNICATIONS CORP., Smithtown, NY, pg. 642
LION DIGITAL MEDIA, Mountlake Ter, WA, pg. 1268
LIQUID ADVERTISING, El Segundo, CA, pg. 644
LITTLE & COMPANY, Minneapolis, MN, pg. 645
LITTLE DOG AGENCY INC., Mount Pleasant, SC, pg. 645
LMO ADVERTISING, Arlington, VA, pg. 648
LOONEY ADVERTISING AND DESIGN, Montclair, NJ, pg. 651
LUCKIE & COMPANY, Birmingham, AL, pg. 655
LUMINATE ADVERTISING, Broomfield, CO, pg. 656
LUQUIRE GEORGE ANDREWS, INC., Charlotte, NC, pg. 657
LYERLY AGENCY INC., Belmont, NC, pg. 658
MAD 4 MARKETING, Fort Lauderdale, FL, pg. 667

MADDASH E-MEDIA, Woburn, MA, pg. 668
MADDOCK DOUGLAS, INC., Elmhurst, IL, pg. 668
MANGOS, Conshohocken, PA, pg. 674
MANTERA ADVERTISING, Bakersfield, CA, pg. 675
MARKETING & ADVERTISING BUSINESS UNLIMITED, INC., Bismarck, ND, pg. 681
MARKETING WERKS, INC., Chicago, IL, pg. 1411
MARSTON WEBB INTERNATIONAL, New York, NY, pg. 687
MASON, INC., Bethany, CT, pg. 691
MCC, Dallas, TX, pg. 697
MCFRANK & WILLIAMS ADVERTISING AGENCY, INC., New York, NY, pg. 716
MCGILL BUCKLEY, Ottawa, pg. 718
MCKIM, Winnipeg, pg. 719
MEDIA DIRECTIONS ADVERTISING, INC., Knoxville, TN, pg. 1341
MEDIA LOGIC, Albany, NY, pg. 726
MEDIACOMP, INC., Houston, TX, pg. 1350
MEDIACROSS, INC., Saint Louis, MO, pg. 728
MEDIASMITH, San Francisco, CA, pg. 1350
THE MERIDIAN GROUP, Virginia Beach, VA, pg. 731
MICHAEL WALTERS ADVERTISING, Chicago, IL, pg. 738
MICHAELSWILDER, Peoria, AZ, pg. 738
MICSTURA, Miami, FL, pg. 739
MILLER ADVERTISING AGENCY INC., New York, NY, pg. 741
MITHOFF BURTON PARTNERS, El Paso, TX, pg. 748
MKTG, INC., New York, NY, pg. 1412
MKTWORKS, INC., Cold Spring, NY, pg. 749
MOMENTUM WORLDWIDE, New York, NY, pg. 754
MOROCH HOLDINGS, INC., Dallas, TX, pg. 758
MRB PUBLIC RELATIONS, Freehold, NJ, pg. 1586
MULLENLOWE GROUP, Boston, MA, pg. 770
MULLER BRESSLER BROWN, Leawood, KS, pg. 778
MUSE COMMUNICATIONS, Santa Monica, CA, pg. 780
NANCY J. FRIEDMAN PUBLIC RELATIONS, INC., New York, NY, pg. 784
NAS RECRUITMENT INNOVATION, Cleveland, OH, pg. 784
NATCOM MARKETING, Miami, FL, pg. 785
NELSON ADVERTISING SOLUTIONS, Sonoma, CA, pg. 1224
NELSON SCHMIDT, Milwaukee, WI, pg. 788
NFM+DYUMN, Pittsburgh, PA, pg. 794
NIMBLE WORLDWIDE, Dallas, TX, pg. 794
THE NISSEN GROUP, Winter Haven, FL, pg. 795
NOBLE PACIFIC SEA TO SEA, INC., Monroe, WA, pg. 796
NOISE, INC., Sanibel, FL, pg. 796
NORTHEASTERN MEDIA, Doylestown, OH, pg. 1413
NORTON NORRIS, Chicago, IL, pg. 800
O2IDEAS, INC., Birmingham, AL, pg. 803
O3 WORLD, LLC, Philadelphia, PA, pg. 804
OCEAN BRIDGE GROUP, Los Angeles, CA, pg. 805
OFF MADISON AVE, Phoenix, AZ, pg. 809
OGILVY, New York, NY, pg. 809
OMNICOM GROUP INC., New York, NY, pg. 836
ONEWORLD COMMUNICATIONS, INC., San Francisco, CA, pg. 840
ONION LABS, Chicago, IL, pg. 840
OPTIC NERVE DIRECT MARKETING, San Francisco, CA, pg. 842
ORAIKO, New York, NY, pg. 843
OSBORN & BARR COMMUNICATIONS, Saint Louis, MO, pg. 844
OUTDOOR FIRST, INC., Germantown, WI, pg. 1361
PALLEY ADVERTISING INC., Worcester, MA, pg. 851
PAN COMMUNICATIONS, Boston, MA, pg. 1605
PARADIGM MEDIA CONSULTANTS, INC., Fishers, IN, pg. 853
PARKER ADVERTISING SERVICE, INC., Lancaster, PA, pg. 854
THE PATIENT RECRUITING AGENCY, Austin, TX, pg. 858
PATRIOT ADVERTISING INC., Katy, TX, pg. 858
PEOPLESCOUT, Chicago, IL, pg. 862
PHELPS, Playa Vista, CA, pg. 867
PINTA, New York, NY, pg. 872
PITA COMMUNICATIONS LLC, Rocky Hill, CT, pg. 873
PLAN C AGENCY, Los Angeles, CA, pg. 876
POINT B, Atlanta, GA, pg. 880
POLARIS RECRUITMENT COMMUNICATIONS, Miamisburg, OH, pg. 881
POSNER MILLER ADVERTISING, New York, NY, pg. 883
PP+K, Tampa, FL, pg. 885
THE PRICE GROUP, INC., Lubbock, TX, pg. 888
PRINCETON PARTNERS, INC., Princeton, NJ, pg. 890

PROM KROG ALTSTIEL INC., Mequon, WI, pg. 892
PUREI, Batavia, IL, pg. 917
PUROHIT NAVIGATION, Chicago, IL, pg. 918
PUSH, Orlando, FL, pg. 918
R2INTEGRATED, Campbell, CA, pg. 928
RAGE AGENCY, Westmont, IL, pg. 1283
RAWLE MURDY ASSOCIATES, INC., Charleston, SC, pg. 934
R.C. AULETTA & CO., New York, NY, pg. 1626
RCI, Jupiter, FL, pg. 934
RDW GROUP INC., Providence, RI, pg. 935
RECRUITSAVVY, Mahwah, NJ, pg. 938
THE RED PEAK GROUP, New York, NY, pg. 940
THE REPUBLIK, Raleigh, NC, pg. 947
RESOURCE COMMUNICATIONS GROUP, Plano, TX, pg. 949
RESULTS, INC., ADVERTISING AGENCY, Hasbrouck Heights, NJ, pg. 950
REVERB COMMUNICATIONS INC., Twain Harte, CA, pg. 952
RHYMES ADVERTISING & MARKETING, Bellaire, TX, pg. 955
THE RICHARDS GROUP, INC., Dallas, TX, pg. 956
RIGER ADVERTISING AGENCY, INC., Binghamton, NY, pg. 958
RIGHT PLACE MEDIA, Lexington, KY, pg. 1367
R.M. BARROWS, INC. ADVERTISING & PUBLIC RELATIONS, San Mateo, CA, pg. 962
ROCKET 55, Minneapolis, MN, pg. 964
ROMADS, Oswego, IL, pg. 966
RON SONNTAG PUBLIC RELATIONS, Milwaukee, WI, pg. 1633
RPM ADVERTISING, Chicago, IL, pg. 971
S3, Boonton, NJ, pg. 974
THE SAGE GROUP, San Francisco, CA, pg. 987
SAGON-PHIOR, West Los Angeles, CA, pg. 1638
SAMBA ROCK, Miami Beach, FL, pg. 988
SCG ADVERTISING & PUBLIC RELATIONS, Haddonfield, NJ, pg. 994
SCHAEFER ADVERTISING CO., Fort Worth, TX, pg. 994
SELF OPPORTUNITY, INC., Lewisville, TX, pg. 1368
SELMARQ, Charlotte, NC, pg. 1002
SHAKER RECRUITMENT ADVERTISING & COMMUNICATIONS, INC., Oak Park, IL, pg. 1005
SKY ADVERTISING, INC., New York, NY, pg. 1019
SMITH MARKETING GROUP, Campbell, CA, pg. 1647
SMM ADVERTISING, Smithtown, NY, pg. 1024
SOCIALLY PRESENT, Carbondale, IL, pg. 1026
SPAWN IDEAS, Anchorage, AK, pg. 1032
SPECIALTY TRUCK RENTALS, Santa Monica, CA, pg. 1416
SPIKER COMMUNICATIONS, INC., Missoula, MT, pg. 1033
SPIN RECRUITMENT ADVERTISING, Walnut Creek, CA, pg. 1034
SPURRIER MEDIA GROUP, Richmond, VA, pg. 1370
SQUARE ONE MARKETING, West Hartford, CT, pg. 1037
SQUARE TOMATO, Seattle, WA, pg. 1038
SQUEAKY WHEEL MEDIA, New York, NY, pg. 1038
S.R. VIDEO PICTURES, LTD., Haverstraw, NY, pg. 1038
ST. JOHN & PARTNERS, Jacksonville, FL, pg. 1040
STANDING PARTNERSHIP, Saint Louis, MO, pg. 1650
STARCOM, Chicago, IL, pg. 1370
STIR ADVERTISING & INTEGRATED MARKETING, Milwaukee, WI, pg. 1050
STRATEGIC COMMUNICATIONS GROUP, McLean, VA, pg. 1653
STURGES WORD COMMUNICATIONS, Kansas City, MO, pg. 1654
SUBMIT EXPRESS INC., Glendale, CA, pg. 1057
SULLIVAN BRANDING, Memphis, TN, pg. 1059
T3, Austin, TX, pg. 1069
TAKE 5 MEDIA GROUP, Boca Raton, FL, pg. 1071
TAMM + KIT, Toronto, pg. 1072
TBC INC., Baltimore, MD, pg. 1076
THAT AGENCY, West Palm Bch, FL, pg. 1098
THINK, INC., Pittsburgh, PA, pg. 1099
TIBEREND STRATEGIC ADVISORS, New York, NY, pg. 1102
TIDAL SHORES INC., Houston, TX, pg. 1102
TIDESMART GLOBAL, Falmouth, ME, pg. 1103
TMP WORLDWIDE ADVERTISING & COMMUNICATIONS, LLC, New York, NY, pg. 1107
THE TOMBRAS GROUP, Knoxville, TN, pg. 1108
TOMSHEEHAN WORLDWIDE, Reading, PA, pg. 1109
TORCH GROUP, Cleveland, OH, pg. 1110
TRACTION CORPORATION, San Francisco, CA, pg. 1112
TRANSWORLD ADVERTISING, INC., Melbourne, FL, pg.

SPECIAL MARKET INDEX

AGENCIES

1114
TRELLIS MARKETING, INC, Buffalo, NY, pg. 1115
TRILIX MARKETING GROUP, INC., Des Moines, IA, pg. 1117
TRINET INTERNET SOLUTIONS, INC., Irvine, CA, pg. 1118
UNION, Charlotte, NC, pg. 1298
UNION NY DC, Alexandria, VA, pg. 1298
USADWEB, LLC, Baltimore, MD, pg. 1129
VARGAS & AMIGOS INC., Marietta, GA, pg. 1131
VERSANT, Milwaukee, WI, pg. 1134
VITAMIN, Baltimore, MD, pg. 1140
VLADIMIR JONES, Colorado Springs, CO, pg. 1142
W INC., Atlanta, GA, pg. 1147
WALKER & ASSOCIATES, INC., Memphis, TN, pg. 1148
WALTER F. CAMERON ADVERTISING INC., Hauppauge, NY, pg. 1151
THE WATSONS, New York, NY, pg. 1153
WAVEMAKER GLOBAL LTD, New York, NY, pg. 1379
WAVEMAKER - NA HQ, NEW YORK, New York, NY, pg. 1386
WC MEDIA INC., Springfield, IL, pg. 1154
WEBWORKS ALLIANCE, Hartsdale, NY, pg. 1156
THE WEINBACH GROUP, INC., South Miami, FL, pg. 1157
WENSTROM COMMUNICATIONS, Clearwater, FL, pg. 1387
WIEDEN + KENNEDY, INC., Portland, OR, pg. 1163
WILLIAMS MEDIA GROUP, Lisbon, IA, pg. 1169
WINSTANLEY PARTNERS, Lenox, MA, pg. 1171
WINSTON ADVERTISING, New York, NY, pg. 1171
WIRE STONE LLC, Sacramento, CA, pg. 1172
WWDB INTEGRATED MARKETING, Fort Lauderdale, FL, pg. 1193
WYSE, Cleveland, OH, pg. 1193
YOUNG & LARAMORE, Indianapolis, IN, pg. 1196
ZEHNDER COMMUNICATIONS, INC., New Orleans, LA, pg. 1210
ZERO GRAVITY GROUP, LLC, New York, NY, pg. 1212

Seniors' Market

1185 DESIGN, Palo Alto, CA, pg. 1
5BY5 AGENCY, Brentwood, TN, pg. 10
5W PUBLIC RELATIONS, New York, NY, pg. 1423
802 CREATIVE PARTNERS, INC., Stowe, VT, pg. 12
919 MARKETING COMPANY, Holly Springs, NC, pg. 13
AB+C, Wilmington, DE, pg. 16
ABBEY, MECCA & COMPANY, Buffalo, NY, pg. 17
ABSOLUTE MEDIA INC., Stamford, CT, pg. 1305
ABZ CREATIVE PARTNERS, Charlotte, NC, pg. 18
ACCENT MEDIA PRODUCTIONS, INC., Vienna, VA, pg. 1426
ACCESS ADVERTISING LLC, Kansas City, MO, pg. 1305
ACCESS TO MEDIA, Chicopee, MA, pg. 20
ACTIFY MEDIA, Helena, MT, pg. 22
ACTON INTERNATIONAL LTD., Lincoln, NE, pg. 22
AD-SUCCESS MARKETING, Lexington, KY, pg. 24
ADAMS & KNIGHT, INC., Avon, CT, pg. 25
THE ADMARK GROUP, Pasadena, CA, pg. 30
ADMO, INC., Saint Louis, MO, pg. 31
ADVANCED MARKETING STRATEGIES, San Diego, CA, pg. 33
ADVANTIX DIGITAL, Addison, TX, pg. 1233
ADVENTIUM, LLC, New York, NY, pg. 34
AGENCY CREATIVE, Dallas, TX, pg. 38
AGENCY59, Toronto, pg. 39
AJ ROSS CREATIVE MEDIA, INC., Chester, NY, pg. 42
AKA DIRECT, INC., Portland, OR, pg. 42
AMERICAN ADVERTISING SERVICES, Bala Cynwyd, PA, pg. 52
AMPERAGE, Cedar Falls, IA, pg. 53
ANTEDOTE, San Francisco, CA, pg. 61
ANVIL MEDIA, INC., Portland, OR, pg. 1307
APCO WORLDWIDE, Washington, DC, pg. 62
ARCANA ACADEMY, Los Angeles, CA, pg. 65
ARGYLL, Redondo Beach, CA, pg. 68
ARKSIDE MARKETING, Riverside, CA, pg. 69
ARPR INC./KNOWLEDGE IN A NUTSHELL, Pittsburgh, PA, pg. 1434
ARRCO MEDICAL MARKETING, Walpole, MA, pg. 71
ASSEMBLY, New York, NY, pg. 1308
AUDIENCE INNOVATION, Austin, TX, pg. 76
AUGUST, LANG & HUSAK, INC., Bethesda, MD, pg. 77
AUSTIN & WILLIAMS, Hauppauge, NY, pg. 78
AXIA PUBLIC RELATIONS, Jacksonville, FL, pg. 80
BANDY CARROLL HELLIGE ADVERTISING, Louisville, KY, pg. 87
BARKER, New York, NY, pg. 89
BARNETT MURPHY DIRECT MARKETING, Orlando, FL, pg. 90
BASS ADVERTISING, Sioux City, IA, pg. 95
BAYARD ADVERTISING AGENCY, INC., New York, NY, pg. 96
BBH NEW YORK, New York, NY, pg. 115
BBR CREATIVE, Lafayette, LA, pg. 116
BCF, Virginia Beach, VA, pg. 117
BEAUTY\@GOTHAM, New York, NY, pg. 119
BEBER SILVERSTEIN GROUP, Miami, FL, pg. 119
BECKER GUERRY, Middletown, NJ, pg. 119
BENEDICT ADVERTISING, Daytona Beach, FL, pg. 122
BIG HONKIN' IDEAS (BHI), Los Angeles, CA, pg. 129
BIG RIVER ADVERTISING, Richmond, VA, pg. 129
BIGEYE AGENCY, Orlando, FL, pg. 130
BLEND, Los Angeles, CA, pg. 135
BLOOMFIELD KNOBLE, Irving, TX, pg. 137
BLUE DAISY MEDIA, Coral Gables, FL, pg. 1312
BLUE FOUNTAIN MEDIA, New York, NY, pg. 1241
BLUE OLIVE CONSULTING, Florence, AL, pg. 139
BLUESPIRE MARKETING, West Hartford, CT, pg. 141
BMI ELITE, Coconut Creek, FL, pg. 142
BOLCHALK FREY MARKETING, ADVERTISING & PUBLIC RELATIONS, Tucson, AZ, pg. 144
BOLIN MARKETING, Minneapolis, MN, pg. 145
THE BORENSTEIN GROUP, INC., Fairfax, VA, pg. 147
BR CREATIVE, Hingham, MA, pg. 151
BRADSHAW ADVERTISING, Portland, OR, pg. 152
BRAND CONTENT, Boston, MA, pg. 154
BRANDTAILERS, Newport Beach, CA, pg. 159
BROLIK, Philadelphia, PA, pg. 1243
BROWNING AGENCY, New Providence, NJ, pg. 168
BRUNNER, Pittsburgh, PA, pg. 169
THE BUNTIN GROUP, Nashville, TN, pg. 173
BURGESS ADVERTISING & MARKETING, Falmouth, ME, pg. 174
BUTLER/TILL, Rochester, NY, pg. 1313
BUY ADS DIRECT, Ridge Manor, FL, pg. 1313
BVK, Milwaukee, WI, pg. 178
BYNUMS MARKETING & COMMUNICATIONS, INC, Pittsburgh, PA, pg. 179
CALZONE & ASSOCIATES, Lafayette, LA, pg. 184
CASHMAN & KATZ INTEGRATED COMMUNICATIONS, Glastonbury, CT, pg. 193
CASTELLS & ASOCIADOS, Los Angeles, CA, pg. 194
CATALYST MARKETING COMPANY, Fresno, CA, pg. 195
CAUGHERTY HAHN COMMUNICATIONS, INC., Glen Rock, NJ, pg. 1464
CCG MARKETING SOLUTIONS, West Caldwell, NJ, pg. 197
CD&M COMMUNICATIONS, Portland, ME, pg. 198
CHATTER BUZZ MEDIA, Orlando, FL, pg. 204
C.I. VISIONS INC., New York, NY, pg. 1468
THE CIRLOT AGENCY, INC., Jackson, MS, pg. 209
CK COMMUNICATIONS, INC. (CKC), Indialantic, FL, pg. 210
CLASSIFIED ADVERTISING PLUS, LLC, Tampa, FL, pg. 1315
COLLE+MCVOY, Minneapolis, MN, pg. 219
CONNECTIONS ADVERTISING & MARKETING, Lexington, KY, pg. 227
COPACINO + FUJIKADO, LLC, Seattle, WA, pg. 230
CORECUBED, Asheville, NC, pg. 231
CORINTHIAN MEDIA, INC., New York, NY, pg. 1316
COYNE ADVERTISING & PUBLIC RELATIONS, Nevillewood, PA, pg. 234
CP+B BOULDER, Boulder, CO, pg. 235
CREATIVE COMPANY, McMinnville, OR, pg. 240
CREATIVE ENERGY GROUP INC, Johnson City, TN, pg. 241
CREATIVE HOUSE STUDIOS, Cleveland, OH, pg. 242
CREATIVE MARKETING ALLIANCE INC., Princeton Junction, NJ, pg. 243
CREATIVE OPTIONS COMMUNICATIONS, Lewisville, TX, pg. 244
CRITICAL LAUNCH, LLC, Dallas, TX, pg. 247
CRONIN, Glastonbury, CT, pg. 248
CROSBY MARKETING COMMUNICATIONS, Annapolis, MD, pg. 249
DAN PIPKIN ADVERTISING AGENCY, INC., Danville, IL, pg. 259
DAVID & GOLIATH, El Segundo, CA, pg. 261
DAVID PEARSON ASSOCIATES, Coral Gables, FL, pg. 1481
DAVID PR GROUP, Miami, FL, pg. 1481
DAVIS ELEN ADVERTISING, INC., Los Angeles, CA, pg. 264
DAVIS HARRISON DION, INC., Chicago, IL, pg. 265
DEBOW COMMUNICATIONS, LTD., New York, NY, pg. 284
DECKER CREATIVE MARKETING, Glastonbury, CT, pg. 285
DELLA FEMINA ADVERTISING, New York, NY, pg. 287
DEMI & COOPER ADVERTISING, Elgin, IL, pg. 288
DENMARK ADVERTISING & PUBLIC RELATIONS, Atlanta, GA, pg. 288
DENTSU INC., Tokyo, pg. 289
DEVITO GROUP, New York, NY, pg. 296
DEVON ADVERTISING AGENCY LLC, Monroe Township, NJ, pg. 297
DIRECT CHOICE, Wayne, PA, pg. 303
DIRECT RESPONSE ACADEMY, Austin, TX, pg. 304
D.L. MEDIA INC., Nixa, MO, pg. 309
DMW WORLDWIDE LLC, Chesterbrook, PA, pg. 311
DO GOOD MARKETING, LLC, Ridgewood, NJ, pg. 312
DOE-ANDERSON, Louisville, KY, pg. 312
DOGGETT ADVERTISING, INC., Charlotte, NC, pg. 313
DOMUS INC., Philadelphia, PA, pg. 313
DORN MARKETING, Geneva, IL, pg. 317
DOVETAIL, Saint Louis, MO, pg. 318
DREAMENTIA INC, Los Angeles, CA, pg. 320
DRM PARTNERS, INC., Hoboken, NJ, pg. 1319
DROGA5, New York, NY, pg. 321
EAST MEETS WEST PRODUCTIONS INC., Corpus Christi, TX, pg. 328
EGG STRATEGY, Boulder, CO, pg. 333
EISENBERG & ASSOCIATES, Fort Lauderdale, FL, pg. 333
EL CREATIVE, INC., Dallas, TX, pg. 334
EMG MARKETING, San Clemente, CA, pg. 339
EMLEY DESIGN GROUP, Fort Wayne, IN, pg. 339
EP+CO, Greenville, SC, pg. 343
EPICOSITY, Sioux Falls, SD, pg. 344
ERBACH COMMUNICATIONS GROUP, INC., Lyndhurst, NJ, pg. 346
ESTEY-HOOVER INC. ADVERTISING-PUBLIC RELATIONS, NewPort Beach, CA, pg. 350
EVANS ALLIANCE ADVERTISING, Sparta, NJ, pg. 351
EXPECT ADVERTISING, INC., Clifton, NJ, pg. 355
EXPLORE COMMUNICATIONS, Denver, CO, pg. 1321
FACTOR360 DESIGN + TECHNOLOGY, Pierre, SD, pg. 357
FAHLGREN MORTINE, Columbus, OH, pg. 358
FASONE & PARTNERS, Kansas City, MO, pg. 362
FCB GLOBAL, New York, NY, pg. 363
FELDER COMMUNICATIONS GROUP, Grand Rapids, MI, pg. 377
FLEISHMANHILLARD INC., Saint Louis, MO, pg. 1506
FLEMING & COMPANY INC., NewPort, RI, pg. 387
FLYING A, Pasadena, CA, pg. 1322
FMB ADVERTISING, Knoxville, TN, pg. 390
FRASER COMMUNICATIONS, Los Angeles, CA, pg. 396
FRENCH/WEST/VAUGHAN, INC., Raleigh, NC, pg. 398
GABRIEL DEGROOD BENDT, MinneaPOlis, MN, pg. 407
THE GEARY COMPANY, Las Vegas, NV, pg. 413
GELIA-MEDIA, INC., Williamsville, NY, pg. 414
GLYNNDEVINS ADVERTISING & MARKETING, Kansas City, MO, pg. 424
GOCONVERGENCE, Orlando, FL, pg. 426
GODWIN ADVERTISING AGENCY, INC., Jackson, MS, pg. 427
THE GOODNESS COMPANY, Wisconsin Rapids, WI, pg. 429
THE GOSS AGENCY INC., Asheville, NC, pg. 430
GREENRUBINO, Seattle, WA, pg. 436
GREY CANADA, Toronto, pg. 437
GRIFF/SMC, INC. MEDICAL MARKETING COMMUNICATIONS, Boulder, CO, pg. 449
GROUP46, Bluffton, SC, pg. 452
GUMAS ADVERTISING, San Francisco, CA, pg. 455
GWP, INC., Montclair, NJ, pg. 456
GYK ANTLER, Manchester, NH, pg. 457
HAGGERTY & ASSOCIATES, Woburn, MA, pg. 460
HAKUHODO INCORPORATED, Tokyo, pg. 461
HAMLYN SENIOR MARKETING, Haddonfield, NJ, pg. 464
HARMELIN MEDIA, Bala Cynwyd, PA, pg. 1324
HAVAS PR, New York, NY, pg. 1528
HENKE & ASSOCIATES, INC., Cedarburg, WI, pg. 496
HERMAN & ALMONTE PUBLIC RELATIONS, LLC, New York, NY, pg. 1529
HFB ADVERTISING, INC., West Islip, NY, pg. 498
HINDSIGHT MANAGEMENT INC., Birmingham, AL, pg. 501
HITCHCOCK FLEMING & ASSOCIATES, INC., Akron, OH,

A-187

AGENCIES — SPECIAL MARKET INDEX

pg. 502
HMH, Portland, OR, pg. 504
HODGES ASSOCIATES, INC., Fayetteville, NC, pg. 505
HOFFMAN AND PARTNERS, Braintree, MA, pg. 505
HOLLAND ADVERTISING:INTERACTIVE, Cincinnati, OH, pg. 506
HOLLYWOOD BRANDED INC., El Segundo, CA, pg. 507
HOLTON SENTIVAN AND GURY, Ambler, PA, pg. 507
HOWERTON+WHITE, Wichita, KS, pg. 510
HUDSON MEDIA SERVICES LLC, West Orange, NJ, pg. 1330
HUGE LLC, Brooklyn, NY, pg. 512
HULT MARKETING, Peoria, IL, pg. 513
THE IDEA FACTORY, New York, NY, pg. 520
IDEAWORKS, INC., Pensacola, FL, pg. 522
IMMERSION ACTIVE, Frederick, MD, pg. 527
INFORMATION ANALYTICS, INC., Lincoln, NE, pg. 532
INNIS MAGGIORE GROUP, INC., Canton, OH, pg. 533
INSPIRE CREATIVE STUDIOS, Wilmington, NC, pg. 535
INTEGRAL MEDIA INC., Excelsior, MN, pg. 1335
INTEGRATED MARKETING SERVICES, Princeton, NJ, pg. 536
INTERACTIVEWEST, Denver, CO, pg. 1264
INTERLEX COMMUNICATIONS INC., San Antonio, TX, pg. 538
INTERMARK GROUP, INC., Birmingham, AL, pg. 539
INTERTREND COMMUNICATIONS, INC., Long Beach, CA, pg. 544
INTRIGUE, Melville, NY, pg. 545
IONIC MEDIA, Woodland Hills, CA, pg. 546
ISA ADVERTISING, New York, NY, pg. 548
THE IVY GROUP, LTD., Charlottesville, VA, pg. 551
J. GREG SMITH, INC., Omaha, NE, pg. 552
JAJO, INC., Wichita, KS, pg. 570
JAMES ROSS ADVERTISING, Pompano Beach, FL, pg. 571
THE JOEY COMPANY, Brooklyn, NY, pg. 578
JOHNSON DESIGN GROUP, Ada, MI, pg. 580
JOHNSONRAUHOFF, Saint Joseph, MI, pg. 581
THE JONES AGENCY, Palm Springs, CA, pg. 581
JONES & THOMAS, INC., Decatur, IL, pg. 581
JONES HUYETT PARTNERS, Topeka, KS, pg. 582
JORDAN ASSOCIATES, Oklahoma City, OK, pg. 582
JSTOKES AGENCY, Walnut Creek, CA, pg. 584
K2 KRUPP KOMMUNICATIONS, INC, New York, NY, pg. 1550
KEATING MAGEE MARKETING COMMUNICATIONS, Metairie, LA, pg. 589
KEEN BRANDING, Milton, DE, pg. 589
KELLEY HABIB JOHN, Boston, MA, pg. 591
KELLY SCOTT MADISON, Chicago, IL, pg. 1336
KILLIAN BRANDING, Chicago, IL, pg. 595
KINDLING MEDIA, LLC, Hollywood, CA, pg. 595
KPI AGENCY, San Diego, CA, pg. 601
KURMAN COMMUNICATIONS, INC., Chicago, IL, pg. 1561
KW2, Madison, WI, pg. 604
LAKE GROUP MEDIA, INC., Armonk, NY, pg. 607
LANETERRALEVER, Phoenix, AZ, pg. 610
LATCHA+ASSOCIATES, Farmington Hills, MI, pg. 611
LATINWORKS MARKETING, INC., Austin, TX, pg. 612
LAUGHLIN/CONSTABLE, INC., Milwaukee, WI, pg. 613
LAWRENCE & SCHILLER, INC., Sioux Falls, SD, pg. 616
LEAD ME MEDIA, Deerfield Beach, FL, pg. 617
LEE & ASSOCIATES, INC., Canoga Park, CA, pg. 1565
LEGEND INC., Marblehead, MA, pg. 619
LEO BURNETT COMPANY LTD., Toronto, pg. 620
LEO BURNETT WORLDWIDE, INC., Chicago, IL, pg. 621
LEVLANE ADVERTISING/PR/INTERACTIVE, Philadelphia, PA, pg. 635
LEVO HEALTH, Tampa, FL, pg. 635
LEWIS COMMUNICATIONS, Birmingham, AL, pg. 636
LINCOLN MEDIA SERVICES, INC., Lake Bluff, IL, pg. 1339
THE LINICK GROUP, INC., Middle Island, NY, pg. 641
LINX COMMUNICATIONS CORP., Smithtown, NY, pg. 642
LITTLE DOG AGENCY INC., Mount Pleasant, SC, pg. 645
LITTLE L COMMUNICATIONS, Geneva, OH, pg. 646
LJF ASSOCIATES, INC., The Woodlands, TX, pg. 647
LOONEY ADVERTISING AND DESIGN, Montclair, NJ, pg. 651
LOVE & COMPANY, INC., Frederick, MD, pg. 653
LP&G MARKETING, Tucson, AZ, pg. 654
LUQUIRE GEORGE ANDREWS, INC., Charlotte, NC, pg. 657
MACIAS CREATIVE, Miami, FL, pg. 666
MANGOS, Conshohocken, PA, pg. 674
MANTERA ADVERTISING, Bakersfield, CA, pg. 675

MANTRA PUBLIC RELATIONS, INC., New York, NY, pg. 1575
MARC USA, Pittsburgh, PA, pg. 676
MARC USA BOSTON, Stoneham, MA, pg. 677
MARC USA CHICAGO, Chicago, IL, pg. 677
MARCA MIAMI, Coconut Grove, FL, pg. 677
MARICICH BRAND COMMUNICATIONS, Irvine, CA, pg. 679
MARKETING & ADVERTISING BUSINESS UNLIMITED, INC., Bismarck, ND, pg. 681
MARKETING SPECIFICS INC., Acworth, GA, pg. 684
MARKETING VISIONS, INC., Tarrytown, NY, pg. 1410
MARKETING WERKS, INC., Chicago, IL, pg. 1411
MASSIVEMEDIA, New York, NY, pg. 692
MASTERMINDS, Egg Harbor Township, NJ, pg. 692
MATRIX MEDIA SERVICES, INC., Columbus, OH, pg. 1340
MAXIMUM EXPOSURE PUBLIC RELATIONS & MEDIA, Woodcliff Lake, NJ, pg. 1578
MAXLETICS CORPORATION, Colorado Springs, CO, pg. 1271
MAYCREATE, Chattanooga, TN, pg. 696
MCKIM, Winnipeg, pg. 719
MEDIA DIRECTIONS ADVERTISING, INC., Knoxville, TN, pg. 1341
MEDIA SOLUTIONS, Sacramento, CA, pg. 1343
MGM GOLD COMMUNICATIONS, New York, NY, pg. 737
MICHAEL WALTERS ADVERTISING, Chicago, IL, pg. 738
MICSTURA, Miami, FL, pg. 739
MILLWARD BROWN INC., Lisle, IL, pg. 742
MKTWORKS, INC., Cold Spring, NY, pg. 749
MODCO MEDIA, New York, NY, pg. 753
MOROCH HOLDINGS, INC., Dallas, TX, pg. 758
MOST BRAND DEVELOPMENT + ADVERTISING, Aliso Viejo, CA, pg. 762
MRB PUBLIC RELATIONS, Freehold, NJ, pg. 1586
MUSE COMMUNICATIONS, Santa Monica, CA, pg. 780
NATCOM MARKETING, Miami, FL, pg. 785
NEATHAWK DUBUQUE & PACKETT, Richmond, VA, pg. 787
NEURON SYNDICATE, Santa Monica, CA, pg. 790
NEWKIRK COMMUNICATIONS, INC., Philadelphia, PA, pg. 792
NEWTON ASSOCIATES MARKETING COMMUNICATIONS, INC., Plymouth Meeting, PA, pg. 793
THE NISSEN GROUP, Winter Haven, FL, pg. 795
NORTHEASTERN MEDIA, Doylestown, OH, pg. 1413
NORTHSHORE DESIGNERS, Torrance, CA, pg. 800
NOSTRUM INC., Long Beach, CA, pg. 800
NUEVO ADVERTISING GROUP, INC., Sarasota, FL, pg. 802
O2KL, New York, NY, pg. 803
O3 WORLD, LLC, Philadelphia, PA, pg. 804
OCEAN BRIDGE GROUP, Los Angeles, CA, pg. 805
ODNEY, Bismarck, ND, pg. 808
OFF MADISON AVE, Phoenix, AZ, pg. 809
OGILVY, New York, NY, pg. 809
OGILVY HEALTHWORLD-TORONTO, Toronto, pg. 833
THE OHLMANN GROUP, Dayton, OH, pg. 834
ON IDEAS, INC., Jacksonville, FL, pg. 838
ONE EIGHTEEN ADVERTISING, Los Angeles, CA, pg. 839
ONE TWELFTH INC., Miami, FL, pg. 839
ONEWORLD COMMUNICATIONS, INC., San Francisco, CA, pg. 840
PACIFIC COMMUNICATIONS, Irvine, CA, pg. 848
PANTIN/BEBER SILVERSTEIN PUBLIC RELATIONS, Miami, FL, pg. 1605
PARKER AVENUE, San Mateo, CA, pg. 854
PARTNERSHIP ADVERTISING, Amherst, NY, pg. 856
PARTNERSHIP OF PACKER, OESTERLING & SMITH (PPO&S), Harrisburg, PA, pg. 856
PATHFINDERS ADVERTISING & MARKETING GROUP, Mishawaka, IN, pg. 857
THE PATIENT RECRUITING AGENCY, Austin, TX, pg. 858
PATRIOT ADVERTISING INC., Katy, TX, pg. 858
PEAKBIETY, BRANDING + ADVERTISING, Tampa, FL, pg. 860
PERISCOPE, Minneapolis, MN, pg. 864
PHELPS, Playa Vista, CA, pg. 867
PINTA, New York, NY, pg. 872
PITA COMMUNICATIONS INC., Rocky Hill, CT, pg. 873
POINT TO POINT INC., Beachwood, OH, pg. 880
POLLER & JORDAN ADVERTISING AGENCY, INC., Miami, FL, pg. 881
PORTER NOVELLI, New York, NY, pg. 1612

POSNER MILLER ADVERTISING, New York, NY, pg. 883
PP+K, Tampa, FL, pg. 885
THE PRICE GROUP, INC., Lubbock, TX, pg. 888
PRIMEDIA INC., Warwick, RI, pg. 1364
PRINCETON PARTNERS, INC., Princeton, NJ, pg. 890
PROJECT, Auburn Hills, MI, pg. 891
PROTERRA ADVERTISING, Addison, TX, pg. 894
PUBLICIS HAWKEYE, Dallas, TX, pg. 1282
QUEUE CREATIVE, Lansing, MI, pg. 922
QUIGLEY-SIMPSON, Los Angeles, CA, pg. 923
RAWLE MURDY ASSOCIATES, INC., Charleston, SC, pg. 934
RCG PRODUCTIONS, Coral Springs, FL, pg. 1225
REARVIEW, Kennesaw, GA, pg. 937
REDSTONE COMMUNICATIONS INC., Omaha, NE, pg. 944
RE:GROUP, INC., Ann Arbor, MI, pg. 945
RENEGADE COMMUNICATIONS, Hunt Valley, MD, pg. 946
RESOURCE COMMUNICATIONS GROUP, Plano, TX, pg. 949
THE RESPONSE SHOP, INC., La Jolla, CA, pg. 950
RESPONSORY, Brookfield, WI, pg. 950
RESULTS, INC., ADVERTISING AGENCY, Hasbrouck Heights, NJ, pg. 950
REYNOLDS & ASSOCIATES, El Segundo, CA, pg. 953
RHYMES ADVERTISING & MARKETING, Bellaire, TX, pg. 955
RICHARDS, Russell, OH, pg. 955
THE RICHARDS GROUP, INC., Dallas, TX, pg. 956
RIESTER, Phoenix, AZ, pg. 958
RISE INTERACTIVE, Chicago, IL, pg. 960
ROCKET 55, Minneapolis, MN, pg. 964
THE ROGERS AGENCY, Chesapeake, VA, pg. 966
ROME & COMPANY, Woodridge, IL, pg. 966
RON FOTH ADVERTISING, Columbus, OH, pg. 967
RPM ADVERTISING, Chicago, IL, pg. 971
S3, Boonton, NJ, pg. 974
SAESHE ADVERTISING, Los Angeles, CA, pg. 986
SAGON-PHIOR, West Los Angeles, CA, pg. 1638
SAMBA ROCK, Miami Beach, FL, pg. 988
SANDY HULL & ASSOCIATES, Minneapolis, MN, pg. 990
SBC, Columbus, OH, pg. 993
SENSIS, Los Angeles, CA, pg. 1002
SEROKA, Waukesha, WI, pg. 1003
SHERMAN COMMUNICATIONS & MARKETING, Chicago, IL, pg. 1007
SOCIALLY PRESENT, Carbondale, IL, pg. 1026
SPECIALTY TRUCK RENTALS, Santa Monica, CA, pg. 1416
SPIKER COMMUNICATIONS, INC., Missoula, MT, pg. 1033
SPIRO & ASSOCIATES MARKETING, ADVERTISING & PUBLIC RELATIONS, Fort Myers, FL, pg. 1034
SPURRIER MEDIA GROUP, Richmond, VA, pg. 1370
STARCOM, Chicago, IL, pg. 1370
STERLING RICE GROUP, Boulder, CO, pg. 1047
STEVENS & TATE MARKETING, Lombard, IL, pg. 1048
STEVENS STRATEGIC COMMUNICATIONS, INC., Westlake, OH, pg. 1048
STEVENSON ADVERTISING, Lynnwood, WA, pg. 1049
STEWARD MARKETING, LLC, The Woodlands, TX, pg. 1049
STRONG, Birmingham, AL, pg. 1055
STURGES WORD COMMUNICATIONS, Kansas City, MO, pg. 1654
SUBMIT EXPRESS INC., Glendale, CA, pg. 1057
SWARM NYC, New York, NY, pg. 1293
SWEENEY, Cleveland, OH, pg. 1065
SWIRL MCGARRYBOWEN, San Francisco, CA, pg. 1067
TAKE 5 MEDIA GROUP, Boca Raton, FL, pg. 1071
TBC INC., Baltimore, MD, pg. 1076
TC CREATIVES LLC, Woodland Hills, CA, pg. 1093
TEC DIRECT MEDIA, INC., Chicago, IL, pg. 1375
THAT AGENCY, West Palm Bch, FL, pg. 1098
THAYER MEDIA, INC., Denver, CO, pg. 1376
THE THOMPSON AGENCY, Charlotte, NC, pg. 1101
THREE LAKES MARKETING, Austin, TX, pg. 1102
TIDAL SHORES INC., Houston, TX, pg. 1102
TIDESMART GLOBAL, Falmouth, ME, pg. 1103
TINSLEY ADVERTISING, Miami, FL, pg. 1104
TOMSHEEHAN WORLDWIDE, Reading, PA, pg. 1109
TOP HAND MEDIA, Fresno, CA, pg. 1110
TOTALCOM MARKETING, INC., Tuscaloosa, AL, pg. 1110
TRANSMEDIA GROUP, Boca Raton, FL, pg. 1662
TRELLIS MARKETING, INC, Buffalo, NY, pg. 1115
TRINET INTERNET SOLUTIONS, INC., Irvine, CA, pg. 1118

SPECIAL MARKET INDEX — AGENCIES

UNION, Charlotte, NC, pg. 1298
U.S. INTERNATIONAL MEDIA, LLC, Los Angeles, CA, pg. 1378
VARGAS & AMIGOS INC., Marietta, GA, pg. 1131
VIGET, Falls Church, VA, pg. 1300
VINCODO, Langhorne, PA, pg. 1138
VITAMIN, Baltimore, MD, pg. 1140
WAVEMAKER GLOBAL LTD, New York, NY, pg. 1379
WAVEMAKER - NA HQ, NEW YORK, New York, NY, pg. 1386
WC MEDIA INC., Springfield, IL, pg. 1154
WEBER SHANDWICK, New York, NY, pg. 1673
THE WEINBACH GROUP, INC., South Miami, FL, pg. 1157
WELLNESS COMMUNICATIONS, Newburgh, IN, pg. 1158
WESTOVER MEDIA, Portland, OR, pg. 1419
WIEDEN + KENNEDY, INC., Portland, OR, pg. 1163
WILDEBEEST, Los Angeles, CA, pg. 1301
WILLIAMS AND HOUSE, Avon, CT, pg. 1168
WILLIAMS WHITTLE ASSOCIATES, INC., Alexandria, VA, pg. 1169
WORDS AND PICTURES CREATIVE SERVICE, INC., Park Ridge, NJ, pg. 1176
WUNDERMAN WORLD HEALTH, Washington, DC, pg. 1193
WWDB INTEGRATED MARKETING, Fort Lauderdale, FL, pg. 1193
WYSE, Cleveland, OH, pg. 1193
XAXIS, LLC, New York, NY, pg. 1302
YELLIN/MCCARRON, INC., Salem, NH, pg. 1387
YMT VACATIONS, El Segundo, CA, pg. 1229
Z MARKETING PARTNERS, Indianapolis, IN, pg. 1209
ZENITH USA, New York, NY, pg. 1391
ZUVA MARKETING, INC., Kansas City, MO, pg. 1216

Sports Market

11:24 DESIGN ADVERTISING, INC., Playa Del Rey, CA, pg. 1
15 MINUTES, INC., Conshohocken, PA, pg. 2
1ST DEGREE, LLC, Manassas, VA, pg. 3
454 CREATIVE, Irvine, CA, pg. 9
5 STONE ADVERTISING, Carbondale, CO, pg. 9
5BY5 AGENCY, Brentwood, TN, pg. 10
5W PUBLIC RELATIONS, New York, NY, pg. 1423
6S MARKETING, New York, NY, pg. 1305
802 CREATIVE PARTNERS, INC., Stowe, VT, pg. 12
919 MARKETING COMPANY, Holly Springs, NC, pg. 13
THE A TEAM, LLC, New York, NY, pg. 1395
ACCELERATOR ADVERTISING INC., Lewis Center, OH, pg. 19
ACCESS ADVERTISING LLC, Kansas City, MO, pg. 1305
ACCESS TO MEDIA, Chicopee, MA, pg. 20
ACTIFY MEDIA, Helena, MT, pg. 22
AD CETERA, INC., Addison, TX, pg. 23
AD DAWG CREATIVE, Redwood City, CA, pg. 23
ADAMS & KNIGHT, INC., Avon, CT, pg. 25
ADASHMORE CREATIVE, White Marsh, MD, pg. 27
ADCETERA GROUP, Houston, TX, pg. 27
ADMO, INC., Saint Louis, MO, pg. 31
ADPERSUASION, Irvine, CA, pg. 32
ADSOKA, INC., Minneapolis, MN, pg. 33
ADVANCED MARKETING STRATEGIES, San Diego, CA, pg. 33
ADVENTURE ADVERTISING, Minneapolis, MN, pg. 35
ADVERTISING SAVANTS, INC., Saint Louis, MO, pg. 35
AERIAL ADVERTISING SERVICES, Livermore, CA, pg. 1306
AGENCY CREATIVE, Dallas, TX, pg. 38
AGENCY ENTOURAGE LLC, Dallas, TX, pg. 38
AGENCY SQUID, Minneapolis, MN, pg. 39
AGENCY59, Toronto, pg. 39
AJ ROSS CREATIVE MEDIA, INC., Chester, NY, pg. 42
ALLEN & GERRITSEN, Boston, MA, pg. 45
ALLEN FINLEY ADVERTISING, INC., Hickory, NC, pg. 46
AMBIENT MEDIA, INC., Burnaby, pg. 50
AMELIE COMPANY, Denver, CO, pg. 51
AMERICAN ADVERTISING SERVICES, Bala Cynwyd, PA, pg. 52
AMP AGENCY, Boston, MA, pg. 1236
AMPERAGE, Cedar Falls, IA, pg. 53
&BARR, Orlando, FL, pg. 55
ANDERSON ADVERTISING & PUBLIC RELATIONS, Scottsdale, AZ, pg. 56
ANVIL MEDIA, INC., Portland, OR, pg. 1307
ARC WORLDWIDE, Chicago, IL, pg. 1397
ARCANA ACADEMY, Los Angeles, CA, pg. 65

ARCHER MALMO, Memphis, TN, pg. 65
ARCHER MALMO AUSTIN, Austin, TX, pg. 66
ARKSIDE MARKETING, Riverside, CA, pg. 69
ARNOLD WORLDWIDE, Boston, MA, pg. 69
ARRCO MEDICAL MARKETING, Walpole, MA, pg. 71
AUDIENCE INNOVATION, Austin, TX, pg. 76
AUGUST, LANG & HUSAK, INC., Bethesda, MD, pg. 77
AUXILIARY ADVERTISING & DESIGN, Grand Rapids, MI, pg. 79
AXIA PUBLIC RELATIONS, Jacksonville, FL, pg. 80
AXIS MEDIA, Agoura Hills, CA, pg. 1309
BACKE DIGITAL BRAND MARKETING, Radnor, PA, pg. 82
BACKUS TURNER INTERNATIONAL, Pompano Beach, FL, pg. 83
BAILEY LAUERMAN, Omaha, NE, pg. 84
BAKER CREATIVE, Groveport, OH, pg. 85
BAKERY, Austin, TX, pg. 1240
THE BALCOM AGENCY, Fort Worth, TX, pg. 85
BANDUJO ADVERTISING & DESIGN, New York, NY, pg. 87
BANDY CARROLL HELLIGE ADVERTISING, Louisville, KY, pg. 87
BARKER, New York, NY, pg. 89
BARKLEY, Kansas City, MO, pg. 90
BARNHART, Denver, CO, pg. 91
BARRON MARKETING COMMUNICATIONS, Wilmington, DE, pg. 92
BARTLEY & DICK, New York, NY, pg. 94
BASS ADVERTISING, Sioux City, IA, pg. 95
BAYARD ADVERTISING AGENCY, INC., New York, NY, pg. 96
BCF, Virginia Beach, VA, pg. 117
BDOT, New York, NY, pg. 117
BECKETT & BECKETT, INC., Altadena, CA, pg. 120
BEEBY CLARK + MEYLER, Stamford, CT, pg. 120
BERGHOFF INTERNATIONAL INC., Odessa, FL, pg. 1219
BFG COMMUNICATIONS, Bluffton, SC, pg. 126
BIG RIVER ADVERTISING, Richmond, VA, pg. 129
BILL HUDSON & ASSOCIATES, INC., ADVERTISING & PUBLIC RELATIONS, Nashville, TN, pg. 131
BLACKWING CREATIVE, Seattle, WA, pg. 133
BLEND, Los Angeles, CA, pg. 135
BLIND SOCIETY, Scottsdale, AZ, pg. 136
BLOOMFIELD KNOBLE, Irving, TX, pg. 137
BLUE FOUNTAIN MEDIA, New York, NY, pg. 1241
BLUE OLIVE CONSULTING, Florence, AL, pg. 139
BLUE SKY AGENCY, Atlanta, GA, pg. 140
BMI ELITE, Coconut Creek, FL, pg. 142
BODDEN PARTNERS, New York, NY, pg. 143
BODKIN ASSOCIATES, INC., Zionsville, IN, pg. 143
BOHAN, Nashville, TN, pg. 144
BOONE DELEON COMMUNICATIONS, INC., Houston, TX, pg. 147
BOONEOAKLEY, Charlotte, NC, pg. 147
BORDERS PERRIN NORRANDER INC, Portland, OR, pg. 147
BOZELL, Omaha, NE, pg. 150
BRAND CONTENT, Boston, MA, pg. 154
BRANDTAILERS, Newport Beach, CA, pg. 159
BRANDTUITIVE, New York, NY, pg. 159
BRIERLEY & PARTNERS, Plano, TX, pg. 162
BROGAN & PARTNERS CONVERGENCE MARKETING, Birmingham, MI, pg. 166
BROKAW INC., Cleveland, OH, pg. 166
BROLIK, Philadelphia, PA, pg. 1243
BROTHERS & CO., Tulsa, OK, pg. 167
BROTMAN WINTER FRIED COMMUNICATIONS, McLean, VA, pg. 1458
BROWNING AGENCY, New Providence, NJ, pg. 168
BROWNSTEIN GROUP, Philadelphia, PA, pg. 168
BRUNNER, Pittsburgh, PA, pg. 169
BURNS ENTERTAINMENT & SPORTS MARKETING, Evanston, IL, pg. 175
BUTLER, SHINE, STERN & PARTNERS, Sausalito, CA, pg. 177
BUY ADS DIRECT, Ridge Manor, FL, pg. 1313
BYNUMS MARKETING & COMMUNICATIONS, INC, Pittsburgh, PA, pg. 179
CALYPSO, Portsmouth, NH, pg. 184
CAMELOT STRATEGIC MARKETING & MEDIA, Dallas, TX, pg. 1314
CAMPBELL EWALD, Detroit, MI, pg. 185
CASCADE WEB DEVELOPMENT, Portland, OR, pg. 192
CASHMAN & ASSOCIATES, Philadelphia, PA, pg. 1463
CASHMAN & KATZ INTEGRATED COMMUNICATIONS, Glastonbury, CT, pg. 193
CASTELLS & ASOCIADOS, Los Angeles, CA, pg. 194

CATALYST MARKETING COMPANY, Fresno, CA, pg. 195
CCG MARKETING SOLUTIONS, West Caldwell, NJ, pg. 197
CCM MARKETING COMMUNICATIONS, New York, NY, pg. 197
CD&M COMMUNICATIONS, Portland, ME, pg. 198
CFIVE SOLUTIONS, Laguna Hills, CA, pg. 201
CHARLES RYAN ASSOCIATES INC., Charleston, WV, pg. 203
CI DESIGN INC., Milwaukee, WI, pg. 208
C.I. VISIONS INC., New York, NY, pg. 1468
CIBO, San Francisco, CA, pg. 1245
CINETRANSFORMER INTERNATIONAL INC., Hallandale Beach, FL, pg. 1399
THE CIRLOT AGENCY, INC., Jackson, MS, pg. 209
CIVILIAN, Chicago, IL, pg. 210
CK COMMUNICATIONS, INC. (CKC), Indialantic, FL, pg. 210
CLASSIFIED ADVERTISING PLUS, LLC, Tampa, FL, pg. 1315
CMD, Portland, OR, pg. 215
CMG WORLDWIDE, Indianapolis, IN, pg. 215
COLLE+MCVOY, Minneapolis, MN, pg. 219
THE COMMUNITY, Miami, FL, pg. 223
THE COMPANY, Houston, TX, pg. 224
CONNECTIONS ADVERTISING & MARKETING, Lexington, KY, pg. 227
COOPTIONS SHOPPER MARKETING, Apex, NC, pg. 1400
COPACINO + FUJIKADO, LLC, Seattle, WA, pg. 230
CORINTHIAN MEDIA, INC., New York, NY, pg. 1316
CORNETT INTEGRATED MARKETING SOLUTIONS, Lexington, KY, pg. 232
COSSETTE INC., Quebec, pg. 233
COYNE ADVERTISING & PUBLIC RELATIONS, Nevillewood, PA, pg. 234
CREATIVE DIRECTION, INC., Indianapolis, IN, pg. 241
CREATIVE ENERGY GROUP INC, Johnson City, TN, pg. 241
CREATIVE HEADS ADVERTISING, INC., Austin, TX, pg. 242
CREATIVE MARKETING ALLIANCE INC., Princeton Junction, NJ, pg. 243
CREATIVE OPTIONS COMMUNICATIONS, Lewisville, TX, pg. 244
CRESTA CREATIVE, Chicago, IL, pg. 247
CRITICAL LAUNCH, LLC, Dallas, TX, pg. 247
CRN INTERNATIONAL, INC., Hamden, CT, pg. 1400
CRUX CREATIVE, Milwaukee, WI, pg. 251
CTP, Boston, MA, pg. 252
DALTON AGENCY JACKSONVILLE, Jacksonville, FL, pg. 258
DAN PIPKIN ADVERTISING AGENCY, INC., Danville, IL, pg. 259
DAVID & GOLIATH, El Segundo, CA, pg. 261
DDB WORLDWIDE COMMUNICATIONS GROUP INC., New York, NY, pg. 268
DE LA GARZA PUBLIC RELATIONS, INC., Houston, TX, pg. 1482
DEARING GROUP, West Lafayette, IN, pg. 284
DEBOW COMMUNICATIONS, LTD., New York, NY, pg. 284
DECKER CREATIVE MARKETING, Glastonbury, CT, pg. 285
DEFYMEDIA, New York, NY, pg. 1248
DELICIOUS DESIGN, Bend, OR, pg. 287
DELLA FEMINA ADVERTISING, New York, NY, pg. 287
DELUCA FRIGOLETTO ADVERTISING, INC., Honesdale, PA, pg. 288
DENTSU AEGIS, New York, NY, pg. 289
DENTSU AEGIS NETWORK AMERICAS, New York, NY, pg. 1318
DENTSU INC., Tokyo, pg. 289
DEPARTURE, San Diego, CA, pg. 291
DHX ADVERTISING, INC., Portland, OR, pg. 298
DIGITAS, Boston, MA, pg. 1250
DIGNEY & COMPANY PUBLIC RELATIONS, Los Angeles, CA, pg. 302
DIRCKS ASSOCIATES, Saint James, NY, pg. 303
DIRECT RESPONSE ACADEMY, Austin, TX, pg. 304
DMA UNITED, New York, NY, pg. 310
DNA SEATTLE, Seattle, WA, pg. 311
DO GOOD MARKETING, LLC, Ridgewood, NJ, pg. 312
DOE-ANDERSON, Louisville, KY, pg. 312
DOMUS INC., Philadelphia, PA, pg. 313
DOUBLE-TEAM BUSINESS PLANS, Santa Monica, CA, pg. 317
DREAMENTIA INC, Los Angeles, CA, pg. 320

AGENCIES

SPECIAL MARKET INDEX

DRIVE BRAND STUDIO, North Conway, NH, pg. 320
DRIVE MOTORSPORTS INTERNATIONAL, Lake Oswego, OR, pg. 320
DROGA5, New York, NY, pg. 321
DROTMAN COMMUNICATIONS, Commack, NY, pg. 1488
DUFFEY PETROSKY, Farmington Hills, MI, pg. 324
DUFFY & SHANLEY, INC., Providence, RI, pg. 324
DUNN&CO, Tampa, FL, pg. 326
DVA ADVERTISING, Bend, OR, pg. 326
DVL SEIGENTHALER, Nashville, TN, pg. 326
DWA, A MERKLE COMPANY, San Francisco, CA, pg. 1319
EAST MEETS WEST PRODUCTIONS INC., Corpus Christi, TX, pg. 328
ECOMMERCE PARTNERS, New York, NY, pg. 1401
EILEEN KOCH & COMPANY, INC., Beverly Hills, CA, pg. 1498
EISENBERG & ASSOCIATES, Fort Lauderdale, FL, pg. 333
EL CREATIVE, INC., Dallas, TX, pg. 334
ELEVATION, Washington, DC, pg. 336
ELITE SEM, New York, NY, pg. 1320
EMC OUTDOOR, Newtown Square, PA, pg. 1320
EMLEY DESIGN GROUP, Fort Wayne, IN, pg. 339
ENCODE, Jacksonville, FL, pg. 340
ENDEAVOR, LLC, Beverly Hills, CA, pg. 340
ENGINE DIGITAL, New York, NY, pg. 1255
EP+CO, Greenville, SC, pg. 343
ESTEY-HOOVER INC. ADVERTISING-PUBLIC RELATIONS, NewPOrt Beach, CA, pg. 350
ETARGETMEDIA.COM, INC., Coconut Creek, FL, pg. 350
EVANS ALLIANCE ADVERTISING, Sparta, NJ, pg. 351
EVOK ADVERTISING, Heathrow, FL, pg. 353
EXPECT ADVERTISING, INC., Clifton, NJ, pg. 355
EXPLORE COMMUNICATIONS, Denver, CO, pg. 1321
FAHLGREN MORTINE, Columbus, OH, pg. 358
FALLS COMMUNICATIONS, Cleveland, OH, pg. 1502
THE FARM, New York, NY, pg. 362
FAST HORSE, Minneapolis, MN, pg. 362
FATHOM COMMUNICATIONS, New York, NY, pg. 363
FCB GLOBAL, New York, NY, pg. 363
FELDER COMMUNICATIONS GROUP, Grand Rapids, MI, pg. 377
FIELD DAY INC., Toronto, pg. 379
FINCH BRANDS, Philadelphia, PA, pg. 380
FISLER COMMUNICATIONS, Newbury, MA, pg. 385
FKQ ADVERTISING + MARKETING, Clearwater, FL, pg. 386
FLEISHMANHILLARD INC., Saint Louis, MO, pg. 1506
FLEMING & COMPANY INC., NewPOrt, RI, pg. 387
FLETCHER MEDIA GROUP, Peterborough, NH, pg. 388
FLIPELEVEN LLC, Milwaukee, WI, pg. 389
FMB ADVERTISING, Knoxville, TN, pg. 390
FORGE SPONSORSHIP CONSULTING, LLC, San Anselmo, CA, pg. 1403
FORZA MIGLIOZZI, LLC, Hollywood, CA, pg. 393
FREEBAIRN & CO., Atlanta, GA, pg. 397
FREEBAIRN & COMPANY PUBLIC RELATIONS, Atlanta, GA, pg. 1513
FREED ADVERTISING, Sugar Land, TX, pg. 397
FRENCH/WEST/VAUGHAN, INC., Raleigh, NC, pg. 398
FULL CONTACT ADVERTISING, Boston, MA, pg. 402
FURBER ADVERTISING, LLC, Richmond, TX, pg. 403
FUSION IDEA LAB, Chicago, IL, pg. 404
G&G ADVERTISING, INC., Billings, MT, pg. 406
GABRIEL DEGROOD BENDT, MinneaPOlis, MN, pg. 407
THE GARY GROUP, Santa Monica, CA, pg. 411
THE GATE WORLDWIDE NEW YORK, New York, NY, pg. 411
THE GEARY COMPANY, Las Vegas, NV, pg. 413
GEM GROUP, Eden Prairie, MN, pg. 1403
GIAMBRONE + PARTNERS, Cincinnati, OH, pg. 418
THE GLENN GROUP, Reno, NV, pg. 421
GLIMMER, INC., Naperville, IL, pg. 422
GMR MARKETING LLC, New Berlin, WI, pg. 1403
GOCONVERGENCE, Orlando, FL, pg. 426
GODFREY ADVERTISING, Lancaster, PA, pg. 426
GOLIN, Chicago, IL, pg. 1519
THE GOSS AGENCY INC., Asheville, NC, pg. 430
GRAHAM OLESON, Colorado Springs, CO, pg. 432
GRAY LOON MARKETING GROUP, INC., Evansville, IN, pg. 433
GREENLIGHT MEDIA & MARKETING, LLC, Hollywood, CA, pg. 435
GREENRUBINO, Seattle, WA, pg. 436
GRIFFIN WINK ADVERTISING, Lubbock, TX, pg. 450
GRIN, Evansville, IN, pg. 450
GROUP46, Bluffton, SC, pg. 452

GRP MEDIA, INC., Chicago, IL, pg. 1324
GS&F, Nashville, TN, pg. 453
GUMAS ADVERTISING, San Francisco, CA, pg. 455
THE GUNTER AGENCY, New Glarus, WI, pg. 456
GYK ANTLER, Manchester, NH, pg. 457
GYRO DENVER, Denver, CO, pg. 459
HAKUHODO INCORPORATED, Tokyo, pg. 461
THE HALO GROUP, New York, NY, pg. 464
HANNA & ASSOCIATES INC., Coeur D'Alene, ID, pg. 465
HANSON DODGE INC., Milwaukee, WI, pg. 466
HANSON WATSON ASSOCIATES, Moline, IL, pg. 466
HARMELIN MEDIA, Bala Cynwyd, PA, pg. 1324
HARRIS, BAIO & MCCULLOUGH INC., Philadelphia, PA, pg. 469
HAVAS, Puteaux, pg. 472
HAVAS FORMULA, El Segundo, CA, pg. 1527
HAVAS MEDIA, New York, NY, pg. 1324
HAVAS SPORTS & ENTERTAINMENT, Atlanta, GA, pg. 1260
HAWORTH MARKETING + MEDIA, Minneapolis, MN, pg. 1328
HAWTHORNE DIRECT INC., Fairfield, IA, pg. 489
HAYTER COMMUNICATIONS, Port Orchard, WA, pg. 1529
HELLOWORLD, A MERKLE COMPANY, Southfield, MI, pg. 495
HENKE & ASSOCIATES, INC., Cedarburg, WI, pg. 496
HERMANOFF PUBLIC RELATIONS, Bingham Farms, MI, pg. 1530
HI-GLOSS, Miami Beach, FL, pg. 498
HIRONS & COMPANY, Indianapolis, IN, pg. 502
HMH, Portland, OR, pg. 504
HODGES ASSOCIATES, INC., Fayetteville, NC, pg. 505
HOPE-BECKHAM, INC., Atlanta, GA, pg. 508
HORIZON MEDIA, INC., New York, NY, pg. 1329
HORNALL ANDERSON, Seattle, WA, pg. 509
HPR, INC., Carmel, CA, pg. 1538
HUDSON MEDIA SERVICES LLC, West Orange, NJ, pg. 1330
HUGE LLC, Brooklyn, NY, pg. 512
HUGHESLEAHYKARLOVIC, Saint Louis, MO, pg. 513
HUNT ADKINS, Minneapolis, MN, pg. 514
ICONOLOGIC, Atlanta, GA, pg. 519
ICROSSING NEW YORK, New York, NY, pg. 1261
ID29, Troy, NY, pg. 519
THE IDEA FACTORY, New York, NY, pg. 520
IDEASCAPE, INC., Stoneham, MA, pg. 521
IDEAWORKS, INC., Pensacola, FL, pg. 522
IGM CREATIVE GROUP, Lincoln Park, NJ, pg. 1405
IGNITE DESIGN AND ADVERTISING, INC., Rch Cucamonga, CA, pg. 522
IGNITED, El Segundo, CA, pg. 523
ILAN GEVA & FRIENDS, Northbrook, IL, pg. 523
IMAGINASIUM INC., Green Bay, WI, pg. 525
IMG COLLEGE, Winston Salem, NC, pg. 527
THE IN-HOUSE AGENCY, INC., Morristown, NJ, pg. 529
INNIS MAGGIORE GROUP, INC., Canton, OH, pg. 533
INQUEST MARKETING, Kansas City, MO, pg. 534
INSPIRE CREATIVE STUDIOS, Wilmington, NC, pg. 535
THE INTEGER GROUP, LLC, Lakewood, CO, pg. 536
THE INTEGER GROUP-MIDWEST, Des Moines, IA, pg. 1406
INTEGRITY SPORTS MARKETING, MEDIA & MANAGEMENT, Davidson, NC, pg. 1406
THE INTERCONNECT GROUP, Atlanta, GA, pg. 1335
INTERLEX COMMUNICATIONS INC., San Antonio, TX, pg. 538
INTERMARK GROUP, INC., Birmingham, AL, pg. 539
THE INTERPUBLIC GROUP OF COMPANIES, INC., New York, NY, pg. 540
INTERSPORT INC, Chicago, IL, pg. 544
INTERTREND COMMUNICATIONS, INC., Long Beach, CA, pg. 544
INTRIGUE, Melville, NY, pg. 545
IONIC MEDIA, Woodland Hills, CA, pg. 546
JACK MORTON WORLDWIDE, Boston, MA, pg. 567
JACK NADEL INTERNATIONAL, Westport, CT, pg. 1407
JACOBSON ROST, Milwaukee, WI, pg. 570
JAMES ROSS ADVERTISING, Pompano Beach, FL, pg. 571
JAY ADVERTISING, INC., Rochester, NY, pg. 573
JENNINGS SOCIAL MEDIA MARKETING, Leawood, KS, pg. 575
JOE AGENCY, Los Angeles, CA, pg. 578
THE JOEY COMPANY, Brooklyn, NY, pg. 578
JOHNSON DESIGN GROUP, Ada, MI, pg. 580
JOHNSONRAUHOFF, Saint Joseph, MI, pg. 581
THE JONES AGENCY, Palm Springs, CA, pg. 581

JONES & THOMAS, INC., Decatur, IL, pg. 581
JONES FOSTER DEAL ADVERTISING & PUBLIC RELATIONS, INC., Tampa, FL, pg. 582
JORDAN ASSOCIATES, Oklahoma City, OK, pg. 582
KEATING MAGEE MARKETING COMMUNICATIONS, Metairie, LA, pg. 589
KELLEY & COMPANY, Wellesley, MA, pg. 591
KELLIHER SAMETS VOLK, Burlington, VT, pg. 591
KELLY SCOTT MADISON, Chicago, IL, pg. 1336
KEMPERLESNIK, Northbrook, IL, pg. 1554
KENNA, Mississauga, pg. 592
KETCHUM, New York, NY, pg. 1554
KEYAD, LLC, San Antonio, TX, pg. 593
KINDLING MEDIA, LLC, Hollywood, CA, pg. 595
KOCHAN & COMPANY MARKETING COMMUNICATIONS, Saint Louis, MO, pg. 600
KRAUSE ADVERTISING, Dallas, TX, pg. 602
KURMAN COMMUNICATIONS, INC., Chicago, IL, pg. 1561
KW2, Madison, WI, pg. 604
LAKE GROUP MEDIA, INC., Armonk, NY, pg. 607
LAM-ANDREWS INC., Nashville, TN, pg. 608
LANETERRALEVER, Phoenix, AZ, pg. 610
LATCHA+ASSOCIATES, Farmington Hills, MI, pg. 611
LATINWORKS MARKETING, INC., Austin, TX, pg. 612
LATITUDE, Dallas, TX, pg. 1408
LAVIDGE & ASSOCIATES INC., Knoxville, TN, pg. 616
THE LAVIDGE COMPANY, Phoenix, AZ, pg. 616
LAWRENCE & SCHILLER, INC., Sioux Falls, SD, pg. 616
LEAD ME MEDIA, Deerfield Beach, FL, pg. 617
LEADDOG MARKETING GROUP, New York, NY, pg. 618
LEGEND INC., Marblehead, MA, pg. 619
LEO BURNETT COMPANY LTD., Toronto, pg. 620
LEO BURNETT WORLDWIDE, INC., Chicago, IL, pg. 621
LEVO HEALTH, Tampa, FL, pg. 635
LEWIS COMMUNICATIONS, Birmingham, AL, pg. 636
LEXICON COMMUNICATIONS CORP., Pasadena, CA, pg. 1567
THE LINICK GROUP, INC., Middle Island, NY, pg. 641
LINX COMMUNICATIONS CORP., Smithtown, NY, pg. 642
LIQUID ADVERTISING, El Segundo, CA, pg. 644
LIQUID SOUL, Atlanta, GA, pg. 644
LITTLE DOG AGENCY INC., Mount Pleasant, SC, pg. 645
LOONEY ADVERTISING AND DESIGN, Montclair, NJ, pg. 651
LOPEZ NEGRETE COMMUNICATIONS, INC., Houston, TX, pg. 651
LOVE ADVERTISING INC., Houston, TX, pg. 652
LPI COMMUNICATIONS GROUP INC., Calgary, pg. 654
LUQUIRE GEORGE ANDREWS, INC., Charlotte, NC, pg. 657
MACDONALD MEDIA, New York, NY, pg. 1339
MACIAS CREATIVE, Miami, FL, pg. 666
MACRO COMMUNICATIONS, Capistrano Beach, CA, pg. 667
MAD MEN MARKETING, Jacksonville, FL, pg. 668
MAGNANI, Chicago, IL, pg. 670
MAKAI, El Segundo, CA, pg. 672
MANGOS, Conshohocken, PA, pg. 674
MANTERA ADVERTISING, Bakersfield, CA, pg. 675
MARC USA, Pittsburgh, PA, pg. 676
MARC USA BOSTON, Stoneham, MA, pg. 677
MARC USA CHICAGO, Chicago, IL, pg. 677
MARCA MIAMI, Coconut Grove, FL, pg. 677
MARCUS THOMAS LLC, Cleveland, OH, pg. 679
MARGIE KORSHAK INC., Chicago, IL, pg. 1575
MARINELLI & COMPANY, New York, NY, pg. 679
MARKETING VISIONS, INC., Tarrytown, NY, pg. 1410
MARKETING WERKS, INC., Chicago, IL, pg. 1411
MAROON PUBLIC RELATIONS, Columbia, MD, pg. 1577
THE MARTIN AGENCY, Richmond, VA, pg. 687
MARTIN WILLIAMS ADVERTISING INC., Minneapolis, MN, pg. 688
MARTINO FLYNN LLC, Pittsford, NY, pg. 689
MASCOLA ADVERTISING, New Haven, CT, pg. 690
MASSIVEMEDIA, New York, NY, pg. 692
MASTERMIND MARKETING, Atlanta, GA, pg. 1411
MASTERMINDS, Egg Harbor Township, NJ, pg. 692
MATRIX MEDIA SERVICES, INC., Columbus, OH, pg. 1340
MAXLETICS CORPORATION, Colorado Springs, CO, pg. 1271
MAYCREATE, Chattanooga, TN, pg. 696
MAYOSEITZ MEDIA, Blue Bell, PA, pg. 1340
MCCANN VANCOUVER, Vancouver, pg. 714
MCGILL BUCKLEY, Ottawa, pg. 718
MCKIM, Winnipeg, pg. 719
MCKINNEY, Durham, NC, pg. 719

A-190

SPECIAL MARKET INDEX

AGENCIES

MEDIA DIRECTIONS ADVERTISING, INC., Knoxville, TN, pg. 1341
MEDIA SOLUTIONS, Sacramento, CA, pg. 1343
MEDIA STORM LLC, South Norwalk, CT, pg. 1343
MEDIASMITH, San Francisco, CA, pg. 1350
MELT, Atlanta, GA, pg. 730
THE MERIDIAN GROUP, Virginia Beach, VA, pg. 731
MESH INTERACTIVE AGENCY, Boston, MA, pg. 734
MFA PR, New York, NY, pg. 1583
MICHAEL WALTERS ADVERTISING, Chicago, IL, pg. 738
MICSTURA, Miami, FL, pg. 739
MILNER BUTCHER MEDIA GROUP, Los Angeles, CA, pg. 1351
MINDSTORM COMMUNICATIONS GROUP, INC., Charlotte, NC, pg. 745
MIRESBALL, San Diego, CA, pg. 747
MITHOFF BURTON PARTNERS, El Paso, TX, pg. 748
MKTG, INC., New York, NY, pg. 1412
MKTWORKS, INC., Cold Spring, NY, pg. 749
MMB, Boston, MA, pg. 750
MODCO MEDIA, New York, NY, pg. 753
MOMENTUM WORLDWIDE, New York, NY, pg. 754
MORE MEDIA GROUP, Redondo Beach, CA, pg. 757
MOROCH HOLDINGS, INC., Dallas, TX, pg. 758
MOTIVATE, INC., San Diego, CA, pg. 763
MOTTIS, Sanford, NC, pg. 764
MOXIE SOZO, Boulder, CO, pg. 765
MP AGENCY, LLC, Scottsdale, AZ, pg. 766
MRB PUBLIC RELATIONS, Freehold, NJ, pg. 1586
MRM PRINCETON, Princeton, NJ, pg. 768
MULLER BRESSLER BROWN, Leawood, KS, pg. 778
MUSE COMMUNICATIONS, Santa Monica, CA, pg. 780
MVS MEDIA GROUP, Hallandale, FL, pg. 1413
NATCOM MARKETING, Miami, FL, pg. 785
NEFF + ASSOCIATES, INC., Philadelphia, PA, pg. 788
NELSON SCHMIDT, Milwaukee, WI, pg. 788
NEURON SYNDICATE, Santa Monica, CA, pg. 790
NEW MEDIA AGENCY, Los Angeles, CA, pg. 791
NEWMAN GRACE INC., Woodland Hills, CA, pg. 792
NEWSMARK PUBLIC RELATIONS INC., Boca Raton, FL, pg. 1595
NEWTON ASSOCIATES MARKETING COMMUNICATIONS, INC., Plymouth Meeting, PA, pg. 793
NFM+DYUMN, Pittsburgh, PA, pg. 794
NIMBLE WORLDWIDE, Dallas, TX, pg. 794
THE NISSEN GROUP, Winter Haven, FL, pg. 795
NORTHEASTERN MEDIA, Doylestown, OH, pg. 1413
NUEVO ADVERTISING GROUP, INC., Sarasota, FL, pg. 802
O3 WORLD, LLC, Philadelphia, PA, pg. 804
O'BERRY CAVANAUGH, Bozeman, MT, pg. 804
OCEAN BRIDGE GROUP, Los Angeles, CA, pg. 805
OCTAGON, Norwalk, CT, pg. 806
OGILVY, New York, NY, pg. 809
OLANDER GROUP, Ottawa, IL, pg. 1355
OMNICOM GROUP INC., New York, NY, pg. 836
ONE SOURCE DIRECT MARKETING, INC., Coral Springs, FL, pg. 1278
ONE TWELFTH INC., Miami, FL, pg. 839
ONEWORLD COMMUNICATIONS, INC., San Francisco, CA, pg. 840
ONION LABS, Chicago, IL, pg. 840
OPTIMUM SPORTS, New York, NY, pg. 842
OPTO DESIGN, New York, NY, pg. 843
ORAIKO, New York, NY, pg. 843
ORGANIC, INC., San Francisco, CA, pg. 1278
OTEY WHITE & ASSOCIATES, Baton Rouge, LA, pg. 845
OUTERNATIONAL INC, New York, NY, pg. 846
PACO COMMUNICATIONS, INC, Chicago, IL, pg. 849
PALISADES MEDIA GROUP, INC., Santa Monica, CA, pg. 1361
PALLEY ADVERTISING INC., Worcester, MA, pg. 851
PAPROCKI & CO., Atlanta, GA, pg. 852
PARADIGM ASSOCIATES, San Juan, PR, pg. 1606
PARTNERSHIP ADVERTISING, Amherst, NY, pg. 856
PATRICKORTMAN, INC., Studio City, CA, pg. 1279
PATRIOT ADVERTISING INC., Katy, TX, pg. 858
PAVONE, Harrisburg, PA, pg. 859
PEPPERCOMM, New York, NY, pg. 1607
PERICH ADVERTISING + DESIGN, Ann Arbor, MI, pg. 864
PERISCOPE, Minneapolis, MN, pg. 864
PETER MAYER ADVERTISING, INC., New Orleans, LA, pg. 866
PG CREATIVE, Miami, FL, pg. 867
PHD, New York, NY, pg. 1361
PINTA, New York, NY, pg. 872

PITA COMMUNICATIONS LLC, Rocky Hill, CT, pg. 873
PK NETWORK COMMUNICATIONS, New York, NY, pg. 875
PLATYPUS ADVERTISING + DESIGN, Pewaukee, WI, pg. 877
PM PUBLICIDAD, Atlanta, GA, pg. 878
PORTER NOVELLI, New York, NY, pg. 1612
PP+K, Tampa, FL, pg. 885
PRESTON KELLY, Minneapolis, MN, pg. 888
PRICEWEBER MARKETING COMMUNICATIONS, INC., Louisville, KY, pg. 889
PRIMEDIA INC., Warwick, RI, pg. 1364
PRINCETON PARTNERS, INC., Princeton, NJ, pg. 890
PROJECT, Auburn Hills, MI, pg. 891
PROM KROG ALTSTIEL INC., Mequon, WI, pg. 892
PROTERRA ADVERTISING, Addison, TX, pg. 894
PROXY SPONSORSHIPS, Denver, CO, pg. 1415
PUBLICIS HAWKEYE, Dallas, TX, pg. 1282
PUREI, Batavia, IL, pg. 917
PUSH, Orlando, FL, pg. 918
RAIN, New York, NY, pg. 1283
RAWLE MURDY ASSOCIATES, INC., Charleston, SC, pg. 934
R.C. AULETTA & CO., New York, NY, pg. 1626
RDW GROUP INC., Providence, RI, pg. 935
REAL INTEGRATED, Troy, MI, pg. 936
RECIPROCAL RESULTS, Staten Island, NY, pg. 1367
RED INTERACTIVE AGENCY, Santa Monica, CA, pg. 1284
RED MOON MARKETING, Charlotte, NC, pg. 940
REMER INC. CREATIVE MARKETING, Seattle, WA, pg. 946
RENEGADE COMMUNICATIONS, Hunt Valley, MD, pg. 946
REVOLUTION MARKETING, LLC, Chicago, IL, pg. 953
THE RICHARDS GROUP, INC., Dallas, TX, pg. 956
RIESTER, Phoenix, AZ, pg. 958
RIOT, New York, NY, pg. 959
RISDALL MARKETING GROUP, Roseville, MN, pg. 959
RITTA, Paramus, NJ, pg. 960
ROCKET 55, Minneapolis, MN, pg. 964
ROCKET RED, Dallas, TX, pg. 965
RON FOTH ADVERTISING, Columbus, OH, pg. 967
RONIN ADVERTISING GROUP, Miami, FL, pg. 967
ROSICA STRATEGIC PUBLIC RELATIONS, Fair Lawn, NJ, pg. 1635
RPA, Santa Monica, CA, pg. 970
RPM ADVERTISING, Chicago, IL, pg. 971
RPMC, INC., Calabasas, CA, pg. 1415
RUNNER AGENCY, Dallas, TX, pg. 1286
S2 ADVERTISING, Ormond Beach, FL, pg. 974
S3, Boonton, NJ, pg. 974
SAESHE ADVERTISING, Los Angeles, CA, pg. 986
SAGE COMMUNICATIONS, McLean, VA, pg. 986
SAGON-PHIOR, West Los Angeles, CA, pg. 1638
SAMBA ROCK, Miami Beach, FL, pg. 988
SANDSTROM PARTNERS, Portland, OR, pg. 1286
SAPIENT CONSULTING, New York, NY, pg. 991
SASQUATCH, Portland, OR, pg. 992
SAVAGE SOLUTIONS, LLC, Franklin, WI, pg. 992
SEAN TRACEY ASSOCIATES, Portsmouth, NH, pg. 1000
SHERMAN COMMUNICATIONS & MARKETING, Chicago, IL, pg. 1007
SHOPPER MARKETING GROUP ADVERTISING INC., Porter Ranch, CA, pg. 1009
SIGMA GROUP, Upper Saddle River, NJ, pg. 1011
SIMONS MICHELSON ZIEVE, INC., Troy, MI, pg. 1015
SIQUIS, LTD., Baltimore, MD, pg. 1016
SKYTYPERS, INC., Las Vegas, NV, pg. 1416
SMITH ASBURY INC, West Linn, OR, pg. 1023
SMITH BROTHERS AGENCY, LP, Pittsburgh, PA, pg. 1023
SMM ADVERTISING, Smithtown, NY, pg. 1024
SOAR COMMUNICATIONS, Salt Lake City, UT, pg. 1026
SOCIALLY PRESENT, Carbondale, IL, pg. 1026
SOURCE COMMUNICATIONS, Hackensack, NJ, pg. 1029
THE SOUZA AGENCY, Annapolis, MD, pg. 1030
SPACETIME, INC., Chicago, IL, pg. 1369
SPARXOO, Tampa, FL, pg. 1032
SPAWN IDEAS, Anchorage, AK, pg. 1032
SPECIALTY TRUCK RENTALS, Santa Monica, CA, pg. 1416
SPERO MEDIA, New York, NY, pg. 1033
SPIKER COMMUNICATIONS, INC., Missoula, MT, pg. 1033
SPORTSBRANDEDMEDIA INC., Rockville Centre, NY, pg. 1035
SPRAGUE NELSON, LLC., Weymouth, MA, pg. 1036

SQUARE ONE MARKETING, West Hartford, CT, pg. 1037
SQUARE TOMATO, Seattle, WA, pg. 1038
S.R. VIDEO PICTURES, LTD., Haverstraw, NY, pg. 1038
THE ST. GREGORY GROUP, INC., Cincinnati, OH, pg. 1040
ST. JOHN & PARTNERS, Jacksonville, FL, pg. 1040
STAR POWER LLC, New York, NY, pg. 1043
STARCOM, Chicago, IL, pg. 1370
STEINER SPORTS MARKETING, New Rochelle, NY, pg. 1046
STEVENS STRATEGIC COMMUNICATIONS, INC., Westlake, OH, pg. 1048
STOWE AREA ASSOCIATION AGENCY, Stowe, VT, pg. 1227
STRATEGIC AMERICA, West Des Moines, IA, pg. 1052
SUBMIT EXPRESS INC., Glendale, CA, pg. 1057
SULLIVAN BRANDING, Memphis, TN, pg. 1059
THE SUNFLOWER GROUP, Lenexa, KS, pg. 1417
SUNSHINE SACHS, New York, NY, pg. 1654
SUSAN DAVIS INTERNATIONAL, Washington, DC, pg. 1063
SWIRL MCGARRYBOWEN, San Francisco, CA, pg. 1067
T3, Austin, TX, pg. 1069
TAFT & PARTNERS, Lawrenceville, NJ, pg. 1070
TAILORED MARKETING INC., Pittsburgh, PA, pg. 1071
TAKE 5 MEDIA GROUP, Boca Raton, FL, pg. 1071
TAYLOR, New York, NY, pg. 1655
TBC INC., Baltimore, MD, pg. 1076
TBC, INC./PR DIVISION, Baltimore, MD, pg. 1656
TBD, San Francisco, CA, pg. 1076
TC CREATIVES LLC, Woodland Hills, CA, pg. 1093
TCAA, Cincinnati, OH, pg. 1093
TCS MEDIA, INC., Maitland, FL, pg. 1094
TEN, Fort Lauderdale, FL, pg. 1096
THAT AGENCY, West Palm Bch, FL, pg. 1098
THE THOMPSON AGENCY, Charlotte, NC, pg. 1101
TIDAL SHORES INC., Houston, TX, pg. 1102
TIDESMART GLOBAL, Falmouth, ME, pg. 1103
TINSLEY ADVERTISING, Miami, FL, pg. 1104
TJM COMMUNICATIONS, Oviedo, FL, pg. 1106
TOM, DICK & HARRY CREATIVE, Chicago, IL, pg. 1108
THE TOMBRAS GROUP, Knoxville, TN, pg. 1108
TOMSHEEHAN WORLDWIDE, Reading, PA, pg. 1109
TOWER MARKETING, Lancaster, PA, pg. 1111
TRACYLOCKE, Dallas, TX, pg. 1113
TRANSIT MEDIA GROUP, Huntington Beach, CA, pg. 1376
TRELLIS MARKETING, INC, Buffalo, NY, pg. 1115
TRIBALVISION, Boston, MA, pg. 1116
TRILION STUDIOS, Lawrence, KS, pg. 1228
TRILIX MARKETING GROUP, INC., Des Moines, IA, pg. 1117
TRUE MEDIA, Columbia, MO, pg. 1376
TRUE NORTH INC., New York, NY, pg. 1119
TRUMPET LLC, New Orleans, LA, pg. 1120
TURCHETTE ADVERTISING AGENCY LLC, Fairfield, NJ, pg. 1121
UN/COMMON, Sacramento, CA, pg. 1125
UNDIVIDED, Pasadena, CA, pg. 1126
UNION, Charlotte, NC, pg. 1298
UNITED TALENT AGENCY, LLC, Beverly Hills, CA, pg. 1127
U.S. INTERNATIONAL MEDIA, LLC, Los Angeles, CA, pg. 1378
VALMARK ASSOCIATES, LLC, Amherst, NY, pg. 1130
VARGAS & AMIGOS INC., Marietta, GA, pg. 1131
VENABLES, BELL & PARTNERS, San Francisco, CA, pg. 1132
VERTICAL MARKETING NETWORK LLC, Tustin, CA, pg. 1418
VIGET, Falls Church, VA, pg. 1300
VILLING & COMPANY, INC., South Bend, IN, pg. 1137
VINCODO, Langhorne, PA, pg. 1138
VITAMIN, Baltimore, MD, pg. 1140
VITRO, San Diego, CA, pg. 1141
VMG CREATIVE, New York, NY, pg. 1143
VML, INC., Kansas City, MO, pg. 1143
THE VOICE, Fairfield, CT, pg. 1145
W INC., Atlanta, GA, pg. 1147
WALKER & ASSOCIATES, INC., Memphis, TN, pg. 1148
WALRUS, New York, NY, pg. 1150
WARSCHAWSKI, Baltimore, MD, pg. 1670
WAVEMAKER GLOBAL LTD, New York, NY, pg. 1379
WAVEMAKER - NA HQ, NEW YORK, New York, NY, pg. 1386
WC MEDIA INC., Springfield, IL, pg. 1154
WEBER SHANDWICK, New York, NY, pg. 1673
WEBNBEYOND, Baldwin, NY, pg. 1156

AGENCIES

WENSTROM COMMUNICATIONS, Clearwater, FL, pg. 1387
WHITE & PARTNERS, Tysons Corner, VA, pg. 1160
WIEDEN + KENNEDY, INC., Portland, OR, pg. 1163
WILDFIRE LLC, Winston Salem, NC, pg. 1167
WILLIAMS-HELDE MARKETING COMMUNICATIONS, Seattle, WA, pg. 1169
WILLIAMS WHITTLE ASSOCIATES, INC., Alexandria, VA, pg. 1169
WINSTANLEY PARTNERS, Lenox, MA, pg. 1171
WIRE STONE LLC, Sacramento, CA, pg. 1172
WOMENKIND, New York, NY, pg. 1174
WP NARRATIVE_, New York, NY, pg. 1178
WPP PLC, London, pg. 1178
WRAY WARD MARKETING COMMUNICATIONS, Charlotte, NC, pg. 1187
WUNDERMAN, New York, NY, pg. 1188
WWDB INTEGRATED MARKETING, Fort Lauderdale, FL, pg. 1193
WYSE, Cleveland, OH, pg. 1193
XAXIS, LLC, New York, NY, pg. 1302
YOUNG & LARAMORE, Indianapolis, IN, pg. 1196
Z MARKETING PARTNERS, Indianapolis, IN, pg. 1209
ZAMBEZI, Culver City, CA, pg. 1209
ZENITH MEDIA, London, pg. 1387

Travel & Tourism

15 MINUTES, INC., Conshohocken, PA, pg. 2
22SQUARED, Atlanta, GA, pg. 4
3 ADVERTISING, Albuquerque, NM, pg. 5
454 CREATIVE, Irvine, CA, pg. 9
5 STONE ADVERTISING, Carbondale, CO, pg. 9
5W PUBLIC RELATIONS, New York, NY, pg. 1423
61 CELSIUS, Hot Springs, AR, pg. 10
6S MARKETING, New York, NY, pg. 1305
802 CREATIVE PARTNERS, INC., Stowe, VT, pg. 12
919 MARKETING COMPANY, Holly Springs, NC, pg. 13
AB+C, Wilmington, DE, pg. 16
ACCELERATOR ADVERTISING INC., Lewis Center, OH, pg. 19
ACCESS ADVERTISING LLC, Kansas City, MO, pg. 1305
ACCESS TO MEDIA, Chicopee, MA, pg. 20
ACENTO ADVERTISING, INC., Santa Monica, CA, pg. 20
ACTIFY MEDIA, Helena, MT, pg. 22
ACTON INTERNATIONAL LTD., Lincoln, NE, pg. 22
AD DAWG CREATIVE, Redwood City, CA, pg. 23
AD-SUCCESS MARKETING, Lexington, KY, pg. 24
AD WORKSHOP, Lake Placid, NY, pg. 24
ADAMS & KNIGHT, INC., Avon, CT, pg. 25
ADAMS UNLIMITED, New York, NY, pg. 1427
ADCETERA GROUP, Houston, TX, pg. 27
ADMO, INC., Saint Louis, MO, pg. 31
ADPERSUASION, Irvine, CA, pg. 32
ADS & ARTS, Rochester, MN, pg. 32
ADVANCED MARKETING STRATEGIES, San Diego, CA, pg. 33
ADVANTIX DIGITAL, Addison, TX, pg. 1233
ADVENTIUM, LLC, New York, NY, pg. 34
ADVENTURE ADVERTISING, Minneapolis, MN, pg. 35
ADVERTISING SAVANTS, INC., Saint Louis, MO, pg. 35
AGENCY CREATIVE, Dallas, TX, pg. 38
AGENCY ENTOURAGE LLC, Dallas, TX, pg. 38
AGENCY SQUID, Minneapolis, MN, pg. 39
AGENCY212, LLC, New York, NY, pg. 39
AGENCY59, Toronto, pg. 39
AGENCYSACKS, New York, NY, pg. 40
AGNES HUFF COMMUNICATIONS GROUP, LLC., Los Angeles, CA, pg. 1428
AJ ROSS CREATIVE MEDIA, INC., Chester, NY, pg. 42
AKA DIRECT, INC., Portland, OR, pg. 42
AKINS MARKETING & DESIGN L.L.C., Sarasota, FL, pg. 43
ALCHEMY AT AMS, Dallas, TX, pg. 44
ALLEN & GERRITSEN, Boston, MA, pg. 45
ALLEN FINLEY ADVERTISING, INC., Hickory, NC, pg. 46
ALLIONCE GROUP, LLC, Norwell, MA, pg. 1219
ALLISON & PARTNERS, San Francisco, CA, pg. 1430
ALMA, Coconut Grove, FL, pg. 49
AMBIT MARKETING COMMUNICATIONS, Fort Lauderdale, FL, pg. 51
AMELIE COMPANY, Denver, CO, pg. 51
AMERICAN ADVERTISING SERVICES, Bala Cynwyd, PA, pg. 52
AMERICAN NEWSPAPER REPRESENTATIVES, INC., Troy, MI, pg. 1307
AMP AGENCY, Boston, MA, pg. 1236

AMPERAGE, Cedar Falls, IA, pg. 53
AMUSEMENT PARK, Santa Ana, CA, pg. 54
&BARR, Orlando, FL, pg. 55
ANDERSON ADVERTISING & PUBLIC RELATIONS, Scottsdale, AZ, pg. 56
THE ANDERSON GROUP, Sinking Spring, PA, pg. 57
ANDREW EDSON & ASSOCIATES, INC., New York, NY, pg. 1432
ANTHOLOGY MARKETING GROUP, Honolulu, HI, pg. 1433
ANTHOLOGY MARKETING GROUP, INC., Honolulu, HI, pg. 1433
ANVIL MEDIA, INC., Portland, OR, pg. 1307
APCO WORLDWIDE, Washington, DC, pg. 62
ARCANA ACADEMY, Los Angeles, CA, pg. 65
ARCHER MALMO, Memphis, TN, pg. 65
ARCHER MALMO AUSTIN, Austin, TX, pg. 66
ARKSIDE MARKETING, Riverside, CA, pg. 69
ARNOLD WORLDWIDE, Boston, MA, pg. 69
ARRCO MEDICAL MARKETING, Walpole, MA, pg. 71
ARTEFACT, Seattle, WA, pg. 72
ASHAY MEDIA GROUP, Brooklyn, NY, pg. 73
ASO ADVERTISING, Atlanta, GA, pg. 74
ASSEMBLY, New York, NY, pg. 1308
THE ATKINS GROUP, San Antonio, TX, pg. 75
ATTACHE, INC., Columbus, OH, pg. 76
AUDIENCE INNOVATION, Austin, TX, pg. 76
AUGUST, LANG & HUSAK, INC., Bethesda, MD, pg. 77
AUGUSTINE, Roseville, CA, pg. 77
AUGUSTUS BARNETT ADVERTISING/DESIGN, Fox Island, WA, pg. 77
AVREAFOSTER, Dallas, TX, pg. 80
AXIA PUBLIC RELATIONS, Jacksonville, FL, pg. 80
THE AXIS AGENCY, Los Angeles, CA, pg. 81
AXXIS ADVERTISING LLC, Phoenix, AZ, pg. 81
B-LINE APPAREL, INC., Doral, FL, pg. 1397
BACKUS TURNER INTERNATIONAL, Pompano Beach, FL, pg. 83
BAILEY LAUERMAN, Omaha, NE, pg. 84
BAKERY, Austin, TX, pg. 1240
THE BALCOM AGENCY, Fort Worth, TX, pg. 85
BALTZ & COMPANY, New York, NY, pg. 1438
BANDY CARROLL HELLIGE ADVERTISING, Louisville, KY, pg. 87
BARBER MARTIN AGENCY, Richmond, VA, pg. 88
BARKLEY, Kansas City, MO, pg. 90
BARNETT MURPHY DIRECT MARKETING, Orlando, FL, pg. 90
BARNHART, Denver, CO, pg. 91
BARTLEY & DICK, New York, NY, pg. 94
BASS ADVERTISING, Sioux City, IA, pg. 95
BASTION TLG, Long Beach, CA, pg. 95
BAYARD ADVERTISING AGENCY, INC., New York, NY, pg. 96
BBH NEW YORK, New York, NY, pg. 115
BCA (BRIAN CRONIN & ASSOCIATES INC.), Rye Brook, NY, pg. 116
BCF, Virginia Beach, VA, pg. 117
BDOT, New York, NY, pg. 117
BEAUTY\@GOTHAM, New York, NY, pg. 119
BEBER SILVERSTEIN GROUP, Miami, FL, pg. 119
BECKETT & BECKETT, INC., Altadena, CA, pg. 120
BEEBY CLARK + MEYLER, Stamford, CT, pg. 120
BENCHMARK DISPLAYS, Palm Desert, CA, pg. 1398
BENEDICT ADVERTISING, Daytona Beach, FL, pg. 122
BENNETT & COMPANY MARKETING, Longwood, FL, pg. 122
BENSUR CREATIVE MARKETING GROUP, Erie, PA, pg. 123
BERGMAN GROUP, Glen Allen, VA, pg. 123
BERLINE, Royal Oak, MI, pg. 124
BERNSTEIN-REIN ADVERTISING, INC., Kansas City, MO, pg. 125
BFW ADVERTISING + INTERACTIVE, Boca Raton, FL, pg. 127
BG, West Palm Beach, FL, pg. 127
BIG CAT ADVERTISING, Novato, CA, pg. 128
BIG HONKIN' IDEAS (BHI), Los Angeles, CA, pg. 129
BIG RIVER ADVERTISING, Richmond, VA, pg. 129
BIGEYE AGENCY, Orlando, FL, pg. 130
BILL HUDSON & ASSOCIATES, INC., ADVERTISING & PUBLIC RELATIONS, Nashville, TN, pg. 131
BITNER GOODMAN, Fort Lauderdale, FL, pg. 1450
BLASS MARKETING, Old Chatham, NY, pg. 134
BLAZE, Santa Monica, CA, pg. 135
BLEND, Los Angeles, CA, pg. 135
BLOOMFIELD KNOBLE, Irving, TX, pg. 137
BLUE DAISY MEDIA, Coral Gables, FL, pg. 1312

SPECIAL MARKET INDEX

BLUE DIMENSION, Evanston, IL, pg. 139
BLUE FOUNTAIN MEDIA, New York, NY, pg. 1241
BLUE OLIVE CONSULTING, Florence, AL, pg. 139
BMI ELITE, Coconut Creek, FL, pg. 142
BODDEN PARTNERS, New York, NY, pg. 143
BOELTER + LINCOLN MARKETING COMMUNICATIONS, Milwaukee, WI, pg. 144
BOHAN, Nashville, TN, pg. 144
BOLCHALK FREY MARKETING, ADVERTISING & PUBLIC RELATIONS, Tucson, AZ, pg. 144
BOLIN MARKETING, Minneapolis, MN, pg. 145
BOONEOAKLEY, Charlotte, NC, pg. 147
BORSHOFF, Indianapolis, IN, pg. 148
THE BOSWORTH GROUP, Charleston, SC, pg. 149
BR CREATIVE, Hingham, MA, pg. 151
BRADSHAW ADVERTISING, Portland, OR, pg. 152
BRAINSTORMS ADVERTISING & MARKETING, INC., Fort Lauderdale, FL, pg. 153
BRAMSON + ASSOCIATES, Los Angeles, CA, pg. 153
BRAND CONTENT, Boston, MA, pg. 154
BRANDDIRECTIONS, Neenah, WI, pg. 155
BRANDIGO, Newburyport, MA, pg. 156
THE BRANDON AGENCY, Myrtle Beach, SC, pg. 158
BRANDTAILERS, Newport Beach, CA, pg. 159
BRIDGE GLOBAL STRATEGIES LLC, New York, NY, pg. 1456
BRIERLEY & PARTNERS, Plano, TX, pg. 162
BRIGHT RED\TBWA, Tallahassee, FL, pg. 163
BRIGHTON AGENCY, INC., Saint Louis, MO, pg. 164
BRILLIANT MEDIA STRATEGIES, Anchorage, AK, pg. 164
BRING, Green Bay, WI, pg. 165
BROADSTREET, New York, NY, pg. 1398
BROGAN & PARTNERS CONVERGENCE MARKETING, Birmingham, MI, pg. 166
BROKAW INC., Cleveland, OH, pg. 166
BROLIK, Philadelphia, PA, pg. 1243
THE BROWER GROUP, Los Angeles, CA, pg. 1458
BROWNING AGENCY, New Providence, NJ, pg. 168
BRUNNER, Pittsburgh, PA, pg. 169
BRUSTMAN CARRINO PUBLIC RELATIONS, Miami, FL, pg. 1459
BRYDAN CORPORATION, Franklin, NY, pg. 1399
BTC MARKETING, Wayne, PA, pg. 171
THE BUNTIN GROUP, Nashville, TN, pg. 173
BUTLER, SHINE, STERN & PARTNERS, Sausalito, CA, pg. 177
BUY ADS DIRECT, Ridge Manor, FL, pg. 1313
BVK, Milwaukee, WI, pg. 178
BVK-CHICAGO, Roselle, IL, pg. 179
BYNUMS MARKETING & COMMUNICATIONS, INC, Pittsburgh, PA, pg. 179
C SUITE COMMUNICATIONS, Sarasota, FL, pg. 180
CALISE PARTNERS INC., Dallas, TX, pg. 183
CALLAHAN CREEK, INC., Lawrence, KS, pg. 183
CALZONE & ASSOCIATES, Lafayette, LA, pg. 184
CAMPBELL EWALD, Detroit, MI, pg. 185
CAPITOL MARKETING GROUP, INC., Fairfax, VA, pg. 187
CAPLAN COMMUNICATIONS, Rockville, MD, pg. 1462
CAPRICORN, Melville, NY, pg. 1399
CARR MARKETING COMMUNICATION, INC., Buffalo, NY, pg. 191
CASHMAN & KATZ INTEGRATED COMMUNICATIONS, Glastonbury, CT, pg. 193
CASTELLS & ASOCIADOS, Los Angeles, CA, pg. 194
CATALYST MARKETING COMPANY, Fresno, CA, pg. 195
CAUGHERTY HAHN COMMUNICATIONS, INC., Glen Rock, NJ, pg. 1464
CCG MARKETING SOLUTIONS, West Caldwell, NJ, pg. 197
CCM MARKETING COMMUNICATIONS, New York, NY, pg. 197
CD&M COMMUNICATIONS, Portland, ME, pg. 198
CDHM ADVERTISING, Stamford, CT, pg. 198
CELTIC, INC., Milwaukee, WI, pg. 199
CHARLES RYAN ASSOCIATES INC., Charleston, WV, pg. 203
CHEMISTRY, San Diego, CA, pg. 1467
CHEMISTRY COMMUNICATIONS INC., Pittsburgh, PA, pg. 205
CHERNOFF NEWMAN, Columbia, SC, pg. 206
CHERYL ANDREWS MARKETING COMMUNICATIONS, Coral Gables, FL, pg. 1468
C.I. VISIONS INC., New York, NY, pg. 1468
CIBO, San Francisco, CA, pg. 1245
CINETRANSFORMER INTERNATIONAL INC., Hallandale Beach, FL, pg. 1399
CIRCLE OF ONE MARKETING, Miami, FL, pg. 208

A-192

SPECIAL MARKET INDEX — AGENCIES

THE CIRLOT AGENCY, INC., Jackson, MS, pg. 209
CIVILIAN, Chicago, IL, pg. 210
CJRW NORTHWEST, Springdale, AR, pg. 210
CK COMMUNICATIONS, INC. (CKC), Indialantic, FL, pg. 210
CLARITY COVERDALE FURY ADVERTISING, INC., Minneapolis, MN, pg. 211
CLASSIFIED ADVERTISING PLUS, LLC, Tampa, FL, pg. 1315
CLEARRIVER COMMUNICATIONS GROUP, Midland, MI, pg. 213
CLICK HERE LABS, Dallas, TX, pg. 1246
COHN MARKETING, Denver, CO, pg. 217
COLLE+MCVOY, Minneapolis, MN, pg. 219
COMBS & COMPANY, Little Rock, AR, pg. 221
THE COMMUNITY, Miami, FL, pg. 223
THE COMPANY, Houston, TX, pg. 224
CONILL ADVERTISING, INC., Miami, FL, pg. 226
CONNECTIVITY MARKETING AND MEDIA AGENCY, Tampa, FL, pg. 227
THE CONROY MARTINEZ GROUP, Coral Gables, FL, pg. 228
COOK & SCHMID, San Diego, CA, pg. 1475
COOPTIONS SHOPPER MARKETING, Apex, NC, pg. 1400
COPACINO + FUJIKADO, LLC, Seattle, WA, pg. 230
CORNERSTONE GOVERNMENT AFFAIRS, Washington, DC, pg. 232
CORNETT INTEGRATED MARKETING SOLUTIONS, Lexington, KY, pg. 232
COSSETTE INC., Quebec, pg. 233
COYNE ADVERTISING & PUBLIC RELATIONS, Nevillewood, PA, pg. 234
CRANFORD JOHNSON ROBINSON WOODS, Little Rock, AR, pg. 238
THE CREATIVE DEPARTMENT, Cincinnati, OH, pg. 241
CREATIVE ENERGY GROUP INC, Johnson City, TN, pg. 241
CREATIVE FEED, San Francisco, CA, pg. 242
CREATIVE HEADS ADVERTISING, INC., Austin, TX, pg. 242
CREATIVE MARKETING ALLIANCE INC., Princeton Junction, NJ, pg. 243
CREATIVE MINDWORKS, Miami, FL, pg. 244
CREATIVE OPTIONS COMMUNICATIONS, Lewisville, TX, pg. 244
CREATIVE STORM, Mason, OH, pg. 246
CREAXION, Atlanta, GA, pg. 246
CRITICAL LAUNCH, LLC, Dallas, TX, pg. 247
CROSSBOW GROUP, LLC, Westport, CT, pg. 249
CRUX CREATIVE, Milwaukee, WI, pg. 251
CTI MEDIA, Atlanta, GA, pg. 251
CTP, Boston, MA, pg. 252
CUBICLE NINJAS, Glen Ellyn, IL, pg. 252
THE CYPHERS AGENCY, INC., Annapolis, MD, pg. 256
DALTON AGENCY JACKSONVILLE, Jacksonville, FL, pg. 258
DALYN MILLER PUBLIC RELATIONS, LLC, Chicago, IL, pg. 259
DAN PIPKIN ADVERTISING AGENCY, INC., Danville, IL, pg. 259
DAVID & GOLIATH, El Segundo, CA, pg. 261
DAVID PEARSON ASSOCIATES, Coral Gables, FL, pg. 1481
DAVIDSON & BELLUSO, Phoenix, AZ, pg. 263
DAVIS ADVERTISING, INC., Worcester, MA, pg. 263
DAVIS ELEN ADVERTISING, INC., Los Angeles, CA, pg. 264
DAVIS HARRISON DION, INC., Chicago, IL, pg. 265
DDB WORLDWIDE COMMUNICATIONS GROUP INC., New York, NY, pg. 268
DEAN DESIGN/MARKETING GROUP, INC., Lewes, DE, pg. 284
DECKER CREATIVE MARKETING, Glastonbury, CT, pg. 285
DELAUNAY COMMUNICATIONS, INC., Seattle, WA, pg. 1482
DELICIOUS DESIGN, Bend, OR, pg. 287
DELLA FEMINA ADVERTISING, New York, NY, pg. 287
DENMARK ADVERTISING & PUBLIC RELATIONS, Atlanta, GA, pg. 288
DENNIS PR GROUP, West Hartford, CT, pg. 1483
DENTSU AEGIS, New York, NY, pg. 289
DENTSU INC., Tokyo, pg. 289
DEPARTURE, San Diego, CA, pg. 291
DEVELOPMENT COUNSELLORS INTERNATIONAL, LTD., New York, NY, pg. 296
DEVINE + PARTNERS, Philadelphia, PA, pg. 1483

DEVITO GROUP, New York, NY, pg. 296
DIESTE, Dallas, TX, pg. 299
DIGITAS, Boston, MA, pg. 1250
DIGNEY & COMPANY PUBLIC RELATIONS, Los Angeles, CA, pg. 302
DIRCKS ASSOCIATES, Saint James, NY, pg. 303
DIRECT MARKETING CENTER, Torrance, CA, pg. 303
DIRECT WEB ADVERTISING, INC., Boynton Beach, FL, pg. 304
D.L. MEDIA INC., Nixa, MO, pg. 309
DMA UNITED, New York, NY, pg. 310
DO GOOD MARKETING, LLC, Ridgewood, NJ, pg. 312
DOE-ANDERSON, Louisville, KY, pg. 312
DONER, Southfield, MI, pg. 314
DOOR NUMBER 3, Austin, TX, pg. 316
DORN MARKETING, Geneva, IL, pg. 317
DOUBLE-TEAM BUSINESS PLANS, Santa Monica, CA, pg. 317
DOVETAIL, Saint Louis, MO, pg. 318
THE DOZIER COMPANY, Dallas, TX, pg. 318
DRAKE COOPER INC., Boise, ID, pg. 319
DREAMENTIA INC, Los Angeles, CA, pg. 320
DRIVE BRAND STUDIO, North Conway, NH, pg. 320
DROGA5, New York, NY, pg. 321
DUBLIN STRATEGIES GROUP, San Antonio, TX, pg. 1489
DUFFY & SHANLEY, INC., Providence, RI, pg. 324
DUNCAN MCCALL, INC., Pensacola, FL, pg. 325
DVA ADVERTISING, Bend, OR, pg. 326
EAST BANK COMMUNICATIONS INC., Portland, OR, pg. 328
EAST MEETS WEST PRODUCTIONS INC., Corpus Christi, TX, pg. 328
ECOMMERCE PARTNERS, New York, NY, pg. 1401
EDSA, Fort Lauderdale, FL, pg. 331
EGG STRATEGY, Boulder, CO, pg. 333
EISENBERG & ASSOCIATES, Fort Lauderdale, FL, pg. 333
EL CREATIVE, INC., Dallas, TX, pg. 334
ELEVATION, Washington, DC, pg. 336
ELEVEN INC., San Francisco, CA, pg. 336
ELITE SEM, New York, NY, pg. 1320
EMAIL AGENCY, Boca Raton, FL, pg. 1255
EMG MARKETING, San Clemente, CA, pg. 339
EMLEY DESIGN GROUP, Fort Wayne, IN, pg. 339
EMPOWER MEDIAMARKETING, Cincinnati, OH, pg. 1320
ENCODE, Jacksonville, FL, pg. 340
ENGINE DIGITAL, New York, NY, pg. 1255
ENROUTE COMMUNICATIONS, New York, NY, pg. 1500
ENVISIONIT MEDIA, Chicago, IL, pg. 342
EP+CO, Greenville, SC, pg. 343
EPICOSITY, Sioux Falls, SD, pg. 344
ERIC MOWER + ASSOCIATES, Syracuse, NY, pg. 346
ERVIN & SMITH, Omaha, NE, pg. 348
ESTEY-HOOVER INC. ADVERTISING-PUBLIC RELATIONS, Newport Beach, CA, pg. 350
ESWSTORYLAB, Chicago, IL, pg. 350
ETARGETMEDIA.COM, INC., Coconut Creek, FL, pg. 350
EVANS ALLIANCE ADVERTISING, Sparta, NJ, pg. 351
EVANS, HARDY & YOUNG INC., Santa Barbara, CA, pg. 352
EVENTLINK, LLC, Sterling Heights, MI, pg. 353
EVINS COMMUNICATIONS, LTD., New York, NY, pg. 1501
EVOK ADVERTISING, Heathrow, FL, pg. 353
EVOKE IDEA GROUP, INC., Saint Charles, IL, pg. 354
E.W. BULLOCK ASSOCIATES, Pensacola, FL, pg. 354
EXPECT ADVERTISING, INC., Clifton, NJ, pg. 355
EXPLORE COMMUNICATIONS, Denver, CO, pg. 1321
EYEVIEW INC, New York, NY, pg. 1256
FACTOR360 DESIGN + TECHNOLOGY, Pierre, SD, pg. 357
FAHLGREN MORTINE, Columbus, OH, pg. 358
THE FARM, New York, NY, pg. 362
FCB GLOBAL, New York, NY, pg. 363
FELDER COMMUNICATIONS GROUP, Grand Rapids, MI, pg. 377
FINCH BRANDS, Philadelphia, PA, pg. 380
FINN PARTNERS, New York, NY, pg. 381
FIREFLY CREATIVE, Atlanta, GA, pg. 383
FIRELIGHT GROUP, Madison, WI, pg. 1402
THE FIRM PUBLIC RELATIONS & MARKETING, Las Vegas, NV, pg. 1505
FITCH, London, pg. 385
FKQ ADVERTISING + MARKETING, Clearwater, FL, pg. 386
FLEISHMANHILLARD INC., Saint Louis, MO, pg. 1506
FLEMING & COMPANY INC., Newport, RI, pg. 387

FLETCHER MEDIA GROUP, Peterborough, NH, pg. 388
FLINT COMMUNICATIONS, Fargo, ND, pg. 388
FLYING A, Pasadena, CA, pg. 1322
FLYING POINT DIGITAL, New York, NY, pg. 390
FMB ADVERTISING, Knoxville, TN, pg. 390
THE FONTAYNE GROUP, Marysville, CA, pg. 1512
FORWARD3D, New York, NY, pg. 1258
FORZA MIGLIOZZI, LLC, Hollywood, CA, pg. 393
FRANK ABOUT WOMEN, Winston Salem, NC, pg. 395
THE FRANK AGENCY INC, Overland Park, KS, pg. 395
FREEBAIRN & CO., Atlanta, GA, pg. 397
FREED ADVERTISING, Sugar Land, TX, pg. 397
FULL CONTACT ADVERTISING, Boston, MA, pg. 402
FUSION IDEA LAB, Chicago, IL, pg. 404
FUSION MARKETING, Saint Louis, MO, pg. 404
G&G ADVERTISING, INC., Billings, MT, pg. 406
G&M PLUMBING, Anaheim, CA, pg. 406
GABRIEL DEGROOD BENDT, Minneapolis, MN, pg. 407
GALLEGOS UNITED, Huntington Beach, CA, pg. 408
GAMS COMMUNICATIONS, Chicago, IL, pg. 409
THE GATE WORLDWIDE NEW YORK, New York, NY, pg. 411
GATESMAN, Pittsburgh, PA, pg. 412
THE GEARY COMPANY, Las Vegas, NV, pg. 413
GENERATOR MEDIA + ANALYTICS, New York, NY, pg. 414
GIAMBRONE + PARTNERS, Cincinnati, OH, pg. 418
GILLIES & ZAISER, Leland, NC, pg. 1518
THE GLENN GROUP, Reno, NV, pg. 421
GLYNNDEVINS ADVERTISING & MARKETING, Kansas City, MO, pg. 424
GOCONVERGENCE, Orlando, FL, pg. 426
GODWIN ADVERTISING AGENCY, INC., Jackson, MS, pg. 427
GODWINGROUP, Gulfport, MS, pg. 427
GOLIN, Chicago, IL, pg. 1519
THE GOODNESS COMPANY, Wisconsin Rapids, WI, pg. 429
THE GOSS AGENCY INC., Asheville, NC, pg. 430
THE GRAHAM GROUP, Lafayette, LA, pg. 431
GRAY LOON MARKETING GROUP, INC., Evansville, IN, pg. 433
GREATER THAN ONE, New York, NY, pg. 434
GREEN TEAM ADVERTISING, INC., Wantagh, NY, pg. 435
GREENLIGHT MEDIA & MARKETING, LLC, Hollywood, CA, pg. 435
GREENRUBINO, Seattle, WA, pg. 436
GREENSTREET MARKETING, Battle Creek, MI, pg. 436
GRETEMAN GROUP, Wichita, KS, pg. 437
GREY CANADA, Toronto, pg. 437
GRIFFIN WINK ADVERTISING, Lubbock, TX, pg. 450
GROUP46, Bluffton, SC, pg. 452
GRW ADVERTISING, New York, NY, pg. 453
GS&F, Nashville, TN, pg. 453
GSD&M, Austin, TX, pg. 453
GSS COMMUNICATIONS, INC., Los Angeles, CA, pg. 454
GUD MARKETING, Lansing, MI, pg. 455
GUMAS ADVERTISING, San Francisco, CA, pg. 455
THE GUNTER AGENCY, New Glarus, WI, pg. 456
GYK ANTLER, Manchester, NH, pg. 457
GYRO DENVER, Denver, CO, pg. 459
HAGAN ASSOCIATES, Essex, VT, pg. 460
HAGGERTY & ASSOCIATES, Woburn, MA, pg. 460
HAKUHODO INCORPORATED, Tokyo, pg. 461
HALLOCK & BRANCH, Portland, OR, pg. 463
THE HALO GROUP, New York, NY, pg. 464
HANNA & ASSOCIATES INC., Coeur D'Alene, ID, pg. 465
HANSER & ASSOCIATES PUBLIC RELATIONS, West Des Moines, IA, pg. 1526
HANSON DODGE INC., Milwaukee, WI, pg. 466
HARBURGER/SCOTT ADVERTISING, Newburgh, NY, pg. 467
HARMELIN MEDIA, Bala Cynwyd, PA, pg. 1324
HARRISON & SHRIFTMAN LLC, New York, NY, pg. 1527
HAVAS MEDIA, New York, NY, pg. 1324
HAVAS PR, New York, NY, pg. 1528
HAVAS WORLDWIDE, New York, NY, pg. 475
HAWORTH MARKETING + MEDIA, Minneapolis, MN, pg. 1328
HAYWORTH PUBLIC RELATIONS, Ormond Beach, FL, pg. 490
HCK2 PARTNERS, Addison, TX, pg. 490
HEILBRICE, Newport Beach, CA, pg. 493
HENKE & ASSOCIATES, INC., Cedarburg, WI, pg. 496
HERMAN & ALMONTE PUBLIC RELATIONS, LLC, New York, NY, pg. 1529
HERMAN ASSOCIATES, INC., New York, NY, pg. 497

A-193

AGENCIES

SPECIAL MARKET INDEX

HERMANOFF PUBLIC RELATIONS, Bingham Farms, MI, pg. 1530
HFB ADVERTISING, INC., West Islip, NY, pg. 498
HI-GLOSS, Miami Beach, FL, pg. 498
HIRONS & COMPANY, Indianapolis, IN, pg. 502
HITCHCOCK FLEMING & ASSOCIATES, INC., Akron, OH, pg. 502
HIVEMIND MARKETING INC., San Jose, CA, pg. 1260
HK ADVERTISING, INC., Santa Fe, NM, pg. 503
HMC ADVERTISING, Chula Vista, CA, pg. 504
HMC ADVERTISING LLC, Richmond, VT, pg. 504
HMH, Portland, OR, pg. 504
HODGES ASSOCIATES, INC., Fayetteville, NC, pg. 505
HOFFMAN AND PARTNERS, Braintree, MA, pg. 505
HOFFMAN YORK, Milwaukee, WI, pg. 506
HOLLAND ADVERTISING:INTERACTIVE, Cincinnati, OH, pg. 506
HOLLYWOOD BRANDED INC., El Segundo, CA, pg. 507
HOLTON SENTIVAN AND GURY, Ambler, PA, pg. 507
HORIZON MEDIA, INC., New York, NY, pg. 1329
HORNALL ANDERSON, Seattle, WA, pg. 509
HOWELL, LIBERATORE & ASSOCIATES, INC., Elmira, NY, pg. 510
HPR, INC., Carmel, CA, pg. 1538
HUDSON MEDIA SERVICES LLC, West Orange, NJ, pg. 1330
HUDSON MIND, New York, NY, pg. 511
HUDSONYARDS, New York, NY, pg. 511
HUGE LLC, Brooklyn, NY, pg. 512
HUGHESLEAHYKARLOVIC, Saint Louis, MO, pg. 513
HULT MARKETING, Peoria, IL, pg. 513
HUNT ADKINS, Minneapolis, MN, pg. 514
HYC/MERGE, Chicago, IL, pg. 515
ICE FACTOR, Carpentersville, IL, pg. 1405
ICON INTERNATIONAL INC., Stamford, CT, pg. 1330
ID29, Troy, NY, pg. 519
THE IDEA FACTORY, New York, NY, pg. 520
IDEASCAPE, INC., Stoneham, MA, pg. 521
IDEAWORKS, INC., Pensacola, FL, pg. 522
IGM CREATIVE GROUP, Lincoln Park, NJ, pg. 1405
IGNITED, El Segundo, CA, pg. 523
ILAN GEVA & FRIENDS, Northbrook, IL, pg. 523
IMA INTERACTIVE, El Granada, CA, pg. 1264
IMAGERY CREATIVE, Miami, FL, pg. 525
IMAGINASIUM INC., Green Bay, WI, pg. 525
IMAGINE GLOBAL COMMUNICATIONS, New York, NY, pg. 526
IMPRESTIGE MEDIA MARKETING, Prairie Village, KS, pg. 528
THE IN-HOUSE AGENCY, INC., Morristown, NJ, pg. 529
INFERNO, Memphis, TN, pg. 530
INITIATIVE, New York, NY, pg. 1331
THE INK TANK, Toronto, pg. 533
INNIS MAGGIORE GROUP, INC., Canton, OH, pg. 533
INSPIRE CREATIVE STUDIOS, Wilmington, NC, pg. 535
THE INTEGER GROUP-MIDWEST, Des Moines, IA, pg. 1406
INTEGRATED MARKETING SERVICES, Princeton, NJ, pg. 536
INTERACTIVEWEST, Denver, CO, pg. 1264
THE INTERCONNECT GROUP, Atlanta, GA, pg. 1335
INTERLEX COMMUNICATIONS INC., San Antonio, TX, pg. 538
INTERMARK GROUP, INC., Birmingham, AL, pg. 539
INTERSTAR MARKETING & PUBLIC RELATIONS, Fort Worth, TX, pg. 1544
INTERTREND COMMUNICATIONS, INC., Long Beach, CA, pg. 544
INTRIGUE, Melville, NY, pg. 545
ISA ADVERTISING, New York, NY, pg. 548
THE IVY GROUP, LTD., Charlottesville, VA, pg. 551
J. GREG SMITH, INC., Omaha, NE, pg. 552
JACOBS & CLEVENGER, INC., Chicago, IL, pg. 569
JACOBSON ROST, Milwaukee, WI, pg. 570
JAJO, INC., Wichita, KS, pg. 570
JAMES ROSS ADVERTISING, Pompano Beach, FL, pg. 571
JANIS BROWN & ASSOCIATES, Escondido, CA, pg. 572
JEFFREY ALEC COMMUNICATIONS, Los Angeles, CA, pg. 574
JESS3, Washington, DC, pg. 575
J.F. MILLS & WORLDWIDE, Denver, CO, pg. 1548
JOBELEPHANT.COM INC., San Diego, CA, pg. 578
JOE AGENCY, Los Angeles, CA, pg. 578
THE JOEY COMPANY, Brooklyn, NY, pg. 578
JOHNSON DESIGN GROUP, Ada, MI, pg. 580
JOHNSONRAUHOFF, Saint Joseph, MI, pg. 581
THE JONES AGENCY, Palm Springs, CA, pg. 581

JONES FOSTER DEAL ADVERTISING & PUBLIC RELATIONS, INC., Tampa, FL, pg. 582
K2 COMMUNICATIONS, Southampton, PA, pg. 586
K2 KRUPP KOMMUNICATIONS, INC, New York, NY, pg. 1550
KARSH & HAGAN COMMUNICATIONS, INC., Denver, CO, pg. 588
KCD, INC., New York, NY, pg. 1552
KEATING & CO., Florham Park, NJ, pg. 1553
KEATING MAGEE MARKETING COMMUNICATIONS, Metairie, LA, pg. 589
KEEN BRANDING, Milton, DE, pg. 589
KEITH BATES & ASSOCIATES, INC., Chicago, IL, pg. 590
KEITH SHERMAN & ASSOCIATES, INC., New York, NY, pg. 1553
KELLEN COMMUNICATIONS, New York, NY, pg. 590
KELLEY & COMPANY, Wellesley, MA, pg. 591
KELLEY HABIB JOHN, Boston, MA, pg. 591
KELLIHER SAMETS VOLK, Burlington, VT, pg. 591
KELLIHER SAMETS VOLK NY, New York, NY, pg. 592
KELLY SCOTT MADISON, Chicago, IL, pg. 1336
KETCHUM, New York, NY, pg. 1554
KEYAD, LLC, San Antonio, TX, pg. 593
KHEMISTRY, London, pg. 594
KINDLING MEDIA, LLC, Hollywood, CA, pg. 595
THE KIRBY GROUP, London, pg. 1408
KK BOLD, Bismarck, ND, pg. 597
KOCHAN & COMPANY MARKETING COMMUNICATIONS, Saint Louis, MO, pg. 600
KOOPMAN OSTBO, Portland, OR, pg. 601
KRAUSE ADVERTISING, Dallas, TX, pg. 602
KRISTOF CREATIVE, INC., Mount Juliet, TN, pg. 603
KRT MARKETING, Lafayette, CA, pg. 603
KURMAN COMMUNICATIONS, INC., Chicago, IL, pg. 1561
KW2, Madison, WI, pg. 604
KWE PARTNERS, INC., Miami, FL, pg. 1561
KWT GLOBAL, New York, NY, pg. 604
KZSW ADVERTISING, Setauket, NY, pg. 605
L3 ADVERTISING INC., New York, NY, pg. 606
LAFORCE, New York, NY, pg. 1562
LAKE GROUP MEDIA, INC., Armonk, NY, pg. 607
LANDIS COMMUNICATIONS INC., San Francisco, CA, pg. 1563
LANETERRALEVER, Phoenix, AZ, pg. 610
LATCHA+ASSOCIATES, Farmington Hills, MI, pg. 611
LATINWORKS MARKETING, INC., Austin, TX, pg. 612
LATORRA, PAUL & MCCANN, Syracuse, NY, pg. 613
LAUGHLIN/CONSTABLE, INC., Milwaukee, WI, pg. 613
LAVERDAD MARKETING & MEDIA, Loveland, OH, pg. 616
LAVIDGE & ASSOCIATES INC., Knoxville, TN, pg. 616
LAWRENCE & SCHILLER, INC., Sioux Falls, SD, pg. 616
LAZBRO, INC., Atlanta, GA, pg. 617
LEAD ME MEDIA, Deerfield Beach, FL, pg. 617
LEE & ASSOCIATES, INC., Canoga Park, CA, pg. 1565
LEGEND INC., Marblehead, MA, pg. 619
LEO BURNETT BUSINESS, New York, NY, pg. 620
LEO BURNETT COMPANY LTD., Toronto, pg. 620
LEO BURNETT WORLDWIDE, INC., Chicago, IL, pg. 621
LEOPOLD KETEL & PARTNERS, Portland, OR, pg. 632
LEVINE & ASSOCIATES, INC., Arlington, VA, pg. 634
LEVO HEALTH, Tampa, FL, pg. 635
LEWIS ADVERTISING, INC., Rocky Mount, NC, pg. 635
LEWIS COMMUNICATIONS, Birmingham, AL, pg. 636
LEXICON COMMUNICATIONS CORP., Pasadena, CA, pg. 1567
LHWH ADVERTISING & PUBLIC RELATIONS, Myrtle Beach, SC, pg. 639
THE LILIAN RAJI AGENCY, Atlanta, GA, pg. 1567
LINDSAY, STONE & BRIGGS, INC., Madison, WI, pg. 641
LINETT & HARRISON, Montville, NJ, pg. 641
THE LINICK GROUP, INC., Middle Island, NY, pg. 641
LINX COMMUNICATIONS CORP., Smithtown, NY, pg. 642
LIQUID ADVERTISING, El Segundo, CA, pg. 644
LITTLE DOG AGENCY INC., Mount Pleasant, SC, pg. 645
LITTLE L COMMUNICATIONS, Geneva, OH, pg. 646
LLOYD & CO., New York, NY, pg. 647
LOIS GELLER MARKETING GROUP, Miami, FL, pg. 650
THE LOOMIS AGENCY, Dallas, TX, pg. 651
LOONEY ADVERTISING AND DESIGN, Montclair, NJ, pg. 651
LOPEZ NEGRETE COMMUNICATIONS, INC., Houston, TX, pg. 651
LOU HAMMOND & ASSOCIATES, INC., New York, NY, pg. 1570
LOVE & COMPANY, INC., Frederick, MD, pg. 653
LOVGREN MARKETING GROUP, Omaha, NE, pg. 653

LP&G MARKETING, Tucson, AZ, pg. 654
LUCKIE & COMPANY, Birmingham, AL, pg. 655
LUCKY BREAK PUBLIC RELATIONS, Los Angeles, CA, pg. 1571
LUNCH, Atlanta, GA, pg. 1269
LUQUIRE GEORGE ANDREWS, INC., Charlotte, NC, pg. 657
LUXE COLLECTIVE GROUP, New York, NY, pg. 1339
LYERLY AGENCY INC., Belmont, NC, pg. 658
M. SILVER/A DIVISION OF FINN PARTNERS, New York, NY, pg. 1573
THE MAAC GROUP, Lexington, MA, pg. 666
MACIAS CREATIVE, Miami, FL, pg. 666
MAD 4 MARKETING, Fort Lauderdale, FL, pg. 667
MAD MEN MARKETING, Jacksonville, FL, pg. 668
MADEO, Brooklyn, NY, pg. 1269
MAGNANI, Chicago, IL, pg. 670
MAGNANI CARUSO DUTTON, New York, NY, pg. 670
MALONEY STRATEGIC COMMUNICATIONS, Dallas, TX, pg. 673
MANGOS, Conshohocken, PA, pg. 674
MANTERA ADVERTISING, Bakersfield, CA, pg. 675
MANTRA PUBLIC RELATIONS, INC., New York, NY, pg. 1575
MARC USA, Pittsburgh, PA, pg. 676
MARC USA BOSTON, Stoneham, MA, pg. 677
MARC USA CHICAGO, Chicago, IL, pg. 677
MARCA MIAMI, Coconut Grove, FL, pg. 677
MARDIKS PUBLIC RELATIONS, Brooklyn, NY, pg. 1575
MARGIE KORSHAK INC., Chicago, IL, pg. 1575
MARINELLI & COMPANY, New York, NY, pg. 679
THE MARINO ORGANIZATION, INC., New York, NY, pg. 680
MARKET FORCE, INC., Raleigh, NC, pg. 681
MARKETING & ADVERTISING BUSINESS UNLIMITED, INC., Bismarck, ND, pg. 681
MARRINER MARKETING COMMUNICATIONS, INC., Columbia, MD, pg. 686
MARSHAD TECHNOLOGY GROUP, New York, NY, pg. 686
THE MARTIN AGENCY, Richmond, VA, pg. 687
THE MARX GROUP, San Rafael, CA, pg. 689
MASCOLA ADVERTISING, New Haven, CT, pg. 690
MASLOW LUMIA BARTORILLO ADVERTISING, Wilkes Barre, PA, pg. 690
MASSMEDIA, INC., Newton, MA, pg. 692
MASTERMINDS, Egg Harbor Township, NJ, pg. 692
MAVERICK PUBLIC RELATIONS, Toronto, pg. 1577
MAXIMUM EXPOSURE PUBLIC RELATIONS & MEDIA, Woodcliff Lake, NJ, pg. 1578
MAXLETICS CORPORATION, Colorado Springs, CO, pg. 1271
MAXWELL & MILLER MARKETING COMMUNICATIONS, Kalamazoo, MI, pg. 695
MAYCREATE, Chattanooga, TN, pg. 696
MAYOSEITZ MEDIA, Blue Bell, PA, pg. 1340
MCDOUGALL & DUVAL, Amesbury, MA, pg. 715
MCGILL BUCKLEY, Ottawa, pg. 718
MCKEE WALLWORK & COMPANY, Albuquerque, NM, pg. 718
MCKIM, Winnipeg, pg. 719
MCKINNEY, Durham, NC, pg. 719
MDB COMMUNICATIONS, INC., Washington, DC, pg. 720
MEDIA ONE ADVERTISING/MARKETING, Sioux Falls, SD, pg. 727
MEDIA RESOURCES, LTD., Canton, OH, pg. 1342
MEDIA STORM LLC, South Norwalk, CT, pg. 1343
MEDIASMITH, San Francisco, CA, pg. 1350
MEDIASPACE SOLUTIONS, Norwalk, CT, pg. 1350
MERCURYCSC, Bozeman, MT, pg. 730
THE MERIDIAN GROUP, Virginia Beach, VA, pg. 731
MESH INTERACTIVE AGENCY, Boston, MA, pg. 734
MFA PR, New York, NY, pg. 1583
MGM GOLD COMMUNICATIONS, New York, NY, pg. 737
MICHAEL WALTERS ADVERTISING, Chicago, IL, pg. 738
MICSTURA, Miami, FL, pg. 739
MILLENNIUM 3 MANAGEMENT INC., Philadelphia, PA, pg. 740
MILLER ADVERTISING AGENCY INC., New York, NY, pg. 741
MILLWARD BROWN INC., Lisle, IL, pg. 742
MILNER BUTCHER MEDIA GROUP, Los Angeles, CA, pg. 1351
MINDGRUVE, INC., San Diego, CA, pg. 745
MINDSTORM COMMUNICATIONS GROUP, INC., Charlotte, NC, pg. 745
MINDSTREAM MEDIA, San Diego, CA, pg. 1272
MINTZ & HOKE COMMUNICATIONS GROUP, Avon, CT,

A-194

SPECIAL MARKET INDEX — AGENCIES

pg. 746
MIRABAL & ASSOCIATES, Mayaguez, PR, pg. 747
MIRESBALL, San Diego, CA, pg. 747
MITCHELL COMMUNICATIONS GROUP, Fayetteville, AR, pg. 748
THE MIXX, New York, NY, pg. 748
MJE MARKETING SERVICES, San Diego, CA, pg. 749
MKTWORKS, INC., Cold Spring, NY, pg. 749
MMB, Boston, MA, pg. 750
MMGY GLOBAL, Kansas City, MO, pg. 750
MOCENTRIC, Scottsdale, AZ, pg. 1274
MODCO MEDIA, New York, NY, pg. 753
MOMENTUM WORLDWIDE, New York, NY, pg. 754
MOORE & ISHERWOOD COMMUNICATIONS, INC., New Bedford, MA, pg. 756
MORGAN + COMPANY, New Orleans, LA, pg. 758
MOROCH HOLDINGS, INC., Dallas, TX, pg. 758
THE MORRISON AGENCY, Atlanta, GA, pg. 760
MORTAR ADVERTISING, San Francisco, CA, pg. 761
MOST BRAND DEVELOPMENT + ADVERTISING, Aliso Viejo, CA, pg. 762
MOTIVATE, INC., San Diego, CA, pg. 763
MOXIE, Atlanta, GA, pg. 1274
MOXIE SOZO, Boulder, CO, pg. 765
MP AGENCY, LLC, Scottsdale, AZ, pg. 766
MRB PUBLIC RELATIONS, Freehold, NJ, pg. 1586
MULLENLOWE GROUP, Boston, MA, pg. 770
MULLER BRESSLER BROWN, Leawood, KS, pg. 778
MUNN RABOT LLC, New York, NY, pg. 779
MURPHY O'BRIEN, INC., Los Angeles, CA, pg. 1590
MUSE COMMUNICATIONS, Santa Monica, CA, pg. 780
MYRIAD TRAVEL MARKETING, Manhattan Beach, CA, pg. 782
THE N GROUP, Tucson, AZ, pg. 783
NAARTJIE MULTIMEDIA, Columbus, GA, pg. 783
NAIL COMMUNICATIONS, Providence, RI, pg. 783
NATCOM MARKETING, Miami, FL, pg. 785
NAVIGANT MARKETING / KSR, Miami, FL, pg. 786
NEATHAWK DUBUQUE & PACKETT, Richmond, VA, pg. 787
NEMER FIEGER, Minneapolis, MN, pg. 788
NEOTROPE, Torrance, CA, pg. 1594
NETPLUS MARKETING, INC., Philadelphia, PA, pg. 790
NEW & IMPROVED MEDIA, El Segundo, CA, pg. 1353
NEW MEDIA AGENCY, Los Angeles, CA, pg. 791
NEW MEDIA SOLUTIONS, Mandeville, LA, pg. 791
NEWMAN GRACE INC., Woodland Hills, CA, pg. 792
NEWMARK ADVERTISING, INC., Woodland Hls, CA, pg. 793
NEXT/NOW, Chicago, IL, pg. 1276
NEXTMEDIA INC, Dallas, TX, pg. 1354
NIKE COMMUNICATIONS, INC., New York, NY, pg. 1595
NIMBLE WORLDWIDE, Dallas, TX, pg. 794
THE NISSEN GROUP, Winter Haven, FL, pg. 795
NOBLE, Springfield, MO, pg. 795
NOBLE STUDIOS, Las Vegas, NV, pg. 1276
NOISE, INC., Sanibel, FL, pg. 796
NORTHSTAR DESTINATION STRATEGIES, Nashville, TN, pg. 800
NUEVO ADVERTISING GROUP, INC., Sarasota, FL, pg. 802
O2IDEAS, INC., Birmingham, AL, pg. 803
O2KL, New York, NY, pg. 803
O3 WORLD, LLC, Philadelphia, PA, pg. 804
O'BERRY CAVANAUGH, Bozeman, MT, pg. 804
THE O'CARROLL GROUP, Lake Charles, LA, pg. 805
OCEAN BRIDGE GROUP, Los Angeles, CA, pg. 805
ODNEY, Bismarck, ND, pg. 808
OFF MADISON AVE, Phoenix, AZ, pg. 809
OGILVY, New York, NY, pg. 809
OLANDER GROUP, Ottawa, IL, pg. 1355
OLIVE INTERACTIVE DESIGN & MARKETING INC., Austin, TX, pg. 834
ON IDEAS, INC., Jacksonville, FL, pg. 838
ONE EIGHTEEN ADVERTISING, Los Angeles, CA, pg. 839
ONE SOURCE DIRECT MARKETING, INC., Coral Springs, FL, pg. 1278
ONE TWELFTH INC., Miami, FL, pg. 839
ONEWORLD COMMUNICATIONS, INC., San Francisco, CA, pg. 840
OOH IMPACT, INC., New York, NY, pg. 1360
OPTIC NERVE DIRECT MARKETING, San Francisco, CA, pg. 842
ORAIKO, New York, NY, pg. 843
ORGANIC, INC., San Francisco, CA, pg. 1278
OUTDOOR FIRST, INC., Germantown, WI, pg. 1361
OUTERNATIONAL INC, New York, NY, pg. 846

OVERDRIVE INTERACTIVE, Boston, MA, pg. 1279
OXFORD COMMUNICATIONS, INC., Lambertville, NJ, pg. 847
PACE ADVERTISING, New York, NY, pg. 848
PACO COMMUNICATIONS, INC, Chicago, IL, pg. 849
PALISADES MEDIA GROUP, INC., Santa Monica, CA, pg. 1361
PAN COMMUNICATIONS, Boston, MA, pg. 1605
PANTIN/BEBER SILVERSTEIN PUBLIC RELATIONS, Miami, FL, pg. 1605
PAPROCKI & CO., Atlanta, GA, pg. 852
PARADIGM ASSOCIATES, San Juan, PR, pg. 1606
PARKER AVENUE, San Mateo, CA, pg. 854
PATHFINDERS ADVERTISING & MARKETING GROUP, Mishawaka, IN, pg. 857
PAVLOV, Fort Worth, TX, pg. 859
PENVINE, Melville, NY, pg. 862
PERICH ADVERTISING + DESIGN, Ann Arbor, MI, pg. 864
PERISCOPE, Minneapolis, MN, pg. 864
PETER MAYER ADVERTISING, INC., New Orleans, LA, pg. 866
PHELPS, Playa Vista, CA, pg. 867
PIERSON GRANT PUBLIC RELATIONS, Fort Lauderdale, FL, pg. 870
PINTA, New York, NY, pg. 872
PITA COMMUNICATIONS LLC, Rocky Hill, CT, pg. 873
PLAN C AGENCY, Los Angeles, CA, pg. 876
PLATYPUS ADVERTISING + DESIGN, Pewaukee, WI, pg. 877
POINT B COMMUNICATIONS, Chicago, IL, pg. 880
THE POLLACK PR MARKETING GROUP, Los Angeles, CA, pg. 1611
PONDER IDEAWORKS, Huntington Beach, CA, pg. 882
POSNER MILLER ADVERTISING, New York, NY, pg. 883
PP+K, Tampa, FL, pg. 885
PRAXIS COMMUNICATIONS, INC., Huntingdon Valley, PA, pg. 886
PREFERRED PUBLIC RELATIONS & MARKETING, Las Vegas, NV, pg. 1618
PRESTON KELLY, Minneapolis, MN, pg. 888
THE PRICE GROUP, INC., Lubbock, TX, pg. 888
PRICEWEBER MARKETING COMMUNICATIONS, INC., Louisville, KY, pg. 889
PRIMEDIA INC., Warwick, RI, pg. 1364
PRINCETON PARTNERS, INC., Princeton, NJ, pg. 890
PRODUCT MARKETING GROUP, INC., Altamonte Spg, FL, pg. 891
PROJECT, Auburn Hills, MI, pg. 891
PROM KROG ALTSTIEL INC., Mequon, WI, pg. 892
PROOF ADVERTISING, Austin, TX, pg. 893
PROTERRA ADVERTISING, Addison, TX, pg. 894
PROXY SPONSORSHIPS, Denver, CO, pg. 1415
PRX DIGITAL SILICON VALLEY, San Jose, CA, pg. 1620
PUBLICIS HAWKEYE, Dallas, TX, pg. 1282
PUREI, Batavia, IL, pg. 917
PUSH, Orlando, FL, pg. 918
Q4LAUNCH, Mount Pleasant, SC, pg. 920
QUIGLEY-SIMPSON, Los Angeles, CA, pg. 923
QUINN/BREIN COMMUNICATIONS, Bainbridge Island, WA, pg. 1622
R&R PARTNERS, Las Vegas, NV, pg. 924
RAGE AGENCY, Westmont, IL, pg. 1283
RAIN, New York, NY, pg. 1283
THE RAMEY AGENCY LLC, Jackson, MS, pg. 930
RAND ADVERTISING, Lincoln, ME, pg. 930
RATTLE ADVERTISING, Beverly, MA, pg. 933
RAWLE MURDY ASSOCIATES, INC., Charleston, SC, pg. 934
RBB COMMUNICATIONS, Miami, FL, pg. 1625
R.C. AULETTA & CO., New York, NY, pg. 1626
RDW GROUP INC., Providence, RI, pg. 935
REARVIEW, Kennesaw, GA, pg. 937
RED INTERACTIVE AGENCY, Santa Monica, CA, pg. 1284
RED MOON MARKETING, Charlotte, NC, pg. 940
THE RED PEAK GROUP, New York, NY, pg. 940
RED TETTEMER O'CONNELL & PARTNERS, Philadelphia, PA, pg. 941
RE:GROUP, INC., Ann Arbor, MI, pg. 945
THE REPUBLIK, Raleigh, NC, pg. 947
REPUBLIK PUBLICITE + DESIGN INC, Montreal, pg. 947
RESH MARKETING CONSULTANTS, INC., Columbia, SC, pg. 949
THE RESPONSE SHOP, INC., La Jolla, CA, pg. 950
RESPONSORY, Brookfield, WI, pg. 950
RETELE COMPANY, Greenwich, CT, pg. 950
REVOLUTION MARKETING, LLC, Chicago, IL, pg. 953

REYNOLDS & ASSOCIATES, El Segundo, CA, pg. 953
RHYMES ADVERTISING & MARKETING, Bellaire, TX, pg. 955
THE RICHARDS GROUP, INC., Dallas, TX, pg. 956
RICHARDS PARTNERS, Dallas, TX, pg. 1631
RICHTER7, Salt Lake City, UT, pg. 957
RIESTER, Phoenix, AZ, pg. 958
RIGER ADVERTISING AGENCY, INC., Binghamton, NY, pg. 958
RIGHT PLACE MEDIA, Lexington, KY, pg. 1367
RIOT, New York, NY, pg. 959
RISE INTERACTIVE, Chicago, IL, pg. 960
RITTA, Paramus, NJ, pg. 960
RJW MEDIA, Pittsburgh, PA, pg. 1368
R.M. BARROWS, INC. ADVERTISING & PUBLIC RELATIONS, San Mateo, CA, pg. 962
RMI MARKETING & ADVERTISING, Emerson, NJ, pg. 962
ROBERTSON & PARTNERS, Las Vegas, NV, pg. 964
ROCKET 55, Minneapolis, MN, pg. 964
ROCKORANGE, Miami, FL, pg. 1633
ROGERS FINN PARTNERS, Los Angeles, CA, pg. 1633
ROME & COMPANY, Woodridge, IL, pg. 966
ROMPH & POU AGENCY, Shreveport, LA, pg. 967
RON FOTH ADVERTISING, Columbus, OH, pg. 967
ROOP & CO., Cleveland, OH, pg. 1633
ROSICA STRATEGIC PUBLIC RELATIONS, Fair Lawn, NJ, pg. 1635
THE ROSS GROUP, Los Angeles, CA, pg. 968
RPA, Santa Monica, CA, pg. 970
RPM ADVERTISING, Chicago, IL, pg. 971
RPMC, INC., Calabasas, CA, pg. 1415
RT&E INTEGRATED COMMUNICATIONS, Villanova, PA, pg. 971
RUSSELL HERDER, Minneapolis, MN, pg. 972
S2 ADVERTISING, Ormond Beach, FL, pg. 974
S3, Boonton, NJ, pg. 974
SAESHE ADVERTISING, Los Angeles, CA, pg. 986
SAGON-PHIOR, West Los Angeles, CA, pg. 1638
SAIBOT MEDIA INC., Boca Raton, FL, pg. 987
SAMBA ROCK, Miami Beach, FL, pg. 988
THE SAN JOSE GROUP, Winnetka, IL, pg. 989
SAPUTO DESIGN, INC., Westlake Village, CA, pg. 991
SASQUATCH, Portland, OR, pg. 992
THE SAWTOOTH GROUP, Red Bank, NJ, pg. 992
SCOPPECHIO, Louisville, KY, pg. 997
SEROKA, Waukesha, WI, pg. 1003
SEVENTH POINT, Virginia Beach, VA, pg. 1004
SEXTON & CO., Aurora, CO, pg. 1004
SHARK COMMUNICATIONS, Burlington, VT, pg. 1005
SHEEHY & ASSOCIATES, Louisville, KY, pg. 1006
SHEILA DONNELLY & ASSOCIATES, Honolulu, HI, pg. 1006
SHERMAN COMMUNICATIONS & MARKETING, Chicago, IL, pg. 1007
SHERRY MATTHEWS ADVOCACY MARKETING, Austin, TX, pg. 1007
SIDDALL, INC., Richmond, VA, pg. 1010
SIGMA GROUP, Upper Saddle River, NJ, pg. 1011
SIGNAL POINT MARKETING+DESIGN, Post Falls, ID, pg. 1013
SILVERLIGHT DIGITAL, New York, NY, pg. 1368
SIMANTEL, Peoria, IL, pg. 1014
SJ COMMUNICATIONS, Los Angeles, CA, pg. 1017
SK+G ADVERTISING LLC, Las Vegas, NV, pg. 1018
SLINGSHOT, LLC, Dallas, TX, pg. 1021
SMITH BROTHERS AGENCY, LP, Pittsburgh, PA, pg. 1023
SMITH, PHILLIPS & DI PIETRO, Yakima, WA, pg. 1024
SMITHGIFFORD, Falls Church, VA, pg. 1024
SMM ADVERTISING, Smithtown, NY, pg. 1024
SOCIALLY PRESENT, Carbondale, IL, pg. 1026
SOCIALLYIN, Birmingham, AL, pg. 1291
SOLOMON MCCOWN & COMPANY, INC., Boston, MA, pg. 1648
SOME CONNECT, Chicago, IL, pg. 1291
SOPEXA USA, New York, NY, pg. 1029
SOURCE COMMUNICATIONS, Hackensack, NJ, pg. 1029
SOUTHWARD & ASSOCIATES, INC., Chicago, IL, pg. 1030
SOUTHWEST MEDIA GROUP, Dallas, TX, pg. 1369
THE SOUZA AGENCY, Annapolis, MD, pg. 1030
SPACETIME, INC., Chicago, IL, pg. 1369
SPARKLOFT MEDIA, Portland, OR, pg. 1031
SPARKS GROVE, Atlanta, GA, pg. 1032
SPECIALTY TRUCK RENTALS, Santa Monica, CA, pg. 1416
SPIKER COMMUNICATIONS, INC., Missoula, MT, pg. 1033

AGENCIES

SPECIAL MARKET INDEX

SPIRO & ASSOCIATES MARKETING, ADVERTISING & PUBLIC RELATIONS, Fort Myers, FL, pg. 1034
SPURRIER MEDIA GROUP, Richmond, VA, pg. 1370
SQUARE ONE MARKETING, West Hartford, CT, pg. 1037
SQUARE TOMATO, Seattle, WA, pg. 1038
ST. JOHN & PARTNERS, Jacksonville, FL, pg. 1040
STAMP IDEA GROUP, LLC, Montgomery, AL, pg. 1042
STANDING PARTNERSHIP, Saint Louis, MO, pg. 1650
STANTON COMMUNICATIONS, INC., Washington, DC, pg. 1651
STARCOM, Chicago, IL, pg. 1370
STARMARK INTERNATIONAL, INC., Fort Lauderdale, FL, pg. 1043
STC ASSOCIATES, New York, NY, pg. 1651
STEELE & ASSOCIATES, INC., Pocatello, ID, pg. 1045
STEIN IAS, New York, NY, pg. 1045
STEINREICH COMMUNICATIONS, New York, NY, pg. 1651
STERLING RICE GROUP, Boulder, CO, pg. 1047
STEVENS ADVERTISING, Grand Rapids, MI, pg. 1048
STEVENS & TATE MARKETING, Lombard, IL, pg. 1048
STEVENS STRATEGIC COMMUNICATIONS, INC., Westlake, OH, pg. 1048
STEWARD MARKETING, LLC, The Woodlands, TX, pg. 1049
STIR ADVERTISING & INTEGRATED MARKETING, Milwaukee, WI, pg. 1050
STONE WARD, Little Rock, AR, pg. 1050
STONER BUNTING ADVERTISING, Lancaster, PA, pg. 1051
STOWE AREA ASSOCIATION AGENCY, Stowe, VT, pg. 1227
STRATEGIC AMERICA, West Des Moines, IA, pg. 1052
STUBS COMMUNICATIONS COMPANY, New York, NY, pg. 1227
STURGES WORD COMMUNICATIONS, Kansas City, MO, pg. 1654
SUBMIT EXPRESS INC., Glendale, CA, pg. 1057
SUITS & SANDALS, LLC, Brooklyn, NY, pg. 1293
SULLIVAN BRANDING, Memphis, TN, pg. 1059
SULLIVAN CREATIVE SERVICES, LTD., Concord, NH, pg. 1059
SULLIVAN HIGDON & SINK INCORPORATED, Wichita, KS, pg. 1059
SUSAN DAVIS INTERNATIONAL, Washington, DC, pg. 1063
SWAFFORD & COMPANY ADVERTISING, Santa Monica, CA, pg. 1064
SWANSON COMMUNICATIONS, Washington, DC, pg. 1655
SWARM NYC, New York, NY, pg. 1293
SWEENEYVESTY, New York, NY, pg. 1066
SWIRL MCGARRYBOWEN, San Francisco, CA, pg. 1067
SWORDFISH COMMUNICATIONS, Laurel Springs, NJ, pg. 1655
T. J. SACKS & ASSOCIATES, New York, NY, pg. 1068
T3, Austin, TX, pg. 1069
TAILORED MARKETING INC., Pittsburgh, PA, pg. 1071
TAKE 5 MEDIA GROUP, Boca Raton, FL, pg. 1071
TARGETBASE, Irving, TX, pg. 1073
TBC INC., Baltimore, MD, pg. 1076
TBC, INC./PR DIVISION, Baltimore, MD, pg. 1656
TBD, San Francisco, CA, pg. 1076
TC CREATIVES LLC, Woodland Hills, CA, pg. 1093
TCS MEDIA, INC., Maitland, FL, pg. 1094
TEAM ONE USA, Los Angeles, CA, pg. 1095
THAT AGENCY, West Palm Bch, FL, pg. 1098
THAYER MEDIA, INC., Denver, CO, pg. 1376
THOMPSON & CO. PUBLIC RELATIONS, Anchorage, AK, pg. 1660
THREE LAKES MARKETING, Austin, TX, pg. 1102
TIDAL SHORES INC., Houston, TX, pg. 1102
TIDESMART GLOBAL, Falmouth, ME, pg. 1103
TIERNEY COMMUNICATIONS, Philadelphia, PA, pg. 1103
TILLMAN, ALLEN, GREER, Buford, GA, pg. 1104
TINSLEY ADVERTISING, Miami, FL, pg. 1104
TJM COMMUNICATIONS, Oviedo, FL, pg. 1106
TM ADVERTISING, Dallas, TX, pg. 1106
TOM, DICK & HARRY CREATIVE, Chicago, IL, pg. 1108
THE TOMBRAS GROUP, Knoxville, TN, pg. 1108
TOMSHEEHAN WORLDWIDE, Reading, PA, pg. 1109
TONGAL, Santa Monica, CA, pg. 1295
TOTALCOM MARKETING, INC., Tuscaloosa, AL, pg. 1110
TOUCHPOINT COMMUNICATIONS, Charleston, SC, pg. 1111
TOUCHPOINTS MARKETING, LLC, Gretna, LA, pg. 1111
TR CUTLER, INC., Fort Lauderdale, FL, pg. 1661
TRACTION CORPORATION, San Francisco, CA, pg. 1112
TRACTION FACTORY, Milwaukee, WI, pg. 1112
TRANSMEDIA GROUP, Boca Raton, FL, pg. 1662
TRAVEL SPIKE, LLC, Atlanta, GA, pg. 1114
TRELLIS MARKETING, INC, Buffalo, NY, pg. 1115
TRI-MEDIA INTEGRATED MARKETING TECHNOLOGIES INC., Saint Catharines, pg. 1115
TRINET INTERNET SOLUTIONS, INC., Irvine, CA, pg. 1118
TRONE BRAND ENERGY, INC., High Point, NC, pg. 1119
TRUE NORTH INC., New York, NY, pg. 1119
TRUE NORTH INTERACTIVE, San Francisco, CA, pg. 1298
TRUMPET LLC, New Orleans, LA, pg. 1120
TURKEL BRANDS, Coral Gables, FL, pg. 1122
TURNER DUCKWORTH DESIGN, London, pg. 1122
TURTLEDOVE CLEMENS, INC., Portland, OR, pg. 1123
TWO NIL, Los Angeles, CA, pg. 1377
UN/COMMON, Sacramento, CA, pg. 1125
UNION, Charlotte, NC, pg. 1298
UNION NY DC, Alexandria, VA, pg. 1298
U.S. INTERNATIONAL MEDIA, LLC, Los Angeles, CA, pg. 1378
VARGAS & AMIGOS INC., Marietta, GA, pg. 1131
VENABLES, BELL & PARTNERS, San Francisco, CA, pg. 1132
VERMONT SKI AREA ASSOCIATION, Montpelier, VT, pg. 1228
VIAS LATINO MARKETING, Grand Rapids, MI, pg. 1136
VIGET, Falls Church, VA, pg. 1300
VILOCITY INTERACTIVE, INC., Scottsdale, AZ, pg. 1138
VITAMIN, Baltimore, MD, pg. 1140
VLADIMIR JONES, Colorado Springs, CO, pg. 1142
VML, INC., Kansas City, MO, pg. 1143
VREELAND MARKETING & DESIGN, Yarmouth, ME, pg. 1146
WALKER & ASSOCIATES, INC., Memphis, TN, pg. 1148
WALRUS, New York, NY, pg. 1150
WALT KLEIN ADVERTISING, Denver, CO, pg. 1150
WALZ TETRICK ADVERTISING, Mission, KS, pg. 1151
WANDERLUST, Troy, NY, pg. 1151
WARSCHAWSKI, Baltimore, MD, pg. 1670
WAVEMAKER GLOBAL LTD, New York, NY, pg. 1379
WAVEMAKER - NA HQ, NEW YORK, New York, NY, pg. 1386
WC MEDIA INC., Springfield, IL, pg. 1154
WEBER SHANDWICK, New York, NY, pg. 1673
THE WEINBACH GROUP, INC., South Miami, FL, pg. 1157
THE WENDT AGENCY, Great Falls, MT, pg. 1159
WESTON MASON MARKETING, Santa Monica, CA, pg. 1159
WH2P, INC., Yorklyn, DE, pg. 1160
WHITE & PARTNERS, Tysons Corner, VA, pg. 1160
WHITNEY ADVERTISING & DESIGN, INC., Park City, UT, pg. 1162
WIEDEN + KENNEDY, INC., Portland, OR, pg. 1163
WILDEBEEST, Los Angeles, CA, pg. 1301
WILDFIRE LLC, Winston Salem, NC, pg. 1167
WILLIAMS/CRAWFORD & ASSOCIATES, Fort Smith, AR, pg. 1168
WILLIAMS-HELDE MARKETING COMMUNICATIONS, Seattle, WA, pg. 1169
WILLIAMS WHITTLE ASSOCIATES, INC., Alexandria, VA, pg. 1169
WING, New York, NY, pg. 1170
WINNING STRATEGIES PUBLIC RELATIONS, Newark, NJ, pg. 1684
WINSTANLEY PARTNERS, Lenox, MA, pg. 1171
WITHERSPOON & ASSOCIATES, INC., Fort Worth, TX, pg. 1173
WOMENKIND, New York, NY, pg. 1174
WORD PR + MARKETING, Jackson, WY, pg. 1686
WORKHOUSE, New York, NY, pg. 1686
WRAY WARD MARKETING COMMUNICATIONS, Charlotte, NC, pg. 1187
WWDB INTEGRATED MARKETING, Fort Lauderdale, FL, pg. 1193
WYSE, Cleveland, OH, pg. 1193
XAXIS, LLC, New York, NY, pg. 1302
YELLIN/MCCARRON, INC., Salem, NH, pg. 1387
YMT VACATIONS, El Segundo, CA, pg. 1229
YOUNG & ASSOCIATES, McLean, VA, pg. 1688
ZAG COMMUNICATIONS, Atlanta, GA, pg. 1688
ZAMBEZI, Culver City, CA, pg. 1209
ZEHNDER COMMUNICATIONS, INC., New Orleans, LA, pg. 1210
ZENITH USA, New York, NY, pg. 1391
ZIG MARKETING, Cleveland, OH, pg. 1212
ZOG DIGITAL, Phoenix, AZ, pg. 1214
ZUVA MARKETING, INC., Kansas City, MO, pg. 1216

ADVERTISING AGENCIES

1 TRICK PONY
251 Bellevue Ave 2nd Fl, Hammonton, NJ 08037
Tel.: (609) 704-2660
Fax: (646) 619-4095
E-Mail: info@1trickpony.com
Web Site: www.1trickpony.com

Employees: 30
Year Founded: 2004

Rob Reed *(Partner)*
Sharlene Campanella *(Mng Dir)*
Stephen Snyder *(Sr Acct Dir-Emerging Brand Initiatives)*
Joyce DeStasio *(Acct Dir)*
Nicole Ducoin *(Art Dir)*
Sean Byrne *(Dir-Digital Project Mgmt)*
Sal Colasurdo *(Mgr-Interactive Acct & Project)*
Jim Justice *(Acct Supvr)*
Charissa Elliot *(Assoc Creative Dir-Copy)*
Rodney Ibarra *(Assoc Art Dir)*
Danielle McShea *(Jr Art Dir)*
Milt Pony *(Assoc Creative Dir-Horsing Around)*

Accounts:
Boost Mobile Video

10 THOUSAND DESIGN
400 First Ave N Ste 700, Minneapolis, MN 55401
Tel.: (612) 305-6002
Web Site: www.10thousanddesign.com

Employees: 25
Year Founded: 2016

Agency Specializes In: Advertising, Arts, Brand Development & Integration, Collateral, Communications, Copywriting, Corporate Communications, Digital/Interactive, Experiential Marketing, Identity Marketing, Package Design, Retail, Strategic Planning/Research

Ed Bennett *(Founder & Exec Dir-Design)*
Kristin Woxland *(Mng Dir)*
John Doyle *(Exec Dir-Brand Experience)*
Michael Seitz *(Dir-Design)*
Sam Soulek *(Dir-Design)*
Jen Orth *(Assoc Dir-Design)*
Diana Quenomoen *(Assoc Dir-Design)*
Dustin Yerks *(Assoc Dir-Design)*
Natalie Judd *(Acct Supvr)*
Mandy Rutherford *(Acct Supvr)*
Tyler DeHague *(Designer)*

Accounts:
New-ARTCRANK
New-August Schell Brewing Company
New-Caribou Coffee Company
New-CHS Inc.
New-DuPont
New-Farm Credit Council
Gap Inc.
New-General Mills, Inc
New-Indian Motorcycle International, LLC
New-Mountain Hardwear
Nestle Purina PetCare
Old Navy
Regency Beauty Institute
New-Stanford PACS
USA Swimming
Winfield Solutions, LLC

1059 CREATIVE
98 N Washington St, Boston, MA 02114
Tel.: (617) 523-8133
E-Mail: info@1059creative.com
Web Site: www.1059creative.com

Employees: 6

Agency Specializes In: Advertising, Digital/Interactive, Graphic Design, Internet/Web Design

Rafe Hershfield *(Partner)*
Jessica McCourt *(Art Dir)*

Accounts:
Aspen Restaurant
Harborside Realty

10E MEDIA
10080 Alta Dr, Las Vegas, NV 89145
Tel.: (702) 476-1010
Web Site: www.10emedia.com

Employees: 5

Agency Specializes In: Advertising, Event Planning & Marketing, Internet/Web Design, Media Buying Services, Media Relations, Media Training, Public Relations, Search Engine Optimization, Social Media

Paige Candee *(Pres-PR)*

Accounts:
Cannery Casino

10TWELVE
1872 Johns Dr, Glenview, IL 60025
Tel.: (847) 461-8590
E-Mail: info@10twelve.com
Web Site: www.10twelve.com/

Employees: 10
Year Founded: 2006

Agency Specializes In: Affiliate Marketing, Alternative Advertising, Branded Entertainment, Broadcast, Business Publications, Catalogs, Co-op Advertising, Collateral, Consumer Publications, Custom Publishing, Digital/Interactive, Direct Response Marketing, Electronic Media, Email, Exhibit/Trade Shows, In-Store Advertising, Local Marketing, Magazines, Mobile Marketing, Multimedia, Newspaper, Newspapers & Magazines, Paid Searches, Podcasting, Point of Purchase, Point of Sale, Print, Product Placement, Production, Production (Print), Promotions, Publishing, Radio, Search Engine Optimization, Shopper Marketing, Social Media, Trade & Consumer Magazines, Web (Banner Ads, Pop-ups, etc.)

Raymond Sjolseth *(Founder & Creative Dir)*
Kelly DeWald *(Partner)*
Ian Kelly *(Partner)*
Yomi Martin *(Strategist-Mktg)*
Joey Leon *(Developer-Creative)*

Accounts:
0-Sixty T-Shirts
The Crazy Crab Restaurant
F3 Cycling Accessories, FormMount
Global School Access
Golf Trucks
Maids to Help
Specialty Alarm Engineering Alarm Packages
Team Stradale
Train in Home

10X GROUP
104 W Broad St, Greenville, SC 29601
Tel.: (864) 420-1127
E-Mail: info@10-xgoup.com
Web Site: www.10-xgroup.com

Employees: 10
Year Founded: 2002

Agency Specializes In: Advertising, Content, Digital/Interactive, Event Planning & Marketing, Print, Public Relations, Search Engine Optimization, Social Media, Strategic Planning/Research

Holly Rollins *(CEO & Strategist)*

Accounts:
Asahi Campaign: "Asahi Slow-Mo Booth"
Ob Hospitalist Group

11:24 DESIGN ADVERTISING, INC.
322 Culver Blvd, Playa Del Rey, CA 90293-7703
Tel.: (310) 821-1775
Fax: (310) 821-1972
E-Mail: artsims@1124design.com
Web Site: 1124design.com

Employees: 75
Year Founded: 1986

Agency Specializes In: Advertising, African-American Market, Asian Market, Bilingual Market, Brand Development & Integration, Business Publications, Business-To-Business, Cable T.V., Co-op Advertising, Collateral, Commercial Photography, Consulting, Consumer Marketing, Corporate Identity, E-Commerce, Electronic Media, Entertainment, Event Planning & Marketing, Exhibit/Trade Shows, Fashion/Apparel, Food Service, Government/Political, Graphic Design, Hispanic Market, Infomercials, Internet/Web Design, Logo & Package Design, Media Buying Services, Multicultural, Multimedia, New Product Development, Newspaper, Newspapers & Magazines, Out-of-Home Media, Outdoor, Pharmaceutical, Point of Purchase, Point of Sale, Print, Production, Public Relations, Publicity/Promotions, Radio, Restaurant, Retail, Sports Market, Strategic Planning/Research, Sweepstakes, Syndication, T.V., Teen Market, Trade & Consumer Magazines

Approx. Annual Billings: $5,000,000

Art Sims *(CEO)*

Accounts:
Disney; Los Angeles, CA Entertainment; 1998
Fox
Paramount Pictures
Sony Entertainment
Time Warner
Viacom

1185 DESIGN
941 Emerson St, Palo Alto, CA 94301
Tel.: (650) 325-4804
Fax: (650) 325-1468
E-Mail: newbiz@1185design.com
Web Site: www.1185design.com

Employees: 25

ADVERTISING AGENCIES
AGENCIES - JANUARY, 2019

Year Founded: 1985

Agency Specializes In: Arts, Aviation & Aerospace, Brand Development & Integration, Business Publications, Business-To-Business, Catalogs, Children's Market, Collateral, Communications, Computers & Software, Consumer Goods, Consumer Marketing, Corporate Communications, Corporate Identity, Customer Relationship Management, Direct Response Marketing, Direct-to-Consumer, E-Commerce, Education, Electronics, Email, Entertainment, Exhibit/Trade Shows, Food Service, Graphic Design, Health Care Services, High Technology, Hospitality, Household Goods, Identity Marketing, In-Store Advertising, Integrated Marketing, Internet/Web Design, Investor Relations, Leisure, Local Marketing, Logo & Package Design, Luxury Products, Men's Market, Multicultural, Multimedia, New Technologies, Newspaper, Out-of-Home Media, Outdoor, Over-50 Market, Package Design, Pharmaceutical, Planning & Consultation, Point of Purchase, Point of Sale, Print, Production, Production (Print), Promotions, Real Estate, Regional, Restaurant, Retail, Sales Promotion, Search Engine Optimization, Seniors' Market, Social Marketing/Nonprofit, Social Media, Strategic Planning/Research, Transportation, Tween Market, Urban Market, Web (Banner Ads, Pop-ups, etc.), Women's Market

Approx. Annual Billings: $8,000,000

Breakdown of Gross Billings by Media: Graphic Design: 100%

Peggy Burke *(Principal)*
Diana Witonsky *(Acct Dir)*
Jason Chan *(Dir-Design)*
Michelle Hallam *(Sr Designer)*

Accounts:
AMB Property Corporation Website Development
Ariba Brand Identity
Artificial Muscle Incorporated Website Development
Bigfoot Networks Brand Identity
Dash Navigation Brand Identity
Stanford University, Stanford, CA Degree Programs
New-TriNet

120 WEST STRATEGIC COMMUNICATIONS LLC
316 California Ave, Reno, NV 89509
Tel.: (775) 525-9371
Web Site: www.120west.biz

Employees: 10
Year Founded: 2016

Agency Specializes In: Advertising, Communications, Corporate Communications, Event Planning & Marketing, Financial, Investor Relations, Media Training, Retail, Stakeholders, Strategic Planning/Research

Ira M. Gostin *(Founder, Pres & CMO)*
Erin Gostin *(Partner)*
Lori Kunder *(Art Dir)*
Kristy Crabtree *(Dir-Web)*
Kathie Taylor *(Dir-Comm)*

Accounts:
New-Butcher Boy Market
New-Great Thyme Catering
New-Pink Hill Properties
New-Rye Patch Gold Corp

12FPS
1424 Santa Rosa Dr, Santa Fe, NM 87505
Tel.: (415) 738-4686
E-Mail: create@12fps.com
Web Site: www.12fps.com

Employees: 9
Year Founded: 2011

Agency Specializes In: Advertising, Brand Development & Integration, Content, Digital/Interactive, Social Media

Leah Pokrasso *(Art Dir)*

Accounts:
Meow Wolf

131DIGITAL
131 Library Ln, Pawleys Island, SC 29585
Tel.: (843) 314-4570
E-Mail: info@131digital.com
Web Site: www.131digital.com

Employees: 1

Agency Specializes In: Advertising, Brand Development & Integration, Content, Email, Internet/Web Design, Search Engine Optimization, Social Media

Accounts:
Carolina Human Reinvestment
Reliable Electric
Swell Vision

135TH STREET AGENCY
424 W 33rd St, New York, NY 10001
Tel.: (212) 348-4444
E-Mail: info@135stAgency.com
Web Site: http://one35agency.com

Employees: 10
Year Founded: 2005

Agency Specializes In: Affluent Market, Alternative Advertising, Arts, Brand Development & Integration, Branded Entertainment, College, Communications, Consumer Goods, Consumer Marketing, Digital/Interactive, Electronic Media, Entertainment, Event Planning & Marketing, Faith Based, Fashion/Apparel, Government/Political, Integrated Marketing, Luxury Products, Media Relations, Multicultural, Publicity/Promotions, Social Media, T.V., Viral/Buzz/Word of Mouth

Shante Bacon *(Founder & CEO)*

Accounts:
Carol's Daughter Hair Care Products; 2014
Myx Fusions; 2013
Oprah Winfrey Network; 2012
Paramount Pictures; 2012
REVOLT TV; 2014
RLJ Entertainment Films & Original Programming; 2013
The Weinstein Company; 2012

15 FINGERS
599 Delaware Ave, Buffalo, NY 14202
Tel.: (716) 608-6216
E-Mail: information@15fingers.com
Web Site: http://www.agency15.com/

Employees: 24

Agency Specializes In: Advertising, Brand Development & Integration, Digital/Interactive, Internet/Web Design, Logo & Package Design, Social Media

Greg Neundorfer *(Partner)*
Zachary Schneider *(Partner)*
Jennifer K Fortune *(Media Dir)*
Ken Trabert *(Creative Dir)*
Tara Erwin *(Mgr-PR)*
Matthew Lunghino *(Coord-Acct & Social Media)*

Accounts:
Boys & Girls Clubs of Buffalo

15 MINUTES, INC.
1982 Butler Pike Ste 600, Conshohocken, PA 19428
Tel.: (610) 832-1515
Fax: (610) 832-1585
Web Site: www.15minutesinc.com

Employees: 5
Year Founded: 1987

Agency Specializes In: Advertising, Advertising Specialties, Affluent Market, African-American Market, Arts, Asian Market, Brand Development & Integration, Branded Entertainment, Broadcast, Cable T.V., Children's Market, Co-op Advertising, Communications, Consumer Marketing, Content, Direct Response Marketing, Direct-to-Consumer, Email, Entertainment, Environmental, Event Planning & Marketing, Exhibit/Trade Shows, Fashion/Apparel, Financial, Game Integration, Guerilla Marketing, Identity Marketing, Integrated Marketing, International, Internet/Web Design, LGBTQ Market, Leisure, Local Marketing, Logo & Package Design, Luxury Products, Media Buying Services, Media Planning, Media Relations, Mobile Marketing, Multicultural, Multimedia, New Product Development, New Technologies, Newspaper, Newspapers & Magazines, Out-of-Home Media, Outdoor, Over-50 Market, Pets, Podcasting, Print, Product Placement, Production, Production (Ad, Film, Broadcast), Production (Print), Promotions, Public Relations, Publicity/Promotions, Radio, Regional, Search Engine Optimization, Social Marketing/Nonprofit, Social Media, Sponsorship, Sports Market, T.V., Teen Market, Trade & Consumer Magazines, Travel & Tourism, Tween Market, Web (Banner Ads, Pop-ups, etc.), Women's Market

Approx. Annual Billings: $2,000,000

Breakdown of Gross Billings by Media: Brdcst.: $1,000,000; Print: $900,000; Production: $100,000

Nancy Becker *(Pres)*
Pam Derderian *(Acct Mgr)*

Accounts:
American Expo Corp.; Audubon, PA Greater Phila Expo Center at Oaks, Greater Reading Expo at Oaks
ASA/Eastern Fishing & Outdoors; NH Sports Shows
D&D Expositions; Gibbsboro, NJ Home Shows, Home & Garden Shows; Motorcycle Shows
Subaru of America; Cherry Hill, NJ Niche Marketing & Sponsorship Relations

160OVER90
510 Walnut St Fl 19, Philadelphia, PA 19106
Tel.: (215) 732-3200
Fax: (215) 732-1664
E-Mail: info@160over90.com
Web Site: www.160over90.com

Employees: 40

Agency Specializes In: Sponsorship

Darryl Cilli *(Founder & Exec Chm)*
Bill Decker *(Interim CEO)*
Michael Sprouse *(CFO)*
Kimberly Hallman *(CMO & Principal)*
Greg Ash *(Chief Creative Officer & Principal)*
David Burden *(Chief Data Officer, Chief Insights Officer & Principal)*

AGENCIES - JANUARY, 2019 — ADVERTISING AGENCIES

Cory McCall *(Co-Chief Creative Officer & Principal)*
Lindsay White *(Chief Strategy Officer & Principal)*
Michael Loper *(Chief Strategy Officer)*
Matt Yuskewich *(Chief Creative Officer)*
Ryan Brown *(Principal & Exec Dir-Strategy)*
Rebecca Novak *(Exec Dir-Brand Experience)*
Christine Piper *(Exec Dir-Client Svcs)*
Samantha Reeb-Wilson *(Grp Acct Dir)*
Indira Morton *(Acct Dir)*
Sarah Tjoa *(Acct Dir)*
Tracy Kopco *(Dir-Media & Analytics)*
Michelle Woolford *(Assoc Dir-PR)*
Jill Keenan *(Supvr-Media)*
Kyle Ferino *(Assoc Creative Dir)*
Patrick Macomber *(Grp Creative Dir)*

Accounts:
Alliance MMA, Inc.
American Eagle Outfitters
Aria Health
Arizona Coyotes
Atlantic 10 Conference Campaign: "Any Arena. Any Field.", Campaign: "Next", Online, TV
Chesnut Hill College
Destination Maternity Corporation Email Marketing
Devoto Orchards Coasters & Cocktail Napkins, Design Packaging, Drinking Accessories, Golden State Cider, Keg Collars, Logo, Pint Glasses, Table Toppers, Tap Handles
Ferrari North America Corso Pilota Mont-Tremblant Welcome Kit
FootJoy
Fordham University
Fox Sports
Hunter
Indianapolis Colts
Mars Drinks Logo
Mercedes-Benz
National Real Estate Development Advertising, Branding, East Market
New York Jets
New York University
Nike
Old Dominion University
New-Papa John's International, Inc.
The Philadelphia Eagles
SoBe
Sony
Starr Restaurants
UCLA
Under Armour ClutchFit Shoe, Video
Unilever Branding, Video
University of Dayton
University of Florida
University of Pennsylvania
The U.S. Open
Washington Nationals
Wilkes University

16W MARKETING, LLC
75 Union Ave 2nd Fl, Rutherford, NJ 07070
Tel.: (201) 635-8000
Fax: (201) 507-1722
Web Site: www.16wmktg.com

Employees: 8
Year Founded: 2000

Agency Specializes In: Broadcast, E-Commerce, Exhibit/Trade Shows, Local Marketing, Market Research, Public Relations

Approx. Annual Billings: $2,000,000

Steve Rosner *(Partner)*
Frank Vuono *(Partner)*
Brian Nelson *(VP-Talent)*

Accounts:
Beasley Reece
Chris Long
Chris Simms
Cris Collinsworth
Howie Long
NFL
Phil Simms
Pro Football Hall of Fame Business Development Agency of Record, Game for Life Exhibit, Hall of Heroes, Hometown Hall of Famers, Merlin Olsen Luncheon, Pro Football Hall of Fame Enshrinement, Super Bowl

180FUSION
11620 Wilshire Boulevard Ste 820, Los Angeles, CA 90025
Tel.: (877) 321-4180
Web Site: https://www.180fusion.com/

Employees: 54

Agency Specializes In: Advertising, Search Engine Optimization, Social Media

Accounts:
Bartenders Academy
Prostate Cancer Institute (Agency of Record) Search Engine Marketing

1ST DEGREE, LLC
9720 Capital Ct, Manassas, VA 20110
Tel.: (571) 261-1465
E-Mail: hello@1stdegree.com
Web Site: www.1stdegree.com

Employees: 50
Year Founded: 2003

Agency Specializes In: Advertising, Brand Development & Integration, Branded Entertainment, Broadcast, Cable T.V., Communications, Consulting, Consumer Marketing, Content, Corporate Communications, Crisis Communications, Direct-to-Consumer, Electronic Media, Email, Entertainment, Event Planning & Marketing, Exhibit/Trade Shows, Experience Design, Experiential Marketing, Health Care Services, Integrated Marketing, Local Marketing, Magazines, Market Research, Media Buying Services, Media Planning, Media Relations, Media Training, Mobile Marketing, Multimedia, New Product Development, Newspaper, Newspapers & Magazines, Out-of-Home Media, Paid Searches, Planning & Consultation, Point of Purchase, Point of Sale, Print, Production, Production (Ad, Film, Broadcast), Production (Print), Promotions, Public Relations, Publicity/Promotions, Radio, Search Engine Optimization, Social Marketing/Nonprofit, Social Media, Sports Market, Stakeholders, Strategic Planning/Research, T.V., Viral/Buzz/Word of Mouth, Web (Banner Ads, Pop-ups, etc.)

Laura Hunt *(Pres)*
Misti Dragano *(VP)*
Cheryl Hall *(VP-Mktg)*
Amy E. Haynes *(VP-Projects & Brand Integrity)*
Susan Culler *(Exec Dir-Corp Dev)*
Meredith Resnick *(Dir-Media Rels)*

Accounts:
Shriners Hospitals for Children

1ST TEAM ADVERTISING LLC
1407 Eisenhower Blvd Sq II Ste 303, Johnstown, PA 15904
Tel.: (814) 410-3018
Fax: (814) 410-3019
Toll Free: (800) 724-2040
Web Site: 1stteamadvertising.com

Employees: 10
Year Founded: 2007

Agency Specializes In: Advertising, Brand Development & Integration, Graphic Design, Internet/Web Design, Media Buying Services, Print, Social Media

Ryan Gindlesperger *(Mng Partner)*
Jonathan Zima *(Coord-Digital Media)*

Accounts:
Pennsylvania Academy of Cosmetology
Watson Insurance Agency, Inc.

2 STORY
641 W National Ave, Milwaukee, WI 53204
Tel.: (414) 220-9663
E-Mail: info@2-story.com
Web Site: www.2-story.com

Employees: 5

Agency Specializes In: Advertising, Graphic Design, Internet/Web Design, Logo & Package Design, Public Relations, Radio, Social Media, T.V.

Ellen Homb *(Owner & Pres)*

Accounts:
Milwaukee Habitat for Humanity

20/10 DESIGN & MARKETING, INC.
325 Willowbrook Ln Bldg 600, West Chester, PA 19382
Tel.: (610) 692-4972
E-Mail: solutions@2010solutions.com
Web Site: www.2010solutions.com

Employees: 15
Year Founded: 1998

Joe Warner *(Owner)*
Sarah Reese *(VP-Mktg & Client Svcs)*
Matthew Williams *(Art Dir)*

Accounts:
Philadelphia Convention & Visitors Bureau
Ron Jaworski

2020 EXHIBITS, INC.
10550 S Sam Huston Pkwy W, Houston, TX 77071
Tel.: (713) 354-0900
Fax: (713) 354-0920
E-Mail: info@2020exhibits.com
Web Site: www.2020exhibits.com

Employees: 70
Year Founded: 1990

Agency Specializes In: Event Planning & Marketing, Exhibit/Trade Shows, Experiential Marketing, Media Planning

Bob Babine *(Pres)*
Pete Babine *(VP-Global Events)*
Mike Skaff *(VP-Bus Dev)*
Jill Kinduell *(Gen Mgr & Sr Acct Exec)*
Jeannette Sanders *(Mktg Dir)*
Carla Coy *(Acct Mgr)*
Jill Epperson *(Acct Mgr)*
Robin Clinton *(Sr Acct Exec)*
Tony Mayer *(Sr Designer-Exhibit)*

20NINE DESIGN STUDIOS LLC
730 E Elm St Ste 100, Conshohocken, PA 19428
Tel.: (610) 238-0450
Fax: (610) 238-0453
E-Mail: info@20nine.com
Web Site: www.20nine.com

Employees: 15

ADVERTISING AGENCIES

Agency Specializes In: Advertising, Custom Publishing, Graphic Design, Market Research, Merchandising, Print, Web (Banner Ads, Pop-ups, etc.)

Greg Ricciardi *(Pres & CEO)*
Gary Kopervas *(Sr VP-Brand Strategy & Innovation)*
Kevin Hammond *(Creative Dir)*
Erin McGeever *(Sr Art Dir)*

Accounts:
Bentley Homes Real Estate Services
Boenning & Scattergood Asset Management & Investment Banking
Citi
Drexel University
MEDecision Healthcare Management Solutions
Philabundance
Rodel Foundation of Delaware Nonprofit Organization

22SQUARED
1170 Peachtree St NE Fl 14, Atlanta, GA 30309-7649
Tel.: (404) 347-8700
Fax: (404) 347-8800
E-Mail: info@22squared.com
Web Site: www.22squared.com

Employees: 320
Year Founded: 1922

National Agency Associations: 4A's

Agency Specializes In: Advertising, Automotive, Brand Development & Integration, Broadcast, Collateral, Communications, Consumer Goods, Digital/Interactive, Direct Response Marketing, Direct-to-Consumer, Hospitality, In-Store Advertising, Integrated Marketing, Internet/Web Design, Magazines, Media Buying Services, Media Planning, Mobile Marketing, Newspaper, Newspapers & Magazines, Out-of-Home Media, Outdoor, Point of Purchase, Point of Sale, Print, Production (Print), Promotions, Public Relations, Publicity/Promotions, Radio, Restaurant, Retail, Social Marketing/Nonprofit, Social Media, Strategic Planning/Research, T.V., Travel & Tourism, Web (Banner Ads, Pop-ups, etc.), Women's Market

Breakdown of Gross Billings by Media: D.M.: 4%; Internet Adv.: 26%; Newsp.: 8%; Out-of-Home Media: 2%; Radio: 7%; Strategic Planning/Research: 13%; T.V.: 40%

Matthew O'Rourke *(Chief Creative Officer)*
Josh Campo *(Mng Dir-Digital & Sr VP)*
Lesley Brown *(Sr VP & Grp Acct Dir)*
Alok Nath *(Sr VP & Dir-Maker Studio)*
Jennifer Pisczak Peterson *(VP & Acct Dir)*
Leigh Kellogg *(VP & Dir-Analytics)*
Charleston Crouch *(Producer-Digital)*
Janis Middleton *(Media Dir-Paid Social)*
Liza Ramos *(Dir-Recruiting)*
Natalia Ekisheva *(Assoc Dir-SEM)*
Courtney Jones *(Mgr-Bus Dev)*
Joanna Graham *(Acct Supvr)*
Erica May *(Supvr-Media)*
Nancy Miller *(Supvr-Search)*
Carly Loux *(Acct Exec)*
Ashlyn Bell *(Copywriter)*
Jon Daboub *(Media Buyer)*
Matthew Pimenta *(Analyst-Mktg)*
Nicole Bardizbanian *(Sr Media Planner)*
Jill Kosmal *(Assoc Media Dir)*
Mary Ramseur *(Sr Media Buyer)*

Accounts:
Ad Council
Adventist Health System
Baskin-Robbins
Buffalo Wild Wings (Advertising Agency of Record) Campaign: "Built For", Campaign: "Expaned", Campaign: "Official Hangout of NCAA March Madness", Campaign: "Slo Mo", In-Store Promotion, Media Planning; 2004
Dunkin Donuts Baskin-Robbins (Agency of Record)
Enviroscent
Everbank
The Home Depot, Inc. Retail Interface
PGA Tour Superstore
Publix Super Markets; 1989
Shoe Carnival; 2008
Southeast Toyota Distributors; 2000
SunTrust Banks, Inc.
Sweetwater Brewery Design, Marketing Initiative
Toyota Motor Sales, U.S.A.

Branch

22squared Inc.
100 N Tampa St, Tampa, FL 33602
Tel.: (813) 202-1200
Fax: (813) 202-1261
E-Mail: info@22squared.com
Web Site: www.22squared.com

E-Mail for Key Personnel:
Creative Dir.: scott.sheinberg@22squared.com

Employees: 80

Agency Specializes In: Internet/Web Design, Newspaper, Print, Radio, Sponsorship, T.V.

Lori Lawery *(VP, Dir-Production & Exec Producer)*
Gillian Permuy *(VP & Mgmt Supvr)*
Meg Roberts *(VP & Dir-Content Mktg)*
Anne DiNapoli *(VP & Grp Media Dir)*
Tara Kelchner *(Media Dir)*
Jo Ella Mathis *(Sr Mgr-Bus Affairs)*
Natalie Russo *(Mgr-Search Performance)*
Katelyn Giglio *(Acct Supvr)*
Sophia Del Zoppo Buchanan *(Supvr-Media)*
Cara Otten *(Supvr-Media)*
Monica Piazza *(Supvr-Media)*
Steven Regan *(Supvr-Digital Media)*
Barry Salus *(Supvr-Media)*
Yamy Gonzalez *(Media Buyer)*
Morgan Suarez *(Media Planner)*
Megan Valente *(Media Planner)*
Lindsay Apperson *(Sr Media Buyer)*
Michelle Groux-Hux *(Assoc Media Dir)*
Jessica Lee *(Sr Media Buyer)*
Natalie Meeks *(Assoc Creative Dir)*
Kevin Taylor *(Assoc Creative Dir)*
Terri Wilson *(Sr Media Buyer)*

Accounts:
Atlanta Brewing Company
Big Brothers Big Sisters
Big Green Egg
Caribou Coffee
Costa Rica Tourism Board (Agency of Record) Creative, Media Buying and Planning, Social and Digital Media
Publix Super Markets Inc.
Shoe Carnival, Inc. Content, National & Local Broadcast
Southeast Toyota

23K STUDIOS
232 Conestoga Rd, Wayne, PA 19087
Tel.: (610) 971-2000
Fax: (610) 971-1620
E-Mail: info@23k.com
Web Site: www.23k.com

Employees: 12

Agency Specializes In: Direct Response Marketing

Tom King *(Principal & Chief Creative Officer)*
Amy Knoebel *(VP-Ops)*
Brian Rutolo *(Assoc Creative Dir & Dir-Photography & Video)*
Aaron Shupp *(Dir-Interactive Mktg)*
Petey Boone *(Office Mgr)*
Stephanie Yeager *(Project Mgr-Interactive)*
Jen Nevius *(Sr Graphic Designer)*
Brian Soroka *(Assoc Creative Dir)*

Accounts:
ING Direct
SAP
Sunguard

24 COMMUNICATIONS
12 W Jefferson St Ste 230, Montgomery, AL 36104
Tel.: (334) 356-2426
E-Mail: brand@24c.co
Web Site: www.24c.co

Employees: 5
Year Founded: 2006

Agency Specializes In: Advertising, Brand Development & Integration, Collateral, Corporate Identity, Digital/Interactive, Media Relations, Media Training, Package Design, Public Relations, Social Media

Callie Hincy *(Principal-Bus Dev)*

Accounts:
Max

2930 CREATIVE
1910 Pacific Ave, Dallas, TX 75201
Tel.: (469) 899-6416
E-Mail: info@twentynine-thirty.com
Web Site: 2930creative.com/

Employees: 6
Year Founded: 2012

Agency Specializes In: Advertising, Brand Development & Integration, Collateral, Content, Email, Internet/Web Design, Logo & Package Design, Package Design, Print, Social Media

Chris Reeves *(Pres)*
Carly Reeves *(VP-Digital Adv)*
Ashley Smith *(Art Dir)*

Accounts:
Dallas Caramel Company
Prime Source Mortgage, Corp.

2E CREATIVE
411 N 10th Ste 600, Saint Louis, MO 63101
Tel.: (314) 436-2323
Fax: (314) 436-2333
Web Site: www.2ecreative.com

Employees: 54
Year Founded: 1999

Agency Specializes In: Advertising, Brand Development & Integration, Digital/Interactive, Graphic Design, Social Media

Steve Roseman *(Pres)*
Ross Toohey *(CEO)*
Michael Ferrell *(Fin Dir)*
Joe Toohey *(Chief Creative Officer)*
Brandon Chuang *(VP-Strategic Dev)*
Lynda McClure *(VP-Creative)*
Christopher Schlarman *(VP-Client Engagement)*
Matt Bender *(Art Dir)*
Jc Dillon *(Acct Mgmt Dir)*
Amy Figurel *(Acct Dir)*
Beth Jatcko *(Acct Dir-Strategic Accts Portfolio)*

AGENCIES - JANUARY, 2019   ADVERTISING AGENCIES

Simon Lam *(Art Dir)*
David Molho *(Creative Dir)*
Sara Sexton *(Acct Dir-Surgical Portfolio)*
Mary Habermaas *(Dir-Digital)*
Maggie Piasecki *(Dir-Strategy)*
Matthew Turner *(Dir-Medical & Regulatory)*
Steve Winkler *(Production Mgr)*
Madison Molho *(Sr Acct Exec)*
Michael Piasecki *(Grp Creative Dir)*
Dan Rubin *(Assoc Creative Dir)*

Accounts:
Alcon Laboratories, Inc.
Caris Life Sciences
The Delta Gamma Center
Elsevier Inc.
Erbe USA Inc
Everidis Health Sciences
Jerry Harvey Audio LLC
NextGen Healthcare Information Systems, Inc.
Sigma Life Science
Texas Instruments Incorporated

2G MARKETING COMMUNICATIONS, INC.
PO Box 77555, Baton Rouge, LA 70879
Tel.: (225) 293-2224
Fax: (225) 293-2228
Web Site: www.2gmarketing.com

Employees: 3

Agency Specializes In: Broadcast, Email, Exhibit/Trade Shows, Graphic Design, Internet/Web Design

Ken Adams *(Co-Owner)*
Russ Norwood *(Owner)*

Accounts:
DSM Elastomers
Industrial Specialty Contractors, LLC
Lion Copolymer
Pala Interstate
Paxon Polymers
The Shaw Group
SJB Group
Thermal & Process Sales, Inc.

2.GC, INC.
335 Old Sutton Rd, Barrington, IL 60010
Tel.: (312) 943-6800
Fax: (847) 609-1741
E-Mail: rduggan@2gcinc.com
Web Site: www.2gcinc.com

Employees: 5
Year Founded: 1996

Agency Specializes In: Above-the-Line

Robin Duggan *(Owner)*

Accounts:
LG Electronics

2ONE5 CREATIVE INC
230 N 2nd St Ste 2B, Philadelphia, PA 19106
Tel.: (215) 592-7151
E-Mail: general@2one5.com
Web Site: www.2one5.com

Employees: 17
Year Founded: 2001

Agency Specializes In: Advertising, Brand Development & Integration, Digital/Interactive, Package Design, Social Media

Nikolas Greenblatt *(Pres & Chief Creative Officer)*
Dan Christiansen *(VP-Ops)*

Accounts:
Bouvel Investment Partners
Comcast
Digipower Solutions (Agency of Record) Branding Strategy, Digital, Marketing
Frankford Umbrellas (Agency of Record)
Franklin Park
Ingerman (Agency of Record) Branding, Digital Marketing, Mobile
JG Real Estate Brand Identity
LGBT Expo
Lilly Pulitzer
Mizco International Content, Strategy, ToughTested (Digital Agency of Record), Video
Re-Fuel
Splashflood
WH Roddy
Worth Financial Management, LLC Video

3 ADVERTISING
1550 Mercantile Ave NE 2nd Fl, Albuquerque, NM 87107
Tel.: (505) 293-2333
Fax: (505) 293-1198
E-Mail: info@3advertising.com
Web Site: www.3advertising.com

Employees: 12
Year Founded: 2005

Agency Specializes In: Advertising, Advertising Specialties, Bilingual Market, Brand Development & Integration, Broadcast, Business Publications, Business-To-Business, Cable T.V., Children's Market, Collateral, Communications, Consulting, Consumer Marketing, Consumer Publications, Corporate Communications, Corporate Identity, Digital/Interactive, Direct Response Marketing, E-Commerce, Electronic Media, Exhibit/Trade Shows, Graphic Design, Hispanic Market, In-Store Advertising, Internet/Web Design, Leisure, Local Marketing, Logo & Package Design, Magazines, Media Buying Services, Multimedia, Newspaper, Newspapers & Magazines, Out-of-Home Media, Outdoor, Over-50 Market, Planning & Consultation, Point of Purchase, Point of Sale, Print, Production, Production (Print), Public Relations, Publicity/Promotions, Radio, Sales Promotion, Search Engine Optimization, Social Media, Strategic Planning/Research, Sweepstakes, T.V., Teen Market, Trade & Consumer Magazines, Transportation, Travel & Tourism, Web (Banner Ads, Pop-ups, etc.)

Approx. Annual Billings: $8,022,000

Sam Maclay *(Partner & Creative Dir)*
Susan K. Lewis *(Partner & Dir-Media)*
Tim McGrath *(Partner & Dir-Design)*
Chris Moore *(Partner & Dir-Strategic)*
Vi Nguyen *(Sr Acct Mgr)*
Jason Rohrer *(Mgr-Creative & Sr Writer)*
Zak Rutledge *(Sr Art Dir)*

Accounts:
Alone & Unafraid
American Ethanol
Bair Medical Spa
Beer Institute Campaign: "Beer Convention", Campaign: "Excise Ale", Campaign: "Franklin", Campaign: "Lincoln", Campaign: "Overtaxed", Campaign: "Roosevelt", Campaign: "Taxman", Logo
Brycon Construction; 2006
Center for Prenatal Development Medical; 2005
Charles Stephens & Co.
City of Albuquerque/Better Health Campaign: "Chair Squat", Campaign: "Long Walk", Campaign: "Snack Attack", Campaign: "Stair Master"
Cosmetic Dentistry of NM Campaign: "Beautiful", Campaign: "CQ", Campaign: "Cosmo", Campaign: "Glamorous"
Dekker Parich Sabatini
DSM-Biomedical
Farm Credit Campaign: "Commitment", Campaign: "Cringe", Campaign: "Toaster"
Land Rover Albuquerque/Santa Fe Automotive; 2005
Measure Twice, Inc. Construction; 2005
Mercy Regional Medical Center
Michael Barley Corporate ID
National Museum of Nuclear Science & History
New Day Youth & Family Services Campaign: "Healing Words"
New Mexico Mortgage Finance Authority
Old Guys Rule Apparel; 2005
People Living Through Cancer Counseling; 2006
PMC Solutions Software; 2006
Presbyterian Healthcare Systems Campaign: "Fun & Games", Campaign: "Your story is our story"
Public Service New Mexico
Rescue SCG
Rio Grande Credit Union
sackwear.com Apparel, Campaign: "Death Valley", Campaign: "Kiwi", Campaign: "Pritchett", Campaign: "Special Care", Pritchett Canyon Expeditions t-shirt; 2005
Sandia Laboratories Federal Credit Union
Seattle Fish Company of New Mexico Campaign: "Fish Eaters of the World"
Skarsgard Construction Logo
Telluride Offroad Adventures Illustration, Logo
United Seating & Mobility

3 FEET MEDIA
99 Weatherstone Dr, Woodstock, GA 30188
Tel.: (678) 445-3646
Fax: (678) 445-3670
E-Mail: sdent@3feetmedia.net
Web Site: www.3feetmedia.net

Employees: 10

Chris Esposito *(Pres & CEO)*

3 SONS MEDIA
401 Church St Ste 1700, Nashville, TN 37219
E-Mail: info@3sonsmedia.com
Web Site: www.3sonsmedia.com

Employees: 10

Agency Specializes In: Advertising, Content, Event Planning & Marketing

J. W. Johnson *(Founder & Exec Producer)*
Craig Evans *(Creative Dir)*
Lucas Hagerty *(Dir-Strategy)*
Annbern Holliman *(Assoc Dir)*
Margaret McCain *(Acct Mgr)*

Accounts:
New-American Heart Association, Inc
New-Pilot Travel Centers LLC
New-The Tennessee Titans

300FEETOUT
1035 Folsom St, San Francisco, CA 94103
Tel.: (415) 551-2377
E-Mail: info@300feetout.com
Web Site: www.300feetout.com

Employees: 8
Year Founded: 1997

Agency Specializes In: Advertising, Brand Development & Integration, Collateral, Internet/Web Design, Logo & Package Design, Print

Stephanie Frier *(Brand Dir)*
Greg Ciro Tornincasa *(Art Dir)*

ADVERTISING AGENCIES

Accounts:
Pasolivo Olive Oil
San Francisco Ballet

300M
300 Marconi Blvd 3rd Fl, Columbus, OH 43215
Tel.: (614) 827-9712
E-Mail: radams@300m.co
Web Site: www.300m.co/

Employees: 23
Year Founded: 1997

Agency Specializes In: Advertising, Advertising Specialties, Alternative Advertising, Brand Development & Integration, Broadcast, Business Publications, Cable T.V., Catalogs, Co-op Advertising, Collateral, Communications, Consulting, Consumer Goods, Consumer Marketing, Consumer Publications, Corporate Identity, Customer Relationship Management, Digital/Interactive, Direct Response Marketing, Direct-to-Consumer, E-Commerce, Electronic Media, Email, Event Planning & Marketing, Exhibit/Trade Shows, Graphic Design, Household Goods, Identity Marketing, In-Store Advertising, Infomercials, Information Technology, Integrated Marketing, Internet/Web Design, Local Marketing, Logo & Package Design, Magazines, Market Research, Media Buying Services, Media Planning, Merchandising, Mobile Marketing, Multimedia, New Product Development, New Technologies, Newspaper, Newspapers & Magazines, Out-of-Home Media, Outdoor, Planning & Consultation, Podcasting, Point of Purchase, Point of Sale, Production, Production (Print), Promotions, Radio, Sales Promotion, Search Engine Optimization, Social Marketing/Nonprofit, Social Media, Strategic Planning/Research, Sweepstakes, T.V., Trade & Consumer Magazines, Viral/Buzz/Word of Mouth, Yellow Pages Advertising

Approx. Annual Billings: $25,000,000

Breakdown of Gross Billings by Media: Brdcst.: $1,250,000; Bus. Publs.: $1,250,000; Collateral: $2,500,000; Consulting: $3,750,000; Consumer Publs.: $1,250,000; Internet Adv.: $3,750,000; Radio & T.V.: $6,250,000; Worldwide Web Sites: $5,000,000

Bill Gallagher *(Owner)*
Rick Adams *(Principal)*

Accounts:
Abbott Nutrition Ensure, Glucerna, Juven, Pediasure; 2003
Eagle Manufacturing Crusher Plants; 2002
Grief Corporation Load Securement, Packaging; 2001
Stanley Steemer Carpet Cleaning, Water Damage Restoration; 1998

31 LENGTHS LLC
43 W 24th St 7th Fl, New York, NY 10010
Tel.: (914) 255-2981
Web Site: www.31lengths.net

Employees: 3
Year Founded: 2012

Agency Specializes In: Advertising, Brand Development & Integration, Digital/Interactive, Logo & Package Design, Print, Radio, Strategic Planning/Research

Michael Jordan *(Founder & CEO)*
Angelle Juneau *(Creative Dir)*
Maria Ackley *(Dir-Digital Strategy)*

Accounts:
The American Womens College

31,000 FT
1501 Surveyor Blvd, Addison, TX 75001
Tel.: (972) 818-3131
Web Site: www.31000ft.net

Employees: 12
Year Founded: 2012

Agency Specializes In: Above-the-Line, Broadcast, Cable T.V., Collateral, Consumer Publications, Digital/Interactive, Magazines, Newspaper, Newspapers & Magazines, Out-of-Home Media, Outdoor, Print, Radio, Social Media, T.V., Web (Banner Ads, Pop-ups, etc.)

Approx. Annual Billings: $60,000,000

Carter Keith *(CEO)*
Rosalyn Rawitscher *(Chief Strategy Officer)*
Dean Hlavinka *(Creative Dir & Art Dir)*
Marshall Lestz *(Creative Dir & Writer)*
Vicky Andres *(Art Dir)*
Carl Foster *(Acct Dir)*
Matthew Line *(Dir-Digital Strategy & Dev)*
Sarah Meacham *(Coord-Social Media)*

Accounts:
Kramer Labs Fungi Nail; 2015
National Alliance on Mental Illness (NAMI); 2012
North Texas Soccer Association (NTSA); 2014
Sanofi Consumer Healthcare ACT, Gold Bond, Icy Hot, Kaopectate, Rolaids; 2012
Sunstar Americas Flossers, GUM Brand Softpicks, Proxy Brushes, TV & Broadcast Planning; 2013

352 MEDIA GROUP
133 SW 130th Way Ste D, Newberry, FL 32669
Tel.: (352) 374-9657
Fax: (352) 374-6965
Toll Free: (877) 352-MEDIA (6334)
E-Mail: hello@352media.com
Web Site: https://www.352inc.com/

Employees: 45
Year Founded: 1999

Agency Specializes In: Digital/Interactive, E-Commerce, Electronic Media, Graphic Design, Information Technology, Internet/Web Design

Geoff Wilson *(Founder & Pres)*
Caroline Blake *(Partner)*
Robert Berris *(Sr VP-Innovation & Design)*
David Yeend *(Dir-Innovation)*
Brian Russell *(Sr Strategist-Mktg)*
Damion Wasylow *(Sr Strategist-Mktg)*
Chelsea Burns *(Strategist-Digital Mktg)*
Erin Devine *(Strategist-Product Mktg)*
Andrew R. Mimault *(Strategist-Digital Media)*

Accounts:
American Express Travel
Ben & Jerrys
Microsoft; Redmond, WA Developer Tools Division; 2003
Porsche
Swamp Rentals

360 GROUP
301 W Michigan St Ste A, Indianapolis, IN 46202
Tel.: (317) 633-1456
Fax: (317) 633-1461
E-Mail: mark@360grouponline.com
Web Site: www.360grouponline.com

Employees: 14
Year Founded: 1960

National Agency Associations: Second Wind Limited

Scott Willy *(Co-Founder & VP-Creative Svcs)*
David Cranfill *(Pres)*
Taylor Jessup *(Art Dir)*
Eric Murray *(Creative Dir)*
Dan Myers *(Dir-Media & Acct Exec)*
Rikki Cronin *(Dir-Production)*
David Bray *(Sr Art Dir & Acct Exec)*
Luke Spencer-Pierce *(Designer)*

Accounts:
Circle City Group Power Cooperatives; Lebanon, IN; 1984
Cranfill & Company
Heartland Film Festival
The Indiana and Purdue University
Indiana High School Athletic Association; Indianapolis, IN; 1972
Indianapolis Symphony Orchestra
REMC
Wooden & McLaughlin Attorneys at Law; Indianapolis, IN; 1997

360I
32 Ave of the Americas 6th Fl, New York, NY 10013
Tel.: (212) 703-7201
Toll Free: (888) 360-9360
E-Mail: press@360i.com
Web Site: https://360i.com/

Employees: 500
Year Founded: 1998

National Agency Associations: 4A's-SODA

Agency Specializes In: Digital/Interactive, Media Planning, Search Engine Optimization, Sponsorship, Strategic Planning/Research

Revenue: $25,000,000

Andrea Terrassa *(COO)*
Doug Rozen *(Chief Media Officer)*
Doug Fidoten *(Exec VP & Acct Dir-Canon)*
Jason Hartley *(Sr VP & Head-Search & Paid Social)*
Tracey Wexler Orpaz *(Sr VP-Integrated Media)*
Chris Seda *(VP & Head-Experience Design)*
Bruce Williams *(VP & Head-Media Practice)*
Jacob Davis *(VP-Search & Performance Mktg)*
Joanna Hawkes *(VP-Strategy-Vizeum)*
Carissa Ranelycke Berlin *(Head-Production)*
Neil Smith *(Head-New Bus)*
WeiWei Dong *(Grp Dir-Creative)*
Casey Espinoza *(Sr Dir-Art)*
Danielle Calogera *(Acct Dir)*
Zachary Dreyfuss *(Media Dir)*
Kelly Fisher *(Media Dir)*
Andrew Hunter *(Creative Dir)*
Courtney Jones *(Acct Dir)*
Doug Murray *(Creative Dir)*
Emily Brown *(Dir-Strategy)*
Abigail Szram *(Dir-Social)*
Maggie Walsh *(Dir-Strategy)*
Antonio Flores Garduno *(Assoc Dir-Integrated Media)*
Jennifer Spero *(Assoc Dir-Analytics)*
Elizabeth Saathoff *(Sr Acct Mgr)*
Kaitlin Dorey *(Mgr-Media)*
Malik Evans *(Mgr-Paid Search)*
Michelle Hill *(Mgr-Media, Paid Search & Social)*
Dan Muscato *(Mgr-Digital Media)*
Brian Bochner *(Acct Supvr-Integrated Mktg Strategy)*
Allison Guggenheimer *(Acct Supvr)*
Alden Millar *(Acct Supvr)*
Annalisa Alosco *(Supvr-Integrated Media)*
Holly Corley *(Supvr-Media)*
Joseph Delva *(Supvr-Digital Media)*
Abel Santibanez *(Supvr-Integrated Media)*
Victor Rivera *(Jr Copywriter)*
Martha Fritzsche *(Assoc Acct Dir)*
Robbie Fuss *(Assoc Media Dir)*

AGENCIES - JANUARY, 2019 — ADVERTISING AGENCIES

Monica Sharma *(Assoc Acct Dir)*

Accounts:
New-7-Eleven
A&E Television Network
AARP
Advance Auto Parts, Inc. Analytics, Media; 2018
Alamo AlamoGames2Go
Anheuser-Busch InBev Digital, Strategy
AutoTrader.com
Barilla America, Inc. (US Digital Agency of Record) Content, Social Marketing, Strategy, Website
Ben & Jerry's Homemade, Inc. Digital
BMW of North America, LLC Customer Relationship Management, Digital, Mini, Social Media; 2017.
Bose
Bravo Media
Breast Cancer Awareness
Canon Inc.
Canon
Capital One Financial Corporation
Chili's Grill & Bar (Integrated Media Agency of Record) Broadcast Planning, Buying & Execution, Communications Planning, Creative, Digital Marketing, Integrated Planning, Media
Christopher & Dana Reeve Foundation
Coca-Cola Campaign: "Fanta For The Funny", Coke Zero, Dasani, Diet Coke, Digital, Fanta, Minute Maid, Odwalla, Social Media Monitoring, Sprite, Vitaminwater
Darden Restaurants LongHorn Steakhouse, Media
Diageo Digital, Guinness (Social Agency of Record), Smirnoff (Social Agency of Record)
DSW Analytics, Digital, Media, Media Buying, Media Planning, Traditional
Enterprise Holdings, Inc. Social Media
Estee Lauder Cos. Campaign: "#StartBetter", Clinique, Creative, Digital, Displays, Global Digital Marketing, Social Strategy, Social-Media Branding
Fisher-Price, Inc.
Fox
H&R Block Search Marketing, Social Media
Hanesbrands Campaign: "Hot N' Hairy", Campaign: "Soften the Blow", Champion, Hanes X-Temp
Heineken USA Inc Strongbow Cider (US Digital Agency of Record)
Home Box Office, Inc. "Game of Thrones", #RoastJoffrey, Campaign: "CatchDrogon", Campaign: "Payback's a Wench", Social Media
Home Shopping Network (Digital Agency of Record) Data & Analytics, Digital, Media, Mobile Channels, Social, Strategy
Irish Distillers Ltd. Jameson (Lead Media Agency)
J. Crew Group, Inc. J. Crew Group, Inc., Madewell
J.C. Penney
The Kraft Heinz Company Campaign: "The Great American Bacon Barter", Campaign: "Wake Up & Smell The Bacon", Digital, Oscar Mayer LongHorn Steakhouse (Lead Digital Media Agency)
Lord & Taylor (Lead Digital Media Agency)
Mattel
Mondelez International, Inc. "#Tweet2Lease.", "Oreo Laboratorium", Campaign: "Huddle to Fight Hunger", Campaign: "Midnight Hacks", Campaign: "Oreo Wonder Vault", Campaign: "Say It With Bacon", Campaign: "The Bus", Campaign: "The Exorcist", Campaign: "The Shining", Campaign: "You can still dunk in the dark", Choco Chip Cookies, Comida Kraft Facebook Page, Digital, Good Thins, Nabisco, Oreo, Oreo Thins, Oscar Mayer, Oscar Mayer Original Collection, Philadelphia, Philadelphia Cream Cheese, Red Velvet Oreo, S'mores, Social Media, Television, Wienermobile
National Car Rental
NBC Universal, Inc. Bravo Network
Nestle USA, Inc. Campaign: "NaturalBlissCafe", Campaign: "Surprisingly Natural", Campaign: "WeighThis", Coffee Mate, Digital, Natural Bliss, Social Media
Nestle Waters North America Inc.
New Orleans Tourism Marketing Corporation
Norwegian Cruise Line Search Marketing
Office Depot, Inc.
Oscar Mayer Institute For the Advancement of Bacon Campaign: "Wake Up & Smell The Bacon"
Pernod Ricard USA, Inc. Absolut Vodka, Chivas Regal, Communication Planning, Elyx, Hoppr, Jameson, KAHLUA, MALIBU, Media Buying & Planning, Social Media
Plated Media; 2018
Procter & Gamble Campaign: "Bring out the #Softside", Downy
Pure Life
Ralph Lauren (Lead Digital Media Agency)
Saks Fifth Avenue
Scotts Miracle-Gro Company Digital
Social Finance, Inc. (Digital Media Agency of Record) Paid Social
Spotify Social, US Media Buying, US Media Planning
Subway Restaurants (Social Agency of Record) Campaign: "#SaveLunchBreak", Campaign: "#januANY", Content Design, Social Marketing, Social Strategy
Target Corporation Social
Toyota "Masters of the Wheel", "Parents Who Drive Bad Anonymous", #noroomforboring, Campaign: "Meals Per Hour", Campaign: "TeenDrive365", Media Buying, Media Planning, Online, Social Media, Videos
Ubisoft
UGG
Unilever Retail, Scoop Trucks, Search Marketing, Social Marketing, Strategic Digital
New-United Airlines Social Media
USA Network Campaign: "This One Time at Summer Camp"

36CREATIVE
23 S Broadway Ste 11, Salem, NH 03079
Tel.: (855) 362-7328
E-Mail: howdy@36.agency
Web Site: https://36creative.com/

Employees: 30
Year Founded: 2004

Agency Specializes In: Affluent Market, Brand Development & Integration, Business-To-Business, Collateral, Consulting, Corporate Communications, Corporate Identity, Digital/Interactive, Direct-to-Consumer, E-Commerce, Email, Graphic Design, High Technology, In-Store Advertising, International, Internet/Web Design, Logo & Package Design, Luxury Products, Market Research, Multicultural, Newspaper, Package Design, Planning & Consultation, Print, Strategic Planning/Research, Web (Banner Ads, Pop-ups, etc.)

Steve Gabriel *(Mng Partner)*
Trent Sanders *(Mng Partner)*
Peter DiGeronimo *(Mgr-Strategic Partnerships)*

Accounts:
Fusion Worldwide Electronic Components & Finished Goods
GB Child Baby Products
HOOD Processing & Co-Packing Capabilities
HUB Research Data Analysis Reporting
McCall & Almy Commercial Real Estate
North River Outfitter Fashion Retail
Santander Shareholder Engagement
Statin Smart Medical
Traveling Vineyard Wine & Associated Products; 2014
TSD Auto Fleet Management Software

3D PUBLIC RELATIONS AND MARKETING
6340 Coldwater Canyon Ave Ste 206, North Hollywood, CA 91606
Tel.: (310) 909-8770
Fax: (310) 275-3029
E-Mail: info@3dprmarketing.com
Web Site: www.3dprmarketing.com

Employees: 10

Agency Specializes In: Advertising, Brand Development & Integration, Event Planning & Marketing, Media Relations, Public Relations

Dina Rezvanipour *(Founder & Pres)*

Accounts:
Daybreaker
Generation Philanthropy

3FOLD COMMUNICATIONS
2031 K St Ste 100, Sacramento, CA 95811
Tel.: (916) 442-1394
Fax: (916) 442-1664
Web Site: www.3foldcomm.com

Employees: 20
Year Founded: 2004

Agency Specializes In: Advertising, Graphic Design, Public Relations, Social Media

Angela Criser *(Principal & Chief Innovation Officer)*
Jessica Rhodes *(Dir-Strategy)*
Jamie Von Sossan *(Dir-Ops)*
Matt Sumida *(Acct Mgr)*

Accounts:
Fourth & Hope Campaign: "Give Hope"
Franklin Pictures LLC
Sacramento Opera

3H COMMUNICATIONS INC.
309 Church St, Oakville, ON L6J 1N9 Canada
Tel.: (905) 338-8177
Fax: (905) 338-1317
E-Mail: production@3h.ca
Web Site: www.3h.ca

Employees: 15
Year Founded: 1989

Agency Specializes In: Advertising, Medical Products, Pharmaceutical

David Hara *(CFO)*
Miriam Hara *(Chief Creative Officer)*
Salvator Hara *(VP-Procurement & Specialist-Print)*
Steve Ellison *(VP-Client Engagement)*
Heather Moore *(Art Dir)*
Debbie Young *(Media Dir)*
Leah Curley *(Dir-Creative)*
Roberto Contreras *(Specialist-IT)*
Nancy Harper *(Copywriter)*
Kyle McGuire *(Designer)*
Lindsay Sleightholm *(Sr Graphic Designer)*
Yukari Yoshitome *(Sr Graphic Designer)*

Accounts:
BD Medical
Blue Cross
D&B
Dentsply
Fresita
IMG Canada
Sanofi-Aventis
Windsor

3HEADED MONSTER
1333 N Stemmons Freeway Ste 110, Dallas, TX 75207
Tel.: (214) 207-1813
E-Mail: info@3headedmonster.com
Web Site: www.3headedmonster.com

ADVERTISING AGENCIES
AGENCIES - JANUARY, 2019

Employees: 15

Agency Specializes In: Advertising, Brand Development & Integration, Digital/Interactive, Social Media, Strategic Planning/Research

Shon Rathbone *(Founder & Chm-Creative)*
Ashley Parker *(Head-Client Svcs)*
Mark Ford *(Creative Dir)*
Chandra Grant-Brabson *(Acct Dir)*
Travis Hanson *(Art Dir)*
Lindsey Weeden *(Art Dir)*
Crystal Anderson *(Dir-Strategy)*
Deina McNabb *(Acct Mgr)*
Diana Hershberger *(Acct Supvr)*
Alyssa Simmons *(Acct Exec)*
Mallory Massa *(Copywriter)*

Accounts:
Bhana
BMW
Bonfire
Bridgestone
Chef'n
Nike
Nothing Bundt Cakes (Creative Agency of Record) Brand Strategy, Content, Creative & Social Strategy; 2017
Orange Leaf Frozen Yogurt (Agency of Record) Brand Strategy, Creative
Oyokey
Rascal
Reel Fx, Inc.
Soraa Brand Positioning, Soraa Home (Agency of Record), Website Development; 2018
Travelocity
Twin Peaks
Unequal Technologies (Agency of Record)

3MARKETEERS ADVERTISING, INC.
6399 San Ignacio Ave, San Jose, CA 95119
Tel.: (408) 293-3233
Fax: (408) 293-2433
E-Mail: jeff.holmes@3marketeers.com
Web Site: www.3marketeers.com

E-Mail for Key Personnel:
President: jeff.holmes@3marketeers.com
Creative Dir.: jeff.holmes@3marketeers.com

Employees: 20
Year Founded: 1986

National Agency Associations: AAF-BMA-SVAA

Agency Specializes In: Advertising, Advertising Specialties, Brand Development & Integration, Broadcast, Business Publications, Business-To-Business, Cable T.V., Children's Market, Collateral, Commercial Photography, Communications, Consulting, Consumer Marketing, Consumer Publications, Corporate Communications, Corporate Identity, Digital/Interactive, Direct Response Marketing, E-Commerce, Education, Electronic Media, Engineering, Entertainment, Exhibit/Trade Shows, Financial, Government/Political, Graphic Design, Health Care Services, High Technology, In-Store Advertising, Industrial, Information Technology, Internet/Web Design, Leisure, Logo & Package Design, Magazines, Media Buying Services, Merchandising, New Product Development, Newspaper, Newspapers & Magazines, Out-of-Home Media, Outdoor, Pharmaceutical, Planning & Consultation, Point of Purchase, Point of Sale, Print, Production, Publicity/Promotions, Radio, Real Estate, Retail, Sales Promotion, Strategic Planning/Research, T.V., Technical Advertising, Teen Market, Trade & Consumer Magazines, Transportation

Approx. Annual Billings: $7,750,000

Breakdown of Gross Billings by Media: D.M.: $3,000,000; Fees: $2,000,000; Internet Adv.: $500,000; Logo & Package Design: $250,000; Trade & Consumer Mags.: $1,000,000; Worldwide Web Sites: $1,000,000

Jeff Holmes *(CEO & Creative Dir)*
Beryl Israel *(Client Svcs)*
Rita Garcia Gunderson *(Art Dir)*
Willy Lam *(Dir-IT & Application Dev)*

Accounts:
Cisco; 2004
Consentry; 2006
Coradiant Coradiant, Truesite; 2004
Nero Nero; 2008
Silver Peak Systems; 2005
Teneros; CA Application Assurance Servers; 2003

3PM CREATIVE
1405 Morningside Dr, Charlotte, NC 28205
Tel.: (704) 293-7490
Web Site: www.3pmcreativegroup.com

Employees: 5
Year Founded: 2009

Agency Specializes In: Brand Development & Integration, Business Publications, Collateral, Email, Identity Marketing, Internet/Web Design, Logo & Package Design, Media Planning, Print

Joe Haubenhofer *(Partner)*
Brooke Neal *(Copywriter)*

Accounts:
Nature's Menu Amimal Food Mfr & Distr
Water.org Public Relations

3Q DIGITAL
155 Bovet Rd Ste 480, San Mateo, CA 94402
Tel.: (650) 539-4124
Web Site: www.3qdigital.com

Employees: 222
Year Founded: 2008

Agency Specializes In: Advertising, Digital/Interactive, Paid Searches, Search Engine Optimization, Social Media

David Rodnitzky *(CEO)*
Scott Rayden *(CMO & Chief Revenue Officer)*
Aaron Bart *(VP-Creative Svcs)*
Ellen Corrigan *(VP-Bus Dev)*
Joseph Kerschbaum *(VP-Client Svcs)*
Feliks Malts *(VP-Decision Sciences)*
Hillary Read *(VP-Mktg)*
Ken Vandre *(Head-Acct)*
Lindsay Walters *(Head-Acct)*
Sana Ansari *(Gen Mgr-3Q Accelerate)*
Adrienne Abrams *(Sr Dir-Creative Svcs)*
Leslie To *(Sr Dir-SEO)*
Jamie Gungler *(Sr Mgr-Ad Ops-Display)*
Kristen Ghidossi Mingus *(Sr Mgr-Events & Partnerships)*
Dave Hennessy *(Sr Acct Mgr-Native Adv)*
Zachariah Christensen-Mohammed *(Acct Mgr-Social)*
Sophia Fen *(Acct Mgr-Mobile Strategy)*
Max Logan *(Acct Mgr-Search)*
Gabriella Kaplan *(Mgr-Decision Sciences)*
Blair Matsuura *(Sr Client Svcs Dir)*

Accounts:
Bealls
Boxed Wholesale
Eventbrite
KeyBank
ModCloth
Pandora
SurveyMonkey
Travelzoo
Walmart

42 ENTERTAINMENT, LLC
87 E Green St Ste 210, Pasadena, CA 91105
Tel.: (626) 356-1302
Fax: (626) 237-5012
E-Mail: info@42entertainment.com
Web Site: www.42entertainment.com

Employees: 25

Agency Specializes In: Advertising, Experiential Marketing, Sponsorship

Susan Bonds *(CEO)*
Alex Lieu *(Chief Creative Officer)*
Michael Borys *(VP-Interaction & Game Design)*
Johnny Rodriguez *(VP-Visual Design)*

Accounts:
Activision Blizzard, Inc. Last Call Poker
Advanced Micro Devices, Inc. The Vanishing Point
Microsoft Corporation Dead Man's Tale, Hex 168, MSNFound, Halo2
Warner Bros. Entertainment Inc.
Wrigley Campaign: "The Human Preservation Project"

42WEST
(Owned by Dolphin Digital Media)
600 3Rd Ave Fl 23, New York, NY 10016
Tel.: (212) 277-7555
Fax: (212) 277-7550
Web Site: www.42west.net

Employees: 20

Agency Specializes In: Advertising, Entertainment, Public Relations, Strategic Planning/Research

Leslee Dart *(Co-CEO)*
Allan Mayer *(Co-CEO)*
Amanda Lundberg *(Partner & Principal)*
Tom Piechura *(Mng Dir)*
Susan Ciccone *(Head-West Coast Movie Mktg Div)*
Linda Schaub *(Dir-HR)*

Accounts:
Don McKay Entertainment Services
Sorry Thanks Entertainment Services
Time's Up Communications; 2018
The Wild & Wonderful Whites Of West Virginia Entertainment Services

Branch

42West
1840 Century Pk E Ste 700, Los Angeles, CA 90067
Tel.: (310) 477-4442
Fax: (310) 477-8442
Web Site: www.42west.net

Employees: 50

Agency Specializes In: Advertising, Digital/Interactive, Public Relations, Social Media

Joe Quenqua *(Mng Dir)*

Accounts:
Jennifer Garner

44 INTERACTIVE
1602 S Western Ave, Sioux Falls, SD 57105
Tel.: (605) 334-4464
E-Mail: info@44interactive.com
Web Site: https://44interactive.com/

AGENCIES - JANUARY, 2019 ADVERTISING AGENCIES

Employees: 10
Year Founded: 2006

Agency Specializes In: Advertising, Digital/Interactive, Email, Internet/Web Design, Search Engine Optimization, Social Media

Travis Quam *(Dir-Creative)*
Jonathan Peterson *(Mktg Mgr-Digital)*

Accounts:
College Golf Bound
MacDoctors
Verity Corp

454 CREATIVE
5251 California Ave Ste 230, Irvine, CA 92617
Tel.: (714) 998-8970
Fax: (800) 308-5021
E-Mail: hello@454creative.com
Web Site: www.454creative.com

Employees: 10
Year Founded: 2002

Agency Specializes In: Advertising, Advertising Specialties, Affiliate Marketing, Agriculture, Alternative Advertising, Arts, Automotive, Aviation & Aerospace, Brand Development & Integration, Branded Entertainment, Co-op Advertising, Collateral, Commercial Photography, Communications, Computers & Software, Consulting, Consumer Goods, Content, Corporate Communications, Corporate Identity, Cosmetics, Customer Relationship Management, Digital/Interactive, Direct Response Marketing, E-Commerce, Education, Electronic Media, Electronics, Email, Engineering, Entertainment, Environmental, Event Planning & Marketing, Experience Design, Fashion/Apparel, Financial, Food Service, Government/Political, Graphic Design, Health Care Services, Hospitality, Household Goods, Identity Marketing, In-Store Advertising, Industrial, Information Technology, Integrated Marketing, Internet/Web Design, Investor Relations, Legal Services, Leisure, Local Marketing, Logo & Package Design, Magazines, Marine, Media Planning, Media Relations, Media Training, Medical Products, Mobile Marketing, Multimedia, New Product Development, New Technologies, Newspaper, Newspapers & Magazines, Out-of-Home Media, Outdoor, Package Design, Paid Searches, Planning & Consultation, Point of Purchase, Point of Sale, Production (Ad, Film, Broadcast), Publicity/Promotions, RSS (Really Simple Syndication), Real Estate, Recruitment, Regional, Restaurant, Retail, Sales Promotion, Search Engine Optimization, Shopper Marketing, Social Marketing/Nonprofit, Social Media, Sports Market, Stakeholders, Strategic Planning/Research, Sweepstakes, Technical Advertising, Trade & Consumer Magazines, Transportation, Travel & Tourism, Viral/Buzz/Word of Mouth, Web (Banner Ads, Pop-ups, etc.), Yellow Pages Advertising

Paul Bresenden *(Pres & Creative Dir)*
Rachel Anderson *(Creative Dir)*
Tanya Dimapindan *(Art Dir)*
Megan Anderson *(Mgr-Web Support)*

Accounts:
Free Wheelchair Mission

49 SEO SERVICES
5842 Mott St, San Diego, CA 92122
Tel.: (916) 202-5128
Web Site: www.49seoservices.com

Employees: 2
Year Founded: 2012

Agency Specializes In: Affiliate Marketing, Direct Response Marketing, Email, Search Engine Optimization

Accounts:
City Wine Tours; 2014
Glia; 2014
Signet Education; 2014
Trademark Tours; 2014
True Life Center for Wellbeing; 2014

4MEDIA GROUP INC
700 SE 5th St Ste 38, Bentonville, AR 72712
Toll Free: (888) 890-8066
E-Mail: hello@4media-group.com
Web Site: www.4media-group.com

Employees: 200
Year Founded: 2016

Agency Specializes In: Advertising, Broadcast, Communications, Content, Digital/Interactive, Market Research, Media Relations, Public Relations, Search Engine Optimization, Social Media

Edward Cyster *(CEO)*
Alex Hinojosa *(Sr VP-Digital Mktg & Media)*
Laura Pair *(Sr VP-Media Rels & Production Svcs)*
Daniel Schwartzberg *(Sr VP)*
Natalie Weissman *(VP-Client Solutions)*

Accounts:
New-H&R Block Inc.

5 STONE ADVERTISING
(d/b/a 5 Stone Marketing Advertising and Design)
PO Box 429, Carbondale, CO 81623
Tel.: (970) 930-6123
Fax: (303) 298-1140
E-Mail: adjunkie@5stonead.com
Web Site: www.5stonead.com

E-Mail for Key Personnel:
President: doug@5stonead.com

Employees: 8
Year Founded: 2001

Agency Specializes In: Advertising, Agriculture, Automotive, Aviation & Aerospace, Brand Development & Integration, Broadcast, Collateral, Consulting, Consumer Goods, Consumer Marketing, Corporate Identity, Digital/Interactive, Entertainment, Environmental, Experience Design, Fashion/Apparel, Graphic Design, Household Goods, In-Store Advertising, Internet/Web Design, Leisure, Logo & Package Design, Marine, Media Planning, Men's Market, Multimedia, Newspaper, Out-of-Home Media, Outdoor, Package Design, Pets , Planning & Consultation, Point of Purchase, Point of Sale, Print, Production (Print), Promotions, Radio, Real Estate, Social Media, Sports Market, Strategic Planning/Research, T.V., Trade & Consumer Magazines, Transportation, Travel & Tourism

Approx. Annual Billings: $2,500,000

Breakdown of Gross Billings by Media: Collateral: $200,000; Graphic Design: $200,000; Logo & Package Design: $200,000; Point of Purchase: $100,000; Print: $500,000; Radio & T.V.: $200,000; Strategic Planning/Research: $100,000; T.V.: $125,000; Trade & Consumer Mags.: $625,000; Worldwide Web Sites: $250,000

Doug Long *(Principal-Strategic Plng & Brand Dev)*

Accounts:
Eagle Claw Fishing Tackle; Denver, CO; 2001
Fishouflage; Greenville, WI; 2010
The Inhibitor
Polar Boats
Realtree Camouflage
Stranahan's Colorado Whiskey; Denver, CO; 2004

50,000FEET, INC.
1700 W Irving Park Rd, Chicago, IL 60657
Tel.: (773) 529-6760
Web Site: www.50000feet.com

Employees: 40
Year Founded: 2001

Agency Specializes In: Above-the-Line, Advertising, Advertising Specialties, Brand Development & Integration, Catalogs, Communications, Consulting, Corporate Identity, Custom Publishing, Digital/Interactive, Electronic Media, Email, Experience Design, In-Store Advertising, Internet/Web Design, Magazines, Market Research, Newspapers & Magazines, Point of Purchase, Point of Sale, Print, Product Placement, Production, Production (Print), Promotions, Publishing, Search Engine Optimization, Social Media, T.V., Technical Advertising, Trade & Consumer Magazines

Jim Misener *(Pres)*
Ken Fox *(Principal & Exec Dir-Creative)*
Mike Petersen *(Principal)*
Chris Prescher *(Principal)*
Jason Jones *(Creative Dir)*
Tracy West *(Grp Creative Dir)*

Accounts:
AIGA Chicago
BMW of North America, LLC MINI Cooper
Claymore Securities, Inc.
Guggenheim Partners, LLC
Haier America (Agency of Record) Brand Development, Creative, Strategic Marketing
Harley-Davidson Motor Company, Inc.
MillerCoors

522 DIGITAL, LLC
711 King St, Alexandria, VA 22314
Tel.: (703) 286-5251
Fax: (866) 612-9085
E-Mail: info@522digital.com
Web Site: www.522digital.com

Employees: 25

Agency Specializes In: Advertising, Content, Digital/Interactive, Internet/Web Design, Print, Social Media

Chad Vossen *(Chief Creative Officer)*

Accounts:
Carpenter's Shelter

524 CREATIVE, INC.
1170 Peachtree St NE 14th Fl, Atlanta, GA 30309
Tel.: (770) 419-0524
Fax: (866) 639-6729
E-Mail: talktous@524creative.com
Web Site: www.524creative.com

Employees: 5
Year Founded: 2005

Agency Specializes In: Advertising, Brand Development & Integration, Collateral, Crisis Communications, Internet/Web Design, Print, Public Relations, Social Media, T.V., Web (Banner Ads, Pop-ups, etc.)

Scott Wright *(Owner)*
April Wright *(Principal)*

Accounts:

ADVERTISING AGENCIES
AGENCIES - JANUARY, 2019

Blood & Marrow Transplant Group of Georgia
Cadsoft Consulting, Inc.
Purdue Pharma LP
Rio Mar Beach Resort & Spa
The Shores Resort
Walt Disney World Swan & Dolphin Resorts

54, LLC.
(Formerly The Burris Agency, Inc.)
417 E Blvd, Charlotte, NC 28203
Tel.: (844) 360-5454
E-Mail: info@engage54.com
Web Site: http://www.54brands.com/

Employees: 5
Year Founded: 1985

Agency Specializes In: Brand Development & Integration, Consulting

Approx. Annual Billings: $1,000,000

Breakdown of Gross Billings by Media: Fees: $1,000,000

Dean Wagner *(Creative Dir)*
Jesse Cummings *(Dir-Digital)*

5BY5 AGENCY
5203 Maryland Way, Brentwood, TN 37027
Tel.: (615) 595-6391
E-Mail: info@5by5agency.com
Web Site: www.5by5agency.com

Employees: 50
Year Founded: 2014

Agency Specializes In: Advertising, Advertising Specialties, Brand Development & Integration, Business-To-Business, Collateral, Communications, Consulting, Consumer Marketing, Consumer Publications, Content, Copywriting, Corporate Identity, Customer Relationship Management, Digital/Interactive, Direct Response Marketing, E-Commerce, Email, Entertainment, Event Planning & Marketing, Faith Based, Graphic Design, Guerilla Marketing, Health Care Services, High Technology, Hispanic Market, Hospitality, Identity Marketing, In-Store Advertising, Infomercials, Information Technology, Integrated Marketing, International, Internet/Web Design, Investor Relations, LGBTQ Market, Leisure, Local Marketing, Logo & Package Design, Luxury Products, Magazines, Market Research, Media Planning, Mobile Marketing, Multimedia, New Product Development, New Technologies, Package Design, Paid Searches, Pets , Planning & Consultation, Podcasting, Point of Purchase, Point of Sale, Print, Product Placement, Production, Production (Ad, Film, Broadcast), Production (Print), Programmatic, Promotions, Radio, Sales Promotion, Search Engine Optimization, Seniors' Market, Shopper Marketing, Social Marketing/Nonprofit, Social Media, South Asian Market, Sponsorship, Sports Market, Strategic Planning/Research, Web (Banner Ads, Pop-ups, etc.)

Approx. Annual Billings: $10,000,000

Shannon Litton *(Pres & CEO)*
Mike Schatz *(Partner & Exec VP)*
Ginny Burton *(VP-Fin & Admin)*
Derrick Hoog *(VP-Client Svcs)*
Mark McPeak *(VP-Res & Organizational Strategy)*
Josh Miller *(VP-Digital)*
Jenny Dwyer *(Dir-Bus Dev)*

Accounts:
Amazima Ministries
Awana
Compassion International
Cook Systems
Every Nation Ministries
Food for the Hungry
Growing Leaders
Lifeway
Matthew West
Nashville Rescue Mission
Optical Lab Software Solutions
Oral Roberts University
Trevecca Nazarene University
WIN Warehouse
World Vision

5IVECANONS
10 Newnan St, Jacksonville, FL 32202
Tel.: (904) 353-2900
E-Mail: hello@5ivecanons.com
Web Site: www.5ivecanons.com

Employees: 11
Year Founded: 2010

Agency Specializes In: Advertising, Brand Development & Integration, Content, Digital/Interactive, Social Media

Adam Schaffer *(Pres & Creative Dir)*
Josh Gellerstedt *(Jr Producer-Media)*

Accounts:
The Latino Coalition

5METACOM
10401 N Meridian St Ste 100, IndianaPOlis, IN 46290
Tel.: (317) 580-7540
Fax: (317) 580-7550
E-Mail: mail@5metacom.com
Web Site: www.5metacom.com

Employees: 30
Year Founded: 1977

Agency Specializes In: Agriculture, Brand Development & Integration, Business-To-Business, Collateral, Communications, Corporate Identity, Direct Response Marketing, E-Commerce, Electronic Media, Engineering, Environmental, Event Planning & Marketing, Exhibit/Trade Shows, Financial, Graphic Design, Health Care Services, High Technology, Industrial, Information Technology, Internet/Web Design, Investor Relations, Logo & Package Design, Media Buying Services, Medical Products, New Product Development, Out-of-Home Media, Outdoor, Pharmaceutical, Planning & Consultation, Point of Purchase, Point of Sale, Print, Production, Public Relations, Publicity/Promotions, Radio, Sales Promotion, Strategic Planning/Research, Technical Advertising, Trade & Consumer Magazines, Transportation

Approx. Annual Billings: $29,002,828

Chris Wirthwein *(CEO)*
Mark Duffin *(COO)*
Joe Bannon *(Sr VP-Global Mktg & Brand Strategy)*
Jeff Ealy *(VP-Mktg Svcs)*
Ben McCormick *(VP-Mktg Svcs)*
Patty Travis *(Media Dir)*

Accounts:
Roche Diagnostics; Indianapolis, IN Human Health Devices & Services

6 DEGREES INTEGRATED COMMUNICATIONS
1210 Sheppard Ave E Ste 700, Toronto, ON M2K 1E3 Canada
Tel.: (416) 446-7769
E-Mail: connect@6deg.ca
Web Site: www.6deg.ca

Employees: 100

Agency Specializes In: Brand Development & Integration, Strategic Planning/Research

Troy Yung *(Pres & Mng Partner)*
Adrianne Gaffney Wotherspoon *(Exec VP-Ops & Chief Strategist)*
Mike Brien *(Grp Acct Dir)*
Lesley Goldstein *(Grp Acct Dir)*
Angela Barbuto *(Acct Dir)*
Scott Park *(Creative Dir)*
Julia Robinson *(Acct Dir)*
Marian Baillie *(Acct Supvr)*
Natalie Kaiman *(Acct Supvr)*

Accounts:
Brita Activations
Lady Speed Stick

61 CELSIUS
306 Ouachita Ave, Hot Springs, AR 71901
Tel.: (501) 502-2013
Web Site: 61celsius.com

Employees: 10
Year Founded: 1988

Agency Specializes In: Advertising, Brand Development & Integration, Content, Digital/Interactive, E-Commerce, Education, Government/Political, Graphic Design, Logo & Package Design, Print, Public Relations, Search Engine Optimization, Social Media, Travel & Tourism

Stephanie Alderdice *(Owner)*
Aaron Buckley *(Creative Dir)*

Accounts:
New-Downtown Association
New-The Golden Age of Hot Springs
New-Low Key Arts
New-The Oaklawn Foundation
New-Stone Bank (Agency of Record)

6AM MARKETING
330 S Whitney Way Ste 300, Madison, WI 53705
Tel.: (608) 232-9696
Fax: (608) 232-9636
Web Site: www.6ammarketing.com

Employees: 12
Year Founded: 2004

National Agency Associations: ADFED-MCAN-Second Wind Limited

Agency Specializes In: Advertising, Brand Development & Integration, Broadcast, Cable T.V., Communications, Corporate Communications, Corporate Identity, Crisis Communications, Email, Graphic Design, Identity Marketing, Internet/Web Design, Logo & Package Design, Media Planning, Out-of-Home Media, Outdoor, Package Design, Print, Promotions, Public Relations, Publicity/Promotions, Radio, Search Engine Optimization, Social Media, Strategic Planning/Research, T.V.

Revenue: $15,000,000

Wayne Harris *(Pres)*
Bill Patton *(Exec Creative Dir)*
Ian Mullarney *(Dir-Web Dev)*

Accounts:
Gentel Biosciences
Madison Gas & Electric Co
Orange Shoe

AGENCIES - JANUARY, 2019 — ADVERTISING AGENCIES

Park Towne
QTI Group

701 CREATIVE LLC
(Formerly Debra Malinics Advertising)
701 Walnut St Ste 200, Philadelphia, PA 19106
Tel.: (215) 627-1348
Web Site: 701creativellc.com/

Employees: 3

Agency Specializes In: Advertising, Brand Development & Integration, Collateral, Communications, Digital/Interactive, Graphic Design, Internet/Web Design, Social Media, Strategic Planning/Research

Laura Jacoby *(Owner & Partner)*
Sal Trovato *(Owner & Partner)*
Debra Malinics *(Dir-Bus Dev)*

Accounts:
Beau Institute

70KFT
325 N St Paul St Ste 3000, Dallas, TX 75201
Tel.: (214) 653-1600
Web Site: www.70kft.com

Employees: 50

Agency Specializes In: Advertising, Brand Development & Integration, Digital/Interactive, Email, Logo & Package Design, Media Relations, Public Relations, Search Engine Optimization

Jeremy Williams *(Dir-Digital Mktg & Dev)*
Tiffany Bryant *(Mgr-HR)*

Accounts:
New-Monuments Men Foundation
New-Roots on Tap

72 ADVERTISING INC
24654 N Lake Pleasant Pkwy Ste 103-112, Peoria, AZ 85383
Tel.: (623) 889-5626
Web Site: www.72advertising.com

Employees: 2
Year Founded: 2008

Agency Specializes In: Advertising, Email, Internet/Web Design, Search Engine Optimization, Social Media

Paul Thompson *(Founder & Pres)*

Accounts:
Courtesy Chevrolet, Inc.
HB Scooters
Passport Auto Group
Powers Real Estate
Thompson Land LLC

72ANDSUNNY
12101 W Buffalo Creek Dr, Playa Vista, CA 90094
Tel.: (310) 215-9009
Fax: (310) 215-9012
E-Mail: alex.schneider@72andsunny.com
Web Site: www.72andsunny.com

Employees: 150
Year Founded: 2005

National Agency Associations: 4A's

Agency Specializes In: Sponsorship

Nicole Haase *(Grp Dir-Production)*
Barnaby Blackburn *(Creative Dir & Writer)*
Gabo Curielcha *(Creative Dir & Designer)*
Francisco Puppio *(Creative Dir & Writer)*
Jessica Brewer *(Brand Dir)*
Shannon Coletti *(Brand Dir)*
Danny Duran *(Creative Dir-Uber)*
Alicia Lee *(Brand Dir)*
Sean Matthews *(Creative Dir)*
Paul Nguyen *(Creative Dir)*
Shannon Reed *(Brand Dir)*
Philip R. Schaffer *(Brand Dir)*
Yen Ho *(Dir-Ops)*
Kasia Molenda *(Dir-Strategy)*
Rachel Parker *(Dir-Brand Mgmt)*
Traecy Smith *(Dir-72U)*
Cat Wilson *(Dir-Strategy)*
Gwynne Davis *(Sr Brand Mgr)*
Jackie Schultz *(Sr Brand Mgr)*
Molly Mohr *(Brand Mgr)*
Matt Augustin *(Sr Strategist-Social)*
Natalie Rempalski *(Strategist)*
Rhea Curry *(Interim Mng Dir)*
Chelsea OBrien *(Sr Writer)*
Nicole Ryan *(Sr Comm Mgr)*

Accounts:
23andMe Creative; 2018
2K Games 2K Sports
Activision Blizzard, Inc. (Creative Agency of Record) Activison, Call of Duty, Call of Duty: Elite, Call of Duty: Ghosts, Call of Duty: Infinite Warfare, Call of Duty: Modern Warfare3, Campaign: "Buckle Up", Campaign: "Destiny Planet View", Campaign: "It's About to Get Real", Destiny, Guitar Hero, Guitar Hero Reveal Trailer, Modern Warfare 3, Official Call of Duty Black Ops 2 Live-Action Trailer, Online, Prototype 2, Skylanders Spyro's Adventure, Skylanders SuperChargers, Skylanders Trap Team
Adidas America Inc "Create Your Own", Campaign: "I'm Here to Create", Campaign: "Sports15", Creators Never Follow, Sports (Global Creative Agency)
The Allstate Corporation Creative
American Legacy Foundation "Finishers", Advertising, Campaign: "Finish It", Campaign: "Left Swipe Dat", Campaign: "Progress Report", Campaign: "Truth", Creative, Digital, TV
Bugaboo Strollers, TV
Bungie
City of Los Angeles
Comcast Digital, Social Media, Xfinity
Diageo North America, Inc. Smirnoff
Dropbox, Inc. Creative
eBay (Global Lead Creative Agency)
ESPN Campaign: "Count on Countdown", Campaign: "Get Up. It's Game Day", Campaign: "Presidents", Campaign: "SC@Nigh"
Esquire Magazine
General Mills Cheerios, Creative, Nature Valley, Totino's, Yoplait
Google "Destiny", "Planet View", Banner Advertising, Broadcast, Browser, Campaign: "For Bigger Fun", Chromecast, Google Chrome, Mobile App, Outdoor
Guitar Hero
Hardees Food Systems, Inc. Campaign: "Bacon to the 6th Power", Campaign: "Fast-Food First: Fish That's Not Fried", Campaign: "House Party", Campaign: "No Tommorrow", Campaign: "Propositioning", Creative, Grilled Cheese Breakfast Sandwich, Grilled Fish Sandwich, Mile High Bacon Thickburger, Pork Chop 'N' Gravy Biscuits, Social, TV, Texas Toast Breakfast Sandwich, Thickburger El Diablo
Hello Products Hello, Video
Legacy
LG Electronics Instaview Door-in-Door Refrigerator
Los Angeles Summer Olympics 2024 (Lead Creative Agency) Experiential Events, Logo, Website & Films
Marie Curie Cancer Care Campaign: "Collector", Great Daffodil Appeal, Outdoor, Social Media, TV
New-Match Group, Inc. (Creative Agency of Record); 2018
Mayor's Fund For Los Angeles
MillerCoors LLC Campaign: "Climb On", Campaign: "Whatever Your Mountain", Coors Banquet (Lead Creative & Digital Agency), Coors Light (Lead Creative & Digital Agency)
New-National Geographic
Nissan North America, Inc. Infiniti; 2017
Nook
Skylanders
Sonos Campaign: "Grinder", Campaign: "Your Home"
Sony Computer Entertainment America LLC PlayStation
Square Campaign: "Selling Made Simple"
Starbucks Campaign: "Meet me at Starbucks", Frappuccino, Global Advertising, Oprah Chai Tea, Social Media
StubHub, Inc.
Syfy
Tillamook County Creamery Association "Goodbye Big Food, Hello Real Food", Brand Development, Broadcast, Campaign: "Cheese Product", Campaign: "Dairy Done Right", Campaign: "Dairy With Standards Not Artificial Growth Hormones", Campaign: "Farmer's Not Shareholders", Campaign: "Goodbye Big Food, Hello Real Food", Campaign: "Un-American Cheese", Creative, Digital, Online, Print, Strategy, Television
Truth Initiative (Agency of Record) Campaign: "Finish It", Campaign: "Left Swipe Dat", Campaign: "Response", Campaign: "Unpaid", Social
Uber Technologies Inc.; 2017

Branches

72andSunny
Westerhuis 1st Fl Westerstraat 187, 1015 MA Amsterdam, Netherlands
Tel.: (31) 20 218 2400
Fax: (31) 20 521 04 85
Web Site: www.72andsunny.com

Employees: 4

Agency Specializes In: Advertising, Sponsorship

Reymundo Andrade *(Creative Dir)*
Gregg Clampffer *(Creative Dir)*
Matt Firth *(Creative Dir)*
Vivek Krishnaswamy *(Brand Dir)*
Simone Moessinger *(Creative Dir)*
Felicitas Olschewski *(Creative Dir)*
Anders Stake *(Creative Dir)*
Laura Visco *(Deputy Exec Creative Dir)*
Kelsey Bozanich *(Dir-Strategy)*
Elena Ionita *(Dir-Strategy)*
Mark Jenkins *(Dir-Experience Design)*
Fernando Ribeiro *(Dir-Strategy)*
Michael Roberts *(Dir-Comm Strategy)*
Jack Allen *(Grp Brand Dir)*
Philippine Cramer *(Brand Mgr)*
Felix Mensing-Goke *(Brand Mgr)*
Lauren Portelli *(Grp Brand Dir)*
Jaime Szefc *(Mgr-Bus Affairs)*
Hannah Ray *(Strategist)*
Keng Chien Hong *(Copywriter)*
Marie Henaff *(Coord-Brand)*
Andy Johns *(Sr Writer)*
Mareka Stake *(Sr Writer)*

Accounts:
Adidas Football #NewSpeed, Campaign: "Create the New Speed", Sports (Global Creative Agency)
Barilla America, Inc. Barilla
Bugaboo International B.V Bugaboo
Carlsberg Broadcast, Campaign: "If Carlsberg Did Haircuts", Campaign: "If Carlsberg Did

ADVERTISING AGENCIES
AGENCIES - JANUARY, 2019

Supermarkets?", Digital, Online, Print, Social, TV
DIAGEO plc 'The Store', Campaign: "Exclusively for Everybody", Campaign: "Filter the unnecessary. Keep the good stuff", Campaign: "We're Open", Johnnie Walker, Smirnoff, TV
eBay, Inc (Strategic & Creative Agency of Record) Billboards, Cinema, Digital, Global Brand Campaign, Out-of-Home, Radio, Social, TV
Garofalo Pasta
Google Inc. Campaign: "Google Night Walk", Campaign: "Promenade Nocturne", Creative, Digital, Out-of-Home, Social, Strategy, TV
Ikea Communications Planning, Creative, Strategy
Samsung Campaign: " #TheOnlyWayToKnow", Campaign: "Every Day Is Day One", Campaign: "What's Your Problem? Sport Doesn't Care", Samsung Galaxy S7
Uber Technologies
Unilever N.V. Axe, Global Creative, Lynx

72andSunny
55 Water St, Brooklyn, NY 11201
Tel.: (310) 215-9009
Web Site: www.72andsunny.com

Employees: 500

National Agency Associations: 4A's

Vishal Dheiman *(Head-Digital & Exec Producer)*
Brandon Mai *(Art Dir & Designer)*
Mikio Bradley *(Creative Dir)*
Devon Tsz-Kin Hong *(Creative Dir)*
Paul Roberts *(Creative Dir)*
Katie Stirn *(Brand Dir)*
Sidney Henne *(Dir-Strategy)*
Melissa Morahan *(Dir-Talent)*
Lora Schulson *(Dir-Production)*
Mallory Solomon *(Dir-Bus Dev)*
Tori Matthews *(Sr Brand Mgr)*
Grant Thompson *(Mgr-Partnerships & Legal)*
Ruro Efue *(Sr Strategist-Comm)*
Emily Kearns *(Sr Strategist-Social)*
Justine Basil *(Strategist)*
Amy McEwan *(Strategist)*
David Girandola *(Recruiter-Creative)*
Geno Burmester *(Sr Art Dir)*
Peter Hughes *(Sr Writer)*

Accounts:
Adidas
Bobble
Church & Dwight Co., Inc. Trojan (Lead Creative Agency); 2018
Comcast Corporation Creative, TV, Xfinity
Diageo North America Inc. Campaign: "Exclusively for Everybody", Campaign: "We're Open", Ciroc, Creative, Smirnoff
ESPN, Inc. Campaign: "SportCentre@Night "
Facebook, Inc.
General Mills, Inc. Cheerios, Creative, Nature Valley, Totino's, Yoplait
New-The Goldman Sachs Group, Inc. Marcus, US Creative; 2018
LG Electronics LG G7 ThinQ
New Era Cap Company, Inc
Seventh Generation Bobble (Lead Creative Agency), Campaign: "#EndTheTrend", Campaign: "Come Clean"
Unilever United States AXE Deodorant

77 VENTURES
122 Hudson St 3rd Fl, New York, NY 10013
Tel.: (212) 431-2787
Web Site: www.77ventures.com

Employees: 7

Agency Specializes In: Advertising, Brand Development & Integration, Content

Michael Haje *(Pres)*
Corbin Day *(Gen Partner)*

Accounts:
Bassmaster
DC Shoes
ESPN, Inc. Campaign: "ESPN Wimbledon"
Moontoast
Wyoming Whiskey

78MADISON
(Formerly Chisano Marketing Group)
2000 Old Byers Rd, Dayton, OH 45342
Tel.: (937) 866-4914
Fax: (937) 847-0007
Web Site: 78madison.com

Employees: 70
Year Founded: 1986

Agency Specializes In: Advertising, Communications, Consumer Marketing, Consumer Publications, Digital/Interactive, Direct Response Marketing, E-Commerce, Graphic Design, Internet/Web Design, Logo & Package Design, Multimedia, Print, Public Relations

Joe Bouch *(Owner & CEO)*
Kara Garlanger *(Acct Supvr)*
Joe Price *(Supvr-Fulfillment Svcs)*

Accounts:
CityWide Development Corporation
Cricket Communications
Paxar
Springfield & Clark County Chamber of Commerce
Time Warner (RoadRunner)

Branch

78Madison
(Formerly Chisano Marketing Group, Inc.)
999 Douglas Ave Ste 3301, Altamonte Springs, FL 32701
Tel.: (407) 788-7070
Web Site: 78madison.com

Employees: 57
Year Founded: 1980

Agency Specializes In: Advertising, Advertising Specialties, Affluent Market, Brand Development & Integration, Business Publications, Business-To-Business, Co-op Advertising, Collateral, Commercial Photography, Communications, Consumer Goods, Consumer Marketing, Consumer Publications, Corporate Communications, Corporate Identity, Crisis Communications, Digital/Interactive, Direct Response Marketing, Direct-to-Consumer, Electronic Media, Environmental, Graphic Design, Hospitality, In-Store Advertising, Integrated Marketing, Internet/Web Design, Leisure, Local Marketing, Logo & Package Design, Luxury Products, Magazines, Market Research, Media Buying Services, Media Planning, Media Relations, Medical Products, Men's Market, Mobile Marketing, New Product Development, Newspaper, Newspapers & Magazines, Out-of-Home Media, Outdoor, Over-50 Market, Package Design, Pharmaceutical, Planning & Consultation, Point of Purchase, Print, Production, Production (Ad, Film, Broadcast), Production (Print), Promotions, Public Relations, Publicity/Promotions, RSS (Really Simple Syndication), Radio, Real Estate, Regional, Restaurant, Retail, Sales Promotion, Search Engine Optimization, Seniors' Market, Social Marketing/Nonprofit, Social Media, Sports Market, Strategic Planning/Research, T.V., Technical Advertising, Trade & Consumer Magazines, Travel & Tourism, Viral/Buzz/Word of Mouth, Web (Banner Ads, Pop-ups, etc.), Women's Market

Ed Gilbert *(CMO-Chisano Mktg Grp)*
Joyce Truitt *(Media Dir-Chisano Mktg Grp)*
Karen Lamonica *(Dir-PR)*
Erich Slipsager *(Dir-Interactive Svcs)*
Brian Cloud *(Rep-Customer Svc-Chisano Mktg)*
Izaak Hale *(Sr Art Dir)*

Accounts:
AK Steel Corporation; 2000
American Pie Council Pie Association; 2008
Associated Luxury Hotels International; Orlando, FL Luxury Hotels Association; 2004
Chateau on the Lake Luxury Hotel/Resort; 2004
Fort Myers Regional Partnership Economic Development; 2009
Hickory River Smokehouse Barbecue Restaurant; 2012
Naples Beach Hotel & Golf Club; Naples, FL Luxury Hotel/Resort; 1999
The Renaissance Resort at World Golf Village; Saint Augustine, FL Luxury Hotel/Resort; 2000
Sheraton Delfina Santa Monica Luxury Hotel; 2011
Sweetwater Golf & Country Club; Longwood, FL Real Estate; 2005

7ATE9 ENTERTAINMENT
740 N La Brea Ave, Los Angeles, CA 90038
Tel.: (323) 936-6789
Fax: (323) 937-6713
E-Mail: info@7ate9.com
Web Site: 7ate9.com

Agency Specializes In: Advertising, Brand Development & Integration, Children's Market, Content, Entertainment, Event Planning & Marketing, Production, T.V.

Artur Spigel *(Founder, CEO & Chief Creative Officer)*
Cindy Bradeen *(VP)*
Andrea Bernick *(Dir-Creative Dev & Producer)*

Accounts:
New-The Cartoon Network
New-Nickelodeon Direct Inc.
New-The Walt Disney Company Disney Corporate Citizenship & Social Responsibility
New-Warner Bros. Entertainment Inc.

802 CREATIVE PARTNERS, INC.
PO Box 1075, Stowe, VT 05672
Mailing Address:
PO Box 54, Bethel, VT 05032
Tel.: (802) 778-9669
E-Mail: info@802creative.com
Web Site: www.802creative.com

E-Mail for Key Personnel:
Creative Dir.: tom@802creative.com

Employees: 9
Year Founded: 1973

Agency Specializes In: Advertising, Advertising Specialties, Automotive, Brand Development & Integration, Broadcast, Business Publications, Business-To-Business, Cable T.V., Co-op Advertising, Collateral, Communications, Consulting, Consumer Marketing, Consumer Publications, Corporate Identity, Direct Response Marketing, E-Commerce, Education, Electronic Media, Engineering, Entertainment, Environmental, Exhibit/Trade Shows, Financial, Food Service, Government/Political, Graphic Design, Health Care Services, High Technology, Industrial, Information Technology, Internet/Web Design, Investor Relations, Legal Services, Logo & Package Design, Magazines, Media Buying Services, Medical Products, Multimedia, New Product Development, Newspaper, Newspapers & Magazines, Out-of-Home Media, Outdoor, Over-50 Market, Planning & Consultation, Point of

AGENCIES - JANUARY, 2019 — ADVERTISING AGENCIES

Purchase, Point of Sale, Print, Production, Public Relations, Publicity/Promotions, Radio, Recruitment, Retail, Sales Promotion, Seniors' Market, Sports Market, Strategic Planning/Research, T.V., Technical Advertising, Trade & Consumer Magazines, Travel & Tourism, Yellow Pages Advertising

Approx. Annual Billings: $8,267,725 Capitalized

Michael Hickey *(Pres)*
Kelly Hickey *(Specialist-Media)*
Robert Blanchard *(Sr Art Dir)*

Accounts:
AARP
Co-Op Insurance Inc.
Green Up Vermont
IBM Corporation
Radiantec
Ski Barn
Ultramotive
University of Vermont
Vermont Ski Areas Association

834 DESIGN & MARKETING
1430 Monroe Ave Nw Ste 170, Grand Rapids, MI 49505
Tel.: (616) 288-0471
E-Mail: news@834design.com
Web Site: www.834design.com

Employees: 5

Agency Specializes In: Advertising, Content, Digital/Interactive, Event Planning & Marketing, Graphic Design, Internet/Web Design, Paid Searches, Public Relations, Search Engine Optimization, Social Media

Accounts:
Holland Museum

THE 88
(Acquired by Havas Worldwide & Name Changed to Annex88)

88/BRAND PARTNERS
542 S Dearborn Ste 1300, Chicago, IL 60605
Tel.: (312) 664-2500
Fax: (312) 664-8684
E-Mail: hello@88brandpartners.com
Web Site: www.88brandpartners.com

Employees: 29

Agency Specializes In: Advertising, Brand Development & Integration, Internet/Web Design

Joseph Popa *(Exec Creative Dir)*
Jennifer Halpern *(Acct Dir)*
Deon Taylor *(Office Mgr)*
Erica Pelletier *(Acct Supvr)*
Terry Boyd *(Assoc Creative Dir)*
Andy Yamashiro *(Sr Art Dir)*

Accounts:
Cornerstone Restaurant Group
Instant Alliance
NorthShore

89 DEGREES, INC.
25 Burlington Mall Rd Ste 610, Burlington, MA 01803
Tel.: (781) 221-5400
Fax: (781) 229-0542
E-Mail: info@89degrees.com
Web Site: www.89degrees.com

Employees: 75

Year Founded: 2008

Agency Specializes In: Advertising, Email, Integrated Marketing, Mobile Marketing

Phil Hussey *(Pres & Mng Partner)*
Jeff Caplan *(Partner & VP)*
Rupa Rajopadhye *(Partner & VP-Strategic Mktg Svcs)*
Jundong Song *(Partner & VP-Mktg Intelligence & Tech)*
Rosie Poultney *(VP-Analytics)*

Accounts:
Genzyme/Sanofi
Hyundai
Ikea North America Services LLC
World Vision

90OCTANE
621 17Th St Ste 600, Denver, CO 80293
Tel.: (720) 904-8169
Fax: (303) 295-1577
E-Mail: info@90octane.com
Web Site: http://www.90octane.com/

Employees: 36
Year Founded: 2000

Agency Specializes In: Advertising, Information Technology, Integrated Marketing, Media Planning, Search Engine Optimization

Jim Grinney *(Founder & Partner)*
Sam Eidson *(Partner)*
Kelly Snyder *(Mng Dir)*
Jenny Bridges *(Acct Dir)*
Kaurina Hull *(Acct Dir)*
Dan Schrad *(Creative Dir)*
Matt Smolenski *(Acct Mgmt Dir)*
Melaina Johnson *(Sr Acct Mgr)*
Holly Schnicke *(Acct Mgr)*
Lindsey Buechner *(Acct Supvr)*
Jennica Justice *(Sr Strategist-Media)*
Courtney Shaw *(Sr Strategist-Social Media)*
Katie Hendricks *(Strategist-Media)*
Kayla Kinch *(Strategist-Analytics)*
Jaime Palmer *(Strategist-Media)*
Adeline McNeil *(Coord-Media)*
Christie DeClements *(Sr Accountant)*
Jim Sampson *(Indus Dir)*

Accounts:
AlphaGraphics Business Centers
AORN Works
Atlas Copco Construction Mining Technique USA, LLC.
Avalon
Branded Business Apps Search Engine Marketing, Website Development
Brookfield Residential Website Design
COSMOS
EDUCAUSE Email Marketing Program
Eye Pieces of Vail Conversion Consulting, Digital Marketing, SEO, Strategic
Globus
Mercy Housing
MonoGrams
Norgren
Pixorial Strategic Email, Social Media & Search Engine Marketing Program
Prologis
Qdoba Mexican Grill; Denver, CO Brand Development, Paid Search Campaign, Search Engine Optimization
Visit Denver
Zen Planner Online, Search Engine Marketing

919 MARKETING COMPANY
102 Avent Ferry Rd, Holly Springs, NC 27540
Tel.: (919) 557-7890
Fax: (919) 557-0041
E-Mail: info@919marketing.com
Web Site: https://www.919marketing.com/

Employees: 12
Year Founded: 1996

National Agency Associations: AMA

Agency Specializes In: Advertising, Brand Development & Integration, Broadcast, Business Publications, Business-To-Business, Cable T.V., Co-op Advertising, Collateral, Communications, Consulting, Consumer Marketing, Consumer Publications, Corporate Identity, Digital/Interactive, Direct Response Marketing, E-Commerce, Education, Electronic Media, Entertainment, Event Planning & Marketing, Fashion/Apparel, Financial, Food Service, Graphic Design, Health Care Services, High Technology, Information Technology, Internet/Web Design, Investor Relations, Local Marketing, Logo & Package Design, Magazines, Media Buying Services, Medical Products, New Product Development, Newspaper, Newspapers & Magazines, Out-of-Home Media, Outdoor, Pharmaceutical, Planning & Consultation, Point of Purchase, Point of Sale, Print, Production, Public Relations, Publicity/Promotions, Radio, Restaurant, Retail, Sales Promotion, Seniors' Market, Sports Market, Strategic Planning/Research, Sweepstakes, T.V., Trade & Consumer Magazines, Transportation, Travel & Tourism

David M. Chapman *(Founder & CEO)*
Sue Yannello *(VP-PR)*
Graham Chapman *(Sr Acct Mgr)*
Matt DeMargel *(Sr Acct Mgr)*
Kevin Behan *(Acct Mgr)*
Tammy Delgado *(Acct Mgr)*
Scott Curkin *(Sr Acct Supvr)*
Danielle Durange *(Sr Strategist-Media)*
Nancy Bostrom *(Specialist-PR & Content Mktg)*
Chris Dutra *(Acct Exec)*

Accounts:
BioSignia; 2007
Central Carolina Bank
College Foundation, Inc. (Agency of Record) Brand Positioning, Digital Marketing, Direct Marketing, Public Relations, Social Media, Strategic Planning
Dessange International, Inc. Content Marketing, Fantastic Sams, National Brand Awareness, Public Relations Strategy, Sales & Market; 2018
Duke University; Durham, NC Healthcare; 1997
Glaxo
HealthSource Chiropractic (Public Relations Agency of Record) Brand Awareness, Content, Media Relations, Public Relations, Strategic Marketing
The Interface Financial Group Media Relations, Public Relations
Jasmin & Olivz Mediterranean (Content & Franchise Development Agency of Record) Brand Awareness; 2018
Jersey Mike's Subs
Kerr Drug (Agency of Record); Raleigh, NC Drug Store Chain; 2005
Lexington Furniture
Lowe's Corporation; North Wilkesboro, NC Home Improvement; 1996
Metal Supermarkets Franchising Group Digital, Franchise Development Campaigns, Marketing Communications, PR, Social Media
MYCO Medical
Nationwide Homes; Martinsville, VA Modular Homes; 1996
OpenWorks (Marketing Agency of Record) Brand Identity
Plus One Partners (Agency of Record)
Rosetta Stone
Senior Helpers
ShelfGenie Franchise Content Marketing, Public

ADVERTISING AGENCIES

Relations, Strategic Storytelling; 2018
Southern Importers
Stratus Building Solutions; 2018
sweetFrog Premium Frozen Yogurt
Visiting Angels Public Relations
Wachovia Bank

92 WEST
2626 Harney St # D, Omaha, NE 68131
Tel.: (402) 237-8235
Fax: (402) 953-4395
E-Mail: information@92west.com
Web Site: https://www.92west.com/

Employees: 10
Year Founded: 2000

Agency Specializes In: Advertising, Brand Development & Integration, Content, Email, Internet/Web Design, Logo & Package Design, Print, Search Engine Optimization

Troy Kadavy *(Creative Dir)*

Accounts:
Carpet Cleaners
Integrative Dental Solutions
Omaha Directory
TH Construction

93 OCTANE
105 East Grace St, Richmond, VA 23219
Tel.: (804) 643-8800
Fax: (804) 643-8900
E-Mail: info@93-octane.com
Web Site: www.93-octane.com

Employees: 8
Year Founded: 2002

Agency Specializes In: Direct Response Marketing, Direct-to-Consumer

John Lindner *(Founder & Creative Dir)*
Jenna Weidner *(Sr Art Dir)*

Accounts:
Call Federal Credit Union
Comfort Systems USA
Lutheran Family Services of Virginia
Maymont
Medarva
Outdoor Dreams Integrated Marketing
Physicians for Peace
Rebuilding Together Richmond Website
Robinson, Farmer, Cox
Stony Point Surgery Center

954DESIGN
2967 Ravenswood Rd Ste 5, Fort Lauderdale, FL 33312
Tel.: (954) 543-0411
E-Mail: contact@954design.com
Web Site: www.954design.com

Employees: 8

Agency Specializes In: Advertising, Brand Development & Integration, Corporate Identity, Digital/Interactive, Email, Internet/Web Design, Package Design, Print, Search Engine Optimization

Laura Elmore *(Owner)*

Accounts:
Ann Storck Center
Jorge Nation Foundation
Ted Gibson

97 DEGREES WEST
901 S MoPac Expy, Austin, TX 78746
Tel.: (512) 473-2500
Fax: (512) 320-5422
Web Site: www.97dwest.com/

Employees: 8

Agency Specializes In: Advertising, Event Planning & Marketing

Vera Fischer *(Pres)*
Emma Casey *(Sr Mgr-Digital)*
Brooke Hummel *(Acct Supvr)*
Addison Story *(Acct Supvr)*

Accounts:
Agave
Airtricity
Balcones Resources
Clearcommerce User Group
Cuvee Coffee Roasting Co.; Spicewood, TX
Fiore
First Care Health Plans
Giano Bikes
LS Tractor USA Integrated B2C, Website
Mangum Builders
Mighty Brace E-Commerce, Integrated Marketing Campaign, Marketing Strategy, Media Planning, PR, Planning, Pricing, Social Media Strategy, Video Production, Website
Mirasol Lake Travis
OMNIBANK
United Heritage Credit Union Creative, Creative Collateral, Interactive, Messaging, New Positioning, Online
Univar Inc.

9.8 GROUP
40 Fulton St Rm 600, New York, NY 10038
Tel.: (212) 964-0030
Fax: (212) 964-2022
Web Site: www.98group.com

Employees: 45
Year Founded: 1999

Agency Specializes In: Advertising, Advertising Specialties, African-American Market, Asian Market, Bilingual Market, Business-To-Business, Co-op Advertising, Communications, Consulting, Corporate Identity, Cosmetics, Direct Response Marketing, E-Commerce, Event Planning & Marketing, Financial, Hispanic Market, Internet/Web Design, Investor Relations, Logo & Package Design, Media Buying Services, New Product Development, Out-of-Home Media, Outdoor, Pharmaceutical, Planning & Consultation, Public Relations, Strategic Planning/Research

Approx. Annual Billings: $18,600,000

Givi Topchishvili *(Founder & Pres)*
Victoria Levinson *(COO)*

Accounts:
Lufthansa

A BIG CHIHUAHUA, INC.
PO Box 761113, San Antonio, TX 78245
Tel.: (210) 680-4129
E-Mail: info@bigchi.com
Web Site: www.bigchi.com

Employees: 10
Year Founded: 1995

Agency Specializes In: Collateral, Digital/Interactive, Entertainment, Event Planning & Marketing, Graphic Design, Hispanic Market, Identity Marketing, Local Marketing, Media Buying Services, Media Planning, Print, Public Relations, Sales Promotion, Strategic Planning/Research

Esther Quiroz *(Gen Mgr)*
Ruben Cubillos *(Creative Dir & Designer)*

Accounts:
Gabe Nieto

A. BROWN-OLMSTEAD ASSOCIATES
274 W Paces Ferry Rd, Atlanta, GA 30305
Tel.: (404) 659-0919
Fax: (404) 659-2711
E-Mail: amanda@newaboa.com
Web Site: www.newaboa.com/

Employees: 10
Year Founded: 1972

Agency Specializes In: Advertising, Content, Crisis Communications, Graphic Design, Investor Relations, Public Relations, Sales Promotion, Strategic Planning/Research

Amanda Brown-Olmstead *(Pres & CEO)*

Accounts:
200 Peachtree
BRAE Rainwater Harvesting Systems
ClubDrive
Damballa, Inc.
Historic Fourth Ward Park Conservancy
HOK
My Mother's Clothes
New World

A DAY ADVERTISING
319 Portland Pl, Lititz, PA 17543
Tel.: (717) 945-6630
Fax: (717) 581-9193
E-Mail: info@adayadvertising.com
Web Site: www.adayadvertising.com

Employees: 4

Agency Specializes In: Advertising, Corporate Identity, Internet/Web Design, Logo & Package Design, Market Research, Media Buying Services, Multimedia, Print

Annette Day *(Owner)*
Brian Heibel *(Art Dir & Designer)*

Accounts:
Brenner Nissan
Delaney Honda

A. EICOFF & CO.
401 N Michigan Ave 4th Fl, Chicago, IL 60611-4212
Tel.: (312) 527-7183
Fax: (312) 527-7188
Toll Free: (800) 333-6605
E-Mail: cathy.watt@eicoff.com
Web Site: www.eicoff.com

Employees: 125
Year Founded: 1965

Agency Specializes In: Advertising, Broadcast, Direct Response Marketing, Sponsorship

Ronald L. Bliwas *(CEO)*
Pat Sacony *(CFO & Sr VP)*
Francie Gordon *(Sr VP & Dir-Media)*
Heather Lang *(Sr VP & Dir-Media Analytics)*
Matt Cote *(Sr VP-Video Innovation)*
Kelly Dulin *(Sr VP & Grp Media Dir)*
Margaret Firalio *(Sr VP & Assoc Media Dir)*
Amy Bickers *(VP & Dir-Strategic Media Plng)*
Beth Johnson *(VP & Assoc Grp Dir-Media)*
Cathy Watt *(Dir-HR)*

AGENCIES - JANUARY, 2019 — ADVERTISING AGENCIES

Katie Forrer *(Supvr-Media)*
Jamie McConnell *(Supvr-Media)*
Craig Meisenheimer *(Supvr-Media)*
Jacqueline Singer *(Supvr-Media)*
Teresa Vu *(Acct Exec)*
Beth Constantine *(Sr Media Buyer)*
Julianne Gleason *(Sr Media Buyer)*
Stephenie Mack *(Sr Media Buyer)*
Emily Pehl-Matthews *(Assoc Media Dir)*
Lauren Sieckman *(Sr Media Buyer)*
Joy Woods *(Sr Supvr-Media)*
Adam Wylie *(Sr Media Buyer)*

Accounts:
Ameritrade, Inc.
Boardroom, Inc.
Bristol-Myers Squibb
Galderma Laboratories, Inc.
Honeywell
Hot Spring Spas
IBM
Jelmar
Novartis
Procter & Gamble
The Scooter Store
Tommie Copper Advertising Agency of Record
United Healthcare Group

THE A GROUP
320 Seven Springs Wy Ste 100, Brentwood, TN 37027
Tel.: (615) 373-6990
Fax: (615) 373-6991
Toll Free: (866) 258-4800
E-Mail: info@agroup.com
Web Site: www.agroup.com

Employees: 35

Agency Specializes In: Brand Development & Integration, Content, Direct Response Marketing, Email, Faith Based, Graphic Design, Market Research, Production (Ad, Film, Broadcast), Social Media, Strategic Planning/Research, Web (Banner Ads, Pop-ups, etc.)

Robert Wright *(VP-Ops & Tech)*

Accounts:
Awana Global Brand Development
Cross Point Church Mobile, Web Design
Reach Youth Global Branding

A HUNDRED MONKEYS INC
2604 Ninth St, Berkeley, CA 94710
Tel.: (415) 383-2255
E-Mail: hi@ahundredmonkeys.com
Web Site: www.ahundredmonkeys.com

Employees: 10
Year Founded: 1990

Agency Specializes In: Advertising, Brand Development & Integration, Copywriting, Event Planning & Marketing, Internet/Web Design, Promotions, Radio, Social Media, Sponsorship, T.V.

Danny Altman *(Founder & CEO)*
Eli Altman *(Creative Dir)*
Rose Linke *(Client Svcs Dir)*
Ben Weis *(Dir-Strategy)*

Accounts:
New-Airbus Transpose
New-LMNO Entertainment Group LLC
New-Rylo Inc
New-eero inc.

A. LAVIN COMMUNICATIONS
8 Haven Ave Ste 223, New York, NY 10001
Tel.: (516) 944-4486
Fax: (516) 944-4487
E-Mail: andrew@alavin.com
Web Site: www.alavin.com

Employees: 4

Agency Specializes In: Brand Development & Integration, Broadcast, Communications, Event Planning & Marketing, Exhibit/Trade Shows, Financial, Health Care Services, Information Technology, Media Relations, Media Training

Andrew R. Lavin *(Pres)*

Accounts:
Eikos Nano
Fairy Tales Hair Care
Henry Schein
Intergis Logistics
Photo Phiddle
Vericom Technologies

A PARTNERSHIP
307 Fifth Ave, New York, NY 10016
Tel.: (212) 685-8388
Fax: (212) 685-8188
E-Mail: APNY@apartnership.com
Web Site: www.apartnership.com

Employees: 35
Year Founded: 1999

Agency Specializes In: Asian Market

Approx. Annual Billings: $52,141,000

Jeannie Yuen *(Pres & CEO)*
Steve Lam *(Creative Dir)*

Accounts:
Bank of America
The California Department of Health (Tobacco Control Section)
Nationwide Insurance
United States Postal Service

A TO Z COMMUNICATIONS, INC
960 Penn Ave 9th Fl, Pittsburgh, PA 15222
Tel.: (412) 471-4160
Fax: (412) 471-4169
E-Mail: info@atozcommunications.com
Web Site: www.atozcommunications.com

Employees: 20
Year Founded: 1998

Agency Specializes In: Brand Development & Integration, Digital/Interactive, Internet/Web Design, Media Buying Services, Print

Alan Boarts *(Principal & Sr Creative Dir)*
Erin Stinner *(VP-Mktg & Strategist-Brand & Bus Dev)*
Phyliss Gastgeb *(VP-Mktg)*
Alfred Herczeg *(Creative Dir)*
Alexis Ferraco *(Jr Acct Exec)*
Aimee Downing *(Sr Art Dir)*

Accounts:
Gateway Rehabilitation Center

A WORK OF ART INC.
1621 NW 102nd Way, Coral Springs, FL 33071
Tel.: (954) 675-3062
Fax: (954) 341-6289
Web Site: www.awoa.com

Employees: 13

Agency Specializes In: Advertising, Collateral, Graphic Design, Health Care Services, Internet/Web Design, Media Buying Services, Public Relations, Recruitment

David Nagle *(Pres & Creative Dir)*

Accounts:
Gotham Healthcare Staffing
New York Presbyterian Home Care Agency
New York Presbyterian Hospital

AAI (ADVERTISING ASSOCIATES INTERNATIONAL)
65 Sprague St, Boston, MA 02136
Tel.: (508) 544-1250
Fax: (508) 544-1253
Toll Free: (877) 866-8500
E-Mail: info@aai-agency.com
Web Site: www.aai-agency.com

Employees: 12
Year Founded: 1965

Agency Specializes In: Advertising, Advertising Specialties, Brand Development & Integration, Broadcast, Business Publications, Business-To-Business, Collateral, Commercial Photography, Communications, Consulting, Consumer Marketing, Consumer Publications, Corporate Identity, Direct Response Marketing, Engineering, Event Planning & Marketing, Exhibit/Trade Shows, Financial, Government/Political, Graphic Design, Health Care Services, High Technology, Industrial, Information Technology, Internet/Web Design, Logo & Package Design, Magazines, Media Buying Services, Medical Products, Newspaper, Newspapers & Magazines, Out-of-Home Media, Outdoor, Pharmaceutical, Point of Purchase, Print, Production, Public Relations, Publicity/Promotions, Radio, Recruitment, Retail, Sales Promotion, Strategic Planning/Research, T.V., Technical Advertising, Trade & Consumer Magazines

Julie Medjanis *(Treas)*
Mark Hersum *(Exec VP)*

Accounts:
AMRC; Weston, MA Political Organization
Andover Surgery Center; Andover, MA
The Healey Law Firm; Needham, MA
Kelsen Bisca; Melville, NY Food Products
Massachusetts Eye Research & Surgery Institute; Cambridge, MA Ophthalmology Service
Novotechnik USA Inc.; Marlboro, MA Position Transducers
Sleepmed Digitrace; Danvers, MA
Solos Endoscopy; Easton, MA
Sunnex; Waltham, MA Medical & Industrial Lighting
United Medical Systems; Westborough, MA Medical Diagnostic Services; 1998
The Valley Patriot; North Andover, MA Regional Newspaper

AARS & WELLS, INC.
2100 Commerce St, Dallas, TX 76201
Tel.: (214) 446-0996
Fax: (214) 446-0990
Web Site: www.aarswells.com

Employees: 13

Agency Specializes In: Advertising, Broadcast, Digital/Interactive, Direct Response Marketing, E-Commerce, Graphic Design, Media Buying Services, Out-of-Home Media, Outdoor, Print

Alex Wells *(Pres)*
Justin McGuffin *(Creative Dir)*
Stephen Nardone *(Acct Mgr)*
Candice Kuzov *(Sr Developer-Interactive)*

Accounts:

ADVERTISING AGENCIES
AGENCIES - JANUARY, 2019

Southern Methodist University
Whitley Penn, LLP

AASMAN DESIGN INC.
201-402 Hansen St, Whitehorse, YT Y1A 1Y8
Canada
Tel.: (867) 668-5248
Fax: (867) 633-6959
E-Mail: info@aasman.ca
Web Site: www.aasman.ca

Employees: 14
Year Founded: 1989

Agency Specializes In: Advertising, Bilingual Market, Corporate Identity, Digital/Interactive, Package Design, Planning & Consultation, Point of Purchase

Al Aasman *(Mng Dir-Aasman Brand Comm)*
Krysten Johnson *(Acct Mgr)*

Accounts:
Quiniscoe Homes
Whitehorse Concerts

Branches

Aasman Brand Communications
402 Hanson St 2nd Fl, Whitehorse, YT Y1A 1Y8
Canada
Tel.: (867) 668-5248
Fax: (867) 633-6959
E-Mail: info@aasman.ca
Web Site: aasman.ca/

Employees: 14

Agency Specializes In: Digital/Interactive

Al Aasman *(Mng Dir)*
Zeke Aasman *(Dir-Creative Strategies)*
Corey Bradbury *(Dir-Client Strategies)*
Krysten Johnson *(Acct Mgr)*
Eleanor Rosenberg *(Strategist-Creative)*

Accounts:
Don't Be Sick
Plunge

A.B. DATA, LTD.
600 AB Data Dr, Milwaukee, WI 53217-2645
Tel.: (414) 540-5000
Fax: (414) 961-6410
E-Mail: consulting@abdata.com
Web Site: www.abdata.com

E-Mail for Key Personnel:
President: barbit@abdata.com

Employees: 100
Year Founded: 1980

National Agency Associations: DMA

Agency Specializes In: Direct Response Marketing, E-Commerce, Faith Based, Internet/Web Design, Legal Services, Pets, Print

Approx. Annual Billings: $23,000,000

Breakdown of Gross Billings by Media: Bus. Publs.: $2,000,000; Collateral: $1,000,000; Consumer Pubs.: $1,000,000; D.M.: $12,000,000; E-Commerce: $1,000,000; Internet Adv.: $1,000,000; Mags.: $1,000,000; Newsp.: $1,000,000; Other: $2,000,000; Worldwide Web Sites: $1,000,000

Joe Manes *(Partner & Sr VP)*
Bruce Arbit *(Co-Mng Dir)*
Charles Pruitt *(Co-Mng Dir)*
Alan Wichtoski *(CFO & VP)*
Thomas Glenn *(Pres-Class Action Admin)*
Jerry Benjamin *(Principal)*
Meredith Feldman *(VP-Consulting)*
Kelly Gardner *(VP)*
Lizabeth Ludowissi *(VP-Production)*
Eric Miller *(VP-Case Mgmt)*
Deb Rouse *(VP-Data Svcs & Tech)*
Linda V. Young *(VP-Media)*
Erin Lingsweiler *(Mgr-Dept & Acct Exec)*
Angela Jackson *(Acct Exec, Planner & Analyst-Data)*

Accounts:
American Foundation for the Blind
American Friends of Ben Gurion University; New York, NY University Support
American Jewish Committee Non-Profit; 1998
American Jewish Congress; New York, NY Non-Profit Organization
American Society for Yad Vashem
Animal Legal Defense Fund
Children's Defense Fund Non-Profit
Christopher and Dana Reeve Foundation
Drug Policy Alliance
Union of Councils for Soviet Jews; Washington, DC Non-Profit Organization
Wealthy Jewish Donors

Branch

A.B. Data, Ltd.
915 15Th St Nw Ste 300, Washington, DC 20005
Tel.: (202) 462-2040
Fax: (202) 462-2085
E-Mail: consulting@abdata.com
Web Site: www.abdata.com

Employees: 5
Year Founded: 1980

National Agency Associations: DMA

Agency Specializes In: Direct Response Marketing, Government/Political

Joe Manes *(Partner & Sr VP)*
Charles Pruitt *(Co-Mng Dir)*
Thomas Glenn *(Pres-Class Action Admin)*
Linda Young *(VP-Media)*
Anike Keller *(Dir-Bus Dev)*
Erin Lingsweiler *(Mgr-Dept-ABD Direct & Acct Exec)*
Angela Jackson *(Acct Exec, Planner & Analyst-Data)*
Claire Moore *(Acct Exec)*

AB+C
819 N. Washington St, Wilmington, DE 19801
Tel.: (302) 655-1552
Fax: (302) 655-3105
Toll Free: (800) 848-1552
Web Site: abccreative.com/

Employees: 70
Year Founded: 1971

National Agency Associations: TAAN

Agency Specializes In: Business-To-Business, Cable T.V., Collateral, Communications, Consulting, Consumer Marketing, Consumer Publications, Corporate Identity, Direct Response Marketing, E-Commerce, Electronic Media, Entertainment, Environmental, Event Planning & Marketing, Exhibit/Trade Shows, Financial, Government/Political, Health Care Services, High Technology, Industrial, Information Technology, Internet/Web Design, Investor Relations, Logo & Package Design, Media Buying Services, Medical Products, Merchandising, New Product Development, Newspaper, Newspapers & Magazines, Out-of-Home Media, Outdoor, Pharmaceutical, Planning & Consultation, Point of Purchase, Public Relations, Publicity/Promotions, Radio, Recruitment, Seniors' Market, Strategic Planning/Research, Technical Advertising, Trade & Consumer Magazines, Transportation, Travel & Tourism

Tom McGivney *(CEO)*
Linda Shopa *(CFO & Mng Partner)*
Lee Ann Qualls *(Media Dir)*
Maria Antonelli *(Dir-Acct Svcs-Div)*
Scott Bille *(Dir-Interactive)*
Michael English *(Dir-Motion Graphics & Animation)*
Chris Marts *(Dir-IT)*
John Orr *(Dir-PR)*
Lynda Rudolph *(Dir-Brand Strategy)*
Maria Stearns *(Dir-Healthcare Team)*
Alice Clark *(Mgr-Accounts Payable)*
Linda Schemmer *(Sr Acct Supvr)*
Stacy Baker *(Acct Supvr)*
Dave Lewandowski *(Acct Supvr-PR)*
Alex Parkowski *(Acct Supvr)*
Kathleen Doyle *(Supvr-Digital Media)*
John Sammons, III *(Supvr-Media)*
Ashley Shuey *(Supvr-Media)*
Todd Cole *(Specialist-Mktg)*
Jason Cockerham *(Designer-User Experience)*
Emily De Simone *(Analyst-Digital Media)*
Sidra Bell *(Jr Media Buyer)*
Linda Miniscalco *(Sr Supvr-Media)*

Accounts:
Abington Memorial Hospital; Abington, PA
Agora Cyber Charter School Public Relations, Social Media; 2017
American Nurses Association Marketing, Public Relations
Ametek
Armstrong World Industries, Inc.
AtlantiCare Health System
Carolinas Health System
Cecil County Health Department Creative, Media, Public Relations, Social Media, Website
Choose Health Delaware
Continuum Health Partners Child & Family Institute, Diabetes Institute, Social Media Campaign
Delaware College of Art & Design; 2017
Delaware Council on Gambling Problems Creative Services, Paid Media, Public Awareness, Public Relations, Social Media, Website Development
Delaware Division of Public Health
Delaware Office of Highway Safety
F&M Trust Digital Media, Social Media
Good Shepherd Penn Partners
Holy Name Medical Center
IPC Recruitment Marketing
Klein
LaFarge North America
MedStar Health
Mitsubishi Fuso Truck of America, Inc.
Multiple Sclerosis Association of America (Marketing & Advertising Agency of Record)
Netherlands Foreign Investment Agency
Newark Natural Foods (Agency of Record)
Northshore Physicians Group
Sandy Spring Bancorp
St. Peter's Health Strategic Planning & Creative; 2017
Stamford Health (Agency of Record) Consumer, Digital, Internal Communications, Media, Messaging, Outdoor, Print, Radio, Television, Transit, Video
Star Roses and Plants/Conard-Pyle
Susquehanna Bank
UMDNJ-Robert Wood Johnson
University of Virginia Medical Center Digital, Marketing
W. L. Gore & Associates
West Virginia University Medical Center
WSFS Financial Corporation
Zip Code Wilmington Computer Coding School, Digital Advertising, Media Relations

AGENCIES - JANUARY, 2019 — ADVERTISING AGENCIES

Divisions

Ab+c
29 E Main St Ste R, Bloomsburg, PA 17815
Tel.: (302) 655-1552
Fax: (302) 655-3105
Toll Free: (800) 848-1552
Web Site: http://abccreative.com/

Employees: 100

Agency Specializes In: Advertising, Brand Development & Integration, Collateral, Event Planning & Marketing, Internet/Web Design, Media Buying Services, Media Planning, Public Relations, Social Media, Strategic Planning/Research

Shawn Kessler *(Mng Dir-Recruitment)*
Todd Cole *(Specialist-Mktg)*

Accounts:
GoHealth Urgent Care
Synchrogenix
University of Colorado Health

AB+C
1429 Walnut St, Philadelphia, PA 19102
Tel.: (215) 923-9600
Fax: (215) 351-4298
Web Site: http://abccreative.com/

E-Mail for Key Personnel:
Creative Dir.: lbrandsdorfer@a-b-c.com

Employees: 40
Year Founded: 1928

Agency Specializes In: Advertising, Agriculture, Automotive, Brand Development & Integration, Broadcast, Business Publications, Business-To-Business, Cable T.V., Co-op Advertising, Collateral, Communications, Consulting, Consumer Marketing, Consumer Publications, Corporate Identity, Direct Response Marketing, Event Planning & Marketing, Financial, Graphic Design, High Technology, Industrial, Internet/Web Design, Legal Services, Magazines, Media Buying Services, Merchandising, Newspaper, Newspapers & Magazines, Pharmaceutical, Planning & Consultation, Print, Production, Public Relations, Publicity/Promotions, Radio, Recruitment, Sales Promotion, Strategic Planning/Research, Technical Advertising, Trade & Consumer Magazines, Transportation, Yellow Pages Advertising

Paul Pomeroy *(Pres)*
Steve Merino *(Mng Partner & Chief Creative Officer)*
Steve Rosen *(Gen Mgr)*
Taylor Wenner *(Art Dir)*
Joanna Ford *(Dir-PR & Social Media-Philadelphia)*
Cheryl Bailey *(Office Mgr)*
Justin Windheim *(Sr Acct Supvr-PR & Social Media)*
Carol Lunger *(Acct Supvr-PR)*
Megan Egan *(Sr Acct Exec-PR)*
Emily Desimone *(Analyst-Digital Media)*
Jonathan Mathers *(Assoc Creative Dir)*

Accounts:
American Plastics Council; 2001
Armstrong World Industries; 1985
David Michael & Co. Creative, Digital, Marketing, Public Relations, Social Media
Mitsubishi Fuso Truck of America; 1996
Padua Academy
Pennoni Associates Inc Marketing Communications
Sunoco Race Fuels; 2007
University of the Sciences

ABBEY, MECCA & COMPANY
95 Perry St, Buffalo, NY 14203
Tel.: (716) 633-1218
Fax: (716) 626-0244
E-Mail: ignite@abbeymecca.com
Web Site: www.abbeymecca.com

E-Mail for Key Personnel:
President: daniel.mecca@abbeymecca.com

Employees: 7
Year Founded: 1969

National Agency Associations: AAF

Agency Specializes In: Advertising, Automotive, Brand Development & Integration, Cable T.V., Collateral, Communications, Corporate Identity, Education, Engineering, Event Planning & Marketing, Financial, Graphic Design, Health Care Services, Legal Services, Media Buying Services, Out-of-Home Media, Outdoor, Public Relations, Restaurant, Seniors' Market

Approx. Annual Billings: $5,000,000 (Capitalized)

Daniel Mecca *(Pres)*
Melissa Keith *(Media Planner & Buyer)*

Accounts:
A.W. Miller Technical Sales Brand Strategy, Logo Design, Marketing, Miller 3D Printing, Social Media
Canisius College
Curtis
Hot Hands
Markin
Mid City Office Furniture

ABC (ADVERTISING BUSINESS CONSULTANTS)
1334 Lincoln Ave, San Jose, CA 95125
Tel.: (408) 298-0124
Fax: (408) 298-0125
E-Mail: rog@abcsanjose.com
Web Site: www.abcsanjose.com

Employees: 2

Agency Specializes In: Automotive, Print, Radio, Retail, T.V.

Roger Henson *(CEO)*

Accounts:
AAMCO
All About Backyards
All Seasons Remodeling
Allison BMW
Anaheim Mitsubishi
Bathroom Doctor
Capitol Mitsubishi
Cellular Image
Central Valley Marine
Design 101
Helm
Huntington Beach Ford
Los Gatos Hummer
Puente Hills Mitsubishi
Stevens Creek Mitsubishi
Stevens Creek Subaru

ABC CREATIVE GROUP
430 E Genesee St Ste 401, Syracuse, NY 13202
Tel.: (315) 471-1002
Fax: (315) 471-2240
Toll Free: (800) 293-1002
E-Mail: info@abcideabased.com
Web Site: www.abcideabased.com

Employees: 10

Agency Specializes In: Advertising, Brand Development & Integration, Broadcast, Consulting, Corporate Identity, Digital/Interactive, Email, Exhibit/Trade Shows, Graphic Design, Internet/Web Design, Logo & Package Design, Media Planning, Multimedia, Out-of-Home Media, Outdoor, Public Relations, Publishing, Radio, T.V.

Travis Bort *(Owner & Creative Dir)*
Jamie Leszczynski *(Sr VP-Client Rels)*
Trisha Stethers *(Mgr-Traffic)*
Mike Haines *(Sr Art Dir)*

Accounts:
CrestHill Suites
Dairylea Cooperative Inc. (Agency of Record)
KME Kovatch
Madison County Tourism
National Baseball Hall of Fame & Museum, Inc. (Agency of Record); 2017
OCNB
Van Duyn Home & Hospital

ABELSON-TAYLOR, INC.
33 W Monroe St, Chicago, IL 60603
Tel.: (312) 894-5500
Fax: (312) 894-5526
E-Mail: info@abelsontaylor.com
Web Site: www.abelsontaylor.com

E-Mail for Key Personnel:
President: dtaylor@abelsontaylor.com

Employees: 400
Year Founded: 1981

National Agency Associations: 4A's

Agency Specializes In: Advertising, Advertising Specialties, Brand Development & Integration, Broadcast, Collateral, Communications, Consumer Goods, Consumer Marketing, Content, Digital/Interactive, Direct Response Marketing, Direct-to-Consumer, Health Care Services, Identity Marketing, Integrated Marketing, Internet/Web Design, Logo & Package Design, Market Research, Medical Products, Men's Market, Multimedia, Over-50 Market, Package Design, Pharmaceutical, Product Placement, Production (Ad, Film, Broadcast), Social Media, Sponsorship, Trade & Consumer Magazines, Women's Market

Breakdown of Gross Billings by Media: Brdcst.: 10%; Cable T.V.: 5%; Consumer Publs.: 5%; Mags.: 20%; Other: 10%; Sls. Promo.: 40%; Video Brochures: 10%

Eric Densmore *(Sr VP & Acct Dir)*
Mark Finn *(VP & Acct Dir)*
Paul Tursky *(Sr Acct Dir)*
Jane D. Betz *(Creative Dir-Art)*
Sophie De Geest *(Acct Dir)*
Robert Enos *(Media Dir)*
Eric Pernod *(Creative Dir)*
Dave Schafer *(Assoc Dir-Production & Digital)*
Valerie Sherpa *(Assoc Dir-Project Mgmt)*
Cathy Saia *(Acct Supvr)*
Sarah Alexander Koontz *(Supvr-Interaction Design-Experience Design Grp)*
Ronnie Sun *(Supvr-Media)*
Bill Tarlin *(Supvr-Art Production)*
Melissa Tully *(Supvr-Art)*
Holly Zuidema *(Acct Exec)*
Sara Ebel Beachler *(Assoc Creative Dir)*
Todd Martin *(Sr Art Dir)*
Marissa Ori *(Assoc Creative Dir)*
Eric Voigt *(Assoc Creative Dir)*

Accounts:
Abbott Laboratories Reductil, Zemplar; 1999
Alexion Pharmaceuticals
Allergan, Inc.
Amgen Canada
Asatellas Corporation
Eisai Corporation Aloxi; 2002

ADVERTISING AGENCIES

Eisai Inc.
Eli Lilly & Amlyin Pharmaceuticals (Global Branding) Actos/Glustin, PKC-B Inhibitor
Forest Laboratories
Gilead Science Viread & Emtriva Food Dosing Combination; 2003
GlaxoSmithKline
Kapidex Proton Pump Inhibitor
OSI Pharmaceuticals
Roche
Sanko Pharma
Shire US Pentasa; 2002
Takeda North America Actos; 1998
Valeant Pharmaceuticals International
Viropharma

ABERRO CREATIVE
127 Mcdonald St, Midland, MI 48640
Tel.: (989) 600-6850
Web Site: www.aberrocreative.com

Employees: 4
Year Founded: 2013

Agency Specializes In: Advertising, Event Planning & Marketing, Graphic Design, Internet/Web Design, Logo & Package Design, Social Media

Steve Cronk *(Co-Founder & Partner)*
Dustin Neumeyer *(Co-Founder & Partner)*

Accounts:
Caveman Bobs Paleo Sauces

ABLE&CO
8801 Fast Park Dr Ste 115, Raleigh, NC 27617
Tel.: (919) 322-0528
Fax: (919) 870-9045
E-Mail: info@theableagency.com
Web Site: theableagency.com

Employees: 10
Year Founded: 2008

Agency Specializes In: Advertising, Brand Development & Integration, Broadcast, Collateral, Graphic Design, Internet/Web Design, Logo & Package Design, Radio, Social Media, T.V.

Jenny Taylor *(Owner & Pres)*
Holly Ware *(VP-Ops)*
Hugh Firebaugh *(Dir-Strategy & Innovation)*
Marianne Russolesi Stokes *(Acct Exec)*
Gary Cantrell *(Sr Graphic Designer)*

Accounts:
Quest Advisors

ABNORMAL ADVERTISING
(Formerly HowlandMoser)
16674 N 91st St Ste 204, Scottsdale, AZ 85260
Tel.: (480) 686-2100
Web Site: https://www.abnormaladvertising.com/

Employees: 5
Year Founded: 2010

Agency Specializes In: Advertising, Brand Development & Integration, Collateral, Content, Digital/Interactive, Media Planning, Print, Public Relations, Social Media, Strategic Planning/Research

Jeff Hecht *(Chief Dev Officer)*

Accounts:
Continuance Health Solutions

ABOVE PROMOTIONS COMPANY
15419 Plantation Oaks Dr, Tampa, FL 33647
Tel.: (813) 383-1914
E-Mail: contactus@abovepromotions.com
Web Site: www.abovepromotions.com

Employees: 5
Year Founded: 2004

Agency Specializes In: Alternative Advertising, Branded Entertainment, Business Publications, Cable T.V., Consumer Publications, Digital/Interactive, Email, Exhibit/Trade Shows, Experience Design, Guerilla Marketing, In-Store Advertising, Local Marketing, Magazines, Mobile Marketing, Multimedia, Newspaper, Newspapers & Magazines, Out-of-Home Media, Outdoor, Paid Searches, Print, Product Placement, Production, Promotions, Publishing, Search Engine Optimization, Shopper Marketing, Social Media, Sponsorship, Sweepstakes, Syndication, T.V., Viral/Buzz/Word of Mouth, Web (Banner Ads, Pop-ups, etc.)

Ebony Grimsley-Vaz *(Dir-Creative & Comm)*

Accounts:
National Lemonade Day - Tampa Bay Powered By Google for Entrepreneurs

ABOVEBOARD BRANDING
9050 Brockham Wy, Alpharetta, GA 30022
Tel.: (678) 667-8778
E-Mail: info@aboveboardbranding.com
Web Site: www.aboveboardbranding.com/

Employees: 4
Year Founded: 2016

Agency Specializes In: Advertising, Advertising Specialties, Affiliate Marketing, Alternative Advertising, Brand Development & Integration, Consulting, Corporate Identity, Digital/Interactive, Direct Response Marketing, E-Commerce, Email, Graphic Design, Integrated Marketing, Internet/Web Design, Local Marketing, Logo & Package Design, Market Research, Mobile Marketing, New Product Development, Package Design, Paid Searches, Planning & Consultation, Point of Sale, Print, Production (Print), Regional, Sales Promotion, Search Engine Optimization, Social Marketing/Nonprofit, Social Media, Strategic Planning/Research, Web (Banner Ads, Pop-ups, etc.)

Approx. Annual Billings: $500,000

Erik Johnson *(Pres & Co-Founder)*
Hillary Meister *(Mgr-Social Media Mktg)*

Accounts:
Crimson Oak Publishing Co
DooKashi
The Lyon Group
Renoartio

ABRA MARKETING, INC.
555 5th St Ste 300D, Santa Rosa, CA 95401
Tel.: (530) 246-8000
Web Site: www.abramarketing.com

Employees: 3
Year Founded: 1999

Agency Specializes In: Advertising, Brand Development & Integration, Collateral, Internet/Web Design, Media Planning, Out-of-Home Media, Outdoor, Print, Radio, Social Media, T.V.

Kurt Hoffmann *(Principal & Mktg Dir)*

Accounts:
Weed Ales

ABRAZO MULTICULTURAL MARKETING
229 E Wisconsin Ave Ste 1102, Milwaukee, WI 53202
Tel.: (414) 220-9800
Fax: (414) 220-9802
E-Mail: info@abrazomarketing.com
Web Site: www.abrazomarketing.com

Employees: 50

Agency Specializes In: Advertising, Brand Development & Integration, Public Relations, Strategic Planning/Research

Nancy Hernandez *(Founder & Pres)*

Accounts:
Milwaukee Brewers Baseball Club, Inc.

ABSTRACT EDGE
455 Broadway 4th Fl, New York, NY 10013
Tel.: (212) 352-9311
Fax: (212) 952-9498
E-Mail: info@abstractedge.com
Web Site: www.abstractedge.com

Employees: 20

Agency Specializes In: Digital/Interactive, Internet/Web Design, Planning & Consultation

Scott Paley *(Pres)*

Accounts:
American Legacy
Discover
Loews Hotels
Mansfield Hotel
Marriott
Vera Wang

ABSTRAKT MARKETING GROUP
727 N 1st St Ste 500, Saint Louis, MO 63102
Tel.: (314) 577-0342
Fax: (314) 773-2338
Web Site: www.abstraktmg.com

Employees: 500
Year Founded: 2009

Agency Specializes In: Automotive, Brand Development & Integration, Business-To-Business, Search Engine Optimization, Social Media

Scott Scully *(Founder & CEO)*
Elliot Nester *(Sr Dir-Partner S/s)*
Doug Yocco *(Sr Dir)*
Alyssa Stevenson *(Dir-Partner S/s)*
Joe Henthorn *(Sr Mgr-Partner S/s)*
Kristin Harris *(Mgr-Project & Process Dev)*

Accounts:
Entre Technology Services
IFS Group
Rubino & Company

ABZ CREATIVE PARTNERS
2810 Selwyn Ave Unit 407, Charlotte, NC 28209
Tel.: (704) 374-1072
Fax: (704) 374-1075
E-Mail: info@abzcreative.com
Web Site: abzcreativepartners.com

Employees: 15
Year Founded: 1979

Agency Specializes In: Bilingual Market, Collateral, Consumer Marketing, Consumer Publications, Custom Publishing, Digital/Interactive, Direct

AGENCIES - JANUARY, 2019 — ADVERTISING AGENCIES

Response Marketing, Direct-to-Consumer, Email, Exhibit/Trade Shows, Experience Design, Faith Based, High Technology, International, Local Marketing, Magazines, Men's Market, Mobile Marketing, Multimedia, Newspaper, Newspapers & Magazines, Over-50 Market, Paid Searches, Point of Purchase, Point of Sale, Print, Product Placement, Production (Print), Promotions, Publishing, Radio, Search Engine Optimization, Seniors' Market, Social Media, T.V., Viral/Buzz/Word of Mouth, Web (Banner Ads, Pop-ups, etc.), Women's Market

Martin Rose *(Partner & Client Svcs Dir)*
Regan White *(Creative Dir)*
Elizabeth Engle *(Sr Acct Mgr & Writer)*
Carrie Hill Lock *(Acct Mgr)*
Katie Center *(Acct Coord)*
Gwen Saunders *(Sr Designer-Digital & Multimedia)*

Accounts:
A Child's Place
Catalent Pharma Solutions
Communities in Schools
Novant Health
PBI Performance Products
SPE Thermoforming Division
The Urban Ministry Center
WFAE

ACART COMMUNICATIONS, INC.
171 Nepean St Ste 600, Ottawa, ON K2P 0B4 Canada
Tel.: (613) 230-7944
Fax: (613) 232-5980
E-Mail: results@acart.com
Web Site: www.acart.com

Employees: 45
Year Founded: 1976

Agency Specializes In: Advertising

Al Albania *(Owner)*
John Westbrook *(VP-Client Svcs)*
Craig Cebryk *(Acct Dir)*
Perry Gray *(Art Dir)*
Tom Megginson *(Creative Dir)*
Kevin Scannell *(Media Dir)*
Vernon Lai *(Dir-Creative, Art & Design)*
Meeta Chawla *(Acct Mgr)*
Aimee Savard *(Acct Mgr)*
Larissa Law *(Acct Exec)*
Natalie Lafleche *(Media Planner)*
Crystal Zhou *(Sr Accountant)*

Accounts:
AECL
BIOTALENT
CAA
CANDU
changetheconversation.ca
FCAC
Halifax Bus Campaign: "Do it on the bus", Metro Transit
HRSDC
Jane Goodall Institute of Canada
TSB
VIA Rail Canada
York Region Transit

ACCELERATOR ADVERTISING INC.
399 Venture Dr Ste A, Lewis Center, OH 43035
Tel.: (614) 785-4345
Fax: (614) 785-4346
E-Mail: results@acceleratorinc.biz
Web Site: www.acceleratorinc.biz

E-Mail for Key Personnel:
Media Dir.: results@acceleratorinc.biz
Production Mgr.: results@acceleratorinc.biz

Public Relations: results@acceleratorinc.biz

Employees: 8
Year Founded: 1997

Agency Specializes In: Advertising, Advertising Specialties, Automotive, Brand Development & Integration, Broadcast, Business Publications, Business-To-Business, Cable T.V., Children's Market, Co-op Advertising, Collateral, Commercial Photography, Communications, Consulting, Consumer Marketing, Consumer Publications, Corporate Communications, Corporate Identity, Digital/Interactive, Direct Response Marketing, E-Commerce, Education, Electronic Media, Engineering, Entertainment, Environmental, Event Planning & Marketing, Exhibit/Trade Shows, Financial, Food Service, Government/Political, Graphic Design, Health Care Services, High Technology, In-Store Advertising, Industrial, Infomercials, Information Technology, Internet/Web Design, Investor Relations, LGBTQ Market, Legal Services, Leisure, Local Marketing, Logo & Package Design, Magazines, Media Buying Services, Medical Products, Merchandising, Multimedia, New Product Development, Newspapers & Magazines, Out-of-Home Media, Outdoor, Pharmaceutical, Planning & Consultation, Point of Purchase, Point of Sale, Print, Production, Public Relations, Publicity/Promotions, Radio, Real Estate, Recruitment, Restaurant, Retail, Sales Promotion, Sports Market, Strategic Planning/Research, T.V., Technical Advertising, Teen Market, Trade & Consumer Magazines, Transportation, Travel & Tourism, Yellow Pages Advertising

Approx. Annual Billings: $2,000,000

Breakdown of Gross Billings by Media: Fees: $1,400,000; In-Store Adv.: $600,000

Marc Obregon *(Pres & CEO)*

Accounts:
American Municipal Power of Ohio
Briggs & Stratton Corporation of WI
Chemical Abstract Service
Hoover
Step2
White Castle System, Inc.

ACCENT CREATIVE GROUP
365 S Perry St, Lawrenceville, GA 30046
Tel.: (678) 407-8820
Web Site: www.accentcreativegroup.com

Employees: 5
Year Founded: 2004

Agency Specializes In: Advertising, Brand Development & Integration, Custom Publishing, Digital/Interactive, Event Planning & Marketing, Exhibit/Trade Shows, Internet/Web Design, Logo & Package Design, Print, Social Media

Pam Wilson-Ledbetter *(Pres)*
Ashleigh James *(Partner & Head-Graphic Design)*
Paula Hastings *(Dir-Community Rels)*
Rachel Jeffers *(Dir-Events & Special Projects)*
Bebe Rogers *(Designer-Production)*

Accounts:
New-City of Lawrenceville

ACCESS ADVERTISING + PR
701 Patterson Ave SW, Roanoke, VA 24016
Tel.: (540) 344-8499
Fax: (540) 344-4079
E-Mail: creative@visitaccess.com
Web Site: www.visitaccess.com

Employees: 14
Year Founded: 1996

Agency Specializes In: Advertising, Brand Development & Integration, Collateral, Corporate Identity, Direct Response Marketing, Electronic Media, Event Planning & Marketing, Exhibit/Trade Shows, Graphic Design, Internet/Web Design, Logo & Package Design, Public Relations, Publicity/Promotions, Strategic Planning/Research

Todd Marcum *(Pres)*
Tony Pearman *(CEO & Chief Creative Officer)*
Melissa Gibson *(Media Dir & Bus Mgr)*
Gary Gilmore *(Creative Dir-Interactive)*
Chris Henson *(Creative Dir)*
Rachel Spencer *(Dir-Bus Intelligence)*
Brandi Dawson *(Acct Exec)*
Misty Smith-Klein *(Acct Exec)*
Trina Daniels *(Acct Coord)*

Accounts:
Blue Ridge Tourism Brand Awareness
Certified Medical Representatives Institute
Guertin Brothers
Lexington & Rockbridge Tourism Development; Lexington, KY; 2005
Optical Cable Corporation
Roanoke College Capital Campaign
Roanoke Valley YMCA
TMEIC GE
Virginia Tech

ACCESS BRAND COMMUNICATIONS
(Formerly Access Emanate Communications)
650 California St, San Francisco, CA 94108
Tel.: (415) 904-7070
Fax: (415) 904-7055
Web Site: accesstheagency.com

Employees: 50
Year Founded: 1991

Agency Specializes In: Social Media, Sponsorship, Strategic Planning/Research

Matthew Afflixio *(Pres & Partner)*
Jennifer Sims Fellner *(Sr VP)*
Jennifer Garcia *(Sr VP)*
Lindsay Scalisi *(Sr VP)*
Nancy Blair *(VP-Content-Access Comm)*
Katie Zeiser *(VP)*
Carolyn Linck *(Acct Dir)*
Josh Kaplan *(Acct Supvr)*

Accounts:
2K Games
Annie's
AppCarousel
AppDirect
BlackBerry (Agency of Record)
Blue Diamond Growers PR
BODYARMOUR SuperDrink
Brinker International, Inc. Chili's Grill & Bar (Public Relations Agency of Record), Earned Media Relations, Executive Visibility, Experiential, Maggiano's Little Italy, Newsjacking, Public Relations, Thought Leadership, Trendspotting
Burt's Bees
Cheetah Mobile
Cornerstone
Curbside
Digital Insight
DocuSign (North American Agency of Record) DocuSign Momentum, Media Relations, Social Media, Strategic Public Relations, Thought Leadership
EMC
Exos
Facebook Small Business Division
Heineken
Hickory Farms
Intuit Inc. Software Publishers

ADVERTISING AGENCIES

Kettle Chips
KFC
LeapFrog Enterprises, Inc.
Legalzoom
Lundberg Family Farms
Lysol
Mediaroom
MongoDB (Agency of Record)
Mott's Apple Juice, Clamato
Nissan
Ooma (Agency of Record)
Otterbox
Peet's Coffee & Tea
Pernod Ricard
Philips Sonicare
Skyscanner
Smartsheet
Toshiba
Trend Micro
Zeiss

Branches

Access Brand Communications
(Formerly Access Emanate Communications)
Bankside 2, 100 Southwark St, London, SE1 OSW
  United Kingdom
Tel.: (44) 208 618 1875
Web Site: accesstheagency.com

Employees: 15

Agency Specializes In: Corporate Communications, Crisis Communications, Digital/Interactive, Public Relations, Social Media

Tinni Guha Roy *(VP & Strategist-Digital)*
Izzy Honour *(VP & Grp Mgr)*
Jenny Pitt *(VP)*
Amanda Moulson *(Gen Mgr)*

Accounts:
Curlformers Press, Publicity
Kettle Foods, Inc. Kettle Chips
Right Guard Public Relations, Social Media

Access Brand Communications
(Formerly Access Emanate Communications)
220 E 42nd St, New York, NY 10017
Tel.: (917) 522-3500
Fax: (917) 522-3510
Web Site: accesstheagency.com

Employees: 21
Year Founded: 1991

Agency Specializes In: Public Relations, Sponsorship

Cori Barrett *(Sr VP)*
Jennifer Sims Fellner *(Sr VP)*
Lindsay Scalisi *(Sr VP)*
Ashley Holzhauer *(VP)*
Bob Osmond *(Gen Mgr)*
Matt Sutton *(Acct Supvr)*

Accounts:
2K Games
2K Sports
Intuit
LeapFrog Enterprises, Inc.
OtterBox Products LLC
Pernod Ricard USA, Inc.
See's Candies
Toshiba Corporation

ACCESS COMMUNICATIONS
(Name Changed to Access Brand Communications)

ACCESS COMMUNICATIONS LLC
400 Connell Dr Ste 2, Berkeley Heights, NJ
  07922-2739
Tel.: (908) 508-6700
Fax: (908) 508-6701
E-Mail: info@acinj.com
Web Site: www.acinj.com

Employees: 120
Year Founded: 1997

Agency Specializes In: Advertising, Event Planning & Marketing, Health Care Services, Medical Products, Pharmaceutical, Production (Print), Promotions, Strategic Planning/Research

Approx. Annual Billings: $56,000,000

Kevin Barnett *(Mng Partner)*
Michael Webster *(Mng Partner-The Access Grp)*
Leana Wood *(Mng Partner)*
Frank Scott *(CFO)*
Eric Bishea *(CEO-The Access Grp)*
Jeffrey Gruenglas *(Exec VP-Oncology Bus Unit & Head-Strategic Svcs)*
Jeff Liepman *(Exec VP-Promidian)*
Aimee White *(Exec VP-Client Svcs)*
Megan Jones *(Gen Mgr)*
Jennifer Richardson *(Sr Dir-Meeting Svcs)*

Accounts:
PayPal Public Relations
Solyndra
TAIS

ACCESS EMANATE COMMUNICATIONS
(Name Changed to Access Brand Communications)

ACCESS TO MEDIA
432 Front St, Chicopee, MA 01013
Fax: (413) 592-1841
Toll Free: (866) 612-0034
E-Mail: tina@accesstomedia.com
Web Site: www.accesstomedia.com/

Employees: 15
Year Founded: 2003

Agency Specializes In: Advertising, Advertising Specialties, Affiliate Marketing, Affluent Market, African-American Market, Agriculture, Alternative Advertising, Asian Market, Automotive, Aviation & Aerospace, Bilingual Market, Brand Development & Integration, Broadcast, Business Publications, Business-To-Business, Cable T.V., Catalogs, Co-op Advertising, College, Commercial Photography, Communications, Consulting, Consumer Goods, Consumer Marketing, Consumer Publications, Content, Corporate Identity, Cosmetics, Digital/Interactive, Direct Response Marketing, Direct-to-Consumer, E-Commerce, Education, Electronic Media, Email, Environmental, Event Planning & Marketing, Exhibit/Trade Shows, Experience Design, Faith Based, Fashion/Apparel, Financial, Food Service, Government/Political, Graphic Design, Guerilla Marketing, Health Care Services, Hispanic Market, Hospitality, Identity Marketing, In-Store Advertising, Infomercials, Information Technology, Integrated Marketing, International, Internet/Web Design, LGBTQ Market, Leisure, Local Marketing, Logo & Package Design, Luxury Products, Magazines, Market Research, Media Buying Services, Media Planning, Media Relations, Men's Market, Merchandising, Mobile Marketing, Multicultural, Multimedia, New Technologies, Newspaper, Newspapers & Magazines, Out-of-Home Media, Outdoor, Over-50 Market, Package Design, Paid Searches, Pets , Pharmaceutical, Planning & Consultation, Podcasting, Point of Purchase, Point of Sale, Print, Product Placement, Production, Production (Print), Promotions, Public Relations, Publicity/Promotions, Publishing, RSS (Really Simple Syndication), Radio, Real Estate, Recruitment, Regional, Restaurant, Retail, Sales Promotion, Search Engine Optimization, Seniors' Market, Social Marketing/Nonprofit, Social Media, South Asian Market, Sponsorship, Sports Market, Strategic Planning/Research, T.V., Technical Advertising, Teen Market, Telemarketing, Trade & Consumer Magazines, Transportation, Travel & Tourism, Urban Market, Viral/Buzz/Word of Mouth, Web (Banner Ads, Pop-ups, etc.), Women's Market, Yellow Pages Advertising

Access To Media provides customized advertising solutions. Their focus is customer service and offering one-on-one consultation with personalized strategic guidance.

Approx. Annual Billings: $10,000,000

Liz Jusko *(VP-Sls & Mktg)*
Tina Hemond *(Media Dir)*
Jennifer Gendreau Roissing *(Sr Acct Mgr)*
Ann Sarafin *(Acct Mgr)*
Andrea McEvady *(Mgr-New Bus Dev)*
Jill Scavotto *(Mgr-Admin)*
Stacy Franklin *(Sr Acct Exec)*
Alexis Maggi *(Media Buyer)*

Accounts:
Bell Lifestyle Products
International Essential Tremor Foundation

ACENTO ADVERTISING, INC.
2001 Wilshire Blvd Ste 600, Santa Monica, CA
  90403
Tel.: (310) 943-8300
Fax: (310) 829-2424
E-Mail: rorci@acento.com
Web Site: www.acento.com

E-Mail for Key Personnel:
President: bcreel@acento.com
Creative Dir.: mcassese@acento.com
Media Dir.: taguilar@acento.com

Employees: 40
Year Founded: 1983

Agency Specializes In: Advertising Specialties, Automotive, Bilingual Market, Brand Development & Integration, Broadcast, Business Publications, Business-To-Business, Cable T.V., Children's Market, Co-op Advertising, Collateral, Consulting, Consumer Marketing, Consumer Publications, Corporate Identity, Digital/Interactive, Direct Response Marketing, Electronic Media, Financial, Food Service, Health Care Services, High Technology, Hispanic Market, Information Technology, Magazines, Media Buying Services, Newspapers & Magazines, Out-of-Home Media, Outdoor, Pharmaceutical, Planning & Consultation, Point of Purchase, Print, Production, Radio, Restaurant, Retail, Sponsorship, Strategic Planning/Research, T.V., Trade & Consumer Magazines, Travel & Tourism

Approx. Annual Billings: $53,600,000

Donnie Broxson *(Pres)*
Roberto Orci *(Pres)*
Marco Cassese *(Partner & Chief Creative Officer)*

AGENCIES - JANUARY, 2019 — ADVERTISING AGENCIES

Tony Aguilar-Arellano *(Chief Integration Officer & Partner)*
Madeline Beniflah *(Media Dir)*
Robin Burns *(Acct Dir)*
Armando Pizarro *(Creative Dir)*
Elizabeth Vargas *(Acct Dir)*
Lourdes Washington *(Acct Dir)*
Yeris Vargas *(Acct Mgr)*
Ray Ortiz *(Mgr-Special Projects)*

Accounts:
Black & Decker
California Department of Public Health
CenturyLink, Inc. Leadership, Multicultural, Strategy
Health Net, Inc. Commercial Health Plan Division, Creative, Digital, Marketing, Media Planning, Strategic Planning
Save-A-Lot
Southern California Edison Company
Staples; 2003
SUPERVALU
Time Warner Cable

Brazil

DPZ-Duailibi, Petit, Zaragoza, Propaganda S.A.
Cidade Jardim Ave 280, Sao Paulo, SP 01454-900 Brazil
Tel.: (55) 11 4935 6000
Fax: (55) 11 3085 4298
E-Mail: mail@dpz.com.br
Web Site: dpzt.com.br/

Employees: 230
Year Founded: 1968

Agency Specializes In: Graphic Design

Rafael Urenha *(Chief Creative Officer)*
Elvio Tieppo *(VP-Ops)*
Marcello Barcelos *(Exec Creative Dir)*
Sergio Mugnaini *(Exec Creative Dir)*
Carlos Schleder *(Exec Creative Dir)*
Silvio Amorim *(Creative Dir)*
Bruno Brazao *(Art Dir)*
Raphael Lucone *(Art Dir-DPZ&T)*
Daniel Motta *(Creative Dir)*
Rodrigo Vezza *(Creative Dir)*
Diego Zaragoza *(Creative Dir)*
Cristina Haynes *(Dir-Attendance)*

Accounts:
Arcos Dorados Holdings Inc
BMW Mini
Itau Unibanco Itaucard Credit Card
McDonald's Corporation
SOS Mata Atlantica Foundation

ACHTUNG
(Acquired by mcgarrybowen)

ACKERMAN MCQUEEN, INC.
1100 The Tower 1601 NW Expy, Oklahoma City, OK 73118
Tel.: (405) 843-7777
Fax: (405) 848-8034
Web Site: https://www.am.com/

E-Mail for Key Personnel:
Creative Dir.: jeanette-elliott@am.com
Media Dir.: peggy-howard@am.com

Employees: 150
Year Founded: 1939

National Agency Associations: 4A's

Agency Specializes In: Advertising, Public Relations

Approx. Annual Billings: $250,000,000 Capitalized

Rodney Lipe *(Pres & Client Svcs Dir)*
William Winkler *(CFO)*
Hillary Farrell *(COO)*
Ashley Ball *(Exec VP & Dir-Creative)*
Bob Harstad *(Exec VP-Acct Mgmt)*
Bruce Parks *(Sr VP-Creative & Creative Dir)*
Chelsey McKnight *(Sr VP-Brand Strategy)*
Mark Ackerman *(VP & Acct Supvr)*
Amy Hearn *(VP)*
Derek Parker *(Dir-Media Asset Mgmt)*
Mark Asbury *(Mgr-Media)*
Kurt Atterberry *(Mgr-Acctg)*
Samuel Guertler *(Mgr-Creative Svcs)*
Darla Willison *(Acct Supvr)*
Heather Barger *(Sr Acct Exec)*
Carly Jimeson *(Acct Exec)*
Courtney Pielsticker *(Strategist-Media)*
Chelsea Simmons *(Acct Exec)*
Tiffany Eitzmann *(Copywriter)*
Kevin Barrett *(Sr Art Dir-Animation)*
Ed Russell *(Assoc Creative Dir)*

Accounts:
Allied Arts
American Fidelity Assurance Group
American Indian Cultural Center & Museum
Arthritis Foundation
BancFirst
Bickel & Brewer
Chickasaw Country
Chickasaw Nation
Chisolm Trail Casino
Dartphone
Dolese
Insurica
Integris Health
Integris Heart Hospital
Lone Star Park
Mercedes Benz
National Cowboy Museum
NewCastle Casino
NRA
Ocean Dental
OG&E
OK State Fair
OKC Chamber of Commerce
Oklahoma State University
Red Tie Night
Remington Park
RiverWind Casino
SaltCreek Casino
Taco Mayo
Thunder OKC
United Way
Water Future
WinStar World Casino
WPX Energy
Youth For Tomorrow

Branches

Ackerman McQueen, Inc.
1601 Nw Expressway Ste 1100, Oklahoma City, OK 73118
Tel.: (918) 582-6200
Fax: (918) 582-4512
E-Mail: info@am.com
Web Site: www.am.com

Employees: 20

National Agency Associations: 4A's

Bill Winkler *(CFO-Exec Mgmt, Sec & Treas)*
Lael Erickson *(Exec VP-Production & Dir-Creative)*
Brandon Winkler *(Exec VP-Fin)*
Tom Twomey *(Sr VP & Sr Producer)*
Bruce Parks *(Sr VP & Dir-Creative)*

Accounts:
B&B
Dart Phone
Insurica
Integris Health
NRA
Oklahoma City
Remington Park
Taco Mayo
Winstar

Ackerman McQueen, Inc.
1717 McKinney Ave Ste 1800, Dallas, TX 75202
Tel.: (214) 217-2500
Fax: (214) 217-2510
Web Site: https://www.am.com/

Employees: 20
Year Founded: 1992

National Agency Associations: 4A's

Angus McQueen *(CEO)*
John Nicholas *(Exec VP & Dir-Interactive Tech)*
Melanie Montgomery *(Exec VP)*
Grant Spofford *(Exec VP-Digital)*
Bruce Parks *(Sr VP & Creative Dir)*
Lacey Duffy *(Sr VP & Acct Supvr)*
Chelsey McKnight *(Sr VP-Brand Strategy)*
Brian Darley *(VP-Digital)*
David Burwinkel *(Creative Dir-Interactive)*
Carl Warner *(Creative Dir)*
Brian De Fever *(Mgr-Media Asset)*
Joshua Ross *(Mgr-Media Asset)*
Hayley Holmes *(Acct Exec)*
Troy Kelly *(Assoc Creative Dir)*
Patrick Kobler *(Assoc Creative Dir)*
Henry Martin *(Assoc Creative Dir)*

Ackerman McQueen, Inc.
517 Cascade Ave Ste 150, Colorado Springs, CO 80903
Tel.: (719) 630-7000
Fax: (719) 630-7089
E-Mail: clay-turner@am.com
Web Site: https://www.am.com/

Employees: 3
Year Founded: 1997

National Agency Associations: 4A's

Agency Specializes In: Advertising, Sponsorship

Revan McQueen *(CEO)*
Clay Turner *(Exec VP & Creative Dir)*
Ashley Ball *(Exec VP & Dir-Creative)*
Bob Harstad *(Exec VP-Acct Mgmt)*
Grant Spofford *(Exec VP-Digital)*
Brandon Winkler *(Exec VP-Fin)*
Ashley Hackler *(VP)*
Heather Barger *(Sr Acct Exec)*
Brandon Harn *(Assoc Creative Dir)*

ACKMANN & DICKENSON
515 Washington Ave N Ste 400, MinneaPOlis, MN 55401
Tel.: (612) 486-5100
E-Mail: info@ackmanndickenson.com
Web Site: www.ackmanndickenson.com

Employees: 50
Year Founded: 2007

Agency Specializes In: Advertising, Brand Development & Integration, Communications, Content, Digital/Interactive, E-Commerce, Internet/Web Design, Paid Searches, Search Engine Optimization, Social Media

Andrew Dickenson *(Founder & Mng Partner)*
Michael Ackmann *(Mng Partner)*
Joe Sonka *(VP-Accts)*
Kevin Zinniel *(VP-Bus Dev)*

ADVERTISING AGENCIES

Luke Prosser *(Creative Dir-Interactive)*
Jason Bucki *(Dir-Software Engrg)*
Elliott Klingensmith *(Dir-Strategic Alliances)*
Joseph Piche *(Dir-Mobile Engrg)*
Joe Soucheray *(Dir-Tech Consulting)*
Erica Tava Johnson *(Mgr-Solutions)*
Lauren Fink *(Strategist-Digital & Designer-UX)*
Nate Anderson *(Strategist-Paid Media)*

Accounts:
New-Evereve Incorporated

ACME BRAND STUDIO
511 W New England Ave, Winter Park, FL 32789
Tel.: (321) 287-4186
Web Site: acmebrandstudio.com

Year Founded: 2014

Agency Specializes In: Advertising, Brand Development & Integration, Digital/Interactive, Media Buying Services, Production, Production (Ad, Film, Broadcast), Public Relations, Social Media, Strategic Planning/Research

Sean Brunson *(Partner-Creative)*
Shannon Fisher *(Partner-Creative)*
Tim Fisher *(Partner-Creative)*

Accounts:
First Watch
Stein Mart

ACORN WOODS COMMUNICATIONS, INC.
2120 Main St Ste 130, Huntington Beach, CA 92648
Tel.: (714) 960-5500
Fax: (714) 960-5900
E-Mail: info@acorn-woods.com
Web Site: www.acorn-woods.com

Employees: 10
Year Founded: 2007

Agency Specializes In: Advertising, Event Planning & Marketing, Public Relations, Social Media

Ron Benfield *(Owner)*
Owen Provence *(Partner)*
Jon Vickers *(Production Mgr)*

Accounts:
Bates Footwear (Agency of Record) Creative Marketing, PowerSports Footwear, Strategy
The Peninsula Signature Events The Quail Motorcycle Gathering (Agency of Record)
Saddleman

ACOSTA DESIGN INC
317 3Rd St Apt 1B, Brooklyn, NY 11215
Tel.: (212) 447-9900
E-Mail: info@acostadesign.com
Web Site: www.acostadesign.com

Employees: 3

Agency Specializes In: Advertising, Digital/Interactive, Internet/Web Design, Logo & Package Design, Multimedia

Mauricio Acosta *(Mng Partner)*
Katarina Sjoholm *(Mng Partner)*
Mark Smith *(Pres-Intl)*

Accounts:
Irish Spring Performance Series

ACQUISIO
465 Victoria Suite 300, Saint-Lambert, QC J4P 2J2 Canada
Tel.: (450) 465-2631
Fax: (450) 465-2841
Toll Free: (866) 493-9070
Web Site: www.acquisio.com

Employees: 150
Year Founded: 2003

National Agency Associations: LSA

Agency Specializes In: Mobile Marketing, Search Engine Optimization, Social Media

Marc Poirier *(Pres & CEO)*
Richard Couture *(CTO)*
Bill Dinan *(Sr VP-Channels & Strategic Partnerships)*
Richard Beck *(Dir-Product Mgmt)*
Keith Hill *(Dir-Ops Tooling)*
Keith Meagher *(Dir-Product Mktg)*
Nessa Plotkin *(Dir-Svcs & Performance)*
Steeven Lugasi *(Sr Rep-Sls Dev)*

Accounts:
Yellow Pages Group Co Classifieds Service Providers

ACROBATANT
1336 E 15th St, Tulsa, OK 74120
Tel.: (918) 938-7901
Fax: (866) 695-6418
E-Mail: info@acrobatant.com
Web Site: http://acrobatant.com/

Employees: 25
Year Founded: 2008

Agency Specializes In: Advertising, Broadcast, Collateral, Digital/Interactive, Internet/Web Design, Logo & Package Design, Social Media, Strategic Planning/Research

Diane Davis *(Mng Partner & Creative Svcs Dir)*
David Downing *(Mng Dir)*
Angela Harless *(Mng Dir)*
David Vavra *(Controller)*
Donna Keffer *(Acct Dir)*
Danny Sadler *(Creative Dir)*
Dell Chambers *(Dir-Art)*
Tamara Green *(Dir-Media)*
Audrey Chambers *(Acct Supvr)*
Jennifer Hardgrave *(Acct Exec)*
Shannon O'Connell *(Acct Exec)*

Accounts:
Velcro Babysitter

ACTIFY MEDIA
2047 N Last Chance Gulch Ste 337, Helena, MT 59601
Tel.: (406) 356-6111
E-Mail: contact@actifymedia.com
Web Site: actifymedia.com

Employees: 1

Agency Specializes In: Advertising, Advertising Specialties, Affiliate Marketing, Affluent Market, African-American Market, Agriculture, Arts, Asian Market, Automotive, Aviation & Aerospace, Bilingual Market, Brand Development & Integration, Business-To-Business, Children's Market, College, Commercial Photography, Communications, Computers & Software, Consulting, Consumer Goods, Consumer Marketing, Content, Copywriting, Corporate Identity, Cosmetics, Customer Relationship Management, Digital/Interactive, Direct Response Marketing, Direct-to-Consumer, E-Commerce, Education, Electronic Media, Electronics, Email, Engineering, Entertainment, Environmental, Faith Based, Fashion/Apparel, Financial, Food Service, Government/Political, Graphic Design, Guerilla Marketing, Health Care Services, High Technology, Hispanic Market, Hospitality, Household Goods, Industrial, Information Technology, Integrated Marketing, International, Internet/Web Design, Investor Relations, LGBTQ Market, Legal Services, Leisure, Local Marketing, Logo & Package Design, Luxury Products, Marine, Media Planning, Medical Products, Men's Market, Merchandising, Mobile Marketing, Multicultural, Multimedia, New Technologies, Over-50 Market, Package Design, Paid Searches, Pets , Pharmaceutical, Planning & Consultation, Real Estate, Recruitment, Restaurant, Retail, Sales Promotion, Search Engine Optimization, Seniors' Market, Social Marketing/Nonprofit, Social Media, South Asian Market, Sports Market, Stakeholders, Strategic Planning/Research, Technical Advertising, Teen Market, Transportation, Travel & Tourism, Tween Market, Urban Market, Web (Banner Ads, Pop-ups, etc.), Women's Market

Christopher Powell *(Owner)*

Accounts:
Urgent Med Housecalls; 2017

ACTIVE INTEGRATED MARKETING
3959 Welsh Road, Willow Grove, PA 19090
Tel.: (215) 885-3351
Fax: (215) 885-3352
E-Mail: strategy@activeintegrated.com
Web Site: www.activeintegrated.com

Employees: 2
Year Founded: 2003

Agency Specializes In: Advertising, Automotive, Brand Development & Integration, Business Publications, Business-To-Business, Collateral, Communications, Consulting, Content, Corporate Identity, Customer Relationship Management, Digital/Interactive, Direct Response Marketing, E-Commerce, Event Planning & Marketing, Graphic Design, Health Care Services, Identity Marketing, Integrated Marketing, Internet/Web Design, Logo & Package Design, Magazines, Market Research, Media Buying Services, Media Planning, New Product Development, Paid Searches, Pharmaceutical, Planning & Consultation, Print, Production, Promotions, Search Engine Optimization, Social Marketing/Nonprofit, Social Media, Web (Banner Ads, Pop-ups, etc.)

Breakdown of Gross Billings by Media: Consulting: 15%; Digital/Interactive: 70%; Trade & Consumer Mags.: 15%

Angela Morsa *(Owner & Pres)*

Accounts:
Accupac
AEGON USA
Catalina Health Resource
Charles River Laboratories
Firstrust Bank
GSI Commerce, Inc.

ACTON INTERNATIONAL LTD.
PO Box 5266, Lincoln, NE 68505
Tel.: (402) 905-9566
Fax: (402) 470-3965
E-Mail: info@acton.com
Web Site: www.acton.com

E-Mail for Key Personnel:
President: jlambert@acton.com
Creative Dir.: stephanie@acton.com
Media Dir.: bovett@acton.com
Public Relations: kprange@acton.com

AGENCIES - JANUARY, 2019

ADVERTISING AGENCIES

Employees: 8
Year Founded: 1968

National Agency Associations: DMA

Agency Specializes In: Aviation & Aerospace, Below-the-Line, Digital/Interactive, Direct Response Marketing, E-Commerce, Financial, Hospitality, International, Internet/Web Design, Over-50 Market, Paid Searches, Pharmaceutical, Production (Print), Search Engine Optimization, Seniors' Market, Sponsorship, Sweepstakes, Technical Advertising, Travel & Tourism, Web (Banner Ads, Pop-ups, etc.)

Approx. Annual Billings: $10,000,000

Frank Lambert *(Mng Partner)*
Kraig Prange *(Mng Partner)*
Debb Bovett *(Sr Mgr-Data Products)*

Accounts:
American Express; New York, NY Financial & Travel Services
Nikkei Business Publications; Tokyo, Japan
Toyota; Tokyo, Japan Automobiles
UNICEF; New York, NY

ACUITYADS INC.
181 Bay Street, Suite 320, Brookfield Place, Bellington Tower, Toronto, ON M5J 2T3 Canada
Tel.: (416) 218-9888
Fax: (866) 623-6822
E-Mail: info@acuityads.com
Web Site: www.acuityads.com

Employees: 60
Year Founded: 2009

Agency Specializes In: Advertising, Publishing, Search Engine Optimization, Social Media

Rachel Kapcan *(Co-Founder & CIO)*
Nathan Mekuz *(Co-Founder & CTO)*
Tal Hayek *(Co-Founder & CEO-New York)*
Sheldon Pollack *(Chm)*
Jonathan Pollack *(CFO)*
Joe Ontman *(VP)*
Laurie Maw *(Sr Dir-Sls & Platform Solutions)*
Joanna Taccone *(Mktg Dir)*
Michelle Fratric *(Dir-Strategic Partnerships)*
Neha Pathak *(Campaign Mgr-Team Lead)*

Accounts:
Dell Computers & Laptops Mfr & Distr

ACXIOM DIGITAL
100 Redwood Shores Pkwy, Redwood City, CA 94065
Tel.: (650) 356-3400
Fax: (650) 356-3410
Web Site: www.acxiom.com

Employees: 200

Agency Specializes In: Digital/Interactive

Jeff Smith *(CMO-Liveramp & Gen Mgr)*
Jerry C. Jones *(Chief Legal Officer)*
David Eisenberg *(Sr VP & Head Strategy & Corp Dev-Global)*
John Baudino *(Gen Mgr & Grp VP-Digital Data & Indirect Sls)*
Karen Caulfield *(VP-Data Products & Markets)*
Meggan Powers *(VP-Corp Comm)*
Chandos Quill *(VP-Data & Strategic Partnerships)*
Amy Merksamer *(Sr Acct Dir-Brands-LiveRamp)*
Izabela Galecka-Hansmann *(Dir-Audience Monetization)*

Accounts:

Comcast
Gap, Inc.
Hewlett-Packard
Marriott

Branch

Acxiom
3102 West End Ave Ste 300, Nashville, TN 37203
Tel.: (501) 342-1000
Web Site: www.acxiom.com

Employees: 4,500

Janet Cinfio *(CIO & Sr VP-Tech Ops)*
David Eisenberg *(Sr VP & Head Strategy & Corp Dev-Global)*
Drew May *(Grp VP-Sls & Client Svcs)*
Clark Wooten *(VP-Insurance Svcs)*
Lisa Mroz *(Strategist-Mktg)*
Alexander Roth *(Strategist-Digital Data Sls)*

THE AD AGENCY
1101 Connecticut Ave NW Ste 450, Washington, DC 20036
Tel.: (202) 342-2122
Fax: (202) 331-1324
Web Site: www.theadagency.com

Employees: 20
Year Founded: 1982

Agency Specializes In: Advertising, Brand Development & Integration, Logo & Package Design, Public Relations, T.V.

Debi Gasper *(CEO & Creative Dir)*

Accounts:
Polar Bear Air Conditioning & Heating
Third Street Tunnel Project

AD CETERA, INC.
15570 Quorum Dr, Addison, TX 75001
Tel.: (972) 387-5577
Fax: (972) 387-0034
E-Mail: info@adceterainc.com
Web Site: www.adceterainc.com

Employees: 8
Year Founded: 1987

Agency Specializes In: Automotive, Brand Development & Integration, Broadcast, Business-To-Business, Cable T.V., Collateral, Consumer Marketing, Corporate Identity, E-Commerce, Electronic Media, Exhibit/Trade Shows, Graphic Design, Health Care Services, High Technology, Industrial, Internet/Web Design, Logo & Package Design, Media Buying Services, Newspaper, Out-of-Home Media, Outdoor, Point of Purchase, Point of Sale, Print, Production, Radio, Real Estate, Restaurant, Retail, Sales Promotion, Sports Market, Strategic Planning/Research, T.V., Trade & Consumer Magazines

Approx. Annual Billings: $2,000,000

Carol Thompson *(Pres)*
Wayne Zartman *(VP)*
Bonica Brown *(Art Dir)*

Accounts:
Altus Packaging Development
City National Bank
Kutz Auto Group; Dallas, TX Auto Dealer Group
Naomi Candle Box
Naomi Paper City
Superior Precious Metals
Valencia Restaurant

Winzer

AD DAWG CREATIVE
1805 Poplar Ave, Redwood City, CA 94061
Tel.: (650) 679-9994
E-Mail: bpark@addawg.com
Web Site: www.addawg.com

Employees: 2
Year Founded: 1998

Agency Specializes In: Advertising, Brand Development & Integration, Business-To-Business, Consumer Marketing, Consumer Publications, Corporate Identity, Direct Response Marketing, E-Commerce, Entertainment, Graphic Design, Health Care Services, High Technology, Internet/Web Design, Logo & Package Design, Magazines, Newspaper, Newspapers & Magazines, Out-of-Home Media, Outdoor, Radio, Restaurant, Retail, Sports Market, Trade & Consumer Magazines, Travel & Tourism

Approx. Annual Billings: $250,000

Breakdown of Gross Billings by Media: Graphic Design: $100,000; Internet Adv.: $50,000; Other: $100,000

Billy Park *(Owner & Creative Dir)*

AD-EZ ADVERTISING
6253 McIntyre Court, Golden, CO 80403
Tel.: (303) 424-2333
Fax: (303) 424-2622
Toll Free: (888) 821-0850
E-Mail: info@adezadvertising.com
Web Site: www.adezadvertising.com

E-Mail for Key Personnel:
President: debbie@adezadvertising.com

Employees: 2
Year Founded: 1994

Agency Specializes In: Advertising, Recruitment

Approx. Annual Billings: $800,000

Debra A. Gillis *(Owner)*

Accounts:
Front Range Community College
Pinon Management
Purchasing Partners of America
University Physicians

AD HOUSE ADVERTISING
918 Pinehurst Rd NE Ste 102, Rio Rancho, NM 87124
Tel.: (505) 404-3536
Toll Free: (888) 928-1242
E-Mail: info@adhouseadvertising.com
Web Site: https://adhouseadvertising.com/

Employees: 5

Agency Specializes In: Advertising, Graphic Design, Internet/Web Design, Media Buying Services, Public Relations, Search Engine Optimization, Social Media

Ed Smith *(Owner)*
Kim Smith *(Owner)*
Karen Martinez *(Dir-Bus Dev)*

Accounts:
BlindSpot
Rene Pena
Sandia Sunrooms & Windows

ADVERTISING AGENCIES

AGENCIES - JANUARY, 2019

AD LEVERAGE
1329 E Thousand Oaks Blvd, Thousand Oaks, CA 91362
Tel.: (805) 230-9100
E-Mail: info@adleverage.tv
Web Site: www.adleverage.com

Employees: 20

Andrew Palosi *(Pres)*
David Pell *(Exec VP-Bus Dev)*
Ellen Appice *(Sr Acct Mgr)*

Accounts:
Dherbs
Hernandez Wholesale Flooring
Laser & Dermatology Institute of California
Petersen Dean
Window World

AD LIB UNLIMITED INC
1507 Ave M, Brooklyn, NY 11230
Tel.: (718) 382-0900
Fax: (718) 645-1985
Web Site: www.adlibunlimited.com

Employees: 6

Agency Specializes In: Advertising, Collateral, Corporate Identity, Graphic Design, Internet/Web Design, Logo & Package Design, Print

Ruth Folger Kalatsky *(CEO)*

Accounts:
Gerimedix Inc.
Margaret Tietz Nursing & Rehabilitation Center
The Regency at Glen Cove Independent Living
Shibolim Foods

A.D. LUBOW, LLC
404 5th Avenue, New York, NY 10018
Tel.: (212) 564-3250
Fax: (212) 564-2866
E-Mail: art@adlubow.com
Web Site: www.adlubow.com

Employees: 10
Year Founded: 1968

Agency Specializes In: Education, Entertainment, Publicity/Promotions

Approx. Annual Billings: $12,000,000

Breakdown of Gross Billings by Media: D.M.: 6%; Internet Adv.: 20%; Newsp. & Mags.: 20%; Other: 42%; Radio: 4%; T.V.: 1%; Transit: 7%

Arthur Lubow *(Pres)*
Anne Van Der Does *(Principal & VP)*
Nico Marcellino *(Dir-Multimedia & Web Design)*
Mildred Lalica *(Sr Graphic Designer)*
Sukanya Cherdrungsi *(Sr Art Dir)*

Accounts:
The American Academy of Dramatic Arts; New York, NY Education; 1985
American Museum of the American Indian
The Archdiocese of New York; New York, NY Fund Raising for Inner City Scholarship Fund, The Cardinal's Appeal & Catholic Charities; 1995
Big Apple Circus
C.U.N.Y Graduate Center
Cardinal Hayes High School
Cardinal's Appeal
Catholic Charities
Columbia University School of Public Health; New York, NY; 1998
Juilliard School; New York, NY Concerts, Dance & Drama Performances; 1980
Liberty Science Center
Marymount Manhattan College; New York, NY Degree Programs & Continuing Education; 1979
New York Bankers Association
New York Foundation for the Arts

AD MAIORA SRL
Via Machiavelli 25, 00185 Rome, Italy
Tel.: (39) 06 7720 3200
Fax: (39) 06 7720 3136
Web Site: www.admaiora.com

Employees: 20
Year Founded: 1997

Agency Specializes In: Consulting, Email, Media Buying Services, Media Planning, Search Engine Optimization, Strategic Planning/Research

Fabio Scalet *(Gen Mgr)*
Federica Zetari *(Sls Dir)*

AD PARTNERS INC.
5020 W Linebaugh Ave Ste 240, Tampa, FL 33624
Tel.: (813) 418-4645
Fax: (813) 418-4652
E-Mail: info@AdPartnersAgency.com
Web Site: adpartnersagency.com

Employees: 16
Year Founded: 2004

Agency Specializes In: Advertising

Tony Ceresoli *(Pres & CEO)*
Darlene Levi *(Mng Dir & Exec VP)*
Skeek Allen *(VP & Creative Dir)*
Dennis Garcia *(Creative Dir)*
Becky Tanner *(Media Dir)*
Jonni Watts *(Dir-Video Production)*
Heather Jones *(Mgr-Digital Media)*
Michelle Levi *(Acct Exec)*
Vanessa Varandas *(Acct Exec)*
Ana Rockwell *(Media Buyer)*

Accounts:
Amscot Financial; FL Check Cashing, Payday Advance & Tax Service
Beef 'O' Brady's (Agency of Record)

AD RESULTS
6110 Clarkson Ln, Houston, TX 77055
Tel.: (713) 783-1800
Fax: (713) 783-1062
E-Mail: laurel@adresultsinc.com
Web Site: http://www.adresultsmedia.com/

Employees: 70
Year Founded: 1998

Agency Specializes In: Advertising, Advertising Specialties, Bilingual Market, Consumer Marketing, Direct Response Marketing, Hispanic Market, Radio

Approx. Annual Billings: $70,000,000

Breakdown of Gross Billings by Media: Radio: $70,000,000

Russell Lindley *(Pres & Partner)*
Marshall Williams *(Partner & CEO)*
Jennifer Christman *(VP-Media & Ops)*
Tiffany Constanza *(Acct Mgr)*
DJ Templeton *(Office Mgr)*
Kimberly Bates *(Media Buyer)*
Darra Hulsart *(Recruiter-Client Svc Assoc Zip)*

Accounts:
ARS Service Express
AT&T Mobility LLC; Atlanta, GA Wireless Products; 2001
Bonefish Grill
Cheeseburger in Paradise
Dirt Free
Select Comfort Sleep Systems; Minneapolis, MN; 1998
Staples

AD-SUCCESS MARKETING
868 Calypso Breeze Dr, Lexington, KY 40515
Tel.: (859) 263-1822
Fax: (859) 263-1828
E-Mail: cboyle@adsuccess.com
Web Site: www.adsuccess.com

Employees: 12
Year Founded: 1985

Agency Specializes In: Advertising, Brand Development & Integration, Broadcast, Business Publications, Business-To-Business, Collateral, Consulting, Corporate Identity, Education, Financial, Graphic Design, Health Care Services, High Technology, Logo & Package Design, Media Buying Services, Medical Products, Newspaper, Newspapers & Magazines, Out-of-Home Media, Outdoor, Planning & Consultation, Print, Production, Public Relations, Publicity/Promotions, Radio, Seniors' Market, Strategic Planning/Research, T.V., Transportation, Travel & Tourism

Sharalee Scanlon *(Owner)*

Accounts:
Banker's Bank
Bluegrass Mental Health
Bluegrass Mobility Office
Bluegrass Tourism Group

AD WORKSHOP
44 Hadjis Way, Lake Placid, NY 12946
Tel.: (518) 523-3359
Fax: (518) 523-0255
E-Mail: info@adworkshop.com
Web Site: https://www.adworkshop.com/

Employees: 30
Year Founded: 1977

National Agency Associations: Second Wind Limited

Agency Specializes In: Co-op Advertising, Collateral, Graphic Design, Internet/Web Design, Public Relations, Strategic Planning/Research, Travel & Tourism

Tom Connors *(Partner)*
Sandra Gagnon *(Sr Dir)*
Ben Hamelin *(Dir-Web Svcs)*
Rebecca Northrup *(Sr Mgr-PR)*
Kathleen Ford *(Sr Art Dir & Supvr-Production)*
Kristy Mihill *(Sr Media Planner & Media Buyer)*
Anne Rast *(Sr Art Dir)*

Accounts:
Adirondack Community Trust
Adirondack Regional Tourism
Best Western Golden Arrow
Champlain National Bank
Clarkson University
Clarkson University
Cooperstown Accomodations
Cooperstown/Otsego County
Gore Mountain
Kinney Drugs
Lake Placid Center of the Arts
Malone Golf Club
Mirror Lake Inn
North Country Saving Bank

AGENCIES - JANUARY, 2019   ADVERTISING AGENCIES

Thousand Islands Regional Tourism Council
Whiteface Mountain

AD2PRO MEDIA SOLUTIONS
23371 Mulholland Dr Ste 132, Woodland Hills, CA 91364
Tel.: (818) 857-5145
Fax: (818) 267-5511
E-Mail: sales@2adpro.com
Web Site: www.2adpro.com

Employees: 400
Year Founded: 2006

Agency Specializes In: Advertising, Corporate Identity, Digital/Interactive, Electronic Media, Graphic Design, Mobile Marketing, Newspaper, Newspapers & Magazines, Production (Print), Web (Banner Ads, Pop-ups, etc.)

Todd Brownrout *(Founder & CEO)*
Ajit George Abraham *(Chief People Officer-India)*
Vikram Menon *(Pres-Global Ops)*
Gopal Krishnan *(CEO-India)*
Pat Keil *(VP-Media-North America)*
Hayley Love *(Acct Dir-Media)*
Arianna Salcedo *(Dir-Acct & Client Svcs-Madras Global)*

Accounts:
Belo
The Buffalo News
Freedom Communications
Gannett Newspapers
Google
Gulf News
Kare
Lulu
NewsQuest
Scripps Newspapers
Tribune Interactive

AD4CE MEDIA
(Formerly Mann Advertising Inc)
1001 Elm St Ste 203, Manchester, NH 03101
Tel.: (603) 625-5403
Fax: (603) 622-6266
E-Mail: sales@AD4CE.com
Web Site: www.ad4ce.com/

Employees: 3

Agency Specializes In: Advertising, Digital/Interactive, Graphic Design, Logo & Package Design, Radio, Social Media, T.V.

Paul Hanson *(Pres-Mann Adv)*
Jessica Rodier *(VP-Ops)*
Hank Simpson *(VP-Client Svcs)*
Peter St. James *(Creative Dir & Sr Copywriter)*

Accounts:
Motorcycles of Manchester

AD:60
68 Jay St Unit 616, Brooklyn, NY 11201
Tel.: (866) 404-2360
E-Mail: hello@ad60.com
Web Site: www.ad60.com

Employees: 29
Year Founded: 2009

Agency Specializes In: Advertising

Alexander Matjanec *(CEO)*

Accounts:
Stash

ADAM&EVEDDB
437 Madison Ave, New York, NY 10022
Tel.: (212) 415-2000
E-Mail: hello@adamandeveddb.com
Web Site: www.adamandeveddb.com

Employees: 50

Agency Specializes In: Communications, Content, Digital/Interactive

Daniel Bonder *(Exec Creative Dir)*
David Brown *(Exec Creative Dir)*
James Rowe *(Bus Dir)*
Alexander Stolerman *(Acct Dir)*
Helen Torney *(Art Dir)*
Lily Waters *(Acct Dir)*
Lindsay Orosco *(Dir-Comm Strategy)*
Erin Brogan *(Acct Supvr)*
Julie Carroll *(Acct Supvr)*
Jane Huh *(Acct Supvr)*
Suzanne Wyman *(Acct Supvr)*
Brian Caruso *(Assoc Creative Dir)*
Toby Kennedy *(Assoc Creative Dir)*
Jordy Molloy *(Assoc Creative Dir)*
Marthon Pucci *(Assoc Creative Dir)*

Accounts:
Beam Suntory Inc. Creative, Jim Beam
Samsung Electronics America, Inc. Home Appliances, TV, US QLED Creative

ADAM RITCHIE BRAND DIRECTION
41 Winter St, Boston, MA 02108
Tel.: (617) 302-7230
E-Mail: contact@aritchbrand.com
Web Site: www.aritchbrand.com

Employees: 2
Year Founded: 2007

Agency Specializes In: Advertising, Brand Development & Integration, Communications, Crisis Communications, Media Relations, Media Training, Social Media

Adam Ritchie *(Principal)*

Accounts:
Cvbex (US Agency of Record) Brand Strategy, Media Relations
Evenflo Company, Inc (US Public Relations Agency of Record) Brand & Influencer Partnerships, Brand Strategy, Content Marketing, Event Support, Media Relations; 2018
GB (US Agency of Record) Brand Strategy, Media Relations
New-Jacuzzi Brands Corporation Media, Strategic Communications; 2018
Life Alive Press & Influencer Outreach; 2018
Summer Infant, Inc (US Public Relations Agency of Record) Baby Pixel Monitor, Brand & Influencer Partnerships, Brand Strategy, Content Marketing, Event Support, Media Relations; 2018
Urbini

ADAMS & KNIGHT, INC.
80 Avon Meadow Ln, Avon, CT 06001
Tel.: (860) 676-2300
Fax: (860) 676-1940
E-Mail: info@adamsknight.com
Web Site: https://www.adamsknight.com/

Employees: 57
Year Founded: 1988

Agency Specializes In: Advertising, Advertising Specialties, Aviation & Aerospace, Brand Development & Integration, Broadcast, Business Publications, Business-To-Business, Cable T.V., Children's Market, Co-op Advertising, Collateral, Communications, Consulting, Consumer Marketing, Consumer Publications, Corporate Communications, Corporate Identity, Custom Publishing, Digital/Interactive, Direct Response Marketing, E-Commerce, Education, Electronic Media, Email, Engineering, Entertainment, Environmental, Event Planning & Marketing, Exhibit/Trade Shows, Experience Design, Fashion/Apparel, Financial, Food Service, Government/Political, Graphic Design, Guerilla Marketing, Health Care Services, High Technology, In-Store Advertising, Industrial, Infomercials, Information Technology, Internet/Web Design, Investor Relations, Leisure, Local Marketing, Logo & Package Design, Magazines, Media Buying Services, Medical Products, Merchandising, Mobile Marketing, Multimedia, New Product Development, Newspaper, Newspapers & Magazines, Out-of-Home Media, Outdoor, Over-50 Market, Pharmaceutical, Planning & Consultation, Point of Purchase, Point of Sale, Print, Production, Production (Print), Public Relations, Publicity/Promotions, Radio, Real Estate, Restaurant, Retail, Sales Promotion, Search Engine Optimization, Seniors' Market, Social Media, Sports Market, Strategic Planning/Research, T.V., Technical Advertising, Trade & Consumer Magazines, Transportation, Travel & Tourism, Web (Banner Ads, Pop-ups, etc.)

Approx. Annual Billings: $90,405,750

Jill Adams *(CEO)*
Bill Knight *(Partner)*
Donna Logan-Gabel *(COO)*
Felicia Lindau *(Chief Bus Dev Officer)*
Reem Nouh *(Sr VP-Strategic Svcs)*
Brian McClear *(VP-Interactive Svcs & Mktg Metrics & Dir-Interactive Creative)*
Ryan Jakubowski *(VP-Interactive Svcs)*
Marc McFarland *(VP-Fin Svcs Mktg)*
Patrick Dugan *(Creative Dir & Sr Copywriter)*
Don Carter *(Creative Dir)*
Jim Frawley *(Acct Dir-Strategic Svcs)*
Karen Belletsky *(Dir-Content Mktg)*
Herb Emanuelson *(Dir-Experiential Mktg)*
Denis Gendreau *(Dir-Connection Plng & Analytics)*
Andrea Riley *(Sr Strategist-Digital)*
Andrea Farrell *(Sr Program Mgr)*
Natalie Swan-Arsenault *(Sr Media Buyer)*

Accounts:
Connecticut Office of Tourism Tourism
Department of Economics & Community Development Economic Department
Hartford Healthcare Healthcare
HSA Bank Financial Services
Magellan Health Services Healthcare Insurance
Mohegan Sun Sports
Prudential Financial Services
Webster Bank Financial Services

ADAMS & LONGINO ADVERTISING, INC.
605 Lynndale Ct Ste F, Greenville, NC 27858
Tel.: (252) 355-5566
Fax: (252) 355-7363
E-Mail: outfit@adamsadv.com
Web Site: www.adamsadv.com

Employees: 7
Year Founded: 1978

National Agency Associations: AAF

Agency Specializes In: Advertising, Brand Development & Integration, Business-To-Business, Collateral, Communications, Consumer Marketing, Corporate Identity, Direct Response Marketing, Graphic Design, Industrial, Logo & Package Design, Media Buying Services, Sales Promotion, Strategic Planning/Research, Trade & Consumer

ADVERTISING AGENCIES

Magazines

Charles P. Adams, Jr. *(Owner)*
Jamie Jacobson *(VP)*
Matthew Koester *(Designer-Multimedia & Producer)*
Keith Kellum *(Art Dir)*
Patricia Dunn *(Office Mgr)*
Tracy Chapman *(Mgr-Production)*

Accounts:
Domino's Pizza Franchises; Greenville, NC Pizza Delivery; 1987
Grady-White Boats Inc.; Greenville, NC Coastal Fishing Boats; 1982
Greenville-Pitt County Convention & Visitors Bureau; Greenville, NC; 1992
Kadey-Krogen Yachts; Stuart, FL Full Displacement Hull Passagemakers; 2004
Paul Mann Custom Boats; Manns Harbor, NC Custom Sport Fishing Boats; 2003
Veneer Technologies Incorporated; Newport, NC Edgebanding, Hardwood Veneers, Veneer Faces; 2003
Winterville Machine Works; Winterville, NC Machine Fabrication & Plating; 1982

THE ADAMS GROUP
PO Box 221, Columbia, SC 29202
Tel.: (803) 765-1223
Fax: (803) 254-4222
E-Mail: wadams@adamsgroup.com
Web Site: www.adamsgroup.com

E-Mail for Key Personnel:
President: wadams@adamsgroup.com

Employees: 16
Year Founded: 1983

National Agency Associations: AANI

Agency Specializes In: Brand Development & Integration, Financial, Health Care Services, High Technology, Internet/Web Design

Approx. Annual Billings: $13,200,000

Wayne Adams *(Founder & CEO)*
Karis Hallman *(VP & Mgr-Production)*

Accounts:
Integral Solutions Group
Meadows Regional Medical Center
QS/1 Data Systems

ADAMS OUTDOOR ADVERTISING
500 Colonial Center Pkwy Ste 120, Roswell, GA 30076-8852
Tel.: (770) 333-0399
E-Mail: aoa@adamsoutdoor.com
Web Site: www.adamsoutdoor.com

Employees: 7
Year Founded: 1983

Agency Specializes In: Out-of-Home Media, Outdoor

Kevin Gleason *(Pres & CEO)*
Abe Levine *(CFO)*
Evan Schultz *(Art Dir)*

Accounts:
America's Best Coffee
Auto Bell
Bank of America
Caterpillar
Celtic Cultural Alliance
Champions
Charlotte Knights
Ernest E. Kennedy Center
Espresso Royale
Fowlerville Fair
Freshpet
Irish Hills Fireworks
The Jesse Harris Boxing Gym/Pennsylvania Golden Gloves
McDonald's Campaign: "Brace For Flavor", Campaign: "Breakfast Bagels"
McNeill's Pub
Newhard's Corn Shed
Red Robin
RU21 Workforce
Sesame Street
South Carolina Stingrays 3D
Springhall Aesthetics
Steve's Liquor
Tri County Roofing UFO Crash
Via Thrift Stores
Walgreens.com

Branches

Adams Outdoor Advertising
1711 Dobbins Dr, Champaign, IL 61821
Tel.: (217) 352-4460
Fax: (217) 352-0735
E-Mail: champaign@adamsoutdoor.com
Web Site: www.adamsoutdoor.com

Employees: 20

Agency Specializes In: Out-of-Home Media, Outdoor

David Alsvig *(Sls Mgr)*
Nick Mclemore *(Acct Exec)*

Adams Outdoor Advertising
5732 95th Ave Ste 500, Kenosha, WI 53144
Tel.: (262) 658-1940
Fax: (262) 658-1922
E-Mail: kenosha@adamsoutdoor.com
Web Site: www.adamsoutdoor.com

Employees: 3

Agency Specializes In: Out-of-Home Media, Outdoor

Adams Outdoor Advertising
911 SW Adams St, Peoria, IL 61602
Tel.: (309) 692-2482
Fax: (309) 692-8452
E-Mail: peoria@adamsoutdoor.com
Web Site: www.adamsoutdoor.com

Employees: 30

Agency Specializes In: Out-of-Home Media, Outdoor

Brian A. Grant *(Corp VP-HR)*
Christopher Gorrell *(Art Dir)*

Accounts:
Caterpillar Inc.

Adams Outdoor Advertising
5547 Virginia Beach Blvd, Norfolk, VA 23451
Tel.: (757) 461-1355
Fax: (757) 455-5897
E-Mail: norfolk@adamsoutdoor.com
Web Site: www.adamsoutdoor.com

Employees: 30

Agency Specializes In: Out-of-Home Media, Outdoor

Jim Balestino *(Gen Mgr)*

Adams Outdoor Advertising
102 East Badger St, Madison, WI 53713
Tel.: (608) 271-7900
Fax: (608) 271-4253
E-Mail: madison@adamsoutdoor.com
Web Site: www.adamsoutdoor.com

Employees: 40

Agency Specializes In: Out-of-Home Media, Outdoor

Beth Fischer *(Strategist-Online)*
Bridgette McCulloch *(Sr Accountant-Corp)*
Kerin Rue *(Corp Dir-Online Adv)*

Adams Outdoor Advertising
2176 Ave C, Bethlehem, PA 18017-2120
Tel.: (610) 266-9461
Fax: (610) 266-0649
E-Mail: lehigh@adamsoutdoor.com
Web Site: www.adamsoutdoor.com

Employees: 40

Agency Specializes In: Out-of-Home Media, Outdoor

Tony Cioffi *(Mgr-Eastern Pennsylvania Div)*
Eric Sankovsky *(Acct Exec)*

Adams Outdoor Advertising
3801 Capital City Blvd, Lansing, MI 48906
Tel.: (517) 321-2121
Fax: (517) 321-2122
E-Mail: Lansing@adamsoutdoor.com
Web Site: www.adamsoutdoor.com

Employees: 30

Agency Specializes In: Out-of-Home Media, Outdoor

Adams Outdoor Advertising
407 E. Ransom St, Kalamazoo, MI 49007
Tel.: (269) 342-9831
Fax: (269) 342-5774
E-Mail: kalamazoo@adamsoutdoor.com
Web Site: www.adamsoutdoor.com

Employees: 20

Agency Specializes In: Out-of-Home Media, Outdoor

David Alsvig *(Sls Mgr)*

Adams Outdoor Advertising
1385 Alice Dr, Florence, SC 29505
Tel.: (843) 662-4514
Fax: (843) 667-4110
Web Site: www.adamsoutdoor.com

Employees: 20

Agency Specializes In: Out-of-Home Media, Outdoor

Jon Weiss *(Gen Mgr)*

Adams Outdoor Advertising
1134 N. Graham St, Charlotte, NC 28231
Tel.: (704) 373-1700
Fax: (704) 373-0838
E-Mail: charlotte@adamsoutdoor.com
Web Site: www.adamsoutdoor.com

AGENCIES - JANUARY, 2019   ADVERTISING AGENCIES

Employees: 45

Agency Specializes In: Out-of-Home Media, Outdoor

Jeannine Dodson *(Gen Mgr)*
Rahshawn Vontayes *(Coord-Matls)*
Traci Maynard *(Reg Acct Exec)*

Adams Outdoor Advertising
4845 O'Hear Ave, North Charleston, SC 29405
Tel.: (843) 207-1770
Fax: (843) 207-1212
E-Mail: charleston@adamsoutdoor.com
Web Site: www.adamsoutdoor.com

Employees: 50

Agency Specializes In: Out-of-Home Media, Outdoor

Liz Mitchum *(Gen Mgr)*
Todd Turner *(Creative Dir-Natl)*
David Alsvig *(Sls Mgr)*

ADAMUS MEDIA
PO Box 8145, Blackwood, NJ 08012
Tel.: (941) 242-9511
E-Mail: info@adamusmedia.com
Web Site: adamusmedia.com/

Employees: 3

Agency Specializes In: Advertising, Automotive, Corporate Identity, E-Commerce, Education, Financial, Internet/Web Design, Medical Products, Out-of-Home Media, Outdoor, Print, Public Relations, Real Estate, Retail, Strategic Planning/Research

Sylwia Majewski *(CEO)*
Mark Shockley *(VP & Sr Creative Dir)*
Cassie Rinehart *(Jr Art Dir)*

Accounts:
Post University; Waterbury, CT Branding, Designing, Marketing

ADAPTIVE EASEL LLC
1620 Pleasant St, Des Moines, IA 50314
Tel.: (515) 244-4808
Fax: (515) 244-4449
E-Mail: desmoines@adeasel.com
Web Site: https://adeasel.com/

Employees: 7

Agency Specializes In: Advertising, Brand Development & Integration, Digital/Interactive, Email, Internet/Web Design, Print, Promotions, Search Engine Optimization, Social Media

Chase M. Hendrix *(Pres & CEO)*
Nicolas Titze *(Creative Dir)*

Accounts:
Humane Manufacturing Company LLC

ADARA MEDIA, INC.
1070 E Meadow Cir, Palo Alto, CA 94303
Tel.: (408) 876-6360
E-Mail: info@adaramedia.com
Web Site: adara.com

Employees: 180

Agency Specializes In: Advertising, Digital/Interactive

Layton Han *(CEO)*

Carolyn Corda *(CMO)*
Charles Mi *(CTO)*
Brandon Meyers *(Chief Revenue Officer)*
Scott Garner *(Pres-Data, Analytics, Tourism & Hospitality)*
Tobias Wessels *(Sr VP-Bus Dev)*
Bernard Yu *(Sr VP-Strategic Initiatives)*
Julie Kimball Keating *(Mng Dir-Major Accts)*
Michael Cahan *(VP-Strategic Acct)*
Ted Sullivan *(VP-Resorts & Destinations Analytics)*
Antigone Springer *(Dir-Acct Mgmt-East)*
Sarah Parkington *(Sr Acct Mgr)*

Accounts:
TRUSTe Telecommunication Services

ADASHMORE CREATIVE
PO Box 371, White Marsh, MD 21162
Tel.: (410) 252-7879
E-Mail: info@adashmorecreative.com
Web Site: www.adashmorecreative.com

Employees: 3
Year Founded: 2010

Agency Specializes In: Automotive, Brand Development & Integration, Business Publications, Business-To-Business, Collateral, College, Communications, Consumer Marketing, Content, Corporate Communications, Corporate Identity, Direct-to-Consumer, Education, Email, Engineering, Environmental, Event Planning & Marketing, Graphic Design, Health Care Services, Integrated Marketing, Internet/Web Design, Legal Services, Local Marketing, Logo & Package Design, Luxury Products, Mobile Marketing, Out-of-Home Media, Outdoor, Paid Searches, Point of Purchase, Point of Sale, Promotions, Real Estate, Retail, Search Engine Optimization, Social Marketing/Nonprofit, Social Media, Sports Market, Strategic Planning/Research, Web (Banner Ads, Pop-ups, etc.)

Jennifer Dodson *(Chief Creative Officer)*
Bacon Beagle *(VP-Bracketing)*
Samantha Orr *(Brand Mgr)*

Accounts:
Loyola University of Maryland Swimming & Diving Teams; 2012

ADASIA COMMUNICATIONS, INC.
400 Sylvan Ave, Englewood Cliffs, NJ 07632
Tel.: (201) 608-0388
Fax: (201) 608-0560
E-Mail: newbiz@adasia-us.com
Web Site: www.adasia-us.com

Employees: 25
Year Founded: 1997

National Agency Associations: AAF

Agency Specializes In: Advertising, Asian Market, Automotive, Bilingual Market, Business-To-Business, Communications, Consulting, Consumer Marketing, Digital/Interactive, Direct Response Marketing, Event Planning & Marketing, Exhibit/Trade Shows, Graphic Design, Health Care Services, Logo & Package Design, Media Buying Services, Media Planning, Pharmaceutical, Planning & Consultation, Retail, Sponsorship, Strategic Planning/Research

Kevin Lee *(Founder & CEO)*
Annie Shih *(Mng Partner-Acct Plng)*
Sarah Choi *(Creative Dir)*
Julia Kang *(Acct Dir)*
Karen Park *(Acct Supvr)*
Pearl Kim *(Jr Acct Exec)*
Brenda Hsieh *(Assoc Acct Dir)*
Minsoo Kim *(Assoc Creative Dir)*

Zoe Kim *(Jr Acct EDec)*

Accounts:
PNC Bank
Subaru of America Asian Americans
Verizon; New York, NY Consumer Services; 1998

ADBAY
627 W Yellowstone Hwy, Casper, WY 82601
Tel.: (307) 268-4705
Web Site: www.adbay.com

Employees: 50

Agency Specializes In: Advertising, Brand Development & Integration, Digital/Interactive, Internet/Web Design, Logo & Package Design, Media Buying Services, Media Planning, Print, Social Media

Shawn Houck *(Owner)*
Todd Titus *(Sls Dir)*
Dave Castle *(Mgr-Traffic)*
Jason Yocum *(Sr Designer)*
Kurt Box *(Assoc Campaign Dir)*

Accounts:
Dr. Leeper
Liquor Shed
The Spence Law Firm
Stalkup's RV Superstore
Wyomovies Casper

ADBIT'S ADVERTISING & PR
757 SE 17th St 358, Fort Lauderdale, FL 33316
Tel.: (954) 467-8420
Fax: (954) 467-0809
E-Mail: reception@adbits.com
Web Site: www.adbits.com

Employees: 2
Year Founded: 1994

Agency Specializes In: Advertising, Brand Development & Integration, Collateral, Corporate Identity, Direct Response Marketing, Event Planning & Marketing, Exhibit/Trade Shows, Internet/Web Design, Logo & Package Design, Multimedia, Print, Public Relations, T.V.

Bit Grubbstrom *(Founder & Pres)*

Accounts:
Corner Cafe
GraceWay
Hatteras
The Stockholm Saxophone Quartet
Sun Sentinel

ADCETERA GROUP
3000 Louisiana St, Houston, TX 77006
Tel.: (713) 522-8006
Fax: (713) 522-8018
E-Mail: estasney@adcetera.com
Web Site: www.adcetera.com

Employees: 60
Year Founded: 1982

Agency Specializes In: Advertising, Advertising Specialties, Agriculture, Automotive, Aviation & Aerospace, Bilingual Market, Brand Development & Integration, Business Publications, Business-To-Business, Children's Market, Collateral, Communications, Consulting, Consumer Marketing, Consumer Publications, Corporate Identity, Cosmetics, Digital/Interactive, Direct Response Marketing, E-Commerce, Education, Electronic Media, Engineering, Entertainment, Environmental, Exhibit/Trade Shows, Fashion/Apparel, Financial, Food Service,

ADVERTISING AGENCIES

Government/Political, Graphic Design, Health Care Services, High Technology, Hispanic Market, Industrial, Information Technology, Internet/Web Design, Investor Relations, Logo & Package Design, Magazines, Medical Products, Merchandising, Multimedia, New Product Development, Newspaper, Newspapers & Magazines, Pharmaceutical, Planning & Consultation, Point of Purchase, Point of Sale, Print, Production, Publicity/Promotions, Radio, Real Estate, Restaurant, Retail, Sales Promotion, Sports Market, Strategic Planning/Research, T.V., Technical Advertising, Trade & Consumer Magazines, Transportation, Travel & Tourism

Kristy Sexton *(Founder & Chief Creative Officer)*
John Sexton *(CFO)*
Pagogh Cho *(VP-Strategy & Content Svcs)*
Rowan Gearon *(VP-Creative Svcs)*
Whitney Lehmann *(VP-Acct Mgmt)*
George Salinas *(VP-Creative Svcs)*
Roy Smith *(VP-Acct Dev)*
Kalie Brown *(Acct Dir)*
Arick Chikiamco *(Creative Dir)*
John Meyer *(Art Dir)*
Matthew Alberty *(Dir-Digital Strategy)*
Raoul Lowe *(Dir-Production Design)*
William Sexton, II *(Dir-Mktg Res & Emerging Tech)*
Mark Williams *(Dir-Bus Dev)*
Lisa Nguyen *(Assoc Dir-Production)*
Marcela Conatser *(Acct Mgr)*
Lucio De La Cruz *(Designer-Production)*
Han Na Jung *(Sr Graphic Designer)*
Hugo Perez *(Assoc Art Dir)*

Accounts:
Best Buy
Hewlett-Packard; Houston, TX; Palo Alto, CA
Microsoft

ADCO
1220 Pickens St, Columbia, SC 29201
Tel.: (803) 765-1133
Fax: (803) 252-6410
E-Mail: info@adcoideas.com
Web Site: www.adcoideas.com

Employees: 10

National Agency Associations: Second Wind Limited

Agency Specializes In: Advertising

Lanier Jones *(Pres & CEO)*
Lora Prill *(Partner & VP-Mktg)*
Brian Murrell *(Partner & Creative Dir)*

Accounts:
Callison Tighe & Robinson
The Children's Trust
Doctors Care
Hood Construction Commercial Construction
The Midlands Authority for Conventions, Sports & Tourism
Palmetto Health Alliance
REI Automation
South Carolina Bar
South Carolina Department of Commerce
South Carolina National Heritage
Voorhees College

ADCOAST LLC
13190 Bella Casa Cir, Fort Myers, FL 33966
Tel.: (239) 400-1643
E-Mail: getnoticed@adcoast.com
Web Site: adcoast.com

Employees: 10
Year Founded: 2016

Agency Specializes In: Advertising, Brand Development & Integration, Copywriting, Event Planning & Marketing, Graphic Design, Internet/Web Design, Logo & Package Design, Print, Search Engine Optimization, Social Media

Teddy Tedford *(Gen Mgr & Creative Dir)*
Heather Brown *(Sr Graphic Designer)*

Accounts:
New-Charlie's Autofix
New-DB Lawn Maintenance LLC
New-DJI
New-Fight Club
New-Hickory BBQ
New-IL Forno Pasta & Pizza
New-Jupiter Weekly
New-Living Local LLC
New-SuperSwim

ADCOLOR, INC
620 Adcolor Dr, Lexington, KY 40511
Tel.: (859) 253-1046
Fax: (859) 253-1047
Toll Free: (800) 423-2656
E-Mail: info@adcolorinc.com
Web Site: www.adcolorinc.com

Employees: 60

David Messner *(Pres & CEO)*
John Kiernan *(Gen Mgr-Production)*
Gustavo Cadena *(Mgr-Screen Printing Production)*

THE ADCOM GROUP
1370 W Sixth St 3rd Fl, Cleveland, OH 44113-1222
Tel.: (216) 574-9100
Fax: (216) 574-6131
Web Site: www.theadcomgroup.com

E-Mail for Key Personnel:
President: tseiple@adcom1.com
Creative Dir.: mderrick@adcom1.com
Media Dir.: lchylla@adcom1.com

Employees: 35
Year Founded: 1989

National Agency Associations: AMA-BMA-PRSA

Agency Specializes In: Advertising, Financial, Health Care Services

Joe Kubic *(CEO)*
Mark Nuss *(Chief Creative Officer)*
Craig Martin *(Sr Exec VP)*
Loren Chylla *(Exec VP-Integrated Media)*
Clyde Miles *(Exec VP-Mktg Strategy & Brand Plng)*
Hallie Fisher *(VP-PR)*
Jeff Culliton *(Sr Dir-Digital Strategy)*
Mike Derrick *(Creative Dir)*
Mark Szczepanik *(Creative Dir-Comm)*
Judy Engelman Wright *(Creative Dir)*
Alicia Lenhart *(Dir-Media Strategy)*
Lee Norris *(Dir-Brand Plng)*
Ashley Mack *(Acct Mgr)*
Morgan Rooks *(Sr Strategist-Digital)*
Debbie Jarab *(Sr Specialist-Paid Media)*
Sarah Shamsi *(Coord-Analytics)*
Laura Kuenzel Tarr *(Sr Media Planner & Buyer)*

Accounts:
Destination Cleveland Advertising, Digital Fathead
First National Bank of Pennsylvania
Health Start
Invest in Children
Key Bank
Kichler Lighting
The Lube Stop Inc. (Agency of Record)
Moen
On Base
Sherwin Williams
Skoda, Minotti & Co.
Swagelok

ADCOM GROUP, INC.
Plaza Triple S 1510 FD Roosevelt Ave Ste 11A, Guaynabo, PR 00968
Tel.: (787) 781-1700
Fax: (787) 781-3314
E-Mail: adcomgroup@adcomgroup.com
Web Site: www.adcomgroup.com

E-Mail for Key Personnel:
President: dalonso@adcomgroup.com
Creative Dir.: creativo@adcomgroup.com
Media Dir.: medios@adcomgroup.com

Employees: 15
Year Founded: 1993

Agency Specializes In: Advertising, Advertising Specialties, Direct Response Marketing, Public Relations, Publicity/Promotions

Approx. Annual Billings: $4,500,000

Breakdown of Gross Billings by Media: Mags.: 2%; Newsp.: 25%; Outdoor: 1%; Production: 39%; Radio: 17%; Sls. Promo.: 8%; T.V.: 8%

Craig Martin *(Sr Exec VP)*
Hallie Fisher *(Sr VP)*
Jim Ganzer *(VP-Mktg & Comm)*
Angel Siberon *(Art Dir)*
Kym Faerber *(Sr Acct Exec)*
Dan Reisinger *(Sr Acct Exec)*

Accounts:
Mayaguez Resort & Casino; Mayaguez, PR Hotel; 1996
Sobieski Vodka

ADCREASIANS, INC.
3530 Wilshire Blvd Ste 1180, Los Angeles, CA 90010
Tel.: (213) 389-9300
Fax: (213) 389-9393
E-Mail: solutions@adcreasians.com
Web Site: www.adcreasians.com

Employees: 10
Year Founded: 2007

Agency Specializes In: Asian Market

Soa Kang *(Pres & CEO)*

Accounts:
Dongbu Insurance
Elite Educational Institute
Focus Features
The Korea Times
Lingo
Nara Bank
Network Solutions
Spider Smart

ADDIS
2612-A 8th St, Berkeley, CA 94710
Tel.: (510) 704-7500
Fax: (510) 704-7501
E-Mail: info@addis.com
Web Site: addis.com/

Employees: 30

Agency Specializes In: Advertising, Brand Development & Integration, Consulting, Consumer Marketing, Corporate Identity, Fashion/Apparel, Financial, Graphic Design, Internet/Web Design, Logo & Package Design, Print, Sponsorship

AGENCIES - JANUARY, 2019 — ADVERTISING AGENCIES

Approx. Annual Billings: $3,000,000

Mark Galbraith *(VP)*
Bob Dow *(Dir-Creative Tech)*

Accounts:
24 Hour Fitness
Birds Eye
Equinix
GE Healthcare
Kidfresh
Marine Mammal Center
PopChips
Smith & Hawken
Think Products
Verlasso Premium Salmon

THE ADDISON GROUP
PO Box 1826, Suffolk, VA 23439
Tel.: (757) 285-7454
Fax: (757) 923-9166
E-Mail: info@theaddisongroup.com
Web Site: www.theaddisongroup.com

Employees: 50

National Agency Associations: Second Wind Limited

Betsy Lard *(Mng Dir & VP)*
Macdara Bohan *(Mng Dir-Digital)*
Richard Colbourne *(Creative Dir)*
Lizzy Guterma *(Mktg Dir-Addison Whitney)*
Kaitlin Ragone *(Acct Dir)*
Adam Tilly *(Sr Mgr-Brand Strategy)*

Accounts:
Amicis
Bank Of Hampton Roads
BARRE
Belle Harbour
Faith Alive
Snappy's
Tax Break

(ADD)VENTURES
117 Chapman St, Providence, RI 02905
Tel.: (401) 453-4748
Fax: (401) 453-0095
E-Mail: info@addventures.com
Web Site: www.addventures.com

Employees: 25
Year Founded: 1989

Agency Specializes In: Advertising, Brand Development & Integration, Business Publications, Co-op Advertising, Communications, Corporate Communications, Multicultural, Multimedia, Public Relations

Revenue: $60,000,000

Steve Rosa *(Founder, CEO & Chief Creative Officer)*
Joseph Miech *(COO)*
Mary Sadlier *(Chief Strategy Officer & Exec VP)*
Tracy Silva *(Sr VP-Quality & Production)*
Wayne Vieira *(Sr VP-Design & Branding)*
Richard Davia *(Mng Dir-Creative & Branding)*
Joel Velez *(Mng Dir-Strategy & Creative)*
Dayna Bianco *(VP-Digital)*
Lisa Dutra Curtis *(VP-Experience Design)*
Andrea Reed *(VP-Mktg & Branding)*
Erica Millette *(Sr Dir-Insights & Strategy)*
Teresina Francis *(Dir-Digital Mktg & Strategy)*
Jenn Snively *(Dir-Content & Media)*
Lisa Reefe *(Sr Mgr-Strategy & Mktg)*
Grace Bevilacqua *(Mgr-Design & Branding)*
Audrey Connors *(Mgr-Branding & Design)*
Dominic Green *(Mgr-Content & Branding)*
Mark Laslo *(Mgr-Videography & Tech)*

Ali McGowan *(Mgr-PR & Strategy)*
Lauren Roche *(Mgr-Digital & Strategy)*
Anne Marie Zollo *(Mgr-Strategy & Mktg)*

Accounts:
AOC Latin America (Agency of Record) Marketing; 2017
Autocrat
CVS Health
DUNKIN DONUTS
Hasbro
Johnson & Wales
Learning Curve
Marriott
ProTech
Renaissance
Textron Financial
Textron

ADFARM
333 24th Ave SW Ste 250, Calgary, AB T2S 3E6 Canada
Tel.: (403) 410-7600
Fax: (403) 410-7601
Web Site: www.adfarmonline.com

Employees: 45
Year Founded: 2002

Agency Specializes In: Advertising, Agriculture, Pets

Ben Graham *(Pres)*
Glenn Dawes *(Exec Dir-Creative)*
Tracy Clark *(Client Svcs Dir-Canada)*
Audra Fimmers *(Art Dir)*
Julia Hitman King *(Client Svcs Dir-Missouri)*
Deb Verbonac *(Sr Acct Mgr-New Bus Dev)*
Wendy Gold *(Acct Mgr)*
Megan Morozoff *(Acct Mgr)*
Jane Robinson *(Sr Specialist-PR & Writer)*
Lori Dudder *(Media Planner)*

Accounts:
AgriGold Hybrids
Agrium
AGROTAIN International
Alberta Beef Producers
Bayer Animal Health
Bayer CropScience
Dow AgroSciences
Hyland Seeds
Novartis
Novus International

Branches

AdFarm
2101 Broadway Blvd Ste 21, Kansas City, MO 64108
Tel.: (816) 842-5983
Fax: (816) 221-5833
Web Site: www.adfarmonline.com

Employees: 15

Agency Specializes In: Agriculture

Les Kahl *(Mng Partner-US & Creative Dir)*
Andy Reierson *(VP-Digital Ops)*
Dan Kirkpatrick *(Head-Strategic Acct)*
Cheryl Grocock *(Sr Acct Mgr)*
Tiffany Bronson *(Acct Exec)*

AdFarm
101 N 10th St Ste 110, Fargo, ND 58102
Tel.: (701) 237-4850
Fax: (701) 234-9680
E-Mail: roger.reierson@adfarmonline.com
Web Site: www.adfarmonline.com

Employees: 12

Agency Specializes In: Agriculture

Cheryl Grocock *(Sr Acct Mgr)*
Tiffany Bronson *(Acct Exec)*

Accounts:
BetaSeed
Hubbard Feeds
North Dakota Corn Growers Association
North Dakota Farmers Union
North Dakota Soybean Council

ADFERO GROUP
1101 15Th St Nw Ste 500, Washington, DC 20005
Tel.: (202) 333-4444
Fax: (202) 333-3231
Web Site: www.adfero.com

Employees: 22

National Agency Associations: COPF

Agency Specializes In: Communications, Crisis Communications, Education, Environmental, Public Relations, Radio

Jeff Mascott *(CEO)*
Darren Scher *(COO)*
Misty Fuller *(VP)*
Gary Nuzzi *(VP)*
Amanda Markmann *(Creative Dir)*
Kara Frank *(Sr Acct Supvr)*
Carlin Fuge *(Acct Supvr)*
Lauren Tyler *(Acct Supvr)*
Sarah Dejak *(Sr Acct Exec)*
Aimee Manjarres *(Acct Exec)*
Kelley Brown *(Designer)*

Accounts:
American Airlines Cargo

ADG CREATIVE
7151 Columbia Gateway Dr Ste B, Columbia, MD 21046-2149
Tel.: (443) 285-0008
Web Site: www.adgcreative.com

Employees: 51

Agency Specializes In: Sponsorship

H Michael McGahey *(CFO)*
Nate Bailey *(COO & Sr VP-Strategy & Ops)*
Jeff Antkowiak *(Chief Creative Officer)*
Rosemarie Carlyle *(Sr VP-Strategy)*
Evan Davis *(VP-Strategy)*
Mary Wilcox *(Creative Dir)*
Jon Barnes *(Dir-Content Strategy)*
Jeff Kasakitis *(Dir-Strategy)*
Tricia Bateman *(Acct Supvr & Project Mgr)*
Charlton J Johnson *(Strategist-Comm)*
Mike Kawecki *(Strategist-Federal Bus)*
Tatyana Goldman *(Designer)*
Christina Bittinger-Melito *(Assoc Creative Dir)*
Sarah Nelson-Balonis *(Sr Art Dir)*

Accounts:
Amerland Marketing, Strategic Analysis
Bowie State University
Centric Business Systems
The Creig Northrop (Agency of Record) Marketing, Strategy, Website Design
Durakis Executive Search
Enlightened
General Growth Properties, Inc.
Howard Bank Brand Strategy, Marketing Strategy
Krav Maga Maryland Content Marketing
Root9B (Agency of Record) Branding, Content Marketing, Content Strategy, Design, Digital, Marketing, Website Development

ADVERTISING AGENCIES

St. Boniface Craft Brewing Company Can Designs, Craft Beers
U.S Navy
V-tech Solutions

ADGENIO
560 10th St, Paso Robles, CA 93446
Tel.: (805) 237-0700
Fax: (805) 237-0720
Toll Free: (800) 681-7406
Web Site: www.adgenio.com

Employees: 3
Year Founded: 1976

National Agency Associations: LSA

Agency Specializes In: Advertising, Brand Development & Integration, Print, Search Engine Optimization, Social Media

Lauren Lekai *(Pres-Internet Mktg & Mobile Adv)*

Accounts:
Lorem ipsum

ADHOME CREATIVE
123 Saint George St Ste 105, London, ON N6A 3A1 Canada
Tel.: (519) 672-9090
Fax: (519) 672-6080
E-Mail: info@adHOMEcreative.com
Web Site: www.adhomecreative.com

Employees: 25
Year Founded: 1999

Mark Brown *(Partner)*
Tony Soares *(Acct Dir)*
Kathryn Byfield *(Mgr-Production & Office)*
Jason Brown *(Acct Supvr)*
Nik Reid *(Assoc Creative Dir)*

Accounts:
Hydra Ottawa
Lindt
Maple Leaf Food Service
Mufflerman
Procter & Gamble Andrew Ranger's Canadian Champ Car; 2007
Roxul

AD.IN DESIGN
936 Porter Ave, Ocean Springs, MS 39564
Tel.: (228) 215-0029
Web Site: www.ad-in.us

Employees: 24

Agency Specializes In: Advertising, Brand Development & Integration, Graphic Design, Internet/Web Design, Logo & Package Design, Print, Radio

Beverly Dees *(Owner)*
Jenifer Davis *(Mgr-Web & Acctg)*

Accounts:
Childrens International Medical Group
Ocean Springs Chamber of Commerce

ADIRONDACK MARKETING SERVICES, LLC
PO Box 1175, Elkhart, IN 46515
Tel.: (574) 656-3811
Fax: (574) 656-3812
E-Mail: info@ideas-happen.com
Web Site: www.ideas-happen.com

Employees: 2

Year Founded: 1997

Agency Specializes In: Business-To-Business, Financial, Health Care Services, Industrial, Planning & Consultation, Strategic Planning/Research

Bruce Cashbaugh *(Owner)*

Accounts:
Elkhart General Hospital
Merillat Industries

ADJECTIVE & CO
320 1St St N Ste 707, Jacksonville Beach, FL 32250
Tel.: (904) 638-6131
E-Mail: us@adjectiveandco.com
Web Site: www.adjectiveandco.com

Employees: 18

Agency Specializes In: Advertising, Brand Development & Integration, Event Planning & Marketing, Internet/Web Design, Social Media

Taylor Harkey *(Co-Founder & Exec Creative Dir)*
Danielle Bergh *(VP-Client Svcs)*
Brittany Norris *(Dir-Digital)*
Catherine Jones *(Mgr-Social Media)*
Katrine Strickland *(Acct Supvr)*

Accounts:
Whalebone Media

ADLER DISPLAY
7140 Windsor Blvd, Baltimore, MD 21244
Tel.: (410) 281-1200
Fax: (410) 281-2187
Toll Free: (888) 578-7443
E-Mail: adlerdisplay@bravenewmarkets.com
Web Site: www.adlerdisplay.com

Employees: 25
Year Founded: 1937

Agency Specializes In: Advertising, Graphic Design, In-Store Advertising, Out-of-Home Media, Outdoor

Jeff Bank *(VP-Sls)*
Jenna Adler *(Specialist-Mktg)*
Doug Holt *(Designer-Exhibit Design)*
Mike Jeffery *(Designer)*

ADLUCENT
2130 S Congress, Austin, TX 78704
Tel.: (800) 788-9152
Fax: (512) 912-7719
E-Mail: solutions@adlucent.com
Web Site: www.adlucent.com

Employees: 100
Year Founded: 2001

Agency Specializes In: Advertising, Digital/Interactive, Event Planning & Marketing, Paid Searches, Search Engine Optimization, Social Media

Michael Griffin *(Founder & CEO)*
Ashwani Dhar *(Chief Client Officer)*
Tim Ozor *(VP-Engrg)*
Tina Pace *(Sr Dir-Fin)*
Andrea Barreto *(Assoc Dir & Acct Supvr-Social Media)*
Jaclyn Krus *(Acct Mgr)*

Accounts:
New-Electronic Retailer
New-Woodcraft Supply Corp.

THE ADMARK GROUP
96 N Sunnyslope Ave, Pasadena, CA 91107
Tel.: (626) 583-1610
Fax: (626) 583-9031
E-Mail: info@admarkgroup.com
Web Site: www.admarkgroup.com

Employees: 6

Agency Specializes In: Advertising, Affluent Market, Bilingual Market, Brand Development & Integration, Broadcast, Business-To-Business, Cable T.V., Co-op Advertising, Communications, Consulting, Consumer Marketing, Content, Copywriting, Digital/Interactive, Direct Response Marketing, Direct-to-Consumer, Electronic Media, Email, Event Planning & Marketing, Guerilla Marketing, Hispanic Market, In-Store Advertising, Infomercials, Integrated Marketing, Internet/Web Design, LGBTQ Market, Local Marketing, Market Research, Media Buying Services, Media Planning, Men's Market, Mobile Marketing, Multicultural, Multimedia, Out-of-Home Media, Outdoor, Over-50 Market, Paid Searches, Planning & Consultation, Point of Purchase, Point of Sale, Production, Production (Ad, Film, Broadcast), Promotions, Public Relations, Publicity/Promotions, Radio, Regional, Sales Promotion, Search Engine Optimization, Seniors' Market, Social Marketing/Nonprofit, Social Media, Sponsorship, Strategic Planning/Research, T.V., Teen Market, Urban Market, Women's Market

Approx. Annual Billings: $10,000,000

Adriana Blanco Ajamian *(CEO)*
Eddy Blanco *(COO & Dir-Bus Dev)*
Denise Bautista *(Mgr-Office & Supvr-Media)*
Giovanni Arana *(IT)*

Accounts:
Centro de Accion Legal (Agency of Record) Creative, Digital, Legal Services, Media Buying, Media Planning, Public Relations, Social; 2016
Children's Bureau (Agency of Record) Non-profit; 2016
Dearden's (Agency of Record) Retail Furniture & Electronics; 2000
Estrella TV (Agency of Record) TV Programming; 2000
Jiffy Lube International Creative, Spanish Language Creative; 2007
Jiffy Lube Southern California Co-op of Franchisees (Agency of Record) Quick Lube Service-Agency of Record; 2011
LAMERICA Real Estate Real Estate Services; 2016
Los Angeles Dodgers Sports; 2008

ADMARKETPLACE
1250 Broadway Fl 31, New York, NY 10001
Tel.: (212) 925-2022
Fax: (212) 925-2684
Web Site: www.admarketplace.com

Employees: 106
Year Founded: 2000

Agency Specializes In: Advertising, Email, Mobile Marketing, Paid Searches

Adam J. Epstein *(Pres & COO)*
Jamie Hill *(CEO)*
Michael E. Yudin *(CTO)*
Ariff Quli *(Chief Revenue Officer)*
Rebecca Engle *(Sr VP-Bus Ops)*
Lonnie Klein *(VP-Talent Acquisition)*
Jeffrey Alderman *(Dir-Strategic Partnerships)*

Accounts:
ADT Security Services Inc. Home Security Service

AGENCIES - JANUARY, 2019 — ADVERTISING AGENCIES

Providers
AT&T Communications Corp. Telecommunication Network Service Providers
Comcast Telecommunication & Television Network Services
Dell Computers & Laptops Mfr & Distr
VOLVO GROUP Cars Buses & Trucks Mfr

ADMAX ADVERTISING
PO Box 1820, Evans, GA 30809
Tel.: (706) 869-8184
Web Site: www.admaxadv.com

Employees: 8

Agency Specializes In: Advertising, Digital/Interactive, Internet/Web Design, Logo & Package Design, Media Buying Services, Out-of-Home Media, Outdoor, Radio, Social Media, T.V.

Rob Ashe *(Pres)*

Accounts:
The Country Club Dance Hall & Saloon
US Auto Couple

ADMEDIA.
901 W Alameda Ave Ste 102, Burbank, CA 91506
Tel.: (800) 296-7104
Web Site: www.admedia.com

Employees: 45
Year Founded: 1995

Agency Specializes In: Affiliate Marketing, Digital/Interactive, Email, Local Marketing, Paid Searches, Web (Banner Ads, Pop-ups, etc.)

Approx. Annual Billings: $50,000,000

Danny E. Bibi *(CEO)*
Michael Aragon *(VP-Sls)*
Liora Berg *(Acct Mgr-Sls)*
Alexandra Minkin *(Mgr-Bus Dev)*
Crista Hernandez *(Acct Exec)*

Accounts:
Pepsi Pepsi Spirit; 2008

ADMERASIA, INC.
159 W 25th St 6th Fl, New York, NY 10001-7203
Tel.: (212) 686-3333
Fax: (212) 686-8998
E-Mail: tommyn@admerasia.com
Web Site: www.admerasia.com
E-Mail for Key Personnel:
President: zan@admerasia.com
Creative Dir.: tuanpuw@admerasia.com
Media Dir.: hslingc@admerasia.com
Production Mgr.: vivianl@admerasia.com

Employees: 60
Year Founded: 1993

National Agency Associations: 4A's

Agency Specializes In: Advertising, Asian Market, Automotive, Bilingual Market, Brand Development & Integration, Broadcast, Business-To-Business, Cable T.V., Co-op Advertising, Collateral, Communications, Consulting, Consumer Marketing, Consumer Publications, Corporate Identity, Digital/Interactive, Direct Response Marketing, E-Commerce, Electronic Media, Event Planning & Marketing, Exhibit/Trade Shows, Financial, Government/Political, Graphic Design, Health Care Services, Infomercials, Internet/Web Design, Investor Relations, Leisure, Logo & Package Design, Media Buying Services, Merchandising, Newspaper, Newspapers & Magazines, Out-of-Home Media, Outdoor, Pharmaceutical, Planning & Consultation, Point of Purchase, Point of Sale, Print, Production, Public Relations, Publicity/Promotions, Radio, Recruitment, Retail, Sales Promotion, Sponsorship, Strategic Planning/Research, T.V., Technical Advertising, Telemarketing

Approx. Annual Billings: $15,000,000

Breakdown of Gross Billings by Media: D.M.: 4%; Event Mktg.: 4%; Internet Adv.: 2%; Print: 52%; Promos.: 2%; Radio & T.V.: 36%

Jeff Lin *(Co-Founder)*
Vivian Lau *(VP & Dir-Production)*
Tommy Ng *(Gen Mgr)*
Tuanpu Wang *(Exec Creative Dir)*
Doris Huang *(Media Dir)*
Doris Yeh *(Assoc Media Dir)*

Accounts:
Citibank; New York, NY Campaign: "Golden Opportunities"
Dish Network; Pinebrook, NJ; 2003
Keyspan; New York, NY; 2005
Kohler
Lowe's; Mooresville, NC; 2004
McDonald's; Oak Brook, IL; 2005
Mercedes; Montvale, NJ; 2001
MetLife
Moet Hennessy USA; New York, NY Spirits; 1997
MX Energy; Stanford, CT; 2007
Procter & Gamble; Cincinnati, OH Actonel, SKII; 2005

Branch

AAAZA, Inc.
3250 Wilshire Blvd Ste 1901, Los Angeles, CA 90010
Tel.: (213) 380-8333
Fax: (213) 380-5333
E-Mail: info@aaaza.com
Web Site: www.aaaza.com
E-Mail for Key Personnel:
President: peterh@aaza.com

Employees: 30
Year Founded: 2001

Agency Specializes In: Advertising, Advertising Specialties, Asian Market, Bilingual Market, Brand Development & Integration, Consulting, Digital/Interactive, Direct Response Marketing, Direct-to-Consumer, E-Commerce, Event Planning & Marketing, Graphic Design, Integrated Marketing, Internet/Web Design, Local Marketing, Logo & Package Design, Market Research, Media Buying Services, Media Planning, Media Relations, Multicultural, New Product Development, Planning & Consultation, Search Engine Optimization, Strategic Planning/Research, Telemarketing, Viral/Buzz/Word of Mouth, Web (Banner Ads, Pop-ups, etc.), Yellow Pages Advertising

Jay Kim *(Pres)*
Richard Choi *(Acct Dir)*
Sharon Hayashi *(Acct Dir)*
Woonkyung Sung *(Art Dir)*
Vi Ma *(Acct Exec)*

Accounts:
AIG
American Cancer Society
Echostar
Procter & Gamble
Vayama

ADMFG INC.
100 N State St Ste D, Fairmont, MN 56031
Tel.: (507) 238-1243
Web Site: www.admfg.com

Employees: 5

Agency Specializes In: Advertising, Graphic Design, Internet/Web Design, Logo & Package Design, Promotions

Nancy Stauffer *(VP-Client Svcs)*

Accounts:
BBQ company

ADMO, INC.
1714 Deer Tracks Trl Ste 205, Saint Louis, MO 63131
Tel.: (314) 993-9300
E-Mail: info@admo.com
Web Site: www.admo.com

Employees: 9
Year Founded: 1986

Agency Specializes In: Advertising, African-American Market, Brand Development & Integration, Broadcast, Business-To-Business, Cable T.V., Children's Market, Co-op Advertising, Collateral, Commercial Photography, Communications, Consulting, Consumer Marketing, Corporate Identity, Direct Response Marketing, Electronic Media, Entertainment, Event Planning & Marketing, Financial, Graphic Design, Infomercials, Internet/Web Design, Logo & Package Design, Magazines, Media Buying Services, Merchandising, Multimedia, New Product Development, Newspaper, Newspapers & Magazines, Out-of-Home Media, Outdoor, Pharmaceutical, Planning & Consultation, Point of Purchase, Point of Sale, Print, Production, Public Relations, Publicity/Promotions, Radio, Real Estate, Recruitment, Restaurant, Retail, Sales Promotion, Seniors' Market, Sports Market, Strategic Planning/Research, T.V., Teen Market, Telemarketing, Trade & Consumer Magazines, Travel & Tourism, Yellow Pages Advertising

Revenue: $25,000,000

Dan Shroyer *(Pres)*
Katie Alcala *(Dir-Quality Assurance)*

Accounts:
Aquatic Advertising
Christ in Media
IBB
Kitchen & Bath Design
Leader's Edge
Lex Rex Publishing
Micromath
MidWest Disbursing
Vito's

ADMOSIS MEDIA
92 Lenora St, Seattle, WA 98121
Tel.: (425) 533-4995
E-Mail: info@admosismedia.com
Web Site: www.admosismedia.com

Employees: 6
Year Founded: 2012

Agency Specializes In: Advertising, Brand Development & Integration, Promotions, Social Media

Brooke Angles *(Founder & Principal)*
Caitlin Angeloff *(Co-Founder)*

Accounts:
BMC Software
King 5
Living Social

ADVERTISING AGENCIES

Pilgrim Africa

ADNET ADVERTISING AGENCY, INC.
111 John St Ste 701, New York, NY 10038
Tel.: (212) 587-3164
Fax: (212) 406-4648
E-Mail: information@adnet-nyc.com
Web Site: www.adnet-nyc.com

Employees: 20
Year Founded: 1992

Agency Specializes In: Advertising, Advertising Specialties, Business Publications, Consulting, Consumer Publications, Electronic Media, Email, Internet/Web Design, Legal Services, Magazines, Market Research, Media Buying Services, Media Planning, Media Relations, Multicultural, Newspaper, Newspapers & Magazines, Planning & Consultation, Radio, Recruitment, Strategic Planning/Research, Technical Advertising, Trade & Consumer Magazines, Web (Banner Ads, Pop-ups, etc.)

Approx. Annual Billings: $16,000,000

Breakdown of Gross Billings by Media: Bus. Publs.: 15%; Internet Adv.: 15%; Mags.: 15%; Newsp.: 50%; Radio: 5%

Fahd Mumtaz *(Pres)*
Kiran Vairale-Mumtaz *(CEO)*

ADORE CREATIVE
8033 Sunset Blvd Ste 5750, Los Angeles, CA 90046
Tel.: (310) 278-8342
Fax: (323) 876-7003
Web Site: www.adorecreative.com

Employees: 12

Agency Specializes In: Advertising, Content, Digital/Interactive, Social Media, Strategic Planning/Research

Rupert Wainwright *(CEO & Creative Dir)*
Ken Corr *(VP-Digital)*

Accounts:
USA Luge

ADPERSUASION
17595 Harvard Ave Ste C5000, Irvine, CA 92614
Toll Free: (800) 250-7780
E-Mail: info@adpersuasion.com
Web Site: www.adpersuasion.com

Employees: 10
Year Founded: 2009

National Agency Associations: AAF-AMA

Agency Specializes In: Advertising, Affiliate Marketing, Affluent Market, Alternative Advertising, Automotive, Bilingual Market, Brand Development & Integration, Broadcast, Business-To-Business, Cable T.V., Co-op Advertising, Collateral, College, Computers & Software, Consulting, Consumer Goods, Consumer Marketing, Consumer Publications, Corporate Communications, Corporate Identity, Customer Relationship Management, Digital/Interactive, Direct Response Marketing, Direct-to-Consumer, E-Commerce, Education, Electronics, Entertainment, Environmental, Event Planning & Marketing, Exhibit/Trade Shows, Experience Design, Financial, Food Service, Government/Political, Graphic Design, Guerilla Marketing, Health Care Services, High Technology, Hospitality, Household Goods, In-Store Advertising, Infomercials, Information Technology, Integrated Marketing, Internet/Web Design, Investor Relations, Leisure, Local Marketing, Logo & Package Design, Luxury Products, Magazines, Market Research, Media Buying Services, Media Planning, Media Relations, Medical Products, Men's Market, Mobile Marketing, Multicultural, Multimedia, New Product Development, New Technologies, Newspaper, Newspapers & Magazines, Out-of-Home Media, Outdoor, Over-50 Market, Package Design, Pharmaceutical, Planning & Consultation, Podcasting, Point of Purchase, Point of Sale, Production (Print), Promotions, Public Relations, Publicity/Promotions, RSS (Really Simple Syndication), Radio, Real Estate, Recruitment, Regional, Restaurant, Retail, Sales Promotion, Search Engine Optimization, Social Marketing/Nonprofit, Social Media, Sponsorship, Sports Market, Strategic Planning/Research, T.V., Telemarketing, Trade & Consumer Magazines, Transportation, Travel & Tourism, Urban Market, Viral/Buzz/Word of Mouth

Approx. Annual Billings: $3,000,000

Breakdown of Gross Billings by Media: Collateral: 7%; Consulting: 15%; Event Mktg.: 4%; Internet Adv.: 11%; Local Mktg.: 3%; Logo & Package Design: 5%; Newsp.: 4%; Print: 3%; Radio: 10%; T.V.: 14%; Worldwide Web Sites: 24%

Joseph Albonetti *(CEO)*

Accounts:
Artimex Bakery; Santa Fe Springs, CA Gourmet & Mexican Baked Goods; 2009
The Bernod Group; Valencia, CA Gourmet Popcorn, Organic Cotton Candy; 2009
BookkeepingEZ; Tustin, CA QuickBooks & Accounting Services; 2010
Downey Nissan; Downey, CA Nissan Automobiles; 2009
El Gallo Giro; Downey, CA Traditional Mexican Food; 2009
Essential Healthcare Management; Los Angeles, CA & Dallas, TX Healthcare Industry Consulting & Marketing; 2009
OC Tax Team; Tustin, CA CPA, Financial Consulting; 2010
OnCars.com; Aliso Viejo, CA Automotive Information & Product Reviews; 2009
Triomphe Design; Costa Mesa, CA Commercial Interior Design; 2009

ADREA RUBIN MARKETING, INC.
19 W 44th St Ste 1415, New York, NY 10036
Tel.: (212) 983-0020
Fax: (212) 983-1057
E-Mail: info@adrearubin.com
Web Site: www.adrearubin.com

Employees: 50
Year Founded: 1990

Agency Specializes In: Digital/Interactive, Direct Response Marketing, Email, Media Planning, Telemarketing

Adrea Rubin *(Owner & CEO)*
Jennifer Vilkelis *(CFO)*
Lisa Pollack *(VP-Mktg Strategy)*
Sabrina Anthony *(Dir-Online Media)*

ADRENALIN, INC
54 W 11th Ave, Denver, CO 80204
Tel.: (303) 454-8888
Fax: (303) 454-8889
Toll Free: (888) 757-5646
Web Site: www.goadrenalin.com

Employees: 10

Agency Specializes In: Advertising, Brand Development & Integration, Collateral, Digital/Interactive, Logo & Package Design, Strategic Planning/Research

Revenue: $1,100,000

Daniel Price *(Pres & Principal)*
Jessica McGurn *(Sr Dir-Brand Strategy)*
Peju Alawusa *(Art Dir & Graphic Designer)*
Tim De Frisco *(Dir-Photography)*
Ron Sellers *(Dir-Insights)*
Dwayne Taylor *(Dir-Mktg & Strategy)*
Judy Delhey *(Strategist & Media Buyer)*
Skye Dillon *(Designer)*
Leslie Hancock *(Media Buyer)*
Drew Wieland *(Copywriter)*

Accounts:
Arapahoe Basin Ski Area
National Collegiate Hockey Conference
USA Climbing

ADRENALINE, INC.
3405 Piedmont Rd NE Ste 300, Atlanta, GA 30305
Tel.: (404) 252-9995
E-Mail: info@adrenalineshot.com
Web Site: http://adrenalineagency.com/

Employees: 9

Agency Specializes In: Advertising, Brand Development & Integration, Collateral, Corporate Communications, Corporate Identity, Digital/Interactive, Environmental, Financial, Food Service, Graphic Design, Internet/Web Design, Logo & Package Design, Package Design, Retail, Strategic Planning/Research

Sean Keathley *(Pres)*
Frank Beardsworth *(Mng Dir)*
Geoffrey Walters *(Mng Dir)*
Eduardo Alvarez *(Mng Dir-Strategy)*
Scott Hilton *(VP & Program Dir)*
Jay Esposito *(VP & Sr Acct Exec)*
Bryan Pettit *(VP & Acct Exec-Digital Signage)*
Rick Barrick *(VP-Digital Strategy)*
Heather Milliman *(VP-Culture)*
Joe Walker *(VP-Bus Dev)*
Deborah E. Harvey *(Controller)*
Gina Bleedorn *(Exec Dir)*
Linda Bennett *(Dir-Client Solutions)*
Allyson Bowers *(Dir-Studio)*
Dominic DiMercurio *(Dir-Ops)*
Adam Dorman *(Analyst-Sys & Digital Helpdesk)*
Josh Wattler *(Acct Coord)*
Tex Grubbs *(Sr Art Dir)*

ADROIT CREATIVE SOLUTIONS, LLC.
(See Under Tree Ring Digital)

ADS & ARTS
2715 Pennington Ct NW, Rochester, MN 55901-0115
Tel.: (507) 282-9043
Fax: (507) 282-9537
Toll Free: (800) 586-6774
E-Mail: info@adsart.com
Web Site: www.adsart.com

E-Mail for Key Personnel:
President: dripps.sue@adsart.com

Employees: 3
Year Founded: 1976

Agency Specializes In: Graphic Design, Health Care Services, Industrial, Information Technology, Logo & Package Design, Media Buying Services, Medical Products, Travel & Tourism, Yellow Pages Advertising

AGENCIES - JANUARY, 2019 — ADVERTISING AGENCIES

Approx. Annual Billings: $505,000 Fees Capitalized

Breakdown of Gross Billings by Media: Collateral: 2%; Fees: 10%; Internet Adv.: 2%; Newsp. & Mags.: 77%; Radio: 9%

Susan K. Dripps *(Owner)*
Thomas W. Davies *(VP)*

Accounts:
Eastwood Bank; 2003
Mayo Foundation; MN
Mayo Medical Ventures; Rochester, MN
Metafile Information Systems
Schmidt Printing

ADS ON WHEELS
15 Constitution Dr Ste 1A, Bedford, NH 03110
Tel.: (800) 237-6694
Fax: (603) 420-8547
Toll Free: (800) 237-6694
E-Mail: info@adsonwheels.com
Web Site: www.adsonwheels.com

Employees: 5
Year Founded: 1999

Agency Specializes In: Advertising, Advertising Specialties, Alternative Advertising, Automotive, Direct Response Marketing, Graphic Design, Identity Marketing, Mobile Marketing, Teen Market

Christopher Dyson *(COO)*

Accounts:
Geico Insurance Services

ADSERVICES INC.
2450 Hollywood Blvd Ste 202, Hollywood, FL 33020
Tel.: (954) 922-9395
Fax: (954) 922-1395
Toll Free: (800) 963-1914
E-Mail: service@adservices.net
Web Site: www.adservices.net

Employees: 29
Year Founded: 1989

Agency Specializes In: Advertising, Brand Development & Integration, Corporate Identity, E-Commerce, Graphic Design, Internet/Web Design, Logo & Package Design, Print, Search Engine Optimization, Social Media

Steve Fales *(Principal)*
Debra Haut *(Media Dir)*
Eugene Pogrensky *(Dir-Web Dev)*
Shawn Shawn *(Strategist-Bus)*

Accounts:
Foundations of South Florida

ADSHIFT, INC.
(Acquired & Absorbed by Be Found Online)

ADSMITH COMMUNICATIONS
1736 E Sunshine Ste 801, Springfield, MO 65804
Tel.: (417) 881-7722
Fax: (417) 881-7552
E-Mail: info@adsmith.biz
Web Site: www.adsmith.biz

Employees: 8
Year Founded: 2000

National Agency Associations: 4A's

Agency Specializes In: Advertising

Approx. Annual Billings: $3,000,000

Angela D. Smith *(Owner)*
Celeste Skidmore *(Exec VP)*
Shannon Perryman *(VP-Creative Svcs)*
Hillary West *(VP-Client Svcs)*
Trevor Akin *(Dir-Art)*
Holly Atkinson *(Sr Copywriter & Acct Coord)*
Abby Akin *(Media Buyer)*
Jackie Hohlt *(Coord-Creative)*

Accounts:
Bug Zero
Maxons Diamonds
Maxson Diamond Merchant

ADSOKA, INC.
100 South 1st St, Minneapolis, MN 55458-3237
Tel.: (612) 910-0777
E-Mail: info@adsoka.com
Web Site: www.adsoka.com

E-Mail for Key Personnel:
President: jason@adsoka.com

Employees: 5
Year Founded: 2003

National Agency Associations: ADFED-AMA-IABC-MIMA-Women In Communications

Agency Specializes In: Above-the-Line, Advertising, Advertising Specialties, Affluent Market, Agriculture, Alternative Advertising, Arts, Below-the-Line, Brand Development & Integration, Business Publications, Business-To-Business, Catalogs, Children's Market, Collateral, College, Communications, Computers & Software, Consulting, Consumer Goods, Consumer Marketing, Consumer Publications, Content, Corporate Communications, Corporate Identity, Custom Publishing, Customer Relationship Management, Digital/Interactive, Direct Response Marketing, Direct-to-Consumer, E-Commerce, Education, Electronic Media, Email, Environmental, Event Planning & Marketing, Exhibit/Trade Shows, Fashion/Apparel, Financial, Food Service, Graphic Design, Guerilla Marketing, Health Care Services, High Technology, Hospitality, Identity Marketing, In-Store Advertising, Integrated Marketing, Internet/Web Design, Leisure, Local Marketing, Logo & Package Design, Luxury Products, Magazines, Marine, Market Research, Media Buying Services, Media Planning, Media Relations, Media Training, Medical Products, Men's Market, Merchandising, Mobile Marketing, Multimedia, New Product Development, Newspaper, Newspapers & Magazines, Out-of-Home Media, Outdoor, Package Design, Paid Searches, Planning & Consultation, Point of Purchase, Point of Sale, Print, Production, Production (Print), Promotions, Public Relations, Publicity/Promotions, Publishing, RSS (Really Simple Syndication), Radio, Real Estate, Regional, Restaurant, Retail, Sales Promotion, Search Engine Optimization, Social Marketing/Nonprofit, Sponsorship, Sports Market, Strategic Planning/Research, Teen Market, Trade & Consumer Magazines, Transportation, Viral/Buzz/Word of Mouth, Web (Banner Ads, Pop-ups, etc.), Women's Market

Breakdown of Gross Billings by Media: D.M.: 5%; Graphic Design: 20%; Logo & Package Design: 10%; Newsp. & Mags.: 10%; Pub. Rels.: 10%; Strategic Planning/Research: 15%; Worldwide Web Sites: 30%

Jason Inskeep *(Principal)*

Accounts:
Above The Falls Sports Recreation; 2008
Breadsmith Breads in the French Tradition; 2003
Det-Tronics Fire & Gas Safety Solutions; 2011
Grumpy's Beer & Food; 2012
Local Vibe Buzz Marketing; 2015
Mercury Mosaics Handmade Artisan Tile; 2013
Minnesota Talent Network Careers; 2013
Normandale Community College Continuing Education, Skill Development; 2015
Rose Vine Hall Event Center; 2012
Universal Cooperatives Agriculture; 2005

ADSOURCE
1415 Panther Ln Ste 360, Naples, FL 34109
Tel.: (239) 495-0007
Fax: (239) 495-0088
E-Mail: info@adsource.us
Web Site: www.adsource.us

Employees: 10

Agency Specializes In: Advertising, Brand Development & Integration, Collateral, Event Planning & Marketing, Internet/Web Design, Media Buying Services, Media Planning, Public Relations, Radio, Social Media

Mary Shallies *(Owner)*

Accounts:
Divco Custom Homes

ADTEGRITY.COM
408 Broadway Ave Nw, Grand Rapids, MI 49504
Tel.: (616) 285-5429
Fax: (616) 285-9156
E-Mail: support@adtegrity.com
Web Site: www.adtegrity.com

Employees: 30

Jason Balk *(CFO)*
Michael Struyk *(COO)*
Kurt Filla *(Chief Strategy Officer)*
Dustin Turner *(CTO)*
Todd Morris *(VP-Mktg)*
Katie Englishmen *(Acct Mgmt Dir)*
Timm Peterson *(Dir-Res)*
Anna Harpst *(Acct Mgr)*
Sheri Hinken *(Acct Mgr)*

ADTOPIA MARKETING GROUP
440 Florin Rd, Sacramento, CA 95831-2007
Tel.: (916) 761-2505
Fax: (916) 369-2529
Web Site: www.adtopiamarketing.com

Employees: 6

Agency Specializes In: Digital/Interactive, Internet/Web Design

Lucia Churches *(Pres)*

Accounts:
Onsite Computing
Spare Time Clubs

ADVANCED MARKETING STRATEGIES
8910 University Center Ln Ste 620, San Diego, CA 92122-1027
Tel.: (858) 490-6910
Fax: (858) 490-6985
E-Mail: info@am-strategies.com
Web Site: www.am-strategies.com

Employees: 20
Year Founded: 1987

Agency Specializes In: Advertising, Advertising Specialties, Automotive, Bilingual Market, Brand Development & Integration, Broadcast, Business Publications, Business-To-Business, Cable T.V., Children's Market, Co-op Advertising, Collateral, Commercial Photography, Communications,

ADVERTISING AGENCIES — AGENCIES - JANUARY, 2019

Consulting, Consumer Marketing, Consumer Publications, Corporate Identity, Digital/Interactive, Direct Response Marketing, E-Commerce, Education, Electronic Media, Engineering, Entertainment, Event Planning & Marketing, Exhibit/Trade Shows, Financial, Food Service, Government/Political, Graphic Design, Health Care Services, High Technology, Hispanic Market, Infomercials, Information Technology, Internet/Web Design, Legal Services, Leisure, Logo & Package Design, Magazines, Media Buying Services, Medical Products, Merchandising, Multimedia, New Product Development, Newspaper, Newspapers & Magazines, Out-of-Home Media, Outdoor, Over-50 Market, Pharmaceutical, Planning & Consultation, Point of Purchase, Point of Sale, Print, Production, Public Relations, Publicity/Promotions, Radio, Restaurant, Retail, Sales Promotion, Seniors' Market, Sports Market, Strategic Planning/Research, Syndication, T.V., Technical Advertising, Teen Market, Telemarketing, Trade & Consumer Magazines, Transportation, Travel & Tourism

Kathy Cunningham *(Founder & Pres)*
Jim Tindaro *(CEO)*
Utahna Hadden *(VP & Acct Supvr)*
Bonnie Carlson *(Gen Mgr)*
Michele Marlo *(Exec Creative Dir)*
Mark Stevens *(Media Dir)*

Accounts:
Ikea
Mossy Automotive Group
Sky Ute Casino Resort Branding, Creative, Digital & Social Media Marketing, Radio Media Buying, TV; 2018

ADVANTA ADVERTISING, LLC
16 S Haddon Ave, Haddonfield, NJ 08033
Tel.: (856) 616-8300
Web Site: www.advantadna.com

Employees: 5

National Agency Associations: 4A's

Agency Specializes In: Advertising, Brand Development & Integration, Content, Internet/Web Design, Media Buying Services, Print, Public Relations, Search Engine Optimization, Social Media, T.V.

Stephanie Kuhla *(CEO & Creative Dir)*
Brian Hogan *(Sr Graphic Designer)*

Accounts:
New-Corden Pharma International
New-Tolera Therapeutics, Inc.

ADVANTAGE COMMUNICATIONS, INC.
11908 Kanis Rd, Little Rock, AR 72211
Tel.: (501) 374-2220
Fax: (501) 374-3643
E-Mail: info@advantageci.com
Web Site: www.advantageci.com

Employees: 10
Year Founded: 2000

Agency Specializes In: Advertising, Brand Development & Integration, Crisis Communications, Digital/Interactive, Event Planning & Marketing, Media Buying Services, Media Planning, Public Relations, Social Media, Strategic Planning/Research

Revenue: $1,800,000

Michael Steele *(Pres & CEO)*
Shaunda Cooney *(CFO)*
E'van Steele *(VP-Ops)*

Vivian Ozura *(Acct Exec)*

Accounts:
Minority Initiative Sub-Recipient Grant office

ADVANTAGE MEDIA LLC
167 South State St, Westerville, OH 43081
Tel.: (614) 865-3392
Fax: (614) 933-0655
Web Site: www.advantagemedia.us

Employees: 5
Year Founded: 2000

Agency Specializes In: Advertising, Brand Development & Integration, Media Buying Services, Media Planning, Print, Promotions, Radio, T.V.

Jasmin Tucker *(Pres)*

Accounts:
Able Roof

ADVANTAGE SPONSORSHIP AND BRAND EXPERIENCE AGENCY
290 Harbor Dr 2nd Fl, Stamford, CT 06902
E-Mail: info@advantagemrktg.com
Web Site: www.advantagemrktg.com/

Employees: 50
Year Founded: 2012

Agency Specializes In: Event Planning & Marketing, Experiential Marketing, Hospitality, Production, Promotions, Sponsorship, Strategic Planning/Research

Tom Haidinger *(Pres)*
Jaime Cabrera *(Sr VP & Exec Creative Dir)*
Jared Blitz *(Creative Dir)*
Kyler Hengst *(Acct Dir)*
Andrew Cohn *(Dir-Mktg Solution)*

Accounts:
Microsoft Corporation 2017 Special Olympics World Winter Games, Marketing, Microsoft Office, Microsoft Surface, Strategic Brand-to-Brand Marketing Partnerships

ADVANTIS COMMUNICATIONS, INC.
4936 Yonge St Ste 806, Toronto, ON M2N 6S3
Canada
Tel.: (905) 477-5535
E-Mail: info@advantiscomm.com
Web Site: www.advantiscomm.com

Employees: 10

Agency Specializes In: Communications, Media Relations, Media Training, Publicity/Promotions, Strategic Planning/Research, Web (Banner Ads, Pop-ups, etc.)

Ernesta Rossi *(Partner)*

Accounts:
CanadaHelps

ADVENT DESIGN LLC
20102 County Road 20, Goshen, IN 46528
Tel.: (574) 295-8817
Web Site: www.advent-design.com

Employees: 2
Year Founded: 1986

Agency Specializes In: Advertising, Catalogs, Internet/Web Design, Logo & Package Design, Print

Justin Graber *(Owner)*

Accounts:
Banks Hardwoods, Inc.
Nickell Moulding Company Inc.
Terry Graber & Associates

ADVENT MARKETING COMMUNICATIONS
6605 Roxburgh Dr, Houston, TX 77041
Tel.: (713) 462-8347
Fax: (713) 462-8337
E-Mail: info@adventfirm.com
Web Site: https://www.adventfirm.com/

Employees: 15
Year Founded: 1996

Agency Specializes In: Collateral, Digital/Interactive, Graphic Design, Internet/Web Design, Media Relations, Multimedia, Print, Public Relations, Strategic Planning/Research

Richard Kaminski *(Pres)*
Laurie Glynn *(Dir-Ops)*

ADVENTIUM, LLC
320 E 35th St Ste 5B, New York, NY 10016
Tel.: (212) 481-9576
E-Mail: info@adventium.net
Web Site: www.adventium.net

Employees: 5
Year Founded: 1992

Agency Specializes In: Advertising, Advertising Specialties, Arts, Asian Market, Brand Development & Integration, Business Publications, Business-To-Business, Catalogs, Co-op Advertising, Collateral, Communications, Computers & Software, Consulting, Consumer Goods, Consumer Marketing, Consumer Publications, Corporate Communications, Corporate Identity, Cosmetics, Custom Publishing, Direct Response Marketing, Direct-to-Consumer, Education, Entertainment, Exhibit/Trade Shows, Fashion/Apparel, Financial, Government/Political, Graphic Design, Health Care Services, High Technology, Hospitality, Identity Marketing, In-Store Advertising, Information Technology, Integrated Marketing, International, Internet/Web Design, Leisure, Local Marketing, Logo & Package Design, Luxury Products, Magazines, Marine, Men's Market, Multicultural, Multimedia, New Product Development, New Technologies, Newspaper, Newspapers & Magazines, Out-of-Home Media, Outdoor, Over-50 Market, Package Design, Point of Sale, Print, Production, Production (Print), Promotions, Publishing, Real Estate, Recruitment, Regional, Restaurant, Sales Promotion, Seniors' Market, Technical Advertising, Teen Market, Trade & Consumer Magazines, Transportation, Travel & Tourism, Urban Market, Web (Banner Ads, Pop-ups, etc.), Women's Market

Approx. Annual Billings: $340,000

Breakdown of Gross Billings by Media: Collateral: $100,000; Print: $100,000; Trade Shows: $100,000; Worldwide Web Sites: $40,000

Penny Chuang *(Principal & Creative Dir)*

Accounts:
Dorling Kindersley Publishing
Golfing Women
PricewaterhouseCoopers
Rough Guides
Sports Journeys
Verizon

AGENCIES - JANUARY, 2019 — ADVERTISING AGENCIES

ADVENTIVE MARKETING, INC.
10400 S Hoyne Ave, Chicago, IL 60643
Tel.: (847) 590-1110
Fax: (847) 590-1222
E-Mail: info@adventivemarketing.com
Web Site: www.adventivemarketing.com

Employees: 7
Year Founded: 1995

National Agency Associations: AMA-BMA-PRSA

Agency Specializes In: Advertising, Advertising Specialties, Alternative Advertising, Automotive, Aviation & Aerospace, Brand Development & Integration, Business Publications, Business-To-Business, Catalogs, Co-op Advertising, Collateral, Commercial Photography, Communications, Consulting, Corporate Communications, Corporate Identity, Custom Publishing, Customer Relationship Management, Digital/Interactive, Direct Response Marketing, E-Commerce, Electronic Media, Electronics, Email, Engineering, Entertainment, Event Planning & Marketing, Exhibit/Trade Shows, Graphic Design, Health Care Services, High Technology, Industrial, Information Technology, Integrated Marketing, International, Internet/Web Design, Logo & Package Design, Magazines, Market Research, Media Buying Services, Media Planning, Media Relations, Medical Products, Mobile Marketing, Multimedia, New Product Development, Newspapers & Magazines, Package Design, Paid Searches, Pharmaceutical, Planning & Consultation, Podcasting, Point of Purchase, Point of Sale, Print, Production, Production (Ad, Film, Broadcast), Production (Print), Promotions, Public Relations, Publicity/Promotions, RSS (Really Simple Syndication), Sales Promotion, Search Engine Optimization, Strategic Planning/Research, Technical Advertising, Trade & Consumer Magazines

Approx. Annual Billings: $3,000,000

Breakdown of Gross Billings by Media: Bus. Publs.: $450,000; Collateral: $450,000; D.M.: $300,000; E-Commerce: $150,000; Fees: $150,000; Graphic Design: $300,000; Internet Adv.: $450,000; Pub. Rels.: $300,000; Sls. Promo.: $150,000; Trade Shows: $150,000; Worldwide Web Sites: $150,000

Brian Kahle *(Partner & Dir-Creative Svcs)*
Janet Killen *(Partner & Dir-PR)*

Accounts:
Belden, Inc.; Saint Louis, MO

ADVENTURE ADVERTISING
111 N Washington Ave Ste 200, Minneapolis, MN 55401
Tel.: (612) 200-9624
Web Site: https://www.adventurecreative.com/

Employees: 25

Agency Specializes In: Advertising, Brand Development & Integration, Content, Copywriting, Event Planning & Marketing, Experiential Marketing, Food Service, Hospitality, Logo & Package Design, Media Buying Services, Media Planning, Package Design, Public Relations, Social Media, Sports Market, Strategic Planning/Research, Travel & Tourism

Scott Mitchell *(Founder & CEO)*
Gina Nacey *(Pres & Exec Creative Dir)*
Robin Pfeifer *(Acct Supvr)*
Amy Imdieke *(Sr Designer)*
Zach Slovin *(Copywriter)*

Accounts:
The Barrel Mill
Beaver Island Brewing Co.
Cambria Style magazine
Explore Minnesota Tourism (Advertising Agency of Record); 2018
Hatteras Yachts (Agency of Record) Online, Print Advertising, Video
Johnson Outdoors
Kinetic (Agency of Record) Creative, Design, Digital Marketing, Kinetic Bicycle Training, Marketing Strategy, Public Relations
Klarbrunn
Loon Liquors
Minnesota Zoo
Sedona Bottling Company
St. Cloud State University Advertising, Brand Development, Design, Strategy
UnitedHealthcare Children's Foundation
Youngevity
Zeiss

ADVENTURE ADVERTISING LLC
303 W Shadburn Ave Ste 100, Buford, GA 30518
Tel.: (678) 730-4770
Fax: (678) 730-4775
E-Mail: info@adventureadv.com
Web Site: www.adventureadv.com

Employees: 27

Agency Specializes In: Advertising, Digital/Interactive, Out-of-Home Media, Outdoor, Strategic Planning/Research

Jeff Espy *(Founder & Partner)*
Bruce Hyer *(Partner & Creative Dir)*
Jason Meninger *(Pres-OutdoorFlics)*
Mitch Rood *(Art Dir & Specialist-Graphic)*
Jill Gerow *(Dir-Internet & Tech)*
Mamie Putman *(Dir-Creative Svcs)*
Gino Reinhart *(Assoc Creative Dir)*

Accounts:
Richard Childress Racing

ADVERTEL, INC.
PO Box 18053, Pittsburgh, PA 15236-0053
Tel.: (412) 714-4421
Fax: (412) 714-4364
Toll Free: (888) ADVERTEL
E-Mail: info@advertel.com
Web Site: www.advertel.com

E-Mail for Key Personnel:
President: pberan@advertel.com

Employees: 5
Year Founded: 1994

Agency Specializes In: Automotive, Bilingual Market, Brand Development & Integration, Broadcast, Business-To-Business, Co-op Advertising, Communications, Consulting, Corporate Identity, Digital/Interactive, Direct Response Marketing, Electronic Media, Financial, Government/Political, High Technology, In-Store Advertising, Industrial, Multimedia, New Product Development, Point of Purchase, Point of Sale, Production, Public Relations, Radio, Strategic Planning/Research, Technical Advertising, Telemarketing

Approx. Annual Billings: $500,000

Paul F. Beran *(Pres, CEO & Creative Dir)*

Accounts:
Baker Installations; 1998
Forest Products Supply
Monte Cello's Restaurants; Pittsburgh, PA Restaurants; 1995
One Communications; Rochester, NY Telecommunications; 2007
Port Authority Alleghany County; Pittsburgh, PA; 1999
Vocelli Pizza; Pittsburgh, PA Restaurant; 2008
Weyerhaeuser Industries; 1997

ADVERTISE.COM INC.
15303 Ventura Blvd Ste 1150, Sherman Oaks, CA 91403
Tel.: (818) 285-6216
Fax: (818) 380-3103
Toll Free: (800) 710-7009
Web Site: www.advertise.com

Employees: 53
Year Founded: 2001

Agency Specializes In: Advertising, Email

G. Plagge *(CTO)*
Hooman Malekzad *(VP-Publr Svcs)*
Bryan Poach *(Controller)*
Vipin Porwal *(Dir-Software Engrg)*

Accounts:
Comedy Television Network Services
CruiseDirect Inc. Tour & Travel Agency Services
Goldenwest Diamond Corporation Jewelry Shop
Rock.com Inc. Designing Clothes Retailer
Sears Brands LLC. Online Retailer Of Home Appliance Products
SPIKE Television Network Services
Teleflora LLC Flowers Designers

ADVERTISING FOR GOOD
1654 Anita Pl Ne, Atlanta, GA 30306
Tel.: (404) 881-1808
Web Site: www.advertisingforgood.com

Employees: 1
Year Founded: 2011

Agency Specializes In: Advertising, Radio, Social Media

Amelia Miller Linton *(Sr Art Dir & Designer)*

Accounts:
Habitat for Humanity International, Inc.

ADVERTISING SAVANTS, INC.
2100 Locust St 3rd Fl N, Saint Louis, MO 63103
Tel.: (314) 231-7900
Fax: (314) 231-1777
E-Mail: kevin@adsavants.com
Web Site: www.adsavants.com

Employees: 10
Year Founded: 1991

Agency Specializes In: Advertising, Automotive, Aviation & Aerospace, Bilingual Market, Brand Development & Integration, Business Publications, Business-To-Business, Cable T.V., Children's Market, Collateral, College, Communications, Consumer Goods, Consumer Marketing, Consumer Publications, Corporate Identity, Digital/Interactive, Direct Response Marketing, Education, Email, Entertainment, Financial, Graphic Design, Health Care Services, Hispanic Market, Hospitality, Household Goods, Identity Marketing, In-Store Advertising, Industrial, Integrated Marketing, Internet/Web Design, Legal Services, Leisure, Logo & Package Design, Luxury Products, Magazines, Media Buying Services, Media Planning, Medical Products, Merchandising, Newspaper, Out-of-Home Media, Outdoor, Over-50 Market, Package Design, Planning & Consultation, Podcasting, Point of Purchase, Point of Sale, Print, Product Placement, Promotions, Radio, Real Estate, Retail, Sales Promotion, Sports Market, Strategic Planning/Research, T.V., Teen Market,

ADVERTISING AGENCIES

Transportation, Travel & Tourism

Breakdown of Gross Billings by Media: Brdcst.: 40%; Cable T.V.: 5%; Collateral: 3%; Consulting: 1%; Consumer Pubs.: 2%; D.M.: 1%; Fees: 5%; Foreign: 1%; Graphic Design: 1%; Logo & Package Design: 1%; Newsp.: 5%; Out-of-Home Media: 5%; Print: 5%; Production: 5%; Radio: 5%; Strategic Planning/Research: 5%; Trade & Consumer Mags.: 5%; Transit: 5%

Kevin Reardon *(Founder & CEO)*
Ashley Harrison *(Acct Dir)*
Tia Liston *(Creative Dir)*
David Smith *(Sr Creative Dir)*

Accounts:
SIFE
Spectrum Brands, Inc.

ADVERTUS MEDIA INC
PO Box 610, Westfield, MA 01096
Tel.: (413) 564-5200
Fax: (413) 564-5201
E-Mail: info@advertusmedia.com
Web Site: www.advertusmedia.com

Employees: 1

Agency Specializes In: Advertising, Internet/Web Design, Media Buying Services, Media Planning, Production (Print)

Adam Wright *(Dir-Mktg)*

Accounts:
Big Y Foods
Naismith Basketball Hall of Fame
Patton Auto Group
Westfield State College

ADVILLE/USA
44 S Mentor Ave, Pasadena, CA 91106-2902
Tel.: (626) 397-9911
Fax: (626) 397-9919
Toll Free: (800) 722-8145
Web Site: www.adville-usa.com

E-Mail for Key Personnel:
Creative Dir.: creative@adville-usa.com

Employees: 11
Year Founded: 1995

National Agency Associations: THINKLA

Agency Specializes In: Sales Promotion

Approx. Annual Billings: $4,000,000

Breakdown of Gross Billings by Media: Cable T.V.: $50,000; Collateral: $250,000; Fees: $50,000; Newsp. & Mags.: $400,000; Other: $1,250,000; Production: $200,000; T.V.: $1,500,000; Trade Shows: $300,000

Victoria Walls *(CEO)*
Mark Shiozaki *(VP)*

Accounts:
Original Tommy's Hamburgers; Glendale, CA QSR
Tastee Freez
Wienerschnitzel, Inc.; Newport Beach, CA Original Hamburger Stand, Wienerschnitzel Operators Associations

ADVLUENCE LLC
1910 W Platt St, Tampa, FL 33606
Tel.: (813) 254-1500
E-Mail: getstarted@advluence.com
Web Site: www.advluence.com

Employees: 3
Year Founded: 2012

Agency Specializes In: Advertising, Brand Development & Integration, Graphic Design, Internet/Web Design, Print, Social Media

Ryan Littler *(Pres)*

Accounts:
Cluckz Chicken
HQ Aviation
The Outpost Tap House + Tavern
RSVP Skincare
St. Moritz Building Services Inc
Titan Medical Center

ADVOCACY SOLUTIONS LLC
4 Richmond Sq Ste 300, Providence, RI 02906
Tel.: (401) 831-3700
Fax: (401) 831-0105
E-Mail: info@advocacysolutionsllc.com
Web Site: www.advocacysolutionsllc.com

Employees: 10
Year Founded: 1992

Agency Specializes In: Brand Development & Integration, Broadcast, Collateral, Consumer Marketing, Corporate Identity, Direct Response Marketing, E-Commerce, Event Planning & Marketing, Exhibit/Trade Shows, Food Service, Graphic Design, Health Care Services, Internet/Web Design, Investor Relations, Logo & Package Design, Media Buying Services, Medical Products, Newspapers & Magazines, Out-of-Home Media, Outdoor, Pharmaceutical, Point of Sale, Print, Production, Public Relations, Radio, Sales Promotion, Strategic Planning/Research, Sweepstakes

Approx. Annual Billings: $8,000,000

Francis X. McMahon *(Owner)*
Christopher Hunter *(Mng Dir-Strategy & Dev)*
Sarah Dell *(Acct Mgr-Pub Affairs & Strategic Comm)*
Joan Boulanger *(Mgr-Acctg)*

Accounts:
Coalition of Essential Schools
Delta Dental of Rhode Island
Metals Recycling
National Grid
State Alliance of Rhode Island YMCAs
Verizon
Francis Farm Clambake Facility
Icelandic USA Seafood

ADVOCATE DIGITAL MEDIA
311 E Constitution St, Victoria, TX 77901
Tel.: (361) 580-6553
Web Site: https://www.affectdigital.com//

Employees: 19

Agency Specializes In: Advertising, Brand Development & Integration, Internet/Web Design, Media Buying Services, Media Planning, Search Engine Optimization, Social Media

Adam Mahan *(Gen Mgr)*
Scott Brunner *(Editor-Digital)*
Shannon Ellisor *(Acct Exec)*

Accounts:
The Victoria Advocate

ADWERKS
512 N. Main Ave, Sioux Falls, SD 57104
Tel.: (605) 357-3690
Fax: (605) 357-3691
Web Site: www.adwerks.com

Employees: 15

Agency Specializes In: Advertising, Media Buying Services, Print, Radio, T.V.

Jim Mathis *(Owner)*
Kristi Cornette *(Media Buyer)*

Accounts:
Applebee's International, Inc.
CarHop
Carino's Italian
DGR Engineering
McDonald's Corporation

ADWHITE, LLC
33300 Egypt Ln, Magnolia, TX 77354
Tel.: (281) 356-3200
Fax: (281) 259-0500
E-Mail: info@adwhite.com
Web Site: https://www.adwhite.com/

Employees: 8
Year Founded: 2002

Agency Specializes In: Advertising, Graphic Design, Internet/Web Design, Social Media

Taylor White *(Founder & Principal)*
Michelle White *(CFO)*
Morgan Tate *(Acct Mgr)*

Accounts:
Freudenberg Oil & Gas Website Development & Maintenance, Graphic Design, Print Production, Branded Merchandise; 2013
Great American Rug Cleaning Company Website Development & Maintenance, SEO, SEM; 2013
Texas Rush Soccer Club Website Development & Maintenance, Graphic Design, Print Production, Branded Merchandise; 2012

ADWISE GROUP INC.
PO Box 816127, Dallas, TX 75381
Tel.: (972) 395-5091
E-Mail: info@adwisegroup.com
Web Site: https://www.adwisegroup.com/

Employees: 15

Agency Specializes In: Advertising, Brand Development & Integration, Broadcast, Internet/Web Design, Logo & Package Design, Media Buying Services, Media Planning, Print, Search Engine Optimization, Social Media

Nancy Gayle Hammel *(VP-Media)*

Accounts:
Mr. Jims Pizza

ADWORKS, INC.
5335 Wisconsin Ave NW, Washington, DC 20015
Tel.: (202) 342-5585
Fax: (202) 739-8201
E-Mail: howdy@adworks.com
Web Site: www.adworks.com

E-Mail for Key Personnel:
Creative Dir.: m.greenspun@adworks.com

Employees: 20
Year Founded: 1979

Agency Specializes In: Advertising, Brand Development & Integration, Business-To-Business, Consumer Marketing, Health Care Services, Retail, Strategic Planning/Research

AGENCIES - JANUARY, 2019　　　　　　　　　　　　　　　　ADVERTISING AGENCIES

Approx. Annual Billings: $75,000,000

Breakdown of Gross Billings by Media: Consumer Publs.: $2,250,000; D.M.: $3,750,000; Internet Adv.: $7,500,000; Newsp.: $6,000,000; Outdoor: $8,250,000; Radio: $15,000,000; T.V.: $32,250,000

Nancy Karpinski *(Dir-Client Svc)*
Lori Ewing *(Supvr-Media)*

Accounts:
Brick Southeast
The Washington Post msnbc.com washingtonpost.com; Arlington, VA Information News Web Site; 1998
WHUR-FM; Washington, DC; 2000

ADZ ETC., INC.
N88 W16749 Main St Ste 3, Menomonee Falls, WI 53051-2826
Tel.: (262) 502-0507
Fax: (262) 502-0508
Web Site: www.adzetc.com

E-Mail for Key Personnel:
President: beth@adzetc.com

Employees: 4
Year Founded: 1995

Agency Specializes In: Advertising, Advertising Specialties, Recruitment

Beth Grzesiak *(Pres)*
Cori Maki *(Acct Exec)*

AEI ADVERTISING
Mountain Sage, Phoenix, AZ 85045
Tel.: (602) 758-4891
E-Mail: info@aeiadvertising.com
Web Site: www.aeiadvertising.com

Employees: 6
Year Founded: 2010

Agency Specializes In: Advertising, Collateral, Graphic Design, Media Planning, Print, Social Media

Sarah Woods *(VP-Client Svcs & Strategy)*

Accounts:
Kyrene de los Cerritoss PTO
Prestige Cleaners

AFFIRM
N28W23050 Roundy Dr Ste 100, Pewaukee, WI 53072
Tel.: (262) 650-9900
Fax: (262) 650-3160
Toll Free: (800) 827-1890
Web Site: www.affirmagency.com

Employees: 20

Agency Specializes In: Advertising, Brand Development & Integration, Collateral, Internet/Web Design, Media Buying Services, Media Planning, Public Relations, Social Media, Strategic Planning/Research

Max Levchin *(CEO)*
Steve Stocker *(Chief Creative Officer & Principal)*
Rob Pfeifer *(Chief Revenue Officer)*
Danny Mager *(Principal & Mktg Dir)*
Laura Monagle *(VP-Client Svcs & PR)*
Cathy Looze *(Media Dir)*
Ingrid Pavlick *(Mgr-Acctg)*
Amy Opad *(Acct Exec)*
Traci Brice *(Sr Graphic Designer)*
Roe Swanson *(Assoc Media Dir)*

Accounts:
Central Indiana Regional Transportation Authority Commuter Connect (Agency of Record)
RTA Transit Benefit Fare Program

AFG&
1 Dag Hammarskjold Plz, New York, NY 10017
Tel.: (212) 832-3800
Fax: (212) 418-7331
E-Mail: acolotti@afg1.com
Web Site: avrettfreeginsberg.com/

Employees: 125
Year Founded: 1975

National Agency Associations: 4A's-AAF-LIAN

Agency Specializes In: Above-the-Line, Advertising, Below-the-Line, Brand Development & Integration, Collateral, Consumer Goods, Consumer Marketing, Digital/Interactive, Direct-to-Consumer, Internet/Web Design, Luxury Products, Media Buying Services, Media Planning, Planning & Consultation, Point of Sale, Production (Ad, Film, Broadcast), Production (Print), Social Media, Sponsorship, Web (Banner Ads, Pop-ups, etc.)

afg& was born with collaboration at its core. The agency is an unlimited partnership between their people, their clients, and their media and production partners. Collaboration isn't just a promise on a PowerPoint slide here. It's real here. It works here.

Breakdown of Gross Billings by Media: Bus. Publs.: $2,202,000; Fees: $55,900,000; Mags.: $51,905,000; Newsp.: $12,348,000; Outdoor: $5,928,000; Production: $36,350,000; Radio: $15,503,000; T.V.: $99,864,000

Frank Ginsberg *(Founder, Chm & CEO-Creative)*
Dawn Terrazas *(Exec Mng Dir)*
Tara DeCoursey *(Grp Mng Dir)*
Agostino Colotti *(CFO, COO & Chief Diversity Officer)*
Joe Petruccio *(Co-Chief Creative Officer)*
Sarah Armstrong *(Acct Dir)*
Elizabeth Peters *(Dir-HR)*
Amy Adams *(Exec Grp Mng Dir-UK)*
Gary Cunningham *(Exec Grp Dir-Integrated Creative Services)*

Accounts:
Ad Council Office of the National Drug Policy
The American Hospital of Paris Foundation
Bacardi; 1999
Berentzen Bushel & Barrel Bourbon Whiskey
Blistex Inc. Blistex, Ivarest, Kanka, Odor Eaters, Stridex
Coty
Kobrand Corporation Alize Liquers, Coruba Rum, Tia Maria, Vikingfjord Vodka
Lornamead Finesse, Lice Shield, Yardley
McKesson Corp Health Mart Pharmacy
Nestle Purina PetCare Co Beggin, Busy, Cat Chow, Doguitos, Fancy Feast, Felix, Friskies, Friskies Cat, Friskies Dog, Gourmet, Purina One, Tidy Cats, Win-a-lot, Yesterday's News
Prestige Brands BC Powder, Beano, Chloraseptic, Clear Eyes, Compound W, Debrox, Doctor's, Dramamine, Ecotrin, Efferdent, FiberChoice, Goody's Headache Relief Shot, Goody's Powder, Little Remedies, Luden's, Monistat, New-Skin, Pediacare
Stratasys 3D Printing Solutions
United States Equestrian Federation (Creative Agency of Record)
Van Cleef & Arpels Fine Jewelry
Voli Vodka

AFTER MIDNIGHT, INC
552 Bean Creek Rd Spc 199, Scotts Valley, CA 95066
Tel.: (415) 265-7493
Fax: (215) 623-2435
Web Site: www.aftermidnightinc.com

Employees: 3

Agency Specializes In: Advertising, Brand Development & Integration, Collateral, Package Design, Web (Banner Ads, Pop-ups, etc.)

Kathryn Klein *(Founder, CEO & Exec Creative Dir)*
Jesi Konen *(VP-Mktg & Ops)*

Accounts:
Calgary Scientific Inc.
The Coca-Cola Company
Colgate-Palmolive Company
International Business Machines Corporation
Mondelez International, Inc.
The Open Group, L.L.C.
Reebok International Ltd.

AGENCY 49 LLC
135 32nd Ave, Fairbanks, AK 99701
Tel.: (907) 451-1500
Fax: (907) 451-1520
E-Mail: info@agency49.com
Web Site: www.agency49.com

Employees: 5

Agency Specializes In: Advertising, Brand Development & Integration, Digital/Interactive, Graphic Design, Internet/Web Design, Media Buying Services, Media Relations, Strategic Planning/Research

Accounts:
Gene's Chrysler

AGENCY 51
106 W 4th St 4th Fl, Santa Ana, CA 92701
Fax: (714) 844-4380
Toll Free: (877) 526-0411
E-Mail: info@adagency51.com
Web Site: www.adagency51.com

Employees: 10

Agency Specializes In: Brand Development & Integration, Corporate Identity, Direct Response Marketing, Direct-to-Consumer, Experiential Marketing, Print, Production (Ad, Film, Broadcast), Sponsorship

Sara Albiach *(VP-Client Svcs & Strategy Dev)*
Anthony Serna *(VP-Creative)*
Chris Poole *(Art Dir)*
Richard Pooley *(Designer)*

Accounts:
Hilton Worldwide Anaheim Hotel; 2007

AGENCY 720
500 Woodward Ave Ste 2100, Detroit, MI 48226
Tel.: (313) 483-0480
Web Site: www.agency720.com

Employees: 115

ADVERTISING AGENCIES — AGENCIES - JANUARY, 2019

Agency Specializes In: Advertising

Harold Kobakof *(CEO)*
Ron Parkinson *(COO)*
Henry B. Ozerities, Jr *(Sr VP & Dir-Strategy, Insights & Intelligence)*
Ken Lanes *(VP & Reg Dir-Chevrolet Western Reg)*
Ron Silagy *(VP & Reg Dir-Adv-SE)*
John Marshall *(VP & Creative Dir)*
Kyle Brazelton *(VP & Dir-Fin)*
Steve Fromwiller *(VP & Dir-Digital)*
George Gibbs *(VP & Dir-Reg Adv)*
Jim Jorgensen *(VP & Reg Acct Dir)*
Richard Muir *(VP-Reg Adv Dir-North East Region)*
Amanda Jakovich *(Sr Acct Dir)*
Mark Everly *(Acct Dir)*
Keith Hamilton *(Media Dir)*
Lindsay Simon *(Acct Dir-South Central Reg)*
Tracy Wong *(Acct Dir-Chevrolet)*
Jenna Young *(Acct Dir)*
Lauren Turner *(Dir-Social Mktg Ops & Analytics)*
Wendy Albers *(Mgr-Local Media)*
Amy V. Hudson *(Sr Acct Exec-Chevrolet)*

Accounts:
PulteGroup Print, Radio, TV

AGENCY CREATIVE
14875 Landmark Blvd, Dallas, TX 75254
Tel.: (972) 488-1660
Fax: (972) 773-1061
E-Mail: info@agencycreative.com
Web Site: https://www.agencycreative.com/

Employees: 20
Year Founded: 1994

Agency Specializes In: Above-the-Line, Advertising, Advertising Specialties, Affiliate Marketing, Affluent Market, African-American Market, Agriculture, Alternative Advertising, Arts, Asian Market, Automotive, Aviation & Aerospace, Below-the-Line, Bilingual Market, Brand Development & Integration, Branded Entertainment, Broadcast, Business Publications, Business-To-Business, Cable T.V., Catalogs, Children's Market, Co-op Advertising, Collateral, College, Commercial Photography, Communications, Computers & Software, Consulting, Consumer Goods, Consumer Marketing, Consumer Publications, Content, Copywriting, Corporate Communications, Corporate Identity, Cosmetics, Crisis Communications, Custom Publishing, Customer Relationship Management, Digital/Interactive, Direct Response Marketing, Direct-to-Consumer, E-Commerce, Education, Electronic Media, Electronics, Email, Engineering, Entertainment, Environmental, Event Planning & Marketing, Exhibit/Trade Shows, Experience Design, Experiential Marketing, Fashion/Apparel, Financial, Food Service, Game Integration, Government/Political, Graphic Design, Guerilla Marketing, Health Care Services, High Technology, Hispanic Market, Hospitality, Household Goods, Identity Marketing, In-Store Advertising, Industrial, Infomercials, Information Technology, Integrated Marketing, International, Internet/Web Design, Investor Relations, LGBTQ Market, Legal Services, Leisure, Local Marketing, Logo & Package Design, Luxury Products, Magazines, Marine, Market Research, Media Buying Services, Media Planning, Media Relations, Media Training, Medical Products, Men's Market, Merchandising, Mobile Marketing, Multicultural, Multimedia, New Product Development, New Technologies, Newspaper, Newspapers & Magazines, Out-of-Home Media, Outdoor, Over-50 Market, Package Design, Paid Searches, Pharmaceutical, Planning & Consultation, Podcasting, Point of Purchase, Point of Sale, Print, Product Placement, Production, Production (Ad, Film, Broadcast), Production (Print), Promotions, Public Relations, Publicity/Promotions, Publishing, RSS (Really Simple Syndication), Radio, Real Estate, Recruitment, Regional, Restaurant, Retail, Sales Promotion, Search Engine Optimization, Seniors' Market, Social Marketing/Nonprofit, South Asian Market, Sponsorship, Sports Market, Stakeholders, Strategic Planning/Research, Sweepstakes, Syndication, T.V., Technical Advertising, Teen Market, Telemarketing, Trade & Consumer Magazines, Transportation, Travel & Tourism, Urban Market, Viral/Buzz/Word of Mouth, Web (Banner Ads, Pop-ups, etc.), Women's Market, Yellow Pages Advertising

Agency Creative is an integrated branding agency dedicated to creating breakthrough advertising solutions that help clients achieve their goals. We were founded in 1994 as a full-service marketing and advertising agency. Today, we consist of a dedicated and seasoned team of 25 strategic marketing professionals who are passionate about obtaining results for our clients. Our collective experience has spanned the globe, having launched hundreds of campaigns for companies in a wide spectrum of industry categories such as healthcare, hospitality, financial institutions, telecommunications, and more.

Mike Scannell *(Pres & Chief Digital Officer)*
Mark Wyatt *(CEO)*
Bart Hirneise *(Exec Creative Dir)*
Scott Schindele *(Acct Dir)*
Christie Ward *(Dir-Acctg)*
Jennifer England *(Strategist-Media)*
Emily Gilbert *(Asst Acct Exec)*
Toan Dang *(Assoc Creative Dir)*

Accounts:
Amarillo Town Club Health & Fitness Facilities, Strategy, Website Design; 2015
Assist Wireless Cellular Service
Children's Health Healthcare
IMI Hydronic Engineering Green Solutions for Indoor Climate Control, Strategic Planning; 2015
Janie's Cakes Bakery
Luminator Aerospace
Million Air Dallas
National Athletic Trainers' Association (NATA) Branding, Creative, Strategy, Website Design, Planning & Development
National Circuit Assembly Brand Awareness
Omnitracs Brand Strategy, Integrated Communications
Plano Orthopedic Sports Medicine & Spine Center Strategic Brand Positioning; 2018
S3 Sanitation Cleaning Branding, Collateral, Corporate Identity, Direct Mail, Website
Stryker
TDIndustries Mechanical Construction, Facilities Services
TexCap Financial Branding, Marketing, Website
T.G.I. Friday's Inc. Restaurant

AGENCY ENTOURAGE LLC
7700 John Carpenter Freeway, Dallas, TX 75247
Tel.: (214) 414-3035
E-Mail: info@agencyentourage.com
Web Site: agencyentourage.com

Employees: 20
Year Founded: 2009

Agency Specializes In: Advertising, Advertising Specialties, Affiliate Marketing, Alternative Advertising, Automotive, Brand Development & Integration, Branded Entertainment, Collateral, Communications, Computers & Software, Consulting, Content, Corporate Communications, Corporate Identity, Cosmetics, Custom Publishing, Customer Relationship Management, Digital/Interactive, E-Commerce, Education, Email, Event Planning & Marketing, Exhibit/Trade Shows, Financial, Graphic Design, Guerilla Marketing, Health Care Services, Identity Marketing, In-Store Advertising, Information Technology, Integrated Marketing, Internet/Web Design, Legal Services, Leisure, Local Marketing, Logo & Package Design, Market Research, Media Buying Services, Media Planning, Media Training, Mobile Marketing, Multimedia, New Product Development, New Technologies, Out-of-Home Media, Outdoor, Package Design, Paid Searches, Pharmaceutical, Planning & Consultation, Point of Purchase, Print, Production, Production (Ad, Film, Broadcast), Promotions, Public Relations, Publicity/Promotions, Radio, Real Estate, Regional, Retail, Sales Promotion, Search Engine Optimization, Social Marketing/Nonprofit, Social Media, Sports Market, Strategic Planning/Research, T.V., Technical Advertising, Travel & Tourism, Viral/Buzz/Word of Mouth, Web (Banner Ads, Pop-ups, etc.)

Ben L. Randolph *(Principal)*
Roz Theesfeld *(Creative Dir)*
Brandon Dowdy-Ernst *(Dir-Acct Svc)*
Michael Haake *(Strategist-Content)*
Rachel Lawing *(Coord-Ops, Customer Svc, HR & Event Logistics)*

Accounts:
Christian Brothers Automotive
Pizza Patron
Taylor Hooton Foundation

AGENCY GUERRA
3301 NE 1st Ave Ste H2701, Miami, FL 33137
Tel.: (305) 914-4464
E-Mail: info@agencyguerra.com
Web Site: www.agencyguerra.com

Employees: 10
Year Founded: 2000

Agency Specializes In: Advertising, Brand Development & Integration, Digital/Interactive, Event Planning & Marketing, Graphic Design, Internet/Web Design, Logo & Package Design, Public Relations, Social Media

Lourdes Guerra *(Owner & CEO)*

Accounts:
Midtown Pawn Boutique

THE AGENCY MARKETING GROUP
3202B N Davidson St, Charlotte, NC 28205
Tel.: (704) 333-0667
E-Mail: info@gettheagency.com
Web Site: www.gettheagency.com

Employees: 5
Year Founded: 2011

Agency Specializes In: Advertising, Brand Development & Integration, Graphic Design, Internet/Web Design, Logo & Package Design, Print, Public Relations, Search Engine Optimization, Social Media, Strategic Planning/Research

Kersten Conklin *(Owner & Dir-Mktg)*
Jerry Stahl *(Partner & VP)*
Mark Biller *(Creative Dir)*
Mary Mac Stallings *(Mktg Dir)*
Haley Wightman *(Acct Mgr)*
Lindsay Conklin *(Copywriter)*
Kelsey Sedlmeyer *(Designer)*

Accounts:
Carolina Asthma & Allergy Center
Heel Pain Center
Space Saving Solutions
Studio 51Fifty

AGENCY OF CHANGE
(Name Changed to Centric)

THE AGENCY PROJECT
1601 Elm St Fl 33, Dallas, TX 75201
Web Site: www.theagencyproject.co

Employees: 10
Year Founded: 2016

Agency Specializes In: Brand Development & Integration, Copywriting, Market Research, Media Buying Services, Paid Searches, Public Relations, Search Engine Optimization, Social Media

Daniel Gerow *(Founder)*
Shaungh Wolf *(Sr Strategist-Digital Mktg)*

AGENCY SQUID
414 N 3rd Ave, Minneapolis, MN 55401
Tel.: (612) 799-6620
E-Mail: hello@agencysquid.com
Web Site: agencysquid.com/

Employees: 50
Year Founded: 2015

Agency Specializes In: Above-the-Line, Advertising, Advertising Specialties, Affluent Market, Arts, Asian Market, Automotive, Brand Development & Integration, Branded Entertainment, Business-To-Business, Collateral, Commercial Photography, Communications, Consulting, Consumer Goods, Consumer Marketing, Consumer Publications, Content, Copywriting, Corporate Communications, Corporate Identity, Cosmetics, Custom Publishing, Digital/Interactive, Direct-to-Consumer, Education, Electronic Media, Electronics, Exhibit/Trade Shows, Experience Design, Fashion/Apparel, Financial, Government/Political, Graphic Design, Health Care Services, Hospitality, Identity Marketing, In-Store Advertising, Integrated Marketing, International, Internet/Web Design, Legal Services, Local Marketing, Logo & Package Design, Luxury Products, Magazines, Market Research, Men's Market, Mobile Marketing, Multicultural, Multimedia, New Technologies, Pets, Point of Purchase, Point of Sale, Print, Production, Production (Print), Public Relations, Publishing, Radio, Retail, Social Marketing/Nonprofit, Social Media, Sports Market, Strategic Planning/Research, T.V., Technical Advertising, Transportation, Travel & Tourism, Viral/Buzz/Word of Mouth, Web (Banner Ads, Pop-ups, etc.)

Miles Marmo *(Partner & Dir-Digital)*

AGENCY ZERO
1201 E Colfax Ste 203, Denver, CO 80218
Tel.: (720) 515-5494
E-Mail: hotline@agencyzero.com
Web Site: www.agencyzero.com

Employees: 6

Agency Specializes In: Advertising, Brand Development & Integration, Broadcast, Collateral, Digital/Interactive, Internet/Web Design, Print, Radio, Social Media, Strategic Planning/Research

Jeremy Irwin *(CEO & Chief Creative Officer)*
Cassie Augustine Jones *(Partner & Chief Strategy Officer)*
Monte Bride *(Brand Dir-Strategic)*
Ali DeBenedet *(Brand Mgr-Strategic)*

Accounts:
Garbanzo Mediterranean Grill
Sundance Helicopters Advertising Agency of Record, Digital, Website

AGENCY212, LLC
276 Fifth Ave Ste 801, New York, NY 10001
Tel.: (212) 994-6607
Fax: (212) 994-6699
E-Mail: info@agency212.com
Web Site: www.agency212.com

Employees: 30
Year Founded: 1995

Agency Specializes In: Above-the-Line, Advertising, Affluent Market, Asian Market, Automotive, Below-the-Line, Brand Development & Integration, Broadcast, Business-To-Business, Co-op Advertising, Collateral, Communications, Consulting, Consumer Marketing, Corporate Identity, Cosmetics, Digital/Interactive, Direct Response Marketing, Direct-to-Consumer, E-Commerce, Electronic Media, Email, Event Planning & Marketing, Exhibit/Trade Shows, Experience Design, Fashion/Apparel, Food Service, In-Store Advertising, Integrated Marketing, Internet/Web Design, Logo & Package Design, Market Research, Media Buying Services, Media Planning, New Product Development, Newspaper, Newspapers & Magazines, Out-of-Home Media, Outdoor, Package Design, Point of Purchase, Point of Sale, Print, Product Placement, Production (Print), Promotions, Publishing, Radio, Real Estate, Retail, Sales Promotion, Sponsorship, Strategic Planning/Research, Sweepstakes, T.V., Trade & Consumer Magazines, Travel & Tourism, Web (Banner Ads, Pop-ups, etc.), Women's Market

Approx. Annual Billings: $50,000,000

Accounts:
Ito En (Digital Agency of Record) Digital
McGraw Hill (Agency of Record) Creative, Digital, Media Buying, Media Planning
Palm Bay International (Agency of Record) Alexander Grappa, Aneri, Arrogant Frog, Bertani, Blue Fish, Boissiere, Bottega Vinaia, Boulard, Callia, Cavit Wines, Col d'Orcia, Condesa de Leganza, Faustino, Feudi, Frapin Cognac, Glen Deveron, Gosset Champagne, Jean-Luc Columbo, Laboure-Roi, Lancers, Lunetta Prosecco, Marchesi di Barolo, Navarro Correas, Planeta, Principato, Remy Pannier, Rocca delle Macie, Santa Rita, Santana, Sella & Mosca, Straccali, Terrazze Della Luna, Verrazzano; 2007
Penguin Group; 2009
Royce' Chocolate (Agency of Record) Creative, Digital, Media Buying, Media Planning, Social
Springer Publishing (Digital Agency of Record) Digital
Unilever (Digital Agency of Record) Digital, Iluminage

AGENCY501 INC.
805 W 2nd St, Little Rock, AR 72201
Tel.: (501) 444-2617
Web Site: www.agency501.com

Employees: 10

Agency Specializes In: Advertising, Digital/Interactive, Internet/Web Design, Media Buying Services, Search Engine Optimization, Social Media, T.V.

McCabe Reynolds *(Co-Owner)*
Jason Spees *(Owner)*
Ginger Langley *(Media Buyer)*

Accounts:
Austin Family Dentistry

AGENCY59
1910 Yonge St 4th Fl, Toronto, ON M4S 1Z5
Canada
Tel.: (416) 484-1959
Fax: (416) 484-9846
E-Mail: ascornaienchi@agency59.ca
Web Site: https://www.agency59.ca/

E-Mail for Key Personnel:
Creative Dir.: jmcintyre@agency59.ca
Media Dir.: rsmith@agency59.ca

Employees: 50
Year Founded: 1959

National Agency Associations: ICA

Agency Specializes In: Advertising, Bilingual Market, Brand Development & Integration, Broadcast, Business Publications, Business-To-Business, Collateral, Communications, Consulting, Consumer Marketing, Consumer Publications, Digital/Interactive, Direct Response Marketing, E-Commerce, Electronic Media, Environmental, Financial, Government/Political, Health Care Services, High Technology, Industrial, Information Technology, Internet/Web Design, Investor Relations, Leisure, Magazines, Media Buying Services, Multimedia, Newspaper, Newspapers & Magazines, Out-of-Home Media, Outdoor, Over-50 Market, Planning & Consultation, Print, Production, Public Relations, Publicity/Promotions, Radio, Retail, Seniors' Market, Sports Market, Strategic Planning/Research, Sweepstakes, T.V., Teen Market, Trade & Consumer Magazines, Transportation, Travel & Tourism

Approx. Annual Billings: $10,000,000

Al Scornaienchi *(Pres & CEO)*
Deirdre Hughes *(Partner & Creative Dir)*
John McIntyre *(Partner & Writer)*
Daniel Di Stefano *(CFO)*
Brian Howlett *(Chief Creative Officer)*
David Foy *(Pres-A59 Response)*
Andrew Gillingham *(Art Dir & Creative Dir)*
Jessica Grossman *(Client Svcs Dir)*
Carlie Turco *(Art Dir)*
Curtis Wolowich *(Creative Dir)*
Gavin Ball *(Acct Mgr)*
Jared Smith *(Mgr-Studio)*
Sandra Colburn *(Acct Supvr)*
Julia Foy *(Acct Supvr)*
Erica Francis *(Acct Exec)*
Nick Blagrave *(Copywriter)*
Spencer Henderson *(Planner-Strategic)*
Ramona Persaud *(Planner-Channel)*

Accounts:
Barrick Gold
BC SPCA
Camp Trillium
Cantech
Chase Card Services
Chase Paymentech Solutions
Edward Kelly
Egg Farmers of Ontario
Furniture Bank Campaign: "Echo1"
Gay Lea Foods Co-operative Limited
Genuine Supply
Grace Wu
Heart & Stroke Foundation Campaign: "9-1-1", HeartBike
Hewlett-Packard
Inco Limited
Insurance Brokers Association of Canada
Labatt Breweries of Canada Anti-Drunk Driving
Livegreen
Mercedes-Benz
New-Ministry of Tourism, Sport & Culture
Nabs Canada Campaign: "Sponge"
Nordica Campaign: "Anything Goes"
Panasonic
Silk'n Awareness, Digital
Sirius XM Radio Inc.

ADVERTISING AGENCIES — AGENCIES - JANUARY, 2019

Telus Canada
Wine Country Ontario Campaign: "So Close You Can Taste It"

Branch

Agency59 Response
1910 Yonge Street 4th Fl, Toronto, ON M4S 1Z5 Canada
Tel.: (416) 484-1959
Fax: (416) 484-9846
Web Site: https://www.agency59.ca/

E-Mail for Key Personnel:
Production Mgr.: lwhite@amw-com.com

Employees: 40
Year Founded: 1985

National Agency Associations: CAB-CMA

Agency Specializes In: Business-To-Business, Consumer Marketing, Direct Response Marketing, E-Commerce, Health Care Services, High Technology, Seniors' Market, Strategic Planning/Research, Sweepstakes, Travel & Tourism

David Foy (Pres & Partner)
Marc Cooper (Partner-Client Svc)
Brian Howlett (Chief Creative Officer)
Andrew Gillingham (Creative Dir)
Jessica Grossman (Client Svcs Dir)
Samantha Hepworth (Acct Dir)
Philip Walton (Media Dir)
Julia Foy (Acct Supvr)
Stephen Loveless (Assoc Creative Dir)

Accounts:
BC SPCA
BMO/Harris Bank
CAA South Central Ontario
ENCON Group Insurance
MADD Canada
Ontario Society of Professional Engineers
SiriusXM Canada Direct Response
TELUS
XM Satellite Radio

AGENCYEA
311 W Walton St, Chicago, IL 60610
Tel.: (312) 879-0186
Web Site: agencyea.com/

Employees: 116
Year Founded: 1999

Agency Specializes In: Advertising, Brand Development & Integration, Event Planning & Marketing, Experiential Marketing, Integrated Marketing

Fergus Rooney (CEO)
Rick Cosgrove (Exec Creative Dir)
Hunter Haas (Grp Acct Dir)
Kelley Gripp (Dir-Strategic Initiatives)
Claire Holland (Dir-Mktg Comm)
Lucy Stratton (Dir-Bus Dev)
Brittany McCullars (Assoc Dir-Digital)
Rebecca Lyon (Sr Mgr-Mktg Strategy)
Kristin Barbour (Sr Acct Mgr)
Donna Niezgoda-Panacchia (Mgr-Print)
Kelli Wolfgram (Mgr-Exec Ops)
Jessica Murray (Acct Supvr)
Joanna Badamo (Sr Strategist-Creative)
Erin Behbehani (Acct Exec)
Brian Donahoe (Acct Exec)
Angelina Spaniolo (Strategist-Creative)
Sarah Spliethoff (Strategist-Creative)
Amy Bott (Acct Coord)
Taylor Joyce (Acct Coord)
Tessa Coan (Assoc-Mktg Comm)

Kori Coleman (Assoc Strategist-Creative)

Accounts:
Boeing
Clif Bar Inc Event; 2017
Hilton Worldwide
MillerCoors LLC Event, MillerCoors Distributor Convention; 2017

AGENCYQ
1825 K St NW Ste 500, Washington, DC 20006
Tel.: (202) 776-9090
Web Site: www.agencyq.com

Employees: 30
Year Founded: 1999

Agency Specializes In: Advertising, Content, Internet/Web Design, Search Engine Optimization, Social Media

Sean Breen (Founder & CEO)
Meghan Fishburn (VP-Strategic Accts)
Chris Merl (VP-Fin & Ops)

Accounts:
U.S. Department of Energy Office of Science

AGENCYRX
(Merged with Flashpoint Medica, DDB Health Germany, DDB Health Paris & Synergy to form DDB Health)

AGENCYSACKS
345 7th Ave 7th Fl, New York, NY 10001-5006
Tel.: (212) 826-4004
Fax: (212) 593-7824
E-Mail: info@agencysacks.com
Web Site: http://agencysacks.com/

E-Mail for Key Personnel:
President: asacks@agencysacks.com

Employees: 30
Year Founded: 1964

Agency Specializes In: Advertising, Advertising Specialties, Affluent Market, Automotive, Aviation & Aerospace, Brand Development & Integration, Broadcast, Business Publications, Cable T.V., Catalogs, Collateral, Consumer Goods, Consumer Marketing, Consumer Publications, Corporate Identity, Cosmetics, Digital/Interactive, Direct Response Marketing, Direct-to-Consumer, Electronic Media, Electronics, Fashion/Apparel, Financial, Graphic Design, Hospitality, Household Goods, Identity Marketing, In-Store Advertising, International, Internet/Web Design, Leisure, Logo & Package Design, Luxury Products, Magazines, Market Research, Media Buying Services, Media Planning, Newspaper, Newspapers & Magazines, Out-of-Home Media, Outdoor, Package Design, Point of Purchase, Point of Sale, Print, Production, Production (Ad, Film, Broadcast), Radio, Real Estate, Regional, Restaurant, Retail, Social Media, Sponsorship, Strategic Planning/Research, T.V., Trade & Consumer Magazines, Travel & Tourism, Women's Market

Andrew Sacks (Owner & Pres)
John Mercurio (CFO & COO)
Abbey Bishop (Acct Exec)
Jessica Haas (Sr Art Dir)

Accounts:
The Affluence Collaborative; New York, NY Affluent Segment Research Partnership; 2009
American Express Publishing - Departures Magazine; New York, NY Centurion Card Members Publication & Online Sponsorship Programs; 1998
Cartier; New York, NY Jewelry & Timepieces; 2003

Constellation Brands; Fairport, NY Premium Wines and Spirits; 2009
Dolce Hotels & Resorts; Montvale, NJ; 2007
Fontainebleau Miami Beach
Keeneland Association, Inc.; Lexington, KY Racetrack & Auction Company; 2007
Kobrand Corporation; Purchase, NY Wine & Spirits; 2009
New York Palace Hotel; 2007
The Penninsula Group; Hong Kong
Rosewood Hotels & Resorts; Dallas, TX Digital, Print
SHVO Marketing; New York, NY; 2007
Sony Cierge; New York, NY VIP Program; 2007
Stark Carpet; New York, NY Carpet, Wall Covering & Fine Furniture; 2006
Steinway Lyngdorf; New York, NY High-Performance In-Home Stereo Systems; 2006
Taj Hotels, Palaces & Resorts International Hotels, Resorts & Palaces; 2007

AGENDA
311 W 43rd St Ste 703, New York, NY 10036
Tel.: (212) 582-6200
Web Site: www.agendanyc.com

Employees: 20
Year Founded: 1999

Agency Specializes In: Below-the-Line, Catalogs, Collateral, Digital/Interactive, Direct Response Marketing, Electronic Media, Exhibit/Trade Shows, Experience Design, In-Store Advertising, Local Marketing, Magazines, Mobile Marketing, Multimedia, Out-of-Home Media, Outdoor, Point of Purchase, Point of Sale, Print, Promotions, Social Media, Sponsorship, Sweepstakes, Web (Banner Ads, Pop-ups, etc.)

Victor Rivera (CEO)
Daniel Koh (Partner & Creative Dir)
David Stewart (Principal)
Rich Lim (Acct Dir)
Dave Rodriguez (Creative Dir)
Melissa Rosen (Acct Dir)
Emily Simmons (Acct Dir)
Devon Zanca (Acct Mgr)

Accounts:
Abbott Health Care, Pharma; 2006
Guardian Insurance; 2008
Hanwha Solar Energy; 2011
LexisNexis Legal Services; 2010
MasterCard Financial Services; 1999
PartnerRe Reinsurance; 2005
Samsung Electronics America Consumer Electronics; 2006
Samsung Group; 1999
TradeMark East Africa North American Public Affairs
Yext Location Software Technology; 2013

AH&M MARKETING COMMUNICATIONS
152 N St Ste 340, Pittsfield, MA 01201-5118
Tel.: (413) 448-2260
Fax: (413) 445-4026
E-Mail: info@ahminc.com
Web Site: www.ahminc.com

E-Mail for Key Personnel:
President: jallison@ahminc.com

Employees: 8
Year Founded: 1988

Agency Specializes In: Automotive, Aviation & Aerospace, Business-To-Business, Communications, Engineering, Industrial, Logo & Package Design, Medical Products, New Product Development, Print, Public Relations, Publicity/Promotions, Strategic Planning/Research, Trade & Consumer Magazines, Transportation

AGENCIES - JANUARY, 2019 — ADVERTISING AGENCIES

Approx. Annual Billings: $7,000,000

Breakdown of Gross Billings by Media: Bus. Publs.: 10%; Collateral: 20%; Production: 10%; Pub. Rels.: 50%; Trade Shows: 10%

Jim Allison *(Pres)*
Daniel McCarthy *(Acct Mgr)*

Accounts:
Milliken Plastics
SABIC Innovative Plastics

AHA COMMUNICATIONS
(See Under Workhorse Marketing)

AILERON COMMUNICATIONS
8 S Michigan Ave Ste 3000, Chicago, IL 60603
Tel.: (312) 629-9400
E-Mail: info@aileroninc.com
Web Site: www.aileroninc.com

Employees: 5

Agency Specializes In: Crisis Communications, Digital/Interactive, Event Planning & Marketing, Media Relations, Public Relations, Social Media

Dave Lundy *(Pres)*
Martha Arendt *(VP)*
Peter Gray *(Client Svcs Dir)*

Accounts:
New-PECO Pallet

AIM ADVERTISING
PO Box 111, Winfield, PA 17889
Tel.: (570) 522-9200
Fax: (570) 522-9202
Web Site: www.aimadvertising.com

Employees: 3

Agency Specializes In: Advertising, Digital/Interactive, Email, Internet/Web Design, Print, Promotions

Mark Fleisher *(Pres & CEO)*
Mary Fleisher *(VP)*
Scott Sanders *(Creative Dir)*

Accounts:
Colonial Candlecrafters

AIMIA
100 N 6th St, Minneapolis, MN 55403
Tel.: (763) 445-3000
Web Site: www.aimia.com

Employees: 3,000
Year Founded: 1938

National Agency Associations: AMA-DMA

Agency Specializes In: Collateral, Communications, Consumer Marketing, Direct Response Marketing, Event Planning & Marketing

Mike Corneille *(VP-Platform Solutions)*
Cindy Faust *(VP-Client Dev)*
Lars Parmekar *(Acct Dir)*
Jennifer Rosenzweig *(Strategist-Employee Engagement)*

Accounts:
AARP
Amtrak
Chrysler de Mexico
Chrysler Financial
Chrysler LLC
Coca-Cola Refreshments USA, Inc.
Ford
General Motors
Hallmark
IBM
JetBlue
Kellogg's
Kodak Graphic Communications Group
Mazda
Northwest Airlines, Inc.
Oracle America, Inc.
Sprint
Visa
Wachovia
Wal-Mart

Americas

Aimia
2845 Mathieson Blvd E, Mississauga, ON L4W 5K2 Canada
Tel.: (905) 214-8699
Fax: (905) 214-8693
Web Site: www.aimia.com

Employees: 350

Agency Specializes In: Advertising

Vince Timpano *(Pres-Coalitions)*

Aimia
1 Gatehill Dr Ste 205, Parsippany, NJ 07054-4514
Tel.: (973) 292-0050
Web Site: www.aimia.com

Employees: 2,500

Agency Specializes In: Advertising

Natalie Woodson *(Dir-Client Solutions Dev)*

Aimia
Carlson Ct 116 Putney Bridge Rd, London, SW15 2NQ United Kingdom
Tel.: (44) 20 8875 3100
Fax: (44) 20 8875 0777
Web Site: www.aimia.com

Employees: 65

Agency Specializes In: Advertising

Robert E. Brown *(Chm)*
Jeremy Rabe *(CEO)*
Simon Hawkes *(Sr VP-Product Mgmt)*
Simone Cesco *(Head-Plng)*

Accounts:
Muller Dairy

AINSLEY & CO
505 S Exeter St, Baltimore, MD 21202
Tel.: (410) 317-8388
E-Mail: info@ainsleyagency.com
Web Site: www.ainsleyagency.com

Employees: 22
Year Founded: 2009

Agency Specializes In: Advertising, Brand Development & Integration, Graphic Design, Print

Tom Ainsley *(CEO)*
Rick Faint *(Chief Growth Officer)*
Susan Haus *(Media Dir)*
Emily Cullen *(Acct Mgr)*

Accounts:
McQuade Consulting LLC

AIR INTEGRATED
(Name Changed to Commit Agency)

AIR PARIS/NEW YORK
20 W 22nd St 901, New York, NY 10010
Tel.: (212) 660-4460
Web Site: www.airparisagency.com

Employees: 80
Year Founded: 1997

Agency Specializes In: Above-the-Line, Below-the-Line, Catalogs, Digital/Interactive, Experience Design, In-Store Advertising, Print, Production, T.V., Web (Banner Ads, Pop-ups, etc.)

Dimitri Katsachnias *(CEO)*
Cecile Begue-Turon *(Exec Dir-France)*
Lisa Nanus *(Grp Acct Dir)*

Accounts:
Estee Lauder Osaio; 2011
Foli Folie; 2010
Guess Fragrances; 2000
Links of London; 2013
Longchamp; 2011
Murad; 2011

AIRT GROUP
91 Dockside Cir, San Rafael, CA 94903
Tel.: (415) 497-3222
Web Site: www.airt-group.com

Employees: 1

Agency Specializes In: Advertising, Multimedia, Print

Bill Light *(Exec Creative Dir)*
Peter Sharpe *(Sr Dir-Art)*
Jerry Strifler *(Sr Dir-Art)*
Robin Freni *(Dir-Design)*
Ron Ovadia *(Strategist-Creative Brand)*
Mike Mahoney *(Sr Writer)*

Accounts:
BioVentrix

AIS MEDIA, INC.
3340 Peachtree Rd Ne Ste 2500, Atlanta, GA 30326
Tel.: (404) 751-1043
Web Site: www.aismedia.com

Employees: 40

Agency Specializes In: Advertising, Content, Digital/Interactive, Internet/Web Design, Social Media

Revenue: $4,600,000

Thomas Harpointner *(CEO)*
Denise Maling *(Exec VP)*

Accounts:
1st Franklin Financial Corporation

AISLE ROCKET STUDIOS
1001 Reads Lake Rd, Chattanooga, TN 37415-2056
Tel.: (423) 875-3743
Fax: (423) 875-5346
Web Site: www.aislerocket.com

Employees: 40
Year Founded: 1977

ADVERTISING AGENCIES
AGENCIES - JANUARY, 2019

Agency Specializes In: Advertising, Point of Purchase, Point of Sale, Print, Production, Sales Promotion

Approx. Annual Billings: $12,000,000

Kashif Zaman *(Chief Digital Officer)*
Kim Finch *(Sr VP & Gen Mgr)*
Renee Martin *(VP-Creative Strategy)*

Accounts:
Amana
Electrolux Home Products Eureka
Gladiator
Kenmore
Kmart
Maytag
Quill
Sears, Roebuck & Co. Craftsman, DieHard, Kenmore, The Great Indoors
Walmart
Whirlpool Corporation Campaign: "Every Day, Care", Jenn-Air, Kitchenaid
Woodcraft

Branches

Aisle Rocket Studios
511 Renaissance Dr Ste 150, Saint Joseph, MI 49085
Tel.: (269) 982-6600
Fax: (269) 98-2 6640
Web Site: www.aislerocket.com

Employees: 250
Year Founded: 1995

Scott Norman *(Pres)*
Ronda Scalise *(Sr VP & Gen Mgr-Chicago)*
Kim Finch *(Sr VP-Mktg)*
Renee Martin *(VP-Creative Strategy)*
Nicole Brown *(Sr Art Dir)*

Accounts:
Affresh
Amana
Craftsman
Dollar General
Electrolux
Eureka
Gladiator
Kmart
Maytag
Sears

Aisle Rocket Studios
220 N Smith St Ste 310, Palatine, IL 60067-2448
Tel.: (847) 598-2424
Fax: (847) 882-0175
Web Site: www.aislerocket.com

Employees: 30
Year Founded: 2005

Agency Specializes In: Advertising

Kashif Zaman *(Chief Digital Officer)*
Renee Kae Martin *(VP-Creative Strategy)*
Courtney Danner *(Acct Dir-Digital)*
Matthew Loiacono *(Acct Dir)*
Sarah Senour *(Acct Dir)*
Cheryl Heissler *(Mgr-Studio)*
Megan Ryan *(Acct Supvr)*

Accounts:
Kmart Corporation
Sears Holdings Corporation
Sears, Roebuck & Co.

AJ ROSS CREATIVE MEDIA, INC.
62 Wood Rd, Chester, NY 10918
Tel.: (845) 783-5770
Fax: (845) 782-9073
Toll Free: (800) 723-4644
E-Mail: info@ajross.com
Web Site: www.ajross.com

E-Mail for Key Personnel:
Creative Dir.: carlos@ajross.com

Employees: 12
Year Founded: 1991

Agency Specializes In: Advertising, Advertising Specialties, Affluent Market, Alternative Advertising, Arts, Aviation & Aerospace, Brand Development & Integration, Broadcast, Business Publications, Business-To-Business, Cable T.V., Catalogs, Co-op Advertising, Collateral, Commercial Photography, Communications, Consulting, Consumer Goods, Consumer Marketing, Consumer Publications, Content, Corporate Communications, Corporate Identity, Cosmetics, Digital/Interactive, Direct Response Marketing, Direct-to-Consumer, E-Commerce, Education, Electronic Media, Email, Environmental, Event Planning & Marketing, Exhibit/Trade Shows, Experience Design, Financial, Food Service, Government/Political, Graphic Design, Health Care Services, High Technology, Hispanic Market, Hospitality, Household Goods, Identity Marketing, In-Store Advertising, Industrial, Infomercials, Information Technology, Integrated Marketing, Internet/Web Design, Investor Relations, Legal Services, Leisure, Local Marketing, Logo & Package Design, Luxury Products, Magazines, Market Research, Media Buying Services, Media Planning, Media Relations, Media Training, Medical Products, Men's Market, Merchandising, Mobile Marketing, Multimedia, New Product Development, Newspaper, Newspapers & Magazines, Out-of-Home Media, Outdoor, Over-50 Market, Package Design, Paid Searches, Pharmaceutical, Planning & Consultation, Point of Purchase, Point of Sale, Print, Product Placement, Production, Production (Print), Promotions, Public Relations, Publicity/Promotions, Publishing, Radio, Recruitment, Regional, Retail, Sales Promotion, Search Engine Optimization, Seniors' Market, Social Marketing/Nonprofit, Social Media, Sponsorship, Sports Market, Strategic Planning/Research, T.V., Technical Advertising, Teen Market, Trade & Consumer Magazines, Transportation, Travel & Tourism, Urban Market, Women's Market, Yellow Pages Advertising

Approx. Annual Billings: $3,000,000

Breakdown of Gross Billings by Media: Brdcst.: $300,000; Cable T.V.: $300,000; Collateral: $300,000; Logo & Package Design: $450,000; Newsp.: $300,000; Print: $300,000; Spot Radio: $150,000; Worldwide Web Sites: $900,000

Allan Ross *(Pres)*
Matt Ross *(Sr VP-Digital Svcs)*
Carlos Vega *(Creative Dir)*
Garrett Kogel *(Designer)*
Victor Lago *(Asst Creative Dir)*

Accounts:
Fini Construction; Goshen, NY New Home Developers
Fini Developers Residential & Commercial Real Estate; 2009
Finkelstein & Partners; Newburgh, NY Attorneys
Hunterdon Radiology Radiological Services; 2006
Jacoby & Meyers; New York, NY Legal
K & M Consulting, Inc.
Newgen Construction New Homes; 2005
NIFTY Travel; 1996
Olympia Homes; Corn-Wall-On-Hudson, NY New Home Developers
Orange County Parks; Goshen, NY Web Design, Collateral Materials
Orange County Partnership
Orange County Tourism New Homes; 2005
Regan Developers Real Estate; 2003
Spence Engineering Steam Fittings; 2008
Sullivan Flotation Marina Landings; 2005
Tarshis, Catania, Liberth, Mahon & Milligram Attorneys; 2005

AJAX UNION
253 36Th St Unit 24, Brooklyn, NY 11232
Tel.: (718) 569-1020
Fax: (718) 569-1022
Toll Free: (800) 594-0444
E-Mail: info@ajaxunion.com
Web Site: www.ajaxunion.com

Employees: 50
Year Founded: 2007

Agency Specializes In: Advertising, Direct Response Marketing, Email, Mobile Marketing, Paid Searches, Public Relations, Search Engine Optimization, Social Media, Web (Banner Ads, Pop-ups, etc.)

Approx. Annual Billings: $3,000,000

Joe Apfelbaum *(Co-Founder & CEO)*
Sasha Marketter *(Dir-Bus Mktg)*
Dave Kehaty *(Specialist-Internet Mktg SEO)*

Accounts:
Rearviewsafety; 2010
Zoe Ltd

AKA DIRECT, INC.
2415 N Ross Ave, Portland, OR 97227
Mailing Address:
PO Box 5217, Portland, OR 97208-5217
Tel.: (800) 647-8587
Fax: (503) 692-9625
E-Mail: wayne.modica@akadirect.com
Web Site: www.akadirect.com

Employees: 65
Year Founded: 1968

Agency Specializes In: Advertising, Automotive, Aviation & Aerospace, Business Publications, Business-To-Business, Children's Market, Collateral, Consulting, Consumer Marketing, Cosmetics, Direct Response Marketing, E-Commerce, Education, Electronic Media, Engineering, Entertainment, Exhibit/Trade Shows, Financial, Food Service, Government/Political, Graphic Design, High Technology, Industrial, Information Technology, LGBTQ Market, Legal Services, Leisure, Local Marketing, Logo & Package Design, Magazines, Marine, Media Buying Services, Medical Products, Merchandising, Over-50 Market, Pharmaceutical, Print, Production, Promotions, Real Estate, Retail, Seniors' Market, Technical Advertising, Telemarketing, Travel & Tourism

Approx. Annual Billings: $7,000,000

Breakdown of Gross Billings by Media: Consulting: 5%; D.M.: 60%; Other: 15%; Print: 20%

David Rouza *(COO)*
Walter Aman *(C/O)*
Laura Torres *(Sr Acct Mgr)*
Scott Dachtler *(Acct Mgr)*

AKA NYC
321 W 44th St, New York, NY 10036
Tel.: (212) 584-0400
E-Mail: contact@aka.nyc
Web Site: aka.nyc

AGENCIES - JANUARY, 2019 — ADVERTISING AGENCIES

Employees: 60

Agency Specializes In: Advertising, Content, Digital/Interactive, Social Media, T.V.

Elizabeth Furze *(Mng Partner)*
Scott Moore *(Mng Partner)*
Amanda LaFollette Blackman *(Sr VP-Creative Strategy & Experiential Design)*
Elizabeth Findlay *(VP-Media & Client Svcs)*
Bashan Aquart *(Exec Creative Dir)*
Jennifer Blanco *(Grp Dir-Client Svcs)*
David Barrineau *(Creative Dir)*
Ryan Cunningham *(Creative Dir)*
Jacob Matsumiya *(Acct Dir)*
Robert Schnabel *(Art Dir)*
Mark Blankenship *(Dir-Integrated Content & Community)*
Jamaal Parham *(Dir-Content)*
Joshua Poole *(Dir-Media & Agency Innovations)*
Ryan Greer *(Sr Supvr-Media)*

Accounts:
American Psycho on Broadway
Dames at Sea Broadway LLC
Gotta Dance Broadway LLC
It's Only a Play
Les Miserables
Longacre Theatre Campaign: "Living on Love"
Matilda the Musical
Warner Bros. Entertainment Inc.

AKAVIT
1644 Platte St, Denver, CO 80204
Tel.: (303) 818-0853
Fax: (303) 648-4825
Web Site: www.akavit.com

Employees: 12
Year Founded: 2008

Agency Specializes In: Advertising, Content, Digital/Interactive, Email, Internet/Web Design, Media Buying Services, Promotions, Search Engine Optimization, Social Media

Rob Davis *(CEO)*
Jeremy Siefkas *(Dir-Integrated Mktg Svcs)*

Accounts:
Avocados

AKINS MARKETING & DESIGN L.L.C.
5599 Shadow Lawn Dr, Sarasota, FL 34242
Tel.: (860) 440-2625
Fax: (860) 443-8110
E-Mail: marketing@akinsmarketing.com
Web Site: www.akinsmarketing.com

E-Mail for Key Personnel:
President: pamakins@akinsmarketing.com

Employees: 2
Year Founded: 1989

Agency Specializes In: Advertising, Brand Development & Integration, Business-To-Business, Collateral, Consulting, Corporate Identity, Education, Financial, Government/Political, Graphic Design, Health Care Services, High Technology, Industrial, Internet/Web Design, Logo & Package Design, Media Buying Services, Newspapers & Magazines, Public Relations, Publicity/Promotions, Travel & Tourism

Approx. Annual Billings: $500,000

Accounts:
Block Island Ferry; New London, CT; 1989
Connecticut Department of Consumer Protection Direct Mail Campaign, Prescription Monitoring Program
Definitive Technology; Baltimore, MD Consumer Electronics; 1990
Lawrence Memorial Hospital; New London, CT; 1989
New London Rotary Club
OraLine

AL PUNTO ADVERTISING, INC.
730 El Camino Way Ste 200, Tustin, CA 92780-7733
Tel.: (714) 544-0888
Fax: (714) 544-0830
E-Mail: info@alpunto.com
Web Site: www.alpunto.com

E-Mail for Key Personnel:
President: pgoff@alpunto.com
Creative Dir.: ebottger@alpunto.com

Employees: 25
Year Founded: 1994

National Agency Associations: AHAA

Agency Specializes In: Advertising, Bilingual Market, Communications, Consumer Marketing, Entertainment, Health Care Services, Hispanic Market, Logo & Package Design, Media Buying Services, Planning & Consultation, Public Relations, Publicity/Promotions, Restaurant, Retail, Sponsorship

Revenue: $87,000,000

Eduardo Bottger *(Pres, Principal & Exec Dir-Creative)*
Ivan Cevallos *(Acct Dir)*

Accounts:
American Heart Association; Burlingame, CA Hispanic, Stroke Awareness
Blue Ribbon Rice
California Beef Councils; 2015
Clearwire Corporation
Daisy Brand
Holiday Inn Express
IEHP (Inland Empire Health Plan); Riverside, CA; 2002
Jim Beam Whiskey
Kia Motors America, Inc.; 2005
Ringling Brothers & Barnum & Bailey Circus; Vienna, VA; 2002
San Diego Gas & Electric Company
Sempra Energy

AL SHULTZ ADVERTISING, INC.
1346 The Alameda, San Jose, CA 95126
Tel.: (408) 289-9555
E-Mail: info@alshultz.com
Web Site: www.alshultz.com

Employees: 5
Year Founded: 1983

National Agency Associations: BMA

Agency Specializes In: Advertising, Automotive, Brand Development & Integration, Business Publications, Business-To-Business, Collateral, Communications, Computers & Software, Corporate Communications, Electronic Media, Electronics, Email, Engineering, Exhibit/Trade Shows, Graphic Design, High Technology, Identity Marketing, Industrial, Information Technology, Integrated Marketing, Internet/Web Design, Logo & Package Design, Magazines, Media Planning, Medical Products, New Technologies, Newspapers & Magazines, Paid Searches, Print, Production (Print), Promotions, Sales Promotion, Social Media, Technical Advertising, Trade & Consumer Magazines

Approx. Annual Billings: $2,000,000

Breakdown of Gross Billings by Media: Bus. Publs.: $800,000; Collateral: $200,000; Graphic Design: $200,000; Trade Shows: $200,000; Worldwide Web Sites: $600,000

Al Shultz *(Pres & Creative Dir)*

Accounts:
ClassOne Technology Semiconductor Processing Equipment; 2014
Duralar Technologies Advanced Hard Coatings; 2012
EcoVoltz; San Jose, CA Energy Storage for Solar & Wind; 2008
Greenkote Eco-friendly Anti-corrosion Metal Coatings; 2012
Hamamatsu Photonics Photonics Technology, Components & Systems; 2014
McBain Systems; Simi Valley, CA Microscopy Systems; 2007
MicroSurface Corporation Lubrication Coatings; 2012
PolyDiamond Technologies; Pleasanton, CA Product Additives; 2011
Sub-One Technology; Pleasanton, CA Internal Coating Technologies; 2004
SynGen Inc Blood Cell Separation Systems; 2014

AL STARK'S A&M
2620 N Augusta Dr, Wadsworth, IL 60083
Tel.: (847) 625-9100
Fax: (847) 625-9101
E-Mail: al.stark@sbcglobal.net
Web Site: www.alstark.com

Employees: 5
Year Founded: 1974

Agency Specializes In: Advertising, Automotive, Brand Development & Integration, Business Publications, Business-To-Business, Cable T.V., Co-op Advertising, Consulting, Direct Response Marketing, E-Commerce, Exhibit/Trade Shows, Graphic Design, Internet/Web Design, Logo & Package Design, Magazines, Media Buying Services, New Product Development, Newspapers & Magazines, Planning & Consultation, Print, Production, Public Relations, Radio, T.V., Telemarketing, Trade & Consumer Magazines

Approx. Annual Billings: $945,000

Breakdown of Gross Billings by Media: Brdcst.: $50,000; Bus. Publs.: $200,000; Mags.: $100,000; Newsp.: $10,000; Point of Purchase: $250,000; Production: $100,000; Pub. Rels.: $40,000; Radio: $20,000; Sls. Promo.: $75,000; T.V.: $100,000

Alvin W. Stark *(Pres, Dir-Creative & Dir-Media)*

Accounts:
Bridgeview Lamp; Chicago, IL Lighting
Cal Controls; Libertyville, IL Temperature Controls; 1996
Murray Brothers Manufacturing Flexo Rollers; 1999
Tube Form Corp.; Chicago, IL Lighting Fixture Parts
Wilkenson Manufacturing; Chicago, IL Furniture Legs

ALANIZ MARKETING
7250 Redwood Blvd Ste 109, Novato, CA 94945
Tel.: (415) 892-5252
E-Mail: info@alanizmarketing.com
Web Site: www.alanizmarketing.com

Employees: 8
Year Founded: 2008

Agency Specializes In: Advertising, Brand

ADVERTISING AGENCIES — AGENCIES - JANUARY, 2019

Development & Integration, Digital/Interactive, Graphic Design, Internet/Web Design, Logo & Package Design, Paid Searches, Print, Search Engine Optimization, Social Media

Andrew Erickson *(Mng Partner)*
Roxanne Alaniz *(Principal)*

Accounts:
CUneXus Solutions

ALARIE DESIGN
260 E Plant St, Winter Garden, FL 34787
Tel.: (407) 656-8879
Fax: (407) 656-4502
Toll Free: (866) 444-3986
E-Mail: info@alariedesign.com
Web Site: www.alariedesign.com

Employees: 6
Year Founded: 1996

Agency Specializes In: Advertising, Identity Marketing, Logo & Package Design, Out-of-Home Media, Outdoor, Package Design, Print, Web (Banner Ads, Pop-ups, etc.)

Joe Alarie *(Pres & CEO)*

Accounts:
Alligator Adventure
Rally Stores
West Orange Chamber of Commerce

ALCHEMY ADVERTISING
2109 Broadway Ste 1462, New York, NY 10023
Tel.: (917) 459-1321
Web Site: www.alchemyadvertising.com

Agency Specializes In: Advertising, Media Buying Services, Media Planning, Public Relations

Marek Lis *(Founder & Owner)*

Accounts:
Apple Inc. Computers & Laptops Mfr & Distr
Canon Digital Camera & Accessories Mfr
IBM Information Technology Services Provider

ALCHEMY AT AMS
16986 N. Dallas Pkwy, Dallas, TX 75248-1920
Tel.: (972) 818-7400
Web Site: alchemyams.com

Employees: 14
Year Founded: 1982

Agency Specializes In: Above-the-Line, Advertising, Advertising Specialties, Affluent Market, Alternative Advertising, Arts, Aviation & Aerospace, Below-the-Line, Bilingual Market, Brand Development & Integration, Branded Entertainment, Broadcast, Business Publications, Cable T.V., Catalogs, Children's Market, Co-op Advertising, Collateral, Communications, Computers & Software, Consulting, Consumer Goods, Consumer Marketing, Consumer Publications, Content, Corporate Communications, Corporate Identity, Digital/Interactive, Direct Response Marketing, Direct-to-Consumer, E-Commerce, Education, Electronic Media, Email, Entertainment, Event Planning & Marketing, Exhibit/Trade Shows, Faith Based, Food Service, Government/Political, Graphic Design, Guerilla Marketing, Health Care Services, High Technology, Hispanic Market, Identity Marketing, In-Store Advertising, Industrial, Information Technology, Integrated Marketing, International, Internet/Web Design, Local Marketing, Logo & Package Design, Luxury Products, Magazines, Market Research, Media Buying Services, Media Planning, Media Relations, Men's Market, Merchandising, Mobile Marketing, Multicultural, Multimedia, New Product Development, New Technologies, Newspaper, Newspapers & Magazines, Out-of-Home Media, Outdoor, Over-50 Market, Package Design, Paid Searches, Planning & Consultation, Point of Purchase, Point of Sale, Print, Production, Production (Ad, Film, Broadcast), Production (Print), Promotions, Publishing, Radio, Regional, Restaurant, Retail, Sales Promotion, Search Engine Optimization, Shopper Marketing, Social Marketing/Nonprofit, Social Media, Sponsorship, Strategic Planning/Research, Sweepstakes, T.V., Technical Advertising, Teen Market, Trade & Consumer Magazines, Transportation, Travel & Tourism, Urban Market, Viral/Buzz/Word of Mouth, Web (Banner Ads, Pop-ups, etc.), Women's Market

Approx. Annual Billings: $4,000,000

Tom Rubeck *(Dir & Sr Producer-Video)*

Accounts:
American Heart Association; 2006
Crossroads Winery Brand Positioning, Packaging; 2014
Dallas Zoo (Agency of Record); 2012
DART (Dallas Area Rapid Transit) Brand Positioning; 2013
Frito-Lay Event Marketing; 2000
Good Days at CDF The Exchange Event; 2012
HP Enterprise Services Events, Videos, Websites; 2010
The Institute of Creation Research (Video Series, Marketing); 2013
King Aerospace (Agency of Record); 2014
Launchability Pro Bono Videos; 2005
Main Event Brand Videos; 2014
The Pillow Bar Digital Ads; 2014
Sabre The Technology Behind Travel; 2007

ALCHEMY MEDIA HOLDINGS, LLC
(Formerly National Promotions & Advertising Inc.)
3434 Overland Ave, Los Angeles, CA 90034
Tel.: (310) 558-8555
Fax: (310) 558-8558
Web Site: http://alchemymedia.net

Employees: 31

Agency Specializes In: Advertising, Print

Jay Campbell *(Acct Exec-Natl)*
Brian DeSena *(Acct Exec-Natl)*

Accounts:
Dr Dubrow

ALEXANDER & TOM
3500 Boston St Ste 225, Baltimore, MD 21224-5275
Tel.: (410) 327-7400
Fax: (410) 327-7403
E-Mail: info@alextom.com
Web Site: https://www.alextom.com/

Employees: 12
Year Founded: 1996

Agency Specializes In: Technical Advertising

Approx. Annual Billings: $1,000,000

Billy Twigg *(Pres)*
Antony Casale *(Dir-Multimedia Art)*
Dirk Torrijos *(Designer-Multimedia)*

Accounts:
180s
Adams Golf
Ajilon Consulting
Alabama Power
Allegis/Aerotek
BGE
Ciena Communications
Discovery Channel
EA Sports
EA Sports
Fila USA
Maryland Public Television
McCormick Spices
National Aquarium In Baltimore
National Museum of Dentistry
National Wildlife Federation
The Nature Conservancy
PBS
Pinnacle Golf
Port Discovery
Prometrics
Smithsonian Institute
Towson University
U.S. Dept of Agriculture
U.S. Dept. of State
U.S. Dept. of Transportation
U.S. Dept. of Veterans Affairs
Washington Capitals

THE ALEXIS AGENCY
1201 19th Pl B-401, Vero Beach, FL 32960
Tel.: (772) 231-5999
Fax: (800) 991-6431
Web Site: www.thealexisagency.com

Employees: 20
Year Founded: 2006

Agency Specializes In: Advertising, Brand Development & Integration, Corporate Communications, Corporate Identity, Media Buying Services, Media Planning, Media Relations, Print, Public Relations, Strategic Planning/Research

Ginger Atwood *(Pres)*
Dan Gurley *(Dir-Pub Affairs & Political)*
Todd Prouty *(Specialist-SEO & New Media)*
Steve Vanden Heuvel *(Designer-New Media)*

Accounts:
My Wisdom Link

ALFORD ADVERTISING INC
1055 St Charles Ave Ste 201, New Orleans, LA 70130
Tel.: (504) 581-7500
Fax: (504) 522-9166
E-Mail: contact@alfordadvertising.com
Web Site: www.alfordadvertising.com

Employees: 5
Year Founded: 1977

Agency Specializes In: Advertising, Internet/Web Design, Public Relations, Social Media

Robert Alford *(Pres)*
Suzanne Alford *(Sr Creative Dir)*

Accounts:
Team Gleason

ALFRED COMMUNICATIONS
1435 Rue Saint Alexandre bur 870, Montreal, Quebec H3A 2G4 Canada
Tel.: (514) 227-7000
E-Mail: info@alfred.ca
Web Site: www.alfred.ca

Employees: 50

Agency Specializes In: Advertising, Brand Development & Integration, Digital/Interactive, Graphic Design, Print, Strategic Planning/Research

Jean-Francois Bernier *(Pres & Creative Dir)*
Karine Camirand *(Acct Mgr)*

Accounts:
Centre des sciences de Montreal
EnOcean Energy Harvesting
La Capitale assurance et services financiers

ALIANDA
1199 Soaring Ridge, Marietta, GA 30062
Tel.: (407) 694-5210
E-Mail: mail@alianda.com
Web Site: www.alianda.com

Employees: 5

Agency Specializes In: Advertising, Broadcast, Corporate Identity, Email, Graphic Design, Health Care Services, Hospitality, Internet/Web Design, Logo & Package Design, Print, Real Estate, Retail

Revenue: $1,000,000

Daniel Moye *(Principal & Dir-Creative)*

Accounts:
Clarion Resort & Water Park
Epoch Management
Marriott Vacation Club International
Saint Jude's Children's Research Hospital
Summit Broadband
World Gym International

THE ALISON GROUP
(Merged with South Co to form The Alison South Marketing Group)

THE ALISON SOUTH MARKETING GROUP
(Formerly The Alison Group)
1211 Torrence Cir, Charlotte, NC 28036
Tel.: (706) 724-3758
E-Mail: info@thealisongroup.com
Web Site: http://alisonsouthmarketing.com/

E-Mail for Key Personnel:
President: mark@thealisongroup.com

Employees: 6
Year Founded: 1982

National Agency Associations: AFA-AMA

Agency Specializes In: Advertising, Brand Development & Integration, Business-To-Business, Collateral, Corporate Identity, Electronic Media, Graphic Design, Internet/Web Design, Logo & Package Design, Medical Products, Planning & Consultation, Public Relations, Strategic Planning/Research

Markus Alison *(Pres)*

Accounts:
Barnhardt Manufacturing
Electrolux Sanitaire
Husqvarna
Queensborough National Bank & Trust
Treleoini Inc

ALL PRO MEDIA INC.
422 S Spring St, Burlington, NC 27215
Tel.: (336) 229-7700
Fax: (336) 229-7778
Web Site: www.allpromedia.com

Employees: 7

Agency Specializes In: Advertising, Graphic Design, Internet/Web Design, Logo & Package Design, Print, Search Engine Optimization, T.V.

Alan Kirby *(Owner & Producer-Video)*
Robin W. Kirby *(Co-Owner & Office Mgr)*

Accounts:
Carolina Eye Prosthetics
City of Burlington

ALL SEASONS COMMUNICATIONS
5455 34 Mile Rd, Romeo, MI 48065
Tel.: (586) 752-6381
Fax: (586) 752-6539
Web Site: www.allseasonscommunications.com

Employees: 5

Agency Specializes In: Advertising, Brand Development & Integration, Collateral, Internet/Web Design, Logo & Package Design, Public Relations

Ken Monicatti *(Founder)*
Beth Monicatti-Blank *(Pres)*
Erin Schmotzer *(Sr Acct Mgr)*
Gretchen Monette *(Acct Mgr)*

Accounts:
International Snowmobile Manufacturers Association
The Safe Riders

ALL TERRAIN
2675 W Grand Ave, Chicago, IL 60612
Tel.: (312) 421-7672
E-Mail: info@allterrain.net
Web Site: www.allterrain.net

Employees: 60
Year Founded: 1998

Agency Specializes In: Advertising, Digital/Interactive, Event Planning & Marketing, Experience Design, Market Research, Public Relations, Strategic Planning/Research

Sarah Eck-Thompson *(Founder & COO)*
Brook Jay *(Founder & CMO)*
Rick Miller *(Pres)*
Dan Brice *(Sr VP-Bus Dev & Mktg)*
Courtney Warren *(VP-Client Svcs)*
Matt Cicero *(Sr Dir-Client Svcs)*
Seth Gable *(Creative Dir)*

Accounts:
The Art Institute of Chicago
Beam Suntory
Char-Broil
The Chicago American Marketing Association Marketing
Chicago Blackhawks
Chicago Public Library
The Cosmopolitan of Las Vegas
General Motors Co.
Illinois Lottery
Maserati
Penfolds Wines
Treasury Wine Estates
The Venetian Las Vegas

ALLEBACH COMMUNICATIONS
117 N Main St, Souderton, PA 18964
Tel.: (215) 721-7693
Fax: (215) 721-7694
E-Mail: tallebach@allebach.com
Web Site: www.allebach.com

Employees: 17
Year Founded: 1990

Agency Specializes In: Media Buying Services, Production, Strategic Planning/Research

Jamie Allebach *(CEO & Chief Creative Officer)*
Todd Bergey *(Pres-Acct Svcs)*
Ryan J. Dauksis *(Art Dir, Editor-Video & Designer-Web)*
Rick Wiener *(Acct Dir & Strategist-Media)*
Jesse Bender *(Acct Dir)*
Nikki Cipolla *(Acct Dir)*
Scott Cooter *(Creative Dir)*
Bill Villa *(Creative Dir)*
Tammy Allebach *(Dir-New Opportunities)*
Danielle Neubert *(Mgr-Traffic)*
Christian Betlyon *(Strategist-Digital)*
Shannon Baker *(Acct Coord)*
Nancy Landis *(Acct Coord)*

Accounts:
Amoroso's Baking Company
Atkins Nutritionals
BDU Corp.
Bell & Evans
Jonathan's American Grill
Libra Systems Corp.
Lipton
Marcho Farms
New England Nutrition
NutriPops
Olympus
Penn Foundation Recovery Center
Penn Foundation
Redco Foods
Sabra
The Snack Factory Pretzel Crisps; 2008
Thinks Now

ALLEGRA MARKETING & PRINT
4050 E Cotton Center Blvd Ste 68, Phoenix, AZ 85040
Tel.: (480) 941-4842
Fax: (480) 945-0029
E-Mail: info@allegraaz.com
Web Site: www.allegraaz.com

Employees: 10
Year Founded: 1982

Agency Specializes In: Business Publications, Direct Response Marketing, Email, Graphic Design, Integrated Marketing, Print

Revenue: $2,000,000

Heather Raymond *(Acct Mgr)*
Jason James *(Production Mgr)*
Mary J. Kennelly *(Acct Exec)*

Accounts:
Republic West Window & Door Replacement Services

ALLEN & GERRITSEN
2 Seaport Ln, Boston, MA 02210
Tel.: (857) 300-2000
E-Mail: info@a-g.com
Web Site: www.a-g.com

E-Mail for Key Personnel:
President: agraff@a-g.com
Creative Dir.: ggreenberg@a-g.com

Employees: 73
Year Founded: 1985

National Agency Associations: 4A's-AD CLUB-AMA-DMA-TAAN

Agency Specializes In: Advertising, Affluent Market, Alternative Advertising, Automotive, Brand Development & Integration, Business-To-Business, Collateral, Communications, Consumer Goods, Consumer Marketing, Corporate Identity, Cosmetics, Digital/Interactive, Education, Entertainment, Fashion/Apparel, Financial, Food

ADVERTISING AGENCIES
AGENCIES - JANUARY, 2019

Service, Graphic Design, Guerilla Marketing, Health Care Services, High Technology, Household Goods, Integrated Marketing, Internet/Web Design, Local Marketing, Market Research, Media Buying Services, Multimedia, New Technologies, Newspaper, Out-of-Home Media, Point of Purchase, Point of Sale, Print, Production (Print), Restaurant, Retail, Sponsorship, Sports Market, Strategic Planning/Research, T.V., Technical Advertising, Trade & Consumer Magazines, Transportation, Travel & Tourism, Web (Banner Ads, Pop-ups, etc.), Women's Market

Approx. Annual Billings: $119,000,000

Breakdown of Gross Billings by Media: Collateral: 15%; D.M.: 15%; Internet Adv.: 20%; Mags.: 20%; Newsp.: 5%; Out-of-Home Media: 5%; Radio: 5%; T.V.: 10%; Worldwide Web Sites: 5%

Paul Allen *(Chm)*
Dan Beder *(Pres)*
Andrew Graff *(CEO)*
Chris Donnelly *(Mng Dir & Sr VP)*
Brian Babineau *(Chief Strategy Officer)*
Kevin Olivieri *(CTO)*
Jennifer Putnam *(Chief Creative Officer)*
George Ward *(Chief Innovation Officer)*
Tim Reeves *(Principal)*
Brian Donovan *(Sr VP & Grp Mktg Dir)*
Sandra Peralta *(Sr VP-Talent)*
Amy Snelling *(Sr VP-Bus Leadership)*
Timothy Parcell *(VP & Grp Dir-Experience Design)*
Marie Rockett *(VP & Grp Creative Dir)*
Darshan Sampathu *(VP-Analytics)*
Peter Valle *(VP & Grp Creative Dir)*
Ellie Fusco *(Sr Art Dir)*
Derek Welch *(Media Dir)*
Cristin Barth *(Dir-Content)*
Lacey Berrien *(Dir-PR)*
Molly Bluhm *(Dir-Bus Leadership)*
Tammy Casserly *(Dir-Connections & Relationships)*
Yeva Kulidzhanova *(Dir-Analytics)*
Lauren Casaceli *(Acct Supvr)*
Leslie Kanchuga *(Media Planner)*
Austin Alfredson *(Sr Media Planner)*
Alexandra Bartholomew *(Sr Media Planner)*
John Mathieu *(Sr Art Dir)*
Jessica Ruggieri *(Assoc Creative Dir)*

Accounts:
Azek Building Products, Inc.
Berklee College of Music (Agency of Record); 2008
Black Infusions Black Fig Vodka, Marketing
Blue Cross Blue Shield of Massachusetts Brand Awareness, Campaign: "Blue Cross Blue Shield of You", Digital, Multimedia, Product Awareness
Boston Celtics; Boston, MA (Agency of Record) I am a Celtic
Boston Scientific; Boston, MA; 2000
Bright Horizons; Watertown, MA Children's Day Care Services; 2004
New-Caron Treatment Centers Print, Radio
Citrix Systems, Inc. Media & Analytics Strategy
City Year Online, Out of Home, Print, Radio, Television, Video
Clarion Brands Inc Anti Monkey Butt, Certain Dri, Cystex
D'Angelo Grilled Sandwiches
D.G. Yuengling & Son Incorporated Yuengling
DST B2B
Dun & Bradstreet
European Poker Tour
First Citizens Bank (Digital Agency of Record) Advertising, Creative, Digital, Marketing, Media Buying, Social Media, Strategy
GE Digital B2B
Hannaford Supermarkets; Portland, ME Grocery Stores; 2006
Hartford Funds Measurement Analytics, Media Strategy
Health Dialog Healthcare Management Firm
La Salle University Advertising, Branding, Creative, Media, Mobile Display, Out-of-Home, Radio, Search, Social, TV, Video
Loon Mountain; Lincoln, NH Ski Resort; 2003
Los Angeles Zoo LAIR, Social Media
Meetup (Public Relations Agency of Record)
MFS Investment Management; Boston, MA Financial Services; 2001
Museum of Science & Industry Brand Identity, Logo
National Organization on Disability
Natixis
New England Baptist Hospital; Boston, MA; 2002
Ninety Nine Restaurants
Papa Gino's
Penn Foster Brand Strategy
PrecisionLender (Public Relations Agency of Record) Analytics & Web Project, Brand Awareness, Strategy, Thought Leadership; 2018
Prestige Brands Holdings, Inc. Monistat
Promescent Absorption Pharmaceuticals, Marketing
Raymond B2B
Ricoh America; 2002
Saint Andrews Grand; Saint Andrews, Scotland Golf Resort; 2005
Salem Five Savings Bank
Shure (Social Strategy Agency of Record)
Sunoco Inc.
The TJX Companies, Inc.
Toy State
Waters Corporation B2B
Waterville Valley Ski Resort; Waterville Valley, NH; 2002

Branches

Allen & Gerritsen
1619 Walnut St, Philadelphia, PA 19103
Tel.: (215) 667-8719
Fax: (215) 667-8651
Web Site: www.a-g.com

Employees: 61
Year Founded: 1980

National Agency Associations: 4A's

Agency Specializes In: Advertising, Corporate Communications, Crisis Communications, Email, Guerilla Marketing, Internet/Web Design, Media Training, Public Relations

Mike Raetsch *(Mng Dir)*
Jennifer Putnam *(Chief Creative Officer)*
Chris Woods *(Chief Growth Officer)*
Tim Reeves *(Principal)*
Monica Lorusso *(Sr VP-Engagement Strategy)*
Chris Fernandez *(VP & Creative Dir)*
Mark Garman *(VP & Creative Dir)*
Hoon Oh *(VP & Creative Dir)*
Jamie Thomas *(VP-Bus Leadership)*
Joe Young *(VP-Bus Leadership)*
Sugeily Pena *(Dir-Talent & Ops)*
Eva Marie Wasko *(Supvr-PR)*
Andrew Panebianco *(Assoc Creative Dir)*

Accounts:
Comcast Corporation Xfinity; 2013
Family Lives On; 2012
Four Diamonds Fund; 2013
The Franklin Institute Creative, Nicholas & Athena Karabots Pavilion, Strategic
Insight Pharmaceuticals Monistat, e.p.t.; 2012
National Organization on Disability Advertising, National Awareness Marketing, Public Relations, Social & Digital; 2012
PA Liquor Control Board; 2007
Sunoco, Inc.; 2009
Temple University
Trex Company, Inc.; 2009
Troegs Brewing Co.; 2003

ALLEN & PARTNERS
620 Sheridan Ave, Plainfield, NJ 07060
Tel.: (908) 561-4062
Fax: (908) 561-6827
E-Mail: clide@allenandpartners.com
Web Site: www.allenandpartners.com

Employees: 3
Year Founded: 1994

Agency Specializes In: Event Planning & Marketing, Graphic Design, In-Store Advertising, Internet/Web Design, Public Relations, Publicity/Promotions, Retail, Sales Promotion, Strategic Planning/Research

Clyde C. Allen *(Founder & Pres)*
Hope Allen *(CEO & Dir-Creative)*

Accounts:
Absolut Vodka
AUDI
Black Enterprise Magazine
Diageo
Martell Cognac
Savoy
Seagram's Extra Dry Gin
Solaris Health Systems
Thurgood Marshall College Fund
Vibe Magazine
WNYC

ALLEN FINLEY ADVERTISING, INC.
42 Third St NW, Hickory, NC 28601-6135
Tel.: (828) 324-6700
Fax: (828) 327-0072
E-Mail: allen@finleyadvertising.com
Web Site: www.finleyadvertising.com

Employees: 10
Year Founded: 1986

Agency Specializes In: Advertising, Advertising Specialties, Automotive, Brand Development & Integration, Broadcast, Business Publications, Business-To-Business, Cable T.V., Co-op Advertising, Collateral, Commercial Photography, Communications, Consulting, Consumer Marketing, Consumer Publications, Corporate Identity, E-Commerce, Education, Electronic Media, Engineering, Entertainment, Environmental, Event Planning & Marketing, Exhibit/Trade Shows, Fashion/Apparel, Financial, Food Service, Government/Political, Graphic Design, Health Care Services, High Technology, Industrial, Internet/Web Design, Investor Relations, Legal Services, Leisure, Logo & Package Design, Magazines, Marine, Media Buying Services, Medical Products, Merchandising, Multimedia, New Product Development, Newspaper, Newspapers & Magazines, Out-of-Home Media, Outdoor, Planning & Consultation, Point of Purchase, Point of Sale, Print, Production, Public Relations, Publicity/Promotions, Radio, Real Estate, Recruitment, Restaurant, Retail, Sales Promotion, Sports Market, Strategic Planning/Research, T.V., Trade & Consumer Magazines, Transportation, Travel & Tourism, Yellow Pages Advertising

Breakdown of Gross Billings by Media: Brdcst.: 5%; Bus. Publs.: 20%; Collateral: 20%; Consumer Publs.: 5%; Internet Adv.: 3%; Newsp.: 5%; Outdoor: 5%; Point of Purchase: 4%; Point of Sale: 5%; Pub. Rels.: 10%; Radio: 10%; Sls. Promo.: 3%; Trade Shows: 5%

Allen G. Finley, III *(Owner)*
Diane Baretsky *(Coord-Medical Patient Care)*

ALLIED EXPERIENTIAL
233 Broadway Fl 13, New York, NY 10279
Tel.: (212) 253-8777
Fax: (212) 253-6776

AGENCIES - JANUARY, 2019 — ADVERTISING AGENCIES

Web Site: www.alliedim.com

Employees: 13
Year Founded: 1999

Agency Specializes In: Experiential Marketing

Adam Cinque *(CFO)*
Kelly Estrella *(Sr VP-Integrated Mktg & Media-Allied Integrated Mktg)*
Matthew Glass *(Sr VP)*
Jennifer Granozio *(Sr VP-Allied Experiential)*
Sara Taylor *(Sr VP-Eastern Region)*
Seelun Mak *(VP-Integrated Mktg & Media-Allied Integrated Mktg)*

Accounts:
Canon
Del Monte Foods Meow Mix
ESPN
HBO Films
The Meow Mix Company Meow Mix Market Select, Meox Mix Treats
NASCAR
National Geographic

ALLIED INTEGRATED MARKETING
(d/b/a Allied Global Marketing)
55 Cambridge Pkwy Ste 200, Cambridge, MA 02142
Tel.: (617) 859-4800
Fax: (617) 247-0515
Web Site: alliedglobalmarketing.com/

E-Mail for Key Personnel:
President: gfeldman@alliedadvim.com
Public Relations: jlanouette@alliedadvim.com

Employees: 45
Year Founded: 1946

Agency Specializes In: Advertising, Broadcast, Cable T.V., Entertainment, Experiential Marketing, Magazines, Newspaper, Newspapers & Magazines, Out-of-Home Media, Outdoor, Print, Public Relations, Publicity/Promotions, Radio, Sales Promotion, Sponsorship, T.V.

Approx. Annual Billings: $600,000,000

Breakdown of Gross Billings by Media: Mags.: $10,000,000; Newsp.: $300,000,000; Outdoor: $5,000,000; Radio: $200,000,000; T.V.: $85,000,000

Erin Corbett *(Sr VP)*
Jennifer Granozio *(Sr VP-Allied Experiential)*
Seelun Mak *(VP-Integrated Mktg & Media)*
Michelle St. Angelo *(VP)*
Rosalind Congleton *(Acct Dir-Publicity)*
Alexandra Gagliano *(Sr Acct Exec)*
Katie Pettit *(Sr Acct Exec)*
Rob Walton *(Sr Acct Exec)*
Maria Wyatt-Uhl *(Sr Acct Exec)*
Taylor Rowekamp *(Coord-Publicity & Promos)*

Accounts:
20th Century Fox
Discovery Channel
HBO
KFC
Lions Gate
Paramount
Sony Pictures
Sundance Channel
TBS
Weinstein Company

Branches

Allied Advertising, Public Relations
500 N Michigan Ave Ste 400, Chicago, IL 60611

Tel.: (312) 755-0888
Fax: (312) 755-9739
Web Site: www.alliedim.com

Employees: 20

Agency Specializes In: Public Relations

Laura Matalon *(Mng Partner-Allied Live)*
Jill Wheeler *(Dir-Publicity & Promos)*

Accounts:
Overture Pictures
Summit Entertainment
Universal Pictures
Walt Disney

Allied Advertising, Public Relations
5 Penn Plz 21st Fl, New York, NY 10001
Tel.: (212) 944-1990
Fax: (212) 944-6185
E-Mail: contact@alliedadvpub.com
Web Site: www.alliedim.com

Employees: 40
Year Founded: 1987

Agency Specializes In: Experiential Marketing, Public Relations, Publicity/Promotions, Sponsorship

Tom Platoni *(VP & Creative Dir)*
Thiara M. Zapata *(Dir-Studio & Creative)*
David Atlas *(Sr Art Dir)*

Accounts:
Chrysler
ComCast
Disney on Ice
Sony Pictures
Universal
Walt Disney

Allied Experiential
233 Broadway Fl 13, New York, NY 10279
(See Separate Listing)

Allied Integrated Marketing
11333 N Scottsdale Rd #190, Scottsdale, AZ 85254
Tel.: (602) 544-5710
Web Site: www.alliedim.com

Employees: 4

Agency Specializes In: Experiential Marketing, Public Relations, Publicity/Promotions

Sandi Isaacs *(Sr VP-Bus Dev)*
Tom Platoni *(VP & Creative Dir)*
Lori Alderfer *(Dir-Publicity & Promos)*

Accounts:
Discovery Channel
Fox
HBO
KFC
Paramount Pictures
Sony
Sundance
TBS
TNT
Universal

Allied Integrated Marketing
6908 Hollywood Blvd 3rd Fl, Hollywood, CA 90028
Tel.: (323) 954-7644
Fax: (323) 954-7647
Web Site: alliedim.com

Employees: 35

Agency Specializes In: Experiential Marketing, Public Relations, Publicity/Promotions, Sponsorship

Erin Corbett *(Sr VP-Branded Entertainment)*
Marcella Cuonzo *(Sr VP-Allied Contigo)*
Amy Prenner-Corralez *(Sr VP-Publicity-Natl)*
Karen Abrams *(VP-Mktg & Promotional Strategies)*
Melissa Croll *(VP-Strategic Mktg & Branded Entertainment)*
Mark Dalhausser *(VP)*
Annis Kishner *(VP-Strategic Plng & Media Rels)*
Ara Matthewsian *(VP)*
Andrea Felix *(Sr Dir-Strategy & Delivery)*
Stephanie Carpenter *(Mktg Dir-Strategic Mktg & Branded Entertainment)*
Lindsey Jahnke *(Creative Dir)*
Melissa Colangelo *(Dir-Publicity & Promos)*
Erin Edwards *(Dir-Integrated Mktg, Media, Strategy & Delivery)*
Katie Pettit *(Sr Acct Exec)*
James Kong *(Acct Exec)*
Shawn Spencer *(Acct Exec)*

Accounts:
20 Century Fox
Paramount

Allied Integrated Marketing
Cabrillo Plz 3990 Old Town Ave Ste B206, San Diego, CA 92110-2968
Tel.: (619) 688-1818
Fax: (619) 338-0342
Web Site: www.alliedim.com

Employees: 25

Agency Specializes In: Promotions, Public Relations

Kelly Estrella *(Sr VP-Integrated Mktg & Media)*
Paula Moritz *(Sr VP-Strategic Mktg)*
Dennis Hutchens *(VP-Integrated Mktg & Media)*
Bradley Schoenfeld *(VP-Integrated Mktg & Strategic Plng)*
Billy Zimmer *(VP-Specialized Mktg)*
Jennifer Gendron *(Dir-Publicity & Promos)*

Allied Integrated Marketing
345 California St Ste 1200, San Francisco, CA 94104
Tel.: (415) 834-1111
Web Site: alliedim.com

Employees: 201

Agency Specializes In: Advertising, Brand Development & Integration, Broadcast, Content, Digital/Interactive, Event Planning & Marketing, Experiential Marketing, Production, Sponsorship, Web (Banner Ads, Pop-ups, etc.)

Clint Kendall *(Pres)*
Kymn Goldstein *(COO)*
Adam Cunningham *(Chief Digital Officer)*
Shai Goller *(VP-Creative Svcs)*
Houston Whaley *(Mgr-Strategic Partnerships & Branded Entertainment)*

Accounts:
New-Netflix Inc.
New-Patina Restaurant Group LLC Morimoto Asia
New-Twenty-First Century Fox Inc.
New-Ubisoft, Inc.
New-The Walt Disney Company

Allied Integrated Marketing
1726 M St NW Ste 801, Washington, DC 20036-4650

47

ADVERTISING AGENCIES
AGENCIES - JANUARY, 2019

Tel.: (202) 223-3660
Fax: (202) 223-9788
E-Mail: staylor@allied.com
Web Site: www.alliedim.com

Employees: 15
Year Founded: 1993

Agency Specializes In: Experiential Marketing, Public Relations, Publicity/Promotions

Lisa Giannakopulos *(Sr VP-Publicity & Promos)*
Matthew Glass *(Sr VP-Allied Integrated Mktg)*
Sara Taylor *(Sr VP-Field Mktg)*

Accounts:
Chrysler
Comcast
Fox
HBO
Sony Pictures
Universal
Walt Disney

Allied Integrated Marketing
2727 Paces Ferry Rd SE Bldg 2 Ste 450, Atlanta, GA 30339
Tel.: (678) 305-0905
Fax: (678) 305-0908
Web Site: alliedim.com

Employees: 500
Year Founded: 1999

Agency Specializes In: Advertising, Integrated Marketing, Promotions, Public Relations, Social Media

Barbara King *(Sr VP-Strategic Mktg)*
Karla Castellanos *(Media Buyer)*
Deanna Pierce *(Media Buyer)*

Accounts:
GPS Hospitality
Occidental Asset Management, LLC

Allied Integrated Marketing
55 Cambridge Pkwy, Boston, MA 02116
Tel.: (617) 859-4800
Web Site: www.alliedim.com

Employees: 400
Year Founded: 1980

Agency Specializes In: Experiential Marketing, Public Relations, Publicity/Promotions

Gerry Feldman *(Chm)*
Clint Kendall *(Pres)*
Matthew Glass *(Sr VP-Allied Experiential)*
Christina Swanno *(Dir-Publicity & Promos)*

Accounts:
20th Century Fox
HBO
NBC
Paramount Pictures
Universal Pictures
Walt Disney Pictures
Warner Brothers
The Weinstein Company

Allied Integrated Marketing
1656 Washington St, Kansas City, MO 64108
Tel.: (816) 474-9995
Fax: (816) 474-9998
Web Site: www.alliedim.com

Employees: 500

Agency Specializes In: Promotions, Public Relations

Lisa Giannakopulos *(Sr VP-Publicity & Promos)*
Tom Platoni *(VP & Creative Dir)*
Nick Tarnowski *(Dir-Publicity & Promos)*

Accounts:
Chrysler
Comcast
Discovery Channel
Fox Television
GM
HBO
Sony Pictures

Allied Integrated Marketing
103 W Lockwood Ste 204, Saint Louis, MO 63119
Tel.: (314) 918-7788
Fax: (314) 918-8282
Web Site: www.alliedim.com

Employees: 7

Agency Specializes In: Experiential Marketing, Public Relations

Matthew Glass *(Sr VP-Allied Integrated Mktg)*
Peter Maniscalco *(Dir)*

Allied Integrated Marketing
(Formerly Langdon Flynn Communications)
3340 W Sahara Ave, Las Vegas, NV 89102
(See Separate Listing)

Allied Integrated Marketing
3601 Green Rd Ste 316, Beachwood, OH 44122
Tel.: (216) 932-7151
Fax: (216) 274-9461
E-Mail: info@alliedim.com
Web Site: www.alliedim.com

Employees: 20
Year Founded: 1987

Agency Specializes In: Entertainment, Experiential Marketing, Public Relations, Publicity/Promotions

Accounts:
Universal
Wicked

Allied Integrated Marketing
100 W Harrison St S Tower, Seattle, WA 98119
Tel.: (206) 297-7064
Fax: (206) 297-7484
Web Site: www.alliedim.com

Employees: 5

Agency Specializes In: Publicity/Promotions

Alexa Weber *(Acct Exec)*

Accounts:
Paramount

ALLIGATOR
639 S. Spring St #4A, Los Angeles, CA 90014
Tel.: (213) 534-6011
Web Site: alligator.industries/

Employees: 12

Approx. Annual Billings: $1,200,000

Breakdown of Gross Billings by Media:
Audio/Visual: 60%; Graphic Design: 20%; Production: 20%

Cori Nelson *(Specialist-Comm)*

ALLING HENNING & ASSOCIATES
415 W 6th St Ste 605, Vancouver, WA 98660
Tel.: (360) 750-1680
E-Mail: hello@aha-writers.com
Web Site: http://www.ahainc.com/

Employees: 88

Agency Specializes In: Advertising, Brand Development & Integration, Corporate Communications

Betsy Henning *(Founder & CEO)*
Brent Wilson *(Exec Creative Dir)*
Kimberley Britton *(Sr Acct Dir)*
Alicia Katzman *(Sr Acct Dir)*
Rod Alexander *(Sr Acct Mgr)*
Rachel Gorretta *(Sr Acct Mgr)*
Jessica Blackman *(Acct Mgr)*
Casey Guidinger *(Sr Accountant)*

Accounts:
Cadet Manufacturing Company

ALLISON & PARTNERS
710 2Nd Ave Ste 500, Seattle, WA 98104
Tel.: (206) 352-6402
Fax: (206) 284-9409
Web Site: www.allisonpr.com

Employees: 18
Year Founded: 1998

Agency Specializes In: Advertising, Brand Development & Integration, Broadcast, Exhibit/Trade Shows, Logo & Package Design, Market Research, Media Training, Public Relations, Sponsorship, Web (Banner Ads, Pop-ups, etc.)

Richard Kendall *(Partner & Mng Dir-Real Estate)*
Jen Graves *(Sr VP-Mktg & Bus Dev)*
Natalie Price *(Sr VP)*
Joel VanEtta *(Sr VP)*
David Marriott *(Mng Dir-Reputation Risk)*
Lisa Smith *(VP-Ops)*
Emily Trickey *(Dir-Integrated Mktg)*
Emily Nauseda *(Acct Mgr)*

Accounts:
Beacon Capital Partners
BioMed Realty
City of Lakewood
Downtown Seattle Association
Duraflame
King County Natural Yard Care
McKinstry
Mobetize Corp (Investor Relations Agency of Record) Media Relations, Thought Leadership
Mortensen Construction
Schwabe, Williamson & Wyatt
Skanska USA Building Inc.
Vulcan Real Estate

ALLISON & PARTNERS-WASHINGTON D.C.
1129 20th St NW Ste 250, Washington, DC 20036
Tel.: (202) 223-9260
E-Mail: scott@allisonpr.com
Web Site: www.allisonpr.com

Employees: 500
Year Founded: 2001

Agency Specializes In: Brand Development & Integration, Corporate Communications, Digital/Interactive, Direct Response Marketing, Email, Event Planning & Marketing, Graphic Design, Media Training, Search Engine Optimization

AGENCIES - JANUARY, 2019 — ADVERTISING AGENCIES

Andy Hardie-Brown *(Co-Founder)*
Cathy Planchard *(Pres-All Told & Partner)*
David Wolf *(Mng Dir)*
Marcel D Goldstein *(Exec VP-Corp Practice)*
Tara Chiarell *(Gen Mgr)*
Cat Forgione *(Sr Acct Exec)*
Erin Classen *(Acct Exec)*

Accounts:
Boost
New-Campaign Monitor (Global Agency of Record) Brand Awareness, Content Marketing, Custom Measurement, Paid Integrations & Events, Product Launches, Social Integrations, Thought Leadership; 2018
GE Healthcare
Hasbro
.ORG; Reston, VA (Agency of Record)
Samsung
Seventh-day Adventists
Sony

ALLISON PARTNERS
1716-2 Allied St, Charlottesville, VA 22903
Tel.: (434) 295-9962
Fax: (434) 295-9494
E-Mail: asl@allisonpartners.com
Web Site: www.allisonpartners.com

Employees: 10

Agency Specializes In: Custom Publishing, Strategic Planning/Research

Andy Hardie-Brown *(Co-Founder)*
Allison Linney *(Owner & Pres)*
Scott Allison *(Chm & CEO)*
Lisa Smith *(VP-Ops)*
Janie Kast *(Mgr-Learning Program)*

Accounts:
Boost Mobile
Bulova Influencer Relations, Media

ALLSCOPE MEDIA
462 7th Ave 8th Fl, New York, NY 10018
Tel.: (212) 253-1300
Fax: (212) 253-1625
Web Site: www.allscope.com

Employees: 13

National Agency Associations: ARF

Agency Specializes In: Advertising, Brand Development & Integration, Digital/Interactive, Media Buying Services, Media Planning, Social Media, Sponsorship

Leslie Jacobus *(Pres & Partner)*
Evan Greenberg *(CEO)*
Lori-Ann Capitelli *(Sr VP & Media Dir)*
Fran Bushman *(VP & Dir-Brdcst)*
Carol Caracappa *(VP-Television-Natl)*
Ashley Patane *(VP)*
Marlene Sklar *(VP-Plng & Strategy)*
Nina Maxwell *(Grp Acct Dir)*
Eman Abuella *(Dir-Digital Media)*
Carl Langrock *(Dir-Strategic Svcs & Analytics)*
Jacqueline Roosma *(Supvr-Digital Media)*
Michael Gelb *(Media Planner)*
Joe Falletta *(Sr Media Buyer)*
Daniel Marc *(Sr Media Planner & Buyer-Digital)*

Accounts:
Jackson Hewitt (Media Agency of Record)
The Tennis Channel
Trinity Broadcasting Network
Univision

ALLYN MEDIA
3838 Oak Lawn Ave, Dallas, TX 75219
Tel.: (214) 871-7723
Fax: (214) 871-7767
E-Mail: allynmedia@allynmedia.com
Web Site: www.allynmedia.com

Employees: 50

Agency Specializes In: Advertising, Brand Development & Integration, Crisis Communications, Print, Public Relations, Radio

Mari Woodlief *(Co-Founder & Pres)*
Jennifer Ring Pascal *(COO)*
Bill Stipp *(Sr VP & Creative Dir)*
Erin B. Ragsdale *(Sr VP)*
Jessica Ring Moore *(Acct Exec)*

Accounts:
7 Eleven

ALMA
2601 S Bayshore Dr 4th Fl, Coconut Grove, FL 33133
Tel.: (305) 662-3175
Fax: (305) 662-8043
E-Mail: info@almaad.com
Web Site: almaad.com

Employees: 65
Year Founded: 1994

National Agency Associations: 4A's

Agency Specializes In: Advertising Specialties, Brand Development & Integration, Cosmetics, E-Commerce, Financial, Food Service, Government/Political, Health Care Services, Hispanic Market, Internet/Web Design, Leisure, Media Buying Services, New Product Development, Print, Production, Sponsorship, Strategic Planning/Research, Travel & Tourism

Breakdown of Gross Billings by Media: Mags.: 7%; Network T.V.: 51%; Newsp.: 4%; Outdoor: 4%; Radio: 18%; Spot T.V.: 16%

Juan Diego Guzman *(Exec Creative Dir & Copywriter)*
Monica Marulanda *(Exec Creative Dir)*
Mimi Cossio *(Sr Mgr-Print Production & Producer)*
Alberto Calva *(Creative Dir)*
Mayte de la Maza *(Brand Dir)*
Guido Fusetti *(Creative Dir)*
Emilia Lora *(Art Dir)*
Elizabeth Mccarthy *(Acct Dir)*
Julian Milanesi *(Creative Dir)*
David Alvarez Rizo *(Creative Dir)*
Beatriz Torres *(Creative Dir)*
Juan Camilo Valdivieso *(Creative Dir)*
Orlando Velez *(Art Dir)*
Tatiana Seijas *(Dir-Comm)*
Nicole Marie Nunez *(Sr Brand Mgr)*
Claudia Rodriguez *(Sr Acct Supvr)*
Viviana Bustillo-Aruca *(Acct Supvr)*
Jose Hawayek *(Acct Supvr)*
Tamara Sotelo *(Sr Acct Planner-Strategic)*
Manuela Graells *(Analyst-Fin)*
Jaume Rodriguez *(Copywriter)*
Elizabeth Vidal *(Coord-Comm)*
Karla Kruger *(Sr Grp Bus Dir-The Clorox Company & State Farm)*
Mauricio Mutis *(Assoc Creative Dir)*
Madeline Perez-Velez *(Grp Bus Dir)*
Gabriel Reyes *(Sr Art Dir)*
Bruno Trad *(Assoc Creative Dir)*

Accounts:
AARP Advertising, Broadcast, Campaign: "Bath", Campaign: "Spoon", Caregiving, Digital, Print, Radio
New-Ad Council
Angel Bins
Anheuser-Busch InBev Beck's, Budweiser, Cerveza Presidente
Blue Cross & Blue Shield of Florida; Jacksonville, FL Hispanic Advertising
California Public Utilities Commission Energy Upgrade California Program, Multicultural Marketing
New-Change The Ref
Clorox Company Campaign: "Glad Tent", Campaign: "Snake, Frog, Whale", Glad, Kingsford, Liquid Plumr
Exxon
FCA US LLC Chrysler, Digital & Social, Hispanic Market, Television
Florida Blue
GreenWorks
Harken Health
Histeria Music
McCormick Creative, Digital, Media Planning
McDonald's Campaign: "First Customer", Campaign: "Hypothesis", Campaign: "Reunited", Hispanic Marketing, McCafe, Oatmeal, Sirloin Burger
Miami Dade Animal Services
MillerCoors LLC Creative, Sol; 2017
Netflix Inc
PepsiCo Inc.
Personal Music "Street Music Library"
Sprint Hispanic
State Farm Campaign: "Play Today Illuminate Tomorrow", Hispanic, Insurance
Tobacco Free Florida (Agency of Record) Quitline, TheFactsNow.com
University of Phoenix

ALMIGHTY
(Acquired by Connelly Partners)

ALOFT GROUP, INC.
(Merged with Adsmith China to form Brandigo)

ALPHA DOG ADVERTISING, LLC
One50 N Prince St, Lancaster, PA 17603
Tel.: (717) 517-9944
E-Mail: info@alphadogadv.com
Web Site: www.alphadogadv.com

Employees: 5

Agency Specializes In: Advertising, Collateral, Event Planning & Marketing, Media Buying Services, Media Planning, Print, Social Media, Strategic Planning/Research

Craig Trout *(Pres)*

Accounts:
Yorktowne Cabinetry

A.L.T. ADVERTISING & PROMOTION
12000 Lincoln Dr W Ste 408, Marlton, NJ 08053
Tel.: (856) 810-0400
Fax: (856) 810-1636
E-Mail: info@altadvertising.com
Web Site: www.altadvertising.com

Employees: 5

Les Altenberg *(Pres)*
Jean Arlene *(VP)*
William C. Heron *(Sr Art Dir)*

ALTERNATE TRANSIT ADVERTISING
2 Alden Ave, Greenland, NH 03840
Tel.: (603) 436-0008
Fax: (603) 766-0287
E-Mail: info@atatransit.com
Web Site: ataoutdoormedia.com/

ADVERTISING AGENCIES
AGENCIES - JANUARY, 2019

Employees: 5
Year Founded: 1992

Agency Specializes In: Advertising, Mobile Marketing

Stephanie Bergeron (Production Mgr)

Accounts:
Portland Metro

ALTITUDE MARKETING
417 State Rd 2nd Fl, Emmaus, PA 18049
Tel.: (610) 421-8601
Web Site: www.altitudemarketing.com

Employees: 30
Year Founded: 2004

Agency Specializes In: Advertising, Brand Development & Integration, Communications, E-Commerce, Graphic Design, Internet/Web Design, Print, Public Relations, Search Engine Optimization, Social Media

Andrew Stanten (Pres)
Gwen Shields (Partner & COO)
Adam Smartschan (VP-Innovation & Strategy)
Kelly Stratton (VP-Comm)
Matthew Borrelli (Dir-Design Svcs)
Laura Budraitis (Dir-Client Rels)
Drew Frantzen (Dir-Web Svcs)
Lauren Dunleavy (Mgr-PR, Social Media & Events)
Jaime Heintzelman (Mgr-Production & Ops)
Louis Holzman (Mgr-Bus Dev)
Ailsa Reichard (Mgr-Client Engagement)
Kelli Sheatsley (Specialist-PR, Social Media & Events)

Accounts:
BerkOne (Agency of Record)
Lancelotta Consulting
Olympus Imaging America Inc.
OpenWater

ALTMAN-HALL ASSOCIATES
235 W 7th St, Erie, PA 16501-1601
Tel.: (814) 454-0158
Fax: (814) 454-3266
E-Mail: info@altman-hall.com
Web Site: www.altman-hall.com

E-Mail for Key Personnel:
Chairman: dick@altman-hall.com
President: tim@altman-hall.com

Employees: 25
Year Founded: 1955

Agency Specializes In: Advertising, Brand Development & Integration, Business Publications, Business-To-Business, Catalogs, Co-op Advertising, Collateral, Commercial Photography, Communications, Consulting, Corporate Communications, Corporate Identity, Digital/Interactive, Direct Response Marketing, Electronic Media, Electronics, Engineering, Exhibit/Trade Shows, Food Service, Graphic Design, Health Care Services, High Technology, Industrial, Internet/Web Design, Logo & Package Design, Media Buying Services, Media Planning, Merchandising, New Product Development, Newspaper, Newspapers & Magazines, Planning & Consultation, Point of Sale, Print, Production, Public Relations, Publicity/Promotions, Radio, Sales Promotion, Strategic Planning/Research, T.V., Technical Advertising, Trade & Consumer Magazines, Transportation, Yellow Pages Advertising

Approx. Annual Billings: $6,000,000

Breakdown of Gross Billings by Media: Bus. Publs.: $2,700,000; E-Commerce: $600,000; Print: $1,800,000; Production: $600,000; Pub. Rels.: $300,000

Timothy Glass (Pres)
Matthew D. Glass (Partner)
Colleen Stubbs (Creative Dir)
Susan Horton (Coord-Media)

Accounts:
AccuSpec Electronics; McKean, PA
Ametco; Willoughby, OH Architectural Fence & Gates
Cross Integrated Supply; Erie, PA
Electric Materials Co.; North East, PA Electrical Copper Products
Elster American Meter Company; Erie, PA
Eriez Manufacturing Co. Inc.; Erie, PA Magnetic Products
High Pressure Equipment; Erie, PA High Pressure Valves
KaneSterling; Kane, PA
Perry Construction; Erie, PA
Ridg-U-Rak, Inc.; North East, PA Storage Racks & Systems
Spectrum Control; Fairview, PA Electronic Components
Sterling Rotational Molding; Lake City, PA Plastic Rotational Parts
Sterling Technologies; Erie, PA
VertiSpace; Points of Rock, MD

THE ALTUS AGENCY
211 N 13th St 802, Philadelphia, PA 19107
Tel.: (215) 977-9900
Fax: (215) 977-8350
Web Site: www.altusagency.com/

E-Mail for Key Personnel:
President: jefferys@altusagency.com

Employees: 15
Year Founded: 1988

Agency Specializes In: Brand Development & Integration, Business-To-Business, Communications, Corporate Identity, High Technology, Information Technology, Internet/Web Design, Pharmaceutical, Print, Public Relations, Strategic Planning/Research

Approx. Annual Billings: $15,000,000

Breakdown of Gross Billings by Media: Brdcst.: 15%; Bus. Publs.: 2%; Collateral: 60%; D.M.: 1%; Logo & Package Design: 10%; Mags.: 5%; Newsp.: 5%; Radio: 1%; T.V.: 1%

Jim Derbyshire (Pres)
Colin Johnston (Pres-Res, Valuation & Advisory-Canada)
Jim Eagle (Creative Dir)

Accounts:
GPTMC (Greater Philadelphia Tourism & Marketing Corp)
Greater Philadelphia Cultural Alliance
Independence Business Alliance
Park Hyatt at the Belleview
Sofitel
Nomound
Sea-Land Chemical; Westlake, OH

ALWAYS ON COMMUNICATIONS
1308 E Colorado Blvd Ste 1371, Pasadena, CA 91106
Tel.: (626) 698-0698
E-Mail: info@alwaysoncommunications.com
Web Site: www.alwaysoncommunications.com

Employees: 6

Year Founded: 2009

Agency Specializes In: Advertising, Email, Graphic Design, Media Planning, Planning & Consultation, Search Engine Optimization, Social Media, Sponsorship

Martin Thomas (Owner & Pres)
Jeanette Igarashi (Media Dir)
Malinda Vargas (Strategist-Media)

Accounts:
Belkin International, Inc. WeMo, Yolk Custom Case & Ultimate iPad Keyboard Case Products.

AMAZING LIFE CONCEPTS
28720 Interstate 10 W Ste 800, Fair Oaks Ranch, TX 78006
Tel.: (210) 561-9191
E-Mail: info@amazinglifeconcepts.com
Web Site: www.amazinglifeconcepts.com

Employees: 3

Agency Specializes In: Advertising, Brand Development & Integration, Internet/Web Design, Logo & Package Design, Media Buying Services, Print, Social Media, T.V.

Cyndy Schatz (CEO)

Accounts:
Cabinetry Designs
J B Septic Systems Inc
Robare Custom Homes

AMBASSADOR ADVERTISING AGENCY
1641 Langley Ave, Irvine, CA 92614
Tel.: (949) 681-7600
Fax: (949) 681-7660
E-Mail: info@ambassadoradvertising.com
Web Site: www.ambassadoradvertising.com

Employees: 25
Year Founded: 1959

Agency Specializes In: Communications, Internet/Web Design, Local Marketing, Production

Peggy Campbell (Pres)
Charley Mefferd (VP-Sls & Mktg)
Lee Ann Jackson (Mgr-Social Media & Strategist-Media)
Michelle Blood (Sr Strategist-Media)
Selah Cosentino (Specialist-Social Media & Email Mktg & Strategist-Media)
Sheri Cooper (Strategist-Media & Coord-Ministry Promos)
Katie Burke (Acct Exec)
Jennifer Perez (Strategist-Media)
Evelyn Gibson (Comm)

Accounts:
A Woman After God's Own Heart
Angel Ministries
The Garlow Perspective
Grace to You
Keep It Simple
Life Issues Institute
Mercy Ships
Revive Our Hearts
UpWords
Women Today

AMBIENT MEDIA, INC.
3765 Eton St, Burnaby, BC V5C 1J3 Canada
Tel.: (604) 291-0510
Fax: (604) 291-0540
E-Mail: info@ambientmediainc.ca
Web Site: www.ambientmediainc.ca

AGENCIES - JANUARY, 2019 — ADVERTISING AGENCIES

Employees: 5

National Agency Associations: CAB

Agency Specializes In: Advertising, Alternative Advertising, Broadcast, Cable T.V., Co-op Advertising, Consulting, Consumer Marketing, Digital/Interactive, Internet/Web Design, Local Marketing, Market Research, Media Buying Services, Media Planning, Media Relations, Newspaper, Newspapers & Magazines, Out-of-Home Media, Outdoor, Paid Searches, Planning & Consultation, Print, Product Placement, Production, Production (Ad, Film, Broadcast), Production (Print), Promotions, Public Relations, Radio, Regional, Search Engine Optimization, Sponsorship, Sports Market, Strategic Planning/Research, T.V.

Approx. Annual Billings: $3,500,000

AMBIT MARKETING COMMUNICATIONS
19 NW 5th St, Fort Lauderdale, FL 33301
Tel.: (954) 568-2100
Fax: (954) 568-2888
E-Mail: kathy@ambitmarketing.com
Web Site: www.ambitmarketing.com

E-Mail for Key Personnel:
President: kathy@ambitmarketing.com
Public Relations: stu@ambitmarketing.com

Employees: 10
Year Founded: 1977

National Agency Associations: 4A's-AFA-PRSA

Agency Specializes In: Advertising, Bilingual Market, Brand Development & Integration, Broadcast, Business Publications, Business-To-Business, Cable T.V., Collateral, Communications, Consumer Marketing, Corporate Communications, Corporate Identity, Direct Response Marketing, Education, Fashion/Apparel, Financial, Government/Political, Graphic Design, Health Care Services, High Technology, Hispanic Market, Industrial, Information Technology, Internet/Web Design, Legal Services, Local Marketing, Logo & Package Design, Magazines, Marine, Media Buying Services, Medical Products, Newspaper, Newspapers & Magazines, Out-of-Home Media, Outdoor, Planning & Consultation, Print, Production, Public Relations, Publicity/Promotions, Radio, Real Estate, Strategic Planning/Research, T.V., Telemarketing, Trade & Consumer Magazines, Transportation, Travel & Tourism

Approx. Annual Billings: $3,000,000

Katherine Koch *(Pres)*

Accounts:
The Broward Alliance
Kelly Tractor Co.
Memorial Hospital

AMELIE COMPANY
2601 Blake St Ste 150, Denver, CO 80205
Tel.: (303) 832-2700
Fax: (303) 832-2797
E-Mail: info@ameliecompany.com
Web Site: www.ameliecompany.com

Employees: 23
Year Founded: 2002

National Agency Associations: AMA-BMA

Agency Specializes In: Above-the-Line, Advertising, Affluent Market, Agriculture, Arts, Automotive, Bilingual Market, Brand Development & Integration, Broadcast, Business-To-Business, Children's Market, Collateral, College, Communications, Consumer Goods, Consumer Marketing, Corporate Identity, Digital/Interactive, Education, Electronic Media, Entertainment, Fashion/Apparel, Food Service, Graphic Design, Guerilla Marketing, Health Care Services, High Technology, Hospitality, Household Goods, Identity Marketing, Integrated Marketing, International, Internet/Web Design, Leisure, Local Marketing, Logo & Package Design, Luxury Products, Magazines, Marine, Market Research, Media Buying Services, Media Planning, Media Relations, Media Training, Men's Market, Mobile Marketing, Multimedia, Newspaper, Out-of-Home Media, Outdoor, Over-50 Market, Package Design, Pets, Point of Sale, Print, Production, Production (Ad, Film, Broadcast), Production (Print), Public Relations, Publicity/Promotions, Radio, Real Estate, Restaurant, Retail, Social Marketing/Nonprofit, Social Media, Sports Market, Strategic Planning/Research, T.V., Teen Market, Transportation, Travel & Tourism, Web (Banner Ads, Pop-ups, etc.), Women's Market

Benoit Guin *(CEO & Dir-Media)*
Robin Ashmore *(CMO & Planner-Strategic)*
Julie Suntrup *(Exec VP)*
Julie Varner Uridil *(Mng Dir-Acct Svc)*
Brian Friedrich *(Exec Creative Dir)*
Mackie Clonts *(Acct Dir)*
Patrick Feehery *(Creative Dir)*
Eric Hines *(Creative Dir)*
Jennie Jarzabek *(Art Dir)*
Mackie Sweatman *(Acct Dir)*
Olivia Abtahi *(Dir & Writer)*
Heather Popenhagen *(Dir-Production)*
Janelle Morgan *(Bus Mgr-Adv & PR)*
Brenna Hersey *(Acct Supvr)*
Kaitlin Tabar *(Acct Supvr)*
Colleen Kennedy Hunter *(Supvr-Media)*
Jana Schneider *(Sr Acct Exec)*
Jessica Honeycutt *(Acct Exec)*
Rachel Edwards *(Copywriter)*

Accounts:
Babolat Tennis Gear; 2002
CatEye Cycling Computers & Accessories; 2014
The City & County of Denver
Coloradans Against Auto Theft Awareness Campaign; 2009
Colorado Advisory Council for Persons with Disabilities
The Colorado Department of Public Health & Environment
Colorado Department of Transportation Campaign: "A Few Can Still be Dangerous", Government Transportation; 2007
Delta Dental of Colorado Foundation Philanthropic "Brush With Me" Campaign; 2012
Eco-Products Sustainable Goods; 2012
Lucid Brewing Beer Packaging & Design; 2012
Outlast Technologies, Inc.; Boulder, CO Space-proven Fabric Technology; 2005
Trimble Navigation Global Positioning Services, Mobile Field Worker Technologies; 2012

AMENDOLA COMMUNICATIONS
9280 E Raintree Dr Ste 104, Scottsdale, AZ 85260
Tel.: (480) 664-8412
Fax: (480) 659-3531
E-Mail: info@AcmarketingPR.com
Web Site: www.acmarketingpr.com

Employees: 25

Agency Specializes In: Advertising, Brand Development & Integration, Digital/Interactive, Graphic Design, Health Care Services, Integrated Marketing, Local Marketing, Pharmaceutical, Public Relations, Publicity/Promotions, Real Estate

Ted Amendola *(Pres)*
Jodi Amendola *(CEO)*
Marcia Rhodes *(Mng Dir)*
Jan Shulman *(Exec VP)*
Joy DiNaro *(Sr Dir-PR & Social Media)*
Linda Healan *(Sr Dir-Acct & Content)*
Michelle Ronan Noteboom *(Sr Dir-Content & Acct)*
Philip Anast *(Sr Acct Dir)*
Amy Koehlmoos *(Sr Acct Dir)*
Megan Smith *(Sr Acct Dir)*
Erik Yorke *(Sr Acct Dir)*
Lisa Chernikoff *(Acct Dir)*
Matt Schlossberg *(Acct Dir-Digital & Content)*
Heather Caouette *(Dir-Mktg & PR)*
Brandon Glenn *(Dir-Acct & Content)*
Ken Krause *(Dir-Content & Acct Mgmt)*
Chad Van Alstin *(Mgr-Content & Media Rels)*
Morgan Lewis, Jr. *(Sr Writer)*

Accounts:
4medica (Public Relations Agency of Record) Content Creation; 2017
Aprima Medical Software Content, Public Relations
Arizona Pediatric
Availity, LLC (Public Relations & Content Marketing Agency of Record)
Bridge Therapeutics, Inc. (Agency of Record) Media Relations, Media Research, Strategic Public Relations
California Integrated Data Exchange
Calvis Wyant Luxury Homes
Cardiopulmonary Corp. (Public Relations & Content Marketing Agency of Record) Social Media
New-CAREMINDr (Public Relations & Marketing Agency of Record) Brand Awareness, Content Development, Media Research & Relations, Thought Leadership; 2018
Caresyntax, Inc. (Agency of Record) Content, Public Relations, Thought Leadership; 2017
Clarify Health Solutions (Agency of Record) Brand Awareness, Content Creation, Public Relations
ClearDATA
Computer Task Group, Inc. (North America Public Relations Agency of Record) Content Development, Media Relations; 2018
Connecture (Agency of Record)
Foundation for Chiropractic Progress Integrated Marketing Communications; 2018
GetWellNetwork, Inc (Agency of Record) Integrated Marketing Communications, Public Relations
GlobalMed Communications, Content Marketing, Public Relations, Social Media; 2017
Greater New Orleans Health Information Exchange
HealthBI Media Relations, Strategic, Thought Leadership; 2017
HGS Colibrium Content, Social Media
Infusion Express (Agency of Record)
It's Never 2 Late (Agency of Record) Content, Marketing Communications, Media Relations, Public Relations, Social Media, Strategic Counsel; 2017
Kaufman Hall (Public Relations Agency of Record) Content Development, Media Relations, Strategic Counsel, Strategic Growth Initiatives; 2018
Lightbeam Health Solutions (Agency of Record); 2018
Lumeris Brand Identity, Communications, Content Creation, Public Relations, Spur Recognition, Strategic Counsel & Technology, Thought Leadership; 2017
Medicomp Systems (Agency of Record) Content Development, Marketing Strategy, Public Relations, Social Media
Orion Health (Public Relations Agency of Record) Content Creation, Marketing, Media Relations, Press
PatientPing (Agency of Record) Brand Awareness, Content Services, Marketing Strategy, Public Relations; 2018
Payformance Solutions (Agency of Record) Media & Analyst Relations, Public Relations, Website Content; 2018
Phoenix Law Group
QCSI
Recondo Technology (Public Relations Agency of Record) Content Marketing, Media Relations,

ADVERTISING AGENCIES

Social Media
SAXA
SCIO Health Analytics (Public Relations & Content Marketing Agency of Record)
SDI
Sentrian (Public Relations Agency of Record) Remote Patient Intelligence
Shea Commercial
SKYGEN USA (Public Relations & Content Marketing Agency of Record) National Media Relations, Strategic Counsel, Trade Media Relations
VisitPay (Public Relations Agency of Record) Content Development; 2018
Vocera Communications, Inc (Agency of Record) Content, Marketing Strategy, Public Relations, Social Media
World Communication Center (WCC)
X2 Healthcare Network
Zipongo (Public Relations Agency of Record)
ZirMed (Agency of Record) Content Development, Public Relations
Zynx Health (Agency of Record) Analyst Relations, Content Creation, Marketing Strategy, Media, Media Relations, Public Relations, Strategic

AMEREDIA, INC.
6 Kenmar Way, Burlingame, CA 94010
Tel.: (415) 788-5100
Fax: (415) 449-3411
E-Mail: buzz@ameredia.com
Web Site: www.ameredia.com

Employees: 18
Year Founded: 2003

National Agency Associations: AAF-IAA

Agency Specializes In: Advertising, Digital/Interactive, Media Buying Services, Media Planning, Multicultural, Social Media

Approx. Annual Billings: $1,000,000

Pawan J. Mehra *(Founder & Partner)*
Siggy Habtu *(Dir-Fin & Ops)*

Accounts:
American Lamb Board
China Lion Entertainment
Harris Freeman & Company Tea India
Kikkoman
Polaris Pacific
San Francisco International Airport
San Francisco Municipal Transportation Authority
San Jose Water Company
Thunder Valley Casino Resort
Western Union

AMERICAN ADVERTISING SERVICES
29 Bala Ave Ste 114, Bala Cynwyd, PA 19004-3206
Tel.: (484) 562-0060
Fax: (484) 562-0068
E-Mail: AdComTimes@aol.com
Web Site: www.phillybizmedia.com/

Employees: 5
Year Founded: 1956

Agency Specializes In: Advertising, Advertising Specialties, African-American Market, Agriculture, Asian Market, Automotive, Broadcast, Business Publications, Business-To-Business, Cable T.V., Children's Market, Co-op Advertising, Collateral, Commercial Photography, Communications, Consulting, Consumer Marketing, Consumer Publications, Corporate Identity, Cosmetics, Digital/Interactive, Direct Response Marketing, E-Commerce, Education, Electronic Media, Entertainment, Event Planning & Marketing, Exhibit/Trade Shows, Fashion/Apparel, Financial, Food Service, Government/Political, Graphic Design, Health Care Services, Hispanic Market, Industrial, Infomercials, Internet/Web Design, Investor Relations, LGBTQ Market, Legal Services, Leisure, Logo & Package Design, Magazines, Marine, Media Buying Services, Medical Products, Merchandising, Multimedia, New Product Development, Newspaper, Newspapers & Magazines, Out-of-Home Media, Outdoor, Over-50 Market, Pharmaceutical, Planning & Consultation, Point of Purchase, Point of Sale, Print, Production, Public Relations, Publicity/Promotions, Radio, Real Estate, Recruitment, Restaurant, Retail, Sales Promotion, Seniors' Market, Sports Market, Strategic Planning/Research, Sweepstakes, Syndication, T.V., Teen Market, Telemarketing, Trade & Consumer Magazines, Transportation, Travel & Tourism, Yellow Pages Advertising

Kathleen Newmiller *(Office Mgr)*

Accounts:
Advertising/Communications Times Newspapers
Business Development of America

AMERICAN CONSULTING GROUP, INC.
1329 Taughannock Blvd, Ithaca, NY 14850
Tel.: (607) 272-9111
Fax: (607) 272-5588
E-Mail: dsmith@marketing-consultant.com
Web Site: www.marketing-consultant.com

E-Mail for Key Personnel:
President: dsmith@marketing-consultant.com

Employees: 2
Year Founded: 1989

Agency Specializes In: Business-To-Business, Consulting, New Product Development, Strategic Planning/Research

Approx. Annual Billings: $500,000

Breakdown of Gross Billings by Media: Consulting: $500,000

Don Smith *(Pres)*
Matt Mclaughlin *(Mgr-Product Mktg)*

Accounts:
InterVision Systems
Lutron Electronics
Motorola Solutions, Inc.; Moscow, Russia
Newtex Corporation
Shared Medical Systems
Toshiba
Trane Inc.
West Corporation

AMERICAN MASS MEDIA
207 E Ohio St Ste 218, Chicago, IL 60611
Tel.: (312) 233-2866
Fax: (312) 268-6388
Web Site: www.americanmassmedia.com

Employees: 5
Year Founded: 2004

Agency Specializes In: Advertising, Brand Development & Integration, Graphic Design, Internet/Web Design, Media Buying Services, Media Planning, Out-of-Home Media, Outdoor, Radio, Social Media, T.V.

Shelly Ng *(Pres & Media Buyer)*
Michael Webdell *(Creative Dir)*

Accounts:
American Medical Research
The Asian American Business Expo
Cafe Cubano
Cardinal Fitness
Charter Fitness
The Chicago City Treasurers Office
Chicago Tempered Glass
East Queen Fine Jewelry
Fonda Isabel Mexican Cuisine
Golden Hill Foods

AMERICAN MEDIA CONCEPTS INC.
189 Montague St Ste 801A, Brooklyn, NY 11201-3610
Tel.: (718) 643-5500
Fax: (718) 643-5868
E-Mail: info@americanmediaconcepts.com
Web Site: www.americanmediaconcepts.com/

Employees: 2
Year Founded: 1982

Agency Specializes In: Advertising, African-American Market, Asian Market, Brand Development & Integration, Broadcast, Children's Market, Consumer Marketing, Direct Response Marketing, Entertainment, Health Care Services, Media Buying Services, Out-of-Home Media, Radio

Approx. Annual Billings: $2,000,000

Breakdown of Gross Billings by Media: Newsp.: 5%; Other: 15%; Radio: 40%; T.V.: 40%

Kenneth Hochman *(Owner)*
Ephraim Brennan *(VP-Consumer Mktg)*
William Hochman *(Acct Exec)*

Accounts:
Brooklyn Chamber of Commerce; 2000
Brooklyn Children's Museum
Brooklyn Cyclones Baseball
Brooklyn Health Link; 2002
GNYHA Hospital; 1996
Hebrew Home for the Aged Assisted Living; 2000
LaGuardia Community College
Marriott LaGuardia
New York Hall of Science; 1999
School Food Program

AMERICAN ROGUE
3100 Donald Douglas Loop N Ste 107, Santa Monica, CA 90405
Tel.: (310) 664-6600
Fax: (310) 396-5636
Web Site: www.americanrogue.com

Employees: 10
Year Founded: 2002

Agency Specializes In: Advertising, Alternative Advertising, Automotive, Broadcast, Education, Food Service, Government/Political, Out-of-Home Media, Outdoor, Production (Ad, Film, Broadcast), Restaurant, Viral/Buzz/Word of Mouth

Simon Bowden *(Chief Creative Officer)*
Bruce Hopman *(Creative Dir & Writer)*

Accounts:
Arizona State University Brand Video, Campaign: "Learn to Thrive"
Aruba
Audi
Burger King
Cancer Treatment Centers of America (Agency of Record)
Evamor Brand Commercial, Campaign: "Know.Better.Water"
GMC
Levi's
Marine Corps Scholarship Foundation (Agency of Record) Branded Film, Campaign: "Born from Bravery"
Mercedes-Benz

AGENCIES - JANUARY, 2019 — ADVERTISING AGENCIES

Outback Steakhouse Campaign: "Burning Billboard", Viral Video
Perdue Campaign: "We Believe in a Better Chicken", Launch Spot
QVC
Raise Bakery
Revel Spirts, Inc.
Ruby Tuesday (Agency of Record) Brand Video, Campaign: "Fun Between the Buns"
Saab Campaign: "Born from Jets"
Think Thin Bars (Agency of Record)
United States Marine Corp
Wendy's

AMERICOM MARKETING
2615 Calder Ste 145, Beaumont, TX 77702
Tel.: (800) 889-9308
Web Site: www.americommarketing.com

Employees: 9
Year Founded: 2000

Agency Specializes In: Advertising, Brand Development & Integration, Collateral, Graphic Design, Internet/Web Design, Logo & Package Design, Print, Radio, Social Media, T.V.

Charlie Cooper *(Founder & CEO)*
Jake Stack *(Dir-Bus Dev)*
Lauren Bennett *(Coord-Web Design & Social Media Mktg)*
Michelle Nelson *(Coord-Media)*

Accounts:
4M Consultants
The Buffalo Field Campaign
Jay Bruce Golf Benefit

AMF MEDIA GROUP
12657 Alcosta Blvd Ste 500, San Ramon, CA 94583
Tel.: (925) 790-2662
Fax: (925) 790-2601
Web Site: www.amfmediagroup.com

Employees: 20

Agency Specializes In: Advertising, Brand Development & Integration, Broadcast, Event Planning & Marketing, Internet/Web Design, Public Relations

Vintage Foster *(CEO)*
Larry Hancock *(Partner & Pres-Northern California)*
Geoff McGann *(Exec Creative Dir)*
Mike Clinebell *(Sr Dir-Content Svcs)*
Oshi Jauco *(Grp Acct Dir)*
Joe Lopez *(Creative Dir)*
Brad Kinney *(Dir-Event Svcs)*
Brenda Gunderson *(Acct Mgmt Supvr)*
Courtney Meznarich *(Acct Mgmt Supvr)*
Kyle McGuire *(Sr Acct Exec-PR & Social Media)*

Accounts:
The Women's Foodservice Forum Branding, Integrated Communications, PR

Branch

AMF Media Group
(Formerly Barnett Cox & Associates)
711 Tank Farm Rd Ste 210, San Luis Obispo, CA 93401
(See Separate Listing)

AMG CREATIVE INC.
2580 E Harmony Rd Ste 301, Fort Collins, CO 80528
Tel.: (970) 221-5756
Fax: (970) 498-0011
Toll Free: (800) 264-7448
E-Mail: info@amgci.com
Web Site: www.amgci.com

Employees: 13

Agency Specializes In: Advertising, Brand Development & Integration, Email, Internet/Web Design, Logo & Package Design, Print, Search Engine Optimization, Social Media

Terry Fine *(Pres)*
Bill Neal *(CEO)*

Accounts:
Keating Dental Arts

AMG MARKETING RESOURCES INC.
30670 Bainbridge Rd # 200, Solon, OH 44139
Tel.: (216) 621-1835
Fax: (216) 621-2061
E-Mail: info@accessamg.com
Web Site: www.accessamg.com

Employees: 20

Agency Specializes In: Advertising, Automotive, Bilingual Market, Brand Development & Integration, Business-To-Business, Catalogs, Co-op Advertising, Collateral, Consumer Goods, Consumer Marketing, Consumer Publications, Corporate Communications, Corporate Identity, Customer Relationship Management, Digital/Interactive, Direct Response Marketing, Direct-to-Consumer, Electronic Media, Email, Environmental, Event Planning & Marketing, Financial, Food Service, Government/Political, Graphic Design, Health Care Services, Identity Marketing, In-Store Advertising, Industrial, Integrated Marketing, International, Internet/Web Design, Legal Services, Local Marketing, Logo & Package Design, Magazines, Media Buying Services, Media Planning, Media Relations, Media Training, Medical Products, Multimedia, New Product Development, New Technologies, Newspapers & Magazines, Out-of-Home Media, Outdoor, Over-50 Market, Package Design, Planning & Consultation, Point of Purchase, Point of Sale, Print, Product Placement, Production, Production (Ad, Film, Broadcast), Production (Print), Promotions, Public Relations, Publicity/Promotions, Sales Promotion, Social Marketing/Nonprofit, Strategic Planning/Research, Technical Advertising, Teen Market, Trade & Consumer Magazines, Tween Market, Viral/Buzz/Word of Mouth, Web (Banner Ads, Pop-ups, etc.), Women's Market

Revenue: $3,000,000

Anthony Fatica *(Pres)*
Mary Ellen Ellar *(VP-Acct Mgmt)*
Annette Fatica *(VP)*
Colleen Kaminsky *(VP-Fin)*
Patty Parobek *(Dir-Integrated Mktg Strategy)*
Amanda Guentzler *(Acct Exec)*
Mike Milan *(Designer-Web)*
Sue Monahan *(Assoc Creative Dir)*

Accounts:
Excel Polymers; Solon, OH; 2008
West Development Group; LaGrange, OH; 2008

AMPERAGE
6711 Chancellor Dr, Cedar Falls, IA 50613-6969
Tel.: (319) 268-9151
Fax: (319) 268-0124
Toll Free: (877) WEBEASY
Web Site: https://www.amperagemarketing.com/

Employees: 50

National Agency Associations: Second Wind Limited

Agency Specializes In: Advertising, Automotive, Brand Development & Integration, Broadcast, Business Publications, Business-To-Business, Cable T.V., Collateral, College, Communications, Consulting, Consumer Marketing, Consumer Publications, Corporate Identity, Crisis Communications, Customer Relationship Management, Digital/Interactive, Direct-to-Consumer, E-Commerce, Education, Electronic Media, Event Planning & Marketing, Exhibit/Trade Shows, Faith Based, Financial, Food Service, Graphic Design, Health Care Services, High Technology, Industrial, Infomercials, Information Technology, Integrated Marketing, Internet/Web Design, Local Marketing, Logo & Package Design, Magazines, Media Buying Services, Media Planning, Media Relations, Media Training, Medical Products, Mobile Marketing, Multimedia, Newspaper, Newspapers & Magazines, Out-of-Home Media, Outdoor, Pharmaceutical, Planning & Consultation, Podcasting, Point of Purchase, Point of Sale, Print, Production, Production (Print), Public Relations, Publicity/Promotions, Radio, Recruitment, Restaurant, Retail, Sales Promotion, Seniors' Market, Social Marketing/Nonprofit, Sports Market, Strategic Planning/Research, T.V., Trade & Consumer Magazines, Transportation, Travel & Tourism, Viral/Buzz/Word of Mouth, Yellow Pages Advertising

Approx. Annual Billings: $8,800,000

Breakdown of Gross Billings by Media:
Audio/Visual: $750,000; Collateral: $711,000; D.M.: $232,000; Graphic Design: $250,000; Logo & Package Design: $92,000; Mags.: $395,000; Newsp.: $1,082,000; Outdoor: $158,000; Plng. & Consultation: $450,000; Pub. Rels.: $237,000; Radio: $1,027,000; T.V.: $3,100,000; Worldwide Web Sites: $316,000

Bryan Earnest *(Pres & CEO)*
James Infelt *(Partner & Chief Digital Officer)*
Monte Bowden *(Creative Dir)*
Samantha Gipper *(Art Dir)*
Tiffini Kieler *(Creative Dir)*
Lori Davis *(Dir-PR & Mktg Content)*
Kathy Schreiner *(Dir-Fin & Ops)*
Kaitlyn Behnken *(Acct Mgr)*
Kris Wieland *(Acct Mgr)*
Margaret M. Whitson *(Mgr-Digital Mktg)*
Kelli Jo Folkers-Whitesell *(Media Buyer)*
Brian Monroe *(Reg Acct Exec)*

Branch

Amperage
(Formerly Creative Communication & Design)
3550 W Stewart Ave, Wausau, WI 54401
Tel.: (715) 845-2382
Web Site: www.amperage.com

Employees: 50

Agency Specializes In: Advertising, Brand Development & Integration, Public Relations, Social Media, Strategic Planning/Research

Christine Liedtke *(Dir-Ops-Wisconsin)*
Stephanie Bresnahan *(Acct Exec)*

Accounts:
Cequent Group
Northcentral Technical College

Branch

Amperage

ADVERTISING AGENCIES

6711 Chancellor Dr, Cedar Falls, IA 50613-6969
(See Separate Listing)

AMPERE COMMUNICATIONS LLC
1616 Niles Ave, St Paul, MN 55116
Tel.: (612) 816-5718
Web Site: www.amperecom.com

Employees: 10

Agency Specializes In: Advertising, Brand Development & Integration, Communications, Content, Corporate Communications, Experiential Marketing, Media Relations, New Product Development, Public Relations, Sponsorship

Jason Schumann *(Principal)*

Accounts:
New-CommonBond Inc
New-Dunn Bros Coffee Franchising Inc
New-Land O'Lakes Inc
New-Minneapolis Good Chair Project

THE AMPERSAND AGENCY
1011 San Jacinto Blvd, Austin, TX 78701
Tel.: (512) 462-3366
Web Site: www.ampersandagency.com

Employees: 10
Year Founded: 1986

Agency Specializes In: Advertising, Social Media

Cindy Montgomery *(Co-Founder, CEO & Partner)*
Jeff Montgomery *(Pres)*
Nicole Labadie Walker *(VP-Acct Svc)*
Tom Kirsch *(Grp Dir-Creative)*
Janice Hilscher *(Media Dir)*
Liz Schwab *(Dir-Growth)*
Brittany Kelly *(Sr Acct Exec)*
Samantha Hinrichs *(Assoc Creative Dir)*

Accounts:
BCL of Texas
Celis brewery Beer Bottle Packaging, Branding, Logo, Social Media
Jaguar Cars North America
Michael Angelo's Gourmet Foods, Inc. Campaign: "Existential Lasagna", Campaign: "Sad Tomato"
Seton Brain & Spine Institute
Texas A&M University

AMPLE, LLC
200 W 4th St 5th Fl, Cincinnati, OH 45202
Tel.: (513) 543-9646
Web Site: http://ample.co/

Employees: 6

Agency Specializes In: Advertising, Brand Development & Integration, Logo & Package Design, Out-of-Home Media, Outdoor, Print, Radio, Strategic Planning/Research

Josh Fendley *(CEO)*
Kevin Comer *(Partner-Creative)*
Taylor MacDonald *(Partner-Tech)*
Rob Sloan *(Partner)*

Accounts:
The Brandery
Currito
Everything But the House

AMPLIMARK LLC
1200 Valley West Dr Ste 706, West Des Moines, IA 50266
Tel.: (515) 225-6438
Fax: (515) 225-6572
E-Mail: projects@amplimark.com
Web Site: www.amplimark.com

Employees: 7
Year Founded: 2009

Agency Specializes In: Digital/Interactive, Local Marketing, Mobile Marketing, Search Engine Optimization, Social Media, Web (Banner Ads, Pop-ups, etc.)

Manoj Tomar *(Founder & Pres)*

Accounts:
Compass Clinical Associates Online Advertising; 2012

AMPM, INC.
7403 W. Wackerly St., Midland, MI 48642-7344
Tel.: (989) 837-8800
Fax: (989) 832-0781
Toll Free: (800) 530-9100
E-Mail: solutions@ampminc.com
Web Site: www.ampminc.com

E-Mail for Key Personnel:
President: mbush@ampminc.com
Creative Dir.: tsmith@ampminc.com
Production Mgr.: akpaeth@ampminc.com

Employees: 13
Year Founded: 1969

National Agency Associations: Second Wind Limited

Agency Specializes In: Advertising, Advertising Specialties, Automotive, Brand Development & Integration, Business Publications, Business-To-Business, Collateral, Communications, Corporate Communications, Corporate Identity, Digital/Interactive, Electronic Media, Electronics, Event Planning & Marketing, Exhibit/Trade Shows, Graphic Design, High Technology, Integrated Marketing, Internet/Web Design, Market Research, Media Buying Services, Media Planning, Multimedia, Package Design, Planning & Consultation, Point of Purchase, Print, Production (Ad, Film, Broadcast), Public Relations, Publicity/Promotions, Strategic Planning/Research, Web (Banner Ads, Pop-ups, etc.)

Approx. Annual Billings: $3,000,000

Breakdown of Gross Billings by Media: Adv. Specialities: $100,000; Brdcst.: $50,000; Bus. Pubs.: $300,000; Collateral: $500,000; Consulting: $50,000; D.M.: $250,000; E-Commerce: $100,000; Event Mktg.: $100,000; Exhibits/Trade Shows: $150,000; Graphic Design: $150,000; Internet Adv.: $50,000; Logo & Package Design: $50,000; Mags.: $200,000; Plng. & Consultation: $50,000; Point of Purchase: $50,000; Print: $250,000; Promos.: $100,000; Pub. Rels.: $50,000; Strategic Planning/Research: $50,000; Worldwide Web Sites: $400,000

Mark Bush *(Pres)*
Greg Branch *(Strategist-Brand)*

Accounts:
Dow Corning; Midland, MI Silicon Based Products
Duro-Last Roofing; Saginaw, MI
I-Mark Associates; Washington, DC

Branch:

AMPM, Inc. Detroit
21442 Beauford Ln, Northville, MI 48167
Mailing Address:
PO Box 1147, Farmington, MI 48332-1147
Tel.: (248) 477-0400
Fax: (248) 477-0402
Toll Free: (800) 530-9100
E-Mail: dwell@ampminc.com
Web Site: www.ampminc.com

Employees: 2
Year Founded: 1969

Agency Specializes In: Business-To-Business, High Technology

AMUSEMENT PARK
217 N Main St Ste 200, Santa Ana, CA 92701
Tel.: (714) 881-2300
Fax: (714) 881-2442
E-Mail: info@amusementparkinc.com
Web Site: amusementparkinc.com

Employees: 100
Year Founded: 1988

National Agency Associations: 4A's-AMIN

Agency Specializes In: Advertising, Advertising Specialties, Affluent Market, Alternative Advertising, Automotive, Brand Development & Integration, Branded Entertainment, Broadcast, Business-To-Business, Cable T.V., Co-op Advertising, Collateral, Communications, Computers & Software, Consulting, Consumer Goods, Consumer Marketing, Consumer Publications, Digital/Interactive, Direct Response Marketing, Direct-to-Consumer, Electronic Media, Electronics, Email, Entertainment, Event Planning & Marketing, Experience Design, Food Service, Graphic Design, Guerilla Marketing, Health Care Services, Hispanic Market, Hospitality, Identity Marketing, In-Store Advertising, Industrial, Integrated Marketing, Internet/Web Design, Local Marketing, Logo & Package Design, Luxury Products, Market Research, Media Buying Services, Media Planning, Media Relations, Media Training, Mobile Marketing, Multicultural, Multimedia, Newspaper, Newspapers & Magazines, Out-of-Home Media, Outdoor, Over-50 Market, Package Design, Paid Searches, Planning & Consultation, Point of Purchase, Point of Sale, Print, Product Placement, Production, Production (Ad, Film, Broadcast), Production (Print), Promotions, Public Relations, Publicity/Promotions, Radio, Real Estate, Regional, Restaurant, Retail, Sales Promotion, Search Engine Optimization, Social Marketing/Nonprofit, Social Media, Sponsorship, Strategic Planning/Research, Sweepstakes, T.V., Transportation, Travel & Tourism, Viral/Buzz/Word of Mouth, Web (Banner Ads, Pop-ups, etc.)

Approx. Annual Billings: $91,000,000

Jimmy Smith *(Chm, Partner & Chief Creative Officer)*
Ed Collins *(Pres & Partner)*
Michael Weisman *(Partner & CEO)*
Jon Gothold *(Partner & Exec Creative Dir)*
Michael Dischinger *(Acct Mgmt Dir)*
Melissa Norton *(Media Dir)*
Sequel Smith *(Writer & Dir)*
Bob Ochsner *(Dir-PR)*
Greg Jason *(Assoc Dir-Plng)*
Katie Moore *(Acct Supvr)*
Beth Reid *(Supvr-Media)*
Collin Whitley *(Sr Acct Exec)*
Cristina Pellizzon *(Acct Exec-PR)*
Danika Petersen *(Acct Exec)*
Amber Dominguez *(Coord-Media)*
Sabrina Figueroa *(Assoc Media Dir)*

Accounts:
Bard Valley Natural Delights Medjool Dates
Chicken of the Sea
Children's Hospital of Orange County
DD's Discounts

AGENCIES - JANUARY, 2019 — ADVERTISING AGENCIES

Discovery Science Center
Dole Food Company, Inc. Dole Fresh Fruit, Dole Fresh Vegetables
Harman International Industries, Incorporated JBL Speakers
Hilton Garden Inn; Beverly Hills, CA
Irvine Company Apartment Communities
The Los Angeles Angels of Anaheim (Creative Agency of Record) Media Buying, Strategy
Los Angeles County Fair (Agency of Record) Advertising, Creative, Digital, Direct Mail, Outdoor, Print, Public Relations, Radio, Strategic, TV
Miguel's Jr.
Papa Johns
Polly's Pies
Qualcomm Transportation & Logistics Division
St. Joseph Health System
Stride
Taller San Jose
Toshiba Business Solutions; 2000
Ubiquiti
Wienerschnitzel; Irvine, CA Campaign: "Wiener Nationals Poster", Fast Food; 1995
Yogurtland Franchising Brand Strategy, Campaign: "Flavor Quest", Digital Marketing, In-Store Merchandising, Marketing Communications, Video

ANALOGFOLK
13-17 Laight St Unit 602, New York, NY 10013
Tel.: (212) 677-2826
E-Mail: howyoudoin@analogfolk.com
Web Site: www.analogfolk.com

Employees: 227
Year Founded: 2013

Agency Specializes In: Advertising, Digital/Interactive, Internet/Web Design, Sponsorship

Kunal Muzumdar *(Co-Founder & Mng Dir)*
Bill Brock *(Co-Founder)*
Jim Wood *(Partner & Exec Creative Dir)*
Ruth Sreenan *(Exec VP-Ops-US)*
Laura Yetter Ganz *(Acct Dir)*
Megan Murray *(Dir-Strategy-US)*

Accounts:
Blink Fitness (Agency of Record); 2018
New-The Guardian Life Insurance Company of America
Kahlua
Malibu
NIKE, Inc. US Football
Tusk Brand Development
Viewfinder
Wyborowa Sa

ANCHOR MARKETING & DESIGN, LLC
101 Summit Ave, Fort Worth, TX 76102
Tel.: (817) 348-0762
E-Mail: info@anchormd.com
Web Site: www.anchormd.com

Employees: 10

Agency Specializes In: Advertising, Digital/Interactive, Internet/Web Design, Public Relations, Social Media

Amber Caldwell *(Co-Founder & Creative Dir)*
Bj Caldwell *(Mktg Dir)*

Accounts:
Fort Worth Food & Wine Festival
Legacy Heart Care

ANCHOUR
223 Lisbon St, Lewiston, ME 04240
Tel.: (207) 200-3356
E-Mail: info@anchour.com
Web Site: www.anchour.com

Employees: 15

Agency Specializes In: Advertising, Brand Development & Integration, Content, Digital/Interactive, Internet/Web Design, Logo & Package Design, Print, Social Media

Stephen Gilbert *(CEO)*
Joshua Ray *(Production Mgr-Audio & Producer-Record)*
Jonathan Gilbert *(Dir-Film)*
Josh Pritchard *(Dir-Ops)*
Victoria Richland *(Dir-Design)*

Accounts:
New-Burnham & Lobozzo
New-The Egg Bistro
New-Fuel
New-Greencare Landscape Management
New-Ollo Hair Salon
New-River Drive Cooperage & Millwork
New-Toasted Bakery
New-Vena's Fizz House
New-Vineyard Church of Mechanic Falls

&BARR
600 E Washington St, Orlando, FL 32801-2938
Tel.: (407) 849-0100
Fax: (407) 849-0817
Web Site: andbarr.co

Employees: 60
Year Founded: 1957

National Agency Associations: 4A's

Agency Specializes In: Advertising, Arts, Brand Development & Integration, Broadcast, Cable T.V., Co-op Advertising, Collateral, College, Communications, Consulting, Consumer Goods, Consumer Marketing, Consumer Publications, Corporate Communications, Corporate Identity, Digital/Interactive, Direct-to-Consumer, E-Commerce, Electronic Media, Email, Event Planning & Marketing, Graphic Design, Health Care Services, Hospitality, Identity Marketing, In-Store Advertising, Integrated Marketing, International, Internet/Web Design, Logo & Package Design, Magazines, Marine, Market Research, Media Buying Services, Media Planning, Media Relations, Medical Products, Multimedia, Newspaper, Newspapers & Magazines, Out-of-Home Media, Outdoor, Planning & Consultation, Print, Promotions, Public Relations, Publicity/Promotions, RSS (Really Simple Syndication), Radio, Real Estate, Restaurant, Retail, Sales Promotion, Search Engine Optimization, Social Media, Sponsorship, Sports Market, Strategic Planning/Research, T.V., Trade & Consumer Magazines, Travel & Tourism, Viral/Buzz/Word of Mouth, Web (Banner Ads, Pop-ups, etc.)

Approx. Annual Billings: $60,000,000

Breakdown of Gross Billings by Media: Fees: $32,500,000; Internet Adv.: $2,400,000; Outdoor: $700,000; Print: $1,000,000; Production: $7,200,000; Radio: $2,700,000; T.V.: $13,500,000

Peter Barr, Jr. *(Pres & CEO)*
Jeff Sternberg *(Exec VP-Fry Hammond Barr)*
Guy Stephens *(Sr VP-Strategic Plng & VP-Acct Svc)*
Janette Estep *(VP & Controller)*
Nancy Allen *(VP & Acct Dir)*
Rob Bloom *(VP & Creative Dir)*
Dennis Nikles *(VP-Media & Analytics)*
Tim Carvalho *(Sr Dir-Art)*
Cristina Howard *(Dir-Digital Media)*
Megan Paquin *(Dir-PR)*
Jacqui Garcia *(Assoc Dir-Creative)*
Lorena Bergan *(Sr Mgr-Digital Ad Ops)*
Marie Shumilak *(Acct Supvr)*
Rebekah Bouch *(Sr Acct Exec)*
Morgan Shepard *(Sr Acct Exec)*
Dana Montalto *(Media Buyer-Fry Hammond Barr)*
Sara Morrell *(Acct Coord-PR)*
Carley Colding *(Jr Planner-Digital Media & Buyer)*
Makeda Farrell *(Jr Media Planner-Integrated & Buyer)*
Larissa Hopkins *(Sr Media Planner & Buyer-Digital)*
Katherine Smith *(Grp Media Dir)*
Matt Stewart *(Assoc Creative Dir)*

Accounts:
ABC Fine Wine & Spirits; 2003
Beall's, Inc (Advertising Agency of Record) Brand Voice & Marketing Strategy; 2018
Eckerd Youth Alternatives; Tampa, FL; 2010
First Watch; Tampa, Fl Restaurant; 2010
Glazer Children's Museum
Grendene USA; Orlando, FL Footwear; 2010
Harmony Development Co.; 2010
HD Supply Utilities Ltd.; Orlando, FL Utilities; 2010
Infant Swimming Resources
Kissimmee Convention & Visitors Bureau
Merlin Entertainments Group, Inc Madame Tussauds Orlando, Public Relations Strategies, SEA LIFE Orlando; 2018
Nemours Health System Children's Health System; 2005
Old Florida Nat'l Bank; Orlando, FL; 2010
Organic Bouquet; Maitland, FL; 2010
The Peabody Orlando
Stein Mart; 2009
WUCF-TV
YMCA of Central Florida

AND/OR
68 Jay St Ste 419, Brooklyn, NY 11201
Tel.: (718) 522-7918
E-Mail: hi@and-or.co
Web Site: www.and-or.co

Employees: 10

Agency Specializes In: Advertising, Brand Development & Integration, Content, Internet/Web Design, Promotions

Kelli Miller *(Exec Creative Dir)*
Kendra Eash *(Creative Dir-Copy)*

Accounts:
New-TruTV

AND PARTNERS
158 W 27th St Fl 7, New York, NY 10001
Tel.: (212) 414-4700
Fax: (212) 414-2915
Web Site: www.andpartnersny.com

Employees: 31

Agency Specializes In: Advertising, Brand Development & Integration, Collateral, Communications, Digital/Interactive, Environmental, Internet/Web Design, Mobile Marketing, Package Design, Social Media

Jarrett White *(Principal)*
Amy Novak *(Designer)*

THE&PARTNERSHIP
72 Spring St Fl 4, New York, NY 10012
Tel.: (646) 751-4600
E-Mail: us@theandpartnership.com
Web Site: www.theandpartnership.com

ADVERTISING AGENCIES

National Agency Associations: 4A's

Agency Specializes In: Advertising, Communications, Content, Digital/Interactive, Media Buying Services, Media Planning, Public Relations, Social Media

Agnes Fischer *(Pres)*
Victoria Davies *(Mng Partner)*
Christian Hinchcliffe *(Partner & CMO-Global)*
David Shaw *(Mng Dir)*
Wil Boudreau *(Chief Creative Officer)*
Shobha Sairam *(Chief Strategy Officer)*
Serdar Aytok *(Mng Dir-Turkey & Chief Client Officer-Turkey)*
Johnny Hornby *(Chm/CEO-UK)*
Andrew Bailey *(CEO-North America)*
Corina Constantin *(Head-Mktg Intelligence)*
Anthony Mariello *(Grp Dir-Strategy)*
Renee Quan-Knowles *(Grp Dir-Strategy)*
Danny Asensio *(Creative Dir & Art Dir-UK)*
Michael Ashton *(Creative Dir)*
Patricia Dunigan *(Bus Dir)*
Arrie Hurd *(Art Dir)*
Natasha Romariz Maasri *(Creative Dir)*
Javier Villalba Menendez *(Bus Dir-Spain)*
Laura Walker *(Acct Dir)*
Kelly Stevens *(Dir-New Bus)*
Mike Lin *(Copywriter)*

Accounts:
Alcoa
Arconic Digital Video, Outdoor, Print
Captain D's (Advertising Agency of Record) Brand Marketing, Digital, In-Store, Print, Shared Mail, Social Media, Television
Carlsberg Group Carlsberg, Grimbergen, Influencer Marketing, Kronenbourg 1664, Kronenbourg 1664 Blanc, Social Media, Somersby Cider; 2018
Chico's FAS, Inc. (Creative & Media Agency of Record) Brand Marketing, Retail Brands; 2017
Credit Suisse
Pernod Ricard
The Wall Street Journal Campaign: "Make Time", Campaign: "Time Well Spent"
The Whitney Museum of American Art (Agency of Record) Advertising, Creative, Marketing, Media

Branch

The&Partnership London
(Formerly CHI & Partners)
7 Rathbone Street, London, W1T 1LY United Kingdom
Tel.: (44) 20 7462 8500
Fax: (44) 20 7462 8501
E-Mail: info.london@theandpartnership.com
Web Site: www.theandpartnershiplondon.com/

Employees: 200
Year Founded: 2001

Agency Specializes In: Advertising, Integrated Marketing

Johnny Hornby *(Chm)*
Gary Simmons *(Partner, Joint Mng Dir & Bus Dir)*
Sarah Golding *(Partner & CEO-UK)*
Jim Bolton *(Partner & Deputy Exec Creative Dir)*
Malcolm Peters *(Partner)*
Sarah Clark *(Mng Dir)*
Neil Goodlad *(Chief Strategy Officer)*
Matthew Willson *(Mng Dir-Freedom Brewery)*
Rebecca Munds *(Head-Plng & Planner)*
Yan Elliott *(Joint Exec Creative Dir)*
Andre Moreira *(Exec Creative Dir-Team Toyota)*
Eliza Crawford-Clarke *(Sr Acct Dir)*
Lucy Avent-Wells *(Producer-Creative)*
Philip Beaumont *(Creative Dir-Europe)*
Sally Black *(Acct Dir)*
Toby Brewer *(Creative Dir)*
Nathan Brocklesby *(Acct Dir)*
Alice Burton *(Creative Dir)*
Nilesha Chauvet *(Bus Dir-Europe)*
Siva Clement *(Acct Dir)*
Robin Garton *(Creative Dir)*
Katie Guy *(Acct Dir)*
Jamie Harris *(Acct Dir)*
Danny Hunt *(Creative Dir)*
Jamie Longstreet *(Acct Dir-Europe)*
Oliver May *(Acct Dir)*
Charmaine Murray *(Bus Dir)*
Ian Owen *(Creative Dir)*
Benedict Pringle *(Bus Dir)*
Jim Stump *(Creative Dir-Digital)*
Catrin Tyler *(Acct Dir)*
Guy Vickerstaff *(Creative Dir)*
Steven Vilensky *(Acct Dir)*
Sarah Wood *(Bus Dir)*
Lucy Almond *(Acct Mgr)*
Ciara Burke *(Acct Mgr)*
Freddie Eaves *(Acct Mgr)*
Hannah Gray *(Acct Mgr)*
Faye Gunter *(Acct Mgr)*
Sophie Holt *(Acct Mgr)*
Chris S. Morrogh *(Acct Mgr)*
Natasha Thomas *(Acct Mgr)*
Natalie Ganner *(Mgr-Resource & Project)*
Jessica Sammonds *(Acct Exec)*
Katherine Barnett *(Planner)*
Claire Carmichael *(Planner)*
Lance Crozier *(Designer)*
Hannah Fisher *(Planner-Creative)*
Richard Forder *(Designer)*
Paul Martin *(Planner)*
Adele Meer *(Planner)*
Matt Nixon *(Planner)*
Loty Ray *(Designer)*
Simon Ringshall *(Planner-Plng)*
Rob Sandford *(Planner)*
James Wilson *(Accountant-Client)*
Steven Tiao *(Sr Art Dir-Canada)*

Accounts:
Adidas
Argos PLC Advertising, Aliens, Beats, Campaign: "Brilliant", Campaign: "Get Set Go Argos", Campaign: "Get Set for Instant Pickup", Campaign: "Just Can't Wait for Christmas", Campaign: "So Emotional", Campaign: "nameourbaby", Creative, Dyson, Fast Track, Habitat, Shazam, TV Advertising
Arla Foods Campaign: "Saturday", Campaign: "The Manly Chocolate Milk for Men With Added Man", Outdoor, Press, Wing-Co
Best Buy
Big Yellow Self Storage Group Campaign: "Big Yellow Does Small", Campaign: "Box It Up", Digital, Out-of-Home, Smaller Storage Offerings
British Gas Ltd. British Gas Energy, British Gas Home Services, Business-to-Business Marketing, Campaign: "Planet Home", Campaign: "Psyop"
Campaign Magazine
The Carphone Warehouse Group Plc Advertising, Campaign: "Colour Invasion", Campaign: "Date Night", Campaign: "DoYourOwnThing", Geek Squad, Knowhow, Online, Something Wonderful, iD
Central Office of Information
Centrica Connected Home Campaign: "Taking Care of Business", Hive, TV
New-Coty, Inc. (Global Lead Creative Agency) Wella Professionals; 2018
Doritos
Drench Television, Water
The Economist
Findmypast Advertising Strategy
Freedom Brewery Creative, Digital, Packaging Design, Social
New-Godiva Chocolatier, Inc. Advertising, Creative, FMCG, Godiva, Marketing
Haymarket Publishing
Heat
Hive Connected Home
HouseSimple (Agency of Record) Above-the-Line, Brand Identity, Design, Livery, Logo; 2018
iD Mobile
Kraft Heinz Amoy, Creative, HP Sauce, Lea & Perrins
Lexus Above-the-Line, Campaign: "Amazing in Motion", Campaign: "Poise", Campaign: "Relentless", Campaign: "Steps", Campaign: "Strobe", Campaign: "Swarm", Content, Creative, Digital, Jude Law, Lexus ES, Lexus Hoverboard, Lexus Slide, TV
Nestle Polo Mints
Netflix Bright; 2017
News Corporation Campaign: "Fortunes Told"
Playtech Advertising; 2017
The Prince's Trust Campaign: "Bad Press", Campaign: "Learn The Hard Way", Campaign: "The Lost Generation", Online
Pringle
The Procter & Gamble Company Advertising, Lenor; 2017
RadioCentre; 2018
Royal National Institute for the Blind
Samsung Electronics Campaign: "Charge", Campaign: "Coliseum", Campaign: "King of TV City", Evolution Kit, Mobile Division, Smart TV, TV Products
Secret Cinema Content & Social, Strategy; 2018
Sentebale Campaign: "Feel No Shame"
SoBe Pure Rush Integrated Advertising
TalkTalk Campaign: "Date Night", Campaign: "TalkTalk TV Time App", Campaign: "The Mission", Campaign: "The X Factor", Campaign: "Winter Wonderland", Media, Mix-Off, TV, Telecoms, X Factor
The Times Campaign: "The Stories That Matter", The Sunday Times
Toyota (GB) PLC Aygo, Campaign: "The Life RX", Content Marketing, Creative, Digital, Lexus RX
Travelodge (Creative Agency of Record) Advertising
United Biscuits (Holdings) Limited Advertising, Creative, Marketing, McVitie's

ANDERSON ADVERTISING & PUBLIC RELATIONS
5800 East Thomas Road, Scottsdale, AZ 85251
Tel.: (480) 945-2229
Fax: (480) 945-9921
Web Site: www.anderson-adv.com

Employees: 20
Year Founded: 2005

Agency Specializes In: Advertising, Affluent Market, Arts, Brand Development & Integration, Broadcast, Cable T.V., Children's Market, Co-op Advertising, Collateral, Communications, Consumer Goods, Consumer Marketing, Content, Corporate Identity, Cosmetics, Crisis Communications, Digital/Interactive, Direct-to-Consumer, Electronic Media, Entertainment, Experience Design, Experiential Marketing, Fashion/Apparel, Financial, Graphic Design, Health Care Services, Hospitality, Household Goods, Integrated Marketing, Internet/Web Design, Leisure, Local Marketing, Logo & Package Design, Luxury Products, Market Research, Media Buying Services, Media Planning, Media Relations, Media Training, Medical Products, Mobile Marketing, Multimedia, Out-of-Home Media, Over-50 Market, Paid Searches, Pharmaceutical, Planning & Consultation, Production, Production (Ad, Film, Broadcast), Programmatic, Promotions, Public Relations, Publicity/Promotions, Restaurant, Retail, Social Marketing/Nonprofit, Social Media, Sports Market, Strategic Planning/Research, T.V., Travel & Tourism

Ted Anderson *(Owner & Pres)*
Sheri Heitner-Anderson *(VP & Acct Dir)*
Aaron Castiglione *(Creative Dir)*
Laurie SantaLucia *(Acct Dir-Client Svcs)*
Laura Girard *(Dir-Media Svcs)*

Shelby Tuttle *(Dir-PR)*
Kate Ortega-Foster *(Acct Exec)*
Katie Stout *(Strategist-Digital Mktg)*
Dustin Perrotti *(Jr Art Dir)*

Accounts:
Arizona Craft Brewers Guild (Agency of Record) Arizona Beer Week, Creative Design, Media Buying, Public Relations, Real, Wild & Woody, Social Media, Strong Beer Festival; 2017
Arizona Stronghold Vineyards
The Arizona Super Bowl Host Committee
Blue Wasabi Sushi & Martini Bar
Desert Schools Federal Credit Union
Diageo North America Inc.
Hamra Jewelers
Harkins Theaters
Morgans Hotel Group
National Hockey League Phoenix Coyotes
Page Springs Cellars
Phoenix Children's Hospital

ANDERSON DDB HEALTH & LIFESTYLE
1300-33 Bloor St E, Toronto, ON M4W 3H1 Canada
Tel.: (416) 960-3830
Fax: (416) 960-5531
E-Mail: info@andersonddb.com
Web Site: www.andersonddb.com

E-Mail for Key Personnel:
President: kevin.brady@andersonddb.com
Creative Dir.: dieter.kaufmann@andersonddb.com
Production Mgr.: steve.benson@andersonddb.com

Employees: 100
Year Founded: 1972

Agency Specializes In: Advertising, Advertising Specialties, Bilingual Market, Brand Development & Integration, Broadcast, Business-To-Business, Collateral, Communications, Consumer Marketing, Consumer Publications, Corporate Identity, Direct Response Marketing, Direct-to-Consumer, Government/Political, Graphic Design, Health Care Services, Hispanic Market, Internet/Web Design, Logo & Package Design, Media Buying Services, Media Planning, Medical Products, New Product Development, Newspapers & Magazines, Out-of-Home Media, Outdoor, Package Design, Pharmaceutical, Print, Production, Production (Ad, Film, Broadcast), Radio, Social Marketing/Nonprofit, Strategic Planning/Research, T.V., Transportation, Web (Banner Ads, Pop-ups, etc.)

Kevin Brady *(Pres & CEO)*
Tony Miller *(VP & Exec Creative Dir)*
Joanne Belsito *(VP & Dir-Client Svc)*
Glen Cambridge *(VP-Ops)*
Nancy Kramarich *(VP)*
Pat Browne *(Acct Dir)*
Helene Carriere *(Art Dir)*
Lou-Anne Gaudino *(Acct Dir-Global)*
Nasir Mohamed *(Art Dir)*
Veronica Pineda *(Acct Dir)*
Juanita Shipley *(Acct Dir)*
Mark Boutte *(Dir-Digital Strategy & Svcs)*
Randy Vogel *(Dir-Strategy & Integration-DePuy)*
Chad Buechler *(Supvr-Print Production)*
Abi Saiyanthan *(Acct Exec-New Bus & Strategist-Content)*
Anthony Duguay *(Assoc Creative Dir)*
Gail Gordon *(Sr Supvr-Media)*
Enza Pitrolo *(Assoc Creative Dir)*

Accounts:
FASworld
Johnson & Johnson Centocor, Codman, Cordis, DePuy, Ethicon, LifeScan, Ortho Biotech, Servier; 1996
Pfizer; 1978

Rexall (Agency of Record) Creative, Media Planning, Rexall PharmaPlus, Strategy Rx & D; 1999
Silver Snail Comics Shop
Weetabix Canada Inc.; 1996

Branches

Anderson DDB Sante.Vie.Esprit.
3500 Blvd De Maisonneuve St W Ste 610, Westmount, Montreal, QC H3Z 3C1 Canada
Tel.: (514) 844-9505
Fax: (514) 842-9871
E-Mail: joanne.belsito@andersonddb.com
Web Site: www.andersonddb.com

E-Mail for Key Personnel:
Media Dir.: carol.chisholm@andersonddb.com
Production Mgr.: glen.cambridge@andersonddb.com

Employees: 15
Year Founded: 1971

Agency Specializes In: Advertising, Advertising Specialties, Bilingual Market, Brand Development & Integration, Broadcast, Business-To-Business, Collateral, Communications, Consumer Marketing, Corporate Identity, Direct Response Marketing, Government/Political, Graphic Design, Health Care Services, Hispanic Market, Internet/Web Design, Logo & Package Design, Media Buying Services, Medical Products, New Product Development, Pharmaceutical, Print, Production, Radio, Strategic Planning/Research, T.V.

Gord Desveaux *(Exec VP & Dir-Strategic Plng)*
Joanne Belsito *(VP & Dir-Client Svc)*
Anthony Duguay *(Assoc Creative Dir)*

Accounts:
ManuLife
Merck Frosst Canada; 1989
Novartis Pharmaceuticals Canada; 2000
Pfizer Canada; 1978

DDB California
(Formerly DDB Remedy)
600 California St, San Francisco, CA 94108
Tel.: (415) 692-2800
Fax: (415) 692-2801
Web Site: www.ddb.com/offices/north-america/usa/ddb-remedy-san-francisco

E-Mail for Key Personnel:
President: michael.ling@sf.ddb.com

Employees: 35
Year Founded: 2000

National Agency Associations: 4A's

Agency Specializes In: Advertising, Advertising Specialties, Bilingual Market, Brand Development & Integration, Broadcast, Business-To-Business, Collateral, Communications, Consumer Marketing, Corporate Identity, Direct Response Marketing, Government/Political, Graphic Design, Health Care Services, Hispanic Market, Internet/Web Design, Logo & Package Design, Media Buying Services, Medical Products, New Product Development, Pharmaceutical, Print, Production, Radio, Strategic Planning/Research, T.V.

Richard Guest *(Officer-Digital)*
Chris Toffoli *(Dir-Creative & Design)*
Kevin Gonzalez *(Acct Exec)*
Jennifer Fisher *(Sr Art Dir)*
Michelle Sjoberg *(Assoc Creative Dir)*

THE ANDERSON GROUP
879 Fritztown Rd, Sinking Spring, PA 19608
Tel.: (610) 678-1506
Fax: (610) 678-5891
E-Mail: info@theandersongrp.com
Web Site: www.theandersongrp.com

E-Mail for Key Personnel:
Public Relations: MFortley@theandersongrp.com

Employees: 18
Year Founded: 1987

Agency Specializes In: Advertising, Brand Development & Integration, Business-To-Business, Collateral, Commercial Photography, Communications, Consulting, Consumer Marketing, Corporate Identity, Digital/Interactive, Direct Response Marketing, Event Planning & Marketing, Exhibit/Trade Shows, Financial, Graphic Design, Health Care Services, Industrial, Internet/Web Design, Logo & Package Design, Media Buying Services, Out-of-Home Media, Outdoor, Point of Purchase, Point of Sale, Public Relations, Publicity/Promotions, Restaurant, Retail, Strategic Planning/Research, Travel & Tourism

Linda Anderson *(Mng Partner)*
Kevin Clarkin *(VP & Exec Acct Dir)*
Derek Hollister *(Exec Creative Dir)*
Jeff Phillips *(Creative Dir)*
Shane Boland *(Dir-Integrated Technologies)*
Chrissy Faller *(Dir-Pub & Media Rels)*

Accounts:
Armstrong Flooring Products
Commonwealth Orthopaedics Association
Elbeco Incorporated
Ephrata Community Hospital
Instant Ocean
Marineland
Pottstown Area Health & Wellness Foundation
Quadrant Engineering Plastic Products
Root-Lowell Manufacturing Co.
Solo
The Speckled Hen
Surgical Institute Of Reading
Tetra
TetraPond

ANDERSON-MADISON ADVERTISING, INC.
4600 West 77th St, Minneapolis, MN 55435
Tel.: (952) 835-5133
Fax: (952) 835-4977
E-Mail: cm@andersonmadison.com
Web Site: https://www.andersonmadison.com/

E-Mail for Key Personnel:
President: cm@andersonmadison.com

Employees: 8
Year Founded: 1961

Agency Specializes In: Advertising, Aviation & Aerospace, Bilingual Market, Brand Development & Integration, Business Publications, Business-To-Business, Catalogs, Collateral, Commercial Photography, Consumer Goods, Consumer Publications, Digital/Interactive, Direct Response Marketing, Direct-to-Consumer, E-Commerce, Electronic Media, Email, Environmental, Exhibit/Trade Shows, Government/Political, High Technology, Hispanic Market, Identity Marketing, Industrial, Infomercials, Information Technology, Integrated Marketing, International, Internet/Web Design, Logo & Package Design, Magazines, Market Research, Media Buying Services, Media Planning, Media Relations, Medical Products, Multimedia, New Technologies, Newspaper, Newspapers & Magazines, Package Design, Paid Searches, Planning & Consultation, Point of Purchase, Point of Sale, Print, Product Placement, Production (Print), Promotions, Public Relations, Publicity/Promotions, Strategic Planning/Research, Technical Advertising, Trade & Consumer

ADVERTISING AGENCIES
AGENCIES - JANUARY, 2019

Magazines

Christopher Madison *(Pres)*
Barbara Firth *(Mgr-Media)*

ANDERSON MARKETING GROUP
7420 Blanco Rd Ste 200, San Antonio, TX 78216
Tel.: (210) 223-6233
Fax: (210) 223-9692
E-Mail: info@andersonmarketing.com
Web Site: http://www.andadv.com/

Employees: 30
Year Founded: 1970

National Agency Associations: AAF-AMA

Agency Specializes In: Advertising, Automotive, Brand Development & Integration, Broadcast, Food Service, Graphic Design, Health Care Services, Hispanic Market, Multimedia, Newspaper, Newspapers & Magazines, Out-of-Home Media, Outdoor, Print, Production, Radio, Strategic Planning/Research, T.V.

Approx. Annual Billings: $24,000,000

Breakdown of Gross Billings by Media: Print: 50%; Radio: 20%; T.V.: 30%

Julius Germano *(Owner)*
Kim Gresham *(Pres)*
Charles Anderson *(CEO)*
Chris Pawlik *(Creative Dir)*
Sylvia Trevino *(Media Dir)*
Soeurette Shook-Kelly *(Dir-Corp Dev)*
Dirk Ronk *(Assoc Dir-Creative)*
David Solce *(Mgr-Social Media)*
Tom Sullivan *(Mgr-Production)*
Jacqueline Yarrington *(Sr Acct Exec)*
Tiffany Gabaldon *(Assoc Creative Dir)*

Accounts:
Cavender Audi; 2002
Cavender Chevy-Olds; 1997
Cavender Toyota; 2002
Eddie Yaklin Ford Lincoln Mercury Nissan
Hill Country Bakery
Hyatt Hotel
Muzak, LLC
Porter Loring Mortuaries; 1999
Prayer4Awakening
San Antonio Economic Development Foundation; San Antonio, TX; 1983
Saturn of San Antonio; 1997
South Texas Blood & Tissue Center
South Texas Medical Center

ANDERSON PARTNERS
444 Regency Parkway Dr Ste 311, Omaha, NE 68114
Tel.: (402) 341-4807
Fax: (402) 341-2846
Toll Free: (800) 551-9737
E-Mail: mhughes@andersonpartners.com
Web Site: www.andersonpartners.com

E-Mail for Key Personnel:
Creative Dir.: dhatfield@andersonpartners.com
Media Dir.: bstewart@andersonpartners.com
Production Mgr.: jgittins@andersonpartners.com

Employees: 19
Year Founded: 1989

Agency Specializes In: Brand Development & Integration, Business-To-Business, Consulting, Corporate Identity, Logo & Package Design, Planning & Consultation, Point of Sale, Print, Radio, Sales Promotion, Strategic Planning/Research, T.V., Trade & Consumer Magazines

Approx. Annual Billings: $30,000,000

Deborah Murray *(Pres)*
Scott Anderson *(Mng Partner)*
Jason Gittins *(Partner & Production Mgr)*
Krista Meisinger *(CFO)*
Dan Swoboda *(Dir-Creative Svcs)*
Ginny Allumbaugh *(Media Buyer)*
Meg Shea *(Media Buyer)*

Accounts:
Corbion (Agency of Record) Advertising Communications, B2B Marketing
Kraft Food Ingredients (Agency of Record) B2B Marketing Communications

ANDON GUENTHER DESIGN LLC
1550 Larimer St Ste 468, Denver, CO 80202
Tel.: (844) 495-5247
Web Site: andonguenther.com

Employees: 50
Year Founded: 2011

Agency Specializes In: Advertising, Brand Development & Integration, Digital/Interactive, Identity Marketing, Internet/Web Design, Package Design, Point of Purchase, Print, Trade & Consumer Magazines

Andon Guenther *(Founder & Creative Dir)*

Accounts:
Cytosport, Inc Evolve
Jade Monk

ANDOSCIA COMMUNICATIONS
29 King St, New York, NY 10014
Tel.: (212) 475-2122
E-Mail: info@andoscia.com
Web Site: www.andosciacommunications.com

Employees: 5

Agency Specializes In: Advertising, Crisis Communications, Event Planning & Marketing, Media Relations, Public Relations, Strategic Planning/Research

Caroline Andoscia *(Pres)*

Accounts:
Lebua Hotels & Resorts Media Relations
Lindas Stuff

ANDRADE COMMUNICATORS
PO Box 15009, San Antonio, TX 78212
Tel.: (210) 595-3931
Web Site: www.andradecom.com

Employees: 2
Year Founded: 2004

Agency Specializes In: Advertising, Brand Development & Integration, Collateral, Graphic Design, Logo & Package Design, Print

John Andrade *(CEO)*
Janine Cornelius *(Acct Planner)*

Accounts:
Century Oaks Title, LLC

THE ANDREWS AGENCY
1612 16Th Ave S, Nashville, TN 37212
Tel.: (615) 242-4400
Web Site: www.andrewspr.com

Employees: 10

Agency Specializes In: Advertising, Event Planning & Marketing, Internet/Web Design, Media Relations, Public Relations, Social Media

Jena Thomas *(Pres & Partner)*
Susan Andrews Thompson *(Pres)*

Accounts:
Five Points Pizza
Palm Restaurant Nashville

ANDRIA MITSAKOS PUBLIC RELATIONS
76 9th Ave Ste 1110, New York, NY 10011
Tel.: (954) 294-4710
E-Mail: Andria@andriamitsakospr.com
Web Site: www.andriamitsakospr.com

Employees: 10

Agency Specializes In: Brand Development & Integration, Communications, Consulting, Consumer Goods, Email, Event Planning & Marketing, Exhibit/Trade Shows, Fashion/Apparel, Guerila Marketing, Internet/Web Design, Media Relations, Product Placement, Promotions, Publicity/Promotions, Real Estate, Restaurant, Search Engine Optimization, Sponsorship, Viral/Buzz/Word of Mouth

Andria Mitsakos *(Pres & CEO)*
Erika Vives *(VP)*

ANIMAL INSTINCT ADVERTISING
2124 Madison Rd Ste 3F, Cincinnati, OH 45208
Tel.: (513) 321-5500
Web Site: www.animalinstinctadvertising.com

Employees: 1

Agency Specializes In: Advertising, Out-of-Home Media, Outdoor, Print, Radio, T.V.

Greg Newberry *(Founder)*

Accounts:
Alois Alzheimer Center

ANIMAX ENTERTAINMENT
6627 Valjean Ave, Van Nuys, CA 91406
Tel.: (818) 787-4444
E-Mail: press@animaxent.com
Web Site: www.animaxent.com

Employees: 86
Year Founded: 2001

Agency Specializes In: Advertising, Brand Development & Integration, Digital/Interactive, Entertainment, Internet/Web Design, Paid Searches, Planning & Consultation, Product Placement, Sponsorship, Viral/Buzz/Word of Mouth

Dave Thomas *(Owner)*

Accounts:
US Forest Service Forest Administration Services, Smokey the Bear Campaign

ANNODYNE, INC.
751 Arbor Way, Blue Bell, PA 19422
Tel.: (215) 540-9110
Fax: (215) 540-9115
E-Mail: info@annodyne.com
Web Site: www.annodyne.com

Employees: 20

Diana O'Connor *(Project Mgr-Digital)*

Accounts:

AGENCIES - JANUARY, 2019 — ADVERTISING AGENCIES

Montgomery County Community College (Agency of Record) Culinary Arts Institute, Website, mc3.edu/culinary
Pennsylvania Academy
Wharton

ANOMALY
536 Broadway 11th Fl, New York, NY 10012
Tel.: (917) 595-2200
Fax: (917) 595-2299
Web Site: anomaly.com/

Employees: 300
Year Founded: 2004

National Agency Associations: 4A's

Agency Specializes In: Advertising, Sponsorship

Damien Reid *(Mng Dir-Cultural Mktg & Grp Dir-Bus)*
Andrew Loevenguth *(Head-Production)*
Jeff Beck *(Grp Dir-Strategy & Cultural Mktg)*
Christina Gregory *(Grp Dir-Comm Strategy)*
Laura Rowan *(Grp Dir-Strategy)*
Jana Uhlarikova Bertram *(Acct Dir)*
Justin Bilicki *(Creative Dir)*
Bryce Cline *(Creative Dir)*
Matt Herr *(Creative Dir)*
Rebecca Johnson-Pond *(Creative Dir-Panera)*
Michael Seide *(Acct Dir)*
Ji You *(Acct Dir-Johnnie Walker & Crown Royal)*
Matthew Kline *(Dir-Bus Dev)*
Bona Park *(Dir-Comm Strategy)*
Jessica Roubadeaux *(Dir-Strategy)*
Tori Pierce *(Acct Supvr)*
Luca Bernardino *(Designer-Converse Team)*
Christine Gignac *(Grp Creative Dir)*
Ida Gronblom *(Grp Creative Dir)*
Stephen Mendonca *(Sr Art Dir)*
Dylan Ostrow *(Sr Art Dir)*
Erick Rodriguez *(Sr Art Dir)*
Zachary Roif *(Sr Art Dir)*
Leslie Ali Walker *(Grp Creative Dir)*
David Woodbury *(Sr Art Dir)*

Accounts:
Ally Financial Inc. Creative; 2018
Anheuser-Busch Companies, LLC Budweiser (US Creative Agency of Record), Budweiser Black Crown, Creative, Shock Top
Beats by Dre (Agency of Record) Beats by Dre, Creative
New-Booking Holdings Inc. Booking.com (US Creative Agency of Record); 2018
BRP (Agency of Record) Can-Am Off-Road, Can-Am Spyder, Evinrude, Sea-Doo, Ski-Doo
Carnival Cruise Line (Creative Agency of Record); 2017
New-The Coca-Cola Company (Agency of Record) Creative, Diet Coke, Digital, Media Planning, Odwalla, Smartwater, Social, Strategy, World Cup 2018
Coty (Agency of Record) Communications Planning, In-Store, Media Strategy, Print, Sally Hansen (Global Creative Agency), Social, TV
Diageo North America Inc. (Agency of Record) Buchanan's, Campaign: "Dive", Campaign: "Keep Walking", Campaign: "The Gentleman's Wager II", Campaign: "The Gentlemen's Wager", Captain Morgan, Crown Royal, Johnnie Walker (Global Creative Agency of Record), Johnnie Walker Blue Label
Dick's Sporting Goods (Creative Agency of Record) Sports Matters
Google Inc. (Agency of Record) "Google Glass", Android, Google Maps, Hangouts, Helpouts, Youtube
The Hershey Company (Agency of Record) Brookside, Campaign: "Keep on Sucking!", Jolly Rancher, Kit Kat, Strategic Projects
Kohl's (Innovation & Strategy Agency of Record) Social Media, TV Broadcast
LEGO
Lyst
Major League Baseball (Agency of Record) "Ruth: The Joy of Playing Ball", Campaign: "This Is Baseball", Creative, MLB Advanced Media, MLB Network, TV
NBC Sports Network Campaign: "Warm Up - Ovechkin"
New York Life Insurance (Agency of Record) Advertising, Creative
Panera Bread (Agency of Record) Campaign: "Celebration", Campaign: "Food As It Should Be", Campaign: "Should Be", Content, Creative, Online, Outdoor, Radio, Social Media, Social Media Marketing, TV
Serta Simmons Bedding, LLC Advertising, Beautyrest (Agency of Record), Marketing, Strategy & Creative Development; 2017
Sonos (Agency of Record)
New-Sony Computer Entertainment America Creative, Digital, Media Planning, PlayStation (Agency of Record), Social, Strategy
Telemundo (Agency of Record) Creative, Strategy
Vroom, Inc. (Advertising Agency of Record)
Weight Watchers International, Inc (Creative Agency of Record) Global Brand Strategy; 2018
YouTube (Agency of Record) Campaign: "ProudtoLove"
Zico

Branches

Anomaly Amsterdam
Herengracht 551, 1017 BW Amsterdam, Netherlands
Tel.: (31) 203080380
Web Site: www.anomaly.com

Employees: 55
Year Founded: 2004

Agency Specializes In: Advertising, Content, Digital/Interactive, Hispanic Market, Media Planning, Production (Ad, Film, Broadcast), Promotions, Social Media

Engin Celikbas *(CEO & Partner)*
Amanda Feve *(Partner & Chief Strategy Officer)*
Simon Owen *(Mng Dir)*
Fabian Berglund *(Exec Creative Dir)*
Victoria Bradbury *(Acct Dir)*
Nick Darrigan *(Bus Dir)*
Chase Pritchett *(Acct Dir)*

Accounts:
Diesel
The Dutch National Opera
Ikea International A/S Creative, Global & Local Communications, Global Advertising; 2017
T-Mobile (Regional Creative Agency of Record)
Veloretti Amsterdam

Anomaly
25 Charterhouse Square, London, EC1M 6AE United Kingdom
Tel.: (44) 207 843 0600
E-Mail: htrickey@anomaly.com
Web Site: www.anomaly.com/en/call

Employees: 60

Johnny Vulkan *(Founder & Partner)*
Camilla Harrisson *(CEO & Partner)*
Stuart Smith *(Partner & Chief Strategy Officer)*
Nicky Russell *(COO)*
Joe Corcoran *(Head-Creative)*
Simon Robertson *(Head-Comm Strategy)*
Oli Beale *(Exec Creative Dir)*
Craig Ainsley *(Creative Dir & Writer)*
Tim Boxall *(Bus Dir)*
Ben Carey *(Creative Dir)*
Josie Davis *(Acct Dir-Beats By Dre)*
Henrik Delehag *(Creative Dir)*
Maximilian Gebhardt *(Creative Dir)*
Vix Jagger *(Creative Dir)*
David Lawrie *(Creative Dir)*
Matt Roach *(Creative Dir)*
Luke Tipping *(Creative Dir)*
Tamsin Djaba *(Dir-Strategy-Unreasonable Equals)*
Anthony Harris *(Dir-Strategy)*
Max Ward *(Dir-Strategy)*
Rasmus Otto *(Strategist)*
Kerry Roper *(Designer)*

Accounts:
AB Electrolux Electrolux, Global Advertising
New-Ancestry AncestryDNA, International Strategic & Creative; 2018
Anheuser-Busch InBev N.V. Budweiser, Campaign: "Bud Light Beer: "Simply Put"
Anti Tobacco League
Bank of Scotland Creative Advertising, Digital
BBC Top Gear
Beats by Dre Creative
Cancer Research UK (Lead Creative Agency) Campaign: "Right Now", Digital Display, Outdoor Media, Radio, Social Media, Stand Up To Cancer, TV, Video on Demand
Captain Morgan Creative
Converse Desire, Made By Facebook App
Diageo plc Above-the-Line, Campaign: "Joy Will Take You Further", Gordon's Gin (Global Creative), Johnnie Walker
Diesel
Freeview Advertising, Creative
Gaydar Brand Identity
Lego
Lyst (Global Agency of Record) Communications Strategy, Creative, Media Planning; 2015
Sky Campaign: "Billy Bass", Fantasy Football
Umbro
The Vaccines
Veloretti
Virgin Trains Campaign: "Be Bound For Glory", Creative, East Coast & West Coast Services

Anomaly
46 Spadina, Toronto, ON M5V 2H8 Canada
Tel.: (647) 547-3440
E-Mail: catalent@anomaly.com
Web Site: www.anomaly.com

Employees: 120
Year Founded: 2004

Agency Specializes In: Advertising, Brand Development & Integration, Digital/Interactive, Graphic Design, Media Planning, Social Media

Franke Rodriguez *(CEO & Partner)*
Candace Borland *(Mng Dir)*
Greg Clark *(Fin Dir)*
Janice Bisson *(Head-Production)*
Pete Breton *(Exec Creative Dir)*
Dave Douglass *(Exec Creative Dir)*
Dion Aralihalli *(Grp Acct Dir)*
Max Bingham *(Art Dir)*
Neil Blewett *(Creative Dir)*
Crystal Brewis *(Art Dir)*
Jeff Thomas *(Acct Dir)*
Shelley Raymond *(Dir-Talent & Culture)*
Matt Baggley *(Acct Supvr)*
Angela Fee *(Acct Supvr)*
Brendan Scullion *(Copywriter)*
Jason Kerr *(Sr Art Dir)*
Max May *(Sr Writer)*

Accounts:
New-Ancestry Communications, Creative & Strategy; 2018
Belgian White
BMW Campaign: "MINI Roller Coaster", Campaign: "NOT NORMAL", Mini
FGL Sports Ltd Sport Chek

ADVERTISING AGENCIES

AGENCIES - JANUARY, 2019

Kobo (Agency of Record) Creative, Strategic
Labatt Brewing Company Ltd.
Mexx Canada Inc
Nike Canada
Oh Henry
San Pellegrino
Spotify
Ultimate Fighting Championship Creative

Anomaly
1319 Abbot Kinney Blvd, Venice, CA 90291
Tel.: (310) 392-3233
Web Site: www.anomaly.com

Employees: 40

Agency Specializes In: Advertising

Carl Johnson *(Founder & Partner)*
Jiah Choi *(CEO)*
Josh Fell *(Partner)*
Aisea Laungaue *(Chief Strategy Officer)*
Erika Madison *(Head-Production)*
Jessica DeLillo *(Acct Dir)*
Matt Kalish *(Creative Dir)*
Zach Myrow *(Creative Dir)*
Jessica Rudis *(Dir-Social Strategy)*
Jessica Hagerty *(Mgr-Bus Dev-LA)*
Alyssa Tacopino *(Acct Supvr)*
Jeffrey Cannata *(Sr Strategist-Comm)*
Jake Kwasiborski *(Copywriter)*
Kyle Provo *(Copywriter)*
Josh Jefferis *(Grp Bus Dir)*
Jenny Kang *(Sr Art Dir)*

Accounts:
New-Allbirds Inc.
The Coca-Cola Company Creative, Diet Coke, Minute Maid (Creative Agency of Record), Odwalla, Strategic, Super Bowl 2018 Campaign: "Because I Can"
Diageo plc Johnnie Walker
New-Oculus Go

ANOROC AGENCY
822 Wake Forest Rd, Raleigh, NC 27604
Tel.: (919) 821-1191
E-Mail: info@anorocagency.com
Web Site: www.anorocagency.com

Employees: 6
Year Founded: 1993

Agency Specializes In: Advertising, Brand Development & Integration, Graphic Design, Internet/Web Design, Social Media

Deborah Loercher *(Pres)*
Alex Midgett *(Mng Partner & Dir-Creative)*

Accounts:
VisitTucson.org

ANSIBLE MOBILE
55 5th Ave 16th Fl, New York, NY 10003
Tel.: (212) 444-7486
Web Site: https://www.ansibleww.com/

Employees: 118
Year Founded: 2007

National Agency Associations: 4A's

Agency Specializes In: Advertising, Mobile Marketing, Sponsorship

Accounts:
Intel Corporation 2Nd Generation Intel Core Processors
Kia Motors America Inc. Digital

ANSIRA
2300 Locust St, Saint Louis, MO 63103
Tel.: (314) 783-2300
Fax: (314) 783-2301
E-Mail: info@ansira.com
Web Site: https://ansira.com/

Employees: 250

Agency Specializes In: Digital/Interactive, Experiential Marketing, Market Research, Sponsorship, Strategic Planning/Research

Daina Middleton *(CEO)*
Gary Weller *(CFO)*
John Parks *(CIO & Exec VP-Engrg)*
Chris Henger *(Chief Product Officer & Exec VP)*
Andy Arnold *(Exec VP-Client Partnership)*
Kelly Jo Sands *(Exec VP-Mktg Tech & Data Svcs)*
Tucker Hassler *(Sr VP & Exec Creative Dir)*
Heidi Brooks *(Sr VP & Dir-Digital Mktg Svc & Support)*
Kay Klos *(Sr VP-Client Partnership)*
Lauraliisa O'Connor Gudgeon *(Sr VP-Bus Dev)*
Peter Soto *(Sr VP)*
Bryan Ingram *(VP-Digital Svcs)*
Santi Santiago *(VP)*
Jeff Wingbermuehle *(VP-Print Production)*
Peggie Bayliss *(Asst VP-Contract Svcs & Support)*
Jennifer Gibbs *(Asst VP)*
Christina Klupe *(Asst VP)*
Matthew Pijut *(Asst VP)*
Myra Guillermo *(Acct Dir)*
Kevin Wyss *(Acct Dir)*
Tom Kaminski *(Dir-Strategy)*
Jennifer Tjernlund *(Dir-Project Mgmt)*
Patty Leonard *(Acct Mgr-Meetings & Events)*
Michael Billy *(Sr Acct Rep)*
Jim Warner *(Exec Chm)*

Accounts:
Anheuser-Busch InBev
Bob Evans Farms
Carpet One
Chili's
Cisco
Coca-Cola Refreshments USA, Inc.
Daikin
Dental One Partners
Experian
FedEx
Fiat
Firestone
Ford Motor Company
Hyundai
InFocus
Jiffy Lube
KinderCare
La-Z-Boy Inc
Lincoln Financial Group
L'Oreal
Michaels Stores
Mitsubishi Motors
New Balance
The North Face
OG&E
Panera Bread
Pennzoil
Planet Fitness
Purina
Quaker State
Remington Arms Company
Rolex
Shell
Southwest Airlines
ThinkEnergy
Volkswagen
Volvo
Wholly Guacamole

Branches

Ansira
35 East Wacker Dr Ste 1100, Chicago, IL 60601
(See Separate Listing)

Ansira
(Formerly Sq1)
1801 N Lamar Ste 375, Dallas, TX 75202
(See Separate Listing)

Ansira
13155 Noel Rd Ste 600, Dallas, TX 75240
Tel.: (972) 663-1100
Fax: (972) 663-1300
E-Mail: info@ansira.com
Web Site: https://ansira.com/

Employees: 150
Year Founded: 2003

Agency Specializes In: Experiential Marketing, Sponsorship

Trae Clevenger *(Chief Strategy Officer & Exec VP-Analytics)*
Tom Millweard *(Exec VP)*
Logan Flatt *(Sr VP-Strategy)*
Lauraliisa O'Connor Gudgeon *(Sr VP-Bus Dev)*
Paul Johnson *(Sr VP-Data & Tech)*
Ray Rosenbaum *(Sr VP-Data Privacy)*
Julia Thuman *(Sr VP-Client Svc)*
Austin Wright *(Sr VP-Strategic Plng)*
Anne Marie Flanagan *(Asst VP)*
Matthew Kellogg *(Asst VP-Strategy)*
Stephanie Conreaux *(Acct Mgr)*
Shelly Reaser *(Mgr-Talent Acq)*
Amanda Underwood *(Sr Acct Exec)*

Accounts:
ABC Radio Networks
Applebee's
Baskin-Robbins
The Cheesecake Factory
Coca-Cola Refreshments USA, Inc.
Coca-Cola North America
Dave & Buster's
Dunkin Donuts
Game Stop
Grand Lux Cafe
Home Choice
Identec
Nestle Purina PetCare Co. Friskies, Mighty Dog, Public Relations, Puppy Chow, Purina, Purina Dog Chow, Purina One, Purina Pro Plan, petcentric.com
Rent-A-Center
Wendy's
Wireless Toys
Zipcar Customer Engagement Marketing

ANSON-STONER INC.
111 E Fairbanks Ave, Winter Park, FL 32789-7004
Tel.: (407) 629-9484
Fax: (407) 629-9480
E-Mail: info@anson-stoner.com
Web Site: www.anson-stoner.com

E-Mail for Key Personnel:
President: andy@anson-stoner.com
Creative Dir.: tom@anson-stoner.com
Media Dir.: jessica@anson-stoner.com
Public Relations: laura@anson-stoner.com

Employees: 20
Year Founded: 1983

National Agency Associations: 4A's

Agency Specializes In: Advertising, Brand Development & Integration, Broadcast, Cable T.V., Co-op Advertising, Collateral, Consumer Marketing, Corporate Identity, Education, Food Service, Government/Political, Graphic Design,

AGENCIES - JANUARY, 2019 — ADVERTISING AGENCIES

Health Care Services, High Technology, Hispanic Market, Internet/Web Design, Logo & Package Design, Magazines, Marine, Media Buying Services, Medical Products, Newspaper, Print, Production, Public Relations, Radio, Real Estate, Restaurant, Retail, Sales Promotion, Sponsorship, Strategic Planning/Research, T.V., Trade & Consumer Magazines

Andrew Anson *(Pres)*
Justin Bohn *(VP & Fin Dir)*
Tom Macaluso *(Sr VP & Creative Dir)*
Jessica Roberts *(Sr VP)*
Karen Madanick *(Media Dir)*
Corey Hickey *(Assoc Dir-Interactive)*
Becky Smukall *(Acct Supvr)*
Rosalyn Guemraoui *(Media Buyer-Digital)*

Accounts:
Catrike (Public Relations Agency of Record) Brand Strategies, Media Relations, Social Media
Contech Brochure, Stationery
Everglades Boats; 2005
Fields Auto Group (Agency of Record) Creative, Digital, Media Buying, Planning, Strategy, Traditional Media
Florida Department of Health Campaign: "Faces of HIV", HIV/AIDS & Hepatitis Observence Events, PR; 2001
Kennedy Space Center
Orlando Economic Development Commission Digital, Direct Mail, Out-of-Home, Print, Public Relations, Social Media, TV
Pirates Dinner Adventure Campaign: "Food Fight", Campaign: "Pirate Composite"
Seacoast Bank (Agency of Record) Brand Development, Creative, Interactive, Logo, Media, Public Relations, Strategic Planning
Subway Restaurants; Jacksonville; Gainesville; Central Florida; Southwest Florida; 2000
Sun Sports; 2004
Trinchera Ranch Logo
Universal Studios, Inc.
Windjammer Landing Brochure

ANTEDOTE
535 Mission 15th Floor, San Francisco, CA 94110
Tel.: (415) 854-0065
E-Mail: hello@antedote.com
Web Site: https://antedote.com/

Employees: 10

Agency Specializes In: Affluent Market, Asian Market, Children's Market, College, Consumer Marketing, Direct-to-Consumer, International, Luxury Products, Men's Market, Multicultural, Over-50 Market, Pets, Seniors' Market, South Asian Market, Teen Market, Women's Market

Adam French *(Co-Founder & Co-Partner)*
Anne Lacey *(Co-Founder & Co-Partner)*

Accounts:
Unilever NDA

ANTHEM BRANDING
2617 Broadway St, Boulder, CO 80304
Tel.: (303) 245-8000
E-Mail: info@anthembranding.com
Web Site: www.anthembranding.com

Employees: 37

Agency Specializes In: Advertising, Brand Development & Integration, Graphic Design, Internet/Web Design, Logo & Package Design

Ted Church *(Founder, Principal & Specialist-Branding)*
Pete Burhop *(Principal)*
Michael Benjamin *(Creative Dir)*
Mia Huang *(Art Dir)*
Sean Serafini *(Art Dir)*
Bradley Pappas *(Sr Mgr-Production & Sourcing)*
Anne Robertson *(Sr Acct Mgr)*
Will Hanson *(Production Mgr)*

Accounts:
The Kitchen
PeopleForBikes.org
Upslope Brewing Company

ANTHEM WORLDWIDE
537 E Pete Rose Way Ste 100, Cincinnati, OH 45202-3578
Tel.: (513) 784-0066
Fax: (513) 784-0986
Web Site: www.anthemww.com

E-Mail for Key Personnel:
President: sklein@wbk.com

Employees: 45
Year Founded: 1979

National Agency Associations: AAF-APMA WORLDWIDE-DMA-ICOM-PMA

Agency Specializes In: Brand Development & Integration, Business-To-Business, Collateral, Corporate Identity, Direct Response Marketing, Graphic Design, Internet/Web Design, Logo & Package Design, New Product Development, Point of Purchase, Point of Sale, Sales Promotion, Sponsorship

Approx. Annual Billings: $30,000,000

Alex Sarkisian *(COO & Exec VP)*
Marsha Gillen *(VP-Large Grp Mktg)*
Shelley Hahn *(Mktg Dir-Anthem Blue Cross & Blue Shield)*
Kristen Hellman *(Mktg Mgr)*

Accounts:
Coca-Cola Refreshments USA, Inc.
E-Mart
Foster
Glaxosmithkline
Heinz
Kellogg's
Kimberly-Clark
Nestle
Pepsico
Procter & Gamble
Red Island
Revlon
Safeway
Scotts Company
SPC Ardmona
Tropicana
Unilever
Zodiac

ANTHEMIC AGENCY
542 N Larchmont Blvd, Los Angeles, CA 90004
Tel.: (323) 464-4745
E-Mail: info@anthemicagency.com
Web Site: www.anthemicagency.com

Employees: 20
Year Founded: 2014

Agency Specializes In: Advertising, Brand Development & Integration, Event Planning & Marketing, Print, Promotions, Public Relations, Social Media

Alan Sartirana *(Founder & CEO)*
Kyle Rogers *(VP-Bus Dev)*
Jacqueline Fonseca *(Mktg Dir)*

Accounts:
Fluence Inc
Guvera (US Agency of Record)
Haufe (Agency of Record) Public Relations
John Lennon Educational Tour Bus
Lucky Strike Entertainment Public Relations
Original Penguin
Planes Trains & Automobiles

ANTHOLOGIE, INC.
207 E Buffalo St Ste 650, Milwaukee, WI 53202
Tel.: (414) 277-7743
E-Mail: info@anthologieworks.com
Web Site: www.anthologieworks.com

Employees: 8
Year Founded: 2011

Agency Specializes In: Advertising, Business-To-Business, Communications, Digital/Interactive

Jeff McClellan *(Pres & Writer)*
Ben Baker *(Dir-Ops Client Svcs)*
Mark Kuehn *(Dir-Creative Strategy)*
Monica Doro *(Designer)*

Accounts:
Johnson Controls, Inc.

ANTHONY BARADAT & ASSOCIATES
1235 Coral Way Ste 200, Miami, FL 33145
Tel.: (305) 859-8989
Fax: (305) 859-8919
E-Mail: info@abaadvertising.com
Web Site: www.abaadvertising.com

Employees: 10
Year Founded: 1994

Agency Specializes In: Advertising, Sponsorship

Anthony Baradat *(Pres)*
Alina Hernandez *(Mgr-Acct & Digital Svcs)*
Jackelyn Pericich *(Sr Acct Exec)*
Rebecca Cuervo *(Media Buyer)*

Accounts:
Air Jamaica
Beacon Council
Brickell Motors
Efficient Laboratories
Ertexting
HCA Holdings Inc.
Jackson Health Plans
Personalized Power Systems
Pollo Tropical
Relax the Back
South Florida Commuter Services
University of Miami

ANTHONY THOMAS ADVERTISING
727 S Broadway St, Akron, OH 44311
Tel.: (330) 253-6888
Fax: (330) 253-7000
E-Mail: info@anthonythomas.com
Web Site: www.anthonythomas.com

Employees: 8

Agency Specializes In: Brand Development & Integration, Business-To-Business, Communications, Digital/Interactive, Graphic Design, Internet/Web Design, Logo & Package Design, Print, Sales Promotion

Anthony Gioglio *(Founder & Partner)*
Daniel Sferra *(Partner)*

Accounts:
Bronx Taylor Wilson
Duplicolor
Tri-Flow

ADVERTISING AGENCIES

ANTIDOTE 71
(Formerly JD Gordon Creative Labs)
600 4Th St Ste 227, Sioux City, IA 51101
Tel.: (712) 255-5882
Web Site: antidote71.com/

Employees: 5
Year Founded: 2002

Agency Specializes In: Advertising, Brand Development & Integration, Graphic Design, Media Buying Services, Package Design, Print, Public Relations, Radio, Social Media, T.V.

Rich Mackey *(Mng Partner)*
Jeff Gordon *(Creative Dir)*

Accounts:
Downtown Partners Sioux City

ANTITHESIS ADVERTISING
72 Cascade Dr, Rochester, NY 14614
Tel.: (585) 232-7740
Web Site: www.antithesisadvertising.com

Employees: 5
Year Founded: 2005

Agency Specializes In: Advertising, Brand Development & Integration, Broadcast, Collateral, Corporate Identity, Logo & Package Design, Print

Kent Joshpe *(Co-Owner & Creative Dir)*
Larry Kleehammer *(Co-Owner & Client Svcs Dir)*

Accounts:
Americas Best Value Inn
Food Bank of the Southern Tier
Golisano Children's Hospital Campaign: "The Story of the Opening"
URMC Stories Arieona

ANTONWEST ADVERTISING
10175 Bishop Lake Rd W, Jacksonville, FL 32256
Tel.: (904) 701-4140
E-Mail: info@antonwest.com
Web Site: www.antonwest.com

Employees: 8
Year Founded: 2013

Agency Specializes In: Advertising, Brand Development & Integration, Digital/Interactive, Media Buying Services, Media Planning, Public Relations, Social Media

Accounts:
Agnes Agatha
Spadaro
Vac-Con

ANYTIME MARKETING GROUP
2345 Bering Dr, Houston, TX 77057
Tel.: (832) 203-5371
E-Mail: info@anytimemarketinggroup.com
Web Site: http://www.anytimedigitalmarketing.com/

Employees: 2
Year Founded: 2014

Agency Specializes In: Advertising, Digital/Interactive, Internet/Web Design, Media Buying Services, Media Planning, Media Relations, Out-of-Home Media, Outdoor, Print, Radio, Social Media

Jorge Suarez *(Principal-Anytime Digital Mktg)*

Accounts:
Peoples Group Realty & Mortgage

AOR, INC.
1020 Cherokee St, Denver, CO 80204
Tel.: (303) 871-9700
Web Site: www.thinkaor.com

Employees: 24
Year Founded: 1992

Agency Specializes In: Advertising, Brand Development & Integration, Digital/Interactive, Internet/Web Design, Search Engine Optimization

Matt Keeney *(Pres)*
Derek Newcom *(CEO & Principal)*
Katie Lau *(Acct Dir)*
Alyssa Ash *(Dir-Creative Svcs)*
Kelsey Mast *(Project Mgr-Digital)*
Elena Mlotkowski *(Acct Exec)*
Zach Thomas *(Designer-Print & Web)*
Tom Comber *(Sr Art Dir)*
Shannon Torphy *(Jr Designer)*

Accounts:
Avnet Technology Solutions
Hearst Media Services

APCO WORLDWIDE
1299 Pennsylvania Ave Nw Ste 3, Washington, DC 20004
Tel.: (202) 778-1000
Fax: (202) 466-6002
E-Mail: information@apcoworldwide.com
Web Site: www.apcoworldwide.com

Employees: 658
Year Founded: 1984

National Agency Associations: COPF

Agency Specializes In: Advertising, Advertising Specialties, Agriculture, Asian Market, Automotive, Aviation & Aerospace, Brand Development & Integration, Broadcast, Business-To-Business, Collateral, Communications, Consulting, Consumer Goods, Consumer Marketing, Corporate Communications, Corporate Identity, Cosmetics, Crisis Communications, Customer Relationship Management, Digital/Interactive, Direct Response Marketing, E-Commerce, Education, Electronic Media, Entertainment, Environmental, Event Planning & Marketing, Exhibit/Trade Shows, Fashion/Apparel, Financial, Government/Political, Graphic Design, Health Care Services, High Technology, Industrial, Information Technology, International, Internet/Web Design, Investor Relations, Legal Services, Leisure, Logo & Package Design, Market Research, Media Buying Services, Media Planning, Media Relations, Media Training, Medical Products, Multimedia, New Product Development, New Technologies, Package Design, Pharmaceutical, Planning & Consultation, Podcasting, Print, Production, Production (Print), Public Relations, Publicity/Promotions, Radio, Real Estate, Restaurant, Retail, Seniors' Market, Social Marketing/Nonprofit, Social Media, Strategic Planning/Research, Technical Advertising, Transportation, Travel & Tourism

Approx. Annual Billings: $120,345,400

Margery Kraus *(Founder & Exec Chm)*
Philip Fraser *(CIO)*
Courtney Piron *(Chm-US Health Care & Exec Dir)*
Wayne L. Pines *(Pres-Health Care)*
Evan Kraus *(Exec VP)*
Jen Kelley Young *(Sr VP & Sr Dir)*
Charles Krause *(Sr VP)*
Bill Dalbec *(Mng Dir-APCO Insight)*
Dan Meyers *(Head-Advocacy & Sr Dir-Pub Affairs)*
Don Bonker *(Exec Dir)*
Jan Hausrath *(Exec Dir)*
Bill Pierce *(Sr Dir)*
Tim Roemer *(Sr Dir)*
Dan Scandling *(Sr Dir-Pub Affairs)*
Katie Sprehe *(Sr Dir-Reputation Res & Strategy)*
Kelly Stepno *(Sr Dir-Crisis Mgmt & Litigation Comm)*
Chrystine Zacherau *(Sr Dir-Insight)*
Lauren Compton *(Dir-Insight)*
Prashanth Rajan *(Dir-Pub Affairs Practice)*
Robyn Pare *(Mgr-Events)*

Accounts:
Albania Campaign: "Go Your Own Way", Digital, Public Relations, Short Films, Social Media
Arab Republic of Egypt; 2017
BlackBerry
China Ocean Shipping Company
Clinton Global Initiative
eBay
IKEA
Johnson Controls
Mars
Microsoft
Polish Development Fund Media Relations, Public Relations, Strategic Counsel; 2018
Switzerland Embassy Analytics, Communication Strategy, Digital Advertising, Media Monitoring, Media Relations
Tesco
U.S. Travel Association

Branches:

APCO Worldwide
DIFC Ctr The Gate E Gate Fl 15 Office 13, Dubai, United Arab Emirates
Tel.: (971) 4 365 0410
Fax: (971) 4 361 1999
E-Mail: arabregion@apcoworldwide.com
Web Site: www.apcoworldwide.com

Employees: 130

Mamoon Sbeih *(Mng Dir)*
Nic Labuschagne *(Sr Dir-Strategy)*
Rendala Majdalani *(Dir-Corp Comm)*

Apco Worldwide
Al Thuraya Tower 1st Floor, 39333, Dubai Media City, Dubai, United Arab Emirates
Tel.: (971) 4 361 3333
Fax: (971) 4 368 8001
Web Site: www.apcoworldwide.com

Employees: 60
Year Founded: 2006

Agency Specializes In: Business-To-Business, Corporate Communications, Crisis Communications, Event Planning & Marketing, Investor Relations, Media Relations, Public Relations, Publicity/Promotions

Geoff Beattie *(Exec Dir-Corp & Energy-Global)*
Rishi Talwalker *(Dir)*

Accounts:
Dubai Pearl
Landmark Group
Merck
Sony
Tatweer
TECOM Investments Dubai Internet City

APCO Worldwide
15 rue de Marignan, 75008 Paris, France
Tel.: (33) 1 44 94 8666
Fax: (33) 1 44 94 8668
E-Mail: paris@apcoworldwide.com
Web Site: www.apcoworldwide.com

Employees: 20
Year Founded: 1996

Arnaud Pochebonne *(Mng Dir)*
Cody LeBlanc *(Strategist-Digital)*
Floriane Delandre *(Sr Assoc Dir)*

Accounts:
Ikea Communications, Corporate Public Relations, Public Affairs
Novartis

APCO Worldwide
Kontorhaus Mitte Friedrichstrasse 186, 10117 Berlin, Germany
Tel.: (49) 30 59 000 2010
Fax: (49) 30 59 000 2020
E-Mail: germany@apcoworldwide.com
Web Site: www.apcoworldwide.com

Employees: 9
Year Founded: 2000

Isabel Kassabian *(Deputy Mng Dir)*
Robert Ardelt *(Mng Dir-Germany)*
Martina Tydecks *(Exec Dir-Intl)*
Christoph Mielke *(Dir)*

APCO Worldwide
90 Long Acre, London, WC2E 9RA United Kingdom
Tel.: (44) 207 526 3600
Fax: (44) 20 7526 3699
E-Mail: dmurphy@apcoworldwide.com
Web Site: www.apcoworldwide.com

Employees: 62
Year Founded: 1995

Ariuna Namsrai *(Mng Dir & Sr VP-Russia & CIS)*
Alex Bigland *(Interim Co-Mng Dir)*
Polly Kennedy *(Interim Co-Mng Dir)*
Simon McGee *(Exec Dir-Global Solutions Practice)*
Amy Wendholt *(Sr Dir-Initiatives-Intl)*
Daniella Lebor *(Strategist-Digital)*

Accounts:
DEK International Global communications, Marketing
HH Global

APCO Worldwide
11 Leontievsky Pereulok, Moscow, 125009 Russia
Tel.: (7) 495 937 5525
Fax: (7) 495 937 5526
E-Mail: amezhueva@apcoworldwide.com
Web Site: www.apcoworldwide.com

Employees: 11
Year Founded: 1988

Anna Gridneva *(Assoc Dir)*

APCO Worldwide
Office No 433 Level 4 Dynasty Business Park A Wing, Andheri Kurla Road Andheri E, Mumbai, 400059 India
Tel.: (91) 22 4030 9380
Fax: (91) 22 4030 9199
E-Mail: mumbai.newdelhi@apcoworldwide.com
Web Site: www.apcoworldwide.com/about-us/locations/location/Mumbai

Employees: 3

Sukanti Ghosh *(Mng Dir-India)*
Steven King *(Dir)*

Accounts:
Kerala Government Public Relations

APCO Worldwide
16th Floor NCI Tower No 1 Jianguomenwai Avenue, Chaoyang District, Beijing, 100022 China
Tel.: (86) 10 6505 5128
Fax: (86) 10 6505 5258
E-Mail: beijing@apcoworldwide.com
Web Site: www.apcoworldwide.com

Employees: 50
Year Founded: 1997

Lusha Niu *(Assoc Dir)*

APCO Worldwide
19/F Cambridge House Taikoo Place, 979 Kings Road, Central, China (Hong Kong)
Tel.: (852) 2866 2313
Fax: (852) 2866 1917
E-Mail: hongkong@apcoworldwide.com
Web Site: www.apcoworldwide.com

Employees: 25
Year Founded: 1997

Garry Walsh *(Mng Dir-Southeast Asia)*

Accounts:
Samsung Electronics

APCO Worldwide
10th Floor World Trade Center Jl Jend Sudirman Kav 29-31, Jakarta, 12920 Indonesia
Tel.: (62) 21 2927 7815
Fax: (62) 21 5296 4610
E-Mail: jakarta@apcoworldwide.com
Web Site: www.apcoworldwide.com

Employees: 19
Year Founded: 2000

APCO Worldwide
47 Rue Montoyer 5th Floor, 1000 Brussels, Belgium
Tel.: (32) 2 645 98 11
Fax: (32) 2 645 98 12
E-Mail: brussels@apcoworldwide.com
Web Site: www.apcoworldwide.com

Employees: 51
Year Founded: 1995

Agency Specializes In: Communications, Public Relations

Claire Boussagol *(Mng Dir & Chm-Europe)*
Theo Moore *(Deputy Mng Dir)*
Andreas Constantinides *(Sr Dir & Head-Tech Practice-Europe)*
David Bushong *(Dir)*
Amelie Coulet *(Dir)*
Laura Reynders *(Strategist-Digital)*

Accounts:
Bulgaria's Ministry for Foreign Affairs Digital & Creative Elements, International Media, Stakeholder Engagement, Strategic Communication; 2017

APCO Worldwide
Suites 2102-2103 CITIC Square, 1168 Nanjing Road West, Shanghai, 200041 China
Tel.: (86) 21 5298 4668
Fax: (86) 21 5298 4669
E-Mail: shanghai@apcochina.com
Web Site: www.apcoworldwide.com

Employees: 16
Year Founded: 1999

James W. Robinson *(Mng Dir-Shanghai)*

APCO Worldwide
No 3 Xing An Rd Pearl River New Town, Guangzhou, 510623 China
Tel.: (86) 20 3825 1955
Fax: (86) 20 3825 1016
E-Mail: guangzhou@apcoworldwide.com
Web Site: www.apcoworldwide.com/china

Employees: 70
Year Founded: 2006

Margery Kraus *(Founder & Exec Chm)*

APCO Worldwide
Unit 12 4/F Saigon Centre 65 Le Loi, District 1, Ho Chi Minh City, Vietnam
Tel.: (84) 8 821 7895
E-Mail: hochiminh@apcoworldwide.com
Web Site: www.apcoworldwide.com

Employees: 4
Year Founded: 1998

Garry Walsh *(Mng Dir-Southeast Asia)*

APCO Worldwide
1299 Pennsylvania Ave Nw Ste 300, Washington, DC 20004
Tel.: (916) 554-3400
Fax: (916) 554-3434
E-Mail: jhermoci@apcoworldwide.com
Web Site: www.apcoworldwide.com

Employees: 12
Year Founded: 1996

National Agency Associations: COPF

APCO Worldwide
360 Park Ave S, New York, NY 10010
Tel.: (212) 300-1800
Fax: (212) 300-1819
Web Site: www.apcoworldwide.com

Employees: 30
Year Founded: 2003

National Agency Associations: COPF

Marc Johnson *(Mng Dir)*
Jeffrey Zelkowitz *(Exec VP & Head-Fin Practice)*
Julie Jack-Preisman *(Sr VP)*
Eliot Hoff *(Head-Global Crisis Practice & Exec Dir)*
Howard Pulchin *(Creative Dir & Exec Dir)*
Nancy Turett *(Exec Dir)*
Stig Albinus *(Sr Dir-Global Health Care Practice)*
Edwin Feliciano *(Sr Dir-Bus Mgmt)*
Alexandra Lazorchak *(Sr Dir-Health Strategy)*
Liza Olsen *(Sr Dir)*
Kas Rigas *(Sr Dir-Food, Consumer Products & Retail Practice)*
Caroline Starke *(Sr Dir)*
John Dudzinsky *(Dir)*
Jeff Porter *(Dir-Digital Strategy)*
Katherine Mitchell *(Sr Assoc Dir-Food, Consumer Products & Retail Practice)*

Accounts:
China Ocean Shipping Company (COSCO)
Comcast Spotlight
European Express Association
Ford's Theatre Society
Ikea Public Relations
Johnson Controls
Medicines for Malaria Venture

ADVERTISING AGENCIES

Mercedes-Benz
Microsoft
Procter & Gamble LLC
U.S. Travel Association
WorldCom, Inc.

APCO Worldwide
520 Pike St Ste 1001, Seattle, WA 98101
Tel.: (206) 224-4340
Fax: (206) 224-4344
E-Mail: seattle@apcoworldwide.com
Web Site: www.apcoworldwide.com

Employees: 13
Year Founded: 1997

National Agency Associations: COPF

Denise Teeling *(CFO-Worldwide & Exec Dir)*
Pete Wentz *(Exec VP)*
Tina-Marie A Adams *(Mng Dir-Chicago)*
Tim Smith *(Mng Dir-Seattle)*
Garry Walsh *(Mng Dir-Southeast Asia)*
Jon Ramsey *(Dir-Tech Practice)*

StrawberryFrog
60 Madison Ave, New York, NY 10010
(See Separate Listing)

APOLLO INTERACTIVE, INC.
139 Illinois St, El Segundo, CA 90245-4312
Tel.: (310) 836-9777
Fax: (424) 238-4000
Toll Free: (800) 599-7499
E-Mail: info@apollointeractive.com
Web Site: www.apollointeractive.com

Employees: 40
Year Founded: 1995

Agency Specializes In: Digital/Interactive, Direct Response Marketing, Internet/Web Design, Sponsorship

Approx. Annual Billings: $15,500,000

Breakdown of Gross Billings by Media: D.M.: $5,000,000; Internet Adv.: $9,000,000; Worldwide Web Sites: $1,500,000

Richard Balue *(Owner & CTO)*
Matthew J. Beshear *(Mng Dir)*
David Bohline *(COO)*
Todd Anderson *(Sr VP)*
Mike Ranshaw *(VP & Grp Acct Dir)*
Andrew Shevin *(VP-Bus Dev)*
Erik Brannon *(Grp Acct Dir)*
Carlos Sepulveda *(Creative Dir)*
Greg Sher *(Media Dir)*
David Mamot *(Dir-Bus Dev)*
Mike Parrish *(Dir-Tech)*
Jason Haase *(Mgr-Fin & Analytics)*

Accounts:
Curves; 2004
Extraco Banks
VisionWorks

Branch

Apollo Interactive-Dallas
Republic Ctr 325 N Saint Paul St Ste 1575, Dallas, TX 75201
Tel.: (214) 580-2021
Fax: (214) 580-2026
E-Mail: wade@apollointeractive.com
Web Site: apollointeractive.com

Employees: 12

Agency Specializes In: Sponsorship

Matthew J Beshear *(Mng Dir)*

Accounts:
Anthem Inc
California Pizza Kitchen
Curves International Inc.
Extraco Banks
EyeMasters
Johnny Rockets
Kellogg's
Smith + Noble
Visionworks of America, Inc.

APPLE BOX STUDIOS
1243 Penn Ave 2nd Fl, Pittsburgh, PA 15222
Tel.: (412) 642-3971
Fax: (412) 642-2580
E-Mail: info@appleboxs.com
Web Site: www.appleboxstudios.com

Employees: 20
Year Founded: 2002

Agency Specializes In: Advertising, Graphic Design, Internet/Web Design, Media Buying Services, Social Media

Michael Wertz *(Principal, Dir-Creative & Writer)*
Thad Ciechanowski *(VP-Motion Pictures)*
Dan Brettholle *(Creative Dir)*
Amy Meyers *(Media Dir)*
Tana Mitchell *(Dir-HR & Bus Mgr)*
Dan Filipek *(Dir-Production & Ops)*
Lisa Kefalos *(Acct Exec)*

Accounts:
J. Francis Company

APPLETON CREATIVE, INC.
539 Delaney Ave, Orlando, FL 32801
Tel.: (407) 246-0092
E-Mail: info@appletoncreative.com
Web Site: www.appletoncreative.com

Employees: 11

Agency Specializes In: Advertising, Brand Development & Integration, Corporate Identity, Internet/Web Design, Logo & Package Design, Print, Public Relations

Revenue: $1,200,000

Diana LaRue *(Owner & CEO)*
Michael Speltz *(Principal & VP)*
Dolly Sanborn *(Sr Dir-Art)*
Jamie Kruger *(Strategist-Web & Mktg)*

Accounts:
SPCA of Central Florida
Yogen Fruz (Creative Agency of Record) Bloggers, Calendar, Content Creation, Press Releasers, Public Relations, Social Media

AQUA MARKETING & COMMUNICATIONS INC.
360 Central Ave Ste 420, Saint Petersburg, FL 33701
Tel.: (727) 687-4670
E-Mail: info@welcometoaqua.com
Web Site: www.welcometoaqua.com

Employees: 15
Year Founded: 2011

Agency Specializes In: Advertising, Brand Development & Integration, Digital/Interactive, Public Relations, Radio, Social Media

Dave Di Maggio *(Pres & CEO)*
Fran Rinna *(Acct Exec)*
Thom Hart *(Sr Art Dir)*

Accounts:
The Charlotte Harbor Visitor & Convention Bureau strategic Public Relations
Chiles Restaurant Group
City of Dunedin
The Emerald Coast Tourism Development Department (Agency of Record) Advertising, Marketing, Public Relations, Social Media
Pelican Bay
TradeWinds Island Resorts

AQUARIUS SPORTS & ENTERTAINMENT
9801 Washingtonian Blvd, Gaithersburg, MD 20878
Tel.: (301) 604-2606
Web Site: www.aquarius-se.com

Employees: 8
Year Founded: 2007

Agency Specializes In: Advertising, Consulting, Entertainment, Hospitality, Market Research, Media Relations, Sponsorship

Marc Bluestein *(Founder & Pres)*
Shauna Gillem *(VP-Client Svcs)*
David O'Connor *(VP-Fin & Ops)*
Doug Airel *(Client Svcs Dir)*
Brandon Rollins *(Mgr-Client Svcs)*
Andrew Haines *(Sr Coord)*

Accounts:
AAA
RCN Corporation Internet Services, Sponsorship

ARADIUS GROUP
(Formerly Minnow Project)
4700 F St, Omaha, NE 68117
Tel.: (402) 475-3322
Web Site: www.aradiusgroup.com

Employees: 20

Agency Specializes In: Advertising, Brand Development & Integration, Collateral, Digital/Interactive, Event Planning & Marketing, Logo & Package Design, Media Planning, Public Relations, Social Media

Randy Gibson *(Dir-Creative Svcs-The minnow PROJECT)*

Accounts:
Nebraska Wildlife Federation

ARAGON ADVERTISING
7036 Nansen St, Forest Hills, NY 11375
Tel.: (718) 575-1815
Fax: (718) 544-0757
E-Mail: info@aragonadvertising.com
Web Site: www.aragonadvertising.com

Employees: 5
Year Founded: 1997

Agency Specializes In: Advertising, Hispanic Market

Michelle S. Aragon *(Owner)*
Trevor Lombaer *(Media Buyer)*

Accounts:
Alka-Seltzer
Bayer
Daly Law Center
IPP
Sport & Health Clubs

AGENCIES - JANUARY, 2019 — ADVERTISING AGENCIES

ARC INTERMEDIA
1150 1st Ave Ste 501, King of Prussia, PA 19406
Tel.: (610) 225-1100
Toll Free: (888) 203-6369
Web Site: www.arcintermedia.com

Employees: 10
Year Founded: 2009

David Sonn *(Pres & Dir-Strategy)*
Mike Maier *(Dir-Experience & Dev)*
Ron Sansone *(Dir-Search & Analytics)*
Matthew Ulmer *(Dir-Ops)*
Patrick Coyne *(Mgr-SEO)*
Katie Schieder *(Mgr-Inbound Mktg)*

Accounts:
ACTS Retirement-Life Communities, Inc.

ARCANA ACADEMY
13323 Washington Blvd Ste 301, Los Angeles, CA 90066
Tel.: (310) 279-5024
Fax: (310) 943-2466
Web Site: www.arcanaacademy.com

Employees: 15
Year Founded: 2011

Agency Specializes In: Above-the-Line, Advertising, Advertising Specialties, Affiliate Marketing, Affluent Market, African-American Market, Agriculture, Arts, Asian Market, Automotive, Bilingual Market, Brand Development & Integration, Branded Entertainment, Broadcast, Business-To-Business, Cable T.V., Children's Market, Co-op Advertising, Collateral, College, Consumer Goods, Consumer Marketing, Consumer Publications, Content, Corporate Communications, Corporate Identity, Cosmetics, Customer Relationship Management, Digital/Interactive, Direct Response Marketing, Direct-to-Consumer, Education, Electronic Media, Electronics, Engineering, Entertainment, Environmental, Event Planning & Marketing, Exhibit/Trade Shows, Experience Design, Fashion/Apparel, Financial, Food Service, Government/Political, Graphic Design, Health Care Services, Hospitality, Household Goods, Identity Marketing, Industrial, Information Technology, Integrated Marketing, International, Internet/Web Design, Investor Relations, LGBTQ Market, Legal Services, Leisure, Local Marketing, Logo & Package Design, Luxury Products, Magazines, Marine, Medical Products, Merchandising, Mobile Marketing, Multimedia, New Product Development, New Technologies, Newspaper, Newspapers & Magazines, Out-of-Home Media, Outdoor, Package Design, Pets, Planning & Consultation, Point of Sale, Print, Production, Production (Ad, Film, Broadcast), Promotions, Publishing, Radio, Real Estate, Recruitment, Regional, Retail, Sales Promotion, Seniors' Market, Social Marketing/Nonprofit, Social Media, South Asian Market, Sports Market, Stakeholders, Strategic Planning/Research, Sweepstakes, T.V., Technical Advertising, Teen Market, Trade & Consumer Magazines, Transportation, Travel & Tourism, Tween Market, Urban Market, Viral/Buzz/Word of Mouth, Web (Banner Ads, Pop-ups, etc.), Women's Market

Approx. Annual Billings: $3,000,000

Lee Walters *(Creative Dir & Art Dir)*
Shane Hutton *(Creative Dir & Copywriter)*

Accounts:
Hammitt Luxury Handbags; 2011
KIBO Active & Leisurewear; 2012
KILZ Paint & Primer, Photography, Social Media, TV, Video, Website

ARCANE
326 11 Ave SW Ste 802, Calgary, AB T2R 0C5 Canada
Tel.: (403) 879-9554
Web Site: arcane.ws

Employees: 75

Agency Specializes In: Brand Development & Integration, Communications, Consulting, Graphic Design, Internet/Web Design, Multimedia, Production, Strategic Planning/Research

Revenue: $4,665,990

Eric Vardon *(CEO)*
Bryan Taylor *(Partner)*
Scott Hartley *(Mng Dir & VP)*
John D'Orsay *(CTO & VP)*
Matt Bergmann *(VP-Strategic Partnerships-Ontario)*
Tony Crncich *(VP-Adv & Direct Mktg)*
Ashleigh Gough *(VP-Client Svcs)*
Tyler Power *(Creative Dir)*
Dan Towers *(Sr Mgr-Digital Mktg)*

Accounts:
Alberta Beef Producers
Felesky Flynn LLP
Harmony Park Developments
Heritage Park
iMedia Communications, Inc.
Ivey School of Business UWORFPJV-1100 (Digital Marketing Agency of Record)
Medallion Development Corporation
NAPA Auto Parts
Remington Development Corporation
Royal Tyrrell Museum
Royal University Hospital Foundation
Science Alberta Foundation
Shell Canada
TELUS
Travel Alberta

ARCHER COMMUNICATIONS, INC.
252 Alexander St, Rochester, NY 14607-2515
Tel.: (585) 461-1570
Fax: (585) 461-5313
E-Mail: info@archercom.com
Web Site: www.archercom.com

E-Mail for Key Personnel:
President: jlennox@archercom.com

Employees: 10
Year Founded: 1997

National Agency Associations: ADFED-PRSA

Agency Specializes In: Advertising, Business-To-Business, Collateral, Corporate Communications, Digital/Interactive, Direct Response Marketing, Exhibit/Trade Shows, Graphic Design, Internet/Web Design, Logo & Package Design, Print, Public Relations, Retail, Strategic Planning/Research

Carrie Tschetter *(Pres)*
Jeff Lennox *(CEO)*
Debbie Florio *(Fin Dir)*
Brandon Capwell *(VP & Dir-Web Tech)*
Phil Berggren *(Art Dir)*
Elaine Lennox *(Dir-Bus Dev)*
Joe Lennon *(Sr Designer)*
Shawna Smith *(Coord-Acct & Mktg)*

THE ARCHER GROUP
233 N King St, Wilmington, DE 19801
Tel.: (302) 429-9120
Fax: (302) 429-8720
E-Mail: mderins@archer-group.com
Web Site: www.archer-group.com

Employees: 50

Agency Specializes In: Advertising, Digital/Interactive, Email, Search Engine Optimization, Strategic Planning/Research

Michael Derins *(CEO)*
Joseph M. DeCicco *(Partner)*
Tim Mihok *(Partner)*
Jen Spofford *(Chief Strategy Officer)*
Ryan Hurley *(Dir-Media & Analytics)*
Taylor Crawford *(Sr Acct Supvr)*
Gina Szczuka *(Acct Supvr)*
Justin Beebe *(Media Planner)*

Accounts:
Buccini/Pollin Group, Inc. Interactive Web Site
March of Dimes (Delaware Chapter)
Preservation Initiatives Inc. Interactive Web Site
Thomas Jefferson University Hospitals; Philadephia, PA Interactive Web Site
Wawa Inc. Interactive Web Site, Online Media

ARCHER MALMO
65 Union Ave Ste 500, Memphis, TN 38103-5137
Tel.: (901) 523-2000
Toll Free: (800) 535-8943
Web Site: www.archermalmo.com

E-Mail for Key Personnel:
President: rwilliams@archermalmo.com
Creative Dir.: gbackaus@archermalmo.com
Media Dir.: agoldner@archermalmo.com
Production Mgr.: mhample@archermalmo.com
Public Relations: cham@archermalmo.com

Employees: 215
Year Founded: 1952

National Agency Associations: 4A's-DMA-PRSA

Agency Specializes In: Advertising, Agriculture, Alternative Advertising, Automotive, Brand Development & Integration, Broadcast, Business Publications, Business-To-Business, Catalogs, Co-op Advertising, Collateral, Communications, Computers & Software, Consumer Goods, Consumer Marketing, Consumer Publications, Content, Copywriting, Corporate Communications, Corporate Identity, Crisis Communications, Customer Relationship Management, Digital/Interactive, Direct Response Marketing, Direct-to-Consumer, E-Commerce, Education, Electronics, Email, Engineering, Entertainment, Event Planning & Marketing, Experience Design, Experiential Marketing, Fashion/Apparel, Financial, Food Service, Graphic Design, Guerilla Marketing, Health Care Services, Hospitality, Household Goods, Identity Marketing, In-Store Advertising, Industrial, Integrated Marketing, International, Internet/Web Design, Leisure, Local Marketing, Logo & Package Design, Market Research, Media Buying Services, Media Planning, Media Relations, Media Training, Medical Products, Merchandising, Mobile Marketing, New Technologies, Newspaper, Newspapers & Magazines, Out-of-Home Media, Outdoor, Package Design, Paid Searches, Pets, Point of Purchase, Point of Sale, Print, Production, Production (Ad, Film, Broadcast), Production (Print), Promotions, Public Relations, Publicity/Promotions, Radio, Real Estate, Regional,

ADVERTISING AGENCIES

Restaurant, Retail, Sales Promotion, Search Engine Optimization, Shopper Marketing, Social Media, Sponsorship, Sports Market, Strategic Planning/Research, Sweepstakes, T.V., Trade & Consumer Magazines, Transportation, Travel & Tourism, Web (Banner Ads, Pop-ups, etc.)

Archer Malmo, with offices in Memphis, Tennessee, and Austin, Texas, combines brand thinking, data and technology to help growing brands adapt to the digital and creative complexities of today. Since 1952, they've continually evolved to changes in the industry, helping level the competitive playing field for mid-sized companies. The agency's combination of discipline specialists, strategic orientation, creativity and culture yields strong client relationships and business results.

Justin Dobbs *(VP & Grp Creative Dir)*
Cary New *(Acct Dir-PR)*
Kong Wee Pang *(Art Dir & Assoc Creative Dir)*
Rich Playford *(Art Dir & Assoc Creative Dir)*
Ronny Scholz *(Art Dir-Interactive)*
Katie Benjamin Steed *(Art Dir)*
Katie Frasier *(Dir-Integrated Comm Strategy)*
Jeff Janovetz *(Project Mgr-Digital)*
Barry Wolverton *(Brand Mgr-Content)*
Jennifer Stein *(Acct Supvr)*
Shaina Guttman *(Sr Acct Exec)*
Allison Chen *(Specialist-PR)*
Kandi Cook *(Analyst-Digital Quality Assurance)*
Amanda Dent *(Assoc Creative Dir & Copywriter)*
Amanda Casabella *(Assoc Creative Dir)*
Brian Dixon *(Sr Art Dir)*
Heather Laiche *(Sr Art Dir)*
Wesley Melton *(Jr Project Mgr-Digital)*
Lialah Putman-Harper *(Sr Art Dir)*

Accounts:
Capital Farm Credit Creative, Digital, Outdoor, Print, Radio; 2016
Citgo (Agency of Record) Citgo Lubricants, Citgo Now, Creative, Digital; 2015
The Cotton Board Creative, Digital; 2015
Evergreen Packaging (Agency of Record) Creative, Digital, Social Media; 2011
FedEx Creative, Social Media; 2008
Implus Corporation Creative, Digital, ForceField, FuelBelt, Harbinger, Media Buying, Media Planning, Public Relations, Social Media, TriggerPoint, Yaktrax; 2016
International Paper Co. Creative; 1996
Juice Plus+ Creative, Digital, Juice Plus+, Packaging, Tower Garden; 2010
Massage Envy Creative, Digital, Media Buying, Media Planning, Social Media; 2014
Nationwide Creative, Sales Collateral, Trade Shows, Veterinary Pet Insurance; 2014
nexAir (Agency of Record) Creative, Digital; 2012
Norfolk Southern Creative, Local Market Railroad Safety, Media Planning; 2006
Palm Beach Tan (Agency of Record) Creative, Digital, Media Buying, Media Planning, Point of Sale, Social Media; 2004
R.J. Reynolds Tobacco Company (Agency of Record) Creative, Digital, Media Buying, Media Planning, Print, Social Media; 1987
Southland Park Gaming & Racing Creative, Digital, Media Planning; 2009
Stoller USA Creative, Digital; 2015
University of Memphis (Agency of Record) Creative, Digital; 2014
USAA Creative, Digital, Social Media; 2015
Valent USA Corporation (Agency of Record) Creative, Digital, Media Buying, Media Planning, Public Relations; 2001
Varsity Spirit Public Relations; 2013
Zoetis Creative, Digital, Print, Public Relations, Sales Collateral, Video; 2011

Branch

Archer Malmo Austin
2901 Via Fortuna Bldg 6 Ste 100, Austin, TX 78746
(See Separate Listing)

ARCHER MALMO AUSTIN
2901 Via Fortuna Bldg 6 Ste 100, Austin, TX 78746
Tel.: (512) 532-2800
Fax: (512) 328-5645
Toll Free: (800) 363-6566
Web Site: www.archermalmo.com

Employees: 35
Year Founded: 1952

National Agency Associations: 4A's-AMA-DMA

Agency Specializes In: Advertising, Agriculture, Arts, Brand Development & Integration, Broadcast, Business-To-Business, Catalogs, Collateral, College, Communications, Computers & Software, Consumer Goods, Consumer Marketing, Content, Copywriting, Corporate Identity, Customer Relationship Management, Digital/Interactive, Direct Response Marketing, Direct-to-Consumer, E-Commerce, Education, Electronic Media, Electronics, Email, Engineering, Entertainment, Exhibit/Trade Shows, Experiential Marketing, Fashion/Apparel, Financial, Food Service, Graphic Design, Guerilla Marketing, Health Care Services, High Technology, Hospitality, Identity Marketing, In-Store Advertising, Industrial, Information Technology, Integrated Marketing, International, Internet/Web Design, Leisure, Logo & Package Design, Market Research, Media Buying Services, Media Planning, Media Relations, Media Training, Medical Products, Mobile Marketing, New Technologies, Newspapers & Magazines, Out-of-Home Media, Package Design, Paid Searches, Pets , Point of Purchase, Point of Sale, Print, Production (Ad, Film, Broadcast), Programmatic, Promotions, Public Relations, Publicity/Promotions, Radio, Real Estate, Restaurant, Retail, Sales Promotion, Search Engine Optimization, Shopper Marketing, Social Marketing/Nonprofit, Social Media, Sports Market, Strategic Planning/Research, Sweepstakes, T.V., Trade & Consumer Magazines, Transportation, Travel & Tourism, Viral/Buzz/Word of Mouth, Web (Banner Ads, Pop-ups, etc.)

Colin Gilligan *(VP-Media & Plng)*
Matt Rand *(Exec Creative Dir)*
Meredith Cuevas *(Acct Dir)*
Abhilash Shamsunder *(Dir-Tech)*
Katie Santos *(Acct Mgr)*
Diana Hopkins *(Sr Acct Exec)*
Madesyn Don *(Acct Exec)*
Ryan Hobert *(Sr Analyst-Digital)*
Andrew Utech *(Media Planner)*
Ileana Barron *(Asst Media Planner)*

Accounts:
CITGO CITGO Lubricants, Club CITGO, Digital; 2015
Dell Creative, Dell EMC, Dell OEM, Dell Printers, Digital; 1986
Implus Corporation (Agency of Record) Balega, Creative, Digital, ForceField, FuelBelt, Harbinger, Media Buying, Media Planning, Perfect Fitness, Public Relations, Social Media, Sof Sole, TriggerPoint, YakTrax; 2016
Kestra Financial (Agency of Record) Creative, Digital, Media Buying, Media Planning, Public Relations, Social; 2013
Lighthouse Property Insurance Corporation Creative, Digital, Home Insurance; 2016
NationsHearing Creative, Digital, Print, TV; 2017
Smile Doctors Creative, Digital; 2017
USAA Creative, Digital, Financial Services, Social Media; 2013

ARCHRIVAL
720 O St, Lincoln, NE 68508
Tel.: (402) 435-2525
Fax: (402) 435-8937
E-Mail: info@archrival.com
Web Site: www.archrival.com

Employees: 20
Year Founded: 1997

Agency Specializes In: Consumer Goods, Digital/Interactive, Experiential Marketing, Graphic Design, Guerilla Marketing, Internet/Web Design, Logo & Package Design, Package Design, Teen Market, Viral/Buzz/Word of Mouth, Web (Banner Ads, Pop-ups, etc.)

Clint Runge *(Founder & Mng Dir)*
Amy Filipi *(Head-Comm)*
Sarah Yost *(Head-Workflow & Production)*
Kevin Fuller *(Acct Dir)*
Dan Gibson *(Creative Dir)*
Trevor Meyer *(Creative Dir)*
Brienne Monty *(Acct Dir)*
Kevin Sypal *(Acct Dir)*
Jesseca Marchand *(Dir-Ops)*
William Buller *(Designer)*
Zachary Ubbelohde *(Designer)*

Accounts:
A&E Network The Exterminators, Two Coreys; 2008
Adidas
Hormel; 2003
Microsoft; 2003
Red Bull Racing Red Bull NASCAR Team; 2006
Red Bull Campaign: "The Art of FLIGHT", Energy Drink; 2006
Solas Distillery Chava Rum, Joss Vodka; 2008
Walgreens European Beauty Collection; 2006

ARCHWAY MARKETING SERVICES
19850 S Diamond Lake Rd, Rogers, MN 55374
Tel.: (763) 428-3300
Fax: (763) 488-6801
Toll Free: (866) 791-4826
E-Mail: info@archway.com
Web Site: www.archway.com

Employees: 1,500
Year Founded: 1998

Kerry James *(CEO)*
Barry Polan *(Sr VP & Gen Mgr-US South)*
Kathleen Carter *(Sr VP-Bus Dev & Client Strategy)*

Accounts:
Chrysler
Colgate
Ford
Honda
Mitsubishi
Nestle
P&G
Pepsi
Whirlpool

ARCOS COMMUNICATIONS
18 E 41St St, New York, NY 10017
Tel.: (212) 807-1337
Fax: (212) 807-8857
E-Mail: arcos@arcos-ny.com
Web Site: www.arcos-ny.com

Employees: 5
Year Founded: 1996

Agency Specializes In: Advertising, African-American Market, Asian Market, Bilingual Market, Communications, Consulting, Consumer Marketing, Corporate Communications, Corporate

AGENCIES - JANUARY, 2019 — ADVERTISING AGENCIES

Identity, Entertainment, Event Planning & Marketing, Graphic Design, LGBTQ Market, Local Marketing, Logo & Package Design, Media Buying Services, Public Relations, Publicity/Promotions, Strategic Planning/Research

Roy Cosme *(Pres)*
Marc Newell *(Exec VP)*
Isabel Garcia-Ajofrin Romero-Salazar *(Acct Exec)*

Accounts:
CenterCare Health Plan
Don Julio Tequila
Jose Cuervo Tradicional
New York Daily News
New York Organ Donor Network
Pfizer, Inc.
Prudential Financial
Smith Kline Beecham
VIP Community Services

ARCUS GROUP INC.
1 Yonge St 18 Fl, Toronto, ON M5E 1W7 Canada
Tel.: (416) 335-8000 (Mng Dir)
Fax: (416) 335-8002
E-Mail: merril@arcusgroup.ca
Web Site: www.arcusgroup.ca

Employees: 50
Year Founded: 2004

Agency Specializes In: Advertising, Brand Development & Integration

Merril Mascarenhas *(Mng Partner)*

ARDENT CREATIVE INC
707 W Vickery Blvd Ste 103, Fort Worth, TX 76104
Tel.: (817) 348-9049
Fax: (817) 887-5926
Web Site: https://www.ardentcreative.com/

Employees: 21
Year Founded: 2005

Agency Specializes In: Advertising, Brand Development & Integration, Digital/Interactive, Graphic Design, Internet/Web Design, Print

Brad Ball *(Co-Owner)*
David Canington *(Co-Owner)*
James Canington *(Mktg Dir)*
Paul Miller *(Creative Dir)*
Amber Arnold *(Acct Mgr)*
Jesse Estanes *(Designer)*
Anna Lossau *(Designer)*

Accounts:
Mary Couts Burnett Library

AREA 23
622 3rd Ave 3rd Fl, New York, NY 10017
Tel.: (917) 265-2623
Web Site: www.area23hc.com

Employees: 283

National Agency Associations: 4A's

Agency Specializes In: Advertising, Brand Development & Integration, Digital/Interactive, Media Buying Services, Media Planning, Print, Sponsorship, Strategic Planning/Research

Brad Peebles *(Exec VP & Grp Dir-Mgmt)*
David Adler *(Sr VP & Creative Dir)*
Joe Capanear *(Sr VP & Creative Dir)*
Pamela Savage *(Sr VP & Creative Dir)*
Alan Vladusic *(Sr VP & Creative Dir)*
Chinkara Singh *(VP & Exec Producer)*

Andrew Gerchak *(VP & Creative Dir)*
Mike McKeever *(VP & Creative Dir)*
Vincent Ng *(VP & Creative Dir)*
Melissa Ulloa *(VP & Creative Dir)*
Bruno Brasileiro *(VP & Assoc Creative Dir)*
Amy Fortunato *(VP & Assoc Creative Dir-Copy)*
Steve Hennisch *(VP & Assoc Creative Dir)*
Sarah Liebowitz *(VP & Assoc Creative Dir)*
Ed Serken *(VP & Assoc Creative Dir)*
Zuzana Zaloudek *(VP & Assoc Creative Dir)*
Chris Bernesby *(Creative Dir)*
Michael Kizilbash *(Creative Dir)*
Alex Marquard *(Acct Supvr)*
Jonathan Katz *(Supvr-Copy)*
Laura Little *(Supvr-Grp Copy)*
Alex Tam *(Supvr-Art)*
Abby Stellpflug *(Assoc Creative Dir)*

Accounts:
Allergan Creative
Be The Match The hero game
Briarcliff Manor Animal Hospital
Change The Ref
Cyrcadia Health
The diaTribe Foundation Campaign: "The State of Diabetes", Print, Social Media, Video
Eleven Chimps Pet Nativa
Glaxosmithkline (GSK)
Global Public-Private Partnership for Handwashing Campaign: "Cooties Catcher", Global Handwashing Day
Gralise "Uninterrupted relief"
Insmed Incorporated
International Women's Health Coalition
Lazanda
Military with PTSD
Miracle Flights
Mollie's Fund
National Association Of School Nurses Campaign: "Behind The Bruise - Fire Hydrant"
National Organization For Victim Assistance
NewYork?Presbyterian Hospital
NTM Awareness Not knowing
Polaris
Rheumatoid Arthritis
UMD Urgent Care
Unilever Lifebuoy

ARENA COMMUNICATIONS
1780 W Sequoia Vista Cir, Salt Lake City, UT 84104
Tel.: (801) 595-8339
Fax: (801) 328-3404
Web Site: arenacomm.com/

Employees: 10

Agency Specializes In: Communications, Direct Response Marketing, Direct-to-Consumer, Government/Political, Publicity/Promotions

Peter Valcarce *(Co-Owner & Mng Partner)*
Brandon Waters *(Partner)*
Ben Olson *(Pres-Arena Online)*
Adam Beebe *(Acct Exec)*

Accounts:
National Republican Congressional Committee

ARENAS ENTERTAINMENT
3375 Barham Blvd, Los Angeles, CA 90068
Tel.: (323) 785-5555
Fax: (323) 785-5560
E-Mail: general@arenasgroup.com
Web Site: www.arenasgroup.com

Employees: 23

Larry Gleason *(Pres)*
Santiago Pozo *(CEO)*
Adrian Salinas *(Partner & Creative Dir)*
John Butkovich *(Exec VP-Mktg)*

Accounts:
ABC
New Line Cinema
Noche de Ninos
Paramount Pictures Dreamworks/Paramount Pictures, Hispanic
Walt Disney Pictures
Warner Bros.

ARGONAUT INC.
1268 Sutter St, San Francisco, CA 94109
Tel.: (415) 633-8200
E-Mail: info@argonautinc.com
Web Site: www.argonautinc.com

Employees: 76
Year Founded: 2013

National Agency Associations: 4A's

Agency Specializes In: Advertising, Sponsorship

Hunter Hindman *(Founder & Chief Creative Officer)*
Robert Riccardi *(CEO)*
Katie Miller *(CMO)*
Max Heilbron *(Head-Strategy)*
Robert Calabro *(Grp Dir-Creative)*
Rebecca Kallman *(Grp Acct Dir)*
Dan Watson *(Exec Producer-Brdcst)*
Anders Gustafsson *(Creative Dir)*
Matt Kelsen *(Creative Dir)*
Lauren Martinez *(Brand Dir)*
Jess Shay *(Producer-Print)*
Nina Ulbrich *(Producer-Brdcst)*
Robbie Wiedie *(Brand Dir-Content)*
Linda Casson *(Dir-Production Bus Affairs)*
Brian Olsen *(Dir-Comm Strategy)*
Kirbee Fruehe *(Brand Mgr)*
Lindsay Igoe *(Brand Mgr)*
Kendall Richardson *(Asst Brand Mgr)*
Dominique Warfield *(Asst Brand Mgr)*
Kamil Kowalczyk *(Assoc Creative Dir & Writer)*
Austin White *(Copywriter)*
Shravan Hegde *(Assoc Creative Dir)*
Angie McDonald *(Sr Art Dir)*
Brittany Rivera *(Sr Art Dir)*

Accounts:
Appleton Estate Jamaica Rum 100 percent Jamaican, Campaign: "From Cane to Cup", Campaign: "From Jamaica With Love", Creative Agency of Record, Digital
Cisco Systems, Inc.
The Coca-Cola Company The Coke Side of Life
Cricket Wireless (Creative Agency of Record) Cricket
Electronic Arts Titanfall 2
Fitbit Inc Above-the-Line, Campaign: "Dualities", Campaign: "It's All Fit", Charge, Charge HR, Digital, Flex 2, Global Advertising, Marketing, Media, Print, Surge, TV
General Motors Company Chevrolet
Hershey Co Strategic Projects
Hotel 626
MetLife, Inc. (Creative Agency of Record)
Post Holdings, Inc. Creative, Honey Bunches of Oats (Agency of Record), Social Media; 2018
Respawn Entertainment Titanfall 2
Volkswagen

ARGUS
75 Central St, Boston, MA 02109
Tel.: (617) 261-7676
Fax: (617) 261-7557
E-Mail: info@thinkargus.com
Web Site: www.thinkargus.com

Employees: 13
Year Founded: 1997

ADVERTISING AGENCIES

Agency Specializes In: Advertising, Advertising Specialties, African-American Market, Bilingual Market, Direct Response Marketing, Hispanic Market, Logo & Package Design, Media Planning, Multicultural, Social Marketing/Nonprofit

Lucas H. Guerra *(CEO)*
Caitlin Dodge *(COO)*
April I. Gardner *(Chief Creative Officer & Chief Strategy Officer)*
Jose Nieto *(Creative Dir)*
Ben Leece *(Sr Designer)*

Accounts:
Boston Public Health Commission
Boston Public Schools
Comcast
MA Department of Public Health
MA Executive Office of Public Safety & Security
Neighborhood Health Plan
Sodexho North America; Gaithersburg, MD
WinnCompanies

ARGYLE INTERACTIVE
1518 Walnut St Ste 504, Philadelphia, PA 19102
Tel.: (609) 335-5489
Web Site: www.argyleinteractive.com

Employees: 12
Year Founded: 2013

Agency Specializes In: Above-the-Line, Affiliate Marketing, Alternative Advertising, Below-the-Line, Branded Entertainment, Broadcast, Business Publications, Catalogs, Collateral, Custom Publishing, Digital/Interactive, Direct Response Marketing, Electronic Media, Email, Experience Design, In-Store Advertising, Local Marketing, Mobile Marketing, Multimedia, Out-of-Home Media, Paid Searches, Podcasting, Point of Purchase, Point of Sale, Print, Publishing, Search Engine Optimization, Social Media, Viral/Buzz/Word of Mouth, Web (Banner Ads, Pop-ups, etc.)

Logan Levenson *(CEO)*
Kalista Max Wedman *(Creative Dir)*
Jonathan Shettsline *(Mgr-Email Mktg)*
Sarah Temple *(Copywriter & Specialist-Social Media)*

Accounts:
Ciao Philadelphia Print Design, Web Design
Drexel University Communications Strategy, Digital Strategy
Law Enforcement Against Drugs Social Media, Web Development

ARGYLL
2110 Artesia Blvd Ste 324, Redondo Beach, CA 90278-3014
Tel.: (310) 542-6451
Fax: (310) 793-9342
E-Mail: theveryidea@earthlink.net
Web Site: www.chatcampbell.com

Employees: 6
Year Founded: 1973

Agency Specializes In: Advertising, Advertising Specialties, Affluent Market, African-American Market, Agriculture, Brand Development & Integration, Broadcast, Business Publications, Business-To-Business, Cable T.V., Children's Market, Co-op Advertising, Collateral, College, Communications, Computers & Software, Consulting, Consumer Goods, Consumer Marketing, Consumer Publications, Corporate Communications, Corporate Identity, Cosmetics, Digital/Interactive, Direct Response Marketing, Direct-to-Consumer, Electronic Media, Electronics, Email, Engineering, Exhibit/Trade Shows, Financial, Food Service, Graphic Design, Guerilla Marketing, Health Care Services, High Technology, Identity Marketing, In-Store Advertising, Industrial, Integrated Marketing, International, Internet/Web Design, Local Marketing, Logo & Package Design, Luxury Products, Magazines, Market Research, Media Buying Services, Media Planning, Media Relations, Medical Products, Men's Market, Multicultural, Multimedia, New Product Development, New Technologies, Newspaper, Newspapers & Magazines, Over-50 Market, Planning & Consultation, Point of Purchase, Point of Sale, Print, Production, Production (Ad, Film, Broadcast), Promotions, Public Relations, Publicity/Promotions, RSS (Really Simple Syndication), Radio, Regional, Restaurant, Retail, Sales Promotion, Seniors' Market, South Asian Market, T.V., Technical Advertising, Trade & Consumer Magazines, Web (Banner Ads, Pop-ups, etc.), Women's Market

Approx. Annual Billings: $3,000,000

Breakdown of Gross Billings by Media: Bus. Publs.: 20%; Cable T.V.: 2%; Co-op Adv.: 1%; Collateral: 20%; Consulting: 5%; D.M.: 12%; E-Commerce: 6%; Exhibits/Trade Shows: 1%; Graphic Design: 20%; Newsp. & Mags.: 2%; Plng. & Consultation: 1%; Pub. Rels.: 2%; Spot Radio: 2%; Spot T.V.: 4%; Worldwide Web Sites: 2%

Chat Campbell *(Owner)*

ARIA AGENCY
(See Under Odyssey)

ARIAD COMMUNICATIONS
277 Wellington St W 9th Fl, Toronto, ON M5V 3E4 Canada
Tel.: (416) 971-9294
Fax: (416) 971-9292
Web Site: www.ariad.ca

Employees: 91
Year Founded: 1989

Agency Specializes In: Brand Development & Integration, Business-To-Business, Content, Custom Publishing, Digital/Interactive, Email, Strategic Planning/Research

Mark Michaud *(Mng Dir & Sr VP)*
Dave Stevenson *(Sr VP & Creative Dir)*

Accounts:
AMJ Campbell Van Lines Logistics Services
Brooks Brothers Clothing Mfr
Canadian Men's Health Foundation (Agency of Record) Sponsorship, Strategic Partnerships
Credential Property Management Services
Dynamic Tire (Social Media Agency of Record) Aeolus, Sailun
Energizer Battery Mfr
Knorr Food Products Mfr
Lipton Tea Mfr
Slim Fast Healthcare Food Products Mfr
Smart Canada Below the Line, Digital, Social Marketing
TumbleBooks CRM, Digital Marketing, Marketing, Sales, Social Media, Strategic Marketing
Unilever Consumer Goods Mfr

ARISTOTLE WEB DESIGN
401 W Capitol Ave Ste 700, Little Rock, AR 72201
Tel.: (501) 374-4638
Fax: (501) 376-1377
Toll Free: (800) 995-2747
E-Mail: Info@aristotle.net
Web Site: www.aristotleinteractive.com/

Employees: 120
Year Founded: 1995

Agency Specializes In: Advertising, Digital/Interactive, Email, Integrated Marketing, Internet/Web Design, Market Research, Media Planning, Search Engine Optimization

Elizabeth Bowles *(Chm & Pres)*
Jennifer Peper *(Pres-Aristotle Interactive)*
Laura Kirk *(Dir-Production)*

Accounts:
Encyclopedia of Arkansas Online Reference Services
Little Rock Convention & Visitors Bureau Convention Management Services
Mississippi Delta Tourism Association Event Management Services
Ozark Folk Center Event Management Services
Quest Medical Inc Medical Devices Mfr & Distr
Riceland Foods Inc. Rice Mfr

ARKETI GROUP
2801 Buford Hwy Druid Chase Ste 375, Atlanta, GA 30329
Tel.: (404) 929-0091
Fax: (404) 321-3397
E-Mail: info@arketi.com
Web Site: www.arketi.com

Employees: 17
Year Founded: 2005

Agency Specializes In: Advertising, Public Relations, Social Media

Rory Carlton *(Owner & Creative Dir)*
Mike Neumeier *(Principal)*
Jim Densmore *(VP & Dir-Creative Svcs)*
Micky Long *(VP)*
Jackie Parker *(VP)*
Debora Tucker *(Mktg Dir-Virtual Premise)*

Accounts:
Abel Solutions (Integrated Communications Agency of Record)
Aderant (Agency of Record)
Aptean B2B, Media Relations, Strategic Media Relations
Brickstream Event Marketing
Brightree
BuildingReports
Catavolt Analyst Relations, Integrated PR, Marketing Engagement, Media, Messaging, Thought Leadership, Website Development
Cbeyond
Cohesive Solutions Branding, Website
Cox Business
Equifax Media, Public Relations, Strategic, Thought Leadership, Writing
Linq3 (Agency of Record) Brand Identity, Public Relations, Website
MemberSuite B2B Marketing
Metro Atlanta Chamber Marketing, Media Relations, Social Marketing, Website Development
Mobile Labs, LLC Marketing
NCR Corporation B2B, Media Relations, POS, Silver, Small Business
The Network Ethics & Risk Management, Public Relations; 2008
PMG Digital Marketing, Integrated PR, Social Media, Survey Campaign, Website, Writing
Prime Technological Services (Marketing Agency of Record)
PrimeRevenue Online & Offline Marketing, Public Relations, Rebranding, Website Redesign
SafeGuard World International (Agency of Record) Marketing Programs, Public Relations
Salesfusion (Public Relations Agency of Record) B2B Professional Services, Media Relations, Public Relations, Thought Leadership, Video
Snapfulfil (Public Relations & Content Development Agency of Record) B2B, Strategic

AGENCIES - JANUARY, 2019

ADVERTISING AGENCIES

Sophicity (Agency of Record) IT
Springbot
Sprint
TechBridge Messaging, Pro Bono, Rebranding
Technology Association of Georgia Social Media
Travelport
UL
Xerox
XINNIX
Zotec Partners Website

ARKSIDE MARKETING
3737 Main St, Riverside, CA 92501
Tel.: (951) 579-4121
Web Site: www.arksidemarketing.com

Employees: 5
Year Founded: 2010

Agency Specializes In: Above-the-Line, Advertising, Advertising Specialties, Affiliate Marketing, Affluent Market, African-American Market, Agriculture, Alternative Advertising, Arts, Asian Market, Automotive, Aviation & Aerospace, Below-the-Line, Bilingual Market, Brand Development & Integration, Branded Entertainment, Broadcast, Business Publications, Business-To-Business, Cable T.V., Catalogs, Children's Market, Co-op Advertising, Collateral, College, Commercial Photography, Communications, Computers & Software, Consulting, Consumer Goods, Consumer Marketing, Consumer Publications, Content, Corporate Communications, Corporate Identity, Cosmetics, Crisis Communications, Custom Publishing, Customer Relationship Management, Digital/Interactive, Direct Response Marketing, Direct-to-Consumer, E-Commerce, Education, Electronic Media, Electronics, Email, Engineering, Entertainment, Environmental, Event Planning & Marketing, Exhibit/Trade Shows, Experience Design, Faith Based, Fashion/Apparel, Financial, Food Service, Game Integration, Government/Political, Graphic Design, Guerilla Marketing, Health Care Services, High Technology, Hispanic Market, Hospitality, Household Goods, Identity Marketing, In-Store Advertising, Industrial, Infomercials, Information Technology, Integrated Marketing, International, Internet/Web Design, Investor Relations, LGBTQ Market, Legal Services, Leisure, Local Marketing, Logo & Package Design, Luxury Products, Magazines, Marine, Market Research, Media Buying Services, Media Planning, Media Relations, Media Training, Medical Products, Men's Market, Merchandising, Mobile Marketing, Multicultural, Multimedia, New Product Development, New Technologies, Newspaper, Newspapers & Magazines, Out-of-Home Media, Outdoor, Over-50 Market, Package Design, Paid Searches, Pets , Pharmaceutical, Planning & Consultation, Podcasting, Point of Purchase, Point of Sale, Print, Product Placement, Production, Production (Ad, Film, Broadcast), Production (Print), Promotions, Public Relations, Publicity/Promotions, Publishing, RSS (Really Simple Syndication), Radio, Real Estate, Recruitment, Regional, Restaurant, Retail, Sales Promotion, Search Engine Optimization, Seniors' Market, Shopper Marketing, Social Marketing/Nonprofit, Social Media, South Asian Market, Sponsorship, Sports Market, Stakeholders, Strategic Planning/Research, Sweepstakes, Syndication, T.V., Technical Advertising, Teen Market, Telemarketing, Trade & Consumer Magazines, Transportation, Travel & Tourism, Tween Market, Urban Market, Viral/Buzz/Word of Mouth, Web (Banner Ads, Pop-ups, etc.), Women's Market, Yellow Pages Advertising

Nathan Greenberg (CEO)

Accounts:
Canyon Crest Country Club; 2013
Chevrolet Cadillac of La Quinta; 2013
Howington and Associates; 2013
Law Offices of Gary A. Bemis; 2013
Precision Instrumentation Neon Controls; 2012
Rancho Specialty Hospital Rancho Spine, Weight Loss 4 Life; 2010

ARLAND COMMUNICATIONS INC.
600 East Carmel Drive, Carmel, IN 46032
Tel.: (317) 701-0084
E-Mail: info@arlandcom.com
Web Site: www.arlandcom.com

Employees: 6
Year Founded: 2008

Agency Specializes In: Advertising, Media Relations

David Arland (Pres)
Sam Klemet (Acct Dir)
Joshua Phelps (Creative Dir)

Accounts:
Central Logic
Dish Network Telecommunication Services
KeyScan Computer Products Mfr
LG Electronics Products Mfr
Panasonic Electronics Products Mfr
SHARP Electronics Products Mfr
TOSHIBA Electronics Products Mfr

THE ARLAND GROUP
1049 N Clay Ave, Saint Louis, MO 63122
Tel.: (314) 241-0232
Web Site: www.thearlandgroup.com

Employees: 27
Year Founded: 2005

Agency Specializes In: Advertising, Brand Development & Integration, Content, Internet/Web Design, Print, Social Media

Deb Andrychuk (Pres & CEO)
Amanda Carretta (Coord-Media)
Haley Gaunnac (Coord-Media)

Accounts:
Consumers Energy Company

ARMADA MEDICAL MARKETING
6385 W 52nd Ave, Arvada, CO 80002
Tel.: (303) 623-1190
Fax: (303) 623-1191
E-Mail: info@armadamedical.com
Web Site: www.armadamedical.com

Employees: 10

Agency Specializes In: Advertising, Brand Development & Integration, Collateral, Digital/Interactive, Direct Response Marketing, Event Planning & Marketing, Exhibit/Trade Shows, Graphic Design, Health Care Services, Local Marketing, Media Planning, Multimedia, Public Relations, Strategic Planning/Research, Web (Banner Ads, Pop-ups, etc.)

Jim Koehler (Pres)
Allison Phipps (Art Dir)
Sara Ross (Dir-Social Media)
Nick Mastin (Mgr-Print Production)
Julz Greason (Sr Designer)

Accounts:
Baro-Therapies, Inc.; Miramar, FL Communications Campaign, Direct-to-Consumer, Medical Professional Marketing, Social Media, The Rejuvenator
Booth Radiology Online Marketing Campaign, Social Media
Ceragenix Pharmaceuticals, Inc.
HealthWave; Santa Barbara, CA Collateral Development, Direct Mail, Direct-to-Physician Marketing, Media Relations, Physician Newsletters, Public Relations
Renal Ventures Management LLC; Lakewood, CO
Transamerica Affinity Services Executive Medical Reimbursement Program

ARMCHAIR MEDIA, LLC
617 E Pelham Rd Ne, Atlanta, GA 30324
Tel.: (404) 745-4504
Fax: (404) 745-4223
Web Site: www.armchairmedia.com

Employees: 20
Year Founded: 2001

Agency Specializes In: Advertising, Brand Development & Integration, Internet/Web Design

Accounts:
Tin Drum

ARMENT DIETRICH, INC.
PO Box 13013, Chicago, IL 60613
Mailing Address:
PO Box 13013, Chicago, IL 60613-0013
Tel.: (312) 787-7249
Fax: (312) 787-7354
E-Mail: media@armentdietrich.com
Web Site: www.armentdietrich.com

Employees: 7

Agency Specializes In: Business-To-Business, Consumer Goods, Corporate Communications, Crisis Communications, Government/Political, Health Care Services, Hospitality, New Technologies, Social Marketing/Nonprofit

Laura Petrolino (Chief Client Officer)
Kara Vanskike (Mgr-Earned Media)
Morgan Smith (Acct Exec)

Accounts:
Central Garden Pet
GE Capital Franchise Finance

ARMSTRONG CHAMBERLIN
7450 S Seneca, Haysville, KS 67060
Tel.: (316) 522-3000
Fax: (316) 522-2827
Web Site: www.armstrongchamberlin.com

Employees: 20

Agency Specializes In: Advertising, Internet/Web Design, Print, Public Relations, Radio, Social Media

Mark Chamberlin (Dir-Mktg & PR)
Kathie Bowles (Office Mgr & Mgr-Acctg)

Accounts:
Physician Alliance
St. Francis Community Services

ARNOLD WORLDWIDE
10 Summer St, Boston, MA 02110
Tel.: (617) 587-8000
Fax: (617) 587-8004
E-Mail: info@arn.com
Web Site: www.arn.com

Employees: 550
Year Founded: 1946

National Agency Associations: 4A's-AAF

ADVERTISING AGENCIES

AGENCIES - JANUARY, 2019

Agency Specializes In: Above-the-Line, Advertising, Advertising Specialties, African-American Market, Agriculture, Alternative Advertising, Automotive, Below-the-Line, Bilingual Market, Brand Development & Integration, Branded Entertainment, Broadcast, Business-To-Business, Cable T.V., Co-op Advertising, Collateral, College, Communications, Computers & Software, Consulting, Consumer Goods, Consumer Marketing, Consumer Publications, Content, Copywriting, Corporate Identity, Cosmetics, Customer Relationship Management, Digital/Interactive, Direct Response Marketing, Direct-to-Consumer, E-Commerce, Education, Electronic Media, Electronics, Email, Entertainment, Environmental, Event Planning & Marketing, Exhibit/Trade Shows, Experience Design, Experiential Marketing, Fashion/Apparel, Financial, Food Service, Government/Political, Graphic Design, Guerilla Marketing, Health Care Services, High Technology, Hispanic Market, Hospitality, Household Goods, In-Store Advertising, Integrated Marketing, International, Internet/Web Design, Investor Relations, LGBTQ Market, Leisure, Local Marketing, Logo & Package Design, Luxury Products, Magazines, Market Research, Media Buying Services, Media Planning, Men's Market, Mobile Marketing, Multicultural, Multimedia, New Product Development, New Technologies, Newspaper, Newspapers & Magazines, Out-of-Home Media, Outdoor, Over-50 Market, Package Design, Paid Searches, Pharmaceutical, Planning & Consultation, Point of Purchase, Point of Sale, Print, Product Placement, Production, Production (Ad, Film, Broadcast), Production (Print), Programmatic, Promotions, Public Relations, Publicity/Promotions, Publishing, Radio, Regional, Restaurant, Retail, Sales Promotion, Search Engine Optimization, Shopper Marketing, Social Marketing/Nonprofit, Social Media, Sponsorship, Sports Market, Strategic Planning/Research, Sweepstakes, T.V., Technical Advertising, Teen Market, Trade & Consumer Magazines, Transportation, Travel & Tourism, Tween Market, Urban Market, Viral/Buzz/Word of Mouth, Web (Banner Ads, Pop-ups, etc.), Women's Market

Approx. Annual Billings: $1,000,000,001

Kiran Smith (CEO)
Lisa Unsworth (Mng Partner & CMO)
Lucia Ferrante (CFO)
Icaro Doria (Chief Creative Officer-US)
Guy Lambert (Chief Strategy Officer)
Zamile Vilakazi (Exec VP & Head-Integrated Production)
Vallerie Bettini (Exec VP & Mktg Dir)
Jon Drawbaugh (Exec VP & Dir-Integrated Production)
Catherine Sheehan (Exec VP & Dir-Brand Strategy)
Sean McBride (Exec VP & Grp Creative Dir)
Gail Felcher (Sr VP & Mktg Dir)
Bill Girouard (Sr VP & Creative Dir)
Sarah Taylor (Sr VP & Mktg Dir)
Chris Valencius (Sr VP & Brand Dir)
Anne Joynt (Sr VP & Dir-Bus Affairs)
Karin Wood (Sr VP & Dir-Brand Strategy)
Gregg Nelson (Sr VP & Grp Creative Dir)
Sarah Walsh (Sr VP & Grp Mktg Dir)
Justin Galvin (VP, Creative Dir & Copywriter)
Joshua Kahn (VP, Creative Dir & Copywriter)
Nate Donabed (VP & Creative Dir)
Kathy McMann (VP & Art Dir-Production)
Sam Mullins (VP & Creative Dir)
Melanie Simonich (VP & Creative Dir)
Jessica Newton (VP & Dir-Digital Strategy)
Tim Flood (Exec Creative Dir)
Max Geraldo (Exec Creative Dir)
Fred Saldanha (Exec Creative Dir)
Nicole Hollis-Vitale (Sr Producer-Brdcst)
Lucas Casao (Creative Dir)
Emily Coan (Mktg Dir)
Lucas de Oliveira (Creative Dir)
Jason Gan (Art Dir)
Megan Kosakowski (Mktg Dir)
Casey Potash (Mktg Dir)
Cordelia Fasoldt (Dir-Brand Strategy)
Priscilla Patterson (Assoc Dir-Project Mgmt)
Lanna Tokuhiro (Assoc Dir-Brand Strategy)
Danielle Ivicic (Sr Mgr-Bus Affairs)
Brett Hayes (Mktg Mgr)
Caroline Kozub (Mktg Mgr)
Chris Kasper (Acct Supvr)
Zoe Myers (Jr Copywriter)
Luciano Griessi Pereyra (Copywriter-Creative)
Kristine Andrews (Assoc Creative Dir)
Brunno Cortez (Sr Art Dir)
Wes Dorsainvil (Sr Art Dir)
Vinicius Fernandes (Assoc Creative Dir)
Doug Harry (Assoc Creative Dir)
Ashley Herrin (Sr Art Dir)
Tanya Karpitskiy (Assoc Creative Dir)
Emily LaPierre (Assoc Producer-Brdcst)
Kelly McAuley (Assoc Creative Dir)
Jim Spadafora (Sr Production Mgr)

Accounts:
Allergan (Agency of Record) Creative, Digital; 2015
American Red Cross
Amgen (Agency of Record) Creative, Digital, Social; 2016
Barclaycard Creative, Digital, Social; 2017
Brown Forman Creative, Digital, Gentleman Jack, Jack Daniel's (Agency of Record), OOH, Print, Social, Tennessee Fire, Tennessee Honey Whiskey
Center for Disease Control (Agency of Record) Creative, Digital, Social; 2010
CenturyLink, Inc. (Lead Creative Agency)
Certified Financial Planners (Agency of Record) Creative, Digital, Social; 2010
DraftKings Project-based Work; 2017
FCA US LLC Jeep, Super Bowl 2018
Fidelity Investments (Agency of Record) Creative, Social; 2001
Flex Innovation Brand Strategy, Creative & Media, Hotshot, Media Planning & Buying; 2017
New-Hardees Food Systems, Inc. Creative
Huntington Bank (Agency of Record) Creative, Digital, Social; 2010
Kao Corporation (Agency of Record) Creative, Curel, Digital, Jergens, John Frieda, Social; 2014
Kaplan University (Agency of Record) Creative
Kaz, Inc. PUR
Monster.com
National Association of Realtors (Agency of Record) Creative, Digital, Social; 2015
New England Revolution Brand Campaign
Progressive Insurance (Agency of Record) Creative, Digital, Social; 2006
PUR (Agency of Record) Creative, Digital, Social; 2013
Sanofi (Agency of Record) Creative, Digital; 2013
Santander Bank Creative, Digital, Social; 2012
New-Sutter Health (Agency of Record) Creative, Digital, Social; 2016
Tribe Hummus Project-Based Work; 2017

Branches

Arnold Madrid
Paseo de la Castellana 259, Torre de Cristal, Madrid, 28046 Spain
Tel.: (34) 91 330 2121
Fax: (34) 1 330 23 45
E-Mail: info@arnoldmadrid.com
Web Site: arnoldmadrid.com/

Employees: 43
Year Founded: 1999

Agency Specializes In: Digital/Interactive

Susana Puras (Co-Dir Gen)
Cristina Barturen Zaldua (Mng Dir)
Maria Cencerrado Martin (Acct Dir)
Andres Moreno (Creative Dir)

Arnold Milan
Via Torino, 68, 10-20123, 20123 Milan, Italy
Tel.: (39) 02 3 610 0411
Web Site: http://arn.com/

Employees: 22

Agency Specializes In: Advertising

Arnold Toronto
473 Adelaide St W 3rd Floor, M5V 1T1 Toronto, ON Canada
Tel.: (416) 355-5009
Web Site: www.arn.com

Employees: 10

Agency Specializes In: Advertising

Accounts:
Alberto Culver
Amtrak
The Hershey Company
Merz Pharmaceuticals
New Balance Canada Creative, Digital, Social Media Support, Traditional Advertising
Pine Street Inn
Tropicana Pure Premium
Tyson Foods, Inc
VistaPrint N.V.
Volvo Cars Campaign: "Welcome to Candanavia"

ArnoldNYC
205 Hudson St, New York, NY 10013
Tel.: (212) 463-1000
Fax: (212) 463-1490
Web Site: arn.com

Employees: 150

National Agency Associations: 4A's

Agency Specializes In: Advertising, Sponsorship

Peter Grossman (Pres)
Tenny Pearson (Mng Dir)
Tim Flood (Exec Creative Dir)
Mathew Jerrett (Exec Creative Dir)
Michael Jones (Copywriter)

Accounts:
Aetna, Inc.
Boiron
Del Monte Foods; San Francisco, CA Campaign: "Treat With A Twist", Campaign: "Welcome Home", Creative, Digital, Marketing, Print
Kao USA Biore, Campaign: "You're More Than Just A Pretty Face", Creative, Curel, Jergens, John Frieda, Print, Social, Television
Panasonic Corporation of America
Sanofi
St. Ives Campaign: "Fresh Hydration Lotion Spray"
Stein Mart (Agency of Record)
Unilever Simple

AROLUXE
5111 Maryland Way, Brentwood, TN 37027
Tel.: (615) 972-1111
E-Mail: support@aroluxe.com
Web Site: aroluxe.com/

Employees: 50
Year Founded: 2010

Agency Specializes In: Advertising, Brand

AGENCIES - JANUARY, 2019 — ADVERTISING AGENCIES

Development & Integration, Internet/Web Design, Print, Radio

David Johnson *(CEO)*
Jason Brown *(Pres-Aroluxe Media)*
Sharp Emmons *(Creative Dir)*

Accounts:
Austermiller Roofing
Birdsong Events
Cool Springs MD
Creative Dentistry
Segway Inc. Creative, Website
Snodgrass-King Pediatric Dental Associates

ARONFIELD STUDIOS
PO Box 58272, Beckley, WV 25802
Tel.: (304) 207-0037
E-Mail: mail@aronfield.com
Web Site: www.aronfield.com

Employees: 10
Year Founded: 2008

Agency Specializes In: Advertising, Graphic Design, Internet/Web Design, Social Media, Strategic Planning/Research

Joel Bennett *(CEO & Mgr-Web Dev)*

Accounts:
EL Mariachi

ARRAS KEATHLEY AGENCY
1151 N Marginal Rd, Cleveland, OH 44114
Tel.: (216) 621-1601
Fax: (216) 377-1919
Web Site: http://www.arraskeathley.com/

E-Mail for Key Personnel:
President: jhickey@arraskeathley.com

Employees: 12
Year Founded: 1991

Agency Specializes In: Advertising, Advertising Specialties, Automotive, Brand Development & Integration, Broadcast, Business-To-Business, Cable T.V., Co-op Advertising, Collateral, Communications, Consumer Marketing, Consumer Publications, Corporate Communications, Direct Response Marketing, E-Commerce, Electronic Media, Event Planning & Marketing, Exhibit/Trade Shows, Financial, Graphic Design, Internet/Web Design, Logo & Package Design, Magazines, Media Buying Services, Merchandising, New Product Development, Newspaper, Newspapers & Magazines, Out-of-Home Media, Outdoor, Point of Purchase, Point of Sale, Print, Production, Public Relations, Publicity/Promotions, Radio, Real Estate, Retail, Sales Promotion, Sponsorship, Strategic Planning/Research, T.V., Trade & Consumer Magazines, Yellow Pages Advertising

Approx. Annual Billings: $65,000,000

Breakdown of Gross Billings by Media: Adv. Specialities: $6,000,000; D.M.: $500,000; E-Commerce: $3,500,000; Exhibits/Trade Shows: $2,000,000; Graphic Design: $10,000,000; Logo & Package Design: $5,000,000; Mdsg./POP: $8,500,000; Newsp.: $7,000,000; Outdoor: $1,500,000; Plng. & Consultation: $3,000,000; Point of Purchase: $5,000,000; Point of Sale: $2,000,000; Pub. Rels.: $500,000; Radio: $1,000,000; Sls. Promo.: $2,000,000; Spot T.V.: $500,000; Strategic Planning/Research: $5,000,000; Trade & Consumer Mags.: $2,000,000

Tom Keathley *(Co-Founder & Exec Creative Dir)*
James Hickey *(Pres)*
Amie Becker *(Dir-Connections Plng)*
Dawn Puruczky *(Acct Supvr)*
Sara Myers *(Acct Exec)*

ARRAY CREATIVE
495 Wolf Ledges Pkwy, Akron, OH 44311
Tel.: (330) 374-1960
E-Mail: info@arraycreative.com
Web Site: www.arraycreative.com

Employees: 9

Agency Specializes In: Advertising, Brand Development & Integration, Collateral, Corporate Identity, Event Planning & Marketing, Internet/Web Design, Logo & Package Design, Package Design, Print, Social Media

Ian Marin *(Mng Partner)*
Eric Rich *(Principal)*
Shawn Magee *(Art Dir)*
Cathy Snarski *(Dir-Mktg & Design)*
Kim Rospotynski *(Sr Graphic Designer)*
Tara Shank *(Sr Art Dir)*

Accounts:
Winston Products

ARRCO MEDICAL MARKETING
1600 Providence Hwy, Walpole, MA 02081-2542
Tel.: (508) 404-1105
Fax: (508) 404-1106
E-Mail: info@arrco.com
Web Site: www.arrco.com

E-Mail for Key Personnel:
President: jnr@arrco.com

Employees: 10
Year Founded: 1976

Agency Specializes In: Advertising, Advertising Specialties, Alternative Advertising, Brand Development & Integration, Broadcast, Business Publications, Business-To-Business, Cable T.V., Collateral, Communications, Consulting, Consumer Marketing, Consumer Publications, Corporate Identity, Digital/Interactive, Direct Response Marketing, Electronic Media, Environmental, Event Planning & Marketing, Exhibit/Trade Shows, Financial, Government/Political, Graphic Design, Health Care Services, High Technology, Information Technology, Integrated Marketing, Internet/Web Design, Investor Relations, Legal Services, Leisure, Logo & Package Design, Magazines, Media Buying Services, Medical Products, New Product Development, New Technologies, Newspaper, Newspapers & Magazines, Out-of-Home Media, Outdoor, Over-50 Market, Pharmaceutical, Planning & Consultation, Point of Purchase, Point of Sale, Print, Production, Production (Print), Public Relations, Publicity/Promotions, Radio, Recruitment, Restaurant, Seniors' Market, Sports Market, Strategic Planning/Research, Technical Advertising, Trade & Consumer Magazines, Transportation, Travel & Tourism

Approx. Annual Billings: $4,000,000

Breakdown of Gross Billings by Media: Collateral: 35%; Exhibits/Trade Shows: 15%; Logo & Package Design: 10%; Newsp.: 5%; Trade & Consumer Mags.: 30%; Transit: 5%

Jerome N. Reicher *(Pres & Creative Dir)*

Accounts:
Spire Biomedical; Bedford, MA
   Software/Technology

ART MACHINE
6922 Hollywood Blvd 12th Flr, Hollywood, CA 90028
Tel.: (310) 746-1600
Fax: (310) 657-4952
Web Site: www.artmachine.com

Employees: 60

Agency Specializes In: Advertising, Print, Social Media

David Prosenko *(Sr VP-Ops)*
Richard Howe *(Creative Dir)*
Eoin Waxel *(Creative Dir)*
Matthew Wells *(Acct Dir)*
Julie Babcock *(Assoc Creative Dir)*

Accounts:
Los Angeles Clippers (Agency of Record) Digital, Out-of-Home, Radio Advertising, Social, TV; 2017
New-NFL Enterprises LLC

ARTCRAFT HEALTH EDUCATION
39 Highway 12, Flemington, NJ 08822
Tel.: (908) 782-4921
Fax: (908) 782-7158
E-Mail: info@artcrafthealthed.com
Web Site: www.artcrafthealth.com

Employees: 14
Year Founded: 1981

Agency Specializes In: Advertising, Advertising Specialties, Brand Development & Integration, Children's Market, Collateral, Communications, Consulting, Corporate Identity, Event Planning & Marketing, Exhibit/Trade Shows, Financial, Graphic Design, Guerilla Marketing, Health Care Services, Hospitality, Identity Marketing, Integrated Marketing, Logo & Package Design, Media Planning, Medical Products, Multimedia, New Product Development, Package Design, Pets, Pharmaceutical, Print, Production, Promotions, Public Relations, Publicity/Promotions, Sales Promotion, Strategic Planning/Research, Trade & Consumer Magazines

Approx. Annual Billings: $8,000,000

Breakdown of Gross Billings by Media: Bus. Publs.: 2%; Collateral: 72%; D.M.: 15%; Exhibits/Trade Shows: 10%; Pub. Rels.: 1%

Stephanie Murrin *(Chief Creative Officer)*
Mary Testa *(VP & Creative Dir)*
Lynn Altmaier *(VP & Dir-Copy)*
Anthony Marucci *(VP-Client Strategy & Dev)*
Brian S. Schaechter *(VP-Clinical Trial Div)*

Accounts:
Action Products Inc.; 2001
AstraZeneca Pharmaceuticals; 1993
Bayer HealthCare Diabetes Care; 2007
BD Consumer Healthcare; 1999
Health Care Interiors; 2002
Johnson & Johnson Health Care Systems; 2000
The Marketing Connexion; 2000
Merck & Co. Inc.; 2007
Novo Nordisk; 2001
Sanofi-Aventis; 2002
Smiths Medical MD, Inc.; 2003
Sunovion Pharmaceuticals Inc.; 2005
Terumo; 2005
TEVA; 2005

ARTEAGA & ARTEAGA
1571 Calle Alda Urb Caribe, San Juan, PR 00926
Tel.: (787) 250-0006
Fax: (787) 250-0140
E-Mail: arteaga@arteaga.com
Web Site: www.arteaga.com

ADVERTISING AGENCIES
AGENCIES - JANUARY, 2019

Employees: 50

Agency Specializes In: Advertising, Customer Relationship Management, Digital/Interactive, Media Relations, Print, Promotions, Public Relations, Radio, T.V.

Laura Figueroa *(Creative Dir)*
Hector Soto *(Sr Art Dir)*

Accounts:
20th Century Fox of Puerto Rico
Bristol-Myers Squibb Co. Campaign: "Don't Let It Surprise You"

ARTEFACT
619 W Ave Ste 500, Seattle, WA 98104
Tel.: (206) 384-4952
E-Mail: info@artefactgroup.com
Web Site: www.artefactgroup.com

Year Founded: 2006

Agency Specializes In: Advertising, Consulting, Entertainment, Health Care Services, Internet/Web Design, Travel & Tourism

Rob Girling *(Co-Founder & Principal)*
Gavin Kelly *(Co-Founder & Principal)*
Holger Kuehnle *(Sr Dir-Design)*
Tessa Levine-Sauerhoff *(Acct Dir)*
Dave Miller *(Dir-Recruiting)*
Amelia Barlow *(Designer-User Experience)*
Jackson Chu *(Designer-Creative)*
Nicole Cooper *(Designer-Visual)*
Kris Fung *(Designer-Interaction)*
Joan Stoeckle *(Designer-Interaction)*
Alyssa Hiler *(Coord-Studio)*

Accounts:
New-Greenpeace
New-USAFacts Institute
New-Vicis Inc
New-eSight Corporation

ARTHUR AGENCY
104 E Jackson S, Carbondale, IL 62901
Tel.: (618) 351-1599
Fax: (866) 211-6614
E-Mail: info@arthuragency.com
Web Site: www.arthuragency.com

Employees: 12
Year Founded: 2003

Agency Specializes In: Advertising, Broadcast, Corporate Identity, Digital/Interactive, Internet/Web Design, Logo & Package Design, Print, T.V.

Dennis Poshard *(Pres)*
Clint Eilerts *(Creative Dir)*
Sherry Jeschke *(Dir-Acctg)*
Amanda Graff *(Acct Mgr)*

Accounts:
Illinois Department of Transportation

ARTICHOKE CREATIVE
590 Hygeia Ave, Encinitas, CA 92024
Tel.: (760) 753-8663
Fax: (760) 454-2795
E-Mail: david@artichoke-creative.com
Web Site: www.artichoke-creative.com

Employees: 3
Year Founded: 2004

Agency Specializes In: Advertising, Broadcast, Digital/Interactive, Direct Response Marketing, Event Planning & Marketing, Food Service, Government/Political, Internet/Web Design, Media Buying Services, Print, Public Relations, Restaurant

Approx. Annual Billings: $450,000

David Boylan *(Founder & Pres)*
Marcia Westinghouse *(Dir-Art)*

Accounts:
Borrego Solar
Centex Homes
Long Point Capital
Martini Ranch Encinitas
Miracosta College
Paddle the Mitten LLC; Howell, MI
Plaza Home Mortgage, Inc.
Stellar Solar
Sullivan Group

ARTICUS LTD. MARKETING COMMUNICATIONS
230 North Second St, Philadelphia, PA 19106
Tel.: (215) 564-1213
Fax: (215) 545-4615
E-Mail: info@articus.com
Web Site: www.articus.com

Employees: 10
Year Founded: 1986

Agency Specializes In: Advertising, Brand Development & Integration, Collateral, College, Communications, Consulting, Consumer Marketing, Corporate Identity, Education, Entertainment, Financial, High Technology, Identity Marketing, Integrated Marketing, Internet/Web Design, Logo & Package Design, Planning & Consultation, Print, Publicity/Promotions, Radio, Search Engine Optimization, Sponsorship, Strategic Planning/Research, T.V.

Approx. Annual Billings: $10,500,000

Eric van der Vlugt *(Principal)*
Debra Relick Pusak *(Sr Acct Exec)*

Accounts:
University of Pennsylvania; Philadelphia, PA; 1992

ARTIFAX
117 Delmonico Pl, Valley Stream, NY 11581
Tel.: (516) 593-4844
E-Mail: artifaxdesigns@yahoo.com
Web Site: www.artifaxart.com

Employees: 1
Year Founded: 1981

Agency Specializes In: Arts, Brand Development & Integration, Graphic Design, Newspaper, Publicity/Promotions

Breakdown of Gross Billings by Media: Graphic Design: 90%; Other: 10%

Accounts:
Bulgari
Citibank
Discovery Channel
Hearst
Hilton Worldwide
HSBC Bank
Johnson & Johnson
Marriott
Merrill Lynch
Nassau Coliseum
NBA
New York Rangers
Perdue Farms
Polo-Ralph Lauren
Sealy

ARTILLERY MARKETING COMMUNICATIONS LLC
1709 Colley Ave Ste 308, Norfolk, VA 23517
Tel.: (757) 627-4800
Fax: (480) 772-4087
E-Mail: office@artillerymarketing.com
Web Site: www.artillerymarketing.com

Employees: 5
Year Founded: 2001

National Agency Associations: Second Wind Limited

Agency Specializes In: Advertising, Digital/Interactive, Public Relations

Douglas Burdett *(Founder & Principal)*

THE ARTIME GROUP
65 N Raymond Ave Ste 240, Pasadena, CA 91103
Tel.: (626) 583-1855
Fax: (626) 583-1861
E-Mail: newbiz@artimegroup.com
Web Site: www.artimegroup.com

E-Mail for Key Personnel:
President: henry@artimegroup.com
Creative Dir.: christopher@artimegroup.com

Employees: 10
Year Founded: 1991

Agency Specializes In: Advertising, Aviation & Aerospace, Brand Development & Integration, Business Publications, Business-To-Business, Collateral, Communications, Computers & Software, Consumer Goods, Consumer Marketing, Consumer Publications, Corporate Communications, Corporate Identity, Digital/Interactive, Direct Response Marketing, Electronic Media, Electronics, Engineering, Entertainment, Exhibit/Trade Shows, Financial, Food Service, Graphic Design, Health Care Services, High Technology, Household Goods, Identity Marketing, In-Store Advertising, Industrial, Information Technology, Integrated Marketing, Internet/Web Design, Legal Services, Logo & Package Design, Luxury Products, Magazines, Market Research, Media Buying Services, Media Planning, Medical Products, Multimedia, Newspaper, Newspapers & Magazines, Out-of-Home Media, Outdoor, Package Design, Planning & Consultation, Point of Purchase, Point of Sale, Print, Production, Production (Print), Promotions, Public Relations, Publicity/Promotions, Radio, Real Estate, Restaurant, Retail, Sales Promotion, Strategic Planning/Research, Technical Advertising, Trade & Consumer Magazines, Transportation

Henry Artime *(Owner)*
Sam Kim *(VP-Interactive Technologies)*
Van Nguyen *(VP)*
Bill Myers *(Dir-New Bus Dev)*
Olia Vradiy *(Designer-UI & UX)*

Accounts:
Affinity Internet
CMA, LLC
Double Coin Holdings, Ltd.
First Foundation Bank
The Kennedy/Marshall Co.
MedAmerica; Walnut Creek, CA Medical Malpractice Insurance; 2005
Mintie Technologies
Northrise University
Richardson Patel; Los Angeles, CA Legal Services; 2005
SunWest Bank
Taylor Dunn
Utility Trailer; City of Industry, CA Semi Trailers;

AGENCIES - JANUARY, 2019 — ADVERTISING AGENCIES

2003
Woodbury University

ARTIST DEVELOPMENT GROUP, INC.
PO Box 120068, Nashville, TN 37212
Tel.: (615) 846-2600
Fax: (615) 846-2601
Toll Free: (877) 627-4234
E-Mail: davis@adgnashville.com
Web Site: www.adgnashville.com

Employees: 4
Year Founded: 1974

Agency Specializes In: Corporate Identity, Entertainment, Event Planning & Marketing, Food Service, Graphic Design, Integrated Marketing, Internet/Web Design, Local Marketing, Luxury Products, Pets , Planning & Consultation, Print, Real Estate, Sales Promotion, Trade & Consumer Magazines

Approx. Annual Billings: $475,000

Breakdown of Gross Billings by Media: Collateral: $166,250; Event Mktg.: $142,500; Plng. & Consultation: $166,250

David Jonethis *(Founder & Partner)*
John Jonethis *(Music Production)*

THE ARTIST EVOLUTION
1674 East Joyce Blvd, Fayetteville, AR 72703
Tel.: (479) 222-0399
Fax: (479) 966-4493
Toll Free: (866) 610-5334
E-Mail: info@theartistevolution.com
Web Site: www.theartistevolution.com

Employees: 10

Agency Specializes In: Advertising, Brand Development & Integration, Graphic Design, Print, Public Relations, Social Media

Kim Jennings-Eckert *(Mgr-Sls & Ops)*
Logan Rhea *(Sr Graphic Designer)*

Accounts:
America's Car-Mart, Inc.
Highlands Oncology Group
Horizon Dental Implant Center

ARTS & LETTERS CREATIVE CO
1805 Highpoint Ave, Richmond, VA 23230
Tel.: (804) 454-7233
E-Mail: hello@artsandletters.xyz
Web Site: www.artsandletters.xyz

Year Founded: 2017

Agency Specializes In: Advertising, High Technology

Charles Hodges *(Founder & Exec Creative Dir)*
Rich Weinstein *(Mng Dir)*
Danielle Flagg *(Exec Creative Dir)*
Jed Grossman *(Exec Creative Dir)*
Ian Fairbrother *(Creative Dir)*
Katie Hoak *(Bus Dir)*
Allison Oxenreiter *(Bus Dir)*
Andy Grayson *(Dir-Strategy)*
Letitia Jacobs *(Dir-Integrated Production)*

Accounts:
New-Google Inc. Creative & Strategic Marketing, Google Chromebooks (Lead Creative Agency)

ARVIZU ADVERTISING & PROMOTIONS
3101 N Central Ave Ste 150, Phoenix, AZ 85012-2650
Tel.: (602) 279-4669
Fax: (602) 279-4977
E-Mail: info@arvizu.com
Web Site: www.arvizu.com

Employees: 15

Agency Specializes In: Direct Response Marketing, Hispanic Market, Planning & Consultation, Public Relations, Recruitment, Sponsorship

Ernestina Arvizu *(COO)*
Vicky Deur *(Media Dir)*
Ralph Placencia *(Dir-Events)*
Andy Arvizu *(Acct Exec)*

A.S.A.P.R
212 W Main St Ste 301B, Salisbury, MD 21801
Tel.: (443) 944-9301
Fax: (443) 944-9306
E-Mail: Robbie@asapr.com
Web Site: www.asapr.com

Employees: 3

Robbie Tarpley Raffish *(Pres)*

Accounts:
Delaware Health Information Network
Liberty Property Trust

ASB COMMUNICATIONS
519 8Th Ave Rm 802, New York, NY 10018
Tel.: (212) 216-9305
Fax: (212) 214-0437
E-Mail: info@asbcommunications.com
Web Site: www.asbcommunications.com

Employees: 10
Year Founded: 1997

Agency Specializes In: Asian Market

Approx. Annual Billings: $1,000,000

Breakdown of Gross Billings by Media: Adv. Specialities: $300,000; Consulting: $50,000; Event Mktg.: $650,000

Neeta Bhasin *(Pres & CEO)*

Accounts:
HSBC
Moneygram
Reliance Infocomm

ASBURY DESIGN
1603 E 22nd Ave, Eugene, OR 97403
Tel.: (541) 344-1633
Web Site: http://asbury.net/

Employees: 5
Year Founded: 2006

Agency Specializes In: Advertising, Brand Development & Integration, Broadcast, Corporate Identity, Exhibit/Trade Shows, Internet/Web Design, Logo & Package Design, Radio, T.V.

Steven Asbury *(Pres)*
Libby Tower *(Sr Project Mgr & Strategist-Media)*
Alan Yamamoto *(Strategist-Concept & Sr Copywriter)*

Accounts:
Eugene Swim & Tennis Club
Figaro's Pizza, Inc (Agency of Record) Advertising, Design Strategies, Digital & Social Media, Public Relations
Longs Meat Market
Osborne Partners Capital Management

ASEN MARKETING & ADVERTISING, INC.
18 Emory Pl Ste 100, Knoxville, TN 37917
Tel.: (865) 769-0006
Fax: (865) 769-0080
E-Mail: info@asenmarketing.com
Web Site: www.asenmarketing.com

Employees: 50

Agency Specializes In: Advertising, Brand Development & Integration, Internet/Web Design, Package Design, Print, Social Media

Stacey DeHart *(COO)*
Paul Scoonover *(Principal)*
Mark Perriguey *(Sr Dir-Art & IT)*
Brookney Morrell *(Creative Dir & Acct Mgr)*
Kim Diahn Oakley *(Dir-Comm)*

Accounts:
Calhouns Restaurant
Copper Cellar Catering
Knoxville Film & Music Festival
MHM Architects & Interior Designers

ASHAY MEDIA GROUP
159 20th St, Brooklyn, NY 11232
Tel.: (718) 625-5133
Fax: (718) 246-2093
E-Mail: ashay@ashay.com
Web Site: www.ashay.com

Employees: 6
Year Founded: 1998

Agency Specializes In: Advertising, African-American Market, Alternative Advertising, Arts, Brand Development & Integration, Branded Entertainment, Broadcast, Business Publications, Business-To-Business, Catalogs, Communications, Consumer Goods, Content, Corporate Communications, Corporate Identity, Digital/Interactive, Direct Response Marketing, Direct-to-Consumer, E-Commerce, Electronic Media, Exhibit/Trade Shows, Experience Design, Experiential Marketing, Graphic Design, Guerilla Marketing, Hispanic Market, Identity Marketing, In-Store Advertising, Internet/Web Design, LGBTQ Market, Logo & Package Design, Media Planning, Multicultural, Multimedia, Newspapers & Magazines, Print, Production (Ad, Film, Broadcast), Promotions, Radio, T.V., Trade & Consumer Magazines, Travel & Tourism, Urban Market, Viral/Buzz/Word of Mouth, Web (Banner Ads, Pop-ups, etc.)

Approx. Annual Billings: $1,000,000

Breakdown of Gross Billings by Media: Collateral: $1,000,000

Cherise Trahan-Miller *(Partner & Creative Dir)*

ASHER AGENCY, INC.
535 W Wayne St, Fort Wayne, IN 46802-2123
Tel.: (260) 424-3373
Fax: (260) 420-2615 (Media)
Toll Free: (800) 900-7031
E-Mail: timb@asheragency.com
Web Site: https://asheragency.com/

E-Mail for Key Personnel:
Chairman: timb@asheragency.com
President: tkborne@asheragency.com

Employees: 25
Year Founded: 1974

National Agency Associations: PRSA

ADVERTISING AGENCIES

Agency Specializes In: Brand Development & Integration, Public Relations

Thomas K. Borne *(CEO)*
Timothy Borne *(CEO)*
Jill Brown *(Sr VP & Media Dir)*
Kelly Gayer *(VP & Creative Dir)*
Dan Schroeter *(VP & Creative Dir)*
Margaret Davidson *(VP-Strategic Dev)*
Larry Wardlaw *(VP-Acct Svc)*
Emily Harmeyer *(Art Dir)*
Kirsten Hamrick *(Production Mgr)*
Tessa Gochtovtt *(Acct Suprvr-Media)*
Sasha Skow-Lindsey *(Acct Supvr)*
Lisa Starr *(Sr Media Buyer & Planner)*
Natalie Haines *(Asst-Media)*
Brandon Peat *(Sr Art Dir-Digital)*

Accounts:
Allen County Public Library; Fort Wayne, IN
Cameron Memorial Hospital (Advertising Agency of Record)
Camp Watcha Wanna Do
Citilink; Fort Wayne, IN Public Transportation
Covington Plaza; Fort Wayne, IN Shopping Center
Downtown Improvement District; Fort Wayne, IN
Fort Wayne Community Schools; Fort Wayne, IN
Fort Wayne Conventions & Visitors Bureau
Fort Wayne-Allen County Economic Development Alliance
FWRadiology
Grand Wayne Convention Center
Indiana Department of Education; Indianapolis, IN; 2004
Indiana Department of Revenue; Indianapolis, IN; 2005
Indiana Department Workforce Development; Indianapolis, IN
Indiana Family & Social Services Administration
Indiana Members Credit Union Creative, Marketing Strategy, Media
Indiana Port Commission; Indianapolis, IN; 2004
Ivy Tech Community College of Indiana; Fort Wayne, Gary, Kokomo & South Bend, IN
NeuroSpine and Pain Center (Agency of Record)
Regional Chamber of Northeast Indiana (Agency of Record); 2003
Subway Restaurants (Agency of Record); Jackson, TN
Subway; Evansville & Fort Wayne, IN; Bowling Green, Lexington & Louisville, KY; Lima & Toledo, OH Fast Food
Thundershirt Creative
WPTA TV; Fort Wayne, IN ABC Affiliate

Branches

Asher Agency, Inc.
117 Summers St, Charleston, WV 25301
Tel.: (304) 342-1200
Fax: (304) 342-1285
Web Site: https://asheragency.com/

Employees: 25
Year Founded: 1988

Agency Specializes In: Communications, Environmental, Financial, Food Service, Government/Political, Health Care Services, Industrial

Anthony Juliano *(VP & Gen Mgr-Indiana)*
Steve Morrison *(VP & Gen Mgr)*
Shannon Simon *(Dir-Strategic Comm)*
Jeanne Otis *(Acct Supvr)*
Melanie George *(Acct Exec)*
Heather Peaytt *(Acct Exec)*
Leslie Larkins *(Media Planner & Buyer)*

Accounts:
Cable Television Association; WV
Department of Health & Human Resources
Enterprise Rent-A-Car
Invenergy Wind, LLC
Mountain State Blue Cross/Blue Shield; Parkersburg, WV
Steptoe & Johnson
WVDHHR

Asher Agency, Inc.
4101 Tates Creek Ctr Dr Ste 150, Lexington, KY 40517-3096
Tel.: (859) 273-5530
Fax: (859) 273-5484
Web Site: https://asheragency.com/

Employees: 60
Year Founded: 1998

Karen Richter *(CFO & VP)*
Jill Brown *(Sr VP & Media Dir)*
Kara Kelley *(Sr VP)*
Dan Schroeter *(VP & Creative Dir)*
Sharon Pfister *(VP & Acct Supvr)*

Accounts:
Comcast
The Daily Bean Coffee Company
Ivy Tech
Manchester College
Subway

ASO ADVERTISING
245 Peachtree Center Ave 23rd Fl, Atlanta, GA 30303
Tel.: (404) 659-2769
Fax: (404) 659-7664
Web Site: http://asoadvertising.com

Employees: 34
Year Founded: 1997

Agency Specializes In: Advertising, Business-To-Business, Cable T.V., Consumer Goods, Consumer Publications, Corporate Identity, Direct Response Marketing, Electronic Media, Email, Financial, Guerilla Marketing, In-Store Advertising, Internet/Web Design, Leisure, Local Marketing, Magazines, Market Research, Media Buying Services, Media Planning, Multimedia, Newspaper, Newspapers & Magazines, Out-of-Home Media, Outdoor, Point of Sale, Print, Radio, Regional, Restaurant, Retail, Sponsorship, T.V., Trade & Consumer Magazines, Travel & Tourism, Viral/Buzz/Word of Mouth

Approx. Annual Billings: $180,000,000

Steve Harding *(Pres & CEO)*
Maureen Bernard *(Grp Acct Dir)*
Lindsay Strauss *(Acct Supvr)*
Ryan Mikesell *(Jr Partner)*

Accounts:
Cryovac (Agency of Record)
Georgia Aquarium; Atlanta, GA Campaign: "Walk of Fame"
Golf Pride Broadcast, CP2 Pro Grip, Campaign: "Hands", Digital, MCC Plus4 Grip, Marketing, Media Buying, Media Planning, POS, Print, TV, Trade
Sea Palms Resort (Agency of Record)

ASSOCIATED INTEGRATED MARKETING
300 N Mead St Ste 104, Wichita, KS 67202
Tel.: (316) 683-4691
Fax: (316) 683-1990
E-Mail: info@meetassociated.com
Web Site: https://meetassociated.com/

E-Mail for Key Personnel:
President: MSnyder@unexpectedagency.com
Media Dir.: CFountain@unexpectedagency.com
Production Mgr.: PDreiling@unexpectedagency.com
Public Relations: SSteward@unexpectedagency.com

Employees: 18
Year Founded: 1946

National Agency Associations: APA-BPA-MCA-PRSA

Agency Specializes In: Asian Market, Business-To-Business, Financial, Health Care Services, Strategic Planning/Research

Approx. Annual Billings: $0

Dave Stewart *(VP & Exec Creative Dir)*
Patrick Dreiling *(VP & Dir-Production)*
Christine Olson *(Mgr-Media)*

Accounts:
Barkman Honey
Cargill Meat Solutions
Crown Uptown Theatre
Digital Retail Apps
Dove Estates Senior Living Community
Downing & Lahey Mortuaries; Wichita, KS; 1982
Foulston Siefkin Attorneys at Law
The Grasshopper Company; Moundridge, KS Residential & Commercial Moving Equipment; 1987
Heartspring
Immediate Medical Care
In The Bag Cleaners
Kansas Foot Center
KMW Loaders
Technology Plus

ASTERIX GROUP
535 Mission St, San Francisco, CA 94105
Tel.: (415) 261-7808
E-Mail: brand@asterixgroup.com
Web Site: www.asterixgroup.com

Employees: 4
Year Founded: 2002

Agency Specializes In: Advertising, Brand Development & Integration, Collateral, Content, Digital/Interactive, Email, Event Planning & Marketing, Internet/Web Design, Public Relations, Social Media

Accounts:
Eleven Eleven Wines

ASTUTE COMMUNICATIONS
709 Winsley Pl, Brentwood, TN 37027
Tel.: (615) 947-6113
E-Mail: hello@astute.co
Web Site: www.astute.co

Employees: 10

Agency Specializes In: Advertising, Content, Graphic Design, Internet/Web Design, Logo & Package Design, Social Media

Anna Stout *(Owner)*
Ryan Stout *(Partner-Ops & Strategy)*
Victoria Waddell *(Mgr-Digital Content)*

Accounts:
Tybee Jet

@RADICAL MEDIA
435 Hudson St, New York, NY 10014
Tel.: (212) 462-1500
Fax: (212) 462-1600
E-Mail: infony@radicalmedia.com

Web Site: www.radicalmedia.com

Employees: 120

Jon Kamen *(Chm & CEO)*
Frank Scherma *(Pres)*
Michael Fiore *(CFO & COO)*
Justin Wilkes *(Pres-Imagine Entertainment)*
Cathy Shannon *(Exec VP)*
Chris Kim *(Mng Dir-EP & Studio)*
Maya Brewster *(Sls Dir & Exec Producer)*
Jennifer Heath *(Exec Producer-Sls)*

Accounts:
Bacardi
BMG Music Entertainment (UK) Ltd. Campaign: "Behind the Mask", Michael Jackson
Chevrolet
Dos Equis
Entertainment and Sports Programming Network ESPN SEC Network
GEICO Campaign: "Guinea Pigs"
Get Schooled
Google Campaign: "The Johnny Cash Project", Creative Lab
Grey Goose Entertainment Campaign: "Rising Icons - Season 3"
J. Paul Getty Trust Campaign: "Cube on Eames", Pacific Standard Time
Levi's Campaign: "Legacy"
NASA Campaign: "Mission Juno"
Nike Campaign: "Back to the Future", Campaign: "Nike Fuelband"
Procter & Gamble
Schick Wilkinson Sword
Sting
Tommy Hilfiger
Toyota Motor Corporation
Volkswagen Group of America, Inc.

ATHORN, CLARK & PARTNERS
21 W 46Th St Ste 905, New York, NY 10036
Tel.: (212) 457-6152
Fax: (212) 457-6161
E-Mail: info@athornclark.com
Web Site: www.athornclark.com

Employees: 15
Year Founded: 1998

Agency Specializes In: Business-To-Business

George Clark *(Owner)*
John Athorn *(Co-Chm)*
Jason Chiusano *(Dir-Design & Production)*

Accounts:
Cramer
Global Options Group
iBaf
McKesson
nMetric
Three Rivers Provider Network, Inc (Marketing Communications Agency of Record)

THE ATKINS GROUP
501 Soledad, San Antonio, TX 78205
Tel.: (210) 444-2500
Fax: (210) 824-8236
E-Mail: sandie@theatkinsgroup.com
Web Site: www.theatkinsgroup.com

E-Mail for Key Personnel:
President: steve@theatkinsgroup.com
Creative Dir.: James@theatkinsgroup.com
Media Dir.: Ann@theatkinsgroup.com
Production Mgr.: sandie@theatkinsgroup.com

Employees: 15
Year Founded: 2003

Agency Specializes In: Advertising, Bilingual Market, Brand Development & Integration, Cable T.V., Collateral, Corporate Identity, Digital/Interactive, E-Commerce, Education, Graphic Design, Health Care Services, Hispanic Market, Hospitality, Internet/Web Design, Leisure, Local Marketing, Logo & Package Design, Market Research, Media Buying Services, Media Planning, Media Relations, Newspaper, Newspapers & Magazines, Out-of-Home Media, Outdoor, Planning & Consultation, Production (Print), Public Relations, Publicity/Promotions, Radio, Real Estate, Search Engine Optimization, Social Media, Strategic Planning/Research, T.V., Transportation, Travel & Tourism

Approx. Annual Billings: $6,500,000

Breakdown of Gross Billings by Media: Cable T.V.: $1,100,000; Collateral: $1,500,000; Fees: $1,000,000; Newsp.: $250,000; Outdoor: $400,000; Pub. Rels.: $900,000; Worldwide Web Sites: $1,350,000

Steve Atkins *(Pres & CEO)*
Dirk Mitchell *(Partner, VP & Creative Dir)*
Ann Perrine *(Partner & VP-Media Channels)*
Thuy Pham *(Art Dir & Graphic Designer)*
Selina Clem *(Acct Supvr)*
Jayme LeGros *(Acct Supvr)*
Jill Dolde *(Supvr-Media Channels)*
Amber Smith *(Acct Exec)*
Melissa Flynn *(Media Planner & Media Buyer)*
Erik Arredondo *(Sr Art Dir-Interactive)*

Accounts:
Visit San Antonio

ATLAS
1601 Willow Rd, Menlo Park, CA 94025
Tel.: (650) 543-4800
E-Mail: info@atlassolutions.com
Web Site: https://atlassolutions.com/

Employees: 130
Year Founded: 1998

Agency Specializes In: Consulting, Electronic Media, Planning & Consultation, Strategic Planning/Research

Leslie DiMaggio *(VP-Ops & IT)*
Bruce Giles *(VP-Product Dev & Underwriting)*
Joseph Onofrio *(Asst VP-Claims)*
Corey Sotir *(Asst VP-IT)*
Deborah Velez *(Asst VP-Claims)*
John Vessecchia *(Asst VP-Underwriting)*
Ann Jenkins *(Mgr-Bus Dev)*
Zenovia Love *(Mgr-HR)*
Bob McKenna *(Mgr-Litigation)*
Tim Rosinko *(Mgr-Physical Damage-Natl)*
Stefan Wesner *(Mgr-Infrastructure Svcs)*
Arnell Oneil *(Supvr-Claims)*
Donald Vaccaro *(Supvr-Fast Track Unit)*

Accounts:
Avidian
Back Country
Click Here; Dallas, TX
Eidos Interactive Ltd.
Microsoft
Monster
MTV
PinPoint Media; Coral Springs, FL
Premier-Placement; Houston, TX
Ubisoft
Xtremez

ATLAS BRANDING & DESIGN INC.
35 Haywood St Ste 205, Asheville, NC 28801
Tel.: (828) 333-1482
Web Site: www.atlasbranding.com

Employees: 5

Agency Specializes In: Brand Development & Integration, Content, Digital/Interactive, Internet/Web Design, Logo & Package Design, Social Media

Dean Peteet *(Founder & Acct Dir)*
Lisa Peteet *(Creative Dir)*

Accounts:
High Five Coffee Bar

ATLAS MARKETING
438 Walnut St, Sewickley, PA 15143
Tel.: (412) 749-9299
Fax: (412) 749-9294
Web Site: www.atlasstories.com

Employees: 10

Agency Specializes In: Advertising, Digital/Interactive, Public Relations

Chris Martin *(Pres)*
Susan Matson *(VP)*

Accounts:
Auntie Anne's Pretzel
Habitat for Humanity
Jennison Manufacturing Group
The Pittsburgh Technology Council

ATOMIC COFFEE MEDIA
918 High St Ste A, Madison, WI 53715
Tel.: (608) 628-0422
E-Mail: webgod@atomiccoffee.com
Web Site: www.atomiccoffee.com

Employees: 15

Agency Specializes In: Advertising, E-Commerce, Internet/Web Design, Social Media

JJ Pagac *(CEO)*

Accounts:
Chris's Confections
Eau Galle Cheese
Hong Kong Cafe
Island Dream Properties
Vintage LLC.

ATOMIC DIRECT, LTD
1219 SE Lafayette St, Portland, OR 97202
Tel.: (503) 296-6131
Fax: (503) 296-9890
E-Mail: info@atomicdirect.com
Web Site: www.atomicdirect.com

Employees: 8
Year Founded: 1998

National Agency Associations: DMA

Agency Specializes In: Advertising, Cable T.V., Consulting, Consumer Goods, Consumer Marketing, Direct Response Marketing, In-Store Advertising, Infomercials, Media Buying Services, Media Planning, Mobile Marketing, Multimedia, Planning & Consultation, Strategic Planning/Research, T.V.

Doug Garnett *(Founder & CEO)*
David Fallon *(CFO)*
Evan McCarthy *(Mgr-Media & Analytics)*

Accounts:
AAA
Disney Mobile
Drill Doctor/Worksharp

ADVERTISING AGENCIES

AGENCIES - JANUARY, 2019

DuPont
Festool
Kreg Tool
Little Rapids
Lowe's/Kobalt
NanoProMT Online, TV
Newell/Rubbermaid
The Sharper Image
System Pavers
White's Electronics

ATOMIC WASH
7 Jones St Ste B, Norcross, GA 30071
Tel.: (800) 394-0430
E-Mail: hello@atomicwash.com
Web Site: www.atomicwash.com

Agency Specializes In: Advertising, Brand Development & Integration, Communications, Content, Event Planning & Marketing, Exhibit/Trade Shows, Graphic Design, Internet/Web Design, Logo & Package Design, Strategic Planning/Research

Jamie Kasman *(Co-Founder & Mng Partner)*
Christopher Sanna *(Co-Founder & Creative Dir)*
Paul Shiman *(Partner-Strategic)*
Rebecca Sanna *(CFO)*
Anita Temple *(Producer & Copywriter)*
Gregory Gatlin *(Art Dir)*
Debi Weinstein *(Specialist-Admin)*
John Outler *(Writer-Technical)*

Accounts:
New-First Data Corporation Connected Magazine

ATOMICDUST
3021 Locust St, Saint Louis, MO 63103
Tel.: (314) 241-2866
Fax: (314) 754-8132
E-Mail: accounts@atomicdust.com
Web Site: www.atomicdust.com

Employees: 18
Year Founded: 2001

Agency Specializes In: Advertising, Brand Development & Integration, Digital/Interactive, Graphic Design, Social Media

Taylor Dixson *(Owner)*
Jesse McGowan *(Owner)*
Mike Spakowski *(Partner & Creative Dir)*

Accounts:
Koplar Properties
Maryland Plaza Market, Inc.
Mosby's Nursing Suite

ATTACHE, INC.
(Formerly Emerging Marketing)
10 E Weber Rd Ste A, Columbus, OH 43202
Tel.: (614) 923-6000
Web Site: www.yourattache.co

E-Mail for Key Personnel:
President: cmcgovern@emergingmarketing.com

Employees: 11
Year Founded: 1994

Agency Specializes In: Above-the-Line, Advertising, Affluent Market, African-American Market, Agriculture, Alternative Advertising, Aviation & Aerospace, Below-the-Line, Brand Development & Integration, Business Publications, Business-To-Business, Collateral, College, Communications, Computers & Software, Consulting, Corporate Communications, Corporate Identity, Customer Relationship Management, Digital/Interactive, Direct Response Marketing, E-Commerce, Education, Electronic Media, Electronics, Email, Engineering, Environmental, Exhibit/Trade Shows, Experience Design, Financial, Game Integration, Government/Political, Graphic Design, Health Care Services, High Technology, Hispanic Market, Identity Marketing, Industrial, Information Technology, Integrated Marketing, International, Internet/Web Design, Legal Services, Local Marketing, Logo & Package Design, Magazines, Marine, Medical Products, Mobile Marketing, Multicultural, Multimedia, New Product Development, New Technologies, Newspaper, Newspapers & Magazines, Out-of-Home Media, Outdoor, Over-50 Market, Pharmaceutical, Planning & Consultation, Podcasting, Point of Purchase, Point of Sale, Print, Production, Production (Print), Promotions, Public Relations, Publicity/Promotions, Radio, Regional, Search Engine Optimization, Social Marketing/Nonprofit, Social Media, Sponsorship, Stakeholders, Strategic Planning/Research, Technical Advertising, Trade & Consumer Magazines, Transportation, Travel & Tourism, Urban Market, Viral/Buzz/Word of Mouth, Web (Banner Ads, Pop-ups, etc.), Yellow Pages Advertising

Approx. Annual Billings: $1,400,000

Accounts:
Emerson Network Power
IBM
Lincoln Financial Group
Scotts

ATTACK MARKETING, LLC
367 Nineth St Ste B, San Francisco, CA 94103
Tel.: (415) 433-1499
Fax: (415) 276-5759
E-Mail: info@attackmarketing.net
Web Site: www.attackmarketing.com

Employees: 45
Year Founded: 2003

Agency Specializes In: Advertising, Graphic Design, Guerilla Marketing, In-Store Advertising, Mobile Marketing, Out-of-Home Media, Outdoor

Christian Jurinka *(CEO)*
Andrew Loos *(Mng Partner)*

Accounts:
AMC Networks Campaign: "Mad Men"
EMC Outdoor
henryV
Jack Morton
Laughlin Constable
Maritz
Momentum
Relay
Sparks

ATTENTION GLOBAL
160 Varick St 3rd Fl, New York, NY 10013
Tel.: (917) 621-4400
E-Mail: info@attentionglobal.com
Web Site: www.attentionglobal.com

Employees: 100
Year Founded: 2005

National Agency Associations: 4A's

Agency Specializes In: Advertising, Digital/Interactive, Internet/Web Design, Social Media, Strategic Planning/Research

Tom Buontempo *(Pres)*
Ben Krantz *(VP & Creative Dir)*
Paula Figueroa *(Art Dir)*
Sarah Kauffman *(Dir-Content & Community)*
Tiffany Chu *(Sr Mgr-Social Media)*
Owen Grogan *(Acct Supvr)*
Kyle Nurko *(Assoc Creative Dir)*

Accounts:
New-American Express Company
New-Constellation Brands, Inc.
Diageo North America, Inc.
International Olympic Committee
Michelin North America, Inc.
Morgan Stanley
New-Nickelodeon Direct Inc.
New-OtterBox Products LLC LifeProof
Samsung America, Inc.
TE Connectivity Campaign: "What A Sensor Sees"

AUDACITY HEALTH LLC
3560 Dunhill St Ste 100, San Diego, CA 92121
Tel.: (858) 385-0664
Web Site: www.audacityhealth.com

Employees: 20
Year Founded: 2002

Agency Specializes In: Advertising, Brand Development & Integration, Digital/Interactive, Health Care Services, Internet/Web Design, Logo & Package Design, Public Relations, Search Engine Optimization, Social Media

Ella Tsurkanu *(Partner & Chief Creative Officer)*

Accounts:
New-Beckman Coulter Inc
New-Sophiris Bio, Corp.

AUDIENCE INNOVATION
PO Box 162671, Austin, TX 78716
Tel.: (888) 241-6634
Fax: (214) 594-0244
Web Site: www.audienceinnovation.com

E-Mail for Key Personnel:
President: paul.kostial@audienceinnovation.com

Employees: 25
Year Founded: 2005

Agency Specializes In: Above-the-Line, Advertising, Advertising Specialties, Affiliate Marketing, Affluent Market, African-American Market, Agriculture, Alternative Advertising, Arts, Asian Market, Automotive, Aviation & Aerospace, Below-the-Line, Bilingual Market, Brand Development & Integration, Branded Entertainment, Broadcast, Business Publications, Business-To-Business, Cable T.V., Catalogs, Children's Market, Co-op Advertising, Collateral, College, Commercial Photography, Communications, Computers & Software, Consulting, Consumer Goods, Consumer Marketing, Consumer Publications, Content, Corporate Communications, Corporate Identity, Cosmetics, Crisis Communications, Custom Publishing, Customer Relationship Management, Digital/Interactive, Direct Response Marketing, Direct-to-Consumer, E-Commerce, Education, Electronic Media, Electronics, Email, Engineering, Entertainment, Environmental, Event Planning & Marketing, Exhibit/Trade Shows, Experience Design, Fashion/Apparel, Financial, Food Service, Game Integration, Government/Political, Graphic Design, Guerilla Marketing, Health Care Services, High Technology, Hispanic Market, Hospitality, Household Goods, Identity Marketing, In-Store Advertising, Industrial, Infomercials, Information Technology, Integrated Marketing, International, Internet/Web Design, Investor Relations, LGBTQ Market, Legal Services, Leisure, Local Marketing, Logo & Package Design, Luxury Products, Magazines, Marine, Market Research, Media Buying Services, Media Planning, Media Relations, Media Training, Medical Products, Men's Market,

AGENCIES - JANUARY, 2019 — ADVERTISING AGENCIES

Merchandising, Mobile Marketing, Multicultural, Multimedia, New Product Development, New Technologies, Newspaper, Newspapers & Magazines, Out-of-Home Media, Outdoor, Over-50 Market, Package Design, Paid Searches, Pharmaceutical, Planning & Consultation, Podcasting, Point of Purchase, Point of Sale, Print, Product Placement, Production, Production (Ad, Film, Broadcast), Production (Print), Promotions, Public Relations, Publicity/Promotions, Publishing, RSS (Really Simple Syndication), Radio, Real Estate, Recruitment, Regional, Restaurant, Retail, Sales Promotion, Search Engine Optimization, Seniors' Market, Social Marketing/Nonprofit, South Asian Market, Sponsorship, Sports Market, Stakeholders, Strategic Planning/Research, Sweepstakes, Syndication, T.V., Technical Advertising, Teen Market, Telemarketing, Trade & Consumer Magazines, Transportation, Travel & Tourism, Urban Market, Viral/Buzz/Word of Mouth, Web (Banner Ads, Pop-ups, etc.), Women's Market, Yellow Pages Advertising

Approx. Annual Billings: $10,000,000

Breakdown of Gross Billings by Media: Bus. Publs.: $1,000,000; Consulting: $1,000,000; Consumer Publs.: $2,000,000; Pub. Rels.: $1,000,000; Sports Mktg.: $5,000,000

Paul Kostial *(Pres & CEO)*
Tommy Lesser *(Dir-Client Engagement)*

AUDIENCE SCAN
(Name Changed to Salesfuel, Inc.)

AUDIENCEX
13468 Beach Ave, Marina Dl Rey, CA 90292
Tel.: (888) 545-0009
Web Site: http://audiencex.com/

Employees: 30
Year Founded: 2005

Agency Specializes In: Advertising, Branded Entertainment, Content, Digital/Interactive, Paid Searches, Search Engine Optimization, Social Media, Strategic Planning/Research

Jason Wulfsohn *(Co-Chm & Pres)*
Reeve Benaron *(CEO)*
Shane Taylor *(VP-Sls & Partnerships)*
Alvaro Fajardo *(Art Dir)*
Stacey Subject *(Sls Dir)*
Tiffany TK Kim *(Dir-Fin & HR)*
Roy Massey *(Dir-Programmatic)*

Accounts:
New-ASUSTeK Computer Inc
New-Cox Media Group
New-Ford Motor Company
New-In-Q
New-MGM Resorts International
New-Ubisoft Entertainment S.A.
New-Warner Bros. Entertainment Inc.
New-Xbox

AUGUST, LANG & HUSAK, INC.
4630 Montgomery Ave Ste 400, Bethesda, MD 20814-3443
Tel.: (301) 657-2772
Fax: (301) 657-9895
E-Mail: info@alhadv.com
Web Site: www.alhadv.com

E-Mail for Key Personnel:
President: mikea@alhadv.com

Employees: 10
Year Founded: 1992

Agency Specializes In: Advertising, Agriculture, Aviation & Aerospace, Brand Development & Integration, Broadcast, Business-To-Business, Cable T.V., Collateral, Consulting, Consumer Marketing, Corporate Communications, Corporate Identity, Direct Response Marketing, Education, Environmental, Event Planning & Marketing, Exhibit/Trade Shows, Fashion/Apparel, Financial, Food Service, Government/Political, Graphic Design, Health Care Services, High Technology, Hospitality, Industrial, Internet/Web Design, Logo & Package Design, Magazines, Media Buying Services, Media Planning, Medical Products, New Product Development, Newspaper, Newspapers & Magazines, Out-of-Home Media, Outdoor, Planning & Consultation, Point of Purchase, Point of Sale, Print, Production, Production (Print), Promotions, Public Relations, Publicity/Promotions, Radio, Restaurant, Retail, Sales Promotion, Seniors' Market, Sports Market, Strategic Planning/Research, T.V., Trade & Consumer Magazines, Transportation, Travel & Tourism

Approx. Annual Billings: $17,454,784

Breakdown of Gross Billings by Media: Collateral: $2,094,575; Internet Adv.: $872,740; Newsp. & Mags.: $4,538,243; Out-of-Home Media: $1,396,382; Radio: $3,316,408; T.V.: $3,665,504; Transit: $1,047,288; Worldwide Web Sites: $523,644

Michael August *(Owner)*
Bill Lang *(Principal)*
Bonnie Weaver *(VP & Acct Supvr)*
Kandi Hopkins *(Mgr-Acctg)*

Accounts:
American Academy of Orthopaedic Surgeons; Rosemont, IL National Consumer; 1999
HMSHost; Bethesda, MD Natl Business to Business, Branding & Advertising; 2008
Hope & A Home; Washington, DC Pro-Bono; 2007
National Family Caregivers Association; Kensington, MD National Public Service; 2001
National Public Radio/Public Radio Satellite System; Washington, DC Natl Business to Business, Branding & Advertising; 2009
Society of Interventional Radiology; Fairfax, VA National Consumer; 2001
Vision Council of America; Alexandria, VA Consumer, Public Service; 2004
WETA-TV 26 Public Broadcasting (PBS); Arlington, VA "This Week in Business", "Washington Week in Review"; 1994

AUGUSTINE
(Formerly AugustineIdeas)
532 Gibson Dr Ste 250, Roseville, CA 95678
Tel.: (916) 774-9600
Fax: (916) 774-9611
Web Site: augustineagency.com/

Employees: 50
Year Founded: 1996

Agency Specializes In: Advertising, Brand Development & Integration, Communications, Event Planning & Marketing, Food Service, Graphic Design, Hospitality, Integrated Marketing, Internet/Web Design, Leisure, Market Research, Public Relations, Real Estate, Social Marketing/Nonprofit, Social Media, Travel & Tourism

Approx. Annual Billings: $10,000,000

Elba Intriago *(Pres)*
Debbie Augustine *(CEO)*
Jeff Roberts *(VP-Client Svcs)*
Elisabeth Zuerker *(Acct Dir)*
Eddie Algarin *(Acct Mgr)*
Alexis Kahn *(Acct Mgr)*
Kristoffer Lemons *(Acct Mgr)*

Accounts:
Anthem United
Avocados From Mexico
Bates Homes
CalAtlantic Homes
Child Abuse Prevention Center of Sacramento
The City of Napa Tourism Improvement District
Civitas
Conejo Valley Tourism Improvement District
Denio's Roseville Farmers Market
Discover Torrance CVB
The Equitable Foods Initiative
Granite Bay Development
Hispanic 100
Incline Village Government Improvement District
Kimpton Hotels & Restaurant Group, LLC
Koeller, Nebeker, Carlson & Haluck LLP
Lazares Development
Lincoln Potters
The Marketing Consortium
Mission Foods Corporation
mPower Placer County
NNV1 Partners, LLC
North Lake Tahoe Marketing Cooperative
Pink Ribbon
Premier United
Reno Land Development Company
Siskiyou County Economic Development Council
SunPower Corporation
Taylor Morrison
Tupera Group, Ltd.
Visit Dana Point
Warren G. Bender Co.
Wilson Produce
WilsonArt
Winchester Country Club
WP Development Company LLC
Yosemite/Mariposa County Tourism Bureau
ZTE Corporation

AUGUSTINEIDEAS
(See Under Augustine)

AUGUSTUS BARNETT ADVERTISING/DESIGN
PO Box 197, Fox Island, WA 98333-0197
Tel.: (253) 549-2396
Fax: (253) 549-4707
Toll Free: (800) 200-9477
E-Mail: charlieb@augustusbarnett.com
Web Site: www.augustusbarnett.com

Employees: 1
Year Founded: 1981

Agency Specializes In: Advertising, Agriculture, Brand Development & Integration, Business Publications, Business-To-Business, Co-op Advertising, Collateral, Consulting, Consumer Marketing, Corporate Identity, Event Planning & Marketing, Financial, Food Service, Graphic Design, Health Care Services, Logo & Package Design, Marine, Merchandising, New Product Development, Newspaper, Planning & Consultation, Point of Purchase, Point of Sale, Print, Production, Radio, Restaurant, Retail, Sales Promotion, Trade & Consumer Magazines, Travel & Tourism

Approx. Annual Billings: $1,000,000

Breakdown of Gross Billings by Media: Collateral: 5%; Consulting: 11%; Fees: 21%; Logo & Package Design: 11%; Newsp. & Mags.: 5%; Outdoor: 5%; Point of Purchase: 5%; Print: 11%; Production: 11%; Promos.: 5%; Pub. Rels.: 5%; Radio: 5%

Augustus Barnett *(Pres & Dir-Creative)*

Accounts:
J.M. Martinac Shipbuilding Corp. Commercial Fishing Boat Builder; 1982

ADVERTISING AGENCIES
AGENCIES - JANUARY, 2019

AUMCORE LLC
215 Park Ave S Ste 1802, New York, NY 10003
Tel.: (212) 776-1414
E-Mail: newyork@aumcore.com
Web Site: www.aumcore.com

Employees: 17
Year Founded: 2010

Agency Specializes In: Advertising, Brand Development & Integration, Corporate Identity, Internet/Web Design, Package Design, Print, Social Media

Niraj Patpatia *(Partner)*

Accounts:
Denon Electronics
MiQuando

AURORA COAST PRODUCTIONS
802 W Park Ave Ste 222, Ocean, NJ 07712
Tel.: (732) 905-5200
Toll Free: (888) 593-0062
Web Site: www.auroracoast.com/marketing_advertising_agency.html

Employees: 10

Agency Specializes In: Advertising, Broadcast, Publicity/Promotions, T.V.

Approx. Annual Billings: $7,500,000

Breakdown of Gross Billings by Media: Brdcst.: $7,500,000

Justin Viggiano *(Asst Dir & Supvr-Script)*

Accounts:
APCO Worldwide
Aquafina Skincare
ASCO
Ask.com
Avaya
Buchanan Advertising Group of Canada
Crayola
Cushman & Wakefield
DDB Worldwide
Denny's
Emerson
ESPN
GenConn
Interactive Brokers
Johnson & Johnson
McDonald's
Mercedes
Merck
Nestle
Penguin Publications
Pharmaceutical Research & Manufacturers (PhRMA)
Retro Fitness
Roberts & Langer
Rockefeller Foundation
SGS
Taylor Global PR
TBWA
Trump Network

AUSTIN & WILLIAMS
80 Arkay Dr Ste 220, Hauppauge, NY 11788
Tel.: (631) 231-6600
Fax: (631) 434-7022
Web Site: http://www.austinwilliams.com/

E-Mail for Key Personnel:
Creative Dir.: rick@austin-williams.com

Employees: 35
Year Founded: 1996

National Agency Associations: 4A's-NEW ENGLAND FINANCIAL MARKETING ASSOCIATION-NEWYORK BANKERS ASSOCIATION-NJ BANKERS

Agency Specializes In: Advertising, Advertising Specialties, Affluent Market, Automotive, Brand Development & Integration, Business-To-Business, Cable T.V., Catalogs, Collateral, College, Communications, Computers & Software, Consulting, Consumer Goods, Consumer Marketing, Corporate Communications, Digital/Interactive, Direct Response Marketing, Direct-to-Consumer, Education, Electronic Media, Electronics, Email, Entertainment, Exhibit/Trade Shows, Financial, Graphic Design, Guerilla Marketing, Health Care Services, Hospitality, Identity Marketing, Integrated Marketing, Internet/Web Design, Investor Relations, Legal Services, Logo & Package Design, Luxury Products, Media Buying Services, Media Planning, Medical Products, Men's Market, Mobile Marketing, Multimedia, New Product Development, Newspaper, Newspapers & Magazines, Out-of-Home Media, Outdoor, Over-50 Market, Package Design, Paid Searches, Planning & Consultation, Point of Purchase, Point of Sale, Print, Production, Production (Print), Public Relations, Radio, Search Engine Optimization, Seniors' Market, Social Marketing/Nonprofit, Social Media, T.V., Trade & Consumer Magazines, Tween Market, Viral/Buzz/Word of Mouth, Web (Banner Ads, Pop-ups, etc.), Women's Market

Approx. Annual Billings: $12,000,000

Eva LaMere *(Pres)*
Rick Chiorando *(CEO & Chief Creative Officer)*
Andrew Catalano *(Chief Digital Officer)*
Carolyn Eckert *(VP & Acct Dir)*
Barbara Esposito *(VP & Strategist-Comm)*
Jody Fisher *(VP-PR)*
Peter J. Spalding *(VP-Growth Initiatives)*
Bryan Hynes *(Creative Dir)*
Frank Durante *(Dir-Digital Dev)*
Henry Luhmann *(Dir-Production Svcs)*
Sallianne Nicholls *(Dir-Creative Ops)*
Jessica Guidoboni *(Acct Supvr)*
Alissa Lindner *(Acct Supvr)*
Ellen Lattari *(Specialist-PR)*
Elizabeth Pontillo *(Strategist-Search & Social)*
Juan Tejada *(Strategist-Paid Search)*
Chris Tomaszewski *(Strategist-Paid Search)*
Raquel Mercado *(Analyst-Digital)*
Larry Baronciani *(Sr Art Dir)*
Jerry Bentivegna *(Sr Art Dir)*
Jim Bouschor *(Web Developer)*
Rita O'Connor *(Media & Traffic Coordinator)*
Jessica Pavona *(Jr Strategist-Search & Social)*

Accounts:
A&Z Pharmaceutical Healthcare; 2014
Bridgehampton National Bank Financial; 2010
Brookhaven Memorial Hospital; Patchogue, NY Healthcare; 2010
Canine Companions Trained Assistance Dogs for the Disabled; 2012
Canon Cameras, Printers; 2013
Carr Business Systems Business Automation; 2014
Columbia Bank Financial; 2010
Community National Bank Financial; 2009
Cook Maran Insurance; 2012
Crescendo Luxury Lifestyle; 2013
Crest Hollow Country Club; Woodbury, NY Event Catering; 2009
CrossTex Medical Masks & Supplies; 2014
D-CAL Pharmaceutical; 2013
DeGiaimo-Monti Real Estate Developer; 2011
Dejana Trucking Services; 2014
Digital Technology Services IT Services; 2012
EAFCU Financial; 2009
Egan & Golden Legal Services; 2010
Ferrell Fritz Legal Services; 2007
FirstCapital Bank of Texas Financial; 2013
Fortunoff High-end Jewelry; 2000
GHS FCU Financial; 2013
Gold Coast Bank Financial; 2005
Gotham Mini Storage Storage Units & Services; 2012
Gurwin Jewish Brand Enhancement, Campaign Development, Digital Marketing, Media Planning & Buying, Public Relations, Strategic Communications, Strategy
Helping Paws Animal Wellness; 2014
Henry Schein Dental Office Transitions; 2014
Hudson Valley Federal Credit Union Financial; 2010
ICC Total Home Automation; 2013
Injectafer IV Iron Replacement; 2013
Israel Purdy Legal Services; 2010
J. Tortorella Pools; Southampton, NY Pools & Spas; 2002
Jewish Academy Admissions, Education, Fundraising; 2012
Kaled Management Strategic Communications
Kennedy Center Entertainment, Fundraising, Programs; 2012
Lewis Johs Legal Services; 2013
Life's WORC Autism Awareness Services; 2012
Long Island Cares Nonprofit; 2001
Mahoney Associates Legal Services; 2005
McGraw-Hill Federal Credit Union Financial; 2012
Mercedes-Benz of Rockville Centre Automotive; 2012
Metropolitan College of New York Advertising, Campaign: "What's Your Purpose?"
Mid Atlantic Federal Credit Union; Baltimore, MD Financial Services; 2011
Molloy Bros. Mayflower Moving Services & Storage Units; 2014
Molloy College Branding, Broadcast, Digital, Outdoor, Print Ads, Undergraduate & Graduate Studies, Website; 2005
National Dental, PLLC Marketing
NBTY, Inc. Creative
Nicolock Pavers & Paving Material; 2013
Nikon Cameras & Photography Equipment; 2013
O2G Gas Conversion Oil to Gas Conversions; 2014
Oceanside Christopher FCU Financial; 2014
Orlin & Cohen Orthopedic Group Subspecialty Orthopedic Surgery
Patient Innovations Healthcare; 2010
PM Pediatrics Healthcare; 2013
Project Freedom Nonprofit; 2004
QualityOne Wireless Wireless Distribution; 2013
Rivkin Radler Legal Services; 2007
RR Health Strategies Healthcare; 2007
Secure Self Storage Storage Units; 2014
Sinnreich, Safar & Kosakoff Legal Services; 2010
South Nassau Communities Hospital; Oceanside, NY Bariatrics, Gamma Knife, Orthopedics; 2003
St. Joseph's College (Agency of Record)
Suffolk Federal Credit Union Financial; 2005
Summit Security Security Guards & Services; 2008
TCI College of Technology Digital, Direct Marketing, Email Marketing, Outdoor, Website
Telex Metals Minor Metals Manufacturing, Refining & Trading; 2014
Touro Law School; West Islip, NY Law Degree; 2007
Vaughn College; Flushing, NY Undergraduate & Technical Programs; 2005
Wartburg Assisted Living; 2012
Wonderland Tree Care Landscaping; 2005
Xcel Federal Credit Union; Secaucus, NJ Deposit & Loan Services, Membership; 2002

AUSTIN LAWRENCE GROUP
300 Main St Ste 600, Stamford, CT 06901
Tel.: (203) 961-8888
E-Mail: k.lempit@austinlawrence.com
Web Site: www.austinlawrence.com

AGENCIES - JANUARY, 2019 — ADVERTISING AGENCIES

E-Mail for Key Personnel:
President: k.lempit@austinlawrence.com

Employees: 10
Year Founded: 1981

National Agency Associations: PRSA

Agency Specializes In: Advertising, Automotive, Brand Development & Integration, Business Publications, Business-To-Business, Collateral, Communications, Corporate Identity, Direct Response Marketing, Event Planning & Marketing, Financial, High Technology, Information Technology, Logo & Package Design, Media Buying Services, Medical Products, Newspapers & Magazines, Pharmaceutical, Planning & Consultation, Public Relations, Publicity/Promotions, Radio, Strategic Planning/Research, T.V., Technical Advertising

Ken Lempit *(Pres)*
Muhammad Farooq *(Sr Engr-Software)*

Accounts:
CED Technologies
Welcome Gate

AUXILIARY ADVERTISING & DESIGN
818 Butterworth St SW Ste 5, Grand Rapids, MI 49504
Tel.: (616) 710-1355
E-Mail: hello@auxiliaryinc.com
Web Site: www.auxiliaryinc.com

Employees: 50

Agency Specializes In: Above-the-Line, Advertising, Advertising Specialties, Affluent Market, Arts, Automotive, Below-the-Line, Brand Development & Integration, Business-To-Business, Catalogs, Co-op Advertising, Collateral, Communications, Consulting, Consumer Goods, Consumer Marketing, Content, Copywriting, Corporate Communications, Corporate Identity, Cosmetics, Digital/Interactive, Direct-to-Consumer, E-Commerce, Education, Electronic Media, Electronics, Email, Entertainment, Environmental, Event Planning & Marketing, Exhibit/Trade Shows, Experience Design, Experiential Marketing, Faith Based, Fashion/Apparel, Financial, Food Service, Graphic Design, Health Care Services, Hospitality, Household Goods, Identity Marketing, In-Store Advertising, Industrial, Information Technology, Integrated Marketing, Internet/Web Design, Leisure, Logo & Package Design, Luxury Products, Marine, Medical Products, Merchandising, New Product Development, New Technologies, Out-of-Home Media, Package Design, Planning & Consultation, Point of Purchase, Point of Sale, Print, Production, Production (Print), Promotions, Radio, Restaurant, Retail, Sponsorship, Sports Market, Strategic Planning/Research, Trade & Consumer Magazines, Web (Banner Ads, Pop-ups, etc.)

Tom Crimp *(Owner)*
Zac Boswell *(Head-Creative)*
John Williamson *(Head-Project & Bus Dev)*
Daniel Case *(Exec Creative Dir)*

Accounts:
Amway
Baudville
Blacklamb
Boxed Water
Brunswick
Chaco
Merrell
Neurocore
Start Garden
Steelcase
Uncle John's

AVALA MARKETING GROUP
1082 Headquarters Park, Saint Louis, MO 63026
Tel.: (636) 343-9988
Fax: (636) 326-3282
Toll Free: (888) 828-9249
E-Mail: info@avalamarketing.com
Web Site: www.avalamarketing.com

Employees: 50

Steve Pizzolato *(Owner)*
Dan Ramler *(CTO)*
Jeff Coffman *(VP-Acct Svcs)*
Terry Domian *(VP)*
Tom Kasperski *(VP-Digital Strategy)*
Katie Bottner *(Dir-Digital Strategy & Social Media)*
Bill Moran *(Dir-Analytics)*
Jason Riley *(Dir-Mktg Strategy)*
Laurie Fleis *(Mgr-Acctg & HR)*
Andrea Helleny *(Mgr-Digital Project & Client Svcs)*
Alison Bachman *(Sr Acct Exec)*
Becky Bergmann *(Coord-Mktg)*
Scott Isaak *(Sr Engr-Software)*
Brian Wagener *(Sr Engr-Software)*

AVANZA ADVERTISING, LLC
5465 NW 36th St, Miami Springs, FL 33166
Tel.: (786) 656-7601
E-Mail: hola@avanzaad.com
Web Site: www.avanzaad.com

Employees: 9
Year Founded: 2012

Agency Specializes In: Above-the-Line, Advertising, Affiliate Marketing, Brand Development & Integration, Business Publications, Catalogs, Collateral, Consumer Publications, Copywriting, Digital/Interactive, Direct Response Marketing, Electronic Media, Email, Event Planning & Marketing, Exhibit/Trade Shows, In-Store Advertising, Infomercials, Local Marketing, Magazines, Mobile Marketing, Multimedia, Newspaper, Newspapers & Magazines, Out-of-Home Media, Outdoor, Paid Searches, Point of Sale, Print, Production, Production (Ad, Film, Broadcast), Production (Print), Public Relations, Publishing, RSS (Really Simple Syndication), Search Engine Optimization, Social Media, Trade & Consumer Magazines, Web (Banner Ads, Pop-ups, etc.), Yellow Pages Advertising

Approx. Annual Billings: $500,000

Alejandro Perez-Eguren *(Pres & CEO)*

Accounts:
The Fresh Diet; 2011
Renaissance Santiago Hotel; 2013

AVATARLABS
16030 Ventura Blvd, Encino, CA 91436
Tel.: (818) 784-2200
Fax: (818) 784-2204
E-Mail: info@avatarlabs.com
Web Site: www.avatarlabs.com

Employees: 55
Year Founded: 2001

Agency Specializes In: Digital/Interactive, Mobile Marketing, Viral/Buzz/Word of Mouth, Web (Banner Ads, Pop-ups, etc.)

Rex Cook *(Owner)*
Suzanne Norr *(COO)*
Laura Primack *(VP-Culture & Creative Svcs)*
Paul Thiel *(Creative Dir)*
James Safechuck *(Dir-Innovation)*
Ben Azarraga *(Sr Designer)*

Accounts:
HBO Cable Shows; 2010
Mattel Co-branded toys; 2009
Sony Pictures Feature Films
Walt Disney Studios Feature Films; 2002

AVC MEDIA GROUP
58 S Broad St, Woodbury, NJ 08096
Tel.: (856) 848-3566
Web Site: www.avcmediagroup.com

Employees: 9

Agency Specializes In: Advertising, Digital/Interactive, Internet/Web Design, Media Buying Services, Out-of-Home Media, Outdoor, Print, Radio

Cynthia Trovato *(Owner, Pres & CEO)*
David Trovato *(Pres)*
Vince Trovato *(Creative Dir)*
Jim Cushman *(Dir-Adv & Media)*

Accounts:
Philadelphia Gas Works

AVENUE 25
9201 N 25th Ave Ste 120, Phoenix, AZ 85021
Tel.: (602) 864-1233
Fax: (602) 995-2942
E-Mail: info@ave25.com
Web Site: https://ave25.com/

Employees: 6

Agency Specializes In: Advertising, Digital/Interactive, E-Commerce, Exhibit/Trade Shows, Graphic Design, Internet/Web Design, Print, Radio, Search Engine Optimization, T.V.

Kelly J. Pile *(Owner)*
Rusty Pile *(Pres & Mktg Dir)*
Rob Tinsman *(Creative Dir)*
Jeff Sokol *(Dir-Web)*
Rachel Gularte *(Acct Mgr)*

Accounts:
Bauman Loewe Witt & Maxwell, PLLC
Chandler Public Library
GL General Contracting
Grand Canyon Planning Associates, LLC
PetMatrix LLC. DreamBone

AVENUE MARKETING & COMMUNICATIONS
363 W Erie St 4th Fl E, Chicago, IL 60654
Tel.: (312) 787-8300
Fax: (312) 787-8833
E-Mail: info@avenue-inc.com
Web Site: www.avenue-inc.com

Employees: 20

Agency Specializes In: Advertising, Corporate Identity, Digital/Interactive, E-Commerce, Identity Marketing, Internet/Web Design

Tom Harrison *(Acct Mgmt Dir)*
Rachel LaCour Klein *(Dir-Strategy)*

Accounts:
InterfaceFLOR
Weber

AVOCET COMMUNICATIONS
425 Main St, Longmont, CO 80501
Tel.: (303) 678-7102
Fax: (303) 678-7109
E-Mail: info@avocetcommunications.com

ADVERTISING AGENCIES

Web Site: www.avocetcommunications.com

Employees: 12
Year Founded: 1979

Agency Specializes In: Brand Development & Integration, Broadcast, Business-To-Business, Corporate Identity, Direct Response Marketing, Internet/Web Design, Point of Sale, Print

Kit Sutorius *(Chm)*
Lisa Murray *(Sr Dir-Mktg Strategy)*
Chris Sutorius *(Product Mgr)*
Doug Coupe *(Mgr-Fin)*
Lisa Metzger *(Mgr-Media Rels)*
Patrick Boudreaux *(Sr Art Dir)*

Accounts:
Arc Thrift Stores; Denver, CO Retail

AVREAFOSTER
500 North Akard St Ste 2000, Dallas, TX 75201
Tel.: (214) 855-1400
E-Mail: contact@avreafoster.com
Web Site: www.avreafoster.com

Employees: 22
Year Founded: 1992

Agency Specializes In: Above-the-Line, Advertising, Brand Development & Integration, Business-To-Business, Collateral, Communications, Computers & Software, Consulting, Content, Corporate Communications, Digital/Interactive, Direct Response Marketing, Electronic Media, Email, Engineering, Financial, Graphic Design, Health Care Services, Hospitality, Identity Marketing, Industrial, Information Technology, Integrated Marketing, Internet/Web Design, Legal Services, Logo & Package Design, Market Research, Medical Products, Mobile Marketing, Multimedia, New Technologies, Out-of-Home Media, Paid Searches, Pharmaceutical, Planning & Consultation, Print, Publicity/Promotions, Real Estate, Search Engine Optimization, Sponsorship, Stakeholders, Strategic Planning/Research, Transportation, Travel & Tourism, Web (Banner Ads, Pop-ups, etc.)

Darren Avrea *(Chm & Exec Creative Dir)*
Dave Foster *(Pres & CEO)*
Suzanne Miller *(VP-Client Relationships)*
Andrew Skola *(VP-Strategy)*
Kenny Osborne *(Creative Dir)*
Jillian Lines *(Acct Mgr)*
Laura Fidelman *(Sr Acct Exec)*
Lisa Goin *(Mng Grp Creative Dir)*
Molly Hawthorne *(Assoc Creative Dir)*

Accounts:
Acosta Sales and Marketing
A.H. Belo Corporation
Ampersand Health
CenseoHealth
Concentra
ExxonMobil
Global Hotel Alliance
Hillwood
IBM
NorthStar Anesthesia
Omni Hotels & Resorts
Parmenter
Proteus Digital Health
Provista
SBI
Tenet Health

AVS GROUP
3120 S Ave, La Crosse, WI 54601
Tel.: (608) 787-1010
Fax: (608) 787-0012
E-Mail: info@avsgroup.com

Web Site: www.avsgroup.com

Employees: 50

Agency Specializes In: Advertising, Brand Development & Integration, Email, Graphic Design, Internet/Web Design, Public Relations, Social Media

Ed Wais *(Mng Partner)*

Accounts:
La Crosse Community Foundation

AWARE ADVERTISING
2004 Waters Edge Ct, Saint Louis, MO 63367
Tel.: (314) 517-0088
Fax: (314) 228-0138
Web Site: www.awarestl.com

Employees: 5

Agency Specializes In: Advertising, Digital/Interactive, Internet/Web Design, Print, Public Relations, Radio, Social Media, T.V.

Scott Wibbenmeyer *(Pres)*

Accounts:
Foresight Services, Inc.
Villa Casanova

AXIA CREATIVE
12161 Ken Adams Way Ste 110Y1, Wellington, FL 33414
Tel.: (561) 282-6205
E-Mail: connect@axiacreative.com
Web Site: www.axiacreative.com

Employees: 5
Year Founded: 2003

Agency Specializes In: Advertising, Brand Development & Integration, Content, Logo & Package Design

Marilyn Amjad-Mayfield *(CFO & Principal)*
Todd Mayfield *(Principal & Grp Dir-Creative)*
Pablo Fassari *(Specialist-Web Media)*

Accounts:
New-Tillamook Coast

AXIA PUBLIC RELATIONS
222 E Forsyth St, Jacksonville, FL 32202
Tel.: (904) 416-1500
Fax: (904) 425-6653
Toll Free: (866) 999-AXIA
E-Mail: tellmemore@axia.net
Web Site: www.axiapr.com

Employees: 20
Year Founded: 2002

National Agency Associations: AAF-PRSA-Second Wind Limited

Agency Specializes In: Affluent Market, Arts, Automotive, Aviation & Aerospace, Broadcast, Business Publications, Business-To-Business, Cable T.V., Children's Market, Communications, Computers & Software, Consulting, Consumer Goods, Consumer Publications, Content, Corporate Communications, Crisis Communications, Customer Relationship Management, Digital/Interactive, Direct-to-Consumer, Education, Electronic Media, Electronics, Engineering, Entertainment, Environmental, Faith Based, Fashion/Apparel, Financial, Food Service, Health Care Services, High Technology, Hospitality, Household Goods, Industrial, Information Technology, International, Legal Services, Leisure, Luxury Products, Magazines, Marine, Media Relations, Media Training, Medical Products, Men's Market, Merchandising, Multimedia, New Product Development, New Technologies, Newspaper, Newspapers & Magazines, Over-50 Market, Pets, Pharmaceutical, Planning & Consultation, Podcasting, Print, Product Placement, Public Relations, Publicity/Promotions, Radio, Real Estate, Recruitment, Regional, Restaurant, Retail, Search Engine Optimization, Seniors' Market, Social Marketing/Nonprofit, Social Media, Sponsorship, Sports Market, Stakeholders, Strategic Planning/Research, Sweepstakes, Syndication, T.V., Teen Market, Trade & Consumer Magazines, Transportation, Travel & Tourism, Tween Market, Urban Market, Women's Market

Approx. Annual Billings: $6,000,000

Jason Mudd *(CEO & Mng Partner)*
Robert Mcnicholas *(Dir-IT)*
Jenni Stevens *(Mgr-Social Media Community Engagement)*
Doug Flick *(Sr Accountant)*

Accounts:
Rebounderz Franchise and Development (National Public Relations Agency of Record) Media Relations

AXIOM
1702 Washington Ave, Houston, TX 77007
Tel.: (713) 523-5711
Fax: (713) 523-6083
E-Mail: info@axiom.us.com
Web Site: https://axiom.us.com/

Employees: 13
Year Founded: 1998

Agency Specializes In: Graphic Design

Tom Hair *(Pres)*
David Lerch *(VP & Creative Dir)*
Danielle Feith *(Mktg Dir)*
John Duplechin *(Dir-Interactive)*
Lisa Lerch *(Sr Brand Mgr)*
Laura Paddock *(Brand Mgr)*
Mike Wu *(Sr Art Dir & Designer)*

Accounts:
Cameron Drilling & Production Systems Oil & Gas Equipment
GX Technology Corp.
Hewlett Packard
Houston Symphony
Petrosys
Shell E&P International/Royal Dutch
Shell E&P North America
Stewart & Stevenson Services
Texas Instruments
US Concrete

AXIOM MARKETING COMMUNICATIONS
3800 American Blvd W Ste 1275, Bloomington, MN 55431
Tel.: (952) 224-2939
Fax: (952) 224-2596
Toll Free: (888) 917-3716
E-Mail: info@axiomcom.com
Web Site: www.axiomcom.com

Employees: 25

Agency Specializes In: Event Planning & Marketing, Public Relations, Strategic Planning/Research

Revenue: $1,000,000

AGENCIES - JANUARY, 2019 — ADVERTISING AGENCIES

Kathleen Hennessy *(Partner & CMO)*
Rob Beachy *(CTO)*
Mike Reiber *(CEO-Innovative Mktg & Sls Strategies)*
Jeffrey Clausing *(Sr VP-Strategic Solutions)*
Tom Chervenak *(VP-Innovation)*
Candace Carr *(Creative Dir)*
Marty Neal *(Dir-Bus Dev)*

Accounts:
Best Buy
Country Inns & Suites By Carlson, Inc.
Ford
Kitchen Aid
Kohler
Radisson
VISA
Whirlpool

AXIOMPORT
1125 Brookside Ave Ste B35, IndianaPOlis, IN 46202
Tel.: (317) 634-8020
Fax: (317) 634-8054
E-Mail: info@axiomport.com
Web Site: www.axiomport.com

Employees: 7

Agency Specializes In: Advertising, Corporate Identity, Digital/Interactive, Internet/Web Design, Logo & Package Design, Media Planning, Print, Radio, Social Media, T.V.

Cleve Skelton *(Partner)*
Scott Johnson *(Principal)*
Patricia Prather *(Art Dir)*
Kristine Warski *(Media Dir)*

Accounts:
Broad Ripple Brewpub
Multiguard Corp
Owl Music Group

THE AXIS AGENCY
1840 Century Park E 6th Fl, Los Angeles, CA 90069
Tel.: (310) 854-8305
Web Site: www.theaxisagency.com

Employees: 50
Year Founded: 2005

National Agency Associations: 4A's

Agency Specializes In: Advertising, Advertising Specialties, Automotive, Bilingual Market, Brand Development & Integration, Business-To-Business, Communications, Consulting, Consumer Goods, Consumer Marketing, Content, Copywriting, Corporate Communications, Digital/Interactive, Direct-to-Consumer, Event Planning & Marketing, Financial, Food Service, Government/Political, Graphic Design, Health Care Services, Hispanic Market, Integrated Marketing, International, Logo & Package Design, Market Research, Media Relations, Media Training, Multicultural, Out-of-Home Media, Pharmaceutical, Planning & Consultation, Print, Production (Ad, Film, Broadcast), Public Relations, Publicity/Promotions, Radio, Recruitment, Restaurant, Retail, Sales Promotion, Social Media, Strategic Planning/Research, T.V., Teen Market, Travel & Tourism, Urban Market, Women's Market

Armando Azarloza *(Pres)*
Carmen Lawrence *(Exec VP & Gen Mgr)*
Wally Sabria *(Exec VP-Digital & Social Media)*
Judy Hernandez *(VP)*
Francisco Letelier *(Exec Creative Dir)*
Carlos Durand *(Acct Dir)*
Adriana Lopez *(Acct Dir-Digital & Social)*

Vanessa Charre-Cueva *(Sr Acct Exec)*
Verochka Ovalle *(Sr Specialist-Bus Dev)*

Accounts:
Chevrolet Public Relations
The Clorox Company Clorox, Creative, Digital, Pine-sol, Public Relations, Social Media; 2010
General Motors Public Relations; 2006
Kaiser Permanente; 2013
Novo Nordisk Creative, Digital, Social Media; 2016
Sysco Corporation Creative, Digital, Social Media; 2016
U.S. Army Public Relations; 2007
U.S. Federal Reserve Public Relations; 2015

AXXIS ADVERTISING LLC
11811 N Tatum Blvd #3031, Phoenix, AZ 85028-1614
Tel.: (602) 200-0707
E-Mail: stevenh@ads4hr.com
Web Site: www.ads4hr.com

Employees: 9
Year Founded: 2001

Agency Specializes In: Advertising, Automotive, Communications, Direct-to-Consumer, E-Commerce, Education, Government/Political, Graphic Design, Health Care Services, High Technology, Information Technology, Internet/Web Design, Logo & Package Design, Magazines, Newspaper, Newspapers & Magazines, Print, Radio, Recruitment, Restaurant, Retail, Sales Promotion, Search Engine Optimization, Social Marketing/Nonprofit, Telemarketing, Travel & Tourism

Approx. Annual Billings: $5,500,000

Steven Hofmann *(Dir-Natl)*
Amber Rehman Lewis *(Acct Mgr-Client Svcs)*

Accounts:
Alphagraphics
American Red Cross
Epilepsy Foundation
Good Samaritan Society
Heritage Healthcare
Madison School District
NEC
Sun Harbor Nursing
Target
Viking
Well Care
Whataburger, Inc.

Branches

Axxis Advertising LLC
913 E New Orleans Ave, Tampa, FL 33603
Tel.: (813) 236-4858
Fax: (813) 234-3873
E-Mail: info@ads4hr.com
Web Site: www.ads4hr.com

Employees: 225

Agency Specializes In: Advertising

Stan Lasater *(Dir-Natl)*
Malachi Tresler *(Dir-Creative Svcs)*
Amber Lewis *(Acct Mgr-Client Svcs)*

AY DIGITAL
245 5Th Ave Rm 1002, New York, NY 10016
Tel.: (646) 783-4000
Fax: (646) 304-1653
Toll Free: (877) 239-2872
Web Site: www.aydigital.com

Employees: 80
Year Founded: 2007

Agency Specializes In: Advertising, Advertising Specialties, Business-To-Business, Digital/Interactive, E-Commerce, Entertainment, Hispanic Market, Information Technology, Internet/Web Design, Market Research, Search Engine Optimization, Social Media, Web (Banner Ads, Pop-ups, etc.)

Approx. Annual Billings: $3,000,000

Breakdown of Gross Billings by Media: Internet Adv.: $3,000,000

Andrew Burke *(Copywriter)*

AYZENBERG GROUP, INC.
49 E Walnut St, Pasadena, CA 91103
Tel.: (626) 584-4070
Fax: (626) 584-3954
E-Mail: info@ayzenberg.com
Web Site: www.ayzenberg.com

Employees: 55
Year Founded: 1993

Agency Specializes In: Advertising, Brand Development & Integration, Branded Entertainment, Broadcast, Consulting, Consumer Marketing, Corporate Identity, Digital/Interactive, Electronic Media, Electronics, Entertainment, Graphic Design, Identity Marketing, Integrated Marketing, Internet/Web Design, Logo & Package Design, Media Buying Services, Out-of-Home Media, Package Design, Production (Ad, Film, Broadcast), Publicity/Promotions, Strategic Planning/Research, T.V., Web (Banner Ads, Pop-ups, etc.)

Approx. Annual Billings: $54,026,000

Breakdown of Gross Billings by Media: Collateral: $1,000,000; D.M.: $250,000; Logo & Package Design: $1,000,000; Mags.: $1,250,000; Radio: $500,000; T.V.: $2,500,000

Craig Werwa *(VP-Creative, Strategy & Social)*
Scott Cookson *(Exec Creative Dir)*
Andrew David Fox *(Sr Dir-Capture)*
Sean Brust *(Sr Producer-Creative)*
Abhaya Hess *(Sr Producer-Social)*
Allen Bey *(Creative Dir)*
David Espinoza *(Creative Dir)*
Fern Espinoza *(Creative Dir)*
Ignacio Martinez *(Art Dir)*
Jack Sachanda *(Assoc Producer)*
Jocelyn Swift Harjes *(Dir-Mktg Science)*
Jude Ambrosio *(Assoc Dir-Strategy)*
Abby Fass *(Assoc Dir-Production)*
Jane Lee *(Assoc Dir-Social Media)*
Una Korac *(Sr Mgr-Digital Media)*
Uday Malhotra *(Acct Supvr)*
Nicole Walker *(Sr Acct Exec)*
Adam Shigem *(Strategist)*
Jasen Wong *(Copywriter)*
Hunger Lam *(Assoc Creative Dir)*
Erik Schmitt *(Assoc Creative Dir)*
Gary Seastrom *(Assoc Art Dir)*

Accounts:
Microsoft Corporation Halo 5: Guardians, Minecraft, Xbox Game Pass (Agency of Record)
NBCUniversal
Ubisoft

B&P ADVERTISING
900 S Pavilion Ctr Dr Ste 170, Las Vegas, NV 89144
Tel.: (702) 967-2222
E-Mail: info@bpadlv.com

ADVERTISING AGENCIES

Web Site: www.bpadlv.com

Employees: 50

Agency Specializes In: Advertising, Corporate Identity, Digital/Interactive, Event Planning & Marketing, Internet/Web Design, Media Relations, Media Training, Public Relations, Sponsorship

Chuck Johnston *(Pres & Principal)*
Rob Catalano *(Principal & Exec Creative Dir)*
Rod Reber *(Principal & Dir-Acct Svcs)*
Chris Smith *(Copywriter & Producer-Brdcst)*
Bruce Logan *(Creative Dir)*
Shawn West *(Dir-Print & Digital Traffic)*
Lindsey Silvka *(Sr Acct Exec)*
Denyce Tuller *(Sr Acct Exec-PR)*
Cathy Vo *(Acct Exec-PR)*

Accounts:
The Cosmopolitan of Las Vegas (Advertising & Media Agency of Record) Creative, Media Buying, Media Planning
De Castroverde Law Group Public Relations Initiatives
The International School of Hospitality
NAIOP Southern Nevada chapter Public Relations Initiatives
Nevada Association of Employers Public Relations Initiatives
Nevada State Bank Public Relations Initiatives
Park Place Infiniti

B CREATIVE GROUP INC.
1700 Union Ave Ste A, Baltimore, MD 21211
Tel.: (443) 524-7510
E-Mail: hello@agencybcg.com
Web Site: www.agencybcg.com

Employees: 10

Agency Specializes In: Advertising, Brand Development & Integration, Logo & Package Design, Market Research, Search Engine Optimization, Social Media, Strategic Planning/Research

Kerry Skarda *(Owner & Pres)*
Christian Lallo *(Partner & Chief Creative Officer)*
Lisa Barrows *(Acct Exec)*

Accounts:
Goldwell

B2 INTERACTIVE
223 S 143rd Cir, Omaha, NE 68137
Tel.: (402) 932-9990
E-Mail: info@b2interactive.com
Web Site: www.b2interactive.com

Employees: 30
Year Founded: 2012

Agency Specializes In: Advertising, Digital/Interactive, Internet/Web Design, Paid Searches, Print, Search Engine Optimization, Social Media

Max Riffner *(Creative Dir)*
Aaron Mackel *(Dir-Content Mktg)*
Abby Farrens *(Acct Mgr)*
Colin Ball *(Strategist-Digital Mktg)*

Accounts:
D1Baseball.com

B2C ENTERPRISES
18a Kirk Ave SW, Roanoke, VA 24011
Tel.: (540) 904-1229
Web Site: www.b2centerprises.com

Employees: 19
Year Founded: 2009

Agency Specializes In: Advertising, Internet/Web Design, Print, T.V.

Bruce C. Bryan *(Founder & Pres)*
Aaron Kelderhouse *(Creative Dir)*
Elizabeth Weisman *(Acct Mgr & Project Mgr)*
Dan Bryan *(Acct Exec)*

Accounts:
Delta Dental of Virginia
Jefferson Surgical Clinic
Re-Bath of Richmond Marketing, Media Planning, Strategic
Vistar Eye Center

B2E DIRECT MARKETING
307 E Court Ave Unit 103, Des Moines, IA 50309
Tel.: (515) 282-4933
Fax: (877) 275-2360
Toll Free: (877) 275-2360
E-Mail: success@b2edirect.com
Web Site: https://www.b2edata.com/

Employees: 5

Agency Specializes In: Digital/Interactive, Direct Response Marketing, Hispanic Market, Internet/Web Design, Social Media, Strategic Planning/Research

Keith Snow *(Pres)*
Kari Faber *(Acct Mgr)*
Megan Koehlmoos *(Acct Mgr)*

Accounts:
Des Moines Area Community College
GuideOne Insurance
Marsh & McLennan Companies
Strategic America
Wachovia Securities

BACHLEDA ADVERTISING LLC
1148 Heidelberg Ave, Schaefferstown, PA 17088
Tel.: (717) 949-3311
E-Mail: info@bachleda.com
Web Site: www.bachleda.com

Employees: 2

Agency Specializes In: Advertising, Brand Development & Integration, Exhibit/Trade Shows, Internet/Web Design, Logo & Package Design, Out-of-Home Media, Outdoor, Print, Radio, Social Media, T.V.

Michael Bachleda *(Pres)*
Tish Bachleda *(Dir-Ops)*

Accounts:
Historic Schaefferstown Inc

BACKBAY COMMUNICATIONS, INC.
20 Park Plaza Ste 801, Boston, MA 02116
Tel.: (617) 556-9982
Fax: (617) 556-9987
E-Mail: Bill.Haynes@BackBayCommunications.com
Web Site: www.backbaycommunications.com

Employees: 10

Agency Specializes In: Advertising, Affiliate Marketing, Brand Development & Integration, Business Publications, Business-To-Business, Collateral, Communications, Consulting, Corporate Communications, Corporate Identity, Crisis Communications, Digital/Interactive, Financial, Integrated Marketing, International, Investor Relations, Legal Services, Local Marketing, Logo & Package Design, Magazines, Media Relations, Media Training, Newspaper, Newspapers & Magazines, Print, Production (Print), Public Relations, Publicity/Promotions, Regional, Search Engine Optimization, Social Media, Strategic Planning/Research, Web (Banner Ads, Pop-ups, etc.)

Bill Haynes *(Pres & CEO)*
Jen Dowd *(COO)*
Phil Nunes *(Sr VP)*
Paul J. Lim *(VP)*
Ken MacFadyen *(VP)*
Greg Wood *(Creative Dir)*
Emily Stoermer *(Acct Supvr)*

Accounts:
Accordion Partners Media Relations, PR
ACG Boston Marketing, Public Relations
ACG Global
Adams Funds
AFEX
Athena Capital Advisors
Bluefin Payment Systems (Public Relations Agency of Record) National & Trade Media
Boston Partners
Bregal Sagemount
Delta Data (Public Relations Agency of Record)
Eagle Investment Systems
The Economist Events Content Creation, Digital Communications, Finance Disrupted Conference, Media Relations, Public Relations, Social Media
Fiduciary Trust Company
Grant Thornton
Graycliff Partners
Harbor Capital Advisors
ICapital, LLC. Media Relations, Public Relations
J.W. Childs
LifeYield
Linedata
Northeast Investors Trust
The Riverside Company
SK Capital Partners
Small Business Investor Alliance Public Relations
SuperReturn Media, Social Media, SuperReturn Infrastucture Conference, Traditional & Digital Communications

BACKE DIGITAL BRAND MARKETING
100 Matsonford Rd, Radnor, PA 19087
Tel.: (610) 947-6904
Fax: (610) 896-9242
E-Mail: jebacke@backemarketing.com
Web Site: www.backemarketing.com

E-Mail for Key Personnel:
President: jebacke@backecom.com

Employees: 30
Year Founded: 1997

Agency Specializes In: Brand Development & Integration, Business-To-Business, Communications, Consumer Marketing, E-Commerce, Education, Financial, Health Care Services, Internet/Web Design, Public Relations, Sports Market, Strategic Planning/Research

Approx. Annual Billings: $40,000,000

John E. Backe *(Pres & CEO)*
Mike O'Hara *(VP & Mgmt Supvr)*
Anna Trapani *(Controller)*
Rich Essaf *(Art Dir-Interactive)*
Brandon McNeely *(Art Dir)*
Alessandra Aste *(Acct Mgr)*
Heather Walkowski *(Acct Mgr)*
Nichole Engle *(Acct Supvr)*
Koree Ritter *(Acct Supvr)*

Accounts:

AGENCIES - JANUARY, 2019

ADVERTISING AGENCIES

Aegis Therapies
Airgas; 2001
Alfred Angelo
Arcadia University; 2000
Arrow International
Avalon Carpet Tile & Flooring
BCC Payments
Consolidated Rail
CSS Industries
Delaware Valley College
Diversified Information Technologies
Dorchester Publishing; 1997
Eureka Educational Products
GlaxoSmithKline Arixtra, Hycamtin, Requip; 1989
Gloucester County
Hill's Main Line Seafood
Independence LED
Independent Visitor's Center Website
The Iron Shop
Kraft Foods
Novartis Excedrin
Pierce College
Pizza Hut
The PMA Insurance Group
SCA; 2000
SunGard; 1998
Susquehanna International Group
Turner White Communications
Wissahickon Water
Worldwide Fistula Fund Pro Bono
YSC Sports

BACKUS TURNER INTERNATIONAL
3116 N Federal Hwy, Pompano Beach, FL 33064
Tel.: (954) 727-9977
Fax: (954) 727-9966
Web Site: www.backusturner.com

E-Mail for Key Personnel:
President: larry@backusturner.com
Media Dir.: rene@backusturner.com

Employees: 10
Year Founded: 1978

National Agency Associations: PRSA

Agency Specializes In: Advertising, Advertising Specialties, Aviation & Aerospace, Brand Development & Integration, Business-To-Business, Children's Market, Co-op Advertising, Collateral, Consulting, Consumer Marketing, Consumer Publications, Corporate Communications, Corporate Identity, E-Commerce, Entertainment, Financial, Graphic Design, Internet/Web Design, Investor Relations, Legal Services, Logo & Package Design, Magazines, Media Buying Services, Newspaper, Newspapers & Magazines, Out-of-Home Media, Over-50 Market, Point of Purchase, Point of Sale, Print, Production, Public Relations, Publicity/Promotions, Radio, Real Estate, Restaurant, Sports Market, T.V., Travel & Tourism

Approx. Annual Billings: $15,000,000

Breakdown of Gross Billings by Media: Collateral: 5%; Internet Adv.: 19%; Logo & Package Design: 2%; Mags.: 15%; Mdsg./POP: 5%; Newsp.: 13%; Out-of-Home Media: 4%; Outdoor: 5%; Print: 10%; Spot Radio: 3%; Spot T.V.: 5%; Trade & Consumer Mags.: 8%; Worldwide Web Sites: 6%

Lawrence Turner *(Owner)*
Rene Mahfood *(VP)*

Accounts:
Best Beach Resorts in the World; 1998
Caribbean Weddings
Channels Magazine
Complete Power Solutions
Crystal Casino
Discovery Cruise Lines
Discovery Vacations
Florida International
Highland Park Hospital
The Islands of the Bahamas
Luxury Hotels of the Bahamas
Luxury Hotels of the Caribbean
Miami General Hospital
Old Bahama Bay Resort & Yacht Harbour
Trump International Hotels & Resort
United Hospitals, Inc.
Warminster General Hospital
WorldwideResorts.com

BAD MONKEY CIRCUS
31 W Downer Pl Ste 400, Aurora, IL 60506
Tel.: (630) 892-7700
Web Site: www.badmonkeycircus.com

Employees: 9
Year Founded: 2001

Agency Specializes In: Advertising, Brand Development & Integration, Corporate Identity, Digital/Interactive, Internet/Web Design, Logo & Package Design, Print, Radio, Social Media, T.V.

Rory Bolen *(Creative Dir, Project Mgr, Copywriter & Producer)*

Accounts:
Best Buy Carpet & Granite

BADER RUTTER & ASSOCIATES, INC.
1433 N Water St, Milwaukee, WI 53202
Tel.: (262) 784-7200
Fax: (262) 938-5595
E-Mail: rgreve@baderrutter.com
Web Site: www.baderrutter.com

E-Mail for Key Personnel:
Chairman: rbader@bader-rutter.com
President: gnickerson@bader-rutter.com
Creative Dir.: mmccabe@bader-rutter.com
Media Dir.: ihindman@bader-rutter.com
Production Mgr.: thicks@bader-rutter.com
Public Relations: lobrien@bader-rutter.com

Employees: 240
Year Founded: 1974

National Agency Associations: ABC-BPA

Agency Specializes In: Advertising, Brand Development & Integration, Business-To-Business, Digital/Interactive, Direct Response Marketing, Media Buying Services, Public Relations, Publicity/Promotions, Sponsorship, Strategic Planning/Research

Approx. Annual Billings: $35,000,000

Eric Kirkhofer *(CFO)*
Ned Brown *(Chief Creative Officer)*
Mark Williams *(Sr VP-Admin)*
Shawn Holpfer *(Exec Dir-Design)*
Timothy Cascio *(Grp Dir-Analytics, Mktg & Comm)*
Julie Ferris-Tillman *(Mktg Dir)*
Sarah Kmet-Hunt *(Creative Dir)*
Janay Wittek *(Acct Dir)*
Tony Maurer *(Dir-Digital)*
Larry O'Brien *(Dir-Mgmt)*
Laura Stingl *(Supvr-Media)*
Dayna Jansen *(Sr Acct Exec)*
Kari Kennedy *(Sr Acct Exec)*
Ken Ryan *(Sr Acct Exec)*
Holly Schnitzler *(Sr Acct Exec)*
Lora Steinmetz *(Sr Acct Exec)*
Ashleigh Christopherson *(Acct Exec)*
Danielle Cameron *(Assoc Creative Dir)*
Mark Henderson *(Assoc Creative Dir)*
Brian Krueger *(Assoc Media Dir)*
Kate Martin *(Assoc Creative Dir)*
Daniel Schambow *(Grp Creative Dir)*
Annie Talajkowski *(Sr Media Planner)*
Meg Weichelt *(Sr Artist-Production)*
Kristin Wood *(Sr Campaign Mgr)*

Accounts:
360 Yield Center; 2014
AgroFresh
Butler Manufacturing; 2012
Case IH; 2013
Compeer Financial (Agency of Record); 2018
Cooperative Resources International
Corteva Agriscience Pioneer (Agency of Record)
CSK Food Enrichment
Dairy Management Inc.
Dow AgroSciences; Indianapolis, IN; 1981
DowDuPont Inc Advertising, Agriculture Division, Brand Development, Content Development, DuPont Crop Protection Product, Media, Public Relations; 2017
Eastman Chemical Co. Eastman Tritan Copolyester; 2003
Faith Technologies
GE Healthcare; 2006
Generac; 2013
Hospira; 2013
InEight
Kent Nutrition Group
National Pork Producers Council; 2006
The Northwestern Mutual Life Insurance Company
Orbis Corporation
Pork Checkoff
The Raymond Corporation; Greene, NY; 2002
River Valley Farm; 2014
Sauder Woodworking Company; 2011
Standard Insurance Company
Tenaris
U.S. Dairy Export Council
Zoetis Inc. Campaign: "Too Much Metal", Hoof-Tec, Online, Print; 2010
Zoro Tools, Inc (Agency of Record); 2018

Branch

Bader Rutter & Associates, Inc.
808 P St Ste 210, Lincoln, NE 68508-2246
Tel.: (402) 434-5307
Fax: (402) 477-2354
Web Site: www.baderrutter.com

Employees: 7
Year Founded: 1990

Agency Specializes In: Advertising, Agriculture, Brand Development & Integration, Broadcast, Business Publications, Business-To-Business, Collateral, Communications, Consulting, Digital/Interactive, Direct Response Marketing, Electronic Media, Engineering, Environmental, High Technology, Industrial, Internet/Web Design, Marine, Media Buying Services, Multimedia, New Product Development, Newspapers & Magazines, Planning & Consultation, Point of Purchase, Point of Sale, Print, Production, Public Relations, Publicity/Promotions, Strategic Planning/Research, Technical Advertising, Trade & Consumer Magazines

Linda Hogan *(VP & Exec Dir)*
Lori Hallowell *(VP & Grp Dir-PR)*
Tom Posta *(VP & Acct Dir)*
Colleen Grams *(Acct Dir)*
Elizabeth Astin *(Sr Acct Exec)*
Nicole Nalencz *(Sr Acct Exec)*
Ashley Cobert *(Sr Specialist-External Comm)*
Lindsay Vitse *(Acct Exec-Acct Mgmt)*

Accounts:
GE Healthcare

BADGER & WINTERS, INC.
49 W 23Rd St Fl 10, New York, NY 10010
Tel.: (212) 533-3222

ADVERTISING AGENCIES
AGENCIES - JANUARY, 2019

Fax: (212) 533-9380
E-Mail: info@badgerandwinters.com
Web Site: www.badgerandwinters.com

Employees: 38
Year Founded: 1994

Agency Specializes In: Advertising, Advertising Specialties, Brand Development & Integration, Broadcast, Collateral, Communications, Consumer Marketing, Corporate Identity, Cosmetics, Fashion/Apparel, Graphic Design, In-Store Advertising, Internet/Web Design, Leisure, Logo & Package Design, Magazines, New Product Development, Newspapers & Magazines, Out-of-Home Media, Outdoor, Point of Purchase, Point of Sale, Print, Production, Public Relations, Retail, Strategic Planning/Research, T.V.

Approx. Annual Billings: $58,000,000

Madonna Badger *(Founder & Chief Creative Officer)*
Jim Winters *(Pres)*
Peter Sun *(Sr VP-Mktg Comm)*
Grace Chu *(Exec Creative Dir)*
Linda Kim *(Creative Dir)*
Kristen Murphy *(Art Dir)*
Jessica Lange *(Strategist-Client)*
Olivia Simone *(Copywriter)*
Zooey Creel *(Sr Art Dir)*
Bill McRae *(Sr Writer)*

Accounts:
Avon
Calvin Klein
Coty Philosophy
Dick's Sporting Goods CALIA by Carrie Underwood
Indigo
J.C. Penney Company, Inc.; 2018
Lancome
Laura Geller
Living Proof
Naja
Nordstrom Rack
The Procter & Gamble Company Beauty Division, Olay; 2000
Starboard Cruises
Vera Bradley
Worth New York

BAGWELL MARKETING
13211 Deer Run Trail, Dallas, TX 75243
Tel.: (972) 480-8192
Fax: (214) 292-9434
Toll Free: (866) 281-8830
Web Site: www.bagwell.com

Employees: 10

Agency Specializes In: Advertising, Business-To-Business, Crisis Communications, Internet/Web Design, Logo & Package Design, Media Buying Services, Print, Public Relations, Social Media, Web (Banner Ads, Pop-ups, etc.)

John Bagwell *(Owner)*

Accounts:
Rent 1st Store Fulfillment

BAILEY BRAND CONSULTING
200 W Germantown Pike, Plymouth Meeting, PA 19462
Tel.: (610) 940-9030
E-Mail: info@baileygp.com
Web Site: https://www.baileygp.com/

Employees: 64
Year Founded: 1985

Agency Specializes In: Advertising, Brand Development & Integration, Corporate Identity, Exhibit/Trade Shows, Graphic Design, Internet/Web Design, Package Design, Promotions, Search Engine Optimization, Social Media, Sponsorship

Christopher Bailey *(Pres & CEO)*
Jenn Lucas *(Fin Dir)*
Jamie Gailewicz *(VP-Client Svcs)*
Ben Knepler *(Head-Strategy & Dir-Brand Strategy)*
Steve Perry *(Creative Dir)*
Jeanine Kingeter *(Dir-HR)*
Kelli Mayes *(Sr Acct Mgr-Strategic)*
Travis Jones *(Acct Mgr)*
Chad Wetzel *(Acct Mgr)*
Christian Williamson *(Mgr-Creative)*
Eric Yeager *(Mgr-Creative)*
Dawn Chrisman *(Coord-Fin)*
Amy Grove *(Creative Mgr)*

BAILEY LAUERMAN
1299 Farnam St 14th Fl, Omaha, NE 68102
Tel.: (402) 514-9400
Fax: (402) 514-9401
E-Mail: hello@blne.email
Web Site: www.baileylauerman.com

E-Mail for Key Personnel:
Creative Dir.: cweitz@baileylauerman.com

Employees: 85
Year Founded: 1970

National Agency Associations: 4A's-AAF-AMA-AMIN-PRSA

Agency Specializes In: Advertising, Advertising Specialties, Affluent Market, Agriculture, Automotive, Aviation & Aerospace, Brand Development & Integration, Broadcast, Business-To-Business, Cable T.V., Collateral, College, Communications, Consulting, Consumer Marketing, Corporate Communications, Corporate Identity, Crisis Communications, Digital/Interactive, Education, Electronic Media, Entertainment, Event Planning & Marketing, Exhibit/Trade Shows, Financial, Graphic Design, Guerilla Marketing, Health Care Services, Industrial, Information Technology, Integrated Marketing, Internet/Web Design, Investor Relations, Leisure, Local Marketing, Logo & Package Design, Market Research, Media Buying Services, Media Planning, Media Relations, Medical Products, Multimedia, Newspaper, Newspapers & Magazines, Out-of-Home Media, Outdoor, Package Design, Planning & Consultation, Point of Purchase, Point of Sale, Print, Production (Ad, Film, Broadcast), Public Relations, Publicity/Promotions, Radio, Recruitment, Retail, Search Engine Optimization, Social Marketing/Nonprofit, Social Media, Sponsorship, Sports Market, Strategic Planning/Research, T.V., Trade & Consumer Magazines, Transportation, Travel & Tourism, Viral/Buzz/Word of Mouth, Web (Banner Ads, Pop-ups, etc.)

Carter Weitz *(Chm & Chief Creative Officer)*
Greg Andersen *(CEO)*
Marty Amsler *(Mng Partner & Grp Creative Dir)*
Spencer Peery *(CFO & Head-Fin)*
Sean Faden *(VP & Creative Dir)*
Gwen Ivey *(Grp Acct Dir)*
Jessica Jarosh *(Grp Acct Dir)*
Michael Johnson *(Creative Dir)*
Jocelyn Houston *(Acct Supvr)*
Brittany Redden *(Sr Acct Exec)*
Rachel Cain *(Specialist-PR & Social)*
Emily Leeper *(Strategist-PR)*
Marlee Ingham *(Assoc Copywriter)*
Casey Stokes *(Sr Designer-Motion)*
Aaron Jarosh *(Assoc Creative Dir)*

Accounts:
AMC Theatres Internal & External Branding; 2012
Ameritas Life Insurance Corp.; Lincoln, NE; 1987
Bass Pro Shops Creative, Design, Digital; 2010
Beechcraft; 2012
Branson Creative, Strategic Direction
Cargill Corn Milling Campaign: "The Wait is Finally Over", Empyreal 75, Lysto, NuPulse, RAMP, SweetBran; 2007
CommunityAmerica Credit Union; 2011
ConAgra Foods Corporate Brand; 2000
Disney Parks & Resorts Creative, Design, Digital; 2005
Disney Travel Trade Creative, Design, Digital; 2005
Exmark a Division of Toro; 2005
Gavilon; 2011
IMG Academy
Jeppesen; Englewood, CO; 2004
Kendall Motor Oil; 2017
The Mutual Fund Store Brand, Creative Strategy, Development
Nationwide Insurance; 2010
Nebraska Tourism Commission (Agency of Record)
North American Effie Awards; 2017
Osteoporosis Research Center
The Partnership at Drugfree.org Creative, Design, Digital; 2010
Phillips 66 (Agency of Record)
The Smithsonian Creative, Design; 2001
Special Olympics: State & National Games Creative, Design, Public Relations; 1998
Sun Pacific Brand Strategy, Creative Development, Cuties, Grower of Cuties Clementines, Media Strategy, Mighties Kiwis, Planning & Placement, Public Relations
TD Ameritrade Corporate Brand, Creative, Design, Public Relations; 2007
Union Pacific; 2001
Walt Disney Company Disney Vacation Club

BAIRD CONSULTING LLC
2115 Millhaven Dr, Edgewater, MD 21037
Tel.: (814) 574-1763
Web Site: www.bairdconsultingllc.com

Employees: 6
Year Founded: 2015

Agency Specializes In: Legal Services

Accounts:
Gondola Skate; 2016
Heritage Mechanical; 2015
Heroic Hearts Apparel; 2016
Hinton & Associates; 2016
Wheelwright Communications; 2016

THE BAIT SHOPPE
36 E 23rd St, New York, NY 10010
Tel.: (646) 577-8666
E-Mail: info@baitshoppe.com
Web Site: www.baitshoppe.com

Employees: 50
Year Founded: 2011

Agency Specializes In: Advertising, Communications, Content, Event Planning & Marketing, Experience Design, Experiential Marketing, Out-of-Home Media, Production, Public Relations, Retail

Evan Starkman *(Pres)*
Nick Waldrip *(Head-Client Svcs & Production)*
Remy Groh *(Acct Dir-Production)*
Cali Opperman *(Acct Exec)*

Accounts:
New-Amazon.com Inc.
New-Deutsche Lufthansa AG
New-Geoffrey LLC Toys R Us
New-Gilt Groupe Inc.
New-Lyft

AGENCIES - JANUARY, 2019 — ADVERTISING AGENCIES

New-Mondelez International Inc. Oreo
New-Primark US Corp (North American Experiential Marketing & Communications Agency of Record)
New-Verizon Communications Inc.

BAKER COMMUNICATIONS ADVERTISING/MARKETING/PUBLIC RELATIONS
3628 Antilles Dr, Lexington, KY 40509
Tel.: (859) 245-1100
Fax: (859) 245-2022
E-Mail: bakercomm@bakercomm.com
Web Site: www.bakercomm.com

Employees: 8
Year Founded: 1980

National Agency Associations: Second Wind Limited

Agency Specializes In: Communications, Consumer Marketing

Thomas Baker *(Owner)*
Cindy Baker *(Art Dir)*

Accounts:
Big Ass Fans
BMAC
Boy Scouts of America
DAK
Drisko Group
European Motors
Fayette Co. Public Schools
Graves Cox
Harford Mall
Lanes End Farm; Versailes, KY
The Lexington Cemetery; Lexington, KY
Medical Vision Group
Milward Funeral Directors; Lexington, KY
New Leaf Resources
QBSoft
UK College of Education
Walbak International Marketing; Lexington, KY
Wald
War Horse Place

BAKER CREATIVE
386 Main St, Groveport, OH 43125
Tel.: (614) 836-3845
Toll Free: (877) BAKER03
E-Mail: info@baker-creative.com
Web Site: www.bakercreative.co

E-Mail for Key Personnel:
President: mbaker@baker-creative.com
Creative Dir.: mbaker@baker-creative.com

Employees: 7

Agency Specializes In: Advertising, Brand Development & Integration, Broadcast, Business-To-Business, Children's Market, Co-op Advertising, Consulting, Consumer Goods, Consumer Marketing, Corporate Communications, Direct Response Marketing, Direct-to-Consumer, Email, Environmental, Event Planning & Marketing, Experience Design, Financial, Graphic Design, Identity Marketing, In-Store Advertising, Integrated Marketing, Logo & Package Design, Market Research, Media Relations, Merchandising, Mobile Marketing, Multimedia, New Product Development, New Technologies, Package Design, Point of Purchase, Point of Sale, Print, Promotions, Public Relations, Retail, Sales Promotion, Sports Market, T.V., Trade & Consumer Magazines, Web (Banner Ads, Pop-ups, etc.), Women's Market

Accounts:
Cleveland Floral Products
Colliers International, Turley Martin Tucker
Columbus College of Art & Design
Flower Boutique
The Gap
GFS-Gordon Food Service; 2006
Madison Christian School
Park National Bank & Affiliates
Pet People
Quaker Steak & Lube Restaurants

BAKER STREET ADVERTISING
15 Lombard St, San Francisco, CA 94111
Tel.: (415) 659-3900
Web Site: www.bakerstadvertising.com

Employees: 35
Year Founded: 1982

Agency Specializes In: Advertising, Media Buying Services, Production

Don Donovan *(Founder & CEO)*
Jack Boland *(Pres)*
Brian Bacino *(Chief Creative Officer)*
Bob Dorfman *(Exec VP & Exec Creative Dir)*
Dan Nilsen *(Grp Acct Dir)*
Sarah Inglis *(Art Dir & Assoc Creative Dir)*
Corey Stolberg *(Creative Dir)*
Glenn Yajko *(Media Dir)*
Lesly Pyle *(Mgr-Creative & Copywriter)*
Sheila Taylor *(Supvr-Media Brdcst)*
Shelly Trujillo-Kalianis *(Media Buyer-Brdcst)*
Jena Benzel *(Sr Media Planner)*

Accounts:
The San Francisco Giants Campaign: "One Giant Moment", TV

THE BALCOM AGENCY
1500 Ballinger, Fort Worth, TX 76301
Tel.: (817) 877-9933
Fax: (817) 877-5522
E-Mail: info@balcomagency.com
Web Site: www.balcomagency.com

Employees: 25
Year Founded: 1993

Agency Specializes In: Advertising, Advertising Specialties, Affluent Market, Agriculture, Alternative Advertising, Arts, Automotive, Bilingual Market, Brand Development & Integration, Broadcast, Business Publications, Business-To-Business, Cable T.V., Catalogs, Commercial Photography, Communications, Computers & Software, Consulting, Consumer Goods, Corporate Communications, Corporate Identity, Cosmetics, Crisis Communications, Digital/Interactive, Direct Response Marketing, Direct-to-Consumer, E-Commerce, Education, Electronic Media, Electronics, Email, Engineering, Entertainment, Event Planning & Marketing, Exhibit/Trade Shows, Fashion/Apparel, Financial, Food Service, Graphic Design, Guerilla Marketing, Health Care Services, High Technology, Hospitality, Household Goods, In-Store Advertising, Industrial, Information Technology, International, Internet/Web Design, Investor Relations, Legal Services, Logo & Package Design, Magazines, Market Research, Media Buying Services, Media Planning, Media Relations, Media Training, Medical Products, Men's Market, Merchandising, Mobile Marketing, Multimedia, New Product Development, New Technologies, Newspaper, Newspapers & Magazines, Out-of-Home Media, Outdoor, Package Design, Paid Searches, Pharmaceutical, Planning & Consultation, Podcasting, Point of Purchase, Point of Sale, Print, Production, Production (Ad, Film, Broadcast), Production (Print), Promotions, Public Relations, Publicity/Promotions, Publishing, RSS (Really Simple Syndication), Radio, Real Estate, Recruitment, Restaurant, Retail, Sales Promotion, Search Engine Optimization, Social Marketing/Nonprofit, Sponsorship, Sports Market, Stakeholders, Strategic Planning/Research, Syndication, T.V., Teen Market, Transportation, Travel & Tourism, Viral/Buzz/Word of Mouth, Web (Banner Ads, Pop-ups, etc.), Women's Market, Yellow Pages Advertising

Stuart Balcom *(Pres)*
Ashley Freer *(Grp Dir & Specialist-PR)*
Lesley Dupre *(Acct Dir & Specialist-PR)*
Richie Escovedo *(Acct Dir & Specialist-PR)*
Susan Schoolfield *(Acct Dir & Specialist-PR)*
Brian Blankenship *(Creative Dir-Interactive)*
Steve Cantrell *(Client Svcs Dir)*
Carol Glover *(Creative Dir-Aka-Champion of Wow)*
Chris Hawthorne *(Media Dir)*
Krystal Holster Lewis *(Acct Dir)*
Alan Parchman *(Acct Dir)*
Taylor Potts *(Creative Dir-Multimedia)*
Audrey Stewart *(Acct Dir)*
Lynne Swihart *(Dir-Agency Ops & Production)*
Christine Cantrell *(Acct Mgr)*
Meg Minter *(Office Mgr)*
Lauren Kimberlin *(Mgr-Digital Project & Specialist-Social Media)*
Alyssa PETRUS *(Acct Exec & Specialist-Media)*
Alexa Butler *(Media Planner & Media Buyer)*
Hilda Limon *(Media Planner & Media Buyer)*
Jordan Pierson *(Planner-Digital Media)*
Norma Ramos *(Coord-Accounts Payable)*
Jamie Fisher *(Assoc Creative Dir)*

Accounts:
Alcon Laboratories; Fort Worth, TX; 2004
The Barnett Shale Energy Education Council
Bimbo Bakeries Mrs Baird's Bread
CASA of Tarrant County
Cash America
Cavender's
Central Texas Mortgage
ConvaTec
Cook Children's Health Care System
Dairy MAX
The Fort Worth Police & Fire Fighters Memorial
Healthpoint
Henry House Foundation
Justin Brands; Fort Worth, TX Justin Boot Company, Western Footwear; 1996
LifeGift Organ Donation
LifeGift
The Metropolitan
The Modern Art Museum of Fort Worth
The Neeley School of Business at TCU
Norman Regional Health System
Professional Compounding Centers of America Branding, Graphic Elements, Key Messaging, Positioning, logo
San Juan Basin Royalty Trust
Sinclair Oil Company
Southwest Bank
Southwestern Baptist Theological Seminary
Streams & Valleys, Inc. Website
Texas Health Resources Hospitals; 1998
Texas Rangers Association Foundation
Tomlyn
Tony Lama Boot Company; Fort Worth, TX Footwear; 2003
Trinity Habitat for Humanity
United Way of Tarrant County
USMD Hospitals
Williamson-Dickie Manufacturing Company

BALDWIN&
321 W Davie St, Raleigh, NC 27601
Tel.: (919) 680-0900
Web Site: www.baldwinand.com

Employees: 29

Agency Specializes In: Advertising, Brand Development & Integration, Consumer Marketing, Internet/Web Design, Market Research, Strategic Planning/Research

ADVERTISING AGENCIES
AGENCIES - JANUARY, 2019

David Baldwin *(Co-Founder & CEO)*
Jerry Bodrie *(Gen Mgr)*
Russell Dodson *(Exec Creative Dir)*
Jennifer Hazelett *(Grp Acct Dir)*
Katharine Belloir *(Acct Dir)*
Jesus Diaz *(Creative Dir)*
David Dykes *(Media Dir)*
Michelle Blaser *(Dir-Comm Strategy)*
Erin Bredemann *(Dir-Bus Dev)*
Jennifer Matthews *(Dir-Design)*
Liz Stovall *(Dir-Production)*
Ashley Yetman *(Dir-Strategy)*
Taylor Yarber *(Sr Acct Mgr)*
Sara Carter *(Strategist-Brand)*
Jon Colon *(Copywriter)*
Jennie Eastman *(Media Planner)*
Ali Shore *(Planner-Media)*

Accounts:
Audi Automobiles Mfr
BMW Autobahn Racing Invite-Cologne
Burt's Bees (Agency of Record) Campaign: "100% Natural Video", Campaign: "A Natural Before & After", Campaign: "Butterfly Peony, Butterfly Rose", Campaign: "Gud Smelltastic Video", Campaign: "Little Woman", Campaign: "Lose the Bs", Campaign: "Spring Hummingbird", Campaign: "Twenty Thousand Leagues Under The Sea", Campaign: "Uncap Flavor", Cosmetics Mfr, Intense Hydration, Lip Balms, Print, Television
Cree Campaign: "Eulogy", Campaign: "The Room of Enlightenment", LED Light Bulbs, TV
Daedong-USA, Inc Creative, KIOTI Tractor Division (Creative Agency of Record), Media, Strategy; 2018
GearWrench Campaign: "Honest Industrial Trade"
Girls Rock North Carolina
Good Food Made Simple
Gud
Krispy Kreme Doughnuts, Inc. "Captain Bogart D. Wholebox", Campaign: "Day of the Dozens", Original Glazed Doughnuts: One Sweet Barcode
Long John Silver's LLC (Lead Creative, Strategy & Media Planning Agency); 2017
Ponysaurus Brewing Campaign: "Beer Would", Campaign: "Holiday Spirit Measurer Thingy", Campaign: "Imaginary", Campaign: "Wrestling"
Red Hat Campaign: "People Powered Billboard"
Travelocity Online Travel Agencies
Videri Chocolate Factory

BALDWIN & OBENAUF, INC.
50 Division St, Somerville, NJ 08876
Tel.: (908) 685-1510
Fax: (908) 707-9181
E-Mail: info@bnoinc.com
Web Site: www.bnoinc.com

E-Mail for Key Personnel:
President: jobenauf@bnoinc.com

Employees: 48
Year Founded: 1981

Agency Specializes In: Communications, Electronic Media, Multimedia, Out-of-Home Media, Outdoor, Point of Sale, Print, Strategic Planning/Research

Approx. Annual Billings: $7,000,000

Breakdown of Gross Billings by Media: Mags.: 100%

Joanne Obenauf *(Founder & CEO)*
Trista Walker *(Pres)*
George Jackus *(Sr VP-Creative)*
Kevin Harding *(VP-Customer Experience)*
Rachelle Powell *(VP-Client Svcs)*
Dianne Rogers *(VP-Healthcare Comm)*
Beverly Thomas *(VP-Client Engagement)*
Edward Patrick Barcinas *(Art Dir)*
Laura McLaughlin *(Dir-Bus Svcs)*

Accounts:
Alps Controls
Autism Treatment Center of America
BASF
Choose New Jersey Marketing Communications Strategy, Strategic Communications
Ethicon
Janssen Biotech, Inc.
Johnson & Johnson Corporate Communications, Events, Recruitment
KPMG
MasterCard Inc.
Spex CertiPrep
Verizon (Global Recruitment Marketing Agency of Record)
Zeus Scientific

BALLARD PARTNERS INC
201 E Park Ave, Tallahassee, FL 32301
Tel.: (850) 577-0444
Fax: (850) 577-0022
Web Site: http://ballardpartners.com/

Employees: 50

Agency Specializes In: Advertising, Education, Government/Political, Health Care Services, Transportation

Wansley Walters *(Co-Chm-Pub Policy Team & Partner)*
Brian D. Ballard *(Pres)*
Brady J. Benford *(Partner)*
Brad Burleson *(Partner)*
Chris Hansen *(Partner)*
Monica L. Rodriguez *(Partner)*
Carol Bracy *(VP)*

Accounts:
New-Dominican Republic
The Maldives Marketing and PR Corp Strategic Consulting, The Indian Ocean island nation of Maldives; 2018
New-Socialist Party of Albania

BALZAC COMMUNICATIONS
1200 Jefferson St, Napa, CA 94559
Tel.: (707) 255-7667
Fax: (707) 255-1119
Web Site: balzac.com

Employees: 10

Agency Specializes In: Advertising, Digital/Interactive, Graphic Design, Public Relations, Social Media

Paul Wagner *(Founder)*
Mike Wangbickler *(Pres)*
Mark Feinberg *(Sr Acct Exec)*

Accounts:
100 Percent Wines
4G Wines
Axios Wines
Beaulieu Vineyard
Frisson Wines
Hoopes Family Vineyard & Winery
Marke Wines
Mendocino Wine Company
Rutherford Dust Society
Villa Trasqua (Agency of Record)
Winery Khareba Communications

BAM
395 Valley Brook Rd Ste 7, Canonsburg, PA 15317
Tel.: (412) 854-1004
Fax: (412) 854-1221
Web Site: www.bamadv.com

Employees: 15
Year Founded: 2004

Agency Specializes In: Advertising, Internet/Web Design, Out-of-Home Media, Outdoor, Print, Radio, T.V.

Bill Berry *(Pres)*
Neil Catapano *(VP)*

Accounts:
Culligan International Company

THE BAM CONNECTION
20 Jay St, Brooklyn, NY 11201
Tel.: (718) 801-8299
Web Site: www.thebam.com

Employees: 15
Year Founded: 2013

National Agency Associations: 4A's

Agency Specializes In: Above-the-Line, Advertising, Advertising Specialties, Arts, Automotive, Brand Development & Integration, Broadcast, Business-To-Business, Cable T.V., Children's Market, Collateral, College, Communications, Consumer Goods, Consumer Marketing, Consumer Publications, Content, Copywriting, Corporate Identity, Cosmetics, Digital/Interactive, Direct Response Marketing, Direct-to-Consumer, Education, Electronic Media, Electronics, Entertainment, Event Planning & Marketing, Exhibit/Trade Shows, Faith Based, Fashion/Apparel, Government/Political, Health Care Services, High Technology, Household Goods, Identity Marketing, In-Store Advertising, Integrated Marketing, Internet/Web Design, Local Marketing, Logo & Package Design, Magazines, Market Research, Medical Products, Men's Market, New Product Development, New Technologies, Newspapers & Magazines, Out-of-Home Media, Pharmaceutical, Planning & Consultation, Print, Production, Production (Ad, Film, Broadcast), Production (Print), Promotions, Publicity/Promotions, Radio, Recruitment, Regional, Retail, Social Media, Strategic Planning/Research, Sweepstakes, Syndication, T.V., Trade & Consumer Magazines, Urban Market, Web (Banner Ads, Pop-ups, etc.), Women's Market

Approx. Annual Billings: $51,000,000

Maureen Maldari *(CEO)*
Rob Baiocco *(Chief Creative Officer)*
Gary Ennis *(Creative Dir)*
Dave Giles *(Creative Dir)*
Kelly Chodkowski *(Copywriter)*

Accounts:
Ad Council Creative, Digital, Social Media; 2013
Akorn Consumer Health (Agency of Record) Creative, Digital, Mag-Ox, Media Planning, Sinus Buster, Social Media, TheraTears, Zostrix; 2015
American Heart Association/American Stroke Association Creative, Digital, Ongoing Projects; 2014
Deutsch Family Wine & Spirits Barone Fini, Creative, Digital, Experiential, In-Store, Joseph Carr Wines, Layer Cake Wines, OOH, Print, Redemption Rye Whiskey, Social Media, Strategy, Trade, Videos, Yellow Tail (Agency of Record); 2018
Efficient Collaborative Retail Marketing (Agency of Record) Creative, Social Media, Strategy; 2018
General Tools Creative, Digital, Social Media, The Laser Tape Measurer, ToolSmart Line; 2017
Keystone Canna Remedies (Agency of Record) Creative Strategy, Digital, Social Media, Video; 2018
Le Moyne College (Agency of Record) Brand

AGENCIES - JANUARY, 2019 — ADVERTISING AGENCIES

Strategy, College Recruitment Efforts, Creative; 2015
The Office of the Special Narcotics Prosecutor for the City of New York Creative
RangeMe (Agency of Record) Creative, Social Media, Strategy; 2018
Sandoz Amlactin, Creative, Digital, Media Planning, Social Media, Strategy, Video Production; 2017
Vitruvian Aesthetics Creative, Media Buying, Media Planning, Social Media; 2016

BAM STRATEGY
4810 Jean-Talon W Ste 203, Montreal, QC H4P 2N5 Canada
Tel.: (514) 875-1500
Fax: (514) 875-2108
Toll Free: (888) BAM4550
E-Mail: contactus@bamstrategy.com
Web Site: www.bamstrategy.com

E-Mail for Key Personnel:
President: cemergui@bamstrategy.com

Employees: 70
Year Founded: 1996

Agency Specializes In: Advertising, Bilingual Market, Business-To-Business, Consumer Marketing, Digital/Interactive, Direct Response Marketing, E-Commerce, Electronic Media, Graphic Design, Internet/Web Design, Strategic Planning/Research

Lonn Shulkin *(Pres)*
Jeff Abracen *(VP & Creative Dir)*
Xavier Picquerey *(VP-Client Svcs)*
Marie Karasseferian *(Acct Dir)*
Antony Larriviere *(Acct Dir)*
Brittany Wroblewski *(Acct Dir)*
Johan De Leon *(Dir-Digital Mktg)*

Accounts:
3M
ABB Information Technologies, Power; 2001
AC Nielsen
Beiersdorf AG Nivea
Catelli Foods Digital
Costco
Danone Activia, Digital, Oikos Creations
Emco Building Products Roofing Products
Frito-Lay-Canada Cheetos, Creative
Itravel 2000
Microcell Solutions/FIDO
Olivieri Olivieri Pasta
Pepsico
Procter & Gamble Consumer Goods
Readers Digest
Rogers Video Direct
UNICEF Creative, Digital Media Planning, Media Planning, Print; 2018
Weather Network

BANDUJO ADVERTISING & DESIGN
22 W 21st St 8th Fl, New York, NY 10010
Tel.: (212) 332-4100
Fax: (212) 366-6068
E-Mail: jbandujo@bandujo.com
Web Site: www.bandujo.com

E-Mail for Key Personnel:
President: jbandujo@bandujo.com
Creative Dir.: bbrothers@bandujo.com

Employees: 10
Year Founded: 1993

Agency Specializes In: Advertising, Brand Development & Integration, Broadcast, Business Publications, Business-To-Business, Cable T.V., Collateral, Communications, Consumer Marketing, Consumer Publications, Corporate Communications, Corporate Identity, Digital/Interactive, Direct Response Marketing, Electronic Media, Entertainment, Event Planning & Marketing, Fashion/Apparel, Financial, Government/Political, Graphic Design, Health Care Services, High Technology, Hispanic Market, Information Technology, Internet/Web Design, Legal Services, Leisure, Logo & Package Design, Luxury Products, Media Buying Services, Media Planning, New Product Development, Newspapers & Magazines, Out-of-Home Media, Outdoor, Planning & Consultation, Print, Radio, Sales Promotion, Sponsorship, Sports Market, T.V., Trade & Consumer Magazines, Web (Banner Ads, Pop-ups, etc.)

Breakdown of Gross Billings by Media: Bus. Publs.: 5%; Collateral: 10%; D.M.: 10%; Internet Adv.: 5%; Newsp. & Mags.: 15%; Out-of-Home Media: 5%; Radio & T.V.: 30%; Trade & Consumer Mags.: 10%; Worldwide Web Sites: 10%

Jose R. Bandujo *(Pres)*
Amanda Kane *(COO)*
Robert John Francis Brothers *(Exec VP & Creative Dir)*
Ana Paz *(Sr Acct Dir)*
Shawn Kelly *(Creative Dir)*
Ryosuke Matsumoto *(Art Dir)*

Accounts:
Carroll, McNulty Kull LLC (CMK)
Children's Specialized Hospital
Citigroup; New York, NY; 2001
Einstein Moomjy
The French Culinary Institute
Greenberg Traurig, LLC; Miami, FL Legal Services; 2004
JP Morgan Chase; New York, NY; Columbus, OH Financial Services; 2003
Make-A-Wish Foundation; Union, NJ Pro-Bono
New Jersey Motor Vehicle Commission; Trenton, NJ; 2003
NY Conservatory for Dramatic Arts
Time Warner
Wisdom Tree

BANDY CARROLL HELLIGE ADVERTISING
307 W Muhammad Ali Blvd, Louisville, KY 40202
Tel.: (502) 589-7711
Fax: (502) 589-0390
E-Mail: info@bch.com
Web Site: www.bch.com

E-Mail for Key Personnel:
Creative Dir.: gsloboda@bch.com

Employees: 45
Year Founded: 1990

National Agency Associations: 4A's-PRSA-Second Wind Limited

Agency Specializes In: Brand Development & Integration, Broadcast, Business Publications, Business-To-Business, Cable T.V., Co-op Advertising, Collateral, Communications, Consumer Marketing, Consumer Publications, Corporate Identity, Direct Response Marketing, E-Commerce, Education, Electronic Media, Entertainment, Environmental, Event Planning & Marketing, Exhibit/Trade Shows, Financial, Food Service, Graphic Design, Health Care Services, Hispanic Market, Industrial, Information Technology, Internet/Web Design, Investor Relations, Logo & Package Design, Magazines, Media Buying Services, Merchandising, New Product Development, Newspaper, Newspapers & Magazines, Out-of-Home Media, Outdoor, Over-50 Market, Planning & Consultation, Point of Purchase, Point of Sale, Print, Production, Public Relations, Publicity/Promotions, Radio, Restaurant, Retail, Sales Promotion, Seniors' Market, Sponsorship, Sports Market, Strategic Planning/Research, Sweepstakes, T.V., Teen Market, Trade & Consumer Magazines, Travel & Tourism

Tim Hellige *(Co-Owner)*
Gary Sloboda *(Partner & Exec Dir-Creative)*
Susan Bandy *(Partner)*
Mark Carroll *(Partner)*
Matt Kamer *(Partner)*
Lynnette Kokomoor *(CFO-HR)*
Jan Kellogg *(Acct Dir)*
Julie Rudder *(Acct Dir)*
Shelby Nichols *(Dir-Digital Media)*
Abigail Varner *(Acct Mgr)*
Lauren Burdette *(Mgr-PR)*
Jenny Howard *(Supvr-PR)*
Randell Cook, Jr. *(Specialist-Social Media)*
Taylor Richardson *(Specialist-Social Media)*
Kathy Furnish *(Media Planner & Media Buyer)*
Lauren Cox *(Asst Media Buyer)*
Kathryn Vance *(Asst Media Buyer)*
Terri Isgrigg *(Coord-New Bus)*
Lauren Weitlauf *(Coord-PR)*

Accounts:
Big O Tires
Bluegrass Cellular/Telecom; Elizabethtown, KY Cellular, Internet, Long Distance; 1996
Citizens Energy Group; Indianapolis, IN
The Courier-Journal; Louisville, KY Daily Newspaper; 1997
Delta Dental of Kentucky; Louisville, KY Dental Plan; 1997
Falls City Brewing Co. (Agency of Record) Advertising, Branding, Public Relations
Four Roses Bourbon; 2004
Frazier International History Museum (Agency of Record)
Hoosier Lottery
Kentucky Kingdom & Hurricane Bay Communications Strategy, Creative, Digital, Marketing, Media Services
Kentucky Lottery
KentuckyOne Health Inc
Louisville Convention & Visitors Bureau (LCVB)
Louisville Zoo; Louisville, KY; 1999
McDonald's Central, IL, Fort Wayne, IN, Indianapolis, IN, Kentuckiana, KY, South Bend, IN
Republic Bank & Trust Co. (Agency of Record) Online Elements, Print, Television
Supra, Moomba Boats

Branch

Bandy Carroll Hellige Advertising
101 W Ohio St Ste 800, Indianapolis, IN 46204
Tel.: (317) 684-7711
Fax: (317) 684-0188
E-Mail: bch@bch.com
Web Site: www.bch.com

Employees: 10
Year Founded: 1994

National Agency Associations: 4A's

Agency Specializes In: Advertising

Kyle Johannsen *(Mgr-Brand Engagement)*

Accounts:
McDonald's Corporation

BANIK COMMUNICATIONS
121 4th St N Ste 1B, Great Falls, MT 59401
Tel.: (406) 454-3422
Fax: (406) 771-1418
Toll Free: (800) 823-3388
E-Mail: banik@banik.com
Web Site: www.banik.com

ADVERTISING AGENCIES
AGENCIES - JANUARY, 2019

Employees: 10
Year Founded: 1979

Agency Specializes In: Advertising, Government/Political, Medical Products, Pharmaceutical

Approx. Annual Billings: $4,000,000

Breakdown of Gross Billings by Media: Graphic Design: 15%; Logo & Package Design: 7%; Newsp. & Mags.: 20%; Pub. Rels.: 10%; Radio & T.V.: 15%; Strategic Planning/Research: 25%; Worldwide Web Sites: 8%

Ronda Banik *(Sr VP)*
Heather Burcham *(Media Dir)*
Eric Heidle *(Creative Dir)*
Kevin Eveland *(Dir-Art-Web Dev)*
Randi Szabo *(Dir-PR & Market Res)*
Stefanie Brown *(Acct Mgr)*
Jaylene Swanson *(Project Mgr & Jr Acct Mgr)*

Accounts:
North Valley Hospital

BANOWETZ + COMPANY INC.
3809 Parry Ave Ste 208, Dallas, TX 75226
Tel.: (214) 823-7300
E-Mail: leon@banowetz.com
Web Site: www.banowetz.com

Employees: 8
Year Founded: 1988

Agency Specializes In: Advertising, Brand Development & Integration, Email, Logo & Package Design, Media Planning, Out-of-Home Media, Outdoor, Print, Publishing, Radio, T.V.

Leon Banowetz *(Pres & Exec Creative Dir)*
Molly Banowetz *(Partner)*
Ryan Bailey *(Creative Dir)*
Wes Phelan *(Art Dir & Sr Designer)*
Janna Jackson *(Sr Acct Exec)*
Kris Shelton-Murphy *(Sr Designer)*
Sarah Terrell *(Designer)*
Dawn Grimes *(Sr Production Mgr)*

Accounts:
NorthPark Management Company Shopping Center

THE BARBARIAN GROUP
112 W 20th St, New York, NY 10011
Tel.: (212) 343-4215
Fax: (212) 343-4216
E-Mail: info@barbariangroup.com
Web Site: https://wearebarbarian.com/

Employees: 125
Year Founded: 2001

National Agency Associations: 4A's

Agency Specializes In: Digital/Interactive, Experiential Marketing, Sponsorship

Cathy Butler *(CEO)*
Chuck Fletcher *(CTO)*
Leo Leone *(Exec Creative Dir)*
Enrico Gatti *(Grp Dir-Strategy)*
Erin Metcalf *(Sr Acct Dir)*
Katie Desimone *(Acct Dir)*
Gage Heyburn *(Acct Dir)*
Tommy Kane *(Creative Dir)*
Anna M. Olanow *(Acct Dir)*
Martin Anderson *(Dir-Experience Strategy)*
Peter Loftus *(Dir-Bus Dev)*
Adam Leong *(Assoc Dir-Creative)*
Jonathan Ong *(Assoc Dir-Creative)*
Stacey Skulnik *(Acct Mgr)*

Courtney Berry *(Grp Bus Dir)*
Steffany Carey *(Grp Creative Dir)*
Kevin Chan *(Grp Creative Dir)*

Accounts:
AD Council Campaign: "Clean Up the Mold", Campaign: "Don't Smoke in the House", Campaign: "Vacuum Up the Floor"
Adobe
Allstate
Aveda
Axe Body Spray
Barclay's Bank
Clinique
Department of Transportation Campaign: "Dot Skeleton"
General Electric "Drop Science", Campaign: "Brilliant Machines", Campaign: "Ge Factory Flyovers", Campaign: "Ge Show", Campaign: "Over 2 Million Containers, 2,000 Routes"
IBM
Kind Snacks (Creative Agency of Record)
L'Oreal USA Advertising & Digital Innovation, Brand Creative, Business Strategy, Essie (Global Creative Agency of Record); 2018
Procter & Gamble Co.
Samsung Campaign: "Secret Sites", CenterStage, Digital, Home Appliance, Tweet Wrap
New-Solace

THE BARBAULD AGENCY
PO Box 367, Valparaiso, IN 46384
Tel.: (219) 649-1227
E-Mail: hello@barbauld.com
Web Site: www.barbauldagency.com

Employees: 3

Agency Specializes In: Advertising, Brand Development & Integration, Graphic Design, Internet/Web Design, Social Media

Chris Barbauld *(Pres)*
Molly Randolph *(Acct Exec)*

Accounts:
Bozovich Wellness Center
Catherines Bridal Boutique
Dorazio Ford Let it Snow
Fitness Edge
Heinold & Feller Tire Co

BARBEAU-HUTCHINGS ADVERTISING, INC.
30 Controls Dr, Shelton, CT 06484
Tel.: (203) 926-0040
Fax: (203) 926-0092
E-Mail: creative_solutions@bhaadvertising.com
Web Site: www.bhaadvertising.com

Employees: 10
Year Founded: 1981

National Agency Associations: LAA

Agency Specializes In: Advertising, Automotive, Brand Development & Integration, Business-To-Business, Corporate Identity, Electronic Media, Environmental, Exhibit/Trade Shows, High Technology, Information Technology, Internet/Web Design, Public Relations, Strategic Planning/Research, Technical Advertising, Trade & Consumer Magazines

Accounts:
Magenta Research; Bethel, CT Electronic Networking; 2005
Ulvac; Methuen, MA Vacuum Equipment; 2001

BARBER MARTIN AGENCY
7400 Beaufont Springs Dr Ste 201, Richmond, VA 23225-5519
Tel.: (804) 320-3232
Fax: (804) 320-1729
E-Mail: info@barbermartin.com
Web Site: www.barbermartin.com

E-Mail for Key Personnel:
President: rdeyo@barbermartin.com
Creative Dir.: pshulman@barbermartin.com
Production Mgr.: gsimos@barbermartin.com

Employees: 27
Year Founded: 1989

Agency Specializes In: Agriculture, Automotive, Brand Development & Integration, Broadcast, Cable T.V., Co-op Advertising, Collateral, Consumer Marketing, Corporate Identity, Direct Response Marketing, Fashion/Apparel, Financial, Food Service, Graphic Design, Internet/Web Design, Logo & Package Design, Magazines, Media Buying Services, Newspaper, Newspapers & Magazines, Out-of-Home Media, Outdoor, Point of Purchase, Point of Sale, Public Relations, Radio, Retail, T.V., Travel & Tourism

William Martin *(Co-Chm)*
Robyn Deyo Zacharias *(Pres)*
Greg Simos *(COO)*
Deb Hagan *(Chief Creative Officer)*
Carrie Bird *(Acct Dir)*
Jeff Smack *(Dir-Interactive Media)*
Linda Davis *(Supvr-Media Buying)*
Shelley Sergent *(Sr Media Buyer & Planner)*
Karen Ashworth *(Assoc Media Dir)*
Ron Villacarillo *(Sr Art Dir)*

Accounts:
Adolf Jewelers; Richmond, VA Specialty Jewelry; 1992
CATO Corporation; Charlotte, NC (Agency of Record) Women's Clothing; 1999
McGeorge Toyota Creative, Radio, TV, Website
NTELOS Holdings Corp.
Southern States Cooperative; Richmond, VA; 1996

THE BARBER SHOP MARKETING
14135 Midway Rd G150, Addison, TX 75001
Tel.: (214) 217-7177
Web Site: www.thebarbershopmarketing.com

Employees: 16
Year Founded: 2003

Agency Specializes In: Advertising, Collateral, Digital/Interactive, Print, Production, Public Relations, Radio, Search Engine Optimization, Social Media, T.V.

Revenue: $3,200,000

Amy Hall *(Pres)*
Christie Friday *(VP-Sls)*
Robert Paschall *(VP-Production)*
Jeanne Thompson *(Controller)*
David Adkins *(Creative Dir)*
Gina Harlow-Mote *(Media Dir)*
Jaclyn Garcia *(Dir-Promotions)*
Clancey Clarke *(Mgr-Traffic)*
Jordyn Walters *(Mgr-Digital Mktg & SEO)*
Gaela Renee Hall *(Media Planner & Media Buyer)*

Accounts:
Dallas County Community College District
New-Garages of Texas (Marketing Agency of Record); 2018

THE BARBOUR SHOP
PO Box 21153, Santa Barbara, CA 93121
Tel.: (424) 361-4200
Web Site: www.thebarbourshop.com

AGENCIES - JANUARY, 2019 — ADVERTISING AGENCIES

Employees: 3
Year Founded: 2006

Agency Specializes In: Advertising, Digital/Interactive, Graphic Design, Internet/Web Design, Social Media

Meg Barbour *(CEO, Project Mgr, Strategist-Digital Mktg & Producer)*

Accounts:
Mission Control Media

BARCELONA ENTERPRISES
4230 Stansbury Ave Ste 101, Sherman Oaks, CA 91423
Tel.: (818) 288-4050
E-Mail: info@barcelona.la
Web Site: http://www.barcelonaenterprises.com/

Employees: 10
Year Founded: 2003

Agency Specializes In: Advertising, African-American Market, Asian Market, Collateral, Communications, Consumer Publications, Corporate Identity, Cosmetics, Environmental, Event Planning & Marketing, Fashion/Apparel, Guerilla Marketing, Hispanic Market, Logo & Package Design, Luxury Products, Multicultural, Out-of-Home Media, Outdoor, Point of Sale, Print, Promotions, Public Relations, Radio, Restaurant, Social Marketing/Nonprofit, Sponsorship, Sweepstakes, Viral/Buzz/Word of Mouth, Web (Banner Ads, Pop-ups, etc.)

Approx. Annual Billings: $1,500,000

Breakdown of Gross Billings by Media: Collateral: 20%; Event Mktg.: 20%; Print: 50%; Radio: 10%

Alan Semsar *(CEO)*

BARD ADVERTISING
4900 Lincoln Dr, Edina, MN 55436
Tel.: (952) 345-6265
Web Site: www.bardadvertising.com

Employees: 25
Year Founded: 1996

Agency Specializes In: Digital/Interactive, In-Store Advertising, Mobile Marketing, Paid Searches, Point of Purchase, Point of Sale, Promotions, Shopper Marketing, Sponsorship, Web (Banner Ads, Pop-ups, etc.)

Barb Stabno *(Founder & Pres)*
Megan Mornard *(Art Dir)*

Accounts:
Lundberg Family Farms
Sargento Foods
Target

BAREFOOT PROXIMITY
700 W Pete Rose Way, Cincinnati, OH 45203
Tel.: (513) 861-3668
Fax: (513) 487-6855
E-Mail: llindley@barefootproximity.com
Web Site: https://proximityworld.com/

Employees: 50
Year Founded: 1993

National Agency Associations: 4A's

Agency Specializes In: Advertising, Brand Development & Integration, Consumer Marketing, Out-of-Home Media, Outdoor, Point of Purchase, Print, Radio, Restaurant, Sponsorship, Strategic Planning/Research, T.V., Teen Market

Brian MacDonald *(Sr VP-Channel Integration)*
Kristen Houston *(VP & Dir-Strategic Plng)*
Jessica Asch *(Grp Acct Dir)*
Iain Jones *(Creative Dir)*
Katie Lawler *(Assoc Dir-Channel Integration)*
Derek Manon *(Assoc Dir-Channel Integration)*
Amy Windhorst *(Acct Supvr)*
Sara Chesterfield Worley *(Acct Supvr)*
Adam Crutchfield *(Supvr-Channel Integration)*
Rachel Hiraldo *(Sr Acct Exec)*
John Howard *(Sr Acct Exec)*
Haley Lippert *(Acct Exec)*
Katie Carns *(Copywriter)*
Sarah Reder *(Acct Coord)*
Brandon Blank *(Grp Creative Dir)*
Courtney Tsitouris *(Assoc Creative Dir)*

Accounts:
Bayer Corporation
F-Eight
Freedom Boat Club
Last Chance Horse Rescue
Novartis
The Procter & Gamble Company; Cincinnati, OH
 Braun, Campaign: "FaceGreatness", Cascade, Dawn, Febreze Global, Home Made Simple, HomeMadeSimple.com, Online, P&G Dish Global, PGEveryday.com, Print, TV
Raymond Thunder-Sky

BARETZ + BRUNELLE LLC
100 William St 18th Flr, New York, NY 10038
Tel.: (646) 386-7995
Web Site: www.baretzbrunelle.com

Employees: 20

Agency Specializes In: Advertising, Content, Crisis Communications, Media Relations, Public Relations

Spencer Baretz *(Co-Founder & Partner)*
Cari Brunelle *(Co-Founder & Partner)*
Kenneth Gary *(Partner)*
Jason Milch *(Partner)*
Kelsey Nason *(Partner)*
Erin Harrison *(Mng Dir)*
Poonam Jain *(COO)*
Amy Hanan *(Chief Digital Officer)*
John C. Ford *(Mng Dir-Editorial Svcs)*

Accounts:
Richards Kibbe & Orbe LLP
New-Robins Kaplan LLP

BARK BARK
730 Peachtree St Ne Ste 600, Atlanta, GA 30308
Tel.: (404) 551-4505
Fax: (800) 396-5231
Toll Free: (800) 396-5231
E-Mail: atl@barkbark.com
Web Site: www.barkbark.com

Employees: 24

Agency Specializes In: Advertising, Brand Development & Integration

Aaron Smith *(Partner & COO)*
Daniel Sattelmeyer *(Partner & Creative Dir)*
Ann Daykin *(Partner)*
Tabitha Mason-Elliott *(Partner)*
Karen Grant *(Sr VP-Client Partnerships-Media)*
Francine McDougall *(Dir-Atlanta)*
Carolina Rendon *(Dir-Acctg)*

BARKER
30 Broad St, New York, NY 10004
Tel.: (212) 226-7336
Fax: (212) 226-7937
E-Mail: newbusiness@barkernyc.com
Web Site: barkernyc.com

Employees: 25
Year Founded: 2003

National Agency Associations: 4A's

Agency Specializes In: Above-the-Line, Advertising, Affiliate Marketing, Affluent Market, Alternative Advertising, Below-the-Line, Brand Development & Integration, Branded Entertainment, Broadcast, Business Publications, Business-To-Business, Cable T.V., Catalogs, Children's Market, Co-op Advertising, Collateral, College, Computers & Software, Consulting, Consumer Goods, Consumer Marketing, Consumer Publications, Content, Copywriting, Corporate Identity, Cosmetics, Custom Publishing, Digital/Interactive, Direct Response Marketing, Direct-to-Consumer, E-Commerce, Electronic Media, Email, Entertainment, Environmental, Exhibit/Trade Shows, Experience Design, Experiential Marketing, Fashion/Apparel, Financial, Food Service, Game Integration, Government/Political, Graphic Design, Guerilla Marketing, Hispanic Market, Hospitality, Household Goods, In-Store Advertising, Infomercials, Integrated Marketing, International, Internet/Web Design, LGBTQ Market, Leisure, Local Marketing, Logo & Package Design, Luxury Products, Magazines, Market Research, Media Buying Services, Media Planning, Men's Market, Mobile Marketing, Multicultural, Multimedia, New Product Development, New Technologies, Newspaper, Newspapers & Magazines, Out-of-Home Media, Outdoor, Over-50 Market, Package Design, Paid Searches, Pets, Planning & Consultation, Point of Purchase, Point of Sale, Print, Product Placement, Production, Production (Ad, Film, Broadcast), Production (Print), Radio, Real Estate, Restaurant, Retail, Search Engine Optimization, Seniors' Market, Social Marketing/Nonprofit, Social Media, Sports Market, Strategic Planning/Research, T.V., Teen Market, Trade & Consumer Magazines, Urban Market, Viral/Buzz/Word of Mouth, Web (Banner Ads, Pop-ups, etc.), Women's Market

John Barker *(Founder & Chief Idea Officer)*
Jason Spies *(Chief Strategy Officer)*
Sandi Harari *(Exec VP & Creative Dir)*
Kim Tracey-Meacham *(Sr VP-Acct Svcs)*
Maya Kagan *(Assoc Creative Dir-Adv & Interactive)*

Accounts:
Advertising Week
Bausch & Lomb Incorporated (Agency of Record) Broadcast, Digital, Print, Social Media Outlets; 2017
Big Brothers Big Sisters of New York City Creative, Marketing Strategy, Media Planning, Strategic Digital
Estee Lauder Companies, Inc. Lab Series
Hastens Luxury Beds; 2008
New-Holy Name Medical Center
IDB Bank
Legendary Restaurant Brands (Agency of Record) Bennigan's, Bennigan's On The Fly, Creative, Digital, Franchise Development, Marketing, Media Planning & Buying, Product Innovation, Promotions, Social Media, Steak and Ale, Strategy, Traditional
Miele Inc. (US Agency of Record) Promotional Support, Social Media Marketing, Traditional & Digital Tactical Advertising
NBC
PDI Healthcare
PepsiCo
New-Petro Home Services
Physique 57 (Agency of Record) Creative, Media Buying, Media Planning, Strategy, Video on Demand

ADVERTISING AGENCIES
AGENCIES - JANUARY, 2019

PIRCH
Procter & Gamble: Cincinnati, Ohio PCAvote.com, People's Choice Awards; 2006
Roche Bobois
Slim-Fast Foods Company (Creative & Interactive Agency of Record)
New-Sunsweet Growers, Inc. (Agency of Record) Creative, Social Media, Strategy; 2018
Totes Isotoner Corporation B2B Strategy, E-Commerce Optimization, ISOTONER (Lead Creative & Strategy Agency), Media Buying & Planning, New Product Introduction; 2017
WaffleWaffle (Media Agency of Record) Branding, Logo Design, Media Buying & Planning, Packaging, Strategy

BARKER & CHRISTOL ADVERTISING
PO Box 330937, Murfreesboro, TN 37133
Tel.: (615) 796-6584
Web Site: www.barker-christol.com

Employees: 10
Year Founded: 2011

Agency Specializes In: Advertising, Logo & Package Design, Media Buying Services, Media Planning, Public Relations, Strategic Planning/Research

Steve Barker *(Partner & Creative Dir)*
J. Brooks Christol *(Partner-Left Brain)*
Judy Caplan *(Media Dir)*
Gunnar Eng *(Acct Dir)*
Riley Wilson *(Acct Exec)*

Accounts:
Murfreesboro City Schools

BARKLEY
1740 Main St, Kansas City, MO 64108
Tel.: (816) 842-1500
E-Mail: jfromm@barkleyus.com
Web Site: www.barkleyus.com

Employees: 250
Year Founded: 1964

National Agency Associations: 4A's

Agency Specializes In: Advertising, Affluent Market, Automotive, Below-the-Line, Brand Development & Integration, Broadcast, Business-To-Business, Cable T.V., Co-op Advertising, Collateral, Communications, Consumer Goods, Consumer Marketing, Consumer Publications, Corporate Communications, Corporate Identity, Crisis Communications, Customer Relationship Management, Digital/Interactive, Direct Response Marketing, Direct-to-Consumer, E-Commerce, Electronic Media, Entertainment, Environmental, Event Planning & Marketing, Experience Design, Fashion/Apparel, Food Service, Government/Political, Graphic Design, Guerilla Marketing, Identity Marketing, In-Store Advertising, Integrated Marketing, Internet/Web Design, Legal Services, Leisure, Local Marketing, Logo & Package Design, Luxury Products, Magazines, Media Buying Services, Media Planning, Media Relations, Media Training, Men's Market, Mobile Marketing, New Product Development, New Technologies, Newspaper, Newspapers & Magazines, Out-of-Home Media, Outdoor, Package Design, Paid Searches, Point of Purchase, Point of Sale, Print, Product Placement, Production, Production (Print), Promotions, Public Relations, Publicity/Promotions, Radio, Regional, Restaurant, Retail, Sales Promotion, Search Engine Optimization, Social Marketing/Nonprofit, Social Media, Sponsorship, Sports Market, Strategic Planning/Research, T.V., Teen Market, Trade & Consumer Magazines, Transportation, Travel & Tourism, Tween Market, Viral/Buzz/Word of Mouth, Women's Market

William Fromm *(Founder)*
Joe Cox *(VP-Engagement)*
Matt Pruett *(Grp Dir-Creative)*
Josh Dubois *(Sr Producer-Creative)*
Sophie Caster *(Assoc Producer)*
Chris Cima *(Creative Dir)*
Julie Dykstra *(Acct Dir)*
Rachel Hogan *(Art Dir & Assoc Creative Dir)*
Chris Larberg *(Art Dir)*
Jessica Walden-Morden *(Creative Dir)*
Audrey Wilcox *(Art Dir)*
Amy Do *(Dir-Engagement)*
Dru McCabe *(Assoc Dir-Design)*
Jennifer King *(Sr Acct Mgr)*
John Dobson *(Acct Supvr)*
Julia Unverfehrt *(Acct Supvr)*
Kathleen Frazier *(Supvr-Growth Strategy)*
Margaux Madenwald *(Supvr-Media Plng)*
Allison Miller *(Supvr-Media Buying)*
Patrick Cooper *(Assoc Strategist)*
Courtney Hoenicke *(Copywriter)*
Kyle Anthony *(Assoc Creative Dir)*
Jesse Bowen *(Assoc Creative Dir)*
Jasmine Henry *(Assoc Producer)*
Quinn Lindgren *(Sr Art Dir)*

Accounts:
Amazon.com, Inc.
American Dairy Queen Corp (Agency of Record) Campaign: "Two camps"
Applebee's (Agency of Record) "Hand-Cut, Wood-Fire", Creative, Online, TV
At Home Stores LLC (Agency of Record) Brand Awareness; 2018
Ball Canning; 2009
Big Brothers Big Sisters
Big Lots Lead Creative
Big-O Tires, Inc Big O Yes; 2007
Britax (Agency of Record); 2017
Cargill
Casey's (Agency of Record) Brand Strategy, Broadcast, Creative, Marketing, Media Planning, Online, Print
The Children's Health Fund
Coleman, Inc
Dairy Farmers of America
Daisy Brand; 2010
DHI Group, Inc.; 2011
Eurostar (US Agency of Record) Brand Awareness, Creative, Digital, Media, Strategy
Fruit 2.0
Hershey Co Strategic Projects, Take5
International Dairy Queen, Inc. (Agency of Record) Campaign: "Blizzard Battle", Campaign: "Fanifesto"
Kansas City Economic
Lee Jeans; Mission, KS Interactive & Public Relations, Lee.com; 1996
March of Dimes
Minute Rice
Missouri Lottery; 1995
Nestle Purina; 2009
Noodles & Co (Agency of Record) Brand Communications, Campaign: "Made. Different.", Media, Strategy
On the Border Mexican Grill & Cantina (Agency of Record) Brand Strategy, Digital, In-store Merchandising, Media Strategy, Menu Design, National Creative
Riviana Foods; Houston, TX Minute Rice; 2007
Russell Athletic
Schreiber; Green Bay, WI Cheeses; 2008
Sony Playstation Tomb Raider
Spirit Airlines (Agency of Record) Brand Strategy, Digital, Hug the Haters, Media, Media Planning & Buying, PR, Point-of-Sale
SportingKC (Agency of Record) Tractor Supply; 2011
Vanity Fair (Agency of Record) Digital, Lingerie, Mass Media, Media Planning & Buying, Public Relations, Social Media, Strategy
Weight Watchers
Wingstop Inc. (Creative Agency of Record) Campaign: "Get at it", Social Media
New-Women's Foundation

Branches

BarkleyREI
2740 Smallman St, Pittsburgh, PA 15222
(See Separate Listing)

Crossroads
1740 Main St, Kansas City, MO 64108
(See Separate Listing)

BARKLEYREI
2740 Smallman St, Pittsburgh, PA 15222
Tel.: (412) 683-3700
Fax: (412) 683-1610
Web Site: www.barkleyus.com

Employees: 35
Year Founded: 1997

National Agency Associations: 4A's

Agency Specializes In: Digital/Interactive, Graphic Design, Pets

Shane Pryal *(Mng Dir & VP)*
Brad Hanna *(Exec VP & Dir-Bus Strategy)*
Amy Allen *(Chief Counsel-Legal & Exec VP-HR)*
Sara Buck *(Sr VP & Grp Head-Acct)*
Chris Herring *(Dir-Digital Mktg)*
Aaron Hausman *(Sr Strategist-Content & Copywriter)*

Accounts:
AARP
Ad Council Boost Up, Generous Nation Volunteerism, Iraq/Afghanistan Veterans of America Health Services, Website
Ashville CVB
Carnegie Mellon University
Independence Blue Cross
International Fund for Animal Welfare Emergency Network
Minnesota Tourism
National Center for Missing & Exploited Children
National City Bank
National Multiple Sclerosis Society
North Carolina State
Northeastern Illinois University
Northern Virginia Community College
Pearson Education
Pennsylvania Council on the Arts
Pennsylvania Department of Community & Economic Development
Pennsylvania Dutch Convention & Visitors Bureau
Pennsylvania Tourism Pennsylvania Wilds Tourism Marketing Campaign, VisitPA.com
Saint Vincent College
San Antonio CVB
Thomas Jefferson University Hospital
Travel Industry Association
University of Notre Dame
Vanderbilt University
W.R. Case & Sons Cutlery Company
Wake Forest
Washington DC Convention & Tourism Corporation
Williamsburg Area Destination Marketing Committee
Yale University

BARNETT MURPHY DIRECT MARKETING
1323 Brookhaven Dr, Orlando, FL 32803
Tel.: (407) 650-0264
Fax: (407) 650-0268
E-Mail: hello@bmdm.com
Web Site: www.bmdm.com

AGENCIES - JANUARY, 2019 — ADVERTISING AGENCIES

Employees: 13
Year Founded: 2002

Agency Specializes In: African-American Market, Bilingual Market, Business-To-Business, Children's Market, College, Communications, Consumer Goods, Corporate Communications, Customer Relationship Management, Digital/Interactive, Direct-to-Consumer, E-Commerce, Email, Financial, Guerilla Marketing, Integrated Marketing, Internet/Web Design, Local Marketing, Marine, Multicultural, Over-50 Market, Pharmaceutical, Print, Production (Print), Real Estate, Restaurant, Seniors' Market, Social Marketing/Nonprofit, Teen Market, Travel & Tourism, Web (Banner Ads, Pop-ups, etc.)

Todd Masoner *(Mgr-IT & Specialist-Data)*
Charlie Murphy *(Exec-Sls)*

Accounts:
Toyota Florida Automotive

BARNHARDT, DAY & HINES
56 Cabarrus Ave W, Concord, NC 28026
Mailing Address:
PO Box 163, Concord, NC 28026
Tel.: (704) 786-7193
Fax: (704) 786-5150
E-Mail: ahines@bdandh.com
Web Site: www.bdandh.com

Employees: 11
Year Founded: 1983

Agency Specializes In: Advertising, Brand Development & Integration, Collateral, Internet/Web Design, Logo & Package Design, Media Planning, Print, Radio, Strategic Planning/Research, T.V.

Approx. Annual Billings: $18,000,000

Thomas Day *(Pres & Partner)*
Mike Scardino *(Chief Creative Officer)*
Alaine Bollinger *(Principal & Sr VP)*
Laurey McElroy *(VP-Acct Svcs)*
Darrel Myers *(Creative Dir)*
Bev Stroman *(Dir-Fin Svcs)*

Accounts:
Coca-Cola Refreshments USA, Inc.
CT Communications
Lowes Motor Speedway

BARNHART
1641 California St, Denver, CO 80202-1233
Tel.: (303) 626-7200
Fax: (303) 626-7252
E-Mail: info@barnhartusa.com
Web Site: www.barnhartusa.com

E-Mail for Key Personnel:
President: bschumacher@barnhartusa.com

Employees: 20
Year Founded: 1995

National Agency Associations: AAF-AMIN

Agency Specializes In: Advertising, Aviation & Aerospace, Brand Development & Integration, Broadcast, Business Publications, Business-To-Business, Cable T.V., Co-op Advertising, Collateral, Commercial Photography, Communications, Consulting, Consumer Marketing, Consumer Publications, Corporate Identity, Digital/Interactive, Direct Response Marketing, E-Commerce, Education, Electronic Media, Entertainment, Event Planning & Marketing, Exhibit/Trade Shows, Financial, Food Service, Graphic Design, Health Care Services, High Technology, Information Technology, Internet/Web Design, Leisure, Logo & Package Design, Magazines, Media Buying Services, Merchandising, New Product Development, Newspaper, Newspapers & Magazines, Out-of-Home Media, Outdoor, Planning & Consultation, Point of Purchase, Point of Sale, Print, Production, Public Relations, Publicity/Promotions, Radio, Real Estate, Restaurant, Retail, Sales Promotion, Sponsorship, Sports Market, Strategic Planning/Research, T.V., Trade & Consumer Magazines, Travel & Tourism

Approx. Annual Billings: $50,000,000

Bill Schumacher *(Pres)*
Christin Crampton Day *(Sr Dir-PR)*
Lynda Pfaff *(Media Dir)*

Accounts:
The Denver Hospice Brand Positioning, Communications, Marketing, Messaging, Planning, Social Media Strategy
LBA Realty Branding Strategies, Digital, Events, Exhibitions, Marketing, Media, Social
Spring Institute for Intercultural Learning Brand Strategy
Touch The Top Brand Positioning, Marketing, Messaging, Planning, Website Development
The Town of Breckenridge's Cultural Arts Division Brand Identity, Brand Strategy, Campaign Development, Website Development
Town of Parker Brand Strategy, Creative, Marketing
Wyoming Office of Tourism

BAROLIN & SPENCER, INC.
1015 Main St, Voorhees, NJ 08043-4602
Tel.: (856) 424-7600
Fax: (856) 424-7676
E-Mail: info@barolin-spencer.com
Web Site: https://www.barolin-spencer.com/

Employees: 8
Year Founded: 1988

National Agency Associations: APRC

Agency Specializes In: Advertising, Automotive, Brand Development & Integration, Business Publications, Business-To-Business, Co-op Advertising, Collateral, Consulting, Corporate Communications, Corporate Identity, Digital/Interactive, Direct Response Marketing, E-Commerce, Event Planning & Marketing, Exhibit/Trade Shows, Graphic Design, Health Care Services, High Technology, Identity Marketing, Industrial, Integrated Marketing, Internet/Web Design, Logo & Package Design, Magazines, Marine, Media Buying Services, Media Planning, Media Relations, Medical Products, Merchandising, Multimedia, New Product Development, Package Design, Planning & Consultation, Point of Purchase, Point of Sale, Print, Promotions, Public Relations, Publicity/Promotions, Sales Promotion, Search Engine Optimization, Strategic Planning/Research, Technical Advertising, Trade & Consumer Magazines, Web (Banner Ads, Pop-ups, etc.)

Anthony Barolin *(CEO & Partner)*
Joel Spencer *(Partner)*
Paul Young *(Art Dir)*
Sue Spencer *(Mgr-Media)*

Accounts:
AccessIT; Philadelphia, PA IT Security Services; 2002
Hella, Inc.; Peachtree City, GA Accessories, Automotive Lighting, Electrical Products, Electronics, Thermal Management; 2007
IPC Global Solutions

BARON & BARON
435 Hudson St 5th Fl, New York, NY 10014
Tel.: (212) 397-8000
Fax: (212) 397-8001
E-Mail: mail@baron-baron.com
Web Site: www.baron-baron.com

Employees: 65

Agency Specializes In: Advertising

Lisa Atkin *(CEO)*
Patrick-Robert Harriman *(Bus Dir)*
Margot Populaire *(Sr Art Dir)*

Accounts:
Coach, Inc. (Creative Agency of Record)

BARRETTSF
250 Sutter St, San Francisco, CA 94108
Tel.: (415) 986-2960
E-Mail: info@barrettsf.com
Web Site: www.barrettsf.com

Employees: 27
Year Founded: 2012

Agency Specializes In: Advertising

Pete Harvey *(Partner & Exec Creative Dir)*
Jillian Davis *(Assoc Partner & Strategist-Brand)*
Conor Duignan *(Head-Brdcst Production & Exec Producer)*
Jennifer Locke *(Head-Production)*
Byron Wages *(Sr Dir-Art)*
Jen Hart *(Assoc Dir-Creative & Art Dir)*
Aryan Aminzadeh *(Creative Dir)*
William De Ryk *(Acct Dir)*
Michael Reardon *(Acct Dir-Vietnam)*
Brad Swonetz *(Art Dir)*
Molly Warner *(Assoc Partner & Acct Dir)*
Lyndsey Dorian *(Acct Mgr & Acct Supvr)*
Julia Ortinez-Hansen *(Acct Supvr)*
Kevin Albrecht *(Strategist-Brand)*
Angelique Hering *(Designer-Visual)*
Jeff Tune *(Copywriter)*
Meredith Karr *(Assoc Creative Dir)*

Accounts:
1000 days
2K Sports Inc 2K WWE, Campaign: WWE 2K15 Game Launch, Creative
Bleacher Report Campaign: "Sports Alphabet"
California Redwood Association
Campaign Monitor
New-CBS Sports Division Sports HQ
New-Chime
Cost Plus World Market
Drop-A-Brick
E. & J. Gallo Winery
Exchange Bank
Golf Channel
FoxNext Games, LLC Marvel Strike Force
Glassybaby
Humboldt Redwood Campaign: "Just a Wall"
Mafia Mafia 2K
Major League Baseball
Oakland Athletics Limited Partnership
Omaha Steaks Online, TV
Pac-12 Networks
Rubio's Restaurant Campaign: "To The Ocean", Coastal Grill, Creative
Salesforce
Tipping Point
TiVo
TopLine Game Labs Campaign: "Have an MVP Day", DailyMVP
Toto USA, Inc.
Ubisoft Assassin's Creed Syndicate, Campaign: "Welcome to the Family", Creative
Walmart
WWE (Agency of Record) WWE 2K18
Yellow Pages Campaign: "YP Can Do That",

ADVERTISING AGENCIES — AGENCIES - JANUARY, 2019

Creative
Zappos.com

BARRIE D'ROZARIO DILORENZO
400 1st Ave N Ste 220, Minneapolis, MN 55401
Tel.: (612) 279-1500
Fax: (612) 332-9995
E-Mail: talent@bdd.us
Web Site: bdd.us/

Employees: 30

Agency Specializes In: Advertising, Digital/Interactive, Media Planning, Print, Sponsorship, T.V.

Kevin DiLorenzo *(Pres, Partner & Dir-Client Svcs & Brand Strategy)*
Stuart D'Rozario *(CEO & Chief Creative Officer)*
Bob Barrie *(Partner & Creative Dir)*
Janie Waldron *(Partner & Dir-Project Mgmt)*
Steve Centrillo *(Mng Dir)*
Nicole Simmons *(Brand Dir-Integration)*
Jack Steinmann *(Dir-Integrated Production)*

Accounts:
The Basilica of Saint Mary Campaign: "Basilica Block Party"
Best Buy
Bissell Homecare New Product Introduction
Chamilia
Dell Inc.
Hertz Corp. (Global Brand Creative Agency of Record) Dollar, Firefly, Hertz, Thrifty
University of Minnesota Campaign: "M is for..."
Wagner Spray Tech (Agency of Record)

BARRON MARKETING COMMUNICATIONS
833 N Washington St, Wilmington, DE 19801-1509
Tel.: (302) 658-1627
Fax: (302) 658-5798
E-Mail: info@barronmarketing.com
Web Site: www.barronmarketing.com

E-Mail for Key Personnel:
President: pbarron@barronmarketing.com
Creative Dir.: tneilson@barronmarketing.com

Employees: 10
Year Founded: 1976

Agency Specializes In: Fashion/Apparel, Health Care Services, Sports Market

Patricia Barron *(Pres & CEO)*

Accounts:
A. Uberti
Artisans' Bank
Benelli USA
Center for the Creative Arts
W. L. Gore & Associates
W. L. Gore & Associates

BARTLE BOGLE HEGARTY LIMITED
60 Kingly Street, London, W1B 5DS United Kingdom
Tel.: (44) 2077341677
Fax: (44) 2074373666
Web Site: www.bartleboglehegarty.com/london/

Employees: 900
Year Founded: 1982

National Agency Associations: IPA

Approx. Annual Billings: $1,750,000,000

Neil Munn *(CEO)*
Will Lion *(Mng Partner & Head-Strategy)*
Will Nicholls *(Mng Partner-BBH Sport)*
Aine Donovan *(Partner-Head-Art Buying)*
Michelle Kendrick *(Partner & Producer)*
Hamish Pinnell *(Partner & Creative Dir)*
Charlie Dodd *(Partner & Dir-Production)*
Kate Nettleton *(Partner & Dir-Strategy)*
Damola Timeyin *(Partner-Tesco & Absolut & Dir-Strategy)*
Melanie Arrow *(Partner)*
Richard Madden *(Partner-Strategy)*
Karen Martin *(Mng Dir)*
Ian Heartfield *(Chief Creative Officer)*
Pelle Sjoenell *(Chief Creative Officer-Global)*
Neil Miller *(Chief Experience Officer-Global)*
Stephen Ledger-Lomas *(Head-Production)*
Ewan Paterson *(Exec Creative Dir-BBH Sport)*
Tom Skinner *(Exec Creative Dir-BBH Direct)*
Laura Brady *(Sr Acct Dir)*
Vinny Olimpio *(Creative Dir & Art Dir)*
Mikael Alcock *(Art Dir)*
Ardel Amani *(Acct Dir)*
Aymara Blanco *(Acct Dir-Tesco & Absolut)*
Peter Blaseby *(Acct Dir)*
Christopher Clarke *(Creative Dir-BBH Sport)*
Pablo Gonzalez de la Pena *(Creative Dir)*
Uche Ezugwu *(Creative Dir)*
Charlie Griffith *(Creative Dir)*
Phil Holbrook *(Creative Dir)*
Emma Johnston-Donne *(Acct Dir)*
Andre Karlsson *(Creative Dir)*
Nick Kidney *(Creative Dir)*
Matthew Moreland *(Creative Dir-BBH Sport)*
Adam Noel *(Creative Dir)*
Nick O'Donnell *(Acct Dir)*
Andy Parsons *(Art Dir)*
Callum Prior *(Art Dir)*
Piers Raffo *(Acct Dir)*
James Rice *(Acct Dir)*
Stu Royall *(Creative Dir)*
Kevin Stark *(Creative Dir)*
David White *(Acct Dir)*
Raphael Bittner *(Dir-Strategy)*
Tom Hargreaves *(Dir-Strategy)*
Imali Hettiarachchi *(Dir-Strategy)*
Saskia Jones *(Dir-Data Strategy)*
Tom Patterson *(Dir-Strategy)*
Rob Wilson *(Dir-Design)*
Jamie Kisilevsky *(Acting Acct Dir & Acct Mgr)*
Matthew Sims *(Acct Mgr)*
Jess Walley *(Acct Mgr)*
George Brettell *(Copywriter)*
Tom Cauvain *(Copywriter)*
Doug Fridlund *(Copywriter)*
Marc Rayson *(Copywriter)*
Fred Rodwell *(Copywriter)*
Neil Croker *(Sr Art Dir)*
Psembi Kinstan *(Assoc Creative Dir)*
Nnena Nwakodo *(Asst Producer)*
Daniel Seager *(Sr Art Dir)*

Accounts:
Adidas Campaign: "Unlock The Game"
Audi A5 Sportback, A7 Sportback, Above-the-Line Advertising, Audi SQ5 TDI, Audi TT, Augmented-Reality Campaign, Campaign: "Evolution On The Outside, Revolution On The Inside", Campaign: "Le Mans", Campaign: "Power from a less obvious place.", Campaign: "Presence Redefined", Campaign: "Style Or Substance", Campaign: "The Concept. The Car", Campaign: "The Swan", Content, Digital, Print, R8 V10 Plus, RS 4 Avant, RS6 Avant, Social Media, TV
Barclays Bespoke Offers, Campaign: "Chris", Campaign: "For Everyone, from Barclaycard", Campaign: "Love is Tough", Campaign: "Pocket Money Lad", Campaign: "Simon", Campaign: "Thank You", Campaign: "You Vs Unconditional Love", Campaign: "Your Bank", Campaign: "build your bank", Customer Relationship Management, Digital, Outdoor, Print
British Airways; 2005
The British Fashion Council
British Tennis Campaign: "Go Hit It", Lawn Tennis Association
Burger King United Kingdom Ltd UK Creative; 2018
Bwin Interactive Entertainment
C&J Clark Campaign: "Prepare for Awesome", Digital, Global Print, TV
Cardiac Risk in the Young Video
Christie Inc.
The Coca-Cola Company Campaign: "The Spark", Campaign: "Uncontainable Game"
Costa Global Advertising
Deloitte Digital, National Press, Out of Home
Dulux Cuprinol
Experian Brand Strategy, Creative
General Mills, Inc. Old El Paso
Google Inc. Campaign: "Jamal Edwards", Campaign: "Say it to get it", Campaign: "Speedbots", Google Pixel 2, Google Voice Search Mobile App
Guardian News & Media Brand Campaign, Campaign: "Do Something", Campaign: "Magglemite", Campaign: "MegaGlove", Campaign: "Own The Weekend", Campaign: "Paella", Campaign: "Smarter People. Smarter Searches", Campaign: "The Three Little Pigs", Campaign: "The Whole Picture", Campaign: "Use in Moderation.", Campaign: "What a Weekend", GuardianWitness App, TV, Thatcher, The Guardian, The Observer
Hearst Communications, Inc. Esquire
H.J. Heinz Company, Limited Heinz Beanz
Invictus Games "The Toughest of the Tough Go Head to Head"
J2O
Justice4Grenfell
Kraft Heinz United Kingdom Creative, Heinz Baked Beans, Heinz Ketchup, Heinz Sauces, Social
Ladbrokes
Lynx Campaign: "Click Farm"
Missing People
Perfetti Van Melle Holding B.V. Campaign: "Don't Become Your Dad", Campaign: "Hot Tub 30", Campaign: "Stay Fresh", Campaign: "Stranger Danger 30", Campaign: "Technology 30", Chupa Chups, Mentos, Vigorsol
Pernod Ricard UK Absolut Vodka, Campo Viejo, Global Creative & Strategic, Martell
Prostate Cancer UK
Refuge #givethemrefuge, Campaign: "Don't Cover it Up", Campaign: "How to Look Your Best the Morning After"
Robinsons Be Natural Soft Drinks, Fruit Shoot
Rugby World Cup "2015 World Cup"
Samsung Campaign: "Samsung Bedtime VR Stories"
St John Ambulance Campaign: "Carpet Universe", Campaign: "Helpless", Campaign: "Nursery rhymes", Campaign: "Save The Boy", Campaign: "Save a Choking Baby", Life Lost
Tailster
Tesco plc Advertising, Campaign: "#FeelGoodCookBook", Campaign: "Basket Dating", Campaign: "Spookermarket", Creative, Every Little Helps, Tesco Bank, Trade Advertising
Trainline Pan-European Creative, Strategic; 2017
Turnpike Group Fantom
Uber Creative
Unilever "#KissForPeace", 'Axe Peace', All Things Hair, Apollo, Axe, Axe/Lynx UK Anarchy, Axe/Lynx UK Apollo, Axe/Lynx UK Campaign: "Lifeguard", Axe/Lynx UK Campaign: "My Angel Girlfriend", Axe/Lynx UK Digital, Axe/Lynx UK PR & Axe/Lynx UK TV, Becel, Birds Eye, Campaign: "Anarchy Matchmaker", Campaign: "Clean your Balls", Campaign: "Click Farm", Campaign: "Cops & Robbers", Campaign: "Dance", Campaign: "Fireman", Campaign: "Fireworks", Campaign: "First Impressions Count", Campaign: "Lifeguard", Campaign: "Make love. Not war", Campaign: "Monday", Campaign: "Nothing Beats an Astronaut", Campaign: "Peace", Campaign: "Soulmates", Campaign: "Stairs", Campaign: "Surf for a celebration of fragrance that lasts and lasts", Campaign: "Surgeon", Campaign: "The Clean

AGENCIES - JANUARY, 2019 — ADVERTISING AGENCIES

Cut Look", Campaign: "The Messy Look", Campaign: "The Natural Look", Campaign: "The Spiked Up Look", Campaign: "Wednesday", Digital, Dove, Flora, Impulse, Lever Faberge Impulse, Lynx, Men+Care, Mentadent, Omo Detergent, Pan-European Flora, Persil, Sensories, Signal, Skip, Surf, TV
Vigorsol Campaign: "Captain Ice", Campaign: "Xtreme Training"
Virgin Media Inc. Above the Line, Advertising, Campaign: "Bolt Footy", Campaign: "Challenge Your Broadband", Campaign: "Full House", Campaign: "House Party", Campaign: "Inspired", Campaign: "Kung Fu", Campaign: "Moods", Campaign: "Peter Crouch", Campaign: "Sofa Bear", Campaign: "Takeover", Direct Marketing, Media, Sports TV Channel, TV, TiVo, Vivid, v6
Waterman
Weetabix Limited Alpen, Brand Strategy, Camapign: "It All Started So Well", Campaign: "Big Day", Campaign: "Dad's Day Out", Campaign: "Dancer", Campaign: "Fuel for Big Day", Campaign: "Grandpa", Campaign: "The Full Alpen", Campaign: "Weetabuddie", Chocolate Weetabix, Creative, Digital OOH, In-Store, On the Go, Online, Outdoor, Print, TV, Weetakid
The Western Union Company Global
World Animal Protection
World Athletic Championship
World Gold Council Gold
YouTube, LLC
Yum! Brands Inc Kentucky Fried Chicken

Branches

BBH China
1/F Building 2-3 23 Shao Xing Road, Shanghai, 200030 China
Tel.: (86) 2164729292
Fax: (86) 2164459886
Web Site: www.bartleboglehegarty.com

Employees: 60
Year Founded: 2006

Agency Specializes In: Advertising

Arto Hampartsoumian *(Co-Founder, Exec Chm & Bus Dir)*
Christine Ng *(Co-Founder & CEO)*
Joanne Liu *(Mng Partner-Live Creations)*
Arthur Tsang *(Chief Creative Officer)*
Tim Browne *(Head-Plng)*
Siyuan Aw *(Deputy Head-Plng)*
Yinbo Ma *(Exec Creative Dir)*
Kelly Pon *(Exec Creative Dir)*
Ma Yinbo *(Exec Creative Dir)*
Jane Chen *(Acct Dir)*
Justin Leung *(Creative Dir)*
Minn Liu *(Art Dir)*
Selwyn Low *(Creative Dir)*
Charlotte Sng *(Bus Dir)*
Irisy Wang *(Creative Dir)*
Zhifeng Wang *(Acct Dir)*
Blue Lu *(Assoc Dir-Creative)*
Siying Goh *(Acct Mgr)*
Joy Min *(Acct Mgr)*
Rachel Zhang *(Acct Mgr)*
August Cao *(Copywriter)*
Andrea Chen *(Planner-Strategic)*
Tiexin Li *(Copywriter)*
Matt Nolan *(Planner)*
CK Shan *(Copywriter)*
Jessie Wu *(Planner)*
Lv Haoxi *(Grp Creative Dir)*
Haoxi Lv *(Grp Creative Dir)*

Accounts:
Anheuser-Busch InBev N.V./S.A. Harbin Beer
Bang & Olufsen B&O Play, Digital
Carabao Tawandang Carabao
CCTV
Coca-Cola Campaign: "Drink Good, Do Good, Feel Good", Ice Dew
Diamond Producers Association
Dulux Campaign: "Colour Changes Everything"
IKEA International A/S Campaign: "LED Earth Hour 1", Campaign: "Weather Forecast"
iReader Campaign: "Tree Story"
Lifebuoy
New-Mengniu Creative, Integrated Marketing Communications, Mengniu Zhen Guo Li, Packaging Design, Strategy; 2018
Nike
Parker Global Creative
Perfetti Van Melle Confectionery China Co Ltd Alpenliebe, Campaign: "Speech bubble onion", Mentos Pure Fresh
Qoros Creative, Qoros 3 Sedan, Strategy
Weetabix Limited
World Wildlife Fund China Campaign: "Light Only What You Need", Earth Week Campaign, Email Portal 139, Energy Conservation, Kaixin, Renren, Youku
YouTube, LLC

BBH LA
8360 Melrose Ave 2nd Fl, West Hollywood, CA 90069
Tel.: (323) 204-0160
Fax: (323) 782-0419
Web Site: www.bartleboglehegarty.com/losangeles

Employees: 40

National Agency Associations: 4A's

Agency Specializes In: Advertising, Entertainment, High Technology

Frances Great *(CEO)*
Pelle Sjoenell *(Chief Creative Officer-Worldwide)*
Agathe Guerrier *(Head-Strategy)*
Tom Murphy *(Head-Acct Mgmt)*
Zach Hilder *(Exec Creative Dir)*
Danger Bea *(Creative Dir)*
James Kwaku Beke *(Art Dir)*
Trina Sethi *(Acct Dir)*
Lindsey Cummings *(Dir-Comm Strategy)*
Stasean Ridley *(Strategist)*
Jimmy Carroll *(Sr Graphic Designer)*
Kevin Tosi *(Copywriter)*
Sarah Yu *(Sr Art Dir)*

Accounts:
Depeche Mode
E! Entertainment "The Royals"
Esquire Network Spotless
Google Campaign: "California Inspires Me: Mark Mothersbaugh", Google Play, Print
H&M
Tinder
United State of Women
YouTube

BBH Mumbai
Amiye 2nd Floor Linking Road, Santacruz (West), Mumbai, 400054 India
Tel.: (91) 22 6197 9999
Web Site: www.bartleboglehegarty.com

Employees: 55

Subhash Kamath *(CEO & Mng Partner)*
Russell Barrett *(Mng Partner & Chief Creative Officer)*
Sankalp Anand *(Partner-Bus)*
Khadija Attarwala *(Sr Partner-Bus)*
Rebecca Daniel *(Partner-Creative)*
Pranoy Kanojia *(Partner-Strategy)*
Purnima Khot *(Partner-Creative)*
Rachit Koradia *(Partner-Bus)*
Pallavi Pardikar *(Partner-Creative)*
Mitul Patel *(Partner-Creative)*
Paavani Pratap Jain *(Partner-Bus)*
Rodrigues Robert *(Partner-Creative)*
Stuti Sethi *(Partner-Bus)*
Aishwarya Sundaram *(Partner-Bus)*
Arvind Krishnan *(Mng Dir)*
Khvafar Vakharia *(Head-Production & Exec Producer)*
Sanjay Sharma *(Head-Plng)*
Shreekant Srinivasan *(Gen Mgr-Delhi)*
Vasudha Misra *(Exec Creative Dir)*
Shruti Das *(Art Dir & Creative Dir)*
Yohan Daver *(Creative Dir & Copywriter)*
Ira Gupta *(Creative Dir & Copywriter)*
Sapna Ahluwalia *(Creative Dir)*
Akshay Keluskar *(Art Dir)*
Anish Kotian *(Bus Dir)*
Monideepa Nandi *(Bus Dir)*
Yudhishthir Agrawal *(Dir-Strategy)*
Soumitra Patnekar *(Dir-Strategy)*
Ankit Singh *(Dir-Strategy)*
Nidhi Sinha *(Strategist)*
Siddharth Shah *(Copywriter)*
Monisha Khanna *(Sr Partner-Bus)*
Sachin Sahu *(Sr Partner-Bus)*
Priyanka Samant *(Sr Partner-Bus)*
Yashi Vikram *(Sr Partner-Bus)*

Accounts:
New-Abbott Healthcare Pvt Ltd
Acer Computers Communication Campaign, Creative
Acko General Insurance
Behrouz Biryani
Bharti Airtel Campaign: "Football Stars"
BookMyShow Creative, Marketing, Strategy
Century Textiles & Industries Limited Advertising, Birla Gold Cement, Creative Strategy; 2017
Channel V
Child Rights & You Campaign: "Vote for Child Rights", Creative, Digital Media
coverfox.com
Diamond Producers Association
DSP BlackRock Mutual Fund Creative
FabHotels
Google Campaign: "Happy Birthday", Campaign: "Tanjore"
Gustoso
Havells Havells RO Water Purifier
Hindustan Unilever Ltd. Campaign: "Care Balloons", Campaign: "Cricket Bat", Campaign: "John Looks Like Me", Communication, Creative, Magnum, Vaseline
InFocus M370 Smartphone
Johnny Walker
L&T
Lakme
Marico Creative, Hair & Care, Mediker, Nihar Naturals Oil, Parachute Advansed After Shower, Parachute Advansed Starz, Parachute Therapie Hair Fall Solution, Silk & Shine
Phantom Films '83, Branded Entertainment & Partnerships; 2017
Philips Air Purifier, Digital, Outdoor, Print
Piaggio Vehicles Pvt Ltd
Rediff.com
New-Reliance Entertainment '83, Branded Entertainment & Partnerships; 2017
Skoda Auto India Campaign: "Driven by Excellence", Campaign: "Grandma", Creative Communication Campaigns, Fabia, Hydrant, Laura, Rapid, Rapid Leisure, Superb, Yeti
Snapdeal Creative
Star CJ
Tapzo Creative
Times Global Broadcasting Co. Ltd Campaign: "Paint a Thousand Pictures"
Tinder India
Uber Digital, Online, Outdoor, Print
Unilever Magnum
Vespa Creative
Viber Creative
World Gold Council Campaign: "Diwali", Campaign: "Vows"

ADVERTISING AGENCIES

Zee Entertainment Enterprises ZEE5

BBH New York
32 Avenue of the Americas 19th Fl, New York, NY 10013
(See Separate Listing)

BBH Singapore
5 Magazine Road #03 03 Central Mall, Singapore, 059571 Singapore
Tel.: (65) 6500 3000
Fax: (65) 6500 3001
E-Mail: ben.fennell@bbh-asiapac.com.sg
Web Site: www.bartleboglehegarty.com/singapore/

Employees: 50
Year Founded: 1996

James Sowden *(Mng Partner & Head-Strategic Plng)*
John Hadfield *(CEO-Singapore)*
Jonathan Gerard *(Head-Production & Black Sheep Studios)*
Chee Yan Yi *(Gen Mgr)*
Joakim Borgstrom *(Exec Creative Dir)*
Ronald Bunaidi *(Art Dir)*
Kooichi Chee *(Art Dir)*
Janson Choo *(Creative Dir-Asia Pacific)*
Chloe Fair *(Acct Dir)*
Ross Henderson *(Bus Dir)*
Sascha Kuntzes *(Creative Dir)*
Joel Sow Lee Jing Lin *(Art Dir)*
Xander Lee *(Creative Dir)*
Rebecca Levy *(Bus Dir)*
Khairul Mondzi *(Creative Dir)*
Megan Morrell *(Bus Dir)*
Nikhil Panjwani *(Creative Dir)*
Manavi Sharma *(Acct Dir)*
Denise Tee *(Art Dir)*
Sid Tuli *(Bus Dir)*
Mara Vidal *(Creative Dir)*
Rebecca Ash *(Dir-Plng)*
Faraaz Marghoob *(Dir-ZAG)*
Jasmine Quek *(Dir-Creative Svcs)*
Thomas Wagner *(Dir-Plng)*
Dillah Zakbah *(Dir-Creative Tech)*
Victoria Anne Fernandez *(Acct Mgr)*
Abbas Zafar *(Acct Mgr)*
Nurul Maideen *(Mgr-Content & Social Media)*
Irina Tan *(Mgr-Social Media & Community)*
Aainaa Yahya *(Mgr-Community)*
Shu Li Tan *(Sr Acct Exec)*
Heidi Lahtinen *(Strategist-Content)*
Audrey Phoon *(Strategist-Content)*
Kara Bautista *(Copywriter)*
Charlene Chua *(Copywriter)*
Amanda Lim *(Acct Planner)*
Jade Cheng *(Assoc Acct Dir)*
Gaston Soto Denegri *(Sr Art Dir)*
Omar Sotomayor Noel *(Sr Writer-Creative)*
Sudhir Pasumarty *(Assoc Creative Dir)*
Grace Wong *(Jr Art Dir)*

Accounts:
AkzoNobel Dulux
The Association of Accredited Advertising Agents Singapore
British Airways Campaign: "Plane"
Google
Ikea International A/S (Creative Agency of Record) Beds, Campaign: "BookBook", Campaign: "Experience the Power of a Book", Campaign: "Frank the Cosplayer", Campaign: "Make Space Better", Campaign: "Recipes for Delicious Kitchens", Campaign: "The Original Touch Interface", Catalog, Digital, In-Store, Johor Bahru, Outdoor, Radio, Social, Social Media, Veggie Balls
Minute Maid
The National Environment Agency Campaign: "Bus Stop", Smoking Ban
Nike Inc Creative, Nike Hyper Court, Nike SEA
NTUC Fairprice Co-operative Ltd. Income OrangeAid, Insurance, Social Media; 2008
Perfetti Van Melle Campaign: "#MonsterKids Moments", Campaign: "Merry Birthmas", Campaign: "Proposes to Finland on Behalf of Singapore", Campaign: "Spaceship", Chupa Chups, Frisk, Happydent White, Mentos, Social Media
Rolls-Royce Motor Cars Creative; 2017
New-Sentosa Development Corporation Creative, Digital; 2018
Singapore Sports Hub Branding, Creative, Logo Design
Singapore Telecommunications Limited (Lead Strategic Brand Agency)
Singapore Tourism Board Campaign: "Tip Jar", Creative, Outdoor, Print, YourSingapore.com
Uber Singapore
Unilever AXE Campaign: "Auto Romeo" & AXE Campaign: "Sprayaway", Axe, Bertolli, Campaign: "Stunt Double", Flora, Lever Faberge Impulse, Lynx, Vaseline
United Overseas Bank Creative
The Walt Disney Company SEA
World Gold Council
Zalora Campaign: "OWN NOW"

BBH Stockholm
(Formerly Monterosa)
Jakobsbergsgatan 17, 111 44 Stockholm, Sweden
Tel.: (46) 840020464
Web Site: bbhstockholm.se/

Employees: 30

Agency Specializes In: Digital/Interactive

Andreas Bjork *(CEO)*
Katrin Hellbom *(COO)*
Susanne Hansson *(Head-Production)*
Mattias Guilotte *(Bus Dir)*
Magnus Hallsten *(Creative Dir)*
Andre Karlsson *(Dir-Design)*
Daniel Procheus *(Dir-Client)*
Jacob Sawensten *(Dir-Design)*

Accounts:
British Airways Creative
Carlsberg
Google
Mercedes Benz
Samsung
Vodafone

BARTLEY & DICK
330 W 38Th St Ste 1401, New York, NY 10018
Tel.: (212) 947-3433
Fax: (212) 947-3393
E-Mail: info@bartleyndick.com
Web Site: www.bartleyndick.com

Employees: 5

Agency Specializes In: Advertising, Corporate Communications, Corporate Identity, Direct Response Marketing, Food Service, Graphic Design, Health Care Services, High Technology, In-Store Advertising, Industrial, Local Marketing, Logo & Package Design, Magazines, Media Buying Services, Newspapers & Magazines, Out-of-Home Media, Outdoor, Point of Purchase, Point of Sale, Print, Retail, Sales Promotion, Sports Market, Travel & Tourism

Approx. Annual Billings: $1,000,000

Scott M. Bartley *(Partner & Creative Dir)*
Rick Biolsi *(Partner & Dir-Design)*

Accounts:
Chardan Capital Markets
Gurwin Jewish Nursing
Remy
William Grant & Sons

BARTON F. GRAF
(Formerly Barton F. Graf 9000 LLC)
60 Madison Ave Ste 201, New York, NY 10010
Tel.: (212) 616-0800
E-Mail: info@bartonmail.com
Web Site: bartonfgraf.com

Employees: 62

Agency Specializes In: Advertising, Digital/Interactive, Sponsorship, Strategic Planning/Research

Savanah Brihn *(Chief Strategy Officer)*
Michael Andreozzi *(Acct Dir)*
Jesse Brown *(Art Dir)*
Kate Callander *(Acct Dir)*
Kasia Haupt Canning *(Creative Dir)*
Sara Carr *(Art Dir)*
Joey Ianno *(Creative Dir)*
Marco Kaye *(Creative Dir)*
April Lauderdale *(Art Dir)*
Chris Stephens *(Creative Dir)*
Hayley Devlin Zelina *(Acct Dir)*
Helene Dick *(Dir-Strategy)*
Chris Sheldon *(Copywriter)*
Nathan Naylor *(Grp Creative Dir)*

Accounts:
350 Action Campaign: "The Climate Name Change"
Bai Brands Campaign: "El Guapo", Campaign: "None of This Makes Sense"
Bawx
Brinks Home Security Advertising, Brand Strategy, Creative, Design, Production, Social, eCRM; 2018
Diageo plc Bulleit bourbon, Ketel One
Diamond Foods, Inc. Pop Secret
DISH Network L.L.C. Campaign: "Boston Guys", Hopper, Marketing Campaign, Television Network Service Providers
Esquire Magazine
Esquire Network
Finlandia Cheese Campaign: "Where Cheese Reigns"
Get America Covered
GrubHub Campaign: "Burrito", Campaign: "Wrong Order"
Hinge
Kayak Campaign: "Breakup", Campaign: "Elevator", Campaign: "Search One and Done", Kayak.com
Little Caesars Enterprises, Inc. Campaign: "Deep! Deep! Dish", Campaign: "Do Not Call", Campaign: "Hold Music", Campaign: "Hot-N-Ready", Campaign: "OHHHH!", Campaign: "Stop everything! There's a pizza emergency", Creative, Social Media
Millercoors Miller High Life
Outdoor Advertising Association of America Out of Home Advertising
Scotts Miracle-Gro Company (Creative Agency of Record) "Dead Mouse Theatre", Campaign: "It's Good Out Here", Campaign: "That's Some Good Dirt", Campaign: "Tomcat. Engineered to Kill", Creative, Nature's Care, Social, Tomcat
Snyder's-Lance, Inc. Campaign: "Pretzels, Baby", Cape Cod Potato Chips, Creative, Emerald Nuts, Kettle Chips, Lance Crackers, Pop Secret, Snack Factory Pretzel Chips, Snyder's of Hanover Pretzels
Snyder's of Hanover, Inc.
Supercell Oy Boom Beach, Campaign: "Magic", Campaign: "Meet the Duel Expert", Campaign: "Preparation", Campaign: "True Tales of Clash Achievery", Clash Royale, Clash of Clans, Outdoor Posters, TV
Unilever Caliente, Campaign: "Long Day of Childhood", P.F. Chang's, Wish-Bone

AGENCIES - JANUARY, 2019 — ADVERTISING AGENCIES

U.S. Department of Health & Human Services
 Affordable Care Act, The Coverage Coalition
Welch Foods Inc. Creative

BARU ADVERTISING
8695 Washington Blvd, Culver City, CA 90232
Tel.: (310) 842-4813
Web Site: www.baruadvertising.com

Employees: 7

Agency Specializes In: Advertising, Media Buying Services, Media Planning, Production, Promotions, Public Relations

Elizabeth Barrutia *(Founder & Pres)*
Michael McNellis *(Partner & COO)*
Norma Manzanares *(VP-Brand Strategy & Mktg)*
Jeremy Epstein *(Assoc Dir-Digital & OOH)*
Leyda Leon *(Media Planner & Media Buyer)*
Jessica D. Matkovic *(Assoc Media Dir)*

Accounts:
Del Real Foods
Focus Features
MundoFox Broadcasting (Media Agency of Record) Media Buying, Media Planning
Treasury Wine Estates Americas (Agency of Record) Analytics, Communication Planning, Paid Media
Warner Brothers

BASELINE CREATIVE
110 N Hillside Ave, Wichita, KS 67214
Tel.: (316) 260-5294
E-Mail: yes@baselinecreative.com
Web Site: www.baselinecreative.com

Employees: 20
Year Founded: 2006

Agency Specializes In: Advertising, Brand Development & Integration, Business-To-Business, Internet/Web Design, Logo & Package Design, Print, Public Relations, Search Engine Optimization, Social Media

Bridgette West-Williams *(Dir-Ops & Acct Mgmt)*
Andrea Anglin *(Project Mgr & Strategist-PR)*

Accounts:
New-Jimmie's Diner
New-Kristyn Barker DDS

BASIC AGENCY
251 10th Ave, San Diego, CA 92101
Tel.: (858) 755-6922
Fax: (760) 821-4021
Web Site: www.basicagency.com/

Employees: 30
Year Founded: 2010

Agency Specializes In: Advertising, Brand Development & Integration, Digital/Interactive, E-Commerce, Graphic Design, Internet/Web Design, Package Design, Social Media, Web (Banner Ads, Pop-ups, etc.)

Matthew Faulk *(CEO)*
Steven Denekas *(VP-Creative)*
Ashley Reichel *(VP-Ops)*
Christine Torres *(Exec Dir)*
Danielle Higgins *(Mktg Dir)*
Erwin Hines *(Creative Dir)*
Andrew Yanoscik *(Creative Dir)*
Veronica Cordero *(Dir-Design)*
Ryan Vancil *(Dir-Design)*
Jon Vlasach *(Dir-Design)*
Sun Beom *(Sr Designer)*
Dan Otis *(Designer-Visual)*

Arthur Armenta, IV *(Sr Designer-Interactive)*

Accounts:
L'Oreal USA
Made By Rabbit, Inc. Flud
Snap Inc.

BASS ADVERTISING
815 Nebraska St, Sioux City, IA 51101-1111
Tel.: (712) 277-3450
Fax: (712) 277-2441
E-Mail: advertising@bassadvertising.com
Web Site: www.bassadvertising.com

Employees: 5
Year Founded: 1972

National Agency Associations: AAF

Agency Specializes In: Above-the-Line, Advertising, Advertising Specialties, Affiliate Marketing, Affluent Market, African-American Market, Agriculture, Alternative Advertising, Arts, Asian Market, Automotive, Aviation & Aerospace, Below-the-Line, Bilingual Market, Brand Development & Integration, Branded Entertainment, Broadcast, Business Publications, Business-To-Business, Cable T.V., Catalogs, Children's Market, Co-op Advertising, Collateral, College, Commercial Photography, Communications, Computers & Software, Consulting, Consumer Goods, Consumer Marketing, Consumer Publications, Content, Corporate Communications, Corporate Identity, Cosmetics, Crisis Communications, Custom Publishing, Customer Relationship Management, Digital/Interactive, Direct Response Marketing, Direct-to-Consumer, E-Commerce, Education, Electronic Media, Electronics, Email, Engineering, Entertainment, Environmental, Event Planning & Marketing, Exhibit/Trade Shows, Experience Design, Faith Based, Fashion/Apparel, Financial, Food Service, Game Integration, Government/Political, Graphic Design, Guerilla Marketing, Health Care Services, High Technology, Hispanic Market, Hospitality, Household Goods, Identity Marketing, In-Store Advertising, Industrial, Infomercials, Information Technology, Integrated Marketing, International, Internet/Web Design, Investor Relations, LGBTQ Market, Legal Services, Leisure, Local Marketing, Logo & Package Design, Luxury Products, Magazines, Marine, Market Research, Media Buying Services, Media Planning, Media Relations, Media Training, Medical Products, Men's Market, Merchandising, Mobile Marketing, Multicultural, Multimedia, New Product Development, New Technologies, Newspaper, Newspapers & Magazines, Out-of-Home Media, Outdoor, Over-50 Market, Package Design, Paid Searches, Pharmaceutical, Planning & Consultation, Podcasting, Point of Purchase, Point of Sale, Print, Product Placement, Production, Production (Print), Promotions, Public Relations, Publicity/Promotions, Publishing, RSS (Really Simple Syndication), Radio, Real Estate, Recruitment, Regional, Restaurant, Retail, Sales Promotion, Search Engine Optimization, Seniors' Market, Social Marketing/Nonprofit, Social Media, South Asian Market, Sponsorship, Sports Market, Stakeholders, Strategic Planning/Research, Sweepstakes, Syndication, T.V., Technical Advertising, Teen Market, Telemarketing, Trade & Consumer Magazines, Transportation, Travel & Tourism, Urban Market, Viral/Buzz/Word of Mouth, Women's Market, Yellow Pages Advertising

Approx. Annual Billings: $1,500,000

Breakdown of Gross Billings by Media: Bus. Publs.: 5%; Mags.: 15%; Newsp.: 15%; Outdoor: 5%; Print: 15%; Production: 5%; Radio: 15%; Sls. Promo.: 15%; T.V.: 10%

Will Bass *(Pres)*
Austin Bass *(Creative Dir)*
Carly Schinzing *(Media Dir)*

BAST-DURBIN INC
101 Kettle Moraine Dr S, Slinger, WI 53086
Tel.: (262) 644-7940
Fax: (262) 644-7959
Web Site: bastdurbin.com

Employees: 5
Year Founded: 1994

Agency Specializes In: Advertising, Catalogs, Media Planning, Media Relations, Package Design, Publishing

Jeff Bast *(Co-Owner)*
Dan Durbin *(Co-Owner)*

Accounts:
Uncle Josh Baits

BASTION TLG
(Formerly TLG Marketing)
5001 Airport Plz Dr Ste 210, Long Beach, CA 90803
Tel.: (562) 537-6936
Fax: (562) 394-0502
E-Mail: info@bastiontlg.com
Web Site: bastiontlg.com

Employees: 4
Year Founded: 2006

Agency Specializes In: Advertising, Automotive, Brand Development & Integration, Broadcast, Cable T.V., Consulting, Consumer Goods, Crisis Communications, Digital/Interactive, E-Commerce, Education, Email, Engineering, Entertainment, Financial, Government/Political, Graphic Design, Health Care Services, In-Store Advertising, Industrial, Internet/Web Design, Legal Services, Local Marketing, Logo & Package Design, Magazines, Media Buying Services, Media Training, Mobile Marketing, Multimedia, Newspaper, Newspapers & Magazines, Print, Promotions, Publishing, RSS (Really Simple Syndication), Radio, Real Estate, Restaurant, Retail, Search Engine Optimization, Social Media, T.V., Technical Advertising, Travel & Tourism, Web (Banner Ads, Pop-ups, etc.)

Approx. Annual Billings: $500,000

Evan Lamont *(CEO)*
Ian Lamont *(Principal-Sustainable Revenue & Specialist-Mktg Initiatives)*
Eddie Cannon *(Developer & Designer)*
Shawn Lamont *(Lead Developer)*

Accounts:
AOI Tea Company Japanese Green Tea; 2010
Excel Laser Vision Institute Lasik Eye Surgery; 2007
Lanzone Morgan, LLP Legal Services; 2008
Long Beach Water Department Water Conservation; 2011

BATES CREATIVE GROUP
8505 Fenton St Ste 211, Silver Spring, MD 20910
Tel.: (301) 495-8844
Fax: (301) 495-8877
E-Mail: info@batescreative.com
Web Site: batescreative.com/

Employees: 20
Year Founded: 2003

Debra Bates-Schrott *(Founder & CEO)*
Mark DeVito *(Pres & Partner)*

ADVERTISING AGENCIES

Ernie Achenbach *(Exec VP)*
Emily Biondo *(Art Dir)*
Jen Fose *(Art Dir)*
Amanda McCarthy *(Mktg Dir)*
Taryn Taltavull *(Acct Dir)*
Alex Blair *(Dir-Brand Strategy)*
Trevor Corning *(Dir-Client Engagement)*
Kate Struthers *(Acct Mgr)*
Danielle Moore *(Specialist-Content Mktg)*
Cecile Jordan *(Sr Designer)*
Jenna Lally *(Coord-Mktg)*

Accounts:
The American Marketing Association, D.C. Chapter (Agency of Record) Website
Atlas Brew Works
National Association of Convenience Stores

BATES/LEE ADVERTISING
(Acquired & Absorbed by Catalyst Marketing Company)

BATTERY
7257 Beverly Blvd, Los Angeles, CA 90036
Tel.: (323) 467-7267
E-Mail: info@batteryagency.com
Web Site: www.batteryagency.com

Employees: 28
Year Founded: 2013

Agency Specializes In: Above-the-Line, Advertising, Advertising Specialties, Affluent Market, Alternative Advertising, Brand Development & Integration, Branded Entertainment, Broadcast, Business-To-Business, Children's Market, College, Communications, Consulting, Consumer Goods, Consumer Marketing, Content, Copywriting, Corporate Identity, Entertainment, Experiential Marketing, Graphic Design, Identity Marketing, Integrated Marketing, Internet/Web Design, Media Buying Services, Media Planning, Men's Market, New Technologies, Out-of-Home Media, Planning & Consultation, Point of Purchase, Point of Sale, Print, Production, Production (Ad, Film, Broadcast), Production (Print), Promotions, Social Media, Strategic Planning/Research, T.V., Teen Market, Tween Market, Urban Market

Anson Sowby *(Co-Founder & CEO)*
Philip Khosid *(Co-Founder & Chief Creative Officer)*
Mike Parseghian *(Partner & Head-Brand)*
Raymond Hwang *(VP, Creative Dir-Integrated & Writer)*
Scott Brown *(VP & Creative Dir)*
Kevin Brady *(Creative Dir)*
Bernie O'Dowd *(Creative Dir)*
Joseph Shands *(Creative Dir)*
Zachary Hill *(Supvr-Brand)*
Becky Ginos *(Assoc Creative Dir)*

Accounts:
AECOM Creative
Lego
Mike's Hard Lemonade Co
NBCUniversal Creative, SeeSo
Netflix, Inc.
Skyrocket Toys LLC
TP-Link
Warner Bros. Entertainment Inc. Campaign: "Endless Awesome", LEGO Dimensions game, Mortal Kombat X

BATTLE MEDIALAB INC.
117 E Boca Raton Rd, Boca Raton, FL 33432
Tel.: (561) 395-1555
Fax: (561) 395-1225
Web Site: www.battlemedialab.com

Employees: 5

Agency Specializes In: Advertising, Brand Development & Integration, Broadcast, Collateral, Digital/Interactive, Graphic Design, Internet/Web Design, Logo & Package Design, Mobile Marketing, Search Engine Optimization

Revenue: $1,105,000

Michael Murphy *(Co-Founder & Pres)*
Kristel Hosler Yoder *(Assoc Partner & Dir-Ops)*

Accounts:
3N2 Campaign: "Play Ball", Team Builder Website
ADT
Campus Management Corporation
Ecosphere Technologies, Inc.
Roll-N-Lock(R) Corporation
Royal Caribbean International

BAUSERMAN GROUP
(See Under Foundry)

BAYARD ADVERTISING AGENCY, INC.
1430 Broadway Fl 20, New York, NY 10018
Tel.: (212) 228-9400
Fax: (212) 228-9999
E-Mail: information@bayardad.com
Web Site: www.bayardad.com

Employees: 150
Year Founded: 1923

Agency Specializes In: Above-the-Line, Advertising, Advertising Specialties, Affiliate Marketing, Affluent Market, African-American Market, Agriculture, Alternative Advertising, Arts, Asian Market, Automotive, Aviation & Aerospace, Below-the-Line, Bilingual Market, Brand Development & Integration, Branded Entertainment, Broadcast, Business Publications, Business-To-Business, Cable T.V., Catalogs, Children's Market, Co-op Advertising, Collateral, College, Commercial Photography, Communications, Computers & Software, Consulting, Consumer Goods, Consumer Marketing, Consumer Publications, Content, Corporate Communications, Corporate Identity, Cosmetics, Crisis Communications, Custom Publishing, Customer Relationship Management, Digital/Interactive, Direct Response Marketing, Direct-to-Consumer, E-Commerce, Education, Electronic Media, Electronics, Email, Engineering, Entertainment, Environmental, Event Planning & Marketing, Exhibit/Trade Shows, Experience Design, Fashion/Apparel, Financial, Food Service, Game Integration, Government/Political, Graphic Design, Guerilla Marketing, Health Care Services, High Technology, Hispanic Market, Hospitality, Household Goods, Identity Marketing, In-Store Advertising, Industrial, Infomercials, Information Technology, Integrated Marketing, International, Internet/Web Design, Investor Relations, LGBTQ Market, Legal Services, Leisure, Local Marketing, Logo & Package Design, Luxury Products, Magazines, Marine, Market Research, Media Buying Services, Media Planning, Media Relations, Media Training, Medical Products, Men's Market, Merchandising, Mobile Marketing, Multicultural, Multimedia, New Product Development, New Technologies, Newspaper, Newspapers & Magazines, Out-of-Home Media, Outdoor, Over-50 Market, Package Design, Paid Searches, Pharmaceutical, Planning & Consultation, Podcasting, Point of Purchase, Point of Sale, Print, Product Placement, Production, Production (Ad, Film, Broadcast), Production (Print), Promotions, Public Relations, Publicity/Promotions, Publishing, RSS (Really Simple Syndication), Radio, Real Estate, Recruitment, Regional, Restaurant, Retail, Sales Promotion, Search Engine Optimization, Seniors' Market, Social Marketing/Nonprofit, Sponsorship, Sports Market, Stakeholders, Strategic Planning/Research, Sweepstakes, Syndication, T.V., Technical Advertising, Teen Market, Telemarketing, Trade & Consumer Magazines, Transportation, Travel & Tourism, Urban Market, Viral/Buzz/Word of Mouth, Web (Banner Ads, Pop-ups, etc.), Women's Market, Yellow Pages Advertising

Louis Naviasky *(CEO)*
Matthew Gilbert *(Chief Creative Officer)*
Michael Halperin *(Chief Strategy Officer)*
Bill Davidson *(Pres-Div)*
Jill Waldorf Naviasky *(CEO-Bayard Promos, Adv & Logo Your Promo)*
Matt Luba *(Exec VP-Digital Media & Analytics)*
Eric Holwell *(Sr VP-Strategy)*
Andy Roane *(Sr VP-RPO)*
Don Sabatino *(Sr VP-Bus Dev)*
Anthony Andre *(VP-Client Strategy)*
Devin DaRif *(VP-Employer Brand Insights)*
Shane O'Donnell *(VP-Strategy)*
Zachery Tweddell *(Dir-Mktg & Innovation)*
Mara Makler *(Sr Acct Exec)*

Accounts:
Cancer Treatment Centers of America (Agency of Record)

Branches

Bayard Advertising Agency, Inc.
4929 Wilshire Blvd Ste 770, Los Angeles, CA 90010-3817
Tel.: (323) 930-9300
Fax: (323) 930-9371
E-Mail: annt@bayardad.com
Web Site: www.bayardad.com

Employees: 5

Don Sabatino *(Sr VP-Bus Dev)*
Greg Rousseau *(VP-New Bus Dev)*
Ann Troxell *(VP-Client Solutions)*

Bayard Advertising Agency, Inc.
550 S Wadsworth Blvd Ste 500, Lakewood, CO 80226
Tel.: (303) 571-2000
Fax: (303) 571-2002
E-Mail: execvp@bayardad.com
Web Site: www.bayardad.com

Employees: 8

Agency Specializes In: Advertising

Don Sabatino *(Sr VP-Bus Dev)*
Alexandra Horwitt *(Dir-Social Media)*
William Mowery *(Specialist-Digital Support)*

Accounts:
Aspen Dental
Celadon
Chevy Chase
Pfizer

BAYCREATIVE
400 Brannan St Ste 207, San Francisco, CA 94107
Tel.: (415) 434-4344
E-Mail: email@baycreative.com
Web Site: www.baycreative.com

Employees: 9

Agency Specializes In: Advertising, Brand Development & Integration, Business-To-Business, Content, Digital/Interactive, Internet/Web Design,

AGENCIES - JANUARY, 2019 — ADVERTISING AGENCIES

Paid Searches, Search Engine Optimization

Arne Hurty *(Founder & CEO)*
Scott Danish *(Owner)*

Accounts:
Seclore

BAYSHORE SOLUTIONS INC
600 N Westshore Blvd Ste 700, Tampa, FL 33609
Tel.: (813) 902-0141
Fax: (813) 839-9022
E-Mail: info@bayshoresolutions.com
Web Site: www.bayshoresolutions.com

Employees: 41
Year Founded: 1996

Agency Specializes In: Advertising, Internet/Web Design, Search Engine Optimization, Sponsorship

Kevin Hourigan *(Pres & CEO)*
Michael Sapp *(CFO)*
Erin Gray *(VP)*
Elizabeth Turner *(VP)*
Tammie Bucknell *(Dir-Talent Acq)*
Jason Dorsett *(Dir-IT)*
Derek Larabee *(Acct Mgr)*
Patrick Obando *(Acct Mgr-Digital Mktg)*
Valerie Noel *(Mgr-Digital Mktg)*
Ryan Walbridge *(Sr Strategist-Digital Media)*

Accounts:
Apogee Pilates & Wellness Centers
Bloomin' Brands Outback Steakhouse, Inc.
The Boathouse Restaurant
Champions Club
Colliers International
Community Health Care Alliance
DiscoverSevilla
HubSpot, Inc. Database, Marketing Efforts, Sales Processes
Sykes
Tye Maner Group
University Village

BBDO MONTREAL
3575 Boulevard St-Laurent Suite 300, Montreal, QC H2X 2T7 Canada
Tel.: (514) 939-4100
Fax: (514) 939-4006
Web Site: www.bbdo.ca/

Employees: 70
Year Founded: 1969

National Agency Associations: CAB

Agency Specializes In: Advertising, Advertising Specialties, Automotive, Bilingual Market, Brand Development & Integration, Broadcast, Business Publications, Business-To-Business, Co-op Advertising, Collateral, Communications, Consumer Marketing, Consumer Publications, Corporate Identity, Digital/Interactive, Direct Response Marketing, E-Commerce, Electronic Media, Event Planning & Marketing, Exhibit/Trade Shows, Graphic Design, Internet/Web Design, Logo & Package Design, Magazines, Media Buying Services, New Product Development, Newspaper, Newspapers & Magazines, Out-of-Home Media, Outdoor, Planning & Consultation, Point of Purchase, Point of Sale, Print, Production, Public Relations, Publicity/Promotions, Radio, Retail, Sales Promotion, Strategic Planning/Research, T.V., Trade & Consumer Magazines

Approx. Annual Billings: $150,000,000

Breakdown of Gross Billings by Media: Other: 2%; Outdoor: 12%; Print: 23%; Radio: 13%; T.V.: 50%

Josee Bernique *(Acct Dir & Sr Art Buyer)*
Mary Montsenigos *(Acct Supvr)*

Accounts:
Bayer
Cascades
Chrysler Canada Automotive-Chrysler, Dodge & Jeep; 1987
Dairy Farmers of Quebec
Divcom
Federation des Producteurs de Lait du Quebec Campaign: "Milk, Natural Source of Comfort", Fresh Milk; 1976
FedEx Courier Services; 1992
Frito-Lay Canada Cheetos, Lay's, Tostitos; 1982
Groupe Marcelle
Mercedes Benz Smart
Mitsubishi Motors; 2005
National Theater School
P&G
Pepsi-Cola 7-Up, Diet Pepsi, Mountain Dew, Pepsi; 1996
RBC
Splenda
Walter

BBDO NORTH AMERICA
1285 Ave of the Americas, New York, NY 10019-6028
Tel.: (212) 459-5000
Fax: (212) 459-6814
Web Site: https://www.bbdo.com/

Employees: 500
Year Founded: 1891

National Agency Associations: 4A's-AAF-AD CLUB-ANA

Agency Specializes In: Advertising

David Lubars *(Chm & Chief Creative Officer)*
Mark Cadman *(Mng Dir & Exec VP)*
Jeffery A. Mordos *(COO)*
Matt MacDonald *(Exec VP & Exec Creative Dir)*
Tracy Lovatt *(Exec VP & Dir-Plng-North America)*
Gati Desai Curtis *(Sr VP & Sr Dir)*
Katie Milam *(Sr Acct Dir-Barefoot Proximity)*
David Rolfe *(Dir-Integrated Production)*
Bob Medici *(Assoc Creative Dir-Crossbrands)*

Accounts:
Air New Zealand
American Red Cross
AT&T Communications Corp. "Up All Night"
Autism Speaks, Inc.
BBC
ExxonMobil
FedEx Campaign: "Solutions Stories"
Foot Locker Campaign: "Snow Dunk"
General Electric Campaign: "Ge Performance Machines"
GlaxoSmithKline
Johnson & Johnson Campaign: "It's Time to Sleep"
Mars, Inc. Campaign: "Just My Shell", M&Ms, Maltesers, Milky Way, Snickers, Social Media, Twix, Videos
PepsiCo AMP Energy Drink, Frito-Lay, Gatorade
Pfizer
Pinnacle Foods Group
Procter & Gamble Campaign: "Jeter 3000 Card", Oral-B
S.C. Johnson & Son, Inc. Home Storage Products, Pest Control, Raid, Ziploc
Starbucks
Wm. Wrigley Jr. Co.

BBDO PROXIMITY
150 S 5th St Ste 3500, Minneapolis, MN 55402
Tel.: (612) 338-8401
E-Mail: neil.white@bbdo.com
Web Site: www.bbdompls.com

Employees: 51

Agency Specializes In: Advertising, Customer Relationship Management, Digital/Interactive, Mobile Marketing

Alison Siviter *(VP & Grp Acct Dir)*
Angela C. Johnson *(Grp Acct Dir)*
David Mackereth *(Creative Dir)*
Renee Rausch *(Dir-HR)*
Dave Alm *(Assoc Creative Dir)*

Accounts:
Berkshire Hathaway HomeServices Broadcast, Media, Print, Social
Hormel Foods Corporation Campaign: "Break the Monotony", Campaign: "Madness of March", Digital, Dinty Moore, Jennie-O, Skippy, Spam
Minnesota Boychoir
MN Health Insurance

BBDO WORLDWIDE INC.
1285 Ave of the Americas, New York, NY 10019-6028
Tel.: (212) 459-5000
Fax: (212) 459-6645
E-Mail: simon.bond@bbdo.com
Web Site: https://www.bbdo.com/

Employees: 15,000
Year Founded: 1891

National Agency Associations: 4A's

Agency Specializes In: Advertising, Sponsorship

David Lubars *(Chm & Chief Creative Officer)*
Greg Hahn *(Chief Creative Dir)*
St. John Walshe *(CEO-Americas)*
Peter McCallum *(Exec VP & Sr Dir)*
Paul Roebuck *(Exec VP & Sr Dir)*
Stacia Parseghian *(Sr VP & Sr Dir)*
Natalie Connelly *(VP & Acct Dir)*
Pol Hoenderboom *(VP & Creative Dir)*
Doug Fallon *(Exec Creative Dir)*
Kory Brocious *(Art Dir)*
Rachel Greenlee *(Acct Dir)*
Dan Kenneally *(Creative Dir)*
Janelle Van Wonderen *(Acct Dir)*
David Goring-Morris *(Dir-Client Svc & Client Head-Omnicom)*
Julio D'Alfonso *(Assoc Dir-Creative)*
Elizabeth Jacobs *(Acct Mgr)*
Gabrielle Attia *(Assoc Creative Dir)*
Anshumani Khanna *(Assoc Creative Dir)*
Luis Marques *(Assoc Creative Dir)*
Brian Pinkley *(Sr Art Dir)*
Jay Spahr *(Assoc Creative Dir)*

Accounts:
Ad Council
Alpargatas USA, Inc. Havaianas US
The American Red Cross
Armstrong Campaign: "Ethernet River"
AT&T Campaign: "Playing Favorites", Campaign: "Ski Lift", Creative, Daybreak - Trailer
Bacardi Limited Bacardi Rums, Campaign: "The Truck", Global Creative, Strategic
Bayer Bayer Healthcare Consumer Care, Crop Science, Digital, Environmental Science, Public Relations
BBC Worldwide Americas, Inc. BBC World News
Christopher & Dana Reeve Foundation Christopher Reeve Paralysis Foundation
CVS Health (Agency of Record) "Deep Breath", "We Wish", Campaign: "Health is Everything", Creative, Digital, Experiential Advertising, Logo, Marketing, Outdoor, Print, Television
Diageo
DIRECTV (Creative Agency of Record); 2016
Dunkin' Brands Group, Inc (Creative Agency of Record); 2018
Economist Group Economist Group, The

ADVERTISING AGENCIES

Economist
Exxon Mobil Corporation Brand Marketing
Ford Motor Company (Lead Creative Agency); 2018
Frito-Lay Flat Earth, Sun Chips
Gatorade
GE Appliances Corporate Business
GE Capital GE Capital, GE Commercial Finance
GE Consumer & Industrial
GE Healthcare GE Healthcare, GE Vscan
GE Lighting
General Electric
Glaxosmithkline
Global Gillette Braun, Fusion, Gillette Deodorant, Mach3, Oral-B, Right Guard, Venus Embrace
Grocery Manufacturers Association
Harrah's Resort & Casino
Hewlett-Packard Company Advertising, Corporate Image, Creative, Personal Computers, Printers
Hyatt Hotels Corporation; Chicago, IL
Ikea
Johnson & Johnson Baby Products Band-Aid, Neosporin
Johnson & Johnson Head-to-Toe Baby Wash, Johnson's Baby, Rogaine
Mars Campaign: "15 Minutes", Campaign: "Godzilla", Campaign: "Play Hungry, But Not Literally Hungry", Campaign: "You're Not You When You're Hungry", Caramel M&M's, Fling, Snickers, Uncle Ben's
Moet Hennessy USA Belvedere
Motorola Mobility LLC Motorola Rokr, Motorola, Inc.
Motorola Solutions, Inc.
PepsiCo, Inc. Diet Mountain Dew, Tropicana (Lead Agency)
Pinnacle Foods Group Inc. Birds Eye, Birds Eye Voila, Duncan Hines, Mrs. Butterworth's
Priceline.com
The Proctor & Gamble Company Campaign: "Million Emotions", Tide
Quaker
SAP Creative
Starbucks
Toyota
Toys "R" Us, Inc. Babies R Us, Digital Video, Lead Creative
Unilever North America Skippy
Vikings (Agency of Record)
Visa, Inc. (Global Creative Agency of Record)
Volkswagen AG
WM. Wrigley Jr. Co. 5, Altoids, Eclipse, Extra, Orbit, Winterfresh

Branches

Atmosphere Proximity
437 Madison Ave Bsmt 1, New York, NY 10022
Tel.: (212) 827-2505
Fax: (212) 827-2525
E-Mail: inquiries@atmosphereproximity.com
Web Site: https://www.atmosphereproximity.com/

Employees: 90
Year Founded: 1999

National Agency Associations: 4A's

Agency Specializes In: Digital/Interactive, Sponsorship

Garrett Franklin *(Mng Dir)*
Chris Dressler *(VP-Tech)*
Stewart Krull *(Exec Creative Dir)*
Eric Laffly *(Grp Acct Dir)*
Jeremy Feldman *(Creative Dir & Copywriter)*
Keith Ross *(Creative Dir & Copywriter)*
Joel Bloom *(Creative Dir)*
Ron Lent *(Creative Dir)*
Terje Vist *(Creative Dir-Atmosphere BBDO)*
Mathew Ford *(Dir-Strategy)*
Marianella Clavelo *(Mgr-Analytics & Strategy)*
Waimuk Sie *(Assoc Creative Dir)*

Accounts:
Drug-Free Kids "Mute the Mouth", Digital, Social Outreach, TV
Dubai Corporation for Tourism and Commerce Marketing Digital
The Economist Brand Communications & Strategy, Campaign: "Dare 2 Go Deep"
Emirates Airline Campaign: "Harmony", Global Digital, Social; 2005
The Parternship at Drugfree.org Campaign: "Above the Influence"
Visa Campaign: "Dance Fever"

Barefoot Proximity
700 W Pete Rose Way, Cincinnati, OH 45203
(See Separate Listing)

BBDO Atlanta
3500 Lenox Rd NE Ste 1900, Atlanta, GA 30326-4232
Tel.: (404) 231-1700
Fax: (404) 841-1893
E-Mail: contact@bbdoatl.com
Web Site: www.bbdoatl.com

Employees: 220

National Agency Associations: 4A's

Agency Specializes In: Sponsorship

Matt MacDonald *(Exec VP & Exec Creative Dir)*
Tami Oliva *(Exec VP & Sr Dir)*
Ami Weiner *(Sr VP & Acct Dir)*
Marc Calamia *(Sr VP-Production & Innovation)*
Craig Miller *(Sr VP & Grp Creative Dir)*
Neil Dent *(Art Dir)*
Mike Hanley *(Creative Dir)*
Lindsey Pettyjohn *(Acct Dir)*
Anna Taylor *(Art Dir)*
David Welday *(Acct Dir)*
Andrew Woodruff *(Acct Dir)*
Lauren Culbertson *(Sr Art Dir)*
Jonathan Mueller *(Assoc Creative Dir)*
Nigel Tribe *(Assoc Head-Strategy)*

Accounts:
American Red Cross Campaign: "Babysitting Basics PSA from Kids", Campaign: "Emergency Supply Kit", Campaign: "The Babysitter You Don't Want to Be"
AT&T, Inc.
AT&T Mobility Campaign: "Alex", Campaign: "Big Hug", Campaign: "Building You a Better Network", Campaign: "Candy Island", Campaign: "Get More With Your Time iAd", Campaign: "Hello", Campaign: "High Fives", Campaign: "In My Day -corndog", Campaign: "In My Day ? Basketball", Campaign: "In My Day ? Pool", Campaign: "In My Day", Campaign: "Infinity", Campaign: "It's Not Complicated Grandma", Campaign: "It's Not Complicated Laser Boy", Campaign: "It's Not Complicated Treehouse", Campaign: "It's Not Complicated", Campaign: "More Responsibilities", Campaign: "My Journey - Allison Felix", Campaign: "My Journey - Ryan Lochte", Campaign: "My Journey", Campaign: "My Journey- Alex Morgan", Campaign: "Nicky Flash", Campaign: "Pickle Roll", Campaign: "Silent Treatment", Campaign: "Team Usa Volleyball", Campaign: "Team Usa - Sprinter", Campaign: "Team Usa", Campaign: "Werewolf", Campaign: "Work For Will", Campaign: "World Connect", Campaign: "World Connect- England", Campaign: "World Connect- Italy", Campaign: "World Connect- Mexico", Creative, GoPhone, Painting, Piano, Workforwill.com; 2000
Baseball for All Media
Bayer
Blue Cross & Blue Shield of Florida; Jacksonville, FL Brand Advertising
Carnival Corporation Campaign: "Cruise Virgin", Campaign: "Getaway", Campaign: "Message in a Bottle", Campaign: "Mystery Spot", Campaign: "Return to the Sea", Carnival Cruises, Holland America, Marketing, Online, Princess, Social Media, TV
Carter's, Inc. Brand Campaign, Campaign: "Mom", Creative
Domestic Minor Sex Trafficking
ExxonMobil
Flamingo Las Vegas
Florida Department of Citrus Campaign: "Status Meeting - Diner", Campaign: "Take On The Day", Florida Grapefruit Juice, Florida Orange Juice
Georgia Lottery Campaign: "Deer Hunter", Campaign: "Keno Flashback", Campaign: "Powerball - Sax Player", Campaign: "Rainbow Money", Campaign: "The Merger", The Big Night
Georgia-Pacific Corporation
Hilton Hotels
Embassy Suites Campaign: "366 Days Of More", Campaign: "Manger's Reception", Campaign: "More Coffee", Campaign: "More More", Campaign: "Mr. More"
HoneyBaked Ham
ING Americas
Metro Atlanta Chamber
Norwegian Cruise Line Creative
Novant Health
New-Old 4th Distillery
Peace Corps
Recreational Equipment, Inc.; Kent, WA Campaign: "1440 Project", Campaign: "Find Out - Augmented Reality", Campaign: "Rei Ice", Campaign: "Rei Rain"; 2007
Rei Campaign: "1440 Project", Campaign: "Backpacker Getaway"
Sanderson Farms, Inc. Penguins
Street Grace
Toys "R" Us, Inc. Campaign: "Awwwesome"
Voya Financial Campaign: "Orange Money Origami", Campaign: "Orange Money"
Zoo Atlanta Beastly Feast

BBDO Minneapolis
150 S 5th St Ste 1000, Minneapolis, MN 55402
Tel.: (612) 338-8401
Fax: (612) 656-0602
Web Site: www.bbdompls.com

Employees: 50

National Agency Associations: 4A's

Agency Specializes In: Sponsorship

Neil White *(Pres & CEO)*
Paul Schmidt *(Mng Dir)*
Noel Haan *(Exec VP & Exec Creative Dir)*
Alison Siviter *(VP & Grp Acct Dir)*
Tim Mattimore *(VP & Creative Dir)*
Tina White *(VP-Ops)*
Angela C. Johnson *(Grp Acct Dir)*
Scott Schraufnagel *(Grp Acct Dir)*
David Mackereth *(Creative Dir)*
Deb Lustig *(Dir-Production)*
David Alm *(Assoc Creative Dir)*
Alm Dave *(Assoc Creative Dir)*

Accounts:
All Steel
Aviva
Berkshire Hathaway HomeServices Advertising, Campaign: "Calls", Campaign: "Good to know", Campaign: "Moving"
Edina Realty
Formica
Hormel Foods Corporation Black Label Bacon, Campaign: "Fun Factory", Campaign: "Skippy Yippee!", Chi-Chi's, Creative, Dinty Moore, HORMEL Chili, International Bacon Film Festival, Skippy, Spam, TV
Jennie-O TV, Turkey Wrestling Film, Video,

AGENCIES - JANUARY, 2019

ADVERTISING AGENCIES

Website
Mars, Incorporated - Uncle Ben's, Inc.
Minnesota Vikings (Brand Agency of Record)

BBDO New York
1285 Ave of the Americas 7th Fl, New York, NY 10019-6028
Tel.: (212) 459-5000
Web Site: https://www.bbdo.com/

Employees: 800
Year Founded: 1891

National Agency Associations: 4A's

Agency Specializes In: Advertising, Digital/Interactive, Experiential Marketing

Douglass Alligood *(Chm-Diversity Council & Exec VP-Horizontal Markets)*
Daniela Vojta *(Exec VP & Exec Creative Dir)*
Kathryn Brown *(Exec VP & Sr Acct Dir)*
Annemarie Norris *(Sr VP & Grp Dir-Plng)*
Jessica Strode *(Sr VP & Grp Dir-Plng)*
Joshua Steinman *(Sr VP & Sr Dir)*
Danielle Willett *(Sr VP & Dir)*
John LaMacchia *(Sr VP & Sr Creative Dir)*
Elizabeth Kelberg *(VP & Acct Dir)*
Khari Mpagazehe *(VP & Acct Dir)*
Susan Young *(Exec Creative Dir)*
Lauren Connolly *(Creative Dir)*
Michael Folino *(Creative Dir)*
Felipe Jornada *(Art Dir)*
Banks Noel *(Creative Dir)*
Luis Romero *(Creative Dir)*
Brian Brydon *(Dir-Comm Plng)*
Jen Leung *(Dir-Comm Strategy)*
Ashley Lipham *(Dir-Bus Affairs)*
Bhanu Arbuaratna *(Assoc Dir-Creative)*
Gabrielle Attia *(Assoc Dir-Creative)*
Gavin Breyer *(Assoc Dir-Creative)*
Karen D'souza *(Assoc Dir-Creative)*
Matt Fiedler *(Assoc Dir-Creative)*
Ceasar Finamore *(Assoc Dir-Creative)*
Andrew Wardrep *(Assoc Dir-Creative)*
Erin Curtis *(Acct Mgr)*
Caroline Main *(Acct Mgr)*
Billy Mclellan *(Acct Mgr)*
Erin Sheehan *(Acct Mgr)*
Jimmy McGee *(Mgr-QA)*
Mackenzie Alderman *(Acct Exec)*
Charlie Kunze *(Acct Exec)*
Alison Goldsmith *(Planner)*
Justin Volz *(Designer-Motion)*
Stephen Winston *(Assoc Creative Dir & Copywriter)*
Cameron Carr *(Asst Acct Exec)*
Jenni Moseley *(Asst Acct Exec)*
Kristin Clark *(Sr Art Dir)*
Robert Wakeland *(Assoc Creative Dir)*

Accounts:
The Academic
Ad Council Autism Speaks, Campaign: "Eye Contact Installation", Iraq/Afghanistan Veterans of America Health Services, TV & Print
American Family Insurance Campaign: "Dreams Made Real", Campaign: "Insure Carefully, Dream Fearlessly", Digital, Lead Creative Agency, Online, Print, Radio, Social, Strategic, TV
American Red Cross B2B, Campaign: "Storytellers", Campaign: "Stuff", Consumer Advertising, Hope.ly, Media
Andaz Hotels Campaign: "The Andaz Transformation"
Art Directors Club / ADC 95TH Annual Awards
AT&T Inc. 4G Network, AT&T Digital Life, AT&T Wireless International Roaming, Birthday, Broadcast, Digital, DirecTV, Go Phone, International Long Distance, It Can Wait Driving Simulation, Online, Print, Sing Better Business, Sing Food Truck, Sing Network, Social Media, TV, U-Verse
Autism Speaks, Inc. Campaign: "Eye Contact", Campaign: "Learn the Signs", Campaign: "Lifetime of Difference", Letterbombing Governor Paterson, MSSNG, MSSNG- DNA Music
Bacardi Limited BACARDI, Bombay Sapphire, Campaign: "Fly Beyond", Campaign: "La Pursuit", Grey Goose
Bayer Corp. Afrin, Alka-Seltzer, Claritin, Creative, Dr. Scholls; 1994
Best Buy; 2007
Canadian Red Cross Campaign: "The Story Of Stuff"
Champs Sports Campaign: "Hard Hinting"
Chrysler Dodge (Television), Dodge Journey
Columbia Records RussPerMinute.com
Cure Alzheimer's Fund
CVS Health Campaign: "Cigarettes Out. Health In."
Day One
Diageo; Stamford, CT "Discovery Series", Bold, Campaign: "Basketball", Campaign: "Made of More", Campaign: "Slap", Campaign: "The Guinness QR Cup", Guinness Blonde American Lager, Guinness Draft, Harp Lager, Red Stripe, Smithwicks, TV; 2001
Downtown Records
eBay
End Allergies Together
FedEx Broadcast, Exchange Student, FedEx Cup, FedEx Ground, Kinko's, Retirement; 1989
Foot Locker, Inc. Advertising, Air Jordan, Creative, Fly Your Own Way, Jordan XX9, Kids Foot Locker, Lady Foot Locker, Online, Shaqnosis Sneakers, Shoemoji, Sneakers
Frito-Lay North America, Inc Lay's (Lead Creative Agency)
General Electric Company Broadcast, Energy Efficiency, GE Link, Industrial Internet, Online, Social Media, TV, Video; 1920
GlaxoSmithKline; 2004
Grocery Manufacturers Association
Guinness World Records Campaign Breaks Lots of Records, Print
Guinness "Made of More", Campaign: "Barnes Sisters", Campaign: "Barnes Twins", Campaign: "Biathletes", Campaign: "Empty Chair", Campaign: "Friendship", Creative
Humana (Lead Creative Agency) Campaign: "Birthday", Campaign: "Carnival", Campaign: "Start With Healthy", Digital, Marketing, Social
Hyatt Hotels Corporation Campaign: "Listening Loop", Corporate Branding; 2008
Hyatt Hotels & Resorts
ING New York City Marathon Creative, Multi-Platform Communications
Johnson & Johnson Autism, Band-Aid, Campaign: "Anthem", Campaign: "Our Promise", Media Advertising
LeanIn.Org "Ban Bossy", Campaign: "Change the Story"
Lowe's Companies, Inc. Creative, Digital, In-Store, Online, TV, Vine
Mac 400
Macy's, Inc. (Agency of Record)
March of Dimes Campaign: "Cinemama"
Mars, Incorporated Cesar, Consumer, Digital, Dove Chocolate, Extra, Goodnessknows, In-Store, M&M, M&M's Caramel, M&M's Crispy Candies, M&Ms (Creative Agency), Maltesers, Mars Bar, Milky Way, Out-of-Home, Party, Peanut Butter Left Twix, Peanut Butter Right Twix, Pedigree, Print, Public Relations, Sheba, Snickers, Snickers (Creative Agency), Social, Social Media, Super Bowl 2018 Campaign: "Human", TV, Twix, Twix Bites
Mars Petcare Pedigree
Midtown Comics Anniversary
Monica Lewinsky; 2017
National Geographic Channel Brain Games, Campaign: "Preppers", Campaign: "The places we take you aren't just on the map", Doomsday Preppers, Ultimate Survival Alaska, Wicked Tuna
The National September 11 Memorial & Museum Campaign: "Astronaut", Campaign: "Day to Remember", Campaign: "The Watch", PSA, Pro Bono
New York Police Department Campaign: "Invisible Faces"
Nike, Inc. "Foot Locker"
Office of the Mayor Campaign: "Skating"
Panamericana School of Art & Design "ADC-Everest", The Art Director's Club/ ADC
PepsiCo Amp, Aquafina, Broadcast, Creative, Diet Mtn Dew, Diet Pepsi, Digital, Game Fuel, Kickstart, Mountain Dew, OOH, Print, Social, Starbuck's Branded Products, TV, Tropicana (Creative Agency of Record)
Pfizer Inc.
Pinnacle Foods Corporation Aunt Jemima, Birds Eye, Creative, Duncan Hines, Mrs. Butterworth's, Vlasic, Wish-Bone
The Priceline Group Inc. "Cousin", Campaign: "Whatever's On the Line. Priceline.", Creative, Digital, Priceline.com (Agency of Record), Social Media, Strategic, Television
The Procter & Gamble Company Campaign: "Evan Longoria Viral", Campaign: "Great Things Can Come Out of Sweat Print", Campaign: "Homage", Campaign: "Jeter 3000 Card", Campaign: "Million Emotions", Campaign: "The Art of Shaving", Campaign: "The Gentleman Shaver", Campaign: "The World's Biggest Shave", Campaign: "True Stories Poster", Campaign: "What's in a Beard Print", The Art of Shaving
The Gillette Co.; Boston, MA Campaign: "The Art of Shaving", Gillette Fusion ProGlide; 1966
Prufrock LLC
New-Put Her On The Map
The Quaker Oats Company
Rock the Vote
Sandy Hook Promise "Monsters Under the Bed", "What They Left Behind", Social, Video
SAP America, Inc Campaign: "Run Simple"
Smart
Snaps Media
Sneaker Freaker Sneaker Freaker Boogazine
Special Olympics
Starbucks Corp. (Creative Agency of Record) Campaign: "Apology", Campaign: "Conversation Films", Campaign: "Date", Campaign: "Impossible Until Now", Campaign: "Kick", Campaign: "Sometimes The Best Way To Connect, Is To Get Together", Campaign: "What Sets Our Arabica Apart", Creative, Verismo
Tamiflu
Toys R Us
United Football League
Visa Inc Campaign: "Bob", Campaign: "Coach", Campaign: "Dance Fever", Campaign: "Elephant", Campaign: "Everywhere You Want to Be", Campaign: "Flying" Winter Olympics 2014, Campaign: "More People Go with Visa", Campaign: "My Football Fantasy", Campaign: "Night Swim" Winter Olympics 2014, Campaign: "StreetTaps", Campaign: "Surfer", Campaign: "Visa. Everywhere you want to be", Global Creative, Platinum Card, Social, TV, Visa Check Card, Visa Checkout
Yahoo! Inc.
Young Americans Challenging High Technology

BBDO North America
1285 Ave of the Americas, New York, NY 10019-6028
(See Separate Listing)

BBDO San Francisco
600 California St, San Francisco, CA 94108
Tel.: (415) 808-6200
Fax: (415) 808-6221
E-Mail: contactsf@bbdo.com
Web Site: bbdosf.com/

Employees: 70

ADVERTISING AGENCIES — AGENCIES - JANUARY, 2019

National Agency Associations: 4A's

Agency Specializes In: Sponsorship

David Lubars *(Chm & Co-Chief Creative Officer)*
Rachel Nairn *(Mng Dir)*
Crystal Rix *(Chief Strategy Officer)*
Kim Baffi *(VP & Creative Dir)*
Michal David *(VP & Acct Dir)*
Jessica Strode *(Grp Dir-Strategy)*
Katie Brinkworth *(Creative Dir)*
Kate Catalinac *(Creative Dir)*
Kerry Cavanaugh *(Brand Dir)*
Mike Costello *(Creative Dir)*
Corinne Goode *(Creative Dir)*
Daniel Peters *(Acct Dir)*
Amanda D'Aloise *(Mgmt Supvr)*
Kyle Rodriguez *(Mgmt Supvr)*
Diana Wolff *(Mgmt Supvr)*
Andrew Shaffer *(Assoc Dir-Creative & Sr Copywriter)*
Eric Epstein *(Sr Brand Mgr)*
Nihad Erigat Peavler *(Mgr-Bus Affairs)*
Alex Hamill *(Acct Supvr)*
Rebecca Hanson *(Acct Supvr)*
Margaret Biebel *(Acct Exec)*
Danielle Silveri *(Copywriter)*
Joshua Eithun *(Sr Art Dir)*
Jason Moussalli *(Sr Art Dir & Assoc Creative Dir)*
Craig Nelson *(Sr Art Dir)*

Accounts:
Air New Zealand
Barefoot Wine
Bay Area Shakespeare Camp
Caesars Entertainment Corporation; 2008
California Coastal Commission "Bag"
E&J Gallo Crest Creator, Digital; 2003
Genentech, Inc.
HP
LinkedIn
Mars, Inc Cesar Dry, Goodnessknows, Snickers, Uncle Ben's Rice
Mars Petcare Cesar, Mars Petcare, Pedigree, Whiskas, Whistle
Mattel, Inc. American Girl, Barbie, Campaign: "Imagine the Possibilities", Campaign: "You Can Be Anything", Fisher Price, Hot Wheels, Public Relations
Nutro
Pima Air & Space Museum Great Paper Airplane Project
Rock Health Banner Advertising, Online, Social Media
San Francisco Zoo
SF SPCA Campaign: "End Puppy Mills", Campaign: "Singalong"
Vail Resorts Campaign: "Highway to Heavenly", Creative, Heavenly Mountain Resort
Wells Fargo (Advertising Agency of Record) Campaign: "Learning Sign Language", Digital, Outdoor, Print, Radio, Social Media Marketing, TV

Energy BBDO
225 N Michigan Ave, Chicago, IL 60601
Tel.: (312) 337-7860
Fax: (312) 337-6871
E-Mail: contact@energybbdo.com
Web Site: www.energybbdo.com

Employees: 200
Year Founded: 1979

National Agency Associations: 4A's

Agency Specializes In: Advertising, Alternative Advertising, Brand Development & Integration, Broadcast, Cable T.V., Consumer Goods, Consumer Marketing, Direct-to-Consumer, Market Research, New Product Development, New Technologies, Out-of-Home Media, Outdoor, Print, Production, Sponsorship, Teen Market, Women's Market

Alan Parker *(Chief Innovation Officer)*
Frank Tavolino *(Sr VP & Dir-Integrated Bus Affairs)*
Jessie Levy *(VP, Head-SC Johnson Bus-North America & Sr Acct Dir)*
Matt Scoville *(VP & Exec Producer)*
Megan Farquhar *(VP & Creative Dir)*
Allison Arling-Giorgi *(VP & Dir-Strategy)*
Jay Bandlish *(Creative Dir)*
Tyler Bartley *(Art Dir)*
Matt Doscher *(Acct Dir)*
Erika Wolfel Hillman *(Creative Dir)*
Andrew Woodruff *(Acct Dir)*
Liz Carr *(Sr Acct Exec)*
Blaine Mastenbrook *(Acct Exec)*
Kristen Miller *(Acct Exec)*
Paul Carpenter *(Copywriter)*
Jaehyuk Choi *(Designer)*
Andrew Ciaccio *(Copywriter)*
Anish Easwar *(Jr Copywriter)*
Erin Knott *(Designer-Digital)*
Dan McCormack *(Assoc Creative Dir & Copywriter)*
Tori Probert *(Copywriter)*
Brynna Aylward *(Assoc Creative Dir)*
Gina Lin *(Sr Designer-Digital)*

Accounts:
AB InBev "Coin "
Alka Seltzer
American Egg Board (Agency of Record) Advertising, Creative; 2017
Anheuser-Busch InBev "House of Whatever", "So Cool", Bud Light (Agency of Record), Bud Light Lime, Bud Light Lime Lime-A-Rita, Bud Light Platinum, Campaign: "#UpForWhatever", Campaign: "Coin", Campaign: "Real Life Pacman", Campaign: "Surprise Guest", Campaign: "The Journey to Whatever", Campaign: "The Perfect Beer for Whatever Happens", Mang-O-Rita, Packaging, Raz-Ber-Rita
The Art Institute of Chicago Campaign: "Thrones", Red Cube Project
Avocados from Mexico (Advertising Agency of Record); 2018
Bayer Corporation Advantage, Bayer Animal Health, Bayer Aspirin, K9 Advantix
Budweiser
Chicago Children's Museum Mister Imagine's Toy Store
Citrical Campaign: "Beauty Is Bone Deep"
Claritin
Dial Corporation; Scottsdale, AZ Creative, Dial Yogurt, Dry Idea, Right Guard, Soft & Dri; 2005
New-Home Instead, Inc.
JWT
King's Hawaiian (Agency Of Record) #GoPupule
Kohl's Corporation
Koninklijke Philips Electronics N.V.
LG Electronics Campaign: "Jason Statham Commercial", Campaign: "Life's Good When You Play More", Campaign: "World of Play"
Luxottica Retail
M&M's M&M's Dark
Mars, Incorporated Altoids
MilkPEP Advertising, Print
New-MillerCoors LLC (Agency of Record); 2018
National Safety Council
Nemschoff, Inc.
Novartis
Off the Street Club
Ornua Foods North America, Inc. Creative, Kerrygold, Kerrygold Irish Cream, TV
Oxfam America Campaign: "Emotional Drugs", Campaign: "Gift Better - Food & Water", Charity, Fundraising Campaign, Gift Better
Pave
Pearle Vision Creative
PepsiCo Inc. Campaign: "Lake", Campaign: "Quaker Up", Campaign: "Quaker Up-Nod Off", Campaign: "The Hill", Creative, Quaker Oats

Proximity Community Effort, Election, Mayoral Candidates
Rosetta Stone Campaign: "Create a smaller world", Digital Marketing, Language Learning, Print, Radio, Social Media, TV, Web Series
S.C. Johnson & Son, Inc. Campaign: "Coliseum", Campaign: "Great Expectations", Campaign: "Tough Mother", Creative, Digital, Drano, Easy Open Tab Ziploc Bags, OFF! Citronella Candles, Public Relations, Raid, Saran Wrap, Shopper Marketing, Social Media, Windex, Ziploc
State Farm Insurance
Tesorino Campaign: "Fallen Off"
Turtle Wax Inc.
UNICEF
United Way
VTech Electronics North America
Wm Wrigley Jr. Company 5 Gum, Alert Energy Caffeine Gum, Altoids Hall of Curiosity, Big Red, Campaign: "Bird", Campaign: "Don't Let Food Hang Around", Campaign: "Give Extra, Get Extra", Campaign: "Hall of Curiosity", Campaign: "Just-Brushed Clean Feeling", Campaign: "Life Happens in 5", Campaign: "Lingering Food", Campaign: "Lipstick", Campaign: "Origami", Campaign: "Sometimes The Little Things Last The Longest", Chewing Gum, Creme Savers, Digital, Doublemint, Eclipse, Extra, Five React, Freedent, Hubba Bubba, Juicy Fruit, Life Savers, Orbit, Orbit Gum, Radio, Spearmint, TV, Winterfresh, Wrigley's Extra; 1933
YouTube, LLC
ZTE Axon M, Creative

Canada

BBDO Montreal
3575 Boulevard St-Laurent Suite 300, Montreal, QC H2X 2T7 Canada
(See Separate Listing)

BBDO Toronto
2 Bloor St W, Toronto, ON M4W 3R6 Canada
Tel.: (416) 972-1505
Fax: (416) 972-5656
Web Site: www.bbdo.ca

Employees: 200

Agency Specializes In: Advertising, Bilingual Market, Brand Development & Integration, Broadcast, Business-To-Business, Consumer Marketing, Corporate Identity, Direct Response Marketing, Event Planning & Marketing, Fashion/Apparel, Government/Political, Graphic Design, High Technology, Logo & Package Design, Magazines, Media Buying Services, New Product Development, Newspapers & Magazines, Out-of-Home Media, Outdoor, Planning & Consultation, Production, Publicity/Promotions, Sales Promotion, Sports Market, Strategic Planning/Research, Telemarketing, Travel & Tourism

Jennifer Christen *(VP & Grp Acct Dir)*
Rebecca Flaman *(VP & Grp Acct Dir)*
Kristina Hayes *(VP & Grp Acct Dir)*
Trent Thompson *(VP & Creative Dir)*
Jason Dick *(VP-Project Mgmt)*
Tania Montemarano *(Grp Acct Dir)*
Susan Powell *(Grp Acct Dir)*
Sonia Ruckemann *(Grp Acct Dir)*
Rachel Selwood *(Acct Grp Dir)*
Mark Graham *(Acct Dir)*
Brendan McMullen *(Art Dir)*
Cassandra Shuber *(Art Dir)*
Matt Eves *(Mgr-Art Production)*
Dan La Cute *(Acct Supvr)*
Catherine Nickerson *(Acct Supvr)*
Jia Cau *(Acct Exec)*
Bhreigh Gillis *(Acct Exec)*
Daniela Marino *(Copywriter)*
Mike Nugent *(Sr Designer)*

AGENCIES - JANUARY, 2019 — ADVERTISING AGENCIES

Andrew Strachan *(Copywriter)*
Nasreen Mody *(Acct Coord)*
Andrea Stranges *(Acct Coord)*
Rebecca Dunnet *(Sr Art Dir)*
Ian Martin *(Sr Art Dir)*
Mike Schonberger *(Assoc Creative Dir)*

Accounts:
160 Girls Project
Bayer Campaign: "Aspirin Headache Lights"
Beleave
Canadian Paralympic Committee Campaign: "It's Not What's Missing, It's What's There", Campaign: "ParaTough", Campaign: "The Games are Tough, the Athletes are Tougher", Radio, Social Media
Cara Operations Inc Campaign: "Copyright"
Chronic Obstructive Pulmonary Disease
Diamler Campaign: "Reindeer In Headlights", Mercedes-Benz
The Equality Effect Campaign: "The Real Victory is Justice for Child Rape Victims"
FedEx Campaign: "Non-Rush Shipping", Change, Dominoes
Frito Lay Campaign: "The End", Ketchup Roses
GE Cafe, Campaign: "Bear", Campaign: "Noisy Work", Campaign: "Penguin", Campaign: "Walrus", Profile Dishwasher
Girl Talk HQ
Harlequin Enterprises Limited Campaign: "Escape the Everyday", Campaign: "Romance When You Need It", Harlequin Books
Harvey's
Mabe Canada Campaign: "Cow Mermaid"
Mars Canada Ben's Beginners, GetKidsCooking.ca, Hunger Scale, M&M's, Snickers, TV, Uncle Ben's, Whiskas
Mars, Incorporated Campaign: "Cat", Campaign: "Get Skittles Rich", Campaign: "Gif Rap", Campaign: "Struck by a Rainbow", Campaign: "Touch the Rainbow", CreateTheRainbow.com, Skittles, Whiskas, Wm. Wrigley Jr. Company
Mercedes-Benz Canada Blur, C-Class Coupe, Campaign: "How to wrap a Mercedes-Benz", Campaign: "Moustache Emblem", Campaign: "Moustaches", Campaign: "Reindeer in Headlights", SMART
Ministry of Health & Long Term Care Campaign: "Colon Cancer", Campaign: "Social Smoking"
Molson Coors Canada Campaign: "Beer-Gram", Campaign: "No Bollocks", Campaign: "Paint With a Tweet", Miller Chill Lemon
Movember Campaign: "Moustache Emblem"
Ontario Lung Association
Ontario Racing "Your Horse"
Pepsi Arctic Sun, Campaign: "Sunrise", Campaign: "Wrecking Ball Of Dew", Doritos Campaign: "The End", Mountain Dew Citrus Charged, Pepsi Mini Cans
Prince Edward County Campaign: "Progress Redefined"
Quaker Canada Campaign: "Don't Question Yourself", Creative, Quaker Minis
R.I.D.E. Checks
New-Right To Play International Children's Day
Royal Bank of Canada
Sirius XM Campaign: "Die-hard NHL Fan Slash Lady Gaga Disciple", Campaign: "Howard Stern", Creative, TV
Smart Canada Campaign: "Popsicle", Campaign: "Smart Little Bumper Stickers", Cars, Smart Little Gifts
Starbucks Interactive Shops Front
Strategy Magazine
Take Note
Temptations Treats Campaign: "Kitty Cat Hijack"
Toronto Jewish Film Festival Campaign: "Curls"
United Way Toronto
Visa Canada Campaign: "The Infinite List in Haiku", Out-of-Home, Radio, Visa Infinite Card

Argentina

BBDO Argentina
Arenales 495 3rd Fl, Vincente Lopez, B1638BRC Buenos Aires, Argentina
Tel.: (54) 11 6091 2700
Fax: (54) 11 6091 2722
E-Mail: bbdo@bbdargentina.com
Web Site: https://www.bbdo.com/

Employees: 50

National Agency Associations:

Daniel Jose Melero *(Founder, Partner & CEO)*
Christian Rosli *(Gen Dir-Creative & Exec Creative Dir)*
Joaquin Campins *(Gen Dir-Creative)*
Ramiro Rodriguez Cohen *(Gen Dir-Creative)*
Alfonso Manuel Giffi *(Head-Admin & Fin)*
Juan Korman *(Head-Digital)*
Lucila Berger *(Art Dir)*
Adrian Gambaretto *(Art Dir)*
Soledad Rivas *(Acct Dir)*
Denise Orman *(Mgr-Operational)*
Nicolas Iampolsky *(Copywriter)*
Agustin Osman *(Sr Art Dir)*

Accounts:
Kopelco S.A
Museo de Arte Moderno of Buenos Aires
Nike Campaign: "Baptism", Campaign: "The Day the Stadium Spoke", Campaign: "Twitter To Zero", Marathon, Nike 10K
PepsiCo Beverage, Campaign: "Broken Relationships", Campaign: "Bubbles", Campaign: "Frog", Campaign: "Lay's machine", Frito Lay, Gatorade, Lay's, Quaker, Twistos
Tarjeta Naranja
Tulipan
Universal Music

Brazil

Almap BBDO
Av Roque Petroni JR 999 35e 7 anderas, Sao Paulo, 04707-905 Brazil
Tel.: (55) 11 23954000
Fax: (55) 11 2161 5645
E-Mail: almap@almapbbdo.com.br
Web Site: www.almapbbdo.com.br

Employees: 500

Alex Mehedff *(Mng Partner)*
Luiz Sanches *(Partner & Chief Creative Officer)*
Filipe Bartholomeu *(VP-Client Svcs)*
Cristina Chacon *(VP-Customer Svcs & Mgmt)*
Sergio Katz *(VP-Strategic Plng)*
Pedro Burneiko *(Head-Art Digital & Innovation)*
Bruno Prosperi *(Exec Creative Dir)*
Pedro Fragata *(Acct Grp Dir)*
Flavia Fusco *(Grp Acct Dir)*
F Hauck Araujo *(Creative Dir & Art Dir)*
Leandro Camara *(Creative Dir & Art Dir)*
Maryana Orru *(Art Buyer & Producer-Creative)*
Francis Alan *(Art Dir)*
Ana Conrado *(Art Dir)*
Henrique Del Lama *(Art Dir)*
Pedro Franco *(Client Svcs Dir)*
Andre Gola *(Creative Dir)*
Luciana Haguiara *(Creative Dir-Digital)*
Matt Lee *(Creative Dir)*
Hugo Luquetti *(Art Dir)*
Daniel Chagas Martins *(Art Dir)*
Keka Morelle *(Creative Dir)*
Marcelo Nogueira *(Creative Dir)*
Gola Benjamin Nogueira Pernil *(Creative Dir)*
Andrea Souza *(Art Dir)*
Vin cius Valeiro *(Art Dir)*
Benjamin Yung, Jr. *(Creative Dir)*
Vanessa Caldeira Sakamoto *(Dir-Strategic Plng)*
Felipe Seixas *(Dir-Animation)*
Priscila Sato *(Supvr-Media)*
Tales Bahu *(Copywriter)*
Le Cardenuto *(Designer-Motion)*
Pedro Corbett *(Copywriter)*
Francisco Mauro de Andrade *(Sr Designer-Motion)*
Ana Carolina Dos Reis *(Copywriter)*
Carla Duriguetto *(Media Planner)*
Cintia Goncalves *(Planner)*
Mauro Maedo Junior *(Copywriter)*
Caroline Kayatt *(Sr Designer-Experience-UX)*
Leandro Marchiori *(Copywriter)*
Mauro Molinari *(Designer-UX)*
Rodrigo Resende *(Copywriter)*
Gustavo Tasselli *(Copywriter)*
Rhian Wagner *(Designer-UX)*
Renato Butori *(Sr Art Dir)*
Isabela Crestana Filippi *(Rep-Customer Svc)*

Accounts:
Alpargatas S.A. Havaianas
Ambev Beer
Anheuser-Busch InBev N.V./S.A.
Antarctica Beer ANTARCTICA Business Card
Assciacao Edicacional e Assistencial Casa do Zezinho Campaign: "Biographies", Casa Do Zezinho Campaign: "Share With Those Who Needs" & Casa Do Zezinho Television, Child Poverty Indifference Awareness
Casa Do Zezinho Campaign: "Goal for Education", Campaign: "Help", Campaign: "Share With Those Who Needs", Television
Audi Audi A1, Audi A8, Audi Q7, Campaign: "Collection", Campaign: "Danger Can Appear Before Expected", Campaign: "Driving's more fun than getting there", Campaign: "File Compressor", Campaign: "Luxury Has Everything To Do With Nature", Campaign: "Quattro"
Bauducco Toast Campaign: "Cheese", Campaign: "Never Underestimate The Supporting Role", Toast
Bayer Aspirina C, Cafiaspirina, Campaign: "For a less painful life", Campaign: "Wi-Fi Network List", Dr. Scholl's
Billboard Brazil Campaign: "Guitar Pee", Campaign: "Music. See what it's made of.", Campaign: "Typography - Madona", Magazine, Transfertype
Bradesco Seguros Insurance Campaign: "Fake Ad", Campaign: "The Most Valuable Stock Images"
C&A
Companhia de Bebidas das Americas
Cultura TV
Editora Todas Culturas Campaign: "Price", Top Magazine
Effem
Escola Panamericana de Arte e Design
Getty Images Campaign: "85 Seconds", Campaign: "From Love To Bingo", Campaign: "Kaleidoscope", Campaign: "Life Cuts", Campaign: "Millions of Images. Endless Possibilities", Film, Image Archive, Image Bank, Stock Images, Stock Photos
Gol Airlines Campaign: "Seat Challenge"
Gollog Campaign: "Pixel Guitar", Campaign: "Streetview Delivery"
HP Campaign: "Photoshout"
iFoods
iStock
Kiss FM Campaign: "mccartneyhit"
Lojas Marisa
Man Latin America Campaign: "Styrofoam", Campaign: "Supermarket", Campaign: "The right size for your needs", Fish Market
Marisa
Mars Incorporated Campaign: "Dog Adopt", Campaign: "Feed the Good", Campaign: "First Days Out", In-Store, Online, Pedigree, Print, Snickers, Social Media, TV, Whiskas
O Boticario Believe in Beauty, Campaign: "Making Of", Campaign: "The Beauty Of Your Tan Needs Golden Plus", Making-Of
Panamericana School Of Art Actress, Campaign: "Fashion Design"

ADVERTISING AGENCIES

Pepsi
Sao Paulo Alpargatas S.A. Campaign: "Clips", Havaianas
TOP Destinos Campaign: "Vacations", Campaign: "Waterfall, Island", Campaign: "Your Luxury Tourism Magazine", Eiffel Tower
Veja
Visa Campaign: "Barber Shop", Campaign: "Hair Dye", Campaign: "Portal Entertainers"
Volkswagen Amarok, Campaign: "Ad Skipper", Campaign: "Beep-beep", Campaign: "Brasil 70", Campaign: "Do Brasil Broke Up", Campaign: "Driving is good", Campaign: "Drums", Campaign: "Hands-free parking system", Campaign: "Hidden Frame", Campaign: "Kombi Last Wishes", Campaign: "Last Edition", Campaign: "Luxurious", Campaign: "Nails", Campaign: "Space Cross - The Legend", Campaign: "Tariff Notebook", Campaign: "The legend of Saci", Campaign: "Tiguan - hotsite", Campaign: "Vw Innovation Channel", CrossFox, DSG Tiptonic Transmission, Golf, Hands-free Parking, New Beetle, Original Parts, SpaceFox, Tiguan, Touareg, Trucks, Volkswagen Area View System, Volkswagen Fatigue Sensor, Volkswagen Fox, Volkswagen Fusca, Volkswagen Kombi, Volkswagen do Brasil

Chile

BBDO Chile
Av Vitacura 2939 Piso 14 Las Condes, Santiago, Chile
Tel.: (56) 2751 4100
Fax: (56) 2751 4102
E-Mail: info@bbdo.cl
Web Site: www.bbdo.cl

Employees: 90

Marcelo Con Riera *(Gen Dir-Creative)*
Samer Zeidan *(Gen Dir-Creative)*
Agustin Speroni Scardulla *(Creative Dir & Art Dir)*
Cristobal Acuna *(Art Dir)*
Tomas Garin *(Creative Dir)*
Nicolas Montt *(Art Dir)*
Rodrigo Pacheco *(Art Dir)*
German Quiroz *(Creative Dir)*
Oscar Rivera Rebolledo *(Art Dir)*
Rafael Alegria Sepulveda *(Art Dir)*
Cristian Gomez Carvajal *(Dir-Acct & New Bus)*
Jose Pablo Cardone Velasco *(Copywriter-Creative)*
Piti Contreras *(Copywriter)*
Julio Salazar *(Copywriter-Adv)*
Juan Urra *(Copywriter-Adv)*
Abraham Vicencio *(Copywriter)*
Celim Caceres *(Sr Art Dir)*
Ingrid Lira *(Grp Creative Dir)*

Accounts:
Bayer Campaign: "Exploited Head"
El Ciudadano
Electrolux Steam System
Johnson & Johnson Listerine
Listerine Smart Kidz
Mars North America Pedigree
Mercedes-Benz Campaign: "House Of Mirrors Effect"
Monticello Grand Casino
PepsiCo Campaign: "Salsamix", Frito-Lay, Gatorade, Pepsi, Quaker

Sancho BBDO
Calle 98 No 903 2nd Floor, Bogota, Colombia
Tel.: (57) 1651 0651
Fax: (57) 1218 6672
Web Site: www.sanchobbdo.com.co

Employees: 300

Marcelo Arango *(VP-Strategic Plng)*
Hugo Corredor *(VP-Creative)*
Giovanni Martinez Gonzalez *(VP-Creative)*
Natalia Perez *(VP-Accts)*
Juan David Jaramillo *(Exec Creative Dir)*
Diego Almanza *(Exec Creative Dir)*
Mario Lagos *(Exec Creative Dir)*
Daniel Delgado *(Art Dir & Creative Dir)*
Gilber Franco *(Art Dir & Creative Dir)*
Jose Ariel Hernandez *(Creative Dir & Writer)*
Andres Luque *(Creative Dir & Writer)*
Nicolas Acosta *(Creative Dir-TotalWork)*
Ana Maria Arango Trujillo *(Acct Dir)*
Paula Arias *(Acct Dir)*
Sebastian Bautista Arias *(Art Dir)*
Diana Avellaneda *(Art Dir)*
Esteban Beltran *(Art Dir)*
Anderson Betancourt *(Art Dir)*
Carlos Briceno *(Creative Dir)*
Jairo Rubiano Castillo *(Creative Dir)*
Christian Avendano Cendales *(Art Dir)*
Diego Contreras *(Creative Dir)*
Sebastian Cuevas *(Creative Dir)*
Andres Estrada *(Creative Dir)*
Diego For *(Creative Dir)*
Diego Fernando Forero *(Creative Dir-Total Work)*
Elkin Hernandez *(Art Dir)*
Edward Jaramillo *(Creative Dir)*
Lina Maria Leal *(Art Dir)*
David Beltran Mancera *(Art Dir-Digital)*
Nicolas Murillo *(Creative Dir)*
Monica Nieto *(Acct Dir-Total Work)*
Alejandro Calero Orozco *(Creative Dir-Total Work)*
Miguel Rojas *(Creative Dir)*
Santiago Romero *(Art Dir)*
Ivan Saavedra *(Art Dir)*
Diana Triana *(Creative Dir)*
Juliana Villareal *(Acct Dir)*
Ana Maria Woodcock *(Acct Dir-Total Work)*
Marcela Zapata *(Art Dir)*
Eduardo Carvajalino *(Dir-Plng)*
Andres Garcia *(Dir-Art & Creative)*
Juan Gomez *(Dir-Total Work)*
Andres Luque Gutierrez *(Dir-Creative Copy)*
Viviana Ramirez *(Dir-Content Lab)*
Diego Tovar *(Dir-Creative Total Work)*
Carolina Maldonado *(Sr Acct Mgr)*
Juliana Caiaffa *(Acct Mgr-Total Work)*
Jose Leon *(Acct Mgr)*
Adriana Zapata *(Acct Mgr)*
Kattalina Espinel *(Acct Exec)*
Alejandro Arango *(Copywriter)*
Felipe Gonzalez Avila *(Copywriter)*
Jonatan Barrera *(Copywriter)*
Mario Betancur *(Copywriter)*
Jennifer Rincon Hernandez *(Sr Graphic Designer)*
Fabio Medina *(Copywriter)*
Oscar Ramirez *(Copywriter)*
Alvaro Silva *(Copywriter)*
Jeronimo Zapata Trejos *(Copywriter-Creative)*
Sergio Lizarazo *(Sr Art Dir)*

Accounts:
The 140 Characters Film Festival Campaign: "Short Film Festival Inspired By Tweets", Campaign: "Terror, Tragicomedy, Humor", Campaign: "Tetas, Mosquito"
ACNUR / UNHCR Refugee Children Campaign: "Sarita Selfie, Pedro Selfie"
Almacenes Exito Campaign: "An Homage To Mom", Campaign: "Giro Internacionales Exito"
American Dental Association
New-Aviatur
Barefoot Foundation
Bayer Alka Seltzer, Campaign: "Armagefood", Campaign: "Porktanic"
Beergara Beer
Chevrolet Posventa Campaign: "Choking Goal Syndrome"
Colombian League Against Cancer
Colombian Red Cross
Corona Kitchen
Corona Paints Campaign: "Princess"
El Ropero
El Tiempo Campaign: "The Game of Time", Campaign: "Voice Bank"
El Tomacorriente
Exito Dental Floss Campaign: "Flossbook", Campaign: "Postcard"
Exito Mobile
Exito Supermarkets
Exito Viajes
Fundacion Exito
Fundacion Pies Descalzos
Guia Academica
HiperCentro Corona
Hit
Huawei
Lukafe Campaign: "RIVER"
Mi Planeta Exito Public Interest
POSTOBON S.A
ProColombia Marca Pais
Red Cross
Santa Alianza
Visa
Yodora

Costa Rica

Garnier BBDO
Urbanizacion Tournon Diagonal a la Camara de Comercio Barrio Tournn, 1000 San Jose, Costa Rica
Tel.: (506) 2287 4800
Fax: (506) 223 0390
E-Mail: info@garnierbbdo.com
Web Site: www.garnierbbdo.com

Employees: 90

Agency Specializes In: Direct Response Marketing, Public Relations, Publicity/Promotions

Ronaldo Peraza *(Publr & Designer)*
Jose David Alfaro Alpizar *(Editor-Creative)*
Yoshua Leon Anchietta *(Creative Dir)*
Chepe Antillon *(Creative Dir)*
Diego Campos *(Art Dir)*
Carlos Obando *(Creative Dir)*
Lucas Fernandez *(Dir-Digital)*
Yeudy Guido Arce *(Sr Graphic Designer)*

Accounts:
Costa Rica Philharmonic Orchestra
Dos Pinos
Fischel Express
MatraCat
Orquesta Sinfonica Nacional
Spoon Campaign: "Flags"
Territorio de Zaguates

Dominican Republic

Pages BBDO
Manuel De Jesus Troncoso No 16, Piantini, Santo Domingo, Dominican Republic
Tel.: (809) 541 5331
Fax: (809) 563 0947
E-Mail: info@pagesbbdo.com
Web Site: www.pagesbbdo.com

Employees: 500
Year Founded: 1970

Felipe Pages *(Pres)*
Rodolfo Borrell *(Chief Creative Officer & VP)*
Raysa Coste *(Acct Dir)*
Ariel Gomez *(Art Dir)*
Maholi Quijada Rodriguez *(Dir-Brand Asset)*

Accounts:
Banco Popular
El Caribe
La Sirena Campaign: "Fashion for Less", Red Carpet
Sanar Una Nacion

AGENCIES - JANUARY, 2019 — ADVERTISING AGENCIES

UNICEF

Guatemala

BBDO Guatemala
5 Ave 5-55 Zona 14 Europlaza Torre 4 nivel 17, 01014 Guatemala, Guatemala
Tel.: (502) 2382-2236
Fax: (502) 2382-2200
E-Mail: publicidad@bbdo.com.gt
Web Site: www.bbdo.com.gt

Employees: 112

Daniel Alvarado *(Creative Dir)*

Accounts:
Fox Head
Frito-Lay
Kasperle
ReStore
Santa Lucia Lottery
Scotch Glue

Mexico

BBDO Mexico
Guillermo Gonzalez Camarena No 800 3er Piso, Col Zedec Santa Fe, Mexico, DF 01210 Mexico
Tel.: (52) 55 5 267 1500
Fax: (52) 55 5 267 1523
E-Mail: beatriz.alarcon@bbdomexico.com
Web Site: www.bbdomexico.com

Employees: 165

National Agency Associations: IAA

Agency Specializes In: Consumer Marketing

Carlos Vaca *(CEO)*
Gustavo Correa *(COO & VP)*
Ariel Soto *(Chief Creative Officer & VP)*
Andrea Davila Jolly *(VP, Client Svcs Dir & Reg Dir-Latin America)*
Alfonso Alcocer del Rio *(VP & Client Svcs Dir)*
Oscar Eduardo Diaz Barriga Wolffer *(VP-Fin)*
Sindo Ingelmo *(Creative Dir)*
Abraham Jimenez *(Art Dir)*
Teresa Lemus *(Creative Dir-Proximity)*
Luis Nunez O'Farrill *(Creative Dir)*
Carlos Oxte *(Creative Dir)*
Alberto Pacheco *(Creative Dir)*
Juan Palacios *(Creative Dir)*
Samantha Jazmin Moreno *(Copywriter)*
Pablo Ferrari *(Grp Creative Dir)*
David Figueroa *(Assoc Creative Dir)*
Marko Onofre *(Sr Art Dir)*
Tania Ruiz *(Sr Art Dir)*
Manolo Sandoval *(Grp Creative Dir)*

Accounts:
Bayer Alka Seltzer, Campaign: "Pixelator"; 1995
Berol Gases
Cinemex; 2003
Mercedes-Benz
Devlyn Optical Store Campaign: "Eyes", Campaign: "Sniper"
Effem
El Financiero Newspaper; 1995
ESPN; 2003
Hewlett Packard Campaign: "Ramses"
Mars Cesar Goddes
Mars Pedigree, Whiskas
Mitsubishi
Pepsi-Cola International Fedex Campaign: "Small Business" & Fedex Campaign: "Trucks", Frito-Lay, Gatorade
Pfizer
Sabritas Campaign: "Rusian Rulet"; 1996
Scribe Campaign: "Gorigon", Sketch Books
Smart
Visa
Wrigley's; 1995

Puerto Rico

BBDO Puerto Rico
Metro Office Park 14 calle 2 Ste, Guaynabo, PR 00907-1831
Tel.: (787) 620-2000
Fax: (787) 620-2001
E-Mail: info@bbdopr.com
Web Site: www.bbdopr.com

Employees: 50

National Agency Associations: 4A's

Accounts:
Bayer
Frito Lay
Gatorade
GlaxoSmithKline
Mars Campaign: "Dj'S", M&M's
P&G Campaign: "Gracias Mami"
Pepsi
Puerto Rico Alzheimer's Federation Campaign to Recruit Volunteers
SUAGM

Austria

PKP BBDO
Guglgasse 7-9, 1030 Vienna, Austria
Tel.: (43) 1 95 500 500
Fax: (43) 1 95 500 600
E-Mail: bbdo@bbdo.at
Web Site: www.pkp-bbdo.at

Employees: 50

Alfred Koblinger *(CEO)*
Roman Sindelar *(Mng Partner & Chief Creative Officer)*
Ioana Cornea *(Art Dir)*
Lukas Handler *(Art Dir)*
Virginia Wilhelmer *(Art Dir)*
Luke Sabine *(Dir-Fin)*
Tina Buchegger *(Copywriter)*
Erich Enzenberger *(Sr Creative Dir)*

Accounts:
Iberogast
Mercedes Benz
Mondelez International, Inc. Campaign: "The Receipt"
Procter & Gamble Oral-B

Belgium

Darwin BBDO
Bessenveldstraat 25, 1831 Diegem, Belgium
Tel.: (32) 2 725 9710
Fax: (32) 2 725 9001
E-Mail: info@darwin.bbdo.be
Web Site: http://darwin.be/

Employees: 25

Agency Specializes In: Advertising, Consumer Goods, Consumer Marketing, Financial, Food Service, Pharmaceutical

Guy Geerts *(Partner & Mng Dir)*
Gaston Kooijmans *(Creative Dir)*
Hannelore Van Cauwenberghe *(Acct Dir)*
Marianne Janssens *(Acct Mgr)*

Accounts:
JCDecaux Campaign: "Huge Bills"
SOS Childrens Villages Campaign: "You are the 99%"

N BBDO
Scheldestraat 122, 1080 Brussels, Belgium
Tel.: (32) 2 421 30 10
Fax: (32) 2 421 22 04
E-Mail: info@n.bbdo.be
Web Site: www.bbdo.be

Employees: 25
Year Founded: 1992

Agency Specializes In: Advertising, Food Service

Daniel Schots *(Partner)*
Isabel Peeters *(Mng Dir-Client Svcs)*
Stephan Smets *(Head-Activation, Shopper Mktg & Pharma)*
Sebastien De Valck *(Creative Dir)*
Marleen Depreter *(Acct Dir)*
Arnaud Pitz *(Creative Dir)*
Klaartje Galle *(Assoc Creative Dir)*

Accounts:
Douwe Egberts
Herta Knacki Football Knacki Football
JCDecaux Direct Marketing
Vier

Proximity BBDO
Scheldestraat 122 Rue de l'Escaut, 1080 Brussels, Belgium
Tel.: (32) 2 421 23 80
Fax: (32) 2 4212314
E-Mail: info@proximity.bbdo.be
Web Site: proximityworld.com/

E-Mail for Key Personnel:
Creative Dir.: henney.gerwen@bbdo.be

Employees: 200
Year Founded: 1987

National Agency Associations: BPA-DMA

Agency Specializes In: Advertising, Direct Response Marketing

Dirk Peremans *(Partner & Dir-Strategic)*
Stefaan Roelen *(COO)*
Isabel Peeters *(Mng Dir-Client Svcs)*
Sebastien De Valck *(Creative Dir)*
Arnaud Pitz *(Creative Dir)*
Diane Vandebroek *(Acct Dir)*
Hans Bos *(Dir-Production)*
Gertjan De Smet *(Dir-Concept & Art)*
Frederik Clarysse *(Copywriter)*
Michael D'hooge *(Planner-Strategic)*
Davy Dooms *(Designer)*

Accounts:
BBDO & Microsoft Connect
Belgian Interfederal Olympic Committee
Bosch
Brussels Airlines
Euromelanoma Foundation
Knacki
Mercedes Benz
Oxylane Group Decathlon
Smart
Tabasco Pepper Sauce

VVL BBDO
122 Rue de l'Escaut, 1080 Brussels, Belgium
Tel.: (32) 2 421 2200
Fax: (32) 2 421 2204
E-Mail: recepcei@bbdo.be
Web Site: bbdo.be/

Employees: 200

ADVERTISING AGENCIES

Agency Specializes In: Business-To-Business, Direct Response Marketing, Retail

Arnaud Pitz *(Creative Dir)*
Jasper Verleije *(Art Dir)*
Michiel Baeten *(Copywriter)*
Sarah Huysmans *(Copywriter-Creative)*
Ann Peetermans *(Planner-Creative)*

Accounts:
Mercedes-Benz A-Class, Campaign: "Mbmakemyday", Campaign: "The Pulse Of A New Generation"
Vlaamse Parkinson Liga
Volvo Campaign: "FollowedbyVolvo"

Bulgaria

Graffiti BBDO
3A Nikolay Haytov Str FL3, Sofia, 1113 Bulgaria
Tel.: (359) 2 865 11 38
Fax: (359) 2 439 06 15
Web Site: https://www.graffiti-bbdo.bg/

Employees: 150

Andreea Sandu *(Client Svcs Dir-Romania)*
Vlad Socianu *(Art Dir)*
Bogdan Vintila *(Creative Dir)*
Dan Sendroiu *(Dir-Strategy)*
Adi Dragoi *(Copywriter)*
Andrei Nica *(Grp Creative Dir)*

Accounts:
4 Proof Film Campaign: "Henvertising", Domestic Capital Newspaper
Domestic Campaign: "Henvertising"
Foreign Policy Romania
Moto-Pfohe
Unicef

Cyprus

Telia & Pavla BBDO
62 Pericleous St, P.O. Box 23930, 2021 Strovolos, 1687 Nicosia, Cyprus
Tel.: (357) 22377745
Fax: (357) 22376244
E-Mail: info@tpbbdo.com.cy
Web Site: www.tpbbdo.com.cy

Employees: 39
Year Founded: 1982

Athos Kyriacou *(Deputy Mng Dir & Head-New Bus Dev)*
Anastasia Tsami *(Creative Dir & Copywriter)*
Tonia Anastasiou *(Acct Mgr)*
Eleni Avraamidou *(Mgr-Media)*
Popi Savva *(Coord-Production)*

Czech Republic

Mark BBDO
Krizikova 34, Prague, 8 186 00 Czech Republic
Tel.: (420) 251 001 511
Fax: (420) 2 2161 724248
E-Mail: markbbdo@markbbdo.cz
Web Site: www.markbbdo.cz

Employees: 55

Jakub Hanzlicek *(Creative Dir)*
Vlado Slivka *(Creative Dir)*
Leon Sverdlin *(Creative Dir)*

Pleon Impact
Konviktska 24, 110 00 Prague, 1 Czech Republic
Tel.: (420) 222 540 147 8
Fax: (420) 222 540 836
E-Mail: pleonimpact@pleon-impact.cz
Web Site: www.pleon-impact.cz

Employees: 20
Year Founded: 1994

National Agency Associations: APRA-ICCO

Agency Specializes In: Public Relations

Zdenka Svoboda Kuhnova *(Mng Partner)*
Martina Komarkova *(Jr Project Mgr)*

Denmark

BBDO Denmark
St Kongensgade 72, DK-1264 Copenhagen, K Denmark
Tel.: (45) 39 27 88 99
Fax: (45) 3330 1920
Web Site: tbwa.dk

Employees: 43

Accounts:
Procter & Gamble Oral-B

Estonia

Zavod BBDO
Rotermanni 5/ Roseni 10, Tallinn, 10111 Estonia
Tel.: (372) 6 8 11 800
Fax: (372) 6 8 11 801
E-Mail: zavod@zavod.ee
Web Site: http://zavodbbdo.ee/

Employees: 28
Year Founded: 1994

Tauno Loodus *(Mng Partner)*
Silvar Laasik *(Creative Dir)*
Marek Reinaas *(Creative Dir)*
Erkki Tuisk *(Acct Dir)*

Accounts:
Estonian Tourist Board Visit Estonia
ETK Retail
Mars North America
Osuspanki Insurance & Banking
PepsiCo

Egypt

Impact BBDO
15 Hassan Sabry, zamalek, Cairo, Egypt
Tel.: (20) 2 794 0151
Fax: (20) 2 796 0296
E-Mail: info@impactbbdo.com.eg
Web Site: www.impactbbdo.com

Employees: 63

Hussam Moro *(Pres & Chief Creative Officer)*
Roni Chamcham *(Grp Mng Dir)*
Ahmed El Keiy *(Exec Creative Dir)*
Aref Fakhoury *(Grp Acct Dir)*
Ahmed Abdou *(Art Dir)*
Mohamed Fathy *(Creative Dir)*
Noor Hassanein *(Dir-Plng)*
Ahmad Sobeih *(Dir-Digital)*
Salma Shahin *(Sr Acct Mgr)*
Yasmin Sweedan *(Acct Mgr)*
Ahmed Hany *(Copywriter)*
Alaa Khalil *(Copywriter)*
Omar Osman *(Copywriter)*
Ezz Tarek *(Copywriter)*
Nayf Zacca *(Copywriter-Creatives)*

Accounts:
Cairo Festival City Mall
PepsiCo, Inc. Pepsi
TECNO Mobile Smartphone for Everyone
Tour n' Cure

France

CLM BBDO
93 Rue Nationale, Boulogne-Billancourt, 92513 France
Tel.: (33) 1 4123 4123
Fax: (33) 1 4123 4240
E-Mail: contact@clm.bbdo.fr
Web Site: www.clmbbdo.com

Employees: 400

Valerie Accary *(CEO)*
Matthieu Elkaim *(Chief Creative Officer)*
Nicolas Fabre *(Deputy Mng Dir & Deputy Gen Mgr)*
Julien Lemoine *(VP)*
Lucie Lavrard *(Group Head-Ubisoft & M & M's & Acct Mgr)*
Pierre Engelibert-Charbit *(Head-Social Media)*
Lauren Weber *(Deputy Gen Mgr-Mktg & Influence)*
Judith Romero *(Grp Acct Dir)*
Benjamin Dessagne *(Creative Dir & Copywriter)*
Emile Martin *(Art Dir & Copywriter)*
Romain Bruneau *(Acct Dir-Intl)*
Nicolas Carlotti *(Acct Dir)*
Nicolas Demeersman *(Creative Dir)*
James Gebler *(Creative Dir)*
Paul Kreitmann *(Creative Dir)*
Benoit Lagalle *(Art Dir)*
Clement Payen *(Art Dir)*
Julien Pinet *(Acct Dir-New Bus Asst-Intl)*
Marion Quesada *(Acct Dir)*
Theophile Robaglia *(Art Dir)*
Stephane Santana *(Creative Dir)*
Valerie Van den Bossche *(Bus Dir-Intl)*
Martine Ferey-Yussourou *(Dir-Post Production)*
Charlotte Montrichard *(Dir-Customer)*
Julien Sanson *(Dir-Production-Paris)*
Jeremy Communier-James *(Sr Mgr-Social Media-Activation & Entertainment)*
Anais Courbez *(Acct Mgr)*
Manon Debus-Pesquet *(Acct Exec)*
Veronique Bernard *(Planner-Global Strategic)*
Clement Dantzer *(Copywriter)*
Linnea Kavsjo *(Copywriter)*
Quentin Kientz *(Copywriter)*
Joseph Rozier *(Copywriter)*

Accounts:
ALB Campaign: "Golden Chains Trailer"
Bayer Aktiengesellschaft; 2018
Care France
Collectif feministe contre le viol
The Economist Campaign: "Take a Step Back"
EDF Advertising, Campaign: "Heroes"
Eurofil
Eurostar Online, Print
Foot Locker Europe
French Organ Donation Campaign: "The Mess"
Guy Cotten Campaign: "A Trip Out to Sea"
La Redoute Campaign: "The Naked Man"
Mars, Incorporated Bounty, Campaign: "Add a Real Friend", Celebrations, Ice Cream, M&M, Pedigree
Masterkoo Campaign: "Prices Like This Are A No-Brainer"
Oui FM
Plan Campaign: "The Erasable Billboard"
Procter & Gamble Oral-B
Snickers Campaign: "Metamorphosis", Campaign: "You're Not You When You're Hungry"
Society of Saint-Vincent-De-Paul
Tag Heuer Campaign: "Don't Crack Under Pressure", Campaign: "Precision", Mikrograph Watch

Total Access Campaign: "Security Camera", Ubisoft
Wm. Wrigley Jr. Company Orbit

Germany

BBDO Dusseldorf
Konigsallee 92, 40212 Dusseldorf, Germany
Tel.: (49) 211 1379 0
Fax: (49) 211 1379 8621
E-Mail: info@bbdo.de
Web Site: www.bbdo.de

Employees: 500

Dirk Bittermann *(CEO)*
Wolfgang Schneider *(Chief Creative Officer-Germany)*
Frank Lotze *(CEO-Germany)*
Kristoffer Heilemann *(Mng Dir-Creative)*
Annett Hausmann *(Head-HR Shared Svcs & Dir-HR)*
Tobias Feige *(Exec Creative Dir)*
Daniel Haschtmann *(Exec Creative Dir)*
Michael Schachtner *(Exec Creative Dir)*
Andreas Breunig *(Creative Dir)*
Konstanze Bruhns *(Creative Dir)*
Dejan Handjiski *(Art Dir)*
Rod Henriques *(Creative Dir)*
Jil-Marie Lang *(Art Dir)*
Michael Pluckhahn *(Creative Dir)*
Bernd Rose *(Art Dir)*
Christian Sander *(Art Dir)*
Sebastian Steller *(Creative Dir)*
Joerg Tavidde *(Creative Dir)*
Anno Thenenbach *(Creative Dir)*
Andy Wyeth *(Creative Dir-Digital)*
Daniel Schwab *(Dir-Bus Dev & Strategy)*
Liselotte Schwenkert *(Dir-Client Svcs)*
Maren Otto *(Sr Acct Mgr)*
Vera Vanselow *(Sr Acct Mgr)*
Benjamin Pleissner *(Sr Planner-Digital Strategic)*
Marius Sommerfeld *(Copywriter)*
Ailton Henriques *(Sr Art Dir)*
Tobias Von Aesch *(Assoc Creative Dir)*

Accounts:
Alzheimer Forschung Initiative e.V.
Anheuser-Busch InBev N.V. Beck's
Bayer Aktiengesellschaft Advantage, Advantix, Creative, Digital Communications Strategy, Drontal, Global Companion Animal Business, Seresto; 2018
Braun Campaign: "Hold On To Your Dreams", Campaign: "Piecemaker", Campaign: "Tame The Beast", Hairmoticons, Multiquick 7, Satin Hair 5 Multistyler
Caritas
Daimler AG Campaign: "Attention Assist", Campaign: "Going Home", Campaign: "Plug into a better world", Campaign: "World's first socket ad", Campaign: "smart EBALL", Mercedes Benz Campaign: "Bike", Mercedes Benz Campaign: "Occupy Wall Street", Mercedes Benz Campaign: "The first car park slot with a Mercedes-Benz workshop pit", Mercedes Benz Campaign: "Trucker Babies I" & Mercedes Benz Garage Service, Smart Electric Drive
Dr. August Oetker Nahrungsmittel KG Campaign: "The Pizzananny"
Globalization & Solidarity
Henkel Campaign: "You: A Declaration of Love", Schwarzkopf
New-Innoncence in Danger e.V.
Mars Snickers
Mercedes-Benz Trucks Campaign: "Cowgirl", Campaign: "Superhero", Campaign: "Tree of Life"
Mercedes Benz Campaign: "Bike", Campaign: "Occupy Wall Street", Campaign: "The first car park slot with a Mercedes-Benz workshop pit", Campaign: "Trucker Babies I", Garage Service

Pedigree Campaign: "The Freshest Dog Breath", Pedigree Dentastix Fresh
People for the Ethical Treatment of Animals Campaign: "Behind Fashion"
Pepsi co Campaign: "Calory Sculpture", Campaign: "Iconic Refreshment", Campaign: "Veins", Pepsi Light
Procter & Gamble Campaign: "Piecemaker", Campaign: "Vegetable Souffla", Campaign: "Wear Your Face", Oral-B
Sennheiser
Sky Go Campaign: "The Talking Window"
smart Center Berlin Bodypanel promotion, Fortwo, Smart EBall
Smart Fortwo; 2007
True Fruit
Unesco Biosphere Entlebuch
UNIT9 Fashion Revolution The 2 Euro T-Shirt
Westdeutsche Lotterie Campaign: "6x49 West Lotto"
Wrigley Company
WWF Ant Rally

BBDO Proximity Berlin
Hausvogteiplatz 2, 10117 Berlin, Germany
Tel.: (49) 30 340 0030
Fax: (49) 30 340 00320
E-Mail: berlin@bbdoproximity.de
Web Site: www.bbdo.de

Employees: 70
Year Founded: 1991

Franzis Heusel *(Mng Dir)*
Ton Hollander *(Chief Creative Officer-BBDO Dusseldorf & Proximity)*
Till Diestel *(Mng Dir-Creative)*
Gordon Euchler *(Head-Plng-Dusseldorf)*
Daniel Haschtmann *(Exec Creative Dir)*
Marius Lohmann *(Exec Creative Dir)*
Fabio Baraldi *(Art Dir)*
Bjorn Kernspeckt *(Creative Dir)*
Mark Andree *(Dir-Client Svc)*
Florian Laufenberg *(Dir-Client Svc)*
Jan Savelsberg *(Sr Acct Mgr)*
Julian Stoelting *(Copywriter)*
Nicolai Makowski *(Jr Art Dir)*
Lukas Rossmanith *(Jr Art Dir)*
Alexandra Seidl *(Jr Art Dir)*

Accounts:
Anheuser-Busch Companies, Inc. Beck's
Berlin Tourismus & Kongress
Blaues Kreuz
BUND Campaign: "Tree Concert"
Copic Campaign: "Great Ideas start with a Copic", Copic Marker
Estonian Tourist Board
Ethiopian Aid
Fashion Revolution
FRIESLAND Cecemel
Pedigree
Penske Automotive Group
Sky Campaign: "The talking window", Sky Go
Smart Fortwo Campaign: "'Offroad", Campaign: "FaceLift"
Smart Vertriebs Gmbh
Smart Campaign: "Guess The Car", Campaign: "Most Open Test Drive"
True Fruits GmbH
True Fruits Campaign: "The Green Screen Prank"
Womanizer (Worldwide Lead Marketing Agency) Marketing Communication; 2018

Interone Worldwide
Therecienhoehe 12, D-80339 Munich, Germany
Tel.: (49) 8 955 1860
Fax: (49) 8 955 4194
E-Mail: impfang@interone.de
Web Site: www.interone.de

Employees: 120

Year Founded: 1986

Agency Specializes In: Direct Response Marketing

Matthias Schaefer *(Mng Dir)*
Marian Cizmarik *(Sr Art Dir-Interactive)*

Accounts:
BMW BMW M235i, Campaign: "Night View", Campaign: "Power & Trees", Digital, Mini, Outdoor, Print
Horror Channel Night Terror App

Greece

BBDO Athens
48 Ethnikis Antistaseos St, 152 31 Athens, Greece
Tel.: (30) 210 678 4000
Fax: (30) 210 674 2102
E-Mail: info@bbdoathens.gr
Web Site: www.bbdoathens.gr

E-Mail for Key Personnel:
President: tprassin@ba.bbdogroup.gr

Employees: 50

National Agency Associations: EDEE

Tassos Prassinos *(Pres & CEO)*
Fay Apostolidou *(COO)*
Konstantina Grammatikaki *(Controller)*
Theodosis Papanikolaou *(Exec Creative Dir)*
Marina Stathopoulou *(Art Dir)*
David Kaneen *(Sr Art Dir)*

Ireland

BBDO Dublin
(Formerly Irish International BBDO)
17 Gilford Road, Sandymount, Dublin, 4 Ireland
Tel.: (353) 1 206 0600
Fax: (353) 1 260 2111
E-Mail: info@irishinternational.com
Web Site: www.bbdo.ie

Employees: 100

Agency Specializes In: Advertising, Advertising Specialties, Business-To-Business, Communications, Consulting, Direct Response Marketing, Entertainment, Event Planning & Marketing, Production, Sales Promotion, Strategic Planning/Research

Dave McGloughlin *(Deputy Mng Dir)*
Noel Byrne *(Head-Production)*
Dylan Cotter *(Exec Creative Dir)*
Niall Reynolds *(Grp Acct Dir)*
Laura Stanley *(Grp Acct Dir-Irish Intl)*
Kirk Bannon *(Art Dir & Creative Dir)*
Des Kavanagh *(Creative Dir & Copywriter)*
Mark Nutley *(Creative Dir & Writer)*
James Carr *(Art Dir)*
Rosanne Clarke *(Acct Dir)*
Greg Colley *(Art Dir)*
Tanya English *(Acct Dir)*
Niamh Fahey *(Art Dir)*
Chris Ferguson *(Acct Dir)*
Christopher Gore *(Art Dir)*
Patrick Hamill *(Creative Dir)*
Clayton Homer *(Art Dir)*
Ken Kerr *(Acct Dir)*
Martin Loraine *(Creative Dir)*
Colm O'Gaora *(Creative Dir)*
Alex Simpson *(Acct Dir)*
Mal Stevenson *(Creative Dir)*
Kevin Leahy *(Dir-Art)*
Emma Corcoran *(Sr Acct Mgr)*
Lorna Begg *(Acct Mgr)*
Alma Mannion *(Acct Mgr)*
David Power *(Acct Mgr)*

ADVERTISING AGENCIES

Priya Shial *(Acct Mgr)*
Nicole Treanor *(Mgr-Social Media-Irish Intl)*
Jean Donovan *(Copywriter)*
Dillon Elliott *(Copywriter)*
Fionan Healy *(Sr Designer)*
Gareth Heffernan *(Designer)*
Blaise Hoban *(Copywriter)*
Gerry McBride *(Copywriter)*
Jackie Smyth *(Sr Art Dir)*

Accounts:
3 Ireland
98FM Advertising, Campaign: "Made of Dublin"
Barry's Tea; 1993
Brown Thomas
Castlethorn Construction; 1994
Centra
Diageo Guinness
Disney Ireland
Donegal Catch
The Dublin Simon Community
EBS Building Society Creative; 1998
Electric Ireland Campaign: "Power"
Glanbia Consumer Foods
GlaxoSmithKline
Green Isle Foods
Guinness Beer, Campaign: "Physics"
Health & Safety Authority Rebuilding is Harder
Health Service Executive Ireland
HMV; 1994
Ikea
Independent Directory
Independent Newspapers; 1985
New-Insolvency Service of Ireland
Irish Independent Campaign: "Choices", Campaign: "We Are Defined By The Choices We Make"
Kerrygold
Lidl
Make-A-Wish Foundation
Mars Dolmio, Extra, M&Ms, Mars, Orbit, Pedigree, Snickers, Twix, Uncle Bens, Whiskas, Wrigley; 1999
myhome.ie
National Transport Authority Campaign: "Connections"
Newstalk
Pepsico International; 2000
RHM Ireland; 1996
Road Safety Authority Ireland "Anatomy of a Split Second", Campaign: "Anatomy of a Split Second", Campaign: "Steering Wheel", Creative
Sony Pictures; 1994
Today FM
UPC
Volkswagen Ireland (Agency of Record); 2018
Walkers Snacks; 2000
Warner Brothers; 1993
Wrigley

Israel

Gitam/BBDO
8 Raul Wallenberg Street, Tel Aviv, 52522 Israel
Tel.: (972) 3 576 5757
Fax: (972) 3 612 2991
E-Mail: miri@gitam.co.il
Web Site: www.gitam.co.il

Employees: 130

Ido Har Tuv *(CEO)*
Eran Nir *(VP-Creative)*
Gali Starkman *(VP-Production)*
Guy Vingest *(VP-Strategy)*
Danny Yakobowitch *(Exec Creative Dir)*
Jonathan Regev *(Grp Acct Dir)*
Danielle Lee Vardi *(Art Dir)*
Evgeniy Eugene Utkin *(Art Dir)*
Hagar Foigel *(Acct Supvr)*
Sharon Dahan *(Acct Exec)*
Kobi Cohen *(Copywriter)*
Michal Perry *(Copywriter)*
Keren Bachar Amitai *(Grp Acct Mgr)*
Yonatan Regev *(Grp Acct Mgr)*

Accounts:
Bayerische Motoren Werke Aktiengesellschaft 7 Series, Campaign: "Valet", Mini Cooper S, i3
Delek Motors Israel
Dr. Gav Campaign: "Around the world in 80 days"
Families of Murder Victims organization
Hishgad Campaign: "Car"
Hogla-Kimberly Campaign: "Clown-Cloud", Campaign: "Stop using newspapers", Nikol
Israel Cancer Association Campaign: "The Day the Radio Went Mono"
Israeli Rett Foundation Campaign: "Creating a Discussion Without Saying a Word"
Israir Campaign: "A vacation is longer than just the days off", Campaign: "You've Reached Your Destination, Too Bad!"
Kleenex
Mif'al Hapais
Mini Cooper S Campaign: "Mini Bolt"
Nikol Hogla Kimberly Anti Bacterial Toilet Seat Wipes: Every toilet has a history, Campaign: "Sarkozy"
Office Depot Campaign: "Non Smoker Roommate"
Opel Corsa Campaign: "SMS Mistype"
Osem Campaign: "Cucumber", Osem Light Salad Dressing
Women's International Zionist Organization

Italy

D'Adda, Lorenzini, Vigorelli, BBDO
Via Lanzone 4, Milan, 20123 Italy
Tel.: (39) 02 880 071
Fax: (39) 02 880 07223
E-Mail: infomi@dlvbbdo.com
Web Site: www.dlvbbdo.com

Employees: 50
Year Founded: 1997

Agency Specializes In: Advertising

Ilaria Mosca *(Head-Digital & Integration)*
Alessandro Pancotti *(Head-Brdcst)*
Chiara Niccolai *(Gen Mgr)*
Valentina Amenta *(Creative Dir)*
Alessandro Dore *(Art Dir)*
Sara Portello *(Creative Dir)*
Angelo Ratti *(Creative Dir)*
Angela Vitelli *(Acct Dir)*
Giulio Brienza *(Dir-Client Creative)*
Monica Carallo *(Dir-Clients Creative)*
Luca Ghilino *(Dir-Client Creative)*
Caterina Iaconis *(Dir-Client Svc)*
Enrico La Gatta *(Dir-Client Svc)*
Francesca Montrucchio *(Dir-Clients Creative)*
Emanuela Munafo *(Dir-Client Svc)*
Giuseppe Pavone *(Dir-Client Creative)*
Cristina Pontello *(Dir-Client Svc)*
Corinna Bonfanti *(Planner-Strategic)*
Fabrizio Fiucci *(Sr Art Dir)*
Letizia Ziaco *(Deputy Creative Dir)*

Accounts:
Action Aid Campaign: "Buffalo", Campaign: "Speakers"
ACUA
Alzheimer Portugal
Ariston Heating Campaign: "Find Your Perfect Temperature"
ASA ONLUS Aids World Day Campaign: "Bear, Octopus, Cat"
Bacardi Limited
Bayer Aktiengesellschaft Aspirina
British Sky Broadcasting Group
CAM Campaign: "Horses in the Wood", Campaign: "The Child's World", Campaign: "When I Grow Up I want to be a tailor for shadows", Campaign: "When I Grow Up"
Cargill Sow Solutions Animal Nutriment Campaign: "A Heritage in Creating The Best Class"
Dr Giorgini "Make the World A Peaceful Place"
Editrice Quadratum Campaign: "Back to Rock"
Freddy Campaign: "Body Transmission", Campaign: "Vase"
Gatorade Campaign: "Tennis, Soccer"
GNV Campaign: "Big bags back on board ", Campaign: "Buried Ads"
Henkel AG & Co. KGaA
New-illycaffe spa
Linear Insurance
Marionnaud Campaign: "Clap", Skin Cream
Martini
Mellin
Mondelez
Parisian Gentleman Campaign: "Ladies"
Philadelphia Campaign: "Lactose Free Launch"
Pirelli
Procter & Gamble ORAL B
Rolling Stone Magazine Campaign: "Back To Rock"
Safilo Group S.p.A. Campaign: "After All No Regrets", Campaign: "Tell Your Story", Carrera
Sky Bar Beach Umbrellas
Smart Campaign: "Candies"
Sognid'oro Chamomile Tea Campaign: "Don't drink and drive"
Star Sognid'oro Campaign: "Don't Drink & Drive"
Svenska Cellulosa Aktiebolaget
Tempo
Thomas Henry
Wall Street English Campaign: "Online Encounters", Campaign: "Open New Roads To Your Future", Campaign: "Piano"
Wenner Media LLC Campaign: "Our Belief"
Yamaha Motor Co., Ltd. Campaign: "Asphalt Desert", Campaign: "Fast", Campaign: "Out of Sync Life", Campaign: "Teaser", Campaign: "The wait is over", Campaign: "Wake-up", Campaign: "We R 1", F40, Super Tenere, Yamaha MT-07, Yamaha Marine Motor, Yamaha R1

Lebanon

Impact BBDO
Bldg 635 Omar Daouk Street Jumblatt Area, Ain-Mreysseh, Beirut, Lebanon
Tel.: (961) 1 367 890
Fax: (961) 1 367 567
E-Mail: info@impactbbdo.com.lb
Web Site: www.impactbbdo.com

Employees: 80

Hovsep Guerboyan *(Creative Dir)*
Georges Kyrillos *(Creative Dir)*
Aref Daher *(Dir-Production)*
Omar Sadek *(Mgr)*
Joe Abou Abou-Khaled *(Reg Creative Dir)*
Lyna Domiati *(Assoc Creative Dir)*
Angelo El Chami *(Sr Creative Dir)*
Ali Zein *(Reg Creative Dir)*

Accounts:
An Nahar
BeautyTech
Ets. Khalil Fattal & Fils
FDC Canderel, Manitoba, Nana, Parmalat, Peaudouce, Vape
Fransabank
The Journey
Kawasaki Ninja ZX-14R
LBCI Campaign: "Abou Warde", Campaign: "Ward el Khal", LBCI Drama
M TV Bananas
Mars
Ministry of Tourism Lebanon Campaign: "Don't Go To Lebanon"
Nissan Juke

AGENCIES - JANUARY, 2019 — ADVERTISING AGENCIES

Okaz Organization for Press & Publication
Rymco
SGBL

Kuwait

Impact BBDO
Sharq Mutanaby St Bldg No 42, Safat 13071,
  21081 Kuwait, Kuwait
Tel.: (965) 2 438 120
Fax: (965) 2 440 306
E-Mail: impactinfo@alghanim.com
Web Site: www.impactbbdo.com

Employees: 37

David Chammas *(Acct Dir)*
Akram Rehayel *(Art Dir)*
Peter Zagalsky *(Bus Dir)*
Elie Atik *(Dir-Digital & Bus Dev)*
Moudi Yafi *(Sr Acct Mgr)*
Mohammed Al Tayeh *(Sr Graphic Designer)*
Mounir Bou Malhab *(Sr Art Dir)*

Accounts:
Emirates

Lithuania

Lukrecija BBDO
K Kalinausko 2B, LT-03107 Vilnius, Lithuania
Tel.: (370) 5 2338 383
Fax: (370) 5 2163 037
E-Mail: lukrecija@lukrecija.lt
Web Site: www.lukrecija.lt

Employees: 30

Gintas Lapenas *(Partner & Sr Dir-Creative)*
Marius Vaupsas *(Dir)*

Netherlands

FHV BBDO
Amsterdamseweg 204, 1182 HL Amstelveen,
  Netherlands
Tel.: (31) 20 543 7777
Fax: (31) 20 543 7500
E-Mail: info@fhv.bbdo.nl
Web Site: www.fhv.bbdo.nl

Employees: 60

Accounts:
Amsterdam Airport Schiphol
Blackberry
Ctaste Campaign: "Dining In The Dark"
The Economist Campaign: "Surprising Reads"
Eurostar
G-Star Raw
Hi 4G Mobile Provider, Campaign: "Running"
KLM Royal Dutch Airlines
Mars Campaign: "Hungry Faces", M&M, Snickers
Mercedes Benz Campaign: "Creating Day at Night"
Peter Zijlstra
Procter & Gamble Health & Beauty Care Limited
Procter & Gamble Switzerland Sarl
Procter & Gamble Oral-B, Total
Van Gogh Museum
World Animal Protection

Poland

BBDO
Ul Burakowska 5/7, 01-066 Warsaw, Poland
Tel.: (48) 22 532 9500
Fax: (48) 22 5329 600
E-Mail: info@bbdo.com.pl
Web Site: https://bbdo.pl/

Employees: 75

Ewa Keciek *(Controller-Fin)*
Anna Kondracka *(Grp Acct Dir)*
Agata Ciecierska *(Acct Dir)*
Gosia Guryn *(Acct Dir)*
Maja Laudanska-Tomczak *(Acct Dir-Digital)*
Kamil Redestowicz *(Creative Dir)*
Agnieszka Gmur *(Sr Acct Mgr)*
Agnieszka Siemaszko *(Sr Acct Mgr)*
Wioleta Muszynska *(Acct Mgr)*
Anna Pasternak *(Acct Supvr)*
Kamila Gumowska *(Acct Exec)*
Magdalena Kramer *(Sr Art Dir)*

Accounts:
Kokoda Insect Repellent Campaign: "I'm Not Afraid
  of No Wasps"
Lay's Max Campaign: "Describe the Lay's Max"
Mercedes Benz Poland
Photoby Campaign: "Finger Industries", Campaign:
  "Peter Tarka"

Portugal

BBDO Portugal
Av Eng Duarte Pancheco, No.26, 12th Andar,
  1070-110 Lisbon, Portugal
Tel.: (351) 21 891 0500
Fax: (351) 21 891 0545
E-Mail: info@bbdo.pt
Web Site: www.bbdo.pt

Employees: 60

Agency Specializes In: Advertising, Consumer
Publications

Rui Silva *(Chief Creative Officer)*
Hugo Carvalheiro *(Art Dir)*
Marco Pacheco *(Creative Dir)*
Paula Cardoso *(Dir-Strategic Plng)*
Joao Vasconcelos *(Dir-Bus Dev)*
Diana Alho *(Graphic Designer & Designer-Web)*
Pedro Goncalves *(Copywriter)*

Accounts:
Arkocapsulas Campaign: "Alleviation", Campaign:
  "Relief", Campaign: "Riddance"
Lisbon Airport Campaign: "Flyers choose Lisbon"
Mercedes-Benz Portugal Smart Fortwo

Russia

BBDO Moscow
7 Derbenevskaya emb. bldg. 13, Moscow, 115114
  Russia
Tel.: (7) 495 787 5778
Fax: (7) 495 787 5779
E-Mail: nb@bbdo.ru
Web Site: bbdogroup.ru

Employees: 300

National Agency Associations: RAAA

Agency Specializes In: Consumer Marketing,
Media Buying Services

Daria Arkharova *(Mng Dir)*
Vladlena Obukhova *(Mng Dir)*
Natalia Tsyganova *(Mng Dir)*
Megvelidze Nikolay *(Chief Creative Officer)*
Ella Stewart *(Chm/CEO-BBDO Grp)*
Andrey Brayovich *(CEO-Media Direction Grp)*
Ekaterina Shenets *(Mng Dir-Bootleg)*
Daria Agapova *(Grp Head-Creative)*
Vuchetich Anastasia *(Grp Head-Creative)*
Andrey Kuznetsov *(Grp Head-Creative)*
Sergey Kozhevnikov *(Exec Creative Dir)*
Nikolay Megvelidze *(Exec Creative Dir)*
Yaroslav Orlov *(Exec Creative Dir)*
Elena Vorobyova *(Grp Acct Dir)*
Maria Borzilova *(Creative Dir)*
Alexey Fedorov *(Creative Dir)*
Ivan Otchik *(Art Dir)*
Kozhevnikov Sergey *(Creative Dir)*
Alexey Starodubov *(Creative Dir-Bootleg)*
Dmitry Vtulkin *(Art Dir)*
Inna Zharova *(Acct Dir-Digital)*
Boris Sorokin *(Dir-Mktg & Bus Dev)*
Antonina Zabolotskaya *(Dir-Strategic Plng)*
Olesya Paskhina *(Acct Mgr)*
Anastasia Babuchenko *(Acct Supvr)*
Sasha Fedoseeva *(Copywriter)*
Evgenyi Gavrilchenko *(Copywriter)*
Alexey Kalyan *(Jr Copywriter)*
Marina Shponko *(Art Buyer)*
Jose Miguel Cartibarra *(Sr Art Dir)*
Ekaterina Garina *(Corp Project Mgr)*
Arsen Mollakaev *(Jr Art Dir)*
Dmitry Semenov *(Sr Art Dir)*

Accounts:
3M Company "The Banner That Makes You Like
  Banners", Post-it?
AFK Sistema
Azbuka vkusa
Bayer Healthcare Aleve, AntiFlu, Aspirin, Nazol,
  Salin
Beat Film Festival
Charity Fund Galchonok
Demix
Donstroy
Eldorado Eldorado
Exxon Mobile CVL, Industrial, PVL
Frito Lay Cheetos, Khrus Team, Lays
Gallo Gallo
Ginza Project Oki Doki, Pesto Cafe
Globus Gourmet Express
Glorix Campaign: "Blood Portraits"
Ikea Campaign: "Kitchen View"
Inmarko Carte D'or, Ekzo, San-Kremo, Zolotoi
  Standard
INTOUCH Insurance company
Intouch Campaign: "Car Vs Piano"
Klinsky Sausage
Kozel
Lazurit
Mars, Incorporated Bounty, Campaign: "You're Not
  You When You're Hungry", Cesar, Dolmio,
  Dove, M&M's, Maltesers, Mars, Milky Way,
  Pedigree, Perfect Fit, Sheba, Snickers, Twix,
  Whiskas
Melon Fashion Group Love Republic
Mercedes-Benz Mercedes-Benz, Smart
MSD Pharmaceuticals Erious
MTS
Nike "MOSCOW REAL GIRLS - INSTAPOSTERS"
OBI Campaign: "Canyon", Campaign: "No Job Is
  Too Big"
O'KEY
PepsiCo 7 UP, Mirinda, Pepsi Max, Pepsi-Cola
Pfizer Champix, Prelox, Viagra
Procter & Gamble
PRODO Klinskiy
Progress Frutonyanya
The Pushkin State Museum of Fine Arts
RSA Campaign: "Mortal Timeline", InTouch
RTH Hair Transplantation Service
Sberbank
New-Semennikov Dmitry Lawyer
Sportmaster
The State Tretyakov Gallery
Upeco Gardex, Salton
Visa
Wrigley Eclipse Gum, FIVE, Orbit
Wse Wmeste www.stop-obman.info

Saudi Arabia

ADVERTISING AGENCIES

Impact BBDO
Ali Reza Tower 1st Floor Medina Road, PO Box 7242, Jeddah, 21462 Saudi Arabia
Tel.: (966) 2 651 5556
Fax: (966) 2 651 6602
E-Mail: info.jed@impactbbdo.com
Web Site: www.impactbbdo.com

Employees: 45

Agency Specializes In: Consumer Marketing, Merchandising

Paul Shearer *(Chief Creative Officer)*
Khaled Gamal *(Art Dir)*
Moe Sarhi *(Creative Dir)*
Cyrill Hayek *(Copywriter)*
Wissam Chaar *(Assoc Creative Dir)*

Accounts:
Celeste Spring Mattress
Galaxy
Okaz Organisation for Press & Publication Campaign: "Buckle Up"
Pepsi Arabia
New-Saudia
La Libanaise des Jeux

Serbia & Montenegro

Ovation BBDO
(Formerly Ovation Advertising)
Velisava Vulovica 16, 11040 Belgrade, Serbia
Tel.: (381) 11 414 61 60
E-Mail: office@ovationbbdo.rs
Web Site: ovationbbdo.rs/en

Employees: 27

Natasa Filipovic *(Mng Dir)*
Brankica Ilic *(Art Dir)*
Sonja Kalusevic *(Acct Mgr)*
Marko Marjanovic *(Mgr-Content & Community)*

Slovak Republic

Mark BBDO
Zamocka 5, PO Box 301, 814 99 Bratislava, Slovakia
Tel.: (421) 2 5441 1331
Fax: (421) 2 5441 1324
E-Mail: mark@bbdo.sk
Web Site: www.bbdo.com

Employees: 30
Year Founded: 1992

South Africa

140 BBDO
30 Chiappini Street, Cape Town, 8001 South Africa
Tel.: (27) 214800400
Fax: (27) 214800686
Web Site: www.140bbdo.com

Employees: 50

Agency Specializes In: Advertising

Adrian Varkel *(Mng Dir)*
Mike Schalit *(Chief Creative Officer)*
Keith Shipley *(CEO-South Africa)*
Olakunle Akoleowo *(Creative Dir-West Africa)*
Shannon Breeze *(Acct Dir)*
Adebiyi Grillo *(Art Dir)*
Seun Odia *(Acct Dir-Diageo Brands)*
Buchi Ugwumbah *(Art Dir)*
Uchechi Egonu *(Mgr-Traffic)*
Jolomi Awala *(Assoc Creative Dir-West Africa)*

Accounts:
Adidas
Cadiz Financial Services
Diageo Plc Guinness Nigeria
Distell Campaign: "Hunter's Refreshed", Campaign: "Mastery in the Making", Campaign: "Oude Meester Style Guide"
Good Hope FM
Grand Foods Baskin-Robbins, Dunkin' Donuts, Strategy
Hunter's
iFix
Mercedes-Benz of South Africa (Pty.) Ltd. CL 63 AMG, Campaign: "Test Drive"
New Media Publishing Campaign: "Visi Covet"
Oude Meester Brandy, Campaign: "A prize as rare as the diamond it holds", Campaign: "Mastery In The Making", Campaign: "To the Masters"
SABC Campaign: "Mobile Band"

Net#work BBDO
East Block, Dunkeld Office Park, Albury Road Jansmuts Avenue, Hyde Park Gauteng, 2196 South Africa
Mailing Address:
Private Bag X15, Benmore, 2010 South Africa
Tel.: (27) 11 912 0000
Fax: (27) 11 447 4529
Web Site: www.networkbbdo.co.za

Employees: 65
Year Founded: 1994

National Agency Associations: ACA

Keith Shipley *(Chm)*
Boniswa Pezisa *(Grp CEO)*
Clinton Mitri *(COO)*
Michael Schalit *(Chief Creative Officer)*
Heidi Kasselman *(Grp Head-Creative)*
TJ Njozela *(Grp Head-Creative)*
Brad Reilly *(Exec Creative Dir)*
Tim Beckerling *(Creative Dir)*
Ryan Livie *(Acct Dir)*
James Kudzai Nondo *(Acct Dir)*
Steven Tyler *(Art Dir)*
Ryan Paikin *(Dir-Art)*
Zak Madatt *(Mgr-HR)*

Accounts:
&Beyond
Chicken Licken Campaign: "Hotwings Strike", Campaign: "Mammoth", Campaign: "Orphanage", Campaign: "Slyders", Campaign: "XL Hotwings", Fast Food Chain
Coronation Fund Managers
Cricket SA
Exclusive Books Campaign: "Reading Is Rewarding"
Galderma Benzac AC5 Gel, Campaign: "Piles"
Gumtree South Africa
JSE (Johannesburg Stock Exchange Securities)
Lays
Mercedes-Benz Blue Efficiency, Campaign: "Attention Assist", Campaign: "Boss", Campaign: "Cabo", Campaign: "Distance to Danger", Campaign: "Night View Assist: Dark Horse", Campaign: "Reunion", Campaign: "The Triangle Knows", Pre-Safe
National Kidney Foundation of South Africa Campaign: "Patricia & Vanita"
Pepsi
Primedia Broadcasting 702, 947, Advertising, Lead SA & EWN; 2018
Road Accident Fund Campaign: "Night Shift"
Simba Ghost Pops
Snickers
Svenska Cellulosa Aktiebolaget Libresse
Trace Mobile
Virgin Money Insurance
Webber Wentzel Campaign: "Censorship"

Spain

Contrapunto
C/Cardenal Marcelo Spinola Sp # 4-4a Planta, 28016 Madrid, Spain
Tel.: (34) 91 787 2000
Fax: (34) 91 787 2001
E-Mail: contrapunto@contrapuntobbdo.es
Web Site: www.contrapuntobbdo.es

Employees: 125

Carlos Jorge Hernandez *(Gen Dir-Creative)*
Raul Lopez *(Sr Dir-Creative & Art)*
Aleix Bou *(Creative Dir)*
Antonio Castillo *(Creative Dir)*
David Planells Golobart *(Art Dir)*
Lorena Landau *(Acct Dir)*
Lolo Ortega Perez *(Creative Dir)*
Jofre Biscarri Sauret *(Creative Dir)*
Gema Crespo *(Dir-Production)*
Agustin Ballerio *(Supvr-Creative)*
Ariadna Cespedes *(Copywriter-Creative)*
Victor Flores *(Jr Art Dir)*

Accounts:
Amnesty International Campaign: "Countries", Campaign: "Terrorists"
Atelca
Daimler AG Smart
FAADA Campaign: "PHOTO JAILS - BIRD "
Mercedes-Benz Campaign: "Balls", Campaign: "Spaces"
Reflex Spray Campaign: "Neverending marathon"
Sanex Digital, Interactive, Mobile
WWF Campaign: "Beheaded Boy", Campaign: "No Water, No Life", Campaign: "Water Colors"

Tiempo BBDO
Tuset 5 6a, 08006 Barcelona, Spain
Tel.: (34) 93 306 9000
Fax: (34) 93 202 0278
E-Mail: tiempo@bbdo.es
Web Site: www.tiempobbdo.com

Employees: 38

Agency Specializes In: Direct Response Marketing, Media Buying Services, Public Relations, Sales Promotion

Siscu Molina *(Chief Creative Officer)*
Julio Paredes *(Gen Mgr)*
Pepa Bartolome *(Exec Dir-Strategy & Comm)*
Bibiana Del Alcazar Carles *(Exec Dir-Strategy & Comm)*
Maria Pilar Palos *(Exec Acct Dir)*
Daniel Correal Fernandez *(Sr Dir-Art Creative)*
Jordi Comas Montseny *(Creative Dir)*
Merce Fernandez Balaguer *(Dir-Audiovisual Production)*
Marta Bargallo Garcia *(Dir-Strategy & Comm)*
Anna Roca *(Dir-Strategic Plng)*
Montse Serra *(Office Mgr)*
Carla Jeremias *(Acct Exec)*
Estibalitz Vicario *(Acct Exec)*
Pablo Ardid Martinez *(Jr Copywriter)*
Albert Picanyol Puigdueta *(Copywriter)*
Tomas Ferrandiz Berna *(Sr Creative Dir)*
Marc Sole Llagostera *(Jr Art Dir)*

Accounts:
426Miles
New-Colgate-Palmolive Company Sanex
Galicia Ambiental
McDonald's
Oxfam Intermon
PepsiCo Frito-Lay, Matutano

Sweden

AGENCIES - JANUARY, 2019 — ADVERTISING AGENCIES

ANR BBDO
David Bagares gata 5, Box 5438, 114 84 Stockholm, Sweden
Tel.: (46) 8 555 77600
Fax: (46) 8 555 77699
E-Mail: mail.sthlm@anrbbdo.se
Web Site: www.anrbbdo.se

Employees: 25

Andreas Lonn *(Partner & Creative Dir)*
Anna Celay *(Partner & Dir-Strategic Plng)*
Giustina Guariglia *(COO)*
Maria Fager *(Acct Dir)*
Nayeli Kremb *(Art Dir)*
Mangus Norman *(Acct Dir)*
Jacqueline Nyman *(Sr Acct Mgr)*
Channa Rogsten *(Mgr-PR & Planner)*
Urban Wirdheim *(Copywriter)*

Accounts:
Ajax
Arla Foods "Land of organic milk", Campaign: "Milk Carton"
New-Beyond Retro
TCO
ume.net Campaign: "Living With Lag", Campaign: "The Lag Stress Test"

Switzerland

Wirz Werbung AG
Uetlibergstrasse 132, 8045 Zurich, Switzerland
Tel.: (41) 44 457 57 57
Fax: (41) 44 457 57 50
E-Mail: info@wirz.ch
Web Site: www.wirz.ch

Employees: 120

National Agency Associations: BSW

Agency Specializes In: Advertising

Petra Dreyfus *(Co-CEO & COO)*
Livio Dainese *(Co-CEO & Chief Creative Officer)*
Rinaldo Poltera *(CFO)*
Samuel Christ *(Exec Creative Dir)*
Fernando Perez *(Exec Creative Dir)*
Sascha Djabbari *(Acct Dir-Digital)*
Caspar Heuss *(Creative Dir)*
Dominique Magnusson *(Art Dir)*
Fabian Nold *(Acct Dir)*
Martina Raach *(Acct Dir)*
Michael Schmidt *(Creative Dir)*
Heiri Schnorf *(Art Dir)*
Simone Jehle *(Acct Supvr)*
Antonia Frind *(Strategist-Social Media & Content)*
Katrin Espelage *(Copywriter)*
Adrian Schrader *(Copywriter)*
Florian Siegrist *(Copywriter)*
Henrik Zapp *(Planner)*

Accounts:
Caran d'Ache Campaign: "Let it Out, Blue", Campaign: "White", Crayons
Christoffel Blindenmission Campaign: "Shadow Faces"
Die Mobiliar
Ikea "Literary critic reviews IKEA catalogue", Campaign: "Ikea Home.ch", Campaign: "Ikea Rothenburg", Campaign: "No Empty Chairs"
Marionnaud Campaign: "Fragrance Pairs", Campaign: "Hair"
Migros
Nu Schweiz Campaign: "Find The Teacher"
Pneu Egger
Schweizerische Mobiliar
Tibits Vegetarian Restaurant Campaign: "Natural Energy"

Turkey

Alice BBDO
Maslak Mah Dereboyu Caddesi Bilim Solak No 5 Sun Plaza, BBDO Blok Sisli, 34398 Istanbul, Turkey
Tel.: (90) 212 276 9010
Fax: (90) 212 376 9150
E-Mail: info@bbdo.com.tr
Web Site: https://www.bbdo.com/

Employees: 60

Richard Anderson *(Owner)*
Itir Karabulut *(Acct Supvr)*

Accounts:
Arzum Campaign: "The Power of Cleanart"
Smart

Ukraine

Provid BBDO
3 Lev Tolstoy Str, Kiev, 01004 Ukraine
Tel.: (380) 44 353 49 27
Fax: (380) 44 246 6173
Web Site: provid.ua

Employees: 30

Agency Specializes In: Out-of-Home Media, Outdoor, Print, T.V.

Victor Ishkov *(CEO)*
Anze Jereb *(Exec Creative Dir)*
Evgeniya Bodnar *(Acct Dir)*
Vlad Galyapa *(Creative Dir)*
Denis Keleberdenko *(Creative Dir)*
Pavlo Melnyk-Krysachenko *(Art Dir)*
Maria Plotnikova *(Art Dir)*
Julia Shvedun *(Acct Dir)*
Sergii Zinoviev *(Creative Dir)*
Irina Danilevskaya *(Dir-Client Svcs)*
Olga Kiseleva *(Sr Mgr-Digital)*
Alisa Komm *(Acct Mgr)*
Dima Kishka *(Copywriter)*
Denys Kryvosheia *(Designer-DTP)*
Serhiy Malyk *(Copywriter)*
Kseniya Milchenko *(Designer)*
Alexandr Onatsky *(Designer)*
Togzhan Slyamgaliyeva *(Designer)*

Accounts:
IdeasFirst
Mars Inc BNTY, Snickers
Pack&Go
Pepsico Campaign: "Eyes"
Remarketing
Stella Artois "Stella Artois Film Festival Cans"
Ukrainian Marketing Forum
WWF International

United Arab Emirates

Impact BBDO
Emirates Office Tower 17th Fl Sheikh Zayed Rd, PO Box 19791, Dubai, United Arab Emirates
Tel.: (971) 4 330 4010
Fax: (971) 4 330 4009
E-Mail: info@impactbbdo.ae
Web Site: www.impactbbdo.com

Employees: 600

Oussama Gholmieh *(Mng Dir)*
Samantha Stuart-Palmer *(Mng Dir)*
Paul Shearer *(Chief Creative Officer-MENA)*
Dani Richa *(Chm/CEO-MEA)*
Colin Farmer *(VP-Bus & Talent Dev)*
Carlos Amseyan *(Exec Creative Dir)*
Cesar Jachan *(Exec Creative Dir)*
Christopher Kiernan *(Sr Acct Dir)*
Daniel Correa *(Creative Dir & Art Dir)*
Logan Allanson *(Creative Dir-Innovation)*
Stephanus de Lange *(Creative Dir)*
Akram Dohjoka *(Creative Dir)*
Amr El Haddad *(Creative Dir)*
Jamie Kennaway *(Creative Dir)*
Samer Khansa *(Bus Dir)*
Enrico Motti *(Art Dir)*
Peter Zagalsky *(Bus Dir)*
Saurabh Dahiya *(Dir-Strategy & Plng)*
Lina Ghulam *(Sr Acct Mgr)*
Lizelle Maria Rodrigues *(Acct Mgr)*
Jason Velasquez Burayag *(Copywriter)*
Foram Divraniya *(Copywriter)*
Grant McGrath *(Copywriter)*
Simone Milani *(Copywriter-Creative)*
Sarah Berro *(Exec Writer-Creative-Arabic)*
Luiz Cutolo *(Sr Art Dir)*
Marcio Doti *(Sr Art Dir)*
Marie-Claire Maalouf *(Assoc Creative Dir)*
Frances McCabe *(Reg Acct Dir)*
Bana Salah *(Sr Designer-Creative)*

Accounts:
Abu Dhabi Commercial Bank Creative
Al Sabeh Cement
Aspirin
Axiom Telecom Marketing Communications
Bayer Scholl
BHV "Pillow Talk - Tuesday"
Centrepoint
Commercial Insurance
Duracell
Emaar Creative
Etisalat Advertising, Creative
Faber-Castell Campaign: "Panther"
Foods & Drug Corporation
Johnson & Johnson Band Aid, Campaign: "Small Wounds Big Stories", Campaign: "The Grandparents Frame", Johnson's Baby
KFC
La Libanaise Des Jeux
New-Landmark Group
Law Andak Dam
Loto Libanais
Mars North America Campaign: "Hunger Trap", Campaign: "Life's Lighter With Maltesers", Maltesers, Snickers, Twix
Mercedes-Benz C63 AMG, G-Class
National Bonds Corporation
PepsiCo International 7UP
SADAFCO Campaign: "Don't Let Your Bones Break Your Dreams"
Sadia
Samsung S1 Mini HDD
Saudia Dairy& Foodstuff Company
Schwarzkopf Campaign: "Your Canvas", Campaign: "Your Hair", Palette
Sydlexia
UN Women Campaign: "Give Mom Back Her Name", Social Media
Vape
Visa
William Wrigley Jr. Company Campaign: "Mermaid", Campaign: "Where skittles come from", Skittles Sour, Skittles Sweets, Wrigley

United Kingdom

Abbott Mead Vickers BBDO
151 Marylebone Rd, London, NW1 5QE United Kingdom
Tel.: (44) 2037870100
Fax: (44) 207 616 3600
Web Site: www.amvbbdo.com

Employees: 350
Year Founded: 1991

Agency Specializes In: Consumer Marketing

ADVERTISING AGENCIES — AGENCIES - JANUARY, 2019

Paul Brazier *(Chm & Chief Creative Officer)*
Sarah Douglas *(CEO)*
Gerard Crichlow *(Partner-Strategy & Head-Cultural Strategy)*
Andrezza Valentin *(Partner-Creative & Exec Creative Dir-Martini)*
Toby Allen *(Partner-Creative)*
Jim Hilson *(Partner-Creative)*
Graham Jenks *(Partner-Creative)*
Kirstie Johnstone *(Partner-Creative Production)*
Nadja Lossgott *(Partner-Creative)*
John McDonald *(Partner-Strategy)*
Anita Sasdy *(Partner-Creative Production)*
Chris Taggart *(COO)*
Sarah Goodchild *(Pres-AMV Live Experience)*
Katy Talikowska *(Client Partner & Head-Snickers)*
Emily Harlock *(Head-Strategy)*
Adrian Rossi *(Exec Creative Dir)*
Mike Schalit *(Exec Creative Dir)*
Pete Fishman *(Sr Dir-Comm Strategy)*
Sam Ayre *(Sr Acct Dir)*
Sally Borda *(Sr Acct Dir)*
Kristiana Grant *(Sr Acct Dir)*
Laura Hale *(Sr Acct Dir)*
Kate Harris *(Sr Acct Dir)*
Sonia Karia *(Sr Acct Dir)*
Georgia Mclean *(Sr Acct Dir)*
Leona McNally *(Sr Acct Dir)*
Gemma Troup *(Sr Acct Dir)*
Brett James *(Creative Dir & Art Dir)*
Milo Campbell *(Creative Dir & Copywriter)*
Mario Kerkstra *(Art Dir & Designer)*
Dalatando Almeida *(Art Dir)*
Nick Andrew *(Acct Dir)*
James Drummond *(Acct Dir-Board)*
Filmawi Efrem *(Art Dir)*
George Hackforth-Jones *(Creative Dir)*
Lou Hake *(Co-Producer-Production)*
Mike Hannett *(Art Dir)*
Laura Hazell *(Acct Dir)*
Nikki Holbrow *(Sr Asst Producer)*
Andre Hull *(Creative Dir)*
Michael Jones *(Creative Dir)*
Gina Kelly *(Art Dir)*
Phil Martin *(Creative Dir)*
Charlotte Mather *(Art Dir)*
Richard McGrann *(Creative Dir)*
Tim Nash *(Co-Producer-Production)*
Charlotte Oram *(Acct Dir)*
Jay Phillips *(Creative Dir)*
Ben Polkinghorne *(Creative Dir)*
Tom Spicer *(Creative Dir)*
Mike Sutherland *(Creative Dir)*
Matt Thomas *(Acct Dir)*
Amy Tippen *(Acct Dir)*
Jeremy Tribe *(Art Dir)*
Andy Vasey *(Art Dir)*
Polina Zabrodskaya *(Creative Dir)*
Lola Finney-Neves *(Dir-Strategy & Planner)*
Tom Claridge *(Dir-Strategy)*
Alaina Crystal *(Dir-Global Strategy)*
Julian Earl *(Dir-Strategy)*
Henry Gray *(Dir-Strategy)*
Matthew Harrington *(Dir-Creative Partnerships)*
Diana Lopes *(Dir-Strategy)*
Olivia Stubbings *(Dir-Strategy)*
Maxine Thompson *(Dir-Bus Affairs)*
Tam Vibert *(Dir-Community Centre)*
Jamie Webber *(Dir-Innovation & Bus Dev)*
Sam Williams *(Dir-Strategy)*
Nina Bhayana *(Sr Acct Mgr)*
Patrick Bolton *(Sr Acct Mgr)*
Hunter Evans *(Sr Acct Mgr)*
Ella Dolding *(Acct Mgr)*
Jack Farkas *(Acct Mgr)*
Allison Disney *(Client Partner)*
Susan Ogonda *(Acct Exec)*
David Oyedele *(Acct Exec)*
Charlotte Adorjan *(Copywriter)*
Esrael Alem *(Copywriter)*
Alanna Bishop *(Media Planner)*
Eloi Casali *(Media Planner)*
Augustine Cerf *(Copywriter)*
Simon Dilks *(Sr Designer)*
Elly Fenlon *(Planner)*
Oliver Frost *(Copywriter)*
Tom Harris *(Media Planner)*
Max Henderson *(Designer)*
Rupert Holroyd *(Media Planner)*
Michael Hughes *(Copywriter)*
Lucy Jones *(Copywriter)*
Dee Levison *(Media Planner)*
Leo Maguire *(Copywriter)*
Imogen Mead *(Planner)*
Selen Ozkan *(Media Planner)*
Olga Pope *(Copywriter)*
Margaux Revol *(Planner)*
Joe Smith *(Planner)*
Ekaterina Syromolotova *(Media Planner)*
Linda Tan *(Media Planner)*
Daniel Thomas *(Media Planner)*
Dan Warner *(Copywriter)*
Tom White *(Acct Planner)*
Prabhu Wignarajah *(Copywriter)*
Robert Wilkins *(Copywriter)*
Amanda Zafiris *(Media Planner)*
Felicity Bamber *(Asst Producer)*
Deborah McCartney *(Asst Producer)*
Simon Rice *(Sr Art Dir)*

Accounts:
Adidas Campaign: "Back to school", Campaign: "Hail To The King", Campaign: "Here Comes The Hero", Campaign: "Holidays", Foot Locker, TV
Advertising Standards Authority
ASDA Group Limited Advertising, Asda, Broadcast, Creative, George; 2018
Associated British Foods
Auckland Castle Trust Brand Identity, Communications
Bacardi Limited Martini
Bremont Campaign: "Henley On Thames", Campaign: "U2", Campaign: "Victory", Codebreaker, Global Advertising
British Coast Guard Campaign: "Every Second Counts", PSA
BT Group plc "House Party", "Oliver", BT Mobile, BT Sport, BT Yahoo!, Broadband, Campaign: "BT Sport", Campaign: "Behind the scenes", Campaign: "Big Stunt", Campaign: "Home Hub", Campaign: "Jose Mourinho", Campaign: "Silence", Digital Media Ads, Infinity Wi-Fi, Outdoor, Press, Radio, TV
Camelot Above the Line Advertising, The National Lottery
Cancer Research UK Campaign: 'Beat Cancer Sooner", Campaign: "Don't Ignore The Lump", Campaign: "Enemy", Campaign: "Every Moment Counts", Campaign: "One Day", Campaign: "Plain Packaging", Campaign: "ROGER", Campaign: "We Will Beat Cancer Sooner", Cancer Charity, Digital, Health Marketing, Outdoor, PR, Press, Radio, Social Media Strategy, TV
Capital One; Nottingham, UK
Coastguard Social Media
Department of Transport Advertising, Campaign: "Celebration", Campaign: "Country Roads", Creative, Motorcycle Safety, Pink Kittens
Diageo Plc Above the Line, Advertising, Arthur Guinness Projects, Campaign: "Aftershave, Razor, Scarf", Campaign: "Clock", Campaign: "Cloud", Campaign: "Irrepressible Spirit", Campaign: "Made Of More", Campaign: "Made of Black", Campaign: "Sapeurs", Campaign: "Sheep Dog", Campaign: "surge", Cinemas, Community Management, Digital, Guinness, Guinness Africa, TV
Dixons Carphone Carphone Warehouse, Currys PC World, Media, Promotional
Don't Drink Drive
DSG Retail Ltd
East Coast Trains Campaign: "welcome to", Communication
The Economist Advertising, Campaign: "Management Trainee", Campaign: "Mandela's Walk"
EG+
New-Essity Bodyform, Libresse, Tena
EuroMillions
Eurostar #Wheninlondon, #Wheninparis, Campaign: "Give Her What She Really Wants. Happy Valentine's Day. Love from Eurostar.", Campaign: "Maybe 'Paris'", Campaign: "Paris", Campaign: "Stories Are Waiting", Campaign: "The Tour de France", Press
Exxon Mobil Corporation Campaign: "1st to Work", Exxon Mobil: 240 cm challenge, Get Personal, Mobil1
FageTotal Greek Yoghurt Campaign: "Nineteen Twenty Thirteen", TV
The Fairtrade Foundation
FedEx Campaign: "Show the World", Online, Out Door, Press, Social Media, Website
Foot Locker Europe Brand Campaign, Campaign: "Here Comes The King", Campaign: "Holiday", Campaign: "Sneaker Skills", Campaign: "Vertical Race", TV
Frito-Lay Company Doritos HeatWave
GlaxoSmithKline Consumer Healthcare Nicorette Gum
Great Ormond Street Hospital
Hewlett-Packard Limited
Hiscox
Homes for Britain Creative, Outdoor
iZettle
James Cracknell Campaign: "Helmets", Cycle Safety
James Wellbeloved
Johnson & Johnson Campaign: "Do Something Incredible", Libresse, Nicorette
Joss Freestone
Kids Company Campaign: "CHRISTMAS", Campaign: "Make It Stop", Campaign: "Print Happiness", Campaign: "See the Child", Outdoor, Press, Social Media, Vine
LADbible
Leica Store
Make Poverty History Campaign: "Click"
Maritime and Coastguard Agency
Mars Petcare Campaign: "Kitten College", Campaign: "Love Them Back", Campaign: "Night Shift", Cesar, Creative, POS, Packaging, Radio, Sheba, Social, TV, Whiskas
Mars UK Ltd Campaign: "Ben's Beginners", Campaign: "Big Cat Little Cat", Campaign: "Big Cat", Campaign: "Cassanova", Campaign: "Drama Queen", Campaign: "Feeding Brighter Futures", Campaign: "Hungry Alter Egos", Campaign: "Hungry", Campaign: "Kitten Kollege", Campaign: "Old Granny", Campaign: "Tigers", Campaign: "Where's The Kitchen", Campaign: "Why Have Cotton When You Can Have Silk", Campaign: "Winning", Campaign: "You're Not You When You're Hungry", Celebrations, Digital, Dolmio, GALAXY, Goodness Knows, M&Ms, Maltesers, Mars Bar, Milky Way, OOH, Pedigree, Press, Snickers, Snickers Foosball, Through-the-Line, Uncle Bens, Whiskas
Mayor of London
Mercedes Benz C63 Amg, Campaign: "Escape the Map", Campaign: "Sound with Power", Campaign: "You Drive", Mercedes Benz CLS
The Metropolitan Police Campaign: "Metropolitan Police Robbery", Campaign: "Next Door", Who Killed Deon?
Miao Sun
MOBO Organisation #RISEWITHUS
Museum of Childhood Campaign: "Japanese, Genius, Balloons, Imagination, Mind", Campaign: "The Imaginary Friend Collection"
Nutmeg
Office for Low Emission Vehicles
Open Universities
The Outside Project
PeckhamPlex
Pedigree Petfoods Campaign: "Bad Dog, Good Dog"
PepsiCo Creative, Doritos, Pepsi, Video, Walkers
Plan International

AGENCIES - JANUARY, 2019 — ADVERTISING AGENCIES

Plastic Oceans Foundation
Proviz Campaign: "Out of the Dark", Online, Proviz 360 Reflect Jacket
Proximity
Quaker Oats Company
Redwood
Research In Motion Limited Campaign: "Calendar of Tales"
Samsung Group Campaign Development & Execution, Creative, Galaxy S9, Galaxy S9+; 2018
Sanctus
See The Child
Smart Energy GB (Creative Marketing Agency) Campaign: "Gaz & Leccy"
Society of Motor Manufacturers & Traders Campaign: "Go Ultra Low", Digital Advertising, Print, Radio
Starbucks Corp. Advertising, In-Store, Mondays Can Be Great, Online, Outdoor, Print
Svenska Cellulosa Aktiebolaget Bodyform, Campaign: "Control", Campaign: "Focus", Campaign: "Golfin", Campaign: "Keep Control", Libresse, Tena
Thunderhead
V&A Museum of Childhood Campaign: "Japanese"
Virgin Atlantic Airways Ltd. Advertising, Creative; 2018
Virgin Holidays Advertising, Communications, Creative
Volvo Trucks
Wednesday
White Ribbon Campaign: "But"
YouTube, LLC

BBDO EMEA
151 Marylebone Road, London, NW1 5QE United Kingdom
Tel.: (44) 207 616 3488
Fax: (44) 207 616 3495
Web Site: https://www.bbdo.com/

Employees: 20

Paul Shearer *(Chief Creative Officer)*
Mark Lainas *(Chief Innovation Officer)*
James Miller *(Exec VP & Head-Ping-Mars)*
Elle Graham-Dixon *(Sr VP-New York & Grp Dir-Ping)*
Alaina Crystal *(Dir-Strategy-AMV BBDO)*

Accounts:
Bayer
Diageo
EBay
General Electric
Guinness Campaign: "Same Are Made Of More", Creative, Global Digital Business
Mars North America
Mercedes Benz
Motorola Solutions, Inc.
PepsiCo Campaign: "Say it with Pepsi", Frito-Lay
Procter & Gamble Oral-B, Wrigley's 5-Gum
SCA Bodyform, Demak'Up, Libresse, Tena

Proximity Worldwide & London
191 Old Marylebone Rd, London, NW1 5DW United Kingdom
Tel.: (44) 20 7298 1000
Fax: (44) 20 7298 1001
E-Mail: info@proximitylondon.com
Web Site: www.proximitylondon.com

Employees: 500

Agency Specializes In: Direct Response Marketing, Electronic Media, Event Planning & Marketing, Media Buying Services, Publicity/Promotions

Lou Barber *(Chm)*
Gabrielle Ludzker *(CEO)*
Joe Braithwaite *(Mng Dir)*

Rory Park *(Fin Dir)*
Andrew Waddell *(COO)*
Adam Fulford *(Chief Strategy Officer)*
Troy Hitch *(Chief Innovation Officer)*
Mike Dodds *(Pres-Global)*
Doug Worple *(CEO-Worldwide)*
Ben Tan *(Head-Strategy)*
John Treacy *(Exec Creative Dir)*
Amy Thomas *(Sr Acct Dir)*
Kathy Howes *(Art Buyer & Sr Producer-Creative)*
John Watson *(Client Svcs Dir)*
Aidan Moran *(Dir-Ops)*
Fran Perillo *(Assoc Dir-Creative & Writer)*
Anna-Maria Teemant *(Sr Acct Mgr)*
Emma Plumbe *(Mgr-PR)*
Jason Cascarina *(Deputy Exec Creative Dir)*

Accounts:
ASDA Group Limited
Audi Customer Relationship Management; 2018
Bank of Scotland
BBC TV Direct Marketing
British Broadcasting Corporation BBC TV Licensing, Strategic Direction & Implementation
Direct Marketing Association
The Economist Integrated
Eurostar
Guide Dogs Advertising, TV
hibu plc
Ikea International A/S CRM, Digital, Social Media, Web; 2017
Imperial Tobacco Embassy, Gauloises, Gitanes, IT Brands
John Lewis CRM Strategy
Johnson & Johnson
Kraft Campaign: "Very Important Philly"
LeasePlan UK Digital, eBusiness
Lloyds Bank Customer Relationship Management, Halifax, Media Buying, Media Planning
Mondelez CRM, Creative, Data Management, Kenco, Rewards Programme, Social, Strategic Management, Web
Oxfam Digital
Pedigree Masterfoods
Pride in London
Procter & Gamble Campaign: "Mums on a Mission"
The Royal Mail Digital
Parcelforce Worldwide B2B, B2C, CRM
Royal National Lifeboat Institution Campaign: "Hold Tight, Hand Up", Digital, Fundraising, Outdoor, Video
Save the Children
Shell
Shell Campaign: "Drivers Club"
SSE CRM
Swiss Precision Diagnostics Clearblue, Global Digital
Telegraph Media Group Ltd. Customer Relationship Marketing
TV Licensing
Virgin Atlantic Brands, Communication, Creative, Strategic
Virgin Games
Virgin Holidays Brands, Communication, Creative, Strategic
Volkswagen UK Customer Engagement, Seat, Skoda, VW Financial Services, VW commercial vehicles

Australia

Clemenger BBDO Melbourne
474 Saint Kilda Road, Melbourne, VIC 3004 Australia
Tel.: (61) 3 9869 4444
Fax: (61) 3 9869 4454
E-Mail: melbourne@clemenger.com.au
Web Site: clemengerbbdo.com.au/en

Employees: 270

Ben Kidney *(Mng Partner & Dir-Interactive)*

Michael Ritchie *(Mng Dir)*
Stephen de Wolf *(Exec Creative Dir)*
Carmela Soares *(Exec Creative Dir)*
James Carter *(Creative Dir)*
Alex Clarke-Groom *(Grp Bus Dir)*
Sally Coggle *(Creative Dir)*
Seamus Fagan *(Art Dir)*
Tina Fouyaxis *(Acct Dir-MYER)*
Georgia Jones *(Grp Bus Dir)*
William R Jones *(Bus Dir)*
Mark Poulier *(Creative Dir)*
Corrie Paolini *(Brand Mgr)*
Jason Olive *(Planner-Comm)*
Josh Parmenter *(Copywriter)*
Patricia Piccinini *(Designer)*
Sian Sullivan *(Sr Mktg Mgr)*

Accounts:
AHM Health Insurance Creative
Airbnb
Australia Post Creative, StarTrack
Australian Football League (Creative Agency of Record); 2018
Australian Writers & Art Directors Association Campaign: "Pencils Equal Profits"
Beyondblue Creative
BMW Group Australia Creative; 2018
Bonds (Agency of Record) Campaign: "Protect Yourself from Yourself", Campaign: "The Boys", Creative
Carlton & United Breweries (Creative Agency of Record) Carlton Draught, VB
Cascade Brewery Limited-Edition
New-Draftstars
DrinkWise Campaign: "How to Drink Properly", Digital, Outdoor, Press, Radio, TV
Dulux Campaign: "Colour Block", Campaign: "The Surf Club Project"
Fonterra Anchor Milk, Creative
Foxtel Campaign: "Makes you think", Online Display, Press, Social Media, TV
Good Shepherd Microfinance
La Trobe University Creative
Mars Chocolate Australia Campaign: "Empowering", Campaign: "Hungerithm", Campaign: "Put Some Play in Your Day", Campaign: "Runaway Train", Campaign: "Snickers Sessions", Campaign: "You're Not You When You're Hungry", M&M's, Mars Bar, Snickers
Mars Petcare Campaign: "Feed the Good", Campaign: "Hearts Aligned", Digital, Pedigree, TV
New-Mattel Australia (Lead Brand Agency) Barbie, Never Before Barbie, Print, Public Relations, Social
Melbourne, 'A Twist at Every Turn'; 2017
Melbourne International Comedy Festival Campaign: "Not Funny"
Menulog; 2018
Mercedes-Benz Mercedes Benz A-Class
Mercury Cider Here's To 100 Years
MetLife Brand Awareness, Creative
MLC Campaign: "Diorama", Digital, Outdoor, Social, Television
Myer (Creative Agency of Record) Creative, Data, Development, Digital Strategy, MarTech, Online, TV & Social
National Australia Bank Limited (Lead Creative & Digital Agency) AFL Auskick, Business Bank, Campaign: "Break Up", Campaign: "Fanshake", Campaign: "Footify Australia", Campaign: "Honesty Experiments - How one unexpected word tripled credit card sales in 3 months", Campaign: "Journey", Campaign: "Lifesaver", Campaign: "More Give, Less Take", Campaign: "More than Money", Campaign: "Operation Freedom Dolphin", Campaign: "Stand Ins", Campaign: "The Yelp", Campaign: "They'll Never Change", Consumer Business, Creative, Digital, Lock In, Print, Social Media, TV
Nike
Origin Energy (Creative Agency of Record) Campaign: "The Unknown", Origin Energy Tales

ADVERTISING AGENCIES

Pacific Brands Bonds, Campaign: "Christmas Carollers", Campaign: "Collectibles", Campaign: "The Birthday Project", Campaign: "The Boys"
Places Victoria Campaign: "Remote Control Tourist"
Procter & Gamble Oral-B
SAB Miller Campaign: "Snorkel"
Salvation Army
Seek
Snickers
TEDx Campaign: "Mimeisthai"
Telstra Corporation Ltd. Belong Mobile, Creative; 2017
Tourism Victoria (Agency of Record) Campaign: "Play Melbourne", Campaign: "The Melbourne Remote Control Tourist", Campaign: "Wander Victoria"
Transport Accident Commission
Victorian State Government Aboriginal Victoria
Victoria's Transport Accident Commission (Creative Agency of Record) Campaign: "Pillow", Campaign: "Second Hand Holidays", Campaign: "Strings", Campaign: "The Effects Get Stronger", Campaign: "Towards Zero", Creative, Drink-Driving Laws, Online, Print, Radio, Social, TV
Visit Victoria Creative
Yellow Pages Baboons, Campaign: "Renovision", Campaign: "Tick", Free Online Listings, Hidden Pizza Restaurant

China

BBDO China
Suite 301 Bldg 1 TEDA Times Centre 12C 15 Guang Hua Rd, Chao Yang District, Beijing, 100026 China
Tel.: (86) 10 6591 3932
Fax: (86) 10 6591 3732
Web Site: www.bbdoasia.com

Employees: 50

Tze Kiat Tan *(CEO)*
Yeat Mung Koo *(Mng Dir)*
Zoe Li *(Acct Mgr)*

Accounts:
China Global Television Network
Mars Snickers
MetLife Brand Awareness, Creative
Vitasoy International Holdings Creative, Vita

BBDO China
42/F 1 Grand Gateway Plaza, NO 1 Hong Qiao Road, Shanghai, 200030 China
Tel.: (86) 21 2401 8000
Fax: (86) 21 6448 4699
Web Site: www.bbdoasia.com

Employees: 50

Wai Foong Leong *(Chm & Chief Creative Officer)*
Supparat Thepparat *(Partner-Creative)*
Hans Lopez-Vito *(Chief Strategy Officer-China)*
Angie Chueng *(VP & Exec Producer)*
Kit Koh *(Exec Creative Dir)*
Awoo Lai *(Exec Creative Dir)*
Xiaofei Zhao *(Exec Creative Dir)*
Juan Zhang *(Creative Dir)*
Tam Jian Zhong *(Creative Dir)*
Luna Yen *(Copywriter)*
Rachel Tsai *(Sr Bus Dir)*
Terry Zhang *(Acting Reg Mgr-China)*

Accounts:
Alibaba Group
Fonterra Anchor
LongHui ArtFrame
Mars
McDonald
Mercedes-Benz USA, LLC Creative

PepsiCo Campaign: "Bring Happiness Home", Creative, Miranda, Pepsi Light
New-Visit Victoria Digital, Online Television, Print, Social Media; 2018
Vitasoy International Holdings Creative, Vita
Watson Creative
Wrigley Orbit

China (Hong Kong)

BBDO Hong Kong
Ste 1501 15th Fl Cityplaza 4, 12 Taikoo Wan Rd, Taikoo Shing, China (Hong Kong)
Tel.: (852) 2820 1838
Web Site: bbdoasia.com

Employees: 50

Agency Specializes In: Financial

J. C. Catibog *(Mng Dir-South China)*
Jason King *(Mng Dir-Hong Kong)*
Clara Ho *(Creative Dir)*
Jacqueline Yu *(Acct Dir)*
Maria Bien *(Acct Mgr)*
Jasmine Shum *(Acct Exec)*
Agnes Ho *(Copywriter)*
Kevin Cheung *(Sr Art Dir)*
Nikki Louise Palomaria *(Sr Art Dir)*

Accounts:
AIDS Concern; 2017
BBK Electronics Vivo
Fonterra
GE
Johnson & Johnson
Liberty in North Korea
Mars Foods Inc Hong Kong Snickers
Mattel Online, Video
Mercedes Benz
MetLife Hong Kong Creative
PepsiCo
Procter & Gamble
SingTel
Society for Community Organisation
Starbucks Campaign: "Perfection"
Visa
Vitasoy International Holdings Creative, Digital, Print, TV, Vita, Vita Lemon Tea
Wrigley's Campaign: "The Flavours Of Life", Doublemint, Extra

India

BBDO India
207/2 Solitaire Plz, 2nd Fl MG Rd, Gurgaon, Haryana 122002 India
Tel.: (91) 124 4759400
Fax: (91) 11 2571 9958
E-Mail: delhi-office@rksbbdo.com
Web Site: www.bbdoasia.com

Employees: 85

Josy Paul *(Chm & Chief Creative Officer)*
Rajesh Sikroria *(Pres)*
Ravi Bhat *(VP-Plng-Delhi)*
Hemant Shringy *(Exec Creative Dir)*
Malini Chaudhury *(Creative Dir)*

Accounts:
Aviva Life Insurance Aviva Child Plans, Campaign: "A Book's Second Life", Campaign: "Call from the Future", Campaign: "God of Cricket", Creative, Life Insurance, Padding up with Sachin, Sachin and Scholarships, Sachin off Guard, Social Media Campaign, Webisodes
Bayer Healthcare
BlackBerry Blackberry, Campaign: "Action Starts Here"
New-Crompton Greaves Consumer Electricals Ltd Creative, Strategy
DHL CSR Initiative, Campaign: "Box Cuboid", Campaign: "Tri", Package Delivery, Postage eBay
New-Ford Motor Company (Global Lead Creative Agency); 2018
General Electric Company Campaign: "Art By The People", Campaign: "Kutch Patch Artwork", Campaign: "Soura Artwork", Campaign: "Take Care of your Loved Ones"
Gillette India Ltd Gillette Satin Care
Haiyya Campaign: "Stick It Art"
Hewlett-Packard Digital Media, Printers & Laptops, Television
Johnson & Johnson Campaign: "Engaged Couple", Campaign: "India'S First D.I.Y. Calendar For Babies", Medicine, Nicorette
Mars, Incorporated Pedigree, Wrigley's
MetLife Brand Awareness, Creative
Mobil (intl)
Nimbooz
OnePlus
Pepsico, Inc 7UP NMS, Campaign: "Craziness", Campaign: "Tweet-A-Thon", Creative, Mirinda, Quaker Oats
Procter & Gamble Ariel, Campaign: "#ShareTheLoad", Campaign: "Happy Mother's Day", Campaign: "Share the Load", Campaign: "Soldier For Women", Campaign: "The Everyday Soldier Movement", Campaign: "You Shave. I Shave", Cosmetics, Shaving, Whisper
Racold
Rajiv Gandhi Renewable Energy Centre
Samvaad Hearing Clinic Campaign: "Radio Spot For The Hearing Impaired"
S.C. Johnson & Son, Inc. All Out, Digital
Visa India
White Collar Hippies AK-47, Nuclear Reactor
Wrigley Wrigley Doublemint (Mints)

R.K. Swamy BBDO
Film Chamber Bldg 604 Anna Salai, Chennai, 600006 India
Tel.: (91) 44 3988 3500
Fax: (91) 44 2829 2314
E-Mail: vijay.gopal@rksbbdo.com
Web Site: www.rkswamybbdo.com

Employees: 900

Agency Specializes In: Consumer Marketing, Financial, Industrial, South Asian Market

Srinivasan Swamy *(Chm & Mng Dir)*
Sandeep Sharma *(Pres)*
Shekar Swamy *(Grp CEO)*
N. Sangeetha *(Pres-West & Creative Dir-Natl)*
V Vijay Gopal *(Pres-South & East)*
Surojoy Banerjee *(Exec VP & Dir)*
Lata Ramaseshan *(Gen Mgr-Hansa InfoSource)*
Gautam Pandit *(Exec Creative Dir)*
A V N Suresh *(Creative Dir & Art Dir)*
Sangeetha N *(Creative Dir-Natl)*
Sunil Ranjan Pathak *(Dir-Brand Strategy)*
Chacko Varghese *(Dir-Creative & Art)*
Ramya Murthy *(Sr Mgr-Brand Strategy)*
S. Narasimhan *(Sr Partner)*

Accounts:
Adarsh Group
Air India
Aparna Group
Asia Motor Works
Birla Tyres
BSCPL
Chambal Fertilizer & Chemicals
Charminar Asbestos
Consim Info Pvt Ltd
Corporation Bank Creative, Publicity Campaigns
Diamler Campaign: "Catch Us"
Eurocon Tiles
Faber Castell
Fedders Lloyd

AGENCIES - JANUARY, 2019 — ADVERTISING AGENCIES

Freescale Semiconductors India
Futura Cookers & Cookware
GE Medical Systems
Hawkins Cookers
Hindustan Times Brand
Hindusthan Paper Corporation
Hutchison 3 Global Services
India Gypsum
Indian School of Business
ITC Ltd
K Raheja Universal
Kalanjali
Kirby Building Systems
Kokuyo Camlin Ltd Camlin 2.0mm, Campaign: "Camel Crayons Se Hoga Fun", Crayons, Mechanical Pencil, TV
Life Insurance Corporation
Mars International India Campaign: "Giving Life", Campaign: "Reshmi Ehsaas, Resham Se Bhi Khaas", Campaign: "Shooting Set, Arjun Rampal", Campaign: "You're Not You When You Are Hungry", Snickers
Mercedes-Benz Campaign: "Speak to the Future", Campaign: "Turn On", Campaign: "Zero Excuses", Mercedes-Benz S-Class
Mercure Homestead Residences
Ministry of Rural Development
Moods Condoms Your Time, Your Place, Your Moods
Nilkamal
NTPC
O'General Air Conditioners
Oil & Natural Gas Commission
Oil India
Orient Fans
Parryware Roca
Piaggio Vehicles Three-Wheeler
Power Grid Corporation
Shriram City Union Finance Ltd. Campaign: "Hello", Magazine, Newspaper, Print
Singer India Ltd Campaign: "Singer-Made"
State Bank of India SBI Home Loan "Birthday Gift"
Stratondops
Suzuki Motorcycles Access 125, Bandit, Campaign: "Apna Way of Life", Creative, Heat 125, Intruder, JS150, SlingShot, Zeus
Titan
TVS Electronics Ltd.
UNICEF
United Spirits
Vaswani Estates
Volvoline Cummins
Wep Peripherals
Zuari Cement

Indonesia

BBDO Komunika
Hero Bldg II 7th Fl JL Gatot Subroto, 177 A Kav 64, Jakarta, 12870 Indonesia
Tel.: (62) 21 831 7780
Fax: (62) 21 831 7786
E-Mail: general@bbdoindonesia.com
Web Site: www.bbdoasia.com

Employees: 120

Vaishali Sarkar *(CEO)*
Talha Bin Hisaam *(Head-Strategy & Bus)*
Gilang Ramadhan *(Grp Head-Creative)*
Syeda Ayesha Ikram *(Exec Creative Dir)*
Florian Widjaja *(Grp Acct Dir)*
Trina Martirez *(Creative Dir)*
Esa Prasetia *(Art Dir)*
Silvia Pasaribu *(Dir-Client Svc)*
Fachri Rubian *(Sr Acct Mgr)*
Almira Mandasari *(Sr Acct Exec)*
Rhesa Sudradjat *(Copywriter)*

Accounts:
Del Monte
DIAGEO plc Guinness
On Clinic Indonesia
PepsiCo Pepsi, Quaker
Philips
PT Anugrah Niagatama Perkasa
USAID Indonesia Digital Awareness, Social Media

Japan

I&S BBDO Inc.
Harumi Triton Square X 1-8-10 Harumi, Chuo-ku, Tokyo, 104-6038 Japan
Tel.: (81) 3 6221 8585
Fax: (81) 3 6221 8791
E-Mail: prdiv@isbbdo.co.jp
Web Site: www.isbbdo.co.jp

Employees: 463
Year Founded: 1947

Agency Specializes In: Communications, Consulting, Exhibit/Trade Shows, Media Buying Services, Print, Publicity/Promotions, Radio, T.V.

Kazutoyo Kato *(Pres & CEO)*
Yoshihiro Nagai *(Mng Dir)*
Haruko Kuzuya *(Creative Dir & Sr Copywriter)*
Kei Oki *(Creative Dir & Sr Copywriter)*
Risa Taoka *(Art Dir & Planner)*
Takeshi Hashimoto *(Creative Dir)*
Masaki Honda *(Creative Dir)*
Shinichi Ikeda *(Creative Dir)*
Kana Kikuchi *(Art Dir)*
Takuya Miyamoto *(Art Dir)*
Tatsuro Kumaki *(Planner)*
Yukina Oshibe *(Copywriter)*
Kaoru Matsui *(Sr Exec Dir-Media Grp)*

Accounts:
Hibiya-Kadan Campaign: "Give Back The Love"
Hot Wheels Campaign: "Dolly"
Japan Philharmonic Orchestra Campaign: "The Japan Pill-harmonic"
Johnson & Johnson Consumer Inc. Band Aid
Kao Corporation Nyantomo
Kintsugi
Mars, Incorporated Kal-Kan, Snickers
Miyamoto Jeweler Campaign: "Heal-Ring"
Nishinihon Tenrei Campaign: "Life is Endless"
Sega Sammy
Special Broadcasting Service Corporation (SBS)
Toyotecno Campaign: "Clean up"

Malaysia

BBDO Malaysia
Suite 50-01-01 Wisma UOA Damansara 50 Jalan Dungun, Damansara Heights, Kuala Lumpur, 50490 Malaysia
Tel.: (60) 3 2094 6300
Fax: (60) 3 2094 9891
Web Site: https://www.bbdo.com/

Employees: 90

Agency Specializes In: Consumer Marketing

Andrea Ma *(Head-Acct Mgmt)*
Farrah Harith-McPherson *(Gen Mgr)*
Donevan Chew *(Exec Creative Dir)*
Yew Pong Hor *(Creative Dir)*
Jian Yi Lay *(Creative Dir)*
Wee Ling Lim *(Creative Dir)*
Asran Zakry Zainuddin *(Acct Dir)*
Rafiq Ridzwan *(Dir-Plng)*
Yusrizal Yusof *(Copywriter-BM)*

Accounts:
AIG Malaysia
AirAsia
Anlene
Anmum Essential
British Council
Cornetto
Fonterra Anmum Milk Powder
Guardian Malaysia Creative
Guardian Pharmacy
KFC
Levis
Mars Snickers
Mercedes-Benz Malaysia Consumer, InstaDrive
MetLife Brand Awareness, Creative
Mindvalley
Nandos
Pedigree
RHB
Ridsect
SC Johnson
Svenska Cellulosa Aktiebolaget Libresse, TENA
Taylor's University Video
Tesco
Tohtonku Creative, Nanowhite, Nutox; 2018
Visa
Wrigley's Double Mint Gum

New Zealand

Clemenger BBDO Wellington
Clemenger BBDO House 8 Kent Ter Level 2, Wellington, 6201 New Zealand
Tel.: (64) 4 802 3333
Fax: (64) 4 802 3322
E-Mail: inquiries@clemengerbbdo.co.nz
Web Site: http://www.clemengertc.co.nz

Employees: 100

Brett Hoskin *(Mng Dir)*
Brigid Alkema *(Exec Creative Dir)*
Pablo Arellano *(Art Dir)*
Matt Barnes *(Bus Dir)*
Emily Beautrais *(Creative Dir)*
Frances Cooke *(Art Dir)*
Mia Freeman *(Bus Dir)*
Kat Tadaki *(Art Dir)*
Linda Major *(Dir-Social Mktg)*
John Walsh *(Dir-Comms)*
Janka Palinkas *(Fin Mgr)*
Sophie Petley *(Acct Mgr)*
Tim Fraser *(Mgr-Plng & Implementation)*
JP Twaalfhoven *(Copywriter)*
Johnson Witehira *(Designer)*

Accounts:
ALAC
Ashley Fogel
Biosecurity Campaign: "Evil Fruit"
CAANZ Campaign: "Share The Love"
Carter Observatory Campaign: "Fill Your Head with Space"
Earth Hour Ads In The Dark
EECA Marketing & Communications Strategic Partner; 2018
Fly Buys Campaign: "Something A Little Bit Good"
Fonterra Australia
Fonterra NZ
Format Printers
New-Human Rights Commission
KiwiRail Campaign: "See More of New Zealand by Train"
New-Ministry for Primary Industries
Mitsubishi Motors Campaign: "Carries your load. Carries your business.", Farm, Port, Shogun Euro
New York Festivals
New Zealand Human Rights Commission Give Nothing to Racism
New Zealand Transport Agency
Nova Energy Campaign: "Great Value Energy"
NZ Post
Pheonix Soccer
Radio New Zealand
Rainforest Conservation
Red Lane

ADVERTISING AGENCIES

Safer Journeys Campaign: "Stop the family driving drunk. Legend."
South Pacific Tyres
New-TrackSAFE NZ
Wellington City Council
Wellington International Ukulele Orchestra Campaign: "Nothing Beats a Jingle"
Wellington Zoo
Whakatane District Council Eastern Bay Road Safety Programme
WWF New Zealand Campaign: "Orangutan"

Colenso BBDO
100 College Hill, Ponsonby, Auckland, 1011 New Zealand
Tel.: (64) 9 360 3777
Fax: (64) 9 360 3778
E-Mail: enquiries@colensobbdo.co.nz
Web Site: www.colensobbdo.co.nz

Employees: 60

Agency Specializes In: Brand Development & Integration, Experiential Marketing

Scott Coldham *(Mng Dir)*
Paul Courtney *(COO)*
Nick Worthington *(Chm-Creative & Exec Creative Dir)*
Wayne Pick *(Head-CX & Exec Creative Dir)*
Matthew Barnes *(Head-Digital)*
Thomas Darlow *(Grp Head-Creative)*
Paul Gunn *(Head-Activation & PR)*
Beth O'Brien *(Grp Head-Creative)*
Mylene Ong *(Head-Strategy)*
Jen Storey *(Head-Brdcst)*
Steve Cochran *(Exec Creative Dir)*
Daniel Wright *(Exec Creative Dir)*
Lisa Divett *(Grp Dir-Strategy)*
Renata Gordon *(Sr Acct Dir)*
Rebecca Richardson *(Grp Acct Dir)*
Nico Ainsworth *(Bus Dir)*
Dave Brady *(Creative Dir)*
Emily Brockie *(Bus Dir)*
Ryan Butterfield *(Bus Dir)*
Maria Devereux *(Creative Dir)*
George Howes *(Art Dir)*
Katie Knight *(Creative Dir)*
Max McKeon *(Creative Dir)*
Emily Osborne *(Art Dir)*
Kimberley Ragan *(Creative Dir)*
Harry Skelton *(Art Dir)*
Samuel Trimble *(Art Dir)*
Sarah Barrett *(Dir-Digital Strategy)*
Charlie Godinet *(Dir-Creative & Art)*
Dean Pomfrett *(Dir-Design)*
Andy Robilliard *(Dir-Creative Svcs)*
Nick Salter *(Dir-Strategy)*
Robert Vela *(Acct Mgr)*
Shayna Armstrong *(Mgr-Studio)*
Cormac van den Hoofdaker *(Mgr-Mktg)*
Amy Pollok *(Strategist)*
Emma Tait *(Strategist-Digital & Data)*
Ellen Fromm *(Copywriter)*
Eloise Jack *(Copywriter-Creative)*
Georgia Johnstone *(Copywriter)*
Lauren Southon *(Copywriter)*
Michael Swinburn *(Copywriter)*
Georgia Trimble *(Copywriter)*
Brent Courtney *(Sr Art Dir)*
Annabel Rees *(Grp Bus Dir)*
Ahmad Salim *(Grp Bus Dir)*

Accounts:
Amnesty International "Trial by Timeline", Amnesty Envelope, Campaign: "Amnesty International Ad Unblocker", Campaign: "Connection Denied"
Asaleo Care
Auckland Tourism, Events & Economic Development
Auckland Transport Metro Creative, Digital Engagement, Media, Strategy
New-Auckland Writers Festival
Bacardi Ltd 42Below
Bank of New Zealand "EmotionScan", Campaign: "The Power Of a Dollar", Outdoor & Digital
Breast Cancer Foundation New Zealand
Burger King Campaign: "#MotelBK", Campaign: "Backyard Burger Kings", Campaign: "Cheat on Beef", Campaign: "Pre-roll", Campaign: "The King's Royal Gift"
DB Breweries Limited Campaign: "Fire At The Old Well", Campaign: "He's Drinking It For You", DB Export, Monteith's Brewing Co, Old Mout: The not so sweet cider
FlyBuys
Fonterra Co-Operative Group Ltd. Anchor Protein+, Campaign: " Go Strong", Campaign: "If Milk Was Meant To See The Light, Cows Would Be See-through", Campaign: "Listen to Your Stomach", Campaign: "Mainland: Golf", Campaign: "Make Someone You Know Feel Tip Top", Creative, Digital, Fresh N Fruity, Mainland Cheese, Out-of-Home, Public Relations, Radio, Social Content, Television, Tip Top Ice Cream
Foodstuffs New Zealand Campaign: "New World- The In- Store Master Butcher", Campaign: Little Kitchen
Frucor Beverages Ltd Campaign: "#VCHAT", Campaign: "Air Aquarium", Campaign: "From great to extraordinary", Campaign: "Mountain Dew Skatepark", Campaign: "Skate Pinball", Campaign: "V Battle Carts", Campaign: "V Paintball", Digital, OOH, Social Media, The V Motion Project, V Energy Drink, V Pure, V Robbers, V0% Sugar. 100% Mental
George Weston Foods Hi Performance Play, Tip Top Wraps
Heart of the City Digital, Love Bites, Outdoor, Print, Social
Heineken New Zealand Brewtroleum
House of Travel Campaign: "The best holidays are created together - 60 Spot"
IAG AMI, Campaign: "Nothing is Gonna Break My Stride"
Les Mills International Creative
Loyalty New Zealand Kiwi
Mainland
Mars Petcare Dine, M&M's, My Dog, Pedigree
Mizone
Mountain Dew
New World Little Kitchen, Little Shop
New Zealand Book Council
New Zealand Breast Cancer Foundation Campaign: "A Cream That Gives You Wrinkles", Campaign: "Save Seven", Print, Skinfoods
Nimble
NZ Transport Agency
PepsiCo Bromitment, Pepsi Max, Sunbites
SKYCITY
Snickers
Spark New Zealand
St John Ambulance "Here For Life", Brand Positioning, TV
State Insurance Campaign: "Break My Stride"
Vector Lights
Visa
The Yummy Fruit Company

Philippines

BBDO Guerrero
11th Floor Insular Life Building Ayala Avenue corner, Paseo de Roxas, Makati, 1226 Philippines
Tel.: (63) 2 892 0701
Fax: (63) 892 7501
Web Site: www.bbdoguerrero.com

Employees: 97
Year Founded: 1998

Francine Kahn-Gonzalez *(Mng Dir)*
Jayr Iringan *(Fin Dir)*
David Guerrero *(Chm-Creative)*
Leah Gonzales *(Controller-Fin)*
Cristina Buenaventura *(Exec Dir-Strategy)*
Federico Fanti *(Exec Creative Dir)*
Roshan Nandwani *(Exec Dir-Transformation)*
Karen Go *(Grp Acct Dir)*
Hannah Poblador *(Grp Acct Dir)*
Michelle Co *(Art Dir)*
Bern Cordora *(Art Dir)*
Caleb Cosico *(Art Dir)*
Gab Garcia *(Art Dir)*
Chico Jansen Javier *(Art Dir)*
Katlin Sanchez *(Acct Dir)*
John Unson *(Mktg Dir)*
Manuel Villafania *(Creative Dir)*
Ethel Dino-Datario *(Dir-Client Svc)*
Angelica Lorenzo *(Dir-Client Svc)*
Al Salvador *(Dir-Creative Svcs)*
Arthur Aquino *(Assoc Dir-Creative)*
Erika Alinell *(Sr Acct Mgr)*
Larah Lee *(Sr Planner-Strategic)*
Cassandra Ralbovsky *(Acct Mgr)*
Joey Barreiro *(Copywriter)*
Frances Lim Cabatuando *(Copywriter-Creative Copywriting)*
Alexis Dy *(Copywriter)*
Nino Jose Bechayda Gonzales *(Copywriter)*
Rachel Teotico-Yulo *(Copywriter)*
Trisha Tobias *(Designer)*
Franco Villaflor *(Designer)*
Lizther Ann Castaneda *(Assoc Creative Dir)*
Michelle Edu *(Assoc Creative Dir)*
Cielo Laforteza *(Sr Controller-Production Traffic)*
Rayna Vihuela Reyes *(Assoc Creative Dir)*
Nikki Sunga *(Assoc Creative Dir)*
Nico Zapanta *(Assoc Creative Dir)*

Accounts:
Apple Box Photography Studio
Bayan Telecommunications Internet Provider
Bayer Philippines Campaign: "Butcher", Campaign: "Persistent Headache", Saridon
Billionaire Magazine
BioLink
C Magazine Billionaire
Childhope
Clean Air Asia Hairy Nose Campaign, Online Video, Website
Del Monte Del Monte Spaghetti Sauce & Pasta; 2018
Department of Tourism Campaign: "It's More Fun in the Philippines"
Diageo Philippines Johnnie Walker
Fedex Campaign: "Rectangle Box", Campaign: "Square Box", Zombie Outbreak
First Gen
First Philippine Holdings
Fonterra Anlene
Hewlett-Packard
Johnson & Johnson Campaign: "Painful Diarrhea", Digital, Johnson's Baby, Modess
Krispy Kreme Creative; 2008
Madrid Fusion Manila
Manila Water Brand Consultancy, Digital Communication
Mars South East Asia Pedigree, Snickers
Mitsubishi
The National Union of Journalists
Noli Me Tangere
NUJP Campaign: "Closed Eyes", Media
PepsiCo, Inc "Playable Pre-rolls", Aquafina, Campaign: "Bottle Lights", Drink Consumer Goods, Frito Lay, Mountain Dew, Pepsi, Pepsi Max, Quaker
Pizza Hut
Procter & Gamble #ShineStrong, Campaign: "#WhipIt", Campaign: "Be Strong & Shine", Pantene
Red Cross
New-Red Ribbon Integrated Marketing Communications
Rizal Commercial Banking Corporation Creative, Rebranding Strategy
Sky Broadband
UNICEF

Visa
Wrigley Campaign: "Party"
Yellow Cab Pizza

Singapore

BBDO Singapore
30 Merchant Road #03-12, Riverside Point,
 Singapore, 058282 Singapore
Tel.: (65) 6533 2200
Fax: (65) 6827 6700
E-Mail: seshadri.sampath@bbdo.com.sg
Web Site: www.bbdoasia.com

Employees: 150

Agency Specializes In: Advertising Specialties

Danny Searle *(Chm, Chief Creative Officer & Vice Chm-Asia)*
Richard Fraser *(Pres-Southeast Asia & CEO)*
Nick Morrell *(Mng Dir)*
Jean-Paul Burge *(Chm/CEO-Asia)*
Ravi Eshwar *(Head-Copy & Sr Creative Dir)*
Tan Giap How *(Head-Art & Assoc Creative Dir)*
Rebecca Nadilo *(Head-Plng)*
Christie Way *(Grp Head-Creative)*
Mateusz Mroszczak *(Exec Creative Dir)*
Samantha Kennedy *(Reg Dir-Visa AP & Mars Incorporated-Australasia)*
Lauren Yrastorza Lim *(Creative Dir)*
Kelly Togashi *(Assoc Dir-Plng)*
Sarah Maclean *(Reg Bus Dir)*
Theophilues Tan *(Assoc Creative Dir)*

Accounts:
AIA Group Limited Strategy & Development
Autism Resource Centre Campaign: "Search Activated Banner"
Aviva
Citibank
Cycle & Carriage
Diageo Guinness
Exxon Mobil Mobil 1, Social, Video
FedEx
Fonterra Brands Above-the-Line, Anlene, Anmum
Heineken Asia Pacific Tiger Beer
Hewlett Packard Campaign: "Like Father Like Son", Printers
ICI Paints (Singapore) Pte Ltd.; 1996
Mercedes
Ministry of Manpower Integrated Media & Advertising
NETS; Singapore Creative, E-Payment Operation
Olympus Corporation OM-D E-M10
Panasonic Lumix FX33; 2007
Pepsi International Beverages
Pfizer
Visa
Workplace Safety & Health Council (Agency of Record) Creative & Strategic

Thailand

BBDO Bangkok
18th Fl U Chu Liang Bldg, 968 Rama IV Rd Silom,
 Bangkok, 10500 Thailand
Tel.: (66) 2 637 5999
Fax: (66) 2 637 5990
Web Site: bbdoasia.com

Employees: 60

Somkiat Larptanunchaiwong *(CEO)*
Thipayachand Hasdin *(Mng Dir)*
Anuwat Nitipanont *(Chief Creative Officer)*
Suthisak Sucharittanonta *(Chm-Creative)*
Sarita Chanthai *(Grp Head-Creative)*
Piyakan Sirichankachorn *(Grp Head-Creative)*
Tanyawan Wongapichart *(Grp Acct Dir)*
Kroekkiat Chanthakitnukul *(Art Dir)*

Nopharit Dusadeedumkoeng *(Creative Dir)*
Peter Oh *(Creative Dir)*
Vasanai Pakapongpan *(Client Svcs Dir)*
Kusuma Ruchakityanon *(Creative Dir)*
Thanan Srisukh *(Art Dir)*
Prasert Srivarin *(Art Dir)*
Piya Chongmakhong *(Acct Mgr)*
Natthanicha Taveesupapong *(Acct Mgr)*
Vachira Pashekrepapon *(Copywriter)*
Sangvian Suwan *(Designer)*
Chatchanit Yenjai *(Copywriter)*
Tutiya Disphanurat *(Chief Plng Officer)*
Nirun Sommalardpun *(Sr Art Dir)*
Charnpanu Suchaxaya *(Sr Art Dir)*

Accounts:
ASH Thailand
Bangkok Bank
Close To Nature Flowers
Deaf Association of Bangkok
Drugs.com Throatsil
The Duang Prateep Foundation "Saving Lives One Ride At A Time"
Elide Fire Print
Family Network Foundation Campaign: "Unsweet Truth"
Give Asia
HomePro Campaign: "Clean", Campaign: "Moment of Glory", Campaign: "Sale: Lizard "
Institut Pasteur
Intern Beer Design
I.P. Trading
Lion Corporation
LMG Insurance
Mars, Incorporated Pedigree
Mars
The Mirror Foundation
Operation Smile Campaign: "The Painted Smile", Public Relations
Optic Square Light Adaptive Poster
Ramathibodi Foundation Campaign: "Calendar of Life"
Samsung
SCG Chemicals
Siam Bodybuilding
Steps with Theera
Tefal Blender Campaign: "Fruitastic Lookalike"
Tencent Thailand: Band Tee Detector
Thai AirAsia
Thai Dog House Immortal Adoption
Thai Health Promotion Foundation Campaign: "Headlight Message", Don't Drive Sleepy Project, Get Fit! Project, Road Safety
Thailand Association of The Blind "Storybook For All eyes", Blind Taste TV SHOW
Tisco Bank
Tourism Authority of Thailand (Agency of Record) Creative, Integrated Communications Strategy, International, Online, Social Media, Strategic; 2017
Virgin Active
Women & Men Progressive Movement Foundation

Subsidiary

Wednesday
(Formerly Wednesday New York)
245 5th Ave 25th Fl, New York, NY 10016
(See Separate Listing)

BBG&G ADVERTISING
3020 Rte 207, Campbell Hall, NY 10013
Tel.: (845) 615-9084
Fax: (845) 615-9149
E-Mail: smartstrategies@bbggadv.com
Web Site: www.bbggadv.com

Employees: 8

Agency Specializes In: Advertising, Brand Development & Integration, Business-To-Business, Collateral, Corporate Identity, Direct Response Marketing, Event Planning & Marketing, Exhibit/Trade Shows, Internet/Web Design, Logo & Package Design, Multimedia, Newspaper, Print, Promotions, Public Relations, Radio, T.V.

June Musollino *(Founder)*
Deborah Garry *(Owner)*
Francheska Boria Ramos *(Creative Dir)*
Peggy Brunetti *(Dir-Ops)*
Shannon Flatley *(Dir-Creative)*
Bethany Lunden *(Acct Exec & Strategist-Social Media)*
Brittany Varetoni *(Acct Exec)*
Dan Calabrese *(Copywriter)*
Alyssa Maroney *(Designer-Graphic & Web)*
Traci Suppa *(Copywriter)*

Accounts:
Bon Secours Community Hospital
Chiropractic Leadership Alliance
Creating Wellness Alliance
Horizon Family Medical Group
Mission Regional Medical Center
Schervier Apartments
Schervier Nursing Care Center
Walden Savings Bank

BBH NEW YORK
32 Avenue of the Americas 19th Fl, New York, NY 10013
Tel.: (212) 812-6600
Fax: (212) 242-4110
Web Site: www.bartleboglehegarty.com/newyork/

Employees: 160
Year Founded: 1998

National Agency Associations: 4A's

Agency Specializes In: Automotive, Brand Development & Integration, Broadcast, Business Publications, Business-To-Business, Cable T.V., Children's Market, Co-op Advertising, Communications, Consulting, Consumer Marketing, Consumer Publications, Corporate Identity, Cosmetics, E-Commerce, Electronic Media, Entertainment, Fashion/Apparel, Financial, Health Care Services, High Technology, Infomercials, Information Technology, Internet/Web Design, Leisure, Logo & Package Design, Magazines, New Product Development, Newspaper, Newspapers & Magazines, Out-of-Home Media, Outdoor, Planning & Consultation, Point of Sale, Print, Production, Publicity/Promotions, Restaurant, Retail, Seniors' Market, Sponsorship, Strategic Planning/Research, T.V., Trade & Consumer Magazines, Transportation, Travel & Tourism

Sarah Watson *(Chm & Chief Strategy Officer)*
Brett Edgar *(Mng Dir)*
Gerard Caputo *(Chief Creative Officer)*
Matthew Anderson *(Chief Growth Officer)*
Andrew Prondak *(Head-Tech)*
Kendra Salvatore *(Head-Strategy)*
Ed Zazzera *(Head-Production)*
Darus Zahm *(Grp Dir-Comm Strategy)*
Ross Gillis *(Grp Acct Dir)*
Kendra Schaaf *(Grp Acct Dir)*
Lucas Bongioanni *(Creative Dir)*
Scott Cooney *(Creative Dir)*
Katrina Engelman *(Bus Dir-CRM)*
Diego Fonseca *(Creative Dir)*
Bruno Franchino *(Art Dir)*
Ryan Gifford *(Art Dir)*
Jason Hehman *(Bus Dir)*
Colin Kim *(Creative Dir)*
Alex Monger *(Bus Dir)*
Finnian O'Neill *(Bus Dir)*
Aimee Perrin *(Art Dir)*
Anastasia Serdukova *(Art Dir)*
Philip Sicklinger *(Creative Dir)*
Kelly Bignell-Asedo *(Dir-Experience)*

ADVERTISING AGENCIES

AGENCIES - JANUARY, 2019

Zack Green *(Dir-Comm Strategy)*
Justin Marciani *(Dir-Resource Mgmt)*
Jenifer Murray *(Dir-Strategy)*
Librado Sanchez *(Dir-Bus Affairs)*
Stephen Matysik *(Assoc Dir-Technical)*
Cristina Flores Serrano *(Acct Mgr)*
Johnny Skwirut *(Acct Mgr)*
Shana Honig *(Acct Supvr)*
Lucie Kittel *(Acct Supvr-PlayStation & Grubhub)*
Alexander Beerden *(Strategist)*
Dylan Fauss *(Strategist)*
Hora Sormani *(Sr Copywriter-Creative)*
Douglas Hamilton *(Copywriter & Assoc Creative Dir)*
Liz Loudy *(Copywriter)*
Devin McGillivary *(Copywriter)*
Stu Rubin *(Copywriter)*
Christin Wiegand *(Planner-Comm)*
Sarah Markowitz *(Acct Coord)*
Hugo Bierschenk *(Grp Creative Dir)*
Andres Bonilla *(Architect-Solution)*
Olivia Imperatore *(Assoc Producer)*
Chris Lisick *(Grp Creative Dir)*
Casey Schweikert *(Assoc Creative Dir)*
Dean Woodhouse *(Grp Creative Dir)*

Accounts:
A Place at The Table
ALS Campaign: "Donate Your Voice"
Amazon
Brighthouse Financial, Inc (Agency of Record)
British Airways Campaign: "To Fly. To Serve", Club World
Burberry Marketing Campaign
Care (Advertising Agency of Record) Integrated Marketing; 2017
Cole Haan Campaign: "Chelsea Pump"
Consumer Reports
The Corner Shop Playstation Plus Network
Google AdWords Express, Campaign: "Coffee", Campaign: "Lady Gaga", Google Chrome, Google Music
Great Nations Eat
GrubHub Inc. Creative, OOH, Seamless (Agency of Record)
The Guardian Campaign: "Points of View", Campaign: "Voice Your View", Microsite, Poster, Print
Harman International Industries, Incorporated Campaign: "CordFail Effect", JBL
Infamous Second Son Campaign: "Enjoy Your Power"
New-Macy's Marketing Campaign
Marriott
MetLife, Inc CRM, Digital, Out of Home, Print, Social, TV
NBA
Nest Campaign: "Magic of Home", Out of Home, Print
Netflix Campaign: "House of Cards"
Newell Rubbermaid "Blueberry", Blue Marker Pens, Creative, Mr. Coffee, Mr. Sketch, Mr. Sketch Scented Markers, MrSketch.com, Rival, Strategy, Sunbeam, TV
Planned Parenthood Federation of America, Inc.
Seamless Corp Out-of-Home
Share Our Strength No Kid Hungry
Social Tees Animal Rescue Campaign: "Puppy Love on Tinder"
Sol Beer
New-TAP Air Portugal
UNICEF Good Shirts
Unilever AXE Deodorant, All Detergent, Bertolli, Campaign: "Hotel", Campaign: "How You Feel Says It All", Campaign: "Make Your Own Sex Tape", Cleans Your Balls, Clix, Dove, In-Store Marketing, Men+Care, Omo, Online, Persil, Print, Promise, Spray & Go, Surf, Vaseline, White Label; 2001
Volvo Trucks Campaign: "Greatness Awaits"
The Weather Channel Brand Strategy, Campaign: "Your Weather.com", Communications Planning, Creative
World Gold Council; NY Times Square Gold Ring

Hunt; 2001

Branch

Domani Studios LLC
32 Avenue of the Americas 19th Fl, New York, NY 10013
(See Separate Listing)

BBK WORLDWIDE, LLC
117 Kendrick St Ste 600, Needham, MA 02494
Tel.: (617) 630-4477
Fax: (617) 630-5090
Web Site: https://www.bbkworldwide.com/

Employees: 60

Agency Specializes In: Consulting, Health Care Services

Joan F. Bachenheimer *(Founder & Principal)*
Bonnie A. Brescia *(Founder & Principal)*
Matt Kibby *(Pres)*
Liz Ritchie *(Principal-Fin & Legal Ops)*

BBR CREATIVE
300 Rue Beauregard Bldg 1, Lafayette, LA 70508
Tel.: (337) 233-1515
Fax: (337) 232-4433
E-Mail: etalbot@bbrcreative.com
Web Site: www.bbrcreative.com

Employees: 40
Year Founded: 1997

Agency Specializes In: Advertising, Advertising Specialties, Brand Development & Integration, Broadcast, Business Publications, Business-To-Business, Corporate Identity, Electronic Media, Engineering, Environmental, Exhibit/Trade Shows, Food Service, Graphic Design, Health Care Services, Identity Marketing, In-Store Advertising, Internet/Web Design, Logo & Package Design, Luxury Products, Media Buying Services, Media Planning, Media Relations, Newspapers & Magazines, Package Design, Point of Purchase, Print, Production, Promotions, Publicity/Promotions, Regional, Retail, Sales Promotion, Seniors' Market, Social Marketing/Nonprofit, Social Media, Strategic Planning/Research, Urban Market, Web (Banner Ads, Pop-ups, etc.), Women's Market

Approx. Annual Billings: $6,000,000

Cherie Hebert *(CEO & Partner)*
Cathi Pavy *(Partner & Creative Dir)*
Sara Ashy *(Partner)*
Emily Burke *(VP-Acct Svc & Strategy)*
Kellie Viola *(Art Dir)*
Lauren Bourgeois *(Dir-Production)*
Andre Dugal *(Dir-Design)*
Julie Gauthier *(Dir-Strategic Comm)*
Monica Hebert *(Dir-Media Svcs)*
Daniel Kedinger *(Dir-Digital Mktg)*
Eddie Talbot *(Dir-Digital Production & IT)*
Bria Wheeler *(Acct Svc Dir)*
Brie Hodges *(Sr Acct Exec)*
Mallory Gauthier *(Acct Exec)*
Cory Lagrange *(Strategist-Digital Mktg)*
Maggie Stokes *(Media Buyer)*
Burt Durand *(Sr Art Dir)*

BCA (BRIAN CRONIN & ASSOCIATES INC.)
800 Westchester Ave, Rye Brook, NY 10573
Tel.: (914) 697-4866
E-Mail: mail@bcany.com
Web Site: www.bcany.com

Employees: 10
Year Founded: 1984

Agency Specializes In: Above-the-Line, Advertising, Advertising Specialties, Affluent Market, Aviation & Aerospace, Below-the-Line, Brand Development & Integration, Broadcast, Business Publications, Business-To-Business, Collateral, Communications, Consumer Marketing, Consumer Publications, Corporate Communications, E-Commerce, Financial, Graphic Design, Hospitality, Integrated Marketing, Internet/Web Design, Leisure, Logo & Package Design, Magazines, Market Research, Media Buying Services, Media Planning, Media Relations, Newspaper, Newspapers & Magazines, Out-of-Home Media, Over-50 Market, Planning & Consultation, Print, Public Relations, Publicity/Promotions, Radio, Restaurant, Strategic Planning/Research, Trade & Consumer Magazines, Transportation, Travel & Tourism

Approx. Annual Billings: $5,000,000

James M. Cronin *(Pres)*
Evelyn Galli *(COO)*
Susanna Gahan *(Comptroller)*
Marilise Propst *(Art Dir)*

Accounts:
American General Supplies
China Eastern Airlines
Doyle Collection
Fitzpatrick Hotels Group; New York Hotels
Glamour
Glamour Destination Management Company (DMC)
Kartagener Associates Inc.; NY
Lion World Tours; Toronto, Canada
South African Airways; FL
Star Alliance
Sun International

BCA MARKETING COMMUNICATIONS
800 Westchester Ave. N641, Rye Brook, NY 10573
Tel.: (212) 286-9300
Fax: (212) 286-9736
E-Mail: mail@bcany.com
Web Site: www.bcany.com

Employees: 6

National Agency Associations: 4A's

Agency Specializes In: Advertising, Brand Development & Integration, Broadcast, Collateral, Corporate Communications, Corporate Identity, Direct Response Marketing, Email, Exhibit/Trade Shows, Graphic Design, Internet/Web Design, Media Buying Services, Media Planning, Multimedia, Out-of-Home Media, Outdoor, Print, Public Relations, Search Engine Optimization, Strategic Planning/Research

Revenue: $6,000,000

James M. Cronin *(Pres)*
Evelyn Galli *(COO)*

Accounts:
bmi
China Eastern
Doyle Collection
KAI Collection
Lion World Travel
Qatar Airways
Round Hill Hotel & Villas Branding, Creative, Media Buying, Social Media Strategy
South African Airways
Star Alliance

AGENCIES - JANUARY, 2019 — ADVERTISING AGENCIES

THE BCB GROUP, INC.
(Name Changed to Insight Marketing Communications)

BCF
4500 Main St Ste 600, Virginia Beach, VA 23462
Tel.: (757) 497-4811
Fax: (757) 497-3684
E-Mail: mpannullo@boomyourbrand.com
Web Site: www.bcfagency.com

Employees: 53
Year Founded: 1980

National Agency Associations: PRSA

Agency Specializes In: Advertising, Advertising Specialties, Affluent Market, Alternative Advertising, Arts, Brand Development & Integration, Broadcast, Cable T.V., Co-op Advertising, Collateral, Communications, Consulting, Consumer Goods, Consumer Marketing, Consumer Publications, Content, Corporate Communications, Corporate Identity, Crisis Communications, Customer Relationship Management, Digital/Interactive, Direct Response Marketing, E-Commerce, Electronic Media, Email, Environmental, Event Planning & Marketing, Exhibit/Trade Shows, Experience Design, Government/Political, Graphic Design, Guerilla Marketing, Hospitality, Household Goods, Identity Marketing, In-Store Advertising, Information Technology, Integrated Marketing, International, Internet/Web Design, Leisure, Local Marketing, Logo & Package Design, Luxury Products, Magazines, Market Research, Media Buying Services, Media Planning, Media Relations, Media Training, Men's Market, Mobile Marketing, Multimedia, New Product Development, New Technologies, Newspaper, Newspapers & Magazines, Out-of-Home Media, Outdoor, Over-50 Market, Package Design, Paid Searches, Pets, Planning & Consultation, Point of Purchase, Print, Production, Production (Ad, Film, Broadcast), Public Relations, Publicity/Promotions, RSS (Really Simple Syndication), Radio, Regional, Search Engine Optimization, Seniors' Market, Social Marketing/Nonprofit, Social Media, Sports Market, Strategic Planning/Research, T.V., Teen Market, Trade & Consumer Magazines, Travel & Tourism, Tween Market, Urban Market, Viral/Buzz/Word of Mouth, Web (Banner Ads, Pop-ups, etc.), Women's Market

Approx. Annual Billings: $30,000,000

Breakdown of Gross Billings by Media: Internet Adv.: $10,000,000; Mags.: $7,800,000; Newsp.: $5,400,000; Outdoor: $410,000; Radio: $5,190,000; T.V.: $1,200,000

Donna Ames *(Office Mgr)*

Accounts:
America's Snowboard Team; Aspen, CO Sports Marketing; 2009
Armada Hoffler/Westin Residences; Virginia Beach, VA Luxury Residences; 2010
Aspen Chamber and Resort Association; Aspen, CO Travel & Tourism; 2011
Bumps for Boomers; Aspen, CO Travel & Tourism; 2009
The Contemporary Art Center of Virginia
The Fredericksburg Regional Tourism Partnership (Agency of Record) Creative, Interactive, Media, Public Relations, Tourism; 2005
Naples Marco Island; Naples, FL PR, Travel & Tourism; 2006
Ocean Breeze Waterpark; Virginia Beach, VA Attractions/Media; 2011
Virginia Aquarium & Marine Science Center; Virginia Beach, VA Education Center & Attraction; 1996
Virginia Beach Convention & Visitors Bureau; Virginia Beach, VA Tourism, Meetings & Conventions; 1990
Virginia Beach Neptune Festival; Virginia Beach, VA Festival/Special Event; 2003
Virginia Beach Rescue Squad Foundation; Virginia Beach, VA Recruitment; 2006
Virginia Department of Conservation and Recreation; Richmond, VA Environmental, Social Marketing; 2010
Virginia Tourism Corporation; Richmond, VA Campaign: "Virginia Is For Lovers", Travel & Tourism; 2006

BCP LTD.
3530 St Lawrence Ste 300, Montreal, QC H2X 2V1 Canada
Tel.: (514) 285-0077
Fax: (514) 285-0078
Web Site: www.facebook.com/BCPMontreal

E-Mail for Key Personnel:
President: jparisella@bcp.ca
Media Dir: ckairns@bcp.ca

Employees: 60
Year Founded: 1963

National Agency Associations:

Agency Specializes In: Advertising

Approx. Annual Billings: $42,183,430 Capitalized

Harry Bouchard *(Creative Dir-Brand Activation)*
Sebastien Baillargeon *(Dir-Artistic)*

Accounts:
Astral Campaign: "In Between Odds", Campaign: "Poisoning"
Brunet Campaign: "Myriam", Media, TV
Napa Auto Parts Campaign: "Peace of Mind"
National Defence
Old Spice
The Quebec Federation of Family Doctors
Super C

BD&E
681 Andersen Drive, Pittsburgh, PA 15220
Tel.: (412) 458-3336
Web Site: www.bdeusa.com

Employees: 11
Year Founded: 1975

Agency Specializes In: Advertising, Brand Development & Integration

Jeffrey Flick *(Pres & CEO)*
Kristina Martinez *(Exec VP & Creative Dir)*

Accounts:
Casco USA

BDOT
54 W 40th St, New York, NY 10018
Tel.: (212) 470-0002
Web Site: www.bdotagency.com

Employees: 12
Year Founded: 2015

Agency Specializes In: Advertising, Advertising Specialties, Affluent Market, African-American Market, Alternative Advertising, Arts, Automotive, Brand Development & Integration, Branded Entertainment, Business-To-Business, Commercial Photography, Communications, Computers & Software, Consulting, Consumer Goods, Consumer Marketing, Content, Corporate Communications, Corporate Identity, Cosmetics, Crisis Communications, Customer Relationship Management, Digital/Interactive, Direct-to-Consumer, E-Commerce, Education, Electronics, Email, Entertainment, Event Planning & Marketing, Exhibit/Trade Shows, Experience Design, Fashion/Apparel, Graphic Design, Guerilla Marketing, High Technology, Hispanic Market, Hospitality, Identity Marketing, In-Store Advertising, Information Technology, Integrated Marketing, Internet/Web Design, Local Marketing, Logo & Package Design, Luxury Products, Media Planning, Media Relations, Media Training, Men's Market, Merchandising, Mobile Marketing, Multicultural, New Technologies, Package Design, Planning & Consultation, Production, Production (Ad, Film, Broadcast), Promotions, Public Relations, Publicity/Promotions, Restaurant, Retail, Sales Promotion, Search Engine Optimization, Social Marketing/Nonprofit, Social Media, Sports Market, Strategic Planning/Research, Transportation, Travel & Tourism, Urban Market, Viral/Buzz/Word of Mouth, Web (Banner Ads, Pop-ups, etc.), Women's Market

Accounts:
Hudson Group; 2015

BDS MARKETING
10 Holland, Irvine, CA 92618
Tel.: (949) 472-6700
Fax: (949) 597-2220
E-Mail: marketing@bdsmarketing.com
Web Site: http://www.bdsmktg.com/

E-Mail for Key Personnel:
President: ken.kress@bdsmarketing.com

Employees: 140
Year Founded: 1984

Agency Specializes In: Business-To-Business, Collateral, Consumer Marketing, Event Planning & Marketing, High Technology, Information Technology, Merchandising, Planning & Consultation, Point of Purchase, Point of Sale, Publicity/Promotions, Retail, Sales Promotion, Sponsorship

Approx. Annual Billings: $40,000,000

Ken Kress *(CEO)*
Scott McDaniel *(Pres)*
Tracy Neff *(Sr VP-Ops & Client Svc)*
Randy Schrock *(Sr VP-Strategic Svcs)*
David Tranberg *(Sr VP-Client Dev)*
Melissa Burke *(Mktg Dir)*
Mollie Gray *(Dir-Solution Dev)*
Melanie Omar *(Dir-Client Svc)*

Accounts:
Beats
Brother Corporation; Bridgewater, NJ
Canon
Cisco
Crocs; Denver, CO
Dell
DirecTV; El Segundo, CA
FedEx; Dallas, TX
Hoover; Glenwillow, OH
Jawbone
Levi's
Motorola Solutions, Inc.; Schaumburg, IL
Oreck; Nashville, TN
Sam's Club; Bentonville, AR
Southern California Edison; Los Angeles, CA
Staples
Toshiba; New York, NY
Travelpro; Ft Lauderdale, FL
Vanity Fair; Greensboro, NC
Walmart

BE FOUND ONLINE
3304 N Lincoln Ave, Chicago, IL 60657
Tel.: (877) 553-6863

ADVERTISING AGENCIES
AGENCIES - JANUARY, 2019

Web Site: www.befoundonline.com

Employees: 40
Year Founded: 2009

Agency Specializes In: Business-To-Business, Digital/Interactive, Email, Mobile Marketing, Paid Searches, Search Engine Optimization, Social Media, Web (Banner Ads, Pop-ups, etc.)

Dan Golden *(Pres)*
Steve Krull *(CEO)*
Quincy Bingham *(Acct Dir)*
Scott Diebel *(Sr Acct Mgr-Paid Media)*
Ryan McCullough *(Acct Mgr-SEM)*
Kelley Thom *(Acct Mgr-SEM)*
Brett Watson *(Acct Mgr-Paid Media)*
Andrew Mast *(Specialist-Creative Search)*

Accounts:
bai
Nissan
StubHub
White Castle

B.E. INTERNATIONAL
1745 Broadway 17th Fl, New York, NY 10019
Tel.: (212) 221-4444
E-Mail: info@beinternational.com
Web Site: www.beinternational.com

Employees: 500
Year Founded: 1997

Agency Specializes In: Event Planning & Marketing, Media Buying Services, Media Planning, Public Relations, Women's Market

Accounts:
Aetna
Emirates
Incredible India
MoneyGram
The Ritz-Carlton
Tourism Malaysia
United Nations

BE THE MACHINE
817 Broadway 4th Fl, New York, NY 10003
Tel.: (646) 380-9469
E-Mail: cog@themachinenyc.com
Web Site: www.themachinenyc.com

Agency Specializes In: Advertising, Content, Event Planning & Marketing, Experiential Marketing, Internet/Web Design, Production, Sponsorship

Patrick West *(Founder & CEO)*
Maggie Covert *(Partner)*
Lindsey Synalovski *(Partner)*

Accounts:
New-CBS Corporation The Late Show with Stephen Colbert
New-Comcast Corporation Xfinity
New-The Rocket Science Group LLC Mailchimp

BEACON HEALTHCARE COMMUNICATIONS
135 Route 202/206 S Ste 1, Bedminster, NJ 07921
Tel.: (908) 781-2600
Fax: (908) 781-1953
Web Site: www.beaconhc.com

Employees: 41

National Agency Associations: 4A's

Agency Specializes In: Advertising, Brand Development & Integration, Social Media

Bruce Markewicz *(Mng Dir-Interactive)*
Larry Lannino *(Gen Mgr)*
Bill Werbaneth *(Exec Creative Dir)*
Guido Hurst *(Dir-Creative & Art)*
Maura Klamik *(Acct Supvr)*
Selin Bilgin *(Sr Art Dir)*
Adrienne Lee *(Chief Strategic Officer)*

Accounts:
New-Allergan

BEACON MEDIA GROUP
1 International Blvd Ste 1110, Mahwah, NJ 07495
Tel.: (201) 335-0032
E-Mail: info@thebeaconmg.com
Web Site: www.thebeaconmg.com

Employees: 60

Agency Specializes In: Advertising, Children's Market, Entertainment, Sponsorship, Teen Market, Tween Market

Tom Horner *(Pres)*
Shelly Hirsch *(CEO)*
Paul Caldera *(Exec VP-Media Svcs)*
Lillian LeBron *(Exec VP-Acct Svcs)*
Michael Jean-Pierre *(Head-Digital)*
Jasmine Colon *(Mgr-Brdcst Traffic)*

Accounts:
MGA Entertainment, Inc.

BEACONFIRE RED
(Formerly RedEngine Digital)
2300 Clarendon Blvd Ste 925, Arlington, VA 22201
Tel.: (703) 894-0080
Web Site: www.beaconfire-red.com

Employees: 48
Year Founded: 2001

Agency Specializes In: Advertising, Digital/Interactive, Social Media

Liz Murphy *(Partner & Exec VP)*
Eve Simon *(Creative Dir)*
Ashleigh Lambert *(Dir-Mktg Ops)*
Joseph McLaughlin *(Dir-Analytics & Optimization)*
Brian Rogel *(Dir-Bus Dev)*
Austin Buckley *(Sr Acct Mgr)*
Erin Robertson *(Strategist-Client)*

Accounts:
American Diabetes Association

BEALS CUNNINGHAM STRATEGIC SERVICES
2333 E Britton Rd, Oklahoma City, OK 73131-3526
Tel.: (405) 478-4752
Fax: (405) 478-4760
Toll Free: (800) 322-9894
Web Site: www.bealscunningham.com

E-Mail for Key Personnel:
Chairman: mikec@bealscunningham.com
President: nickc@bealscunningham.com

Employees: 30
Year Founded: 1957

National Agency Associations: 4A's

Agency Specializes In: Advertising, Advertising Specialties, Automotive, Business-To-Business, Collateral, Corporate Identity, E-Commerce, Exhibit/Trade Shows, Graphic Design, Health Care Services, In-Store Advertising, Infomercials, Integrated Marketing, Magazines, Media Buying Services, Media Relations, Medical Products, Multimedia, Newspaper, Out-of-Home Media, Outdoor, Point of Purchase, Production (Print), Promotions, Public Relations, Publicity/Promotions, Radio, Restaurant, Strategic Planning/Research, T.V., Technical Advertising, Trade & Consumer Magazines, Web (Banner Ads, Pop-ups, etc.)

Approx. Annual Billings: $20,000,000

Michael Cunningham *(Chm)*
Nick Cunningham *(Pres)*
Jon Lundeen *(Treas, Sec & Exec VP)*
Michael Hayes *(VP-Bus Dev)*
Amber Minton *(Media Dir)*
Phil Tomey *(Dir-Art)*

BEANSTALK
220 E 42nd St, New York, NY 10017
Tel.: (212) 421-6060
Fax: (212) 421-6388
E-Mail: beanstalk@beanstalk.com
Web Site: www.beanstalk.com

Employees: 75
Year Founded: 1991

Agency Specializes In: Advertising, Automotive, Brand Development & Integration, Consumer Goods, Entertainment, Food Service, Logo & Package Design, Planning & Consultation, Retail, Sponsorship

Allison Ames *(Pres & CEO)*
Ken Seiff *(Mng Partner-Beanstalk Ventures)*
Oliver Herzfeld *(Chief Legal Officer & Sr VP)*
Lisa Reiner *(Mng Dir-Europe & Asia Pacific)*
Frances Alvarez *(VP-Brand Mgmt)*
Celia Asprea *(VP-HR)*
Caren Chacko *(VP)*
Martin Cribbs *(VP-Brand Mgmt)*
Kim Krizelman *(VP-Brand Mgmt)*
Debra Restler *(VP-Bus Dev & Mktg)*
Hope Angowitz *(Assoc VP-Brand Mgmt)*
Louise French *(Assoc VP-Bus Dev & Mktg-Leading Global Brand Licensing Agency-UK)*
Lauren Montemaro *(Dir-Brand Mgmt)*
Allison Strauss *(Coord-Brand Mgmt)*

Accounts:
AT&T
Baileys Baileys
Black & Decker
Captain Morgan
Coby
Coppertone
DeWalt
Energizer Eveready
Genevieve Gorder
got milk?
Grill Mates
Guinness
HGTV Home
HUE
Jack Daniel's Jack Daniel's
Johnnie Walker
Kelly Ripa Home
Microsoft Halo, Killer Instinct, Rare, Recore, Scalebound, Sea of Thieves
Paris Hilton
Pennzoil
Perfetti Van Melle Air Heads, Chupa Chips, Mentos
Procter & Gamble
Quaker State
Salma Hayek
Slim Jim
Stanley
T.G.I. Friday's
United States Army

BEARDWOOD & CO
588 Broadway Ste 803, New York, NY 10012
Tel.: (212) 334-5689
Fax: (917) 210-4040

118

AGENCIES - JANUARY, 2019 — ADVERTISING AGENCIES

E-Mail: hello@beardwood.com
Web Site: www.beardwood.com

Employees: 16

Agency Specializes In: Advertising, Brand Development & Integration, Digital/Interactive, Graphic Design, Logo & Package Design, Social Media

Julia Beardwood *(Founder & Partner)*
Ryan Lynch *(Mng Partner)*
Sarah Williams *(Partner & Creative Dir)*
Derek Horn *(Designer)*
Michael Tyznik *(Sr Designer)*

Accounts:
Honest Tea
Iron-Tek
Rockport Aravon, Dunham, Websites
Seventh Generation Packaging Design, Website

BEAULIEU ADVERTISING & DESIGN INC
PO Box 703, North Scituate, MA 02060
Tel.: (781) 378-1742
Fax: (781) 424-7064
Web Site: www.beaulieudesign.com

Employees: 1

Agency Specializes In: Advertising, Broadcast, Collateral, Corporate Identity, Graphic Design, Internet/Web Design, Logo & Package Design, Media Buying Services, Package Design, Print

Bob Beaulieu *(Pres-Creative)*

Accounts:
Spalding Laboratories, Inc.

BEAUTY@GOTHAM
622 3Rd Ave Fl 16, New York, NY 10017
Tel.: (212) 414-7000
Fax: (212) 414-7095
Web Site: www.beautyatgotham.com

Employees: 180
Year Founded: 1994

National Agency Associations: 4A's-AAF

Agency Specializes In: Advertising, Brand Development & Integration, Broadcast, Business Publications, Business-To-Business, Cable T.V., Collateral, Communications, Consumer Marketing, Consumer Publications, Corporate Communications, Corporate Identity, Cosmetics, Digital/Interactive, E-Commerce, Electronic Media, Event Planning & Marketing, Exhibit/Trade Shows, Faith Based, Fashion/Apparel, Financial, Graphic Design, Health Care Services, High Technology, In-Store Advertising, Infomercials, Logo & Package Design, Magazines, New Product Development, Newspaper, Newspapers & Magazines, Out-of-Home Media, Outdoor, Over-50 Market, Pharmaceutical, Point of Purchase, Point of Sale, Print, Production, Radio, Retail, Sales Promotion, Seniors' Market, Sponsorship, Strategic Planning/Research, T.V., Teen Market, Trade & Consumer Magazines, Travel & Tourism

Breakdown of Gross Billings by Media: Bus. Publs.: 1%; Cable T.V.: 9%; Consumer Publs.: 15%; Fees: 3%; Internet Adv.: 1%; Network Radio: 1%; Network T.V.: 38%; Newsp.: 7%; Outdoor: 1%; Production: 5%; Spot Radio: 5%; Spot T.V.: 10%; Syndication: 4%

Laurie Donlon *(Mng Partner & Brand Dir-Global)*
Stuart Turner *(Mng Partner & Dir-Graphic Svcs)*
Barrett Zinderman *(Mng Partner & Dir-Art Production & Talent Mgmt)*
Karen McIntyre *(Mng Partner & Grp Creative Dir)*
Amy Bailey *(Grp Acct Dir)*
Laura Norcini *(Acct Dir-Integrated)*
Brian O'Reilly *(Creative Dir)*
Katy Shesh *(Creative Dir)*
Jamie Whitfield *(Mgr-Brdcst Bus Affairs)*
Tony Hanstad *(Assoc Creative Dir)*
Elena Pavlov *(Grp Creative Dir-MP)*

Accounts:
1-800 OK Cable; Englewood, NJ (Lead Creative Agency) Cable Television Operators - NY, NJ & CT
Ad Council
American Heart Association Campaign: "Hands-On Experience"
Best Western International; Phoenix, AZ
Britax B-ready Products
Citi Bank AAdvantage, Online, Social Media Marketing
The Collegiate Church of New York Outdoor, TV
Goody Haircare
Hitachi America
Knight Trading Group, Inc.; Jersey City, NJ Leading Market Maker; 1999
L'Oreal USA, Inc. Maybelline, Maybelline Define-A-Lash, Maybelline Dream, Maybelline Superstay Foundation, Maybelline Superstay Lipstick
Lindt & Sprungli USA Creative; 2001
Lufthansa; East Meadow, NY; 2000
Luxottica Group Digital, In-Store Communications, Lead Creative, Mobile Marketing, Social Media, Sunglass Hut
Maybelline New York
The New York Pops
Newell Rubbermaid Irwin Tools Division
Newman's Own; Westport, CT Pasta Sauces, Salad Dressing; 1999
NFL
Priceline
Sony Ericsson
Time Warner Cable
Waterford Brands
Wedgwood
Yellowbook.com (Agency of Record)

BEBER SILVERSTEIN GROUP
89 NE 27th St, Miami, FL 33137
Tel.: (305) 856-9800
Fax: (305) 854-7686
Web Site: www.thinkbsg.com
E-Mail for Key Personnel:
President: jennifer@bsgworld.com
Creative Dir.: joe@bsgworld.com
Media Dir.: joel@bsgworld.com

Employees: 40
Year Founded: 1972

National Agency Associations: 4A's-ARF

Agency Specializes In: Advertising, Bilingual Market, Brand Development & Integration, Broadcast, Cable T.V., Collateral, Consumer Goods, Consumer Marketing, Consumer Publications, Corporate Communications, Corporate Identity, Crisis Communications, Digital/Interactive, Direct-to-Consumer, Electronic Media, Environmental, Graphic Design, Health Care Services, Hispanic Market, Internet/Web Design, LGBTQ Market, Local Marketing, Logo & Package Design, Magazines, Media Buying Services, Media Planning, Media Relations, Newspaper, Newspapers & Magazines, Out-of-Home Media, Outdoor, Over-50 Market, Package Design, Paid Searches, Point of Purchase, Point of Sale, Print, Production, Production (Print), Public Relations, Real Estate, Restaurant, Seniors' Market, Sponsorship, Strategic Planning/Research, T.V., Transportation, Travel & Tourism

Approx. Annual Billings: $70,000,000

Breakdown of Gross Billings by Media: Internet Adv.: 8%; Mags.: 18%; Newsp.: 16%; Outdoor: 9%; Radio: 9%; T.V.: 40%

Elaine Silverstein *(Chm)*
Jennifer Beber *(Co-Pres)*
Leslie Pantin *(Co-Pres)*
Mitch Shapiro *(Partner)*
Bruce Noonan *(Pres-TVL Div)*
Christine Bucan *(Exec VP)*
Ann Marie Drozd *(Exec VP)*
Victoria Penn *(Media Dir)*
Isabel Trueba *(Sr Acct Exec)*

Accounts:
AvMed Health Plans
Broward Health Health System; 2007
Carnival Cruise Line Trade; 2011
Costa Cruise Lines
Hertz Neverlost
Hertz (Latin America) Rental Cars; 1998
Ocean Club
SunPass Electronic Tolling

BECK INTERACTIVE, INC.
784 Lakeshore Dr, Redwood Shores, CA 94070
Tel.: (650) 592-3251
Fax: (650) 592-2897
E-Mail: info@beckinteractive.com
Web Site: www.beckinteractive.com

Employees: 2
Year Founded: 1997

Agency Specializes In: Advertising, Computers & Software, Corporate Communications, Digital/Interactive, E-Commerce, Multimedia, Sales Promotion, Trade & Consumer Magazines, Web (Banner Ads, Pop-ups, etc.)

Jo Beck *(Owner)*

Accounts:
Activision Blizzard, Inc
Bandai Namco Games
EA
Gateway
Lexus
NAMCO
Symantec
True Games
Webex

BECKER GUERRY
107 Tindall Rd, Middletown, NJ 07748-2321
Tel.: (732) 671-6440
Fax: (732) 671-4350
E-Mail: info@beckerguerry.com
Web Site: www.beckerguerry.com

Employees: 10
Year Founded: 1970

National Agency Associations: BMA

Agency Specializes In: Advertising, Advertising Specialties, Agriculture, Automotive, Brand Development & Integration, Business-To-Business, Co-op Advertising, Collateral, College, Communications, Consulting, Consumer Marketing, Consumer Publications, Corporate Communications, Corporate Identity, Cosmetics, Digital/Interactive, Direct Response Marketing, Direct-to-Consumer, Education, Electronic Media, Electronics, Email, Engineering, Environmental, Event Planning & Marketing, Exhibit/Trade Shows, Financial, Food Service, Graphic Design, Health Care Services, High Technology, Identity Marketing, Industrial, Information Technology, Internet/Web Design, Local Marketing, Logo & Package Design, Magazines, Marine, Market Research, Media Buying Services, Media Planning,

ADVERTISING AGENCIES
AGENCIES - JANUARY, 2019

Media Relations, Medical Products, Merchandising, Mobile Marketing, Multimedia, New Product Development, Newspaper, Newspapers & Magazines, Out-of-Home Media, Outdoor, Pharmaceutical, Planning & Consultation, Point of Purchase, Point of Sale, Print, Production, Public Relations, Publicity/Promotions, Radio, Sales Promotion, Seniors' Market, Strategic Planning/Research, Technical Advertising, Trade & Consumer Magazines, Transportation

Approx. Annual Billings: $5,000,000

Breakdown of Gross Billings by Media: Corp. Communications: $300,000; Exhibits/Trade Shows: $500,000; Internet Adv.: $700,000; Print: $3,500,000

Robert J. Becker *(Pres)*
Peter Guerry *(Co-Principal & Creative Dir)*
Kim Gold *(Dir-Digital Media)*

Accounts:
Farbest Brands; Montvale, NJ Food Ingredients; 2008
Janssen PMP; Titusville, NJ Econea; 2006
Terumo Medical Corporation

BECKER MEDIA
144 Linden St, Oakland, CA 94607
Tel.: (510) 465-6200
Fax: (510) 465-6056
E-Mail: info@beckermedia.net
Web Site: www.beckermedia.net

Employees: 50
Year Founded: 1995

Agency Specializes In: Advertising, Content, Internet/Web Design, Outdoor, Paid Searches, Print, Radio, Search Engine Optimization, Social Media, T.V.

Roger Becker *(Founder, Pres & CEO)*
Ernie DeCoite *(Dir-Paid Search)*
Stephanie Pagios *(Acct Exec & Coord-Digital Mktg)*
Brent Davis *(Coord-Mktg)*
Samantha Freitas *(Coord-Media)*
Roberta Greenberg Gochman *(Sr Media Buyer)*

Accounts:
New-American Career College & West Coast University
New-Mildred Elley
Milwaukee School of Engineering Media; 2017
New-National American University
Spartan College of Aeronautics & Technology (Digital & Traditional Marketing Agency of Record); 2018

BECKETT & BECKETT, INC.
1051 E Altadena Dr, Altadena, CA 91001-2040
Tel.: (626) 791-7954
Fax: (626) 791-0579
Toll Free: (800) 336-8797
E-Mail: info@beckettadv.com
Web Site: www.beckettadv.com

E-Mail for Key Personnel:
President: sharonb@beckettadv.com
Creative Dir.: edwardb@beckettadv.com

Employees: 10
Year Founded: 1967

Agency Specializes In: Advertising, Agriculture, Automotive, Aviation & Aerospace, Brand Development & Integration, Business-To-Business, Cable T.V., Collateral, Communications, Consulting, Corporate Identity, Direct Response Marketing, E-Commerce, Electronic Media, Environmental, Event Planning & Marketing, Exhibit/Trade Shows, Financial, Graphic Design, Health Care Services, High Technology, Industrial, Information Technology, Internet/Web Design, Investor Relations, Logo & Package Design, Media Buying Services, Medical Products, New Product Development, Pharmaceutical, Planning & Consultation, Point of Purchase, Point of Sale, Print, Production, Public Relations, Publicity/Promotions, Sports Market, Strategic Planning/Research, Technical Advertising, Transportation, Travel & Tourism

Approx. Annual Billings: $1,900,000

Breakdown of Gross Billings by Media: Collateral: 15%; Consulting: 15%; D.M.: 15%; Graphic Design: 10%; Pub. Rels.: 10%; Strategic Planning/Research: 15%; Trade Shows: 5%; Worldwide Web Sites: 15%

John Schiavone *(Sr Art Dir)*

Accounts:
B.I.G. Enterprises; El Monte, CA Pre-Fabricated Buildings; 1987
First Enterprise Bank

BEDFORD ADVERTISING INC.
1718 Trinity Vly Dr Ste 200, Carrollton, TX 75006
Tel.: (972) 458-1150
Fax: (972) 385-7526
Toll Free: (800) 880-6840
E-Mail: info@bedfordads.com
Web Site: https://www.bedfordadvertising.com/

E-Mail for Key Personnel:
President: jeffjutte@bedfordads.com
Creative Dir.: jasonhuston@bedfordads.com

Employees: 20
Year Founded: 1980

Agency Specializes In: Advertising, Automotive, Cable T.V., Infomercials, Internet/Web Design, Newspapers & Magazines, Out-of-Home Media, Outdoor, Print, Production, Radio, T.V.

Approx. Annual Billings: $13,000,000

Breakdown of Gross Billings by Media: D.M.: $3,500,000; Newsp.: $1,000,000; Production: $1,000,000; Radio: $2,500,000; T.V.: $5,000,000

David Bedford *(Owner)*
Alexis Prochnow *(Partner & VP)*
Jeff Jutte *(Partner)*
Curtis Linker *(Controller)*
John Adams *(Art Dir)*
Stephanie Ewing *(Media Dir)*
Eric Foster *(Creative Dir)*
Brandon Brogdon *(Acct Supvr)*
Chad Stanhope *(Acct Exec)*
Nicole Carr *(Coord-Admin/Traffic)*

Accounts:
Arlington Auto Mall
Britain Chevy
Coker Floors; Dallas, TX; 2004
Drivers Select
FlavaTV
Ford of Greenfield
Frank Parra Chevrolet; Dallas, TX; 2008
Houston Acura Dealers
Hyundai of Greenfield
James Wood
Kia of West Springfield
Knapp Chevy
Liberty Ford
Lone Star of Cleburne
Longbine Auto Plaza
Nelson Hall Chevrolet; Meridan, MS; 1992
Rocky Mountain Acura Dealers Association; Denver, CO; 2006
Toyota of Richardson; Richardson, TX; 1991
Volvo of Dallas; Dallas, TX; 2005
Volvo of Richardson; Richardson, TX; 2003
Westway Ford; Dallas, TX; 1998

BEE-LINE COMMUNICATIONS
100 East Cook Avenue, Libertyville, IL 60048
Tel.: (224) 207-4320
Fax: (224) 207-4321
E-Mail: buzz@beecommunications.com
Web Site: www.beecommunications.com

Employees: 11
Year Founded: 2005

Agency Specializes In: Advertising, Digital/Interactive, Internet/Web Design, Social Media, Strategic Planning/Research

Accounts:
Belle Joli Winery

BEEBY CLARK + MEYLER
700 Canal Street, 3rd Floor, Stamford, CT 06902
Tel.: (203) 653-7920
E-Mail: contact@beebyclarkmeyler.com
Web Site: www.beebyclarkmeyler.com

Employees: 40
Year Founded: 2005

Agency Specializes In: Advertising, Affiliate Marketing, Affluent Market, Automotive, Branded Entertainment, Business-To-Business, Collateral, Consulting, Consumer Goods, Consumer Marketing, Content, Corporate Identity, Cosmetics, Digital/Interactive, Direct Response Marketing, Direct-to-Consumer, E-Commerce, Electronic Media, Email, Entertainment, Environmental, Financial, Game Integration, Government/Political, Graphic Design, Health Care Services, High Technology, Hospitality, Household Goods, Industrial, Information Technology, Integrated Marketing, Internet/Web Design, Leisure, Luxury Products, Media Buying Services, Media Planning, Mobile Marketing, Multimedia, New Technologies, Out-of-Home Media, Pharmaceutical, Production, Production (Ad, Film, Broadcast), RSS (Really Simple Syndication), Real Estate, Search Engine Optimization, Sponsorship, Sports Market, Strategic Planning/Research, Travel & Tourism, Web (Banner Ads, Pop-ups, etc.)

Approx. Annual Billings: $30,000,000

Breakdown of Gross Billings by Media: Internet Adv.: 100%

Stuart Meyler *(Pres)*
Michael K. Clark *(Principal)*
Scott Sterner *(Sr VP-Search & Performance Mktg)*
Maria Sparling *(Sr Acct Dir)*
Kate Hariton *(Dir-Search & Performance Media)*
Amy McClain *(Dir-Search & Performance Mktg)*
Eric Russo *(Dir-Paid Social)*
James Mullany *(Assoc Dir-Performance Media & Partnerships)*
Elizabeth Fine *(Sr Acct Mgr)*
Kristen Hinton *(Sr Acct Mgr)*
Janice Cupee *(Mgr-Search & Performance Mktg)*
Tara Rimetz *(Supvr-Paid Media)*
Luke Aubrey *(Sr Analyst-Search & Performance Mktg)*
Kelly Stern *(Sr Analyst-Search & Performance Mktg)*
Darlene Bueno *(Analyst-Search & Performance Media)*
Katie Gaines *(Acct Planner)*
Wilson Garcia *(Analyst-Search & Performance Media)*
Jennie Murawski *(Analyst-Search & Performance*

Media)
James Ferraro *(Assoc Creative Dir)*
Kurt Winkelman *(Assoc Creative Dir)*

Accounts:
All Connect
ERA
Gas South Energy/Utility; 2005
General Electric Ecomagination; 2006
Houghton Mifflin Harcourt
Kindercare
Marriott Hotel Campaign: "Mobile App Launch"
Music & Arts
Playtex Baby
Schick Hydro
Stokke Digital Advertising, Paid Search; 2017
Weight Watchers

BEEKMAN MARKETING, INC.
5 W 19th St, New York, NY 10011
Tel.: (212) 387-8500
Fax: (212) 387-7875
Web Site: www.beekmanmarketing.com

Employees: 6
Year Founded: 1975

Agency Specializes In: Direct Response Marketing, Government/Political

Approx. Annual Billings: $4,000,000

Breakdown of Gross Billings by Media: D.M.: $2,000,000; Newsp.: $2,000,000

David Pursch *(Pres)*

Accounts:
American Museum of the Moving Image
Fortune
The Frick Collection
New Museum
NY School of Interior Design
Parrish Art Museum
Royal Oak Foundation
Sotheby's
The Spectator
SUNY Downstate
TIME
The Times Literary Supplement
The Times of London
Yeshiva University Museum

BEHAVIOR DESIGN
40 W 27th St 401, New York, NY 10001
Tel.: (212) 532-4002
Fax: (212) 532-4090
E-Mail: info@behaviordesign.com
Web Site: www.behaviordesign.com

Employees: 51

Agency Specializes In: Advertising, Entertainment, Radio, T.V.

Mimi Young *(Founder, Partner & Mng Dir)*
Ralph Lucci *(Co-Founder & Dir-UX)*
Jeff Piazza *(Co-Founder & Dir-User Experience)*

Accounts:
AARP Bulletin Redesign
Adecco
Businessweek
Guggenheim Museum
HBO
Imaginova LiveScience.com; 2007
Museum of Modern Art
National Geographic Channel
The Onion Redesign
ResortQuest International
SIRIUS OEM Partners Microsites

BEHIND THE SCENES MARKETING
90 Windsor Dr, Pine Brook, NJ 07058
Tel.: (973) 276-9472
Fax: (973) 276-9272
E-Mail: info@behindthescenesmarketing.com
Web Site: www.behindthescenesmarketing.com

Employees: 5
Year Founded: 2003

Agency Specializes In: Advertising, Advertising Specialties

Sales: $500,000

Michael Adams *(Founder & Owner)*
Tina Wang *(VP)*

Accounts:
Cardinal Components
Elcom
Energy Kinetics/System 2000
ISP-GAF
Ricoh

BEHR DESIGN, LLC
114 E Poplar St, Sidney, OH 45365
Tel.: (937) 492-5704
Fax: (937) 497-1059
E-Mail: info@behrdesign.com
Web Site: www.behrdesign.com

Employees: 5
Year Founded: 1981

Agency Specializes In: Advertising, Brand Development & Integration, Digital/Interactive, Graphic Design, Internet/Web Design, Logo & Package Design, Print, Social Media

Kevin Behr *(Co-Owner)*
Chad Stewart *(Co-Owner)*
Audrey Gutman *(Coord-Sls & Mktg)*

Accounts:
Alexander Yard
Arabian Horse Foundation
Brethren Retirement Community
Clear Strength
Ferguson Construction
FreshWay Foods
IPP Splats
Koester Pavilion
Mary Scott
Shelby County Animal Rescue
Sidney-Shelby County Chamber of Commerce
Whitewater Construction

BELIEF LLC
4611 11Th Ave Nw, Seattle, WA 98107
Tel.: (206) 659-6297
E-Mail: hello@beliefagency.com
Web Site: www.beliefagency.com

Employees: 14
Year Founded: 2012

Agency Specializes In: Advertising, Brand Development & Integration, Content, Digital/Interactive, Internet/Web Design, Package Design, Print, Sponsorship

Jesse Bryan *(CEO & Creative Dir)*
Andy Maier *(Partner)*
Rachelle Cummings *(Creative Dir)*
Joel Cummings *(Dir-Strategy)*
Claire Tannler *(Acct Mgr)*
Matt Naylor *(Sr Designer)*

Accounts:
Analytics Pros
Rover

BELLAGURL
(See Under BG Digital Group)

BELLMONT PARTNERS
3300 Edinborough Way Ste 700, Minneapolis, MN 55435
Tel.: (612) 255-1111
E-Mail: info@bellmontpartners.com
Web Site: www.bellmontpartners.com

Employees: 14

Agency Specializes In: Advertising, Brand Development & Integration, Digital/Interactive, Event Planning & Marketing, Media Relations, Social Media

Brian Bellmont *(Pres)*
Jen Bellmont *(Partner & COO)*
Shelli Paulson Lissick *(Partner)*
Bridget Nelson Monroe *(VP)*
David Hlavac *(Grp Acct Dir)*
Breanna Welke *(Dir-Brand Strategy)*
Megan Derkey *(Acct Supvr)*
Hyedi Nelson *(Acct Supvr)*
Megan Swenson *(Acct Supvr)*
Briana Gruenewald *(Sr Acct Exec)*
Johanna Holub *(Acct Exec)*
Erin Lilliencrantz *(Asst Acct Exec)*

Accounts:
Explore Minnesota (Agency of Record) Media Relations
Herbie's On The Park
Peg's Countryside Cafe
Q.Cumbers
Uptown Association

BELMONT ICEHOUSE
3116 Commerce St Ste D, Dallas, TX 75226
Tel.: (972) 755-3200
Fax: (972) 755-3201
E-Mail: info@belmonticehouse.com
Web Site: www.belmonticehouse.com

Employees: 16

Agency Specializes In: Advertising, Collateral, Corporate Identity, Internet/Web Design, Print

Tim Hudson *(Principal & Creative Dir)*
Geoff Owens *(Creative Dir)*
Melissa Ramos *(Art Dir)*
Matt Smith *(Creative Dir)*
Sara Lawrence *(Acct Supvr)*
Erica Ashley Page *(Sr Acct Exec)*

Accounts:
Texas A&M University

BELO + COMPANY
8350 N Central Expy 16th Fl, Dallas, TX 75206
Toll Free: (844) 886-2252
Web Site: www.beloandco.com

Employees: 200
Year Founded: 1999

Agency Specializes In: Advertising, Content, Digital/Interactive, Email, Internet/Web Design, Print, Production, Promotions, Search Engine Optimization, Social Media

Tim Storer *(Pres)*
Milan Evans *(CFO)*
Michael Noblitt *(COO)*
Jared Merves *(Chief Revenue Officer)*
Kevin J. Wessner *(Exec VP-Print)*

ADVERTISING AGENCIES

Jarrod Deboy *(VP-Tech)*
Sarah Magee *(VP-Agency Svcs)*
Jon Usry *(VP-Display Adv)*
Rebecca Visconti *(VP-Ops)*
Justin Wenokur *(VP-Sls)*
Diane Frazier *(Sr Dir-Ops)*
Seth Sekhon *(Sr Media Mgr-Paid)*

Accounts:
The Dallas Morning News Co. Analytics, Content Development & Social Media Marketing, Digital & Traditional Marketing Solutions, Direct Mail, Email, SEO, Search & Display Advertising, Website Design & Development
New-Grub Burger Bar
New-Trinity Groves
New-UT Southwestern Medical Center

BELTRAME LEFFLER ADVERTISING
708 Massachusetts Ave, Indianapolis, IN 46204
Tel.: (317) 916-9930
Fax: (317) 916-9935
E-Mail: info@bladv.com
Web Site: www.bladv.com

Employees: 5
Year Founded: 1999

Agency Specializes In: Advertising, Experiential Marketing

Approx. Annual Billings: $2,600,000 (Capitalized)

Karl Leffler *(Owner)*
Cory Wright *(Designer-Multimedia)*

Accounts:
Anderson CVB
Beverages
Biosound
Charley Biggs
International Dairy-Deli-Bakery-Association; Madison, WI
Mayer Fabrics
ProLiance Energy
Residential
White Rock

BEMIS BALKIND
(Name Changed to InSync PLUS)

BENAMOR
6355 NW 36th St Ste 307, Miami, FL 33166
Tel.: (305) 400-4961
Web Site: http://benamorgrp.com

Employees: 8
Year Founded: 2009

Agency Specializes In: Advertising, Brand Development & Integration, Collateral, Graphic Design, Internet/Web Design, Logo & Package Design, Media Buying Services, Media Planning, Print, Search Engine Optimization

Benjamin Linero *(Mng Partner & Dir-Strategic Creative)*

Accounts:
Miami Classics Garage

BENCHWORKS
954 High St, Chestertown, MD 21620
Tel.: (800) 536-4670
Fax: (410) 810-8863
Toll Free: (800) 536-4670
E-Mail: info@benchworks.com
Web Site: www.benchworks.com

Employees: 30

Year Founded: 1991

Agency Specializes In: Collateral, Customer Relationship Management, Direct Response Marketing, E-Commerce, Food Service, Integrated Marketing, Pharmaceutical

Thad Bench, Sr. *(Founder & CEO)*
Melissa M. Johnston *(Pres)*
Brenda Boyle Vujanic *(COO)*
Karima Sharif *(Sr VP & Dir-Media)*
Emil Andrusko *(Sr VP-Pharmaceutical Strategy)*
Amanda Skilling Biggart *(VP-Fin & Admin & Gen Mgr)*
Christina Norris *(VP-Clinical Ops)*
Angelina Sciolla *(Exec Creative Dir)*
Michelle Jamison *(Acct Supvr)*
David Cimorosi *(Assoc Creative Dir)*

Accounts:
BoatUS
CBRE
Chesapeake Bay Foundation
Curemark
FUZE
Honest Tea
Integrity Tool & Fastener
Kidzsmart
Noramco
Pfizer Pharmaceuticals
Ryland Homes
Shire
Strayer University
West Pharmaceutical Services Daikyo Crystal Zenith, Marketing, Strategic Planning

BENEDICT ADVERTISING
640 N Peninsula Dr, Daytona Beach, FL 32118-3829
Tel.: (386) 255-1222
Fax: (386) 255-6932
Web Site: www.benedictadvertising.com

E-Mail for Key Personnel:
President: michael@benedictadvertising.com
Creative Dir.: chris@benedictadvertising.com
Media Dir.: brenda@benedictadvertising.com

Employees: 26
Year Founded: 1974

National Agency Associations: AAF-MCAN

Agency Specializes In: Advertising, Alternative Advertising, Brand Development & Integration, Broadcast, Business-To-Business, Cable T.V., Collateral, Consulting, Consumer Goods, Consumer Marketing, Consumer Publications, Corporate Communications, Corporate Identity, Digital/Interactive, Direct Response Marketing, E-Commerce, Electronic Media, Environmental, Exhibit/Trade Shows, Experience Design, Fashion/Apparel, Financial, Food Service, Graphic Design, Health Care Services, High Technology, Hospitality, Industrial, Internet/Web Design, Logo & Package Design, Marine, Media Buying Services, Medical Products, Merchandising, New Product Development, Newspapers & Magazines, Out-of-Home Media, Outdoor, Over-50 Market, Pets, Pharmaceutical, Planning & Consultation, Point of Purchase, Point of Sale, Promotions, Public Relations, Publicity/Promotions, Radio, Real Estate, Restaurant, Retail, Sales Promotion, Seniors' Market, Social Media, Strategic Planning/Research, T.V., Trade & Consumer Magazines, Travel & Tourism

Approx. Annual Billings: $48,000,000

Breakdown of Gross Billings by Media: Fees: $2,400,000; In-Store Adv.: $240,000; Out-of-Home Media: $4,480,000; Point of Purchase: $200,000; Production: $480,000; Spot T.V.: $28,000,000; Trade & Consumer Mags.: $12,200,000

Michael Benedict *(Pres)*
Pam Clark *(VP-Acct Svc)*
Bill Nosan *(Creative Dir)*
Brenda Sidoti *(Media Dir)*
Dean Turcol *(Mgr-Pub & Media Rels)*
Cathy Benedict *(Acct Exec)*
Rachel Court *(Acct Exec)*
Kaleigh Rickard *(Sr Analyst-Media)*
Lori Murray *(Coord-Media)*
Joey Ramos *(Assoc Creative Dir)*

Accounts:
ARC Dehooker Fishing Tool; 2006
Donner-Peltier Distillers Event Marketing, Social Media
Guy Harvey
Subway Restaurants In Major Markets Nationally; 1984
Thompson Pump & Manufacturing Co.; Port Orange, FL Contractor Pumps; 1990
Tony Chachere's Creole Foods
West Volusia Tourism Advertising Authority Advertising, Public Relations
Zeno's Marketing Agency of Record

BENENSON STRATEGY GROUP
777 3rd Ave 33rd Fl, New York, NY 10017
Tel.: (212) 702-8777
E-Mail: info@bsgco.com
Web Site: www.bsgco.com

Year Founded: 2000

Agency Specializes In: Advertising, Communications, Consulting, Consumer Marketing, Event Planning & Marketing, Social Media, Strategic Planning/Research

Joel Benenson *(Co-Founder, CEO & Partner)*
Carl Rossow *(Co-Founder & COO)*
Amy Levin *(Partner)*
Mitch Markel *(Partner)*
Wei Guo *(CFO)*
Shira Angert *(VP)*
Soledad Guercioni *(VP-Learning & Organizational Dev)*
Michael Kulisheck *(VP-Res & Methodology)*
Tobin Marcus *(VP)*

Accounts:
New-AARP
New-American Civil Liberties Union
New-National Football League
New-Panera Bread Company
New-The Procter & Gamble Company
New-Toyota Motor North America Inc.
New-Uber Technologies Inc.

BENNETT & COMPANY MARKETING
543 Estates Pl, Longwood, FL 32779-2857
Tel.: (407) 478-4040
Fax: (407) 478-4050
E-Mail: laura@bennettandco.com
Web Site: www.bennettandco.com

Employees: 4
Year Founded: 1982

Agency Specializes In: Advertising, Event Planning & Marketing, Food Service, Hospitality, Media Relations, Public Relations, Real Estate, Strategic Planning/Research, Travel & Tourism

Laura Bennett *(Owner & Pres)*
Melissa Carrier *(Sr VP-Design)*
Melinda Proulx *(Sr Mgr-Design)*
Leah Ducey *(Sr Production Mgr)*
Thomas Karpowski *(Sr Engr-Network)*

Accounts:
American Express

AGENCIES - JANUARY, 2019 — ADVERTISING AGENCIES

BBU Bank
Cartier
De Beer
Dewar's
Holiday Inn
Kahlua
Starwood Hotels & Resorts Worldwide, Inc.
Toll Brothers

BENNETT GROUP
PO Box 1610, Wellfleet, MA 02667
Tel.: (617) 778-2300
Fax: (617) 778-2333
Web Site: https://bennettgroupagency.com/

Employees: 15
Year Founded: 1996

Agency Specializes In: Advertising, Brand Development & Integration, Market Research, Media Buying Services, Media Planning, Print, Radio, Search Engine Optimization, Social Media, T.V.

Doug Bennett *(Owner)*
Linda Tejeda *(Acct Dir)*

Accounts:
Barmakian Jewelers
North Country Hospital

BENSIMON BYRNE
420 Wellington St W, Toronto, ON M5V 1E3 Canada
Tel.: (416) 922-2211
Fax: (416) 922-8590
E-Mail: info@bensimonbyrne.com
Web Site: https://www.bensimonbyrne.com/

Employees: 160
Year Founded: 1993

Agency Specializes In: Business-To-Business, Direct Response Marketing, Financial, Health Care Services, Internet/Web Design, New Product Development, Point of Sale, Production, Public Relations, Recruitment, Retail

Breakdown of Gross Billings by Media: Other: 20%; Print: 20%; Radio & T.V.: 10%; T.V.: 50%

Stefan Gerard *(Chief Strategy Officer)*
Janice Boduch *(VP & Grp Acct Dir)*
Erin O'Connor *(VP & Grp Acct Dir)*
Debbie Chan *(Sr Dir-Art)*
Jill Engelman *(Grp Acct Dir)*
Chris Roop *(Grp Acct Dir)*
Christopher Brown *(Art Dir)*
Chris Harrison *(Art Dir & Assoc Creative Dir)*
Cameron Hopkins *(Art Dir)*
Fiorella Martinez *(Art Dir)*
Michelle Pilling *(Dir-Production Svcs)*
Thomas Shadoff *(Dir-Media)*
Lesley Russell *(Sr Project Mgr-Acct)*
Darra Naiman *(Supvr-Media)*
Ruth Rivas *(Planner-Media)*
Matthew Valenzano *(Copywriter)*
Sarah Lowden *(Sr Media Planner)*
Aviva Phillips *(Assoc Head-Bus)*
Jessie Sorell *(Assoc Creative Dir)*

Accounts:
Air Canada Rouge Launch
ALDO Aldo Fights Aids
Amsterdam Brewing Boneshaker (Creative Agency of Record)
New-Casey House
Constellation Brands Jackson Triggs-We've Got a Wine for That, Kim Crawford, Svedka Vodka
Government of Ontario Campaign: "Wisdom Exchange", Ministry of the Environment & Climate Change, Ontario Retirement Pension Plan, Youth Jobs
LCBO Creative
Mattamy Homes
Nestle Kit Kat Chunky Challenge, Nescafe 3 in 1
President's Choice
Scotiabank (Agency of Record) Campaign: "Blast Off", Campaign: "The Mission", Spring Lending, Summer of Scene-Scene Debit Card & Credit Card, You're Richer Than You Think
TGLN Be a Donor

Branch

OneMethod Inc
445 King Street West Suite 201, Toronto, ON M5V 1K4 Canada
(See Separate Listing)

BENSON MARKETING GROUP LLC
2700 Napa Vly Corporate Dr Ste H, Napa, CA 94558
Tel.: (707) 254-9292
Fax: (707) 254-0433
E-Mail: info@bensonmarketing.com
Web Site: www.bensonmarketing.com

Employees: 20

Agency Specializes In: Advertising, Affluent Market, Food Service, Public Relations

Jeremy Benson *(Pres)*
Sarah Jones *(VP)*
Ben Palos *(Sr Acct Exec)*
Thea Schlendorf *(Sr Acct Exec)*
Alisa Langer *(Acct Exec)*
Megan Helphand *(Acct Coord)*

Accounts:
Barton & Guestier Bordeaux
Campari America
Chimney Rock Winery Public Relations
Diageo Chateau & Estate Wines
Frank Family Vineyards Social Media
Free the Grapes!
Gil Family Estates
Huge Bear
J. Lohr Winery
Knights Bridge Vineyards
McManis Family Vineyards National PR Campaign
Portfolio Winery
San Diego Chargers
Sanford Winery Public Relations
Seguin Moreau Napa Cooperage
Skyy Spirits; 2008
Terlato Wines
Vine Connections
Winery Exchange
Wines of Garnacha
Zonin USA (Primo Amore)

BENSUR CREATIVE MARKETING GROUP
1062 Brown Ave Ste 300, Erie, PA 16502
Tel.: (814) 461-9436
Fax: (814) 461-9536
E-Mail: dbensur@bensur.com
Web Site: www.bensur.com

Employees: 7
Year Founded: 1990

Agency Specializes In: Advertising, Advertising Specialties, Brand Development & Integration, Broadcast, Business Publications, Cable T.V., Children's Market, Collateral, Communications, Consulting, Consumer Marketing, Consumer Publications, Corporate Identity, Cosmetics, Digital/Interactive, Direct Response Marketing, E-Commerce, Education, Electronic Media, Entertainment, Event Planning & Marketing, Exhibit/Trade Shows, Financial, Food Service, Graphic Design, Industrial, Internet/Web Design, Investor Relations, Leisure, Logo & Package Design, Magazines, Media Buying Services, Medical Products, Merchandising, Multimedia, New Product Development, Newspaper, Newspapers & Magazines, Out-of-Home Media, Outdoor, Pharmaceutical, Planning & Consultation, Point of Purchase, Point of Sale, Print, Production, Public Relations, Publicity/Promotions, Radio, Restaurant, Retail, Sales Promotion, Strategic Planning/Research, T.V., Technical Advertising, Trade & Consumer Magazines, Travel & Tourism, Yellow Pages Advertising

Approx. Annual Billings: $1,500,000

Daniel Bensur *(Founder & Owner)*
Kevin Seeker *(Acct Dir)*

Accounts:
Amatech
Bay Harbor Marina
Ben Franklin Technology Partners
Better Baked Foods
Cott Beverages
Country Fair
Decision Associates, Inc.
Direct Allergy
Erie County Historical Society
Erie Regional Chamber and Growth Partnership
Erie Sports Commission
Erie Zoo
Oil Region Alliance
PA Great Lakes Region
PHRQL
Vantage Healthcare Network
VisitErie
Zurn Industries

BERGMAN GROUP
PO Box 2755, Glen Allen, VA 23058
Tel.: (804) 255-0600
Fax: (804) 225-0900
Web Site: www.bergmangroup.com

E-Mail for Key Personnel:
President: bill@bergmangroup.com
Media Dir.: aismith@bergmangroup.com

Employees: 20
Year Founded: 1994

Agency Specializes In: Advertising Specialties, Brand Development & Integration, Broadcast, Business-To-Business, Cable T.V., Collateral, Communications, Consulting, Consumer Marketing, Consumer Publications, Corporate Identity, Digital/Interactive, Direct Response Marketing, Education, Event Planning & Marketing, Exhibit/Trade Shows, Financial, Government/Political, Graphic Design, Health Care Services, Internet/Web Design, Legal Services, Logo & Package Design, Media Buying Services, Medical Products, Print, Production, Real Estate, Retail, Strategic Planning/Research, Teen Market, Travel & Tourism

Approx. Annual Billings: $15,000,000

Danny Boone *(Dir-Art & Creative)*
Mary Virginia Scott *(Dir-Mktg & Acct Mgmt)*
Fred Wollenberg *(Dir-Design & Production)*

Accounts:
American Enterprise Institute
AT&T Communications Corp.
Beth Ahabah
Beth Sholom Life Care
Brown University
Captech Consulting
Children's Medical Center Dallas
Dole
Evolving Strategies

ADVERTISING AGENCIES

Exxon/Mobil
FDNY Foundation
Gibraltar Associates
Insmed Pharmaceutical
Marts & Lundy

BERKMAN COMMUNICATIONS
3920 Conde St # B, San Diego, CA 92110
Tel.: (619) 231-9977
Fax: (619) 231-9970
Web Site: www.berkmanpr.com

Employees: 8

Jack Berkman *(Pres & CEO)*

Accounts:
Human Touch Massage Chairs

BERLIN CAMERON UNITED
3 Columbus Circle, New York, NY 10019
Tel.: (212) 375-8111
Web Site: http://berlincameron.com/

Employees: 83
Year Founded: 1997

National Agency Associations: 4A's

Agency Specializes In: Brand Development & Integration, Collateral, Communications, Consumer Marketing, Direct Response Marketing, E-Commerce, Event Planning & Marketing, Media Buying Services, New Product Development, Public Relations, Sponsorship

Breakdown of Gross Billings by Media: Cable T.V.: 14%; Consumer Publs.: 14%; D.M.: 1%; Internet Adv.: 10%; Network T.V.: 15%; Newsp.: 7%; Other: 7%; Outdoor: 14%; Radio: 4%; Spot T.V.: 6%; Syndication: 3%; Trade & Consumer Mags.: 5%

Jennifer DaSilva *(Pres)*
Ewen Cameron *(CEO)*
Karen Flanagan *(Mng Dir)*
Kerry Ernst *(CFO)*
Emily Bond *(Acct Dir)*
Gio Maletti *(Creative Dir)*
Michael Milligan *(Creative Dir)*
Tina Yip *(Dir-Mktg & Culture)*
Kristy Heilenday *(Sr Art Dir)*

Accounts:
Amazon.com
Capital One Capital One 360
Chromat
Ford; 2007
Gilt Campaign: "The Chase", Creative
Girl Up, The United Nations Foundation; 2018
Howard Johnson
New-Kali Social & Digital, Strategy & Creative
Lincoln
Mazda North American Operations Campaign: "What Do You Drive?"
MyHeritage DNA Video
New York Life
The Other Festival
Reebok
Samsung
Super 8
Travel Lodge
Travelodge
Vimeo
Wall Street Journal
Wat-aah! Digital, Outdoor, Print
Wyndham Hotel Group

BERLINE
423 North Main St, Royal Oak, MI 48067
Tel.: (248) 593-4744
Fax: (248) 593-4740
Web Site: www.berline.com/
E-Mail for Key Personnel:
Chairman: jberline@berlinenet.com
President: jmacbeth@berlinenet.com
Media Dir.: jkaufman@berlinenet.com
Public Relations: rhardin@berlinenet.com

Employees: 30
Year Founded: 1982

National Agency Associations: MAGNET

Agency Specializes In: Above-the-Line, Advertising, Affluent Market, African-American Market, Automotive, Aviation & Aerospace, Below-the-Line, Bilingual Market, Brand Development & Integration, Broadcast, Business Publications, Business-To-Business, Cable T.V., Co-op Advertising, Collateral, Communications, Consulting, Consumer Goods, Consumer Marketing, Consumer Publications, Corporate Communications, Corporate Identity, Digital/Interactive, Direct Response Marketing, Direct-to-Consumer, E-Commerce, Electronic Media, Email, Entertainment, Environmental, Event Planning & Marketing, Experience Design, Fashion/Apparel, Financial, Food Service, Government/Political, Graphic Design, Health Care Services, High Technology, Hospitality, In-Store Advertising, Information Technology, Integrated Marketing, Internet/Web Design, Leisure, Local Marketing, Luxury Products, Magazines, Market Research, Media Buying Services, Media Planning, Media Relations, Medical Products, Multimedia, New Product Development, New Technologies, Newspaper, Newspapers & Magazines, Out-of-Home Media, Outdoor, Planning & Consultation, Point of Purchase, Point of Sale, Print, Production, Promotions, Public Relations, Publicity/Promotions, Radio, Real Estate, Regional, Restaurant, Retail, Sales Promotion, Search Engine Optimization, Social Marketing/Nonprofit, Social Media, Strategic Planning/Research, T.V., Trade & Consumer Magazines, Travel & Tourism, Urban Market, Web (Banner Ads, Pop-ups, etc.)

Approx. Annual Billings: $65,000,000

Breakdown of Gross Billings by Media: Collateral: 15%; Newsp. & Mags.: 15%; Outdoor: 15%; Spot Radio: 25%; Spot T.V.: 30%

Jim Berline *(Chm)*
Michelle Horowitz *(Pres & Partner)*
Melanie Edwards *(VP & Media Dir)*
Jim MacBeth *(Creative Dir)*
Ellen Wright *(Media Planner & Media Buyer)*
Shane Wright *(Assoc Creative Dir)*

Accounts:
Bagger Dave's: MI Family Taverns; 2008
Buffalo Wild Wings; Columbus, OH Entertainment, Food, Liquor
Buffalo Wild Wings; MI Entertainment, Food, Liquor
The Detroit Free Press, Inc.; Detroit, MI Michigan's Largest Daily Newspaper
Detroit Newspapers
gloStream; Bloomfield Hills, MI Electronic Medical Records; 2009
KRS Capital Investments; 2011
Miss Dig; MI; 2011
PREMi; MI Legal Mediation; 2009
SMART; MI regional mass transportation; 2011
Total Health Care HMO; 1997
Total Health Choice HMO
Wendy's Chicago Co-Op, Cleveland Co-Op, Detroit Co-Op, Flint/Saginaw Co-Op, Green Bay Co-Op, Northeast Co-Op, Peoria Co-Op, Saint Louis Co-Op, Toledo Co-Op, Traverse City Co-Op, West Michigan Co-Op

BERNARD & COMPANY
1540 E Dundee Rd Ste 250, Palatine, IL 60074-8320
Tel.: (847) 934-4500
Fax: (847) 934-4720
E-Mail: tdaro@bernardandcompany.com
Web Site: www.bernardandcompany.com

E-Mail for Key Personnel:
President: tdaro@bernardandcompany.com
Creative Dir.: rbram@bernardandcompany.com

Employees: 9
Year Founded: 1976

National Agency Associations: BPA

Agency Specializes In: Advertising, Advertising Specialties, Automotive, Business Publications, Business-To-Business, Co-op Advertising, Collateral, Digital/Interactive, Direct Response Marketing, E-Commerce, Engineering, Exhibit/Trade Shows, Graphic Design, High Technology, Industrial, Internet/Web Design, Logo & Package Design, Magazines, Media Buying Services, Medical Products, Pharmaceutical, Planning & Consultation, Point of Purchase, Point of Sale, Print, Production, Public Relations, Publicity/Promotions, Sales Promotion, Strategic Planning/Research, Technical Advertising, Trade & Consumer Magazines, Transportation, Yellow Pages Advertising

Approx. Annual Billings: $2,500,000

Breakdown of Gross Billings by Media: Bus. Publs.: $1,000,000; Collateral: $1,000,000; Fees: $500,000

Tim Daro *(Pres)*

Accounts:
Advanced Machine & Engineering
Grieve Corp.; Round Lake, IL; Industrial Ovens & Furnaces; 1959
Rep Corporation; Bartlett, IL; Rubber Injection Presses; 1971

BERNI MARKETING & DESIGN
660 Steamboat Rd, Greenwich, CT 06830
Tel.: (203) 661-4747
Fax: (203) 661-4825
E-Mail: info@bernidesign.com
Web Site: www.bernidesign.com

Employees: 5
Year Founded: 1938

Agency Specializes In: Brand Development & Integration, Corporate Identity, Environmental, Financial, Graphic Design, Internet/Web Design, New Product Development, Point of Purchase, Point of Sale, Print, Public Relations, Teen Market

Stuart M. Berni *(Pres & CEO)*

Accounts:
A&P Food Market
Acappella Software, Inc.
Agrilink Foods, Inc.
Ahold USA, Inc.
The Akro Corporation
Beiersdorf Inc.
Borden, Inc
Brown & Williamson Tobacco Corp.
Castrol
Clairol, Inc.
Kraft Foods

BERNSTEIN & ASSOCIATES INC
6300 W Loop S Ste 218, Bellaire, TX 77401
Tel.: (713) 838-8400
Fax: (713) 838-8444
Web Site: www.bernsteinandassoc.com

AGENCIES - JANUARY, 2019 — ADVERTISING AGENCIES

Employees: 10
Year Founded: 1983

Agency Specializes In: Advertising, Event Planning & Marketing, Internet/Web Design, Media Relations, Public Relations

Patricia Bernstein *(Pres)*

Accounts:
Cariloha

BERNSTEIN-REIN ADVERTISING, INC.
4600 Madison Ave Ste 1500, Kansas City, MO 64112-3016
Tel.: (816) 756-0640
Fax: (816) 399-6000
Toll Free: (800) 571-6246
E-Mail: general@b-r.com
Web Site: www.b-r.com

E-Mail for Key Personnel:
Chairman: robertbernstein@bradv.com
President: stevebernstein@bradv.com

Employees: 150
Year Founded: 1964

National Agency Associations: 4A's-DMA-LSA

Agency Specializes In: Advertising, Advertising Specialties, Agriculture, Below-the-Line, Brand Development & Integration, Broadcast, Business Publications, Business-To-Business, Cable T.V., Children's Market, Co-op Advertising, Collateral, College, Consulting, Consumer Goods, Consumer Marketing, Consumer Publications, Content, Copywriting, Corporate Identity, Cosmetics, Customer Relationship Management, Digital/Interactive, Direct Response Marketing, Direct-to-Consumer, E-Commerce, Electronic Media, Electronics, Email, Entertainment, Exhibit/Trade Shows, Experience Design, Experiential Marketing, Fashion/Apparel, Financial, Food Service, Game Integration, Graphic Design, Guerilla Marketing, Household Goods, Identity Marketing, In-Store Advertising, Integrated Marketing, Internet/Web Design, LGBTQ Market, Leisure, Local Marketing, Logo & Package Design, Magazines, Market Research, Media Buying Services, Media Planning, Media Relations, Merchandising, Mobile Marketing, Multicultural, New Product Development, Newspaper, Newspapers & Magazines, Out-of-Home Media, Outdoor, Package Design, Paid Searches, Pets , Pharmaceutical, Planning & Consultation, Point of Purchase, Point of Sale, Print, Production, Production (Ad, Film, Broadcast), Production (Print), Programmatic, Publicity/Promotions, Radio, Regional, Restaurant, Retail, Sales Promotion, Search Engine Optimization, Social Media, Sponsorship, Strategic Planning/Research, Syndication, T.V., Technical Advertising, Trade & Consumer Magazines, Travel & Tourism, Tween Market, Web (Banner Ads, Pop-ups, etc.), Yellow Pages Advertising

Approx. Annual Billings: $381,668,000

Steve Bernstein *(Pres)*
Chris Perkins *(Mng Dir)*
Steve Bullock *(Exec VP & Head-Insight & Strategy)*
Dawn Ridge *(Sr VP & Grp Acct Dir)*
Kelli Anstine *(Sr VP & Dir-Experience Plng)*
Vaughn Ericson *(Sr VP & Dir-Media Acq)*
Steve Kuegler *(Sr VP-Client Engagement & Analytics)*
Vernon Williams *(Sr VP-Acct & Project Mgmt)*
Randy G. Bates *(VP & Grp Acct Dir)*
Larson Stiegemeyer *(VP & Grp Acct Dir)*
Paula Lintner *(VP & Dir-Experience Plng)*
Lara Wyckoff *(Exec Creative Dir)*
Brandon Billings *(Dir-Digital Strategy)*
Michael Lindquist *(Assoc Dir-Social)*
Charlene Kaup *(Acct Mgr & Mgr-Online Product-BR Directional)*
Chris MacAdam *(Mgr-Print Production)*
Kimberly Bodker *(Acct Supvr)*
Alyssa Bastien *(Designer)*
Michelle Hershberger *(Media Buyer)*

Accounts:
Beauty Brands (Agency of Record) Full-Service; 1996
Discover Project-Based; 2015
Flagstar Bank (Agency of Record) Full-Service; 2016
Gold's Gym Creative; 2015
Halcon Branding, Website Development; 2015
Haverty Furniture Companies, Inc. Analytics, Creative, Digital, Media Planning & Buying, Social Media; 2011
Hostess Brands (Agency of Record) Butternut, Campaign: "The Sweetest Comeback in the History of Ever", Digital, Dolly Madison, Drake, Guerrilla Marketing, Home Pride, Hostess, Media Planning & Buying, Social Media, Traditional Advertising, Twinkie, Wonder; 2013
Jolly Time Pop Corn (Agency of Record) Brand, Creative, Marketing
McDonald's Co-Op
McDonald's Corporation Ronald McDonald House Charities; 1967
Old Dominion Freight Line, Inc. (Agency Of Record) Branding, Creative, Digital, Media Buying & Planning, Social Media, Strategy

BERRY NETWORK, INC.
3100 Kettering Blvd, Dayton, OH 45439
Fax: (937) 298-1426
Toll Free: (800) 366-1264
E-Mail: berrynetworkmarketing@berrynetwork.com
Web Site: https://www.berrynetwork.com/

Employees: 185
Year Founded: 1960

Agency Specializes In: Advertising, Alternative Advertising, Business-To-Business, Co-op Advertising, Consulting, Consumer Marketing, Digital/Interactive, Direct Response Marketing, Direct-to-Consumer, Electronic Media, Health Care Services, Hispanic Market, Local Marketing, Media Planning, Mobile Marketing, New Technologies, Paid Searches, Planning & Consultation, Social Marketing/Nonprofit, Social Media, Strategic Planning/Research, Viral/Buzz/Word of Mouth, Yellow Pages Advertising

Approx. Annual Billings: $185,000,000

Breakdown of Gross Billings by Media: Internet Adv.: 15%; Other: 5%; Yellow Page Adv.: 80%

Sherri Kavanaugh *(Sr VP-Client Strategy)*
Monica Avery *(VP-Client Svcs)*
Keith Chambers *(VP-Fin)*
Kory Walton *(VP-Digital Product & Strategy)*
Mark Williams *(VP-Comm)*
Daphne Young *(VP-Ops & Tech)*
Sharon Rickey *(Acct Dir & Exec Acct Mgr)*
Alison Siefer *(Acct Dir)*
Lisanne Klanderman *(Mgr-Digital Strategic)*
David Henry *(Sr Strategist-Media)*
Kay Boyd *(Analyst-Digital Ops & Media)*
Michele Hutchison *(Sr Ops Mgr)*

Accounts:
AT&T Communications Corp.
Atlas Van Lines
Coleman Heating & Air Conditioning
Luxaire Heating & Air Conditioning
Maaco
Meineke Car Care Centers
Rite-Aid
Safelite AutoGlass
Terminix
VHA
York Heating & Air Conditioning

BESON 4 MEDIA GROUP
13500 Sutton Park Dr S Ste 105, Jacksonville, FL 32224
Tel.: (904) 992-9945
Fax: (904) 992-9907
E-Mail: beson4@beson4.com
Web Site: http://beson4.com/

Employees: 15

Agency Specializes In: Advertising, Brand Development & Integration, Broadcast, Collateral, Corporate Identity, Digital/Interactive, Event Planning & Marketing, Graphic Design, Print, Public Relations

A. J. Beson *(Pres & CEO)*
Michael E. Hicks *(Exec VP)*
Stephanie Autry *(Dir-Bus Dev)*
Courtney Cooper *(Mgr-Creative Ops)*

Accounts:
21st Century Oncology
Advanced Cardiac Training
Anglers for a Cure
Borland Groover Clinic
Catalyst Medical Staffing
First Coast Cardiovascular Institute
Heekin Orthopedic Specialists
Hula in the City
Medimix Specialty Pharmacy
Orlando Physician Specialists
Safari of Smiles
Thomaston Crossing Apartment Homes
The Uptown at St. Johns
Watson Realty Corp.

BETTER MERCHANTS INC.
1100 N 9th St Ste 203, Lafayette, IN 47904
Tel.: (765) 420-7050
Fax: (765) 742-8184
Web Site: www.bettermerchants.com

Agency Specializes In: Advertising, Brand Development & Integration, Email, Logo & Package Design, Out-of-Home Media, Outdoor, Print, Public Relations, Radio, Social Media, Strategic Planning/Research

Keith Austin *(Pres-Mktg & Media-Indiana)*
Emily Gray *(Production Mgr)*

Accounts:
Dennys Body Shop
Dowell Automotive Inc
Dr. Kochert Pain & Health
MedSpa Day Spa
Randall Dermatology PC

BEUERMAN MILLER FITZGERALD, INC.
643 Magazine St, New Orleans, LA 70130
Tel.: (504) 524-3342
Fax: (504) 524-3344
Web Site: http://bmfcomms.com/

Employees: 10
Year Founded: 1926

National Agency Associations: IPREX

Agency Specializes In: Advertising, Brand Development & Integration, Business-To-Business, Communications, Consumer Goods, Consumer Marketing, Corporate Communications, Corporate Identity, Crisis Communications, Environmental, Event Planning & Marketing, Health Care Services, Hospitality, Investor Relations, Logo & Package

ADVERTISING AGENCIES — AGENCIES - JANUARY, 2019

Design, Media Relations, Media Training, Public Relations, Stakeholders, Strategic Planning/Research

Approx. Annual Billings: $13,000,000

Breakdown of Gross Billings by Media: Fees: 100%

Virginia Miller *(Co-Owner)*
Greg Beuerman *(Partner)*
Ronald J. Thompson *(Pres-Mktg)*
Laura Lee Killeen *(Exec VP)*
Julie O'Callaghan *(Office Mgr)*
Anna Corin Koehl *(Sr Acct Exec-PR)*
Allison Gouaux *(Acct Exec)*

BEYOND AGENCY
100 Montgomery St, San Francisco, CA 94104
Tel.: (415) 374-2874
E-Mail: sanfrancisco@bynd.com
Web Site: https://bynd.com/

Employees: 197
Year Founded: 2010

Agency Specializes In: Advertising, Brand Development & Integration, Content, Digital/Interactive, Search Engine Optimization, Social Media

Nick Rappolt *(CEO)*
Matthew Iliffe *(Mng Partner-North America & Gen Mgr-Beyond Austin)*
Karyn Pascoe *(Chief Creative Officer)*
Lindsey Whitehouse *(Dir-Growth & Client Svcs)*
Paige Weiners *(Mktg Mgr)*
Francine Friedman *(Strategist)*
Jessica Mattke *(Sr Client Mgr)*

Accounts:
Apple Inc.
Google Inc.
Samsung Telecommunications America, LLC (Global Creative Agency of Record); 2017
Twenty-First Century Fox, Inc.

BEYOND MARKETING GROUP
2850 Red Hill Ste 225, Santa Ana, CA 92705
Tel.: (949) 660-7972
E-Mail: info@beyondmg.com
Web Site: beyondmg.com

Employees: 50
Year Founded: 2003

Agency Specializes In: Advertising, Brand Development & Integration, Commercial Photography, Content, Digital/Interactive, Event Planning & Marketing, Exhibit/Trade Shows, Experiential Marketing, Production, Social Media

Matt Costa *(Co-Founder & CEO)*
Anthony Wolch *(Partner & Chief Creative Officer)*
Jon Margolis *(COO & VP-Client Svcs)*
Alex Knegt *(Media Dir-Canada)*
Gordon Ting *(Acct Dir)*
Jason Harcharic *(Sr Acct Mgr)*
Ryan Brisco *(Mktg Mgr)*
Andrew Modena *(Mgr-Social Media)*
Leslieanne Uhlig *(Mgr-Acctg)*
Prudence Law *(Designer-Graphic, Web & Interactive Media)*

Accounts:
New-LIFEAID Beverage Co Fitaid Rx

BEYOND SPOTS & DOTS INC.
1034 5th Ave, Pittsburgh, PA 15219
Tel.: (412) 281-6215
Fax: (412) 281-6218
E-Mail: contact@beyondspotsanddots.com
Web Site: www.beyondspotsanddots.com

Employees: 30
Year Founded: 2006

Agency Specializes In: Advertising, Advertising Specialties, Brand Development & Integration, Communications, Consulting, Content, Corporate Communications, Corporate Identity, Crisis Communications, E-Commerce, Event Planning & Marketing, Graphic Design, Identity Marketing, Integrated Marketing, Internet/Web Design, Logo & Package Design, Market Research, Media Buying Services, Media Planning, Media Relations, Package Design, Planning & Consultation, Production (Ad, Film, Broadcast), Public Relations, Publicity/Promotions, Regional, Sales Promotion, Social Marketing/Nonprofit, Strategic Planning/Research, Technical Advertising

Melanie Querry *(Owner)*
Andreas Beck *(CEO)*
Joe Schwartz *(Head-Digital Team & Project Mgr)*
Dwight Alan Chambers *(Brand Mgr)*

BEYOND TOTAL BRANDING
98 NW 29th St, Miami, FL 33127
Tel.: (954) 385-8262
E-Mail: info@beyond-group.com
Web Site: www.beyond-group.com

Employees: 8

Agency Specializes In: Advertising, Brand Development & Integration, Print, T.V., Web (Banner Ads, Pop-ups, etc.)

Victor Melillo *(Owner)*
Alejandro Gonzalez *(Mng Partner)*
Blanca Elena Curiel *(Dir-Mktg Svc)*
Gianfranco De Libero *(Assoc Dir-Creative)*

Accounts:
Sony Corporation of America Latam Campaign

BFG COMMUNICATIONS
6 Anolyn Ct, Bluffton, SC 29910
Mailing Address:
PO Box 23199, Hilton Head Island, SC 29925
Tel.: (843) 837-9115
Fax: (843) 837-9225
E-Mail: info@bfgcom.com
Web Site: www.bfgcom.com

E-Mail for Key Personnel:
President: kmeany@bfgcom.com
Creative Dir.: sseymour@bfgcom.com

Employees: 160
Year Founded: 1995

National Agency Associations: PMA-PRSA

Agency Specializes In: Advertising, Affluent Market, African-American Market, Alternative Advertising, Below-the-Line, Bilingual Market, Brand Development & Integration, Branded Entertainment, Business-To-Business, Collateral, Communications, Consulting, Consumer Goods, Consumer Marketing, Consumer Publications, Content, Corporate Communications, Corporate Identity, Cosmetics, Customer Relationship Management, Digital/Interactive, Direct Response Marketing, Direct-to-Consumer, E-Commerce, Electronic Media, Email, Entertainment, Event Planning & Marketing, Exhibit/Trade Shows, Experience Design, Fashion/Apparel, Food Service, Game Integration, Government/Political, Graphic Design, Guerilla Marketing, Health Care Services, Hispanic Market, Hospitality, Identity Marketing, In-Store Advertising, Integrated Marketing, Internet/Web Design, Leisure, Local Marketing, Logo & Package Design, Luxury Products, Men's Market, Merchandising, Mobile Marketing, Multicultural, Multimedia, New Product Development, Out-of-Home Media, Package Design, Planning & Consultation, Podcasting, Point of Purchase, Point of Sale, Production, Production (Ad, Film, Broadcast), Production (Print), Promotions, Publicity/Promotions, Regional, Restaurant, Retail, Sales Promotion, Social Media, Sponsorship, Sports Market, Strategic Planning/Research, Sweepstakes, Teen Market, Tween Market, Viral/Buzz/Word of Mouth, Web (Banner Ads, Pop-ups, etc.), Women's Market

BFG is a creative agency that brings new thinking to brands. There are more than 160 of us in Hilton Head Island, New York City, Greenville and Atlanta, and we believe. So do our clients.

Approx. Annual Billings: $62,000,000

Kevin Meany *(Pres & CEO)*
Holli Hines Easton *(Mng Dir)*
Richard Leslie *(Chief Strategy Officer & VP)*
Scott Seymour *(Chief Creative Officer & VP)*
Lisa Ringelstetter *(VP-Client Svcs)*
Jason Vogt *(VP-Ops & Plng)*
Jesse Bushkar *(Sr Dir-Digital Ops)*
Matt Laguna Nadler *(Creative Dir)*
Michael Dixon *(Mgr-Project Sys-Workamajig)*
Ryan Clark *(Acct Supvr)*
Amanda Mills Gossett *(Acct Supvr)*
Michael Dunn *(Grp Creative Dir)*

Accounts:
Ace Hardware; 2011
Affresh Cleaners
American Marketing Association Brand Positioning
The Coca-Cola Company
Coca-Cola Refreshments USA, Inc.; 2007
Delta; 2012
Ellio's
Espolon Tequila; 2012
EveryDrop Water Filters
Hanesbrands, Inc.
Kids II; 2012
LG Electronics
Marvel
Mello Yello
Ristorante Pizza; 2011
SKYY Vodka
South Carolina Tourism; 2012
South Carolina Youth Anti-Tobacco
Treasury Wine Estates; 2009
Trinchero
Turner Broadcasting; 2008
Wild Turkey
X Factor

Branches

BFG Communications Atlanta
1000 Marietta St Ste 208, Atlanta, GA 30318
Tel.: (404) 991-2511
Web Site: www.bfgcom.com/

Employees: 200

Agency Specializes In: Above-the-Line, Advertising, Advertising Specialties, Affiliate Marketing, Affluent Market, African-American Market, Agriculture, Alternative Advertising, Arts,

AGENCIES - JANUARY, 2019 — ADVERTISING AGENCIES

Automotive, Aviation & Aerospace, Below-the-Line, Bilingual Market, Brand Development & Integration, Branded Entertainment, Broadcast, Business Publications, Business-To-Business, Cable T.V., Children's Market, Collateral, College, Communications, Consulting, Consumer Goods, Consumer Marketing, Consumer Publications, Content, Copywriting, Corporate Communications, Corporate Identity, Crisis Communications, Custom Publishing, Customer Relationship Management, Digital/Interactive, Direct-to-Consumer, E-Commerce, Electronic Media, Electronics, Email, Entertainment, Event Planning & Marketing, Exhibit/Trade Shows, Experience Design, Experiential Marketing, Fashion/Apparel, Food Service, Government/Political, Graphic Design, Guerilla Marketing, Health Care Services, High Technology, Hispanic Market, Hospitality, Household Goods, Identity Marketing, In-Store Advertising, Integrated Marketing, Internet/Web Design, LGBTQ Market, Leisure, Local Marketing, Logo & Package Design, Luxury Products, Magazines, Marine, Market Research, Media Buying Services, Media Planning, Media Relations, Men's Market, Merchandising, Mobile Marketing, Multicultural, Multimedia, New Product Development, New Technologies, Newspapers & Magazines, Out-of-Home Media, Over-50 Market, Package Design, Paid Searches, Pets, Planning & Consultation, Podcasting, Point of Purchase, Point of Sale, Print, Product Placement, Production, Production (Ad, Film, Broadcast), Production (Print), Programmatic, Promotions, Publicity/Promotions, Radio, Restaurant, Retail, Sales Promotion, Search Engine Optimization, Seniors' Market, Shopper Marketing, Social Marketing/Nonprofit, Social Media, Sponsorship, Sports Market, Strategic Planning/Research, Sweepstakes, T.V., Teen Market, Trade & Consumer Magazines, Travel & Tourism, Tween Market, Urban Market, Viral/Buzz/Word of Mouth, Web (Banner Ads, Pop-ups, etc.), Women's Market

Accounts:
Church's Chicken (Strategy & Social Media Agency of Record) Instagram

BFG Communications
665 Broadway Ste 300, New York, NY 10012
Tel.: (212) 763-0022
Web Site: www.bfgcom.com

Employees: 150
Year Founded: 1950

Kevin Meany *(Pres & CEO)*
Matt Flandorfer *(Sr Art Dir)*

Accounts:
American Honey Creative, Experiential; 2013
Aperol Experiential; 2015
Appleton Estate Rum Experiential; 2014
Espolon Tequila Creative, Experiential; 2013
Forty Creek Canadian Whisky Experiential; 2015
Grand Marnier Creative, Experiential; 2017
Skyy Vodka Creative, Experiential; 2013
Wild Turkey Creative, Experiential; 2013

BFW ADVERTISING + INTERACTIVE
2500 N Military Trl, Boca Raton, FL 33431
Tel.: (561) 962-3300
Fax: (561) 962-3339
E-Mail: info@gobfw.com
Web Site: www.gobfw.com

Employees: 20
Year Founded: 1997

Agency Specializes In: Automotive, Aviation & Aerospace, Business-To-Business, Communications, Financial, High Technology, Information Technology, Internet/Web Design, Media Buying Services, Medical Products, Pharmaceutical, Print, Radio, Real Estate, Retail, T.V., Travel & Tourism

Revenue: $2,000,000

Christian Boswell *(Owner & Pres)*
Jim Workman *(CEO)*
Lauren Hartnett *(Acct Mgr)*
Barbara Pope *(Sr Media Dir)*

Accounts:
3C Interactive; 2005
Amadeus; 2003
Boca Raton Community Hospital; 2005
DHL Worldwide Express, Inc.; 2003
DPMS Panther Arms; 2006
Geron; 2006
Hi-Tech Pharmacal; 1999
Interim HealthCare; 1999
Perry Institute for Marine Science; 2006
Precision Pulmonary Diagnostics; 2004
RAIR Technologies; 2001
University of Miami; 2003
Vacation.com; 2005

BG
360 Columbia Dr, West Palm Beach, FL 33409
Tel.: (561) 688-2880
Fax: (561) 688-2780
E-Mail: info@bgsolutions.me
Web Site: bgsolutions.me

E-Mail for Key Personnel:
Production Mgr.: geri@bonergroup.com

Employees: 12
Year Founded: 1990

National Agency Associations: AAF

Agency Specializes In: Automotive, Brand Development & Integration, Broadcast, Collateral, Consumer Marketing, Corporate Identity, Entertainment, Financial, Graphic Design, Health Care Services, Leisure, Logo & Package Design, Media Buying Services, Point of Purchase, Point of Sale, Production, Retail, Strategic Planning/Research, Travel & Tourism

Approx. Annual Billings: $10,000,000

Breakdown of Gross Billings by Media: Collateral: 20%; Mags.: 10%; Newsp.: 35%; Radio: 10%; T.V.: 25%

Kim French *(VP)*
Mark Minter *(Creative Dir)*
Aimee Shaughnessy *(Dir-Client Dev)*
Paige Romano *(Media Buyer-Brdcst)*

Accounts:
American Cancer Society
Berkley Federal Bank
Cleva Technologies, LLC
Delray Beach Marriott
Delray Medical Center; Del Ray FL; 2002
DMG World Media
General Plumbing
Good Samaritan Medical Center; West Palm Beach, FL; 2002
Ocean Properties; Delray Beach, FL Hotels, Resorts; 1996
Palm Beach Opera
Palm Beach State College
Sunrise Ford; Fort Pierce, FL; 1991
Tenet Health Care System

BG DIGITAL GROUP
(Formerly Bellagurl)
809 Arendell St, Morehead City, NC 28557
Tel.: (252) 726-0169
E-Mail: sayhello@BGDigitalGroup.com
Web Site: www.bgdigitalgroup.com/

Employees: 10

Agency Specializes In: Advertising, Brand Development & Integration, Corporate Identity, Digital/Interactive, Event Planning & Marketing, Internet/Web Design, Radio, Social Media, T.V.

Cheryl Pigott *(Pres)*
Susan Yates *(Dir-Art)*

Accounts:
Broad Street Clinic
Johnson Family Dentistry
NC Fun Book
Sweet Dreams Gifts & Interiors

BGB GROUP
462 Broadway 6th Fl, New York, NY 10013
Tel.: (212) 920-2400
E-Mail: info@bgbgroup.com
Web Site: www.bgbgroup.com/#ContactUs

Employees: 200

Agency Specializes In: Medical Products, Pharmaceutical

Gregory Passaretti *(Mng Partner)*
Brendon Phalen *(Mng Partner)*
Kathleen Mallanda *(Sr VP-Client Svcs)*
Katie Meyler *(Sr VP-Agency Ops)*
Kinsey Hackworth *(Assoc Acct Mgr)*

Accounts:
AstraZeneca

BHW1 ADVERTISING
522 W Riverside Fl 3, Spokane, WA 99201
Tel.: (509) 456-8640
Web Site: www.bhw1.com

Employees: 19

Agency Specializes In: Advertising, Digital/Interactive, Graphic Design, Internet/Web Design, Logo & Package Design, Media Buying Services, Media Planning, Radio, Social Media, T.V.

Tony Hines *(Owner & Principal)*
Greg Birchell *(Partner)*
Lorri Johnston *(Art Dir)*
Jamie Sijohn *(Acct Mgr)*
Karen Kager *(Mgr-Production & Traffic)*
Russ Wheat *(Acct Supvr)*

Accounts:
Kootenai Health

BIANCA FRANK DESIGN
1202 Ramona Dr Unit B, Anchorage, AK 99515
Tel.: (907) 830-9277
E-Mail: design@biancafrank.com
Web Site: http://biancafrankdesign.com/

Employees: 10

Agency Specializes In: Above-the-Line, Affluent Market, Brand Development & Integration, Business-To-Business, Collateral, Communications, Consulting, Consumer Goods, Consumer Marketing, Corporate Communications, Direct-to-Consumer, Event Planning & Marketing, Financial, Graphic Design, Identity Marketing, Local Marketing, Logo & Package Design, Magazines, Market Research, Multicultural, New Product Development, Newspapers & Magazines, Package Design, Podcasting, Print, Production (Print), Retail, Urban Market, Yellow Pages

ADVERTISING AGENCIES

BIG AL'S CREATIVE EMPORIUM
53A Brewer St, London, W1F 9UH United Kingdom
Tel.: (44) 20 7494 9854
Web Site: www.bigalscreativeemporium.com/

Employees: 80

Stef Jones *(Partner-Creative)*
Tom Burnay *(Dir)*

Accounts:
Baker & Spice
Betfair
Blinkbox
BMW
Borders
Discovery Channel
Etsy Advertising, Campaign: "The Most Beautiful Marketplace in The World"
Heinz Baked Beans
Ladbrokes Coral Group plc
Marston's Branding, Online, Social Media
Monsanto Creative, Roundup Gel
Paddy Power
Purina
Setanta Sports
Travelzoo
Vision Direct Campaign: "Plastic Monsters", TV
Yardley London Creative, Media

BIG ARROW CONSULTING GROUP, LLC
(d/b/a Big Arrow Group)
124 Hudson St, New York, NY 10013
Tel.: (212) 414-5650
Fax: (212) 414-5651
Web Site: www.bigarrowgroup.com

Employees: 12

Agency Specializes In: Sponsorship

Michael Marino *(Pres)*
Mike Teele *(Dir-Bus Ops)*
Carol Cofone *(Planner-Strategic)*

Accounts:
American Express
Bayer Pharmaceuticals
Biocodex
Genzyme
Yale New Haven Health System

BIG BANG ELECTRICAL
8370 143rd Ct SE, Newcastle, WA 98059
Tel.: (206) 612-1560
Web Site: www.bigbangelectrical.com

Employees: 1
Year Founded: 1995

Agency Specializes In: Advertising

Bill Grant *(Founder & Pres-Brand Consultancy & Creative Grp)*

Accounts:
Brooks
Credit Unions of WA
Fat Bastard
Fox College Sports
Island County Tourism
Nutrisystem
Red Cross
Superfeet
Washington Credit Union League

BIG BLUE SKY
13021 Tantivy Dr, Austin, TX 78729
Tel.: (512) 337-6927
E-Mail: partners@bigblueskyadvertising.com
Web Site: www.bigblueskyadvertising.com

Employees: 7

Agency Specializes In: Advertising, Collateral, Digital/Interactive, Out-of-Home Media, Outdoor, Print, Radio

Tony Lopez *(Partner)*
Chad Swisher *(Partner)*

Accounts:
The City of Pflugerville Campaign: "Put The Right Thing in"
Fuzzys Taco Shop

BIG CAT ADVERTISING
10 Commercial Blvd Ste 10, Novato, CA 94949
Tel.: (415) 884-3501
Fax: (415) 884-3503
E-Mail: marty@bigcatadvertising.com
Web Site: www.bigcatadvertising.com

E-Mail for Key Personnel:
President: marty@bigcatadvertising.com
Creative Dir.: gayle@bigcatadvertising.com

Employees: 5
Year Founded: 1986

Agency Specializes In: Advertising, Automotive, Business-To-Business, Cable T.V., Collateral, College, Consumer Marketing, Digital/Interactive, E-Commerce, Email, Government/Political, Graphic Design, Internet/Web Design, Local Marketing, Logo & Package Design, Media Buying Services, Media Planning, Multimedia, Newspaper, Newspapers & Magazines, Out-of-Home Media, Outdoor, Paid Searches, Planning & Consultation, Print, Public Relations, Radio, Restaurant, Retail, T.V., Travel & Tourism

Approx. Annual Billings: $1,500,000

Gayle Peterson *(Partner, Creative Dir & Acct Exec)*
Tracy Bell Redig *(Acct Mgr)*
Marty Rubino *(Mng Principal)*

Accounts:
Dominican University of California; San Rafael, CA; 2007
Investors Prime Fund; Newport Beach, CA Investment Fund; 2011
Marin Agricultural Institute; San Rafael, CA Farmers Market; 2008
Marin Convention & Visitors Bureau; San Rafael, CA; 2008
Marin Symphony; San Rafael, CA; 2008
Novato Fire Protection District; Novato, CA; 2008
Pacheco Plaza; Novato, CA; 2009
Rafael Floors; San Rafael, CA; 2007
Toscalito Tire & Automotive ; San Rafael, CA; 2008

BIG COMMUNICATIONS, INC.
2121 2nd Ave N, Birmingham, AL 35203
Tel.: (205) 322-5646
E-Mail: hello@bigcom.com
Web Site: www.bigcom.com

Employees: 54
Year Founded: 1995

Agency Specializes In: Advertising, Branded Entertainment, Broadcast, Cable T.V., Catalogs, Co-op Advertising, Collateral, Consumer Publications, Custom Publishing, Digital/Interactive, Direct Response Marketing, Electronic Media, Email, Exhibit/Trade Shows, Experience Design, Guerilla Marketing, In-Store Advertising, Internet/Web Design, Local Marketing, Magazines, Media Buying Services, Media Planning, Newspapers & Magazines, Out-of-Home Media, Outdoor, Paid Searches, Podcasting, Point of Purchase, Point of Sale, Print, Production, Production (Print), Promotions, Public Relations, Publishing, Radio, Search Engine Optimization, Social Media, Sponsorship, T.V., Trade & Consumer Magazines, Viral/Buzz/Word of Mouth, Web (Banner Ads, Pop-ups, etc.)

John Montgomery *(Owner & Pres)*
Ford Wiles *(Chief Creative Officer)*
Aaron Gresham *(Exec Creative Dir)*
Matt Lane Harris *(Creative Dir)*
Paul Prudhomme *(Jr Art Dir)*
Merry Michael Smith *(Media Dir)*
Mary Jane Cleage *(Dir-Accts)*
Greg Slamen *(Mgr-IT)*
Niki Lim *(Acct Supvr)*
Emily Bailey *(Sr Acct Exec)*
Christina Schrempp *(Sr Acct Exec)*
Laura Wright *(Sr Acct Exec)*
Jess Brown *(Strategist-Content)*
Kammie Kasten *(Strategist-Digital)*
Julie Morsberger Russell *(Acct Exec)*
Logan Shoaf *(Acct Exec)*
Joyanne West *(Acct Exec)*
Kim Beatty *(Assoc Media Buyer)*
Shaydah Rabiee *(Media Buyer)*
Mary Reynolds Lipscomb *(Coord-Media Traffic)*

Accounts:
Alabama Department of Commerce; 2012
Alabama Seafood Marketing Commission; 2011
Amazon.com, Inc
Birmingham Convention Bureau Tourism Promotion; 1995
Coca-Cola Bottling Co. United Inc (Agency of Record)
Emerson Electronics InSinkErator; 2015
Go Build Workforce Development & Recruitment; 2010
Nationwide Insurance Co-op Agency for Alabama, Georgia & South Carolina; 1997
PRADCO Knight & Hale, Moultrie; 2013
Tenet Healthcare (Agency of Record) OB, Ortho & Bariatrics Services; 2015
USL Birmingham
Valvoline Motor Oil Advertising, Content, Creative, Digital Marketing, Digital Strategy, Media, Media Buying, Public Relations, Valvoline (Agency of Record), Valvoline Heavy Duty, Valvoline's Do-it-Yourself

BIG CORNER CREATIVE
9501 W Kellogg Dr, Wichita, KS 67209
Tel.: (316) 260-5391
E-Mail: info@bigcornercreative.com
Web Site: www.bigcornercreative.com

Employees: 6

Agency Specializes In: Advertising, Brand Development & Integration, Digital/Interactive, Logo & Package Design, Out-of-Home Media, Outdoor, Print, Radio, Social Media, T.V.

Clay Schmidtberger *(Creative Dir)*
Kristina Rosales *(Coord-Mktg)*

Accounts:
Auto Craft Collision Repair
Doctors Express

BIG FUEL COMMUNICATIONS LLC
299 W Houston 14th Fl, New York, NY 10014
Tel.: (212) 274-0470
Web Site: www.bigfuel.com

Employees: 170

Year Founded: 2002

National Agency Associations: 4A's

Agency Specializes In: Advertising, Brand Development & Integration, Consulting, Social Media, Sponsorship, Strategic Planning/Research

Tunji Abioye *(CEO)*
Sarah Gallarello *(Sr Art Dir)*

Accounts:
Aflac Social
Chase
Clorox
Colgate-Palmolive
Fisher-Price
FOX
Gore-Tex
Johnson & Johnson
Microsoft
Starwood
T-Mobile US "Selfie 101", Social Media

BIG HONKIN' IDEAS (BHI)
3767 Overland Ave, Los Angeles, CA 90034
Tel.: (310) 656-0557
Fax: (310) 656-0447
Web Site: www.bighonkinideas.com

Employees: 5
Year Founded: 2005

Agency Specializes In: Brand Development & Integration, Business-To-Business, E-Commerce, Environmental, Financial, Magazines, Newspaper, Out-of-Home Media, Outdoor, Radio, Seniors' Market, Trade & Consumer Magazines, Travel & Tourism

Breakdown of Gross Billings by Media: Mags.: 10%; Newsp.: 30%; Outdoor: 50%; Spot Radio: 10%

Karl Kristkeitz *(Owner)*
Larre Johnson *(Partner & Creative Dir)*

Accounts:
Jefferson National; 2006
LA Auto Show; 2013
Stanford Graduate School of Business; 2015

BIG HUMAN
51 E 12th St 9th Fl, New York, NY 10003
Tel.: (646) 669-9140
E-Mail: frontdesk@bighuman.com
Web Site: www.bighuman.com

Employees: 29

Agency Specializes In: Advertising, Brand Development & Integration, Digital/Interactive

Accounts:
Time Website Redesign

BIG IDEA ADVERTISING INC
6 Maiden Ln, New York, NY 10038
Tel.: (212) 387-8787
E-Mail: hello@bigideaadv.com
Web Site: www.bigideaadv.com

Employees: 13

Agency Specializes In: Advertising, Brand Development & Integration, Collateral, Corporate Identity, Digital/Interactive, Internet/Web Design, Logo & Package Design, Media Planning, Print, Radio

Steve Defontes *(Pres)*

Accounts:
American Arbitration Association

BIG IMAGINATION GROUP
525 S Hewitt St, Los Angeles, CA 90013
Tel.: (310) 204-6100
Fax: (310) 204-6120
E-Mail: cbrooks@bigla.com
Web Site: www.bigla.com

Employees: 10
Year Founded: 1987

Agency Specializes In: Advertising

Approx. Annual Billings: $11,000,000

Breakdown of Gross Billings by Media: Brdcst.: $2,750,000; Collateral: $550,000; E-Commerce: $1,100,000; Print: $1,100,000; Strategic Planning/Research: $5,500,000

Colette Brooks *(Chief Imagination Officer)*

Accounts:
Actors Gang
Alacer Corporation; Foothill Ranch, CA Emergen-C; 2007
Banyan
Cottage Health Solutions
Dolisos America Inc.
Empire Solar Solutions
Global Green USA
Intimate Health
Natrol
Naturade
New Roads
OPCC
Shakeys Pizza; Irwindale, CA Mojo Meal Deal; 2001
Tenet
Toyota Prius Academy Award Event; Torrance, CA; 2004

BIG RIVER ADVERTISING
515 Hull St, Richmond, VA 23224
Tel.: (804) 864-5363
Fax: (804) 864-5373
Web Site: www.bigriveradvertising.com

Employees: 25
Year Founded: 2001

National Agency Associations: 4A's

Agency Specializes In: Advertising, Affluent Market, Agriculture, Alternative Advertising, Arts, Brand Development & Integration, Broadcast, Business-To-Business, Cable T.V., Children's Market, Collateral, Commercial Photography, Communications, Consulting, Consumer Goods, Consumer Marketing, Corporate Communications, Corporate Identity, Crisis Communications, Digital/Interactive, Direct-to-Consumer, Education, Entertainment, Environmental, Experience Design, Fashion/Apparel, Financial, Food Service, Government/Political, Graphic Design, Guerilla Marketing, Health Care Services, High Technology, Hospitality, Household Goods, Identity Marketing, In-Store Advertising, Industrial, Information Technology, Integrated Marketing, Internet/Web Design, Logo & Package Design, Luxury Products, Market Research, Media Relations, Medical Products, Men's Market, Mobile Marketing, New Product Development, New Technologies, Newspaper, Newspapers & Magazines, Out-of-Home Media, Outdoor, Over-50 Market, Paid Searches, Pharmaceutical, Planning & Consultation, Podcasting, Point of Purchase, Print, Production, Production (Print), Promotions, Public Relations, Publicity/Promotions, RSS (Really Simple Syndication), Radio, Real Estate, Recruitment, Regional, Restaurant, Retail, Sales Promotion, Search Engine Optimization, Seniors' Market, Social Marketing/Nonprofit, Social Media, Sports Market, Stakeholders, Strategic Planning/Research, Sweepstakes, T.V., Teen Market, Trade & Consumer Magazines, Transportation, Travel & Tourism, Tween Market, Urban Market, Viral/Buzz/Word of Mouth, Women's Market

Fred Moore *(Pres & CEO)*
Jan Crable *(Dir-Comm Strategy)*
Casey Richardson *(Dir-Integrated Mktg)*
Molly Winegar *(Dir-Vision in Action)*

Accounts:
Anthem Health Plans of Virginia; Richmond, VA Events; 2003
Anthem; New York, NY HMC, NextRx; 2006
Cleco Energy (Agency of Record); 2008
Eagle Companies Branding, Eagle Commercial Construction, Eagle Construction, Eagle Realty, GreenGate, Markel & Eagle, NAI Eagle
Harris Williams & Co (Agency of Record); Richmond, VA Brand; 2003
Hospital Hospitality House Brand, Donor Video, Website
Lumber Liquidators Holdings, Inc. Advertising, Bellawood
Moon Pie; Chattanooga, TN Mini Moon Pies, Moon Pies; 2005
Sweet Frog
TBL Networks(Agency of Record); Glen Allen, VA; 2009

BIG SHOT MARKETING
5525 N Milwaukee Ave, Chicago, IL 60630
Tel.: (773) 998-1480
Web Site: www.bigshotmarketing.com

Employees: 5

Agency Specializes In: Advertising, Brand Development & Integration, Corporate Communications, Graphic Design, Internet/Web Design, Media Planning, Print, Public Relations, Search Engine Optimization, Social Media

Kymberlee Kaye Raya *(Chief Imagination Officer)*

Accounts:
Reach Fieldhouse

BIG SPACESHIP
55 Washington St Ste 512, Brooklyn, NY 11201
Tel.: (718) 222-0281
Fax: (718) 971-1062
E-Mail: info@bigspaceship.com
Web Site: www.bigspaceship.com

Employees: 40
Year Founded: 2000

National Agency Associations: SODA

Agency Specializes In: Digital/Interactive, Sponsorship, Technical Advertising

Michael Lebowitz *(Founder & CEO)*
Rob Thorsen *(Pres)*
Cedric Devitt *(Chief Creative Officer)*
Andrea Ring *(Chief Strategy Officer)*
Laura Breines *(Sr VP & Client Svcs Dir)*
Mary Lou Bunn *(Sr VP-Mktg)*
Victor Pineiro *(Sr VP-Social Media)*
Harry Garcia *(Exec Dir-Design)*
Lindsay Molsen *(Grp Dir-Production)*
Stevie Maple Archer *(Creative Dir)*
Shrivika Jain *(Acct Dir)*
Kristen Kriisa *(Assoc Dir-Copy)*
Charlie Weisman *(Assoc Dir-Bus Dev)*
Amanda Goldberg *(Sr Mgr-Resource)*

ADVERTISING AGENCIES

Margaret Coleman *(Sr Acct Mgr)*
Sam Neumark *(Sr Acct Mgr)*
Naomi Baria *(Sr Strategist-Social)*
Liz Agans *(Sr Art Dir)*
Michael Gil *(Sr Writer)*
Ross Maupin *(Grp Creative Dir)*
Steve Street *(Grp Creative Dir)*

Accounts:
20th Century Fox
ABC
ACTIVATE Digital
Activision Blizzard
Adobe Systems Incorporated The Expressive Web
Agro-Farma, Inc. Chobani Champions
Alien Ware
Billboard Music Industry Magazine
BMW North America
Callard & Bowser Altoids
Chow Baby
Coca-Cola Refreshments USA, Inc.
Converse
Dreamworks
Food Network
GoGo squeeze Campaign: "Wherever You Go, Go Playfully", Digital
Google Campaign: "What Do You Love", Google Play & Maps
JetBlue Airways Corporation Digital Design
Ken Burns
LG
Lifesavers
Lifetime
Lucasfilm Digital
Macromedia
Materne North America Digital, GoGo squeeZ
MGM
Miramax
MOMA (The Museum of Modern Art)
NBC Universal
Nestle Purina
The New York Times
Nike
Organic Valley
Palm Pictures
Paramount Pictures
Seventh Generation
Skittles
Sony Corporation of America Brand & Creative, Content, Digital, Experiential Channels, Influencer Partnerships, Social
Starbucks Corporation
Starter
Urbandaddy
Volkswagen Group of America, Inc. Star Wars Passat
Warner Bros.
Wrigley's
YouTube (Agency of Record)

BIG THINK STUDIOS
512 Missouri St, San Francisco, CA 94107
Tel.: (415) 934-1111
Web Site: www.bigthinkstudios.com

Employees: 1

Agency Specializes In: Advertising, Brand Development & Integration, Environmental, Graphic Design, Logo & Package Design, Out-of-Home Media, Outdoor, Production, T.V., Web (Banner Ads, Pop-ups, etc.)

Peter Walbridge *(Dir-Creative)*
Lael Robertson *(Office Mgr)*
Karen Capraro *(Designer)*
Susan Hanley *(Sr Accountant)*

Accounts:
ACLU of Northern California
Breast Cancer Fund
The Leakey Foundation
SF Works
Tides Foundation
TransFair USA
WiserEarth

BIG WHEEL
920 Volunteer Landing Ln, Knoxville, TN 37915
Tel.: (865) 584-9740
E-Mail: info@gobigwheel.com
Web Site: www.gobigwheel.com/

Employees: 20
Year Founded: 2005

Agency Specializes In: Advertising, Brand Development & Integration, Digital/Interactive, Email, Graphic Design, Strategic Planning/Research

Accounts:
Boys & Girls Clubs of the Tennessee Valley
Sevier County Bank

BIGBUZZ MARKETING GROUP
520 8th Ave Fl 22, New York, NY 10018
Tel.: (212) 461-6021
E-Mail: info@bigbuzz.com
Web Site: www.bigbuzz.com

Employees: 19
Year Founded: 1996

National Agency Associations: 4A's

Agency Specializes In: Advertising, Arts, Automotive, Brand Development & Integration, Business-To-Business, Cable T.V., College, Consulting, Consumer Goods, Consumer Marketing, Copywriting, Corporate Identity, Customer Relationship Management, Digital/Interactive, E-Commerce, Education, Electronic Media, Electronics, Email, Entertainment, Experience Design, Fashion/Apparel, Financial, Graphic Design, Health Care Services, High Technology, Hospitality, Industrial, Integrated Marketing, Internet/Web Design, LGBTQ Market, Logo & Package Design, Luxury Products, Marine, Media Buying Services, Mobile Marketing, Multimedia, New Technologies, Out-of-Home Media, Outdoor, Paid Searches, Point of Sale, Print, Production, Production (Ad, Film, Broadcast), Radio, Search Engine Optimization, Social Marketing/Nonprofit, Social Media, Strategic Planning/Research, T.V., Technical Advertising, Transportation, Urban Market, Viral/Buzz/Word of Mouth, Web (Banner Ads, Pop-ups, etc.), Women's Market

Approx. Annual Billings: $3,500,000

Kevin Kelly *(Co-Founder, Co-Pres & Chief Creative Officer)*
Doug Graham *(Co-Pres)*
Mary Stanley *(Fin Dir & Dir-Admin)*
Bob Costabile *(Chief Creative Officer)*
Negeen Ghaisar *(Head-Digital Strategy)*
Rachel Chansky *(Art Dir)*
Tony J. Foley *(Acct Mgr)*
Sarah Moxley *(Assoc-Digital Mktg)*
Hal Plattman *(Assoc Creative Dir)*

Accounts:
AB InBev
Citizens Parking & Icon Parking Systems NYC Brand Strategy, Branding, Digital Advertising, Digital Strategy, Marketing Audit, SEO/SEM, Social Media, Video; 2016
Fractured Atlas Brand Strategy, Branding, Digital Advertising, Marketing Audit, Social Media, Video; 2016
Garanimals Branded Content, Digital Advertising, Digital Strategy, Online Marketing, SEO/SEM, Social Media, Video; 1999
Honeywell International Inc Advertising, App Development, Branding, Culture Design, Digital Advertising, Direct-to-Consumer, Honeywell Smart Home Security (Lead Creative & Media Agency), Influencer Marketing, Mobile, Online Retail Components, Social Media, Video Content, Web Development; 2010
NEFCU Digital Strategy, Promotions, Social Media, Video, Website Development; 2012
Northwell Health Digital Marketing Audit, Digital Marketing Consulting; 2015
SUNY College of Optometry & University Eye Center Brand Strategy, Digital Marketing, Social Strategy, Video; 2012

BIGELOW ADVERTISING
723 Piedmont Ave, Atlanta, GA 30308
Tel.: (470) 223-2449
Web Site: http://big.bigelow.co/

Employees: 7
Year Founded: 1985

Agency Specializes In: Advertising, Brand Development & Integration, Media Buying Services, Media Planning, Merchandising, Package Design, Sponsorship

Kim Bigelow *(Principal)*

Accounts:
COR365 Information Solutions
Digital Signage Expo
East Lake Golf Club
Surgery Exchange
Time Warner Cable IntelligentHome

BIGEYE AGENCY
3023 Lawton Road, Orlando, FL 32803
Tel.: (407) 839-8599
Fax: (407) 839-4779
E-Mail: info@bigeyeagency.com
Web Site: bigeyeagency.com

Employees: 20
Year Founded: 2002

Agency Specializes In: Above-the-Line, Advertising, Advertising Specialties, Affluent Market, African-American Market, Arts, Below-the-Line, Bilingual Market, Brand Development & Integration, Branded Entertainment, Broadcast, Business-To-Business, Cable T.V., Children's Market, Collateral, College, Communications, Consulting, Consumer Marketing, Content, Copywriting, Corporate Identity, Digital/Interactive, Direct-to-Consumer, Education, Electronic Media, Email, Entertainment, Exhibit/Trade Shows, Faith Based, Financial, Graphic Design, Guerilla Marketing, Health Care Services, Hispanic Market, Hospitality, Identity Marketing, In-Store Advertising, Information Technology, Integrated Marketing, International, Internet/Web Design, Investor Relations, LGBTQ Market, Legal Services, Leisure, Local Marketing, Logo & Package Design, Luxury Products, Magazines, Market Research, Media Buying Services, Media Planning, Medical Products, Men's Market, Mobile Marketing, Multicultural, Multimedia, New Product Development, Newspapers & Magazines, Out-of-Home Media, Over-50 Market, Package Design, Paid Searches, Pharmaceutical, Planning & Consultation, Podcasting, Print, Production, Production (Ad, Film, Broadcast), Production (Print), Radio, Real Estate, Restaurant, Retail, Search Engine Optimization, Seniors' Market, Social Marketing/Nonprofit, Social Media, Strategic Planning/Research, T.V., Teen Market, Travel & Tourism, Tween Market, Urban Market, Viral/Buzz/Word of Mouth, Web (Banner Ads, Pop-ups, etc.), Women's Market

AGENCIES - JANUARY, 2019 — ADVERTISING AGENCIES

Justin Ramb *(Founder & CEO)*
Seth Segura *(Creative Dir)*
Sandra Marshall *(Dir-Client Svcs)*
Sarah Huskins *(Acct Mgr)*
Jennifer Williamson *(Acct Mgr)*
Tim McCormack *(Mgr-Digital Mktg)*

Accounts:
Arnold Palmer Hospital for Children Heart Center Video
Fantastic Sams Advertising, Digital Marketing, Media, Media Research, Placement, Planning, Strategy
Florida Credit Union Creative, Digital, Media Buying, Media Planning, Social
Orlando Health

BIGEYEDWISH LLC
349 5th Avenue, New York, NY 10016
Tel.: (212) 951-0694
Web Site: www.bigeyedwish.com

Employees: 10

Agency Specializes In: Advertising, Brand Development & Integration, Digital/Interactive, Event Planning & Marketing, Graphic Design, Internet/Web Design, Public Relations, Social Media

Ian Wishingrad *(Founder & Creative Dir)*
Margaret Belfer *(Acct Dir)*

Accounts:
AT&T
Dos Toros Taqueria (Creative Agency of Record) Advertising, Campaign: "#NoBull", Out-of-Home, Strategy
FreshPet
FuboTV
Hex Performance Detergent
MyClean
New Jersey Devils LLC
Nobituary.com
Terra Origin (Agency of Record) Advertising, Branding, Digital, E-Commerce, Marketing, Packaging, Social Media Management, Website; 2017

BIGFISH CREATIVE GROUP
7000 E 1st Ave, Scottsdale, AZ 85251
Tel.: (480) 355-2550
E-Mail: info@thisisbigfish.com
Web Site: thinkbigfish.com

Employees: 17

Agency Specializes In: Advertising, Brand Development & Integration, Digital/Interactive, Internet/Web Design, Radio

Joseph Pizzimenti *(Principal)*
Kevin Cornwell *(Creative Dir)*
Kathryn Jarosz *(Acct Mgr & Strategist-Brand)*
Melissa Berkey *(Assoc Creative Dir)*

Accounts:
Marley Park

BILL BOSSE & ASSOCIATES
12107 Queensbury Ln, Houston, TX 77024
Tel.: (832) 358-2888
Fax: (832) 358-1199
E-Mail: bosse@bosse.com
Web Site: www.bosse.com

Employees: 4
Year Founded: 1979

Agency Specializes In: Advertising, Advertising Specialties, Broadcast, Business-To-Business, Consulting, Corporate Identity, Custom Publishing, E-Commerce, Email, Food Service, Graphic Design, Health Care Services, Industrial, Information Technology, Internet/Web Design, Local Marketing, Logo & Package Design, Media Buying Services, Media Planning, Newspaper, Out-of-Home Media, Outdoor, Package Design, Pharmaceutical, Planning & Consultation, Point of Sale, Print, Production (Print), Radio, Recruitment, Restaurant, Search Engine Optimization, T.V., Trade & Consumer Magazines

Approx. Annual Billings: $1,150,000

Breakdown of Gross Billings by Media: Adv. Specialities: $65,000; D.M.: $20,000; Fees: $20,000; Internet Adv.: $25,000; Newsp.: $610,000; Production: $290,000; Radio & T.V.: $85,000; Trade & Consumer Mags.: $35,000

Bill Bosse *(Pres)*
Doris Bosse *(VP, Sec & Treas)*

Accounts:
5 Star Stories Inc; Houston, TX Books; 2007
Asgard Global; Houston, TX Recruiting Technical Skilled Personnel; 2000
Genesis Photographers; Houston, TX Business & Event Photography; 1995
Liquid Assets; Houston, TX Bar/Restaurant Products; 1997
Memorial Drive Lutheran Church; Houston, TX Ministries; 1985
Physician's Allergy Consulting Group; Houston, TX A-Drops (Sublingual Allergy Treatment); 2008
Tosca Farm; New Waverly, TX Foliar Fertilizer, Grass-Fed Beef, Trees
Vincenzo's Italian Grill; Houston, TX; 2010

BILL HUDSON & ASSOCIATES, INC., ADVERTISING & PUBLIC RELATIONS
814 Church St Ste 100, Nashville, TN 37203
Tel.: (615) 259-9002
Fax: (615) 256-0105
E-Mail: results@billhudsonagency.com
Web Site: www.billhudsonagency.com

Employees: 20
Year Founded: 1964

National Agency Associations: AAF-Second Wind Limited

Agency Specializes In: Advertising, Agriculture, Brand Development & Integration, Broadcast, Business-To-Business, Cable T.V., Collateral, Consulting, Consumer Marketing, Corporate Identity, Education, Entertainment, Environmental, Event Planning & Marketing, Financial, Food Service, Government/Political, Graphic Design, Health Care Services, Industrial, Legal Services, Leisure, Logo & Package Design, Magazines, Media Buying Services, Multimedia, Newspaper, Out-of-Home Media, Outdoor, Planning & Consultation, Print, Public Relations, Publicity/Promotions, Radio, Real Estate, Restaurant, Retail, Sports Market, Strategic Planning/Research, T.V., Teen Market, Trade & Consumer Magazines, Transportation, Travel & Tourism

Accounts:
Bank of Nashville; Nashville, TN; 1991
CPS Land; Brentwood, TN
McDonald's
WaterWorks

BIMM COMMUNICATIONS GROUP
175 Bloor St E, S Tower Ste 1101, Toronto, ON M4W 3R8 Canada
Tel.: (416) 960-2432
Fax: (416) 960-1480
E-Mail: contactus@bimm.com
Web Site: www.bimm.com

Employees: 100

Agency Specializes In: Brand Development & Integration, Customer Relationship Management, Direct Response Marketing, Internet/Web Design, Media Relations, Radio, Strategic Planning/Research, T.V.

Roehl Sanchez *(Owner, Chief Creative Officer & Exec VP)*
Rene Rouleau *(VP & Creative Dir)*
Madhu Ravindra *(Acct Dir)*
Jason Barg *(Dir-Client Insights)*
Scott Keeling *(Dir-Plng & MarTech)*
Blair Walkowiak *(Sr Acct Supvr)*
Alia Kuksis *(Acct Supvr)*

Accounts:
Alberta Gaming & Liquor Commission Branding, Communications, Go-to-Market Strategy; 2018
Audi Canada Campaign: "Audi Health Check"
WD-40

BIOTICA LLC
9435 Waterstone Blvd Ste 140, Cincinnati, OH 45249
Tel.: (513) 444-2012
Web Site: bioticahealth.com

Agency Specializes In: Advertising, Brand Development & Integration, Content, Digital/Interactive, Event Planning & Marketing, Health Care Services, Internet/Web Design, Public Relations, Search Engine Optimization, Social Media, Strategic Planning/Research, Trade & Consumer Magazines, Web (Banner Ads, Pop-ups, etc.)

Bill Abramovitz *(Partner & Creative Dir)*
Susan Abramovitz *(Partner & Dir-Branding)*
Ben Singleton *(Partner & Dir-PR)*
Phil Stinson *(Dir-Digital & Web Dev)*

Accounts:
Ziemer USA, Inc

BIRDSONG CREATIVE
9045 Carothers Pkwy Ste 300, Franklin, TN 37067
Tel.: (615) 599-4240
E-Mail: info@birdsongcreative.com
Web Site: birdsongcreative.com/

Employees: 5

Agency Specializes In: Faith Based, Graphic Design, Internet/Web Design, Logo & Package Design, Print, Production (Print), Publishing, Web (Banner Ads, Pop-ups, etc.)

Toni Birdsong *(Owner)*
Troy Birdsong *(Pres & Chief Creative Officer)*

Accounts:
The Franklin Theatre
HEAL Ministries
IKON Construction
SoSafe Medical
Williamson County Visitor's Bureau

BIRDSONG GREGORY
715 N Church St Ste 101, Charlotte, NC 28202
Tel.: (704) 332-2299
Fax: (704) 332-2259
Web Site: www.birdsonggregory.com

Employees: 8

Agency Specializes In: Advertising, Graphic Design

ADVERTISING AGENCIES

Leslie Kraemer *(Principal)*
Chris Cureton *(Art Dir)*
Phillip Atchison *(Dir-Content)*
Jessica Manner *(Sr Designer)*

Accounts:
Chobani Greek Yogurt
JustSave

BISIG IMPACT GROUP
640 S 4th St Ste 300, Louisville, KY 40202
Tel.: (502) 583-0333
Fax: (502) 583-6487
E-Mail: chip@bisig.com
Web Site: www.bisigimpactgroup.com

Employees: 30

Agency Specializes In: Advertising, Consumer Publications, Package Design, Print, Production (Ad, Film, Broadcast), Web (Banner Ads, Pop-ups, etc.)

Larry Bisig *(CEO)*
Aaron Frisbee *(CFO & Sr Producer)*
Matthew Willinger *(VP-PR)*
Janice Kreutzer *(Dir-Media Svcs)*
Emily Hancock *(Acct Mgr)*
Lauren Reisdorf *(Mgr-Project & Traffic)*
Jennifer Washle *(Mgr-Promo)*
Joe Weber *(Sr Art Dir)*
Matthew Wilham *(Jr Planner-Strategic)*

Accounts:
Belterra Casino Resort & Spa Hotel & Resort Services
River Downs Creative, Marketing, Media, Public Relations
Toyota

BIZCOM ASSOCIATES
1400 Preston Rd, Plano, TX 75093
Tel.: (214) 458-5751
Fax: (972) 692-5451
Web Site: www.bizcompr.com

Employees: 10
Year Founded: 1992

Agency Specializes In: Content, Crisis Communications, Email, Exhibit/Trade Shows, Internet/Web Design, Local Marketing, Media Relations, Media Training, Newspaper

Monica Feid *(Pres)*
Scott White *(CEO & Partner)*
Melissa Eisberg Rubin *(VP)*
Morgan Butler *(Dir-Digital Svcs)*
August Anderson *(Acct Mgr)*
Cortney Haygood *(Acct Mgr)*
Ashley Mungiguerra *(Acct Exec)*

Accounts:
Allen Americans hockey team
Bennigan's
Burger 21
CelSana
Discovery Point Child Development Centers Marketing Communications
DreamMaker Bath & Kitchen
The Dwyer Group
Edible Arrangements
Emerson Partners
Explore Horizons
Gigi's Cupcakes
Gold's Gym; 2018
Green Home Solutions Marketing Communications
Huddle House
MFV Expo
Mr. Gatti's Pizza
Mullin Law
Pinot's Palette
Pizza Inn
Red Mango Yogurt Cafe, Smoothie & Juice Bar
RedBrick Pizza
Riverside Company CarePatrol, ComForCare; 2018
Rug Doctor, LP
Smoothie Factory
Solera
Taco Cabana Consumer PR, Marketing Communications
UFood Grill Marketing Communications
Vent-A-Hood
Windsor Marketing
yuru

BJC PUBLIC RELATIONS
(Acquired by Santy Integrated)

BKV
(Mered with UMarketing, Hiccup & unified.agency fo form DRUM, Inc.)

BLACK & WHITE ADVERTISING, INC.
6616 Rose Farm Rd, Ocean Springs, MS 39564
Tel.: (770) 818-0303
Fax: (770) 818-0344
E-Mail: keith@discoverbw.com
Web Site: www.discoverbw.com

Employees: 3
Year Founded: 1999

Agency Specializes In: Advertising Specialties, Brand Development & Integration, Business Publications, Business-To-Business, Cable T.V., Direct Response Marketing, Electronic Media, Exhibit/Trade Shows, Graphic Design, Health Care Services, High Technology, Information Technology, Internet/Web Design, Magazines, Media Buying Services, Medical Products, Multimedia, Newspaper, Newspapers & Magazines, Out-of-Home Media, Outdoor, Planning & Consultation, Print, Production, Radio, Recruitment

Approx. Annual Billings: $500,000

Keith White *(Pres & CEO)*

BLACK DIAMOND PR FIRM
9330 LBJ Freeway Ste 900, Dallas, TX 75243
Tel.: (877) 256-3075
Web Site: www.blackdiamondfirm.com

Employees: 50

Agency Specializes In: Advertising, Brand Development & Integration, Public Relations, T.V.

Accounts:
Fernando Da Rosa
Marian L. Thomas

BLACK LAB CREATIVE
16415 Addison Rd Ste 550, Addison, TX 75001
Tel.: (214) 662-8788
Web Site: www.blacklabcreative.com

Employees: 6
Year Founded: 2007

Agency Specializes In: Advertising, Brand Development & Integration, Collateral, Event Planning & Marketing, Graphic Design

Accounts:
Partners Card

BLACK OLIVE LLC
125 S Wacker Dr Ste 300, Chicago, IL 60606
Tel.: (312) 893-5454
Fax: (312) 276-8636
E-Mail: info@blackoliveco.com
Web Site: www.blackoliveco.com

Employees: 11
Year Founded: 2003

National Agency Associations: ADMA-BMA-DMA

Agency Specializes In: Advertising, Brand Development & Integration, Business Publications, Business-To-Business, Collateral, Communications, Consulting, Consumer Marketing, Corporate Communications, Corporate Identity, Digital/Interactive, Direct Response Marketing, E-Commerce, Education, Electronic Media, Financial, Government/Political, Graphic Design, Health Care Services, High Technology, Information Technology, Internet/Web Design, Logo & Package Design, New Product Development, Planning & Consultation, Print, Production, Public Relations, Sales Promotion, Social Marketing/Nonprofit, Strategic Planning/Research, Telemarketing, Women's Market

Approx. Annual Billings: $1,000,000

Breakdown of Gross Billings by Media: D.M.: $300,000; Internet Adv.: $200,000; Strategic Planning/Research: $200,000; Worldwide Web Sites: $300,000

Karen Pittenger *(Pres)*

Accounts:
American Bar Association Digital Communications; 2008
American Red Cross; Philadelphia, PA Workplace Safety; 2006
Country Financial Insurance & Financial Services; 2000
CSMR Insurance Brokerage; 2005
Indiana University Center on Philanthropy; 2011
Printing Technologies; Indianapolis, IN Specialty Roll Printing; 2003

BLACK TWIG COMMUNICATIONS
7711 Bonhomme Ave Ste 310, Saint Louis, MO 63105
Tel.: (314) 255-2340
Web Site: www.blacktwigllc.com

Employees: 15
Year Founded: 2006

Agency Specializes In: Advertising, Market Research, Public Relations

Stephanie Flynn *(Co-Owner & Mng Partner)*
Tom Gatti *(Co-Owner)*
William A. Kay *(Partner & VP)*
Nick Benedick *(Partner)*
Mary DeHahn *(Partner-Consulting)*
Lauren Freinberg *(Partner)*
Randolph F. Seeling *(CFO)*
Andy Teague *(Sr Acct Exec)*
Sarah Noser *(Acct Coord)*

Accounts:
Camie-Campbell Inc. Aerosol & Chemical Products Mfr & Distr
Clayton Sleep Institute Sleep Study Institute
Domino Foods Inc. Packaged Frozen Food Merchant Whslr
Hydroflo Pumps USA Inc. Industrial Machinery Merchant Whslr

BLACKDOG ADVERTISING

AGENCIES - JANUARY, 2019 — ADVERTISING AGENCIES

8771 SW 129th Terr, Miami, FL 33176
Tel.: (305) 253-8388
Web Site: www.blackdogadvertising.com

Employees: 18
Year Founded: 1989

Agency Specializes In: Advertising, Brand Development & Integration, Corporate Identity, Digital/Interactive, Graphic Design, Internet/Web Design, Logo & Package Design, Package Design, Print, Strategic Planning/Research

John W. Penney *(CEO & Creative Dir)*
Kathy Penney *(COO)*
Humberto Abeja *(Dir-Art)*
Mitch Meyers *(Dir-Internet Mktg)*
Maritza Pardinas *(Mgr-Strategic Mktg)*
Marcy Russillo *(Mgr-Media)*
Mylene Valerius *(Mgr-Production & Estimating)*
Samantha Oertel *(Designer-Web)*
Jessica Tomlin *(Assoc Creative Dir)*

Accounts:
Green Parrot Bar

BLACKFIN MARKETING GROUP
13736 Spring Lake Rd, Minnetonka, MN 55345-2330
Tel.: (952) 237-6352
Fax: (952) 303-3079
E-Mail: jgresham@blackfinmarketing.com
Web Site: www.blackfinmarketing.com

Employees: 3

Agency Specializes In: Business-To-Business, Communications, Local Marketing

John Fischer *(Pres)*

Accounts:
Syngenta Seeds, Inc.

BLACKJET INC
183 Bathurst St Ste 401, Toronto, Ontario M5T 2R7 Canada
Tel.: (416) 642-6860
E-Mail: hello@blackjet.ca
Web Site: www.blackjet.ca

Employees: 15

Agency Specializes In: Advertising, Digital/Interactive, Internet/Web Design

Rob Galletta *(Co-Founder & Mng Partner)*
Marco Marino *(Co-Founder, Partner & Creative Dir)*
Mo Solomon *(Co-Founder, Partner & Creative Dir)*
Cameron Ward *(Art Dir)*
Samantha Bray *(Jr Project Mgr)*
Ravi Chandran *(Production Mgr)*
Amanda Speers *(Acct Exec)*
Nat Mirza *(Copywriter)*

Accounts:
Bloor-Dufferin
Canadian Association of Orthodontists
Husky Injection Molding Systems Ltd
Muskoka Brewery (Agency of Record) Docker Gin & Tonic
Panasonic Canada, Inc. Creative, Kitchen Appliance Division; 2017
Reliance Home Comfort
Sixty Colborne

BLACKWING CREATIVE
1500 4Th Ave Ste 200, Seattle, WA 98101
Tel.: (425) 827-2506
Fax: (425) 822-0155
E-Mail: getnoticed@blackwingcreative.com
Web Site: www.blackwingcreative.com/

Employees: 20

National Agency Associations: AMA-DMA-Second Wind Limited

Agency Specializes In: Advertising, Aviation & Aerospace, Brand Development & Integration, Business Publications, Business-To-Business, Co-op Advertising, Collateral, Communications, Consumer Publications, Corporate Identity, Cosmetics, Direct Response Marketing, Electronic Media, Engineering, Environmental, Event Planning & Marketing, Exhibit/Trade Shows, Financial, Graphic Design, Health Care Services, High Technology, Infomercials, Information Technology, Internet/Web Design, Legal Services, Leisure, Logo & Package Design, Magazines, Marine, Medical Products, Newspaper, Newspapers & Magazines, Planning & Consultation, Point of Purchase, Point of Sale, Print, Production, Radio, Real Estate, Retail, Sales Promotion, Sports Market, Strategic Planning/Research, T.V., Technical Advertising, Trade & Consumer Magazines, Transportation

Gary Meyers *(Pres & Sr Strategist-Creative)*
Tim Hodgson *(Principal & Dir-Video & Motion Media)*
Steve Wilcox *(Gen Mgr-San Francisco)*
Jonathan Butts *(Exec Creative Dir)*
Stephanie Sohol Cooper *(Acct Dir)*
Gina Markovich *(Dir-Production)*
Sharan Ochsner *(Office Mgr)*
Charlie Worcester *(Assoc Creative Dir)*

Accounts:
Alaska Airlines Air Cargo, Creative, Marketing
Allied Telesis; Bothell, WA
Avaya Inc.; NJ & Redmond, WA
Clorox Products; Oakland, CA; 2003
Douglass Interior Products; Bellevue, WA Leather & Other Fabrics for Aviation Industry
Extreme Fitness; Bellevue & Seattle, WA Fitness & Health Club; 2004
Junior Achievement Washington; Seattle, WA; 2003
The Mackay Restaurant Group; Seattle, WA El Gaucho Steakhouse; 2005
Microsoft Exchange Server; Redmond, WA; 2003
Opus Group; Chicago, IL Performance Optimization for Fortune 500 Companies; 2004
Perkins Coie, LLP: Seattle, WA Law Firm; 2002
Philips Medical; Bothell, WA Medical Equipment
Physician Micro Systems, Inc.; Seattle, WA Electronic Medical Records & Software
Print Inc.; Kirkland, WA
Puget Sound Business Journal; Seattle, WA; 2002
The SAVO Group; Chicago, IL Sales Performance Technology & Services; 2005
SCI Global Manufacturing
Seattle's Best Coffee; Seattle, WA
SpaceLabs
TempoSoft; Chicago, IL; 2003

BLAINE WARREN ADVERTISING LLC
7120 Smoke Ranch Rd, Las Vegas, NV 89128
Tel.: (702) 435-6947
Fax: (702) 450-9168
E-Mail: msabatier@blainewarren.com
Web Site: www.blainewarren.com

Employees: 35

Agency Specializes In: Advertising, Advertising Specialties, Commercial Photography, Digital/Interactive, Direct Response Marketing, Event Planning & Marketing, Exhibit/Trade Shows, Public Relations, Publicity/Promotions

Sterling Martell *(Owner)*
Michael Sabatier *(CFO)*
Michael Speciale *(Media Dir)*
Sabrina Segal Granati *(Acct Mgr)*
Becca Bench *(Acct Coord)*

Accounts:
Air Force Reserve

BLAINETURNER ADVERTISING, INC.
1401 Saratoga Ave, Morgantown, WV 26505
Tel.: (304) 599-5900
Fax: (304) 599-9005
E-Mail: btadvantage@blaineturner.com
Web Site: www.blaineturner.com

Employees: 15
Year Founded: 1986

Agency Specializes In: Advertising, Graphic Design, Internet/Web Design, Media Buying Services, Public Relations, Social Media

Ginna Royce *(Pres & Dir-Creative)*
Delbert Royce *(VP)*
Galen Shaffer *(Art Dir)*
Kelly Lambruno *(Office Mgr)*
Sarah Rogers *(Acct Mgr)*

Accounts:
Ohio Valley College of Technology
UHC Oncology Services

BLAIR, INC.
6085 Strathmoor Dr, Rockford, IL 61107
Tel.: (815) 282-9060
Fax: (815) 282-9106
E-Mail: webmaster@blair-inc.com
Web Site: www.blair-inc.com

E-Mail for Key Personnel:
President: bblair@blair-inc.com

Employees: 9
Year Founded: 1979

Agency Specializes In: Business-To-Business, Communications, Corporate Identity, Exhibit/Trade Shows, Graphic Design, Health Care Services, Industrial, Internet/Web Design, Logo & Package Design, Print, Public Relations, Transportation

Approx. Annual Billings: $6,000,000

Breakdown of Gross Billings by Media: Bus. Publs.: 10%; Collateral: 20%; D.M.: 5%; E-Commerce: 5%; Exhibits/Trade Shows: 5%; Internet Adv.: 30%; Logo & Package Design: 5%; Print: 10%; Pub. Rels.: 10%

Brian Blair *(Owner)*
Greg Blair *(Owner)*
Scott Clark *(VP)*

Accounts:
Mitsubishi Lithographic Press
Royal Outdoor Product

BLAKESLEE ADVERTISING
916 N Charles St, Baltimore, MD 21201
Tel.: (410) 727-8800
Fax: (410) 752-1302
E-Mail: duane.levine@blakesleeadv.com
Web Site: www.blakesleeadv.com

Employees: 25

Agency Specializes In: Advertising, Digital/Interactive, Direct Response Marketing, Direct-to-Consumer, Event Planning & Marketing, Internet/Web Design, Out-of-Home Media, Outdoor, Print, Public Relations, Radio, T.V., Web

ADVERTISING AGENCIES

(Banner Ads, Pop-ups, etc.)

Mark Fischer *(Chm)*
Duane Levine *(Pres)*
Trudy Setree *(VP-Acct Svc)*
Adam Campbell *(Art Dir)*
Tom Wilson *(Creative Dir)*
Dan Dawes *(Dir-Digital & CRM Mktg)*
Kim Poleski *(Dir-HR)*
Cheryl Poole *(Media Buyer)*
Karen Setree *(Acct Coord)*
Rebecca Belt *(Community Mgr)*

Accounts:
Citi Financial
Graham Packaging
Jans
KCPW
MBNA
Midwest
Nupro
Radica
Raintree Essix (Agency of Record)

Subsidiary

Blakeslee Advertising
1790 Bonanza Dr Ste 275, Park City, UT 84060
Tel.: (410) 727-8800
Fax: (435) 647-5825
E-Mail: mark.fischer@blakesleeadv.com
Web Site: www.blakesleeadv.com

Employees: 5

Agency Specializes In: Advertising

Mark Fischer *(Chm)*
Stephanie Fischer *(Pres)*

Accounts:
Christopher Homes
CitiFinancial Retail Services
MBNA America
Nupro
OrthoCAD
Ragged Mountain
US Ski Team
White Pine Touring

BLARE INC.
3221 25th St, Metairie, LA 70002
Tel.: (504) 909-7068
E-Mail: info@blareinc.com
Web Site: www.blareinc.com

Agency Specializes In: Advertising, Brand Development & Integration, Internet/Web Design, Out-of-Home Media, Outdoor, Print, Radio, Social Media, T.V.

P. Blair Touchard *(Owner)*
Dee Dee Cohen *(Media Dir)*

Accounts:
Heart Clinic of Amite
Jefferson Community Health Care Centers

BLASS MARKETING
(Formerly Blass Communications)
17 Drowne Rd, Old Chatham, NY 12136-3006
Tel.: (518) 766-2222
Fax: (518) 766-2446
Web Site: www.blassmarketing.com

E-Mail for Key Personnel:
President: kenb@blasscommunications.com
Creative Dir.: rsimon@blasscommunications.com
Media Dir.: dingoldsby@blasscommunications.com
Production Mgr.:
lvinchiarello@blasscommunications.com
Public Relations:
scampbell@blasscommunications.com

Employees: 25
Year Founded: 1969

National Agency Associations: AMA

Agency Specializes In: Advertising, Arts, Bilingual Market, Brand Development & Integration, Broadcast, Business Publications, Business-To-Business, Catalogs, Co-op Advertising, Collateral, College, Commercial Photography, Communications, Consulting, Consumer Goods, Consumer Marketing, Consumer Publications, Corporate Communications, Corporate Identity, Digital/Interactive, Direct Response Marketing, Direct-to-Consumer, E-Commerce, Education, Electronic Media, Email, Engineering, Exhibit/Trade Shows, Financial, Food Service, Graphic Design, Health Care Services, High Technology, Identity Marketing, Industrial, Information Technology, Integrated Marketing, Internet/Web Design, Legal Services, Leisure, Logo & Package Design, Magazines, Marine, Market Research, Media Buying Services, Media Planning, Media Relations, Medical Products, Merchandising, Multicultural, Multimedia, New Product Development, New Technologies, Newspaper, Newspapers & Magazines, Out-of-Home Media, Outdoor, Package Design, Planning & Consultation, Point of Purchase, Point of Sale, Print, Production, Production (Print), Promotions, Public Relations, Publicity/Promotions, Radio, Real Estate, Regional, Sales Promotion, Social Marketing/Nonprofit, Strategic Planning/Research, T.V., Technical Advertising, Trade & Consumer Magazines, Travel & Tourism, Web (Banner Ads, Pop-ups, etc.)

Approx. Annual Billings: $18,000,000

Kenneth Blass *(Pres & CEO)*
Kathy Blass Weiss *(Exec VP)*
Linda Vinchiarello *(Mgr-Print Production)*

Accounts:
Clariant Pigments & Additives Colorants; 2003
Clariant, Masterbatches Division; Easton, MD Colorants; 1998
Naturtint USA (Agency of Record) Fashion & Product Photography, Marketing Communications, Public Relations, Social Media, Website
Starfire Systems, Inc.; Malta, NY Silicon Carbide Ceramic Materials; 2003
The TaylorMade Group; Gloversville, NY Marine Products; 1990

BLAST RADIUS
3 Columbus Cir, New York, NY 10019
Tel.: (212) 925-4900
Fax: (212) 925-5247
E-Mail: hello@blastradius.com
Web Site: www.blastradius.com

Employees: 250
Year Founded: 1996

National Agency Associations: 4A's

Agency Specializes In: Communications, Consumer Marketing, Digital/Interactive, E-Commerce, Information Technology, Internet/Web Design, Planning & Consultation, Sponsorship, Strategic Planning/Research

George Moreira *(VP & Head-Digital & Social Strategy)*
Tiffany Nungaray *(Acct Supvr)*
Alexis Bernbaum *(Assoc Creative Dir)*
John Turcios *(Sr Art Dir-Integrated)*

Accounts:
Bacardi Campaign: "Like It Live, Like It Together", Campaign: "Unwrap the Night"
BMW Canada
BOSS Bottled Night
Castrol
Electronic Arts
Hugo Boss
Land Rover
Lenovo Group Ltd. Digital
Microsoft Office 2010
Mondelez International, Inc.
Nike Campaign: "Golf 360"
Nikon
Nokia
Starbucks

Branches

Blast Radius Amsterdam
Max Euweplein 46, 1017 MB Amsterdam, Netherlands
Tel.: (31) 20 330 2014
Fax: (31) 20 330 2015
E-Mail: info@blastradius.com
Web Site: www.blastradius.com

Employees: 35

Agency Specializes In: Communications

Simon Neate-Stidson *(Sr Dir-Strategy)*

Accounts:
ASICS AW14, Campaign: "Craft of Movement", Campaign: "Journey of Chris", Campaign: "Journey of Que", Campaign: "My Town My Tracks", Harandia MT, Onitsuka Tiger, Print, Social
Sengled

Blast Radius Inc.
303 2nd St Ste 8, San Francisco, CA 94107
(See Separate Listing)

Blast Radius Toronto
60 Bloor St W, 9th Fl, Toronto, ON M5V 2H8 Canada
Tel.: (416) 214-4220
Fax: (416) 214-6765
E-Mail: services@blastradius.com
Web Site: www.blastradius.com

Employees: 80
Year Founded: 1999

Michel Sergio *(Pres)*
Ben Feist *(Sr VP & Dir-Tech-North America)*
Sarah Paton *(VP & Bus Dir)*
John Tran *(VP-Tech)*
Peter Munck *(Exec Creative Dir)*

Accounts:
BMW Digital
Electronic Arts
JC Penney
Jordan
Nike
Nintendo
Novartis
Philips

Blast Radius Vancouver
1146 Homer St, Vancouver, BC V6B 2X6 Canada
Tel.: (604) 647-6500
Fax: (604) 689-1963
E-Mail: info@blastradius.com
Web Site: www.blastradius.com

Employees: 40

AGENCIES - JANUARY, 2019 — ADVERTISING AGENCIES

Agency Specializes In: Communications, Internet/Web Design

John Tran *(VP-Tech)*

Accounts:
AOL
BMW
Electronic Arts
Heineken
Jordan Campaign: "Choose Your Flight"
Microsoft
Nike
Nintendo
P&G Campaign: "Kino"
Philips
Roxy
SaskTel Campaign: "How Green R U", Online Advertising, Outdoor, Radio, logo, print
Starbucks

BLAST RADIUS INC.
303 2nd St Ste 8, San Francisco, CA 94107
Tel.: (415) 765-1502
Web Site: www.blastradius.com

Employees: 10
Year Founded: 1996

National Agency Associations: 4A's

Agency Specializes In: Advertising, Brand Development & Integration, Digital/Interactive

Alexis Bernbaum *(Assoc Creative Dir)*

Accounts:
Bacardi USA, Inc.
Beiersdorf AG Nivea
BRP
Kimberly-Clark Corporation Huggies
Nike, Inc.
Nokia Corporation
Starbucks Corporation Digital

BLATTEL COMMUNICATIONS
250 Montgomery St, San Francisco, CA 94104
Tel.: (415) 397-4811
Fax: (415) 956-5125
E-Mail: info@blattel.com
Web Site: www.blattel.com

Employees: 10

Agency Specializes In: Advertising, Communications, Corporate Identity, Crisis Communications, Email, Event Planning & Marketing, Exhibit/Trade Shows, Internet/Web Design, Local Marketing, Media Planning, Media Training, Multimedia, Public Relations, Strategic Planning/Research

Traci Stuart *(Pres)*
Ellen Blattel *(CEO)*
Chuck Brown *(Acct Supvr)*
Joey Telucci *(Sr Acct Exec)*
Michael Bond *(Sr Media Dir)*

Accounts:
Alston & Bird, LLP.
Bar Association of San Francisco
Carroll, Burdick & McDonough
McCarthy Building Companies, Inc.
Stonnington Group
The Veen Firm

BLAZE
1427 Third St Promenade Ste 201, Santa Monica, CA 90401
Tel.: (310) 395-5050
Fax: (310) 395-5001
E-Mail: info@blazecompany.com
Web Site: www.blazepr.com

Employees: 11

Agency Specializes In: Consumer Goods, Entertainment, Food Service, Health Care Services, Real Estate, Restaurant, Travel & Tourism

Revenue: $1,200,000

Matt Kovacs *(Pres)*
Erinn Lynch *(VP)*

Accounts:
AmaWaterways (Agency of Record) Media Relations Campaign, PR, Social Media Strategy, Travel Awards Program
Beverly Center
California Frozen Poppers Public Relations, Social Media Outreach
Chronic Tacos Social Media Strategy
Cocomazing Media, Social Media
Cotton Inc.
Design By Humans Blogger Strategy, Brand Promotion, Market Expansion, Media Relations Campaign
Edison
General Mills (Fingos)
HelloTel App Strategic Public Relations
Luxury Link
Madison Holdings Blogger, Brand Awareness, Broadcast Outreach, Online, PR, Print, Social Media
Marina del Rey Convention & Visitors Bureau Communications Campaign, Media Relations, Social Media
Mrs. Fields
Nutrawise Creative, Public Relations, Youtheory
Ommegang
Paramount Parks
Performance Direct, Inc.
REM Eyewear Converse
ROBEKS Influencer Relations, Media Outreach
Schwabinger Tor Press
SnoBar Events, Media Outreach, Social Media Strategies
Spa Nautica Consumer Awareness
Stonefire Grill
Table Tops Unlimited Consumer Public Relations, rove
TCBY
Total Beverage Solution Weihenstephan
Urban Mattress Local & National Media, Outreach
Visa USA
Yuneec E-Go, Social Media

BLEECKER & SULLIVAN ADVERTISING
214 Sullivan St, New York, NY 10012
Tel.: (212) 533-0909
Fax: (212) 533-1649
Web Site: www.bsadv.com

Employees: 1

Agency Specializes In: Advertising, Corporate Identity, Internet/Web Design, Package Design, Print

Accounts:
American Society for the Prevention of Cruelty to Animals

BLEND
700 S Flower, Los Angeles, CA 90017
Tel.: (323) 845-9655
E-Mail: alex@weareblend.la
Web Site: weareblend.la

Employees: 20
Year Founded: 2012

Agency Specializes In: Affluent Market, African-American Market, Agriculture, Arts, Automotive, Aviation & Aerospace, Bilingual Market, Brand Development & Integration, Branded Entertainment, Broadcast, Business-To-Business, Cable T.V., Children's Market, Commercial Photography, Computers & Software, Consulting, Consumer Goods, Consumer Marketing, Content, Corporate Identity, Cosmetics, Customer Relationship Management, Digital/Interactive, Direct-to-Consumer, E-Commerce, Education, Electronic Media, Electronics, Email, Engineering, Entertainment, Environmental, Event Planning & Marketing, Experience Design, Faith Based, Fashion/Apparel, Financial, Food Service, Government/Political, Graphic Design, Health Care Services, High Technology, Hispanic Market, Hospitality, Household Goods, Identity Marketing, In-Store Advertising, Industrial, Information Technology, Integrated Marketing, International, Internet/Web Design, Investor Relations, LGBTQ Market, Legal Services, Leisure, Logo & Package Design, Luxury Products, Magazines, Marine, Media Relations, Medical Products, Men's Market, Merchandising, Mobile Marketing, Multicultural, Multimedia, New Product Development, New Technologies, Over-50 Market, Package Design, Pets, Pharmaceutical, Planning & Consultation, Print, Production, Production (Ad, Film, Broadcast), Production (Print), Publishing, Real Estate, Recruitment, Restaurant, Retail, Seniors' Market, Social Marketing/Nonprofit, Social Media, South Asian Market, Sports Market, Stakeholders, Strategic Planning/Research, T.V., Teen Market, Transportation, Travel & Tourism, Tween Market, Urban Market, Web (Banner Ads, Pop-ups, etc.), Women's Market

Approx. Annual Billings: $4,000,000

Matt Bijarchi *(Pres)*
Darcie Lamond *(COO & Chief Strategy Officer)*

Accounts:
Baby Jogger; 2013
Carey; 2013
Empire CLS; 2014
Food & Wine; 2014
Gamblit; 2014
Kneon; 2014
Lumo Lumo Bodytech; 2015
Lyft; 2015
MasterCard; 2014
Nordstrom; 2014
Porsche; 2014
Schwag; 2013
Verizon; 2015

BLENDERBOX INC.
26 Dobbin St 3rd Fl, Brooklyn, NY 11222
Tel.: (718) 963-4594
Web Site: www.blenderbox.com

Employees: 20

Agency Specializes In: Digital/Interactive

Jason Jeffries *(Founder & CEO)*
Sarah Jeffries *(Co-Founder & Creative Dir)*
Ben Paddock *(Art Dir-Interactive)*
Kristina Pedicone *(Creative Dir)*
Amanda Meffert *(Dir-Project Mgmt)*

Accounts:
American Express Website
Brooklyn Brewery Corporation
Lincoln Center Theater Website
New York Blood Center Website

BLEU MARKETING SOLUTIONS, INC.
101 Lucas Valley Rd, San Rafael, CA 94903

ADVERTISING AGENCIES — AGENCIES - JANUARY, 2019

Tel.: (415) 345-3300
Fax: (415) 353-0299
E-Mail: helpdesk@bleumarketing.com
Web Site: www.bleumarketing.com

Employees: 19
Year Founded: 2001

Agency Specializes In: Advertising

Laura Van Galen *(Pres & CEO)*
Korede Adeniji *(Acct Mgr-Media)*

Accounts:
Apple
Cinnabar Consulting
Cisco
Creative Energy
Lynda.com

BLEUBLANCROUGE
606 Cathcart Street, Montreal, QC H3B 1K9 Canada
Tel.: (514) 875-7007
E-Mail: info@bleublancrouge.ca
Web Site: www.bleublancrouge.ca

Employees: 10
Year Founded: 1992

Agency Specializes In: Advertising

Simon Cazelais *(Partner & Pres)*
Sebastien Faure *(CEO)*
Jonathan Rouxel *(Partner, Chief Creative Officer-Global & Exec Creative Dir)*
Michelle Aboud *(Partner & VP-Acct Svcs)*
Dave Gourde *(Partner & VP-Media)*
Elise Guillemette *(VP-Brand Language Svcs)*
Antoine Leclerc *(Editor & Designer)*
Dominique Bulmer *(Creative Dir & Copywriter)*
Marie-Eve Best *(Creative Dir)*
Lisanne Auger-Bellemare *(Dir-Production)*
Charles Beaulieu *(Dir-Digital Media & Programmatic)*
Laurence-Etienne Hillman *(Dir-Production, Innovation & Events Montreal)*
Sarah-Emily Collette *(Supvr-Media Activation)*
Mathieu Harrisson *(Designer-Motion)*
Richard Yergeau *(Designer-Monteur Video & Motion)*

Accounts:
Agriculture & Agri-Food Canada
Bell Media, Inc.
BIOTECanada
Cactus.net
New-Desjardins Group (Agency of Record) Creative, Media; 2018
KLM
Loto-Quebec
Meet My Liver
Montreal International Jazz Festival
Moog Audio
NatGoYoga
Prohibition
Quebec Toyota Dealers Association
Sherlock "To thieves, it's worthless"
Sico
Zarlink

BLF MARKETING
103 Jefferson St, Ste 103, Clarksville, TN 37040
Tel.: (931) 552-0763
Fax: (931) 552-0785
E-Mail: success@blfmarketing.com
Web Site: www.blfmarketing.com

Employees: 10
Year Founded: 1978

Agency Specializes In: Advertising, Business-To-Business, Consulting, Direct Response Marketing, Financial, Health Care Services, Logo & Package Design, Strategic Planning/Research

Frank Lott *(Owner & Partner)*
Jeffrey V. Bibb *(Mng Partner)*
Sharon Bibb *(Dir-HR)*
Megan Simpson *(Acct Mgr)*
Heather Snyder *(Acct Mgr)*

Accounts:
Austin Peay State University
Farmers & Merchants Bank

BLIND
1702 Olympic Blvd, Santa Monica, CA 90404
Tel.: (310) 314-1618
Web Site: www.blind.com

Employees: 50
Year Founded: 1995

Agency Specializes In: Advertising, Asian Market, Brand Development & Integration, Cable T.V., Communications, Consulting, Consumer Marketing, Content, Corporate Identity, Digital/Interactive, Direct-to-Consumer, E-Commerce, Graphic Design, Guerilla Marketing, Identity Marketing, International, Internet/Web Design, Logo & Package Design, New Product Development, Package Design, Production, Production (Ad, Film, Broadcast), Sales Promotion, Social Marketing/Nonprofit, Social Media, Strategic Planning/Research, T.V., Technical Advertising, Viral/Buzz/Word of Mouth, Web (Banner Ads, Pop-ups, etc.)

Scott Rothstein *(Head-Production & Exec Producer)*
Matthew Encina *(Creative Dir)*
Greg Gunn *(Creative Dir)*
Ben Burns *(Dir-Digital)*

Accounts:
Audi
Honda
Intel Corporation
Major League Baseball
Microsoft
NFL
Nike
Showtime
Snapchat
Sony
Wells Fargo

BLIND SOCIETY
4222 N Marshall Way, Scottsdale, AZ 85251
Tel.: (480) 317-1313
Web Site: blindsociety.com

Employees: 8
Year Founded: 2006

Agency Specializes In: Affluent Market, Alternative Advertising, Brand Development & Integration, Branded Entertainment, College, Computers & Software, Consulting, Consumer Goods, Consumer Marketing, Corporate Identity, Digital/Interactive, Electronic Media, Electronics, Entertainment, Experience Design, Fashion/Apparel, Guerilla Marketing, High Technology, Hospitality, Household Goods, Logo & Package Design, Luxury Products, Market Research, Men's Market, New Product Development, New Technologies, Package Design, Planning & Consultation, Restaurant, Retail, Sports Market, Strategic Planning/Research, Women's Market

Approx. Annual Billings: $2,000,000

Jim Clark *(Partner & Creative Dir)*
Teri Bockting *(Partner & Dir-Strategic)*
Kari Tuttle *(Sr Art Dir)*

Accounts:
Carvana; 2012
Dogtopia Enterprises Consumer Marketing
Drivetime
NAMCO Entertainment 257; 2013
Red Robin Red Robin Burger Works; 2014
Warner Brothers Interactive Entertainment Lord of the Rings; 2012

BLINK MEDIA WORKS
420 W Hastings St, 2nd Fl, Vancouver, BC V6B 1H6 Canada
Tel.: (604) 630-4960
Fax: (866) 302-6119
E-Mail: info@blinkmediaworks.com
Web Site: goblink.com

Employees: 50

Agency Specializes In: Advertising, Media Relations, Radio, T.V.

Mike Agerbo *(Owner & CEO)*
Aj Vickery *(Pres)*
Kristina Stoyanova *(Acct Dir)*
Graham Williams *(Creative Dir)*

Accounts:
Nokia Canada Corporation
Panasonic Corporation
Samsung Group
Telus Corporation

BLISSPR
500 5th Ave Ste 1010, New York, NY 10110
Tel.: (212) 840-1661
Fax: (212) 840-1663
E-Mail: dani@blisspr.com
Web Site: www.blissintegrated.com

Employees: 33

Agency Specializes In: Communications, Media Relations, Media Training, Public Relations, Strategic Planning/Research

Meg Wildrick *(Mng Partner)*
Michael Roth *(Partner & Head-Healthcare Practice)*
Elizabeth Sosnow *(Mng Dir)*
Victoria Aguiar *(VP)*
Gregory Hassel *(VP)*
Nicole Cassidy *(Acct Dir)*
Liz De Forest *(Acct Dir)*
Miles Hill *(Acct Dir)*
Evan Stisser *(Acct Dir)*
Megan Tuck *(Acct Dir)*
Dani McKie *(Office Mgr)*
Morgan Fine *(Acct Supvr)*
Alana Gold *(Acct Supvr)*
Lauren Hendrickson *(Acct Supvr)*
Claire H. LaCagnina *(Acct Supvr-Bliss Integrated Comm)*
Madeline O'Connor *(Acct Supvr)*
Laura Coletti *(Sr Acct Exec)*
Kerry Mullen *(Sr Acct Exec)*
Katie Perkowski *(Sr Acct Exec)*
Mary Barrett *(Assoc Acct Exec)*

Accounts:
New-Active International
Aetna Medicare Advantage Communications, Public Relations
BDO Consulting
Chicago Chapter of CoreNet Global
Corporate Synergies
Evolent Health
Golub & Company
Gore Medical
IG Markets (Agency of Record)

AGENCIES - JANUARY, 2019 — ADVERTISING AGENCIES

J.F. McKinney & Associates
KeyCorp
Manning & Napier Advisors
McShane Corporation
NADEX
Pfizer
QuickWaters Software
Samsung Bioepis

Branch

BlissPR
17 N State St Ste #1700, Chicago, IL 60602
Tel.: (312) 252-7314
Fax: (312) 252-7323
Web Site: www.blissintegrated.com

Employees: 25

Agency Specializes In: Public Relations

Cortney Stapleton *(Partner)*
Miriam Weber Miller *(Exec VP & Head-Global Practice)*

Accounts:
CMF Associates
Johnson & Johnson
SeniorBridge Family
SynaHealth

BLKBOX
26 W 23rd St Fl 4, New York, NY 10010
Tel.: (917) 935-6220
Web Site: www.weareblkbox.com

Employees: 50
Year Founded: 2014

Agency Specializes In: Advertising, Brand Development & Integration, Content, Digital/Interactive, Paid Searches, Production (Ad, Film, Broadcast), Strategic Planning/Research

Keenan Beasley *(Co-Founder & Mng Partner)*
Brent Dial *(CFO)*
Brandon Weaver *(Mng Dir-Brand Experience)*
Darius A Hines *(VP-Mktg Strategy)*

Accounts:
New-Marc Jacobs International LLC
New-The Saint James Company
New-Samsung Electronics America, Inc.
New-West Point

BLND PUBLIC RELATIONS
205 Pier Ave, Hermosa Beach, CA 90254
Tel.: (310) 372-2151
E-Mail: info@blndpr.com
Web Site: www.blndpr.com

Employees: 10

Agency Specializes In: Advertising, Brand Development & Integration, Internet/Web Design, Public Relations, Social Media

Bryanne Lawless *(Mng Partner)*
Matt McRae *(Creative Dir)*
Britta Relyea *(Acct Dir)*

Accounts:
The Nail Truck

BLOCK CLUB INC.
731 Main St, Buffalo, NY 14203
Tel.: (716) 507-4474
E-Mail: hello@blockclub.co
Web Site: www.blockclub.co

Employees: 12
Year Founded: 2007

Agency Specializes In: Advertising, Brand Development & Integration, Digital/Interactive, Internet/Web Design, Print

Brandon Davis *(Co-Founder & Creative Dir)*
Julie Molloy *(Designer)*
Tim Staszak *(Designer)*

Accounts:
Buffalo Proper
Tommyrotter Distillery

BLOHM CREATIVE PARTNERS
1331 E Grand River Ave Ste 210, East Lansing, MI 48823
Tel.: (517) 333-4900
Fax: (517) 336-9404
E-Mail: partners@blohmcreative.com
Web Site: www.blohmcreative.com

Employees: 8

Agency Specializes In: Advertising, Brand Development & Integration, Print, Social Media, Web (Banner Ads, Pop-ups, etc.)

Jeff Blohm *(Pres)*
Iain Bogle *(Creative Dir)*
Tim Mulvaney *(Art Dir)*
Owen Neils *(Art Dir)*
Kylie Rogers-Strahan *(Acct Exec & Specialist-Digital Mktg)*

Accounts:
Michigan Apple Committee

BLOOM
777 Grand Ave Ste 201, San Rafael, CA 94901
Tel.: (415) 332-3201
Fax: (253) 663-9741
Toll Free: (888) 648-4343
E-Mail: info@bloommedia.com
Web Site: www.bloommedia.com

Employees: 5

Agency Specializes In: Environmental, Internet/Web Design

Laura Caggiano *(Owner & Acct Dir-Creative)*

Accounts:
Anglian Home Improvements
Christopher Ranch
Collins & Company
Frank Howard Allen
Ladera Vineyards
Pillow Rd. Vineyards Pillow Rd. Vineyards
The Republic of Tea
Sovereign Investment Company
THX
Vine Solutions

BLOOM ADS INC.
20720 Ventura Blvd Ste 140, Woodland Hills, CA 91364
Tel.: (818) 703-0218
E-Mail: info@bloomads.com
Web Site: www.bloomads.com

Employees: 17

Agency Specializes In: Advertising, Digital/Interactive, Media Buying Services, Media Planning, Paid Searches, Print, Search Engine Optimization, Social Media, T.V.

Kathe Bloom *(Pres & CEO)*
Lisa Nichols Calabro *(Partner & VP-Media)*
Marty Sokoler *(VP-Bus Dev)*
Kari Miller *(Acct Supvr, Exec Office Mgr, Sr Media Buyer & Sr Media Planner)*
Erick Rappaport *(Media Planner & Media Buyer)*
Angela Lorigo *(Sr Media Buyer & Planner)*

Accounts:
99 Cents Only Stores (Media Agency of Record)
Hollywood Park Casino Cary Grant Pavilion (Media Buying Agency of Record)
Smart & Final Stores LLC (Media Agency of Record) Marketing
Z Stream Box

BLOOM COMMUNICATIONS
8705 Shoal Creek Blvd Ste 201, Austin, TX 78757
Tel.: (512) 535-5066
Web Site: www.bloom-comm.com

Employees: 10

Agency Specializes In: Advertising, Content, Crisis Communications, Graphic Design, Internet/Web Design, Media Buying Services, Media Relations, Media Training, Public Relations, Search Engine Optimization

Brianna McKinney *(Pres)*
Kursten Mitchell *(Mng Dir)*
Lisa Koetz *(Dir)*
Valerie Beesley *(Acct Supvr)*
Beth Phillips *(Acct Supvr)*

Accounts:
QuantumDigital Inc.

BLOOMFIELD KNOBLE
400 E Royal Ln Ste 215, Irving, TX 75039
Tel.: (214) 220-3701
Web Site: bloomfieldknoble.com

Employees: 16
Year Founded: 1998

Agency Specializes In: Affiliate Marketing, Brand Development & Integration, Business-To-Business, Co-op Advertising, Consumer Goods, Consumer Marketing, Corporate Communications, Digital/Interactive, E-Commerce, Electronic Media, Email, Event Planning & Marketing, Exhibit/Trade Shows, Financial, Government/Political, Graphic Design, High Technology, In-Store Advertising, Integrated Marketing, Internet/Web Design, Leisure, Marine, Market Research, Media Buying Services, Media Planning, Mobile Marketing, Multicultural, Out-of-Home Media, Outdoor, Package Design, Planning & Consultation, Point of Sale, Production, Promotions, Sales Promotion, Search Engine Optimization, Seniors' Market, Social Marketing/Nonprofit, Social Media, Sports Market, Strategic Planning/Research, Sweepstakes, Technical Advertising, Travel & Tourism, Urban Market, Viral/Buzz/Word of Mouth, Web (Banner Ads, Pop-ups, etc.)

Approx. Annual Billings: $5,250,000

Eric Hirschhorn *(Partner)*
Chris Weatherley *(Partner)*
Luann Boggs *(VP-Bus Dev)*
Andy Edwards *(Dir-Digital Svcs)*

Accounts:
American Airlines Center
Borden Dairy Company Borden Milk, Marketing
Easton Bell Sports
Fannie Mae
Leaf Trading Cards
Pacific Union Financial
Temple Fork Outfitters

ADVERTISING AGENCIES

U.S. Treasury

BLR/FURTHER
1600 Resource Dr, Birmingham, AL 35242
Tel.: (205) 324-8005
Fax: (205) 324-7008
Toll Free: (800) 466-1337
Web Site: www.blrfurther.com
E-Mail for Key Personnel:
President: cary@blrfurther.com
Creative Dir.: marc@blrfurther.com

Employees: 22
Year Founded: 1986

Agency Specializes In: Above-the-Line, Advertising, Below-the-Line, Brand Development & Integration, Broadcast, Business-To-Business, Cable T.V., Co-op Advertising, Collateral, Communications, Consulting, Consumer Goods, Consumer Marketing, Content, Corporate Communications, Corporate Identity, Digital/Interactive, E-Commerce, Electronic Media, Event Planning & Marketing, Exhibit/Trade Shows, Experiential Marketing, Government/Political, Graphic Design, Health Care Services, High Technology, Identity Marketing, Industrial, Information Technology, Integrated Marketing, Internet/Web Design, Local Marketing, Logo & Package Design, Magazines, Media Buying Services, Media Planning, Medical Products, New Product Development, New Technologies, Newspaper, Newspapers & Magazines, Out-of-Home Media, Planning & Consultation, Point of Sale, Print, Production (Print), Promotions, Public Relations, Publicity/Promotions, Radio, Regional, Restaurant, Retail, Search Engine Optimization, Social Marketing/Nonprofit, Social Media, Sponsorship, Strategic Planning/Research, T.V., Technical Advertising, Trade & Consumer Magazines, Viral/Buzz/Word of Mouth, Women's Market

Approx. Annual Billings: $17,000,000

Breakdown of Gross Billings by Media: Cable T.V.: 10%; Internet Adv.: 15%; Mags.: 10%; Network Radio: 10%; Newsp.: 15%; Out-of-Home Media: 20%; T.V.: 20%

Cary Bynum *(Pres)*
Michelle Adams *(VP-Interactive)*
Lisa DeAraujo *(VP-Acct Mgmt)*
Jonathan Greene *(Art Dir)*
Marc Stricklin *(Creative Dir)*
Megan Johnson *(Strategist-Media)*
Lauren Beason *(Media Buyer)*

Accounts:
Atrion Medical; Arab, AL
Bellin Health Systems; Green Bay, WI
BJC Healthcare; Saint Louis, MO
Physician Partners; Green Bay, WI
Progress West HealthCare Center; O'Fallon, MO
SPOC Automation; Trussville, AL
Subway Systems; Milford, CT Plus 7 DMA Franchisee Groups AL, GA, FL, & MS
Tanner Health System; Carrolton, GA

THE BLU GROUP - ADVERTISING & MARKETING
319 Main Street, La Crosse, WI 54601
Tel.: (608) 519-3070
Fax: (608) 519-3075
E-Mail: info@theblugroup.com
Web Site: www.theblugroup.com

Employees: 10
Year Founded: 2004

Agency Specializes In: Advertising, Brand Development & Integration, Business-To-Business, Catalogs, Direct Response Marketing, Direct-to-Consumer, E-Commerce, Electronic Media, Email, Graphic Design, Identity Marketing, Integrated Marketing, Internet/Web Design, Local Marketing, Logo & Package Design, Market Research, Media Buying Services, Media Planning, Newspaper, Out-of-Home Media, Outdoor, Package Design, Print, Production (Print), Search Engine Optimization, Social Media, Strategic Planning/Research

Tony Roberts *(Pres)*
Tim Burkhalter *(VP & Brand Designer)*
Lucy Neuberger *(Graphic Designer & Designer-Web)*
Holly Traffas *(Copywriter)*

Accounts:
Burger Fusion Company Social Media, Website
Coulee Bank
Coulee Catholic Schools
River Steel Inc.

BLUBERRIES ADVERTISING
258 Dayton Ave Ste A, Clifton, NJ 07011
Tel.: (973) 478-2200
Fax: (973) 478-9662
E-Mail: mail@bluberries.com
Web Site: www.bluberries.com

Employees: 2
Year Founded: 2002

Agency Specializes In: Advertising, Corporate Identity, Digital/Interactive, Graphic Design, Media Buying Services, Media Planning, Multimedia, Package Design, Print, Radio

Chris Sadowski *(Founder)*

Accounts:
BMW of Manhattan Inc.

BLUE ADVERTISING LLC
607 14th St NW Ste 300, Washington, DC 20005
Tel.: (202) 905-071
E-Mail: info@blueadvertising.com
Web Site: www.blueadvertising.com

Employees: 5

Agency Specializes In: Advertising, Content, Digital/Interactive, Media Planning

Bob McKernan *(Pres)*
Nancy Wright *(Sr VP)*
Kathy Coffey *(Art Dir)*
Jessica Murray *(Specialist-Digital Media)*

Accounts:
New-The Society for Human Resource Management

BLUE C
3183-C Airway Ave, Costa Mesa, CA 92626
Tel.: (714) 540-5700
Fax: (714) 540-5800
E-Mail: info@bluecusa.com
Web Site: www.bluecusa.com

Employees: 20

National Agency Associations: Second Wind Limited

Jeff Bentley *(Principal & Creative Dir)*
Eric Morley *(Principal)*
Michelle Antinora *(Controller)*
Lauren Padilla *(Sr Acct Dir)*
Andrew Kovely *(Mgr-Studio)*
Juan Torres *(Designer)*

Accounts:
AEV Technologies, Inc (Agency of Record) Advertising, Creative, Influencer Programs, Public Relations; 2018
Juice It Up Creative, Franchise Marketing, In-Store Marketing, Media Placement, Strategic Planning
Monster Energy Drink
Orange County Fair
Red Kap Campaign: "The Craftsmen"
Toyota SCION Accessories
Vectrix Brand Ambassador Development, Creative Development, Event Strategy, Global PR, Social Media, Vectrix VT-1 vehicle
Wahoo's Fish Tacos

BLUE CHIP MARKETING WORLDWIDE
650 Dundee Rd Ste 250, Northbrook, IL 60062
Tel.: (847) 446-2114
Web Site: http://bluechipww.com/

Employees: 500

Agency Specializes In: Sponsorship

Lowell Cantor *(COO)*
Joy Mead *(Exec VP & Gen Mgr-Bus Leadership)*
Jeff Skolnik *(Exec VP & Gen Mgr-Blue Chip Retail Mktg)*
Jamie Olson *(Sr VP-Bus Leadership)*
Elizabeth Bleser *(VP-Digital Strategy-Brand, Retail & Patient Recruitment)*
Rob Eiseman *(VP-Comm)*
Adam Kaplan *(VP-Client Svcs)*
Elana Hokin Cepa *(Head-Project & Specialist-Digital)*
Allison Goodwin *(Media Dir)*
Kate Hearn *(Dir-Bus Leadership)*
Josh McColough *(Dir-Corp Comm)*
Brittany Polihronis *(Dir-Digital Strategy)*
Bart Sidorowicz *(Dir-Digital Engagement)*
Todd Boskey *(Assoc Dir-Digital Strategy)*
Carolyn Cradick *(Assoc Dir-Bus Leadership)*
Heidi Mihalik *(Sr Acct Exec)*
Casey Gans *(Media Planner)*
Nikki Venouziou *(Media Planner)*
Lucy Chong *(Asst Media Buyer)*
Emma Cousineau *(Sr Media Buyer-Digital)*
Allison Finn *(Sr Media Buyer)*
Gina Giordano *(Sr Head-Bus)*

Accounts:
Azteca Foods, Inc Marketing, Strategy
B&G Foods, Inc. Bear Creek Country Kitchens (Agency of Record), Creative, Digital, Public Relations, Shopper Marketing, Social Media, Strategic
Bausch & Lomb
Blue Bunny
Bomb Pop (Agency of Record)
Brown-Forman
Daisy Brand (Creative Agency of Record) Strategy & Creative Direction; 2017
Fisher Nuts Creative
Green Toys (Marketing Agency of Record) Creative, Marketing
Haribo of America Consumer Marketing, Shopper Marketing
Home Run Inn Pizza
John B. Sanfilippo & Son, Inc. (Agency of Record) Campaign: "Fisher Fresh Twist", Creative, Interactive, Media
McCormick & Co, Inc. (North America Shopper Marketing Agency of Record)
Medline
Nutraceutical Activation, Brand Strategy, Content Creation, Digital, Integrated Marketing Communications, Media, Positioning, Social Media; 2018
On-Cor Frozen Foods
Procter & Gamble
Ricola USA, Inc (Marketing Agency of Record)

AGENCIES - JANUARY, 2019　　　　　　　　　　　　　　　　　　　　　　　　　　　　　　　ADVERTISING AGENCIES

BLUE CHIP PUBLIC RELATIONS, INC.
14 Canaan Cir, South Salem, NY 10590
Tel.: (914) 533-7065
E-Mail: bill@bluechippr.com
Web Site: www.bluechippr.com

Employees: 5

Agency Specializes In: Media Relations, Strategic Planning/Research, T.V.

William Bongiorno *(Pres-Branding, Messaging, Content, Video & Media)*

Accounts:
Bullion Management Group Inc
EQIS Capital Management Media
Hayden Wealth Management
WBI Investments, Inc.

BLUE COLLAR INTERACTIVE MARKETING
116 3rd St, Hood River, OR 97031-1123
Tel.: (541) 436-2800
E-Mail: service@bluecollaragency.com
Web Site: www.bluecollaragency.com

Employees: 14

Agency Specializes In: Advertising, Brand Development & Integration, Broadcast, Electronic Media, Information Technology, Mobile Marketing, Search Engine Optimization, Strategic Planning/Research

Rob McCready *(Mng Dir & Partner)*
April Donovan *(Partner & Creative Dir)*
Tom Lehmann *(Partner & Creative Dir)*

Accounts:
FontFuse Branding, Email Marketing, Online Advertising, PPC, Strategy, Web Design and Development
Full Sail Brewing (Agency of Record) Point-of-Sale Advertising, Social Media, Website
Mail Chimp Electronic Mail Marketing Services
Right Brain Initiative Educational Support Services
Rollic Apparel Mfr
Tactical Distributors Tactical Equipments Distr

BLUE DIMENSION
(Formerly Ritchey Associates, Inc.)
2906 Central St Ste 135, Evanston, IL 60201
Tel.: (312) 282-8124
Fax: (312) 884-8778
E-Mail: dritchey@bluedimension.com
Web Site: BLUEDIMENSION.COM

E-Mail for Key Personnel:
President: deborah@raonline.com

Employees: 4
Year Founded: 1984

National Agency Associations: AMA-BMA-CIMA

Agency Specializes In: Advertising, Advertising Specialties, Affluent Market, Brand Development & Integration, Business-To-Business, Collateral, Communications, Consulting, Corporate Communications, Corporate Identity, Digital/Interactive, Direct Response Marketing, Direct-to-Consumer, Email, Event Planning & Marketing, Exhibit/Trade Shows, Financial, Graphic Design, Health Care Services, High Technology, Integrated Marketing, Internet/Web Design, Local Marketing, Logo & Package Design, Luxury Products, Market Research, Medical Products, New Product Development, Planning & Consultation, Podcasting, Print, Promotions, Real Estate, Sales Promotion, Search Engine Optimization, Social Media, Travel & Tourism, Web (Banner Ads, Pop-ups, etc.), Women's Market

Approx. Annual Billings: $2,000,000

Breakdown of Gross Billings by Media: Collateral: 10%; Corp. Communications: 10%; D.M.: 10%; Internet Adv.: 15%; Other: 15%; Promos.: 15%; Strategic Planning/Research: 10%; Worldwide Web Sites: 15%

Deborah Ritchey *(Pres)*

Accounts:
BMW
Four Seasons
Motorola Solutions, Inc.

THE BLUE FLAME AGENCY
1710 Bdwy, New York, NY 10019
Tel.: (212) 381-2005
Web Site: www.theblueflameagency.com

Employees: 20

Agency Specializes In: Advertising, Digital/Interactive, Out-of-Home Media, Print, T.V.

Erin Harris *(Sr VP)*
Sean Combs *(Creative Dir)*
Rana Reeves *(Creative Dir)*
Nick Storm *(Dir-Promos)*

Accounts:
Diageo North America Inc. Ciroc, DeLeon, Digital, Outdoor Channel, Public Relations, Social, Tanqueray, Television

BLUE FLAME THINKING
55 W Monroe St Ste 1500, Chicago, IL 60603
Tel.: (312) 382-9000
Web Site: www.blueflamethinking.com/

Employees: 20

Agency Specializes In: Sponsorship

Lynne Gallegos *(Pres)*
Julie Helgesen *(Art Dir)*
Kelly Ketcham *(Acct Dir)*
Susan Bray *(Dir-Strategy)*
Diona Medrano *(Acct Mgr)*

Accounts:
Bridgeway
Envestnet
JPMorgan Chase
Lazard Asset Management

Branch

Blue Flame Thinking
801 Broadway Ave Ste 300, Grand Rapids, MI 49504
(See Separate Listing)

BLUE FUSION
1875 Connecticut Ave NW Ste 10203, Washington, DC 20009
Tel.: (571) 205-9030
E-Mail: info@bluefusioncreative.com
Web Site: www.bluefusioncreative.com

Employees: 1

Agency Specializes In: Advertising, Brand Development & Integration, Digital/Interactive, Graphic Design, Internet/Web Design, Logo & Package Design, Social Media, Strategic Planning/Research

Morgan Bramlet *(Principal & Head-Creative)*

M. J. Vilardi *(Dir, Producer & Writer)*
Dani Smith *(Art Dir & Designer)*

Accounts:
American Marketing Association's DC Chapter (Agency of Record)

BLUE LION DIGITAL, LLC
711 James Rd, Easley, SC 29642
Tel.: (864) 304-9632
Web Site: www.blueliondigital.com

Employees: 1
Year Founded: 2012

Agency Specializes In: Advertising, Email, Internet/Web Design, Search Engine Optimization, Social Media

Bryan Owens *(Principal)*

Accounts:
The Big League World Series

BLUE MEDIUM, INC.
20 W 22nd St Ste 807, New York, NY 10010
Tel.: (212) 675-1800
Fax: (212) 675-1855
E-Mail: rachel@bluemedium.com
Web Site: www.bluemedium.com

Employees: 10

Agency Specializes In: Arts, Communications

John Melick *(Pres)*
Rachel Patall-David *(Acct Mgr)*

Accounts:
Savannah College of Art and Design
Sperone Westwater Gallery

BLUE MOON STUDIOS
86 Lackawanna Ave, West Paterson, NJ 07424
Tel.: (973) 812-2282
E-Mail: info@bluemoonstudios.tv
Web Site: www.bluemoonstudios.tv

Employees: 18

Agency Specializes In: Advertising, Email, T.V.

Fred Vanore *(Pres)*
James Pisano *(Creative Dir)*
Lisa Mulligan *(Assoc Producer)*

Accounts:
All Star Marketing Group Product Development Industry
Auto Cool
Febreze
Micro Touch
Ontel
Oxiclean
Quick Brite
Tide
Trojan
Zap

BLUE OLIVE CONSULTING
303 E College St, Florence, AL 35630
Tel.: (256) 767-9937
Fax: (256) 767-3248
Toll Free: (866) 601-6548
E-Mail: solutions@theblueolive.com
Web Site: www.theblueolive.com

Employees: 12
Year Founded: 1999

ADVERTISING AGENCIES

National Agency Associations: Second Wind Limited

Agency Specializes In: Advertising, Advertising Specialties, Agriculture, Alternative Advertising, Automotive, Brand Development & Integration, Broadcast, Business Publications, Business-To-Business, Cable T.V., Catalogs, Children's Market, Co-op Advertising, Collateral, College, Commercial Photography, Communications, Consulting, Consumer Goods, Consumer Marketing, Consumer Publications, Content, Corporate Communications, Corporate Identity, Custom Publishing, Customer Relationship Management, Digital/Interactive, Direct Response Marketing, Direct-to-Consumer, E-Commerce, Education, Electronic Media, Email, Entertainment, Environmental, Event Planning & Marketing, Exhibit/Trade Shows, Financial, Food Service, Game Integration, Government/Political, Graphic Design, Guerilla Marketing, Health Care Services, High Technology, Hospitality, Identity Marketing, In-Store Advertising, Infomercials, Integrated Marketing, Internet/Web Design, Investor Relations, Leisure, Local Marketing, Logo & Package Design, Luxury Products, Magazines, Market Research, Media Buying Services, Media Planning, Media Relations, Media Training, Medical Products, Men's Market, Merchandising, Mobile Marketing, Multimedia, New Product Development, New Technologies, Newspaper, Newspapers & Magazines, Out-of-Home Media, Outdoor, Over-50 Market, Package Design, Paid Searches, Pharmaceutical, Planning & Consultation, Podcasting, Point of Purchase, Point of Sale, Print, Product Placement, Production, Production (Ad, Film, Broadcast), Production (Print), Promotions, Public Relations, Publicity/Promotions, Publishing, Radio, Real Estate, Recruitment, Regional, Restaurant, Retail, Sales Promotion, Search Engine Optimization, Seniors' Market, Social Marketing/Nonprofit, Sports Market, Stakeholders, Strategic Planning/Research, T.V., Teen Market, Telemarketing, Trade & Consumer Magazines, Transportation, Travel & Tourism, Urban Market, Viral/Buzz/Word of Mouth, Web (Banner Ads, Pop-ups, etc.), Women's Market, Yellow Pages Advertising

Felicia Golliver *(Accountant & Media Buyer)*

BLUE PRACTICE
80 E Sir Francis Drake Blvd Ste 4D, Larkspur, CA 94939
Tel.: (415) 381-1100
Fax: (415) 366-1550
E-Mail: jessica@bluepractice.com
Web Site: www.bluepractice.com

Employees: 5

Agency Specializes In: Advertising

Tim Gnatek *(Co-Founder & Pres)*

Accounts:
Aurora Biofuels
Clean Edge
MiaSole
New Vistas
PACT Apparel
Silver Spring Networks
Working Lands

BLUE PRINT AD AGENCY
11138 Q St, Omaha, NE 68137
Tel.: (402) 671-5177
Fax: (855) 284-0108
Web Site: www.blueprintadagency.com

Employees: 5

Agency Specializes In: Advertising, Brand Development & Integration, Internet/Web Design, Media Buying Services, Print, Radio

Ryan Pankoke *(Principal)*

Accounts:
Defy Gravity
DSS Coin & Bullion
Freedom Healthcare
Omaha Door & Window

BLUE SKY AGENCY
950 Joseph Lowery Blvd Ste 30, Atlanta, GA 30318
Tel.: (404) 876-0202
Fax: (404) 876-0212
E-Mail: rob@bluesky-agency.com
Web Site: www.blueskyagency.com

Employees: 30
Year Founded: 1994

National Agency Associations: 4A's

Agency Specializes In: Advertising, Affiliate Marketing, Arts, Brand Development & Integration, Branded Entertainment, Broadcast, Business Publications, Business-To-Business, Cable T.V., Collateral, College, Consumer Goods, Consumer Marketing, Consumer Publications, Corporate Communications, Corporate Identity, Digital/Interactive, Direct Response Marketing, E-Commerce, Electronic Media, Email, Engineering, Entertainment, Environmental, Experience Design, Food Service, Graphic Design, Guerilla Marketing, Hispanic Market, Identity Marketing, In-Store Advertising, Integrated Marketing, Internet/Web Design, Local Marketing, Logo & Package Design, Magazines, Media Buying Services, Media Planning, Multimedia, Newspaper, Newspapers & Magazines, Out-of-Home Media, Outdoor, Paid Searches, Planning & Consultation, Point of Purchase, Point of Sale, Print, Production, Production (Ad, Film, Broadcast), Promotions, Public Relations, Publicity/Promotions, Radio, Recruitment, Regional, Restaurant, Retail, Sales Promotion, Search Engine Optimization, Social Marketing/Nonprofit, Social Media, Sponsorship, Sports Market, Strategic Planning/Research, Sweepstakes, T.V., Trade & Consumer Magazines, Web (Banner Ads, Pop-ups, etc.)

Approx. Annual Billings: $30,000,000

Rob Farinella *(Founder & Pres)*
Allie Clark *(Sr VP & Client Svcs Dir)*
Melissa Nordin *(Sr VP & Media Dir)*
Cameron Blank *(Acct Dir)*
Mike Schatz *(Creative Dir)*
Marco Worsham *(Creative Dir)*
Alex Payne *(Dir-Social Media)*
Shannon Brinkley *(Sr Acct Mgr)*
Erin Marks *(Acct Mgr)*
Mallory Brooks *(Acct Supvr)*
Megan Young *(Acct Supvr)*
Phillip Jones *(Copywriter)*
Avery Sechrest *(Media Planner)*
Angela Villon *(Sr Media Planner)*

Accounts:
Atlanta Braves; Atlanta, GA Campaign: "Do The Chop", Campaign: "This is Why We Chop"
Atlanta Food Bank; Atlanta, GA
Atlanta Hawks; Atlanta, GA
Atlanta Motor Speedway; Hampton, GA
Atlanta Spirit; Atlanta, GA
Atlanta Thrashers; Atlanta, GA Hockey Club
BBC America
Berry College; Rome, GA Non-Profit/Education
Bristol Motor Speedway
Cobb Energy; Atlanta, GA Home Security Systems, Internet Service, Natural Gas, Telephone Service, Tree Removal, Tree Trimming; 2005
FleetCards USA; Atlanta, GA
FleetCor
Gas South; Atlanta, GA Utility
Georgia Tourism (Agency of Record) Campaign: "Pretty.Sweet", Digital, Print, Radio, Social
Gospel Music Channel; Atlanta, GA
Intercontinental Hotels Group
Lifetime Network
Reader's Digest North America; New York, NY (Agency of Record) Taste of Home, The Family Handyman
Turner Broadcasting System, Inc. TNT

BLUE SKY COMMUNICATIONS
276 5Th Ave Rm 205, New York, NY 10001
Tel.: (212) 995-1777
Fax: (212) 995-2922
E-Mail: info@blueskypr.com
Web Site: www.blueskypr.com

Employees: 20
Year Founded: 1999

Agency Specializes In: Advertising, Brand Development & Integration, Corporate Identity, Guerilla Marketing, Internet/Web Design, Magazines, Media Relations, Production, Radio, Strategic Planning/Research, T.V.

Diane Bates *(Co-Owner)*
Susan Hagaman *(Partner)*
Linda Falcone *(VP)*
Andrea Mennella *(VP)*
Morgan Cafaro *(Acct Exec)*

Accounts:
7 Days of Wonder
Aquage
Cle de Peau
Coolway
Elizabeth Taylor's White Diamonds
Essie
Laura Geller
LCN
Marula Oil
Maybelline New York
Orgo
Perfect Formula
Physicians Formula
Roger & Gallet
VMV Hypoallergenics

BLUE STATE DIGITAL
734 15th St NW Ste 1200, Washington, DC 20005
Tel.: (202) 449-5600
Web Site: https://www.bluestatedigital.com/

Employees: 500

Alex Stanton *(Mng Dir-BSD Tools)*
Katie Wiley *(Mng Dir-West Coast)*
Amanda Darman-Allen *(VP-Accts)*
Marie Ewald Danzig *(Head-Creative & Delivery)*
Katie Newport *(Head-Creative & Delivery-DC)*
Peter Fontana *(Exec Dir-Insights)*
Katie Kreider *(Acct Dir)*
Matt Compton *(Dir-Advocacy & Engagement)*
Alyssa Waldheim *(Dir-Projects & Ops)*
Andrea Falke *(Sr Designer)*

Accounts:
The American Red Cross

BLUEDOT COMMUNICATIONS
PO Box 29031, Portland, OR 97296
Tel.: (503) 702-6822
E-Mail: john@gobluedot.com
Web Site: www.gobluedot.com

Employees: 3

AGENCIES - JANUARY, 2019 — ADVERTISING AGENCIES

BLUEFISH
110 E 7th St, Tempe, AZ 85281
Tel.: (480) 517-1900
E-Mail: info@blufish.com
Web Site: blufish.com

Employees: 50
Year Founded: 2002

Agency Specializes In: Advertising, Brand Development & Integration, Commercial Photography, Content, Copywriting, Digital/Interactive, Internet/Web Design, Print, Production, Social Media

Matt Hasher *(Owner)*
Mike Hershauer *(Art Dir)*
Natasha Lyons *(Art Dir)*
Zach Crowell *(Dir-Interactive Design)*
Fernando Salazar *(Dir-Interactive Dev)*
Valli Van Dam *(Dir-Client Svcs)*
Joe Manning *(Mgr-IT)*
Carrie Digilio *(Sr Acct Exec)*
Jessica Slapke *(Acct Exec-Acct Svcs)*
Brittany Boice *(Sr Graphic Designer)*
Michael Carmigiano *(Designer)*
Connor Hinkson *(Designer-Web)*
Nichole Peterson *(Jr Designer)*

Accounts:
New-H.G. Fenton
New-Illumina Inc.
New-Mark Gross & Associates Inc.
New-Mayhew Junction Brewing Company
New-One South
New-Peachtree Hotel Group
New-Taylor Morrison Inc
New-Terrain
New-Zephyr The Park Bankers Hill

BLUEFOCUS INTERNATIONAL
1451 Grant Rd Ste 200, Mountain View, CA 94040
Tel.: (650) 772-6800
E-Mail: bfg-contactus@bluefocus.com
Web Site: www.bluefocusgroup.com

Employees: 2,000
Year Founded: 1996

Agency Specializes In: Advertising, Brand Development & Integration, Content, Crisis Communications, Digital/Interactive, Event Planning & Marketing, Media Buying Services, Public Relations, Social Media

Oscar Zhao *(Co-Founder, Chm & CEO-China)*
Holly Zheng *(Pres & CEO)*
Alice Wang *(Chief HR Officer)*
Scott Xiong *(Chief Digital Officer-China)*
Nicole Lam *(CEO-Bluefocus Performance-China)*

Accounts:
New-Mead Johnson Nutrition Company
New-The Procter & Gamble Company

BLUEROCK
575 Lexington Ave Fl 26, New York, NY 10022
Tel.: (212) 752-3348
Fax: (212) 752-0307
Web Site: www.bluerockny.com

Employees: 70
Year Founded: 1977

Accounts:
AT&T
ESPN
FedEx
GNC
Maybelline
Neutrogena
Toyota
West Elm

BLUESOHO
160 Varick St 2nd Fl, New York, NY 10013
Tel.: (646) 805-2583
E-Mail: hello@blue-soho.com
Web Site: www.blue-soho.com

Employees: 150

Agency Specializes In: Advertising, Digital/Interactive, Media Planning

Stephanie Stanton *(Mng Partner)*
Jeannie Grizzle *(Dir-Media Accts)*
Joanne Yorks *(Dir-Media Negotiations)*
Shannon Dutton *(Media Buyer)*
Benita Odell *(Media Buyer)*
Beth Cobb *(Sr Media Buyer)*

Accounts:
Avon
Dollar Tree Print
Family Dollar Stores Print
Lowe's
Sephora

BLUESPACE CREATIVE
1205 Broadway, Denison, IA 51442
Tel.: (712) 263-2211
E-Mail: info@bluespacecreative.com
Web Site: www.bluespacecreative.com

Employees: 20

Agency Specializes In: Advertising, Brand Development & Integration, Digital/Interactive, Logo & Package Design, Media Buying Services, Print, Public Relations, Search Engine Optimization, Social Media, Sponsorship

Scott Winey *(Principal & Creative Dir)*
Brad Dassow *(Dir-New Media)*
Luke Vaughn *(Brand Mgr)*
Aaron Lingren *(Designer)*

Accounts:
New Way Trucks
Zion Lutheran Church

BLUESPIRE MARKETING
29 South Main St, West Hartford, CT 06107
Tel.: (860) 678-4300
Toll Free: (800) 727-6397
Web Site: www.bluespiremarketing.com/

Employees: 27
Year Founded: 1980

National Agency Associations: BMA-PRSA

Agency Specializes In: Advertising, Brand Development & Integration, Broadcast, Business-To-Business, Cable T.V., Collateral, Consulting, Corporate Communications, Corporate Identity, Digital/Interactive, Direct Response Marketing, Electronic Media, Event Planning & Marketing, Exhibit/Trade Shows, Food Service, Graphic Design, Health Care Services, Industrial, Integrated Marketing, Internet/Web Design, Logo & Package Design, Media Buying Services, Multimedia, Newspaper, Newspapers & Magazines, Out-of-Home Media, Outdoor, Over-50 Market, Paid Searches, Planning & Consultation, Point of Purchase, Point of Sale, Print, Production, Public Relations, Publicity/Promotions, Radio, Sales Promotion, Search Engine Optimization, Seniors' Market, Strategic Planning/Research, T.V., Trade & Consumer Magazines

Approx. Annual Billings: $21,500,000 Capitalized

Breakdown of Gross Billings by Media: Bus. Publs.: 27%; Collateral: 20%; Fees: 37%; Internet Adv.: 6%; Newsp.: 2%; Other: 4%; Production: 3%; Trade Shows: 1%

Jessica Kraft *(Exec VP-Acct Svcs)*
Josh Dahmes *(VP-Digital Mktg & Ops)*
Dan Croci *(Dir-Studio)*

Accounts:
Ahlstrom; Windsor Locks, CT Non-Woven Textiles; 2004
American HealthTech; Jackson, MS Long-Term Care Software; 2008
Biolitec; East Longmeadow, MA Laser/Fiber Optics; 2005
Ceramoptec; East Longmeadow, MA Laser/Fiber Optics; 2005
Cypress Cove; Fort Myers, FL Retirement Community; 2006
Devonshire at PGA National; West Palm Beach, FL Retirement Community; 2007
Iroquois Gas Transmission Systems; Shelton, CT; 2000
La Vida Llena; Albuquerque, NM Retirement Community; 2008
OCI Chemical; Shelton, CT Soda Ash; 1995
Oklahoma Methodist; Tulsa, OK Retirement Community; 2009
The Overlook; Charlton, MA Retirement Community; 2001
Primesource Building Products; Elk Grove Village, IL Construction Materials Distribution; 2001
Southern California Presbyterian Homes; Glendale, CA Retirement Communities; 2008
Ward Leonard; Watertown, CT Industrial Manufacturing; 2009

BLUESTONE ADVERTISING, LLC
142 North 2nd St, Philadelphia, PA 19106
Tel.: (856) 778-2792
E-Mail: sales@bluestoneadv.com
Web Site: www.bluestoneadv.com

Employees: 5
Year Founded: 2006

National Agency Associations: DMA

Agency Specializes In: Business-To-Business, Corporate Communications, Direct Response Marketing, Direct-to-Consumer, Point of Sale, Print

Approx. Annual Billings: $4,000,000

Breakdown of Gross Billings by Media: Consulting: $50,000; D.M.: $3,800,000; Graphic Design: $150,000

Kristi Manship *(Owner)*
James Regan *(Partner)*

Accounts:
Commerce Bank

BLUETEXT
2121 Wisconsin Ave NW Ste 320, Washington, DC 20007
Tel.: (202) 469-3600
E-Mail: hi@bluetext.com
Web Site: www.bluetext.com

Employees: 15

Agency Specializes In: Advertising, Brand Development & Integration, Content, Crisis Communications, Digital/Interactive, Internet/Web Design, Public Relations, Social Media, Strategic Planning/Research

ADVERTISING AGENCIES

Jason Siegel *(Founder & Partner)*
Rick Silipigni *(Mng Partner & Chief Growth Officer)*
Don Goldberg *(Partner)*
Brian Lustig *(Partner)*
Michael Quint *(Partner)*

Accounts:
BroadSoft US
Google Inc.; 2012

BLUETOOTH CREATIVE GROUP, INC.
3075 Veterans Memorial Hwy Ste 130,
 Ronkonkoma, NY 11779
Tel.: (516) 766-0600
Fax: (516) 766-2351
E-Mail: info@bluetoothcreative.com
Web Site: www.bluetoothcreative.com

Year Founded: 1972

Agency Specializes In: Brand Development & Integration, Collateral, Digital/Interactive, Direct Response Marketing, Out-of-Home Media, Outdoor, Print, Radio, Sales Promotion, T.V.

Richard Brauner *(VP)*

Accounts:
Allianceplus, Inc.
Atlantic Bank Ltd.
Industrial Development Agency
New York Community Bank
NY Auto Giant

BLUEZOOM
230 S Elm St Ste B, Greensboro, NC 27401
Tel.: (336) 274-8938
E-Mail: hello@bluezoom.bz
Web Site: www.bluezoom.bz

Employees: 12

Agency Specializes In: Advertising, Brand Development & Integration, Digital/Interactive, Internet/Web Design, Logo & Package Design, Print

Liz Spidell *(Founder & Chief Creative Officer)*
Alex McKinney *(Dir-Digital Svcs)*
Lane Newsome *(Dir-HR & Fin)*
Anne Knowles *(Mgr-Production & Acct Planner)*
Tommy Beaver *(Assoc Creative Dir)*

Accounts:
Ethnosh

BMC COMMUNICATIONS GROUP, LLC
740 Broadway 9th Fl, New York, NY 10003
Tel.: (646) 513-3111
Fax: (212) 460-9028
E-Mail: info@bmccommunications.com
Web Site: www.bmccommunications.com

Employees: 6
Year Founded: 1996

Agency Specializes In: Broadcast, Communications, Corporate Communications, Exhibit/Trade Shows, Financial, Internet/Web Design, Local Marketing, Media Relations, Media Training, Medical Products, Newspaper, Print, Radio

Accounts:
Castle Biosciences

BMDM
1323 Brookhaven Dr, Orlando, FL 32803
Tel.: (407) 650-0264
Web Site: bmdm.com

Employees: 14
Year Founded: 2003

Agency Specializes In: Advertising, Brand Development & Integration, Digital/Interactive, Internet/Web Design, Print, Social Media

Melanie Vasquez *(COO)*
Svitlana Byts *(Dir-Digital Svcs)*
Charlie Murphy *(Exec-Sls)*

Accounts:
Dual Electronics

BMF MEDIA
50 W 23rd St 7th Fl, New York, NY 10010
Tel.: (646) 455-0033
E-Mail: info@bmfmedia.com
Web Site: bmfmedia.com

Employees: 200
Year Founded: 2003

Agency Specializes In: Advertising, Brand Development & Integration, Content, Digital/Interactive, Entertainment, Event Planning & Marketing, Experiential Marketing, Production, Promotions, Social Media, Sponsorship

Bruce Starr *(Founder & Partner)*
Brian Feit *(Owner)*
Ashley Chejade-Bloom *(Exec VP)*
Amber Meredith *(Exec VP-Accts)*
Stefanie Dang *(Sr VP-Production)*
Jessica Foster *(VP-Events)*
Isaac Norbe *(VP-Accts)*
Joshua Tierney *(VP-Strategy)*
Patricia Gibney *(Gen Mgr)*
Juliana Jaramillo *(Creative Dir)*
Aurelie Binisti *(Dir-HR)*
Melanie Garces *(Sr Mgr-Bus & Sponsorship Dev)*
Kerri Feuereisen *(Mgr-Digital)*

Accounts:
New-Cointreau
New-Dell Inc.
New-Driscoll Strawberry Associates Inc.
New-The Hearst Corporation Hearst Digital Newfronts
New-MasterCard Incorporated
New-Revlon Inc.
New-Yves Saint Laurent

BMI ELITE
6119 Lyons Rd Ste 100, Coconut Creek, FL 33073
Tel.: (561) 330-6666
Fax: (561) 431-6124
E-Mail: info@bmielite.com
Web Site: bmielite.com

Employees: 51

Agency Specializes In: Advertising, Advertising Specialties, Affiliate Marketing, Alternative Advertising, Arts, Automotive, Aviation & Aerospace, Brand Development & Integration, Broadcast, Business Publications, Business-To-Business, Cable T.V., Children's Market, Co-op Advertising, College, Communications, Computers & Software, Consulting, Consumer Goods, Consumer Marketing, Consumer Publications, Content, Corporate Communications, Cosmetics, Digital/Interactive, Direct Response Marketing, Direct-to-Consumer, Education, Electronic Media, Email, Event Planning & Marketing, Food Service, Government/Political, Graphic Design, Integrated Marketing, Leisure, Luxury Products, Media Buying Services, Mobile Marketing, Multimedia, Production, Production (Ad, Film, Broadcast), Production (Print), Promotions, Public Relations, Publicity/Promotions, Publishing, Radio, Retail, Sales Promotion, Search Engine Optimization, Seniors' Market, Social Media, Sports Market, T.V., Teen Market, Telemarketing, Transportation, Travel & Tourism, Urban Market, Viral/Buzz/Word of Mouth, Web (Banner Ads, Pop-ups, etc.), Women's Market

Dan Lansman *(Pres)*
Brandon Rosen *(CEO)*

BMR
390 Bay St Ste 400, Sault Sainte Marie, ON P6A 1X2 Canada
Tel.: (705) 949-0153
Fax: (705) 949-4186
Web Site: www.bmr.ca

Employees: 10

Agency Specializes In: Advertising

Claudia Daniels *(Co-Owner)*
Mark Falkins *(Co-Owner)*

Accounts:
Sault Sainte Marie Tourism
Searchmont
Soo Greyhounds

BMWW
7104 Ambassador Rd Ste 260, Windsor Mill, MD 21244
Tel.: (410) 298-0390
Fax: (410) 298-8716
Web Site: www.bmww.com

Employees: 14
Year Founded: 1985

Agency Specializes In: Advertising, Brand Development & Integration, Business-To-Business, Collateral, College, Communications, Consulting, Corporate Communications, Corporate Identity, Cosmetics, Direct Response Marketing, Education, Electronic Media, Exhibit/Trade Shows, Graphic Design, Health Care Services, Identity Marketing, In-Store Advertising, Integrated Marketing, Internet/Web Design, Local Marketing, Logo & Package Design, Media Buying Services, Media Planning, Package Design, Pharmaceutical, Planning & Consultation, Point of Sale, Print, Production, Recruitment, Sales Promotion, Women's Market

Approx. Annual Billings: $3,000,000

Breakdown of Gross Billings by Media: Bus. Publs.: 5%; Collateral: 25%; Consulting: 25%; E-Commerce: 5%; Exhibits/Trade Shows: 10%; Graphic Design: 10%; Logo & Package Design: 10%; Point of Sale: 5%; Sls. Promo.: 5%

Howard Bubert *(Principal)*
Joseph Gaeta *(Principal)*

Accounts:
Sub-Zero Wolf
APS Healthcare
Chesapeake Solutions
DeWalt Power Tools
KPSS Mally Beauty
Orbrecht-Phoenix Contractors, Inc.
Pan American Health Organization Porter-Cable/Delta
RentBureau
TIPCO
The World Bank
New England Conservatory of Music
Seton Hall University
University of Mary Washington
University of Rio Grande

AGENCIES - JANUARY, 2019   ADVERTISING AGENCIES

BOATHOUSE GROUP INC.
260 Charles St 4th Fl, Waltham, MA 02453-3826
Tel.: (781) 663-6600
Fax: (781) 663-6601
Web Site: www.boathouseinc.com

Employees: 35

Agency Specializes In: Brand Development & Integration, Consumer Goods, Financial, Health Care Services, High Technology, Luxury Products, Retail, Sponsorship

John Connors *(Founder & CEO)*
Meredith Barron *(Principal)*
Britt Teravainen *(Grp Dir-Media & Digital)*
Michele Madaris *(Grp Acct Dir)*
Jaime Lisk *(Acct Dir)*
Kim Daniels *(Dir-Integrated Production)*
Tracy Kochan *(Dir-Brdcst Media)*
Mark Nikolewski *(Dir-Digital Design)*
Daniel Sears *(Dir-Analytics & Reporting)*
Marguerite Daly *(Acct Mgr)*
Andrea Reissfelder *(Mgr-Acctg & HR)*
Gregory Hennrikus *(Analyst-Digital Media)*
Shaina Allison Lurie *(Media Planner & Buyer-Digital)*

Accounts:
Bentley Universtiy
Boston Teacher Residency
Eversource
Gather
Merrill Lynch; Plainsboro, NJ
Spark
Steward Health Care; Boston, MA
Thermo Fisher
WBUR (Agency of Record) Brand Positioning, Brand Strategy, Campaign: "Your World. In a New Light", Creative Development, Media Strategy, Social Strategy

BOB
774 Saint-Paul St W, Montreal, Quebec H3C 1M4 Canada
Tel.: (514) 842-4262
Fax: (514) 842-7262
Web Site: www.bob.ca

Employees: 100
Year Founded: 2002

Agency Specializes In: Advertising, Brand Development & Integration, Digital/Interactive, Public Relations, Social Media

Patrick Bibeau *(Pres)*
Jean-Francois Joyal *(Partner, VP & Gen Mgr)*
Nathalie Turcotte *(VP-Consulting Group)*
Clauderic Saint-Amand *(Assoc VP)*
Nicolas Cliet-Marrel *(Editor & Designer)*
Laura Fortin *(Dir-Consulting)*
Daniel Guimond *(Dir-Digital & Content)*
Marie-Noelle Turcotte *(Dir-Production)*

Accounts:
Danone Activia, Creative & Strategy, Oikos, Retail Programs, Yogurt; 2018
Desjardins Group
The Jean Coutu Group (PJC) Inc.
Lise Watier Foundation
Unilever United States, Inc. Dove

BOB'S YOUR UNCLE
219 Dufferin St Ste 304A, Toronto, ON M6K 3J1 Canada
Tel.: (416) 506-9930
Fax: (416) 506-0392
E-Mail: talktous@byuagency.com
Web Site: www.byuagency.com/

Employees: 40
Year Founded: 1992

Agency Specializes In: Advertising, Collateral, Digital/Interactive, Direct Response Marketing, Event Planning & Marketing, Media Planning, Media Relations, Multimedia, Production, Promotions, Public Relations, Radio, Restaurant, T.V.

Robert Froese *(CEO)*
Dorothy McMillan *(Chief Creative Officer)*
Kira Campbell *(Acct Dir)*
Philippe O'Rourke *(Art Dir)*
Sara Presotto *(Dir-Fin & Ops)*
Judy van Mourik *(Dir-Production & Studio)*
Daryl Klein *(Assoc Dir-Creative)*
Jessica Abela-Froese *(Acct Mgr)*
Tony Geer *(Project Mgr-Digital)*
Brian Flay *(Copywriter)*

Accounts:
ADP
Ancestry.Ca
Applebee's
Association of Canadian Advertisers Marketing Communications, Strategic
Baxters
Bosch & Thermador Appliances
Canon Canada
Cineplex Entertainment LP Cineplex VIP
Gardein
Independent Distillers Canada (Agency of Record) Dos Locos Margarita, NZ Pure, Twisted Shotz, Vodka Mudshakes
Jones New York
Kenneth Cole
Kraft Foods
Old Dutch
Olivieri Pasta
Popeyes Louisiana Kitchen, Inc
Second Harvest Food Rescue
Sovereign
Yorkshire Valley Farms

BOC PARTNERS
601 Bound Brook Rd Ste 100, Middlesex, NJ 08846-2155
Tel.: (732) 424-0100
Fax: (732) 424-2525
Web Site: bocpartners.com

E-Mail for Key Personnel:
President: spell@timelyad.com
Creative Dir.: CMedallis@timelyad.com
Media Dir.: mmcdarby@timelyad.com

Employees: 5
Year Founded: 1975

Agency Specializes In: Advertising Specialties, Automotive, Brand Development & Integration, Broadcast, Business Publications, Business-To-Business, Cable T.V., Co-op Advertising, Collateral, Consumer Marketing, Consumer Publications, Corporate Identity, Direct Response Marketing, Exhibit/Trade Shows, Faith Based, Graphic Design, High Technology, Industrial, Local Marketing, Logo & Package Design, Magazines, Marine, Media Buying Services, Merchandising, New Product Development, Newspaper, Newspapers & Magazines, Out-of-Home Media, Outdoor, Planning & Consultation, Print, Production, Public Relations, Publicity/Promotions, Radio, Real Estate, Recruitment, Retail, Trade & Consumer Magazines, Transportation

Breakdown of Gross Billings by Media: Bus. Publs.: 3%; Cable T.V.: 5%; Collateral: 8%; D.M.: 3%; Newsp.: 56%; Outdoor: 18%; Pub. Rels.: 1%; Radio: 4%; Trade & Consumer Mags.: 2%

Peter Richter *(Sr Strategist-Mktg)*

Michael McDarby *(Acct Coord)*
Iris Morales *(Acct Coord)*

Accounts:
Highland Park Conservative Temple & Center; Highland Park, NJ Pro Bono Projects; 1975
Madison Honda; Madison, NJ Automobile Dealer; 1985
Mahwah Honda; Mahwah, NJ Automobile Dealer; 1981
Matrix Outdoor Media; Monroe Township, NJ Billboard Advertising Services; 2005
Matrix7; Somerset, NJ Computer Consultants; 2004
Phillipsburg Easton Honda; Phillipsburg, NJ Automobile Dealer; 1980
VIP Honda; North Plainfield, NJ Automobile Dealer; 1975

BODDEN PARTNERS
102 Madison Ave, New York, NY 10016-7417
Tel.: (212) 328-1111
Fax: (212) 328-1100
E-Mail: info@boddenpartners.com
Web Site: www.boddenpartners.com

Employees: 60
Year Founded: 1975

National Agency Associations: AAF-DMA

Agency Specializes In: Advertising, Affiliate Marketing, Brand Development & Integration, Business-To-Business, Collateral, Digital/Interactive, Direct Response Marketing, Event Planning & Marketing, Exhibit/Trade Shows, Market Research, New Technologies, Public Relations, Publicity/Promotions, Radio, Sales Promotion, Social Media, Sponsorship, Sports Market, Travel & Tourism

Approx. Annual Billings: $109,200,000

Breakdown of Gross Billings by Media: Brdcst.: $9,500,000; D.M.: $20,300,000; Event Mktg.: $14,600,000; Exhibits/Trade Shows: $45,900,000; Internet Adv.: $10,100,000; Print: $6,900,000; Pub. Rels.: $1,900,000

Martin Mitchell *(Partner & CMO)*
Hank Jacobs *(Sr VP & Assoc Creative Dir)*
Jennifer Randolph *(Chief Insights Officer, VP & Dir-Strategy)*
Mark Silverman *(Acct Dir)*
Michele Pollack *(Acct Supvr)*

Accounts:
America Scores; New York, NY Sports Participation; 2007
Bank of America; Wilmington, DE
Black Mesa; New Mexico Golf Resort; 2006
Hofstra Athletics; Long Island, NY University Sports
International Yacht Council
National Geographic; New York, NY Digital Content
New York Daily News; New York, NY; 1994
Prudential Financial; Newark, NJ; 2001
Turning Stone; Verona, NY
Women's Sports Foundation; New York, NY Sports Promotion

BODKIN ASSOCIATES, INC.
PO Box 12, Zionsville, IN 46077
Tel.: (877) 263-5468
Fax: (317) 733-1545
Toll Free: (877) BODKIN8
E-Mail: info@teambodkin.com
Web Site: www.teambodkin.com

Employees: 5
Year Founded: 1990

Agency Specializes In: Advertising, African-

143

ADVERTISING AGENCIES

AGENCIES - JANUARY, 2019

American Market, Agriculture, Asian Market, Bilingual Market, Brand Development & Integration, Broadcast, Collateral, Communications, Consulting, Consumer Marketing, Consumer Publications, Corporate Identity, Event Planning & Marketing, Exhibit/Trade Shows, Financial, Graphic Design, Health Care Services, Hispanic Market, Internet/Web Design, Legal Services, Logo & Package Design, Medical Products, Out-of-Home Media, Outdoor, Pharmaceutical, Print, Public Relations, Radio, Real Estate, Retail, Sales Promotion, Sports Market, Strategic Planning/Research

Clyde Bodkin *(Owner)*

Accounts:
Dow AgroSciences; Indianapolis, IN; 1996

BOELTER + LINCOLN MARKETING COMMUNICATIONS
222 E Erie 4th Fl, Milwaukee, WI 53202
Tel.: (414) 271-0101
Fax: (414) 271-1436
E-Mail: bl@boelterlincoln.com
Web Site: www.boelterlincoln.com

Employees: 40
Year Founded: 1974

National Agency Associations: 4A's

Agency Specializes In: Advertising, Advertising Specialties, Brand Development & Integration, Broadcast, Cable T.V., Co-op Advertising, Collateral, Computers & Software, Consumer Marketing, Digital/Interactive, Financial, Hospitality, Integrated Marketing, Internet/Web Design, Leisure, Local Marketing, Magazines, Media Buying Services, Media Planning, Newspaper, Out-of-Home Media, Outdoor, Planning & Consultation, Public Relations, Radio, Restaurant, Retail, Sales Promotion, Strategic Planning/Research, T.V., Trade & Consumer Magazines, Transportation, Travel & Tourism, Viral/Buzz/Word of Mouth, Web (Banner Ads, Pop-ups, etc.)

Approx. Annual Billings: $27,000,000 Consolidated

Jill Brzeski *(Pres & CEO)*
Andy Larsen *(Partner, VP & Dir-PR)*
Wendy Appelbaum *(Partner & Dir-Fin Svcs)*
Dawn Agacki *(COO & VP)*
Lisa Huebner *(Media Dir)*
Shannon Novotny *(Acct Dir)*
Steve Roneid *(Mgr-Acctg)*
Scott Winklebleck *(Mgr-Interactive)*
Stephanie Schrandt *(Acct Supvr)*
Stasha Wuest *(Acct Supvr)*
Erica Vonderloh-Scott *(Supvr-Media)*
Danielle Fuentes *(Sr Acct Exec)*
Kenneth Leiviska *(Acct Exec-PR)*
Pete Piotrowski *(Acct Exec)*
Sarah Kehoe *(Asst Media Planner & Media Buyer)*
Kimberlee Majdoch *(Copywriter)*
Sam Burns *(Asst Acct Exec-PR)*
Grant Galley *(Asst Acct Exec)*
Garth Cramer *(Assoc Creative Dir)*
Brian Stefanik *(Assoc Creative Dir)*
Julie Wagner *(Assoc Media Dir)*

Accounts:
Advanced Pain Management Marketing
Angelic Bakehouse (Advertising Agency of Record) Online, Print Media Buying, Public Relations, Strategic Planning
Door County Distillery (Agency of Record)
Door Peninsula Winery (Agency of Record)
Eagle River Area Chamber of Commerce Visitors Center
Ministry Health Care
North Shore Bank
Original Wisconsin Ducks
Tommy Bartlett, Inc. Robot World & Exploratory, Water Ski Show
Wilderness Resort (Agency of Record) Boadcast Media Buying, Campaign: "Here's to the family, here's to the Wilderness.", Marketing, Online, Print, Strategic Planning
Wisconsin Dells Festivals Inc.
Wisconsin Dells Visitor & Convention Bureau

BOHAN
124 12th Ave S, Nashville, TN 37203
Tel.: (615) 327-1189
Fax: (615) 327-8123
E-Mail: hello@bohanideas.com
Web Site: www.bohanideas.com

E-Mail for Key Personnel:
Chairman: davidb@bohanideas.com
Creative Dir.: snelson@bohanideas.com
Media Dir.: rmelin@bohanideas.com
Public Relations: tadkinson@bohanideas.com

Employees: 80
Year Founded: 1990

National Agency Associations: 4A's

Agency Specializes In: Health Care Services, Leisure, Sponsorship, Sports Market, Travel & Tourism

Approx. Annual Billings: $66,000,000

David Bohan *(Chm)*
Shari Day *(Pres & COO)*
Farley Day *(Mng Dir & Sr VP)*
Brian Gilpatrick *(Sr VP-Acct Mgmt)*
Trish McGee *(VP-PR)*
Nicole Minton *(VP-Market Strategies)*
Tim Delger *(Art Dir & Grp Creative Dir)*
Tony Gerstner *(Acct Dir)*
Elizabeth Papel *(Acct Dir)*
Tracy Holder *(Dir-IT)*
Sandra Huffine *(Dir-Talent)*
Penny Rahe *(Dir-Brdcst)*
Chrissie Scott *(Dir-Agency Fin)*
Deb Rhodes *(Mgr-Creative Bus)*
Ben Hale *(Acct Supvr)*
Barbara Pritchett *(Acct Supvr)*
Shelby M. Button *(Supvr-Engagement)*
Donnette Engebrecht *(Supvr-Project)*
Allison Bohan *(Acct Exec)*
Tinamarie Vedder *(Acct Exec)*
Bridget Deenihan *(Assoc Creative Dir & Copywriter)*
Julie Bogle *(Acct Coord)*
Josh Ford *(Assoc Creative Dir)*
Rich Parubrub *(Grp Creative Dir)*

Accounts:
Arnold Palmer Hospital for Children
Baptist Health, Paducah
BlueCross BlueShield of Tennessee (Agency of Record) Account Planning, Creative
Brunswick Commercial & Government Products
Charter Energy
City of Pigeon Forge
Community Foundation of Middle Tennessee
Debonaire Debonaire Cigars, Debonaire Rum
Dollar General
Dueling Grounds Distillery
Durfield Holdings Fine Cigars
Frist Center for the Visual Arts
Gren Group
HCA
IASIS Healthcare Corp.
Jos. A. Bank Clothiers, Inc.
Kirkland's
Martha O'Bryan Center
Methodist Stone Oak Hospital
Midtown Cafe
Music City Music Council
O'Charley's (Lead Creative Agency) Restaurant Chain
Pigeon Forge Department of Tourism; Pigeon Forge, TN Vacation Destination; 1990
Saint Thomas Health (Agency of Record)
Smallwood Nickle Architects
Southeast Tourism Society
The Standard at the Smith House Restaurant & Private Club 'History, Novel, Nashville, Chefs"
Stein Mart, Inc (Creative & Strategic Agency of Record) Advertising, Brand Strategy, Marketing, Social Content
Sunset Grill
Wakefield Cattle Company

BOHEMIA
(Acquired by M&C Saatchi plc)

BOILING POINT MEDIA
100 W Wilshire Blvd Ste C2, Oklahoma City, OK 73116
Tel.: (405) 286-9635
Fax: (405) 286-9734
E-Mail: info@boilingpointmedia.com
Web Site: www.boilingpointmedia.com

Employees: 50

Agency Specializes In: Advertising, Brand Development & Integration, Digital/Interactive, Internet/Web Design, Logo & Package Design, Media Buying Services, Media Planning, Print, Public Relations, Search Engine Optimization

Ryan Bellgardt *(Pres & Creative Dir)*
Kelly OConnor *(Ops Mgr & Sr Media Buyer)*
Jessica Sprague *(Acct Mgr-Bus Dev)*

Accounts:
Edmond Hyundai

BOLCHALK FREY MARKETING, ADVERTISING & PUBLIC RELATIONS
310 S Williams Blvd Ste 260, Tucson, AZ 85711-4407
Tel.: (520) 745-8221
Fax: (520) 745-5540
E-Mail: info-mb@adwiz.com
Web Site: www.adwiz.com

E-Mail for Key Personnel:
President: michael@adwiz.com
Creative Dir.: robyn@adwiz.com
Media Dir.: katrina@adwiz.com

Employees: 5
Year Founded: 1964

National Agency Associations: PRSA

Agency Specializes In: Advertising, Advertising Specialties, Alternative Advertising, Aviation & Aerospace, Bilingual Market, Brand Development & Integration, Broadcast, Business Publications, Cable T.V., Collateral, Communications, Consulting, Consumer Marketing, Direct Response Marketing, E-Commerce, Education, Electronic Media, Event Planning & Marketing, Exhibit/Trade Shows, Graphic Design, Health Care Services, Hispanic Market, Hospitality, In-Store Advertising, Internet/Web Design, Local Marketing, Logo & Package Design, Magazines, Media Buying Services, Media Planning, Media Relations, Multicultural, Multimedia, New Product Development, Newspaper, Newspapers & Magazines, Out-of-Home Media, Outdoor, Over-50 Market, Package Design, Planning & Consultation, Point of Purchase, Point of Sale, Print, Product Placement, Production (Ad, Film, Broadcast), Production (Print), Promotions, Public Relations, Radio, Real Estate, Recruitment, Regional, Restaurant, Retail, Sales Promotion, Seniors' Market, Strategic Planning/Research, T.V., Teen Market, Trade & Consumer Magazines, Travel &

AGENCIES - JANUARY, 2019 — ADVERTISING AGENCIES

Tourism, Web (Banner Ads, Pop-ups, etc.), Women's Market

Breakdown of Gross Billings by Media: Brdcst.: 2%; D.M.: 1%; Mags.: 7%; Newsp.: 30%; Outdoor: 15%; Print: 10%; Radio: 5%; T.V.: 20%; Trade & Consumer Mags.: 2%; Trade Shows: 2%; Worldwide Web Sites: 5%; Yellow Page Adv.: 1%

Robyn Frey *(Pres & Creative Dir)*
Katrina Noble *(Sr Dir-Media & Mktg Strategy)*
Kristen Oaxaca *(Sr Graphic Designer)*

Accounts:
A.F. Sterling Homes; Tucson, AZ; 1998
BFL Construction Company
Broadway Carpet; 2001
Choice Greens Restaurants
El Rio Foundation
International Wildlife Museum Transits
Reid Park Zoological Society Bus Benches, Entry Sign
Southern AZ Homebuilders Home Show; Tucson, AZ; 1998
Surv-Kap, Inc.; Tucson, AZ; 1997

BOLD ENTITY
1722 N Hall St, Dallas, TX 75204
Tel.: (214) 989-7022
E-Mail: info@boldentity.com
Web Site: boldentity.com

Employees: 10
Year Founded: 2010

Agency Specializes In: Advertising, Brand Development & Integration, Content, Environmental, Event Planning & Marketing, Internet/Web Design, Logo & Package Design, Print, Search Engine Optimization, Social Media

Valerie Jimenez *(CEO & Creative Dir)*

Accounts:
New-NTD Mechanical
New-Princeton City

BOLD+BEYOND
8033 Sunset Blvd, Los Angeles, CA 90046
Tel.: (424) 332-9726
Web Site: boldbeyond.com

Employees: 2
Year Founded: 2009

Agency Specializes In: Alternative Advertising, Branded Entertainment, Business Publications, Consumer Publications, Custom Publishing, Digital/Interactive, Direct Response Marketing, Experience Design, In-Store Advertising, Local Marketing, Multimedia, Newspaper, Newspapers & Magazines, Out-of-Home Media, Outdoor, Print, Publishing, Radio, Search Engine Optimization, Social Media, Sponsorship, T.V., Viral/Buzz/Word of Mouth, Web (Banner Ads, Pop-ups, etc.)

Julien Subit *(Co-Founder & CEO)*

Accounts:
France4.fr On N'est Plus Des Pigeons!
Mac Douglas Website

BOLDIUM LLC
1331 7th St Unit F, Berkeley, CA 94710
Tel.: (510) 962-5559
E-Mail: hello@boldium.com
Web Site: boldium.com

Employees: 10

Agency Specializes In: Advertising, Brand Development & Integration, Content, Experience Design, Guerilla Marketing, Internet/Web Design, Logo & Package Design, Mobile Marketing, Search Engine Optimization, Social Marketing/Nonprofit

Igor Gasowski *(Pres & Chief Creative Officer)*
Suzanne Popkin *(CEO)*
Max Ellinger *(Creative Dir)*

Accounts:
New-Century Communities
New-VCAD

BOLDWERKS
477 State St, Portsmouth, NH 03801
Tel.: (603) 436-2065
Fax: (800) 557-7161
Toll Free: (800) 350-2365
E-Mail: info@boldwerks.com
Web Site: www.boldwerks.com

Employees: 5

Agency Specializes In: Advertising, Brand Development & Integration, Collateral, Corporate Identity, Digital/Interactive, Internet/Web Design, Logo & Package Design, Print, Social Media

Adam Kaufmann *(Art Dir)*
Christopher Hislop *(Dir-Content)*
Matthias Roberge *(Dir-Creative)*

Accounts:
Emuge Corporation
Nourish Health For Life
Portsmouth Symphony Orchestra

BOLIN MARKETING
2523 Wayzata Blvd, Minneapolis, MN 55405
Tel.: (612) 374-1200
Fax: (612) 377-4226
E-Mail: inquiries@bolinmarketing.com
Web Site: www.bolinmarketing.com

E-Mail for Key Personnel:
President: SBolin@bolinideas.com

Employees: 22
Year Founded: 1950

National Agency Associations: 4A's

Agency Specializes In: Advertising, Brand Development & Integration, Broadcast, Business-To-Business, Cable T.V., Co-op Advertising, Collateral, Consulting, Consumer Marketing, Corporate Identity, Entertainment, High Technology, Internet/Web Design, Local Marketing, Logo & Package Design, Magazines, Media Buying Services, New Product Development, Newspaper, Newspapers & Magazines, Out-of-Home Media, Outdoor, Planning & Consultation, Production, Public Relations, Publicity/Promotions, Radio, Sales Promotion, Seniors' Market, Sponsorship, Strategic Planning/Research, T.V., Telemarketing, Travel & Tourism

Approx. Annual Billings: $13,000,000

Todd Bolin *(Pres & CEO)*
James MacLachlan *(Exec VP)*
Michael Kraabel *(VP-Creative & User Experience)*
Scott Bolin *(Creative Dir)*
Lindsey Denne *(Acct Dir)*
Stephen Olson *(Art Dir)*
Shannon Rose *(Art Dir)*
Kayla Hughes *(Project Mgr-Digital)*
Ariana Nelson-Klug *(Asst Acct Exec)*

Accounts:
3M
Ameripride Commercial Apparel
Brock White Business-to-Business Distribution
CertainTeed
Dominica, the Nature Island Destination Marketing
Honeywell WiFi Thermostats
Stratasys 3D Printing
Western Reflections

BOLT MARKETING GROUP, LLC
2505 SE 11th Ave Ste 326, Portland, OR 97202
Tel.: (888) 655-1127
E-Mail: info@boltmarketinggroup.com
Web Site: www.boltmarketinggroup.com

Employees: 6
Year Founded: 2009

Agency Specializes In: Advertising, Brand Development & Integration, Event Planning & Marketing, Graphic Design

Brooke Jackson *(Mng Dir)*

Accounts:
New-Subaru
New-UrgentRx

BONAFIDE
5318 Weslayan St 128, Houston, TX 77005
Tel.: (713) 568-2364
E-Mail: hello@gobonafide.com
Web Site: https://www.gobonafide.com/

Employees: 15

Agency Specializes In: Advertising, Digital/Interactive, Paid Searches, Public Relations, Search Engine Optimization, Social Media

Shareef Defrawi *(Founder & Pres)*
Aylin Poulton *(VP)*
Andrea Velazquez *(Strategist-Mktg)*

Accounts:
CourthouseDirect.com Graphic Design
Migraine Relief Center
Top Tax Defenders

BOND BRAND LOYALTY
6900 Maritz Dr, Mississauga, ON L5W 1L8 Canada
Tel.: (905) 696-9400
Web Site: https://bondbrandloyalty.com/

Employees: 400

Robert Macdonald *(Pres & CEO)*
Sean Claessen *(Exec VP-Strategy & Exec Creative Dir)*
Rob Daniel *(Exec VP-Client Svcs)*
Morana Bakula *(VP-Customer Experience)*
Jason Chomik *(VP-Tech)*
Paul McCallum *(VP-Automotive Accts)*
Richard Lane *(Mktg Dir)*
Neil Woodley *(Creative Dir)*

Accounts:
Gap
General Mills
Johnson & Johnson
London Drugs
New Balance
Target

BOND STRATEGY & INFLUENCE
466 Broome St Fl 4, New York, NY 10013
Tel.: (212) 354-2650
Fax: (212) 354-2651
E-Mail: hello@bondinfluence.com
Web Site: http://www.bond360film.com/

Employees: 20

ADVERTISING AGENCIES

Year Founded: 1997

Agency Specializes In: Consulting, Digital/Interactive, Market Research, Public Relations, Strategic Planning/Research, T.V.

Accounts:
American Express
The Luxury Collection
Meet At The Apartment
Starwood Hotels & Resorts
USA Network

BONEHOOK
220 NW 8th Ave, Portland, OR 97209
Tel.: (503) 970-3862
Web Site: www.bonehook.com

Employees: 10
Year Founded: 2009

Agency Specializes In: Brand Development & Integration, Experiential Marketing, Identity Marketing, Promotions, Public Relations, Social Media

David Burn *(Founder & Creative Dir)*

Accounts:
Bonneville Power Administration Federal Agency Services

BONFIRE LABS
190 Pacific Ave, San Francisco, CA 94111
Tel.: (415) 394-8200
E-Mail: social@bonfirelabs.com
Web Site: www.bonfirelabs.com

Employees: 33
Year Founded: 1991

Agency Specializes In: Advertising, Brand Development & Integration, Content, Digital/Interactive, Event Planning & Marketing

Lisa Hinman *(Pres & CFO)*
Jim Bartel *(Mng Dir)*

Accounts:
Adobe

BONNEVILLE COMMUNICATIONS
55 N 300 W, Salt Lake City, UT 84101-3502
Tel.: (801) 237-2488
Fax: (801) 575-7541
E-Mail: bonneville@bonneville.com
Web Site: www.bonneville.com

E-Mail for Key Personnel:
President: ggarber@boncom.com
Creative Dir.: cdahl@boncom.com
Media Dir.: mlee@boncom.com

Employees: 30
Year Founded: 1967

Agency Specializes In: Broadcast, Consumer Marketing, Direct Response Marketing, Faith Based, Government/Political, Production, Radio, T.V.

Approx. Annual Billings: $25,000,000 Fees Capitalized

Breakdown of Gross Billings by Media: Cable T.V.: $18,250,000; Foreign: $1,250,000; Out-of-Home Media: $500,000; Radio: $2,500,000; Spot T.V.: $2,500,000

Accounts:
Deseret First Credit Union
Deseret Industries
Homefront
Huntsman Cancer Institute
Music & the Spoken Word
National Hospice Foundation
The Salvation Army

BONNIE HENESON COMMUNICATIONS, INC.
9199 Reisterstown Rd Ste 212C, Owings Mills, MD 21117
Tel.: (410) 654-0000
Fax: (410) 654-0377
E-Mail: info@bonnieheneson.com
Web Site: www.bonnieheneson.com

Employees: 9
Year Founded: 1990

Agency Specializes In: Advertising, Advertising Specialties, Education, Event Planning & Marketing, Graphic Design, Health Care Services, Medical Products, Public Relations, Publicity/Promotions

Approx. Annual Billings: $2,000,000

Kyri L. Jacobs *(Pres)*
Bonnie Heneson *(CEO)*
Andrew Aldrich *(VP-PR)*
Yenneca Ketzis *(Sr Acct Exec)*
Amanda Garman *(Sr Graphic Designer)*

Accounts:
Bon Secours Health System
Calvert County Health Department Division of Behavioral Health, Public Information
Doctors Regional Cancer Center
Hannah More School (Agency of Record)
Howard County General Hospital
Laurel Regional Hospital Foundation
Maryland Dental Action Coalition
Monarch Academy Public Charter School
Unified Community Connections

BOOM ADVERTISING
260-G Seven Farms Dr, Charleston, SC 29492
Tel.: (843) 377-8488
E-Mail: makesomenoise@theboomagency.com
Web Site: www.theboomagency.com

Employees: 10

Agency Specializes In: Advertising, Brand Development & Integration, Corporate Identity, Graphic Design, Internet/Web Design, Logo & Package Design, Media Planning, Media Relations, Public Relations, Social Media

John Greavu *(Co-Owner & VP)*
Lori Greavu *(Co-Owner)*

Accounts:
Sideline Sports

BOOMERANG PHARMACEUTICAL COMMUNICATIONS
500 Campus Dr Ste 300, Florham Park, NJ 07932
Tel.: (973) 265-8319
Fax: (973) 299-5017
E-Mail: throw@boomerangpharma.com
Web Site: www.boomerangpharma.com

Employees: 200
Year Founded: 1997

Agency Specializes In: Advertising, E-Commerce, Search Engine Optimization, Social Media, Technical Advertising

Daniela De Simone-Kiss *(Dir-Digital Mktg)*

Accounts:
Pacira Pharmaceuticals, Inc. Exparel

BOOMM! MARKETING & COMMUNICATIONS
17 N Catherine Ave, La Grange, IL 60525
Tel.: (708) 352-9700
Fax: (708) 352-9701
E-Mail: gary@boomm.com
Web Site: https://boomm.com/

Employees: 19
Year Founded: 1998

Agency Specializes In: Advertising, Brand Development & Integration, Business Publications, Business-To-Business, Collateral, Communications, Consumer Goods, Consumer Marketing, Corporate Communications, Corporate Identity, Digital/Interactive, Direct Response Marketing, Electronic Media, Exhibit/Trade Shows, Food Service, Graphic Design, In-Store Advertising, Integrated Marketing, Internet/Web Design, Logo & Package Design, Magazines, Media Buying Services, Media Planning, Merchandising, Newspaper, Newspapers & Magazines, Planning & Consultation, Point of Purchase, Point of Sale, Print, Production, Promotions, Public Relations, Publicity/Promotions, Restaurant, Retail, Sales Promotion, Strategic Planning/Research, Trade & Consumer Magazines

Approx. Annual Billings: $4,400,000

Breakdown of Gross Billings by Media: Collateral: $650,000; Logo & Package Design: $450,000; Point of Sale: $400,000; Promos.: $1,000,000; Pub. Rels.: $200,000; Strategic Planning/Research: $250,000; Trade & Consumer Mags.: $1,100,000; Worldwide Web Sites: $350,000

Patrick McAuley *(Pres & Chief Strategy Officer)*
Gary Mattes *(CEO)*
Fred Gaede *(Chief Creative Officer)*
Jeff Andrews *(VP-Client Svcs)*
Randy Mitchell *(Creative Dir)*
Dane Prickett *(Media Dir)*
Kathryn Brill *(Specialist-Social Media & Content Mktg)*

Accounts:
Alcan Packaging Food Packaging
Corn Products International (Corporate Communications)
Keebler
Kelpac Medical Strategic Branding, Website Development
Kronos
Magnetrol (Agency of Record) Brand Strategy, Marketing Communications
Maple Leaf Bakery Bistolls
Maple Leaf Farms Retail & Foodservice
McCain Foods USA Anchor, Cheese Sensations, Foodservice, Moore's, Poppers, Sweet Classics
Menasha Packaging
OSI Group Marketing, Public Relations
Pierce Chicken
Pilgrim's Pride Foodservice
Plastron Industries
Plitt Seafood
Premium Ingredients International
Saputo Cheese Retail, Stella Brand
Triad Foods Group Braveheart Beef, Nature's Premium

BOONDOCK WALKER
PO Box 692, Chesterland, OH 44026
Tel.: (216) 431-9301
Fax: (216) 431-9331
E-Mail: dmoss@boondockwalker.com

AGENCIES - JANUARY, 2019　　　　　　　　　　　　　　　　ADVERTISING AGENCIES

Web Site: www.boondockwalker.com

Employees: 4
Year Founded: 2007

Agency Specializes In: Advertising, Alternative Advertising, Brand Development & Integration, Branded Entertainment, Business Publications, Business-To-Business, Commercial Photography, Communications, Consulting, Consumer Marketing, Consumer Publications, Content, Corporate Identity, Digital/Interactive, Electronic Media, Environmental, Event Planning & Marketing, Exhibit/Trade Shows, Experience Design, Experiential Marketing, Graphic Design, Health Care Services, Hospitality, Identity Marketing, In-Store Advertising, Internet/Web Design, Logo & Package Design, Media Buying Services, Multimedia, New Technologies, Package Design, Planning & Consultation, Point of Purchase, Point of Sale, Print, Production (Print), Retail, Strategic Planning/Research, Transportation, Viral/Buzz/Word of Mouth

Approx. Annual Billings: $1,500,000

Breakdown of Gross Billings by Media: Comml. Photography: $50,000; Graphic Design: $50,000; In-Store Adv.: $150,000; Logo & Package Design: $500,000; Mags.: $100,000; Plng. & Consultation: $150,000; Strategic Planning/Research: $50,000; Transit: $200,000; Worldwide Web Sites: $250,000

Mark A. Nead *(Co-Founder & Pres)*

Accounts:
Tarkett

BOONE DELEON COMMUNICATIONS, INC.
201 VanderPOol Ln Apt 48, Houston, TX 77024
Tel.: (713) 952-9600
Fax: (713) 952-9606
Web Site: www.boonedeleon.com

E-Mail for Key Personnel:
Media Dir.: ron@boonedeleon.com

Employees: 8
Year Founded: 1947

National Agency Associations: AAF

Agency Specializes In: Advertising, Advertising Specialties, Bilingual Market, Brand Development & Integration, Broadcast, Business-To-Business, Cable T.V., Collateral, Consulting, Consumer Marketing, Corporate Communications, Corporate Identity, Event Planning & Marketing, Financial, Government/Political, Graphic Design, Health Care Services, Hispanic Market, In-Store Advertising, Industrial, Internet/Web Design, Magazines, Media Buying Services, Media Planning, Media Relations, New Product Development, Newspaper, Out-of-Home Media, Outdoor, Planning & Consultation, Point of Purchase, Point of Sale, Print, Production (Ad, Film, Broadcast), Public Relations, Publicity/Promotions, Radio, Sales Promotion, Sports Market, Strategic Planning/Research, T.V., Trade & Consumer Magazines, Transportation

Leo De Leon *(Pres & Creative Dir)*
Patty Morris *(Office Mgr)*

BOONEOAKLEY
1445 S Mint St, Charlotte, NC 28203
Tel.: (704) 333-9797
Fax: (704) 348-2834
E-Mail: info@booneoakley.com
Web Site: www.booneoakley.com

Employees: 18
Year Founded: 2000

Agency Specializes In: Advertising, Automotive, Brand Development & Integration, Broadcast, Cable T.V., Collateral, Communications, Consumer Goods, Consumer Marketing, Corporate Identity, Digital/Interactive, Direct Response Marketing, Entertainment, Event Planning & Marketing, Fashion/Apparel, Financial, Food Service, Integrated Marketing, Internet/Web Design, Local Marketing, Magazines, Market Research, Media Buying Services, Media Planning, Men's Market, Mobile Marketing, Multimedia, Newspaper, Newspapers & Magazines, Out-of-Home Media, Outdoor, Package Design, Podcasting, Point of Purchase, Point of Sale, Print, Production, Radio, Restaurant, Retail, Search Engine Optimization, Social Media, Sponsorship, Sports Market, Strategic Planning/Research, T.V., Teen Market, Trade & Consumer Magazines, Transportation, Travel & Tourism, Viral/Buzz/Word of Mouth, Web (Banner Ads, Pop-ups, etc.), Women's Market

Approx. Annual Billings: $59,400,000

David Hamrick *(Head-Bus Dev & Acct Exec)*
Laura Knight Beebe *(Art Dir)*
Kara McCoy *(Art Dir)*
Ashley Neel *(Creative Dir-Digital)*
David Oakley *(Creative Dir)*
Jim Mountjoy *(Dir-EYE Creative Lab)*
Claire Oakley *(Dir-Client Svcs & Acct)*
Eric Roch von Rochsburg *(Dir-Design)*
Laura Wallace *(Acct Supvr)*
Katie Casella *(Acct Exec)*
Danny Gassaway *(Strategist-Digital)*
Mary Gross *(Copywriter)*
Savannah Jackson *(Designer)*
Steve Lasch *(Copywriter)*

Accounts:
Autobell Car Wash Campaign: "Homecoming Queen"
Bojangles' Restaurants, Inc. Bio Time, Bomoji, Campaign: "Chicken Cops Intro", Campaign: "Tis the Seasoning"
Carolina Beverage Corp Social Media, Traditional
Cheerwine (Agency of Record)
Carolinas Healthcare Foundation
Champions for Education (Agency of Record) Online, Outdoor, Radio, Social Media Advertising, TV, Wells Fargo Championship
Charlotte Hornets
Dukes Bread
Goodwill Industries (Agency of Record) Brand Awareness, Newspaper, Online Advertising, Outdoor
ISS Research; Charlotte, NC (Agency of Record) Oh Yeah!
Mellow Mushroom Pizza Bakers
MTV Networks MTV2
North Carolina Craft Brewers Guild (Agency of Record) Digital, Media Strategy, Out-of-Home, Print
Outer Banks Visitors Bureau
New-Progressive North Carolina
Thermafuse Direct Marketing, Online, Print
Women and Babies Hospital

BORDERS PERRIN NORRANDER INC
520 SW Yamhill St, Portland, OR 97204
Tel.: (503) 227-2506
Fax: (503) 227-4827
E-Mail: info@bpninc.com
Web Site: www.bpninc.com

E-Mail for Key Personnel:
Creative Dir.: tschneider@bpninc.com
Media Dir.: lgaffney@bpninc.com

Employees: 15
Year Founded: 1977

Agency Specializes In: Advertising, Automotive, Brand Development & Integration, Broadcast, Communications, Consulting, Consumer Marketing, Corporate Identity, E-Commerce, Fashion/Apparel, Financial, Leisure, Magazines, New Product Development, Out-of-Home Media, Outdoor, Planning & Consultation, Print, Sponsorship, Sports Market, Strategic Planning/Research, T.V.

Lori Gaffney *(CEO)*
Casey Casanova *(Acct Dir)*
Jennifer Engelman *(Acct Dir)*
Andrea Mitchell *(Media Dir)*
Donald Skramovsky *(Dir-Media Buying)*
Alison Raynak *(Supvr-Media)*

Accounts:
Forest Park Conservancy
K&N
Monterey County Convention & Visitors Bureau (Agency of Record) Creative, Media Planning, Strategic Planning
Old World Industries; Chicago, IL Media Planning & Buying
Oregon State Lottery Breakopens, Campaign: "Sustainable Economy", Campaign: "Trashdance", Keno/K4, Lucky Lines, Mega Millions, Megabucks, Pick4, Powerball, Raffle, Scratch-its, Thanksgiving Raffle, Video Lottery, Win for Life
Portland Bureau of Transportation
Wilson Baseball (Agency of Record)

THE BORENSTEIN GROUP, INC.
11240 Waples Mill Rd Ste 420, Fairfax, VA 22030
Tel.: (703) 385-8178
Fax: (703) 385-6454
Web Site: https://www.borensteingroup.com/

E-Mail for Key Personnel:
President: gal@borenstein-online.com

Employees: 20
Year Founded: 1994

Agency Specializes In: Above-the-Line, Advertising, Affiliate Marketing, Affluent Market, African-American Market, Alternative Advertising, Asian Market, Automotive, Aviation & Aerospace, Below-the-Line, Bilingual Market, Brand Development & Integration, Broadcast, Business Publications, Business-To-Business, Cable T.V., Catalogs, Co-op Advertising, Collateral, College, Communications, Consulting, Consumer Publications, Content, Corporate Communications, Corporate Identity, Crisis Communications, Custom Publishing, Customer Relationship Management, Digital/Interactive, Direct Response Marketing, E-Commerce, Education, Electronic Media, Electronics, Email, Engineering, Entertainment, Event Planning & Marketing, Exhibit/Trade Shows, Experience Design, Fashion/Apparel, Financial, Government/Political, Graphic Design, Guerilla Marketing, Health Care Services, High Technology, Hispanic Market, Hospitality, Identity Marketing, Industrial, Information Technology, Integrated Marketing, International, Internet/Web Design, Investor Relations, LGBTQ Market, Legal Services, Local Marketing, Logo & Package Design, Luxury Products, Magazines, Market Research, Media Buying Services, Media Planning, Media Relations, Media Training, Medical Products, Mobile Marketing, Multicultural, Multimedia, New Product Development, New Technologies, Newspaper, Newspapers & Magazines, Out-of-Home Media, Outdoor, Package Design, Paid Searches, Pharmaceutical, Planning & Consultation, Podcasting, Point of Purchase, Point of Sale, Print, Product Placement, Production, Production (Ad, Film, Broadcast), Production (Print), Promotions, Public Relations, Publicity/Promotions, Publishing, Radio, Real Estate, Recruitment, Regional, Retail, Sales Promotion, Search Engine Optimization,

ADVERTISING AGENCIES

Seniors' Market, Social Marketing/Nonprofit, Sponsorship, Stakeholders, Strategic Planning/Research, Syndication, T.V., Technical Advertising, Teen Market, Trade & Consumer Magazines, Transportation, Urban Market, Viral/Buzz/Word of Mouth, Web (Banner Ads, Pop-ups, etc.), Women's Market, Yellow Pages Advertising

Approx. Annual Billings: $12,000,000

Breakdown of Gross Billings by Media: Collateral: 50%; Pub. Rels.: 30%; Worldwide Web Sites: 20%

Gal S. Borenstein *(Pres & CEO)*

Accounts:
Airbus
Outreach, Inc. Digital Branding, Marketing, Social Media

BORGMEYER MARKETING GROUP
1540 Country Club Plaza Dr, Saint Charles, MO 63303
Tel.: (636) 946-7677
E-Mail: contact@bmg7677.com
Web Site: www.bmg7677.com

Employees: 15

Agency Specializes In: Advertising, Brand Development & Integration, Media Planning, Social Media

Daniel Borgmeyer *(Pres & CEO)*
Jack Borgmeyer *(Pres)*
Sean Cullen *(CFO)*
Joe Topor *(VP-Acct Svc)*
Sam Monica *(Creative Dir)*
Justin Sweeney *(Acct Mgr)*
Meaghan Wesolowski *(Coord-Digital Mktg)*
Jordan Agne *(Sr Art Dir)*

Accounts:
Chrysler
Dodge
RAM

BORN
114 W 26Th St Fl 2, New York, NY 10001
Tel.: (212) 625-8590
Web Site: www.borngroup.com

Employees: 454

Agency Specializes In: Advertising, Customer Relationship Management, Digital/Interactive, Graphic Design, Internet/Web Design, Production, Search Engine Optimization, Social Media, Strategic Planning/Research, Web (Banner Ads, Pop-ups, etc.)

Ramesh Patel *(Partner-UK & Mng Dir-Ecommerce)*
Sandeep Kulkarni *(CFO)*
Max Fresen *(Chief Creative Officer)*
Dilip Keshu *(CEO-North America, Europe & Asia)*
Myles Shipman *(VP-Bus Dev)*
Sridhar Tiruchendurai *(VP-Tech-Chennai)*

Accounts:
D.V.F. Studio
Kenneth Cole Productions, Inc.
The Limited
LK Bennett
Matthew Williamson Ltd
Nanette Lepore
Net-a-Porter Ltd.
Salvatore Ferragamo Italia SpA
Stuart Weitzman
TAG Heuer

BORN A.I.
711 3rd Ave, New York, NY 10017
Tel.: (617) 917-5450
E-Mail: hello@born-ai.com
Web Site: www.born-ai.com/

Employees: 10
Year Founded: 2016

Agency Specializes In: Content, Digital/Interactive, Experience Design, Experiential Marketing

Max Fresen *(Co-Founder & Partner)*
Michael Nicholas *(Co-Founder & Partner)*
Matt Amyot *(Sr Designer-Experience)*
Tyler Hathaway *(Sr Designer-Experience)*

BORSHOFF
47 S Pennsylvania St Ste 500, Indianapolis, IN 46204
Tel.: (317) 631-6400
Fax: (317) 631-6499
E-Mail: borshoff@borshoff.biz
Web Site: www.borshoff.biz

Employees: 59
Year Founded: 1984

National Agency Associations: AAF-AMA-COPF-IABC-IPREX-PRSA

Agency Specializes In: Advertising, Brand Development & Integration, Business Publications, Business-To-Business, Collateral, Communications, Consulting, Consumer Marketing, Corporate Communications, Corporate Identity, Crisis Communications, Education, Electronic Media, Entertainment, Environmental, Event Planning & Marketing, Exhibit/Trade Shows, Financial, Government/Political, Graphic Design, Health Care Services, Industrial, Internet/Web Design, Investor Relations, Local Marketing, Logo & Package Design, Media Relations, Media Training, Newspaper, Newspapers & Magazines, Out-of-Home Media, Outdoor, Pharmaceutical, Planning & Consultation, Print, Production, Public Relations, Publicity/Promotions, Radio, Real Estate, Restaurant, Retail, Social Media, Strategic Planning/Research, Trade & Consumer Magazines, Transportation, Travel & Tourism

Approx. Annual Billings: $11,500,000

Karen Alter *(Principal)*
Jennifer Berry *(Principal)*
Katherine Coble *(Principal)*
Steve Beard *(VP & Creative Dir)*
Whitney Ertel *(VP-PR)*
Adam Hoover *(VP)*
Stacy Sarault *(VP)*
Angela Roberts *(Sr Acct Dir)*
Justin Wojtowicz *(Sr Acct Dir)*
Mark Leclerc *(Creative Dir)*
Ryan Noel *(Creative Dir)*
Leanna Adeola *(Acct Supvr)*
Whitney Pflanzer *(Sr Acct Exec)*
Ali Hernandez *(Acct Exec)*
Jennifer Young Dzwonar *(Mng Principal)*
Joseph Golc *(Jr Writer)*
Kelly Hoffman *(Sr Program Dir)*
Adam Johnson *(Sr Art Dir)*

Accounts:
American Legion, Department of Indiana; 2014
City National Bank; Charleston, WV; 2001
Eli Lilly and Company; 2003
Evansville Convention & Visitors Bureau
Franciscan Saint Francis Hospital & Health Centers; Indianapolis, IN; 1985
Indiana Commission for Higher Education; 1997
Indiana Governor's Planning Council for People with Disabilities; Indianapolis, IN; 1985
Indianapolis Indians; 2011
Indianapolis Power & Light Company; Indianapolis, IN; 1990
JD Byrider
Kiwanis International; 2014
MDWise; Indianapolis, IN; 2003
NIPSCO; 2012
OmniSource; 2011
Rose Hulman's Homework Hotline; 2001

BOSCOBEL MARKETING COMMUNICATIONS
8606 2nd Ave, Silver Spring, MD 20910-3326
Tel.: (301) 588-2900
Fax: (301) 588-1363
E-Mail: info@boscobel.com
Web Site: www.boscobel.com

E-Mail for Key Personnel:
President: jbosc@boscobel.com

Employees: 25
Year Founded: 1978

National Agency Associations: IAA-PRSA

Agency Specializes In: Direct Response Marketing, Government/Political, High Technology, Public Relations

Approx. Annual Billings: $2,350,000

Breakdown of Gross Billings by Media: Collateral: $1,200,000; D.M.: $400,000; Mags.: $500,000; Pub. Rels.: $200,000; Trade Shows: $50,000

Joyce L. Bosc *(Pres & CEO)*
Josette Oder-Moynihan *(Program Mgr & Strategist-JODER Comm)*

Accounts:
Appian
Audiopoint
NCI

BOSE PUBLIC AFFAIRS GROUP
111 Monument Cir Ste 2700, Indianapolis, IN 46204
Tel.: (317) 684-5400
E-Mail: rharvey@bosepublicaffairs.com
Web Site: www.bosepublicaffairs.com

Employees: 24

National Agency Associations: IABC-PRSA

Agency Specializes In: Automotive, Communications, Corporate Communications, Crisis Communications, Food Service, Legal Services, Media Relations, Media Training, Pharmaceutical, Public Relations, T.V.

Victor Smith *(Partner)*
Paul S. Mannweiler *(Principal & Mng Dir-Govt Rels)*
Roger Harvey *(Principal)*
Andrew Miller *(Principal)*
Daniel B. Seitz *(Principal)*
Trevor Vance *(Principal)*
John V. Barnett, Jr. *(Sr VP)*
Donald Blinzinger *(Sr VP)*
Carolyn Elliott *(Sr VP)*
Thomas Fruechtenicht *(Sr VP)*
Trenton Hahn *(Sr VP)*
Justin Swanson *(VP)*
Emily Wilson *(VP-Govt Affairs & Strategic Comm)*
Michael Nirenberg *(Specialist-Pub Affairs-Washington)*
Rachel Wheeler *(Acct Exec-PR)*
Chris Wilson *(Acct Exec-PR)*

Accounts:
Enterprise Rent A Car

AGENCIES - JANUARY, 2019 — ADVERTISING AGENCIES

The Kroger Company
PhRMA

THE BOSTON GROUP
500 Harrison Ave 3F, Boston, MA 02118
Tel.: (617) 350-7020
Fax: (617) 350-7021
E-Mail: kaplan@bostongroup.com
Web Site: www.bostongroup.com

Employees: 30
Year Founded: 1983

Agency Specializes In: Advertising, Affluent Market, Aviation & Aerospace, Brand Development & Integration, Broadcast, Business-To-Business, Collateral, Consulting, Corporate Communications, Corporate Identity, Customer Relationship Management, Digital/Interactive, Direct Response Marketing, Electronic Media, Email, Event Planning & Marketing, Exhibit/Trade Shows, Financial, Government/Political, Graphic Design, High Technology, Identity Marketing, In-Store Advertising, Information Technology, Integrated Marketing, International, Internet/Web Design, Investor Relations, Local Marketing, Luxury Products, Magazines, Market Research, Media Buying Services, Media Planning, Media Relations, Mobile Marketing, Multimedia, New Product Development, New Technologies, Newspaper, Newspapers & Magazines, Out-of-Home Media, Outdoor, Planning & Consultation, Print, Radio, Retail, Social Media, South Asian Market, Strategic Planning/Research, Viral/Buzz/Word of Mouth, Web (Banner Ads, Pop-ups, etc.)

Leslie Kaplan *(Mng Dir)*
Vaughn Misail *(Exec Creative Dir)*
Alison McCarthy *(Grp Acct Dir)*
Chris Lee *(Creative Dir)*
Gina Preziosa *(Media Dir)*
John Grandy *(Dir-Creative Svcs)*
Angela Herbst *(Dir-Client Svc)*
Mihran Minassian *(Dir-Fin & Ops)*
Marc David Rapoza *(Assoc Dir-Design)*
Hannah Lysak *(Suprv-Media)*
Mark Thompson *(Sr Acct Exec)*
Teresa Legein *(Acct Exec)*
Chrissy Raftery *(Sr Art Dir)*
Scott Thomas *(Assoc Creative Dir)*

Accounts:
Across World; Boston, MA
Aerospace; El Segundo, CA
The American Urological Association (AUAF); Linthicum, MD
Aqua Leisure; Boston, MA
CIEE; Portland, ME
First Trade Union Bank
Harris IT Services; Dulles, VA
The Jane Goodall Institute; Silver Springs, MD
Monster; Maynard, MA
RAS Beechcraft 1900; Wichita, KS
Raytheon; Waltham, MA
Silverlink Communications; Burlington, MA
Vericept; Waltham, MA

THE BOSWORTH GROUP
668 Shortwood St, Charleston, SC 29412
Tel.: (843) 795-7944
Fax: (843) 795-7948
E-Mail: info@thebosworthgroup.com
Web Site: www.thebosworthgroup.com

E-Mail for Key Personnel:
Media Dir.: gail@thebosworthgroup.com

Employees: 8
Year Founded: 1984

Agency Specializes In: Advertising, Automotive, Aviation & Aerospace, Brand Development & Integration, Broadcast, Business-To-Business, Collateral, Consulting, Consumer Goods, Consumer Marketing, Corporate Identity, Digital/Interactive, Financial, Graphic Design, Health Care Services, High Technology, Hospitality, Industrial, Internet/Web Design, Logo & Package Design, Luxury Products, Market Research, Media Buying Services, Media Planning, Medical Products, New Product Development, Out-of-Home Media, Package Design, Print, Public Relations, Publicity/Promotions, Real Estate, Restaurant, Sales Promotion, Search Engine Optimization, Social Media, Strategic Planning/Research, Technical Advertising, Travel & Tourism

Approx. Annual Billings: $3,000,000

Kent Bosworth *(Pres & CEO)*
Karin Belajic *(Co-Principal)*
Steve Bosworth *(Principal)*
Gail Bosworth *(Exec VP)*

Accounts:
Birkam Yoga; Charleston, SC Yoga Studio; 2008
Black Mountain Royalty, LP; Charleston, SC; 2008
Briggs Industries; Charleston, SC Plumbing; 2007
Double Tree Guest Suites; 1996
Geodore Tools; Germany Tool Mfr
Intelifuse; New Orleans, LA Medical Devices; 2004
Peninsula Grill; Charleston, SC Restaurant; 1999
Piedmont Plastic Surgery; Greenwood, SC Plastic Surgery; 1995
Planters Inn; Charleston, SC Hotel & Restaurant; 1994
Weight Watchers of South Carolina; 2000

BOTHWELL MARKETING
20525 5Th St E, Sonoma, CA 95476
Tel.: (707) 939-8800
E-Mail: info@bothwellmarketing.com
Web Site: www.bothwellmarketing.com

Employees: 3
Year Founded: 1997

Agency Specializes In: Advertising, Brand Development & Integration, Business-To-Business, Collateral, Communications, Corporate Identity, High Technology, Internet/Web Design, Legal Services

Anne Bothwell *(Pres)*

Accounts:
Downey Brand LLP
Keker & VanNest
Knobbe Martens Olson & Bear LLP
Selman Breitman LLP

BOTTLEROCKET MARKETING GROUP
1500 Broadway, 32nd Fl, New York, NY 10036
Tel.: (212) 302-4141
Fax: (212) 981-9272
Web Site: www.bottlerocketmarketing.com

Employees: 212
Year Founded: 2004

Agency Specializes In: Advertising, Entertainment, Experiential Marketing, T.V.

Jessica Feder Nielsen *(Sr Acct Dir-Partnership Mktg)*

Accounts:
A&E
Dunkin' Donuts
Nestle
Procter & Gamble
Turner Broadcasting System

BOTTOM LINE MARKETING
722 W Washington St, Marquette, MI 49855
Tel.: (906) 786-3445
Fax: (906) 786-4797
E-Mail: info@bottomlineblack.com
Web Site: www.bottomlineblack.com

Employees: 15

Agency Specializes In: Advertising, Brand Development & Integration, Business-To-Business, Graphic Design, Media Buying Services, Search Engine Optimization, Social Media

Chris Brooks *(Owner)*
Annette Brooks *(VP)*
Gus Garcia *(Media Dir)*

Accounts:
Crockers Jewelers
Riverside Auto Group

BOUCHARD MCELROY COMMUNICATIONS GROUP INC.
1430 Blue Oaks Blvd Ste 280, Roseville, CA 95747-5156
Tel.: (916) 783-6161
Fax: (916) 783-5161
E-Mail: info@bouchardcommunications.com
Web Site: www.bouchardmarketing.com

Employees: 10

National Agency Associations: Second Wind Limited

Revenue: $1,000,000

Lisa Pujals *(Creative Dir)*
Bryan Kohl *(Dir-Art-Digital Svcs)*
Manuel Alcala *(Office Mgr)*
Reanna Fraser *(Acct Mgr)*

Accounts:
Burrell Consulting Group Inc.
CU Advisory Services
ImageAvenue

BOUCHER + CO
121 W 27Th St Ste 1004, New York, NY 10001
Tel.: (212) 390-1402
Web Site: https://www.boucherco.com/

Employees: 15
Year Founded: 2007

Agency Specializes In: Digital/Interactive, Direct Response Marketing, Email, In-Store Advertising, Local Marketing, Mobile Marketing, Multimedia, Paid Searches, Product Placement, Promotions, Search Engine Optimization, Shopper Marketing, Social Media, Viral/Buzz/Word of Mouth, Web (Banner Ads, Pop-ups, etc.), Yellow Pages Advertising

Approx. Annual Billings: $1,000,000

Gerard Boucher *(CEO)*
Theresa Phan *(Strategist-Media)*

Accounts:
Yeshiva University Wurzweiler School; 2013

BOUVIER KELLY INC.
212 S Elm St Ste 200, Greensboro, NC 27401-2631
Tel.: (336) 275-7000
Fax: (336) 275-9988
E-Mail: bkiinc@bouvierkelly.com
Web Site: www.bouvierkelly.com

ADVERTISING AGENCIES

E-Mail for Key Personnel:
President: lbouvier@bouvierkelly.com
Creative Dir.: mturner@bouvierkelly.com
Media Dir.: sneal@bouvierkelly.com

Employees: 20
Year Founded: 1974

National Agency Associations: AAF-PRSA-Second Wind Limited

Agency Specializes In: Advertising, Agriculture, Automotive, Brand Development & Integration, Broadcast, Cable T.V., Collateral, Consumer Marketing, Corporate Communications, Corporate Identity, Crisis Communications, Digital/Interactive, Direct Response Marketing, Education, Entertainment, Environmental, Event Planning & Marketing, Financial, Food Service, Government/Political, Health Care Services, Identity Marketing, Media Buying Services, Media Planning, Media Relations, Medical Products, Production (Ad, Film, Broadcast), Public Relations, Real Estate, Restaurant, Retail, Strategic Planning/Research, T.V., Trade & Consumer Magazines, Transportation

Breakdown of Gross Billings by Media: Cable T.V.: 5%; Collateral: 8%; Consulting: 5%; Corp. Communications: 1%; D.M.: 2%; Event Mktg.: 1%; Exhibits/Trade Shows: 1%; Internet Adv.: 5%; Logo & Package Design: 1%; Newsp.: 8%; Outdoor: 1%; Pub. Rels.: 7%; Sls. Promo.: 2%; Spot Radio: 17%; Spot T.V.: 19%; Strategic Planning/Research: 5%; Trade & Consumer Mags.: 10%; Worldwide Web Sites: 2%

Louis M. Bouvier, Jr. *(Chm)*
Pete Parsells *(Pres & CEO)*
Denny Kelly *(Pres)*
Suzanne Neal *(Exec VP)*
Lesley Thompson *(Media Dir)*
Phillip Yeary *(Creative Dir)*
Sam Logan *(Strategist-Digital)*
Samantha Hudson *(Acct Coord)*
Lindsay Masi *(Coord-PR)*

Accounts:
Ad Club
Aerialite
BGF Industries
Chrysler Classic
The Community Foundation
Gate City Chop House
Lucor, Inc. d/b/a Jiffy Lube; Raleigh, NC
McDonald's Triad Co-op Public Relations
Neese Country Sausage; Greensboro, NC
New Breed; High Point, NC
Phillip Morris USA-Trade Communications
RMIC; Winston-Salem, NC Mortgage Insurance
Sheraton Greensboro Public Relations
Smith Moore LLP; 2004
Syngenta Crop Protection
Technology Concepts & Design, Inc.
Terminix Triad Pest Control; 2007

BOWSTERN
1650 Summit Lake Dr Ste 101, Tallahassee, FL 32317
Tel.: (888) 912-1110
Fax: (888) 907-7771
E-Mail: info@bowstern.com
Web Site: www.bowstern.com

Employees: 25

Agency Specializes In: Advertising, Brand Development & Integration, Event Planning & Marketing, Logo & Package Design, Print, Public Relations, Social Media

Tom Derzypolski *(Pres)*
Kelly Robertson *(CEO)*
Jeremy Spinks *(VP-Online Design)*
Chris Lueking *(Dir-Digital Mktg)*
Raquel Simon *(Sr Strategist-Comm)*
Marisa Smith *(Sr Strategist-Comm)*
Amanda Handley *(Strategist-Comm)*
Jonathan Watt *(Strategist-Digital)*
Whitney Nunn *(Designer-Web)*

Accounts:
Open Door Adoption

BOXING CLEVER
PO Box 209, Freeburg, IL 62243
Tel.: (314) 446-1861
Web Site: www.boxing-clever.com

Employees: 20

Agency Specializes In: Advertising, Brand Development & Integration, Market Research, Mobile Marketing, Package Design, Public Relations, Search Engine Optimization, Sponsorship

Accounts:
Actual Produce
Chambord Liqueur
Southern Comfort
St. Louis Rams
Tuaca Liqueur Beverages Distr
Woodford Reserve; Versailles, KY Creative, Digital Marketing, Events, Mobile, Promotions

BOYCE MEDIA GROUP LLC
11 S Angell St Ste 376, Providence, RI 02906
Tel.: (401) 757-3966
Fax: (401) 757-3967
Web Site: www.boycemedia.com

Employees: 2

Agency Specializes In: Advertising, Brand Development & Integration, Internet/Web Design, Media Buying Services, Social Media, Strategic Planning/Research, T.V.

Andrew Boyce *(Pres)*

Accounts:
Bald Hill Kia
El Potro Mexican Bar & Grill
Valentino Photography
Wes Rib House

BOYDEN & YOUNGBLUTT ADVERTISING & MARKETING
120 W Superior St, Fort Wayne, IN 46802
Tel.: (260) 422-4499
Fax: (260) 422-4044
E-Mail: talk@b-y.net
Web Site: www.b-y.net

Employees: 32
Year Founded: 1990

Agency Specializes In: Consumer Marketing, Education, Financial, Health Care Services, Medical Products

Jerry Youngblutt *(Founder)*
Andy Boyden *(Owner)*
Tim Faurote *(Art Dir)*
Ian Mosher *(Creative Dir)*
Leanne McDaniel *(Office Mgr & Media Buyer)*
Brooke Coe *(Sr Acct Exec)*

Accounts:
3 Rivers FCU
Dupont Hospital
IPFW
Monarch Marine
Ortho NorthEast (Agency of Record)
Parkview Hospitals
Red Gold

Branch

B&Y Magnetic
(Formerly Magnetic Image Inc.)
401 E Indiana, Evansville, IN 47711
Tel.: (812) 423-6088
Fax: (812) 423-7488
Web Site: http://magnetic.b-y.net/evansville/

Agency Specializes In: Advertising, Brand Development & Integration, Graphic Design, Internet/Web Design, Media Buying Services, Print, Radio, Social Media

David Jones *(Pres-Magnetic Image)*
Chris Blair *(VP & Creative Dir)*
Kathryn White *(Specialist-Media)*

Accounts:
HealthSouth Corporation

BOYLAN POINT AGENCY
2525 Cleveland Ave, Santa Rosa, CA 95403
Tel.: (707) 544-3390
Web Site: www.boylanpoint.com

Employees: 5

Agency Specializes In: Advertising, Graphic Design, Internet/Web Design, Logo & Package Design, Print, Radio

Tom Boylan *(Owner & Creative Dir)*
Jake Fowler *(Head-Social Media & Asst-Mktg)*

Accounts:
Empire Asphalt, Inc.
Leff Construction & Development, Corp.

BOZEKEN, LLC
1288 Valley Forge Rd Ste 68, Phoenixville, PA 19460
Tel.: (610) 293-2200
Fax: (610) 293-2201
E-Mail: info@bozeken.com
Web Site: go.bozeken.com

Employees: 7

Agency Specializes In: Brand Development & Integration, Consulting, Radio, T.V.

Ken Michaud *(Mng Partner)*
John Galante *(VP-Television Programming, Dev & New Bus Dev & Strategist)*

Accounts:
Amoroso's Bakery
Louisiana Office of Culture, Recreation & Tourism; 2008

BOZELL
1022 Leavenworth St, Omaha, NE 68102
Tel.: (402) 965-4300
Fax: (402) 965-4399
E-Mail: omaha@bozell.com
Web Site: www.bozell.com

Employees: 50
Year Founded: 1921

Agency Specializes In: Advertising, Advertising Specialties, Brand Development & Integration, Broadcast, Business Publications, Business-To-Business, Cable T.V., Catalogs, Collateral, Communications, Consulting, Consumer Goods,

AGENCIES - JANUARY, 2019 — ADVERTISING AGENCIES

Consumer Marketing, Consumer Publications, Content, Corporate Communications, Corporate Identity, Crisis Communications, Customer Relationship Management, Digital/Interactive, Direct Response Marketing, Direct-to-Consumer, Electronic Media, Email, Event Planning & Marketing, Exhibit/Trade Shows, Faith Based, Financial, Food Service, Graphic Design, Guerilla Marketing, Health Care Services, High Technology, Integrated Marketing, Internet/Web Design, Logo & Package Design, Luxury Products, Magazines, Market Research, Media Buying Services, Media Planning, Media Relations, Media Training, New Product Development, New Technologies, Newspaper, Newspapers & Magazines, Out-of-Home Media, Outdoor, Over-50 Market, Package Design, Paid Searches, Planning & Consultation, Print, Production (Print), Promotions, Public Relations, Radio, Regional, Restaurant, Search Engine Optimization, Social Marketing/Nonprofit, Social Media, Sponsorship, Sports Market, Strategic Planning/Research, T.V., Trade & Consumer Magazines, Viral/Buzz/Word of Mouth, Web (Banner Ads, Pop-ups, etc.), Women's Market

Approx. Annual Billings: $60,000,000

Robin Donovan *(Pres)*
David Moore *(Partner-Creative)*
Jackie Miller *(CMO)*
Dan Cooper *(Creative Dir)*
Tracy Koeneke *(Media Dir)*
Heather McCain *(Art Dir)*
Michael Gilloon *(Dir-Strategic Comm)*
Nathan Anderson *(Assoc Dir-Digital)*
John Melingagio *(Mgr-PR)*
Laura Spaulding *(Mgr-Corp Comm)*
Kathy Flack *(Sr Acct Exec)*
Bruce Hartford *(Sr Art Dir)*
Kim Mickelsen *(Mng Principal)*

Accounts:
Ace Hardware/Westlake; NE, TX, KS, MI Digital Display, Web; 2010
Blue Cross Blue Shield; NE
Catholic Charities; NE
College of Saint Mary (Agency of Record) Creative, Digital, Marketing, Media Buying, Media Planning, Public Relations, Strategy
College World Series (NCAA); IN Men's College Baseball
Creative Marketing
First National Bank; NE; MO; TX; CO Campaign: "Heartbeat"
JDRF Type II Diabetes; 2012
Knowles Law Firm; NE
Lauritzen Gardens; Omaha, NE Botanical Gardens
Literacy Center
The Magician; NE Marlin Briscoe The First Black Quarterback Movie
Market-to-Market; Omaha, NE Relay Race
McGrath; 2011
Mutual of Omaha
National Safety Council; NE
Nationwide Learning
Nebraska Wesleyan University
Presbyterian Health Health System; 2011
Right At Home Home Healthcare
Sioux Honey Association (Agency of Record) Creative, Digital, Marketing, Media Planning & Buying, Public Relations, Social Media, Strategy
Tnemec Company, Inc. Industrial Coatings
United Way of the Midlands
Vic's Popcorn Popcorn
VP Buildings Metal Buildings
WriteLife Publishing

BPCM
550 Broadway 3rd Fl, New York, NY 10012
Tel.: (212) 741-0141
Fax: (212) 741-0630
E-Mail: ny@bpcm.com
Web Site: www.bpcm.com

Employees: 500
Year Founded: 1999

Agency Specializes In: Consulting, Event Planning & Marketing, Fashion/Apparel, International, Public Relations, Regional, Strategic Planning/Research

Vanessa Weiner von Bismarck *(Founder & Partner)*
Carrie Ellen Phillips *(Owner)*
Sarah Pallack *(Mng Dir)*
Sharon Park *(Sr Acct Exec)*
Kelsey Schilit *(Sr Acct Exec)*

Accounts:
ALDO Shoes & Accessories
Alice Roi
Brian Atwood Accessories Collections
Carlos Miele Fashion Designers
IWC Watch Mfr
Langham Place Fifth Avenue PR
MODO Optical Frames & Sunglass Producers

BPG ADVERTISING
110 S Fairfax Blvd, Los Angeles, CA 90036
Tel.: (323) 954-9522
Web Site: bpg.tv/

Employees: 40

Agency Specializes In: Advertising, Broadcast, Digital/Interactive, Internet/Web Design, Print, Social Media, Sponsorship

Steph Sebbag *(Pres & Chief Creative Officer)*
Andy Robbins *(Partner & COO)*
Ilisa Whitten *(VP-Production & Digital-360)*
Keith Wildasin *(VP-Creative Strategy & Narrative)*
Melanie Drewes *(Acct Dir-Creative Adv)*
Steve Isaacs *(Mng Creative Dir-Digital & 360)*

Accounts:
History Channel
MGM
PETA Campaign: "Beyond Words"

BPN WORLDWIDE
100 W 33rd St, New York, NY 10001
Tel.: (212) 716-6500
E-Mail: connect@bpnww.com
Web Site: www.bpnww.com

Employees: 230

National Agency Associations: 4A's

Agency Specializes In: Advertising, Digital/Interactive, Media Buying Services, Media Planning

Constanza Peuriot *(Officer-Global Bus Growth & Sr VP)*
Alex Chan *(Sr VP & Grp Dir)*
Michael Baliber *(Sr VP & Dir-Digital Innovation)*
Maggie Chin *(VP & Dir-Media Strategy)*
Heather McVey *(Asst Strategist-Media)*
Daryl Tweed *(Assoc Media Dir)*

Accounts:
Applebee's
Eggland's Best
Harman International
International House of Pancakes, Inc. Media Strategy, Planning
North American Breweries Imperial, Labatt Blue, Labatt Blue Light, Magic Hat, Pyramid, Seagram's Escapes

BR CREATIVE
175 Derby St Ste 39, Hingham, MA 02043
Tel.: (781) 749-8990
Fax: (781) 749-8997
E-Mail: br@brcreative.com
Web Site: www.brcreative.com

Employees: 10
Year Founded: 1991

Agency Specializes In: Advertising, Broadcast, Cable T.V., Consulting, Entertainment, Event Planning & Marketing, Seniors' Market, T.V., Travel & Tourism

Approx. Annual Billings: $5,000,000

Barry Rosenthal *(Pres & Creative Dir)*

BRABENDERCOX
108 South St, Leesburg, VA 20175
Tel.: (703) 896-5300
Fax: (703) 896-5315
Web Site: www.brabendercox.com

Employees: 12
Year Founded: 1982

Agency Specializes In: Advertising, Communications, Content, Digital/Interactive, Electronic Media, Email, Government/Political, Graphic Design, Internet/Web Design, Media Buying Services, Media Planning, Media Relations, Multimedia, Planning & Consultation, Production, Production (Ad, Film, Broadcast), Production (Print), Radio, Social Media, Strategic Planning/Research, T.V., Web (Banner Ads, Pop-ups, etc.)

Robert Aho *(Partner)*
Tiffany D'Alessandro *(Partner)*
John Brabender *(Chief Creative Officer)*
Tricia Hegener-Carr *(Art Dir-Digital)*
Megan Howie *(Dir-Digital)*
Alicia Heffley *(Acct Supvr)*
Liz Kundu *(Media Planner & Buyer)*
Chris Pratt *(Copywriter)*
Jim Titus *(Sr Art Dir & Designer)*

Accounts:
Citizens for Strong New Hampshire Web Video
Highmark
The New York Republican State Committee Website

BRAD
(Acquired by Ogilvy)

BRAD RITTER COMMUNICATIONS
3801 Olentangy River Rd, Delaware, OH 43015
Tel.: (866) 284-2170
E-Mail: info@bradritter.com
Web Site: www.bradritter.com

Employees: 2

Agency Specializes In: Advertising, Crisis Communications, Electronic Media, Graphic Design, Media Relations, Media Training, Print, Strategic Planning/Research

Brad Ritter *(Pres)*

Accounts:
Sizzler USA

BRADFORDLAWTON, LLC
315 Encino Ave, San Antonio, TX 78209
Tel.: (210) 832-0555
Fax: (210) 732-8555
Web Site: www.bradfordlawton.com

Employees: 10

ADVERTISING AGENCIES

Bradford Lawton (Owner)

Accounts:
Taco Cabana; San Antonio, TX Account Planning, Branding, Campaign: "Taco Cabana Outdoor", Creative, Digital Media, Local Store Marketing Development, Print, Broadcast & Digital Production

BRADLEY & MONTGOMERY ADVERTISING
1 Monument Circle Fl 2, Indianapolis, IN 46204
Tel.: (317) 423-1745
Web Site: www.bamideas.com

Employees: 53
Year Founded: 1999

Agency Specializes In: Advertising, Sponsorship

Mark Bradley (Pres)
Gavin Johnston (Chief Strategy Officer)
Scott C. Montgomery (Principal)
Suzanne Williams (Controller)
Steve Brand (Art Dir)
Brian Harris (Creative Dir)
Gary Paultre (Assoc Creative Dir)
Andrew Rodocker (Assoc Creative Dir)

Accounts:
Chase Auto Finance, Card Services, Chase Private Client, Chase for Business, Commercial Banking, Environmental Branding, Home Lending, J.P. Morgan Chase Private Bank, Merchandising, Retail (Consumer Bank)
Microsoft Bing, Developer, EDU, Edge, Groove, Internet Explorer, Office 360, OneNote, Outlook, Production Studios, Skype, Windows, XBOX

BRADO CREATIVE INSIGHT
900 Spruce St 4th Fl, Saint Louis, MO 63102
Tel.: (314) 621-9499
Web Site: brado.net

Employees: 50
Year Founded: 1996

Agency Specializes In: Brand Development & Integration, Market Research, Strategic Planning/Research

Bob Cuneo (Pres & Chief Creative Officer)
Stephen Nollau (Pres & Chief Strategy Officer)
Zach Foster (VP & Grp Head-Creative Strategy & New Bus)
Brad Fuller (VP, Grp Dir & Sr Strategist-Creative)
Stephanie Glastetter (Sr Dir & Grp Head-Digital Creative Strategy)
David Pennington (Dir-Creative Strategy)
Lauren Sines (Sr Mgr-Digital Creative Strategy)

Accounts:
Merck & Co.

BRADSHAW ADVERTISING
811 NW 19th Ave, Portland, OR 97209-1401
Tel.: (503) 221-5000
Fax: (503) 241-9000
E-Mail: info@bradshawads.com
Web Site: www.bradshawads.com

E-Mail for Key Personnel:
President: barb@bradshawads.com
Media Dir.: emilie@bradshawads.com

Employees: 15
Year Founded: 1986

Agency Specializes In: Advertising, Automotive, Aviation & Aerospace, Brand Development & Integration, Broadcast, Business Publications, Business-To-Business, Cable T.V., Co-op Advertising, Collateral, Consulting, Consumer Marketing, Consumer Publications, Corporate Identity, Financial, Health Care Services, Logo & Package Design, Media Buying Services, New Product Development, Newspapers & Magazines, Out-of-Home Media, Outdoor, Over-50 Market, Planning & Consultation, Point of Purchase, Print, Production, Public Relations, Publicity/Promotions, Radio, Real Estate, Restaurant, Retail, Seniors' Market, Strategic Planning/Research, T.V., Trade & Consumer Magazines, Travel & Tourism, Yellow Pages Advertising

Approx. Annual Billings: $23,000,000 Capitalized

Breakdown of Gross Billings by Media: Newsp. & Mags.: 4%; Outdoor: 2%; Production: 18%; Radio: 48%; T.V.: 27%; Transit: 1%

Barbara Bradshaw (Pres)
Emilie Timmer (Media Dir)
Tammy Wallace (Acct Mgr)
Nan Janik (Acct Exec)
Raija Talus (Acct Exec)

Accounts:
Alpenrose Dairy
Carr Chevy World
Health Net of Oregon
Miller Paint

BRAIN BYTES CREATIVE, LLC
120 Interstate N Pkwy SE Ste 448, Atlanta, GA 30339
Tel.: (855) 633-3929
Web Site: www.brainbytescreative.com

Employees: 25
Year Founded: 2009

Agency Specializes In: Brand Development & Integration, Content, Corporate Identity, Digital/Interactive, E-Commerce, Graphic Design, Internet/Web Design, Local Marketing, Logo & Package Design, Mobile Marketing, Search Engine Optimization, Social Marketing/Nonprofit, Social Media

Approx. Annual Billings: $2,500,000

Jason Sirotin (Partner & CMO)
Adam Johnston (Partner)
James Tharpe (CTO)
Savvy Lorestani (Head-Digital Mktg)
Lauren McCracken (Acct Mgr)

Accounts:
Buildrite Construction; 2015
Hodges-Mace; 2015
North Plains; 2014
Porter Novelli; 2010
Rollins Inc.

BRAINBLAZE ADVERTISING & DESIGN
355 Scenic Rd, Fairfax, CA 94930
Tel.: (415) 250-3020
E-Mail: info@brainblaze.com
Web Site: www.brainblaze.com

Employees: 4
Year Founded: 2005

Agency Specializes In: Advertising, Collateral, Corporate Identity, Email, Internet/Web Design, Logo & Package Design, Out-of-Home Media, Outdoor, Print, Social Media, Strategic Planning/Research

Patrick Yore (Owner & Chief Creative Officer)

Accounts:
Pacific Precious Metals Gold is a Rush

BRAINCHILD CREATIVE
12 Geary St Ste 607, San Francisco, CA 94108
Tel.: (415) 922-1482
E-Mail: info@brainchildcreative.com
Web Site: www.brainchildcreative.com

Employees: 10
Year Founded: 2001

Deborah Notestein Loeb (Partner)
Jef Loeb (Creative Dir, Strategist & Writer)

Accounts:
Flex Alert
PG&E Corporation

BRAINIUM INC.
373 S Willow Ste 197, Manchester, NH 03103
Tel.: (603) 661-5172
E-Mail: nfo@brainiuminc.com
Web Site: brainiuminc.com

Employees: 6
Year Founded: 2000

Agency Specializes In: Event Planning & Marketing

Kathryn Conway (Partner)
Kimberley Griswold (Partner)

Accounts:
Aviation Week & Space Technology
Cornerstone Software
Engineering News Record Magazine
McGraw-Hill Construction

BRAINS ON FIRE, INC.
1263 Pendleton St, Greenville, SC 29611
Tel.: (864) 676-9663
Fax: (864) 672-9600
E-Mail: firestarter@brainsonfire.com
Web Site: www.brainsonfire.com

E-Mail for Key Personnel:
President: robbin@brainsonfire.com
Creative Dir.: gregc@brainsonfire.com
Media Dir.: jack@brainsonfire.com

Employees: 20
Year Founded: 1982

Agency Specializes In: Brand Development & Integration, Broadcast, Business-To-Business, Collateral, Communications, Consulting, Consumer Marketing, Corporate Identity, E-Commerce, Event Planning & Marketing, Financial, Food Service, Graphic Design, Health Care Services, High Technology, Internet/Web Design, Logo & Package Design, Medical Products, Merchandising, Multimedia, New Product Development, Newspaper, Newspapers & Magazines, Planning & Consultation, Point of Purchase, Point of Sale, Print, Production, Radio, Restaurant, Sales Promotion, Strategic Planning/Research, T.V.

Approx. Annual Billings: $5,400,000

Breakdown of Gross Billings by Media: Collateral: $270,000; Newsp.: $270,000; Other: $2,700,000; Outdoor: $270,000; Pub. Rels.: $540,000; Radio: $540,000; T.V.: $810,000

Robbin Phillips (Pres)
Jack Welch (Media Dir)
Emily Kosa Townsend (Mgr-Community & Acct Exec)
Amy Taylor (Mgr-Social Media & Community Mgr)
Cathy Harrison (Sr Acct Exec)
Maureen Rice (Strategist-Community)

Accounts:
American Booksellers Association
Bon Secours Heath System
Carolina's Health System
Daggar Kayaks
Harris & Graves; Columbia, SC Law Firm; 1990
Perception Kayaks

BRAINSHINE
11650 Ramsdell Ct, San Diego, CA 92131
Tel.: (858) 635-8900
E-Mail: info@brainshine.com
Web Site: www.brainshine.com

Employees: 1

Agency Specializes In: Advertising, Brand Development & Integration, Digital/Interactive, Media Buying Services, Media Planning, Out-of-Home Media, Outdoor, Public Relations, Radio, Strategic Planning/Research, T.V.

Accounts:
San Diego Water Authority

BRAINSTORM MEDIA
7111 W 151st St Ste 311, Overland Park, KS 66223
Tel.: (913) 219-0104
Fax: (877) 803-8474
Web Site: www.bsmedia.net

Employees: 19

Agency Specializes In: Advertising, Logo & Package Design, Radio

Randy Miller *(Owner & CMO)*
Pamela Hall *(VP)*
Greg Lawyer *(Dir & Producer)*
Bruce Knox *(Sr Acct Mgr)*
Bill Jingo *(Production Mgr)*
Ryan Newell *(Specialist-Media)*

Accounts:
Pride Cleaners Inc
Veterans of Foreign Wars

BRAINSTORMS ADVERTISING & MARKETING, INC.
2201 Wilton Dr, Fort Lauderdale, FL 33305-2131
Tel.: (954) 564-2424
Fax: (954) 564-2320
E-Mail: info@brainstorms.net
Web Site: www.brainstorms.net

Employees: 5
Year Founded: 1983

National Agency Associations: AAF

Agency Specializes In: Brand Development & Integration, Business-To-Business, Co-op Advertising, Collateral, Consumer Marketing, Consumer Publications, Corporate Identity, Cosmetics, Environmental, Exhibit/Trade Shows, Graphic Design, Health Care Services, High Technology, Internet/Web Design, Logo & Package Design, Magazines, Marine, Media Buying Services, Medical Products, Multimedia, New Product Development, Newspaper, Newspapers & Magazines, Pharmaceutical, Planning & Consultation, Print, Production, Public Relations, Publicity/Promotions, Real Estate, Recruitment, Sales Promotion, Strategic Planning/Research, Trade & Consumer Magazines, Travel & Tourism

Revenue: $1,600,000

Nick Ravine *(VP & Dir-Creative)*

BRAINSWITCH ADVERTISING
250 NW 23rd St Ste 210, Miami, FL 33127
Tel.: (305) 576-1415
Fax: (305) 397-1103
Web Site: www.brainswitchad.com

Employees: 6
Year Founded: 2006

Agency Specializes In: Advertising, Brand Development & Integration, Direct Response Marketing, Internet/Web Design, Logo & Package Design, Out-of-Home Media, Outdoor, Point of Purchase, Radio, T.V., Web (Banner Ads, Pop-ups, etc.)

Jose Rementeria *(Pres & Creative Dir)*

Accounts:
Black & Decker Inc.
Canon U.S.A., Inc.
Sony Corporation of America Handycam, Cyber-shot

BRAINTRUST
8948 Spanish Ridge Ave, Las Vegas, NV 89148
Tel.: (702) 862-4242
Web Site: http://braintrustagency.com/

Employees: 25

Agency Specializes In: Advertising, Digital/Interactive, Event Planning & Marketing, Public Relations, Social Media

Michael Coldwell *(Mng Partner)*
Kurt Ouchida *(Mng Partner)*
Sara Hall *(Sr Acct Exec)*

Accounts:
Regional Transportation Commission of Southern Nevada

BRALEY DESIGN
306 E 3rd St, Brooklyn, NY 11218
Tel.: (415) 706-2700
E-Mail: braley@braleydesign.com
Web Site: www.braleydesign.com

Employees: 2

Agency Specializes In: Advertising, Brand Development & Integration, Package Design, Print

Kate Davis *(Acct Dir & Creative Dir)*
Michael Braley *(Creative Dir)*

BRAMBLETT GROUP
106 W Main St Ste C, Henderson, TN 38340
Tel.: (731) 989-8019
E-Mail: info@bramblettgrp.com
Web Site: www.bramblettgrp.com

Employees: 50
Year Founded: 2006

Agency Specializes In: Advertising, Event Planning & Marketing, Internet/Web Design, Media Relations, Print, Public Relations, Social Media

Dawn Bramblett *(Owner)*
Jason Bramblett *(Owner)*

Accounts:
Freed-Hardeman University

BRAMSON + ASSOCIATES
7400 Beverly Blvd, Los Angeles, CA 90036-2725
Tel.: (323) 938-3595
Fax: (323) 938-0852
Web Site: www.toddbramson.com
E-Mail for Key Personnel:
Creative Dir.: gbramson@aol.com

Employees: 5
Year Founded: 1970

Agency Specializes In: Advertising, African-American Market, Alternative Advertising, Asian Market, Brand Development & Integration, Business-To-Business, Collateral, Consulting, Consumer Goods, Consumer Marketing, Corporate Identity, Cosmetics, Exhibit/Trade Shows, Financial, Food Service, Graphic Design, Health Care Services, Hospitality, Identity Marketing, In-Store Advertising, Industrial, International, Internet/Web Design, Logo & Package Design, Luxury Products, Medical Products, Merchandising, Multicultural, New Product Development, Newspapers & Magazines, Package Design, Pharmaceutical, Planning & Consultation, Point of Purchase, Point of Sale, Print, Real Estate, Restaurant, Retail, Strategic Planning/Research, Trade & Consumer Magazines, Travel & Tourism

Approx. Annual Billings: $4,388,350

Breakdown of Gross Billings by Media: Bus. Publs.: $1,025,000; Collateral: $2,138,000; Comml. Photography: $75,000; Consulting: $125,000; Consumer Publs.: $25,000; E-Commerce: $76,000; Farm Publs.: $38,000; Graphic Design: $276,000; In-Store Adv.: $16,800; Internet Adv.: $5,000; Logo & Package Design: $63,450; Mags.: $33,000; Mdsg./POP: $28,000; Production: $383,000; Spot Radio: $5,000; Trade & Consumer Mags.: $36,000; Trade Shows: $18,100; Worldwide Web Sites: $22,000

Gene Bramson *(Principal)*

Accounts:
GLB Properties

BRAND ACTION TEAM, LLC
1 Darling Dr, Avon, CT 06001
Tel.: (860) 676-7900
Fax: (860) 679-0290
Web Site: www.thebrandactionteam.com

Employees: 5

Agency Specializes In: Advertising, Brand Development & Integration, Digital/Interactive, Public Relations, Social Media

Accounts:
SmarteRita
TANDUAY Marketing, PR

BRAND ADVERTISING GROUP
128 E Reynolds Rd Ste 200, Lexington, KY 40517
Tel.: (859) 293-5760
Fax: (859) 255-0421
Web Site: www.baglex.com

Employees: 5
Year Founded: 2003

Agency Specializes In: Advertising, Digital/Interactive, Graphic Design, Media Buying Services, Print, Social Media

Susie Merida *(Pres)*

Accounts:
Fayette Heating & Air

BRAND AGENT

ADVERTISING AGENCIES

2929 N Stemmons Fwy, Dallas, TX 75247
Tel: (214) 979-2040
Fax: (214) 979-2100
E-Mail: kshahane@brand-agent.com
Web Site: www.brand-agent.com

Employees: 20
Year Founded: 2004

Agency Specializes In: Advertising, Advertising Specialties, Alternative Advertising, Brand Development & Integration, Branded Entertainment, Business Publications, Business-To-Business, Catalogs, Collateral, Commercial Photography, Consulting, Consumer Goods, Consumer Marketing, Consumer Publications, Corporate Communications, Corporate Identity, Cosmetics, Direct Response Marketing, Direct-to-Consumer, Fashion/Apparel, Food Service, Graphic Design, Health Care Services, Hispanic Market, Household Goods, In-Store Advertising, Internet/Web Design, Leisure, Local Marketing, Logo & Package Design, Luxury Products, Magazines, Multimedia, New Product Development, Newspapers & Magazines, Out-of-Home Media, Outdoor, Package Design, Paid Searches, Pets, Point of Purchase, Point of Sale, Print, Product Placement, Production, Production (Print), Promotions, Publicity/Promotions, Retail, Sales Promotion, Sponsorship, Syndication, Trade & Consumer Magazines, Women's Market

Approx. Annual Billings: $2,500,000

Breakdown of Gross Billings by Media: Graphic Design: $1,925,000; Other: $200,000; Print: $75,000; Production: $250,000; Worldwide Web Sites: $50,000

Damien Gough *(Owner & CEO)*
Kavita Shahane *(Dir-Bus Dev)*
Angela Vasquez *(Sr Acct Exec)*

Accounts:
Dad's Pet Care; 2005
Frito-Lay; Plano, TX; 2004
Riviana Foods; 2000
Varsity Brands; Dallas, TX; 2004

BRAND ARC
1133 Camino Mirasol, Palm Springs, CA 92262
Tel: (310) 893-6116
Fax: (310) 893-6117
Web Site: www.brandarc.com

Employees: 3
Year Founded: 2005

Agency Specializes In: Advertising, Branded Entertainment, Digital/Interactive, Event Planning & Marketing, Media Planning, Strategic Planning/Research

Rob Donnell *(Founder & CEO)*
Jina Yu *(Acct Dir)*

Accounts:
Toyota Motor North America, Inc. Campaign: "Modern Family", Prius & Sienna

BRAND ARCHITECTURE
(Name Changed to Terrain Collective)

BRAND CENTRAL STATION
5012 State St, Bettendorf, IA 52722
Tel: (563) 359-8654
Fax: (563) 324-0842
Toll Free: (800) 669-1505
E-Mail: mbawden@brandcentralstation.com
Web Site: www.brandcentralstation.com

Employees: 1

Agency Specializes In: Advertising, Brand Development & Integration, Communications, Consulting, Corporate Identity, E-Commerce, Public Relations, Publicity/Promotions

Approx. Annual Billings: $3,500,000

BRAND CONNECTIONS
910 Nottingham Rd, Avon, CO 81620
Tel: (720) 489-3010
Web Site: www.brandconnections.com

Employees: 7
Year Founded: 1994

Agency Specializes In: Experiential Marketing, Out-of-Home Media, Outdoor

Sherry Orel Curtis *(CEO)*
Brad Hajart *(Chief Innovation Officer)*
Dorathy Balsano *(Exec VP-Agency & Mktg Svcs)*
Kristin Mattimore *(Sr VP-Sls Ops & Product Delivery)*
Kate Wentworth *(VP & Grp Acct Dir)*
David Chatoff *(VP-Acct Plng & Insights)*
Deb Grossman *(VP & Grp Acct Svcs Dir)*

Accounts:
Emergen-C
Tylenol

Branches

bottlerocket marketing group
1500 Broadway, 32nd Fl, New York, NY 10036
(See Separate Listing)

BRAND CONTENT
580 Harrison Ave, Boston, MA 02118
Tel: (617) 338-9111
Fax: (617) 338-9121
E-Mail: hr@brandcontent.com
Web Site: www.brandcontent.com

Employees: 40
Year Founded: 2002

Agency Specializes In: Advertising, Advertising Specialties, Affluent Market, Arts, Aviation & Aerospace, Brand Development & Integration, Broadcast, Business Publications, Business-To-Business, Communications, Consumer Goods, Consumer Marketing, Consumer Publications, Content, Copywriting, Corporate Identity, Digital/Interactive, Direct-to-Consumer, Education, Electronics, Email, Entertainment, Experiential Marketing, Financial, Food Service, Graphic Design, Health Care Services, Household Goods, In-Store Advertising, Integrated Marketing, International, Internet/Web Design, Leisure, Local Marketing, Logo & Package Design, Luxury Products, Magazines, Market Research, Men's Market, New Product Development, Newspapers & Magazines, Out-of-Home Media, Outdoor, Over-50 Market, Pets, Pharmaceutical, Planning & Consultation, Point of Purchase, Point of Sale, Print, Radio, Regional, Retail, Seniors' Market, Social Marketing/Nonprofit, Social Media, Sponsorship, Sports Market, Strategic Planning/Research, Sweepstakes, T.V., Trade & Consumer Magazines, Travel & Tourism, Urban Market, Web (Banner Ads, Pop-ups, etc.), Women's Market

Doug Gladstone *(CEO & Chief Creative Officer)*
Gina Ladocsi *(CFO)*
Jim Bizier *(Creative Dir)*
Lindsay Sullivan *(Acct Svcs Dir)*
Elizabeth Harrison *(Mgr-Social Content)*

Accounts:
Baileys Coffee Creamer
Delta Blues Museum
Glove Up
Helluva Good!
HP Hood
Johnson & Johnson
School the World
TD Garden

BRAND COOL MARKETING INC
1565 Jefferson Rd Ste 280, Rochester, NY 14623
Tel: (585) 381-3350
Fax: (585) 381-3425
Web Site: www.brandcool.com

Employees: 19

Agency Specializes In: Advertising, Brand Development & Integration, Broadcast, Collateral, Content, Digital/Interactive, Email, Event Planning & Marketing, Internet/Web Design, Out-of-Home Media, Outdoor, Print, Search Engine Optimization, Social Media

Britton Rollins *(Mng Dir)*
Holly Barrett *(VP-Strategy & Insight)*
Sarah Gibson *(VP-Client Svcs)*
Whit Thompson *(Exec Creative Dir)*
Donna VonDerLinn *(Creative Dir)*
Andrea Zuegel *(Acct Dir)*
Kristin Clauss *(Dir-Fin & Ops)*
Christina Williams *(Dir-Procurement)*
Brie Trout *(Acct Supvr)*
Tom Colling *(Assoc Creative Dir)*

Accounts:
Rohrbach Brewing Company

BRAND DEFINITION
121 W 27th St Ste 1203, New York, NY 10001
Tel: (212) 660-2555
E-Mail: info@brand-definition.com
Web Site: www.brand-definition.com

Employees: 50

Agency Specializes In: Advertising, Brand Development & Integration, Content, Email, Event Planning & Marketing, Media Buying Services, Production, Public Relations, Social Media, Trade & Consumer Magazines

Terry Shea *(Acct Dir)*
Howard Carder *(Dir-Editorial)*
Chris Hertzog *(Dir-Digital Media Svcs)*
Philip Weiss *(Dir-Ops)*

Accounts:
Assa Abloy
Enterprise Ireland (North American Agency of Record) Content Strategy, Public Relations, Social Media
Harman International Industries Incorporated
Hitachi America Ltd
Legrand S A
Milestone Systems
NewTek
SunBriteTV LLC
Voter

BRAND ELEVEN ELEVEN
PO Box 10978, Bradenton, FL 34282
Tel: (941) 799-9079
E-Mail: connect@brand1111.com
Web Site: www.brand1111.com

Employees: 5

Agency Specializes In: Advertising, Brand

AGENCIES - JANUARY, 2019　　ADVERTISING AGENCIES

Development & Integration, Graphic Design, Internet/Web Design, Media Planning, Public Relations, Search Engine Optimization, Social Media

Melissa Link *(Owner)*

Accounts:
9 Minute Books

BRAND INNOVATION GROUP
(d/b/a Big Design & Advertising)
8902 Airport Dr Ste A, Fort Wayne, IN 46809
Tel.: (260) 469-4060
Fax: (260) 469-4050
Toll Free: (866) 469-4080
E-Mail: info@gotobig.com
Web Site: www.gotobig.com

Employees: 20
Year Founded: 1995

Agency Specializes In: Advertising, Brand Development & Integration, Broadcast, Collateral, Corporate Communications, Corporate Identity, Digital/Interactive, E-Commerce, Environmental, Faith Based, Graphic Design, Guerilla Marketing, Integrated Marketing, Internet/Web Design, Logo & Package Design, Media Buying Services, Mobile Marketing, Package Design, Paid Searches, Planning & Consultation, Public Relations, Sales Promotion, Search Engine Optimization, Social Media

Chad Stuckey *(Owner)*
Christina E. Egts *(VP-Client Svcs)*
Scott Stuckey *(Sr Dir-Art)*
Greg Becker *(Art Dir)*
John Crilly *(Acct Dir)*
Ben Hoeppner *(Art Dir)*
Neil Decook *(Acct Exec & Dir-Academy)*
Ben Gregory *(Dir-Strategy)*
Brady Wieland *(Mgr-Ops & Production)*
Heather Smith *(Acct Exec)*

Accounts:
Alliance Bank
The Andersons
Aunt Millie's Bakeries
Best Home Furnishings
Brotherhood Mutual Insurance Company
Centier Bank
David C. Cook
Ellison Bakery
Missionary Church
Prairie Quest Consulting (Agency of Record)
Rescue Mission Ministries
Skytech
Transformation Furniture
Turtletop
Uncle Ed's Oil Shoppe

Branch

AccessPoint
3925 River Crossing Pkwy Ste 60, Indianapolis, IN 46240
Tel.: (317) 525-8441
Fax: (317) 705-0263
E-Mail: info@xspt.com
Web Site: www.xspt.com

Employees: 12

Tom Downs *(Owner)*
Jeanne Nugent *(Exec VP-Client Svcs)*
Jill Hannigan *(VP-HR)*
Susan Keith *(Dir-HR)*

BRAND IT ADVERTISING
122 N Raymond Rd Ste 2, Spokane, WA 99206
Tel.: (509) 891-8300
Fax: (509) 891-8302
Web Site: http://www.branditadvertising.com/

Employees: 9

Agency Specializes In: Advertising, Corporate Identity, Logo & Package Design, Print, Radio, T.V.

Dan Mathews *(Owner)*
Michelle Dennison-Bunch *(Art Dir)*

Accounts:
Spokane Valley Cancer Center

BRAND LUCENCE
28 W. 36th St. Ste 901, New York, NY 10018
Tel.: (646) 770-1405
Web Site: www.brandlucence.com

Employees: 5
Year Founded: 2013

Agency Specializes In: Advertising, Affiliate Marketing, Alternative Advertising, Arts, Brand Development & Integration, Branded Entertainment, Business-To-Business, Collateral, Commercial Photography, Communications, Consulting, Consumer Goods, Consumer Marketing, Corporate Identity, Cosmetics, Digital/Interactive, Education, Email, Entertainment, Guerilla Marketing, High Technology, Identity Marketing, Integrated Marketing, Legal Services, Local Marketing, Multimedia, New Technologies, Planning & Consultation, Promotions, Public Relations, Publicity/Promotions, Strategic Planning/Research, Viral/Buzz/Word of Mouth, Web (Banner Ads, Pop-ups, etc.)

Sherri Valenti *(Founder)*

Accounts:
Kent Miller Photography

BRAND MATTERS INC.
220 Bay St Ste 600, PO Box 7, Toronto, ON M5J 2W4 Canada
Tel.: (416) 923-7476
Fax: (416) 352-0147
E-Mail: contact@brand-matters.com
Web Site: http://www.brand-matters.com/

Employees: 10

Agency Specializes In: Advertising, Brand Development & Integration

Patricia McQuillan *(Founder & Pres)*
Dwayne Brookson *(Dir-Creative)*
Ellen Cooper *(Brand Planner)*
Jeffrey Vanlerberghe *(Sr Designer & Strategist-Creative)*

Accounts:
Canada Life Assurance Company
Empire Life

BRAND SOCIETY
365 Canal St Ste 1500, New Orleans, LA 70130
Tel.: (504) 620-2996
E-Mail: info@joinbrandsociety.com
Web Site: www.joinbrandsociety.com

Agency Specializes In: Advertising, Brand Development & Integration, Business-To-Business, Digital/Interactive, Social Media

Troy Cox *(Mng Partner)*
Richard Rees *(Brand Mktg Mgr-Fish Fry Products-Louisiana)*

Accounts:
New-Louisiana Fish Fry Products

BRAND TANGO INC.
426 S Military Trl, Deerfield Beach, IL 33442
Tel.: (954) 295-7879
Fax: (954) 333-3764
Toll Free: (888) 318-3532
E-Mail: info@brand-tango.com
Web Site: http://www.brandtango.com/

Employees: 9
Year Founded: 2005

Agency Specializes In: Advertising, Brand Development & Integration, Graphic Design, Internet/Web Design, Social Media

James Kluetz *(Pres & Chief Creative Officer)*
Paul Cooper *(Assoc Creative Dir)*

Accounts:
AMResorts
Club Melia
Cruise & Excursions Inc.
Dial An Exchange
Karisma Resorts
Silverleaf Resorts Inc

THE BRAND UNION
(Merged with The Partners, Lambie-Nairn, Addison Group & VBAT to form Superunion)

BRAND33
1304 El Prado Ave Ste D, Torrance, CA 90501
Tel.: (310) 320-4911
Fax: (310) 320-2875
E-Mail: info@brand33.com
Web Site: www.brand33.com

Employees: 15

Agency Specializes In: Advertising, Brand Development & Integration, Internet/Web Design, Media Buying Services, Media Planning, Out-of-Home Media, Outdoor, Package Design, Print, Radio, Strategic Planning/Research

Michael D. Dean *(CEO)*
Tammy Mcnair *(Production Mgr)*
Lisa Teruya *(Sr Art Dir)*

Accounts:
GQ-6

BRANDADVISORS
512 Union St, San Francisco, CA 94133
Tel.: (415) 393-0800
Web Site: www.brandadvisors.com

Employees: 2

Agency Specializes In: Advertising, Market Research

Charles Rashall *(Founder, Pres & Chief Architect-Brand)*

BRANDDIRECTIONS
333 N. Commercial St, Neenah, WI 54956
Tel.: (920) 725-4848
Fax: (920) 725-9359
Toll Free: (800) 236-2189
E-Mail: info@brand-directions.com
Web Site: www.brand-directions.com

Employees: 40
Year Founded: 1955

National Agency Associations: Second Wind

ADVERTISING AGENCIES

Limited

Agency Specializes In: Advertising, Bilingual Market, Brand Development & Integration, Business Publications, Business-To-Business, Co-op Advertising, Collateral, Consulting, Consumer Publications, Corporate Identity, Customer Relationship Management, Direct Response Marketing, Education, Email, Food Service, Graphic Design, Internet/Web Design, Leisure, Logo & Package Design, Magazines, Media Buying Services, Newspaper, Newspapers & Magazines, Planning & Consultation, Point of Purchase, Point of Sale, Print, Production, Public Relations, Publicity/Promotions, Sponsorship, Strategic Planning/Research, Trade & Consumer Magazines, Travel & Tourism, Web (Banner Ads, Pop-ups, etc.)

Approx. Annual Billings: $7,900,000

Breakdown of Gross Billings by Media: Collateral: 15%; D.M.: 5%; Logo & Package Design: 65%; Point of Purchase: 2%; Strategic Planning/Research: 7%; Trade & Consumer Mags.: 2%; Worldwide Web Sites: 4%

Kristine R. Sexton *(Owner, Pres & CEO)*
Chip Ryan *(Creative Dir & Strategist-Brand)*
Kay Knorr *(Acct Exec)*

Accounts:
Appleton
Bemis Manufacturing
Kaytee Awesome Blends
Kimberly-Clark Corp.
Kraft
Laminations
Nature's Defense
SCA
WS Packaging

BRANDEMIX
31 W 34th St 7th Flr, New York, NY 10001
Tel.: (212) 947-1001
Fax: (800) 304-4891
Web Site: www.brandemix.com

Employees: 10
Year Founded: 1981

Agency Specializes In: Advertising, Brand Development & Integration, Corporate Communications, Digital/Interactive, Event Planning & Marketing, Internet/Web Design, Media Buying Services, Media Relations, Public Relations, Social Media

Jody Ordioni *(Pres & Chief Brand Officer)*
Kathryn Qureshi *(Client Svcs Dir)*

Accounts:
New-Epic Long Island

BRANDESIGN
137 South St, Hightstown, NJ 08520
Tel.: (609) 490-9700
E-Mail: info@brandesign.com
Web Site: www.brandesign.com

Employees: 5

Accounts:
Turkey Hill Dairy, Inc.

BRANDEXTRACT, LLC
7026 Old Katy Rd Ste 210, Houston, TX 77024
Tel.: (713) 942-7959
Fax: (713) 942-0032
Web Site: www.brandextract.com

Employees: 32

Agency Specializes In: Brand Development & Integration, Communications, Digital/Interactive

Jonathan Fisher *(Chm)*
Bo Bothe *(Pres & CEO)*
Greg Weir *(Partner & VP-Digital Mktg & Analytics)*
Malcolm Wolter *(VP-Digital)*
Cynthia Stipeche *(Dir-User Experience)*
Leigh Anne Bishop *(Project Mgr-Digital)*
Mary Becker *(Specialist-Content Mktg)*
Elizabeth Tindall *(Strategist-Brand)*

BRANDFIRE
555 8th Ave Ste 901, New York, NY 10018
Tel.: (212) 378-4236
E-Mail: info@brandfire.com
Web Site: www.brandfire.com

Employees: 6

National Agency Associations: 4A's

Agency Specializes In: Advertising, Brand Development & Integration, Collateral, Corporate Identity, Internet/Web Design, Logo & Package Design

Jesse Itzler *(Co-Founder)*
Adam Padilla *(Pres & Chief Creative Officer)*
Bryan Black *(Partner & Exec Creative Dir)*
Casey Hochberg *(Acct Dir)*
Miriam Quart *(Dir-Media & New Bus)*

Accounts:
Budweiser
Caroline Manzo BBQ
Coca-Cola
Enter Works Brand Identity
MasterCard
North Memorial Health Brand Video, Digital, OOH, Print, TV
Panda Plates Brand Awareness
Roadway Moving Campaign: "A nicer way to move"
Run DMC
Spanx
Sunsana Snacks Branding, Packaging
Tom Brady Logo Design
Zico Coconut Water

BRANDHIVE
146 W Pierpont Ave, Salt Lake City, UT 84101
Tel.: (801) 538-0777
Fax: (801) 538-0780
E-Mail: jeffhilton@brandhive.com
Web Site: www.brandhive.com

E-Mail for Key Personnel:
President: jeffhilton@brandhive.com

Employees: 15
Year Founded: 1996

National Agency Associations: PRSA

Agency Specializes In: Advertising, Brand Development & Integration, Business-To-Business, Children's Market, Consumer Marketing, Consumer Publications, Corporate Communications, Corporate Identity, Exhibit/Trade Shows, Graphic Design, Internet/Web Design, Logo & Package Design, Merchandising, Multimedia, New Product Development, Public Relations, Retail, Sales Promotion, Strategic Planning/Research

Approx. Annual Billings: $4,000,000

Breakdown of Gross Billings by Media: Graphic Design: 20%; Logo & Package Design: 20%; Pub. Rels.: 20%; Strategic Planning/Research: 10%; Trade & Consumer Mags.: 30%

Jeff Hilton *(Co-Founder & Partner)*
Matt Aller *(Partner & Creative Dir)*
James Fagedes *(Art Dir)*
Gail Frankoski *(Acct Dir)*
Giles Wallace *(Art Dir)*
Andy Yorkin *(Acct Dir)*
Meet Nagar *(Sr Acct Mgr)*
Heidi Rosenberg *(Sr Counsel-PR)*

Accounts:
AppleActiv Creative, Interactive, Media Buying, Public Relations
Bergstrom Nutrition Creative Development, Media Buying, OptiMSM, Public Relations, Strategic Planning

BRANDIENCE LLC
(Formerly Sunrise Advertising)
700 Walnut St Ste 500, Cincinnati, OH 45202
Tel.: (513) 333-4100
Fax: (513) 333-4101
E-Mail: bmann@brandience.com
Web Site: brandience.com

E-Mail for Key Personnel:
Creative Dir: JBrowning@sunriseadvertising.com

Employees: 20
Year Founded: 2003

Agency Specializes In: Advertising, Brand Development & Integration, Broadcast, Cable T.V., Co-op Advertising, Collateral, Communications, Consulting, Consumer Marketing, Consumer Publications, Corporate Communications, Electronic Media, Investor Relations, Local Marketing, Newspapers & Magazines, Product Placement, Production, Radio, Restaurant, Search Engine Optimization, Social Media, Sponsorship, T.V.

Brian McHale *(Owner & CEO)*
Tim Hogan *(Exec Creative Dir)*
Bill Brassine *(Media Dir)*
Todd Jessee *(Creative Dir)*
Angella Eidell *(Sr Acct Exec)*
Annie Collins *(Specialist-Social Media)*
Alex Hamm *(Specialist-Social Media)*

Accounts:
Papa John's
Skyline Chili; Cincinnati, OH; 1998

BRANDIGO
(Formerly Aloft Group, Inc.)
26 Parker St, Newburyport, MA 01950
Tel.: (978) 462-0002
Fax: (978) 462-4337
E-Mail: hello@brandigo.com
Web Site: brandigo.com

E-Mail for Key Personnel:
President: mbowen@aloftgroup.com
Creative Dir.: dcrane@aloftgroup.com

Employees: 15
Year Founded: 1996

National Agency Associations: AD CLUB-PAC-PRSA

Agency Specializes In: Advertising, Brand Development & Integration, Broadcast, Business-To-Business, Co-op Advertising, Collateral, Communications, Consulting, Consumer Marketing, Corporate Identity, Digital/Interactive, Direct Response Marketing, Electronic Media, Event Planning & Marketing, Exhibit/Trade Shows, Financial, Food Service, Graphic Design, Health Care Services, High Technology, Infomercials, Integrated Marketing, International, Internet/Web Design, Logo & Package Design, Media Relations, Media Training, Medical Products, New Product Development, Planning & Consultation,

AGENCIES - JANUARY, 2019 — ADVERTISING AGENCIES

Podcasting, Point of Purchase, Point of Sale, Print, Public Relations, Publicity/Promotions, Radio, Sales Promotion, Sponsorship, Strategic Planning/Research, T.V., Trade & Consumer Magazines, Travel & Tourism, Viral/Buzz/Word of Mouth

Approx. Annual Billings: $13,800,000

Breakdown of Gross Billings by Media: Collateral: 5%; D.M.: 10%; Event Mktg.: 3%; Foreign: 12%; Mdsg./POP: 5%; Pub. Rels.: 15%; Radio & T.V.: 15%; Strategic Planning/Research: 10%; Trade & Consumer Mags.: 15%; Worldwide Web Sites: 10%

Matt Bowen *(Pres-Brandigo-North America)*
Tracy Hartman *(Dir-Comm)*
Chris Maynard *(Dir-Fin & Talent)*

Accounts:
ADP Taxware; Wakefield, MA; 2005
Beacon Partners, Inc.; Weymouth, MA; 2006
Beam Global Spirits and Wines
Disney/MGM Studios
Dunkin' Donuts
GeoDeck; Green Bay, WI Composite Decking & Railing Systems; 2003
Harvard Business School Publishing
New England Development; Waltham, MA; 2006
Nuance/Dictaphone; Burlington, MA Ex-Speech, PowerScribe; 2001
Zipcar; Cambridge, MA; 2005

BRANDIMAGE DESGRIPPES & LAGA
1918 W Walnut St, Chicago, IL 60612
Tel.: (847) 291-0500
Fax: (847) 291-0516
E-Mail: nb@brand-image.com
Web Site: www.brand-image.com

Employees: 300
Year Founded: 1971

Agency Specializes In: Brand Development & Integration, Graphic Design, Internet/Web Design, Package Design, Sponsorship

Howard Alport *(Principal)*
Marc C. Fuhrman *(VP-Acct Dev)*

Accounts:
Air France-KLM Group
AOL; New York, NY
Banana Republic; Grove City, OH
Black & Decker
The Credit Agricole Group
Fauchon; New York, NY
General Mills; Minneapolis, MN
Nestle; Switzerland
Payless Holdings
Sky Team
Staples
Telefonica
Toto; GA
Vicaima

BRANDING IRON MARKETING
3119 Bristol Hwy, Johnson City, TN 37601-1564
Tel.: (423) 202-3252
Fax: (423) 202-3252
Web Site: brandingiron.com/

Employees: 10

Agency Specializes In: Advertising

Scott Emerine *(Owner)*
Sheila Reed *(Coord-Mktg & PR)*

Accounts:
Dallas Avionics

BRANDINGBUSINESS
1 Wrigley, Irvine, CA 92618
Tel.: (949) 625-6597
Fax: (949) 586-1201
Web Site: www.brandingbusiness.com

Employees: 25
Year Founded: 1985

Agency Specializes In: Brand Development & Integration, Business Publications, Business-To-Business, Direct Response Marketing, E-Commerce, Health Care Services, High Technology, Industrial, Information Technology, Internet/Web Design, Medical Products, Public Relations, Real Estate, Trade & Consumer Magazines

Approx. Annual Billings: $40,000,000

Ryan Rieches *(Founder & Partner-Strategy)*
Raymond W. Baird, II *(Founder)*
Michael Dula *(Chief Creative Officer)*
Alan Brew *(Principal)*
Derek Wilksen *(Exec VP)*
Andrea Fabbri *(Dir-Strategy)*
Dustin King *(Dir-Brand Mgmt)*
Pam Walker *(Dir-Fin & HR)*

Accounts:
ABM Industries
American Airlines Cargo Campaign: "Did You Know?"
BFS Capital
Booker Brand Positioning, Brand Strategy
Children's National Medical Center; Washington, D.C Brand Agency Of Record
Custom Building Products
Hitachi Consulting
Huawei Technologies USA Campaign: "Promise of the Future"
McKissack & McKissack
OneOC Campaign: "Accelerating Nonprofit Success"
Schreiber Foods Brand Strategy
Sharp
Skillsoft Brand Positioning, Integrated Brand Strategy
Toshiba
Toyota

THE BRANDMAN AGENCY
261 5th Ave Fl 22, New York, NY 10016
Tel.: (212) 683-2442
Fax: (212) 683-2022
Web Site: http://thebrandmanagency.com/

Employees: 26

Agency Specializes In: Broadcast, Communications, Crisis Communications, Electronics, Event Planning & Marketing, Food Service, Local Marketing, Media Training, Print, Product Placement, Promotions, Public Relations, Publicity/Promotions, Restaurant, Strategic Planning/Research

Revenue: $2,000,000

Melanie Brandman *(Founder & CEO)*
Kristen Vigrass *(Pres)*
Kirsten Magen *(Sr VP)*
Daphna Barzilay *(VP-Partnerships & Brand Dev)*
Stephanie Krajewski *(VP)*
Lee Edelstein *(Acct Dir)*
Emily Grubb *(Acct Dir)*
Harley S. Landsberg *(Sr Acct Exec)*

Accounts:
Ambassador Chicago; 2017
Barbados Tourism Authority
Belmond
BodyHoliday; 2018
COMO Hotels & Resorts
Context Travel; 2018
Crystal Cruises LLC (Public Relations Agency of Record); 2018
Destination Hotels & Resorts
Exclusive Resorts
FRHI Hotels & Resorts
Grand Hotel Tremezzo Public Relations
Independent Collection (Public Relations Agency of Record)
InterContinental San Diego (Agency of Record) Strategic; 2018
JetSuite, Inc. (Agency of Record) Travel & Lifestyle; 2018
Kensington Tours
La Mamounia
Loews Hollywood Hotel
Los Angeles Tourism & Convention Board
Molori Private Retreats
Moxy Times Square (Agency of Record) Global Strategy, Media Relations
Munge Leung
New-Nikki Beach Barbados Global Strategy, Media Relations; 2018
Oberoi Hotels & Resorts
Orion Expedition Cruises
Palmer House Hilton
Park Hyatt New York
Qantas Airlines (Agency of Record)
The Ritz-Carlton Hotel Company
Scottsdale Convention & Visitors Bureau Communications
The Setai Miami Beach
Tourism Council of Bhutan
Urban Resort Concepts The RuMa Hotel & Residences; 2018
Visit Victoria

Branch

The Brandman Agency Inc.
8444 Wilshire Blvd Fl 7, Beverly Hills, CA 90211
Tel.: (323) 944-0064
E-Mail: la@thebrandmanagency.com
Web Site: www.thebrandmanagency.com

Employees: 30

Agency Specializes In: Event Planning & Marketing, Media Relations, Public Relations, Social Media

Ty Bentsen *(Mng Dir)*
Daphna Barzilay *(VP-Partnerships & Brand Dev)*
Stephanie Krajewski *(VP)*
Alison Peters *(Acct Mgr)*
Hannah Townsend *(Sr Acct Exec)*

Accounts:
A Rosa River Cruises
LA Tourism & Convention Board
Scottsdale Convention & Visitors Bureau
Uncle Nearest 1856 Premium Whiskey; 2018
Worldview Travel

BRANDNER COMMUNICATIONS, INC.
32026 32nd Ave S, Federal Way, WA 98001
Tel.: (253) 661-7333
Fax: (253) 661-7336
E-Mail: kbrandner@brandner.com
Web Site: www.brandner.com

Employees: 29
Year Founded: 1988

Agency Specializes In: Advertising

Stephen Henry *(Creative Dir)*
Kimberly Brandner *(Dir-Mktg & Client Svcs)*
Paul Brandner *(Dir-Ops)*

ADVERTISING AGENCIES

Brad Loveless *(Mgr-Mktg)*
Ashley Nagley *(Mgr-Digital Mktg)*
Scott Donnelly *(Acct Supvr)*
Natasha Valach *(Acct Supvr)*
Karlie Kirk *(Acct Exec-PR)*

Accounts:
ChoiceDek
Coffman Stairs
Lyptus
Microsoft Corporation
Puget Sound Fly Co.
QLube
Simpson Door
Travis Industries
Vitro America
Weyerhauser

THE BRANDON AGENCY
3023 Church St, Myrtle Beach, SC 29577
Tel.: (843) 916-2000
Fax: (843) 916-2050
Web Site: www.thebrandonagency.com/

E-Mail for Key Personnel:
President: sbrandon@brandonadvertising.com

Employees: 38
Year Founded: 1959

National Agency Associations: DMA-Second Wind Limited

Agency Specializes In: Advertising, Aviation & Aerospace, Co-op Advertising, Direct Response Marketing, E-Commerce, Electronic Media, Environmental, Financial, Health Care Services, Information Technology, Leisure, Logo & Package Design, Media Buying Services, Medical Products, Out-of-Home Media, Public Relations, Real Estate, Retail, Strategic Planning/Research, Travel & Tourism

Approx. Annual Billings: $22,000,000

Breakdown of Gross Billings by Media: Brdcst.: $7,000,000

Tyler Easterling *(Pres & COO)*
Scott Brandon *(CEO)*
Cary Murphy *(Reg Pres & Grp Creative Dir)*
Andy Kovan *(Exec VP & Dir-Acct Plng & Dev)*
Shelby Greene *(VP & Media Dir)*
Kirby Groome *(Jr Art Dir)*
Missy Thompson *(Creative Dir)*
Jonathan Williams *(Creative Dir)*
Nick McNeill *(Dir-Interactive)*
Shawn Murray *(Dir-IT)*
Christie De Antonio *(Acct Mgr)*
John Lennon *(Acct Mgr)*
Valerie Roy *(Acct Mgr)*
Lisa Capparella *(Mgr-Acctg)*
Emily Trogdon *(Mgr-PR)*
Lindsey Waltz *(Mgr-Traffic)*
Lauren Jones *(Media Buyer)*
Alex Hagg *(Coord-Media)*
Colin Cady *(Assoc Creative Dir)*
Cassidy Graves *(Assoc-Social Media)*
Courtney Olbrich *(Assoc Media Dir)*
Annette Shepherd *(Sr Program Mgr)*
Chelsey Strife *(Jr Media Buyer)*

Accounts:
Anderson Brothers Bank
Beaufort Regional Chamber of Commerce Creative Development, Enrichment, Interactive, Media Planning & Buying, PR, Social Media
The Belle W. Baruch Foundation Content Creation, Design, Hobcaw Barony, Paid Media, Public Relations, Strategic Marketing; 2018
Blue Force Gear (Agency of Record) Analytics, Communications Planning, Content, Creative Development, Digital, Ecommerce, Media Planning, Public Relations, Social Media
Brittain Resorts & Hotels
Broadway at the Beach
Burroughs & Chapin Company
Caledonia Golf & Fish Club; Pawleys Island, SC Daily Fee Golf
Cast Audio Poster
CBL & Associates
CresCom Bank
Daytona Beach Area Convention & Visitors Bureau
Edisonlearning
Farmers Telephone Cooperative Campaign: "Sketchy"
Green Giant
Hampton Farms E-Commerce, Public Relations, SEO, Social Media, Strategy, Website Management
Harsco Rail Content Creation & Design, Photography, Public Relations, Social Media, Video
High Point Regional Health System Stitches
Hook + Gaff (Agency of Record) Brand Development, Content Development, Creative, Digital Marketing, Interactive, Media Planning & Analytics, Public Relations, Retail & Outdoor, Retail System Management, Search Engine Marketing, Shopper Marketing, Social Media, Website Development
The Litchfield Company; Litchfield Beach, SC Real Estate
Marina Inn
Myrtle Beach Golf Holiday; Myrtle Beach, SC Golf Vacation Destination
Myrtle Beach National Co.; Myrtle Beach, SC Daily Fee Golf
Myrtle Beach South Carolina Chamber of Commerce
National Golf Management
Pearson Farm Email Marketing, Paid Digital Media, Social Media Strategy; 2018
Pine Lakes Country Club
Rensant Bank; Myrtle Beach, SC
Rensant Bank
RePower South Creative, Marketing, Public Relations, SEO, Social Media, Website
RJ Rockers Gruntled Pumpkin Ale
Security Finance Brand Messaging Strategy, Website Platform; 2018
Sonesta Gwinnett Place
Sonesta Resort Hilton Head Island
South Carolina Tobacco Collaborative Campaign: "Smoke Free Horry"
Southeast Georgia Health System Marketing Communications; 2017
Southern Tide, LLC
SpiritLine Cruises
Springs Creative Products Group
Wild Dunes Real Estate
Williams Knife Company Culinary Arts, Precious Mettle

BRANDOPUS
524 Broadway 11th Fl, New York, NY 10012
Tel.: (646) 854-5512
E-Mail: info@brandopus.com
Web Site: www.brandopus.com

Year Founded: 2006

Agency Specializes In: Advertising, Brand Development & Integration, Content, Corporate Communications, New Product Development, Package Design, Public Relations, Social Media, Strategic Planning/Research

Lisa Shirtcliffe *(Partner & CFO)*
Paul Taylor *(Partner & Chief Creative Officer-UK)*
Nir Wegrzyn *(CEO-Australia & Partner)*
Louise de Ste. Croix *(Partner & Dir-Client Dev-UK)*
John Ramskill *(Exec Creative Dir)*
Leo Hadden *(Assoc Partner-UK & Dir-Strategy)*

Accounts:
9Nine
New-Allied Bakeries Kingsmill
Badger Design
New-Britvic Soft Drinks Ltd. Architecture, Brand Strategy, Global, Packaging Design & Development, Thomas & Evans, Visual Identity; 2018
New-Dairy Crest Limited Clover
New-Lil Lets UK Limited
New-Molson Coors Brewing Company Carling
New-Willies Cacao Ltd

BRANDSCAPES
16333 Ohio St, Omaha, NE 68116
Tel.: (402) 933-8822
Web Site: www.mybrandscapes.com

Employees: 10
Year Founded: 2006

Agency Specializes In: Affiliate Marketing, Alternative Advertising, Branded Entertainment, Broadcast, Business Publications, Cable T.V., Catalogs, Collateral, Consumer Publications, Custom Publishing, Digital/Interactive, Direct Response Marketing, Electronic Media, Email, Exhibit/Trade Shows, Experience Design, Guerilla Marketing, In-Store Advertising, Local Marketing, Multimedia, Newspaper, Newspapers & Magazines, Out-of-Home Media, Outdoor, Paid Searches, Point of Purchase, Point of Sale, Print, Production (Print), Promotions, Publishing, RSS (Really Simple Syndication), Radio, Search Engine Optimization, Social Media, Sponsorship, T.V., Trade & Consumer Magazines, Viral/Buzz/Word of Mouth, Web (Banner Ads, Pop-ups, etc.), Yellow Pages Advertising

Breakdown of Gross Billings by Media: Brdcst.: 30%; Collateral: 30%; Mags.: 30%; Worldwide Web Sites: 10%

John Hardy *(Pres)*

Accounts:
Advantage Financial Group Credit Counseling, Mortgage Lending; 2010
AmeriFirst Finance Home Improvement Loans & Lending; 2006
Be Well MD Senior Health Care; 2015
Charter Hill Partners Business Consulting; 2014
Council Bluffs Community School District; 2009
Life Care Associates Health Care Products & Supplies; 2012
McGrath North Legal Services; 2011
Omaha Orthopedic Clinic Sports Medicine; 2016
Protex Central Fire, Security & Life Safety Systems; 2012
Spirit World Wine & Deli; 2011
Sunderland Brothers Cabinets, Countertops, Interior Supplies, Stone, Tile; 2012
U-Fillem, Inc. Petroleum Supplies & Products; 2013
West Corporation Technology-Enabled Communications; 2009

BRANDSTAR
3860 N Powerline Rd, Deerfield Beach, FL 33073
Tel.: (844) 200-2525
E-Mail: info@brandstar.com
Web Site: www.brandstar.com

Employees: 130

Agency Specializes In: Advertising, Brand Development & Integration, Content, Internet/Web Design, Media Planning, Media Relations, Public Relations, Search Engine Optimization, Social Media

Mark Alfieri *(Founder, CEO & Exec Producer)*
Doug Campbell *(Founder & Chief Revenue Officer)*
Carmen Feinberg *(COO)*
Ken Bowser *(Chief Creative Officer & Exec VP)*

Andrea Kraft *(VP-Mktg)*
Jose Oscar Rodriguez *(Creative Dir-Creative Svcs)*
Ginger Marks *(Mgr-Social Media)*

Accounts:
New-Days for Girls
New-Lightking Outdoor

Branch

Media Connect Partners LLC
3860 N POwerline Rd, POmpano Beach, FL 33073
(See Separate Listing)

BRANDSWAY CREATIVE
77-79 Ludlow St 2nd Fl, New York, NY 10002
Tel.: (212) 966-7900
Fax: (212) 966-7909
E-Mail: contact@brandswaycreative.com
Web Site: www.brandswaycreative.com

Employees: 5

Agency Specializes In: Advertising, Brand Development & Integration, Corporate Identity, Public Relations

Kelly Brady *(Partner)*
Karin Finnstrom *(Acct Exec)*

Accounts:
Pictoguard
Socialyte (Agency of Record)

BRANDSYMBOL
8845 Red Oak Blvd, Charlotte, NC 28217
Tel.: (704) 625-0106
Web Site: www.brandsymbol.com

Employees: 20
Year Founded: 2012

Agency Specializes In: Brand Development & Integration, Business-To-Business, Collateral, Corporate Identity, Experience Design, Graphic Design, High Technology, International, Local Marketing, Logo & Package Design, Market Research, New Product Development, Package Design, Print

Clayton Tolley *(Pres & CEO)*
Doug Rand *(Sr VP)*
Casey Peebles *(Sr Mgr-Mktg Ops)*
David Plaisance *(Mgr-Digital Mktg)*
Rich George *(Chief Brand Strategy Officer-Cultivation Div)*

Accounts:
GE
Nikon

BRANDTAILERS
1501 Quail St #210, Newport Beach, CA 92660
Tel.: (949) 442-0500
Fax: (949) 442-2886
E-Mail: info@brandtailers.com
Web Site: www.brandtailers.com/

Employees: 15

Agency Specializes In: Above-the-Line, Advertising, Advertising Specialties, Affiliate Marketing, Affluent Market, African-American Market, Agriculture, Alternative Advertising, Arts, Asian Market, Automotive, Aviation & Aerospace, Below-the-Line, Bilingual Market, Brand Development & Integration, Branded Entertainment, Broadcast, Business Publications, Business-To-Business, Cable T.V., Catalogs, Children's Market, Co-op Advertising, Collateral, College, Commercial Photography, Communications, Computers & Software, Consulting, Consumer Goods, Consumer Marketing, Consumer Publications, Content, Corporate Communications, Corporate Identity, Cosmetics, Crisis Communications, Customer Relationship Management, Digital/Interactive, Direct Response Marketing, Direct-to-Consumer, E-Commerce, Education, Electronic Media, Electronics, Email, Engineering, Entertainment, Environmental, Event Planning & Marketing, Exhibit/Trade Shows, Experience Design, Faith Based, Fashion/Apparel, Financial, Food Service, Government/Political, Graphic Design, Guerilla Marketing, Health Care Services, High Technology, Hispanic Market, Hospitality, Household Goods, Identity Marketing, In-Store Advertising, Industrial, Infomercials, Information Technology, Integrated Marketing, International, Internet/Web Design, Investor Relations, LGBTQ Market, Legal Services, Leisure, Local Marketing, Logo & Package Design, Luxury Products, Magazines, Marine, Market Research, Media Buying Services, Media Planning, Media Relations, Media Training, Medical Products, Men's Market, Merchandising, Mobile Marketing, Multicultural, Multimedia, New Product Development, New Technologies, Newspaper, Newspapers & Magazines, Out-of-Home Media, Outdoor, Over-50 Market, Package Design, Paid Searches, Pets , Pharmaceutical, Planning & Consultation, Point of Purchase, Point of Sale, Print, Production, Production (Ad, Film, Broadcast), Production (Print), Promotions, Public Relations, Publicity/Promotions, Publishing, RSS (Really Simple Syndication), Radio, Real Estate, Recruitment, Regional, Restaurant, Retail, Sales Promotion, Search Engine Optimization, Seniors' Market, Shopper Marketing, Social Marketing/Nonprofit, Social Media, South Asian Market, Sponsorship, Sports Market, Stakeholders, Strategic Planning/Research, Sweepstakes, T.V., Technical Advertising, Teen Market, Telemarketing, Trade & Consumer Magazines, Transportation, Travel & Tourism, Tween Market, Urban Market, Viral/Buzz/Word of Mouth, Web (Banner Ads, Pop-ups, etc.), Women's Market, Yellow Pages Advertising

Cheril Hendry *(Pres & CEO)*
Monica Lyons *(Media Dir)*
Kristen Roberts *(Acct Svcs Dir)*
Ishmael Salleh *(Art Dir)*
Jesse Childers *(Mgr-Graphics Dept)*
Katherine Dahl *(Mgr-Digital Strategy)*

Accounts:
G-Link

BRANDTOPIA GROUP
2831 St Rose Pkwy Ste 450, Henderson, NV 89052
Tel.: (702) 589-4742
Fax: (702) 589-4743
E-Mail: info@brandtopiagroup.com
Web Site: http://brandtopiagroup.com

Employees: 2

Agency Specializes In: Advertising, Brand Development & Integration, Broadcast, Digital/Interactive, Internet/Web Design, Media Planning, Print, Radio, Search Engine Optimization, Social Media

Richard Sherman *(VP-Media Svcs)*
Craig Swanson *(Exec Creative Dir)*

Accounts:
Charley Ray

BRANDTRUST
444 N Michigan Ave Fl 3100, Chicago, IL 60611
Tel.: (312) 440-1833
Fax: (312) 440-9987
E-Mail: info@brandtrust.com
Web Site: www.brandtrust.com

Employees: 20
Year Founded: 1982

Agency Specializes In: Brand Development & Integration, Print, Strategic Planning/Research

Approx. Annual Billings: $5,500,000

Daryl Travis *(CEO)*
Carmie Stornello *(Partner-HR)*
Beth Wozniak *(Fin Dir)*
Dave Healing *(Grp Dir-Client Svcs)*
Erin O'Hare-Kelly *(Grp Dir-Bus Dev & Mktg)*
Ed Jimenez *(Creative Dir)*
Christian Lauffer *(Dir-Client Svc & Insights)*
Meghan Bryan *(Sr Mgr-Client Dev)*
Sophia Tang *(Strategist-Client Dev, Insights & Analytics)*
Gillian Carter *(Sr Mktg Mgr-Client Dev)*

Accounts:
BUNN
Eli Lilly
General Mills
Harley-Davidson
Kraft
PepsiCo Quaker, Tropicana
Walmart

BRANDTUITIVE
275 Madison Ave Ste 1700, New York, NY 10016
Tel.: (646) 790-5701
Web Site: www.brandtuitive.com

Employees: 6
Year Founded: 2010

Agency Specializes In: Advertising, Advertising Specialties, Affluent Market, Bilingual Market, Brand Development & Integration, Business Publications, Business-To-Business, Catalogs, Communications, Consulting, Consumer Goods, Consumer Marketing, Content, Corporate Communications, Corporate Identity, Cosmetics, Customer Relationship Management, Digital/Interactive, Direct Response Marketing, E-Commerce, Email, Event Planning & Marketing, Exhibit/Trade Shows, Experience Design, Financial, Food Service, Government/Political, Graphic Design, Guerilla Marketing, Health Care Services, High Technology, Hispanic Market, Hospitality, Household Goods, Identity Marketing, Industrial, Information Technology, Integrated Marketing, International, Internet/Web Design, Investor Relations, Logo & Package Design, Luxury Products, Market Research, Men's Market, Multicultural, New Product Development, New Technologies, Newspaper, Out-of-Home Media, Outdoor, Package Design, Pharmaceutical, Planning & Consultation, Point of Purchase, Print, Product Placement, Publicity/Promotions, Regional, Restaurant, Retail, Sales Promotion, Shopper Marketing, Social Marketing/Nonprofit, Social Media, Sports Market, Stakeholders, Strategic Planning/Research, Urban Market, Women's Market

Approx. Annual Billings: $1,500,000

Jeanine Debar *(Pres)*
Todd Brenard *(Chief Strategy Officer)*
Anelise Carneiro *(Sr Brand Mgr-Mktg)*
Elle Gillen *(Sr Mgr-Brand Mktg)*

Accounts:
American Lumber; 2013
Jane Carter; 2014

ADVERTISING AGENCIES

MRCE; 2013
Nespresso; 2010
Simply Wine
Terminal Lumber (TFP); 2014

BRANDWISE
3420 Kelvin Ave, Fort Worth, TX 76133
Tel.: (817) 773-5366
Web Site: www.getbrandwise.com

Employees: 2
Year Founded: 1999

Agency Specializes In: Advertising, Advertising Specialties, Brand Development & Integration, Business Publications, Business-To-Business, Catalogs, Collateral, Corporate Communications, Corporate Identity, Direct Response Marketing, Email, Environmental, Exhibit/Trade Shows, Graphic Design, Health Care Services, High Technology, Identity Marketing, Integrated Marketing, Internet/Web Design, Logo & Package Design, Multimedia, Newspaper, Out-of-Home Media, Outdoor, Package Design, Pharmaceutical, Print, Sales Promotion, Search Engine Optimization

Breakdown of Gross Billings by Media: Collateral: 30%; D.M.: 15%; Exhibits/Trade Shows: 8%; Logo & Package Design: 20%; Strategic Planning/Research: 2%; Worldwide Web Sites: 25%

Dale Berkebile *(CEO & Partner-Bus Growth)*
Randy Quade *(CTO)*
Bill Miller *(VP-Data Svcs)*

BRANDWIZARD
130 Fifth Ave, New York, NY 10011
Tel.: (212) 798-7600
Web Site: http://interbrand.com/

Employees: 1,200

Charles Trevail *(CEO)*
Andrew Michael Payne *(Chief Creative Officer-Interbrand)*
Hermann Behrens *(Chief Growth Officer-North America)*

Accounts:
AC Delco
American Cancer Society
AT&T Communications Corp.
General Motors
HP
Hyatt
Mercedes-Benz
National Geographic

BRANGER_BRIZ
261 Ne 1St St Fl 3, Miami, FL 33132
Tel.: (305) 893-8858
Web Site: www.brangerbriz.com

Employees: 14
Year Founded: 1998

Agency Specializes In: Advertising, Digital/Interactive

Paul Briz *(Partner & CTO)*
Ramon Branger *(Partner)*

BRASCO DESIGN + MARKETING
305 W Martin St, Raleigh, NC 27601
Tel.: (919) 745-8091
Web Site: brasco.marketing

Employees: 25

Year Founded: 2004

Agency Specializes In: Advertising, Brand Development & Integration, Graphic Design, Internet/Web Design, Public Relations, Search Engine Optimization, Strategic Planning/Research

Brian Batchelor *(Founder & Creative Dir)*
Brandon Ives *(Partner)*
Cady May *(Acct Mgr-Mktg)*

Accounts:
Family Dermatology
NC Egg Association
Riley Life Logistics
Triangle Entrepreneurship Week

BRASHE ADVERTISING, INC.
471 N Broadway, Jericho, NY 11753
Tel.: (516) 935-5544
Fax: (516) 932-7264
E-Mail: info@brashe.net
Web Site: http://www.brashe.net/

Employees: 5
Year Founded: 1977

Agency Specializes In: Advertising, Advertising Specialties, Automotive, Broadcast, Business Publications, Business-To-Business, Cable T.V., Co-op Advertising, Collateral, Communications, Consumer Marketing, Consumer Publications, Corporate Identity, Education, Electronic Media, Financial, Government/Political, Graphic Design, Health Care Services, Industrial, Internet/Web Design, Legal Services, Leisure, Local Marketing, Logo & Package Design, Magazines, Media Buying Services, Medical Products, Merchandising, Multimedia, New Product Development, Newspaper, Newspapers & Magazines, Out-of-Home Media, Outdoor, Planning & Consultation, Point of Purchase, Point of Sale, Print, Production, Public Relations, Publicity/Promotions, Radio, Real Estate, Recruitment, Retail, Sales Promotion, T.V., Trade & Consumer Magazines

Approx. Annual Billings: $10,209,000

Breakdown of Gross Billings by Media: Bus. Publs.: $189,000; Cable T.V.: $410,000; Consumer Publs.: $65,000; D.M.: $215,000; Fees: $368,000; Mags.: $85,000; Newsp.: $7,222,000; Point of Purchase: $185,000; Point of Sale: $200,000; Pub. Rels.: $95,000; Radio: $550,000; Radio & T.V.: $250,000; T.V.: $375,000

Jeffrey Cherkis *(Pres)*

Accounts:
Association of Handicapped & Retarded Children (AHRC); Brookville, NY (Recruitment); 1998
Deutsch Relays Inc.; East Northport, NY (Recruitment) Relay Electronics; 1997
The First National Bank of Long Island; Glen Head, NY (Recruitment); 1998
Life's WORC Recruitment
Nassau BOCES Recruitment
National Institute of Allergy and Infectious Diseases (NIAID) Recruitment
Nu Horizons Electronics; Amityville, NY (Recruitment) Electronics; 1997
SCO Family of Services Recruitment; 1999
U.S. Government Census Bureau (Recruitment)

BRATSKEIR & CO
152 Madison Ave, New York, NY 10016
Tel.: (212) 679-2233
Web Site: www.bratskeir.com

Employees: 50
Year Founded: 1989

Agency Specializes In: Advertising, Content, Corporate Communications, Digital/Interactive, Entertainment, Event Planning & Marketing, Media Relations, Public Relations, Social Media, Strategic Planning/Research

Allyn Seidman *(CEO)*
Patricia Rappaport *(Exec VP)*
Lara Casse *(VP)*
Lauren A. Clements *(VP)*
Samantha Zink *(Mgr-Social Media & Sr Acct Exec)*
Nikki-Ann Croney *(Sr Acct Exec-Beauty)*
Teona Ostrov *(Sr Media Dir)*

Accounts:
New-Fusion Brands America Inc Clean Reserve
New-HESED USA LLC Frudia
New-Merrell
New-Profoot Inc
New-Revlon Inc
New-Texturemedia Inc
New-Timex Corporation Public Relations, Social Media

BRAVADA CONSUMER COMMUNICATIONS INC.
105 Park St, Waterloo, ON N2L 1Y3 Canada
Tel.: (519) 745-1333
Fax: (519) 742-1791
Toll Free: (866) 727-2823
E-Mail: info@bravada-cci.com
Web Site: www.bravada-cci.com

Employees: 10

Agency Specializes In: Advertising, Corporate Identity, Package Design, Print, Production, Production (Ad, Film, Broadcast), Production (Print), Radio

Jeff Funston *(Owner & Creative Dir)*

Accounts:
Ace Hardware
BIOREM
Grand River Hospital
Onward Manufacturing Company Ltd.
Pfalzgraf Patisserie
True Value Hardware

BRAVE PEOPLE
1613 N Franklin St, Tampa, FL 33602
Tel.: (813) 644-9555
E-Mail: hello@bravepeople.co
Web Site: www.bravepeople.co

Employees: 9

Agency Specializes In: Advertising, Brand Development & Integration, Digital/Interactive, Internet/Web Design

Gabe Lopez *(Founder & CEO)*
John Miseroy *(Dir-Ops)*
Bryce Walter *(Dir-Digital)*
Ben Lopez *(Sr Designer-Visual)*

Accounts:
Ditto Residential
Watsi

THE BRAVO GROUP HQ
601 Brickell Key Drive Ste 1100, Miami, FL 33131
Tel.: (305) 503-8000
E-Mail: contact@bebravo.com
Web Site: www.bebravo.com

Employees: 144
Year Founded: 1980

National Agency Associations: 4A's

AGENCIES - JANUARY, 2019   ADVERTISING AGENCIES

Agency Specializes In: Advertising, Hispanic
Market, Sponsorship

Approx. Annual Billings: $275,000,000

Eric Hoyt *(Pres & COO)*
Renee Lavecchia *(Chief Client Officer)*
Federico Hauri *(VP & Exec Creative Dir)*
Marcos Moure *(VP & Creative Dir)*
Juan Mantilla *(VP-Strategic Plng)*
Martin Menendez *(Acct Dir)*
Rosanna Perez *(Acct Supvr)*
Marquis Duncan *(Supvr-Digital Media)*
Ricardo Chuecos *(Assoc Creative Dir)*
Abel Pena *(Sr Media Planner-Integrated & Buyer)*

Accounts:
Airplane
AT&T Communications Corp AT&T Wireless; 1989
Bi-Lo Winn-Dixie
Chevron
Church
CVS Pharmacy
Famous Footwear
Fishing
General Mills Advertising, Display, Ecommerce,
   Multi-Cultural, Shopper Insights, Shopper-
   Marketing
Lost & Missing
Mazda North American Operations
Medalla Light
Pfizer
PopClik Headphones
Tampico
Wendy's Campaign: 'Mucho Mejor"
The Wm. Wrigley Jr. Company Eclipse
Women In Distress

The Bravo Group
233 N Michigan Ave Ste 1600, Chicago, IL 60601-
5518
Tel.: (312) 846-4461
Fax: (312) 596-3130
Web Site: www.bebravo.com

Employees: 3

National Agency Associations: 4A's

BRAVO MEDIA
145 W 28th St, New York, NY 10001
Tel.: (212) 563-0054
E-Mail: info@bravomedia.com
Web Site: http://www.bravomedia.com/

Employees: 50

Agency Specializes In: Brand Development &
Integration, Production, Production (Ad, Film,
Broadcast)

Ryan Eugene Kelley *(Founder)*
Tim Donovan *(Principal)*

Accounts:
Def Jam Recordings
HBO
Johnson & Johnson
LG
MTV
RCA
Sony
Unilever
Universal

BRAVURA ADVERTISING & DESIGN
5131 Post Rd, Dublin, OH 43017
Tel.: (614) 798-2137
Fax: (614) 798-4846
Web Site: www.bravuraad.com

Employees: 12

Agency Specializes In: Advertising, Brand
Development & Integration, Media Planning, Print,
Social Media

Jennifer Ballinger *(Principal)*

Accounts:
Chevrolet of Dublin

BREAKAWAY
399 Boylston St 5th Fl, Boston, MA 02116
Tel.: (617) 399-0635
Web Site: https://breakaway.com/

Employees: 25
Year Founded: 2006

Agency Specializes In: Brand Development &
Integration, Content, Customer Relationship
Management, Digital/Interactive, Print, Public
Relations, Search Engine Optimization

Tom Jump *(Pres)*
Dennis Baldwin *(CEO)*
John Burns *(CEO)*
Ted Schlueter *(CEO)*
Scott Maney *(Partner & Chief Creative Officer)*
Chaz Bertrand *(Mng Dir)*
David Knies *(Chief Strategy Officer & Chief
   Growth Officer)*
Hannah Moore *(Sr Brand Mgr)*
Celia Misra *(Acct Supvr)*
Liam Corrigan *(Designer)*

Accounts:
Drizly, Inc.
Oath Pizza
Polartec (Public Relations Agency of Record)
Verts Mediterranean Grill (Agency of Record)
   Creative Development, Digital, Experiential
   Marketing, Media Relations, Social

BREENSMITH ADVERTISING
(Acquired & Absorbed by Chemistry
Communications Inc.)

BRENESCO LLC
291 Broadway Ste 802, New York, NY 10007
Tel.: (212) 274-0077
E-Mail: info@brenesco.com
Web Site: www.brenesco.com

Employees: 4
Year Founded: 2006

Agency Specializes In: Advertising, Brand
Development & Integration, Content,
Digital/Interactive, Internet/Web Design, Logo &
Package Design, Print

Leane Brenes *(Founder & Creative Dir)*

Accounts:
Evine Live

BREW
201 6th St SE, Minneapolis, MN 55414
Tel.: (612) 331-7700
Fax: (612) 331-7704
E-Mail: info@brew-creative.com
Web Site: www.brew-creative.com

Employees: 10
Year Founded: 2006

Agency Specializes In: Advertising, Production (Ad,
Film, Broadcast), Production (Print), T.V., Web
(Banner Ads, Pop-ups, etc.)

Michelle Fitzgerald *(Strategist-Comm)*

Accounts:
Chicago Lake Liquors
Neve Sportswear
Schwan's Consumer Brands North America
   Edwards

BREW MEDIA RELATIONS
2110 Main St Ste 201, Santa Monica, CA 90405
Tel.: (310) 464-6348
E-Mail: dena@brewpr.com
Web Site: www.brewpr.com

Employees: 20

Agency Specializes In: Strategic
Planning/Research

Brooke Hammerling *(Founder)*
Dena Cook *(CEO)*
Monica Feig *(VP)*

Accounts:
Activate
GetGlue
Jawbone
LMK
Medio
Moblyng
Netsuite
Ning
One Kings Lane
Oracle
Outcast
PicksPal
Polyvore
Samsung
Sidebar
Sony
Stamps.com
Virgin Charter
Zynga

BREWER DIRECT, INC.
507 S Myrtle Ave, Monrovia, CA 91016
Tel.: (626) 359-1015
Fax: (626) 358-1036
E-Mail: info@brewerdirect.com
Web Site: www.brewerdirect.com

Employees: 11
Year Founded: 2004

Agency Specializes In: Brand Development &
Integration, E-Commerce, Graphic Design,
Internet/Web Design, Newspaper, Out-of-Home
Media, Outdoor, Planning & Consultation, Print,
Strategic Planning/Research

Approx. Annual Billings: $4,500,000

Breakdown of Gross Billings by Media: D.M.:
$3,000,000; Newsp.: $250,000; Other: $250,000;
Plng. & Consultation: $1,000,000

Randy W. Brewer *(Pres & CEO)*
Matt Sommer *(VP & Creative Dir)*
Lolly Colombo *(VP-Client Svcs)*
Brian Hackler *(VP-Ops)*
Dora Guerra *(Production Mgr)*
Stephanie Tippitt *(Strategist-Digital Mktg)*
Jill Mendenhall *(Sr Acct Coord)*

Accounts:
Allentown Rescue Mission; Allentown, PA
   Homeless Services; 2006
Bakersfield Rescue Mission; Bakersfield, CA
   Homeless Services; 2008
Boys & Girls Clubs - Los Angeles County Alliance;
   Los Angeles, CA Youth Services; 2007

ADVERTISING AGENCIES

Charlotte Rescue Mission Direct Response Fundraising Program
City Gospel Mission; Cincinnati, OH Homeless Services; 2005
Coachella Valley Rescue Mission; Indio, CA Homeless Services; 2007
Goodwill Southern California (Agency of Record) Digital Fundraising, Direct Marketing
Lexington Rescue Mission; Lexington, KY Homeless Services; 2007
Long Beach Rescue Mission, Long Beach, CA Homeless Services; 2004
New Orleans Mission; New Orleans, LA Homeless Services; 2009
Open Door Mission Houston (Agency of Record) Online, Print
Open Door Mission; Rochester, NY Homeless Services; 2009
Rescue Mission of Utica (Agency of Record) Digital, E-mail
San Diego Rescue Mission Creative, Direct Response Marketing, Media
Spokane Union Gospel Mission Inland Northwest (Agency of Record)
Springs Rescue Mission; Colorado Springs, CO Homeless Services; 2007
Water Street Mission (Agency of Record) Digital & Traditional Direct Marketing, Direct Response Marketing, Strategy
Wheeler Mission Ministries; Indianapolis, IN Homeless Services; 2004
Yakima Union Gospel Mission (Agency of Record)

BREWLIFE
(See Under Pure Communications)

BRICK, INC.
(Formerly Grocery Shopping Network)
200 Lumber Exchange Bldg 10 S 5th St, Minneapolis, MN 55402
Tel.: (612) 746-4232
Fax: (612) 746-4237
Toll Free: (888) 673-4663
Web Site: trybrick.com/

Employees: 30
Year Founded: 1996

Agency Specializes In: Communications, Consulting, Consumer Marketing, Digital/Interactive, Direct Response Marketing, E-Commerce, Education, Electronic Media, Health Care Services, High Technology

Approx. Annual Billings: $2,000,000

Breakdown of Gross Billings by Media: D.M.: $2,000,000

Richard Andolshek *(Chm & CEO)*
Albin Andolshek *(Pres)*

Accounts:
ACH Food Companies, Inc.
C&S
Discover Financial Services
Folgers
General Mills
IGA Inc.; Chicago, IL; 1999
Kraft
Nestle
New Beginnings Minnesota (Digital Agency of Record); 2017
Ocean Spray
P&G
Ruiz Foods
SuperValu; Minneapolis, MN Store Locations & Online Grocery Shopping; 1997

BRIDGE STRATEGIC COMMUNICATIONS
321 N Walnut St, Yellow Springs, OH 45387
Tel.: (937) 767-1345
E-Mail: bob@bingenheimer.com
Web Site: www.bridgestrategic.com

Employees: 3
Year Founded: 2009

Agency Specializes In: Advertising, Entertainment, Internet/Web Design, Media Relations

Accounts:
Community Solutions Non-Profit Organization
The Dayton Foundation Charitable Organizations
Kavooom Artist & Story Book Publisher
Kelley and Company Online Horse Products Provider
Loot Furniture Stores
Sculptor Alice Robrish Clay Sculpture Creator
The Springfield Foundation Charitable Organizations

BRIDGES ADVERTISING LLC
1345 Sw 29Th St, Oklahoma City, OK 73119
Tel.: (405) 813-3330
Fax: (405) 813-3329
E-Mail: info@bridgesadvertising.com
Web Site: www.bridgesstrategies.com

Employees: 50
Year Founded: 2012

Agency Specializes In: Advertising, Event Planning & Marketing, Media Buying Services, Media Planning, Media Relations, Print, Public Relations, Social Media

Ashley E. Garcia Quintana *(Partner)*
Jake Fisher *(Principal)*

Accounts:
Stella Modern Italian Cuisine

BRIECHLE-FERNANDEZ MARKETING SERVICES INC.
(Name Changed to HAP Marketing Services, Inc.)

BRIERLEY & PARTNERS
5465 Legacy Dr Ste 300, Plano, TX 75024
Tel.: (214) 760-8700
Fax: (214) 743-5511
E-Mail: ccheatham@brierley.com
Web Site: www.brierley.com

E-Mail for Key Personnel:
Creative Dir.: jhuppenphal@brierley.com

Employees: 300
Year Founded: 1985

Agency Specializes In: Advertising Specialties, Asian Market, Automotive, Brand Development & Integration, Business-To-Business, Collateral, Communications, Consulting, Consumer Goods, Consumer Marketing, Copywriting, Cosmetics, Customer Relationship Management, Digital/Interactive, Direct Response Marketing, Direct-to-Consumer, E-Commerce, Electronic Media, Electronics, Email, Entertainment, Fashion/Apparel, Financial, Food Service, Graphic Design, Health Care Services, High Technology, Hospitality, Household Goods, In-Store Advertising, Industrial, Information Technology, Integrated Marketing, International, Internet/Web Design, Leisure, Logo & Package Design, Luxury Products, Market Research, Men's Market, New Technologies, Pharmaceutical, Planning & Consultation, Point of Purchase, Point of Sale, Print, Production, Restaurant, Retail, Social Media, South Asian Market, Sports Market, Strategic Planning/Research, Teen Market, Transportation, Travel & Tourism, Women's Market

Approx. Annual Billings: $0

Kats Murakami *(Pres & CEO)*
Chuck Cheatham *(CFO)*
Robert Owen *(CIO)*
Bill Swift *(CTO)*
Jill Goran *(Sr VP & Creative Dir)*
Jennifer Carlile *(Sr VP-Pro Svcs)*
Kristen Dearing *(Sr VP-Mktg & Alliances)*
Billy Payton *(Sr VP)*
Heidi Potthoff *(Sr VP-Bus Consulting)*
Christopher Kopenec *(Sr Dir-Strategy)*
Megan Fiorendino *(Mgr-Mktg & Alliances)*
Marcus Rountree *(Mgr-Strategy)*

Accounts:
7&i Holdings
7-Eleven
American Eagle Outfitters
American Family Insurance
Bridgestone
Chevron
Chuck E. Cheese
Express
GAF
GameStop
Hallmark
Hard Rock
Hertz
Kellogg
Lincoln Financial Group
MoneyGram
OtterBox
Wendy's
Zoetis

Branches

Brierley & Partners
15303 Ventura Blvd, Sherman Oaks, CA 91403
Tel.: (323) 965-4000
Fax: (323) 965-4100
Web Site: www.brierley.com

Employees: 20
Year Founded: 1986

Agency Specializes In: Consumer Marketing

David Mellinger *(CFO & Exec VP)*
Bill Swift *(CTO)*
Donald Smith *(Sr VP & Chief Analytics Officer)*
Jill Goran *(Sr VP & Creative Dir)*
Jim Huppenthal *(Sr VP-Creative Svcs)*
John Pedini *(Sr VP-Acct Mgmt)*

Accounts:
Hertz
Hilton Worldwide
Sony

Brierley & Partners
Clover House 4th Floor, Farringdon Road, London, United Kingdom
Tel.: (44) 207 239 8880
Fax: (44) 207 153 0599
E-Mail: info@brierly.com
Web Site: www.brierley.com

Employees: 12
Year Founded: 1996

Accounts:
American Eagle Outfitters
Baylor Health Care Systems
Blockbuster
Bloomingdales
BMI
Borders
eBay
Godiva

AGENCIES - JANUARY, 2019 — ADVERTISING AGENCIES

BRIGGS ADVERTISING
199 Water St, Bath, ME 04530
Tel.: (207) 443-2067
Fax: (207) 443-2344
E-Mail: info@briggsadv.com
Web Site: www.briggsadv.com

Employees: 6
Year Founded: 1987

Agency Specializes In: Advertising, Brand Development & Integration, Cable T.V., Consulting, Corporate Identity, Electronic Media, Internet/Web Design, Media Buying Services, Multimedia, Newspapers & Magazines, Production, Radio, T.V.

Walter Briggs *(Owner)*

Accounts:
Beale Street Barbeque
Bill Dodge Auto Group
Bow Street Market (Agency of Record) Advertising, Marketing
Cellardoor Vineyard
Chocolate Church Arts Center
Harris Golf Shop
Highland Green
LinenMaster
Maine Distilleries, LLC Cold River Vodka
Now You're Cooking
OldCastle APG
Shucks Maine Lobster

BRIGGS & CALDWELL
9801 Westheimer Rd Ste 701, Houston, TX 77042
Tel.: (713) 532-4040
Fax: (713) 532-4046
E-Mail: ccaldwell@briggscaldwell.com
Web Site: www.briggscaldwell.com

Employees: 10
Year Founded: 2005

Agency Specializes In: Consumer Goods, Consumer Marketing, Electronic Media, Local Marketing, Magazines, Media Buying Services, Media Planning, Media Training, Newspaper, Newspapers & Magazines, Out-of-Home Media, Outdoor, Planning & Consultation, Radio, Retail, Sponsorship, Strategic Planning/Research

Breakdown of Gross Billings by Media: Internet Adv.: 5%; Mags.: 5%; Newsp.: 10%; Other: 5%; Out-of-Home Media: 10%; Spot Radio: 25%; Spot T.V.: 40%.

Kellie Briggs *(Pres)*
Chris Caldwell *(Partner)*
Kristina Early *(Media Planner & Media Buyer)*
Athena Anzaldua *(Media Buyer)*
Leah Smith *(Media Buyer)*
Lisa Campbell *(Sr Media Buyer)*
Amy Greely *(Sr Media Buyer)*
Lynne Martin *(Sr Media Buyer)*
Christy Saxer *(Sr Media Planner)*
Julie Syers *(Sr Media Buyer)*

Accounts:
Academy Sports & Outdoors; Houston, TX Apparel, Footwear, Sporting Goods; 2005
Children's Museum of Houston; Houston, TX Museum & Entertainment Venue; 2009
Feld Entertainment Disney on Ice, Monster Jam, Ringling Circus, SuperCross; 2011
Texas Children's Hospital; Houston, TX Pediatric Healthcare; 2007
Trinity Mother Frances Hospital; Tyler, TX Healthcare, Service Line Specialties; 2012

BRIGHAM & RAGO MARKETING COMMUNICATIONS
95 Highland Ave, Basking Ridge, NJ 07920
Tel.: (973) 656-9006
Fax: (973) 656-9007
Web Site: www.brigham-rago.com
E-Mail for Key Personnel:
President: rob@brigham-rago.com
Creative Dir.: nancy@brigham-rago.com

Employees: 3
Year Founded: 1991
National Agency Associations: BMA

Agency Specializes In: Brand Development & Integration, Broadcast, Business Publications, Business-To-Business, Cable T.V., Catalogs, Collateral, Communications, Content, Corporate Communications, Corporate Identity, Custom Publishing, Direct Response Marketing, Email, Exhibit/Trade Shows, Graphic Design, Industrial, Integrated Marketing, Internet/Web Design, Logo & Package Design, Market Research, Media Buying Services, Media Planning, Media Relations, Newspapers & Magazines, Out-of-Home Media, Outdoor, Paid Searches, Podcasting, Point of Sale, Print, Production, Production (Print), Public Relations, Publicity/Promotions, Radio, Technical Advertising

Approx. Annual Billings: $800,000

Breakdown of Gross Billings by Media: Bus. Publs.: 100%

Robert S. Brigham *(Pres)*

BRIGHAM SCULLY
25 5th St, Bangor, ME 04401
Tel.: (207) 941-1100
Fax: (207) 941-1103
E-Mail: info@brighamscully.com
Web Site: www.brighamscully.com
E-Mail for Key Personnel:
President: tbrigham@brighamscully.com
Media Dir.: lbrigham@brighamscully.com

Employees: 2
Year Founded: 1974

Agency Specializes In: Advertising, Business Publications, Business-To-Business, Collateral, Computers & Software, Consumer Publications, Engineering, High Technology, Hospitality, Industrial, Information Technology, Magazines, Media Planning, Public Relations, Trade & Consumer Magazines

Approx. Annual Billings: $1,000,000

Leslie Brigham *(Owner)*
Tom Brigham *(Pres)*

Accounts:
Delta Scientific; Palmdale, CA
Ingersoll Rand Security Technologies; Carmel, IN

BRIGHT AGE
22220 Gilmore St, Woodland Hills, CA 91303
Tel.: (818) 887-0999
Toll Free: (800) 965-0335
E-Mail: contact@brightage.com
Web Site: www.brightage.com

Employees: 3

Agency Specializes In: Advertising, Digital/Interactive, Internet/Web Design, Search Engine Optimization, Social Media

Adam Post *(Founder)*

Accounts:
Protein For Pets

BRIGHT ORANGE ADVERTISING
3257 Eastmont Ave, Pittsburgh, PA 15216
Tel.: (804) 921-2310
Web Site: www.brightorangeadv.com

Employees: 2
Year Founded: 1995

Agency Specializes In: Advertising, Internet/Web Design, Print, Radio, T.V.

Bruce Goldman *(Owner & Creative Dir)*
Liz Scoggins *(Sr Dir-Art)*
Stephen Martin *(Dir-Strategic Plng)*
Tony Booth *(Strategist-Media)*

Accounts:
Bikram Yoga Richmond
Trustmor Mortgage Co.

BRIGHT REDTBWA
1821 Miccosukee Commons Dr, Tallahassee, FL 32308
Tel.: (850) 668-6824
Web Site: www.brightredtbwa.com

Employees: 100
Year Founded: 1987

Agency Specializes In: Above-the-Line, Advertising, Affluent Market, Automotive, Below-the-Line, Brand Development & Integration, Broadcast, Cable T.V., Commercial Photography, Communications, Consumer Goods, Consumer Marketing, Consumer Publications, Content, Copywriting, Corporate Communications, Corporate Identity, Crisis Communications, Digital/Interactive, Direct Response Marketing, Education, Email, Fashion/Apparel, Financial, Graphic Design, Hospitality, Household Goods, In-Store Advertising, Integrated Marketing, Internet/Web Design, Leisure, Local Marketing, Luxury Products, Magazines, Market Research, Media Buying Services, Media Planning, Media Relations, Media Training, Newspaper, Newspapers & Magazines, Out-of-Home Media, Paid Searches, Point of Purchase, Point of Sale, Print, Production (Ad, Film, Broadcast), Public Relations, Radio, Restaurant, Search Engine Optimization, Social Media, Strategic Planning/Research, T.V., Trade & Consumer Magazines, Travel & Tourism, Web (Banner Ads, Pop-ups, etc.)

Curtis Zimmerman *(Pres)*
Liz Paradise *(Chief Creative Officer)*
Jennifer Kennedy *(SVP-Dir-Digital)*
Stephanie Sumner *(Sr VP-Client Dev)*
Rob Kerr *(VP & Exec Creative Dir)*
John Nicholas *(VP-Media Activation)*
Sarah Ireland *(Sr Acct Mgr)*
Haleigh Fullilove *(Mgr-Social Media)*
Jillian Enterline *(Sr Strategist-Digital)*
Paige Asker *(Asst Acct Mgr)*
Larry Richter *(Sr Media Planner & Buyer-Digital)*

Accounts:
Bojangle's
Hard Rock Hotel
Urban Plates

THE BRIGHTER GROUP
(Acquired by Finn Partners)

BRIGHTFIRE LLC
1100 Satellite Blvd Nw, Suwanee, GA 30024
Tel.: (800) 881-1833

ADVERTISING AGENCIES
AGENCIES - JANUARY, 2019

Fax: (888) 676-8522
E-Mail: hello@brightfire.com
Web Site: https://www.brightfire.com/

Employees: 15
Year Founded: 2000

Agency Specializes In: Advertising, Brand Development & Integration, Digital/Interactive, Internet/Web Design, Logo & Package Design, Paid Searches, Print, Search Engine Optimization, Social Media, Web (Banner Ads, Pop-ups, etc.)

Nadia Garner *(CFO)*

Accounts:
Music Midtown

BRIGHTHOUSE BRANDING GROUP
33 Dupont St E, Waterloo, ON N2J 2G8 Canada
Tel.: (519) 884-2222
Fax: (519) 884-7778
E-Mail: alex@brighthouse.ca
Web Site: www.brighthouse.ca

Employees: 25

Agency Specializes In: Brand Development & Integration, Co-op Advertising, Collateral, Commercial Photography, Corporate Identity, Digital/Interactive, Direct Response Marketing, Event Planning & Marketing, Exhibit/Trade Shows, Internet/Web Design, Logo & Package Design, Market Research, Media Buying Services, Multimedia, Production, Promotions, Public Relations, Publicity/Promotions, Strategic Planning/Research

Kerri Kelly *(VP-Client Svcs)*

Accounts:
Barbarian Rugbywear
E.D. Smith Foods
Nord Gear

BRIGHTLINE ITV
565 Fifth Ave 18th Fl, New York, NY 10017
Tel.: (212) 271-0014
E-Mail: info@brightlineitv.com
Web Site: brightline.tv

Employees: 36
Year Founded: 2003

Agency Specializes In: Advertising, Direct-to-Consumer, Sponsorship, T.V.

Jacqueline Corbelli *(Co-Founder & CEO)*
Rob Aksman *(Co-Founder)*
Victoria Dever *(Sr Acct Dir)*
Logan O'Neill *(Acct Exec)*

Accounts:
Axe Cosmetics & Related Beauty Products
Bertolli Olive Oil Producer
Burger King
Dove
Lipton
Quaker
Red Bull
Tylenol
Vaseline

BRIGHTON AGENCY, INC.
7711 Bonhomme Ave, Saint Louis, MO 63105
Tel.: (314) 726-0700
Fax: (314) 721-8517
Toll Free: (800) 259-8617
Web Site: https://www.brightonagency.com/

Employees: 55

Year Founded: 1989

Agency Specializes In: Advertising, Advertising Specialties, Agriculture, Brand Development & Integration, Broadcast, Business Publications, Business-To-Business, Co-op Advertising, Collateral, College, Communications, Consumer Marketing, Consumer Publications, Corporate Communications, Corporate Identity, Digital/Interactive, Direct Response Marketing, E-Commerce, Education, Electronic Media, Email, Event Planning & Marketing, Exhibit/Trade Shows, Financial, Graphic Design, In-Store Advertising, Integrated Marketing, Internet/Web Design, Logo & Package Design, Magazines, Media Buying Services, Media Planning, Multimedia, Newspaper, Newspapers & Magazines, Out-of-Home Media, Outdoor, Package Design, Pets, Pharmaceutical, Point of Purchase, Point of Sale, Print, Production, Public Relations, Publicity/Promotions, Radio, Real Estate, Retail, Sales Promotion, Search Engine Optimization, Sponsorship, Strategic Planning/Research, T.V., Trade & Consumer Magazines, Travel & Tourism

Approx. Annual Billings: $31,294,972

Breakdown of Gross Billings by Media: Fees: $3,711,722; Internet Adv.: $690; Newsp. & Mags.: $874,731; Other: $24,605,704; Outdoor: $51,100; Production: $1,909,201; Radio: $141,824

Tina Vonderhaar *(Pres & CEO)*
Jerry Gennaria *(Sr VP-Strategy & Insights)*
Scott McClure *(Sr VP-Influencer Engagement)*
Molly Weber *(VP & Dir-Acct Mgmt & Strategic Plng)*
Emily Congdon *(Art Dir)*
Grant Essig *(Creative Dir)*
Jd Guenther *(Creative Dir)*
Brian Hopson *(Creative Dir)*
Leo Madden *(Creative Dir)*
Michelle Melnik-Stone *(Acct Dir)*
Leanne Todd *(Acct Dir)*
Steve Cox *(Dir-Brand Identity)*
Jacalyn Minor *(Dir-Integrated Media)*
Al Fava *(Sr Mgr-Influencer Engagement)*
Carrie Doza *(Sr Acct Mgr)*
Amanda Andrews *(Acct Mgr)*
Kim Gorsek *(Acct Mgr)*
Gina Presley *(Acct Mgr-PR)*
Brittany Phillips *(Acct Exec)*
Bill Griesedieck *(Assoc Creative Dir)*
Jason Keeven *(Grp Creative Dir)*
Christian Kirk *(Assoc Creative Dir)*
Matt Reedy *(Assoc Creative Dir)*
Marty Sellmeyer *(Assoc Creative Dir)*

Accounts:
Monsanto
P&G - Natura Pet Products
Scottrade

BRIGHTWAVE MARKETING
67 Peachtree Park Dr Ste 200, Atlanta, GA 30309
Tel.: (404) 253-2544
Web Site: www.brightwave.com/

Employees: 15

Agency Specializes In: Content, Email, Internet/Web Design, Mobile Marketing, Programmatic, Strategic Planning/Research

Raj Choudhury *(Pres)*
Simms Jenkins *(CEO)*
Brent Rosengren *(Chief Client Officer)*
Kelly Jacxsens *(VP & Grp Acct Dir)*
Thomas Barnhart *(VP-Bus Dev)*
Laura Middleton *(VP-Ops & Delivery)*
William Asbury *(Acct Dir)*
Alexis Daniel *(Acct Dir)*
Laura Sullivan *(Creative Dir)*

Quinn Giardina *(Dir-Talent Mgmt)*
Kristen Speagle *(Dir-Strategic Svcs)*
Amanda Tuttle *(Dir-Ops & Strategic Plng)*
Michelle Walker *(Dir-Dev & Rapid Project Delivery)*
Parisa Alexander *(Sr Acct Mgr)*
Trevor Mitchell *(Mgr-Client Success)*

Accounts:
ACS
Aflac
AGCO Corporation
Care.com
Chick-fil-A
CVS Pharmacy
Del Monte
Denison University
Equifax Inc.
FATZ Development, Email Marketing, Strategy
General Growth Properties
iFloor
Lowes Foods
Mattress Firm
Mizuno
Naturally Fresh
Phillips 66
Racetrac
Tiffin Motorhomes
W.C. Bradley Company Char-Broil (Email Marketing & ECRM Agency of Record); 2018
Zumba Fitness

BRILLIANT MEDIA STRATEGIES
900 W 5th Ave Ste 100, Anchorage, AK 99501
Tel.: (907) 276-6353
Fax: (907) 276-1042
Web Site: brilliantak.com

E-Mail for Key Personnel:
President: connie.reid@brcomm.com
Media Dir.: paul.aadland@brcomm.com
Public Relations: debbie.reinwand@brcomm.com

Employees: 25
Year Founded: 1968

National Agency Associations: AAF

Agency Specializes In: Advertising, Advertising Specialties, Arts, Brand Development & Integration, Broadcast, Business-To-Business, Consumer Marketing, Crisis Communications, Direct Response Marketing, Electronic Media, Email, Event Planning & Marketing, Exhibit/Trade Shows, Integrated Marketing, Logo & Package Design, Market Research, Media Buying Services, Media Planning, Media Relations, Media Training, Men's Market, Mobile Marketing, Newspapers & Magazines, Point of Purchase, Print, Product Placement, Production (Ad, Film, Broadcast), Production (Print), Public Relations, Publicity/Promotions, Radio, Regional, Search Engine Optimization, Social Marketing/Nonprofit, Social Media, Strategic Planning/Research, T.V., Transportation, Travel & Tourism, Viral/Buzz/Word of Mouth, Web (Banner Ads, Pop-ups, etc.), Women's Market, Yellow Pages Advertising

Debbie Reinwand *(Pres & CEO)*
John Tracy *(Pres & CEO)*
David Harper *(Strategist-Online Media)*
Liz Rosen *(Acct Exec)*

Accounts:
Alaska Downtown Partnership
Alaska Marine Highway
Alaska Permanent Fund
Alaska Travel Industry Association
AT&T Alascom
ConocoPhillips Alaska, Inc.
Northwest Cruiseship
Pebble Limited Partnership; Anchorage, AK (Agency of Record)
Providence Foundation
Providence Hospital

AGENCIES - JANUARY, 2019 — ADVERTISING AGENCIES

Providence-California; Burbank & Tarzana, CA Healthcare
Tourism North
Tyonek Corporation; Anchorage, AK
University of Alaska Anchorage
University of Alaska Fairbanks
West Coast Entertainment; Spokane, WA Stage Productions, The Lion King

BRING
(Formerly Burnham Richards Advertising)
900 Challenger Dr # B, Green Bay, WI 54311
Tel.: (920) 406-1663
Fax: (920) 406-3919
Toll Free: (866) 406-1663
Web Site: www.bringresults.com

Employees: 7

Agency Specializes In: Advertising, Advertising Specialties, Agriculture, Automotive, Brand Development & Integration, Broadcast, Cable T.V., Catalogs, Co-op Advertising, Collateral, Commercial Photography, Communications, Consumer Goods, Consumer Marketing, Consumer Publications, Corporate Identity, Customer Relationship Management, Digital/Interactive, Direct Response Marketing, Electronic Media, Email, Event Planning & Marketing, Exhibit/Trade Shows, Financial, Food Service, Graphic Design, Guerilla Marketing, Health Care Services, Hospitality, Household Goods, Identity Marketing, Integrated Marketing, Internet/Web Design, Leisure, Local Marketing, Logo & Package Design, Magazines, Marine, Market Research, Media Buying Services, Media Planning, Medical Products, Mobile Marketing, Multimedia, Newspaper, Newspapers & Magazines, Out-of-Home Media, Outdoor, Package Design, Paid Searches, Planning & Consultation, Podcasting, Point of Purchase, Point of Sale, Print, Production, Production (Ad, Film, Broadcast), Production (Print), Promotions, Publicity/Promotions, Radio, Real Estate, Regional, Restaurant, Retail, Sales Promotion, Search Engine Optimization, Strategic Planning/Research, Sweepstakes, T.V., Trade & Consumer Magazines, Transportation, Travel & Tourism, Viral/Buzz/Word of Mouth, Web (Banner Ads, Pop-ups, etc.), Yellow Pages Advertising

David Richards *(Principal & Creative Dir)*

BRINK COMMUNICATIONS
531 Se 14Th Ave # 201, Portland, OR 97214
Tel.: (503) 805-5560
Fax: (503) 225-0224
E-Mail: info@brinkcomm.com
Web Site: www.brinkcomm.com

Employees: 50
Year Founded: 2012

Agency Specializes In: Advertising, Collateral, Crisis Communications, Media Relations, Public Relations, Social Marketing/Nonprofit

Marian Hammond *(Co-Founder & Principal)*
Heidi Nielsen *(Principal & Dir-Design)*
Leslie Carlson *(Principal)*
Rose Kelsch King *(Sr Acct Mgr)*
Mike Westling *(Sr Acct Mgr)*
Samantha Feld *(Designer)*

Accounts:
Ryno Motors

BRIVIC MEDIA
10200 Richmond Ave, Houston, TX 77042
Tel.: (713) 977-3300
Web Site: www.brivicmedia.com

Employees: 12

Agency Specializes In: Advertising, Media Buying Services, Strategic Planning/Research

Allen Brivic *(Pres)*
Kelley Robinson *(Media Dir)*
Cristina Fernandez *(Mgr-Media)*
Liz Nieto *(Sr Media Planner & Buyer)*

Accounts:
CBS Outdoor

BROAD STREET
242 W 30th St, New York, NY 10001
Tel.: (212) 780-5700
Fax: (212) 780-5710
E-Mail: newyork@broadstreet.com
Web Site: www.broadstreet.com

Employees: 50
Year Founded: 1981

Charlie Ray *(Pres)*
Mark Baltazar *(CEO & Mng Partner)*
Ed Gibbons *(Partner & CFO)*
Ed Palafox *(VP-Bus Dev)*

Accounts:
Barnes & Noble
Cisco Systems
Diageo
ESPN
Ferrari
Genzyme
Newedge
Pfizer

BROADBASED COMMUNICATIONS INC.
1301 Riverplace Blvd Ste 1830, Jacksonville, FL 32207
Tel.: (904) 398-7279
Fax: (904) 398-6696
Web Site: www.bbased.com

Employees: 7

Agency Specializes In: Advertising, Brand Development & Integration, Internet/Web Design, Media Relations, Media Training, Print, Public Relations, Search Engine Optimization, Social Media

Revenue: $1,120,000

Jan Hirabayashi *(CEO & Creative Dir)*
Joy Watson Jarrell *(Mgr)*

Accounts:
24/7 Pediatric Care Center
Jacksonville University
Rayonier Advanced Materials

BROADHEAD
123 N 3rd St 4th Fl, Minneapolis, MN 55401
Tel.: (612) 623-8000
E-Mail: info@broadheadco.com
Web Site: www.broadheadco.com

Employees: 90
Year Founded: 2001

National Agency Associations: 4A's

Agency Specializes In: Advertising, Agriculture, Brand Development & Integration, Broadcast, Business-To-Business, Collateral, Communications, Consumer Goods, Consumer Marketing, Content, Corporate Identity, Crisis Communications, Digital/Interactive, Direct Response Marketing, Email, Government/Political, Graphic Design, In-Store Advertising, Internet/Web Design, Magazines, Market Research, Media Buying Services, Media Planning, Media Relations, Media Training, Men's Market, Newspapers & Magazines, Out-of-Home Media, Outdoor, Package Design, Paid Searches, Pets, Point of Sale, Print, Production (Ad, Film, Broadcast), Public Relations, Radio, Retail, Sales Promotion, Sponsorship, T.V., Viral/Buzz/Word of Mouth

Approx. Annual Billings: $55,000,000

Beth Burgy *(Pres)*
Dean Broadhead *(CEO)*
Noah Will *(Sr VP & Exec Creative Dir)*
Maija Hoehn *(Sr VP & Dir-Engagement)*
Leigh Thiel *(Sr VP & Dir-Client Svc)*
Kiersten Schroeder *(Sr VP-PR)*
Ryan Krumwiede *(VP & Acct Dir)*
Scott Nichols *(VP & Acct Dir)*
Sarah Zanger Perron *(VP-Bus Dev)*
Walt Burns *(Creative Dir)*
Debbie Christensen *(Creative Dir)*
Angie Skochdopole *(Media Dir)*
John Walker *(Creative Dir)*
Chris Strohmeyer *(Dir-Creative Svcs)*
Alyse Eyssautier *(Acct Mgr)*
Jessica Sauve *(Analyst-Media Ops)*

Accounts:
Almond Board of California; Modesto, CA (Agency of Record) Industry Relations; 2005
Bagley Fishing Lures; 2013
Boehringer Ingelheim Vetmedica Inc. (Agency of Record) Cattle, Swine & Equine Products; 2009
Bridgestone Firestone
Canola of Canada Canola; 2012
Cargill
CHS
Hoegemeyer Hybrids Branding Strategy; 2013
JBS
Mosaic Company (Agency of Record) MicroEssentials
Pet Care Systems (Agency of Record) Consumer Packaged Goods; 2013
Toro Micro-Irrigation
US Department of Agriculture Consumer Outreach

BROCK COMMUNICATIONS
3413 W Fletcher Ave, Tampa, FL 33618
Tel.: (813) 961-8388
E-Mail: info@brockcomm.com
Web Site: www.brockcomm.com

Employees: 10

Agency Specializes In: Advertising, Brand Development & Integration, Crisis Communications, Internet/Web Design, Media Relations, Public Relations, Publicity/Promotions, Search Engine Optimization, Social Media

Farrukh Quraishi *(COO)*
Lisa Brock *(Principal)*
Carolina Tiuso *(Acct Exec)*

Accounts:
New-Ideal Image Development, Inc.

BROCKETT CREATIVE GROUP, INC.
4299 Middle Settlement Rd, New Hartford, NY 13413
Tel.: (315) 797-5088
Web Site: www.brockettcreative.com

Employees: 7
Year Founded: 2002

Agency Specializes In: Advertising, Collateral, Content, Corporate Identity, Event Planning & Marketing, Internet/Web Design, Media Buying Services, Print, Public Relations, Social Media,

ADVERTISING AGENCIES

Strategic Planning/Research

Revenue: $1,200,000

Matthew Brockett *(Pres & Creative Dir)*

Accounts:
Broadway Theatre League; Utica, NY Broadway Shows; 2009
Capital Siding
Herkimer Foods; Ilion, NY Cheese Products; 2004
Hud-Son Forest Equipment
I Support Fundraising
Lake Ontario Outdoors Magazine; Clinton, NY Fishing Resource, Outdoors Magazine; 2010
Law Offices of Radley & Rheinhardt; Rome & Ilion, NY Elder Law & Estate Planning; 2010
Mohawk Valley Regions Path Through History
Varacalli Transportation Group

BROGAN & PARTNERS CONVERGENCE MARKETING
800 N Old Woodward Ave, Birmingham, MI 48009
Tel.: (248) 341-8200
Fax: (248) 341-8201
E-Mail: mmarcotte@brogan.com
Web Site: www.brogan.com

E-Mail for Key Personnel:
President: mbrogan@brogan.com
Creative Dir.: bfolster@brogan.com
Media Dir.: mwarren@brogan.com

Employees: 55
Year Founded: 1984

National Agency Associations: Second Wind Limited

Agency Specializes In: Advertising, Advertising Specialties, Asian Market, Automotive, Brand Development & Integration, Broadcast, Business-To-Business, Cable T.V., Children's Market, Collateral, Communications, Consulting, Corporate Identity, Electronic Media, Event Planning & Marketing, Financial, Government/Political, Graphic Design, Health Care Services, High Technology, Hispanic Market, Internet/Web Design, LGBTQ Market, Logo & Package Design, Magazines, Media Buying Services, Newspaper, Out-of-Home Media, Outdoor, Pharmaceutical, Planning & Consultation, Point of Purchase, Point of Sale, Print, Public Relations, Publicity/Promotions, Radio, Recruitment, Sports Market, Strategic Planning/Research, T.V., Technical Advertising, Teen Market, Trade & Consumer Magazines, Transportation, Travel & Tourism, Yellow Pages Advertising

Ellyn Davidson *(Pres)*
Maria Marcotte *(CEO)*
Kim Luebke *(Partner, Acct Dir & Dir-Acct Svc)*
Laurie Hix *(Partner & Creative Dir)*
Becky Robertson *(Partner & Media Dir)*
Lauren Zuzelski *(Partner & Acct Dir)*
Lori Bahnmueller *(Partner & Dir-Strategy)*
Vong Lee *(Partner & Assoc Creative Dir)*
David Ryan *(Partner & Assoc Creative Dir)*
Carly Schiff *(Acct Dir & Specialist-Web)*
Emily Marchak *(Acct Mgr)*
Katie Rehrauer *(Acct Mgr)*
Christina Tebbe *(Specialist-Media)*
Abby Meirndorf *(Coord-Media)*
Deborah Wood *(Assoc Creative Dir)*

Accounts:
Covenant HealthCare (Agency of Record)
Frankenmuth Insurance (Agency of Record) Brand Awareness, Creative Development, Marketing Strategy Planning, Media Planning
Henry Ford Health System (Agency of Record) Consumer Awareness & Preference, Planning
HoneyBaked Ham Outdoor
Michigan Department of Community Health; Lansing, MI AIDS Prevention, Abstinence, Anti-Smoking, Date Rape Prevention, Domestic Violence, Fetal Alcohol Syndrome, Healthy Kids, Immunization, Mammography Screening, Michild, Osteoporosis Screening, Problem Gambling, WIC; 1987
Michigan First Credit Union
Pharmacy Advantage Creative, Digital, Integrated Marketing
PREZIO Health Brand Awareness, Marketing, Sales, Website Development

Branch

Brogan & Partners Convergence Marketing
14600 Western Pkwy Ste 300, Cary, NC 27513
Tel.: (919) 653-2580
Fax: (919) 653-2599
E-Mail: jtobin@brogan.com
Web Site: www.brogan.com

Employees: 25
Year Founded: 2000

National Agency Associations: Second Wind Limited

Agency Specializes In: Advertising, Collateral, Public Relations

Accounts:
American Heart Association
Comcast
Ford
GM
Levelone Bank
MSX International
Simpson Automotive Systems

BROGAN TENNYSON GROUP, INC.
2245 US Hwy 130 Ste 102, Dayton, NJ 08810-2420
Tel.: (732) 355-0700
Fax: (732) 355-0701
E-Mail: wschuetz@brogantennyson.com
Web Site: www.brogantennyson.com

Employees: 24
Year Founded: 1982

Agency Specializes In: Advertising, Fashion/Apparel, Graphic Design, Magazines, Retail

Approx. Annual Billings: $10,000,000

Bill Quinn *(Pres)*
Shirlene Soos *(CFO)*
Howard Kenworthy *(Sr VP)*
Wendy Schuetz *(VP)*
Sue Thomas *(Sr Acct Mgr)*
Josephine Hutt *(Mgr-HR)*
Adrienne Wulffen *(Mgr-Acctg)*
Maria Bryke-Drake *(Sr Art Dir)*

Accounts:
Equity One, Inc.; New York, NY Consumer Advertising, Corporate Identity, Leasing Materials
Hutensky Capital Partners Marketing Materials
National Realty & Development Corp. Marketing Materials
The Pier Shops at Caesars; Atlantic City, NJ Marketing & Advertising
South Coast Plaza; Costa Mesa, CA Catalogs, Dining Magazine, Marketing & Advertising, Tourism Materials
Stanbery Development Cosumer Marketing & Advertising

BROKAW INC.
1213 W 6th St, Cleveland, OH 44113
Tel.: (216) 241-8003
Fax: (216) 241-8033
E-Mail: info@brokaw.com
Web Site: www.brokaw.com

E-Mail for Key Personnel:
President: bbrokaw@brokaw.com
Media Dir.: cgreene@brokaw.com

Employees: 45
Year Founded: 1992

Agency Specializes In: Advertising, Alternative Advertising, Arts, Aviation & Aerospace, Brand Development & Integration, Broadcast, Business Publications, Business-To-Business, Cable T.V., Collateral, College, Communications, Consulting, Consumer Goods, Consumer Marketing, Consumer Publications, Content, Corporate Identity, Digital/Interactive, Electronic Media, Email, Engineering, Environmental, Event Planning & Marketing, Exhibit/Trade Shows, Experience Design, Financial, Food Service, Graphic Design, Guerilla Marketing, Health Care Services, In-Store Advertising, Integrated Marketing, Internet/Web Design, Legal Services, Logo & Package Design, Magazines, Media Buying Services, Media Planning, Medical Products, Mobile Marketing, Multimedia, Newspaper, Newspapers & Magazines, Out-of-Home Media, Outdoor, Package Design, Paid Searches, Planning & Consultation, Point of Purchase, Point of Sale, Print, Production, Production (Ad, Film, Broadcast), Production (Print), Promotions, Public Relations, Publicity/Promotions, Radio, Restaurant, Retail, Sales Promotion, Search Engine Optimization, Social Marketing/Nonprofit, Social Media, Sponsorship, Sports Market, Strategic Planning/Research, T.V., Teen Market, Trade & Consumer Magazines, Transportation, Travel & Tourism, Viral/Buzz/Word of Mouth, Web (Banner Ads, Pop-ups, etc.), Women's Market

Gregg Brokaw *(Mng Partner)*
Mike Bratton *(Controller)*
Jayme Kostelnik *(Acct Dir)*
Tim Laubacher *(Dir-Brand Strategy)*
Jessica Thompson *(Assoc Dir-Brand Strategy)*
Mark McKenzie *(Copywriter)*
Megan Milanich *(Media Buyer)*
Steve McKeown *(Assoc Creative Dir)*

Accounts:
Cleveland Hopkins Airport (Agency of Record);; 2009
FirstMerit Corporation; Akron, OH Brand Strategy, Creative, Digital, Media, Public Relations; 2011
Great Lakes Brewing Co. (Agency of Record); 2000
Greater Cleveland Regional Transit Authority; Cleveland, OH
Neuro Drinks Sleep
Rainbow Babies & Children's Hospital
RTA (Agency of Record) Transportation Services; 2001
Sbarro
Smokey Bones Bar & Fire Grill Brand Strategy, Creative Development, Digital, Local Marketing, PR, Social Media
Smucker's; 1992
Sweet Tomatoes / Souplantation; San Diego, CA; 2012
University Hospitals (Agency of Record)
Wonka

THE BROMLEY GROUP
15W 26th St 3rd Fl, New York, NY 10010
Tel.: (212) 696-1100
E-Mail: info@tbg-world.com
Web Site: www.tbg-world.com

AGENCIES - JANUARY, 2019 — ADVERTISING AGENCIES

Employees: 25
Year Founded: 1988

Agency Specializes In: Advertising, Brand Development & Integration, Communications, Event Planning & Marketing, Fashion/Apparel, Logo & Package Design, Media Planning, Media Relations, New Product Development, Public Relations, Search Engine Optimization, Social Media

Karen Bromley *(Principal)*
R. Scott French *(VP)*

Accounts:
Adrianna Papell, LLC
Anne Klein
ATSCO Footwear Group Khombu
Bernardo Footwear
C&J Clark Ltd. Clarks
Charmant Group, Inc. Awear Charmant
Curvy Couture
Deckers Outdoor Corporation UGG Australia Handbags
DL 1961
Donna Karan International, Inc.
Gerber Childrenswear LLC
Ivanka Trump
Joan Oloff
Kate Spade & Company
K.I.D.S. & Fashion Delivers, Inc
LAtelier Rouge
Macy's, Inc. Style & Co
Marcolin USA Inc. Guess
Martial Vivot Salon Pour Hommes
Nina Footwear Corp.
Puma North America, Inc.
Quiksilver, Inc. Roxy
Reebok International Ltd.
Toys "R" Us, Inc. Babies "R" Us
True Religion Brand Jeans
White Mountain Footwear Summit
Yandy Lingerie

THE BROOKLYN BROTHERS
7 W 22Nd St Fl 7, New York, NY 10010
Tel.: (212) 242-0200
Fax: (212) 242-0217
E-Mail: guy@thebrooklynbrothers.com
Web Site: www.thebrooklynbrothers.com

Employees: 20
Year Founded: 2001

Agency Specializes In: Advertising, Graphic Design, Out-of-Home Media, Outdoor, Print, Sponsorship, T.V.

Approx. Annual Billings: $4,000,000

Paul Parton *(Owner)*
Guy Barnett *(Chief Creative Officer)*
Ilana Fried *(Head-Production)*
Blake Bowyer *(Exec Dir-Digital)*
Kenneth Robin *(Creative Dir)*
Linden White *(Client Svcs Dir)*
Jon Yasgur *(Creative Dir)*
Evan Confield *(Dir-Strategy)*
Jordan Shelton *(Dir-Digital)*

Accounts:
Blink Campaign: "Every Body Happy"
BodyArmor (Agency of Record) SportWater
Castrol
IceLandAir North America
NBC Sports Campaign: "An American Coach In London", Campaign: "Fan For Life"
New Era Campaign: "912 and on the Lam", Campaign: "Chicago vs. Chicago Round 1", Campaign: "Rivalry Part I"
The New York Rangers
Newsday Media Group
Optimum Campaign: "Smart Dog"
The Patron Spirits Company
PepsiCo Campaign: "Headin' to Halftime", Campaign: "Hyped for Halftime", Campaign: "The Nasty What Now?", Digital, Online

Non-U.S. Branch

The Brooklyn Brothers
11-29 Smiths Ct, Soho, London, W1D 7DP United Kingdom
Tel.: (44) 207 292 6200
Fax: (44) 207 292 6215
Web Site: www.thebrooklynbrothers.com

Employees: 60

Jackie Stevenson *(Founder, Partner & Mng Dir)*
George Bryant *(Founder & Partner)*
Miranda Mitchell *(Mng Partner)*
Duncan McRobb *(Mng Dir)*
Tarek Sioufi *(Head-Strategy)*
Simon Poett *(Exec Creative Dir)*
Alexandra Buckland *(Sr Dir-Client)*
Gemma Wiseman *(Bus Dir)*
Steve Kirk *(Dir-PR)*
Georgia Dixon *(Sr Client Mgr)*

Accounts:
118 118
Apple
Bauer Media Grazia Fashion Magazine
BBC Life Is
New-BMW Global Advertising, Mini, Public Relations
BSkyB
Butcher's Pet Care Campaign: "This is Dog", Cat, Dog & Puppy Food Products, Digital, Lean & Tasty, Online, PR, Print, Tongue-in-Cheek Discovery
FitFlop CAPSULE 12, Digital, PR
Icelandair
Jaguar Cars Limited Campaign: "Desire", F-Type Model
Land Rover Campaign: "Being Henry", Content Marketing, Public Relations, Range Rover, Range Rover Evoque, Range Rover LRX, Social Media
London & Partners
L'Oreal Lancome
Promote Iceland Campaign: "Honorary Islander", Campaign: "Inspired by Iceland"
Virgin
WaterWipes Advertising, Brand, CRM, Content, Creative & Strategic Developments, Digital, Integrated, Media, Public Relations, Social, Website; 2018

BROOKS BELL INTERACTIVE
711 Hillsborough St, Raleigh, NC 27603
Tel.: (919) 521-5300
Fax: (919) 882-9116
Toll Free: (866) 831-1886
E-Mail: info@brooks-bell.com
Web Site: http://www.brooksbell.com/

Employees: 20
Year Founded: 2003

Agency Specializes In: Digital/Interactive, Direct Response Marketing, Email, Graphic Design, Internet/Web Design, Strategic Planning/Research, Web (Banner Ads, Pop-ups, etc.)

Brooks Bell *(Founder & CEO)*
Josh St. John *(VP-Strategic Partnerships & Channels)*
Suzi Paugh Tripp *(Sr Dir-Experimentation Strategy)*
Mike Adams *(Dir & Engr-Optimization)*
Tiffany Kahn *(Acct Mgr)*

Accounts:
AARP
AOL
Barrons
Chase
Citrix
Clear
Monster
NASCAR.COM
ProStores
Revolution
Safeway
Scholastic
Service Master
The Wall Street Journal
The Washington Post
Weight Watchers
XM

BROTHERS & CO.
4860 S Lewis Ave Ste 100, Tulsa, OK 74105-5171
Tel.: (918) 743-8822
Fax: (918) 742-9628
E-Mail: broco@broco.com
Web Site: www.broco.com

Employees: 50
Year Founded: 1974

National Agency Associations: 4A's

Agency Specializes In: Advertising, Broadcast, Business-To-Business, Collateral, Graphic Design, Health Care Services, Leisure, Marine, Media Buying Services, Newspapers & Magazines, Over-50 Market, Print, Radio, Sports Market, T.V.

Approx. Annual Billings: $16,000,000

Kurt Viertel *(Founder & Strategist)*
Piet Human *(Co-Founder)*
Paul Brothers *(Pres & Sr Creative Dir)*
Squire Lawrence *(CFO)*
Eric Barnes *(Sr VP)*
Tommy Campbell *(Sr VP & Sr Creative Dir)*
Jeff Tolle *(Sr VP-IBC Bank)*
Heath Kennedy *(VP-Digital Strategy)*
James Lawson *(VP)*
Dave Thomas *(VP-Acct Plng)*
John Dunlap *(Creative Dir & Writer)*
Megan Harland *(Media Dir)*
Garrett Fresh *(Dir-Digital Design & Assoc Creative Dir)*
Laura Beth Matson *(Dir-Outdoor Recreation Media)*
Holly Gray *(Acct Supvr)*
Abigail Coppinger *(Sr Acct Exec)*

Accounts:
Bushnell Binoculars
Carhartt
Citgo Fishing & MotorGuide
CommunityCare
Daisy Outdoor Co.; Rogers, AK
Fidelity Bank; Wichita, KS; 2002
Hodgdon Powder Company (Marketing Agency of Record) Creative Development, Goex, Hodgdon, IMR, Media Buying, Winchester Gun Powder
Luminoso Pty Ltd
Mossy Oak
NAP Gamo
Plano Molding Company; Chicago, IL Fishing Tackle Boxes; 1996
Pradco Outdoor
Recreational Boating & Fishing Foundation
Remington Outdoor Company
Under Armour
Utica Square Shopping Center; 2001

BROWN BAG MARKETING
3060 Peachtree Rd NW, Atlanta, GA 30305
Tel.: (404) 442-5650
Fax: (404) 442-5651
Web Site: www.brownbagmarketing.com/

ADVERTISING AGENCIES
AGENCIES - JANUARY, 2019

Employees: 59
Year Founded: 2002

Agency Specializes In: Advertising, Brand Development & Integration, Business-To-Business, Internet/Web Design, Mobile Marketing, Sales Promotion, Social Media

Jerry Lewis *(VP & Creative Dir)*
Sela Missirian *(VP-Strategy & Bus Dev)*
Liz Fusco *(Creative Dir)*
Chris Stanfield *(Acct Dir)*
Jason Kimbell *(Acct Supvr)*
Lisa Moakler Long *(Acct Supvr)*
Kelley Lyness *(Sr Acct Exec)*

Accounts:
Children Without a Voice USA

BROWN COMMUNICATIONS GROUP
2275 Albert St, Regina, SK S4P 2V5 Canada
Tel.: (306) 352-6625
Fax: (306) 757-1980
Toll Free: (877) 202-7696
E-Mail: solutions@brown.ca
Web Site: www.brown.ca

E-Mail for Key Personnel:
President: ken.christoffel@brown.ca
Creative Dir.: mike.woroniak@brown.ca

Employees: 35
Year Founded: 1966

National Agency Associations:

Agency Specializes In: Communications, Internet/Web Design, Public Relations, Strategic Planning/Research

Approx. Annual Billings: $14,000,000

Ken Christoffel *(Pres & CEO)*
Lori Romanoski *(VP-Client Rels)*
Vic Roman *(Creative Dir)*

Accounts:
Canadian Cancer Society
Saskatchewan Power Corporation
SaskTel

BROWNBOOTS INTERACTIVE, INC.
15 N Main St, Fond Du Lac, WI 54935
Tel.: (920) 906-9175
Fax: (920) 906-9177
E-Mail: info@brownboots.com
Web Site: www.brownboots.com

Employees: 7

Agency Specializes In: Advertising, Digital/Interactive, Internet/Web Design, Logo & Package Design, Print, Search Engine Optimization

Alan Hathaway *(Owner)*
Patrick Rose *(VP)*
James Quackenboss *(Mgr-Sys)*

Accounts:
Agnesian HealthCare; Fond Du Lac, WI Web Design
Brenner Tank LLC
Children's Museum of Fond du Lac; Fond Du Lac, WI Web Design
Fond du Lac Area Association of Commerce; Fond Du Lac, WI Web Design
Fond du Lac County Economic Development Corporation; Fond Du Lac, WI Web Design

BROWNING ADVERTISING
(Name Changed to Browning Agency)

BROWNING AGENCY
(Formerly Browning Advertising)
121 Chanlon Rd, New Providence, NJ 07974
Mailing Address:
PO Box 2112, New Providence, NJ 07974
Tel.: (908) 665-7760

Employees: 100
Year Founded: 1984

Agency Specializes In: Advertising, Advertising Specialties, Affiliate Marketing, Affluent Market, African-American Market, Agriculture, Arts, Asian Market, Automotive, Aviation & Aerospace, Below-the-Line, Bilingual Market, Brand Development & Integration, Branded Entertainment, Business-To-Business, Cable T.V., Children's Market, Collateral, College, Commercial Photography, Communications, Computers & Software, Consulting, Consumer Goods, Consumer Marketing, Consumer Publications, Content, Corporate Communications, Corporate Identity, Cosmetics, Crisis Communications, Custom Publishing, Customer Relationship Management, Digital/Interactive, Direct Response Marketing, Direct-to-Consumer, E-Commerce, Education, Electronic Media, Electronics, Email, Engineering, Entertainment, Environmental, Event Planning & Marketing, Exhibit/Trade Shows, Experience Design, Faith Based, Fashion/Apparel, Financial, Food Service, Game Integration, Government/Political, Graphic Design, Guerilla Marketing, Health Care Services, High Technology, Hispanic Market, Hospitality, Household Goods, Identity Marketing, In-Store Advertising, Industrial, Infomercials, Information Technology, Integrated Marketing, International, Internet/Web Design, Investor Relations, LGBTQ Market, Legal Services, Leisure, Local Marketing, Logo & Package Design, Luxury Products, Magazines, Marine, Market Research, Media Buying Services, Media Planning, Media Relations, Media Training, Medical Products, Men's Market, Merchandising, Mobile Marketing, Multicultural, Multimedia, New Product Development, New Technologies, Newspaper, Newspapers & Magazines, Out-of-Home Media, Outdoor, Over-50 Market, Package Design, Paid Searches, Pets , Pharmaceutical, Planning & Consultation, Podcasting, Point of Purchase, Point of Sale, Print, Product Placement, Production, Production (Ad, Film, Broadcast), Production (Print), Promotions, Public Relations, Publicity/Promotions, Publishing, RSS (Really Simple Syndication), Radio, Real Estate, Recruitment, Regional, Restaurant, Retail, Sales Promotion, Search Engine Optimization, Seniors' Market, Shopper Marketing, Social Marketing/Nonprofit, Social Media, South Asian Market, Sponsorship, Sports Market, Stakeholders, Strategic Planning/Research, Sweepstakes, Syndication, T.V., Technical Advertising, Teen Market, Telemarketing, Trade & Consumer Magazines, Transportation, Travel & Tourism, Tween Market, Urban Market, Viral/Buzz/Word of Mouth, Web (Banner Ads, Pop-ups, etc.), Women's Market, Yellow Pages Advertising

Approx. Annual Billings: $25,000,000

Pete Stafford *(Chief Sls Officer)*
Jane Doe *(Gen Mgr)*

Accounts:
Acme Creative
Apple Creative, Digital, Experiential, Media Buying, Media Planning, Social, iPod; 2016
Harris Inc.(Agency of Record) Creative, Digital, Media Buying, Media Planning, PR, Social
Jones Incorporated; Boston, MA Digital, Social
Kraft Creative, Media Buying, Media Planning
North Carolina Chicken & Fish Creative, QSR
Pentel (Agency of Record)
Rogers Railroad Co. Creative, PR
Sanford Enterprises; 1993

BROWNSTEIN GROUP
215 S Broad St 9th Fl, Philadelphia, PA 19107-5325
Tel.: (215) 735-3470
Fax: (215) 735-6298
Web Site: www.brownsteingroup.com

E-Mail for Key Personnel:
President: marc@brownsteingroup.com

Employees: 60
Year Founded: 1964

National Agency Associations: 4A's-AD CLUB-DMA-PRSA

Agency Specializes In: Advertising, Brand Development & Integration, Business-To-Business, Collateral, College, Communications, Consumer Marketing, Corporate Identity, Customer Relationship Management, Digital/Interactive, Direct Response Marketing, Education, Email, Entertainment, Event Planning & Marketing, Graphic Design, Health Care Services, Integrated Marketing, Internet/Web Design, Logo & Package Design, Market Research, Media Relations, New Product Development, Newspapers & Magazines, Point of Sale, Print, Public Relations, Publicity/Promotions, Radio, Sponsorship, Sports Market, Strategic Planning/Research, T.V.

Approx. Annual Billings: $50,000,000

Berny Brownstein *(Founder, Chm & Chief Creative Officer)*
Marc A. Brownstein *(Pres & CEO)*
Erin Allsman *(Mng Dir)*
Carol Petro *(CFO & Sr VP)*
Gary Greenberg *(Exec Creative Dir)*
Toni-Ann Daly *(Sr Acct Dir)*
Cindy Dreibelbis *(Reg Dir-Strategic Dev & Community Impact)*
Sean Carney *(Dir-Content)*
Terry Dukes *(Dir-Client Svcs)*
Laura Emanuel *(Dir-PR)*
Aimee Cicero *(Mgr-PR Events)*
Jenna Frimmel *(Sr Acct Supvr)*
Jessica Pernick *(Sr Acct Supvr)*
Lauren Mayer *(Acct Supvr-PR)*
Jen Micklow *(Acct Supvr-PR)*
Meagan Sloan *(Acct Supvr)*
Kathleen Celano *(Supvr-Social Media Content)*
Shari Rosen *(Sr Acct Exec-PR)*
Courtney Thomas *(Sr Acct Exec-PR)*

Accounts:
Advanta; Springhouse, PA; 2005
AmeriGas
AmerisourceBergen
ARCH Chemicals
Beneficial Bank
Campus Apartments
Comcast Corporation Comcast Xfinity
Cozen O'Connor Brand Strategy Development
DuPont Sorona
Einstein Healthcare Network
Frankford Candy Co. Integrated Communications, Wonder Ball
Giant Food Stores (Agency of Record) Creative Voice & Identity, Radio, Video Advertising; 2018
IKEA
Inspira Health Network Brand Awareness, Integrated Marketing
Kelleher Associates, LLC.; Wayne, PA Public Relations
Keystone Property Group (Agency of Record) Digital Advertising, Print, Website
La Colombe
Legoland Legoland Discovery Center
The Madlyn & Leonard Abramson Center for Jewish Life

AGENCIES - JANUARY, 2019 — ADVERTISING AGENCIES

Mark Group Public Relations, Social Media
Microsoft Corporation; Redmond, WA
The National Lacrosse League (Agency of Record) Brand Awareness, Brand Strategy, Creative, Digital, Marketing, Media, Public Relations, Social Media
New Jersey Manufacturers Insurance Company (Pennsylvania Agency of Record) Creative, Digital, Out-of-Home, Radio, Television, Traditional Print Advertising; 2018
Penn State University
The Philadelphia Auto Show
Philadelphia Federal Credit Union Financial
Philadelphia Global Identity Project Brand Identity; 2018
Saint-Gobain North America
Temple University
TireVan Strategic Media Relations Campaign
United Healthcare; 2004
Universal Technical Institute (Agency of Record) Media Relations, PR
Wawa
Western Union

Branches

Nucleus Digital
1012 W Lancaster Ave # 2, Bryn Mawr, PA 19010
Tel.: (215) 259-2430
Web Site: http://nucleusd.com/

Year Founded: 2013

Adam Deringer *(Partner & Gen Mgr)*

BRUCE CLAY, INC.
(d/b/a Bruceclaycom)
2245 First St, Simi Valley, CA 93065
Tel.: (805) 517-1900
Fax: (805) 517-1919
E-Mail: info-bc@bruceclay.com
Web Site: www.bruceclay.com

Employees: 38
Year Founded: 1996

Agency Specializes In: Advertising, Search Engine Optimization

Bruce Clay *(Pres)*
Paula Allen *(Mgr-Content Mktg & Documentation)*

BRUCE MAU DESIGN
469C King St W, Toronto, ON M5V 3M4 Canada
Tel.: (416) 306-6401
E-Mail: info@brucemaudesign.com
Web Site: www.brucemaudesign.com

Employees: 40
Year Founded: 1985

Agency Specializes In: Advertising, Brand Development & Integration, Communications, Digital/Interactive

Bruce Mau *(Founder)*
Hunter Tura *(Pres & CEO)*
Tom Keogh *(Mng Dir)*
Diane Mahony *(Mng Dir)*
Jeffrey Ludlow *(Chief Creative Officer)*
Luis Coderque *(Creative Dir)*
Diana Kelly *(Acct Dir)*
Patricia Marcucci *(Acct Dir)*
John Pichette *(Sr Acct Mgr)*

Accounts:
ASICS Digital, Global Brand Identity, Print, Retail
New-Audi AG
FastCo Design
New-Netflix, Inc.
The Regent Park School of Music

Sonos

BRUM ADVERTISING
2700 Corporate Dr, Birmingham, AL 35242
Tel.: (205) 447-9871
Fax: (205) 970-6300
Web Site: www.brumadvertising.com

Year Founded: 1999

Agency Specializes In: Advertising, Internet/Web Design, Media Planning, Print, Public Relations, Radio, T.V.

Alan Brumbeloe *(Pres & Dir-Creative)*
Stephanie Brumbeloe *(Mgr-Traffic & Acctg)*

Accounts:
Schaeffer Eye Center
Susan Schein Automotive Group
Vital Smiles

BRUNET-GARCIA ADVERTISING, INC.
25 N Market St, Jacksonville, FL 32202
Tel.: (904) 346-1977
Fax: (904) 346-1917
Toll Free: (866) 346-1977
E-Mail: info@brunetgarcia.com
Web Site: www.brunetgarcia.com

Employees: 25
Year Founded: 2003

Agency Specializes In: Brand Development & Integration, Broadcast, Digital/Interactive, Exhibit/Trade Shows, Market Research, Media Planning, Multicultural, Out-of-Home Media, Outdoor, Public Relations, Social Media

Jorge Brunet-Garcia *(Pres, CEO & Partner)*
Diane Brunet-Garcia *(Partner & VP)*
Molly Rose Walker *(Partner & Sr Strategist)*
Kimberley Collins *(Exec VP-Engagement Strategies)*
Katy Garrison *(Grp Head-Creative)*
Colin Barnes *(Art Dir)*
Iwalani Camacho *(Media Dir)*
Kate Jolley *(Brand Mktg Mgr)*
Cristina Parcell *(Mgr-Govt Mktg)*
Angelique A Fernandez-Clark *(Sr Strategist-Mktg)*
Aerien Mull *(Assoc Creative Dir)*
Chad Villarroel *(Jr Acct Coord)*

Accounts:
BLOCK X BLOCK
Carolyn Ettlinger Consulting LLC
Cathedral Arts Project Angels of the Arts Invite
Coastline Federal Credit Union
Family Promise of Jacksonville Campaign: "Cardboard City HOME Sculpture"
Grape Guru Logo
Horton Foote Legacy Project Brochure
Jax Film Fest Campaign: "Coasters"
Maxwell Management Consulting
Me Embellished Book Design
MOCA Jacksonville Campaign: "The Art You Missed"
One World Foundation Campaign: "The World of Foote"
PACE Center for Girls
Players by the Sea Cat on a Hot Tin Roof Poster, Next to Normal Poster, Reefer Madness Poster, Talking Heads Poster, The Trojan Women Poster
St. Johns River State College

BRUNNER
11 Stanwix St 5th Fl, Pittsburgh, PA 15222-1312
Tel.: (412) 995-9500
Fax: (412) 995-9501
E-Mail: dsladack@brunnerworks.com

Web Site: brunnerworks.com
E-Mail for Key Personnel:
Chairman: MBrunner@brunnerworks.com
President: smorgan@brunnerworks.com

Employees: 210
Year Founded: 1989

National Agency Associations: BMA-MAGNET

Agency Specializes In: Advertising, Affluent Market, Automotive, Brand Development & Integration, Broadcast, Business-To-Business, Cable T.V., Catalogs, Co-op Advertising, Collateral, College, Communications, Consulting, Consumer Goods, Consumer Marketing, Consumer Publications, Content, Corporate Communications, Corporate Identity, Crisis Communications, Customer Relationship Management, Digital/Interactive, Direct Response Marketing, Direct-to-Consumer, E-Commerce, Education, Electronic Media, Email, Engineering, Environmental, Event Planning & Marketing, Exhibit/Trade Shows, Experience Design, Financial, Food Service, Graphic Design, Guerilla Marketing, Health Care Services, High Technology, Hospitality, Household Goods, Identity Marketing, In-Store Advertising, Industrial, Information Technology, Integrated Marketing, Internet/Web Design, Legal Services, Leisure, Local Marketing, Logo & Package Design, Luxury Products, Magazines, Market Research, Media Buying Services, Media Planning, Media Relations, Media Training, Medical Products, Men's Market, Merchandising, Mobile Marketing, Multimedia, New Product Development, New Technologies, Newspaper, Newspapers & Magazines, Out-of-Home Media, Outdoor, Over-50 Market, Package Design, Paid Searches, Pets, Pharmaceutical, Planning & Consultation, Podcasting, Point of Purchase, Point of Sale, Print, Product Placement, Production, Production (Print), Promotions, Public Relations, Publicity/Promotions, RSS (Really Simple Syndication), Radio, Real Estate, Recruitment, Regional, Restaurant, Retail, Sales Promotion, Search Engine Optimization, Seniors' Market, Social Marketing/Nonprofit, Social Media, Sponsorship, Sports Market, Strategic Planning/Research, Sweepstakes, T.V., Teen Market, Telemarketing, Trade & Consumer Magazines, Travel & Tourism, Tween Market, Viral/Buzz/Word of Mouth, Women's Market

Approx. Annual Billings: $220,000,000

Michael Brunner *(CEO)*
Rick Gardinier *(Chief Digital Officer & Partner)*
Jeffrey Maggs *(Mng Dir & Chief Client Officer)*
Rob Schapiro *(Chief Creative Officer)*
Ken Johns *(Sr VP-Client Experience)*
Kristen Cook *(VP & Grp Acct Dir)*
Jackie Murray *(VP & Creative Dir)*
Lauren Smart Mannetti *(VP-Comm Plng & Media)*
Dave Vissat *(Creative Dir)*
Lindsay Zarczynski *(Art Dir)*
Andrew Wirfel *(Dir-Digital Ops)*
Jim Lundy *(Sr Mgr-Production & Ops)*
Dana Lucas *(Sr Acct Mgr)*
Alex Kotz *(Acct Mgr)*
Ashley Jones *(Mgr-PR Content)*
Joel Ulrich *(Sr Strategist-Media)*
Trish Duffy *(Sr Designer-UX)*
Rick Hebert *(Copywriter)*
Marissa Rayes *(Coord-Svcs)*
Kathy Baldauf *(Assoc Media Dir-Brdcst)*
Derek Julin *(Assoc Creative Dir)*

Accounts:
84 Lumber Creative, Media
Beazer Homes; 2008
Bob Evans Farms, Inc. Broasted Chicken, Digital, Video
CARE Ambient ads, Creative, Outdoor, Print
CONSOL Energy Inc. Coal, Energy Production,

ADVERTISING AGENCIES

Raw Materials & Minerals, Lights Campaign, Television; 2006
Darden Restaurants Cheddar's Scratch Kitchen (Agency of Record), Digital Marketing; 2018
DeVry University; 2007
Eaton Corp. (Agency of Record) Golf Pride, Vehicle Group; 2003
Field & Stream Specialty Stores (Agency of Record) Creative, Marketing, Online, Social Media
GlaxoSmithKline Aquafresh, Time 2 Brush; 2000
GNC Corporation; 2004
Gold Pride Campaign: "In-banner Regrip"
Great Southern Wood Preserving Brand Strategy, Channel Marketing, Creative, Digital, Media Planning & Buying, Research, YellaWood
Huffy Corporation Huffy Bikes; 2009
James Hardie Siding Products; 2009
Jarden Corporation Mr. Coffee, Mr. Coffee Blogger Kit, Mr. Coffee Blogger Outreach
Knouse Foods Cooperative Inc. Lucky Leaf, Musselman's
LaRosa's; 2005
Mars, Incorporated
Mitsubishi Electric (Agency of Record) Cooling & Heating Division, Creative, Marketing Communications, Media, Planning, Social Media
MTD Products Cub Cadet, Cub Heating Bill POP; 2004
Philips Healthcare Respironics; 1999
PPG Industries; 1996
Ron Kirn Guitars Campaign: "Baggage, Angst, Affair", Campaign: "Hand Made Guitars"
ShurTech Brands LLC Digital Marketing, Duck Tape, Social Media, Videos
Steris Corporation; 2010
Werner Ladders
Westinghouse
Wise Foods Cheez Doodles, Wise Snacks; 2010
Zippo Manufacturing Hand Warmer, W.R. Case & Sons Cutlery; 1997

Branches

Brunner
1100 Peachtree St NE Ste 550, Atlanta, GA 30309
Tel.: (404) 479-2200
Fax: (404) 479-9850
Web Site: www.brunnerworks.com

Employees: 70
Year Founded: 1989

National Agency Associations: 4A's-MAGNET-PRSA

Agency Specializes In: Advertising, Affluent Market, Automotive, Brand Development & Integration, Broadcast, Business-To-Business, Cable T.V., Catalogs, Co-op Advertising, Collateral, College, Communications, Consulting, Consumer Goods, Consumer Marketing, Consumer Publications, Content, Corporate Communications, Corporate Identity, Crisis Communications, Customer Relationship Management, Digital/Interactive, Direct Response Marketing, Direct-to-Consumer, E-Commerce, Education, Electronic Media, Email, Engineering, Environmental, Event Planning & Marketing, Exhibit/Trade Shows, Experience Design, Financial, Food Service, Graphic Design, Guerilla Marketing, Health Care Services, High Technology, Hospitality, Household Goods, Identity Marketing, In-Store Advertising, Industrial, Information Technology, Integrated Marketing, Internet/Web Design, Legal Services, Leisure, Local Marketing, Logo & Package Design, Luxury Products, Magazines, Market Research, Media Planning, Media Relations, Media Training, Medical Products, Men's Market, Merchandising, Mobile Marketing, Multimedia, New Product Development, New Technologies, Newspaper, Newspapers & Magazines, Out-of-Home Media, Outdoor, Over-50 Market, Package Design, Paid Searches, Pets, Pharmaceutical, Planning & Consultation, Podcasting, Point of Purchase, Point of Sale, Print, Product Placement, Production, Production (Ad, Film, Broadcast), Production (Print), Promotions, Public Relations, Publicity/Promotions, RSS (Really Simple Syndication), Radio, Real Estate, Regional, Restaurant, Retail, Sales Promotion, Search Engine Optimization, Seniors' Market, Social Marketing/Nonprofit, Social Media, Sponsorship, Sports Market, Strategic Planning/Research, Sweepstakes, T.V., Teen Market, Telemarketing, Trade & Consumer Magazines, Travel & Tourism, Tween Market, Viral/Buzz/Word of Mouth, Web (Banner Ads, Pop-ups, etc.), Women's Market

Scott Morgan *(Pres)*
Rick Gardinier *(Partner & Chief Digital Officer)*
Jeff Maggs *(Mng Dir & Chief Client Officer)*
Jake Bendel *(Grp Acct Dir)*
Patrick Culhane *(Grp Acct Dir)*
Zak Cochran *(Acct Dir)*
Louis Sawyer *(Sr Strategist)*
Candice Puzak *(Grp Media Dir)*
Ivan Tafur *(Grp Media Dir)*

Accounts:
Beazer Homes; 2008
Bob Evans Restaurants & Food Products; 2009
The Dow Chemical Company Great Stuff
Eaton Corporation Golf Pride, Vehicle Group; 2003
Edwin Watts Golf Shops, Inc.
Glaxosmithkline Quit.com; 2000
GNC Corporation; 2004
Great Southern Wood Preserving Brand Strategy, Channel Marketing, Digital, Media Planning & Buying, Research
Hollywood Theater
Huffy Corporation Huffy Bikes; 2009
James Hardie Siding Products; 2009
Knouse Foods Inc. Lucky Leaf, Musselman's; 2002
Nu-way Weiners Campaign: "America's Chili Dog Since 1916", Mug Collection, Plate Collection, Spoon Collection
Phillips Healthcare Respironics; 1999
PPG Industries; 1996
Publicolor
Rich Products Corporation SeaPak Frozen Shrimp, Seapak; 2010
Rockford Health System; 2002
Starship Campaign: "Worth The Drive"
Steris Corporation; 2010
Wise Foods Cheese Doodles, Wise Snacks; 2010
Wright Travel Campaign: "Chateau", Campaign: "Everglades", Campaign: "Hotel Italia", Campaign: "We Know"

BRUSHFIRE, INC.
2 Wing Dr, Cedar Knolls, NJ 07927
Tel.: (973) 871-1700
Fax: (973) 871-1717
Web Site: www.brushfireinc.com

E-Mail for Key Personnel:
President: JMueller@brushfireinc.com
Media Dir.: jthomsen@brushfireinc.com
Public Relations: vwarner@brushfireinc.com

Employees: 38
Year Founded: 1969

Agency Specializes In: Advertising, Brand Development & Integration, Business-To-Business, Consumer Marketing, Event Planning & Marketing, Internet/Web Design, Public Relations, Sponsorship, Strategic Planning/Research

Approx. Annual Billings: $47,000,000

Jon Renner *(Exec VP-Client Svcs)*
Tony Siminerio *(VP & Creative Dir)*
Larry Durst *(Exec Creative Dir)*
Gina Callan *(Dir-Media Svcs)*
Ralph Panzullo *(Mgr-Studio)*
Desiree Hardy *(Sr Acct Exec)*

Accounts:
The Eastern Tea Corporation Brand Development, Bromley Tea, PR, Research
GK's Red Dog Tavern
Gould Paper
JBWS
Kozy Shack
Minwax
New Jersey Lottery Media
Paper Mill Play House
Promotion in Motion
Remington
Rod's Steakhouse & Seafood Grille
Subaru of America
Thomsons Water Seal

Branch

BRUSHfire, Inc./New York
555 5th Ave 17th Fl, New York, NY 10017
Tel.: (212) 681-6757
Fax: (212) 681-6759
E-Mail: vwarner@brushfireinc.com
Web Site: www.brushfireinc.com

E-Mail for Key Personnel:
President: jpleonard@brushfireinc.com
Creative Dir.: kmusto@brushfireinc.com
Media Dir.: jthomsen@brushfireinc.com
Production Mgr.: gmcrevins@brushfireinc.com
Public Relations: vwarner@brushfireinc.com

Employees: 25
Year Founded: 1969

Agency Specializes In: Advertising, Brand Development & Integration, Business-To-Business, Consumer Marketing, Event Planning & Marketing, Internet/Web Design, Public Relations, Sales Promotion

Jon Renner *(Exec VP-Client Svcs)*

Accounts:
Colgate
Fannie E. Rippel Foundation
Kozy Shack
Maxell
Minwax
Subaru
Thompson's Waterseal
Velcro
Western Union

BRYAN MILLS LTD.
(Formerly Bryan Mills Iradesso Corp.)
1129 Leslie St, Toronto, ON M3C 2K5 Canada
Tel.: (416) 447-4740
E-Mail: info@bryanmills.com
Web Site: www.bryanmills.com

Employees: 50
Year Founded: 1975

Agency Specializes In: Advertising

Nancy Ladenheim *(CEO)*
Frank Casera *(Creative Dir)*
Ian Todd *(Creative Dir)*

Accounts:
Genworth
Shoppers DrugMart
Tim Hortons

BSY ASSOCIATES INC
960 Holmdel Rd Bldg II Ste 201, Holmdel, NJ 07733

AGENCIES - JANUARY, 2019 — ADVERTISING AGENCIES

Tel.: (732) 817-0400
Web Site: www.bsya.com

Employees: 5

Agency Specializes In: Advertising, Brand Development & Integration, Collateral, Corporate Communications, Crisis Communications, Event Planning & Marketing, Internet/Web Design, Media Planning, Public Relations, Strategic Planning/Research

Barbara Spector Yeninas *(CEO & Founder)*
Lisa LoManto Aurichio *(Pres)*
Mike Guarino *(Dir-Creative)*

Accounts:
Artemus TS

BTC MARKETING
994 Old Eagle School Rd Ste 1015, Wayne, PA 19087-1802
Tel.: (610) 293-0500
Fax: (610) 687-8199
Toll Free: (800) 882-8066
E-Mail: info@btcmarketing.com
Web Site: btcmarketing.com

Employees: 20
Year Founded: 1980

National Agency Associations: Second Wind Limited

Agency Specializes In: Advertising, Business-To-Business, Collateral, Financial, Leisure, Planning & Consultation, Public Relations, Sales Promotion, Strategic Planning/Research, Travel & Tourism

Approx. Annual Billings: $24,000,000

Tom Cancelmo *(CEO)*
Chris Murray *(Partner & Exec VP)*
David Culver *(VP-PR)*
Kim Landry *(VP-Impact)*
Christy Hoffman *(Controller)*
Chrissy Cancelmo *(Media Dir)*
Martha Michaela Hutchman Brown *(Acct Exec)*
Georgette Klotz *(Sr Designer-Web)*
Mandi Zola *(Sr Art Dir)*

Accounts:
Chesapeake Hyatt; Cambridge, MA; 2003
The Hyatt Regency Chesapeake Bay
Mohonk Mountain House
Tucker's Point Hotel & Spa Promotional Emails
Valley Forge Convention & Visitors Bureau

BTC REVOLUTIONS
1440 G St NW, Washington, DC 20005
Web Site: www.btcrevolutions.com/

Employees: 50
Year Founded: 2012

Agency Specializes In: Experiential Marketing, Social Media

Amanda Hite *(Co-Founder)*
Susan Montgomery *(Project Dir & Mgr-Social Media)*
Eugene Fertelmeyster *(Chief of Staff-Strategy & Bus Dev)*

Accounts:
Applebee's Grill & Bar Social
Carvel Social
Cinnabon Social
Kellogg's Social
Moe's Southwest Grill
No Kid Hungry Social
Women's Foodservice Forum Social

BTL NETWORK
9675 Nw 117Th Ave Ste 405, Medley, FL 33178
Tel.: (786) 703-7148
Web Site: www.btlnetwork.com

Employees: 55
Year Founded: 2007

Agency Specializes In: Alternative Advertising, Below-the-Line, Branded Entertainment, Collateral, Digital/Interactive, Exhibit/Trade Shows, Experience Design, Guerilla Marketing, Local Marketing, Multimedia, Newspapers & Magazines, Out-of-Home Media, Outdoor, Promotions, Publishing, Search Engine Optimization, Social Media, Viral/Buzz/Word of Mouth, Web (Banner Ads, Pop-ups, etc.)

Approx. Annual Billings: $2,400,000

Servio T Fernandez *(CEO)*
Harold Trucco *(Dir-Bus Dev & Client Svc)*

Accounts:
Batch to Scratch Sports; 2015
Cargill Food; 2011
Clinisanitas Medical Centers; 2015
Florida Blue Health Insurance; 2013
Guidewell Connect; 2014
Supercable Telecommunications; 2016
Telefonica Venezuela Telecommunications; 2013

BTRAX, INC.
665 3rd St Ste 536, San Francisco, CA 94107
Tel.: (415) 344-0907
E-Mail: sf@btrax.com
Web Site: www.btrax.com

Employees: 50
Year Founded: 2004

Agency Specializes In: Advertising, Asian Market, Brand Development & Integration, Content, Event Planning & Marketing, Internet/Web Design, Multicultural, Promotions, Social Media, Strategic Planning/Research, Web (Banner Ads, Pop-ups, etc.)

Brandon Hill *(CEO)*
Akihiko Tada *(Gen Mgr-Tokyo)*
Mariko Higuchi *(Specialist-Mktg)*
Dazhou Rong *(Sr Designer-Visual)*

Accounts:
New-Tabio Corporation

BUBBLEUP, LLC.
9391 Grogans Mill Rd Ste A4, Spring, TX 77380
Tel.: (713) 201-2945
Fax: (832) 585-0705
E-Mail: info@bubbleup.net
Web Site: www.bubbleup.net

Employees: 35
Year Founded: 2004

Agency Specializes In: Advertising, Content, Digital/Interactive, Electronic Media, Email, Experience Design, Graphic Design, Local Marketing, Mobile Marketing, Multimedia, Podcasting, Search Engine Optimization, Social Media, Strategic Planning/Research, Web (Banner Ads, Pop-ups, etc.)

Approx. Annual Billings: $14,000,000

Coleman Sisson *(CEO)*
Mike Newman *(CMO)*
Lee Totten *(VP-Dev & Design)*
Tracy Goldenberg *(Acct Svcs Dir)*

Brad Jameson *(Sr Acct Mgr)*
Steve Newman *(Mgr-Client)*
Jennifer Balzer *(Sr Creative Dir)*

Accounts:
Academy of Country Music ACM; 2009
Anheuser Busch Landshark Lager; 2010
Margaritaville Landshark Lager, Margaritaville; 2004

BUCK LA
515 W 7th St 4th Fl, Los Angeles, CA 90014
Tel.: (213) 623-0111
Fax: (213) 623-0117
E-Mail: info@buck.tv
Web Site: www.buck.tv

Employees: 20
Year Founded: 2003

Agency Specializes In: Electronic Media, Electronics, Internet/Web Design, Production, Production (Ad, Film, Broadcast), T.V.

Jeff Ellermeyer *(Mng Dir & Principal)*
Ryan Honey *(Principal & Creative Dir)*
Richard Gray *(Art Dir)*
Jenny Ko *(Creative Dir)*
Tony Legato *(Art Dir)*
Joe Mullen *(Creative Dir)*
Alessandro Ceglia *(Dir-Animation)*
Marc Steinberg *(Supvr-Visual Effects)*
Jerry Suh *(Designer-Concept)*
Solana Braun *(Coord-Resourcing & Production)*
Maurie Enochson *(Mng Exec Producer)*

Accounts:
AMEX
Apple
Boiron
Five
Free Style
Fuel TV
G4
Match Group, Inc. Tinder
Nike
Spike TV

New York

Buck NY
247 Centre St 5fl, New York, NY 10013
Tel.: (212) 668-0111
Fax: (212) 226-0167
E-Mail: info08@buck.tv
Web Site: www.buck.tv

Employees: 14

Agency Specializes In: Advertising, Automotive, Cable T.V., Digital/Interactive, T.V.

Orion Tait *(Principal & Creative Dir)*
Kitty Dillard *(Head-Production)*
Jon Gorman *(Creative Dir)*
Benjamin Langsfeld *(Creative Dir)*
Jodi Terwilliger *(Creative Dir)*

BUCKAROO MARKETING
8380 Shoe Overlook Dr, Fishers, IN 46038
Tel.: (317) 845-0830
Fax: (888) 959-7184
Web Site: www.gobuckaroo.com

Employees: 4

Agency Specializes In: Advertising, Brand Development & Integration, Digital/Interactive, Email, Print, Strategic Planning/Research

ADVERTISING AGENCIES

Deborah Daily *(Pres)*
Kenneth Daily *(CEO)*

Accounts:
Alba Manufacturing Inc New Media Agency of Record

BUERO NEW YORK
401 Broadway, New York, NY 10013
Tel.: (212) 366-1004
Fax: (212) 366-4530
E-Mail: mail@buero-newyork.com
Web Site: www.buero-newyork.com

Employees: 12
Year Founded: 2001

Agency Specializes In: Advertising, Consulting, Fashion/Apparel, Graphic Design

Ronit Avneri *(Mng Dir & Exec Producer)*
Nick Kapros *(Art Dir)*
Alex Wiederin *(Creative Dir)*

Accounts:
Jill Stuart Fashion and Fragrance
Sonia Rykiel

BULLDOG CREATIVE SERVICES
1400 Commerce Ave, Huntington, WV 25701
Tel.: (304) 525-9600
Fax: (304) 525-4043
E-Mail: info@bulldogcreative.com
Web Site: https://www.bulldogcreative.com/

Employees: 20
Year Founded: 1999

Agency Specializes In: Advertising, Collateral, Event Planning & Marketing, Graphic Design, Identity Marketing, Internet/Web Design

Chris Michael *(Owner)*
April Barnabi *(VP-Ops)*
Christine Borders *(VP-Creative Svcs)*
Levi Durfee *(Dir-Interactive)*

Accounts:
First Sentry Bank
Marshall University
Mercer Mall (Advertising Agency of Record)

BULLDOG DRUMMOND, INC.
655 G Street, San Diego, CA 92101
Tel.: (619) 528-8404
Fax: (619) 528-8403
E-Mail: chartwell@bulldogdrummond.com
Web Site: www.bulldogdrummond.com

Employees: 15
Year Founded: 1997

Agency Specializes In: Advertising

Annie J. Buchanan *(CFO)*
Megan Pilla *(Chief Creative Officer & Chief Content Officer)*
Catharine Francisco *(VP-Ops & Acct Svcs)*
Erin Kaplan *(VP-Consumer Insights & Common Sense)*
Garrett Patz *(Dir-Design)*
Katie Schultz *(Dir-Production)*
Erin Borawski *(Strategist-Brand)*

Accounts:
Diageo Stark Raving
ESPN Zone
Firestone Walker
Patientsafe Solutions
Pinkberry
Starbucks
WD40
Westfield Malls

BULLFROG & BAUM
56 W 22nd St, New York, NY 10010
Tel.: (212) 255-6717
Fax: (646) 763-8910
E-Mail: info@bullfrogandbaum.com
Web Site: www.bullfrogandbaum.com

Employees: 30

Agency Specializes In: Hospitality, Public Relations

Jennifer Baum *(Founder & Pres)*
Aik Wye Ng *(Mng Dir)*
Kay Lindsay *(VP-Bus Dev)*
Kelly Fordham *(Acct Dir)*
Breckenridge Rochow *(Acct Dir)*
Arthur Bovino *(Dir-Digital)*
Cait Langley *(Acct Exec)*
Samantha Bryant *(Asst Acct Exec)*
Lily Stearns *(Acct Coord)*

Accounts:
Apheleia Restaurant Group Belly & Trumpet, Oak, Pakpao
Aretsky's Patroon (Agency of Record)
Asian Box Marketing, Media Relations, Social Media Strategy
Bar American
Blue Ribbon Restaurants
Botticelli Foods (Agency of Record) Marketing, Media Relations, Social Media, Strategic Public Relations
Broadway Panhandler
Bruce Cost Ginger Ale Events, Marketing, Strategic Alliances
Canyon Ranch Management, LLC Events & Strategic Brand Partnerships, National & Regional Media Relationships, Programming Development; 2018
Casa Luca
Chef Josiah Citrin Marketing, Melisse, Public Relations
Cherry
The Elm
Fiola
Fish & Game; Hudson, NY
The Forge Media
Four Seasons Hotels and Resorts Campaign: "Virtual Cocktail Class"
Her Name is Han (Agency of Record) Marketing, National & LocalMedia Relations, Strategic Public Relations
Juni
Lettuce Entertain You Enterprises; Chicago, IL National Media; 2007
Joe's Seafood, Prime Steak and Stone Crab
Maude PR
MEW MEN (Agency of Record) Marketing, National & Local Media Relations, Strategic Public Relations
Natural Gourmet Institute (Agency of Record) Digital Outreach, Public Relations; 2017
The Peacock
Richard DeShantz Restaurant Group (Agency of Record) Marketing, Public Relations
Ripple (Agency of Record)
Roofers Union (Agency of Record)
Samantha Brown (Agency of Record) Public Relations
Singapore Tourism Board (Agency of Record) Business & Consumer Outreach, Marketing; 2018
SLS Hotel South Beach
Smith (Agency of Record) Brand Development, Marketing, Public Relations
Susan Fine Retail
TurnStyle (Marketing Agency of Record)

BULLISH
135 Bowery # 7, New York, NY 10002
Tel.: (212) 634-4224
Web Site: bullish.co/

Employees: 50

Michael Duda *(Co-Founder & Mng Partner)*
Brent Vartan *(Co-Founder & Mng Partner)*
Zach Lev *(Partner)*
Ryan Fluet *(Creative Dir)*
JJ Kraft *(Art Dir)*
German Rivera Hudders *(Copywriter)*
Mikki Janower *(Designer)*

Accounts:
Foot Locker
GoDaddy GoCentral

BULLPEN INTEGRATED MARKETING
16130 Ventura Blvd, Encino, CA 91436
Tel.: (818) 762-2600
E-Mail: info@bullpenintegrated.com
Web Site: www.bullpenintegrated.com

Employees: 25

Agency Specializes In: Advertising, Brand Development & Integration, Digital/Interactive, Event Planning & Marketing, Media Buying Services, Media Planning, Print, Social Media, T.V.

Jordan Levy *(Co-CEO)*
Cherie Balousek *(Sr VP-Fin & Ops)*

Accounts:
Fisher-Price
SurveyMonkey

BULLSEYE STRATEGY
110 E Broward Blvd Ste 1550, Fort Lauderdale, FL 33301
Tel.: (954) 591-8999
E-Mail: info@bullseyestrategy.com
Web Site: www.bullseyestrategy.com

Employees: 16

Agency Specializes In: Advertising, Content, Digital/Interactive, Email, Media Buying Services, Media Planning, Social Media

Maria Harrison *(Pres)*
Jonathan Schwartz *(CEO)*
Matt Bray *(Dir & Strategist-Client)*

Accounts:
Carolina Financial Group Creating Audience Profiles, Digital Marketing, Email, Messaging Strategy, Paid Search, Planning, Programmatic Advertising, Social Advertising; 2017
MIA Shoes (Digital Agency of Record) Media Buying, Media Planning, Social Media
Railex
Voices for Children of Broward County

BULLY PULPIT INTERACTIVE
1140 Connecticut Ave NW Ste 800, Washington, DC 20036
Tel.: (202) 331-0052
Fax: (202) 331-0113
Web Site: www.bpimedia.com

Employees: 104
Year Founded: 2009

Agency Specializes In: Advertising, Digital/Interactive, Graphic Design, Social Media

Andrew Bleeker *(Pres)*
Mark Skidmore *(Partner & Sr Strategist)*
Benjamin Clark *(Partner)*

AGENCIES - JANUARY, 2019 — ADVERTISING AGENCIES

Michael Schneider *(Partner)*
Ann Marie Habershaw *(COO)*
Lianne Bollinger *(Sr Dir)*
Preeti Wali *(Sr Dir)*
Scott Zumwalt *(Sr Dir)*
Eric Reif *(Dir-Media)*
Peter Anich *(Supvr-Media)*
David Jaffe *(Sr Acct Exec)*
Lauren Bobbitt *(Assoc Media Dir)*
Jacob Garber *(Sr Media Planner)*
Amy Garland *(Sr Media Planner)*
Colin Kelly *(Assoc)*
Loren Mullen *(Assoc)*
Rebecca Rinkevich *(Assoc)*
Rebecca Sharer *(Assoc-Mktg)*
Sara Vaadia *(Assoc)*
Rachel C. White *(Sr Media Planner)*
Cindy Zhang *(Assoc)*

Accounts:
Coinbase; 2018
Democratic National Committee Digital Advertising, Digital Media Buying
Emily's List
Hillary Clinton Campaign Digital Advertising, Digital Media Buying
Livestrong
NextGen Climate
Organizing for Action
SHRM

Branch

Bully Pulpit Interactive
12 W 27th St 6th Fl, New York, NY 10001
E-Mail: info@bpimedia.com
Web Site: bpimedia.com

Agency Specializes In: Advertising, Communications, Content, Digital/Interactive, Event Planning & Marketing, Government/Political, Strategic Planning/Research

Danny Franklin *(Partner)*
Preeti Wali *(Mng Dir)*
Daniel Scarvalone *(Dir-Res & Data)*

Accounts:
New-Airbnb Inc.
New-The Bill And Melinda Gates Foundation
New-McDonald's Corporation
New-Uber Technologies Inc.

THE BUNTIN GROUP
BRAND FLUENCY

THE BUNTIN GROUP
716 Division St, Nashville, TN 37203-4758
Tel.: (615) 244-5720
Fax: (615) 244-6511
E-Mail: results@buntingroup.com
Web Site: www.buntingroup.com

Employees: 121
Year Founded: 1972

National Agency Associations: 4A's

Agency Specializes In: Advertising, Advertising Specialties, Affiliate Marketing, Affluent Market, African-American Market, Alternative Advertising, Arts, Automotive, Bilingual Market, Brand Development & Integration, Broadcast, Business-To-Business, Cable T.V., Collateral, Commercial Photography, Communications, Consulting, Consumer Goods, Consumer Publications, Corporate Communications, Corporate Identity, Custom Publishing, Customer Relationship Management, Digital/Interactive, Direct Response Marketing, Direct-to-Consumer, E-Commerce, Electronic Media, Email, Experiential Marketing, Faith Based, Financial, Food Service, Government/Political, Graphic Design, Health Care Services, Hispanic Market, Hospitality, Household Goods, In-Store Advertising, Information Technology, International, Internet/Web Design, Investor Relations, Leisure, Local Marketing, Logo & Package Design, Luxury Products, Magazines, Market Research, Media Buying Services, Media Planning, Media Relations, Media Training, Medical Products, Men's Market, Merchandising, Mobile Marketing, Multimedia, New Product Development, Newspaper, Newspapers & Magazines, Package Design, Planning & Consultation, Podcasting, Point of Purchase, Point of Sale, Print, Production, Production (Print), Promotions, Public Relations, Publishing, RSS (Really Simple Syndication), Radio, Recruitment, Restaurant, Retail, Seniors' Market, Sponsorship, Stakeholders, Strategic Planning/Research, Syndication, T.V., Teen Market, Telemarketing, Trade & Consumer Magazines, Transportation, Travel & Tourism, Urban Market, Women's Market, Yellow Pages Advertising

Approx. Annual Billings: $142,000,000

Jeffrey Buntin, Jr. *(Pres & CEO)*
Howard Greiner *(Pres-Buntin Out-of-Home Media)*
Jon Carmack *(Exec VP-Ops & Tech)*
Dawnyell Bowen *(Sr VP & Grp Acct Dir)*
Kevin May *(VP, Controller & Dir-Billing)*
Becky Benson *(VP & Brand Dir)*
Lindsay Sevier *(VP & Dir-Ops)*
Bryan Kemp *(VP & Mgr-Client Dev)*
Christine Poss *(VP-Brand Integration)*
Don Bailey *(Art Dir)*
Erica Huss *(Brand Dir)*
Jessi Olson *(Brand Dir)*
Kendall Baird *(Dir-Strategy)*
Joe Botich *(Assoc Dir-Channel Engagement)*
Britney Naylor *(Brand Mgr)*
Suzanne Palmer *(Mgr-Channel Engagement)*
Katie Hewson *(Acct Supvr)*
Jacob Knott *(Strategist)*
Angie Melgar *(Designer)*
Jeff Watson *(Assoc Creative Dir)*

Accounts:
Acme Feed & Seed
America Within
American Born Moonshine
Bardstown Bourbon Company
Bargain Hunt
Barrett/Sovereign Sporting Goods
Bass Pro Shops
Brookdale Senior Living
Chinet
Citgo Petroleum Corporation (Agency of Record) Creative, Digital, Media, Social, Strategy; 2018
Codigo
The Contributor
Cracker Barrel
Fin & Pearl
Genesco Inc.
Good Year
Hands on Nashville
Hoosier Lottery (Media Agency of Record)
Huhtamaki
IASIS Healthcare
Imagine No Malaria
Infected by Meth
Junior Achievement of Middle TN
Kentucky Lottery (Digital Agency of Record) Creative, Digital Media, Media Planning & Buying
Kirkland's
La Quinta Inn & Suites
Lasso Workforce Solutions
Logan's Roadhouse Creative, Digital Marketing, Strategic; 2017
Outback Steakhouse
Perkins Restaurant & Bakery (Agency of Record) Analytics, Creative, Digital Strategy, Marketing, Media, Print, Social Media, Strategic, TV
RBC Capital Markets
Rebel Seed
Royal Bank of Canada
Savannah Classics
SERVPRO
Tennessee Education Lottery
Tennessee Education Lottery (Full Service Agency of Record)
Tennessee Valley Authority
ThirdHome
Trex
Truxton Trust
VF Imagewear, Inc.
Woodford Racing
Woolworth on 5th

Division

Buntin Out-of-Home Media
1001 Hawkins St, Nashville, TN 37206
(See Separate Listing)

BURDETTE KETCHUM
1023 Kings Ave, Jacksonville, FL 32207
Tel.: (904) 645-6200
Fax: (904) 645-6080
E-Mail: info@burdetteketchum.com
Web Site: www.burdetteketchum.com

Employees: 25

Agency Specializes In: Advertising, Advertising Specialties, Brand Development & Integration, Broadcast, Business-To-Business, Cable T.V., Catalogs, Collateral, Communications, Consulting, Consumer Goods, Consumer Marketing, Corporate Communications, Corporate Identity, Crisis Communications, Digital/Interactive, Direct Response Marketing, Direct-to-Consumer, Electronic Media, Event Planning & Marketing, Exhibit/Trade Shows, Experience Design, Financial, Graphic Design, Health Care Services, Identity Marketing, In-Store Advertising, Industrial, Integrated Marketing, Internet/Web Design, Legal Services, Local Marketing, Logo & Package Design, Market Research, Media Buying Services, Media Planning, Media Relations, Mobile Marketing, New Product Development, Out-of-Home Media, Outdoor, Package Design, Planning & Consultation, Point of Purchase, Point of Sale, Print, Production (Print), Promotions, Public Relations, Publicity/Promotions, Radio, Regional, Retail, Search Engine Optimization, Social Media, Sponsorship, Strategic Planning/Research, T.V., Transportation, Viral/Buzz/Word of Mouth

Karen Burdette *(Founder & Chm)*
Will Ketchum *(Pres & CEO)*
Patrick Golden *(Principal & Creative Dir)*
Liza Kleven *(Sr VP-Strategy & Client Growth)*
Kim Perry *(Dir-Acctg & HR)*
Ginny Walthour *(Dir-Mktg & PR)*
Anita Carter *(Mgr-Creative Svcs)*
Amelia Williams *(Sr Acct Exec)*

Accounts:
Federal Signal MachinesThatWontQuit.com
Predator Group (Agency of Record) Predator Cues
Swisher International Campaign: "e-Swisher Come on Over Photography", E-Swisher.com

BURFORD COMPANY ADVERTISING

ADVERTISING AGENCIES

125 E Main St, Richmond, VA 23219
Tel.: (804) 780-0354
Fax: (804) 780-0025
E-Mail: info@burfordadvertising.com
Web Site: www.burfordadvertising.com

Employees: 13

Agency Specializes In: Advertising, Advertising Specialties, Cable T.V., Consumer Goods, Local Marketing, Production (Ad, Film, Broadcast), T.V.

Nancy Burford *(CFO)*
Lori Dawson *(Media Dir)*
Ardis Fishburne *(Dir-Creative & Acct Exec)*
Jennifer Hine *(Analyst-Media)*

Accounts:
ChildFund International
ChildSavers of Richmond
Criminal Injuries Compensation Fund
The Dump
Farm Fresh Inc.
Franklin & Franklin Attorneys
Gilman Heating & Cooling
Haley Automotive
Haynes Furniture
Leo Burke Furniture
Medical Careers Institute
Schneider Laboratories
The Supply Room Companies
Virginia Health Insurance Exchange
Virginia Victims Fund
WaterEdge

BURGESS ADVERTISING & MARKETING
6 Fundy Rd Ste 300, Falmouth, ME 04105
Tel.: (207) 775-5227
Fax: (207) 775-3157
E-Mail: adburg@burgessadv.com
Web Site: www.burgessadv.com

Employees: 17
Year Founded: 1986

National Agency Associations: PRSA

Agency Specializes In: Advertising, Advertising Specialties, Aviation & Aerospace, Brand Development & Integration, Broadcast, Business Publications, Business-To-Business, Cable T.V., Catalogs, Collateral, College, Communications, Consulting, Consumer Goods, Consumer Marketing, Corporate Communications, Corporate Identity, Crisis Communications, Digital/Interactive, Direct Response Marketing, Education, Email, Engineering, Environmental, Event Planning & Marketing, Exhibit/Trade Shows, Fashion/Apparel, Financial, Food Service, Government/Political, Graphic Design, Health Care Services, Hospitality, In-Store Advertising, Industrial, Integrated Marketing, Internet/Web Design, Local Marketing, Logo & Package Design, Magazines, Market Research, Media Buying Services, Media Planning, Media Relations, Newspaper, Newspapers & Magazines, Package Design, Pets, Planning & Consultation, Podcasting, Point of Purchase, Point of Sale, Print, Production, Production (Ad, Film, Broadcast), Production (Print), Promotions, Public Relations, Publicity/Promotions, Radio, Recruitment, Search Engine Optimization, Seniors' Market, Social Marketing/Nonprofit, Social Media, Sponsorship, Strategic Planning/Research, T.V., Trade & Consumer Magazines, Web (Banner Ads, Pop-ups, etc.), Women's Market

Approx. Annual Billings: $4,400,000

Meredith Strang Burgess *(Pres & CEO)*
Lori Davis *(VP-Fin)*
Betty Angell *(Media Dir)*
Christina Hill *(Art Dir)*
Oliver Payne *(Strategist-Creative & Sr Copywriter)*

Accounts:
Adroscoggin Valley Hospital
Advanced Building Products
Capricorn Products
Center Street Dental
Cumberland County YMCA
Dearborn Precision
Dielectric Communications
Digital Research
E.J. Prescott; Gardiner, ME Pipe Products; 1991
Evergreen USA
Franklin Community Health Network
Good Shepherd Sisters
Knowles Industrial Services
Maine Breast & Cervical Health Program; 2000
Maine Cancer Foundation (Pro Bono)
Maine Department of Environmental Protection
Maine Employers Mutual Insurance Co.; Portland, ME Workers Compensation; 1993
Maine Engineering Promotion Council
Maine Eye Center
Maine Line Fence
Maine Math and Science Alliance
Maine Mutual Group
Maine Prosthodontics
Maine State Housing
Maine Technical Source
Maine Youth Camping Foundation
MCCCP
Memorial Hospital
The Memorial Hospital; North Conway, NH
NH OEP
Portland International Jetport
Portland Pipeline
Portland Regency Hotel
Portland Yacht Services
Qualis
Ronald McDonald House (Pro Bono)
Shamrock Sports Group
VNA Home Health Care

BURGESS COMMUNICATIONS, INC
84 Dilworthtown Rd, Thornton, PA 19373
Tel.: (610) 647-7900
Fax: (610) 647-7901
Toll Free: (888) 846-5759
E-Mail: dweidel@burgesscom.com
Web Site: www.burgesscom.com

Employees: 5
Year Founded: 1989

National Agency Associations: AMA

Agency Specializes In: Advertising, Brand Development & Integration, Business-To-Business, Catalogs, Collateral, Corporate Communications, Corporate Identity, Digital/Interactive, Electronic Media, Graphic Design, Health Care Services, High Technology, Identity Marketing, Industrial, Integrated Marketing, International, Internet/Web Design, Local Marketing, Logo & Package Design, Magazines, Media Buying Services, Media Planning, Media Relations, Medical Products, New Technologies, Package Design, Pharmaceutical, Print, Production (Print), Public Relations, Radio, Sales Promotion, Social Marketing/Nonprofit, Strategic Planning/Research, Trade & Consumer Magazines

Approx. Annual Billings: $1,000,000

Donna Weidel *(Pres)*

Accounts:
Arkema Collateral; 1999
CGFNS Annual Reports; 2005
FMC Collateral, Sales Materials, Newsletters; 1993
Illuma Fashion, Branding, Online; 2007
ReMed Healthcare, Brain Rehab, Collateral, Web, Trade Show; 2005
Septodont Dental Pharma, Pain Control, Product Launch Campaigns, ongoing branding; 1996

BURK ADVERTISING & MARKETING
12850 Hillcrest Rd Ste F210, Dallas, TX 75230
Tel.: (214) 953-0494
Fax: (214) 742-8803
E-Mail: info@wambam.com
Web Site: www.wambam.com

Employees: 7
Year Founded: 1991

Agency Specializes In: Advertising, Arts, Aviation & Aerospace, Brand Development & Integration, Broadcast, Business Publications, Business-To-Business, Collateral, Communications, Consulting, Corporate Communications, Corporate Identity, Digital/Interactive, Direct Response Marketing, Electronic Media, Electronics, Event Planning & Marketing, Exhibit/Trade Shows, Financial, Graphic Design, High Technology, In-Store Advertising, Industrial, Information Technology, Integrated Marketing, Internet/Web Design, Local Marketing, Logo & Package Design, Magazines, Marine, Media Buying Services, Media Relations, Media Training, New Product Development, Newspaper, Newspapers & Magazines, Out-of-Home Media, Outdoor, Pharmaceutical, Planning & Consultation, Point of Purchase, Point of Sale, Print, Production, Production (Ad, Film, Broadcast), Production (Print), Public Relations, Publicity/Promotions, Real Estate, Regional, Sales Promotion, Strategic Planning/Research, Technical Advertising, Trade & Consumer Magazines, Transportation, Web (Banner Ads, Pop-ups, etc.)

Approx. Annual Billings: $3,700,000

Breakdown of Gross Billings by Media: Bus. Publs.: $990,000; Collateral: $330,000; Consulting: $150,000; Corp. Communications: $175,000; D.M.: $125,000; Exhibits/Trade Shows: $165,000; Fees: $75,000; Graphic Design: $100,000; Internet Adv.: $50,000; Local Mktg.: $50,000; Logo & Package Design: $155,000; Plng. & Consultation: $165,000; Print: $495,000; Production: $200,000; Pub. Rels.: $125,000; Strategic Planning/Research: $200,000; Worldwide Web Sites: $250,000

B. Bailey Burk *(CEO)*

Accounts:
Eligiloy Specialty Metals; Elgin, IL; 1996
Evonik Foams, Inc.; Dallas, TX Solimide Foams; 1991

BURKE ADVERTISING LLC
9 Cedarwood Dr Ste 11, Bedford, NH 03110
Tel.: (603) 627-5381
E-Mail: info@burkeadvertising.com
Web Site: www.burkeadvertising.com

Employees: 10
Year Founded: 1994

Agency Specializes In: Advertising, Brand Development & Integration, Graphic Design, Internet/Web Design, Media Planning, Public Relations, Radio, T.V.

Jim Burke *(Founder & Creative Dir)*
Jessica McKenna *(Art Dir)*

Accounts:
Ads on Wheels (Advertising Agency of Record) Media Planning, Online Marketing, Search Engine Optimization
Banks Automotive
Banks Chevrolet
Best Fitness
Central Mass Agway
Cold Springs RV
East Coast Lumber

AGENCIES - JANUARY, 2019 — ADVERTISING AGENCIES

Guardian Industrial Products Inc.
Laars Heating Systems
Lawn Dawg
New Hampshire NeuroSpine Institute
Proctor Ski of Nashua
Rivier University
Unitil
Wildco PES (Agency of Record) Creative, Media Planning, Online Marketing, Strategic, Website

BURKHEAD BRAND GROUP
1340 Brooks Ave, Raleigh, NC 27607
Tel.: (919) 677-8428
E-Mail: engage@bbgintegrated.com
Web Site: www.bbgintegrated.com

Employees: 8
Year Founded: 2009

Agency Specializes In: Advertising, Internet/Web Design, Logo & Package Design, Print

Bill Kamp *(Exec Creative Dir)*

Accounts:
ConnectVIEW Marketing & Advertising Agency of Record, Public Relations, Strategic Marketing
GridBridge
Healing Transitions (Agency of Record) Brand Strategy, Creative

BURKHOLDER/FLINT
10 E Weber Rd Apt 201, Columbus, OH 43202
Tel.: (614) 228-2425
Fax: (614) 228-0631
E-Mail: easterday@burkholderflint.com
Web Site: www.burkholderflint.com

Employees: 10
Year Founded: 1959

Agency Specializes In: Advertising, Public Relations

Bob Wiseman *(Pres)*
Tom Bedway *(Creative Dir)*
Todd Kidwell *(Art Dir)*
Julie Hamlin *(Dir-PR)*
Amy Hester *(Acct Exec)*

Accounts:
AEP Ohio
Cameron Mitchell Restaurants
Columbia Gas of Ohio
Columbus Radiology
Isaac Wiles
Primary One Health
Ronald McDonald House
Vision Development

THE BURMEISTER GROUP, INC.
1200 Abernathy Rd, Atlanta, GA 30328
Tel.: (770) 641-9600
Web Site: www.burmeistergroup.com

Employees: 5

Julie Burmeister *(Pres & Creative Dir)*
Nadra Scott *(Acct Dir)*

Accounts:
Associated Credit Union
Precision Accounting Group Brand & Strategic Development, Creative, Marketing; 2018

BURN CREATIVE
5181 Fm 1701, Avery, TX 75554
Tel.: (717) 731-8579
E-Mail: hello@burncreative.com
Web Site: www.burncreative.com

Employees: 1

Agency Specializes In: Advertising, Collateral, Corporate Identity, Graphic Design, Logo & Package Design

Marco Echevarria *(Owner & Creative Dir)*

Accounts:
Atlas Government Relations
Epitome
Johnson C. Smith University
Kessler Goaltending
North Mountain Inn
SmartFix Center

BURNETT ADVERTISING
19363 Willamette Dr, West Linn, OR 97068
Tel.: (503) 828-1118
E-Mail: hello@burnettadvertising.com
Web Site: www.burnettmediagroup.com

Employees: 4
Year Founded: 2010

Agency Specializes In: Advertising, Digital/Interactive, Logo & Package Design, Print, Social Media

Gregory Burnett *(Pres)*

BURNHAM RICHARDS ADVERTISING
(See Under BRING)

BURNS ENTERTAINMENT & SPORTS MARKETING
820 Davis St Ste 222, Evanston, IL 60201
Tel.: (847) 866-9400
Web Site: burnsent.com

Employees: 50
Year Founded: 1970

Agency Specializes In: Advertising, Broadcast, Digital/Interactive, Entertainment, Out-of-Home Media, Podcasting, Production (Print), Promotions, Public Relations, Social Media, Sponsorship, Sports Market

Marc Ippolito *(Pres)*
Doug Shabelman *(Pres)*
Bob Williams *(CEO & COO)*
Lori Nelson *(Exec VP-Entertainment & Music)*
Amy Russell *(Exec VP-Bus Dev)*
Alison Gayler *(Sr VP-Entertainment & Music)*
Tanya Silverstein *(Sr VP-Entertainment Partnerships)*
Melissa Layton *(VP-Brand & Talent Strategy)*
Shane Arman *(Sr Dir-Agency Partnerships)*
Aimee Freisthler *(Acct Supvr)*
Britta Idrees *(Sr Acct Exec)*
Christina Roca *(Sr Acct Exec)*
Elizabeth Finnegan *(Acct Exec)*
Michelle Harness Dahl *(Sr Bus Mgr)*

Accounts:
AbbVie Inc.
The Cholula Food Company
The Coca-Cola Company
FGX International, Inc. Foster Grant
John B. Sanfilippo & Son, Inc. Orchard Valley Harvest
Nexxus
Nissan North America, Inc.
Unilever United States, Inc. AXE, Ponds, Toni&Guy

THE BURNS GROUP
220 West 19th St 12th Fl, New York, NY 10011
Tel.: (212) 924-2293
Fax: (212) 656-1122
Web Site: burnsgroupnyc.com

Employees: 25
Year Founded: 2004

Michael Burns *(Owner & Partner)*
Joanne McKinney *(CEO)*
James Wilday *(Partner)*
Nicole Lucey *(Art Dir & Exec Creative Dir)*
Emily Stern *(Grp Acct Dir)*
Samantha Arcade *(Co-Creative Dir)*
Alexander Brown *(Art Dir)*
Alison Earl *(Dir-Strategy)*
Hilary Bergman *(Acct Supvr)*
Zachary Epstein *(Acct Supvr)*
Elizabeth Kushner *(Acct Supvr)*

Accounts:
Columbia Business School
Deutsch Family Wine & Spirits Yellow Tail
Disaronno
Eleven James
The Gorton Group Creative, Strategy
Hain Celestial Group, Inc Digital, Earth's Best (Agency of Record), Social, Terra Chips (Agency of Record); 2017
North American Breweries Creative, Integrated Marketing Planning, Labatt US (Agency of Record), Seagram's Escapes (Agency of Record); 2018
Pfizer Centrum (Lead Creative), Chap Stick
Ricola USA, Inc (Brand Agency of Record)

BURNS MARKETING
456 S Broadway Ste 200, Denver, CO 80209
Tel.: (303) 823-4598
Web Site: www.burnsmarketing.com/

Employees: 50
Year Founded: 1972

Agency Specializes In: Advertising, Brand Development & Integration, Business-To-Business, Collateral, Computers & Software, Consumer Goods, Consumer Marketing, Content, Copywriting, Digital/Interactive, Direct Response Marketing, Event Planning & Marketing, Exhibit/Trade Shows, Experience Design, Experiential Marketing, Financial, Graphic Design, Information Technology, Integrated Marketing, Internet/Web Design, Medical Products, New Technologies, Paid Searches, Print, Search Engine Optimization, Social Media, Strategic Planning/Research, Web (Banner Ads, Pop-ups, etc.)

Mike Burns *(Pres)*
Laurie Steele *(Sr VP-Mktg Strategy & Event Mgmt)*
Lizzie VandeSande *(Art Dir)*
Joellen Sarmast *(Dir-Brand Strategy)*

Accounts:
Datalink
General Electric
Intel
Vail Resorts

BURNS MCCLELLAN, INC.
257 Park Ave S 15th Fl, New York, NY 10010
Tel.: (212) 213-0006
Fax: (212) 213-4447
E-Mail: info@burnsmc.com
Web Site: www.burnsmc.com

Employees: 20
Year Founded: 1998

Agency Specializes In: Communications, Corporate Communications, Health Care Services, Investor Relations, Local Marketing, Public Relations, Strategic Planning/Research

ADVERTISING AGENCIES

Revenue: $2,400,000

Lisa Burns *(Pres & CEO)*
Justin W. Jackson *(Exec VP-PR)*
Ami Bavishi *(VP-IR)*
Robert Flamm *(VP-Corp Comm)*
Steven Klass *(VP-IR & Corp Comm)*
Kimberly Minarovich *(VP)*
Antonio Palumbo *(Dir-IT)*
Bill Sheley *(Dir-IT)*
Thereza Radiz *(Office Mgr)*
John Grimaldi *(Sr Acct Exec-IR)*

Accounts:
Alkermes
New-Atreca, Inc
Bristol-Myers Squibb
ChemoCentryx
Kite Pharma, Inc
NicOx

BURNT CREATIVE
23 W Broad St Ste 402, Richmond, VA 23223
Tel.: (804) 404-2134
E-Mail: info@burntcreative.agency
Web Site: www.burntcreative.agency

Employees: 6

Agency Specializes In: Advertising, Brand Development & Integration, Content, Digital/Interactive, E-Commerce, Internet/Web Design, Logo & Package Design, Package Design, Print

Elise Burns *(Mgr-Social Media)*

Accounts:
New-Cycleboard

BURRELL
233 N Michigan Ave, Chicago, IL 60601
Tel.: (312) 297-9600
Fax: (312) 297-9601
E-Mail: ldisilvestro@burrell.com
Web Site: www.burrell.com

Employees: 133
Year Founded: 1971

National Agency Associations: 4A's

Agency Specializes In: African-American Market, Brand Development & Integration, Communications, Consumer Goods, Consumer Marketing, Cosmetics, Event Planning & Marketing, Fashion/Apparel, Health Care Services, Multicultural, Pharmaceutical, Point of Purchase, Point of Sale, Public Relations, Publicity/Promotions, Retail, Social Media, Sponsorship, Web (Banner Ads, Pop-ups, etc.)

Approx. Annual Billings: $190,000,000

Breakdown of Gross Billings by Media: Cable T.V.: $13,300,000; Fees: $32,300,000; Internet Adv.: $3,800,000; Mags.: $13,300,000; Newsp.: $3,800,000; Production: $60,800,000; Radio & T.V.: $28,500,000; Syndication: $34,200,000

Fay Ferguson *(Co-CEO)*
McGhee Williams Osse *(Co-CEO)*
Lou DiSilvestro *(CFO & Exec VP)*
Lewis Williams *(Chief Creative Officer)*
James Patterson *(Sr VP & Grp Acct Dir)*
John Seaton *(Sr VP & Exec Producer)*
Linda Jefferson *(Sr VP-Grp Media Svcs)*
Corey D. Seaton *(VP & Creative Dir)*
Munier Sharrieff *(VP & Creative Dir)*
JeWayne Thomas *(VP & Acct Dir)*
Kevin Brockenbrough *(VP & Dir-Acct Plng & Res)*

Stephen French *(VP & Dir-Acct Plng)*
Tracy Anderson *(VP-PR & Engagement Mktg)*
Charlene Guss *(VP-HR)*
Donna Hodge *(VP-Media)*
Maisha Pearson *(VP)*
Rebecca Feaman Williams *(VP & Grp Creative Dir)*
Trapper Damian *(Acct Dir)*
Lisa McConnell *(Creative Dir)*
Nicholas Rolston *(Acct Dir)*
Dave Jackson *(Supvr-Sponsorship & Experience Mktg)*
Erica Terry *(Supvr-Media)*
Amina Mance *(Sr Planner-Integrated Media & Buyer)*
Carl Koestner *(Assoc Creative Dir)*
Paris Taylor *(Assoc Acct Dir-PR)*
Courtney Weaver *(Assoc Media Dir)*
Jihan West *(Assoc Acct Dir)*

Accounts:
Comcast Corporation (Agency of Record) African American Consumer Market Advertising, Digital, Media, Social Media
General Mills; 2001
Hillary Clinton
McDonald's African-American Marketing, Campaign: "Mighty Wings", Sirloin Burger; 1972
Procter & Gamble; Cincinnati, OH Beauty, Charmin, Crest, Gain, Pampers, Tide; 1984
Toyota Motor North America, Inc.
Toyota Motor Sales African American Advertising, Avalon, Campaign : "Only The Name Remains", RAV4; 2001
Walmart Inc.

THE BURRIS AGENCY, INC.
(Merged with 54 Sports)

BURRIS CREATIVE INC
325 Matthews-Mint Hill Rd Ste 204, Matthews, NC 28105
Tel.: (704) 631-4500
Web Site: www.jimburris.com

Employees: 4
Year Founded: 1994

Agency Specializes In: Advertising, Internet/Web Design, Logo & Package Design, Print, Strategic Planning/Research

Jim Burris *(Owner & Strategist-Creative)*

Accounts:
Home Repair Pros
Second Helping

BURST MARKETING
297 River St, Troy, NY 12180
Tel.: (518) 279-7945
Web Site: www.burstmarketing.net

Employees: 6
Year Founded: 2009

Agency Specializes In: Advertising, Content, Graphic Design, Internet/Web Design, Print, Promotions

Mark Shipley *(CEO & Dir-Strategy)*
Sara Tack *(Exec VP & Dir-Creative)*
Rachel Digman *(Comptroller)*
Alan Beberwyck *(Dir-Content)*
Lynn White *(Dir-Ops)*
Kayla Germain *(Acct Mgr)*

Accounts:
Copeland Coating Company, Inc.
G.A. Bove Fuels
Hot Harry's Burritos

BURTON ADVERTISING
1701 Providence Pk, Birmingham, AL 35242
Tel.: (205) 991-9644
Fax: (205) 991-9645
E-Mail: info@burtonadvertising.com
Web Site: www.burtonadvertising.com

Employees: 10

Agency Specializes In: Advertising, Graphic Design, Public Relations, Social Media

Johnathon Burton *(Owner)*

Accounts:
UAB Blazers

BURTON, LIVINGSTONE & KIRK
4665 MacArthur Ct Ste 235, Newport Beach, CA 92660-8830
Tel.: (949) 250-6363
Fax: (949) 250-6390
E-Mail: mail@blk4mktg.com
Web Site: www.blk4mktg.com

Employees: 10
Year Founded: 1991

Agency Specializes In: Brand Development & Integration, Direct Response Marketing, Strategic Planning/Research

Approx. Annual Billings: $8,000,000

Breakdown of Gross Billings by Media: Brdcst.: $800,000; D.M.: $4,000,000; Point of Purchase: $400,000; Print: $2,400,000; Trade Shows: $400,000

Walter L. Hagstrom, Jr. *(Mng Partner)*

Accounts:
Arrowhead
Century 21
El Dorado Bank
Farmers & Merchants Bank; 1997
First Financial
The Geneva Companies
Global Vantage Ltd.
Pacific Mercantile Bank
Panasonic Corporation
PricewaterhouseCoopers, LLP
Protection One
Sunwest Bank
Suzuki
Toyota

BUSH COMMUNICATIONS, LLC
3 S Main St, Pittsford, NY 14534
Tel.: (585) 244-0270
Fax: (585) 244-3046
E-Mail: info@bushcommunications.com
Web Site: www.bushcommunications.com

Employees: 5
Year Founded: 2000

Agency Specializes In: Business-To-Business

Jim Bush *(Pres)*
Geoff Baumbach *(Dir-New Media)*
Francesca Rondinella *(Acct Exec)*

Accounts:
Betlem Residential
Elko & Associates Ltd
Flaster Greenberg
Garlock Klozure
Garlock Sealing Technologies
Hagglunds
Junior Achievement

The Mall
Pitney Bowes
Upstate New York Truck Club

BUSH RENZ
4141 NE 2nd Ave Ste 203E, Miami, FL 33137
Tel.: (305) 456-7167
E-Mail: info@bushrenz.com
Web Site: www.bushrenz.com

Employees: 4
Year Founded: 2009

Agency Specializes In: Advertising, Brand Development & Integration

Christopher Renz *(Co-Founder & Dir)*
Gerard Bush *(Dir & Writer)*

Accounts:
New-Icelandic
Sankofa

BUSINESS-TO-BUSINESS MARKETING COMMUNICATIONS
900 Ridgefield Dr Ste 270, Raleigh, NC 27609-8524
Tel.: (919) 872-8172
Fax: (919) 872-8875
E-Mail: info@btbmarketing.com
Web Site: www.btbmarketing.com
E-Mail for Key Personnel:
Creative Dir.: dunkak@btbmarketing.com

Employees: 15
Year Founded: 1989

Agency Specializes In: Advertising, Affiliate Marketing, Automotive, Business Publications, Business-To-Business, Catalogs, Co-op Advertising, Collateral, Communications, Consulting, Consumer Publications, Corporate Identity, Digital/Interactive, Direct Response Marketing, E-Commerce, Electronic Media, Email, Engineering, Environmental, Event Planning & Marketing, Exhibit/Trade Shows, Graphic Design, High Technology, In-Store Advertising, Industrial, Internet/Web Design, Local Marketing, Logo & Package Design, Magazines, Media Buying Services, Mobile Marketing, Multimedia, Newspaper, Newspapers & Magazines, Out-of-Home Media, Outdoor, Planning & Consultation, Point of Purchase, Print, Production, Production (Print), Public Relations, Publicity/Promotions, Radio, Sales Promotion, Social Media, Strategic Planning/Research, Technical Advertising, Trade & Consumer Magazines, Viral/Buzz/Word of Mouth, Web (Banner Ads, Pop-ups, etc.)

Approx. Annual Billings: $7,000,000

Breakdown of Gross Billings by Media: Bus. Publs.: 35%; Collateral: 15%; D.M.: 5%; E-Commerce: 10%; Exhibits/Trade Shows: 2%; Internet Adv.: 3%; Pub. Rels.: 20%; Worldwide Web Sites: 10%

Chris Burke *(Pres)*
Geoff Dunkak *(VP-Creative Svcs)*

Accounts:
ACS Motion Control
AVX Elco Corporation Electronic Connectors, Passive Components
C&K Components
Call-to-Recycle; 1999
Cree Inc.; 2003
ITT Industries, Canon
ITT Interconnect Solutions
Phihong USA
Reichhold Chemicals
Rohde & Schwarz; 2010

BUSINESSONLINE
321 San Anselmo Ave, San Anselmo, CA 94960
Tel.: (415) 419-5327
Web Site: www.businessol.com/

Employees: 60
Year Founded: 1997

Agency Specializes In: Digital/Interactive, Email, Mobile Marketing, Multimedia, Paid Searches, Search Engine Optimization, Social Media, Sponsorship, Web (Banner Ads, Pop-ups, etc.)

Michael Friedmann *(Mgr-Sls & Mktg)*

Accounts:
American Red Cross Blood Drive/Donations; 2013

BUTCHER SHOP CREATIVE
432 Clay St, San Francisco, CA 94111
Tel.: (415) 552-6328
E-Mail: letsmakeamazing@butchershop.co
Web Site: www.butchershop.co

Employees: 50
Year Founded: 2009

Agency Specializes In: Advertising, Brand Development & Integration, Commercial Photography, Content, Graphic Design, High Technology, Internet/Web Design, Media Planning, New Product Development, Social Media, Strategic Planning/Research

Trevor Hubbard *(CEO & Exec Creative Dir)*
Katherine Cambouris *(Head-Ops-Global)*
Ben McNutt *(Head-Creative)*
Andy Ives *(Sr Producer-Creative)*
Cody Beard *(Producer-Digital)*
Kenny Chan *(Art Dir)*
Ian Ernzer *(Brand Dir-Global)*
Dustin Butler *(Dir-Technical)*
Ryan Henbest *(Dir-Design)*
Ben Thomas *(Strategist)*
Lauren Bowles *(Designer)*
Tony DeKleine *(Designer)*
Shawheen Khorshidian *(Sr Designer)*
Jimmy Wong *(Sr Designer)*

Accounts:
New-Lumiata
New-WorkshopSF
New-Zenefits

BUTCHERSHOP
432 Clay St, San Francisco, CA 94111
Tel.: (415) 552-6328
Web Site: www.butchershop.co

Employees: 50

Agency Specializes In: Advertising, Brand Development & Integration, Content, Digital/Interactive, Event Planning & Marketing, Graphic Design, Media Planning, Print, Social Media

Trevor Hubbard *(CEO & Exec Creative Dir)*
Ben McNutt *(Head-Creative)*
Cody Beard *(Producer-Digital)*
Dustin Butler *(Dir-Tech)*
Katherine Cambouris *(Dir-Ops)*

Accounts:
OTKA

BUTLER, SHINE, STERN & PARTNERS
20 Liberty Ship Way, Sausalito, CA 94965-3312
Tel.: (415) 331-6049
Fax: (415) 331-3524
E-Mail: info@bssp.com
Web Site: https://bssp.com/
E-Mail for Key Personnel:
President: gstern@bssp.com
Creative Dir.: jbutler@bssp.com
Media Dir.: lrichardson@bssp.com

Employees: 150
Year Founded: 1993

National Agency Associations: 4A's

Agency Specializes In: Above-the-Line, Advertising, Advertising Specialties, Affluent Market, Alternative Advertising, Automotive, Below-the-Line, Brand Development & Integration, Broadcast, Business Publications, Business-To-Business, Cable T.V., Co-op Advertising, Collateral, College, Commercial Photography, Communications, Computers & Software, Consulting, Consumer Goods, Consumer Marketing, Consumer Publications, Content, Copywriting, Corporate Identity, Customer Relationship Management, Digital/Interactive, Direct Response Marketing, Direct-to-Consumer, Education, Electronic Media, Electronics, Entertainment, Environmental, Event Planning & Marketing, Experiential Marketing, Fashion/Apparel, Financial, Food Service, Graphic Design, Guerilla Marketing, Health Care Services, High Technology, Hospitality, Household Goods, Identity Marketing, In-Store Advertising, Integrated Marketing, International, Internet/Web Design, Leisure, Logo & Package Design, Luxury Products, Magazines, Market Research, Media Buying Services, Media Planning, Medical Products, Men's Market, Merchandising, Mobile Marketing, Multicultural, Multimedia, New Product Development, New Technologies, Newspaper, Newspapers & Magazines, Out-of-Home Media, Outdoor, Over-50 Market, Package Design, Paid Searches, Pets , Pharmaceutical, Planning & Consultation, Point of Purchase, Point of Sale, Print, Production, Production (Ad, Film, Broadcast), Production (Print), Programmatic, Public Relations, Radio, Real Estate, Regional, Restaurant, Retail, Sales Promotion, Search Engine Optimization, Social Marketing/Nonprofit, Social Media, Sponsorship, Sports Market, Strategic Planning/Research, Syndication, T.V., Technical Advertising, Teen Market, Trade & Consumer Magazines, Transportation, Travel & Tourism, Urban Market, Web (Banner Ads, Pop-ups, etc.), Women's Market

Approx. Annual Billings: $100,000,000

David Eastman *(CEO)*
Lindsay Grant *(Mng Dir)*
Denis Moore *(CFO)*
Edward Cotton *(Chief Strategy Officer)*
Matthew Curry *(Chief Creative Officer)*
Mar Lewis *(Head-Strategy)*
Nico Litonjua *(Dir-Content & Editor)*
Tyler Neely *(Sr Producer-Brdcst & Integrated Campaigns)*
Caitlin Bricker *(Acct Dir)*
Alex Eley *(Acct Dir)*
Molly Miano *(Acct Dir)*
Michelle O'Hea *(Acct Dir)*
Dennis Remsing *(Art Dir-Interactive)*
Mary Wuensch *(Art Dir)*
Ian Boyd *(Dir-Content)*
Ralf De Houwer *(Assoc Dir-Creative)*
Michelle Finelli *(Acct Supvr)*
Erin McGarry *(Acct Supvr)*
Chelsie Earl *(Acct Exec)*
AJ Marino *(Acct Exec)*
Patrick French *(Copywriter)*
Jillian Grekulak *(Planner-Comm)*
Cameron Murray *(Copywriter)*
Alexandra Anderson *(Sr Art Dir)*
Lucas Zehner *(Assoc Creative Dir)*

ADVERTISING AGENCIES
AGENCIES - JANUARY, 2019

Accounts:
2K Sports NBA 2K (Integrated Marketing Agency of Record), NBA 2K19
Acushnet Company Foot Joy
Allergan Botox, Juvederm, Kybella; 2016
Blue Shield of California Creative, Digital, Marketing, Media, Media Buying; 2014
BoltBus Advertising, Analytics, Cinema, Design, Digital, Media Buying, Media Planning, Media Strategy, Online, Outdoor, Strategy, TV, Video, Website Development; 2007
Columbia Sportswear Company Campaign: "Get Your Boots Dirty", Campaign: "Wim Hof", Media Buying; 2008
DraftKings Creative; 2015
Everytown for Gun Safety National Gun Violence Prevention Day
Greyhound Lines, Inc. Campaign: "Online Film: Chain Mail", Campaign: "Tour in style", Greyhound, MuttonGut; 2007
Michael Angelo's Advertising, Frozen Italian Meals; 2018
Microsoft Corporation Xbox
Mitsubishi Motors North America, Inc. (Advertising Agency of Record) Creative, Integrated, Strategic Advertising & Marketing Campaigns; 2017
Nature Made Vitamins
Nestle USA, Inc.; 2016
Pharmavite Digital, Media, Nature Made (Creative Agency of Record), Online, Print, Promotions, Public Relations, Strategy, TV; 2015
Post Holdings
Premier Nutrition PowerBar, Premier Protein; 2016
Rao's Homemade
Redfin Advertising
Sovos Brands Advertising, Digital, Michael Angelo's Gourmet Foods, Print, Rao's Specialty Foods, TV; 2018
Take-Two Interactive Software, Inc. NBA 2K19; 2017
Top Games Inc Creative, Evony; 2016
Trinchero Family Estates Digital, Media, Tres Agaves; 2016
Uber Broadcast, Digital, Driver Campaign, OOH, Print; 2016

BUTTER TREE STUDIOS
32 Merry Ln, East Hanover, NJ 07936
Tel.: (973) 585-7632
Fax: (973) 585-7633
Web Site: www.Buttertreestudios.com

Employees: 10

Agency Specializes In: Logo & Package Design, Media Buying Services, Media Planning, Production (Ad, Film, Broadcast)

Anthony DeMaio *(Pres & CEO)*
Danny Graham *(Stage Mgr)*

Accounts:
The Procter & Gamble Company Creative, Crest, Media Buying, Media Planning, Package Design

BUYER ADVERTISING, INC.
189 Wells Ave 2nd Fl, Newton, MA 02459
Tel.: (617) 969-4646
Fax: (617) 969-6807
E-Mail: cbuyer@buyerads.com
Web Site: www.buyerads.com

E-Mail for Key Personnel:
Media Dir.: eeffenso@buyerads.com

Employees: 30
Year Founded: 1966

National Agency Associations: CDNPA

Agency Specializes In: Food Service, Logo & Package Design, Recruitment

Approx. Annual Billings: $18,000,000

Charles Buyer *(Owner)*
Joel Glick *(Partner & Sr VP)*
Alan Lovitz *(VP & Acct Dir)*
Marion Buyer *(VP-Creative Svcs)*
Kristina Nowak-Bunce *(Dir-New Bus Dev)*
Jonathan Caruso *(Mgr-Digital Analytics)*
Ann Toll *(Mgr-Client Svcs)*

Accounts:
Boston College
EMC
Harvard University; Cambridge, MA
LLBean
MA Libraries
Mass General Hospital
Millipore
Newton Wellesley Hospital
Tyco International
Tyco Safety Products
University of Massachusetts Amherst

BUZZ BRAND MARKETING
54 W 40th St, New York, NY 10018
Tel.: (212) 360-0399
Fax: (646) 430-8580
E-Mail: info@buzzbrandmktg.com
Web Site: www.buzzbrandmktg.com

Employees: 10
Year Founded: 2003

Agency Specializes In: Advertising, Brand Development & Integration, Crisis Communications, Event Planning & Marketing, Media Relations, Public Relations

Marisa King *(CEO & Mng Partner)*
Raine Diaz *(COO)*
Tonia S. Purnell-Respes *(VP-Bus Dev)*
Denrick Romain *(Dir-Sports Mktg & Lifestyle)*

Accounts:
Sahar Simmons

BUZZ MARKETING GROUP
132 Kings Hwy E Ste 202, Haddonfield, NJ 08033
Tel.: (856) 433-8579
E-Mail: hello@buzzmg.com
Web Site: www.buzzmg.com

Employees: 10

Agency Specializes In: Advertising, Brand Development & Integration, Content, Media Buying Services, Media Planning

Tina Wells *(Founder & CEO)*
Marcus Wells *(Dir-Viral Mktg)*

Accounts:
Wells Fargo

BUZZSAW ADVERTISING & DESIGN INC.
19600 Fairchild Rd Ste 140, Irvine, CA 92612
Tel.: (949) 453-1393
Fax: (949) 453-1676
E-Mail: buzz@buzzsaw.biz
Web Site: www.buzzsaw.biz

Employees: 4
Year Founded: 1986

Agency Specializes In: Consumer Marketing, Food Service, Graphic Design, High Technology

Catherine Cleeremans *(Acct Supvr)*

Accounts:
Foxboro
Invensys
Microchip
Nerve Pro
Triconex
Wonder Ware Corp.; Lake Forest, CA Industrial Automation Software; 1995

BVK
250 W Coventry Ct #300, Milwaukee, WI 53217-3972
Tel.: (414) 228-1990
Fax: (414) 228-7561
Toll Free: (888) 347-3212
Web Site: www.bvk.com

E-Mail for Key Personnel:
President: michaelv@bvk.com

Employees: 158
Year Founded: 1984

Agency Specializes In: Advertising, Advertising Specialties, Bilingual Market, Brand Development & Integration, Broadcast, Business Publications, Business-To-Business, Cable T.V., Catalogs, Co-op Advertising, Collateral, College, Communications, Consulting, Consumer Goods, Consumer Marketing, Consumer Publications, Corporate Identity, Direct Response Marketing, E-Commerce, Education, Electronic Media, Event Planning & Marketing, Exhibit/Trade Shows, Experiential Marketing, Financial, Food Service, Graphic Design, Health Care Services, Hispanic Market, Infomercials, Integrated Marketing, Internet/Web Design, Legal Services, Leisure, Logo & Package Design, Magazines, Marine, Market Research, Media Buying Services, Media Planning, Medical Products, Merchandising, Mobile Marketing, New Product Development, Newspaper, Newspapers & Magazines, Out-of-Home Media, Outdoor, Over-50 Market, Paid Searches, Pharmaceutical, Planning & Consultation, Point of Purchase, Point of Sale, Print, Production, Promotions, Public Relations, Publicity/Promotions, Radio, Recruitment, Restaurant, Retail, Sales Promotion, Seniors' Market, Social Marketing/Nonprofit, Sponsorship, Strategic Planning/Research, T.V., Trade & Consumer Magazines, Transportation, Travel & Tourism, Web (Banner Ads, Pop-ups, etc.), Yellow Pages Advertising

Approx. Annual Billings: $282,000,000

Breakdown of Gross Billings by Media: D.M.: $10,000,000; Internet Adv.: $35,000,000; Mags.: $12,000,000; Newsp.: $5,000,000; Other: $70,000,000; Outdoor: $7,000,000; Production: $68,000,000; Pub. Rels.: $13,000,000; Radio: $12,000,000; Sls. Promo.: $5,000,000; T.V.: $21,000,000; Yellow Page Adv.: $24,000,000

Angela Theriault *(VP & Acct Dir)*
Karen Bollinger *(Specialist-Email Mktg & Producer-Web)*
Evan Jones *(Creative Dir)*
Austin Kelley *(Art Dir)*
Giselle Lozada *(Media Dir)*
Andrea Holschuh *(Dir-PR)*
Sarah Schmidt *(Dir-Earned Media)*
Brian Krueger *(Sr Mgr-Content Studio)*
Steven Johnson *(Mgr-Mktg Analytics)*
Laurie Vogt *(Mgr-SEO)*
Kelley Dietz *(Acct Supvr)*
Elle Gengler *(Acct Supvr)*
Bridget Wirth *(Acct Supvr)*
Meghan Basile *(Supvr-Media)*
Marie Haas *(Sr Acct Exec)*
Erica Warnke *(Sr Acct Exec)*
Gina Wittnebel *(Sr Graphic Designer)*
Catherine Edquist *(Asst-Media)*

AGENCIES - JANUARY, 2019 — ADVERTISING AGENCIES

Summer Flaherty *(Asst-Media)*
Patty Weiss *(Assoc Media Dir)*

Accounts:
Alto-Shaam, Inc. (Agency of Record)
Briggs & Station Power Products Group; Port Washington, WI Simplicity Lawn & Garden Equipment; 1985
Bryant & Stratton College
CITGO Petroleum Corp.; Houston, TX; 2004
Experience Columbus (Agency of Record)
Foresters
Johnson Controls
Loyola University Medical Center; Maywood, IL; 2008
Maine Office of Tourism
Reno Tahoe USA (Agency of Record)
St. Petersburg Clearwater CVB LA Live Video; 2008
TH Foods (Agency of Record)
United Way; 1992
Wyoming Office of Tourism (Advertising Agency of Record) Campaign: "That's Wy", Comprehensive Advertising, Content Strategy, Creative

Branches

BVK Direct
250 W Coventry Ct Ste 300, Milwaukee, WI 53217
Tel.: (760) 804-8300
Fax: (760) 804-8301
Toll Free: (800) 728-5121
E-Mail: info@bvkdirect.com
Web Site: www.bvkdirect.com

Employees: 13
Year Founded: 1984

National Agency Associations: LSA

Agency Specializes In: Internet/Web Design, Yellow Pages Advertising

Ron Kendrella *(Exec VP)*
Bret Stasiak *(Mng Dir-Acct Svc & Plng)*
Mike Czerwinski *(VP-Mktg Analytics)*
Brandon Haan *(VP-Digital Media Adv)*
Dawn M. Sanderson *(VP-Strategic Bus Dev)*
Todd Aubol *(Acct Exec)*

BVK Direct
4350 Lexington Pkwy, Colleyville, TX 76034
(See Separate Listing)

BVK-Chicago
385 Ambleside Dr, Roselle, IL 60172
(See Separate Listing)

BVK-Fort Myers
12697 New Brittany Blvd, Fort Myers, FL 33907-3631
Tel.: (239) 931-9900
Fax: (239) 931-0892
E-Mail: info@bvk.com
Web Site: www.bvk.com

Employees: 1

Agency Specializes In: Advertising, Travel & Tourism

Peter Capper *(Mng Partner)*
Kevin Steltz *(Mng Dir & VP)*
Michael Eaton *(Sr VP)*
Bret Stasiak *(Mng Dir-Acct Svc & Plng)*
Victoria Simmons *(VP & Grp Dir)*
Mike Czerwinski *(VP-Mktg Analytics)*
Patrick McGovern *(VP-Acct Svcs)*
Matt Herrmann *(Creative Dir)*
Meghan Massey *(Acct Dir)*

Jamie Foley *(Acct Supvr)*
Pete Weninger *(Grp Media Dir)*

BVK-Tampa
201 Columbia Dr Ste 2, Tampa, FL 33606-3722
Tel.: (813) 258-2510
Fax: (813) 258-2234
Web Site: www.bvk.com

Employees: 3

Agency Specializes In: Advertising, Travel & Tourism

Carmen Boyce *(VP & Acct Dir)*
Mary Delong *(VP & Dir-Tourism Div)*

BVK/MEKA
848 Brickell Ave Ste 430, Miami, FL 33131-2915
Tel.: (305) 372-0028
Fax: (305) 372-0880
E-Mail: gonzalog@bvk.com
Web Site: www.bvk.com

Employees: 10

Agency Specializes In: Advertising, Consumer Marketing, Hispanic Market, Sponsorship, Travel & Tourism

Herman Echevarria *(Owner)*
Gonzalo Gonzalez *(Mng Dir)*
Ileana Aleman *(Chief Creative Officer)*
Yasmin Guerrero *(VP-Client Svcs)*
Nereyda Lago *(Media Dir)*
Maria Yolanda Osorio *(Sr Acct Exec)*

BVK-CHICAGO
385 Ambleside Dr, Roselle, IL 60172
Tel.: (630) 789-3222
Fax: (630) 789-3223
Toll Free: (800) 574-0039
Web Site: www.bvk.com

Employees: 12

Agency Specializes In: Advertising, Advertising Specialties, Collateral, Communications, Consumer Marketing, Direct Response Marketing, Event Planning & Marketing, Financial, Health Care Services, Internet/Web Design, Local Marketing, Market Research, Media Buying Services, Media Planning, Media Relations, Newspaper, Newspapers & Magazines, Out-of-Home Media, Outdoor, Pharmaceutical, Planning & Consultation, Print, Promotions, Public Relations, Publicity/Promotions, Radio, Regional, Sales Promotion, T.V., Travel & Tourism, Web (Banner Ads, Pop-ups, etc.), Women's Market, Yellow Pages Advertising

Peter Capper *(Mng Partner)*
Joel English *(Mng Partner)*
Tricia Lewis *(Sr VP & Dir)*
Meghan Massey *(Acct Dir)*

BVK DIRECT
4350 Lexington Pkwy, Colleyville, TX 76034
Tel.: (972) 977-5220
Fax: (817) 545-8288
Toll Free: (877) 775-2600
E-Mail: nikki@nikkisue.co
Web Site: www.bvkdirect.com

Employees: 8
Year Founded: 2000

Agency Specializes In: Experiential Marketing, Internet/Web Design, Yellow Pages Advertising

Peter Capper *(Mng Partner)*
Tamalyn Powell *(Sr VP)*
Angela Theriault *(VP & Acct Dir)*
Patrick McGovern *(VP-Acct Svcs)*
Dana Harkness Minning *(Dir-Acct Integration)*
Sarah Schmidt *(Dir-Earned Media)*
Lauren Murray *(Acct Supvr-Earned Media)*
Bridget Wirth *(Acct Supvr)*
Todd Aubol *(Acct Exec)*

BWP COMMUNICATIONS
654 W 100 S, Salt Lake City, UT 84104
Tel.: (801) 359-2766
E-Mail: info@bwpcommunications.com
Web Site: www.bwpcommunications.com

Employees: 10
Year Founded: 1995

Agency Specializes In: Advertising, Brand Development & Integration, Graphic Design, Internet/Web Design, Print, Public Relations, Strategic Planning/Research

Brett Palmer *(Pres)*
Jamie Kaneko *(Dir-Comm & Bus Dev)*
Debra Macfarlane *(Acct Mgr)*

Accounts:
EDA Architecture
Faithology
Vault Denim
Yee-Haw Pickle Co.

THE BYNE GROUP
75 Montebello Rd, Suffern, NY 10901
Tel.: (845) 369-0945
Fax: (845) 369-0946
E-Mail: info@thebynegroup.com
Web Site: www.thebynegroup.com

Employees: 10
Year Founded: 1998

Agency Specializes In: Advertising, Brand Development & Integration, Communications, Content, Digital/Interactive, Internet/Web Design, Media Planning, Public Relations, Social Media, Strategic Planning/Research

Ann Byne *(Founder & Principal)*
Melissa Lipovsky *(VP & Creative Dir)*
Diana Maclean *(Art Dir)*
Lizanne Fiorentino *(Strategist-Digital)*
Julia Light *(Strategist-Mktg)*
Laura Van Ham *(Coord-Studio)*

Accounts:
New-The Historic Thayer Hotel at West Point
New-Montefiore Nyack Hospital (Agency of Record)

BYNUMS MARKETING & COMMUNICATIONS, INC
301 Grant St, Pittsburgh, PA 15219
Tel.: (412) 471-4332
Fax: (412) 471-1383
E-Mail: russell@bynums.com
Web Site: www.bynums.com

Employees: 10
Year Founded: 1985

Agency Specializes In: Advertising, Advertising Specialties, African-American Market, Alternative Advertising, Arts, Aviation & Aerospace, Broadcast, Business Publications, Business-To-Business, Children's Market, Collateral, College, Consulting, Consumer Goods, Consumer Marketing, Crisis Communications, Direct-to-Consumer, Email, Event Planning & Marketing, Experience Design,

ADVERTISING AGENCIES
AGENCIES - JANUARY, 2019

Faith Based, Financial, Food Service, Government/Political, Graphic Design, Guerilla Marketing, Health Care Services, Household Goods, Identity Marketing, Internet/Web Design, Local Marketing, Logo & Package Design, Market Research, Media Buying Services, Media Planning, Media Relations, Media Training, Multicultural, Over-50 Market, Print, Production (Print), Public Relations, Publicity/Promotions, Publishing, Radio, Regional, Restaurant, Retail, Seniors' Market, Social Marketing/Nonprofit, Sponsorship, Sports Market, Strategic Planning/Research, T.V., Teen Market, Travel & Tourism, Urban Market, Viral/Buzz/Word of Mouth, Women's Market

Approx. Annual Billings: $1,000,000

Breakdown of Gross Billings by Media: Brdcst.: 5%; Bus. Publs.: 5%; Collateral: 15%; Consulting: 10%; Event Mktg.: 10%; Exhibits/Trade Shows: 5%; Graphic Design: 5%; Logo & Package Design: 5%; Mags.: 10%; Newsp.: 5%; Outdoor: 5%; Point of Purchase: 5%; Radio: 5%; Strategic Planning/Research: 5%; Transit: 5%

Russell L. Bynum *(Owner)*
Kathy L. Bynum *(VP)*

Accounts:
Allegheny County Department of Public Works; 2008
American Port Services, FBO AV Center; Teterboro, NJ; 1988
American Port Services, World Services; Teterboro, NJ; 1988
BC Scores; Pittsburgh, PA Youth & Family Services; 2009
Char Mcallister Christian Recording Artist; 2006
Dorsey's Digital Imaging Digital Services; 2012
FamilyLinks; Pittsburgh PA Social Services; 2006
Functional Literacy Ministry of Haiti; Pittsburgh, PA; Haiti Educational & Medical Missions to Haiti; 1990
ICA Pittsburgh Government Relations; 2012
Landmark Community Capital; Pittsburgh, PA Community Development, Community Services; 2009
MCG Learner Centered Arts Integration Model; Pittsburgh, PA Educational Services; 2006
New Horizons Theater
PA Council on the Arts; 2005
Pittsburgh Community Services, Inc.; Pittsburgh, PA Social Services; 2002
Pittsburgh Cultural Trust Minority Audience Development; 2011
Pittsburgh Epilepsy Foundation; Pittsburgh, PA Social Service; 2005
PNC Bank; Pittsburgh, PA African American History Contest; 2009
Precious Ones Day Care; 2007
Renaissance Publication; Pittsburgh, PA Publisher of Newspaper & Directory; 1996
Sci-Tek Environmental Services; 2005
Sherdian Broadcasting; Pittsburgh, PA
UMPC Health Plan; Pittsburgh, PA Health- Adult Basics; 2010
Union Baptist Church; Pittsburgh, PA; 2005
Urban League Charter School; 2010
WGBN-Radio; Pittsburgh, PA; 2000
Youth Works; Pittsburgh, PA Youth Counseling; 2007

Division:

Bynums Minority Marketing Group
301 Grant St, Pittsburgh, PA 15219
Tel.: (412) 471-4324
Fax: (412) 471-1383
E-Mail: russell@bynums.com
Web Site: www.bynums.com

E-Mail for Key Personnel:
President: rbynum2123@earthlink.net

Employees: 7
Year Founded: 1985

Agency Specializes In: Communications, Public Relations

Russell Bynum *(Owner)*
Kathy Bynum *(VP)*

Accounts:
A Second Chance, Inc
African American Student Recruitment
Clarion University
Familylinks Inc
FLM of Haiti
Pittsburgh Black Pages; Pittsburgh, PA Directory; 1995
The Pittsburgh Theological Seminary-Metro Urban Institute; 2003
Smithkline Beecham Consumer Health Care
UPMC Health Cre
Womens March for Peace

C&G PARTNERS, LLC.
116 E 16th St 10th Fl, New York, NY 10003
Tel.: (212) 532-4460
Fax: (212) 532-4465
E-Mail: info@cgpartnersllc.com
Web Site: www.cgpartnersllc.com

Employees: 22

Agency Specializes In: Brand Development & Integration, Environmental, Exhibit/Trade Shows, Graphic Design, Identity Marketing, Internet/Web Design, Logo & Package Design, Multimedia, Print, Strategic Planning/Research

Revenue: $1,700,000

Jonathan Alger *(Co-Founder & Mng Partner)*
Keith Helmetag *(Partner)*
Maya Kopytman *(Partner)*
Amy Siegel *(Partner)*
Alin Tocmacov *(Assoc Partner & Designer-Experience & Spatial)*
Leslie Dann *(Assoc Partner-Experience Design)*
Scott Plunkett *(Assoc Partner)*

Accounts:
Abrams, Inc.
AIPAC
Alhurra TV Network
American Express
American Institute of Architects
Ample Hills Creamery
Cablevision
MasterCard Worldwide Project Spirit
Museum of American Finance
New York State Restaurant Association
NYC Emergency Management Color System, Map, Website

C&I STUDIOS INC.
545 N Andrews Ave, Fort Lauderdale, FL 33301
Tel.: (954) 357-3934
Web Site: www.c-istudios.com

Employees: 50
Year Founded: 2006

Agency Specializes In: Advertising, Brand Development & Integration, Copywriting, Digital/Interactive, Media Buying Services, Production (Ad, Film, Broadcast), Search Engine Optimization

Joshua Miller *(CEO)*
Ian Dawson *(COO)*
Justin Mein *(CMO)*
Beth Bryant *(VP-Bus Dev)*
Breon Callins *(Acct Mgr)*
Sara Mineo *(Project Mgr-Social Media)*
Gonzalo Ballesteros *(Mktg Mgr)*
Sarah Dreyer *(Mgr-Brand Dev & Graphic Designer)*
April Gonzalez *(Strategist-Social Media)*
Connor Wilkins *(Copywriter-Mktg)*

Accounts:
American Heart Association
Chick-fil-A
Ikea
Procter & Gamble

C&S CREATIVE
5532 Lillehammer Ln Ste 104, Park City, UT 84098
Tel.: (435) 649-1234
Fax: (435) 649-1287
Web Site: www.cscreate.com

Employees: 10

Agency Specializes In: Advertising, Brand Development & Integration, Collateral, Event Planning & Marketing, Internet/Web Design, Logo & Package Design, Media Buying Services, Media Planning, Public Relations, Social Media

Cathy Slusher *(Principal)*

Accounts:
Chateaux Realty
Kaddas Enterprises
Redstone Village
Triumph Academy

C SUITE COMMUNICATIONS
(Acquired by On Ideas, Inc.)

C SUITE COMMUNICATIONS
401 N Cattlemen Rd Ste 308, Sarasota, FL 34232
Tel.: (941) 365-2710
Fax: (941) 366-4940
Toll Free: (800) 724-0289
E-Mail: info@c-suitecomms.com
Web Site: www.c-suitecomms.com

Employees: 15
Year Founded: 1987

National Agency Associations: 4A's-IN

Agency Specializes In: Advertising, Brand Development & Integration, Broadcast, Business-To-Business, Collateral, Communications, Consumer Goods, Consumer Marketing, Corporate Communications, Corporate Identity, Crisis Communications, Customer Relationship Management, Digital/Interactive, Direct-to-Consumer, Electronic Media, Email, Exhibit/Trade Shows, Government/Political, Graphic Design, Health Care Services, Hospitality, Industrial, Integrated Marketing, Internet/Web Design, Logo & Package Design, Media Buying Services, Media Planning, Media Relations, Media Training, Medical Products, Merchandising, Newspaper, Point of Purchase, Point of Sale, Print, Production, Public Relations, Publicity/Promotions, Radio, Real Estate, Regional, Restaurant, Retail, Sales Promotion, Social Media, Strategic Planning/Research, T.V., Trade & Consumer Magazines, Travel & Tourism, Web (Banner Ads, Pop-ups, etc.), Yellow Pages Advertising

Juliette Reynolds *(VP & Dir-Integrated Mktg)*
Rue Ann Porter *(Media Dir)*
Judy Firek *(Sr Acct Mgr)*
Brianne Taber *(Acct Coord)*
Harriet Hritz *(Sr Art Dir)*

Accounts:

Aptaris
Benderson Development
Capitol Lighting
Charlestowne Hotels
ClosetMaid
The Community Foundation of Sarasota
Emerson Tool Company
FCCI Insurance
IMA
The Mall at University Town Center
Michael Saunders & Company
Mote Marine Laboratory
Nathan Benderson Park
PGT Industries; Sarasota, FL; 1999
Sarasota Arts
Sarasota Orchestra (Formerly Florida West Coast Symphony)
Southeastern Guide Dogs
Spectrum Brands Rayovac, Remington: Flex360, PR-350, RM PRO, ShortCut Clipper
Tidewell Hospice
Venus Fashions

C.2K COMMUNICATIONS
1067 Gayley Ave, Los Angeles, CA 90024
Tel.: (310) 208-2324
E-Mail: usa@c-2k.com
Web Site: www.c-2k.com

Employees: 20

Agency Specializes In: Advertising, Communications, Entertainment, Production

Shogo Sano *(Partner & Exec Creative Dir)*
Ken Musen *(Principal & Exec Producer)*
Andrew Kennedy *(Sr Acct Dir)*

Accounts:
Canon U.S.A., Inc.
The Coca-Cola Company
Toyota Motor Sales, U.S.A., Inc.

C3 - CREATIVE CONSUMER CONCEPTS
10955 Granada Ln, Overland Park, KS 66211
Tel.: (800) 452-6444
Fax: (913) 491-3677
Web Site: www.c3brandmarketing.com/

Employees: 25
Year Founded: 1987

Agency Specializes In: Brand Development & Integration, Digital/Interactive, Graphic Design, Production, Promotions, Strategic Planning/Research

Jennifer Loper *(Pres)*
Angel Morales *(Mng Dir)*
Robin Knight *(Chief Strategy Officer & Exec Creative Dir)*
Ginny Harris *(Controller)*
Brenda Hinkle-Bachofer *(Grp Acct Dir)*
David Smith *(Dir-Quality Assurance)*
Bailey Pianalto *(Acct Mgr & Jr Acct Planner)*
Nicole Debrick *(Acct Supvr)*

Accounts:
Abuelo's - Food Concepts International
Arby's Foundation
Army Reserve Family Programs
Darden Restaurants, Inc. Bahama Breeze
Great Wolf Lodge
Lone Star Steakhouse & Saloon, Inc.
Old Spaghetti Factory
Paradise Bakery & Cafe, Inc.

THE C3 GROUP
PO Box 141061, Broken Arrow, OK 74014
Tel.: (479) 445-2657
Fax: (918) 872-8458
Web Site: www.thec3group.net

Employees: 10

Agency Specializes In: Advertising, Broadcast, Email, Graphic Design, Internet/Web Design, Print, Social Media

Bobby Cook *(Pres)*

Accounts:
Defense Acquisition University

CABELLO ASSOCIATES
8340 Little Eagle Ct, Indianapolis, IN 46234
Tel.: (317) 209-9991
E-Mail: info@cabelloassociates.com
Web Site: www.cabelloassociates.com

Employees: 20

Agency Specializes In: Advertising, Brand Development & Integration, Content, Exhibit/Trade Shows, Logo & Package Design, Print, Public Relations, Social Media

Kathy Cabello *(Pres & CEO)*
Eddy Cabello *(Exec Creative Dir)*
Rick Field *(Dir-Mktg Strategy)*

Accounts:
New-Anthem Insurance Companies, Inc.

CABEZA ADVERTISING
2303 Ranch Rd 620 S Ste 135-190, Lakeway, TX 78734
Tel.: (512) 771-0079
Web Site: www.cabezaadvertising.com

Employees: 1

Agency Specializes In: Advertising, Brand Development & Integration, Collateral, Corporate Identity, Digital/Interactive, Graphic Design, Internet/Web Design, Media Planning, Out-of-Home Media, Outdoor, Print

Jose Garcia *(Founder & Pres)*

Accounts:
Reap Financial
Trinity Pools & Scapes

CACTUS
(d/b/a Cactus Mktg Communications)
2128 15th St Ste 100, Denver, CO 80202
Tel.: (303) 455-7545
Fax: (303) 455-0408
Web Site: http://cactusinc.com/

Employees: 45
Year Founded: 1990

National Agency Associations: 4A's

Agency Specializes In: Advertising, Digital/Interactive, Graphic Design, Media Relations, Public Relations, Sponsorship

Revenue: $8,000,000

Joe Conrad *(Founder & CEO)*
Norm Shearer *(Partner & Chief Creative Officer)*
Brian Watson *(VP & Creative Dir)*
Kristina Byers *(VP-Bus Ops)*
Ainslie Fortune *(VP-Client Svcs)*
Michael Lee *(VP-Strategy)*
Lisa Van Someren *(VP-Project Mgmt)*
Jonathan Barnett *(Head-Strategic Mktg & Acct Dir)*
Jeff Strahl *(Creative Dir & Art Dir)*
James Morrissey *(Creative Dir & Copywriter)*
Sarah Berkheimer *(Art Dir)*
Summer Hershey *(Acct Dir)*
Hailey Simon *(Art Dir)*
Andrew Baker *(Dir-Creative Tech)*
Brooke Woodruff *(Dir-Production)*
Ethan Nosky *(Acct Mgr)*
Hannah Green *(Assoc Mgr-Acct)*
Amanda Osness *(Supvr-Media)*
Katie Harker *(Media Planner)*
Regina Pron *(Sr Media Buyer-Brdcst)*
Mark Tanner *(Sr Designer-Production)*

Accounts:
Carson J. Spencer Foundation Campaign: "Man Therapy"
Colorado Department of Human Services Office of Behavioral Health
Colorado Department of Public Health and Environment Campaign: "Good to Know", Digital, Marketing, Out-of-Home, Print, Public Awareness, Radio, Social Media Outreach, TV, Website
Colorado HealthOP Campaign: "Believe It", Digital, Out-of-Home, Print, Radio, Strategic, TV, Website
Colorado Lottery
Colorado Office of Suicide Prevention Campaign: "Man Therapy"
CommunityAmerica Credit Union (Agency of Record) Creative, Media, Strategy
Denver Zoo
Excelsior Youth Center Strategic
Gaia (Global Agency of Record) Creative, Global Integrated Strategy, Media
Hunter Douglas, Inc.
Jackson Hole Mountain Resort
Jackson Hole Travel & Tourism Joint Power Board; Jackson, WY (Agency of Record) Campaign: "Giant", Digital, Online, Print, Public Relations, Radio, Social Media
Odell Brewing Co
Sharp HealthCare (Marketing Agency of Record) Advertising, Branding & Production, Creative, Media Buying, Media Planning, Strategic Marketing
SmartyPants Vitamins TV
University of Colorado Hospital
University of Colorado "The Human Harmonic Project"
Winter Park Resort (Agency of Record)

CADDIS INTERACTIVE
(Acquired by Lewis Communications)

CADDIS INTERACTIVE
216 Noah Dr, Franklin, TN 37064
Tel.: (615) 538-8424
E-Mail: hello@caddis.co
Web Site: www.caddis.co/

Employees: 10

Agency Specializes In: Advertising, Brand Development & Integration, Content, Digital/Interactive, Email, Internet/Web Design, Social Media, Strategic Planning/Research

Accounts:
EnergyLogic LLC

CADE & ASSOCIATES ADVERTISING, INC.
1645 Metropolitan Blvd, Tallahassee, FL 32308
Tel.: (850) 385-0300
Toll Free: (800) 715-2233
Web Site: www.cade1.com

Employees: 25

Agency Specializes In: Advertising, Internet/Web Design, Logo & Package Design, Media Planning, Print, Public Relations

ADVERTISING AGENCIES — AGENCIES - JANUARY, 2019

Laura Frandsen *(Partner & Acct Supvr)*
Scott Smith *(Sr Art Dir)*

Accounts:
FSU Basketball

CADIENT GROUP
72 E Swedesford Rd, Malvern, PA 19355
Tel.: (484) 351-2800
Fax: (484) 351-2900
E-Mail: thethrill@cadient.com
Web Site: www.cadient.com

Employees: 160
Year Founded: 1991

Agency Specializes In: Graphic Design, Internet/Web Design, Logo & Package Design, Sponsorship

Charlie Walker *(Pres & COO)*
Will Reese *(Pres & Chief Innovation Officer)*
Bryan Hill *(CTO-Life Sciences)*
Chris Mycek *(Chief Customer Officer)*
Robert Holloway *(Sr VP-Comml Innovation)*
Lance Moncrieffe *(Exec Dir-Product Experience Design)*
Stacey Davis *(Creative Dir-Copy)*
Gabrielle Pastore *(Client Partner-Global Digital & Life Sciences)*
Brennan Lindeen *(Mgr-Project Mgmt)*
Erik Sonlin *(Assoc Creative Dir-Design)*

Accounts:
AstraZeneca Nexium, Seroquel, Zomig Nasal Spray
Bristol Myers Squibb
CSL Behring
Digital Hub
Johnson & Johnson
Novartis
Pfizer

CAIN & COMPANY
685 Featherstone Rd, Rockford, IL 61107-6304
Tel.: (815) 399-2482
Fax: (815) 399-0557
E-Mail: info@cain-co.com
Web Site: www.cain-co.com

Employees: 12
Year Founded: 1972

Agency Specializes In: Advertising, Advertising Specialties, Business-To-Business, Collateral, Corporate Identity, Electronic Media, Exhibit/Trade Shows, Financial, Graphic Design, Health Care Services, Industrial, Internet/Web Design, Logo & Package Design, Medical Products, Multimedia, Newspapers & Magazines, Print, Production, Publicity/Promotions, Sales Promotion, Technical Advertising, Trade & Consumer Magazines

Amy Anderson *(Pres)*
Rick Heffner *(Media Dir & Sr Acct Exec)*
Pat Atkinson *(Art Dir)*
Paul Phillips *(Creative Dir)*
Dawn Preston *(Art Dir)*
Karen Bartch *(Dir-Art)*
Pam Loria *(Production Mgr)*
Brian Anderson *(Territory Mgr-Armstrong & Homerwood Div)*

Accounts:
Beacon Promotions
BlueCross BlueShield Association
Caterpillar
Caterpillar Racing; Peoria, IL; 1995
Caterpillar, Engine Division; Peoria, IL; 1990
Caterpillar, Mining Division; Peoria, IL; 1998
Ingersoll

Norwood; San Antonio, TX; 1999

CALCIUM
The Curtis Ctr Ste 250-S, Philadelphia, PA 19106
Tel.: (215) 238-8500, ext. 1306
Fax: (215) 238-0881
Web Site: www.calciumusa.com

Employees: 125
Year Founded: 1953

Agency Specializes In: Advertising, Brand Development & Integration, Collateral, Communications, Consulting, Corporate Communications, Corporate Identity, Education, Event Planning & Marketing, Government/Political, Graphic Design, Health Care Services, Medical Products, Pharmaceutical, Public Relations, Sales Promotion, Strategic Planning/Research

Approx. Annual Billings: $129,600,000

Steven Michaelson *(CEO)*
Steve Hamburg *(Mng Partner & Chief Creative Officer)*
Judy Capano *(Partner & Chief Strategy Officer)*
Charlene Leitner *(Exec VP)*

Accounts:
Abbott Laboratories
Allergan
AstraZeneca
Baxter International
Celgene
Centers for Disease Control & Prevention
Cephalon
Cigna Healthcare
Genentech
Janssen Pharmaceutica
LifeScan
Ortho Biotech
Ortho-McNeil Pharmaceuticals
PricewaterhouseCoopers
TEVA Pharmaceuticals

CALDER BATEMAN COMMUNICATIONS LTD.
10241 109th St, Edmonton, AB T5J 1N2 Canada
Tel.: (780) 426-3610
Fax: (780) 425-6646
E-Mail: heythere@calderbateman.com
Web Site: www.calderbateman.com

Employees: 34
Year Founded: 1990

Margaret Bateman *(Partner & CEO)*
Frank Calder *(Partner & Sr Strategist)*
Ernie Pasemko *(Partner)*
Suzanne Huitsing *(Art Dir)*
David Falconer *(Production Mgr)*
Ryan Kenny *(Sr Strategist-Creative)*
Nicole Vestergaard *(Sr Strategist-Media)*
Cheryl Meger *(Strategist)*
Monica MacLean *(Acct Coord)*

Accounts:
Alberta Health Services Campaign: "Plenty of Syph", Campaign: "Sex Germs"; 2006
Camp Firefly
Edmonton Journal; 2006
Full House Lottery
Institute of Sexual Minority Studies and Services, University of Alberta
Mothers Against Drunk Driving; 2006
NorTerra
PCL Construction
Pride Tape
Shirley Potter Costumes

CALDWELL VANRIPER
111 Monument Cir, Indianapolis, IN 46204
Tel.: (317) 632-6501
E-Mail: kflynn@cvrindy.com
Web Site: www.cvrindy.com

Employees: 27

Agency Specializes In: Advertising, Brand Development & Integration, Broadcast, Business-To-Business, Cable T.V., College, Communications, Consumer Goods, Consumer Marketing, Corporate Communications, Corporate Identity, Crisis Communications, Customer Relationship Management, Digital/Interactive, Direct Response Marketing, Direct-to-Consumer, E-Commerce, Email, Environmental, Exhibit/Trade Shows, Fashion/Apparel, Guerila Marketing, In-Store Advertising, Integrated Marketing, Internet/Web Design, Local Marketing, Logo & Package Design, Market Research, Media Relations, Out-of-Home Media, Point of Purchase, Production (Print), Public Relations, Publicity/Promotions, Radio, Retail, Shopper Marketing, Social Media, Trade & Consumer Magazines, Transportation, Web (Banner Ads, Pop-ups, etc.), Women's Market

Kevin Flynn *(Pres)*
Jan Amonette *(Sr VP)*
Matt Georgi *(VP & Creative Dir)*
Dustin Thompson *(Dir-Social Media)*
Kelly Young *(Dir-PR)*
Karen Belmont *(Acct Svcs Mgr & Project Mgr)*
Julie Muncy *(Mgr-HR)*
Kathy Malmloff Sunsdahl *(Acct Supvr)*
Doug Lewis *(Sr Acct Exec)*
Katie Clements *(Assoc Creative Dir)*
Paul Gosselin *(Sr Writer)*
Eric Gray *(Sr Art Dir)*
Kara Shaw *(Sr Bus Mgr)*

Accounts:
ACTIVEON Solar Charging Station, Solar XG Action Camera
The Alexander Hotel Travel/Hospitality; 2012
Build-A-Bear Retail/Toys; 2012
Central Indiana Orthopedics Advertising, Public Relations, Social Media
Citizens Energy Group Utility Services; 2012
Fairbanks Alcohol & Drug Addiction Treatment Center Advertising, Branding, Digital Media, Public Relations, Social Media, Video Development
Firestone Building Products Building Products; 2012
Gleaners Food Bank (Agency of Record)
Henny Penny Restaurant Equipment; 2013
Indiana University Kelley School of Business Education; 2013
Indy Chamber Economic Development; 2013
Information Services Agency of the City of Indianapolis Advertising, Branding, Public Outreach, Social Media, Strategic Communications
Lafayette Savings Bank Financial Services; 2013
National Bank of Indianapolis; Indianapolis, IN Financial Services; 1992
NCAA Education/Athletics; 2012
Roche; Indianapolis, IN Healthcare Products & Services; 2009
Ryan Fireprotection (Agency of Record)
Sanders Candy; Detroit, MI Candy, E-Commerce, Retailer; 2010
Stanley Security Solutions, Inc. Building Products; 2012
United Way of Central Indiana (Agency of Record)
Ventana Medical Systems; Tucson, AZ Medical Devices; 2011
Zimmer; Warsaw, IN Orthopedic Devices; 2010

CALIBER CREATIVE
6221 E Silver Maple Cir Ste 102, Sioux Falls, SD 57110

AGENCIES - JANUARY, 2019 — ADVERTISING AGENCIES

Tel.: (605) 275-8588
Web Site: www.thinkcaliber.com

Employees: 9

Agency Specializes In: Advertising, Digital/Interactive, Internet/Web Design

Brad Deville *(Partner)*
Casey Schultz *(Partner)*
Erin Shellenberger *(Principal)*
Sarah Miller *(Grp Acct Dir)*
Mark Tribble *(Dir-Acct Mgmt)*
Brandi Frye *(Acct Mgr)*
Kelly Buss *(Specialist-Media)*

Accounts:
Family Dental Center
Prairie Lakes Healthcare System
Producers Hybrids Campaign: "Inside this Seed"

CALIBER CREATIVE, LLC
501 S Second Ave B-108, Dallas, TX 75226
Tel.: (214) 741-4488
E-Mail: info@calibercreative.com
Web Site: www.calibercreative.com

Employees: 50
Year Founded: 2008

Agency Specializes In: Advertising, Brand Development & Integration, Digital/Interactive, Internet/Web Design, Logo & Package Design, Out-of-Home Media, Outdoor, Print, Publicity/Promotions, Radio, Social Media

Brandon Murphy *(Owner)*
Bret Sano *(Principal-Creative)*
Karie Scuiller *(Acct Dir)*
Erin Brachman *(Acct Exec)*

Accounts:
New-11 Below Brewing Company
New-The Collective Brewing Project
New-Williamson-Dickie Manufacturing Company Dickies

THE CALIBER GROUP
4007 E Paradise Falls Dr Ste 210, Tucson, AZ 85712
Tel.: (520) 795-4500
Fax: (520) 795-4565
Web Site: www.calibergroup.com

Employees: 10

Agency Specializes In: Advertising, Brand Development & Integration, Content, Crisis Communications, Digital/Interactive, Logo & Package Design, Media Buying Services, Media Planning, Public Relations, Social Media

Kerry Stratford *(Pres & Chief Creative Officer)*
Linda Welter Cohen *(CEO & Strategist-Brand Mktg & PR)*
Ann Courtney *(Media Dir)*
Maria DelVecchio *(Creative Dir)*
Michelle Livingston *(Acct Mgr)*
Jodie Lerch *(Mgr-Production)*

Accounts:
Hughes Federal Credit Union

CALIFORNIA OUTDOOR ADVERTISING
503 32nd St Ste 110, Newport Beach, CA 92663
Tel.: (949) 723-0713
Fax: (949) 723-9511
Web Site: www.californiaoutdoor.com

Employees: 10
Year Founded: 1990

Agency Specializes In: Advertising, Brand Development & Integration, Co-op Advertising, Hispanic Market, In-Store Advertising, Out-of-Home Media, Outdoor, Planning & Consultation, Promotions, Radio

Approx. Annual Billings: $10,000,000

CALISE PARTNERS INC.
1601 Bryan St Ste 4500, Dallas, TX 75201
Tel.: (469) 385-4790
Fax: (214) 760-7094
Web Site: www.calisepartners.com

Employees: 32
Year Founded: 2002

Agency Specializes In: Brand Development & Integration, Business Publications, Communications, Corporate Identity, Cosmetics, Customer Relationship Management, Digital/Interactive, Direct Response Marketing, Electronic Media, Fashion/Apparel, Financial, Health Care Services, High Technology, Information Technology, Internet/Web Design, Media Buying Services, Mobile Marketing, Multimedia, Point of Purchase, Print, Production (Ad, Film, Broadcast), Production (Print), Public Relations, Publicity/Promotions, Radio, Restaurant, Retail, Search Engine Optimization, Social Media, T.V., Technical Advertising, Travel & Tourism, Viral/Buzz/Word of Mouth, Web (Banner Ads, Pop-ups, etc.)

Approx. Annual Billings: $35,301,000

Breakdown of Gross Billings by Media: Bus. Publs.: $2,000,000; Collateral: $1,750,000; D.M.: $1,985,000; E-Commerce: $2,500,000; Exhibits/Trade Shows: $1,750,000; Fees: $4,000,000; Newsp.: $1,250,000; Outdoor: $1,000,000; Production: $4,500,000; Pub. Rels.: $2,566,000; Radio: $4,500,000; T.V.: $7,500,000

Susan Lomelino *(Mng Dir)*
Taylor Calise *(COO & CTO)*
Drew Holmgreen *(Exec Dir-Client Svcs)*
Susan Scull *(Exec Dir-Client Strategy)*
Kristen Krager *(Sr Dir-Brdcst Media)*
Jill Juncker *(Acct Dir)*
Mary Frank *(Dir-Mktg)*
Chrystalla Georghiou *(Mgr-Search)*
Heather Hendershott *(Supvr-Mktg)*
Kristin Nuckols *(Exec Media Dir)*

Accounts:
Additech; Houston, TX; 2007
Doskocil Manufacturing Petmate Products; 2000
Farm Bureau Insurance of Louisiana
JAFRA Cosmetics
Lennox International Service Experts
Montana Mike's Restaurants
Service Experts; Richardson, TX Heating, Cooling & Indoor Air Quality; 2005
Sherwin-Williams Thompson's Water Seal
Skylight Financial
Taco Bueno
TWL Knowledge Group, Inc.
W Hotel-Dallas
Williams Automotive Group (Agency of Record) Advertising, Digital Marketing, Integrated Marketing Services

CALLAHAN CREEK, INC.
805 New Hampshire St, Lawrence, KS 66044-2739
Tel.: (785) 838-4774
Fax: (785) 838-4033
E-Mail: mail@callahancreek.com
Web Site: www.callahancreek.com

E-Mail for Key Personnel:
Creative Dir.: fkeizer@callahancreek.com

Employees: 65
Year Founded: 1982

National Agency Associations: Second Wind Limited

Agency Specializes In: Advertising, Brand Development & Integration, Broadcast, Business-To-Business, Collateral, Communications, Consulting, Consumer Marketing, Corporate Identity, Direct Response Marketing, E-Commerce, Fashion/Apparel, Financial, Health Care Services, Pets, Planning & Consultation, Point of Purchase, Point of Sale, Public Relations, Strategic Planning/Research, T.V., Travel & Tourism

Approx. Annual Billings: $58,000,000

Chris Marshall *(Pres & CEO)*
Sarah Etzel *(CFO)*
Jan-Eric Anderson *(Chief Strategy Officer & VP)*
John Kuefler *(Chief Digital Officer & Exec VP)*
Shelly Deveney *(Grp Acct Dir & Dir-Ops)*
Sarah Miller *(Grp Acct Dir)*
Lindsey Ingram *(Acct Dir)*
Cecilia Riegel *(Media Dir)*
Mark Tribble *(Acct Mgmt Dir)*
Brandi Frye *(Acct Mgr)*
Jeff Daniels *(Acct Supvr)*
Jacqueline Harmon *(Acct Supvr)*
Krista Thorson *(Acct Supvr)*
Amy Young *(Acct Supvr)*
Sara Fisk *(Media Buyer)*
Matt Slider *(Sr Art Dir)*

Accounts:
CiCi Enterprises LP (Agency of Record) Analytics, Digital, Integrated Channel Strategies, Paid Media, Search, Social Content; 2018
Elanco Animal Health
Elevate (Agency of Record) Analytics, Brand Strategy, Consumer Marketing; 2018
Free State Brewing Packaging Campaign: "Winterfest"
Golf Course Superintendents Association of America Brand Management, Marketing, Membership Recruitment & Retention, Trade Show Exhibition
Lee Jeans (Agency of Record) Email, Lee.com, Social Media, Website; 2018
Sprint
Spyder Products
Toyota Motor Sales, USA
Tyson Pet Products
Westar Energy
White's Electronics Brand Positioning, Consumer, Marketing, Online, Social, Social Media, Strategy, Web

Branch

Callahan Creek
19001 S Western Ave T200, Torrance, CA 90501
Tel.: (310) 809-6124
Fax: (310) 381-7398
E-Mail: martine_padilla@toyota.com
Web Site: www.callahancreek.com

Employees: 10
Year Founded: 2006

Agency Specializes In: Sponsorship

Cecilia Riegel *(Media Dir)*
Dee Reser *(Dir-HR)*
Ben Smith *(Dir-Social & Emerging Media)*
Sonya Collins *(Sr Graphic Designer)*
Chris Ralston *(Sr Art Dir)*

Accounts:

ADVERTISING AGENCIES

Community America Credit Union
Kansas
Novartis
Sprint
Toyota Motor Sales, Lexus, Scion, Toyota

CALLAN ADVERTISING COMPANY
1126 N Hollywood Way, Burbank, CA 91505
Tel.: (818) 841-3284
Fax: (818) 841-3285
E-Mail: info@callan.com
Web Site: www.scallan.com

Employees: 28
Year Founded: 1993

Agency Specializes In: Advertising, Digital/Interactive, Internet/Web Design, Logo & Package Design, Media Buying Services, Print

Josh Allen *(VP-Media Ops)*
John Petra *(Art Dir-Studio)*
Steve Siers *(Dir-Creative Svcs)*
Scott Warren *(Dir-Out-of-Home Adv)*
Amy Spalding *(Sr Mgr-Digital Media)*
Adriana Barden *(Sr Acct Mgr-Integrated Mktg)*
Angela Davis *(Sr Assoc-Media-Natl)*
Candace Ross *(Sr Negotiator-Media)*

Accounts:
Sony Pictures Classics

CALLANAN & KLEIN COMMUNICATIONS, INC.
1001 Watertown St, Newton, MA 02465
Tel.: (617) 431-1170
Fax: (617) 431-1160
E-Mail: info@callanaklein.com
Web Site: www.callanklein.com

Employees: 5

Agency Specializes In: Event Planning & Marketing, Media Relations, Public Relations, Publicity/Promotions

Erin Callanan *(Principal)*
Adam Klein *(Principal)*

Accounts:
The Boston Globe

CALLIS & ASSOC.
1727 W 7Th St, Sedalia, MO 65301
Tel.: (660) 826-2822
Fax: (660) 827-2510
Web Site: www.ecallis.com

Employees: 20

Agency Specializes In: Advertising, Brand Development & Integration, Email, Out-of-Home Media, Outdoor, Public Relations, Social Media

Cliff Callis *(Pres)*
Jim Callis *(Treas)*
Charlyn Callis *(VP)*
Megan Hartman *(Client Svcs Dir)*
Tim Noland *(Creative Dir)*
Hannah Sartin *(Acct Exec)*

Accounts:
Walther Arms Inc

CALYPSO
(Formerly Calypso Communications)
20 Ladd St, Portsmouth, NH 03801
Tel.: (603) 431-0816
Fax: (603) 431-4497
E-Mail: info@calypsocom.com
Web Site: http://www.calypso.agency/

Employees: 10
Year Founded: 2000

Agency Specializes In: Brand Development & Integration, Business Publications, Collateral, Communications, Corporate Identity, Education, Entertainment, Environmental, Financial, Government/Political, Graphic Design, Health Care Services, High Technology, Internet/Web Design, Logo & Package Design, Media Relations, Production (Ad, Film, Broadcast), Public Relations, Publicity/Promotions, Sports Market, Strategic Planning/Research

Kevin Stickney *(Founder)*
Houssam Aboukhater *(Mng Partner)*
Angela Carter *(Sr VP)*
Marc Checket *(Art Dir)*
Kelsey O. Ciardha *(Art Dir)*
Caitlin Konchek *(Mktg Dir)*
Chandler Ives *(Designer-UX & UI)*

Accounts:
AARP Financial
Adaptive Communications
AES Corporation (Creative Agency of Record) Brand Experience, Design, Digital Marketing, Strategic; 2018
American Ref-Fuel
Anthem
ArcLight Capital Partners
Atlas Holdings
Bags 4 My Cause Brand Awareness, Brand Identity, Digital, Website
Beacon Capital Management Partners
Celunol
Covanta Video Animation
Detroit Renewable Power Community Engagement, Creative, Crisis Management, Marketing, Media Outreach, PR
Enterprise Processes, Planning, and Performance Marketing, Public Relations, Quad C
Exeter Rent-All (Agency of Record)
Feeney Brothers Utility Services (Agency of Record) Brand Awareness, Social Media & Web; 2018
First Reserve
FlexEnergy (Agency of Record) Creative, Marketing, Public Relations, Strategic Communications
Friendly Beaver Campground Social Strategy, Video
Garrison Women's Health Center Creative, Public Relations
General Linen
The Grappone Companies
HomeFree Extended Family Media Relations, Strategic Communications
Iberdrola Renewables Communications
InterGen
JMD Industries (Agency of Record) Business Development, Marketing Campaigns, Media Support, Public Support, Strategic Communications
LifeCycle Meats Branding, Marketing, Messaging, Website Design
LimeSprings Beef; Lime Springs, IO Branding, Marketing
Mansfield Sales Partners Brand Refresh & Redesigns Website
Media 100
Monarch School of New England
Mount Agamenticus to the Sea Conservation Initiative
Music Hall; Portsmouth, NH; 2008
Music Hall
New Hampshire Businesses for Social Responsibility Campaign Development, Digital Content, Social Media
New Hampshire Catholic Charities
Nurse Audit
Ocean Renewable Power Company, LLC
Ogunquit Playhouse Business Development, Creative Design, Marketing Services, Planning, Public Relations, Social Media Strategy, Video Production
Pattern Energy Annual Report
Phillips Academy
The Portsmouth Music Hall
Portsmouth Neuropsychology
Seacoast Hospice; Exeter, NH; 2006
TimberNook Content Marketing, Content Strategy, Marketing, Public Relations, Social Media
Unitil Corporation
The University System of New Hampshire
U.S. Cellular
Usource Website
Vascualart, Inc.
Wal-Mart New Hampshire Community Retail Activities
Wentworth Senior Living
Zero Carbon Systems

CALYPSO COMMUNICATIONS
(Name Changed to Calypso)

CALZONE & ASSOCIATES
1011 Lee Ave, Lafayette, LA 70502
Tel.: (337) 235-2924
Fax: (337) 237-0556
E-Mail: jcalzone@calzone.com
Web Site: www.calzone.com

E-Mail for Key Personnel:
President: jcalzone@calzone.com

Employees: 8
Year Founded: 1983

Agency Specializes In: Advertising, Agriculture, Automotive, Brand Development & Integration, Business-To-Business, Corporate Communications, Corporate Identity, Crisis Communications, Digital/Interactive, Electronic Media, Email, Entertainment, Event Planning & Marketing, Government/Political, Graphic Design, Identity Marketing, Internet/Web Design, Leisure, Logo & Package Design, Luxury Products, Media Buying Services, Media Relations, New Product Development, Newspaper, Over-50 Market, Production (Ad, Film, Broadcast), Production (Print), Promotions, Public Relations, Restaurant, Seniors' Market, Strategic Planning/Research, Travel & Tourism

Julie Calzone *(CEO)*
Linda Gerard *(VP-Fin)*
Madison Barras *(Acct Mgr)*

Accounts:
Evangeline Downs Racetrack & Casino Horse Racing
Spa Mizan

CAMBRIDGE BIOMARKETING
245 First St. 12th Fl, Cambridge, MA 02142
Tel.: (617) 225-0001
Web Site: www.cambridgebmg.com

Employees: 70
Year Founded: 2001

Agency Specializes In: Advertising, Brand Development & Integration, Communications, Consulting, Corporate Communications, Corporate Identity, Digital/Interactive, Direct Response Marketing, Direct-to-Consumer, E-Commerce, Health Care Services, International, Internet/Web Design, Media Buying Services, Medical Products, Paid Searches, Pharmaceutical, Print, Production, Strategic Planning/Research, T.V.

Approx. Annual Billings: $10,000,000

AGENCIES - JANUARY, 2019 — ADVERTISING AGENCIES

Breakdown of Gross Billings by Media: Adv. Specialities: $4,000,000; Digital/Interactive: $4,000,000; Strategic Planning/Research: $2,000,000

Maureen Nugent Franco *(CEO)*
Mike Hodgson *(Partner & Chief Creative Officer)*
Alyse Sukalski *(Mng Dir)*
Prescott Taylor *(Fin Dir)*
Ann Cave *(Head-Client Svcs)*
Samuel Falsetti *(Head-Medical Strategy & Product Innovation)*
Heather McCann *(Head-HR)*
Alisa Shakarian *(Creative Dir)*
Michael Costello *(Dir-Copy, Craft & Strategy)*
Shauna Horvath *(Dir-Strategic Plng)*
Rich Thorne *(Assoc Dir-Creative & Art)*
Nick Agboyani *(Grp Acct Supvr)*
Mary Poluikis *(Grp Mgmt Supvr)*
Janelle Yorker *(Grp Supvr-Mgmt)*

Accounts:
Intercept Pharmaceuticals Obeticholic Acid

CAMDEN
5455 de Gaspe Ste 440, Montreal, QC H2T 3B3 Canada
Tel.: (514) 288-3334
Fax: (514) 288-1993
E-Mail: info@camdenmtl.com
Web Site: www.camdenmtl.com/

Employees: 10

Marie-Michele Jacques *(VP-Strategy & Media)*
Camille Poulin *(Client Svcs Dir)*

Accounts:
Caffitaly - Les Distributions Bellucci; 2011
Complexe Funeraires Yves Legare; 2011
Confort Expert; 2005
GloboCam; 2004
Intact Insurance; 2011
Lepelco; 2009
Mercedes-Benz Laval; 2011
Ordre des Infirmieres et Infirmiers du Qc; 2010
Univesta; 2009

CAMELLIA DIGITAL AGENCY
40 Stine St, Bristol, TN 37620
Tel.: (423) 963-9667
E-Mail: meow@camelliadigital.com
Web Site: www.camelliadigital.com

Employees: 10
Year Founded: 2012

Agency Specializes In: Advertising, Brand Development & Integration, Digital/Interactive, Internet/Web Design, Social Media

Camellia Collins *(Chief Creative Officer)*

Accounts:
Sunset Eye Care

CAMELOT ILLINOIS
318 W Adams St Ste 1100E, Chicago, IL 60606
Web Site: camelotillinois.com/

Employees: 50
Year Founded: 2017

Agency Specializes In: Digital/Interactive, Media Relations, Mobile Marketing, Social Media

Larisa Mats *(Dir-Insights)*
Monika McMahon *(Dir-Digital)*
Evan Laya *(Brand Mgr)*
Edy Rozycki *(Brand Mgr-Draw Based Games)*
Kristin Pugliese *(Mgr-Consumer Mktg-Shopper)*
Bridget Duerr *(Specialist-Social Media-Illinois Lottery)*
Kevin Ma *(Specialist-Mktg Automation)*

Accounts:
Illinois State Lottery

CAMP
(Formerly Blackboard Co.)
2414 Exposition Blvd Ste 280, Austin, TX 78703
Tel.: (512) 474-8363
Fax: (512) 532-9758
Web Site: https://camphq.com

Employees: 10
Year Founded: 2009

National Agency Associations: 4A's

Agency Specializes In: Advertising, Brand Development & Integration, Corporate Identity, Digital/Interactive, Media Buying Services, Media Planning, Social Media, Sponsorship

Clark Evans *(Founder & Creative Dir)*
Jeff Nixon *(Founder & Creative Dir)*
David McLaren *(VP-Blackboard-Canada & Western United States)*
Jill Libersat *(Acct Supvr)*
Katie Labanowski *(Media Planner & Buyer)*

Accounts:
Dell
Grande Communications Networks LLC
Green Mountain Energy Company
Ole Smoky Tennessee Moonshine
Pabst
Supreme Protein
Sylvania Creative, Media Buying, Social
Tillamook County Creamery Association
VeeV Acai Spirits

CAMP + KING
87 Graham St, San Francisco, CA 94129
Tel.: (415) 345-6680
E-Mail: pr@camp-king.com
Web Site: www.camp-king.com

Employees: 41
Year Founded: 2011

National Agency Associations: 4A's

Agency Specializes In: Advertising, Social Media, Sponsorship

Jamie King *(CEO & Partner)*
Roger Camp *(Partner & Chief Creative Officer)*
Rikesh Lal *(Jr Partner & Creative Dir)*
Jesse Dillow *(Jr Partner & Creative Dir)*
Kristin Barbour *(Mng Dir)*
David Morrissey *(Head-Comm Plng & Dir-Strategy)*
Emily Dillow *(Jr Partner & Brand Dir)*
Melissa Macarian *(Art Dir)*
Ben Pang *(Art Dir)*
Amy Wong *(Art Dir)*
Anne Saulnier *(Dir-Talent & Ops & Jr Partner)*
Ellen Obletz *(Brand Mgr)*
Helen Oddone *(Brand Mgr)*
Sasha Rezaie *(Brand Mgr)*
Roxanne Cobbs *(Supvr-Brand)*
Heather Lord *(Supvr-Brand)*
Evan Burton *(Copywriter)*
Dani Saputo *(Sr Designer)*
Gustaf Johnsson *(Sr Art Dir)*
Malini Kartha *(Assoc Producer)*
Michael Ng *(Assoc Creative Dir)*
Christine Kelder Plascencia *(Assoc Fin Dir)*

Accounts:
Capital One
City of Hope Campaign: "Citizens of Hope"
Del Taco Restaurants, Inc. Brand Strategy, Campaign: "UnFreshing Believable", Digital, Radio, TV
DentalPlans.com Digital, Identity, Logo, Social, Website Redesign
Emily McDowell
Energizer Holdings, Inc (Agency of Record) Creative, Digital Media, Eveready
Gap
Google
Hershey Campaign: "#WonderfullyComplicated", Scharffen Berger
Old Navy
RE/MAX International, Inc Advertising, Creative Execution, Digital, Integrated Marketing, Out-of-Home, Print, Radio, Social, TV
Softcard
Sonoma Humane Society Brand Identity, Brochure, Email, Forget Me Not Farm Children's Services, Logo, Pro Bono Campaign
UGG Advertising, Digital, Experiential, Fall 2016 UGG for Men, Out-of-Home Media, Social
YouTube Homer saves the day with YouTube
Zoosk Agency Of Record, Campaign: "From the Heart", Campaign: "HeartFriend"

CAMPBELL EWALD
2000 Brush St Ste 601, Detroit, MI 48226
Tel.: (586) 574-3400
Fax: (586) 393-4657
E-Mail: campbell.ewald@c-e.com
Web Site: www.c-e.com

Employees: 600
Year Founded: 1911

National Agency Associations: 4A's-AAF-AD CLUB-ADCRAFT-AEF-DMA-LAA-THINKLA

Agency Specializes In: Above-the-Line, Advertising, Automotive, Below-the-Line, Brand Development & Integration, Broadcast, Business Publications, Business-To-Business, Cable T.V., Catalogs, Co-op Advertising, Collateral, College, Communications, Consumer Marketing, Consumer Publications, Content, Custom Publishing, Customer Relationship Management, Digital/Interactive, Direct Response Marketing, Direct-to-Consumer, Education, Electronic Media, Email, Environmental, Event Planning & Marketing, Exhibit/Trade Shows, Experience Design, Experiential Marketing, Fashion/Apparel, Financial, Government/Political, Guerilla Marketing, Health Care Services, High Technology, Hospitality, In-Store Advertising, Integrated Marketing, Internet/Web Design, Leisure, Local Marketing, Logo & Package Design, Magazines, Market Research, Media Buying Services, Media Planning, Medical Products, Merchandising, Mobile Marketing, Multicultural, New Product Development, New Technologies, Newspaper, Newspapers & Magazines, Out-of-Home Media, Outdoor, Planning & Consultation, Point of Purchase, Point of Sale, Print, Production, Production (Print), Promotions, Publishing, Radio, Real Estate, Recruitment, Regional, Restaurant, Retail, Sales Promotion, Search Engine Optimization, Social Marketing/Nonprofit, Social Media, Sponsorship, Sports Market, Strategic Planning/Research, Sweepstakes, T.V., Teen Market, Trade & Consumer Magazines, Transportation, Travel & Tourism, Tween Market, Viral/Buzz/Word of Mouth, Women's Market, Yellow Pages Advertising

Campbell Ewald is a full service, fully integrated marketing communications agency. With a focus on helping brands make purposeful connections and driving business results, the agency provides both traditional and specialized capabilities including advertising; insights and strategic planning; integrated content strategy and development;

ADVERTISING AGENCIES

digital; social, DM/CRM, custom publishing (print, tablet interactive apps); retail and experiential marketing; and media planning and buying.

Colin Padden *(Grp Acct Dir)*
Christopher Elkjar *(Creative Dir-Digital)*
Yoko Fujita *(Creative Dir)*
Eliza Nascimento *(Acct Dir)*
Kyra Wilson *(Media Dir)*
Emilie Harmes Hamer *(Dir-Strategic Plng)*
Debbie Osborne *(Dir-HR)*
Michael O'Connell *(Assoc Dir-Creative & Copywriter)*
Kelly Savela *(Mgr-Community)*
Kelly Maise Heise *(Acct Supvr)*
Collin Blackwell *(Supvr-Media)*
Kelsey Cox *(Supvr-Media)*
Kelly Celic *(Specialist-Mktg & Comm)*
Rachel Keeton *(Planner-Strategic)*
Juhi Luthra *(Media Planner)*
Brian Bono *(Assoc Creative Dir)*
Ken Carver *(Assoc Media Dir-Investments-Natl)*
Bernie Hogya *(Grp Creative Dir)*
Brianna Loveland *(Assoc Acct Dir)*
Bethany Williamson Majeske *(Assoc Media Dir-Investments-Natl)*
Kelley Samanka *(Assoc Creative Dir-Art & Design)*

Accounts:
Ad Council PSA Campaign: "Fatherhood Involvement"
Allina Health Brand Identity, Messaging, Positioning, Strategy; 2011
Atkins Nutritionals, Inc. Atkins 40, Campaign: "Atkins: Eat to Succeed", Campaign: "Banquet", Campaign: "Bird", Campaign: "Bunny", Campaign: "Eat Well, Lose Weight--With Atkins Now You Can", Campaign: "Farmer's Market", Creative, Print, TV; 2013
Carfax (Agency of Record) Creative, Strategy
Carolinas Health Care System; 2012
Carrier Corporation; Farmington, CT Co-Op Advertising; 2003
Country Inns & Suites By Carlson (Agency of Record)
Covered California (Agency of Record); 2015
De'Longhi North America (Agency of Record); 2014
Detroit Lions (NFL Football Team) Campaign: "One Detroit. One Pride.", Creative; 2013
District Detroit; 2014
Dow Building & Materials (Agency of Record); 2012
Dow Solar (Agency of Record); 2010
Drug Enforcement Agency; 2012
Eastern Market Corporation; 2014
Energy Upgrade California (Agency of Record); 2013
Federal Student Aid; 2010
General Motors Corporation Below-the-Line, Cadillac Magazine, Chevrolet, Customer, New Roads Magazine; 1922
HAVEN; Pontiac, MI Advertising (Pro Bono), Campaign: "Live Without Fear", Campaign: "Mr Nice Guy", Media, Print; 2002
Henkel Snuggle
HHS Administration for Children & Families
Kaiser Permanente; Oakland, CA (Agency of Record) Campaign: "Thrive"; 2003
Meritage Homes
MilkPEP (Agency of Record) Broadcast, Campaign: "Built With Chocolate Milk", Campaign: "Milk Life", Campaign: "Milk Mustache", Campaign: "Mission Apolo: Built With Chocolate Milk", Campaign: "Quaker Up", Campaign: "The Art of Rebounding", Creative, Media, Online, Print, TV; 1994
MotorCity Casino Hotel (Agency of Record); 2010
National Responsible Fatherhood Clearinghouse Advertising (Pro Bono), Campaign: "Big Night", Campaign: "Reunion"; 2002
OnStar Corporation (Agency of Record) Campaign: "Connected by OnStar", Campaign: "Crash", Campaign: "Joyride", Campaign: "Sandman", Print, Radio, Social Media; 1997
Partnership for Drug-Free Kids
The Sun Products Corp. Snuggle (Agency of Record); 1980
Travelocity, Inc. (Agency of Record) Creative, Roaming Gnome
Unilever Becel (Agency of Record), Clear (Agency of Record), Country Crock (Agency of Record), Degree (Agency of Record), Fruttare, I Can't Believe It's Not Butter, Knorr, Magnum, TRESemme; 2012
US Department of Education (Agency of Record); 2010
U.S. Fund for Unicef; 2014
US Navy (Agency of Record); 2000

Branch

SociedAD
386 Park Ave S 15th Flr, New York, NY 10016
(See Separate Listing)

CAMPBELL LACOSTE, INC.
4981 Scherbel Rd, Black Earth, WI 53515
Tel.: (608) 767-3210
Fax: (608) 767-3211
E-Mail: howdy@campbell-lacoste.com
Web Site: www.campbell-lacoste.com

Employees: 10
Year Founded: 1994

Agency Specializes In: Advertising, Affluent Market, Brand Development & Integration, Business-To-Business, Catalogs, Collateral, Commercial Photography, Communications, Consulting, Consumer Goods, Consumer Marketing, Corporate Communications, Corporate Identity, Direct Response Marketing, Direct-to-Consumer, Graphic Design, In-Store Advertising, Integrated Marketing, Internet/Web Design, Leisure, Logo & Package Design, Marine, Market Research, Media Buying Services, Media Planning, Media Relations, Men's Market, New Product Development, Package Design, Point of Sale, Production (Print), Promotions, Public Relations, Publicity/Promotions, Radio, Sales Promotion, T.V.

Accounts:
Dawg-Tired.com; Black Earth, WI Premium Dog Beds
Monona State Bank
Mueller Industries; Memphis, TN; Port Huron, MI Industrial Products, STREAMtech Flameless Plumbing Fitting
River Valley Bank
Vortex Optics

CAMPBELL MARKETING & COMMUNICATIONS
3200 Greenfield Ste 280, Dearborn, MI 48120
Tel.: (313) 336-9000
Fax: (313) 336-9225
Web Site: https://www.campbellmarketing.com/

Employees: 80

Agency Specializes In: Automotive, Corporate Communications, Digital/Interactive, Event Planning & Marketing, Financial, Identity Marketing, Market Research, Media Relations, Social Marketing/Nonprofit, Sponsorship

Kevin Kennedy *(Mng Partner & Exec VP)*
David Scheinberg *(Mng Partner)*
Greg Shea *(Mng Partner)*
David Losek *(CFO)*
Joe Vandervest *(CIO)*
Robert Lewis *(VP)*
Mary Mitchell *(VP)*
Laila Gislason *(Acct Dir)*
Dan Zacharias *(Acct Dir-Ford Sprint Cup Media Rels)*
Tim Adkins *(Mgr-HR)*
Matt Fancett *(Acct Supvr)*
Lesley Nadeau *(Acct Supvr)*
Lachelle Laney *(Sr Acct Exec)*

Accounts:
Audi of America
Avalon Films
General Motors
The Henry Ford
Hyundai Motor America
JWT-Team Detroit
Mazda
Meridian Automotive Systems, Inc.
NASCAR
Pebble Beach Concours d'Elegance
SCE Federal Credit Union Public & Media Relations
Wright & Filippis, Inc
Yokohama Tire Corporation

CAMPFIRE
40 Fulton St Fl 2, New York, NY 10038
Tel.: (212) 612-9600
Fax: (212) 625-9255
E-Mail: info@campfirenyc.com
Web Site: www.campfirenyc.com

Employees: 20

Agency Specializes In: Advertising, Digital/Interactive, Internet/Web Design, Sponsorship

Revenue: $15,000,000

Paul Handley *(Co-Founder & Partner-Strategy-UK)*
Mike Monello *(Chief Creative Officer & VP)*
Nick Braccia *(Creative Dir)*

Accounts:
AUDI
Byzantium Campaign: "Byzantium Tests"
Cinemax
Discovery The Colony
El Rey Network (Agency of Record) Creative
HBO Campaign: "Pledge Your Allegiance", Game Of Thrones, Trueblood
L'Oreal Campaign: "Turn It Up"
National Geographic Channel Campaign: "The Wow Reply"
Nissan Motor Campaign: "Infiniti Deja View", Infiniti, Infiniti Q50
Pontiac
Snapple
USA Network
Verizon FiOS

CAMPOS CREATIVE WORKS
1715 14th St, Santa Monica, CA 90404
Tel.: (310) 453-1511
Fax: (310) 453-8880
E-Mail: info@ccwla.com
Web Site: www.ccwla.com

Employees: 10
Year Founded: 1991

Agency Specializes In: Advertising, Collateral, Consulting, Content, Graphic Design, Internet/Web Design, Multimedia, Production

Julio Campos *(Founder & Exec Creative Dir)*
Jennifer Gerich *(Partner-Mktg & New Bus Dev)*
Sandra Sande *(CFO)*

Accounts:
Acura
Dell
Hyundai
Lexus

AGENCIES - JANUARY, 2019 — ADVERTISING AGENCIES

Toyota

CANALE COMMUNICATIONS
4010 Goldfinch St, San Diego, CA 92103
Tel.: (619) 849-6000
Web Site: www.canalecomm.com

Employees: 20

Carin Canale-Theakston *(Founder & CEO)*
Heidi Chokeir *(Mng Dir)*
Pam Lord *(Mng Dir)*
Jason Spark *(Mng Dir)*
Ian Stone *(Sr VP)*
Ben Patriquin *(VP & Creative Dir)*
Amanda Guisbond *(VP)*
Carolyn Hawley *(Acct Dir)*
Jessica Dyas *(Acct Mgr)*
Monica May *(Acct Mgr)*
Lauren Fish *(Assoc-Acct)*

Accounts:
Aptinyx Inc

CANAUDI INC.
75 Alie Street, Montreal, QC H9A1H2 Canada
Tel.: (514) 312-2020
Web Site: www.canaudi.com

Agency Specializes In: E-Commerce, Internet/Web Design, Local Marketing, Mobile Marketing

Accounts:
HSBC Bank Canada

CANNONBALL
8251 Maryland Ave Ste 200, Saint Louis, MO 63105
Tel.: (314) 445-6400
Fax: (314) 726-3359
E-Mail: cannonball@cannonballagency.com
Web Site: www.cannonballagency.com

Employees: 42

Agency Specializes In: Advertising, Sponsorship

Steve Hunt *(Chief Creative Officer)*
Douglas Murdoch *(VP-Adv)*
Joseph Bishop *(Creative Dir)*
Aric Jost *(Creative Dir)*
Dave Stallman *(Creative Dir)*
Lauren Steiner *(Acct Dir)*
Travis Ulmer *(Creative Dir)*
Amy Venturella *(Creative Dir)*
Cori Wilson *(Acct Dir)*
Mary Jarnagin *(Bus Mgr-Brdcst Production)*
Jonathan Kirby *(Acct Exec)*
Tony McCue *(Assoc Creative Dir)*

Accounts:
Anheuser-Busch Bud Lite, Campaign: "Cool Twist"; 2007
Bud Light
Enterprise Rent-A-Car (Creative Agency of Record) Campaign: "Freedom"

CANONBALL CREATIVE
(See Under Criterion B. Agency)

CANOPY BRAND GROUP
337 Broome St 3rd Fl, New York, NY 10002
Tel.: (914) 584-6628
Toll Free: (866) 879-2955
E-Mail: info@canopybrandgroup.com
Web Site: www.canopybrandgroup.com

Employees: 10

Agency Specializes In: Brand Development & Integration, Digital/Interactive, Internet/Web Design, Package Design, Point of Sale, Strategic Planning/Research

Marc Sampogna *(Mng Dir)*
Ahlilah Longmire *(Dir-PR)*

Accounts:
Nokia Mobile Phone Mfr
O'Connor Davies Corporate Ads, Marketing, Website
Urnex Brands Inc Cleaning Products Mfr

CANSPAN BMG
3700 St-Patrick Suite #314B, Montreal, QC H4E 1A2 Canada
Tel.: (514) 487-6900
Fax: (514) 487-4778
E-Mail: dberman@canspan.com
Web Site: www.canspan.com

Employees: 12

Agency Specializes In: Advertising

Accounts:
ALDO
ASKO
Barbie
BF Goodrich
Bloom
BoFinger
Canon
Cardinal
Cooper Tires
Deringer
Esso
Field Turf
Hankook
Mobil 1
Prepay
Sony
Speed Stick
Sterling Card
Wenger

Branch

Canspan BMG
1501 Main St Ste 204, Venice, CA 90291
Tel.: (310) 487-1473
E-Mail: solutions@canspan.com
Web Site: www.canspan.com

Employees: 10

Agency Specializes In: Advertising, Content, Digital/Interactive, Email, Internet/Web Design, Media Planning, Print, Search Engine Optimization, Social Media, Sponsorship

David Berman *(Pres)*

Accounts:
New-AstroTurf (Agency of Record)

CANYONPR
103 Bonaventura Dr, San Jose, CA 95134
Tel.: (408) 857-9527
Web Site: www.canyonpr.com

Employees: 1

Agency Specializes In: Advertising, Digital/Interactive, Media Relations, Public Relations, Social Media

Megan Saulsbury *(Principal)*

Accounts:
Accell
Vivitek Corporation

CAPITA TECHNOLOGIES, INC.
(See Under cFive Solutions)

CAPITAL GOODS
2420 17th St, Denver, CO 80202
E-Mail: info@wearecapitalgoods.com
Web Site: www.wearecapitalgoods.com

Employees: 10
Year Founded: 2017

Agency Specializes In: Advertising, Brand Development & Integration, Content, Digital/Interactive, Graphic Design, Production, Publishing, Social Media

Scott Sibley *(Founder & Mng Dir)*
Kris Fry *(Creative Dir)*

Accounts:
Eddie Bauer, Inc.
Punch Bowl Social
Taos Ski Valley, Inc. (Agency of Record)

CAPITOL MARKETING GROUP, INC.
3900 Jermantown Rd, Fairfax, VA 22030
Tel.: (703) 591-0100
Fax: (703) 591-1508
E-Mail: reyan@accesscmg.com
Web Site: www.accesscmg.com

Employees: 4
Year Founded: 1991

Agency Specializes In: Communications, High Technology, Travel & Tourism

Reyan Carpenter *(Pres)*
Laurie Stevens *(Dir-Production)*

Accounts:
Acuity Technology Services, LLC
American Express
Columbia National
Edge Technologies; Fairfax, VA; 1999
Gestalt Systems, Inc
Hayes Microcomputer Products
ISSI
Peak Technologies; Columbia, MD Bar Code Hardware, Software & Services; 1997
Raxco Software; Gaithersburg, MD Defragmentation Software; 2000
Venntronix

CAPITOL MEDIA SOLUTIONS
3340 Peachtree Rd NE Ste 1050, Atlanta, GA 30326
Tel.: (404) 347-3316
Toll Free: (800) 517-0610
E-Mail: mediabuying@capitolmediasolutions.com
Web Site: www.capitolmediasolutions.com

Employees: 12
Year Founded: 2006

National Agency Associations: 4A's

Agency Specializes In: Broadcast, Business-To-Business, Cable T.V., Consumer Marketing, Digital/Interactive, Electronic Media, Email, In-Store Advertising, Local Marketing, Magazines, Mobile Marketing, Newspaper, Newspapers & Magazines, Out-of-Home Media, Outdoor, Paid Searches, Point of Purchase, Point of Sale, Print, Radio, Search Engine Optimization, Social Media, Syndication, T.V., Trade & Consumer Magazines, Web (Banner Ads, Pop-ups, etc.)

ADVERTISING AGENCIES

JT Hroncich *(Mng Dir)*
Audrey Eisen *(Media Dir)*
Thomas Whitson *(Sr Accountant)*

Accounts:
CORT Furniture All Consumer & Business Products; 2014
GAF Roofing Shingles; 2012
MedPost Urgent Care Centers; 2014
North Highland Consulting Consulting Services; 2012
Pelican Products Luggage, Backpacks, Tablet Cases, Mobile Phone Cases; 2012

CAPONIGRO MARKETING GROUP, LLC
24725 W Twelve Mile Rd, Southfield, MI 48034
Tel.: (248) 353-3270
E-Mail: jcap@caponigro.com
Web Site: www.caponigro.com

Employees: 10
Year Founded: 2004

Agency Specializes In: Advertising, Broadcast, Business-To-Business, Cable T.V., Direct Response Marketing, Electronic Media, Out-of-Home Media, Outdoor, Print, T.V.

Approx. Annual Billings: $8,000,000

CAPPELLI MILES
2 Centerpointe Dr, Lake Oswego, OR 97035
Tel.: (503) 241-1515
Fax: (541) 484-7327
E-Mail: info@cappellimiles.com
Web Site: www.cappellimiles.com
E-Mail for Key Personnel:
Creative Dir.: bcappelli@cm-spring.com
Media Dir.: dprice@cm-spring.com

Employees: 13
Year Founded: 1982

National Agency Associations: TAAN

Agency Specializes In: Communications, Public Relations

Approx. Annual Billings: $18,000,000

Bruce Cappelli *(Founder & Partner)*
Darcey Price *(Media Dir)*
Bruce Eckols *(Dir-Creative & Art)*
Mark Hass *(Acct Mgr)*
Mickey Miles *(Acct Exec)*
Chris Thompson *(Media Buyer)*

Branch

Cappelli Miles
160 S Park St, Eugene, OR 97401
Tel.: (541) 484-1515
Fax: (541) 484-7327
E-Mail: info@cappellimiles.com
Web Site: www.cappellimiles.com/

Employees: 25
Year Founded: 1944

Agency Specializes In: Brand Development & Integration, Public Relations

Bruce Cappelli *(Founder & Partner)*
Rod Miles *(Pres)*
Darcey Price *(Media Dir)*
Bruce Eckols *(Dir-Creative & Art)*
Amber Shively *(Dir-Digital Media)*
Mickey Miles *(Acct Exec)*
Chris Thompson *(Media Buyer)*

CAPSULE BRAND DEVELOPMENT
100 2nd Ave N, Minneapolis, MN 55401
Tel.: (612) 341-4525
Fax: (612) 341-4577
E-Mail: info@capsule.us
Web Site: www.capsule.us

Employees: 12
Year Founded: 1999

Agency Specializes In: Advertising, Alternative Advertising, Brand Development & Integration, Branded Entertainment, Business-To-Business, Collateral, College, Communications, Consumer Marketing, Content, Corporate Identity, Environmental, Exhibit/Trade Shows, Experience Design, Household Goods, Identity Marketing, Integrated Marketing, Local Marketing, Logo & Package Design, Magazines, Market Research, Planning & Consultation, Point of Purchase, Point of Sale, Promotions, Retail, Social Media, Strategic Planning/Research

Brian Adducci *(Founder, Partner & Chief Creative Officer)*
Aaron Keller *(CEO)*
Kelly Leighton *(VP-Client Experience)*
Dave Buchanan *(Strategist-Experience)*

Accounts:
Baldinger Bakery Brand Identity, Savor Crafted
Del Laboratories; New York, NY LaCrosse, Sally Hansen; 2002
Fox River Socks; Osage, IA Shucking Awesome Corn Socks; 2005
Grey Plant Mooty; Minneapolis, MN; 2006

CAPTAINS OF INDUSTRY
21 Union St, Boston, MA 02108
Tel.: (617) 725-1959
Fax: (617) 725-0089
E-Mail: info@captainsofindustry.com
Web Site: www.captainsofindustry.com

Employees: 12
Year Founded: 1993

National Agency Associations: AMA

Agency Specializes In: Direct Response Marketing, Identity Marketing, Internet/Web Design, Out-of-Home Media, Outdoor, Print, Production (Ad, Film, Broadcast), Viral/Buzz/Word of Mouth

Clift Jones *(Pres & CEO)*
Ted Dillon *(Mng Dir)*
Ted Page *(Principal & Exec Creative Dir)*
Fred Surr *(Principal & Exec Producer)*
Kacy Karlen *(Creative Dir)*
Lauren Prentiss *(Dir-Strategy)*

Accounts:
agion
Akami
Alteris Renewables (Agency of Record)
Arbor Networks
Bose
Businesses for Innovative Climate & Energy Policy
DeepWater Wind
Envious
FirstWind
GN Netcom
Mass Medical Society
Millipore Millipore Blot Race Viral
Pace
Starrett
Whatman Inc.

CAPTIVA MARKETING, LLC.
10805 Sunset Office Dr Ste 207, Saint Louis, MO 63127
Tel.: (314) 822-3656
Fax: (314) 822-3734
Web Site: www.captiva-marketing.com

Employees: 25
Year Founded: 2002

Agency Specializes In: Advertising, Brand Development & Integration, Graphic Design, Internet/Web Design, Logo & Package Design, Paid Searches, Public Relations, Search Engine Optimization, Social Media

Rachel Forst *(Partner)*
Shawn Meers *(VP-Creative)*
Chris Weis *(VP-Ops)*
Meg Carosello *(Head-PR & Social Media & Sr Acct Mgr)*
Jacob Brcic *(Dir-Multimedia)*
Jon Jensen *(Dir-Tech)*
Bonnie Kuhn *(Sr Acct Mgr)*
Magen Laurence *(Sr Acct Mgr-eCommerce)*
Desiree Wheeler *(Sr Acct Mgr)*
Nick Rodriguez *(Acct Mgr & Specialist-Technical SEO)*
Erin Blumer *(Acct Mgr)*
Kathryn Miller *(Acct Mgr)*
Melissa Berner *(Mgr-Bus Dev & Hiring)*
Juliana Gettemeyer *(Mgr-Social Media)*
Dan Pyatt *(Mgr-Paid Search)*
Hannah Moore *(Sr Art Dir)*
Julie Schmelzle *(Sr Art Dir)*

Accounts:
54th Street
Rachel's Grove

CARBON8
2290 W 29th Ave, Denver, CO 80211
Tel.: (303) 222-8045
Web Site: www.carbon8.com

Employees: 33
Year Founded: 2009

Agency Specializes In: Advertising, Brand Development & Integration, Digital/Interactive, Internet/Web Design, Print

Mark Mitton *(Pres)*
Jeff Robertson *(Partner & VP-Tech)*
Lisa Hillmer-Poole *(VP-Accts)*
Chip Hisle *(Creative Dir)*
Duy Do *(Dir-Online Dev)*
Brittany Clifford *(Acct Mgr)*
Alison Westcott *(Acct Mgr)*
Alex Matlin *(Mgr-Digital Mktg)*
Matt O'Connell *(Mgr-Digital Mktg)*

Accounts:
Ko Hana

CARBURE
(Formerly Lajeunesse Communication Marketing)
1600 Cunard Bureau 200, Laval, QC H7S 2B2 Canada
Tel.: (514) 312-7090
E-Mail: info@agencecarbure.com
Web Site: agencecarbure.com

Employees: 7

Agency Specializes In: Advertising

Accounts:
BP
Gaz Metro

CARDENAS MARKETING NETWORK INC.
1459 W Hubbard St, Chicago, IL 60642
Tel.: (312) 492-6424

AGENCIES - JANUARY, 2019 — ADVERTISING AGENCIES

Fax: (312) 492-6404
Web Site: www.cmnevents.com

Employees: 25
Year Founded: 2003

Agency Specializes In: Experiential Marketing, Sponsorship

Henry Cardenas *(Pres & CEO)*
Jorge Machado *(CFO)*
Adam Salgado *(CMO)*
William F. Perry *(Chief Creative Officer)*
Sam Rubio *(Gen Counsel)*
Erik Bankston *(Head-Integrated Mktg & Branded Entertainment)*
Antonio Castaneda *(Dir-Music)*
Federico Cogo *(Dir-Sports)*

Accounts:
American Airlines
Budweiser
Goya
McDonald's
Olay
Pantene
Stella Artois

CARDWELL BEACH
155 Water St, Brooklyn, NY 11201
Tel.: (646) 801-3175
Web Site: www.cardwellbeach.com

Employees: 20
Year Founded: 2007

Agency Specializes In: Alternative Advertising, Branded Entertainment, Business Publications, Collateral, Digital/Interactive, Direct Response Marketing, Electronic Media, Email, Exhibit/Trade Shows, Experience Design, Guerilla Marketing, In-Store Advertising, Magazines, Multimedia, Newspaper, Newspapers & Magazines, Out-of-Home Media, Outdoor, Paid Searches, Point of Sale, Production, Promotions, Radio, Search Engine Optimization, Social Media, T.V., Trade & Consumer Magazines, Viral/Buzz/Word of Mouth, Web (Banner Ads, Pop-ups, etc.)

Mark Cardwell *(Co-Founder & CTO-Cardwell Beach)*
Mike Beach *(CEO)*
Brian Erickson *(CMO)*
Mike Lichter *(Chief Creative Officer)*
Monica Reccoppa *(Fin Mgr)*

Accounts:
Artemis Partners Mountainside Treatment Center; 2014
Facility Solutions Group Utility Solutions; 2014
Go Watch It! GoWatchit.com; 2012
Samsung Sales App; 2013
WSG Empire Suite Business Software

CAREW CO
223 N 6th St Ste 50, Boise, ID 83702
Tel.: (208) 343-1664
Fax: (208) 629-3211
Web Site: www.carewco.net

Employees: 5

Agency Specializes In: Advertising, Brand Development & Integration, Graphic Design, Internet/Web Design

Accounts:
Cinder

CARGO LLC
631 S Main St Ste 401, Greenville, SC 29601
Tel.: (864) 704-1160
Web Site: www.thecargoagency.com

Employees: 20
Year Founded: 2006

National Agency Associations: AMIN

Agency Specializes In: Advertising, Brand Development & Integration, Business-To-Business, Content, Media Buying Services, Media Planning, Print, Search Engine Optimization, Social Media, Strategic Planning/Research

Dan Gliatta *(Co-Founder & CEO)*
Scott Brand *(Partner & Dir-Client Engagement)*
Kacey A. Murphy *(Dir-Ops & Tech)*
Elizabeth Carver *(Mgr-Client Engagement)*

Accounts:
New-Lenovo

CARING MARKETING SOLUTIONS
111 W Johnstown Rd Ste C, Columbus, OH 43230
Tel.: (614) 846-5528
Web Site: www.caringmarketing.com

Employees: 5
Year Founded: 1992

Approx. Annual Billings: $4,500,000

Steve Johnston *(CMO)*
Marlene Walton *(Media Buyer)*

Accounts:
CB Beverage Cock'n Bull Ginger Beer, Frostop Root Beer; 2012

CARL BLOOM ASSOCIATES, INC.
81 Main St Ste 126, White Plains, NY 10601-1711
Tel.: (914) 761-2800
Fax: (914) 761-2744
E-Mail: info@carlbloom.com
Web Site: www.carlbloom.com

E-Mail for Key Personnel:
President: CBloom@carlbloom.com
Creative Dir.: RBloom@carlbloom.com
Production Mgr.: COliveras@carlbloom.com

Employees: 15
Year Founded: 1976

National Agency Associations: DMA

Agency Specializes In: Consulting, Direct Response Marketing, Internet/Web Design, Pets, Strategic Planning/Research

Approx. Annual Billings: $10,000,000

Breakdown of Gross Billings by Media: D.M.: $9,500,000; Fees: $300,000; Plng. & Consultation: $100,000; Worldwide Web Sites: $100,000

Carl Bloom *(Owner)*
Robert Bloom *(Pres)*
Deniz Isler *(Sr VP-Strategy Mktg)*
Brooke Grossman Coneys *(VP & Gen Mgr)*
Carrie Bloom *(VP-Client Svcs)*
Christina McPhillips *(VP-Bus Dev)*
Britt Rosenbaum *(Art Dir)*
Yalexa Corchado *(Dir-Production)*
Carmen Oliveras *(Dir-Production)*
Mike Renna *(Mgr-Database)*
Theresa Jahn *(Sr Graphic Designer)*

Accounts:
AETN; Arkansas
KETC; Saint Louis, MO (Membership Marketing)
KLRU TV; Austin
KPBS; San Diego, CA (Membership Marketing)
KQED, Inc.; San Francisco, CA (Membership Marketing)
Lenox Hill Hospital
National Public Library Direct Mail Consortium (Cooperative Fundraising); 1998
Public Citizen
Public Library Direct Response Consortium; 1999
Queens Borough Public Library; Queens, NY (Fundraising)

CARLING COMMUNICATIONS
2550 5Th Ave Ste 150, San Diego, CA 92103
Tel.: (619) 269-3000
E-Mail: info@carling-communications.com
Web Site: carlingcom.com/#index

Employees: 53

Agency Specializes In: Advertising, Event Planning & Marketing, Internet/Web Design, Media Planning, Print, Strategic Planning/Research

Sherri Wilkins *(Chief Creative Officer)*
Didi Discar *(Principal)*
Ellen Schneider *(VP-Editorial & Corp Comm)*
Jim Haag *(Exec Creative Dir)*
Lacey Jae Christman *(Creative Dir)*

Accounts:
Acucela Inc.
Alcon, Inc.
Bausch & Lomb Incorporated
Bio-Tissue
DepoMed, Inc.
Merz Pharmaceuticals Inc.
Optimedica Corporation
TearScience
ThromboGenics Inc.

CARMICHAEL LYNCH
110 N 5th St, Minneapolis, MN 55403
Tel.: (612) 334-6000
Fax: (612) 334-6090
E-Mail: inquiry@clynch.com
Web Site: www.carmichaellynch.com

E-Mail for Key Personnel:
Public Relations: emontgomery@clynch.com

Employees: 300
Year Founded: 1962

National Agency Associations: 4A's-AAF-PRSA

Agency Specializes In: Advertising, Brand Development & Integration, Branded Entertainment, Broadcast, Business Publications, Cable T.V., Consumer Marketing, Digital/Interactive, Direct Response Marketing, Electronic Media, Email, Exhibit/Trade Shows, Experience Design, Graphic Design, Guerilla Marketing, In-Store Advertising, Internet/Web Design, Local Marketing, Magazines, Mobile Marketing, Multimedia, Newspaper, Newspapers & Magazines, Out-of-Home Media, Outdoor, Paid Searches, Point of Purchase, Point of Sale, Print, Product Placement, Production, Production (Print), Promotions, Public Relations, Radio, Social Media, Sponsorship, T.V., Trade & Consumer Magazines, Web (Banner Ads, Pop-ups, etc.)

Approx. Annual Billings: $0

Brad Williams *(Mng Dir)*
Mark Feriancek *(CFO)*
Meredith Kish *(Chm-Media Rels & Assoc Dir)*
Emily Buchanan *(Sr Partner & Exec VP)*
Megan Murphree *(Head-Production)*
Randy Hughes *(Sr Partner & Exec Creative Dir)*
Alissa Ausan Anderson *(Grp Acct Dir)*
Priscilla Arthur *(Acct Dir)*
Adam Craw *(Acct Dir)*
Steph Hayden *(Art Dir)*

ADVERTISING AGENCIES

Ed Huerta-Margotta *(Dir-Talent Acq)*
Sarah Roddis *(Dir-Plng)*
Brenna Smithson *(Dir-Brand Plng)*
Daniel Alves *(Assoc Dir-Creative)*
Geordan Vakos *(Acct Mgr)*
Danielle Kurtz *(Project Mgr-Digital)*
Liz Jenkins *(Acct Supvr)*
Caroline Rudzinski *(Acct Supvr)*
Andrea Styczinski *(Acct Supvr)*
Gabriela Trejo *(Strategist-Brand)*
Christine Gault *(Assoc Creative Dir)*
Tracy Krulich *(Grp Media Dir)*
Megan Thornton *(Grp Media Dir)*

Accounts:
American Standard; 1992
Arla Foods; 2015
Art.com (Public Relations Agency of Record) Earned Media Relations & Outreach, Experiential, Influencer Engagement, Social Support, Strategy & Counsel; 2017
ConocoPhillips Phillips 66
Evereve Integrated Marketing; 2016
Helzberg's Diamond Shops, Inc (Creative Agency of Record) Creative, Design, Influencer & Analytics, Social; 2018
Minnesota Twins, LLC (Agency of Record) Brand Strategy, Collateral Design, Creative, Digital Display, Experiential, Media Planning & Buying, Radio, TV, Website; 2017
National Rugby Football League (Marketing & Creative Agency of Record); 2016
Ooma; 2015
Subaru of America, Inc.; 2007
Trane Inc.
U.S. Bancorp (Creative Agency of Record) Campaign: "The Power of Possible", Creative Branding Campaign, Digital, Social Media; 2015

Divisions

Carmichael Lynch Relate
(Formerly Spong)
110 N 5th St, Minneapolis, MN 55403
Tel.: (612) 375-8500
Fax: (612) 375-8501
Web Site: www.carmichaellynchrelate.com

Employees: 70
Year Founded: 1990

National Agency Associations: 4A's

Agency Specializes In: Public Relations

Julie Batliner *(Pres & Mng Partner)*
Eric Hausman *(Partner & Chm-Retail Practice)*
Erika Collins *(Partner & Sr Dir-New Bus)*
Cavan Reagan Reichmann *(Sr Partner & Mng Dir-Social Engagement)*
Annie Dubsky *(VP)*
Rebecca Lunna *(VP)*
Emily Buchanan *(Sr Partner & Sr Dir-Brand Mktg)*
Sheldon Clay *(Creative Dir)*
Sarah Scherbring *(Acct Dir)*
Alison Dunning *(Sr Partner & Dir-Client Svcs)*
Ed Huerta-Margotta *(Dir-Recruiting)*
Jill Schmidt *(Sr Principal & Dir-Strategy)*
Laura Green *(Sr Mgr-New Bus)*
Chelsey Knutson *(Sr Specialist-Media Rels)*

Accounts:
American Standard Heating and Air Conditioning
Arla
Bath & Body Works
Cargill, Inc. Digital, Media Relations, Public Relations, Social Content, Truvia (Lead Creative Agency)
Castello
DSM
Evereve (Integrated Aagency of Record)
Formica Corporation
Garden of Life
Genuine Thermos Brand
Hearth & Home Technologies
Ingersoll Rand
Integrity Windows and Doors Public Relations, Social Media
Jennie-O
Lamps Plus (Public Relations Agency of Record)
Lorissa's Kitchen
Marvin Windows & Doors Public Relations, Social Media
MasterBrand Cabinets, Inc.
Matador Beef Jerky
Meet Minneapolis
Michael Graves Architecture & Design
The National Center for Learning Disabilities Communications, Media Relations, Public Policy Support, Public Relations, Strategic Planning, Understood.org; 2018
National Rugby Football League Public Relations
Page Education Foundation
Post Consumer Brands
Rapala
Save-A-Lot Food Stores
The Schwan Food Company
Sherwin-Williams
Stacy's Pita Chips
SUPERVALU
Trane
U.S. Bank

Carmichael Lynch Relate
(Formerly Spong)
150 E 42nd St 12th Fl, New York, NY 10017
Tel.: (612) 375-8500
Fax: (212) 414-7102
Web Site: www.carmichaellynchrelate.com

Employees: 5

Agency Specializes In: Public Relations

Jill Schmidt *(Sr Partner, Chm-Corp Practice & Dir-Strategy)*
Nicole Kaldes *(Dir-Media Rels)*
Katie Ruesgen *(Sr Mgr-Media Rels)*
Dana Chinnici *(Strategist-Media Rels)*

Accounts:
ClearWay Minnesota
Diamond Cabinetry
MasterBrand Cabinets, Inc.
National Baseball Hall of Fame & Museum; Cooperstown, NY Creative, Strategic

CARNEY & CO.
1653 Thomas A Betts Pkwy, Rocky Mount, NC 27804
Mailing Address:
PO Box 7398, Rocky Mount, NC 27804-0398
Tel.: (252) 451-0060
Fax: (252) 451-0060
Toll Free: (800) 849-7547
E-Mail: skip@carneyco.com
Web Site: www.carneyco.com

E-Mail for Key Personnel:
President: skip@carneyco.com

Employees: 7
Year Founded: 1980

Agency Specializes In: Advertising, Brand Development & Integration, Business-To-Business, Consulting, Consumer Marketing, Planning & Consultation, Strategic Planning/Research, Trade & Consumer Magazines

Approx. Annual Billings: $2,790,000

Breakdown of Gross Billings by Media: Bus. Publs.: 15%; Collateral: 25%; Consumer Publs.: 10%; D.M.: 8%; Point of Purchase: 15%; Pub. Rels.: 17%; Strategic Planning/Research: 10%

Skip Carney *(Pres)*
Michael Frye *(Sr Graphic Designer)*

Accounts:
America's Best Nut Company; Rocky Mount, NC Peanuts; 2001
Chambliss & Rabil; Rocky Mount, NC Construction, Commercial Real Estate; 1983
Consultants to Industry, LLC; Rocky Mount, NC Consulting Services; 2002
Field Controls; Kinston, NC; 1988
Phoenix Specialty; Bamberg, SC Washers & Shims; 1993
Southern Bank; Mount Olive, NC Banking Services; 2003
Turner Equipment; Goldsboro, NC Tanks; 1988

CAROL FOX AND ASSOCIATES
1412 W Belmont, Chicago, IL 60657
Tel.: (773) 327-3830
E-Mail: mail@carolfoxassociates.com
Web Site: www.carolfoxassociates.com

Employees: 25
Year Founded: 1994

Agency Specializes In: Advertising, Brand Development & Integration, Crisis Communications, Digital/Interactive, Media Relations, Media Training, Print, Public Relations, Social Media, T.V.

Carol Fox *(Pres)*
Niki Morrison *(Sr VP)*
Nick Harkin *(VP-PR)*
Alex Jakubiak *(VP)*
Carly Leviton *(VP)*

Accounts:
New-Chicago Opera Theater
New-Young Chicago Authors

CAROL H. WILLIAMS ADVERTISING
1625 Clay St, Oakland, CA 94612
Tel.: (510) 763-5200
Fax: (510) 763-9266
Web Site: www.carolhwilliams.com

E-Mail for Key Personnel:
President: carol@carolhwilliams.com
Public Relations: john.ellis@carolhwilliams.com

Employees: 155
Year Founded: 1986

Agency Specializes In: African-American Market, Communications

Carol H. Williams *(Owner)*
Mark Robinson *(Sr VP)*
Jacqueline Hoffman *(Office Mgr)*

Accounts:
General Mills; Minneapolis, MN
General Motors Company African American Marketing, Buick, Chevrolet (Multicultural Agency of Record)
Gilead Sciences, Inc.; Forest City, CA
McNeil Consumer & Specialty Pharmaceuticals/Nutritionals; New Brunswick, NJ Lactaid, St. Joseph Aspirin
Procter & Gamble; Cincinnati, OH
Sunny Delight Beverages; Blue Ash, OH
Visit Oakland Brand Architecture, Media Planning, Strategic Messaging

Branches

Carol H. Williams Advertising

AGENCIES - JANUARY, 2019 — ADVERTISING AGENCIES

444 N Michigan Ave, Chicago, IL 60611
Tel.: (312) 836-9095
Fax: (312) 836-7919
E-Mail: info@carolhwilliams.com
Web Site: www.carolhwilliams.com

Employees: 50

National Agency Associations: 4A's

Agency Specializes In: Advertising, African-American Market, Sponsorship

Betty Thompson *(Fin Dir)*
Clarence Williams *(Mgr-Event)*
Brian Welburn *(Acct Supvr)*
Earl Williams, Jr. *(Coord-Event)*

Accounts:
AARP; Washington, DC
Coca-Cola Refreshments USA, Inc.
East Bay Municipal Utility District
General Mills
Gilead
Hewlett-Packard
Marriott; Washington, DC
Mondelez International, Inc.
Nationwide Insurance
Sunny Delight
The U.S. Army
Walt Disney World
Wells Fargo Bank

CAROLE BERKE MEDIA SERVICES
8605 SW Bohmann Pkwy, Portland, OR 97223
Tel.: (503) 293-0599
Fax: (503) 293-9008
Web Site: www.berkemedia.com

Employees: 4
Year Founded: 1992

Agency Specializes In: Advertising

Approx. Annual Billings: $310,000

Carole Berke *(Owner, Media Dir & Negotiator-Media)*

CAROLYN KAMII PUBLIC RELATIONS
2715 Greenfield Ave, Los Angeles, CA 90064
Tel.: (310) 441-8404
Fax: (310) 441-8406
E-Mail: info@carolynkamii.com
Web Site: www.carolynkamii.com

Employees: 1

Agency Specializes In: Advertising, Brand Development & Integration, Event Planning & Marketing, Public Relations, Social Media

Carolyn Kamii *(Pres)*

Accounts:
Foodie Shares

CAROUSEL
710 13th St, Ste 314, San Diego, CA 92101
Tel.: (619) 252-2672
E-Mail: hello@carouselagency.com
Web Site: crsl.co/

Employees: 50
Year Founded: 2014

Agency Specializes In: Content, Digital/Interactive, Production, Strategic Planning/Research

David Reyes *(Partner)*
Bill Sager *(Partner)*

Accounts:
BMW
Conde Nast
Netflix
New Balance
Sony
Stance

CARR KNOWLEDGE LLC
14901 80Th St E, Puyallup, WA 98372
Tel.: (360) 872-0032
Fax: (360) 872-0129
Web Site: www.carrknowledge.com

Employees: 20

Agency Specializes In: Advertising, Electronic Media, Email, Internet/Web Design, Media Planning, Promotions, Strategic Planning/Research, Technical Advertising

Rich Carr *(Pres & CEO)*

Accounts:
Harley-Davidson
State Roofing

CARR MARKETING COMMUNICATION, INC.
300 International Dr Ste 100, Buffalo, NY 14221
Tel.: (716) 831-1500
Fax: (716) 831-1400
E-Mail: rcarr@carrmarketing.com
Web Site: www.carrmarketing.com

Employees: 5
Year Founded: 1994

Agency Specializes In: Brand Development & Integration, Communications, Crisis Communications, Environmental, Event Planning & Marketing, Financial, Government/Political, Health Care Services, Investor Relations, Media Relations, Media Training, Public Relations, Strategic Planning/Research, Travel & Tourism

Robert Carr *(Pres)*
Cheryl Carr *(COO)*

Accounts:
Citibank
CPA Financial Network
First Niagara Bank
Tops Friendly Market

CARROLL/WHITE
53 Perimeter Ctr E, Atlanta, GA 30346
Tel.: (770) 350-9800
Fax: (770) 350-8183
E-Mail: info@carrollwhite.com
Web Site: www.carrollwhite.com
E-Mail for Key Personnel:
Creative Dir.: dwolff@carrollwhite.com

Employees: 12
Year Founded: 1983

Agency Specializes In: Automotive, Brand Development & Integration, Business-To-Business, Consulting, Corporate Identity, Direct Response Marketing, E-Commerce, Event Planning & Marketing, Graphic Design, High Technology, Information Technology, Internet/Web Design, Logo & Package Design, Media Buying Services, New Product Development, Pharmaceutical, Planning & Consultation, Point of Purchase, Point of Sale, Production, Public Relations, Publicity/Promotions, Real Estate, Retail, Strategic Planning/Research

Approx. Annual Billings: $10,000,000

Jennifer Aaron *(Partner-Equity & Exec VP)*
Jim White *(VP)*
Manon Dutil *(Controller)*

Accounts:
Global Imports; Atlanta, GA; 2003
University House

CARROT CREATIVE
(Owned by VICE)
55 Washington St Ste 900, Brooklyn, NY 11201
Tel.: (718) 395-7934
E-Mail: press@carrot.is
Web Site: carrot.is/creative

Employees: 65
Year Founded: 2005

Agency Specializes In: Digital/Interactive, Social Media, Sponsorship

Taylor Delbridge *(Mgr-Media)*

Accounts:
Chipotle (Social Agency of Record) Analytics, Social Content, Strategy
CKE Restaurants Inc. Carl's Jr (Social & Digital Agency of Record)
Crayola
Dave Matthews Band
Disney Digital
Facebook
Ford
Jaguar
Kraft Heinz Company Devour, Digital, Social Media, TV, Website
MTV
Nasdaq
NetBase
NFL
OnePlus & Mobitech Creations
The Onion
Rolex
Target Social Media
Tumblr
Unilever Advertising

CARROTNEWYORK
75 Broad St 33rd Fl, New York, NY 10004
Tel.: (212) 924-2944
Fax: (212) 924-3052
E-Mail: motivate@carrotnyc.com
Web Site: www.carrotnewyork.com

Employees: 17
Year Founded: 1980

Agency Specializes In: Advertising, Digital/Interactive, Internet/Web Design, Market Research, Print, Promotions, Social Media, Sponsorship, Strategic Planning/Research, T.V.

Janice Hamilton *(Pres)*
Carla Berger *(VP-Client Svcs)*

Accounts:
Federal Emergency Management Agency Disaster Master
U.S. Department of Agriculture Serving Up MyPlate

THE CARSON GROUP
1708 Hwy 6 S, Houston, TX 77077
Tel.: (281) 496-2600
Fax: (281) 496-0940
Web Site: www.carsongroupadvertising.com

Employees: 7
Year Founded: 1974

ADVERTISING AGENCIES

Agency Specializes In: Automotive, Brand Development & Integration, Broadcast, Business-To-Business, Cable T.V., Co-op Advertising, Consulting, Consumer Marketing, Corporate Identity, Direct-to-Consumer, E-Commerce, Food Service, Identity Marketing, Information Technology, Internet/Web Design, Local Marketing, Media Buying Services, Media Planning, Newspaper, Out-of-Home Media, Outdoor, Print, Production (Ad, Film, Broadcast), Radio, Real Estate, Restaurant, Retail, Strategic Planning/Research, T.V.

Breakdown of Gross Billings by Media: Audio/Visual: 80%; Cable T.V.: 3%; Consulting: 2%; Consumer Pubs.: 1%; Exhibits/Trade Shows: 1%; Fees: 2%; Internet Adv.: 3%; Outdoor: 8%

John M. Carson *(Principal)*
Jay Schrock *(Creative Dir)*
Carley Thompson Patronella *(Media Buyer)*
Colton Canava *(Sr Art Dir)*

Accounts:
Abacus Plumbing
Double Horn Communications
Gabby's Barbecue & Ribs; Houston, TX
Houston Garden Center; Houston, TX; 1998
Los Tios Tex-Mex Food
Oreck Vacuum Cleaners
Skeeter's Grill; Houston, TX; 2000
Smartshield; Dallas, TX

THE CARTER MALONE GROUP LLC
1509 Madison Ave, Memphis, TN 38104
Tel.: (901) 278-0881
Fax: (901) 278-0081
E-Mail: info@cmgpr.com
Web Site: www.cmgpr.com

Agency Specializes In: Advertising, Collateral, Crisis Communications, Event Planning & Marketing, Graphic Design, Internet/Web Design, Media Relations, Media Training, Public Relations, Strategic Planning/Research

Deidre Malone *(Pres & CEO)*
Debra A. Davis *(VP-Bus Rels)*
Brian Malone *(Coord-Social Media)*

Accounts:
Memphis Heritage Trail
Tennessee Department of Transportation

CARYL COMMUNICATIONS, INC.
40 Eisenhower Dr Ste 203, Paramus, NJ 07652
Tel.: (201) 796-7788
Fax: (201) 796-8844
Toll Free: (866) 256-5858
E-Mail: customerservice@caryl.com
Web Site: www.caryl.com

Employees: 10
Year Founded: 1980

Agency Specializes In: Event Planning & Marketing, Internet/Web Design, Local Marketing, Media Relations, Public Relations, Real Estate

Caryl Bixon-Gordon *(Pres)*
Bob Gordon *(CFO)*
Evelyn Francisco *(VP & Client Svcs Dir)*
Karen Ravensbergen *(Asst VP & Dir-Internal Resources)*
Ellen Seaver *(Acct Mgr & Copywriter)*
Christine Ziomek *(Mgr-Special Projects)*
Sandy Crisafulli *(Writer & Specialist-Media)*
Mary Dickey *(Writer & Specialist-Media)*
Vicki Garfinkel *(Specialist-Media & Writer)*

Accounts:
Allendale Community for Mature Living Senior Housing
Cushman & Wakefield of New Jersey, Inc.
Danny Wood Enterprises, LLC
Diversified Capital
Gebroe-Hammer Associates
IBS
Levin Management Corporation Retail Real Estate Property Manager
NAIOP-NJ
NJ Chapter of the National Association of Industrial & Office Properties (NJ-NAIOP) Commercial Real Estate Developers
Prism Capital Partners, LLC
Volunteer Lawyers
Walters Group Commercial & Residential Real Estate Developers

CASACOM
407 McGill Bureau 1000, Montreal, QC H2Y 2G3 Canada
Tel.: (514) 286-2145
Fax: (514) 286-6647
E-Mail: info@casacom.ca
Web Site: www.casacom.ca

Employees: 15
Year Founded: 2001

Agency Specializes In: Business-To-Business, Communications, Entertainment, Event Planning & Marketing, Exhibit/Trade Shows, Food Service, Government/Political, Graphic Design, Health Care Services, Investor Relations, Medical Products, Public Relations, Real Estate

Marie-Josee Gagnon *(Founder & CEO)*
Jean-Michel Nahas *(VP-Corp Comm)*
Stephane Ethier *(Dir)*
Ann Gibbon *(Dir-Western Canada)*

Accounts:
Aluminerie Alouette
AXOR
Beautiful Heat Brand Marketing, Digital, Event Management, National Communications Planning, PR, Social Media
Etsy Canada (Agency of Record) Communications, Public Relations
Netatmo Brand Awareness
Urban Barn (Agency of Record)

CASANOVA PENDRILL
Integrated Hispanic Communications

CASANOVA PENDRILL
275-A McCormick Ave Ste 100, Costa Mesa, CA 92626-3369
Tel.: (714) 918-8200
Fax: (714) 918-8295
Web Site: www.casanova.com

Employees: 80
Year Founded: 1984

National Agency Associations: 4A's-AD CLUB-AHAA

Agency Specializes In: Advertising, Bilingual Market, Communications, Hispanic Market, Media Buying Services, Sponsorship

Casanova Pendrill is a team of Hispanic consumer experts and integrated marketing specialists who develop breakthrough creative ideas which drive measurable business results for their clients. Their services include the following: Strategic Planning, Account Services, Creative, Media, Promotions, Interactive, and Direct Response & Public Relations.

Breakdown of Gross Billings by Media: Cable T.V.: 3%; D.M.: 2%; Internet Adv.: 2%; Mags.: 2%; Network T.V.: 31%; Newsp.: 3%; Outdoor: 2%; Spot Radio: 26%; Spot T.V.: 29%

Alejandro Ortiz *(VP & Creative Dir)*
Melanie Cyr *(Grp Acct Dir)*
Carla Noriega *(Grp Acct Dir)*
Flor Castaneda *(Producer-Print & Digital)*
Roxane Garzon *(Media Dir)*
Fernando Poblete *(Creative Dir-California Lottery, Nestle & Carl's Jr.)*
Hector Hernandez Ramirez *(Creative Dir)*
Diana Sheehan *(Media Dir)*
Melissa Tapia *(Acct Dir)*
David Martinez *(Mgmt Supvr)*
Lourdes Mendez *(Dir-HR)*
Andres Calvachi *(Acct Supvr)*
Yolanda C. Galicia *(Acct Supvr-Chevrolet Retail)*
Vanessa Pinzon *(Supvr-Media)*
Sandra Ramos *(Supvr-Media)*
Brenda Fierro *(Sr Acct Exec)*
Danielle Kehoe *(Sr Rep-New Bus)*
John Millerd *(Assoc Media Dir)*
Ricardo Rivera *(Assoc Creative Dir)*
Alejandro Rodriguez *(Sr Art Dir)*
Francisco Rojas *(Assoc Creative Dir)*

Accounts:
The Ad Council
American Frozen Food Institute Hispanic communications
California Lottery Hispanic; 1986
General Mills, Inc.; Minneapolis, MN "No Barriers Grand Canyon Expedition", Betty Crocker, Bisquick, Campaign: "Feel the Energy of Nature", Chex Mix, Cinnamon Toast Crunch, FUN da-middles, Hamburger Helper, Nature Valley, TV; 1985
General Motors Chevrolet (Hispanic Agency of Record)
GlaxoSmithKline; Moon Township, PA Lovaza
Harvest Hill Beverage Co Juicy Juice
MillerCoors Campaign: "Don't Mess with Miller Time"
Nestle USA, Inc Abuelita, Arrowhead, Carlos V, Coffee Mate, Hot Pockets, La Lechera, Maggi, Nescafe, Nesquik, Nestle Pure Life, Nido, Ozarka, Stouffers; 2000
Oasis Art Center Campaign: "Future Reality"
Purina Beneful, Dog Chow
San Francisco Giants Baseball Club Digital, Media Planning & Buying, Mobile, Social; 2018
Tr3s
TurboTax
UNICEF
United States Army
United States Postal Service
Western Dental

CASCADE WEB DEVELOPMENT
2505 SE 11th Ave Ste 328, Portland, OR 97217
Tel.: (503) 517-2700
E-Mail: sales@cascadewebdev.com
Web Site: www.cascadewebdev.com

Employees: 9
Year Founded: 2001

Agency Specializes In: Advertising, Alternative Advertising, Brand Development & Integration, Branded Entertainment, Business-To-Business, Communications, Consulting, Consumer Goods, Content, Customer Relationship Management, E-Commerce, Electronic Media, Email, Guerilla Marketing, High Technology, Information Technology, Integrated Marketing, Internet/Web Design, Local Marketing, Multimedia, Podcasting,

AGENCIES - JANUARY, 2019 — ADVERTISING AGENCIES

RSS (Really Simple Syndication), Real Estate, Restaurant, Search Engine Optimization, Social Media, Sports Market, Syndication, Technical Advertising, Viral/Buzz/Word of Mouth, Web (Banner Ads, Pop-ups, etc.)

Approx. Annual Billings: $650,000

Breakdown of Gross Billings by Media: Consulting: 10%; E-Commerce: 10%; Internet Adv.: 70%; Sports Mktg.: 10%

Ben McKinley *(Founder & CEO)*
Stephen Brewer *(Dir-Tech)*
Christi McKinley *(Dir-Ops)*

Accounts:
AKT Services; Lake Oswego, OR Professional Services
Papa Murphy's Pizza; Vancouver, WA Franchise

CASEY COMMUNICATIONS, INC.
7710 Carondelet Ave Ste 345, Saint Louis, MO 63105
Tel.: (314) 721-2828
Fax: (314) 721-2717
E-Mail: info@caseycomm.com
Web Site: www.caseycomm.com

Employees: 8
Year Founded: 1983

Agency Specializes In: Advertising, Brand Development & Integration, Broadcast, Collateral, Crisis Communications, Direct Response Marketing, Event Planning & Marketing, Exhibit/Trade Shows, Financial, Government/Political, Internet/Web Design, Market Research, Media Relations, Print, Real Estate

Marie Casey *(Founder & Pres)*
Kenn Entringer *(VP)*
Teresa Schroeder *(Office Mgr & Coord-Project & Special Event)*

Accounts:
Cass Information Systems, Inc.

CASHMAN & KATZ INTEGRATED COMMUNICATIONS
76 Eastern Blvd, Glastonbury, CT 06033
Tel.: (860) 652-0300
Fax: (860) 652-0308
E-Mail: info@cashman-katz.com
Web Site: www.cashman-katz.com

Employees: 29
Year Founded: 1992

Agency Specializes In: Advertising, Advertising Specialties, Affluent Market, African-American Market, Agriculture, Arts, Automotive, Aviation & Aerospace, Below-the-Line, Bilingual Market, Brand Development & Integration, Broadcast, Business Publications, Business-To-Business, Cable T.V., Children's Market, Co-op Advertising, Collateral, College, Communications, Computers & Software, Consulting, Consumer Goods, Consumer Marketing, Consumer Publications, Corporate Communications, Corporate Identity, Crisis Communications, Customer Relationship Management, Digital/Interactive, Direct Response Marketing, Direct-to-Consumer, E-Commerce, Education, Electronic Media, Electronics, Email, Engineering, Entertainment, Environmental, Event Planning & Marketing, Exhibit/Trade Shows, Experience Design, Fashion/Apparel, Financial, Food Service, Government/Political, Graphic Design, Guerilla Marketing, Health Care Services, High Technology, Hispanic Market, Hospitality, Household Goods, Identity Marketing, In-Store Advertising, Industrial, Information Technology, Integrated Marketing, Internet/Web Design, Legal Services, Leisure, Local Marketing, Logo & Package Design, Luxury Products, Magazines, Market Research, Media Buying Services, Media Planning, Media Relations, Media Training, Medical Products, Men's Market, Mobile Marketing, Multicultural, Multimedia, New Product Development, New Technologies, Newspaper, Newspapers & Magazines, Out-of-Home Media, Outdoor, Over-50 Market, Package Design, Pharmaceutical, Planning & Consultation, Point of Purchase, Point of Sale, Print, Production, Production (Ad, Film, Broadcast), Production (Print), Promotions, Public Relations, Publicity/Promotions, Publishing, Radio, Real Estate, Regional, Restaurant, Retail, Sales Promotion, Search Engine Optimization, Seniors' Market, Social Marketing/Nonprofit, Social Media, Sponsorship, Sports Market, Stakeholders, Strategic Planning/Research, T.V., Teen Market, Trade & Consumer Magazines, Transportation, Travel & Tourism, Tween Market, Urban Market, Viral/Buzz/Word of Mouth, Web (Banner Ads, Pop-ups, etc.), Women's Market

Approx. Annual Billings: $54,489,000

Tony Cashman *(Pres & CEO)*
Bill Greer *(Sr VP-Acct & Strategic Plng)*
Amanda Mueller *(Sr VP-PR & Social Media)*
Eric Schweighoffer *(VP & Media Dir)*
Eric Cavoli *(Creative Dir)*
Joni Krasusky *(Dir-Res)*
Chelsea Fortier *(Acct Exec)*
Christine MacDonald *(Media Buyer)*
Kerry Stankiewicz *(Sr Art Dir)*

Accounts:
Berkshire Bank
BIC Corporation (Corporate Communications Agency of Record)
Blum Shapiro
Bridgewater Associates
China Care
Click it or Ticket
Connecticut Association of Realtors
Connecticut Bank & Trust Company
Connecticut Children's Medical Center
Connecticut Department of Banking
Connecticut Department of Economic & Community Development
Connecticut Department of Motor Vehicles
Connecticut Department of Public Health
Connecticut Department of Transportation
Connecticut Lottery Corp.; 2005
Connecticut Natural Gas
Connecticut State Building & Construction Trades Council
Connecticut Tobacco and Health Trust Fund Anti-Smoking Campaign
CT Convention Center
CT Dietetic Association
CT Housing & Finance Authority
CT Science Center
CT Tourism
Foxwoods & MGM Grand at Foxwoods
Gaylord Hospital
Guardian Jet
Hartford Courant
Hoffman Auto Group
Ironworkers of New England
Kiels
Lea's Foundation For Leukemia Research
Mashantucket Pequot Tribal Nation
Mass Mutual
Mercy Hospital
New England Air Museum
Pfizer
Quinnipiac University Athletics
Redefine Christmas
Saint Joseph University
Saint Mary's Hospital
School Nutrition Association of CT
See Something Say Something
Sheet Metal Workers of CT
UConn School of Business
United Illuminating
Wine & Spirit Wholesalers of CT
Yankee Candle
Yankee Institute

CASHMERE AGENCY
12530 Beatrice St, Los Angeles, CA 90066-7002
Tel.: (323) 928-5080
Fax: (310) 695-7362
E-Mail: info@cashmereagency.com
Web Site: www.cashmereagency.com

Employees: 41

Agency Specializes In: Advertising, Graphic Design, Local Marketing, Multicultural, New Product Development, Strategic Planning/Research, Viral/Buzz/Word of Mouth

Ted Chung *(Chm)*
Seung Chung *(Pres)*
Ryan Ford *(Chief Creative Officer & Exec VP)*
Rona Mercado *(Sr VP-Accts)*
William Petersen *(Sr VP-Social)*
Nicholas Adler *(VP-Bus Dev)*
Cameron Crane *(VP-Accts)*
Joey Furutani *(VP)*
Brianne Pins *(VP-PR)*
Kyle Dineen *(Dir-Social Media)*
Jesse Nicely *(Dir-Creative Strategy)*
Josh Canter *(Acct Mgr-Social)*
Josh Harris *(Coord-Creative)*

Accounts:
adidas America Inc. Activations
New- BMW of North America, LLC; 2018
Coca-Cola
Disney
E! Activations
Ea
Jack in the Box Inc. (Social Media Agency of Record); 2018
Midway
MTV
Murs
Snoop Dogg
Uber Eats Activations

CASON NIGHTINGALE CREATIVE COMMUNICATIONS
5021 Theall Rd, Rye, NY 10580
Tel.: (212) 351-3360
Fax: (212) 867-3353
E-Mail: office@cncommunications.com
Web Site: casonnightingale.com/

Employees: 20
Year Founded: 1990

Agency Specializes In: Brand Development & Integration, Corporate Identity, Event Planning & Marketing, Media Buying Services, Media Planning, Package Design, Point of Sale, Production, Strategic Planning/Research, Sweepstakes

William Nightingale *(Chm-Media Strategy)*
Thomas Marchini *(VP & Assoc Creative Dir)*

Accounts:
Ammens
Aziza
Bauli
Magners Irish Cider
Monini Extra Virgin Olive Oil
Sea Breeze
Vitapointe

CASPARI MCCORMICK

ADVERTISING AGENCIES

307 A St 2nd Fl, Wilmington, DE 19801-5345
Tel.: (302) 421-9080
Fax: (302) 421-9079
E-Mail: sean@casparimccormick.com
Web Site: www.casparimccormick.com

Employees: 10
Year Founded: 2001

Agency Specializes In: Advertising

Approx. Annual Billings: $10,000,000

Matt Caspari *(Partner & Creative Dir)*
Sean McCormick *(Partner)*
Joyce McCormick *(Fin Dir)*

Accounts:
Benjamin Franklin Tercentenary
CarSense
Favourites
Historic Germantown; PA
Historic Philadelphia; PA
Iron Hill Brewery & Restaurant
Mystic Aquarium; Mystic, CT
Opera Delaware
Pennsylvania Academy of The Fine Arts
Philadelphia Cultural Academy
Sodexo
Spot Wash Mobile Grooming
Thomas Jefferson University Hospitals

CASTELLS & ASOCIADOS
865 S Figueroa St Ste 1100, Los Angeles, CA 90017-2543
Tel.: (213) 688-7250
Fax: (213) 688-7067
E-Mail: info@adcastells.com
Web Site: www.adcastells.com

E-Mail for Key Personnel:
President: liz@adcastells.com

Employees: 50
Year Founded: 1998

National Agency Associations: AHAA

Agency Specializes In: Above-the-Line, Advertising, Advertising Specialties, Affiliate Marketing, Affluent Market, African-American Market, Agriculture, Arts, Asian Market, Automotive, Below-the-Line, Bilingual Market, Brand Development & Integration, Branded Entertainment, Broadcast, Business-To-Business, Cable T.V., Children's Market, Co-op Advertising, Collateral, College, Communications, Computers & Software, Consulting, Consumer Goods, Consumer Marketing, Consumer Publications, Content, Corporate Communications, Corporate Identity, Cosmetics, Crisis Communications, Customer Relationship Management, Digital/Interactive, Direct Response Marketing, Direct-to-Consumer, E-Commerce, Education, Electronic Media, Electronics, Email, Entertainment, Event Planning & Marketing, Experience Design, Fashion/Apparel, Financial, Food Service, Government/Political, Graphic Design, Guerilla Marketing, Health Care Services, High Technology, Hispanic Market, Household Goods, Identity Marketing, In-Store Advertising, Industrial, Infomercials, Integrated Marketing, International, Internet/Web Design, Leisure, Local Marketing, Logo & Package Design, Magazines, Market Research, Media Buying Services, Media Planning, Media Relations, Media Training, Medical Products, Men's Market, Merchandising, Mobile Marketing, Multicultural, Multimedia, New Product Development, Newspaper, Newspapers & Magazines, Out-of-Home Media, Outdoor, Over-50 Market, Package Design, Pharmaceutical, Planning & Consultation, Point of Purchase, Point of Sale, Print, Production, Production (Ad, Film, Broadcast), Production (Print), Promotions, Public Relations, Publicity/Promotions, RSS (Really Simple Syndication), Radio, Regional, Restaurant, Retail, Sales Promotion, Search Engine Optimization, Seniors' Market, Social Marketing/Nonprofit, Social Media, Sponsorship, Sports Market, Strategic Planning/Research, Sweepstakes, T.V., Technical Advertising, Teen Market, Telemarketing, Trade & Consumer Magazines, Transportation, Travel & Tourism, Tween Market, Urban Market, Viral/Buzz/Word of Mouth, Web (Banner Ads, Pop-ups, etc.), Women's Market

Castells is the Hispanic marketing agency for ROI-powered ideas and business integration, as the architects of Transculturation & trade, guiding clients to ethnic success with analytics, segmentation, brand and sales-building creative and every-platform activation. Led by dynamic President and Stanford MBA Liz Castells, we're a full-service, fully-integrated team with a mix of General market, client-side and Hispanic experience. Our mission is to drive client profit integrating Hispanic into all the P's with Hispanic thought leadership, consistent innovation, metrics and cultural know-how, by leveraging commonalities and unique needs in a collaborative spirit. Castells is about brains, heart and grit.

Approx. Annual Billings: $71,500,000

Liz Castells-Heard *(Pres & CEO)*
Malu Santamaria *(Partner & Acct Dir)*
Terry Sullivan *(CFO & COO)*
Marielise Nascimento-Colavin *(VP & Dir-Media & Integrated Svcs)*
Sandra Sanchez *(Acct Exec)*

Accounts:
Azteca America; 2013
Cox Communications; 2014
Dole/Tropicana; Chicago, IL Dole Juices; 2009
First 5 California; 2008
Junta Hispana; 2011
The LAGRANT Foundation; 2005
Mcdonald's Baltimore/Washington Region; 2013
McDonald's Corporation ; 1998
McDonald's Pacific Northwest Medford, Portland, Seattle, Southeast Idaho, Spokane, Yakima/Tri-Cities; 2003
McDonald's Southern California Bakersfield, Los Angeles, Palm Springs, San Diego; 1998
Puma North America; 2014
The Safeway Companies; Pleasanton, CA Pavilions, Randalls, Safeway, Tom Thumb, Vons; 1999
San Diego Toyota Dealer Association; 1998
Tequila Allende; 2012
Toyota Dealer Association Southern California; 1998

CASTLE COMMUNICATIONS
2377 Gold Meadow Way, Gold River, CA 95670
Tel.: (916) 635-2728
Fax: (916) 635-5043
Web Site: www.castlecommunications.net

Employees: 1

Agency Specializes In: Advertising, Event Planning & Marketing, Public Relations

Stacey Castle *(Pres)*

Accounts:
Central Valley New Car Dealers Association
International Auto Show Sacramento
International Sportsmens Exposition
Mercedes-Benz of Sacramento
Roseville Square
Sacramento Autorama

CATALPHA ADVERTISING & DESIGN
6801 Loch Raven Blvd, Towson, MD 21286
Tel.: (410) 337-0066
Fax: (410) 296-2297
E-Mail: info@catalpha.com
Web Site: www.catalpha.com

Employees: 6
Year Founded: 1986

National Agency Associations: Second Wind Limited

Agency Specializes In: Advertising, Brand Development & Integration, Business-To-Business, Catalogs, Collateral, Consulting, Consumer Goods, Consumer Marketing, Corporate Identity, Customer Relationship Management, Direct Response Marketing, Direct-to-Consumer, E-Commerce, Graphic Design, Household Goods, In-Store Advertising, Internet/Web Design, Local Marketing, Logo & Package Design, Merchandising, New Product Development, Package Design, Pets , Point of Purchase, Point of Sale, Production, Production (Print), Search Engine Optimization, Technical Advertising, Trade & Consumer Magazines, Web (Banner Ads, Pop-ups, etc.)

Approx. Annual Billings: $850,000

Breakdown of Gross Billings by Media: Collateral: $200,000; Consulting: $100,000; E-Commerce: $150,000; Logo & Package Design: $250,000; Point of Purchase: $150,000

Don Keller *(Owner)*
Karen Kerski *(Owner)*

Accounts:
Black & Decker Home Products, Outdoor Tools, Power Tools
Cosmic Cat Cat Toys, Cat Treats, Catnip
Franke USA

CATALYST
275 Promenade St Ste 275, Providence, RI 02908
Tel.: (401) 732-1886
Fax: (401) 732-5528
E-Mail: bodell@catalystb2b.com
Web Site: www.catalystb2b.com

Employees: 20

Brian Odell *(Owner)*
Tom Hamlin *(VP-Acct Svc)*
Patty Gauthier *(Dir-Creative Svcs)*

CATALYST ADVERTISING
10 Bedford Square, Pittsburgh, PA 15203
Tel.: (412) 381-1100
Fax: (412) 381-0900
Web Site: www.catalystadvertising.com

Employees: 10
Year Founded: 2009

Agency Specializes In: Advertising, Brand Development & Integration, Collateral, Internet/Web Design, Logo & Package Design, Media Relations, Promotions, Public Relations

James Stupar *(Owner)*

AGENCIES - JANUARY, 2019

ADVERTISING AGENCIES

Accounts:
Kerotest Manufacturing Corp.
Lasik

CATALYST MARKETING COMMUNICATIONS INC.
2777 Summer St Ste 301, Stamford, CT 06905
Tel.: (203) 348-7541
Fax: (203) 348-5688
E-Mail: info@catalystmc.com
Web Site: www.catalystmc.com

E-Mail for Key Personnel:
President: cwintrub@catalystmc.com
Production Mgr.: gpry@catalystmc.com

Employees: 7
Year Founded: 1994

Agency Specializes In: Advertising, Agriculture, Business Publications, Business-To-Business, Catalogs, Co-op Advertising, Collateral, Communications, Content, Corporate Communications, Corporate Identity, Direct Response Marketing, Engineering, Exhibit/Trade Shows, Graphic Design, Health Care Services, High Technology, Industrial, Integrated Marketing, Internet/Web Design, Local Marketing, Magazines, Media Buying Services, Media Planning, Media Relations, Out-of-Home Media, Outdoor, Point of Purchase, Print, Production, Production (Print), Public Relations, Publicity/Promotions, Strategic Planning/Research, Technical Advertising, Trade & Consumer Magazines

Charles Wintrub *(Chm)*
Melissa LoParco *(VP & Dir-PR)*
Samantha Manz *(Acct Exec)*

Accounts:
The Bilco Company; West Haven, CT Building Products, PermEntry; 1999
Cultec, Inc.; Brookfield, CT Plastic Stormwater & Septic Chambers; 2005
Erland Construction Public Relations, Summer House; 2014
LaMar Lighting Company, Inc Public Relations; 2014
Stamford Health System; Stamford, CT Health Care Services; 1999
TUV Rheinland of North America; Newton, CT Standards Testing & Certification; 2006

CATALYST MARKETING COMPANY
1466 Van Ness Ave, Fresno, CA 93721
Tel.: (559) 252-2500
Fax: (559) 252-0737
E-Mail: info@teamcatalyst.com
Web Site: www.teamcatalyst.com/

E-Mail for Key Personnel:
President: mt@teamcatalyst.com
Media Dir.: lsommers@teamcatalyst.com

Employees: 34
Year Founded: 1969

Agency Specializes In: Advertising, Advertising Specialties, Agriculture, Arts, Asian Market, Automotive, Bilingual Market, Brand Development & Integration, Branded Entertainment, Broadcast, Business Publications, Business-To-Business, Cable T.V., Catalogs, Collateral, College, Commercial Photography, Communications, Computers & Software, Consulting, Consumer Goods, Consumer Marketing, Consumer Publications, Content, Corporate Identity, Cosmetics, Crisis Communications, Custom Publishing, Digital/Interactive, Direct Response Marketing, Direct-to-Consumer, E-Commerce, Education, Electronic Media, Email, Entertainment, Environmental, Event Planning & Marketing, Exhibit/Trade Shows, Fashion/Apparel, Financial, Food Service, Government/Political, Graphic Design, Health Care Services, High Technology, Hispanic Market, Hospitality, Household Goods, In-Store Advertising, Industrial, Integrated Marketing, Internet/Web Design, Leisure, Local Marketing, Logo & Package Design, Luxury Products, Magazines, Market Research, Media Buying Services, Media Planning, Media Relations, Media Training, Medical Products, Merchandising, Mobile Marketing, Multicultural, Multimedia, New Product Development, New Technologies, Newspaper, Newspapers & Magazines, Out-of-Home Media, Outdoor, Over-50 Market, Package Design, Paid Searches, Pharmaceutical, Planning & Consultation, Point of Purchase, Point of Sale, Print, Product Placement, Production, Production (Print), Promotions, Public Relations, Publicity/Promotions, RSS (Really Simple Syndication), Radio, Real Estate, Recruitment, Regional, Restaurant, Retail, Sales Promotion, Search Engine Optimization, Seniors' Market, Social Marketing/Nonprofit, Sponsorship, Sports Market, Strategic Planning/Research, Syndication, T.V., Technical Advertising, Telemarketing, Trade & Consumer Magazines, Transportation, Travel & Tourism, Viral/Buzz/Word of Mouth, Yellow Pages Advertising

Approx. Annual Billings: $22,072,000

Breakdown of Gross Billings by Media:
Audio/Visual: $600,000; Collateral: $1,700,000; D.M.: $100,000; Fees: $900,000; Internet Adv.: $100,000; Newsp.: $3,200,000; Outdoor: $554,000; Radio: $4,132,000; T.V.: $10,768,000; Trade & Consumer Mags.: $18,000

Robin Emiliani *(Founder & Partner)*
Mark Astone *(CEO)*
Vikki Pass *(Media Dir)*
Monica Arnaldo *(Media Planner & Media Buyer)*
Andrea Salvio *(Media Planner & Media Buyer)*
Michele Raffanello *(Sr Media Planner & Buyer)*
Stephanie Stoven *(Sr Media Planner & Buyer)*

Accounts:
American Pistachio Growers; Fresno, CA Association Materials & Events; 2010
Black Oak Casino; Tuolumne, CA Indian Gaming; 2001
Fresno County Workforce Investment Board
Gusmer Beer & Wine Products; Fresno, CA; 2007
Ironstone Vinyards; Murphys, CA Entertainment; 2012
Monterey Ag Resources
Quail Lakes; Fresno, CA New Homes; 1995
Tulare County Human Resources Development; Visalia, CA (Recruitment); 2002
Valley CAN; Fresno, CA Community Coalition; 2007
Yosemite Mariposa County Tourism Bureau; Mariposa, CA Destination Marketing; 2007

CATALYST MARKETING DESIGN
624 W Wayne St, Fort Wayne, IN 46802
Tel.: (260) 422-4888
Fax: (260) 422-8833
E-Mail: info@catalystsite.com
Web Site: www.catalystgetsit.com

Employees: 18
Year Founded: 1997

Agency Specializes In: Advertising, Brand Development & Integration, Food Service, Integrated Marketing, Medical Products, Technical Advertising

Ted Kucinsky *(Pres & Chief Creative Officer)*
Connie Hunt *(Controller)*
Jeff Anderson *(Creative Dir)*

Accounts:
Allen County Economic Development Alliance Strategic Marketing
Beach Beverages, Inc; Dallas, TX Digital Development, Promotion, Sale Packaging, Social Media
Da-Lite Screen Company Inc (Agency of Record)
Kerrie Corporation
Midwest Bottling Company
Tyson Deli

CATALYST S+F
550 Montgomery St. Ste 750, San Francisco, CA 94111
Tel.: (415) 483-2494
E-Mail: info@catalystsf.com
Web Site: www.catalystsf.com

Employees: 18

Agency Specializes In: Advertising, Consulting, Corporate Identity, Digital/Interactive, Internet/Web Design, Market Research, Media Planning, Strategic Planning/Research

John Durham *(CEO & Mng Gen Partner)*
Robert Ferguson *(VP-Strategy)*
Oliver Bloom *(Strategist-Brand)*

Accounts:
AccuQuote
Adconion
AdPassage
BBA
Betawave
Del Monte Foods; San Francisco, CA
Gigya
Gorilla Nation
Uber

CATALYST, SCIENCE + SOUL
110 Marina Dr, Rochester, NY 14626
Tel.: (585) 453-8300
Toll Free: (877) AURAGEN
E-Mail: info@catalystinc.com
Web Site: www.catalystinc.com

Employees: 48
Year Founded: 1995

National Agency Associations: DMA

Agency Specializes In: Advertising, Advertising Specialties, Automotive, Business-To-Business, Cable T.V., Collateral, Commercial Photography, Consulting, Consumer Marketing, Digital/Interactive, Direct Response Marketing, E-Commerce, Electronic Media, Financial, Health Care Services, High Technology, Information Technology, Internet/Web Design, Medical Products, Pharmaceutical, Point of Sale, Radio, Sponsorship, Strategic Planning/Research, T.V., Telemarketing

Approx. Annual Billings: $36,000,000

Breakdown of Gross Billings by Media: D.M.: 100%

Jeff Cleary *(Owner & Mng Dir)*
Michael Osborn *(Mng Dir)*
Ken Fitzgerald *(Exec Creative Dir)*
Dan Beca *(Dir-Mktg Tech)*
Cindy West *(Dir-Print Production)*

Accounts:
AAA
ACI Worldwide
AMC Theatres
American Family Insurance
CITI
Eastman Kodak Company; Rochester, NY Film & Photography; 1996

ADVERTISING AGENCIES

Embrace Home Loans
First Niagara Bank
GE Money
Heraeus Kulzer
Home Properties
HSBC
Kodak Alaris Inc
The Kroger Company
M&T Bank
Oreck
Pacagon
Pitney Bowes
Preferred Mutual Insurance Company
Presstek
Rise Broadband
Sage Software
SFN Group, Inc.
Thermo Scientific
TTI Floor Care North America
United Way
University of Rochester
Valvoline
Wegman's
Xeikon

CATAPULT MARKETING
10 WestPOrt Rd Ste 200, Wilton, CT 06897
Tel.: (203) 682-4000
Fax: (203) 682-4097
E-Mail: info@catapultmarketing.com
Web Site: www.catapultmarketing.com

Employees: 150

Agency Specializes In: Advertising, Below-the-Line, Co-op Advertising, Collateral, Communications, Consumer Goods, Consumer Marketing, Consumer Publications, Corporate Communications, Customer Relationship Management, Digital/Interactive, Direct-to-Consumer, E-Commerce, Email, Household Goods, In-Store Advertising, Integrated Marketing, Internet/Web Design, Local Marketing, Market Research, Multimedia, Newspapers & Magazines, Pets , Point of Purchase, Point of Sale, Promotions, RSS (Really Simple Syndication), Radio, Regional, Restaurant, Retail, Sales Promotion, Sponsorship, Sweepstakes

Approx. Annual Billings: $25,000,000

Breakdown of Gross Billings by Media: In-Store Adv.: 20%; Internet Adv.: 20%; Point of Purchase: 20%; Strategic Planning/Research: 40%

Paul Kramer *(CEO)*
Dave Fiore *(Chief Creative Officer)*
Brian Cohen *(Exec VP, Head-Digital Integration & Sr Grp Dir)*
Margaret Lewis *(Exec VP)*
Steve Abdo *(Sr VP-Client Svcs)*
Scott Caldwell *(Sr VP-Client Svcs)*
Patricia Kinkead *(VP & Grp Acct Dir)*
Katya Murray *(VP & Acct Dir)*
Jeff Compo *(VP)*
Matt de Pratter *(VP-Digital Shopper Mktg)*
Melissa Kell *(VP)*
Sara Erwin *(Art Dir)*
Susan Lekanides *(Producer-Brdcst)*
Matt Snow *(Acct Dir)*
Alisa Coddington *(Mgr-Strategy & Insights)*
Hallie Fowles *(Acct Supvr)*
Marcus Headlam *(Acct Supvr)*
Jaimie Burk *(Sr Acct Exec)*
Travis Caravan *(Sr Art Dir)*
Seth White *(Sr Art Dir)*

Accounts:
Ahold
Clorox Company
Frontier Communications Creative
Kraft Foods
Mars Petcare
Subway; Milford, CT Restaurants; 2003
Uncle Ben's
Wrigley Skittles

CATAPULTWORKS
(Acquired by R2integrated)

CATCH-22 CREATIVE INC
700 W Virginia St Ste 307, Milwaukee, WI 53204
Tel.: (262) 898-7991
E-Mail: info@catch22creative.com
Web Site: www.catch22creative.com

Employees: 5

Agency Specializes In: Advertising, Brand Development & Integration, Collateral, Package Design

Nikki Wagner *(Partner & Dir-Agency)*
Don Schauf *(Principal)*

Accounts:
InSinkErator

CATCH 24 ADVERTISING & DESIGN
132 W 31st St, New York, NY 10001
Tel.: (646) 230-8013
E-Mail: info@catch24design.com
Web Site: catch24design.com

Employees: 14

Agency Specializes In: Advertising, Brand Development & Integration, Digital/Interactive, Package Design, Print, Sponsorship

Bill Goodspeed *(Founder)*

Accounts:
Blat Vodka

CATCH NEW YORK
15 E 32nd St 4th Fl, New York, NY 10016
Tel.: (212) 715-8700
Fax: (646) 230-8011
Web Site: www.catch-nyc.com

Employees: 35

Agency Specializes In: Advertising, Communications, Digital/Interactive, Integrated Marketing, Media Planning

Arie Kovant *(Mng Partner)*
Jason Dorin *(Partner & Mng Dir)*
Douglas Spitzer *(Partner & Chief Creative Officer)*

Accounts:
AARP Media
And1 Branding, Creative, Digital, Marketing, Media Planning & Buying, Media Strategy
Carlyle Group
College Ave Student Loans
Curacao Tourist Board Digital, Media, Out-of-Home, Social
Eau Palm Beach Resort & Spa (Media & Digital Agency of Record) Branding, Global Reputation, Media Strategy, Websites; 2018
Hewlett Packard Enterprise
John Guest UK
Loews Hotels Campaign: "TravelForReal", Communications, Digital, Media, OOH, Print
Lufthansa Travel Agent
Marchon Eyewear, Inc
Michelle Obama
NBA
The New York Genome Center Marketing
New York Yankees Online Baseball Information Provider
Nike, Inc
ofo (US Agency of Record) Brand Message, Creative, Event Support, Global Branding, Guerilla Media, Research & Development, Website; 2018
Rally Bus Digital, Mobile, Website
United Healthcare
Zeiss Optics

CATCHFIRE
708 N 1st St Ste 131, Minneapolis, MN 55401
Tel.: (612) 455-8000
Web Site: www.catchfire.com

Employees: 18
Year Founded: 2007

Agency Specializes In: Advertising, Content, Event Planning & Marketing, Logo & Package Design, Media Planning, Out-of-Home Media, Outdoor, Promotions, Radio

Jason Mihalakis *(Pres)*
Brian Stacy *(Art Dir)*
Danee Fleckenstein *(Acct Mgr)*
Jessica Schmelzer *(Assoc Creative Dir)*

Accounts:
Nature Valley

CATMEDIA
3776 LaVista Rd Ste 200, Tucker, GA 30084
Tel.: (404) 315-9700
E-Mail: info@catmedia.com
Web Site: catmedia.com

Employees: 50
Year Founded: 1997

Agency Specializes In: Advertising, Brand Development & Integration, Commercial Photography, Communications, Event Planning & Marketing, Graphic Design, Internet/Web Design, Production, Search Engine Optimization, Social Media

Catherine Downey *(Founder, CEO & Creative Dir)*
Scott Dixon *(Pres)*
Ronetta L. Andrus *(Dir-Bus Affairs & Ops)*
Amy Ferzoco *(Dir-Creative Svcs)*
Jeff Mason *(Dir-New Bus Dev & Client Svcs)*
Jamie Willoughby *(Sr Mgr-Capture & Proposal)*
Joi Gibbs *(Mgr-Digital Mktg)*
Jeannette Warren *(Acct Exec & Specialist-Mktg)*

Accounts:
New-Centers for Disease Control & Prevention
New-Federal Aviation Administration
New-U.S. Department of Veterans Affairs
New-U.S. Office of Personnel Management
New-Vermont Air National Guard

THE CAUSEWAY AGENCY
21 Charles St Ste 201, Westport, CT 06880
Tel.: (203) 454-2100
Fax: (203) 341-8553
Web Site: www.thecausewayagency.com

Employees: 7
Year Founded: 2008

Agency Specializes In: Advertising, Social Media, Strategic Planning/Research

Lisa Oppenheim *(Chm)*
Robert Schultz *(Pres)*

Accounts:
National Crime Prevention Council

AGENCIES - JANUARY, 2019   ADVERTISING AGENCIES

CAVALRY AGENCY
233 N Michigan Ave, Chicago, IL 60601
Tel.: (312) 846-4500
E-Mail: contact@cavalryagency.com
Web Site: www.cavalryagency.com

Employees: 21

Agency Specializes In: Above-the-Line, Advertising, Alternative Advertising, Broadcast, Cable T.V., Consumer Publications, Digital/Interactive, Electronic Media, Email, Guerilla Marketing, In-Store Advertising, Magazines, Media Planning, Mobile Marketing, Multimedia, Newspaper, Newspapers & Magazines, Out-of-Home Media, Outdoor, Paid Searches, Print, Production, Production (Print), RSS (Really Simple Syndication), Radio, Social Media, Sponsorship, T.V., Trade & Consumer Magazines, Viral/Buzz/Word of Mouth, Web (Banner Ads, Pop-ups, etc.)

Leyla Touma Dailey *(Chief Creative Officer)*
Jennifer Gerwen *(VP & Mgmt Dir)*
Tony Pawela *(VP & Grp Creative Dir)*
Joanna Hussey *(Acct Dir)*
Megan Steidl *(Creative Dir)*
David Farley *(Acct Exec)*
Mark Fulara *(Assoc Creative Dir & Writer)*

Accounts:
American Freedom Foundation
Constellation Brands Corona, Refresca
PepsiCo
R.J. Reynolds Advertising
Third Shift
Tyson Foods Ball Park

THE CAVALRY COMPANY
15504 Adagio Ct, Los Angeles, CA 90077
Tel.: (310) 266-3530
Fax: (310) 472-1429
E-Mail: ken@cavalryco.com
Web Site: www.cavalryco.com

Employees: 10
Year Founded: 2002

Agency Specializes In: Print, Radio, T.V.

Kenneth Gal *(Pres & CEO)*
Jennifer Gerwen *(VP & Mgmt Dir)*

Accounts:
Baja Fresh
Dynasti

CAYENNE CREATIVE
2931 2Nd Ave S, Birmingham, AL 35233
Tel.: (205) 322-4422
Fax: (205) 322-4452
E-Mail: info@cayennecreative.com
Web Site: www.cayennecreative.com

Employees: 12
Year Founded: 2004

Agency Specializes In: Above-the-Line, Advertising, Affiliate Marketing, Alternative Advertising, Below-the-Line, Brand Development & Integration, Broadcast, Business Publications, Cable T.V., Catalogs, Collateral, College, Communications, Consulting, Consumer Goods, Consumer Marketing, Consumer Publications, Corporate Communications, Corporate Identity, Electronic Media, Email, Engineering, Environmental, Exhibit/Trade Shows, Graphic Design, Guerilla Marketing, Health Care Services, Industrial, Integrated Marketing, Internet/Web Design, Investor Relations, Leisure, Local Marketing, Logo & Package Design, Media Buying Services, Media Planning, Newspaper, Newspapers & Magazines, Out-of-Home Media, Outdoor, Over-50 Market, Package Design, Print, Production, Production (Ad, Film, Broadcast), Radio, Real Estate, Recruitment, Regional, Retail, Social Marketing/Nonprofit, Social Media, Sponsorship, Strategic Planning/Research, T.V., Technical Advertising, Trade & Consumer Magazines, Viral/Buzz/Word of Mouth, Web (Banner Ads, Pop-ups, etc.), Women's Market

Approx. Annual Billings: $3,000,000

Breakdown of Gross Billings by Media: Other: 15%; Outdoor: 10%; Print: 20%; Production: 25%; Radio: 30%

Sam Burn *(Principal-Strategy)*
Chris Ryan Baker *(Art Dir)*
Andy Odum *(Creative Dir)*
Sam Brasseale *(Dir-Interactive)*
Morgan Sawyer *(Production Mgr)*
Stacey Fell *(Mgr-Workflow)*
Zach Searcy *(Mgr-Digital Community)*
Mary Frances Somerall *(Acct Supvr)*
Kinsley Foster *(Acct Exec)*
Clara Cid *(Media Planner & Buyer-Digital)*
Dana Vague *(Sr Art Dir & Designer)*

Accounts:
Alagasco; Birmingham, AL; 2009
Bayer Properties; Birmingham, AL; 2004
Birmingham Education Foundation
Oakworth Capital Bank; Birmingham, AL; 2008
Tandus; Dalton, GA; 2007
UAB Nursing; 2004

CBC ADVERTISING
56 Indsutrial Pk Rd Ste 103, Saco, ME 04072
Tel.: (800) 222-2682
Web Site: www.cbcads.com

Employees: 25

Agency Specializes In: Advertising, Digital/Interactive, Graphic Design, Internet/Web Design, Media Buying Services, Print, Radio, Search Engine Optimization, Social Media, T.V.

Barry Ray Morgan *(Pres)*
Frank Drigotas *(Partner)*
Amy Wheeler *(Media Dir)*
Matt Hayward *(Dir-Brand & Bus Dev)*
Greg Johnson *(Sr Acct Exec)*
Bill Park *(Sr Acct Exec)*
Brian Watkinson *(Sr Acct Exec)*
Joseph Schena *(Acct Exec)*
Dana Snyder *(Acct Exec)*
Katie Pierce *(Media Buyer)*
Meredith Hay *(Asst-Media)*

Accounts:
Chevrolet of Ozark
Formula Nissan
Gilland Ford
Kayser Nissan
Taylor Kia of Boardman (Full-Service Agency of Record) Digital, Marketing

CCG MARKETING SOLUTIONS
14 Henderson Dr, West Caldwell, NJ 07006-6608
Tel.: (973) 808-0009
Fax: (973) 808-9740
Toll Free: (866) 902-2807
E-Mail: info@corpcomm.com
Web Site: home.corpcomm.com/

Employees: 150
Year Founded: 1964

Agency Specializes In: Advertising, Automotive, Brand Development & Integration, Broadcast, Business Publications, Business-To-Business, Cable T.V., Children's Market, Co-op Advertising, Collateral, Communications, Consumer Goods, Consumer Marketing, Consumer Publications, Corporate Communications, Corporate Identity, Cosmetics, Direct Response Marketing, Education, Entertainment, Event Planning & Marketing, Exhibit/Trade Shows, Financial, Graphic Design, Health Care Services, High Technology, Industrial, Integrated Marketing, Internet/Web Design, Investor Relations, Leisure, Local Marketing, Logo & Package Design, Magazines, Marine, Media Buying Services, Media Planning, Medical Products, Mobile Marketing, Multimedia, Newspaper, Newspapers & Magazines, Out-of-Home Media, Outdoor, Package Design, Pharmaceutical, Planning & Consultation, Point of Purchase, Point of Sale, Print, Production, Production (Print), Promotions, Public Relations, Publicity/Promotions, Radio, Real Estate, Recruitment, Retail, Sales Promotion, Search Engine Optimization, Seniors' Market, Social Marketing/Nonprofit, Sports Market, Strategic Planning/Research, Sweepstakes, T.V., Technical Advertising, Teen Market, Telemarketing, Trade & Consumer Magazines, Transportation, Travel & Tourism, Web (Banner Ads, Pop-ups, etc.)

Approx. Annual Billings: $94,010,000 (Capitalized)

Breakdown of Gross Billings by Media: Brdcst.: 5%; Bus. Publs.: 2%; Cable T.V.: 2%; Collateral: 10%; D.M.: 30%; Fees: 2%; Graphic Design: 3%; Newsp. & Mags.: 15%; Outdoor: 2%; Point of Purchase: 5%; Point of Sale: 1%; Print: 5%; Production: 1%; Promos.: 2%; Sls. Promo.: 3%; T.V.: 5%; Trade & Consumer Mags.: 5%; Transit: 2%

Jeff Lawshe *(Sr VP & Gen Mgr)*
Toni Koenig *(VP-Strategic Initiatives & Client Dev)*
Rick Walsh *(VP)*
Lori Musilli *(Client Svcs Dir)*

Accounts:
Beiersdorf Inc.
BMW

CCM MARKETING COMMUNICATIONS
11 E 47th St Fl 3, New York, NY 10017-7916
Tel.: (212) 689-8225
Fax: (212) 889-7388
E-Mail: inquire@ccmthinkimpact.com
Web Site: ccmthinkimpact.com/

Employees: 18
Year Founded: 1978

National Agency Associations: DMA-PMA

Agency Specializes In: Advertising, Brand Development & Integration, Business-To-Business, Children's Market, Communications, Consulting, Consumer Marketing, Consumer Publications, Cosmetics, Digital/Interactive, Direct Response Marketing, Education, Electronic Media, Event Planning & Marketing, Financial, Graphic Design, Health Care Services, Logo & Package Design, Merchandising, Planning & Consultation, Point of Purchase, Point of Sale, Print, Publicity/Promotions, Radio, Restaurant, Retail, Sales Promotion, Sports Market, Strategic Planning/Research, Sweepstakes, Teen Market, Travel & Tourism

Approx. Annual Billings: $7,000,000

Breakdown of Gross Billings by Media: Collateral: $2,100,000; D.M.: $2,100,000; Event Mktg.: $700,000; Mags.: $700,000; Newsp.: $700,000; Radio: $700,000

Michael Chadwick *(Pres)*
Steve Polachi *(Partner)*

ADVERTISING AGENCIES

Accounts:
American Beverage Company; Verona, PA Wine & Spirits; 2000
New York Marriott; New York, NY Hospitality; 2001
Panos Brands
Sazerac; New Orleans, LA Wines & Spirits; 2001
St. Francis Hospital; Roslyn, NY Health Care; 2000
Sunburst Properties; Allentown, PA Real Estate; 1995

CD&M COMMUNICATIONS
48 Free St, Portland, ME 04101
Tel.: (207) 774-7528
Fax: (207) 772-3788
E-Mail: info@cdmc.com
Web Site: www.cdmc.com/

Employees: 20
Year Founded: 1978

Agency Specializes In: Brand Development & Integration, Broadcast, Business-To-Business, Collateral, Communications, Consumer Marketing, Corporate Identity, Direct Response Marketing, Education, Entertainment, Environmental, Event Planning & Marketing, Financial, Food Service, Government/Political, Graphic Design, Health Care Services, High Technology, Internet/Web Design, Legal Services, Leisure, Logo & Package Design, Media Buying Services, Medical Products, Merchandising, New Product Development, Out-of-Home Media, Point of Purchase, Point of Sale, Print, Production, Public Relations, Radio, Real Estate, Recruitment, Retail, Seniors' Market, Sports Market, Strategic Planning/Research, T.V., Transportation, Travel & Tourism

Bob Cott *(Pres)*
Duncan Stout *(Pres)*
Ken Krauss *(Partner & Creative Dir)*
Linda Wagner Jones *(Controller)*
Linda Spring *(Sr Dir-Art)*
Michelle McNickle *(Acct Dir)*
Leah Sommer *(Media Dir)*
Mike Yoder *(Creative Dir)*
Julie Reynolds *(Mgr-Mktg Ops & Production)*
Sayre English *(Acct Exec)*
David Page *(Acct Exec)*
Deb Roy *(Designer-Production)*

Accounts:
American Lung Association of New England
The Baker Company
DiMillo's Floating Restaurant
New England Coffee
Rynel, Inc. & Grow-Tech, Inc.
Shipyard Brewing Company
York Spiral Stairs

CDHM ADVERTISING
1100 Summer St 1st Fl, Stamford, CT 06905
Tel.: (203) 967-7200
Fax: (203) 967-2620
E-Mail: sumple@cdhm.com
Web Site: www.cdhm.com

E-Mail for Key Personnel:
Creative Dir.: walker@cdhm.com
Media Dir.: sumple@cdhm.com
Production Mgr.: walker@cdhm.com

Employees: 15
Year Founded: 1964

National Agency Associations: 4A's-ABC-BPA

Agency Specializes In: Brand Development & Integration, Broadcast, Business Publications, Business-To-Business, Cable T.V., Collateral, Communications, Consulting, Consumer Marketing, Consumer Publications, Corporate Identity, Direct Response Marketing, E-Commerce, Education, Electronic Media, Financial, Food Service, Graphic Design, Health Care Services, High Technology, Internet/Web Design, Magazines, Media Buying Services, Medical Products, Newspaper, Newspapers & Magazines, Out-of-Home Media, Outdoor, Pharmaceutical, Point of Purchase, Point of Sale, Print, Production, Public Relations, Radio, Retail, Sales Promotion, Strategic Planning/Research, Sweepstakes, T.V., Technical Advertising, Trade & Consumer Magazines, Travel & Tourism, Yellow Pages Advertising

Approx. Annual Billings: $10,000,000

Breakdown of Gross Billings by Media: Bus. Publs.: 5%; D.M.: 5%; Mags.: 10%; Newsp.: 20%; Outdoor: 10%; Point of Purchase: 20%; Radio: 10%; T.V.: 20%

Gary Sumple *(Mng Partner)*
John Walker *(Mng Partner)*
Maria Basile *(Art Dir)*
Kali Pulkkinen *(Sr Mgr-Acct & Media)*

Accounts:
Fairfield University
Wal-Mart Digital Photo Centers

CDK DIGITAL MARKETING
(See Under CDK Global, LLC)

CDK GLOBAL, LLC
(Formerly CDK Digital Marketing)
1950 Hassell Rd, Hoffman Estates, IL 60169
Toll Free: (888) 672-2140
E-Mail: prmarketing@cdk.com
Web Site: www.cdkglobal.com/

Employees: 6,493

Agency Specializes In: Advertising, Digital/Interactive

Steven Anenen *(Pres & CEO)*
Joseph A. Tautges *(CFO & Exec VP)*
Ayana Jordan *(Reg Dir-Digital)*

Accounts:
Antelope Valley Volkswagen Car Dealers
Jerry Seiner Dealer Group Car Dealers
Paddock Chevrolet Car Dealers
Rohrich Lexus Car Dealers

THE CDM GROUP
200 Varick St 2nd Fl, New York, NY 10014
Tel.: (212) 907-4300
Fax: (212) 557-7240
Web Site: http://www.cdmagencies.com/

Employees: 950
Year Founded: 1984

National Agency Associations: 4A's

Agency Specializes In: Health Care Services, Medical Products, Pharmaceutical, Sponsorship

Eric Berkeley *(Mng Partner & Exec Dir-Intl)*
Chris Palmer *(Pres-New York)*
Divya Dileep *(Sr VP & Creative Dir)*
Brandon Swift *(VP & Mgr-Analytics)*
Megan Swift *(VP & Acct Grp Supvr)*
Dan Sorine *(VP & Acct Supvr)*
Debra Polkes *(Assoc Partner & Creative Dir)*
Christopher Fiocco *(Dir-Acct Plng)*
Coleen Heaver *(Sr Art Dir)*

Accounts:
Abbott
Amgen ABU Franchise, AMG 162, Anemia Counts, Aranesp CRI, Aranesp HCV, Denosumab, Epogen, Sensipar/Mimpara
Bayer Healthcare Bayer Healthcare Animal Health, Bayer Healthcare Consumer Care, Bayer Healthcare Medical Care, Bayer Schering Pharma, Consumer Communications, Digital, Global Marketing Services, Medical Education, Professional Communications, Public Relations
Bristol-Myers Squibb Abilify, Creative
Genentech Genentech Value Based Healthcare, Lucentis, NHL, Raptiva, Rituxan
Genentech/Novartis Xolair
Genomic Health
GlaxoSmithKline
Merck Serono
Novartis Elidel, Indacaterol, TOBI
NovoNordisk Activella, FlexPen, Levemir, Norditropin, NovoLog, NovoLog Mix 70/30, NovoSeven, Vagifem
PhRMA Partnership for Prescription Assistance
Schering-Plough Asmanex
Schering-Plough/Novartis MFF
Shire
Valeant Viramidine

Branches

CDM West
12555 W Jefferson Blvd, Los Angeles, CA 90066
Tel.: (310) 437-2700
Fax: (310) 444-7041
Web Site: http://www.cdmagencies.com/

Employees: 20
Year Founded: 2003

Christopher Palmer *(Pres-New York)*
Eric Romoli *(Pres-Arsenal)*

Accounts:
Amgen; Thousand Oaks, CA Aranesp HCV, Aranesp US CRI

Patients & Purpose
(Formerly CDMiConnect)
200 Varick St Fl 4, New York, NY 10014
Tel.: (212) 798-4400
Fax: (212) 209-7088
Web Site: https://www.patientsandpurpose.com/

Employees: 130
Year Founded: 2000

National Agency Associations: 4A's

Agency Specializes In: Business-To-Business, Consumer Marketing, Digital/Interactive, Direct Response Marketing, Health Care Services, Sponsorship

Eliot Tyler *(Pres)*
Dina Peck *(Mng Partner & Exec Creative Dir)*
Deborah Deaver *(Mng Partner-CDMiConnect)*
Michele Monteforte *(Exec VP-Creative)*
Jennifer Ohlberg *(VP & Grp Acct Dir)*
Jeannine Ross *(VP & Grp Acct Dir)*
Joanna Hass *(VP & Acct Dir)*
Elizabeth Hess *(VP & Acct Dir)*
Shannon Krall *(VP & Acct Dir)*
Sloane Markman *(VP & Acct Dir)*
Danielle Groves *(VP & Supvr-Copy)*
Sherri Savad *(VP & Planner-Strategic Brand)*
Maria Colicchio *(VP & Grp Acct Supvr)*
Guy Desimini *(VP & Assoc Creative Dir)*
Tom Galati *(Assoc Partner & Creative Dir)*
Kate Sheffield *(Mgr-Social Media Community)*
Suzanne Marino-Quinn *(Acct Supvr-Digital)*
Linda Silverman *(Planner-Strategic)*
Christie Kubler Nabipour *(Grp Acct Supvr)*
Matthew Sherwood *(Assoc Creative Dir)*

Accounts:
AciphHex
Amgen Aranesp Canada, Aranesp HCV, Aranesp

AGENCIES - JANUARY, 2019 — ADVERTISING AGENCIES

Oncology EU, Sensipar
Boehringer Ingelheim Spiriva
Boston Scientific Enteryx
Pfizer, Inc. U.S. Pharmaceuticals Group
  Benefocus, Caduet, Customer Marketing Group,
  Depo Medrol, Depo Provera, Diflucan, Health
  Literacy, Lipitor, Neurontin, Norvasc, Relpax,
  Sales Training, Share Card, Vfend, Viagra,
  Women's Health, Zithromax, Zyvox
Quest Diagnostics Campaign: "Faces of Celiac"
Rubbermaid Medical Solutions
Solvay Pharmaceuticals Rowasa

Cline, Davis & Mann, Inc.
210 Carnegie Ctr Ste 200, Princeton, NJ 08540-6226
Tel.: (609) 936-5600
Fax: (609) 275-5060
Web Site: http://www.cdmny.com/

Employees: 100

Agency Specializes In: Pharmaceutical

Dominic Orologio *(Exec VP & Exec Creative Dir)*
Joseph Barbagallo *(Sr VP & Dir-MSA Collaboration)*
Paul Chang *(Sr VP & Dir-Medical)*
Hildur Helgadottir *(VP & Sr Dir-Medical)*
Amy Mozlin *(VP & Dir-Medical)*
Nancy Partington *(VP & Dir-Medical)*
Samiah Zafar *(VP & Dir-Medical)*
Ted Kossakowski *(Assoc Partner & Exec Creative Dir)*
Debra Polkes *(Assoc Partner & Creative Dir)*
Christopher Fiocco *(Dir-Acct Plng)*
Elizabeth Yi *(Assoc Partner & Dir-Medical & Scientific Affairs)*
Jaclyn Lavin *(Coord-Brand)*

Accounts:
CDM World Agency
Merck
Novo Nordisk
Pfizer

CEA MARKETING GROUP
2233 Nursery Rd, Clearwater, FL 33764
Tel.: (727) 523-8044
Fax: (727) 524-6552
Toll Free: (877) 669-6630
E-Mail: info@ceamarketing.com
Web Site: www.ceamarketing.com

Employees: 10

Agency Specializes In: Real Estate

Kelly Bosetti *(Pres)*

Accounts:
ClearWater
Derby Darlins
Hilton Worldwide
Leadership Pinellas
Pulte Homes
TBBA

CELLO HEALTH COMMUNICATIONS
(Formerly MedErgy HealthGroup Inc.)
790 Township Line Rd Ste 200, Yardley, PA 19067
Tel.: (215) 504-5082
Fax: (215) 504-2916
Web Site: www.cellohealthcommunications.com/

Employees: 30

Agency Specializes In: Health Care Services, Medical Products, Pharmaceutical

Julia Ralston *(CEO-US)*
Suzann Schiller *(Exec VP-Strategic Collaborations)*
John Howley *(Mng Dir-MedErgy Scientific)*
Bo Choi *(VP & Grp Supvr-Scientific)*
Rhea Juntereal Ogawa *(VP & Grp Acct Supvr-MedErgy HealthGroup)*
Celine Falconio *(Client Svcs Dir)*
Melissa K. Brunckhorst *(Dir-Scientific-MedErgy)*
Kim Dittmar *(Dir-Scientific)*
Wilson Joe *(Dir-Scientific-MedErgy Health Grp)*
Erin Brant *(Assoc Dir-Client Svcs)*
Kathryn Gersh *(Assoc Dir-Scientific-MedErgy Health Grp)*
Jennifer Hardy *(Acct Mgr-MedErgy HealthGrp)*
Anna Pasqualone *(Acct Mgr-MedErgy Health Grp)*

CELTIC, INC.
316 N Milwaukee St Ste 350, Milwaukee, WI 53202
Tel.: (262) 789-7630
Fax: (262) 789-9454
E-Mail: outwork@celticinc.com
Web Site: www.celticinc.com

Employees: 50

Agency Specializes In: Advertising, Advertising Specialties, Brand Development & Integration, Broadcast, Business-To-Business, Collateral, Communications, Consumer Goods, Consumer Marketing, Corporate Communications, Corporate Identity, Crisis Communications, Direct Response Marketing, Education, Event Planning & Marketing, Exhibit/Trade Shows, Experience Design, Financial, Graphic Design, Guerilla Marketing, Identity Marketing, In-Store Advertising, Integrated Marketing, Internet/Web Design, Investor Relations, Logo & Package Design, Media Buying Services, Media Planning, Media Relations, Out-of-Home Media, Package Design, Point of Purchase, Point of Sale, Print, Product Placement, Production, Production (Print), Promotions, Public Relations, Publicity/Promotions, Sponsorship, Strategic Planning/Research, Travel & Tourism

Brian Meehan *(Owner & Pres)*
Kurt Lingel *(Partner & Exec VP)*
Kristen Johnson *(Media Dir)*
Cindy Miresse *(Acct Svc Dir)*
Kristin Paltzer *(Mgr-PR)*
Megan Fulsher *(Jr Art Dir)*

Accounts:
Acme United Corporation Advertising, Camillus Knives, Cuda Fishing Tools, Public Relations, Social Media
Bemis Manufacturing
Brocach Irish Pub
Bucyrus International; South Milwaukee, WI
Coleman Repellants
EDVEST 529 College Savings Plan
Eric Buell Racing
Grand Trunk
Johnson Health Tech Fitness Equipment
Kohler Company Engines & Generators
Lake Consumer Products Beyond Fresh Intimates, Me Again, Persani, Pre Conceive Plus, Vagi Gard, Yeast Gard
Lake Geneva CVB
MillerCoors Visitor Center; 2008
Rite-Hite Revolutionary Fan; 2008
Surfacide Content Development, Helios UV-C Disinfection System, Online Advertising, Print, Public Relations, Trade Show, Website Development
Tippmann Sports; Fort Wayne, IN Paint Ball Products

CELTIC MARKETING, INC.
6311 W Gross Point Rd, Niles, IL 60714
Tel.: (847) 647-7500
Fax: (847) 647-8940
E-Mail: marleneb@celticchicago.com
Web Site: www.celticchicago.com

Employees: 15
Year Founded: 1992

National Agency Associations: AMA-BMA-PRSA

Agency Specializes In: Advertising, Brand Development & Integration, Business-To-Business, Consumer Marketing, Direct Response Marketing, Event Planning & Marketing, Internet/Web Design, Media Buying Services, Out-of-Home Media, Outdoor, Point of Purchase, Print, Public Relations, Publicity/Promotions, Radio, Strategic Planning/Research, T.V., Trade & Consumer Magazines

Approx. Annual Billings: $2,500,000

Breakdown of Gross Billings by Media: Brdcst.: $350,000; Collateral: $850,000; D.M.: $400,000; Event Mktg.: $200,000; Newsp.: $300,000; Pub. Rels.: $300,000; Worldwide Web Sites: $100,000

Marlene F. Byrne *(CEO)*
Monica Zachacki *(CFO)*
Jim Heitzman *(Pres-Adv)*
Kurt Maloy *(Creative Dir)*
Bob Brunk *(Dir-Project Mgmt)*
Blair Ciecko *(Dir-Branding & Comm)*
Danielle Vitogiannes *(Dir-Digital Svcs)*
Jeremy Hogan *(Assoc Dir-Content & Social)*
Christopher Lehr *(Sr Acct Mgr)*
Katherine Bartels *(Acct Mgr-Client Svcs)*
Robin Doubek *(Office Mgr)*
Deb Ryan *(Mgr-Client Svcs)*
Stacey Nussbaum *(Assoc Acct Exec-Celtic Chicago)*

Accounts:
ADP CRM
ATO Findley Inc
Bell Fuels; Chicago, IL
Eastcastle Place; Milwaukee, WI
Newcastle Place; Mequon, WI

CEMENT MARKETING
5 S Liberty St, POwell, OH 43065
Tel.: (614) 564-9216
E-Mail: info@cementmarketing.com
Web Site: www.cementmarketing.com

Employees: 50
Year Founded: 2009

Agency Specializes In: Advertising, Brand Development & Integration, Content, Digital/Interactive, Event Planning & Marketing, Internet/Web Design, Print, Public Relations, Search Engine Optimization, Social Media

Seth Gray *(VP-Accts & Strategy)*
Kelsea Wiggins *(Strategist-Social)*

Accounts:
New-Equitas Health
New-Hocking Hills Tourism of Ohio
New-Nationwide Children's Hospital
New-Raising Cane's USA
New-Short North Alliance
New-Volunteers of America

THE CEMENTWORKS, LLC
(d/b/a The CementBloc)
1 Financial Sq Fl 15, New York, NY 10005
Tel.: (212) 524-6200
Fax: (212) 524-6299
E-Mail: info@thecementbloc.com
Web Site: www.thebloc.com

Employees: 140
Year Founded: 2000

ADVERTISING AGENCIES

Agency Specializes In: Medical Products, Pharmaceutical, Sponsorship

Approx. Annual Billings: $70,000,000

Breakdown of Gross Billings by Media: Adv. Specialities: 100%

Rico Viray *(Founder, Owner & Partner)*
Susan Miller *(Founder & Partner)*
Jennifer Matthews *(Mng Partner)*
Elizabeth Elfenbein *(Partner & Chief Creative Officer-The Bloc)*
Julie Yoon *(Exec VP & Dir-The Bloc)*
Robin Tzannes *(Sr VP & Creative Dir-Copy)*
Daniel Hammer *(Grp Acct Dir-The CementBloc)*

Accounts:
Bristol Myers Squibb
Feverall
Genteal
Imitrex
Novartis Vaccines Campaign: "Meningitis.com"
Prezista
Spiriva
UCB Cimzia

CENTER MASS MEDIA
PO Box 84, Parker, CO 80134
Tel.: (720) 336-9266
E-Mail: info@centermassmedia.com
Web Site: centermassmedia.com

Employees: 12
Year Founded: 2012

Agency Specializes In: Advertising, Brand Development & Integration, Business-To-Business, Collateral, Commercial Photography, Computers & Software, Consulting, Content, Corporate Identity, Customer Relationship Management, E-Commerce, Email, Event Planning & Marketing, Exhibit/Trade Shows, Graphic Design, Identity Marketing, Internet/Web Design, Local Marketing, Logo & Package Design, Mobile Marketing, New Product Development, Package Design, Paid Searches, Production (Ad, Film, Broadcast), Public Relations, Publicity/Promotions, Search Engine Optimization, Social Marketing/Nonprofit, Social Media, Strategic Planning/Research, Viral/Buzz/Word of Mouth, Web (Banner Ads, Pop-ups, etc.)

Approx. Annual Billings: $500,000

John Ramsay *(CEO)*

Accounts:
St Jude's Hospital

CENTIGRADE INTERNATIONAL LTD.
1 Glenlake Pkwy, Atlanta, GA 30328
Tel.: (404) 465-3613
Fax: (248) 430-8020
E-Mail: soon.nguyen@centigrade.com
Web Site: www.centigrade.com

Employees: 6

Agency Specializes In: Brand Development & Integration, Communications, Media Relations, Strategic Planning/Research

Barry Reading *(Mng Dir-Europe)*
Kevin Fisher *(Acct Dir)*
Brian Kotulis *(Art Dir)*
Ian Whilden *(Mgr-Enterprise Tech-Netherlands)*
Frits Hoogsteden *(Client Svc Dir-Netherlands)*

Branch

Centigrade
33 Cavendish Square, W1G 0PW London, GB
United Kingdom
Tel.: (44) 203 384 5571
Web Site: www.centigrade.com

Employees: 5

Agency Specializes In: Advertising, Communications, Customer Relationship Management, Digital/Interactive, Event Planning & Marketing, Public Relations, Strategic Planning/Research

Nick Matthews *(Chm & Joint CEO)*
Julie Barnard *(Vice Chm & Joint CEO-Michigan)*
Barry Reading *(Mng Dir-Europe)*
Leen Schodts *(Client Svcs Dir-Europe)*

Accounts:
Breitling Watch Developer & Retailer

CENTRIC
(Formerly Agency of Change)
22508 Market Street, Newhall, CA 91321
Tel.: (818) 985-8855
Fax: (818) 985-8835
Toll Free: (800) 9-CENTRIC
E-Mail: info@centric.com
Web Site: www.centric.com

E-Mail for Key Personnel:
President: jason.stoddard@centric.com
Creative Dir.: jason.stoddard@centric.com
Media Dir.: sue.arellano@centric.com
Public Relations: sue.arellano@centric.com

Employees: 10
Year Founded: 1994

Agency Specializes In: Advertising, Agriculture, Aviation & Aerospace, Brand Development & Integration, Business-To-Business, Collateral, Consumer Marketing, Corporate Communications, Corporate Identity, Digital/Interactive, Direct-to-Consumer, E-Commerce, Electronic Media, Electronics, Email, Engineering, Graphic Design, Health Care Services, High Technology, Industrial, Integrated Marketing, Internet/Web Design, Logo & Package Design, Mobile Marketing, Multimedia, New Technologies, Print, RSS (Really Simple Syndication), Search Engine Optimization, Social Marketing/Nonprofit, Social Media, Strategic Planning/Research, Sweepstakes, Technical Advertising, Trade & Consumer Magazines, Web (Banner Ads, Pop-ups, etc.)

Approx. Annual Billings: $5,000,000

Breakdown of Gross Billings by Media: Collateral: $500,000; Internet Adv.: $1,500,000; Other: $500,000; Print: $1,000,000; Worldwide Web Sites: $1,500,000

Lauren Essex *(VP-Mktg)*
Simcha Weinstein *(Dir-Mktg)*

Accounts:
Epson
SRS Labs, Inc.

CENTURION STRATEGIES LLC
2202 N W Shore Blvd Ste 200, Tampa, FL 33607
Tel.: (813) 732-0180
Web Site: www.centurion-strategies.com

Employees: 10
Year Founded: 2008

Agency Specializes In: Advertising, Brand Development & Integration, Business Publications, Crisis Communications, Digital/Interactive, Graphic Design, Public Relations

Amy Bilello *(VP-Brand Strategies)*
Ngoc Nguyen *(Dir-Digital Media)*

Accounts:
Cable News Network News Television Network Services
Calais Campbell
ESPN Internet Ventures Sports Television Channel
FOX News Network LLC. News Television Network Services
Identity Stronghold; Englewood, FL
Mike Richards
MSNBC Interactive News LLC News Television Network Services

CERADINI BRAND DESIGN
417 Grand St, Brooklyn, NY 11211
Tel.: (718) 638-2000
E-Mail: info@ceradini.com
Web Site: ceradini.com

Employees: 50
Year Founded: 1994

Agency Specializes In: Advertising, Brand Development & Integration, Collateral, Graphic Design, Package Design, Strategic Planning/Research

David Ceradini *(Pres & Chief Creative Officer)*
Lori Raymer *(Sr VP-Creative Svcs)*
Eric Rodriguez *(Dir-Bus Strategy & Comm)*

Accounts:
New-Born Affluent
New-Coty Inc. Koleston
New-CryoPoint
New-Eagle Family Foods Group LLC
New-Eatrageous
New-Heineken USA Inc.
New-Remy Cointreau USA Inc. Remy Martin V
New-T.G.I. Friday's Inc.
New-Terramar Sports

CERAMI WORLDWIDE COMMUNICATIONS, INC.
100 Passaic Avenue, Fairfield, NJ 07004
Tel.: (973) 844-8481
E-Mail: info@ceramiww.com
Web Site: ceramiworldwide.com/

Employees: 50
Year Founded: 1994

Agency Specializes In: Advertising, Corporate Identity, Media Relations, Social Media

Nick Cerami *(Pres)*
Mari Ippolito *(Sr VP & Mng Dir)*
Kym Baunhuber *(Art Dir)*

Accounts:
AmperSand Biopharmaceuticals
Becton Dickinson
Blythedale Children's Hospital
Bristol-Myers Squibb
Cablevision Lightpath Inc.
Contact We Care
Conva Tec
Devils Arena Entertainment
Frederic Goodman Jewelers
Information Management Network
Institute for International Research
Institutional Investor
International Quality & Productivity Center
New Jersey Jackals
Parker Laboratories
Pfizer
Retro Fitness

Valeant Pharmaceuticals

CERBERUS AGENCY
6317 Marshall Foch, New Orleans, LA 70124
Tel.: (504) 304-8461
E-Mail: info@cerberus.agency
Web Site: www.cerberus.agency

Employees: 50
Year Founded: 2008

Agency Specializes In: Advertising, Brand Development & Integration, Event Planning & Marketing, Graphic Design, Internet/Web Design, Media Buying Services, Media Planning, Production, Public Relations, Social Media

Rocky Russo *(Partner, Creative Dir & Art Dir)*
Justin Bonura *(Partner, Creative Dir & Copywriter)*
Jonathan Maki *(Acct Exec)*
Ray Thibodaux *(Specialist-Digital Media)*
Madeline Gosz *(Planner-Media)*

Accounts:
New-AutomotiveTouchup
New-Bayou Adventure
New-Big Easy Notary
New-Big Fat Belly Good
New-Diversified Energy
New-Karl Senner LLC
New-LCI Workers' Comp
New-Meplat Group LLC
New-Pearl's Seafood Market & Restaurant
New-Southern Medical Association

CERCONE BROWN CURTIS
77 N Washington St Ste 304, Boston, MA 02114-1913
Tel.: (617) 248-0680
Fax: (617) 248-0688
E-Mail: info@cerconebrown.com
Web Site: www.cerconebrown.com

Employees: 20
Year Founded: 2001

Agency Specializes In: Advertising, Brand Development & Integration, Communications, Event Planning & Marketing, Public Relations

Approx. Annual Billings: $15,000,000

Leonard Cercone *(Partner)*
Noelle Guerin *(Acct Dir)*
Jennifer Newberg *(Dir-Bus Dev)*
Kerryn Doherty *(Mgr-Brand Integration)*
Erika Brown *(Sr Strategist-Creative)*
Erin Spencer *(Sr Specialist-Digital Mktg)*
Gina Uttaro *(Strategist-Digital)*

Accounts:
Bongiovi Brands Creative, Native Advertising, POS
GMAC Insurance
Veritas Genetics

CERTAINSOURCE
338 Commerce Dr 2nd Fl, Fairfield, CT 06825
Tel.: (203) 254-0404
Fax: (203) 254-0411
Toll Free: (888) 655-0464
Web Site: www.certainsource.com/

Employees: 25

Agency Specializes In: Brand Development & Integration, Customer Relationship Management, Sales Promotion, Web (Banner Ads, Pop-ups, etc.)

Neil Rosen *(Pres & CEO)*
Patricia Wilson *(VP-Customer Support)*

Accounts:
Carolina Web Consultants
Dydacomp
Fathead

CFIVE SOLUTIONS
(Formerly Capita Technologies, Inc.)
23382 Mill Creek Dr Ste 220, Laguna Hills, CA 92653
Tel.: (949) 260-3000
E-Mail: info@cfive.com
Web Site: www.cfive.com/

Employees: 50
Year Founded: 1989

Agency Specializes In: African-American Market, Asian Market, Bilingual Market, Brand Development & Integration, Business-To-Business, Collateral, Communications, Computers & Software, Consumer Goods, Consumer Marketing, Corporate Communications, Crisis Communications, Customer Relationship Management, Digital/Interactive, Direct Response Marketing, Direct-to-Consumer, E-Commerce, Electronic Media, Email, Event Planning & Marketing, Experience Design, Experiential Marketing, Game Integration, Graphic Design, High Technology, Hispanic Market, Household Goods, Information Technology, Integrated Marketing, Internet/Web Design, Mobile Marketing, Multimedia, New Technologies, Out-of-Home Media, Paid Searches, Podcasting, Promotions, Public Relations, Sales Promotion, Search Engine Optimization, Social Media, Sports Market, Sweepstakes, Technical Advertising, Teen Market, Viral/Buzz/Word of Mouth, Women's Market

Approx. Annual Billings: $11,250,000

Breakdown of Gross Billings by Media: E-Commerce: $1,000,000; Graphic Design: $2,000,000; Internet Adv.: $2,000,000; Promos.: $3,000,000; Sls. Promo.: $750,000; Worldwide Web Sites: $2,500,000

Yidan Yang *(CTO-Capita Technologies)*
James Newman *(VP-Sls & Mktg)*

Accounts:
Allegra
Allstate
Coke
Disney
Fox Broadcasting
General Mills
Hilton Worldwide
Ingram Micro
Kellogg's
Mars North America
Motorola Solutions, Inc.
Nestle's USA
Nickelodeon
Ritz
Taco Bell
Unilever
United States Navy
Verizon
Warner Brothers
Xerox

CFX INC
3221 Oak Hill Ave, Saint Louis, MO 63116
Tel.: (314) 773-5300
E-Mail: info@cfx-inc.com
Web Site: www.cfx-inc.com/

Employees: 16
Year Founded: 2001

Agency Specializes In: Advertising, Brand Development & Integration, Collateral, Corporate Identity, Graphic Design, Internet/Web Design, Logo & Package Design, Search Engine Optimization

Megan Frank *(Owner & Exec VP-Creative)*
Amy Kohlbecker *(Dir-Ops)*

Accounts:
Luxco Inc

CG LIFE
(Formerly Chempetitive Group, LLC)
745 Atlantic Ave 8th Flr, Boston, MA 02111
Tel.: (617) 823-5555
Web Site: cglife.com

Employees: 48
Year Founded: 2003

Agency Specializes In: Advertising, Brand Development & Integration, Content, Event Planning & Marketing, Graphic Design, Internet/Web Design, Logo & Package Design, Media Relations, Media Training, Social Media

Jeniffer Clancy *(VP)*

Accounts:
New-Ultivue
W. L. Gore & Associates

CGR CREATIVE
1930 Abbott St Ste 304, Charlotte, NC 28203
Tel.: (704) 334-2232
E-Mail: results@cgrcreative.com
Web Site: www.cgrcreative.com

Employees: 13

Agency Specializes In: Advertising, Digital/Interactive, Graphic Design, Internet/Web Design, Media Buying Services, Multimedia, Radio, Search Engine Optimization, Social Media

Julio Colmenares *(CEO)*

Accounts:
Logical Advantage
Salsaritas Fresh Cantina

CGT MARKETING LLC
275-B Dixon Ave, Amityville, NY 11701
Tel.: (631) 842-4600
Fax: (631) 842-6301
E-Mail: info@cgtmarketing.com
Web Site: http://www.cgtmarketingllc.com/

Employees: 12
Year Founded: 1987

Agency Specializes In: Advertising, Brand Development & Integration, Business Publications, Business-To-Business, Catalogs, Collateral, College, Commercial Photography, Communications, Consumer Marketing, Consumer Publications, Corporate Communications, Corporate Identity, Digital/Interactive, Direct Response Marketing, Direct-to-Consumer, E-Commerce, Electronic Media, Electronics, Email, Engineering, Event Planning & Marketing, Exhibit/Trade Shows, Graphic Design, Health Care Services, High Technology, Household Goods, Identity Marketing, In-Store Advertising, Industrial, Integrated Marketing, Internet/Web Design, Local Marketing, Logo & Package Design, Magazines, Medical Products, Multimedia, New Product Development, New Technologies, Newspaper, Newspapers & Magazines, Out-of-Home Media, Outdoor, Over-50 Market, Package Design, Paid Searches, Pharmaceutical, Planning & Consultation, Point of Purchase, Point of Sale,

ADVERTISING AGENCIES
AGENCIES - JANUARY, 2019

Print, Production, Production (Ad, Film, Broadcast), Promotions, Public Relations, Publicity/Promotions, Sales Promotion, Search Engine Optimization, Social Marketing/Nonprofit, Strategic Planning/Research, Technical Advertising, Trade & Consumer Magazines, Web (Banner Ads, Pop-ups, etc.)

Approx. Annual Billings: $8,000,000

Breakdown of Gross Billings by Media: Collateral: $1,000,000; Consulting: $400,000; D.M.: $400,000; E-Commerce: $700,000; Exhibits/Trade Shows: $200,000; Graphic Design: $1,000,000; Logo & Package Design: $500,000; Plng. & Consultation: $300,000; Trade & Consumer Mags.: $3,000,000; Worldwide Web Sites: $500,000

Fred Candiotti *(Partner & Creative Dir)*
Vincent Grucci *(Partner)*
Mitch Tobol *(Partner)*
William Lang *(Assoc Dir-Creative)*
Donna Munnelly *(Mgr-Media & Production)*
Susan Brenman *(Acct Exec)*

Accounts:
Amann Girrbach
American Aerospace Controls
H.A. Guden
Lee Spring
Life's WORC
Nanomotion
North Atlantic Instruments
Northfield Precision Instruments
PICO Electronics
Precision Punch Corp.
US Dynamics

CHANDELIER
611 Broadway Ph, New York, NY 10012
Tel.: (212) 620-5252
Fax: (212) 620-5329
E-Mail: concierge@chandeliercreative.com
Web Site: www.chandeliercreative.com

Employees: 23

Agency Specializes In: Advertising, Sponsorship

Richard Christiansen *(Founder)*
Rachel Kornafel *(Mng Dir)*
Alanna Lynch *(Mng Dir)*
Eric Druckenmiller *(Head-Strategy)*
Dave Clark *(Exec Creative Dir)*
Marshall Ryan Bower *(Art Dir)*
Becky Brewer *(Acct Dir)*
Zan Goodman *(Dir-Design)*
Alexandre Stipanovich *(Dir-Culture)*
Taylor Kraus *(Acct Mgr)*

Accounts:
New-Bergdorf Goodman
Coca Cola Smartwater
David Jones Creative, TV
Gap Inc
Hallmark Licensing, LLC #KeepsakeIt VEGAN CHRISTMAS
Harry's
Old Navy (Agency of Record) Boyfriend Jeans, Broadcast, Campaign: "Art Is Dead. Jeans Are Alive.", Campaign: "Job Interview", Campaign: "Kids Table", Campaign: "Meet the Pixie Pant", Campaign: "No Reservations (About These Coats)", Campaign: "Snoopin' Around", Campaign: "Spell Me This", Campaign: "Spring 2014", Campaign: "Unlimited", Digital, In-Store, Online, Social, TV, Video
Target & TOMS Campaign: "One for One for All"
Target Digital Creative, Online, Print, TV

CHANDLER CHICCO AGENCY
450 W 15th St 7th Fl, New York, NY 10011

Tel.: (212) 229-8400
Fax: (212) 229-8496
E-Mail: contact@ccapr.com
Web Site: https://www.ccapr.com/

Employees: 130
Year Founded: 1995

National Agency Associations: COPF

Agency Specializes In: Collateral, Corporate Communications, Health Care Services, Logo & Package Design, New Product Development, Pharmaceutical, Public Relations, Sponsorship

Approx. Annual Billings: $25,714,700

Danielle Pieri *(Specialist-Healthcare Comm)*

Accounts:
Allergan, Inc. Cervical Dystonia Awareness Campaign
Bayer Diagnostics
Bristol-Myers Squibb
Genentech
GlaxoSmithKline
Johnson & Johnson
Mylan Specialty
Novartis
Novo Nordisk
Olympus
Pfizer
Roche

Branches

Chamberlain Healthcare Public Relations
450 W 15th St Ste 405, New York, NY 10011
(See Separate Listing)

Chandler Chicco Agency-Los Angeles
1315 Lincoln Blvd Ste 270, Santa Monica, CA 90401
Tel.: (310) 309-1000
Fax: (310) 309-1050
E-Mail: contact@ccapr.com
Web Site: https://www.ccapr.com/

Employees: 27

National Agency Associations: COPF

Agency Specializes In: Sponsorship

Edie Elkinson *(Specialist-Media)*

Chandler Chicco Agency-Washington
25 Massachusetts Ave Nw Ste 470, Washington, DC 20001
Tel.: (202) 609-6000
Fax: (202) 609-6001
E-Mail: info@ccapr.com
Web Site: https://www.ccapr.com/

Employees: 17

Accounts:
Abbott
Allergan
Amgen
EMD
Genentech
GlaxoSmithKline

CHANNEL ISLANDS DESIGN
2434 Monaco Dr, Oxnard, CA 93035
Tel.: (805) 382-4243
Fax: (805) 382-4216
E-Mail: sales@cid4design.com
Web Site: www.cid.cc/index.php

Employees: 2

Agency Specializes In: Advertising

Robert Gray *(Owner)*
HJohn Aquino *(Dir-Tech Infrastructure)*
Neal Fisch *(Dir-Enterprise Svcs & Security)*
Peter Mosinskis *(Interim Asst VP-IT Svcs)*

Accounts:
Classic Guitars International
Fabricmate

CHAPMAN CUBINE ADAMS + HUSSEY
2000 15th St N Ste 550, Arlington, VA 22201
Tel.: (703) 248-0025
Fax: (703) 248-0029
Web Site: www.ccah.com

Employees: 96

Agency Specializes In: Advertising, Digital/Interactive, Internet/Web Design

Jim Hussey *(Co-Founder & Chm)*
Kim Cubine *(Pres)*
Lon Chapman *(Exec VP & Principal)*
Jenny Allen *(Principal & Sr VP)*
Pete Carter *(Principal & Sr VP)*
Shannon Murphy *(Principal & Sr VP-Production)*
John Wanda *(Principal & VP-Fin)*

Accounts:
Mothers Against Drunk Driving (MADD)

CHAPPELLROBERTS
1600 E 8th Ave Ste A-133, Tampa, FL 33605
Tel.: (813) 281-0088
Fax: (813) 281-0271
E-Mail: info@chappellroberts.com
Web Site: www.chappellroberts.com

Employees: 27

Agency Specializes In: Communications, Public Relations, Sponsorship

Colleen F. Chappell *(Pres & CEO)*
Christine Turner Apr *(Principal & VP-Acct Svcs)*
Katy Berry *(Principal & Controller)*
Sarah Tildsley *(Principal & Creative Dir)*
Christine Turner *(VP-Acct Svcs)*
Scott Gattis *(Sr Dir-Acct Strategy)*
Matthew Christ *(Media Dir)*
Glenn Horn *(Creative Dir)*
Katy Parsons *(Sr Acct Exec)*
Laura Ruden *(Sr Acct Exec)*
Chris Wilkerson *(Sr Acct Exec)*
Megan Federico *(Acct Exec)*
Hunter Taylor *(Acct Exec)*
Kelley Volenec *(Acct Exec)*
Kat Romanowski Wade *(Acct Exec)*
Kaitlyn Loos *(Asst Acct Exec)*
Heather Fako *(Jr Art Dir)*
Charles Militello *(Sr Art Dir)*

Accounts:
Mosaic
PSCU Financial Services Branding
PSCU Financial Services Debit
Sarasota Conventions & Visitors Bureau Branding Campaign, Television
Suncoast Hospice Owen
Tampa Bay Buccaneers (Agency of Record)
Tampa Bay Water
University of South Florida
Verizon Communications Inc.
Verizon Wireless

CHAPTER
2745 19th St, San Francisco, CA 94110

AGENCIES - JANUARY, 2019 — ADVERTISING AGENCIES

E-Mail: info@chaptersf.com
Web Site: chaptersf.com

Employees: 10

Agency Specializes In: Advertising, Social Media

Gareth Kay *(Co-Founder-Strategy)*
Neil Robinson *(Co-Founder-Creative)*

Accounts:
Converse Inc.
Dropbox, Inc
Kodak Alaris Inc
PillPack
Silent Circle

THE CHAPTER MEDIA
216 Coudert Pl, South Orange, NJ 07079
Tel.: (212) 695-1335
Fax: (646) 688-6880
Web Site: www.thechaptermedia.com

Employees: 10
Year Founded: 2005

Agency Specializes In: Advertising, Advertising Specialties, Alternative Advertising, Arts, Brand Development & Integration, Branded Entertainment, Broadcast, Cable T.V., Collateral, Commercial Photography, Communications, Content, Corporate Identity, Electronic Media, Email, Experience Design, Fashion/Apparel, Game Integration, Graphic Design, Guerilla Marketing, High Technology, Identity Marketing, In-Store Advertising, Information Technology, Integrated Marketing, Internet/Web Design, LGBTQ Market, Local Marketing, Media Buying Services, Media Relations, Men's Market, Multimedia, New Technologies, Paid Searches, Podcasting, Production, Production (Ad, Film, Broadcast), Promotions, Publicity/Promotions, Search Engine Optimization, T.V., Teen Market, Web (Banner Ads, Pop-ups, etc.), Women's Market

Accounts:
Azure Media
Converse Chuck Hack
Euro RSCG
Sony BMG

CHARACTER
447 Battery St, San Francisco, CA 94111
Tel.: (415) 227-2100
E-Mail: info@charactersf.com
Web Site: www.charactersf.com

Employees: 8
Year Founded: 1999

Agency Specializes In: Advertising, Brand Development & Integration, Collateral, Environmental, Graphic Design, Print

Revenue: $1,280,000

Benjamin Pham *(Co-Founder & Creative Dir)*
Tish Evangelista *(Principal & Creative Dir)*
Louis Paul Miller *(Principal & Creative Dir)*
Rishi Shourie *(Principal & Creative Dir)*
Matt Carvalho *(Dir-Digital)*
Melanie Wood *(Dir-Program Mgmt)*

Accounts:
Delfina Pizzeria
Fitbit Inc.
Google Inc
Peet's Coffee & Tea, Inc.
Reebok International Ltd.
Sonoma Pharmaceuticals
ThirdLove

CHARENE CREATIVE
965 Centerville Trl, Aurora, OH 44202
Tel.: (330) 524-5001
E-Mail: info@charenecreative.com
Web Site: www.charenecreative.com

Employees: 1

Agency Specializes In: Advertising, Corporate Identity, Internet/Web Design, Print, Social Media

Charisse Louis *(Owner, Creative Dir & Mgr-Digital Design)*

Accounts:
Country Club Builders & Remodelers Brand Campaign
Del Cielo Brewing Co Strategy
Geauga County Republican Party Website
Motion Source
Over the Top Tent Rental
Plumbing Source
Saving Street Fundraising
Solon Chamber
Toni Turchi Foundation Brand Development, Brand Loyalty, Customer Awareness, Drive Sales, Graphic Design, Storytelling, Strategy, Traffic, Web Design, Website
Working Walls Website

CHARISMA! COMMUNICATIONS
8358 SW Birch St, Portland, OR 97223
Tel.: (503) 245-3140
Fax: (503) 246-3858
E-Mail: laurie@charismacommunications.com
Web Site: www.charismacommunications.com

Employees: 20

Agency Specializes In: Collateral, Email, Entertainment, Event Planning & Marketing, Graphic Design, Health Care Services, Logo & Package Design, Newspaper, Production, Public Relations, Real Estate, Retail, Web (Banner Ads, Pop-ups, etc.)

Laurie Halter *(Owner)*

Accounts:
BZ Results
Chrome Systems
CIMA Systems
Cine Rent West
Dealer Track
ebizauto
ProjX
SMI
SnapBuild
Springbrook Software

CHARLES RYAN ASSOCIATES INC.
601 Morris St, Charleston, WV 25301
Tel.: (304) 342-0161
Fax: (304) 342-1941
Toll Free: (877) 342-0161
E-Mail: info@charlesryan.com
Web Site: www.charlesryan.com

E-Mail for Key Personnel:
President: PGallagher@charlesryan.com
Creative Dir.: jauge@charlesryan.com

Employees: 40
Year Founded: 1974

National Agency Associations: AAF

Agency Specializes In: Advertising, Brand Development & Integration, Broadcast, Business-To-Business, Cable T.V., Co-op Advertising, Collateral, Communications, Consumer Marketing, Consumer Publications, Corporate Identity, Digital/Interactive, Electronic Media, Event Planning & Marketing, Exhibit/Trade Shows, Financial, Government/Political, Health Care Services, High Technology, Industrial, Internet/Web Design, Investor Relations, Legal Services, Logo & Package Design, Media Buying Services, Multimedia, Newspaper, Newspapers & Magazines, Out-of-Home Media, Outdoor, Planning & Consultation, Point of Purchase, Point of Sale, Print, Production, Public Relations, Publicity/Promotions, Radio, Sales Promotion, Sports Market, Strategic Planning/Research, T.V., Trade & Consumer Magazines, Transportation, Travel & Tourism

Approx. Annual Billings: $30,000,000

Susan Lavenski *(Mng Partner)*
Matt Isner *(Chief Strategy Officer)*
Rick Mogielski *(VP & Exec Producer)*
Alisha Maddox *(VP)*
Thomas Winner *(VP)*
Kyra Harris *(Sr Acct Exec)*

Accounts:
Affinion Loyalty Group
Appalachian Power
Arch Coal, Inc.
Cabell Huntington Hospital
CHA Health
The Charleston Convention & Visitors Bureau Creative, Marketing Strategy, Website Development
Chesapeake Energy Corp.
Citi Group
Dow Chemical
Dow Chemical
Entertainment Software Association
ESSROC
Greenbrier Episcopal School
Neurological Associates, Inc.
Northwood Health Systems
Smith Co. Motor Cars
Virginia Department of Transportation
Virginia Transportation Construction Alliance
West Virginia Coal
West Virginia Racing Association
West Virginia Tourism

Branches

Charles Ryan Associates
1900-A E Franklin St, Richmond, VA 23223
Tel.: (804) 643-3820
Fax: (804) 643-8281
Toll Free: (877) 342-0161
E-Mail: cdurham@charlesryan.com
Web Site: www.charlesryan.com

Employees: 10
Year Founded: 2001

National Agency Associations: PRSA

Susan Lavenski *(Owner & CEO)*
Matt Fidler *(Chief Creative Officer)*
Matt Isner *(Chief Strategy Officer)*
Alisha G. Maddox *(Chief Comm Officer)*
Kyra Harris *(Acct Dir)*
Robb Major *(Creative Dir-CRA Film)*
Meredyth Jenkins *(Project Mgr-Interactive & Sr Acct Exec)*
Danny Forinash *(Sr Acct Exec)*
Hollie Hess *(Sr Acct Exec)*
Jen Coleman *(Media Buyer)*

Accounts:
DC Lottery
Virginia State Police

CHARLESTON/ORWIG, INC.
515 W North Shore Dr, Hartland, WI 53029-8312

ADVERTISING AGENCIES
AGENCIES - JANUARY, 2019

Tel.: (262) 563-5100
Fax: (262) 563-5101
E-Mail: info@comktg.com
Web Site: www.charlestonorwig.com

Employees: 70
Year Founded: 1992

Agency Specializes In: Advertising, Agriculture, Brand Development & Integration, Broadcast, Business Publications, Co-op Advertising, Collateral, Communications, Consulting, Consumer Marketing, Consumer Publications, Corporate Communications, Corporate Identity, Crisis Communications, Custom Publishing, Customer Relationship Management, Digital/Interactive, Direct Response Marketing, E-Commerce, Electronic Media, Engineering, Environmental, Event Planning & Marketing, Exhibit/Trade Shows, Financial, Food Service, Government/Political, Graphic Design, Health Care Services, High Technology, Integrated Marketing, Internet/Web Design, Logo & Package Design, Magazines, Media Buying Services, Media Planning, Media Relations, Media Training, Medical Products, Merchandising, Mobile Marketing, Multimedia, New Product Development, Newspaper, Newspapers & Magazines, Out-of-Home Media, Outdoor, Pets, Planning & Consultation, Podcasting, Point of Purchase, Point of Sale, Print, Production, Production (Print), Promotions, Public Relations, Publicity/Promotions, RSS (Really Simple Syndication), Radio, Real Estate, Recruitment, Restaurant, Sales Promotion, Search Engine Optimization, Strategic Planning/Research, T.V., Technical Advertising, Telemarketing, Trade & Consumer Magazines, Transportation, Viral/Buzz/Word of Mouth

Approx. Annual Billings: $41,949,779

Breakdown of Gross Billings by Media: Bus. Publs.: $4,194,978; Collateral: $12,584,934; D.M.: $5,453,471; Farm Publs.: $6,292,467; Internet Adv.: $1,363,368; Newsp.: $524,372; Outdoor: $524,372; Point of Purchase: $524,370; Pub. Rels.: $8,389,956; Radio: $41,950; Trade & Consumer Mags.: $2,055,541

Lyle E. Orwig *(Chm)*
Marcy Tessmann *(Pres & Partner)*
Mark Gale *(CEO)*
Brittany Unterweger *(VP-Client Svcs)*
Jennifer Wallace *(VP-Creative Svcs)*
Nancy Wegner *(Controller)*
Casey Hushon *(Client Svcs Dir)*
Sarah Mielke *(Art Dir)*
Mark Ingbritson *(Acct Supvr)*
Laura Hahn *(Sr Acct Exec)*
Cassie Yontz *(Sr Acct Exec)*
Michelle McCarthy *(Acct Exec)*
Chloe Derse *(Jr Acct Exec)*

Accounts:
American Dairy Queen Corporation; Minneapolis, MN; 2007
Arm & Hammer Animal Nutrition; Princeton, NJ; 2001
Bayer Environmental Science; Research Triangle Park, NC; 2008
Brillion Farm Equipment; Brillion, WI; 1996
Chemtura Corporation; Middlebury, CT; 2008
Dairy Cattle Reproduction Council; Colorado; 2006
Dairyland Seed Company, Inc.; West Bend, WI; 1993
Glenroy, Inc.; Menomonee Falls, WI; 2008
HerdStar, LLC; LeRoy, MN; 2007
Hoard's Dairyman; Fort Atkinson, WI; 2003
MillerCoors; Milwaukee, WI Industry Affairs; 1996
Novartis Animal Health; Greensboro, NC; 2009
Pfizer Animal Genetics; Kalamazoo, MI; 2008
Pfizer Animal Health-Poultry Division; Durham, NC; 2001
Potawatomi Bingo Casino; Milwaukee, WI; 2009
SoCore Energy; Chicago, IL; 2009

CHARLTON MARKETING INC
2950 SE Stark St Ste 200, Portland, OR 97214
Tel.: (503) 234-0811
Fax: (503) 234-0851
Web Site: charltonmarketing.com

Year Founded: 1997

Agency Specializes In: Advertising, Brand Development & Integration, Digital/Interactive, Email, Event Planning & Marketing, Media Buying Services, Retail, Social Media, Strategic Planning/Research, Web (Banner Ads, Pop-ups, etc.)

Rob Charlton *(Pres & Acct Supvr)*
Sara Thomas *(Exec VP)*
Gary Mckissick *(Art Dir)*
Kerry Schmidt *(Media Dir)*
Merissa Howard *(Media Buyer)*
Alison Martin *(Media Planner & Buyer)*

Accounts:
New-Curtis Trailers Inc.
New-Parker Furniture Incorporated
New-Sizzler USA
New-West Side Electric Co.

CHATTER BUZZ MEDIA
100 W Lucerne Cir, Orlando, FL 32801
Tel.: (321) 236-2899
Fax: (866) 390-7188
E-Mail: info@chatterbuzzmedia.com
Web Site: www.chatterbuzzmedia.com

Employees: 25
Year Founded: 2012

Agency Specializes In: Advertising, Advertising Specialties, Affluent Market, Asian Market, Business-To-Business, Children's Market, College, Communications, Consulting, Consumer Marketing, Content, Corporate Communications, Corporate Identity, Digital/Interactive, Direct Response Marketing, Direct-to-Consumer, E-Commerce, Email, Event Planning & Marketing, Exhibit/Trade Shows, Graphic Design, Guerilla Marketing, High Technology, Hispanic Market, Identity Marketing, Integrated Marketing, International, Internet/Web Design, Local Marketing, Logo & Package Design, Luxury Products, Men's Market, Mobile Marketing, Multicultural, Paid Searches, Production, Production (Print), Public Relations, Radio, Search Engine Optimization, Seniors' Market, Social Marketing/Nonprofit, Social Media, South Asian Market, Technical Advertising, Urban Market, Web (Banner Ads, Pop-ups, etc.), Women's Market

Approx. Annual Billings: $6,000,000

Shalyn Dever *(Founder & CEO)*

Accounts:
Action Gator Tire; 2014
BluWorld Custom Water Features; 2012
Catapult Learning Education; 2014
CommonWell Health Alliance Healthcare IT; 2014
Comtech Systems, Inc. Telecommunications & Engineering; 2014
Contemporary Women's Care Healthcare; 2013
Dermatude Beauty; 2013
DocDoc Healthcare; 2013
Family First Pediatrics Healthcare; 2014
Gastroenterology Specialists Healthcare; 2014
Kobe Japanese Steakhouse Restaurant; 2014
Law Office of Michael B. Brehne/ 911 Biker Law; 2012
Lennar Orlando New Homes; 2013
Lennar Tampa New Homes; 2013
Marc Michaels; 2014
Nicole Gravenmie Fashion; 2013
NRAA/ RSE Healthcare; 2013
Old Towne Brokers Real Estate; 2014
Reedy Creek (RCID) Improvement District; 2014
Rosenfield & Co. CPA Firm; 2012
Source 2 Staffing Firm; 2013
Super Holiday Tours Student Travel Agency; 2014
Ted Tobacco Tobacco Products; 2013
Victim Service Center Non-profit; 2014
Weichert Hallmark Real Estate; 2013
Winter Garden Smiles Dental; 2013

CHATTER CREATIVE
11702 98th Ave NE, Kirkland, WA 98034
Tel.: (206) 219-9229
E-Mail: info@chattercreative.com
Web Site: www.chattercreative.com

Employees: 10
Year Founded: 2009

Agency Specializes In: Advertising, Brand Development & Integration, Corporate Identity, Internet/Web Design, Logo & Package Design, Media Buying Services, Print, Public Relations, Search Engine Optimization

Gretchen Mikulsky *(Dir-Ops)*
Matthew Mikulsky *(Dir-Creative & Social Media)*

Accounts:
CB Pacific
Dryer Islands
NWMechanical
Szloch Ironworks

CHEDDAR SOCIAL
304 W Griggs Ave, Las Cruces, NM 88005
Tel.: (575) 616-7093
Web Site: cheddaradvertising.com

Employees: 6

Agency Specializes In: Advertising, Digital/Interactive, Internet/Web Design

Accounts:
Las Cruces Moms

CHEIL CANADA
152 King St E Ste 300, Toronto, ON M5A 1J3
Canada
Tel.: (416) 479-9760
Web Site: www.cheil.com

Employees: 50

Agency Specializes In: Advertising

Scott Suthren *(VP-Plng)*
Michael Murray *(Exec Creative Dir)*
Scott Sloggett *(Grp Acct Dir)*
Jeff Sturch *(Grp Acct Dir)*
Vanessa Heber *(Art Dir)*
Victoria Sturgess *(Copywriter)*

Accounts:
Horizons Exchange Traded Funds
Muscle Care
Old Blood Gin
Ontario Association of Radiologists
Samsung Electronics Canada Inc. Campaign: "Sparkling Water Dispensers", Seed Pot, Sparkling Water Fridge
Silver Snail Comics

CHEIL NORTH AMERICA
118 W 20Th St Fl 7, New York, NY 10011
Tel.: (646) 738-8617

AGENCIES - JANUARY, 2019 — ADVERTISING AGENCIES

Fax: (646) 380-5809
Web Site: www.cheil.com

Employees: 44

National Agency Associations: 4A's

Agency Specializes In: Advertising

Claudio Lima *(Chief Creative Officer-Brazil)*
Volker Selle *(Pres/CEO-DACH & NORDIC-Germany)*
Yann Baudoin *(Mng Dir-Spain)*

Accounts:
Samsung Group
TuneIn Video

CHEMISTRY CLUB
451 Pacific Ave, San Francisco, CA 94133
Tel.: (415) 989-2500
Fax: (415) 732-9535
E-Mail: newbusiness@chemistryclub.com
Web Site: www.chemistryclub.com

Employees: 35
Year Founded: 1998

Agency Specializes In: Advertising, Brand Development & Integration, Corporate Communications, Digital/Interactive, Food Service, Graphic Design, In-Store Advertising, Sponsorship

Scott Aal *(Partner & Creative Dir)*
Aaron Kennedy *(Mng Dir)*
Laura Puccinelli *(CFO & Dir-Ops)*
Suosdey Penn *(Creative Dir)*

Accounts:
American Cancer Society
Bare Escentuals
Catholic Healthcare West
Clown Alley
Community Hospital of the Monterey Peninsula
Infineon Raceway
Jiffy Lube Media Planning & Buying
Monterey Bay Aquarium Campaign: "150 Feet of Awesome", Campaign: "The Bait Ball Ballet Interactive Experience"
Noah's Bagels
Oakland Museum of California
Pacific Life (Agency of Record) Creative, Network and Cable Television Campaign
Rubio's
The San Francisco 49ers
San Francisco Food Bank
San Francisco Museum of Modern Art (Agency of Record) Advertising Strategy, Digital, Experiential, Media Buying, Media Planning, Outdoor, Print, Social Content
Sega Sports

CHEMISTRY COMMUNICATIONS INC.
535 Smithfield St Ste 550, Pittsburgh, PA 15222
Tel.: (412) 642-0642
Fax: (412) 642-0650
Web Site: http://www.chemistryagency.com/

E-Mail for Key Personnel:
President: geoff@gblinc.com
Creative Dir.: geoff@gblinc.com
Media Dir.: joyce@gblinc.com

Employees: 21
Year Founded: 1977

National Agency Associations: IAN

Agency Specializes In: Advertising, Advertising Specialties, Arts, Brand Development & Integration, Broadcast, Business Publications, Business-To-Business, Cable T.V., Co-op Advertising, Collateral, College, Consulting, Consumer Marketing, Consumer Publications, Corporate Communications, Corporate Identity, Digital/Interactive, Direct Response Marketing, Direct-to-Consumer, E-Commerce, Electronic Media, Exhibit/Trade Shows, Experiential Marketing, Fashion/Apparel, Financial, Graphic Design, Health Care Services, High Technology, Industrial, Internet/Web Design, Legal Services, Local Marketing, Logo & Package Design, Magazines, Media Buying Services, Media Planning, Medical Products, Mobile Marketing, Multimedia, New Product Development, New Technologies, Newspaper, Newspapers & Magazines, Out-of-Home Media, Outdoor, Package Design, Paid Searches, Pharmaceutical, Point of Purchase, Point of Sale, Print, Product Placement, Production, Production (Ad, Film, Broadcast), Production (Print), Publicity/Promotions, Radio, Restaurant, Retail, Sales Promotion, Social Marketing/Nonprofit, Social Media, Strategic Planning/Research, T.V., Trade & Consumer Magazines, Travel & Tourism, Web (Banner Ads, Pop-ups, etc.)

Ned Show *(CEO)*
Geoff Tolley *(Chief Creative Officer)*
Rob Pizzica *(Exec VP-Mktg)*
Robert Neville *(Sr VP)*
Chuck Barkey *(VP & Creative Dir)*
Robert Bupp *(VP & Creative Dir)*
Vann Jennings *(Creative Dir)*
Colleen Morris *(Mgr-Billing)*
Noelle Davis *(Sr Acct Exec)*
Chelsey McGrogan *(Acct Exec)*
Katie Boardman *(Sr Media Planner & Buyer)*
Dan Dehner *(Chief Interactive Officer)*
Sarah Kennedy *(Sr Art Dir)*

Accounts:
Dunn's River Brands Advertising, Digital, Experiential Programs, Integrated Marketing, Social Media, Sweet Leaf (Agency of Record), Tradewinds Tea (Agency of Record); 2018
Greater Pittsburgh Community Food Bank; Duquesne, PA; 1991
H&R Block (Digital Agency of Record) Corporate Website, Creative, Digital, Digital Marketing, Marketing Strategies
The MetroHealth System (Agency of Record) Creative, Digital, Media Planning & Buying, Paid Social, Print, Radio, Television
New York Philharmonic
University of Pittsburgh Medical Center; Pittsburgh, PA Health Plan, Health System
Westmoreland Museum of American Art; Greensburg, PA; 1996

Branches

Chemistry Atlanta
1045 West Marietta St NW, Atlanta, GA 30318
Tel.: (404) 262-2623
Web Site: www.chemistryagency.com/

Employees: 80
Year Founded: 1986

National Agency Associations: AAF

Agency Specializes In: Advertising, Advertising Specialties, Brand Development & Integration, Business-To-Business, Cable T.V., Collateral, Communications, Consulting, Consumer Marketing, Consumer Publications, Corporate Identity, Cosmetics, Direct Response Marketing, E-Commerce, Electronic Media, Entertainment, Event Planning & Marketing, Exhibit/Trade Shows, Fashion/Apparel, Financial, Graphic Design, Health Care Services, Hospitality, Identity Marketing, Industrial, Information Technology, Internet/Web Design, Legal Services, Leisure, Local Marketing, Logo & Package Design, Luxury Products, Magazines, Market Research, Media Buying Services, Media Planning, Medical Products, Merchandising, Multimedia, New Product Development, Newspaper, Newspapers & Magazines, Out-of-Home Media, Outdoor, Over-50 Market, Paid Searches, Pharmaceutical, Planning & Consultation, Point of Purchase, Point of Sale, Print, Production, Production (Print), Publicity/Promotions, Radio, Real Estate, Restaurant, Retail, Sales Promotion, Search Engine Optimization, Seniors' Market, Social Marketing/Nonprofit, Social Media, Sponsorship, Sports Market, Stakeholders, Strategic Planning/Research, T.V., Trade & Consumer Magazines, Transportation, Travel & Tourism, Women's Market

Tim Smith *(Pres)*
Ned Show *(CEO)*
Chris Breen *(Partner & Chief Creative Officer)*
Talley Hultgren *(Chief Strategy Officer & Exec VP)*
Taylor Guglielmo *(Exec VP & Grp Acct Dir-Bus Dev)*
Celeste Hubbard *(Exec VP & Grp Acct Dir)*
Jeff Abbott *(Exec VP & Media Dir)*
Brendan Hackett *(VP & Grp Acct Dir)*
Carl Corbitt *(Exec Creative Dir)*
Anja Duering *(Exec Creative Dir)*
Brittany Riley *(Grp Dir-Creative)*
Anita Colley *(Art Dir)*
Stephen Mitchell *(Dir-Production Svcs)*
Trevor Kane *(Mgr-Production)*
Natalie Otterson *(Sr Acct Exec)*
Janai Crudup *(Acct Exec)*
Emily Garrison *(Acct Exec)*
Lauren Glynn *(Copywriter)*
Hannah Lozano *(Acct Coord)*
Adam Millman *(Assoc Creative Dir)*

Accounts:
Alzheimer's Association
Aramark; Philadelphia, PA Correctional Services
Aruba Marriott Resort & Stellaris Casino; Aruba Travel; 2007
Atlanta Convention & Visitors Bureau Creative & Strategic
Atlanta United FC Creative, Digital Advertising, Guerilla Marketing, Out of Home, Social
Children's Healthcare of Atlanta
Cox Communications
Dearborn National; Chicago, IL Employee Benefits; 2008
The Dian Fossey Gorilla Fund International; Atlanta, GA Fundraising for Endangered Mountain Gorillas; 1997
Eagle Parking Parking Solutions; 2008
Four Loko
Greenguard Environmental Institute; Atlanta, GA; 2009
Habif, Arogeti & Wynne; Atlanta, GA Financial Services; 2005
Hawks Basketball, Inc.
Marriott Hotels & Resorts; Weston, FL Caribbean & Mexico Resorts; 2006
Marriott International, Inc.
MDI Entertainment; Alpharetta, GA Lottery Games; 2010
MetroHealth
RA Sushi Bar Restaurant (Agency of Record) Creative, Digital Media, Public Relations
Red Bull; 2017
St. Kitts Marriott Resort & The Royal Beach Casino; Saint Kitts Travel; 2007
State of Georgia Dept. of Administrative Services; Atlanta, GA; 2011
TIKD (Agency of Record); 2017
YouTube; 2017

CHEMPETITIVE GROUP, LLC
(Name Changed to CG Life)

CHEN DESIGN ASSOCIATES INC
1759 Broadway, Oakland, CA 94612

ADVERTISING AGENCIES — AGENCIES - JANUARY, 2019

Tel.: (415) 896-5338
Fax: (415) 896-5339
E-Mail: info@chendesign.com
Web Site: www.chendesign.com

Employees: 50
Year Founded: 1991

Agency Specializes In: Advertising, Brand Development & Integration, Commercial Photography, Content, Copywriting, Environmental, Graphic Design, Print, Social Media, Strategic Planning/Research

Josh Chen *(Principal & Creative Dir)*
Alison Clarke *(Dir-Studio Ops)*
Hannah Robinson Demoss *(Dir-Brand Experience)*
Tracy White Taylor *(Dir-Design)*
Alexis Tjian *(Dir-Photo & Video)*
Irene Kim Shepherd *(Mgr-Mktg & Social Media)*
Kathryn Wong Hoffman *(Strategist-Comm)*
Becky Luoh *(Strategist-Brand)*
Bernee Briones *(Designer)*
Alan Johnson *(Designer)*
Kimberly Low *(Sr Designer)*
Kelly Wahlstrom *(Sr Designer)*

Accounts:
New-Asha Tea House
New-Clif Family Winery
New-Freemark Abbey Winery
New-Juniper Ridge
New-Kona Coffee Purveyors
New-The Laurel Inn
New-Napa Valley Vintners
New-Red Car Wine
New-Venus Spirits
New-Wydown Hotel

CHERESKIN COMMUNICATIONS
Village Park Way Ste 205B, Encinitas, CA 92024
Tel.: (760) 942-3116
Web Site: www.chereskincomm.com

Employees: 8
Year Founded: 1991

Agency Specializes In: Advertising, E-Commerce, Media Relations, Print, Public Relations, Strategic Planning/Research

Michele Moninger Baker *(Dir-PR)*
Livna Levram *(Dir-Creative)*

Accounts:
Allegiance, Inc.
COGNEX

CHERNOFF NEWMAN
1411 Gervais St 5th Fl, Columbia, SC 29201-3125
Tel.: (803) 254-8158
Fax: (803) 252-2016
Web Site: www.chernoffnewman.com

E-Mail for Key Personnel:
President: david.campbell@cnsg.com
Media Dir.: jeannie.hinson@cnsg.com
Public Relations:
Stephanie.RiceJones@cnsg.com

Employees: 45
Year Founded: 1974

National Agency Associations: MAGNET

Agency Specializes In: Advertising, Business-To-Business, Corporate Communications, Government/Political, Health Care Services, Public Relations, Strategic Planning/Research, Travel & Tourism

Approx. Annual Billings: $50,000,000 Capitalized

Breakdown of Gross Billings by Media: Bus. Publs.: 30%; Cable T.V.: 20%; Collateral: 15%; Outdoor: 5%; Print: 13%; Spot T.V.: 10%; Trade & Consumer Mags.: 5%; Yellow Page Adv.: 2%

Lee Bussell *(Chm & CEO)*
David Anderson *(Vice Chm)*
David Campbell *(Pres)*
Nickie Dickson *(CFO)*
Bruce Jacobs *(Sr VP & Gen Mgr)*
Sara Anders *(VP & Media Dir)*
Tye Price *(VP-Mktg Strategy)*
Prussia George *(Controller)*
Heather Price *(Creative Dir)*
Fenton Overdyke *(Dir-Mktg Svcs)*
Molly Holland *(Acct Mgr)*
Elizabeth Wynn *(Acct Mgr)*
Cindy Newman *(Acct Supv)*
Danielle Salley *(Designer-Interactive)*

Accounts:
Dean Foods
National Bank of South Carolina; Columbia, SC
Palmetto Health Baptist
Palmetto Health; Columbia, SC
River Banks Zoo; Columbia, SC
Santee Cooper; Monks Corner, SC
South Carolina Department of Agriculture
South Carolina Election Commission; Columbia, SC
T.G. Lee Foods, LLC; Orlando, FL

CHESLEY BRYAN MARKETING
16820 Lafayette Dr, Tyler, TX 75703
Tel.: (903) 952-2170
Fax: (903) 534-0444
Web Site: www.chesleybryan.com

Employees: 2

Agency Specializes In: Advertising, Graphic Design, Internet/Web Design, Media Buying Services, Print, Radio

Chesley Bryan *(Owner)*

Accounts:
Air Chandler

CHESTER + COMPANY
1668 Barrington Street 302, Halifax, NS B3J 2A2
Canada
Tel.: (902) 446-7410
Fax: (902) 446-3738
Web Site: www.chesterco.ca

Employees: 50

Agency Specializes In: Advertising, Graphic Design

Chester Goluch *(Pres)*
Daekyu Cha *(Graphic Designer-Interactive)*

Accounts:
Casino Nova Scotia Campaign: "Beware The Same Old"
Discovery Centre Social Advocacy Service Providers
Massage Addict Massage Therapy Providers
Nissan Car Dealers
Spirit Spa Inc. Fitness & Recreational Sports Service Providers

CHEVALIER ADVERTISING, INC.
1 Centerpointe Dr Ste 550, Lake Oswego, OR 97035
Tel.: (503) 639-9190
Fax: (503) 639-7122
E-Mail: info@chevalier-adv.com
Web Site: www.chevalier-adv.com

E-Mail for Key Personnel:
President: gregc@chevalier-adv.com
Creative Dir.: robink@chevalier-adv.com

Employees: 18
Year Founded: 1953

Agency Specializes In: Advertising, Cable T.V., Co-op Advertising, Collateral, Consumer Marketing, Consumer Publications, E-Commerce, Exhibit/Trade Shows, Internet/Web Design, Logo & Package Design, Magazines, Marine, Point of Purchase, Point of Sale, Print, Public Relations, Trade & Consumer Magazines

Breakdown of Gross Billings by Media: Cable T.V.: 5%; Collateral: 5%; Logo & Package Design: 5%; Mdsg./POP: 5%; Point of Sale: 5%; Pub. Rels.: 10%; Trade & Consumer Mags.: 60%; Worldwide Web Sites: 5%

Gregory Chevalier *(Pres)*
Susan McMullen *(Production Mgr)*
Aaron Lisech *(Acct Exec)*
Megan Davis *(Media Buyer)*
Megan Renander *(Media Buyer)*

Accounts:
Afflictor Broadheads LLC (Agency of Record) Advertising, Marketing, Public Relations
Alpha-TAC ExtremeBeam, M1000 Fusion Flashlight, Marketing, PR, Social Media, Web Design
Ammo Incorporated (Agency of Record) Brand Strategy, Coordinating Media, Event Planning, Media Buying, Press Releases, Public Relations, Writing; 2018
Cannon Safe
CMMG Inc Creative, Marketing, Media Placement, Public Relations
GunVault
H&N Sport (US Agency of Record) Marketing, Public Relations
HatsanUSA Creative, Marketing, Public Relations
High Threat Concealment (Agency of Record) Advertising, Creative, Marketing, Media, Public Relations
HotMocs
Montana Decoy
Nikon Sport Optics; Melville, NY Binoculars, Hunting Scopes
Rossi Firearms
SHE Outdoor Apparel
SHE Safari
Tactical Walls (Agency of Record) Creative, Public Relations, Strategic Media
Taurus; Miami, FL Handguns & Cowboy Action Guns; 2006
ThermaCELL
Warne Scope Mounts (Agency of Record) Brand, Creative, Event Planning, Marketing, Media, Press, Public Relations
Willamette Nurseries; Canby, OR Rootstock, Seedlings; 1998
Winchester Ammunition

CHF INVESTOR RELATIONS
90 Adelaide St W Ste 600, Toronto, ON M5H 3V9
Canada
Tel.: (416) 868-1079
Fax: (416) 868-6198
E-Mail: julia@chfir.com
Web Site: https://chfcapital.com/

Employees: 15

Agency Specializes In: Investor Relations

Cathy Hume *(CEO)*
Carole Rowsell *(Exec VP)*
Bob Leshchyshen *(Dir-Corp Dev)*

Accounts:

AGENCIES - JANUARY, 2019 ADVERTISING AGENCIES

Canadian Overseas Petroleum Limited Investor relations
Foraco

CHILLI MARKETING LIMITED
Rm A9, 8/F, Lee King Ind. Bldg., 12 Ng Fong St, Kowloon, 852 China (Hong Kong)
Tel.: (852) 36210378
Web Site: www.chilli-marketing.com

Employees: 10
Year Founded: 2010

Agency Specializes In: Below-the-Line, Experience Design, In-Store Advertising, Local Marketing, Magazines, Newspapers & Magazines, Out-of-Home Media, Print, Production (Print), Promotions, Shopper Marketing, Web (Banner Ads, Pop-ups, etc.)

Approx. Annual Billings: $1,000,000

Roger Tang *(Mng Partner)*

Accounts:
De Rucci De Rucci Bedding De Rucci Bespoke
SEED Corp 1day Pure Contact Lenses Eye Coffret Color Contact Lenses Heroine Make 1Day UV Cosmetic Lenses
Twinings; 2014
Wipro Unza Enchanteur Romano

CHILLINGWORTH/RADDING INC.
1123 Broadway Ste 1107, New York, NY 10010
Tel.: (212) 674-4700
Fax: (212) 979-0125
E-Mail: sradding@chillradd.com
Web Site: www.chillradd.com

E-Mail for Key Personnel:
President: steve@chillradd.com
Media Dir.: jillradding@aol.com

Employees: 10
Year Founded: 1980

Agency Specializes In: Collateral, Graphic Design, Internet/Web Design

Alexa Echavez *(Partner & Principal)*
Linda Greene *(Creative Dir)*

Accounts:
All-Clad Metalcrafters; Canonsburg, PA Bakeware, Cookware, Kitchen Accessories
Bernardo
Lenox

CHISANO MARKETING GROUP
(Name Changed to 78Madison)

CHITIKA, INC.
169 Mohawk Path, Holliston, MA 01746
Tel.: (508) 302-0793
Toll Free: (866) 441-7203
E-Mail: info@chitika.com
Web Site: chitika.com/

Employees: 29
Year Founded: 2003

Agency Specializes In: Advertising, Web (Banner Ads, Pop-ups, etc.)

Alden DoRosario *(Co-Founder & CTO)*

Accounts:
Red Herring

CHLETCOS/GALLAGHER INC.
121 W 27th St Ste 1103, New York, NY 10001
Tel.: (212) 334-2455
Fax: (212) 334-2463
E-Mail: lisa.chletcos@c-ginc.com
Web Site: www.c-ginc.com

Employees: 1

Agency Specializes In: Advertising, Business Publications, Communications

Lisa Chletcos *(Pres)*

Accounts:
Arkema
Cristal Global
Delphi Electronics & Safety; Kokomo, IN
Delphi Holdings L.L.P. ; Troy, MI
Honeywell Aerospace
Momentive Performance Materials
OSRAM SYLVANIA
Rockwell Automation
Siemens
TRW Automotive
UTC Aerospace Systems

CHOPS ADVERTISING, LLC
3221 Valley Bend Rd, Murfreesboro, TN 37129
Tel.: (615) 957-9996
Web Site: www.chopsadvertising.com

Agency Specializes In: Advertising, Brand Development & Integration, Digital/Interactive, Media Buying Services, Media Planning, Print, T.V.

Greg Hopkins *(Partner & Creative Dir)*
Judy Caplan *(Principal)*

Accounts:
Anjou Restaurant
BorderJump
Etch Restaurant
Sesac Inc.
Sombra Restaurant

THE CHR GROUP
333 Seventh Ave 6th Fl, New York, NY 10001
Tel.: (212) 863-4196
Fax: (212) 863-4141
Web Site: thechrgroup.com

Employees: 172

Agency Specializes In: Advertising

Peter Clark *(CEO)*
Edmond Huot *(Chief Creative Officer)*
Christopher Clarke *(Pres-Canada)*

Holdings

The Idea Workshop Limited
460 Richmond St W Ste 602, Toronto, ON M5V 1Y1 Canada
(See Separate Listing)

RG Narrative
(Formerly Raker Goldstein USA LLC)
575 8Th Ave Fl 11, New York, NY 10018
(See Separate Listing)

Slingshot Inc.
161 Liberty St Ste LL1, Toronto, ON M6K 3G3 Canada
(See Separate Listing)

Zlokower Company LLC
333 7th Ave 6th Fl, New York, NY 10001
(See Separate Listing)

CHRLX
2 W 45th St, New York, NY 10036
Tel.: (212) 719-4600
Fax: (212) 840-2747
E-Mail: info@chrlx.com
Web Site: www.chrlx.com/

Employees: 58

Agency Specializes In: Advertising, Cable T.V., T.V.

Robert Muzer *(VP & Dir-Engrg)*
David Langley *(VP)*
Ryan Dunn *(Exec Creative Dir)*
Jerry Stephano *(Sr Engr)*

Accounts:
Allegra
AOL
Cingular
Kohl's
M&Ms
NIKE, Inc. Air Zoom Elite 8, Campaign: "Engine", Campaign: "Find Your Fast", Online
Volvo

CHROMIUM
440 Brannan St, San Francisco, CA 94107
Tel.: (415) 778-6454
Web Site: www.chromiumbranding.com

Employees: 5

Agency Specializes In: Brand Development & Integration, Corporate Identity, E-Commerce, Email, Internet/Web Design, Out-of-Home Media, Outdoor, Package Design, Print, Strategic Planning/Research, T.V.

Tony Wessling *(Mng Partner)*
Peter van Aartrijk *(Principal)*

Accounts:
ASTER data
Beech Street Capital
Littler
McCarthy-Cook
Polycom
Suntech Power
Willis Lease

CHUMNEY & ASSOCIATES
660 US Hwy 1 2nd Fl, North Palm Beach, FL 33408
Tel.: (561) 882-0066
Fax: (561) 882-0067
Toll Free: (888) 227-5712
E-Mail: info@chumneyads.com
Web Site: www.chumneyads.com

Employees: 50
Year Founded: 1996

Agency Specializes In: Advertising, Automotive, Direct Response Marketing, Internet/Web Design, Print, Radio, Sales Promotion, T.V.

Approx. Annual Billings: $50,000,000

Mike Chumney *(Pres)*
Brett Hawkins *(Partner)*
G. Scott Swiger *(VP-Chumney Digital Solutions)*
Candice Johnson *(Media Dir)*
Aaron Weinstein *(Dir-Digital Adv)*
Morgan Chumney *(Specialist-Social Media Mktg)*
Mark Havens *(Specialist-Digital Adv)*

Accounts:

ADVERTISING AGENCIES

Ford
Ft Myers Toyota
Nissan
Toyota

CI DESIGN INC.
306 N Milwaukee St Ste 200, Milwaukee, WI 53202
Tel.: (414) 224-3100
Fax: (414) 224-3101
E-Mail: info@cidesigninc.com
Web Site: www.cidesigninc.com

Employees: 11
Year Founded: 1978

Agency Specializes In: Advertising, Brand Development & Integration, Collateral, Commercial Photography, Corporate Communications, Corporate Identity, Digital/Interactive, Education, Electronic Media, Exhibit/Trade Shows, Graphic Design, Health Care Services, Internet/Web Design, Logo & Package Design, Magazines, Point of Purchase, Print, Production, Real Estate, Sports Market

Approx. Annual Billings: $1,500,000

Jim Taugher *(CEO & Exec Creative Dir)*
Roger Barber *(CFO)*
Scott Hill *(COO)*
David Busse *(Dir-Video Production & Sr Producer)*
Katie Good *(Art Dir)*
Andrew Glaser *(Project Mgr-Interactive)*

CI GROUP
10 Salem Park, Whitehouse, NJ 08888
Tel.: (908) 534-6100
Fax: (908) 534-5151
Web Site: www.ci-group.com

Employees: 50
Year Founded: 1986

National Agency Associations: ADC-BMA-DMA-PRSA

Agency Specializes In: Advertising, Advertising Specialties, Brand Development & Integration, Business Publications, Catalogs, Co-op Advertising, Collateral, Consumer Goods, Consumer Publications, Corporate Communications, Cosmetics, Digital/Interactive, Direct Response Marketing, E-Commerce, Electronic Media, Electronics, Email, Exhibit/Trade Shows, Financial, Identity Marketing, In-Store Advertising, Logo & Package Design, Media Planning, Medical Products, Mobile Marketing, Multimedia, New Product Development, Print, Public Relations, Publicity/Promotions, Radio, Sales Promotion, Web (Banner Ads, Pop-ups, etc.)

Approx. Annual Billings: $15,000,000

Eric Turiansky *(Pres)*
H. Charles Ross, Jr. *(Sr VP)*
Michael Capone *(VP-Enterprise Sls)*
Jennifer Huff *(VP-Fin)*
Chad Shebey *(VP)*
Jessica Bleck *(Client Svcs Dir)*
Gina Galligan *(Dir-Branded Mdse)*
Dan Murphy *(Dir-Acct Mgmt, Warehousing & Fulfillment)*
David Reid *(Dir-IT)*

CIDER HOUSE MEDIA
28 Northampton St, Easthampton, MA 01027
Tel.: (413) 203-2356
E-Mail: support@ciderhousedesign.com
Web Site: https://ciderhouse.media/

Employees: 4

Agency Specializes In: Advertising, Brand Development & Integration, Internet/Web Design, Logo & Package Design

Elizabeth Appelquist *(COO & VP)*

Accounts:
Coco & the Cellar Bar

CIEN+
(Formerly XL Alliance)
234 W 39th St, New York, NY 10018
Tel.: (646) 461-6216
E-Mail: info@cien.plus
Web Site: www.cien.plus

Employees: 27
Year Founded: 2009

Agency Specializes In: Advertising, Branded Entertainment, Digital/Interactive

Enrique Arbelaez *(Co-Founder, Mng Partner & VP-Digital & Innovation)*
Paola De Castro *(Client Svcs Dir)*

Accounts:
Cesar Camacho
Diageo plc Johnnie Walker
HSN (Multicultural Agency of Record) Content, Hispanic, Strategies
The Kroger Co
Post Foods, LLC
Valeant Pharmaceuticals International Bedoyecta, Caladryl
Wphone Card

CIESADESIGN
200 E Grand River Ave, Lansing, MI 48906
Tel.: (517) 853-8877
Fax: (517) 853-2999
Web Site: www.ciesadesign.com

Employees: 15
Year Founded: 1983

Agency Specializes In: Advertising, Graphic Design, Internet/Web Design

Lauren Ciesa *(Pres, COO & Dir-Creative & Acct)*
Kevin Liuzzo *(Dir-Design)*
John Donohoe *(Acct Mgr & Graphic Designer)*
Kris Kennaugh *(Office Mgr)*
Kendra Church *(Sr Designer)*
Thomas Ro *(Developer-Web-Client Rels & Project Svcs)*

Accounts:
Greater Lansing Ballet Company
Heart of the Lakes
Renegade Theatre Festival

CIMBRIAN
114 E Chestnut St # 200, Lancaster, PA 17602
Tel.: (717) 368-2563
Fax: (717) 397-9905
E-Mail: info@cimbrian.com
Web Site: www.cimbrian.com

Employees: 24
Year Founded: 1972

Agency Specializes In: Advertising, Brand Development & Integration, Business-To-Business, Cable T.V., Collateral, Communications, Consumer Marketing, Consumer Publications, Corporate Identity, Digital/Interactive, Education, Financial, Food Service, Health Care Services, Internet/Web Design, Logo & Package Design, Medical Products, New Product Development, Planning & Consultation, Public Relations, Publicity/Promotions, Retail, Strategic Planning/Research, Transportation

Revenue: $6,000,000

Accounts:
Belco Community Credit union
Chicco
Drogaris Companies
Flinchbough Enginnering,Inc.
Honey Bee Gardens
Valais
Frey Chocolate Candy

CIRCLE OF ONE MARKETING
2400 NE 2nd Ave Studio C, Miami, FL 33137
Tel.: (305) 576-3790
Fax: (305) 576-3799
E-Mail: info@circleofonemarketing.com
Web Site: www.circleofonemarketing.com

Employees: 5
Year Founded: 2001

Agency Specializes In: Advertising, African-American Market, Brand Development & Integration, Cable T.V., Collateral, Electronic Media, Entertainment, Event Planning & Marketing, Government/Political, Graphic Design, Logo & Package Design, Magazines, Media Buying Services, Newspaper, Out-of-Home Media, Outdoor, Public Relations, Publicity/Promotions, Radio, Real Estate, T.V., Travel & Tourism

Approx. Annual Billings: $900,000

Breakdown of Gross Billings by Media: Newsp.: 35%; Other: 10%; Pub. Rels.: 20%; Radio & T.V.: 35%

Suzan McDowell *(Pres)*

Accounts:
Amicon Development; Miami, FL Commercial Real Estate Development; 2004
City of Miami Beach Cultural Affairs Program; Miami Beach, FL Cultural Arts Council; 2004
City of Miami Gardens; Miami Gardens, FL Various Events; 2004
City of Riviera Beach; Riviera Beach, FL 4th & 5th Annual Jazz & Blues Festival; 2003
Delancy Hill; Miami, FL
Ginger Bay Cafe; Hollywood, FL Caribbean Cuisine; 2001
Miami Dade Chamber of Commerce
One United Bank; Boston, MA
Peak Mortgage; Pembroke Pines, FL Mortgage Products; 2001
Planned Parenthood of Greater Miami & the Florida Keys; Miami, FL Safe Sex; 2002
State of Florida-Office of Supplier Diversity; Tallahassee, FL

CIRCLE ONE
(Acquired & Absorbed by Match Marketing Group)

CIRCUS MARKETING
1550 16th St, Santa Monica, CA 90404
Tel.: (310) 587-0009
E-Mail: info@circusmarketing.com
Web Site: circusmarketing.com/

Employees: 100
Year Founded: 2005

Agency Specializes In: Advertising, Content, Copywriting, Entertainment, Hispanic Market, Multicultural, Multimedia, Production (Ad, Film, Broadcast), T.V.

AGENCIES - JANUARY, 2019 — ADVERTISING AGENCIES

Bruno Lambertini *(Founder & CEO)*
Christopher Roberts *(VP-Client Svcs)*
Jennifer Quezada *(Head-Client)*
Federico Duran *(Exec Creative Dir)*
Marcela Angeles *(Creative Dir)*
Noel Gomez *(Creative Dir)*
Miguel Ottati *(Creative Dir)*
Jacobo Perez *(Creative Dir)*
Rafael Javier Ramirez Borja *(Art Dir)*
Sergio Chaile *(Dir-Digital Art)*
Aaron Nava *(Dir-Digital & Social)*
Mercedes Senior Suarez *(Sr Head-Client)*

Accounts:
Northgate Market (Agency of Record) Brand Develop Integrated & Strategic Advertising; 2018
Warner Brothers Pictures Creative, San Andreas, TV

CIRCUS MAXIMUS
33 Irving Pl 3rd Fl, New York, NY 10003
Tel.: (305) 600-6055
E-Mail: info@circusmaximus.com
Web Site: https://www.circusmaximus.com/

Employees: 10
Year Founded: 2014

Agency Specializes In: Advertising, Brand Development & Integration, Commercial Photography, Content, Production, Social Media

Ryan Kutscher *(Founder)*
Paul Sutton *(Partner & Dir-Production)*

Accounts:
Adyen
New-Angry Orchard Cider Company LLC
New-The Coca-Cola Company Glaceau Smartwater, Vitaminwater
New-CultureIQ
New-The Icelandic Milk & Skyr Corporation Siggi's
New-Jet.com Inc
New-Justworks Inc
Roman
New-Telefonica SA

THE CIRLOT AGENCY, INC.
1505 Airport Rd, Jackson, MS 39232
Tel.: (601) 664-2010
Fax: (601) 664-2610
Toll Free: (800) 356-8169
E-Mail: inquiry@cirlot.com
Web Site: www.cirlot.com

E-Mail for Key Personnel:
President: rick@cirlot.com
Creative Dir.: lynda@cirlot.com
Media Dir.: greg@cirlot.com

Employees: 36
Year Founded: 1984

National Agency Associations: AAF

Agency Specializes In: Advertising, Advertising Specialties, Affiliate Marketing, Affluent Market, African-American Market, Agriculture, Alternative Advertising, Arts, Automotive, Aviation & Aerospace, Bilingual Market, Brand Development & Integration, Branded Entertainment, Broadcast, Business Publications, Business-To-Business, Cable T.V., Catalogs, Children's Market, Co-op Advertising, Collateral, College, Commercial Photography, Communications, Consulting, Consumer Goods, Consumer Marketing, Consumer Publications, Content, Corporate Communications, Corporate Identity, Cosmetics, Crisis Communications, Custom Publishing, Customer Relationship Management, Digital/Interactive, Direct Response Marketing, Direct-to-Consumer, E-Commerce, Education, Electronic Media, Email, Engineering, Entertainment, Environmental, Event Planning & Marketing, Exhibit/Trade Shows, Experience Design, Fashion/Apparel, Financial, Food Service, Government/Political, Graphic Design, Health Care Services, High Technology, Hospitality, Household Goods, Identity Marketing, In-Store Advertising, Industrial, Information Technology, Integrated Marketing, International, Internet/Web Design, Investor Relations, Legal Services, Leisure, Local Marketing, Logo & Package Design, Luxury Products, Magazines, Marine, Market Research, Media Buying Services, Media Planning, Media Relations, Media Training, Medical Products, Men's Market, Merchandising, Mobile Marketing, Multicultural, Multimedia, New Product Development, Newspaper, Newspapers & Magazines, Out-of-Home Media, Outdoor, Over-50 Market, Package Design, Paid Searches, Pharmaceutical, Planning & Consultation, Podcasting, Point of Purchase, Point of Sale, Print, Product Placement, Production, Production (Ad, Film, Broadcast), Production (Print), Promotions, Public Relations, Publicity/Promotions, Publishing, RSS (Really Simple Syndication), Radio, Real Estate, Recruitment, Regional, Restaurant, Retail, Sales Promotion, Search Engine Optimization, Seniors' Market, Social Marketing/Nonprofit, Sponsorship, Sports Market, Stakeholders, Strategic Planning/Research, T.V., Technical Advertising, Teen Market, Trade & Consumer Magazines, Transportation, Travel & Tourism, Urban Market, Web (Banner Ads, Pop-ups, etc.), Women's Market, Yellow Pages Advertising

Approx. Annual Billings: $21,000,000

Richard W. Looser, Jr. *(Pres & COO)*
Liza Cirlot Looser *(CEO)*
Lynda Lesley *(VP & Creative Dir)*
Greg Gilliland *(VP & Dir-Multimedia)*
Lisa Comer *(Dir-Mktg Svcs)*
Halie Caldwell *(Strategist-PR)*
Chrissy Sanders *(Strategist-Brand)*
Steve Erickson *(Exec Art Dir)*

Accounts:
Aerospace Industries Association (AIA) Aerospace & Defense Membership Organization
Bell Helicopter Textron, Inc. Bell Helicopter Textron, Inc., Bell Helicopters
Bush Brothers & Company; Knoxville, TN Retail Beans
Heartland Catfish Food Products
Ingalls Shipbuilding Defense, Shipbuilding
Longleaf Camo Outdoor Apparel & Accessories
Mighty Grow Organic Fertilizer
Mississippi Believe It Internal Branding, Public Service, Strategy & Business Development
Northrop Grumman Defense
Raytheon Electronic Systems; Dallas, TX Defense, Electronics
Sanderson Farms Championship Event: PGA TOUR Tournament
Sanderson Farms, Inc.; Laurel, MS Food Products
St. Dominic Hospital System Healthcare
Textron AirLand Aircraft Manufacturing
Textron Systems Aerospace & Defense

CITIZEN GROUP
465 California St, San Francisco, CA 94104
Tel.: (415) 321-3440
E-Mail: hello@citizengroup.com
Web Site: www.citizengroup.com

Agency Specializes In: Advertising, Brand Development & Integration, Content, Event Planning & Marketing, Internet/Web Design, Print, Production, Radio, Social Media, T.V.

Robin Raj *(Founder & Exec Creative Dir)*
David Cumpton *(Partner & Dir-Strategy & Acct Mgmt)*
Sarah Flores *(Acct Dir)*
Kelly Konis *(Dir-Media & Partnerships)*
Amalia Sundberg *(Mgr-Engagement)*
Kirsten Kjeldsen *(Sr Designer)*

Accounts:
New-Mezzetta
New-Sustainable Life Media Inc.

CITRUS STUDIOS
1512 18th St Ste 3, Santa Monica, CA 90404
Tel.: (424) 219-7940
Fax: (310) 395-9121
E-Mail: hello@citrusstudios.com
Web Site: www.citrusstudios.com

Employees: 10
Year Founded: 1999

Agency Specializes In: Advertising, Digital/Interactive, Graphic Design, Internet/Web Design

Erika Brechtel *(Creative Dir)*
Erika Lyons Hsu *(Acct Dir)*

Accounts:
USC

CITYTWIST
1200 N Federal Hwy Ste 417, Boca Raton, FL 33432
Tel.: (561) 989-8480
Web Site: www.citytwist.com

Employees: 81

Agency Specializes In: Advertising, Email, Pharmaceutical

Lou Nobile *(Founder & Chm)*
Lyndon Griffin *(CTO)*
Marc Lefevre *(Exec VP-Sls-Conquest Automotive)*
Jason Elston *(VP-Ops)*
Dan Lynch *(Sr Acct Mgr)*
Brad Mednick *(Sr Acct Mgr-House)*
Laura Bieniasz-Hobbs *(Mgr-Call Center)*

CIVIC ENTERTAINMENT GROUP, LLC
436 Lafayette St 5th Flr, New York, NY 10003
Tel.: (212) 426-7006
Fax: (212) 426-7002
Web Site: www.civic-us.com

Employees: 106
Year Founded: 1999

Agency Specializes In: Advertising, Brand Development & Integration, Digital/Interactive, Event Planning & Marketing

David Cohn *(Founder & Co-CEO)*
Stuart Ruderfer *(Owner)*
Parke Spencer *(Pres)*
Jennifer Boardman *(Sr VP)*
Ann B. Gellert *(Sr VP-Production & Resources)*
Sarah Puil *(Sr VP)*
Sarah Unger *(Sr VP-Cultural Insights & Strategy)*
Tiffany Wagner *(Sr VP)*
Nina Habib *(VP-Talent)*
Sarah Emery *(Acct Dir)*
Linda Ong *(Chief Culture Officer)*

Accounts:
New-Airbnb, Inc.
Ford Motor Company
International Business Machines Corporation Citizenship, Influencer Initiatives; 2018
NBC Universal

ADVERTISING AGENCIES

CIVILIAN
444 N Michigan Ave 33rd Fl, Chicago, IL 60611-3905
Tel.: (312) 822-1100
Fax: (312) 822-9628
Web Site: www.civilianagency.com

Employees: 25
Year Founded: 1988

National Agency Associations: 4A's-CADM

Agency Specializes In: Above-the-Line, Advertising, Advertising Specialties, Affluent Market, Agriculture, Alternative Advertising, Automotive, Below-the-Line, Bilingual Market, Brand Development & Integration, Business-To-Business, Cable T.V., Collateral, College, Communications, Consulting, Consumer Goods, Consumer Marketing, Corporate Identity, Cosmetics, Customer Relationship Management, Digital/Interactive, Direct Response Marketing, Direct-to-Consumer, E-Commerce, Education, Electronic Media, Email, Entertainment, Environmental, Event Planning & Marketing, Exhibit/Trade Shows, Experience Design, Financial, Food Service, Graphic Design, Health Care Services, High Technology, Hospitality, Household Goods, Identity Marketing, Infomercials, Integrated Marketing, Internet/Web Design, Local Marketing, Luxury Products, Market Research, Media Buying Services, Media Planning, Medical Products, Mobile Marketing, Multicultural, Multimedia, Newspaper, Out-of-Home Media, Outdoor, Over-50 Market, Paid Searches, Pets, Pharmaceutical, Planning & Consultation, Point of Purchase, Point of Sale, Print, Production, Production (Print), Promotions, Publicity/Promotions, Radio, Real Estate, Restaurant, Retail, Sales Promotion, Search Engine Optimization, Shopper Marketing, Social Media, Sponsorship, Sports Market, Strategic Planning/Research, Sweepstakes, T.V., Teen Market, Transportation, Travel & Tourism, Tween Market, Urban Market, Women's Market, Yellow Pages Advertising

Approx. Annual Billings: $5,300,000

Breakdown of Gross Billings by Media: D.M.: $2,000,000; Internet Adv.: $800,000; Production: $500,000; Spot T.V.: $1,000,000; Strategic Planning/Research: $1,000,000

Matt Morano *(Mng Dir)*
Tim Claffey *(Pres-Targetcom)*
Katie Even *(Acct Supvr)*
Carrie Whalen *(Assoc Creative Dir)*

Accounts:
Allstate Life Insurance; 2011
Best Buy; MN Relationship Marketing; 2008
Cancer Treatment Centers of America; Chicago, IL Specialty Healthcare; 2002
Citi Credit Card Marketing; 2005
Discover; Northbrook, IL Credit Card Marketing; 2008
Elysian Hotel; Chicago, IL Luxury Hotel; 2011
Erie Insurance Insurance; 2012
National Association of Realtors; Chicago, IL Association; 2008
St. Jude Children's Hospital; Memphis, TN Specialty Healthcare; 2010
Universal Technical Institute; Phoenix, AZ Technical Educations; 2011
Wilson Sporting Goods; Chicago, IL Baseball; 2011

CIVITAS MARKETING
536 S Wall St Ste 100, Columbus, OH 43215
Tel.: (614) 499-9032
E-Mail: info@civitasmarketing.com
Web Site: www.civitasmarketing.com/

Employees: 11

Agency Specializes In: Advertising, Brand Development & Integration, Event Planning & Marketing, Experiential Marketing, Internet/Web Design, Logo & Package Design, Media Planning, Print, Radio

Jacob Taylor *(Founder & CEO)*

Accounts:
Brown-Forman
Carl H. Lindner College of Business
Democratic National Convention
Experience Columbus
Express
Major League Soccer
Mid-Ohio Foodbank
Smart Columbus
Thornton Water
TourismOhio Creative; 2018

CJ ADVERTISING LLC
300 10th Ave S, Nashville, TN 37203
Tel.: (615) 254-6634
Fax: (615) 254-6615
Web Site: www.cjadvertising.com

Employees: 60

Agency Specializes In: Advertising, Brand Development & Integration, Broadcast, Content, Digital/Interactive, Social Media

Jimmy Bewley *(Gen Counsel & VP)*
Jennifer Floyd *(Dir-Creative Svcs)*
Kathy Himmelberg *(Dir-Interactive)*
Greg Howell *(Dir-Ops)*
Angel Putman *(Dir-Media Svcs)*
Laura Hudson *(Brand Mgr)*
Darron McKnight *(Mgr-Local Media)*
Bonnie Rothenstein *(Media Buyer)*
Joseph Hayden *(Coord-Media & Buyer-Outdoor)*
Jennifer McDow Druckenmiller *(Sr Media Buyer)*

Accounts:
Crowson Law Group
Jason Stone Injury Lawyers

CJRW NORTHWEST
4100 Corporate Center Dr Ste 300, Springdale, AR 72762
Tel.: (479) 442-9803
Fax: (479) 442-3092
Toll Free: (800) 599-9803
E-Mail: learnabout@cjrww.com
Web Site: www.cjrw.com

Employees: 25
Year Founded: 1977

National Agency Associations: AAF

Agency Specializes In: Advertising, Business-To-Business, Consulting, Consumer Marketing, Event Planning & Marketing, Health Care Services, Internet/Web Design, Logo & Package Design, Planning & Consultation, Point of Purchase, Point of Sale, Print, Publicity/Promotions, Sales Promotion, Sponsorship, Sweepstakes, Travel & Tourism

Approx. Annual Billings: $10,000,000

Breakdown of Gross Billings by Media: Newsp. & Mags.: 38%; Print: 53%; Promos.: 6%; Radio & T.V.: 3%

Brian Rudisill *(Pres-NW Arkansas Office)*
Tanya Whitlock *(Sr VP & Media Dir-Consumer)*
Brian Kratkiewicz *(Sr VP & Dir-Media & Interactive)*
Brenda Worm *(VP & Dir-Ops)*
Maxine Williams *(VP-Acct Svcs)*
Wade McCune *(Creative Dir)*
Brandi Childress *(Media Planner & Media Buyer)*
Margaret Willis *(Media Planner & Media Buyer)*
Nicole Boddington *(Copywriter)*
Vita Barre *(Assoc Media Dir-Consumer)*
Annie Holman *(Assoc Media Dir)*

Accounts:
Arkansas Department of Health
Arkansas Department of Parks & Tourism
Arkansas Game and Fish Commission
Arkansas State Police Highway Safety Office
Tyson Foods

CK ADVERTISING
(Formerly Moore & Scarry Advertising)
1521 Commerce Creek Blvd, Cape Coral, FL 33909
Tel.: (239) 689-4000
Fax: (239) 689-4007
Web Site: www.ckadvertising.com

Employees: 30
Year Founded: 2002

Agency Specializes In: Advertising, Automotive, Brand Development & Integration, Broadcast, Cable T.V., Co-op Advertising, Collateral, Direct Response Marketing, Experiential Marketing, Graphic Design, Infomercials, Magazines, Media Buying Services, Multimedia, Newspaper, Newspapers & Magazines, Out-of-Home Media, Outdoor, Planning & Consultation, Print, Production, Radio, Recruitment, Sales Promotion, Strategic Planning/Research, T.V.

Approx. Annual Billings: $29,000,000

Breakdown of Gross Billings by Media: Brdcst.: $10,000,000; Cable T.V.: $3,500,000; Print: $8,000,000; Production: $1,500,000; Radio: $6,000,000

Tom Kerr *(Co-Owner)*
Paul Caldwell *(Partner)*
William Frazer *(Controller-Ops-Moore & Scarry Adv)*
Jacqueline Miller *(Gen Mgr)*
Karyn Cardona *(Media Dir)*
Ed Kiesel *(Creative Dir)*
Jason Zulauf *(Art Dir)*
Lucero Ruiz *(Dir-Production)*
Kayla Baker *(Sr Acct Exec)*
Janet Talpasz *(Sr Acct Exec)*
Jeremy Baker *(Acct Exec)*
Patricia Jones *(Media Buyer)*

Accounts:
Armstrong Toyota (Agency of Record)
Bob Taylor Chevrolet; Fort Myers, FL; 2005
Bob Taylor Jeep; Fort Myers, FL; 2005
Coggin Automotive Group
Courtesy Autogroup
Nalley Automotive Group
North Point Automotive Group; Little Rock, AR; 2005
Towne Hyundai
Towne Toyota

CK COMMUNICATIONS, INC. (CKC)
445 Newport Dr, Indialantic, FL 32903
Tel.: (321) 752-5802
Fax: (321) 752-5898
Toll Free: (800) 594.3CKC
E-Mail: info@ckc411.com
Web Site: www.CKC411.com

Employees: 5
Year Founded: 1999

National Agency Associations: AAF-AMA-PRSA

AGENCIES - JANUARY, 2019 — ADVERTISING AGENCIES

Agency Specializes In: Above-the-Line, Advertising, Affluent Market, African-American Market, Alternative Advertising, Arts, Automotive, Aviation & Aerospace, Bilingual Market, Brand Development & Integration, Branded Entertainment, Broadcast, Business Publications, Business-To-Business, Cable T.V., Catalogs, Children's Market, Co-op Advertising, Collateral, College, Commercial Photography, Communications, Computers & Software, Consulting, Consumer Goods, Consumer Marketing, Consumer Publications, Content, Corporate Communications, Corporate Identity, Cosmetics, Crisis Communications, Digital/Interactive, Direct Response Marketing, E-Commerce, Education, Electronic Media, Electronics, Engineering, Entertainment, Environmental, Event Planning & Marketing, Exhibit/Trade Shows, Experience Design, Fashion/Apparel, Financial, Food Service, Government/Political, Graphic Design, Guerilla Marketing, Health Care Services, High Technology, Hispanic Market, Household Goods, Identity Marketing, In-Store Advertising, Industrial, Infomercials, Information Technology, Integrated Marketing, International, Internet/Web Design, Investor Relations, LGBTQ Market, Legal Services, Leisure, Local Marketing, Logo & Package Design, Luxury Products, Magazines, Marine, Market Research, Media Buying Services, Media Planning, Media Training, Medical Products, Men's Market, Merchandising, Multicultural, Multimedia, New Product Development, New Technologies, Newspaper, Newspapers & Magazines, Out-of-Home Media, Outdoor, Over-50 Market, Package Design, Pharmaceutical, Planning & Consultation, Point of Purchase, Point of Sale, Print, Production, Production (Ad, Film, Broadcast), Public Relations, Publicity/Promotions, Radio, Real Estate, Recruitment, Regional, Restaurant, Retail, Sales Promotion, Search Engine Optimization, Seniors' Market, Social Marketing/Nonprofit, Sponsorship, Sports Market, Strategic Planning/Research, Sweepstakes, Syndication, T.V., Technical Advertising, Teen Market, Telemarketing, Trade & Consumer Magazines, Transportation, Travel & Tourism, Web (Banner Ads, Pop-ups, etc.), Women's Market, Yellow Pages Advertising

Approx. Annual Billings: $3,735,000

Breakdown of Gross Billings by Media:
Audio/Visual: $500,000; Brdcst.: $750,000; Collateral: $250,000; Comml. Photography: $75,000; E-Commerce: $100,000; Event Mktg.: $50,000; Exhibits/Trade Shows: $250,000; Fees: $1,000,000; Graphic Design: $200,000; In-Store Adv.: $10,000; Local Mktg.: $100,000; Logo & Package Design: $100,000; Mags.: $250,000; Newsp.: $100,000

Craig Kempf *(CEO & Creative Dir)*

CKR INTERACTIVE
399 N 3rd St, Campbell, CA 95008
Tel.: (408) 517-1400
Fax: (408) 517-1491
E-Mail: info@ckrinteractive.com
Web Site: www.ckrinteractive.com

Employees: 35
Year Founded: 2001

Agency Specializes In: Direct Response Marketing, Print, Production, Recruitment

Curtis Rogers *(Pres & CEO)*
Michelle Ferreira *(VP-Client Strategy & Ops)*
Kasey Sixt *(VP)*
Tony Rosato *(Dir-Client Dev)*
Brandon Spencer *(Dir-Digital & Creative Svcs)*
Ginger Powell *(Sr Acct Mgr & Specialist-Diversity)*
Katie Kent *(Project Mgr-Interactive)*

Anne Hillman *(Acct Exec)*

Accounts:
Applied Biosystems
Banner Health
Children's Hospital & Research Center Oakland
DHL Worldwide Express
Genentech
NCH Healthcare System
Northeast Georgia Health System

CLAPP COMMUNICATIONS
6115 Falls Rd Penthouse, Baltimore, MD 21209
Tel.: (410) 561-8886
Fax: (410) 561-9064
Web Site: www.clappcommunications.com

Employees: 5

Agency Specializes In: Advertising, Event Planning & Marketing, Graphic Design, Market Research, Media Buying Services, Media Planning, Public Relations

Barb Clapp *(Pres & CEO)*
Karen Benckini *(Media Dir)*
Beth Sykes *(Dir-Charlotte)*
Lisa Harlow *(Sr Acct Exec)*
Dana Metzger *(Sr Acct Exec)*
Karen Evander *(Acct Exec)*

Accounts:
The Association of Baltimore Area Grantmakers Public Relations
Baltimore County Department of Health Advertising, Marketing
Better Business Bureau of Greater Maryland Marketing, Public Relations
CFG Community Bank Advertising, Marketing, Public Relations; 2018
Elliott Sidewalk Communities Event Planning, Marketing & Public Relations; 2018
Grand Central Development Marketing, Public Relations
Howard Bank Public Relations
Loews Annapolis Hotel Public Relations
Nemphos Braue LLC Marketing, Public Relations
Stratford University Public Relations
New-Welcome One Emergency Shelter Event Services, Marketing, Public Relations; 2018

CLARITY COVERDALE FURY ADVERTISING, INC.
120 S 6th St Ste 1300, Minneapolis, MN 55402-1810
Tel.: (612) 339-3902
Fax: (612) 359-4399
E-Mail: omalley@ccf-ideas.com
Web Site: www.claritycoverdalefury.com

E-Mail for Key Personnel:
President: clarity@ccf-ideas.com
Creative Dir.: coverdale@ccf-ideas.com
Media Dir.: ethier@ccf-ideas.com

Employees: 64
Year Founded: 1979

National Agency Associations: 4A's

Agency Specializes In: Above-the-Line, Advertising, Affluent Market, Alternative Advertising, Below-the-Line, Brand Development & Integration, Business Publications, Business-To-Business, Cable T.V., Catalogs, Collateral, Consumer Goods, Consumer Marketing, Corporate Identity, Digital/Interactive, E-Commerce, Email, Financial, Food Service, Government/Political, Graphic Design, Guerilla Marketing, Health Care Services, Hospitality, Identity Marketing, In-Store Advertising, Integrated Marketing, Internet/Web Design, Logo & Package Design, Luxury Products, Magazines, Market Research, Media Buying Services, Media Planning, Medical Products, Mobile Marketing, Multimedia, New Product Development, Newspaper, Newspapers & Magazines, Out-of-Home Media, Outdoor, Package Design, Paid Searches, Point of Purchase, Point of Sale, Print, Production (Ad, Film, Broadcast), Production (Print), Promotions, Public Relations, Radio, Restaurant, Retail, Sales Promotion, Search Engine Optimization, Social Marketing/Nonprofit, Sponsorship, Strategic Planning/Research, Sweepstakes, T.V., Trade & Consumer Magazines, Transportation, Travel & Tourism, Viral/Buzz/Word of Mouth, Web (Banner Ads, Pop-ups, etc.)

Approx. Annual Billings: $68,701,000

Rob Rankin *(Pres)*
Elisabeth Morgan *(CFO)*
Jim Landry *(Exec Creative Dir)*
Robin Rooney *(Acct Dir)*
Molly Hull *(Dir-Brand Dev)*
Elizabeth B. Clarity *(Sr Acct Mgr)*
Gary Hellmer *(Grp Brand Dir)*
Deb Anderson *(Supvr-Brdcst)*
Phil Rademacher *(Strategist-Digital Behavior)*
Nissa Hanna *(Sr Acct Planner)*
Chelsea Gadtke *(Media Buyer)*
Ashley Herink *(Media Planner)*
Andy Brunn *(Assoc Media Dir)*

Accounts:
Altru Health System
Ann Bancroft Foundation Marketing
BMS Group Brand Awareness, Marketing Communications
Boy Scouts of America Northern Star Council (Agency of Record)
Charter Communications
The Cheyenne Mountain Zoo Advertising, Marketing
Chopin Vodka
ClearWay Minnesota Advertising, Campaign: "Still a problem in Minnesota", Minnesota Partnership for Action Against Tobacco, Online, Out-of-Home, Print, Radio, www.stillaproblem.com
Dairy Queen
Destination Medical Center Economic Development Agency
International Dairy Queen, Inc.
Land O'Lakes Feed
Metro Transit Marketing Services
Minnesota Department of Employment and Economic Development
Minnesota Department of Transportation
Minnesota Zoo (Media Agency of Record) Campaign: "Ocean is Coming", DINOSAURS! Exhibit, Media Planning & Buying
MNsure
Northern Star Council Boy Scouts of America
Park Nicollet Health Services
Purina Mills Feed
QuitPlan Services
Red Gold Tomatoes
Rembrandt Foods
Seeds 2000
Tuttorosso Tomatoes
Wings Financial Credit Union (Agency of Record) Campaign: "Dream Loan", Campaign: "Life Happens", Digital Campaign, Out-of-Home, Radio, TV
YWCA of Minneapolis (Agency of Record) Bus Shelters, Digital Billboards, Early Childhood Education Program, Health& Fitness, Media Buying, Media Planning, Multimedia, Online & Mobile Banner Ads, Pandora Radio, Restroom Advertising, Strategic Planning

CLARK & ASSOCIATES
2743 Pope Ave, Sacramento, CA 95821
Tel.: (916) 635-2424
Fax: (916) 635-0531
Toll Free: (877) 888-4040
E-Mail: info@clarkadvertising.com

ADVERTISING AGENCIES

Web Site: www.clarkadvertising.com

Employees: 6
Year Founded: 1980

Agency Specializes In: Direct Response Marketing, Retail

Approx. Annual Billings: $18,000,000

Edward F Clark *(Owner)*

CLARK CREATIVE GROUP
514 S 13th St, Omaha, NE 68102
Tel.: (402) 345-5800
Fax: (402) 345-4858
Web Site: www.clarkcreativegroup.com

Employees: 20

Agency Specializes In: Advertising, Brand Development & Integration, Graphic Design, Internet/Web Design, Media Planning, Media Relations, Package Design, Public Relations, Social Media, Strategic Planning/Research

Fred Clark *(Pres)*
Melanie Clark *(Pres)*
Roxzanne Feagan *(VP-Graphic Svcs)*
Lisa Meehan *(VP-Media Svcs)*
Mike Meehan *(VP-Creative Svcs)*
Daryl Anderson *(Creative Dir)*
Lauren Huber *(Dir-Bus Dev & Sr Acct Exec)*
Tiffany Heckenlively *(Fin Mgr)*
Patricia Morrissey *(Office Mgr)*
Andrea Nash *(Media Buyer & Specialist-Digital Media)*
Kara Covrig *(Specialist-Media & Acct Coord)*
John Sullivan *(Coord-Digital Mktg & Acct)*

Accounts:
Opera Omaha

CLARK/NIKDEL/POWELL
72 4Th St Nw, Winter Haven, FL 33881
Tel.: (863) 299-9980
Fax: (863) 297-9061
Web Site: https://cnpagency.com/

Employees: 15
Year Founded: 1991

Agency Specializes In: Advertising

Christine E. Nikdel *(Partner & Art Dir)*
Mark Adkins *(Creative Dir)*
Jarrett Smith *(Dir-Digital)*
Katrina Hill *(Acct Exec)*
Whitney Nall *(Acct Exec)*
Maggie Ross *(Acct Exec)*
Victoria Gauthier *(Copywriter)*
Tiffany Taunton *(Assoc Creative Dir)*

Accounts:
Allen & Company
Highlands County Tourist Development Council; Sebring, FL
Historic Bok Sanctuary
Polk County Tourism & Sports Marketing Campaign: "Find Your Element In Central Florida", Website Update

CLAY POT CREATIVE
418 S Howes St Ste 100, Fort Collins, CO 80521
Tel.: (970) 495-6855
Fax: (970) 495-6896
Web Site: www.claypotcreative.com

Employees: 11
Year Founded: 2000

Agency Specializes In: Advertising, Brand Development & Integration, Event Planning & Marketing, Graphic Design, Internet/Web Design, Logo & Package Design, Social Media

Doug Robinson *(Art Dir)*
Torrie Wolf *(Art Dir)*
Cindy Kroeger *(Dir-Art)*
Levi Moe *(Specialist-Internet Mktg)*

Accounts:
VFuel

CLAYTON DESIGN GROUP LLC
12386 Mountain Rd, Lovettsville, VA 20180
Tel.: (703) 341-7969
Fax: (703) 448-3820
E-Mail: info@claytondesigngroup.com
Web Site: www.claytondesigngroup.com

Employees: 3
Year Founded: 2002

Agency Specializes In: Graphic Design

Approx. Annual Billings: $500,000

Jim Clayton *(Owner & Mgr)*

Accounts:
AACU; 2004
AAMI; Arlington, VA; 2004
American Diabetes Association
Gilford Corporation; Bethesda, MD; 2008
Keville Enterprises; Boston, MA; 2006
NADCO; McLean, VA; 2008
NAHB Multifamily
National Humanities Alliance; 2007
National Quality Forum; 2006
NRECA; Arlington, VA; 2008
Utilities Telecom Council; 2008
VisionQuest

CLEAN DESIGN, INC.
6601 Six Forks Rd Ste 430, Raleigh, NC 27615
Tel.: (919) 544-2193
Fax: (919) 473-2200
E-Mail: info@cleandesign.com
Web Site: https://cleaninc.com/

Employees: 18

Agency Specializes In: Advertising, Brand Development & Integration, Digital/Interactive, Environmental, Graphic Design, Identity Marketing, Media Planning, Public Relations

Revenue: $15,000,000

Natalie Perkins *(CEO)*
Jeff Burkel *(CFO & COO)*
Tom Hickey *(VP & Dir-Media Strategy)*
Lera Germaine *(Acct Dir)*
Bob Ranew *(Creative Dir)*
Dan Strickford *(Dir-PR)*
Lindsay Beavers *(Assoc Dir-Acct Mgmt)*
Travis Conte *(Assoc Dir-Strategy)*
Jon Parker *(Assoc Dir-Design)*
Dickens Sanchez *(Assoc Dir-Bus Dev)*
Alyson Stanley *(Sr Mgr-PR)*
Kate Benson *(Acct Mgr)*
Diane Manoukian *(Acct Mgr)*
Amanda Marinelli *(Acct Mgr)*
Elizabeth Minges Paschal *(Acct Mgr)*
Jenny Storey *(Mgr-Social Media)*
Andrew Lada *(Sr Strategist-Media)*
Jackie McBride *(Sr Graphic Designer)*
Kari Scharf *(Media Planner)*
Nikki Steeprock *(Sr Designer)*
Alice Brady *(Assoc Creative Dir)*
Mary Webster *(Assoc Creative Dir)*

Accounts:
Bayer Crop Science
Berkshire Partners LLC Affordable Care (Agency of Record), Branding, Marketing Strategy & Creative Services
Blue Cross Blue Shield of North Carolina
Bob Barker Company, Inc Creative, Print, Strategic
Boone
Builders Mutual Insurance Company Brand Redesign, Brand Strategy, Marketing
Capital Bank Brand Awareness, Communications, Community Outreach, Digital Initiatives, Executive Thought Leadership, Media Relations, Public Relations, Sponsorships; 2018
Carolina Ale House Brand Strategy, Creative, Public Relations
Carolina Ballet
Carolina Beach
Carolina Performing Arts
The Chamber
Chapel Hill & Orange County Visitors Bureau Digital, Print
Charlottesville Albemarle Convention & Visitors Bureau (Agency of Record) Brand Strategy, Creative, Digital Services, Media, Public Relations; 2017
Citadel Contractors
Credit Suisse Brand Positioning, Brand Strategy, Creative, Marketing Communications, Media, Raleigh Expansion & Recruitment Campaign; 2017
Duke Raleigh Hospital
Durham Distillery (Agency of Record) Creative, Integrated Marketing, Media Planning & Buying, Public Relations
First Tennessee Bank Brand Awareness, Communications, Community Outreach, Digital Initiatives, Executive Thought Leadership, Media Relations, Public Relations, Sponsorships; 2018
FMI Corporation
Hyster Company (Global Agency of Record) Advertising, Brand Strategy, Communications, Creative, Digital, Marketing, Media, Public Relations
John Deere
KnowledgeWorks Brand Messaging, Brand Strategy, Strategic Brand Direction; 2017
Kure Beach
Lenovo
LM Restaurants Inc Brand Strategy, Carolina Ale House (Agency of Record), Creative, Public Relations
Lonerider Brewing Company; Raleigh, NC Brand Strategy, Marketing Materials, Rebranding
LS Tractor USA (Agency of Record) Brand Strategy, Creative, Digital, Media, Public Relations; 2018
North Carolina Department of Natural & Cultural Resources Brand Strategy, Communications, Creative, Integrated Marketing, Media, North Carolina Zoo & Aquariums (Agency of Record); 2018
North Carolina Museum of Art
North Carolina State University Rebranding, Shelton Leadership Center
Paragon Commercial Bank; Raleigh, NC Rebranding, Website Development
Parker Poe Adams & Bernstein LLP Content Marketing, Public Relations
Personify
Raleigh-Durham International Airport Marketing, Rebranding, Strategy
Red Hat
The Research Triangle Park (Marketing Agency of Record) Integrated Marketing, Strategic Branding; 2018
Riverbark
RPG Solutions
SAS Global Forum
SAS
Sentinel Risk Advisors (Creative Agency of Record) Strategic
The Umstead Hotel & Spa
UNC Kenan-Flagler

Wake County Public School System Magnet Program
Watauga County Tourism Development Authority Brand Positioning, Campaign Development, Media Strategy, strategy
Wilmington Tourism
Wilmington Tourism
Wilson, N.C (Marketing Agency of Record) Brand Strategy & Planning, Creative Development & Execution, Media, Public Relations; 2017
Wrightsville Beach
Xylem Inc. Content Development, Media Buying & Planning, Paid Social Media Strategy, Sensus (Global Creative & Media Agency of Record); 2017
Yadkin Bank (Agency of Record) Advertising, Branding, Communications, Creative, Design, Marketing, Public Relations, Strategy

CLEAN SHEET COMMUNICATIONS
164 Merton St 4th Fl, Toronto, ON M4S 3A8 Canada
Tel.: (416) 489-3629
Fax: (416) 423-2940
E-Mail: nmcostrich@cleansheet.ca
Web Site: www.cleansheet.ca

Employees: 28
Year Founded: 2005

Agency Specializes In: Advertising

Catherine Frank *(Co-Founder, Pres & COO)*
Neil McOstrich *(Founder, Partner & Chief Storytelling Officer)*
Dennis Mayer *(Acct Dir)*
Ange Mouralli *(Art Dir-Intern)*
Scott Shymko *(Art Dir & Assoc Creative Dir)*
Fred Chinoy *(Acct Supvr)*
Steph Braun *(Copywriter)*

Accounts:
Ceryx
Chi-Cheemaun Ferry
CMC Markets
Easter Seals
Elections Ontario
Globalive Communications; 2009
Go RVing
Liver Foundation
Saputo

CLEARMOTIVE MARKETING GROUP
Ste 300 - 239 10 Ave SE, Calgary, Alberta T2G 0V9 Canada
Tel.: (403) 235-6339
Fax: (403) 366-4268
Web Site: www.clearmotive.ca

Employees: 50
Year Founded: 2007

Agency Specializes In: Advertising, Brand Development & Integration, Corporate Identity, Digital/Interactive, Market Research, Media Planning, Out-of-Home Media, Outdoor, Radio, Social Media, T.V.

Tyler Chisholm *(CEO)*
Chad Kroeker *(Mng Partner & Creative Dir)*

CLEARPH DESIGN
327 11Th Ave N, St Petersburg, FL 33701
Tel.: (727) 851-9596
Web Site: www.clearph.com

Employees: 8
Year Founded: 2006

Agency Specializes In: Advertising, Brand Development & Integration, Corporate Identity, Digital/Interactive, Internet/Web Design

Richard Hughes *(Chief Creative Officer)*
Kaeli Ellis *(Creative Dir)*

Accounts:
Momentis

CLEARRIVER COMMUNICATIONS GROUP
2401 Eastlawn Dr, Midland, MI 48640
Tel.: (989) 631-9560
Fax: (989) 631-7977
E-Mail: info@clear-river.com
Web Site: https://clear-river.com/

Employees: 20
Year Founded: 1955

Agency Specializes In: Advertising, Bilingual Market, Brand Development & Integration, Business-To-Business, Collateral, Communications, Consumer Marketing, Content, Corporate Communications, Corporate Identity, Direct-to-Consumer, Graphic Design, Health Care Services, Identity Marketing, Integrated Marketing, International, Internet/Web Design, Logo & Package Design, Market Research, Media Buying Services, Media Planning, Medical Products, New Product Development, Newspaper, Newspapers & Magazines, Package Design, Pharmaceutical, Planning & Consultation, Print, Production, Production (Print), Promotions, Sales Promotion, Stakeholders, Strategic Planning/Research, Technical Advertising, Travel & Tourism

Dan Umlauf *(Pres)*
Nathan Wilds *(Chief Creative Officer)*

Accounts:
The Dow Chemical Company; Midland, MI; 1955
Gerber Products Company; Freemont, MI; 1990

CLEVELAND DESIGN
25 Foster St, Quincy, MA 02169
Tel.: (617) 471-4641
Fax: (617) 471-4646
E-Mail: info@clevelanddesign.com
Web Site: www.clevelanddesign.com/

Employees: 8
Year Founded: 1992

Agency Specializes In: Advertising, Brand Development & Integration, Digital/Interactive, Exhibit/Trade Shows, Print

Jonathan Cleveland *(Owner)*
Jenny Daughters *(Creative Dir)*
Diana Morales *(Designer)*
Andy Paul *(Copywriter)*

Accounts:
Sensitech Inc.
Thomson Reuters Markets

CLEVERBIRD CREATIVE INC
6157 Mayfair St, Morton Grove, IL 60053
Tel.: (847) 868-8777
E-Mail: hello@cleverbirds.com
Web Site: www.cleverbirds.com

Employees: 1

Agency Specializes In: Advertising, Brand Development & Integration, Digital/Interactive, Internet/Web Design, Logo & Package Design, Print, Social Media

Sam Chae *(Creative Dir)*

Accounts:
Triple F.A.T. Goose

CLICKCULTURE
9121 Anson Way, Raleigh, NC 27615
Tel.: (919) 420-7736
Fax: (919) 420-7758
E-Mail: info@clickculture.com
Web Site: www.clickculture.com/

Employees: 10

Agency Specializes In: Digital/Interactive, Web (Banner Ads, Pop-ups, etc.)

Lloyd Jacobs *(Pres & CEO)*

Accounts:
Autosportif; United Kingdom Web Site; 2008
Bigelow Tea
Branding
Bruegger's Bagels
Chiropractic Partners Branding, Social Media Programming, Website Design
Crabtree Valley Mall
Creation Autosportif
Divi Resorts
Events Planning
Happy Green Bee
Hosting
HPW
Kanki
Loparex
North Carolina Symphony Web Site; 2008
Nowell's Contemporary Furniture (Agency of Record) Broadcast Media, Digital, Marketing, Print
Pleasant Green Farms
Reichold
Robuck Homes
RRAR/TMLS
Rufty Homes
TriLake Granite & Stone
Vincent Shoes
Wyrick-Robbins

CLICKSPRING DESIGN
200 Lexington Ave, New York, NY 10016
Tel.: (212) 220-0962
Fax: (212) 683-5005
E-Mail: info@clickspringdesign.com
Web Site: www.clickspringdesign.com

Employees: 13

Agency Specializes In: Advertising, Entertainment, Event Planning & Marketing, Exhibit/Trade Shows, Fashion/Apparel, T.V.

Erik Ulfers *(Owner)*
Lori Nadler *(Sr VP-Fin & Ops)*
Steven Dvorak *(VP-Design)*
Robin Fegley Jacobs *(Dir-Strategic Accts)*
Karen Engelmann *(Copywriter)*

Accounts:
Activision Blizzard, Inc
Brown-Forman Forester Center
CNN
Codage
General Motors
NBC
Nintendo
Sanofi Aventis
Time Warner
Wal-Mart

CLIENT COMMAND
410 Peachtree Pkwy Ste 4240, Cumming, GA 30041
Toll Free: (888) 786-6489

ADVERTISING AGENCIES

Web Site: www.clientcommand.com

Employees: 200
Year Founded: 1999

Agency Specializes In: Advertising, Automotive, Content, Email, Event Planning & Marketing, Shopper Marketing, Social Media

Jonathan Lucenay *(CEO)*
Greg Geodakyan *(Chief Product Officer)*
Natalie Born *(Sr VP-Bus Dev)*
Stephania Mack *(Creative Dir)*

Accounts:
Lexus Winter Collection
Paparazzi Accessories

CLIENT FOCUSED MEDIA
1611 San Marco Blvd, Jacksonville, FL 32207
Tel.: (904) 232-3001
Fax: (904) 232-3003
Web Site: www.cfmedia.net

Employees: 25
Year Founded: 2003

Agency Specializes In: Advertising, Brand Development & Integration, Digital/Interactive, Internet/Web Design, Media Buying Services, Promotions, Public Relations, Radio, Search Engine Optimization, T.V.

Mike White *(CEO)*

Accounts:
Connection Festival
First Coast Home Pros
Golftec, Inc.
House of Fame Mixed Martial Arts
Hugos Fine Furnishings & Interiors
Jacksonville Ice & Sportsplex
Mike Ryan
My Drivers
Sahara Cafe & Bar
UNF Division of Continuing Education

CLIFF ROSS
400 Northampton St, Easton, PA 18042
Tel.: (610) 829-1333
Web Site: www.cliffross.com

Employees: 3

Agency Specializes In: Advertising, Collateral, Digital/Interactive, Internet/Web Design, Logo & Package Design, Media Buying Services, Print, Promotions, Search Engine Optimization, Social Media

Cliff Ross *(Owner)*

Accounts:
College Hill Neighborhood Association
Combative Arts Institute
Easton Outdoor Company
Ed Shaughnessy
Express Business Center
Steven Glickman Architect
VapeMeister

CLIX MARKETING
1619 Dunbarton Wynde, Louisville, KY 40205
Tel.: (502) 777-7591
Web Site: www.clixmarketing.com

Employees: 14
Year Founded: 2003

Agency Specializes In: Advertising, Email, Radio, Search Engine Optimization, Web (Banner Ads, Pop-ups, etc.)

Michelle Morgan *(Client Svcs Dir)*
Mae Polczynski *(Dir-Ops)*
Andrea Taylor *(Mgr-Campaign & Acct)*

Accounts:
Search Marketing Expo Search Marketing Conference
SEMJ.org Search Engine Marketing Journal Publishers

CLM MARKETING & ADVERTISING
588 W Idaho St, Boise, ID 83702-5928
Tel.: (208) 342-2525
Fax: (208) 384-1906
E-Mail: brad@clmnorthwest.com
Web Site: www.clmnorthwest.com

E-Mail for Key Personnel:
President: bsurkamer@closedloopboise.com
Creative Dir.: kolson@closedloopboise.com
Media Dir.: bwoodbury@closedloopboise.com

Employees: 15
Year Founded: 1980

National Agency Associations: ABC-APA

Agency Specializes In: Advertising, Automotive, Brand Development & Integration, Branded Entertainment, Broadcast, Business-To-Business, Co-op Advertising, Commercial Photography, Corporate Identity, Digital/Interactive, Electronics, Financial, Food Service, Government/Political, Graphic Design, Guerilla Marketing, Health Care Services, High Technology, Integrated Marketing, Internet/Web Design, Market Research, Media Buying Services, Media Planning, New Product Development, Newspapers & Magazines, Out-of-Home Media, Outdoor, Print, Production (Ad, Film, Broadcast), Production (Print), Radio, Retail, Search Engine Optimization, Sponsorship, Strategic Planning/Research, T.V., Web (Banner Ads, Pop-ups, etc.)

Brad Surkamer *(Pres)*
Della Fenci *(Controller)*
John Liebenthal *(Creative Dir)*
Becki Woodbury *(Dir-Media & Res)*
Josh Mercaldo *(Sr Acct Mgr)*
Benjamin Adams *(Mgr-Digital Media)*
Oscar Mariscal *(Mgr-Digital Paid Media)*
Michael Gerhardt *(Sr Acct Supvr)*
Brooke Smith *(Sr Media Planner & Media Buyer)*
Joelle Alexander *(Acct Coord)*
Max White *(Assoc Creative Dir)*

Accounts:
Commercial Tires
Idaho Central Credit Union; Pocatello, ID
Idaho Lottery
Intermountain Hospital; Boise, ID
Monsanto Chemicals; Boise, ID
Norandex Distributing; Macedonia, OH
Pioneer Federal Credit Union (Agency of Record) Creative, Marketing, Media Buying, Strategic; 2017

CLOCKWORK ACTIVE MEDIA
1501 E Hennepin Ave, Minneapolis, MN 55414
Tel.: (612) 677-3075
E-Mail: inquiries@clockwork.net
Web Site: https://www.clockwork.com/

Employees: 72
Year Founded: 2002

Agency Specializes In: Advertising, Content, Digital/Interactive, Internet/Web Design, Sponsorship

Chuck Hermes *(Founder & Partner)*
Nancy Lyons *(Pres & CEO)*
Meghan McInerny *(COO)*
Kurt Koppelman *(CTO)*
Jenny Holman *(VP-Strategy & Solutions Dev)*
Scott Jackson *(Dir-Fin)*
Lyz Nagan *(Dir-Comm)*
Hank Kiedrowski *(Sr Engr-Software)*

Accounts:
Twin Cities in Motion

CLOCKWORK DESIGN GROUP INC.
13 Felton St, Waltham, MA 02453
Tel.: (781) 938-0006
Fax: (781) 938-0030
Web Site: www.cdgi.com

Employees: 4
Year Founded: 1994

Agency Specializes In: Advertising, Identity Marketing, Internet/Web Design, Print, Search Engine Optimization

Vanessa Schaefer *(Pres & Creative Dir)*
Michael Fleischner *(CEO & Dir-Production)*
Danielle Diforio *(Mgr-Accts)*
Bonnie Kittle *(Graphic Designer & Designer-Web)*

Accounts:
Anderson & Kreiger LLP Corporate Branding, Website Design & Development; 2013
Edelstein & Company CPA Corporate Branding, Stationary & Collateral, Website Design & Development; 2014
Hobbs Brook Management Website Design & Development; 2013
OBP Medical Inc Product Datasheets, Tradeshow Booth, Website Design & Development; 2013

CLOSERLOOK, INC.
212 West Superior St Ste 300, Chicago, IL 60654
Tel.: (312) 640-3700
Fax: (312) 640-3750
Web Site: https://www.closerlook.com/

Employees: 153
Year Founded: 1987

Agency Specializes In: Advertising, Brand Development & Integration, Content, Customer Relationship Management, Digital/Interactive, Graphic Design, Health Care Services, Internet/Web Design, Logo & Package Design, Media Planning, Pharmaceutical, Social Media, Strategic Planning/Research

David Ormesher *(Pres & CEO)*
Jon Sawyer *(Pres & COO)*
Tony Malik *(Mng Dir & VP)*
Ryan Mason *(Chief Creative Officer)*
Michael Tapson *(CTO)*
Allison Davis *(Chief Client Officer)*
Pete Clancy *(VP-Strategy)*
Joanna Kontoudakis *(VP-HR)*
Dave Reidy *(VP-Creative)*
Amy Chafin *(Sr Dir-Strategy)*
Ryan Kasner *(Creative Dir)*
David Droll *(Dir-Strategy)*
Rick Rubenfaer *(Dir-Bus Dev)*
Ronney N. Hunter *(Mgr-IT)*

Accounts:
New-Novo Nordisk

CLOUDRAKER
1435 rue Saint-Alexandre, Ste 700, Montreal, QC H3A 2G4 Canada
Tel.: (514) 499-0005
Fax: (514) 499-0525
E-Mail: info@cloudraker.com

AGENCIES - JANUARY, 2019 — ADVERTISING AGENCIES

Web Site: www.cloudraker.com

Employees: 50
Year Founded: 2000

Agency Specializes In: Advertising, Digital/Interactive, E-Commerce, Experiential Marketing, Media Relations, Search Engine Optimization, Social Marketing/Nonprofit, Strategic Planning/Research, Viral/Buzz/Word of Mouth, Web (Banner Ads, Pop-ups, etc.)

Thane Calder *(Founder & Pres)*
Pascal Hebert *(Mng Dir)*
Gavin Drummond *(Creative Dir)*

Accounts:
Asics
Bell Canada
eBay Canada
EnRoute
Heineken International
Kijiji Canada Campaign: "Kijiji Raps", Campaign: "What's Your Thing?"
Lise Watier
LOULOU Magazine
MSSS
Tiff

CLYNE MEDIA INC.
169-B Belle Forest Cir, Nashville, TN 37221
Tel.: (615) 662-1616
Fax: (615) 662-1636
E-Mail: info@clynemedia.com
Web Site: www.clynemedia.com

Employees: 10

Agency Specializes In: Advertising, Communications, Graphic Design, Media Relations, Public Relations, Social Media

Ed James *(Mgr-Brand Strategy & Comm)*
Corey Walthall *(Coord-PR)*

Accounts:
New-Guitar Center, Inc
Roland Corporation (Agency of Record)

CM COMMUNICATIONS, INC.
20 Park Plz Ste 1000A, Boston, MA 02116
Tel.: (617) 536-3400
Fax: (617) 536-3424
E-Mail: lmoretti@cmcommunications.com
Web Site: www.cmcommunications.com

Employees: 10
Year Founded: 1986

Agency Specializes In: Advertising, Advertising Specialties, Collateral, Direct Response Marketing, Entertainment, Graphic Design, Internet/Web Design, Media Buying Services, Pharmaceutical, Public Relations, Strategic Planning/Research

Approx. Annual Billings: $500,000

Lori Moretti *(Owner)*

Accounts:
Phillips Hospitality; Boston, MA; 2006
Sarku Japan Fast Food Chain; 2008

CMD
1631 NW Thurman St, Portland, OR 97209-2558
Tel.: (503) 223-6794
Fax: (503) 223-2430
E-Mail: info@cmdagency.com
Web Site: www.cmdagency.com

E-Mail for Key Personnel:
President: preilly@cmdagency.com
Creative Dir.: dswanson@cmdagency.com
Media Dir.: pcody@cmdagency.com
Production Mgr.: lhubler@cmdagency.com
Public Relations: dmeihoff@cmdagency.com

Employees: 175
Year Founded: 1978

Agency Specializes In: Above-the-Line, Advertising, Advertising Specialties, Below-the-Line, Brand Development & Integration, Broadcast, Business Publications, Business-To-Business, Cable T.V., Co-op Advertising, Collateral, Consumer Goods, Consumer Marketing, Consumer Publications, Corporate Identity, Digital/Interactive, Direct Response Marketing, Electronic Media, Email, Event Planning & Marketing, Exhibit/Trade Shows, Experiential Marketing, Graphic Design, High Technology, Hospitality, Identity Marketing, Integrated Marketing, Internet/Web Design, Logo & Package Design, Media Planning, Media Relations, Multimedia, Newspapers & Magazines, Out-of-Home Media, Outdoor, Package Design, Print, Production, Production (Print), Promotions, Public Relations, Publicity/Promotions, Radio, Sales Promotion, Sponsorship, Sports Market, Strategic Planning/Research, Technical Advertising, Web (Banner Ads, Pop-ups, etc.)

Approx. Annual Billings: $45,000,000

Mike Pool *(Mng Dir-Film & Video Grp & Producer)*
Patti Cody *(Mng Dir-Media Grp)*
Maria Ekstrand *(Grp Acct Dir)*
Laura Hubler *(Sr Mgr-Print & Sr Producer)*
Caryn Herder *(Dir-Plng & Strategy)*
Kevin Murphy *(Dir-Digital Strategy & Analytics)*
Scott Queen *(Dir-Digital Ops)*
Anna Eliav Pasquale *(Acct Supvr)*
Claire Scott *(Acct Supvr)*
Adrian Graham *(Sr Planner-Digital)*
Matt Allen *(Sr Designer & Graphics Designer-Motion)*

Accounts:
Adidas; Portland, OR Retail Outlet; 2009
Asus; Fremont, CA Computers; 2007
Autodesk; San Rafael, CA Software; 2005
Banner Bank (Agency of Record)
Freightliner Trucks, NA; Charlotte, NC; 2010
Hewlett-Packard; Palo Alto, CA; 1993
Iberdrola; Portland, OR Wind; 2008
Intel; Santa Clara, CA; 1992
JELD-WEN; Klamath Falls, OR Doors & Windows; 1998
Microsoft; Redmond, WA; 2001
NW Natural Gas; Portland, OR; 2000
Old Spaghetti Factory; Portland, OR Dining; 2003
Regence Blue Cross Blue Shield; Portland, OR Health Insurance; 2003
VMWare; Palo Alto, CA; 2011
Western Star Trucks; Charlotte, NC; 2009
Xbox

CMDS
265 State Route 34, Bldg 2, Colts Neck, NJ 07722
Tel.: (732) 706-5555
Fax: (732) 706-5551
E-Mail: info@cmdsonline.com
Web Site: www.cmdsonline.com

Employees: 50
Year Founded: 2002

Agency Specializes In: Advertising, Brand Development & Integration, Broadcast, Business Publications, Business-To-Business, Collateral, Computers & Software, Consulting, Consumer Marketing, Content, Digital/Interactive, E-Commerce, Electronic Media, Financial, Graphic Design, Guerilla Marketing, Health Care Services, Identity Marketing, Industrial, Integrated Marketing, Internet/Web Design, Logo & Package Design, Magazines, Medical Products, Multimedia, New Technologies, Package Design, Paid Searches, Pharmaceutical, Print, Production (Ad, Film, Broadcast), RSS (Really Simple Syndication), Real Estate, Retail, Search Engine Optimization, Web (Banner Ads, Pop-ups, etc.)

Christopher Mulvaney *(CEO)*
Temilyn Mehta *(VP-Client Svcs)*
Walter Deyo *(Art Dir-Digital)*
Aneliya Georgieva *(Dir-Digital Mktg)*

Accounts:
Celgene
Hackensack Meridian Health
Johnny on the Spot
LG
Monmouth University

CMG WORLDWIDE
10500 Crosspoint Blvd, Indianapolis, IN 46256-3331
Tel.: (317) 570-5000
Fax: (317) 570-5500
Web Site: www.cmgworldwide.com

E-Mail for Key Personnel:
Chairman: mark@marilynmonroe.com

Employees: 45
Year Founded: 1972

Agency Specializes In: Bilingual Market, E-Commerce, Entertainment, Hispanic Market, Internet/Web Design, Legal Services, Merchandising, Publicity/Promotions, Sports Market

Mark Roesler *(Chm & CEO)*
Kyle H. Norman *(VP-Fin & Dir-Baseball Licensing)*
Maria Gejdosova *(VP-Fin)*
Carole Hwang *(Dir-Mktg & Licensing)*

Accounts:
I Love NY

Branch

CMG Worldwide-Los Angeles Office
9229 W Sunset Blvd Ste 950, West Hollywood, CA 90069
Tel.: (310) 651-2000
Fax: (317) 570-5500
Web Site: www.cmgworldwide.com

Employees: 5
Year Founded: 1974

Agency Specializes In: Brand Development & Integration, Entertainment, International, Legal Services

Samantha Chang *(Dir-Mktg & Licensing)*
Carole Hwang *(Dir-Mktg & Licensing)*

CMI MEDIA, LLC
(Formerly Communications Media Inc.)
2200 Renaissance Blvd Ste 102, King of Prussia, PA 19406
Tel.: (484) 322-0880
Web Site: www.cmimedia.com

Employees: 210

Agency Specializes In: Health Care Services, Media Buying Services, Media Planning, Media Relations, Sponsorship, Strategic Planning/Research

ADVERTISING AGENCIES

Stan Woodland *(Pres & CEO)*
Elizabeth Barron *(Mng Dir & Exec VP)*
Rebecca Frederick *(Mng Dir & Exec VP)*
Justin Freid *(Mng Dir & Exec VP)*
Eugene Lee *(Mng Dir & Exec VP)*
John Donovan *(CFO)*
James Woodland *(COO)*
Johanna Tompetrini *(Sr VP-Media)*
Kate Zwizanski *(Sr VP-Media)*
Lisa Czerwionka *(VP-Media)*
Andre Dopwell, Jr. *(VP-Media)*
Kate Drummond *(VP-Media)*
Jeanne Jennings *(VP-Media)*
Carly Kuper *(VP-PR & Corp Comm)*
Brett Marvel *(VP-Media)*
Kelly Erwine Morrison *(VP-Media)*
Misty Nail *(VP-Media)*
Mark Pappas *(VP-Search Engine Mktg)*
Leanne Smith *(VP-Insights & Analytics)*
Leanna Chin *(Media Dir)*
Zachary Farrell *(Media Dir)*
Melissa Wagner *(Media Dir)*
Valerie Gentieu *(Dir-Insights & Analytics)*
Dani Barsky *(Supvr-Media)*
Rebecca Krasley *(Supvr-Media)*
Ali Wolk *(Supvr-Media)*
Dennis Eng *(Media Planner)*
Samantha Pearl *(Media Planner)*
Tia Confer *(Sr Media Planner)*
Lisa Gower *(Assoc Media Dir)*
Danielle Kramer *(Assoc Media Dir)*
Ashley Marcello *(Sr Media Planner)*
Katarzyna Mierzejewska *(Sr Media Planner)*
Kaitlyn Rafferty *(Sr Media Planner)*
Jana Truax *(Assoc Media Dir)*

Accounts:
Abbott
Amgen
AstraZeneca
Bayer
Boehringer Ingelheim
Dendreon
Eisai
Jazz Pharmaceuticals
Johnson & Johnson
Lilly
MEDA
Novartis
Salix
Sanofi
Sunovion
Takeda Millennium

Branch

CMI Media
(Formerly Ogilvy CommonHealth Medical Media)
442 & 426 Interpace Pkwy, Parsippany, NJ 07054
Tel.: (973) 352-1700
Fax: (973) 352-1230
Web Site: www.cmimedia.com

Employees: 18
Year Founded: 1999

Agency Specializes In: Advertising

Eugene Lee *(Mng Dir & Exec VP)*
James Woodland *(COO)*
Shannon O'Malley *(Sr VP-Media)*
Lisa Czerwionka *(VP-Media)*
Mark A. Means *(VP-Media)*
Sharon Pardee *(VP-Media)*
Taryn Tarantino *(VP-Creative Svcs)*
Kelly McFadden *(Media Dir)*
Jennifer Weiss *(Media Dir)*
Italia Marr *(Media Planner)*
Rita Pirozhkov *(Media Planner)*
Carla Edmunds *(Assoc Media Dir)*
Deanna Fedick *(Assoc Media Dir)*
Gabrielle Infante *(Assoc Media Planner)*

Accounts:
Bayer Healthcare
Duramed
Johnson & Johnson Ortho McNeil
Novartis Consumer, Ophthalmics, Pharmaceuticals
Ogilvy-Healthcare
PDI
Roche

CMT CREATIVE MARKETING TEAM
1600 W 13th St, Houston, TX 77008
Tel.: (713) 622-7977
Fax: (713) 774-8896
Web Site: www.cmtmarketing.net

Employees: 10

Agency Specializes In: Brand Development & Integration, Graphic Design, Internet/Web Design, Print, Promotions

Rory Levine *(VP-Mktg)*
Peter Mannes *(VP-Creative)*

Accounts:
Hilong Group
United Central Bank Inc.

CN COMMUNICATIONS
127 Main St, Chatham, NJ 07928
Tel.: (973) 274-8330
E-Mail: info@cn-com.com
Web Site: www.cn-com.com

Employees: 10
Year Founded: 1978

Agency Specializes In: Brand Development & Integration, Communications, Crisis Communications, Digital/Interactive, Media Relations, Production, Production (Ad, Film, Broadcast), Public Relations

Anthony Cicatiello *(Chm)*
Kim Case *(VP)*
David Hodges *(Dir)*
Vanessa Johnson *(Dir-Ops)*

Accounts:
Honeywell
Horizon
MCUA
Merck
NJIT
NOVA
NYMEX
Prudential

CNC - COMMUNICATIONS & NETWORK CONSULTING
(See Under Kekst CNC)

CO&P INTEGRATED MARKETING
(Formerly Cohn, Overstreet & Parrish)
500 Bishop St Ste 2B, Atlanta, GA 30080
Tel.: (404) 889-8966
Fax: (404) 870-8889
E-Mail: info@co-p.com
Web Site: www.co-p.com

Employees: 25

Agency Specializes In: Advertising, Brand Development & Integration, Collateral, Communications, Crisis Communications, Digital/Interactive, Environmental, Event Planning & Marketing, Government/Political, Graphic Design, Integrated Marketing, Internet/Web Design, Logo & Package Design, Magazines, Market Research, Media Relations, Media Training, Multimedia, Print, Promotions, Public Relations, Publicity/Promotions, Radio, Social Marketing/Nonprofit, Strategic Planning/Research

Jim Overstreet *(Pres)*

Accounts:
ATI
City of Bremen; GA Website
Coca-Cola Refreshments USA, Inc.
The Cold Dish
Jekyll Island
Orlando Connections
Senior Home Reverse Mortgage Website
Stephen Reed/Reed Golf Corporation Corporate Golf Outing, Public Relations

CO: COLLECTIVE
419 Park Ave S, New York, NY 10016
Tel.: (212) 505-2300
Fax: (646) 380-4687
E-Mail: hello@cocollective.com
Web Site: www.cocollective.com

Employees: 100
Year Founded: 2010

Agency Specializes In: Brand Development & Integration, Sponsorship

Ty Montague *(Founder & CEO)*
Rosemarie Ryan *(Co-Founder)*
Neil Parker *(Chief Strategy Officer)*
Amanda Ginzburg *(Grp Acct Dir)*

Accounts:
Madison Square Gardens Fan Engagement; 2010
MTV Spike Channel; 2010

COALITION TECHNOLOGIES
3750 S Robertson Blvd, Los Angeles, CA 90232
Tel.: (310) 827-3890
Fax: (323) 920-0390
Web Site: www.coalitiontechnologies.com

Employees: 72
Year Founded: 2009

Agency Specializes In: Advertising, Brand Development & Integration, Digital/Interactive, Internet/Web Design, Logo & Package Design, Media Buying Services, Paid Searches, Search Engine Optimization, Social Media

Jordan Brannon *(Pres)*
Paula Massingill *(Producer-Digital)*

Accounts:
Gray Malin
Hedley & Bennett

COATES KOKES
421 SW 6th Ave Ste 1300, Portland, OR 97204-1637
Tel.: (503) 241-1124
Fax: (503) 241-1326
E-Mail: info@coateskokes.com
Web Site: www.coateskokes.com

Employees: 20
Year Founded: 1978

National Agency Associations: MAGNET

Agency Specializes In: Advertising, Brand Development & Integration, Environmental, Graphic Design, Internet/Web Design, Public Relations

Jeanie Coates *(Founder & CEO)*
Steve Kokes *(Pres & Dir-Strategic)*

Lindsay Frank *(VP-Ops)*
Maureen Bernadelli *(Media Dir)*
Meghan Burke *(Media Dir)*
Mike Sheen *(Creative Dir)*
Sue Van Brocklin *(Dir-PR)*
Kevin Glenn *(Sr Acct Mgr)*
Lance Heisler *(Sr Acct Mgr-PR)*
Anri Sugitani *(Sr Acct Mgr)*
Shelby Wood *(Sr Acct Mgr-PR & Sr Writer)*
Sierra Durfee *(Mgr-Social Media Community)*
Christina Bertalot *(Acct Supvr)*
Alex Nelson *(Media Planner & Analyst-Data)*

Accounts:
Adventist Health; Portland, OR; 2009
Avista; Spokane, WA Utility Company; 2005
Martin Hospitality

COCO+CO
189 Ward Hill Ave, Ward Hill, MA 01835
Tel.: (978) 374-1900
Fax: (978) 521-4636
E-Mail: creative@cocoboston.com
Web Site: www.cocoboston.com

Employees: 6
Year Founded: 1991

Agency Specializes In: Advertising, Brand Development & Integration, Broadcast, Business-To-Business, Cable T.V., Consumer Marketing, Corporate Communications, Crisis Communications, Direct Response Marketing, Electronic Media, Exhibit/Trade Shows, Government/Political, Graphic Design, Integrated Marketing, Internet/Web Design, Media Buying Services, Media Planning, Media Relations, Multimedia, Newspaper, Newspapers & Magazines, Planning & Consultation, Print, Production, Production (Ad, Film, Broadcast), Public Relations, Publicity/Promotions, Radio, Real Estate, Strategic Planning/Research, T.V., Yellow Pages Advertising

Approx. Annual Billings: $250,000

Breakdown of Gross Billings by Media: Fees: $250,000

Tim Coco *(Pres & CEO)*

CODE AND THEORY
575 Bdwy 5th Fl, New York, NY 10012
Tel.: (212) 358-0717
Fax: (212) 358-1623
E-Mail: ny.info@codeandtheory.com
Web Site: www.codeandtheory.com

Employees: 322
Year Founded: 2001

Agency Specializes In: Advertising, Brand Development & Integration, Digital/Interactive, Graphic Design, Internet/Web Design, Print, Production (Ad, Film, Broadcast), Sponsorship, Strategic Planning/Research

Michael Treff *(Mng Partner-New York)*
Dave Dicamillo *(Partner-Ops)*
Gino Carolini *(Creative Dir)*
Jessica Lee *(Creative Dir)*
Allison Amato *(Dir-Engagement)*
Rob Bigwood *(Dir-Design)*
Brent Buntin *(Dir-Strategic Partnerships)*
Pamela Del Bene *(Dir-HR)*
Sara Bekerman *(Assoc Dir-Creative Strategy)*
Raymond Sein *(Strategist-Creative)*
Kory Rozich *(Designer-UX)*
Riley Walker *(Designer-Visual)*
Carla Johnson *(Sr Art Dir)*
Hallie Martin *(Jr Strategist-Creative)*
Daniel Nosonowitz *(Sr Art Dir)*

Accounts:
Brand USA (Digital Agency of Record)
Brown-Forman Campaign: "Tonight. Two Words. Jack Fire", Digital, Social, Tennessee Fire
Burger King (Digital Agency of Record) "Training Video - Grilled Dogs", Big King Sandwich, Campaign: "Be Your Way", Campaign: "Subservient Chicken", Chicken Fries, Chicken Strips, Crispy Chicken Sandwich, Digital, Marketing
Chandon
Comcast
Dr Pepper Snapple Group, Inc. (Digital Agency of Record) Campaign: "Always One of a Kind", Campaign: "Man'Ments"
Fashion's Night Out
Finlandia Vodka Campaign: "To The Life Less Ordinary", Global Website
Gant USA Corporation
Interview Magazine Campaign: "Delighting Readers"
L'Oreal Dark & Lovely, Essie, Maybelline, Video
Los Angeles Times
Mashable.com Campaign: "Reimagining what Blogs Can Do"
Motel 6 Website
New York Life Insurance (Digital Agency of Record) Marketing Technology, Web Presence; 2015
Showtime Campaign: "Going Social with an Ipad App"
Variety.com Redesign
The Verge Campaign: "More than a Tech Blog"
Vogue
Vox Media, Inc.

Branch

Code and Theory
250 Montgomery St Ste 800, San Francisco, CA 94104
Tel.: (415) 839-6455
E-Mail: sf.info@codeandtheory.com
Web Site: www.codeandtheory.com

Employees: 201

Agency Specializes In: Advertising, Brand Development & Integration, Commercial Photography, Content, Digital/Interactive, Event Planning & Marketing, Graphic Design, Internet/Web Design, Social Media, Strategic Planning/Research

Michael Martin *(Mng Partner)*
Claudia Abrishami *(Assoc Dir-Design)*
Paul Ladeveze *(Assoc Dir-Creative Strategy)*
Matthew Cole *(Designer-UX)*
Evelyn Wei *(Sr Designer)*

COGNETIX, INC.
1866 Wallenberg Blvd Ste B, Charleston, SC 29407
Tel.: (843) 225-5558
Fax: (843) 225-5556
E-Mail: info@cognetixllc.com
Web Site: www.cognetixllc.com

Employees: 4

Dale Lanford *(Partner & Pres-Mktg)*

Accounts:
AstenJohnson
ATC
Bank of South Carolina
The Citadel
Fastenation
Key West Boats
Renaissance Hotel
V Health Club
Waterloo Estates

COGNITIVE IMPACT
PO Box 5509, Fullerton, CA 92838-0509
Tel.: (714) 447-4993
Fax: (714) 447-6020
Web Site: www.cognitiveimpact.com

Employees: 3

Approx. Annual Billings: $1,000,000

Curtis Chan *(Founder & Mng Partner)*
Buzz Walker *(Mng Partner & Pres-Tech Mktg & Bus Advisory-Global)*
Glen Anderson *(Partner-Strategic)*
Robert Yamashita *(Partner-Strategic)*
Kuo Yang *(Graphics Designer)*

Accounts:
Black Sky Computing

COHEN COMMUNICATIONS
1201 W Shaw Ave, Fresno, CA 93711
Tel.: (559) 222-1322
Fax: (559) 221-4376
E-Mail: debra@cohencommunications.com
Web Site: cohencommunicationsgroup.com

Employees: 15
Year Founded: 1986

Agency Specializes In: Advertising

Mike Cohen *(Owner)*
Debra Nalchajian-Cohen *(Principal)*
Danielle Griffin *(Acct Exec & Specialist-PR)*
Christy Viramontes *(Acct Exec)*

Accounts:
Central Valley Community Bancorp

COHLMIA MARKETING
535 W Douglas Ste 170, Wichita, KS 67213
Tel.: (316) 262-6066
Web Site: www.cohlmiamarketing.com

Employees: 4

Agency Specializes In: Advertising, Brand Development & Integration, Collateral, Digital/Interactive, Internet/Web Design, Out-of-Home Media, Outdoor, Print, Radio, T.V.

Carol A. Skaff *(Pres & Acct Mgr)*
Donna Bachman *(Media Dir)*
Stacy S. Jones *(Acct Mgr)*

Accounts:
Kanza Bank

COHN MARKETING
2434 W Caithness Pl, Denver, CO 80211
Tel.: (303) 839-1415
Fax: (303) 839-1511
E-Mail: contact@cohnmarketing.com
Web Site: https://cohnmarketing.com/

Employees: 20

Agency Specializes In: Advertising, Brand Development & Integration, Collateral, Communications, Consulting, Consumer Marketing, Corporate Identity, Crisis Communications, Exhibit/Trade Shows, Government/Political, Graphic Design, Internet/Web Design, Local Marketing, Logo & Package Design, Media Planning, Media Relations, Media Training, Multicultural, Planning &

ADVERTISING AGENCIES

Consultation, Public Relations, Retail, Search Engine Optimization, Sponsorship, Strategic Planning/Research, Travel & Tourism

Jeff Cohn *(CEO & Chief Strategist-Brand)*
Amy Larson *(VP-Mktg)*
Andrea Drabczyk *(Sr Producer-Digital)*
Karen Johnson *(Acct Dir)*
Rachel Arther *(Acct Supvr)*
Teri Springer *(Sr Art Dir)*

Accounts:
Actus Lend Lease
The Bernstein Companies
New-Centennial Real Estate Company
The Denver Urban Renewal Authority Message Development, Public Relations, Special Event Support, Strategic Planning
Developers Diversified Realty
Empower Playgrounds, Inc.; Provo, UT Marketing, Planning
Forest City The Orchard Town Center; 2008
Galleria Dallas (Agency of Record) Brand Development, Marketing Strategy
Guild Ford
ICSC (International Council of Shopping Centers)
JDH
Karen Leaffer
Lerner Enterprises; Washington, DC Dulles Town Center
Mont Blanc Gourmet
The Orchard
RED Development
RK Mechanical Brand Architecture & Logo, Brand Strategy, Creative, Messaging
Roux
Seattle Fish Co
Serramonte Center; Daly City, CA (Agency of Record) Brand Development, Marketing Strategy
Stat Line

COHN, OVERSTREET & PARRISH
(Name Changed to CO&P Integrated Marketing)

COLANGELO
120 Tokeneke Rd, Darien, CT 06820
Tel.: (203) 662-6600
Fax: (203) 662-6601
E-Mail: info@colangelo-sm.com
Web Site: www.colangelo-sm.com

Employees: 101
Year Founded: 1993

Agency Specializes In: Sponsorship

Robert Colangelo *(Owner)*
Alyson Tardif *(Pres)*
Joseph Raimo, Sr. *(Mng Dir)*
Sal Barcia *(CFO)*
Alyse Kramarow *(Sr VP-Acct Mgmt)*
Keith Garvey *(VP & Acct Dir-Mktg-Colangelo Synergy)*
Jennifer Kruper *(Dir-Bus Ops-Integrated Mktg Agency)*
Susan Cocco *(Exec Mktg Dir)*
Wendy Shapiro *(Sr Art Dir)*

Accounts:
The Clorox Company Burt's Bees
Davidoff of Geneva USA
Diageo Guinness, ROKK Vodka
Filippo Berio Campaign: "The First & Last Name in Olive Oil"
Prince Tennis Equipment
Sabra Dipping Co. Shopper Marketing
Tequila Cuervo La Rojena, S.A. de C.V.
Top Flite Golf Balls

COLDSPARK
307 Fourth Ave 14th Fl, Pittsburgh, PA 15222
Tel.: (412) 626-6690
E-Mail: info@coldspark.com
Web Site: www.coldspark.com

Employees: 12
Year Founded: 2011

Agency Specializes In: Advertising, Brand Development & Integration, Broadcast, Consulting, Copywriting, Digital/Interactive, Internet/Web Design, Print, Production, Public Relations

Mike DeVanney *(Co-Founder & Partner)*
Mark Harris *(Partner)*
Nachama Soloveichik *(VP)*
Mallory Ruhling Hodge *(Dir-Fundraising)*
Shawn Boylan *(Office Mgr)*

Accounts:
New-Associated Contract Services
New-Mike Clark
New-Western PA Bricklayers

COLE & WEBER UNITED
221 Yale Ave N Ste 600, Seattle, WA 98109
Tel.: (206) 447-9595
Fax: (206) 233-0178
E-Mail: info@coleweber.com
Web Site: www.coleweber.com

E-Mail for Key Personnel:
President: mike.doherty@cwredcell.com
Media Dir.: mj.keehn@cwredcell.com

Employees: 65
Year Founded: 1931

Agency Specializes In: Digital/Interactive, Direct Response Marketing, Graphic Design, Public Relations, Sponsorship, Strategic Planning/Research

Mike Doherty *(Pres)*
James Mackenzie *(Partner & Dir-Strategic Plng)*
Jason Black *(Exec Creative Dir)*
Kristie Christensen *(Acct Dir)*
Craig Jelniker *(Dir-Integrated Production)*
Dan Kostrzewski *(Dir-Creative & New Bus-Active-Lifestyle)*
Trisha Mills *(Dir-Connections)*
Samantha Test Sidwell *(Acct Supvr)*
Elizabeth Cusano *(Planner-Connections)*
Elaine Del Rosario *(Asst Media Planner-Connections)*
Lena McClenny *(Jr Media Planner)*

Accounts:
Borba; 2004
Chateu Ste. Michelle Winery
Columbia Crest
Devon Energy Corporation; 2007
Fireman's Fund Insurance
Hawaiian Airlines
International Olympic Committee Creative & Media Planning
Kellogg Company Jack's
Nike, Inc. Nike Brand
Texas Instruments; Dallas, TX; 1997
TiVo
Washington State Lottery (Agency of Record) Campaign: "Hometown Heroes", Campaign: "Motorcycle", Creative Advertising, Media Buying, Media Planning, Now Here, Strategic Marketing
Woodland Park Zoo

Branches

Berlin Cameron United
3 Columbus Circle, New York, NY 10019
(See Separate Listing)

LDV United
Rijnkaai 99, Hangar 26, 2000 Antwerp, Belgium
Tel.: (32) 3229 2929
Fax: (32) 3 229 2930
E-Mail: info@ldv.be
Web Site: www.ldv.be

Employees: 40
Year Founded: 2001

Agency Specializes In: Advertising

Harry Demey *(CEO)*
Petra De Roos *(Mng Dir)*
Dimitri Mundorff *(Head-Acct)*
Kristof Snels *(Creative Dir)*
Thomas Thysens *(Art Dir)*
Tomas Sweertvaegher *(Dir-Strategy)*
Ineke Beeckmans *(Acct Mgr)*
Tim Janssens *(Acct Mgr)*
Julie Oostvogels *(Acct Mgr)*
Jean De Moor *(Mgr-Production)*
Dries De Bruyn *(Assoc Creative Dir)*
Dennis Van Dewalle *(Assoc Creative Dir)*

Accounts:
Benetiet Campaign: "Win a Breast"
JoeFM Campaign: "Can You Hear Us, Major Tom?"
Kind en Gezin
Opel Belgium Campaign: "Gabriel", Campaign: "It is Possible Inside the Combo"
Special Olympics Campaign: "Break the Taboos"
University of Antwerp

Red Cell
Alberto Mario N 19, 20149 Milan, Italy
Tel.: (39) 02772 2981
Fax: (39) 02 782 126
E-Mail: welcome@redcell.com
Web Site: www.redcellgroup.it

Employees: 20
Year Founded: 1988

Agency Specializes In: Advertising

Roberto Giovannini *(Gen Mgr)*
Roberto Vella *(Exec Creative Dir)*
Stefano Longoni *(Creative Dir)*

COLEHOUR + COHEN
1011 W Ave Ste 702, Seattle, WA 98104
Tel.: (206) 262-0363
Fax: (206) 262-0366
E-Mail: seattle@cplusc.com
Web Site: www.cplusc.com

Employees: 40
Year Founded: 2005

Agency Specializes In: Advertising, Brand Development & Integration, Digital/Interactive, Event Planning & Marketing, Media Relations, Public Relations, Social Media

Anna Petrocco DeMers *(Acct Supvr)*
Amy Konigsburg *(Sr Acct Exec)*

Accounts:
Simpson Strong-Tie
TriMet

COLISEUM COMMUNICATIONS
1501 Lower State Rd Ste 204, North Wales, PA 19454
Tel.: (215) 654-7700
Fax: (215) 654-7704
Toll Free: (800) 358-5939
E-Mail: ron@coliseumcommunications.com

AGENCIES - JANUARY, 2019 — ADVERTISING AGENCIES

Web Site: coliseumcommunications.com/

Employees: 3
Year Founded: 2008

Agency Specializes In: Collateral, Communications, Health Care Services, Hospitality, Mobile Marketing, Newspaper, Newspapers & Magazines, Out-of-Home Media, Outdoor, Print, Public Relations, Recruitment, Social Media

Approx. Annual Billings: $1,500,000

Breakdown of Gross Billings by Media: Internet Adv.: $300,000; Newsp. & Mags.: $1,000,000; Production: $200,000

Ron Feldstein *(Pres & Principal)*
Amanda Kim *(Acct Exec)*

Accounts:
Access Group
Beebe Medical Center; Lewes, DE
Blackhorse Carriers
Medisys
Valero Energy
Valero Renewables
Valero Retail

COLLABORATE COMMUNICATIONS, INC.
445 Bush St 3rd Fl, San Francisco, CA 94108
Tel.: (415) 651-1200
Fax: (415) 651-1299
E-Mail: info@collaboratesf.com
Web Site: www.collaboratesf.com

Employees: 20

Agency Specializes In: Advertising

Hans Ullmark *(CEO & Partner)*

Accounts:
CNET/tv.com
Franklin Templeton Investments
GridIron Software
Landmark Aviation

COLLAGE ADVERTISING
76 Northeastern Blvd Ste 28, Nashua, NH 03062-3174
Tel.: (603) 880-3663
Fax: (603) 880-7535
E-Mail: dan@cadezine.com
Web Site: www.cadezine.com
E-Mail for Key Personnel:
President: dan@cadezine.com
Creative Dir.: carol@cadezine.com
Media Dir.: diane@cadezine.com

Employees: 4
Year Founded: 1980

Agency Specializes In: Advertising, Business-To-Business, Cable T.V., Collateral, Corporate Identity, Engineering, Exhibit/Trade Shows, Financial, Graphic Design, High Technology, Industrial, Information Technology, Internet/Web Design, Local Marketing, Logo & Package Design, Magazines, Media Buying Services, Newspaper, Newspapers & Magazines, Out-of-Home Media, Outdoor, Print, Production, Radio, Restaurant, Technical Advertising, Trade & Consumer Magazines

Approx. Annual Billings: $2,000,000

Breakdown of Gross Billings by Media: Collateral: 25%; D.M.: 5%; Graphic Design: 20%; Logo & Package Design: 20%; Newsp. & Mags.: 20%; Radio: 10%

Carol Richards *(Owner)*

Accounts:
Canobie Lake Park; Salem, NH Entertainment; 1994

COLLE+MCVOY
400 1st Ave N Ste 700, Minneapolis, MN 55401-1954
Tel.: (612) 305-6000
Fax: (612) 305-6500
E-Mail: info@collemcvoy.com
Web Site: www.collemcvoy.com
E-Mail for Key Personnel:
President: christine.fruechte@collemcvoy.com

Employees: 245
Year Founded: 1935

National Agency Associations: 4A's

Agency Specializes In: Above-the-Line, Advertising, Advertising Specialties, Affiliate Marketing, Affluent Market, African-American Market, Agriculture, Alternative Advertising, Arts, Asian Market, Automotive, Aviation & Aerospace, Below-the-Line, Bilingual Market, Brand Development & Integration, Branded Entertainment, Broadcast, Business Publications, Business-To-Business, Cable T.V., Catalogs, Children's Market, Co-op Advertising, Collateral, College, Commercial Photography, Communications, Computers & Software, Consulting, Consumer Goods, Consumer Marketing, Consumer Publications, Content, Corporate Communications, Corporate Identity, Cosmetics, Crisis Communications, Custom Publishing, Customer Relationship Management, Digital/Interactive, Direct Response Marketing, Direct-to-Consumer, E-Commerce, Education, Electronic Media, Electronics, Email, Engineering, Entertainment, Environmental, Event Planning & Marketing, Exhibit/Trade Shows, Experience Design, Fashion/Apparel, Financial, Food Service, Game Integration, Government/Political, Graphic Design, Guerilla Marketing, Health Care Services, High Technology, Hispanic Market, Hospitality, Household Goods, Identity Marketing, In-Store Advertising, Industrial, Infomercials, Information Technology, Integrated Marketing, International, Internet/Web Design, Investor Relations, LGBTQ Market, Legal Services, Leisure, Local Marketing, Logo & Package Design, Luxury Products, Magazines, Marine, Market Research, Media Buying Services, Media Planning, Media Relations, Media Training, Medical Products, Men's Market, Merchandising, Mobile Marketing, Multicultural, Multimedia, New Product Development, New Technologies, Newspaper, Newspapers & Magazines, Out-of-Home Media, Outdoor, Over-50 Market, Package Design, Paid Searches, Pets, Pharmaceutical, Planning & Consultation, Podcasting, Point of Purchase, Point of Sale, Print, Product Placement, Production, Production (Ad, Film, Broadcast), Production (Print), Promotions, Public Relations, Publicity/Promotions, Publishing, RSS (Really Simple Syndication), Radio, Real Estate, Recruitment, Regional, Restaurant, Retail, Sales Promotion, Search Engine Optimization, Seniors' Market, Social Marketing/Nonprofit, Sponsorship, Sports Market, Stakeholders, Strategic Planning/Research, Sweepstakes, Syndication, T.V., Technical Advertising, Teen Market, Telemarketing, Trade & Consumer Magazines, Transportation, Travel & Tourism, Urban Market, Web (Banner Ads, Pop-ups, etc.), Women's Market

Approx. Annual Billings: $280,000,000 Capitalized

Ryan C. Olson *(Grp Acct Dir)*
Rob Hagemann *(Acct Dir)*
Jamie Moran *(Acct Dir)*
Puja Shah *(Creative Dir)*
John Borchardt *(Dir-Brdcst)*
Maria Pazos *(Dir-Strategy)*
Isabel Ludcke *(Mgr-Bus Dev)*
Sarah LeBeau *(Acct Supvr)*
Jenny Jurek *(Supvr-Media)*
Germaine Geuder *(Sr Acct Exec)*
Alyxandra Svatek *(Sr Acct Exec)*
Becca Abellera *(Copywriter)*
Mark Andersen *(Grp Creative Dir & Writer)*
HoJo Willenzik *(Assoc Creative Dir & Writer)*
Michelle Cherland *(Assoc Creative Dir)*
Lauren Good *(Sr Media Planner)*
Lee Hanson *(Assoc Creative Dir)*
Erick Jensen *(Grp Media Dir)*
Josh Pribyl *(Sr Media Planner)*
Danny Skalman *(Assoc Acct Dir)*
Taylor Snyder *(Sr Art Dir)*
Adam St. John *(Assoc Creative Dir)*

Accounts:
The 3M Company Creative, Media Buying, Media Planning, Post-It; 2016
Align Technology (Agency of Record) B2B & Consumer Advertising, Brand Identity, Creative, Digital, Invisalign Clear Aligners (Advertising Agency of Record), Primary Research, Social, Strategic Planning; 2015
Associated Bank (Agency of Record) Consumer Advertising, Creative, Design, Digital, Media Buying, Media Planning, Primary Research, Social, Strategic Planning, Web Design & Development; 2013
Children's Health (Agency of Record) Content Planning & Development, Creative, Digital Marketing, Media Planning & Buying, Social Marketing, Strategic Planning; 2018
CHS INC. B2B Advertising, Cenex, Consumer Advertising, Creative, Design, Digital, Direct Mail, Media Buying, Media Planning, Primary Research, Public Relations, Social, Strategic Planning, Web Design & Development; 1994
DuPont B2B Advertising, Brand Identity, Creative, Digital, Direct Mail, Public Relations, Strategic Planning, Web Design & Development; 2006
E.I. du Pont de Nemours & Company
Elanco (Agency of Record) Creative, Digital, Media Planning, Public Relations, Social; 2015
Explore Minnesota Golf Association; 2000
Famous Dave's of America Brand Identity, Consumer Advertising, Creative, Design, Digital, Interactive Design & Development, Media Buying, Media Planning, Social, Strategic Planning; 2016
Farm Credit Mid-America (Agency of Record) Brand Identity, Consumer Advertising, Creative, Design, Digital, Interactive Design and Development, Media Buying, Media Planning, Public Relations, Social, Strategic Planning; 2011
New-Florida's Natural Public Relations; 2015
General Mills Cheerios, Creative, Design, Digital, Event Marketing, Fiber One, Muir Glen Organics, Nature Valley, Pillsbury, Public Relations, Social; 2003
Grain Belt (Agency of Record) Brand Identity, Consumer Advertising, Creative, Design, Digital, Social, Strategic Planning; 2014
IBA Proton Therapy Public Relations; 2006
Jackson Hole Travel & Tourism (Agency of Record) Creative, Design, Digital, Influencer Marketing, Media Buying, Media Planning, Public Relations, Social, Strategic Planning; 2017
Land O'Lakes, Inc Campaign: "Pin a Meal, Give a Meal", Consumer Web Site, Creative, Development, Kozy Shack, Land O'Lakes Dairy Foods - Digital Assignment, Media, Pinnable Display, Production, Strategy; 2010
Medtronic Foundation Digital, Messaging, Public Relations, Social; 2013
New-Merck Animal Health Consumer Advertising, Creative, Design, Strategic Planning; 2016

ADVERTISING AGENCIES
AGENCIES - JANUARY, 2019

Minnesota United (Lead Agency) Strategic Planning & Creative; 2018
MTD Products, Inc. Creative, Cub Cadet (Advertising Agency of Record), Digital, Media Buying, Media Planning, Social
The Pacha Soap Co (Agency of Record) Creative, Design, Influencer Marketing, Media Planning & Buying, Public Relations, Retail Design, Social Media, Strategic Planning; 2017
PFLAG
Recreational Boating & Fishing Foundation (Agency of Record) B2B Advertising, Brand Identity, Consumer Advertising, Creative, Design, Digital, Direct Mail, Media Buying, Media Planning, PR, Primary Research, Social, Strategic Planning, Web Design & Development; 2007
Target Creative, In-Store & On-Premise Experiential Design, Strategic Planning; 2015
USA Swimming (Agency of Record) Consumer Advertising, Creative, Digital, Digital Design & Development, Integrated Communications, Media Buying, Media Planning, Partnership Programs, Social, Strategic Planning; 2013
Vermont Creamery (Agency of Record) Consumer Engagement, Content Strategy, Creative, Design, Media Planning & Buying, Strategic Planning; 2018
WinField United (Agency of Record); 1995

Branches

10 Thousand Design
400 First Ave N Ste 700, Minneapolis, MN 55401
(See Separate Listing)

Exponent PR
400 First Ave N Ste 700, Minneapolis, MN 55401
(See Separate Listing)

Mobium Integrated Branding
200 S Michigan Ave, Chicago, IL 60604
(See Separate Listing)

COLLIDE MEDIA GROUP
154 Allenhurst Cir, Franklin, TN 37067
Tel.: (615) 567-3122
Web Site: www.collidemediagroup.com

Employees: 5
Year Founded: 2016

Agency Specializes In: Advertising, Brand Development & Integration, Event Planning & Marketing, Faith Based, Internet/Web Design, Promotions, Publishing, Retail, Social Media, Strategic Planning/Research, Web (Banner Ads, Pop-ups, etc.)

Bob Elder *(Founder, Pres & CEO)*
Brian Lange *(VP)*
Jared W. Henderson *(Dir-Client Impact)*

Accounts:
JellyTelly
Paramount
Thomas Nelson

COLLING MEDIA LLC
14362 N Frank Lloyd Wright Blvd Ste 1270, Scottsdale, AZ 85260
Tel.: (480) 696-5350
E-Mail: info@collingmedia.com
Web Site: www.collingmedia.com

Employees: 14

Agency Specializes In: Advertising, Broadcast, Customer Relationship Management, Digital/Interactive, Mobile Marketing, Out-of-Home Media, Outdoor, Print, Radio, Search Engine Optimization, Social Media

Brian Colling *(CEO)*
Peter Colling *(COO)*
Leonard Rondeau *(Gen Mgr)*
Eric Bikofsky *(Dir-Bus Dev)*
Jayson Shreve *(Dir-Digital Media)*
Daniel Chen *(Mgr-Analytics)*
Amanda Sheiman *(Mgr-Paid Search)*
Jordan Davis *(Media Buyer)*
Sarah Walterscheid *(Asst Controller)*
Allyson Shelley *(Acct Coord)*

Accounts:
Spartan Race

COLLINS
88 University Place, New York, NY 10003
Tel.: (646) 760-0800
E-Mail: info@wearecollins.com
Web Site: www.wearecollins.com

Employees: 62

Agency Specializes In: Advertising, Brand Development & Integration, Digital/Interactive

Brian Collins *(Founder & Chief Creative Officer)*
Karin Soukup *(Mng Partner-Brand Experience Design)*
Topher Burns *(Head-Product & Mktg)*
Emily Morris *(Sr Dir-Bus)*
Rob Collins *(Art Dir & Graphic Designer)*
Ben Crick *(Dir-Design)*
Yocasta Lachapelle-Sawney *(Dir-Talent)*
Amir Ouki *(Dir-Dev)*
Sanuk Kim *(Assoc Designer)*

Accounts:
Azealia Banks
The Coca-Cola Company Vitaminwater
Dropbox, Inc. Rebrand
eSalon New Word Mark, Packaging, Rebranding; 2018
Museum of the Moving Image
Shyp Campaign: "We'll Take It From Here"
Spotify Branding

COLMAN BROHAN DAVIS
54 W Hubbard St Councourse Level E, Chicago, IL 60654
Tel.: (312) 661-1050
Fax: (312) 661-1051
E-Mail: ddavila@cbdmarketing.com
Web Site: www.cbdmarketing.com

E-Mail for Key Personnel:
President: lbrohan@cbdmarketing.com
Creative Dir.: jdavis@cbdmarketing.com

Employees: 32
Year Founded: 1988

National Agency Associations: BMA-DMA

Agency Specializes In: Advertising, Affluent Market, Agriculture, Below-the-Line, Brand Development & Integration, Broadcast, Business Publications, Business-To-Business, Collateral, College, Communications, Consulting, Consumer Goods, Consumer Marketing, Consumer Publications, Corporate Identity, Customer Relationship Management, Direct Response Marketing, Fashion/Apparel, Financial, Food Service, Graphic Design, High Technology, Household Goods, Integrated Marketing, Internet/Web Design, Local Marketing, Logo & Package Design, Media Planning, New Product Development, Planning & Consultation, Point of Purchase, Point of Sale, Print, Production, Real Estate, Retail, Strategic Planning/Research

Breakdown of Gross Billings by Media: D.M.: 10%; Plng. & Consultation: 25%; Print: 5%; Production: 10%; Radio & T.V.: 15%; Strategic Planning/Research: 20%; Trade & Consumer Mags.: 5%; Worldwide Web Sites: 10%

Lori Colman *(Founder, Co-CEO & Partner)*
Liz Brohan *(Pres & Co-CEO)*
Jean Ban *(Exec VP-Integrated Acct Svcs & Head-Practice, PR & Social Media)*
Mark Shevitz *(Exec VP & Dir-Brand Strategy & Plng)*
Barb McDonald *(VP & Grp Acct Dir)*
Doug Davila *(VP-Strategy & Dev)*
Bob Musinski *(VP-PR, Social Media & Content Mktg)*
Mary Olivieri *(Exec Creative Dir)*
Celina Guimaraes *(Acct Dir)*
Sarah Flagg *(Sr Acct Exec)*
Candice Hudson *(Sr Acct Exec-PR)*
Kelly Bradley *(Acct Exec-PR & Social Media)*
Stephanie Cox *(Acct Exec)*
Allison Vogrich *(Acct Coord)*
Don Harder *(Assoc Creative Dir)*

Accounts:
Beanpod Candles
Becker
BuildClean Public Relations, Video
DeVry University
GATX Rail
Lake Forest Graduate School of Management
Lipid Nutrition
NXT Capital
Paul Stuart
Ralston Foods
Sensory Effects
Siemens
Stalla

COLONIAL MARKETING GROUP INC.
3901 Oleander Dr Ste E, Wilmington, NC 28403
Tel.: (910) 343-1933
Fax: (910) 343-1934
E-Mail: info@colonialmarketing.com
Web Site: www.colonialmarketing.com

Employees: 8

Agency Specializes In: Advertising, Logo & Package Design, Media Buying Services, Out-of-Home Media, Outdoor, Print, Radio, T.V.

Rod Flinchum *(Pres)*
Tonye Gray *(Sr Acct Mgr-Mktg, Media Plng & Placement & Digital Mktg)*
Jessica Kirst *(Acct Mgr)*
Jennifer Bloech *(Buyer)*
David Lee *(Asst Acct Mgr)*

Accounts:
Gateway Bank Mortgage
Joe Alcoke Auto & truck
Sandhills Bank

COLORPLAY STUDIO
20921 Sage Creek Drive, Bend, OR 97702
Tel.: (541) 954-5735
Fax: (541) 343-4310
E-Mail: colorplay@garyschubert.com
Web Site: www.garyschubert.com

E-Mail for Key Personnel:
President: gwenschubert@comcast.net

Employees: 1
Year Founded: 1976

National Agency Associations: AMA-BMA

Agency Specializes In: Advertising, Brand Development & Integration, Business Publications,

AGENCIES - JANUARY, 2019 — ADVERTISING AGENCIES

Business-To-Business, Collateral, Corporate Communications, Corporate Identity, Direct Response Marketing, Financial, Food Service, Graphic Design, Health Care Services, High Technology, Industrial, Logo & Package Design, Magazines, Medical Products, New Product Development, Pharmaceutical, Point of Purchase, Point of Sale, Print, Strategic Planning/Research, Trade & Consumer Magazines

Gary J. Schubert *(Owner)*

COLOUR
7051 Bayers Rd Ste 400, Halifax, NS B3L 4V2 Canada
Tel.: (902) 722-3150
Fax: (902) 453-5221
E-Mail: info@cclgroup.ca
Web Site: www.cclgroup.ca

Employees: 50
Year Founded: 1977

Agency Specializes In: Advertising, Bilingual Market, Brand Development & Integration, Corporate Communications, Corporate Identity, Direct Response Marketing, Event Planning & Marketing, Graphic Design, Health Care Services, Internet/Web Design, Local Marketing, Logo & Package Design, Media Buying Services, Out-of-Home Media, Print, Public Relations, Publicity/Promotions, Strategic Planning/Research

Sarah Flynn *(Sr VP)*

Accounts:
Canadian Olympic Foundation Social Media

COLUMN FIVE
5151 California Ave Ste 230, Irvine, CA 92617
Tel.: (949) 614-0759
Fax: (949) 313-0943
E-Mail: info@columnfivemedia.com
Web Site: www.columnfivemedia.com

Employees: 60
Year Founded: 2008

Agency Specializes In: Advertising, Digital/Interactive, Graphic Design, Public Relations

Jake Burkett *(Mng Dir)*
Kelsey Cox *(Client Svcs Dir)*
Andrea Bravo-Campbell *(Dir-Creative Ops)*
Tamara Burke Hlava *(Dir-People Ops)*
Stefan Malmsten *(Dir-Production)*
Asher Rumack *(Dir-Strategy)*

Accounts:
Microsoft Corporation Internet Explorer

COMBS & COMPANY
3426 Old Cantrell Rd, Little Rock, AR 72202-1860
Tel.: (501) 664-3000
Fax: (501) 664-4016
E-Mail: info@combsco.com
Web Site: www.combsco.com

E-Mail for Key Personnel:
President: bencombs@combsco.com
Production Mgr.: loripiker@combsco.com

Employees: 30
Year Founded: 1972

National Agency Associations: AAF

Agency Specializes In: Automotive, Brand Development & Integration, Business-To-Business, Co-op Advertising, Education, Entertainment, Fashion/Apparel, High Technology, Internet/Web Design, Investor Relations, Media Buying Services, Public Relations, Radio, Recruitment, Retail, Strategic Planning/Research, Travel & Tourism

Approx. Annual Billings: $30,000,000

Breakdown of Gross Billings by Media: Brdcst.: 70%; Print: 30%

Bennett Combs *(Owner)*
Nathalie Moar *(Exec VP-Comm-Combs Enterprises)*
Jud Chapin *(Exec Dir-Creative)*

Accounts:
Alltel Information Services
Arkansas Department of Higher Education
Arkansas Electric Cooperative Corporation
McLarty Companies
University of Central Arkansas

COMCAST SPOTLIGHT
7221 Engle Rd Ste 115, Fort Wayne, IN 46804
Tel.: (260) 458-5129
Fax: (260) 458-5200
E-Mail: chris_melby@cable.comcast.com
Web Site: www.comcastspotlight.com

Employees: 15
Year Founded: 1963

Approx. Annual Billings: $18,000,000

Breakdown of Gross Billings by Media: Cable T.V.: $18,000,000

Brendan Condon *(Chief Revenue Officer)*
Megan Latham *(VP-Customer Experience)*
Andrea Zapata *(VP-Res & Insights)*
Michael DeNatale *(Head-Creative)*
Jessie Broussard *(Sr Dir-Sls Mktg)*
Erin Pinckney *(Sr Dir-Sls Mktg)*
Erica Lane *(Reg Dir-Sls Mktg)*
Liz Levander Ippolito *(Sr Mgr-Employee Comm)*
Nora Shimmel *(Sr Mgr-Res)*
Sherri London *(Mktg Mgr)*
Brian Keller *(Mgr-Local Sls)*
Joseph Lepe *(Mgr-Promos & Events)*
Rob Ponto *(Mgr-PR)*
Dylan Howe *(Supvr-Political Sls)*
Nicole Martin *(Supvr-Digital Traffic)*
Mike Adkins *(Sr Acct Exec-Automotive Adv)*
Tiffany Beasley *(Specialist-Client Solutions)*
Olena Feltes *(Acct Exec)*
Erin Manfre *(Specialist-Client Solutions)*
Leslie Martinez *(Specialist-Client Solutions & Support)*
Dawn Needelman *(Acct Exec)*
Lindsey Stevic *(Specialist-Sls Mktg)*
Jean Toal *(Acct Exec)*
Ulysses Arroyo *(Analyst-Market & Adv Res)*
Joy Kisabeth *(Reg Specialist-Automotive-Midwest)*

Accounts:
Comcast Cablevision of Indiana, L.P.; Fort Wayne, IN
Strata

COMMAND PARTNERS
(See Under Enventys Partners, LLC)

COMMCREATIVE
75 Fountain St, Framingham, MA 01702
Tel.: (877) 620-6664
E-Mail: jennifera@commcreative.com
Web Site: www.commcreative.com

Employees: 35
Year Founded: 1994

Agency Specializes In: Above-the-Line, Below-the-Line, Business Publications, Catalogs, Co-op Advertising, Collateral, Digital/Interactive, Electronic Media, Email, Exhibit/Trade Shows, Local Marketing, Magazines, Mobile Marketing, Newspaper, Newspapers & Magazines, Out-of-Home Media, Outdoor, Paid Searches, Podcasting, Print, Production (Print), Public Relations, Search Engine Optimization, Social Media, Trade & Consumer Magazines, Web (Banner Ads, Pop-ups, etc.)

Ashley DePaolo *(Pres)*
Joanna Bittle *(Partner-Strategy)*
Alex Nosevich *(Partner-Brand Strategy)*
Michael Cleary *(VP-Acct Svcs)*
George Koukkos *(Creative Dir)*
Megan Gallimore *(Assoc Creative Dir)*

Accounts:
Beth Israel Deaconess Medical Center Healthcare; 2001
Bose Automotive Audio; 2015
Massage Envy Franchise Spa Service; 2014
Olympus Medical Services; 2016
RSA Conference Global Security Conference; 2014
Tyco Life and Fire Safety Products; 2011
Verisk Health Healthcare IT; 2009

COMMERCE HOUSE
110 Leslie St Ste 200, Dallas, TX 75207
Tel.: (214) 550-5550
E-Mail: hello@commercehouse.com
Web Site: www.commercehouse.com

Employees: 30

Agency Specializes In: Customer Relationship Management, Digital/Interactive, Internet/Web Design, Logo & Package Design, Out-of-Home Media, Outdoor, Print, Radio, Search Engine Optimization, T.V., Web (Banner Ads, Pop-ups, etc.)

Ashley Watson *(Principal & CMO)*
Nancy Crume *(Principal-Strategy & Plng)*
Leigh Sander *(Creative Dir)*
Trey Testa *(Mgr-Creative Svcs)*
Jourdan Day *(Sr Acct Supvr)*
Jim Bowling *(Assoc Creative Dir)*
Mark Denesuk *(Mng Principal)*

Accounts:
Kidkraft
National Basketball Referees Association
PepsiCo Inc.
SodaStream Brand Repositioning, Campaign: "Be a Sparkling Water Maker", Campaign: "Factory of One", Campaign: "Sparkling water made by you!", Digital Media, Out-of-Home, TV
Thanks-Giving Foundation Pro Bono
The VanZant Group

COMMIT AGENCY
(Formerly Air Integrated)
58 W Bufalo St #200, Chandler, AZ 85225
Tel.: (480) 921-3220
Fax: (480) 921-3228
Web Site: commitagency.com

Employees: 20
Year Founded: 1987

Agency Specializes In: Advertising, Digital/Interactive, Email, Internet/Web Design, Logo & Package Design, Market Research, Media Relations, Public Relations, Social Media, T.V.

David Ralls *(Pres)*
Elaine Ralls *(CEO)*
Lindsey Lubenow *(Media Planner)*

Accounts:

ADVERTISING AGENCIES

ActiveRx (Agency of Record) Analytics, Brand Strategy, Creative, Digital, Marketing, Media
American Solar & Roofing Digital Strategy
AmeriSchools Academy Analytics, Creative, Direct Mail, Marketing, Media
The Arizona Cardinals
Benchmark Properties
The Better Business Bureau of Metropolitan New York
Destination Hotels & Resorts Inc.
Discount Cab
Hershey Entertainment & Resorts Company
Meritus
National Kidney Foundation of Arizona Branding, Creative Services, Prom Redux
NextCare Urgent Care
Oregon Social Learning Center Website
The Otesaga Hotel Analytics, Creative Development, Research, Strategy
The Phoenician
Sante Analytics, Brand Strategy, Creative, Digital, Marketing, Media, Public Relations, Social Media
Skytop Lodge (Agency of Record) Brand Strategy, Creative, Digital, Marketing, Paid Media
Sono Bello
Starwood Hotels & Resorts Worldwide, Inc.
Total Transit
WP Carey School of Business at ASU

COMMON SENSE ADVERTISING
PO Box 82277, Phoenix, AZ 85071-2277
Tel.: (602) 870-4717
Fax: (602) 870-7660
E-Mail: kevino@commonsenseadvertising.net
Web Site: www.commonsenseadvertising.com

Employees: 4
Year Founded: 1975

Agency Specializes In: Advertising, Automotive, Cable T.V., Co-op Advertising, Direct Response Marketing, Event Planning & Marketing, Financial, Health Care Services, Magazines, Media Buying Services, Newspaper, Newspapers & Magazines, Out-of-Home Media, Outdoor, Pharmaceutical, Radio, Retail, Syndication, T.V., Yellow Pages Advertising

Approx. Annual Billings: $1,000,000

Breakdown of Gross Billings by Media: Mags.: 5%; Newsp.: 10%; Radio: 75%; Transit: 5%; Yellow Page Adv.: 5%

Kevin O'Shaughnessy (Pres)

Accounts:
Arizona Society of CPA's; AZ Statewide Society of Certified Public Accountants; 1995
Business Development Finance Corp.; Phoenix & Tucson, AZ SBA Lender; 2001
John C. Lincoln Hospital; Phoenix, AZ; 1995
KKNT-960 AM; Phoenix, AZ News & Talk Radio Station; 2002
SLS Promotions Car Races; 2004
United Drugs; Phoenix, AZ Drug Store Co-op; 1979
Wide World of Maps; Phoenix, AZ; 2004

COMMONWEALTH CREATIVE ASSOCIATES
75 Fountain St, Framingham, MA 01702
Tel.: (508) 620-0791
Fax: (508) 620-0592
Toll Free: (877) 620-6664
E-Mail: info@commcreative.com
Web Site: www.commcreative.com

Employees: 28
Year Founded: 1990

Agency Specializes In: Advertising, Brand Development & Integration, Digital/Interactive, Education, Financial, Health Care Services, Local Marketing, New Technologies, Public Relations, Social Marketing/Nonprofit

Ashley DePaolo (Pres)
Robert Fields (CEO)
Janet Sefakis (Partner & CFO)
Leann Phoenix (VP & Acct Supvr)
Carter Kasdon (Art Dir & Assoc Creative Dir)
Mark Selewacz (Production Mgr & Designer)
Sara Flinkfelt (Acct Exec & Media Buyer)
Matt Fontaine (Assoc Creative Dir-Interactive)

Accounts:
Beth Israel Deaconess Hospital
GE Healthcare
Hebrew SeniorLife
Shriners Hospital
Simplex Grinnell
Staples Advantage

COMMPRO LLC
3210 E Chinden Blvd Ste 115-315, Eagle, ID 83616
Tel.: (208) 914-1150
Fax: (720) 834-1549
E-Mail: commpro@commpro.com
Web Site: commpro.com

Employees: 4
Year Founded: 1982

Agency Specializes In: Electronic Media, Internet/Web Design

Approx. Annual Billings: $900,000

Greg Smith (Pres)
Susan Finch (Acct Supvr & Designer)

Accounts:
Century West BMW
City of Anaheim
The City of Brea
The City of Hesperia
The City of Laguna Woods
The City of Tustin

COMMUNICA, INC.
31 N Erie St, Toledo, OH 43604
Tel.: (419) 244-7766
Fax: (419) 244-7765
E-Mail: contactcommunica@communica-usa.com
Web Site: www.communica.world

Employees: 27
Year Founded: 1989

Agency Specializes In: Advertising, Brand Development & Integration, Broadcast, Business-To-Business, Cable T.V., Collateral, Corporate Communications, E-Commerce, Event Planning & Marketing, Graphic Design, Health Care Services, Internet/Web Design, Logo & Package Design, Media Buying Services, Out-of-Home Media, Point of Purchase, Point of Sale, Public Relations, Sales Promotion

Approx. Annual Billings: $7,000,000

Debbie Monagan (Pres)
Jeff Kimble (CEO)
Jim Rush (Partner & Exec VP)
David Kanarowski (Sr VP)
Deanna Lawrence (Dir-Data Integration)
Tricia Knight (Specialist-Media & Buyer-Acct Svcs)

Accounts:
Allied Moulded Products
BASF; 2011
Basler AG Digital Media, Planning, Public Relations, Social Media, Trade Show
Dana Holding Corporation
Jamie Farr Kroger Classic
MASCO; 2010
Monroe Bank & Trust
National Electrical Contractors Association
Owens Corning; 2011
Severstal; 2010
TI Automotive Global Marketing Communications
Tuffy Auto Service Centers
US Senior Open; 2011

COMMUNICATION ASSOCIATES
244 Madison Ave, New York, NY 10016
Tel.: (718) 351-2557
Fax: (718) 979-1874
E-Mail: djr@comm-associates.com
Web Site: www.comm-associates.com

Employees: 10
Year Founded: 1987

Agency Specializes In: Advertising, Advertising Specialties, Automotive, Brand Development & Integration, Business Publications, Business-To-Business, Co-op Advertising, Communications, Consulting, Consumer Marketing, Consumer Publications, Direct Response Marketing, Education, Electronic Media, Environmental, Exhibit/Trade Shows, Graphic Design, Health Care Services, In-Store Advertising, Infomercials, Internet/Web Design, Local Marketing, Magazines, Media Buying Services, Medical Products, New Product Development, Newspaper, Newspapers & Magazines, Out-of-Home Media, Outdoor, Pharmaceutical, Planning & Consultation, Point of Purchase, Print, Public Relations, Publicity/Promotions, Retail, Sales Promotion, Strategic Planning/Research, T.V., Technical Advertising, Telemarketing, Trade & Consumer Magazines, Yellow Pages Advertising

Warren Lowe (Sr Art Dir)

Accounts:
Time Warner
Verizon

Division

FerryAds.com
83 Cromwell Ave, Staten Island, NY 10304
(See Separate Listing)

COMMUNICATION SERVICES
PO Box 1115, Albany, NY 12201
Tel.: (518) 438-2826
Fax: (518) 438-2120
Web Site: www.commservices.net

E-Mail for Key Personnel:
Creative Dir.: wwilliams@commservices.net

Employees: 4
Year Founded: 1984

National Agency Associations: AMA-PRSA

Agency Specializes In: Brand Development & Integration, Consulting, Corporate Identity, Direct Response Marketing, Electronic Media, Faith Based, Government/Political, Graphic Design, Health Care Services, Internet/Web Design, LGBTQ Market, Local Marketing, Logo & Package Design, Print, Public Relations

Breakdown of Gross Billings by Media: D.M.: 1%; Fees: 19%; Graphic Design: 18%; Newsp. & Mags.: 25%; Other: 7%; Print: 24%; Radio: 4%; T.V.: 2%

Libby Post (Pres)

Accounts:
New York Library Association
The Port of Albany

COMMUNICATION STRATEGY GROUP & BRANDTELLING
1020 W Jericho Tpke Ste 210, Smithtown, NY 11787
Tel.: (631) 239-6335
Toll Free: (866) 997-2424
E-Mail: contact-us@gocsg.com
Web Site: www.communicationstrategygroup.com

Employees: 5
Year Founded: 2005

Agency Specializes In: Advertising, Brand Development & Integration, Business-To-Business, Communications, Content, Logo & Package Design, Media Planning, Media Training, Public Relations, Social Media

Arthur Germain *(Principal)*
Michael Simbrom *(Creative Dir)*
Lisa Hazen *(Acct Mgr)*
Monique Merhige Machado *(Acct Mgr)*

Accounts:
New-Hauppauge Industrial Association Long Island
New-Logicalis Group

COMMUNICATIONS ADVERTISING, INC.
2363 Deer Creek Trl, Deerfield Beach, FL 33442-1323
Tel.: (954) 481-1930
Fax: (954) 481-1939
E-Mail: info@commadv1.com
Web Site: www.commadv1.com

Employees: 6
Year Founded: 1993

Agency Specializes In: Advertising, Business Publications, Electronic Media, Email, Exhibit/Trade Shows, Newspapers & Magazines, Print, Radio, Recruitment, Trade & Consumer Magazines

Laurie Senz *(Owner)*

Accounts:
Ash & Associates; Pompano, FL Executive Search Firm; 1997
Atlantic Partners Staffing Service; 2006
Best Medical Resources Healthcare Staffing
Best Resources; Boca Raton, FL Staffing Service; 2004
Clarkston Consulting; Durham, NC Consulting Firm, Nationwide Staffing; 2004
Classic Westchester; New York Staffing Co.; 2001
Custom Staffing of Westchester; White Plains, NY Staffing Services; 2006
Custom Staffing; New York, NY Staffing Services; 2006
Dawson; OH Staffing Services
Denham; CA Staffing Services
EFROS; New York, NY Staffing Service
Emerson Professionals; Broward County, FL Medical Staffing Services; 1996
First Choice Staffing; New York, NY Staffing Service; 2001
Haley Stuart, LLC; NJ Legal Recruiting Services; 2004
Hastings & Hastings, Inc.; Miami, FL Executive Search Firm, Staffing; 2001
Insurance Overload Services Staffing for Insurance Industry
MGA Technologies; Clearwater, FL IT & Other Staffing Services; 2000
NRI Staffing Services
The Palmer Group; IA Staffing Services
Personnel Express

Pivotal Search Group; NY; NJ Retail Executive Recruiting Services; 2004
Rural Sourcing; GA; 2007
Sachs, Sax, Klein; FL Legal Services; 2006
Select Staffing Staffing Service; 2007
System Soft Technologies; Clearwater, FL National IT Staffing Service; 2006
Tristate Employment Staffing

THE COMMUNICATIONS GROUP
400 W Capitol Ste 1391, Little Rock, AR 72201
Tel.: (501) 376-8722
Fax: (501) 376-9405
E-Mail: info@comgroup.com
Web Site: www.comgroup.com

Employees: 20
Year Founded: 1987

Agency Specializes In: Education, Public Relations

Dan Cowling *(Pres & CEO)*
Lisa Van Hook *(Exec VP, Agency Principal & Client Svcs Dir)*
Johnice L. Hopson *(VP-Acctg)*
Jason Brown *(Dir-PR)*
Jennifer Hipp *(Specialist-Social Media & Digital Mktg)*
Heather Bailey *(Media Planner & Media Buyer)*
Deborah Beard *(Acct Planner)*
Diane Wingard *(Acct Planner)*
Brent Miller *(Assoc Creative Dir)*
Dana Rogers *(Sr Art Dir)*

Accounts:
Arkansas Adult Education ESL Classes, GED Test Preparation, Literacy Programs, Workplace Education Programs
Arkansas Department of Human Services Quality Early Care & Education Campaign (Better Beginnings); 2009
Arkansas Natural Heritage Commission
Arkansas Soybean Promotion Board Campaign: "The Miracle Bean is Me", Television
ARKids First
Baldor Electric Co.
BreastCare
Campaign for Healthier Babies
Department of Arkansas Heritage
Innovation Industries
Speakman Co (Public Relations Agency of Record)
Toyota Material Handling USA (Public Relations Agency of Record)

COMMUNICATIONS MEDIA INC.
(Acquired by WPP plc & Name Changed to CMI Media, LLC)

THE COMMUNICATIONS STRATEGY GROUP, INC.
42 Front St, Marblehead, MA 01945
Tel.: (781) 631-3117
Fax: (781) 631-3278
E-Mail: info@comstratgroup.com
Web Site: https://wearecsg.com/

Employees: 5
Year Founded: 1987

Agency Specializes In: Corporate Communications, Crisis Communications, International, Investor Relations, Media Relations, Media Training, Pharmaceutical

Dan Mahoney *(CMO)*
Shannon Fern *(Chief Strategy Officer)*
Katie Boyless *(VP-Fin Svcs)*
Peter MacKellar *(VP)*

THE COMMUNICATORS GROUP
9 Church St, Keene, NH 03431
Tel.: (603) 357-5678
Fax: (603) 283-0113
Web Site: www.communicatorsgroup.com

E-Mail for Key Personnel:
President: jwhitcomb@communicatorsgroup.com

Employees: 15
Year Founded: 1977

Agency Specializes In: Brand Development & Integration, Communications, Consulting, Consumer Marketing, Education, Financial, Graphic Design, Health Care Services, Internet/Web Design, Logo & Package Design, Multimedia, Point of Sale, Public Relations, Radio, Strategic Planning/Research, T.V.

Jeff Whitcomb *(Pres)*
Karen Hormel *(CFO & VP)*
Jim Hickey *(VP-Acct Svc)*
Jessica Butterfield *(Art Dir)*
Cole Moore Odell *(Creative Dir)*
Tina Ellis *(Sr Acct Exec)*

Accounts:
C&S
Cedarcrest Center
Humane Society
Revera Health Systems
Simple Tuition

THE COMMUNITY
6400 Biscayne Blvd, Miami, FL 33138
Tel.: (305) 865-9600
Fax: (305) 865-9609
Web Site: http://www.thecommunityagency.com/en-us

E-Mail for Key Personnel:
President: Antoinette@lacomu.com

Employees: 200
Year Founded: 2001

National Agency Associations: AHAA

Agency Specializes In: Above-the-Line, Advertising, Advertising Specialties, Affluent Market, Arts, Automotive, Below-the-Line, Bilingual Market, Brand Development & Integration, Broadcast, Cable T.V., Collateral, College, Communications, Computers & Software, Consulting, Consumer Goods, Consumer Marketing, Content, Copywriting, Corporate Identity, Cosmetics, Digital/Interactive, Direct Response Marketing, Direct-to-Consumer, Electronic Media, Electronics, Entertainment, Environmental, Experiential Marketing, Fashion/Apparel, Financial, Government/Political, Guerilla Marketing, Hispanic Market, Hospitality, Identity Marketing, In-Store Advertising, Integrated Marketing, International, LGBTQ Market, Local Marketing, Luxury Products, Market Research, Media Planning, Men's Market, Mobile Marketing, Multicultural, Multimedia, New Product Development, New Technologies, Out-of-Home Media, Package Design, Paid Searches, Planning & Consultation, Point of Purchase, Point of Sale, Print, Production, Production (Ad, Film, Broadcast), Production (Print), Programmatic, Radio, Regional, Retail, Search Engine Optimization, Sports Market, Strategic Planning/Research, T.V., Technical Advertising, Teen Market, Travel & Tourism, Urban Market, Viral/Buzz/Word of Mouth, Web (Banner Ads, Pop-ups, etc.), Women's Market

Approx. Annual Billings: $46,000,000

Shobha Sairam *(Chief Strategy Officer & VP)*
Kristina Slade *(VP & Exec Creative Dir)*
Tracy McDonough *(VP-Ops)*

ADVERTISING AGENCIES

Marci Miller *(VP-Client Svcs)*
Paula Coral *(Art Dir)*
Raphael Franzini *(Creative Dir)*
Mariano Gamba *(Creative Dir)*
Carmen Graham *(Acct Dir)*
Rodrigo Greco *(Creative Dir)*
Agustina Massa *(Acct Dir)*
Cora Perez Fernandez *(Dir-Creative & Art)*
Michael Ridley *(Dir-Bus Dev & Mktg)*
Pablo Rosas *(Dir-Acct Plng)*
Rachel Castro *(Acct Supvr)*
Sacha Ferreira *(Acct Supvr)*
Eric Jimenez *(Acct Supvr)*
Daniela Ramirez *(Acct Supvr)*
Jaqueline Aran *(Acct Exec)*
Rachel Startz *(Acct Coord)*
Andres Acevedo *(Assoc Creative Dir)*
Alejandro Pere *(Assoc Creative Dir)*

Accounts:
Anheuser-Busch InBev Corona
Apple Inc. (Multicultural Agency of Record)
Beam Suntory (Agency od Record) Creative, Digital, Hornitos, Media Planning, Sauza, Social Media
Britain's Beer Alliance (Agency of Record) Creative, Digital, Social Media
Cleveland Clinic
Constellation Brands (Agency of Record) Corona Extra, Corona Familiar, Creative, Digital, Social Media, Victoria
Converse Creative, Digital, Public Relations, Social Media
Dada Dada 6 Honey, Hey
Domino's Pizza, Inc. (US Hispanic Agency of Record) Digital, Mobile Advertising, Social, Traditional; 2018
ESPN Deportes Creative, Digital, Social Media
General Mills Big G Cereals, Creative, Digital, Nature Valley, Social Media, Yoplait
Grupo Modelo S.A.B. de C.V. Victoria
The Kroger Co. (Agency of Record) Creative, Digital, Full 360 Services, Social Media
Magic Leap
Modelo Especial
Mondelez International, Inc. Creative, Digital, Project-based Work, Social Media
Nutcase Creative, Digital, Social Media
PETA
Red Bull
Revlon, Inc. Creative, Digital, Social Media
Tesco Mobile (Agency of Record) Creative, Digital, Social Media
United for Puerto Rico
Verizon Communications Inc.

Branch

The Community
Avenida Del Libertador 13548, Martinez, B1640 A0T Buenos Aires, Argentina
Tel.: (54) 11 4792 0251
Fax: (54) 11 4792 0251
E-Mail: hola@lacomunidad.com
Web Site: http://www.thecommunityagency.com/en-us

Employees: 30

Agency Specializes In: Advertising, Bilingual Market, Hispanic Market, Teen Market

Jose Molla *(Chief Creative Officer)*
Laurie Malaga *(VP-Integrated Production)*
Ramiro Raposo *(Exec Creative Dir)*
Solange Blanco *(Acct Dir)*
Mariano Gamba *(Creative Dir)*
Rodrigo Greco *(Creative Dir)*
Oriana San Martin *(Acct Dir)*
Michael Ridley *(Dir-Bus Dev & Mktg)*
Ramiro Capisto *(Production Mgr)*
Alaina Zuniga *(Sr Acct Exec)*

Catalina Gay *(Acct Exec)*
Andres Acevedo *(Assoc Creative Dir)*
Ricky Vior *(Grp Creative Dir)*

Accounts:
Argentina's Presidency of the Nation (Agency of Record) Creative, Digital, Other, Public Relations, Social Media
The Argentinian League Against Cancer
Beam Suntory (Agency of Record) Creative, Digital, Hornitos, Media Planning, Other, Sauza, Social Media
Billboard
City of Buenos Aires
Converse Creative, Digital, Social Media
Danone (Agency of Record) Creative, Digital, Social Media
Emirates (Agency of Record) Creative, Digital, Social Media
Farm Fresh Miami
Ferrero Creative, Digital, Public Relations, Social Media, Tic Tac
FilmSuez
Finca Las Moras (Agency of Record) Creative, Digital, Social Media
The Government of the City of Buenos Aires (Agency of Record) Creative, Digital, Media Planning, Public Relations, Social Media
Kinder (Agency of Record) Creative, Digital, Social Media
LALCEC
LetGo (Agency of Record) Creative, Digital, Social Media
Nutcase Creative, Digital, Social Media
Prestige Beverage Group Alma Mora, Campaign: "Carlalouis", TV
Rolling Stone Campaign: "Question Everything"
Tic Tac (Agency of Record) Creative, Digital, Other, Social Media
VH1

THE COMPANY
(Formerly The Company of Others)
1800 W Loop S Ste 2001, Houston, TX 77027
Tel.: (713) 862-5100
Fax: (713) 869-6560
Web Site: www.thecompany.com

Employees: 200
Year Founded: 1980

National Agency Associations: 4A's-MAGNET

Agency Specializes In: Advertising, Automotive, Brand Development & Integration, Business-To-Business, Collateral, Consulting, Consumer Marketing, Corporate Identity, Digital/Interactive, Direct Response Marketing, Education, Exhibit/Trade Shows, Financial, Government/Political, Graphic Design, Health Care Services, High Technology, In-Store Advertising, Internet/Web Design, Leisure, Local Marketing, Logo & Package Design, Media Buying Services, Media Planning, Mobile Marketing, New Product Development, Out-of-Home Media, Outdoor, Package Design, Podcasting, Point of Purchase, Production, Public Relations, Publicity/Promotions, Real Estate, Recruitment, Restaurant, Retail, Sales Promotion, Sponsorship, Sports Market, Strategic Planning/Research, Travel & Tourism, Web (Banner Ads, Pop-ups, etc.), Yellow Pages Advertising

Approx. Annual Billings: $240,000,000

Jose Lozano *(CEO)*
Josh Okun *(Partner & Exec Creative Dir)*
Kyle Allen *(Partner & Dir-Media & Res)*
Mike Albrecht *(Partner-Bus Dev)*
Breck Templeton *(CFO)*
Suzanne Jennings *(Sr VP & Creative Dir)*
Amanda Minnich *(Grp Dir-Plng)*
Elyse Clark *(Dir-Brdcst Buying)*
Lindsay Newell *(Supvr-Brand)*

Kimberly Pace *(Supvr-PR)*
Jessica Castillo *(Planner-Digital Media)*
Garrett Flores *(Media Planner & Buyer-Digital)*
Gabriela Hernandez *(Media Planner)*
Natalie Nunez *(Media Planner)*
Meghan Crowley *(Assoc Media Dir)*
Candice O'Connor *(Sr Negotiator-Media)*
Jennifer Wagner *(Assoc Media Dir)*
Mark Whitfield *(Grp Media Dir)*

Accounts:
ConocoPhillips
Goodman Amana Air Conditioner Manufacturer; 2007
Greyhound
Haworth, Inc.
HCA Holdings Inc.; 1997
The Mattress Firm, Inc. (Agency of Record)
Pappas Restaurants; 2005
Riviana Foods Brand Planning, Creative Development, Media Planning & Buying, Minute Rice, Public Relations, Success Rice
Stallion Oilfield Services Onshore/Offshore Living Accommodations; 2007
SunShare (Agency of Record) Advertising, Communications, Creative, Marketing, Media, Public Relations
Visa International
Volkswagen Group of America, Inc.
Waste Management Waste & Environmental Services; 1996
Yellow Pages (Agency of Record)

Branches

The Company
(Formerly The Company of Others)
3710 Rawlins St Ste 900, Dallas, TX 75219
Tel.: (214) 824-7774
Fax: (214) 370-8382
Toll Free: (800) 994-1681
Web Site: www.thecompany.com

Employees: 15
Year Founded: 1980

National Agency Associations: 4A's-MAGNET

Rich Klein *(Co-Founder & Co-Chm-FKM)*
Jose Lozano *(CEO)*
Josh Okun *(Partner & Exec Creative Dir)*
Kyle Allen *(Partner & Dir-Media & Res)*
Katie Wilson *(Supvr-Brand)*

Accounts:
The Women's Hospital of Texas

Phelps
12121 Bluff Creek Dr, Playa Vista, CA 90094
(See Separate Listing)

COMPASS MARKETING
222 Severn Ave Bldg 14 Ste 200, Annapolis, MD 21403
Tel.: (410) 268-0030
E-Mail: info@compassmarketinginc.com
Web Site: www.compassmarketinginc.com

Employees: 51
Year Founded: 1998

Agency Specializes In: Communications, Market Research, Merchandising, Strategic Planning/Research, Transportation

John White *(Chm & CEO)*
Ralph A. Panebianco *(Pres)*
Larry McWilliams *(Co-CEO)*
Carol Dalitzky *(Partner)*
Marty Monserez *(Pres-Sls-Compass Mktg)*
David Boshea *(Exec VP-Sls)*

E. Scott Lester *(Exec VP-Sls)*
Christopher A. Feiss *(Sr VP-Strategy & Fin)*
Al Yuen *(Sr VP-Intl & Strategic Alliances)*
Greg Acken *(Grp VP)*
Gary Panebianco *(Grp VP)*
Jesse Williams *(Grp VP-Inside Sls)*
Anthony Cognetti *(VP-Confectionery & Snack)*
Eileen White Burgess *(Dir-Sls Comm)*
Alisa Greenwood *(Dir-Mktg & Creative Svcs)*
Owen McGreevey *(Acct Exec)*

Accounts:
General Mills Food Processing Services
Heinz Food Processing Services
Johnson & Johnson (McNeils Nutritional Div.) Healthcare Products Distr
Kellogg Company Food Processing Services
Mars Food Products Mfr
McCormick Food Products Mfr & Distr
Procter & Gamble Pharmaceuticals Products Distr
Unilever Healthcare Products Mfr

COMPLETE MARKETING RESOURCES INC.
140 S Main St Ste 102, Madisonville, KY 42431
Tel.: (270) 339-4176
Web Site: www.completemarketingresources.com

Employees: 5
Year Founded: 2011

Agency Specializes In: Advertising, Email, Graphic Design, Internet/Web Design, Print, Radio, Search Engine Optimization, T.V.

Marion M. Miller *(Pres & CEO)*

Accounts:
M30

COMPLETE MEDIA INC.
927 E 8th St, Sioux Falls, SD 57103
Tel.: (605) 360-2259
Toll Free: (888) 889-7435
E-Mail: info@completemediainc.com
Web Site: www.completemediainc.com

Employees: 10
Year Founded: 2001

Agency Specializes In: Advertising, Graphic Design, Internet/Web Design, Strategic Planning/Research

Matthew Luke *(Pres)*
Dan Farris *(Dir-Outreach)*

Accounts:
First Group
Green Art Design & Landscape

THE COMPUTER STUDIO
1280 Saw Mill River Rd, Yonkers, NY 10710-2722
Tel.: (914) 968-1212
Fax: (914) 968-1228
E-Mail: connect@webbusconnect.com
Web Site: www.webbusconnect.com

Employees: 7
Year Founded: 1986

Agency Specializes In: Advertising, Arts, Automotive, Business Publications, Business-To-Business, Catalogs, Co-op Advertising, Collateral, Computers & Software, Consulting, Consumer Marketing, Content, Copywriting, Corporate Identity, Digital/Interactive, Direct Response Marketing, E-Commerce, Electronic Media, Email, Financial, Graphic Design, High Technology, Industrial, Information Technology, Integrated Marketing, Internet/Web Design, Legal Services, Logo & Package Design, Magazines, Medical Products, New Product Development, New Technologies, Newspapers & Magazines, Paid Searches, Planning & Consultation, Print, Retail, Search Engine Optimization, Social Media, Strategic Planning/Research, Technical Advertising, Trade & Consumer Magazines, Transportation, Web (Banner Ads, Pop-ups, etc.), Yellow Pages Advertising

Approx. Annual Billings: $750,000

Breakdown of Gross Billings by Media: Bus. Publs.: $50,000; Collateral: $50,000; D.M.: $100,000; E-Commerce: $300,000; Graphic Design: $50,000; Internet Adv.: $10,000; Strategic Planning/Research: $40,000; Worldwide Web Sites: $150,000

Alan J. Goldstein *(Pres)*

Accounts:
Grand Tool Supply Corp Industrial Tool Supply; 1998
Joan Michlin Galleries; New York, NY Jewelry; 2002

COMUNIKA
4000 St-Ambroise Ste 387, Montreal, QC H4C 2C7 Canada
Tel.: (514) 989-1700
Fax: (514) 989-1701
E-Mail: studio@comunika.com
Web Site: www.comunika.com

Employees: 10

Agency Specializes In: Advertising, Graphic Design, Internet/Web Design, Multimedia, Print, Publicity/Promotions, Web (Banner Ads, Pop-ups, etc.)

Francois Provost *(Pres)*
Steven Rourke *(Dir-Editorial)*
Mario D'Avignon *(Acct Mgr-Strategy)*
Sonia Genovesi *(Acct Exec)*

Accounts:
Hector Larivee
Jaymar
L3 Mas
Oeko
Pfizer
Terraformex

CONCENTRIC HEALTH EXPERIENCE
(Formerly Concentric Pharma Advertising)
330 Hudson St 5h Fl, New York, NY 10013
Tel.: (212) 633-9700
Web Site: concentrichx.com/

Employees: 500
Year Founded: 2002

National Agency Associations: 4A's

Agency Specializes In: Broadcast, Exhibit/Trade Shows, Health Care Services, Pharmaceutical, Print, Production, Publicity/Promotions, Sales Promotion, Sponsorship, Strategic Planning/Research

Approx. Annual Billings: $11,600,000

Ken Begasse, Jr. *(Founder & CEO)*
Michael Sanzen *(Owner)*
Adam Cohen *(Mng Partner & Exec Creative Dir)*
Jennifer Boehmer *(Mng Dir)*
Sayan Ray *(Exec VP & Grp Creative Dir)*
Anthony Turi *(Exec VP & Grp Creative Dir)*
James Driscoll *(Sr VP & Dir-User Engagement)*
Brielle DePalma *(Grp Acct Supvr)*

Accounts:
Alcon Labs
Allergan
Bayer HealthCare
Cobalt Laboratories
Coria Laboratories
Discovery Labs Surfaxin
Genentech
Mitsubishi Pharma America
Novartis
Novo Nordisk
Spotlight
Warner Chilcott

CONCENTRIC MARKETING
101 W Worthington Ave Ste 108, Charlotte, NC 28203
Tel.: (704) 731-5100
Fax: (704) 344-1600
E-Mail: bshaw@getconcentric.com
Web Site: www.getconcentric.com

Employees: 20
Year Founded: 2000

Agency Specializes In: Above-the-Line, Advertising, Below-the-Line, Consulting, Consumer Goods, Consumer Marketing, Direct Response Marketing, Health Care Services, Household Goods, Identity Marketing, In-Store Advertising, Integrated Marketing, Internet/Web Design, Logo & Package Design, Market Research, Merchandising, New Product Development, Package Design, Podcasting, Point of Purchase, Point of Sale, Production (Print), Promotions, Retail, Sales Promotion, Search Engine Optimization, Web (Banner Ads, Pop-ups, etc.)

Approx. Annual Billings: $12,500,000

Breakdown of Gross Billings by Media: Brdcst.: $2,400,000; Comml. Photography: $100,000; Consulting: $1,400,000; D.M.: $800,000; Graphic Design: $1,500,000; In-Store Adv.: $250,000; Internet Adv.: $650,000; Logo & Package Design: $750,000; Mags.: $1,400,000; Mdsg./POP: $725,000; Newsp. & Mags.: $175,000; Sls. Promo.: $650,000; Strategic Planning/Research: $1,250,000; Worldwide Web Sites: $450,000

Robert Shaw *(Pres)*
Greg Silverman *(CEO)*
Kelli McCallum Masilun *(VP-Brand Dev)*

Accounts:
Nature's Earth Feline Pine

CONCEPT ARTS
6422 Selma Ave, Hollywood, CA 90028
Tel.: (323) 461-3696
E-Mail: frontdesk@conceptarts.com
Web Site: www.conceptarts.com/

Employees: 60
Year Founded: 1972

Agency Specializes In: Content, Copywriting, Digital/Interactive, Entertainment, Experiential Marketing, Out-of-Home Media, Outdoor, Package Design, Production, Production (Ad, Film, Broadcast), Production (Print), Social Media, Strategic Planning/Research, T.V., Web (Banner Ads, Pop-ups, etc.)

Aaron Michaelson *(Pres)*
James Zhang *(CEO)*
Kristen Kamei *(Mng Dir-Print)*
Pablo Matilla *(Head-Creative & Sr Art Dir)*
Robert Rave *(Exec Creative Officer & Head-Digital)*
Michael Blackburn *(Exec Creative Dir)*
Renee Airo *(Dir-Social Media)*

ADVERTISING AGENCIES

Ian McDonnell *(Dir-Digital & Social Creative)*
Jacklin Maisyan *(Sr Mgr-Social)*
Aaron Perez *(Sr Acct Exec)*
Tina Tanen *(Sr Acct Exec)*

Accounts:
Netflix Stranger Things
Showtime Penny Dreadful
Summit Entertainment La La Land
Warner Brothers Pictures Fantastic Beasts & Where To Find Them, Kong: Skull Island, Suicide Squad

CONCEPT COMPANY, INC.
4065 Eckworth Dr, Bellbrook, OH 45305
Tel.: (937) 848-5850
Fax: (937) 848-5858
E-Mail: info@conceptcompany.com
Web Site: www.conceptcompany.com

Employees: 3

Agency Specializes In: Advertising, Brand Development & Integration, Business-To-Business, Collateral, Consulting, Content, Corporate Identity, Direct Response Marketing, Internet/Web Design, Logo & Package Design, Public Relations, Strategic Planning/Research

Elaine Middlestetter *(Owner & VP)*
Robert Middlestetter *(Pres & CEO)*
Tina Hutzelman *(Acct Mgr & Strategist-Mktg)*

Accounts:
Credit Union Consulting; Dayton, OH Credit Union Services
Martin Automatic; Rockford, IL Industrial Equipment
MKS; Dayton, OH Firearms

CONCEPT ENVY
804 N Grand Ave, Waukesha, WI 53186
Tel.: (262) 446-6823
E-Mail: info@conceptenvy.com
Web Site: www.conceptenvy.com

Employees: 5

Agency Specializes In: Advertising, Brand Development & Integration, Content, Digital/Interactive, Internet/Web Design, Logo & Package Design, Media Planning, Print, Social Media, Strategic Planning/Research

Zach Beaman *(Pres & Creative Dir)*

Accounts:
Grebes Bakery

CONCEPT FARM
1125 44Th Rd, Long Is City, NY 11101
Tel.: (212) 463-9939
Fax: (212) 463-7032
E-Mail: inquiries@conceptfarm.com
Web Site: www.conceptfarm.com

Employees: 35

Agency Specializes In: Advertising, Sponsorship

John Gellos *(Partner & Creative Dir)*
Gregg Wasiak *(Partner & Dir-Growth)*
Griffin Stenger *(Mng Dir)*
Angel Maldonado *(Dir-Ops)*
Mike McCall *(Dir-Production & Post)*
Subira Williams *(Mgr-Acctg)*

Accounts:
Allure
Bowlmor AMF
Century 21 Department Stores Digital, Outdoor, Print, Social Media, Television, Traditional & Non-Traditional Media
Drey Fuse
Empire State Building Content, Creative, Strategy
ESPN
Green Peace
James Patterson Entertainment
News Corporation
SAP
Starz
TRW

CONCEPT THREE INC.
424 S Main St, Davison, MI 48423-1608
Tel.: (810) 653-1002
Fax: (810) 653-6302
E-Mail: sales@conceptthree.com
Web Site: www.conceptthree.com

Employees: 5
Year Founded: 1980

National Agency Associations: AAF

Agency Specializes In: Advertising, Advertising Specialties, Broadcast, Cable T.V., Collateral, Consulting, Graphic Design, Industrial, Local Marketing, Logo & Package Design, Media Buying Services, Multimedia, Planning & Consultation, Point of Sale, Retail, T.V.

Breakdown of Gross Billings by Media: Adv. Specialities: 5%; D.M.: 11%; Other: 2%; Outdoor: 3%; Print: 10%; Radio: 23%; T.V.: 46%

James Slater *(Owner)*
Susan R. Slater *(Owner)*
Eric Quimby *(Specialist-Digital Mktg)*

Accounts:
Dave Lamb Heating & Cooling; 1983
Genesee Valley Gold & Silver; Flint, MI; 1997
Italia Gardens
Lifestyles Hot Springs Spas; Flint, MI; 1981

CONCEPT9 DIGITAL AGENCY
317-4950 Rue de la Savane, H4P 1T7 Montreal, QC Canada
Tel.: (514) 700-2669
E-Mail: nfo@concept9.ca
Web Site: concept9.ca/

Employees: 10
Year Founded: 2013

Agency Specializes In: Digital/Interactive, Email, Mobile Marketing, Search Engine Optimization, Social Media, Web (Banner Ads, Pop-ups, etc.)

Sekoul Krastev *(Co-Founder & Product Mgr)*

Accounts:
Noviflow Software; 2015

CONCRETE DESIGN COMMUNICATIONS INC
2 Silver Ave, Toronto, ON M6R 3A2 Canada
Tel.: (416) 534-9960
Fax: (416) 534-2184
E-Mail: mail@concrete.ca
Web Site: www.concrete.ca

Employees: 20
Year Founded: 1988

Agency Specializes In: Advertising, Arts, Brand Development & Integration, Collateral, Corporate Identity, Fashion/Apparel, Internet/Web Design, Package Design, Retail

John Pylypczak *(Founder, Partner & Pres)*

Diti Katona *(Co-Founder, Partner & Dir-Creative)*
Jordan Poirier *(Creative Dir)*
Clarence Kwan *(Dir-Brands, Png & Strategy)*
Brandy McKinlay *(Dir-Production Svcs)*
Thomas van Ryzewyk *(Sr Graphic Designer)*
Jonathon Yule *(Sr Designer)*

CONDRON & COSGROVE
220 Penn Ave Ste 303, Scranton, PA 18503
Tel.: (570) 344-6888
E-Mail: hi@condronmedia.com
Web Site: condronmedia.com

Employees: 7

Agency Specializes In: Advertising, Broadcast, Digital/Interactive, Logo & Package Design, Out-of-Home Media, Outdoor, Print

Phil Condron *(CEO)*
Michele Lauriha *(Art Dir)*
Kim Kryeski *(Mktg Mgr & Project Mgr)*
Tucker Hottes *(Sr Developer)*

Accounts:
Cabot Corporation
RJ Burne Cadillac

THE CONFLUENCE
12910 Culver 1024 Santee StBlvd, Los Angeles, CA 90015
Tel.: (310) 424-8356
Web Site: www.theconfluencegroup.com

Employees: 15
Year Founded: 2009

Agency Specializes In: Advertising, Brand Development & Integration, Content, Digital/Interactive, Public Relations

Russell Ward *(Founder)*
Summer Bradley *(Acct Dir-Publicist)*
Eric Starr *(Creative Dir)*

Accounts:
Fest300
Shocase
ZoukOut Media Strategy & Outreach, ZoukOut 2017; 2017

CONILL ADVERTISING, INC.
800 Brickell Ave, Miami, FL 33131
Tel.: (305) 351-2901
Fax: (305) 351-2509
E-Mail: noticias@conill.com
Web Site: www.conill.com

Employees: 95
Year Founded: 1968

National Agency Associations: 4A's-AHAA

Agency Specializes In: Above-the-Line, Advertising, Automotive, Below-the-Line, Branded Entertainment, Broadcast, Cable T.V., Communications, Consumer Goods, Cosmetics, Digital/Interactive, Experience Design, Game Integration, Guerilla Marketing, Hispanic Market, Integrated Marketing, Internet/Web Design, Magazines, Media Buying Services, Mobile Marketing, Multicultural, Newspaper, Newspapers & Magazines, Out-of-Home Media, Outdoor, Print, Production (Ad, Film, Broadcast), Production (Print), Radio, Retail, Social Marketing/Nonprofit, Social Media, Sponsorship, Strategic Planning/Research, T.V., Transportation, Travel & Tourism, Viral/Buzz/Word of Mouth, Web (Banner Ads, Pop-ups, etc.)

Breakdown of Gross Billings by Media: Cable T.V.:

AGENCIES - JANUARY, 2019 — ADVERTISING AGENCIES

30%; Consumer Pubs.: 18%; Network T.V.: 37%; Other: 10%; Outdoor: 2%; Radio: 3%

Magaly Melendez *(Sr VP & Fin Dir)*
Brett Dennis *(Chief Growth Officer)*
Melanie Case *(Sr Producer-Social Content)*
Julia Estacio *(Acct Dir)*
Reinier Suarez *(Acct Dir)*
Claudia Yuskoff *(Assoc Dir-Content Experience)*
Monica Navarro *(Acct Exec)*
Veronica Elizondo *(Grp Creative Dir)*

Accounts:
Citibank; 2010
CVS Health; 2007
JCPenney Hispanic
Lexus
Mondelez International
The Procter & Gamble Company Crest, Head & Shoulders, Pampers, Tide; 1986
Sony
Susan G. Komen Race for the Cure
T-Mobile US Campaign: "Goal"
Toyota Kirloskar Motor Campaign: "Details", Campaign: "Sauna", Toyota Tundra
United Continental Holdings; 2007

Branch

Conill Advertising, Inc.
2101 Rosecrans Ave 2nd Fl, El Segundo, CA 90245
Tel.: (424) 290-4400
E-Mail: noticias@conill.com
Web Site: www.conill.com

Employees: 65
Year Founded: 1987

National Agency Associations: 4A's

Agency Specializes In: Above-the-Line, Advertising, Automotive, Below-the-Line, Branded Entertainment, Broadcast, Cable T.V., Communications, Consumer Goods, Cosmetics, Digital/Interactive, Guerilla Marketing, Hispanic Market, Integrated Marketing, Internet/Web Design, LGBTQ Market, Magazines, Media Buying Services, Mobile Marketing, Multicultural, Newspaper, Newspapers & Magazines, Out-of-Home Media, Outdoor, Print, Production (Ad, Film, Broadcast), Production (Print), Radio, Retail, Social Marketing/Nonprofit, Social Media, Sponsorship, Strategic Planning/Research, T.V., Transportation, Travel & Tourism, Viral/Buzz/Word of Mouth, Web (Banner Ads, Pop-ups, etc.)

Carlos Martinez *(Pres)*
Tom Lanktree *(VP & Grp Dir-Plng)*
Sandy Elfert Mayer *(VP & Dir-Digital Svcs)*
Anabel Ordonez *(VP & Mgmt Dir)*
Tomas Almuna *(Creative Dir)*
Veronica Cueva *(Acct Dir)*
Tanya Maldonado Toomey *(Acct Dir-Social Media)*
Claudio Vera *(Creative Dir)*
Courtney Corbett *(Mgmt Supvr)*
Joe Cholewinski *(Dir-Comm Strategies)*
William C. Formeca *(Dir-Comm Strategies)*
Esmeralda Nisperos *(Dir-Media Insights & Strategy)*
Claudia Yuskoff *(Dir-Content Experience)*
Ryan Gallacher *(Assoc Dir-Branded Content)*
Marisol Zumaeta *(Assoc Dir-Project Mgmt)*
Lissete Jimenez *(Acct Supvr)*
Alexandra Contreras *(Supvr-Media)*
Melody Romero-Gastelum *(Supvr-Digital Media)*
Ruben Sierra *(Sr Acct Exec)*
Elissa Huang *(Acct Exec-Social Media)*
Martin Cerri *(Grp Creative Dir)*
Suhey Saldarriaga *(Sr Art Dir)*
Mauricio Macias Torres *(Assoc Creative Dir)*

Accounts:
Aflac Incorporated Hispanic Marketing
Alaska Airlines, Inc.
Argentina New Cinema
BP America Inc. Creative, Digital Communications, Social Media, Strategy, ampm (Hispanic Agency of Record)
Consulate General of Argentina in Los Angeles Campaign: "Job"
Crest
Denny's Corporation (Hispanic Advertising Agency of Record) Creative Development, Digital Communications, Social Media, Strategy
"El Favorito del Famoso" Contest
FX Networks, LLC
KFC Corporation
Lowe's Companies, Inc; 2018
Miami Short Film Festival Campaign: "Bedside Table"
Nationwide
Procter & Gamble
Sony Computer Entertainment America LLC PlayStation
T-Mobile USA, Inc. Campaign: "Missed It?"; 2004
Toyota Motor North America, Inc. (Agency of Record) Corolla
Toyota Motor Sales, USA Broadcast, Campaign: "Details", Campaign: "Mas Que Un Auto", Campaign: "Projecting Pollution", Digital, Hispanic, Social Media, Videos; 1987

CONNECTIONS ADVERTISING & MARKETING
148 Jefferson St Ste B, Lexington, KY 40508
Tel.: (859) 903-1010
E-Mail: info@connectionsadv.com
Web Site: www.connectionsadv.com

Employees: 8
Year Founded: 2009

Agency Specializes In: Advertising, Advertising Specialties, Affluent Market, African-American Market, Agriculture, Alternative Advertising, Automotive, Aviation & Aerospace, Brand Development & Integration, Broadcast, Business Publications, Business-To-Business, Cable T.V., Catalogs, Co-op Advertising, College, Commercial Photography, Communications, Content, Corporate Identity, Cosmetics, Custom Publishing, Customer Relationship Management, Education, Electronic Media, Email, Entertainment, Environmental, Event Planning & Marketing, Exhibit/Trade Shows, Experience Design, Fashion/Apparel, Financial, Food Service, Government/Political, Graphic Design, Guerilla Marketing, Health Care Services, Hispanic Market, Hospitality, Household Goods, Identity Marketing, In-Store Advertising, Industrial, Infomercials, Integrated Marketing, International, Internet/Web Design, Legal Services, Leisure, Local Marketing, Logo & Package Design, Luxury Products, Magazines, Marine, Market Research, Media Buying Services, Media Planning, Media Relations, Media Training, Medical Products, Multimedia, Newspaper, Newspapers & Magazines, Out-of-Home Media, Outdoor, Over-50 Market, Package Design, Pets, Pharmaceutical, Planning & Consultation, Point of Purchase, Print, Product Placement, Production, Production (Ad, Film, Broadcast), Production (Print), Promotions, Public Relations, Publicity/Promotions, Publishing, Radio, Regional, Restaurant, Retail, Sales Promotion, Search Engine Optimization, Seniors' Market, Social Marketing/Nonprofit, Social Media, Sponsorship, Sports Market, Strategic Planning/Research, Syndication, Teen Market, Trade & Consumer Magazines, Transportation, Tween Market, Urban Market, Web (Banner Ads, Pop-ups, etc.), Women's Market

Approx. Annual Billings: $494,400

Breakdown of Gross Billings by Media: Consulting: $24,400; Graphic Design: $15,600; Print: $16,800; Strategic Planning/Research: $11,000; Trade & Consumer Mags.: $426,600

Debby Nichols *(Pres)*
Stephanie Preston *(Acct Exec)*

Accounts:
Fairwinds Farm Equine Training, Sales & Services; 2009
Holistic Horse; 2010
Horseware Ireland Equine Clothing; 2010
Paso Fino Horse Association Equine Publication & Association; 2011
Select Lab Services Medical Services; 2011
Shyco Wood Products Recycling Services; 2011

CONNECTIVITY MARKETING AND MEDIA AGENCY
715 N Franklin St # B, Tampa, FL 33602
Tel.: (813) 574-7912
Fax: (813) 609-3959
E-Mail: contact@connectivityagency.com
Web Site: https://connectivitystrategy.com/

Employees: 15
Year Founded: 2009

Agency Specializes In: Advertising, Alternative Advertising, Arts, Automotive, Branded Entertainment, Broadcast, Cable T.V., Co-op Advertising, Consumer Goods, Digital/Interactive, Electronic Media, Entertainment, Food Service, Leisure, Local Marketing, Market Research, Media Buying Services, Media Planning, Multimedia, Newspapers & Magazines, Out-of-Home Media, Outdoor, Print, Production, Production (Print), Promotions, Publicity/Promotions, Radio, Regional, Restaurant, Retail, Sales Promotion, Sponsorship, Strategic Planning/Research, T.V., Travel & Tourism

Sean Halter *(CEO-Connectivity Holdings)*
Gina Maker *(Acct Dir)*

Accounts:
Deep Eddy Vodka; 2011
Department of Children & Families
Empath Health
First Watch Restaurant Group
Gainesville Regional Utility (Agency of Record)
Gold & Diamond Source; 2009
Livenation; 2012
Margaritaville; 2014
Pabst Brewing Pabst Blue Ribbon, Lone Star, Old Style, Ballantine IPA, Colt 45, Old Milwaukee, Primo, Olympia, Schlitz, Rainier; 2012
Ruth Law Team
Sonic Automotive
Tropical Smoothie; 2012
Vogue International Digital Media, Maui Moisture (Media Agency of Record), OGX Haircare (Media Agency of Record); 2016
World Wrestling Entertainment Monday Night Raw, WWE Smackdown; 2009

CONNELLY PARTNERS
46 Waltham St Fl 4, Boston, MA 02118
Tel.: (617) 521-5400
Fax: (617) 521-5499
E-Mail: nvallee@connellypartners.com
Web Site: www.connellypartners.com

E-Mail for Key Personnel:
President: sconnelly@connellypartners.com
Media Dir.: rweinstein@connellypartners.com

Employees: 125
Year Founded: 1999

National Agency Associations: 4A's

Agency Specializes In: Sponsorship

ADVERTISING AGENCIES

Approx. Annual Billings: $70,000,000

Steve Connelly *(Pres & Copywriter)*
Alyssa D'Arienzo Toro *(Sr Partner & Chief Creative Officer)*
Michelle Capasso *(Media Dir)*
Siddharth Murlidhar *(Creative Dir)*
Tia Taffer *(Acct Dir)*
Renee Rochon *(Mgmt Supvr)*
Barry Frechette *(Dir-Creative Svcs)*
Scott Madden *(Sr Partner & Dir-Empathy & Evolution)*
Scott Savitt *(Dir-Digital)*
Kymberlee Parker *(Assoc Dir-Search Mktg)*
Emma Roehlke *(Brand Mgr)*
Lauren Lukacsko *(Mgr-Integrated Production)*
Kelley Bolte *(Supvr-Brand)*
Kerrin Louko *(Supvr-Media)*
Jodi Riseberg *(Supvr-Media Buying)*
Aimee Van Zile-Buchwalter *(Supvr-PR & Social Influence)*
Christopher Corrado *(Sr Media Buyer & Planner)*
Lauren Moquin *(Media Planner)*
Kathryn Bergamini *(Sr Media Planner)*
Michelle Ellis *(Assoc Creative Dir-Copy)*
Ed Lou-Goode *(Assoc Media Dir)*
Ali Sayles *(Asst Media Planner)*

Accounts:
A&E Networks
AJ Wright Stores
Babson College Online, Out of Home, Print Media, Radio
Best Western
BJ's Wholesale Club Media Planning & Buying; 2004
D'Angelo
Fallon Community Health Plan; 2003
Four Seasons Hotels & Resorts
Foxwoods Resort Casino
The Gorton Group (Agency of Record) Content Development, Digital, Marketing, Media Buying, Media Planning, Public Relations, Shopper Marketing, Social
Massachusetts State Lottery
Salem Five Campaign: "The World According to Dustin Pedroiia"
Samsonite Corporation American Tourister, Brand Positioning, Business Bag, Web Design
Sata Airlines
Songwriting for Soldiers
Stowe Mountain Resort
Wyman's of Maine

Connelly Partners Travel
46 Waltham St, Boston, MA 02118
Tel.: (617) 521-5400
Fax: (617) 266-1890
Web Site: travel.connellypartners.com/

Employees: 40
Year Founded: 1984

National Agency Associations: AD CLUB-HSMAI-MAGNET

Agency Specializes In: Leisure, Travel & Tourism

Gary Leopold *(Pres)*
Joanne Borselli *(Grp Acct Dir)*

Accounts:
American Express Travel Services; New York, NY Travel Services; 2002
British Virgin Islands Tourism Board Content Creation, SEO Strategy
The Islands of the Bahamas & Saint Lucia
Massachusetts Office of Travel & Tourism
Palace Resorts AAA Five Diamond Le Blanc Spa Resort, Beach Palace, Branding, Cozumel Palace, Isla Mujeres Palace, Marketing, Moon Palace Golf & Spa Resort, Playacar Palace, Strategy, Sun Palace

Saint Lucia Tourist Board Brand Campaign, Campaign: "Lift Your Senses"

CONNORS ADVERTISING & DESIGN
355 W Lancaster Ave Bldg E 2nd Fl, Haverford, PA 19041
Tel.: (610) 649-4963
Fax: (610) 658-5810
Web Site: www.pc-advertising.com

Employees: 4
Year Founded: 1990

Agency Specializes In: Advertising, Brand Development & Integration, Corporate Identity, Internet/Web Design, Print

Paul Connors *(Owner)*
Marcia McConnell *(Mgr-Media & Mktg)*

Accounts:
Blue Tree Landscaping Inc
Boathouse Capital
Cadence Aerospace
Envision Land Use

CONRAD, PHILLIPS & VUTECH, INC.
(Merged with Hart Associates to Form HART/CPV)

THE CONROY MARTINEZ GROUP
300 Sevilla Ave, Coral Gables, FL 33134
Tel.: (305) 445-7550
Fax: (305) 445-7551
E-Mail: info@conroymartinez.com
Web Site: www.conroymartinez.com

Employees: 5

Agency Specializes In: Collateral, Consumer Goods, Education, Email, Entertainment, Event Planning & Marketing, Health Care Services, Local Marketing, Promotions, Public Relations, Publicity/Promotions, Real Estate, Retail, Strategic Planning/Research, Travel & Tourism

C.L. Conroy *(Founder & CEO)*
Jorge Martinez *(VP)*

CONSOLIDATED SOLUTIONS
1614 E 40th St, Cleveland, OH 44103
Tel.: (216) 881-9191
Fax: (216) 881-3442
Web Site: www.csinc.com

Employees: 100
Year Founded: 1946

Agency Specializes In: Direct Response Marketing, Print

Kenneth Lanci *(Chm)*
Terry Hartman *(CFO)*
Mike Stewart *(VP-Client Integration)*
Joseph Turi *(VP-Sls)*

Accounts:
Cleveland Clinic; Cleveland, OH; 1991
Cleveland Zoo; Cleveland, OH; 1994
Sherwin-Williams Co.; Cleveland, OH; 1991

CONSORTIUM MEDIA SERVICES
4572 Telephone Rd Ste 913, Ventura, CA 93003
Tel.: (805) 654-1564
Fax: (805) 654-8796
E-Mail: info@consortium-media.com
Web Site: www.consortium-media.com

Employees: 10
Year Founded: 1990

Agency Specializes In: Advertising, Print, Promotions, Public Relations, Radio, T.V., Web (Banner Ads, Pop-ups, etc.)

Denise Bean-White *(Pres & CEO)*
Jennifer Curtis *(Sr VP & Gen Mgr)*
Denise Hodgson *(Office Mgr & Coord-Media & Traffic)*
Jamie Morrison *(Sr Graphic Designer)*
Melina Esparza *(Assoc-Creative Media)*

Accounts:
Aspiranet
The Beachwalker Inn & Suites
City of Oxnard
County of Ventura Human Services Agency
FOOD Share
Go Care
Jensen Design & Survey
Kaiku Finance
PODS Corporate
PODS Houston
PODS Las Vegas
PODS Lexington
PODS Phoenix
PODS Tri Counties
PODS Tucson
Ventura County Balley Company
Ventura County Health Care Agency
Ventura County Public Works Agency

CONSTRUCTION MARKETING INC
2534 Trailmate Dr, Sarasota, FL 34243
Tel.: (941) 312-7801
E-Mail: info@constructionmarketinginc.com
Web Site: www.construction.marketing

Employees: 5
Year Founded: 2009

Agency Specializes In: Advertising, Brand Development & Integration, Crisis Communications, Event Planning & Marketing, Graphic Design, Internet/Web Design, Logo & Package Design, Media Planning, Print, Public Relations

Rob Melis *(Pres)*
Theresa Smillie *(Art Dir)*

Accounts:
Hot Springs Crushing
Icon Projects
Indiana Cut Stone
Surface Technology
Teakology

CONSTRUCTIVE
611 Broadway Ste 430, New York, NY 10012
Tel.: (212) 925-6460
Web Site: constructive.co

Employees: 50
Year Founded: 2000

Agency Specializes In: Advertising, Brand Development & Integration, Collateral, Content, Education, Environmental, Internet/Web Design, Logo & Package Design, Market Research, Print, Social Marketing/Nonprofit, Strategic Planning/Research

Matthew Schwartz *(Founder & Dir-Strategy)*
Senongo Akpem *(Dir-Design)*
Lexie Mcguire *(Dir-Strategy)*
Quinn Macrorie *(Strategist-Content & Designer-User Experience)*
Leah Garlock *(Designer)*
Doug Knapton *(Sr Designer)*
Kevin Ng *(Sr Designer)*

AGENCIES - JANUARY, 2019 — ADVERTISING AGENCIES

Accounts:
New-American Committee for The Eizmann Institute????of????Science
New-Paraprofessional Healthcare Institute

CONTAGIOUSLA
424 S Broadway #604, Los Angeles, CA 90013
Tel.: (323) 303-3527
Web Site: www.ContagiousLA.com

Employees: 10
Year Founded: 2007

Agency Specializes In: Affluent Market, Automotive, Brand Development & Integration, Broadcast, Cable T.V., College, Content, Digital/Interactive, E-Commerce, Electronic Media, Electronics, Guerilla Marketing, Luxury Products, Men's Market, Production (Ad, Film, Broadcast), Social Media, T.V.

Approx. Annual Billings: $500,000

Breakdown of Gross Billings by Media: Internet Adv.: 20%; T.V.: 80%

Natalie Sakai *(Partner & Exec Producer)*
Jordan Flack *(Assoc Producer)*
Chris Barth *(Strategist)*
Hannah Rome *(Coord-Production)*

Accounts:
AutoAnything.com; CA; 2010
AutoInsurance.com; CA Auto Insurance Quote Comparison; 2010
Geek2Geek.com; CA Dating Site; 2010
Mobeze, Inc.; CA HerWay, OBC; 2009
Pernod Ricard Chivas, Plymouth Gin

CONTEND
130 S Broadway LA Times Contend 2nd Fl, Los Angeles, CA 90012
Tel.: (213) 237-3438
E-Mail: hello@contendco.com
Web Site: www.contendco.com

Employees: 40

Agency Specializes In: Advertising, Brand Development & Integration, Commercial Photography, Content, Digital/Interactive, Event Planning & Marketing, New Product Development, Production, Social Media, T.V.

Steven Amato *(Pres & Chief Content Officer)*
Philip Alberstat *(COO)*
Corrie Westmoreland-Vairo *(VP-Digital)*
Danielle Seaman Mathews *(Sr Dir-Content & Channel Strategy)*
Alexis Brooke Ross *(Dir-Ops & Creative Svcs)*

Accounts:
New-Anheuser Busch Companies LLC Bud Light
New-FCA US LLC Chrysler
New-M&M's USA
New-Netflix Inc

CONTEXT-BASED RESEARCH GROUP
72 Dunkirk Rd, Baltimore, MD 21212
Tel.: (474) 341-3612
E-Mail: info@contextresearch.com
Web Site: www.contextresearch.com

Employees: 12
Year Founded: 1999

Agency Specializes In: Consulting, Graphic Design, Retail, Strategic Planning/Research

Robbie Blinkoff *(Mng Dir)*
Stephanie Simpson *(Dir-Strategy & Client Svc)*

Accounts:
American Institute of Architects
The Associated Press
Campbell Soup Company
GlaxoSmithKline
Johns Hopkins University
Maryland Science Center
Thomas Weisel Partners Group Inc.

CONTEXTUAL CODE
1240 Thomasville Rd Ste 200, Tallahassee, FL 32303
Tel.: (850) 656-7050
Web Site: www.contextualcode.com/

Employees: 10
Year Founded: 1995

Agency Specializes In: Brand Development & Integration, Consulting, Web (Banner Ads, Pop-ups, etc.)

Revenue: $2,000,000

Mark Marsiglio *(Pres & CEO)*
David Broadfoot *(COO)*
Hayley Hay *(Sr Acct Mgr)*

Accounts:
FSU.com
Hitachi Data Systems

CONTRAST CREATIVE
2598 Highstone Rd, Cary, NC 27519
Tel.: (919) 469-9151
Fax: (919) 469-0331
Web Site: www.contrastcreative.com

Employees: 9
Year Founded: 1998

Agency Specializes In: Advertising, Digital/Interactive, Graphic Design, Internet/Web Design, Logo & Package Design, Print, Radio, Search Engine Optimization, Social Media, T.V.

Kathleen McDonald *(Pres)*
Tim Travitz *(CEO)*
Edwin Stemp *(Mng Dir-UK)*
Katie Connors Martin *(Producer-Digital Content & Writer)*
Daniel McRae *(Sr Graphic Designer)*

Accounts:
Duke University Hospital

CONVERSE MARKETING
1125 Main St, Peoria, IL 61606
Tel.: (309) 672-2100
Fax: (309) 672-2111
E-Mail: allisonw@conversemarketing.com
Web Site: www.conversemarketing.com

Employees: 10

National Agency Associations: Second Wind Limited

Amy Converse Schlicksup *(Pres)*
Jane Converse *(Principal)*
Christine Su *(Sr Dir-Global Comm)*
Patricia Pino *(Mktg Dir-Direct Consumer-North America)*
Becky Krohe *(Dir-Design)*
Jason Salyers *(Dir)*
Ted Converse *(Sr Designer)*

Accounts:
Advanced Systems Design Information Technology Consulting
Alwan & Sons Meat Co.
Caterpillar Inc.
Central Illinois Bank
New Junction City

CONVERSION PIPELINE
4501 Daly Dr, Chantilly, VA 20151
Tel.: (877) 877-0542
Web Site: www.conversionpipeline.com

Employees: 50
Year Founded: 2008

Agency Specializes In: Advertising, Email, Internet/Web Design, Mobile Marketing, Search Engine Optimization, Social Media

Sam Collingwood *(Founder & COO)*
Michael Delpierre *(CEO)*
Harry Brooks *(CMO)*
Christopher Gough *(Sr Acct Exec)*

Accounts:
Culpeper Recycling, LLC
Grafton Street; Gainesville, VA Online Marketing Strategy
The Great Courses Digital Advertising, Search Marketing
IPW Industries Inc.
JK Enterprise Landscape Supply, LLC
Lunar Pages Internet Solutions
PaperCraft, Inc. Online Marketing, Pay Per Click, Search Engine Optimization
Shiertech, Llc
TIG Investigative Services
Varela Contracting, LLC
The Wynne Group

COOL NERDS MARKETING
300 N Market St, Wilmington, DE 19801
Tel.: (302) 304-3440
Fax: (844) 280-6373
E-Mail: info@coolnerdsmarketing.com
Web Site: www.coolnerdsmarketing.com

Employees: 13

Agency Specializes In: Advertising, Brand Development & Integration, Digital/Interactive, E-Commerce, Email, Graphic Design, Integrated Marketing, Internet/Web Design, Media Buying Services, Media Planning, Mobile Marketing, Paid Searches, Print, Public Relations, Radio, Search Engine Optimization, Shopper Marketing, Social Media

Bruce Gunacti *(CEO)*
Michael Venezia *(Dir-Digital Mktg)*

Accounts:
Troy Granite

COONEY/WATERS GROUP
111 Fifth Ave 2nd Fl, New York, NY 10003
Tel.: (212) 886-2200
Fax: (212) 886-2288
E-Mail: business@cooneywaters.com
Web Site: www.cooneywatersunlimited.com

Employees: 12
Year Founded: 1992

National Agency Associations: COPF

Agency Specializes In: Corporate Identity, Crisis Communications, Strategic Planning/Research

Julia Jackson *(Exec VP)*
Noelle Osiecki *(VP)*
Lindsay Paul *(VP)*

ADVERTISING AGENCIES — AGENCIES - JANUARY, 2019

Accounts:
Abbott Fund
Alcon Laboratories
Alere Corporate & Product Communications
American Lung Association
Anheuser-Busch
Cephalon
The Coca-Cola Company
LensCrafters
New York Blood Center
Purdue Pharma
Sanofi Pasteur

Branch

The Corkery Group, Inc.
111 Fifth Ave 2nd Fl, New York, NY 10003
Tel.: (212) 886-2200
Web Site: www.corkeryunlimited.com

Employees: 24
Year Founded: 2002

Karen O'Malley *(Pres)*
Megan Lambert *(VP)*
Alex Alford *(Acct Coord)*

Accounts:
The Water Supply & Sanitation Collaborative Council Media Relations, Strategic Communications

---

COOPER COMMUNICATIONS
4447 Hwy 17 Business, Murrells Inlet, SC 29576
Tel.: (843) 357-3098
Fax: (843) 651-6836
E-Mail: info@cooper-communications.com
Web Site: www.cooper-communications.com

Employees: 4
Year Founded: 1999

Agency Specializes In: Advertising, Business Publications, Cable T.V., Co-op Advertising, Corporate Communications, Custom Publishing, Electronic Media, Exhibit/Trade Shows, Graphic Design, Health Care Services, High Technology, Hospitality, Internet/Web Design, Local Marketing, Logo & Package Design, Media Buying Services, Media Planning, Medical Products, Newspaper, Newspapers & Magazines, Out-of-Home Media, Outdoor, Print, Production (Ad, Film, Broadcast), Promotions, Public Relations, Publicity/Promotions, Radio, Real Estate, Sponsorship, T.V.

Approx. Annual Billings: $1,500,000

Breakdown of Gross Billings by Media: Adv. Specialities: $1,500,000

Elizabeth Cooper *(Owner)*

THE COOPER GROUP
381 Park Ave S Eighth Fl, New York, NY 10016-8806
Tel.: (212) 696-2512
Fax: (212) 696-2516
E-Mail: info@thecoopergroup.com
Web Site: www.thecoopergroup.com

Employees: 12
Year Founded: 1984

National Agency Associations: AD CLUB-DMA

Agency Specializes In: Advertising, Brand Development & Integration, Business Publications, Business-To-Business, Children's Market, Co-op Advertising, Collateral, Communications, Consulting, Consumer Marketing, Consumer Publications, Corporate Identity, Digital/Interactive, Direct Response Marketing, Education, Entertainment, Financial, Graphic Design, Internet/Web Design, Logo & Package Design, Magazines, Newspaper, Newspapers & Magazines, Planning & Consultation, Print, Production, Strategic Planning/Research, Trade & Consumer Magazines

Approx. Annual Billings: $5,000,000

Breakdown of Gross Billings by Media: D.M.: $1,000,000; Internet Adv.: $1,000,000

Harold Cooper *(CEO & Principal)*

Accounts:
American Express
American Express Publishing
AXA-Equitable
Bloomberg BusinessWeek
Brooks Brothers
Comcast
Conde Nast
Deutsche Bank
Disney
Goebel
Guideposts
HCI Direct
Merrill Lynch
National Geographic; Washington, DC Periodical; 1991
Time Warner
The USO

COOPERKATZ & COMPANY
(Acquired & Absorbed by G&S Business Communications)

COPACINO + FUJIKADO, LLC
1425 4th Ave Ste 700, Seattle, WA 98101-2265
Tel.: (206) 467-6610
Fax: (206) 467-6604
E-Mail: copacino@copacino.com
Web Site: www.copacino.com

E-Mail for Key Personnel:
Creative Dir.: kreifschneider@copacino.com

Employees: 30
Year Founded: 1998

National Agency Associations: AMA-MAGNET-MCEI-RAMA

Agency Specializes In: Advertising, Alternative Advertising, Automotive, Brand Development & Integration, Business Publications, Business-To-Business, Cable T.V., Collateral, Communications, Consulting, Consumer Goods, Consumer Marketing, Consumer Publications, Corporate Identity, Digital/Interactive, Direct Response Marketing, Direct-to-Consumer, Electronic Media, Event Planning & Marketing, Fashion/Apparel, Financial, Graphic Design, Guerilla Marketing, Health Care Services, High Technology, Hospitality, Household Goods, Identity Marketing, In-Store Advertising, Integrated Marketing, Internet/Web Design, Luxury Products, Magazines, Market Research, Media Buying Services, Media Planning, Medical Products, Merchandising, Newspaper, Newspapers & Magazines, Out-of-Home Media, Outdoor, Planning & Consultation, Point of Purchase, Point of Sale, Print, Production, Production (Print), Radio, Retail, Sales Promotion, Seniors' Market, Social Marketing/Nonprofit, Sponsorship, Sports Market, Strategic Planning/Research, T.V., Trade & Consumer Magazines, Transportation, Travel & Tourism, Web (Banner Ads, Pop-ups, etc.)

Approx. Annual Billings: $31,000,000

Breakdown of Gross Billings by Media: Consumer Publs.: 8%; Internet Adv.: 8%; Network Radio: 10%; Newsp.: 18%; Outdoor: 5%; Spot Radio: 27%; T.V.: 20%; Trade & Consumer Mags.: 4%

Betti Fujikado *(Co-Founder & CEO)*
Jim Copacino *(Co-Founder & Chief Creative Officer)*
Scott Foreman *(Mng Dir)*
Chris Copacino *(Acct Dir & Head-Bus Dev)*
Dimitri Perera *(Head-Project Mgmt & Digital Svcs)*
Mike Hayward *(Exec Creative Dir)*
Sun Yi *(Project Mgr & Producer-Brdcst)*
Rebecca Arbeene *(Acct Dir)*
Tonya Murphy *(Media Dir)*
Kris Dangla *(Dir-Integrated Production)*
Kelly Green *(Dir-Production)*
Tim O'Mara *(Dir-Engagement Strategy)*
Andrew Gall *(Assoc Dir-Creative)*
Alyssa Grigg *(Sr Acct Exec)*
Paul Balcerak *(Sr Strategist-Social Media & Content)*
Joey Gale *(Acct Exec)*
Nicole Koestel *(Sr Art Dir)*
Andy Westbrock *(Sr Art Dir)*

Accounts:
The Baseball Club of Seattle, L.P.
Goodwill
Holland America Line International Cruise Operator
Islandwood Environmental Education & Advocacy
Lakeside Milam Recovery Centers; Bellevue, WA Healthcare; 2009
Major League Baseball Team; 1998
Metal Roofing Alliance; Belfair, WA Metal & Steel Roofing Products; 2003
Museum of History and Industry
Nordstrom; Seattle, WA Retail Apparel; 2006
Pacific Place Shopping Center; Seattle, WA Retail; 2010
Peace Health Health Care
Premera Blue Cross; Mountlake Terrace, WA Healthcare; 2008
Seattle Aquarium; Seattle, WA; 2007
Seattle Children's Hospital; Seattle, WA Medical Services; 2004
Seattle Goodwill (Agency of Record) Dynamic Digital, Out-of-Home, Radio, Social
Seattle Reproductive Medicine Health Care/Fertility
Ste. Michelle Wine Estates Premium Wines
Symetra; Seattle, WA Business Insurance Services; 2004
Washington Forest Protection Association; Olympia, WA Forest Products; 2007
Washington State University Higher Education
Wing Luke Museum

COPERNIO
11602 Knott St Ste 13, Garden Grove, CA 92841
Tel.: (714) 891-3660
Fax: (714) 891-1490
E-Mail: info@copernio.com
Web Site: www.copernio.com

Employees: 5
Year Founded: 1959

Agency Specializes In: Aviation & Aerospace, Business-To-Business, Consumer Marketing, Industrial, New Product Development, Planning & Consultation, Public Relations, Strategic Planning/Research, Technical Advertising

Approx. Annual Billings: $4,000,000

Breakdown of Gross Billings by Media: Bus. Publs.: $4,000,000

Susan Van Barneveld *(Pres)*

Accounts:
NYNE Broadcast & Online Media, Strategic Public Relations

AGENCIES - JANUARY, 2019 — ADVERTISING AGENCIES

COPIOUS
501 Se 14Th Ave, Portland, OR 97214
Tel.: (503) 255-1822
Fax: (503) 419-9791
Toll Free: (888) 471-8637
E-Mail: hello@copiousinc.com
Web Site: www.copio.us

Employees: 21
Year Founded: 2001

Agency Specializes In: Advertising, Digital/Interactive, E-Commerce, Email, Search Engine Optimization, Technical Advertising

Accounts:
VIE Sports

COPP MEDIA SERVICES INC
322 S Mosley Ste 15, Wichita, KS 67202
Tel.: (316) 425-7065
E-Mail: info@coppmedia.com
Web Site: www.coppmedia.com

Employees: 9
Year Founded: 1993

Agency Specializes In: Advertising, Digital/Interactive, Media Buying Services, Media Planning, Social Media

Bonnie Tharp *(Pres)*
Nicole Cooper *(Media Planner & Buyer)*
Sharri King *(Media Planner & Buyer)*

Accounts:
Cessna Aircraft Company Cessna Service Centers, Citation Air, Sales
Davis Moore Auto Group, Inc.
Wichita Dwight D. Eisenhower National Airport Media Buying

CORD MEDIA
43-645 Monterey Ave Ste D, Palm Desert, CA 92260
Tel.: (760) 834-8599
Fax: (760) 834-8604
Web Site: www.cordmedia.com

Employees: 40
Year Founded: 2007

Agency Specializes In: Advertising, Brand Development & Integration, Digital/Interactive, Internet/Web Design, Public Relations, Radio, Social Media

Jaci Fitzsimonds *(Pres)*
Jonas Udcoff *(Pres)*
Bernardo Amavizca *(Art Dir)*
Adam Duplay *(Creative Dir-Video)*
Kevin Reuter *(Creative Dir)*
Katherine Ruiz *(Client Svcs Dir)*
Shanah Chomsinsub *(Assoc Creative Dir)*
Andrea De Francisco Shek *(Assoc Creative Dir)*
Evan Unruh *(Assoc Creative Dir)*

Accounts:
Alta Verde Group
City of Indio
Copley's on Palm Canyon
DR Horton
The Dunes Club
Family Development
Frasca Jewelers
Hard Rock Energy Drink (Agency of Record) Advertising, Creative, Digital, Marketing, Media Buying, Public Relations, Social Media
Hard Rock Hotel & Casino
Hollywood Park Casino (Agency of Record) Creative Design, Media, Public Relations, Radio Advertising Production, Social Media
Humana Challenge
Lennar
The Living Desert
Muckleshoot Indian Casino
PGA WEST
Seminole Hard Rock Hotel & Casino
Spotlight 29 Casino
St. Croix Casinos
Tortoise Rock Casino
TRIO Restaurant
Video Gaming Technologies, Inc

CORDERO & DAVENPORT ADVERTISING
839 W Harbor Dr Ste 2, San Diego, CA 92101
Tel.: (619) 233-3830
Fax: (619) 233-3832
E-Mail: info@corderoanddavenport.com
Web Site: www.corderoanddavenport.com

Year Founded: 1991

Agency Specializes In: Brand Development & Integration, Out-of-Home Media, Outdoor, Print, Radio, T.V.

J.C. Cordero *(Pres)*
Kevin Davenport *(Partner & Creative Dir)*

Accounts:
Big O Tires Auto Parts Retailer

CORE CREATIVE, INC.
600 W Virginia St, Milwaukee, WI 53204
Tel.: (414) 291-0912
Fax: (414) 291-0932
E-Mail: angi@corecreative.com
Web Site: https://www.corecreative.com/

Employees: 45
Year Founded: 1994

National Agency Associations: Second Wind Limited

Agency Specializes In: Advertising, Brand Development & Integration, Collateral, Crisis Communications, Digital/Interactive, Exhibit/Trade Shows, Graphic Design, Identity Marketing, Media Training, Planning & Consultation, Print, Public Relations, Radio, Strategic Planning/Research, T.V.

Rich Vetrano *(Owner)*
Ward Alles *(Pres)*
Jeff Speech *(Partner & VP-Creative Svcs)*
Elizabeth Crivello-Wagner *(VP-Brand Svcs)*
Angi Krueger *(VP-Mktg)*
Jerry Higgins *(Creative Dir)*
Stephanie Burton *(Dir-Healthcare Mktg)*
Dana Carpenter *(Dir-Mktg Comm)*
Janee Wolf *(Sr Specialist-Mktg)*
Doug Birling *(Specialist-Media Production)*
Sarah Richmond-Basedow *(Strategist-Media)*
Regina Maline *(Sr Designer)*
Sara Wiles *(Designer)*
Jennifer Cooley *(Sr Art Dir)*

Accounts:
Beloit Health System Advertising, Branding, Social Media
Charter Manufacturing Branding, Internal Communications, Recruitment Marketing
Concordia University Wisconsin & Ann Arbor Marketing, PR, Social Media
Harley-Davidson Design Services
Milwaukee Tool Branding, Design Services
ORBIS Corporation Advertising, Digital, Public Relations
Owensboro Health Advertising, Branding, Design Services, Digital, Social Media
Verizon Wireless Internal Communications, Media Relations, Public Relations

CORE GROUP ONE, INC.
928 Nuuanu Ave No 100, Honolulu, HI 96817
Tel.: (808) 440-9421
Web Site: www.coregroupone.com

Employees: 15

National Agency Associations: 4A's

Agency Specializes In: Advertising

Jim Horiuchi *(Pres)*
Melissa Toyofuku *(Media Dir)*
Lauri Yanagawa *(Acct Dir)*

Accounts:
Hawaiian Electric Company
Pizza Hut
Taco Bell

CORE IR
377 Oak St Concourse 2, Garden City, NY 11530
Tel.: (516) 222-2560
E-Mail: info@coreir.com
Web Site: www.coreir.com

Year Founded: 2009

Agency Specializes In: Advertising, Communications, Investor Relations, Public Relations, Strategic Planning/Research

Chuck Bennett *(Co-Founder)*
Scott Gordon *(Co-Founder, Pres & Editor-In-Chief)*
Bret Shapiro *(Sr Mng Partner)*
Scott Arnold *(Mng Partner)*
Tristan Traywick *(Mng Dir)*
John Marco *(Mng Dir)*
Tom Caden *(VP)*
Jules Abraham *(Dir-PR)*

Accounts:
New-Airborne Wireless Network (Investor Relations Firm of Record)
New-Anavex Life Sciences Corp
New-Daxor Corporation (Investor Relations Agency of Record)
New-Inpixon
New-Legacy Education Alliance, Inc
New-Payment Data Systems, Inc.
New-XG Technology Inc. (Investor Relations Agency of Record)

CORECUBED
700 POle Creasman Rd, Asheville, NC 28806
Tel.: (502) 425-9770
Fax: (502) 339-0729
Toll Free: (800) 370-6980
E-Mail: info@corecubed.com
Web Site: www.corecubed.com

Employees: 15

National Agency Associations: PRSA

Agency Specializes In: Arts, Brand Development & Integration, Business-To-Business, Collateral, Communications, Consulting, Content, Corporate Identity, E-Commerce, Environmental, Graphic Design, Health Care Services, Industrial, Information Technology, Integrated Marketing, Internet/Web Design, Logo & Package Design, Media Planning, Media Relations, New Product Development, Over-50 Market, Podcasting, Print, Public Relations, Publicity/Promotions, Seniors' Market, Strategic Planning/Research, Viral/Buzz/Word of Mouth

Approx. Annual Billings: $1,000,000

ADVERTISING AGENCIES

Merrily Orsini *(Pres & CEO)*
Amy Selle *(Mng Dir)*
Marissa Snook *(Mng Dir)*
Stacie Gillespie *(Mgr-SEO)*
Jennifer Logullo *(Exec Specialist & Specialist-Creative Support)*
Jan Curnutte *(Designer)*
Alysa Monnier *(Coord-SEO)*

Accounts:
Flame Run Gallery
Freedom Eldercare
Healthcare Performance Group
Right at Home
VantaEdge

COREY MEDIA & AIRPORT SERVICES
(Acquired & Absorbed by Lamar Advertising Company)

CORLISS MARKETING COMMUNICATIONS
303 Lincoln Ave, Niles, OH 44446
Tel.: (330) 720-6138
Fax: (330) 652-4351
E-Mail: info@corlissmarketing.com
Web Site: www.corlissmarketing.com

Employees: 10

Agency Specializes In: Advertising, Corporate Communications, Corporate Identity, Event Planning & Marketing, Internet/Web Design, Logo & Package Design, Media Relations, Public Relations, Radio, T.V.

Jean Corliss *(Owner)*

Accounts:
910th Airwing Base Community Council
Alberinis Restaurant
Atty Gregory V. Hicks
Boardman Steel, Inc.
Holloway-Williams Funeral Home
Home Federal Savings & Loan Association
Lordstown Country Kennel
St. Stephen School
Trumbull Co. Jobs & Family Services
Trumbull County Lifelines

CORNERSTONE GOVERNMENT AFFAIRS
300 Independence Ave SE, Washington, DC 20003
Tel.: (202) 448-9500
Fax: (202) 448-9501
E-Mail: info@cgagroup.com
Web Site: www.cgagroup.com

Employees: 100

Agency Specializes In: Advertising, Agriculture, Consulting, Event Planning & Marketing, Government/Political, Graphic Design, Health Care Services, Internet/Web Design, Public Relations, Strategic Planning/Research, Travel & Tourism

Geoffrey Gonella *(Pres & Mng Dir)*
Suzanne Battista *(Fin Dir)*
Camp Kaufman *(Mng Dir-State Govt Rels & Principal)*
Louie Perry *(Principal & Dir)*
Jim Richards *(Principal)*
Anthony Lazarski *(Sr VP)*
Matt Paul *(Sr VP-Pub Affairs)*
Will Smith *(Sr VP)*
Chris Sarley *(VP)*
Madeleine Cantrel Diakiwski *(Dir-Federal & State Mktg)*
Renee Roig *(Asst Dir-Mktg & Ops)*

Accounts:
New-Association of Zoos & Aquariums
New-Aurora Flight Sciences
New-The Boeing Company
New-Children's National Medical System
New-Cubic Corporation
New-Historic St. Mary's City
New-Mary Bird Perkins Cancer Center
New-St. Mary's College of Maryland
New-University of Kentucky
New-ZERO - The End of Prostate Cancer

CORNERSTONE MARKETING & ADVERTISING, INC.
114 Logan Ln Ste 4, Santa Rosa Beach, FL 32459
Tel.: (850) 231-3087
Fax: (850) 231-3089
Web Site: www.theideaboutique.com

Employees: 25
Year Founded: 1994

Agency Specializes In: Advertising, Brand Development & Integration, Broadcast, Email, Public Relations, Publishing, Social Marketing/Nonprofit

Tracey Thomas *(Art Dir)*
Meghn Hill *(Dir-Digital Mktg)*
Sharon Duane *(Office Mgr)*

Accounts:
Florida State University
Mexico Beach Community Development Council
Vie Magazine

CORNETT INTEGRATED MARKETING SOLUTIONS
249 E Main St, Lexington, KY 40507
Tel.: (859) 281-5104
Fax: (859) 281-5107
E-Mail: kip@cornett-ims.com
Web Site: teamcornett.com

E-Mail for Key Personnel:
Creative Dir.: paulb@cornettadv.com

Employees: 30
Year Founded: 1984

Agency Specializes In: Advertising, Brand Development & Integration, Broadcast, Business Publications, Business-To-Business, Cable T.V., Collateral, College, Communications, Consumer Marketing, Corporate Communications, Corporate Identity, Digital/Interactive, Direct Response Marketing, Electronic Media, Email, Entertainment, Event Planning & Marketing, Exhibit/Trade Shows, Financial, Food Service, Government/Political, Graphic Design, Guerilla Marketing, Health Care Services, Identity Marketing, Integrated Marketing, Internet/Web Design, Legal Services, Leisure, Local Marketing, Logo & Package Design, Magazines, Market Research, Media Buying Services, Media Planning, Media Relations, Medical Products, Multimedia, New Technologies, Newspaper, Newspapers & Magazines, Out-of-Home Media, Outdoor, Package Design, Planning & Consultation, Point of Purchase, Point of Sale, Print, Production, Production (Ad, Film, Broadcast), Promotions, Public Relations, Publicity/Promotions, Radio, Restaurant, Sales Promotion, Search Engine Optimization, Social Media, Sponsorship, Sports Market, Strategic Planning/Research, T.V., Travel & Tourism, Viral/Buzz/Word of Mouth, Web (Banner Ads, Pop-ups, etc.)

Approx. Annual Billings: $8,650,000

Breakdown of Gross Billings by Media: Brdcst.: $2,200,000; Event Mktg.: $200,000; Exhibits/Trade Shows: $100,000; Graphic Design: $800,000; Internet Adv.: $500,000; Outdoor: $350,000; Print: $500,000; Production: $2,500,000; Sports Mktg.: $500,000; Strategic Planning/Research: $500,000; Worldwide Web Sites: $500,000

Kip Cornett *(Pres)*
Christy Hiler *(Pres)*
David Coomer *(Chief Creative Officer)*
Emmy Hartley *(Chief Growth Officer)*
Mike Dominick *(Media Dir)*
David Jones *(Art Dir)*
Tim Jones *(Creative Dir)*
Jessica Vincent *(Acct Svcs Dir)*
Leslie Miller *(Sr Planner-Acct)*
Ashlee Harris *(Sr Acct Planner)*
Bryan Rowe *(Media Planner & Media Buyer)*
Charlotte Cornett *(Media Planner & Buyer-Digital)*
Savannah Fielding *(Media Planner & Buyer-Digital)*
Lacy Madden *(Acct Planner)*
Jonathon Spalding *(Copywriter)*
Ben Becker *(Asst Media Buyer)*

Accounts:
A&W Restaurants, Inc "The World's Longest Hashtag", Creative
Buffalo Trace Distillery; Frankfort, KY
Don Jacobs Honda
University of Kentucky Athletics; Lexington, KY
Urban Active; Lexington, KY Fitness
VisitLEX

CORNING PLACE COMMUNICATIONS
121 State St, Albany, NY 12207
Tel.: (518) 432-9087
Fax: (518) 432-6458
Web Site: www.corningplace.com

Employees: 7
Year Founded: 2000

Agency Specializes In: Advertising, Crisis Communications, Media Buying Services, Media Relations, Social Media

Paul Larrabee *(Mng Dir & Exec VP)*
Joshua Poupore *(Sr VP)*
Andrew Gregory *(Dir-Multimedia)*

Accounts:
4201 Schools Association
Police Benevolent Association

CORRIDOR COMMUNICATIONS, INC.
3835R E 1000 Oaks Blvd Ste 237, Westlake Village, CA 91362
Tel.: (818) 681-5777
Fax: (818) 889-9195
E-Mail: info@corridorcomms.com
Web Site: www.corridorcomms.com

Employees: 2

Agency Specializes In: Consulting, Graphic Design, Internet/Web Design

Bonnie Aufmuth Quintanilla *(Founder & CEO)*

COSSETTE COMMUNICATIONS
1085 Homer Street, Vancouver, BC V6B 1J4 Canada
Tel.: (604) 669-2727
Fax: (604) 669-2765
Web Site: www.cossette.com

Employees: 1,000
Year Founded: 1996

Agency Specializes In: Advertising, Brand Development & Integration, Corporate Communications, Digital/Interactive, Internet/Web Design, Market Research, Media Relations, Strategic Planning/Research, Web (Banner Ads,

AGENCIES - JANUARY, 2019 — ADVERTISING AGENCIES

Pop-ups, etc.)

Peter Ignazi *(Co-Chief Creative Officer)*
Carlos Moreno *(Co-Chief Creative Officer)*
Nadine Cole *(Sr VP & Gen Mgr)*
Adam Collins *(VP & Head-Strategy)*
Katie Ainsworth *(Exec Creative Dir)*
Michael Milardo *(Exec Creative Dir)*
Scott Barr *(Grp Acct Dir)*
Pierre Chan *(Creative Dir)*
Kelsey Hughes *(Art Dir)*
Matt Muir *(Acct Dir)*
Lisa Nakamura *(Creative Dir-Design)*
Erin Pongracz *(Acct Dir)*
Scott Schneider *(Creative Dir)*
Lindy Scott *(Acct Dir)*
Kelly Sherstobitoff *(Acct Dir)*
Robyn Smith *(Client Svcs Dir)*
Thomas Rousselot *(Dir-Integrated Production)*
Rheanne Sleiman *(Acct Supvr)*
Adriana Novoa *(Supvr-Media)*
Jared Gill *(Strategist)*
Sean O'Callaghan *(Acct Exec)*
Manuela Stoyanov *(Acct Exec)*
Grace Cho *(Sr Art Dir & Designer)*
Leila Nadery *(Copywriter)*
Cameron Spires *(Copywriter)*
Mark Wilson *(Copywriter)*
Joy Lucas *(Acct Coord)*
Christina Forest *(Buyer-Digital)*

Accounts:
Alberta's Libraries
Applied Arts Magazine
Arrive Alive Campaign: "Funeral Procession", Drive Sober
BC Used Oil
BrokerLink Campaign Development, Creative, Strategic Positioning; 2017
C4Ent Campaign: "Let's Be Friends"
New-Canada Jetlines Ltd. (Marketing Agency of Record) Communication; 2018
Canpages Information Services Provider
Children of the Street Society "Predator Watch", Online, Out of Home, TV, Video
Coast Capital Savings
Darwin's Brave New World Entertainment Services
New-E-Comm 911
Eagle Energy Inc Brand Positioning, Communications
Espace pour la vie
Flight Centre
Future Shop Campaign: "Tapped In"
General Mills Canada Campaign: "We're Full of It"
Handicap International
Julyna
Kabam
McDonald's Campaign: "McCafe Snow Report Billboard", Campaign: "Reflective Billboard", Campaign: "Remember When", Digital, Egg McMuffin, McCafe
meowbox
OK Tire
Ontario Pharmacists Association
Pizza Pops Campaign: "We're Full of It"
Red Racer
Resolute Forest Product
Ronald McDonald House BC & Yukon
Royal Roads University Campaign: "I love my university"
New-Saputo, Inc. Dairyland
Sauder School of Business
Sobeys
Tourism Yukon Creative, Digital, Strategy
Transportation Investment Corporation TReO Toll Bridge
Vancouver International Film Festival
Williams Sonoma
Willowbrook Shopping Centre
World Vision

COSSETTE INC.
300 St Paul Street 3rd Floor, Quebec, QC G1K 7R1 Canada
Tel.: (418) 647-2727
Fax: (418) 647-2564
Web Site: www.cossette.com

E-Mail for Key Personnel:
President: clessard@cossette.com

Employees: 1,630
Year Founded: 1972

National Agency Associations: ICA

Agency Specializes In: Advertising, Advertising Specialties, Asian Market, Automotive, Aviation & Aerospace, Bilingual Market, Brand Development & Integration, Broadcast, Business-To-Business, Children's Market, Communications, Corporate Identity, Cosmetics, Digital/Interactive, Direct Response Marketing, E-Commerce, Education, Entertainment, Event Planning & Marketing, Financial, Food Service, Government/Political, Graphic Design, Health Care Services, Internet/Web Design, Investor Relations, Logo & Package Design, Media Buying Services, New Product Development, Newspaper, Pharmaceutical, Point of Purchase, Print, Production, Public Relations, Publicity/Promotions, Restaurant, Retail, Sales Promotion, Sports Market, Strategic Planning/Research, Teen Market, Travel & Tourism, Yellow Pages Advertising

Branches

Cossette Communications
1883 Upper Water Street Ste 203, Halifax, NS B3J 1S9 Canada
Tel.: (902) 421-1500
Fax: (902) 425-5719
Web Site: www.cossette.com

E-Mail for Key Personnel:
President: bmurphy@cossette.com

Employees: 35
Year Founded: 1999

Agency Specializes In: Advertising

Carlos Moreno *(Chief Creative Officer)*
Sean Murphy *(Mgr-Digital Accts)*
Beverley Simpson *(Designer)*

Cossette B2B
502 King St W, Toronto, ON M5V 1L7 Canada
Tel.: (416) 922-2727
Fax: (416) 922-9450
Web Site: www.cossette.com

Employees: 40
Year Founded: 2003

National Agency Associations: CMA

Agency Specializes In: Communications

Joe Dee *(Mng Dir)*
Peter Ignazi *(Co-Chief Creative Officer)*
Daniel Shearer *(Exec VP & Gen Mgr)*
Kathy McGuire *(Sr VP & Mng Dir-McDonald's)*
Franck Besson *(VP & Head-Acct-McDonald's)*
Kevin McHugh *(VP-Strategy)*
Scott McKay *(VP-Strategy)*
Geoff Wilton *(Grp Acct Dir)*
Rachel Abrams *(Sr Writer & Creative Dir)*
Jonathan Careless *(Creative Dir)*
Troy McGuinness *(Creative Dir)*
Tricia Piasecki *(Creative Dir)*
Tina Vahn *(Creative Dir)*
Carmen Steger *(Acct Supvr)*
Simon Rogers *(Copywriter)*
Jonathan Guy *(Assoc Creative Dir)*

Accounts:
Banff Centre
The Corner Comedy Club
Destination Canada Content, Social, Strategic Marketing, Strategic Planning
Espace Go
General Mills Campaign: "Cheerios Effect", Campaign: "Competition Crunch", Campaign: "One-Upmanship", Campaign: "RediscoverNature", Cheerios, Granola Bar, Nature Valley, Oatmeal Crisp
Groupe Media TFO Advertising, Communications, Marketing
Habitat for Humanity
Koho
Liquor Control Board of Ontario
M&M Food Market Rebranding
McDonald's Restaurants of Canada Ltd. McCafe
Procter & Gamble
Rakuten Kobo Inc.
The Salvation Army
SickKids Foundation (Creative Agency of Record) Campaign: "Better Tomorrows"
Toronto Silent Film Festival Instagram Time Machine, Instagram Trailers

Cossette Communication-Marketing (Montreal) Inc.
2100 Drummond Street, Montreal, QC H3G 1X1 Canada
Tel.: (514) 845-2727
Fax: (514) 282-4742
Web Site: www.cossette.com

E-Mail for Key Personnel:
President: suzanne.sauvage@cossette.com
Media Dir.: john.tarantino@cossette.com
Production Mgr.: marie-claude.langlois@cossette.com

Employees: 473
Year Founded: 1974

National Agency Associations: ICA

Agency Specializes In: Advertising

Melanie Dunn *(Pres/CEO-Canada)*
Louis Duchesne *(Exec VP & Gen Mgr)*
Sylvain Lemieux *(Sr VP-Ops)*
Lynn Chow *(VP & Head-Client)*
Julie Courtemanche *(VP & Media Dir)*
Richard Belanger *(Head-Creative & Deputy Creative Dir)*
Philippe Brassard *(Editor & Designer)*
Francois-Julien Rainville *(Editor & Designer)*
Stacey Masson *(Sr Dir-Corp Comm)*
Anne-Claude Chenier *(Creative Dir)*
Christine Girard *(Art Dir)*
Barbara Jacques *(Creative Dir-Branding Design)*
Alexandre Jutras *(Art Dir)*
David Theroux *(Art Dir)*
Nicolas Cote-Bruneau *(Product Mgr)*
Audrey Dignard *(Sr Product Mgr)*
Nicolas Girault *(Product Mgr)*
Melanie Delisle *(Copywriter-Adv)*
Fabrice Bouty *(Sr Art Dir)*
Patrick Michaud *(Deputy Creative Dir)*
Vicky Morin *(Asst Creative Dir)*
Guillaume St Hilaire *(Sr Art Dir)*

Accounts:
Amnesty International Campaign: "Free Pussy", Campaign: "Handcuff tyranny", Campaign: "Minute of Silence"
Business Development Bank of Canada Communications, Digital Strategy, Strategic Planning
CREA
Garde-Manger Pour Tous Media
Government of Canada (Agency of Record)
New-Humanity & Inclusion
L'Oreal Paris Canada Consumer Relationship Management, Content Development, Web

233

ADVERTISING AGENCIES
AGENCIES - JANUARY, 2019

Platform Optimization
Loto-Quebec
McDonald's; 1977
Quebec Tourism Alliance (Creative Agency of Record) Brand Development, Integrated Campaigns, Strategic Plan
Vachon Bakery; 2017
VIA Rail Canada Inc.

Cossette Communication-Marketing
300 Saint Paul Street Ste 300, Quebec, QC G1K 7R1 Canada
Tel.: (418) 647-2727
Fax: (418) 647-2564
Web Site: www.cossette.com

E-Mail for Key Personnel:
President: pdelagrave@cossette.com
Creative Dir.: ybrossard@cossette.com

Employees: 21
Year Founded: 1972

National Agency Associations: ICA

Agency Specializes In: Advertising

Melanie Dunn *(CEO)*
Doug Lowe *(Sr VP & Gen Mgr-Production Svcs)*
Mario Cesareo *(Creative Dir)*
Pete McLeod *(Assoc Creative Dir)*

Cossette Communication-Marketing
32 Atlantic Ave, Toronto, ON M6K1X8 Canada
Tel.: (416) 922-2727
Fax: (416) 922-9450
Web Site: www.cossette.com

E-Mail for Key Personnel:
President: BMarchand@cossette.com
Media Dir.: ccollier@cossette.com
Production Mgr.: dlowe@cossette.com

Employees: 110
Year Founded: 1981

National Agency Associations: ICA

Doug Lowe *(Sr VP & Gen Mgr-Production Svcs)*
Anabella Mandel *(VP & Head-Client)*
Laura Kim *(VP-Strategy)*
Sasha Ortega *(Art Dir)*
Theo Wolski-Davis *(Acct Dir)*
Katherine Vavilova *(Project Mgr-Digital)*
Jake Bundock *(Assoc Creative Dir)*
Spencer Dingle *(Assoc Creative Dir)*
Kevin Filliter *(Assoc Creative Dir)*
Jordan Hamer *(Assoc Creative Dir)*

Cossette Communications
1085 Homer Street, Vancouver, BC V6B 1J4 Canada
(See Separate Listing)

COSTA DESIGNS, INC.
204 Rudee Ave, Virginia Bch, VA 23451
Tel.: (757) 343-6894
E-Mail: info@costadesigns.com
Web Site: www.costadesigns.com

Employees: 2
Year Founded: 1999

Agency Specializes In: Advertising, Email, Internet/Web Design, Print, Social Media

Brandon Costa *(Owner)*

Accounts:
B&T Kitchens & Bath
ShopBOriginal.com
SteelMaster Buildings LLC

COTTERWEB ENTERPRISES, INC.
1295 Northland Dr Ste 300, Mendota Heights, MN 55120
Tel.: (651) 289-0724
Web Site: corporate.inboxdollars.com/

Employees: 29
Year Founded: 2006

Daren Cotter *(CEO-InboxDollars)*
Mike Murzyn *(VP-Analytics & Intl)*
Brian Erickson *(Sr Dir-Data & Email Compliance)*

COUDAL PARTNERS
401 N Racine Ave, Chicago, IL 60642
Tel.: (312) 243-1107
Fax: (312) 243-1108
E-Mail: info@coudal.com
Web Site: www.coudal.com

Employees: 6
Year Founded: 1993

Agency Specializes In: Brand Development & Integration, Corporate Identity

Jim Coudal *(Partner)*

COWLEY ASSOCIATES, INC.
407 S Warren St Ste 100, Syracuse, NY 13202
Tel.: (315) 475-8453
Fax: (315) 475-8408
E-Mail: info@cowleyweb.com
Web Site: www.cowleyweb.com

E-Mail for Key Personnel:
President: pcowley@cowleyweb.com

Employees: 6
Year Founded: 1975

National Agency Associations: AMA-PRSA

Agency Specializes In: Direct Response Marketing, Internet/Web Design, Public Relations, Strategic Planning/Research

Gail Cowley *(Owner & Exec VP)*
Paul Cowley *(Pres-Canada)*

Accounts:
Animal Emergency Center/Veterinary Specialty Center Veterinary Hospital
Beth Sholom Village Senior Living Community
BonaDent Dental Laboratory
Byrne Dairy Dairy Products
Cathedral of the Immaculate Conception Catholic Church, Catholic School
The Cedars Campus Senior Community
CNYcf
Community Foundation
DelDuchetto & Potter Attorney
Ellis
Empire State Independent Network Telecommunications
Fitness Forum Physical Therapy
Friends of the Jewish Chapel Military Organization
The Garam Group
The Genesee Grand Hotel Hotel, Restaurant
The Marx
Springfield JCC
Stone Quarry Hill Art Park
Syracuse Home Senior Community
Tactair Fluid Controls, Inc. Aerospace Engineer
Young & Franklin Turbine

COX GROUP
16315 Northcross Dr Ste F, Huntersville, NC 28078
Tel.: (704) 896-2323
Web Site: www.coxgp.com

Employees: 14

Agency Specializes In: Advertising, Graphic Design, Internet/Web Design, Print

Doug Cox *(Owner)*
Rodrick Cox *(Owner)*

Accounts:
Superboat International

COXRASMUSSEN & CROSS MARKETING & ADVERTISING, INC.
2830 F St, Eureka, CA 95501
Tel.: (707) 445-3101
Fax: (707) 445-2550
E-Mail: info@coxrasmussen.com
Web Site: www.coxrasmussen.com

Employees: 4

National Agency Associations: Second Wind Limited

Brent Rasmussen *(Owner & Art Dir)*
Alicia Cox *(Owner)*
Erica Sutherland *(Dir-PR & Media Buyer)*
Joe Sherwood *(Production Mgr)*

Accounts:
Coast Central Credit Union
Cournale & Co.
Eel River Brewing Co.
Eureka Adult School
The Humboldt Bay Municipal Water District
Kernen Construction
Quest Imaging
Redwood Pharmacies
The Shaw Insurance Group

COYNE ADVERTISING & PUBLIC RELATIONS
3030 Annandale Dr, Nevillewood, PA 15142
Tel.: (412) 429-8408
Fax: (412) 429-8420
E-Mail: jack@coyneadv.com
Web Site: www.coyneadv.com

E-Mail for Key Personnel:
President: jack@coyneadv.com

Employees: 6
Year Founded: 1975

Agency Specializes In: Advertising, Advertising Specialties, Automotive, Broadcast, Business-To-Business, Cable T.V., Children's Market, Co-op Advertising, Collateral, Commercial Photography, Communications, Consulting, Consumer Marketing, Consumer Publications, Corporate Identity, Direct Response Marketing, Electronic Media, Entertainment, Event Planning & Marketing, Exhibit/Trade Shows, Financial, Food Service, Graphic Design, Health Care Services, High Technology, Industrial, Infomercials, Internet/Web Design, Logo & Package Design, Magazines, Media Buying Services, Medical Products, Merchandising, Multimedia, New Product Development, Newspaper, Newspapers & Magazines, Out-of-Home Media, Outdoor, Over-50 Market, Planning & Consultation, Point of Purchase, Point of Sale, Print, Production, Public Relations, Publicity/Promotions, Radio, Real Estate, Recruitment, Restaurant, Retail, Sales Promotion, Seniors' Market, Sports Market, Strategic Planning/Research, Sweepstakes, T.V., Travel & Tourism, Yellow Pages Advertising

Jack Coyne *(Owner)*
Corinne Zielinski *(VP)*

AGENCIES - JANUARY, 2019 — ADVERTISING AGENCIES

Accounts:
Castriota Chevy
Culligan Co-Op Groups (In Major Markets Nationally) Water Conditioning; 1975
L'Oreal USA CeraVe (Agency of Record), Influencer & Professional Support, Public Relations; 2017
Three Rivers Volkswagen; 1990

CP+B BOULDER
6450 Gunpark Dr, Boulder, CO 80301
Tel.: (303) 628-5100
Fax: (303) 516-0227
E-Mail: info@cpbgroup.com
Web Site: www.cpbgroup.com

Employees: 500
Year Founded: 1988

National Agency Associations: 4A's

Agency Specializes In: Above-the-Line, Advertising, Advertising Specialties, Affiliate Marketing, Affluent Market, African-American Market, Alternative Advertising, Asian Market, Below-the-Line, Bilingual Market, Brand Development & Integration, Branded Entertainment, Broadcast, Business Publications, Business-To-Business, Cable T.V., Catalogs, Children's Market, Co-op Advertising, Collateral, College, Communications, Consulting, Consumer Marketing, Consumer Publications, Content, Copywriting, Digital/Interactive, Direct Response Marketing, Direct-to-Consumer, E-Commerce, Electronic Media, Email, Event Planning & Marketing, Exhibit/Trade Shows, Experience Design, Experiential Marketing, Faith Based, Game Integration, Graphic Design, Guerilla Marketing, High Technology, Hispanic Market, Identity Marketing, In-Store Advertising, Integrated Marketing, International, Internet/Web Design, LGBTQ Market, Local Marketing, Logo & Package Design, Luxury Products, Magazines, Market Research, Media Buying Services, Media Planning, Men's Market, Mobile Marketing, Multicultural, Multimedia, New Product Development, Newspaper, Newspapers & Magazines, Out-of-Home Media, Outdoor, Over-50 Market, Package Design, Paid Searches, Pets, Planning & Consultation, Podcasting, Point of Purchase, Point of Sale, Print, Product Placement, Production, Production (Ad, Film, Broadcast), Production (Print), Programmatic, Promotions, Publishing, Radio, Regional, Sales Promotion, Seniors' Market, Shopper Marketing, Social Marketing/Nonprofit, Social Media, South Asian Market, Sponsorship, Strategic Planning/Research, Sweepstakes, T.V., Technical Advertising, Teen Market, Trade & Consumer Magazines, Tween Market, Urban Market, Viral/Buzz/Word of Mouth, Web (Banner Ads, Pop-ups, etc.), Women's Market

Alex Bogusky *(Co-Founder & Chief Engr-Creative)*
Chuck Porter *(Chm & Partner)*
Dusty Nelson *(CFO)*
Dan Corken *(VP & Exec Producer)*
Kristi Kirkeide *(VP & Acct Dir)*
Jennifer Bollman *(VP & Grp Media Dir)*
Steve Barry *(Co-Head-Acct Mgmt & Grp Acct Dir)*
Christi Clark *(Co-Head-Acct Mgmt & Grp Acct Dir)*
Sarah Castner *(Grp Acct Dir)*
Jacqueline Redmond *(Grp Acct Dir)*
Andrea Baer *(Mktg Dir)*
Brendan Dougherty *(Producer-Interactive)*
K. T. Thayer *(Creative Dir)*
Esther Danzig *(Dir-Creative Mgmt)*
Trisha Ramdoo *(Dir-Bus Affairs)*
Tyler West *(Dir-Bus Dev)*
Jeffrey Yeatman *(Dir-Outeractive Production)*
Josh Shelton *(Assoc Dir-Creative & Copywriter)*
Jordan Harris *(Mgr-Content)*
Brooke Hemze *(Mgr-Content)*
Carolyn Martin *(Mgr-Content)*
Ann Shelton *(Mgr-Bus Affairs)*
Cari Stubbs *(Mgr-Content)*
Martha Powers *(Acct Supvr)*
Caitlin Craigie *(Supvr-Media)*
Lauren Sobolik *(Supvr-Content)*
Nanci Zurek *(Specialist-Social Media)*
Dylan Cimo *(Copywriter)*
Daniel Berenson *(Assoc Creative Dir)*
Shannon Gibney *(Assoc Creative Dir)*
Austin Mankey *(Assoc Creative Dir)*
Kelly Saucier *(Sr Art Dir)*

Accounts:
American Airlines (Agency of Record) Campaign: "World's Greatest Flyers"; 2015
American Heart Association Inc. (Global Advertising Agency of Record); 2017
Anheuser-Busch Companies, LLC Creative, Goose Island Beer Co; 2018
Aspen Dental
Domino's Pizza, Inc. (Agency of Record) "AnyWare" Ordering Innovations, Creative, Digital Display, Media Planning, Paid Search, Pan Pizzas, Show Us Your Pizza, Social Media, TV; 2007
Fruit of the Loom (Agency of Record) Creative, Digital, Experiential, Media Buying, Media Planning, Social, Strategy; 2012
Hotels.com, L.P (Agency of Record) Creative, Digital, Experiential, HQ Trivia, Media Buying, Media Planning, Promotional, Social, Strategy; 2013
Ikea North America Services LLC
The Kraft Heinz Company Cracker Barrel Mac & Cheese (Agency of Record), Creative, Digital, Experiential, Media Planning, Social, Stove Top Stuffing (Agency of Record), Strategy, Velveeta (Agency of Record); 2010
Letgo
Nissan North America, Inc. Digital; Experiential, Infiniti, Media Planning, Promotional, Social, Strategy; 2014
OtterBox Products LLC
PayPal

Branches

CP+B LA
2110 Colorado Ave Ste 200, Santa Monica, CA 90404
Tel.: (310) 822-3063
Fax: (310) 822-3067
E-Mail: jhicks@cpbgroup.com
Web Site: www.cpbgroup.com

Employees: 120
Year Founded: 2001

National Agency Associations: 4A's

Agency Specializes In: Above-the-Line, Advertising, Advertising Specialties, Affluent Market, African-American Market, Agriculture, Arts, Asian Market, Automotive, Aviation & Aerospace, Below-the-Line, Bilingual Market, Brand Development & Integration, Branded Entertainment, Broadcast, Business-To-Business, Cable T.V., Children's Market, College, Commercial Photography, Communications, Computers & Software, Consulting, Consumer Goods, Consumer Marketing, Content, Copywriting, Corporate Communications, Corporate Identity, Cosmetics, Crisis Communications, Customer Relationship Management, Digital/Interactive, Direct-to-Consumer, E-Commerce, Education, Electronics, Email, Engineering, Entertainment, Environmental, Event Planning & Marketing, Experience Design, Experiential Marketing, Fashion/Apparel, Financial, Food Service, Game Integration, Graphic Design, Guerilla Marketing, High Technology, Hispanic Market, Hospitality, Household Goods, Identity Marketing, In-Store Advertising, Industrial, Information Technology, Integrated Marketing, International, Internet/Web Design, LGBTQ Market, Legal Services, Leisure, Logo & Package Design, Luxury Products, Marine, Market Research, Media Buying Services, Media Planning, Media Relations, Media Training, Men's Market, Merchandising, Mobile Marketing, Multicultural, New Product Development, New Technologies, Newspaper, Newspapers & Magazines, Out-of-Home Media, Outdoor, Over-50 Market, Package Design, Paid Searches, Pets, Planning & Consultation, Point of Purchase, Point of Sale, Print, Product Placement, Production, Production (Ad, Film, Broadcast), Production (Print), Programmatic, Public Relations, Publicity/Promotions, Radio, Real Estate, Recruitment, Regional, Restaurant, Retail, Sales Promotion, Seniors' Market, Shopper Marketing, Social Marketing/Nonprofit, Social Media, South Asian Market, Sponsorship, Sports Market, Stakeholders, Strategic Planning/Research, Syndication, T.V., Technical Advertising, Teen Market, Transportation, Travel & Tourism, Tween Market, Urban Market, Web (Banner Ads, Pop-ups, etc.), Women's Market

Chuck Porter *(Chm)*
Lindsey Allison *(VP & Grp Dir-Plng)*
Kevin Jones *(Exec Creative Dir)*
Sabina Hesse *(Creative Dir & Writer)*
Lindsey King *(Creative Dir)*
Kari Niessink *(Co-Dir-Production)*
Devon Dickson *(Supvr-Social Media)*
Ant Tull *(Copywriter)*
Tushar Date *(Assoc Creative Dir)*

Accounts:
Amazon.com Amazon Prime
Charles Schwab Campaign: "Own Your Tomorrow"; 2013
Diageo
Hulu LLC Creative, Integrated Brand
New-NBA 2K18
Nissan North America, Inc. Campaign: "Empower The Drive", Infiniti (US Agency of Record); 2014
PayPal Campaign: "New Money"; 2015
Proximo Spirits Inc. 1800 Tequila, Jose Cuervo; 2016

CP+B
The Brassworks, 32 York Way, London, N1 9AB United Kingdom
Tel.: (44) 20 3551 7701
E-Mail: aglynn@cpbgroup.com
Web Site: www.cpbgroup.com/#u=/pages/contact

Employees: 11

CP+B
Ostra Hamngatan 26-28, 41109 Gothenburg, Sweden
Tel.: (46) 31 339 6060
E-Mail: reception@cpbgroup.com
Web Site: www.cpbgroup.com

Employees: 65

Melina Aristiadou *(CEO-Uncle Unicorn AB)*
Malin Saarinen *(Art Dir)*
Mimi Svensson *(Production Mgr)*
Niklas Moberg *(Copywriter)*

Accounts:
Betsson Group Betsafe (Agency of Record), Creative, Media, Strategic Communications
Bjurfors
Carlsberg Campaign: "Beer'd Beauty"
Frolunda
Scandinavian Airlines Campaign: "Couple Up to Buckle Up", Campaign: "Point & Fly"
Scania Campaign: "Can You Handle More Than Your Truck", Campaign: "Cargo Madness"
Sony Mobile Campaign: "Xperia Soda Stunt",

ADVERTISING AGENCIES

Campaign: "Xperia Swap", Campaign: "Xperia V vs YouTube", The Hidden Frame, Xperia Z2
Stena Line
Swedish National Radio
Ubisoft Campaign: "Autodance", Just Dance 3

CPM
239 Old Marylebone Rd, London, NW1 5QT United Kingdom
Tel.: (44) 20 3481 1020
Fax: (44) 1844 261504
Web Site: www.cpm-int.com

Employees: 500
Year Founded: 1936

Agency Specializes In: Event Planning & Marketing, Telemarketing, Transportation

Karen Jackson *(Mng Dir)*
Andy Buck *(Comml Dir)*
Jeff Clarkson *(Dir-Fin & Ops)*
Jane Ingram *(Dir-Sls & Mktg)*
Simmie Scott *(Dir-Client)*
Rachel Rampley *(Mgr-Comml Acctg)*

Accounts:
Barclays
Debenhams
Diageo
Disney
Gallaher
GlaxoSmithKline
Hewlett Packard
HP Invent
Mars North America
Nestle
PepsiCo
Procter & Gamble
Telstra

Branches

CPM Australia
137 Pyrmont Street, Pyrmont, NSW 2009 Australia
Tel.: (61) 2 8197 5101
E-Mail: sydney@cpm-aus.com.au
Web Site: www.cpm-aus.com.au

Employees: 250

Agency Specializes In: Advertising

Andrew Potter *(Grp Mng Dir)*
Stephen Shipperlee *(CFO)*
Paul Crummy *(Mng Dir-Direct Sls)*
Mark Sewell *(Head-IT)*
Scott James *(Gen Mgr-Sls)*
Nabih Awad *(Grp Acct Dir)*
Cath Upham *(Dir-Comml, Capability & Talent)*
Mariluz Restrepo *(Mgr-Insights & Mktg)*

Accounts:
AGL
Mattel
Telstra

CPM Germany GmbH
Siemenstrasse 21, 61352 Bad Homburg, Germany
Tel.: (49) 6172 805 401
Fax: (49) 6172 805 233
Web Site: www.de.cpm-int.com

Employees: 40

Niels Franken *(Head-Tactical Sls Svcs)*
Michael Friedrich *(Exec Dir & Dir-Sls & Svcs)*
Oliver Bill *(Exec Dir-Bus Dev)*
Melanie Volz *(Mgr-HR)*
Isabell Dollase *(Jr Project Mgr)*

CPM Ireland
33 Greenmount Office Park, Harolds Cross, Dublin, 6W Ireland
Tel.: (353) 1 7080 300
Fax: (353) 1 4544410
E-Mail: info@cpmire.com
Web Site: http://cpmire.com/

Employees: 40

Neil Campbell *(Head-Residential Field Sls)*
Keith O'Reilly *(Head-Ops & Shared Svcs)*
Mel Carson *(Dir-Client Svc)*
Gillian Farrell *(Mktg Mgr)*
Shane Dennehy *(Mgr-Natl Field)*
Killian Doherty *(Mgr-HR)*

Accounts:
Diageo
Eircom
Gillette
HP
Nike
P&G
Revlon

CPM Netherlands
Amsterdamseweg 206, Wildenborch 4, 1182 Amstelveen, Netherlands
Tel.: (31) 20 712 2000
Fax: (31) 20 712 2001
E-Mail: info@nl.cpm-int.com
Web Site: http://www.cpm.nl/

Employees: 40

Jeroen Meijer *(Dir-Bus Dev)*
Alfred Mulder *(Dir-Ops)*

CPM Spain
A-7 C / Henri Dunant March 9 to 11 08 174, Saint Cugat del Valles, Barcelona, Spain
Tel.: (34) 93 206 4080
Fax: (34) 93 280 3381
Web Site: www.cpmexpertus.es

Employees: 500

Sonia Oroz *(Comml Dir-Events & Pub Attention)*
Sonia Blasco *(Dir-Local Svc)*
Lola Herrero Briones *(Dir-Client Svc)*
Ricardo Belles Hueso *(Dir-Client Svc)*
Xavier Paris Olivart *(Dir-New Bus)*
Carmen Diaz Rodriguez *(Dir-Client Svc)*
Aroha Sibilio *(Dir-Mktg & Bus Dev)*
Juan Ortiz Nebot *(Acct Mgr-BU Healthcare)*
Ana Rodriguez Anton *(Mgr-Change Mgmt)*
Silvia Lopez Moyano *(Coord-Svcs-Field Mktg)*

CPM Switzerland
1st Floor Seestrasse 93, CH-8800 Zurich, Switzerland
Tel.: (41) 43 322 20 50
Fax: (41) 43 322 20 60
Web Site: http://www.cpmswitzerland.ch/

Employees: 15

Paola Cipolli *(Mgr-Client Svc)*
Nicola Tomasi *(Mgr-Bus Dev & KAM)*

CPR STRATEGIC MARKETING COMMUNICATIONS
777 Terrace Ave, Hasbrouck Heights, NJ 07604
Tel.: (201) 641-1911
Fax: (201) 708-1444
Toll Free: (888) 724-3390
E-Mail: iandruch@cpronline.com

Web Site: www.cpronline.com
E-Mail for Key Personnel:
President: jcarabello@cpronline.com
Creative Dir.: lcarabello@cpronline.com
Media Dir.: rfisher@cpronline.com
Production Mgr.: mbarbosa@cpronline.com

Employees: 20
Year Founded: 1981

Agency Specializes In: Advertising, Health Care Services, Publicity/Promotions

Approx. Annual Billings: $5,000,000

Breakdown of Gross Billings by Media: D.M.: 3%; Mags.: 10%; Newsp.: 20%; Point of Sale: 2%; Production: 61%; Radio: 4%

Joseph Carabello *(Pres & CEO)*
Laura Carabello *(Principal)*
Joan Mathieu *(Sr Writer)*

Accounts:
Becky Halstead 24/7: The First Person You Must Lead is YOU
Medikey
Quantros Communications
Remain Home Solutions
Scrip Companies

CRABB RADERMACHER
200 Ashford Ctr N Ste 205, Atlanta, GA 30338
Tel.: (404) 435-3779
E-Mail: info@crabbradermacher.com
Web Site: www.crabbradermacher.com

Employees: 5

Agency Specializes In: Advertising, Brand Development & Integration, Digital/Interactive, Logo & Package Design, Media Buying Services, Media Planning, Print, Public Relations

Lori Llorente Waters *(Mng Partner & Creative Dir)*
Steve Crabb *(Mng Partner)*
Rick Radermacher *(Mng Partner)*
Zack Radermacher *(Acct Exec)*
Kim Whitaker *(Assoc Creative Dir)*

Accounts:
New-AGCO Corporation

CRAFT
622 Third Ave, New York, NY 10017
Tel.: (646) 865-2300
Web Site: www.craftww.com

Employees: 1,000

Agency Specializes In: Automotive, Digital/Interactive, Food Service, Luxury Products, Mobile Marketing, Print, Production, Production (Ad, Film, Broadcast), Production (Print), Programmatic, Social Media

Ed Powers *(CEO)*
Craig Smith *(COO & CIO)*
Simon Sikorski *(Chief Client Officer)*
Shay Fu *(Mng Dir-North America & Exec VP)*
Sean Patrick *(Sr VP, Dir-Client Svc-Global)*
Melissa Chan *(Mng Dir-Asia Pacific)*
Jenny Lafortune *(Art Dir)*
Eric Hulsizer *(Assoc Dir-Tech)*
Michelle Crean *(Designer)*

Accounts:
Aldi
Bayer
Chick-Fil-A
Coca-Cola

eBay Inc. Production & Execution; 2018
General Motors
Johnson & Johnson
Lockheed Martin
L'Oreal
Mastercard
Microsoft
Nespresso
OCBC Bank
Sanofi
Staples
Verizon

CRAMER-KRASSELT
225 N Michigan Ave, Chicago, IL 60601-7601
Tel.: (312) 616-9600
Fax: (312) 616-3839
E-Mail: media.chi@c-k.com
Web Site: www.c-k.com

E-Mail for Key Personnel:
President: pkrivkov@c-k.com

Employees: 274
Year Founded: 1898

National Agency Associations: 4A's-ANA-COPF-ICOM

Agency Specializes In: Advertising, Brand Development & Integration, Communications, Consumer Marketing, Corporate Identity, Customer Relationship Management, Digital/Interactive, Direct Response Marketing, Direct-to-Consumer, Event Planning & Marketing, Integrated Marketing, Internet/Web Design, Media Buying Services, Media Planning, Media Relations, Out-of-Home Media, Point of Purchase, Point of Sale, Promotions, Public Relations, Publicity/Promotions, Sales Promotion, Search Engine Optimization, Social Media, Sponsorship, Web (Banner Ads, Pop-ups, etc.), Yellow Pages Advertising

At C-K, our mission is simple: Make friends, not ads.(TM) This mindset not only drives all our ideas, it also drives our structure.We're built without silos or competing interests to truly tap into an ever-expanding range of disciplines, from advertising and digital, to media, engagement strategy, public relations, CRM and analytics - whatever it takes to create compelling brand experiences. This philosophy has fueled our growth, making C-K the second largest independent agency in the U.S. with more than 500 employees across four offices and $1 billion in annual billings.

Sales: $1,015,900

Alison Schulte *(Sr VP & Grp Acct Dir)*
Stephani Estes *(Sr VP & Dir-Media Strategy)*
Scott Shulick *(VP & Grp Dir-Plng)*
Kelly Vogt Donaldson *(VP & Grp Acct Dir)*
Dana Fulena *(VP & Acct Dir)*
Kelli Buchholz *(VP & Dir-Production)*
Liam Chapple *(Creative Dir)*
Conn Newton *(Creative Dir)*
Ben Couture *(Dir-Programmatic Media)*
Leah Berg *(Acct Supvr)*
Matt Marshall *(Acct Supvr)*
Matt McManus *(Acct Exec)*
Nick Marrazza *(Assoc Creative Dir & Copywriter)*
Rebecca DeSalle *(Assoc Media Dir)*
Christine Formenti *(Sr Media Buyer-Direct Response)*
Rebecca Mader *(Jr Art Dir)*
John McKenzie *(Sr Art Dir)*
Zack Schulze *(Assoc Creative Dir)*

Accounts:
ACH Foods; Milwaukee, WI Spice Islands, Weber Barbecue Sauce, Weber Spices; 2004
Ahold; Carlisle, PA GIANT, Stop & Shop; 2013
All Aboard Florida
Benihana; Doral, FL; 2010
BIC Corporation BIC Stationery, Campaign: "How to Be a Gentleman in a Bar", Campaign: "How to Be a Gentleman in an Elevator", Campaign: "Smooth Up", Digital Advertising, Media Buying, Media Planning, Men's Razors (Creative Agency of Record), Social Media, Soleil women's Razor (Agency of Record), Strategy; 2014
Bombardier; Montreal, Canada Can-Am, Evinrude, Sea-Doo, Ski-Doo, Spyder; 2000
Cedar Fair, L.P. Sandusky, OH Canada's Wonderland, Carowinds, Cedar Point, Dorney Park, Kings Dominion, Kings Island, Knott's Berry Farm, Valley Fair; 2011
Comcast Spotlight; New York, NY; 2004
Constellation Brands Campaign: "Noble Pursuit", Casa Noble Tequila, Corona Extra, Pacifico Beer
Cotton Council of America (Lead Global Agency) Communications, Marketing
Crown Imports LLC Campaign: "Find Your Beach", Campaign: "Luna Corona", Corona, Corona Extra (Advertising Agency of Record), Pacifico Dealer Tire Analytics, Media Buying, Media Planning, Public Relations, RightTurn
New-Diverse & Resilient
Echo Power Tools Brands; 2010
Edward D. Jones & Co.; Saint Louis, MO; 2009
Famous Dave's of America, Inc. (Advertising Agency of Record) Creative, Media Buying, Public Relations, Social Media
Florsheim; Milwaukee, WI; 2011
Galderma; Dallas, TX Cetaphil; 2014
Generac Power System; Waukesha, WI; 2011
Grainger; Lake Forest, IL Media; 2011
John G. Shedd Aquarium Public Relations
Johnsonville Sausage; Sheboygan Falls, WI; 2008
The Kraft Heinz Company Classico, Heinz, Ketchup, Ore-Ida, Smart Ones; 2004
The Paper and Packaging Board Advertising, Campaign "Paper & Packaging: How Life Unfolds", Public Relations, Social Media
Peapod; Skokie, IL; 2014
Porsche Cars North America (Agency of Record) 911, Campaign: "Rebels, Race On", Cayman GT4, Creative, Porsche Panamera Turbo S E-Hybrid; 2007
Robert Bosch Tool Corporation; Mt Prospect, IL Dremel, RotoZip, Skil; 1991
Ruiz Foods; Dinuba, CA; 2012
Salt River Project; Phoenix, AZ Electric & Water Utility; 1983
T. Marzetti Company (Agency of Record) Advertising, Brand Planning, Digital, Marzetti Salad Dressings, Media, New York Bakery Frozen Breads, Programmatic, Public Relations, Sister Schubert's Rolls, Social Media; 2018
TCS New York City Marathon
Tenneco, Inc.; Monroe, MI; 2004
Vitamix; Cleveland, OH; 2013

Branches:

Cramer-Krasselt
246 E Chicago St, Milwaukee, WI 53202
Tel.: (414) 227-3500
Fax: (414) 276-8710
E-Mail: media.mil@c-k.com
Web Site: www.c-k.com

Employees: 144
Year Founded: 1898

National Agency Associations: 4A's-COPF

Agency Specializes In: Advertising, Digital/Interactive, Media Buying Services, Media Planning, Planning & Consultation, Public Relations, Search Engine Optimization, Sponsorship, Yellow Pages Advertising

Betsy Brown *(Exec VP & Gen Mgr)*
Todd Stone *(Sr VP & Exec Creative Dir)*
Marlaina Quintana *(Sr VP & Grp Acct Dir-PR)*
Kelli Rathke *(Sr VP & Media Dir)*
John Mose *(Sr VP & Dir-PR & Social Media)*
Lisa Rios *(Sr VP & Dir-Brand Plng)*
Scott Shulick *(VP & Grp Dir-Plng)*
Chad Verly *(VP & Creative Dir)*
Shawn Holpfer *(VP & Dir-Design)*
Jim Root *(VP & Dir-Art & Creative)*
Rachel Brubeck *(VP & Assoc Media Dir)*
Grant Fiorita *(VP & Grp Media Dir)*
Dinah Goris *(Sr Producer-Brdcst)*
Leah Berg *(Acct Supvr)*
Maureen Fernstrum *(Acct Supvr-PR & Social)*
Joe Gacioch *(Supvr-Media)*
Lauren Franzen Kahle *(Sr Acct Exec)*
Annamaria Grinis *(Asst Media Planner)*
Dan Koel *(Sr Art Dir)*

Accounts:
ACH Foods Karo Syrup, Mazola, Patak's, Spice Islands; 2004
New-Ariens Company Inc. Creative
Benihana, Inc.
Bombardier Recreational Products Can-Am ATV, Evinrude, Sea-Doo, Ski-Doo, Spyder; 2000
Broan-NuTone; 2004
New-Children's Hospital of Wisconsin (Media Buying Agency of Record) Analytics, Placement, Traditional & Digital Advertising; 2018
Dremel; 1991
Echo Power Tools Creative
Elm Grove Police Department
GE Healthcare; 2004
Generac Power Systems Marketing, Public Relations
New-Gravely Creative
InSinkErator; 2003
ITW Global Brands Advertising, Branding, Campaign: "Balloon Storm", Glass Cleaners, Positioning, Rain-X, Social Media, Wiper Blades
Milwaukee Institute Of Art & Design
Milwaukee Police Department; 2009
The Milwaukee Public Museum
Mohawk Industries; 2008
Naughty Bags
Rayovac; Madison, WI; 2008
Reebok/CCM Hockey Equipment; 2008
RotoZip; 2006
Roundy's Creative
SKIL Power Tools (Agency of Record) Creative, Media Buying, Media Planning
Sojourner Family Peace Center
Spice Islands Campaign: "The Art of Spice", Digital, Media, TV
Tenneco, Inc. Monroe Shocks & Struts; 2004
Weyco Group Branding, Digital, Florsheim, Media, Nunn Bush, Retail, Sales, Stacy Adams
World Kitchens Corelle, Corningware, Pyrex; 2004

Cramer-Krasselt
902 Broadway, 5th Fl, New York, NY 10010
Tel.: (212) 889-6450
Fax: (212) 251-1265
Web Site: www.c-k.com

Employees: 51

National Agency Associations: 4A's-COPF

Nancy Aresu *(Exec VP & Gen Mgr)*
Craig Markus *(Sr VP & Exec Creative Dir)*
Kristin Weaver *(Sr VP & Media Dir)*
Ryan Haskins *(Sr VP & Dir-Media Engagement)*
Erica Herman *(Sr VP & Dir-Brand Plng)*

ADVERTISING AGENCIES

Catherine Abbenda *(VP & Creative Dir)*
Andrew Malordy *(Supvr-Media)*
I-Ping Chiang *(Sr Art Dir)*
Molly Finley *(Grp Creative Dir)*
Robyn Winkelstein *(Assoc Creative Dir)*

Accounts:
Ahold USA
Benihana Creative, Digital, Media, Public Relations, Social Media
Bic
CareFirst Blue Cross & Blue Shield; 2007
Comcast Spotlight
The Cordish Companies Advertising, Direct Marketing, Live! Casino & Hotel (Agency of Record), Media Buying & Planning, Onsite Promotions, Outdoor, Programmatic, Research, Search Engine Marketing, Social Media; 2017
Mionetto
NCC Media; New York, NY
Nikon
Stop & Shop

CRAMER PRODUCTIONS INC.
425 Univ Ave, Norwood, MA 02062
Tel.: (781) 278-2300
Fax: (781) 255-0721
Web Site: www.cramer.com/

Employees: 185
Year Founded: 1982

Agency Specializes In: Advertising, Brand Development & Integration, Communications, Digital/Interactive, Direct Response Marketing, Event Planning & Marketing, Exhibit/Trade Shows, Identity Marketing, Local Marketing, New Technologies, Print, Product Placement, Promotions, Sales Promotion, Sponsorship, Strategic Planning/Research

Sales: $20,340,656

Tom Martin *(Chm)*
Thom Faria *(CEO)*
Patrick Martin *(Partner-Client Svcs)*
Julie Walker *(Exec VP-Healthcare)*
Scott Connolly *(Sr VP-Bus Dev)*
Steven Johnson *(Sr VP-Creative Svcs)*
Greg Martin *(Sr VP-Fin)*
Angel Micarelli *(VP & Creative Dir)*
Loriann Murray *(VP & Creative Dir)*
Christine Fleming *(VP-HR)*
Lindsay Nie *(Head-Creative Tech)*
Mark Wilson *(Exec Creative Dir)*
Edward Feather *(Acct Svcs Dir)*
Scott Palmer *(Creative Dir)*
Michael Powers *(Creative Dir-Animation)*
Doug Randall *(Creative Dir-Corporate Events)*
Kristine M. Bostrom *(Dir-Fin Plng & Analysis)*
Joseph Case *(Dir-Video)*
Brad Harris *(Assoc Creative Dir & Dir-Design)*
Kylee Reardon *(Acct Supvr)*
Jessica L. Peterson *(Planner-Strategic)*
Katie Lynch *(Acct Coord)*
Mark J. Slater *(Assoc Creative Dir)*

Accounts:
Boston Scientific
EMC
EMD Serono, Inc.
Foley Hoag
Jordan's Furniture
Puma

CRAMP & ASSOCIATES, INC.
1327 Grenox Rd, Wynnewood, PA 19096-2402
Tel.: (610) 649-6002
Fax: (610) 649-6005
E-Mail: info@cramp.com
Web Site: www.cramp.com

Employees: 10
Year Founded: 1988

Agency Specializes In: Business-To-Business, Direct Response Marketing, Graphic Design, Health Care Services, Internet/Web Design, Out-of-Home Media, Outdoor, Pharmaceutical, Print

Revenue: $30,000,000

Accounts:
ACE-INA Insurance Group
Arts & Business Council of Philadelphia
BMA
Bristol-Myers Squibb
Capital Telecommunications
ConvaTec Ltd.
D. Atlas & Company Jewelers
Forest Laboratories
Giggle Zone
KNGT
Mediq / ACS
New York Life / Healthcare
Penn Liberty Bank
Toto

CRANE WEST
4245 Kemp Blvd Ste 815, Wichita Falls, TX 76308
Tel.: (940) 691-2111
Fax: (940) 691-4333
E-Mail: info@crane-west.com
Web Site: www.crane-west.com

Employees: 4

Agency Specializes In: Advertising, Brand Development & Integration, Internet/Web Design, Logo & Package Design

Colt West *(Pres)*

Accounts:
How Great Thou Art/Kids Art

CRANFORD JOHNSON ROBINSON WOODS
300 Main St, Little Rock, AR 72201-3531
Tel.: (501) 975-6251
Fax: (501) 975-4241
Toll Free: (888) 383-2579
E-Mail: info@cjrw.com
Web Site: www.cjrw.com

Employees: 75
Year Founded: 1961

National Agency Associations: ABC-AFA

Agency Specializes In: Advertising, Brand Development & Integration, Communications, Direct Response Marketing, Government/Political, Graphic Design, Internet/Web Design, Print, Production, Public Relations, Publicity/Promotions, Sponsorship, Strategic Planning/Research, Travel & Tourism

Approx. Annual Billings: $70,000,000

Darin Gray *(Chm & CEO)*
Stephen Allen *(CFO)*
Brian Kratkiewicz *(Sr VP & Dir-Media & Innovation)*
Lauren Euseppi *(VP-Travel & Tourism)*
Wade Austin *(Dir-Dev)*
Elizabeth Michael *(Dir-Content & Social Strategy)*
Shanon Williams *(Dir-Corp Acct Svcs)*
Caroline Reddmann *(Mgr-Social Media)*
Kaylee Leitch *(Strategist-Digital Media)*
Jennifer Morgan *(Acct Exec)*
Brandi Childress *(Media Planner & Media Buyer)*
Jane Embry Selig *(Media Planner & Media Buyer)*
Ashley Floyd *(Coord-Client Acctg)*

Greta Goslee *(Assoc Coord-Social Media)*

Accounts:
Arkansas Department of Health Health Communications, Media, Public Education, Tobacco Prevention & Cessation Program
Arkansas State Anti-Smoking Campaign
Cajuns Wharf
Centennial Bank; Conway, AR Digital, Marketing, Public Relations, Research, Social Media
Copper Grill
Lion's World Services
Lions World International
MBC Holdings
The Oxford American Campaign: "Rodeo Drive", Campaign: "Southern Arts"
The Peabody Little Rock
Summit Bank
Tyson Foods
Walmart
Windstream

Branch

CJRW Northwest
4100 Corporate Center Dr Ste 300, Springdale, AR 72762
(See Separate Listing)

CRANIUM 360
1241 Dakota Dr, Fruita, CO 81521
Tel.: (970) 257-7000
E-Mail: info@cranium360.com
Web Site: www.cranium360.com

Employees: 5

Agency Specializes In: Advertising, Graphic Design, Identity Marketing, Internet/Web Design, Logo & Package Design, Media Buying Services, Media Planning, Public Relations, Radio, Social Media

Matthew Breman *(Founder, CEO & Dir)*
Travis Ingram *(Art Dir & Graphic Designer)*
Bridgett Gutierrez *(Mgr-Media & Strategist-Digital)*

Accounts:
Enstrom's
Moog Medical Devices Group

CRANIUM STUDIO
1240 S Parker Rd Ste 102, Denver, CO 80231
Tel.: (813) 443-9870
Web Site: https://craniumagency.com/

Employees: 2
Year Founded: 1989

Agency Specializes In: Brand Development & Integration, Communications, Digital/Interactive, Exhibit/Trade Shows, Identity Marketing, Internet/Web Design, Logo & Package Design, Market Research, Production (Print), Strategic Planning/Research

Alex Valderrama *(Principal & Strategist-Brand)*

CRAWFORD ADVERTISING ASSOCIATES, LTD.
216 Congers Rd, New City, NY 10956
Tel.: (845) 638-0051
Fax: (845) 634-4232
E-Mail: info@crawfordadv.com
Web Site: crawfordadv.com/

Employees: 3
Year Founded: 1992

Agency Specializes In: Alternative Advertising,

AGENCIES - JANUARY, 2019 — ADVERTISING AGENCIES

Automotive, Co-op Advertising, Fashion/Apparel, Media Buying Services, Newspaper, Out-of-Home Media, Outdoor, Print, Real Estate, Recruitment, Social Media, Web (Banner Ads, Pop-ups, etc.)

Accounts:
BCA Leasing; Great Neck, NY Automobiles; 1992
Cantor & Pecorella Inc.; New York, NY Real Estate; 1992
Independent Brokers Circle; New York, NY Real Estate; 1992
Jessilyn Personnel; New York, NY Recruitment; 1992
Manhattan Skyline Management; New York, NY
Tabak Real Estate; New York, NY; 1992

CRAWFORD STRATEGY
201 W Mcbee Ave Fl 1, Greenville, SC 29601
Tel.: (864) 232-2302
E-Mail: info@crawfordstrategy.com
Web Site: www.crawfordstrategy.com

Employees: 30
Year Founded: 2010

Agency Specializes In: Advertising, Brand Development & Integration, Graphic Design, Internet/Web Design, Logo & Package Design, Media Buying Services, Media Planning, Media Relations, Public Relations, Social Media

Marion Crawford *(Pres & CEO)*
Andy Windham *(Sr VP & Dir-Client Strategy)*
Allison Mertens *(Sr VP-Corp Growth)*
Cyndy Templeton *(VP & Controller)*
Gregg O'Neill *(VP & Creative Dir)*
Jennifer Blair *(Strategist-Digital & Producer-Content)*
Nisha Patel *(Acct Mgr-PR)*
Emily Moseley *(Mgr-PR)*
Hannah Dillard Stone *(Mgr-Creative Svcs)*
Michelle Sprinkel Caiazzo *(Acct Supvr)*
Sydney Parrish *(Acct Supvr)*
Anna Simmons *(Acct Exec)*
Michelle Thompson *(Strategist-Digital Mktg)*

Accounts:
Clemson University Athletic Department Marketing, Public Relations
Economic Development Coalition of Asheville-Buncombe County

CREATE ADVERTISING GROUP
6022 Washington Blvd, Culver City, CA 90232
Tel.: (310) 280-2999
Fax: (310) 280-2991
E-Mail: info@createadvertising.com
Web Site: www.createadvertising.com

Employees: 200
Year Founded: 2005

Agency Specializes In: Advertising, Brand Development & Integration, Entertainment, Game Integration, Hispanic Market, Multicultural, Production (Ad, Film, Broadcast), T.V.

David Stern *(Owner)*
Jonathan Gitlin *(Partner & Pres-Television & Gaming Adv)*
Carrie Gormley *(Partner & Pres-Theatrical Adv)*

Accounts:
New-Capcom USA Inc.
New-Europa Corp Valerian & The City of a Thousand Planets
New-Marvel Entertainment LLC Black Panther
New-Netflix Inc. Godless, Longshot, Wheelman, & Little Evil
New-Sony Corporation Peter Rabbit & Blade Runner 2049
New-Ubisoft Inc. Mario + Rabbids Kingdom Battle

CREATETHE GROUP, INC.
805 3Rd Ave Fl 14, New York, NY 10022
Tel.: (212) 375-7900
E-Mail: info@createthegroup.com
Web Site: www.createthegroup.com

Employees: 100

Agency Specializes In: Alternative Advertising, Fashion/Apparel, Graphic Design, Information Technology, Social Marketing/Nonprofit

Revenue: $9,700,000

Greg Degl *(VP & Head-Tech & Global Support-Shift Commerce)*
Jonathan Gerstein *(Dir-Analytics & Insights)*

Accounts:
Alexander Wang
BLK DNM (Digital Agency of Record)
Burberry Limited
DKNY Donna Karan
Donna Karan
Dunhill
LAPERLA
Marc Jacobs

THE CREATIVE ALLIANCE, INC.
2675 Northpark Dr, Lafayette, CO 80026
Tel.: (303) 665-8101
Fax: (303) 665-3136
E-Mail: info@thecreativealliance.com
Web Site: www.thecreativealliance.com

Employees: 13
Year Founded: 1992

Agency Specializes In: Advertising, Brand Development & Integration, Digital/Interactive, Media Relations, Public Relations, Strategic Planning/Research

Revenue: $2,600,000

Jodee Goodwin *(Creative Dir)*
Adam Auriemmo *(Dir-IT)*
Jennifer Armstrong *(Production Mgr)*
Adam Forsythe *(Media Buyer)*

Accounts:
Boulder Outreach for Homeless Overflow Campaign: "The safety net under the safety net", Graphics, Logo, Marketing, Social Media, Website
Indulgent Confections
Prime Trailer Rebranding, Strategic Planning
Sierra Sage
Thurston Kitchen & Bath

CREATIVE ARTISTS AGENCY
2000 Ave of the Stars, Los Angeles, CA 90067
Tel.: (424) 288-2000
Fax: (424) 288-2900
Web Site: www.caa.com

Employees: 2,000

Agency Specializes In: Sponsorship

Perry Wolfman *(CEO)*
Robert Dietrick *(VP-Brand Mgmt)*
Aubree Curtis *(Co-Head-Social Impact Practice)*
Jim Nicolay *(Talent Agent)*

Accounts:
Body Lab
Bose
Burberry
Canada Goose (Agency of Record) Campaign: "Out There"
Chipotle Mexican Grill, Inc.
Cirque du Soleil
Coca-Cola Refreshments USA, Inc. Campaign: "Taste the Feeling", Diet Coke
Diageo North America, Inc.
Fender
General Motors Company
Jimmy John's
JPMorgan Chase (Sports/Entertainment Agency of Record)
Keurig Green Mountain
Neiman Marcus
Nico Rosberg Marketing, Public Relations Strategy
Pizza Hut, Inc. Sports Marketing; 2018
Ralph Lauren
Samsung
Southwest Airlines
Umpqua Bank Campaign: "The Seed & The Moon"

Branch

Creative Artists Agency
222 S Central Ave Ste 1008, Saint Louis, MO 63105
Tel.: (314) 862-5560
Fax: (314) 862-4754
Web Site: www.caa.com

Employees: 13

David Freeman *(Co-Head-Digital Pkg & Talent-VR & AR)*

CREATIVE BEARINGS
211 3rd St, Steamboat Springs, CO 80477
Tel.: (970) 870-8008
Fax: (970) 871-0226
Toll Free: (877) 980-8008
E-Mail: support@creativebearings.com
Web Site: www.creativebearings.com

Employees: 4

Agency Specializes In: Advertising, Brand Development & Integration, Internet/Web Design, Logo & Package Design, Media Buying Services, Search Engine Optimization

Gregory Effinger *(Art Dir)*

Accounts:
Colorado Event Rentals
Mountain High Distribution LLC

CREATIVE BRAND CONSULTING
1429 N 1st St Ste 100, Phoenix, AZ 85004-1642
Tel.: (888) 567-0522
Fax: (888) 567-0522
Toll Free: (888) 567-0522
Web Site: creativebrandconsulting.com

Employees: 4

Agency Specializes In: Advertising, Brand Development & Integration, Digital/Interactive, Education, Public Relations, Real Estate, Restaurant, Retail

Ron Robinett *(CEO)*
Daniel Burrell *(COO & Dir)*

Accounts:
HARO (Help a Reporter Out) Social Media Services

CREATIVE BROADCAST CONCEPTS
56 Industrial Park Rd, Saco, ME 04072
Tel.: (207) 283-9191

ADVERTISING AGENCIES
AGENCIES - JANUARY, 2019

Fax: (207) 283-9722
Toll Free: (800) 237-8237
E-Mail: info@cbcads.com
Web Site: www.cbcads.com

E-Mail for Key Personnel:
President: jim@cbcads.com

Employees: 25
Year Founded: 1983

Agency Specializes In: Advertising, Advertising Specialties, Automotive, Brand Development & Integration, Broadcast, Business-To-Business, Cable T.V., Collateral, Consulting, E-Commerce, Electronic Media, Graphic Design, Infomercials, Internet/Web Design, Media Buying Services, Merchandising, Multimedia, Newspaper, Planning & Consultation, Point of Purchase, Point of Sale, Print, Production, Public Relations, Radio, Sales Promotion, T.V., Yellow Pages Advertising

Approx. Annual Billings: $32,000,000

Breakdown of Gross Billings by Media: Adv. Specialities: $250,000; Collateral: $200,000; E-Commerce: $18,000,000; Internet Adv.: $200,000; Print: $11,000,000; Production: $2,000,000; Video Brochures: $200,000; Worldwide Web Sites: $150,000

Barry Morgan *(Pres)*
Frank Drigotas *(Partner)*
Amy Wheeler *(Media Dir)*
Bill Park *(Sr Acct Exec)*
Greg Johnson *(Acct Exec)*
Dana Snyder *(Acct Exec)*
Brooke Meagher *(Media Buyer)*
Katie Pierce *(Media Buyer)*
Hillary Turner *(Media Buyer)*

Accounts:
Brandon Ford; Brandon, FL
Faulkner Automotive; Philadelphia, PA Automobile Sales & Service; 1991
Hendrick Acura & BMW; Charlotte, NC Automobile Sales & Service; 1998
Kia Country; Charleston, SC
Lee Automotive Management
Mark Dodge; Lake Charles, LA
Superior Lexus; Kansas City, MO
Toothman Ford; Grafton, WV
Woodhouse Automotive Family

CREATIVE CANNON
2201 Civic Cir Ste 917, Amarillo, TX 79109
Tel.: (806) 676-7755
E-Mail: info@creative-cannon.com
Web Site: www.creative-cannon.com

Employees: 21
Year Founded: 2012

Agency Specializes In: Advertising, Graphic Design, Internet/Web Design, Logo & Package Design

Jon Galloway *(Creative Dir)*
David Martinez *(Acct Svcs Dir)*

Accounts:
Amarillo Botanical Gardens
The Diocese of Amarillo

CREATIVE CIVILIZATION AN AGUILAR/GIRARD AGENCY
106 Auditorium Cir 2nd Fl, San Antonio, TX 78205-1210
Tel.: (210) 227-1999
Fax: (210) 227-5999
E-Mail: aaguilar@creativecivilization.com
Web Site: www.creativecivilization.com

Employees: 27
Year Founded: 1999

Agency Specializes In: Hispanic Market, Sponsorship

Gisela Girard *(Chief Strategy Officer)*

Accounts:
American Cancer Society
American State Bank
Cancer Treatment Centers of America Brand Awareness, Hispanic
Guitar Center Inc.
Kuper
San Antonio Express News Conexion
University Health System Campaign: "Children's Health Is Here"

CREATIVE COMMUNICATION & DESIGN
(Acquired by Amperage & Name Changed to Amperage)

CREATIVE COMMUNICATION ASSOCIATES
2 Third Street, Troy, NY 12180
Tel.: (518) 427-6600
Fax: (518) 427-6679
E-Mail: esirianno@ccanewyork.com
Web Site: www.ccanewyork.com

Employees: 20

Agency Specializes In: Advertising, Brand Development & Integration, Broadcast, Cable T.V., Collateral, College, Commercial Photography, Communications, Consumer Publications, Corporate Identity, Custom Publishing, Direct-to-Consumer, Education, Electronic Media, Identity Marketing, Infomercials, Integrated Marketing, Internet/Web Design, Logo & Package Design, Magazines, Out-of-Home Media, Outdoor, Planning & Consultation, Print, Production, Production (Ad, Film, Broadcast), Radio, Social Marketing/Nonprofit, Strategic Planning/Research, T.V., Teen Market, Trade & Consumer Magazines, Web (Banner Ads, Pop-ups, etc.)

Approx. Annual Billings: $30,000,000

Edward Sirianno *(Pres-Mktg-HotChalk)*
Dan Kehn *(VP-Strategy & Mktg)*
Darcy Sokolewicz *(VP-Media)*
Jay Feit *(Dir-Ops & Print Svcs)*
Karen Dolge *(Sr Mgr-Media)*
Jenna Ryan *(Mgr-Bus Dev)*
Beth Mickalonis *(Assoc Creative Dir-Brand)*

Accounts:
Boston College
Bryn Mawr College
Concordia College
LIM College
Philadelphia University
Siena College
St. John's University
Syracuse University College of Law
Union Graduate College
University of Pennsylvania

CREATIVE COMMUNICATIONS CONSULTANTS, INC.
111 3rd Ave S Ste 390, Minneapolis, MN 55401-2553
Tel.: (612) 338-5098
Fax: (612) 338-1398
E-Mail: smcpherson@cccinc.com
Web Site: www.cccinc.com

Employees: 10
Year Founded: 1978

Agency Specializes In: Advertising, Aviation & Aerospace, Brand Development & Integration, Business Publications, Business-To-Business, Collateral, Direct Response Marketing, Electronic Media, Email, Engineering, Environmental, Graphic Design, Health Care Services, High Technology, Hospitality, Industrial, Information Technology, Integrated Marketing, Internet/Web Design, Marine, Market Research, Media Buying Services, Media Planning, Media Relations, Medical Products, Paid Searches, Planning & Consultation, Print, Public Relations, Search Engine Optimization, Social Media, Strategic Planning/Research, Technical Advertising, Trade & Consumer Magazines, Viral/Buzz/Word of Mouth, Web (Banner Ads, Pop-ups, etc.)

Approx. Annual Billings: $7,500,000

Breakdown of Gross Billings by Media: Bus. Publs.: $2,500,000; Collateral: $1,200,000; D.M.: $750,000; E-Commerce: $100,000; Fees: $900,000; Internet Adv.: $1,000,000; Other: $300,000; Pub. Rels.: $750,000

Susan McPherson *(Owner & Pres)*
Deb Hyden *(Media Dir)*
Grant Thornburg *(Creative Dir)*
Mary K. Jones *(Sr Acct Mgr)*
Jennifer Grasswick *(Acct Exec)*

Accounts:
Cummins Power Generation
Dri-Steem Humidifier Company
Goodrich Sensors & Integrated Systems; Burnsville, MN
McQuay International
MTU Detroit Diesel
MTU Onsite Energy
Nilfisk-Advance
Reell Precision Manufacturing
SolarBee
Tolomatic

CREATIVE COMMUNICATIONS SERVICES
2888 Loker Ave E Ste 316, Carlsbad, CA 92010
Tel.: (760) 438-5250
Fax: (760) 438-5230
Web Site: www.ccspr.com

Employees: 10

Agency Specializes In: Advertising, Public Relations, Social Media

Gayle Mestel *(Pres)*

Accounts:
BizAir Shuttle

CREATIVE COMPANY
726 NE 4th St, McMinnville, OR 97128
Tel.: (503) 883-4433
Fax: (503) 883-6817
Toll Free: (866) 363-4433
E-Mail: advance@creativeco.com
Web Site: www.creativeco.com

Employees: 5
Year Founded: 1978

National Agency Associations: AMA

Agency Specializes In: Advertising, Affluent Market, Agriculture, Alternative Advertising, Arts, Asian Market, Aviation & Aerospace, Brand Development & Integration, Business Publications, Business-To-Business, Cable T.V., Co-op Advertising, Collateral, College, Commercial Photography, Communications, Computers &

AGENCIES - JANUARY, 2019 — ADVERTISING AGENCIES

Software, Consulting, Consumer Goods, Consumer Marketing, Consumer Publications, Content, Corporate Communications, Corporate Identity, Cosmetics, Digital/Interactive, Direct Response Marketing, Direct-to-Consumer, E-Commerce, Education, Electronic Media, Email, Engineering, Exhibit/Trade Shows, Faith Based, Financial, Food Service, Graphic Design, Guerilla Marketing, Health Care Services, Identity Marketing, In-Store Advertising, Industrial, Integrated Marketing, International, Internet/Web Design, Leisure, Local Marketing, Logo & Package Design, Luxury Products, Magazines, Market Research, Media Relations, Medical Products, Mobile Marketing, New Product Development, Newspaper, Out-of-Home Media, Outdoor, Over-50 Market, Package Design, Paid Searches, Pharmaceutical, Planning & Consultation, Point of Purchase, Point of Sale, Print, Production, Production (Print), Promotions, Public Relations, Publicity/Promotions, Radio, Real Estate, Regional, Restaurant, Retail, Sales Promotion, Search Engine Optimization, Seniors' Market, Social Media, Strategic Planning/Research, Teen Market, Trade & Consumer Magazines, Transportation, Urban Market, Women's Market

Approx. Annual Billings: $1,000,000

Breakdown of Gross Billings by Media: Cable T.V.: 1%; Co-op Adv.: 3%; Collateral: 10%; Comml. Photography: 2%; Consulting: 1%; Consumer Pubs.: 4%; Foreign: 2%; Graphic Design: 35%; Point of Sale: 2%; Pub. Rels.: 6%; Strategic Planning/Research: 10%; T.V.: 1%; Trade Shows: 2%; Video Brochures: 1%; Worldwide Web Sites: 20%

Jennifer Larsen Morrow *(Strategist-Brand)*

Accounts:
ESP Seeds; Albany, OR Wholesale Seed; 2010
foodguys; Wilsonville, OR Food Products; 2001
JR Merit; Vancouver, WA Industrial Contracting; 2009
McTavish Shortbread; Portland, OR Shortbread Cookies; 2007
Oregon Cherry Growers; Salem, OR Cherries; 2008
Salem Health; Salem, OR Healthcare Services; 2009

THE CREATIVE DEPARTMENT
1209 Sycamore St, Cincinnati, OH 45202
Tel.: (513) 651-2901
Fax: (513) 651-2902
E-Mail: info@creativedepartment.com
Web Site: www.creativedepartment.com

Employees: 19
Year Founded: 1992

National Agency Associations: AD CLUB-The One Club

Agency Specializes In: Advertising, Alternative Advertising, Brand Development & Integration, Broadcast, Business-To-Business, Catalogs, Collateral, Consulting, Consumer Goods, Content, Corporate Communications, Corporate Identity, Crisis Communications, Digital/Interactive, E-Commerce, Electronic Media, Email, Event Planning & Marketing, Exhibit/Trade Shows, Guerilla Marketing, Identity Marketing, Integrated Marketing, Internet/Web Design, Logo & Package Design, Magazines, Market Research, Media Planning, Newspaper, Newspapers & Magazines, Out-of-Home Media, Outdoor, Paid Searches, Planning & Consultation, Podcasting, Point of Sale, Print, Production (Ad, Film, Broadcast), RSS (Really Simple Syndication), Search Engine Optimization, Sponsorship, T.V., Travel & Tourism, Viral/Buzz/Word of Mouth, Web (Banner Ads, Pop-ups, etc.)

Lauren Anderson *(CEO)*
Michael Beasley *(CTO)*
Curtis Gable *(Art Dir)*
Chris Blum *(Dir-Digital Media)*
Maggie Adamson *(Mgr-Traffic)*
Ian Monk *(Designer-Interactive)*
Gregg Meade *(Assoc Creative Dir)*

Accounts:
The Art Academy of Cincinnati
Busken Bakery; Cincinnati, OH Baked Goods, Yagoot; 1996
Corporex
Five Seasons Sports Club
i-wireless
NuVo Technologies
The Party Source; Newport, KY Liquor Store &Then Some; 2005
Procter & Gamble; Cincinnati, OH (Corporate Communications & Training); 1998
Silkflowers.com; White Plains, NY Silk Flower Arrangements; 2004

CREATIVE DIMENSIONS
4555 Lake Forest Dr Ste 650, Cincinnati, OH 45242
Tel.: (513) 588-2801
Fax: (513) 563-0293
Web Site: www.creativedimensions.com

Employees: 9

Agency Specializes In: Advertising, Corporate Identity, Digital/Interactive, Logo & Package Design, Media Buying Services, Media Planning, Print, Radio, Social Media, Strategic Planning/Research

Arnie Barnett *(Pres)*
Steve Schaeffer *(CEO & Creative Dir)*
Tracie Bowling *(VP)*
Nathan Cremer *(Art Dir)*
Amy Jones *(Dir-Client Svc)*
Paulette McKnight *(Office Mgr)*

Accounts:
Car-X Tire & Auto (Cincinnati Agency of Record) Creative Services, Media Planning & Buying; 2018
Just Brakes
Quadras Corp (Agency of Record) Creative Marketing

CREATIVE DIRECTION, INC.
4911 S Missouri St, Indianapolis, IN 46217
Tel.: (765) 883-8431
Fax: (765) 455-1707
E-Mail: info@creativedirection.com
Web Site: www.creativedirection.com

Employees: 5
Year Founded: 1993

Agency Specializes In: Above-the-Line, Advertising Specialties, Agriculture, Automotive, Business-To-Business, Direct Response Marketing, Direct-to-Consumer, Email, Graphic Design, Guerilla Marketing, Health Care Services, High Technology, Integrated Marketing, Internet/Web Design, Media Buying Services, Newspaper, Newspapers & Magazines, Out-of-Home Media, Outdoor, Pharmaceutical, Planning & Consultation, Print, Production, Production (Print), Promotions, Public Relations, Radio, Sales Promotion, Sports Market

Approx. Annual Billings: $1,500,000

Julie Parker *(CFO & COO)*
Helen Parker *(Dir-Media & Mdsg)*

CREATIVE DISTILLERY
3000 Old Canton Rd, Jackson, MS 39216
Tel.: (601) 326-2388
E-Mail: info@creativedistillery.com
Web Site: www.creativedistillery.com

Employees: 7
Year Founded: 2008

Agency Specializes In: Advertising, Brand Development & Integration, Collateral, Content, Graphic Design, Internet/Web Design, Logo & Package Design, Social Media

Darren Schwindaman *(Principal-Design & Branding Partner)*
Julianna Pardue *(Copywriter)*

Accounts:
The Mississippi Chorus
Parents for Public Schools Jackson
Phoenix Properties

CREATIVE DYNAMIX INK
19800 MacArthur Blvd., Ste 300, Irvine, CA 92642
Tel.: (310) 430-1607
Toll Free: (800) 409-5930
Web Site: www.creativedynamixink.com

Employees: 3
Year Founded: 2012

Agency Specializes In: Local Marketing, Multimedia, Search Engine Optimization, Social Media

Approx. Annual Billings: $300,000

Sheryl Perez *(Pres)*

CREATIVE ENERGY GROUP INC
3206 Hanover Rd, Johnson City, TN 37604
Tel.: (423) 926-9494
Fax: (423) 929-7222
Toll Free: (800) 926-9454
Web Site: www.cenergy.com

Employees: 20
Year Founded: 1991

National Agency Associations: AAF-PRSA

Agency Specializes In: Above-the-Line, Advertising, Advertising Specialties, Affiliate Marketing, Affluent Market, African-American Market, Agriculture, Alternative Advertising, Arts, Asian Market, Automotive, Aviation & Aerospace, Below-the-Line, Bilingual Market, Brand Development & Integration, Branded Entertainment, Broadcast, Business Publications, Business-To-Business, Cable T.V., Catalogs, Children's Market, Co-op Advertising, Collateral, College, Commercial Photography, Communications, Computers & Software, Consulting, Consumer Goods, Consumer Marketing, Consumer Publications, Content, Corporate Communications, Corporate Identity, Cosmetics, Crisis Communications, Custom Publishing, Customer Relationship Management, Digital/Interactive, Direct Response Marketing, Direct-to-Consumer, E-Commerce, Education, Electronic Media, Electronics, Email, Engineering, Entertainment, Environmental, Event Planning & Marketing, Exhibit/Trade Shows, Experience Design, Fashion/Apparel, Financial, Food Service, Game Integration, Government/Political, Graphic Design, Guerilla Marketing, Health Care Services, High Technology, Hispanic Market, Hospitality, Household Goods, Identity Marketing, In-Store Advertising, Industrial, Infomercials, Information Technology, Integrated Marketing, International,

ADVERTISING AGENCIES

Internet/Web Design, Investor Relations, LGBTQ Market, Legal Services, Leisure, Local Marketing, Logo & Package Design, Luxury Products, Magazines, Marine, Market Research, Media Buying Services, Media Planning, Media Relations, Media Training, Medical Products, Men's Market, Merchandising, Mobile Marketing, Multicultural, Multimedia, New Product Development, New Technologies, Newspaper, Newspapers & Magazines, Out-of-Home Media, Outdoor, Over-50 Market, Package Design, Paid Searches, Pharmaceutical, Planning & Consultation, Podcasting, Point of Purchase, Point of Sale, Print, Product Placement, Production, Production (Ad, Film, Broadcast), Production (Print), Promotions, Public Relations, Publicity/Promotions, Publishing, RSS (Really Simple Syndication), Radio, Real Estate, Recruitment, Regional, Restaurant, Retail, Sales Promotion, Search Engine Optimization, Seniors' Market, Social Marketing/Nonprofit, Sponsorship, Sports Market, Stakeholders, Strategic Planning/Research, Sweepstakes, Syndication, T.V., Technical Advertising, Teen Market, Telemarketing, Trade & Consumer Magazines, Transportation, Travel & Tourism, Urban Market, Viral/Buzz/Word of Mouth, Web (Banner Ads, Pop-ups, etc.), Women's Market, Yellow Pages Advertising

Approx. Annual Billings: $5,500,000

Breakdown of Gross Billings by Media: Adv. Specialities: $4,000,000; Newsp. & Mags.: $1,500,000

Teresa Treadway *(Owner)*
Tony Treadway *(Pres)*
Benji Vega *(Chief Creative Officer)*
Will Griffith *(Exec Creative Dir)*
Dale Atkinson *(Art Dir)*
Jim Julien *(Art Dir)*
Greg Nobles *(Creative Dir)*
Nate Hook *(Dir-Digital Media)*
Karen Jenkins *(Dir-PR)*
Randy Greear *(Production Mgr)*
Tonya Baker *(Acct Exec)*
Lori Rae DeVoti *(Acct Exec)*
David Ford *(Strategist-Social Media)*
Trinity Lancaster *(Acct Exec)*
Jessica Lambert *(Jr Acct Exec)*
Meara Bridges *(Jr Art Dir)*
Hannah Howard *(Jr Art Dir)*
Joe Schnellmann *(Sr Art Dir)*

Accounts:
Akzo/Nobel; Atlanta, GA Automotive Paints; 1998
American Pride Seafood
ARCH
Brookwood Farms
Bunge Oils North America; Saint Louis, MO Trans Fat Free Oils & Products; 2006
Carter County Bank; Elizabethton, TN Banking Services; 1993
Coca-Cola Refreshments USA, Inc.
Global Medical Services
Hoshizaki Ice Systems; Atlanta, GA Ice Machines; 2002
LifeStore
Pal's Sudden Service; Kingsport Chipped Ham, Quick Serve Restaurant Chain; 1992
Red Gold Tomatoes; Elwood, IN Italian, Ketchup, Tomato Juices; 2002
Reily Foods
Siemens Electrics; Alpharetta, GA Electric Motors & Components; 1999
Texas Pete; 2001
Universal Fibers; Bristol, VA Yarn & Carpet Products; 2003

CREATIVE FEED
39 Mesa St The Presidio Ste 105, San Francisco, CA 94129
Tel.: (415) 447-0588
Web Site: www.creativefeed.net

Employees: 31

Agency Specializes In: Advertising, Brand Development & Integration, Media Relations, Package Design, Publicity/Promotions, T.V., Travel & Tourism

Arthur Ceria *(Founder & Exec Creative Dir)*
Michael Quinn *(Mng Partner)*

Accounts:
Bordeaux Wine Council U.S. Digital
Calvin Klein
Land Rover S1 By Sonim
The Museum of Modern Art
Plantronics Discovery 975
Plantronics Unified Communications
Plantronics Voyager Pro
Sonim Technologies
Squeeze the Banker
UC Thought Leadership
Volvo

CREATIVE HEADS ADVERTISING, INC.
7301 Ranch Rd, Austin, TX 78701
Tel.: (512) 474-5775
Fax: (512) 474-5521
Web Site: www.creativeheadsadv.com

Employees: 3
Year Founded: 1998

Agency Specializes In: Advertising, Advertising Specialties, Brand Development & Integration, Business Publications, Business-To-Business, Co-op Advertising, Collateral, Commercial Photography, Communications, Consulting, Consumer Marketing, Consumer Publications, Corporate Communications, Corporate Identity, Direct Response Marketing, Electronic Media, Entertainment, Environmental, Event Planning & Marketing, Exhibit/Trade Shows, Financial, Food Service, Graphic Design, Health Care Services, In-Store Advertising, Internet/Web Design, Leisure, Local Marketing, Logo & Package Design, Magazines, Media Buying Services, Medical Products, Multimedia, New Product Development, Newspaper, Newspapers & Magazines, Out-of-Home Media, Outdoor, Planning & Consultation, Point of Purchase, Point of Sale, Print, Production, Public Relations, Publicity/Promotions, Radio, Restaurant, Retail, Sales Promotion, Sports Market, Strategic Planning/Research, Trade & Consumer Magazines, Transportation, Travel & Tourism, Yellow Pages Advertising

Approx. Annual Billings: $281,000

Breakdown of Gross Billings by Media: Adv. Specialities: $2,000; Bus. Publs.: $5,000; Co-op Adv.: $1,000; Collateral: $20,000; Comml. Photography: $3,000; Consulting: $12,000; Corp. Communications: $2,000; D.M.: $1,000; Event Mktg.: $25,000; Graphic Design: $20,000; In-Store Adv.: $2,000; Local Mktg.: $2,000; Logo & Package Design: $1,500; Mdsg./POP: $1,000; Newsp.: $30,000; Out-of-Home Media: $4,000; Outdoor: $70,000; Plng. & Consultation: $5,000; Print: $10,000; Production: $1,000; Pub. Rels.: $1,000; Radio: $30,000; Sls. Promo.: $2,000; Sports Mktg.: $1,000; Strategic Planning/Research: $28,000; Trade & Consumer Mags.: $500; Worldwide Web Sites: $1,000

Accounts:
Sweet Leaf Tea; Austin, TX Consumer Beverage; 2004

CREATIVE HOUSE STUDIOS
(Formerly Sampson/Carnegie, Co., Inc.)
1419 E. 40th St, Cleveland, OH 44103
Tel.: (216) 225-6593
Web Site: www.creativehousestudios.com/

Employees: 6
Year Founded: 1992

National Agency Associations: AAF-MCAN

Agency Specializes In: Advertising, Affluent Market, Alternative Advertising, Brand Development & Integration, Broadcast, Business-To-Business, Cable T.V., Collateral, Consulting, Consumer Marketing, Content, Corporate Communications, Corporate Identity, Crisis Communications, Digital/Interactive, E-Commerce, Electronic Media, Email, Engineering, Entertainment, Food Service, Graphic Design, High Technology, Identity Marketing, Internet/Web Design, Local Marketing, Logo & Package Design, Magazines, Media Buying Services, Media Planning, Multimedia, New Product Development, Newspaper, Newspapers & Magazines, Out-of-Home Media, Outdoor, Over-50 Market, Point of Sale, Print, Production, Public Relations, Publicity/Promotions, Radio, Real Estate, Regional, Restaurant, Retail, Sales Promotion, Search Engine Optimization, Seniors' Market, Strategic Planning/Research, T.V., Trade & Consumer Magazines, Viral/Buzz/Word of Mouth

Approx. Annual Billings: $1,560,000

Breakdown of Gross Billings by Media: Audio/Visual: 20%; Bus. Publs.: 17%; Cable T.V.: 29%; Fees: 14%; Spot T.V.: 20%

Peter Sampson *(Partner & Dir-Photography)*

Accounts:
Austin's Restaurants; Cleveland, OH Custom Concept Restaurants; 2000
Bacon Veneer Company Wood Veneer Manufacturing; 1994
Busch Funeral & Cremation Services Funeral & Cremation Services; 1992
Don's Lighthouse Grille Custom Concept Restaurant; 1992
Don's Pomeroy House Custom Concept Restaurant; 1992
Don's Restaurants
Eby's Evergreen Plantation Christmas Tree Farm; 1997
Rimkus Consulting Group Engineering & Consulting; 2001
Smith & Bull, LLC; Akron, OH Racing Gear; 2008

CREATIVE I
PO Box 1708, San Jose, CA 95109
Tel.: (415) 488-8400
Web Site: www.creative-i.com

Employees: 10

Agency Specializes In: Advertising

Tom Antal *(Pres)*

Accounts:
Big Fix
Commerce One
Ferrari Club of America
First 5 Santa Clara County
Hewlett Packard
Palm
SonicWall

CREATIVE IMAGE ADVERTISING & DESIGN, INC.
(d/b/a Creative Manufacturing)
19 Lindsey Pl, Holbrook, NY 11741
Tel.: (631) 863-2311
Web Site: www.creativeimage.com

Employees: 24
Year Founded: 1991

Agency Specializes In: Advertising, Internet/Web Design, Public Relations, Social Media, Strategic Planning/Research

Revenue: $6,200,000

George Diefenbach *(Exec Creative Dir)*
Veronica Concilio *(Coord-Mktg)*

Accounts:
Total Body Shaping

CREATIVE IMPACT AGENCY
16000 Ventura Boulevard Ste 750, Encino, CA 91436
Tel.: (818) 981-7656
E-Mail: info@cia-adv.com
Web Site: www.cia-adv.com

Employees: 11

Agency Specializes In: Advertising, Digital/Interactive, Entertainment, Print

Alan Lobel *(Owner & Creative Dir)*
Gus Castillo *(Partner)*
Lori Judd *(Creative Dir & Graphic Designer)*

Accounts:
Fox Entertainment Group, Inc
Netflix
Paramount Pictures Corporation
Sony Corporation of America
The Walt Disney Company

CREATIVE LICENSE
71 8th Ave, New York, NY 10014
Tel.: (212) 741-6703
E-Mail: info@creativelicense.com
Web Site: www.creativelicense.com/

Employees: 25

Agency Specializes In: Entertainment

Kevin McKiernan *(Pres & CEO)*
Tom Briggs *(VP)*
Ricky Milano *(Rep-Italian)*

Accounts:
Delta Faucet
Expedia
Pfizer Nexium
Walmart

CREATIVE LIFT INC.
(See Under LIFT Agency)

CREATIVE MARKETING ALLIANCE INC.
191 Clarksville Rd, Princeton Junction, NJ 08550
Tel.: (609) 297-2235
Fax: (609) 799-7032
E-Mail: info@cmasolutions.com
Web Site: www.cmasolutions.com

Employees: 32
Year Founded: 1987

National Agency Associations: TAAN

Agency Specializes In: Advertising, Advertising Specialties, African-American Market, Brand Development & Integration, Business Publications, Business-To-Business, Cable T.V., Collateral, Communications, Consulting, Corporate Communications, Corporate Identity, Direct Response Marketing, E-Commerce, Electronic Media, Environmental, Event Planning & Marketing, Exhibit/Trade Shows, Financial, Graphic Design, Health Care Services, High Technology, Hispanic Market, Hospitality, In-Store Advertising, Industrial, Infomercials, Information Technology, Internet/Web Design, Legal Services, Local Marketing, Logo & Package Design, Magazines, Marine, Media Buying Services, Medical Products, Merchandising, New Product Development, Newspaper, Newspapers & Magazines, Out-of-Home Media, Outdoor, Over-50 Market, Pharmaceutical, Planning & Consultation, Point of Purchase, Point of Sale, Print, Production, Public Relations, Publicity/Promotions, Radio, Real Estate, Recruitment, Restaurant, Sales Promotion, Seniors' Market, Social Marketing/Nonprofit, Sports Market, Strategic Planning/Research, Sweepstakes, Technical Advertising, Trade & Consumer Magazines, Transportation, Travel & Tourism, Web (Banner Ads, Pop-ups, etc.)

Approx. Annual Billings: $30,000,000

Jeffrey Barnhart *(Pres & CEO)*
Christian Amato *(COO & Chief Bus Dev Officer)*
Dave Sherwood *(VP & Creative Dir)*
Gabrielle Copperwheat *(Dir-Association)*
Kenneth Hitchner *(Dir-PR & Social Media)*
Erin Klebaur *(Dir-Mktg Svcs)*
Maureen Sojka *(Mgr-Events)*
Greta Cuyler *(Acct Exec-PR)*
Victoria Hurley-Schubert *(Specialist-PR & Social Media)*
Jude Martin-Cianfano *(Acct Exec-Mktg)*

Accounts:
A-1 Limousine
Alemedia Electric Distributors
ALK Technologies
Association for Convention Operations Managers
Association for Strategic Planners
Audio Publisher's Association
Bee Leaf Marketing, Public Relations, Social Media
Central Jersey Mgt
Commercial Cleaning Corporation
Convention Service Professionals International
Cygnal
ESI Lighting
Global Energy Services
Grand Bank
Griffith Electric Supply
Habitat for Humanity
Hamilton Continuing Core
Homasote
IMARK
International Card Manufacturers Association
International Function Point Users Group
KNF
LJ Kushner
Mariner's School
Maurice Electric Supply
MidJersey Chamber of Commerce
National Association of commencement Officers
National Association of Independent Lighting Distributors
Northwest Windows & Door Association
Old York Country Club
Pasquito Builders
Piers
Professional Lighting Marketing, Public Relations, Social Media
Rental Stage Network
Robbinsville Township
Robert Wood Johnson Foundation
Robert Wood Johnson University Hospital
Scozzari Builders Marketing, Public Relations, Social Media
Slayback Health
Smart Card Industry Association
Springfield Electric Marketing, Public Relations, Social Media
Switlick Parachute
Szaferman Lakind Marketing, Public Relations, Social Media
Technology Channel Association
Transportation Marketing & Sale Association
Trenton Marine
Trilogy Partners
Westgate Mall Marketing, Public Relations, Social Media
Windsor Dermatology

CREATIVE MARKETING PLUS INC.
4705 Center Blvd Ste 806, Long Island City, NY 11109
Tel.: (917) 373-9022
E-Mail: fharrow@creativemarketingplus.com
Web Site: www.creativemarketingplus.com

Employees: 20
Year Founded: 1982

Agency Specializes In: Advertising, Brand Development & Integration, Business-To-Business, Catalogs, Collateral, Consulting, Direct-to-Consumer, Fashion/Apparel, Graphic Design, Internet/Web Design, Logo & Package Design, Market Research, Media Relations, Public Relations, Retail, Strategic Planning/Research

Richard Harrow *(Pres & CEO)*

Accounts:
Bernando Fashions
Boston Harbour
Briggs & Riley
Fleet Street
Outerwear Magazine

CREATIVE MARKETING RESOURCE, INC.
990 N Lake Shore Dr Apt 5A, Chicago, IL 60611
Tel.: (312) 943-6266
Fax: (312) 787-8586
E-Mail: jwagner@cmresource.com
Web Site: www.cmresource.com

Employees: 15
Year Founded: 1965

National Agency Associations: BPA

Agency Specializes In: Advertising, Financial, Health Care Services

Breakdown of Gross Billings by Media: Bus. Publs.: 10%; Collateral: 35%; D.M.: 35%; Mags.: 20%

Jacqueline Wagner *(Pres)*

Accounts:
FidelisSeniorCare
Northern Trust
RML Specialty Hospital
Working Well Message, Inc.

CREATIVE MARKETING RESOURCES
7807 S Marshall Ct, Littleton, CO 80128
Tel.: (303) 985-8777
Fax: (303) 985-8783
E-Mail: dandrews@creativemkt.com
Web Site: www.creativemkt.com

E-Mail for Key Personnel:
President: trent@creativemkt.com

Employees: 4
Year Founded: 1994

Agency Specializes In: Business-To-Business, Collateral, Communications, Graphic Design, Industrial

Dan Andrews *(Owner)*
Trent Thornton *(Owner)*

Accounts:

ADVERTISING AGENCIES

Burris Company Binoculars, Riflescopes, Spotting Scopes
Hutchison Western Building Products, Fence/Wire, Livestock Equipment
Taylor Tools Floor Covering Tools & Equipment

CREATIVE MEDIA AGENCY LLC
393 Jericho Tpke Ste #300, Mineola, NY 11501-1299
Tel.: (516) 739-1320
Fax: (516) 739-0340
E-Mail: info@creativemediaagency.com
Web Site: www.creativemediaagency.com

Employees: 8
Year Founded: 1976

National Agency Associations: ABC-BPA

Agency Specializes In: Advertising, African-American Market, Graphic Design, Legal Services, Media Buying Services, Media Planning, Mobile Marketing, Newspaper, Newspapers & Magazines, Out-of-Home Media, Outdoor, Planning & Consultation, Print, Real Estate, Recruitment, Social Media, Web (Banner Ads, Pop-ups, etc.)

Approx. Annual Billings: $8,826,102

Breakdown of Gross Billings by Media: Bus. Publs.: $272,518; Internet Adv.: $109,937; Mags.: $182,626; Newsp.: $8,261,021

Stephanie Krieger *(Pres)*

Accounts:
Celebrity Moving; New York, NY Moving Co.; 1985
Cheryl Roshak, Inc.; New York, NY Graphic Arts & Computer Recruitment Firm; 1988
Department of Citywide Administrative Services; New York, NY; 2000
Department of Education, City of New York; New York, NY; 1997
E.B. Meyrowitz, Inc.; New York, NY Optical & Optician Chain
EuroMonde Inc.; New York, NY Bilingual Recruitment Firm; 1988
Eveready Employment; New York, NY Personnel Agency; 1988
Express Help; New York, NY Recruitment Firm; 1997
Jacobs Gardener; New York, NY Office Supply Company
Jay Gee Personnel Recruitment Firm; New York, NY; 1992
Johnson Group, Inc.; New York, NY Executive Search Firm; 1992
Light House Academies
New York State Department of Environmental Conservation; Albany, NY; 2006
New York State Power Authority; White Plains, NY; 1990
NYC Department of Citywide Administrative Services; 2000
NYC Department of Housing Preservation & Development; New York, NY; 1992
NYC Department of Parks & Recreation; New York, NY; 1986
NYC Department of Transportation; New York, NY
NYC Dept of Education; New York, NY; 2003
NYC School Construction Authority; New York, NY; 1997
NYS Dept of Environmental Conservation; Albany, NY; 2011
Paragon Employment Services; New York, NY; 1986
People Care; New York, NY Real Estate; 1994
Positive Personnel; New York, NY Employment Service; 1989
Premier Temps; New York, NY Temporary Personnel Agency; 1993
Property Resources Corp.; New York, NY Construction, Real Estate Development
Sebco Development Inc.; New York, NY Real Estate Development
Sebco Security Inc.; New York, NY
Tri State Party Rental Co. Party Rental
Trucking & Moving, Inc.; New York, NY National Moving Company; 1984

CREATIVE MEDIA ALLIANCE
81 Columbia St, Seattle, WA 98104
Tel.: (206) 709-1667
Web Site: www.creativemediaalliance.com

Employees: 18
Year Founded: 2001

Agency Specializes In: Advertising, Brand Development & Integration, Email, Print, Social Media

Ryan Fansler *(Principal)*
Gary Hurley *(Principal)*
Jai Suh *(Dir-Creative-Brand Mktg & Adv Strategies)*

Accounts:
Botanical Designs, Inc.
Inn at the Market

CREATIVE MINDWORKS
12000 Biscayne Blvd Ste 703, Miami, FL 33181
Tel.: (305) 820-0690
Fax: (305) 820-9906
E-Mail: info@creativemindworks.com
Web Site: www.creativemindworks.com

Employees: 5
Year Founded: 1998

National Agency Associations: ADFED-IAA

Agency Specializes In: Advertising, Affluent Market, Bilingual Market, Brand Development & Integration, Branded Entertainment, Business-To-Business, Communications, Computers & Software, Consulting, Consumer Marketing, Digital/Interactive, E-Commerce, Electronic Media, Email, Event Planning & Marketing, Exhibit/Trade Shows, Government/Political, Graphic Design, Guerilla Marketing, Health Care Services, High Technology, Hispanic Market, Hospitality, Infomercials, Integrated Marketing, International, Internet/Web Design, Logo & Package Design, Luxury Products, Magazines, Market Research, Media Buying Services, Media Planning, Media Relations, Media Training, Medical Products, Multicultural, Multimedia, New Product Development, Newspaper, Newspapers & Magazines, Out-of-Home Media, Outdoor, Over-50 Market, Package Design, Podcasting, Print, Production (Print), Promotions, Public Relations, Publicity/Promotions, Publishing, Radio, Real Estate, Restaurant, Retail, Sales Promotion, Search Engine Optimization, Social Marketing/Nonprofit, Strategic Planning/Research, T.V., Telemarketing, Transportation, Travel & Tourism, Viral/Buzz/Word of Mouth, Web (Banner Ads, Pop-ups, etc.)

Approx. Annual Billings: $6,000,000

Breakdown of Gross Billings by Media: Collateral: 15%; Exhibits/Trade Shows: 1%; Mags.: 15%; Newsp.: 30%; Outdoor: 2%; Radio: 10%; T.V.: 5%; Video Brochures: 2%; Worldwide Web Sites: 20%

Lizette Fernandez *(Pres & Partner)*
Phillip Gallego *(Partner)*
Sissy Fuster *(Sr Acct Mgr)*

Accounts:
BHI Developers
Bimini Bay
Blue Ocean Reef
Grec Conversions Real Estate; Miami Lakes, FL; 1999
HTA Architecture
Judson Architecture
Las Terrazas
New Fortress Energy Print, Sales Collateral, Social Media; 2018
Roemer
Zephyr Homes

THE CREATIVE MOMENTUM
1801 Old Alabama Rd Ste 125, Roswell, GA 30076
Tel.: (678) 648-1445
E-Mail: info@thecreativemomentum.com
Web Site: www.thecreativemomentum.com

Employees: 25

Agency Specializes In: Advertising, Brand Development & Integration, Digital/Interactive, Graphic Design, Logo & Package Design, Out-of-Home Media, Outdoor, Print, Public Relations, Search Engine Optimization, Strategic Planning/Research

Carl Widdowson *(Founder & CEO)*
Michael White *(Pres)*
Matthew Stewart *(Creative Dir)*

Accounts:
Challenge Entertainment
Risquat

CREATIVE NOGGIN
29610 Double Eagle Cir, San Antonio, TX 78015
Tel.: (830) 981-8222
Fax: (830) 755-8223
E-Mail: info@creativenoggin.com
Web Site: www.creativenoggin.com

Employees: 50

Agency Specializes In: Advertising, Brand Development & Integration, Broadcast, Corporate Identity, Logo & Package Design, Media Buying Services, Media Planning, Public Relations, Social Media, Strategic Planning/Research

Trish McCabe-Rawls *(Partner & Creative Dir)*
Nanette Rodriguez *(Mgr-Production & Traffic)*
Brooke Haley *(Acct Supvr)*

Accounts:
Fredericksburg CVB

CREATIVE OPTIONS COMMUNICATIONS
1381 Colby Dr, Lewisville, TX 75067
Tel.: (972) 814-5723
Web Site: www.creativeoptionsmarketing.com

Employees: 3
Year Founded: 2007

Agency Specializes In: Advertising, Brand Development & Integration, Business Publications, Business-To-Business, Cable T.V., Communications, Direct Response Marketing, E-Commerce, Environmental, Event Planning & Marketing, Exhibit/Trade Shows, Food Service, Graphic Design, Identity Marketing, Internet/Web Design, Investor Relations, Magazines, Market Research, Media Buying Services, Newspaper, Newspapers & Magazines, Out-of-Home Media, Outdoor, Paid Searches, Point of Purchase, Point of Sale, Print, Public Relations, Publicity/Promotions, Radio, Real Estate, Seniors' Market, Sports Market, T.V., Travel & Tourism, Web (Banner Ads, Pop-ups, etc.)

AGENCIES - JANUARY, 2019   ADVERTISING AGENCIES

Approx. Annual Billings: $300,000

Jed C. Jones *(Dir-Predictive Analytics)*
Cheryl Walling *(Acct Coord)*

Accounts:
Humane Society of Flower Mound Adoption & Donation; 2013

THE CREATIVE OUTHOUSE
6 W Druid Hills Dr NE Ste 310, Atlanta, GA 30329
Tel.: (404) 467-1773
Fax: (678) 732-3485
Web Site: www.creativeouthouse.com

Employees: 12
Year Founded: 2001

Agency Specializes In: Advertising, Digital/Interactive, Media Planning, Print, Radio, T.V.

Rudy Fernandez *(Founder & Dir-Creative)*
Patrick Jung *(Sr Dir-Art)*
Harriet S. Berger *(Dir-Media)*
Susan Cooper *(Mgr-Ops & Project Mgr)*

Accounts:
Georgias State Road
Tollway Authority

CREATIVE PARTNERS
62 Southfield Ave Ste 120, Stamford, CT 06902
Tel.: (203) 705-9200
Fax: (203) 705-9201
E-Mail: jkannon@creativepartners.com
Web Site: www.creativepartners.com

E-Mail for Key Personnel:
Chairman: pschelfhaudt@creativepartners.com

Employees: 30
Year Founded: 1986

Agency Specializes In: Advertising, Affluent Market, Brand Development & Integration, Broadcast, Business-To-Business, Cable T.V., Co-op Advertising, Collateral, Commercial Photography, Computers & Software, Consulting, Consumer Goods, Consumer Marketing, Consumer Publications, Corporate Communications, Corporate Identity, Digital/Interactive, Direct Response Marketing, Direct-to-Consumer, Education, Electronic Media, Electronics, Entertainment, Environmental, Event Planning & Marketing, Exhibit/Trade Shows, Financial, Food Service, Graphic Design, Health Care Services, High Technology, In-Store Advertising, Information Technology, Integrated Marketing, Internet/Web Design, Leisure, Local Marketing, Logo & Package Design, Luxury Products, Magazines, Market Research, Media Buying Services, Media Planning, Media Relations, Media Training, Mobile Marketing, Multimedia, New Technologies, Newspaper, Newspapers & Magazines, Out-of-Home Media, Outdoor, Package Design, Paid Searches, Print, Production (Print), Public Relations, Publicity/Promotions, Radio, Real Estate, Restaurant, Retail, Search Engine Optimization, Social Marketing/Nonprofit, Social Media, Sponsorship, Strategic Planning/Research, T.V., Trade & Consumer Magazines, Urban Market, Viral/Buzz/Word of Mouth

Approx. Annual Billings: $20,000,000 (Capitalized)

Breakdown of Gross Billings by Media: Collateral: 15%; Consulting: 5%; D.M.: 5%; Graphic Design: 2%; Internet Adv.: 8%; Print: 50%; Pub. Rels.: 15%

Peter Schelfhaudt *(CEO)*
Chuck Casto *(Sr VP)*

Laura Saggese *(VP-Client Svcs)*
Kim Huelsman *(Creative Dir)*
Farnosh Olamai *(Art Dir)*

Accounts:
Bulldog Investors
C.C. Filson
Citibank Global Transaction Services
Citigroup
Comforce
Commercial Defeasance
CVS PharmaCare
Dictaphone Healthcare Solutions
Health Net, Inc.
ICAP
Incredibles
Integral Development
Johnson & Johnson
Mantas
MBIA
Mercy Health Systems
Mitsubishi
NICE Systems
Novartis
Party City
Power Bar
QT
QuadraMed
Rochard Limoges
Sirius XM Radio Inc.
Skip Barber Racing
Small-Bone Innovations; New York, NY Orthopedic Devices for Hands & Feet; 2005
Storage Apps
Telekurs Financial
Titan Capital
Vinylume
West Jersey Health Systems

CREATIVE PARTNERS GROUP, INC.
409 Via Corta, Palos Verdes Estates, CA 90274
Tel.: (310) 378-8043
Fax: (310) 378-8053
E-Mail: gsparkman@creativepartnersgroup.com
Web Site: www.creativepartnersgroup.com

Employees: 4

Agency Specializes In: Advertising, Brand Development & Integration, Collateral, Communications, Direct Response Marketing, Exhibit/Trade Shows, Identity Marketing, Internet/Web Design, Local Marketing, Media Planning, Print, Public Relations

Greg Sparkman *(Pres)*

Accounts:
Cicoil Corp.
Gems Sensors & Control
IAC Industries
LISI Aerospace
The Monadnock Co.

CREATIVE PRODUCERS GROUP
1220 Olive St Ste 210, Saint Louis, MO 63103
Tel.: (314) 367-2255
Fax: (314) 367-5510
Web Site: http://cpgagency.com/

Employees: 34
Year Founded: 1985

Agency Specializes In: Advertising, Brand Development & Integration, Business-To-Business, Content, Internet/Web Design, Logo & Package Design, Media Relations, Print, Search Engine Optimization, Social Media

Steve Friedman *(Pres)*
Andrew Deutschmann *(COO)*
Ellie Dupuis *(VP-Bus Solutions)*

Keith Kohler *(VP-Bus Solutions)*
Sharon Reus *(VP-Production Ops & Client Svcs)*
Michael Taylor *(Sr Acct Dir)*
Jeremy A. Carrus *(Creative Dir)*
Neale Rebman *(Dir-Events & Entertainment)*

Accounts:
New-Pedal the Cause

CREATIVE RESOURCES GROUP
116 Long Pond Rd Ste W6, Plymouth, MA 02360
Tel.: (508) 830-0072
Fax: (508) 830-0826
E-Mail: info@meetcrg.com
Web Site: www.meetcrg.com

Employees: 10

Agency Specializes In: Advertising, Brand Development & Integration, Crisis Communications, Digital/Interactive, Graphic Design, Internet/Web Design, Social Media, Strategic Planning/Research

Charlie Rasak *(Pres & Creative Dir)*
Dawn Rasak *(CEO & Media Buyer)*
Dennis Huston *(Art Dir & Mgr-Adv)*
Caleb Rasak *(Dir-Photography & Mgr-Production)*
Peter Cahill *(Dir-IT)*
Aymee Levis *(Office Mgr)*

Accounts:
Copeland Toyota
Holiday Vacation Condominiums
Kingston House of Pizza
MAIA Advantage
Maritime Gloucester

CREATIVE SOAPBOX
3820 Monroe St, Eugene, OR 97405
Tel.: (208) 376-1334
E-Mail: info@creativesoapbox.com
Web Site: www.creativesoapbox.com

Employees: 4
Year Founded: 2002

Agency Specializes In: Advertising, Brand Development & Integration, Digital/Interactive, Internet/Web Design, Package Design, Print

Justin Kuntz *(Owner & Creative Dir)*

Accounts:
D&D Transportation Services
High Country Plastics, Inc.

CREATIVE SOLUTIONS INTERNATIONAL
1011 Centre Rd, Wilmington, DE 19805
Tel.: (302) 234-7407
Fax: (302) 234-7406
E-Mail: info@creative-solution.com
Web Site: www.creative-solution.com

Employees: 35
Year Founded: 1996

Agency Specializes In: Communications, Consumer Marketing, Direct Response Marketing, Strategic Planning/Research, Telemarketing

William F. Keenan *(Dir)*

Accounts:
AAA Mid-Atlantic
Academic Funding Foundation
Atlanticus Corporation
Barclays
Citibank
Discover
Disney

245

ADVERTISING AGENCIES

GE
GE Capital
HSBC
National Italian American Foundation
RBC Centura
RBC Royal Bank
Transport for London
Visa

CREATIVE SPOT
430 E Rich St, Columbus, OH 43215
Tel.: (614) 280-9280
Fax: (614) 280-9282
E-Mail: info@creativespot.com
Web Site: www.creativespot.com

Employees: 12
Year Founded: 1994

Agency Specializes In: Advertising, Brand Development & Integration, Content, Internet/Web Design, Package Design, Print, Radio, Search Engine Optimization, Social Media

Mitch Greenwald *(Principal-Accts)*
Don Nixon *(Principal-Accts)*
Chris Rankin *(Principal-Creative)*
Andrea Hager *(Art Dir)*
Brittany Timmons *(Acct Mgr)*
Joe Frazier *(Copywriter)*

Accounts:
New-Core Molding Technologies, Inc.
New-Pelotonia

CREATIVE STORM
7588 Central Parke Blvd, Mason, OH 45040
Tel.: (513) 234-0560
Fax: (513) 770-4383
Toll Free: (800) 441-1199
E-Mail: linda@thecreativestorm.com
Web Site: www.thecreativestorm.com

Employees: 25
Year Founded: 1988

Agency Specializes In: Automotive, Aviation & Aerospace, Bilingual Market, Brand Development & Integration, Broadcast, Business Publications, Business-To-Business, Collateral, Consumer Marketing, Corporate Identity, Direct Response Marketing, E-Commerce, Electronic Media, Food Service, Graphic Design, Internet/Web Design, Logo & Package Design, Media Buying Services, Multimedia, New Product Development, Newspaper, Newspapers & Magazines, Out-of-Home Media, Outdoor, Point of Purchase, Point of Sale, Print, Public Relations, Publicity/Promotions, Radio, Real Estate, Restaurant, T.V., Trade & Consumer Magazines, Travel & Tourism

Approx. Annual Billings: $5,000,000

Michael Dektas *(Mng Partner)*
Margie Long *(Sr Art Dir)*

Accounts:
Oasis Golf Community; Cincinnati, OH; 1994

THE CREATIVE STRATEGY AGENCY
41 Taylor St Ste 2, Springfield, MA 01103
Tel.: (413) 455-2371
E-Mail: info@tcsaonline.com
Web Site: http://tcsainc.lpages.co/tcsa/

Employees: 6
Year Founded: 2009

Agency Specializes In: Advertising, Crisis Communications, Digital/Interactive, Media Buying Services, Media Planning, Media Relations, Print, Radio, Social Media, Strategic Planning/Research

Alfonso Santaniello *(Pres & CEO)*

Accounts:
Euro Coiffure Salon

CREATIVE VIDEO
26 Colonial Ave, Woodbury, NJ 08096
Tel.: (856) 848-0046
Fax: (856) 848-8905
Toll Free: (888) 988-2877
E-Mail: contact@creativevideo.org
Web Site: http://www.creativevisualproductions.com/

Employees: 7
Year Founded: 1993

Agency Specializes In: Advertising, Advertising Specialties, Alternative Advertising, Branded Entertainment, Broadcast, Business Publications, Cable T.V., Communications, Corporate Communications, Custom Publishing, Digital/Interactive, Email, Entertainment, Event Planning & Marketing, Graphic Design, Internet/Web Design, Media Planning, Multimedia, New Technologies, Planning & Consultation, Print, Production, Production (Ad, Film, Broadcast), Production (Print), Promotions, Publicity/Promotions, Search Engine Optimization, Social Media, T.V.

Vince Cocciolone *(Pres & Mgr-Production)*

CREATIVE:MINT LLC
667 Mission St, San Francisco, CA 94105
Tel.: (415) 362-9991
Fax: (415) 362-9994
E-Mail: info@creativemint.com
Web Site: www.creativemint.com

Employees: 5
Year Founded: 2013

Agency Specializes In: Advertising, Brand Development & Integration

Calvin Jung *(Founder, Owner & Grp Creative Dir)*

Accounts:
Aerohive Networks
Alpine Meadows Ski Resort
Butterfield Bank
Capitol Corridor Transit Commission
Charles Schwab
Essex Property Trust
Extreme Networks
Fairmont Hotels & Resorts
Fidelity Investments
Ghiradelli Square
Hanson Bridgett
Highgate Hotels
Homewood Ski Resort
Host Hotels
InfoUSA
Kahuaina Plantation
Kimpton Hotels
Larkspur Hotels
Lucky Dragon Vegas Casino
M.Y. China
Nuix
Pershing
Recommind
Regis Office Solutions
Rosewood Hotels & Resorts LLC
Solairus Aviation
TD Ameritrade
Vocera Communications
Wilson Sonsini

CREATIVEONDEMAND
2601 S Bayshore Dr Ste 1400, Coconut Grove, FL 33133
Tel.: (305) 529-6464
Fax: (305) 854-9150
E-Mail: info@creativeondemand.com
Web Site: www.creativeondemand.com

Employees: 11

Agency Specializes In: Bilingual Market, Hispanic Market, Sponsorship

Priscilla Marrero *(Co-Founder)*
Jim Leon *(VP-Brand Strategy & Integrated Mktg)*
Pedro Garcia *(Acct Supvr)*

Accounts:
Regions Financial Corporation Regions Bank
Volkswagen Group of America, Inc. Campaign: "Airport", Campaign: "Keep it Clean", Campaign: "Play by Play", VW Touareg, Volkswagen Service

CREAXION
1230 W Peachtree St NE, Atlanta, GA 30309
Tel.: (404) 495-4425
Fax: (404) 495-4421
E-Mail: info@creaxion.com
Web Site: www.creaxion.com

Employees: 14
Year Founded: 1998

National Agency Associations: AMA-PRSA

Agency Specializes In: Advertising, Automotive, Brand Development & Integration, Broadcast, Business-To-Business, Collateral, Communications, Consumer Marketing, Corporate Communications, Corporate Identity, Entertainment, Event Planning & Marketing, Graphic Design, High Technology, In-Store Advertising, Integrated Marketing, LGBTQ Market, Local Marketing, Luxury Products, Media Buying Services, Media Planning, Media Relations, Media Training, Planning & Consultation, Point of Purchase, Promotions, Public Relations, Publicity/Promotions, Strategic Planning/Research, T.V., Travel & Tourism

Approx. Annual Billings: $2,100,000

Marcelo Galvao *(Dir-Creative)*
Liz Opsahl *(Office Mgr)*

Accounts:
AT&T Communications Corp.
Bill Lowe Gallery
iBill
King Tut
Titanic The Artifact Exhibition
United States Obstacle Course Racing Creative, Marketing Strategy, Partnership Development, Public Relations, Social Media
World Wildlife Fund
WWF

CRENDO
750 Van Buren Dr NW, Salem, OR 97304-3547
Tel.: (503) 399-4774
Toll Free: (866) 816-3929
E-Mail: info@crendo.com
Web Site: www.crendo.com

Employees: 2
Year Founded: 1995

Agency Specializes In: Brand Development & Integration, Direct Response Marketing, Internet/Web Design, Logo & Package Design, Print

AGENCIES - JANUARY, 2019 — ADVERTISING AGENCIES

Tamra Heathershaw-Hart *(Designer & Writer)*

Accounts:
Flying Lizard Motor Sports
Invati Capital LLC
Verific Design Automation

CRESCENDO
5000 Exec Pkwy Ste 350, San Ramon, CA 94583
Tel.: (925) 939-1800
Fax: (925) 939-1829
E-Mail: info@crescendoagency.com
Web Site: https://crescendoagency.com/

Employees: 20
Year Founded: 2003

Agency Specializes In: Advertising, Broadcast, Content, Digital/Interactive, Email, Mobile Marketing, Out-of-Home Media, Outdoor, Print, Search Engine Optimization, Social Media

Tracey Allman *(Fin Dir)*
Kurt Ho *(Creative Dir)*
Utkarsh Ahuja *(Dir-Bus Strategy & Ops)*

Accounts:
New-Chicago National League Ball Club, LLC

CRESTA CREATIVE
1050 N State St, Chicago, IL 60610
Tel.: (312) 944-4700
Fax: (312) 944-1582
E-Mail: joanb@crestagroup.com
Web Site: www.crestacreative.com

Employees: 12
Year Founded: 1987

National Agency Associations: BMA

Agency Specializes In: Advertising, Advertising Specialties, Brand Development & Integration, Business Publications, Business-To-Business, Collateral, Commercial Photography, Communications, Consulting, Consumer Marketing, Corporate Communications, Corporate Identity, E-Commerce, Event Planning & Marketing, Exhibit/Trade Shows, Faith Based, Financial, Graphic Design, In-Store Advertising, Internet/Web Design, Investor Relations, Local Marketing, Logo & Package Design, Media Buying Services, Media Planning, Multimedia, New Product Development, Newspapers & Magazines, Pharmaceutical, Planning & Consultation, Print, Production, Production (Print), Public Relations, Radio, Recruitment, Sales Promotion, Social Marketing/Nonprofit, Sports Market, Strategic Planning/Research, Women's Market

Approx. Annual Billings: $4,000,000

Breakdown of Gross Billings by Media:
Audio/Visual: 15%; Collateral: 10%; Comml. Photography: 10%; Corp. Communications: 40%; Exhibits/Trade Shows: 5%; Graphic Design: 10%; Print: 10%

Joan Beugen *(Founder & Sr Creative Dir)*
Deborah Winans *(Office Mgr & Sr Producer)*

Accounts:
ABA-Section of Litigation
ASCO Sintering Co.
Abbott Laboratories
Airbus North America
American Medical Association
Apple Inc.
Aramark
Arzu Inc.
BEA Systems
Baxter International
AT&T Southeast
Catholic Church
The Chicago Network
City of Bakersfield, CA
Coal Innovations LLC
Coca-Cola Refreshments USA, Inc.
Delta Air Lines Inc.
Fifield Companies
HSBC
Hines
JMB Insurance
JPMorgan Chase & Company
Jenner & Block
Jones Lang LaSalle
La Petite Academy
McDonald's Corporation
Midwest Theological Forum
Monsanto Company
Navistar International
Nortel Networks
Opus Dei
Prism: Premier Integrated Sports Management
Sheila Kelley S Factor
Shell Oil Company
SpaRitual
Westfield

Branch

Cresta West
6815 Willoughby Ave Ste 102, Los Angeles, CA 90038
Tel.: (323) 939-7003
Fax: (323) 939-7002
Web Site: www.crestacreative.com

Employees: 5

Agency Specializes In: Brand Development & Integration, Broadcast, Business Publications, Business-To-Business, Commercial Photography, Communications, Consulting, Corporate Identity, Event Planning & Marketing, Exhibit/Trade Shows, Graphic Design, In-Store Advertising, Multimedia, New Product Development, Print, Production, Strategic Planning/Research

Joan Beugen *(Founder & Sr Creative Dir)*
Debby Winans *(Office Mgr & Sr Producer)*

Accounts:
Coca-Cola Refreshments USA, Inc.

CRIER COMMUNICATIONS
9507 Santa Monica Blvd, Beverly Hills, CA 90210
Tel.: (310) 274-1072
Fax: (310) 274-0611
E-Mail: info@crierpr.com
Web Site: www.crierpr.com

Employees: 10

J.P. Lincoln *(Owner)*
Danielle Caldwell *(Acct Supvr)*
T-Aira Sims *(Sr Acct Exec)*

Accounts:
Barbara's Bakery
Cedarlane Natural Foods Media Relations, Public Relations
Crunchies
Dole Nutrition Institute
Edward & Sons
Flax USA
The Fresh Diet
Helen's Kitchen

CRITERION B. AGENCY
(Formerly Canonball Creative)
400 North St Paul Street, Dallas, TX 75201
Tel.: (214) 761-1900
Web Site: criterionb.com

Employees: 12

Agency Specializes In: Advertising, Content, Internet/Web Design, Search Engine Optimization, Social Media

Jon Simpson *(Pres & CEO)*
Shanker Chalekode *(CMO)*
Ashley Tyndall *(Dir-Corp Comm)*

Accounts:
Bolo
BrickUniverse Marketing, Paid Facebook Advertising, Social Media Management
Dive Coastal Cuisine
MassCatalyst (Agency of Record)
Mobvertise Creative Agency of Record
ResMan (Content Marketing Agency of Record)

CRITICAL LAUNCH, LLC
1412 Main Street, Dallas, TX 75202
Tel.: (214) 702-5436
E-Mail: liftoff@criticallaunch.com
Web Site: www.criticallaunch.com/

Employees: 3
Year Founded: 2015

Agency Specializes In: Above-the-Line, Advertising, Advertising Specialties, Affiliate Marketing, Affluent Market, African-American Market, Agriculture, Alternative Advertising, Arts, Asian Market, Automotive, Aviation & Aerospace, Below-the-Line, Bilingual Market, Brand Development & Integration, Branded Entertainment, Broadcast, Business Publications, Business-To-Business, Cable T.V., Catalogs, Children's Market, Co-op Advertising, Collateral, College, Commercial Photography, Communications, Computers & Software, Consulting, Consumer Goods, Consumer Marketing, Consumer Publications, Content, Corporate Communications, Corporate Identity, Cosmetics, Crisis Communications, Custom Publishing, Customer Relationship Management, Digital/Interactive, Direct Response Marketing, Direct-to-Consumer, E-Commerce, Education, Electronic Media, Electronics, Email, Engineering, Entertainment, Environmental, Event Planning & Marketing, Exhibit/Trade Shows, Experience Design, Faith Based, Fashion/Apparel, Financial, Food Service, Game Integration, Government/Political, Graphic Design, Guerilla Marketing, Health Care Services, High Technology, Hispanic Market, Hospitality, Household Goods, Identity Marketing, In-Store Advertising, Industrial, Infomercials, Information Technology, Integrated Marketing, International, Internet/Web Design, Investor Relations, LGBTQ Market, Legal Services, Leisure, Local Marketing, Logo & Package Design, Luxury Products, Magazines, Marine, Market Research, Media Buying Services, Media Planning, Media Relations, Media Training, Medical Products, Men's Market, Merchandising, Mobile Marketing, Multicultural, Multimedia, New Product Development, New Technologies, Newspaper, Newspapers & Magazines, Out-of-Home Media, Outdoor, Over-50 Market, Package Design, Paid Searches, Pets , Pharmaceutical, Planning & Consultation, Podcasting, Point of Purchase, Point of Sale, Print, Product Placement, Production, Production (Ad, Film, Broadcast), Production (Print), Promotions, Public Relations, Publicity/Promotions, Publishing, RSS (Really Simple Syndication), Radio, Real Estate, Recruitment, Regional, Restaurant, Retail, Sales Promotion, Search Engine Optimization, Seniors' Market, Shopper Marketing, Social Marketing/Nonprofit, Social Media, South Asian Market, Sponsorship, Sports Market, Stakeholders, Strategic Planning/Research, Sweepstakes,

ADVERTISING AGENCIES

Syndication, T.V., Technical Advertising, Teen Market, Telemarketing, Trade & Consumer Magazines, Transportation, Travel & Tourism, Tween Market, Urban Market, Viral/Buzz/Word of Mouth, Web (Banner Ads, Pop-ups, etc.), Women's Market, Yellow Pages Advertising

Approx. Annual Billings: $144,000

Tracy Nanthavongsa *(Strategist-Creative)*

Accounts:
Dallas County District Attorney's Office

CRITICAL MASS INC.
402 11th Ave SE, Calgary, AB T2G 0Y4 Canada
Tel.: (403) 262-3006
Fax: (403) 262-7185
E-Mail: calrec@criticalmass.com
Web Site: www.criticalmass.com

Employees: 300
Year Founded: 1995

Agency Specializes In: Aviation & Aerospace, Brand Development & Integration, Corporate Identity, Digital/Interactive, Direct Response Marketing, E-Commerce, Electronic Media, Experiential Marketing, Graphic Design, Health Care Services, High Technology, Information Technology, Internet/Web Design, Media Buying Services, Medical Products, Multimedia, New Technologies, Pharmaceutical, Strategic Planning/Research

Chris Gokiert *(Pres)*
Lee Tamkee *(CFO & Sr VP)*
Jocelyn Loria *(Sr VP-Fin)*
Alissa Hansen *(VP & Exec Producer)*
Jennifer Muller *(Client Partner & VP)*
Steve Savic *(Exec Creative Dir)*
Jared Folkmann *(Grp Dir-Strategy)*
Amy Dyson *(Acct Dir)*
Allison Gray *(Art Dir)*
Ken Hurd *(Creative Dir)*
Andrew Lavery *(Creative Dir)*
Jordon Mowbray *(Creative Dir)*
Christiaan Welzel *(Creative Dir)*
Russ Rickey *(Dir-Strategy)*
Scott Sinclair *(Dir-Strategy)*
Stephanie Warthe *(Dir-Search Engine Optimization)*
Michael McGrath-Sing *(Assoc Creative Dir)*
Mark Rawlinson *(Sr Art Dir)*
Steve Rowcliffe *(Grp Creative Dir)*

Accounts:
Best Buy
Calgary Stampede Campaign Development, Digital, Mobile, Web
Clorox Pine-Sol
Glad
House of Anansi Press
Infiniti (Agency of Record)
Moen Digital
Nissan Campaign: "Kinect Experience", Campaign: "Nissan GT Academy", Campaign: "Real Owners, Real Answers", Campaign: "Real Owners, Real Questions", Diehard Fan
United Nations Mine Action Service Campaign: "Sweeper"

Branches

Critical Mass Inc.
1 Riverside, Manbre Rd, London, W6 9WA United Kingdom
Tel.: (44) 208 735 8750
Fax: (44) 208 735 8751
E-Mail: london@criticalmass.com
Web Site: www.criticalmass.com

Employees: 50

Andrea Lennon *(Mng Dir-Europe & Asia)*
Celia Wilson *(Grp Dir-Mktg Science)*

Accounts:
Citi
Goodyear Dunlop Tyres EMEA, Social Media Community Management, Strategy
Green Works Branding
HP
Mitsubishi Motors Corporation (Global Digital Agency of Record) Brand Immersion, Site Operations; 2018
Nissan Campaign: "Your Door to More", Versa Note
South African Tourism Creative, Digital

Critical Mass Inc.
425 Adelaide St W 10th Fl, Toronto, ON M5V 3C1 Canada
Tel.: (416) 673-5275
Fax: (416) 673-5305 (Reception)
E-Mail: toronto@criticalmass.com
Web Site: www.criticalmass.com

Employees: 100

Agency Specializes In: Advertising

Mark Ashbaugh *(Client Partner & VP)*
Shannon McEvoy-Halston *(VP-Strategy)*
Nadia Merola *(Assoc Creative Dir)*

Accounts:
Creative Reel
LVCVA
Mercedes-Benz
More
Nissan Canada Inc.
Nissan North America, Inc.
Rolex

Critical Mass Inc.
200 Varick St Ste 610, New York, NY 10014
(See Separate Listing)

Branch

Zocalo Group LLC
225 N Michigan, Chicago, IL 60601
Tel.: (312) 596-6272
Fax: (312) 596-6310
E-Mail: info@zocalogroup.com
Web Site: www.zocalogroup.com

Employees: 38
Year Founded: 2007

National Agency Associations: WOMMA

Agency Specializes In: Advertising, Business-To-Business, Sponsorship, Viral/Buzz/Word of Mouth

CRITTENDEN ADVERTISING
805 Queensferry Rd, Cary, NC 27511
Tel.: (919) 859-5551
Fax: (919) 859-5589
E-Mail: dcrittenden@critadv.com
Web Site: www.crittendenadvertising.com/

E-Mail for Key Personnel:
President: dcrittenden@critadv.com

Employees: 8
Year Founded: 1993

National Agency Associations: Second Wind Limited

Agency Specializes In: Corporate Identity, Digital/Interactive, Direct Response Marketing, Logo & Package Design, Production, Public Relations, Sponsorship, Strategic Planning/Research

David E. Crittenden *(Owner)*

Accounts:
Klein Decisions
March of Dimes
Towncare Dental (Agency of Record)

CRONIN
50 Nye Rd, Glastonbury, CT 06033-1280
Tel.: (860) 659-0514
Fax: (860) 659-3455
E-Mail: dwoodruff@cronin-co.com
Web Site: https://www.cronin-co.com/

Employees: 80
Year Founded: 1947

Agency Specializes In: Above-the-Line, Advertising, Advertising Specialties, Affluent Market, African-American Market, Alternative Advertising, Asian Market, Aviation & Aerospace, Below-the-Line, Bilingual Market, Brand Development & Integration, Branded Entertainment, Broadcast, Business Publications, Business-To-Business, Cable T.V., Children's Market, Collateral, College, Communications, Consulting, Consumer Goods, Consumer Marketing, Consumer Publications, Content, Copywriting, Corporate Communications, Corporate Identity, Crisis Communications, Custom Publishing, Digital/Interactive, Direct Response Marketing, Direct-to-Consumer, E-Commerce, Education, Electronic Media, Email, Event Planning & Marketing, Experience Design, Experiential Marketing, Financial, Food Service, Graphic Design, Guerilla Marketing, Health Care Services, High Technology, Hispanic Market, Identity Marketing, In-Store Advertising, Information Technology, Integrated Marketing, Internet/Web Design, Investor Relations, Local Marketing, Logo & Package Design, Magazines, Market Research, Media Buying Services, Media Planning, Media Relations, Media Training, Men's Market, Mobile Marketing, Multicultural, Multimedia, Newspaper, Newspapers & Magazines, Out-of-Home Media, Outdoor, Over-50 Market, Package Design, Paid Searches, Planning & Consultation, Podcasting, Point of Purchase, Point of Sale, Print, Production, Production (Ad, Film, Broadcast), Production (Print), Programmatic, Promotions, Public Relations, Publicity/Promotions, Radio, Recruitment, Regional, Restaurant, Retail, Sales Promotion, Search Engine Optimization, Seniors' Market, Social Marketing/Nonprofit, Social Media, Sponsorship, Stakeholders, Strategic Planning/Research, Sweepstakes, T.V., Technical Advertising, Teen Market, Trade & Consumer Magazines, Tween Market, Urban Market, Viral/Buzz/Word of Mouth, Web (Banner Ads, Pop-ups, etc.), Women's Market

Approx. Annual Billings: $85,000,000

Gary Capreol *(Sr VP & Dir-Media & Analytics)*
Charlene Durham *(Brand Dir)*
Sarah Reder *(Brand Dir)*
Maria Ciriello *(Dir-Brand Mgmt & Client Svc)*
Tracy Klimkoski *(Dir-Media & Analytics)*
Kara Barrepski *(Sr Brand Mgr)*
Barbara Caruso *(Project Mgr-Digital)*
Katelyn Ercolani *(Brand Mgr)*
Christine Arens O'Halloran *(Mgr-Media & Analytics)*
Ian Schnaufer *(Mgr-Media & Analytics)*
Suzanne Carbonella *(Acct Supvr)*
Emily Albohm *(Supvr-Brand)*
Kate Anderson *(Supvr-Brand-Engagement & Influence)*
Megan Cushman *(Supvr-Brand)*

AGENCIES - JANUARY, 2019 — ADVERTISING AGENCIES

Emily Erdman Albohm *(Sr Acct Exec)*
Michelle Rice *(Acct Exec)*
Diane Woodruff *(Strategist-Insights)*
Kristen Ganci *(Designer-Digital)*
Kelly Krug *(Copywriter)*

Accounts:
Amica Mutual Insurance Co.; 2004
Baystate Health Systems; 2016
Cigna Health Insurance; 2016
Connecticut Children's Medical Center; 2013
Global Atlantic Group Financial Services; 2016
i-Health Brands CPG, Health & Wellness; 2006
Konica Minolta Business Solutions; 1996
Liberty Bank; 2003
McDonald's Corporation QSR; 1997
Neopost USA Office Solutions; 2003
Women's Health Connecticut; 2006

CROSBY MARKETING COMMUNICATIONS
705 Melvin Ave Ste 200, Annapolis, MD 21401-1540
Tel.: (410) 626-0805
Fax: (410) 269-6547
Web Site: www.crosbymarketing.com

E-Mail for Key Personnel:
President: raycrosby@crosbymarketing.com

Employees: 75
Year Founded: 1973

National Agency Associations: 4A's-AMA-COPF-DMA-PRSA-Second Wind Limited

Agency Specializes In: Advertising, Affluent Market, Brand Development & Integration, Broadcast, Business-To-Business, Collateral, College, Communications, Consumer Marketing, Corporate Communications, Corporate Identity, Crisis Communications, Digital/Interactive, Direct Response Marketing, Education, Event Planning & Marketing, Financial, Government/Political, Graphic Design, Guerilla Marketing, Health Care Services, High Technology, Integrated Marketing, Internet/Web Design, Legal Services, Logo & Package Design, Luxury Products, Market Research, Media Buying Services, Media Planning, Media Relations, Medical Products, Mobile Marketing, Multimedia, Out-of-Home Media, Outdoor, Over-50 Market, Paid Searches, Planning & Consultation, Public Relations, Publicity/Promotions, Radio, Real Estate, Recruitment, Retail, Search Engine Optimization, Seniors' Market, Social Marketing/Nonprofit, Social Media, Strategic Planning/Research, T.V., Teen Market, Transportation

Approx. Annual Billings: $98,000,000

Linda Raaf *(Controller)*
Tim Staines *(Assoc VP & Dir-Digital Program Mgmt)*
Madeline Beck *(Assoc VP)*
Kelly Cassell Heritage *(Dir-Integration Mgmt)*
Lacey Sladky *(Dir-Integration Mgmt)*
Andrea Terry *(Dir-Integration Mgmt)*
Laura Pezzullo *(Sr Mgr-Digital Program)*
Nicole Bandy *(Program Mgr-Digital)*
Mikel B. Drnec *(Mgr-Social Media)*
Kara Joyce *(Mgr-Integration & PR)*
Emily Law *(Mgr-Integration)*
Caroline Morelock *(Mgr-Integration)*
Sarah L Goodling *(Supvr-PR & Social Media)*
Karin Jorgensen Siomporas *(Supvr-PR & Integration)*
Debbie White *(Supvr-Digital Program)*
Ashley Butler *(Sr Strategist-Social Media)*
Wallen Augustin *(Specialist-Social Media)*
Janae David *(Coord-Multimedia & Digital Mktg)*

Accounts:
Agency for Healthcare Research and Quality Strategic Communications
Catholic Relief Services; 2008
Department of Defense Communications, Flagship Digital Services Platform; 2005
Disabled American Veterans; 2012
EPA ENERGY STAR Program; 2009
Kaiser Permanente; Rockville, MD; 1996
Maryland Primary Care
Military OneSource; 2016
New-OrganDonor.gov; 2002
Pacific Western Bank; 2005
Saint Agnes Hospital; 2011
Social Security Administration; 2008
Substance Abuse & Mental Health Services Administration; 2015
US Department of Health & Human Services; 2014
U.S. Department of Veterans Affairs
U.S. Dept. of Agriculture; Washington, DC; 2004
Veterans Health Administration
Wallace Foundation; 2010

Branch

Crosby Marketing Communications
4550 Montgomery Ave Ste 790 N, Bethesda, MD 20814
Tel.: (301) 951-9200
Fax: (301) 986-1641
Web Site: crosbymarketing.com

Employees: 15
Year Founded: 1979

National Agency Associations: 4A's

Agency Specializes In: Advertising, Affluent Market, Brand Development & Integration, Broadcast, Business-To-Business, Cable T.V., Collateral, College, Communications, Consumer Publications, Corporate Communications, Crisis Communications, Custom Publishing, Digital/Interactive, Direct-to-Consumer, Education, Email, Event Planning & Marketing, Exhibit/Trade Shows, Financial, Government/Political, Graphic Design, Guerilla Marketing, Health Care Services, High Technology, Hispanic Market, Integrated Marketing, Internet/Web Design, Logo & Package Design, Market Research, Media Buying Services, Media Relations, Multicultural, Multimedia, Newspaper, Out-of-Home Media, Over-50 Market, Publicity/Promotions, Real Estate, Recruitment, Search Engine Optimization, Seniors' Market, Social Marketing/Nonprofit, Strategic Planning/Research, T.V., Teen Market, Trade & Consumer Magazines, Web (Banner Ads, Pop-ups, etc.)

Denise Aube *(Exec VP & Head-Health Practice)*
Mike Cosgrove *(Exec VP & Head-Govt Practice)*
Meredith Williams *(Exec VP)*
Kat Friedman *(Sr VP)*
Joel Machak *(Exec Creative Dir)*
Anthony Manzanares *(Art Dir & Designer-Visual)*

CROSBY-WRIGHT
7117 N Tatum Blvd, Paradise Vly, AZ 85253
Tel.: (480) 367-1112
Fax: (480) 368-9913
E-Mail: info@crosby-wright.com
Web Site: www.crosby-wright.com

Employees: 20
Year Founded: 1991

Agency Specializes In: Advertising, Crisis Communications, Direct Response Marketing, Internet/Web Design, Media Buying Services, Media Planning, Media Relations, Media Training, Public Relations, Strategic Planning/Research

Valerie Crosby *(Pres)*

Accounts:
Aloft Tempe Hotels & Resorts
CarePatrol Brand Strategy, Creative Messaging, Marketing, Public Relations
D-BOX Technologies Inc. Motion Systems Mfr
Gator Branding
Kitchell Custom Homes
Nanolite
Pay Your Family First
The RoomStore Public Relations, Social Media
The Shops On El Paseo Shopping Mall
SkyMed International, Inc Marketing, PR
Toby Keith's I Love This Bar & Grill (Public Relations Agency Of Record) Media Communication
Ultrastar Cinemas
Vallone Design
The Wigwam Golf Resort & Spa Resorts

CROSSBOW GROUP, LLC
136 Main St, Westport, CT 06880
Tel.: (203) 222-2244
Fax: (203) 226-7838
E-Mail: info@crossbowgroup.com
Web Site: www.crossbowgroup.com

Employees: 15
Year Founded: 1984

National Agency Associations: CADM-DMA-DMCNY-NEDMA

Agency Specializes In: Above-the-Line, Advertising, Advertising Specialties, Affiliate Marketing, Affluent Market, Alternative Advertising, Below-the-Line, Bilingual Market, Brand Development & Integration, Broadcast, Business Publications, Business-To-Business, Catalogs, Children's Market, Collateral, Communications, Computers & Software, Consulting, Consumer Goods, Consumer Marketing, Consumer Publications, Corporate Communications, Corporate Identity, Custom Publishing, Customer Relationship Management, Digital/Interactive, Direct Response Marketing, Direct-to-Consumer, E-Commerce, Education, Electronic Media, Email, Exhibit/Trade Shows, Financial, Government/Political, Graphic Design, High Technology, Identity Marketing, Information Technology, Integrated Marketing, Internet/Web Design, Investor Relations, Leisure, Luxury Products, Magazines, Market Research, Media Planning, Mobile Marketing, Multimedia, Newspapers & Magazines, Paid Searches, Planning & Consultation, Podcasting, Print, Production, Production (Print), Promotions, Publishing, Radio, Sales Promotion, Search Engine Optimization, Social Marketing/Nonprofit, Social Media, Sponsorship, Strategic Planning/Research, Sweepstakes, Technical Advertising, Trade & Consumer Magazines, Travel & Tourism, Web (Banner Ads, Pop-ups, etc.)

Approx. Annual Billings: $15,000,000

Mary Plamieniak *(Owner & VP)*
Jay Bower *(Pres)*

Accounts:
BitDefender
CIGNA
Clean Harbors Strategic Communications
Connance Healthcare Technology Service Provider
Empowering Writers
Intuit
MetLife
Netezza
Numara
Sassy Inc. Direct Marketing, E-Mail, Infant Bathing Products, Infant Feeding Products, Infant Toys, Mobile, Social Media
Tauck World Discovery
TBM

ADVERTISING AGENCIES

CROSSMEDIA
(Acquired by VML & Name Changed to VML Mexico)

CROSSOVER CREATIVE GROUP
2643 Appian Way Ste J, Pinole, CA 94564
Tel.: (510) 222-5030
Fax: (510) 222-5830
E-Mail: mapplegate@crossovercreative.com
Web Site: www.crossovercreative.com

E-Mail for Key Personnel:
President: sclimons@crossovercreative.com

Employees: 10
Year Founded: 1996

Agency Specializes In: Advertising, African-American Market, Asian Market, Bilingual Market, Brand Development & Integration, Broadcast, Collateral, Communications, Consulting, Consumer Marketing, Corporate Identity, Event Planning & Marketing, Financial, Government/Political, Graphic Design, Hispanic Market, Logo & Package Design, Merchandising, Multimedia, Out-of-Home Media, Outdoor, Planning & Consultation, Print, Production, Public Relations, Publicity/Promotions, Radio, Retail, Sales Promotion, Strategic Planning/Research, T.V.

Approx. Annual Billings: $10,000,000

Steve Climons *(Founder, Pres & Dir-Creative)*
Sharyn O'Keefe *(Dir-Bus Dev)*

Accounts:
Oakland Police Department
VirnetX

CROSSROADS
1740 Main St, Kansas City, MO 64108
Tel.: (816) 679-8502
Web Site: crossroads.us

Employees: 21

National Agency Associations: 4A's

Agency Specializes In: Advertising, Brand Development & Integration

Mike Swenson, *(Pres)*
Lindsey De Witte *(VP)*
Brooke Ehlers *(VP-Fashion & Retail)*
Sarah Ferguson *(Acct Dir)*
Kristin Kovach *(Acct Dir)*
Anita Strohm *(Acct Dir)*
Jory Mick *(Sr Acct Mgr)*
Rachel Yann *(Acct Mgr)*
Robert Marts *(Sr Analyst-Media)*

Accounts:
Applebee's
Blue Bunny
Dawn
ITC
Lee
March of Dimes
Pump It Up
Quiznos
Sonny's BBQ
Susan G. Komen
Vanity Fair

THE CROUCH GROUP, INC.
300 N Carroll Blvd Ste 103, Denton, TX 76201
Tel.: (940) 383-1990
Fax: (940) 483-0520
Toll Free: (888) 211-0273
E-Mail: info@thecrouchgroup.com
Web Site: www.thecrouchgroup.com

Employees: 1
Year Founded: 1996

Agency Specializes In: Advertising, Brand Development & Integration, Content, Graphic Design, Internet/Web Design, Logo & Package Design, Print, Search Engine Optimization, Social Media

Tim Crouch *(Pres)*
Stephanie Taylor *(Art Dir)*
Sandra Robinson *(Mgr-Bus Dev)*
Charles Crouch *(Acct Rep)*

Accounts:
Shelton & Reecer, P.L.L.C

CROW CREATIVE
25 Broadway 9th Fl, New York, NY 10004
Tel.: (646) 904-8660
E-Mail: hello@crowcreativeagency.com
Web Site: www.crowcreativeagency.com

Employees: 10
Year Founded: 2017

Agency Specializes In: Brand Development & Integration, Digital/Interactive, Direct Response Marketing, Experiential Marketing, Production (Print), Radio, Social Media, Strategic Planning/Research, T.V.

Robert Lehmann *(Founder & Creative Dir)*
Eric Dea *(Assoc Dir-Measurement & Insights)*
Tomas Kohoutek *(Assoc Creative Dir)*

Accounts:
Charter Communications, Inc. Spectrum
Kaiser Permanente
Nationwide
Sysomos

CROWL, MONTGOMERY & CLARK
713 S Main St, North Canton, OH 44720
Tel.: (330) 494-6999
Fax: (330) 494-6242
Toll Free: (888) 649-8745
E-Mail: rodmcgregor@crowlinc.com
Web Site: www.crowlinc.com

Employees: 22
Year Founded: 1959

National Agency Associations: AAF

Agency Specializes In: Direct Response Marketing, Internet/Web Design, Public Relations, Publicity/Promotions, Sales Promotion

Rod McGregor *(Pres)*
Jeff Crowl *(CEO)*
Julie Safreed *(Gen Mgr)*
Frank Scassa *(Creative Dir)*
Chris Sirgo *(Art Dir)*
Harry Knotts *(Acct Supvr)*

Accounts:
Alside
Andreas Furniture
CTNA Media
Culligan Water
Dutchman
Engage360
Ken-Tool
Magazine Worx
MAP Heating & Air Conditioning
Oakland Raiders
Ohio Pools & Spas
Pro Football Hall of Fame
Schonor Cheverolet

CROWLEY WEBB
268 Main St Ste 400, Buffalo, NY 14202-4108
Tel.: (716) 856-2932
Fax: (716) 856-2940
E-Mail: jim.hettich@crowleywebb.com
Web Site: https://www.crowleywebb.com/

E-Mail for Key Personnel:
President: joseph.crowley@crowley-webb.com
Creative Dir.: jeff.pappalardo@crowley-webb.com
Media Dir.: jim.crowley@crowley-webb.com

Employees: 70
Year Founded: 1986

National Agency Associations: AMIN

Agency Specializes In: Advertising, Brand Development & Integration, Collateral, Consumer Marketing, Corporate Identity, Digital/Interactive, Direct Response Marketing, Electronic Media, Event Planning & Marketing, Exhibit/Trade Shows, Financial, Graphic Design, Health Care Services, Internet/Web Design, Logo & Package Design, Pharmaceutical, Public Relations, Publicity/Promotions, Sponsorship, Strategic Planning/Research

Breakdown of Gross Billings by Media: Brdcst.: 24%; Collateral: 15%; Consumer Publs.: 2%; D.M.: 10%; Other: 2%; Outdoor: 4%; Print: 38%; Pub. Rels.: 5%

David Buck *(Pres & Creative Dir)*
Jeffrey Pappalardo *(Partner & Chief Creative Officer)*
Jean Fletcher *(CFO)*
Andrea Berki-Nnuji *(Dir-Analytics)*
Melanie Groszewski *(Project Mgr & Coord-Internship Program)*
Jordyn Holka *(Project Mgr-PR)*
Katie Briggs *(Mgr-PR)*
Debbie Pollina *(Mgr-Acctg)*
Nicole Lawniczak *(Acct Supvr)*
Shannon Vogel *(Acct Supvr)*
Jessica Carroll *(Supvr-Media)*
Darryl Colling *(Supvr-Creative)*
Katie Hazel *(Supvr-Creative)*
Cuyler Hettich *(Acct Exec)*
Joe Russell *(Acct Exec)*
Dorothy Bleuer *(Media Planner & Media Buyer)*
Mary Cooke *(Media Planner & Media Buyer)*
Alexa Godwin *(Media Planner & Media Buyer)*
Paige Meckler *(Coord-PR)*
Andalyn Courtney *(Grp Creative Dir)*
Biagio Patti *(Assoc Media Dir)*
Lillian Selby *(Sr Art Dir)*

Accounts:
API Heat Transfer Manufacturing
Artpark Arts, Nonprofit
Buffalo Arts Studio Arts, Nonprofit
Buffalo Prep Education
ESAB Manufacturing
Irish Classical Theatre Arts, Nonprofit
M&T Bank Financial
Monroe Community College Branding, Education
Phillips Lytle Legal; 2002
Praxis Communications, Inc.; Nashville, TN Healthcare
Towne Automotive Group Automotive
Trocaire College Healthcare
University At Buffalo Education

CROWN COMMUNICATIONS
PO Box 31623, Charlotte, NC 28231
Tel.: (704) 376-3434
Fax: (704) 376-2537
E-Mail: info@crown-com.com
Web Site: www.crown-com.com

Employees: 4

AGENCIES - JANUARY, 2019 — ADVERTISING AGENCIES

Agency Specializes In: Advertising, Collateral, Communications, Digital/Interactive, Local Marketing, Logo & Package Design, Media Relations

Kathryn Blanchard *(Pres)*

Accounts:
Ciel
Cingular Wireless LLC
Red Rover

CROWN SOCIAL AGENCY
1415 10th Ave Ste 2, Seattle, WA 98122
Tel.: (206) 436-6433
Web Site: www.crownsocial.com

Employees: 7
Year Founded: 2011

Agency Specializes In: Advertising, Social Media, Strategic Planning/Research

Shena Bannick *(Creative Dir)*
Zach Huntting *(Acct Svcs Dir)*

Accounts:
Debbiefish
Hawken

CRUCIAL INTERACTIVE INC.
21 Camden St 5th Fl, Toronto, ON M5V 1V2 Canada
Tel.: (416) 645-0135
Fax: (888) 493-0135
Toll Free: (877) 244-6562
Web Site: www.crucialinteractive.com

Employees: 50
Year Founded: 2007

Agency Specializes In: Advertising, Digital/Interactive, Technical Advertising

Petar Bozinovski *(Pres)*
Damian Cristiani *(CEO)*
Farrukh Gaffarov *(CTO)*
Brad Alles *(Sr VP-Sls & Gen Mgr)*
Marc Richard Tanguay *(Sls Mgr-Quebec)*
Jamie Forbes *(Acct Exec)*
Andrew Bester *(Grp Sls Dir)*

Accounts:
Examiner.com
Remedy Health Media

THE CRUSH AGENCY
640 Freedom Business Ctr Dr Ste 130, Kng Of Prussa, PA 19406
Tel.: (813) 397-6181
E-Mail: media@thecrushagency.com
Web Site: www.thecrushagency.com

Employees: 5

Agency Specializes In: Advertising, Brand Development & Integration, Internet/Web Design, Media Buying Services, Public Relations, Search Engine Optimization, Social Media

Accounts:
gayeststoreonearth.com

CRUX CREATIVE
250 E Wisconsin Ave, Milwaukee, WI 53202
Tel.: (414) 289-7180
Web Site: www.cruxcreative.com

Employees: 10
Year Founded: 2005

Agency Specializes In: Agriculture, Asian Market, Brand Development & Integration, Business-To-Business, Collateral, College, Communications, Consumer Goods, Content, Corporate Communications, Corporate Identity, Cosmetics, Electronics, Environmental, Exhibit/Trade Shows, Experience Design, Financial, Food Service, Government/Political, Graphic Design, High Technology, Industrial, Information Technology, Internet/Web Design, Investor Relations, Legal Services, Leisure, Local Marketing, Logo & Package Design, Luxury Products, Out-of-Home Media, Outdoor, Pets, Pharmaceutical, Print, Production, Restaurant, Retail, Search Engine Optimization, Social Marketing/Nonprofit, Social Media, Sports Market, Stakeholders, Transportation, Travel & Tourism, Urban Market, Web (Banner Ads, Pop-ups, etc.)

Michele Allen *(Principal & Creative Dir)*

Accounts:
Corporate Contractors Inc Branding, Logos, Website Design
Kumon Headquarters & Museum Branding, Graphic Design
Mandarin Quarterly Website Redesign
Thomas Architects Web Design

CRYSTAL CLEAR CREATIVE, INC.
1751 E Gardner Way Ste G, Wasilla, AK 99654
Tel.: (907) 376-2653
E-Mail: info@c3alaska.com
Web Site: c3alaska.com

Employees: 7

Agency Specializes In: Advertising, Brand Development & Integration, Graphic Design, Print

Jake Libbey *(Pres)*

Accounts:
Matanuska Valley Federal Credit Union
Pediatric Dentistry of Alaska

CSI GROUP, INC.
160 Summit Ave Ste 200, Montvale, NJ 07645
Tel.: (201) 587-1400
Fax: (201) 587-1234
E-Mail: hello@thecsigroup.com
Web Site: https://www.thecsigroup.com/

Employees: 27
Year Founded: 1992

Agency Specializes In: Advertising, Brand Development & Integration, Broadcast, Business-To-Business, Catalogs, Co-op Advertising, Collateral, College, Consumer Goods, Consumer Marketing, Consumer Publications, Content, Digital/Interactive, Education, Email, Event Planning & Marketing, Exhibit/Trade Shows, Experience Design, Graphic Design, In-Store Advertising, Internet/Web Design, Luxury Products, Magazines, Mobile Marketing, Multimedia, Newspaper, Newspapers & Magazines, Out-of-Home Media, Paid Searches, Point of Purchase, Print, Production, Production (Print), Radio, Search Engine Optimization, Social Media, Sponsorship, T.V., Trade & Consumer Magazines, Viral/Buzz/Word of Mouth, Web (Banner Ads, Pop-ups, etc.)

Approx. Annual Billings: $8,000,000

Kurt von Seekamm *(Owner)*
Rich Cannava *(Pres)*
Kenny Eicher *(Exec VP-Creative)*
Jim Wurster *(Exec VP)*
Kathy Marrazzo *(Acct Svcs Dir)*

Lauren Wilkens *(Dir-Client Svcs)*
Christine DiSebastian *(Project Mgr & Supvr-Video Post Production)*
Pasquale Chieffalo *(Sr Designer-Motion)*
Kevin Fillie *(Designer-Motion Graphics)*
Ryan Cosgrove *(Acct Coord)*
Jerges Cortina *(Assoc Creative Dir)*

Accounts:
Army Research Laboratories Labs; 2010
BP Lubricants; Wayne, NJ Castrol Synthetic; 2002
CIRCA Jewels Buying Service; 2015
Citizen Watch Company; Lyndhurst, NJ Eco-Drive, Signature, Drive; 1992
Konica Minolta BizHub; 2012
LifeBankUSA Cord Blood Banking; 2013
Rider Insurance Motorcycle Insurance; 2014

CSSI CULINARY
452 N Sangamon St, Chicago, IL 60642
Tel.: (312) 633-3040
Fax: (312) 633-3043
Web Site: www.cssiculinary.com

Employees: 25

Agency Specializes In: Advertising, Brand Development & Integration, Digital/Interactive, Experiential Marketing, Food Service, Social Media, Strategic Planning/Research

Kevin Gross *(Pres)*
Andy Johnston *(Sr VP-Client Svcs & Ops)*
Tim Gant *(VP-Creative Svcs)*
Sherry Gorsich *(VP-Client Svcs)*
Thomas H. Talbert *(VP-Culinary R&D)*

Accounts:
Custom Culinary, Inc.
Innova
USA Rice Federation
West Liberty Foods

CSTRAIGHT MEDIA
1897 Preston White Dr Ste 310, Reston, VA 20191
Tel.: (703) 255-0920
Fax: (703) 255-5025
Web Site: www.cstraight.com

Employees: 11
Year Founded: 2004

Agency Specializes In: Advertising, Content, Digital/Interactive, Internet/Web Design

Gene Ro *(Founder & Pres)*
John Wojciech *(Owner)*
Thomas Wear *(Partner & Chief Strategy Officer)*
Angie May *(Sr Designer-Visual)*
Ben Carr *(Engr & Sr Architect-Digital)*

Accounts:
The Daily Rider

CTI MEDIA
6100 Lake Forrest Dr Ste 520, Atlanta, GA 30328
Tel.: (404) 843-8717
Fax: (404) 843-6869
E-Mail: info@ctimedia.com
Web Site: www.ctimedia.com

Employees: 20

Agency Specializes In: Advertising, Affiliate Marketing, Automotive, Bilingual Market, Brand Development & Integration, Branded Entertainment, Broadcast, Business Publications, Business-To-Business, Cable T.V., Co-op Advertising, College, Communications, Consumer Goods, Consumer Marketing, Consumer Publications, Corporate Communications,

251

ADVERTISING AGENCIES
AGENCIES - JANUARY, 2019

Corporate Identity, Digital/Interactive, Direct Response Marketing, Direct-to-Consumer, E-Commerce, Electronic Media, Entertainment, Event Planning & Marketing, Exhibit/Trade Shows, Financial, Government/Political, Health Care Services, High Technology, Hispanic Market, Hospitality, International, Local Marketing, Magazines, Media Buying Services, Media Planning, Media Relations, Mobile Marketing, Multicultural, Multimedia, Newspapers & Magazines, Out-of-Home Media, Outdoor, Planning & Consultation, Print, Radio, Real Estate, Regional, Restaurant, Retail, Search Engine Optimization, T.V., Trade & Consumer Magazines, Transportation, Travel & Tourism; Web (Banner Ads, Pop-ups, etc.)

Approx. Annual Billings: $20,000,000

Toni Augustine *(Pres & CEO)*
Lori Krinsky *(Sr VP-Media)*
Emily Hagan *(VP-Client Svcs)*

Accounts:
ABC Family
American Express
Bravo
Coca-Cola Refreshments USA, Inc.
DIY Network
Fine Living Channel
Food Network
Fox Movie Channel
Fox Soccer Channel
Fox Sports
FUEL TV
Gospel Music Channel
HBO Cinemax, HBO Affiliate, HBO Commercial Group, HBO Direct, HBO Satellite, TVKO
MGM Worldwide Television Distribution
Microsoft
TBS
Trinity Broadcasting Network

CTP
(Formerly Conover Tuttle Pace)
77 N Washington St, Boston, MA 02114
Tel.: (617) 412-4000
Fax: (617) 412-4411
E-Mail: info@ctpboston.com
Web Site: www.ctpboston.com

E-Mail for Key Personnel:
President: fconover@ctpboston.com

Employees: 45
Year Founded: 1996

Agency Specializes In: Advertising, Advertising Specialties, Brand Development & Integration, Broadcast, Business-To-Business, Cable T.V., Co-op Advertising, Collateral, Communications, Consumer Marketing, Corporate Identity, Direct Response Marketing, Education, Electronic Media, Event Planning & Marketing, Fashion/Apparel, Government/Political, Graphic Design, Health Care Services, High Technology, In-Store Advertising, Internet/Web Design, Leisure, Market Research, Media Buying Services, Media Planning, Media Relations, Newspaper, Newspapers & Magazines, Out-of-Home Media, Outdoor, Pharmaceutical, Print, Public Relations, Publicity/Promotions, Radio, Recruitment, Social Media, Sports Market, Strategic Planning/Research, T.V., Trade & Consumer Magazines, Transportation, Travel & Tourism

Approx. Annual Billings: $15,000,000

Fred Conover *(Pres & Partner)*
Brian Heffron *(Partner & Exec VP)*
Mark Fredrickson *(Mng Dir-Tech Practice)*
Paula Zambello Serafino *(VP & Media Dir)*
Steve Angel *(VP & Dir-Strategic Dev)*
Tyler Jordan *(VP & Dir-Analytics)*

Lauren Kimball *(VP & Dir-Acct Mgmt)*
Kevin Redmond *(VP & Dir-Growth & Innovation)*
Todd Graff *(VP)*
Yeliza Centeio *(Head-Programmatic & Assoc Media Dir)*
Grant Pace *(Exec Dir-Creative)*
Mark Bappe *(Creative Dir)*
Alaina Muniz *(Dir-Digital Mktg)*
Tara Roman *(Dir-Project Mgmt)*
Dustin Junkert *(Sr Specialist-Search Mktg)*
Ariel Perry *(Sr Specialist-Digital Experience)*
Jenny Crandall *(Specialist-Social Media & Content)*
Haley King *(Specialist-Social Media & Content)*
Katie Silver *(Designer-Production)*
Danielle Anderson *(Acct Coord)*
Kayleigh Hodson *(Coord-Media)*
Amanda Mulroy *(Coord-Media)*
Mark Duffy *(Sr Media Planner)*
Ashley Wilson *(Asst Media Planner)*

Accounts:
Anaqua, Inc
Boston Boot Company
Boston Red Sox Campaign: "What's Broken"
Breeders' Cup World Championships Thoroughbred Racing
Dean College Advertising, Marketing, Public Relations, Social Media
DraftKings
Eastern Bank (Agency of Record) Local Banking Services
E.B. Horn Co. Jeweler
Injured Workers Pharmacy
MassBay Community College; Wellesley, MA Education; 2011
MassDevelopment
Mercedes-Benz of Burlington (Agency of Record)
Microsoft
NCAA College Campaign: "Save the Children"
Pinehurst Resort
Pop Warner Little Scholars Youth Football Organization
Red Bend Software
Red Hat, Inc.
Save the Children
Suffolk Downs Thoroughbred Race Track
Underwriters Laboratories Inc.
Wahlburgers Restaurants Digital, Social Media; 2018

CUBIC
1643 S Boston Ave, Tulsa, OK 74119
Tel.: (918) 587-7888
Fax: (918) 398-9081
E-Mail: info@cubiccreative.com
Web Site: www.cubiccreative.com

Employees: 16

Agency Specializes In: Advertising

Billy Kulkin *(Pres & Mng Partner)*
Winston Peraza *(Partner & Chief Creative Officer)*
Libby Bender *(Partner & VP)*
Jeff DeGarmo *(CTO & VP)*
Meaghan Gipson *(Acct Mgr)*
Rachel Mosley *(Acct Svc Dir)*
Katy Livingston *(Assoc Creative Dir)*

Accounts:
Montereau; Tulsa, OK Retirement Community; 2013

CUBICLE NINJAS
800 Roosevelt Rd D 115, Glen Ellyn, IL 60137
Tel.: (206) 785-7389
E-Mail: Hello@CubicleNinjas.com
Web Site: cubicleninjas.com

Employees: 50
Year Founded: 2008

Agency Specializes In: Agriculture, Automotive, Aviation & Aerospace, Below-the-Line, Brand Development & Integration, Computers & Software, Consulting, Consumer Goods, Content, Copywriting, Corporate Identity, Cosmetics, Digital/Interactive, Direct Response Marketing, E-Commerce, Education, Electronics, Email, Entertainment, Exhibit/Trade Shows, Experience Design, Fashion/Apparel, Financial, Food Service, Game Integration, Government/Political, Graphic Design, Health Care Services, Hospitality, Household Goods, Identity Marketing, In-Store Advertising, Industrial, Information Technology, Internet/Web Design, Leisure, Logo & Package Design, Medical Products, New Technologies, Paid Searches, Pharmaceutical, Point of Sale, Print, Production (Ad, Film, Broadcast), Production (Print), Real Estate, Recruitment, Restaurant, Retail, Search Engine Optimization, Social Media, Strategic Planning/Research, Transportation, Travel & Tourism, Web (Banner Ads, Pop-ups, etc.)

Josh Farkas *(Founder & CEO)*
Daniel May *(Art Dir)*
Brian Moore *(Art Dir)*
Preston Regalado *(Creative Dir)*
Michael Cooney *(Dir-Acct Mgmt)*

Accounts:
Activision
Discover Card
General Electric
Rutgers University

CUE CREATIVE
117 W Ferguson, Tyler, TX 75702
Tel.: (903) 531-2333
E-Mail: info@cuecreative.com
Web Site: www.cuecreative.com

Employees: 8

Agency Specializes In: Advertising, Brand Development & Integration, Graphic Design, Internet/Web Design, Media Planning, Strategic Planning/Research

Ron Stafford *(Partner)*

Accounts:
Achieve Financial Group

CUE INC
520 Nicollet Mall Ste 500, Minneapolis, MN 55402
Tel.: (612) 465-0030
E-Mail: info@designcue.com
Web Site: www.designcue.com

Employees: 8

Agency Specializes In: Advertising, Brand Development & Integration

Ed Mathie *(Co-Founder & Mng Dir)*
Alan Colvin *(Creative Dir)*

Accounts:
Chapman's Brewing Co Brighton, Englishman, Enlighten, Undaunted, Valliant
Jack Daniel's

CUKER
320 S Cedros Ave Ste 200, Solana Beach, CA 92075
Tel.: (858) 345-1378
E-Mail: info@cukeragency.com
Web Site: www.cukeragency.com/

Employees: 20

AGENCIES - JANUARY, 2019 — ADVERTISING AGENCIES

Year Founded: 2003

Agency Specializes In: Above-the-Line, Advertising, Below-the-Line, Digital/Interactive, Electronic Media, Email, Experience Design, Game Integration, Internet/Web Design, Local Marketing, Mobile Marketing, Multimedia, Paid Searches, Product Placement, Search Engine Optimization, Shopper Marketing, Social Media, Strategic Planning/Research, Viral/Buzz/Word of Mouth, Web (Banner Ads, Pop-ups, etc.)

Aaron Cuker *(CEO & Chief Creative Officer)*
Shelley Burns *(Mktg Dir)*
Nikolaj Baer *(Dir-Tech)*
Kelsey Carney *(Assoc Creative Dir)*
Katie Lyons *(Assoc Mktg Dir)*

Accounts:
Dogswell Digital, Website
Rip Curl
Silver Oak Cellars
UCI

CULT360
261 5th Ave, New York, NY 10016
Tel.: (212) 463-9300
E-Mail: info@cult360.com
Web Site: www.cult360.com

Employees: 25

Agency Specializes In: Advertising, Brand Development & Integration, Communications, Digital/Interactive, Direct Response Marketing, Event Planning & Marketing, Graphic Design, Local Marketing, Production, Promotions

Joe Jelic *(Mgr-Cult Health)*
Jason Kirshenblatt *(Grp Creative Dir)*

Accounts:
E&J Gallo
Tara Energy

CULTURE ONE WORLD LLC
1333 H St NW Ste 900W, Washington, DC 20005
Tel.: (202) 796-1096
E-Mail: info@cultureoneworld.com
Web Site: cultureoneworld.com

Employees: 50
Year Founded: 2011

Agency Specializes In: Advertising, Brand Development & Integration, Communications, Content, Government/Political, Media Buying Services, Media Planning, Out-of-Home Media, Social Media, Strategic Planning/Research

Carlos Alcazar *(Mng Partner)*
Isabel Colorado *(Asst Acct Exec)*
Duly Fernandez *(Founder & Partner)*

Accounts:
New-Amtrak
New-National Highway Traffic Safety Administration

CULTURESPAN MARKETING
5407 N Mesa St 2nd Fl, El Paso, TX 79912
Tel.: (915) 581-7900
Fax: (915) 581-0087
E-Mail: info@culturespanmarketing.com
Web Site: www.culturespanmarketing.com

Employees: 20

Agency Specializes In: Advertising

Nancy Laster *(Pres)*

Judy Peinado *(Fin Dir)*
Manny Rodriguez *(Client Svcs Dir)*
Sarah Griffin *(Dir-Resourcing)*
Gabriel Quesada *(Dir-Video & Motion Graphics Art)*
Gabriel Acuna *(Acct Exec)*
Perla Parra *(Designer-User Experience)*
Juan Carlos Hernandez *(Sr Art Dir)*

THE CUMMINGS GROUP
820 Ne 61St St, Oklahoma City, OK 73105
Tel.: (405) 524-9441
Fax: (405) 524-9448
E-Mail: rosscummings@coxinet.net
Web Site: www.cummingsgrp.com

Employees: 2
Year Founded: 1960

Agency Specializes In: Collateral, Health Care Services, Technical Advertising

Approx. Annual Billings: $500,000

Breakdown of Gross Billings by Media: Brdcst.: 15%; Collateral: 40%; Newsp. & Mags.: 35%; Outdoor: 10%

Ross Cummings *(Owner)*

Accounts:
Duncan Regional Hospital; Duncan, OK (Special Projects)
Fluidart Technologies LLC
Underwriters Service Agency; Oklahoma City, OK General Insurance Agency

CUMMINS & PARTNERS
Level 4 32 Union Square E, New York, NY 10003
Tel.: (917) 748-5930
E-Mail: ny@cumminsandpartners.com
Web Site: www.cumminsandpartners.com

Employees: 145

Agency Specializes In: Advertising, Digital/Interactive, Internet/Web Design, Media Buying Services, Media Planning

Sean Cummins *(CEO-Global)*
Olivia Santilli *(VP-Strategy & Media)*

Accounts:
Alfa Romeo
Art Series Hotel Group
Care Australia
Ghurka
Heidi Klum Intimates Campaign: "Sia - Fire Meet Gasoline"
Innovate Hartfod (Creative Agency of Record)
Marriott International Brand Identity, Creative, Global, Moxy Hotels (Creative Agency of Record)
UNAIDS Together Girls (Creative Agency of Record) Creative, Strategic

Branches

Cummins&Partners
(Formerly CumminsRoss)
Level 5 201 Fitzroy Street, Saint Kilda, 3182 Australia
Tel.: (61) 390661900
Web Site: www.cumminsandpartners.com

Employees: 130

Agency Specializes In: Advertising, Digital/Interactive, Media Relations, Sponsorship

Johnny Corpuz *(Head-Connections Strategy)*
Michael Hyde *(Head-Brand Strategy)*

Paul Murphy *(Head-Media)*
Matt Rose *(Head-Acct Mgmt)*
Ben Grant *(Editor-Creative)*
Georgie Bugelly *(Grp Acct Dir)*
Cassie Cobain *(Grp Acct Dir)*
Hayden Isaacs *(Grp Acct Dir)*
Marnie McKenzie *(Grp Acct Dir)*
Karley Cameron *(Sr Producer-Brdcst)*
Celeste Baer *(Acct Exec)*
Hayley Sparshott *(Acct Dir)*
Melissa Warren *(Dir-Strategy)*
Kara Brumfit *(Sr Mgr-Integration)*
Lauren Fry *(Sr Mgr-Integration)*
Rachel Linacre *(Sr Acct Mgr)*
Juno Forster *(Mgr-Integration)*
Dominique Grainger *(Mgr-Integrations)*
Alice Atherton *(Strategist)*
James Bennett *(Strategist-Brand)*
Daniel Liberale *(Strategist-Customer Engagement)*
JJ Cummins *(Copywriter)*
Chay O'Rourke *(Sr Art Dir)*

Accounts:
New-ABC
AFL Campaign: "Don't Go Quietly"
Allianz Creative
Asahi Premium Beverages Asahi Super Dry, Campaign: "How We Roll", Media, Woodstock Bourbon
Australian Psychological Society Creative, Media
Australian Red Cross Blood Service (Media Agency of Record) Creative, Strategy & Buying
New-The Australian Secret Intelligence Service
Bearded Lady Bourbon
Bendigo Bank
British Paints
CGU
Chivas Regal
Chobani Creative
The Coca-Cola Company Coca-Cola, Global, Public Relations
CREATIVE FUEL
CSR Sugar Integrated Communications
Deakin Worldly
Doritos "Ultrasound"
Dulux
EnergyAustralia Creative
FCA US LLC Alfa Romeo, Campaign: "Every Dog Has Its Day, Again", Campaign: "The Romance of Performance", Fiat, Jeep, Jeep Compass, TV, Timeless 300
Fiat Chrysler Campaign: "I Bought a Jeep", Jeep
Go Gentle Australia
Good Thnx
HBF Creative
Home Timber & Hardware Creative Services, Integrated Strategic
Kraft Heinz (Creative Agency of Record) Golden Circle; 2017
Lodex Brand Strategy, Buying, Design, Market Strategy, Media Planning
L'Oreal Creative, Kiehl, Media
McCain Foods Australia Creative; 2017
ME Bank Campaign: "I'm Gonna Jump Him", Creative
New-Melbourne Advertising & Design Club
Motor Accident Commission South Australia Don't Fight Fatigue
Movember Foundation
Open Universities Australia Brand Strategy, Creative
New-Pernod Ricard Australian Jacob's Creek, Pernod Ricard Wine (Global Creative & Strategy Agency), St Hugo; 2018
Public Trustee/ Wills
New-Puma
QT Hotels & Resorts
Reflex Paper
Repco Australia & New Zealand
Specsavers Advertising, Online, Social Media
Tea too Pty Ltd
Tennis Australia
Tupperware
Unilever Global Creative, T2

ADVERTISING AGENCIES — AGENCIES - JANUARY, 2019

University of Tasmania
VicHealth Digital, Print, Public Relations, Social

CUMMINS, MACFAIL & NUTRY, INC.
320 East Main St, Somerville, NJ 08876
Tel.: (908) 722-8000
Fax: (908) 722-2055
E-Mail: mzigarelli@cmn-adv.com
Web Site: www.cmn-adv.com

Employees: 6
Year Founded: 1951

Agency Specializes In: Business-To-Business, Health Care Services, High Technology, Medical Products

Frank Fasano *(Pres)*
Dominick Cirilli *(Exec VP & Dir-Creative)*
Merrilee Zigarelli *(Dir-New Bus Dev)*

Accounts:
Biomet; 1992
DMG
EBI Bone Healing System
Small Bones Innovation
Smith & Nephew
SpineLink

CUNDARI INTEGRATED ADVERTISING
26 Duncan St, Toronto, ON M5V 2B9 Canada
Tel.: (416) 510-1771
Fax: (416) 510-1769
E-Mail: aldo_cundari@cundari.com
Web Site: https://www.cundari.com/

Employees: 100

Agency Specializes In: Advertising

Aldo Cundari *(Chm & CEO)*
Jennifer Steinmann *(Pres)*
Sean Barlow *(Chief Creative Officer)*
Luke Moore *(Exec VP & Mng Dir-Media)*
Malcolm McLean *(Exec VP-Strategy, Insights & Plng)*
Maria Orsini *(Exec VP-Fin & Admin)*
Cheryl Gosling *(VP-Client Svcs)*

Accounts:
3M Canada Creative, Media Planning, Strategy
Absorption Pharmaceuticals Promescent
Art Gallery of Ontario (Agency of Record) Advertising, Digital, Marketing Communication, Planning & Buying
The Bishop Strachan School Campaign: "Girls Can Do anything", Digital Advertising, Traditional Advertising
Canada Bread Company Limited Dempter's, Pom & Bon Matin (Strategic, Creative & Digital Agency of Record)
Canadian Breast Cancer Foundation
Canadian Marketing Association Campaign: "Marketing: The Musical"
CIBC Campaign: "The Moment", Digital Creative & Strategy
Crown Wine & Spirits Creative, Media, Santa Margherita, Strategic, Yellow Tail; 2017
Dempster Campaign: "DIY Sandwich", Campaign: "Healthy Way Feel Good o Gram", Healthy Way Bread
Fields Stores Digital; 2017
Firkin
Hospital for Sick Children Pain Squad
Ivey
Kickstopper.ca
Maple Leaf Foods Inc Dempster's, Digital, Online Campaign
Masco
Moose Knuckles
Neilson
Northern Ontario Tourism Campaign: "A Legendary Adventure is Calling", Campaign: "Forest"
Philippe Dandurand Wines Creative, Media, Out-of-Home, Santa Margherita, Social, Strategic, Yellow Tail
Princess Auto Advertising, Creative, Digital, Media, Strategy, Web
Project Winter Survival Campaign: "Open House"
Rust-Oleum
Sick Kids Hospital Cancer Monitoring
Toronto Zoo
Toshiba Digital; 2017
Villaggio

CUNEO ADVERTISING
1401 American Blvd E Ste 6, Bloomington, MN 55425
Tel.: (952) 707-1212
E-Mail: info@cuneoadvertising.com
Web Site: www.cuneoadvertising.com

Employees: 61

Agency Specializes In: Advertising, Digital/Interactive, Logo & Package Design, Media Planning, Sponsorship

Katie Jackson-Richter *(VP)*
Kathleen Carlson *(Exec Dir-Media Svcs)*
Eric Anderson *(Acct Svcs Dir)*
Scott Surbaugh *(Acct Svcs Dir)*
Meghan Robinson *(Dir-Digital Svcs)*
Ginny Goff *(Office Mgr)*
Randy Lied *(Sr Art Dir)*

Accounts:
Pawn America (Agency of Record) Advertising, CashPass Pre Paid Debit Card, Marketing, My Bridge Now, Payday America
White Bear Mitsubishi (Agency of Record) Media

CUNNINGHAM GROUP
35 S Ct St, Montgomery, AL 36104
Tel.: (334) 264-3459
Web Site: www.cunninghamadv.com

Employees: 8

Agency Specializes In: Advertising, Brand Development & Integration, Internet/Web Design, Logo & Package Design, Print, Public Relations, Radio, Search Engine Optimization, Social Media, Strategic Planning/Research

Bill Cunningham *(Pres)*
Margaret Cunningham *(Creative Dir-Social Media)*

Accounts:
Robinson Iron Corporation

CURA STRATEGIES
2011 Crystal Dr Ste 1005, Arlington, VA 22202
Tel.: (202) 441-2894
Fax: (703) 479-3663
Web Site: curastrategies.com

Employees: 50
Year Founded: 2016

Agency Specializes In: Advertising, Brand Development & Integration, Communications, Consulting, Graphic Design, Health Care Services, Media Relations, Social Media, Stakeholders, Strategic Planning/Research

Anne Woodbury *(Co-Founder & Principal)*
Jeff Valliere *(Co-Founder & Principal)*
Thy-Ann Nguyen *(Mng Dir & Sr VP)*
Scott Leezer *(VP-Govt Rels)*
Casey Dillon *(Acct Supvr)*
Kellsie Brannen *(Acct Exec)*
Todd Post *(VP)*

Accounts:
New-Advocates For Opioid Recovery
New-American College of Cardiology Foundation (Agency of Record)
New-Centers for Disease Control & Prevention
New-The Elizabeth Dole Foundation
New-MDxHealth Inc.
New-PsychArmor Institute

CURIOSITY ADVERTISING
35 E 7Th St Ste 800, Cincinnati, OH 45202
Tel.: (513) 744-6000
Web Site: www.curiosity360.com

Employees: 81
Year Founded: 2010

Agency Specializes In: Advertising, Brand Development & Integration, Broadcast, Business-To-Business, College, Communications, Consumer Goods, Consumer Marketing, Content, Copywriting, Corporate Communications, Digital/Interactive, Education, Email, Entertainment, Financial, Health Care Services, In-Store Advertising, International, Internet/Web Design, Media Buying Services, Media Planning, Medical Products, Men's Market, Mobile Marketing, Multimedia, Out-of-Home Media, Outdoor, Pets , Pharmaceutical, Point of Sale, Print, Radio, Restaurant, Retail, Search Engine Optimization, Social Media, Sponsorship, T.V., Web (Banner Ads, Pop-ups, etc.), Women's Market

Trey Harness *(Pres & Chief Client Officer)*
Matt Fischer *(CEO)*
Greg Livingston *(Partner & Chief Dev Officer)*
Jeffrey Warman *(Chief Creative Officer)*
Yvonne Starkey-Posey *(VP-Media Svcs)*
Halli Goddard *(Dir-Offline Media)*
Erin Morris *(Dir-Client Svcs & Program Mgmt)*
Emily Fague *(Sr Acct Exec)*
Julia McCray *(Sr Strategist-Media)*
Jane Manchester *(Sr Art Dir)*
Bob Walker *(Assoc Creative Dir-Direct Mktg & Production)*

Accounts:
The Christ Hospital Health Network Full-Service
Cincinnati Bell Communications Full-Service
Cincinnati Insurance Companies Full-Service
Dean Foods Dairy Pure, Mayfield Creamery, TruMoo Chocolate Milk
MedVet Medical & Cancer Centers for Pets Full-Service
Meridian Bioscience Full-Service
Nehemiah Manufacturing (Agency of Record) Full-Service
Penn Station, Inc (Agency of Record) Advertising, Consumer Marketing
Perfetti Van Melle USA Inc. Airheads Extremes, Mentos
Procter & Gamble
Roto-Rooter Plumbing & Drain Services (Social Media Agency of Record) Digital, Video
Stonefire Authentic Flatbreads (Agency of Record) Creative & Strategic Development, Media Buying & Planning; 2017
The U.S. Navy
Vegy Vida

CURRAN & CONNORS, INC.
3455 Peachtree Rd NE 5th Fl, Atlanta, GA 30326-3236
Tel.: (404) 239-3979
Toll Free: (800) 435-.0406
Web Site: www.curran-connors.com

Employees: 50
Year Founded: 1965

Agency Specializes In: Advertising, Graphic

Design, Internet/Web Design, Local Marketing, Social Marketing/Nonprofit, Strategic Planning/Research

Barbara Koontz *(Exec VP-Sls & Customer Experience)*
Abbey Lustig *(Sls Dir-Midwest)*
Matt Reese *(Sls Dir-West Coast)*

CURRENT360
1324 E Washington St, Louisville, KY 40206-1759
Tel.: (502) 589-3567
Fax: (502) 589-6448
Web Site: www.current360.com

Employees: 40
Year Founded: 1984

National Agency Associations: 4A's-AAF-Second Wind Limited

Agency Specializes In: Business-To-Business, Electronic Media, High Technology, Medical Products, Pharmaceutical, Print, Restaurant, Retail

Approx. Annual Billings: $8,500,000

Nick Ising *(Pres)*
Richard Schardein *(CEO)*
Lisa Schardein *(COO & Creative Dir)*
Dennis Bonifer *(VP & Creative Dir)*
Mark Neu *(VP-Media)*
Kati Parrish *(VP)*
Robert Womack *(Dir-Motion Dept)*
Jena Smith *(Acct Coord)*
Jim Deweese *(Assoc Creative Dir)*

Accounts:
Archdiocese of Louisville/Catholic Schools; Louisville, KY Evangelist Messages & School Happenings
Brown-Forman
Culinary Standards; Louisville, KY
Developware
Dr. Banis
Farmwood Industries
First Harrison Bank
Furniture Liquidators
KEA (Kentucky Education Assoc.)
KIPDA (Kentuckiana Regional Planning & Development) (Agency of Record) Area Agency on Aging, Carpooling Services for City of Louisville
Lindsey Wilson College
Lubrisyn
Mattress & More
Mortenson
Schmitt Sohne German Wines; 2003
Town & Country Bank & Trust
Tumbleweed Southwest Grill
Wesley House; Butchertown, KY; 2003

CURTIS BIRCH INC.
1547 10th St Unit A, Santa Monica, CA 90401
Tel.: (310) 394-2020
Web Site: www.curtisbirch.com

Employees: 1
Year Founded: 2000

Agency Specializes In: Advertising, Brand Development & Integration, T.V.

Richard Yelland *(Founder)*

Accounts:
New-Allergan
New-The Allstate Corporation
New-NIKE, Inc. Hurley
New-Nissan Motor Co. Ltd.

CURVE TRENDS MARKETING
939 Ferry Rd, Charlotte, VT 05445
Tel.: (802) 862-8783
Fax: (802) 497-0018
E-Mail: info@curvetrends.com
Web Site: www.curvetrends.com

Employees: 3

Agency Specializes In: Advertising, Digital/Interactive, Internet/Web Design, Print, Social Media

Bibi Mukherjee *(Founder)*

Accounts:
Crowne Plaza
Efficiency Vermont
LED Supply & Picket Fence

CUSTOM CREATIVES
30141 Agoura Rd Ste 210, Agoura Hills, CA 91301
Tel.: (818) 865-1267
Fax: (818) 865-8363
Toll Free: (877) 865-1267
E-Mail: info@customcreatives.com
Web Site: customcreatives.com

Employees: 50
Year Founded: 2004

Agency Specializes In: Advertising, E-Commerce, Email, Event Planning & Marketing, Graphic Design, Internet/Web Design, Logo & Package Design, Search Engine Optimization, Social Media, Web (Banner Ads, Pop-ups, etc.)

Rahul Alim *(Pres)*
Noel Ledesma *(Head-Display Adv)*

Accounts:
New-Jonathan Judge

CUSTOMEDIALABS
460 E Swedesford Rd Ste 2020, Wayne, PA 19087
Tel.: (610) 225-0350
Fax: (240) 250-4046
E-Mail: info@customedialabs.com
Web Site: www.customedialabs.com

Employees: 25

Agency Specializes In: Brand Development & Integration, Business-To-Business, Communications, Corporate Communications, Corporate Identity, Digital/Interactive, Education, Email, Exhibit/Trade Shows, Financial, Health Care Services, Information Technology, Integrated Marketing, International, Internet/Web Design, Medical Products, Mobile Marketing, Multimedia, New Technologies, Pharmaceutical, Web (Banner Ads, Pop-ups, etc.)

Approx. Annual Billings: $2,000,000

Breakdown of Gross Billings by Media: Corp. Communications: $2,000,000

CUTWATER
950 Battery St, San Francisco, CA 94111
Tel.: (415) 341-9100
Fax: (415) 315-4200
Web Site: www.cutwatersf.com

Employees: 50
Year Founded: 1998

National Agency Associations: ABC-AMA-DMA

Agency Specializes In: Advertising, Brand Development & Integration, Sponsorship

Chuck McBride *(Founder, Chief Creative Officer & Exec Creative Dir)*
Christian Hughes *(Pres & Principal)*
Michael Huntley *(Exec Producer-Integrated & Head-Production)*
Greer Gonerka *(Sr Acct Dir)*
Pip Bingemann *(Media Dir)*
Toby Petersen *(Creative Dir)*
Silky Szeto *(Art Dir)*
John Gilchrist *(Acct Supvr)*
Nina Magliozzi *(Sr Media Mgr)*

Accounts:
THE AD COUNCIL Campaign: "Feeding America PSA"
American Giant Campaign: "Don't Get Comfortable", Campaign: "The Old Man Film"
Ariat International Creative
New-Axos Bank (Creative Agency of Record) Brand Strategy, Communications, Digital & Social, Integrated Creative, Media Planning, Production; 2018
BNP Paribas S.A.
CoolSculpting
Georgia-Pacific LLC Brawny, Brawny Paper Towels, Campaign: "#StrengthHasNoGender", Campaign: "Stay Giant!", Sparkle
Intel Campaign: "Frozen Coffee", Campaign: "Monotaskers"
MDsave Advertising, Brand Identity, Media, Out-of-Home, Radio, Social, TV
Motorola Solutions, Inc.
Peet's Coffee (Agency of Record) Campaign: "Cofee First, Everything Else Second"
Ray-Ban Campaign: "Never Hide Noise"
Sunrun Campaign: "Solar Motion", Campaign: "Sounds of Solar"
Trina Turk Digital, Social & Media Srategy
New-Unison Home Ownership Investors (Creative Agency of Record) Consumer Awareness; 2018
New-Visit Santa Barbara (Agency of Record) Creative, Media
New-Yogi (Agency of Record) Advertising, Brand Strategy, Broadcast, Digital, Media, Media Planning & Buying, Social Media

CVA ADVERTISING & MARKETING, INC.
5030 E University Ste B401, Odessa, TX 79762
Tel.: (432) 368-5483
Fax: (432) 366-9434
E-Mail: craig@cvaadv.com
Web Site: www.cvaadv.com

E-Mail for Key Personnel:
President: craig@cvaadv.com
Media Dir.: lila@cvaadv.com
Production Mgr.: dana@cvaadv.com

Employees: 12
Year Founded: 1993

National Agency Associations: AAF

Agency Specializes In: Advertising, Brand Development & Integration, Consumer Marketing, Corporate Communications, Entertainment, Graphic Design, Health Care Services, Internet/Web Design, Media Planning, Media Relations, Media Training, Medical Products, Newspaper, Point of Purchase, Print, Production (Ad, Film, Broadcast), Public Relations, Restaurant, T.V.

Craig Van Amburgh *(Owner)*
Rusty Edwards *(Art Dir)*
Christi Callicoatte *(Acct Svc Dir)*
Lisa Shelton *(Supvr-Acctg)*
Lila Evans *(Media Buyer)*

Accounts:
Taco Villa; Midland, TX Mexican Food Restaurant; 1991

ADVERTISING AGENCIES — AGENCIES - JANUARY, 2019

CYNTHCARM COMMUNICATIONS
2246 Ide Ct N, Maplewood, MN 55109
Tel.: (612) 460-1772
E-Mail: info@cynthcarm.com
Web Site: www.cynthcarm.com

Agency Specializes In: Advertising, Brand Development & Integration, Event Planning & Marketing, Graphic Design, Internet/Web Design, Media Buying Services, Public Relations, Social Media, Strategic Planning/Research

Cindy Lewis *(Owner)*

Accounts:
African American Babies Coalition
Aliens Revenge
Faiths Lodge
Lewis Sports Foundation

THE CYPHERS AGENCY, INC.
53 Old Solomons Rd, Annapolis, MD 21401
Tel.: (888) 412-7469
E-Mail: info@thecyphersagency.com
Web Site: www.thecyphersagency.com

E-Mail for Key Personnel:
President: dave@thecyphersagency.com
Creative Dir.: darren@thecyphersagency.com

Employees: 15
Year Founded: 1989

Agency Specializes In: Brand Development & Integration, Financial, High Technology, Real Estate, Retail, Travel & Tourism

David Cyphers *(Owner & Pres)*
Christina Drews-Leonard *(Art Dir & Strategist-Search Engine Optimization)*
Darren Easton *(Creative Dir)*
Kristin Dyak *(Dir-Digital Mktg)*
Anna Forbes *(Sr Acct Exec)*
Katie Lischick *(Acct Exec-PR)*
Danielle Reigle *(Acct Exec-Mktg)*
Kayla Twain *(Acct Exec)*
Caroline Gergely *(Acct Coord)*
Kelly Flanagan *(Coord-Digital Mktg)*

Accounts:
Advance
Annapolis Yacht Sales
Anne Arundel Dermatology
Automatic Data Processing, Inc.
B. Frank Joy, LLC Integrated Marketing
Blackwall Hitch (Agency of Record)
Blue Water Development
Capital Bank Corporation
FedData
Grain Foods Foundation Digital Marketing, Public Relations, Social Media Strategy
Green Turtle
Kay Apartments
McCartin Insurance
MID Samsung
Pinnacle Advisory Group
Seasons Pizza
Solar Energy World
Strayer University
Taylor Bank

D&S CREATIVE COMMUNICATIONS INC.
140 Park Ave E, Mansfield, OH 44902-1830
Tel.: (419) 524-4312
Fax: (419) 524-6494
E-Mail: info@ds-creative.com
Web Site: www.ds-creative.com

E-Mail for Key Personnel:
President: tneff@ds-creative.com

Employees: 75
Year Founded: 1972

Agency Specializes In: Advertising, Brand Development & Integration, Business Publications, Business-To-Business, Collateral, Commercial Photography, Communications, Direct Response Marketing, E-Commerce, Electronic Media, Graphic Design, Industrial, Internet/Web Design, Merchandising, Multimedia, Out-of-Home Media, Outdoor, Point of Purchase, Point of Sale, Print, Production, Retail, Sales Promotion, Sweepstakes, Trade & Consumer Magazines

Approx. Annual Billings: $9,000,000

Terence Neff *(Pres)*
Richard T. Schroeder *(CEO)*
Ladislaw Peko *(Controller)*
David Anthony *(Gen Mgr & Sr Acct Mgr)*
Bob Hanes *(Mgr-IT)*
Sheila Vent *(Sr Acct Supvr-Electrolux)*
Jim Sexton *(Acct Exec)*
Jordan Kvochick *(Coord-Project-Digital Asset Mgmt)*
Marty Hoenes *(Sr Art Dir)*

Accounts:
Allied Air Enterprises
American Greetings
Ames Company; Parkersburg, VA
Formica
Georgia-Pacific
Haas-Jordan
Hedstrom
Hilti
Macco
Mr.Coffee
Stihl
Vortens
Wilsonart

D EXPOSITO & PARTNERS, LLC
875 Ave of the Americas, New York, NY 10001
Tel.: (646) 747-8800
Fax: (212) 273-0778
E-Mail: info@dex-p.com
Web Site: newamericanagency.com

Employees: 25
Year Founded: 2005

National Agency Associations: 4A's

Agency Specializes In: Hispanic Market

Daisy Exposito-Ulla *(Chm & CEO)*
Jorge Ulla *(Chm & CEO)*
John Ross *(Partner & CFO)*
Paco Olavarrieta *(Partner & Chief Creative Officer)*
Gloria Constanza *(Partner & Sr Strategist-Contact)*
Louis Maldonado *(Mng Dir)*
Rosanna Urena *(Media Dir-Brdcst Buying)*
Pablo M. Abreu *(Assoc Dir-Digital)*
Abraham Espinosa *(Assoc Dir-Strategic Plng)*
Vanessa Bambina *(Mgr-HR)*
Ada de la Cruz *(Supvr-Media)*

Accounts:
AARP Foundation; 2013
AARP Services Inc.; 2013
AARP; 2011
Amica Mutual Insurance Company; 2014
Amtrak; 2013
Chile Pepper
Choice Hotels International; 2014
ConAgra Foods; 2009
Limon Dance Company; 2009
McDonald's
The National Campaign to Prevent Teen and Unplanned Pregnancy; 2007
NY Metro; 2005
Port Authority of New York & New Jersey Media planning and buying; 2012
Puerto Rican Day Parade; 2014
Safe Horizon; 2014
Tajin International; 2013
US Army Digital; 2013

D. HILTON ASSOCIATES, INC.
9450 Grogans Mill Rd Ste 200, The Woodlands, TX 77380
Tel.: (281) 292-5088
Fax: (281) 292-8893
Toll Free: (800) 367-0433
Web Site: www.dhilton.com

Employees: 20
Year Founded: 1985

Agency Specializes In: Advertising, Brand Development & Integration, Email, Internet/Web Design, Market Research, Merchandising, Newspaper, Out-of-Home Media, Outdoor, Print, Radio, Retail, Strategic Planning/Research, T.V.

Revenue: $10,000,000

David Hilton *(Pres)*
John Andrews *(Exec VP-Compensation)*
Debbie Hilton *(Exec VP-Retention & Retirement)*
Brian Kidwell *(Exec VP)*
Sarah Hilton *(VP)*
Jessica Jarman *(VP)*
Hillary Mihle *(Asst VP-Res)*

D2 CREATIVE
28 Worlds Fair Dr, Somerset, NJ 08873
Tel.: (732) 507-7300
Web Site: https://www.d2creative.com/

Employees: 44
Year Founded: 1995

Agency Specializes In: Advertising, Brand Development & Integration, Digital/Interactive, Internet/Web Design

Peter Lyons *(Sr VP-Creative & Technical Svcs)*
Judy Minot *(Creative Dir)*
Patrick Sodano *(Creative Dir)*
Laura Vitez-O'Donnell *(Creative Dir-Content Dev)*
Gwen Dixon *(Dir-Ops)*
Scott Holmes *(Dir-Technical)*
Anna Juharian *(Project Mgr-Interactive)*
Lauren Sparagna *(Project Mgr-Video & Interactive)*
Britton Shinn *(Sr Strategist-Digital)*
Tiffany Burke *(Specialist-Digital & Social)*

Accounts:
Institute of Electrical and Electronics Engineers, Inc.

D3 NYC
(Formerly DEARE 2)
401 Broadway Ste 403, New York, NY 10013
Tel.: (646) 202-1696
Web Site: www.d3-nyc.com

Employees: 11

Agency Specializes In: Advertising, Brand Development & Integration, Content, Crisis Communications, Internet/Web Design, Media Buying Services, Media Planning, Search Engine Optimization, Social Media, T.V.

Brielle Boucher *(Acct Exec)*

Accounts:
New-Jet.com, Inc.

D4 CREATIVE GROUP

AGENCIES - JANUARY, 2019 — ADVERTISING AGENCIES

4646 Umbria St, Philadelphia, PA 19127
Tel.: (215) 483-4555
Fax: (215) 483-4550
E-Mail: info@d4creative.com
Web Site: www.d4creative.com

Employees: 30
Year Founded: 1990

Suzanne Hatfield *(Founder & CEO)*
Kurt Shore *(Pres & Chief Creative Officer)*
Michael Snyder *(Chief Strategy Officer & Exec VP-Acct Svcs)*
Sara Stuard *(VP-Acct Svcs)*
Bob Seabert *(Creative Dir)*
Meredith LeFebvre Minnick *(Acct Exec)*
Sloane Murray *(Acct Exec)*
Dave Lesser *(Sr Creative Dir & Copywriter)*

Accounts:
Acme-Hardesty
ARI Fleet
Bob Gold and Associates
Charter Communications
Comcast
Cure Auto Insurance Out-Of-Home, Social Media, TV
Drexel University
Espoma
Frontier Communications
Gate 1 Travel
Harris Tea
John Templeton Foundation
K'NEX
Lenfest Media Group
Martin Law Online, Out-of-Home, Print, Radio
McKesson
Metrocast/Harron Communications
Motorola Solutions, Inc.
My Alarm Center
Nuna
Penn Maid
Pond Lehocky Stern Giordano
Sandia Laboratories
Time Warner Cable
TRG Customer Solutions
Unilife
Veria Living Branded Content, Campaign: "You've Got Veria", Events, Multi-Channel Campaign, Print, Radio, TV
Weinstein Bath & Kitchen
Wel Fab
Wharton Business School

D50 MEDIA
1330 Boylston St, Newton, MA 02461
Tel.: (800) 582-9606
E-Mail: info@d50media.com
Web Site: www.d50media.com

Employees: 51
Year Founded: 2011

Agency Specializes In: Advertising, Media Buying Services, Public Relations, Social Media

Jay Haverty *(CEO)*
Eric Lander *(Assoc Dir-Digital Media)*
Anh Tran *(Mgr-Digital Mktg)*
Allan Paul Jussaume *(Acct Coord)*
Adam Scott *(Assoc Media Dir)*

Accounts:
Rentrak Corporation

DAC GROUP
401 S 4Th St Ste 1910, Louisville, KY 40202
Tel.: (502) 272-0882
Fax: (502) 582-9025
Toll Free: (866) 967-7186
Web Site: https://www.dacgroup.com/

Employees: 20
Year Founded: 1993

Agency Specializes In: Digital/Interactive, Yellow Pages Advertising

Approx. Annual Billings: $19,000,000

Norm Hagarty *(CEO & Mng Partner-Canada)*
David Jowett *(Pres-Europe)*
Kiran Prashad *(Pres-New York)*
Jared Hendrickson *(VP & Gen Mgr)*
Jenna Watson *(VP-Digital Media)*
Denise Ash *(Head-Acct & Specialist-Digital Product)*
Melissa Consaga *(Head-Media Ops Team)*
Chris Pulaski *(Grp Acct Dir)*
Jennifer Abramson *(Acct Dir-Digital)*
Christy Del Savio *(Dir-Bus Process)*
Felicia Del Vecchio *(Assoc Dir-Paid Search)*
Adrianne Diamond *(Acct Mgr)*
David Mabry *(Acct Mgr)*
Nicholas Manfredo *(Acct Mgr-Digital)*
Sofia Rocchio *(Assoc Acct Mgr)*
James Carr *(Acct Supvr)*
Ryan Kornhaas *(Acct Supvr)*
Kyle Lynch *(Acct Supvr)*
Tyler Crouse *(Acct Exec)*
Colleene Masters *(Acct Exec)*
Amanda Woolums *(Acct Exec)*

Accounts:
Beltone
CHS Hospital
Fish Window Cleaning
Lifecare
Stanley Steemer
Sylvan Learning Inc (Agency of Record) Digital Media, Internet Yellow Pages, Mobile Display Strategy, Online Strategy, Paid-Search
Terminix
YMCA

Branch

DAC Group
444 N Michigan Ave Ste 1270, Chicago, IL 60611
Tel.: (312) 487-2967
Fax: (312) 846-5903
Toll Free: (866) 972-2717
Web Site: www.dacgroup.com

Employees: 50
Year Founded: 2014

Agency Specializes In: Advertising, Brand Development & Integration, Communications, Content, Digital/Interactive, Event Planning & Marketing, Out-of-Home Media, Search Engine Optimization, Social Media, T.V.

Eli Grant *(VP & Gen Mgr)*

Accounts:
New-Lauzon
New-Starbucks Corporation
New-Tiffin University

DAE ADVERTISING, INC.
71 Stevenson St Ste 1450, San Francisco, CA 94105
Tel.: (415) 341-1280
Fax: (415) 296-8378
E-Mail: hello@dae.com
Web Site: www.dae.com

Employees: 25
Year Founded: 1990

Agency Specializes In: Above-the-Line, Advertising, Arts, Asian Market, Below-the-Line, Bilingual Market, Brand Development & Integration, Broadcast, Collateral, Consumer Goods, Copywriting, Digital/Interactive, Direct Response Marketing, Email, Entertainment, Environmental, Event Planning & Marketing, Financial, Graphic Design, Health Care Services, Hospitality, In-Store Advertising, Integrated Marketing, International, Leisure, Media Buying Services, Media Planning, Mobile Marketing, Multicultural, Pharmaceutical, Planning & Consultation, Point of Sale, Production, Public Relations, Retail, Social Media, South Asian Market, Sponsorship, Strategic Planning/Research, Transportation

Approx. Annual Billings: $7,500,000

Breakdown of Gross Billings by Media: Adv. Specialities: $7,500,000

Gregory Chew *(Founder & Creative Dir)*
Fanny Chew *(Pres)*

Accounts:
AARP
American Cancer Society
Asian Art Museum
Cathay Pacific Airways
El Camino Hospital
Gilead
Recology
San Francisco Hep B Free
Southwest Airlines
Squaw Valley
Wells Fargo Asian-American, Multicultural Marketing

DAHU AGENCY
101 Westlake Dr Ste 152, Austin, TX 78746
Tel.: (512) 640-5420
Fax: (512) 861-0255
E-Mail: adapt@dahu-agency.com
Web Site: www.dahu-agency.com

Employees: 8
Year Founded: 2015

Agency Specializes In: Advertising, Brand Development & Integration, Content, Digital/Interactive, Logo & Package Design, Social Media

Mindy League *(Co-Founder & CEO)*
Emily Braniff *(Dir-Quality Assurance)*
Mark Hill *(Dir-Web Tech)*
Rainer Wollthan *(Dir-IT)*

Accounts:
New-Clear Rock Advisors, LLC

DAIGLE CREATIVE
9957 Moorings Dr, Jacksonville, FL 32257
Tel.: (904) 880-9595
E-Mail: info@daiglecreative.com
Web Site: www.daiglecreative.com

Employees: 5
Year Founded: 1997

Agency Specializes In: Advertising, Media Buying Services, Media Planning, Print, Public Relations, Strategic Planning/Research

John Daigle *(Principal)*
Renay Daigle *(Principal)*
Kristen DeSmidt *(VP-Ops & PR)*
Becky Russo *(Dir-Creative)*
Katharine Ridenhour *(Sr Specialist-Comm)*
Jennifer Leggett *(Specialist-Comm)*

Accounts:
Mathis & Murphy P.A.

ADVERTISING AGENCIES

DAILEY & ASSOCIATES
8687 Melrose Ave Ste G300, West Hollywood, CA 90069
Tel.: (310) 360-3100
Fax: (310) 360-0810
E-Mail: info@daileyideas.com
Web Site: http://www.daileyla.com/

E-Mail for Key Personnel:
President: srabosky@daileyads.com
Production Mgr.: jstanley@daileyads.com

Employees: 100
Year Founded: 1968

National Agency Associations: 4A's-THINKLA

Agency Specializes In: Advertising, Automotive, Broadcast, Children's Market, Collateral, Electronic Media, Entertainment, Internet/Web Design, New Technologies, Production (Ad, Film, Broadcast), Production (Print), Sponsorship, Strategic Planning/Research

Approx. Annual Billings: $207,000,000

Jean Grabow *(Mng Partner)*
Brad Johnson *(Mng Partner)*
William Waldner *(Mng Partner)*
Richard Mahan *(Exec VP & Exec Creative Dir)*
Steve Mitchell *(Sr VP & Mgmt Supvr)*
Rey Papa *(Controller)*
Marcus Wesson *(Exec Creative Dir)*
Manaf Al-Naqeeb *(Creative Dir-Digital)*
Carlos A. Ariza *(Assoc Partner & Media Dir-Dailey Adv)*
Trisha Ferreira *(Acct Dir-Digital)*
Daniel Gray *(Creative Dir)*
Michael Miller *(Creative Dir)*
Jessica Uribe *(Producer-Digital)*
Susan Gotz *(Assoc Dir-Brdcst Negotiations)*
Danya Sanchez *(Assoc Dir-Media & Integrated)*
Denise Pelton *(Acct Supvr)*
Julie Coplan *(Media Supvr & Sr Buyer)*
Matthew Levtzow *(Media Buyer)*
Mark Lindemann *(Assoc Creative Dir & Writer)*
Elaine Ng *(Sr Negotiator-Brdcst)*

Accounts:
American Honda Motor Co., Inc. Honda Motorcycles, Honda Watercraft, Powersports (Agency of Record)
Alive! Multivitamin (Agency of Record)
Aspen Dental Management
Dole Food Company, Inc. DOLE
International House of Pancakes, Inc.
Intuit Inc. Quicken, Turbo Tax
King's Hawaiian Bakery Hawaiian Sweet Bread, Integrated Communications
Legoland
Nestle USA Baby Ruth, Carnation Instant Breakfast, Nestle Crunch, Peanut Butter Cups, Raisinets, SweeTarts, Wonka
SoCal Ford Dealers

DAISHO CREATIVE STRATEGIES
8603 S Dixie Hwy, Miami, FL 33143
Tel.: (305) 234-5617
E-Mail: info@daishocreative.com
Web Site: www.daishocreative.com

Employees: 6
Year Founded: 2007

Agency Specializes In: Advertising, Brand Development & Integration, Corporate Identity, Graphic Design, Internet/Web Design, Logo & Package Design, Print, Search Engine Optimization, Social Media

Frank Irias *(Creative Dir)*

Accounts:
The Barthet Firm
Westminster Christian School

DALLAS RIFFLE MEDIA
3030 E 63rd St Ste 404, Cleveland, OH 44127
Tel.: (330) 274-7658
E-Mail: dallas@dallasriffle.com
Web Site: www.dallasriffle.com

Employees: 10
Year Founded: 2014

Agency Specializes In: Advertising, Brand Development & Integration, Content, Internet/Web Design, Package Design, Print, Public Relations, Social Media

Dallas Riffle *(Owner & Creative Dir)*
Shawn McFadden *(Mgr-Digital Mktg)*

Accounts:
High Voltage Indoor Karting

DALTON AGENCY JACKSONVILLE
140 W Monroe St, Jacksonville, FL 32202
Tel.: (904) 398-5222
Fax: (904) 398-5220
Toll Free: (888) 409-2691
E-Mail: info@daltonagency.com
Web Site: www.daltonagency.com

E-Mail for Key Personnel:
President: jim@daltonagency.com
Creative Dir.: pat@daltonagency.com
Production Mgr.: david@daltonagency.com
Public Relations: mmunz@daltonagency.com

Employees: 100
Year Founded: 1989

National Agency Associations: AMIN

Agency Specializes In: Advertising, Automotive, Aviation & Aerospace, Brand Development & Integration, Broadcast, Business-To-Business, Cable T.V., Catalogs, Co-op Advertising, Collateral, Communications, Consumer Goods, Consumer Marketing, Corporate Communications, Crisis Communications, Digital/Interactive, Education, Electronic Media, Entertainment, Event Planning & Marketing, Experience Design, Financial, Food Service, Government/Political, Graphic Design, Health Care Services, Information Technology, Internet/Web Design, Investor Relations, Leisure, Logo & Package Design, Luxury Products, Magazines, Marine, Market Research, Media Buying Services, Media Planning, Media Relations, Medical Products, Merchandising, Multimedia, Newspaper, Newspapers & Magazines, Out-of-Home Media, Outdoor, Package Design, Point of Purchase, Print, Production, Production (Ad, Film, Broadcast), Production (Print), Promotions, Public Relations, Publicity/Promotions, Radio, Real Estate, Restaurant, Retail, Social Media, Sponsorship, Sports Market, Strategic Planning/Research, T.V., Transportation, Travel & Tourism, Web (Banner Ads, Pop-ups, etc.)

Approx. Annual Billings: $35,000,000

Jim Dalton *(CEO)*
Patrick McKinney *(Partner, Chief Creative Officer & Exec VP)*
Michael Munz *(Pres-PR & Social Grp)*
Jo Ann Stephens *(VP & Bus Mgr)*
Kassi Belz *(VP-PR)*
Jeremy Nettles *(VP-Social Media)*
Heather Gosendi *(Dir-Social Media Content)*
Brian Kinkade *(Acct Svc Dir)*
Kristen Curtiss *(Mgr-Social Media)*
Heather Houston *(Sr Acct Supvr)*
Cari Bessinger *(Sr Acct Exec)*
Maddie Milne *(Acct Exec)*
Joe Wolf *(Acct Exec)*
Lauren Young *(Acct Exec)*

Accounts:
American Heart Association Inc. Campaign: "Go Red for Women", Campaign: "Life is Why", Digital, Logo, Print, Social Media, Television
APR Energy Digital Advertising, Internal & External Communications, Media Relations, Social Media; 2018
BAE Systems Products Group Security Equipment Manufacturer
GATE Petroleum Company (Agency of Record) Creative, Digital Strategy, Media Buying & Strategy, Promotional Planning, Social Media, Web Design; 2018
Jacksonville Convention & Visitors Bureau; Jacksonville, FL
Jacksonville Jaguars; Jacksonville, FL NFL Football Team; 2000
Jacksonville Zoo and Gardens
LEGOLAND Florida National Strategic Communications, PR, Social Media
McDonald's-Jacksonville/Tampa Co-op
Pace Center for Girls (Agency of Record) Advertising, Brand Positioning, Integrated Marketing, Public Relations, Social, Strategic Foundation; 2018
Ronald McDonald House
Special Counsel
Susan G. Komen (Agency of Record)
Swisher International; Jacksonville, FL Cigars: Bering, King Edward, Optimo, & Swisher Sweets
Visit Jacksonville (Agency of Record) Media
W&O Supply Fittings, Marine Valves, Pipes, Valve Automation Services

Branch

Dalton Agency Atlanta
1360 Peachtree St Ste 700, Atlanta, GA 30309
Tel.: (404) 876-2800
Fax: (404) 876-2830
Web Site: www.daltonagency.com/

Employees: 30
Year Founded: 1988

National Agency Associations: AMIN

Agency Specializes In: Broadcast, Business-To-Business, Cable T.V., Consulting, Corporate Identity, Digital/Interactive, Direct Response Marketing, E-Commerce, Electronic Media, Graphic Design, High Technology, Internet/Web Design, Magazines, Newspapers & Magazines, Out-of-Home Media, Outdoor, Print, Production, Radio, Strategic Planning/Research

Bill Coontz *(Pres)*
Pat Mckinney *(Partner, Chief Creative Officer & Exec VP)*
Kevyn Faulkenberry *(Sr VP & Creative Dir)*
Ellen Repasky *(VP & Acct Dir-Dalton Agency-Atlanta)*
Scott Merritt *(VP-Media Rels)*
Jacquelyn Turner *(Mgr-Social Media)*
Roland Alonzi *(Sr Acct Supvr)*
Ryan Gambrell *(Acct Supvr-Adv Div)*
Anna Bickers *(Media Planner & Media Buyer)*

Accounts:
American Suzuki Corporation
Attorneys' Title Insurance Fund
Cleaver-Brooks, Inc.
CSC Holdings, LLC
Fanatics Creative
The Fund
Georgia Federal Credit Union
The Georgia Force
Manheim Manheim, Manheim.com
NYCM Insurance
SecureWorks, Inc.

AGENCIES - JANUARY, 2019 — ADVERTISING AGENCIES

SouthernLINC Wireless

DALY GRAY PUBLIC RELATIONS
620 Herndon Pkwy Ste 115, Herndon, VA 20170
Tel.: (703) 435-6293
Web Site: www.dalygray.com

Employees: 10

Agency Specializes In: Advertising, Brand Development & Integration, Crisis Communications, Event Planning & Marketing, Media Relations, Public Relations

Chris Daly *(Pres)*
Patrick Daly *(Office Mgr)*

Accounts:
Chatham Lodging Trust
Gemstone Hotels & Resorts LLC

DALYN MILLER PUBLIC RELATIONS, LLC.
4800 N Broadway St, Chicago, IL 60640
Tel.: (617) 504-6869
Fax: (773) 856-6004
E-Mail: dalyn@dalynmillerpr.com
Web Site: www.dalynmillerpr.com

Employees: 3

Agency Specializes In: Arts, Brand Development & Integration, Communications, Consulting, Graphic Design, Health Care Services, Identity Marketing, Local Marketing, Media Relations, New Technologies, Promotions, Public Relations, Publishing, Radio, Social Marketing/Nonprofit, T.V., Travel & Tourism

Dalyn A. Miller *(Principal)*

Accounts:
Arcade Publishing
Gibbs Smith Publishers
Pure Prescriptions, Inc.
Stormship

DAMEN JACKSON
954 W Washington Blvd Ste 750, Chicago, IL 60607
Tel.: (312) 277-0702
E-Mail: info@damenjackson.com
Web Site: damenjackson.com/

Agency Specializes In: Automotive, Brand Development & Integration, Business-To-Business, Consulting, Consumer Goods, Corporate Identity, Electronics, Engineering, Entertainment, Fashion/Apparel, Graphic Design, Household Goods, Industrial, International, Logo & Package Design, Market Research, Medical Products, New Product Development, Package Design, Pharmaceutical, Restaurant, Retail, Transportation

Ron Farnum *(Pres)*

Accounts:
Ace Hardware Brand Identity

DAMN GOOD
998 SE 6th Ave #1, Delray Beach, FL 33483
Tel.: (561) 266-0127
Web Site: damngood.agency

Employees: 50

Agency Specializes In: Advertising, Brand Development & Integration, Graphic Design, Internet/Web Design, Radio, Social Media, Strategic Planning/Research, T.V.

Derek Channell *(Mng Dir-Client Svcs)*
Lindsey McFadden *(Sr Acct Exec)*
Melissa Feiner *(Acct Exec)*
Kristian Weis *(Strategist-Creative)*
Lissett Medina *(Sr Art Dir)*

Accounts:
Boca Raton Polo Club
IMAGE Skincare Creative, Digital
Jewish Federation of Palm Beach County
Morikami
Opustone
Warren Henry Auto Group

DAMO ADVERTISING
1338 Pasadena St, San Antonio, TX 78201
Tel.: (210) 544-9818
Web Site: www.damoadvertising.com

Employees: 1
Year Founded: 2009

Agency Specializes In: Advertising, Brand Development & Integration, Digital/Interactive, Internet/Web Design, Package Design, Print

David Martinez *(Owner)*

Accounts:
David&Erick Clothing Co

DAN PIPKIN ADVERTISING AGENCY, INC.
429 N Walnut St, Danville, IL 61832
Tel.: (217) 446-1021
Fax: (217) 446-3062
Web Site: www.danpipkinadvertising.com

Employees: 5
Year Founded: 1953

National Agency Associations: APA

Agency Specializes In: Advertising, Advertising Specialties, Agriculture, Automotive, Bilingual Market, Brand Development & Integration, Broadcast, Business Publications, Business-To-Business, Cable T.V., Children's Market, Co-op Advertising, Collateral, Commercial Photography, Communications, Consulting, Consumer Marketing, Consumer Publications, Corporate Communications, Corporate Identity, Direct Response Marketing, E-Commerce, Education, Electronic Media, Event Planning & Marketing, Exhibit/Trade Shows, Food Service, Government/Political, Graphic Design, Health Care Services, In-Store Advertising, Industrial, Internet/Web Design, Local Marketing, Logo & Package Design, Magazines, Marine, Media Buying Services, Medical Products, Merchandising, New Product Development, Newspaper, Newspapers & Magazines, Out-of-Home Media, Outdoor, Over-50 Market, Point of Purchase, Point of Sale, Print, Production, Public Relations, Publicity/Promotions, Radio, Retail, Sales Promotion, Seniors' Market, Sports Market, Strategic Planning/Research, T.V., Technical Advertising, Teen Market, Trade & Consumer Magazines, Travel & Tourism, Yellow Pages Advertising

Approx. Annual Billings: $1,090,000

Brad Pipkin *(Acct Supvr)*

Accounts:
Allomatic
Champion Enterprises Holdings, LLC
PRI
Raybestos
Rumford Clabber Girl
Stalcop
Stretchpak

DANA COMMUNICATIONS, INC.
2 E Broad St, Hopewell, NJ 08525
Tel.: (609) 466-9187
Fax: (609) 466-8608
E-Mail: info@danacommunications.com
Web Site: www.danacommunications.com

Employees: 35
Year Founded: 1979

Agency Specializes In: Digital/Interactive, Internet/Web Design

Lynn Kaniper *(Owner & Pres)*
Mark D'Amico *(Partner & VP)*
Tracy Stottler *(Exec Dir)*
Karen Paton *(Media Dir)*
Colleen Miele *(Copywriter)*

Accounts:
American Express
Avis
Benchmark Hospitality
Berlitz
Callaway Gardens
Cheapoair
Christophe Harbour
Hilton Short Hills
Kiawah Island Golf Resort
Millennium Hotels & Resorts
Society for Incentive Travel Excellence Marketing; 2018

Branches

Dana Communications
350 5th Ave Ste 2620, New York, NY 10118
Tel.: (212) 736-0060
Fax: (212) 736-6669
Web Site: www.danacommunications.com

Employees: 10

Lauren Clay *(Mgr-Social Media & Editor)*
Sandy Welsh *(Dir-Accts, Strategy & Res)*
Westley Hackmann *(Sr Acct Exec)*

Accounts:
AAA
American Express
Callaway Gardens
Cheapoair
Columbia University Faculty House

Dana Communications
5690 Bromley Dr, Kernersville, NC 27284
Tel.: (336) 993-3202
Fax: (336) 993-3492
Web Site: www.danacommunications.com

Employees: 30

Sandy Welsh *(Dir-Accts, Strategy & Res)*
Shawn Carter Kusenko *(Copywriter)*
Colleen Miele *(Copywriter)*

Accounts:
AAA
American Express
Christophe Harbour
Hilton Short Hills
Iacc
National Conference Center
Starwood

DANIEL BRIAN ADVERTISING

ADVERTISING AGENCIES — AGENCIES - JANUARY, 2019

222 S Main St, Rochester, MI 48307
Tel.: (248) 601-5222
Fax: (248) 601-5205
E-Mail: contact@danielbrian.com
Web Site: danielbrian.com

Employees: 200
Year Founded: 1992

Agency Specializes In: Advertising, Brand Development & Integration, Content, Copywriting, Digital/Interactive, Email, Media Buying Services, Media Planning, Promotions, Shopper Marketing

Daniel Brian Cobb *(Founder & CEO)*
Joel Cottrell *(COO)*
Krista Cobb *(Chief Admin Officer)*
Lisa Blackwell *(Exec VP-Client Experience)*
Matt Bunk *(Sr VP-Creative Dev)*
Paul Clancy *(Sr VP-Digital Media Strategy)*
Christian Stoehr *(Sr VP-Production & R&D)*

Accounts:
New-Consumers Energy Company
New-Hungry Howie's Pizza & Subs Inc.

DANIELS & ROBERTS, INC.
209 N Seacrest Blvd Ste 209, Boynton Beach, FL 33435
Tel.: (561) 241-0066
Fax: (561) 241-1198
Toll Free: (800) 488-0066
E-Mail: info@danielsandroberts.com
Web Site: www.danielsandroberts.com

E-Mail for Key Personnel:
President: dmuggeo@danielsandroberts.com
Creative Dir.: fparente@danielsandroberts.com
Production Mgr.: fcoffy@danielsandroberts.com

Employees: 25
Year Founded: 1986

Agency Specializes In: Brand Development & Integration, Business-To-Business, Commercial Photography, Communications, Consumer Marketing, Hispanic Market, Planning & Consultation, Production

Daniel Muggeo *(Founder & CEO)*
Francis Parente *(VP & Creative Dir)*
Amy Scharf *(VP-Client Svcs)*
Mary Louise Dundore *(Comptroller)*

Accounts:
Citrix
Dole
HP
IBM
Travelpro

DARBY O'BRIEN ADVERTISING
9 College St, South Hadley, MA 01075
Tel.: (413) 533-7045
E-Mail: hello@darbyobrien.com
Web Site: www.darbyobrien.com

Employees: 20

Agency Specializes In: Advertising, Brand Development & Integration, Print, T.V.

Gainer O'Brien *(Creative Dir)*

Accounts:
Soldier On

DARCI CREATIVE
96 Chestnut St, Portsmouth, NH 03801
Tel.: (603) 436-6330
Web Site: www.edarci.com

Employees: 5
Year Founded: 2006

Agency Specializes In: Advertising, Brand Development & Integration, Internet/Web Design, Public Relations, Strategic Planning/Research

Darci Knowles *(Owner)*
Riddy Hosser *(Art Dir)*
Daniele Hosser *(Sr Acct Exec)*
Marisa Novello *(Acct Coord)*

Accounts:
The Blue Mermaid Island Grill

DARK HORSE MARKETING
1 Fifth Ave, Pelham, NY 10803
Tel.: (914) 632-1584
Fax: (914) 632-1586
E-Mail: info@darkhorsemarketing.com
Web Site: www.darkhorsemarketing.com

Employees: 5
Year Founded: 2002

Agency Specializes In: Advertising, Brand Development & Integration, Business-To-Business, Catalogs, Collateral, Consulting, Corporate Communications, Digital/Interactive, E-Commerce, Electronic Media, Graphic Design, Integrated Marketing, Internet/Web Design, Logo & Package Design, Media Buying Services, Media Relations, Multimedia, Search Engine Optimization, Social Media, Strategic Planning/Research, Trade & Consumer Magazines, Web (Banner Ads, Pop-ups, etc.)

Belinda Brouder-Hayes *(Owner)*

Accounts:
Mercator Companies
Premium Funding Group

DARK HORSE MEDIA
4441 E 5th St, Tucson, AZ 85711
Tel.: (520) 748-1010
Web Site: www.darkhorsemedia.com

Employees: 18

Agency Specializes In: Advertising, Brand Development & Integration, Collateral, Internet/Web Design, Media Buying Services, Print, Social Media, T.V.

Linda Fahey *(Owner)*
Odette Felix *(Mgr-Digital Mktg & Social Media)*
Squirrel Rippley *(Coord-Production)*

Accounts:
University of Arizona

DARLING
181 Christopher St, New York, NY 10014
Tel.: (212) 242-2000
Fax: (212) 242-2230
Web Site: https://www.darling.nyc/

Employees: 12
Year Founded: 2008

Agency Specializes In: Advertising, Brand Development & Integration, Identity Marketing, Logo & Package Design, Social Media, Sponsorship, T.V.

Kelly Platt *(Pres & Creative Dir)*
Jeroen Bours *(CEO)*
Mitch Kilanowski *(Exec VP-Commodities)*

Accounts:
ACE Group (Advertising Agency of Record); 2010
BMC Software (Advertising Agency of Record); 2015
Cirrus
Genpact Advertising Agency of Record
Hamilton Beach
Hearst Entertainment
The Medical Letter (Advertising Agency of Record)
Melrose Credit Union (Advertising Agency of Record)
OXO (Advertising Agency of Record); 2013
QuickView
Rainforest Trust
Selfie.com
Somerset Partners (Advertising Agency of Record)

DARRYL DOUGLAS MEDIA
12123 PlumPOint Dr, Houston, TX 77099
Tel.: (858) 336-0090
Web Site: www.darryldouglasmedia.com

Employees: 4
Year Founded: 2008

Agency Specializes In: Advertising, Content, Digital/Interactive, Internet/Web Design

Michael P. Puckett *(Pres)*

Accounts:
Always Half Price

DAS GROUP, INC.
9050 Pines Blvd Ste 250, Pembroke Pines, FL 33024
Tel.: (954) 893-8112
Fax: (954) 893-8143
Toll Free: (800) 717-2131
E-Mail: info@das-group.com
Web Site: www.das-group.com

E-Mail for Key Personnel:
President: joe@das-group.com
Media Dir.: karen@das-group.com

Employees: 22
Year Founded: 1980

National Agency Associations: LSA

Agency Specializes In: Digital/Interactive, Graphic Design, High Technology, Internet/Web Design, Newspaper, Recruitment, Yellow Pages Advertising

Approx. Annual Billings: $10,000,000

Christina Parsons *(Co-Owner & Pres)*
Karen Korner *(CEO)*
Gary Meares *(COO)*
Martin Pillot *(Creative Dir)*
Sally Lo *(Mgr-Digital Mktg)*

Accounts:
Barron Development
Truly Nolen Pest Control

Branches

DAS Group
1501 Ogden Ave, Downers Grove, IL 60515
Tel.: (630) 678-0100
Fax: (630) 678-0067
E-Mail: info@das-group.com
Web Site: www.das-group.com

Employees: 1

Mary Ruggiero *(Sr Acct Exec)*

AGENCIES - JANUARY, 2019 — ADVERTISING AGENCIES

DATALAB USA LLC
20261 Goldenrod Ln, Germantown, MD 20876
Tel.: (301) 972-1430
Fax: (301) 972-3638
Toll Free: (800) 972-1430
E-Mail: info@datalabusa.com
Web Site: www.datalabusa.com

Employees: 70
Year Founded: 1999

Agency Specializes In: African-American Market, Asian Market, Bilingual Market, Broadcast, Consumer Marketing, Direct Response Marketing, Direct-to-Consumer, Email, Luxury Products, Men's Market, Over-50 Market, Syndication, T.V., Web (Banner Ads, Pop-ups, etc.)

Approx. Annual Billings: $50,000,000

Hans Aigner *(Owner)*
Olga Aigner *(COO)*
Alex Aigner *(COO-Digital Adv)*
David Flam *(Gen Counsel)*
Seth Goodman *(Exec VP-Client Svcs)*
Ryder Warehall *(Exec VP-IT & Security)*
Aaron Davis *(VP-Analytics Team)*
Jay Kim *(VP-Fin Svcs)*
Nino Ajami *(Sr Client Svcs Dir)*

Accounts:
New-One Main Financial

DAVID
Avenida Pedrosa de Morais 15553, 2 Andar, Sao Paulo, 05477 900 Brazil
Tel.: (55) 11 3065 6000
Web Site: www.davidtheagency.com/

Employees: 50
Year Founded: 2011

Agency Specializes In: Advertising, Bilingual Market, Hispanic Market

Fernando Musa *(Founder & Chm)*
Anselmo Ramos *(Founder & Chief Creative Officer)*
Sylvia Panico *(Mng Dir)*
Rafael Donato *(VP & Exec Creative Dir)*
Daniela Bombonatto *(Head-Plng)*
Carolina Vieira *(Head-Acct Mgmt)*
Emanuel Abeijon *(Grp Acct Dir-Argentina)*
Paulo Damasceno *(Creative Dir & Art Dir)*
Curtis Caja *(Art Dir)*
Thiago Ferreira *(Art Dir)*
Edgard Gianesi *(Creative Dir)*
Diogo Mendonca *(Art Dir)*
Natalia Rakowitsch *(Acct Dir)*
Stefane Rosa *(Assoc Acct Dir)*
Christiano Vellutini *(Art Dir)*
Jean Zamprogno *(Sr Art Dir)*
Carolina Silva *(Dir-Plng)*
Gabriela Teixeira *(Dir-Plng)*
Gustavo Appendino *(Acct Exec)*
Bruna Matos *(Acct Exec)*
Pedro Zetune *(Acct Exec)*
Dan Flora *(Copywriter)*
Rico Lins *(Copywriter)*
Fernanda Machado *(Copywriter)*
Mayara Ribeiro *(Copywriter)*
Lucas Silva *(Copywriter)*
Maicon Silveira *(Copywriter)*
Bernardo Tavares *(Copywriter)*
Lucas Vigliar *(Copywriter)*
Fabio Natan *(Sr Art Dir)*
Johann Hotz Opazo *(Sr Art Dir)*

Accounts:
Aquarius
Burger King Corporation "Burger King 12 Miles", Big King Sandwich, Broadcast, Campaign: "Be Your Way", Campaign: "Change always leaves a mark", Campaign: "Coopid", Campaign: "Date", Campaign: "Subservient Chicken", Chicken Fries, Chicken Strips, Crispy Chicken Sandwich, Marketing, Social Media, Video
Coca-Cola Brazil Coca-Cola Life, Coca-Cola Light, Coca-Cola Zero, Creative
Faber-Castell
Flora
Fuze Tea
HBO
Iguatemi
Jaguar
The Kraft Heinz Company Campaign: "#MeettheKetchups", Campaign: "Backyard BBQ", Campaign: "Ketchup's Got a New Mustard", Heinz Mustard
MACMA
McCain
Milka
Nestle
Sony
spectraBan
Staples
Stiefel
Unicef
Unilever Project Sunlight, TV
Vodafone

Branch

DAVID The Agency
21 Ne 26Th St, Miami, FL 33137
Tel.: (786) 725-3415
E-Mail: talent@davidtheagency.com
Web Site: www.davidtheagency.com

Employees: 51

Agency Specializes In: Advertising, Brand Development & Integration

Anselmo Ramos *(Founder & Chief Creative Officer)*
Veronica Beach *(Head-Global Integrated Production)*
Juan Javier Pena Plaza *(Exec Creative Dir)*
Danny Alvarez *(Grp Dir-Creative)*
Jean Zamprogno *(Sr Dir-Creative Art)*
Lucila Mengide *(Grp Acct Dir)*
Stephanie Clark *(Acct Dir)*
Richard Cruz *(Art Dir)*
Mariana D'Aprile *(Acct Dir)*
Gabriella Fabbro *(Acct Dir)*
Marina Ferraz *(Art Dir)*
Ignacio Flotta *(Creative Dir)*
Tony Kalathara *(Creative Dir)*
Stefane Rosa *(Assoc Acct Dir)*
Andy Tamayo *(Art Dir)*
David Woodward *(Creative Dir)*
Monique Beauchamp *(Acct Supvr)*
Katie Heinerikson *(Acct Supvr)*
George Quiroz *(Supvr-Mgmt)*
Carolina Foster *(Sr Acct Exec)*
Alexander Allen *(Copywriter)*
Ana Ribeiro *(Copywriter)*
Nellie Santee *(Copywriter)*
Nneoma Chukweuke *(Asst Acct Exec)*
Gabriel Roldan *(Jr Strategist)*
Aaron Willard *(Sr Art Dir)*

Accounts:
Anheuser-Busch InBev Broadcast, Budweiser, Creative, Modelo Especial, Super Bowl 2018 Campaign: "Stand By You"
Burger King Corporation Campaign: "Angriest Whopper"
Coca-Cola
Kraft Heinz Company Campaign: "#MeetTheKetchups", Stove Top
Walgreens Boots Alliance, Inc Soap & Glory

DAVID & GOLIATH
909 N Sepulveda Blvd Ste 700, El Segundo, CA 90245
Tel.: (310) 445-5200
Fax: (310) 445-5201
E-Mail: cjstockton@dng.com
Web Site: www.dng.com

Employees: 140
Year Founded: 1999

National Agency Associations: 4A's-AAF-THINKLA

Agency Specializes In: Advertising, Automotive, Brand Development & Integration, Children's Market, Co-op Advertising, Collateral, Consumer Marketing, Consumer Publications, Corporate Identity, Cosmetics, Direct Response Marketing, Electronic Media, Entertainment, Event Planning & Marketing, Experiential Marketing, Fashion/Apparel, Financial, Food Service, Government/Political, Health Care Services, Leisure, Logo & Package Design, Magazines, Media Buying Services, Merchandising, New Product Development, Newspaper, Newspapers & Magazines, Out-of-Home Media, Outdoor, Planning & Consultation, Point of Purchase, Point of Sale, Print, Production, Public Relations, Publicity/Promotions, Radio, Restaurant, Retail, Sales Promotion, Seniors' Market, Sponsorship, Sports Market, Strategic Planning/Research, T.V., Trade & Consumer Magazines, Transportation, Travel & Tourism

Gerald Duran *(CFO)*
Marc Schwarzberg *(Head-Art & Design & Exec Creative Dir)*
Cathy Dunn *(Head-Production)*
Mark Koelfgen *(Exec Creative Dir & Copywriter)*
Frauke Tiemann *(Grp Dir-Creative)*
Janet Wang *(Acct Dir & Acct Supvr)*
Rory Doggett *(Creative Dir)*
Lisa Donato *(Art Dir)*
Brandon Mendez *(Art Dir)*
Jon Noorlander *(Creative Dir)*
John O'Hea *(Creative Dir)*
Eric Koretz *(Dir-Photography)*
C. J. Stockton *(Sr Mgr-Integrated)*
Marcelo Romero *(Acct Mgr)*
Natalie Gomez *(Sr Strategist-Social Media)*
Delaney Thompson *(Jr Strategist)*
Kika Douglas *(Assoc Creative Dir & Copywriter)*
Natalia Celis *(Jr Producer)*
Gabriel Gama *(Sr Art Dir)*
Devin Heatley *(Assoc Creative Dir)*

Accounts:
Ad Council U.S. Forest Service
California Lottery (Creative Agency of Record) Advertising Assignment, Black Scratchers, Campaign: "California Lucky for Life Scratchers", Campaign: "Forever Five", Campaign: "It's All Yours", Campaign: "Lady Luck", Campaign: "Luck Will Find You", Campaign: "More Luck for Your Buck", Campaign: "Wheel of Fortune Scratchers", Campaign: "When You Give, You Win", Communication Strategies, Digital, Fortune 55 Scratchers, Mobile, OOH, Radio, Social, SuperLotto Plus, TV, Taxes Paid Scratchers
Carl's Jr Campaign: "Robot", Campaign: "Say Cheese", Hardee's
Child Rescue Coalition
Coca-Cola Zico
Dragon Noodle Co
E. & J. Gallo Winery New Amsterdam
Esperanza Immigrant Rights Project
Home Box Office, Inc.
Hot Air Balloon
Jack in the Box Inc. (Creative Agency of Record) Buttery Jack, Campaign: "Declaration of Delicious", Campaign: "Even if you share two croissants with yourself, it doesn't mean you should eat by yourself", Campaign: "Legendary",

ADVERTISING AGENCIES
AGENCIES - JANUARY, 2019

Campaign: "World's Largest Coupon"
Kia Motors America Inc. (Creative Agency of Record) 2016 Kia Sorento CUV, 2017 Kia Niro, Advertising, Borrego, Digital, Forte, Hamstar (TM) Clothing, K900, Kia Cadenza, Kia Optima, Kia Optima Panoramic Sunroof, Online, Optima, Social Media, Sorento, Soul EV, Soul Turbo, Spectra, Super Bowl 2018 Campaign: "Feel Something Again", TV; 2000
Lance Burton Master Magician
Martini & Rossi Creative, Digital, Martini Asti Sparkling Wine Brand, Outdoor, Print, Strategy, Television
Miss Turkey Charbroiled Turkey Burger
Monte Carlo Resort & Casino Campaign: "Beer Labels", Pub
New York Hotel & Casino; Las Vegas, NV Campaign: "Be A Part of It", Rok Vegas Nightclub; 2008
NFL Enterprises Campaign: "Mountain"
Popchips (Agency of Record) Advertising, Creative
Scientific Games/MDI Entertainment, LLC
Shine On Sierra Leone
Southwest Airlines
Tri-Union Seafoods LLC (Agency of Record) Chicken of the Sea, Media Planning & Buying, Strategy & Creative; 2018
Universal Orlando Resort 18th Annual Halloween Horror Nights, Universal Parks & Resorts; 2001
Universal Studios Hollywood
VIZIO Advertising, Campaign: "Beautifully Simple", Campaign: "Fallen Tree", Campaign: "My Station", Campaign: "See the Beauty in Everything", Campaign: "Slam Dunk Poetry", Campaign: "So Easy", Campaign: "Tiny Dancer", Campaign: "Turkey Dinner", M-Series Smart TV, P-Series Ultra HD TV, Sound Bar
Zoo York Footwear

DAVID GELLER ASSOCIATES, INC.
110 W 40th St, New York, NY 10018
Tel.: (212) 455-0100
E-Mail: sales@davidgellerasoc.com
Web Site: www.davidgellerassoc.com

Employees: 20
Year Founded: 1945

Agency Specializes In: Alternative Advertising, Direct Response Marketing, Magazines, Media Planning, Newspaper, Newspapers & Magazines, Print, Strategic Planning/Research

Approx. Annual Billings: $30,000,000

Katherine Zito *(Exec VP)*
Wanda Zarrillo *(VP-Adv Sls)*

Accounts:
Nutrisystem

THE DAVID GROUP INC.
(Acquired & Absorbed by NAS Recruitment Innovation)

DAVID ID, INC.
83 Delafield Island Rd 1st Fl, Darien, CT 06820
Tel.: (203) 662-0678
Fax: (203) 662-0026
E-Mail: info@davidid.com
Web Site: www.davidid.com

Employees: 3

Agency Specializes In: Advertising, Brand Development & Integration

Carl Nichols *(Founder & CEO)*
Bob Hogan *(Dir-Customer Comm & Engagement)*
Dan Knol *(Dir-Design)*

Accounts:
Aon
AstraZeneca
Avantair
FitLinxx
HealthMarkets

THE DAVID JAMES AGENCY
223 E Thousand Oaks Blvd Ste 417, Thousand Oaks, CA 91360
Tel.: (805) 494-9508
Fax: (805) 494-8610
E-Mail: dja@davidjamesagency.com
Web Site: www.davidjamesagency.com

Employees: 5

Agency Specializes In: Advertising, High Technology

David Rodewald *(Mng Dir)*
Amber Rubin *(Acct Supvr)*

Accounts:
Guidance Software
MaxLinear Inc.
Semtech
Transition Networks, Inc

DAVID JAMES GROUP
1 Trans Am Plz Dr Ste 300, Oakbrook Terrace, IL 60181
Tel.: (630) 305-0003
Fax: (630) 384-1478
E-Mail: dlaurenzo@davidjamesgroup.com
Web Site: https://davidjamesgroup.com/

Employees: 17
Year Founded: 2002

National Agency Associations: BMA

Agency Specializes In: Advertising, Advertising Specialties, Brand Development & Integration, Business-To-Business, Catalogs, Collateral, Communications, Consumer Goods, Content, Corporate Communications, Corporate Identity, Direct Response Marketing, Direct-to-Consumer, Electronic Media, Email, Event Planning & Marketing, Food Service, Graphic Design, Health Care Services, Identity Marketing, In-Store Advertising, Integrated Marketing, Internet/Web Design, Local Marketing, Newspapers & Magazines, Out-of-Home Media, Outdoor, Paid Searches, Planning & Consultation, Point of Sale, Print, Production (Print), Public Relations, Retail, Sales Promotion, Strategic Planning/Research, Trade & Consumer Magazines, Web (Banner Ads, Pop-ups, etc.)

Approx. Annual Billings: $2,000,000

David Laurenzo *(Founder & Pres)*
Anne O'Day *(Partner & Mng Dir)*
Ron Zywicki *(VP-Creative Svc)*
Cheryl Peaslee *(Art Dir)*
Jennifer Jaacks Balogh *(Acct Mgr)*
Stephanie Brown *(Acct Mgr)*

Accounts:
ACCO Brands Corporation
American Dairy Science Association
Association for Manufacturing Excellence
Darwill
Ecolab
GE Access
Nokia
Transamerica Life & Protection Direct Solutions Group, Marketing, Message Development, Sales Collateral, Trade Show Planning & Promotions
Zip-Pak

DAVID STARK DESIGN & PRODUCTION
219 36Th St Unit 3, Brooklyn, NY 11232
Tel.: (718) 534-6777
E-Mail: info@davidstarkdesign.com
Web Site: www.davidstarkdesign.com

Employees: 64

Agency Specializes In: Advertising, Brand Development & Integration, Content, Event Planning & Marketing

David Stark *(Pres & Creative Dir)*
Lauren Merkin *(COO)*
Corrie Hogg *(Dir-Art & Craft)*
Jessica McCarthy *(Dir-Creative Svcs)*
Susie Montagna *(Dir-Floral & Creative Styling)*
Scott Sanders *(Dir-Design Technical)*
Alyson Walder *(Dir-Studio Production)*
Audrey Pondek *(Designer-Floral & Creative Styling)*

Accounts:
Allure
Alvin Ailey Dance Theater
American Friends of the Israel Museum
American Patrons of Tate
The Americas Society
Anna Sui
Baby Buggy
Benjamin Moore
Bermuda Ministry of Tourism
Bloomberg
The Chamber Music Society of Lincoln Center
Chivas Regal
Conde Nast Publications
Cooper-Hewitt
New-Culture Lab Detroit
DIFFA
Entertainment Weekly
The Film Society of Lincoln Center
Glamour
Greenwich Hospital
Guthrie Theater
Harman Center for the Arts
Hearst Corporation
Hello Kitty
Henry Street Settlement
House Beautiful
House of Der?on
The Huffington Post
IAC
Independent Film Channel
InStyle
The Jackson Laboratory
Jean Paul Gaultier
Louis Vuitton
Malaria No More
Meridian International Center
The Metropolitan Opera
Michael Graves
The Michael J. Fox Foundation
Millennium Promise
Minneapolis Institute of Arts
Mrs. Meyers
Museum of Arts & Design
The Museum of Modern Art
Musical Instruments Museum
National Theatre
New York City Opera
New York Magazine
New York Road Runners Club
New Yorkers for Children
Nicole Miller
Rachel Ray
Redbook
Robin Hood Foundation
Rodarte
Saks Fifth Avenue
Save the Children
Sephora
Shabby Chic
Sonia Kashuk

AGENCIES - JANUARY, 2019 — ADVERTISING AGENCIES

Sundance Institute
Target Corporation
Teen Vogue
Thomas O'Brien and Aero Studios
Tiffany & Co.
Time Inc.
Tony Burch
Turner Broadcasting
Versace
Vogue
Walker Art Center
West Elm
Whitney Museum of American Art
Women's Wear Daily
Zac Posen

DAVIDSON & BELLUSO
4105 N 20th St Ste 155, Phoenix, AZ 85016
Tel.: (602) 277-1185
Fax: (602) 277-0320
E-Mail: info@davidsonbelluso.com
Web Site: www.davidsonbelluso.com

Employees: 6
Year Founded: 2001

Agency Specializes In: Advertising, Aviation & Aerospace, Brand Development & Integration, College, Consulting, Corporate Communications, Corporate Identity, Direct Response Marketing, Exhibit/Trade Shows, Graphic Design, Health Care Services, Internet/Web Design, Logo & Package Design, Marine, New Product Development, Over-50 Market, Print, Production (Print), Search Engine Optimization, Social Marketing/Nonprofit, Social Media, Travel & Tourism

Approx. Annual Billings: $1,000,000

Breakdown of Gross Billings by Media: Collateral: $200,000; Consulting: $500,000; Corp. Communications: $100,000; D.M.: $100,000; Fees: $100,000

Rob Davidson (Owner)
Michela Davidson (Mng Partner)
Bruce Nilsson (Exec Creative Dir)
Justin Horton (Mgr-Interactive Svcs)
Christine Korecki (Acct Exec)
Janelle VanDriel (Acct Exec)
Gustavo Estrella (Assoc Creative Dir)

Accounts:
City of Phoenix Community & Economic Development Department
CVS/Health
Imaging Endpoints Online Marketing, Search Engine Optimization
McMillan Group International
Phoenix Biomedical Campus
Phoenix Sky Harbor International Airport Brand, Design, Logo; 2003
SunTek Window Films
Targas
Tempe Tourism Office
Tutor Perini Building Corp.
Walsh Group

DAVIESMOORE
805 Idaho St Ste 300, Boise, ID 83702
Tel.: (208) 472-2129
Fax: (208) 472-7450
E-Mail: info@daviesmoore.com
Web Site: https://daviesmoore.com/

Employees: 29
Year Founded: 1953

National Agency Associations: Second Wind Limited

Agency Specializes In: Advertising, Brand Development & Integration, Broadcast, Business Publications, Business-To-Business, Cable T.V., Co-op Advertising, Communications, Consulting, Consumer Marketing, Consumer Publications, Corporate Identity, Digital/Interactive, E-Commerce, Electronic Media, Exhibit/Trade Shows, Financial, Food Service, Graphic Design, Health Care Services, High Technology, Industrial, Internet/Web Design, Local Marketing, Logo & Package Design, Magazines, Media Buying Services, Media Planning, Multimedia, Newspaper, Newspapers & Magazines, Out-of-Home Media, Outdoor, Planning & Consultation, Point of Purchase, Point of Sale, Print, Production, Production (Print), Public Relations, Publicity/Promotions, Radio, Restaurant, Retail, Sales Promotion, Social Media, Strategic Planning/Research, T.V., Trade & Consumer Magazines, Web (Banner Ads, Pop-ups, etc.)

Approx. Annual Billings: $3,200,000

Edward Moore (Founder, CEO & Partner)
Carolyn Lodge (Partner & COO)
Roger Finch (Fin Dir)
Ciera Sorensen (Controller-Media Support)
Vicki Ward (Controller)
Jason Sievers (Creative Dir)
Mel Mansfield (Dir-Web Strategy)
Kallee Mendonca (Dir-New Bus Dev & Acct)
Sean Winnett (Dir-Integrated Media)
Ernie Monroe (Assoc Dir-Creative)
Emily Del Favero (Project Mgr-Digital)
Julie Bixler (Sr Media Buyer)

Accounts:
Fredriksen Insurance; Boise, ID
Idaho Motorcycle Safety Education Program; Boise, ID
Intermountain Gas Co.; Boise, ID Natural Gas
Jones & Swartz LLP
Journal Broadcast Group; Boise, ID Radio Station Network
Magic Valley Regional Medical Center
Miyasako Brothers International, Inc.
Premier Insurance
Primary Health Medical Group; Boise, ID Digestive Health Clinic
Summit Seed; Caldwell, ID Seed Coating
Syringa Networks
Trinity Trailer Manufacturing; Boise, ID Conveyer Trailers
United Dairymen of Idaho; Boise, ID Commodity Commission

DAVIS ADVERTISING, INC.
1331 Grafton St, Worcester, MA 01604
Tel.: (508) 752-4615
Fax: (508) 459-2755
E-Mail: info@davisad.com
Web Site: www.davisad.com

E-Mail for Key Personnel:
President: adavis@davisad.com

Employees: 45
Year Founded: 1948

Agency Specializes In: Consumer Marketing, Event Planning & Marketing, Financial, Retail, Travel & Tourism

Approx. Annual Billings: $45,000,000

Andrew Davis (Pres)
Alan Berman (Exec VP)
Ben Thaler (Head-Media Dept & Media Dir)
Paul Murphy (Art Dir)
Jeff Carbonneau (Dir-Lighting & Production Mgr-Video)
Chris Gregoire (Dir-Digital Strategy)
Steven Salloway (Dir-Strategic Plng)
Susan Coyle (Sr Acct Exec)
Tisha Geeza (Sr Acct Exec)
Barbie Bell (Acct Exec)
Courtney Miller (Copywriter-Creative & Coord-Social Media)
Nicole Tadgell (Asst Art Dir)

Accounts:
Banks Auto Group
Bay State Savings Bank
Bertera Auto Group
Cape Cod Community College (Agency of Record) Branding
Charter Communications
East Cambridge Savings Bank (Agency of Record)
Fidelity Bank; Fitchburg, MA
Gallery Auto Group
Gallo Motors
Harr Motors; Worcester, MA
Honey Dew Associates Inc.; Plainville, MA Marketing, Point-of-Sale, Print, Radio, TV
North Shore Lincoln Mercury
Quinsigamond Community College
S Bank Branding
Saint Vincent Hospital
Sanford Institution for Savings
SassyYou.com Website
Scituate Federal Savings Bank Branding
Seven Hills Foundation; Auburn, MA Charity
Southwick's Zoo (Agency of Record) Media Buying
Sunnyside Acura
The Telegram & Gazette
Uncle Willie's BBQ (Agency of Record) Branding
Westboro Mitsubishi
Worcester State College

DAVIS & COMPANY
1705 Baltic Ave, Virginia Beach, VA 23451
Tel.: (757) 627-7373
Fax: (757) 627-4257
Web Site: www.davisadagency.com

E-Mail for Key Personnel:
Creative Dir.: sbecker@davisco-ads.com

Employees: 25
Year Founded: 1976

Agency Specializes In: Automotive, Business-To-Business, Cable T.V., Co-op Advertising, Collateral, Consumer Marketing, Consumer Publications, Government/Political, Graphic Design, Health Care Services, Legal Services, Magazines, Newspapers & Magazines, Out-of-Home Media, Outdoor, Print, Production, Public Relations, Publicity/Promotions, Strategic Planning/Research, T.V.

Jerome R. Davis (Pres)
David Pitre (Pres)
Brantley Davis (Exec VP)
Sarah Nicosia (VP & Gen Mgr-Virginia Beach)
Carrie Woolridge (Media Dir)
Casey Gatti (Dir-Tech)
Shannon Carpenter (Buyer-Acctg & Print Media)

Accounts:
The American Beverage Association; Washington, DC
Arby's Restaurants; MD, NY, PA, TX, VA & WV
The Brookings Institution
HealthKeepers, Inc.
Oast & Hook
Priority Acura; Chesapeake, VA
Priority Chevrolet; Chesapeake, VA
Priority Hyundai
Priority Toyota Richmond
Priority Toyota; Chesapeake, VA
Red Haute
W.M. Jordan Company; Newport News, VA

Branch

ADVERTISING AGENCIES

Davis & Co. Inc.
1250 H St NW, Washington, DC 20005
Tel.: (202) 775-8181
Fax: (202) 775-1533
E-Mail: bdavis@davisco-ads.com
Web Site: www.davisadagency.com/

Employees: 10
Year Founded: 1990

David Pitre *(Pres)*
Brantley Davis *(Exec VP)*
Andy Kostecka *(VP-Client Svcs)*
Carrie Woolridge *(Media Dir)*
Will Hart *(Dir-Digital)*
Sherri Franklin *(Sr Media Buyer & Planner)*

Accounts:
ARBY
Issue Advocacy Groups

DAVIS BARONE MARKETING
4566 S Lake Dr, Boynton Beach, FL 33436
Tel.: (561) 733-5025
Fax: (561) 732-1391
E-Mail: pdavis@davisbarone.com
Web Site: www.davisbarone.com

Employees: 6
Year Founded: 1994

Agency Specializes In: Collateral, Print, T.V.

Approx. Annual Billings: $3,500,000

J. Paul Davis *(Pres)*

Accounts:
Airscan
Avion Flight Center
Bauman Medical Group
Couture & More
FFC Services, Inc.
First Aviation Services
HelpJet
Industrial Smoke & Mirrors
Peterson Bernard
Sun Jet Aviation

DAVIS ELEN ADVERTISING, INC.
865 S Figueroa St Ste 1200, Los Angeles, CA 90017-2543
Tel.: (213) 688-7000
Fax: (213) 688-7288
E-Mail: debbiezimmerman@daviselen.com
Web Site: www.daviselen.com

Employees: 115
Year Founded: 1948

National Agency Associations: THINKLA

Agency Specializes In: Advertising, Advertising Specialties, African-American Market, Asian Market, Automotive, Bilingual Market, Brand Development & Integration, Broadcast, Business-To-Business, Cable T.V., Co-op Advertising, Collateral, Commercial Photography, Communications, Computers & Software, Consumer Marketing, Consumer Publications, Content, Corporate Communications, Corporate Identity, Cosmetics, Custom Publishing, Digital/Interactive, Direct-to-Consumer, Electronic Media, Electronics, Entertainment, Event Planning & Marketing, Exhibit/Trade Shows, Experience Design, Fashion/Apparel, Financial, Food Service, Graphic Design, Guerilla Marketing, High Technology, Hispanic Market, Household Goods, Identity Marketing, In-Store Advertising, Integrated Marketing, International, Internet/Web Design, LGBTQ Market, Local Marketing, Logo & Package Design, Luxury Products, Magazines, Market Research, Media Buying Services, Media Planning, Media Relations, Mobile Marketing, Multicultural, Multimedia, New Product Development, New Technologies, Newspaper, Out-of-Home Media, Outdoor, Over-50 Market, Package Design, Paid Searches, Point of Purchase, Point of Sale, Print, Production, Production (Ad, Film, Broadcast), Production (Print), Promotions, Radio, Regional, Restaurant, Retail, Sales Promotion, Seniors' Market, Social Marketing/Nonprofit, Social Media, Sponsorship, Strategic Planning/Research, T.V., Technical Advertising, Teen Market, Trade & Consumer Magazines, Travel & Tourism, Tween Market, Urban Market, Web (Banner Ads, Pop-ups, etc.)

With a rich history of results, Davis Elen continually brings to the table fresh and innovative ways to dynamically impact our clients' business. Our agency has always had an entrepreneurial spirit. We answer only to our clients, not an office in New York, and have done so for over sixty-six years. Today, Davis Elen stands as one of the largest privately-held, independent agencies in the country, with $272 million in annual billings.

Approx. Annual Billings: $272,000,000

Mark D. Davis *(Chm & CEO)*
Greg Ahearn *(Co-Pres & COO)*
David Moranville *(Co-Pres & Chief Creative Officer)*
Teriann Hughes *(Partner, Exec VP & Media Dir)*
John Stremel *(Exec VP & Dir-Media Strategy)*
Debbie Zimmerman *(Sr VP & Acct Dir)*
Brian Banks *(VP & Dir-Digital Strategy)*
William Nunez *(Supvr-Media)*
Annalynn Padua *(Supvr-Media Payables)*
Danela Jimenez *(Sr Planner-Integrated Media)*
Patricia Chambers *(Assoc Media Dir)*
Vanda Katathikarn *(Assoc Media Dir)*
Missy Villena *(Jr Media Planner)*

Accounts:
Body Glove Cruises
Cisco
Ebates
Farmer John
Greatcall, Inc.
KCBS/KCAL
McDonald's Corporation
OneWest Bank
Pala Casino Spa & Resort
Revive Procare
San Diego Chargers
Southern California Toyota Dealers Association Los Angeles, San Diego
Special Olympics LA 2015
Ten Media
New-Toyota Motor North America, Inc.
Vintage Driving Machines

Branches

Davis-Elen Advertising, Inc.
1200 NW Naito Pkwy Ste 500, Portland, OR 97209
Tel.: (503) 241-7781
Fax: (503) 241-0365
E-Mail: markluecht@daviselenpdx.com
Web Site: www.daviselen.com

Employees: 10

Agency Specializes In: Advertising Specialties, Brand Development & Integration, Broadcast, Business-To-Business, Co-op Advertising, Collateral, Consumer Marketing, Food Service, Newspaper, Out-of-Home Media, Outdoor, Point of Sale, Print, Radio, Strategic Planning/Research, T.V.

Bill Gibbons *(Partner & Mng Dir)*
David Moranville *(Partner & Chief Creative Officer)*
Gary Kelly *(Creative Dir)*
Samantha Voisin *(Dir-Digital Media)*
Jason Elen *(Acct Supvr-Creative)*

Accounts:
McDonald's

Davis Elen Advertising
2000 15Th St N Ste 225, Arlington, VA 22201
Tel.: (703) 997-0600
Web Site: www.daviselen.com

Employees: 8

National Agency Associations: 4A's

Agency Specializes In: Above-the-Line, Advertising, Advertising Specialties, Affiliate Marketing, Affluent Market, African-American Market, Agriculture, Alternative Advertising, Arts, Asian Market, Automotive, Aviation & Aerospace, Below-the-Line, Bilingual Market, Brand Development & Integration, Branded Entertainment, Broadcast, Business Publications, Business-To-Business, Cable T.V., Catalogs, Children's Market, Co-op Advertising, Collateral, College, Commercial Photography, Communications, Computers & Software, Consulting, Consumer Goods, Consumer Marketing, Consumer Publications, Content, Corporate Communications, Corporate Identity, Cosmetics, Crisis Communications, Custom Publishing, Customer Relationship Management, Digital/Interactive, Direct Response Marketing, Direct-to-Consumer, E-Commerce, Education, Electronic Media, Electronics, Email, Engineering, Entertainment, Environmental, Event Planning & Marketing, Exhibit/Trade Shows, Experience Design, Faith Based, Fashion/Apparel, Financial, Food Service, Game Integration, Government/Political, Graphic Design, Guerilla Marketing, Health Care Services, High Technology, Hispanic Market, Hospitality, Household Goods, Identity Marketing, In-Store Advertising, Industrial, Infomercials, Information Technology, Integrated Marketing, International, Internet/Web Design, Investor Relations, LGBTQ Market, Legal Services, Leisure, Local Marketing, Logo & Package Design, Luxury Products, Magazines, Marine, Market Research, Media Buying Services, Media Planning, Media Relations, Media Training, Medical Products, Men's Market, Merchandising, Mobile Marketing, Multicultural, Multimedia, New Product Development, New Technologies, Newspaper, Newspapers & Magazines, Out-of-Home Media, Outdoor, Over-50 Market, Package Design, Paid Searches, Pets, Pharmaceutical, Planning & Consultation, Podcasting, Point of Purchase, Point of Sale, Print, Product Placement, Production, Production (Ad, Film, Broadcast), Production (Print), Promotions, Public Relations, Publicity/Promotions, Publishing, RSS (Really Simple Syndication), Radio, Real Estate, Recruitment, Regional, Restaurant, Retail, Sales Promotion, Search Engine Optimization, Seniors' Market, Shopper Marketing, Social Marketing/Nonprofit, Social Media, South Asian Market, Sponsorship, Sports Market, Stakeholders, Strategic Planning/Research, Sweepstakes, Syndication, T.V., Technical Advertising, Teen Market, Telemarketing, Trade & Consumer Magazines, Transportation, Travel & Tourism, Tween Market, Urban Market, Viral/Buzz/Word of Mouth, Web (Banner Ads, Pop-ups, etc.), Women's Market, Yellow Pages Advertising

David Moranville *(Partner & Chief Creative Officer)*
Debbie Zimmerman *(Sr VP & Acct Dir)*
Melissa Ojeda *(Mgr-HR)*

Accounts:

McDonald's Operators

Davis Elen Advertising Inc
16400 Southcenter Pkwy Ste 206, Tukwila, WA 98188
Tel.: (425) 728-1400
Web Site: www.daviselen.com

Employees: 7

National Agency Associations: 4A's

Agency Specializes In: Advertising, Advertising Specialties, African-American Market, Asian Market, Automotive, Bilingual Market, Brand Development & Integration, Broadcast, Business-To-Business, Cable T.V., Co-op Advertising, Collateral, Commercial Photography, Communications, Computers & Software, Consumer Marketing, Consumer Publications, Content, Corporate Communications, Corporate Identity, Cosmetics, Custom Publishing, Digital/Interactive, Direct-to-Consumer, Electronic Media, Electronics, Entertainment, Event Planning & Marketing, Exhibit/Trade Shows, Experience Design, Fashion/Apparel, Financial, Food Service, Graphic Design, Guerilla Marketing, High Technology, Hispanic Market, Household Goods, Identity Marketing, In-Store Advertising, Integrated Marketing, International, Internet/Web Design, LGBTQ Market, Local Marketing, Logo & Package Design, Luxury Products, Magazines, Market Research, Media Buying Services, Media Planning, Media Relations, Mobile Marketing, Multicultural, Multimedia, New Product Development, New Technologies, Newspaper, Out-of-Home Media, Outdoor, Over-50 Market, Package Design, Paid Searches, Point of Purchase, Point of Sale, Print, Production, Production (Ad, Film, Broadcast), Production (Print), Promotions, Radio, Regional, Restaurant, Retail, Sales Promotion, Seniors' Market, Social Marketing/Nonprofit, Social Media, Sponsorship, Strategic Planning/Research, T.V., Technical Advertising, Teen Market, Trade & Consumer Magazines, Travel & Tourism, Tween Market, Urban Market, Web (Banner Ads, Pop-ups, etc.)

Robert Elen *(Pres & COO)*
Mark Luecht *(Partner & Mng Dir)*
David Moranville, *(Partner & Chief Creative Officer)*
Debbie Zimmerman *(Sr VP & Acct Dir)*
Patricia Chambers *(Assoc Media Dir)*

Accounts:
McDonalds Co-ops

Davis Elen Advertising, Inc.
420 Stevens Ave Ste 240, Solana Beach, CA 92075
Tel.: (858) 847-0789
Fax: (858) 847-0790
Web Site: www.daviselen.com

Employees: 7
Year Founded: 1994

National Agency Associations: 4A's

Agency Specializes In: Advertising, Advertising Specialties, African-American Market, Asian Market, Automotive, Bilingual Market, Brand Development & Integration, Broadcast, Business-To-Business, Cable T.V., Co-op Advertising, Collateral, Commercial Photography, Communications, Computers & Software, Consumer Marketing, Consumer Publications, Content, Corporate Communications, Corporate Identity, Cosmetics, Custom Publishing, Digital/Interactive, Direct-to-Consumer, Electronic Media, Electronics, Entertainment, Event Planning & Marketing, Exhibit/Trade Shows, Experience Design, Fashion/Apparel, Financial, Food Service, Graphic Design, Guerilla Marketing, High Technology, Hispanic Market, Household Goods, Identity Marketing, In-Store Advertising, Integrated Marketing, International, Internet/Web Design, LGBTQ Market, Local Marketing, Logo & Package Design, Magazines, Market Research, Media Buying Services, Media Planning, Media Relations, Mobile Marketing, Multicultural, Multimedia, New Product Development, New Technologies, Newspaper, Out-of-Home Media, Outdoor, Over-50 Market, Package Design, Paid Searches, Point of Purchase, Point of Sale, Print, Production, Production (Ad, Film, Broadcast), Production (Print), Promotions, Radio, Regional, Restaurant, Retail, Sales Promotion, Seniors' Market, Social Marketing/Nonprofit, Social Media, Sponsorship, Strategic Planning/Research, T.V., Technical Advertising, Teen Market, Trade & Consumer Magazines, Travel & Tourism, Tween Market, Urban Market, Web (Banner Ads, Pop-ups, etc.)

Robert Elen *(Pres & COO)*
Jim Kelly *(Partner & Mng Dir)*
Debbie Zimmerman *(Sr VP & Acct Dir)*

Accounts:
McDonald's Operators of San Diego
Pala Casino Spa and Resort
San Diego County Toyota Dealers

DAVIS HARRISON DION, INC.
333 N Michigan Ave Ste 2300, Chicago, IL 60601-4109
Tel.: (312) 332-0808
Fax: (312) 332-4260
E-Mail: info@dhdchicago.com
Web Site: www.dhdchicago.com

Employees: 28
Year Founded: 1979

National Agency Associations: BMA-NAMA

Agency Specializes In: Above-the-Line, Advertising, Below-the-Line, Brand Development & Integration, Broadcast, Business Publications, Business-To-Business, Cable T.V., Catalogs, Collateral, Communications, Consulting, Consumer Marketing, Consumer Publications, Corporate Identity, Digital/Interactive, Direct Response Marketing, Education, Electronic Media, Exhibit/Trade Shows, Financial, High Technology, Hospitality, In-Store Advertising, Internet/Web Design, Leisure, Logo & Package Design, Magazines, Media Buying Services, Media Planning, Merchandising, Multimedia, New Product Development, Newspaper, Newspapers & Magazines, Out-of-Home Media, Outdoor, Paid Searches, Pets , Podcasting, Point of Purchase, Point of Sale, Print, Production (Print), Promotions, Radio, Sales Promotion, Search Engine Optimization, Seniors' Market, Social Media, Strategic Planning/Research, T.V., Trade & Consumer Magazines, Travel & Tourism, Web (Banner Ads, Pop-ups, etc.)

DHD is an advertising agency focused on Business-To-Business, Tourism, Hospitality, Senior Living, and Financial Service Marketing, which specializes in Advertising, Interactive Marketing, Media Planning, Brand Strategy, Promotions, Direct Response, and Sales Support.

Approx. Annual Billings: $20,000,000

Breakdown of Gross Billings by Media: Brdcst.: 15%; Collateral: 9%; D.M.: 10%; Internet Adv.: 5%; Logo & Package Design: 11%; Other: 5%; Point of Purchase: 5%; Strategic Planning/Research: 10%; Trade & Consumer Mags.: 14%; Trade Shows: 4%; Worldwide Web Sites: 12%

Sue Harrison *(Partner & Media Dir)*
Robert Dion *(Partner)*
Vince Lombardo *(VP-Interactive Svcs)*
Mike Apostolovich *(Art Dir)*
Brent Vincent *(Assoc Dir-Creative)*
Kendra Loh *(Acct Mgr)*
Eliane Oneyear *(Production Mgr)*
Rob Grogan *(Acct Supvr)*
Erika Kennedy *(Acct Supvr)*
Paul Wcisel *(Designer-Interactive)*

Accounts:
Asbury Communities
Atlas Material Testing Solutions
EDS
Friendship Senior Options
Friendship Village of Schaumburg
Gerflor USA
HydraForce
Iowa Farmer Today
Jensen Hughes
Lake County, IL CVB
Life Enrichment Communities
Lutheran Life Villages
Marquette Bank
MOL America
Pet-Ag, Inc.
Robert Bosch Tool Corporation
U.S. Waterproofing
Willis Tower

DAVRON MARKETING
7231 120th St Ste 473, Delta, BC V4C 6P5 Canada
Tel.: (604) 594-7604
Fax: (604) 594-7673
E-Mail: info@davronmarketing.com
Web Site: https://www.davronmarketing.com/

Employees: 2
Year Founded: 1996

David Parker *(Dir-Brand Comm)*

Accounts:
Arlenes
Associated Fire & Safety
FITNIR Analysis
MDSI
Optimal AEC
Progressive Solutions
Purpose in Place
Wireless Image

DAY COMMUNICATIONS VANCOUVER
101 1591 Bowser Ave, Vancouver, BC V7P 2Y4 Canada
Tel.: (604) 980-2980
Fax: (604) 980-2967
Toll Free: (800) 952-0029
E-Mail: vancouver@daycommunications.ca
Web Site: www.daycommunications.ca/

Employees: 15
Year Founded: 1992

National Agency Associations: LSA

Agency Specializes In: Advertising, Brand Development & Integration, Collateral, Communications, Media Planning, Recruitment

ADVERTISING AGENCIES

Approx. Annual Billings: $5,000,000

Breakdown of Gross Billings by Media: Fees: 20%; Internet Adv.: 30%; Newsp.: 40%; Trade & Consumer Mags.: 10%

Helen Assad *(VP & Dir-Client Svc)*
Mark Balsdon *(Controller)*
Cara Quirk *(Creative Dir)*
Jan Hughes *(Dir-Digital & Brand Strategy)*
Mihaela Arion *(Acct Mgr)*
Cynthia Morabito *(Acct Mgr)*
Sofia Santilli-Di Cosmo *(Mgr-Client Svc Admin)*
Anne Marie Callewaert *(Specialist-Mktg Media)*
Angela Tong *(Asst Controller)*
Brenda Ntaganira *(Coord-Media)*

Accounts:
BC Public Service Agency
Canfor Canadian Forest Products
Spectra Energy

THE DAY GROUP
5815 Cherryridge Dr, Baton Rouge, LA 70809
Tel.: (225) 295-0111
Fax: (225) 293-1222
Web Site: www.thedaygroup.com

Employees: 6
Year Founded: 1995

National Agency Associations: AAF-SMEI

Agency Specializes In: Advertising, Advertising Specialties, Bilingual Market, Business-To-Business, Consumer Marketing, Entertainment, Exhibit/Trade Shows, Logo & Package Design, Media Relations, Package Design, Point of Purchase, Production (Ad, Film, Broadcast), Production (Print), Radio, Restaurant, Social Media, T.V.

Approx. Annual Billings: $1,000,000

DAY ONE AGENCY
56 W 22nd St 3rd Fl, New York, NY 10010
Tel.: (646) 475-2370
E-Mail: hello@d1a.com
Web Site: www.d1a.com

Employees: 30
Year Founded: 2014

Agency Specializes In: Advertising, Brand Development & Integration, Digital/Interactive, Media Relations, Public Relations, Social Media

Josh Rosenberg *(CEO)*
Rob Longert *(Mng Partner)*
Jamie Falkowski *(Mng Dir)*
Rachel Albright *(VP-Story)*
Laura Barganier *(VP)*
Blake Cadwell *(VP)*
Cara Dorr *(Sr Dir-Digital Strategy)*
Allison Menell Lean *(Acct Dir)*
Lauren Sachs *(Acct Dir)*
Grant Wenzlau *(Dir-Creative Strategy)*
Brittany Walsh *(Acct Mgr)*
Samantha Stump *(Acct Exec)*
Alexis Tedesco *(Acct Exec)*
Maayan Pearl *(Assoc Creative Dir)*

Accounts:
Amazon Beverages
Baldwin Denim
Indiegogo
L'Oreal USA, Inc.
Nomad Two Worlds
The NPD Group, Inc.
SkinCeuticals
Yevvo
YouTube, LLC

DAYNER HALL INC.
621 E Pine St, Orlando, FL 32801
Tel.: (407) 428-5750
Fax: (407) 426-9896
E-Mail: info@daynerhall.com
Web Site: www.daynerhall.com

Employees: 10
Year Founded: 1970

Agency Specializes In: High Technology

Approx. Annual Billings: $5,000,000

Breakdown of Gross Billings by Media: Collateral: 80%; Mags.: 20%

Kitt Hancock *(Pres & Sr Partner)*
Thomas Darling *(Mng Partner)*
Cion Gutierrez *(Partner & Sr Dir-Creative)*
Ingrid Darling *(Acct Mgmt Dir)*
Jessica Catton *(Sr Art Dir)*

DB&M MEDIA INC
3200 Park Center Dr Ste 1110, Costa Mesa, CA 92626
Tel.: (949) 752-1444
Fax: (949) 752-1443
E-Mail: info@dbm-media.com
Web Site: www.dbm-media.com

Employees: 13
Year Founded: 2002

Agency Specializes In: Advertising, Digital/Interactive, Print, Promotions, Radio, Social Media, T.V.

Don Bartolo *(Owner)*
Brian Bartolo *(VP)*
James Takahashi *(Creative Dir)*
Diane Worley *(Acct Dir)*
Rowena Abuan *(Specialist-Media)*
Shannon Walthers *(Coord-Mktg)*

Accounts:
Mountain Mikes Pizza (Agency of Record)

DBOD
(Acquired by WPP plc)

DBOX
15 Park Row Lbby L, New York, NY 10038
Tel.: (212) 366-7277
Web Site: www.dbox.com

Employees: 87

Agency Specializes In: Advertising, Brand Development & Integration, Internet/Web Design

Jonathan Doyle *(Partner & COO)*

Accounts:
COOKFOX Architects
Flagstone Property Group

DCA/DCPR
441 E Chester St, Jackson, TN 38301-6313
Tel.: (731) 427-2080
Fax: (731) 427-0780
E-Mail: info@dca-dcpr.com
Web Site: www.dca-dcpr.com

E-Mail for Key Personnel:
President: seth@dca-dcpr.com
Creative Dir.: Scott@dca-dcpr.com
Media Dir.: patricia@dca-dcpr.com

Employees: 9
Year Founded: 1985

Agency Specializes In: Aviation & Aerospace, Brand Development & Integration, Broadcast, Business-To-Business, Collateral, Commercial Photography, Communications, Corporate Identity, Digital/Interactive, Education, Exhibit/Trade Shows, Fashion/Apparel, Financial, Food Service, Graphic Design, Industrial, Internet/Web Design, Logo & Package Design, Magazines, Marine, Media Buying Services, Multimedia, Newspaper, Newspapers & Magazines, Out-of-Home Media, Outdoor, Package Design, Point of Purchase, Point of Sale, Print, Production, Public Relations, Publicity/Promotions, Radio, Retail, T.V., Trade & Consumer Magazines

Approx. Annual Billings: $4,000,000

Breakdown of Gross Billings by Media: Bus. Publs.: 24%; Collateral: 30%; D.M.: 10%; Mags.: 12%; Newsp.: 2%; Outdoor: 8%; Point of Purchase: 2%; Radio: 12%

Patricia Pipkin *(Pres)*
Seth Chandler *(CEO)*

Accounts:
Agape Child & Family
Boss Hoss Motorcycles
Coffman's Furniture
Ebbtide Powerboats
FPT Powertrain Master-Bilt
Island Packet Yachts
Master-Bilt

DCF ADVERTISING
35 W 36th St Ste 6W, New York, NY 10018
Tel.: (212) 625-9484
Fax: (212) 625-8565
Web Site: www.dcfadvertising.com

Employees: 15
Year Founded: 2000

Agency Specializes In: Advertising, Collateral, Content, Internet/Web Design, Print, Radio, Social Media, T.V.

James De Angelo *(Principal & Exec Creative Dir)*
John Fortune *(Principal)*

Accounts:
Real Estate Board of New York

DCX GROWTH ACCELERATOR
361 Stagg St Ste 310, Brooklyn, NY 11206
E-Mail: hello@dcx.com
Web Site: www.dcx.nyc

Employees: 10

Agency Specializes In: Advertising, Brand Development & Integration, Digital/Interactive, Event Planning & Marketing, Out-of-Home Media, Production, Public Relations, Social Media, T.V., Web (Banner Ads, Pop-ups, etc.)

I. Douglas Cameron *(CEO)*
Tommy Noonan *(Exec Creative Dir)*

Accounts:
New-Ben & Jerry's Homemade, Inc.
New-The Coca Cola Company
Elmhurst
New-Fiverr, Inc. (Global Creative & Strategic Agency of Record)
Indeed
New-Jesses Deli
New-L'Oreal USA
New-Meetup Inc.

New-Remy Cointreau USA Inc.
New-SmartWater Technology Limited
New-TY KU Sake

DDB HEALTH
(Formerly AgencyRx)
200 Varick St 3rd Fl, New York, NY 10014
Tel.: (212) 896-1300
Web Site: www.ddbhealth.com

Employees: 200
Year Founded: 2005

National Agency Associations: 4A's

Agency Specializes In: Advertising, Health Care Services, Sponsorship

Jennie Fischette *(Pres)*
Josh Prince *(CEO)*
Michael Schreiber *(Mng Partner & Exec Creative Dir)*
Nadia Cervoni *(Sr VP & Grp Mng Dir-MSA)*
Doreen Eckert *(Exec VP & Dir-Client Svc)*
Eileen Yaralian *(Exec VP & Dir-Strategic Svcs)*
Kerry Baker *(Sr VP & Creative Dir)*
Peter Agliardo *(Sr VP & Grp Creative Dir)*
Dave West *(VP & Acct Grp Supvr)*
Julie Tripi *(VP & Acct Supvr-AgencyRx)*
Amanda Hunt *(Dir-Strategic Svcs)*
Alina Claudio *(Acct Supvr-AgencyRx)*
Stephanie Matone *(Acct Supvr)*
Creighton Anderson *(Supvr-Art)*
Barbara Byrne *(Sr Acct Exec)*
Brock Horner *(Grp Supvr-Project)*

Accounts:
Espero Pharmaceuticals Gonitro (Agency of Record)
Teva Women's Health, Inc. Seasonique

DDB LATINA PUERTO RICO
PO Box 195006, San Juan, PR 00918
Tel.: (787) 766-7140
Fax: (787) 766-7178
Web Site: www.ddb.com/pr

Employees: 51

Agency Specializes In: Advertising

Juan Carlos Ortiz *(Pres & CEO)*
Edgardo Rivera *(Mng Partner & VP)*
Ineabelle Ortiz *(COO)*
Enrique Renta *(Chief Creative Officer)*
David Rodriguez Barrios *(Chief Innovation Officer)*
Susanne Alonso *(Acct Dir)*
Diana I Hernandez *(Art Dir)*
Marco Antonio Munoz *(Creative Dir)*
Martha Nieves *(Media Dir)*
Loren Ortiz *(Dir-Production)*
Patricia Perez Mejia *(Copywriter)*
Jose M. Rivera *(Assoc Creative Dir)*
Leslie Robles *(Assoc Creative Dir)*

Accounts:
Amnesty International USA
Celem
Clorox
Coca-Cola
Cooperativa de Seguros Multiples
CPI The Twitter Correspondents
Johnson & Johnson
Livraria Cultura
Neutrogena
Outdoor Advertising Association of Puerto Rico
Puma Energy Gas Stations
Subway Restaurants Anti-Obesity, Kid Shopping Experiment
Terra
Unilever Axe, Campaign: "Goodbye Serious", Campaign: "Ticket"
Volvo Puerto Rico
Walmart
Zyrtec

DDB VANCOUVER
1600-777 Hornby St, Vancouver, BC V6Z 2T3 Canada
Tel.: (604) 687-7911
Fax: (604) 640-4343
Web Site: https://www.ddb.ca/en/
E-Mail for Key Personnel:
President: frank.palmer@ddbcanada.com

Employees: 125
Year Founded: 1969

National Agency Associations: ICA

Agency Specializes In: Brand Development & Integration, Children's Market, Direct Response Marketing, Event Planning & Marketing, Graphic Design, Internet/Web Design, Logo & Package Design, Out-of-Home Media, Print, Public Relations, Radio, Retail, T.V., Teen Market

Approx. Annual Billings: $200,000,000

Patty Jones *(Mng Dir & Exec VP)*
Michael Bauman *(CFO & Exec VP)*
Bridget Westerholz *(VP & Client Svcs Dir)*
Natalie Godfrey *(VP-Strategy)*
Dean Lee *(Exec Creative Dir)*
Paige Calvert *(Dir-PR & Corp Comm)*
Daryl Gardiner *(Grp Creative Dir)*
Neil Shapiro *(Grp Creative Dir)*

Accounts:
BC Egg Marketing Board Campaign: "Eggonomics", Campaign: "Good Morning BC"
BCAA
Bee Friendly Native Bee Conservation Society Campaign: "Swat"
Big Brothers Campaign: "Book"
The British Columbia Automobile Association Creative, Media Buying & Planning, Strategy
The Canadian National Institute for the Blind
Capital One Canada (Agency of Record) Advertisement, Strategy
Crime Stoppers BC Campaign: "Every Text Helps"
Emerald Health Therapeutics Brand Initiatives, Marketing Communications; 2018
Metro Vancouver Crime Stoppers Campaign: "Break & Enter, Robbery, Shooting"
Metropolitan Hotels
Milk West Campaign: "Snack Time", Marketing Communications
Netflix Ads, Campaign: "AIRPORT", Campaign: "Daredevil Fighting Billboards", Campaign: "PROPOSAL", Campaign: "Pep Talk", Campaign: "TEST RESULTS", Campaign: "You Gotta Get it to Get it", Press, TV
Nordstrom, Inc. Campaign: "Cake", Campaign: "Cardboard Box", Campaign: "Shoes That Move You", Digital, Mass Advertising, Public Relations, Shopper Marketing, Social Media, TV
Pacific Wild
PayWith Worldwide Creative, Marketing
Rocky Moutaineer (Agency of Record) Campaign: "All Aboard Amazing", Creative, Marketing
Strategic Milk Alliance Campaign: "Milk Every Moment", Canadian Dairy Farmers
Subaru Campaign: "Car Swap", Campaign: "Scorched", Forester, Impreza
Vancouver Opera
Vancouver Police Department Campaign: "Deflated", Campaign: "Hooded"
New-Wm. Wrigley Jr. Company Skittles

Branches

DDB Canada
1000-10235 101 St, Edmonton, AB T5J 3G1 Canada
Tel.: (780) 424-7000
Fax: (780) 423-0602
Web Site: https://www.ddb.ca/en/

Employees: 30
Year Founded: 1979

Helene Leggatt *(Pres-Edmonton)*
Martha Jamieson *(VP & Client Svcs Dir)*
Eva Polis *(VP & Creative Dir)*
Bridget Westerholz *(Client Svcs Dir)*
Chandra Turner *(Supvr-Media)*

Accounts:
Alberta Innovates
AutoTrader.ca Campaign: "Most Cars In One Place"
Best Buy Campaign: "Pass the Present Facebook Contest", Pass the Present
Coalition for a Safer 63 & 881
Government of Alberta Campaign: "Munch and Move", Recruitment Advertising
Hennessy Canada Public Relations
New-Milk West
Pacific Wild

DDB Canada
33 Bloor Street East Suite 1700, Toronto, ON M4W 3T4 Canada
Tel.: (416) 925-9819
Fax: (416) 925-4180
Web Site: https://www.ddb.ca/en/

Employees: 100
Year Founded: 1963

Jacqui Faclier *(Mng Dir)*
Lance Saunders *(COO & Pres-Natl)*
Tony Johnstone *(Chief Brand Officer)*
Martine Levy *(Mng Dir-PR)*
Rose-Ella Morrison *(VP & Dir-Print & Graphic Svcs)*
Dean Lee *(Exec Creative Dir)*
Sann Sava *(Exec Creative Dir)*
Paul Wallace *(Exec Creative Dir)*
Allan Topol *(Creative Dir & Writer)*
Felix-Antoine Brunet *(Art Dir)*
Melissa Charland *(Art Dir)*
Craig Ferguson *(Creative Dir)*
Troy Geoghegan *(Art Dir)*
Madjid Hamidi *(Acct Dir)*
Emmanuel Obayemi *(Art Dir)*
Krisztina Virag *(Acct Dir)*
Pawel Rokicki *(Assoc Dir-Design)*
Maude Lavigne *(Acct Supvr)*
Maryam Asad *(Acct Exec)*
Alice Labous *(Acct Exec)*
Thibaut Delelis *(Copywriter)*
Olivier Giguere *(Copywriter)*
Alex Manahan *(Copywriter)*
Hugo Martin-Bonneville *(Planner-Strategic)*
Nadine Farhat *(Project Coord)*
Dax Fullbrook *(Sr Art Dir)*

Accounts:
Agent Provocateur Lingerie
AutoTrader.com LLC Campaign: "Stoplight"
Barque Campaign: "Pork"
BC Place Stadium
Beaches JazzFest
British Columbia Automobile Association (Agency of Record) Campaign: "Membership is Rewarding", Creative, Digital Media, Social, TV
BRU-V Inc
Canada's Chartered Professional Accountants (CPA)
Canadian Tire Campaign: "Spirit Tree"
Canadian Women's Foundation Campaign: "Donate Your Voice"
CIL Paints
Crime Stoppers Campaign: "Cookin With Molly"
Dairy Farmers of Canada Canadian Cheese,

Communications, Creative, Marketing, Media Planning & Buying, Public Relations, Strategy, TV
Daniel Bonder Campaign: "The FCK-It List"
Earth Day Canada Campaign: "Fish"
Edmonton Airport
Edmonton Tourism
GO Transit
Hockey Canada
Investors Group (Agency of Record) Financial Planning, Marketing Communications
Jax Coco
Johnson & Johnson Campaign: "Junkface", Campaign: "Sit-Ups", Campaign: "The Campaign to End Junkface", Neutrogena Men, Nicoderm
Knorr
Lilly Canada Campaign: "Basement", Cialis
Manulife Financial Campaign: '"Hurdles"', Campaign: "Working Kids"
Midas
Moet Hennessy Canadian Public Relations
Nova Scotia Tourism Creative, Digital, Media Planning
Penningtons Magic Mirror
Pier 1 Imports Public Relations; 2008
Portuguese Cork Association Cork Flooring
PPG Industries Beauty on a Small Budget
Richter Communications Strategy, PR
Rocky Mountaineer
Sierra Club Water Quality Awareness
Sony Electronics, Inc. Broadcast, Campaign: "Ear Crunches", Campaign: "Ear Workout", Campaign: "Get Your Ears Ready", Hi-Res Audio, Online
Subaru Campaign: "2015 Subaru WRX STI vs The Drones", Campaign: "Forester Family Rally", Campaign: "Scorched", Campaign: "Trucks", Strut, Television, WRX STi
TeamBuy.ca
Toronto Crime Stoppers Campaign: "Cookin' With Molly", Campaign: "Expose", Campaign: "Wanted"
Toronto Jewish Film Festival J-DAR
Tourism Nova Scotia Campaign: "If You Only Knew"
Unilever Canada Becel
Vancouver Aquarium
Vancouver Convention Centre
WoodGreen Community Services

DDB WORLDWIDE COMMUNICATIONS GROUP INC.
437 Madison Ave, New York, NY 10022-7001
Tel.: (212) 415-2000
Fax: (212) 415-3414
Web Site: www.ddb.com

Employees: 3,000
Year Founded: 1949

National Agency Associations: 4A's-AAF-ABC-APA-BPA-CBP-EAAA-MCA-NYPAA-THINKLA

Agency Specializes In: Advertising, Advertising Specialties, Affluent Market, African-American Market, Alternative Advertising, Arts, Asian Market, Automotive, Aviation & Aerospace, Bilingual Market, Brand Development & Integration, Branded Entertainment, Broadcast, Business Publications, Business-To-Business, Cable T.V., Catalogs, Children's Market, Co-op Advertising, Collateral, College, Communications, Computers & Software, Consumer Goods, Consumer Marketing, Consumer Publications, Content, Corporate Identity, Cosmetics, Customer Relationship Management, Digital/Interactive, Direct Response Marketing, Direct-to-Consumer, E-Commerce, Electronic Media, Electronics, Email, Entertainment, Environmental, Event Planning & Marketing, Experience Design, Fashion/Apparel, Financial, Food Service, Game Integration, Graphic Design, Guerilla Marketing, Health Care Services, High Technology, Hispanic Market, Household Goods, Identity Marketing, In-Store Advertising, Information Technology, Integrated Marketing, International, Internet/Web Design, Leisure, Local Marketing, Logo & Package Design, Luxury Products, Magazines, Market Research, Medical Products, Men's Market, Mobile Marketing, Multicultural, Multimedia, New Technologies, Newspaper, Out-of-Home Media, Outdoor, Over-50 Market, Package Design, Pets, Pharmaceutical, Planning & Consultation, Point of Purchase, Point of Sale, Print, Product Placement, Production, Production (Print), Promotions, Radio, Real Estate, Restaurant, Retail, Sales Promotion, Search Engine Optimization, Social Marketing/Nonprofit, Social Media, South Asian Market, Sponsorship, Sports Market, Strategic Planning/Research, Sweepstakes, T.V., Teen Market, Trade & Consumer Magazines, Transportation, Travel & Tourism, Tween Market, Urban Market, Viral/Buzz/Word of Mouth, Women's Market

Approx. Annual Billings: $1,263,900,000

Chuck Brymer *(Chm)*
Wendy Clark *(CEO)*
Keith Bremer *(CFO)*
Amir Kassaei *(Chief Creative Officer)*
Ari Weiss *(Chief Creative Officer-North America)*
Eric Zuncic *(Chief Strategy Officer-North America)*
Britt Hayes *(Chief People Officer-North America)*
Juan Carlos Ortiz *(Chm-Creative-Americas)*
James Cunningham *(Gen Counsel)*
Rich Guest *(Exec VP & Dir-Global Bus)*
Paulo Junger *(Creative Dir)*
Christie Giera *(Dir-Comm)*
Kathleen Kiegle Gordon *(Dir-Creative Comm & Initiatives)*
Christine Griesmaier *(Assoc Dir-Agency Comm)*
Catherine Locker *(Chief of Staff-North America)*

Accounts:
AT&T Communications Corp. Business-to-Business, Creative
The Colombian Coffee Growers Federation Juan Valdez; 2018
ExxonMobil Below the Line
Glidden;Strongville,OH
Johnson & Johnson Neutrogena & Skincare
McDonald's (Lead Creative Agency) Advertising, Campaign: "Forgiveness is never far away", Digital
Merck & Co (Agency of Record) Gardasil
Unilever Breyers Ice Cream, Good Humor, Heartbrand, Klondike, Popsicle, Walls Ice Cream
Wm Wrigley Jr. Co. Airwaves, Boomer, Hubba Bubba, Juicy Fruit, LifeSavers, Solano, Sugus

U.S. Divisions

DDB Chicago
200 E Randolph St, Chicago, IL 60601
Tel.: (312) 552-6000
Fax: (312) 552-2370
Web Site: www.ddb.com

Employees: 300
Year Founded: 1925

National Agency Associations: 4A's-AAF

Agency Specializes In: Above-the-Line, Advertising, Below-the-Line, Brand Development & Integration, Branded Entertainment, Broadcast, Business-To-Business, Communications, Consumer Goods, Consumer Marketing, Content, Corporate Identity, Digital/Interactive, Integrated Marketing, International, Internet/Web Design, Magazines, Market Research, Men's Market, New Product Development, Out-of-Home Media, Outdoor, Product Placement, Production, Production (Ad, Film, Broadcast), Production (Print), Radio, Retail, Social Media, Sponsorship, Strategic Planning/Research, T.V., Technical Advertising, Trade & Consumer Magazines, Viral/Buzz/Word of Mouth, Women's Market

Jack Perone *(Chief Strategy Officer)*
Tricia Russo *(Chief Strategy Officer)*
Ari Weiss *(Chief Creative Officer-North America)*
Melissa Routhier *(Sr VP & Exec Creative Dir)*
Kiska Howell *(Sr VP & Grp Acct Dir)*
Matt Blitz *(Sr VP & Exec Producer)*
Dan Levengood *(VP & Exec Producer)*
Jake Lestan *(VP & Acct Dir)*
Jennifer Nolden *(VP & Grp Bus Dir)*
Sara Abadi *(Acct Dir)*
Sarah Berkley *(Art Dir)*
Brian Culp *(Creative Dir)*
Bhavik Gajjar *(Creative Dir)*
Shelby Georgis *(Creative Dir)*
Rua Perston *(Creative Dir)*
Patrick O'Rouke *(Dir-Strategy)*
Erin Wong *(Dir-Strategy)*
Zoe Grubbe *(Production Mgr)*
Betsy King *(Acct Supvr)*
Jonathan King *(Acct Supvr)*
Amanda Krause *(Acct Supvr)*
Katelyn Ledford *(Acct Supvr)*
Amanda Ouellette *(Acct Supvr)*
Katie Sullivan *(Acct Exec)*
Jason Cohen *(Copywriter)*
Kurt Warner *(Assoc Creative Dir & Writer)*
Zach Bonnan *(Assoc Creative Dir)*
Lauren Riddoch *(Sr Writer)*
Andres Schiling *(Sr Art Dir)*

Accounts:
Advocate Healthcare
Anheuser-Busch InBev; Saint Louis, MO American Ale, Bud Light, Bud Light Lime, Bud.tv, Budweiser; 1977
Capital One Financial Corporation Apple Pay, Campaign: "Business Abroad", Campaign: "Office Scones", Campaign: "The Phone Call", Campaign: "What's In Your Wallet", Campaign: "Worn Jeans", Mobile, Online Video, Quicksilver, Spark, TV, Venture, Wallet App; 2005
Emerson Campaign: "I Love STEM", Campaign: "It's Never Been Done Before", Online Videos, Print, Social Media, TV; 1998
Fiat Chrysler Automobiles Jeep (Agency of Record), RAM, Super Bowl 2018; 2015
The Field Museum Campaign: "Chocolate Nuts", Campaign: "Creatures of Light", Campaign: "Whales: Giants of the Deep"; 2007
New-JUUL Creative, Marketing; 2018
Kohler Company Campaign: "Never Too", Content, Creative, Digital Advertising, TV; 2014
LaQuinta Inns & Suites CRM, Direct Marketing, Email, La Quinta Returns, Logo, Online, Paid Media, Radio, Social, TV, Video; 2011
LifeLock, Inc. (Agency of Record); 2015
Mars, Inc 3 Musketeers, Combos, JuicyFruit, LifeSavers, Mars Wrigley Confectionery, Milky Way, Skittles, Starburst, Wrigley
McDonald's Corporation (Creative Agency of Record) "McDonald's GOl!", "No Fry Left Behind" TV Commercial, Apples, Campaign: "Celebrate with a Bite", Campaign: "Flirt", Campaign: "McDonald's Farmville Farm", Campaign: "The Simple Joy of Winning", Creative, Digital, McCafe, McSkillet Burrito, Mighty Wings, Sirloin Burger, Video; 1970
MillerCoors LLC Blue Moon, Creative, Digital, Miller Lite
State Farm Mutual Automobile Insurance Co. Brand Refresh, Campaign: "9/11 Thanks", Campaign: "At Last", Campaign: "Discount Double Check", Campaign: "France", Campaign: "Furniture", Campaign: "Get To A Better State", Campaign: "Hans & Franz", Campaign: "Jake From State Farm", Campaign: "Mr. Goldman", Campaign: "Never", Campaign: "Richmeister", Campaign: "Save Mass Quantities", Campaign: "State of Turbulence", Campaign: "Trainers", Chaos in your Town, Creative, Digital, Online,

Social, TV
United States Army Advertising Program, Public Relations, U.S. Army Marketing; 2018
William Wrigley Jr. Company (Advertising Agency of Record) 'Campaign: "Zipper", Campaign: "Armpit", Campaign: "Settle It", Juicy Fruit, Skittles, Starburst, Super Bowl 2015, TV

DDB Latin America
770 S Dixie Hwy Ste 109, Miami, FL 33146
Tel.: (305) 341-2555
Fax: (305) 662-8043
Web Site: www.ddb.com

E-Mail for Key Personnel:
President: steve.burton@ddb.com

Employees: 10

Agency Specializes In: Advertising

Joe Cronin *(CEO & Mng Dir)*
Juan L. Isaza *(VP-Strategic Plng & Social Media)*

Accounts:
Shorts & Cortos Book

DDB New York
437 Madison Ave, New York, NY 10022-7001
Tel.: (212) 415-2000
Fax: (212) 415-3506
Web Site: www.ddb.com

Employees: 350
Year Founded: 1949

National Agency Associations: 4A's-AAF-ABC-AMA-BPA INTERNATIONAL-ZAW

Agency Specializes In: Above-the-Line, Advertising, Advertising Specialties, Alternative Advertising, Automotive, Aviation & Aerospace, Below-the-Line, Brand Development & Integration, Broadcast, Business-To-Business, Cable T.V., Collateral, Communications, Computers & Software, Consumer Goods, Consumer Marketing, Corporate Communications, Corporate Identity, Cosmetics, Customer Relationship Management, Digital/Interactive, Direct Response Marketing, Direct-to-Consumer, Electronic Media, Electronics, Email, Experience Design, Fashion/Apparel, Financial, Government/Political, Graphic Design, Guerilla Marketing, Health Care Services, Household Goods, In-Store Advertising, Industrial, Integrated Marketing, International, Internet/Web Design, Market Research, Medical Products, Men's Market, Mobile Marketing, New Technologies, Newspaper, Newspapers & Magazines, Out-of-Home Media, Outdoor, Over-50 Market, Package Design, Pharmaceutical, Podcasting, Point of Purchase, Point of Sale, Print, Product Placement, Production, Production (Ad, Film, Broadcast), Production (Print), Radio, Regional, Retail, Sales Promotion, Search Engine Optimization, Seniors' Market, Social Marketing/Nonprofit, Social Media, Sponsorship, Sports Market, Stakeholders, Strategic Planning/Research, T.V., Teen Market, Travel & Tourism, Urban Market, Viral/Buzz/Word of Mouth, Web (Banner Ads, Pop-ups, etc.), Women's Market

Derek Barnes *(Co-Chief Creative Officer)*
Susie Lyons *(Chief Strategy Officer)*
Lisa Topol *(Co-Chief Creative Officer)*
Ari Weiss *(Chief Creative Officer-North America)*
Cheryl Horsfall *(Exec Creative Dir)*
Lance Parrish *(Exec Creative Dir)*
Katie Jensen *(Grp Dir-Creative)*
Ani Munoz *(Grp Dir-Creative)*
Cassandra Anderson *(Creative Dir)*
Debbie Broda *(Acct Dir)*
Rodrigo De Castro *(Creative Dir)*
Paulo Junger *(Creative Dir)*
Meghan O'Brien *(Acct Dir)*
Cristina Rodriguez Reina *(Creative Dir)*
Lauren Solomon *(Acct Dir)*
Alicia Brindak *(Dir-Corp Design & Branding)*
Jennifer Fox *(Dir-Plng)*
Bob Huff *(Dir-HR)*
Avinash Baliga *(Assoc Dir-Creative)*
Stephanie McCarthy *(Assoc Dir-Creative)*
Holly Stair *(Assoc Dir-Digital Strategy)*
Michael Sullivan *(Mgr-Community & Acct Exec)*
Melanie Mesrobian *(Supvr-Mgmt)*
Lindsey Eckwall *(Sr Art Dir & Designer)*
Jane Piampiano *(Art Buyer)*
Marcia Murray *(Grp Creative Dir)*
Lauren Neuman *(Grp Bus Dir)*

Accounts:
AARP, Inc
Ad Council Campaign: " Be More Than a Bystander", Suicide Prevention
BBVA
Charter Communications
Cotton Incorporated Campaign: "Cotton or Nothing", Campaign: "Cotton. It's Your Favorite For a Reason", Campaign: "It's Time to Talk Favorites", Campaign: "The Fabric of My Life", Print
Eli Lilly
Gun By Gun
Hasbro
Henkel Consumer Goods Persil ProClean (Creative Agency of Record), Super Bowl 2018
Huawei Device USA (Advertising Agency of Record) Creative, Media, Strategic
Johnson & Johnson Consumer Products Co.; Skillman, NJ Clean&Clear, RoC
New-Juvederm
Kobe Inc.
Lilly
Mars, Incorporated Campaign: "A Boy and His Dog Duck", Combos, Creative, Digital, Eukanuba (Agency of Record), Iams (Agency of Record), Print, Royal Canin, Skittles, Starburst, TV, Temptations, Wrigley
McDonald's Campaign: "Finger Painting", Creative
Merck
New York City Ballet Campaign: "Faile, Art Series", Campaign: "Les Ballets de Faile", Campaign: "New Beginnings"
Pepsico Campaign: "The Good Part of NY Mornings", Tropicana
Qualcomm
The Sun Products Corporation Advertising, All (Agency of Record)
Tribeca Enterprises (Agency of Record) Branded Content, Tribeca Film Festival
Unilever Bertolli Gelato, Breyers, Flora/Becel, Gelato Indulgences, Good Humor, Klondike, Lipton, Popsicle, TV
VMWare
Volkswagen Group of America, Inc.
Water is Life Campaign: "#5YearstoLive", Campaign: "FirstWorldProblems", Campaign: "Hashtag Killer", Campaign: "The Drinkable Book", Campaign: "The Girl Who Couldn't Cry"
Wildlife Conservation Film Festival

DDB San Francisco
600 California St, San Francisco, CA 94108
Tel.: (415) 732-3600
Fax: (415) 732-3636
Web Site: www.ddb.com

Employees: 50
Year Founded: 1996

Agency Specializes In: Advertising, Sponsorship

Valerie Bengoa *(Exec VP & Dir-Fin-US)*
Whitney Ball *(VP & Head-Talent)*
Sam Renbarger *(Head-Strategy)*
Marla Ulrich *(Head-Production)*
Ben Wolan *(Exec Creative Dir)*
Samantha Brown *(Creative Dir)*
Katie Edson *(Acct Dir)*
Lindsey Lucero *(Acct Dir)*
Oletta Reed *(Acct Dir)*
Christina Rodriguez *(Art Dir)*
Jordan Wood *(Acct Dir)*
Stuart Hazlewood *(Dir-Strategy-Intl)*
Regina Scolaro *(Dir-Digital)*
Aubrey Day *(Assoc Dir-Creative)*
Stevie Chu *(Acct Mgr)*
Amanda Fuller *(Acct Supvr)*
Molly Brasser *(Acct Exec)*
Guillermo Santaisabel *(Copywriter)*
Boomer Cruz *(Sr Writer)*
Madeline DeWree *(Assoc Creative Dir)*
Mark Krajan *(Grp Creative Dir)*
Lance Vining *(Assoc Creative Dir)*

Accounts:
Amazon.com
BJ's Restaurant (Agency of Record) Creative, PR, Pizookie Dessert, Strategy
California Public Utilities Commission Energy Upgrade California Program, Marketing
Conagra Brands, Inc. Banquet Frozen Foods, Chef Boyardee, Creative, Healthy Choice, Hebrew National, Hunts Snack Pack, Manwich, Marie Callender's, Orville Redenbacher, P.F. Chang's, PAM, Reddi-wip, Rosarita, Rotel, Slim Jim, Swiss Miss; 2004
Cord Blood Registry
Energy Upgrade California
Green Works
Heal the Bay
Henkel
Hidden Valley Ranch
Mondelez International, Inc. Campaign: "Book Club", Ro-Tel, Velveeta
Nevro
The Pacific Gas & Electric Company
Partnership for Drug-Free Kids
Presidio Trust
SunPower
Symantec Corporation
Women's Equality Day

Roberts + Langer DDB
437 Madison Ave 8th Fl, New York, NY 10022
(See Separate Listing)

Spike/DDB
55 Washington St Ste 624, Brooklyn, NY 11201
Tel.: (718) 596-5400
Fax: (212) 415-3101
E-Mail: info@spikeddb.com
Web Site: www.spikeddb.com

Employees: 30
Year Founded: 1996

National Agency Associations: 4A's

Agency Specializes In: Consumer Marketing, Sponsorship

Spike Lee *(CEO & COO)*
Alex Tyree *(Acct Supvr)*
P.A James *(Assoc Creative Dir)*

Accounts:
Everytown for Gun Safety Campaign: "End Gun Violence"
General Motors Cadillac (Multicultural Agency of Record), Cadillac ATS, Campaign: "Coding It", Campaign: "Inspiration", Campaign: "MLK Table of Brotherhood", Campaign: "Seizing It"
Genesco Inc. Lids
HBO Campaign: "Late Night Happy Hours"
Pepsi; 2002
TNT
The Topps Company Baseball Cards; 2008

ADVERTISING AGENCIES

Argentina

DDB Argentina
Juncal 1207, CP (C1062ABM) Buenos Aires, Argentina
Tel.: (54) 11 5777 5000
Fax: (54) 11 5777 4000
E-Mail: info@ddbargentina.com
Web Site: www.ddbargentina.com

E-Mail for Key Personnel:
Public Relations: sol.relevant@ddbargentina.com

Employees: 150

National Agency Associations: AAAP (Argentina)-IAA

Horacio Calvo *(Mng Dir)*
Hernan Jauregui *(Chief Creative Officer)*
Adrian Piattoni *(Chief Creative Officer)*
Norberto Bodello *(Head-Production)*
Claudio Migliardo *(Head-Production)*
Dante Rodriguez *(Production Mgr, Buyer & Controller)*
Graciela Combal *(Grp Acct Dir)*
Beto Cocito *(Creative Dir-Audi Intl-Barcelona)*
Ezequiel Irureta *(Art Dir)*
Juan Mesz *(Creative Dir)*
Gonzalo Palma *(Art Dir)*
Florencia Ramirez *(Art Dir)*
Maria Rosasco *(Acct Dir)*
Facundo Varela *(Creative Dir)*
Elina Mendez *(Dir-Accts & New Bus Grp)*
Agustin Fernandez Madero *(Copywriter)*
Tomas Ricaurte *(Copywriter)*

Accounts:
Argentinian Foundation of Liver Transplant "The Man & The Dog"
BBVA Frances
Club Atletico Boca Juniors Boca juniors Adhering Member
FATH
Getty Images, Inc.
Hospital Austral
Johnson & Johnson Bio, Brillo y Vida, Clean & Clear, KYGel, Neutrogena, Roc, Sundown
Missing Children
Provet Dog Bunker Provet
Trenet Campaign: "Lobster", Campaign: "Spaghetti", Campaign: "Sushi"
Volkswagen Campaign: "Drive Carefully", Campaign: "Little Hand", Campaign: "Love Stories Without A Car", Campaign: "The Race", Campaign: "VW Golf GTI Fast Film", Campaign: "Wrong faces 3 - It may look right, but it isn't", Campaign: "Wrong faces, 1", Golf GTI, KY Gel, POOL, Passat CC, Polo, Refrigerator, Shelf, The Hot 40-Somethings in This VW Ad Aren't Meant to Make You Feel Bad, Tiguan; 2001

Australia

DDB Melbourne Pty. Ltd.
7 Electric Street, Melbourne, VIC 3121 Australia
Tel.: (61) 392543600
E-Mail: info@mel.ddb.com.au
Web Site: www.ddb.com.au

Employees: 125
Year Founded: 1948

National Agency Associations: AFA

Agency Specializes In: Communications

Jade Manning *(Partner-Creative-Volkswagen Acct)*
Kate Sterling *(Mng Dir)*
Karen Dwyer *(Chief Strategy Officer)*
Julian Watt *(Chief Creative Officer)*
Andrew Little *(CEO-DDB Grp Australia)*
Steve Crawford *(Exec Creative Dir)*
Anthony Moss *(Grp Exec Creative Dir)*
Katie Franklin *(Bus Dir)*
Becky Morriss *(Art Dir)*
Ian Forth *(Dir-Plng)*
Joseph Smeaton *(Dir-Plng)*
Locki Choi *(Copywriter)*
Bec Griffiths *(Copywriter)*
Paris Paphitis *(Planner)*
Anna Yates *(Copywriter)*
Haley Dion *(Sr Bus Mgr)*
Brett Edwards *(Sr Art Dir)*

Accounts:
Ahm
British Paints
Don Smallgoods Campaign: "Modern Art"
Expedia Campaign: "Listopedia", Creative
Forty Winks Pty Ltd
Kidsafe Unconventional Oven
Mars Petcare Schmackos
McDonald's Campaign: "Our Food, Your Questions", Campaign: "TrackMyMacca", Pop-Up Restaurant
McPherson's Group
Momentum Energy (Agency of Record) Brand Campaign, Creative, Outdoor, Radio, Social & Display, TV
Monash Children's Hospital
Murray Goulburn Campaign: "Glow Girl", Campaign: "Take Over", Devondale Dairy Soft, Devondale Long Life Milk
National Hearing Care Awareness, Creative, Public Relations; 2018
Open Universities Campaign: "Your Best Days Are Ahead Of You"
Open Training Institute Campaign: "The Y Factor"
Porsche Cars Australia Communications Strategy, Creative, Integrated Marketing
PZ Cussons Imperial Leather; 2003
Radiant
RSL Australia Campaign: "Minute of Silence"
Telstra Corporation Ltd.
Treasury Wine Estates Campaign: "It's the sunshine that makes it", Digital, In-store, Lindeman's, Print
Virgin Australia
Volkswagen
Westpac Campaign: "Fred Hollows"

DDB Sydney Pty. Ltd.
46-52 Mountain Street Level 3, Ultimo, NSW 2007 Australia
Tel.: (61) 2 8260 2222
Fax: (61) 2 8260 2317
E-Mail: info@ddb.com.au
Web Site: www.ddb.com.au

Employees: 500
Year Founded: 1945

National Agency Associations: AFA

Agency Specializes In: Advertising

Chiquita King *(Mng Partner)*
Kate Sheppard *(Mng Partner)*
Michael Barnfield *(Partner-Creative)*
Sian Binder *(Partner-Creative)*
Matt Chandler *(Partner-Creative)*
Caroline Ghatt *(Partner-Plng)*
Dave Govier *(Partner-Creative-Vince)*
David Jackson *(Partner-Creative)*
David Joubert *(Partner-Creative)*
Carl Ratcliff *(Chief Strategy Officer)*
Ben Welsh *(Chief Creative Officer)*
Leif Stromnes *(Mng Dir-Strategy & Innovation)*
Tara Ford *(Exec Creative Dir)*
Matt Romeo *(Sr Dir-Bus)*
Nicolas Smith *(Sr Dir-Art)*
Tania Hoang *(Sr Producer-Digital)*
John Wood *(Sr Producer-Print)*
Guilherme Machado *(Creative Dir & Writer)*
Becca Duggan *(Art Dir)*
Oliver Gould *(Bus Dir)*
Hannah King *(Art Dir)*
Astrid Noble *(Sr Bus Dir)*
Vincent Osmond *(Creative Dir)*
Joseph Smeaton *(Dir-Plng)*
Augusto Correia *(Strategist-Creative)*
Fee Millist *(Copywriter)*
Berengere Sottas *(Sr Designer-Web)*
Angela Beals *(Sr Bus Dir)*
Tommy Cehak *(Sr Art Dir)*
Rebecca Crawford *(Grp Bus Dir)*
Alina Godfrey *(Grp Bus Dir)*
Claire Hynes *(Sr Bus Dir)*
Topher Jones *(Grp Bus Dir)*
Alex Newman *(Sr Art Dir)*

Accounts:
Arnott's Snackfoods Campaign: "In Your Face", Campaign: "Truly Madly Tim Tam", Radio, Shapes, Social Media, Tim Tam
Australia.com Campaign: "There's Nothing Like "
Brother International Fax, Labeling Machines, Printers; 1996
BWS Campaign: "Today's Special", Creative, TV
Cancer Council NSW Campaign: "Cancer Council Hope"
Chux
Cup-a-Soup
Domain TV; 2017
Energizer Alkaline Batteries, Carefree, carefree.com.au; 2001
Everris Garden Products; 1999
Expedia Campaign: "Biggest Ever Sale", Digital, Press, Social Media, TV
Foxtel Brand & Retail, Fox Cricket; 2018
Gatorade Sports Drink; 2002
George Weston Foods Campaign: "Good on ya mum winning hearts and minds"
Johnson & Johnson Campaign: "Be Real Launch", Campaign: "The Mum to Mum Project", Carefree, Skin Care Products; 1996
McDonald's Corporation (Creative Agency of Record) Brand Campaign, Campaign: "Anything for Love", Campaign: "Bring Fries to Life", Campaign: "Busker", Campaign: "Drool", Campaign: "Like Home", Campaign: "McFlurry Drool Sign", Campaign: "New Loose Change Menu", Campaign: "Profitably future-proofing fast-food", Campaign: "Stretch", Campaign: "Un McDonald's", Cheeseburger Shaker Fries, Chicken Big Mac, Digital, Joke, Saucy, Nudie run, Bacini, McCafe, Playland, Print, Public Relations, Rebrand, TV, TrackMyMacca's, Website; 1971
Monash Children's Hospital
Pepsico Lipton Ice Tea, Take Three Deep Sips
PetRescue PetMe
Schwartzkopf Retail Hair Care Products; 1999
Society One
The Sydney Opera
Telstra Campaign: "New Phone Feeling", Campaign: "The Reinvention of Telstra", Integrated, Passion Pillars, Pre-Paid Freedom, Upgrades
Tip Top Good On Ya Mum
Unilever Campaign: "Time for a Cooler Snack", Digital, Lipton Ice Tea, Outdoor, Streets, TV; 2004
Virgin Australia (Creative Agency of Record)
Volkswagen AG Creative, Porsche, Skoda, Volkswagen Commercial Vehicles, Volkswagen Passenger Cars; 2001
Westfund Health Insurance
Westpac Banking Corporation (Creative Agency of Record) Campaign: "24/7 After Midnight"
Wrigley Australia Campaign: "Say Hello to Fresh", Campaign: "Wrigley's Eclipse Toll Booth", Chewing Gum, Eclipse, Extra, Hubba Bubba, Juicy Fruit; 1971

Barbados

AGENCIES - JANUARY, 2019 — ADVERTISING AGENCIES

GHA/DDB
22 George St, Box 1044 Belleville, Saint Michael, Barbados
Tel.: (246) 431 0411
Fax: (246) 431 0412
E-Mail: greg@greghoyos.com
Web Site: www.greghoyos.com

Employees: 20
Year Founded: 1990

Agency Specializes In: Advertising

Greg Hoyos *(Chm)*
Pamela Cave-Small *(Dir-Ops)*

Accounts:
British Airways
Consumer's Guarantee Insurance
Exxon Oil Foods, Gas, Lubes; 1995
Purity Bakeries

Belgium

DDB Group Belgium
17 rue Saint Hubert, B-1150 Brussels, Belgium
Tel.: (32) 2 761 19 00
Fax: (32) 2 761 19 01
E-Mail: info-ddb@ddb.be
Web Site: www.ddb.be

E-Mail for Key Personnel:
Media Dir.: maurice.vandemaele@ddb.be
Public Relations: ariane.vandenbosch@ddb.be

Employees: 50
Year Founded: 1972

Agency Specializes In: Communications, Consumer Marketing, Direct Response Marketing, Event Planning & Marketing, Pharmaceutical

Yves Bogaerts *(CEO)*
May Bogaerts *(CEO-DDB Radar)*
Dominique Poncin *(Head-Strategy)*
Adrien Moormann *(Dir-Film & Photography & Editor-Film)*
Sylvie De Couvreur *(Grp Acct Dir)*
Dieter De Ridder *(Creative Dir)*
Francis Lippens *(Bus Dir)*
Frederic Zouag *(Art Dir)*
Quentin Maryns *(Acct Mgr)*
Kenn Van Lijsebeth *(Copywriter-PR & Coord-PR Press)*
Philippe Gerin *(Planner-Strategic)*
Jan Schoofs *(Copywriter)*
Sven Verfaille *(Designer-Graphic & Motion)*

Accounts:
Alzheimer League Flanders Website
Audi A4
B-Classic Campaign: "Dvorak"
Base "PhoneAddress"
Bol.com
Duvel
Gezondheid en Wetenschap Campaign: "Don't Google It"
Ikea Cinema, Creative, Online, Outdoor, TV
Pedigree Campaign: "Billboard Walk"
Petits Riens/Spullenhulp Campaign: "Santa Surprises Brussels", Homeless Charity
Ray Ban Campaign: "No Filter"
Studio Brussels
Volkswagen AG Caddy Maxi, Campaign: "Golf Story Days", Campaign: "The Long Goodbye", Campaign: "Weather Cam", Comeback of the music cassette, Eos, Golf, Park Assist Technology, Polo

Brazil

DDB Brazil
Av Brigadeiro Luis Antonio 5013, 01401-002 Sao Paulo, SP Brazil
Tel.: (55) 11 3054 9999
Fax: (55) 11 3054 9812
Web Site: www.ddb.com

E-Mail for Key Personnel:
Creative Dir.: svalente@dm9ddb.com.br
Media Dir.: pqueiroz@dm9.ddb.com.br
Public Relations: fantacli@dm9ddb.com.br

Employees: 350
Year Founded: 1989

Agency Specializes In: Advertising

Alcir Gomes Leite *(COO)*
Rafael Voltolino Azevedo *(Art Dir)*
Carlos Schleder *(Creative Dir)*

Accounts:
C&A Brasil Campaign: "#loucasporcavalli", Campaign: "Fashion Like", Campaign: "Look Block", The Five Cavalli Commandments
Follow Magazine Campaign: "Follow the new."
New-Greenpeace
Itau Bank Campaign: "The Broadcast Made for You", Campaign: "Unlimited Ad"
Johnson & Johnson Band-Aid
K-Y Campaign: "Lube Your Love Machine"
Latinstock Brasil Campaign: "Images that tell everything.", Campaign: "Little Red Riding Hood", Campaign: "Stories", Image Bank
MASP Campaign: "A painting is just a part of the story", Campaign: "Paths", Campaign: "Salvador Dali", Campaign: "The Scream"
McDonald
Mercedes-Benz Mercedes-Benz Actros
Sadia Campaign: "Huge Sachets", Campaign: "The Boxer", Sadia Hot Pocket Hamburger
Telefonica Vivo TV Campaign: "Cowboy"
Terra Networks Campaign: "Terra V.I.P.", Terra Portal
Tribo Skate Magazine Campaign: "Real freedom is to ride with safety"
New-Volkswagen AG South America Creative
Whirlpool Campaign: "Art Movements", Campaign: "Frozen Promotion"

DM9DDB
Avenida Brigadeiro Luis Antonio 5013, Jardim Paulista, Sao Paulo, SP Brazil
Tel.: (55) 11 3054 9999
Fax: (55) 11 3054 9812
Web Site: www.ddb.com

Employees: 340

Paulo Coelho *(Co-Pres & Chief Creative Officer)*
Marcio Oliveira *(Co-Pres)*
Aricio Fortes *(Chief Creative Officer)*
Vicente Varela *(VP-Media & Digital Intelligence)*
Ricardo Lemos *(Head-Production)*
Victor Toyofuku *(Creative Dir & Art Dir)*
Adriano Alarcon *(Creative Dir-Latam)*
Joao Alexandre *(Art Dir)*
Alexandre Arakawa *(Art Dir)*
Andre Mancini *(Art Dir)*
Joao Mosterio *(Creative Dir)*
Maicon R. Pinheiro *(Art Dir)*
Zico Farina *(Dir)*
Bibiana Lopez *(Dir-Plng)*
Alexandre Freire *(Copywriter)*
Andres Puig Casariego *(Sr Art Dir)*

Accounts:
Akatu Institute
Amaral Carvalho Hospital Campaign: "ELO Teddy Bear"
Banco Itau Holding Financeira
Companhia de Bebidas das Americas
Corbis
Corinthians
De Cabron
Easy Taxi
Elo Teddy Bears
Estrela Toys SUPER MASS
Fundacao Dorina Nowill Para Cegos The Blind Book
Hospital Beneficia Portuguesa
Itau Bank
Johnson & Johnson Band-Aid, Clean & Clear
L&PM Editores
Latinstock
Mario Yamasaki
McDonald's
Museu de Arte de Sao Paulo
Novo Mundo Currency Exchange
O Pao dos Pobres Foundation Campaign: "Behind the Dreams"
Portugese Hospital Organ Donation Health care
Special Dog
Ssex Bbox
Telhanorte
Tok & Stok
Viajar Travel Magazine
Wal-Mart Stores, Inc.

Grupo ABC de Communicacao
Avenida Brigadeiro Faria Lima 2277 18th Fl, Jardim Paulistano, Sao Paulo, Brazil
Tel.: (55) 1130941999
Fax: (55) 1130947220
E-Mail: imprensa@grupoabc.com
Web Site: www.grupoabc.com

Employees: 1,200

Agency Specializes In: Advertising

Nizan Guanaes *(Founder & Partner)*
Fabio Fama *(Dir-Acctg)*

Bulgaria

DDB Sofia
Business Park Sofia, Bldg 1A, 1715 Sofia, Bulgaria
Tel.: (359) 2 489 8000
Fax: (359) 2 489 8029
E-Mail: hello@sofia.ddb.com
Web Site: www.ddb.com

Employees: 12
Year Founded: 1992

Agency Specializes In: Advertising

Hristo Dimitrov *(Creative Dir)*
Vasil Petrakov *(Creative Dir)*
Aglika Spassova *(Art Dir)*
Yoana Pancheva *(Dir-Client Svc)*

Accounts:
Globul Creative

Canada

Anderson DDB Health & Lifestyle
1300-33 Bloor St E, Toronto, ON M4W 3H1 Canada
(See Separate Listing)

DDB Vancouver
1600-777 Hornby St, Vancouver, BC V6Z 2T3 Canada
(See Separate Listing)

Chile

DDB Chile

ADVERTISING AGENCIES

Av Del Vallee 945 4 Piso of 4615, Ciudad Empresarial, Santiago, Chile
Tel.: (56) 2 677 8888
Fax: (56) 2 677 8885
E-Mail: info@ddbchile.com
Web Site: www.ddb.com/

E-Mail for Key Personnel:
President: eduardo.fernandez@ddbchile.com

Employees: 20
Year Founded: 1981

National Agency Associations: ACHAP

Agency Specializes In: Advertising, Advertising Specialties

Walter Loli *(Chief Creative Officer)*
Simon Subercaseaux *(VP-Creation)*
Oriol Albella *(Bus Dir)*
Francisco Javier Perez Beauvais *(Art Dir)*
Beto Cocito *(Creative Dir-Audi Intl)*
Rodrigo Pacheco Jorquera *(Art Dir)*
Jorge Portales *(Creative Dir)*
Nicolas Nunez Perez *(Supvr-Digital Data)*
Robert Canales *(Writer-Creative)*
Flavio Cabezas Nunez *(Sr Art Dir)*

Accounts:
Coaniquem Campaign: "Salt"
Hasbro
Oral Fresh
Suzuki Suzuki Rmx450z
ToysCenter
UHU

China

DDB China - Shanghai
Park2Space 4th Floor Building 2 169 Mengzi Road, Luwan District, Shanghai, 200023 China
Tel.: (86) 21 6151 3300
Fax: (86) 21 6448 3699
E-Mail: info@hk.ddb.com
Web Site: www.ddb.com

Employees: 89
Year Founded: 1991

Agency Specializes In: Advertising, Direct Response Marketing, Internet/Web Design, Sales Promotion, Strategic Planning/Research

Danny Mok *(CEO)*
Lawrence Li *(Mng Dir)*
Andreas Krasser *(Chief Strategy Officer)*
Laura Liang *(Chief Strategy Officer)*
Takho Lau *(Mng Dir-Beijing & Exec Creative Dir)*
Matthew Cheng *(Mng Dir-Guangzhou & Beijing)*
Jamal Hamidi *(Exec Creative Dir-Bus)*
Justin Bonnett *(Reg Dir-Bus)*
Annie Yang *(Dir-Mktg & Comm)*
Tina Tang *(Copywriter)*

Accounts:
Alipay
Amazon Kindle Paperwhite Campaign: "Paper & Pen"
Bentley Motors China Creative
e-Long
Fonterra Anchor
Johnson & Johnson; 2000
McDonald's
Midea Air Conditioning (Agency of Record) Creative
Pepsico Campaign: "Bring Happiness Home", Campaign: "Delicious, Nutritious, with No Additives", Campaign: "Lawn Refresher", Campaign: "Witness the Magic of Sweat", Creative, Gatorade (Television), Print, Quaker Concentrated Powder Drink, Tv; 2002
Quaker Oats Creative
Royal Caribbean International Advertising, Global Cruise Brand, Strategic Communication & Creative; 2018
T-Mall Creative
Tsingtao
Volkswagen Group China Beetle's Eye View, Campaign: "Blue Mobility In-Car Mobile App", Passat
XStep

DDB Guoan Communications Beijing Co., Ltd.
7/F Ocean Center Building D 62 East 4th Ring Road, Chaoyang District, Beijing, 100025 China
Tel.: (86) 10 5929 3300
Fax: (86) 10 5929 3335
Web Site: www.ddb-guoan.com

Employees: 2
Year Founded: 1992

Agency Specializes In: Advertising, Consumer Marketing, Direct Response Marketing, Internet/Web Design, Sales Promotion, Strategic Planning/Research

Liming Zhang *(VP)*

Accounts:
Volkswagen Group Import Cars Print, The Beetle

Colombia

DDB Worldwide Colombia, S.A.
Calle 6 Oeste No 1B-72, Cali, Colombia
Tel.: (57) 2 892 6450
Fax: (57) 2 892 6536
Web Site: www.ddb.com

Employees: 15

Paola Galvis *(Art Dir)*
Javier Vargas Guevara *(Art Dir)*
Mario Alberto Leon Bonilla *(Sr Art Dir & Creative Dir)*

Accounts:
Owens-Illinois Campaign: "Glass Is Life", Online, TV

DDB Worldwide Colombia S.A.
Diagonal 97 #17-60 Piso 10, Bogota, Colombia
Tel.: (57) 1 257 0188
Fax: (57) 1 236 5559
Web Site: www.ddbcol.com.co/

Employees: 500

Agency Specializes In: Advertising

Dario Lozano *(Mng Dir & Producer)*
Leo Macias *(Chief Creative Officer)*
Daniel Felipe Calle Gomez *(Gen Dir-Creative)*
Jorge Becerra *(VP-Strategic Plng)*
Paula Botero Quintero *(Head-Brand & Bus & Dir-PMO)*
Dolly Cantor *(Head-Production)*
Eddie Baldosea *(Art Dir)*
Jhonattan Diaz *(Art Dir)*
Sandra Murillo Franco *(Creative Dir-Avianca Airlines)*
Paola Galvis *(Art Dir)*
Mario Alberto Leon Bonilla *(Sr Art Dir & Creative Dir)*
Thiago Matzunaga *(Art Dir)*
Jorge Valencia Montenegro *(Creative Dir)*
Felipe Munevar *(Art Dir)*
Nicol Andres Ossa Briceno *(Art Dir)*
Bruno Regalo *(Art Dir)*
Ze Luis Schmidt *(Art Dir)*
Juan Alvarado *(Copywriter)*
Andrea Tafur Cruz *(Designer)*
Brenda Jacome *(Copywriter)*
Miguel van Bommel *(Sr Art Dir)*

Accounts:
AB Electrolux
Anheuser-Busch InBev
Bavaria Brewery Poker
BBVA
Bogota Film Festival
Canon
Colombiano Road Safety
Edatel TV HD
El Colombiano Campaign: "Hide Mines", Campaign: "Recipes to Eat Outside"
EPM
Exxon Mobil Corporation
Grupo Carvajal Campaign: "The Colors of Imagination"
Hasbro Inc Play-Doh
Henkel Campaign: "Angel Explosion", Campaign: "Girl Explosion", Super Bonder; 1998
Honda Campaign: "Helmet", Campaign: "Meteor", Honda Helmets
Libreria Norma
McDonald's McCafe
Mundo Aventura
Norma Campaign: "Colors Norma Onomatopoeia"
Paladares Magazine Campaign: "Recipes To Eat Outside Without Leaving Home"
The Procter and Gamble Company
Radioacktiva
Shutterstock
Stabilo
Tronex Battery
TRS Air Conditioners Campaign: "Bed, Couch"
UNE EPM Telecomunicaciones
Unilever Wall's Ice Cream

Czech Republic

DDB Prague
Lomnickeho 1705/5, 140 00 Prague, 4 Czech Republic
Tel.: (420) 2 2101 3111
Fax: (420) 2 2101 3901
E-Mail: ddb@ddb.cz
Web Site: www.ddb.cz

Employees: 30
Year Founded: 1991

Agency Specializes In: Advertising

Darko Silajdzic *(Mng Dir)*
Petr Vykoukal *(CFO)*
Katerina Posepna *(Acct Dir)*
Ondrej Wunsch *(Art Dir)*
Tomas Mondschein *(Mgr-Traffic & Studio)*
Kristyna Ochvatova *(Planner-Strategic)*
Veronika Dvorakova *(Jr Acct Mgr)*

Accounts:
New-Ekotopfilm
McDonald's

Denmark

DDB Denmark
Bredgade 6, PO Box 2074, DK-1013 Copenhagen, Denmark
Tel.: (45) 33 46 3000
Fax: (45) 33 46 3001
E-Mail: info@ddbdanmark.dk
Web Site: ddbcopenhagen.dk

E-Mail for Key Personnel:
President: johnny.henriksen@ddbdanmark.dk

Employees: 60

AGENCIES - JANUARY, 2019 — ADVERTISING AGENCIES

Year Founded: 1984

Agency Specializes In: Advertising

Johnny Henriksen *(CEO)*
Andreas Dahlqvist *(Chief Creative Officer-NORD DDB)*
Mark Rif Torbensen *(Sr Dir-Art)*
Anton Bolin *(Art Dir)*
David Cytryn *(Producer-Digital)*
Thomas Fabricius *(Creative Dir)*
Mette Ingemann *(Acct Dir)*
Anders Kure *(Art Dir)*
Malin Marklund *(Acct Dir)*
Jeppe Ritz *(Art Dir)*
Annica Smith *(Bus Dir-NORD DDB)*
Eskil Busck *(Dir-Digital)*
Susanne Johansson *(Dir-PR)*
Johan Rynell *(Dir-Plng)*
Martin Meyer *(Strategist)*
Svante Parup *(Copywriter)*
Louise Skafte *(Designer)*

Accounts:
HBO
Klarna
McDonald's Campaign: "Coin Hunters", Cocio Summer Shake
New-Moove
Royal Unibrew Campaign: "Tempt Cider Design", Cider, Faxe Kondi, Royal Beer
Volkswagen AG GTI

El Salvador

Molina DDB El Salvador
(Formerly Tribu DDB El Salvador)
Blvd del Hipodromo No 539, col San Benito, San Salvador, El Salvador
Tel.: (503) 2535-7777
Fax: (503) 2535-7700
E-Mail: info@sv.ddb.com
Web Site: www.ddb.com/offices/latina/el-salvador/tribu-ddb-el-salvador

Employees: 40

Agency Specializes In: Advertising

Victor Pardo *(Founder & Partner)*

Accounts:
Publinews Braille Edition

Estonia

DDB Estonia Ltd.
Parnu Mnt 69, Tallinn, 10134 Estonia
Tel.: (372) 699 8600
Fax: (372) 699 8601
E-Mail: ddb@ddb.ee
Web Site: www.ddb.ee

E-Mail for Key Personnel:
President: jana@ddb.ee
Creative Dir.: meelis@ddb.ee
Production Mgr.: tiina@ddb.ee

Employees: 15
Year Founded: 1993

National Agency Associations: EAAA

Agency Specializes In: Advertising

Ragne Gasna *(Acct Dir)*
Meelis Mikker *(Creative Dir)*
Erik Teemagi *(Dir-Art)*
Raivo Tihanov *(Copywriter)*
Esta Vaask *(Sr Accountant)*

Finland

DDB Helsinki
Hietaniemenkatu 7A, 00100 Helsinki, Finland
Tel.: (358) 424 7471
Fax: (358) 9 626 833
E-Mail: info@ddb.fi
Web Site: https://nordddb.com/

E-Mail for Key Personnel:
President: Rainer.Linquist@ddb.fi
Creative Dir.: mika.wist@ddb.fi

Employees: 35

National Agency Associations: MTL

Agency Specializes In: Advertising

Lauri Vassinen *(CEO & Creative Dir)*

Accounts:
Honka Campaign: "House"
McDonald's Campaign: "Draw French Fries Challenge", Campaign: "Good Morning", Campaign: "Large Coffee", Campaign: "Paper Chicken", Double Cheese Burger

France

DDB Communication France
55 rue d'Amsterdam, 75391 Paris, Cedex 08 France
Tel.: (33) 1 5332 6000
Fax: (33) 1 5332 6504
E-Mail: Herve.Brossard@ddb.fr
Web Site: www.ddb.fr

E-Mail for Key Personnel:
President: herve.brossard@ddb.fr

Employees: 800
Year Founded: 1969

National Agency Associations: AACC-ADC-IAA

Agency Specializes In: Advertising, Advertising Specialties, Brand Development & Integration, Communications, Consumer Marketing, Consumer Publications, Corporate Identity, Digital/Interactive, Direct Response Marketing, Event Planning & Marketing, Graphic Design, Infomercials, Internet/Web Design, Logo & Package Design, Point of Purchase, Point of Sale, Print, Production, Public Relations, Publicity/Promotions, Radio, Sales Promotion, Sports Market, Strategic Planning/Research, T.V., Telemarketing, Trade & Consumer Magazines

Marine Hakim *(Deputy Mng Dir & Head-New Bus)*
Melanie Pennec *(Creative Dir)*
Jean Weessa *(Art Dir)*
Valerie de La Rochebrochard *(Dir-PR)*
Anne-Marie Gilbert *(Dir-Press Rels)*
Constance Godard *(Copywriter)*

Accounts:
Hasbro Campaign: "The Transformable"
Honda Moto Campaign: "Only Gods think once"
INVISTA Licra
Sushi Shop
Volkswagen Group of America, Inc. Campaign: "Tourolf, Finger", Transporter 4Motion

DDB Paris
73-75 rue La Condamine, 75017 Paris, France
Tel.: (33) 1 5332 5000
Fax: (33) 1 5332 6342
Web Site: www.ddb.fr/

E-Mail for Key Personnel:
President: betrand.suchet@ddbparis.fr

Employees: 100

Year Founded: 2001

Agency Specializes In: Advertising, Consumer Goods, Corporate Identity, Sports Market

Julien Scaglione *(Deputy Mng Dir-Social Media Strategy)*
Pierre-Antoine Dupin *(Editor & Designer)*
Olivier Le Lostec *(Editor & Designer)*
Charlotte Roux *(Editor & Designer)*
Fabien Donnay *(Grp Acct Dir)*
Quentin Moenne Loccoz *(Art Buyer & Producer-TV)*
Alexis Benbehe *(Creative Dir)*
Julien Beuvry *(Art Dir)*
Natacha Olive De Cherisey *(Art Dir)*
Pierre Guengant *(Comml Dir)*
Jenna Haugmard *(Art Dir)*
Alexandre Lagoet *(Art Dir)*
Caroline Lorin *(Art Dir)*
Audrey Niguet *(Acct Dir)*
Melanie Pennec *(Creative Dir)*
Remi Picard *(Art Dir)*
Thibaut Pirioux *(Art Dir)*
Marie Tricoche *(Comml Dir)*
Emilie Van Den Berghe *(Acct Dir)*
Audrey Depommier *(Dir-Social Media)*
Mickael Jacquemin *(Dir-Creative & Art)*
Coralie Bouillier *(Acct Mgr)*
Mathieu Bliguet *(Supvr)*
Laetitia De Camas *(Supvr)*
Paul Ducre *(Supvr)*
Noemie Pitois *(Supvr)*
Julianne Sanson Ribaut *(Supvr)*
Floriane Degouy *(Acct Exec)*
Constance Godard *(Copywriter)*

Accounts:
Agence De La Biomedecine
New-Amnesty International USA
ANLCI Campaign: "Blockbuster", Campaign: "Fight for literacy 2"
beIN Sports
Bouygues Telecom Campaign: "Kitten Telecom", Television
Doctors of the World Campaign: "MakeAChildCry", Outdoor, Print, TV
Fight for literacy
French Health Department
Greenpeace Campaign: "A New Warrior", Campaign: "France, also the Country of Nuclear Power"
Hasbro Inc Play-Doh
Hennessy Hennessy XO
Johnson & Johnson Above-the-Line, Campaign: "Her Best Years", Digital, Global, Le Petit Marseillais, Social Media
Mastermind
McDonald's Campaign: "Mcdonald's Monopoly", Campaign: "Passion Meter"
MINI France Campaign: "Keep Calm", MINI Maps
Musee De La Grande Guerre Du Pays De Meaux
Museum of The Great War "Saw", Campaign: "Facebook 1914"
National Geographic Campaign: "Jungle", Campaign: "Reality vs Fiction"
PepsiCo Campaign: "Billboard powered by oranges", Campaign: "Lipton Ice Tea: The Slap", Lipton Yellow Label Campaign: "Waterfall", Tropicana
Pirelli Tires (Global Advertising Agency)
Playboy Enterprises, Inc. "Super Playboy", Campaign: "Elevator", Playboy Parfume, Print, VIP Fragrances
PriceMinister-Rakuten Campaign: "Hippo"
Sushi Shop Lefties
Tom Clancy's Ghost Recon
Trace Urban Campaign: "The Battle"
New-Ubisoft Entertainment S.A.
New-Unesco
Unilever Lipton Yellow Label, Maille
Volkswagen AG Campaign: "Choice", Golf GTE, Notary
Voyages-sncf.com Campaign: "Lucky Bag"

ADVERTISING AGENCIES

Germany

DDB Berlin
Neue Schonhauser Strasse 3-5, D-10178 Berlin, Germany
Tel.: (49) 302 40840
Fax: (49) 302 408 4400
E-Mail: contact@ddb-tribal.com
Web Site: www.de.ddb.com/#/alle

E-Mail for Key Personnel:
Public Relations: m.scheller-wegener@de.ddb.com

Employees: 200
Year Founded: 1961

National Agency Associations: GWA

Agency Specializes In: Communications, Consulting, Direct Response Marketing, Internet/Web Design, Public Relations

Bianca Dordea *(CEO)*
Fabian Roser *(Mng Dir & Exec Creative Dir)*
Susanne Pluemecke *(Mng Dir)*
Christoph Pietsch *(CMO)*
Dennis May *(Chief Creative Officer)*
Gabriel Mattar *(Exec Creative Dir)*
Alan Dindo *(Sr Dir-Creative Art)*
Felipe Cury *(Art Dir)*
Jose Filipe Gomes *(Art Dir)*
Rebecca Holz *(Acct Dir)*
Vera Ickert *(Art Dir)*
Anika Kempkensteffen *(Creative Dir-Studio)*
Patrik Lenhart *(Creative Dir)*
Milica Otasevic *(Acct Dir)*
Stefan Rehne *(Creative Dir)*
Philipp Starck *(Acct Dir)*
Ricardo Wolff *(Creative Dir)*
Valerie O'Bert *(Jr Dir-Art)*
Sibel Topal *(Acct Mgr)*
Teresa Berude *(Copywriter)*
Nicolas Holz *(Copywriter)*
Felix Kruges *(Copywriter)*
Nadine Kunst *(Sr Designer)*
Pedro Lourenco *(Copywriter)*
John Speer *(Jr Copywriter)*
Kristine Holzhausen *(Sr Art Dir)*
Malte Kraft *(Jr Acct Mgr)*
Lilli Langenheim *(Sr Art Dir)*

Accounts:
The 3M Company
Ebay (Agency of Record)
Henkel Campaign: "Leaflet"
IKEA
Reporter ohne Grenzen Campaign: "#writinghelps"
Reporters Without Borders Campaign: "Whistles For Whistleblowers"
New-Sony Corporation Bravia Oled AF8, Sony Bravia
Stabilo Boss
T-Mobile
Terre des Femmes
TomTom
Verein fur Berliner Stadtmission
Volkswagen Group United Kingdom Ltd.

DDB Group Germany
Neue Schoenhauser Strasse 3-5, 10178 Berlin, Germany
Tel.: (49) 302 4084 0
Fax: (49) 302 4084 500
E-Mail: berlin@de.ddb.com
Web Site: www.de.ddb.com/#/de

E-Mail for Key Personnel:
Public Relations: m.scheller-wegener@de.ddb.com

Employees: 630

Year Founded: 1962

Agency Specializes In: Consulting, Direct Response Marketing, Internet/Web Design, Public Relations

Bianca Dordea *(Mng Dir)*
Dennis May *(Chief Creative Officer)*
Nina Rieke *(Chief Strategy Officer)*
Margit Scheller-Wegener *(Chief People Officer)*
Martin Studemund *(Exec Dir-Digital)*
Azim Abasbek *(Art Dir)*
Vesna Baranovic *(Creative Dir)*
Franziska Fischer *(Acct Dir)*
Patrik Lenhart *(Creative Dir)*
Toby Pschorr *(Bus Dir-Volkswagen-Global)*
Ricardo Wolff *(Creative Dir)*
Alberto Espeja Velicia *(Sr Art Dir-Intl)*
Dominika Zajac *(Sr Art Dir)*

Accounts:
New-Global2000
Pink Ribbon Germany Campaign: "Check it Before it's Removed"
New-Reporters Without Borders
Sony
Verein Fuer Berliner Stadtmission
Volkswagen AG (Lead Agency) Campaign: "It Feels Good to Know you Could.", Campaign: "Rock 'N' Scroll", Campaign: "Side Eyes", Campaign: "Tears", Campaign: "Volkswagen's Parasite Mailing", VW Golf GT

DDB Vienna
Thaliastrasse 125 B, 1160 Vienna, Austria
Tel.: (43) 1 491 91 0
Fax: (43) 1 491 91 50
Web Site: www.de.ddb.com/#/alle

Employees: 50

Agency Specializes In: Advertising

Andreas Spielvogel *(Exec Creative Dir)*
Babette Brunner *(Art Dir)*
Juli Janny *(Art Dir)*
Andreas Munster *(Art Dir)*
Julia Reischmann *(Art Dir)*
Thomas Tatzl *(Creative Dir)*
Eva Werner *(Art Dir)*
Kai Weyer *(Art Dir)*
Jakob Paulnsteiner *(Copywriter)*

Accounts:
Caritas Campaign: "Bus Heat Shelter", Heated Adshel
Henkel Austria AG Adhesives Loctite, Moment Austria & CEE, Pattex, Pritt, Super Attak; 1998
IKEA LED Lights
McDonald's Corporation McCafe, Print; 1994
Popakademie Baden-Wurttemberg
T-Mobile Austria Creative, Strategic Brand Consulting
Volkswagen Volkswagen Park Assist
Zipfer

Heye & Partner GmbH
Blumenstr. 28,, 80332 Munich, Germany
Tel.: (49) 89-66532-00
Fax: (49) 89-66532-1112
E-Mail: info@heye.de
Web Site: www.heye.de

Employees: 300
Year Founded: 1962

Karin Achatz *(Art Dir)*
Ricarda Jacob *(Acct Mgr-Mktg)*

Accounts:
Aktion Deutschland hilft Campaign: "The Water Is Gone, But The Damages Remain"

New-Bayerische Motoren Werke Aktiengesellschaft
McDonald's Deutschland Campaign: "Fries Hands"; 1971
Montblanc

Tribal Worldwide
Berliner Allee 10, 40212 Dusseldorf, Germany
Tel.: (49) 211 6013 3000
Fax: (49) 211 6013 3333
Web Site: tribalworldwide.com

Employees: 80

Agency Specializes In: Advertising

Accounts:
AEG ProSteam
Below Ground
Bic
Deutsche Telekom Campaign: "Move On", Campaign: "Share 2014", Mobile Internet
Electrolux Appliances AB Secret Ingredient
Popakademie Baden Wuerttemberg
Schwarzkopf Campaign: "A Declaration of Love"
Societe Bic
Volkswagen "A Crash Course to Shine", Beetle, Campaign: "Blunders", Campaign: "Crocodile Boots", Campaign: "Don't Make Up And Drive", Campaign: "Hedgehog and Fish", Campaign: "Shoe String", Campaign: "The New iBeetle. Never Drive Alone", Golf, Golf GTI, Park Pilot, Side Assist, Tiguan

Guatemala

El Taier DDB
Via 4 1-61 Zona 4, 1er nivel 4 Grados Norte, Guatemala, CA 01004 Guatemala
Tel.: (502) 2229 5555
E-Mail: Info@ddb.com
Web Site: www.ddb.com

Employees: 53
Year Founded: 1991

Agency Specializes In: Advertising

Victor Pardo *(Founder & Partner)*
Julian Andres Nunez C *(Gen Dir-Creative)*
Jorge Solorzano *(VP-Creative & Strategy)*
Miguel Giraldo *(Creative Dir)*
Barbara Lazo *(Acct Dir)*
Walter Lopez *(Art Dir)*

Accounts:
Save the Children
Volkswagen

Hong Kong

DDB Worldwide Ltd.
Unit 1201 Core E Cyberport 3, 100 Cyberport Road, Hong Kong, China (Hong Kong)
Tel.: (852) 2828 0328
Fax: (852) 2827 2700
Web Site: www.ddb.com

E-Mail for Key Personnel:
President: tim.evill@ddb_asia.com

Employees: 154
Year Founded: 1972

Agency Specializes In: Advertising, Communications, Direct Response Marketing, Internet/Web Design, Sales Promotion, Strategic Planning/Research

Irene Tsui *(Mng Partner)*
Keith Ho *(Mng Dir & Chief Creative Officer)*

AGENCIES - JANUARY, 2019 — ADVERTISING AGENCIES

Andreas Krasser *(Chief Strategy Officer)*
Peter Rodenbeck *(VP & Reg Dir-Asia)*
Annie Tong *(Head-Brdcst)*
Denise Wong *(Head-Brdcst)*
Jamal Hamidi *(Exec Creative Dir-Global Bus)*
Almon Lam *(Exec Creative Dir)*
Wai Hung Wong *(Exec Creative Dir)*
Justin Bonnett *(Reg Dir-Bus)*
Craig Lonnee *(Reg Dir-Talent Mgmt)*
Nateepat Jaturonrasmi *(Creative Dir)*
Benny Ko *(Client Svcs Dir)*
Daniel Law *(Acct Dir)*
Gary Lee *(Creative Dir)*
Ben Ling *(Creative Dir)*
Clara Ma *(Bus Dir)*
Jeff Tsang *(Creative Dir)*
Monique Tse *(Art Dir)*
Bocys Lam *(Dir-Ops & Technical)*
Adrian Tso *(Dir-Strategy)*
Cafy Choi *(Sr Acct Mgr)*
Ronald Lee *(Planner-Strategic)*
Roy Ha *(Assoc Creative Dir)*
Lan Kwok *(Grp Creative Dir)*
Marco Lam *(Grp Creative Dir)*
Matthew Leung *(Assoc Acct Dir)*
Stannie Li *(Assoc Acct Dir)*
Ray Nam *(Assoc Creative Dir)*
May Wong *(Grp Creative Dir)*
Paul Yu *(Sr Creative Dir)*

Accounts:
Allianz Global Investors
Bank of China; 2009
Carlsberg Brewery Hong Kong Limited Communication, Kronenbourg 1664, Somersby
The Coca-Cola Company Creative, Fuze Tea, Hi-C, Minute Maid
New-FWD Creative Strategy; 2018
GenLife
Glad Pineapple
Green Sense
Hang Lung Properties Brand Communications Strategy, Creative, The Peak Galleria - 2017 & 2018; 2017
Hang Seng Bank
Henderson Properties
Hong Kong International Airport B2B-Centric Brand Communication, Skycity, Strategic
Hotels.com, L.P. Asian Creative & Strategic, mascot Bellpug; 2018
Johnson & Johnson Clean & Clear, Neutrogena (Digital Agency of Record); 1997
Manulife (Agency of Record) Campaign: "Spouse", Creative, For Your Future, Strategic Branding
Maxims
McDonald's Hong Kong Campaign: "18-Button Redemption Machine", Campaign: "I'm Amazing", McCafe, Share Box, Social, TV; 1999
Parkn Shop Campaign: "Psychology Class"; 1992
SmarTone Branding, Communications, Creative; 2017
Stabilo
Studio City Macau Campaign: "This is Entertainment"
TSL Jewellery Campaign: "Finger Language"
Watson's Store Campaign: "Radiant Glow Dm"; 2009

Hungary

DDB Budapest
Dozsa Gyorgy ut 84/a 3rd Floor, H-1068 Budapest, Hungary
Tel.: (36) 1 461 2800
Fax: (36) 1 321 6270
E-Mail: info@ddb.hu
Web Site: www.ddb.hu

E-Mail for Key Personnel:
President: hannes.wirnsberger@ddb.hu

Employees: 70
Year Founded: 1991

Agency Specializes In: Advertising

Zsolt Balogh *(Head-Creative & Innovation Team)*
Karolina Galacz *(Creative Dir)*
Emese Gillotte *(Art Dir)*
Agnes Koros *(Acct Dir)*
Detti Simon *(Dir-Client Svc)*
Zsuzsi Gemesi *(Copywriter)*
Dorottya Toth *(Copywriter)*
Carlos Ramas Santamaria *(Sr Art Dir)*

Accounts:
Amnesty International
Borsodi
McCafe
McDonald's "BagTray"; 1992
Movilfestawards Campaign: "Your Phone Deserves Better Stories"
Telekom TVGO
Volkswagen Group of America, Inc. Campaign: "You Don't Need To Turn Your Head To See Around", Das Auto

India

DDB Mudra Group
Mudra House Opp Grand Hyatt, Santacruz (E), Mumbai, 400055 India
Tel.: (91) 22 33080808
Fax: (91) 22-33080300
Web Site: www.ddbmudragroup.com

Employees: 5,000

Agency Specializes In: Advertising, Digital/Interactive, Event Planning & Marketing, Experiential Marketing, Media Buying Services, Media Planning

Ashwini Dhingra *(Partner-Bus & Exec VP)*
Navin Kathuria *(Partner-DDB Mudramax & Exec VP-DDB Mudramax)*
Sharon Picardo *(Partner-Bus & VP)*
Sumeet Mathur *(Sr VP & Head-Strategic Plng)*
Shally Mukherjee *(Sr VP)*
Iraj Fraz Batla *(Exec Creative Dir-West)*
Subhashish Datta *(Exec Creative Dir)*
Iraj Fraz *(Exec Creative Dir)*
Kapil Tammal *(Exec Creative Dir)*
Godwin D'mello *(Creative Dir)*
Satyajeet Kadam *(Creative Dir)*
Shalmali Sawant *(Art Dir)*
Lini Antony *(Dir-Brand Engagement)*
Sonal Jhuj *(Dir-Strategy)*
Mou Roy *(Dir-Brand Comm)*
Daksh Sood *(Dir-Brand Engagement)*
Vishwendra Singh Parmar *(Mgr-Brand Comm)*
Manoj Bhagat *(Grp Creative Dir)*
Abhaysingh Bhonsle *(Acct Mgmt)*
Rahul Dutta *(Assoc Creative Dir)*
Pritika Gupta *(Grp Bus Dir)*
Anand Karir *(Sr Creative Dir)*
Manoranjan Kumar *(Sr Art Dir)*
Partha Majee *(Assoc Creative Dir)*
Vinay Singh *(Assoc Creative Dir)*
Sanket Wadwalkar *(Grp Creative Dir)*

Accounts:
State Bank of India Campaign: "Manzil of Sapna", Digital, Radio, Television
Aarambh Campaign: "Help Desk"
Adidas
Aditya Birla Advertising, Campaign: "Brighten Up", Campaign: "Give Water", Campaign: "Wedding Collection", Linen Club The Ramp, Peter England, campaign: "Sculpted Jeans"
Aegon Life Insurance Campaign: "Simple Makes Sense"
Agro Global Resources Pvt Ltd Branding, Communications Services, Wagga Wagga Cooking Oil
Arvind Ltd
Bata India Ltd
BenQ India Campaign: "Tiger"
Broken Compass
Century Plyboards India Ltd Century Plywood
Cipla Health Limited Below-the-Line Promotional, Consumer Engagement, Digital, Media; 2017
Dabur India Ltd Dabur Pudin Hara
Dheeraj Realt Creative
Electrolux Campaign: "Coffee", Campaign: "Red Timer"
Ezone
Femina Campaign: "Made By Thousands"
Future Retail Limited Big Bazaar, Campaign: "Khane Ka Samay", Campaign: "Mahabachat", Campaign: "Making India Beautiful", Digital, Print
Godrej No.1
Gujarat FortuneGiants Brand Strategy, Marketing, Vivo Pro Kabaddi - Season 5
Gulf Oil
HBO Campaign: "Repeats"
Hindustan Unilever Campaign: "Bring Out Your Lighter Side", Lipton
HUL
ICICI Lombard General Insurance Creative
Indus Pride Campaign: "Spiced Tea"
Inorbit Malls
ITC Ltd Campaign: "Sweat", Vivel Ultra Pro Anti-dandruff Shampoo
Itz Cash Communication Strategy, Creative
Jackson Tissues
Johnson & Johnson Limited Campaign: "See the Real Me", Clean & Clear, Neutrogena, Stayfree
Jyothi Laboratories Creative, Margo
Kalpataru
Kolkata Knight Riders Media Strategy
Korum Mall
L&T Realty
Lavasa Corporation Ltd Campaign: "Block Buster Life", Campaign: "Hill Run", Campaign: "The High Energy Life"
Linen Club
Lipton International
Marico Livon Hair Gain Tonic
Mathrubhumi
Maxis Communications Aircel, Campaign: "Gym, Guitar"
Naturolax Laxative Campaign: "Vacuum Cleaner"
Nirmal Lifestyle
Office of the Registrar General
Operation Black Dot
ORGAN India
Pan Bahar Creative
Penguin Audio Books
Pepsi Creative, IPL 2015
Philips TV
Puma AG Creative Strategy & Execution, Marketing Communication; 2017
Reliance Cement Campaign: "Naya Zamana Naya Cement", Creative
Rotomac Microfine Liner Campaign: "Gioconda", Campaign: "Marilyn", Campaign: "Slash"
Sanctuary Asia Campaign: "Panda, Spare Us", Campaign: "Sanctuary Reverse Calendar", Campaign: "The Killing Stapler"
SAP India B2B, Content, Creation, Marketing Services
Sintex Industries
Sony Pictures Networks Campaign: "India Ka Tyohaar", Campaign: "Khel Fauladi", Creative, Marketing, Pro Wrestling League, Sony MAX2, Sony Max
Sony Six Campaign: "India ka Tyohaar"
South African Tourism Outdoor
State Bank of India (Media Agency of Record) Digital, Radio, Television
Times Internet Limited Femina
TTK Prestige Limited
Ujjivan Financial Services
Union Bank of India Campaign: "Blue Print", Campaign: "Lift", Campaign: "Your Dreams Are Not Yours Alone", Creative
United Spirits Ltd. BossPatrol
Volkswagen Campaign: " Couple", Campaign:

Advertising Agencies

ADVERTISING AGENCIES

"Can't get a Cab", Campaign: "Feel The Shiver", Campaign: "Feels that Good", Campaign: "Flyboy", Campaign: "God On Bluetooth", Campaign: "Iconic", Campaign: "Musical Jungle", Campaign: "Think Blue Beetle", Ode to the Bug, Passat, Polo GT Sport, Vento Highline Plus
Worldwide Media Publication Campaign: "And So It Begins", Campaign: "Potatoes"
You Telecom India Pvt Ltd
Zee News The Misunderstood Score Board
Zydus Wellness Nutralite

DDB Mudra
Platinum Tower Ground Floor, 184 Udyog Vihar, New Delhi, 122 016 India
Tel.: (91) 012406614400
Web Site: www.ddbmudragroup.com

Employees: 5,000

Agency Specializes In: Advertising

Tarun Nigam *(Exec VP)*
Sanjay Panday *(Exec VP)*
Subhashish Datta *(Exec Creative Dir-North)*

Accounts:
Adidas Campaign: "FeelLoveUseHate", Creative
Aircel Campaign: "See You Online Ba!", TV
Bausch & Lomb Media Planning, Strategy
Century Plywood
Cisco
Dabur India Ltd Pudin Hara Fizz
Dalmia Cement Bharat Ltd Media; 2017
Experion
Future Value Retail
GPI
Gulf Oil
HSIL Ltd Creative Strategy & Execution, Hindware Atlantic Water Heaters, Moonbow; 2018
Marico Creative, Livon
Mother Dairy Creative, Dhara, Digital, Kachi Ghani, OOH, Print, TV
Muscleblazes Creative, Digital, Strategic Planning; 2017
MY FM Creative
Paras Dairy Creative Strategy & Execution; 2017
Patanjali Ayurveda Advertising, Atta Noodles, Campaign: "Iss noodle mein kya hai?", Power Vita
Reach India
Royal Enfield Content, Marketing; 2017
SAP
Symphony Ltd Film, Symphony Air Coolers
Unilever
United Biscuits Campaign: "Yeh habit hai fit", Creative, McVitie's
Volkswagen SUV, Tiguan
Wrigley India Private Limited Campaign: "Metal Detector"

Indonesia

DDB Indonesia
Jl Proklamasi No 49, Jakarta, 10320 Indonesia
Tel.: (62) 21 391 9549
Fax: (62) 21 390 4340
E-Mail: david.wibowo@ind.ddb.com
Web Site: www.ddb.com

Employees: 20

Rangga Immanuel *(Creative Dir)*
Prita Widyaputri *(Assoc Acct Dir)*

Ireland

Owens DDB
The Schoolhouse, 1 Grantham Street, Dublin, 8 Ireland
Tel.: (353) 014054900
E-Mail: info@owensddb.com
Web Site: www.owensddb.com

Employees: 34
Year Founded: 1960

Agency Specializes In: Consumer Marketing, Corporate Identity, Food Service

Mark Hogan *(Mng Dir)*
Adrian Cosgrove *(Creative Dir)*
Donal O'Dea *(Creative Dir)*
Brendan O'Reilly *(Art Dir)*
Mary McMahon *(Dir-Strategic Plng)*

Accounts:
Carlsberg
Coty
Friends First Financial Services; 2000
McDonald's Hamburger Restaurants Corporate & Local Store Advertising
PriceWaterhouseCoopers
Repak Packaging; 2000
Siemens
Sigmar Health
Skoda Auto
Sony Centers
Tropicana

Italy

DDB S.r.L. Advertising
Via Andrea Solari 11, 20144 Milan, Italy
Tel.: (39) 02 581931
Fax: (39) 02 58193206
Web Site: http://www.stvddb.it/

Employees: 100
Year Founded: 1974

Agency Specializes In: Advertising

Niccolo Arletti *(Mng Dir)*
Luca Cortesini *(Exec Creative Dir)*
Aurelio Tortelli *(Exec Creative Dir)*
Marco Giovannoli *(Art Dir & Supvr-Stv DDB)*
Marco Flaviani *(Art Dir & Designer-Cover)*
Daniele Baglioni *(Art Dir)*
Mario Giordano *(Art Dir)*
Gabriele Goffredo *(Creative Dir)*
Luca Lombardo *(Acct Dir)*
Samantha Scaloni *(Creative Dir)*
Maurizio Tozzini *(Creative Dir-Client)*
Stefano Castagnone *(Dir-Client Creative & Copywriter)*
Daniel Cambo *(Dir-Client Creative)*
Matteo Pozzi *(Dir-Client Creative)*
Alberto Rigozzi *(Dir-Client Creative)*
Elena Boso *(Acct Supvr)*
Alessandro Monestiroli *(Copywriter & Designer-Cover)*
Pierpaolo Bivio *(Designer-Cover)*
Camilla Nani *(Copywriter)*
Gianluca Nucaro *(Copywriter)*
Stefano Tunno *(Sr Art Dir)*

Accounts:
Audi A3
Ikea; 2017
Seven
Volkswagen Campaign: "Five Bolts", Campaign: "Topless", Lamborghini Huracan LP 610-4 Spyder, Multivan, New Beetle Cabriolet

Verba S.r.l. Advertising
Via Savona 16, 20144 Milan, Italy
Tel.: (39) 02 89 42 08 07
Fax: (39) 02 89 40 14 45
Web Site: http://www.stvddb.it/

Employees: 10

Agency Specializes In: Advertising

Simone Sechi *(Art Dir)*
Elena Boso *(Acct Supvr)*
Margherita Maestro *(Copywriter)*
Cecilia Rocchetta *(Copywriter)*

Accounts:
Audi A1 S-Tronic, A1 Sportback, A3, Campaign: "We Are Descended From Here", Campaign: "Amusement Without Breaks", Campaign: "Audi supports the Arena di Verona opera festival.", Campaign: "Shifts Everything Ahead", Campaign: "Sometimes technology is the best way to let emotions in.", Campaign: "Storm", Campaign: "Sync", Campaign: "Without Ever Posting a Single Kitten"
Ferrero

Japan

DDB Japan
40th Floor, Hraumi Triton Square X, 1-8-10 Harumi Cho-ku, Tokyo, 104-6038 Japan
Tel.: (81) 3 5791 1020
Fax: (81) 3 5791 1021
Web Site: www.ddb.com

Employees: 80

Hiroshi Oshima *(Chief Creative Officer)*
Shinichiro Saotome *(Creative Dir)*

Latvia

DDB Latvia
Brivibas Street 40-34, Riga, LV-1050 Latvia
Tel.: (371) 67288265
Fax: (371) 67289421
E-Mail: magic@ddb.lv
Web Site: www.ddb.lv

Employees: 50
Year Founded: 1995

Agency Specializes In: Advertising

Kristians Vjakse *(CFO)*
Ance Krumina *(Head-Agency PR & Sr Acct Mgr)*
Liene Berzina *(Creative Dir & Copywriter)*
Ingrida Branta *(Art Dir)*
Nora Kirta *(Acct Dir)*
Didzis Paeglis *(Acct Dir)*
Ulrika Plotniece *(Creative Dir)*
Vairis Strazds *(Creative Dir)*
Annija Vitola *(Acct Dir)*
Janis Nords *(Dir-Film & Copywriter)*
Lauris Abele *(Dir-Film)*
Madara Ramane *(Sr Acct Mgr)*
Ance Jekabsone *(Sr Acct Mgr)*
Ilze Mezite *(Sr Acct Mgr)*
Alise Drosake *(Acct Mgr)*
Anta Abolina *(Copywriter)*
Krists Darzins *(Designer)*
Dzina Karklina *(Copywriter)*
Marta Kukarane *(Copywriter)*
Oskars Kupcans *(Copywriter)*
Peteris Lidaka *(Designer)*
Toms Vilitis *(Designer)*
Laura Ziemele *(Copywriter)*

Accounts:
Air Baltic Campaign: "Happy Holidays"
Balta Insurance
BMW
EcoBaltia
Latvian Institute
LiveRiga

AGENCIES - JANUARY, 2019 — ADVERTISING AGENCIES

LMT
Riga Motor Museum
Road Traffic Safety Department Look The Road In The Eye
Samsung Electronics Baltics

Malaysia

Naga DDB Sdn. Bhd.
D708 7th Fl Block D Kelana Square No 17 Jln SS7/26, Kelana Jaya, 47301 Petaling Jaya, Selangor Malaysia
Tel.: (60) 3 7803 7144
Fax: (60) 3 7803 2576
Web Site: www.nagaddb.com.my

Employees: 110
Year Founded: 1985

National Agency Associations: AAAA (MALAYSIA)

Agency Specializes In: Advertising

Kristian Lee *(CEO)*
Naqib Nadhir Shamsuri *(Trustees:)*
Clarence Koh *(COO)*
Piwo Chia *(Head-Plng)*
Derek Yeo *(Grp Head-Creative)*
Paul Lim *(Exec Creative Dir)*
Alvin Teoh *(Exec Creative Dir)*
Rachel Chew *(Acct Dir)*
Terri Chua *(Client Svcs Dir)*
Zaheer Kaisar *(Art Dir)*
Jay Murali *(Bus Dir)*
Sherina Noordin *(Bus Dir)*
Candice Chhoa *(Copywriter)*
Naqib Nadhir Shamsuri *(Copywriter)*
Yan Ghazaly *(Assoc Creative Dir)*
Christie Herman *(Assoc Creative Dir)*

Accounts:
AirAsia
Astro Creative, Malay Channels
Breast Cancer Welfare Association Malaysia
Digi International Inc. BlackBerry Plan, Campaign: "What Berry Are You", Creative Agency of Record, Sambal Belacan
Hong Leong Bank Berhad Campaign: "Ping", MACH
KFC
MACH By Hong Leong Bank Dream Jar Savings Account
Panasonic Malaysia
PepsiCo Lipton Ice Tea, Revive (Agency of Record), Tropicana
Perodua Myvi
Protect & Save The Children
Proton
Prudential Assurance Malaysia (Agency of Record) Brand Planning & Management, Creative
Yoshinkan Aikido

Mexico

DDB Mexico
Av Santa Fe 505 Piso 16 Col Cruz Manca, Cuajimalpa, 05349 Mexico, DF Mexico
Tel.: (52) 55 9159 8800
Fax: (52) 55 9189 8913
Web Site: www.ddb.com/offices/latina/mexico/ddb-mexico/

E-Mail for Key Personnel:
President: rcardos@ddbmexico.com

Employees: 78
Year Founded: 1965

Agency Specializes In: Advertising

David Castellanos *(VP-Creative)*
David Rodriguez *(VP-Plng)*

Violeta Lopez Pacheco *(Head-Production)*
Matias del Campo *(Gen Mgr)*
Eduardo Espinosa *(Creative Dir)*
Paulina Espinosa *(Acct Dir)*
Paola Parcerisa *(Acct Mgr)*
Jimena Carmona *(Mgr-Content)*
Guillermo Martinez *(Sr Art Dir)*

Accounts:
Cablevision
Electrolux Campaign: "Separate the Stains From Your Clothes"
Filter Magazine
Greenpeace
Henkel Detergentes Campaign: "Resurrection", Loctite Super Glue Campaign: "Second Chance Living Room", Power Pritt Gel; 2000
Persil
Terra Campaign: "Finding while searching", Campaign: "Poo WiFi", Campaign: "The Installer", Parental Control
Time Out Mexico
Volkswagen Beetle, Campaign: "QR Load", Cars, Crafter

Mozambique

DDB Mozambique
Av Fernao Magalhaes, Nr 34, 30 andar, Maputo, Mozambique
Tel.: (258) 21302267
Fax: (258) 21 414988
Web Site: www.ddb.com/offices/middle-east/mozambique/ddb-mozambique

E-Mail for Key Personnel:
Creative Dir.: salvador.matlombe@ddb.co.mz

Employees: 30
Year Founded: 1998

Agency Specializes In: Advertising

Vasco Rocha *(CEO)*
Luis Guimaraes *(Exec Creative Dir)*
Albachir Muinde *(Supvr-Creative)*
Christiano Vendramine *(Supvr-Creative)*
Ivo Alves *(Strategist-Copy)*
Sergio Aires *(Copywriter)*

Accounts:
ALCC Campaign: "Storm", Campaign: "Topless Poster"
New-Mozi Music
N'weti Campaign: "A Fashion Show That Never Should Have Happened"
Sociedade do Noticias Campaign: "Blood Saves"
Vodacom Campaign: "Closet", Mozambique Fashion Week

Netherlands

Bovil DDB
Dillenburgstraat 5E, 5652 AM Eindhoven, Netherlands
Tel.: (31) 40 252 6499
Fax: (31) 40 255 0671
E-Mail: info@bovilddb.com
Web Site: www.bovil.nl/en

E-Mail for Key Personnel:
Public Relations: michiel.scheerin@bovilddb.com

Employees: 24

Agency Specializes In: Advertising

Shaun Northrop *(Partner & Creative Dir)*
Debbie van Dorst *(Acct Dir)*
Noor van Hout *(Office Mgr)*

DDB Amsterdam
Prof WH Keesomlaan 4, 1183 DJ Amstelveen, Netherlands
Mailing Address:
Postbus 546, 1180AM Amstelveen, Netherlands
Tel.: (31) 20 406 5406
Fax: (31) 20 406 5400
E-Mail: info@ddbamsterdam.nl
Web Site: www.ddbgroup.nl

E-Mail for Key Personnel:
President: pietro.tramontin@nl.ddb.com
Creative Dir.: sikko.gerkema@nl.ddb.com

Employees: 160
Year Founded: 1974

National Agency Associations: VEA

Agency Specializes In: Advertising

Alistair Beattie *(Co-CEO)*
Paul Blok *(Mng Partner)*
Lawrence Du Pre *(Mng Dir)*
Pietro Tramontin *(CEO-DDB Europe)*
Dylan de backer *(Exec Creative Dir)*
Joris Kuijpers *(Exec Creative Dir)*
Jasper Diks *(Creative Dir)*
Joris Kang'eri *(Creative Dir)*
Silvia Lenberger *(Bus Dir)*
Eduard van Bennekom *(Creative Dir)*
Sandra Krstic *(Dir-Client Svc-Integrated Svcs)*
Nadira Sultana *(Acct Mgr)*

Accounts:
Achmea Zorg
adidas Football Campaign: "Brazuca", Campaign: "Nitrocharge Your Game"; 2013
Autodrop Liquorice Campaign: "First Aid"
Aviko Flemish Fries, Gourmet Fries, Knitted Outdoor Poster, Potato Products; 1990
C&A Campaign: "Inspired by Life"; 2013
Centraal Beheer Achmea Campaign: "Just Call us", Campaign: "Real Winter", Campaign: "Self Driving Car", Campaign: "The final offer", Car Insurance, TV; 1986
Concorp Brands Campaign: "Heimlich Manoeuvre", Campaign: "Secret Portal"
Currence
Heineken Campaign: "Meet the World in One City", Campaign: "The Ultimate Voyage", Campaign: "Your Future Bottle", Campaign: "Heineken Ignite", Campaign: "Share the Sofa"; 2012
InShared Campaign: "Anti-Damage Campaign"
KLM Royal Dutch Airlines Lost & Found Team, Online
Mammoet Campaign: "The Biggest Thing We Move is Time"; 2013
McDonald's Netherlands Campaign: "BurgerBattle", Campaign: "The Golden Burger", Campaign: "The Most Famous Burger"; 2012
PepsiCo Campaign: "Nibb-it"
Philips Campaign: "Obsessed with sound", Campaign: "The Sound of Creation"
Pink Ribbon Campaign: "Donate 1/8"
Pon's Automobielhandel Audi Passenger Cars, Campaign: "Behind You", Campaign: "Das Hund", Campaign: "Service Dialogue", Commercial Vehicles & Service, Volkswagen Passengers Cars; 1971
TNT
TomTom Campaign: "TomTom Comedy Car", Creative, Smartwatch; 2013
Top Gear Campaign: "Long Sentence"
Unilever/WNF/Missing Chapter Foundation/Eneco Campaign: "Water Savers"; 2013
Vattenfall/Nuon Campaign: "Steady Hand", Campaign: "Ed&Eduard", Campaign: "Your Nuon"
Verbond van Verzekeraars Campaign: "Glad we are insured"; 2013
VF Corporation Creative, Kipling
Vodafone
Volkswagen Group Tiguan Allspace

ADVERTISING AGENCIES — AGENCIES - JANUARY, 2019

Ziggo Campaign: "Always Connected", Campaign: "The Next Step in Television", Campaign: "Wifi Spots"; 2013

New Zealand

DDB New Zealand Ltd.
Level 6 80 Greys Ave, Auckland, 1010 New Zealand
Tel.: (64) 9 303 42 99
Fax: (64) 9 307 11 82
E-Mail: info@ddb.co.nz
Web Site: www.ddb.co.nz

Employees: 200

Agency Specializes In: Media Buying Services, Production, Strategic Planning/Research

Justin Mowday *(CEO)*
Kate Lines *(Sr Partner-Bus & Grp Acct Dir)*
Chris Willingham *(Mng Dir)*
Paul McHugh *(CFO)*
Rupert Price *(Chief Strategy Officer, Chief Plng Officer & Dir-Plng)*
Rob Limb *(Mng Dir-RAPP New Zealand)*
Sean Brown *(Gen Mgr-Mango)*
Lucinda Sherborne *(Exec Dir-Plng-At Large)*
Laura Bathurst Adams *(Sr Dir-Bus)*
Adam Barnes *(Sr Dir-Art)*
Jaheb Barnett *(Sr Dir-Bus)*
Clare Van Tiel *(Sr Dir-Bus)*
Jenny Travers *(Sr Acct Dir-Lion, Steinlager & Speight's)*
Sarah McGregor *(Grp Acct Dir)*
Brad Collett *(Creative Dir)*
James Conner *(Creative Dir)*
Christie Cooper *(Creative Dir)*
Mike Felix *(Creative Dir)*
Haydn Kerr *(Creative Dir-Digital)*
Paul Kim *(Art Dir)*
Rory McKechnie *(Creative Dir)*
Jake O'Driscoll *(Art Dir)*
Sheetal Pradhan *(Producer-Digital)*
Katya Urlwin *(Acct Dir)*
Harvey Hayes *(Dir-Photography)*
Karen Sew Hoy *(Dir-HR)*
Liz Knox *(Dir-Digital)*
Thinza Mon *(Dir-Plng)*
Jian Xin Tay *(Dir-Creative & Art)*
Georgie Levitt *(Sr Mgr-Bus)*
Rachel Parker *(Sr Acct Mgr)*
Maxine Douglas *(Mgr-Bus)*
Carina Egelhof *(Strategist-Digital)*
Jack Murphy *(Strategist-Digital)*
Kieran Beck *(Copywriter)*
Graeme Clarke *(Copywriter)*
Tom Cunliffe *(Copywriter)*
Nicholas Dellabarca *(Copywriter)*
Sylvia Humphries *(Copywriter)*
Kiran Strickland *(Copywriter)*
Henry Wall *(Copywriter)*
David Woon *(Designer-Interactive & Animation)*
Georgie Foot *(Coord-Bus)*
James Blair *(Sr Partner-Bus)*
Daniel Bolton *(Sr Art Dir)*
Crystal Clark *(Sr Bus Dir)*
Julia Ferrier *(Sr Art Dir)*
Karla Fisher *(Sr Partner-Bus)*
Kate Gilmour *(Sr Bus Dir)*
Caroline Logan *(Grp Bus Dir)*
Nikki McKelvie *(Sr Partner-Bus)*
Lucy Paykel *(Sr Bus Dir)*
Natalie Pierpoint *(Sr Bus Dir)*
Carly Pratt *(Sr Bus Dir)*
Scott Wallace *(Grp Bus Dir)*
Mitchell Young *(Sr Bus Dir)*

Accounts:
2degrees Brand Story, Communication; 2017
AA Insurance Advertising
Andreas Stihl AG & Co
Ascendant Dx
Autism New Zealand
Beaurepaires Advertising
BMW New Zealand Ltd. BMW Reverse April Fools', Creative, Mini
BSkyB Ltd SKY, SKY News, Sky Sports
Cadbury Cadbury and Pascall Confectionery Lines
Coastguard Northern Region
Coca-Cola Amatil New Zealand Brand Positioning, L&P, Out of Home, Pump, Social Content, TVC
Ecostore
Exxon Mobil
George Weston Foods Campaign: "Nourish Our Kids", Tip Top
Greenpeace International Campaign: "Beached Az"
Heinz Watties Canned Food
Hutchwilco Campaign: "Secret Fishing Spots"
Instant Kiwi
Kirin Brewery Company, Ltd.
KiwiRail Creative; 2018
Kraft Foods
Lifeline New Zealand
Lion Co. Campaign: "Be the Artist", Campaign: "Mansitter - Sling", Campaign: "Name", Campaign: "Steinlager: Keep It Pure", Crafty Beggars, Lindauer, Speight's, We Believe
Lotto New Zealand Campaign: "Father's Day", Campaign: "Gang of Winners", Campaign: "Triple Dip Holiday", Lucky Dog, TV
Loyalty New Zealand Fly Buys
McDonald's System of New Zealand Ltd. Campaign: "Create Your Taste", Georgie Pie
Netsafe Re:scam
New Zealand Breast Cancer
New Zealand Herald
New Zealand Rugby Union
New Zealand Steel AXXIS, Advertising Communications, Colorsteel, Creative, Steltech; 2018
NZ Lotteries
Paw Justice Billboards, Campaign: "Animal Strike", Campaign: "Don't Trade Me", PR, Print Ads, Social Media, Street Posters, TV Commercials, Website
Pfizer
Prime TV
Ronald McDonald House Charities
Sanitarium Up & Go, Weet Bix
Seat New Zealand Creative, Marketing Communications; 2018
Sky Television Campaign: "Bring Down The King", Campaign: "Chuck Norris", Campaign: "Come with Us", Campaign: "NEON", Campaign: "Putting Athletes in the Picture", Campaign: "Sky Multiroom", Digital, Neon, Outdoor, Rialto Channel, SoHo, TV
Steinlager Campaign: "Be The Artist Not The Canvas"
Tasman Insulation New Zealand
Tourism Australia
Trade Me Limited Campaign: "Life Lives Here"
New-Vodafone Brand Positioning, Cloud, Online, Strapline, Strategy, TV, Visual Identity, Vodafone TV
Volkswagen Volkswagen Beetle
Waitangi National Trust Campaign: "Explore the Treaty"
Warehouse Stationery Brand Growth, Campaign: "Get that bargain feeling at The Warehouse", Campaign: "Toy Testers", Creative, Kiwi Scrabble, Retail Strategy, Stationery
Westpac New Zealand Beyonce, Brand Strategy, CRM, Campaign: "It's Time", Creative, Digital, PR, Retail
YWCA Campaign: "Demand Equal Pay", Online, Print, TV

Nigeria

DDB Casers
6 Adeola Hopewell St, Victoria Island, Lagos, Nigeria
Tel.: (234) 127 19330
Fax: (234) 1 496 8352
E-Mail: info@lagos.ddb.com
Web Site: www.ddblagos.com

Employees: 100

Ikechi Odigbo *(Mng Dir)*
Sunny Mohammed *(Art Dir & Assoc Dir-Creative)*
Akorede Zakariya *(Creative Dir & Copywriter)*
Toheeb Balogun *(Art Dir)*
Duzie Ikwuegbu *(Creative Dir)*
Kayode Olotu *(Art Dir)*
Toheeb Popoola *(Art Dir)*
Kayode Sanwo *(Art Dir)*
Tunde Dosekun *(Dir-Bus Dev-Lagos)*
Albert Akogo *(Mgr-Creativity & Copywriter)*
Tolulope Bamgbose *(Mgr-Creativity)*
Dimtang Bishmang *(Copywriter)*
Genesis Onomiwo *(Copywriter)*
Ayotunde Ishola *(Assoc Creative Dir)*
Seyi Owolawi *(Assoc Creative Dir)*

Accounts:
Interswitch
Mouka Mattress Campaign: "ActiveRest"
Omo Washing Powder
New-Quickteller
Royco
Sunmap "Test before you treat, 1"
Unilever Sunlight

Norway

DDB Oslo A.S.
Wergelandsveien 21, 0167 Oslo, Norway
Mailing Address:
PO Box 7084, Majorstua, 0306 Oslo, Norway
Tel.: (47) 22 59 32 00
Fax: (47) 22 59 32 99
Web Site: www.ddb.no

E-Mail for Key Personnel:
President: rolf.stokke@ddboslo.no

Employees: 50
Year Founded: 1985

Agency Specializes In: Advertising

Helen Selberg Johansen *(Bus Dir-McDonalds)*
Arnar Halldorsson *(Dir-Visual)*
Silje Linge *(Acct Mgr)*
Fredrik Brinchmann *(Mgr-IT & Graphic Designer)*
Julian Hagemann *(Copywriter)*
Andreas Rustad *(Graphics Designer-Motion)*

Accounts:
Telia

Philippines

DDB Philippines Inc.
16th Fl Two World Square 22 Upper Mckinley Road, McKinley Town Center, Fort Bonifacio, Taguig, 1634 Philippines
Tel.: (63) 2 856 7888
Fax: (63) 2 856 9317
Web Site: www.ddb.com.ph

Employees: 100
Year Founded: 1993

Agency Specializes In: Advertising, Brand Development & Integration, Communications, Consumer Marketing, Direct Response Marketing, Graphic Design, Public Relations

Gil Chua *(Grp Chm & CEO)*
Diane Welsh-Capile *(Bus Dir)*
Ivie Mariano *(Acct Mgr)*

Toby Kabatay *(Copywriter)*
Enif Ruedas *(Designer-UI & UX-Tribal)*
Anna Chua-Norbert *(Chief Culture Officer)*

Accounts:
Ad Summit Pilipinas Creative
Cara Welfare Pet Adoption Program Campaign: "I Am Home"
Fully Booked Campaign: "Mind Map Oprah"
Gabriela Campaign: "Hits"
Makati City Fire Station
McDonald's Restaurants; 2000
Monami Campaign: "Diamonds Are Forever"
Mundipharma Campaign: "Zipper"
PepsiCo
Pharex Health Campaign: "Lifting", Campaign: "Middle Manager"
Philippine Airlines Creative
The Philippine Star Campaign: "Truth"
Ramen
Taguig City
Unilever Lipton, Selecta Ice Cream

Poland

DDB Warsaw
Athina Park 6c, Wybreze Gdyrishie St, 01-531 Warsaw, Poland
Tel.: (48) 22 560 3400
Fax: (48) 22 560 3401
E-Mail: info.ddb@ddb.pl
Web Site: ddbtribal.pl/en/ddb

Employees: 100

Agency Specializes In: Consulting

Marcin Mroszczak *(Partner & Creative Dir)*
Pawel Kastory *(CEO-Corp Profiles DDB Grp)*
Zuzanna Duchniewska-Sobczak *(Exec Creative Dir)*
Maciek Waligora *(Exec Creative Dir)*
Filip Berendt *(Creative Dir-Digital)*
Ksawery Bajon *(Copywriter)*
Piotr Grzelak *(Copywriter)*
Marta Szufranowicz *(Planner-Strategic)*

Accounts:
Amnesty International
Groomsh
Huawei Technologies Co., Ltd.
McDonald's Campaign: "Hamburger Timetable", Campaign: "Lumberjack is back!", Lumberjack's Sandwich
Polish Stop Hating Association
Tiger

Portugal

DDB Lisboa
Av Duque de Avila 46 Piso 4, 1050-083 Lisbon, Portugal
Tel.: (351) 213 592 430
Fax: (351) 213 149 096
E-Mail: ddbl@pt.ddb.com
Web Site: www.ddb.pt/

Employees: 70
Year Founded: 1986

National Agency Associations: APAP (Portugal)

Agency Specializes In: Advertising

Alexandra Pereira *(Gen Mgr)*

Accounts:
Volkswagen Group of America, Inc.

Russia

DDB Russia
40/2 Prechistenka St Bldg 3, 119034 Moscow, Russia
Tel.: (7) 495 785 57 65
Fax: (7) 495 785 23 85
E-Mail: welcome@ddb.ru
Web Site: www.ddb.ru

E-Mail for Key Personnel:
President: serguey.krivonogov@ddb.ru

Employees: 150
Year Founded: 1992

Agency Specializes In: Advertising

Zaur Fardzinov *(Creative Dir)*
Polina Krasnova *(Art Dir)*
Vladimir Pervozvansky *(Dir-Bus Dev)*
Tatiana Moseeva *(Copywriter)*
Anton Volovsky *(Sr Art Dir)*

Accounts:
New-Dreamies
Volkswagen Group of America, Inc. Campaign: "Full Night Ahead!", Scirocco

Romania

DDB Bucharest
No21 Carol Davila St, Sector 5, Bucharest, Romania
Tel.: (40) 21 206 22 00
Fax: (40) 21 410 05 03
Web Site: www.ddb.com

E-Mail for Key Personnel:
Creative Dir.: sam@bucharest.ddb.com

Employees: 34
Year Founded: 1996

Agency Specializes In: Advertising

Christos Papapolyzos *(Pres-South Eastern Europe & CIS)*
Irina Angelescu *(Acct Dir)*
Stefan Vasilachi *(Creative Dir)*

Accounts:
Viacom Comedy Central Romania

Singapore

DDB
Level 10 Pico Creative Centre, 20 Kallang Avenue, Singapore, 339411 Singapore
Tel.: (65) 6671 4488
Fax: (65) 6671 4444
E-Mail: info@sg.ddb.com
Web Site: http://www.ddb.asia/

Employees: 180
Year Founded: 1983

Agency Specializes In: Advertising

Melvin Kuek *(Deputy CEO)*
Daniel Simon *(CFO & COO-DDB Grp Asia)*
Chris Chiu *(Chief Creative Officer)*
David Shaw *(Chief Strategy Officer)*
Joshua Lee *(Chief Bus Officer)*
Leslie Goh *(Chief Project Officer)*
Neil Johnson *(Chm-Creative)*
David Tang *(CEO-DDB Group Asia)*
Dunstan Lee *(Grp Head-Creative & Copywriter)*
Yingzhi Deng *(Grp Head-Creative)*
Bettina Feng *(Head-Brdcst)*
Thomas Yang *(Head-Art & Design & Deputy Exec Creative Dir)*
Sharry Low *(Sr Acct Dir)*
Gustaf Wick *(Reg Dir-Bus)*
Zach Wong *(Grp Acct Dir)*
Kim Das *(Bus Dir)*
Benjamin Lee *(Creative Dir-Social Media)*
Marvin Liang *(Art Dir)*
Jonathan Lim *(Bus Dir)*
James Tan *(Bus Dir)*
Wu Yangwei *(Art Dir)*
Peter Cheung *(Dir-Bus & Plng)*
Kristy Iperlaan *(Dir-Asia Pacific)*
Calgary Ying *(Sr Acct Mgr)*
Nadiah Mohd *(Acct Mgr)*
Joel Chin *(Designer)*
YuTing Yeo *(Planner)*
Shum Qi Hao *(Assoc Creative Dir)*
Yuan Jia *(Sr Art Dir)*
Naiyen Wang *(Reg Bus Dir-J&J & Unilever-Asia-Pacific)*
Tan Zi Wei *(Sr Art Dir)*

Accounts:
AXA Insurance
Breast Cancer Foundation Campaign: "Are you Obsessed with the Right Things?", Campaign: "Obsessions", Online
Cisco Consumer Products Campaign: "Flip Your Profile", Campaign: "Tree Rings"
Courts "Struoc?The Name Says It All"
DBS Bank (Agency of Record) Campaign: "DBS Private Bank"
ExxonMobil
FWD Singapore Advertising, Creative; 2018
Health Promotion Board
Human Organ Preservation Effort Campaign: "Crossing", Campaign: "Germanicus"
Johnson & Johnson Campaign: "Surf", Campaign: "The World's First Instagram Flash Mob"
Life Cycle
Limited Edt Campaign: "Monkey"
Math Paper Press
McDonald's Creative
Mentholatum Campaign: "Electrician"
Ministry of Communications and Information
Ministry of Culture, Community & Youth
Ministry of Education Branding, Creative
National Environment Agency Content Development, Creative, Dengue Prevention Campaign, Marketing Publicity, Social Media
Robinsons Group Integrated Communications, Marketing
Safety Cycling
Samsonite Singapore Marketing, Social & Activation Duties; 2018
Sea Shepherd Outdoor
Selleys Supa Glue
Singapore Air Force
Singapore Health Promotion Board
Singapore National Environment Agency; 2008
Singapore Red Cross
Society For The Prevention Of Cruelty To Animals
Sodasan Campaign: "Wife"
Tourism Australia
Unilever Singapore Pvt. Ltd. TVC, Wall's Feast, Wall's Top Ten
Volkswagen Group Campaign: "Magnetic Cars", Jetta

Slovenia

Futura DDB
Poljanski nasip 6, 1000 Ljubljana, Slovenia
Tel.: (386) 1 300 40 00
Fax: (386) 1300 40 13
E-Mail: agency@futura.si
Web Site: www.futura.si

Employees: 45
Year Founded: 1986

Agency Specializes In: Advertising

Marko Vicic *(Mng Partner)*

ADVERTISING AGENCIES

Meta Pavlin Avdic *(Acct Dir)*
Robert Bohinec *(Creative Dir)*
Ana Kogovsek *(Art Dir)*
Marusa Kozelj *(Art Dir)*
Robert Krizmancic *(Art Dir)*
Mija Gacnik Krpic *(Dir-Bus Dev)*
Maja Birsa Jerman *(Acct Mgr)*
Mojca Praznik *(Mgr-Event)*
Patricija Premrov *(Mgr-Event)*
Miha Avsenik *(Designer)*

Accounts:
New-Ecologists Without Borders

South Africa

DDB South Africa
Silverpoint Office Park Bldg 1 22 Ealing Crescent, Bryanston, Johannesburg, South Africa
Mailing Address:
PO Box 4497, Rivonia, 2128 South Africa
Tel: (27) 11 267 2800
Fax: (27) 86 632 6270
Web Site: ddb.co.za

E-Mail for Key Personnel:
Creative Dir.: gareth.lessing@ddb.co.za

Employees: 56
Year Founded: 1992

National Agency Associations: ACA

Agency Specializes In: Advertising

Emmet O'Hanlon *(CEO)*
Kathy Scharrer *(Head-Brdcst)*
Liam Wielopolski *(Exec Creative Dir)*
Chris Charoux *(Creative Dir)*
Lawrence Katz *(Creative Dir)*
Nicola Wielopolski *(Creative Dir)*
Matthew Berge *(Copywriter)*
Litha Mbotshelwa *(Copywriter)*
Emile Spies *(Copywriter)*
Ryan Allman *(Sr Art Dir)*

Accounts:
Bostik Campaign: "Rioter & Policeman"
Cape Herb And Spice (Pty) Ltd
Childline South Africa
Converse All Star, Chevron, Jack Purcell, One Star Estoril
First National Bank
Glad Campaign: "Instaglad"
Honda Motors Southern Africa Campaign: "Continuum", Honda Ballade
HTH Campaign: "Don't give up", HTH Pool Care
Ignite Products
Mango Airlines
McDonald's Campaign: "1973 Stratocaster", Campaign: "Billy", Campaign: "Everyone's got something to give", Campaign: "Lounge", Campaign: "Matthew, Ollie, Abigail", Campaign: "McDonalds Kids Birthday Parties", Campaign: "Monsters", Campaign: "Theodore", Campaign: "Tiffany"
Medal Paints
Mitsubishi ASX
SABC "Manuel & Jose"
Scouts South Africa
South African National Blood Services World Aids Day
Symantec; 2008
Telkom Branding, Business Advertising, Campaign: "Boltspeed", Retail, Sponsorships
Unilever Knorr
Volkswagen AG Hide & Seek
Wrigley's 5 Gum, Airwaves, Campaign: "5th Dimension", Campaign: "A Moment of Calm", Campaign: "Front Line", Campaign: "The Kooks", Eclipse, Orbit; 2008

Spain

DDB Barcelona S.A.
Enrique Granados 86-88, 08008 Barcelona, Spain
Tel: (34) 91 456 44 00
Fax: (34) 93 228 3500
E-Mail: info@es.ddb.com
Web Site: www.ddb.es

Employees: 150
Year Founded: 1979

National Agency Associations: AEAP

Samanta Judez *(Mng Dir)*
Jose Maria Roca de Vinals Delgado *(Chief Creative Officer-Spain & VP)*
Jaume Badia *(Exec Creative Dir)*
Daniel Calabuig *(Exec Creative Dir)*
Javier Melendez *(Exec Creative Dir)*
Fran Arguijo *(Art Dir)*
Pablo Sanchez Benavides *(Creative Dir-Tech)*
Paco Cabrera *(Creative Dir)*
Juan Antonio Carrillo Fabra *(Creative Dir)*
Nerea Cierco *(Creative Dir)*
Olaf Cuadras *(Creative Dir)*
Javier Fernandez *(Art Dir)*
Alex Adema Gaynes *(Creative Dir-Digital)*
Alvaro Guzman *(Creative Dir)*
Nelly Herranz *(Bus Dir)*
Guille Ramirez *(Creative Dir)*
Sergi Perez Rovira *(Creative Dir)*
Isabel Cisneros Ruiz *(Acct Dir)*
Alfredo Vaz *(Art Dir)*
Enrique Feijoo *(Dir-Audiovisual Production)*
Roser Vila Pladevall *(Sr Acct Exec)*
Mireia Rafart Serra *(Sr Acct Exec)*
Laura del Rio *(Acct Exec)*
Manuel Galiano Martinez *(Acct Exec)*
Elisabet Serra Sotorra *(Acct Exec)*
Enrique de los Arcos *(Copywriter)*
Anace Moreno *(Copywriter)*
Alba Ciercoles *(Sr Art Dir)*
Silvia Cutillas *(Sr Art Dir)*

Accounts:
Audi AG Audi A3, Audi Adaptive Cruise Control, Audi R8, Campaign: "Colors", Campaign: "Mind Race"
Birra 08 Cats In The Dark
Computerspielemuseum Out of Home, Radio, Social Media, Website
Davidelfin Campaign: "Fashion to Be Free"
Fira Barcelona
L'Illa Diagonal Campaign: "Spring is back", Campaign: "Wake up, Spring is here"
Manos Unidas
Movistar Estudiantes Basketball Club
The South Face
Video Games Museum of Berlin
Volkswagen Campaign: "Dog", Campaign: "Volkswagen 360? Area View", Seat, Tiguan, Touran
Audi Audi A1, Audi Q3, Campaign: "Colors", Campaign: "Mind Race", Passion Leaves Its Mark
Volkswagen New Beetle Campaign: "Glass"
Volkswagen Polo Campaign: "Monument", Campaign: "Polowers", Campaign: "Side Assist: The shoulder poke"

DDB Madrid, S.A.
Orense 4, 28020 Madrid, Spain
Tel: (34) 914564400
Fax: (34) 914564475
E-Mail: info@es.ddb.com
Web Site: www.ddb.es

Employees: 70
Year Founded: 1971

National Agency Associations: AEAP

Agency Specializes In: Advertising

Jose Maria Rull Bertran *(Pres & CEO)*
Jose Maria Roca De Vinals *(Chief Creative Officer)*
Jaume Badia *(Exec Creative Dir)*
Jaime Chavarri *(Exec Creative Dir)*
Nerea Cierco *(Exec Creative Dir)*
Daniel Rodriguez *(Exec Creative Dir)*
Cristina Pato *(Creative Dir & Art Dir)*
Fran Arguijo *(Art Dir)*
Juan Antonio Carrillo Fabra *(Creative Dir)*
Israel Ortiz Flores *(Creative Dir-Tech)*
Alex Adema Gaynes *(Creative Dir-Digital)*
Alvaro Guzman *(Creative Dir)*
Guille Ramirez *(Creative Dir)*
Gabriela Castro de la Puente *(Acct Mgr & Acct Supvr)*
Ana Ortiz *(Art Buyer)*
Olga Catalina Viejo Latorre *(Jr Copywriter)*
Alberto Farre Marquez *(Sr Art Dir)*

Accounts:
Aceite de Oliva de Espana
Audi Audi A6, Audi Attitudes, Audi Cabrio, Audi R8
Celem (The European Women's Lobby) "AbortionTravel"
L'Illa Campaign: "Spring Boy"
Madrid booksellers
No Somos Delito "Holograms for Freedom"
Volkswagen Group of America, Inc. Campaign: "Baseball"

Sweden

DDB Stockholm
Torsgatan 19 8th Fl, Box 6016, 10231 Stockholm, Sweden
Tel: (46) 8588 980 00
Fax: (46) 8588 980 01
E-Mail: info@se.nordddb.com
Web Site: nordddb.com

Employees: 100
Year Founded: 1990

Agency Specializes In: Advertising

Tove Langseth *(CEO)*
Jens Welin *(Mng Partner)*
Linnea Lofjord *(Partner-DDB Design & Head-Design)*
Nick Christiansen *(Partner & Copywriter)*
Fredrik Simonsson *(Partner)*
Andreas Dahlqvist *(Chief Creative Officer)*
Tove Andersson *(Art Dir)*
Hogir Aslan *(Acct Dir-Nord DDB)*
Anton Bolin *(Art Dir)*
Joel Ekstrand *(Art Dir)*
Johan Ijungman *(Bus Dir)*
Olle Langseth *(Creative Dir)*
Kristofer Gullard Lindgren *(Art Dir)*
Malin Marklund *(Acct Dir)*
Daniel Mencak *(Art Dir)*
Katarina Mohlin *(Acct Dir-Digital)*
Jasper Hein Nordling *(Bus Dir)*
Dennis Phang *(Art Dir)*
Martin Runfors *(Art Dir)*
Petter Swanberg *(Art Dir)*
Hanna Ternstrom *(Acct Dir)*
Clara Uddman *(Art Dir)*
Susanne Ytterlid *(Acct Dir)*
Jeanette Ytterman *(Acct Dir)*
Susanne Johansson *(Dir-PR)*
Johan Rynell *(Dir-Plng)*
Katarina Backlund *(Acct Mgr)*
Linda Bryttmar *(Acct Mgr)*
Lena Gallon *(Acct Mgr)*
Linda Lonaeus *(Acct Mgr)*
Therese Loodin *(Acct Mgr)*
Jonas Eriksson *(Mgr-Social Media & Content)*
Robin Lothberg *(Mgr-Social Media)*
Jesper Andersson *(Planner-Comm)*
Elias Betinakis *(Planner)*

Sara Ekholm *(Planner)*
Stefan Gustafsson *(Copywriter)*
Frida Siversen Ljung *(Copywriter)*
Victor Nilsson *(Designer-Creative-NORD)*
Svante Parup *(Copywriter)*
Marie Persson *(Sr Graphic Designer)*
Hanna Stenwall *(Copywriter)*
Katarina Streiler *(Designer)*
Tor Westerlund *(Designer)*

Accounts:
Bjorn Borg
Delicato Family Vineyards
Elkjop
Helmet Hair
Klarna
Lufthansa Campaign: "Anywake", Campaign: "Are you Klaus-Heidi?", The Leaflet ? autumn leaves carrying sunny messages
Make a Change
McDonald's Corporation Big Mac, Billboard, Campaign: "Christmas Swap", Campaign: "Pick n Play", Campaign: "Xmas Table Relay Race", Print, Television
PEN Sweden
Ronald McDonald Children's Fund Campaign: "Little Brother"
The Royal Opera Campaign: "Opera Soap", Campaign: "Shower Soap", Manon
Samsung Campaign: "Predicting the Next", Campaign: "The Catch-Up Grant", Galaxy S6, Online, SUHD TV, Samsung Galaxy Alpha, Samsung Galaxy S6 edge+, The Dunbar Edge Experiment
Sos-Children's Villages International
Stockholm City Mission Campaign: "You'll Never Wear That Again"
Swedish Armed Forces Campaign: "The Stamp", Campaign: "Who Cares?", Recruitment
TeliaSonera AB Campaign: "1000 Possibilities", Campaign: "Soundtrack Sweden"
Uniforms for the Dedicated Direct Marketing
US Embassy Sweden Nittmo
Volkswagen Group Sweden Bluemotion Technologies, Campaign: "Bug Run", Campaign: "The Ear", Campaign: "The Migrator Bird", Campaign: "The Winter Adjusted Bear", Passat, The Speed Camera Lottery, Touran

Turkey

Medina/Turgul DDB
Tuzambari Kasimpasa Bedrettin Mah Havuzbasi Degirmeni Sok No 2, 34440 Beyoglu, Turkey
Tel.: (90) 212 311 49 40
Fax: (90) 212 282 75 64
E-Mail: iletisim@ddb.com.tr
Web Site: www.ddb.com.tr

E-Mail for Key Personnel:
President: jmedina@istanbul.ddb.com
Creative Dir.: ktungul@istanbul.ddb.com

Employees: 100
Year Founded: 1993

National Agency Associations: TAA

Agency Specializes In: Advertising

Jeffi J. Medina *(CEO)*
Asli Bleda *(Mng Dir)*
Namik Ergin *(Grp Head-Creative)*
Gokhan Erol *(Exec Creative Dir)*
Azize Civanbay *(Acct Dir)*
Kaan Iscan *(Art Dir)*
Emre Koc *(Art Dir)*
Tolga Ozbakir *(Art Dir)*
Ertug Tugalan *(Creative Dir)*
Kurtcebe Turgul *(Creative Dir)*
Dilge Yildirim *(Acct Exec)*
Emre Altundag *(Copywriter)*
Cem Ozturk *(Copywriter)*
Cihan Metin Ustek *(Copywriter)*

Accounts:
Audi Audi Q5 Rearview Camera, Campaign: "Everyone Knows The Story", Campaign: "Keeps Distance"
Bose
Continental Self Supporting Run-Flat Tyres
Domino's Pizza
Is Bank
Koctas
Ktm Bicycles
Maximiles Campaign: "England, Japan, Nigeria, Morocco"
Organ Transplant
PepsiCo Inc.
Siemens Campaign: "Flexibles", iQ800 Dish Washer
Unilever Lipton
Vodafone Group Plc

United Arab Emirates

DDB Dubai
Park Office, PO Box 71996, Seventh Fl, Block B, Dubai, United Arab Emirates
Tel.: (971) 4 429 0904
Fax: (971) 4 429 0903
E-Mail: otherenquiries@ddb.ae
Web Site: ddb.ae/

Employees: 100

Najam Khawaja *(Chm)*
Iris Minnema *(Mng Dir)*
Hubert Boulos *(CEO-Middle East)*
Firas Medrows *(Exec Creative Dir)*
Makarand Patil *(Creative Dir)*
Lisette Timmer *(Acct Dir)*
Zahir Mirza *(Dir-Integrated Creative & Writer)*
Hend Raafat *(Mgr-Strategic Plng)*
Sara Ezzeddine *(Reg Acct Dir)*
Fady Youssef *(Sr Art Dir)*

Accounts:
Al Ghandi Electronics Campaign: "Distracted Mosquito", Whirlpool Washing Machine
Al Serkal Avenue Al Manzil School, Campaign: "Conversations"
Berlitz Corporation
Bollywood Park
CMA CGM Corporate Communications
Danone
Dubai Parks & Resorts
FAI Ghandi Electronics
Henkel AG & Co
Huawi Creative
Johnson & Johnson
Lipton Chai Latte
McDonald Corporation Creative, Food Trust Business
Pepsico
Persil Campaign: "Keep your clothes crisp"
Rainbow Milk
The Shoe Butler Campaign: "Your Shoes Arrive First. Keep Them Shining"
New-Turkish Dairy Creative, Pinar, TVC
UN Women
New-Valiant Clinic (Agency of Record) Creative, Strategic

United Kingdom

Adam & EveDDB
(Formerly Adam & Eve)
12 Bishop's Bridge Rd, London, W2 6AA United Kingdom
Tel.: (44) 207 258 3979
E-Mail: hello@adamandeveddb.com
Web Site: www.adamandeveddb.com/

Employees: 400
Year Founded: 2008

Agency Specializes In: Communications, Public Relations

James Murphy *(Founder & Partner)*
Ben Priest *(Founder & Partner)*
Charlotte Cook *(Mng Partner & Head-Brand Agency)*
Sam LeCoeur *(Mng Partner & Bus Dir)*
Michael Stern *(Mng Partner & Bus Dir)*
Dylan Davenport *(Mng Partner)*
Miranda Hipwell *(Mng Partner)*
Michael McConville *(Mng Partner)*
Simon Adamson *(Partner-Interactive)*
Heather Alderson *(Partner-Plng)*
Feargal Ballance *(Partner-Creative)*
Greg Hahn *(Co-Chief Creative Officer)*
Tim Male *(Head-Mktg)*
Jemima Monies *(Head-New Bus & PR)*
Charlotte Wolfenden *(Head-Acct Mgmt)*
Martin Beverley *(Exec Dir-Strategy & Planner)*
Mike Sutherland *(Exec Creative Dir & Copywriter)*
Paul Cohen *(Exec Creative Dir)*
Alex Lucas *(Exec Creative Dir)*
Ben Tollett *(Grp Exec Creative Dir)*
Clarissa Dale *(Art Dir & Copywriter)*
Jon Farley *(Art Dir & Copywriter)*
Shay Reading *(Creative Dir & Copywriter)*
Nicholas Akinnibosun *(Asst Producer)*
Lizzie Alleyne *(Acct Dir)*
Paul Angus *(Creative Dir)*
Amelia Blashill *(Bus Dir)*
Colin Booth *(Creative Dir)*
Loella Bowles *(Acct Dir)*
Alex Brown *(Acct Dir)*
Graham Cappi *(Creative Dir)*
Olivia Chittenden *(Acct Dir)*
Matt Dankis *(Acct Dir)*
James Derrick *(Acct Dir)*
Clare Dimmock *(Acct Dir)*
Kendal Drake *(Asst Producer)*
Matt Fitch *(Creative Dir)*
George Fox *(Acct Dir)*
Matt Gay *(Art Dir)*
Rick Gayton *(Art Dir)*
Sam Geuter *(Acct Dir)*
Frank Ginger *(Creative Dir)*
Caroline Grayson *(Bus Dir)*
Steven Halliday *(Acct Dir)*
Matthew Harris *(Bus Dir)*
Ted Heath *(Creative Dir)*
Chris Jackson *(Bus Dir)*
Oliver Jones *(Acct Dir)*
Rob Jones *(Acct Dir)*
Elena Kalogeropoulos *(Acct Dir)*
Paul Knott *(Creative Dir)*
Dan Lacey *(Art Dir)*
Marceline Le Gaufey *(Producer-Digital)*
Flemming Lerche *(Bus Dir)*
Simon Lloyd *(Creative Dir-Interactive)*
Jo Lorimer *(Acct Dir)*
Mitch Lovich *(Acct Dir)*
Zoe Nash *(Art Dir)*
Antony Nelson *(Art Dir)*
Chloe Pope *(Art Dir)*
Nathanael Potter *(Creative Dir)*
Toby Pschorr *(Bus Dir-Volkswagen)*
Abi Robinson *(Acct Dir)*
Jonas Roth *(Creative Dir)*
Christian Sewell *(Art Dir)*
Emily Stewart *(Acct Dir)*
Max Sullivan *(Acct Dir)*
Fay Taylor *(Acct Dir)*
Lucy Trower *(Asst Producer-Digital)*
Tim Vance *(Creative Dir)*
Alannah Wells *(Acct Dir)*
Jonathan Westley *(Creative Dir)*
Tom White *(Bus Dir)*
Steve Wioland *(Creative Dir)*
Matt Woolner *(Creative Dir)*
Tom Sussman *(Dir-Strategy & Planner)*
Thomas Keane *(Dir-Plng)*

ADVERTISING AGENCIES

Henry Kozak *(Dir-Plng)*
Hannah Mackenzie *(Dir-Plng)*
David Mortimer *(Dir-Plng)*
Benjamin Worden *(Dir-Plng)*
Jen Jordan *(Sr Mgr-Mktg)*
Rosa Aaronovitch *(Acct Mgr)*
Kathryn Armstrong *(Acct Mgr)*
Katie Briefel *(Acct Mgr)*
Georgie Carroll *(Acct Mgr)*
Holly Fletcher *(Acct Mgr)*
Kathryn Gooding *(Acct Mgr)*
Ross Keane *(Acct Mgr)*
Natali Levi *(Acct Mgr)*
Ashley Lewis *(Acct Mgr)*
Alice Lowden *(Acct Mgr)*
Tom Peters *(Acct Mgr)*
Klara Pierre *(Acct Mgr)*
Janki Shah *(Acct Mgr)*
Charlie Simpson *(Acct Mgr)*
Rosie Snowball *(Acct Mgr)*
Jennifer Smout *(Comm Mgr)*
Dave Callow *(Mgr-Studio)*
Frankie Cuffaro *(Acct Exec)*
Jake Gidley *(Acct Exec)*
James Beesley *(Planner-Media)*
John Blight *(Planner)*
Sarah Carter *(Planner)*
Sali Horsey *(Copywriter)*
Jonathan John *(Copywriter)*
Sara Keegan *(Planner)*
Frances Leach *(Copywriter)*
John Long *(Copywriter)*
Andy McAnaney *(Copywriter)*
Jes Morris *(Copywriter)*
Dan Renirie *(Planner-Media)*
Santi Rey *(Designer)*
Emmanuel Saint M'Leux *(Copywriter)*
Scott Silvey *(Sr Designer-King Henry)*
Jennifer Slack *(Designer-Digital)*
Emma Vincent-Pagden *(Designer)*
Oliver Watts *(Designer)*
Natasha Alderson *(Asst Producer)*

Accounts:

New-AA Charitable Trust
The Automobile Association Limited Advertising
Aviva plc Campaign: "Good Thinking", Creative, Global Advertising, TV
Bacardi
Bakers Meaty Meats
Beam Suntory Inc.; 2018
Bear Nibbles (Agency of Record) TV; 2017
New-Booking Holdings Inc. Booking.com, Europe Creative; 2018
Born Free Creative; 2018
British Bakeries
Bulldog Skincare For Men
Camelot UK Lotteries National Lottery
Campaign Against Living Miserably Male Suicide, National Suicide Prevention Day, Project 84
Caroline Halliwell
Coty Consumer Engagement, Creative, Max Factor (Global Lead Creative Agency)
The Cybersmile Foundation Social Media
DDB Network Shelves
Department for Work & Pensions
Department of Health
Harvey Nichols Group Limited Bull Terrier, Bulldog, Campaign: "Avoid #GiftGace", Campaign: "Bikini", Campaign: "Blue", Campaign: "Could I Be Any Clearer?", Campaign: "Headless Chickens", Campaign: "Love Freebies? Get them legally.", Campaign: "Shirt", Campaign: "Shoes", Campaign: "Sorry, I Spent It On Myself", Campaign: "Spend It On Yourself Instead", Campaign: "The 100 Year Old Model", Campaign: "The Harvey Nichols Sale. Best Get there Early", Creative, Online, Print, Rewards App, Sale, Staff, TV
Dreamies Cat Treats
Electronic Arts EA Sports, FIFA 18, FIFA 19, Global
Exxon Mobil Corporation Esso
Financial Times Campaign: "Britain, back on its feet?", Campaign: "Child", Campaign: "Make the right connections", Digital, Global Creative, Print
Google "Explore Loch Ness with Google Maps", Campaign: "Front Row", Campaign: "Get the family together, wherever they are", Campaign: "Zeitgeist", Digital, Digital Creativity Guidebook, Google Impact Challenge, Google+, Media, Video, Website
Great Western Railway
GU Puds
H&M Hennes & Mauritz AB; 2017
Halifax Plc Campaign: "Holiday Dad", Campaign: "Photographer", Campaign: "Stewardess"
Hasbro
Heineken Amstel, Blimp, Bulmers, Campaign: "Anticipation", Campaign: "Begin with a Bulmers", Campaign: "Equity", Campaign: "Haircut", Campaign: "Live Colourful", Campaign: "Only Ordinary By Name", Campaign: "Reverse", Channel 4 Sponsorship, Claw, Desperados, Foster's Campaign: "Foster's - Good Call Since 1888", John Smith's, Outdoor, Print, Robot, Sofa, Strongbow, Sushi, UK Advertising
The Hertz Corporation Campaign: "Cleaned Out"
Hey Girls
Highways England; 2018
HM Revenue & Customs Advertising, Media Planning, Social; 2017
IG Index
International Committee of the Red Cross
Jim Beam Brands Co. Global Creative; 2018
John Lewis Partnership plc "Monty's Christmas", Advertising, Campaign: "BEAUTIFUL On or Off", Campaign: "Christmas", Campaign: "If it Matters to You, it Matters to us", Campaign: "John Lewis Southampton", Campaign: "Man On the Moon", Campaign: "Monty the Penguin", Campaign: "Shop Spring This April", Campaign: "The Journey", Campaign: "The Long Wait", Campaign: "The bear And The Hare", Campaign: "Through the Ages", Creative, Furniture, Insurance, Online, Press, Samsung Smart TV, Somerset, TV
Kristen Staag
La Cimade
Lipton Campaign "Be More Tea"
Lloyds Banking Group plc Campaign: "For the Next Step", Creative
Lockets Campaign: "BATH", OOH
Maille Campaign: "Gifting"
Manchester United
Mars, Inc Greenies, Skittles, Temptations, Wrigleys
Mars Petcare Camapign: "#SaySorry", Campaign: "#CatVs.Mouse", Campaign: "Time to Play Ball", Creative, Digital, Dreamies Deli-Catz, In-Store, OOH, Online, Print, Public Relations, Snacky Mouse, Temptations Tumblers, Video
McCain Foods Advertising, Creative, Digital, In-Store, Outdoor, Press, Public Relations, Radio, Social Media, TV, VoD
MillerCoors LLC Creative, Miller Genuine Draft
Mulberry "#MulberryMiracle", "#WinChristmas", Advertising, Creative, Digital, In-Store, Online, Press
NABS
Nestle Purina Petcare
Oxfam
Pepsico Beverages
Philips
Phones4U Campaign: ""Auntie"", Campaign: "#projectupgrade", Campaign: "For the Future You", Campaign: "Missing Our Deals Will Haunt You", Campaign: "Upgrades", Digital, In-Store, Mobile Phone Retailer, Outdoor, Print, Social Media, TV
Red Cross
Samsung Electronics (UK) Limited
Save the Children Federation, Inc. Campaign: "Every Last Child", Campaign: "First Day", Campaign: "I'm Giving My Voice"
Sony Electronics Advertising, Bravia 4K HD TV, Campaign: "Ice Bubbles", Creative, Sony 4K
Sony Mobile Campaign: "Best of Sony", Campaign: "Demand Great", Campaign: "Details Make the Difference", Campaign: "Made for Bond", Campaign: "The Best Of Sony For The Best Of You", Creative, RX100 IV, Sony Mobile, Xperia, Xperia Z1
SSE Campaign: "Maya the Orangutan", Online, Outdoor, Print, TV
Telegraph Media Group Ltd. Advertising, Hub
Time Out
New-Top Cat Digital, Outdoor, Social Media
Tropicana
Unilever UK Ltd Above-the-Line Advertising, Campaign: "Be More Tea", Campaign: "Break Up", Campaign: "End Marmite Neglect", Campaign: "Love it. Hate it. Just don't forget it", Campaign: "Memorable Guest", Campaign: "Rescuing the bland", Campaign: "The Summer of Love Not Hate", Campaign: "Time for a Cooler Snack", Campaign: "Wrestlers by Josh!", Colman's, Creative, Digital, Experiential, Flora Pro Activ, Global Digital Advertising, Integrated Advertising Campaign, Lipton Ice Tea & Hot Tea, Maille (Global Advertising), Marmite, Marmite Love Cafe, Online Film, Outdoor Posters, Pears (Global Creative), Pot Noodle, Print, Social, Streets, TVC, Wall's Feast, Wall's Top Ten
Virgin Media
Volkswagen Group United Kingdom Ltd. (Lead Agency) Bentley, Campaign: "A Proper Job Needs The Right Tools", Campaign: "Boss", Campaign: "Das Auto", Campaign: "My Way", Campaign: "Often Copied. Never Equalled", Campaign: "Priorities", Campaign: "Silence of the Lambs", Campaign: "Teddy Tragedy", Campaign: "Unbelievable Value", Commercial Vehicles, Creative, Digital, Press, Seat, TV, Tiguan, VW Golf GTi, Volkswagen City Emergency Brake
Waitrose Limited Advertising, Cinema, Creative, Social Media, TV, VOD & Digital Display
YouTube Campaign: "Get more into music", Online, The Slow Mo Guys

DDB Europe

12 Bishop's Bridge Road, London, W2 6AA United Kingdom
Tel.: (44) 20 7262 7755
Fax: (44) 207 258 4200
Web Site: www.ddb.com

Employees: 1,000

Pietro Tramontin *(CEO)*
Roisin Rooney *(Chief People Officer)*
Katie Baker *(Sr Acct Dir)*
Sara Cosgrove *(Dir-Comm-Europe)*

Accounts:

Electrolux Domestic Appliances & Floor-Care Products
Gu Pan-European Advertising
Unilever Creative, Lipton, Marmite Softener, Wall's
Volkswagen AG Campaign: "Play The Road", Campaign: "See Film Differently", Digital, Europe Creative, Volkswagen Golf GTI

Vietnam

DDB Vietnam Advertising

201 PetroVietnam Tower 1 Le Duan, District 1, Ho Chi Minh City, Vietnam
Tel.: (84) 8 3824 1919
Fax: (84) 8 3829 0507
Web Site: www.ddb.com

Employees: 10

Agency Specializes In: Advertising

Nhu Le Dn *(Controller-Fin)*

Mai Lam (Sr Acct Exec)

Venezuela

ARS DDB Publicidad
Av Diego Cisneros Edif ARS, Los Ruices,
    Caracas, 1071-A Venezuela
Tel.: (58) 212 239 8002
Fax: (58) 212 239 0169
E-Mail: contacto@arspublicidad.com
Web Site: www.ddb.com

Employees: 150

Agency Specializes In: Advertising

Mariana Frias (CEO)
Maria Carolina Jaso (Chief Creative Officer)
Mariantonia Frias (VP-Corp Comm)
Duilio Perez Montilla (Creative Dir)
Claudia Santos (Dir-Accts)

Accounts:
Amnesty International
Gomby
Henkel Campaign: "White Jumper", Super Bonder
Johnson & Johnson Campaign: "Book"

DDCWORKS
(Acquired & Absorbed by Pavone)

DDM ADVERTISING INC
92 SW 3rd St Ste 2903, Miami, FL 33130
Tel.: (305) 674-9336
E-Mail: ddm@ddmadvertising.com
Web Site: www.ddmadvertising.com

Employees: 5

Agency Specializes In: Advertising, Brand Development & Integration, Digital/Interactive, Exhibit/Trade Shows, Graphic Design, Internet/Web Design, Logo & Package Design, Public Relations, Radio, T.V.

Edwin Berrios (Creative Dir)

Accounts:
Plastic Surgery Institute

DE ALBA COMMUNICATIONS
1 Polk St, San Francisco, CA 94102
Tel.: (650) 270-7810
Fax: (650) 989-6836
E-Mail: victoria@dealba.net
Web Site: www.dealba.net

Employees: 1

Agency Specializes In: Crisis Communications, Event Planning & Marketing, Media Planning, Media Relations, Media Training, Newspaper, Public Relations, Strategic Planning/Research

Victoria Sanchez De Alba (Pres)
Terry Pfister (Strategist-Comm & Copywriter)

Accounts:
Alliant International University
The First American Corporation
First American Homeownership Foundation
Foster Farms Poultry
Nutrition for You
San Francisco Small Business Week Business Services
San Francisco Superior Court Justice
San Francisco Unified School District
USS Hornet Museum Art Services
Walgreens

DE LA CRUZ & ASSOCIATES
Metro Office Park St 1 No 9 Ste 201, Guaynabo, PR 00968-1705
Tel.: (787) 662-4141
Fax: (787) 622-4170
E-Mail: thebest@delacruz.com
Web Site: www.delacruz.com

Employees: 70

Carlos Thompson (VP & Gen Mgr)
Helga Del Toro (Brand Dir-Contact)
Niurka Escotto (Brand Dir-Logistics)
Coca Olivella (Brand Dir-Strategy)
Ity Vega (Brand Dir-Reputation)
Carlos Escriva (Dir-Production)
Jennifer Zierenberg (Assoc Creative Dir)

Accounts:
Acura
American Express
Automeca
Burger King Campaign: "Whopper Showroom", Hands-Free Whopper
Coliseo de Puerto Rico
Good Neighbor Pharmacy
Kimberly-Clark Corporation
Open Mobile Campaign: "Open Tunes for Mom"
Pan Pepin
Procter & Gamble Campaign: "First Necessity Item", Campaign: "Garbage Truck", Febreze Car
Sears

DEAD AS WE KNOW IT
51 Cunthair Ave, Brooklyn, NY 11222-3143
Tel.: (347) 294-0153
E-Mail: info@deadasweknowit.com
Web Site: www.deadasweknowit.com

Employees: 7

Agency Specializes In: Advertising, Package Design, Print, T.V., Web (Banner Ads, Pop-ups, etc.)

Ella Wilson (Owner & Writer)
Mikal Reich (Exec Creative Dir)
Tara Lee Byrne (Acct Dir & Producer)
Michael Patrick McNamara (Dir-Strategic Plng & New Bus)

Accounts:
Proximo Spirits Campaign: "May or May Not Roll Out to Other Cities", Campaign: "Ride the Kraken", Giant Tentacle, Kraken Rum, OOH, Spiced Rum

DEALER DOT COM, INC
1 Howard St, Burlington, VT 05401
Fax: (802) 658-0926
Toll Free: (888) 894-8989
E-Mail: pr@dealer.com
Web Site: www.dealer.com

Year Founded: 1998

Agency Specializes In: Advertising, Automotive, Customer Relationship Management, Digital/Interactive, Event Planning & Marketing, Internet/Web Design, Paid Searches, Retail, Search Engine Optimization, Social Media

Mark Bonfigli (Founder)
Ryan Dunn (Founder)
Rick Gibbs (Founder)
Mike Lane (Founder)
Jamie LaScolea (Founder)

Accounts:
Kerbeck Subaru

DEALER INSPIRE
1864 High Grove Ln Ste 100, Naperville, IL 60540
Toll Free: (855) -357-4677
E-Mail: support@dealerinspire.com
Web Site: www.dealerinspire.com

Employees: 500
Year Founded: 2013

Agency Specializes In: Advertising, Automotive, Brand Development & Integration, Customer Relationship Management, Email, Event Planning & Marketing, Internet/Web Design, Paid Searches, Retail, Search Engine Optimization, Social Media

Matthew Cole (Founder & Sr VP)
Marc Damon (Founder & Sr VP-Production)
Joe Chura (CEO)
Greg McGivney (COO)
Dave Rowe (CTO)
Darren Haygood (Chief Revenue Officer)
Nicolle Lamb (Sr VP-Client Svcs)
Dan Schroeder (Sr VP-Web Dev)
Ron Andrews (VP-Central)
Mike Colacchio (VP-Sls)
Bruce Etzcorn (VP-Client Ops)
Allyn Hane (VP-East)
Lindsay Krickhahn (VP-West)
Mark McCarthy (VP-Creative)
Justin Point (VP-Major Accts)
James Rodenkirch (VP-Product Engrg)
Jill Siefert (VP-OEM Ops)
Jennifer Strilko (Sr Dir-Ops)
Danny Dover (Dir-Special Initiatives)
Cara Garvey (Dir-Paid Search)
Erin Kasch (Dir-People Ops)
Misha Nikolich (Dir-Production)

Accounts:
Valley Honda

DEALERON, INC
7361 Calhoun Pl Ste 420, Rockville, MD 20855
Toll Free: (833) 507-6530
E-Mail: help@dealeron.com
Web Site: www.dealeron.com

Year Founded: 2004

Agency Specializes In: Advertising, Automotive, Digital/Interactive, Event Planning & Marketing, Internet/Web Design, Paid Searches, Search Engine Optimization, Social Media

Ali Amirrezvani (Co-Founder & CEO)
Amir Amirrezvani (Co-Founder)
Bahram Ossivand (CFO)
Amir Shahmiri (COO)
Chris Deringer (CMO)
Michael DeVito (Chief Creative Officer)
Mark Firoozfar (CTO)
Mike Martinez (Chief Strategy Officer)
Greg Gifford (VP-Search)
Mike Somerville (VP-Customer Experience)
Ray Alvarez (Dir-Product Dev)
Aurko Chatterjee (Dir-Digital Adv)
Kevin Doory (Dir-Search & Social)
Jon Rothbard (Dir-Ops)

Accounts:
Hubert Vester Toyota
Jim Coleman Honda Service

THE DEALEY GROUP
1409 S Lamar Ste 1500, Dallas, TX 75215
Tel.: (214) 373-3244
E-Mail: info@thedealeygroup.com
Web Site: www.thedealeygroup.com

Employees: 50

ADVERTISING AGENCIES
AGENCIES - JANUARY, 2019

Agency Specializes In: Advertising, Broadcast, Media Buying Services, Media Planning, Print, Public Relations, Radio, Search Engine Optimization, Strategic Planning/Research, T.V.

JoAnn Dealey *(Pres)*
Jen Cunningham Augustyn *(Partner)*
Linda Beall *(Dir-Retail Sls-Natl)*
Anne Rust *(Dir-Creative)*
Stephanie Garcia *(Mgr-Digital Media)*
Liz Hornor *(Acct Supvr)*

Accounts:
Midway Companies

DEAN DESIGN/MARKETING GROUP, INC.
PO Box 605, Lewes, DE 19958
Tel.: (717) 898-9800
Fax: (717) 898-9570
E-Mail: thestudio@deandesign.com
Web Site: www.deandesign.com

Employees: 10

Agency Specializes In: Advertising, Agriculture, Brand Development & Integration, Communications, Corporate Identity, Education, Electronic Media, Environmental, Exhibit/Trade Shows, Food Service, Government/Political, Graphic Design, Health Care Services, Internet/Web Design, Local Marketing, Logo & Package Design, Media Planning, Print, Production, Public Relations, Publishing, Retail, Travel & Tourism

Jane Dean *(Owner & Pres)*
Bob Dean *(CEO)*
Stephanie Whitcomb *(VP-Client Svcs-Delmarva)*
Todd Horst *(Specialist-Ops)*

Accounts:
Beebe Medical Center
Orthopedic Associates of Delaware

DEANHOUSTON, INC.
310 Culvert St Ste 300, Cincinnati, OH 45202
Tel.: (513) 421-6622
E-Mail: cincinnati@deanhouston.com
Web Site: www.deanhouston.com

Employees: 50

Agency Specializes In: Advertising, Brand Development & Integration, Business-To-Business, Content, Digital/Interactive, Event Planning & Marketing, Exhibit/Trade Shows, New Product Development, Public Relations, Publicity/Promotions

Dale Dean *(Owner, Pres & CEO)*
John Doubet *(Chief Creative Officer)*
Greg Houston *(Principal)*

Accounts:
New-Portable Solutions Group Inc

DEARDORFF ASSOCIATES
400 Market St Ste 800, Philadelphia, PA 19106
Tel.: (302) 764-7573
Fax: (302) 764-5451
E-Mail: jtosi@deardorff.com
Web Site: www.deardorffassociates.com

Employees: 15
Year Founded: 1984

Agency Specializes In: Brand Development & Integration, Broadcast, Business-To-Business, Collateral, Consumer Marketing, Corporate Identity, Electronic Media, Internet/Web Design, Logo & Package Design, Print, Public Relations, Radio, T.V.

Jill Deardorff *(Pres/CEO-Digital)*
Jaime Vanaman *(Acct Dir)*
Lisa Fritz *(Acct Mgr)*
Michelle Hassett *(Production Mgr)*
Wes Richards *(Assoc Creative Dir)*

Accounts:
American Board of Internal Medicine (ABIM)
Gore
J.P. Morgan Asset Management
Omnicare
Oracle Corporation
PNC Bank
Univers Workplace Benefits
University of Pennsylvania Health System

DEARE 2
(See Under D3 NYC)

DEARING GROUP
1330 Win Hentschel Blvd Ste 130, West Lafayette, IN 47906
Tel.: (765) 423-5470
Fax: (765) 742-2881
E-Mail: agency@dearing-group.com
Web Site: www.dearing-group.com/

Employees: 10
Year Founded: 1976

Agency Specializes In: Broadcast, Collateral, Industrial, Internet/Web Design, Logo & Package Design, Newspaper, Out-of-Home Media, Outdoor, Print, Sports Market, Trade & Consumer Magazines

Bob Dearing *(Pres)*
Collin Harbison *(Art Dir)*
Flossie Hayden *(Office Mgr)*
Chelsea Shamy *(Acct Exec)*

Accounts:
Purdue Athletics
Stuart & Branigin Attorneys

DEBOW COMMUNICATIONS, LTD.
235 W 56th St, New York, NY 10019
Tel.: (212) 977-8815
E-Mail: info@debow.com
Web Site: www.debow.com

E-Mail for Key Personnel:
Creative Dir.: tom@debow.com
Production Mgr.: angela@debow.com

Employees: 10
Year Founded: 1976

Agency Specializes In: Advertising, Bilingual Market, Brand Development & Integration, Broadcast, Business Publications, Business-To-Business, Cable T.V., Children's Market, Collateral, Communications, Consulting, Consumer Marketing, Consumer Publications, Corporate Identity, Direct Response Marketing, Education, Electronic Media, Environmental, Exhibit/Trade Shows, Financial, Government/Political, Graphic Design, Health Care Services, High Technology, Hispanic Market, Information Technology, Internet/Web Design, Investor Relations, Legal Services, Logo & Package Design, Media Buying Services, Merchandising, New Product Development, Newspaper, Newspapers & Magazines, Over-50 Market, Planning & Consultation, Print, Production, Public Relations, Publicity/Promotions, Radio, Real Estate, Recruitment, Retail, Sales Promotion, Seniors' Market, Sports Market, Strategic Planning/Research, T.V., Trade & Consumer Magazines, Transportation

Approx. Annual Billings: $7,000,000

Thomas J. DeBow, Jr. *(Pres & Chief Creative Officer)*

Accounts:
The Advice Co.; 1989
Advocate Law Group; 2005
Agio Technology Hedge Fund Technology Services
Attorneypages.com; 1996
Aurix Limited
Howard P. Hoffman Associates; 1983
Quantitative Analysis Service; Jersey City, NJ; 2005
United States Office of Personnel Management; Washington, DC Employee Benefits; 1996

DEBRA MALINICS ADVERTISING
(Name Changed to 701 Creative LLC)

DECCA DESIGN
476 S 1st St, San Jose, CA 95113
Tel.: (408) 947-1411
Fax: (408) 947-1570
E-Mail: sheila@decdesign.com
Web Site: www.decdesign.com

Employees: 20
Year Founded: 1991

Agency Specializes In: Collateral, Digital/Interactive, Direct Response Marketing, Electronic Media, Graphic Design, Health Care Services, High Technology, Internet/Web Design, Multimedia, Planning & Consultation, Print

Approx. Annual Billings: $5,000,000

Sheila Hatch *(Pres & Creative Dir)*
Regina Damore *(VP-Ops)*
Drea Li *(Controller)*
Azadeh Afifi *(Art Dir)*
May Bojorquez *(Sr Acct Mgr)*
Jeannie Ditter *(Sr Acct Mgr)*
Kathy Dydynski *(Sr Acct Mgr)*
Lynda Kolberg *(Sr Acct Mgr)*
Heather Cresap *(Acct Mgr)*
Nicole Gerardin *(Assoc Acct Mgr)*
Deanna Martignetti *(Acct Mgr)*
Kerrie Inouye *(Coord-Production)*
Natasha Kramskaya *(Assoc Creative Dir)*
James Reed *(Assoc Creative Dir)*

Accounts:
APTARE
Audatex
Cisco Systems
Citrix
Hitachi Data Systems
House Ear Institute
Oracle
Plantronics
Synaptics

DECIBEL
575 Lexington Ave Fl 22, New York, NY 10022
Tel.: (212) 752-0025
Web Site: www.decibel.nyc

Employees: 10
Year Founded: 2017

Agency Specializes In: Production (Ad, Film, Broadcast)

Accounts:
A&E Networks Glam Masters, Sound Design
Cigna Sound Design
Converse Sound Design
Dick's Sporting Goods Sound Design

284

AGENCIES - JANUARY, 2019 — ADVERTISING AGENCIES

MLB Sound Design
Tag Heuer

DECIBEL BLUE
7524 E Angus Dr Ste B, Scottsdale, AZ 85251
Tel.: (480) 894-2583
Web Site: www.decibelblue.com

Employees: 10
Year Founded: 2005

Agency Specializes In: Advertising, Brand Development & Integration, Digital/Interactive, Public Relations

David Eichler *(Founder & Creative Dir)*
Tyler Rathjen *(Partner)*
Brandi Walsh *(Art Dir)*
Andrea Kalmanovitz *(Dir-PR)*
Megan Breinig *(Sr Acct Exec-PR)*
Sarah Tate *(Acct Exec)*

Accounts:
M.pulse

DECIBEL MEDIA
10 City Sq 5th Fl, Boston, MA 02129
Tel.: (617) 366-2844
Web Site: www.decibelmedia.com

Employees: 10
Year Founded: 2014

Agency Specializes In: Advertising, Broadcast, Digital/Interactive, Media Buying Services, Media Planning, Print, Strategic Planning/Research

Tim Davies *(Pres & Chief Media Officer)*
Melissa Chase *(Media Dir)*
Robyn Davidson *(Supvr-Media)*
Alejandro Goicouria *(Media Planner)*
Elisabeth Bartczak Link *(Planner-Digital Media)*
Barbara Dong *(Assoc Media Dir)*

Accounts:
Minuteman Health
Wentworth Institute of Technology

DECK AGENCY
116 Spadina Ave Ste 407, Toronto, ON M5V 2K6 Canada
Tel.: (647) 931-7250
E-Mail: sales@deckagency.com
Web Site: www.deckagency.com

Employees: 50
Year Founded: 2012

Agency Specializes In: Advertising, Communications, Digital/Interactive, Internet/Web Design, Print, Public Relations, Social Media

Jonathan Tick *(Pres & CEO)*

Accounts:
The Cruise Professionals (Agency of Record) Branding, Content Strategy, Creative, Public Relations, Social Media
Fairmont Hotels & Resorts Inc. Creative, Digital, Web Development
Her Majesty's Pleasure (Agency of Record) Branding, Digital Marketing, Public Relations, Social Media, Strategic Planning
Martell Cognac Creative, Public Relations
Quintessentially Lifestyle (Agency of Record)
TOCA (Agency of Record) Digital Marketing, Public Relations, Social Media, Strategic Planning

DECKER CREATIVE MARKETING
99 Citizens Dr, Glastonbury, CT 06033-1262
Tel.: (860) 659-1311
Fax: (860) 659-3062
Toll Free: (800) 777-3677
E-Mail: hello@deckerdoesit.com
Web Site: www.deckerdoesit.com/

E-Mail for Key Personnel:
Creative Dir.: jdecker@deckerhead.com
Production Mgr.: bkoley@deckerhead.com

Employees: 15
Year Founded: 1977

National Agency Associations: 4A's

Agency Specializes In: Advertising, Advertising Specialties, Brand Development & Integration, Broadcast, Business-To-Business, Cable T.V., Collateral, College, Communications, Consulting, Consumer Goods, Consumer Marketing, Corporate Communications, Corporate Identity, Digital/Interactive, Direct Response Marketing, E-Commerce, Email, Event Planning & Marketing, Exhibit/Trade Shows, Food Service, Graphic Design, Health Care Services, Hospitality, In-Store Advertising, Infomercials, Integrated Marketing, Internet/Web Design, LGBTQ Market, Local Marketing, Logo & Package Design, Media Buying Services, Merchandising, Mobile Marketing, Multimedia, New Product Development, Newspaper, Newspapers & Magazines, Out-of-Home Media, Outdoor, Over-50 Market, Pharmaceutical, Point of Purchase, Point of Sale, Print, Production, Production (Ad, Film, Broadcast), Production (Print), Promotions, Publicity/Promotions, Radio, Regional, Retail, Sales Promotion, Seniors' Market, Social Marketing/Nonprofit, Social Media, Sports Market, Strategic Planning/Research, Sweepstakes, T.V., Telemarketing, Travel & Tourism, Viral/Buzz/Word of Mouth, Web (Banner Ads, Pop-ups, etc.), Yellow Pages Advertising

Approx. Annual Billings: $25,000,000

Breakdown of Gross Billings by Media: Collateral: $1,500,000; D.M.: $1,500,000; Event Mktg.: $2,000,000; Internet Adv.: $2,500,000; Newsp.: $3,000,000; Other: $4,500,000; Radio: $1,500,000; T.V.: $8,500,000

James Decker *(Founder, Chm & Copywriter)*
Kathy Boucher *(Pres)*
Paul Tedeschi *(VP & Exec Creative Dir)*
Lynda Osborne *(Acct Mgr)*
Elizabeth Koley *(Mgr-Production)*
Kim Keller *(Sr Art Dir)*

Accounts:
Avery Heights; Hartford, CT Senior Living Community
Carlisle Food Service Products; Oklahoma City, OK Special Projects/Dinex
Connecticut Energy Marketers Association Bioheat
Kloter Farms; Ellington, CT Outdoor Buildings & Home Furnishings
The Seeing Eye; Morristown, NJ Special Projects
UConn; Storrs, CT TV PSAs & Special Projects (Univ. Communications)

DECODED ADVERTISING
21 Penn Plz Ste 1000, New York, NY 10001
Tel.: (646) 844-5226
E-Mail: info@decodedadvertising.com
Web Site: www.decodedadvertising.com

Employees: 75

Agency Specializes In: Advertising, Brand Development & Integration, Communications, Content, Digital/Interactive

Matthew Rednor *(Founder & CEO)*
David Weinstock *(Partner & Chief Creative Officer)*
Addie Conner *(Partner & Chief Designer-Experimental)*
Amadeus Stevenson *(CTO-North America)*
Sarah G. Fisher *(Art Dir)*
Michele Kim *(Dir-Strategy)*
Jordan Rednor *(Dir)*
Marina Fretes *(Sr Brand Mgr)*
Katie Bartasevich *(Grp Brand Dir)*

Accounts:
Dollar Shave Club

DECODER
537 SE Ash St #305, Portland, OR 97214
Tel.: (360) 870-4617
Web Site: www.decoderdigital.com

Employees: 8
Year Founded: 2011

Agency Specializes In: Digital/Interactive, Mobile Marketing, Paid Searches, Search Engine Optimization, Web (Banner Ads, Pop-ups, etc.)

Ben Wills *(CEO)*

Accounts:
iPEC Coaching Accredited Coach Training Program; 2014
Mercy Corps MicroMentor; 2013

DEEP FOCUS
(Name Changed to Engine US)

DEEP FRIED ADVERTISING LLC
1104 Sixth St, New Orleans, LA 70115
Tel.: (504) 324-9569
Fax: (504) 304-2968
Web Site: www.deepfriedads.com

Employees: 20
Year Founded: 2004

Agency Specializes In: Advertising, Brand Development & Integration, Internet/Web Design, Logo & Package Design, Media Buying Services

Jennie Westerman *(Owner & Creative Dir)*
Paige Huffine *(Graphic Designer & Designer-Web)*
Kelsey McNabb *(Designer)*

Accounts:
Giverny Fleurs
Hilary Landry
Jensen Companies
TCI Packaging
Wendy Monette Interior Design

DEEPLOCAL INC.
(Acquired by WPP plc)

DEEPLOCAL INC.
1601 Marys Ave Ste 10, Pittsburgh, PA 15215
Tel.: (412) 362-0201
Fax: (412) 202-4482
E-Mail: info@deeplocal.com
Web Site: www.deeplocal.com

Employees: 50
Year Founded: 2006

Agency Specializes In: Computers & Software, Market Research

Revenue: $12,000,000

Nathan Martin *(CEO)*
Heather Martin *(CMO)*
Patrick Miller *(Chief Innovation Officer)*

ADVERTISING AGENCIES

Accounts:
Airbnb, Inc.
American Eagle Outfitters
Electronic Arts Inc Game Designers & Mfr
Google
LG Electronics Electronics Items Mfr
Lyft
National Geographic Genius, Television Network Service Providers
Netflix Campaign: "Are You Still Watching?", TV
Nike Chalkbot, Sports Product Mfr & Distr
Old Navy
Reebok Campaign: "FitList"
Toyota Motor Sales U.S.A Inc. Car Dealers
Volkswagen Group of America, Inc. Car Dealer

DEEPSLEEP STUDIO
40 SW 13th St Ph4, Miami, FL 33130
Tel.: (305) 720-2990
E-Mail: hello@deepsleepstudio.com
Web Site: deepsleepstudio.com

Year Founded: 2001

Agency Specializes In: Advertising, Brand Development & Integration, Communications, Digital/Interactive, Graphic Design, Internet/Web Design, Production, Public Relations, Social Media, Strategic Planning/Research

Miguel Cardoso *(Partner & CFO)*
Jorge Marquez *(Partner & COO)*
Mabel De Beunza *(Partner)*
Paula Gomez *(Partner)*
Alex Martinez *(Principal & Creative Dir)*
Miguel Alvarez *(Art Dir)*
Alex Beck *(Dir-Comm)*
Christian Layugan *(Dir-Design)*
Rick Pagan *(Dir-VFX)*
Jose Sagaro *(Dir-Video)*
Anca Valeanu *(Production Mgr)*
Karen Torres *(Mgr-Social Media)*
Francesca Morgan *(Acct Exec)*
Maryangel Martinez *(Designer)*

Accounts:
New-ARA Food Corporation Mariquitas Chips
New-Complex Magazine
New-Food Network
New-JetBlue Airways Corporation
New-Live Nation Entertainment Inc.
New-Marriott International Inc. The Stanton
New-Perez Art Museum Miami
New-Plan-Do-See Inc
New-Time Out Market Miami
New-Trump International Hotels Management LLC

DEETERUSA
2005 S Easton Rd Ste 204, Doylestown, PA 18901
Tel.: (215) 348-3890
E-Mail: drew@deeterusa.com
Web Site: www.deeterusa.com

Employees: 10
Year Founded: 1985

Agency Specializes In: Advertising, Brand Development & Integration, Crisis Communications, Digital/Interactive, Event Planning & Marketing, Market Research, Media Relations, Print, Public Relations, Social Media

Drew Deeter *(Pres)*
Linda Deeter *(Exec VP & Creative Dir)*

Accounts:
New-The Endoscopy Center at St. Mary

DEFERO
3131 E Camelback Rd Ste 350, Phoenix, AZ 85016
Tel.: (602) 368-3750
E-Mail: info@deferousa.com
Web Site: www.deferousa.com

Employees: 34
Year Founded: 2006

Agency Specializes In: Advertising, Brand Development & Integration, Digital/Interactive, Social Media

Mickey Lucas *(Pres)*
Hailey Crider *(Sr Dir-Agency Experience)*
Angelica Kenrick *(Sr Acct Dir)*

Accounts:
Employers Workers Compensation Insurance

DEFINITION 6
420 Plasters Ave Ne, Atlanta, GA 30324
Tel.: (404) 870-0323
Fax: (404) 897-1258
Web Site: www.definition6.com

Employees: 80
Year Founded: 1997

Agency Specializes In: Consulting, Internet/Web Design, Sponsorship, Web (Banner Ads, Pop-ups, etc.)

Revenue: $1,500,000

Jeff Katz *(CEO)*
Jason Rockman *(Mng Dir)*
Stewart Brooks *(CFO)*
Paul McClay *(Chief Digital Officer)*
Anna Lee *(VP & Sr Acct Dir)*
Margaret-Parham Loyd *(VP & Acct Dir)*
Beau Dannemiller *(VP)*
Daisy Perper *(Sr Acct Mgr)*
Molly Pilgrim *(Sr Acct Mgr)*

Accounts:
Center Parcs
Coca-Cola Refreshments USA, Inc.
Extended Stay Hotels
Facebook, Inc. Immortalize Yourself
La Quinta Corporation La Quinta Corporation, La Quinta Inns
Mitsubishi Electric
Nickelodeon

Branches

Definition 6
218 W 40Th St Fl 2, New York, NY 10018
Tel.: (212) 201-4200
Fax: (212) 201-4210
Web Site: www.definition6.com

Employees: 150

Agency Specializes In: Advertising, E-Commerce, Email, Mobile Marketing, Public Relations, Social Media, Web (Banner Ads, Pop-ups, etc.)

Doug Dimon *(Sr VP & Grp Creative Dir)*
Curtis Schick *(VP & Exec Producer)*
Rebecca Reissman *(VP-Client Solutions)*
Ali Jacobs *(Product Mgr-Tech)*
Ernie Hiraldo *(Mgr-Email Platform)*

Accounts:
The Coca-Cola Company
GE Healthcare
Home Box Office, Inc.
Mitsubishi Corporation
Nickelodeon Direct Inc.
Pull-A-Part, LLC.

Synaptic Digital
218 W 40Th St Fl 2, New York, NY 10018
(See Separate Listing)

DEKSIA
120 Stevens St Sw, Grand Rapids, MI 49507
Tel.: (616) 570-8111
E-Mail: info@deksia.com
Web Site: www.deksia.com

Employees: 25
Year Founded: 2003

Agency Specializes In: Advertising, Brand Development & Integration, Digital/Interactive, Graphic Design, Logo & Package Design, Public Relations, Social Media

Josh Ryther *(Sr Partner)*

Accounts:
The Carol Genzink
Veenstras Garage Services

DELANEY MATRIX
6770 N West Ave, Fresno, CA 93711
Tel.: (559) 439-5158
E-Mail: ideas@delaneymatrix.com
Web Site: www.delaneymatrix.com

Employees: 2

Agency Specializes In: Advertising, Internet/Web Design, Logo & Package Design, Print, Promotions, Public Relations

Toby Delaney *(Mgr)*

Accounts:
Pearson Realty
The Trend Group

DELAUNE & ASSOCIATES
3500 Jefferson St Ste 320, Austin, TX 78731
Tel.: (512) 454-4631
E-Mail: hello@delaune.com
Web Site: www.delaune.com

Employees: 50
Year Founded: 1981

Agency Specializes In: Advertising, Brand Development & Integration, Communications, Content, Digital/Interactive, Email, Internet/Web Design, Media Relations, Public Relations, Social Media

Renee DeLaune *(Founder & Pres)*
Ernie Wood *(Mng Dir-Copy)*
Sara Rider *(VP)*

Accounts:
New-Anheuser-Busch Companies, LLC
New-Budweiser
New-International Business Machines Corporation

DELEON GROUP, LLC
20 Kenneth Pl, Staten Island, NY 10309
Tel.: (718) 967-2241
Fax: (718) 228-2524
E-Mail: ken@deleongroup.com
Web Site: www.deleongroup.com

Employees: 20

Agency Specializes In: Brand Development & Integration, Corporate Identity, Digital/Interactive, Email, Guerilla Marketing, Logo & Package Design, Out-of-Home Media, Outdoor, Point of Purchase,

Print, Radio, Retail, T.V., Viral/Buzz/Word of Mouth, Web (Banner Ads, Pop-ups, etc.)

Ken DeLeon *(Pres & Creative Dir)*

Accounts:
Bresnan Cable (Agency of Record); 2008
Comcast Midwest Area
James Cable; Bloomfield Hills, MI Cable TV & Internet
Wagner College

DELFINO MARKETING COMMUNICATIONS, INC.
400 Columbus Ave Ste 120S, Valhalla, NY 10595-1396
Tel.: (914) 747-1400
Fax: (914) 747-1430
E-Mail: maria@delfino.com
Web Site: www.delfino.com

E-Mail for Key Personnel:
President: paul@delfino.com
Creative Dir.: lisa@delfino.com
Media Dir.: maria@delfino.com
Production Mgr.: donato@delfino.com

Employees: 25
Year Founded: 1970

National Agency Associations: AMA-PRSA

Agency Specializes In: Advertising, Brand Development & Integration, Business-To-Business, Collateral, Communications, Consumer Marketing, Corporate Identity, Exhibit/Trade Shows, High Technology, Industrial, Internet/Web Design, Logo & Package Design, New Product Development, Newspapers & Magazines, Pharmaceutical, Sales Promotion, Strategic Planning/Research, Technical Advertising, Trade & Consumer Magazines

Approx. Annual Billings: $26,000,000 Capitalized

Geno B. Delfino *(Co-Founder)*
Paul Delfino *(Co-Owner & Pres)*
Christine Delfino Seneca *(Co-Owner, Exec VP & Gen Mgr)*
Donato Dell'Orso *(VP-Ops)*
Maria Garvey *(Mgr-Media)*

Accounts:
Fleischmann's Yeast Consumer Division; Saint Louis, MO; 1998
Fleischmann's Yeast Industrial Division; Saint Louis, MO; 1998
H&R Florasynth Aroma Chemicals Division; Teterboro, NJ; 1997
H&R Florasynth Flavor Division; Teterboro, NJ; 1997
H&R Florasynth Fragrance Division; Teterboro, NJ; 1997
Tri K Industries, Inc.; Northvale, NJ; 1994

DELIA ASSOCIATES
456 Route 22 W, Whitehouse, NJ 08888-0338
Tel.: (908) 534-9044
Fax: (908) 534-6856
E-Mail: it@delianet.com
Web Site: www.delianet.com

Employees: 8
Year Founded: 1964

National Agency Associations: Second Wind Limited

Agency Specializes In: Advertising, Advertising Specialties, Brand Development & Integration, Business-To-Business, Collateral, Communications, Consulting, Consumer Marketing, Corporate Identity, Cosmetics, Direct Response Marketing, E-Commerce, Electronic Media, Event Planning & Marketing, Exhibit/Trade Shows, Fashion/Apparel, Graphic Design, High Technology, Industrial, Internet/Web Design, Logo & Package Design, Magazines, Media Buying Services, Newspaper, Newspapers & Magazines, Pharmaceutical, Planning & Consultation, Print, Public Relations, Restaurant, Strategic Planning/Research, Trade & Consumer Magazines

Edward Delia *(Pres)*
Lori Schiraldi Delia *(Gen Counsel & VP)*
Susan McGowan *(Controller)*
Richard Palatini *(Dir-Brand Strategy & Creative)*
Matthew Taylor *(Dir-Program Mgmt & Client Svcs)*

Accounts:
Annin Flags
Azco
Block Vision
Contract Leasing Corp
Copperhead Plumbing & Heating
Dvtel
LPS Industries
Macro Consulting
Meyer & Depew, Inc.
Norris McLaughlin & Marcus
O.Berk Company
T.H.E.M.
US Sugar
Variblend
Wrap-N-Pack
Zip-Pack
Zipbox

DELICIOUS DESIGN
915 NW Gasoline Alley, Bend, OR 97703
Tel.: (541) 390-7277
Fax: (808) 332-5077
E-Mail: mail@deliciousdesign.com
Web Site: deliciousdesign.com/

E-Mail for Key Personnel:
Creative Dir.: bob@deliciousdesign.com

Employees: 5
Year Founded: 1991

National Agency Associations: AAF

Agency Specializes In: Advertising, Brand Development & Integration, Collateral, Corporate Communications, Corporate Identity, Graphic Design, Health Care Services, Internet/Web Design, Planning & Consultation, Print, Production (Print), Real Estate, Sports Market, Strategic Planning/Research, Travel & Tourism

Valerie Rekward *(Mng Partner)*
Robert Rekward *(Creative Dir)*

Accounts:
AirVentures Hawaii
Brennecke's Beach Broiler
Holo Holo Charters
Island Truss
Kalaheo Cafe & Coffee Company
Scott Hollinger REMAX of Bigfork
Smith's Tropical Paradise
Wahooo Seafood Bar & Grill

DELLA FEMINA ADVERTISING
129 W 29th St, New York, NY 10001
Tel.: (212) 506-0700
Fax: (212) 506-0751
E-Mail: info@dfjp.com
Web Site: http://www.dellanyc.com/

Employees: 56
Year Founded: 1993

National Agency Associations: 4A's

Agency Specializes In: Above-the-Line, Advertising, Advertising Specialties, Affiliate Marketing, Affluent Market, African-American Market, Agriculture, Alternative Advertising, Arts, Asian Market, Automotive, Aviation & Aerospace, Below-the-Line, Bilingual Market, Brand Development & Integration, Branded Entertainment, Business Publications, Business-To-Business, Cable T.V., Catalogs, Children's Market, Co-op Advertising, Collateral, College, Commercial Photography, Communications, Computers & Software, Consulting, Consumer Goods, Consumer Marketing, Consumer Publications, Content, Corporate Communications, Corporate Identity, Cosmetics, Crisis Communications, Custom Publishing, Customer Relationship Management, Digital/Interactive, Direct Response Marketing, Direct-to-Consumer, E-Commerce, Education, Electronic Media, Electronics, Email, Event Planning & Marketing, Exhibit/Trade Shows, Experience Design, Fashion/Apparel, Financial, Food Service, Game Integration, Government/Political, Graphic Design, Guerilla Marketing, Health Care Services, High Technology, Hispanic Market, Hospitality, Household Goods, Identity Marketing, In-Store Advertising, Industrial, Infomercials, Information Technology, Integrated Marketing, International, Internet/Web Design, Investor Relations, LGBTQ Market, Legal Services, Leisure, Local Marketing, Logo & Package Design, Luxury Products, Magazines, Marine, Market Research, Media Buying Services, Media Planning, Media Relations, Media Training, Medical Products, Men's Market, Merchandising, Mobile Marketing, Multicultural, Multimedia, New Product Development, New Technologies, Newspaper, Newspapers & Magazines, Out-of-Home Media, Outdoor, Over-50 Market, Package Design, Paid Searches, Pharmaceutical, Planning & Consultation, Podcasting, Point of Purchase, Point of Sale, Print, Product Placement, Production, Production (Print), Promotions, Public Relations, Publicity/Promotions, Publishing, RSS (Really Simple Syndication), Radio, Real Estate, Recruitment, Regional, Restaurant, Retail, Sales Promotion, Search Engine Optimization, Seniors' Market, Social Marketing/Nonprofit, Sponsorship, Sports Market, Stakeholders, Strategic Planning/Research, Sweepstakes, Syndication, T.V., Technical Advertising, Teen Market, Telemarketing, Trade & Consumer Magazines, Transportation, Travel & Tourism, Urban Market, Viral/Buzz/Word of Mouth, Women's Market

Approx. Annual Billings: $150,000,000

Joan Brooks *(Sr VP & Dir-Admin)*
Susan Farren *(Sr VP & Dir-Client Svcs)*

Accounts:
Atlantic Health Morristown Medical Center, Newton Medical Center, Overlook Medical Center
Barbacoa Mexican Grill Advertising, Creative, Digital, Mobile Marketing, Public Relations, Social Media
Campari America Frangelico; 2012
Colace
Duff & Phelps; New York, NY Financial Evaluations; 2005
Fujitsu; 2008
Long Island Spirits Digital, Media Relations, Sorbetta
Maimonides Medical Center; Brooklyn, NY Hospital; 2005
McGraw-Hill
Mercer; New York, NY Human Resources Consulting; 2006
Purdue Pharma L.P.; Stamford, CT OTC Products; 2001
Senokot
Silver Promotion Council; 2012
St. Francis Hospital; Roslyn, NY Hospital; 2006
Standard & Poors
Valley National Bank; 2010

ADVERTISING AGENCIES

Wakefern PriceRite, ShopRite; 2008

THE DELOR GROUP
902 Flat Rock Rd, Louisville, KY 40245
Tel.: (502) 584-5500
Fax: (502) 584-5543
E-Mail: marketing@delor.com
Web Site: www.delor.com

Employees: 10
Year Founded: 1989

Agency Specializes In: Advertising, Brand Development & Integration, Business-To-Business, Collateral, Communications, Corporate Identity, Digital/Interactive, Direct Response Marketing, Electronic Media, Graphic Design, Internet/Web Design, Logo & Package Design, Multimedia, Trade & Consumer Magazines

Kenneth DeLor *(Pres-Brand Identity & Comm)*

Accounts:
Eli Lilly & Company
Medpace
NIBCO
P&G Pharmaceuticals

DELTA MEDIA, INC.
11780 Sw 89Th St Ste 201, Miami, FL 33186
Tel.: (305) 595-7518
E-Mail: deltacorp@deltaoohmedia.com
Web Site: www.deltaoohmedia.com

Employees: 20
Year Founded: 1983

Agency Specializes In: Advertising, Out-of-Home Media, Outdoor

Rudy Ferrer *(Pres & COO)*
Hal Brown *(CEO)*
Linda Miranda *(Acct Mgr)*
Elana Redd *(Gen Sls Mgr)*
Rene Yanes *(Sls Mgr-Los Angeles)*
Ivette Hernandez *(Mgr-Mktg & Res)*
Alexandra Wolden *(Acct Exec)*
Brenda Ardua *(Coord-Sls & Mktg)*
M. Virginia Bari *(Coord-Sls-Intl)*

DELUCA FRIGOLETTO ADVERTISING, INC.
1023 Main Street, Honesdale, PA 18431
Tel.: (570) 253-0525
Fax: (570) 344-8345
E-Mail: paul@dfainc.com
Web Site: www.dfainc.com

Employees: 7
Year Founded: 1993

Agency Specializes In: Advertising, Arts, Brand Development & Integration, Business Publications, Business-To-Business, Catalogs, Collateral, College, Commercial Photography, Consumer Goods, Consumer Publications, Corporate Identity, Direct Response Marketing, Direct-to-Consumer, Education, Financial, Graphic Design, Health Care Services, In-Store Advertising, Industrial, Integrated Marketing, Legal Services, Logo & Package Design, Magazines, Market Research, Media Buying Services, Media Planning, Media Relations, Medical Products, New Product Development, Newspaper, Newspapers & Magazines, Out-of-Home Media, Outdoor, Over-50 Market, Package Design, Pharmaceutical, Point of Purchase, Point of Sale, Print, Production, Production (Print), Promotions, Public Relations, Radio, Social Marketing/Nonprofit, Sports Market, T.V., Yellow Pages Advertising

Paul DeLuca *(Pres)*
Michael Frigoletto *(Partner)*
Tricia Pegula *(Media Dir)*
Sarah Mellody *(Media Planner)*

Accounts:
Baum Law; Scranton, PA; 1998
First National Community Bank; Dunmore PA; 1993
Gym La Femme; Pittston, PA; 2001
Matisse & Kelly; Scranton, PA; 2005
Osram Sylvania; Towanda, PA; 1998
Saint Joseph Hospital; Reading PA; 2002
Timmy's Town; Scranton, PA Children's Museum; 2006
Waiverly Community House; Waiverly, PA; 2006

DELUCCHI PLUS
1750 Pennsylvania Ave NW, Washington, DC 20006
Tel.: (202) 349-4000
Fax: (202) 333-4515
E-Mail: careers@delucchiplus.com
Web Site: www.delucchiplus.com

Employees: 52
Year Founded: 2007

Agency Specializes In: Brand Development & Integration, Communications, Digital/Interactive, Email, Event Planning & Marketing, Media Relations, Multimedia, Out-of-Home Media, Outdoor, Promotions, Real Estate, Restaurant, Sales Promotion, Strategic Planning/Research

Christine L. Delucchi *(Principal & Grp Head-Practice)*
Patty Delk *(VP-Strategy & Insights)*
Joseph Dunne *(VP-Fin)*
Thomas Frank *(Exec Dir-Engagement)*

Accounts:
ABC Bakers

DEMI & COOPER ADVERTISING
18 Villa Ct, Elgin, IL 60120
Tel.: (847) 931-5800
Fax: (847) 931-5801
E-Mail: cfalls@demicooper.com
Web Site: www.demicooper.com

Employees: 18
Year Founded: 1992

Agency Specializes In: Advertising, Affluent Market, Alternative Advertising, Brand Development & Integration, Business-To-Business, Cable T.V., Collateral, College, Communications, Consulting, Consumer Marketing, Consumer Publications, Corporate Communications, Corporate Identity, E-Commerce, Electronic Media, Email, Graphic Design, Health Care Services, Hospitality, Household Goods, Identity Marketing, Integrated Marketing, Internet/Web Design, Logo & Package Design, Luxury Products, Media Buying Services, Media Planning, Medical Products, Multimedia, Newspapers & Magazines, Out-of-Home Media, Outdoor, Over-50 Market, Paid Searches, Planning & Consultation, Point of Purchase, Print, RSS (Really Simple Syndication), Radio, Real Estate, Regional, Sales Promotion, Seniors' Market, Strategic Planning/Research, T.V., Trade & Consumer Magazines, Urban Market

Approx. Annual Billings: $4,500,000

Marc Battaglia *(Creative Dir)*

Accounts:
Crown Community Development
Little Company of Mary Hospital
Memorial Health System
Merlo on Maple
Sherman Hospital
Silver Cross Hospital
United Way
Waterton Residential
Willis Tower Sky Deck
Wilson Football

DEMPS & ASSOCIATES LLC
3809 LaVista Cir Ste 225, Jacksonville, FL 32217
Tel.: (904) 386-4520
Web Site: www.dempsandassociates.com

Year Founded: 2004

Agency Specializes In: Advertising, Event Planning & Marketing

Eric Demps *(Founder)*

Accounts:
Fair Brokerage LLC
The Green Law Firm of Jacksonville
Jax Family Mediation
Sandy Paws Animal Hospital
Senior Guardians of America
Shen Yun Performing Arts (Agency of Record)
Sixth Street Veterinary Hospital

DENMARK ADVERTISING & PUBLIC RELATIONS
6000 Lake Forest Dr Ste 260, Atlanta, GA 30328
Tel.: (404) 256-3681
Fax: (404) 250-9626
E-Mail: info@denmarktheagency.com
Web Site: www.denmarktheagency.com

E-Mail for Key Personnel:
President: p.jessup@denmarkadv.com
Creative Dir.: t.haislip@denmarkadv.com

Employees: 14
Year Founded: 1986

National Agency Associations: AAF-PRSA

Agency Specializes In: Advertising, Brand Development & Integration, Business-To-Business, Co-op Advertising, Collateral, Communications, Consumer Marketing, Corporate Identity, Direct Response Marketing, Electronic Media, Event Planning & Marketing, Graphic Design, Internet/Web Design, Leisure, Logo & Package Design, Media Buying Services, Newspapers & Magazines, Out-of-Home Media, Outdoor, Planning & Consultation, Print, Production, Public Relations, Publicity/Promotions, Radio, Real Estate, Retail, Seniors' Market, Strategic Planning/Research, Trade & Consumer Magazines, Travel & Tourism

Approx. Annual Billings: $4,000,000

Priscilla Jessup *(Founder & CEO)*
Eric Van Fossen *(Exec Creative Dir)*

DENNEEN & COMPANY
222 Berkeley St, Boston, MA 02116
Tel.: (617) 236-1300
Fax: (617) 267-5001
E-Mail: info@denneen.com
Web Site: www.denneen.com

Employees: 12
Year Founded: 1995

Agency Specializes In: Consulting, Strategic Planning/Research

Helen Buford *(Pres & COO)*
Mark Denneen *(CEO)*
Jane Alpers *(Exec VP & Head-Natl Health Care Practice)*

AGENCIES - JANUARY, 2019 — ADVERTISING AGENCIES

Frank Endom *(Exec VP)*
Albert T. Lee *(VP)*
Damon D'Arienzo *(Dir-Strategy & Bus Dev)*

Accounts:
Brown University School of Medicine
The Children's Hospital of Philadelphia
Church & Dwight
The Coca-Cola Company
Consolidated Brick Distributors
Crunk!
Deutsche Bank
Echo Ditto
Exxon Mobil Corporation
Foundation Health Systems
GE Capital
GE Capital
GE Equity
Handel & Haydn Society
Harvard Medical International
Harvard University
Hinckley, Allen & Snyder LLP
Home Market Foods
The HoneyBaked Ham Company
Infinity Pharmaceuticals
Johnson & Johnson
Kendall-Futuro Healthcare
Lyme Properties
Mars Incorporated
Massachusetts Bay Transportation Authority
Massachusetts General Hospital
Massachusetts Institute of Technology
McKesson
Millennium: The Takeda Oncology Company
The National Academy of Sciences
Nord Est Emballage
Olin Corporation
PAREXEL International
Sight Resource Corporation
Starwood Hotels & Resorts
Symantec
Trex Corporation
Vinfen Corporation
WellChild Foundation of BlueCross BlueShield

DENTINO MARKETING
515 Executive Dr, Princeton, NJ 08540
Tel.: (609) 454-3202
Fax: (609) 454-3239
Web Site: www.dentinomarketing.com

Employees: 10
Year Founded: 1987

National Agency Associations: DMA

Agency Specializes In: Direct Response Marketing

Approx. Annual Billings: $10,000,000

Breakdown of Gross Billings by Media: D.M.: $10,000,000

Karl Dentino *(Pres)*
Rosalba De Meo *(Art Dir)*
Joel Rubinstein *(Creative Dir)*

Accounts:
Avis
CapitalOne
Chase
Citi
Independent Financial
John Hancock
MasterCard
Prudential
Wells Fargo

DENTSU AEGIS
32 Ave of the Americas 16th Fl, New York, NY 10013
Tel.: (212) 591-9122
Fax: (212) 397-3322
Web Site: https://www.dentsuaegisnetwork.com/

Employees: 120
Year Founded: 1966

Agency Specializes In: Advertising, Automotive, Broadcast, Business-To-Business, Consumer Goods, Corporate Communications, Corporate Identity, Electronics, Event Planning & Marketing, Financial, High Technology, Integrated Marketing, Internet/Web Design, Logo & Package Design, Luxury Products, Media Buying Services, Out-of-Home Media, Outdoor, Promotions, Sponsorship, Sports Market, Strategic Planning/Research, T.V., Travel & Tourism, Viral/Buzz/Word of Mouth

Approx. Annual Billings: $122,000,000

Donna Wiederkehr *(CMO-America)*
Mat Baxter *(Pres-Global Client)*
Sean Power *(CFO-Media-US)*
Michael Law *(Exec VP & Mng Dir-Media Investment-US)*
Stacey Deziel *(Exec VP-Digital Activation)*
Joan Buto *(VP & Dir-Production Svcs)*
Julie Masser *(VP & Dir-Integrated Publ)*
Andrew Antaki *(Dir-Comm Plng-Network)*
Nancy Chan *(Dir-Digital Adv Ops)*
Stephen Grap *(Supvr-Digital)*
Katie Schmitz *(Supvr-Strategy & Insights)*

Accounts:
aigdirect.com
Ajinomoto
American Licorice Company
Bandai Toys
Berlitz
Beverly Center
Bloomberg BusinessWeek; 2001
Canon Inc.
Canon U.S.A. Inc. Campaign: "The Greatest Catch", Campaign: "Whatever it takes", Campaign: "Your Second Shot", Pixma, Powershot Camera
Chapman/Brandman University College
Checkers/Rallys
Chilean Avocados
Chinatown Tourism
Clorox Co Hidden Valley, KC Masterpiece
Department of India Tourism
Diageo North America Inc. Media
Eurofly
Famima Corporation
HarperCollins Publishers
HASS Avocado Board
Japan Airlines
JCCI Campaign: "Arigato! We Will Always Remember You"
Kissui Vodka
Lower Manhattan Development Council
Microsoft Corporation (Global Media Agency of Record) Media Buying, Media Planning, Search Advertising
NEC
New York University Medical Center
NIS Group Co., Ltd
NTT Communications
On The Job
Oneworld Creative, Media Planning, Strategic Brand Messaging
Phoenix Brands
Scion
Scotts Digital
Sutter Home Family Vineyards
Toyota Motor North America, Inc. Lexus IS, Scion, Super Bowl 2018: "Start Your Impossible"
UNIQLO Campaign: "Storms"

Branch

Firstborn
32 Avenue Of the Americas, New York, NY 10013
(See Separate Listing)

Branches

360i
1545 Peachtree St Ste 450, Atlanta, GA 30309
Tel.: (404) 876-6007
Fax: (404) 876-9097
Toll Free: (888) 360-9630
Web Site: https://360i.com/

Employees: 110

National Agency Associations: 4A's

Agency Specializes In: Advertising, Sponsorship

Melanie Santiago *(Sr VP-Media)*
David H. Rollo *(Mng Dir-Atlanta)*
Layne Harris *(VP & Head-Innovation Tech)*
Kristen Richardson *(VP & Grp Acct Dir)*
Mindi Ikeda *(VP & Grp Media Dir)*
Lange Taylor *(VP)*
Neil Smith *(Head-New Bus)*
Anne Lokey *(Acct Dir)*
Abie Mccauley *(Acct Dir)*
Rebecca Wingfield *(Dir)*
Dino Metaxopoulos *(Assoc Dir-SEO)*
Calvin Su *(Sr Mgr-Media)*
Kaylin Tomlin *(Sr Mgr-Media-Display)*
Stephen Koepp *(Sr Acct Mgr)*
Elizabeth Hawkins *(Mgr-Media)*
Alyse Thompson *(Acct Supvr-Canada)*
Emily Vandroff *(Acct Supvr)*
Justin Livingston *(Supvr-Media)*
Colleen Rooney *(Supvr-Media & Paid Social)*
Abel Santibanez *(Supvr-Integrated Media)*
Jenny Erickson-Reed *(Grp Media Dir-Integrated Media)*
Josh Miller *(Grp Media Dir)*
Cindy Stein *(Grp Media Dir)*
Michael Tooley *(Assoc Media Dir)*

Accounts:
Capital One Financial Corporation
The Coca-Cola Company
Equifax Acquisition Strategy, Communications Strategy, Consumer Insights, Creative, Credit & Identity Protection, Digital, Equifax Complete, IdentityProtection.com, Media Planning & Buying, Personal Solutions, Search Marketing, Traditional
FTD Group, Inc.
H&R Block, Inc. Brand Search & Social Media
J.C. Penney Company, Inc.
JCPenney Corporation, Inc.
Kelley Blue Book Co., Inc.
Kraft Foods Group, Inc.
Lands' End, Inc.
NBCUniversal, Inc. Bravo Network, NBC Universal, Inc.
Redbox Automated Retail, LLC
Water.org Global Social

360i
32 Ave of the Americas 6th Fl, New York, NY 10013
(See Separate Listing)

mcgarrybowen
601 W 26th St, New York, NY 10001
(See Separate Listing)

DENTSU INC.
1-8-1 Higashi-shimbashi, Minato-ku, Tokyo, 105-7001 Japan
Tel.: (81) 3 6216 8042
Fax: (81) 3 6217 5515
E-Mail: s.kannan@dentsu.co.jp

ADVERTISING AGENCIES

Web Site: www.dentsu.com

Employees: 20,000
Year Founded: 1901

Agency Specializes In: Above-the-Line, Advertising, Advertising Specialties, Affluent Market, Alternative Advertising, Arts, Asian Market, Automotive, Aviation & Aerospace, Below-the-Line, Brand Development & Integration, Branded Entertainment, Broadcast, Business Publications, Business-To-Business, Catalogs, Children's Market, College, Communications, Computers & Software, Consulting, Consumer Goods, Consumer Marketing, Consumer Publications, Content, Corporate Communications, Corporate Identity, Cosmetics, Crisis Communications, Custom Publishing, Customer Relationship Management, Digital/Interactive, Direct Response Marketing, Direct-to-Consumer, E-Commerce, Education, Electronic Media, Electronics, Email, Engineering, Entertainment, Environmental, Event Planning & Marketing, Exhibit/Trade Shows, Experience Design, Faith Based, Fashion/Apparel, Financial, Food Service, Game Integration, Government/Political, Graphic Design, Guerilla Marketing, Health Care Services, High Technology, Hospitality, Household Goods, Identity Marketing, In-Store Advertising, Industrial, Infomercials, Information Technology, Integrated Marketing, International, Internet/Web Design, Investor Relations, Leisure, Local Marketing, Logo & Package Design, Luxury Products, Magazines, Market Research, Media Buying Services, Media Planning, Media Relations, Media Training, Medical Products, Men's Market, Merchandising, Mobile Marketing, Multicultural, Multimedia, New Product Development, New Technologies, Newspaper, Newspapers & Magazines, Out-of-Home Media, Outdoor, Over-50 Market, Package Design, Paid Searches, Pets, Pharmaceutical, Planning & Consultation, Podcasting, Point of Purchase, Point of Sale, Print, Product Placement, Production, Production (Print), Promotions, Public Relations, Publicity/Promotions, Publishing, Radio, Real Estate, Recruitment, Regional, Restaurant, Retail, Sales Promotion, Search Engine Optimization, Seniors' Market, Social Marketing/Nonprofit, Social Media, South Asian Market, Sponsorship, Sports Market, Stakeholders, Strategic Planning/Research, Sweepstakes, T.V., Technical Advertising, Teen Market, Telemarketing, Trade & Consumer Magazines, Transportation, Travel & Tourism, Tween Market, Urban Market, Viral/Buzz/Word of Mouth, Women's Market, Yellow Pages Advertising

Sales: $22,441,415,760

Shoichi Nakamoto *(Vice Chm)*
Toshihiro Yamamoto *(Pres & CEO)*
Yoshitaka Miyazawa *(Mng Dir)*
Dick van Motman *(Pres-Dentsu Brand Agencies)*
Akira Tonouchi *(Sr VP)*
Makoto Kanabayashi *(Producer & Dir-Foresight)*
Yusuke Shimazu *(Creative Dir & Copywriter)*
Mitsushi Abe *(Creative Dir)*
Tatsunori Abe *(Creative Dir-Strategic)*
Hiroshi Akinaga *(Creative Dir)*
Hideaki Fukui *(Creative Dir)*
On Gunji *(Creative Dir)*
Yukio Hashiguchi *(Creative Dir)*
Reietsu Hashimoto *(Creative Dir)*
Junya Hoshikawa *(Art Dir)*
Masanari Kakamu *(Art Dir)*
Yusuke Kitani *(Art Dir)*
Yusuke Koyanagi *(Art Dir)*
Ryosuke Miyashita *(Art Dir)*
Kazuyoshi Ochi *(Creative Dir)*
Yuto Ogawa *(Creative Dir)*
Minami Sakagawa *(Art Dir)*
Ryo Fujii *(Dir-Image & Planner)*
Asako Isobe *(Dir-Client Team)*
Ichiro T. Jinnai *(Dir-Tech, Data Intelligence Dept & OOH Media Svcs Dept)*
Syunsuke Kaga *(Dir-Comm)*
Naoki Muramatsu *(Dir)*
Kaoru Sugano *(Dir-Creative)*
Takanao Yajima *(Dir-Sls Comm)*
Shuji Yamaguchi *(Dir-Digital)*
Naofumi Mura *(Acct Mgr)*
Iku Ando *(Project Mgr-Digital)*
Kohei Inoue *(Production Mgr)*
Chizuru Kawashima *(Production Mgr)*
Kazuma Kimura *(Production Mgr)*
Minato Yasuaki *(Mgr)*
Shuji Morimitsu *(Acct Exec)*
Takayoshi Sakakibara *(Acct Exec)*
Haruyuki Takahashi *(Acct Exec)*
Koyo Tomita *(Acct Exec)*
Shinpei Murata *(Copywriter & Planner)*
Yoshihiko Abe *(Designer)*
Takato Akiyama *(Planner)*
Yuki Anai *(Planner-Digital)*
Nao Arai *(Copywriter)*
Asako Fujimagari *(Copywriter)*
Atsushi Hamaguti *(Media Planner)*
Mai Iwaana *(Copywriter)*
Takehiro Kagitani *(Media Planner-Digital Bus Dept)*
Marina Kobayashi *(Planner-Creative)*
Naoya Kudo *(Planner)*
Matt Lyne *(Copywriter)*
Ryota Mishima *(Designer)*
Michiru Muraki *(Planner-PR)*
Koyu Numata *(Copywriter)*
Kenji Ozaki *(Planner)*
Asako Sato *(Copywriter)*
Tempei Shikama *(Planner-Comm)*
Honami Shimo *(Planner-Web)*
Takashi Suzuki *(Planner-Digital)*
Ryota Yamamoto *(Coord)*
Heechul Ju *(Chief Planner)*
Takeshi Mori *(Exec Officer)*
Akiha Sen *(Sr Mktg Mgr)*

Accounts:
Adidas
AIDEM
AINZ&TULPE
All Nippon Airways
ANA
Art Fair Tokyo
Asaiseisakusyo.co.ltd.
Audi
Beams Campaign: "Koi-kuru", Campaign: "Play & Socialize with Fashion"
Bell-Net Obstetrics
Bridal Hair Restoration Committee Treatment Cooperation
Bsize Campaign: "Making of REST"
Bunka Publisher
Canon
CeBIT 2017
Coca-Cola Refreshments USA, Inc. Campaign: "Play for Japan", Canned Coffee, Movie Emoticons
Conservation International
East Japan Railway Company Campaign: "Get Back, Tohoku."
Electronic Arts K.K.
End-of-Life Care Association of Japan
Enigmo
Euglena Campaign: "The Entrance Quiz", Campaign: "The Euglena Catering Van"
Ezaki Glico Co., Ltd
Fast Retailing Co., Ltd. Campaign: "Uniqlo Check-in Chance", UNIQLO LUCKY LINE
Flavorstone
Geriatric Health Services Facility
GlaxoSmithKline Media Buying
Glico
Goko Hatsujo, Co., Ltd.
Good Mornings Co., Ltd
Green Ribbon
Hitotoki Hitotoki Clock
Honda Motor Campaign: "Connecting Lifelines", Campaign: "Dots Now", Campaign: "Small Character Camera N", Campaign: "Sound of Honda / Ayrton Senna 1989", Internavi
IHI Corporation
Illumination Forest
International Paralympic Committee Communications, Marketing
Iwasahaguruma Co., Ltd
Japan Airlines Campaign: "Jal X 787 Project Story"
Japan Committee for UNICEF Campaign: "Happy Birthday3.11"
Japan National Stadium Campaign: "Reviving Legends"
Japan Professional Football League Marketing
JAXA Kibo 360
KDDI Corporation
Kobe Shimbun
Komatsu Spring Industrial Co., Ltd.
Mainichi Newspaper Campaign: "100 Year Old Newspaper"
Marukome Miso Soup
Meiji Holdings Co., Ltd.
Mesocare
Ministry of Foreign Affairs of Japan
Mitsubishi Chemical Holdings Campaign: "Picture"
Mitsubishi Estate Campaign: "Catch the Blossom", Campaign: "Catch the Moon", Campaign: "Pink Punk"
NEC
Nepia Campaign: "Tissue animals"
Nintendo Super Mario Run
Nippon Express
Nissin Foods Holdings Co.
NYC Ballet
Okamoto
Olfa Corporation
Otsuka Pharmaceutical Co., Ltd.
Panasonic Corporation Campaign: "Eco Technology", Campaign: "Life is electric", Campaign: "Share the Passion"
Philip Morris International
Rakuten Buyma, Campaign: "Fast Ball"
Ride on Express Co. Ltd.
Saishunkan Co.,Ltd
Sakamoto Factory Ltd.
Sanyo Shokai Ltd
Savoy
Second Life Toys Campaign: "Green Ribbon"
Seiko Epson Corporation
Shachihata
Shaddy
Shiga Art School
Shin Ei Industry Co., Ltd.
The Shinano Mainichi Shimbun Campaign: "A Family Story", Campaign: "Share the Newspaper with Children"
Shizuoka Shimbun & Shizuoka Broadcasting System
Shochiku Co. Ltd
So-net Corporation
Sony Corporation Campaign: "Gravity Apple"
Sports Biz Co., Ltd.
STAEDTLER Nippon K.K. Campaign: "The Ultimate Pencil"
Suntory Holdings
Suzaka Cultural Promotion Agency
Suzaka Illumination Forest
Suzakiya Campaign: "Cat, Soup, Flaked, Flakes"
Taisei Corporation
Takamatsu Airport
Tokai Polytechnic College
Tokio Marine Nichido Swimming Competition
The Tokyo Newspaper Campaign: "Share the newspaper with children"
Tokyo Olympic & Paralympic Games
Toshiba Corporation Campaign: "With 10 years of life", Led Bulbs, Torneo V Vacuum Cleaner
Toyota Motor Corporation Advertising, Campaign: "Charge the Future Project"
Turner Colour Works
The University of Tokyo
UTokyo Nursing
Yahoo Japan Corporation
Yamato Transport
Yaskawa Electric Corporation "YASKAWA BUSHIDO PROJECT"

AGENCIES - JANUARY, 2019 — ADVERTISING AGENCIES

Yokohama City Board of Education
The Yoshida Hideo Memorial Foundation Campaign: "Design Fever!", Campaign: "The Ultra Asian"
Yuki Precision Co., Ltd

Branches

cyber communications inc.
7F Comodio Shiodome 2-14-1 Higashi-shimbashi, Minato-ku, Tokyo, 105-0021 Japan
Tel.: (81) 035425 6274
Fax: (81) 3 5425 6110
Web Site: www.cci.co.jp

Employees: 500

Agency Specializes In: Digital/Interactive, Electronic Media, Media Buying Services

Akio Niizawa *(Pres & Rep Dir)*
Yuji Ogura *(Gen Mgr-Sls Headquarter)*
Shinnosuke Adachi *(Mgr-Unit, Growth & Design Unit)*
Yasuko Nagamatsu *(Mgr)*

Dentsu Aegis Network Ltd.
10 Triton Street, London, NW1 3BF United Kingdom
Tel.: (44) 20 7070 7700
E-Mail: contact@dentsuaegis.com
Web Site: https://www.dentsuaegisnetwork.com/

Employees: 96

Agency Specializes In: Sponsorship

Stef Calcraft *(Exec Chm-UK & Ireland)*
Dennis Romijn *(CFO)*
James Connelly *(Chief Strategic Dev Officer)*
Matthew Hook *(Chief Strategy Officer-UK & Ireland)*
Sanjay Azim Nazerali *(Chief Strategy Officer)*
Kate Howe *(Chief Growth Officer)*
Anne Sewell *(Chief People Officer)*
Mark Keddie *(Officer-Data Protection)*
John Murray *(Pres-Amplifi Global)*
Giulio Malegori *(CEO-EMEA)*
Jay Tallon *(Gen Counsel)*
Ian Barber *(Head-Corp Comm)*
Dani Filer *(Dir-Comm & Mktg)*
Victoria Milligan *(Dir-Mktg & Comm-Media Brands-UK & Ireland)*

Accounts:
Allianz SE
Anheuser-Busch InBev Global, Media
New-Co-operative Group Limited
Diageo Media
The Estee Lauder Company Inc EMEA Media; 2018
Eurostar Digital Media, Global Media
Heineken UK Limited Media Buying
Honda Europe Media Buying, Media Planning
Ikea Global Media
Microsoft Corporation Global, Media Buying, Media Planning, Search Advertising
Monster.com Digital, Find Better, Print, Radio, Social
Shop Direct Media, Very.co.uk
TSB Bank Plc
Wickes PPC, SEO, Social
W.L. Gore & Associates, Inc. Global Media, Gore-Tex; 2018

DENTSUBOS
3970 Saint Ambroise Street, Montreal, QC H4C 2C7 Canada
Tel.: (514) 848-0010
Fax: (514) 373-2992
Web Site: dentsubos.com

Employees: 130
Year Founded: 1988

Agency Specializes In: Advertising

Approx. Annual Billings: $62,000,000

Breakdown of Gross Billings by Media: Brdcst.: 45%; Bus. Publs.: 1%; Collateral: 1%; Mags.: 3%; Mdsg./POP: 4%; Newsp. & Mags.: 1%; Newsp.: 24%; Out-of-Home Media: 1%; Point of Purchase: 1%; Print: 5%; Promos.: 1%; Radio: 2%; T.V.: 10%; Transit: 1%

Amy Maloney *(Exec Creative Dir)*
Julien Thiry *(Assoc Dir-Creative & Art Dir)*
Camille Forget *(Art Dir)*
Roger Gariepy *(Creative Dir)*
Sebastien Rivest *(Creative Dir)*
Hang Tan Tang *(Art Dir)*
Michael Aronson *(Assoc Dir-Creative & Copywriter)*
Thibault Etheart *(Acct Supvr)*
Charlotte Pare-Cova *(Acct Supvr)*
Cloe Boulianne *(Acct Exec-Client)*
Erica Vincelli *(Acct Coord)*
Stefan D'Aversa *(Assoc Creative Dir)*

Accounts:
Alimentations Couche-Tard
Archdiocese of Montreal
Canada Dry Mott's
Canal D
Catholic Church of Montreal Annual Collection, Campaign: "You have our blessing"
Federation of Quebec Alzheimer Societies Campaign: "Walk for Memories"
Henri Vezina
Hitachi Social Innovation Campaign: "The Future Is Open To Suggestions", Creative
Journees de la Culture
Kebecson
Liz Allan Yoga
Manulife Financial Corporation (Agency of Record) Creative
MTL Tattoo
Nutrience (Creative Agency of Record); 2017
Rosie Animal Adoption Campaign: "Tinderdoption"
Sapporo
Series +
Staples Canada (Creative Agency of Record) Campaign: "Staples Guy", Creative, Digital, Radio, Social
Subway
Yoplait

Branch

DentsuBos
559 College St Ste 401, Toronto, ON M6G 1A9 Canada
Tel.: (416) 343-0010
Fax: (416) 343-0080
Web Site: dentsubos.com/en

Employees: 45
Year Founded: 1998

Agency Specializes In: Advertising

Stephen Kiely *(Pres & CEO)*
Travis Cowdy *(VP & Exec Creative Dir)*
Lyranda Martin-Evans *(VP & Exec Creative Dir)*
Gary Hutchinson *(VP & Dir-Production Svcs)*
Caley Erlich *(VP)*
Keiichi Kubo *(VP-Intl Dev)*
Roger Gariepy *(Creative Dir)*
Lynn Peters *(Comm Mgr)*

Accounts:
BMO
Constellation Brands, Inc.
Discovery Centre
Dr Pepper Snapple Group, Inc.
Plan International Canada
Skullcandy
SportChek
SurfEasy
Toyota Motor North America, Inc.
Transat Holidays
World Vision

DEPARTMENT ZERO
2023 Washington St, Kansas City, MO 64108
Tel.: (816) 283-3333
E-Mail: contact@deptzero.com
Web Site: departmentzero.com

Employees: 25
Year Founded: 2003

Agency Specializes In: Advertising, Brand Development & Integration, Digital/Interactive, Event Planning & Marketing, Experiential Marketing, In-Store Advertising, Out-of-Home Media, Retail, Social Media

Revenue: $1,800,000

Paul Soseman *(CEO)*

Accounts:
Deutsche Lufthansa AG

DEPARTURE
427 C St Ste 406, San Diego, CA 92101
Tel.: (619) 269-9598
Fax: (619) 269-8754
E-Mail: emily.rex@departureadvertising.com
Web Site: dptr.co

Employees: 24
Year Founded: 2007

National Agency Associations: 4A's-AMA

Agency Specializes In: Advertising, Advertising Specialties, Affluent Market, African-American Market, Arts, Automotive, Aviation & Aerospace, Brand Development & Integration, Branded Entertainment, Broadcast, Business Publications, Business-To-Business, Cable T.V., Catalogs, Children's Market, Co-op Advertising, Collateral, College, Communications, Computers & Software, Consulting, Consumer Goods, Consumer Marketing, Consumer Publications, Corporate Communications, Corporate Identity, Cosmetics, Customer Relationship Management, Digital/Interactive, Direct Response Marketing, E-Commerce, Education, Electronic Media, Electronics, Email, Entertainment, Environmental, Exhibit/Trade Shows, Experience Design, Experiential Marketing, Fashion/Apparel, Financial, Food Service, Graphic Design, Guerilla Marketing, Health Care Services, High Technology, Hospitality, Household Goods, Identity Marketing, In-Store Advertising, Industrial, Infomercials, Information Technology, Integrated Marketing, Internet/Web Design, Leisure, Local Marketing, Logo & Package Design, Luxury Products, Magazines, Market Research, Media Buying Services, Media Planning, Media Relations, Men's Market, Merchandising, Mobile Marketing, Multimedia, New Product Development, New Technologies, Newspaper, Newspapers & Magazines, Out-of-Home Media, Outdoor, Package Design, Paid Searches, Planning & Consultation, Point of Purchase, Point of Sale, Print, Production, Production (Print), Promotions, Publicity/Promotions, Radio, Real Estate, Recruitment, Regional, Restaurant, Retail, Sales Promotion, Search Engine Optimization, Social

ADVERTISING AGENCIES — AGENCIES - JANUARY, 2019

Marketing/Nonprofit, Social Media, Sponsorship, Sports Market, Stakeholders, Strategic Planning/Research, Syndication, T.V., Trade & Consumer Magazines, Transportation, Travel & Tourism, Viral/Buzz/Word of Mouth, Women's Market

Approx. Annual Billings: $10,000,000

Breakdown of Gross Billings by Media: Bus. Publs.: 8%; Cable T.V.: 10%; D.M.: 2%; Internet Adv.: 27%; Mags.: 13%; Newsp.: 5%; Outdoor: 15%; Radio: 5%; Spot T.V.: 15%

Art Bradshaw *(CEO & Principal)*
Emily Rex *(CEO & Principal)*
Jessica Morgan *(VP-Dev)*
Matt Levine *(Head-Dev & Production & Exec Producer)*
Justin Bosch *(Dir-Post Production & Editor-Online)*

Accounts:
Ace Parking; San Diego, CA Public Parking; 2009
Cisco; Los Angeles, CA Technology; 2009
The Commission For Arts & Culture; San Diego, CA Non-Profit; 2009
CrossFit; Washington, DC Athletics; 2009
Great American; San Diego, CA Residential & Commercial Real Estate; 2009
Hyatt Andaz Hotel; San Diego, CA Hospitality; 2008
Invisible Children; San Diego, CA Non-Profit; 2007
Life Technologies Corporation; Carlsbad, CA Bio-Tech; 2009
Life Technologies; Carlsbad, CA Bio-Tech; 2009
nPhase; San Diego, CA Technology; 2010
Qualcomm; San Diego, CA Technology; 2007
RedBrick Pizza Worldwide; Palmdale, CA Quick Casual Restaurant; 2009
Reebok; Canton, MA CrossFit Partnership; 2010
The San Diego Foundation; San Diego, CA Non-Profit; 2009
The Shores Hotel; San Diego, CA Hospitality; 2009
Wolfgang Puck; Beverly Hills, CA Quick Casual Restaurant; 2008

DEPIRRO/GARRONE, LLC
80 8th Ave, New York, NY 10011
Tel.: (212) 206-6967
E-Mail: creativematters@depirrogarrone.com
Web Site: www.depirrogarrone.com

Employees: 12
Year Founded: 2008

Agency Specializes In: Advertising

Michael DePirro *(Co-Founder & Owner)*
Lisa Garrone *(Co-Founder & Owner)*

Accounts:
Asante Solutions
California STEM Network
Lyric Hearing Phonak
Pfizer
Union Square Optical

DEPPE COMMUNICATIONS LLC
1880 Paradise Moorings Blvd, Middleburg, FL 32068
Tel.: (904) 524-0170
Fax: (904) 328-3787
Web Site: www.deppecommunications.com

Employees: 5

Agency Specializes In: Advertising, Brand Development & Integration, Public Relations, Social Media

Kim Deppe *(Pres)*

Accounts:
Crimson Laurel Gallery
The Institute for Growth & Development Inc
Miraculous Massage
More Space Place

DEPT AGENCY
Generaal Vetterstraat 66, 1059 BW Amsterdam, Netherlands
Tel.: (31) 88 040 0888
E-Mail: amsterdam@deptagency.com
Web Site: www.deptagency.com

Employees: 500
Year Founded: 2016

Agency Specializes In: Advertising, Brand Development & Integration, Business-To-Business, Digital/Interactive, Experience Design, Social Media

Paul Manuel *(Co-Founder)*
Brian Robinson *(Mng Dir-Design & Technology-UK & US)*
Max Pinas *(Creative Dir)*
Marcel van der Heijden *(Comml Dir)*
Daniel Muller *(Acct Mgr)*
Mike Vernooij *(Strategist-Digital)*

Accounts:
Adidas
Allianz
Axe
Beiersdorf Netherlands Analytics, Digital, Online Sites, Social, eCRM; 2018
Birkenstock
Butlin's Limited Creative Strategy, User Experience & Visual Design; 2018
Microsoft
Nivea
Panasonic
Philips
Rabobank
TomTom
Unilever
Weber

DERSE INC.
3800 W Canal St, Milwaukee, WI 53208-2916
Tel.: (414) 257-2000
Fax: (414) 257-3798
E-Mail: webmaster@derse.com
Web Site: www.derse.com

Employees: 325
Year Founded: 1989

Agency Specializes In: Event Planning & Marketing, Exhibit/Trade Shows, Strategic Planning/Research

Sales: $47,029,003

Brett W Haney *(Pres)*
James Elser *(VP & Gen Mgr)*
Colleen Chianese *(VP-Corp Ops)*
Russ Fowler *(VP-Mktg Environments)*
Mark McLain *(VP-Bus Dev)*
Todd Sussman *(VP-Creative)*
Julia Haas *(Mktg Dir)*
Erin Reid *(Acct Dir)*
Katy Tauch *(Acct Dir)*
Jane Marie Aberti *(Dir-Creative Svcs)*
Sheri Thomka *(Dir-Talent Acq & Dev)*
Tiffany Roberts *(Acct Mgr)*
Heidi Schaal *(Mgr-HR)*
Lindsey Sells *(Supvr-Creative Team Coordination)*
Leslie Beach Catton *(Sr Acct Exec)*
Nancy Haddix *(Sr Acct Exec)*
Christopher Lodes *(Sr Acct Exec)*
Lisa Schwabenlander *(Sr Acct Exec)*

Accounts:
Glanbia Nutritionals
Mazda North America
Moen
Parker Hannifin
Questcor

DESANTIS BREINDEL
30 W 21st St, New York, NY 10010
Tel.: (212) 994-7680
E-Mail: inquiries@desantisbreindel.com
Web Site: www.desantisbreindel.com

Employees: 50
Year Founded: 2003

Agency Specializes In: Advertising, Brand Development & Integration, Content, Corporate Identity, Digital/Interactive, Information Technology, Internet/Web Design, Investor Relations, Logo & Package Design, Strategic Planning/Research

Howard Breindel *(Co-CEO)*
Dru DeSantis *(Partner)*
Hannah Foltz *(Partner)*
Shelley Whiddon *(Mng Dir-Strategy)*
Dayna McAnnally *(Controller)*
Emmy Jedras *(Sr Dir-Strategy)*
Clinton Clarke *(Creative Dir)*
Leyah Farber *(Dir-Brand Strategy)*
Dave Morreale *(Dir-Technical)*
Ethan Rechtschaffen *(Strategist)*

Accounts:
New-Lathrop Gage LLP
New-Zelis

DESIGN ABOUT TOWN
824 Teresita Blvd, San Francisco, CA 94127
Tel.: (415) 205-8488
Fax: (214) 279-4923
E-Mail: ideas@designabouttown.com
Web Site: www.designabouttown.com

Employees: 5
Year Founded: 2005

National Agency Associations: AMA

Agency Specializes In: Advertising, Bilingual Market, Brand Development & Integration, Collateral, Corporate Identity, Digital/Interactive, Environmental, Exhibit/Trade Shows, Government/Political, Graphic Design, Health Care Services, High Technology, International, Internet/Web Design, Local Marketing, Logo & Package Design, Media Buying Services, Multicultural, New Technologies, Out-of-Home Media, Outdoor, Package Design, Social Marketing/Nonprofit, South Asian Market, T.V., Web (Banner Ads, Pop-ups, etc.)

Breakdown of Gross Billings by Media: Graphic Design: 80%; Other: 20%

Accounts:
Corporate Accountability International; Boston, MA Collateral, Website Design & Development
The Guardsmen
PG&E
Robert Mondavi Winery; Sonoma, CA Interactive/Blog Design
TechCrunch
Tribal Fusion; Emeryville, CA Presentations Design
Weather Underground
Wunderground.com; San Francisco, CA Collateral, Tradeshow Graphics, iPhone Application

DESIGN ARMY
510 H St NE Ste 200, Washington, DC 20002
Tel.: (202) 797-1018

AGENCIES - JANUARY, 2019 — ADVERTISING AGENCIES

Fax: (202) 478-1807
E-Mail: press@designarmy.com
Web Site: www.designarmy.com

Employees: 25

Agency Specializes In: Arts, Branded Entertainment, Collateral

Jake Lefebure *(Co-Founder & CEO)*
Pum Lefebure *(Co-Founder & Creative Dir)*
Ann Vogel *(Mng Dir & Head-Strategy)*
Sucha Becky *(Art Dir)*
Heloise Condroyer *(Art Dir)*
Mark Welsh *(Copywriter)*

Accounts:
Arent Fox
Chronicle Books This is NPR
Georgetown Optician
Hong Kong Ballet Advertising, Print & Branding
The Human Rights Campaign
Maryland Institute College of Art
Neenah Paper CLASSIC Swatchbooks, Campaign: "Perfection"
One Club
University Of Virginia Library Campaign: "Recombination"
The Washington Ballet Campaign: "Rock & Roll Gala"
Washingtonian Bride & Groom Campaign: "Bride & Seek", Campaign: "Calendar Girl", Campaign: "Food Fight", Campaign: "Material Girl", I Do (and Dont's)

DESIGN AT WORK
3701 Kirby Dr Ste 1050, Houston, TX 77098
Tel.: (832) 200-8200
Fax: (832) 200-8202
E-Mail: john@designatwork.com
Web Site: https://www.designatwork.com/

Employees: 20
Year Founded: 1990

Agency Specializes In: Internet/Web Design, Print, Public Relations

John Lowery *(Pres)*
Tricia Park *(Exec VP)*
Danielle Hicks *(Acct Svcs Dir)*
Allison Garcia *(Dir-PR)*
Brittany Woodson *(Dir-Graphic Design)*

Accounts:
Condera Securities
HSSK
Maxim Group
State Service Company
Texas Iron & Metal

DESIGN GROUP MARKETING
400 W Capitol Ste 1802, Little Rock, AR 72201
Tel.: (501) 377-1885
Fax: (501) 588-0223
E-Mail: info@designgroupmarketing.com
Web Site: www.designgroupmarketing.com

Employees: 5

Agency Specializes In: Advertising, Event Planning & Marketing, Public Relations, Strategic Planning/Research

Stephanie Jackson *(Dir-Pub & Media Rels)*

Accounts:
University of Arkansas

DESIGN HOUSE
1880 Coral Gate Dr, Miami, FL 33145
Tel.: (305) 456-7253
E-Mail: info@designhouseagency.com
Web Site: https://designhouseagency.com/

Employees: 6
Year Founded: 2008

Agency Specializes In: Advertising, Brand Development & Integration, Corporate Identity, Digital/Interactive, Graphic Design, Internet/Web Design, Search Engine Optimization, Social Media, T.V.

Gretel Vinas *(Founder & Designer-Interactive)*
Lizette Rodriguez *(Acct Mgr & Strategist-Digital)*

Accounts:
The Miami Blue Co
Style Zest

DESIGN ONE CREATIVE INC.
PO Box 280, Denver, NC 28037
Tel.: (704) 464-7915
Fax: (704) 749-2585
E-Mail: info@designonecreative.com
Web Site: http://designone.us/

Employees: 2
Year Founded: 1996

Agency Specializes In: Advertising, Collateral, Corporate Identity, Graphic Design, Internet/Web Design, Logo & Package Design, Print, Radio, T.V.

Mike Sherman *(Founder & Owner)*

Accounts:
GSM Services
Vein Center of Charlotte

DESIGN REACTOR, INC.
PO Box 5151, Santa Clara, CA 95056
Tel.: (408) 412-1534
Fax: (408) 341-8777
Web Site: www.designreactor.com

Employees: 51

Agency Specializes In: Advertising, Brand Development & Integration, Branded Entertainment, Business-To-Business, Communications, Digital/Interactive, Event Planning & Marketing, Industrial, Integrated Marketing, Internet/Web Design, Local Marketing, Media Planning, Search Engine Optimization, Strategic Planning/Research, Trade & Consumer Magazines, Web (Banner Ads, Pop-ups, etc.)

Revenue: $7,800,000

Skye Barcus *(Dir-Product Dev)*
Andrea Susman *(Dir-Strategic Solutions)*
Leon Papkoff *(Strategist-Customer Experience)*

Accounts:
ABC
AMD
HP
PayPal
RSA

DESIGNKITCHEN
233 N Michigan Ave Ste 1500, Chicago, IL 60601
Tel.: (312) 455-0388
Fax: (312) 455-0285
E-Mail: hello@designkitchen.com
Web Site: www.designkitchen.com

Employees: 100
Year Founded: 1992

National Agency Associations: 4A's

Agency Specializes In: Advertising, Experience Design, Experiential Marketing, Graphic Design, Strategic Planning/Research

Accounts:
Bally Total Fitness
Brookfield Zoo; Chicago, IL
Burger King Club BK Website
Lodgeworks
Motorola Solutions, Inc.
Nutrasweet
United Technologies

THE DESIGNORY
211 E Ocean Blvd Ste 100, Long Beach, CA 90802-4850
Tel.: (562) 624-0200
Fax: (562) 491-0140
E-Mail: inquire@designory.com
Web Site: https://www.designory.com/

Employees: 165

National Agency Associations: 4A's

Agency Specializes In: Consumer Marketing, Sponsorship

Lynne Grigg *(Pres & Chief Creative Officer)*
Patti Thurston *(Mng Dir)*
Matt Radigan *(CFO)*
Alexander Berger *(Grp Dir-Tech & Digital Solutions)*
Chris Vournakis *(Grp Acct Dir)*
Andrea Pena Flaherty *(Sr Producer-Creative Content)*
Steve Davis *(Creative Dir)*
Brittany Harvel *(Producer-Creative Content)*
Maureene Hay *(Media Dir)*
Emily Hoskins *(Producer-Creative Content)*
Carmen Lam *(Producer-Creative Content)*
Jeff Loibl *(Creative Dir)*
Andrea RePass *(Acct Plng Dir)*
Jay Brida *(Dir-Creative & Copy)*
Beckie Klarstrom *(Dir-Print Production)*
Bryan Horning *(Sr Acct Mgr)*
Lauren Stegmeyer *(Assoc Creative Dir)*
Chad Weiss *(Sr Creative Dir)*

Accounts:
Audi Magazine, Model Lineup
Bostch
Columbia Pictures
Infiniti
Nike
Nissan North America, Inc.
Overture
Subaru
Universal
VCA

DESKEY
120 E 8th St, Cincinnati, OH 45202
Tel.: (513) 721-6800
Fax: (513) 639-7575
Toll Free: (877) 433-7539
E-Mail: info@deskey.com
Web Site: www.deskey.com

Employees: 45
Year Founded: 1983

Agency Specializes In: Advertising, Brand Development & Integration, Content, Strategic Planning/Research

Revenue: $5,100,000

Doug Sovonick *(Chief Creative Officer)*
Dennis Jones *(VP-New Bus)*

ADVERTISING AGENCIES

Amanda Matusak *(VP-Brand Strategy)*
Chris Rowland *(VP-Client Svcs)*
Amy Jude Uhl *(Dir-Bus Dev)*

Accounts:
Crayola
Dannon
DeWalt
Georgia Pacific
Johnson & Johnson
Nestle
Procter & Gamble
Sara Lee

DESTINATION MARKETING
6808 220th St SW Ste 300, Mountlake Terrace, WA 98043
Tel.: (425) 774-8343
Fax: (425) 774-8499
E-Mail: inquiries@destmark.com
Web Site: www.destmark.com

Employees: 20

Agency Specializes In: Advertising, Brand Development & Integration, Digital/Interactive, Graphic Design, Media Buying Services, Public Relations, Radio, Strategic Planning/Research, T.V.

Approx. Annual Billings: $12,000,000

Dan Voetmann *(Pres & CEO)*
Chris Settle *(Exec VP & Dir-Creative Svcs)*
Andrea McArthur *(Acct Dir)*
Vince Quilantang *(Art Dir)*
Heather Taylor *(Media Dir)*
Cameron Voetmann *(Acct Dir)*
Ellen Gerhard *(Dir-Workflow Ops & Acct Mgmt)*
Scott Burns *(Mgr-Audio Production)*
Jennifer Rodriguez *(Asst-Accts Receivable)*

Accounts:
Acura of Bellevue
Lynnwood Honda
Penguin Windows
Sleep America
Sono Bello

DEUTSCH, INC.
330 W 34th St, New York, NY 10001
Tel.: (212) 981-7600
Fax: (212) 981-7525
Web Site: http://www.deutsch.com/

Employees: 964
Year Founded: 1969

National Agency Associations: 4A's-AAF-AEF

Agency Specializes In: Advertising, Brand Development & Integration, Customer Relationship Management, Digital/Interactive, Media Buying Services, Sponsorship, Strategic Planning/Research

Val Difebo *(CEO)*
Richard van Steenburgh *(Exec VP-Data Strategy)*
Michelle Rowley *(Sr VP & Grp Dir-Plng)*
Rakesh Talwar *(Sr VP & Acct Dir)*
Sarah Manna *(Sr VP & Dir-Art & Print Production)*
Daniel Murphy *(Sr VP & Dir-Digital Ops & Production)*
Heather English *(VP & Creative Dir)*
Jiaqi Li *(VP & Dir-Data Strategy)*
Armando Potter *(VP & Dir-Strategy)*
Pete Johnson *(Exec Creative Dir)*
Jeff Vinick *(Exec Creative Dir)*
Michael Dolce *(Exec Producer-Digital)*
Andrew Arnot *(Acct Dir)*
Kelsey Heard *(Art Dir)*
Halley Mangano *(Asst Producer)*
Rachel McEuen *(Art Dir-Social)*
Chris Cutone *(Dir-HR)*
Maria Taris *(Dir-Integrated Bus Affairs)*
Brian Gartside *(Assoc Dir-Design)*
Dawn Doumeng *(Sr Mgr-Bus Affairs)*
Madalyn McLane *(Acct Supvr)*
Dean Coots *(Copywriter-Social)*
Breyden Sheldon *(Copywriter)*
James Cowie *(Grp Creative Dir)*
Oliver Plunkett *(Assoc Media Dir)*
Lori Watkins *(Assoc Media Dir)*
Emily Yao *(Assoc Media Dir)*

Accounts:
Ad Council
ANDY Awards
Anheuser-Busch Companies, LLC Busch, Busch Light, Creative, Shock Top (Agency of Record)
Anthem Health Plans
California Milk Board
Champions Against Bullying
Diamond Foods
DIRECTV Campaign: "Football Cops", Campaign: "Lowe Versus Lowe"; 2006
Dr Pepper Snapple Group Canada Dry, Creative
FEMA
FuboTV Media Buying
Georgia Pacific
GoDaddy
Got Milk?
H&R Block, Inc. (Creative & Advertising Agency of Record) Brand Strategy, Design, Production, Social Media
HSN
Jagermeister
Johnson & Johnson Acuvue
Krylon Products Group
Lunesta
M&M World
Microsoft Campaign: "Get Going", Campaign: "TAD Talks", Campaign: "Windows Azure iPad", Outlook.com
Nest
Newman's Own, Inc. (Agency of Record) Creative, Marketing Strategy, Media Buying & Planning, Positioning, Social Media; 2018
Nintendo
Novartis Exelon; 2002
Oneida Ltd Advertising, Anchor Hocking, Creative & Media, Social Strategy & Activation; 2017
PNC Bank
Snapple (Agency of Record) Campaign: "Make Time for Snapple"
Spectrum
Taco Bell (Lead Creative Agency) "Waffle Taco", Campaign: "Slippery Slope", Cantina Power Menu, Digital, In-store, Mobile Channels, Point-of-Purchase, Radio, TV
Target Corporation
TNT "Adaptweetion"
Turner Broadcasting Inc.
Unilever
WATERisLIFE

Branches:

Deutsch LA
5454 Beethoven St, Los Angeles, CA 90066-7017
Tel.: (310) 862-3000
Fax: (310) 862-3100
Web Site: http://www.deutsch.com/

Employees: 420
Year Founded: 1996

National Agency Associations: 4A's-THINKLA

Agency Specializes In: Above-the-Line, Advertising, Advertising Specialties, Affluent Market, African-American Market, Agriculture, Arts, Asian Market, Automotive, Below-the-Line, Bilingual Market, Brand Development & Integration, Branded Entertainment, Broadcast, Business-To-Business, Children's Market, College, Commercial Photography, Computers & Software, Consulting, Consumer Goods, Consumer Marketing, Content, Copywriting, Corporate Communications, Corporate Identity, Digital/Interactive, Direct-to-Consumer, E-Commerce, Education, Electronics, Entertainment, Environmental, Event Planning & Marketing, Experiential Marketing, Fashion/Apparel, Financial, Food Service, Graphic Design, Health Care Services, High Technology, Hispanic Market, Household Goods, Identity Marketing, Industrial, Information Technology, International, Internet/Web Design, LGBTQ Market, Logo & Package Design, Luxury Products, Market Research, Media Buying Services, Media Planning, Medical Products, Men's Market, Merchandising, Multicultural, New Product Development, New Technologies, Newspapers & Magazines, Out-of-Home Media, Over-50 Market, Package Design, Print, Production, Production (Ad, Film, Broadcast), Production (Print), Programmatic, Regional, Restaurant, Retail, Sales Promotion, Social Marketing/Nonprofit, Sponsorship, Sports Market, Strategic Planning/Research, T.V., Technical Advertising, Teen Market, Tween Market, Urban Market, Web (Banner Ads, Pop-ups, etc.), Women's Market

Scott Jensen *(Exec VP & Grp Dir-Strategy)*
Scott Lindenbaum *(Exec VP & Dir-Digital Strategy)*
Justin Crawford *(Sr VP & Creative Dir)*
Ryan Lehr *(Sr VP & Creative Dir)*
Shannon Washington *(Sr VP & Grp Creative Dir)*
Kelsey Hodgkin *(Head-Strategy)*
Jorge Calleja *(Exec Creative Dir)*
Vanessa Scanlan *(Sr Producer-Digital)*
Kelly Bayett *(Creative Dir)*
Ashley Broughman *(Acct Dir)*
Kelly Childers *(Acct Dir)*
Carmen Love *(Creative Dir)*
Jens Sjobergh *(Creative Dir)*
Jasmin Esquivel *(Assoc Dir-Strategy)*
Charissa Kinney *(Sr Mgr-Bus Affairs)*
Ana Barraza *(Mgr-Brdcst Traffic)*
Nissa Gutierrez *(Acct Supvr)*
Kevin Romesser *(Sr Acct Exec)*
Ana Boyadjian *(Acct Exec)*
Ravi Jayanath *(Strategist)*
Melanie Monifi *(Acct Exec)*
Jenny Wolf *(Acct Exec)*
Eddy Perezic *(Asst Acct Exec)*
Dez Davis *(Coord-Music)*
Bruna Gonzalez *(Assoc Creative Dir)*
Krish Karunanidhi *(Sr Art Dir)*

Accounts:
7-Eleven Brand Design, Broadcast, Digital Advertising, Strategy; 2017
Atom Tickets (Creative Agency of Record) Brand Strategy, Creative & Production; 2018
California Milk Advisory Board Analytics, Brand Design, Branded Content, Broadcast, Corporate Identity, Digital Advertising, Media Buying, Media Planning, Mobile, Strategy, Web Development & Maintenance; 2001
Dr. Pepper Snapple Group 7UP, Branded Content, Broadcast, Canada Dry & Motts, Creative, Design, Diet Dr Pepper, Experiential, Multicultural, Snapple, Strategy; 2009
Foster Farms (Agency of Record) Analytics, Brand Design, Broadcast, Digital Advertising, Media Planning, Mobile, Strategy, Web Development & Maintenance; 2015
Georgia-Pacific Angel Soft, Broadcast, Design, Digital Advertising, Digital Products, Experiential, In-Store, Multicultural, Social, Strategy; 2014
Glassdoor Brand Design, Broadcast, Digital Advertising, Strategy; 2016
Interscope Records
Nest Labs
Nintendo Analytics, Broadcast, Digital Advertising, Strategy; 2012
The Oneida Group (Agency of Record) Activation, Anchor Hocking, Creative, Media, Social

AGENCIES - JANUARY, 2019 — ADVERTISING AGENCIES

Strategy; 2017
New-Pandora Analytics, Brand Design, Broadcast, Digital Advertising, Strategy; 2016
Purdy Campaign: "Paint with accuracy"
Starco Brands (Marketing Agency of Record) Creative, Integrated Marketing, Media Planning, Package Design, Production, Research, Strategy
Taco Bell Corp. Analytics, Brand Design, Broadcast, Corporate Identity, Creative, Digital Advertising, Digital Products, Experiential, In-Store, Mobile, Multicultural, Packaging, Promotions, Social, Store Design, Strategy, Web Development & Maintenance; 2012
Tarana Burke
Target Corporation Broadcast, Creative, Design, Digital Advertising, Experiential, Invention, Mobile, Multicultural Consultation, Strategy; 2011
Tile, Inc. (Agency of Record) Creative, Digital, Media Planning & Buying, Strategy & Analytics
Trulia Analytics, Broadcast, Digital Advertising, Media Planning, Mobile, Strategy; 2016
Uber Brand Design, Broadcast, Digital Advertising, Strategy; 2017
Zillow Analytics, Broadcast, Digital Advertising, Media Planning, Mobile, Strategy; 2011

Deutsch New York
330 W 34th St, New York, NY 10001
Tel.: (212) 981-7600
Fax: (212) 981-7525
E-Mail: vonda.lepage@deutschinc.com
Web Site: http://www.deutsch.com/

Employees: 569
Year Founded: 1969

National Agency Associations: AAF-AEF

Agency Specializes In: Advertising, Communications, Digital/Interactive, Direct Response Marketing, Media Buying Services, Publicity/Promotions, Strategic Planning/Research

Maggie O. Connors *(Exec VP & Head-Bus Dev)*
Jeff Vinick *(Exec VP & Exec Creative Dir)*
Matthew George *(Exec VP & Dir-Comm Plng)*
Shreya Mukherjee *(Sr VP & Grp Dir-Strategy)*
Maria Taris *(Sr VP & Dir-Bus Affairs)*
Richard Kolopeaua *(Sr VP & Grp Creative Dir)*
Stacy Schwartz *(VP & Grp Dir-Integrated Bus Affairs)*
Dennis Warlick *(VP-Strategic Technologies)*
Pete Johnson *(Exec Creative Dir)*
Michael Dolce *(Exec Producer-Digital)*
Joe Pernice *(Dir-Content & Sr Producer)*
Lauren Geisler *(Sr Art Dir)*
Chris Jones *(Creative Dir)*
Jeff Kopay *(Creative Dir)*
Vinney Tecchio *(Creative Dir)*
Sarah Manna *(Dir-Print & Art)*
Andrew Quay *(Dir-Plng)*
Nikki Balekjian *(Mgr-Integrated Bus Affairs)*
Rachel Gruber *(Sr Strategist-Digital)*
Mick Potthast *(Acct Exec)*
Jim LeMaitre *(Copywriter)*
Jonathan Mackler *(Copywriter)*
James Cowie *(Grp Creative Dir)*
Daniel Price *(Assoc Creative Dir)*
Jameson Rossi *(Assoc Creative Dir)*

Accounts:
Anheuser-Busch Companies, LLC Busch, Busch Light, Creative, Shock Top (Agency of Record)
Anthem
Avvo
B&G Foods Green Giant, Veggie Tots
Booking.com Creative
Dr Pepper Snapple Group, Inc 7UP, Diet Dr Pepper, Dr Pepper, Snapple
DraftKings, Inc
Foster Farms
Galderma Benzac, Campaign: "The Benzacs", Epiduo, TV
Georgia Pacific Angel Soft, Vanity Fair
Johnson & Johnson Acuvue, Carefree, Desitin, Johnson's Baby, Ortho Women's Health, o.b.; 1963
Nintendo
Pandora
PNC Bank "The Great Carol Comeback", Campaign: "Know", Campaign: "The Twelve Days of Christmas"
Real California Milk
Samsung Advertising, B2B
Sherwin-Williams Diversified Brands "Paint Any Surface With Ease", Advertising, Agency of Record, Digital, Dupli-Color, Dutch Boy, Krylon, Media Buying, Media Planning, Minwax, Pratt & Lambert, Purdy, Thompson's WaterSeal
Siemens
Target
Uber Technologies Inc Creative
Water Is Life Campaign: "Art Heist for Good", Campaign: "Venmo Micro Hack", Print
Zillow

deutschMedia
111 8th Ave 14th Fl, New York, NY 10011-5201
Tel.: (212) 981-7600
Fax: (212) 981-7525
Web Site: http://www.deutsch.com/

Employees: 500
Year Founded: 2000

Agency Specializes In: Branded Entertainment, Media Buying Services, Media Planning

Kim Getty *(Pres)*
Erica Grau *(Partner & COO)*
Victor Palumbo *(Partner & Dir-Integrated Production)*
Dana Commandatore *(Exec VP & Exec Dir-Creative Ops)*
Tyler J. Swerdloff-Helms *(Exec VP & Grp Acct Dir)*
Joe Calabrese *(Exec VP & Dir-Integrated Production)*
Vonda Lepage *(Exec VP & Dir-Corp Comm)*
Sarah Rankin *(Sr VP & Media Dir-Digital Grp)*
Andrea Curtin *(VP & Exec Producer)*
Nina Nielsen *(VP & Assoc Dir-Creative Svcs)*
Kelly Clarke *(VP & Grp Media Dir)*
Kristen Murray *(VP & Assoc Media Dir)*
Hayley Owen *(VP & Assoc Media Dir-Ad Tech)*
Stephanie Waddle *(VP & Grp Media Dir)*
Valerie M. Viera *(Head-Search Mktg & Paid Social)*
Lacy Borko *(Acct Dir)*
Kevin Fessler *(Dir-Tech)*
Mary Connolly *(Acct Supvr)*
Nissa Gutierrez *(Acct Supvr)*
Victoria Garcia Galarza *(Supvr-Integrated Media)*
Juliette Rue *(Coord-Creative Svcs)*

Accounts:
DIRECTV
Michael J. Fox Foundation
PNC

MWWGroup@Deutsch
111 8th Ave, New York, NY 10011-5201
Tel.: (212) 981-7600
Fax: (212) 981-7525
Web Site: http://www.deutsch.com/

Employees: 750

Agency Specializes In: Event Planning & Marketing, Government/Political, Public Relations, Publicity/Promotions

Jeff White *(CMO-North America)*

DEUTSER
5847 San Felipe St Ste 2500, Houston, TX 77057
Tel.: (713) 212-0700
Fax: (713) 850-2108
Web Site: www.deutser.com/

Employees: 8

National Agency Associations: 4A's

Brad Deutser *(Pres & CEO)*

Accounts:
AmeriPoint Title
Art Van Furniture
Beirne, Marnard & Parsons
First Convenience Bank
GC Services
Goode Company
Houston Community College System
Houston Independent School System
Houston's Fire Fighters Foundation
Juvenile Diabetes Research Foundation
Memorial Hermann Healthcare System
Pulaski & Middleman
Sentinel Trust Company
St. Luke's Episcopal Health System
Star Furniture
Texas Southern University
Westchase District

DEVANEY & ASSOCIATES
135 Village Queen Dr, Owings Mills, MD 21117
Tel.: (410) 296-0800
Fax: (410) 296-5437
E-Mail: ddevaney@devaney.net
Web Site: www.devaney.net

Employees: 11

National Agency Associations: Second Wind Limited

Agency Specializes In: Advertising, Market Research, Public Relations

Diane Devaney *(Pres)*
Casey Boccia *(Creative Dir)*
Susan Casey *(Media Dir)*
Michele Poet *(Art Dir)*
Lisa D'Orsaneo *(Acct Mgr)*
Kolleen Kilduff *(Sr Art Dir)*
Heather Russell *(Asst Media Buyer)*

Accounts:
3 Point Products
A Salon by Debbie Spa in the Valley, Spa on the Avenue
Ad Audio
The College Savings Plans of Maryland (Agency of Record)
Dignet
Edenwald
Florida Relay
Georgia Council for the Hearing Impaired (GACHI)
Georgia Public Service Commission
Georgia Relay
Indiana Pipeline Awareness Association
Lucernex
Margie Beacham, Fine Artist
Merriweather Post Pavilion
MHI (Maryland Hospitality, Inc.)
NISH
Ohio Gas Association
Ohio Utilities Protection Service
OrthoMD
Progressive Radiology
Radisson Plaza Lord Baltimore
Salar
Southern Gas Association
Sport Fish & Wildlife Restoration Program
Sprint
University of Maryland Medical System
Virginia Relay

ADVERTISING AGENCIES

DEVELOPER MEDIA
503-250 Ferrand Drive, Toronto, ON M3C 3G8 Canada
Tel.: (416) 849-8900
Web Site: developermedia.com/

Employees: 50
Year Founded: 1998

Agency Specializes In: Affiliate Marketing, Alternative Advertising, Below-the-Line, Business-To-Business, Email, High Technology, Search Engine Optimization, Social Media, Sponsorship, Web (Banner Ads, Pop-ups, etc.)

David Cunningham *(Co-Founder)*

Accounts:
REDGATE SQL Compare and SQL Developer Bundle

DEVELOPMENT COUNSELLORS INTERNATIONAL, LTD.
215 Park Ave S Ste 1403, New York, NY 10003
Tel.: (212) 725-0707
Fax: (212) 725-2254
E-Mail: tourism@dc-intl.com
Web Site: www.aboutdci.com
E-Mail for Key Personnel:
Chairman: tlevine@dc-intl.com
President: alevine@dc-intl.com
Public Relations: tlevine@dc-intl.com

Employees: 40
Year Founded: 1960

National Agency Associations: PRSA

Agency Specializes In: Brand Development & Integration, Business Publications, Business-To-Business, Communications, Consulting, Event Planning & Marketing, Planning & Consultation, Public Relations, Publicity/Promotions, Travel & Tourism

Ted Levine *(Chm)*
Andrew Levine *(Pres & Chief Creative Officer)*
Carrie Nepo *(CFO)*
Karyl Leigh Barnes *(Pres-Tourism Practice)*
Dariel Y. Curren *(Exec VP)*
Judy Lee *(VP)*
Rebecca Gehman *(Acct Dir)*
Kayla Lynskey *(Acct Mgr)*
Anna Patrick *(Acct Mgr)*
Pam Balakian *(Mgr-Corp Sls)*
Hanna Porterfield *(Sr Acct Exec)*
Julia Frances Watts *(Sr Acct Exec)*
Sierra Brown *(Acct Exec)*
Madeline McDaniel *(Acct Exec)*
Kristie Pendleton *(Acct Coord)*
Annette Henriques *(Coord-Accounts Payable)*

Accounts:
Barbados Tourism Marketing Inc (North American Public Relations Agency of Record) Marketing
The Brownsville Economic Development Council
Chamber of Commerce of Huntsville/Madison County; AL
Chile Tourism Marketing, Media Relations, Public Relations
Finger Lakes Wine Country Tourism Marketing Association
Hangzhou Tourism Commission (Agency of Record) Marketing, Public Relations
Japan National Tourism Office
Metro Denver Economic Development Corporation
New Jersey Economic Development Authority
Peru Export and Tourism Promotion Board
QualPro QualPro
Tourism Tasmania
U.S. Virgin Islands Department of Tourism
Campaign: "You, Unscripted", PR
Visit California Domestic Public Relations
Visit Huntington Beach
Visit Scotland

Branch

DCI-West
19594 E Ida Pl, Aurora, CO 80015
Tel.: (303) 627-0272
Fax: (303) 627-9958
Web Site: www.aboutdci.com

Employees: 3
Year Founded: 1960

National Agency Associations: PRSA

Agency Specializes In: Public Relations, Travel & Tourism

Karyl Leigh Barnes *(Partner & Exec VP)*
Julie Curtin *(Partner & Exec VP)*
Susan Brake *(VP)*
Steve Duncan *(VP)*
Rachel Deloffre *(Acct Dir)*
Hannah Dixon *(Sr Acct Exec)*
Karleen Lewis *(Sr Acct Exec-Digital)*
Caitlin Teare *(Sr Acct Exec)*
Sierra Baldwin *(Acct Exec)*
Sarah Reinecke *(Acct Exec)*
Alexander Armani-Munn *(Coord-Economic Vitality)*
Annette Henriques *(Coord-Accounts Payable)*

Accounts:
Charleston Regional Development Alliance
Chattanooga Area Chamber of Commerce
Columbus 2020
Columbus Chamber of Commerce
Greater Houston Partnership
Greater Phoenix Economic Council
Southwest Michigan First

DEVICEPHARM
2100 Main St Ste 250, Irvine, CA 92614
Tel.: (949) 271-1180
E-Mail: info@devicepharm.com
Web Site: www.devicepharm.com

Employees: 31
Year Founded: 2002

Agency Specializes In: Advertising, Brand Development & Integration, Digital/Interactive

Jon Hermie *(Pres)*
Clay Wilemon *(CEO & Chief Strategy Officer)*
Joseph Banuelos *(VP & Creative Dir)*
Amber Chao *(VP)*
Shannon Jacobs *(Acct Dir)*
Elina Kingkade *(Dir-Bus Dev)*
Jon Bisswurm *(Sr Acct Exec)*
Brendon Toney *(Assoc Creative Dir)*

Accounts:
Freudenberg Medical

DEVINE COMMUNICATIONS
9300 5th St N, Saint Petersburg, FL 33702
Tel.: (727) 573-2575
Fax: (727) 572-1906
Web Site: www.devineads.com/

Employees: 8
Year Founded: 1982

Agency Specializes In: Advertising

Barry Devine *(Pres)*
Tim Devine *(VP)*
Yvette Yocklin *(Art Dir & Graphic Designer)*

James Kenefick *(Creative Dir)*

DEVITO GROUP
151 W 19th St 4th Fl, New York, NY 10011-5511
Tel.: (212) 924-7430
Fax: (212) 924-7946
E-Mail: anthony@devitogroup.com
Web Site: https://devitogroup.com/

Employees: 15
Year Founded: 1997

Agency Specializes In: Advertising, Advertising Specialties, Brand Development & Integration, Broadcast, Business Publications, Business-To-Business, Cable T.V., Children's Market, Collateral, Commercial Photography, Communications, Consulting, Consumer Marketing, Corporate Identity, Cosmetics, Direct Response Marketing, Education, Fashion/Apparel, Financial, Food Service, Graphic Design, Health Care Services, High Technology, Internet/Web Design, Leisure, Logo & Package Design, Magazines, Medical Products, New Product Development, Newspaper, Newspapers & Magazines, Out-of-Home Media, Outdoor, Over-50 Market, Pharmaceutical, Planning & Consultation, Print, Production, Radio, Recruitment, Restaurant, Retail, Seniors' Market, Strategic Planning/Research, T.V., Trade & Consumer Magazines, Travel & Tourism

Frank De Vito *(Pres & Partner-DeVito Fitterman)*
Chris DeVito *(Partner & Creative Dir)*

Accounts:
Arch Insurance
Ascap
EMI Music Resources
The Hecksher Museum of Art; Huntington, NY; 1999
Johnson & Johnson Health Care Systems; Piscataway, NJ The Campaign for Nursing's Future; 2001
Johnson & Johnson; New Brunswick, NJ The Campaign for Nursing's Future; 2001
Kiss
Merazine
Ricola USA
The Samaritans
Stop HIV
Value Drugs
Why

DEVITO/VERDI
100 5th Ave 16th Fl, New York, NY 10011
Tel.: (212) 431-4694
Fax: (212) 431-4940
E-Mail: everdi@devitoverdi.com
Web Site: www.devitoverdi.com

Employees: 200
Year Founded: 1991

National Agency Associations: 4A's

Agency Specializes In: Collateral, Digital/Interactive, Internet/Web Design, Market Research, Media Buying Services, Media Planning, Production, Production (Ad, Film, Broadcast), Production (Print), Public Relations, Publicity/Promotions, Search Engine Optimization, Social Media, Sponsorship, Strategic Planning/Research

Approx. Annual Billings: $140,000,000

Ellis Verdi *(Pres)*
Theresa Renaud *(Mng Dir)*
Chris Tinkham *(Exec VP & Media Dir)*
Barbara Michelson *(Head-Brdcst Production)*
Wayne Winfield *(Exec Creative Dir & Copywriter)*
Sal DeVito *(Exec Creative Dir)*

AGENCIES - JANUARY, 2019 — ADVERTISING AGENCIES

Eric Schutte *(Exec Creative Dir)*
Andrew Brief *(Acct Svcs Dir)*
Manny Santos *(Creative Dir)*
Rob Slosberg *(Creative Dir)*
Matt Songer *(Art Dir)*
Scott Steidl *(Art Dir)*
Kelly Durcan *(Dir-PR)*
Paul McCormick *(Dir-New Bus)*
Yash Soffer *(Dir-Bus Dev)*
Chris Arrighi *(Coord-Digital Media Creative & Bus)*
Michael Imbasciani *(Asst Media Planner)*
Thomas Kroszner *(Sr Media Planner)*
Shelley Schaffer *(Sr Media Buyer)*

Accounts:
Abington Memorial Hospital Orthopaedic & Spine Institute, The Pilla Heart Center, The Rosenfeld Cancer Center
Acura 2.5TL
Aerosoles Advertising
Appleton Estate Rum
Bernie & Phyl's
BevMo
CarMax
Coco's Bakery Restaurant "Kids Eat Free", Campaign: "Big Baby", Campaign: "Cowboys", Marketing Message
Coldwater Creek; Sandpoint, ID (Agency of Record) Branding, Creative, Design Consulting, National Advertising
Corazon Tequila
Daffy's Campaign: "Nest", Campaign: "Wallpaper", Clothing, Fall Fashion Line
Duane Reade Inc; New York, NY (Agency of Record) Drug Store
ECampus
Empire Kosher Chicken
E.P. Carrillo Cigars
Ernesto Perez-Carrillo
Fallon Community Health Plan
For Eyes Optical
Grey Goose Vodka
Hotwire.com
Intelius
Kobrand Corporation Appleton Estate Jamaica Rum
Legal Sea Foods Campaign: "Save The Crab", Campaign: "Save the Salmon", Creative, Media Buying, New England Clam Chowder; 2006
Lenox Hill Hospital
Massachusetts General Hospital
Meijer; Grand Rapids, MI Food, General Merchandise; 2003
The Men's Wearhouse, Inc. Creative/Strategic, K&G, MW Tux, Moores Clothing for Men; 2008
Mount Sinai Hospital
Nassau Educators Federal Credit Union
National Thoroughbred Racing Association
New York Institute Of Technology
North Shore/Long Island Jewish Health System
Office Depot
Pepsi & Sobe
Premier Health
Price Chopper
Reebok
Rentokil Pest Control
Scripps Health Branding, Creative Development & Traditional, Digital Media
Sony
Suffolk University (Agency of Record) Brand Awareness, Campaign: "Be a contender. Suffolk University", Marketing & Communications
University of Chicago Medicine & Biological Sciences Consumer Advertising
Varian Medical Systems
Virginia Commonwealth University Medical Center; Richmond, VA Brand Positioning, Creative Development, Digital Advertising, Media Planning, Strategy

DEVON ADVERTISING AGENCY LLC
96 Drawbridge Dr, Monroe Township, NJ 08831
Tel.: (609) 235-9452
Fax: (609) 235-9452
E-Mail: fblock@devonad.com
Web Site: www.devonad.com

E-Mail for Key Personnel:
President: FBlock@devonad.com

Employees: 1
Year Founded: 2005

Agency Specializes In: Advertising, Education, Hospitality, Logo & Package Design, Newspapers & Magazines, Over-50 Market, Print, Recruitment, Retail, Seniors' Market, Telemarketing

Approx. Annual Billings: $500,000

Breakdown of Gross Billings by Media: Bus. Publs.: 20%; Internet Adv.: 50%; Newsp.: 30%

Fred Block *(Pres)*

DEVOTE
(Formerly Slaughter Group)
2768 BM Montgomery St, Birmingham, AL 35209
Tel.: (205) 440-3398
Fax: (205) 252-2691
E-Mail: info@devotestudio.com
Web Site: devotestudio.com/

Employees: 25
Year Founded: 1980

Agency Specializes In: Brand Development & Integration, Graphic Design

Approx. Annual Billings: $30,000,000

John Carpenter *(Exec VP-Brand Dev-Slaughter Grp)*
Onna Cunningham *(VP-Ops)*
Christine DeHart McFadden *(Head-Acct)*
Terry Slaughter *(Designer-Slaughter Grp)*

Accounts:
Alys Beach
Momentum Textiles; Irvine, CA; 1994
Regions Bank
Royal Cup Coffee; Birmingham, AL; 1992

DEWAR COMMUNICATIONS INC.
9 Prince Arthur Ave, Toronto, ON M5R 1B2 Canada
Tel.: (416) 921-1827
Fax: (416) 921-9837
E-Mail: jdewar@dewarcom.com
Web Site: www.dewarcom.com

E-Mail for Key Personnel:
President: jdewar@dewarcom.com

Employees: 8
Year Founded: 1963

National Agency Associations: BPA-CBP

Agency Specializes In: Advertising, Business Publications, Business-To-Business, Collateral, Communications, Consulting, Corporate Identity, Direct Response Marketing, Exhibit/Trade Shows, Graphic Design, High Technology, Industrial, Internet/Web Design, Logo & Package Design, Newspaper, Newspapers & Magazines, Point of Sale, Technical Advertising, Trade & Consumer Magazines

Approx. Annual Billings: $3,650,000

Breakdown of Gross Billings by Media: Bus. Publs.: $547,500; Collateral: $1,825,000; Consulting: $182,500; D.M.: $182,500; Exhibits/Trade Shows: $182,500; Logo & Package Design: $109,500; Worldwide Web Sites: $620,500

Jennifer L. Dewar *(Owner & Pres)*
Michael Lake *(Creative Dir)*

Accounts:
Arbitration Place
ASAP
CGOV Asset Management
GE Oil & Gas
Invodane Engineering; Toronto, ON
Kim Orr Barristers
RainMaker Group
ShawCor
Toronto Construction Association

DG COMMUNICATIONS GROUP
98 Se 6Th Ave Ste 1, Delray Beach, FL 33483
Tel.: (561) 266-0127
Fax: (561) 266-0128
Web Site: http://damngood.agency/

Employees: 11

Agency Specializes In: Advertising, Brand Development & Integration, Consulting, Graphic Design, Media Buying Services, Print, Radio, T.V.

Gavin Robin *(Pres & CEO)*
Derek Channell *(Mng Dir-Client Svcs)*
Aris Albaitis *(Dir-Web Dev)*
Lissett Medina *(Sr Art Dir)*

Accounts:
Better For You Foods LLC
The Herschthal Practice Aesthetic Dermatology
Jewish Federation of Palm Beach County
Kirk Supermarket & Pharmacy
Progressive Learning International

DGS MARKETING ENGINEERS
10100 Lantern Rd Ste 225, Fishers, IN 46037
Tel.: (317) 813-2222
Fax: (317) 813-2233
E-Mail: info@dgsmarketing.com
Web Site: www.dgsmarketingengineers.com/

Employees: 10
Year Founded: 1985

National Agency Associations: AMA-BMA-Second Wind Limited

Agency Specializes In: Advertising, Aviation & Aerospace, Brand Development & Integration, Business-To-Business, Communications, Corporate Communications, Corporate Identity, Digital/Interactive, Direct Response Marketing, Electronics, Engineering, Environmental, Exhibit/Trade Shows, Graphic Design, High Technology, Identity Marketing, Industrial, Information Technology, Integrated Marketing, Internet/Web Design, Logo & Package Design, Marine, Media Relations, Medical Products, New Product Development, New Technologies, Planning & Consultation, Print, Production, Production (Print), Public Relations, Publicity/Promotions, Social Media, Strategic Planning/Research, Technical Advertising, Trade & Consumer Magazines, Transportation

Approx. Annual Billings: $7,600,000

Breakdown of Gross Billings by Media: Bus. Publs.: $3,440,000; Collateral: $430,000; D.M.: $860,000; Other: $290,000; Pub. Rels.: $2,580,000

Marc Diebold *(Chm)*
Leslie Galbreath *(CEO)*
Chuck Bates *(Dir-PR)*
Mimi Brodt *(Copywriter)*

Accounts:
GF + AgieCharmilles; Chicago, IL Machine Tools

ADVERTISING AGENCIES

(EDM & High Speed Milling); 1990
MSC Industrial Supply; Melville, NY Industrial Supplies; 2009
Oerlikon Fairfield; West Lafayette, IN Gear & Drive Systems; 2003
ROHM Products of America Media Buying, Public Relations
Seco Tools Inc.; Troy, MI (Agency of Record) Integrated Marketing Services

DH
315 W Riverside Ste 200, Spokane, WA 99201
Tel.: (509) 444-2350
Fax: (509) 444-2354
E-Mail: hello@wearedh.com
Web Site: wearedh.com

Employees: 14
Year Founded: 1996

Agency Specializes In: Advertising, Brand Development & Integration, Collateral, Communications, Crisis Communications, Direct Response Marketing, Email, Event Planning & Marketing, Exhibit/Trade Shows, Government/Political, Identity Marketing, International, Media Planning, Media Relations, Media Training, Print, Public Relations, Radio, Strategic Planning/Research, T.V., Web (Banner Ads, Pop-ups, etc.)

Cher Desautel *(Pres & CEO)*
Michelle Hege *(CEO)*
James M. Desautel *(Partner)*
Sara Johnston *(Partner)*
Andrei Mylroie *(Partner)*
Nico Archer *(Acct Dir)*
Hayley Graham *(Acct Dir)*
Tyler Tullis *(Mktg Dir)*
Jessica Wade *(Acct Dir)*
Judy Heggem-Davis *(Dir-Design)*

Accounts:
Allegro
Avista Corp.
Bank of Fairfield
Confederated Tribes of the Colville Reservation
Eastern Washington University
Energy Northwest
PE Systems

DHX ADVERTISING, INC.
217 NE 8th Ave, Portland, OR 97232-2940
Tel.: (503) 872-9616
Fax: (503) 872-9618
E-Mail: dave@dhxadv.com
Web Site: https://dhxadv.com/

E-Mail for Key Personnel:
President: dave@dhxadv.com
Creative Dir.: tim@dhxadv.com

Employees: 15
Year Founded: 1998

Agency Specializes In: Advertising, Affluent Market, Brand Development & Integration, Broadcast, Business Publications, Business-To-Business, Cable T.V., Catalogs, Children's Market, Co-op Advertising, Collateral, College, Commercial Photography, Communications, Computers & Software, Consulting, Consumer Marketing, Consumer Publications, Content, Corporate Communications, Corporate Identity, Cosmetics, Digital/Interactive, Direct Response Marketing, E-Commerce, Education, Electronic Media, Email, Environmental, Event Planning & Marketing, Exhibit/Trade Shows, Financial, Government/Political, Graphic Design, Health Care Services, Hospitality, Industrial, Integrated Marketing, Internet/Web Design, Legal Services, Local Marketing, Logo & Package Design, Magazines, Market Research, Media Buying Services, Media Planning, Medical Products, New Product Development, Newspaper, Newspapers & Magazines, Out-of-Home Media, Outdoor, Over-50 Market, Package Design, Paid Searches, Planning & Consultation, Point of Purchase, Point of Sale, Print, Production, Production (Ad, Film, Broadcast), Production (Print), Public Relations, Publicity/Promotions, Radio, Real Estate, Retail, Search Engine Optimization, Social Marketing/Nonprofit, Social Media, Sponsorship, Sports Market, Strategic Planning/Research, T.V., Trade & Consumer Magazines, Transportation, Web (Banner Ads, Pop-ups, etc.)

Approx. Annual Billings: $2,200,000

Breakdown of Gross Billings by Media: Collateral: $250,000; Comml. Photography: $110,000; Consulting: $275,000; D.M.: $330,000; Exhibits/Trade Shows: $110,000; Newsp. & Mags.: $420,000; Point of Purchase: $110,000; Pub. Rels.: $50,000; Radio & T.V.: $400,000; Worldwide Web Sites: $145,000

Brandon Lehor *(Art Dir)*
Danyel O'Neil *(Dir-Client Svc)*
Kaila Bittinger *(Acct Mgr)*

Accounts:
Acquisitions Northwest; Portland, OR Merger & Acquisition Services; 2003
Area Floors; Portland, OR; 2008
Boydstun; Portland, OR Trucks; 2002
Caddis Manufacturing; McMinnville, OR Float Tubes, Pet Products; 1995
Castellan Custom Furniture; Portland, OR Custom Furniture; 2007
CCB; Salem, OR Contractors Board; 2007
Classic Antique; Portland, OR Antique Furniture; 2004
Clow Roofing; Portland, OR Roofing Contractor; 2002
The Collins Co.; Portland, OR Lumber Company; 2001
Columbia Wire & Iron; Portland, OR Construction; 2000
Comotiv Systems; Portland, OR Software Developer; 2006
DeWils; Vancouver, WA Kitchen Cabinets; 1994
Donate Life Northwest; Portland, OR Organ Tissue & Donation; 1999
Doubletree Hotel; Portland, OR Hospitality; 2006
ESCI; Wilsonville, OR Consulting Firm; 2003
General Sheet Metal; Clackamas, OR HVAC Services; 2007
Genius Rollerscreens; Portland, OR Retractable Screens; 2003
IMAP; Portland, OR M&A Association; 2002
Informal Education Products; OR Children's Toy Catalog; 2000
The Joinery; Portland, OR Handcrafted Furniture; 2004
Mosaik Design; Portland, OR Home Remodeling Services; 2003
Neurocom; Portland, OR Fitness Equipment; 1995
Nisbet Oyster Co.; Bay Center, WA Oyster Products; 1999
Pacific Pride; Salem, OR Cardlock Services; 2004
Pacific Technical; Portland, OR High Tech Equipment; 2007
Package Containers; Canby, OR Paper & Plastic Bags; 2008
Portland Marble Works; Portland, OR Marble & Granite; 2007
Portland Spirit; Portland, OR Illustrated Children's Book; 2007
Quality Concrete; Albany, OR Concrete; 2002
R&R Textiles; Portland, OR Textiles; 2002
Shorebank Pacific; Ilwaco, WA Banking Products; 1999
Silverton Hospital; Silverton, OR Healthcare; 2007
Stevens Printing; Portland, OR Commercial Printing; 2006
Stevens Water Monitoring; Beaverton, OR Water Monitoring Equipment; 2000
Terwilliger Plaza; Portland, OR Retirement Living; 2007
Thrive Aesthetics & Anti-Aging; Portland, OR Skin, Anti-Aging & Weight Loss Services; 2008
Wellspring Medical Center; Woodburn, OR Health & Wellness; 2006
Willamette University - Law School; Salem, OR Law School; 2007
Willamette University - MBA; Salem, OR Graduate School; 2007

DIADEIS
(Formerly GSG Design)
33 E 17th St, New York, NY 10003
Tel.: (212) 242-8787
Web Site: www.diadeis.com/

Employees: 135
Year Founded: 1980

Agency Specializes In: Broadcast, Business-To-Business, Collateral, Communications, Consumer Goods, Consumer Marketing, Email, Event Planning & Marketing, Exhibit/Trade Shows, Graphic Design, Guerilla Marketing, In-Store Advertising, Information Technology, Integrated Marketing, Internet/Web Design, Local Marketing, Logo & Package Design, Market Research, New Product Development, Out-of-Home Media, Package Design, Point of Purchase, Point of Sale, Production (Ad, Film, Broadcast), Promotions, Retail, Web (Banner Ads, Pop-ups, etc.)

Richard Paganello *(Exec VP)*
Brian O'Neill *(Dir-Ops)*
Ruben Pimentel *(Mgr-Visual Mdsg)*
Rebecca Mummert Swartz *(Sr Acct Coord)*

Accounts:
FAO Schwarz Harry Potter
Major League Baseball
Ralph Lauren

DIAL HOUSE
306 Precita Ave, San Francisco, CA 94110
Tel.: (415) 546-6500
Fax: (415) 546-6512
E-Mail: info@dialhouse.org
Web Site: www.dialhouse.org

Employees: 15
Year Founded: 2001

Agency Specializes In: Advertising, Communications, Consumer Marketing, Fashion/Apparel, High Technology, Household Goods, Luxury Products, Mobile Marketing, Newspapers & Magazines, Print, Radio, T.V., Viral/Buzz/Word of Mouth

Alex Wipperfurth *(Partner)*

Accounts:
Diageo USA Red Stripe; 2006
Mondelez Cadbury

DIALOG DIRECT
13700 Oakland Ave, Highland Park, MI 48203
Tel.: (313) 957-5100
Fax: (313) 957-5522
Toll Free: (888) BUDCO-40
E-Mail: sales@dialog-direct.com
Web Site: https://www.dialog-direct.com/

Employees: 25
Year Founded: 1982

Agency Specializes In: Advertising, Automotive, Brand Development & Integration, Business-To-

AGENCIES - JANUARY, 2019

ADVERTISING AGENCIES

Business, Collateral, Communications, Consumer Marketing, Corporate Identity, Direct Response Marketing, E-Commerce, Electronic Media, Event Planning & Marketing, Food Service, Graphic Design, Information Technology, Internet/Web Design, Local Marketing, Logo & Package Design, Merchandising, Pharmaceutical, Point of Purchase, Print, Real Estate, Restaurant, Retail, Sales Promotion, Telemarketing

Approx. Annual Billings: $12,000,000

Michael Pavan *(Sr VP-Bus Dev)*
Steve White *(Sr VP-Client Solutions Grp-Automotive & CPG)*
Steve Gough *(VP-Vehicle Svc Contracts)*
Thom Gulock *(Exec Creative Dir)*

Accounts:
DenteMax
Disney
General Motors
Goodyear
HAP
Honeywell Bendix
Infinity
J&L Industrial Supply
Johnson & Johnson
McNeil Consumer & Specialty Pharmaceuticals
Nissan
Northwest Airlines, Inc.
OnStar
Pernod Ricard UK
Procter & Gamble
Qwest
TAP Pharmaceuticals
UPS

THE DIALOG MARKETING GROUP
908 Congress Ave, Austin, TX 78701
Tel.: (512) 697-9425
Fax: (512) 828-6848
E-Mail: LetsChat@DialogGroup.com
Web Site: dialoggroup.com/

Employees: 51
Year Founded: 2003

Agency Specializes In: Advertising, Brand Development & Integration, Business-To-Business, Collateral, Communications, Consumer Marketing, Corporate Identity, Digital/Interactive, Direct Response Marketing, E-Commerce, Education, Electronic Media, High Technology, Information Technology, Internet/Web Design, LGBTQ Market, Magazines, Out-of-Home Media, Outdoor, Planning & Consultation, Point of Purchase, Point of Sale, Print, Strategic Planning/Research, T.V., Telemarketing

Approx. Annual Billings: $1,000,000

Bob Gutermuth *(Founder & Pres)*
Mark de L. Thompson *(CEO)*
David Martino *(Exec Creative Dir)*
Sean M. Dineen *(Mgr-Content & Brand)*

Accounts:
AMD
Dell
HP
Synapse Wireless

DIAMOND MERCKENS HOGAN
1505 Genessee Ste 300, Kansas City, MO 64102
Tel.: (816) 471-4364
E-Mail: info@dmhadv.com
Web Site: www.dmhadv.com

Employees: 27
Year Founded: 2007

Agency Specializes In: Advertising, Brand Development & Integration, Digital/Interactive, Social Media

Paul Diamond *(Partner)*
Sean Hogan *(Partner)*
Brian Merckens *(Partner)*
Doug Newman *(Partner)*
Craig Kobler *(Creative Dir)*
Tanya Hoffman Stevens *(Acct Dir)*
Dawn Billinger *(Dir-Integrated Media)*
Jenni Dold *(Dir-Social Media)*
Elizabeth McMahan *(Dir-Integrated Media)*
Rob Mitchell *(Dir-Art)*
Katie Onofrio *(Sr Acct Mgr)*
David Martin *(Acct Supvr)*
Jamie Martin *(Acct Supvr)*
Lindsay Bruno *(Assoc Creative Dir)*

Accounts:
Ascend Learning LLC
Barbri
Premium Nutritional Products, Inc. Zupreem

DIAZ & COOPER ADVERTISING INC
75 Sw 15Th Rd, Miami, FL 33129
Tel.: (305) 670-2004
Web Site: www.diazcooper.com

Employees: 17
Year Founded: 2001

Agency Specializes In: Advertising, Brand Development & Integration, Digital/Interactive, Internet/Web Design

Otmara Diaz-Cooper *(CEO)*
Todd Cooper *(VP & Creative Dir)*
Ryan Dalisay *(Sr Art Dir)*

Accounts:
Azamara Club Cruises
Banyan Health Systems

DICKS + NANTON AGENCY, LLC
520 N Orlando Ave Apt 2, Winter Park, FL 32789-7317
Tel.: (800) 980-1626
Fax: (407) 386-6866
Toll Free: (800) 980-1626
Web Site: www.celebritybrandingagency.com

Employees: 20

Agency Specializes In: Business-To-Business, Environmental, Local Marketing, Multimedia, Search Engine Optimization, Strategic Planning/Research, Web (Banner Ads, Pop-ups, etc.)

Nick Nanton *(CEO)*
Jw Dicks *(Partner)*

Accounts:
America's PremierExperts, LLC.
ASREOS.com
Lucky Buys Yucky Houses
Push Button Productions LLC
The Real Estate Junkie
Super Slow Zone
Yomagination Wellness & Education

DIESTE
1999 Bryan St Ste 2700, Dallas, TX 75201
Tel.: (214) 259-8000
Fax: (214) 259-8040
E-Mail: info@dieste.com
Web Site: https://dieste.com/

Employees: 130
Year Founded: 1995

National Agency Associations: AAF-AHAA

Agency Specializes In: Advertising, Advertising Specialties, Automotive, Bilingual Market, Brand Development & Integration, Broadcast, Cable T.V., Collateral, Consulting, Consumer Marketing, Direct Response Marketing, Entertainment, Event Planning & Marketing, Fashion/Apparel, Financial, Health Care Services, Hispanic Market, Internet/Web Design, Local Marketing, Logo & Package Design, Magazines, Media Buying Services, New Product Development, Newspaper, Newspapers & Magazines, Out-of-Home Media, Outdoor, Pharmaceutical, Point of Purchase, Point of Sale, Print, Production, Radio, Restaurant, Retail, Sales Promotion, Sponsorship, T.V., Teen Market, Transportation, Travel & Tourism

Stacie Davis *(CFO)*
Carla Eboli *(CMO)*
Ciro Sarmiento *(Chief Creative Officer)*
Cesar Aragon *(Art Dir)*
Abe Garcia *(Creative Dir)*
Irene Li *(Art Dir)*
Joshua Patron *(Creative Dir)*
Daniel Vicente *(Art Dir)*
Laura Hinguanzo Andrade *(Dir-Ops)*
Roberto Hernandez *(Dir-Social & Digital Strategy)*
Matias Jaramillo *(Dir-Digital Initiatives)*
Lauren Oury *(Acct Supvr)*
Dan Sipes *(Acct Supvr)*
Gina Sancho *(Supvr-Media)*
Randy O. Cantu *(Copywriter)*
Carlos Ortega *(Copywriter)*
Domingo Palma *(Assoc Creative Dir & Writer)*
Victor Vetancourt *(Assoc Creative Dir & Copywriter)*
Dario Campos *(Assoc Creative Dir)*
Serch Rojas Monroy *(Sr Art Dir)*
Alejandro Nieto *(Assoc Creative Dir)*
Rocio Ramirez *(Sr Art Dir)*
Camilo Moreno SUAREZ *(Sr Art Dir)*

Accounts:
Apple Sport Chevrolet
Borden Dairy Brand Awareness, Brand Strategy, Creative, Digital, Greek Yogurt Smoothies, LALA (US Agency of Record), Media Planning, Yogurt Smoothies
Dallas Pets Alive Dallas Pets Alive Adoptable Trends
Dallas Vintage Toys
Gillette
Goya Foods Inc Brand Strategy, Creative, Media Planning
Grupo Bancolombia
Hershey's; Hershey, PA Ice Breakers & Hershey Bar; 2007
MillerCoors Miller Lite
Pollo Campero
The Wild Detectives

DIETRICHDIRECT, LLC
121 Poplar Hill Rd, Turner, ME 04282
Tel.: (252) 489-4285
Toll Free: (800) 798-4572
E-Mail: sales@dietrich-direct.com
Web Site: www.dietrich-direct.com

Employees: 2

Agency Specializes In: Business-To-Business, Consumer Marketing, Direct Response Marketing, Print

Approx. Annual Billings: $750,000

Breakdown of Gross Billings by Media: D.M.: $750,000

Kyle William Dietrich *(Pres & CEO)*

ADVERTISING AGENCIES

DIFFERENT PERSPECTIVE
201 S Orange Ave Ste 890, Orlando, FL 32801
Tel.: (407) 226-9774
Web Site: www.dppad.com

Employees: 17
Year Founded: 2004

Agency Specializes In: Advertising, Brand Development & Integration, Internet/Web Design, Print, Social Media

Hugo Azzolini *(Pres)*
Priscilla Azzolini *(Partner & Dir-Comm)*
Greg Ezell *(Dir-Bus Dev)*
Phuong Nguy *(Copywriter)*

Accounts:
Bailey
IDA Express
Moreno & Moreno

DIGILANT
2 Oliver St, Boston, MA 02109
Tel.: (617) 849-6900
Fax: (617) 849-6920
E-Mail: usinfo@digilant.com
Web Site: www.digilant.com/

Employees: 159
Year Founded: 2008

Agency Specializes In: Advertising, Digital/Interactive, Mobile Marketing

Raquel Rosenthal *(CEO)*
Ricky McClellen *(CTO)*
Shaun Gibbons *(Sr VP-Global Ad Ops & US Campaign Solutions)*
Todd Heger *(Sr VP-Sls)*
Karen Moked *(VP-Mktg)*
Maylin Luke *(Mgr-Campaign Solutions)*

Accounts:
Telco Industry Telecommunication Services

DIGIPOWERS, INC.
765 Market St, San Francisco, CA 94103
Tel.: (415) 225-6369
Web Site: www.digipowers.com/

Employees: 10
Year Founded: 2008

Agency Specializes In: Affiliate Marketing, Branded Entertainment, Broadcast, Business Publications, Co-op Advertising, Digital/Interactive, Direct Response Marketing, Electronic Media, Email, Game Integration, Mobile Marketing, Paid Searches, Production, Social Media, T.V., Viral/Buzz/Word of Mouth

Rolf Kaiser *(CTO)*
Julia Miller *(CEO-MediaOne)*
Jacob Waldman *(Sr Designer-Web)*

Accounts:
NBC The Biggest Loser
Sony Playstation

DIGITAL BRAND ARCHITECTS
133 W 19th St 4th Fl, New York, NY 10011
Tel.: (212) 776-1790
Web Site: thedigitalbrandarchitects.com

Employees: 30
Year Founded: 2010

Agency Specializes In: Brand Development & Integration, Content, Digital/Interactive, Event Planning & Marketing, Media Relations, Public Relations, Social Media, Strategic Planning/Research

Raina Penchansky *(Co-Founder & CEO)*
Vanessa Flaherty *(Partner & Exec VP)*
Reesa Lake *(Partner & Exec VP)*

Accounts:
7 For All Mankind
American Express
Ann Taylor
Beats Music
Bed Bath & Beyond
Brian Atwood
Brooklyn Art Museum
Calypso
Chico's
Claire's
Cole Haan
Dress Barn
Elie Tahari
eos
Estee Lauder
Express
The Forum
Giles & Brother
Gucci
Hasbro
Juicy Couture
Kenneth Cole
Luxottica Group
LVMH
Maurices
Mercedes-Benz
Modus Man
Mont Blanc
Nine West
Plukka
Ralph Lauren
Revolve Clothing
Roxy
Starwood Hotels & Resorts
Stuart Weitzman
Swarovski
Tiffany & Co.
Tommy Hilfiger
Tory Burch
Vaseline
VH-1
Victoria's Secret
Vince
White House Black Market
World Gold Council
Young Fabulous & Broke

DIGITAL BRAND EXPRESSIONS
101 Morgan Ln Ste 203B, Plainsboro, NJ 08536
Tel.: (609) 688-8558
Toll Free: (866) 651-6767
Web Site: www.digitalbrandexpressions.com

Employees: 10
Year Founded: 2001

Agency Specializes In: Advertising, Public Relations, Search Engine Optimization, Social Media

Veronica Fielding *(Pres & CEO)*
Marc Engelsman *(VP-Client Programs & Svcs)*
Candida Pangaldi *(VP-Fin, HR & Ops)*
Sharyn Rached *(VP-Client Svcs & Programs)*

Accounts:
Music Together LLC. Digital Marketing
Q Center
Slingo, Inc.

DIGITAL BREW
1112 Mt Vernon St, Orlando, FL 32803
Tel.: (407) 641-0152
E-Mail: info@digitalbrew.com
Web Site: www.digitalbrew.com

Employees: 10
Year Founded: 2011

Agency Specializes In: Advertising, Digital/Interactive, Production, Production (Ad, Film, Broadcast)

Michael Cardwell *(Founder & Creative Dir)*
Ryan Jarman *(Art Dir)*
Beau Benson *(Dir-Animation)*
Amiet Gill *(Mgr-Bus Dev)*
Lexi Merritt *(Strategist-Digital)*

Accounts:
New-Blinker Inc.

DIGITAL DOVETAIL LLC
(Formerly Atomic20)
(d/b/a TEEM)
2088 Broadway, Boulder, CO 80302
Tel.: (855) 247-1395
Web Site: helloteem.com

Employees: 15

Agency Specializes In: Advertising, Brand Development & Integration, Digital/Interactive, Media Relations, Public Relations, Search Engine Optimization, Social Media

Trish Thomas *(CEO-TEEM)*
Evan Fry *(Head-Creative)*

Accounts:
PepPod

DIGITAL EDGE
10161 Centurion Pkwy N, Jacksonville, FL 32256
Tel.: (904) 619-2714
E-Mail: info@digitaledge.marketing
Web Site: digitaledge.marketing/

Employees: 9
Year Founded: 2011

Agency Specializes In: Advertising, Brand Development & Integration, Collateral, Content, Digital/Interactive, Graphic Design, Internet/Web Design, Print, Social Media

Shirley Smith *(Co-Founder)*
Mya Surrency *(Co-Founder)*
Maeling Demdam *(VP-Mktg Strategy)*
Kim Boothe Ritten *(VP-Bus Rels)*
Robert Kemp *(Creative Dir)*
Courtney Godwin *(Mgr-Interactive Media)*
Ashley Vaughan *(Specialist-Digital Mktg)*

Accounts:
Community First Credit Union

DIGITAL HERETIX
9171 E Bell Rd, Scottsdale, AZ 85260
Tel.: (480) 360-4434
Web Site: www.digitalheretix.com

Employees: 3
Year Founded: 2003

Agency Specializes In: Affiliate Marketing, Digital/Interactive, Electronic Media, Email, Local Marketing, Mobile Marketing, Multimedia, Paid Searches, Promotions, Search Engine Optimization, Social Media, Web (Banner Ads, Pop-ups, etc.)

Eric Kaufman *(Principal)*
Andrew Evans *(Mgr-Client Svcs)*

AGENCIES - JANUARY, 2019 — ADVERTISING AGENCIES

Accounts:
Automobile.com Automobile Insurance
Life Vest Advisors Financial Products

DIGITAL KITCHEN
600 W Fulton, Ste 401, Chicago, IL 60661
Tel.: (312) 944-3999
Fax: (312) 379-3998
E-Mail: Chicago@thisisdk.com
Web Site: thisisdk.com/

Employees: 50
Year Founded: 1995

Agency Specializes In: Brand Development & Integration, Content, Digital/Interactive, Graphic Design, Internet/Web Design, Logo & Package Design, Print, Social Media

Don McNeill *(Pres)*
Ally Malloy *(Client Svcs Dir)*
Lauren Mangum Zobrist *(Acct Dir)*
Ross Dickson *(Dir-IT)*
Joran Thompson *(Dir-Bus Dev)*
Kendall Shearer *(Acct Supvr)*
Kelly Dorsey *(Assoc Creative Dir)*
Jason Esser *(Assoc Creative Dir)*
Cody Tilson *(Assoc Creative Dir)*

Accounts:
Netflix

Branches

Digital Kitchen
3585 Hayden Ave, Culver City, CA 90232
Tel.: (310) 499-9255
Fax: (310) 559-6647
E-Mail: la@thisisdk.com
Web Site: www.thisisdk.com

Agency Specializes In: Brand Development & Integration, Content, Digital/Interactive, Event Planning & Marketing, Internet/Web Design, Production, Social Media

Jason McClaren *(Sr Producer-Interactive)*

Accounts:
New-AT&T Inc.

Digital Kitchen
720 Third Ave, Ste 800, Seattle, WA 98104
Tel.: (206) 267-0400
Fax: (206) 267-0401
E-Mail: Seattle@thisisdk.com
Web Site: thisisdk.com/

Employees: 120
Year Founded: 1995

Agency Specializes In: Sponsorship

Don McNeill *(Pres)*
Camille Durand *(Editor-Creative)*
Lindsay Campau *(Acct Dir)*
Angela Wittman *(Acct Supvr)*
Christopher Arzt *(Assoc Creative Dir)*
Steve Krause *(Assoc Producer)*

Accounts:
AT&T
Brooks Running Company Content & Web Elements, Experiential, Social Media
The Cosmopolitan of Las Vegas Cosmopolitan Digital Experience
Estee Lauder
Los Angeles World Airports
Microsoft
Paramount Pictures TRANSFORMERS: DARK OF THE MOON Augmented Reality App
Stanley Campaign: "Interactive Piano"
Starbucks
US Census
Whole Foods Market

DIGITAL MEDIA MANAGEMENT
5670 Wilshire Blvd Fl 11, Los Angeles, CA 90036
Tel.: (323) 378-6505
E-Mail: press@digitalmediamanagement.com
Web Site: www.digitalmediamanagement.com

Employees: 66

Agency Specializes In: Advertising, Internet/Web Design, Social Media

Adam Reynolds *(Exec VP)*
Jeremy Gilman *(Sr VP-Strategy-Brand & Customer Experience Innovation)*
Dave Giglio *(Dir-Influencer Partnerships)*
Ariana Thomas *(Sr Mgr-Digital & Talent Partnerships)*

Accounts:
Elizabeth Banks
Nicole Kidman

DIGITAL OPERATIVE INC.
404 Camino Del Rio S Ste 200, San Diego, CA 92108
Tel.: (619) 795-0630
E-Mail: info@digitaloperative.com
Web Site: www.digitaloperative.com

Employees: 25
Year Founded: 2008

Agency Specializes In: Advertising, Digital/Interactive, Market Research

B. J. Cook *(Co-Founder & CEO)*
Adam Levenson *(Co-Founder & CTO)*
Daniel Ginn *(VP-Engrg)*
Jennifer Chesley *(Dir-Digital Mktg)*
Barbie Newman *(Specialist-Digital Mktg)*
Nicholas Powell *(Strategist-CX)*
Keddy Russell-Curry *(Specialist-Paid Media)*
Heather Serdoz *(Specialist-Content Mktg)*

Accounts:
7 Diamonds
NBC Universal, Inc.
RockeTalk Inc.
Sport Science USA
SurePayroll, Inc.
Surfrider San Diego
Tokuyama Dental

DIGITAL PULP
220 E 23rd St Ste 900, New York, NY 10010
Tel.: (212) 679-0676
Fax: (212) 679-6217
E-Mail: ron@digitalpulp.com
Web Site: www.digitalpulp.com

Employees: 20
Year Founded: 1996

Agency Specializes In: Digital/Interactive, E-Commerce, Internet/Web Design

Ron Fierman *(Owner)*
Brian Loube *(Partner & Mng Dir)*
Gene Lewis *(Partner & Creative Dir)*
Victoria Repka-Geller *(CMO)*
Jason Trobman *(CTO)*
Susan Labuda-Reiter *(Grp Acct Dir)*
Amanda McCormick *(Acct Dir)*
Marissa Cinelli *(Mgmt Supvr)*
Michael Buran *(Dir-UX)*
Colin Murphy *(Dir-Client Rels)*

Accounts:
Bausch & Lomb Campaign: "Biotruths", Interactive
Child Fund International
Columbia University
Cornell University
Dartmouth College Interactive
H. Bloom
Harvard Law School
Harvard University - John F. Kennedy School of Government
Hologic
IEEE
Jack Kent Cooke
Juilliard
Manaba
Mikimoto (America) Co. Ltd.
NRDC
NYU
Quest Diagnostics
Rockefeller University Press
United Continental Holdings
The Urban Institute Interactive
Visiting Nurse Service of New York Interactive

DIGITAL RELATIVITY
129 S Court St Unit 2, Fayetteville, WV 25840
Tel.: (304) 397-8643
Web Site: digitalrelativity.com

Employees: 50
Year Founded: 2010

Agency Specializes In: Content, Graphic Design, Internet/Web Design, Search Engine Optimization, Social Media, Strategic Planning/Research

Pat Strader *(Founder)*
Sarah Powell-Henning *(COO)*
Abbey Fiorelli *(Creative Dir)*
Matt Sanchez *(Art Dir)*
Lindsay Crance-Snyder *(Mgr-Social Media)*
Bill Frye *(Mgr-Social Media)*
Alyssa Dreihaup *(Coord-Media)*

Accounts:
GoMart
West Virginia Division of Tourism
West Virginia Lottery

DIGITAL SURGEONS LLC
470 James St Ste 1, New Haven, CT 06513
Tel.: (203) 672-6201
Fax: (203) 785-0201
E-Mail: info@digitalsurgeons.com
Web Site: https://www.digitalsurgeons.com/

Employees: 47
Year Founded: 2004

Agency Specializes In: Advertising, Brand Development & Integration, Content, Digital/Interactive, E-Commerce, Experiential Marketing, Media Buying Services, Media Planning, Media Training, Social Media, Sponsorship

David Salinas *(Co-Founder & Strategist)*
Peter Sena, II *(CEO & Chief Creative Officer)*
Bj Kito *(Partner & VP-Strategy)*
Mark Myrick *(Partner & Creative Dir)*

Accounts:
Barneys New York, Inc. Gaga's Workshop
Norseland, Inc. Advertising, Creative, Digital, Jarlsberg, Media Buying, Website
The Seaweed Bath Co. (Agency of Record) Creative, Digital, Marketing Communications, Print, Website
Tikkaway Grill Branding, Creative, Design
Unilever Brand Strategy, Digital, Nexxus Salon Hair

ADVERTISING AGENCIES

Care

DIGITAS
(Formerly DigitasLBi)
2001 The Embarcadero, San Francisco, CA 94133
Tel.: (415) 293-2001
Web Site: www.digitas.com/en-us/

Employees: 50

National Agency Associations: 4A's

Agency Specializes In: Advertising, Brand Development & Integration, Digital/Interactive, Graphic Design, Logo & Package Design, Print, Sponsorship

Kingsley Taylor *(Mng Dir & Exec VP)*
Carol Chung *(Sr VP & Head-Programmatic-North America)*
Tracey Faux Pattani *(Sr VP & Head-Acct Mgmt)*
Carlos Ricque *(Sr VP-Creative)*
Ron D'Amico *(VP & Grp Dir-Corp Comm)*
Stephanie Kaplan *(VP & Grp Dir-Acct)*
Helen Lauen *(VP & Grp Dir-Creative Strategy)*
Julia Batenhorst *(VP & Acct Dir)*
Lizzy Ryan *(VP & Media Dir)*
Taylor Wynne *(VP & Grp Media Dir)*
Emily Rice *(Acct Dir)*
Lia Micheels *(Assoc Dir)*
Davina Hamilton *(Acct Mgr)*
Divya Bahl *(Supvr-Paid Social)*
Madeline Rothenberg *(Supvr-Media)*
Jessica Yu *(Supvr-Media)*
Jenna Leibowitz *(Media Planner)*
Anna Nistler *(Media Planner)*
Alexandra Powers *(Media Planner)*
Cici Zhang *(Media Planner)*
Cody Creelman *(Assoc Media Dir)*

Accounts:
New-Amway Corporation Account & Project Management, Creative Strategy, Digital, Nutrilite (US Agency of Record), Production, Social, Tech; 2018
eBay Inc.
Lyft (Digital Media Agency of Record)
Pandora Media Inc Media Strategy
Starz Entertainment, LLC
Taco Bell Corp. Digital Media Buying, Digital Media Planning, Mobile

DIGITAS HEALTH
100 Penn Square E 11th Fl, Philadelphia, PA 19107
Tel.: (215) 545-4444
Fax: (215) 545-4440
E-Mail: info@digitashealth.com
Web Site: www.digitashealth.com

Employees: 300
Year Founded: 1990

National Agency Associations: 4A's

Agency Specializes In: Direct Response Marketing, Health Care Services, Internet/Web Design, Pharmaceutical, Sponsorship

Brendan Gallagher *(Exec VP-Connected Health Innovation)*
Lou Iovino *(Sr VP, Head-Oncology Practice & Grp Acct Dir)*
Diann Hamilton *(Sr VP & Exec Dir-Plng)*
Collette Douaihy *(Sr VP & Grp Creative Dir)*
Michael Leis *(Sr VP-Social Strategy Connected Health)*
Geoff Thorne *(VP & Grp Dir)*
Jeff Olivo *(VP & Acct Dir)*
Violet Phillips *(VP & Creative Dir)*
Aileen Dreibelbis *(VP)*
Annie Heckenberger *(VP & Grp Creative Dir)*
Patrick Johnson *(VP-Creative)*
Jeremy Shabtai *(VP-Strategy-Connected Health Innovation)*
James Reilley *(Creative Dir)*
Sharon Salmon *(Dir-Acct Plng)*
Erica Nardello *(Sr Mgr-Social Media)*
Jonah Martinson *(Strategist-Social Media)*
Dylan Oteri *(Sr Analyst-Media Fin)*
Jackie Beramendi *(Copywriter)*
Jacqueline McCullough *(Designer-Production)*
Sean Chase *(Grp Acct Supvr)*
Suzanne Davis *(Assoc Media Planner)*
Kaitlyn Martin *(Sr Assoc-Mktg)*

Accounts:
APP Pharmaceuticals, Inc.
AstraZeneca ARIMIDEX, Crestor, Pulmicort Respules
Bristol-Myers Squibb Campaign: "Me and My Depression"
Democratic National Convention Creative, Digital Strategy, Social Media
Merck & Co., Inc.
Novo Nordisk
Pfizer
Roche
Sanofi Creative, Pasteur
TEDMED (Social Media Agency of Record) Strategic Planning

DIGIWORKS MEDIA
100 S Ashley Dr, Tampa, FL 33602
Tel.: (813) 703-1010
E-Mail: info@digiworksmedia.com
Web Site: www.digiworksmedia.com

Employees: 1

Agency Specializes In: Advertising, Broadcast, Graphic Design, Internet/Web Design, Media Planning, Print

George Hudak *(Pres)*

Accounts:
Rob Astorino

DIGNEY & COMPANY PUBLIC RELATIONS
PO Box 1169, Los Angeles, CA 90078
Tel.: (323) 993-3000
E-Mail: jerry@digneypr.com
Web Site: digneypr.com/

Employees: 4

Agency Specializes In: Sports Market, Travel & Tourism

Jerry Digney *(Pres)*

Accounts:
The Bahamas
B.B. King Museum
Beverly Hills Hotel
Children's Diabetes Foundation
Chrysler Corporation
Columbia Pictures
Monaco Charity Film Festival
Northern Trust Bank
Sony/BMG
Taco Bell Corporation
Time Life, Inc.
Universal Studios Hollywood
WRIT Media Group, Inc. (Public Relations Agency of Record) Amiga Games, Influencer Engagement, Media Relations, Print, Retro Infinity

DILYON CREATIVE GROUP
3901 NW 79 Ave, Doral, FL 33166
Tel.: (305) 501-0353
E-Mail: info@dilyon.com
Web Site: www.dilyon.com

Employees: 1
Year Founded: 2013

Agency Specializes In: Advertising, Brand Development & Integration, Collateral, Corporate Identity, Digital/Interactive, Internet/Web Design, Logo & Package Design, Print, Search Engine Optimization, Social Media

Mario de Leon *(Creative Dir)*

Accounts:
Green Life Miami
Miami Salsa Congress

DIMASSIMO GOLDSTEIN
(d/b/a DIGO Brands)
220 E 23rd St, New York, NY 10010
Tel.: (212) 253-7500
Fax: (646) 507-5850
E-Mail: lee@digobrands.com
Web Site: www.digobrands.com

E-Mail for Key Personnel:
President: markd@dimassimo.com

Employees: 75
Year Founded: 1996

National Agency Associations: DMA

Agency Specializes In: Brand Development & Integration, Business-To-Business, Collateral, Direct Response Marketing, Media Buying Services, Out-of-Home Media, Outdoor, Planning & Consultation, Radio, Sponsorship, T.V.

Revenue: $10,000,000

Mark DiMassimo *(Founder, CEO & Chief Creative Officer)*
Lee Goldstein *(Owner & Pres)*
Rose Marie Adamo *(Mng Partner)*
Tom Christmann *(Chief Creative Officer)*
Nehal Beltangady *(Brand Dir)*
Kevin Karp *(Creative Dir)*
Morgan Kelly *(Brand Dir-Weight Watchers & OTA)*
Claudia Mark *(Creative Dir)*
Kelly Hannaka Marques *(Brand Dir)*
Jorden Rooney *(Art Dir)*
Lisa Caselnova *(Dir-Creative Svcs)*
Julia Wang *(Dir-Integrated Mktg)*
Quentin Webb *(Dir-Studio)*
Rebecca Weiser *(Dir-Integrated Media & Analytics)*
Kasey Pickell *(Brand Mgr)*
Samantha Starr *(Brand Mgr)*
Matt Zani *(Asst Brand Mgr)*
Dan Kalmus *(Copywriter)*
Wendy Lurrie *(Chief Client Growth Officer)*
Alessandra Pinho *(Co Dir-Plng & Strategy)*

Accounts:
Chubb Insurance Campaign: "Insurance Against Regret"
Double Cross Vodka
New-HomeServe
Mediacom Cable Digital Creative, Media
National Jewish Health
OnDeck Capital
Reader's Digest
Retail Solutions Inc. Ansa, The Sweet Taste of Proof - granola
SitOutSantaCon
STS Tire & Auto
TradeStation
Wildlife Conservation Society Attendance, Brand Message, Bronx Zoo (Agency of Record); 2017

DIO, LLC

AGENCIES - JANUARY, 2019 — ADVERTISING AGENCIES

3111 Farmtrail Rd, York, PA 17406
Tel.: (888) 852-9143
E-Mail: contact@diousa.com
Web Site: www.diousa.com

Employees: 17

Agency Specializes In: Advertising, Brand Development & Integration, Graphic Design, Public Relations

David W. Pridgen *(Pres)*
Susanne Jewell *(VP-Ops & HR)*
David Fortney *(Controller & Dir-IT)*
Elizabeth Shaffer *(Art Dir-Creative)*

Accounts:
Adhesives Research/ARmark
Ashley Stewart Women's Clothing
CGA Law Firm
ComCast
Eastern Alliance
Freedom Toyota Automobile
Geisinger Health Plan
Harrah's Casino
Homerite Home Improvement
Keystone Custom Homes
Northside Nissan
Penn Waste
Sheetz
Tait Towers
West Ashley Toyota
York Arts

DION MARKETING COMPANY
2014 MayPOrt Rd, Jacksonville, FL 32233
Tel.: (904) 249-9784
Fax: (904) 246-0536
Web Site: www.dionmarketing.com

Employees: 4

Agency Specializes In: Advertising, Brand Development & Integration, Graphic Design, Media Buying Services, Promotions, Public Relations, Social Media

Julie Dion *(Pres)*
Lisa Gurney *(Creative Dir)*

Accounts:
Children of Fallen Patriots Foundation
Valor Academy of Jacksonville

DIRCKS ASSOCIATES
550 N Country Rd Ste A, Saint James, NY 11780-1427
Tel.: (631) 584-2274
Fax: (631) 584-2043
E-Mail: info@dircksny.com
Web Site: www.dircksny.com

E-Mail for Key Personnel:
President: david@dircksny.com

Employees: 15
Year Founded: 1995

National Agency Associations: Second Wind Limited

Agency Specializes In: Advertising, Bilingual Market, Brand Development & Integration, Broadcast, Business Publications, Business-To-Business, Cable T.V., Collateral, Communications, Consumer Marketing, Consumer Publications, Corporate Identity, Digital/Interactive, Direct Response Marketing, E-Commerce, Electronic Media, Entertainment, Event Planning & Marketing, Exhibit/Trade Shows, Fashion/Apparel, Financial, Food Service, Graphic Design, High Technology, Information Technology, Internet/Web Design, Logo & Package Design, Magazines, Merchandising, Newspaper, Newspapers & Magazines, Out-of-Home Media, Outdoor, Point of Purchase, Point of Sale, Print, Sports Market, Strategic Planning/Research, T.V., Teen Market, Telemarketing, Trade & Consumer Magazines, Travel & Tourism

Approx. Annual Billings: $14,000,000

Breakdown of Gross Billings by Media: Bus. Publs.: 5%; Collateral: 20%; Consumer Publs.: 5%; D.M.: 20%; Exhibits/Trade Shows: 2%; Internet Adv.: 10%; Logo & Package Design: 3%; Newsp.: 5%; Outdoor: 10%; Point of Purchase: 2%; Sls. Promo.: 3%; Transit: 5%; Worldwide Web Sites: 10%

Robert Dircks *(Owner, Writer & Designer)*

Accounts:
AARP
American Express
AOL Time Warner, Inc.; Dulles, VA
Bloomberg BusinessWeek
Charter
Computer Associates; Islandia, NY
Lowe's Companies Inc.; North Wilkesboro, NC
LowerMyBills.com
Lowes
Nikon
Oxford Industries; New York, NY
Oxmoor House; Birmingham, AL Country Living, Martha Stewart, Southern Living
PayPal

DIRECT ASSOCIATES
46 Rockland St, Natick, MA 01760
Tel.: (508) 393-8083
Fax: (508) 519-5858
E-Mail: results@directassociates.com
Web Site: www.directassociates.com

Employees: 8
Year Founded: 2004

Agency Specializes In: Direct Response Marketing, E-Commerce, Electronic Media, Internet/Web Design, Pets

Approx. Annual Billings: $2,000,000

Breakdown of Gross Billings by Media: D.M.: $2,000,000

Eileen Carew *(Founder & Mng Partner)*
Susan Feeney *(Partner)*
Deanna Dolecki *(Exec VP)*
Jennifer Carney *(Creative Dir)*
Palmiero Diane Dvorak *(Acct Mgr)*

DIRECT CHOICE
480 E Swedesford Rd Ste 210, Wayne, PA 19087
Tel.: (610) 995-8201
Fax: (610) 995-2266
Toll Free: (866) 995-2111
E-Mail: hello@directchoiceinc.com
Web Site: www.directchoiceinc.com

Employees: 10
Year Founded: 1995

National Agency Associations: DMA

Agency Specializes In: Advertising, Affluent Market, Alternative Advertising, Below-the-Line, Bilingual Market, Brand Development & Integration, Business Publications, Business-To-Business, Cable T.V., Catalogs, Collateral, Computers & Software, Consulting, Consumer Goods, Consumer Marketing, Consumer Publications, Content, Corporate Communications, Cosmetics, Crisis Communications, Customer Relationship Management, Digital/Interactive, Direct Response Marketing, Direct-to-Consumer, E-Commerce, Electronic Media, Email, Financial, Guerilla Marketing, Health Care Services, Hispanic Market, In-Store Advertising, Information Technology, Integrated Marketing, Internet/Web Design, Logo & Package Design, Magazines, Media Buying Services, Media Planning, Mobile Marketing, Multimedia, New Product Development, New Technologies, Newspaper, Out-of-Home Media, Outdoor, Over-50 Market, Package Design, Pharmaceutical, Point of Purchase, Print, Production, RSS (Really Simple Syndication), Retail, Sales Promotion, Search Engine Optimization, Seniors' Market, Social Marketing/Nonprofit, Social Media, Strategic Planning/Research, Technical Advertising, Telemarketing, Tween Market, Web (Banner Ads, Pop-ups, etc.)

Nick Lanzi *(Pres & CEO)*
Scott Mclaughlin *(VP-Production Mgmt)*

Accounts:
Biogen Idec Alprolix, Eloctate, Tysabri; 2010
Blue Cross Blue Shield of North Carolina Age-in, Individual/Consumer, Medicare; 2007
Independence Blue Cross Individual/Consumer, Small Group; 2005
Luxottica Retail EyeMed, ILORI, LensCrafters, Pearle Vision; 2008
Roche Diagnostics Accu Chek Insulin Meter, Accu Chek Test Strips; 1997
SCA TENA Adult Incontinence Products; 2013
Yamaha Motorcycles On-Road and Off-Road; 2012

DIRECT MARKETING CENTER
21171 S Western Ave Ste 260, Torrance, CA 90501-3449
Tel.: (310) 212-5727
Fax: (310) 212-5773
E-Mail: inquire@directmarketingcenter.com
Web Site: www.directmarketingcenter.net

Employees: 25
Year Founded: 1985

Agency Specializes In: Advertising, Advertising Specialties, Brand Development & Integration, Business Publications, Business-To-Business, Consulting, Consumer Marketing, Consumer Publications, Corporate Identity, Direct Response Marketing, E-Commerce, Exhibit/Trade Shows, Financial, Graphic Design, Health Care Services, Infomercials, Integrated Marketing, Internet/Web Design, Investor Relations, Logo & Package Design, Magazines, Multimedia, New Product Development, Newspapers & Magazines, Paid Searches, Print, Production, Radio, Sales Promotion, Search Engine Optimization, Social Media, T.V., Trade & Consumer Magazines, Travel & Tourism, Women's Market

Approx. Annual Billings: $24,793,010

Breakdown of Gross Billings by Media: Consulting: 4%; D.M.: 50%; E-Commerce: 10%; Newsp. & Mags.: 4%; Print: 3%; T.V.: 3%; Trade & Consumer Mags.: 3%; Trade Shows: 3%; Worldwide Web Sites: 20%

Craig Huey *(Pres)*

Accounts:
Agora; Baltimore, MD Publisher
Clearly Canadian
Forbes
Foundation for Economic Education
Frank W. Cawood & Associates; GA Health Books
God's World Publications; NC Christian Magazine
Health Alert; CA Newsletter
Hollywood Reporter Magazine
Horizon Management Services; CA Investment Service

ADVERTISING AGENCIES
AGENCIES - JANUARY, 2019

Medlaw Publications
Metagenics, Inc.; CA Nutritional Supplements
Motley Fool
Permanent Portfolio Information; CA Mutual Funds
Phillips Publishing
Prudent Bear Fund; CA Mutual Funds
The Street, Inc.
True Religion
VectorVest, Inc.; OH Investment Software
Wall Street Digest; Sarasota, FL Stock Service

DIRECT MARKETING SOLUTIONS
8534 NE Alderwood Rd, Portland, OR 97220
Tel.: (503) 281-1400
Fax: (503) 249-5120
Toll Free: (800) 578-0848
E-Mail: msherman@teamdms.com
Web Site: www.teamdms.com

Employees: 200
Year Founded: 1982

Agency Specializes In: Business-To-Business, Consumer Marketing, Direct Response Marketing, Production

Approx. Annual Billings: $15,000,000

Steve Sherman *(Pres)*
Mike Sherman *(CEO)*
Steve Benke *(VP & Controller)*
Terry Powell *(VP-Bus Dev)*
Jeremy Bessire *(Dir-Creative Svcs)*

DIRECT PARTNERS
(Acquired & Absorbed by Rapp)

DIRECT RESPONSE ACADEMY
140 Lotus Cir, Austin, TX 78737
Tel.: (512) 301-5900
Fax: (512) 301-7900
Web Site: www.directresponseacademy.com

E-Mail for Key Personnel:
Public Relations:
pat@directresonseacademy.com

Employees: 4
Year Founded: 1999

Agency Specializes In: Advertising, Advertising Specialties, Brand Development & Integration, Branded Entertainment, Cable T.V., Communications, Consulting, Consumer Goods, Consumer Marketing, Corporate Communications, Cosmetics, Digital/Interactive, Direct Response Marketing, Direct-to-Consumer, E-Commerce, Education, Electronic Media, Electronics, Email, Entertainment, Financial, Health Care Services, Household Goods, Identity Marketing, Infomercials, Integrated Marketing, Internet/Web Design, Media Buying Services, Media Planning, Media Training, Men's Market, Merchandising, Mobile Marketing, Multicultural, Multimedia, Over-50 Market, Pharmaceutical, Planning & Consultation, Podcasting, Product Placement, Production, Promotions, RSS (Really Simple Syndication), Radio, Retail, Sales Promotion, Search Engine Optimization, Seniors' Market, Sports Market, Stakeholders, Strategic Planning/Research, T.V., Teen Market, Telemarketing, Viral/Buzz/Word of Mouth, Women's Market

Breakdown of Gross Billings by Media: Radio & T.V.: 100%

Accounts:
Deer Stags; New York, NY Shoes; 2006
E-Diets.com; Deerfield Beach, FL Home Meal Delivery; 2006
E-Lights.com; Northvale, NJ Lighting; 2007

DIRECT WEB ADVERTISING, INC.
1375 Gateway Blvd, Boynton Beach, FL 33426
Tel.: (954) 762-3405
Fax: (954) 762-3405
Toll Free: (877) 649-1535
E-Mail: pete@dwausa.com
Web Site: http://dwausa.com/

Employees: 12
Year Founded: 2002

National Agency Associations: DMA

Agency Specializes In: Above-the-Line, Advertising, Advertising Specialties, Affiliate Marketing, Affluent Market, Alternative Advertising, Automotive, Brand Development & Integration, Broadcast, Business-To-Business, Cable T.V., Consumer Goods, Consumer Marketing, Content, Digital/Interactive, Direct Response Marketing, Direct-to-Consumer, E-Commerce, Electronic Media, Email, Financial, Hispanic Market, Integrated Marketing, Internet/Web Design, Local Marketing, Market Research, Media Buying Services, Medical Products, Men's Market, Paid Searches, Pharmaceutical, Publicity/Promotions, Radio, Real Estate, Regional, Retail, Sales Promotion, Search Engine Optimization, T.V., Telemarketing, Travel & Tourism, Urban Market, Web (Banner Ads, Pop-ups, etc.)

Peter LaBella *(COO)*

Accounts:
EHealthInsurance.com
Loan Modification

DISCOVER MEDIAWORKS INC
4801 Hayes Rd, Madison, WI 53704
Tel.: (608) 442-5973
Fax: (715) 477-1501
Web Site: www.discovermediaworks.com

Employees: 33
Year Founded: 1988

Agency Specializes In: Advertising, Broadcast, Corporate Identity, Digital/Interactive

Greg Smith *(Mng Dir-Discover Wisconsin)*

Accounts:
Discover Wisconsin Campaign: "Discovering the Very Best of the Badger State"
Into the Outdoors Educational Services
Oconto County Economic Development Corporation Tourism Services
Renk Seed Campaign: "One Family", Campaign: "Trust is Earned"
The Roman Candle Pizzeria Campaign: "Online Ordering"

DISCOVER THE WORLD MARKETING
7020 E Acoma Dr, Scottsdale, AZ 85254
Tel.: (480) 707-5566
Fax: (480) 707-5575
E-Mail: info@discovertheworld.com
Web Site: www.discovertheworld.com

Employees: 50
Year Founded: 1981

Agency Specializes In: Advertising, Collateral, Consulting, Crisis Communications, Customer Relationship Management, E-Commerce, Email, High Technology, Internet/Web Design, Local Marketing, Print, Production, Radio, Recruitment, Regional, Strategic Planning/Research, T.V., Telemarketing

Jenny Adams *(CEO)*

Todd Johnson *(Gen Counsel)*
Sue Cherrier *(VP-Mktg-USA Div)*
Rob Cope *(Sr Dir-Fin)*
Brenda Selim *(Mgr-Mktg & Design)*

Accounts:
Aircalin
Alitalia
Destination Travel International
Eurolot Marketing, Sales
Gulf Air
IBCS
New Caledonia Tourism
Seabourn Marketing & Sales
Spanair

THE DISTILLERY PROJECT
300 N Elizabeth St, Chicago, IL 60607
Tel.: (312) 226-6919
E-Mail: info@distilleryproject.com
Web Site: www.distilleryproject.com

Employees: 11

Agency Specializes In: Advertising

Ben Kline *(Founder, Partner & Chief Strategy Officer)*
Per Jacobson *(Founder & Partner)*
John Condon *(Founder & Chief Creative Officer)*
Kim Tanner *(COO)*
Nik Traxler *(Head-Production)*
Annie Gray *(Acct Dir)*
Kristi Buckham Neitzel *(Mgr-Creative)*

Accounts:
Meijer, Inc.

DIVERSIFIED AGENCY SERVICES
437 Madison Ave, New York, NY 10022-7001
Tel.: (212) 415-3700
Fax: (212) 415-3530
E-Mail: getinfo@dasglobal.com
Web Site: www.dasglobal.com

Employees: 5

National Agency Associations: 4A's

Agency Specializes In: Communications, Consumer Marketing

Robert B. Lorfink *(CFO)*
Sally Williams *(Pres-Bus Dev & Client Rels)*
Elizabeth Cornish *(Sr VP)*
Danny Berliner *(VP-Bus Dev)*

Agencies

Adelphi Eden Health Communications
488 Madison Ave, New York, NY 10022
Tel.: (646) 602-7060
Fax: (646) 602-7061
Web Site: www.adelphicommunications.com/

Employees: 51

Agency Specializes In: Medical Products

Jeremy Hayes *(Vice Chm)*
Grahame Conibear *(Sr VP-Integrated Comm-Adelphi Grp)*
Michelle McNamara *(Sr VP-Adelphi Res Global)*
Courtney Alexander *(Sr Dir-Adelphi Res Global)*

Adelphi Group Limited
Adelphi Mill Grimshaw Lane Bollington, Macclesfield, Cheshire SK10 5JB United Kingdom
Tel.: (44) 1 625 577233

Fax: (44) 1 625 575853
E-Mail: lifecyclesolutions@adelphigroup.com
Web Site: www.adelphigroup.com/index.php

Employees: 240
Year Founded: 1986

Agency Specializes In: Health Care Services

Stuart Cooper *(CEO)*
Richard Perry *(Dir-Dev)*

Alcone Marketing Group
4 Studebaker, Irvine, CA 92618-2012
(See Separate Listing)

AMCI
5353 Grosvenor Blvd, Los Angeles, CA 90066
Tel.: (310) 765-4100
Fax: (310) 822-1276
E-Mail: info@amciglobal.com
Web Site: https://amciglobal.com/

Employees: 60

Agency Specializes In: Automotive, Communications

David Stokols *(CEO)*
Mike Kraus *(Mng Dir)*
Ian Beavis *(Chief Strategy Officer)*
Kevin Killip *(Exec VP)*
Tim Gaffney *(VP)*
Randy Tolsma *(VP-Ops)*
Devin DiLibero *(Exec Dir-Creative & Digital Solutions)*
Rebecca Sander *(Grp Acct Dir)*
Kimberly Maynard *(Mgr-Event & Producer-Road)*
Kevin Holt *(Acct Dir)*
Dave Sherman *(Mktg Dir)*
Jeffrey Jennings *(Dir-Client Svcs)*
John-Ryan Shea *(Dir-Social & Mktg Tech)*
Dennis Endy *(Sr Acct Mgr)*
Nicole Bouverie *(Sr Program Mgr)*

Accounts:
Buick
Chevrolet
Dodge
GMC Hummer
Mazda
Mitsubishi
Pontiac
Toyota Scion

Beanstalk
220 E 42nd St, New York, NY 10017
(See Separate Listing)

Blue Current
Ste 1501 Cityplaza 4 12 Taikoo Wan Road, Taikoo Shing, Hong Kong, China (Hong Kong)
Tel.: (852) 2967 6770
Web Site: bluecurrentgroup.com

Employees: 10

Agency Specializes In: Brand Development & Integration, Communications, Digital/Interactive, Public Relations, Search Engine Optimization, Social Media

Chris Plowman *(Partner & Sr VP)*
James Hacking *(Sr VP)*
Cheryl Pan *(Acct Mgr)*

Accounts:
Glompl
GoPro

C Space
75 Wells Street, London, W1T 3QH United Kingdom
Tel.: (44) 207 082 1700
Web Site: https://cspace.com/

Employees: 110

Agency Specializes In: Advertising, Brand Development & Integration, Market Research

Elisabeth Bucknall *(Partner-HR Bus)*
Kathryn Blanshard *(Mng Dir-UK)*
Christopher Nurko *(Chief Growth Officer & Chief Innovation Officer)*
Felix David Koch *(CEO-EMEA & APAC)*
Charlotte Burgess *(VP & Head-Sls-Americas)*
Nick Coates *(Dir-Creative Consultancy)*
Katrina Lerman *(Assoc Dir-Res)*

Accounts:
Ebookers plc

The CDM Group
200 Varick St 2nd Fl, New York, NY 10014
(See Separate Listing)

Chameleon PR
63-65 N Wharf Rd, 1st Floor, Bridge House, Paddington, London, W2 1LA United Kingdom
Tel.: (44) 20 7680 5500
Fax: (44) 20 7680 5555
Web Site: www.madebychameleon.com/

Employees: 14

National Agency Associations: AA

Agency Specializes In: Collateral, Communications, Consulting, High Technology, Public Relations, Social Media

Tom Berry *(CEO)*
Tom Buttle *(Mng Dir)*
Michael Creane *(Acct Dir)*
Tom Hunt *(Acct Dir)*
Rajpreet Varaitch *(Acct Dir)*
Theresa Meredith-Hardy *(Dir)*
Alizia Walker *(Dir-Client Svcs)*
Sara Chandran *(Acct Mgr)*
Mitch Lowes *(Acct Mgr)*

Accounts:
alldayPA Communications Strategy, Public Relations
Amnesty International
AnchorFree UK & EMEA PR
App Annie Communications, Public Relations
BBC Active
CashFac
Centiq
Citrix EMEA
Crimson Hexagon
Crussh Juice
DocuSign
ESRI (UK) Ltd.
FileMaker Traditional & Digital Media
Global Graphics
IFS School of Finance
Innovation Norway
Intec
Intellistream
Mach
Mozy
On365
Royal Parks Foundation Communications, Public Relations
Shelter Online Giving
TrendKite Premium Public Relations; 2018
UNICEF

Changing Our World
220 E 42nd St 5th Fl, New York, NY 10017
Tel.: (212) 499-0866
Fax: (212) 499-9075
E-Mail: info@changingourworld.com
Web Site: https://www.changingourworld.com/

Employees: 100

Agency Specializes In: Social Marketing/Nonprofit

Michael P. Hoffman *(Chm)*
Colleen M. Burdick *(Sr Mng Dir)*
Thomas Farrell *(Sr Mng Dir)*
Yelena Ilyazarov *(Sr Mng Dir)*
James Kopp *(Sr Mng Dir)*
Marie Molese *(Sr Mng Dir)*
Maureen Flynn *(Mng Dir)*
Kate Golden *(Mng Dir)*
Rich Rau *(Mng Dir)*
Lyndsay Reville *(Mng Dir)*
Shawn Trahan *(Mng Dir)*
Ray Witkowski *(Mng Dir)*
Jo Ann Zafonte *(Chief Admin Officer)*
Gavan Mooney *(Exec VP)*

Accounts:
California State Parks Foundation
Christian Blind Mission (CBM)
Fashion Institute of Technology (FIT)
FedEx
MillerCoors
Molloy College
Vivendi

CLS Strategies
1850 M St NW, Washington, DC 20036
(See Separate Listing)

COLANGELO
120 Tokeneke Rd, Darien, CT 06820
(See Separate Listing)

Cone Communications
855 Boylston St, Boston, MA 02116
(See Separate Listing)

Cosine
239 Old Marleybone Road, London, NW1 5QT United Kingdom
Tel.: (44) 1844 296 700
E-Mail: info@cosine-group.com
Web Site: www.cosine-group.com

Employees: 50

Agency Specializes In: Event Planning & Marketing, Promotions, Retail

Nick Jones *(CEO-EMEA)*

Accounts:
Britvic
Carlsberg
Colgate-Palmolive
Danone
Diageo
Ferrero
htc
Johnson & Johnson
Kellogg's
LG
Nestle
P&G
Pepsico
Philip Morris
Sainsbury's
Unilever
Walmart

ADVERTISING AGENCIES
AGENCIES - JANUARY, 2019

CPM
239 Old Marylebone Rd, London, NW1 5QT
  United Kingdom
(See Separate Listing)

Critical Mass Inc.
402 11th Ave SE, Calgary, AB T2G 0Y4 Canada
(See Separate Listing)

Doremus
437 Madison Ave Bsmt 1, New York, NY 10022
(See Separate Listing)

eci san francisco
55 Union Street, San Francisco, CA 94111
Tel.: (415) 981-9900
Web Site: www.eciww.com

Employees: 12

Agency Specializes In: Customer Relationship Management

Accounts:
Adobe

Flamingo
1st Floor 1 Riverside Manbre Road, London, W6
  9WA United Kingdom
Tel.: (44) 20 3790 0400
Fax: (44) 207 348 4951
Web Site: flamingogroup.com/

Employees: 150

Agency Specializes In: Brand Development & Integration

Kristy Fuller *(Co-Founder & Co-CEO)*
Laura Ratcliffe *(Mng Dir)*
Andy Davidson *(Chief Strategy Officer)*
Ben Wener *(Head-Ops)*
Manty Atherton *(Dir-PR)*
Stine Hedegaard *(Dir-Style)*
Tim Parker *(Dir-London)*
Kitzy Sutherland *(Dir)*
Amy Tomkins *(Dir)*
Simone Williams *(Sr Mgr-Mktg & PR)*
Louise Wallis *(Mgr-Talent & Ops)*
Miriam Rayman *(Strategist-Cultural Intelligence)*

Accounts:
adidas

FleishmanHillard Inc.
200 N Broadway, Saint Louis, MO 63102-2730
(See Separate Listing)

Footsteps
85 Broad St Fl 16, New York, NY 10004
(See Separate Listing)

GMR Marketing LLC
5000 S Towne Dr, New Berlin, WI 53151-7956
(See Separate Listing)

GO!
1123 Zonolite Rd Ste 19, Atlanta, GA 30306
Tel.: (404) 248-7777
Web Site: www.goxd.com

Employees: 51

Agency Specializes In: Entertainment, Event Planning & Marketing, Experiential Marketing, Sports Market

Damon Diamantaras *(CEO)*
Lanny Hayes *(VP-Mktg)*

Accounts:
Kia Motors

Goodby, Silverstein & Partners
720 California St, San Francisco, CA 94108-2404
(See Separate Listing)

Hall and Partners
488 Madison Ave, New York, NY 10022
(See Separate Listing)

Harrison and Star LLC
75 Varick St 6th Fl, New York, NY 10013
(See Separate Listing)

Health Science Communications
711 3rd Ave Ste 17, New York, NY 10017
(See Separate Listing)

The Healthcare Consultancy Group
711 3rd Ave 17th Fl, New York, NY 10017
(See Separate Listing)

Hornall Anderson
710 2nd Ave Ste 1300, Seattle, WA 98104-1712
(See Separate Listing)

Hyphen Digital
488 Madison Ave 5th Fl, New York, NY 10022
(See Separate Listing)

Integrated Merchandising Systems
8338 Austin Ave, Morton Grove, IL 60053-3209
Tel.: (847) 583-7914
Fax: (847) 966-1271
Web Site: www.imsfastpak.com

Employees: 200

Agency Specializes In: Consumer Marketing

Carolyn Close *(CFO, CIO & Exec VP)*
Deirdre Kerrigan *(VP & Exec Acct Dir)*
Todd Cromheecke *(VP-Mktg & Client Engagement)*
Kari Bradley *(Mgr-HR)*
Elin Duarte *(Sr Ops Mgr)*

Accounts:
Walgreen

Javelin Marketing Group
7850 N Belt Line Rd, Irving, TX 75063-6098
(See Separate Listing)

Kaleidoscope
64 Wooster St Apt 6E, New York, NY 10012
(See Separate Listing)

Ketchum
1285 Ave of the Americas, New York, NY 10019
(See Separate Listing)

LatinWorks Marketing, Inc.
2500 Bee Caves Rd, Austin, TX 78746
(See Separate Listing)

Lois Paul & Partners
1 Beacon St, 2nd Fl, Boston, MA 02108
(See Separate Listing)

M/A/R/C Research
1660 N Westridge Cir, Irving, TX 75038
(See Separate Listing)

Marina Maher Communications
830 3rd Ave, New York, NY 10022
(See Separate Listing)

The Marketing Arm
1999 Bryan St 18th Fl, Dallas, TX 75201-3125
(See Separate Listing)

MarketStar Corporation
2475 Washington Blvd, Ogden, UT 84401
(See Separate Listing)

Maslansky + Partners
200 Varick St, New York, NY 10014
(See Separate Listing)

Mercury Public Affairs
200 Varick St Rm 600, New York, NY 10014
(See Separate Listing)

Merkley+Partners
200 Varick St, New York, NY 10014-4810
(See Separate Listing)

Porter Novelli
7 World Trade Center 250 Greenwich St 36th Fl,
  New York, NY 10007
(See Separate Listing)

Portland
1 Red Lion Court, London, EC4A 3EB United
  Kingdom
Tel.: (44) 20 7842 0123
Fax: (44) 20 7842 0145
Web Site: www.portland-communications.com

Employees: 220

Agency Specializes In: Brand Development & Integration, Content, Digital/Interactive, Government/Political, Health Care Services, International, Legal Services, Public Relations

Tim Allan *(Founder & Mng Dir)*
Sam Ingleby *(Sr Partner & Head-Corp)*
Jane Brearley *(Partner)*
Rebecca Gwilliam *(Partner-Corp Comm & Pub Affairs)*
Chris Hogwood *(Partner)*
Lucy Jenkins *(Partner)*
Justin Kerr-Stevens *(Partner-Qatar)*
Laura Trott *(Partner)*
Louise Winmill *(Partner-85-Strong)*
Martin Sheehan *(Mng Dir)*
Alexandra Farley *(COO)*
Mark Flanagan *(Mng Dir-UK)*
Jonathan Stock *(Head-Events & Mktg)*
Steffan Williams *(Head-Fin Comm Practice)*
Rachel Maconachy *(Acct Dir)*
Paul Robertson *(Acct Dir)*
Dean Sowman *(Acct Dir)*
Richard Suchet *(Acct Dir)*
John Clarke *(Dir)*
Simon Hamer *(Dir-Portland)*
Nick Hargrave *(Dir-Campaigns)*
Alois Nuffer *(Dir)*
Eleanor Dickinson *(Assoc Dir-Res & Insights)*
Jennifer Lyness *(Acct Mgr)*
Tanya Sandler *(Planner-Strategic)*
Alex Appleton *(Interim Fin Dir)*

AGENCIES - JANUARY, 2019 — ADVERTISING AGENCIES

Accounts:
abpi
Africa Progress Panel
Alexion
BAE Systems
Barclays
bba
Bill & Melinda Gates Foundation
British Red Cross
The Crown Estate Public Relations, Retail
Equifax
Heathrow Airport Limited Crisis & Issues Management, External & Public Affairs, Internal Communications, Media Relations
John Lewis Partnership Public Affairs; 2017
Lucara Diamond Corp. Communications
Scout Association Corporate Communications, Public Affairs; 2018
Uber UK Public Affairs

Rapp
437 Madison Ave 3rd Fl, New York, NY 10022
(See Separate Listing)

One & All
(Formerly Russ Reid Company, Inc.)
2 N Lake Ave Ste 600, Pasadena, CA 91101-1868
(See Separate Listing)

Serino Coyne LLC
437 Madison Ave, New York, NY 10022
(See Separate Listing)

Siegel+Gale
625 Ave of the Americas 4th Fl, New York, NY 10011
(See Separate Listing)

Signature Graphics
1000 Signature Dr, Porter, IN 46304
Tel.: (219) 926-4994
Fax: (219) 926-7231
Web Site: https://signaturegraphicsinc.com/

Employees: 100

Agency Specializes In: Sponsorship

Paul Godfrey *(Chm)*
David Mason *(Exec VP-Ops)*
Steve Whitaker *(Exec VP-Sls)*
Janie Lamberson *(Office Mgr)*
Sue Hibbert *(Mgr-Prod Plng & Estimating)*
Amanda Frawley *(Acct Exec)*
David Parnell *(Acct Exec)*
Amanda Montgomery *(Coord-Installation)*
Deanna Krider *(Rep-Sls)*
Richard Murphy *(Sr Rep-Sls)*

Sparks & Honey
437 Madison Ave 3rd Fl, New York, NY 10022
(See Separate Listing)

SSCG Media Group
220 E 42nd St, New York, NY 10017
(See Separate Listing)

Steiner Sports Marketing
145 Huguenot St, New Rochelle, NY 10801-6454
(See Separate Listing)

Sterling Brands
75 Varick St 8th Fl, New York, NY 10013
Tel.: (212) 329-4600
Fax: (212) 329-4700
Web Site: www.sterlingbrands.com

Employees: 120

Simon Williams *(Pres)*
David Israel *(Mng Dir & Chief Creative Officer)*
Peter Mundy *(CFO)*
Mike Bainbridge *(Exec VP & Head-Bus)*
Katy Brighton *(Sr VP-Creative Ops)*
Wendy Walker *(Acct Mgr)*
Mel Gray *(Strategist-Design)*
Alex Azzi *(Designer)*

Accounts:
Debbie Millman Self-Portrait As Your Traitor

Targetbase
7850 N Belt Line Rd, Irving, TX 75063-6098
(See Separate Listing)

TPG Direct
PO Box 16426, Philadelphia, PA 19122
Tel.: (215) 592-8381
Fax: (215) 574-8316
E-Mail: slongley@tpgdirect.com
Web Site: www.tpgdirect.com

Employees: 100

Miguel Ferry *(Mng Partner & Exec Creative Dir)*
Steven Longley *(Principal-Mktg & Adv firm Specializing-Response Mktg)*
Patricia Salmon *(Exec VP)*

Accounts:
21st Century Insurance
AARP
Geisinger Choice
Geisinger Gold

TPN Inc.
1999 Bryan St, Dallas, TX 75201
(See Separate Listing)

TRACK
(Formerly Rapp Australia)
Level 3 46-52 Mountain Street, Ultimo, Sydney, NSW Australia
Tel.: (61) 2 8260 2222
Fax: (61) 2 82602777
Web Site: http://track-au.com/

Employees: 35
Year Founded: 1981

Agency Specializes In: Consumer Marketing, Sales Promotion

Matthew Oxley *(Joint Mng Dir)*

Accounts:
Officeworks

TRO
6 Church St Isleworth, Isleworth, Middlesex TW7 6XB United Kingdom
Tel.: (44) 208 232 7200
Fax: (44) 208 232 7232
Web Site: https://tro.com/

Employees: 50

Michael Wyrley-Birch *(CEO)*
Amelia Shepherd *(Mng Dir)*
Gary Smith *(Grp Fin Dir)*
Nick Glazier *(Creative Dir)*
Andrew Orr *(Client Svcs Dir)*
Camilla Felstead *(Dir-Client Svc)*
Alex Hill *(Dir-Design & Technical)*
Peter Trapnell *(Dir-Creative Svcs)*
Gary Wootton *(Dir-Ops)*
Tara Allen-Muncey *(Acct Mgr)*

Accounts:
Anglian Windows
BMW Group BMW, Creative, Desigm, Goodwood Festival, Mini
Chevrolet
Digital UK
Honda
KPMG
Microsoft
Nissan Experiential
Pink Lady
Ribena
Rolls-Royce
Royal Navy
T-Mobile US
Topshop
Volvo Car
Volvo Penta
Westfield
Wilkinson Sword

U30 Group, Inc.
6700 Baum Dr Ste 1, Knoxville, TN 37919
Tel.: (865) 525-4789
Fax: (865) 525-4780
E-Mail: theRights@u30.com
Web Site: www.u30.com

Employees: 50

Agency Specializes In: Advertising Specialties

Ashley Shomaker *(Pres & CEO)*
Cheryl Dages *(Sr VP-Field Svcs)*
Travis Lowe *(Sr VP-Client Svcs)*

Accounts:
4 Food
7-Eleven
Alcatel-Lucent
Allstate
AOL
AT&T
Balance Bar
BET
Bimbo
Birds Eye
Blockbuster
The Boppy Company
Borden
The Boston Beer Company
Boston Market
Brown-Forman
Burger King
Bush Brothers & Co
Cargill
Champion
Cingular
Clearview
Clorox
The Coca-Cola Company
CompUSA
Cumberland
Del Monte
DIY Network
Einstein Bros. Bagels
ESPN
Food Network
Friendly's
Frito-Lay
Gap
Glu Mobile
Grand Marnier
Grand Ole Opry
Hallmark
Hanesbrands
Hardee's
Hasbro
Hawaiian Punch
Heelys

ADVERTISING AGENCIES

The Hershey Co
HGTV
Hidden Valley
Hilton
HomeAway
Hooter's
Hormel
Ingersoll Rand
Intersport
Invisible Fence
Irwin Tools
Jewelry Television
Jockey
Johnsonville
KFC
Konami
Kraft
Levi Strauss & Co.
M&M/Mars
Marlin & Ray's
MillerCoors
Mitsubishi Motors
MTV
National Geographic
Newell Rubbermaid
Nickelodeon
Nike
Nissan
Nokia
Ocean Spray
Old Navy
Outback
PepsiCo
PetSafe
Pizza Hut
Post Cereals
Procter & Gamble
Red Robin Burger Works
Red Roof Inn
Reebok
RIVR Media
Ruby Tuesday
Samsung
SBC
SC Johnson
Sega
Southwest Airlines
Sprint
Starbucks
Sugar Inc.
Tabasco
Taco Bell
Taco Buena
TGI Friday's
Travel Channel
Tropicana
TurboChef
Tyson
Wonderbra
Worthington
The Wrigley Company
YM Magazine
Zatarain's

Wolff Olins
10 Regents Wharf All Saints Street, London, N1 9RL United Kingdom
(See Separate Listing)

DIVISION ADVERTISING & DESIGN
2700 Post Oak Blvd Ste 1400, Houston, TX 77056
Tel.: (281) 712-4846
Web Site: www.wearedivision.com

Employees: 10
Year Founded: 1983

Agency Specializes In: Brand Development & Integration, Digital/Interactive, Graphic Design, Multimedia, Strategic Planning/Research, Web (Banner Ads, Pop-ups, etc.)

Accounts:
Amazon Kindle Ebooks Publisher
Automotive Masters, Inc. Branding, Marketing
Bounty (UK) Ltd. Parenting Club Services
The City of Houston Online Services
FMC Corporation Pesticides Mfr
GoDaddy.com Inc. Website Design & Hosting Services
Grounds Anderson LLC Consulting Services
SmartVault Branding, Marketing
Weatherford International Ltd. Drilling Products & Services
Whitmeyer's Distilling Company Brand Positioning, Logo, Space City Vodka, Website

DIVISION OF LABOR
328 Pine St, Sausalito, CA 94965
Tel.: (415) 944-8185
E-Mail: info@divisionoflabor.com
Web Site: www.divisionoflabor.com

Employees: 10

Agency Specializes In: Advertising

Josh Denberg *(Partner & Creative Dir)*
Laura Mcallister Davis *(Mng Dir)*

Accounts:
2girl Coffee
Ford Motor Company
Live Nation Campaign: "Rock Paper Photo", Campaign: "Rodents on Turntables"
The San Francisco Museum of Modern Art; 2017
San Jose Sharks, LLC Creative

DIX & EATON
200 Public Sq Ste 3900, Cleveland, OH 44114
Tel.: (216) 241-0405
Fax: (216) 241-3070
Web Site: www.dix-eaton.com

Employees: 50
Year Founded: 1952

National Agency Associations: AMA-COPF-PRSA

Agency Specializes In: Asian Market, Business Publications, Business-To-Business, Collateral, Communications, Consulting, Corporate Communications, Corporate Identity, Digital/Interactive, E-Commerce, Exhibit/Trade Shows, Financial, Graphic Design, Information Technology, Internet/Web Design, Investor Relations, Logo & Package Design, Media Buying Services, New Product Development, Newspaper, Newspapers & Magazines, Planning & Consultation, Print, Public Relations, Publicity/Promotions, Sponsorship, Strategic Planning/Research, Trade & Consumer Magazines, Transportation

Breakdown of Gross Billings by Media: Corp. Communications: 80%; Pub. Rels.: 20%

Scott Chaikin *(Chm)*
Chas D. Withers *(Pres & CEO)*
David Hertz *(Mng Dir)*
Gregg LaBar *(Mng Dir)*
Jim Brown *(CFO)*
Brady Cohen *(Chief Digital Officer)*
Kevin Poor *(Sr VP & Creative Dir)*
Karin Bonev *(Sr VP)*
Kellie Friery *(Sr VP)*
Amy McGahan *(Sr VP)*
Gary Pratt *(Sr VP)*
Angela Rodenhauser *(Sr VP)*
Matt Barkett *(Sr Mng Dir-Crisis Comm)*
Gary Wells *(Sr Mng Dir-Media Rels & Comm)*
Lisa Zone *(Mng Dir-Mktg Comm)*
Kris Dorsey *(VP & Sr Art Dir)*
Sarah Hihn *(Dir-HR)*

Angela Almasy *(Sr Acct Exec)*
Tim Dewald *(Sr Acct Exec)*
Nicolle Huffman *(Sr Acct Exec)*
Brittany Whitman *(Sr Acct Exec)*
Kris Fiocca *(Asst Acct Exec)*
Angela Martin *(Asst Acct Exec)*
Theresa Allen *(Sr Accountant)*
Joanne Darrah *(Sr Art Dir)*

Accounts:
AIG Property Casualty
Aleris International, Inc.; 2004
Atlas Energy, L.P.
BASF
Boart Longyear
Calumet Specialty Products Partners, LP
Cardinal Health, Inc.
Case Western Reserve University - Weatherhead School of Management
CBIZ Inc.
Cedar Fair Entertainment Company
Cleveland Indians Baseball Company, Inc.
The Cleveland Museum of Art; 2003
Cleveland State University
Delek US Holdings
DENTSPLY International
Diebold, Inc.; Canton, OH; 1990
Energizer Battery
Fairmount Santrol
Forest City Enterprises, Inc.; Cleveland, OH; 2001
Glatfelter
Greater Cleveland Partnership; 1994
Group Plan Commission
IDEX Corporation
ITW
Jazz Aviation LP
Kelly Services; 2004
KeyCorp
LEEDCO - Lake Erie Energy Development Corporation
Libbey Inc.
Lincoln Electric Company; 1994
The Lubrizol Corp.; Wickliffe, OH; 1986
McDonald Hopkins
MetroHealth System Medical Center
Mettler-Toledo International Inc.; 1997
Motorola Solutions-Inc.
Myer Industries, Inc.
NACCO Industries, Inc.; Mayfield Heights, OH; 1981
National Air Cargo Group
Net Jets Inc.
New York Community Bancorp, Inc.
Newry Corporation
OM Group, Inc.; 2002
OMNOVA Solutions Inc.; Fairlawn, OH; 2001
Pinnacle Airlines Corp.
Playhouse Square Foundation; Cleveland, OH; 1982
PPG Industries
quasar
The Rock & Roll Hall of Fame & Museum; Cleveland, OH
Sherwin-Williams
Southwest Airlines Co.
Stoneridge Corporation; 1996
Swagelok Company; 2002
The Timken Company; 2003
Timkin Steel Corporation
UnitedHealth Group; 2004
Veyance Technologies

DIXON JAMES COMMUNICATIONS
824 W Superior 205, Chicago, IL 60642
Tel.: (708) 848-8085
Fax: (708) 848-4270
E-Mail: info@dixon-james.com
Web Site: www.dixon-james.com

Employees: 1

Agency Specializes In: Advertising, Brand Development & Integration, Graphic Design, Public

AGENCIES - JANUARY, 2019   ADVERTISING AGENCIES

Relations, Social Media

Jim Heininger *(Founder & Principal)*

Accounts:
Burtch Works

DIXON SCHWABL ADVERTISING
1595 Moseley Rd, Victor, NY 14564
Tel.: (585) 383-0380
Fax: (585) 383-1661
E-Mail: info@dixonschwabl.com
Web Site: www.dixonschwabl.com

Employees: 85
Year Founded: 1987

Agency Specializes In: Advertising, Brand Development & Integration, Direct Response Marketing, Event Planning & Marketing, Exhibit/Trade Shows, Integrated Marketing, Out-of-Home Media, Outdoor, Print, Radio, T.V.

Approx. Annual Billings: $193,400,000

Mike Schwabl *(Pres)*
Kellie Adami *(Mng Partner-New Bus Dev)*
Kim Allen *(Mng Partner)*
Jessica Savage *(Mng Partner-Acct Svcs)*
Shane Grant *(VP-Acct Svc)*
Joanne Lafave *(Acct Dir)*
Cassandra Brown Nickels *(Acct Dir)*
Jordan Dixon *(Dir-Strategic Workflow)*
Cathleen Wells *(Dir-Mktg Technologies & Sys)*
Michael Reed *(Mgr-Analytics & Automated Mktg)*
Ryann Bouchard *(Mgr-PR)*
Connor Dixon-Schwabl *(Mgr-Studio)*
Adam Sisson *(Mgr-Content Creation & SEO)*
Pete Wayner *(Mgr-Content)*
Nikki Nisbet *(Acct Supvr)*
Carissa Winters *(Acct Supvr)*
Justin Shaw *(Supvr-Bus-to-Bus PR)*
Rob Meacham *(Acct Exec)*
Sarah Warren *(Specialist-PR)*
Kala Gorelick *(Coord-Digital Media)*
Laurie Bennett *(Assoc Media Dir)*
Sarah Scott *(Sr Art Dir)*

Accounts:
Black & Decker
Delaware North Companies; Buffalo, NY Kennedy Space Center Visitor Complex, Marketing Communications, Promotional Initiatives
ESL Federal Credit Union
Frontier Communications Analysis, Media Buying, Paid Media Program, Strategic Media Planning
Frontier Corp.
Genesee Brewing Company (Public Relations Agency of Record) Genesee Beer, Genesee Brew House Pilot Batch, Genesee Cream Ale, Genesee Ice, Genesee Light, Genesee N.A
George Eastman Circle
Greater Rochester Enterprise
Hargray Communications
Laser Spa Development, PR, Strategy
MCC Starlight Social Club
Monro Muffler
Roberts Wesleyan College
Thompson Health
Watkins Glen International (Agency of Record)

DJ-LA LLC
11400 W Olympic Blvd Ste 200, Los Angeles, CA 90064-1644
Tel.: (310) 473-1000
Fax: (310) 573-2145
Web Site: www.dj-la.com

E-Mail for Key Personnel:
President: dennis@dj-la.com

Employees: 12

Year Founded: 1974

Agency Specializes In: Advertising, Advertising Specialties, Brand Development & Integration, Business Publications, Business-To-Business, Cable T.V., Collateral, Consumer Marketing, Consumer Publications, Corporate Communications, Corporate Identity, Direct Response Marketing, E-Commerce, Entertainment, Exhibit/Trade Shows, Fashion/Apparel, Financial, Food Service, Graphic Design, In-Store Advertising, Internet/Web Design, Legal Services, Local Marketing, Logo & Package Design, Magazines, Media Buying Services, Newspaper, Newspapers & Magazines, Point of Purchase, Point of Sale, Print, Radio, Real Estate, Retail, Syndication, T.V., Trade & Consumer Magazines

Approx. Annual Billings: $12,000,000

Breakdown of Gross Billings by Media: Collateral: 10%; Exhibits/Trade Shows: 5%; Graphic Design: 15%; Internet Adv.: 5%; Logo & Package Design: 5%; Newsp.: 15%; Print: 10%; Radio & T.V.: 15%; Sls. Promo.: 5%; Trade & Consumer Mags.: 15%

Dennis Horlick *(Pres)*
Jackie Horlick *(CEO)*
Scott C Doughty *(Exec VP & Dir-Creative)*

Accounts:
20th Century Fox Home Video; Los Angeles, CA Home Video Rentals; 2001
ADT Security Systems
Bel Air Camera
Casio Phone Mate
City of Hope; Los Angeles, CA Cancer Research; 2007
Coldwell Banker Previews International
Debbie Allen Dance Academy
The Jacobson Group
Music Center of Los Angeles
Not Your Daughters' Jeans; Vernon, CA Ladies Jeans; 2008
Nutrifit; Los Angeles, CA Home Delivered Meals; 2006
Paramount Home Video
Sarah Leonard Jewelers; Westwood, CA Jewelry Retail; 2003
Save Africa's Children; Los Angeles, CA African Aid; 2004
Stop Cancer; Los Angeles, CA Cancer Research; 2001
TVN Entertainment; Burbank, CA Cable Programming; 2002

DJD/GOLDEN ADVERTISING, INC.
225 W 36Th St Rm 400, New York, NY 10018
Tel.: (212) 366-5033
Fax: (212) 243-5044
E-Mail: call@djdgolden.com
Web Site: www.djdgolden.com

E-Mail for Key Personnel:
President: mgolden@djdgolden.com
Public Relations: mgolden@djdgolden.com

Employees: 7
Year Founded: 1990

Agency Specializes In: Advertising, Brand Development & Integration, Business Publications, Business-To-Business, Collateral, Communications, Consulting, Content, Corporate Communications, Corporate Identity, Direct Response Marketing, Event Planning & Marketing, Financial, Government/Political, Graphic Design, Guerilla Marketing, High Technology, Identity Marketing, Information Technology, Integrated Marketing, Internet/Web Design, Legal Services, Local Marketing, Logo & Package Design, Magazines, Media Relations, New Technologies, Planning & Consultation, Promotions, Public Relations, Publicity/Promotions, Real Estate, Regional, Sales Promotion, Technical Advertising, Telemarketing

Approx. Annual Billings: $10,500,000

Breakdown of Gross Billings by Media: Collateral: 20%; D.M.: 15%; Mags.: 10%; Newsp.: 10%; Pub. Rels.: 40%; Transit: 5%

Malcolm Petrook *(Partner)*

Accounts:
Association for Computing Machinery; New York, NY (Membership Campaign)
Bruno Blenheim, Inc.; Fort Lee, NJ Trade Shows
International Foodcraft; Brooklyn, NY Food Ingredients
John Wiley & Sons; New York, NY Books
Proskauer Rose Goetz & Mendelsohn; New York, NY Legal Services
Strategic Resources Corporation; New York, NY Fund Manager & Investment Banking
Verizon Telesector Resources Group; White Plains, NY Telecommunications Services
World Trade Institute; New York, NY Seminars

D.L. MEDIA INC.
720 W Center Cir, Nixa, MO 65714
Tel.: (417) 725-1816
Fax: (417) 725-8365
E-Mail: diannelm@dlmedia.com
Web Site: www.dlmedia.com

Employees: 15
Year Founded: 1997

Agency Specializes In: Advertising, Advertising Specialties, Automotive, Brand Development & Integration, Broadcast, Business Publications, Business-To-Business, Cable T.V., Catalogs, Co-op Advertising, Collateral, Commercial Photography, Communications, Consulting, Consumer Marketing, Consumer Publications, Corporate Identity, Direct Response Marketing, E-Commerce, Electronic Media, Email, Entertainment, Event Planning & Marketing, Exhibit/Trade Shows, Fashion/Apparel, Financial, Graphic Design, Health Care Services, Identity Marketing, In-Store Advertising, Infomercials, Internet/Web Design, Logo & Package Design, Magazines, Media Buying Services, Media Planning, Mobile Marketing, Multimedia, Newspaper, Newspapers & Magazines, Out-of-Home Media, Outdoor, Over-50 Market, Package Design, Planning & Consultation, Podcasting, Point of Purchase, Point of Sale, Print, Production, Production (Ad, Film, Broadcast), Production (Print), Promotions, Public Relations, Radio, Recruitment, Regional, Restaurant, Retail, Sales Promotion, Search Engine Optimization, Seniors' Market, Social Media, Strategic Planning/Research, T.V., Trade & Consumer Magazines, Transportation, Travel & Tourism, Web (Banner Ads, Pop-ups, etc.)

Approx. Annual Billings: $4,500,000

Breakdown of Gross Billings by Media: Adv. Specialities: $105,000; Cable T.V.: $175,000; Consulting: $70,000; Consumer Publs.: $35,000; Fees: $175,000; Internet Adv.: $70,000; Logo & Package Design: $35,000; Newsp. & Mags.: $1,645,000; Out-of-Home Media: $35,000; Spot Radio: $210,000; Spot T.V.: $1,875,000; Worldwide Web Sites: $70,000

Dianne Davis *(Owner & Pres)*
Krystal Imerman *(Creative Dir)*

Accounts:
Bill Roberts Chevrolet Buick New Vehicles; 1997
Branson Airport Airport, Travel Services; 2012

ADVERTISING AGENCIES

Commemorative Air Force B29/B24 Squadron, Vintage Aircraft Aerial Shows; 2015
Consumer Credit Counseling Service; Springfield, MO Nonprofit Credit Counseling Services; 2003
Court Appointed Special Advocates of Missouri (CASA) Nonprofit Volunteer Recruitment; 2015
Doug Hunt Consulting Local & Regional Media Buying Services; 2011
Drury University Student & Continuing Education Enrollment; 2011
Gloucester County Virginia Department of Emergency Management Public Service & Community Outreach; 2014
Ink Ink Tattoos & Piercings Tattoo & Piercing Services; 2016
Meek's Lumber Lumber & Building Materials; 1999
National Airlines (Advertising Agency of Record) Travel Services; 2015
The Nunneley Group Local & Regional Media Buying Services
Office of Virginia Attorney General Mark R. Herring Public Service Initiatives; 2015
Ozarks Technical Community College (OTC) Student & Continuing Education Enrollment; 2011
Parmele Law Firm & RGG Law Social Security Disability & Bankruptcy Law Services; 2011
Port of Kimberling Marina & Resort Boat & Resort Services, Lake Vacation; 2014
Pro-Tel Systems Phone Systems & Data Cabling; 2016
Schilling Sellmeyer & Associates; Springfield, MO Local & Regional Media Buying Services; 2006
Table Rock Boats New Boats; 2014
Tri-Lakes Ford Chrysler Dodge Jeep New Vehicles; 2012
Waterford at Ironbridge; Springfield, MO Retirement Community; 2002
Welk Resort Theatre Entertainment Venue; 2011

DLS DESIGN
274 Madison Ave, New York, NY 10016
Tel.: (212) 255-3464
Fax: (212) 255-1031
E-Mail: info@dlsdesign.com
Web Site: www.dlsdesign.com

E-Mail for Key Personnel:
President: david@dlsdesign.com

Employees: 2
Year Founded: 1997

Agency Specializes In: Internet/Web Design

Approx. Annual Billings: $200,000

Breakdown of Gross Billings by Media: Collateral: 10%; Newsp. & Mags.: 10%; Worldwide Web Sites: 80%

David Schiffer *(Owner)*

Accounts:
Acoustone Fabrics (Web Site Design); 2001
Broadgate Consultants (Web Site Design); 2003
DLS Fortifies Public Defenders
Kreindler & Kreindler Aviation Law (Web Site Design); 1998
Ladies Who Launch
Mount Sinai Medical Center Sports Medicine
New York Harm Reduction Educators Nonprofit AIDS Services (Web Site Design); 2000
Old, New, Blue, But Nothing Borrowed
Petrillo Klein
SPI, Spare Parts International (Web Site Design); 2003
This Law Web Site is No Crime
Thompson, Wigdor & Gilly LLP (Web Site Design); 2003

DM2 DESIGN CONSULTANCY
100 Challenger Rd, Ridgefield Park, NJ 07660
Tel.: (201) 840-8910
Fax: (201) 840-7907
E-Mail: berckes@thinkdm2.com
Web Site: www.thinkdm2.com

E-Mail for Key Personnel:
President: annunziato@thinkdm2.com
Creative Dir.: daddario@thinkdm2.com
Production Mgr.: ariatabar@thinkdm2.com

Employees: 12
Year Founded: 1989

Agency Specializes In: Advertising, Brand Development & Integration, Collateral, Communications, Consumer Marketing, Corporate Communications, Corporate Identity, Digital/Interactive, Direct Response Marketing, Education, Electronics, Environmental, Event Planning & Marketing, Exhibit/Trade Shows, Graphic Design, Hospitality, Identity Marketing, Information Technology, Integrated Marketing, Internet/Web Design, Logo & Package Design, Magazines, Media Buying Services, Media Planning, Newspapers & Magazines, Out-of-Home Media, Outdoor, Package Design, Point of Purchase, Point of Sale, Print, Production, Promotions, Real Estate, Sales Promotion, Strategic Planning/Research, Trade & Consumer Magazines, Web (Banner Ads, Pop-ups, etc.)

Approx. Annual Billings: $3,000,000

Breakdown of Gross Billings by Media: Adv. Specialities: 20%; Collateral: 40%; Internet Adv.: 20%; Strategic Planning/Research: 20%

David Annunziato *(Pres, Mng Dir & Strategist-Certified Brand)*
Katherine Winter *(VP-Ops)*
Monica Berckes *(Sr Acct Dir-thinkdm2)*
Brett Dziura *(Dir-Digital)*
Brian Sica *(Designer-UX & UI)*
Nava Anav *(Sr Art Dir)*

Accounts:
Avaya
Balancepoint; Rochelle Park, NJ
Bear Stearns
Dialogic
Intel
LG
Morgan Stanley
MTV
Sony Electronics
Unilever

DMA UNITED
68 White St # 3, New York, NY 10013
Tel.: (212) 334-3168
E-Mail: cheers@dmaunited.com
Web Site: dmaunited.com

Employees: 15
Year Founded: 1994

Agency Specializes In: Above-the-Line, Advertising, Advertising Specialties, Affluent Market, African-American Market, Alternative Advertising, Arts, Automotive, Below-the-Line, Bilingual Market, Brand Development & Integration, Branded Entertainment, Broadcast, Business-To-Business, Catalogs, Children's Market, Co-op Advertising, Collateral, College, Commercial Photography, Communications, Consumer Goods, Consumer Marketing, Consumer Publications, Content, Corporate Identity, Cosmetics, Custom Publishing, Digital/Interactive, Direct-to-Consumer, E-Commerce, Electronic Media, Electronics, Entertainment, Event Planning & Marketing, Experience Design, Fashion/Apparel, Food Service, Graphic Design, Guerilla Marketing, High Technology, Hospitality, Household Goods, Identity Marketing, In-Store Advertising, Integrated Marketing, International, Internet/Web Design, Leisure, Local Marketing, Logo & Package Design, Luxury Products, Magazines, Market Research, Media Relations, Men's Market, Merchandising, Multicultural, Multimedia, New Product Development, Newspapers & Magazines, Out-of-Home Media, Outdoor, Over-50 Market, Package Design, Pharmaceutical, Point of Purchase, Point of Sale, Print, Product Placement, Production, Production (Ad, Film, Broadcast), Production (Print), Publishing, Restaurant, Retail, Sales Promotion, Social Marketing/Nonprofit, Social Media, South Asian Market, Sponsorship, Sports Market, Strategic Planning/Research, Teen Market, Transportation, Travel & Tourism, Tween Market, Urban Market, Viral/Buzz/Word of Mouth, Web (Banner Ads, Pop-ups, etc.), Women's Market

Marc Beckman *(Founder, CEO & Partner)*
Sam Sohaili *(Founder & Exec Creative Dir)*
Nancy Chanin *(VP-Bus Dev)*
Emmanuel Perez *(Gen Mgr & Sr Acct Dir)*

Accounts:
Alice Roi
Allergan
Andre Leon Talley; 2012
Barneys New York; 2014
BBC Worldwide BBC Earth, BBC First; 2014
Chef Russell Jackson; 2011
Cushnie et Ochs; 2011
The Face; 2013
Finish Line; 2014
Freemans Sporting Goods; 2012
HSN; 2007
Jordache; 2006
Judith Light; 2009
Karen Elson
Kelly Rutherford; 2013
Kimpton Hotels
Lidia Bastianich
Lisa Rinna; 2010
L'Oreal
Mark McNairy; 2013
Melania Trump; 2005
Monica Botkier
NBA; 2014
Nigel Barker; 2008
Nine West
Numero Russia; 2013
Pamela Love; 2009
Paul Morelli; 2013
Pepsi; 2014
Playboy; 2012
Reitman's; 2012
Selima Optique; 2012
Seu Jorge; 2011
Skinmedica; 2008
Sony
Susan Moses; 2008
True Religion; 2014
Tucker
Vern Yip; 2010
Veronica Webb; 2008
WESTBROOK Eyewear Russell Westbrook; 2014
Zappos.com Zappos Couture; 2013

DMG MARKETING
3801 Kennett Pike Ste D-301, Wilmington, DE 19807
Tel.: (302) 575-1610
Fax: (302) 575-1614
E-Mail: info@hellodmg.com
Web Site: www.hellodmg.com

Employees: 14
Year Founded: 1993

Agency Specializes In: Advertising, Brand Development & Integration, Internet/Web Design, Social Media

AGENCIES - JANUARY, 2019　　　　　　　　　　　　　　　　　　　　　　　　　ADVERTISING AGENCIES

Ken Scott *(Pres)*
Christie Bleach *(Sr VP)*
Karen Donovan *(Sr VP)*
Megan Rassman *(Asst VP)*
Kellie Rados *(Sr Graphic Designer)*

Accounts:
United Way Delaware

DMI PARTNERS
1 S Broad St 11th Fl, Philadelphia, PA 19107
Tel.: (215) 279-9800
Toll Free: (800) 947-3148
E-Mail: info@dmipartners.com
Web Site: https://www.dmipartners.com/

Employees: 52
Year Founded: 2003

Agency Specializes In: Advertising, Experiential Marketing

James Delaney *(Founder)*
Patrick McKenna *(CEO)*
Kevin Dugan *(VP-Agency Svcs)*
Beth Harless *(VP-Sls & Mktg)*
Brian McKenna *(VP-Strategic Partnerships)*
David Lachowicz *(Creative Dir)*
Zach Labenberg *(Sr Strategist-Client)*

Accounts:
adidas
Experian
Gerber
Mitchell & Ness
Secure a Quote
Tastykake

DMN3
PO Box 925399, Houston, TX 77292
Tel.: (713) 868-3000
Fax: (713) 868-1388
Toll Free: (800) 625-8320
E-Mail: contact@dmn3.com
Web Site: www.dmn3.com

Employees: 30
Year Founded: 1992

National Agency Associations: DMA

Agency Specializes In: Direct Response Marketing

Pamela Lockard *(Founder & CEO)*
John LaCour *(COO)*
Charles Eldred *(Creative Dir)*
Paul Wyble *(Dir-Project Mgmt)*
Constance Adolph *(Sr Strategist-Mktg)*

Accounts:
American Airlines Federal Credit Union
Cable Lock
ConocoPhillips Technology Solutions
Dell Perot Systems Corporation
Fujitsu
Kraton Polymers
Maxwell Drummond International
NRG Energy, Inc.

Branch

DMN3/Dallas
2710 Swiss Ave, Dallas, TX 75204
Tel.: (214) 826-7576
Web Site: www.dmn3.com

Employees: 5

Charles Eldred *(Creative Dir)*

DMNGOOD
425 L St Nw Apt 730, Washington, DC 20001
Tel.: (202) 683-8975
E-Mail: looking@dmngood.com
Web Site: https://www.dmngood.com/

Employees: 5

Agency Specializes In: Advertising, Brand Development & Integration, Internet/Web Design, Public Relations, Search Engine Optimization, Social Media

Daniel Adler *(Owner)*

Accounts:
Marriott International

DMW WORLDWIDE LLC
701 Lee Rd Ste 103, Chesterbrook, PA 19087-5612
Tel.: (610) 407-0407
Fax: (610) 407-0410
E-Mail: info@dmwdirect.com
Web Site: www.dmwdirect.com

E-Mail for Key Personnel:
Creative Dir.: bspink@dmwdirect.com
Production Mgr.: gkneib@dmwdirect.com

Employees: 80
Year Founded: 1981

National Agency Associations: DMA

Agency Specializes In: Advertising, Broadcast, Business-To-Business, Consulting, Consumer Marketing, Direct Response Marketing, Financial, Health Care Services, Media Buying Services, Over-50 Market, Pharmaceutical, Planning & Consultation, Print, Production, Seniors' Market, Strategic Planning/Research, T.V., Telemarketing

Approx. Annual Billings: $65,315,158

Breakdown of Gross Billings by Media: D.M.: $39,867,186; Newsp. & Mags.: $1,820,330; Other: $16,342,222; Radio: $535,195; T.V.: $6,750,225

Mark S. Mandia *(Pres & CEO)*
Bill Spink *(Partner & Chief Creative Officer)*
Josie B. Clippinger *(CFO & Exec VP-Severn Bank)*
Renee Mezzanotte *(Exec VP-Client Svcs-DMW Direct)*
Cheryl Biondi *(VP & Creative Dir)*
Rachel Silva *(VP-Strategy & Innovation)*
Justin Stauffer *(VP-Integrated Mktg)*
Len Zappolo *(Exec Dir-Media Svcs, Data Analytics & Insight)*
Gary Brodbeck *(Sr Dir-Tech Ops & Compliance)*
Sean Clark *(Creative Dir-DMW Direct)*
Kathryn Craig *(Acct Dir)*
Megan Howe *(Acct Mgr)*
Stephanie Natale *(Acct Mgr-Direct)*
Catherine Roth *(Acct Mgr)*
Janine Taylor *(Acct Mgr)*
Christina Clausen *(Mgr-HR-DMW Direct)*
John DiSessa *(Mgr-Database Sys & Admin)*
Erica Yanoshak *(Sr Acct Exec)*
Michael E. Wermuth *(Sr Media Planner & Buyer-Media Svcs)*

Accounts:
Blue Cross Blue Shield Plans Health Care Plans
BlueShield of South Carolina
IBM
Public Broadcasting Stations Iowa Public Television, KLRU/Austin, Texas, Kentucky Educational Television

DNA SEATTLE
1301 5th Ave Ste 2600, Seattle, WA 98101-3100

Tel.: (206) 770-9615
Fax: (206) 770-9015
E-Mail: info@dnaseattle.com
Web Site: www.dnaseattle.com

Employees: 48
Year Founded: 1998

Agency Specializes In: Advertising, Brand Development & Integration, Business-To-Business, Collateral, Graphic Design, Logo & Package Design, Magazines, Media Buying Services, Newspapers & Magazines, Out-of-Home Media, Outdoor, Print, Production, Radio, Restaurant, Sports Market, Strategic Planning/Research, T.V.

Approx. Annual Billings: $13,000,000

Dan Gross *(Co-Founder & Chm)*
Alan Brown *(Co-Founder & CEO)*
Chris Witherspoon *(Pres & Chief Growth Officer)*
Christine Wise *(Chief Strategy Officer)*
Scott Fero *(Exec Creative Dir)*
Steve Williams *(Exec Creative Dir)*
Lindell Serrin *(Sr Dir-Art & Designer)*
Kristen Baker *(Acct Dir)*
Jon Lazar *(Creative Dir)*
Noel Nickol *(Creative Dir)*
Annie Richards *(Acct Dir)*
Caroline Ballaine *(Dir-Brand Strategy)*
Dave Echenoz *(Dir-Production & Integrated)*
Erin Keeley *(Dir-Project Mgmt)*
Charlene Short *(Dir-Talent & Culture)*
Alex McHugh *(Acct Mgr)*
Kayla McLain *(Acct Mgr)*
Michael Quirk *(Mgr-Studio)*
Erin Jarrett *(Acct Supvr)*
Jake Bevis *(Supvr-Media)*
Christopher Mejia *(Strategist-Media & Planner)*
Maxwell Jones *(Media Planner-Strategy, Plng, Buying, Execution & Optimization)*
Paul Teodorescu *(Coord-Billing)*
Lianne Onart *(Assoc Creative Dir)*

Accounts:
Alaska Airlines
New-Amazon.com, Inc.
American Express Publishing; New York, NY Executive Travel Magazine; 1998
Ben Bridge Jeweler (Creative & Branding Agency of Record)
Benaroya Research Institute; Seattle, WA Healthcare Research; 2012
Boeing Employees Credit Union
Clinton Global Initiative; New York, NY; 2009
Concur; Seattle, WA; 2004
New-Consumer Cellular
New-Cray Inc.
New-Darigold
F5; Seattle, WA; 2010
Golden 1 Credit Union Campaign: "Stronger Together"
Group Health Cooperative Campaign: "One Goal"
New-MemorialCare Health System
Microsoft Corporation; Redmond, WA CEO Summit; 2009
Nordstrom
Pemco Insurance; Seattle, WA Automobile Insurance; 2001
Puget Sound Energy
RDM Properties
SHAG; Seattle, WA Senior Living; 2011
Simple Mobile; Orange County, CA (Agency of Record)
Tommy Bahama
Trupanion
University of Washington; Seattle, WA Higher Education; 2008

DNT MEDIA INC
1817 S Broadway St, Little Rock, AR 72206
Tel.: (501) 379-8613
Web Site: www.dntmedia.com

311

ADVERTISING AGENCIES

Employees: 5

Agency Specializes In: Advertising, Digital/Interactive, Logo & Package Design, Media Buying Services, Print, Social Media, Strategic Planning/Research

Steve Dannaway (Pres & COO)

Accounts:
Beaver Dam Mud Runners
ENG Lending
Speedway Sales Golf Cars
Zink Calls Inc. Avian-X

DO GOOD MARKETING, LLC
76 W Ridgewood Ave Ste 9, Ridgewood, NJ 07450
Tel.: (201) 204-4663
Fax: (201) 204-4664
E-Mail: iwant2@dogoodmarketing.com
Web Site: www.dogoodmarketing.com

Employees: 9
Year Founded: 2007

Agency Specializes In: Advertising, Advertising Specialties, Affluent Market, Alternative Advertising, Arts, Automotive, Below-the-Line, Brand Development & Integration, Broadcast, Business Publications, Business-To-Business, Cable T.V., Catalogs, Children's Market, Co-op Advertising, Collateral, College, Commercial Photography, Communications, Computers & Software, Consulting, Consumer Goods, Consumer Marketing, Consumer Publications, Corporate Communications, Corporate Identity, Cosmetics, Crisis Communications, Custom Publishing, Customer Relationship Management, Digital/Interactive, Direct Response Marketing, Direct-to-Consumer, E-Commerce, Education, Electronic Media, Electronics, Email, Entertainment, Environmental, Event Planning & Marketing, Exhibit/Trade Shows, Experience Design, Fashion/Apparel, Financial, Food Service, Game Integration, Graphic Design, Guerilla Marketing, Health Care Services, High Technology, Hospitality, Household Goods, Identity Marketing, In-Store Advertising, Industrial, Infomercials, Integrated Marketing, Internet/Web Design, Investor Relations, Leisure, Local Marketing, Logo & Package Design, Luxury Products, Magazines, Market Research, Media Buying Services, Media Planning, Media Relations, Media Training, Medical Products, Men's Market, Merchandising, Mobile Marketing, Multimedia, New Product Development, New Technologies, Newspaper, Newspapers & Magazines, Out-of-Home Media, Outdoor, Over-50 Market, Package Design, Paid Searches, Planning & Consultation, Podcasting, Point of Purchase, Point of Sale, Print, Product Placement, Production, Production (Ad, Film, Broadcast), Production (Print), Promotions, Public Relations, Publicity/Promotions, Publishing, RSS (Really Simple Syndication), Radio, Recruitment, Regional, Restaurant, Retail, Sales Promotion, Search Engine Optimization, Seniors' Market, Social Marketing/Nonprofit, Sports Market, Stakeholders, Strategic Planning/Research, T.V., Teen Market, Telemarketing, Trade & Consumer Magazines, Transportation, Travel & Tourism, Urban Market, Viral/Buzz/Word of Mouth, Web (Banner Ads, Pop-ups, etc.), Women's Market

Approx. Annual Billings: $3,000,000

Michael Haviland *(Founder & Pres)*
Laura Dapito *(Art Dir & Graphic Designer)*
Sue Reid *(Art Dir & Graphic Designer)*
Janice Ellsworth *(Designer)*

Accounts:
AAdynTech
Adler Aphasia Center
Allendale Bar & Grill
Alliance Healthcare Foundation
Alpine Learning Group
American Red Cross
Atlantic Barn & Timber Company
Barnert Subacute Rehabilitation Center
Bergen Catholic High School
Bergen Community College
Cascadia Managing Brands
Change for Kids
Children's Aid & Family Services
Chilton Memorial Hospital
CLC Landscape Design, Inc
Clifton Savings Bank
Clive Christian
Cohn Lifland Pearlman Herrmann & Knopf LLP
Covenant House
Dellridge Health & Rehabilitation
East Air Corporation
EPIC School
Eximious Wealth Management LLC
Fairfield University
Family of Caring Health System
Globalshop Inc.
Good Eye Video
The Good Life Boutique
Greater Bergen Community Action
Habitat for Humanity
Holy Name Medical Center
Home Team
Horizon Landscape and Irrigation
Hudson Vein and Vascular
KPMG LLC
Lipton
Mahwah Bar & Grill
Manhattan Labs
Massey Quick
McDonald's
Mondelez International, Inc.
Morris Anesthesia Group
Morris County Surgical Center, LLC
N2 Qualitative Marketing Research
NAPA Brakes
NAPA
New England Timberworks
Nutley Auto Group
Nutley Auto
Nyack Hospital
NYU School of Dentistry
Palisades Financial LLC
Paterson Habitat for Humanity
Pearson Education
Perugina
Professional Baseball Instruction, Inc.
Rapid Pump & Meter Service Co., Inc.
READ Now!
REED Academy
Salvation Army
SMARTCOMM
Soccer Coliseum
Social Services of Ridgewood
St. Joseph's Regional Medical Center
Target Custom Homes
Turrell Child Care & Early Learning Center
Tuxedo Park School
University of Michigan
Volvo
West Bergen Mental Healthcare
World Class Soccer
York Building Services

DOBERMAN
333 Park Ave S Ste 5C, New York, NY 10010
Tel.: (646) 581-0902
E-Mail: hello@doberman.co
Web Site: doberman.co

Employees: 200

Agency Specializes In: Advertising, Brand Development & Integration, Digital/Interactive, Experience Design, Health Care Services, Internet/Web Design, New Product Development, Retail, Strategic Planning/Research

Michael Burkin *(Mng Dir-US)*
Katie Denton *(Creative Dir)*
Frances Crocker *(Dir-Client Engagement)*
Victor Essnert *(Dir-Technical)*
Kim Kelly *(Dir)*
Molly Boyd *(Designer)*
Sanna Wickman *(Sr Designer-Interaction)*

Accounts:
Bonzun
Skandinaviska Enskilda Banken AB
Telia Company
Wealthsimple Inc

DOCUSOURCE VISUAL COMMUNICATIONS
(See Under DVC Marketing)

DODGE ASSOCIATES, INC.
67 Cedar St Ste 102, Providence, RI 02903
Tel.: (401) 273-7310
Fax: (401) 272-8777
E-Mail: info@dodgeadv.com
Web Site: www.dodgeadv.com

Employees: 5
Year Founded: 1980

Agency Specializes In: Business-To-Business, Consumer Marketing, Industrial, Public Relations

Approx. Annual Billings: $4,600,000

Breakdown of Gross Billings by Media: Bus. Publs.: $1,150,000; Collateral: $1,150,000; Other: $1,150,000; Pub. Rels.: $1,150,000

Ogden Dodge, Jr. *(Pres)*
David L. Hughes *(VP)*
David DiMattia *(Art Dir)*

Accounts:
Colonial Mills
E.A. Dion, Inc.
Eastern Fisheries
MA Good Neighbor Energy Fund
RI Good Neighbor Energy Fund

DOE-ANDERSON
620 W Main St, Louisville, KY 40202-2933
Tel.: (502) 589-1700
Fax: (502) 587-8349
E-Mail: info@doeanderson.com
Web Site: www.doeanderson.com

Employees: 65
Year Founded: 1915

National Agency Associations: 4A's-AAF-AMIN

Agency Specializes In: Above-the-Line, Advertising, Advertising Specialties, Affluent Market, Alternative Advertising, Arts, Automotive, Aviation & Aerospace, Below-the-Line, Bilingual Market, Brand Development & Integration, Branded Entertainment, Broadcast, Business Publications, Business-To-Business, Cable T.V., Co-op Advertising, Collateral, College, Communications, Consulting, Consumer Goods, Consumer Marketing, Consumer Publications, Content, Corporate Communications, Corporate Identity, Crisis Communications, Customer Relationship Management, Digital/Interactive, Direct Response Marketing, Direct-to-Consumer, Email, Environmental, Event Planning & Marketing, Exhibit/Trade Shows, Experience Design, Experiential Marketing, Faith Based, Financial, Food Service, Government/Political, Graphic

Design, Guerilla Marketing, Health Care Services, Hospitality, Household Goods, Identity Marketing, In-Store Advertising, Information Technology, Integrated Marketing, International, Internet/Web Design, Investor Relations, Local Marketing, Logo & Package Design, Luxury Products, Magazines, Marine, Market Research, Media Buying Services, Media Planning, Media Relations, Media Training, Medical Products, Men's Market, Merchandising, Mobile Marketing, Multimedia, New Product Development, New Technologies, Newspaper, Newspapers & Magazines, Out-of-Home Media, Outdoor, Package Design, Planning & Consultation, Podcasting, Point of Purchase, Point of Sale, Print, Product Placement, Production, Production (Ad, Film, Broadcast), Production (Print), Promotions, Public Relations, Publicity/Promotions, RSS (Really Simple Syndication), Radio, Regional, Restaurant, Retail, Sales Promotion, Search Engine Optimization, Seniors' Market, Social Marketing/Nonprofit, Sponsorship, Sports Market, Stakeholders, Strategic Planning/Research, Sweepstakes, T.V., Teen Market, Transportation, Travel & Tourism, Urban Market, Viral/Buzz/Word of Mouth, Web (Banner Ads, Pop-ups, etc.), Women's Market

Approx. Annual Billings: $60,000,000

Breakdown of Gross Billings by Media: Brdcst.: 20%; Bus. Publs.: 5%; D.M.: 10%; Internet Adv.: 10%; Mags.: 10%; Newsp.: 10%; Other: 15%; Outdoor: 10%; Pub. Rels.: 10%

Jason Kempf *(Sr VP & Grp Brand Dir)*
Raymond Radford *(Sr VP-Channel Mktg)*
Scott Boswell *(VP & Exec Creative Dir)*
Charlotte Reed *(VP & Mgmt Supvr)*
Wes Keeton *(Grp Head-Creative)*
Troy Burkhart *(Sr Dir-Art)*
Mike Bagby *(Creative Dir-Retail Design)*
Bill Connelly *(Creative Dir)*
David Finch *(Dir-Content)*
Meagan Boyle *(Sr Acct Mgr)*
George Archie *(Office Mgr)*
Meghan Clark *(Acct Mgr)*
Mendy Mulberry *(Acct Mgr)*
Megan Snider Radford *(Acct Mgr)*
Bill Schelling *(Production Mgr)*
Megan Gettelfinger *(Mgr-Print Production)*
Ainsley Jones *(Mgr-Content)*
Tracey Saelen *(Mgr-Traffic)*
Kristy Calman *(Specialist-Media & Supvr-Brdcst)*
Matt O'Mara *(Supvr-Media)*
Dana Petter *(Coord-Media)*

Accounts:
1st Source Bank
Arai Helmet, Inc (Agency of Record) Creative, Digital, Media, Mobile-app, Point-of-Purchase, Public Relations, Web Design
Beam Suntory Jim Beam, Laphroaig, Makers Mark
Belterra Park
Bluegrass Cellular
Cardo Systems
Carrier Corp.
Central Bank; Lexington, KY
Donan Engineering Co. Inc
Duck Head Apparel
Fifth Third Bancorp
The Healing Place; Louisville, KY
Hosparus Inc.
Independence Bank
Kentucky Derby; Louisville, KY Campaign :"The amount of confusion was just so enormous."
Kohler; Kohler, WI
Kosair Children's Hospital; Louisville, KY
Louisville Branding Alliance; Louisville, KY City of Louisville
Louisville Metro Police Dept.; Louisville, KY 574-LMPD
The Louisville-Southern Indiana Ohio River Bridges Project; Louisville, KY
Maker's Mark
Maui Jim Inc. (Agency of Record) Buying, Creative, Strategic Media Planning
Mcallister's Deli
Mercy Academy Campaign: "Prepare for real life"
Norton Healthcare; Louisville, KY
Stoll, Keenon, Ogden; Louisville, KY
Umbro
United Methodist Church
Valvoline

Branch

Doe-Anderson
624 N Hight St, Columbus, OH 43215
Tel.: (614) 715-2256
E-Mail: info@doeanderson.com
Web Site: www.doeanderson.com

Employees: 10
Year Founded: 1915

Agency Specializes In: Advertising, Brand Development & Integration, Experiential Marketing, Internet/Web Design, Media Planning, Mobile Marketing, Production, Public Relations, Shopper Marketing, Social Media

Steve Kauffman *(VP & Acct Dir)*

Accounts:
New-Hunt Brothers Pizza
New-OhioHealth Branding & Positioning Strategies

DOGGETT ADVERTISING, INC.
5970 Fairview Road, Charlotte, NC 28210
Tel.: (704) 377-1122
Fax: (704) 377-2444
E-Mail: info@doggettadvertising.com
Web Site: www.doggettadvertising.com

Employees: 10
Year Founded: 1988

National Agency Associations: Second Wind Limited

Agency Specializes In: Automotive, Broadcast, Business Publications, Business-To-Business, Cable T.V., Collateral, Consulting, Consumer Marketing, Consumer Publications, Direct Response Marketing, E-Commerce, Electronic Media, Event Planning & Marketing, Fashion/Apparel, Financial, Graphic Design, Health Care Services, Logo & Package Design, Media Buying Services, Newspaper, Newspapers & Magazines, Out-of-Home Media, Outdoor, Over-50 Market, Planning & Consultation, Print, Production, Public Relations, Radio, Real Estate, Seniors' Market, Strategic Planning/Research, T.V., Trade & Consumer Magazines

George Doggett *(Pres & Strategist-Brand)*
Jeff Doggett *(Strategist-Certified Brand)*

DOGTIME MEDIA INC.
PO Box 576, San Francisco, CA 94104
Tel.: (415) 830-9318
Fax: (415) 692-8171
Web Site: dogtime.com/

Employees: 5
Year Founded: 2006

Agency Specializes In: Advertising, Publishing, Web (Banner Ads, Pop-ups, etc.)

Accounts:
Eukanuba Pet Foods
Pedigree Pet Foods

DOGWOOD PRODUCTIONS, INC.
757 Government St, Mobile, AL 36602-1404
Tel.: (251) 476-0858
Fax: (251) 479-0364
Toll Free: (800) 254-9903
E-Mail: info@dogwoodproductions.com
Web Site: www.dogwoodproductions.com

Employees: 15
Year Founded: 1983

National Agency Associations: Second Wind Limited

Agency Specializes In: Digital/Interactive, Graphic Design, Internet/Web Design, Multimedia, Production

Approx. Annual Billings: $1,200,000

John Strope *(Owner & Dir-Technical)*
Jason Cruthirds *(Creative Dir)*
Ray Norman *(Dir-Audio)*

Accounts:
Brett/Robinson Vacation Rentals
Chapura Software
Lifelines/Family Counseling Center of Mobile, Inc.
Mobile Convention & Visitors Corporation

DOLABANY COMMUNICATIONS GROUP
57 Providence Hwy, Norwood, MA 02062
Tel.: (781) 762-8203
Fax: (781) 769-8228
Web Site: www.dolabanygroup.com

Employees: 10
Year Founded: 1997

Agency Specializes In: Advertising, Experiential Marketing

Dana Dolabany *(Owner)*
Maureen Allen *(Media Dir)*

Accounts:
D'Angelo
Dunkin Donuts
Papa Gino's Pizzeria

DOMUS INC.
123 Avenue of Arts Ste 1980, Philadelphia, PA 19109
Tel.: (215) 772-2800
Fax: (215) 772-2819
E-Mail: betty.tuppeny@domusinc.com
Web Site: www.domusinc.com

Employees: 30
Year Founded: 1993

National Agency Associations: PRSA

Agency Specializes In: Advertising, Advertising Specialties, Affluent Market, Alternative Advertising, Arts, Automotive, Below-the-Line, Brand Development & Integration, Broadcast, Business Publications, Business-To-Business, Cable T.V., Catalogs, Children's Market, Co-op Advertising, Collateral, College, Commercial Photography, Communications, Computers & Software, Consulting, Consumer Goods, Consumer Marketing, Consumer Publications, Content, Corporate Communications, Corporate Identity, Crisis Communications, Custom Publishing, Customer Relationship Management, Digital/Interactive, Direct Response Marketing, Direct-to-Consumer, E-Commerce, Education, Electronic Media, Electronics, Email, Entertainment, Environmental, Event Planning & Marketing, Exhibit/Trade Shows, Experience Design, Financial, Food Service, Government/Political, Graphic Design, Guerilla

ADVERTISING AGENCIES

Marketing, Health Care Services, High Technology, Hospitality, Household Goods, Identity Marketing, In-Store Advertising, Industrial, Information Technology, Integrated Marketing, Internet/Web Design, Legal Services, Leisure, Local Marketing, Logo & Package Design, Luxury Products, Magazines, Market Research, Media Buying Services, Media Planning, Media Relations, Media Training, Merchandising, Mobile Marketing, Multicultural, Multimedia, New Product Development, New Technologies, Newspaper, Newspapers & Magazines, Out-of-Home Media, Outdoor, Over-50 Market, Package Design, Pharmaceutical, Planning & Consultation, Point of Purchase, Point of Sale, Print, Product Placement, Production, Production (Print), Promotions, Public Relations, Publicity/Promotions, Radio, Real Estate, Regional, Retail, Sales Promotion, Search Engine Optimization, Seniors' Market, Social Marketing/Nonprofit, Sponsorship, Sports Market, Strategic Planning/Research, Sweepstakes, T.V., Technical Advertising, Telemarketing, Trade & Consumer Magazines, Viral/Buzz/Word of Mouth, Women's Market

Approx. Annual Billings: $25,000,000

Elizabeth K. Tuppeny *(Owner)*
Lisa Samara *(Pres & COO)*
Joanne Michael *(Exec VP & Acct Mgr)*
Brendon Shank *(VP & Acct Dir)*
Christina Moore *(Sr Acct Mgr)*

Accounts:
AIG
Conagra Foods
Custom Electronic Design & Installation Association (Public Relations Agency of Record) Communications Counsel, Strategic Public Relations; 2018
Diageo
Dorma+Kaba Holding
DuPont
Epson America Inc.
Harrah's-Caesars
Lutron Electronics, Inc Lighting Controls
Mattel, Inc.
Merck & Co., Inc.
Oki Data Americas, Inc.
QuickChek
New-The Residences at The Ritz-Carlton, Philadelphia
Robern (Public Relations Agency of Record) Communications, Media Relations, Social Media
Verizon

DON FARLEO ADVERTISING & DESIGN COMPANY INC.
56 33rd Avenue South, Saint Cloud, MN 56301
Tel.: (320) 229-9089
Fax: (320) 251-0356
Web Site: www.adcoinc.com

Employees: 3

Agency Specializes In: Advertising, Corporate Communications, Internet/Web Design, Logo & Package Design, Out-of-Home Media, Outdoor, Promotions, Strategic Planning/Research, T.V.

Don Farleo *(Owner)*

Accounts:
Premier Restaurant Equipment

DON SCHAAF & FRIENDS, INC.
1313 F St NW 2nd Fl, Washington, DC 20004
Tel.: (202) 965-2600
Fax: (202) 965-2669
E-Mail: info@dsfriends.com
Web Site: www.dsfriends.com

Employees: 12

Agency Specializes In: Advertising, Brand Development & Integration, Direct Response Marketing, Identity Marketing, Media Relations, Package Design

Don Schaaf *(CEO)*
Mike Raso *(Exec VP)*
Matt Schaaf *(Exec VP)*

Accounts:
American University
ASIS International Show
Flowserve
Kennametal, Inc.
NAB Show
Shop.org
US Olympic Bobsled Federation
Westinghouse Nuclear
WIDIA

DONALD R. HARVEY, INC.
3555 Veterans Memorial Hwy, Ronkonkoma, NY 11779-9916
Tel.: (631) 467-6200
Fax: (631) 467-6224
Toll Free: (800) 842-9002
E-Mail: info@drhinc.com
Web Site: drhinc.com/

Employees: 20
Year Founded: 1968

National Agency Associations: ADM-LSA-SEMPO

Agency Specializes In: Advertising, Aviation & Aerospace, Business Publications, Cable T.V., Co-op Advertising, Digital/Interactive, Direct Response Marketing, E-Commerce, Health Care Services, Integrated Marketing, Internet/Web Design, Magazines, Market Research, Media Buying Services, Media Planning, Point of Purchase, Promotions, Web (Banner Ads, Pop-ups, etc.), Yellow Pages Advertising

Approx. Annual Billings: $13,000,000

Breakdown of Gross Billings by Media: D.M.: $1,000,000; Internet Adv.: $2,000,000; Worldwide Web Sites: $1,000,000; Yellow Page Adv.: $9,000,000

Anthony Vela *(VP-Client Svcs)*

THE DONALDSON GROUP
21 Paper Chase Trl, Avon, CT 06001
Tel.: (860) 658-9777
Fax: (860) 658-0533
E-Mail: info@donaldson-group.com
Web Site: www.donaldson-group.com

Employees: 14
Year Founded: 1992

Agency Specializes In: Advertising, Multicultural, Women's Market

Revenue: $2,000,000

Scott Altman *(Sr VP)*
Jennifer B. Casey *(Sr VP-Ops)*
Scott Jones *(Sr VP-Property Mgmt)*
John Majeski *(Sr VP-Acq & Bus Dev)*
Carlyle Swafford *(Sr VP-Property Mgmt)*
Sue Toland *(VP)*
Misti Mitchell *(Reg Mgr-Property)*
Brett Havener *(Mgr-Property)*
Hiro Itoh *(Mgr-Tech)*

Accounts:
3M
The Bushnell Center for the Performing Arts
Healthcare
United Natural Brands
YMCA

DONER
25900 Northwestern Hwy, Southfield, MI 48075
Tel.: (248) 354-9700
Fax: (248) 827-8440
Web Site: www.doner.com

Employees: 613
Year Founded: 1937

National Agency Associations: 4A's-ABC-APA

Agency Specializes In: Above-the-Line, Advertising, Alternative Advertising, Automotive, Below-the-Line, Brand Development & Integration, Broadcast, Business Publications, Business-To-Business, Cable T.V., Catalogs, Co-op Advertising, Collateral, Communications, Consumer Goods, Consumer Marketing, Consumer Publications, Content, Copywriting, Customer Relationship Management, Digital/Interactive, Direct Response Marketing, Direct-to-Consumer, E-Commerce, Electronic Media, Electronics, Email, Entertainment, Exhibit/Trade Shows, Experience Design, Experiential Marketing, Fashion/Apparel, Financial, Food Service, Graphic Design, Health Care Services, Hospitality, Household Goods, In-Store Advertising, Infomercials, Integrated Marketing, Internet/Web Design, Local Marketing, Magazines, Market Research, Media Buying Services, Media Planning, Merchandising, Mobile Marketing, Multicultural, Multimedia, New Technologies, Newspaper, Newspapers & Magazines, Out-of-Home Media, Outdoor, Package Design, Paid Searches, Pharmaceutical, Point of Purchase, Point of Sale, Print, Product Placement, Production, Production (Ad, Film, Broadcast), Production (Print), Promotions, Public Relations, Publicity/Promotions, Radio, Regional, Restaurant, Retail, Sales Promotion, Search Engine Optimization, Social Marketing/Nonprofit, Social Media, Sponsorship, Strategic Planning/Research, T.V., Trade & Consumer Magazines, Travel & Tourism, Viral/Buzz/Word of Mouth, Web (Banner Ads, Pop-ups, etc.)

Doner is a full-service, performance-driven advertising agency that is hardwired to deliver creativity. They seek out unique intersections of culture, commerce and consumer life and turn them into IDEAS THAT MOVE PEOPLE.

Approx. Annual Billings: $1,200,000,000

Mike Ensroth *(Exec VP & Head-Brand)*
Kerrin Kramer *(Exec VP & Head-Brand)*
Dennis McMillan *(Exec VP & Head-Brand)*
Lisa Nardone *(Exec VP & Head-Brand)*
Chuck Meehan *(Exec VP & Exec Creative Dir)*
Alison Lemeshow Taubman *(Exec VP-Bus & Strategy-Doner Adv)*
Sara Donald *(Sr VP & Head-Brand)*
Karen Cathel *(Sr VP & Exec Creative Dir)*
Gail Offen *(Sr VP & Creative Dir)*
Felipe Cabrera *(Sr VP & Strategist-Brand)*
Amy Murrin *(VP & Head-Brand)*
Randy Belcher *(Exec Creative Dir)*
Brian Nelson *(Art Dir & Assoc Creative Dir)*
Mark Adler *(Assoc Dir-Creative)*
Andrew Lamar *(Strategist-Multicultural)*

AGENCIES - JANUARY, 2019 — ADVERTISING AGENCIES

Burke di Piazza *(Copywriter)*
Olivia Hill *(Copywriter)*
Alexander Drukas *(Assoc Creative Dir)*
Anthony Moceri *(Assoc Creative Dir)*
Kate Wojan *(Assoc Creative Dir)*

Accounts:
3V Natural Foods (Creative Agency of Record) Meridian; 2017
ACH Food Companies, Inc. (Digital Agency of Record) Media Buying, Media Planning, Social
ADT (Lead Marketing Agency) Advertising, Broadcast, Creative, Media Buying, Media Planning; 1999
Allegheny Health Network Advertising Strategy, Branding, Media Buying, Media Planning
Beaumont Health (Agency of Record) Advertising, Branding
Bellefaire JCB
Bristol-Myers Squibb
Bush Brothers & Company Bush's Beans
New-Children's Mercy Kansas City (Agency of Record) Digital, Media Buying, Media Planning, Social
Coca-Cola (Agency of Record) Core Power Protein Line, Creative, Digital, Experiential, Social, Traditional Advertising, Yup! Kids Milk
Cox Communications Contour, Creative, Public Relations
Detroit Zoo
Fairlife LLC (Creative & Strategic Agency of Record) Advertising, Core Power, Marketing, Ultra-Filtered Milk, YUP!
FCA US LLC (Fiat Chrysler Automobiles) Alfa Romeo, Chrysler, Chrysler Pacifica, Chrysler Town & Country, Chrysler, Jeep & Dodge, Dodge Challenger GT, Fiat, Ram Truck, Retail Marketing, Uconnect; 2010
Harman International Industries, Incorporated Creative, JBL; 2010
Highmark Health Advertising Strategy, Branding, Broadcast, Creative, Lead Agency, Media Buying, Media Planning, Online, Outdoor, Print, Radio
International Tennis Hall of Fame (Agency of Record) Creative, Media Buying, Media Planning
McDonald's Corporation National Field Activation Program (Strategy & Creative Agency of Record), Production, Retail & Local Marketing
MedStar Health Inc. (Agency of Record) Creative & Production, Strategy; 2018
National Committee on Pay Equity Equal Pay Day, Video
OhioHealth Corp. (Agency of Record)
Owens Corning Corporation
Peapod
Popsugar Inc
Ram Trucks
Smithfield Foods, Inc (Creative Agency of Record) Eckrich, Integrated Marketing
Summa Health
Sunstar Americas Gum Dental Products (Agency of Record), Media Planning & Buying, Professional & Shopper Marketing, Strategy & Creative; 2018
The UPS Store (Agency of Record) Online, Print, Radio

Branches

Doner, London
60 Charlotte St, London, W1T 2NU United Kingdom
Tel.: (44) 20 7632 7600
E-Mail: talk@doner.co.uk
Web Site: http://doner.com/

Employees: 45
Year Founded: 1995

Agency Specializes In: Advertising, Consumer Goods, Electronics, New Technologies

Nick Constantinou *(Mng Dir)*
Logan Wilmont *(Exec VP & Exec Creative Officer-UK)*
Stewart Wright *(Head-Creative Tech)*
Emma Bundock *(Acct Dir)*
Lucy Solomon *(Client Svcs Dir)*
Ian Cooper *(Sr Acct Mgr)*
Caroline Gorge *(Planner)*

Accounts:
Accor Content Creation, Creative, Digital & Experiential, Novotel & Mercure (UK Lead Creative Agency), Social, TV
Align Technology, Inc.
Discovery
FCA Europe Alfa Romeo, Campaign: "Made of Red", Chrysler, Digital, Giulietta, Jeep, MiTo, Online, Press, TV
Fuller's
Geox Campaign: "Start Breathing"
Huawei Creative, Digital, P9 Smartphone, Strategic
Nikon Corporation
QVC
Wiltshire Farm Foods Taking Care of Mealtimes

Doner
5510 Lincoln Blvd Ste 220, Playa Vista, CA 90094
Tel.: (424) 220-7200
Web Site: www.doner.com

Employees: 25

National Agency Associations: 4A's-AAF-DMA-PRSA

Agency Specializes In: Advertising, Digital/Interactive

Lauren Prince *(Pres)*
Jason Gaboriau *(Chief Creative Officer & Exec VP)*
Anita Anderson *(Sr VP & Acct Dir)*
Perry Cottrell *(Sr VP & Dir-Client Svcs)*
Beth Hooper *(Sr VP-Strategy & Plng)*
Ann Antonini *(VP & Head-Brand)*
Sara Schwartz *(VP & Head-Brand)*
Kaan Atilla *(Creative Dir)*
Brynn Malek *(Art Dir & Assoc Creative Dir)*
Scott McDonald *(Producer-Digital & Content)*
Drew Brooks *(Dir-Design & Assoc Creative Dir)*
Adam J Fischbach *(Dir-Experience Design)*
Julian Smith *(Dir-Digital Production)*
Steev Szafranski *(Assoc Dir-Design)*
Kathryn Lyons-Urbanek *(Supvr-Art Production)*
Alex Gunderson *(Jr Art Dir & Designer)*
Mallory Hern *(Sr Designer)*
Alexander Drukas *(Assoc Creative Dir)*
Lauren Geschke *(Sr Art Dir)*
Sammy Glicker *(Assoc Creative Dir)*

Accounts:
AMC Networks WE tv
Arby's West
Avery Dennison Office Products Office & Consumer Products
Del Monte Foods, Inc (Agency of Record) CRM, Creative, Del Monte Vegetable & Contadina Brands, Digital, Shopper Marketing, Social, Strategy, Traditional, Web; 2018
Detroit Zoo
Fuhu, Inc. Advertising, Nabi Big Tab
Jafra International
Mattel, Inc
Menchies
Minute Maid
Neato Robotics
Neato Campaign: "Card", Campaign: "Hippie Pinata", Campaign: "House Sitter", Campaign: "Neato Knows Your Grandma Misses You", Campaign: "One Night Stand"
Netflix, Inc. Creative, House of Cards
Pac Sun
Secure Horizons
UPS Store

Doner
1001 Lakeside Ave E Ste 1010, Cleveland, OH 44114
Tel.: (216) 771-5700
Fax: (216) 771-1308
Web Site: doner.com/

Employees: 600
Year Founded: 1988

National Agency Associations: 4A's-AAF-DMA-PRSA

Agency Specializes In: Sponsorship

Craig Conrad *(CMO)*
Brian Barney *(VP & Head-Brand)*
Paul Forsyth *(VP & Creative Dir)*
Laura Owen *(VP & Creative Dir)*

Accounts:
Geisinger Health System & Health Plan
OhioHealth

DONOVAN ADVERTISING & MARKETING SERVICES
180 W Airport Rd, Lititz, PA 17543
Tel.: (717) 560-1333
Fax: (717) 560-2034
Web Site: www.donovanadv.com

E-Mail for Key Personnel:
Production Mgr.: mlondon@donovanadv.com

Employees: 21
Year Founded: 1984

Agency Specializes In: Advertising, Advertising Specialties, Brand Development & Integration, Business Publications, Business-To-Business, Cable T.V., Collateral, Communications, Consumer Goods, Consumer Marketing, Consumer Publications, Content, Digital/Interactive, Direct Response Marketing, Direct-to-Consumer, E-Commerce, Education, Email, Event Planning & Marketing, Exhibit/Trade Shows, Financial, Food Service, Graphic Design, Health Care Services, Hispanic Market, In-Store Advertising, Industrial, Integrated Marketing, Internet/Web Design, Local Marketing, Logo & Package Design, Magazines, Market Research, Media Buying Services, Media Planning, Merchandising, Mobile Marketing, New Product Development, Newspapers & Magazines, Out-of-Home Media, Outdoor, Package Design, Planning & Consultation, Point of Purchase, Print, Production, Production (Ad, Film, Broadcast), Promotions, Public Relations, Publicity/Promotions, Radio, Recruitment, Retail, Sales Promotion, Shopper Marketing, Social Marketing/Nonprofit, Social Media, Sponsorship, Strategic Planning/Research, Sweepstakes, T.V., Trade & Consumer Magazines, Viral/Buzz/Word of Mouth, Web (Banner Ads, Pop-ups, etc.), Women's Market

Approx. Annual Billings: $11,670,000

William Donovan, Jr. *(Owner, Pres & CEO)*
Jane Flemming *(COO-Donovan Connective Mktg)*

Accounts:
BIC Consumer Products
C-P Flexible Packaging
D.F. Stauffer Biscuit Company
Furmano's
Jel Sert
Keystone Food Products
Milton Hershey School
New World Pasta
Perdue Foods
Rutter's Farm Stores; York, PA
Savory Foods

ADVERTISING AGENCIES

Yuengling

DOODL
(Formerly Crevin Amd)
857 Three Mile Creek Rd, Stevensville, MT 59870
Tel.: (406) 549-8492
Web Site: http://Doodl.us/

Agency Specializes In: Advertising, Collateral, Graphic Design, Internet/Web Design, Logo & Package Design, Media Buying Services, Media Planning, Out-of-Home Media, Outdoor, Print, Radio

Kevin Piazza *(Principal)*

Accounts:
Attic RRG
Chicks N Chaps
DreamSleep Mattresses
Florence Volunteer Fire Department
Gateway Community Credit Union
Mainstreet Uptown Butte Montana Folk Festival
Valley Physical Therapy

DOODLE DOG ADVERTISING
2919 Commerce St Ste 192, Dallas, TX 75226
Tel.: (940) 453-1636
E-Mail: info@doodledogadvertising.com
Web Site: http://doodledog.com/

Employees: 4

Agency Specializes In: Advertising, Brand Development & Integration, Collateral, Internet/Web Design, Logo & Package Design, Promotions, Search Engine Optimization

Nikki Nuckols *(Founder & Creative Dir)*

Accounts:
Armstrong Diamonds
Catherine Masi
Juniper Flowers
Kim Armstrong
Knot One Day
Life Styled Group
Real Weddings Magazine
Soulbox Productions
Southern Oaks Plantation
VIP DJ

DOOR NUMBER 3
910 West Ave # 1, Austin, TX 78701
Tel.: (512) 391-1773
Fax: (512) 391-1926
E-Mail: knock@dn3austin.com
Web Site: www.dn3austin.com

E-Mail for Key Personnel:
President: mp@nourzads.com

Employees: 15
Year Founded: 1994

Agency Specializes In: Automotive, Brand Development & Integration, Business-To-Business, Collateral, Consulting, Consumer Marketing, Corporate Identity, E-Commerce, Event Planning & Marketing, Exhibit/Trade Shows, Fashion/Apparel, Financial, Government/Political, Graphic Design, Health Care Services, High Technology, Internet/Web Design, Logo & Package Design, Media Buying Services, Medical Products, Newspapers & Magazines, Out-of-Home Media, Outdoor, Pharmaceutical, Planning & Consultation, Print, Publicity/Promotions, Radio, Real Estate, Recruitment, Strategic Planning/Research, T.V., Travel & Tourism

Approx. Annual Billings: $8,655,599

Breakdown of Gross Billings by Media: Fees: 23%; **Outdoor:** 6%; **Print:** 19%; **Production:** 18%; **Radio:** 18%; **T.V.:** 14%; **Worldwide Web Sites:** 2%

Zach Cochran *(VP & Dir-Media)*
Noah Davis *(Exec Creative Dir)*
Karen Reiner *(Acct Svcs Dir)*
Ines Morel *(Sr Art Dir)*

Accounts:
The Alamo
Aramco
Austin Humane Society
Blood Center of Central Texas
Burnet County Tourism
Habitat for Humanity
Premier Research Group
Texas Rangers Baseball Club
Texas.gov
Umlauf Sculpture Garden & Museum; Austin, TX (Pro Bono); 2007

DOREMUS
437 Madison Ave Bsmt 1, New York, NY 10022
Tel.: (212) 366-3000
Fax: (212) 366-3060
Web Site: https://www.doremus.com/

Employees: 100
Year Founded: 1903

National Agency Associations: 4A's-AAF-ABC-AMA-APA-BMA-BPA

Agency Specializes In: Advertising, Brand Development & Integration, Business-To-Business, Collateral, Communications, Consulting, Consumer Marketing, Corporate Identity, Customer Relationship Management, Direct Response Marketing, Electronic Media, Event Planning & Marketing, Exhibit/Trade Shows, Experience Design, Financial, High Technology, Information Technology, Integrated Marketing, Internet/Web Design, Investor Relations, Leisure, Luxury Products, Magazines, Media Buying Services, Media Planning, Media Relations, Mobile Marketing, New Product Development, New Technologies, Newspaper, Newspapers & Magazines, Out-of-Home Media, Outdoor, Planning & Consultation, Production, Production (Print), Promotions, Public Relations, Sales Promotion, Sponsorship, Strategic Planning/Research, Trade & Consumer Magazines, Yellow Pages Advertising

Breakdown of Gross Billings by Media: Collateral: 5%; **D.M.:** 5%; **Exhibits/Trade Shows:** 5%; **Internet Adv.:** 15%; **Mags.:** 20%; **Newsp.:** 15%; **Outdoor:** 5%; **Radio:** 3%; **Strategic Planning/Research:** 10%; **T.V.:** 17%

Vera Trulby *(CFO, COO & Exec VP)*
Matthew Broom *(Pres-New York)*
John Mannion *(Exec VP & Dir-Client Rels & Brand Strategy)*
Kevin Jenkins *(VP & Grp Acct Dir)*
Cate Downes *(Grp Acct Dir)*
Debbie Buchan *(Art Dir & Designer)*
Stu Garrett *(Creative Dir)*
Phillip Katz *(Media Dir)*
Robert Waldner *(Creative Dir)*
Kelly Higgins *(Dir-Strategic Partnerships)*
Amy Pathiyil *(Dir-DNA Analytics)*
Frank Piskopanis *(Mgr-IT)*
Robyn Cheeseman *(Acct Supvr)*
Kali Williams *(Supvr-Media)*
Katherine Seipp *(Sr Acct Exec)*
Nicola Trigg *(Accountant-Fin)*

Accounts:
Brocade
CFA Institute; 2007
Hiscox plc Banner Advertising, Campaign: "Encourage Courage", Cards, Creative, Online, Print
Johnson & Johnson
Marsh & McLennan Companies
Owens-Illinois Campaign: "Glass Is Life", Campaign: "The Living Glass Conversation", Online, Social Media, Social-Content Strategy, TV
QBE Insurance
Quintiles; 2009
Royal Dutch Shell plc B2B, Creative, Shell Global Commercial, Shell Retail, Shopper, Trade; 2018
Russell Investment Group; 2007
Singapore Economic Development Board (Lead Marketing Agency)
Sun Life Financial; Wellesley Hills, MA Creative, Media
Swift
Truven Health Analytics
UniCredit
Visa
Wall Street Journal Europe

Branch

Doremus (San Francisco)
550 3rd St, San Francisco, CA 94107
Tel.: (415) 273-7800
Web Site: https://www.doremus.com/

Employees: 50
Year Founded: 1978

National Agency Associations: 4A's-AAF-AMA-ANA-BMA

Agency Specializes In: Advertising, Business-To-Business, Corporate Identity, Direct Response Marketing, Financial, Health Care Services, Information Technology, Internet/Web Design, Media Buying Services, Planning & Consultation, Strategic Planning/Research

Dave Feinberg *(Mng Dir)*
Joe McCormack *(Chief Creative Officer-San Francisco)*
Garrett Lawrence *(Pres-San Francisco)*
John Mannion *(Exec VP & Dir-Client Rels & Brand Strategy)*
Michael Litchfield *(VP, Creative Dir & Strategist-Brand)*
Jason Winkler *(Grp Dir & Head-Acct-Intel)*
Joanna Berke *(Grp Acct Dir)*
Bennett Miller *(Creative Dir)*
Christine Summers *(Acct Dir)*
Michael Tucker *(Creative Dir)*
Artem Peplov *(Dir-Analytics & Ad Ops)*
David Rowe *(Dir-Media & Strategic Partnerships)*
Christina Corrado *(Assoc Dir-Programs)*
Amanda Havel Levy *(Sr Mgr-Creative Svcs)*
David Hay *(Acct Exec)*
Cristina Costales *(Assoc-Mktg)*

Accounts:
Agility
Barclays Capital
CFA Institute
Corning Incorporated Campaign: "Brokeface", Campaign: "The Glass Age", Corning Glass, Gorilla Glass, NBT
Hewlett-Packard Company "Power Up", Campaign: "Mac to Z", Content, HP Z workstations, Print, Social Media, online
ING
Knight
Logitech Campaign: "Logitech: The New Office"
Sage North America (Agency of Record) Print & Online Advertising
SonicWall
Uni Credit

International

AGENCIES - JANUARY, 2019 — ADVERTISING AGENCIES

Doremus (United Kingdom)
10 Regents Wharf All Saints St London, London,
N1 9RL United Kingdom
Tel.: (44) 207 778 1500
Fax: (44) 207 778 1515
Web Site: https://www.doremus.com/

Employees: 12
Year Founded: 1986

National Agency Associations: IAA

Agency Specializes In: Advertising, Business Publications, Business-To-Business, Corporate Communications, Financial, Investor Relations, Magazines, New Technologies, Newspaper, Newspapers & Magazines, Production (Print)

Richard Beccle *(Grp Mng Dir-Asia Pacific)*
Ronnie Brown *(Chief Creative Officer)*
Matthew Don *(Chief Innovation Officer)*
Alasdair Morrison *(Pres-EMEA)*
James Engel *(Head-Acct)*
Marcus Knapp *(Grp Acct Dir)*

Accounts:
Barclays Capital
Credit Suisse
Danfoss
Deutsche Bank
Quintiles
Shell B2B Creative

Doremus (Hong Kong)
Ste 1501 15/F Cityplaza 4, 12 Taikoo Wan Road
Taikoo, Hong Kong, China (Hong Kong)
Tel.: (852) 2861 2721
Fax: (852) 2536 9416
Web Site: https://www.doremus.com/

Employees: 25
Year Founded: 1994

Agency Specializes In: Advertising, Business-To-Business, Financial

Hoffmann Chu *(Sr Acct Dir)*
Hughes Xie *(Bus Dir)*
Esther Wong *(Dir-Plng)*

Accounts:
ABN AMRO
Barclays
Chubb Insurance; 2018
Citigroup
Credit Suisse
JP Morgan
Juniper Networks
Merrill Lynch
Morgan Stanley
SONY Professional Products
Wall Street Journal Asia Campaign: "What in the World Is Going On?"

DORN MARKETING
34 N Bennett St, Geneva, IL 60134
Tel.: (630) 232-2010
Fax: (630) 232-2033
Web Site: www.dornmarketing.com

E-Mail for Key Personnel:
President: james.dorn@dornmarketing.com
Creative Dir.: james.dorn@dornmarketing.com
Media Dir.: kathy.williams@dornmarketing.com

Employees: 10
Year Founded: 1971

National Agency Associations: OAAA

Agency Specializes In: Advertising, Automotive, Brand Development & Integration, Broadcast, Business Publications, Business-To-Business, Cable T.V., Collateral, Commercial Photography, Communications, Consulting, Consumer Marketing, Consumer Publications, Corporate Identity, Digital/Interactive, Direct Response Marketing, E-Commerce, Electronic Media, Engineering, Event Planning & Marketing, Exhibit/Trade Shows, Fashion/Apparel, Financial, Food Service, Graphic Design, Health Care Services, High Technology, Industrial, Infomercials, Information Technology, Internet/Web Design, Investor Relations, Logo & Package Design, Magazines, Media Buying Services, Medical Products, Merchandising, Multimedia, New Product Development, Newspaper, Newspapers & Magazines, Out-of-Home Media, Outdoor, Pharmaceutical, Planning & Consultation, Point of Purchase, Point of Sale, Print, Production, Public Relations, Publicity/Promotions, Radio, Real Estate, Recruitment, Restaurant, Retail, Sales Promotion, Seniors' Market, Strategic Planning/Research, T.V., Technical Advertising, Telemarketing, Trade & Consumer Magazines, Travel & Tourism

Approx. Annual Billings: $7,000,000

James Dorn *(Pres)*
Dan Roglin *(Sr VP-Strategy & Insights)*
Jim Perdue *(Grp Acct Dir)*
Joseph Caruso *(Creative Dir)*
Neil Ruffolo *(Dir-Digital Mktg)*
Kerrie Israelson-Martin *(Sr Acct Mgr)*
Rachel Pankow *(Sr Acct Mgr)*
Kathleen Williams *(Sr Acct Mgr)*

Accounts:
Bolingbrook Park District
Bosch Tools
Bowlingbrook Park District
Columbian Tools
Fellows Office Products
Panther Vision
Quality Checked Dairies
Remke Industries
Shanghai Daisy
Wilton Tools

DORNENBURG KALLENBACH ADVERTISING
16 Southwood Dr, Bloomfield, CT 06002
Tel.: (860) 726-9740
Fax: (860) 726-9745
Web Site: www.dornenburggroup.com

Employees: 5
Year Founded: 1994

Agency Specializes In: Advertising, Brand Development & Integration, Collateral, Internet/Web Design, Media Buying Services, Promotions, Public Relations, Social Media

Jeff Dornenburg *(Pres)*
Nancy Dornenburg *(Partner-Strategic Bus & Editor-Overly-Enthusiastic Copy)*
Tod Kallenbach *(VP)*
Kathleen Bousquet *(Designer)*

Accounts:
University of Connecticut Cooperative Corporation

DORSEY STUDIOS
243 Macdonnell Street, Toronto, ON M6R 2A9
Canada
Tel.: (647) 938-5449
Web Site: www.dorseystudios.ca

Employees: 10

Agency Specializes In: Advertising, Brand Development & Integration, Digital/Interactive, Graphic Design, Logo & Package Design, Package Design

Stephen Dorsey *(Principal, Strategist-Omni-Channel & Producer-Creative)*

Accounts:
Stephanos Secret Stash
Temporal Power Ltd

DOUBLE-TEAM BUSINESS PLANS
1617 Broaadway #10, Santa Monica, CA 90404
Tel.: (310) 878-4300
E-Mail: doug@double-team-bp.com
Web Site: www.double-team-bp.com

Employees: 4
Year Founded: 1980

Agency Specializes In: Advertising, Broadcast, Business Publications, Business-To-Business, Cable T.V., Co-op Advertising, Collateral, Consulting, Consumer Goods, Consumer Marketing, Content, Corporate Communications, Corporate Identity, Cosmetics, Direct Response Marketing, Direct-to-Consumer, E-Commerce, Electronic Media, Email, Environmental, Exhibit/Trade Shows, Financial, Government/Political, High Technology, Identity Marketing, Integrated Marketing, Internet/Web Design, Luxury Products, Magazines, Market Research, Media Buying Services, Media Planning, New Product Development, New Technologies, Newspaper, Newspapers & Magazines, Out-of-Home Media, Outdoor, Planning & Consultation, Print, Sales Promotion, Social Media, Sports Market, Strategic Planning/Research, Sweepstakes, T.V., Telemarketing, Trade & Consumer Magazines, Travel & Tourism, Viral/Buzz/Word of Mouth

Approx. Annual Billings: $1,225,000

Doug R. Hedlund *(CEO)*

Accounts:
HedgePort Associates; Los Angeles, CA Outsourced Hedge Fund Services; 2009
La Cantina Italiana; Hollywood, FL Wine & Spirits Importer; 2003
NutriScience Corporation; Hermosa Beach, CA "Energize For Life" Health Program, Protein Shakes; 2004
RAAM Corp.; Los Angeles, CA Financial Real Estate Services; 1993
Rapid Brands Corporation; Flint, MI GreatDay Household-Cleaning Brand, Quick & Healthy Pet-Cleaning Brand; 2004
Resolve Capital LLC; Santa Monica, CA Hedge Fund; 2006
Scoremate Partners, Ltd.; Hawthorne, CA Scorekeeping Wristband for Tennis Players; 1992

DOUBLE XXPOSURE MEDIA RELATIONS INC
2037 Lemoine Ave Ste 205, Fort Lee, NJ 07024
Tel.: (201) 224-6570
E-Mail: theellerbeegroup@aol.com
Web Site: www.dxxnyc.com

Employees: 5
Year Founded: 1972

Agency Specializes In: Advertising, Brand Development & Integration, Electronic Media, Event Planning & Marketing, Internet/Web Design, Media Relations, Media Training, Print, Public Relations, Social Media

Angelo Ellerbee *(CEO)*

Accounts:

ADVERTISING AGENCIES
AGENCIES - JANUARY, 2019

Music Mogul

DOUBLEPOSITIVE MARKETING GROUP, INC.
1111 Light St Ste A, Baltimore, MD 21230
Tel.: (410) 332-0464
Fax: (410) 332-1059
Toll Free: (888) 376-7484
E-Mail: info@doublepositive.com
Web Site: www.doublepositive.com

Employees: 13
Year Founded: 2004

Revenue: $3,700,000

Joey Liner *(CEO)*
John Nuclo *(Mng Dir)*
Joe Kalinowski *(Sr VP-Tech)*
Matt Fraser *(Sr Dir & Head-Acct Mgmt)*
Lory Siegel Cerato *(Dir-Admin)*
Colin Nelson *(Analyst-Mktg)*
Bill Koenig *(Team Head-Technical)*

DOUBLETAKE STUDIOS, INC.
1311 N Church Ave, Tampa, FL 33607
Tel.: (813) 251-6308
Fax: (813) 879-1135
Web Site: doubletakefl.com

Employees: 10
Year Founded: 1999

Agency Specializes In: Advertising, Brand Development & Integration, Collateral, Event Planning & Marketing, Exhibit/Trade Shows, Internet/Web Design, Logo & Package Design, Production, Public Relations, Social Media

Terri Hall *(Pres & Creative Dir)*
Ericka Sciarrino *(Copywriter)*
Jeff Smith *(Sr Designer)*

Accounts:
New-Anvil Paints & Coatings Inc. (Agency of Record)
New-Corporate Fitness Works (Agency of Record)
New-First Airline Monument Project (Agency of Record) Public Communication, Public Relations, Social Media, Special Events; 2018
New-Smashburger Master LLC (Agency of Record)

DOUG&PARTNERS INC.
(Formerly dsp+p)
380 Wellington St W 2nd Fl, Toronto, ON M5V 1E3 Canada
Tel.: (416) 203-3470
Fax: (416) 203-9338
Web Site: dougpartners.com/

Employees: 40

Agency Specializes In: Brand Development & Integration, Digital/Interactive, Electronic Media

Doug Robinson *(Founder & Partner)*
Adam White *(Partner)*
Caroline Kilgour *(Mng Dir & VP)*
Kristin Burnham *(Head-Plng)*
Matt Syberg-Olsen *(Exec Creative Dir)*
Sean Paul Brady *(Acct Supvr)*
Mike Jones *(Assoc Creative Dir)*

Accounts:
American Standard
B2B Bank
Branksome Hall
Canon
Clover Leaf Seafoods Creative, Toppers
Dulux (Canadian Agency of Record)
Go RVing
GoodLife Fitness Campaign: "Live Your Good Life", Health Care Services
Honda
Miele
Mucho Burrito Campaign: "Authentic Mexican"
NEI Investments
Ontario Honda Dealers Association Campaign: "Toys Can't Make It Without Your Help", Honda Civic EX Sedan
University of New Brunswick
York University

DOUG CARPENTER + ASSOCIATES
11 Huling Ave, Memphis, TN 38103
Tel.: (901) 372-5100
E-Mail: dcarpenter@dcamemphis.com
Web Site: www.dcamemphis.com

Employees: 50

Agency Specializes In: Advertising, Brand Development & Integration, Communications, Consulting, Content, Digital/Interactive, Email, Event Planning & Marketing, Public Relations, Social Media

Doug Carpenter *(Principal)*
Mollie Baker *(Sr Art Dir)*
Anita Wathen *(Dir-Ops)*
Andrea Wiley *(Dir-Acct Mgmt)*
Elizabeth Ansbro *(Acct Mgr)*
Abbie Gordon *(Acct Mgr)*
Cara Greenstein *(Mgr-PR & Social Media)*
John David Dowdle *(Sr Art Dir)*

Accounts:
New-Big River Crossing
New-Explore Bike Share
New-Loflin Yard
New-Memphis Medical District Collaborative
New-Peer Power Foundation

DOUGLAS MARKETING GROUP, LLC
10900 Harper Rd Ste 100, Detroit, MI 48213
Tel.: (313) 571-1858
Fax: (888) 761-5164
E-Mail: info@experiencedmg.com
Web Site: www.experiencedmg.com

Employees: 20
Year Founded: 1991

Agency Specializes In: Advertising, Collateral, Event Planning & Marketing, Graphic Design, Internet/Web Design, Public Relations, Social Media

Joseph Ranck *(COO)*
Liz Farano *(VP-Canada)*

Accounts:
Thomas Utopia Brand

DOVETAIL
12 Maryland Plz, Saint Louis, MO 63108-1502
Tel.: (314) 361-9800
Fax: (314) 361-9801
E-Mail: info@dovetail-stl.com
Web Site: www.dovetail-stl.com

E-Mail for Key Personnel:
Media Dir.: susan@maringweissman.com

Employees: 12
Year Founded: 1979

National Agency Associations: 4A's

Agency Specializes In: Business-To-Business, Consumer Marketing, Education, Environmental, Health Care Services, High Technology, Real Estate, Seniors' Market, Travel & Tourism

Approx. Annual Billings: $10,000,000

Scott Leisler *(Pres & COO)*
Tom Etling *(CEO)*
Christine Manfrede *(Partner & Creative Dir)*
Donna MacDonald *(Sr VP-Brand Mgmt)*
Jessen Wabeke *(Assoc Dir-Creative)*
Jennifer Schmid *(Sr Brand Mgr)*
Jenna Green *(Brand Mgr)*
Jennifer Anania *(Mgr-Fin)*
Steve George *(Sr Art Dir)*
Hunter Lansche *(Assoc Creative Dir)*

Accounts:
Buckingham Asset Management; Saint Louis, MO Investment Advice
Citizens Equity First Credit Union (CEFCU); Peoria, IL
The Gateway Arch Riverfront; Saint Louis, MO National Monument
Money Center 24

DOWNTOWN PARTNERS CHICAGO
200 E Randolph St 34th Fl, Chicago, IL 60601
Tel.: (312) 552-5800
Fax: (312) 552-2330
Web Site: www.downtownpartners.com

Employees: 22

National Agency Associations: 4A's

Agency Specializes In: Advertising, Production (Ad, Film, Broadcast), Production (Print), Sponsorship

Brenda Donahue *(Partner, VP & Grp Bus Dir)*
Dan Consiglio *(Partner & Exec Creative Dir)*
Louise Rasmussen *(Dir-Plng)*

Accounts:
Adler Planetarium Campaign: "Space Is Freaking Awesome"
Chicago Children's Advocacy Center Campaign: "Bear"
Chicago Convention & Tourism Bureau
Get Covered Illinois
Green Planet
Illinois State Lottery Campaign: "Anything's Possible", Digital
The Land of Nod
Northern Trust
Walgreen's Campaign: "Twins"
World Business Chicago

DOZ
589 Howard Street, San Francisco, CA 94105
Tel.: (415) 527-0234
Web Site: doz.com

Employees: 20
Year Founded: 2013

Agency Specializes In: Digital/Interactive, Direct Response Marketing, Local Marketing, Paid Searches, Search Engine Optimization, Shopper Marketing, Social Media, Viral/Buzz/Word of Mouth

Accounts:
Ansys
Home Depot
Intergraph
Moo
Tata

THE DOZIER COMPANY
PO Box 140247, Dallas, TX 75214
Tel.: (214) 744-2800
Fax: (214) 744-1240
E-Mail: doz@thedoziercompany.com
Web Site: www.thedoziercompany.com

AGENCIES - JANUARY, 2019 — ADVERTISING AGENCIES

E-Mail for Key Personnel:
Creative Dir.: connie@thedoziercompany.com
Public Relations: connie@thedoziercompany.com

Employees: 10
Year Founded: 1987

Agency Specializes In: Brand Development & Integration, Business Publications, Business-To-Business, Co-op Advertising, Collateral, Commercial Photography, Communications, Consulting, Consumer Marketing, Consumer Publications, Corporate Identity, Direct Response Marketing, E-Commerce, Education, Electronic Media, Event Planning & Marketing, Exhibit/Trade Shows, Fashion/Apparel, Financial, Graphic Design, Health Care Services, In-Store Advertising, Industrial, Internet/Web Design, Legal Services, Local Marketing, Logo & Package Design, Magazines, Media Buying Services, Medical Products, Merchandising, Multimedia, New Product Development, Newspaper, Newspapers & Magazines, Out-of-Home Media, Outdoor, Pharmaceutical, Planning & Consultation, Point of Purchase, Point of Sale, Print, Production, Public Relations, Publicity/Promotions, Radio, Real Estate, Restaurant, Retail, Sales Promotion, Strategic Planning/Research, Trade & Consumer Magazines, Travel & Tourism, Yellow Pages Advertising

Approx. Annual Billings: $18,000,000

Breakdown of Gross Billings by Media: Bus. Publs.: $1,800,000; Collateral: $2,700,000; Consulting: $1,800,000; Fees: $2,700,000; Newsp.: $2,700,000; Outdoor: $900,000; Plng. & Consultation: $900,000; Promos.: $360,000; Pub. Rels.: $1,800,000; Radio & T.V.: $540,000; Trade & Consumer Mags.: $900,000; Worldwide Web Sites: $900,000

Michael Dozier (Pres)
Connie Dozier (Principal)
David C. Dozier (Principal)

Accounts:
American Land Title Assoc.; Washington, DC
Barclay Commercial; Dallas, TX Real Estate Brokerage
CAPSTAR Commercial Real Estate Services; Dallas, TX
DFW Advisors; Dallas, TX Real Estate Brokerage
Heatley Capital; Dallas, TX
MRK Plumbing Supply; Houston, TX
NorthMarq Capital; Minneapolis, MN Investment Bankers
Silverwing Development; Concord, CA Real Estate Developer
Ticor Title; Dallas, TX
TIG Real Estate Services; Dallas, TX
Westmount Realty Capital; Dallas, TX
Winston Capital; Dallas, TX

DRAKE COOPER INC.
416 S 8th 3rd Fl, Boise, ID 83702-5471
Tel.: (208) 342-0925
Fax: (208) 342-0635
E-Mail: info@drakecooper.com
Web Site: https://drakecooper.com/

E-Mail for Key Personnel:
President: bdrake@esdrake.com
Creative Dir.: wlassen@esdrake.com
Production Mgr.: lhawkes@esdrake.com

Employees: 36
Year Founded: 1987

Agency Specializes In: Advertising, Brand Development & Integration, Broadcast, Business Publications, Business-To-Business, Cable T.V., Co-op Advertising, Collateral, Communications, Consulting, Consumer Publications, Digital/Interactive, Direct Response Marketing, Education, Electronic Media, Event Planning & Marketing, Exhibit/Trade Shows, Government/Political, Graphic Design, Health Care Services, High Technology, Infomercials, Internet/Web Design, Logo & Package Design, Magazines, Market Research, Media Buying Services, Newspaper, Newspapers & Magazines, Out-of-Home Media, Outdoor, Point of Purchase, Point of Sale, Print, Production, Promotions, Public Relations, Publicity/Promotions, Radio, Sales Promotion, Sponsorship, Strategic Planning/Research, T.V., Trade & Consumer Magazines, Transportation, Travel & Tourism, Web (Banner Ads, Pop-ups, etc.), Yellow Pages Advertising

Breakdown of Gross Billings by Media: Collateral: 28%; Internet Adv.: 6%; Mags.: 9%; Newsp.: 3%; Outdoor: 5%; Radio: 20%; T.V.: 29%

Jamie Cooper (CEO)
Andrew Piron (COO)
John Drake (Chief Strategy Officer)
Jennie Myers (VP & Exec Creative Dir)
Jessica Carter (Acct Dir)
Sara Chase (Acct Svcs Dir)
Steve Norell (Creative Dir)
Cale Cathey (Dir-Art)
Brad Weigle (Dir-Digital)
Emily Bixby (Brand Mgr)
Malia Cramer (Brand Mgr)
Joshua Haugen (Brand Mgr)
Nikki Reynolds (Strategist-Media)
Dustin Fuller (Media Buyer)
Liesle Jensen (Media Buyer)
Maddy Mendiola (Media Buyer)
Jill Smith (Media Buyer)
Maria Walker (Analyst-Mktg)
Katie S. Nichols (Sr Art Dir)

Accounts:
Big Bear Lake
CBH Homes; Boise, ID Builder; 2007
Home Federal; Boise, ID Financial Institution; 2003
Hubble Homes; Boise, ID; 2004
Idaho Beef Council
Idaho Central Credit Union (Agency of Record)
Idaho Dairy Products; Boise, ID Dairy; 2008
Idaho Department of Commerce
Idaho Dept of Agriculture; Boise, ID Agriculture; 2002
Idaho Dept. of Health & Welfare; Boise, ID Social & Health Issues; 1994
Idaho Transportation Department; Boise, ID Transportation; 2006
Idaho Wines
Jensen Jewelers; Jensen, ID Jewelry; 2005
Papa Murphy's; Boise, ID Pizza; 2002
Qualis Health; Boise, ID Health Care; 2003
University of Idaho; Moscow, ID Education; 1996
Zoo Boise

DRAW
The Leathermarket, Building 1-2, Weston Street, London, SE1 3ER United Kingdom
Tel.: (44) 207 7407 7666
E-Mail: hello@drawgroup.com
Web Site: https://drawgroup.com/

Employees: 50
Year Founded: 2003

Agency Specializes In: Advertising, Brand Development & Integration, Email, Experiential Marketing, Logo & Package Design, Market Research, Print, Search Engine Optimization, Strategic Planning/Research, Web (Banner Ads, Pop-ups, etc.)

Fred Brown (Mng Dir)
Nick Elsom (Mng Dir-Content)
Kent Valentine (Mng Dir-Draw Create)
Michelle Mahoney (Acct Dir)
Joe Minett (Acct Dir)
Rob Robinson (Creative Dir)
David Stead (Acct Dir)
Sian Barlow (Dir-Client Svc)
Sylwia Narecka (Sr Acct Mgr)
Stephen Welsh (Sr Acct Mgr)
Daniel Stolz (Sr Designer)
Adam Taylor (Sr Designer)
Gary Wadsworth (Designer)

Accounts:
Absolut Vodka
BathHouse
Betty Crocker
Canon
McCann Erickson New York
Panasonic
Ray-Ban
Salisbury Cathedral
Serengeti Partners International Inc
Toyota
Unilever Group of Companies Online Healthcare Services

DREAM FACTORY
189 S Orange Ave Ste 1400, Orlando, FL 32801
Tel.: (407) 745-4045
E-Mail: info@dreamfactoryagency.com
Web Site: www.dreamfactoryagency.com

Employees: 25
Year Founded: 1999

Agency Specializes In: Advertising, Brand Development & Integration, Digital/Interactive, Internet/Web Design, Paid Searches, Print, Public Relations, Search Engine Optimization, Social Media

Paulo Cigagna (CEO)
Jim Londeree (COO)

Accounts:
QuantumFlo

DREAMBEAR, LLC
111 Jewel St, Brooklyn, NY 11222
Tel.: (917) 391-8962
Web Site: www.dreambear.org

Employees: 20
Year Founded: 2011

Agency Specializes In: Production, Production (Ad, Film, Broadcast)

Evan Brown (Owner & Dir-Video Production)

Accounts:
ANTI- Records
BANDIER
Brand Knew
Dartmouth College
DJ Dirty South
E!
Epitaph Records
Gabriel Moreno
Irving Harvey
The Jefferson Awards Foundation
The Jewish Federations of North America
LifeStation
Medical Alert Monitoring Association
Palm Beach Show Group
RCA Records
Riot Act Media
Sherwin Williams
Talib Kweli

DREAMBIG

ADVERTISING AGENCIES
AGENCIES - JANUARY, 2019

125 1st Ave NW #602, Minneapolis, MN 55369
Tel.: (612) 499-8581
E-Mail: info@dreambigcreative.net
Web Site: www.dreambigcreative.net

Employees: 4

Agency Specializes In: Advertising, Brand Development & Integration, Content, Graphic Design, Internet/Web Design, Logo & Package Design, Print, Search Engine Optimization, Social Media

Accounts:
New-Jordan Supper club

DREAMENTIA INC
453 S Spring St Ste 1101, Los Angeles, CA 90013
Tel.: (213) 347-6000
Fax: (213) 347-6001
E-Mail: dcl@dreamentia.com
Web Site: www.dreamentia.com

Employees: 10
Year Founded: 2006

Agency Specializes In: Advertising, Advertising Specialties, Affiliate Marketing, Affluent Market, African-American Market, Alternative Marketing, Arts, Asian Market, Automotive, Aviation & Aerospace, Brand Development & Integration, Branded Entertainment, Broadcast, Business-To-Business, Co-op Advertising, Commercial Photography, Communications, Consulting, Consumer Goods, Consumer Marketing, Consumer Publications, Content, Copywriting, Corporate Communications, Corporate Identity, Cosmetics, Customer Relationship Management, Digital/Interactive, Direct Response Marketing, Direct-to-Consumer, E-Commerce, Electronic Media, Electronics, Email, Entertainment, Event Planning & Marketing, Experience Design, Experiential Marketing, Fashion/Apparel, Food Service, Graphic Design, Guerilla Marketing, Health Care Services, High Technology, Hospitality, Identity Marketing, Integrated Marketing, International, Internet/Web Design, LGBTQ Market, Leisure, Local Marketing, Logo & Package Design, Luxury Products, Magazines, Market Research, Media Buying Services, Media Planning, Media Relations, Media Training, Medical Products, Men's Market, Merchandising, Mobile Marketing, Multicultural, Multimedia, New Product Development, New Technologies, Newspapers & Magazines, Out-of-Home Media, Outdoor, Over-50 Market, Package Design, Pets, Pharmaceutical, Planning & Consultation, Print, Product Placement, Production (Ad, Film, Broadcast), Production (Print), Radio, Restaurant, Retail, Sales Promotion, Search Engine Optimization, Seniors' Market, Shopper Marketing, Social Media, Sports Market, Strategic Planning/Research, T.V., Technical Advertising, Teen Market, Trade & Consumer Magazines, Transportation, Travel & Tourism, Tween Market, Urban Market, Viral/Buzz/Word of Mouth, Web (Banner Ads, Pop-ups, etc.), Women's Market, Yellow Pages Advertising

Jim Olen *(Pres & Chief Creative Officer)*
Jameca Lyttle *(Acct Svcs Dir)*

Accounts:
Animal Specialty Group
The Bolin Firm
Brigitte Beaute
Coachella Event Parking
Formosa Entertainment
Historic Downtown BID
Joes Auto Parks
L&R Group of Companies
Offerwise
Shinkafa
WallyPark

Zankou Chicken

DREAMWEAVER BRAND COMMUNICATIONS
4851 W. Hillsboro Blvd, Coconut Creek, FL 33073
Tel.: (954) 857-4059
E-Mail: hello@dreamweaverbrand.com
Web Site: www.dreamweaverbrandcommunications.com

Employees: 5
Year Founded: 2015

Agency Specializes In: Advertising, Advertising Specialties, Affluent Market, Bilingual Market, Brand Development & Integration, Branded Entertainment, Business Publications, Business-To-Business, Children's Market, Co-op Advertising, Collateral, College, Communications, Consulting, Consumer Marketing, Consumer Publications, Content, Corporate Communications, Corporate Identity, Crisis Communications, Custom Publishing, Digital/Interactive, Direct-to-Consumer, Electronic Media, Event Planning & Marketing, Exhibit/Trade Shows, Graphic Design, High Technology, Hispanic Market, Identity Marketing, In-Store Advertising, Integrated Marketing, International, Logo & Package Design, Luxury Products, Magazines, Market Research, Media Planning, Media Relations, Media Training, Men's Market, Multicultural, Multimedia, New Product Development, Newspaper, Newspapers & Magazines, Out-of-Home Media, Outdoor, Over-50 Market, Package Design, Pets, Planning & Consultation, Point of Purchase, Point of Sale, Print, Product Placement, Promotions, Public Relations, Publicity/Promotions, Regional, Sales Promotion, Shopper Marketing, Social Marketing/Nonprofit, Social Media, Sponsorship, Strategic Planning/Research, Sweepstakes, T.V., Teen Market, Trade & Consumer Magazines, Tween Market, Urban Market, Viral/Buzz/Word of Mouth, Women's Market

Gerard T. Rogan *(Founder & Mng Dir)*
Cynthia Srednicki *(CEO)*

Accounts:
Cheribundi National Beverage; 2015
Rex 3 Commercial Printing Commercial Printing, Direct Mail Packaging, EDDM; 2015
SproutLoud Media Networks Marketing Automation, SAAS Channel Marketing; 2015

DRIFTWOOD MEDIA
PO Box 1438, Uvalde, TX 78802
Tel.: (210) 259-8491
Fax: (512) 551-0140
Web Site: https://driftwoodmediablog.com/

Employees: 10

Agency Specializes In: Brand Development & Integration, Communications, Media Relations, Public Relations

Eddie Stevenson *(Pres)*

Accounts:
New Breed Archery
Weatherby

DRINKPR
3055 Scott St, San Francisco, CA 94123
Tel.: (617) 233-8024
Web Site: drinkpr.com/

Agency Specializes In: Advertising, Event Planning & Marketing, Public Relations

Debbie Rizzo *(Founder & Principal)*

Colin Baugh *(Specialist-PR-Beverage & Lifestyle)*
Rena Ramirez *(Specialist-Lifestyle PR)*

Accounts:
Bluecoat
Crescent
Elixir
Martin Millers Gin Beverages
The Perfect Puree
Royal Combier
Vieux Carre
Whiskey Fiest

DRIVE BRAND STUDIO
170 Kearsarge St, North Conway, NH 03860
Tel.: (603) 356-3030
Fax: (603) 356-3991
Web Site: www.drivebrandstudio.com

Employees: 10
Year Founded: 1976

Agency Specializes In: Advertising, Advertising Specialties, Brand Development & Integration, Broadcast, Business-To-Business, Collateral, Communications, Consulting, Consumer Marketing, Consumer Publications, Corporate Communications, Corporate Identity, Digital/Interactive, Direct Response Marketing, Electronic Media, Event Planning & Marketing, Exhibit/Trade Shows, Fashion/Apparel, Financial, Food Service, Government/Political, Graphic Design, Health Care Services, High Technology, In-Store Advertising, Industrial, Information Technology, Internet/Web Design, Leisure, Local Marketing, Logo & Package Design, Magazines, Media Buying Services, New Product Development, Newspaper, Newspapers & Magazines, Out-of-Home Media, Outdoor, Planning & Consultation, Point of Purchase, Point of Sale, Print, Public Relations, Publicity/Promotions, Real Estate, Restaurant, Retail, Sales Promotion, Sports Market, Strategic Planning/Research, Trade & Consumer Magazines, Travel & Tourism, Yellow Pages Advertising

Nancy Stolen Clark *(Owner)*
Donna Stuart *(Writer & Editor-Online Mktg)*
Kristopher Mariani *(Art Dir)*

Accounts:
American Airlines; Woburn, MA (Events)
Aquatic
CannonBall Pub
Pearl Izumi; Broomfield, CO Cycling & Running Clothing & Footwear; 2004
Ski NH; North Woodstock, NH

DRIVE COMMUNICATIONS INC.
133 W 19th St Fifth Fl, New York, NY 10011
Tel.: (212) 989-5103
E-Mail: chat@drivecom.com
Web Site: www.drivecom.com

Employees: 11

Agency Specializes In: Advertising, Brand Development & Integration, Digital/Interactive, Graphic Design, Internet/Web Design, Logo & Package Design

Michael Graziolo *(Founder & Principal)*

Accounts:
Ballyshear

DRIVE CREATIVE
(See Under DriveMG)

DRIVE MOTORSPORTS INTERNATIONAL

AGENCIES - JANUARY, 2019 — ADVERTISING AGENCIES

5200 SW Meadows Rd Office Ste 150, Lake Oswego, OR 97035
Toll Free: (888) 333-6405
E-Mail: service@drivemotorsportsinternational.com
Web Site: drivemotorsportsinternational.com

Employees: 10
Year Founded: 2009

Agency Specializes In: Advertising, Automotive, Brand Development & Integration, Business-To-Business, Digital/Interactive, E-Commerce, Print, Production, Social Media, Sponsorship, Sports Market

Tony Scott *(Mng Dir)*
Veronica Stevens *(Production Mgr)*

Accounts:
New-Bodybuilding.com
New-Bruvado Imports
New-Front Row Motorsports
New-Hans Ada Racing
New-Harman International Industries Incorporated JBL
New-Jhonnattan Castro
New-League of Monkeys Torque Drift
New-MV Agusta S.p.A.
New-Sabrewing Aircraft Company (Agency of Record)
New-Sandra Stammova

DRIVE RESULTS, LLC
2300 W Sample Rd Ste 307, Pompano Beach, FL 33073
Tel.: (954) 556-8901
E-Mail: win@driveresults.com
Web Site: www.driveresults.com

Employees: 1

Agency Specializes In: Advertising, Content, Digital/Interactive, Paid Searches, Print, Search Engine Optimization

Aaron Kokal *(Pres)*
Chad Christiansen *(Analyst-Mktg)*

Accounts:
Citi Trends

DRIVEMG
(Formerly Drive Creative)
2626 SW Corbett Ave Ste 200, Portland, OR 97201
Tel.: (503) 303-8499
Web Site: drivemg/

Employees: 19
Year Founded: 2011

Agency Specializes In: Advertising, Brand Development & Integration, Collateral, Digital/Interactive, Internet/Web Design

Chandler Lettin *(Dir-Design)*
Kevin Haselwander *(Acct Mgr-Natl)*

Accounts:
Howl Supply

DRIVEN SOLUTIONS INC.
404 E 10 Mile Rd, Pleasant Rdg, MI 48069
Tel.: (248) 548-3393
E-Mail: info@drivensolutionsinc.com
Web Site: www.drivensolutionsinc.com

Employees: 25

Agency Specializes In: Advertising, Brand Development & Integration, Content, Digital/Interactive, Media Buying Services, Media Planning, Public Relations, Search Engine Optimization, Social Media

Kevin Woods *(CEO)*
Brian Cusac *(Principal & Chief Creative Officer)*
Kathy Carollo *(Acct Dir)*

Accounts:
Westborn Market

DROGA5
120 Wall St 11th Fl, New York, NY 10005
Tel.: (917) 237-8888
Fax: (917) 237-8889
E-Mail: businessdevelopment@droga5.com
Web Site: www.droga5.com

Employees: 600
Year Founded: 2006

Agency Specializes In: Above-the-Line, Advertising, Advertising Specialties, Affluent Market, African-American Market, Agriculture, Arts, Asian Market, Automotive, Aviation & Aerospace, Bilingual Market, Brand Development & Integration, Branded Entertainment, Broadcast, Business-To-Business, Cable T.V., Children's Market, College, Commercial Photography, Consumer Goods, Consumer Marketing, Content, Copywriting, Corporate Identity, Cosmetics, Digital/Interactive, Direct Response Marketing, Direct-to-Consumer, Education, Electronic Media, Electronics, Engineering, Entertainment, Environmental, Event Planning & Marketing, Faith Based, Fashion/Apparel, Financial, Food Service, Game Integration, Government/Political, Graphic Design, Health Care Services, High Technology, Hospitality, Household Goods, Identity Marketing, In-Store Advertising, Industrial, Information Technology, Integrated Marketing, International, Internet/Web Design, Investor Relations, LGBTQ Market, Leisure, Logo & Package Design, Luxury Products, Marine, Market Research, Media Planning, Men's Market, Merchandising, Mobile Marketing, Multicultural, Multimedia, New Product Development, New Technologies, Newspaper, Newspapers & Magazines, Out-of-Home Media, Over-50 Market, Package Design, Paid Searches, Pets , Planning & Consultation, Podcasting, Point of Purchase, Point of Sale, Print, Product Placement, Production, Production (Ad, Film, Broadcast), Production (Print), Programmatic, Promotions, Radio, Real Estate, Recruitment, Regional, Restaurant, Retail, Seniors' Market, Shopper Marketing, Social Marketing/Nonprofit, Social Media, South Asian Market, Sponsorship, Sports Market, Stakeholders, Strategic Planning/Research, T.V., Teen Market, Transportation, Travel & Tourism, Tween Market, Urban Market, Web (Banner Ads, Pop-ups, etc.), Women's Market

Approx. Annual Billings: $250,000,000

Jeff Baron *(Mng Dir)*
Nick Fuller *(Head-Production)*
Luiza Naritomi *(Head-Production)*
Andea Campbell *(Grp Dir-Strategy)*
Ramon Jimenez *(Grp Dir-Strategy)*
Susan Pratchett *(Grp Acct Dir)*
Emily Blumhardt *(Assoc Producer-Interactive)*
Tobias Lindborg *(Art Dir)*
Julia Melograna *(Sr Art Dir)*
Abraham Nowels *(Jr Producer-Print)*
Ryan Raab *(Creative Dir)*
Holly Schussler *(Assoc Producer-Flim)*
Pauline Tastenhoye *(Acct Dir)*
Essowe Tchalim *(Assoc Producer-Flim)*
Susan Teplinsky *(Grp Producer-Performance)*
Toby Treyer-Evans *(Creative Dir)*
Kevin DeStefan *(Dir-Strategy)*
Kelly Harrington *(Dir-Bus Dev)*
Elizabeth Hartley *(Dir-Comm Strategy)*
Ryan Miller *(Dir-Data Strategy)*
Hayley Parker *(Dir-Strategy)*
Kiki Powell *(Sr Mgr-Bus Affairs)*
Lara Yegenoglu *(Sr Mgr-Project)*
Mitch Katz *(Acct Mgr)*
Giovanna Saffos *(Acct Mgr)*
Niamh Walsh *(Acct Mgr)*
Janelle Whitehurst *(Assoc Acct Mgr)*
Daniella Vargas *(Mgr-Bus Affairs)*
Parks Middleton *(Sr Strategist-Comm)*
Clark Cofer *(Strategist-Comm)*
Alex Cohen *(Strategist)*
Robert Cohen *(Strategist-Data)*
Graham Jones *(Strategist)*
Daniel Wenger *(Strategist-Brand)*
Albie Eloy *(Sr Designer)*
Claire Jardin *(Jr Designer)*
Felix Karlsson *(Copywriter)*
Rob Mellinger *(Copywriter)*
Camilo De Galofre *(Sr Art Dir)*
Rob McQueen *(Sr Art Dir)*
Colin M Neff *(Assoc Producer-Interactive)*
Rene Ramirez *(Grp Project Mgr)*
Zachary Werner *(Assoc Counsel)*

Accounts:
The Advertising Council Campaign:"Seize the Awkward", Suicide Prevention
Audible Creative, Digital, Social; 2017
Blue Apron (Agency of Record) Creative, Digital, Social Media; 2016
Christie's The Last da Vinci
CNBC (Creative Agency of Record); 2016
Coty, Inc Clairol, Cover Girl
Disney Pixar Coco
ESPN, Inc. (Lead Creative Agency) Brand Initiatives, SportsCenter, Strategic; 2017
Essentia Water (Creative Agency of Record) Advertising, Communication, Corporate Website & Retail, Experiential, Influencer Marketing, Social Media; 2018
Georgia-Pacific Creative, Digital, Dixie (Agency of Record), Quilted Northern (Agency of Record), Social Media; 2014
Google Inc. Android, Creative, Digital, G-Suite, Outdoor, Pixel, Pixel 2, Pixel 3, Social Media; 2015
HBO Creative, Digital, Social Media; 2015
Heineken USA Inc. Creative, Digital, Dos Equis, Newcastle Brown Ale, Social Media; 2017
The Hershey Co. Almond Joy, Creative, Ice Breakers, Mounds, Twizzlers, York; 2018
New-Independence USA PAC Advertising; 2018
International House of Pancakes, LLC (Creative Agency of Record) Radio, Stunt & Creative, TV; 2017
Jell-O (Agency of Record) Creative, Digital; 2016
Johnsonville Sausage, LLC (Agency of Record) Creative, Digital, Social Media; 2015
JPMorgan Chase (Agency of Record) Chase Freedom, Chase Sapphire, Creative, Digital, Media Planning, QuickPay, Social Media, Zelle; 2015
The Kraft Heinz Company Creative, Kraft Mac & Cheese & Philadelphia Cream Cheese (Agency of Record); 2018
LVMH Moet Hennessy Clos19 (Agency of Record), Creative, Digital, Hennessy (Agency of Record), Social Media; 2011
The Mattress Firm, Inc. (Agency of Record) Creative, Digital, Social Media; 2016
Molson Coors Carling
Mondelez International, Inc. Creative, Digital, Social Media, Trident (Agency of Record); 2016
The Nature's Bounty Co. (Agency of Record) Creative, Digital, MET-Rx, Nature's Bounty, Osteo Bi-Flex, Pure Protein, Social Media, Sundown Naturals; 2015
The New Museum of Contemporary Art Campaign: "Recalling 1993"
The New York Times (Agency of Record) Creative, Digital, Media Planning, Social Media; 2016
One Organization Creative, Digital, Public

ADVERTISING AGENCIES — AGENCIES - JANUARY, 2019

Relations, Social Media; 2016
Ore-Ida (Agency of Record) Creative, Digital, Social Media; 2016
Prudential (Agency of Record) Creative, Digital, Social; 2016
New-Rivian Lead Creative
The Rocket Science Group, LLC Creative, Digital, MailChimp (Agency of Record), Social Media; 2016
Sprint Corporation (Creative Agency of Record) Brand Experience, Brand Positioning, Brand Strategy, Creative, Digital, Media Planning, Social Media, Super Bowl 2018; 2017
Starbucks Corporation Digital Channels, Social Media, TV
Tencent (Creative Agency of Record) Creative, Digital, Media Planning, Social, Strategy, WeChat; 2017
Thorne Business Design, Full Brand Experience, Related Marketing Communications; 2018
Timex (Creative Agency of Record); 2016
Tourism Australia Creative, Super Bowl 2018
Ultimate Fighting Championship Logo
Under Armour, Inc Creative, Digital, Social; 2013
UNESCO
United Rentals, Inc. (Lead Creative & Strategic Agency) Communications; 2018
YMCA Creative, Digital, Social Media; 2015

Branches

droga5
12-14 Denman Street, Soho London, W1D 7HJ
United Kingdom
Tel.: (44) 207 287 5925
Web Site: droga5.com/

Employees: 100

Bill Scott *(CEO)*
Dylan Williams *(Partner & Chief Strategy Officer)*
Amy Garrett *(Head-Client Svc)*
Jonny Price *(Sr Acct Dir)*
Rebecca Lewis *(Grp Acct Dir)*
Lucy Murrary *(Grp Acct Dir)*
Raphael Basckin *(Creative Dir)*
Ella Clay *(Acct Dir)*
Shelley Smoler *(Creative Dir)*
Scott Taylor *(Art Dir)*
Abby Walsh *(Acct Dir)*
Dave Wigglesworth *(Art Dir)*
Andrew Chemetoff *(Dir-Photography)*
Damien Le Castrec *(Dir-Strategy)*
Ashley Shack *(Dir-Talent)*
Tim Whirledge *(Dir-Strategy)*
Jacob Wright *(Dir-Strategy)*
Callum Raines *(Sr Acct Mgr)*
Farah Dib *(Strategist)*
Searsha Sadekq *(Strategist)*
Matteo Alabiso *(Designer)*
James Hatt *(Designer-Production)*
Tom Mattison *(Designer)*
Haider Muhdi *(Sr Designer)*
Ed Redgrave *(Copywriter)*
Andy Shrubsole *(Copywriter)*
Teddy Souter *(Copywriter)*
Charlene Chandrasekaran *(Sr Art Dir)*

Accounts:
All Market Inc Advertising, Campaign: "Just Get Thirsty", Campaign: "Stupidly Simple", Online, TV, Vita Coco
New-Amazon.com, Inc. Amazon Prime Video
Asahi Breweries Ltd Advertising, Asahi Super Dry, Content, Events, Global Creative, Peroni; 2017
Barclays PLC (Lead Creative Agency); 2018
Belstaff Creative, Digital, Out-of-Home, Print, Social, TV
BMW (UK) Ltd Communication, Global Advertising, Mini Electric; 2018
Bowers & Wilkins Digital, Events, Film, Global Advertising, In-Store Marketing, Print

New-Canada Goose Global Creative; 2018
New-Coal Drops Yard
Danone Global Creative
Diageo Ciroc Vodka
Farfetch Campaign: "Unfollow", Creative, Digital, Experiential, Global Advertising, Print
Fast Retailing Co., Ltd. Uniqlo
The Flipflopi Project
G7+1 Russia's out
Google Android, Google Pixel 2
Hepatitis C Trust Creative
Hobbs CRM, Campaign: "Make An Understatement 'Blue&White'", Creative Advertising, In-Store
Kepak Creative, OOH, Online, Print, Rustlers, Social Media, TV
KidsCo Online, TV
Kwiff (Agency of Record)
LVMH Communications, Creative, Experiential, Glenmorangie, Print
Mondelez Advertising, Belvita, Digital, Social Activation, TV
Paramount
New-Pernod Ricard UK Brand Positioning, Content, Kahlua, Social; 2018
Secret Escapes Global Advertising, TV
Sports Supplements Ltd Bulk Powders, Global Advertising; 2017
Unilever Global Creative, Impulse, Radox
Virgin Holidays

DROY ADVERTISING
10000 E Yale Ave Ste 13, Denver, CO 80231
Tel.: (303) 368-5480
Web Site: www.droyadvertising.com

Employees: 1
Year Founded: 1983

Agency Specializes In: Advertising, Corporate Identity, Direct Response Marketing, Event Planning & Marketing, Package Design, Print

Brad Droy *(Owner)*
D. Perkins *(VP)*

Accounts:
Geneva Marsam
Windsor Floor Maintenance

DRS & ASSOCIATES
11684 Ventura Blvd 861, Studio City, CA 91604
Tel.: (818) 981-8210
E-Mail: info@drsandassociates.com
Web Site: www.drsandassociates.com

Employees: 20

Agency Specializes In: Advertising, Graphic Design, Internet/Web Design, Public Relations

David Schlocker *(Pres & CEO)*
Jocelyn Hutt *(Dir-East Coast Div)*
Natalie Schlocker *(Dir-Creative)*
Mariel Yohe *(Dir-Comm-West Coast)*
Jennifer Cash *(Coord-PR)*

Accounts:
Bulthaup Corp
Sonneman - A Way of Light Digital, PR, Social Media Campaigns

THE DRUCKER GROUP
2800 S River Rd, Des Plaines, IL 60018
Tel.: (312) 867-4960
E-Mail: info@druckergroup.com
Web Site: www.druckergroup.com

Employees: 7
Year Founded: 2003

Agency Specializes In: Advertising, Brand Development & Integration, Business Publications, Business-To-Business, Communications, Consulting, Consumer Marketing, Corporate Communications, Cosmetics, Exhibit/Trade Shows, Food Service, Health Care Services, High Technology, Industrial, Information Technology, Local Marketing, Market Research, Medical Products, New Product Development, Newspapers & Magazines, Pharmaceutical, Planning & Consultation, Public Relations, Retail, Technical Advertising, Trade & Consumer Magazines, Transportation

Approx. Annual Billings: $5,400,000

Scott Drucker *(Mng Partner)*
Tim Terchek *(Partner & Exec Creative Dir)*
Nick Andrus *(Partner)*
Jim Samson *(Creative Dir & Head-Visual Creative)*
Bob Wolff *(Dir-PR)*

Accounts:
Alcoa; Cleveland, OH Transportation Group; 2008
Aquion Corp.; 2012
Baxter Healthcare; Deerfield, IL; 2006
INX International Ink Co.; 2003
ITW/Miller Electric; Appleton, OH
Lavatec Laundry Technology; 2011
Lubrizol; 2009
Master Lock Company; Milwaukee, WI; 2004
PABCO Gypsum; 2012
Pactiv Corporation; Lake Forest, IL; 2006
Pregis Protective Packaging; 2015
Presidio; 2003
Silgan Containers; Woodland Hills, CA; 2003
W.R. Meadows Construction Products; 2014

DRUM, INC.
3390 Peachtree Rd 10th Fl, Atlanta, GA 30326
Tel.: (404) 233-0332
Web Site: drumagency.com

Agency Specializes In: Advertising, Content, Customer Relationship Management, Digital/Interactive, Media Buying Services, Media Planning, Production, Production (Ad, Film, Broadcast), Social Media, Strategic Planning/Research

George Wiedemann *(CEO)*
Sarah Roberts *(CFO)*
Kenneth Lomasney *(COO)*
Alicia Wiedemann *(CMO & Chief Experience Officer)*
Jerelle Gainey *(CTO)*
Scott Johnson *(Chief Creative Officer)*
David Randolph *(Chief Strategy Officer)*
Bree Roe *(Chief Media Officer)*
Rob Simone *(Chief Dev Officer)*
Jana Ferguson *(Chief Client Officer)*
Virginia Doty *(Exec VP-Nonprofit Accts)*
Rosann Bartle *(Sr VP & Exec Creative Dir)*
Taylor Todd *(Sr Media Planner)*

Accounts:
Aflac
Babbel
Direct Auto Insurance
E-Trade
Equifax
Fifth Third Bank
Greenpeace
Invisible Fence
PPL
SunTrust
Thomson Reuters Eikon

Branch

CO&P Integrated Marketing
(Formerly Cohn, Overstreet & Parrish)
500 Bishop St Ste 2B, Atlanta, GA 30080

AGENCIES - JANUARY, 2019 — ADVERTISING AGENCIES

(See Separate Listing)

DRUMROLL
301 Congress Ave Ste 2000, Austin, TX 78701
Tel.: (512) 651-3532
Fax: (512) 501-3660
E-Mail: innovate@drumroll.com
Web Site: www.drumroll.com

Employees: 55
Year Founded: 2007

Agency Specializes In: Advertising, Digital/Interactive, Email, Environmental, Experiential Marketing, Strategic Planning/Research

Kirk Drummond *(Co-Founder & CEO)*
Chris Mollo *(Co-Founder & COO)*
John McGarry *(Chief Growth Officer)*
Ashley Formanek *(Sr Producer-Digital)*
Lyle Jenks *(Creative Dir)*
Stephen Boidock *(Dir-Mktg & Bus Dev)*
Nicole Sanchez *(Dir-Leadership Team)*
David Vo *(Dir-Creative Dev)*
Monique Ramos *(Acct Supvr)*
Stacia Chavarria *(Acct Exec)*

Accounts:
AT&T Communications Corp.
Capital One
Golfsmith International Holdings, Inc.
Microsoft Corporation Msn, Bing
My Fit Foods
Perspectv Distilling Company (Agency of Record) Digital, Out-of-Home, Real Good Vodka; 2018
Skype
Sony Corporation of America
Thunderbird Real Food Bars (Voice Agency of Record); 2018
Toyota Motor North America, Inc.
UGO Entertainment, Inc.

DSC (DILEONARDO SIANO CASERTA) ADVERTISING
237 Chestnut St, Philadelphia, PA 19106
Tel.: (215) 923-3200
Fax: (215) 923-0972
E-Mail: info@dscadv.com
Web Site: www.dscadv.com

Employees: 25
Year Founded: 2001

National Agency Associations: FVW-MCA

Agency Specializes In: Advertising, Advertising Specialties, Brand Development & Integration, Broadcast, Business Publications, Business-To-Business, Cable T.V., Children's Market, Collateral, Communications, Consulting, Consumer Marketing, Consumer Publications, Corporate Identity, Cosmetics, Digital/Interactive, Direct Response Marketing, E-Commerce, Education, Electronic Media, Engineering, Entertainment, Environmental, Event Planning & Marketing, Exhibit/Trade Shows, Government/Political, Graphic Design, Health Care Services, High Technology, Industrial, Information Technology, Internet/Web Design, Investor Relations, Leisure, Logo & Package Design, Magazines, Media Buying Services, Medical Products, Merchandising, Multimedia, New Product Development, Newspaper, Newspapers & Magazines, Out-of-Home Media, Outdoor, Pharmaceutical, Planning & Consultation, Point of Purchase, Point of Sale, Print, Production, Public Relations, Publicity/Promotions, Radio, Recruitment, Restaurant, Retail, Sales Promotion, Strategic Planning/Research, T.V., Technical Marketing, Telemarketing, Trade & Consumer Magazines, Transportation

Joseph Caserta *(Pres & Chief Creative Officer)*
Joseph DiLeonardo *(CEO)*
Ken Suman *(Sr VP-Acct Mgmt)*
Rich Caserta *(Sr Dir-Art)*
Bruno Circolo *(Art Dir)*
Tony Leone *(Dir-Production & Traffic-AVL, Inc)*
Matt Mungan *(Dir-Interactive Svcs)*

Accounts:
Amplifier Research & Amplifier/Research/Kalmus; Souderton, PA Test Equipment; 1997
AR Modular RF
Catch, Inc.; Philadelphia, PA Health Care; 1983
Conestoga Bank
Foundations; Moorestown, NJ Educational Enrichment Programs; 2000
FXI-Foamex Innovations
The Philadelphia Coalition; Philadelphia, PA Behavioral Health Management; 1999
Philadelphia Visitors Center
Pinnacle Textiles

DSD CREATIVE GROUP, INC.
1521 La Loma Dr, Nipomo, CA 93444
Tel.: (805) 459-1924
E-Mail: hello@dsdcreativegroup.com
Web Site: www.dsdcreativegroup.com/

Employees: 5

Agency Specializes In: Direct Response Marketing, E-Commerce, Email, Faith Based, Graphic Design, Internet/Web Design, Logo & Package Design, Newspapers & Magazines, Out-of-Home Media, Outdoor, Print, Search Engine Optimization, Social Marketing/Nonprofit, Social Media, Strategic Planning/Research

Brian Tippitt *(Creative Dir & Graphic Designer)*

Accounts:
Farmers Insurance
Grace Bible
Habitat Home & Garden
Robertson Builders
Sandy Cove Ministries
Santa Maria Elks & Rodeo Parade

THE DSM GROUP
575 CorPOrate Dr Ste 420, Mahwah, NJ 07430
Tel.: (201) 416-0316
Web Site: www.thedsmgroup.com

Employees: 50
Year Founded: 2007

Agency Specializes In: Advertising, Brand Development & Integration, Content, Email, Internet/Web Design, Media Buying Services, Media Planning, Public Relations, Search Engine Optimization, Social Media

Darren Magarro *(Pres & CEO)*
Charlene Wingfield *(CFO)*
Jason Diller *(Chief Growth Officer)*
Ryerson Kipp *(Sr VP & Creative Dir)*
Zinka Ramdedovic *(Sr VP-Partnerships & Ops)*
Christine Devereaux *(VP & Acct Dir-Svcs)*
Stephen Wood *(Sr Dir-Personal Care & Aroma-North America)*
Leon Grassi *(Mktg Dir)*
Meredith Hopken *(Acct Dir)*
Derek Remensnyder *(Art Dir)*
Emily Meussner *(Dir-Content Mktg)*
Dan Reyes *(Dir-Digital Mktg)*
Lilia Muniz *(Acct Mgr)*
Laura Yackovetsky *(Acct Mgr-Svc)*

Accounts:
New-Smolin Lupin

DSP+P
(See Under doug&partners inc.)

DTE STUDIO
150 W 30th St Ste 1301, New York, NY 10001
Tel.: (212) 255-6570
E-Mail: studio@dtestudio.com
Web Site: dtestudio.com

Employees: 10
Year Founded: 2008

Agency Specializes In: Above-the-Line, Advertising, Advertising Specialties, Alternative Advertising, Arts, Below-the-Line, Brand Development & Integration, Branded Entertainment, Catalogs, Collateral, Commercial Photography, Communications, Consulting, Consumer Goods, Content, Copywriting, Corporate Identity, Cosmetics, Digital/Interactive, E-Commerce, Electronic Media, Email, Experience Design, Experiential Marketing, Fashion/Apparel, Graphic Design, Hospitality, Identity Marketing, In-Store Advertising, Integrated Marketing, Internet/Web Design, Logo & Package Design, Magazines, Multimedia, New Product Development, Newspapers & Magazines, Out-of-Home Media, Outdoor, Package Design, Point of Purchase, Point of Sale, Print, Production, Production (Ad, Film, Broadcast), Production (Print), Real Estate, Social Media, Sponsorship, Strategic Planning/Research, T.V., Web (Banner Ads, Pop-ups, etc.)

Approx. Annual Billings: $2,000,000

Melissa Jones *(CEO & Creative Dir)*

Accounts:
Bliss Lau Art Direction

D.TRIO
401 N 3rd St Ste 480, Minneapolis, MN 55401
Tel.: (612) 787-3333
Fax: (612) 436-0324
E-Mail: pwhite@dtrio.com
Web Site: www.dtrio.com

Employees: 12
Year Founded: 2000

Agency Specializes In: Direct Response Marketing, Out-of-Home Media, Outdoor, Print, Production (Print), Strategic Planning/Research

Megan Devine *(Owner)*
Fred Driver *(Partner)*
Maureen Dyvig *(Partner)*
Sheryl Doyle *(Client Svcs Dir)*
Beth Seitzberg *(Creative Dir)*
Tim Swenson *(Acct Exec)*

Accounts:
University Of Minnesota Educational Services

DUBS & DASH
26 Hasler Cres, Guelph, ON N1L 0A2 Canada
Tel.: (519) 836-4335
Fax: (519) 836-7109
E-Mail: thebetterway@dubsanddash.com
Web Site: www.dubsanddash.com

Employees: 10
Year Founded: 1999

Amitav Dash *(Mng Partner)*

Accounts:
Motos for Moms; 2006

ADVERTISING AGENCIES

DUDNYK HEALTHCARE GROUP
5 Walnut Grove Dr Ste 280, Horsham, PA 19044
Tel.: (215) 443-9406
Fax: (215) 443-0207
E-Mail: info@dudnyk.com
Web Site: www.dudnyk.com

E-Mail for Key Personnel:
President: lweir@dudnyk.com

Employees: 45
Year Founded: 1993

Agency Specializes In: Advertising, Brand Development & Integration, Experiential Marketing, Health Care Services

Daniel Zaksas *(Sr VP & Dir-Medical & Scientific Affairs)*
Tim Anderson *(VP & Acct Dir)*
Kristin Morris *(VP & Creative Dir)*
Brett Amdor *(VP & Dir-IT & Bus Solutions)*
Kelli Belsinger *(Acct Dir)*
Whitney Bender *(Dir-Creative Ops)*
Michael Hawkins *(Assoc Dir-Creative & Art)*
Margaret Sinclair *(Mgr-Acctg)*
Kimberly Cosenza *(Acct Supvr)*
Brittany Kinka *(Acct Supvr)*
Julie Martosella *(Acct Supvr)*
Nancy Walsh *(Acct Supvr-Mktg)*
Elizabeth Butterfield *(Sr Acct Exec)*
Amelia Klaus *(Sr Acct Exec)*
Allie Focht *(Grp Acct Supvr)*
Dawn Hastings *(Assoc Creative Dir-Copy)*
Michele Mayne *(Assoc Creative Dir-Copy)*
Andrew Runion *(Assoc Creative Dir)*
Carly Smith *(Jr Designer-Studio)*

Accounts:
Abbott Labs
AMAG
Bausch & Lomb
CSL Behring
ENDO Pharmaceuticals
HMR
MiddleBrook Pharmaceuticals
Nicox, Inc. AdenoPlus, Branding, Marketing Strategy, Messaging, Product Positioning
OmniGuide
OraPharma
Sanofi-Synthelabo
Shire US Inc. Agrylin, Carbatrol, Fareston, ProAmatine; 1999

Branch

Dudnyk
5 Walnut Grove Dr Ste 200, Horsham, PA 19044
Tel.: (415) 397-3667
Fax: (415) 397-3668
Web Site: www.dudnyk.com

Employees: 25
Year Founded: 1997

Agency Specializes In: Above-the-Line, Advertising, Advertising Specialties, Below-the-Line, Brand Development & Integration, Broadcast, Business-To-Business, Cable T.V., Co-op Advertising, Collateral, Communications, Consulting, Consumer Marketing, Corporate Communications, Corporate Identity, Digital/Interactive, Direct Response Marketing, Direct-to-Consumer, Education, Electronic Media, Email, Graphic Design, Health Care Services, In-Store Advertising, Infomercials, Integrated Marketing, Internet/Web Design, Logo & Package Design, Media Buying Services, Media Planning, Medical Products, New Technologies, Newspaper, Out-of-Home Media, Outdoor, Package Design, Paid Searches, Pharmaceutical, Planning & Consultation, Podcasting, Point of Purchase, Point of Sale, Print, Production (Print), Radio, Strategic Planning/Research, T.V., Viral/Buzz/Word of Mouth

John Kemble *(Exec VP & Creative Dir)*
John Burt *(VP & Dir-Project Mgmt & Resource Plng)*
Jessica McDevitt *(Acct Dir)*
Ashley Dats *(Sr Acct Exec)*

Accounts:
Aardvark Medical; Ross, CA Nasal Irrigator/Aspirator; 2008
e-Neura; Sunnyvale, CA Migraine Treatment; 2010
John Muir Health; Walnut Creek, CA Healthcare Services; 2009
Roche Molecular Systems; Pleasanton, CA Molecular Diagnostics; 2011
Valeant Pharmaceuticals; Bridgewater, NJ Renova; 2007
ZONARE; Mountain View, CA Diagnostic Ultrasound; 2011

DUFFEY PETROSKY
38505 Country Club Dr, Farmington Hills, MI 48331
Tel.: (248) 489-8300
Fax: (248) 994-1600
E-Mail: info@duffeypetrosky.com
Web Site: http://dpplus.com/

E-Mail for Key Personnel:
Creative Dir.: bduffey@dp-company.com

Employees: 50
Year Founded: 1997

National Agency Associations: 4A's

Agency Specializes In: Advertising, Automotive, Brand Development & Integration, Broadcast, Business Publications, Business-To-Business, Cable T.V., Co-op Advertising, Collateral, Commercial Photography, Communications, Consulting, Consumer Marketing, Consumer Publications, Corporate Identity, Digital/Interactive, Direct Response Marketing, E-Commerce, Electronic Media, Event Planning & Marketing, Financial, Graphic Design, Health Care Services, High Technology, Internet/Web Design, Logo & Package Design, Magazines, Media Buying Services, Merchandising, New Product Development, Newspaper, Newspapers & Magazines, Out-of-Home Media, Outdoor, Planning & Consultation, Point of Purchase, Point of Sale, Print, Production, Public Relations, Publicity/Promotions, Radio, Recruitment, Restaurant, Retail, Sales Promotion, Sports Market, Strategic Planning/Research, Sweepstakes, T.V., Technical Advertising, Telemarketing, Trade & Consumer Magazines, Transportation

Mark Petrosky *(Founder & CEO)*
Jeff Scott *(Pres)*
Jimmy Kollin *(Chief Creative Officer)*
Andy Prakken *(Chief Integration Officer-Bus Intelligence & Exec VP)*
Adam Wilson *(Exec VP-Mktg)*
Mike Eckstein *(Grp Dir-Digital Mktg)*
Roger Gallerini *(Grp Acct Dir)*
Paul Murray *(Media Dir)*
Johanna Berger *(Dir-Digital Media Ops)*
Randy Bishop *(Dir-Tech)*
Frank Brady *(Dir-Fin)*
Patrick Mack *(Dir-Content)*
Laurie Schutte *(Assoc Media Dir)*

Accounts:
Ally Auto (Agency of Record) Digital, Mobile, Social
Ally Financial Inc Digital Channels, Print
Ascension Health Digital Communications, Marketing
Blue Cross Blue Shield of Michigan
Comcast Michigan; 2005
Consumers Energy Company (Advertising & Marketing Services Agency of Record) Creative, Digital Marketing, Media Analytics, Strategic Planning
Falcon Waterfree Technologies Marketing, Strategic Branding
FCA US LLC
Ford Racing Performance Parts
Ford Rotunda
Ford Technical Support Operations
Genuine Ford Accessories
Jack Entertainment LLC (Advertising Agency of Record)
McLaren Health Care (Agency of Record) Integrated Brand Communications, Karmanos Cancer Institute, McLaren Flint

Branch

Embark Digital
38505 Country Club Dr, Farmington Hills, MI 48331
(See Separate Listing)

DUFFY & SHANLEY, INC.
10 Charles St, Providence, RI 02904
Tel.: (401) 274-0001
Fax: (401) 274-3535
E-Mail: info@duffyshanley.com
Web Site: www.duffyshanley.com

E-Mail for Key Personnel:
President: jonduffy@duffyshanley.com

Employees: 25
Year Founded: 1973

Agency Specializes In: Advertising, Brand Development & Integration, Broadcast, Business-To-Business, Cable T.V., Collateral, Communications, Consumer Marketing, Consumer Publications, Corporate Identity, Digital/Interactive, Direct Response Marketing, Entertainment, Fashion/Apparel, Financial, Government/Political, Graphic Design, High Technology, Information Technology, Internet/Web Design, Leisure, Magazines, New Product Development, Newspaper, Newspapers & Magazines, Out-of-Home Media, Outdoor, Print, Production, Public Relations, Publicity/Promotions, Radio, Restaurant, Sports Market, Strategic Planning/Research, T.V., Trade & Consumer Magazines, Travel & Tourism

Approx. Annual Billings: $30,000,000

Jonathan Duffy *(Pres)*
Annette Maggiacomo *(Partner-PR & VP)*
Karen Shuster *(VP & Media Dir)*
Rae Mancini *(VP)*
Michael Silvia *(Creative Dir & Writer)*
Karen Maia *(Office Mgr)*
Shawna Hassett *(Sr Acct Supvr-PR)*
Emily Hollenbeck *(Acct Supvr-PR)*
Meaghan Wims *(Acct Supvr)*
Cait Arsenault Baker *(Sr Acct Exec)*
Justine Johnson *(Asst Acct Exec)*
Victoria Cordeiro *(Acct Coord)*
Alexandra Venancio *(Acct Coord-PR)*
Jesse Snyder *(Sr Art Dir)*

Accounts:
Altus Dental
AT&T Inc
The Barrett Group
New-BJ's Wholesale Club
Brahmin Leather Works
College Ave Student Loans
Cox Communications; West Warwick, RI
CVS Pharmacy; Woonsocket, RI
New-Dear Kate
Deepwater Wind
Delta Dental
Dorel Juvenile Group; Columbus, IN Quinny

AGENCIES - JANUARY, 2019 — ADVERTISING AGENCIES

Dunkin' Donuts
ESPN; Bristol, CT
Foster Grant
Gevity HR, Inc.; 2007
Hallmark Health
Jumpstart
Kasporsey Lab; Woburn, MA; 2007
Luca + Danni (Agency of Record) Media Relations, Social Media
Magnivision
Mercymount Country Day School
Motorola
National Grid
Navigant Credit Union Financial Services; 2007
Nike Golf; Portland, OR
Peter Pan Bus Lines; Springfield, MA
Sagus International Education Public Service Campaign
Staples Inc. (Public Relations)
The Stride Rite Corporation; Lexington, MA
Summer Infant, Inc.
Swarovski North America Limited; Cranston, RI
Taste of Nature (Agency Of Record) Digital, Event Sponsorships, Media Relations, PR, Social Media
UnitedHealthcare
U.S. Mills, LLC
Zutano (Agency of Record) Public Relations

DUFOUR ADVERTISING
532 S 8th St Ste 100, Sheboygan, WI 53081
Tel.: (920) 457-9191
Fax: (920) 457-1854
Toll Free: (800) 236-3848
E-Mail: info@dufour.com
Web Site: www.dufour.com

Employees: 20
Year Founded: 1980

National Agency Associations: AAF-Second Wind Limited

Agency Specializes In: Affiliate Marketing, Alternative Advertising, Branded Entertainment, Co-op Advertising, Collateral, Consumer Publications, Custom Publishing, Digital/Interactive, Direct Response Marketing, Electronic Media, Email, Experience Design, In-Store Advertising, Local Marketing, Mobile Marketing, Multimedia, Production, Search Engine Optimization, Social Media, Sponsorship, T.V., Web (Banner Ads, Pop-ups, etc.)

Timothy F. DuFour (Owner)
C. J. Skelton (Gen Mgr-Du4 WebTech)
Roman Draughon (Dir-Creative)

Accounts:
Acuity Insurance; Sheboygan, WI Property & Casualty Insurance; 1999
Kohler Co.; Kohler, WI Kitchen & Bath Fixtures & Accessories; 1996
Lava Brand Motion Lamps
Manitowoc Food Service
Mario Camacho Foods
Mercury Marine
Red Arrow
Vollrath
Wigwam Mills

DUFT WATTERSON
176 S Capitol Blvd, Boise, ID 83702
Tel.: (208) 917-2181
Web Site: www.duftwatterson.com

Employees: 12
Year Founded: 2018

Agency Specializes In: Advertising, Brand Development & Integration, Content, Digital/Interactive, Public Relations, Strategic Planning/Research

Ward Duft (CEO, Partner & Dir-Creative)
Jill Watterson (COO & Partner)
Marc Cowlin (VP-Content & Digital Mktg)

Accounts:
New-Ball Ventures Ahlquist Development; 2018
New-MoFi Finance/NPO; 2018
New-Washington Trust Bank Banking; 2018
New-Zacca Hummus CPG; 2018

DUKE MARKETING
4040 Civic Center Dr Ste 200, San Rafael, CA 94903
Tel.: (415) 492-4534
E-Mail: info@dukemarketing.com
Web Site: www.dukemarketing.com/

Employees: 50
Year Founded: 1989

Linda Duke (CEO)
Michael Fagen (COO)

Accounts:
Erik's DeliCafe (Marketing Agency of Record) Local Store Marketing, Public Relations Strategies, Strategic Planning
Jimboy's Tacos (Public Relations & Marketing Agency of Record) Advertising
Le Boulanger, Inc. (Marketing Agency of Record) Marketing, Strategy
Long John Silver's, Inc. (Agency of Record) Marketing

DUNCAN CHANNON
114 Sansome St, San Francisco, CA 94104
Tel.: (415) 306-9200
Fax: (415) 306-9201
E-Mail: rhermansader@duncanchannon.com
Web Site: www.duncanchannon.com

Employees: 60
Year Founded: 1990

National Agency Associations: 4A's

Agency Specializes In: Advertising, Brand Development & Integration, Broadcast, Business-To-Business, Cable T.V., Direct Response Marketing, E-Commerce, Information Technology, Magazines, New Product Development, Newspaper, Newspapers & Magazines, Out-of-Home Media, Outdoor, Planning & Consultation, Print, Production, Radio, Sponsorship, Strategic Planning/Research, Syndication, T.V., Trade & Consumer Magazines

John Kovacevich (Exec Creative Dir)
Adam Zash (Sr Dir-Art)
Kumi Croom (Grp Acct Dir)
Shannon Burns (Art Dir & Designer)
Nick Gustafson (Acct Dir)
Chris Masse (Art Dir)
J. Moe (Art Dir)
Chris Onesto (Art Dir)
Rachel Smutney (Acct Dir)
Jennifer Kellogg (Dir-Design)
Kelleen Peckham (Dir-Brand Strategy)
Madelaine Robinson (Assoc Dir-Comm Plng)
Sydney McComas (Sr Acct Mgr)
Valerie Nerio (Sr Acct Mgr)
Davis Wolfe (Sr Acct Mgr)
August Fischer (Acct Mgr)
Neha Sinha (Assoc Acct Mgr)
Vida Thaxton (Acct Supvr)
Kurt Garvey (Supvr-Comm Plng)
Brandon Sugarman (Sr Strategist-Digital)
Adam Flynn (Strategist-Social Norms)
Alexandra Camacho (Designer)
Steven Jackson (Planner-Comm)
Miranda Maney (Copywriter)
Scott Whipple (Designer-Studio)
Niki Clainos (Assoc Creative Dir)
Chris Kane (Grp Media Dir)
Emily Sarale (Assoc Producer)

Accounts:
California Department of Public Health California Tobacco Control Program; 2014
Craft Brew Alliance Brewlab, Kona Brewing Company, Redhook
DanoneWave So Delicious Dairy Free
DriveTime Automotive Group, Inc. (Agency of Record); 2013
Ebates; 2016
New-Golden State Warriors, LLC; 2018
Grubhub Inc
Helix; 2016
New-InnovAsian Cuisine; 2018
John Muir Health, Inc.
New-Kat Von D Beauty; 2018
Prosper Marketplace; 2015
Save Mart; 2014
Sephora; 2013
Sonoma-Cutrer Winery; 2015
Stand Up 2 Cancer
Tahoe South; 2009
Ten-X; 2014
New-TriNet (Agency of Record); 2018
Udemy; 2016
Upwork Global, Inc.

DUNCAN/DAY ADVERTISING
6513 Preston Rd Ste 200, Plano, TX 75024
Tel.: (469) 429-1974
Fax: (469) 429-1979
E-Mail: art@duncanday.com
Web Site: www.duncanday.com

Employees: 9
Year Founded: 1986

National Agency Associations: Second Wind Limited

Stacey Day (Owner & Creative Dir)
Leslie Duncan Blake (Partner & COO)
Danalyn West (Dir-Web Dev)

Accounts:
GE

DUNCAN MCCALL, INC.
4400 Bayou Blvd Ste 11, Pensacola, FL 32503-2691
Tel.: (850) 476-5035
Fax: (850) 476-1556
Toll Free: (800) 897-7775
E-Mail: info@duncanmccall.com
Web Site: www.duncanmccall.com

E-Mail for Key Personnel:
President: michael@duncanmccall.com
Creative Dir.: elaine@duncanmccall.com
Media Dir.: mary@duncanmccall.com

Employees: 6
Year Founded: 1994

Agency Specializes In: Advertising, Business-To-Business, Collateral, Commercial Photography, Financial, Graphic Design, Health Care Services, Industrial, Local Marketing, Logo & Package Design, Medical Products, Restaurant, Retail, Travel & Tourism

Approx. Annual Billings: $4,000,000

Breakdown of Gross Billings by Media: Collateral: $720,000; Newsp. & Mags.: $800,000; Outdoor: $720,000; Pub. Rels.: $80,000; Radio: $560,000; Strategic Planning/Research: $80,000; T.V.: $1,040,000

ADVERTISING AGENCIES — AGENCIES - JANUARY, 2019

Bryan McCall *(Partner)*
Michelle Corley *(Art Dir)*
Mary Nolan *(Media Dir)*
Shellie McCall *(Office Mgr)*

Accounts:
Anestat; Pensacola, FL Medical Staffing Services; 1990
Gulf Coast Plastic Surgery
Gulfwinds Federal Credit Union
National Museum of Naval Aviation/Flight Deck Store; Pensacola, FL Aviation Gifts & Memorabilia; 1998
West Florida Healthcare; Pensacola, FL Hospital & Related Services; 2000

DUNHAM+COMPANY
6111 W Plano Pkwy Ste 2700, Plano, TX 75093
Tel.: (469) 454-0100
Web Site: www.dunhamandcompany.com

Employees: 40

Agency Specializes In: Faith Based, Market Research, Strategic Planning/Research

Rick Dunham *(Pres & CEO)*
Trent Dunham *(Pres)*
Tom Perrault *(COO)*
Derek Scott *(Chief Creative Officer)*
Michael Baker *(VP-Client Svcs)*
Joshua Crowther *(Exec Dir-Australia)*
Tracy Everson *(Sr Dir-Radio & TV)*
Travis Young *(Media Dir)*
Joy Ayres *(Dir-Strategic Relationships)*
Debbie Calevich *(Dir-Project Mgmt)*
Traci Harris Johnston *(Dir-Production Svcs)*
Randal Taylor *(Dir-Radio & Television)*
Jennifer Abohosh *(Chief Strategist-Digital)*
Bob Guittard *(Chief Strategist)*
Nils Smith *(Chief Strategist-Social Media & Innovation)*
Elizabeth West *(Chief Strategist-Branding & Mktg)*

Accounts:
Andrew Farley Ministries
Jack Graham
Operation Blessing International
Premier Christian Radio
Wellspring Church

DUNN&CO
202 S 22nd St Ste 202, Tampa, FL 33605
Tel.: (813) 350-7990
Fax: (813) 273-8116
E-Mail: dunn@dunn-co.com
Web Site: www.dunn-co.com

Employees: 43
Year Founded: 2003

Agency Specializes In: Advertising, Advertising Specialties, Brand Development & Integration, Collateral, Communications, Consulting, Consumer Goods, Copywriting, Corporate Communications, Email, Exhibit/Trade Shows, Experiential Marketing, Financial, Health Care Services, Identity Marketing, Leisure, Logo & Package Design, Market Research, Media Planning, Out-of-Home Media, Package Design, Point of Purchase, Point of Sale, Print, Production (Ad, Film, Broadcast), Promotions, Restaurant, Retail, Sports Market, Strategic Planning/Research, T.V., Viral/Buzz/Word of Mouth, Web (Banner Ads, Pop-ups, etc.)

Troy Dunn *(Pres & Chief Creative Officer)*
Katharine Bonnet *(VP & Dir-Digital)*
Kamden Kuhn *(VP & Dir-Strategy)*
Josh Adams *(Sr Dir-Multimedia)*
Bruno Augusto Silva Guimaraes *(Creative Dir)*
Seth Allen *(Dir-Trade Show)*

Michelle Kaloger *(Dir-Ops)*
Max Dempster *(Copywriter)*
Lauren Albert *(Acct Coord)*

Accounts:
Ahold USA
ALS Association Scientific Research Services
ArrMaz (Advertising Agency of Record)
ATG
Baxter Healthcare
Checkers
Civco
GE Healthcare
Giant/Stop&Shop grocers
Hexa Watches
Joffrey's Coffee & Tea Company; Tampa, FL Marketing, Packaging, Website
Kitchen Crafted
Majestic Apparel
Monin Gourmet Flavorings Branding, Packaging
PDQ
Ralph's Mob Armada FC, Indy Eleven, Kicking and screaming, Miracle workers, Scorpions, Strikers, United FC, Win fans
Sabal Trust Company Brand Communications, Digital, Print, Public Relations, TV
Sempermed Gloves Mfr
St. Petersburg Distillery
Tampa Bay Lightning Puck Drop
Tampa Bay Rowdies Campaign: "Tickets"
Tijuana Flats (Agency of Record) Branding
The United Way
Valpak Campaign: "Coming Home"
Wok Chi USA Brand Awareness

DVA ADVERTISING
109 NW Greenwood Ave Ste 103, Bend, OR 97701
Tel.: (541) 389-2411
Fax: (541) 389-1208
E-Mail: dvaadv@dvaadv.com
Web Site: www.dvaadv.com

E-Mail for Key Personnel:
President: david@dvaadv.com
Media Dir.: desi@dvaadv.com

Employees: 14
Year Founded: 1990

Agency Specializes In: Communications, Public Relations, Sports Market, Travel & Tourism

David Day *(Owner)*
Gary Fulkerson *(Partner & Creative Dir)*
Mary Angelo *(Partner & Dir-Client Svcs)*
Justin Yax *(Partner & Dir-PR)*
Desi Bresler *(Controller & Media Buyer)*
Ryan Crotty *(Sr Dir-Art)*
Lisa Canady *(Media Planner)*

Accounts:
New-Ballard Alliance
Bandon Dunes Golf Resort; 1998
Carrera Motors
Chambers Bay Golf Course
New-Doubleback Winery Bledsoe Family Winery
New-Explore Whitefish Destination Marketing, Montana Resort Town; 2018
Kemper Kaiser Lesnik; 1999
Oxford Hotel Group
The Reserves Vineyard & Golf Club
New-Riverhouse on the Deschutes
New-Solvang Conference & Visitors Bureau
New-Visit Bend
New-Visit Leavenworth
New-Visit the Santa Ynez Valley
New-Visit Walla Walla

DVC MARKETING
(Formerly DocuSource Visual Communications)
5420 Pioneer Park Blvd Ste C, Tampa, FL 33634
Tel.: (813) 875-6068

E-Mail: info@dvc360.com
Web Site: dvc360.com/

Employees: 8
Year Founded: 1988

Agency Specializes In: Advertising, Brand Development & Integration, Digital/Interactive, Email, Print, Search Engine Optimization, Social Media

Accounts:
Buddy's Home Furnishings
Pepin Heart Hospital

DVL SEIGENTHALER
(Formerly Dye, Van Mol & Lawrence)
209 7th Ave N, Nashville, TN 37219-1802
Tel.: (615) 244-1818
Fax: (615) 780-3301
Web Site: http://dvlseigenthaler.com/

E-Mail for Key Personnel:
Creative Dir.: nelson.eddy@dvl.com

Employees: 45
Year Founded: 1980

Agency Specializes In: Automotive, Digital/Interactive, Entertainment, Event Planning & Marketing, Fashion/Apparel, Food Service, Health Care Services, Investor Relations, Media Buying Services, Publicity/Promotions, Sports Market, Strategic Planning/Research

Tom Lawrence *(Founder & Partner)*
Ronald Roberts *(CEO & Mng Partner)*
Nelson Eddy *(Mng Partner-Creative)*
Jonathan Carpenter *(Partner)*
Andrea Lindsley *(Partner)*
Philip McGowan *(Partner)*
Lisa Button *(Sr VP)*
Mark Day *(Sr VP)*
Pat Nolan *(Sr VP)*
Cheryl Thompson *(Sr VP)*
Robert Hoskins *(VP)*
Laura Stephens *(VP)*
Molly K. Williamson *(VP)*
Lauren Kerensky Haitas *(Client Svcs Dir)*
Tiffany Childress *(Sr Acct Exec)*
Claire Sullivan *(Sr Acct Exec)*
Catherina Davidson *(Acct Exec)*
Christina Pawlowski *(Media Buyer)*
Christian Lail *(Acct Coord)*
Olivia Parven *(Acct Coord)*
Noelle Grimes *(Assoc Art Dir)*

Accounts:
Bridgestone Americas, Inc.
Bridgestone/Firestone, Inc. Corporate, Off Road Tires
Franklin American Mortgage Music City Bowl
Harpeth Valley Utilities District; 1995
J. Alexander's Corporation
J. Alexander's Restaurants; 1983
Jack Daniel's Distillery Inc
Tractor Supply Co.; 2000
YWCA of Middle Tennessee; 1999
YWCA of Nashville & Middle Tennessee

DW ADVERTISING
682 Bloomfield Ave, Bloomfield, CT 06002
Tel.: (860) 461-7402
E-Mail: dwteam@dw-advertising.com
Web Site: www.dw-advertising.com

Employees: 4

Agency Specializes In: Advertising, Brand Development & Integration, Content, Digital/Interactive, Logo & Package Design, Media Planning, Paid Searches, Print, Social Media, T.V.

AGENCIES - JANUARY, 2019 — ADVERTISING AGENCIES

Jeff Durham *(Creative Dir & Strategist-Brand)*
Jennifer Clair *(Acct Exec)*
Kimberly Wilson *(Acct Exec)*

Accounts:
My Pillow Inc

DWA MEDIA
(Acquired by Merkle Inc. & Name Changed to DWA, a Merkle Company)

DXAGENCY
75 Gorge Rd, Edgewater, NJ 07020
Tel.: (201) 313-1100
Fax: (201) 840-8492
E-Mail: info@dxagency.com
Web Site: www.dxagency.com

Employees: 45
Year Founded: 2004

Agency Specializes In: Advertising, Digital/Interactive, Email, Media Buying Services, Media Planning, Search Engine Optimization

Benjamin Hordell *(Founder & Partner)*
Sandy Rubinstein *(CEO)*
Michael Dub *(Partner)*
Stephen Golub *(VP-Creative Strategy & Accts)*
Jill Harrow *(Sr Acct Dir)*
Stephanie McCloskey *(Acct Mgr)*
Hollis Templeton *(Sr Strategist-Digital)*
Avery Jackson *(Acct Coord)*

Accounts:
Comcast SportsNet Mid-Atlantic (Digital Agency of Record)
DirecTV
Dr. Schar Advertising Agency of Record, Marketing Agency of Record, Social Media Agency of Record
HBO
Kmart
Madison Square Garden
National Geographic Books
Sour Jacks Mobile Ads, Social Ads
Welch's Fruit Snacks Mobile Ads, Social Ads

DYNAMIC DIGITAL ADVERTISING, LLC.
2713 Easton Rd, Willow Grove, PA 19090
Tel.: (215) 355-6442
Fax: (215) 396-8779
E-Mail: sales@ddapa.com
Web Site: www.zeroonezero.com

Employees: 15

Agency Specializes In: Advertising

David Katz *(Pres)*

Accounts:
Allied Dental
Chains-and-Charms.com
Galil Medical
Girsh Development, Inc.
Mobile Diagnostic Services, Inc.
Schlotter Precision Products, Inc.

DYNAMIC INC
1526 S 12th St, Sheboygan, WI 53081
Tel.: (920) 459-8889
Web Site: www.dynamicagency.com

Employees: 50
Year Founded: 2006

Agency Specializes In: Advertising, Brand Development & Integration, Digital/Interactive, Logo & Package Design, Print, Public Relations, Social Media

Jason Irish *(CEO & Dir-Digital Strategy)*
Danielle George *(Project Mgr & Acct Exec)*
Casey Irish *(Acct Exec)*

Accounts:
Illinois Tool Works

DYSTRICK DESIGN, INC.
90 Great Oaks Blvd Ste 204, San Jose, CA 95119
Tel.: (408) 578-8849
Web Site: www.dystrick.com

Employees: 10
Year Founded: 2000

Agency Specializes In: Advertising, Brand Development & Integration, Digital/Interactive, Internet/Web Design, Print

Sean Sinatra *(Mng Dir & COO)*
Mike Martinez *(Chief Creative Officer)*

Accounts:
PowWow

E-B DISPLAY CO., INC.
1369 Sanders Ave SW, Massillon, OH 44647-7632
Tel.: (330) 833-4101
Fax: (330) 833-9844
Toll Free: (800) 321-9869
E-Mail: display@ebdisplay.com
Web Site: www.ebdisplay.com

Employees: 115
Year Founded: 1952

Agency Specializes In: Advertising Specialties, Cosmetics, Merchandising, Point of Purchase, Point of Sale, Print, Sales Promotion

Approx. Annual Billings: $20,000,000

Michael Rotolo *(Pres & CEO)*
Rick Catazaro *(CFO)*
Diana Loy *(VP-HR)*
Richard Philyaw *(VP-Accts-Natl)*
Ken Loy *(Creative Dir)*
Eric Sandler *(Acct Mgr-Natl)*
Kathy Ferry *(Mgr-Graphics)*
Steve Metz *(Mgr-Production)*
Bruce Hrvatin *(Acct Exec)*
Tracy Coats *(Sr Designer)*

Accounts:
Ryobi

E/LA (EVERYTHINGLA)
(Formerly ELA (EverythingLA))
12655 W Jefferson Blvd 4th Fl, Los Angeles, CA 92612
Tel.: (310) 849-5100
E-Mail: info@ela1.com
Web Site: www.ela1.com

Employees: 45
Year Founded: 2004

Agency Specializes In: Above-the-Line, Advertising, Affluent Market, Automotive, Brand Development & Integration, Branded Entertainment, Broadcast, Business-To-Business, Collateral, Communications, Computers & Software, Consumer Goods, Consumer Marketing, Content, Copywriting, Digital/Interactive, Direct-to-Consumer, E-Commerce, Electronics, Email, Entertainment, Experience Design, Experiential Marketing, Food Service, Game Integration, Graphic Design, Guerilla Marketing, Hospitality, Household Goods, Information Technology, Integrated Marketing, International, Internet/Web Design, Logo & Package Design, Luxury Products, Magazines, Market Research, Mobile Marketing, Multicultural, Newspapers & Magazines, Out-of-Home Media, Outdoor, Package Design, Point of Purchase, Point of Sale, Print, Production, Production (Ad, Film, Broadcast), Production (Print), Programmatic, Promotions, Radio, Social Marketing/Nonprofit, Social Media, Strategic Planning/Research, T.V., Viral/Buzz/Word of Mouth, Web (Banner Ads, Pop-ups, etc.)

Approx. Annual Billings: $10,000,001

Andre Filip *(CEO)*
Carlos Musquez *(Exec Creative Dir)*
Joanna Gardner *(Acct Dir)*
Mariya Newman *(Dir-Digital)*

Accounts:
Disney Creative; 2017
Karma Automotive Creative; 2015
Netflix Creative; 2017
Obsidian Entertainment Creative; 2016
Paramount Creative; 2017
Starbucks Creative, Digital; 2016
Thermador (Agency of Record) Brand Strategy, Creative, Digitial, Social; 2014
Top Buzz Creative; 2016
TP-Link Creative, Digital; 2016
Warner Brothers Creative; 2008
Western Digital Creative, Digital; 2016

Branch

Everything/LA
604 Arizona Blvd, Santa Monica, CA 90401
Tel.: (310) 849-5100
Web Site: www.ela1.com

Employees: 35

Agency Specializes In: Advertising, Brand Development & Integration, Content, Digital/Interactive, Event Planning & Marketing, Print, Radio, Social Media, T.V.

Bobby Vu *(Dir-Film & Photography)*

Accounts:
New-Obsidian Entertainment, Inc.

E3
419 5th Ave NE, Grand Rapids, MN 55744
Tel.: (218) 326-0728
Fax: (218) 326-8021
E-Mail: info@e3cs.com
Web Site: www.e3cs.com

Year Founded: 1999

Agency Specializes In: Communications, Event Planning & Marketing, Integrated Marketing, Internet/Web Design, Promotions

Eric Eiesland *(Pres)*

Accounts:
Arcadia Lodge
Grand Rapids Dental Care
Kokomo Resort
Minnesota Fishing Connections
Terex ASV, Inc.
Visions North Lodging Association

E3 LOCAL MARKETING
2601 Malsbary Rd, Cincinnati, OH 45242
Toll Free: (888) 878-2768
Web Site: e3local.com

ADVERTISING AGENCIES

Employees: 22

Agency Specializes In: Advertising, Broadcast, Digital/Interactive, Local Marketing, Print

Kevin Slattery *(Owner & CEO)*
Kerry McKiernan *(Pres)*
Terri Wolke Weber *(Dir-Tech)*
Amy Morris *(Mgr)*
Amy Thomas *(Mgr-Solutions)*

Accounts:
BGR
Champion
Donatos
Pearle Vision
Sears Home Services

E8 CREATIVE
PO BOX 326, Bowmansville, NY 14026
Tel.: (716) 235-8355
E-Mail: hello@e8-creative.com
Web Site: www.e8-creative.com

Employees: 2

Agency Specializes In: Advertising, Brand Development & Integration, Digital/Interactive, Internet/Web Design, Logo & Package Design, Print

Deb Engel *(Sr Art Dir)*

Accounts:
Lofty Mountain Grandeur

EAG ADVERTISING & MARKETING
2029 Wyandotte Ste 101, Kansas City, MO 64108
Tel.: (816) 842-0100
E-Mail: info@smallbusinessmiracles.com
Web Site: www.smallbusinessmiracles.com

Employees: 50
Year Founded: 2003

Agency Specializes In: Advertising, Brand Development & Integration, Copywriting, Digital/Interactive, Direct Response Marketing, Internet/Web Design, Retail, Search Engine Optimization, Social Media, Strategic Planning/Research

Michele Markham *(Pres)*
Paul Weber *(CEO)*
Jeff Randolph *(VP & Client Svcs Dir)*
Derrick David *(Art Dir)*
Cinda Fisher *(Acct Dir)*
Erin Fletcher *(Acct Dir)*
Heather Silliman *(Acct Dir)*
Ashley Tebbe *(Art Dir)*
Brenda Heffron *(Dir-Content)*
Valerie Schlosser *(Dir-Search Mktg)*
Wynn Shepard *(Product Mgr-Digital)*
Erin Dechman *(Acct Exec-Digital)*
Audrey Gardner *(Acct Exec)*

Accounts:
New-AA Northland Stor All
New-Likarda LLC
New-Munson Angus Farms
New-Rally House
New-Splashtacular

EAG GROUP
2001 Ludlam Rd, Miami, FL 33155
Tel.: (305) 597-5454
Fax: (305) 597-2116
E-Mail: info@eaggroup.com
Web Site: www.eaggroup.com

Employees: 5

Agency Specializes In: Advertising, Brand Development & Integration, Media Buying Services, Media Planning, Public Relations

William Riveron *(Pres)*
Carlos Jovi *(Creative Dir)*
Ana Rivera *(Dir-Event Mktg & PR)*
Danny Sibai *(Dir-Digital)*

Accounts:
Al Hendrickson Toyota

EAST BANK COMMUNICATIONS INC.
215 SE 9th Ave Ste 202, Portland, OR 97214
Tel.: (503) 230-8959
Fax: (503) 230-8960
E-Mail: mail@eastbankcom.net
Web Site: http://eastbankads.com

Employees: 5
Year Founded: 1977

National Agency Associations: Second Wind Limited

Agency Specializes In: Advertising, Brand Development & Integration, Broadcast, Business-To-Business, Cable T.V., Children's Market, Collateral, Consumer Marketing, Corporate Identity, Digital/Interactive, Direct Response Marketing, E-Commerce, Environmental, Exhibit/Trade Shows, Food Service, Graphic Design, Industrial, Internet/Web Design, Leisure, Logo & Package Design, Media Buying Services, Point of Purchase, Point of Sale, Production, Restaurant, Retail, Strategic Planning/Research, T.V., Travel & Tourism

Approx. Annual Billings: $2,246,000

Breakdown of Gross Billings by Media: Collateral: $786,000; D.M.: $180,000; Exhibits/Trade Shows: $235,000; Graphic Design: $180,000; Mags.: $160,000; Newsp.: $315,000; Point of Sale: $225,000; Radio: $165,000

Brian Murphy *(Creative Dir)*
Michelle Snyder *(Media Dir)*

Accounts:
Grassland Oregon
Hardwood Industries
Northwest Hardwoods
O'Loughlin Trade Shows; Portland, OR; 1984
Smithco Manufacturing; Portland, OR; 1990

EAST COAST CATALYST
300 Summer St, Boston, MA 02210
Tel.: (617) 314-6400
Web Site: www.eastcoastcatalyst.com

Employees: 5
Year Founded: 2010

Agency Specializes In: Arts, Brand Development & Integration, Business-To-Business, College, Computers & Software, Consulting, Content, Corporate Identity, Customer Relationship Management, Digital/Interactive, E-Commerce, Education, Entertainment, Event Planning & Marketing, Government/Political, Graphic Design, High Technology, Identity Marketing, Information Technology, Integrated Marketing, Internet/Web Design, Logo & Package Design, Market Research, Media Planning, New Technologies, Paid Searches, Planning & Consultation, Restaurant, Search Engine Optimization, Social Media, Strategic Planning/Research, Web (Banner Ads, Pop-ups, etc.)

Approx. Annual Billings: $1,000,000

David Polcaro *(Dir-Creative)*

Accounts:
Apperian Digital Design, Digital Marketing; 2012
Fortis College Digital Marketing Audit; 2012
GlideMagazine.com Digital Marketing Optimization; 2013
RAMP Digital Marketing; 2014
Resolution Digital Strategy; 2012
Signiant Digital Design, Digital Marketing; 2014

EAST HOUSE CREATIVE
85 Main St Ste 201, Hackensack, NJ 07601
Tel.: (201) 408-5775
Fax: (201) 408-5774
E-Mail: info@east-house.com
Web Site: www.east-house.com

Employees: 4

Agency Specializes In: Advertising, Advertising Specialties, Brand Development & Integration, Business Publications, Catalogs, Collateral, Corporate Identity, Custom Publishing, Graphic Design, Health Care Services, Internet/Web Design, Local Marketing, Logo & Package Design, Media Buying Services, Media Planning, New Product Development, Newspapers & Magazines, Package Design, Pharmaceutical, Print, Product Placement, Production (Ad, Film, Broadcast), Publicity/Promotions, Publishing, Real Estate, Search Engine Optimization, Social Marketing/Nonprofit, T.V., Web (Banner Ads, Pop-ups, etc.)

Approx. Annual Billings: $2,500,000

Silvia Avramov *(Partner & Creative Dir)*
Youlian Avramov *(Partner & Creative Dir)*

Accounts:
Alden Staffing Services; NJ Collateral Design, Web Design
Chestnut Investment Group; NJ Brand ID, Web Site Development
Coldwell Banker; NJ Collateral Design
McGraw Hill
Onboard LLC

EAST MEETS WEST PRODUCTIONS INC.
1024 Leopard St., Corpus Christi, TX 78401
Tel.: (361) 904-0044
Web Site: www.eastmeetswestproductions.com

Employees: 45
Year Founded: 1991

Agency Specializes In: Above-the-Line, Advertising, Advertising Specialties, Affiliate Marketing, Affluent Market, African-American Market, Alternative Advertising, Arts, Asian Market, Automotive, Aviation & Aerospace, Below-the-Line, Bilingual Market, Brand Development & Integration, Branded Entertainment, Broadcast, Business Publications, Business-To-Business, Cable T.V., Children's Market, Co-op Advertising, Collateral, Communications, Computers & Software, Consulting, Consumer Publications, Content, Corporate Communications, Corporate Identity, Crisis Communications, Custom Publishing, Customer Relationship Management, Digital/Interactive, Direct Response Marketing, Direct-to-Consumer, E-Commerce, Education, Electronic Media, Electronics, Email, Engineering, Entertainment, Environmental, Event Planning & Marketing, Exhibit/Trade Shows, Experience Design, Faith Based, Fashion/Apparel, Financial, Food Service, Government/Political, Graphic Design, Health Care Services, High Technology, Hispanic Market, Hospitality, Household Goods, Identity Marketing, Industrial, Information

AGENCIES - JANUARY, 2019 — ADVERTISING AGENCIES

Technology, Integrated Marketing, International, Internet/Web Design, Investor Relations, Legal Services, Leisure, Local Marketing, Logo & Package Design, Magazines, Marine, Market Research, Media Buying Services, Media Planning, Media Relations, Media Training, Medical Products, Men's Market, Merchandising, Mobile Marketing, Multicultural, Multimedia, New Product Development, New Technologies, Newspaper, Newspapers & Magazines, Out-of-Home Media, Outdoor, Over-50 Market, Paid Searches, Planning & Consultation, Podcasting, Point of Purchase, Point of Sale, Print, Product Placement, Production, Production (Ad, Film, Broadcast), Production (Print), Promotions, Public Relations, Publicity/Promotions, Publishing, RSS (Really Simple Syndication), Radio, Real Estate, Recruitment, Regional, Restaurant, Retail, Sales Promotion, Search Engine Optimization, Seniors' Market, Social Marketing/Nonprofit, Social Media, Sponsorship, Sports Market, Stakeholders, Strategic Planning/Research, Syndication, T.V., Technical Advertising, Teen Market, Trade & Consumer Magazines, Transportation, Travel & Tourism, Tween Market, Urban Market, Viral/Buzz/Word of Mouth, Web (Banner Ads, Pop-ups, etc.), Women's Market, Yellow Pages Advertising

Approx. Annual Billings: $3,000,000

Darlene Gregory *(CEO)*
Doug Burrell *(CTO)*

Accounts:
Best Western Hotels
Bradleys Hermetics
Bradleys Motors Inc.
Cessna Aircraft
Comfort Life Pillow Co.
E.I. DuPont de Nemours Inc.
FMC/Moorco
Gainco Environmental
The Growth Coach
Lankford Co. Inc.
Medical Z Corp.
Oxymar/Occidental Petroleum Corp.
Port Authority of New Jersey & New York
Rabalais Electric
Sears, Roebuck & Co.
Sperry Van Ness
Texas Youth Commission
Turning Point
University of S. Florida Coastal Engineering Center
U.S. Army Corps of Engineers
U.S. Geological Survey
U.S. Navy

EASTERN STANDARD
1218 Chestnut St 4th Fl, Philadelphia, PA 19107
Tel.: (215) 925-1980
E-Mail: hello@easternstandard.com
Web Site: www.easternstandard.com

Employees: 50

Agency Specializes In: Advertising, Arts, Brand Development & Integration, Content, Graphic Design, Internet/Web Design, Media Planning, Print, Search Engine Optimization

David Wolf *(Co-Founder, Partner & Creative Dir)*
Jim Keller *(Co-Founder, Partner & Dir-Tech)*
Mark Gisi *(Founder & Partner)*
Vince Giordano *(Partner & Dir-Ops)*

Accounts:
New-The Circuit Trails
New-Eastern University
New-Frankford Candy
New-Princeton University Press
New-Science Center
New-Yale University Press

EASTPOINT GROUP
7601 Paragon Rd Ste 300, Dayton, OH 45459
Tel.: (937) 424-2200
Fax: (937) 424-1777
Toll Free: (800) 305-8331
E-Mail: mark.safran@theeastpointgroup.com
Web Site: www.theeastpointgroup.com

Employees: 15

Revenue: $2,500,000

Mark Safran *(Pres)*
Scott Bereda *(Partner)*

Accounts:
LexisNexis
P&G Pet Care
Vandalia Municipal Court

EASTWEST MARKETING GROUP
575 8th Ave Ste 2114, New York, NY 10018
Tel.: (212) 951-7220
Fax: (212) 951-7201
E-Mail: info@eastwestmg.com
Web Site: www.eastwestmg.com

Employees: 75
Year Founded: 1983

Agency Specializes In: Advertising, Brand Development & Integration, Children's Market, Consumer Marketing, Event Planning & Marketing, In-Store Advertising, Mobile Marketing, Production (Print), Publicity/Promotions, Restaurant, Sales Promotion, Sponsorship, T.V.

Approx. Annual Billings: $20,000,000

Len Zabala *(Owner)*
Lou Ramery *(CEO)*
Keith Manzella *(VP & Grp Creative Dir)*
Craig Moser *(Grp Acct Dir)*
Traci Basile *(Mgr-Bus Ops & Project)*
Todd Drosselmeier *(Sr Art Dir)*
Rod Gonzalez *(Grp Creative Dir)*

Accounts:
Costco
Mondelez International, Inc. Altoids, Cool Whip, Corn Nuts, Creme Savers, Handi-Snacks, Jell-O, Kids Group, Life Savers, Milk-Bone, Nabisco Fun Fruits, Oreo, Planters, Scale Group Events, Terry's Chocolates, Trolli
Nabisco
Post
Travelodge
Unicef U.S. Fund Tap Project, Trick-or-Treat for Unicef; 2007
Universal Studios
Warner Brothers Studios, Universal Studios, Genius Products

EAT SLEEP WORK
360 N Sepulveda Blvd Ste 1056, El Segundo, CA 90245
Tel.: (310) 450-9102
E-Mail: bff@eatsleepwork.com
Web Site: www.eatsleepwork.com

Employees: 11
Year Founded: 2004

Agency Specializes In: Advertising, Collateral, Graphic Design, Internet/Web Design, Print

Jonathan Wang *(CEO & Creative Dir)*
John Chimmy *(Partner-Accounts)*
Chrissie Canino *(COO)*
Silvana Perolini *(Dir-Design)*

Elisa Valdez *(Mgr-Creative Svcs & Designer)*
Shannon Duke *(Sr Designer & Coord-Social Media)*

Accounts:
Team Rubicon

EBUYMEDIA
332 S Main St, Plymouth, MI 48170
Tel.: (734) 451-6666
Web Site: www.ebuymedia.com

Employees: 2

Agency Specializes In: Advertising, Graphic Design, Internet/Web Design, Media Buying Services, Out-of-Home Media, Outdoor, T.V.

Andy Winnie *(Pres)*

Accounts:
Cauley Automotive
CMC Telecom, Inc
Fraza Forklifts

ECHO FACTORY
36 W Colorado, Pasadena, CA 91105
Tel.: (626) 993-3770
Web Site: www.echo-factory.com

Employees: 10

Agency Specializes In: Brand Development & Integration, Collateral, Email, Graphic Design, Logo & Package Design, Media Relations, Print, Public Relations, Radio

Michael Schaffer *(CEO)*
Dea Goldsmith *(Principal & Dir-Creative)*
Sandra Schaffer *(Controller)*
Carl Custodio *(Art Dir)*
Mustafa Abou-Taleb *(Brand Mgr & Acct Mgr)*
Roni Naval-Ingraham *(Office Mgr)*
Hayley Raynes *(Strategist-Brand & Writer)*
Andrew Hoehn *(Strategist-Brand)*

Accounts:
Allied Anesthesia Medical Group Inc. Medical Services
NALMCO Facilities Management & Training Services

ECHO-FACTORY INC
36 W Colorado Ste 200, Pasadena, CA 91105
Tel.: (626) 993-3770
Fax: (909) 912-8273
E-Mail: info@echo-factory.com
Web Site: www.echo-factory.com

Employees: 20

Agency Specializes In: Advertising, Graphic Design, Internet/Web Design, Public Relations, Search Engine Optimization, Social Media

Michael Schaffer *(CEO)*
Dea Goldsmith *(Chief Creative Officer)*
Mustafa Abou Taleb *(Brand Mgr & Acct Mgr)*

Accounts:
Rockview Family Farms (Agency of Record)
ZPower LLC

ECHO MEDIA GROUP
2841 E Walnut Ave, Tustin, CA 92780
Tel.: (714) 573-0899
Fax: (714) 573-0898
E-Mail: info@echomediapr.com
Web Site: http://www.echomediateam.com/

ADVERTISING AGENCIES

Employees: 20

Agency Specializes In: Brand Development & Integration, Corporate Identity, Crisis Communications, Internet/Web Design, Media Relations, Media Training, Multimedia, Print, Production, Public Relations, Strategic Planning/Research

Kim Sherman *(Pres & CEO)*
Nancy Andrews *(Mng Dir & Sr VP)*
Lisa Mendenhall *(Sr VP)*
Stacey Reece *(VP)*
Vivian Slater *(VP)*
Sabrina Suarez *(VP)*
Kate Oemke *(Coord-Print)*

Accounts:
Baldwin Hardware
Be There Bedtime Stories
Concordia University Irvine Brand Awareness, Media Outreach, Media Relations
Fisher & Phillips LLP
Great Park Neighborhoods
Irvine Extension
The Joy Factory
REOMAC
RSI Development
Toyota Material Handling USA
UCI Division of Continuing Education
University of California
U.S.A Inc
Villeroy & Boch Bath & Wellness Division Public Relations
Wahoo's

ECHOS COMMUNICATIONS
680 Mission St, San Francisco, CA 94105
Tel.: (415) 658-7365
E-Mail: info@echoscomm.com
Web Site: www.echoscomm.com

Year Founded: 2009

Agency Specializes In: Advertising, Brand Development & Integration, Commercial Photography, Communications, Content, Event Planning & Marketing, Media Relations, Print, Public Relations, Social Media

Robert Reedy *(Founder & CEO)*
Matt Bennett *(Partner)*
Justin Loretz *(Partner)*
Derrick Stembridge *(Sr VP)*
Jacob Hauge *(Acct Exec)*
Billy Sinkford *(Sr Partner)*

Accounts:
New-adidas America Inc Adidas Sport Eyewear (Agency of Record)
New-Fat Chance Bicycles LLC
Manifattura Valcismon Castelli USA & Sportful (North American Public Relations Agency of Record), Media Relations
Muc-Off (North American Agency of Record) Innovation & Communications, Product Launches; 2018
Pirelli Tire North America (Agency of Record) Brand, Public Relations; 2018
New-Riese & Muller (US Agency of Record)
New-State Bicycle Co

ECITY INTERACTIVE INC
136 South 15th St, Philadelphia, PA 19102
Tel.: (215) 557-0767
E-Mail: info@ecityinteractive.com
Web Site: www.ecityinteractive.com

Employees: 15
Year Founded: 1999

Agency Specializes In: Internet/Web Design, Strategic Planning/Research

Kevin Renton *(Mng Dir)*
Louis Miller *(Mng Dir-Strategy)*
Kate Fitzpatrick *(Project Mgr-Digital)*
Steven C. Rivera *(Sr Mktg Mgr)*

Accounts:
Comcast Ventures Entertainment, Communications & Digital Technology Providers
Smiths Group Benefit Center Healthcare & Welfare Services

ECKEL & VAUGHAN
706 Hillsborough St Ste 102, Raleigh, NC 27603
Tel.: (919) 858-6909
Web Site: www.eandvgroup.com

Employees: 25

Agency Specializes In: Advertising, Brand Development & Integration, Digital/Interactive, Public Relations, Social Media

Albert Eckel *(Founder & Partner)*
Harris Vaughan *(Founder & Partner)*
Matt Ferraguto *(Partner & Client Svcs Dir)*
Pres Davenport *(Dir-Bus Dev)*
McGavock Edwards *(Dir-Strategic Comm)*
Greyson Kane *(Acct Mgr)*

Accounts:
Daedong-USA, Inc KIOTI Tractor Division, Media Relations Strategy & Execution, Trade & Consumer; 2018
North Hills

ECLIPSE ADVERTISING, INC.
1329 Scott Rd, Burbank, CA 91504
Tel.: (818) 238-9388
Fax: (818) 238-9193
E-Mail: info@eclipsead.com
Web Site: www.eclipsead.com

Employees: 44
Year Founded: 2000

Agency Specializes In: Advertising, Brand Development & Integration, Digital/Interactive, Internet/Web Design, Print, T.V.

Revenue: $2,300,000

Steve Dubb *(Founder & Pres)*
Jen Ditchik *(Sr VP-Creative Adv)*
Dean Sona *(Sr VP-Theatrical)*
Steven Komarnitsky *(VP-New Bus Dev)*
Glenn Sanders *(Exec Creative Dir)*
Courtney White Hazlitt *(Acct Dir-Disney Worldwide)*
Klarissa Curtis *(Acct Mgr)*

Accounts:
NBC
Walt Disney

ECLIPSE CREATIVE INC.
Ste 200 388 Harbour Rd, Victoria, BC V9A 3S1 Canada
Tel.: (250) 382-1103
Fax: (250) 382-1163
E-Mail: hello@eclipsecreative.ca
Web Site: https://eclipse3sixty.com/

Employees: 50

Agency Specializes In: Advertising, Brand Development & Integration, Corporate Identity, Digital/Interactive, Package Design, Print, Social Media, Strategic Planning/Research

Jenny Marshall *(Partner-Brand Strategies)*
Lindsay Bell *(Client Svcs Dir)*
Jason Dauphinee *(Creative Dir)*

Accounts:
Victoria Downtown Public Market Society

ECLIPSE MARKETING
11 Villamoura, Laguna Niguel, CA 92677
Tel.: (949) 363-5340
E-Mail: eclipsemarketing@cox.net
Web Site: www.eclipsemarketing.net

Employees: 5

Agency Specializes In: Advertising, Brand Development & Integration, Market Research, Package Design, Public Relations, Strategic Planning/Research, Trade & Consumer Magazines

Leslie Stevens *(Pres)*
John Nugent *(Sr Dir-Strategic Partnerships)*

Accounts:
Benq
Elysium Inc.
Express Contractors Inc.
Ginni Designs
Pioneer
SpeakerCraft Speakers Mfr
VisionArt

ECLIPSE MARKETING SERVICES, INC.
240 Cedar Knolls Rd, Cedar Knolls, NJ 07927
Toll Free: (800) 837-4648
Web Site: www.eclipsemarketingservices.com/

Employees: 40
Year Founded: 1992

Margaret Boller *(Pres)*
Joan Coyne *(Sr VP-Mktg & Client Svcs)*
Sandy Bowden *(VP-Strategic Partnerships)*
Ellie Brady *(VP-Acct Mgmt & Strategy)*
John Nugent *(Sr Dir-Strategic Partnerships)*
Debora Dawson *(Sr Acct Dir)*
Barbara Johnston *(Creative Dir)*
Warren Zeller *(Dir-Strategic Partnerships)*

Accounts:
Cablevision
Charter
Comcast
Cox Communications
Disney
HBO
Mediacom
Showtime Networks
Suddenlink
Time Warner Cable
Universal Studios
U.S. National Guard

ECU COMMUNICATIONS LLC
12775 Randolph Ridge Ln Ste 201, Manassas, VA 20109
Tel.: (703) 754-7728
Fax: (703) 754-7709
Web Site: http://www.ecucomm.com/

Employees: 15

Agency Specializes In: Advertising, Brand Development & Integration, Content, Corporate Identity, Digital/Interactive, Graphic Design, Media Buying Services, Media Planning, Social Media

Jacqueline Krick *(Pres & CEO)*
Anthony Nesbitt *(Acct Mgr)*

Accounts:
Prince William County Department of Economic

Dev

THE EDELMAN GROUP
110 W 40th St Ste 2302, New York, NY 10018
Tel.: (212) 825-9200
Fax: (212) 825-1900
E-Mail: info@edelmangroup.com
Web Site: www.edelmangroup.com

Employees: 8
Year Founded: 1982

National Agency Associations: WOMMA

Agency Specializes In: Bilingual Market, Business-To-Business, Collateral, Communications, Consulting, Corporate Identity, Direct Response Marketing, E-Commerce, Electronic Media, Exhibit/Trade Shows, Financial, Graphic Design, Internet/Web Design, Logo & Package Design, Media Buying Services, Planning & Consultation, Point of Purchase, Point of Sale, Print, Production, Sales Promotion, Sponsorship, Strategic Planning/Research

Amy Salloum *(Sr VP-UK)*
Todd Silverstein *(Mng Dir-US & Head-Performance Mktg-US)*
Ashley A. Cox *(VP-Paid Media)*
Valerie Ferreyra-Guertin *(VP)*
Tanya Leis *(VP)*
Charles Stefko *(VP)*
Kristin Wooten *(VP)*
Lauren Liebermann *(Head-Client Svcs & Digital)*
Nicholas Maxwell *(Assoc Coord-Res)*

Accounts:
ADP
American Express
American International Group
Atlantic Trust
Avaya
Blackrock Financial Management
Hitachi
JP Morgan Chase
Kriendler & Kriendler LLP
MetLife
Morgan Stanley
NY Water Authority
Oppenheimer Funds
Pitney Bowes
RR Donnelley
Sector
UBS

EDELSBACHER DESIGN GROUP
7158 Captain Kidd Ave, Sarasota, FL 34231
Tel.: (941) 925-4921
Fax: (941) 925-8648
Web Site: www.edelsbacher.com

Employees: 4

Agency Specializes In: Advertising, Brand Development & Integration, Internet/Web Design, Logo & Package Design, Print, Search Engine Optimization, Social Media

Accounts:
Absolute Aluminum Inc
Pizza SRQ

EDGE MARKETING
33 W Monroe St Ste 520, Chicago, IL 60603
Tel.: (312) 588-3010
Web Site: www.welcometoedge.com

Employees: 200
Year Founded: 2013

Agency Specializes In: Advertising, Brand Development & Integration, Consumer Marketing, Event Planning & Marketing, Retail, Shopper Marketing, Strategic Planning/Research

Liz Fogerty *(Chief Strategy Officer)*
Allison Welker *(Exec VP & Gen Mgr)*
Courtney Birchfield *(VP-Ops)*
Yanna Boland *(VP-Client Svcs-Canada)*
Fran Brinkman *(VP-Strategic Plng)*
Dave Brisco *(VP-Strategic Plng)*
Holli Horine *(VP-Client Svc)*
Mike Marrinan *(VP-Client Svcs)*
Marcella O Glesby *(VP-Creative Inspiration)*
Michele Shiroma *(VP-Customer Excellence)*
Steve Delorez *(Grp Dir-Creative)*
Amanda Crabtree *(Sr Acct Dir)*
Sheri Dighero Labriola *(Sr Acct Dir)*
Rachel Bilyk *(Acct Supvr)*
Veronica Lynch *(Sr Acct Exec)*
Paul Bianco *(Copywriter)*

Accounts:
Nature's Touch Frozen Foods Inc.
Post Holdings, Inc. Post Consumer Brands
Smithfield Foods, Inc.

EDGE MULTIMEDIA
PO Box 90057, Portland, OR 97290
Tel.: (503) 828-0849
E-Mail: hello@edgemultimedia.com
Web Site: www.edgemm.com

Employees: 9
Year Founded: 2001

Agency Specializes In: Advertising, Media Buying Services, Media Planning, Social Media

Dan Herman *(Owner)*
Scott Chadwick *(Pres & Mng Partner)*
Stephanie Chadwick *(Partner & Exec VP-Sls & Mktg)*
Trenton Platt *(Acct Mgr)*
Zack Stack *(Sr Strategist-Digital & Creative)*

Accounts:
Knowledge Vault
Legend Homes Companies
Mars Hill Church
Top Murphy

EDGE PARTNERSHIPS
117 E Kalamazoo St, Lansing, MI 48933
Tel.: (517) 853-6787
Web Site: www.edgepartnerships.com

Employees: 11

Agency Specializes In: Advertising, Brand Development & Integration, Event Planning & Marketing, Media Relations, Public Relations

Angela Witwer *(Pres)*
Lorri Rishar *(CEO & Partner)*
Aaron Pumfery *(Chief Creative Officer)*

Accounts:
Inforum

EDGEDNA
(Formerly Edge Collective)
611 Broadway 5th Fl, New York, NY 10012
Tel.: (917) 512-9591
Web Site: edgedna.co/

Employees: 14
Year Founded: 2012

Agency Specializes In: Advertising, Digital/Interactive, Email, Promotions, Social Media, Strategic Planning/Research

Accounts:
Absolut Vodka Vodka; 2015
Bing Bing & Young Hollywood Awards; 2012
Ciroc Vodka Vodka; 2012
Google Small Business Marketing; 2014
Jabra Wireless Headphones & Speakers; 2013
Pernod Ricard Wine & Champagne; 2013
Sotheby's Diamonds & Jewelry; 2012
Steve Madden Fashion & Music; 2013
TripAdvisor Online Travel Experiences; 2014

EDITION STUDIOS, LLC
(Formerly Nerland Co)
323 Washington Ave N # 200, MinneaPOlis, MN 55401
Tel.: (612) 254-2694
E-Mail: hello@editionstudios.com
Web Site: www.editionstudios.com

Employees: 4
Year Founded: 2004

Agency Specializes In: Advertising, Brand Development & Integration, Digital/Interactive, Internet/Web Design, Search Engine Optimization, Social Media, Strategic Planning/Research

Drew Mintz *(Owner)*
Jordan Obinger *(Owner)*
Michael Caswell *(Acct Exec)*

Accounts:
Cooks of Crocus Hill
Edina Realty
Frattalone Companies
International Champions Cup
Kotaco
Life Time Fitness
Matt Engen Group
Mayo Clinic
Pop Sonic
Quinn Design
Re/Max Results
Special Olympics
Super America
United Way
US Bank Stadium

EDSA
1512 E Broward Blvd Ste 110, Fort Lauderdale, FL 33301-2126
Tel.: (954) 524-3330
Fax: (954) 524-0177
E-Mail: info@edsaplan.com
Web Site: www.edsaplan.com

Employees: 200
Year Founded: 1960

Agency Specializes In: Health Care Services, Leisure, Marine, Real Estate, Travel & Tourism

Richard D. Centolella *(Principal)*
Robert M. Dugan *(Principal)*
Paul Kissinger *(Principal)*
Doug Smith *(Principal)*
Greggory R. Sutton *(Principal)*
Jill Martinez *(Mktg Dir)*
Richard Hallick *(Assoc Principal)*
Courtney Moore *(Assoc Principal)*
Eric B. Propes *(Assoc Principal)*

Accounts:
Disney's Old Key West Resort
EDSA
Fairmont Hotel; Acapulco
Fairmont Mayakoba
Los Prados; San Juan, PR
Nova Southeastern University
Porto Bahia
Terra; San Juan, PR
University of Florida Historic Master Plan

ADVERTISING AGENCIES
AGENCIES - JANUARY, 2019

Yucatan Country Club

EFFECTIVE MEDIA SOLUTIONS
554 Pine Links Dr, Tega Cay, SC 29708
Tel.: (803) 396-8283
Web Site: www.myeffectivemedia.com

Employees: 11

Agency Specializes In: Advertising, Internet/Web Design, Logo & Package Design, Media Buying Services, Media Planning, Print, Radio, T.V.

Dave Bowen *(Mng Partner)*

Accounts:
Patterson Heating & Air

EFG CREATIVE INC.
1424 Deborah Rd Se Ste 204D, Rio Rancho, NM 87124
Tel.: (505) 344-1333
Fax: (505) 344-4757
E-Mail: info@efgcreative.com
Web Site: www.efgcreative.com

Employees: 5

Agency Specializes In: Advertising, Brand Development & Integration, Graphic Design, Package Design, Public Relations, Social Media

Eric F. Garcia *(Owner & Creative Dir)*

Accounts:
B&D Industries, Inc Logo, Website
Carolyn Pollack
SilkFeet

EFK GROUP
1027 S Clinton Ave, Trenton, NJ 08611
Tel.: (609) 393-5838
E-Mail: info@efkgroup.com
Web Site: www.efkgroup.com

Employees: 61

Agency Specializes In: Advertising, Brand Development & Integration, Collateral, Internet/Web Design, Logo & Package Design, Print, Social Media, T.V.

Eleanor Kubacki *(CEO)*
Jackie Pentz *(Fin Dir & Office Mgr)*
David Bahniuk *(VP-Client Svcs)*
Peter Hipsz *(Creative Dir)*
Randy Silver *(Sr Strategist-Creative & Brand)*

Accounts:
Kean University
Mercy Health System
Prince Global Sports
St Johns University

EFM AGENCY
101 W Broadway, San Diego, CA 92101
Tel.: (619) 232-8800
Fax: (619) 232-8801
E-Mail: hello@efmagency.com
Web Site: www.experiencesformankind.com

Employees: 25
Year Founded: 1997

Agency Specializes In: Advertising, Brand Development & Integration, Digital/Interactive, Email, Experiential Marketing, Internet/Web Design, Sponsorship

Charles Tassos *(Founder & Sr Creative Dir)*

Javier Iniguez *(Pres)*
Paul Billimoria *(COO)*
Morgan Graham *(Client Svcs Dir)*
Summer Jackson *(Dir-Art)*
Eduardo Garcia *(Designer-Visual)*
David Fried *(Assoc Creative Dir)*

Accounts:
GE Lighting, LLC
The Mirage Hotel & Casino; Las Vegas, NV Digital Media
Nik Software
Racor Storage Solutions
Siemens Healthcare Diagnostics
Sony Electronics, Inc.

EG INTEGRATED
11820 Nicholas St Ste 102, Omaha, NE 68154
Tel.: (402) 614-3000
Fax: (402) 614-1586
Web Site: www.egintegrated.com

Employees: 10
Year Founded: 2007

Agency Specializes In: Advertising, Brand Development & Integration, Broadcast, Event Planning & Marketing, Media Buying Services, Media Planning, Media Training, Print, Public Relations, Social Media

Tom Ervin *(Principal & Creative Dir)*
William Ervin *(Principal)*
Debbie Hilt *(Dir-PR)*
Bridget Bear *(Acct Exec)*

Accounts:
ACI Worldwide Inc.
Albeck & Associates
Barrier Systems, Inc.
Carl Jarl
Creighton Prep Jesuit School
DeLaguardia Cigars
Greenfield
Hancock & Dana Accountants
Hoegemeyer Hybrids
Kelly Klosure Systems
Lindsay Corporation
LMC Equipment
Lucky Bug
Lutheran Family Services
Marian High School
QuikServe Solutions
Railroad Products
Villotta Homes
Watertronics
Zimmatic

THE EGC GROUP
1175 Walt Whitman Rd Ste 200, Melville, NY 11747-3030
Tel.: (516) 935-4944
Fax: (516) 942-3915
E-Mail: contact@egcgroup.com
Web Site: www.egcgroup.com

Employees: 35
Year Founded: 1985

National Agency Associations: 4A's

Agency Specializes In: Advertising, Automotive, Brand Development & Integration, Co-op Advertising, Direct Response Marketing, Education, Event Planning & Marketing, Food Service, Graphic Design, Internet/Web Design, Media Buying Services, Point of Purchase, Public Relations, Publicity/Promotions, Restaurant, Retail, Sales Promotion

Ernest Canadeo *(Founder & CEO)*
Nicole Larrauri *(Pres)*

Rich DeSimone *(VP & Creative Dir)*
Graham C. Byer *(VP-Strategic Plng)*
Angela Mertz *(VP-Integrated Media)*
James M. McCune *(Exec Dir-Craft Beverage Div)*
James Acierno *(Grp Acct Dir-Digital)*
Steve Biegel *(Dir-Copy & Content)*
Steve Castro *(Dir-Digital Dev)*
Meg Leary *(Sr Acct Mgr)*
Len Rothberg *(Sr Acct Mgr)*
Jeanne Mitchell *(Acct Mgr)*
Viraya Myint *(Acct Mgr)*
Haylee Pollack *(Mgr-Social Media)*
Jamie Erhardt *(Acct Supvr)*
Tony Pasquariello *(Acct Supvr)*
Tricia Zorn *(Acct Supvr-Digital)*
Trish DeRosa *(Acct Exec)*
Ian Pfister *(Coord-SEO)*
Fred Appel *(Sr Art Dir)*

Accounts:
Brother International; 2005
Canon
City Practice Group of New York Content Strategy, Marketing & Digital, Media Planning & Buying, Search Engine Optimization, Search Management, Social Media, Website Development; 2018
Dorsey Schools; 2006
Dowling College; Oakdale, NY; 1998
Emerging Vision, Inc
Heart of Bethpage
Hopsteiner Social Media
Island Federal Credit Union Marketing
Jiffy Lube; 2005
KISS Products, Inc. (Lead Agency) Creative Strategy, Digital Marketing Partnership, Hair Tools, Lashes, New Product Launches, imPRESS Press-On Manicure
The Long Island Convention & Visitor's Bureau & Sports Commission (Agency of Record) Advertising, Website
Lord & Taylor Event Marketing, Public Relations
Natures Plus
Nature's Truth LLC (Marketing & Digital Agency of Record) Branding, National Retail Marketing Strategy, Social Media
NYU Winthrop Hospital Digital Marketing, Search Engine Optimization, Social Media, Web Development; 2018
Pine Lawn Memorial Park; Melville, NY; 1996
Premier Home Health Care Digital, Marketing
Red Mango Creative, Digital, Local Store Marketing, Marketing & Advertising, Social Media, Strategy
Scotto Brothers Restaurants; 1986
Southern Container Manufacturer; 2002
STAT Health (Agency of Record) Connection Planning, Digital, Media, Public Relations, Social Media Strategy, Strategic Brand Development
Sterling Optical Uniondale, NY Eyewear; 2004
Storage Deluxe; NY; 2006
Thomson Reuters
VOXX Electronics Digital, Marketing Strategy, Singtrix, Social Media

EGG
PO Box 4430, Everett, WA 98204
Tel.: (206) 352-1600
Fax: (206) 352-1601
E-Mail: hello@eggbranding.com
Web Site: www.eggbranding.com

Employees: 7
Year Founded: 2003

Agency Specializes In: Advertising, Agriculture, Alternative Advertising, Broadcast, Environmental, Internet/Web Design, Multimedia, Newspapers & Magazines, Planning & Consultation, Production (Print), Social Marketing/Nonprofit, Viral/Buzz/Word of Mouth, Web (Banner Ads, Pop-ups, etc.)

Marty McDonald *(Dir-Creative)*

AGENCIES - JANUARY, 2019 — ADVERTISING AGENCIES

Accounts:
The Alliance for Puget Sound Shorelines
Artscorps
Better World Books
Earthbound Earm
Puget Sound Energy
Slowfood USA
Southwest Wind Power
Wholesome & Hearty Foods Company

EGG STRATEGY
909 Walnut St, Boulder, CO 80302
Tel.: (303) 546-9311
Fax: (303) 546-9237
E-Mail: boulderinfo@eggstrategy.com
Web Site: www.eggstrategy.com

Employees: 36
Year Founded: 1996

Agency Specializes In: Affluent Market, Automotive, Brand Development & Integration, Communications, Consulting, Consumer Goods, Consumer Marketing, Cosmetics, Electronics, Entertainment, Experience Design, Food Service, Health Care Services, High Technology, Hospitality, Household Goods, Integrated Marketing, International, Luxury Products, Market Research, Medical Products, Men's Market, Multicultural, New Product Development, Over-50 Market, Package Design, Pets , Pharmaceutical, Planning & Consultation, Restaurant, Seniors' Market, Stakeholders, Strategic Planning/Research, Teen Market, Transportation, Travel & Tourism, Tween Market, Urban Market, Women's Market

Christopher Wilshire *(Co-Founder & Partner)*
Matthew Singer *(Pres)*
Jonathan Rodd *(Mng Dir)*
Dave Trifiletti *(Gen Mgr-Boulder, Chicago & New York)*
Sam Evans *(Sr Dir-Strategy & Innovation)*
Megan Young *(Sr Dir)*
Kathleen Kennedy *(Dir-Project Mgmt)*

Accounts:
PetSmart
Shire
WhiteWave Foods

Branch

Egg Strategy Inc
54 W 21st St Ste 404, New York, NY 10010
Tel.: (646) 706-7776
E-Mail: nyinfo@eggstrategy.com
Web Site: www.eggstrategy.com

Agency Specializes In: Advertising, Brand Development & Integration, Communications, Digital/Interactive, Event Planning & Marketing, New Product Development, Strategic Planning/Research

Sara Bamber *(Mng Dir)*
Jennifer Sagawa *(Mng Dir)*

Accounts:
New-MasterCard Incorporated
New-National Geographic Channel
New-Nestle USA, Inc.
New-Peloton Interactive Inc.
New-Pernod Ricard USA, Inc.
New-Viacom Inc.

EGGFIRST
B-52/206 Eggfirst Villa, Siddharth Nagar 2, Goregaon (W), Mumbai, Maharashtra 400 104 India
Tel.: (91) 22 4241 7200
E-Mail: unscramble@eggfirst.com
Web Site: www.eggfirst.com

Employees: 100
Year Founded: 1999

Agency Specializes In: Advertising, Advertising Specialties, Asian Market, Brand Development & Integration, Business Publications, Business-To-Business, Collateral, Corporate Communications, Email, Internet/Web Design, Logo & Package Design, Multimedia, Print, Strategic Planning/Research

Ravikant Banka *(Founder)*
Rajat Basu *(VP-Client Svcs)*
Jisshesh Modi *(Head-Digital & Client Svcs Dir)*
Manoj Choudhari *(Creative Dir)*
Rajeevkumar Singh *(Sr Acct Mgr)*
Sunita Menezes *(Mgr-HR)*

Accounts:
3 Global Services; Mumbai, India; 2004
Ashapura Intimates Fashion Creative, Online Strategy, Strategic, Valentine
Ashland; Netherlands; 2006
Canbara Industries Pvt. Ltd Creative, Digital Strategy & Management, McCoy
Castrol
CitiGroup Global Services; Mumbai, India; 2005
Honeywell
JP Morgan; Mumbai, India; 2006
JUST Diabetes Creative
Lenexis Food works Pvt Ltd Creative, Digital Strategy, Wok Express
QLC
Stratitude; 2007
Talwalkars Hi-Fi, NuForm, Reduce, Transform, Zumba
TATA
Ten Sports
Volkswagen Finance Creative, Social Media

EIGHT HORSES
4790 Irvine Blvd, Irvine, CA 92620
Tel.: (888) 580-9975
Web Site: www.eighthorses.com

Employees: 14
Year Founded: 2004

Agency Specializes In: Advertising, Collateral, Event Planning & Marketing, Graphic Design, Internet/Web Design, Logo & Package Design, Print, Promotions, Social Media

John H. Park *(CEO)*
Albert Hong *(VP-Art Direction)*

Accounts:
Dorco Co ltd
Event Planners Association
National Notary Association
NuGenTec
Pace Shave

THE EIGHTH FLOOR LLC
20 W 20th St Ste 905, New York, NY 10011
Tel.: (212) 561-5488
Web Site: www.theeighthfloor.com

Employees: 5

Agency Specializes In: Brand Development & Integration, Corporate Communications, Digital/Interactive, Public Relations, Social Media

Matthew Marchak *(Pres & CEO)*
Jorge Suarez *(Acct Exec)*

Accounts:
Benefit Cosmetics

EIGHTY THREE CREATIVE
400 S Record St Ste 400, Dallas, TX 75202
Tel.: (214) 865-6482
Web Site: eightythreecreative.com/

Employees: 30
Year Founded: 2015

Agency Specializes In: Advertising, Brand Development & Integration, Digital/Interactive, Internet/Web Design, Mobile Marketing

Thomas McShane *(VP & COO)*
Dustin Vyers *(Creative Dir)*
Jennifer Lopez *(Dir-Promos & Acct Mgr)*
Madeline Skaggs *(Acct Mgr)*
Leigh Ann Moltz *(Strategist-Social Media)*
Lauren Scales *(Specialist-Brand Comm)*

Accounts:
Lark & Olive
The Tot
WESA
Whitebox Real Estate; 2016

EISEN MANAGEMENT GROUP
3809 Gregory Ln, Erlanger, KY 41018
Tel.: (513) 706-5952
E-Mail: info@theeisenagency.com
Web Site: www.theeisenagency.com

Employees: 8

Agency Specializes In: Advertising, Brand Development & Integration, Collateral, Communications, E-Commerce, Event Planning & Marketing, Exhibit/Trade Shows, Graphic Design, Guerilla Marketing, Internet/Web Design, Media Buying Services, Media Planning, Media Relations, Podcasting, Print, Public Relations, Radio, T.V.

Sean Garza *(Creative Dir)*

Accounts:
The Cincinnati Rotary Club Direct Response Programs, Interactive, Media Relations, Membership Campaigns, Social Media
Roto-Rooter

EISENBERG & ASSOCIATES
511 NE 3rd Ave, Fort Lauderdale, FL 33301-3235
Tel.: (954) 760-9500
Fax: (954) 760-9594
E-Mail: info@eisenberginc.com
Web Site: www.eisenberginc.com

E-Mail for Key Personnel:
President: arthure@eisenberginc.com

Employees: 10
Year Founded: 1980

National Agency Associations: AAF

Agency Specializes In: Advertising, Advertising Specialties, Alternative Advertising, Automotive, Bilingual Market, Brand Development & Integration, Business-To-Business, Cable T.V., Catalogs, Children's Market, Collateral, Consulting, Consumer Marketing, Consumer Publications, Corporate Communications, Corporate Identity, Digital/Interactive, Direct Response Marketing, Direct-to-Consumer, E-Commerce, Electronic Media, Email, Exhibit/Trade Shows, Government/Political, Graphic Design, Health Care Services, Hispanic Market, Hospitality, Integrated Marketing, Internet/Web Design, Investor Relations, Legal Services, Leisure, Local Marketing, Logo & Package Design, Magazines,

ADVERTISING AGENCIES — AGENCIES - JANUARY, 2019

Marine, Market Research, Media Buying Services, Media Planning, Media Relations, Medical Products, Merchandising, New Product Development, Newspaper, Newspapers & Magazines, Out-of-Home Media, Outdoor, Over-50 Market, Paid Searches, Pharmaceutical, Planning & Consultation, Point of Purchase, Point of Sale, Print, Product Placement, Production, Production (Ad, Film, Broadcast), Production (Print), Promotions, Radio, Recruitment, Regional, Restaurant, Retail, Sales Promotion, Search Engine Optimization, Seniors' Market, Social Marketing/Nonprofit, Sports Market, Strategic Planning/Research, T.V., Trade & Consumer Magazines, Travel & Tourism

Approx. Annual Billings: $18,200,000 Capitalized

Breakdown of Gross Billings by Media: Bus. Publs.: 5%; Collateral: 10%; D.M.: 5%; Graphic Design: 5%; Mags.: 10%; Newsp.: 20%; Out-of-Home Media: 10%; Point of Purchase: 5%; Production: 10%; Radio: 5%; T.V.: 10%; Worldwide Web Sites: 5%

Josie Eisenberg *(Sr Acct Exec)*

Accounts:
AeroTurbine
America National Bank; Ft Lauderdale, FL; 2005
Aqua Wizard; Ft. Lauderdale, Fl Pool Chemical Monitors; 2002
Atlas Metals; Miami, FL; 2005
Blockbuster's Story Garden Films
Cobia Boat Company; Fort Pierce, FL; 2005
Concentra
Denbury Resources Inc
Eisenberg Skatepark
Fastaff Travel Nursing; Denver, CO; 2002
Independence Broadcast Services
Standard Pre-Cast Walls; SC; 2005
University Hospital & Medical Center; Tamarac, FL
Westside Regional Medical Center; Plantation, FL

Branch

Eisenberg & Associates
3102 Oak Lawn LB 104, Dallas, TX 75219
Tel.: (214) 528-5990
Fax: (214) 521-8536
E-Mail: josiee@eisenberginc.com
Web Site: www.eisenberginc.com

Employees: 29

Alan Cooper *(Pres-New Bus Dev)*
Liz Kline *(Principal & VP-Acct Svcs & New Bus Dev)*
Arlo Eisenberg *(Creative Dir)*
Josie Eisenberg *(Sr Acct Exec)*
Sharon Lee *(Sr Art Dir)*

Accounts:
ADDVantage Technologies
AeroTurbine
Dell Perot Systems Corporation
Denbury Resources Inc.
National Breast Cancer Foundation
Smith & Weber Construction
Stampede Brewing Company, Inc.; Dallas, TX Stampede Light Plus

EISENBERG, VITAL & RYZE ADVERTISING
155 Dow St Ste 101, Manchester, NH 03101
Tel.: (603) 647-8606
Fax: (603) 647-8607
Web Site: www.evradvertising.com

Employees: 16
Year Founded: 1990

Agency Specializes In: Broadcast, Digital/Interactive, Print

Terry Vital *(Founder)*
Jeff Eisenberg *(Pres)*
Pete Ricci *(VP-Creative & Digital Svcs)*
Margo Johnson *(Creative Dir)*
Deb Choate *(Dir-Ops)*
Jim Fennell *(Dir-PR & Content Svcs)*
Stephanie Daskal *(Sr Acct Exec)*
Mariah Ehrgott *(Specialist-Digital Analytics)*
Alaina Gonzalez *(Acct Exec)*
Kelly Nylander *(Specialist-Content Mktg)*
Daniel Powers *(Designer-Web)*
Sarah Soucy *(Media Planner)*

Accounts:
Bellwether Community Credit Union (Agency of Record)
The New Hampshire Liquor Commission (Agency of Record)

EJW ASSOCIATES, INC.
Crabapple Village Office Park 1602 Abbey Ct, Alpharetta, GA 30004
Tel.: (770) 664-9322
Fax: (770) 664-9324
E-Mail: advertise@ejwassoc.com
Web Site: www.ejwassoc.com

Employees: 3
Year Founded: 1982

Agency Specializes In: Advertising, Aviation & Aerospace, Brand Development & Integration, Business Publications, Business-To-Business, Catalogs, Collateral, Commercial Photography, Communications, Computers & Software, Consulting, Content, Corporate Communications, Corporate Identity, Custom Publishing, Digital/Interactive, Direct Response Marketing, E-Commerce, Electronic Media, Email, Environmental, Graphic Design, Health Care Services, High Technology, Identity Marketing, Industrial, Information Technology, Integrated Marketing, International, Internet/Web Design, Legal Services, Local Marketing, Logo & Package Design, Market Research, Media Buying Services, Media Planning, Media Relations, Multimedia, New Product Development, New Technologies, Paid Searches, Planning & Consultation, Print, Production, Public Relations, Publicity/Promotions, Radio, Real Estate, Regional, Social Marketing/Nonprofit, Strategic Planning/Research, Technical Advertising, Trade & Consumer Magazines

Approx. Annual Billings: $990,000

Breakdown of Gross Billings by Media: Collateral: $10,000; Consulting: $70,000; D.M.: $50,000; E-Commerce: $70,000; Graphic Design: $80,000; Internet Adv.: $80,000; Logo & Package Design: $50,000; Print: $80,000; Pub. Rels.: $100,000; Strategic Planning/Research: $50,000; Trade & Consumer Mags.: $50,000; Worldwide Web Sites: $300,000

Emil Walcek *(Pres)*
Sean Walcek *(Mgr-New Media)*

Accounts:
ACI Vitro; Memphis, TN Glass, Glass Equipment & Supplies; 2006
AFT Aikawa Group Paper Processing Equipment; 2010
Aikawa Fiber Technologies (AFT); Quebec, Canada Pulp & Paper Industry Systems & Equipment; 2011
Altama Footwear; Atlanta, GA Military Footwear
Andritz; Graz, Austria Pulp & Paper Equipment; 2002
Bluefields Capital; Norcross, GA Financial Services; 2002
Cornell University College of Engineering; New York, NY Space Technology Research; 2006
CTI Electronics Corp.; Stratford, CT Computer Interface Equipment & Components; 2006
EB Medicine; Norcross, GA Medical Training & Certification; 2008
Energy Efficient Components; Atlanta, GA Electronic Components; 2010
Foxfire Technologies; Six Mile, SC Supply Chain Software Systems; 2003
Imagetrak; Greenville, SC Document Tracking Software; 1999
IMCorp Inc Data capture, communication systems & equipment; 2013
Kavali Plastic Surgery; Atlanta, GA Medical Services; 2007
Kingway Material Handling Systems; Dallas, TX Material Handling Equipment; 2002
LXE Inc; Norcross, GA Logistics Systems Manufacturing
Matcutter; Lake Hartwell, GA Wholesale Art Mat Manufacturing; 2002
Micasa Industries; Roswell, GA Residential Services; 2005
Nordic Aluminum; Atlanta, GA Lighting Track; 1992
Nordic Components; Hutchinson, MN Precision-Machined Aluminum Parts; 2005
Pak-Lite; Duluth, GA Custom Packaging, Die-Cut Parts, Extrusions, Flooring Underlayment, Foam Components, Insulation, Loose Fill Packaging, Tapes; 2006
PDQ; Ellijay, GA Chemicals Manufacturing; 2005
Plichta Alavi & Associates; Marietta, GA Legal Services; 2006
Quality Gunite Works; Deland, FL Pool Building Services, Trade Services; 2003
Savannah Luggage Works; Vidalia, GA Textile Fabrication Manufacturing; 1996
SDI Supply Chain Solutions; 2012
Seeburger Inc; Atlanta, GA IS Technology; 2001
Senscient Inc.; Houston, TX Fixed Gas Detection Systems; 2005
Sensidyne Gas Monitoring Systems; 2004
Southern Aluminum Finishing; Atlanta, GA Aluminum Extension, Sheets & Finishing Services; 1994
Syskin Medical Employment Agency; 2003
Taylor Chemical Co. Specialty Chemicals; 1999
Tele-Track; Norcross, GA Consumer Information; 1988
Thermal Gas Systems; Roswell, GA Gas Monitoring Instruments; 1986
Tigerflow; Dallas, TX Mechanical Systems Mfg; 1996
Title Credit Loans; Norcross, GA Financial Services; 2012
Triad Health Management of GA; Alpharetta, GA Health Management Services; 2002
Vista Storage Corp.; Atlanta, GA Data Management Systems, Enterprise; 2004
Waldron Dentistry; Marietta, GA Dental Services; 2006
Xcess Casualty; Atlanta, GA Specialty Insurance; 2005
Zellweger Analytics Gas Detection Systems

EL CREATIVE, INC.
13154 Coit Rd Ste 206, Dallas, TX 75240
Tel.: (214) 742-0700
E-Mail: michael@elcreative.com
Web Site: www.elcreative.com

E-Mail for Key Personnel:
Creative Dir.: brian@elcreative.com

Employees: 8
Year Founded: 2003

Agency Specializes In: Advertising, Advertising Specialties, Affluent Market, African-American Market, Alternative Advertising, Arts, Automotive,

AGENCIES - JANUARY, 2019 — ADVERTISING AGENCIES

Aviation & Aerospace, Bilingual Market, Brand Development & Integration, Broadcast, Business Publications, Business-To-Business, Cable T.V., Catalogs, Children's Market, Co-op Advertising, Collateral, College, Commercial Photography, Communications, Computers & Software, Consulting, Consumer Goods, Consumer Marketing, Consumer Publications, Corporate Communications, Corporate Identity, Cosmetics, Digital/Interactive, Direct Response Marketing, Direct-to-Consumer, E-Commerce, Education, Electronic Media, Electronics, Email, Entertainment, Environmental, Event Planning & Marketing, Exhibit/Trade Shows, Experience Design, Experiential Marketing, Faith Based, Fashion/Apparel, Financial, Food Service, Government/Political, Graphic Design, Guerilla Marketing, Health Care Services, High Technology, Hispanic Market, Hospitality, Household Goods, Identity Marketing, In-Store Advertising, Industrial, Infomercials, Information Technology, Integrated Marketing, International, Internet/Web Design, LGBTQ Market, Leisure, Local Marketing, Logo & Package Design, Luxury Products, Magazines, Marine, Medical Products, Men's Market, Mobile Marketing, Multicultural, Multimedia, New Product Development, New Technologies, Newspaper, Newspapers & Magazines, Out-of-Home Media, Outdoor, Over-50 Market, Package Design, Pharmaceutical, Planning & Consultation, Point of Purchase, Point of Sale, Print, Production, Production (Print), Promotions, Public Relations, Publicity/Promotions, Publishing, Radio, Real Estate, Regional, Restaurant, Retail, Sales Promotion, Search Engine Optimization, Seniors' Market, Social Marketing/Nonprofit, Sponsorship, Sports Market, T.V., Technical Advertising, Teen Market, Telemarketing, Trade & Consumer Magazines, Transportation, Travel & Tourism, Tween Market, Urban Market, Viral/Buzz/Word of Mouth, Web (Banner Ads, Pop-ups, etc.), Women's Market

Revenue: $1,000,000

Michael Gonzalez *(Pres & Creative Dir)*
Robert Zepeda *(Principal & Creative Dir)*
Victor Gonzalez *(Dir-New Bus)*
Brian Keith *(Sr Designer & Assoc Creative Dir)*

Accounts:
CareNow; Coppell, TX Healthcare; 2008
Clamato
Coca-Cola Refreshments USA, Inc.
Stranix; Irving, TX Technology; 2007
Wingstop Restaurants, Inc.; Richardson, TX QSR; 2006

ELECTRUM BRANDING
3333 W Commercial Boulevard Ste 111, Fort Lauderdale, FL 33309
Tel.: (954) 318-1600
E-Mail: info@electrumbranding.com
Web Site: www.electrumbranding.com

Employees: 3
Year Founded: 2004

Agency Specializes In: Advertising, Brand Development & Integration, Digital/Interactive, Internet/Web Design, Public Relations, Search Engine Optimization, Social Media

Ellen Schlafer *(Pres & CEO)*
Roger Hicks *(Client Svcs Dir)*
Thomas LaBadia *(Art Dir)*

Accounts:
New-Cato Insurance Group

ELEMENT ADVERTISING LLC
1 Tingle Alley, Asheville, NC 28801
Tel.: (828) 551-1138
Web Site: www.elementadvertising.com

Employees: 5

Agency Specializes In: Advertising, Brand Development & Integration, Corporate Identity, Internet/Web Design, Out-of-Home Media, Outdoor, Package Design, Print, Public Relations, Social Media

Jack Becker *(Partner, Creative Dir & Strategist-Brand)*
Rob Young *(Partner & Dir-Media & Res)*
Mackenzie Sedelbauer *(Project Mgr, Acct Exec & Jr Strategist-Brand)*
John Melton *(Designer)*

Accounts:
Asheville Outlets

ELEMENT ELEVEN
588 E Hwy CC Ste 1, Nixa, MO 65714
Tel.: (417) 724-9427
E-Mail: contact@elementeleven.com
Web Site: http://element11.com

Employees: 6

Agency Specializes In: Advertising, Brand Development & Integration, Graphic Design, Internet/Web Design, Logo & Package Design, Print, Search Engine Optimization

Dan Bennett *(Partner & Creative Dir)*
Daniel Mayfield *(Architect-Software)*

Accounts:
Askinosie Chocolate
Nixa Fire Protection District

ELEMENTO L2
401 S LaSalle Ste 1501, Chicago, IL 60605
Tel.: (312) 756-0629
E-Mail: chemistry@elementol2.com
Web Site: www.elementol2.com/

Employees: 15

ELEPHANT
333 Bryant St Ste 320, San Francisco, CA 94107
E-Mail: makeideasreal@helloelephant.com
Web Site: www.helloelephant.com

Employees: 200
Year Founded: 2014

Agency Specializes In: Digital/Interactive, Graphic Design

Eric Moore *(CEO)*
Benjamin White *(Mng Dir)*
Brian Cronk *(VP-Strategy)*
Charles Duncan, Jr. *(VP-Tech-North America)*
Erica Garvey *(VP-Client Svcs)*
Rachel Gold *(VP-Strategy)*
Charles Fulford *(Exec Creative Dir)*
Chris May *(Exec Creative Dir-West Coast)*
Sergio Alonso *(Creative Dir)*
Neil MacLean *(Creative Dir)*
Lisa X Liang *(Dir-Bus Dev)*
Caroline Kirsh Constantine *(Client Partner)*
Kristen Tate *(Client Partner)*
Patricia Alonzo *(Mgr-Resource)*
Marcella Astini *(Mgr-Client)*
Alexandra Ring *(Mgr-Resource & Talent)*
Milton Correa *(Grp Creative Dir)*
Ian Going *(Assoc Creative Dir-Copy)*
Hector Gruyer *(Assoc Creative Dir)*
Joao Paz *(Assoc Creative Dir)*

Accounts:
Apple Inc.
New-Beats Electronics LLC

ELEVATE CREATIVE LLC
925 B St Ste 604, San Diego, CA 92101
Fax: (858) 605-4229
Toll Free: (877) 858-2991
Web Site: www.elevatecreativeinc.com

Employees: 2
Year Founded: 2011

Agency Specializes In: Advertising, Logo & Package Design

Tori Hall *(Owner & Dir)*

Accounts:
Althea Technologies, Inc.
Blue Beach Resort
CQ Mixer
Davis Ink Interior Design Co.
Guild Mortgage Company
Radiology Oncology Systems
Zinetti Foods

ELEVATE STUDIOS
328 S Jefferson St Ste 540, Chicago, IL 60661
Tel.: (312) 932-1104
Fax: (312) 640-1597
Web Site: https://elevatedigitalcommerce.com/

Employees: 20
Year Founded: 2003

Agency Specializes In: Advertising, Content, Digital/Interactive, Internet/Web Design, Social Media, Sponsorship

Lawrence Bak *(Pres)*
Jason Crichton *(VP-Interactive)*
Patti Gamble *(Dir-HR & Ops)*
Sarahkate Stephens *(Sr Strategist-Digital)*
Lauren Michelle Clark *(Designer-Interactive)*
Michael Tri *(Designer-Interactive)*

Accounts:
HanesBrands (Digital Agency of Record)
 Champion, Hanes, One Hanes Place
Mario Tricoci Hair Salons
Matrix Content Planning & Strategy, Design, Information Architecture
Redken 5th Avenue Website Design
Restaurant.com

ELEVATED THIRD
535 16th St, Denver, CO 80202
Tel.: (303) 436-9113
E-Mail: info@elevatedthird.com
Web Site: https://www.elevatedthird.com/

Employees: 28
Year Founded: 2005

Agency Specializes In: Advertising, Advertising Specialties, Alternative Advertising, Brand Development & Integration, Business-To-Business, Consulting, Content, Digital/Interactive, E-Commerce, Email, Experience Design, Graphic Design, Integrated Marketing, Internet/Web Design, Local Marketing, Logo & Package Design, Market Research, Mobile Marketing, Paid Searches, Print, Search Engine Optimization, Social Marketing/Nonprofit, Social Media, Strategic Planning/Research, Technical Advertising, Viral/Buzz/Word of Mouth, Web (Banner Ads, Pop-ups, etc.)

Jeff Calderone *(Pres)*
Judd Mercer *(Creative Dir)*

ADVERTISING AGENCIES

Kathy Weisbrodt *(Acct Dir)*
Michael Lander *(Dir-Technical)*
Harrison Liss *(Dir-Bus Dev)*
Nick Switzer *(Dir-Dev)*

Accounts:
Colorado Public Employees Retirement Association Public Facing Website; 2014
Comcast Business-to-Business Services; 2013
Core Power Yoga; 2013
Hunsucker Law Firm; 2014
Kaiser Permanente Intranet; 2014
Sprint Federal Relay Services; 2012

ELEVATION
1027 33rd St NW Ste 260, Washington, DC 20007
Tel.: (202) 380-3230
Fax: (202) 337-1228
E-Mail: info@elevation-us.com
Web Site: www.elevation-us.com

Employees: 18
Year Founded: 2002

National Agency Associations: ADC-AHAA

Agency Specializes In: Advertising, Affluent Market, Alternative Advertising, Automotive, Bilingual Market, Brand Development & Integration, Branded Entertainment, Broadcast, Business-To-Business, Cable T.V., Children's Market, Collateral, Commercial Photography, Consulting, Consumer Goods, Consumer Marketing, Consumer Publications, Corporate Communications, Corporate Identity, Digital/Interactive, Direct Response Marketing, Entertainment, Environmental, Event Planning & Marketing, Fashion/Apparel, Government/Political, Graphic Design, Guerilla Marketing, Health Care Services, Hispanic Market, Hospitality, Integrated Marketing, International, Internet/Web Design, Leisure, Local Marketing, Logo & Package Design, Luxury Products, Magazines, Media Buying Services, Media Planning, Media Relations, Men's Market, Merchandising, Multicultural, Multimedia, New Product Development, Newspapers & Magazines, Out-of-Home Media, Outdoor, Package Design, Planning & Consultation, Point of Sale, Print, Production, Production (Ad, Film, Broadcast), Production (Print), Promotions, Public Relations, Publicity/Promotions, Radio, Recruitment, Regional, Restaurant, Retail, Search Engine Optimization, Social Marketing/Nonprofit, Sponsorship, Sports Market, Stakeholders, Strategic Planning/Research, Sweepstakes, T.V., Teen Market, Trade & Consumer Magazines, Transportation, Travel & Tourism, Urban Market, Viral/Buzz/Word of Mouth, Web (Banner Ads, Pop-ups, etc.), Women's Market

Approx. Annual Billings: $20,000,000

Breakdown of Gross Billings by Media: Cable T.V.: 15%; Event Mktg.: 2%; Foreign: 5%; Graphic Design: 3%; Internet Adv.: 10%; Network T.V.: 5%; Newsp. & Mags.: 15%; Out-of-Home Media: 5%; Production: 20%; Pub. Rels.: 5%; Spot Radio: 10%; Strategic Planning/Research: 5%

Pablo Izquierdo *(Co-Founder & Exec VP)*
James Learned *(Owner)*
Rodolfo Hernandez *(Creative Dir)*
Jimena Paz *(Sr Acct Exec)*
Guayi Fernandez *(Sr Art Dir)*

Accounts:
American Lung Association - DC Chapter; Washington, DC Hispanic & Urban Initiatives, Tobacco Free Families
Black and Orange Burger Collateral Material Development, Consumer Research, Social Media Design, Strategic Communications
Hola Ciudad

Natural Resources Defense Council; Washington, DC La Onda Verde, Hispanic Initiative; 2004
NRDC
Penske; Reading, PA Penske Truck Rental; 2006
Poison Control
US Customs & Border Patrol; Washington, DC Border Safety Initiative; 2008
Virginia Green (Creative Agency of Record) Lawn Care, Media, Planning, Website
Virginia Housing Devl Authority

Branch

Elevation
139 Fulton St Ste 211, New York, NY 10007
Tel.: (646) 688-4960
Fax: (202) 337-1228
E-Mail: nyinfo@elevation-us.com
Web Site: www.elevation-us.com

Employees: 13

Roger McNamee *(Co-Founder)*
Avie Tevanian *(Mng Dir)*
Carol Gregory *(Strategist & Sr Acct Planner)*

Accounts:
American Lung Association
Comcast
Homeland Security
NDN
Northern Virginia Community Hospital
US Department of Health & Human Services
Western Hemisphere Northern Initiative

ELEVATOR
2965 Roosevelt St Ste C, Carlsbad, CA 92009
Tel.: (760) 494-7590
Fax: (619) 374-2892
E-Mail: hello@elevatoragency.com
Web Site: www.elevatoragency.com

Employees: 8

Agency Specializes In: Advertising, Brand Development & Integration, Digital/Interactive, Social Media, Sponsorship

Frank Cowell *(Pres)*
Joseph Freeman *(VP)*

Accounts:
Asian Real Estate Association of America
The Corky McMillin Companies Brand Audit, Digital Marketing, Language, Liberty Station
Factor Technologies Strategic Brand Language
Logic 9s
LPL Financial Corporation
Pacific Divorce Management
Pilgrim Studios
QUALCOMM Incorporated
RISARC Digital Marketing
Stage 21 Bikes

ELEVATOR STRATEGY
300-1505 W 2nd Ave, Granville Island, Vancouver, BC V6H 3Y4 Canada
Tel.: (604) 737-4346
Fax: (604) 737-4348
Web Site: elevatorstrategy.com

Employees: 15

Agency Specializes In: Advertising

Bob Stamnes *(CEO)*
Dean Butler *(Acct Dir & Dir-Media Svcs)*
Craig Redmond *(Creative Dir & Copywriter)*
Allan Black *(Client Svcs Dir)*
Carolyn Jia *(Art Dir)*

Stefanie Kraupa *(Media Dir-Adv & Design)*
Zina Minchenko *(Acct Exec)*
Della Shellard *(Sr Accountant-Adv & Design)*

Accounts:
Bernardin Ltd. Mason Jars
Coast Hotels & Resorts
Medichair
RE/MAX International, Inc.
Rowenta (Public Relations Agency of Record) Floor Care Products, High-End Garment Care
T-Fal (Public Relations Agency of Record) Cookware, Kitchen Appliances, Linen Care
TaskTools
Toyota Dealers of BC

ELEVEN INC.
500 Sansome St., San Francisco, CA 94111
Tel.: (415) 707-1111
Fax: (415) 707-1100
E-Mail: newbusiness@eleveninc.com
Web Site: www.eleveninc.com

E-Mail for Key Personnel:
President: courtney@eleveninc.com

Employees: 120
Year Founded: 1999

National Agency Associations: 4A's

Agency Specializes In: Advertising, Automotive, Below-the-Line, Brand Development & Integration, Broadcast, Business Publications, Business-To-Business, Collateral, Communications, Computers & Software, Consumer Goods, Consumer Marketing, Corporate Communications, Corporate Identity, Digital/Interactive, Direct Response Marketing, E-Commerce, Education, Electronic Media, Email, Entertainment, Event Planning & Marketing, Fashion/Apparel, Financial, Graphic Design, High Technology, In-Store Advertising, Integrated Marketing, Internet/Web Design, Investor Relations, Leisure, Logo & Package Design, Luxury Products, Merchandising, Multimedia, New Technologies, Newspaper, Newspapers & Magazines, Out-of-Home Media, Outdoor, Package Design, Planning & Consultation, Point of Purchase, Point of Sale, Print, Radio, Restaurant, Retail, Sales Promotion, Social Media, Sponsorship, Strategic Planning/Research, T.V., Trade & Consumer Magazines, Travel & Tourism, Viral/Buzz/Word of Mouth

Approx. Annual Billings: $1,350,000,000

Breakdown of Gross Billings by Media: Collateral: 5%; Consumer Pubs.: 5%; D.M.: 10%; Event Mktg.: 5%; Graphic Design: 10%; Internet Adv.: 15%; Logo & Package Design: 5%; Newsp. & Mags.: 5%; Outdoor: 5%; Spot Radio: 5%; Spot T.V.: 10%; Strategic Planning/Research: 10%; Trade & Consumer Mags.: 5%; Worldwide Web Sites: 5%

Rob Price *(Co-Founder & Exec Creative Dir)*
Michael Borosky *(Founder & Creative Dir)*
Ken Kula *(Owner & CFO)*
Courtney Buechert *(CEO)*
Jarett Hausske *(Partner & Chief Strategy Officer)*
Michele Perrone-Sileo *(Partner & Chief Growth Officer)*
Monique Verrier *(Assoc Partner & Dir-Creative Ops)*
Ben Cook *(Head-Client Fin)*
David Evans *(Head-Digital & Content)*
Orit Peleg *(Head-Brand & Strategy)*
Mike Butler *(Art Dir)*
Sophie De Schepper *(Bus Dir)*
Daisy Serafini *(Art Dir)*
Matthew Wakeman *(Creative Dir)*
Eric Lombardi *(Assoc Partner & Dir-Client Health)*
Dodie Martz *(Assoc Partner & Dir-Revenue & Ops)*

AGENCIES - JANUARY, 2019 — ADVERTISING AGENCIES

Melanie Wong *(Assoc Dir-Strategy)*
Laura McGilley *(Mgr-Social Media)*
Jason Rosenberg *(Assoc Creative Dir)*

Accounts:
AAA Northern California, Nevada & Utah Campaign: "Live to Help"
Apple Inc; 2006
Aria Resort & Casino Creative, Design, Digital, On-Site, Out-of-Home, Print, Social, TV
Citrix Systems Analytics, GoTo (Lead Advertising agency), GoTo Meeting, Grasshopper, Media Planning, OpenVoice, Strategy
Columbus Craft Meats Creative, Digital, Media
Dignity Health (Agency of Record) Creative, Media
Google Google Cloud; 2005
Helix (Agency of Record) Branding, National Advertising
Julep
Kuri
Lyft Campaign: "Driving You Happy", Digital, Out-of-Home, Social
Oakley, Inc. (Lead Creative Agency) Advertising, Campaign: "LiveYours", Campaign: "One Obsession", Online, Outdoor, Print
Pella Corporation (Agency of Record) Creative, Pella Windows & Doors
Pernod Ricard Absolut
San Francisco Jewish Film Festival
San Francisco Travel Assn.; San Francisco, CA Tourism; 2009
Sun Valley; Sun Valley, ID Campaign: "Experience Sun Valley", Ski Resort & Town; 2010
SurveyMonkey
Treasury Wine Estates Campaign: "19 Crimes wine"
Union Bank N.A.; San Francisco, CA Campaign: "Doing Right, It's Just Good Business", Digital, Marketing Campaign, Mobile, Social, TV
Virgin America "Have You Been Flying BLAH Airlines?", Campaign: "Departure Date", Campaign: "Experience Virgin America Site", Campaign: "Volcano, Surf, Hammock ", Creative, Online; 2008
VISA; San Francisco, CA Financial Services; 2005

ELEVEN INC.
(Acquired by Vision7International)

ELEVEN19 COMMUNICATIONS INC.
900 S 74th Plz Ste 100, Omaha, NE 68114
Tel.: (402) 408-3072
Web Site: www.eleven19.com

Employees: 5

Agency Specializes In: Advertising, Graphic Design, Internet/Web Design, Logo & Package Design, Print

Donovan Beery *(Owner)*

Accounts:
D2 Center
Jons Naturals
Montessori Childrens Room
Neenah Paper
Pug Partners of Nebraska

ELEVENDY
(See Under emcee11d)

ELEVENTY GROUP
453 S High St, Akron, OH 44311
Tel.: (330) 294-1120
Web Site: www.eleventygroup.com

Employees: 11
Year Founded: 2011

Agency Specializes In: Advertising, Content, Digital/Interactive, Internet/Web Design, Print, Social Media

Ken Dawson *(Pres)*
Jeff Birkner *(Sr VP & Gen Mgr)*
James Moran *(VP-Mktg Intelligence & Analytics)*

Accounts:
Blast Fitness (Marketing Agency of Record)
Holy Apostles Soup Kitchen
Special Olympics International, Inc.

ELF
2332 Galiano St 2nd Fl, Coral Gables, FL 33134
Tel.: (802) 735-1298
Web Site: www.elfproductions.com

Employees: 10
Year Founded: 2007

Agency Specializes In: Branded Entertainment, Business Publications, Collateral, Consumer Publications, Custom Publishing, Digital/Interactive, Electronic Media, Experience Design, Mobile Marketing, Multimedia, Paid Searches, Promotions, Publishing, Search Engine Optimization, Social Media

Approx. Annual Billings: $5,000,000

Jan Manon *(Creative Dir)*

Accounts:
Intercontinental Hotels Group; 2012

ELIAS SAVION ADVERTISING, PUBLIC RELATIONS & INTERACTIVE
625 Liberty Ave, Pittsburgh, PA 15222
Tel.: (412) 642-7700
Fax: (412) 642-2277
Web Site: www.elias-savion.com

Employees: 30
Year Founded: 1976

Agency Specializes In: Advertising, Sponsorship

Ronnie Savion *(Co-Founder, Chief Creative Officer & Exec VP)*
Monica Watt *(Pres-ESP Studios)*
Dan McCarthy *(Exec VP-Strategic & Creative Dev)*
Tina L. Richardson *(Exec VP-Comm)*
Genny Lewis *(Mgr-HR)*

Accounts:
AIRMALL
Alcoa, Inc.
Buffalo Wings & Rings
Center for Organ Recovery & Education; Pittsburgh, PA (Agency of Record) Branding, Creative, Marketing, Media Planning & Buying, Public Relations, Strategic Development, Website Design
Columbia Gas of Maryland (Agency of Record)
Columbia Gas of Pennsylvania (Agency of Record)
Deceuninck North America
KeHE Distributors
Kroff Inc.
Liberty Tire Recycling
Pittsburgh Leadership Foundation
TrueFit Solutions
Wheeling Corrugating

ELISCO ADVERTISING, INC.
3707 Butler St, Pittsburgh, PA 15201
Tel.: (412) 586-5840
E-Mail: ads@elisco.com
Web Site: www.elisco.com

E-Mail for Key Personnel:

President: jelisco@elisco.com
Creative Dir.: belisco@elisco.com
Media Dir.: nnascone@elisco.com

Employees: 8
Year Founded: 1978

National Agency Associations: Second Wind Limited

Agency Specializes In: Brand Development & Integration, Broadcast, Communications, Corporate Identity, Financial, Health Care Services, Internet/Web Design, Logo & Package Design, New Product Development, Newspapers & Magazines, Out-of-Home Media, Outdoor, Planning & Consultation, Print, Strategic Planning/Research, Trade & Consumer Magazines

Approx. Annual Billings: $2,500,000

John Elisco *(Principal)*
Clint Branch *(Art Dir)*
John Caruso *(Dir-Bus Dev)*
Laura Shirley *(Assoc Art Dir)*

Accounts:
HealPros Marketing, Website; 2017
LIFE Pittsburgh Creative & Media, Logo & Corporate Identity; 2017
Solevo Wellness Brand Identity, Logo, Promotional Video, Public Relations, Sales Materials; 2017
SpotHero

ELL CREATIVE
629 W 22nd St Ste 4, Houston, TX 77008
Tel.: (713) 695-4441
E-Mail: info@ellcreative.com
Web Site: www.ellcreative.com

Employees: 74

Agency Specializes In: Advertising, Brand Development & Integration, Digital/Interactive, Email, Out-of-Home Media, Outdoor, Print, Social Media

Jose Cordova *(Partner)*
David Saxe *(Partner)*
Thomas Watts *(Partner)*
Celena Friday *(Acct Dir)*
Jack Wang *(Art Dir)*
Ben Berkowitz *(Copywriter)*

Accounts:
Quanta Services
Reliant Energy

ELLEV LLC
807 Main St, Myrtle Beach, SC 29577
Tel.: (843) 902-7107
E-Mail: info@ellev.com
Web Site: www.ellev.com

Employees: 10

Agency Specializes In: Advertising, Brand Development & Integration, Event Planning & Marketing, Graphic Design, Internet/Web Design, Print, Public Relations, Social Media

Clifton Parker *(Exec Creative Dir)*

Accounts:
Surfrider Grand Strand

ELLINGSEN BRADY ADVERTISING (EBA)
207 E Buffalo St Ste 400, Milwaukee, WI 53202
Tel.: (414) 224-9424
Fax: (414) 224-9432
E-Mail: info@ebadvertising.com

ADVERTISING AGENCIES

Web Site: www.ellingsenbrady.com

Employees: 8
Year Founded: 1994

Agency Specializes In: Collateral, Corporate Identity, Direct Response Marketing, Exhibit/Trade Shows, Internet/Web Design, Media Buying Services, Out-of-Home Media, Outdoor, Print, Public Relations, Radio, T.V.

Don Ellingsen *(Owner)*
Tim Brady *(Pres & Creative Dir)*
Rachel Farina *(VP-Acct Svc)*
Rodney Gile *(Creative Dir)*

Accounts:
Gauthier Biomedical

ELLIPSIS SOLUTIONS
4900 Hopyard Rd Ste 100, Pleasanton, CA 94588
Tel.: (855) 355-4774
Web Site: https://www.ellipsissolutions.com/

Employees: 1
Year Founded: 2010

Agency Specializes In: Direct Response Marketing, Email, Local Marketing, Newspaper, Newspapers & Magazines, Paid Searches, Print, Production (Print), Search Engine Optimization, Social Media, Web (Banner Ads, Pop-ups, etc.), Yellow Pages Advertising

Gautam Tandon *(CEO)*

Accounts:
Bay Jewelers Jewelery; 2014

ELLIS-HARPER ADVERTISING
710 Old Stage Rd, Auburn, AL 36831
Tel.: (334) 887-6536
Fax: (334) 887-6539
E-Mail: ddh@ellisharper.com
Web Site: www.ellisharper.com

E-Mail for Key Personnel:
President: ddh@ellisharper.com
Media Dir.: enewton@ellisharper.com
Production Mgr.: lkrehling@ellisharper.com

Employees: 7
Year Founded: 1981

Agency Specializes In: Advertising, Advertising Specialties, Consulting, Consumer Marketing, Direct Response Marketing, Graphic Design, Internet/Web Design, Logo & Package Design, Media Buying Services, Planning & Consultation, Production, Public Relations, Sales Promotion

Approx. Annual Billings: $150,000

Dee Dee Harper *(Owner)*
Joyce G. Boggs *(Dir-Admin Svcs)*
Jim Buford *(Dir-Mgmt Div)*

Accounts:
Bonnie Plant Farm
Charter Bank
Opelika Parks
The United Way

ELR MEDIA GROUP
54 Little Silver POint Rd, Little Silver, NJ 07739
Tel.: (212) 706-8805
Fax: (212) 706-8807
Web Site: www.elrmediagroup.com

Employees: 10
Year Founded: 2001

Agency Specializes In: Advertising, Brand Development & Integration, Content, Event Planning & Marketing, Logo & Package Design, Print, Public Relations, Social Media, T.V.

Erica Levine Ryan *(Principal)*

Accounts:
27 Miles Malibu
Les Nereides USA
Lucy Paris
Pacific & Driftwood
Yumi Kim

ELSEWHERE ADVERTISING
525 Brannan St Ste 206, San Francisco, CA 94107
Tel.: (415) 722-3068
Web Site: www.elsewhereadvertising.com

Employees: 1

Agency Specializes In: Advertising

Cathy Leiden *(Pres)*

Accounts:
American Midstream Partners, LP
Cisco Systems, Inc.
Oracle America, Inc.
Raffa Wealth Management

EM MEDIA INC
2728 Sunset Blvd, Steubenville, OH 43952
Tel.: (740) 264-2186
Web Site: https://www.weareem.com

Employees: 50

Agency Specializes In: Advertising, Brand Development & Integration, Corporate Identity, Digital/Interactive, Event Planning & Marketing, Media Buying Services, Media Planning, Media Relations, Public Relations, Social Media

Jim Emmerling *(Owner & Pres)*
Wayne Hardy *(VP)*
Larae Messer *(Creative Dir)*

Accounts:
Guess Motors Inc.

EMAGINATION UNLIMITED INC.
1225 W Gregory St, Pensacola, FL 32502
Tel.: (850) 473-8808
Web Site: www.getemagination.com

Employees: 5
Year Founded: 2002

Agency Specializes In: Advertising, Logo & Package Design, Media Buying Services, Out-of-Home Media, Outdoor, Public Relations

Chip Henderson *(Pres & CEO)*

Accounts:
Covenant Hospice
Pensacola Young Professionals
Zarzaur Law

EMBRYO CREATIVE
7 Foundry Rd, Sharon, MA 02067
Tel.: (617) 939-9041
Web Site: www.embryocreativegroup.com

Employees: 5
Year Founded: 2007

Agency Specializes In: Advertising, Brand Development & Integration, Broadcast, Internet/Web Design, Logo & Package Design, Print

Ryan Ferland *(Principal & Dir-Art)*
Allan Shinohara *(Principal)*

Accounts:
Boston Fire Department
Boston University On The move
Commonwealth Financial Monsters
HitTrax
ICE Center
Jewish Family & Children's Service Caring for Generations
Wbur On Point

EMCEE11D
(Formerly Elevendy)
1700 I St, Sacramento, CA 95811
Tel.: (916) 441-0571
Web Site: emcee11d.com/

Employees: 25
Year Founded: 2011

Agency Specializes In: Advertising, Graphic Design, Internet/Web Design, Media Planning, Production, Social Media, Sponsorship

Accounts:
California Family Fitness Campaign: "Discover What's Inside", Campaign: "The Climb", Campaign: "The Ride"
Danger Maiden Productions Geek Girls 'A' Team, Team Unicorn
Electronic Arts Inc.
From Dates To Diapers.com Campaign: "Supermom"
Mikuni Sushi Campaign: "Some call it magic..."
MobileMed
Muerto Spirits, Inc. Tequila Logo
Nerdist.com Campaign: "Games, Gadgets, Girls..."
PepsiCo Inc.
Phase 5 Tactical Ambidextrous Battle Latch
Prism Renova Logo
Qusik App UI Design, Logo
Sacramento Kings Campaign: "Bold. Beautiful. Epic", Campaign: "Defiance", Dancers Calendar, Defiant King
Toyota Motor Corporation
Ubisoft Entertainment S.A. Splinter Cell

EMERGE INTERACTIVE
412 Sw 12Th Ave, Portland, OR 97205
Tel.: (503) 922-3483
Fax: (503) 296-5784
E-Mail: info@emergeinteractive.com
Web Site: www.emergeinteractive.com

Employees: 20
Year Founded: 1998

Agency Specializes In: Advertising, Brand Development & Integration, Content, Digital/Interactive, Internet/Web Design, Social Media

Jonathon Hensley *(CEO & Chief Creative Officer)*
Julian Pscheid *(Principal & COO)*
Damon Gaumont *(Creative Dir)*

Accounts:
Stanford Woods Institute for the Environment; 2011

EMERGE PR
300 Congress St Ste 204, Quincy, MA 02169
Tel.: (617) 934-2483
Fax: (617) 689-0454
E-Mail: info@emergepr.com

AGENCIES - JANUARY, 2019 — ADVERTISING AGENCIES

Web Site: www.emergepr.com

Employees: 10

Agency Specializes In: Exhibit/Trade Shows, Public Relations, Publicity/Promotions, Strategic Planning/Research

Revenue: $2,000,000

Mara Stefan *(Pres)*
Eileen Cahill O'Donoghue *(Controller)*

Accounts:
Caps
Destination Cellars
DYMO
Experian QAS
Mimio
Quaero
Red Bend Software, Inc.; Framingham, MA

EMERGENCE
120 E 23rd St, New York, NY 10010
E-Mail: contact@emergence-creative.com
Web Site: www.emergence-creative.com

Employees: 10

Agency Specializes In: Advertising, Brand Development & Integration, Collateral, Communications, Internet/Web Design, Logo & Package Design, Production, Social Media, Stakeholders, Strategic Planning/Research

Raj Pannu *(Founder & CEO)*
Eric Verkerke *(Co-Founder & Chief Creative Officer)*
Fre Sonneveld *(Art Dir)*

Accounts:
New-The American Civil Liberties Union Foundation
New-Global Development Incubator
New-Global Futures Group Smart Cities NYC 17
New-Locus Health

EMERGING MARKETING
(See Under Attache, Inc.)

EMFLUENCE
1720 Wyandotte St, Kansas City, MO 64108
Tel.: (877) 813-6245
Fax: (816) 472-8855
Web Site: https://www.emfluence.com/

Employees: 20
Year Founded: 2003

Agency Specializes In: Brand Development & Integration, Email, Internet/Web Design, Search Engine Optimization, Web (Banner Ads, Pop-ups, etc.)

David Cacioppo *(Pres & CEO)*
Chris Cacioppo *(COO)*
Todd Sandoval *(VP-Digital Strategy)*
Natalie Jackson *(Mktg Dir)*
Jacob Schwartz *(Dir-Dev)*
Alan Rapp *(Acct Mgr & Analyst)*
Krissy Head *(Acct Mgr-Mktg)*
Danae Weber *(Acct Mgr)*
Andy Perdue *(Designer-Web)*
Ryan Deba *(Developer-Web)*
Jacob Greenberg *(Developer-Web)*
Chris Zeller *(Sr Engr-Software)*

Accounts:
Bikers for Babies
Hallmark Greeting Cards Mfr
HEMP
Indigo World
Payless Footwear Producers
ZuPreem

EMG MARKETING
13 Vista Encanta, San Clemente, CA 92672
Tel.: (949) 660-9889
Fax: (949) 660-1228
E-Mail: info@emgadv.com
Web Site: www.emgadv.com/

Employees: 10

Agency Specializes In: Advertising, Advertising Specialties, Affluent Market, African-American Market, Alternative Advertising, Automotive, Bilingual Market, Broadcast, Business-To-Business, Cable T.V., Catalogs, Co-op Advertising, Collateral, Consumer Goods, Consumer Marketing, Content, Copywriting, Corporate Identity, Customer Relationship Management, Digital/Interactive, Direct Response Marketing, E-Commerce, Electronic Media, Email, Event Planning & Marketing, Financial, Government/Political, Graphic Design, Health Care Services, High Technology, Hispanic Market, Hospitality, Household Goods, In-Store Advertising, Information Technology, Integrated Marketing, Internet/Web Design, LGBTQ Market, Legal Services, Leisure, Local Marketing, Logo & Package Design, Luxury Products, Market Research, Media Buying Services, Media Planning, Medical Products, Men's Market, Merchandising, Mobile Marketing, Multicultural, Multimedia, New Technologies, Newspaper, Newspapers & Magazines, Out-of-Home Media, Outdoor, Over-50 Market, Paid Searches, Planning & Consultation, Point of Purchase, Print, Production, Production (Ad, Film, Broadcast), Production (Print), Programmatic, Public Relations, Publicity/Promotions, Radio, Real Estate, Regional, Retail, Sales Promotion, Search Engine Optimization, Seniors' Market, Social Marketing/Nonprofit, Social Media, Sponsorship, Strategic Planning/Research, T.V., Technical Advertising, Teen Market, Transportation, Travel & Tourism, Tween Market, Urban Market, Web (Banner Ads, Pop-ups, etc.), Women's Market, Yellow Pages Advertising

Ron Vines *(Chm)*
Michael Schnall *(Pres)*
Jackie Vines *(VP)*

Accounts:
Columbia Bank
Discount Tire
Russell Stover

EMLEY DESIGN GROUP
8010 Illinois Rd, Fort Wayne, IN 46804
Tel.: (260) 436-9039
E-Mail: admin@edg-dmc.com
Web Site: www.edg-dmc.com

Employees: 5
Year Founded: 1989

Agency Specializes In: Automotive, Aviation & Aerospace, Bilingual Market, Brand Development & Integration, Business-To-Business, Collateral, Communications, Consumer Marketing, Corporate Communications, Corporate Identity, Cosmetics, Direct Response Marketing, E-Commerce, Education, Engineering, Entertainment, Event Planning & Marketing, Exhibit/Trade Shows, Fashion/Apparel, Financial, Food Service, Government/Political, Graphic Design, Health Care Services, High Technology, Internet/Web Design, Investor Relations, Legal Services, Leisure, Logo & Package Design, Magazines, Marine, Newspapers & Magazines, Over-50 Market, Pharmaceutical, Planning & Consultation, Point of Purchase, Point of Sale, Print, Production, Public Relations, Real Estate, Restaurant, Retail, Seniors' Market, Sports Market, Strategic Planning/Research, Teen Market, Trade & Consumer Magazines, Transportation, Travel & Tourism

Dennis Emley *(Owner & Mktg Dir)*
Donna Emley *(Principal & Dir-Creative)*

Accounts:
American Tissue Services Foundation
Eye Pro, Inc.
Lincoln Museum Lincoln Lore Magazine

EMOTIVE BRAND
580 2nd St Ste 245, Oakland, CA 94607
Tel.: (510) 496-8888
Web Site: www.emotivebrand.com

Employees: 50
Year Founded: 2009

Agency Specializes In: Advertising, Brand Development & Integration, Business-To-Business, Collateral, Copywriting, Digital/Interactive, Identity Marketing, Internet/Web Design, Investor Relations, Logo & Package Design, Strategic Planning/Research

Bella Banbury *(Co-Founder, CEO & Partner)*
Tracy Lloyd *(Founder & Partner)*
Jane Brown *(Creative Dir)*
Jonathan Fisher *(Dir-Production)*
Kyla Grant *(Dir-Ops)*
Saja Chodosh *(Brand Mgr)*
Sabrina Sampson *(Mgr-Studio)*
Stephen Banbury *(Strategist)*
Sara Gaviser Leslie *(Strategist-Brand)*
Joanna Schull *(Strategist)*
Robert Saywitz *(Sr Designer)*

Accounts:
New-Citrix Systems Inc.
New-Drawbridge
New-Harness Inc.
New-Lyra Health Inc
New-Pandora A/S
New-PubMatic Inc
New-Rocket Fuel Inc
New-United Parcel Service Inc.
New-Unum Group
New-VMware Inc.

EMPIRE MEDIA GROUP
1412 13th St, Monroe, WI 53566
Tel.: (608) 325-2384
Web Site: http://www.empiremedia.agency/

Employees: 4
Year Founded: 2011

Agency Specializes In: Advertising, Brand Development & Integration, Logo & Package Design, Print, Radio, T.V.

Adam Bansley *(Owner & Creative Dir)*

Accounts:
Pleasant View

EMRL
1020 10th St, Sacramento, CA 95814
Tel.: (916) 446-2440
E-Mail: office@emrl.com
Web Site: www.emrl.com

Employees: 7

Agency Specializes In: Advertising, Brand Development & Integration

ADVERTISING AGENCIES

Floyd Diebel *(Creative Dir)*
Elise Clark *(Acct Mgr)*

Accounts:
Temple Coffee & Tea

ENA HEALTHCARE COMMUNICATIONS
1161 Broad Street, Shrewsbury, NJ 07702
Tel.: (732) 576-1519
Fax: (732) 530-2803
E-Mail: info@ena-inc.com
Web Site: www.ena-inc.com

Employees: 6
Year Founded: 1985

Agency Specializes In: Advertising, Brand Development & Integration, Health Care Services, Medical Products, Pharmaceutical, Trade & Consumer Magazines

Breakdown of Gross Billings by Media: Bus. Publs.: 15%; Collateral: 10%; D.M.: 25%; Exhibits/Trade Shows: 10%; Sls. Promo.: 25%; Worldwide Web Sites: 15%

Robert Newland *(Mng Partner)*
Claire Reilly-Taylor *(VP & Creative Dir)*

Accounts:
CSL Behring; King of Prussia, PA; 1997
Pfizer, Inc.; New York, NY; 1992

ENCITE INTERNATIONAL
9995 E Harvard Ave, Denver, CO 80231
Tel.: (303) 332-3908
Web Site: www.enciteinternational.com

Employees: 1

Agency Specializes In: Advertising, Digital/Interactive, Event Planning & Marketing, Internet/Web Design, Media Buying Services, Media Planning, Print, Radio, Social Media, Strategic Planning/Research

Adam Oleary *(Owner)*
Jeff Peterson *(Creative Dir)*

Accounts:
Tara Properties

ENCODE
P.O. Box 600534, Jacksonville, FL 32260
Tel.: (316) 708-6264
E-Mail: jelena@encodepr.com
Web Site: www.encodepr.com

Employees: 3
Year Founded: 2013

Agency Specializes In: Advertising, Affluent Market, Agriculture, Alternative Advertising, Arts, Automotive, Aviation & Aerospace, Bilingual Market, Brand Development & Integration, Business Publications, Business-To-Business, Children's Market, Collateral, Commercial Photography, Communications, Computers & Software, Consulting, Consumer Goods, Consumer Marketing, Content, Corporate Communications, Cosmetics, Customer Relationship Management, Digital/Interactive, Direct-to-Consumer, Education, Electronic Media, Email, Engineering, Entertainment, Event Planning & Marketing, Exhibit/Trade Shows, Experience Design, Fashion/Apparel, Financial, Food Service, Government/Political, Graphic Design, Guerilla Marketing, Health Care Services, High Technology, Hospitality, Household Goods, Identity Marketing, Industrial, Information Technology, Integrated Marketing, International, Internet/Web Design, Legal Services, Leisure, Local Marketing, Logo & Package Design, Luxury Products, Magazines, Marine, Market Research, Media Relations, Medical Products, Men's Market, Merchandising, Multicultural, Multimedia, New Technologies, Newspaper, Newspapers & Magazines, Pharmaceutical, Planning & Consultation, Podcasting, Print, Promotions, Publicity/Promotions, Publishing, Real Estate, Recruitment, Restaurant, Retail, Search Engine Optimization, Social Marketing/Nonprofit, Social Media, Sports Market, Stakeholders, Strategic Planning/Research, Trade & Consumer Magazines, Transportation, Travel & Tourism, Viral/Buzz/Word of Mouth, Web (Banner Ads, Pop-ups, etc.), Women's Market

Jelena Brezjanovic *(Owner)*
Uros Brezjanovic *(Project Mgr-IT)*

Accounts:
Best Western Grand Venice Hotel; 2002
Dr. Valerie Drake-Albert Medical Practice, OB-GYN; 2013
ODA Global International Business Consulting; 2011
Singletree Stables Equestrian Sports Facility; 2012
Society of Women Engineers - Central Indiana Non-Profit Trade Association
Vision Consulting Financial Planning/Accounting/CPA; 2012

ENDEAVOR, LLC.
9601 Wilshire Blvd, Beverly Hills, CA 90210
Tel.: (310) 285-9000
Web Site: www.endeavorco.com

Employees: 10,000
Year Founded: 1898

Agency Specializes In: Advertising, Brand Development & Integration, Business-To-Business, Content, Digital/Interactive, Event Planning & Marketing, Fashion/Apparel, Public Relations, Sponsorship, Sports Market

Patrick Whitesell *(Exec Chm)*
Ari Emanuel *(CEO)*
Bozoma Saint John *(CMO)*
Ed Horne *(Exec VP)*
Ginger Chan *(Sr VP-Consumer Comm)*

Accounts:
New-Papa John's International Inc. (Agency of Record)

Branch

Endeavor
(Formerly WME/IMG)
11 Madison Ave, New York, NY 10010
Tel.: (212) 586-5100
Web Site: http://www.endeavorco.com/

Agency Specializes In: Entertainment, Sports Market

Maura McGreevy *(Sr VP-Corp Comm)*
Naomi Kelts *(VP-Brand Strategy & Mktg)*
Andrew Serrano *(VP-Fashion)*
Amy Soloway *(VP-Mktg)*
Mahmoud Youssef *(VP-Strategy & Corp Dev)*
Tanner Shea *(Creative Dir)*
Keeley O'Brien *(Sr Acct Exec-Event)*
Benjamin Harwick *(Acct Exec-Endeavor Global Mktg)*

Accounts:
Asia League
CrossFit Inc. Broadcast, Licensing, Sponsorship
New-CVS
Naismith Memorial Basketball Hall of Fame

ENDEAVOUR MARKETING & MEDIA, LLC
1715-K S Rutherford Blvd, Murfreesboro, TN 37130
Tel.: (615) 852-6584
Fax: (615) 907-5334
E-Mail: info@endeavour2m.com
Web Site: www.endeavour2m.com

Employees: 10
Year Founded: 2007

Agency Specializes In: Advertising, Broadcast, Business-To-Business, Cable T.V., Collateral, Consumer Marketing, Corporate Identity, Customer Relationship Management, Digital/Interactive, Direct Response Marketing, Direct-to-Consumer, E-Commerce, Electronic Media, Email, Graphic Design, In-Store Advertising, Integrated Marketing, Internet/Web Design, Local Marketing, Media Buying Services, Media Planning, Mobile Marketing, Multimedia, New Technologies, Newspaper, Newspapers & Magazines, Out-of-Home Media, Outdoor, Paid Searches, Planning & Consultation, Podcasting, Print, Production (Print), RSS (Really Simple Syndication), Restaurant, Search Engine Optimization, Social Marketing/Nonprofit, Strategic Planning/Research, Viral/Buzz/Word of Mouth

Harold Henn, Jr. *(Partner & CMO)*

Accounts:
Hancock Diabetes

ENDRIZZI ADVERTISING AGENCY LLC
610 McCarthy Dr, King George, VA 22485
Tel.: (540) 775-2458
Web Site: www.endrizziadvertising.com

Employees: 1

Agency Specializes In: Advertising, Brand Development & Integration, Exhibit/Trade Shows, Internet/Web Design, Logo & Package Design, Print, Radio, Search Engine Optimization, T.V.

Melissa Endrizzi *(Founder & CEO)*

Accounts:
Affordable Sheds Company
Rejuvalase

ENGAGE PR
(Merged with Connect2 Communications to form Witz Communications, Inc.)

ENGEL O'NEILL ADVERTISING & PUBLIC RELATIONS
2124 Sassafras St, Erie, PA 16502
Tel.: (814) 454-3111
Fax: (814) 456-7879
E-Mail: info@engeloneill.com
Web Site: www.engeloneill.com

Employees: 10

Greg Engel *(Partner)*
Nancy ONeill *(Partner)*
Gloria Fulgenzio *(Media Dir & Acct Exec)*
Sue Lucas *(Media Dir)*
Julie Monaghan *(Office Mgr)*
Tim Rogala *(Mgr-Support Svcs)*
Dana Pontillo *(Acct Exec & Writer)*

Accounts:
Bayfront
Erie Business Center
Erie Times News
Medical Associates

AGENCIES - JANUARY, 2019 — ADVERTISING AGENCIES

Mercyhurst College
MFC Group
National Fuel
Titusville Area Hospital
Valley Tire Co.,Inc.

ENGELBRECHT ADVERTISING, LLC.
1000 Esplanade, Chico, CA 95926
Tel.: (530) 891-1988
Fax: (530) 891-1987
E-Mail: info@engelads.com
Web Site: http://engelads.com/

Employees: 15
Year Founded: 1994

Agency Specializes In: Advertising, Digital/Interactive, Email, Media Buying Services, Print, Radio, Search Engine Optimization

Revenue: $1,200,000

Greg Engelbrecht *(Owner)*
Jasmine Urrutia *(Creative Dir)*
Keri Brennan *(Acct Exec)*
Rachel Cahill *(Acct Exec)*

Accounts:
Alternative Energy Systems Inc
Chico Back & Neck Pain Center

THE ENGINE ROOM
109 Night Heron Ln, Aliso Viejo, CA 92656
Tel.: (949) 683-3227
Fax: (949) 586-4647
E-Mail: mailroom@the-engine-room.net
Web Site: www.the-engine-room.net

Employees: 2

Agency Specializes In: Advertising, Brand Development & Integration, Catalogs, Consumer Publications, Direct Response Marketing, Direct-to-Consumer, Internet/Web Design, Logo & Package Design, Out-of-Home Media, Outdoor, Radio, Sales Promotion

Steve Lauri *(Pres & Creative Dir)*

ENGINE US
(Formerly Deep Focus)
232 W 44Th St, New York, NY 10036
Tel.: (212) 792-6800
Fax: (212) 792-6899
E-Mail: info-usa@enginegroup.com
Web Site: enginegroup.com/us/

Employees: 350
Year Founded: 2002

National Agency Associations: 4A's

Agency Specializes In: Advertising, Digital/Interactive, Entertainment, Social Media, Sponsorship, Viral/Buzz/Word of Mouth

Kristen King *(Mng Dir)*
Christina Cooksey *(Sr VP & Exec Dir-Content Innovation & Integration)*
Matt Steinwald *(Exec Creative Dir)*
John Little *(Acct Supvr-Client Strategy)*

Accounts:
20th Century Fox
AOL, LLC
Atari
Coca-Cola
Cole Haan Campaign: "Chelsea Pump"
Disney
eBay
Frito-Lay Ruffles (Lead Agency), Video
HBO
Intel Corporation
Metro Goldwyn Mayer
Miramax Films
Misha Nonoo (Creative Agency of Record) Creative, Digital, Strategy
Nestle Purina Petcare Beneful Grain Free, Campaign: "Doggie Goldberg"
Nestle USA, Inc. Digital, Dreyer's, Edy's, Nespresso, Nesquick, Ovaltine, Social Media Marketing, Tombstone
Nestle Waters Direct Home & Office Delivery (Digital & Social Media Strategy Agency of Record)
Nestle Waters North America Inc. Ice Mountain (Digital & Social Media Agency of Record), Poland Spring (Digital & Social Media Agency of Record), Zephyrhills (Digital & Social Media Agency of Record)
Nickelodeon
PepsiCo, Inc Digital
Pernod Ricard Absolut, Chivas Regal, Digital, Glenlivet, Jameson, Kahlua, Malibu, Olmeca Altos Tequila (Lead Agency), Social Media
RCA Records Label
Toshiba "#SlashGen", Campaign: "Director"
Unilever
Universal Music Group

Branch

Engine US
(Formerly Deep Focus)
6922 Hollywood Blvd 10th Fl, Hollywood, CA 90028
Tel.: (323) 790-5340
Fax: (310) 845-3470
E-Mail: info-usa@enginegroup.com
Web Site: enginegroup.com/us/

Employees: 500

Accounts:
Atkins Nutritionals, Inc.
Bolthouse Farms; Bakersfield, CA Baby Carrots, Beverages, Creative, Salad Dressings, Vinagrettes
Captain D's
Carvana
CODA Automotive (Agency of Record) Advertising, Digital, Electric Cars & Batteries, Experiential Marketing, Social Media
GT Bicycles
Krishers
The National Congress of American Indians Campaign: "Take It Away", Online
Newegg, Inc. Campaign: "Take it from a Geek: Teen Employee"
Oneida Indian Nation Campaign: "Take It Away", Online
Pearl Izumi
Toshiba Corporation Campaign: "Sillycon Valley", Campaign: "Unleash Yourself", Campaign: "Zombies", Consumer Electronics Computers, Encore 2, Laptop
Vail Resorts
Westfield

ENGLE CREATIVE SOLUTIONS LLC
4807 Walnut Rdg Ct, Columbia, MO 65203
Tel.: (573) 823-4723
Web Site: www.engle-creative.com

Agency Specializes In: Advertising, Digital/Interactive, Event Planning & Marketing, Market Research, Media Buying Services, Media Planning, Promotions, Public Relations, Strategic Planning/Research

Steve Engle *(Pres & Chief Creative Officer)*

Accounts:
Ace Pump
Fine Americas, Inc.
Gowan Company LLC
Kalo, Inc.
Origo (Advertising, PR & Marketing Services Agency of Record)
Z Tags North America L.P
Zetor North America, Inc.

ENLARGE MEDIA GROUP
110 East 9th St, Los Angeles, CA 90079
Tel.: (714) 374-5200
Fax: (714) 374-5211
Web Site: www.enlargemedia.com

Employees: 20

Rob Kee *(Owner)*
Jay Brown *(Partner & Creative Dir)*

Accounts:
HB Surround Sound

ENSEMBLE CREATIVE & MARKETING
20790 Holyoke Ave, Lakeville, MN 55044
Tel.: (952) 469-9460
E-Mail: info@ensemblecreative.com
Web Site: www.ensemblecreative.com

Employees: 4

Agency Specializes In: Advertising, Brand Development & Integration, Graphic Design, Internet/Web Design

Kristina Murto *(Founder & Owner)*
Steve Volavka *(Owner, Partner-Creative, Art Dir & Designer)*

Accounts:
Nemesis Defense

ENSO COLLABORATIVE LLC
1526 Cloverfield Blvd, Santa Monica, CA 90404
Tel.: (310) 526-8273
E-Mail: hello@enso.com
Web Site: http://www.storaenso.com/

Employees: 4,827
Year Founded: 2012

Agency Specializes In: Advertising, Communications, Strategic Planning/Research

Kirk Souder *(Co-Founder)*
Davi Sing Liu *(Exec Creative Dir)*
Tiago Pereira *(Creative Dir & Copywriter)*
Abbey Dethlefs *(Dir-Strategy)*
Katey Scanlon *(Sr Mgr-Brand Impact & Partnerships & Acct Supvr)*
Tynessa Jue *(Sr Art Dir)*

Accounts:
Bahamas Resort Atlantis Creative, Social
Google Inc.
Khan Academy
Omidyar Network
Paradise Island Creative, Social

ENTICE ADVERTISING & DESIGN LLC
6707 Fletcher Creek Cove, Memphis, TN 38133
Tel.: (901) 384-4504
Fax: (901) 384-4504
Web Site: www.enticecreative.com

Agency Specializes In: Advertising, Internet/Web Design, Print, Radio, T.V.

Glynnis Anderson-Smith *(Mng Partner & Designer)*

Accounts:

ADVERTISING AGENCIES
AGENCIES - JANUARY, 2019

Holy Rosary School
Memphis City Schools Volunteer Services
New Direction Christian Church

ENTREPRENEUR ADVERTISING GROUP
2029 Wyandotte St Ste 101, Kansas City, MO 64108
Tel.: (816) 842-0100
Fax: (816) 283-0411
E-Mail: info@eagadv.com
Web Site: www.smallbusinessmiracles.com

Employees: 15
Year Founded: 2003

Agency Specializes In: Advertising, Brand Development & Integration, Direct Response Marketing, Mobile Marketing, Out-of-Home Media, Web (Banner Ads, Pop-ups, etc.)

Michele Markham *(Pres)*
Paul Weber *(CEO)*
Cinda Fisher *(Acct Dir)*
Heather Silliman *(Acct Dir)*
Brenda Heffron *(Dir-Content)*
Wynn Shepard *(Product Mgr-Digital)*
Erin Dechman *(Acct Exec-Digital)*
Audrey Gardner *(Acct Exec)*

Accounts:
Adams Dairy Bank Banking Services
Boyer & Corporon Wealth Management Financial & Consulting Services
Brookside Personal Shopping
Comfort Products Distributing Bryant, Carrier, Digital, Media Buying
Invision Technology Solutions & Services
Livers Bronze Co. Lighting Services
Sharma-Crawford Attorneys at Law Immigration Litigation Services
SKS Studio Brand Management, Digital Engagement
Ultrax Aerospace

ENVENTYS PARTNERS, LLC
(Formerly Command Partners)
520 Elliot St, Charlotte, NC 28202
Tel.: (704) 333-5335
Web Site: enventyspartners.com

Employees: 5

Agency Specializes In: Advertising, Internet/Web Design, Mobile Marketing, Public Relations, Search Engine Optimization, Social Media

Roy Morejon *(Pres)*
Vincent Ammirato *(Partner & VP-Strategic Plng)*
Joe Recomendes *(VP-Mktg Svcs)*
Ashley Isaacs Mizell *(Head-Paid Media Team)*
Kyle Varian *(Client Svcs Dir)*
Rich Tucker *(Dir-Paid Media)*
Elizabeth Hutchins Breedlove *(Mgr-Content Mktg)*
Christine Lavery *(Mgr-Content Mktg)*
Stephanie Andrews *(Specialist-Bus Dev)*
Callie Carver *(Specialist-Comm)*
Megan Jasso *(Strategist-Campaign)*
Courtney Reese *(Specialist-Comm)*
Jared Strichek *(Analyst-Search Mktg-Command Partners)*
Angela Kotsokalis *(Sr Designer-Creative)*

Accounts:
Town of Harrisburg

ENVIROMEDIA SOCIAL MARKETING
2021 E 5th St, Austin, TX 78702
Tel.: (512) 476-4368
Fax: (512) 476-4392
E-Mail: info@enviromedia.com
Web Site: www.enviromedia.com

Employees: 50
Year Founded: 1997

Agency Specializes In: Advertising, Environmental, Local Marketing, Media Buying Services, Media Planning, Public Relations, Strategic Planning/Research

Valerie Salinas-Davis *(CEO)*
Millie Salinas Davis *(Principal)*
Patti McGuire Englebert *(Dir-Creative Svcs & Exec Producer)*

Accounts:
Car2Go Campaign: "#car2golife"
Department of State Health Services Campaign: "Share Air"
Green Mountain Energy
Litter force
OSU
TEA

ENVISION DENNIS ROMANO, LLC
20 Stonehenge Dr, Ocean, NJ 07712
Tel.: (732) 922-8800
E-Mail: dromano@envisiondr.com
Web Site: www.envisiondr.com

E-Mail for Key Personnel:
President: dromano@envisiondr.com

Employees: 3
Year Founded: 2002

Agency Specializes In: Advertising, Business-To-Business, Communications, Consulting, Email, Graphic Design, Integrated Marketing, Internet/Web Design, Logo & Package Design, Medical Products, Pharmaceutical, Print, Search Engine Optimization

Dennis Romano *(Mng Dir)*

Accounts:
Altaflo High Performance Fluoropolymer and Fluoroplastic Tubing and Pipe
Dotcom Distribution eCommerce and Multi-Channel Logistics; 2014
Porzio Life Sciences Life Sciences Regulatory Compliance Software Solutions, Products, and Services; 2009

ENVISIONIT MEDIA
130 E Randolph St, Chicago, IL 60601
Tel.: (312) 236-2000
Fax: (312) 277-4500
E-Mail: inquiry@eimchicago.com
Web Site: envisionitagency.com

Employees: 51
Year Founded: 2002

Agency Specializes In: Advertising, Brand Development & Integration, Broadcast, Business-To-Business, Consumer Goods, Digital/Interactive, E-Commerce, Email, Food Service, Graphic Design, Identity Marketing, Integrated Marketing, Internet/Web Design, Leisure, Mobile Marketing, Multimedia, New Technologies, Out-of-Home Media, Podcasting, Print, Production (Print), Retail, Search Engine Optimization, Social Marketing/Nonprofit, Social Media, Trade & Consumer Magazines, Travel & Tourism, Viral/Buzz/Word of Mouth, Web (Banner Ads, Pop-ups, etc.)

Approx. Annual Billings: $15,000,000

Todd Brook *(CEO)*
David Silverstein *(COO & Sr Strategist)*
Jason Goldberg *(Exec VP)*
Steve Ziemba *(Head-Agency-Social Media Mktg)*
Amy Russell *(Controller)*
Rob Creek *(Exec Creative Dir)*
Matthew Elliott *(Acct Svcs Dir)*
Joseph Mathieu *(Media Dir)*
Marissa Liesenfelt *(Dir-Ops)*
Megan Porter *(Dir-Digital Mktg)*
Keith Solomon *(Dir-Integrated Mktg)*
Nicole Brown *(Sr Acct Mgr)*
Ali Aguilar *(Specialist-Ops & HR)*
Jennifer Laverty *(Sr Media Planner-Digital & Buyer)*

Accounts:
Fairmont Hotel, Millenium Park; Chicago, IL Hotels
Performance Trust; Chicago, IL Financial Services
Red Gold, Inc Huy Fong Sriracha Tomatoes, Red Gold Tomatoes (Digital Agency of Record)

ENVOY
34 Tesla # 100, Irvine, CA 92618
Tel.: (949) 387-0117
E-Mail: hello@weareenvoy.com
Web Site: www.weareenvoy.com

Employees: 60

Agency Specializes In: Advertising, Brand Development & Integration, Consulting, Content, Digital/Interactive, E-Commerce, Internet/Web Design, Product Placement, Strategic Planning/Research

Michael Bennett *(Mng Partner)*
Ty Lifeset *(Partner & Exec Creative Dir)*
Russell Rommelfanger *(Partner & Exec Creative Dir)*
Ryan Rommelfanger *(Partner & Exec Creative Dir)*
Josh Creter *(VP-Tech)*
Lindsay Dagiantis *(VP-HR)*
Sydni Webb *(Grp Acct Dir)*
Jay Cruz *(Creative Dir)*
Julia Mooradian *(Acct Dir)*
Teila Evans *(Mgr-Alliance)*

Accounts:
New-Alcatel
New-Amazon.com, Inc.
New-Elo Touch Solutions
New-VIZIO, Inc.

ENYE MEDIA, LLC
PO Box 8362, Oklahoma City, OK 73153
Tel.: (405) 579-3693
Fax: (405) 579-6220
E-Mail: info@enye.com
Web Site: matildeballon.com/enye

Employees: 3
Year Founded: 2006

Agency Specializes In: Advertising, Advertising Specialties, Bilingual Market, Branded Entertainment, Broadcast, Business Publications, Cable T.V., Collateral, Commercial Photography, Communications, Computers & Software, Consulting, Consumer Marketing, Content, Corporate Identity, Direct Response Marketing, E-Commerce, Email, Entertainment, Event Planning & Marketing, Exhibit/Trade Shows, Graphic Design, High Technology, Hispanic Market, In-Store Advertising, Infomercials, Information Technology, Internet/Web Design, Legal Services, Local Marketing, Logo & Package Design, Magazines, Market Research, Media Buying Services, Media Planning, Media Relations, Multicultural, Multimedia, New Product Development, Newspaper, Newspapers & Magazines, Out-of-Home Media, Outdoor, Planning & Consultation, Print, Production, Promotions, Public Relations, Publicity/Promotions, RSS (Really Simple Syndication), Radio, Recruitment, Regional, Restaurant, Retail, Sales Promotion, Search

AGENCIES - JANUARY, 2019 — ADVERTISING AGENCIES

Engine Optimization, Social Marketing/Nonprofit, Sponsorship, Strategic Planning/Research, T.V.

Breakdown of Gross Billings by Media: Collateral: 4%; Consulting: 5%; E-Commerce: 5%; Graphic Design: 5%; Logo & Package Design: 2%; Mags.: 2%; Newsp.: 20%; Production: 13%; Pub. Rels.: 5%; Radio: 9%; T.V.: 30%

Wilmari Ruiz *(Partner)*

Accounts:
Buy for Less
El Nacional; Oklahoma City, OK Newspaper, Paginas Amarillas, Super Auto Mercado, Vibraciones; 2006
State Hispanic Chamber of Oklahoma; Oklahoma City, OK; 2006
Viva OKC Latin Music Festival; Oklahoma City, OK; 2007

EO INTEGRATION
419 Park Ave S 2nd Fl, New York, NY 10016
Tel.: (646) 346-9213
E-Mail: mail@eointegration.com
Web Site: www.eointegration.com

Employees: 3
Year Founded: 2009

Agency Specializes In: Advertising

Roberto Alcazar *(Founder)*

EP+CO
(Formerly Erwin-Penland)
110 E Court St Ste 400, Greenville, SC 29601
Tel.: (864) 271-0500
Fax: (864) 235-5941
Web Site: www.epandcompany.com
E-Mail for Key Personnel:
President: joe.erwin@erwinpenland.com

Employees: 300
Year Founded: 1986

National Agency Associations: 4A's

Agency Specializes In: Advertising, African-American Market, Automotive, Bilingual Market, Brand Development & Integration, Broadcast, Business Publications, Business-To-Business, Cable T.V., Co-op Advertising, Collateral, Communications, Consumer Marketing, Corporate Communications, Corporate Identity, Digital/Interactive, Direct Response Marketing, E-Commerce, Electronic Media, Event Planning & Marketing, Exhibit/Trade Shows, Fashion/Apparel, Financial, Food Service, Government/Political, Graphic Design, Health Care Services, High Technology, Hispanic Market, In-Store Advertising, Industrial, Information Technology, Internet/Web Design, Leisure, Local Marketing, Logo & Package Design, Magazines, Marine, Media Buying Services, Medical Products, Merchandising, Multimedia, New Product Development, Newspaper, Newspapers & Magazines, Out-of-Home Media, Outdoor, Planning & Consultation, Point of Purchase, Point of Sale, Print, Production, Public Relations, Publicity/Promotions, Radio, Real Estate, Restaurant, Retail, Sales Promotion, Seniors' Market, Sponsorship, Sports Market, Strategic Planning/Research, T.V., Technical Advertising, Teen Market, Telemarketing, Trade & Consumer Magazines, Transportation, Travel & Tourism, Yellow Pages Advertising

Approx. Annual Billings: $50,000,000

Allen Bosworth *(Co-Pres)*
Karen Mawhinney *(Mng Dir & Exec VP)*
Annette Ruby *(Exec VP & Fin Dir)*
Curtis Rose *(COO)*
Jeff Hoffman *(Chief Growth Officer)*
Peter Coles *(Exec VP & Exec Dir-Ops)*
Mike Lear *(Exec VP & Exec Creative Dir)*
Chris Plating *(Exec VP & Dir-Brand & Channel Strategy)*
Scott Voege *(Sr VP & Grp Acct Dir)*
Rich Cutter *(Sr VP, Grp Creative Dir-Digital)*
Carolyn Philips *(Sr VP)*
Rebecca Lynch *(VP & Dir-Comm)*
Orlando Asson *(Editor & Designer-Motion Graphics)*
Amanda Dwyer *(Acct Dir)*
Linda Fung *(Art Dir)*
Mason Hedgecoth *(Creative Dir)*
Lauren Hunt *(Acct Dir)*
Taylor Lucas *(Art Dir)*
Jesse Potack *(Creative Dir)*
Will Isom *(Assoc Dir-Creative & Copywriter)*
Tim Kang *(Assoc Dir-Art & Creative)*
Elizabeth Crumpton *(Sr Acct Mgr)*
Bryson Mooring *(Sr Acct Mgr)*
Sarah Schauer *(Copywriter)*
Ryan Brown *(Sr Production Mgr)*
Austin Scott *(Assoc Creative Dir)*

Accounts:
20th Century Fox Film Corp. Deadpool 2
Califia Farms (Agency of Record) Digital, Marketing, Social
Cellular Sales (Agency of Record) Brand, Content, Customer Relationship Management, Digital, Media Buying, Media Planning, Strategy; 2017
CIT Bank (Agency of Record) Brand Strategy, Creative, Digital, Retail Marketing
Denny's Corporation "Greatest Hits Remixed", "The Grand Slams", Brand Awareness, Creative, Local Advertising, Menus, Merchandising, TV
New-eBay
Greenville Drive
Hands on Greenville
John Deere (Agency of Record) Brand, Consumer Equipment Business, Content, Creative, Social Media, Strategy; 2018
Kill Cliff (Agency of Record)
LinkedIn Corporation (Social Media Agency of Record) Content, Social Voice & Engagement; 2018
Lowe's Companies, Inc.; 2018
The Men's Wearhouse, Inc. (Agency of Record) Brand Positioning, Broadcast, Creative, Moores Clothing for Men (Agency of Record), Online Content; 2017
Morgan Stanley
Puma North America, Inc.
ScanSource, Inc. Technology Distribution
Strayer University (Agency of Record) Brand Strategy, Content, Creative, Marketing Communication Strategy, Media Buying, Media Planning, Social
Tumi (Agency of Record)
Uniroyal
The UPS Store "#3DPWeek"
Verizon Wireless Communications; 1988

Branch

EP+Co
(Formerly Erwin-Penland)
104 W 40Th St Fl 7, New York, NY 10018
Tel.: (212) 905-7000
Web Site: www.epandcompany.com

Employees: 40

National Agency Associations: 4A's

Agency Specializes In: Advertising, Brand Development & Integration, Collateral, Digital/Interactive, Event Planning & Marketing, Logo & Package Design, Out-of-Home Media, Outdoor, Promotions, Public Relations, Sponsorship, T.V.

Kat Shafer *(Mng Dir & Exec VP)*
John Cornette *(Exec VP & Exec Creative Dir)*
Vicky Gonzalez *(Sr VP & Dir-Production & Bus Sys Ops)*
Daniel Miller *(Sr VP & Dir-Content Production)*
Steve Rodriguez *(Sr VP & Dir-Creative Svcs)*
Amanda Baizen *(VP & Acct Dir)*
Brittany Hunley *(VP & Dir-Channel Strategy)*
Emily Rule *(VP & Dir-Strategic Plng)*
Wesley Westenberg *(VP-Office Svcs & Office Mgr)*
Jeff Fischer *(VP)*
Leslie Scott *(VP)*
Charlotte Stirrup *(VP)*
Beth Moats *(Exec Producer-Acct)*
Amanda Dwyer *(Acct Dir)*
Taylor Lucas *(Art Dir)*
Rachel Sheeran *(Art Dir)*
Elizabeth Crumpton *(Sr Acct Mgr)*
Jennifer Noll *(Sr Acct Mgr)*
Evan Duggar *(Acct Mgr)*
Scott Moody *(Acct Supvr)*
Erin Mehaffey *(Supvr-Retouching)*
Will Isom *(Assoc Creative Dir & Copywriter)*
Kimberly Froude *(Assoc Creative Dir)*

Accounts:
Califia Farms (Agency of Record) Business Strategy, Creative, Digital, Media, Social
CIT Bank
Evolve Campaign: "American Man"
Lenovo
Seven & I Holdings Co., Ltd

EPIC CREATIVE
3014 E Progress Dr, West Bend, WI 53095
Tel.: (262) 338-3700
Web Site: www.epiccreative.com

Employees: 100

Agency Specializes In: Advertising, Brand Development & Integration, Print, Public Relations, Social Media

Julie Purcell *(Founder & Pres)*
Jim Becker *(Pres & CEO)*
Timmothy Merath *(COO)*
Fuzz Martin *(VP-Strategy)*
Geri Weiland *(VP-Client Svcs)*
Keith Pawlak *(Dir, Production Mgr & Producer)*
Dan Augustine *(Creative Dir)*
Gregory Kellerman *(Dir-Web Svcs)*
Noemi Hedrich *(Sr Acct Mgr)*
Leah Melichar *(Acct Mgr)*
Scott Covelli *(Supvr-PR)*
Sarah Idso *(Acct Exec-Social Media)*
Andy Parmann *(Acct Exec-Social Media)*
Yujing Wang *(Specialist-Digital Mktg)*
Ben Mason *(Assoc Creative Dir)*
Benjamin Wick *(Asst-Media Production)*

Accounts:
Floratine Products Group
The Garlock Family of Companies
Precision Laboratories, Inc.

EPIC MARKETING
12356 S 900 E Ste 105, Draper, UT 84020
Tel.: (801) 657-4383
E-Mail: info@marketingepic.com
Web Site: www.marketingepic.com

Employees: 50

Agency Specializes In: Advertising, Brand Development & Integration, Graphic Design, Internet/Web Design, Print, Public Relations, Radio, Search Engine Optimization, Social Media, T.V.

Nick White *(Pres)*

ADVERTISING AGENCIES

Jeff Martin *(Creative Dir)*
Tandy Lee *(Office Mgr)*
Doug Roper *(Acct Mgr)*
Jared Cannon *(Sls Mgr)*
David Ludwig *(Production Mgr)*

Accounts:
Recovery Ways

EPICOSITY
300 N Main Ave, Sioux Falls, SD 57104
Tel.: (605) 275-3742
Fax: (605) 275-0842
Web Site: www.epicosity.com

Employees: 10
Year Founded: 2006

Agency Specializes In: Advertising, Advertising Specialties, Agriculture, Alternative Advertising, Brand Development & Integration, Branded Entertainment, Broadcast, Business-To-Business, Cable T.V., Catalogs, Collateral, Commercial Photography, Communications, Consulting, Consumer Marketing, Corporate Communications, Corporate Identity, Customer Relationship Management, Direct-to-Consumer, Education, Email, Entertainment, Environmental, Event Planning & Marketing, Exhibit/Trade Shows, Faith Based, Financial, Government/Political, Graphic Design, Health Care Services, High Technology, Identity Marketing, Industrial, Infomercials, Information Technology, Logo & Package Design, Market Research, Media Buying Services, Media Planning, Media Relations, Media Training, Multimedia, New Product Development, New Technologies, Out-of-Home Media, Outdoor, Over-50 Market, Package Design, Print, Production (Ad, Film, Broadcast), Production (Print), Public Relations, Publicity/Promotions, Radio, Recruitment, Sales Promotion, Search Engine Optimization, Seniors' Market, Social Marketing/Nonprofit, Social Media, Strategic Planning/Research, T.V., Travel & Tourism, Web (Banner Ads, Pop-ups, etc.)

Justin Smorawske *(Partner & CMO)*
Katie Levitt *(Creative Dir)*
Scott Ostman *(Creative Dir)*
Kristene Watkins *(Art Dir)*
Kristi Wire *(Designer)*

Accounts:
CFM; Sioux Falls, SD Graphic Design, Web, Video, Email, Media Placement, Strategy
CorBon; Sturgis, SD Graphic Design, Web, Video, Email, Media Placement, Strategy
Eagle Imports Brand Structuring, Creative, Digital Advertising, Marketing, Marketing Agency of Record, Print Advertising, Website
FAB Defense (Marketing Agency of Record) Creative Development, Media Placement, Public Relations
Rock Island Armory
SD Department of Health; Pierre, SD Web, Social Media, TV, Radio, Print, Design, Strategy
Shur-Co; Yankton, SD Video, Web, Strategy
Sun Optics USA Digital Advertising, Marketing Agency of Record, Marketing Strategies, Print Media, Public Relations, Social Media, Website Development
University of South Dakota; Vermillion, SD Graphic Design, Video, Media Placement

EPIQ SYSTEMS, INC.
10300 SW Allen Blvd, Beaverton, OR 97005-4833
Tel.: (503) 350-5800
Fax: (503) 350-5890
Toll Free: (800) 557-4407
Web Site: http://www.epiqglobal.com/en-us

Employees: 200

Year Founded: 1987

Agency Specializes In: Advertising, Broadcast, Cable T.V., Internet/Web Design, Legal Services, Newspapers & Magazines, Planning & Consultation, Public Relations, T.V.

Approx. Annual Billings: $4,000,000

Brad D. Scott *(Pres & COO)*
Terry Gaylord *(Sr VP-HR)*
Myriam Schmell *(Sr VP)*
Tim Davis *(VP-Infrastructure)*
Karen Herckis *(Sr Dir-HR)*
Kyle Bingham *(Mgr-Strategic Comm)*
Sandra Volel *(Mgr-Sls & Mktg)*
Sarah Brown *(Sr Comm Mgr)*

Accounts:
First Alert
Louisiana Pacific

EPPS ADVERTISING
55 21St St W, Avalon, NJ 08202
Tel.: (484) 686-9483
Web Site: www.eppsadvertising.com

Employees: 10

Agency Specializes In: Advertising, Brand Development & Integration, Graphic Design, Internet/Web Design, Logo & Package Design, Print, Public Relations

Shirley Epps *(Pres)*

Accounts:
Avalon Yacht Club
Capano Management
Cherrys Natural Foods
The James A. Michener Art Museum

EPSILON
233 N Michigan Ave Ste 810, Chicago, IL 60601
Tel.: (312) 454-1000
Web Site: www.epsilon.com

Employees: 60

Bryan Everly *(CTO & Sr VP-Engrg & Products CLM)*
Sandy Kolkey *(Chief Client Officer & Sr VP)*
Susan Lulich *(Sr VP & Grp Acct Dir)*
Fiore DiNovi *(Sr VP)*
Brian Trevor *(Sr VP-R&D)*
Brian Williams *(Sr VP-Auto Client Svcs)*
John Vierheller *(Mng Dir-Client Svcs & Automotive Practice)*
Lauren Flemming *(VP & Exec Creative Dir)*
Cathy Horn *(VP-HR)*
Peter Mcsherry *(VP-Analytic Consulting Grp)*
Jeff Fagel *(Head-Mktg, Epsilon & Conversant)*
Lisa Russell *(Exec Dir-Event Resources)*
Bob Branch *(Sr Dir-Strategy)*
Yvonne Willman *(Sr Dir-Art)*
Meggan Olson Jozefczak *(Sr Acct Dir)*
Corey Ciszek *(Creative Dir)*
Chesney Spivey *(Acct Dir-Nissan North America)*
Loraine Spolowitz *(Creative Dir)*
Pete Carley *(Dir-Digital Design)*
Britta Petersen *(Dir-Strategic Comm)*
Bill Ferguson *(Assoc Dir-Creative)*
Allison Woodford *(Mgr-Creative)*
David David Katzman *(Grp Creative Dir)*
Kelly Rausch *(Sr Mktg Mgr)*

Accounts:
ACCO Brands Corporation Five Star
Ashley Furniture Media planning & Execution, Print, Radio, Social, Strategy, TV, Web, ZZZ
Bel
Cintas
Cracker Barrel
Del Monte Foods, Inc. (US Creative Agency of Record) College Inn, Contadina, Digital, Marketing Communications, S&W, Strategy
Gemological Institute of America (Agency of Record) 4Cs, Analytics, Consumer Outreach Campaign, Creative, Diamond Grading Reports, Digital Marketing, International Diamond Grading System, Media Planning, Retail, Social Media, Strategy
GlaxoSmithKline Excedrin
KeyBank (Customer Relationship Management Agency Of Record)
Nature's Way (Digital Agency of Record) Alive! Multi-Vitamins (Lead Advertising Agency), Creative, Fortify, Integrated Communications
Office Depot
San Diego Zoo Global Wildlife Conservancy
SC Johnson
Wrigley Orbit Gum

EPSILON DATA MANAGEMENT, LLC
6021 Connection Dr, Irving, TX 75039
Tel.: (469) 262-0600
Toll Free: (800) 309-0505
E-Mail: info@epsilon.com
Web Site: www.epsilon.com

Employees: 600

Agency Specializes In: Direct Response Marketing, Direct-to-Consumer

Approx. Annual Billings: $300,000,000

Bryan Kennedy *(CEO)*
Paul Dundon *(CFO)*
Tom Edwards *(Chief Innovation Officer & Chief Digital Officer)*
Jane Huston *(Chief People Officer)*
Cathy Lang *(Pres-Epsilon CRM & Automotive Practice)*
Jeanette Fitzgerald *(Gen Counsel & Exec VP)*
Stacia Goddard *(Exec VP-Strategic Mktg Svcs)*
Lissa Napolillo *(Sr VP & Head-Retail Sector)*
Elmer Smith *(Sr VP & Gen Mgr-Retail)*
Judy Loschen *(Sr VP)*
Kassie Kemp *(Dir-Strategic Mktg Consulting)*
Jeffery Schilling *(Chief Info Security Officer)*

Accounts:
Kellogg Co. CRM, Database Marketing
KeyCorp Direct Mail Production, Direct Marketing Strategy, Email Marketing Strategy
Nature's Way (Digital Agency of Record) Alive! Multi-Vitamins (Lead Advertising Agency), Creative, Fortify, Integrated Communications
Road Scholar Consumer Database Marketing, Digital Advertising
Talking Rain Beverage Analytics, Creative, Media, Shopper Solutions, Sparkling Ice (Agency of Record), Strategy; 2018

Branches

Aspen Marketing Services
1240 N Ave, West Chicago, IL 60185
Tel.: (630) 293-9600
Fax: (630) 293-9609
Toll Free: (800) 848-0212
E-Mail: clang@aspenms.com
Web Site: www.aspenms.com

E-Mail for Key Personnel:
President: porahilly@aspenms.com

Employees: 200
Year Founded: 1996

Agency Specializes In: Digital/Interactive, Direct Response Marketing, Event Planning & Marketing, Experiential Marketing, Publicity/Promotions

AGENCIES - JANUARY, 2019 — ADVERTISING AGENCIES

Jim Huston (Exec VP)
John Tufo (Sr VP-Individual Auto-Epsilon-AspenAutomotive)
Stan Hardwick (VP & Exec Creative Dir)
Ted Loomos (VP-Architecture & Dev)
Chris Heck (Grp Creative Dir)

Accounts:
Allstate
AT&T Communications Corp.
Audi
Cadillac Motor Division; Detroit, MI Automobiles
Chrysler
ConAgra
Ford
General Motors; Detroit, MI
Georgia-Pacific
Infiniti
JVC U.S.A.
Kia
Motorola Solutions, Inc.; Chicago, IL
Mutual of Omaha
Nissan
Toyota
U.S. Cellular
United States Air Force

Epsilon International
88 Cumberland St Suite 22 Level 1, The Rocks, Sydney, NSW 2000 Australia
Tel.: (61) 292715400
Fax: (61) 2 9271 5499
E-Mail: apac-info@epsilon.com
Web Site: www.epsilon.com

Employees: 16

Epsilon International
Rm 1507 15/F Wantong Ctr Block C 6A Chaoyangmen Wai Ave, Beijing, 100020 China
Tel.: (86) 1059073001
Fax: (86) 10 5907 3002
E-Mail: apac-info@epsilon.com
Web Site: www.epsilon.com

Employees: 10

Epsilon International
Rm 2502 25/F Hopewell Ctr 183 Queen's Rd E, Wanchai, China (Hong Kong)
Tel.: (852) 3589 6300
Fax: (852) 3101 2892
E-Mail: apac-info@epsilon.com
Web Site: www.epsilon.com

Employees: 13

Robert Freeman (Sr Dir-Strategy & Insights-APAC)
Ginny Wong (Acct Dir-APAC)
Waseem Khan (Dir-Tech-APAC)
Tracy Iun (Sr Generalist-HR-APAC)

Epsilon International
Ste 103 Block D Red Town, 570 Huai Hai Rd W, Shanghai, 200052 China
Tel.: (86) 21 6132 3890
Fax: (86) 21 6335 2575
E-Mail: apac-info@epsilon.com
Web Site: www.epsilon.com

Employees: 10

Maggie Liu (Acct Mgr)

Epsilon International
Room 2019 20/F Tian Qi Yi HongXiang Building, 611 Tian He Bei Road, Guangzhou, China
Tel.: (86) 20 3847 3736
E-Mail: apac-info@epsilon.com
Web Site: www.epsilon.com

Epsilon International
8 Eu Tong Sen St #18-98 Office 1, The Central, Singapore, 059818 Singapore
Tel.: (65) 6603 5088
E-Mail: apac-info@epsilon.com
Web Site: www.epsilon.com

Employees: 20

Patrick Teh (Acct Dir)

Epsilon
2550 Crescent Dr, Lafayette, CO 80026
Tel.: (303) 410-5100
Fax: (303) 410-5595
Web Site: www.epsilon.com

Employees: 400

Arlene Lacharite (Mng Dir-Data & Automotive Delivery)
Jean-Yves Sabot (VP-Retail Bus Dev)
Gregory Cardone (Dir-Digital Activation)
Amanda White (Dir-Trng)
Jen Bouvat-Johnson (Acct Exec)
Linda Maxwell (Specialist-Bus Dev)

Accounts:
Brookstone, Inc.

Epsilon
233 N Michigan Ave Ste 810, Chicago, IL 60601
(See Separate Listing)

Epsilon
1 Pierce Pl Ste 550W, Itasca, IL 60143
Tel.: (847) 330-1313
Fax: (847) 330-9155
Web Site: www.epsilon.com

Employees: 85

Bryan Kennedy (CEO)
George Gier (Chief Creative Officer)
Greg Dowd (Pres-Local Mktg)
Daniel De Zutter (Sr VP-Digital Mktg Tech for CRM, Loyalty & Email)
Mark Wollney (Sr VP)
David Neal (VP & Gen Mgr)
Jim Montalbano (VP-Tech)
Denise Bernat (Sr Dir-Mktg Tech)

Accounts:
Barnes & Noble
Best Buy
Brookstone
Fabulous-Furs
Johnston & Murphy
KeyBank
New York & Company

Epsilon
601 Edgewater Dr, Wakefield, MA 01880-6235
Tel.: (781) 685-6000
Fax: (781) 685-0830
Web Site: www.epsilon.com

Employees: 500

Bryan Kennedy (CEO)
Paul Kramer (Mng Dir)
Paul Dundon (CFO)
Wayne Townsend (Pres-Tech)
Jeanette Fitzgerald (Gen Counsel & Exec VP)
Kevin Elwood (Exec VP-Digital Solutions & Strategic Alliances)
Chris Hanson (Sr VP-Talent Acq)
Lisa Henderson (Mng Dir-Tech, Energy, Healthcare & Midmarkets)
George Carino (VP-Sls)
Paul DiLoreto (VP-Tech Delivery)
David Lucey (VP-Recruiting)
Noel O'Leary (VP-Mktg Tech)
Amy Pepler (VP-Digital Svcs)
Carmen Romano (VP-Digital Solutions)
Kevin Murphy (Gen Mgr-Loyalty & Mktg Solutions-Global)
Jim Rich (Sr Dir-Tech)
Sarah Lynch (Acct Dir)
Matt Datillo (Dir-Mobile Ops)
Isaac Hazard (Dir-Product Mgmt & Mobile)
Justin Bertolami (Acct Mgr)
Alexa Dufault (Acct Mgr-Digital Client Svcs)
Stephanie Perkins (Mgr-Campus Recruiting)
Lauren Kent (Sr Recruiter-Campus)
Deb Smith (Sr Recruiter)

Accounts:
Barnes & Noble
Best Buy
Brookstone
Fender
Firststreet
Johnston & Murphy
KeyBank

Epsilon
1 American Eagle Plz, Earth City, MO 63045
Tel.: (314) 344-3380
Fax: (314) 344-9966
Web Site: www.epsilon.com

Employees: 500

Kerry Morris (Sr VP & Practice Head-Consulting & Innovation)
Ed Connor (VP-Tech)

Accounts:
Barnes & Noble
Brookstone
Johnston & Murphy
KeyBank
Masune

Epsilon
199 Water St Fl 15, New York, NY 10038
Tel.: (212) 457-7000
Fax: (212) 457-7040
Web Site: www.epsilon.com

Employees: 15

Agency Specializes In: Experiential Marketing, Sponsorship

Robert Powers (Mng Dir & Chief Growth Officer)
Mark Hertenstein (Sr VP-Enterprise Sls)
Bob Moorhead (VP-Client Svcs & Gen Mgr)
John Rohloff (VP & Gen Mgr-Client Svcs)
Mirza Baig (VP-Digital Solutions Consulting)
Kenneth Nwokeji (VP-Digital Solutions)
Anne Rambow (VP-Client Svcs)
Kristen Edwards (Sr Dir-Strategic Consulting)
Kevin Rettig (Sr Dir-Strategic Consulting)
David A. Roseman (Sr Dir)
Dan Voss (Sr Acct Dir)
Jessica Bydlak (Acct Dir)
Carolyn McLean (Art Dir)
Russell Gartman (Dir-Bus Dev & Strategic Partnerships)
Steve Smith (Dir-Tech)
Katrina Hefele (Acct Mgr)
Jillian Garcia (Acct Supvr-Mercedes-Benz USA)
Lindsay Tokarz (Acct Supvr)
Grace Peterhans (Sr Art Dir-Digital)

Accounts:

ADVERTISING AGENCIES
AGENCIES - JANUARY, 2019

RED LOBSTER Merchandising

Epsilon
445 Lake Forest Dr Ste 200, Cincinnati, OH 45242
Tel.: (513) 248-2882
Fax: (513) 248-2672
Web Site: www.epsilon.com

Employees: 100

Bryan Kennedy *(CEO)*
Erin Maiorana *(VP & Creative Dir)*
Michael Schneidman *(VP-Strategic Consulting)*
Mark Smith *(Sr Dir-Ops)*
Courtney Nein Smith *(Sr Acct Dir)*
Stefanie Bonvenuto *(Acct Dir & Mgr-Relationship)*
Nicole Rishard *(Sr Mgr-Relationship)*
Angel Schneider *(Sr Acct Exec)*
Mirsada Tinjak *(Sr Art Dir)*

Epsilon
1100 N Glebe Rd Ste 1000, Arlington, VA 22201
Tel.: (703) 312-0509
Fax: (703) 312-9407
E-Mail: info@epsilon.com
Web Site: www.epsilon.com

Employees: 7

Bryan Kennedy *(CEO)*
Paul Dundon *(CFO)*
Catherine Lang *(Pres-Epsilon CRM & Automotive Practice)*
Jeanette Fitzgerald *(Gen Counsel & Exec VP)*
Taleen Ghazarian *(Exec VP-Strategy)*
Janet Barker-Evans *(Sr VP & Exec Creative Dir)*

ER MARKETING
908 Broadway Blvd Fl 2, Kansas City, MO 64105
Tel.: (816) 471-1400
Fax: (816) 471-1419
E-Mail: emayfield@ermarketing.net
Web Site: www.ermarketing.net

Employees: 12
Year Founded: 2001

National Agency Associations: AAF-BMA

Agency Specializes In: Advertising, Advertising Specialties, Alternative Advertising, Automotive, Brand Development & Integration, Business-To-Business, Co-op Advertising, Collateral, College, Communications, Consulting, Consumer Goods, Consumer Marketing, Content, Corporate Communications, Corporate Identity, Crisis Communications, Custom Publishing, Customer Relationship Management, Digital/Interactive, Direct Response Marketing, Direct-to-Consumer, Education, Electronic Media, Email, Engineering, Environmental, Event Planning & Marketing, Exhibit/Trade Shows, Experience Design, Experiential Marketing, Financial, Food Service, Graphic Design, Guerilla Marketing, Health Care Services, Household Goods, Identity Marketing, In-Store Advertising, International, Internet/Web Design, Investor Relations, Local Marketing, Logo & Package Design, Marine, Market Research, Media Planning, Media Relations, Merchandising, Mobile Marketing, Multimedia, New Product Development, Out-of-Home Media, Outdoor, Package Design, Paid Searches, Pets , Planning & Consultation, Point of Purchase, Point of Sale, Print, Production, Promotions, Public Relations, Publicity/Promotions, Radio, Real Estate, Recruitment, Restaurant, Retail, Sales Promotion, Search Engine Optimization, Sponsorship, Stakeholders, Strategic Planning/Research, Viral/Buzz/Word of Mouth, Web (Banner Ads, Pop-ups, etc.)

Breakdown of Gross Billings by Media: Collateral: 10%; D.M.: 10%; Event Mktg.: 5%; Exhibits/Trade Shows: 5%; Graphic Design: 20%; Logo & Package Design: 10%; Strategic Planning/Research: 10%; Worldwide Web Sites: 30%

Elton Mayfield *(Co-Founder)*
Renae Gonner *(Partner)*
Chris McCutcheon *(Mgr-Interactive)*
Kc Rudolph *(Sr Art Dir)*

Accounts:
ALCO Stores, Inc. Retail Website, email Communications; 2002
Country Club Bank; Kansas City, MO Website Strategy; 2007
Davinci Roofscapes Product Videos; 2011
Fortress Railing Products (Agency of Record) Branding, Channel Communications, Creative Services, Digital, Lead Generation
Goldblatt Tools Events, Product Launch, Rebranding, Website; 2009
Home Building Products.; Saint Louis, MO Huttig Building Products, Masonite Doors, Therma Tru Doors; 2004
IBT, Inc. Branding, Events, Integrated Marketing Communications; 2012
Integrated Healthcare Strategies; Kansas City, MO; Minneapolis, MN Branding, Content, Events, Marketing Collateral, Websites; 2005
ITW Instinct, Trussteel
Ply Gem Industries; Kansas City, MO; Cary, NC Cellwood Vinyl Siding, Durabuilt Vinyl Siding, GP Vinyl Sliding, Leaf Relief Gutter Protection Systems, Ply Gem Windows, Richwood Shutters & Accessories; 2002
SPX; Overland Park, KS; NC Clear Sky Plume Abatement; 2009
ThyssenKrupp Access Home Elevators, stairlifts; 2010
VeriShip (Agency of Record) Creative, Marketing, Public Relations

ERASERFARM
3123 E 4th Ave, Tampa, FL 33605
Tel.: (813) 865-3095
E-Mail: hello@eraserfarm.com
Web Site: www.eraserfarm.com

Employees: 3

Agency Specializes In: Above-the-Line, Advertising, Alternative Advertising, Brand Development & Integration, Broadcast, Business Publications, Cable T.V., Co-op Advertising, Consumer Publications, Custom Publishing, Digital/Interactive, Direct Response Marketing, Electronic Media, Email, Exhibit/Trade Shows, Experience Design, Guerilla Marketing, In-Store Advertising, Internet/Web Design, Local Marketing, Magazines, Media Buying Services, Media Planning, Multimedia, Newspaper, Newspapers & Magazines, Out-of-Home Media, Outdoor, Package Design, Print, Production (Print), Promotions, Public Relations, Publishing, Radio, Search Engine Optimization, Social Media, Strategic Planning/Research, Syndication, T.V., Trade & Consumer Magazines, Viral/Buzz/Word of Mouth, Web (Banner Ads, Pop-ups, etc.)

Cindy Haynes *(Partner & Mng Dir)*
James Rosene *(Partner & Creative Dir)*
Will Rossiter *(Dir-Content Media)*
Shannon Vinueza *(Sr Acct Exec)*

Accounts:
Butcher's Mark (Agency of Record) Creative Production, Strategic Brand Management; 2018
Carmel Kitchen & Wine Bar (Agency of Record) Creative Development, Social Media, Strategic Planning
Corbett Preparatory School (Agency of Record) Creative Production, Strategic Brand Management; 2018
Dallas Cowboys
FitLife Foods (Agency of Record)
Health First Brand Positioning, Creative Strategy, Strategy
The Homefront Foundation
Intrepid Powerboats (Agency of Record) Creative Development, Social Media, Strategic Planning
Kinney, Fernandez & Boire, P.A. (Creative Agency of Record) Social Media, Strategic & Brand Planning
Mango Tree Coffee
Moe's Southwest Grill Tampa Bay Advertising Cooperative Campaign Management & Execution; 2018
The New York Yankees
Nobilis Health (Agency of Record) Evolve, Migraine Treatment Centers of America, North American Spine
North American Soccer League
OttLite Technologies
Pacific Life Insurance Creative
Safeguarding a Future for Africa's Elephants (S.A.F.E.); 2013
Strategic Property Partners Real Estate; 2013

ERBACH COMMUNICATIONS GROUP, INC.
1099 Wall St W Ste 175, Lyndhurst, NJ 07071-3623
Tel.: (201) 935-3030
Fax: (201) 935-3555
E-Mail: info@erbachcom.com
Web Site: www.erbachcom.com

E-Mail for Key Personnel:
President: bart@erbachcom.com

Employees: 7
Year Founded: 1988

Agency Specializes In: Advertising, Advertising Specialties, Bilingual Market, Brand Development & Integration, Cable T.V., Collateral, Communications, Consulting, Consumer Publications, Corporate Identity, Direct Response Marketing, Education, Exhibit/Trade Shows, Government/Political, Graphic Design, Health Care Services, Hispanic Market, Internet/Web Design, Logo & Package Design, Media Buying Services, Medical Products, New Product Development, Newspaper, Newspapers & Magazines, Out-of-Home Media, Outdoor, Pharmaceutical, Planning & Consultation, Print, Production, Public Relations, Radio, Seniors' Market, Strategic Planning/Research, T.V.

Approx. Annual Billings: $1,000,000

Kristen Volkland *(Owner & Pres)*
Katherine Noyes *(VP-Ops)*
Mary Massaro *(Art Dir)*
Lauren Ricca *(Acct Exec)*
Lynn Martin *(Sr Art Dir)*

Accounts:
Cable Vision
Chicago Tribune
Daily News
Friendship Inns
UMDNJ

ERIC MOWER + ASSOCIATES
(d/b/a Mower)
211 West Jefferson St., Syracuse, NY 13202
Tel.: (315) 466-1000
Fax: (315) 466-2000
E-Mail: lhuggins@mower.com
Web Site: https://www.mower.com/

Employees: 250
Year Founded: 1968

AGENCIES - JANUARY, 2019 — ADVERTISING AGENCIES

National Agency Associations: 4A's-BMA-DMA-IPREX-MMA-PMA

Agency Specializes In: Above-the-Line, Advertising, Below-the-Line, Brand Development & Integration, Broadcast, Business Publications, Business-To-Business, Cable T.V., Children's Market, Collateral, Communications, Consulting, Consumer Goods, Consumer Marketing, Content, Corporate Communications, Corporate Identity, Crisis Communications, Customer Relationship Management, Digital/Interactive, Direct Response Marketing, Electronic Media, Email, Engineering, Environmental, Exhibit/Trade Shows, Experiential Marketing, Financial, Government/Political, Graphic Design, Health Care Services, Hospitality, Industrial, Integrated Marketing, Internet/Web Design, Local Marketing, Logo & Package Design, Market Research, Media Buying Services, Media Planning, Media Relations, Media Training, Medical Products, Merchandising, Mobile Marketing, Multimedia, Newspaper, Newspapers & Magazines, Out-of-Home Media, Outdoor, Paid Searches, Planning & Consultation, Point of Purchase, Point of Sale, Print, Production, Production (Print), Promotions, Public Relations, Publicity/Promotions, Radio, Regional, Restaurant, Retail, Sales Promotion, Search Engine Optimization, Shopper Marketing, Social Media, Sponsorship, Strategic Planning/Research, Sweepstakes, T.V., Trade & Consumer Magazines, Travel & Tourism, Viral/Buzz/Word of Mouth, Web (Banner Ads, Pop-ups, etc.), Women's Market

Approx. Annual Billings: $250,000,000 Capitalized

Eric Mower *(Chm & CEO)*
Hal Goodman *(Partner)*
Stephanie Crockett *(Mng Dir & Sr VP)*
Christine Steenstra *(Chief Admin Officer)*
John Favalo *(Exec VP-Grp B2B)*
Donna Ricciardi *(VP & Acct Dir)*
John Leibrick *(VP & Dir-Insight-EMA)*
John Lacey *(Mgmt Supvr-Pub Affairs)*
Chuck Beeler *(Dir & Sr Strategist-PR)*
Diana Comerford *(Dir-Project Mgmt)*
Joe DiVirgilio *(Dir-Creative Ops)*
Ryan Garland *(Dir-Digital Media Strategy)*
Rich Randazzo *(Dir-Production Svcs)*
Michael Wheeler *(Dir-Design)*
Matt Parry *(Sr Acct Supvr-PR)*
Thomas Gilhooly *(Supvr-Creative)*
Kerrie Morton *(Supvr-Project)*
Mike Page *(Supvr-Creative)*
Keith Schofield-Broadbent *(Strategist-Direct Mktg)*
Martin Briggs *(Assoc Creative Dir)*

Accounts:
Blue Cross and Blue Shield of Western New York
Buckman OnSite
Carowinds Earned Media, Fury 325, Guerilla Marketing, Public Relations, Social Media
Crouse Hospital
Daimler-Freightliner
Domtar Paper PaperPal
Dresser-Rand
EyeMed
FirstEnergy Creative
Freightliner Trucks
George Little Management
Greenlee Textron
IHG - Intercontinental Hotel Group
KeyBank
KI Furniture
Legrand/Pass & Seymour
Maid of the Mist
Nucor
Paychex
Preferred Mutual Insurance Company Branding, Marketing Communications
Sensus Brand Identity, Creative Services, Digital, Media Buying, Media Planning, Strategic Planning
Southwire
Sun Chemical Corporation Agency of Record, Brand Development, Marketing Communications, Public Relations, Strategic Planning

Branches

EMA Public Relations Services
211 W Jefferson St, Syracuse, NY 13202-2561
Tel.: (315) 466-1000
Fax: (315) 466-2000
Web Site: https://www.mower.com/

Employees: 500

Agency Specializes In: Advertising, Brand Development & Integration, Broadcast, Business-To-Business, Collateral, Communications, Consumer Goods, Consumer Marketing, Corporate Communications, Corporate Identity, Crisis Communications, Customer Relationship Management, Digital/Interactive, Direct Response Marketing, Electronic Media, Email, Exhibit/Trade Shows, Financial, Government/Political, Graphic Design, Health Care Services, Hospitality, Industrial, Integrated Marketing, Internet/Web Design, Logo & Package Design, Market Research, Media Buying Services, Media Planning, Media Relations, Media Training, Medical Products, Merchandising, Mobile Marketing, Multicultural, Planning & Consultation, Point of Purchase, Point of Sale, Print, Production, Production (Ad, Film, Broadcast), Production (Print), Promotions, Public Relations, Publicity/Promotions, RSS (Really Simple Syndication), Radio, Regional, Restaurant, Retail, Sales Promotion, Search Engine Optimization, Social Media, Strategic Planning/Research, T.V., Trade & Consumer Magazines, Travel & Tourism

Lisa V. Huggins *(Sr VP & Client Svcs Dir)*
Donna Ricciardi *(VP & Acct Dir)*
John Lacey *(Mgmt Supvr)*
Chuck Beeler *(Dir & Sr Strategist-PR)*
Joe Di Virgilio *(Dir-Creative Ops)*
Angela Duerr *(Sr Acct Supvr)*
Eva Langley *(Sr Acct Supvr)*
Matt Parry *(Sr Acct Supvr-PR)*
Coleman Nalley *(Acct Supvr)*
Jillian Benedict *(Supvr-Creative)*
Steven Peters *(Supvr-Creative)*
Brock Talbot *(Sr Acct Exec)*
Gerard Mctigue *(Acct Exec-PR)*
Tom Collins *(Assoc Creative Dir)*
Amanda Jayachandran *(Assoc Creative Dir)*
Christine Tesseo *(Assoc Creative Dir)*
Chad Wall *(Assoc Creative Dir)*

Accounts:
Applebee's
BlueCrossBlueShield
Bosch
Constellation Energy Nuclear Group
Corning, Inc.
KeyBank
Kodak Graphic Communications Group
Legrand/Pass & Seymour
Lenox
North American Breweries
Sun Chemical

Eric Mower + Associates
201 17th St NW, Atlanta, GA 30363
(See Separate Listing)

Eric Mower + Associates
615 S College St Ste 300, Charlotte, NC 28202
(See Separate Listing)

Eric Mower + Associates
30 S Pearl St Ste 1210, Albany, NY 12207
Tel.: (518) 449-3000
Fax: (518) 449-4000
E-Mail: lhuggins@mower.com
Web Site: https://www.mower.com/

E-Mail for Key Personnel:
President: sawchukp@sawchukbrown.com

Employees: 250
Year Founded: 1968

National Agency Associations: 4A's-AMA-PRSA

Agency Specializes In: Above-the-Line, Advertising, Below-the-Line, Brand Development & Integration, Broadcast, Business Publications, Business-To-Business, Cable T.V., Children's Market, Collateral, Communications, Consulting, Consumer Goods, Consumer Marketing, Content, Corporate Communications, Corporate Identity, Crisis Communications, Customer Relationship Management, Digital/Interactive, Direct Response Marketing, Electronic Media, Email, Engineering, Environmental, Exhibit/Trade Shows, Financial, Government/Political, Graphic Design, Health Care Services, Hospitality, Industrial, Integrated Marketing, Internet/Web Design, Local Marketing, Logo & Package Design, Market Research, Media Buying Services, Media Planning, Media Relations, Media Training, Medical Products, Merchandising, Mobile Marketing, Multimedia, Newspaper, Newspapers & Magazines, Out-of-Home Media, Outdoor, Paid Searches, Planning & Consultation, Point of Purchase, Point of Sale, Print, Production, Production (Ad, Film, Broadcast), Production (Print), Promotions, Public Relations, Publicity/Promotions, Radio, Regional, Restaurant, Retail, Sales Promotion, Search Engine Optimization, Shopper Marketing, Social Media, Strategic Planning/Research, Sweepstakes, T.V., Trade & Consumer Magazines, Travel & Tourism, Viral/Buzz/Word of Mouth, Web (Banner Ads, Pop-ups, etc.), Women's Market

Sean L. Casey *(Sr VP)*
Donna Ricciardi *(VP & Acct Dir)*
Joe Di Virgilio *(Dir-Creative Ops)*
Brendan Kennedy *(Sr Mgr-Content-PR)*
Christina Sorbello *(Sr Acct Supvr)*
Michael Hochanadel *(Acct Supvr-PR & Pub Affairs)*
Brock Talbot *(Acct Exec-PR)*
Christine Tesseo *(Assoc Creative Dir)*

Accounts:
Alcoholism & Substance Abuse Providers
Feld Entertainment
Greenberg Traurig
KeyBank NA
Lafarge NA
National Heritage Academies
New York State Laborers; 1991
The Picotte Companies; Albany, NY; 1979
Susan G. Komen Race for the Cure Northeastern NY
Transmission Developers Inc.

Eric Mower + Associates
50 Fountain Plz Ste 1300, Buffalo, NY 14202
(See Separate Listing)

Eric Mower + Associates
1st Federal Plz 28 E Main St Ste 1960, Rochester, NY 14614-1915
(See Separate Listing)

Eric Mower + Associates
830 Main St 10th Fl, Cincinnati, OH 45202
(See Separate Listing)

ADVERTISING AGENCIES

HB/Eric Mower + Associates
134 Rumford Ave Ste 307, Newton, MA 02466-1378
Tel.: (781) 893-0053
Fax: (781) 209-1307
Web Site: https://www.mower.com/

Employees: 12

National Agency Associations: 4A's

Agency Specializes In: Advertising, Collateral, Corporate Identity, Digital/Interactive, Direct Response Marketing, Exhibit/Trade Shows, Identity Marketing, Public Relations

Kevin Hart *(Mng Dir, Sr VP & Creative Dir)*
Stephanie Ross *(Acct Exec-Content)*
Julia Bucchianeri *(Asst Acct Exec)*
Matthew Gustavsen *(Assoc Creative Dir)*
Amanda Jayachandran *(Assoc Creative Dir)*
Christine Tesseo *(Assoc Creative Dir)*

Accounts:
ALS Fundraiser Invitation
American University of Antigua Public Relations
Aquanima Direct Marketing Campaign
Attivio; Newton, MA Integrated Communications
Baxa Corporation
Boston GreenFest
Cleantech Open Northeast
ForHealth Technology Pharmacy Automation Systems; 2007
Greentown Labs
Harvard University
Mollie Johnson Interiors Website
NanoHorizons Branding
New England Clean Energy Council
Northeastern University
Ocean Thermal Energy Corporation Brand Identity, Design Development, Public Relations Campaigns, Website
Tail-f Systems
Terraclime Geothermal Branding

M&G/Eric Mower + Associates
845 3rd Ave, New York, NY 10022
(See Separate Listing)

ERIC ROB & ISAAC
509 President Clinton Ave, Little Rock, AR 72201
Tel.: (501) 978-6329
E-Mail: info@ericrobisaac.com
Web Site: www.ericrobisaac.com

Employees: 15
Year Founded: 2004

Agency Specializes In: Advertising, Brand Development & Integration, Collateral, Crisis Communications, Digital/Interactive, Event Planning & Marketing, Logo & Package Design, Media Planning, Media Relations, Print

Eric Lancaster *(Owner)*
Isaac Alexander *(Principal)*
Rob Bell *(Principal)*
Camille Norman *(Media Dir)*
John Mark Adkison *(Mgr-Digital)*
Ben Johnson *(Designer & Strategist-Brand)*

Accounts:
Argenta Arts Foundation
Arkansas Capital, Corp.
Mountain Valley Spring Water
New Balance Stores

ERICH & KALLMAN
100 Larkspur Landing Cir Ste 214, Larkspur, CA 94939
Tel.: (415) 963-9922
Web Site: www.erich-kallman.com

Employees: 5

Agency Specializes In: Advertising, Brand Development & Integration, Digital/Interactive

Steven Erich *(Founder & Mng Dir)*
Eric Kallman *(Co-Founder & Creative Dir)*
Rebecca Harris *(Head-Strategy)*
Julie Pfleger *(Acct Dir)*
Rob Stone *(Art Dir)*
Patrick Newman *(Copywriter)*

Accounts:
AliveCor
Campbell Soup Company Campbell Fresh; 2018
Chick-fil-A, Inc.
Davos Brands Astral Tequila (Agency of Record), Creative, Digital, OOH, Print, Social, Video; 2017
EZTABLE
General Mills, Inc. Fruit by the Foot, Go-Gurt, Gushers, Lucky Charms, Project-Based, Reese's Puffs, Social
Gusto
MTV
New Belgium Brewing Company, Inc. Creative, Dayblazer, Fat Tire (Agency of Record), Package Design, Strategy; 2017
Noble Vines; 2017
OneHopeWine
New-Zero-The End of Prostate Cancer

EROI, INC.
505 NW Couch St Ste 300, Portland, OR 97209
Tel.: (503) 221-6200
Fax: (503) 228-4249
E-Mail: info@eroi.com
Web Site: www.eroi.com

Employees: 40
Year Founded: 2002

Agency Specializes In: Experiential Marketing

Revenue: $4,100,000

Ryan Buchanan *(Founder & CEO)*
Gerry Blakney *(VP-Creative & Creative Dir)*
Michael Holz *(VP-Strategy)*
Keely Mckay *(Head-Acct)*
Karen Butler-Kennedy *(Controller & Dir-HR)*
Kc Anderson *(Sr Acct Mgr)*
Molly Leaf *(Sr Acct Mgr)*
Tj West *(Sr Acct Mgr)*
Rachael Klicka *(Acct Mgr-Nike)*
Caitlin Leonard *(Acct Mgr)*
Pat Rice *(Acct Mgr-Nike)*
Sara Reilly *(Sr Specialist-Acct)*
Alex Bachmann *(Jr Acct Mgr)*

Accounts:
CBS Sports
Embrace Oregon Creative, Digital
Kettle
Micro Power
Microsoft
Modern Luxury Media
Publicis
Taco Bell Social Media
Wacom

ERVIN & SMITH
1926 S 67th St Ste 250, Omaha, NE 68106
Tel.: (402) 829-8032
Fax: (402) 334-5557
Toll Free: (877) 334-0569
E-Mail: info@ervinandsmith.com
Web Site: www.ervinandsmith.com

E-Mail for Key Personnel:
President: dougs@ervinandsmith.com
Creative Dir.: betsyp@ervinandsmith.com
Production Mgr.: kayh@ervinandsmith.com

Employees: 50
Year Founded: 1983

National Agency Associations: PRSA

Agency Specializes In: Advertising, Advertising Specialties, Agriculture, Alternative Advertising, Arts, Brand Development & Integration, Broadcast, Business Publications, Business-To-Business, Cable T.V., Catalogs, Co-op Advertising, Collateral, College, Commercial Photography, Communications, Consulting, Consumer Marketing, Consumer Publications, Corporate Communications, Corporate Identity, Crisis Communications, Digital/Interactive, Direct Response Marketing, Direct-to-Consumer, E-Commerce, Education, Electronic Media, Email, Event Planning & Marketing, Exhibit/Trade Shows, Financial, Food Service, Graphic Design, Guerilla Marketing, Health Care Services, High Technology, In-Store Advertising, Information Technology, Integrated Marketing, Internet/Web Design, Investor Relations, Local Marketing, Logo & Package Design, Magazines, Market Research, Media Buying Services, Media Planning, Media Relations, Media Training, Medical Products, Merchandising, Mobile Marketing, Multimedia, New Product Development, New Technologies, Newspaper, Newspapers & Magazines, Out-of-Home Media, Outdoor, Paid Searches, Planning & Consultation, Podcasting, Point of Purchase, Point of Sale, Print, Production, Production (Print), Promotions, Public Relations, Publicity/Promotions, RSS (Really Simple Syndication), Radio, Real Estate, Recruitment, Retail, Sales Promotion, Search Engine Optimization, Strategic Planning/Research, T.V., Teen Market, Telemarketing, Trade & Consumer Magazines, Transportation, Travel & Tourism, Viral/Buzz/Word of Mouth, Web (Banner Ads, Pop-ups, etc.), Women's Market, Yellow Pages Advertising

Approx. Annual Billings: $4,850,000

Breakdown of Gross Billings by Media: Collateral: 4%; Consumer Publs.: 3%; Corp. Communications: 10%; D.M.: 4%; Graphic Design: 15%; Internet Adv.: 10%; Logo & Package Design: 8%; Newsp. & Mags.: 3%; Plng. & Consultation: 10%; Production: 7%; Pub. Rels.: 5%; Radio & T.V.: 1%; Radio: 3%; Trade & Consumer Mags.: 5%; Trade Shows: 2%; Worldwide Web Sites: 10%

Jennifer Kieffe *(Fin Dir)*
Katie Kemerling *(CMO)*
Megan Belt *(Acct Dir-PR)*
Katie Herzog *(Mktg Dir)*
David Shreffler *(Dir-Web Dev)*
Aaron Christensen *(Assoc Creative Dir)*
Doug Smith *(Exec Chm)*

Accounts:
Allstate
American Academy of Cosmetic Surgery
Ameritas Advisor Services
Barrier Systems, Inc.
Blue Cross Blue Shield Nebraska
Cy Wakeman Inc.
First National Bank Omaha; Omaha, NE Banking Services, Credit Cards; 1983

ERWIN-PENLAND
(Name Changed to EP+Co)

ES ADVERTISING
6222 Wilshire Blvd Ste 302, Los Angeles, CA 90048
Tel.: (323) 964-9001
Fax: (323) 964-9801
E-Mail: ester@esadvertising.net

AGENCIES - JANUARY, 2019 — ADVERTISING AGENCIES

Web Site: www.esadvertising.net

Employees: 25
Year Founded: 1999

Agency Specializes In: Advertising, Asian Market, Automotive, Bilingual Market, Business-To-Business, Co-op Advertising, Collateral, Consumer Marketing, Corporate Communications, Cosmetics, Crisis Communications, Digital/Interactive, Direct Response Marketing, Direct-to-Consumer, Entertainment, Event Planning & Marketing, Exhibit/Trade Shows, Financial, Government/Political, Guerilla Marketing, Integrated Marketing, Local Marketing, Market Research, Media Buying Services, Media Planning, Media Relations, Multicultural, Point of Purchase, Point of Sale, Print, Production, Promotions, Public Relations, Publicity/Promotions, Radio, Sales Promotion, South Asian Market, Strategic Planning/Research, Trade & Consumer Magazines

Approx. Annual Billings: $10,000,000

Sandra Lee *(Pres & CEO)*
Marcus Cho *(VP & Creative Dir)*
Heidi Hsu *(Mgr-PR & Promos)*

Accounts:
California Bank & Trust; Irvine, CA Banking, Campaign: "The Golden Little Dragon"
Time Warner Cable

ESB ADVERTISING
25395 Pleasant Valley Rd Ste 170, Chantilly, VA 20152
Tel.: (703) 988-2307
Web Site: www.esbadvertising.com

Employees: 50

Agency Specializes In: Advertising, Internet/Web Design, Media Buying Services, Public Relations, Radio, Search Engine Optimization, T.V.

Art Ehrens *(Creative Dir)*
Jim Folliard *(Dir-Production)*
Emilie Bair *(Acct Mgr)*
Sasha Semyonova *(Mgr-Fin)*
Samantha Bass *(Acct Exec)*
Mackenzie Marzo *(Strategist-Digital Media)*

Accounts:
Long Fence Company Inc.

ESCAPE POD
400 N Peoria St, Chicago, IL 60642
Tel.: (312) 274-1180
Fax: (312) 274-0996
E-Mail: normbilow@theescapepodagency.com
Web Site: www.theescapepod.com

Employees: 12

Agency Specializes In: Advertising, Sponsorship

Vinny Warren *(Owner)*
Bob Sutter *(Pres & Dir-Accts)*
Celia Jones *(CEO)*
Norm Bilow *(Mng Dir)*
Matthew Johnson *(Sr VP & Dir-Accts)*
Paddy O'Connell *(Art Dir)*
Blagica Bottigliero *(Dir-Social Strategy)*
Dan Funk *(Dir-Strategy)*
Heather Hayden *(Dir-Talent)*
Zach Murman-Freer *(Copywriter)*
Bob Howe *(Assoc Creative Dir)*

Accounts:
The A2 Milk Company (Creative & Media Agency of Record) Experiential, In-Store Marketing, Media, US National Advertising
Budweiser
Chervon Digital, Experiential Advertising, Radio, Skil & Skilsaw (Integrated Advertising Agency of Record), Social, Television
EGO Power+ Digital, Lawn Mowers, Outdoors, Power Tools, Social, Television
FECKiN Irish Whiskey
Kind LLC KIND Snacks
Kraft Heinz
Lunchables
Mondelez International, Inc. Campaign: "Falling Letters", TV, Wheat Thins
Southeastern Grocers Bi-Lo, Winn-Dixie
Toys "R" Us, Inc. Campaign: "Joys of toys", Campaign: "Make All Their Wishes Come True"
Volkswagen Group of America, Inc.
Whole Foods Market, Inc.

ESD & ASSOCIATES
1202 W Bitters Bldg 9, San Antonio, TX 78216
Tel.: (210) 348-8008
Fax: (210) 348-9944
E-Mail: info@esdandassociates.com
Web Site: www.esdandassociates.com

Employees: 50

Agency Specializes In: Advertising, Brand Development & Integration, Event Planning & Marketing, Graphic Design, Internet/Web Design, Out-of-Home Media, Outdoor, Print, Public Relations, Social Media, Strategic Planning/Research

Christine Kleha *(CMO & Partner)*
Erik Simpson *(Partner & Creative Dir)*
Judy Tsai *(VP-Interactive Dev)*

Accounts:
Institute for Womens Health

ESP BRANDS
825 7th Ave, New York, NY 10019
Tel.: (212) 973-9898
Fax: (212) 973-1999
Web Site: http://www.sponsorship.com/

Employees: 20

Accounts:
Jones Group, Inc.; 2005

ESPARZA ADVERTISING
423 Cooper Ave NW, Albuquerque, NM 87102
Tel.: (505) 765-1505
Fax: (505) 765-1518
E-Mail: info@esparzaadvertising.com
Web Site: http://esparza.com/

Employees: 16

National Agency Associations: AMA

Agency Specializes In: Advertising, Bilingual Market, Graphic Design, Hispanic Market, Logo & Package Design, Media Buying Services, Merchandising, Out-of-Home Media, Outdoor, Pharmaceutical, Print, T.V.

Approx. Annual Billings: $13,000,000

Del Esparza *(Pres)*
Roberta Clark *(CFO & Principal)*
Eve Wakeland *(Acct Dir)*
Kiki Jones-Lopez *(Mgr-Production & Traffic)*
Craig Berry *(Assoc Creative Dir)*

Accounts:
Big Wood Beard Co
Blue Cross Blue Shield of New Mexico
MADD New Mexico
Memorial Medical Center; Las Cruces, NM
Mini Cooper
New Mexico Clean & Beautiful Campaign: "Trash Talking"
Oppenheimer Funds
Pardo Salons
Rhythm for a Reason
Sandia BMW
Sandia Mini
Santa Fe BMW
Skydive New Mexico
United Way of Central NM

ESPN CREATIVEWORKS
77 W 66th St, New York, NY 10023
Tel.: (646) 547-5408
Web Site: http://showcase.espncreativeworks.com/

Employees: 9,513

Agency Specializes In: Advertising, Digital/Interactive, Event Planning & Marketing, T.V.

Kenny Solomon *(Mng Dir)*
Vikram Somaya *(Officer-Global Data & Ad Platforms & Sr VP)*
Kyle Wright *(Sr Dir-Production)*
Curtis Dawes *(Creative Dir)*
Jamie Overkamp *(Creative Dir)*
Curtis Friends *(Dir-Sports Mktg & Brand Strategy)*
Matthew Mittelmann *(Product Mgr-Data Platforms)*
Ariel Hoffman *(Sr Analyst-Data Sls Analytics)*
Arne Knudsen *(Designer-Production)*
Jay Marrotte *(Sr Creative Dir)*
Genta Nakahara *(Assoc Creative Dir)*

Accounts:
AT&T
Dr Pepper Snapple Group, Inc.
ESPN, Inc. Monday Night Football
Jack Link's Beef Jerky

ESROCK PARTNERS
14550 S 94th Ave, Orland Park, IL 60462-2652
Tel.: (708) 349-8400
Fax: (708) 349-8471
E-Mail: clay@esrock.com
Web Site: www.esrock.com

E-Mail for Key Personnel:
President: coughlin@esrock.com

Employees: 30
Year Founded: 1978

Agency Specializes In: Brand Development & Integration, Business-To-Business, Collateral, Communications, Corporate Identity, Direct Response Marketing, Electronic Media, Food Service, Graphic Design, Internet/Web Design, Logo & Package Design, Media Buying Services, Planning & Consultation, Point of Sale, Print, Production, Public Relations, Recruitment, Sales Promotion, Sponsorship, Strategic Planning/Research, Trade & Consumer Magazines

Jack Coughlin *(Owner)*
Kevin Wilson *(Pres)*
Donald Petersen *(VP-Mktg)*
Maria Pelley *(Art Dir)*
Robert Scarci *(Creative Dir)*
Clay Coughlin *(Sr Acct Mgr)*
Travis Fish *(Acct Mgr)*
Helen Lipke *(Mgr-Recruitment Adv)*
Tracy Subka *(Mgr-HR, Bus & Fin)*
Melissa Rose *(Analyst-Res & Acct Coord-Media)*
Sharyl Syring *(Media Planner)*
Heather Goewey *(Assoc Creative Dir-Copy)*

Accounts:
Chiquita

ADVERTISING AGENCIES

McCain Foods
Nonni's

ESSENCE DIGITAL LIMITED
(Acquired by WPP plc)

ESTEY-HOOVER INC. ADVERTISING-PUBLIC RELATIONS
1600 Dove St Ste 315, NewPOrt Beach, CA 92660
Tel.: (949) 756-8501
Fax: (949) 756-8506
E-Mail: info@estey-hoover.com
Web Site: http://esteyhoover.com/

E-Mail for Key Personnel:
President: hoover@estey-hoover.com
Creative Dir.: jcooper@estey-hoover.com

Employees: 18
Year Founded: 1975

National Agency Associations: 4A's-AAF

Agency Specializes In: Advertising, Automotive, Aviation & Aerospace, Brand Development & Integration, Broadcast, Business Publications, Business-To-Business, Cable T.V., Co-op Advertising, Collateral, Consumer Marketing, Corporate Identity, Cosmetics, Direct Response Marketing, Environmental, Event Planning & Marketing, Exhibit/Trade Shows, Fashion/Apparel, Financial, Food Service, Graphic Design, Health Care Services, High Technology, Hispanic Market, Industrial, Internet/Web Design, Leisure, Logo & Package Design, Magazines, Marine, Media Buying Services, Medical Products, Merchandising, New Product Development, Newspaper, Newspapers & Magazines, Out-of-Home Media, Outdoor, Over-50 Market, Pharmaceutical, Planning & Consultation, Point of Purchase, Point of Sale, Print, Production, Public Relations, Publicity/Promotions, Radio, Real Estate, Retail, Sales Promotion, Seniors' Market, Sports Market, Strategic Planning/Research, T.V., Teen Market, Trade & Consumer Magazines, Transportation, Travel & Tourism

Approx. Annual Billings: $12,750,000

Breakdown of Gross Billings by Media: Bus. Publs.: 12%; Cable T.V.: 5%; Collateral: 12%; Consumer Publs.: 17%; D.M.: 2%; Exhibits/Trade Shows: 1%; Fees: 3%; Graphic Design: 7%; Internet Adv.: 4%; Logo & Package Design: 1%; Newsp.: 3%; Outdoor: 1%; Point of Purchase: 1%; Pub. Rels.: 13%; Spot Radio: 8%; Spot T.V.: 2%; Strategic Planning/Research: 2%; Worldwide Web Sites: 6%

Daniel W. Hoover *(Founder & Pres)*
John Cooper *(VP-Creative & Co-Dir-Creative)*
Joan Carol *(VP-Ops)*

Accounts:
California Schools Joint Powers Authority Pooled Funds for School District Employee Benefits & Risk Management; 2012
Camguard Security Systems; 2004
Fast Systems Builders; 2002
Fibercare Baths Fiberglass Bathtubs & Showers; 2004
HRC Auction Marketing; Newport Beach, CA; 2002
La Paz Products Cocktail Mixes & Tequila; 1987
McCormack Roofing Residential & Commercial Roofing; 2012
MK Battery Batteries for Solar Systems, Wheelchairs/Scooters, Marine, and More; 2012
Professional Sport Images, Sports Marketing Co.; 1993
Royal Thai Massage & Day Spa; 2007
Spireon GPS Products & Monitoring Systems; 2014
VCI Event Technology (Formerly Videocam) Audio, Video, Lighting, Staging & Productions; 2001

ESTIPONA GROUP
PO Box 10606, Reno, NV 89511
Tel.: (775) 786-4445
Fax: (775) 313-9914
E-Mail: info@estiponagroup.com
Web Site: www.estiponagroup.com

Employees: 10
Year Founded: 2009

Agency Specializes In: Advertising, Brand Development & Integration, Event Planning & Marketing, Internet/Web Design, Logo & Package Design, Media Planning, Media Relations, Public Relations, Social Media

Edward Estipona *(Pres)*
Mikalee Byerman *(VP-Strategy)*
Jackie Shelton *(VP-PR)*
Paige Galeoto *(Creative Dir)*
Nicole Rose *(Client Svcs Mgr)*
Brian Raszka *(Sr Art Dir)*

Accounts:
American Higher Education Development Corp American Higher Education College (Agency of Record), Rockford Career College (Agency of Record)
Career Quest (Agency of Record) Online Advertising, Public Relations, Social Media, Strategic Communications
Charter College Marketing
Discalced Carmelite Friars
Immunize Nevada

E.SULLIVAN ADVERTISING & DESIGN
448 Orleans St, Beaumont, TX 77701
Tel.: (409) 832-2027
Web Site: www.esullivanadvertising.com

Employees: 1

Agency Specializes In: Advertising, Collateral, Internet/Web Design, Logo & Package Design, Print

Eric Sullivan *(Owner & Principal)*

Accounts:
Jack Brooks Regional Airport

ESWSTORYLAB
(d/b/a ESW Partners)
910 W Van Buren St, Chicago, IL 60607
Tel.: (312) 762-7400
Fax: (312) 762-7449
Web Site: www.eswstorylab.com

E-Mail for Key Personnel:
President: jims@eswpartners.com

Employees: 40
Year Founded: 2003
National Agency Associations: AMA

Agency Specializes In: Advertising, Bilingual Market, Brand Development & Integration, Broadcast, Business Publications, Business-To-Business, Cable T.V., Children's Market, Co-op Advertising, Collateral, Communications, Consulting, Consumer Marketing, Consumer Publications, Direct Response Marketing, E-Commerce, Electronic Media, Event Planning & Marketing, Financial, Food Service, Graphic Design, Health Care Services, Internet/Web Design, Investor Relations, Legal Services, Leisure, Logo & Package Design, Magazines, Media Buying Services, Merchandising, New Product Development, Newspaper, Newspapers & Magazines, Out-of-Home Media, Outdoor, Pharmaceutical, Point of Sale, Print, Production, Public Relations, Publicity/Promotions, Radio, Restaurant, Retail, Sales Promotion, Sponsorship, Strategic Planning/Research, T.V., Trade & Consumer Magazines, Travel & Tourism

Approx. Annual Billings: $5,000,000

Breakdown of Gross Billings by Media: Newsp. & Mags.: 10%; Out-of-Home Media: 5%; Print: 5%; Spot Radio: 20%; Spot T.V.: 50%; T.V.: 10%

Randy Rohn *(Creative Dir)*

Accounts:
American Marketing Association Mplanet 2009
BAB, Inc.; Deerfield, IL
Bagels
Chicago Archdiocese
Chicago Symphony Orchestra
Chicago Wolves
Church's Chicken Broadcast, Campaign: "Life's too Short to Skimp on Chicken", Creative, In-store & Interactive Media, Print
City Pool Hall
KFC
MotorCity Casino
Republic Tobacco
Shavitz
St. John's Providence
Taco Bell; CA; Michigan, Wisconsin, Kentucky, Missouri, & Iowa; 2000
TradeStation Securities
TZ

ETA ADVERTISING
444 W Ocean Blvd # 150, Long Beach, CA 90802
Tel.: (562) 499-2305
Fax: (562) 499-2306
Web Site: https://agencyeta.com/

Employees: 10

Agency Specializes In: Advertising, Brand Development & Integration, Digital/Interactive, Internet/Web Design, Media Buying Services, Media Planning, Public Relations, Social Media, Strategic Planning/Research

Cindy Allen *(Pres)*
Niko Dahilig *(Creative Dir)*

Accounts:
LBS Financial Credit Union

ETARGETMEDIA.COM, INC.
6810 Lyons Technology Circle Ste 160, Coconut Creek, FL 33073
Tel.: (954) 480-8470
Fax: (954) 480-8489
Toll Free: (888) 805-3282
E-Mail: info@etargetmedia.com
Web Site: www.etargetmedia.com

Employees: 12

National Agency Associations: DMA-MMA

Agency Specializes In: Advertising, Advertising Specialties, African-American Market, Asian Market, Automotive, Brand Development & Integration, Business-To-Business, Catalogs, College, Computers & Software, Consulting, Consumer Goods, Consumer Marketing, Digital/Interactive, Direct Response Marketing, Direct-to-Consumer, E-Commerce, Education, Electronic Media, Email, Entertainment, Financial, Health Care Services, High Technology, Hispanic Market, Information Technology, Integrated Marketing, International, Internet/Web Design, Market Research, Media Buying Services, Media Planning, Medical Products, Men's Market, Pharmaceutical, Real Estate, Restaurant, Retail,

AGENCIES - JANUARY, 2019

ADVERTISING AGENCIES

Sports Market, Strategic Planning/Research, Sweepstakes, Travel & Tourism

Breakdown of Gross Billings by Media: D.M.: 35%; Internet Adv.: 65%

Karen Waddell *(VP-List Svcs)*

Accounts:
Anthem Health Plans of Virginia
BlackBerry
DirecTV
The Hartford
Nissan
Pitney Bowes
Sprint
TGIF (Friday's Restaurants)
United States Army
The Wall Street Journal
Xerox
Yahoo!

ETC ADVERTISING & PROMOTIONS LLC
6005 Martway Street, Mission, KS 66202
Tel.: (913) 341-6248
Fax: (913) 385-2243
Web Site: www.etcadvertising.com

Agency Specializes In: Advertising, Collateral, Digital/Interactive, Media Buying Services, Out-of-Home Media, Outdoor, Print, Promotions, Public Relations, Radio, T.V.

Sherry Lieberman *(CEO)*

Accounts:
Mays Asian Cuisine
One Stop Decorating Center, Inc.
Stark Pharmacy
Stuart Woodbury Insurance

ETERNITY COMMUNICATIONS, INC.
467 W Second St, Lexington, KY 40507
Tel.: (859) 327-3337
Web Site: www.eternitycommunications.com

Year Founded: 1992

Agency Specializes In: Advertising, Brand Development & Integration, Content, Internet/Web Design, Logo & Package Design, Media Buying Services, Print, Public Relations, Social Media

Larry Alan Thompson *(Pres & CEO)*

Accounts:
Arkansas Baptist State Convention
Mid-America Baptist Theological Seminary

ETHICOM
4240 Portsmouth Blvd, Chesapeake, VA 23321
Tel.: (757) 626-3867
Fax: (757) 626-3917
E-Mail: info@ethi.com
Web Site: www.ethi.com

Employees: 10

National Agency Associations: Second Wind Limited

Agency Specializes In: Advertising, Faith Based

Linda Andrus *(Owner)*
Keith Andrus *(Partner)*

Accounts:
Albemarle Hospital
Baker McNiff
Carpet One
Cenit Bank for Savings
Center for Christian Statesmanship
City of Suffolk
E.T. Gresham Company
Fox 43
Hermes Abrasives
Regent University Undergraduate Education
Virginia Stage Company

ETHICONE LLC
1212 5th Ave Ste 6D, New York, NY 10029
Tel.: (917) 570-9009
E-Mail: info@ethicone.com
Web Site: www.ethicone.com

Agency Specializes In: Advertising, Brand Development & Integration, Communications, Content, Media Relations, Production, Publishing, Social Media, Strategic Planning/Research

Robert Dowling *(Principal)*
Michael Thibodeau *(Creative Dir)*
David Herrick *(Mng Principal)*

Accounts:
New-U.S. Bank

ETHNIC PRINT MEDIA GROUP
(Name Changed to Motivate, Inc.)

ETHNICOM GROUP
45 E City Ave Ste 512, Bala Cynwyd, PA 19107
Tel.: (610) 617-8800
Fax: (610) 616-5630
E-Mail: contact@ethnicom.net
Web Site: www.nmspress.com

Employees: 10
Year Founded: 2002

Dan Tsao *(Pres & Publr)*
Yali Wang *(Dir-Creative)*
Thanh Lam *(Mgr-Metro Viet)*
Jane Chen *(Sr Graphic Designer)*
Ling Lin *(Sr Graphic Designer)*

Accounts:
Asian American Times
Asian Bank
Hansen Financial
Hotel Windsor
Old Town Buffet
Splendor of China
Washington Mutual
Wilkie Lexus

ETHOS MARKETING & DESIGN
17 Ash St, Westbrook, ME 04092
Tel.: (207) 856-2610
Fax: (207) 856-2610
E-Mail: info@ethos-marketing.com
Web Site: www.ethos-marketing.com

Employees: 25
Year Founded: 1999

Agency Specializes In: Advertising, Brand Development & Integration, Internet/Web Design, Media Buying Services, Media Planning, Public Relations

Glenn Rudberg *(Co-Founder & CMO)*
Judy Trepal *(Co-Founder & VP-Creative)*
Tim Blackstone *(Creative Dir-Digital)*
Jessica Laracy *(Art Dir)*
Kiyo Tabery *(Art Dir)*
Daria Cullen *(Dir-Media)*
Robyn Dionne *(Dir-Ops & HR-VONT)*
Belinda Donovan *(Dir-PR)*
Stewart Engesser *(Dir-Concept Creative & Brdcst)*
Judi Moffett *(Office Mgr)*
Mike Collins *(Sr Strategist-Mktg)*
Kim Laramy *(Acct Exec & Strategist-Healthcare)*
Suzanne K. Madore *(Strategist-Content Mktg)*
Sarah Lyons Price *(Acct Exec)*
Hannah Richards *(Strategist-Content Mktg)*
Judy Trainor *(Acct Exec)*
Kim Webber *(Acct Exec)*
Linda Sutch *(Media Buyer)*
Doug Bertlesman *(Programmer)*

Accounts:
OA Centers for Orthopaedics

EVANS ALLIANCE ADVERTISING
72 Cobbler Sq, Sparta, NJ 07871
Tel.: (973) 250-4040
Fax: (877) 987-7836
Toll Free: (866) 808-2851
E-Mail: info@evansalliance.com
Web Site: www.evansalliance.com

Employees: 5
Year Founded: 1998

Agency Specializes In: Advertising, Advertising Specialties, Affluent Market, Agriculture, Arts, Asian Market, Automotive, Aviation & Aerospace, Bilingual Market, Brand Development & Integration, Broadcast, Business Publications, Business-To-Business, Cable T.V., Catalogs, Children's Market, Co-op Advertising, Collateral, College, Commercial Photography, Communications, Computers & Software, Consulting, Consumer Goods, Consumer Marketing, Consumer Publications, Content, Corporate Communications, Corporate Identity, Cosmetics, Crisis Communications, Custom Publishing, Customer Relationship Management, Digital/Interactive, Direct Response Marketing, Direct-to-Consumer, E-Commerce, Education, Electronic Media, Electronics, Email, Engineering, Entertainment, Environmental, Event Planning & Marketing, Exhibit/Trade Shows, Experiential Marketing, Faith Based, Fashion/Apparel, Financial, Food Service, Government/Political, Graphic Design, Health Care Services, High Technology, Hispanic Market, Hospitality, Household Goods, Identity Marketing, In-Store Advertising, Industrial, Infomercials, Information Technology, Integrated Marketing, International, Internet/Web Design, Investor Relations, LGBTQ Market, Legal Services, Leisure, Local Marketing, Logo & Package Design, Luxury Products, Magazines, Marine, Market Research, Media Buying Services, Media Planning, Media Relations, Media Training, Medical Products, Men's Market, Merchandising, Mobile Marketing, Multicultural, Multimedia, New Product Development, New Technologies, Newspaper, Newspapers & Magazines, Out-of-Home Media, Outdoor, Over-50 Market, Package Design, Paid Searches, Pets , Pharmaceutical, Planning & Consultation, Point of Purchase, Point of Sale, Print, Product Placement, Production, Production (Ad, Film, Broadcast), Production (Print), Promotions, Public Relations, Publicity/Promotions, Publishing, RSS (Really Simple Syndication), Radio, Real Estate, Recruitment, Regional, Restaurant, Retail, Sales Promotion, Search Engine Optimization, Seniors' Market, Social Marketing/Nonprofit, Social Media, South Asian Market, Sponsorship, Sports Market, Stakeholders, Strategic Planning/Research, T.V., Technical Advertising, Telemarketing, Trade & Consumer Magazines, Transportation, Travel & Tourism, Urban Market, Viral/Buzz/Word of Mouth, Web (Banner Ads, Pop-ups, etc.), Women's Market, Yellow Pages Advertising

Approx. Annual Billings: $2,500,000

Christian Evans *(Pres & CEO)*

Accounts:
A&R Interiors Interior Design & Fine Furnishings;

ADVERTISING AGENCIES
AGENCIES - JANUARY, 2019

2012
Bid Global; Scottsdale, AZ Jewelry Auctions - Asia Pacific & US; 2008
Bridgeall, Ltd.; Isle of Man, UK Fine Art & Master Graphics Auctions; 2007
DB Trading, Inc; Tenafly, NJ Fine Art Auctions; 2009
Denville Medical & Sports Rehabilitation; Denville, NJ Chiropractic, Wellness, Sports Rehabilitation; 2007
Diligent Board Member Services, Inc; New York, NY Corporate Governance-SAAS; 2009
Estate Liquidation & Auction Services; Pittsburgh, PA Estate Auctions
Fein Construction Luxury Residential Construction; 2012
Fuda Tile Retail Tile, Marble & Granite; 2011
Gerlach's Jewelers Retail & Fine Estate Jewelry; 2011
Global Life Rejuvenation Health Care; 2011
Hackensack Sleep & Pulmonary Center Health Care; 2011
Hollywood Tans; Daytona Beach, FL Tanning; 2008
Kimsey Auction Team Real Estate Auction; 2012
NJ Rug Warehouse; Carlstadt, NJ Oriental Rugs
Olympic Pool & Spa Pool & Spa; 2013
RJ Foods Gourmet Seafood for Food Services Industry; 2013
Santos Oil; Dover, NJ Heating Oil; 2010
Sponzilli Landscape Group Commercial & Residential Landscaping; 2010
Superior Structures, LLC (Agency of Record) Social Media, Website
US Auction Corporation; Leonia, NJ Fine Art Auction
Vibrance MedSpa; Denville, NJ Medspa & Skin Rejuvination; 2009

EVANS, HARDY & YOUNG INC.
829 De La Vina St, Santa Barbara, CA 93101-3238
Tel: (805) 963-5841
Fax: (805) 564-4279
E-Mail: dhardy@ehy.com
Web Site: www.ehy.com

E-Mail for Key Personnel:
President: jevans@ehy.com
Creative Dir.: scott@ehy.com
Production Mgr.: ssonna@ehy.com

Employees: 40
Year Founded: 1986

Agency Specializes In: Advertising, Agriculture, Brand Development & Integration, Broadcast, Business Publications, Business-To-Business, Cable T.V., Co-op Advertising, Collateral, Communications, Consulting, Consumer Goods, Consumer Marketing, Consumer Publications, Corporate Identity, Crisis Communications, Digital/Interactive, Electronic Media, Email, Exhibit/Trade Shows, Experience Design, Food Service, Hospitality, In-Store Advertising, Infomercials, Internet/Web Design, Leisure, Logo & Package Design, Magazines, Market Research, Media Buying Services, Media Planning, Media Relations, Merchandising, Mobile Marketing, Newspaper, Newspapers & Magazines, Out-of-Home Media, Outdoor, Planning & Consultation, Print, Production, Production (Ad, Film, Broadcast), Production (Print), Public Relations, Publicity/Promotions, Radio, Restaurant, Retail, Social Media, Sponsorship, Strategic Planning/Research, Sweepstakes, T.V., Trade & Consumer Magazines, Travel & Tourism

Approx. Annual Billings: $45,000,000

Breakdown of Gross Billings by Media: Brdcst.: 49%; Bus. Publs.: 3%; Consumer Publs.: 10%; Fees: 5%; Newsp.: 15%; Production: 13%; Pub. Rels.: 2%; Worldwide Web Sites: 3%

Dennis Hardy *(Pres & CEO)*
Scott Young *(Chief Creative Officer)*
Lily Katz-Smolenske *(Sr VP & Dir-Media)*
Pamela Landis *(VP & Dir-Brdcst Media)*
Tori Brumfield *(VP & Acct Supvr)*
Kirk Evans *(VP & Assoc Creative Dir)*
John Stranger *(VP & Grp Acct Supvr)*
Chris Yasko *(VP & Assoc Creative Dir)*
Suzan Sonna *(Production Mgr)*
Candice Tang Nyholt *(Sr Acct Exec)*

Accounts:
Baja Fresh; Anaheim, CA Fresh Mexican Restaurant; 2007
California Walnut Board; 2010
Chilean Fresh Fruit Association; Sacramento, CO Fresh Fruit from Chile; 2003
The Chumash Casino Resort; Santa Ynez, CA; 2004
Discover Today's Motorcycling Consumer Relations Program
Idaho Potato Commission; Boise, ID Idaho Potatoes; 1998
La Salsa; Anaheim, CA Fresh Mexican Restaurant; 2009
National Honey Board; Firestone, CO Industry Relations, Media Relations, Public Relations, Pure Honey; 2010
Peruvian Avocado Commission Hass Avocados from Peru; 2013
Viva Bene; Santa Barbara, CA Jenny Craig Franchise; 2007

EVANS MEDIA GROUP
5561 N Croatan Hwy, Southern Shores, NC 27949
Tel: (913) 489-7364
E-Mail: info@evansmediagroup.com
Web Site: www.evansmediagroup.com

Employees: 5
Year Founded: 2002

Agency Specializes In: Media Planning, Media Relations, Search Engine Optimization

Michelle Truax *(Asst VP-Mktg & Media Strategies)*

Accounts:
Custom Color Imaging Services
KC Sports & Business Alliance (Agency of Record) Business Networking Services
Media Corp Creative Design Agencies

EVB
1740 Telegraph Ave, Oakland, CA 94612
Tel: (415) 281-3950
Fax: (415) 281-3957
E-Mail: info@evb.com
Web Site: www.evb.com

Employees: 80
Year Founded: 2000

Agency Specializes In: Sponsorship

Revenue: $1,500,000

Daniel Stein *(Founder & CEO)*
Shane Ginsberg *(Pres)*
Kathleen Foutz *(Mng Dir)*
James Gassel *(COO)*
John Reid *(Chief Creative Officer)*
Neeti Attwood *(Head-Strategy)*
Will Hammack *(Art Dir)*
Chris Szadkowski *(Creative Dir)*
Anu Murthy *(Designer)*
Dave Stich *(Copywriter)*
Brian Ho *(Sr Art Dir)*

Accounts:
18Birdies
A&E Network
Absolut Campaign: "Absolut Miami", Campaign: "Absolut SF"
Adobe Campaign: "Adobe Remix"
Altoids Campaign: "The Stars on Facebook"
Analon Campaign: "Whisk Takers"
Arizona Jeans Co. Campaign: "Be Ridiculously You"
Big Heart Pet Brands Campaign: "Meowmix Cat Starter", Campaign: 9-Lives "Cat's Eye View"
Burger King
Center for Youth Wellness Stress Health
Chivas Regal Campaign: "The Legend of Cannes"
College Inn Campaign: "Social Kitchen"
Contadina Campaign: "Famous Kitchens with Meg Ryan", Crushed Tomatoes, Tomato Sauce
Ebates
Facebook Campaign: "Facebook Studio Award", Campaign: "Facebook Studio"
Ferrara Candy Company Campaign: "Lemonhead"
General Electric Campaign: "The GE Air Show"
Gevalia Campaign: "Social Fika with Johan"
Glad Campaign: "Trashsmart"
International Delight Campaign: "Fifty Shades of International Delight"
Jameson Irish Whiskey Campaign: "Jameson 1780"
Jimmy John's Campaign: "Sandwich Cannon"
Monterey Bay Aquarium
NFL Campaign: "Game Pass Rewind"
Nike Campaign: "Paint the Town Black Mamba"
Office Depot Campaign: "Elf Yourself", Office Max
Silk Campaign: "Silk Ice Carver"
Skittles Campaign: "Mob the Rainbow"
Storck USA Mamba Fruit Chews
Sumin Campaign: "Ballet But..."
Sunglass Hut Campaign: "Wow Mom Try on Tool"
Westfield Campaign: "Loliday Cards"
Wrigley's Campaign: "Bleeping Clean", Campaign: "Clean it Up", Campaign: "Serenading Unicorn", Campaign: "Sweet Talk 2.0", Campaign: "Your Life on a Pack", EXTRA, Juicy Fruit, Orbit
Zynga Campaign: "I Heart Play"

EVE SECO DISPLAY INC.
PO Box 359, Lahaska, PA 18931
Tel: (845) 268-5111
Fax: (845) 268-5115
E-Mail: johna@evesecodisplay.com
Web Site: www.evesecodisplay.com

Employees: 3
Year Founded: 1999

Agency Specializes In: Consulting, Electronics, Entertainment, Fashion/Apparel, Graphic Design, Luxury Products, Point of Purchase, Point of Sale, Production, Production (Print), Promotions, Retail, Sales Promotion

Approx. Annual Billings: $1,000,000

John Amtmann *(Owner & Pres)*

Accounts:
Chanel
Clarins
Korg USA; Melville, NY
LVMH
Tommy Bahama
Victoria's Secret

EVENTIGE MEDIA GROUP
1501 Broadway 12th Fl, New York, NY 10036
Tel: (646) 571-2054
Fax: (646) 786-5542
E-Mail: info@eventige.com
Web Site: https://eventige.com/

Employees: 5
Year Founded: 2008

AGENCIES - JANUARY, 2019 — ADVERTISING AGENCIES

Agency Specializes In: Advertising, Digital/Interactive, Social Media, Strategic Planning/Research

Alexei Alankin *(CEO)*
Roman B Rabinovich *(VP-Bus Dev)*
Marissa Puttagio *(Creative Dir)*

Accounts:
Boost Promotions

EVENTIV (MARKETING, DESIGN & DISPLAY)
10116 Blue Creek N, Whitehouse, OH 43571
Tel.: (419) 877-5711
E-Mail: jan@eventiv.com
Web Site: www.eventiv.com

E-Mail for Key Personnel:
President: jan@eventiv.com

Employees: 3
Year Founded: 1999

Agency Specializes In: Advertising, Advertising Specialties, Brand Development & Integration, Broadcast, Business Publications, Business-To-Business, Cable T.V., Catalogs, Collateral, Commercial Photography, Communications, Consulting, Consumer Goods, Corporate Communications, Corporate Identity, Digital/Interactive, Direct Response Marketing, Direct-to-Consumer, Electronic Media, Email, Environmental, Event Planning & Marketing, Exhibit/Trade Shows, Graphic Design, Health Care Services, High Technology, Identity Marketing, In-Store Advertising, Industrial, Internet/Web Design, Local Marketing, Logo & Package Design, Magazines, Marine, Media Buying Services, Merchandising, Multimedia, Newspaper, Newspapers & Magazines, Out-of-Home Media, Outdoor, Planning & Consultation, Point of Purchase, Point of Sale, Print, Production, Promotions, Publicity/Promotions, Sales Promotion, Strategic Planning/Research, T.V., Technical Advertising, Trade & Consumer Magazines, Transportation

Approx. Annual Billings: $500,000

Breakdown of Gross Billings by Media: Bus. Publs.: $25,000; Collateral: $200,000; Exhibits/Trade Shows: $200,000; Other: $25,000; Plng. & Consultation: $50,000

Janice Robie *(Owner)*

Accounts:
Toledo Refinery
VP Oil

EVENTIVE MARKETING
437 Madison Ave, New York, NY 10022
Tel.: (212) 463-9700
Web Site: www.eventivemarketing.com

Employees: 40
Year Founded: 1993

Agency Specializes In: Advertising, Brand Development & Integration, Event Planning & Marketing, Social Media

David Saalfrank *(Mng Dir)*
Ernie Kapanke *(Sr VP-Ops)*
Amy Beth Stern *(Sr Dir-Bus Growth & Client Strategy)*
Christine Lee *(Sr Dir-Strategy)*
Stacy Kenny *(Creative Dir)*
Scott Solberg *(Art Dir)*
Virgil Cebrian *(Sr Acct Exec)*

Accounts:
New-National Football League
New-New York University

EVENTLINK, LLC
5500 18 Mile Rd, Sterling Heights, MI 48314
Tel.: (248) 585-0520
E-Mail: info@go2eventlink.com
Web Site: www.go2eventlink.com

Employees: 500
Year Founded: 2009

Agency Specializes In: Automotive, Digital/Interactive, Event Planning & Marketing, Experiential Marketing, Travel & Tourism

Kevin Otis *(Pres & CEO)*
Joe Hartnett *(CFO)*
Steve Tihanyi *(CMO)*
John Weiss *(Exec VP)*
Bryan Baskett *(VP-Strategic Partnerships)*
Gerry Woycik *(Exec-VP)*

Accounts:
Audi
BMW
General Motors Company Cadillac, Chevrolet
Navy
Porsche
Royal Caribbean Cruises Celebrity Cruises
Susan G. Komen Foundation

EVERETT STUDIOS
22 Valley Rd, Katonah, NY 10536
Tel.: (914) 997-2200
Fax: (914) 997-2479
E-Mail: robbie@goeverett.com
Web Site: www.goeverett.com

Employees: 30
Year Founded: 1961

Agency Specializes In: Business-To-Business, Sales Promotion

Approx. Annual Billings: $3,500,000

Robbie Everett *(Owner)*
Paul Kiley *(Acct Exec)*
Bill Loscher *(Sr Designer)*

Accounts:
Dannon
Gerber; Parsippany, NJ; 1998
Heineken; White Plains, NY; 1996
IBM; Armonk, NY; 1961
Kraft
Mastercard

THE EVERSOLE GROUP, LLC
402A Legacy Pk, Ridgeland, MS 39157
Tel.: (601) 366-6814
Fax: (601) 977-5224
E-Mail: info@theeversolegroup.com
Web Site: www.theeversolegroup.com

Employees: 6

Agency Specializes In: Advertising

Craig Eversole *(Pres)*

Accounts:
Albany Bank & Trust
Atlantic BacGroup Inc.
Texas National

EVERY IDEA MARKETING
355 NE Lafayette Ave, Bend, OR 97701
Tel.: (541) 383-2669
Fax: (541) 383-2072
E-Mail: ideas@every-idea.com
Web Site: www.every-idea.com

Employees: 10

Agency Specializes In: Advertising, Brand Development & Integration, Broadcast, Print, Public Relations, Strategic Planning/Research

Wendie Every *(Principal)*

Accounts:
Michi Designs

EVOK ADVERTISING
1485 International Pkwy, Heathrow, FL 32746
Tel.: (407) 302-4416
Fax: (407) 302-4417
E-Mail: info@evokad.com
Web Site: www.evokad.com

E-Mail for Key Personnel:
President: larry@evokad.com
Creative Dir.: scott@evokad.com

Employees: 30
Year Founded: 2002

National Agency Associations: AAF-PRSA

Agency Specializes In: Advertising, Bilingual Market, Brand Development & Integration, Broadcast, Business Publications, Business-To-Business, Cable T.V., Collateral, Communications, Consumer Marketing, Consumer Publications, Corporate Communications, Corporate Identity, Digital/Interactive, Direct Response Marketing, E-Commerce, Electronic Media, Entertainment, Event Planning & Marketing, Exhibit/Trade Shows, Graphic Design, Health Care Services, High Technology, Internet/Web Design, LGBTQ Market, Legal Services, Leisure, Local Marketing, Logo & Package Design, Magazines, Marine, Media Buying Services, Merchandising, New Product Development, Newspaper, Newspapers & Magazines, Out-of-Home Media, Outdoor, Over-50 Market, Planning & Consultation, Point of Purchase, Point of Sale, Print, Public Relations, Publicity/Promotions, Radio, Recruitment, Restaurant, Sales Promotion, Sports Market, Strategic Planning/Research, Sweepstakes, T.V., Trade & Consumer Magazines, Transportation, Travel & Tourism, Yellow Pages Advertising

Approx. Annual Billings: $32,000,000

Larry Meador *(CEO)*
Mark Holt *(Mng Partner)*
Terry Mooney *(Partner & COO)*
Tanya Zeiher *(Mng Dir)*
Christopher LeBlanc *(VP & Exec Creative Dir)*
Stewart Hill *(VP-Strategic Plng)*
Kathy Fordham *(Acct Dir)*
Cheryl Parker *(Client Svcs Dir)*
Ian Troiano *(Project Mgr-Interactive)*
Lynn Whitney-Smith *(Mgr-Creative Svcs)*
Carly Laskey *(Acct Supvr)*
Jordan Rose *(Sr Strategist-Digital Mktg)*
Jonathan Strubel *(Media Planner & Buyer)*

Accounts:
Hilton Hotels New York Hilton
Hoop Culture (Advertising Agency of Record)
Kenwood Car Audio (Agency of Record)
Moe's Southwest Grill
Ocala/Marion County Visitors & Convention Bureau Brand Development, Marketing, PR, Planning, Social Media
Pita Pit USA (Agency of Record) Creative, Digital Strategy, Strategic Marketing

ADVERTISING AGENCIES

EVOKE HEALTH
101 Ave of the Americas 13th Fl, New York, NY 10013
Tel.: (212) 228-7200
E-Mail: info@evokehealth.com
Web Site: www.evokehealth.com

Employees: 209

National Agency Associations: 4A's

Agency Specializes In: Advertising

Reid Connolly *(CEO)*
Shelley Rahe *(Partner-Global Client & Exec VP)*
Marci Piasecki *(Grp Mng Dir-North America)*
Heather Torak *(COO)*
Michael Cole *(Chief Strategy Officer)*
Tom Donnelly *(Pres-North America)*
Heather Linnell *(Sr VP & Grp Creative Dir)*
Emily Spilko *(Sr VP & Grp Creative Dir)*
Alexandra Davis *(VP-Strategy)*
Nigel Downer *(VP-Strategic Dev)*
Scott Lewis *(Exec Creative Dir)*
Jc Parker *(Exec Creative Dir)*
Andy Saucier *(Exec Creative Dir)*
Diana Melton *(Acct Dir)*
Florence Chalot *(Client Partner-UK)*
Kelsey Sullivan *(Mgr-Media)*
Derek Monson *(Sr Acct Supvr)*
Brittany Paul *(Sr Acct Supvr)*
David Farella *(Strategist-Media)*
Evan Rubin *(Strategist-Social)*

Accounts:
Celgene Otezla

EVOKE IDEA GROUP, INC.
902 S Randall Rd Ste 336C, Saint Charles, IL 60174
Tel.: (630) 879-3846
Fax: (630) 761-9407
Toll Free: (866) 842-7424
E-Mail: jsailer@evokeideagroup.com
Web Site: www.evokeideagroup.com

E-Mail for Key Personnel:
President: jsailer@evokeideagroup.com

Employees: 10
Year Founded: 1996

National Agency Associations: AMA

Agency Specializes In: Advertising, Brand Development & Integration, Business-To-Business, Catalogs, Children's Market, Co-op Advertising, Collateral, Communications, Consumer Goods, Consumer Marketing, Consumer Publications, Corporate Communications, Corporate Identity, Direct Response Marketing, Direct-to-Consumer, Email, Event Planning & Marketing, Exhibit/Trade Shows, Graphic Design, Health Care Services, High Technology, Identity Marketing, In-Store Advertising, Industrial, Internet/Web Design, Leisure, Logo & Package Design, Medical Products, New Product Development, Newspapers & Magazines, Out-of-Home Media, Outdoor, Package Design, Point of Purchase, Point of Sale, Print, Production (Print), Retail, Sales Promotion, Trade & Consumer Magazines, Travel & Tourism, Web (Banner Ads, Pop-ups, etc.)

Jennifer Sailer *(Pres)*

Accounts:
Boise Paper Solutions; 1997

EVOL8TION LLC
33 W 37th St, New York, NY 10018
Tel.: (650) 265-0802
E-Mail: info@startupsforbrands.com
Web Site: www.startupsforbrands.com

Employees: 10
Year Founded: 2012

Agency Specializes In: Advertising, Brand Development & Integration

Joseph Jaffe *(Co-Founder & CEO)*

Accounts:
DreamIT Ventures
Kraft
Mondelez
Sumpto

EVOLVE, INC.
1210 E Arlington Blvd, Greenville, NC 27858
Tel.: (252) 754-2957
Fax: (252) 754-2832
E-Mail: prittani@evolveinc.com
Web Site: www.evolveinc.com

Employees: 18
Year Founded: 2003

Agency Specializes In: Advertising, Advertising Specialties, Affluent Market, Arts, Automotive, Bilingual Market, Brand Development & Integration, Broadcast, Business-To-Business, Cable T.V., Catalogs, Co-op Advertising, Commercial Photography, Communications, Consulting, Consumer Goods, Consumer Marketing, Corporate Communications, Corporate Identity, Crisis Communications, Digital/Interactive, Direct Response Marketing, E-Commerce, Engineering, Exhibit/Trade Shows, Experience Design, Financial, Graphic Design, Health Care Services, High Technology, Infomercials, Integrated Marketing, Internet/Web Design, Local Marketing, Logo & Package Design, Marine, Market Research, Media Buying Services, Media Planning, Media Relations, Medical Products, Mobile Marketing, Multimedia, Newspaper, Out-of-Home Media, Package Design, Planning & Consultation, Point of Purchase, Point of Sale, Print, Production (Ad, Film, Broadcast), Production (Print), Public Relations, Radio, Regional, Sales Promotion, Search Engine Optimization, Strategic Planning/Research, T.V., Web (Banner Ads, Pop-ups, etc.), Yellow Pages Advertising

Approx. Annual Billings: $2,000,000

Will Daugherty *(CEO)*
Brian Taylor *(Creative Dir)*
Brad Long *(Dir-Ops)*

EVOLVE MEDIA LLC
5140 W Goldleaf Cir Fl 3, Los Angeles, CA 90056
Tel.: (310) 449-1890
Fax: (310) 449-1891
Web Site: www.evolvemediallc.com

Employees: 120

Agency Specializes In: Advertising, Advertising Specialties, Affluent Market, Brand Development & Integration, Email, Entertainment, Guerilla Marketing, Internet/Web Design, Logo & Package Design, Luxury Products, New Product Development, New Technologies, Web (Banner Ads, Pop-ups, etc.)

Brian Fitzgerald *(Co-Founder & Pres)*
Aaron Broder *(Co-Founder & CEO-Evolve Media Corp)*
David Denton *(Chief Product Officer)*
John Keefer *(VP & Gen Mgr-Craveonline)*
Carolyn Johnson *(Sr Mgr-Integrated Mktg)*
Jessica Smith *(Mgr-Digital Media Production)*

Accounts:
Cookie Jar Entertainment Children's Entertainment; 2007
Deloitte
Gawker Media
Hallmark Cards, Inc
Mattel Properties Online Display Ad Inventory; 2008
Playboy Enterprises Playboy Online; 2007
Reuters Canada
Singingfool.com
Times of India
World Wrestling Entertainment

Branch

DogTime Media Inc.
PO Box 576, San Francisco, CA 94104
(See Separate Listing)

EVVIVA BRANDS
414 Jackson St Ste 301, San Francisco, CA 94111
Tel.: (415) 320-9777
Web Site: www.evvivabrands.com

Employees: 9
Year Founded: 2009

Agency Specializes In: Above-the-Line, Business Publications, Consumer Publications, Digital/Interactive, Experience Design, Game Integration, Mobile Marketing, Multimedia, Print, Production, Production (Print), Social Media, Trade & Consumer Magazines, Web (Banner Ads, Pop-ups, etc.)

Approx. Annual Billings: $1,500,000

David Kippen *(CEO)*
Catherine Newsom *(Mng Dir-Scotland)*

Accounts:
Alaska Airlines Employer Branding, Market Research; 2015
Amazon Employer Branding, Market Research; 2015
Atlassian Employer Branding; 2014
Energy Recovery Brand Strategy, Product Launch; 2015
Enevo Brand Positioning, Brand Strategy, Website; 2016
Kentz Employer Branding, Market Research; 2015
KLA-Tencor Employer Branding, Market Research; 2013
Lam Research Brand Research, Employer Branding, Strategy; 2013
Marriott International Employer Branding, Employment Marketing, Market Research; 2016
Methanex Brand Positioning, Brand Strategy, Employer Branding, Identity, Market Research; 2014

E.W. BULLOCK ASSOCIATES
730 Bayfront Pkwy Ste 5, Pensacola, FL 32502-6250
Tel.: (850) 438-4015
Fax: (850) 433-6104
E-Mail: ads@ewbullock.com
Web Site: www.ewbullock.com

E-Mail for Key Personnel:
President: ewb@ewbullock.com
Creative Dir.: saraht@ewbullock.com
Public Relations: ashley@ewbullock.com

Employees: 12
Year Founded: 1982

National Agency Associations: AAF

Agency Specializes In: Advertising, Co-op Advertising, Communications, Digital/Interactive,

Event Planning & Marketing, Graphic Design, Internet/Web Design, Market Research, Media Buying Services, Media Planning, Newspapers & Magazines, Out-of-Home Media, Outdoor, Production, Production (Ad, Film, Broadcast), Production (Print), Public Relations, Radio, T.V., Travel & Tourism, Web (Banner Ads, Pop-ups, etc.)

Ellis W. Bullock, III *(Pres)*
Leslie Perino *(COO)*
Sandy Bartoszewicz *(Officer-Fin)*
Sarah Turner *(Art Dir & Designer)*
Pete Gurtowsky *(Art Dir)*
Trisha Idoni *(Art Dir)*
Katie King *(Acct Mgr-PR)*
Sara B Daniel *(Specialist-PR)*
Nicole Sigman *(Media Buyer & Coord-PR)*
Katie Stanhagen *(Media Buyer)*

Accounts:
Appriver, Inc.
Beck Property Inc.
Bullock Tice Associates
Centennial Imports
Crowne Plaza Grand Hotel
Emerald Coast Utilities Authority
Escambia County Emergency Management/Public Information
Fiesta of Five Flags
Gulf Shores Golf Association
Modica Market
Morris Agency
National Naval Aviation Museum
O'Sullivan Creel LLP
Santa Rosa Island Authority
Sterling Companies
Village of Baytowne Wharf
Virtual Media Integration

EXCELER8
301 Clematis St Ste 3000, West Palm Beach, FL 33401
Tel.: (561) 584-9088
E-Mail: info@exceler8.com
Web Site: www.exceler8.com/

Employees: 10
Year Founded: 2005

Agency Specializes In: Advertising, Brand Development & Integration, Business-To-Business, Communications, Consulting, Consumer Marketing, Digital/Interactive, Direct-to-Consumer, Electronic Media, Graphic Design, Guerilla Marketing, High Technology, Information Technology, Internet/Web Design, Local Marketing, Media Buying Services, Media Training, Multicultural, Newspaper, Newspapers & Magazines, Paid Searches, Podcasting, Print, Publishing, RSS (Really Simple Syndication), Recruitment, Sales Promotion, Search Engine Optimization, Social Marketing/Nonprofit, Viral/Buzz/Word of Mouth, Web (Banner Ads, Pop-ups, etc.), Yellow Pages Advertising

Julian Seery Gude *(Pres & Creative Dir)*

Accounts:
Allianz Life; Minneapolis, MN; 2005
Knight Ridder Digital; San Jose, CA
R Croot Inc; West Palm Beach, FL; 2006
Russell Investment Group; Tacoma, WA; 2006

EXCITANT HEALTHCARE ADVERTISING
1410 Meadowbrook Way, Woodstock, GA 30189
Tel.: (678) 357-1127
Web Site: www.excitanthealthcare.com

Employees: 3
Year Founded: 2011

Agency Specializes In: Advertising, Health Care Services, Medical Products

Mark Perlotto *(Pres & CEO)*
Brian Allex *(Creative Dir)*

Accounts:
New-Zoetis Inc.

EXCLAIM LLC
2100 4Th St Ste C, San Rafael, CA 94901
Tel.: (206) 368-0121
E-Mail: info@exclaimllc.com
Web Site: www.exclaimllc.com

Employees: 10
Year Founded: 1998

Agency Specializes In: Advertising, Brand Development & Integration, Media Buying Services, Public Relations, Strategic Planning/Research

John Schuler *(Founder & Creative Dir)*
Deanna Waters *(Acct Dir)*

Accounts:
Sport Restaurant & Bar

EXECUTIVE1 MEDIA GROUP
12366 Blazing Star Ln, Victorville, CA 92323
Tel.: (760) 561-5500
Web Site: www.e1mgmedia.com

Employees: 4
Year Founded: 2003

Agency Specializes In: Affluent Market, African-American Market, Cable T.V., Digital/Interactive, Email, Infomercials, Local Marketing, Mobile Marketing, Newspaper, Newspapers & Magazines, Out-of-Home Media, Outdoor, Print, Production, Promotions, Radio, T.V., Web (Banner Ads, Pop-ups, etc.)

Derrick Dzurko *(Owner)*

Accounts:
Curls Hair Products

EXIT
1509 Louisiana St, Little Rock, AR 72202
Tel.: (501) 907-7337
Fax: (501) 907-7339
Web Site: www.exitmarketing.net

Employees: 6
Year Founded: 2004

Shawn Solloway *(Pres)*

Accounts:
Allied Bank; Mulberry, AK
Arkansas Hospital Association
Keeton International
Little Sicilian Sauces
Make A Wish
Qualchoice

EXIT10
323 W Camden St, Baltimore, MD 21201
Tel.: (443) 573-8210
Fax: (443) 573-8220
E-Mail: info@exit10.com
Web Site: www.exit10.com

Employees: 25
Year Founded: 2006

Agency Specializes In: Brand Development & Integration, Guerilla Marketing

David White *(Owner & Mng Partner)*
Jonathan Helfman *(Owner & Creative Dir)*
John Marsh *(Dir-Strategy)*
Jenna Shugars *(Acct Supvr)*

Accounts:
McGraw Hill

EXPECT ADVERTISING, INC.
1033 Route 46, Clifton, NJ 07013
Tel.: (973) 777-8886
E-Mail: info@expectad.com
Web Site: www.expectad.com

Employees: 20
Year Founded: 2000

Agency Specializes In: Above-the-Line, Advertising, Advertising Specialties, Affiliate Marketing, Affluent Market, African-American Market, Agriculture, Alternative Advertising, Arts, Asian Market, Automotive, Aviation & Aerospace, Below-the-Line, Bilingual Market, Brand Development & Integration, Branded Entertainment, Broadcast, Business Publications, Business-To-Business, Cable T.V., Catalogs, Children's Market, Co-op Advertising, Collateral, College, Commercial Photography, Communications, Computers & Software, Consulting, Consumer Goods, Consumer Marketing, Consumer Publications, Content, Corporate Communications, Corporate Identity, Cosmetics, Crisis Communications, Custom Publishing, Customer Relationship Management, Digital/Interactive, Direct Response Marketing, Direct-to-Consumer, E-Commerce, Education, Electronic Media, Electronics, Email, Engineering, Entertainment, Environmental, Event Planning & Marketing, Exhibit/Trade Shows, Experience Design, Faith Based, Fashion/Apparel, Financial, Food Service, Game Integration, Government/Political, Graphic Design, Guerilla Marketing, Health Care Services, High Technology, Hispanic Market, Hospitality, Household Goods, Identity Marketing, In-Store Advertising, Industrial, Infomercials, Information Technology, Integrated Marketing, International, Internet/Web Design, Investor Relations, LGBTQ Market, Legal Services, Leisure, Local Marketing, Logo & Package Design, Luxury Products, Magazines, Marine, Market Research, Media Buying Services, Media Planning, Media Relations, Media Training, Medical Products, Men's Market, Merchandising, Mobile Marketing, Multicultural, Multimedia, New Product Development, New Technologies, Newspaper, Newspapers & Magazines, Out-of-Home Media, Outdoor, Over-50 Market, Package Design, Paid Searches, Pets , Pharmaceutical, Planning & Consultation, Podcasting, Point of Purchase, Point of Sale, Print, Product Placement, Production, Production (Ad, Film, Broadcast), Production (Print), Promotions, Public Relations, Publicity/Promotions, Publishing, RSS (Really Simple Syndication), Radio, Real Estate, Recruitment, Regional, Restaurant, Retail, Sales Promotion, Search Engine Optimization, Seniors' Market, Social Marketing/Nonprofit, Social Media, South Asian Market, Sponsorship, Sports Market, Stakeholders, Strategic Planning/Research, Sweepstakes, Syndication, T.V., Technical Advertising, Teen Market, Telemarketing, Trade & Consumer Magazines, Transportation, Travel & Tourism, Tween Market, Urban Market, Viral/Buzz/Word of Mouth, Web (Banner Ads, Pop-ups, etc.), Women's Market, Yellow Pages Advertising

Approx. Annual Billings: $2,200,000

Susan Levant *(Creative Dir)*
Daniel Fox *(Dir-Digital Media, Digital Photography*

ADVERTISING AGENCIES

& Digital Production)
Rick Pirman *(Dir-Creative & Art)*
Paul Gilliam *(Sr Art Dir)*
Michael O'Lauglin *(Sr Mktg Dir-AstraZeneca)*

Accounts:
Amylin; San Diego, CA Byetta, Symlin; 2008
Bolton Medical Relay Stent Grafts
Cordis; Somerset, NJ Cordis Products; 2008
DCA; 2011
DPA; 2012
Johnson & Johnson; 2010
Newell; 2011
Orasure; Bethlehem, CA Histofreezer; 2010
Ortho Biotech; Horsham, PA Procrit; 2008
Pepsi Sales Force Training; 2009
RBM; Dallas, TX RBM; 2009
Saiom Technologies; 2011

EXPERIAN MARKETING SERVICES
475 Anton Blvd, Costa Mesa, CA 92626
Tel.: (714) 830-7000
Toll Free: (877) 902-4849
Web Site: www.experian.com/marketing-services

Employees: 17,000

Agency Specializes In: Consumer Marketing

Barry Libenson *(CIO)*
Adam Fingersh *(Sr VP, Grp Head-Ops & Chief Strategist)*
Mervyn Lally *(Sr VP & Chief Architect-Enterprise)*
Jordan Takeyama *(Sr Mgr-PR)*
Mindy Pankoke *(Sr Product Mgr)*
Heidi Prizmich *(Sr Buyer-Sourcing-Mktg)*
Ricardo Gratil *(Sr Assoc-Client Svcs)*
Tom King *(Chief Info Security Officer)*

Accounts:
The Hearst Corporation

Branch

Experian Marketing Services
29 Broadway 6th Fl, New York, NY 10006
Toll Free: (866) 626-6479
Web Site: www.experian.com/marketing-services

Employees: 400

Michael Meltz *(Exec VP-Strategy)*
Thomas Schutz *(Sr VP-Sls & Mktg Strategy-North America)*
Jay Stocki *(Sr VP-Data & Product)*
Tom Blacksell *(Mng Dir-B2B-UK & Ireland)*
Kelly DeBoer *(Product Mgr-Mktg)*

Accounts:
The Hearst Corporation

EXPERIENCE ADVERTISING INC
10218 Nw 47Th St, Sunrise, FL 33351
Tel.: (877) 743-0345
Web Site: https://experienceadvertising.com/

Employees: 7
Year Founded: 2007

Agency Specializes In: Advertising, Email, Internet/Web Design, Search Engine Optimization, Social Media

Evan Weber *(CEO)*

Accounts:
A. Jaffe Online Marketing, Social Media
Diamondscape
HancockFabrics.com
HookedonPhonics.com

iHomeAudio.com
Phone.com

EXPOSURE
393 Broadway 2nd Fl, New York, NY 10013
Tel.: (212) 226-2530
E-Mail: info-ny@exposure.net
Web Site: america.exposure.net

Employees: 255
Year Founded: 2004

Agency Specializes In: Advertising, Digital/Interactive, Event Planning & Marketing, Social Media, Strategic Planning/Research

Talia Handler *(Pres)*
Tom Phillips *(Mng Partner & Creative Dir)*
Jasmine Desai *(Acct Dir)*
Jordan Fluney *(Acct Dir)*
Jackie Reed *(Acct Dir)*
Virgilio Serrano *(Dir-IT)*
Victoria Loo *(Sr Acct Mgr)*

Accounts:
Bill Blass Group Media Relations, Public Relations
Coca-Cola
Dr. Martens
Herschel Supply (Agency of Record) Media, Public Relations
Proximo Spirits, Inc. Boodles Gin

EXSEL ADVERTISING
559 Main St., Sturbridge, MA 01518
Tel.: (774) 241-0041
Fax: (774) 241-0129
Web Site: www.exselad.com

Employees: 8

Agency Specializes In: Advertising, Brand Development & Integration, Logo & Package Design, Media Planning, Strategic Planning/Research

Rich Suitum *(Pres)*
Kathy Ruddy *(VP-Ops)*

Accounts:
Higgins Powersports
Hometown Insurance Center
Mylec (Agency of Record)

EXTRACTABLE, INC.
612 Howard St Ste 400, San Francisco, CA 94105
Tel.: (415) 426-3600
Fax: (415) 426-3601
Web Site: www.extractable.com

Employees: 34
Year Founded: 1999

Agency Specializes In: Advertising, Digital/Interactive, Experiential Marketing, Mobile Marketing, Social Media

Mark Ryan *(Founder & Chief Strategist-Data)*
Craig McLaughlin *(Pres & CEO)*

Accounts:
Avago Technologies
BlueCross BlueShield
CareCredit
FedEx
GIA
GoPro
International Association of Business Communicators Digital, Iabc.com, Redesign
Kodak Imaging Network, Inc.
Leapfrog
Lending Tree

Logix Federal Credit Union
Micron
Netgear, Inc.
The Newport Group Design, Strategy, UX
RS Investments
Solta Medical, Inc.
Sunset Magazine
Symantec Corporation
TRUSTe
Visa

EXTREME MEASURES CREATIVE
4737 Sterling Cross, Nashville, TN 37211
Tel.: (615) 331-5649
Fax: (615) 828-7125
E-Mail: info@extrememeasurescreative.com
Web Site: www.extrememeasurescreative.com

Agency Specializes In: Advertising, Graphic Design, Internet/Web Design, Logo & Package Design, Media Buying Services, Radio, Social Media, T.V.

Jason R. Coleman *(Owner & Pres)*

Accounts:
Acumen Realty
Advanced Technical Services

EYE CUE, INC.
3257 Lk Park Cir, Anchorage, AK 99517
Tel.: (907) 248-7663
Fax: (907) 243-1520
Toll Free: (877) 297-7445
E-Mail: info@eye-cue.com
Web Site: www.facebook.com/pages/Eye-Cue-Productions/232001283641141

Employees: 2
Year Founded: 1988

Agency Specializes In: Advertising, Production, Radio

John Wedin *(Owner)*

Accounts:
AutoMax
Capitol Bank
Century Bank
First National Bank
Hawaiian Vacations
Kenai Coastal Tours
Optus Communications
Pacific Telecom, Inc.
Payless Drugstores
Prime Cable
PTI NET
Westmark Hotels

EYEBALL ON THE FLOOR, INC.
187 Lafayette St Fl 2, New York, NY 10013
Tel.: (212) 431-5324
Fax: (212) 431-6793
E-Mail: info@eyeballnyc.com
Web Site: www.eyeballnyc.com

Employees: 15
Year Founded: 1991

Agency Specializes In: Brand Development & Integration, Digital/Interactive, Print, Search Engine Optimization

Revenue: $1,000,000

JC Addison *(Exec VP-Bus Dev)*

Accounts:
AOL

AGENCIES - JANUARY, 2019   ADVERTISING AGENCIES

EYESEA SOLUTIONS
801 Brickell Bay Dr Ste 13, Miami, FL 33131
Tel.: (786) 602-9114
E-Mail: contact@eyeseasolutions.com
Web Site: www.eyeseasolutions.com

Employees: 2

Agency Specializes In: Advertising, Email, Event Planning & Marketing, Internet/Web Design, Logo & Package Design, Media Planning, Radio, Search Engine Optimization, Social Media, T.V.

Gabriel Carvalho *(Pres)*
Juliana Bittencourt *(Dir-Mktg & Comm)*

Accounts:
AcheiUSA
Banco do Brasil S.A.
TAM S.A.

EZRA PRODUCTIONS
12575 Beatrice St, Los Angeles, CA 90066
Tel.: (424) 259-2004
E-Mail: info@ezraproductions.com
Web Site: ezraproductions.com

Employees: 10

Jillian Ezra *(CEO)*

FABCOM
7819 E Greenway Rd Ste 5, Scottsdale, AZ 85260
Tel.: (480) 922-1122
Fax: (480) 922-0606
E-Mail: brian@fabianocom.com
Web Site: www.fabcomlive.com

Employees: 25
Year Founded: 1992

Agency Specializes In: Advertising, Brand Development & Integration, Strategic Planning/Research

Approx. Annual Billings: $30,700,000

Brian Fabiano *(Founder & CEO)*
Mark Weber *(CFO)*
Brianna Jennings *(VP-Client Svcs)*
Sean Appelmann *(Creative Dir)*
Latham Floyde *(Creative Dir & Sr Art Dir)*
Kristian Johnson *(Creative Dir)*
Yoni Novik *(Dir-Tech Integration)*

Accounts:
America West Airlines
American Heart Association
Bank One
Disney
FedEx
HBO
IBM
Mitel; Chandler,AZ Telecommunications; 1999
Motorola Solutions, Inc.
Novartis
University of Advancing Technology
Vestiage Inc Advertising, Marketing, Monterey Bay Nutraceuticals, RegiMEN

FACT & FICTION, LLC
2000 Central Ave, Boulder, CO 80301
Tel.: (303) 867-8870
E-Mail: hello@factandfiction.work
Web Site: factandfiction.work

Employees: 50

Agency Specializes In: Brand Development & Integration, Content, Experience Design, Production, Production (Ad, Film, Broadcast), Production (Print), Strategic Planning/Research

Kyle Taylor *(Founder & Partner-Creative)*
Robbie Lewis *(Creative Dir)*

Accounts:
Brinker International, Inc. Chili's Grill & Bar (Social Agency of Record); 2017

FACTOR1 STUDIOS
3923 S McClintock Dr, Tempe, AZ 85282
Tel.: (602) 334-4806
E-Mail: sayhello@factor1studios.com
Web Site: factor1studios.com/

Employees: 2
Year Founded: 2004

Agency Specializes In: Advertising, Digital/Interactive, Internet/Web Design

Matt Adams *(Owner)*

Accounts:
Techpinions

FACTOR360 DESIGN + TECHNOLOGY
120 Euclid Ave, Pierre, SD 57501
Tel.: (605) 945-1101
E-Mail: dennis@factor360.com
Web Site: www.factor360.com

Employees: 10
Year Founded: 1993

Agency Specializes In: Advertising, Advertising Specialties, Alternative Advertising, Arts, Automotive, Broadcast, Business-To-Business, Cable T.V., Catalogs, Children's Market, Co-op Advertising, Collateral, College, Commercial Photography, Communications, Computers & Software, Consulting, Consumer Marketing, Consumer Publications, Content, Corporate Communications, Digital/Interactive, Direct Response Marketing, Direct-to-Consumer, E-Commerce, Education, Electronic Media, Email, Engineering, Environmental, Exhibit/Trade Shows, Financial, Food Service, Government/Political, Graphic Design, Guerilla Marketing, Health Care Services, Hospitality, Identity Marketing, In-Store Advertising, Industrial, Information Technology, Integrated Marketing, Internet/Web Design, LGBTQ Market, Legal Services, Leisure, Local Marketing, Logo & Package Design, Luxury Products, Magazines, Market Research, Media Relations, Medical Products, Men's Market, Multimedia, New Product Development, Newspaper, Newspapers & Magazines, Out-of-Home Media, Outdoor, Over-50 Market, Package Design, Paid Searches, Planning & Consultation, Point of Purchase, Point of Sale, Print, Production, Production (Ad, Film, Broadcast), Production (Print), Promotions, Public Relations, Publicity/Promotions, Radio, Recruitment, Regional, Retail, Sales Promotion, Search Engine Optimization, Seniors' Market, Sponsorship, Stakeholders, T.V., Technical Advertising, Trade & Consumer Magazines, Transportation, Travel & Tourism, Urban Market, Web (Banner Ads, Pop-ups, etc.), Women's Market

Dennis Ryckman *(Pres & CEO)*
Aftin Eich *(Creative Dir-Client Rels)*
Carolyn Ryckman *(Engr-Web & Designer-Database)*

Accounts:
Chautauqua County Humane Society
Grand Lodge Hunting
Human Society
Lehman Trikes
Millers Sellers Heroux Architect
Sioux Falls Humane Society
South Dakota Realtors Association
South Dakota University Center
Tumbleweed Lodge

FACTORY 360
120 Fifth Ave 8th Flr, New York, NY 10011
Tel.: (212) 242-2417
Fax: (212) 242-2419
E-Mail: rpiloto@factory-360.com
Web Site: www.factory360.com

Employees: 82
Year Founded: 2007

Agency Specializes In: Advertising, Affluent Market, College, Experiential Marketing, Retail, Social Media, Sponsorship

Michael Fernandez *(Founder, Pres & CEO)*
Jason Coughlin *(VP-Client Activations)*
Hugo Burton *(Creative Dir & Head-Creative Div)*

Accounts:
New-Small Town Brewery

Branch

Factory 360
236 8th St Ste A, San Francisco, CA 94103
Tel.: (212) 242-2417
E-Mail: info@factory-360.com
Web Site: www.factory360.com

Employees: 51
Year Founded: 2007

Agency Specializes In: Advertising, Brand Development & Integration, Experiential Marketing, Guerilla Marketing, Internet/Web Design, Mobile Marketing, Promotions, Public Relations, Social Media, Web (Banner Ads, Pop-ups, etc.)

Michael Fernandez *(Owner)*
Gabriela Neves *(Partner)*
Nuria Rey Russell *(Sr Acct Mgr)*

Accounts:
New-Thredup Inc Limited Too

FACTORY PR
263 11th Ave 6th Fl, New York, NY 10001
Tel.: (212) 941-9394
E-Mail: info@factorypr.com
Web Site: www.factorypr.com

Employees: 50

Agency Specializes In: Advertising, Brand Development & Integration, Digital/Interactive, Event Planning & Marketing, Media Planning, Public Relations

Mark Silver *(Partner)*
Jeff Woodward *(COO)*
Kayla Wagner *(Acct Exec)*

Accounts:
Betsey Johnson
Drome Press, Publicity
Ruthie Davis

FACULTY NY LLC
216 Plymouth St Fl 2, Brooklyn, NY 11201
Tel.: (718) 473-9237
E-Mail: info@facultyny.com
Web Site: wearefaculty.com

Employees: 8

ADVERTISING AGENCIES

Year Founded: 2012

Agency Specializes In: Branded Entertainment, Broadcast, Business Publications, Digital/Interactive, Exhibit/Trade Shows, Experience Design, In-Store Advertising, Infomercials, Local Marketing, Mobile Marketing, Multimedia, Out-of-Home Media, Production, Social Media

Joshua Balgos *(Co-Founder & Creative Dir)*
Nasya Kamrat *(CEO)*

Accounts:
Holland America Line Onboarding, Online Content; 2015
Simplot Corporate Headquarters Interactive Lobby; 2016

FAHLGREN MORTINE
4030 Easton Sta Ste 300, Columbus, OH 43219
Tel.: (614) 383-1500
Fax: (614) 383-1501
E-Mail: info@fahlgren.com
Web Site: https://www.fahlgrenmortine.com/

Employees: 170
Year Founded: 1962

National Agency Associations: AAF-AMA-COPF-PRSA

Agency Specializes In: Above-the-Line, Advertising, Advertising Specialties, Affluent Market, African-American Market, Agriculture, Arts, Automotive, Bilingual Market, Brand Development & Integration, Broadcast, Business Publications, Business-To-Business, Cable T.V., Children's Market, Co-op Advertising, Collateral, College, Communications, Consulting, Consumer Goods, Consumer Marketing, Consumer Publications, Content, Corporate Communications, Corporate Identity, Crisis Communications, Digital/Interactive, Direct Response Marketing, Direct-to-Consumer, E-Commerce, Education, Electronic Media, Electronics, Email, Engineering, Entertainment, Environmental, Event Planning & Marketing, Exhibit/Trade Shows, Experience Design, Fashion/Apparel, Financial, Food Service, Game Integration, Government/Political, Graphic Design, Guerilla Marketing, Health Care Services, High Technology, Hispanic Market, Hospitality, Household Goods, Identity Marketing, In-Store Advertising, Industrial, Information Technology, Integrated Marketing, International, Internet/Web Design, Investor Relations, Leisure, Local Marketing, Logo & Package Design, Market Research, Media Buying Services, Media Planning, Media Relations, Media Training, Medical Products, Men's Market, Mobile Marketing, Multicultural, Multimedia, New Product Development, New Technologies, Newspaper, Newspapers & Magazines, Out-of-Home Media, Outdoor, Over-50 Market, Package Design, Paid Searches, Pharmaceutical, Planning & Consultation, Point of Purchase, Point of Sale, Print, Production, Production (Ad, Film, Broadcast), Production (Print), Promotions, Public Relations, Publicity/Promotions, Radio, Real Estate, Regional, Restaurant, Retail, Sales Promotion, Search Engine Optimization, Seniors' Market, Social Marketing/Nonprofit, Social Media, Sponsorship, Sports Market, Stakeholders, Strategic Planning/Research, Sweepstakes, T.V., Technical Advertising, Teen Market, Trade & Consumer Magazines, Transportation, Travel & Tourism, Tween Market, Urban Market, Viral/Buzz/Word of Mouth, Web (Banner Ads, Pop-ups, etc.), Women's Market

Approx. Annual Billings: $75,000,000

Chris Turner *(Pres-Turner)*
Mark Berry *(Sr VP)*
Wendy Cramer *(Sr VP)*
Leslie Holbrook *(VP)*
Scott Stripe *(VP)*
Hartley Suter *(VP)*
Kailyn Longoria *(Assoc VP)*
Claudia Dattilo *(Dir-Media Connections Plng)*
Ed Patterson *(Dir-IT)*
Carlee Adams *(Project Mgr-Digital)*
Heather Hattery *(Project Mgr-Digital)*
Colin Merz *(Mgr-Digital Analytics)*
Renee LeGendre *(Acct Supvr)*
Michelle Murfield *(Acct Supvr)*
Heather Sheppard *(Acct Supvr)*
April Ingle *(Sr Acct Exec)*
Erik Beckett *(Sr Designer)*
Catherine Bolin *(Sr Media Planner-Connections & Buyer)*

Accounts:
Ansell Healthcare; Red Bank, NJ Industrial Gloves, Safety Products; 1993
Arcelor Mittal; Princeton, WV; 2010
Balloon Time; Columbus, OH Helium Tank & Party Balloon Kits; 2003
Boise CVB
Cardinal Health, Inc.; Dublin, OH; 2004
CareFusion; San Diego, CA
CareSource; Dayton, OH
Chart Industries; Garfield Heights, OH
Chemical Fabrics & Film Association; Cleveland, OH
ClearSaleing; Columbus, OH
Cliff's Natural Resources; Cleveland, OH Mining
Columbus Area Chamber of Commerce; Columbus, OH
Columbus Blue Jackets Foundation; Columbus, OH; 2007
Columbus Image; Columbus, OH; 2010
Cooper Tires
Crown Equipment Corporation; New Bremen, OH Material Handling Equipment Manufacturer; 2008
Dayton/Montgomery County CVB
Delta Air Elite; Cincinnati, OH; 2009
DHL Excel Supply Chain; Westerville, OH; 1991
Diamond Hill Investment Group; Columbus, OH; 2003
Donate Life Ohio
Donatos Pizzeria Corporation; Columbus, OH Pizzeria Restaurant Chain; 2006
DPL Energy; Dayton, OH; 2010
Elmer's Products, Inc.; Columbus, OH; 2009
Emerson Climate Technologies; Sidney, OH; 2006
Emerson Network Power Business-Critical Continuity Service Provider; 2006
FIAMM; Italy; 2010
Franklin Park Conservatory and Botanical Gardens; Columbus, OH; 2006
Gatlinburg Convention & Visitors' Bureau; Gatlinburg, TN Tourism, Travel; 2009
Grange Insurance; Columbus, OH; 2004
Hill-Rom; Batesville, IN Medical Devices; 2010
Holophane Corporation; Newark, OH; 2002
Huntington Federal S&L; Huntington, WV Banking; 1978
Idaho Technology Council
J.R. Simplot Company
Kent State University; Kent, OH Campaign: "Experience for Life", Higher Education; 2009
Kidde
The Kroger Company, Columbus Division
The Kroger Co. of Michigan
Lifeline of Ohio; Columbus, OH
Materion; 2010
McDonald's Co-Op (Agency of Record) McDonald's; 2009
McDonald's MACOCO Co-op; Columbus, OH McDonald's
McDonald's MACOM Co-op; Toledo, OH McDonald's
McDonald's Southeast Marketing Assocation; FL McDonald's
McDonald's Southwest Marketing Assocation; FL McDonald's
McDonald's West Palm Beach Marketing Assocation; FL McDonald's
Midmark; Versailles, OH; 2009
The Myrtle Beach Area Chamber of Commerce/CVB National PR
Nationwide Children's Hospital; Columbus, OH Healthcare; 2006
NDI Medical; Cleveland, OH; 2005
Nevada Division of Tourism (Integrated Marketing Agency of Record)
NewPage Corp.; Miamisburg, OH; 2005
North Dakota Department of Commerce
North Dakota Tourism (Public Relations Agency of Record)
Nova Southeastern University Campaign: "NSU Rise Up"
Ohio Coalition for Home Care & Hospice; 2010
Ohio Manufacturers' Association; Columbus, OH; 2010
Ohio Tourism Division; Columbus, OH; 2000
Panama City Beach & Convention and Visitor's Bureau; Panama City Beach, FL; 2009
Parma Community General Hospital
Pelotonia
West Virginia Department of Health & Human Resources
Savannah College of Art and Design Content Marketing, Digital, Media, Social Media
Scentsy; Meridian, ID; 2009
School Choice Ohio; Columbus, OH; 2010
Sherwin-Williams; Cleveland, OH (Agency of Record) Protective & Marine Coatings; 2010
Standard Register; Dayton, OH; 2005
United Bank; Parkersburg, WV; 1980
West Virginia Department of Health and Human Resources
West Virginia Lottery; WV State Lottery; 2010
West Virginia University Healthcare
Worthington Industries; Worthington, OH Worthington Cylinders; 1998
WOSU Public Media Public Television & Radio; 2010
Young Presidents Organization/World Presidents Organization; 2010

Branches

Fahlgren Mortine (Cincinnati)
4030 Easton Sta Ste 300, Columbus, OH 43219
Tel.: (513) 241-9200
Fax: (513) 241-5982
Web Site: https://www.fahlgrenmortine.com/

Employees: 3
Year Founded: 1962

Agency Specializes In: Advertising

Lisa Morales Cook *(Sr VP-Brand Plng)*

Fahlgren Mortine (Dayton)
4380 Buckeye Ln Ste 210, Beavercreek, OH 45440
Tel.: (937) 560-2840
Fax: (937) 560-2841
E-Mail: info@fahlgren.com
Web Site: https://www.fahlgrenmortine.com/

Employees: 12
Year Founded: 1938

National Agency Associations: COPF

Agency Specializes In: Advertising, Affluent Market

Christy Bykowski *(Mng Dir & Sr VP)*
John Curtis *(Mng Dir & Sr VP)*
Marty McDonald *(Exec VP & Head-B2C)*
Mark Grieves *(Sr VP & Creative Dir)*
Lisa Morales Cook *(Sr VP-Brand Plng)*
Matthew Sutton *(Assoc VP)*

AGENCIES - JANUARY, 2019 — ADVERTISING AGENCIES

Cari Wildasinn (Acct Dir)
Julie Lechleiter Nedeau (Acct Supvr)
Lauren Church (Sr Acct Exec)

Accounts:
Colfax Corporation
Emerson Climate Technologies.; Sidney, OH Compressors
Emerson Network Power
Emerson Network Power
Midmark
The University of Dayton
Win Wholesale

Fahlgren Mortine (Toledo)
One Seagate Ste 901, Toledo, OH 43604
Tel.: (419) 247-5200
Fax: (419) 247-5298
E-Mail: info@fahlgrenmortine.com
Web Site: https://www.fahlgrenmortine.com/

Employees: 1
Year Founded: 1962

National Agency Associations: COPF

Agency Specializes In: Advertising, Cable T.V., Digital/Interactive, Market Research, Media Buying Services, Media Planning, Media Relations, Promotions, Public Relations, Publicity/Promotions, Radio, Social Marketing/Nonprofit, Social Media, T.V., Travel & Tourism, Web (Banner Ads, Pop-ups, etc.)

FAHRENHEIT 212
665 Broadway, New York, NY 10012
Tel.: (646) 654-1212
Fax: (646) 225-7172
E-Mail: email@fahrenheit-212.com
Web Site: www.fahrenheit-212.com

Employees: 25

Agency Specializes In: Advertising

Mark Payne (Pres & Head-Innovation)
Pete Maulik (Mng Partner)
Marcus Oliver (Partner)
Victoria Ozdemir (Fin Dir)
Melissa Tischler (Head-Practice-Strategy & Dir-Engagement)
Jamie Podhaizer (Dir-Strategy)
Stephanie Costa (Analyst-Bus Dev)
Adam Rubin (Assoc Partner)
Alex Stock (Assoc Partner)

Accounts:
Adidas
Coca-Cola Refreshments USA, Inc.
Diageo
Fonterra
General Mills
The Gucci Group
Hershey
Mashreq
NBC Universal
Nestle
Samsung
Starbucks

FAIRCOM NEW YORK
12 W 27th St 13th Fl, New York, NY 10001
Tel.: (212) 727-3876
E-Mail: info@faircomny.com
Web Site: www.faircomny.com

Employees: 50
Year Founded: 1993

Agency Specializes In: Advertising, Communications, Copywriting, Digital/Interactive, Email, Event Planning & Marketing, Production, Social Marketing/Nonprofit

Corinne Servily (Pres)
Stacey Fellone (VP-Admin & Fin)
Sally Frank (VP-Bus Dev)
Barbra Schulman (VP-Integrated Mktg)
Segolene Xavier (VP-Global Philanthropy)
Diana Lee (Sr Acct Dir)
Tracy Coutain (Acct Dir)
Alanna Leff (Acct Dir)
Emilie Treuillard (Acct Dir-Major Donor)
Patti Askew (Dir-Print Production)
Lindsay Long (Dir-Global Philanthropy)
Becky Fitzpatrick (Mgr-Digital Mktg)
Ron Kreutzer (Mgr-Direct Mail Production)

Accounts:
New-The National Urban League
New-SOS Sahel
New-TechnoServe

FAIRLY PAINLESS ADVERTISING
44 E 8th St Ste 300, Holland, MI 49423
Tel.: (616) 394-5900
Fax: (616) 394-5903
E-Mail: info@fairlypainless.com
Web Site: www.fairlypainless.com

Employees: 18
Year Founded: 1992

Chris Cook (Owner & Co-Founder)
Steve Groenink (Pres)
Cheryl Bell (Partner & Dir-Design)
Drake Evans (Art Dir)
Angie Gerrans (Acct Dir)
Ryan Lockwood (Creative Dir)
Jane Smith (Dir-Digital Svcs)
Brandon Day (Acct Mgr)
Beth Taylor (Strategist)
Craig Davis (Acct Direction)
David Smith (Digital Chap)

Accounts:
Fox Motors Campaign: "The Fox Difference"
Grand Rapids Label Website
Greenleaf Trust Campaign: "True Story"
HopCat Digital
Talco Electronics Campaign: "I Am Here"

FAIRMONT PRESS, INC.
700 Indian Trail Lilburn Rd NW, Lilburn, GA 30047-3724
Tel.: (770) 925-9388
Fax: (770) 381-9865
Web Site: www.fairmontpress.com

E-Mail for Key Personnel:
Creative Dir.: lori@fairmontpress.com

Employees: 15
Year Founded: 1973

Agency Specializes In: Technical Advertising

Linda Hutchings (VP)

Accounts:
Association of Energy Engineers; Atlanta, GA Professional Society

FALK HARRISON
1300 Baur Blvd, Saint Louis, MO 63132
Tel.: (314) 531-1410
Fax: (314) 535-8640
E-Mail: info@falkharrison.com
Web Site: www.falkharrison.com

Employees: 15
Year Founded: 1971

Agency Specializes In: Advertising, Brand Development & Integration, Business-To-Business, Communications, Corporate Communications, Corporate Identity, Digital/Interactive, Financial, Graphic Design, Internet/Web Design, Logo & Package Design, Out-of-Home Media, Package Design, Print, Radio, Search Engine Optimization

Approx. Annual Billings: $10,000,000

Steve Harrison (Pres & Creative Dir)
Jon Falk (Partner)
Matthew Falk (Exec VP)
Jim Jatcko (VP-Bus Dev)
Ken Kuehnel (Creative Dir)
Robert Bierman (Mgr-Creative Ops)
Carol Braun (Mgr-Fin & Benefits)
Bunny Reiss (Asst Mgr-Bus Dev)
David Kendall (Sr Art Dir)
Ed Mehler (Assoc Creative Dir)

Accounts:
Arch Coal Inc Creative, Digital; 2010
TheBANK of Edwardsville (Agency of Record) Creative, Digital, Media Buying, Media Planning; 2015

FALLON MEDICA LLC
620 Shrewsbury Ave, Tinton Falls, NJ 07701
Tel.: (732) 345-3550
Fax: (732) 212-1926
E-Mail: timf@fallonmedica.com
Web Site: fallonmedica.com

Employees: 30
Year Founded: 2002

Agency Specializes In: Pharmaceutical

Timothy Fallon (Pres)
Bina O'Brien (Exec VP-Ops)
Marybeth Naporlee (VP & Dir-Creative Svcs)
Katie Turpin-Lawlor (Dir-New Bus Dev)
Kristen Holgerson (Sr Client Svcs Dir)

Accounts:
Genentech, Inc Rituxan
Pfizer Caduet, Lipitor, NEF, Neurontin
Takeda Febuxostat, Prevacid
Watson Pharma Ferrelcit

FALLON WORLDWIDE
901 Marquette Ave Ste 2400, Minneapolis, MN 55402
Tel.: (612) 758-2345
Fax: (612) 758-2346
E-Mail: info@fallon.com
Web Site: www.fallon.com

Employees: 150
Year Founded: 1981

Agency Specializes In: Advertising, Digital/Interactive, Event Planning & Marketing, Graphic Design, Integrated Marketing, Internet/Web Design, Media Planning, Pets, Print, Production (Print), T.V.

Breakdown of Gross Billings by Media: Cable T.V.: 25%; Internet Adv.: 3%; Mags.: 24%; Network T.V.: 15%; Newsp.: 10%; Out-of-Home Media: 6%; Radio: 3%; Spot T.V.: 14%

Chris Lawrence (CMO)
Chris Campbell (Grp Acct Dir)
Marc Mason (Grp Acct Dir)
Joe Johnson (Creative Dir)
Charlie Wolff (Creative Dir)
Mark Nelson (Dir-Res)
Tiffany Luong (Supvr-Digital Media)
Tyler Bey (Media Planner)

ADVERTISING AGENCIES

Alexa Kubinski *(Media Planner)*
Rob Anton *(Sr Art Dir)*

Accounts:
Anheuser Busch Creative, Digital, Lime-A-Rita, Social
Arby's (Agency of Record)
Big Ten Network Creative, Digital, Media Buying, Media Planning, Social
Children's Defense Fund; 1986
Culligan International Company (Agency of Record) Creative, Digital, Media Buying, Media Planning, Social
DanoneWave (Agency of Record) Creative, Digital, Horizon Organic, International Delight, Media Buying, Media Planning, Silk, Social, Stok
New-Fanatics (Creative & Digital Agency of Record)
Henkel Creative, Loctite Adhesives
New-TruTV Media Buying, Media Planning
New-Verizon Creative, Digital, Go90, Media Planning
Viacom Comedy Central, Media Buying, Media Planning

Branches

Fallon London
Elsley Court, 20-22 Great Titchfield Street, London, W1W 8BE United Kingdom
Tel.: (44) 20 7494 9120
Fax: (44) 20 7494 9130
Web Site: https://fallonlondon.com/

Employees: 120
Year Founded: 1998

National Agency Associations: IPA

Agency Specializes In: Advertising

David Hackworthy *(Chief Strategy Officer-Global)*
Jason Knight *(Chief Strategy Officer)*
Chaka Sobhani *(Chief Creative Officer)*
Carolyn Cho *(Acct Dir)*
Ricardo Motti *(Creative Dir)*
Liam Nicholson *(Art Dir)*
Thomas Prideaux *(Acct Dir)*
Neil Richardson *(Creative Dir)*
Ronaldo Tavares *(Creative Dir)*
Jon Sloneem *(Dir-Digital)*
Jo Tauscher *(Dir-Client Svc)*
Olivier Tse *(Dir-Plng)*
Hannah Nathan *(Sr Acct Mgr)*
Cameron Black *(Copywriter)*
Adrian Britteon *(Designer-Graphic)*
Juha Kivela *(Copywriter-Finnish)*
Ron Morrison *(Designer-Graphic)*
Nick Taylor *(Designer)*

Accounts:
Alzheimer's Society "Gone", Advertising, Brand Creative, Campaign: "Erase", Digital, Media, Out-of-Home, Print, TV
ASDA Group; Leeds Campaign: "Autumn/Winter Collection", George, TV; 2007
Axa Outdoor, Print
Cushelle Campaign: "Koala Storybook"
Deliveroo Creative, TV
Ebookers.com
Elephant Family & Action for Children Campaign: "Faberge Big Egg Hunt"
Expedia Advertising
Giffgaff Campaign: "Different Doesn't Have to be Scary", Campaign: "Different Takes Guts", Campaign: "Don't Be Scared", Campaign: "Zombies", Digital, Social Media, TV, Website Design
Grazia
Kerry Foods; Ireland "Brave Bones Club", Cheesestrings, LowLow Cheese
Mondelez International Campaign: "7 Flavours of Keith", Campaign: "Have a Fling", Campaign: "Joyville Magnificent Musical Chocolate Fountain", Campaign: "Joyville", Campaign: "Opening Ceremony", Campaign: "The Frothybeast", Campaign: "The Search is On", Campaign: "Yes Sir, I WILL Boogie in the Office", Creative, Dairy Milk, Digital, Lu, Mikado, OOH, Pan-European, Ritz, Social Media, Terry's Chocolate Orange
More Than; 2005
Nokia Campaign: "Tortoise", Vertu
Orange plc Campaign: "Intermission", Orange Gold Spots Movie Trailers - The A-Team
Orchid
Oxfam International
Peta UK Campaign: "Do It Like They Do"
Raisio PLC Above-the-Line, Benecol, European Advertising
SCA Hygiene TV Advertisement, Velvet
Think Money
Volkswagen Group United Kingdom Ltd. Advertising, Skoda UK; 1999

Fallon Minneapolis
901 Marquette Ave Ste 2400, Minneapolis, MN 55402
Tel.: (612) 758-2345
Fax: (612) 758-2346
Toll Free: (866) 758-2345
E-Mail: reception@fallon.com
Web Site: www.fallon.com

Employees: 170
Year Founded: 1981

National Agency Associations: 4A's

Agency Specializes In: Advertising, Sponsorship

Mike Buchner *(CEO)*
Filip Kiisk *(Mng Dir)*
Pat Sidoti *(Head-Integrated Production)*
Adam Chorney *(Grp Dir-Plng)*
Rob Anton *(Art Dir)*
Suzy Langdell *(Acct Dir)*
Andy Rhode *(Media Dir)*
Kolter Ridge *(Assoc Producer)*
Matt Terrell *(Art Dir)*
Joanne Torres *(Creative Dir)*
Charlie Wolff *(Creative Dir)*
Brendan Lawrence *(Dir-Integrated Bus Affairs)*
Sean Donovan *(Acct Mgr)*
Megan Marsolek *(Mgr-Brdcst Traffic)*
Karen Rogers *(Mgr-HR)*
Payton Gallogly *(Acct Supvr)*
Kelly Holley *(Acct Supvr)*
Lindsay Melloh *(Acct Supvr)*
Olivia Sherlock *(Acct Supvr)*
Mara Keller *(Strategist-Social)*
Bret McFerrin *(Specialist-Media Ops)*
Mike Behrends *(Copywriter)*
Zack Carlstrom *(Copywriter)*
Matt Curtis *(Designer)*
Mike Guggenbuehl *(Media Planner)*
Nick Massahos *(Copywriter)*
Christine Taffe *(Copywriter)*
Jake Thompson *(Copywriter)*
Jonathan Moehnke *(Sr Art Dir)*
Jay Morrison *(Sr Art Dir)*
Rachel Quinlan *(Grp Media Dir)*
Michael Schwandt *(Grp Media Dir)*
Christopher Thornton *(Grp Media Dir)*

Accounts:
Abu Dhabi Commercial Bank
Arby's Restaurant (Agency of Record) Bacon, Beefy Sandwiches, Campaign: "Fear not the Meats", Campaign: "This Is Meatcraft", Campaign: "We Have The Meats", Creative, Digital, Print, Radio, Roast Beef, TV, Television, Turkey
Basilica Of St. Mary Block Party
Big Wood
Camp Heartland; Milwaukee, WI; 1997
Comedy Central
The Cosmopolitan of Las Vegas Campaign: "Just the right amount of wrong", Campaign: "Let Me Go"
Cruzan Rum
Deluxe Corp
Hotwire, Inc Media
IFC
Nestle Beverages
Nordstrom; Seattle, WA; 1998
The Phoenix Coyotes
SToK

Fallon New York
1675 Broadway Ave Ste 30, New York, NY 10019
Tel.: (212) 739-5500
E-Mail: info@fallon.com
Web Site: www.fallon.com

Employees: 25

Agency Specializes In: Advertising, Fashion/Apparel, Luxury Products

John King *(Pres)*
Nikki Baker *(Exec Creative Dir)*
Leslie Shaffer *(Exec Creative Dir)*
Brittain McNeel *(Art Dir)*
Charlie Wolff *(Creative Dir)*
Marion Roussel *(Acct Supvr)*
Sam Christian *(Strategist-Social)*
Madeleine Trebenski *(Copywriter)*

Accounts:
Anheuser-Busch Companies, LLC Bud Light Lime-A-Rita (Creative Agency of Record); 2017
New-Williams-Sonoma, Inc.
Wurkin Stiffs

Saatchi & Saatchi Fallon Tokyo
4-9-3 Jingumae, Shibuya-ku, Tokyo, 150-0001 Japan
Tel.: (81) 3 6438 1255
Fax: (81) 3 6438 1223
Web Site: www.ssftokyo.co.jp

Employees: 40

Gavin Cranston *(Gen Mgr)*

Accounts:
ASICS Global Creative; 2017
Godiva Japan
Toot
Toyota Motor Campaign: "Dream Car of the Day"

THE FALLS AGENCY
900 6th Ave SE Ste 105, Minneapolis, MN 55414-1379
Tel.: (612) 872-6372
Fax: (612) 872-1018
Toll Free: (800) 339-1119
E-Mail: info@fallsagency.com
Web Site: www.fallsagency.com

E-Mail for Key Personnel:
President: s.lund@fallsagency.com
Creative Dir.: k.franson@fallsagency.com

Employees: 25
Year Founded: 1982

Agency Specializes In: Advertising, Business-To-Business, Co-op Advertising, Leisure, Marine, Production, Sponsorship

Sharon Lund *(Pres)*
Robert Falls *(CEO)*
Deanna Davis *(Controller)*
Lisa Rothschild *(Acct Dir)*

AGENCIES - JANUARY, 2019   ADVERTISING AGENCIES

Accounts:
Kawasaki Power Products; MI Garden Tools; 1998
Kawasaki Rail Car, Inc.; NY Transportation; 2002
The Saint Paul Hotel
The St Paul Grill

FAME
527 Marquette Ave Ste 2400, Minneapolis, MN 55402
Tel.: (612) 746-3263
Fax: (612) 746-3333
Web Site: www.fameretail.com

Employees: 55
Year Founded: 1990

Agency Specializes In: Brand Development & Integration, Communications, Corporate Identity, Event Planning & Marketing, Experiential Marketing, Government/Political, In-Store Advertising, Logo & Package Design, Media Buying Services, New Product Development, Out-of-Home Media, Outdoor, Point of Purchase, Point of Sale, Print, Public Relations, Radio, Retail, T.V.

Lynne Robertson *(Pres & CEO)*
Megan Hanson *(Mng Dir & VP)*
Yves Roux *(VP & Creative Dir)*
Marie Corcoran *(Acct Mgmt Dir)*
Julie Feyerer *(Creative Dir)*
Terri Dahl *(Office Mgr)*

Accounts:
Best Buy
SuperValu Creative; 2008

THE FAMILY ROOM
41 N Main St # 2, Norwalk, CT 06854
Tel.: (203) 523-7878
Fax: (203) 523-7888
E-Mail: info@familyroomllc.com
Web Site: familyroomllc.com

Employees: 20
Year Founded: 1993

Agency Specializes In: Brand Development & Integration, Children's Market, New Product Development, Strategic Planning/Research

Sales: $10,000,000

George Carey *(Founder & CEO)*
Philip Kurien *(Mng Dir-Strategy & Innovation)*
Eric Wolfeiler *(Sr Dir-Quantitative Res)*

Accounts:
Crayola
Discovery Kids
Dixie
Dymo
Eggo
Heinz
Kellogg's
McDonald's
Mondelez International, Inc.
National Children's Museum
Nestle

FAMOUS NV/SA
(Acquired by Grey Group & Name Changed to FamousGrey)

FANCY LLC
11 Broadway Ste 560, New York, NY 10004
Tel.: (212) 343-2629
E-Mail: hello@fancynyc.com
Web Site: www.fancynyc.com

Employees: 50

Agency Specializes In: Advertising, Brand Development & Integration, Digital/Interactive, Print

Erica Fite *(Founder & Creative Dir)*
Katie Keating *(Founder & Creative Dir)*
Jake Siegal *(VP-Product)*

Accounts:
P&G Pantene
Ponds

FANCY RHINO
600 Georgia Ave Ste 4, Chattanooga, TN 37402
Tel.: (423) 402-0988
Web Site: www.fancyrhino.com

Employees: 50

Agency Specializes In: Advertising, Brand Development & Integration, Digital/Interactive, Graphic Design, Social Media

Katie Nelson *(COO & Head-Production)*
Tyler Beasley *(Dir & Editor)*

Accounts:
Organic Valley Campaign: "Save the Bros", Organic Fuel
Torch

FANGOHR, LLC
329 14Th St # 2, Brooklyn, NY 11215
Tel.: (718) 577-1204
Fax: (718) 577-1204
E-Mail: info@fangohr.com
Web Site: www.fangohr.com

Employees: 4
Year Founded: 2004

National Agency Associations: AD CLUB

Agency Specializes In: Advertising, Advertising Specialties, Affluent Market, Alternative Advertising, Arts, Asian Market, Brand Development & Integration, Branded Entertainment, Business Publications, Business-To-Business, Catalogs, Collateral, Communications, Consulting, Consumer Publications, Content, Corporate Communications, Corporate Identity, Cosmetics, Digital/Interactive, E-Commerce, Electronic Media, Email, Experience Design, Financial, Game Integration, Government/Political, Graphic Design, Information Technology, International, Internet/Web Design, Investor Relations, Logo & Package Design, Luxury Products, Magazines, Men's Market, Multicultural, Multimedia, New Product Development, New Technologies, Package Design, Pharmaceutical, Print, Production (Print), Publishing, Real Estate, Restaurant, Search Engine Optimization, Teen Market, Transportation, Urban Market, Web (Banner Ads, Pop-ups, etc.)

Approx. Annual Billings: $600,000

Breakdown of Gross Billings by Media: Corp. Communications: $75,000; E-Commerce: $75,000; Graphic Design: $75,000; Logo & Package Design: $75,000; Mags.: $75,000; Print: $75,000; Worldwide Web Sites: $150,000

Florian Fangohr *(Dir-Design)*
Jiarong Xu *(Dir-Dev)*

Accounts:
Detention Watch Network; Washington, DC Non-profit Organization; 2007
Interesting New York; New York, NY Conference; 2008
Pitchfork Music; Chicago, IL Media Buying; 2008

FANOLOGY LLC
5855 Green Valley Cir Ste 202, Culver City, CA 90230
Tel.: (310) 446-1100
E-Mail: hello@teamfanology.com
Web Site: www.teamfanology.com

Employees: 50

Agency Specializes In: Advertising, Brand Development & Integration, Broadcast, Collateral, Commercial Photography, Content, Internet/Web Design, Print, Social Media, T.V.

Richard Janes *(Founder & Mng Partner)*
Amy Duzinski Janes *(Partner & Exec Producer)*
Carline Jorgensen *(CMO)*
A. J. Lewis *(Chief Creative Officer)*
Chris Strompolos *(Dir-Ops)*

Accounts:
New-City National Bank
New-Rogers & Cowan
New-Toyota Motor North America Inc.

FANSCAPE INC.
12777 W Jefferson Blvd Ste 120, Los Angeles, CA 90066
Tel.: (214) 259-8472
Fax: (323) 785-7101
E-Mail: info@fanscape.com
Web Site: www.fanscape.com

Employees: 23
Year Founded: 1998

Agency Specializes In: Advertising, Sponsorship, Web (Banner Ads, Pop-ups, etc.)

Accounts:
Electronic Arts
GameStop Corp. Entertainment
Gillette
Hilton Worldwide
Honda
Kodak Graphic Communications Group
Mars, Inc. Snickers, Social Media
Monster.com
MTV
Samsung

THE FANTASTICAL
33 Union St, 4th Fl, Boston, MA 02108
Tel.: (508) 726-2555
Web Site: www.thefantastical.com

Employees: 12
Year Founded: 2012

Agency Specializes In: Advertising, Content, Digital/Interactive

Steve Mietelski *(Co-Founder & Partner)*
Michael Ancevic *(Co-Founder & Mng Partner)*
Scott Karambis *(Dir-Brand Plng & Strategy)*

Accounts:
'47 Brand; 2013
Four Seasons Hotel & Resorts
International Olympic Committee
McAlister's Deli
Olympus; 2012
Panera Bread; 2012
Row NYC; 2013
Sam Adams; 2012
Society of Grownups Campaign: "You're a Grownup now. Don't Panic"
TripAdvisor, Inc.; 2013

FANTICH MEDIA GROUP

609 W Us Highway 83, McAllen, TX 78501
Tel.: (956) 928-0500
Fax: (956) 928-0501
E-Mail: marc@fantichmedia.com
Web Site: www.fantichmedia.com

Employees: 8
Year Founded: 1995

Marc Fantich *(Founder)*
Manny Garza *(Creative Dir)*
Michelle Mann *(Mktg Dir)*
Eric Fantich *(Dir-Creative)*
Ernie Salcedo *(Designer-Web & Graphic Designer)*

Accounts:
Buy Direct
D-Tronics
Pizza Hut
Rainbow Play Systems

FARAGO DESIGN
71 Broadway, New York, NY 10006
Tel.: (212) 344-9472
Fax: (212) 243-1682
E-Mail: peter@farago.com
Web Site: farago.com

E-Mail for Key Personnel:
President: peter@farago.com

Employees: 25
Year Founded: 1988

Agency Specializes In: Collateral, Direct Response Marketing

Peter Farago *(Pres)*

Accounts:
Barnes & Noble Bookstores
Brown & Williamson; Louisville, KY Cigarettes; 2000
Dow Jones Newswire
Loehmann's Discount Designer Fashion
Mitsubishi America
Pantone
Prudential
Siskiyou Aerospace Instruments
Sun-Times Media Group Magazines, Newspapers

FARINELLA
1195 Park Ave, Emeryville, CA 94608
Tel.: (510) 339-9922
E-Mail: info@farinella.com
Web Site: www.farinella.com

Employees: 5

Agency Specializes In: Advertising, Brand Development & Integration, Collateral, Email, Internet/Web Design, Logo & Package Design, Print, Public Relations, Radio, Social Media

David Farinella *(Principal & Strategist-Creative)*

Accounts:
Libratone Creative, Digital Media Buy, Facebook Advertising, Strategy Research & Development; 2018
The Oakland Food Pantry

FARM
(Formerly SKM Group)
6350 Transit Rd, Depew, NY 14043
Tel.: (716) 989-3200
Fax: (716) 989-3220
E-Mail: bizdev@farmbuffalo.com
Web Site: www.growwithfarm.com/

Employees: 25
Year Founded: 1986

National Agency Associations: DMA-Second Wind Limited

Approx. Annual Billings: $13,000,000

Breakdown of Gross Billings by Media: Brdcst.: 5%; Bus. Publs.: 10%; Cable T.V.: 5%; Collateral: 5%; Consulting: 5%; D.M.: 30%; Fees: 14%; Internet Adv.: 5%; Network Radio: 5%; Network T.V.: 5%; Newsp.: 2%; Outdoor: 2%; Point of Sale: 5%; Print: 2%

Larry Robb *(Owner & CEO)*
Bryan LeFauve *(COO)*
Micky Farber *(Sr VP-Acct Svcs & Direct Mktg)*
Jill Fecher *(VP-Client Svcs)*
Brady McFadden *(VP-Client Svcs)*
Jeff Schaefer *(VP-Integrated Mktg)*
Lisa Dojnik *(Art Dir)*
Jamie Garcia *(Art Dir-Digital)*
Pamela Guggi *(Acct Dir)*
Jason Hughes *(Creative Dir)*
Rob Murphy *(Creative Dir)*
Angela Twentyfive *(Mgr-Acctg)*
Jamie Bushaw *(Sr Acct Exec)*
Kimberly McCarthy *(Sr Acct Exec)*
Amanda Waggoner *(Sr Acct Exec)*
Greg Bauch *(Copywriter)*
Allison Fanaro *(Sr Art Dir)*
Lauren Shapiro *(Assoc Creative Dir)*
Theresa Siconolfi *(Sr Production Mgr)*

Accounts:
American Benefits Consulting; New York, NY Insurance; 2001
Holiday Valley
Identifix; Roseville, MN Direct Mail, Interactive, Marketing Communication, Media & Public Relations
InterBay Funding; Philadelphia, PA Commercial Lending; 2002
NYSERDA; Albany, NY Energy Conservation; 2005
PNM; Albuquerque, NM Utility Service; 2005
Tops Markets LLC B-Quick

THE FARM
611 Broadway, New York, NY 10012
Tel.: (212) 982-8500
E-Mail: info@thefarm.com
Web Site: www.thefarm.com

Employees: 10

Agency Specializes In: Advertising, Affluent Market, Automotive, Broadcast, Business-To-Business, Cable T.V., Collateral, College, Communications, Consulting, Content, Corporate Communications, Corporate Identity, Cosmetics, Digital/Interactive, Electronic Media, Experience Design, Experiential Marketing, Fashion/Apparel, Financial, Graphic Design, Health Care Services, Hospitality, Identity Marketing, In-Store Advertising, Leisure, Logo & Package Design, Luxury Products, Market Research, Men's Market, Multimedia, Out-of-Home Media, Outdoor, Package Design, Print, Production, Radio, Regional, Restaurant, Retail, Sports Market, T.V., Travel & Tourism, Web (Banner Ads, Pop-ups, etc.), Women's Market

Accounts:
CBS; New York, NY TV; 1992
Gannett
Lifetime Television; New York, NY TV Network; 1997
NBC
Reebok
SHOWTIME
USA Today

FASONE & PARTNERS
4003 Pennsylvania Ave, Kansas City, MO 64111

Tel.: (816) 753-7272
Fax: (816) 753-7229
E-Mail: roar@fasonepartners.com
Web Site: www.fasonepartners.com

Employees: 20
Year Founded: 1975

Agency Specializes In: Advertising, Brand Development & Integration, Broadcast, Business-To-Business, Cable T.V., Children's Market, Co-op Advertising, Collateral, Communications, Consumer Marketing, Consumer Publications, Corporate Identity, Direct Response Marketing, E-Commerce, Electronic Media, Event Planning & Marketing, Financial, Food Service, Graphic Design, Health Care Services, High Technology, Hispanic Market, Industrial, Internet/Web Design, Legal Services, Leisure, Logo & Package Design, Magazines, Media Buying Services, Medical Products, Merchandising, Multimedia, New Product Development, Newspaper, Newspapers & Magazines, Out-of-Home Media, Outdoor, Pharmaceutical, Planning & Consultation, Point of Purchase, Point of Sale, Print, Production, Publicity/Promotions, Radio, Real Estate, Recruitment, Retail, Sales Promotion, Seniors' Market, Strategic Planning/Research, T.V., Technical Advertising, Telemarketing, Trade & Consumer Magazines, Transportation

Breakdown of Gross Billings by Media: Outdoor: 4%; Print: 3%; Production: 5%; Radio: 26%; T.V.: 62%

Michael Fasone *(CEO)*
Karol Angotti *(Mng Partner)*
Kathleen Fasone *(Partner)*
Julie Records *(Partner)*
Janette Boehm *(Exec VP)*
Kathy Davis *(Media Dir)*
Laura Strecker *(Acct Exec)*

Accounts:
Brotherhood Bank
Builder's Surplus
Wendy's of Missouri
Window World

FAST HORSE
240 N 9th Ave, Minneapolis, MN 55401
Tel.: (612) 746-4610
Fax: (612) 746-4620
E-Mail: info@fasthorseinc.com
Web Site: www.fasthorseinc.com/

Employees: 13

National Agency Associations: 4A's

Agency Specializes In: Consumer Goods, Corporate Identity, Digital/Interactive, Email, Environmental, Media Relations, Newspaper, Sponsorship, Sports Market

Jorg Pierach *(Founder & Creative Dir)*
Scott Broberg *(Sr VP)*
Allison Checco *(VP-Accts)*
David Fransen *(VP-Acct Svcs)*
Liz Giel *(VP-Strategy)*
Mike Keliher *(Grp Acct Dir)*
Jake Anderson *(Acct Dir)*
Mitchell Koch *(Acct Dir)*
Maggie LaMaack *(Acct Dir)*
Michael Santee *(Media Dir)*
Jo Watson *(Acct Dir)*
Alexandra Weaver *(Acct Dir)*
Natalie Marquez *(Dir-Client Relationship)*
Laura Schraufnagel *(Dir-Experiential)*
Rita Johnson *(Office Mgr)*

Accounts:
Allianz

Champs Sports PR
Coca-Cola Refreshments USA, Inc.
Deluxe Corporation (Integrated Marketing Agency of Record)
Great Tile
Heineken USA Campaign: "Mega Football Ad we didn't actually make.", Campaign: "No Bollocks", Newcastle Brown Ale, PR
Insight School
Link Snacks, Inc. Concept Development, Copywriting, Design, Jack Link's, Strategy
MacPhail Center for Music
Marvin
Newcastle Campaign: "No Bollocks", Public Relations
Perfetti Van Melle North America Mentos Gum, Sponsorship
Radisson
UnitedHealth Group

FASTLANE
261 Madison Ave 9th Fl, New York, NY 10016
Tel.: (855) 677-5263
E-Mail: hello@fastlane.co
Web Site: fastlane.co/

Employees: 18
Year Founded: 2006

National Agency Associations: AMA-BMA-IAB-PRSA

Agency Specializes In: Advertising, Brand Development & Integration, Communications, Corporate Communications, E-Commerce, High Technology, Multimedia, Pets , Podcasting, Public Relations, Social Marketing/Nonprofit, Web (Banner Ads, Pop-ups, etc.)

Christopher Faust *(Founder & CEO)*
Alex Pires *(Partner & CEO)*
Kevin Levi *(Mng Dir)*

Accounts:
Advantedge Healthcare Solutions; Warren, NJ
Astir Analytics
Bluewolf
Brinton Eaton Public Relations
Chief Executive Group (Agency of Record) Editorial Design Services, Event, PR
Collabera
Crispy Green (Branding, Marketing & Digital Content Agency of Record) Brand Partnerships, Content Marketing, Events, Future Brand Direction, Go-to-Market Strategy & Plans, Public Relations, Social Media, Strategic Positioning; 2017
D&G
e-Drive Retro (Agency of Record) Content Marketing, Creative, Marketing, Public Relations, Social Media
Education for Employment Foundation; New York, NY
eNow, Inc. (Integrated Branding, Marketing & Communications Agency of Record) Public Relations, Social Media
Food Allergy Initiative
Global Ocean Security Technologies Social Media
Golkow
JDC
MaxMara
My-Villages (Agency of Record) Branding, Messaging, Public Relations, Social Media
NJFair
North Star
NorthStar Systems International, Inc.
OceanLED LED Marine Lighting, Social Media
Poliwogg Branding, Marketing, PR, Social Media
Therapeutic Pet Solutions
Venda
Verizon Wireless

FAT CHIMP STUDIOS LLC
2065 Walton Rd, Saint Louis, MO 63114
Tel.: (314) 222-0375
Web Site: www.fatchimpstudios.com

Employees: 18
Year Founded: 2001

Agency Specializes In: Branded Entertainment, Broadcast, Cable T.V., Co-op Advertising, Collateral, Digital/Interactive, Direct Response Marketing, Email, Exhibit/Trade Shows, Game Integration, Guerilla Marketing, In-Store Advertising, Infomercials, Local Marketing, Mobile Marketing, Multimedia, Point of Sale, Product Placement, Production, Promotions, Radio, Social Media, Sponsorship, Sweepstakes, T.V., Telemarketing

Accounts:
DynaLabs LLC Corporate Overview Video
Imo's Pizza
MSLA 2015 High School Lacrosse State Championships

FATHOM COMMUNICATIONS
437 Madison Ave, New York, NY 10022
Tel.: (212) 817-6600
Fax: (212) 415-3514
E-Mail: inquiry@fathomcommunications.com
Web Site: http://www.docu-branding.com/

Employees: 36
Year Founded: 2001

Agency Specializes In: Above-the-Line, Advertising, Brand Development & Integration, Business-To-Business, Consulting, Consumer Goods, Consumer Marketing, Corporate Identity, Digital/Interactive, Direct Response Marketing, Direct-to-Consumer, Entertainment, Experience Design, Integrated Marketing, Internet/Web Design, Market Research, Merchandising, New Product Development, New Technologies, Planning & Consultation, Promotions, Sales Promotion, Sponsorship, Sports Market, Strategic Planning/Research, Sweepstakes, Trade & Consumer Magazines, Viral/Buzz/Word of Mouth, Web (Banner Ads, Pop-ups, etc.)

Approx. Annual Billings: $75,000,000

Breakdown of Gross Billings by Media: Consulting: 10%; D.M.: 20%; E-Commerce: 5%; Internet Adv.: 15%; Local Mktg.: 10%; Plng. & Consultation: 15%; Sls. Promo.: 10%; Strategic Planning/Research: 15%

Tres McCullough *(Co-Founder, Co-CEO & Chief Engagement Officer)*
Peter Groome *(CEO)*
Kelly Gordaychik *(Creative Dir)*

Accounts:
Arts & Entertainment (A&E) The Glades Crime Mystery Series
Cotton Inc.
Gatorade Creative, Propel
Hasbro; Pawtucket, RI e-Kara Dare to Diva; 2002

Branch

Fathom Communications
200 E Randolf St Ste 3800, Chicago, IL 60601-6436
Tel.: (312) 552-6900
Fax: (312) 552-6990
E-Mail: elni.petridis@fathomcomunications.com
Web Site: http://www.docu-branding.com/

Employees: 30

National Agency Associations: 4A's

Agency Specializes In: Sponsorship

Tim Evans *(Dir-Production)*
Jo Lyons *(Dir-People & Performance)*
Peter Saint John *(Mgr-Integrated Production)*

Accounts:
Hunter Fan Company (Agency of Record) Brand Positioning, Brand Strategy, Broadcast, Creative, Digital, Print
International Trucks
Navistar Inc

FB DISPLAYS & DESIGNS, INC.
338 Harris Hill Rd Ste 107, Williamsville, NY 14221
Tel.: (716) 635-0282
Fax: (716) 635-0286
Web Site: www.displaysanddesigns.com

Employees: 6
Year Founded: 1994

Agency Specializes In: Advertising, Brand Development & Integration, Digital/Interactive, Exhibit/Trade Shows, Graphic Design, Internet/Web Design, Social Media

Francine Brooks *(Pres)*

Accounts:
New-Fisher Associates
New-University at Buffalo

FCB GLOBAL
100 W 33rd St, New York, NY 10001
Tel.: (212) 885-3000
Fax: (212) 885-3300
E-Mail: hello@fcb.com
Web Site: fcb.com

Employees: 8,000
Year Founded: 1873

National Agency Associations: 4A's-AC-AD CLUB-AMA-AWNY-BMA-DMA-IAA-IAB-PMA-PPA-RAMA-WDMI

Agency Specializes In: Above-the-Line, Advertising, Advertising Specialties, Affiliate Marketing, Affluent Market, Alternative Advertising, Arts, Automotive, Aviation & Aerospace, Below-the-Line, Bilingual Market, Brand Development & Integration, Branded Entertainment, Business Publications, Business-To-Business, Cable T.V., Catalogs, Children's Market, Co-op Advertising, Collateral, College, Communications, Computers & Software, Consulting, Consumer Goods, Consumer Marketing, Consumer Publications, Content, Corporate Communications, Corporate Identity, Cosmetics, Crisis Communications, Customer Relationship Management, Digital/Interactive, Direct Response Marketing, Direct-to-Consumer, E-Commerce, Education, Electronic Media, Electronics, Email, Entertainment, Environmental, Event Planning & Marketing, Exhibit/Trade Shows, Experience Design, Experiential Marketing, Fashion/Apparel, Financial, Food Service, Game Integration, Government/Political, Graphic Design, Guerilla Marketing, Health Care Services, High Technology, Hispanic Market, Hospitality,

ADVERTISING AGENCIES
AGENCIES - JANUARY, 2019

Household Goods, Identity Marketing, In-Store Advertising, Industrial, Infomercials, Information Technology, Integrated Marketing, International, Internet/Web Design, Investor Relations, LGBTQ Market, Leisure, Local Marketing, Logo & Package Design, Luxury Products, Magazines, Market Research, Media Planning, Media Relations, Men's Market, Mobile Marketing, Multicultural, Multimedia, New Product Development, New Technologies, Newspaper, Newspapers & Magazines, Out-of-Home Media, Outdoor, Over-50 Market, Package Design, Paid Searches, Pets, Pharmaceutical, Planning & Consultation, Podcasting, Point of Purchase, Point of Sale, Print, Product Placement, Production, Production (Print), Promotions, Public Relations, Publicity/Promotions, Publishing, Radio, Restaurant, Retail, Sales Promotion, Search Engine Optimization, Seniors' Market, Shopper Marketing, Social Marketing/Nonprofit, Social Media, South Asian Market, Sponsorship, Sports Market, Stakeholders, Strategic Planning/Research, T.V., Technical Advertising, Teen Market, Telemarketing, Trade & Consumer Magazines, Transportation, Travel & Tourism, Tween Market, Urban Market, Viral/Buzz/Word of Mouth, Web (Banner Ads, Pop-ups, etc.), Women's Market

Fred Levron *(Partner-Creative)*
Neil Miller *(COO & CFO-Global)*
Jennifer Hohman *(CMO-Global)*
Brandon Cooke *(Chief Comm Officer)*
Susan Credle *(Chief Creative Officer-Global)*
Nigel Jones *(Chief Strategy Officer)*
Erik Darmstaedter *(Chief Client Officer)*
Sebastien Desclee *(Pres-Intl Markets)*
Joerg Hempelmann *(Pres-FCB Health-Europe)*
Luis Silva Dias *(CEO-Intl)*
Carter Murray *(CEO-Worldwide)*
Elyssa Phillips *(Exec VP & Chief of Staff-Global)*
Holly Brittingham *(Sr VP-Global Talent & Org Dev)*
Madhu Malhan *(Sr VP-Global Creative Svcs)*
Susan Simons *(VP & Project Mgr)*
John Crisafulli *(VP & Mgr-Retail Reg)*
Brooke Miller *(VP-Dev)*
Mike Beamer *(Creative Dir & Copywriter)*

Accounts:
Beiersdorf 8X4, Eucerin, Hansaplast, Nivea; 1907
Boeing; 2001
The Clorox Company; 2016
Diner's International; 1986
Dow Chemical Campaign: "Solutionism. The New Optimism.", Campaign: "Train", Human Element Campaign; 2006
Hewlett Packard; 1997
Kimberly-Clark Corporation Andrex, Cottonelle, Global Family-Care, Kleenex, Scott, Strategic & Creative, Viva; 2018
Levi Strauss "Live in Levi's", Ads, Cinema, Digital, Dockers, Marketing, Social Marketing, TV; 1988
Mondelez International Campaign: "Daily Twist", Nabisco, Nilla, Oreo; 1954

Parent Company of:

FCB Health
100 W 33rd St, New York, NY 10001
(See Separate Listing)

FCBCURE
(Formerly ICC)
5 Sylvan Way, Parsippany, NJ 07054
(See Separate Listing)

NeON
1400 Broadway, New York, NY 10018
Tel.: (212) 727-5600
Web Site: www.neon-nyc.com

Employees: 140

Agency Specializes In: Health Care Services, Sponsorship

Kevin McHale *(Exec VP & Mng Dir-Creative)*
Risa Arin *(Sr VP-Engagement Strategy)*
Nicole Duffy *(Sr VP & Mgmt Dir)*
Sabrina R. Prince *(Sr VP & Grp Mgmt Dir)*
Julie Tripi *(Sr VP-Acct Mgmt)*
Meg Holland *(VP & Acct Dir)*
Serena Rosario-Stanley *(VP & Dir-Integrated Production)*
Sherman Yee *(VP & Assoc Creative Dir)*
Manning Krull *(Dir-Tech)*
Abel Olmo *(Acct Supvr)*
Eunice Kindred *(Assoc Creative Dir)*
Pornima Tavkar *(Assoc Creative Dir)*

Accounts:
Baxalta; 2016
Genentech; 2016
Horizon Pharma; 2016
Janssen Biotech; 2014
Janssen Pharma; 2009
Lung LLC; 2016
Mallinckrodt; 2016
Novartis; 2013
Pernix Therapeutics; 2013
Reata Pharmaceuticals; 2017
Sandoz; 2016
Taiho Pharma; 2016
Theravance; 2016

Segal Licensing
219 Dufferin Street, Toronto, ON M6K 3JI Canada
Tel.: (416) 588-8727
E-Mail: toronto@fcb.com
Web Site: www.fcbtoronto.com

Employees: 25
Year Founded: 1994

Agency Specializes In: Above-the-Line, Advertising, Below-the-Line, Broadcast, Digital/Interactive, Exhibit/Trade Shows, Promotions, Sports Market

Stuart Pollock *(Pres-SEGAL Licensing)*
Natasha Palmieri *(Mgr-Mktg & Licensing)*

Accounts:
Classic Media
Jim Henson Company

FCB North America

FCB Chicago
875 N Michigan Ave, Chicago, IL 60611
Tel.: (312) 425-5000
Fax: (312) 425-5010
E-Mail: chicago@fcb.com
Web Site: https://fcbchi.com/

Employees: 700
Year Founded: 1873

National Agency Associations: 4A's-AC-AD CLUB-AMA-AWNY-BMA-DMA-IAA-IAB-PMA-PPA-RAMA-WDMI

Agency Specializes In: Above-the-Line, Advertising, Advertising Specialties, Affiliate Marketing, Affluent Market, Alternative Advertising, Arts, Automotive, Aviation & Aerospace, Below-the-Line, Bilingual Market, Brand Development & Integration, Branded Entertainment, Broadcast, Business Publications, Business-To-Business, Cable T.V., Catalogs, Children's Market, Co-op Advertising, Collateral, College, Commercial Photography, Communications, Computers & Software, Consulting, Consumer Goods, Consumer Marketing, Consumer Publications, Content, Corporate Communications, Corporate Identity, Cosmetics, Crisis Communications, Custom Publishing, Customer Relationship Management, Digital/Interactive, Direct Response Marketing, Direct-to-Consumer, E-Commerce, Education, Electronic Media, Electronics, Email, Engineering, Entertainment, Environmental, Event Planning & Marketing, Exhibit/Trade Shows, Experience Design, Fashion/Apparel, Financial, Food Service, Game Integration, Government/Political, Graphic Design, Guerilla Marketing, Health Care Services, High Technology, Hispanic Market, Hospitality, Household Goods, Identity Marketing, In-Store Advertising, Industrial, Infomercials, Information Technology, Integrated Marketing, International, Internet/Web Design, Investor Relations, Legal Services, Leisure, Local Marketing, Logo & Package Design, Luxury Products, Magazines, Marine, Market Research, Media Buying Services, Media Planning, Media Relations, Media Training, Men's Market, Mobile Marketing, Multicultural, Multimedia, New Product Development, New Technologies, Newspaper, Newspapers & Magazines, Out-of-Home Media, Outdoor, Over-50 Market, Package Design, Paid Searches, Pharmaceutical, Planning & Consultation, Podcasting, Point of Purchase, Point of Sale, Print, Product Placement, Production, Production (Print), Promotions, Public Relations, Publicity/Promotions, Publishing, Radio, Retail, Sales Promotion, Search Engine Optimization, Seniors' Market, Social Marketing/Nonprofit, South Asian Market, Sponsorship, Sports Market, Stakeholders, Strategic Planning/Research, Sweepstakes, Syndication, T.V., Technical Advertising, Teen Market, Telemarketing, Trade & Consumer Magazines, Transportation, Travel & Tourism, Urban Market, Viral/Buzz/Word of Mouth, Women's Market, Yellow Pages Advertising

Kelly Graves *(Exec VP & Grp Dir-Mgmt)*
Antoniette Wico *(Exec VP & Grp Dir-Mgmt)*
Samuel Luchini *(Sr VP & Exec Creative Dir)*
Avital Pinchevsky *(Sr VP & Exec Creative Dir)*
Cherie Davies *(Sr VP & Grp Dir-Creative)*
Curt Munk *(Sr VP & Grp Dir-Plng)*
John Bleeden *(Sr VP & Exec Producer-Creative)*
Julie Regimand *(Sr VP & Dir-Production Ops)*
Melanie Hellenga *(Sr VP & Grp Mgmt Dir)*
Marisa Groenweghe *(VP & Creative Dir)*
Christopher Scinta *(VP & Creative Dir)*
Kathleen Tax Wille *(VP & Creative Dir)*
Nicole Emerick *(VP & Dir-Social Media)*
Mike X. Giangreco *(VP & Dir-Mgmt)*
Tony Riley *(VP & Dir-Mgmt)*
Fan Shi *(VP & Dir-Strategic Analytics)*
Anthony Tharpe *(VP & Dir-Strategy)*
Stump Mahoney *(Dir-Music & Exec Producer)*
Tom Flanigan *(Creative Dir)*
Tara Reardon *(Acct Dir-Experiential)*
Aileen Hamilton *(Sr Mgr-Production Bus)*
James Rohaley *(Mgr-Media)*
Erin Hudec *(Acct Supvr)*
Jesse Jarrett *(Acct Supvr)*
Eric Lessens *(Acct Supvr)*
Taylor Schmaling *(Acct Supvr)*
Tess Babbitt *(Acct Exec)*
Sergio Velasquez *(Strategist-Digital Media)*
Cayne Collier *(Copywriter)*
Patrick Matzenbacher *(Assoc Creative Dir & Copywriter)*
Stephen Clark *(Grp Exec Producer)*
Peter de Guzman *(Sr Art Dir)*
Nat Loehr *(Sr Art Dir)*
Niels Sienaert *(Assoc Creative Dir)*
Luis Sierra *(Sr Art Dir)*

Accounts:
Academy Sports & Outdoors (Digital Agency of Record) Digital, In-store, OOH, Print, Radio
Allergan
Anheuser-Busch Companies Creative, Michelob Ultra, Super Bowl 2018 Campaign: "The Perfect Fit"

AGENCIES - JANUARY, 2019 — ADVERTISING AGENCIES

ARAMARK Global Business
Archer+Wolf
Bioverativ
Boeing
Brown-Forman Jack Daniel's, Shopper Marketing
Choose Chicago Creative
Clark Street Bridge
Clorox Co Clorox, Creative, Digital, Glad Trash, Liquid-Plumr, Pine-sol, Poett
Coca-Cola Refreshments USA Shopper Marketing; 2010
Comcast; 2016
Cox Communications Social Media Strategy
Diner's Club International; 1991
Discover Financial Services
Dow Chemical Campaign: "Giant Chalkboard", Campaign: "Hopeful"; 2006
Fiat Chrysler Automobiles (Creative Agency of Record) 124 Spider, 500X Crossover, Chrylser, Creative, Fiat (Agency of Record), Jeep, Super Bowl 2018, Wyclef
GE Appliances (Creative Agency of Record) Advertising, Digital, Shopper Marketing, Social; 2018
Getty Images, Inc
Glad
New-Hospital Corporation of America; 2017
Humana; 2015
The Illinois Council Against Handgun Violence
Janssen Pharmaceuticals Invega Trinza
Jimmy Johns Franchise, LLC
The J.M. Smucker Company Meow Mix, Milk Bone, Pet Brands, Shopper Marketing
New-Maserati Cinema, Television
Merediths Miracles Colon Cancer Foundation
MFS Investment Management (Media Buying & Media Planning Agency of Record) Media Planning & Buying
MilkPEP Shopper Marketing
Museum of Contemporary Art Chicago
Nestle USA DiGiorno
New-NextEra Energy; 2017
PACCAR
Radio Flyer Campaign: "Imagination on Wheels"
Renew Life
State Farm Below-the-Line Marketing
New-Stericycle; 2017
Valspar Campaign: "Cityscapes", Campaign: "Color For All", Digital, Print, TV; 2010
Wells Enterprises (Agency of Record) Blue Bunny (Creative Agency of Record), Creative Advertising, Digital, Out-of-Home, Print, Social Media, Television; 2017

FCB New York
(Formerly FCB Garfinkel)
100 W 33rd St, New York, NY 10001
Tel.: (212) 885-3000
Fax: (212) 885-3300
E-Mail: hello@fcb.com
Web Site: www.fcb.com

Employees: 100
Year Founded: 1873

National Agency Associations: 4A's

Agency Specializes In: Above-the-Line, Advertising, Alternative Advertising, Below-the-Line, Broadcast, Customer Relationship Management, Digital/Interactive, Direct Response Marketing, Guerilla Marketing, In-Store Advertising, Integrated Marketing, Mobile Marketing, Multimedia, Newspaper, Newspapers & Magazines, Out-of-Home Media, Outdoor, Promotions, Shopper Marketing, Social Media, Sponsorship, Viral/Buzz/Word of Mouth

Fred Levron *(Partner-Worldwide Creative)*
Suzanne Santiago *(Exec VP & Grp Dir-Mgmt)*
Alec Cocchiaro *(Exec VP & Dir-Acct Mgmt)*
Todd Sussman *(Sr VP & Grp Dir-Strategy)*
Vivian Cunningham *(Sr VP & Dir-Ops)*
Dimas Adiwiyoto *(VP & Acct Dir)*
Candice Hellens *(VP & Creative Dir)*
Stu Mair *(Exec Creative Dir)*
Gary Resch *(Exec Creative Dir)*
Gabriel Schmitt *(Grp Dir-Creative)*
Gillian Burkley *(Sr Producer-Brdcst)*
Margot Meyerhoff *(Sr Producer-Digital)*
Earl Adams *(Acct Dir)*
Justin Batten *(Art Dir)*
Anais Benoudiz *(Art Dir)*
Jared Shell *(Acct Dir)*
sunjoo ryou *(Dir-Creative Mgmt)*
Adalberto Santana *(Assoc Dir-Creative & Art)*
Alex Sprouse *(Assoc Dir-Creative)*
Enrique Espinetti *(Acct Supvr)*
Mallika Rao *(Acct Supvr)*
Miles R. Brickley *(Acct Exec)*
Ally Morrow *(Acct Exec)*
Sarah Bass *(Copywriter)*
Elizabeth Crowe *(Planner-Strategic)*
Alan Vladusic *(Designer)*
Katie O'Hara *(Asst Acct Exec)*
Tara J Dobson *(Assoc Creative Dir)*
Hernan Ibanez *(Assoc Creative Dir)*
James Meiser *(Sr Art Dir)*

Accounts:
Beiersdorf Aquaphor, Eucerin, Nivea, Nivea For Men; 1999
New-Burger King Corporation
Food & Drug Administration Campaign: "The Real Cost", FDA Anti-Smoking, Online, Out of Home, Print, Radio; 2013
Jamaica Tourist Board Campaign: "Bikini", Campaign: "Chicken", Campaign: "Jamaica, Home of All Right", Campaign: "One Team?One Love", Campaign: "Scuba", Campaign: "Waterfall", Campaign: "Wedding"; 1990
LG Electronics Social Media
Lincoln Financial Group (Agency of Record)
OneMain Financial (Lead Creative Agency)
U.S. Food & Drug Administration; 2013

FCB/RED
875 N Michigan Ave, Chicago, IL 60611
Tel.: (312) 425-5000
Web Site: www.fcbred.com

Employees: 50
Year Founded: 1873

Agency Specializes In: Shopper Marketing

Tina Manikas *(Pres)*
Teddy Brown *(Exec VP & Exec Creative Dir)*
Curt Munk *(Sr VP & Head-Strategy)*
Liz Underwood Drouin *(Sr VP & Dir-Mgmt)*
Howard Klein *(Sr VP & Grp Mgmt Dir)*
Quanah Humphreys *(Creative Dir)*
Shannon Frampton Fanelli *(Acct Supvr)*
Miguel Mayen *(Assoc Creative Dir)*

Accounts:
AB InBev Bud Light, Corona, Kirin, Michelob Ultra, Shock Top, Stella Artois
Brown-Forman Jack Daniel's
Comcast Xfinity
Fisher-Price
Kikkoman
MilkPEP
PACCAR Shopper Marketing
Samsung Samsung Home Appliances, Samsung Mobile, Samsung Pay, Shopper Marketing
The Coca-Cola Company Shopper Marketing
New-Tyson Foods Any'tizers

FCB West
1160 Battery St Ste 450, San Francisco, CA 94111
Tel.: (415) 820-8000
Fax: (415) 820-8087
Web Site: www.fcb.com

Employees: 35
Year Founded: 1873

National Agency Associations: 4A's

Agency Specializes In: Advertising, Digital/Interactive, Direct Response Marketing, Electronic Media, Event Planning & Marketing, Integrated Marketing, Promotions, Sponsorship, Sports Market, Strategic Planning/Research

Karin Onsager-Birch *(Chief Creative Officer)*
Simon White *(Chief Strategy Officer)*
Cary Pierce *(Exec VP & Grp Dir-Mgmt)*
Arlene Bae *(Sr VP & Grp Dir-Mgmt)*
Gwen Hammes *(Sr VP & Grp Mgmt Dir)*
Jordan Wells *(VP & Dir-New Bus)*
Michael Long *(Exec Creative Dir)*
Justin Moore *(Exec Creative Dir)*
Bruno Nakano *(Art Dir & Creative Dir)*
Sarah Barger Ranney *(Art Dir-Digital)*
Jennifer Menezes Gedestad *(Dir-Talent & Recruiter)*
Allan Johnson *(Dir-Strategy)*
Paola Cammareri *(Acct Supvr)*
Laura Feder *(Acct Supvr)*
Lauren Geismar *(Acct Supvr)*
Raisa Collazo Carmona *(Acct Exec)*
Matt Ashworth *(Copywriter)*
Sara Mason *(Copywriter-Digital)*
Christopher Penman *(Copywriter)*
Alek Weltin *(Asst Acct Exec)*
Drew Meiser *(Sr Art Dir)*
Colin Mitchell *(Assoc Creative Dir)*

Accounts:
Arizona State University
Clorox Company Creative, Liquid Plumr, Marketing, Pine-Sol, Poett
Ghirardelli Chocolate Co. Creative; 2014
Hotwire, Inc. (Creative Agency of Record) Brand Repositioning & Strategy, Concept Development, Integrated Campaign Execution; 2018
Levi Strauss & Co. Digital & Social, Dockers
USDA Smokey the Bear

Canada

FCB Montreal
1751 rue Richardson Suite 6.200, Montreal, QC H3K 1G6 Canada
Tel.: (514) 938-4141
Fax: (514) 938-2022
E-Mail: bonjour@fcb.com
Web Site: www.fcbmontreal.com

Employees: 35
Year Founded: 1989

Agency Specializes In: Advertising, Communications, Direct Response Marketing

Samia Chebeir *(Pres)*
Joumana Oweida *(Mng Dir & VP)*
Sylvain Dufresne *(Chief Creative Officer & VP)*
Joe Spilak *(VP & Dir-Production)*
Joel Letarte *(Editor & Designer)*
Anne-Marie Lavoie *(Art Dir-Digital & Designer-UI & UX)*
Sebastien Robillard *(Art Dir)*
Marie-Nathalie Poirier *(Dir-Strategic Plng)*

Accounts:
A. Lassonde Fruite
Air Canada Global Retail Communications
Beiersdorf
DavidsTea; 2016
Fido; 1999
Fido
The J.M. Smucker Company Milk-Bone
New-Oxfam
Royal Canadian Mint

ADVERTISING AGENCIES

Tetra Pak
Weight Watchers Campaign: "Just Watch Me"

FCB Toronto
219 Dufferin Street, Toronto, ON M6K 3J1 Canada
Tel.: (416) 483-3600
Fax: (416) 489-8782
E-Mail: toronto@fcb.com
Web Site: fcbtoronto.com/

Employees: 200
Year Founded: 1951

National Agency Associations: ICA

Agency Specializes In: Above-the-Line, Advertising, Below-the-Line, Communications, Digital/Interactive, Direct Response Marketing, Publicity/Promotions

Chris Perron *(Mng Dir & VP)*
Jenna Yim *(VP-Solutions Strategy & Customer Experience)*
Ian Mackenzie *(Exec Creative Dir)*
John Pace *(Grp Acct Dir)*
Jodi Spanninga *(Grp Acct Dir)*
Hanh Vo *(Grp Acct Dir)*
Alisa Sera Garcia *(Art Dir)*
Gira Moin *(Art Dir)*
Lorrie Zwer *(Producer-Brdcst)*
James Bliss *(Dir-Mktg Comm)*
Stef Fabich *(Dir-Integrated Production)*
Denise Gohl-Eacrett *(Dir-Brand & Customer Experience)*
Madara Ranawake *(Dir-Tech)*
Andrew Yang *(Sr Mgr-Data Analytics)*
Heather Turnbull *(Comm Mgr)*
Jennifer Gaidola Sobral *(Acct Supvr)*
Chris Flynn *(Acct Exec)*
Jon Frier *(Copywriter)*
Sara Radovanovich *(Copywriter)*
Morgan Wroot *(Copywriter)*
Perle Arteta *(Sr Art Dir)*
Cindy Marie Navarro *(Assoc Creative Dir)*

Accounts:
Air Canada CRM, Email, Global Retail Communications, Loyalty
Anheuser-Busch InBev Creative Advertising, Michelob Ultra
BMO Harris Bank N.A. (Lead Agency) Campaign: "Bank that Knows Ball", Campaign: "The BMO Effect", Creative, NBATM
BMW (Agency of Record); 2017
Canada Post Irving; 2009
Canadian Down Syndrome Society Media, Videos
Canadian Institute of Chartered Accountants; 2008
Dole; 2010
Fairmont Hotels
Fountain Tire (Agency of Record)
Government of Ontario Ministries
The Home Depot Canada National Advertising; 2018
Irving Oil; 2016
Jamaica Tourism
The J.M. Smucker Company Jerky Treats, Milk-Bone, Pup-peroni
Levi Strauss
Mondelez Chips Ahoy!, Oreo, Ritz
Ontario Lottery & Gaming Corporation
The Ontario Tourism Marketing Partnership Corporation 2015 Pan Am Games, Campaign: "Epic is on", Campaign: "Invade", Campaign: "Where Am I?; 2010
Ontario Tourism; 2010
Pflag Canada Campaign: "Jazz"
New-Prostate Cancer Canada
Sun Life Financial Branding, Marketing
Sunkist Growers
Weight Watchers

Austria

FCB Neuwien
Mariahilfer Strasse 17, 1060 Vienna, Austria
Tel.: (43) 1379110
Fax: (43) 1379111030
E-Mail: vienna@fcb.com
Web Site: www.fcbneuwien.at

Employees: 5

Agency Specializes In: Above-the-Line, Advertising, Below-the-Line, Digital/Interactive, Direct Response Marketing, Retail

Gregor Paulik *(Head-Digital)*
Dieter Pivrnec *(Exec Creative Dir)*
Barbara Lung *(Dir-Budget)*

Accounts:
Beiersdorf Eucerin, Nivea; 2002
BMVIT Ministry of Infrastructure & Transport; 2015
City of Vienna, Verein Wiener Frauenhauser Campaign: "Offensive Pop-Up for Women's Shelters"
OBB
New-Rudolf Olz Meisterbacker
Vienna Insurance Group; 2011

Bulgaria

FCB Sofia
19 Oborishte, Sofia, 1505 Bulgaria
Tel.: (359) 2 943 0610
E-Mail: hello@fcbsofia.bg
Web Site: www.fcb.com

Employees: 15
Year Founded: 1992

Agency Specializes In: Advertising, Direct Response Marketing, Media Buying Services, Promotions, Public Relations, Sales Promotion

Krassimir Guergov *(Mng Dir & Head-Creative)*
Kalina Ivanova *(Exec Bus Dir)*

Accounts:
Beiersdorf Eucerin, Nivea; 2011
New-Captain Cook; 2017
New-Litex Motors; 2015
New-Molson Coors Staropramen
Mondelez Oreo, TUC; 2009
New-Philipoff; 2017
New-Rompetrol
New-Victoria; 2017

Czech Republic

FCB Czech
Kubanske namesti 1391/11, Vrsovice, Prague, 100 00 Czech Republic
Tel.: (420) 295 560 427
E-Mail: ahoj@fcbczech.cz
Web Site: www.fcb.com

Employees: 15

Agency Specializes In: Advertising, Digital/Interactive, Direct Response Marketing, Exhibit/Trade Shows, Mobile Marketing, Promotions

Petr Bartos *(CEO)*
Liz Gump *(Mng Dir)*
Jana Offenbartlova *(Acct Dir-Client Svcs)*
Bara Jonakova *(Account Dir-Client Svcs)*

Accounts:
Beiersdorf Eucerin, Hansaplast, Nivea; 1996
DOTEX Foundation; 2016
Kuhn Choir of Prague; 2015
Nadace Nase dite Our Child Foundation; 2005
UNIQA

France

FCB CHANGE
(Formerly FCB Paris)
1-3 Rue Caumartin, 75010 Paris, France
Tel.: (33) 144 37 1314
E-Mail: info@fcbparis.fr
Web Site: www.fcb.com

Employees: 95
Year Founded: 1964

National Agency Associations: AACC

Agency Specializes In: Advertising, Digital/Interactive, Direct Response Marketing

Patrick Mercier *(CEO)*
Christophe Perruchas *(VP & Creative Dir)*
Evelyne Bourdonne *(Head-Plng)*
Emeric Chapuis *(Creative Dir)*
Thomas Martinet *(Art Dir)*
Benjamin Cuzin *(Copywriter)*

Accounts:
Beiersdorf Nivea; 1997
New-Bonduelle
Camara
New-CITROEN
New-Feu Vert
New-Groupe Britvic
New-Groupe Sodiaal Entremont, Nutribio
New-Intersnack Curly, Monster Munch, Vico
New-Lynx Optique
New-Nutrition & Nature
New-Rana
New-Scamark E.Leclerc
SNCF Lyria; 2005

Germany

FCB Hamburg
Bleichenbruecke 10, D-20095 Hamburg, Germany
Tel.: (49) 40 28 810
Fax: (49) 40 28 81 1270
E-Mail: hamburg.info@fcb.com
Web Site: www.fcb.com

Employees: 110

Agency Specializes In: Above-the-Line, Advertising, Below-the-Line, Digital/Interactive, Direct Response Marketing, Promotions

Daniel Konnecke *(CEO)*
Michael Carl *(CFO)*
Christoph Nann *(Chief Creative Officer)*
Clara Schmidt-von Groeling *(Chief Strategy Officer)*
Erika Darmstaedter *(Chief Client Officer & Acct Dir-Beiersdorf)*
Mikki Brunner *(Exec Creative Dir-NIVEA)*
Patrik Hartmann *(Creative Dir & Art Dir)*
Julia Cornils *(Acct Dir)*
Gaby Groenke *(Acct Dir-Nivea)*
Michael Okun *(Creative Dir-Copy)*

Accounts:
Alltours Flugreisen; 2017
AXA Insurance Company; 2015
Beiersdorf Eucerin, Hansaplast, Lead Global Creative Agency, Nivea Sun; 1978
Bosch Software Innovations; 2017
comdirect bank; 2017
Havaianas; 2015
Hummel Sport & Leisure; 2016
Jimdo; 2016
Perfetti von Melle Chupa Chups; 2016
Peter Koelin Koelin Muesli; 2012
Rusta; 2017

Yamaha Music Europe Advertising, Digital, Point of Sale, Video; 2017

Greece

FCB Gnomi
Iroos Matsi & Archaiou Theatrou Str, Alimos, Athens, 17456 Greece
Tel.: (30) 210 962 6707
Fax: (30) 210 960 1722
E-Mail: fcbgnomi@fcbgnomi.gr
Web Site: www.fcb.com

Employees: 25
Year Founded: 1953

National Agency Associations: IAA

Agency Specializes In: Above-the-Line, Advertising, Below-the-Line, Digital/Interactive, Direct Response Marketing, Promotions, Public Relations, Strategic Planning/Research

Christina Hohlakidis (CEO)
George Vacondios (Gen Mgr)
Yiannis Barboutis (Creative Dir)

Accounts:
Athens Metro Mall; 2010
Attica Group Blue Star & Superfast Ferries; 1999
Beiersdorf Duo, Eucerin, Futuro, Nivea, Tesa; 1999
Cineplexx; 2015
Druckfarben Kraft Paints; 2014
Elvida Foods Nostimost; 2016
EPSA; 2014
FG Europe; 2016
Grigoris Mini Lunches Coffeeright, Grigoris Mini Lunches
Jotis; 2016
Karamalegos Bakery Productcs; 2016
Kyknos Greek Canned Products; 2015
Novafood Linodiet; 2015
Olympus; 2015
Revoil; 2005
Toi & Moi; 2001

Italy

FCB Milan
Via Spadolini 7, Milan, 20144 Italy
Tel.: (39) 02 77 411
Fax: (39) 02 78 12 63
E-Mail: milano@fcb.com
Web Site: www.fcb.com

Employees: 35

Agency Specializes In: Advertising, Digital/Interactive, Direct Response Marketing, Promotions

Giorgio Brenna (CEO)
Fabio Bianchi (Mng Partner)
Giorgia Francescato (Mng Dir)
Francesco Bozza (Chief Creative Officer)
Fabio Teodori (Exec Creative Dir)
Paola Brunati (Acct Dir)
Mattia Errico (Art Dir)
Carlotta Piccaluga (Dir-Client Svc)
Antonella Romano (Acct Exec)
Paolo Costella (Planner-Strategic)
Christian Leoni (Copywriter)
Tatiana Ravalli (Planner-Strategic)
Gianluca Belmonte (Assoc Creative Dir)
Massimo Verrone (Grp Creative Dir)

Accounts:
Amazon Content Services; 2017
Beiersdorf Eucerin, Labello, Nivea; 1997
Corriere Dela Cera
Credem; 2017
DimmidiSI; 2017
Easy Jet
Fiat Chrysler Mopar; 2016
Havaianas
Laborest Aquilea; 2017
Medical Mission International
Mercedes Car Group
Mondelez Oreo; TUC
New-PittaRosso; 2018
Poste Italiene
New-Safilo Group Carrera; 2018
New-Samsung; 2018
Symantec; 2015
UniCredit Banca
World Children's Fund

Netherlands

FCB Amsterdam
Wibautstraat 24, Amsterdam, 1097 DN Netherlands
Tel.: (31) 20 573 1111
Fax: (31) 20 573 1310
E-Mail: info.amsterdam@fcb.com
Web Site: www.fcb.com

Employees: 60
Year Founded: 1988

Agency Specializes In: Advertising, Digital/Interactive, Direct Response Marketing, Promotions

Benjamin Messelink (Chm & Mng Dir)
Jos Vis (Pres)
Arjan Hamel (Fin Dir)
Massimo van der Plas (Chief Creative Officer)
Dimitri Hubregtse (Creative Dir)
Wouter Kampman (Art Dir)
Michael Kouwenhoven (Creative Dir)
Viet Ta Trong (Art Dir)
Micky Geesink (Dir-Strategy)
Lisette Peperkamp (Dir-Client Ops)
Rolf Bais (Copywriter)
Tomas Lievense (Copywriter)

Accounts:
AB InBev Leffe; 2016
Beiersdorf Nivea
EasyJet; 2017
ING; 2011
Loyalty Management Air Miles
MasterCard; 2015
Metro Group Metro; 2016
Mitsubishi Motors Campaign: "Letter"; 2010
Nespresso; 2010
PACCAR
RCI Global Vacation Network Landal Green Parks; 2017
Yanmar; 2015

Poland

FCB Bridge2Fun
(Formerly FCB Warsaw)
ul Bobrowiecka 1a, 00-728 Warsaw, Poland
Tel.: (48) 224884300
E-Mail: poland.info@fcb.com
Web Site: www.fcb.com

Employees: 20

Agency Specializes In: Above-the-Line, Advertising, Below-the-Line, Digital/Interactive, Direct Response Marketing, Promotions

Rafal Baran (CEO)
Monika Sosnowska (Grp Acct Dir)
Emilia Blaszczak (Acct Dir)
Magdalena Sosnowska (Dir-Client Services)

Accounts:
Apsys Posnania; 2016
AXA Polska
New-AZA Group Born2Be
Beiersdorf Eucerin, Nivea; 1997
New-Black Red White; 2018
Bongrain Turek; 2015
New-Deutsche Telekom T-Mobile
New-FoodCare
Grupa Lotos; 2012
New-Grupa Onet-RAS Polska Onet
New-Showmax
USP Zdrowie; 2015

Portugal

FCB Lisbon
Av Antonio Augusto de Aguiar 163-5A Esq, 1050-014 Lisbon, Portugal
Tel.: (351) 2 1381 1200
Fax: (351) 213811279
E-Mail: geral.lisboa@fcb.pt
Web Site: www.fcb.com

Employees: 35
Year Founded: 1981

National Agency Associations: APAP (Portugal)

Agency Specializes In: Advertising, Below-the-Line, Digital/Interactive, Direct Response Marketing, Media Buying Services, Promotions

Edson Athayde (CEO & Chief Creative Officer)
Vera Barros (CFO)
Victor Afonso (Creative Dir)
Viton Araujo (Creative Dir)
Sonia Goncalves (Acct Dir)
Pablo Manzotti (Creative Dir)
Eduardo Tavares (Creative Dir)
Andrea Valenti (Acct Dir)
Carlos Baptista (Dir-Customer Svc)
Joao Martins (Dir-Design Creative)
Leo Gomez (Copywriter)
Marcio Nazianzeno (Copywriter)
Diego Torgo (Sr Art Dir)

Accounts:
ACA-M Drivers Safety Association Campaign: "Moonwalk, Shark dive, Time travel "
Academia Portuguesa de Cinema
ACT
APAV - Portuguese Association for Victim Support
Beiersdorf Eucerin, Nivea; 2000
CIC Group Cofidis; 2009
New-Cofina Media CM Negocios, CMTV, Flash Maxima, Record; 2017
Havaianas; 2015
Laco Foundation
New-Lactogal Productos Alimentares Mimosa; 2016
New-Lactogel Matinal; 2017
New-Moreton Marketing Bacana; 2017
Penguin
Portuguese Cardiology Foundation Campaign: "Tears From The Heart"
Portuguese Film Academy
Portuguese Paralympic Committee
ReMax; 2010
Unitel; 2015

Romania

FCB Bucharest
137A Barbu Vacarescu 2nd District, Bucharest, 020273 Romania
Tel.: (40) 21 231 4092
Fax: (40) 21 231 4062
E-Mail: office@fcb.ro
Web Site: www.fcb.com

ADVERTISING AGENCIES

Employees: 80

Agency Specializes In: Above-the-Line, Advertising, Below-the-Line, Digital/Interactive, Direct Response Marketing, Promotions

Bogdan Santea *(Pres & CEO)*
Claudiu Dobrita *(Chief Creative Officer & Creative Dir)*
Corina Anghel *(Head-Strategy)*
Andreea Carciumaru *(Grp Acct Dir)*
Delia Soare *(Grp Acct Dir)*
Anca Duta *(Acct Mgr)*
Gabriela Pricob *(Production Mgr)*
Silviu Theodor Clinciu *(Acct Exec)*
Stefania Dinu *(Acct Exec)*
Rares Gall *(Copywriter)*
Razvan Ghilencea *(Copywriter)*
Miruna Anton *(Jr Art Dir)*
Emanuel Borcescu *(Sr Art Dir)*
Arpad Fekete *(Sr Art Dir)*
Viorel Holovaci *(Sr Art Dir)*

Accounts:
Beiersdorf Nivea; 2001
Bergenbier Staropramen; 2015
New-Bonduelle; 2017
Carrefour; 2016
Dental House
Ferrero Ferrero Rocher, Mon Cheri, Pocket Coffee, Rafaello; 2015
Heidi Chocolates; 2017
JTI
Kaufland; 2017
Louis Bonduelle Foundation
Mondelez Oreo, Tuc; 2007
Pazo Group; 2012
Philips
Red Bull; 2017
Tymbark Maspex La Festa, Salatini; 2015
Vodafone; 2008

Serbia

FCB Afirma
Cara Dusana 42, 11000 Belgrade, Serbia
Tel.: (381) 11 1328 4620
Fax: (381) 11 1262 2645
E-Mail: office@fcbafirma.rs
Web Site: www.fcb.rs

Employees: 40

Agency Specializes In: Above-the-Line, Advertising, Below-the-Line, Customer Relationship Management, Digital/Interactive, Media Buying Services, Promotions

Dejan Nedic *(CEO)*
Bozidar Cvetkovic *(Creative Dir)*
Ivana Minovic *(Dir-Client Svc)*

Accounts:
New-AIK Banka
Apatin Brewery Jelen; 2017
Beiersdorf Eucerin, Hansaplast, Labello, Nivea; 2002
Birra Peja SPARK; 2015
Dietpharm Ideal Slim; 2014
Grand Kafa Bonito, Grand Gold
Ikea; 2008
Imlek (Niska Mlekara) Imlek, Vedro; 2016
Molson Coors Corona, Leffe, Staropramen, Stella Artois; 2016
Mondelez TUC
NIS Petrol; 2014
Olitalia; 2015
Pernod Ricard Jacob's Creek; 2014
New-Recan Fond non-profit
Telenor; 2013

Spain

FCB Spain
Doctor Forquet 29, 28012 Madrid, Spain
Tel.: (34) 913104549
Fax: (34) 913104840
E-Mail: spain@fcb.com
Web Site: www.fcb.com

Employees: 30

Agency Specializes In: Advertising, Digital/Interactive, Direct Response Marketing, Promotions, Strategic Planning/Research

Pablo Munoz *(Pres & CEO)*
Marc Wiederkehr *(COO)*
Manuel Lopez PINEIRO *(Chief Strategy Officer)*
Jesus Revuelta *(Chief Creative Officer)*
Eva Carrasco Corral *(Grp Acct Dir)*
Maite Flores *(Client Svcs Dir)*
Antonio Otero *(Dir-Bus Dev, PR & Comm)*
Alfredo Negri *(Copywriter)*

Accounts:
Beiersdorf Eucerin, Nivea
Beiersdorf Eucerin, Nivea
BMW MINI Communication & Advertising, Integrated Strategic Partner, Mini; 2018
Boehringer Ingelheim/Eli Lilly Creative, Experiential, Jardiance; 2017
Bristol Myers Squibb; 2016
Deutsche Bank
FEBE; 2017
Havaianas; 2015
IDC Salud Quironsalud; 2014
Leroy Merlin; 2015
Levi Strauss & Co
PACCAR Parts; 2009
Poundland Dealz; 2015

FCB Spain
Muntaner 240-242 5 2a, 08021 Barcelona, Spain
Tel.: (34) 932065800
Fax: (34) 932065802
E-Mail: spain@fcb.com
Web Site: www.fcb.com

Employees: 5

Agency Specializes In: Advertising, Digital/Interactive, Direct Response Marketing, Promotions, Shopper Marketing, Strategic Planning/Research

Pablo Munoz *(Pres & CEO)*
Antonio Otero *(Dir-Bus Dev & Corp Comm)*
Alfredo Negri *(Copywriter)*

Accounts:
Beiersdorf Eucerin, Nivea
Deutsche Bank Creative, Digital, Public Relations, Social

Sweden

FCB Faltman & Malmen
Valhallavagen 86, Stockholm, 100 41 Sweden
Tel.: (46) 8 406 6500
E-Mail: info@faltman-malmen.se
Web Site: www.faltman-malmen.se

Employees: 25
Year Founded: 1965

Agency Specializes In: Advertising

Viktor Olsson *(Partner & Sr Copywriter)*
Magnus Faltman *(Head-Office & Creative Dir)*
Johanna Bystrom *(Acct Dir-Nordic & Mng Project Mgr)*
Mats Ekberger *(Sr Partner & Acct Dir)*
Jessica Hemmingsson *(Acct Dir)*
Alexandra Jaccopucci *(Acct Dir)*
Fred Raaum *(Sr Partner & Acct Dir)*
Andreas Szego *(Dir & Designer-Motion)*
Alexander Hedstrom *(Designer)*
Ellinor Sahlstrom *(Designer-Motion Graphic)*

Accounts:
Beiersdorf Eucerin, Hansaplast, Nieva, Nivea Men
New-FOOD by COOR; 2017
Hewlett Packard
HSB Stockholm HSB Riksforbund
JTI Camel, Winston
New-Microfocus; 2017
The National Museum
OBH Nordica
PostNord
Redbet
New-Rise Victoria non profit
New-Techdata; 2017
New-Tefal; 2017
Trygga Barnen Foundation

Switzerland

FCB Zurich
Heinrichstrasse 267, Zurich, 8005 Switzerland
Tel.: (41) 44 877 8787
E-Mail: info@fcbzuerich.com
Web Site: www.fcbzuerich.com

Employees: 25
Year Founded: 1962

National Agency Associations: BSW

Agency Specializes In: Advertising, Digital/Interactive, Direct Response Marketing, Promotions, Strategic Planning/Research

Cornelia Harder *(CEO)*
Marc Wiederkehr *(COO)*
Marcin Baba *(Creative Dir)*
Flavio Meroni *(Sr Art Dir & Creative Dir)*

Accounts:
AXPO
Beiersdorf Nivea, Eucerin, Labello, Hansaplast; 2000
BlackRock; 2016
Coca-Cola; 2016
Helsana
Hockey Club Davos
Husler Nest
Kaegi Kaegi-Fret
Nokian Tyres; 2016
New-Pro Senectute
ProCinema
SNCF
Swiss Youth Symphony Orchestra
Zurich Insurance

Turkey

FCB Artgroup
Buyukdere Cad.Ecza Sok No. 6, Levent 34394, Istanbul, Turkey
Tel.: (90) 2122924242
Fax: (90) 2122924243
E-Mail: info@fcbartgroup.com
Web Site: www.fcb.com

Employees: 55

Agency Specializes In: Advertising, Digital/Interactive, Shopper Marketing

Ozgur Saglam *(Co-Pres)*
Ates Cavdar *(Partner)*
Fehmi Ozkan *(Pres-TICCA)*

AGENCIES - JANUARY, 2019 — ADVERTISING AGENCIES

Vedat Sertoglu *(Sr VP)*
Enes Konuk *(Gen Mgr)*
Erol Toksoy *(Grp Dir-Strategy)*
Yagiz Hillazli *(Art Dir)*
Ozhan Karacam *(Creative Dir)*
Ahmet Sogutluoglu *(Creative Dir)*

Accounts:
Adel Kalemcilik Adel, Faber Castell; 2013
Allianz; 2016
Arcelik; 2016
Artas Insaat Avrupa Konutiari; 2016
Beiersdorf 8x4, Nivea
BIM Retailers; 2017
Burotime; 2017
Coca-Cola Refreshments USA Cappy, Coca-Cola, Fanta, Sprite; 2003
DYO; 2014
Eyup Sabri Tuncer; 2016
GSK/Novartis Consumer Health Sensodyne; 2017
Invest AZ Forex AZ; 2016
Kasap Doner; 2017
Mercedes Car Group; 2013
Mesa Mesken; 2015
Milangaz; 2015
Mondelez International Oreo, Tuc; 2004
Ozgorkey Gida Urunleri Feast; 2015

United Kingdom

FCB Inferno
31 Great Queen Street, Covent Garden, London, WC2B 5AE United Kingdom
Tel.: (44) 20 3048 0000
E-Mail: hello@fcbinferno.com
Web Site: www.fcbinferno.com

Employees: 200

Agency Specializes In: Above-the-Line, Advertising, Below-the-Line, Customer Relationship Management, Digital/Interactive, Direct Response Marketing, Health Care Services, Strategic Planning/Research

Frazer Gibney *(CEO)*
Hollie Loxley *(Mng Partner)*
Katy Wright *(Mng Partner)*
Richard Lawson *(Mng Dir)*
Nigel Fyfe *(CFO & COO)*
Emily Winterbourne *(CMO)*
Al Young *(Chief Creative Officer)*
Claire Maddocks *(Sr Acct Dir)*
Martin McAllister *(Sr Copywriter & Creative Dir)*
Kirsten Barnes *(Acct Dir)*
Greg Harvey *(Art Dir-Mid Weight)*
Matt Hopkinson *(Art Dir)*
Jo Jenkins *(Creative Dir)*
Laura Kelly *(Bus Dir)*
Trudy Hardingham *(Dir-Ops)*
George Bell *(Sr Acct Mgr)*
Sam Hawes *(Sr Acct Mgr)*
Hestor Manning-Marsh *(Sr Acct Mgr)*
Tom Elias *(Acct Mgr)*
Sam Zamani *(Mgr-Social Community)*
Chris Jordan *(Designer-Digital)*
Mike MacKenzie *(Copywriter)*
Sarni Strachan *(Sr Designer)*
Eoghain Clarke *(Sr Art Dir)*
Jonathon Owens *(Sr Art Dir)*
Jack Walker *(Sr Art Dir)*

Accounts:
Allergan; 2013
Barnardo's Advertising, Creative
Beiersdorf Campaign: "Dare-to-Dip", Campaign: "Originals", Campaign: "Taste the Exotic", Creative, Labello, Nivea, Nivea Men, Online, Print, Radio, TV
The Big Issue
BMW (UK) Ltd BMW 3, Broadcast, CRM, Creative, Digital, Online, Social, TV, hybrid i8
British Sky Broadcasting Group BSKYB Sky TV
Coca-Cola Refreshments USA; 2012
Fitbit; 2017
Havaianas Havaianas; 2015
Holland & Barrett Digital
Home Office
Huawei Technologies; 2017
Jamaica Tourist Board
Jupiter Fund Management
lastminute.com; 2017
LVMH Acqua di Parma; 2012
Mondelez Oreo, Print, Tuc
National College for Teaching & Leadership CRM, Campaign: "Your Future/Their Future"
National Savings & Investment; 2014
Npower Creative, OOH, Press, Radio, Social, VOD
Pearson Education Project Literacy
RWE Npower
Sport England Campaign: "This Girl Can", Strategic Creative, TV
Threadneedle Investments
UK Govt Procurement Service UK Govt Procurement Service (COI) TDA
UK Govt Procurement Service (COI) COI, TDA
Unibet
Union of European Football Associations
United Nations Children's Emergency Fund
Valspar (Lead Creative & Strategic Agency) Campaign: "Colour Outside The Lines", Online, Social Media, TV; 2013
William Grant & Sons Ltd Grant's, Salior Jerry Rum; 2014

FCB Middle East Network

Horizon FCB Beirut
Badaro Trade Center, El-Fata Street, Beirut, Lebanon
Tel.: (961) 138 7600
Fax: (961) 11387604
E-Mail: beirut@horizonfcb.com
Web Site: www.fcb.com

Employees: 10

Agency Specializes In: Advertising, Direct Response Marketing, Promotions, Sports Market

Aline Baddour *(General Manager)*
Siham Saad *(Creative Dir)*

Accounts:
Arabia Insurance Company; 2014
BSL
Chateau Musar; 2009
Middle East Airlines Cedar Miles, MEA
Mondelez Oreo, TUC
Optimum Invest; 2011

Horizon FCB Dubai
Capricorn Tower 10th Floor, Sheikh Zayed Road, Dubai, United Arab Emirates
Tel.: (971) 4 354 4458
Fax: (971) 4 354 4459
E-Mail: dubai@horizonfcb.com
Web Site: www.fcb.com

Employees: 50
Year Founded: 1976

Agency Specializes In: Advertising, Digital/Interactive, Direct Response Marketing, Exhibit/Trade Shows, Promotions, Strategic Planning/Research

Mazen Jawad *(Grp Mng Dir)*
Bruno Bomediano *(Exec Creative Dir)*
Dio W. Santos *(Creative Dir)*
Munther Al-Sheyyab *(Dir-Plng)*

Accounts:
Abbott Duphaston; 2016
Al Hamra Group Advertising, Brand Identity, Brand Relationship, Branding, Positioning, Strategic Evolution; 2017
American University of Beirut Medical Center Brave Heart Fund; 2014
Beiersdorf 8X4, Eucerin, Hansaplast, NFM, Nivea
Boeing
Citibank Global Consumer Banking CitiCards, CitiGold, Citibank; 2014
The Clorox Company Clorox; 2016
Dubai World Central Dubai South; 2015
Emirates Emirates Aviation University, Emirates Skywards; 2014
Groupe Danone S.A. (Lead Creative Agency) Aptamil, Bebelac, Creative, Danone Nutricia Early Life Nutrition, Milupa; 2017
Mercato Mall (Agency of Record) Brand & Integrated Communication, Creative; 2018
Mondelez Oreo, Tuc
Rivoli Group Omega; 2012

Horizon FCB Jeddah
King Abdullah St Intl Economy Tower 3rd Floor, Jeddah, 21433 Saudi Arabia
Mailing Address:
PO Box 10310, Jeddah, 21433 Saudi Arabia
Tel.: (966) 2 650 3100
Fax: (966) 2 650 3090
E-Mail: admin.jeddah@horizonfcb.com
Web Site: www.fcb.com

Employees: 25
Year Founded: 1984

Agency Specializes In: Advertising, Digital/Interactive, Direct Response Marketing, Media Buying Services, Promotions, Strategic Planning/Research

Tony Rouhana *(VP)*
Gomersindo Nemeno *(Creative Dir)*
Ronald Quintos *(Art Dir)*
Mohammad Ayoubi *(Dir-Client Services)*
Moutaz Jad *(Dir-Strategic Plng)*
Akram Najar *(Copywriter)*
Sari Qablawi *(Assoc Creative Dir)*
Karim Younes *(Reg Mng Dir)*

Accounts:
Advanced Petroleum Gulf Oil, Petromin
Arabian Food Supplies Fuddruckers; 2017
ASBco Rubaiyat Jewelry & Watches; 2017
Basamh Industrial Perfetto; 2010
Foster Clark
Hyundai Motors; 2005
Innocean
Mars Mars; 2016
Saudi Radwa Food Radwa Chicken; 2017

Horizon FCB Kuwait
Al Arabiya Tower Ahmed Al Jaber Street, Sharq Kuwait City, Kuwait, 13062 Kuwait
Tel.: (965) 2226 7371
Fax: (965) 2226 7374
E-Mail: kuwait@horizonfcb.com
Web Site: www.fcb.com

Employees: 24
Year Founded: 1976

Agency Specializes In: Advertising, Digital/Interactive, Direct Response Marketing, Media Buying Services, Promotions

Said Zeineddine *(Mng Dir)*
Omar Gebara *(Creative Dir)*

Accounts:
Ahli Bank; 2012
Automak; 2013
Behbehani Watches; 2004

ADVERTISING AGENCIES
AGENCIES - JANUARY, 2019

Dow Chemical
Kout Food Group Pizza Hut, Taco Bell; 2010
Kuwait & Gulf Link Transport Kuwait & Gulf Link Transport (KGL)
Kuwait & Gulf Link Transport (KGL)
Manshar Real Estate; 2017
Sama Medical Services Royal Hayat
Yasra Fashion

Horizon FCB Riyadh
Al Mas Plaza Thahlia Street Office # 205, 2nd Floor, Riyadh, 11474 Saudi Arabia
Tel.: (966) 1 461 7557
Fax: (966) 1 463 3848
E-Mail: riyadh@horizonfcb.com
Web Site: www.fcb.com

Employees: 30
Year Founded: 1970

Agency Specializes In: Advertising, Direct Response Marketing, Media Buying Services, Mobile Marketing, Promotions

Nayef Mujaes *(Sr Creative Dir)*

Accounts:
Adama Clinics; 2016
Al Majdouie Motors Hyundai
Americana Foods; 2016
BAE Systems; 2017
Banque Saudi Fransi
Coffee Time Trading; 2014
Herfy Food Services; 2015
Kudu; 2016
LG Electronics; 2015
Misk Schools; 2016
Mohammed Al Rajhi & Sons; 2011
Public Investment Fund; 2017
Raya Financing; 2017
Saha Co for Healthcare Dietwatchers; 2013

Horizon FCB Cairo
66 Nile Corniche Maadi, Cairo, Egypt
Tel.: (20) 227555700
Fax: (20) 20227555701
E-Mail: cairo@horizonfcb.com
Web Site: www.fcb.com

Employees: 20

Agency Specializes In: Advertising, Digital/Interactive, Direct Response Marketing, Media Buying Services, Promotions, Sports Market

Tony Rouhana *(VP)*
Marwa Askar *(Creative Dir)*
Marwa Sabry *(Account Mgr)*

Accounts:
New-Abbott Laboratories; 2015
Citibank Global Consumer Banking Citibank
Commercial International Bank; 2017
Fiat Chrysler Chrysler, Dodge, Fiat, Jeep, Ram
IIFCO Sunny Oil; 2017
Pyramids Cosmetics

Israel

FCB Shimoni Finkelstein
(Formerly FCB Shimoni Finkelstein Barki)
57 Rothschild Blvd, 65785 Tel Aviv, Israel
Tel.: (972) 747177777
Fax: (972) 747177700
Web Site: www.fcb.com

Employees: 35

Agency Specializes In: Advertising, Digital/Interactive, Direct Response Marketing, Mobile Marketing, Promotions, Strategic Planning/Research

Dudi Shimoni *(Chairman & CEO)*
Karin Attal *(Co-CEO)*
Yosefa Galante *(VP-Clients)*
Tal Perlmuter *(VP-Creative)*
Ronen Ben Kimkhi *(Art Dir)*
Aviram Cory *(Art Dir-3D)*
Alexandra Kolansky *(Art Dir)*
Roni Samsonov *(Dir-Strategic Planning)*
Asaf Appelbaum *(Copywriter)*
Matan Halak *(Copywriter)*
Or Milshtok *(Copywriter)*

Accounts:
Animal Watch Israel Igul Letova
Austrian Airlines Business Flights; 2010
Automotive Equipment Group Jeep, Suzuki
Bahlsen HIT; 2014
Decathlon; 2017
Ferrero Kinder, Nutella, Rocher, Tic Tac
Hertz Hertz
New-Hewlett-Packard Enterprises HP Enterprise; 2018
Hewlett-Packard HP Printers; 2013
The Israel Parkinson Association Parkinson's Patients Writing Ads
New-Movon; 2018
Ralco Sharp, Zanussi; 2015
Sunny Communications Samsung Cellular; 2015
New-Willi-Food; 2018
Yavne Group; 2017
New-Zaban; 2018

Argentina

FCB&FiRe Argentina
(Formerly FCB Buenos Aires)
Ciudad de la Paz 46, C1246AFB Buenos Aires, Argentina
Tel.: (54) 11 5235 5000
Web Site: www.fcbandfire.com

Employees: 50
Year Founded: 1974

Agency Specializes In: Advertising, Digital/Interactive, Direct Response Marketing, Multimedia, Promotions

Rodrigo Figueroa Reyes *(Chm & Chief Creative Officer)*
Santiago Puiggari *(Pres, CEO & Partner)*
Luciano Landajo *(COO & VP-Acct Mgmt)*
Santiago Vermengo *(CEO-Argentina)*
Lulo Calio *(Exec Creative Dir)*
Andres San Emeterio *(Bus Dir)*
Gabriel Lancioni *(Dir-Audiovisual Production)*
Cruz Mujica Lainez *(Mgr-Digital)*
Maria Laura De Rosa *(Gen Acct Dir-Buenos Aires)*

Accounts:
Beiersdorf Eucerin, Nivea; 2009
Clorox Company Poett
New-Coca-Cola
Fiat Chrysler Chrysler, Dodge, Jeep, Ram; 2013
Fundacion Argentina De Trasplante Campaign: "Soul"
Grupo Bimbo Tia Rosa; 2016
Grupo Navent; 2017
Mondelez Club Social, Oreo, Trakinas; 1994
Navent ZonaJobs

Bolivia

Gramma FCB
Torre Empresarial Cainco Piso 7 Oficina 4, Santa Cruz, Bolivia
Tel.: (591) 3339 5426
Fax: (591) 33395420
Web Site: www.fcb.com

Employees: 15

Agency Specializes In: Advertising, Production, Production (Print), Promotions, Publicity/Promotions, Strategic Planning/Research

Arlene Robert *(Gen Mgr)*

Accounts:
Bebidas Bolivinas Bebidas Bolivinas (BBO)
Beiersdorf Nivea; 2010

Brazil

FCB Rio de Janeiro
Avda das America 3500 Edificio Londres, Barra da Tijuca, Rio de Janeiro, CEP 22359-990 Brazil
Tel.: (55) 21 3501 8500
Fax: (55) 21 2553 5807
E-Mail: contato@fcb.com
Web Site: www.fcb.com/location/rio-de-janeiro

Employees: 20
Year Founded: 1973

Agency Specializes In: Advertising, Direct Response Marketing, Integrated Marketing, Mobile Marketing, Strategic Planning/Research

Pedro Cruz *(COO & Chief Culture Officer)*
Joanna Monteiro *(Chief Creative Officer)*
Aurelio Lopes *(Chm-Latin America & Pres-Brazil)*
Gustavo Oliveira *(VP-Rio)*
Maria Cacaia *(Dir-PR)*

Accounts:
Mondelez International Club Social, Trakinas
Prudential Life Insurance; 2016
Shopping Rio Sul; 2016
Sports Nutrition Center; 2017
TIM; 2001

FCB Sao Paulo
Av das Nacoes Unidas 12 901, Torre Norte 17th Floor, Sao Paulo, CEP 04578-000 Brazil
Tel.: (55) 1121860800
Fax: (55) 1121860911
E-Mail: fcbbrasil@fcb.com
Web Site: fcbbrasil.com.br

Employees: 225

Agency Specializes In: Advertising, Digital/Interactive, Direct Response Marketing, Media Buying Services, Mobile Marketing, Promotions, Strategic Planning/Research

Pedro Cruz *(COO)*
Joanna Monteiro *(Chief Creative Officer)*
Aurelio Lopes *(Chm-Latin America & Pres-Brazil)*
Sandra Denes *(VP-HR)*
Fabio Simoes *(Exec Creative Dir-Digital)*
Gabriel Barrea *(Art Dir)*
Rafael Beretta *(Art Dir)*
Guilherme Manzi *(Art Dir)*
Marco Monteiro *(Creative Dir)*
Andre Pallu *(Creative Dir)*
Renato Picolo *(Art Dir)*
Saulo Vinheiro *(Art Dir)*
Michelle Bordignon *(Dir-Integrated Comm)*
Rafael Canto e Silva Pelegrini Cardoso *(Acct Mgr-Brazil)*
Erica Monteiro *(Mgr-New Bus)*
Gabriel Barberio *(Copywriter)*
Fabio Cristo *(Designer)*
Mario Morais *(Copywriter)*
Kayran Moroni *(Copywriter)*
Bibiana Oliveira *(Art Buyer)*
Ricardo Wouters *(Copywriter)*
Andre Mezzomo *(Sr Art Dir)*

AGENCIES - JANUARY, 2019 — ADVERTISING AGENCIES

Accounts:
Beiersdorf Nivea
Brazilian Creative Club
New-Congresso em Foco
Creation Club
Cruzeiro do Sul University Cruzeiro do Sol
DPA Chamyto, Chandelle, Grego, Molico
Estadao Institutional Estadao Newspaper, Project 16%
Galderma Loceryl; 2017
Grupo Estado
Liberty Seguros; 2017
Mondelez Campaign: "Is This Love", Oreo
Nestle Moca; 2016
Ontex Bigfral, Moviment; 2017
Premier Pet; 2017
Sky Brasil
Smiles SA; 2013
Sony Pictures Buena Vista Columbia Tristar
Uber; 2016
Whirlpool Brastemp, Consul; 2016
Zap Imoveis; 2014
Zap Imoveis; 2014

Chile

FCB Mayo
Los Militares 5890, Las Condes, CP 7550 123 Santiago, Chile
Tel.: (56) 229023080
Web Site: www.fcbmayo.com

Employees: 40

Agency Specializes In: Advertising, Digital/Interactive, Direct Response Marketing, Media Planning, Promotions

Javier Yranzo *(Dir)*

Accounts:
Banco Santander; 2012
Beiersdorf Eucerin, Nivea; 2007
Belcorp
Casa Costanera; 2016
Comunidad Mujeres; 2016
Entel; 2017
Falabella Mi Falabella; 2009
OCAC Chile; 2016
Open Plaza; 2017
Royal Canin; 2017
Scania; 2017
Sherwin Williams; 2015
The Clorox Company Clorinda, Clorox, Poett; 2016

Colombia

FCB&FiRe Colombia
(Formerly FCB Mayo)
Transversal 22 No 98-82, Edifio Porta 100, piso 9, Bogota, Colombia
Tel.: (57) 1 744 9577
Web Site: www.fcbandfire.com

Employees: 46
Year Founded: 2018

Agency Specializes In: Above-the-Line, Advertising, Below-the-Line, Digital/Interactive, Direct Response Marketing, Promotions, Strategic Planning/Research

Andres Vargas *(CEO)*
Gabriela Cordero *(Reg Dir-Plng)*
Alejandro Camelo *(Creative Dir)*
Juan Camilo Velandia Duenas *(Dir-Reg Strategic Plng)*
Nicolas Gutierrez *(Copywriter)*
Maria Paula Camacho *(Group Creative Dir)*

Accounts:
Alimentos Polar Harina P.A.N.; 2011
Beiersdorf 8x4, Eucerin, Hansaplast, Nivea; 2005
Cencosud Metro; 2014
Central Cerveceria de Colombia; 2016
Mondelez Club Social, Oreo; 1999
The Clorox Company Bonbril, Clorox; 2016

Costa Rica

FCB CREA
(Formerly CREA Publicidad)
Sabana Norte, Sabana Tower, 1st Floor, San Jose, Costa Rica
Tel.: (506) 2291 3162
Fax: (506) 291 3167
E-Mail: info@crea.co.cr
Web Site: www.fcb.com/location/san-jose

Employees: 30
Year Founded: 2007

Agency Specializes In: Advertising, Digital/Interactive, Direct Response Marketing, Media Buying Services, Promotions, Strategic Planning/Research

Borja Prado *(Mng Dir)*

Accounts:
Abbott Laboratories Bellaface, Duphalac; 2017
Banco Promerica; 2011
Bimbo; 1998
Cerveceria Nacional Panama Atlas, Balboa, Malta Vigor; 2011
New-GBM; 2017
New-IAFA; 2017
Ilumno Istmo/Universidad San Marcos; 2015
New-Nestle La Lechera; 2017
Popeyes; 2014
Tigo Star; 2015

Ecuador

FCB Mayo
Av Orellana E11-75 y Coruna, Edificio Albra Office 608, Quito, Ecuador
Tel.: (593) 23826166
Fax: (593) 23826192
E-Mail: quito@fcbmayo.com
Web Site: www.fcbmayo.com

Employees: 15

Agency Specializes In: Advertising, Direct Response Marketing, Media Buying Services, Promotions, Strategic Planning/Research

Felipe Donato Navascues Oliva *(Exec VP-Reg Andina)*

Accounts:
Beiersdorf Eucerin, Nivea
Jaboneria Wilson Cierto, Lava, Macho
Mutualista Pichincha

El Salvador

FCB CREA
5a calle Poniente y 101 Avenida Norte, Colonia Escalon, San Salvador, El Salvador
Tel.: (503) 2244 5466
Fax: (503) 22071391
Web Site: www.fcb.com

Employees: 23
Year Founded: 1985

Agency Specializes In: Advertising, Digital/Interactive, Direct Response Marketing, Media Buying Services, Promotions, Strategic Planning/Research

Rodrigo Argueta *(Gen Mgr)*
Leandro Lavizzari *(Creative Dir)*

Accounts:
ADOC; 2017
Agrisal Hotels; 2016
Banco Promerica; 2011
El Encanto; 2017
Grupo Q Ford, JMC, Mazda, Peugeot; 2007
Jugueton; 2016
Super Repuestos; 2014
UTEC; 2013
Volaris; 2017

Guatemala

FCB Dos Puntos CREA
Km 8.6 antigua Carretera a El Salvador Ctro Corp Muxbal, Torre Este Nivel 9, Guatemala, Guatemala
Tel.: (502) 23263800
Fax: (502) 23263838
E-Mail: info@dpcrea.com.gt
Web Site: www.fcb.com

Employees: 30
Year Founded: 1972

Agency Specializes In: Above-the-Line, Advertising, Digital/Interactive, Media Buying Services, Media Planning, Multimedia, Promotions, Strategic Planning/Research

Estuardo Aguilar Gonzalez *(Pres & CEO)*
Carolina Abbud *(Dir-Plng)*
Diego Lanzi *(Dir)*
Ana Marroquin *(Gen Creative Dir)*

Accounts:
Alinasa Iguanas Ranas; 2016
Banco Promerica Promerica; 2011
Beiersdorf 8X4, Duo, Eucerin, Nivea
Bimbo; 2001
New-Dunkin Donuts; 2017
El Zeppelin; 2011
Pollo Brujo; 2015
New-Premium Restaurantes Centroamerica China Wok, KFC, Pizza Hut; 2018
Productos Lacteos de Centroamerica LALA; 2012
New-Volaris; 2017

Honduras

FCB CREA
Edif Mall El Dorado Bulevard Morazan, Tegucigalpa, Honduras
Tel.: (504) 22215534
Fax: (504) 422215546
E-Mail: hello@fcb.com
Web Site: www.fcb.com

Employees: 15
Year Founded: 1988

Agency Specializes In: Advertising, Media Buying Services, Media Planning, Promotions, Sports Market, Strategic Planning/Research

Lorna Osorio *(Gen Mgr)*
Victor Bertrand *(Creative Dir)*

Accounts:
Artes Graficas Eyl
Banco Promerica
Bimbo
New-Brevel; 2017
CAMOSA
Campero; 2017
Circle K

ADVERTISING AGENCIES

Detektor; 2017
Grupo Q
INTUR
Laboratorios Medicos
Ofertel; 2016
Popeye's
Super Repuestos

Mexico

FCB Mexico City
Miguel de Cervantes Saavedra 193, Colonia Granada, Mexico, 11520 Mexico
Tel.: (52) 55 5350 7900
E-Mail: comunicaciones.mx@fcb.com
Web Site: www.fcbmexico.com.mx

Employees: 100

Agency Specializes In: Advertising, Digital/Interactive, Direct Response Marketing, Media Planning, Mobile Marketing

Eric Descombes *(Pres)*
Javier Campopiano *(Partner & Chief Creative Officer)*
Lourdes Sanchez *(Dir-Corp Comm)*

Accounts:
Apple; 2017
Atelier de Hoteles; 2016
AutoZone; 2014
Beiersdorf Eucerin, Nivea
Bimbo
Bissu; 2016
Church & Dwight; 2015
Clorox Ayudin, Clorox, Poett; 2016
Codere; 2017
eBay Classified; 2017
Ferrero Kinder; 2016
Grupo Navent; 2017
New-Halo Top; 2017
H.J. Heinz Heinz Mayonnaise; 2016
IOS Offices; 2016
Mead Johnson Nutritionals Enfagrow
Papalote Children's Museum
Reckitt Benckiser Graneodin, Sal de Uvas Picot, Tempra

Panama

FCB Markez
Calle 63B Los Angeles #20, Panama, Panama
Mailing Address:
PO Box 083101015, Paitilla, Panama, Panama
Tel.: (507) 236 0755
Fax: (507) 260 0960
Web Site: https://www.fcb.com/location/panama-city

Employees: 35
Year Founded: 1991

Agency Specializes In: Advertising

Bolivar Marquez *(Pres)*
Analisa Brostella *(Head-Client Svcs)*

Accounts:
Agricila Himalaya Te Hindu
Agua Purissima
Alicorp Don Vittorio
New-Atlas Bank; 2018
Copama
Mall Paseo Central; 2017
Productos de Prestigio
St. George Bank; 2013
Thrifty Car Rental

Peru

FCB Mayo
Av Salaverry 2423, San Isidro, Lima, 27 Peru
Tel.: (51) 1 617 6500
Fax: (51) 1 617 6501
E-Mail: contacto.peru@fcbmayo.com
Web Site: www.fcbmayo.com

Employees: 70

Agency Specializes In: Advertising, Digital/Interactive, Direct Response Marketing, Media Buying Services, Media Planning, Promotions, Strategic Planning/Research

Juan Saux *(Chairman)*
Jorgelina Diaz *(Gen Dir-Creative)*
Ricardo Ortiz *(Exec VP)*
Roberto Delgado *(Creative Dir)*
Jorge Luis Chumbiauca *(Dir-Innovation & Strategist-Digital)*
Maria Beatriz Rodo *(Dir-Startup Mktg)*
Lorena Oxenford *(Dir-Acct & Brand)*

Accounts:
AJE Group Cifrut, Pulp, Sporade; 2017
Beiersdorf Eucerin, Nivea
Cencosud Metro
Marca Peru; 2016
Mead Johnson Nutrition Enfagrow, Enfamil, Sustagen
Mead Johnson Nutrition Enfagrow, Enfamil, Sustagen
Mincetur Promperu
Sancela Nosotras
The Clorox Company Clorox, Poett; 2016
UNACEM
USAID Peru Campaign: "Vultures Warn"

Uruguay

FCB Montevideo
Mac Eachen 1391 Bis, Montevideo, 11300 Uruguay
Tel.: (598) 27090533
Web Site: http://www.fcb.com/

Employees: 10

Agency Specializes In: Advertising, Digital/Interactive, Direct Response Marketing, Media Planning, Promotions

Bruno Ponzoni *(Pres)*
Agostina Ponzoni *(Mng Dir)*
Fiorella Frascheri *(Creative Dir)*

Accounts:
Adecco; 2010
Adium Pharma; 2012
Duty Free Americas
Fernando Garcia Sir Edward's
Forus Uruguay CAT, D House, Hush Puppies, Keds, Pasqualini, Shoe Express
Gales Sericios Financieros
Kia Motors; 2016
Meli Uruguay Mercado Libre; 2015
Microfin; 2016

Venezuela

AJL Park
Torre Multinvest Piso 4 Plaza La Castellana Chacao, Caracas, 1060-A Venezuela
Mailing Address:
PO Box 60.684, Caracas, 1060-A Venezuela
Tel.: (58) 212 263 2355
Fax: (58) 212 263 2785
Web Site: www.fcb.com/location/caracas-ajl-park

Employees: 25

Agency Specializes In: Advertising, Media Buying Services, Media Planning, Strategic Planning/Research

Maeca Gomez *(Creative Dir)*
Tony Lutz *(Dir)*

Accounts:
Coposa
Demasa
DPA/INLACA Huesitos, Mi Vaca, Yoplait
Laboratorios Calox

FCB Caracas
Av.Paseo Enrique Erason con c/Chivacoa, Ed. Tamanaco, URb. San Roman, Caracas, 1060 Venezuela
Fax: (58) 212 201 7801
E-Mail: fcb.venezuela@fcbcaracas.com.ve
Web Site: www.fcb.com

Employees: 45
Year Founded: 1985

Agency Specializes In: Advertising, Digital/Interactive, Direct Response Marketing, Media Buying Services, Media Planning, Promotions, Strategic Planning/Research

Hector Rincon *(VP-Client Svcs)*
Antonio Siracusano Catanese *(Sr Creative Dir)*

Accounts:
Alimentos Polar Efe, Mavesa, Migurt, P.A.N.; 2005
Bancaribe; 2014
Beiersdorf Eucerin, Nivea
Cerveceria Polar Maltin
Mondelez Belvita, Club Social, Oreo

China

FCB Shanghai
20/F Huai Hai Plaza 1045 Huai Hai Zhong Rd, Shanghai, 200031 China
Tel.: (86) 21 2411 0388
Fax: (86) 21 2411 0399
E-Mail: info.china@fcb.com
Web Site: www.fcb.com

Employees: 90
Year Founded: 1985

Agency Specializes In: Advertising, Digital/Interactive, Direct Response Marketing

Josephine Pan *(CEO)*
Wei Fei *(Chief Creative Officer-China)*
Steve Xue *(Chief Strategy Officer-China)*
Dennis Lam *(Mng Dir-South China & Chief Growth Officer-Greater China)*
Mark Kong *(Exec Creative Dir-China)*
Nicola Chung *(Creative Dir)*
Tony Fu *(Bus Dir)*
Ewan Yap *(Creative Dir)*
Evelyn Hsu *(Dir-Mktg & Comm-APAC)*

Accounts:
Anheuser-Busch Michelob Ultra; 2017
Ashley China Retail; 2016
Aspen Nutritionals; 2017
Beiersdorf Nivea
Boeing; 2011
Bosch Power Tools Creative
Citic Bank; 2013
New-Diageo Johnnie Walker; 2017
General Motors Onstar; 2017
Invista Lycra; 2017
JSWB; 2017
Levi Strauss Levi's, Print; 2014

AGENCIES - JANUARY, 2019 — ADVERTISING AGENCIES

Mondelez International
Mondelez International, Inc. Belvita, Chips Ahoy!, Oreo, Tuc
Prudential Life Insurance; 2015
Rich's Retailers; 2016
Shanghai Pudong Development Bank; 2015
Shanghai Volkswagen SKODA
WM Motor; 2017

India

FCB Interface
(Formerly FCB Ulka)
Vallamattam Estate Mahatma Gandhi Road, Ravipuram, Kochi, 682 015 India
Tel.: (91) 4846066000
Fax: (91) 4842351383
E-Mail: centrepoint@fcbinterface.com

Employees: 10

Agency Specializes In: Advertising

Anees Salim *(Head-Creative-Cochin & Chennai)*

Accounts:
Eastern Condiments
M M Publications
Malabar Cements
National Health Mission; 2016

FCB Ulka
Chibber House, Sakinaka, Andheri (E), Mumbai, 400 072 India
Tel.: (91) 22 71389000
Fax: (91) 22 6670 7172
Web Site: www.fcbulka.com

Employees: 120

Agency Specializes In: Above-the-Line, Advertising, Below-the-Line, Digital/Interactive, Direct Response Marketing, Health Care Services, Media Buying Services, Media Planning, Mobile Marketing, Promotions, Strategic Planning/Research

Nitin Karkare *(CEO)*
Swati Bhattacharya *(Chief Creative Officer)*
Vikas Parihar *(Pres-Digital Integration-FCB India Grp)*
Kulvinder Ahluwalia *(Sr VP)*
Hemant B. Randive *(VP)*
Keegan Pinto *(Head-Creative-West & Creative Dir-Natl)*
Anindya Banerjee *(Exec Creative Dir)*
Divya Chandan *(Art Dir)*
Surjo Dutt *(Creative Dir-Natl)*
Anamika Kumari *(Art Dir)*
Saad Khan *(Dir-Plng-Natl)*
Amreta Bernard *(Mgr-Brand Svcs)*
Ushna Chowdhuri *(Supvr-Copy)*
Stanley Christian *(Supvr-Films)*
Niraj Patil *(Supvr-Creative)*
Swati Singh *(Supvr-Creative)*
Purnank Kaul *(Copywriter)*
Rajdatta Ranade *(Sr Creative Dir)*
Anusheela Saha *(Grp Creative Dir)*

Accounts:
Abbott Nutrition Campaign: "Treadmill"
Agrotech; 1998
Air India
Bisleri International Bisleri Fonzo, Creative & Digital, Integrated Marketing
Cholamandalam Investment & Finance
Danone Aptamil Creative; 2016
Gujarat Cooperative Milk Marketing Federation "Catch Up", Amul Ice Creams, Amul Mithai Mate, Campaign: "Bhaag Milkha Bhaag", Campaign: "Eats Milk With Every Meal"
ICICI Bank; 2004
Indian Oil; 2009
Kensai Nerolac Paints
Life Insurance Corp of India
Mid-day Infomedia Ltd Creative, Gujarati Mid-day, Inquilab
Mid-day Infomedia Ltd Creative, Gujarati Mid-day, Inquilab
SBI Mutual Fund Creative; 2017
Spresso Pod Digital; 2016
Tata AIA Life Insurance Creative; 2018
Tata Chemicals Ltd
Tata Chemicals Ltd Tata Salt, Tata Swach
Tata Consultancy
Tata Docomo Business Services Creative, Enterprise Business
Tata Motors Campaign: "Challenge the Minutes", Campaign: "Designed to Thrill", Campaign: "Don't get your Hands Dirty", Tata Manza, Tata Safari Storme, Tata Vista D90
The Times of India
Trent Landmark, Star Bazaar; 2004
World For All Animal Care & Adoptions

FCB Ulka
Unitech Business Park, 4th Flr, Tower B, South City 1 Sector 41, Gurgaon, Haryana 122 001 India
Tel.: (91) 124 668 1600
Fax: (91) 124 668 1747
Web Site: www.fcbulka.com

Employees: 105

Agency Specializes In: Advertising, Digital/Interactive, Direct Response Marketing, Media Planning, Promotions, South Asian Market, Strategic Planning/Research

Swati Bhattacharya *(Chief Creative Officer)*
Rohit Ohri *(Chm/CEO-India)*
Debarpita Banerjee *(Pres-North & East)*
Lokesh Sah *(Sr VP-Client Services & Head-Bus)*
Jyotsana Singh Kaushik *(Sr VP-Comm Portfolio-Horlicks)*
Surjo Dutt *(Head-Creative-Natl)*
Shalini Rao *(Head-Plng)*
John Thangaraj *(Dir-Natl Plng)*
Arushi G Phillips *(Sr Mgr-Corp Comm)*
Archita Ghosh *(Brand Mgr-Plng)*
Vishakha Khattri *(Sr Acct Exec)*
Arijit Gupta *(Copywriter)*
Anusheela Saha *(Grp Creative Dir)*
Arijit Sengupta *(Sr Creative Dir)*

Accounts:
Bausch & Lomb Campaign: "Load"
GlaxoSmithKline Plc Horlicks
Godfrey Phillips India
Hamdard Laboratories Creative, Joshina, RoohAfza, RoohAfza Fusion, SAFI, Sualin; 2017
HCL Enterprise Campaign: "On Fire Teaser"
Hero Honda Motors Hero Pleasure
Info Edge 99acres.com
ITC John Players
Merino Group ATL, BTL, Creative, Digital, Merino Furniture, Merino Laminates, Vegit
OBI Mobiles
Sierra Nevada Restaurants Wendy's
The Times of India
Usha Intl.
New-Vistara Creative; 2018
Whirlpool of India Limited Air Conditioners, Campaign: "Skin Shirt", Microwaves, Refrigerators, Washing Machines

FCB Ulka
1103 11th Floor Barton Centre 84 MG Road, Bengaluru, 560001 India
Tel.: (91) 22 66707070
Fax: (91) 8025583955
Web Site: www.fcbulka.com

Employees: 35

Agency Specializes In: Advertising, Digital/Interactive, Direct Response Marketing

Nitin Karkare *(CEO)*
Theresa Ronnie *(VP)*
Romit Nair *(Head-Creative)*

Accounts:
A.V. Thomas & Company AVT Premium, Advertising
Indian Tobacco Company Biscuits & Confectionery, Campaign: "Celebrate Goodness", Candyman, Digital, Sunfeast Farmlite
Tata Sons Tata Treats
Wipro Enterprises Campaign: "Anthem Film", Campaign: "Mistaken Identity", Campaign: "Skating", Chandrika, Consumer Care & Lighting, Santoor Body Lotion, Wipro Baby Soft

FCB Interface
(Formerly Interface Communications Ltd.)
A Wing-206 2nd Fl Phoenix House Phoenix Mills Compound, SenapatiBapat Marg Lower Parel, Mumbai, 400 013 India
Tel.: (91) 22 6666 4400
Fax: (91) 22 6666 4411
E-Mail: centrepoint@fcbinterface.com
Web Site: www.fcbinterface.com

Employees: 120

Agency Specializes In: Advertising, Digital/Interactive, Direct Response Marketing, Media Buying Services, Media Planning, Mobile Marketing, Strategic Planning/Research

Niteen Bhagwat *(Vice Chm)*
Robby Mathew *(Chief Creative Officer)*
Joe Thaliath *(COO-Interface Comm)*
Zarwan Divecha *(Creative Dir)*
Karuna Nayak *(Acct Dir)*
Mukesh Jadhav *(Sr Creative Dir)*

Accounts:
Appie; 2016
Beiersdorf Nivea Men Duo
Blue Star Air Conditioners, Campaign: "Cool the Boss", Campaign: "No Sweat", Campaign: "Office-like Cooling at Home", Windus
Cadbury India/Mondelez International Oreo
Door Step School
Henkel Margo
Lodha Group Communications, Palava, Strategy
Mahindra & Mahindra Ltd. BLAZO X, Blazo, Campaign: " It's Great To Be Me", Campaign: "A Weekend Feeling", Campaign: "Bond", Campaign: "Drive Less", Campaign: "Everybody Loves A Good Sport", Campaign: "Get more", Campaign: "Indulge the Connoisseur in You", Campaign: "May Your Life be Full of Stories", Campaign: "New Look", Campaign: "Trust Of Mahindra", Campaign: "UnCut Version", Centuro, New Generation Scorpio, Tractors, XUV500
Murugappa Group Campaign: "Bet We've Met", Creative
Nathella Sampath Jewellery; 2014
Prabhat
Valvoline; 2013

Indonesia

FCB Jakarta
Gedung Permata Kuningan 7th Fl, Jl. Kuningan Mulia Kav.9C, Jakarta, 10340 Indonesia
Tel.: (62) 2129069490
Fax: (62) 2129069675
Web Site: www.fcb.com

Employees: 20

ADVERTISING AGENCIES

Year Founded: 1991

National Agency Associations: IAA

Agency Specializes In: Advertising, Promotions

Sony Nichani *(Mng Dir)*
Tsjia Linsi *(Fin Dir)*
Chetan Shetty *(Head-Digital)*
Ravi Shanker *(Exec Creative Dir)*
Fahad Mecca Al'Shamal *(Art Dir)*
Roma Das *(Bus Dir)*
Ichlas Yanuar Putra *(Art Dir)*
Dian Putri *(Acct Dir)*
Sugio Dwinanto Wibowo *(Supvr-Music)*
Amallia Febrina *(Sr Acct Exec)*

Accounts:
Beiersdorf Hansaplast, Nivea
Bosch
Fairmont Hotels
Fonterra Co-Operative Group Ltd. Anlene, Anmum, Boneeto; 2016
Friesland Campina Frisian Flag; 2017
KT&G Esse Change
Levi Strauss & Co
Merck Consumer Health Creative Communications, Sangobion; 2017
Mondelez Biskuat, Chips Ahoy, Oreo
Moneygram Intl
Unilever Zwitsal
UNZA

Korea

FCB Seoul
4/Fl., Byuk-Am Building, 406 Nonhyeon-Ro, Gangnam-gu, Seoul, 06224 Korea (South)
Tel.: (82) 262070171
Fax: (82) 262070160
Web Site: www.fcb.com

Employees: 10

Agency Specializes In: Advertising, Direct Response Marketing, Promotions, Strategic Planning/Research

Jerry Yoon *(Bus Dir)*
Henry Lim *(Acct Mgr)*

Accounts:
Bausch & Lomb
Beiersdorf Eucerin, Nivea; 2001
New-Dole Asia; 2016
Mondelez
Sunkist Growers; 2001

Malaysia

FCB Kuala Lumpur
Common Ground TTDI, Lvl 11, Menara, 37, Jalan Burhanuddin Helmi, Kuala Lumpur, 59200 Malaysia
Tel.: (60) 377 35 0068
E-Mail: fcb.kualalumpur@fcb.com
Web Site: www.fcb.com

Employees: 35

Agency Specializes In: Advertising, Digital/Interactive, Direct Response Marketing, Media Planning, Promotions, Strategic Planning/Research

Shaun Tay *(Owner & CEO)*
Llew Kok Heng *(Chief Creative Officer)*
Ong Shi Ping *(Chief Creative Officer)*
Ferohaizal Abd Karim *(Head-Creative)*
Zaulin Bakhtiar *(Grp Head-Creative)*
LiLian Hor *(Head-Digital)*
Jamie Tan *(Head-Ops)*
Zahriel Yazid *(Grp Head-Creative)*
Natasha Aziz *(Gen Mgr)*
Syahriza Badron *(Sr Acct Dir)*
Hazwan Selamat *(Art Dir)*
James Voon *(Art Dir)*
Eldon D'cruz *(Dir-Strategic Plng)*
Eva Lim *(Sr Acct Mgr)*
Mandy Chock *(Copywriter)*
Izmeq Nadzri *(Sr Designer)*
Felice Puah *(Copywriter-China)*
Karan Chhabra *(Assoc Acct Dir)*
Ravi Costa *(Assoc Creative Dir)*

Accounts:
Acer Computer
Beiersdorf Creative, Eucerin, Hansaplast, Nivea
Clorox Glad, Social Media
Continental ContiConnect Tyre Management System
ELBA Premium & Affluent Audience; 2018
Eyelevel
Havaianas
Levi's
Mamee Double Decker Nutrigen
Marriot International Group; 2018
Mondelez International Chipsmore, Oreo
Motorola Asia Pacific Limited Activation, Creative, Promotion Marketing; 2017
Oversea Chinese Banking Corp OCBC
Perodua
PropertyGuru Creative & Digital; 2018
RHB Bank Corporate Advertising, Creative Development, Social Media Deployment
SASA Advertising, Digital; 2018
Sunsweet (Agency of Record)
Themed Attractions Resorts & Hotels Desaru Coast
UEM Group Creative, Premium Property Development, Sunrise
Westin Desaru Coast

Philippines

FCB Manila
1009 Metropol Building, Metropolitan Avenue, Makati, 1200 Philippines
Tel.: (63) 281 20 471
Fax: (63) 281 38 775
E-Mail: mail@fcbmanila.com
Web Site: www.fcbmanila.com

Employees: 70

Agency Specializes In: Above-the-Line, Advertising, Below-the-Line, Digital/Interactive, Direct Response Marketing, In-Store Advertising, Promotions, Social Media

Diane V. Lesaca *(CEO)*
Lizette Santos *(Chief Strategy Officer)*
Jake Tesoro *(Chief Creative Officer)*
Lou Santos *(VP-Client Svcs)*

Accounts:
24/7 Philippines; 2017
ADP Pharma Above the Line, Digital, Propan TLC; 2017
Andy Player; 2017
Asia Brewery
Beiersdorf Nivea, Nivea for Men
Dole Food Company Creative
Double Dragon Properties; 2017
Interbev Philippines Cobra; 2017
LC Delight Dutch Mill; 2016
Manila Electric Company Meralco; 2014
Mondelez Chips Ahoy!, Oreo
Philam Asset Management (PAMI); 2017
Philex Mining; 2011
Philippine Airlines; 2015
PLDT PLDT (Philippines Long Distance Telecommunications)
Sky Suites Corporate & Residential Towers
SM Development; 2014
Smart Communications Talk n Text

Taiwan

FCB Taipei
4F No 1 Sec 5 Nanking E Road, Taipei, Taiwan
Tel.: (886) 227627889
Fax: (886) 227629009
Web Site: www.fcb.com

Employees: 18
Year Founded: 1962

National Agency Associations: IAA

Agency Specializes In: Advertising, Customer Relationship Management, Digital/Interactive, Promotions

Caroline Chyr *(Mng Dir)*
George Liou *(Exec Creative Dir)*
Candice Tsai *(Mgr-Fin & HR)*

Accounts:
3M Campaign: "Making difference", Multi-Purpose Super Glue; 2008
Beiersdorf Nivea; 2011
Kymco G6; 2015
Maserati; 2017
Mondelez Oreo, Tuc; 1998

Thailand

FCB Bangkok
159/25 Serm-Mit Tower Sukhumvit 21 Road, North Klongtoey Wattana, Bangkok, 10110 Thailand
Tel.: (66) 22614240
Fax: (66) 22614247
E-Mail: secretary@fcbbangkok.com
Web Site: www.fcb.com

Employees: 40
Year Founded: 1978

Agency Specializes In: Advertising, Digital/Interactive, Direct Response Marketing, Media Buying Services, Media Planning, Mobile Marketing, Promotions, Strategic Planning/Research

Accounts:
Beiersdorf Eucerin, Nivea, Nivea Men; 2014
New-Kiattana Guardian System; 2018
Mondelez Oreo; 1999
Osotspa Peptien; 2016
New-TISCO; 2018

New Zealand

FCB Auckland
57 Wellington Street, Freemans Bay, Auckland, New Zealand
Mailing Address:
PO Box 3898, Auckland, New Zealand
Tel.: (64) 93566222
Fax: (64) 93566240
E-Mail: info_nz@fcb.com
Web Site: www.fcb.co.nz

Employees: 210
Year Founded: 1967

Agency Specializes In: Advertising, Digital/Interactive, Direct Response Marketing, Health Care Services, Media Buying Services, Media Planning, Mobile Marketing, Strategic Planning/Research

AGENCIES - JANUARY, 2019 — ADVERTISING AGENCIES

Bryan Crawford *(Vice Chm-New Zealand)*
Freddie Coltart *(Grp Head-Creative)*
Dean Cook *(Head-Mktg)*
Simon Pengelly *(Head-Production)*
Jane Wardlaw *(Head-Acct Mgmt)*
Matt Williams *(Grp Head-Creative)*
Corban Koschak *(Editor & Designer-Motion)*
Tony Clewett *(Exec Creative Dir)*
Hannah McLean *(Grp Dir-Bus)*
Trina Miller *(Sr Acct Dir)*
Ruth Coulson *(Grp Acct Dir)*
Amanda Theobald *(Sr Producer-Digital)*
Dan Currin *(Media Dir)*
Jennifer Dupen *(Acct Dir)*
Melina Fiolitakis *(Art Dir)*
Eric Thompson *(Dir-Production)*
Sarah-Jane Ferens *(Sr Acct Mgr)*
Catherine Wallace *(Sr Acct Mgr-Media)*
Hannah Henderson *(Acct Mgr)*
Hylda von Dincklage *(Mgr-Studio Production)*
Jesse Jones *(Sr Acct Exec)*
Lennie Galloway *(Copywriter)*
Andrew Jackson *(Designer-Interactive)*
Joshua O'Neil *(Designer)*
Carl Michael Ceres *(Sr Designer-Digital)*

Accounts:
Air New Zealand
ANZ Bank
Cerebos Greggs Campaign: "Eat the impossible - Knife/Fork"
European Motor Distributors Audi, Media, Porsche, Skoda, VW
Farmers Trading Company
Fire and Emergency New Zealand
Flight Center; 2013
Foodstuffs Auckland PAK'nSAVE
Health Promotion Agency
Housing New Zealand; 2009
Hoyts Distribution; 2010
Inland Revenue; 2014
Keep New Zealand Beautiful Creative, Media, Public Relations Business; 2017
L'Oreal Group
Maritime NZ Campaign: "Death At The Docks", Maritime Safety
Massey University Creative, Media
Mercury Energy; 2014
Ministry of Education NZ Teach NZ
Ministry of Health
Ministry of Social Development It's Not OK
Mitre 10
National Screening Unit (NSU); 2014
Neurological Foundation of New Zealand
New Zealand Fire Service Print; 2018
The New Zealand Health Promotion Agency Campaign: "Cool Dad", Campaign: "Ease up"
Noel Leeming; 2007
NZI NZI (New Zealand Insurance) Campaign: "Devil's Chair"
Office for Seniors New Zealand
Paper Plus Group Creative, Curry, Digital, Media Planning & Buying, Outdoor, PR
Parkinsons New Zealand
Prime TV Campaign: "Bondi Rescue", Campaign: "Bones", Campaign: "Call Girl", Campaign: "Not your usual", Campaign: "Screams of the Sea", Campaign: "The Unseen Crime Scene", Campaign: "Vampires for Grown Ups", Doctor Who, Mad Men, Man Vs Wild, Supernanny, True Blood, Weeds
Rabobank; 2006
New-Reserve Bank of New Zealand; 2017
Sky Network Prime TV; 2006
Samsung New Zealand Advertising, Creative, Production, Social Media; 2018
Sunshine Coast Destination
Testicular Cancer New Zealand
Unicef Campaign: "Food Photos Save Lives"
Vehicle Testing New Zealand Limited Creative; 2018
Vodafone Campaign: "Instant Astronaut", Campaign: "More Kiwis connect in more places with SuperNet", Campaign: "Piggy Sue", SuperNet
Volkswagen
Water Safety New Zealand
Westpac NZ
New-The World Wide Fund for Nature Communication Strategy, Creative; 2018

Regional Headquarters

FCB AFRICA
164 Katherine Street, Pin Mill Farm, Johannesburg, 2146 South Africa
Tel.: (27) 11 566 6000
Fax: (27) 11 566 6664
Web Site: www.fcb.co.za

Employees: 10

Agency Specializes In: Advertising

Brett Morris *(CEO)*
Graham Vivian *(CFO)*
Mike Barnwell *(Chief Creative Officer)*
Andre de Wet *(Grp Head-Creative & Copywriter)*
Struan De Bellelay-Bourquin *(Bus Dir-Coca-Cola)*
Monde Siphamla *(Art Dir)*
Kabelo Lehlongwane *(Deputy Dir-Strategy)*
Romaine MacKenzie *(Chief Account Leadership Officer-FCB Africa)*

Accounts:
New-The Coca-Cola Company Coca Cola; 2018

Mauritius

FCB Cread
(Formerly Cread)
Les 5 Palmiers, Route Royale, Beau Bassin, Mauritius
Tel.: (230) 454 6414
Fax: (230) 454 6405
E-Mail: cread@intnet.mu
Web Site: www.fcb.com

Employees: 25

Agency Specializes In: Advertising, Media Buying Services, Media Planning, Promotions, Strategic Planning/Research

Vino Sookloll *(CEO & Exec Creative Dir)*

Accounts:
Beiersdorf Eucerin, Nieva
Engen
MoneyGram
New Maurifoods Regal
SAIL
Shoprite
The Brand House The Brand House (TBH)

South Africa

FCB Cape Town
5 Armdale Street, Woodstock, Cape Town, 7700 South Africa
Tel.: (27) 214040300
Fax: (27) 214040302
Web Site: www.fcb.co.za

Employees: 45
Year Founded: 1946

National Agency Associations: ACA

Agency Specializes In: Advertising, Digital/Interactive, Direct Response Marketing, Financial, Internet/Web Design, Mobile Marketing, Public Relations, Retail, Strategic Planning/Research

Nadja Srdic *(Mng Partner-Client Svcs)*
Eric D'Oliveira *(Mng Dir)*
Mark Tomlinson *(Grp Mng Dir-Hellocomputer)*
Mike Barnwell *(Chief Creative Officer)*
Struan De Bellelay-Bourquin *(Bus Dir-Coca-Cola)*
Alistair Morgan *(Creative Dir)*
David Smythe *(Dir-Strategic Plng)*
Natasha Reddy *(Mgr-HR)*
Andre de Wet *(Copywriter)*
Amy Thompson *(Copywriter)*
Kabelo Lehlongwane *(Deputy Dir-Strategy)*

Accounts:
AJ North
Bayerische Motoren Werke AG BMW X2, Campaign: "BMW Motorrad - GS Adventure"; 2014
Blooms Pharmacy
The Cancer Association of South Africa
Coca-Cola Schweppes
Distell Activation & Experiential, Amarula, Below-the-Line, Creative, Gordon's, Klipdrift, Savanna, Strategic
Exclusive Books
RCS Group
Tiger Brands; 2013
Uber; 2017
Wesgro Communications, Marketing
Western Cape Government R40m Communications

FCB Johannesburg
Pin Mill Farm 164 Katherine Street, Sandown, Johannesburg, 2196 South Africa
Mailing Address:
PO Box 78014, Sandton, Johannesburg, 2146 South Africa
Tel.: (27) 11 566 6000
Fax: (27) 115666656
Web Site: www.fcb.co.za

Employees: 300
Year Founded: 1926

National Agency Associations: ACA

Agency Specializes In: Advertising, Digital/Interactive, Direct Response Marketing, Event Planning & Marketing, Media Planning, Mobile Marketing, Promotions, Strategic Planning/Research

Brett Morris *(CEO)*
Rita Doherty *(Chief Strategy Officer)*
Ahmed Tilly *(Chief Creative Officer)*
Gareth Paul *(Exec Creative Dir)*
Gwen Bezuidenhout *(Grp Acct Dir-Media)*
Tian van den Heever *(Creative Dir & Copywriter)*
Nicola Bower *(Art Dir)*
Caroline Crowther *(Producer-Content & Adv)*
Struan De Bellelay-Bourquin *(Bus Dir-Coca-Cola)*
Suhana Gordhan *(Creative Dir)*
Toni Hughes *(Creative Dir)*
Kgabo Kganyago *(Acct Dir)*
Janine Kleinschmidt *(Creative Dir)*
Regan Kok *(Client Svcs Dir)*
Nicole Malan *(Acct Dir)*
Monica Maloka *(Producer-Print)*
Thato Moatlhodi *(Art Dir)*
Bonolo Modise *(Creative Dir)*
Darren Morris *(Acct Dir)*
Fezidingo Mpembe *(Art Dir)*
Mogani Naidoo *(Bus Dir)*
Brett Noble *(Art Dir)*
Georja Romano *(Art Dir)*
Julie Thorogood *(Art Dir)*
Loyiso Twala *(Creative Dir)*
Alan Schreiber *(Dir-Bus Unit-Retail)*
Narissa Rajagopal *(Acct Mgr)*
Zhandre Brandt *(Brand Mgr)*
Tukiya Mulusa *(Acct Exec)*
Langelihle Sithole *(Strategist-Media)*

ADVERTISING AGENCIES

Marina Andreoli *(Copywriter)*
Esti de Beer *(Copywriter)*
Mbeu Kambuwa *(Copywriter)*
Tracy-Lynn King *(Copywriter)*
Oarabile Mahole *(Copywriter)*
Welcome Moyo *(Copywriter)*
Nhlanhla Ngcobo *(Copywriter)*
David Schild *(Copywriter)*
Siwe Thusi *(Planner-Strategic)*
Kyra Antrobus *(Sr Art Dir)*
Thithi Nteta *(Exec Bus Dir-Integrated)*
Stuart Stobbs *(Chief Inspiration Officer)*

Accounts:
Absa Bank
Adcock Ingram
Barclays Africa Group; 2016
Cell C Campaign: "Don't Hang Up"
Coca-Cola Refreshments USA Campaign: "Rainbow Nation", Coca-Cola, Coca-Cola Light, Coca-Cola Zero, Tab; 2011
Development Bank of Southern Africa Development Bank of Southern Africa (DBSA)
Eskom Campaign: "Glow in the Dark"; 2007
Famous Brands Mgmt Debonairs, FishAways, Wimpy; 2012
Lexus
Lonely Road Foundation Radio
National Film & Video Foundation; 2014
Netflorist
Old Mutual Properties Campaign: "Dreams"
So. African Revenue Service SARS; 2012
Tiger Brands Campaign: "Koo Bees"; 2005
Totyota SA; 1961

FCB HEALTH
100 W 33rd St, New York, NY 10001
Tel.: (212) 672-2300
Fax: (212) 672-2301
E-Mail: hello@fcbhealthcare.com
Web Site: www.fcbhealthcare.com

Employees: 660
Year Founded: 1977

National Agency Associations: 4A's-PMA

Agency Specializes In: Health Care Services, Sponsorship

Dana Maiman *(Pres & CEO)*
Mark Arnold *(Mng Dir & Exec VP)*
Rich Levy *(Chief Creative Officer)*
Mike Devlin *(Exec VP & Creative Dir)*
Lauren Naima *(Exec VP & Grp Creative Dir)*
Bob Adsit *(Sr VP & Creative Dir)*
Andrew Lear *(Sr VP & Creative Dir)*
Lauren Novack *(Sr VP & Creative Dir)*
Mark Dean *(Sr VP & Dir-Product Mktg)*
Kim Barke *(Sr VP & Grp Creative Dir)*
Rob Galimidi *(Sr VP & Mgmt Dir)*
Michael Lyman *(Sr VP & Grp Mgmt Dir)*
Tammy Fischer *(Mng Dir-Specialized Agencies)*
Marissa Kraft *(VP & Creative Dir)*
Thomas Conigliaro *(VP & Assoc Creative Dir)*
Raf Lena *(VP & Assoc Creative Dir)*
Marisa McWilliams *(Mgr-Corp Comm)*
Devin Christopher *(Acct Supvr)*
Elissa Mendez-Renk *(Acct Supvr)*
Eduardo Balloussier *(Supvr-Creative)*
Luiz Guimaraes *(Supvr-Art)*
Timothy Hurley *(Supvr-Art)*
Gabriel Isedeh *(Media Planner)*
Joshua Wohlstadter *(Media Planner)*
Mariann Bisaccia *(Assoc Creative Dir)*
Melissa Jean Ludwig *(Grp Supvr-Copy)*

Accounts:
Abbvie
Acatavis-Allergan
Amgen
Astellas Pharma
Bayer Healthcare
Boehringer Ingelheim
Galderma
Gay Men's Health Crisis Social Media
Genentech
Gilead
Horizon Pharma
Keryx Biopharmaceuticals
Lexicon Pharmaceuticals
Lung LLC
Medivation
Merck Arcoxia, Cozaar, Fosamax, Propecia, Zocor; 1981
National Water Safety Month
Novartis
Sandoz
Teva Pharmaceutical Industries Teva Women's Health
Valeant Pharma/AstraZeneca
Vivus

Branch

FCB Halesway
(Formerly Halesway)
36 East Street, Andover, Hampshire SP10 1ES United Kingdom
Tel.: (44) 1264 339955
Web Site: www.fcbhalesway.com

Employees: 50

Agency Specializes In: Digital/Interactive, Health Care Services, Strategic Planning/Research

Liz Rawlingson *(Founder & Pres)*
Niki Dean *(Client Svcs Dir)*
Neil Padgett *(Creative Dir)*
Ekta Jain *(Dir-Digital Strategy)*
Becky Glover *(Acct Mgr)*
Alec Tooze *(Planner-Strategic)*

Accounts:
Abbott
Baxter
Boehringer Ingelheim
Hospira
MSD
Novartis
Reckitt Benckiser
Smith & Nephew

FCBCURE
(Formerly ICC)
5 Sylvan Way, Parsippany, NJ 07054
Tel.: (973) 451-2400
Web Site: www.fcbcure.com/

Employees: 150

National Agency Associations: 4A's

Agency Specializes In: Health Care Services

Tammy Fischer *(Co-Mng Dir & Exec VP)*
Joe Soto *(Co-Mng Dir)*
Edward Cowen *(Exec VP & Dir-Grp Strategic Plng)*
Alex Chiong *(Sr VP & Creative Dir)*
Deborah Goldberg *(Sr VP & Grp Mgmt Supvr)*
Brett Fischer *(VP & Assoc Creative Dir)*
Rachel Smith *(Acct Supvr)*
Lindsay Macrino *(Sr Acct Exec)*
Jay Bisda *(Analyst-Client Fin)*

Accounts:
Actavis-Allergan
Adapt Pharma
Aquestive
Arena
Bayer Healthcare
Boehringer Ingelheim
Ferring
Gilead
Heron Therapeutics
Ironwood
Medivaton
Merck & Co
Novo Nordisk
Schionogi
Verastern
Vertex Pharmaceuticals

FD2S
1634 E Cesar Chavez St, Austin, TX 78702
Tel.: (512) 476-7733
Fax: (512) 473-2202
E-Mail: mdenton@fd2s.com
Web Site: www.fd2s.com

Employees: 11
Year Founded: 1985

Agency Specializes In: Brand Development & Integration, Business-To-Business, Collateral, Communications, Corporate Identity, E-Commerce, Education, Graphic Design, Health Care Services, Leisure, Logo & Package Design, Point of Purchase, Point of Sale, Publicity/Promotions, Retail, Sales Promotion, Strategic Planning/Research

Sales: $3,000,000

Curtis Roberts *(Principal)*
Steven L. Stamper *(Principal)*
David Cajolet *(Sr Designer)*
Ranulfo Ponce *(Sr Designer)*
Rick Smits *(Sr Designer)*

Accounts:
Second Street District

FEAR NOT AGENCY
1740 Blake St, Denver, CO 80202
Tel.: (303) 990-2928
E-Mail: info@fearnotagency.com
Web Site: www.fearnotagency.com

Employees: 9

Agency Specializes In: Advertising, Internet/Web Design, Strategic Planning/Research

Blake Ebel *(Founder & Chief Creative Officer)*
Jacob Gerhardt *(Designer)*

Accounts:
Albert Bartlett (Advertising Agency of Record)
Bellco Credit Union
Corvus Coffee
Lauren Harper Collection
PowerShares SuperSlam

FEARWORM HAUNTVERTISING
11044 Research Blvd A-525, Austin, TX 78759
Tel.: (512) 554-8867
E-Mail: info@fearworm.com
Web Site: www.fearworm.com

Employees: 1

Agency Specializes In: Advertising, Brand Development & Integration, Content, Digital/Interactive, Graphic Design, Internet/Web Design, Media Buying Services, Media Planning, Print, Social Media

Ernest Corder *(Co-Founder & Acct Svcs Dir)*
Patrick Stanger *(Dir-Creative Svcs)*

Accounts:
Fear Town Productions LLC
House Of Horrors & Haunted Catacombs

AGENCIES - JANUARY, 2019 — ADVERTISING AGENCIES

FECHTOR ADVERTISING LLC
14 E Gay St Fl 4, Columbus, OH 43215
Tel.: (614) 222-1055
Fax: (614) 222-1057
Web Site: www.fechtor.com

Employees: 6
Year Founded: 2003

Agency Specializes In: Advertising, Broadcast, Digital/Interactive, Out-of-Home Media, Outdoor, Print

Stephen Fechtor *(Principal)*
Mike Sanford *(Creative Dir)*
Luanne Mann *(Assoc Creative Dir)*

Accounts:
Cota
Dine Originals
Leo Alfred Jewelers
Vorys, Sater, Seymour & Pease

FEED COMPANY
2840 Angus Street, Los Angeles, CA 90039
Tel.: (323) 469-3052
Fax: (323) 469-9841
E-Mail: hung@feedcompany.com
Web Site: www.feedcompany.com

Employees: 2

Agency Specializes In: Planning & Consultation, Strategic Planning/Research

Josh Warner *(Pres)*

Accounts:
Activision Blizzard, Inc
California Milk Processor Board
Capital One
Gillette
Haagen-Dazs
Levi Strauss & Co.
OfficeMax
PepsiCo.
Ray-Ban
Sears
Stealth Advertising Advertising Services
Taco Bell Restaurant Services

FEIGLEY COMMUNICATIONS
(Formerly Wright Feigley Communications)
10000 Perkins Rowe Town Hall W Ste 325, Baton Rouge, LA 70810
Tel.: (225) 769-4844
Fax: (225) 769-3806
Web Site: feigleycommunications.com/

Employees: 5

Agency Specializes In: Advertising, Broadcast, Event Planning & Marketing, Media Buying Services, Media Planning, Public Relations, Radio, Social Media, Strategic Planning/Research, T.V.

Stuart Feigley *(Pres)*
Mary McFarland *(Controller)*
Julie Nusloch Joubert *(Media Dir)*
Taylor Brian *(Acct Mgr)*
Benjamin Benton *(Sr Art Dir)*

Accounts:
Perkins Rowe

FELDER COMMUNICATIONS GROUP
1593 Galbraith Ave Se Ste 201, Grand Rapids, MI 49546-9032
Tel.: (616) 459-1200
Fax: (616) 459-2080

E-Mail: info@felder.com
Web Site: www.felder.com

E-Mail for Key Personnel:
President: stan@felder.com
Creative Dir.: mike@felder.com

Employees: 10
Year Founded: 1994

Agency Specializes In: Advertising, Advertising Specialties, Affluent Market, Agriculture, Automotive, Aviation & Aerospace, Brand Development & Integration, Business Publications, Business-To-Business, Cable T.V., Catalogs, Co-op Advertising, Collateral, Commercial Photography, Communications, Consulting, Consumer Goods, Consumer Marketing, Consumer Publications, Corporate Communications, Corporate Identity, Crisis Communications, Digital/Interactive, Direct Response Marketing, Direct-to-Consumer, E-Commerce, Education, Electronic Media, Engineering, Entertainment, Environmental, Event Planning & Marketing, Exhibit/Trade Shows, Financial, Food Service, Government/Political, Graphic Design, Health Care Services, High Technology, Hospitality, Household Goods, Identity Marketing, In-Store Advertising, Industrial, Infomercials, Information Technology, Integrated Marketing, Internet/Web Design, Legal Services, Leisure, Local Marketing, Logo & Package Design, Luxury Products, Magazines, Marine, Market Research, Media Planning, Media Relations, Medical Products, Merchandising, Multimedia, New Product Development, Newspaper, Newspapers & Magazines, Out-of-Home Media, Outdoor, Over-50 Market, Package Design, Pharmaceutical, Planning & Consultation, Podcasting, Point of Purchase, Point of Sale, Print, Production, Public Relations, Publicity/Promotions, RSS (Really Simple Syndication), Radio, Recruitment, Restaurant, Retail, Sales Promotion, Search Engine Optimization, Seniors' Market, Sports Market, Strategic Planning/Research, Sweepstakes, T.V., Technical Advertising, Telemarketing, Trade & Consumer Magazines, Transportation, Travel & Tourism, Web (Banner Ads, Pop-ups, etc.), Yellow Pages Advertising

Approx. Annual Billings: $8,500,000

Breakdown of Gross Billings by Media:
Audio/Visual: 15%; Brdcst.: 20%; Co-op Adv.: 10%; Consulting: 20%; Fees: 20%; Worldwide Web Sites: 15%

Stan Felder *(Pres & CEO)*

Accounts:
2/90 Sign Systems; Grand Rapids, MI Signage; 2006
Bates Footwear; Rockford, MI Boots & Shoes; 2006
Gentex; Zeeland, MI Automotive Parts; 1995
Gill Industries; Grand Rapids, MI Automotive Products; 2006
Harbor Hospice; Muskegon, MI Hospice Services; 2006
Haworth Office Furniture; Holland, MI Office Furniture; 1992
IBOA International; Grand Rapids, MI Business Owners Association; 2004
Michigan Turkey Producers; Grand Rapids, MI; 2005
MPI Research; Mattawan, MI Pre-Clinical Testing; 2009
Priority Health; Grand Rapids, MI Health Insurance; 2005
Rowe International; Grand Rapids, MI Jukeboxes; 2002
Wings of Hope Hospice; Allegan, MI Hospice Services; 2008

FELLOW
718 W 34Th St, Minneapolis, MN 55408
Tel.: (612) 605-1712
Web Site: www.fellowinc.com

Employees: 5
Year Founded: 2010

Agency Specializes In: Advertising, Affluent Market, Alternative Advertising, Brand Development & Integration, Branded Entertainment, Broadcast, Business-To-Business, Co-op Advertising, Collateral, College, Communications, Consumer Publications, Content, Copywriting, Corporate Identity, Digital/Interactive, Direct-to-Consumer, Experience Design, Graphic Design, Guerilla Marketing, Identity Marketing, In-Store Advertising, Internet/Web Design, Local Marketing, Logo & Package Design, Luxury Products, Magazines, Men's Market, New Product Development, Newspapers & Magazines, Out-of-Home Media, Outdoor, Package Design, Point of Purchase, Point of Sale, Print, Production (Ad, Film, Broadcast), Radio, T.V., Urban Market, Viral/Buzz/Word of Mouth, Web (Banner Ads, Pop-ups, etc.)

Eric Luoma *(Co-Founder & Creative Dir)*
Karl Wolf *(Co-Founder & Creative Dir)*
Kari Luoma *(Controller)*

Accounts:
JCPenney
Mayo Clinic
ResQwater
Target

FENTON
630 Ninth Ave Ste 910, New York, NY 10036
Tel.: (212) 584-5000
Fax: (212) 584-5045
E-Mail: info@fenton.com
Web Site: www.fenton.com

Employees: 121

Agency Specializes In: Advertising, Brand Development & Integration, Digital/Interactive, Media Relations

David Fenton *(Founder & Chm)*
Scott Beaudoin *(Grp Pres)*
Ben Wyskida *(CEO)*
Jennifer Hahn *(Mng Dir)*
Karen Hinton *(Mng Dir-NYC Office & Chief Strategy Officer)*
Kivalena Starr *(Sr VP & Mng Dir-ACTIO)*
William Hamilton *(Sr VP)*
Joe Wagner *(Mng Dir-Health)*
Eunice K. Park *(VP-Digital)*
Andre Ory *(Acct Dir)*
Julia Peek *(Acct Dir)*
Alyssa Singer *(Acct Dir)*
Kamali Ann Burke *(Sr Acct Exec)*
Natasha Leonard *(Acct Exec)*
Ryan Cassidy *(Sr Art Dir)*

Accounts:
Bread for the World
The Robert Wood Johnson Foundation

Branch

Fenton
600 California St Fl 11, San Francisco, CA 94108
Tel.: (415) 901-0111
Fax: (415) 901-0110
Web Site: www.fenton.com

Employees: 15
Year Founded: 1982

377

ADVERTISING AGENCIES

Agency Specializes In: Advertising, Digital/Interactive, Media Relations

Bryan Miller *(Mng Dir)*
Calisa Hildebrand *(VP-Digital)*
Mercy Albaran *(Acct Dir)*
Namju Cho *(Acct Dir)*
Patricia Garrity *(Acct Dir)*
Neven Samara *(Art Dir)*
Alyssa Singer *(Acct Dir)*
Jeremy Morgan *(Dir-Creative Technologies)*
Michelle Hunsberger *(Sr Acct Exec)*
Sonata Lee Narcisse *(Acct Exec)*

Accounts:
New-Social Progress Imperative

THE FENTON GROUP
44 Weybosset St, Providence, RI 02903
Tel.: (401) 490-4888
Fax: (401) 490-4666
E-Mail: info@thefentongroup.net
Web Site: www.thefentongroup.net

Employees: 4

Agency Specializes In: Sponsorship

Accounts:
Campaign for a Healthy Rhode Island
Fair Insurance Rhode Island
Fit & Fresh
Fresh Brigido's Market
GE Money
Giving Rhode Island
Gore Creative Technologies Worldwide
Guertin
Harrahs
Holliston
Medport
Nordt Company
The Promenade
Qualidigm
Quality Partners of Rhode Island
Supreme

FEREBEE LANE & CO.
3 N Laurens St, Greenville, SC 29601
Tel.: (864) 370-9692
Web Site: www.ferebeelane.com

Employees: 20
Year Founded: 2005

National Agency Associations: 4A's

Agency Specializes In: Advertising

Josh Lane *(Partner)*
Matt Ferebee *(Principal)*
Jivan Dave *(Art Dir)*
Katie Driggs *(Media Dir)*
Kelsey Nelson *(Dir-Social Influence)*
Janis Leidlein *(Office Mgr)*
Hannah LaScola *(Acct Supvr)*

Accounts:
Bayerische Motoren Werke Aktiengesellschaft
BlackBerry Blackberry
Hickory Chair Furniture Co.
Le Creuset

FERGUSON ADVERTISING INC.
347 West Berry, Fort Wayne, IN 46802
Tel.: (260) 426-4401
Fax: (260) 422-6417
E-Mail: rich@fai2.com
Web Site: www.fai2.com

Employees: 17

Year Founded: 1975

Agency Specializes In: Business-To-Business, Collateral, Communications, Customer Relationship Management, Electronic Media, Financial, Graphic Design, Health Care Services, Industrial, Internet/Web Design, Logo & Package Design, New Product Development, Newspaper, Newspapers & Magazines, Out-of-Home Media, Outdoor, Point of Purchase, Point of Sale, Public Relations, Publicity/Promotions, Radio, Sales Promotion, Strategic Planning/Research, T.V., Technical Advertising, Trade & Consumer Magazines

Approx. Annual Billings: $14,000,000

Breakdown of Gross Billings by Media: Outdoor: $1,000,000; Print: $4,000,000; Radio: $3,000,000; T.V.: $5,000,000; Worldwide Web Sites: $1,000,000

John Ferguson *(Pres)*
Nancy J. Wright *(CEO)*
Bob Kiel *(VP & Creative Dir)*
Kyle Martin *(VP-Acct Svcs)*
Brian Art *(Art Dir)*
Greg Smith *(Art Dir)*
Kevin Erb *(Dir-PR & Social Media & Acct Mgr)*
Jenni Kulp *(Dir-Digital Adv)*
Michael Krouse *(Project Mgr-Digital)*
Carol Havers *(Production Mgr)*
Andi Backs-Chin *(Sr Acct Exec)*
Liz Stuby *(Acct Exec)*
Greg Shields *(Analyst-Digital)*
Lauren Coxen *(Acct Coord)*
Jason McFarland *(Sr Art Dir)*

FEROCIOUS COW
310 E 70Th St Apt 12Q, New York, NY 10021
Tel.: (917) 331-0496
Fax: (212) 396-9295
E-Mail: info@ferociouscow.com
Web Site: www.ferociouscow.com

Agency Specializes In: Advertising, Event Planning & Marketing, Print, Public Relations, Sponsorship

Jason Volper *(Dir-Creative & Exec Producer)*
Rohan Caesar *(Dir-Creative)*

Accounts:
American Express Company
Canadian Club
Century 21 Gold Standard
Verizon Communications Inc.

FETCH
153 Kearny St Fl 4, San Francisco, CA 94108
Tel.: (415) 523-0350
Web Site: www.wearefetch.com

Employees: 100

National Agency Associations: 4A's

Agency Specializes In: Advertising, Brand Development & Integration, Media Planning, Social Media

Ruairi McGuckin *(Mng Partner-LA)*
Birk Cooper *(CMO)*
Guillaume Lelait *(CEO-US)*
Ashleigh Rankin *(Head-Media Ops-US)*
Tim Villanueva *(Head-Media Strategy)*
Octavio Maron *(Exec Creative Dir)*
Ana Slavin *(Acct Dir)*
Alexandra Ivacheff *(Dir-Client Dev-US)*
Alison Ma *(Dir-Media Strategy)*
Dylan Brannon *(Sr Mgr-Paid Social Media)*
Marika Cleto *(Acct Mgr-Media)*
Kristen Pezda *(Acct Mgr)*

Rachel Lewis *(Acct Supvr)*

Accounts:
Expedia
Hotels.com
Mozilla (Agency of Record) Desktop, Marketing, Mobile, Out-of-Home, Search
New-San Francisco Museum of Modern Art; 2018

FETCH LA
12655 Jefferson Blvd, Los Angeles, CA 90230
Tel.: (408) 390-1969
Web Site: www.wearefetch.com

Employees: 138

Agency Specializes In: Advertising, Brand Development & Integration, Digital/Interactive, Media Buying Services, Media Planning, Paid Searches, Search Engine Optimization, Social Media

Ruairi McGuckin *(Mng Partner)*
Gosha Khuchua *(Mng Dir)*
Kristin Masino *(Acct Dir)*
Grant Griffin *(Sr Mgr-Search)*
Khylie Heins *(Sr Mgr-Paid Social Media)*
Jim McNally *(Client Partner)*

Accounts:
New-AccuWeather, Inc.; 2018
AEG Presents (Digital Agency of Record)
New-Amazon.com, Inc.; 2018
New-Discovery Kids; 2018
New-Hulu LLC
New-Turner Classic Movies FilmStruck; 2018
New-United Nations Share the Meal; 2018

FETCHING COMMUNICATIONS
(Acquired by French/West/Vaughan, Inc.)

FF NEW YORK
530 7th Ave Ste 3001, New York, NY 10018
E-Mail: newyork@ffcreative.com
Web Site: www.ffcreative.com

Agency Specializes In: Advertising, Content, Digital/Interactive, Event Planning & Marketing, Social Media

Colin Nagy *(Head-Strategy)*
Laurent Leccia *(Creative Dir)*
Kate Yeon *(Art Dir)*
Lisa Rosario *(Dir-Bus Affairs)*
Amanda Hellman *(Supvr)*
Ashley Smith *(Supvr)*
Jack Hwang *(Jr Art Dir)*

Accounts:
New-Hewlett-Packard Company
New-Le Bon Marche Le Bon Marche Rive Gauche
New-Marriott International Inc. Ac Hotels
New-Remy Cointreau
New-Sea Shepherd
New-Stoli Group USA LLC Stoli Vodka

FG CREATIVE INC
74020 Alessandro Dr Ste E, Palm Desert, CA 92260
Tel.: (760) 773-1707
Web Site: www.fgcreative.com

Employees: 10
Year Founded: 2002

Agency Specializes In: Advertising, Brand Development & Integration, Broadcast, Graphic Design, Internet/Web Design, Logo & Package Design, Media Planning, Public Relations, Social Media, Strategic Planning/Research

AGENCIES - JANUARY, 2019 — ADVERTISING AGENCIES

Stephanie D. Greene *(CEO)*
Cindy Czarnowski *(Office Mgr & Controller)*
Jeff Day *(Art Dir)*
Chelsea Van Es *(Dir-Online Media)*
Tricia Witkower *(Dir-Content Mktg)*
Andrea Carter *(Sr Strategist-Mktg)*

Accounts:
El Paseo Shopping
Hi-Desert Med Center
Y Be Fit Palm Desert Challenge

FGM INTERNET MARKETING
1625 Old Plymouth St, Bridgewater, MA 02324
Tel.: (843) 822-3773
Web Site: www.fgminternetmarketing.com

Employees: 2
Year Founded: 2011

Agency Specializes In: Advertising, Email, Search Engine Optimization, Social Media

Fiona G. Martin *(Dir)*

FH GROUP
3421 W 26Th St, Erie, PA 16506
Tel.: (814) 459-2443
Fax: (814) 459-6862
Web Site: www.fh-group.com

Employees: 12
Year Founded: 2001

Agency Specializes In: Advertising, Brand Development & Integration, Digital/Interactive, Email, Internet/Web Design

Andy Fritts *(Pres & CEO)*
Gary Fritts *(Pres)*
Molly Fritts *(Dir-Client Rels)*

Accounts:
EagleBurgmann Industries LP

FIELD DAY INC.
171 E Liberty St Ste 320, Toronto, ON M6K 3P6 Canada
Tel.: (416) 408-4446
Fax: (416) 408-4447
E-Mail: info@fieldday.com
Web Site: www.fieldday.com

Employees: 10
Year Founded: 1989

Agency Specializes In: Advertising, Brand Development & Integration, Business-To-Business, Communications, Entertainment, Pharmaceutical, Sports Market

Andrew Arntfield *(Pres)*
Sandy Zita *(Partner & Creative Dir)*
Leah Rose *(Acct Mgr)*

Accounts:
Canadian National Exhibition
Epson Canada
Jays Care Foundation
Living Arts Center
Maple Leaf Sports & Entertainment Ltd.; Toronto, Ontario; 1999
Metro Toronto Convention Centre; 2004
NBA Canada
OLG
Rogers Media
Toronto Blue Jays
Vision TV; Toronto, Ontario; 2004
Warner Home Video Canada
Warner Home Video Canada

XM Canada

FIELDTRIP
(Formerly Stradegy Advertising)
642 S 4th St Ste 400, Louisville, KY 40202
Tel.: (502) 339-0991
E-Mail: info@hellofieldtrip.com
Web Site: hellofieldtrip.com/

Employees: 25

Agency Specializes In: Advertising, Digital/Interactive, Print, Strategic Planning/Research

Jane Pfeiffer *(Owner)*
Mike Perry *(Fin Dir)*
Veronica Johnson Idle *(Media Dir)*
Doris Irwin *(Media Dir)*
Ashley Trommler *(Art Dir)*
Monica Bischoff *(Mgr-Field)*
Sara Cenci *(Mgr-Field)*
Melody Niemann *(Mgr-Digital Mktg)*
Leigh Boyd *(Acct Supvr)*
Jenna Morales *(Acct Supvr)*
Michelle Buchanan *(Supvr-Field)*
Caroline Ballard *(Acct Coord)*
Marissa Olson *(Coord-Field)*

Accounts:
Ashley Armor
Ashley Furniture HomeStore Wine & Design
Heine Brothers Now Open
Peoples Trust & Savings Bank
Qdoba Mango Salad
University of Louisville Hospital
The Vint Julep

FIFTEEN DEGREES
27 E 21st St, New York, NY 10010
Tel.: (212) 545-7434
Web Site: fifteendegrees.com

Employees: 18

Agency Specializes In: Broadcast, Business Publications, Cable T.V., Co-op Advertising, Collateral, Consumer Publications, Digital/Interactive, Direct Response Marketing, Electronic Media, Email, Exhibit/Trade Shows, Guerilla Marketing, In-Store Advertising, Local Marketing, Magazines, Mobile Marketing, Multimedia, Newspaper, Newspapers & Magazines, Out-of-Home Media, Outdoor, Paid Searches, Point of Purchase, Point of Sale, Print, Production, Production (Print), Promotions, Radio, Social Media, Sponsorship, T.V., Trade & Consumer Magazines, Web (Banner Ads, Pop-ups, etc.)

Richard Clarke *(Co-Founder & Client Svcs Dir)*
Michael McLaurin *(Co-Founder & Dir-Strategy & Creative)*

Accounts:
Cardiac Research Foundation; 2015
Cniel Cheeses of Europe; 2013
Flushing Bank; 2011
Gazprom International; 2011
Little Duck Organics; 2015
Northwell Health Northern Westchester Hospital, The Heart Institute; 2015
NYC Economic Development Corporation; 2014
Ridgewood Savings Bank; 2012
Westchester Tourism (Digital Agency of Record)

FIFTEEN MINUTES
5670 Wilshire Blvd, Los Angeles, CA 90036
Tel.: (323) 556-9700
Fax: (323) 556-9710
E-Mail: info@fifteenminutes.com
Web Site: www.fifteenminutes.com

Employees: 21
Year Founded: 2005

Agency Specializes In: Advertising, Media Buying Services, Media Planning, Media Relations, Public Relations, Strategic Planning/Research

Howard Bragman *(Founder & Chm)*
Lisa Perkins *(Partner)*
Dawn Stramer *(CFO)*
Aaron Marion *(Sr Acct Exec-Entertainment)*

Accounts:
AT&T
Awolnation
Beartooth
Bloomingdales
Carter Oosterhouse
Civilized Content, Digital, Media Relations, Social
Dr. Lisa Masterson
Eddie Bauer
eHarmony Inc. Relationship Services Provider
FirstLook Media Relations, Thought Leadership
Greg Louganis
Headcase VR Media Relations, Thought Leadership
Netflix
Playboy
The W Hollywood (Agency of Record) Media Relations, Public Relations

FIFTY EIGHT ADVERTISING LLC
433 Bishop St NW, Atlanta, GA 30318
Tel.: (404) 733-6872
Web Site: www.58advertising.com

Year Founded: 2009

Agency Specializes In: Internet/Web Design, Print, T.V.

Mike Gustafson *(Owner & Creative Dir)*

Accounts:
Campbell & Brannon Real Estate Attorneys; 2011
Floor & Decor Inc Flooring Retailer; 2012
nFinanSe Inc. Prepaid Card Services; 2009
Stone Mountain Golf Club Marriott Golf; 2010

FIG ADVERTISING & MARKETING
518 17th St, Denver, CO 80202
Tel.: (303) 260-7840
Fax: (720) 359-1000
Web Site: www.figadvertising.com

Employees: 8
Year Founded: 2009

Agency Specializes In: Advertising, Brand Development & Integration, Broadcast, Business Publications, Cable T.V., Collateral, Consumer Publications, Corporate Identity, Digital/Interactive, Direct Response Marketing, E-Commerce, Electronic Media, Email, Exhibit/Trade Shows, Experience Design, In-Store Advertising, Internet/Web Design, Local Marketing, Logo & Package Design, Magazines, Market Research, Media Buying Services, Mobile Marketing, Multimedia, Newspaper, Newspapers & Magazines, Out-of-Home Media, Outdoor, Paid Searches, Print, Product Placement, Production, Production (Print), Promotions, Radio, Search Engine Optimization, Shopper Marketing, Social Media, Sponsorship, T.V., Trade & Consumer Magazines, Web (Banner Ads, Pop-ups, etc.)

Approx. Annual Billings: $1,000,000

Zachary Rischitelli *(Mng Dir-Acct Svcs)*
Bob Rischitelli *(Media Buyer)*

ADVERTISING AGENCIES

Accounts:
Active Rx
Amazing Moves Moving & Storage Moving & Storage; 2009
ATD Foundation & Football Camp
Barnacle Bookkeeping
Ceramatec; 2009
CoorsTek Medical Implantable Medical Devices; 2014
Davidson's Liquors; 2012
Denver Community Credit Union Auto Loans, Banking, Home Loans, Investments; 2011
Environmental Logistics
The Lair of Abraxas Vape Lounge; 2009
Metro Building Services, Inc.
StaffScapes Professional Employer Organization; 2013

FIGLIULO&PARTNERS, LLC
(d/b/a FIG)
628 Broadway, New York, NY 10012
Tel.: (212) 267-8800
E-Mail: hello@figagency.com
Web Site: www.figagency.com

Employees: 80

National Agency Associations: 4A's

Agency Specializes In: Advertising, Brand Development & Integration, Broadcast, Digital/Interactive, Sponsorship, T.V.

Judith Carr-Rodriguez *(Co-Founder, CEO & Partner)*
Mark Figliulo *(Co-Founder)*
Richard Tan *(Partner & CFO)*
Scott Vitrone *(Partner & Chief Creative Officer)*
Caroline Krediet *(Partner & Head-Strategy)*
Robert Valdes *(Partner & Head-Production)*
Natalie Troubh *(Exec Dir-Client Svcs)*
Kristin Postill *(Grp Acct Dir)*
Ross Fletcher *(Creative Dir)*
Katie Gallagher *(Acct Dir)*
Masataka Kawano *(Creative Dir)*
Laura Ries *(Media Dir)*
Jeff Scardino *(Creative Dir)*
Alex Burke *(Dir-Strategy)*
Max Friedman *(Dir-Design)*
Sara Jagielski *(Dir-Integrated Bus Affairs)*
Jessica Ruiz *(Dir-Data & Analytics)*
Alexis de Seve *(Acct Supvr)*
Christopher Mangarelli *(Planner)*
Bobby Miller *(Assoc Media Dir)*
Henry Monsell *(Exec Mktg Dir)*
Amy White *(Grp Project Mgr)*

Accounts:
AC Hotels (Agency of Record)
American Century Investments (US Creative Agency of Record) Creative, Media Planning & Buying, Strategy; 2017
Bright Health Buying & Analytics, Media Planning; 2018
Buffalo Wild Wings, Inc.
Cable News Network LP
New-Casper Sleep, Inc.
Delta Air Lines, Inc.
Georgia-Pacific LLC (Lead Creative Agency) Experiential, Radio, Social Media, Vanity Fair Napkins, Video
Macy's, Inc. Creative Advertising
Marriott (Agency of Record)
Pete & Gerry's Organic (Creative Agency of Record) Carol's Heirloom, Digital, Nellie's Free Range Eggs, Pasture Raised, Social
Seabourn Cruise Line (Agency of Record) Campaign: "Extraordinary Worlds", Creative, Marketing
Sprint Corporation Campaign: "Count On It", Campaign: "Frobinsons", Campaign: "Spin Off", Family Plan, Television
New-Vimeo
Virgin Atlantic Airways Ltd. Digital, Online, Out-of-Home, Social Media Content

FIGMENT DESIGN
2977 McFarlane Rd, Miami, FL 33133
Tel.: (305) 593-7488
Fax: (305) 593-7468
Web Site: www.figmentdesign.com

Employees: 13

Agency Specializes In: Advertising, Brand Development & Integration, Collateral, Graphic Design, Internet/Web Design, Logo & Package Design, Media Buying Services, Media Planning, Out-of-Home Media, Outdoor, Print

Jeffrey Pankey *(Founder & Pres)*

Accounts:
Diamusica

FINCH BRANDS
123 S Broad St Ste 1, Philadelphia, PA 19109
Tel.: (215) 413-2686
Fax: (215) 413-2687
E-Mail: info@finchbrands.com
Web Site: www.finchbrands.com
E-Mail for Key Personnel:
President: derlbaum@kanterinternational.com
Creative Dir.: jgoldenberg@kanterinternational.com
Public Relations: jkramer@kanterinternational.com

Employees: 17
Year Founded: 1996

Agency Specializes In: Above-the-Line, Advertising, Affluent Market, Automotive, Below-the-Line, Brand Development & Integration, Business-To-Business, Collateral, College, Communications, Consulting, Consumer Goods, Consumer Marketing, Corporate Communications, Corporate Identity, Digital/Interactive, Direct Response Marketing, Education, Electronic Media, Exhibit/Trade Shows, Experience Design, Graphic Design, Guerilla Marketing, High Technology, Hospitality, Identity Marketing, Industrial, Information Technology, Integrated Marketing, Internet/Web Design, Leisure, Local Marketing, Logo & Package Design, Luxury Products, Market Research, Men's Market, Mobile Marketing, New Product Development, New Technologies, Newspapers & Magazines, Out-of-Home Media, Outdoor, Point of Sale, Print, Restaurant, Retail, Social Marketing/Nonprofit, Sponsorship, Sports Market, Strategic Planning/Research, Transportation, Travel & Tourism, Women's Market

Bill Gullan *(Pres)*
Daniel Erlbaum *(CEO)*
Thomas Finkle *(Chief Innovation Officer)*
John Ferreira *(Sr VP & Gen Mgr-Brand Strategy, Mktg Strategy & Creative)*
Lauren Collier *(Sr VP-Brand & Mktg Strategy)*
Devon Moyer *(Art Dir)*
Annette Saggiomo *(Sr Brand Strategist)*
Tracy Grimes *(Mgr-Acctg)*

Accounts:
Amazon
Anheuser-Busch
Campbell Soup
Conair
Crayola, LLC Crayola
Disney
Fathead Licensed Retail Line, Customized Wall Art; 2011
Herman Miller; Zeeland, MI Home Furniture Group; 2006
Jack Daniel's
Nutrisystem
Samsung
Target
World Wrestling Entertainment; Stamford, CT Integrated Media & Entertainment Company; 2005

FINDSOME & WINMORE
4776 New Broad St Ste 100, Orlando, FL 32814
Tel.: (407) 722-7830
E-Mail: info@findsomewinmore.com
Web Site: https://findsomewinmore.com/

Employees: 25
Year Founded: 1995

Agency Specializes In: Advertising, Brand Development & Integration, Content, Digital/Interactive, Internet/Web Design, Public Relations, Search Engine Optimization, Social Media

Matthew Certo *(CEO & Principal)*
Richard Wahl *(COO & Principal)*
Kelly Lafferman *(CMO & Principal)*
Andrew MacMillin *(Creative Dir)*
Anthony Charmforoush *(Mgr-Digital Mktg)*
Karen Waeiss *(Mgr-Acctg)*

Accounts:
Foundry Commercial

FINE DOG CREATIVE
103 W Lockwood Ave Ste 201, Saint Louis, MO 63119
Tel.: (314) 968-1200
Fax: (314) 255-3585
Web Site: www.finedogcreative.com

Employees: 1
Year Founded: 2003

Agency Specializes In: Advertising, Brand Development & Integration, Environmental, Internet/Web Design, Package Design, Print

Bryan McAllister *(Owner & Creative Dir)*

Accounts:
DataServ, L.L.C.
The Home Depot, Inc.
J.D. Conrad & Associates, Inc.
Nutrahealth Solutions LLC
Ranken Technical College

FINGERPAINT MARKETING, INC.
395 Broadway, Saratoga Springs, NY 12866
Tel.: (518) 693-6960
Web Site: fingerpaintmarketing.com

Employees: 100
Year Founded: 2008

Agency Specializes In: Advertising, Brand Development & Integration, Communications, Digital/Interactive, Event Planning & Marketing, Internet/Web Design, Production, Public Relations, Social Media, Strategic Planning/Research

Ed Mitzen *(Founder)*
Kevin Kish *(Head-Fin)*

Accounts:
Alamo Pharmaceuticals
Emma Willard School
General Electric Company
Glens Falls Hospital
Maricopa Association of Governments Don't Trash Arizona
Marvel Studios, Inc.

AGENCIES - JANUARY, 2019 — ADVERTISING AGENCIES

The Walt Disney Studios

FINN PARTNERS
301 E 57th St, New York, NY 10022
Tel.: (212) 715-1600
Web Site: www.finnpartners.com

Employees: 500

National Agency Associations: COPF

Agency Specializes In: Arts, Corporate Communications, Crisis Communications, Digital/Interactive, Government/Political, Health Care Services, Internet/Web Design, Media Relations, Multicultural, Public Relations, Social Media, Travel & Tourism, Viral/Buzz/Word of Mouth, Web (Banner Ads, Pop-ups, etc.)

Jodi Brooks *(Mng Partner & Head-Tech Practice)*
Ryan Barr *(Mng Partner-Fin Svcs Practice)*
Jimmy Chaffin *(Mng Partner-Digital)*
Wendy Lane *(Mng Partner)*
Virginia M. Sheridan *(Mng Partner)*
Sakura Komiyama Amend *(Partner & Sr VP-Pub Affairs)*
L. Kevin Jenkins *(Partner & Head-Integrated Mktg)*
Yael Baker *(Partner)*
Brooke Geller *(Sr Partner)*
Renee Martin *(Partner)*
Allyne Mills *(Partner)*
Olivia Mullane *(Partner)*
David Hahn *(Mng Dir)*
Barry Reicherter *(Sr Partner-RPM-Res, Plng & Measurement & Exec VP)*
Haldun Dinccetin *(VP-Travel & Lifestyle)*
Ron Gumucio *(VP)*
Natalia Lopez *(VP)*
Erica McDonald *(VP-Comm)*
Whitney McGoram *(Assoc VP)*
Jack Haanraadts *(Acct Exec)*
Linda Ayares *(Sr Partner)*
Michael Heinley *(Deputy Partner-New York Health Grp)*
Brooke Hudis *(Sr Partner)*
Kristie Kuhl *(Sr Partner-US Pharma)*
Helen C. Shelton *(Sr Partner)*
Amy Terpeluk *(Sr Partner)*

Accounts:
2019 Commemoration American Evolution (Agency Of Record), Drive Communications, Media, Public Relations
Allianz Worldwide Partners Content Partnerships, Trade Media
Argos-Cappadocia
AVG
Avon
Backpack Health (Global Public Relations & Social Media Agency of Record) Global Communications; 2018
Belong.life (Marketing & Communications Agency of Record); 2018
Bosch Home Appliances
Carbonite Executive Positioning, Media Relations, Social media
Champion Petfoods Influencer Initiatives, Marketing Strategy, Orijen & Acana, Public Relations, Social Media, Traditional & Digital Communications; 2018
Ciragan Palace Kempinski-Istanbul
Datto, Inc (Global Agency of Record) Communications
Denominacion de Origen Calificada Advertising, Digital, Marketing, Media Buying, Public Relations, Rioja Wines (Agency of Record)
Dole Packaged Foods
EKOS Campaign: "All you Need is Ecuador", Communication, Creative, Marketing, Media Relations, Public Relations
Empire State Development Campaign: "I Love New York", Public Relations
New-FinancialForce (Global Communications Agency of Record) Influencer Relations, Public Relations; 2018
Fujitsu America PR
Green Festivals Inc Corporate Communications, Media Relations
Hyundai Hope on Wheels
Hyundai
IEEE
International Council of Shopping Centers
Invest Atlanta Communication Strategy, Media Relations
The Jamaica Tourist Board
Jamba Juice
J.M. Smucker
Levy Restaurants
Marvell
MD Anderson
Ministry of Culture & Tourism of Turkey (Agency of Record)
MOMA
Nanobiosym (Public Relations Agency of Record); 2018
Newegg Media
The North Face
Omaha Steaks
Pinnacle Vodka
Robert Wood Johnson Foundation
Rosetta Stone (Public Relations Agency of Record)
Simit + Smith
Somatix (Marketing & Communications Agency of Record); 2018
Strength of Nature Global Brands, LLC Corporate Relations, Creative, Media Relations, Sponsorship Activation, Women of Color
StubHub
SUNGARD
Thermador
Treasury Wine Estates
Turkish Airlines (Americas Agency of Record) Content Creation, Public Relations, Strategic & Creative Communications; 2018
The Verizon Foundation
New-Vindicia

Branches

The Brighter Group
The Pod London's Vertical Gateway Bridges Wharf, Battersea, London, SW11 3BE United Kingdom
Tel.: (44) 2073269880
Fax: (44) 207 603 2424
E-Mail: info@brightergroup.com
Web Site: www.brightergroup.com

Employees: 22

National Agency Associations: ICCO

Agency Specializes In: Leisure, Public Relations, Publicity/Promotions, Travel & Tourism

Debbie Flynn *(Mng Partner)*
Darrin des Vignes *(VP-Destination Representation & Tourism Mktg)*
Sarah Long *(Head-PR)*
Amy Skelding *(Head-PR)*
Amelia Astley Williams *(Assoc VP)*
Jane Richards *(Assoc Dir)*
Melissa Marquis *(Acct Mgr)*
Steve Dunne *(Sr Partner-Strategy)*

Accounts:
Advantage Travel Partnership B2B, Consumer, Public Relations
Air Europa
Antigua Tourism Authority Media
Atlantic Canada Tourism Partnership Media Relations
Back-Roads Touring PR
Barbuda Tourism Authority Media
The Belize Tourism Board Marketing, Public Relations
CIMTIG
City Cruises Media, Sightseeing
Cliveden House
Destinations Consumer, Public Relations Strategy
Dubai Tourism UK & Ireland Public Relations
FloridaTix
GTMC
Guild of Travel Management Companies
Intrepid Travel Consumer Public Relations
Jordan Tourism Board
Just a Drop
Korean Air
Logis Public Relations
Luxury Family Hotels
Neilson Public Relations
Promote Iceland Consumer & Trade Press, PR Campaign
Qatar Airways
Royal Demeure Brand Positioning, PR
South African Tourism
Spafinder Wellness 365 Media
St Helena Public Relations; 2018
Tourism Malaysia Media Relations, Public Relations
Travelzoo Consumer & Trade PR
Vibe UK Public Relations; 2018
Visit Azores Strategic Marketing & Communications

DVL Seigenthaler
700 12th Ave S Ste 400, Nashville, TN 37203
(See Separate Listing)

Finn Partners Ltd.
(Formerly Johnson King)
21 boulevard Haussmann, 75009 Paris, France
Tel.: (33) 153 435162
Fax: (33) 1 45 26 90 14
Web Site: www.finnpartners.fr/

Employees: 2

Agency Specializes In: Business-To-Business, Public Relations

Mina Volovitch *(Sr Partner-Global Health Practice)*

Finn Partners Ltd.
(Formerly Johnson King)
Augsburger Strasse 17, 82110 Germering, Germany
Tel.: (49) 89 89 40 8511
Fax: (49) 89 89 40 8510
Web Site: www.finnpartners.de

Employees: 3

Agency Specializes In: Business-To-Business, Public Relations

Kristina Ambos *(Acct Supvr)*

Finn Partners
(Formerly Johnson King)
Unit B The Cube Building, 17-21 Wenlock Road, London, N1 7GT United Kingdom
Tel.: (44) 20 3217 7060
Fax: (44) 20 7928 2672
Web Site: www.finnpartners.uk

Employees: 20
Year Founded: 1992

Agency Specializes In: Business-To-Business, Public Relations

Chantal Bowman-Boyles *(Mng Partner-EMEA)*
Flora Haslam *(Mng Partner-Tech-Europe)*
Richard Scarlett *(Partner)*
Hannah Townsend *(VP)*
Hem Raheja *(Assoc VP)*

ADVERTISING AGENCIES

Accounts:
Alcatel Intra-Office Communications Systems
Aruba Networks Wireless LAN Systems
Criton; 2018
The Good Exchange; 2017
Keynote Systems
RiskIQ (Agency of Record) Brand Awareness; 2018
Sophos (Agency of Record)
TE Connectivity

Finn Partners
8 Hartum Street, PO Box 45138, Har Hotzvim, Jerusalem, 91450 Israel
Tel.: (972) 2 589 2000
Fax: (972) 2 581 8999
E-Mail: goel@finnpartners.co.il
Web Site: https://www.finnpartners.com/about/brands/israel.html

Employees: 10
Year Founded: 1997

Agency Specializes In: Public Relations

Goel Jasper *(Mng Partner)*
Nicole Grubner *(Acct Supvr)*
Ellie Gorlin Hanson *(Assoc Partner)*
Elie Klein *(Assoc Partner)*

Accounts:
Belong (Marketing & Communications Agency of Record); 2018
mHealth Israel (Communications Agency of Record) Creative, Media Relations, Social Media
Somatix (Marketing & Communications Agency of Record); 2018

Finn Partners
1875 Century Park East, Ste 200, Los Angeles, CA 90067
Tel.: (310) 552-6922
Web Site: https://www.finnpartners.com/

Employees: 12
Year Founded: 1996

National Agency Associations: COPF

Christine Bock *(Mng Partner)*
Howard Solomon *(Mng Partner-West)*
Joe Foster *(Partner)*
Whitney Snow Hegeman *(VP-Polskin Arts & Comm Counselors)*
Megan Alletson *(Sr Acct Exec)*
Jeff Seedman *(Sr Partner)*

Accounts:
BSH Home Appliances (Public Relations Agency of Record)
Crystal Cruises (Public Relations Agency of Record) Strategy
Thermador Brand Awareness

Finn Partners
101 Montgomery St Fl 15, San Francisco, CA 94104
Tel.: (415) 541-0750
Fax: (415) 541-0720
E-Mail: solomonh@ruderfinn.com
Web Site: https://www.finnpartners.com/

Employees: 13

National Agency Associations: COPF

Agency Specializes In: Public Relations, Sponsorship

Dena Merriam *(Mng Partner)*
Daniel Pooley *(Mng Partner)*
Gabriella Raila *(VP)*
Alexis Sparks *(Sr Acct Exec)*
Nicole Viotto *(Sr Acct Exec)*
Brenda Lynch *(Sr Partner)*
Jeff Seedman *(Sr Partner)*

Accounts:
All-America Rose Selections, Inc.
Bask Technology Inc.
Dreamerz Foods; 2007
The Good Earth Company Good Earth Coffee; 2008
Jamba Juice (Agency of Record) Public Relations, Social Media
LIVESTRONG.COM
Moxtra Public Relations
Rovi Corporation
Specific Media
StubHub, Inc.; 2007
TiVo
Voce

Finn Partners
1129 20Th St Nw Ste 200, Washington, DC 20036
Tel.: (202) 466-7800
Fax: (202) 974-5060
Web Site: https://www.finnpartners.com/

Employees: 9

National Agency Associations: COPF

Jessica Berk Ross *(Mng Partner & Gen Mgr)*
Margaret Suzor Dunning *(Mng Partner-Crisis Comm & Higher Education)*
Dan Kaufman *(Mng Partner-PreK-12 Education-Widmeyer Comm)*
Alexander Borisov *(Partner)*
Robin Crawford *(Partner)*
Nebyat Ejigu *(Partner-Digital)*
Scott Widmeyer *(Chief Strategy Officer)*
Jason Smith *(Principal)*
Peter Hahn *(Exec VP & Creative Dir)*
Barry Reicherter *(Sr Partner-Res, Plng & Measurement & Exec VP)*
Heather Foster *(VP)*
Nadia Rahman *(VP-Digital Insights)*
Christopher Lawrence *(Dir-Res)*
Martha Serna *(Sr Acct Exec)*
Jeff Malin *(Strategist-Social)*

Accounts:
American Institute of Cancer Research
Center of Substance Abuse Treatment (CSAT)
Jamaica Tourist Board
Novartis
The Recording Academy
Weight Watchers

Finn Partners
625 N Michigan Ave Ste 2300, Chicago, IL 60611
Tel.: (312) 329-3916
Fax: (312) 932-0367
E-Mail: dan@finnpartners.com
Web Site: https://www.finnpartners.com/

Employees: 32

National Agency Associations: COPF

Agency Specializes In: Public Relations

Dan Pooley *(Founder & Mng Partner-Midwest)*
Christine Bock *(Mng Partner)*
Jane P. Madden *(Mng Partner-Sustainability & Social Impact)*
Dawn Crowley *(Partner & Sr VP)*
Emily Shirden *(Partner & Sr VP)*
Casy Jones *(Partner & Dir-B2B & Enterprise Tech Practice-Chicago)*
Christopher Bona *(Partner-Health Practice)*
Kris Garvey Graves *(Sr Partner-Midwest)*
Arielle Bernstein Pinsof *(Partner-Health Practice)*
Andrew Rickerman *(Sr Acct Exec)*
Hope Boonshaft *(Sr Partner)*

Accounts:
Kerauno, LLC (Agency of Record) Execution, Executive Visibility, Media Relations, Social Engagement, Strategy
The Recording Academy
Xchanging Technology (Lead Agency) Global Public Relations

Horn Group Inc.
301 E 57th St 4th Fl, New York, NY 10022
(See Separate Listing)

Lane PR
905 SW 16th Ave, Portland, OR 97205
(See Separate Listing)

M. Silver/A Division of Finn Partners
747 3rd Ave Fl 23, New York, NY 10017-2803
(See Separate Listing)

Mfa PR
(Formerly Missy Farren & Associates Ltd)
30 Irving Place, New York, NY 10003
(See Separate Listing)

Widmeyer Communications
1129 NW 20th St Ste 200, Washington, DC 20036
(See Separate Listing)

FIONA HUTTON & ASSOCIATES
12711 Ventura Blvd Ste 170, Studio City, CA 91604
Tel.: (818) 760-2121
Fax: (818) 760-2202
Web Site: www.fionahuttonassoc.com

Employees: 15

Agency Specializes In: Advertising, Brand Development & Integration, Crisis Communications, Internet/Web Design, Media Relations, Paid Searches, Public Relations, Social Media, T.V.

Fiona Hutton *(Pres)*
Kendall Klingler *(VP)*
Sari Afriat *(Mgr-Acctg & Admin)*
Dagny Akeyson *(Acct Supvr)*
Tiffany Moffatt *(Sr Counselor)*

Accounts:
New-California Association of Health Plans

FIORE ASSOCIATES, INC.
208 Main St, Butler, NJ 07405
Tel.: (973) 359-4444
Fax: (973) 359-4449
Toll Free: (800) 835-0641
E-Mail: info@fioreinspires.com
Web Site: www.fioreinspires.com

E-Mail for Key Personnel:
President: pat@fioreassociates.com

Employees: 17
Year Founded: 1983

National Agency Associations: AD CLUB-PRSA

Agency Specializes In: New Product Development, Public Relations, Strategic Planning/Research

Patricia Fiore *(Founder & Strategist)*

Accounts:

AGENCIES - JANUARY, 2019 — ADVERTISING AGENCIES

Aussie Imports, LLC
BENEO Inc.
Bograd's Furniture; 1992
The CIT Group
King of the Sea Tuna
Madison Area YMCA
National Starch Food Innovation
Orafti
Oved Diamond Company
Viva The Chef
Yanina & Co. Jewelry

FIREFLI MEDIA
213 Market St SE, Roanoke, VA 24011
Tel.: (540) 985-3473
Web Site: https://firefli.agency/

Employees: 8
Year Founded: 2009

Agency Specializes In: Advertising, Brand Development & Integration, Content, Digital/Interactive, Internet/Web Design, Logo & Package Design, Print, Social Media

Greg Brock *(CEO)*
John Cornthwait *(Partner & Dir-Products)*
Matthew Sams *(Partner & Dir-Strategy)*
Jocelyn Ashwell *(Strategist-SEO & PPC)*

Accounts:
Carilion Clinic
Grand Home Furnishings
Member One
Richfield Retirement Community
Standup Foundation
VirginiaTech

FIREFLY CREATIVE, INC.
2556 Apple Valley Rd Ste 200, Atlanta, GA 30319
Tel.: (404) 262-7424
Fax: (404) 365-9616
E-Mail: barton@fireflyatlanta.com
Web Site: www.fireflyatlanta.com

Employees: 5
Year Founded: 1969

Agency Specializes In: Advertising Specialties, Bilingual Market, Brand Development & Integration, Business-To-Business, Cable T.V., Children's Market, Co-op Advertising, Collateral, Communications, Consumer Marketing, Corporate Identity, Education, Entertainment, Environmental, Exhibit/Trade Shows, Financial, Food Service, Graphic Design, Health Care Services, High Technology, Industrial, Investor Relations, Leisure, Logo & Package Design, Magazines, Medical Products, Merchandising, New Product Development, Newspaper, Newspapers & Magazines, Pharmaceutical, Point of Purchase, Point of Sale, Print, Real Estate, Restaurant, Retail, Sweepstakes, Travel & Tourism

Approx. Annual Billings: $4,878,450

Barton Wood *(Pres)*
Brad Lawley *(Creative Dir)*

Accounts:
Inhibitex; Atlanta, GA; 2002

FIREMAN CREATIVE
PO Box 5255, Pittsburgh, PA 15206
Tel.: (412) 325-3333
Fax: (412) 325-3330
Web Site: www.firemancreative.com

Employees: 24

Agency Specializes In: Advertising, Graphic Design, Internet/Web Design, Print

Paul Fireman *(Pres)*
Benjamin Locher *(Dir-Dev)*

Accounts:
Bob O'Connor Golf Course
The Forbes Funds
Heartland Homes, Inc.

FIRESPRING
1201 Infinity Ct, Lincoln, NE 68512
Tel.: (402) 261-8952
Web Site: creative.firespring.com

Employees: 200

Agency Specializes In: Advertising, Digital/Interactive

Lori Koepke *(Media Dir)*
Sierra Frauen *(Media Planner & Media Buyer)*

Accounts:
SL Green Realty Corp

FIREVINE INC.
69950 M-62, Edwardsburg, MI 49112
Tel.: (269) 663-5500
E-Mail: info@firevine.com
Web Site: www.firevine.com

Employees: 5
Year Founded: 2008

Agency Specializes In: Advertising, Brand Development & Integration, Collateral, Content, Digital/Interactive, Graphic Design, Internet/Web Design, Public Relations, Search Engine Optimization, Social Media

Mike Pecina *(Creative Dir)*
Dustin Potts *(Dir-Brand Dev)*

Accounts:
Afdent

FIREWOOD MARKETING
23 Geary St # 7, San Francisco, CA 94108
Tel.: (415) 872-5132
E-Mail: info@firewoodmarketing.com
Web Site: firewoodmarketing.com

Employees: 100

Lanya Zambrano *(Co-Founder & Pres)*
Juan Zambrano *(Founder)*
Amy Mosier Michael *(Sr VP & Grp Acct Dir)*
Ron Davis *(Sr VP-Tech)*
Christine Bailey *(VP & Grp Dir)*
Maridette De Guzman *(VP & Grp Acct Dir)*
Kathryn Redekop *(Head-Project Mgmt & Acct Dir)*
Tina Arguelles Applegate *(Acct Dir-Google)*
Liz Eva *(Creative Dir-Copy)*
Jason Kim *(Art Dir-The Shop-Google)*
Marco Iannucci *(Dir-Strategy)*
Ashlie Tubb *(Sr Acct Mgr)*
Sabrina Dungey *(Sr Mktg Mgr-Google)*
Lana Zeidan *(Sr Mktg Mgr-Retail & Firewood)*

Accounts:
Airbnb, Inc.
Employers
Google Inc. Android Pay, Google Pay
LinkedIn Corporation
YouTube

FIRMANI & ASSOCIATES
306 Fairview Ave N, Seattle, WA 98109-5313
Tel.: (206) 443-9357
Fax: (206) 443-9365
E-Mail: info@firmani.com
Web Site: www.firmani.com

Employees: 6
Year Founded: 1994

Agency Specializes In: Brand Development & Integration, Market Research, Media Planning, Newspaper, Planning & Consultation, Print, Public Relations

Approx. Annual Billings: $3,000,000

Breakdown of Gross Billings by Media: Brdcst.: $500,000; Print: $500,000; Pub. Rels.: $1,500,000; Radio: $500,000

Mark Firmani *(Pres)*
Kristi Herriott *(Partner)*
Julia Irwin *(Acct Exec)*

Accounts:
HBSS; Seattle, WA
JND Legal Administration

FIRST EXPERIENCE COMMUNICATIONS
381 Hubbard St, Glastonbury, CT 06033
Tel.: (860) 657-3815
Fax: (860) 657-4379
Toll Free: (800) 426-5170
E-Mail: iwyellen@firstexperience.com
Web Site: www.firstexperience.com

Employees: 7
Year Founded: 1983

National Agency Associations: AMA-PRSA

Agency Specializes In: Advertising, Brand Development & Integration, Business-To-Business, Collateral, Commercial Photography, Communications, Consulting, E-Commerce, Education, Event Planning & Marketing, Experiential Marketing, Graphic Design, High Technology, Information Technology, Integrated Marketing, Internet/Web Design, Logo & Package Design, Market Research, Media Planning, Media Relations, Over-50 Market, Paid Searches, Planning & Consultation, Podcasting, Public Relations, Publicity/Promotions, Search Engine Optimization, Social Media, Strategic Planning/Research

Breakdown of Gross Billings by Media: Collateral: 10%; Plng. & Consultation: 10%; Pub. Rels.: 25%; Strategic Planning/Research: 20%; Worldwide Web Sites: 35%

Ira W. Yellen *(Pres & CEO)*
Holly Pelton *(Designer)*

Accounts:
Best of Care; Quincy, MA Home Care; 2011
CT Association for Homecare & Hospice; Wallingford, CT Trade Association; 2011
CT Technology Council; Hartford, CT Professional Trade Association; 2005
Oak Hill; Hartford, CT Social Services for the Disabled; 2004
VNA of South Worcester County; Worcester, MA Home Healthcare Agency; 2011

FIRST GENERATION
410 Allentown Dr, Allentown, PA 18109
Tel.: (610) 437-4300
Fax: (610) 437-3200
E-Mail: contact@firstgencom.com
Web Site: www.firstgencom.com

Employees: 25
Year Founded: 1987

383

ADVERTISING AGENCIES

Agency Specializes In: Advertising, Advertising Specialties, Brand Development & Integration, Broadcast, Business-To-Business, Cable T.V., Collateral, College, Communications, Consumer Marketing, Consumer Publications, Corporate Communications, Corporate Identity, Digital/Interactive, Electronic Media, Electronics, Email, Engineering, Event Planning & Marketing, Exhibit/Trade Shows, Financial, Government/Political, Graphic Design, Health Care Services, Identity Marketing, Industrial, Integrated Marketing, International, Internet/Web Design, Magazines, Market Research, Media Buying Services, Media Planning, Medical Products, Mobile Marketing, Multimedia, Newspaper, Newspapers & Magazines, Out-of-Home Media, Paid Searches, Planning & Consultation, Point of Purchase, Point of Sale, Print, Product Placement, Production, Production (Print), Promotions, Regional, Social Marketing/Nonprofit, Social Media, Strategic Planning/Research, T.V., Trade & Consumer Magazines, Web (Banner Ads, Pop-ups, etc.)

Approx. Annual Billings: $4,000,000

Alexandra Shade *(Pres)*
Bill Carmody *(CEO)*
John Costello *(Dir & Sr Producer)*
Terri Eline *(Sr Mgr-Client Rels)*

Accounts:
Carpenter Technology Corporation
Olympus Corporation Cameras, Medical Devices, Microscopes; 2007

FIRST MEDIA GROUP INC.
120 E Washington St Ste 721, Syracuse, NY 13202
Tel.: (315) 471-7800
Fax: (315) 471-7811
E-Mail: info@firstmediagroup.com
Web Site: www.firstmediagroup.com

E-Mail for Key Personnel:
President: Mich@firstmediagroup.com

Employees: 8
Year Founded: 1980

Agency Specializes In: Advertising Specialties, Brand Development & Integration, Business Publications, Business-To-Business, Collateral, Communications, Consulting, Corporate Communications, Corporate Identity, Digital/Interactive, Direct Response Marketing, E-Commerce, Electronic Media, Financial, Graphic Design, Health Care Services, High Technology, Industrial, Internet/Web Design, Logo & Package Design, Media Buying Services, Medical Products, Print, Production, Public Relations, Trade & Consumer Magazines

Gail Hamidi *(VP)*
Michael Hamidi *(Acct Mgr)*

Accounts:
Boys and Girls Club of Syracuse
Cayuga Community College; Auburn, NY
Colgate University; Hamilton, NY
GE Inspection Technologies; Skaneateles, NY
Huber and Breuer; Syracuse, NY
Nottingham Senior Living; Syracuse, NY
Onondaga County Economic of Development

FIRSTBORN
32 Avenue Of the Americas, New York, NY 10013
Tel.: (212) 574-5300
Fax: (212) 765-7605
E-Mail: info@firstborn.com
Web Site: www.firstborn.com/

Employees: 150
National Agency Associations: 4A's

Agency Specializes In: Advertising, Arts, Automotive, College, Content, Corporate Identity, Digital/Interactive, E-Commerce, Education, Food Service, Identity Marketing, Internet/Web Design, Magazines, Multimedia, Retail, Sponsorship, T.V., Web (Banner Ads, Pop-ups, etc.)

Dan LaCivita *(CEO)*
Joonyong Park *(Chief Creative Officer)*
Dave Snyder *(Sr VP & Exec Creative Dir)*
Gabriel Garner *(Sr VP-Bus Plng)*
Kristin Keefe *(Sr VP-Production & Program Mgmt)*
Alex Krawitz *(Sr VP-Content Dev)*
Eric Decker *(VP-Tech)*
Jason Glassman *(VP-Production)*
Daniela Chavez R. *(Art Dir)*
Jennifer Xin *(Creative Dir)*
Rajan Ayakkad *(Dir-User Experience)*
Drew Dahlman *(Dir-Technical)*
Scott Fogel *(Dir-Strategy)*
Stephen Maouyo *(Sr Product Mgr)*
Daniel Lemperle *(Assoc Designer)*
Joseph McRobert *(Copywriter)*
Lily Stockton *(Copywriter)*
Jeremy Elliot *(Assoc Creative Dir)*
Kyle Helmstetter *(Jr Designer)*
Sam Isenstein *(Assoc Creative Dir)*

Accounts:
Adidas
Aflac Digital
Airweave (Digital Agency of Record)
All Nippon Airways Digital, Print, Social, TV
Apple Campaign: "Try A New Look App", Digital, SoBe
Audible, Inc. Branding, Campaign: "Stories That Surround You", Creative, Digital, Online, Print, Radio, TV, WhisperSync
Chevron
Fidelity Investments Campaign: "Personal Economy", Saving Stories
Hitachi Campaign: "The Future Is Open To Suggestions", Website
Lafayette 148 New York Inc. Digital, E-Commerce, In-Store & Online Integration, Original Content; 2017
L'oreal Clarisonic, Concept development, Creative, Digital Marketing, Digital Strategy, Giorgio Armani, Kiehl's, Lancome, Luxe, Redken, Urban Decay, Yves Saint Laurent Beaute
Morgans Hotel Group Content, Digital Strategy, Global Website
NBTY, Inc Puritan's Pride (Lead Digital Agency)
NYU Langone
The Patron Spirits Company Patron
PepsiCo Inc (Digital Agency of Record) Content, Creative, Diet Pepsi, Digital, LIFEWTR, Mountain Dew, Oculus VR
PVH Corp StyleBureau.com
Rolex
S&P Global Inc (Experience Agency of Record); 2018
Sidney Frank Importing Co., Inc. Jagermeister (Digital Agency of Record); 2018
Sony America Digital Marketing, Make.believe, Mobile, OOH, Social
Supercell Clash Royale
Tauck (Digital Agency of Record) Online
Vonage Digital Content, Website

FISH ADVERTISING
25 Autumn Ln, West Kingston, RI 02892
Tel.: (401) 418-4929
Web Site: www.fishadvertising.com

Employees: 10

Agency Specializes In: Advertising, Broadcast, Graphic Design, Media Buying Services, Radio, T.V.

Blair Fish *(Pres)*

Accounts:
Bald Hill Dodge Chrysler Jeep Ram

FISH CONSULTING, INC.
117 Ne 2Nd St, Ft Lauderdale, FL 33301
Tel.: (954) 893-9150
Fax: (954) 893-9168
Web Site: www.fish-consulting.com

Employees: 25
Year Founded: 2004

Agency Specializes In: Advertising, Brand Development & Integration, Communications, Consulting, Crisis Communications, Graphic Design, Internet/Web Design, Media Relations, Public Relations, Social Media, Sponsorship

Lorne Fisher *(CEO & Mng Partner)*
Bernie Fisher *(CFO)*
Jenna Mayer *(COO & Sr VP)*
Lauren Simo *(VP)*
Andie Biederman *(Sr Acct Dir)*
Amanda Bortzfield *(Sr Acct Dir)*
Julia Block *(Acct Dir)*
Claibourne Rogers *(Acct Dir)*
Samantha Russo *(Sr Acct Mgr)*
Ellie Mannix *(Acct Mgr)*
Tiffany Trilli *(Acct Mgr)*
Chelsea Bear *(Acct Exec)*
Courtney Whelan *(Acct Exec)*
Caitlin Willard *(Acct Exec)*
Alexya Williams *(Acct Exec)*

Accounts:
AAMCO Transmissions Marketing, Public Relations
AlphaGraphics Business-to-Business PR, Marketing
Baskin-Robbins
BIP Capital BIP Franchise, Promotions
Blink Fitness Brand Awareness, Creative
Burger 21 Inc. (PR Agency of Record)
Captain D's, LLC Advertising, Communications, Consumer PR, Content Marketing, Digital Media, Media Relations, Public Relations, Strategic Media Relations
Chicken Salad Chick
Coverall North America Brand Awareness, Public Relations
Del Taco Marketing
Dunkin' Donuts Event Marketing, Public Relations, Social Media
The Dwyer Group, Inc. Aire Serv, Glass Doctor, Mr. Appliance, Mr. Rooter, Public Relations, Rainbow International
Fastsigns International, Inc. Digital, Marketing, Public Relations, Social
Fazoli's Digital, Marketing, Social
Fleet Feet (Public Relations Agency of Record) Communications Strategies, Integrated Marketing Campaigns, National Media; 2018
Front Burner Brands, Inc Fish, Public Relations, The Melting Pot
Goddard Systems, Inc
Great Clips
i9 Sports Consumer, Content Marketing, Strategic Media Relations
International Franchise Association Educational Foundation Campaign: "Franchising Gives Back", Public Relations, Website
Jersey Mike's Subs National & Local Public Relations, National Franchise Development Marketing; 2018
Kids 'R' Kids Learning Academies
Lo-Lo's Chicken & Waffles Public Relations
Massage Envy
Massage Heights Public Relations
Mr. Rooter Plumbing
My Gym Marketing, Public Relations

AGENCIES - JANUARY, 2019 — ADVERTISING AGENCIES

National Restaurant Association Educational Foundation Business-to-Business PR, Marketing
Orangetheory Fitness Public Relations, Social Media
Pearle Vision Marketing Communications
Pinot's Palette
Polaroid Fotobar Public Relations
Sea Tow Foundation Awareness, Marketing, Public Relations
Smoothie King Marketing Communications
Sonic Drive-In Content Marketing, Digital
Stevi B's Pizza Buffet Marketing, Public Relations
Tin Drum Asiacafe
Tropical Smoothie Cafe Content Marketing, Strategic Media Relations
Valpak Direct Marketing Systems, Inc.
World of Beer

FISH MARKETING
107 SE Washington St Ste 620, Portland, OR 97214
Tel.: (503) 635-0007
Fax: (503) 635-1995
E-Mail: info@fish-marketing.com
Web Site: www.fish-marketing.com

Employees: 24
Year Founded: 2003

Agency Specializes In: Advertising, Brand Development & Integration, Digital/Interactive, Email, Media Buying Services, Public Relations, Search Engine Optimization, Social Media

Revenue: $5,500,000

Doug Fish *(Pres)*
Nate Parr *(Partner & VP-Brand Leadership)*
Alex Brauer *(Acct Dir)*
Lacey Hinkle *(Brand Dir)*
Kristen O'Toole *(Art Dir & Sr Graphic Designer)*
Katie Gosline *(Mgr-Inbound)*

Accounts:
Ashland Bay
Gamakatsu
HEVI-Shot
Maxima Fishing Line
Mt. Hood Skibowl
Renaissance Marine Group
Snowbasin Resort
Steven's Marine
Subaru Mountain Partnerships
Timberline Lodge
Yakima Bait

FISHBAT INC
25 Orville Dr Ste 101B, Bohemia, NY 11716
Tel.: (855) 347-4228
E-Mail: hello@fishbat.com
Web Site: www.fishbat.com

Employees: 25

Agency Specializes In: Advertising, Brand Development & Integration, Content, Crisis Communications, Internet/Web Design, Public Relations, Search Engine Optimization, Social Media

Clay Darrohn *(Founder)*
Jennifer Calise *(Owner & Partner)*
Allisa DiPolito *(Acct Dir)*

Accounts:
New-The Plan Collection, LLC

FISLER COMMUNICATIONS
26 Dartmouth Way, Newbury, MA 01951
Tel.: (978) 499-8448
E-Mail: parke@thefizzbiz.com
Web Site: www.thefizzbiz.com/

Employees: 3
Year Founded: 2000

Agency Specializes In: Advertising, Broadcast, Business-To-Business, Cable T.V., Communications, Computers & Software, Consumer Goods, Direct Response Marketing, Direct-to-Consumer, Entertainment, Event Planning & Marketing, Exhibit/Trade Shows, Government/Political, Health Care Services, High Technology, Industrial, Information Technology, Legal Services, Local Marketing, Newspaper, Pharmaceutical, Point of Purchase, Print, Production, Radio, Restaurant, Social Marketing/Nonprofit, Social Media, Sports Market, T.V., Women's Market

Parke Fisler *(Creative Dir & Copywriter)*

Accounts:
Hologic; MA Corporate & Other Devices; 2003
Intertek ETL; 2000

FISTER
5401 itaska St, Saint Louis, MO 63109
Tel.: (314) 367-5600
Fax: (314) 367-2288
E-Mail: info@fister-inc.com
Web Site: www.fister-inc.com

E-Mail for Key Personnel:
President: aefister@fister-inc.com

Employees: 11
Year Founded: 1988

Agency Specializes In: Advertising, Advertising Specialties, Brand Development & Integration, Business Publications, Business-To-Business, Collateral, Commercial Photography, Communications, Consulting, Consumer Publications, Corporate Identity, Direct Response Marketing, Education, Electronic Media, Environmental, Event Planning & Marketing, Exhibit/Trade Shows, Financial, Graphic Design, Health Care Services, Internet/Web Design, Logo & Package Design, Media Buying Services, Medical Products, Pharmaceutical, Planning & Consultation, Point of Purchase, Point of Sale, Print, Production, Public Relations, Publicity/Promotions, Recruitment, Sales Promotion, Strategic Planning/Research, Trade & Consumer Magazines

Approx. Annual Billings: $4,000,000

Breakdown of Gross Billings by Media: Bus. Publs.: $400,000; Collateral: $2,000,000; Exhibits/Trade Shows: $200,000; Logo & Package Design: $400,000; Strategic Planning/Research: $400,000; Trade & Consumer Mags.: $600,000

Amy Fister *(Owner & Creative Dir)*
Kristen Templin *(VP-Mktg & Comm)*

Accounts:
Ascension Health
Mercer
Mississippi Lime
Sisters of St. Joseph of Carondelet

FITCH
121-141 Westbourne Terrace, London, W2 6JR United Kingdom
Tel.: (44) 207 479 0900
Fax: (44) 207 479 0600
E-Mail: info@fitch.com
Web Site: www.fitch.com

Employees: 80

Year Founded: 1972

Agency Specializes In: Automotive, Aviation & Aerospace, Brand Development & Integration, Broadcast, Children's Market, Corporate Identity, Environmental, Exhibit/Trade Shows, Fashion/Apparel, Financial, Graphic Design, Internet/Web Design, Investor Relations, Logo & Package Design, Merchandising, New Product Development, Planning & Consultation, Point of Purchase, Point of Sale, Restaurant, Retail, Transportation, Travel & Tourism

Tim Greenhalgh *(Chief Creative Officer)*
Morgan Holt *(Chief Strategy Officer)*
David Blair *(CEO-Global)*
Samantha Smith *(Mng Dir-London)*
Maeve O'Sullivan *(Mktg Dir)*
John Regan *(Creative Dir)*
Aaron Shields *(Dir-Strategy)*

Accounts:
BAT (British American Tobacco)
Bharti Retail
Butlins Brand, Design
Carhartt
HSBC
The Lexi Cinema Campaign: "The Nomad Cinema"
Molton Brown Campaign: "Navigations through Scent"
Morrisons Campaign: "M Local"
Nokia
Sberbank
Tesco Prague
Virgin Racing
White Wind Digital

United States

Fitch
585 S Front St Ste 300, Columbus, OH 43215
Tel.: (614) 885-3453
Fax: (614) 885-4289
Web Site: www.fitch.com

Employees: 33
Year Founded: 1998

Agency Specializes In: Sponsorship

Kevin Schmidt *(Mng Dir)*
Alana Eversole *(Exec Dir-Dev)*
David Hogrefe *(Acct Dir & Dir-Client Svcs & Dev)*
Michelle Fenstermaker *(Dir-Strategy-North America)*
Chris Griggs *(Dir-Design)*

Accounts:
Dell
Microsoft
Nickelodeon Campaign: "Spongebob: Absorbent"
Target

Fitch
16435 N Scottsdale Rd Ste 195, Scottsdale, AZ 85254-1649
Tel.: (480) 998-4200
Fax: (480) 905-9423
E-Mail: phoenix@fitch.com
Web Site: www.fitch.com

Employees: 50
Year Founded: 1998

Rick Redpath *(Mng Dir)*
Jay Adams *(Dir-Design)*

Europe/Middle East

Fitch:London

ADVERTISING AGENCIES
AGENCIES - JANUARY, 2019

121-141 Westbourne Terrace, London, W2 6JR
United Kingdom
Tel.: (44) 207 479 0900
Fax: (44) 207 479 0600
E-Mail: ashley.goodall@fitch.com
Web Site: www.fitch.com

Employees: 20
Year Founded: 1978

Agency Specializes In: Brand Development & Integration, Experiential Marketing

Tim Greenhalgh *(Chief Creative Officer)*
Anna Chimes *(Creative Dir)*
Matt Michaluk *(Creative Dir)*
Nathan Watts *(Creative Dir-Experiential Branding)*
Paul Chatelier *(Dir-Design)*
Gemma McDonnell *(Dir-Design)*
Sophia Lengui *(Mgr-HR)*
Vilma Vaiciule *(Sr Designer)*

Accounts:
Aditya Birla
BAT (British American Tobacco)
Hutchison 3G Cellular Phones
ING Bank
Lego
Microsoft
My for Tesco
Procter & Gamble
Singapore Tourism Board
Virgin Trains
Vodafone
White Wind Digital
Zurich Finance

Asia Pacific

Fitch Design Pvt. Ltd.
78 Amoy St #03-01, Singapore, 069897 Singapore
Tel.: (65) 6538 2988
Fax: (65) 6438 3188
E-Mail: ian.bellhouse@fitch.com
Web Site: www.fitch.com

Employees: 35
Year Founded: 1997

Simon Bell *(Mng Dir)*
Simon Stacey *(Exec Creative Dir-South East & North Asia)*
Jessalynn Chen *(Dir-Client)*
Kristian Jones *(Dir-Design)*

Accounts:
Asian Paints
Hewlett-Packard
Singapore Tourism
Valore

FITZGERALD & CO
944 Brady Ave Nw, Atlanta, GA 30318
Tel.: (404) 504-6900
Fax: (404) 239-0548
E-Mail: info@fitzco.com
Web Site: fitzco.com

Employees: 131
Year Founded: 1983

National Agency Associations: 4A's-AAF

Agency Specializes In: Advertising, Automotive, Brand Development & Integration, Branded Entertainment, Broadcast, Business-To-Business, College, Communications, Consumer Goods, Consumer Marketing, Content, Copywriting, Corporate Identity, Digital/Interactive, Direct-to-Consumer, Entertainment, Experiential Marketing, Financial, Graphic Design, Health Care Services, Identity Marketing, Industrial, Information Technology, Integrated Marketing, Internet/Web Design, Logo & Package Design, Media Buying Services, Media Planning, Newspapers & Magazines, Out-of-Home Media, Outdoor, Paid Searches, Planning & Consultation, Print, Production, Production (Ad, Film, Broadcast), Programmatic, Publicity/Promotions, Radio, Restaurant, Retail, Social Media, Sponsorship, Strategic Planning/Research, T.V., Teen Market, Trade & Consumer Magazines, Urban Market, Web (Banner Ads, Pop-ups, etc.)

Matt Woehrmann *(CEO)*
Evan Levy *(Mng Dir)*
Noel Cottrell *(Chief Creative Officer)*
Christine Sigety *(Chief Production Officer & Sr VP)*
Amber Adoue *(Sr VP & Grp Acct Dir)*
Marnie Tyler *(VP & Grp Dir-Connections)*
Lindsey Tatgenhorst *(VP & Acct Dir)*
Anna Sherrill *(VP & Grp Media Dir)*
Rolando Cordova *(Creative Dir)*
Erin Fillingim *(Art Dir)*
Madison Gargan *(Acct Dir)*
Dave Gordon *(Creative Dir)*
Gian Carlo Lanfranco *(Creative Dir)*
Maria Beasley *(Dir-HR)*
Katy Tenerovich *(Dir-Social Platforms)*
Dejana Peric *(Acct Mgr)*
Carter Johnson *(Acct Supvr)*
Jamie McDonough *(Acct Supvr)*
Lucy Bray *(Supvr-Connections Strategy)*
Kelly Simpson *(Supvr-Project Mgmt)*
Mandy Cobb *(Designer)*
Karen Cook *(Sr Media Buyer)*

Accounts:
Carrabba's Italian Grill; 2014
Checkers Drive-In Restaurants Inc. Campaign: "FastFoodie", Checkers, Rally's
Clio Awards 2015 Clio Awards, 2016 Clio Awards; 2015
The Coca-Cola Company Coca-Cola, Coke Life, Coke Zero, Fanta, Odwalla
Haverty Furniture Companies, Inc Havertys
McCormick & Company, Incorporated (Creative Agency of Record) French's, Lawry's Seasoned Salt Lines, Stubb's BBQ; 2018
MedExpress; 2013
Navy Federal Credit Union; 2009
Pergo; 2007
Quikrete Companies; 1989
SingleHop; 2007
Southern Company; 2016
Synovus; 2012

Branch:

Fitzgerald Media
3333 Piedmont Rd NE Ste 100, Atlanta, GA 30305
(See Separate Listing)

FIXATION MARKETING
4340 E-W Hwy Ste 200, Bethesda, MD 20814
Tel.: (240) 207-2009
Fax: (301) 718-1940
E-Mail: info@fixation.com
Web Site: www.fixation.com

E-Mail for Key Personnel:
President: jean@fixation.com
Creative Dir.: bruce@fixation.com

Employees: 22
Year Founded: 1963

National Agency Associations: AAF

Agency Specializes In: Business-To-Business, Direct Response Marketing, Education, Entertainment, Event Planning & Marketing, Faith Based, Graphic Design, Internet/Web Design, Medical Products, Planning & Consultation, Strategic Planning/Research, Trade & Consumer Magazines

Breakdown of Gross Billings by Media: D.M.: 45%; Logo & Package Design: 5%; Print: 30%; Trade & Consumer Mags.: 10%; Worldwide Web Sites: 10%

Jean Whiddon *(Pres & CEO)*
Julie Parsons *(Mng Dir)*
Amelia De Bord *(Acct Dir)*
Elizabeth Ellen *(Creative Dir)*
Carrie Dudley *(Acct Mgr)*
Rachel Gellman *(Sr Acct Exec)*
Lori Kurtyka *(Specialist-Mktg-Intl)*
John Frantz *(Sr Designer)*

Accounts:
Biotechnology Industry Organization
Can Manufacturers Institute
Direct Marketing Association
Recreational Vehicle Industry Association; Reston, VA

FKQ ADVERTISING + MARKETING
15351 Roosevelt Blvd, Clearwater, FL 33760-3534
Tel.: (727) 539-8800
Fax: (866) 707-6648
Web Site: www.fkq.com

Employees: 81
Year Founded: 1961

Agency Specializes In: Advertising, Automotive, Bilingual Market, Brand Development & Integration, Broadcast, Business-To-Business, Cable T.V., Co-op Advertising, Collateral, Consumer Goods, Consumer Marketing, Consumer Publications, Corporate Communications, Corporate Identity, Customer Relationship Management, Digital/Interactive, Direct Response Marketing, Direct-to-Consumer, E-Commerce, Electronic Media, Email, Engineering, Entertainment, Event Planning & Marketing, Exhibit/Trade Shows, Experience Design, Financial, Food Service, Graphic Design, Guerilla Marketing, Health Care Services, High Technology, Hispanic Market, Hospitality, Household Goods, Identity Marketing, In-Store Advertising, Information Technology, Integrated Marketing, International, Internet/Web Design, Investor Relations, Leisure, Local Marketing, Logo & Package Design, Luxury Products, Magazines, Media Buying Services, Media Planning, Media Relations, Medical Products, Merchandising, Mobile Marketing, New Product Development, Newspaper, Newspapers & Magazines, Out-of-Home Media, Outdoor, Package Design, Paid Searches, Point of Purchase, Point of Sale, Print, Production, Production (Print), Promotions, Public Relations, Publicity/Promotions, Radio, Real Estate, Restaurant, Retail, Sales Promotion, Search Engine Optimization, Social Marketing/Nonprofit, Social Media, Sponsorship, Sports Market, Strategic Planning/Research, T.V., Trade & Consumer Magazines, Transportation, Travel & Tourism, Viral/Buzz/Word of Mouth, Web (Banner Ads, Pop-ups, etc.), Yellow Pages Advertising

Approx. Annual Billings: $77,291,234

Lisa M. Faller *(Pres)*
George Ferris *(Partner & Exec VP)*
Robert O. Faller *(Exec VP)*
Karen Gorenflo *(Exec VP)*
Stacy J. Howell *(Sr VP)*
Elisa DeBernardo *(Acct Dir)*
Ken Barnes *(Dir-Production)*
Kathleen Ferlita *(Dir-Digital Media)*
Christine Karner-Johnson *(Dir-Media)*
Shannon Palmer *(Dir-PR & Social Media)*
Kip Pyle *(Dir-Brdcst Svcs)*
Linda Fitzsimmons *(Office Mgr)*
Jessica Cortez - Fox *(Mgr-PR)*
Richard Levine *(Mgr-Digital Media)*

AGENCIES - JANUARY, 2019 — ADVERTISING AGENCIES

David Stob *(Supvr-Media)*
Francesca Puglisi Edwards *(Sr Acct Exec)*
Dana Gordon *(Acct Exec)*
Kendall White *(Acct Exec)*
Ahjah Robert *(Acct Coord)*
Megan Blizard *(Coord-Traffic)*
Alex Bernardi *(Sr Media Planner & Buyer)*
Cedric Guerin *(Assoc Creative Dir)*
Gina Kline *(Grp Media Dir)*
Michele Wallace *(Grp Acct Mgr)*

Accounts:
Badcock Furniture & More
Dollar Thrift Automotive Group; Tulsa, OK Dollar Rent-A-Car, Thrifty Car Rental; 1985
McDonald's Corporation
McDonald's Tampa Bay Co-Op; Tampa, FL Quick Service Restaurants; 1996
Melitta USA, Inc. Choc Raspberry, Cinn Rasberry, Colombian Decaf, Colombian Estate, Colombian Supremo, Costa Rican Estate, Decaffeinated French Vanilla, Decaffeinated Hazelnut Creme, Enchanting Evening, French Roast, French Vanilla, Hawaii Estate, Hazelnut, Hazelnut Creme, Italian Espresso, Kona Blend, Melitta Coffeemaker, Melitta Traditional, Melitta USA, Inc., Mini Brick, Morning Bliss, Morning Decadence, Original Estate, South American Estate, Sun and Moon, Van Almond
Nash Finch; Minneapolis, MN Food Wholesaler; 1999
Niemann Foods; Quincy, IL; 2005
Pinellas Suncoast Transit Authority (Agency of Record) Branding, Marketing
Tampa Bay Lightning NHL Franchise; 2001
Tampa General Hospital; Tampa, FL; 2002
Visit Tampa Bay Advertising Agency of Record
W.S. Badcock Furniture Company; Mulberry, FL Home Furnishings; 1998

FLANIGAN COMMUNICATIONS INC.
54 W Hubbard St Concourse Level E, Chicago, IL 60654
Tel.: (312) 464-9668
Web Site: www.flanigancom.com

Employees: 10

Agency Specializes In: Advertising, Media Relations, Public Relations

Dyana Flanigan *(Pres)*

Accounts:
Bob Domenz

FLASH POINT COMMUNICATIONS LLC
3070 Bristol St Ste 580, Costa Mesa, CA 92626
Tel.: (657) 212-8505
Fax: (949) 306-0368
Web Site: www.flashpointcommunications.com

Employees: 41

Agency Specializes In: Advertising, Digital/Interactive, Email, Internet/Web Design, Promotions, Social Media

Michael Klarin *(CFO)*
Alexandra Martin *(Mgr-Social Media)*
Magdalena Toral *(Acct Exec)*
Eric Matthews *(Sr Creative Dir)*

Accounts:
Ford Motor Company
SoCal Cadillac LMA (Digital/Social Media Agency of Record) Marketing, Social Media

THE FLATLAND
614 Massachusetts Ave Ste D, Indianapolis, IN 46204
Tel.: (317) 536-6073
E-Mail: info@theflatland.com
Web Site: theflatland.com/

Employees: 5

Agency Specializes In: Advertising, Collateral, Logo & Package Design, Out-of-Home Media, Outdoor, Print, Radio, T.V.

Brian Gray *(Partner)*
Ben Seal *(Principal)*
Jeff Morris *(Creative Dir)*

Accounts:
Kingdom Martial Arts
Milto Cleaners

FLEK, INC.
370 Railroad St Ste 4, Saint Johnsbury, VT 05819
Tel.: (802) 748-7113
Web Site: www.flekvt.com

Employees: 3

Agency Specializes In: Advertising, Graphic Design, Internet/Web Design, Logo & Package Design

Keith Chamberlin *(Pres)*
Florence Chamberlin *(Principal & Creative Dir)*
Amy Hale *(VP-Creative)*

Accounts:
Numia Medical Technologies

FLEMING & COMPANY INC.
555 Thames St, NewPOrt, RI 02840
Tel.: (401) 848-2300
Web Site: www.flemingandcompany.com

E-Mail for Key Personnel:
President: paulf@flemingandcompany.com

Employees: 10
Year Founded: 1993

National Agency Associations: AAF

Agency Specializes In: Advertising, Advertising Specialties, Agriculture, Aviation & Aerospace, Bilingual Market, Brand Development & Integration, Business-To-Business, Cable T.V., Catalogs, Co-op Advertising, Collateral, Communications, Consulting, Consumer Goods, Consumer Marketing, Consumer Publications, Corporate Communications, Corporate Identity, Cosmetics, Direct Response Marketing, Direct-to-Consumer, E-Commerce, Electronic Media, Electronics, Email, Entertainment, Environmental, Event Planning & Marketing, Exhibit/Trade Shows, Fashion/Apparel, Financial, Government/Political, Graphic Design, Guerilla Marketing, Health Care Services, High Technology, Hospitality, Household Goods, In-Store Advertising, Integrated Marketing, Internet/Web Design, Leisure, Logo & Package Design, Luxury Products, Magazines, Marine, Market Research, Media Buying Services, Media Planning, Media Relations, Medical Products, Merchandising, Multimedia, New Product Development, Newspaper, Newspapers & Magazines, Out-of-Home Media, Outdoor, Over-50 Market, Package Design, Paid Searches, Pharmaceutical, Planning & Consultation, Point of Purchase, Point of Sale, Print, Production, Public Relations, Publicity/Promotions, Radio, Real Estate, Regional, Restaurant, Retail, Sales Promotion, Search Engine Optimization, Seniors' Market, Social Marketing/Nonprofit, Sponsorship, Sports Market, Strategic Planning/Research, Sweepstakes, T.V., Trade & Consumer Magazines, Transportation, Travel & Tourism, Women's Market

Approx. Annual Billings: $5,150,000

Breakdown of Gross Billings by Media: Bus. Publs.: 5%; Collateral: 10%; D.M.: 5%; E-Commerce: 10%; Graphic Design: 10%; Logo & Package Design: 10%; Mags.: 25%; Newsp.: 10%; Outdoor: 5%; T.V.: 5%; Transit: 5%

Paul Fleming *(CEO)*
Lisa Reilly-Sicilian *(Acct Dir)*
Norma Burnell *(Dir-Web Svcs)*

Accounts:
ETCO Inc.; Warwick, RI Metal Stamped Products
Goetz Custom Technologies LLC; Bristol, RI Yachts; 2008
Newport County Convention & Visitors Bureau Tourism; 1994
Schaeper Marine; New Bedford, MA

FLEMING CREATIVE GROUP
PO Box 1247, Johns Island, SC 29457
Tel.: (843) 757-5620
E-Mail: info@fcgadvertising.com
Web Site: www.fcgadvertising.com

Employees: 11

Agency Specializes In: Advertising, Broadcast, Collateral, Corporate Identity, Digital/Interactive, Event Planning & Marketing, Graphic Design, Logo & Package Design, Media Buying Services, Print

Carolyn Fleming *(Pres)*

Accounts:
Centex Homes Atlanta
Centex Homes Charlotte
Centex Homes Coastal Carolina
Centex Homes North Carolina
Centex Homes San Antonio
Centex Homes Texas CityHomes & Fox & Jacobs
The Goldsmith Shop
Great Swamp Sanctuary
Hilton Head Island Chamber of Commerce
Holistic Skincare by Elisabeth Cortes
Macfarlan Capital Partners
Magnolia Village Business Park
Reliant Electrical
Shalimar Interiors
Suburban Mortgage
Terramesa Resorts

FLETCH CREATIVE
585 Waterview Trl, Atlanta, GA 30022
Tel.: (404) 931-3665
Web Site: www.fletchcreative.com

Employees: 11

Agency Specializes In: Advertising, Brand Development & Integration, Digital/Interactive, Logo & Package Design, Print

Keith Fletcher *(Pres)*

Accounts:
Anatabloc
Kimberly-Clark Healthcare
Wear Your Soul Foundation

FLETCHER & ROWLEY INC
1720 W End Ste 630, Nashville, TN 37203
Tel.: (615) 329-9559
Fax: (615) 329-9633
Web Site: www.fletcherrowley.com

Employees: 10

Agency Specializes In: Advertising, Brand Development & Integration, Digital/Interactive,

ADVERTISING AGENCIES
AGENCIES - JANUARY, 2019

Graphic Design, Logo & Package Design, Media Training, Out-of-Home Media, Outdoor, Print, Strategic Planning/Research

Katie Bumgardner *(Dir-Media & Res)*

Accounts:
Marc Veasey

FLETCHER KNIGHT
1 Dock St 620, Stamford, CT 06902
Tel.: (203) 276-6262, ext. 4606
Fax: (203) 276-6276
E-Mail: info@fletcherknight.com
Web Site: www.fletcherknight.com

Employees: 10
Year Founded: 2001

Agency Specializes In: Brand Development & Integration, Consumer Marketing, Experiential Marketing, Market Research, Web (Banner Ads, Pop-ups, etc.)

Laurence Knight *(Pres)*
Michael Terranova *(Sr Creative Dir)*

Accounts:
Alberto Culver
American Greetings
Avon Cosmetics
Breyers
Dove
Irish Spring
Kraft Foods Chocolate
McCormick
McGraw Hill Publishing,Financial,Information & Media Services
Novartis Health Care Products Mfr
Oregon Scientific
Rogaine
Trident
Unilever Consumer Goods Mfr
Yale University

FLETCHER MEDIA GROUP
70 Main St, Peterborough, NH 03458
Tel.: (603) 924-6383
Fax: (603) 924-6562
Web Site: fletchermedia.com/

Employees: 6
Year Founded: 1996

National Agency Associations: DMA

Agency Specializes In: Advertising, Advertising Specialties, Brand Development & Integration, Business Publications, Business-To-Business, Children's Market, Co-op Advertising, Collateral, Communications, Consumer Marketing, Consumer Publications, Corporate Identity, Direct Response Marketing, E-Commerce, Entertainment, Exhibit/Trade Shows, Financial, Food Service, Graphic Design, Internet/Web Design, Local Marketing, Logo & Package Design, Magazines, New Product Development, Newspaper, Newspapers & Magazines, Out-of-Home Media, Outdoor, Point of Purchase, Print, Production, Public Relations, Publicity/Promotions, Radio, Real Estate, Restaurant, Retail, Sales Promotion, Sports Market, Strategic Planning/Research, Sweepstakes, Teen Market, Trade & Consumer Magazines, Travel & Tourism

Approx. Annual Billings: $500,000

Jim Fletcher *(Pres)*

Accounts:
BBC Music
Belletetes

Birding Business Magazine
Boating
Brookwood Capital
Builder Magazine
CFO Magazine
Classic's Today.com
Conde Nast Traveler
Disney Publications
FeltCrafts
Gracewood Groves
Guideposts
Helmers Publications
Norwood Looms
Odyssey Magazine
Peterboro Basket Company
Popular Photography
Trikeenan Tileworks
Webs Yarn Distributor
Woman's Day
Women in Periodical Publishing

FLIGHT PATH CREATIVE
117 S Union St, Traverse City, MI 49684
Tel.: (231) 946-7255
Fax: (231) 946-5746
E-Mail: info@flightpathcreative.com
Web Site: www.flightpathcreative.com

Employees: 1
Year Founded: 2004

Agency Specializes In: Advertising, Collateral, Corporate Identity, Graphic Design, Internet/Web Design, Out-of-Home Media, Outdoor, Package Design, Print, Promotions

Aaron Swanker *(Pres & Creative Dir)*
Dan Smith *(Principal & Acct Dir)*
Heather Swanker *(Art Dir)*

Accounts:
Grand Traverse Endodontics
Northbound Outfitters
Tiger Shark Golf

FLIGHTPATH INC
36 W 25th St 9th Fl, New York, NY 10010
Tel.: (212) 674-5600
Fax: (212) 674-6956
Web Site: https://www.flightpath.com/

Employees: 35
Year Founded: 1994

Agency Specializes In: Advertising, Digital/Interactive, Internet/Web Design, Social Media, Sponsorship

Jon Fox *(Pres)*
Denise de Castro *(VP & Client Svcs Dir)*
John Lee *(VP-Digital Mktg)*
Steven Louie *(Creative Dir)*

Accounts:
Computer Generated Solutions Inc.
Goya Foods Digital, Media
Landice, Inc.
Minwax
Showtime Networks Inc.
TransitChek
Union for Reform Judaism

FLINT COMMUNICATIONS
101 10th St N, Fargo, ND 58102
Tel.: (701) 237-4850
Fax: (701) 234-9680
E-Mail: info@flintcom.com
Web Site: www.flint-group.com/offices

E-Mail for Key Personnel:
President: rogerr@flintcom.com

Creative Dir.: kimk@flintcom.com
Media Dir.: donnad@flintcom.com

Employees: 78
Year Founded: 1946

National Agency Associations: ABC-BPA

Agency Specializes In: Agriculture, Financial, Health Care Services, Industrial, Travel & Tourism

Approx. Annual Billings: $29,816,000 Capitalized

Jodi Duncan *(Pres-Bus Dev & Channel Strategy)*
Roger Reierson *(CEO-Flint Group)*
Kimberly Wold Janke *(Sr VP-Acct Plng & Brand Strategy)*
Chris Hagen *(Dir-PR)*
Tara Olson *(Acct Mgr)*
Christy Schauer *(Acct Mgr)*
Kaia Watkins *(Acct Supvr)*
Crystal Bosch *(Media Buyer)*
Mariah Madsen *(Media Planner)*
Kim Matter *(Media Buyer)*
Trisha Pearson *(Acct Planner)*

Accounts:
American Crystal Sugar
Bobcat
Fargo-Moorhead Convention & Visitors Bureau
Moorhead Healthy Community Initiative
Sales & Marketing Executives of Fargo-Moorhead

Hatling Flint
330 Hwy 10 S, Saint Cloud, MN 56304
Tel.: (320) 259-7976
Fax: (320) 259-0082
Web Site: www.flint-group.com

Employees: 8
Year Founded: 1988

Accounts:
3M Abrasives
CentraCare Healthcare System
Spee-Dee Delivery

SimmonsFlint
33 S 3Rd St Ste C, Grand Forks, ND 58201
Mailing Address:
PO Box 5700, Grand Forks, ND 58206-5700
Tel.: (701) 746-4573
Fax: (701) 746-8067
Web Site: www.flint-group.com

Employees: 5
Year Founded: 1947

Agency Specializes In: Graphic Design, Logo & Package Design, Planning & Consultation, Public Relations, Strategic Planning/Research

Linda Muus *(Acct Mgr-The Flint Grp of Agencies)*

Accounts:
Case IH Farm Machinery
Greater Grand Forks Convention & Visitors Bureau
North Dakota Eye Clinic
UND Athletics

Flint Interactive
11 E Superior St Ste 514, Duluth, MN 55802
Tel.: (218) 740-3516
Fax: (218) 733-0463
Web Site: www.flint-group.com

Employees: 10

Bill Hatling *(Mng Partner-St. Cloud)*
Jodi Duncan *(Pres-Bus Dev & Channel Strategy)*
Jennifer Strickler *(Sr VP-Creative & Tech & Dir-

AGENCIES - JANUARY, 2019 — ADVERTISING AGENCIES

User Experience)
Melanie Goldish *(VP-Client Svcs)*
Kelly Harth *(Creative Dir)*
Alan Josephson *(Art Dir)*
Jenny Barthen *(Dir-Tech)*
Ken Zakovich *(Dir-Design)*
Lydia deGrood *(Acct Mgr)*
Mary Schieve *(Sr Copywriter & Specialist-PR)*
Jennifer Reierson *(Strategist-PR)*

Accounts:
AdFarm
Maurices
Media Productions
Praxis Strategy Group
Prime Contact

FLIPELEVEN LLC
1818 N Water St # 100, Milwaukee, WI 53202
Tel.: (414) 272-3547
E-Mail: info@flipeleven.com
Web Site: www.flipeleven.com

Employees: 17
Year Founded: 2005

Agency Specializes In: Advertising, Arts, Automotive, Aviation & Aerospace, Broadcast, Cable T.V., Content, Digital/Interactive, Education, Electronic Media, Entertainment, Experience Design, Graphic Design, Health Care Services, Hospitality, Industrial, Infomercials, Internet/Web Design, Logo & Package Design, Mobile Marketing, Multimedia, New Technologies, Production, Production (Ad, Film, Broadcast), Promotions, Social Marketing/Nonprofit, Social Media, Sports Market, Strategic Planning/Research, T.V., Web (Banner Ads, Pop-ups, etc.)

Kyle Buckley *(Partner & Exec Producer)*
Justin Schnor *(Partner & Dir-Creative Technical)*
Michael Marten *(Creative Dir)*

Accounts:
2C Media Website; 2014
Bostik Microsites, Web Videos
Manpower Group Web Videos
Milwaukee Ballet Company; 2013
Streamfit.com Websites & Videos
Yell & Tell Non-Profit, PSAs; 2013

FLM+
500 W Wilson Bridge Rd Ste 316, Worthington, OH 43085
Tel.: (614) 601-5195
Web Site: www.wideopenthinking.com

Employees: 148
Year Founded: 2006

Agency Specializes In: Advertising, Brand Development & Integration, Content, Event Planning & Marketing, Graphic Design, Internet/Web Design, Media Relations, Paid Searches, Print, Social Media

Rob McClelland *(Pres & CEO)*
Phillip C. Farmer *(Exec VP-Bus Dev)*
John Lumpe *(Exec VP)*
Tom Patton *(VP-Fin & Ops)*
Holly Jefferis *(Sr Acct Exec)*

Accounts:
AgReliant Genetics LLC AgriGold (Marketing & Communications Agency of Record), Integrated Marketing; 2018
New-Ohio Soybean Association

FLOURISH INC.
1001 Huron Rd E Ste 102, Cleveland, OH 44115-1755
Tel.: (216) 696-9116
Fax: (216) 696-4771
E-Mail: info@flourishagency.com
Web Site: www.flourishagency.com

Employees: 10
Year Founded: 1998

National Agency Associations: AD CLUB

Christopher Ferranti *(CEO)*
Victoria Feiler *(Art Dir)*
Lisa Ferranti *(Media Dir)*
Patti Harman *(Art Dir)*
Casey Ocasio *(Creative Dir)*
Diane Ha *(Acct Exec)*
Chris Haas *(Assoc Creative Dir)*

Accounts:
American Woodmark
Aodk,Inc
Jewish Community Federation

FLUENT360
200 E Randolph St 38th Fl, Chicago, IL 60601
Tel.: (312) 552-6700
E-Mail: info@fluent360.com
Web Site: www.fluent360.com

Employees: 31

National Agency Associations: 4A's

Agency Specializes In: Advertising, Digital/Interactive, Media Planning

Danielle Austen *(CEO & Mng Partner)*
Mark Revermann *(VP-Bus Integration)*

Accounts:
Nissan Multicultural Marketing

FLUID ADVERTISING
1065 S 500 W, Bountiful, UT 84010
Tel.: (801) 295-9820
E-Mail: info@getfluid.com
Web Site: www.getfluid.com

Employees: 40

Agency Specializes In: Advertising, Brand Development & Integration, Internet/Web Design, Media Buying Services, Print, Search Engine Optimization, Social Media

Ryan Anderson *(Partner & Creative Dir)*
Frank Imler *(Art Dir)*
Marianne Neff *(Sr Graphic Designer)*

Accounts:
Creamies
Pasture Road LLC

FLUID DRIVE MEDIA
Fluid Dr Media 8101 Yacht St, Frisco, TX 75035
Tel.: (214) 454-4521
Web Site: www.fluiddrivemedia.com

Employees: 1

Agency Specializes In: Advertising, Brand Development & Integration, Content, Internet/Web Design, Media Planning, Print, Search Engine Optimization, Social Media, T.V.

David Lamoureux *(Pres)*

Accounts:
Rockwall Ford

FLUID STUDIO
1065 S 500 W, Bountiful, UT 84010
Tel.: (801) 663-7792
E-Mail: info@getfluid.com
Web Site: www.getfluid.com

Employees: 50
Year Founded: 2000

Agency Specializes In: Advertising, Exhibit/Trade Shows, Graphic Design, Internet/Web Design, Logo & Package Design, Market Research, Print, Radio, Search Engine Optimization, Social Media

Phil Case *(Partner & Mng Dir)*
Frank Imler *(Art Dir)*

Accounts:
Cameron Construction
Creamies
The Gallivan Center
Orbit Irrigation Products, Inc.
Staker Parson Companies

FLY COMMUNICATIONS
575 8th Avenue, New York, NY 10018
Tel.: (212) 675-8484
Fax: (212) 675-3677
E-Mail: contactus@flycommunications.com
Web Site: www.flycommunications.com

Employees: 15
Year Founded: 2001

Agency Specializes In: Brand Development & Integration, Broadcast, Digital/Interactive, Direct Response Marketing, Print, Production (Ad, Film, Broadcast), Sponsorship, Strategic Planning/Research, Technical Advertising, Web (Banner Ads, Pop-ups, etc.)

Larry Rowen *(Co-Founder)*
Dave Warren *(Co-Founder)*
Richard Lefkowitz *(Exec VP-Media)*
Marco Serino *(Acct Dir)*

Accounts:
American Express
Anchor Blue
Chivas
CIT
ESPN
Iconic Brands Inc. (Advertising Agency of Record)
    BiVi Sicilian Vodka, Outdoor, Print, Radio, Social Media, TV
New York Jets New Stadium Promotion; 2008
Stolichnaya

FLYING CORK MEDIA
320 Fort Duquesne Blvd Ste 200, Pittsburgh, PA 15222
Tel.: (412) 926-1020
E-Mail: info@flyingcorkmedia.com
Web Site: http://flyingcork.com

Employees: 30
Year Founded: 2009

Agency Specializes In: Advertising, Brand Development & Integration, Digital/Interactive, Media Planning, Social Media

Jude Michaels *(Pres)*
Krystal Clark *(Mgr-Email)*
Maria Marchewka *(Mgr-Content)*

Accounts:
Batch Foundation

FLYING MACHINE
1261 Broadway Rm 405, New York, NY 10001

ADVERTISING AGENCIES

Tel.: (212) 226-7733
Fax: (212) 226-7122
Web Site: www.flyingmachine.tv

Employees: 1

Agency Specializes In: Advertising, Brand Development & Integration, Package Design, Print, Web (Banner Ads, Pop-ups, etc.)

Micha Riss *(Pres)*
Daniel Acharkan *(Partner & Dir-New Media)*
Daisuke Endo *(VP & Creative Dir)*
Nour Da Silva *(Creative Dir & Copywriter)*

FLYING POINT DIGITAL
35 W 36th St, New York, NY 10018
Tel.: (212) 629-4960
Fax: (212) 629-4967
E-Mail: info@flyingpt.com
Web Site: www.flyingpointdigital.com

Employees: 20
Year Founded: 2002

Agency Specializes In: Advertising, Advertising Specialties, Business-To-Business, Consulting, Content, Cosmetics, Digital/Interactive, Direct Response Marketing, Direct-to-Consumer, Electronics, Entertainment, Fashion/Apparel, High Technology, Hospitality, Identity Marketing, Integrated Marketing, Internet/Web Design, Legal Services, Luxury Products, Media Buying Services, Men's Market, Paid Searches, Pharmaceutical, Real Estate, Retail, Sales Promotion, Search Engine Optimization, Social Marketing/Nonprofit, Teen Market, Travel & Tourism, Women's Market

Approx. Annual Billings: $19,300,000

Cate French *(Dir)*
Lily Ray *(Dir-SEO)*
Matthew Strietelmeier *(Dir-Paid Search)*
Jessica Ortiz *(Mgr-SEM Campaign)*

Accounts:
Destination XL Group

FLYNN & FRIENDS
PO Box 1543, Buffalo, NY 14205
Tel.: (716) 881-2697
Fax: (716) 881-2711
Toll Free: (877) 883-5966
E-Mail: info@flynnandfriends.com
Web Site: www.flynnandfriends.com

Employees: 8
Year Founded: 1986

National Agency Associations: Second Wind Limited

Marc Adler *(VP-Client Svcs)*
Justine Jopp *(Office Mgr)*
Laura Elia *(Copywriter)*
Kristen Taylor *(Sr Designer)*

Accounts:
Buffalo Urban League; Buffalo, NY
Hilbert College Web Site

FLYNN WRIGHT
1408 Locust St, Des Moines, IA 50309-3014
Tel.: (515) 243-2845
Fax: (515) 243-6351
E-Mail: info@flynnwright.com
Web Site: www.flynnwright.com

Employees: 40
Year Founded: 1984

National Agency Associations: Second Wind Limited

Agency Specializes In: Advertising

Andy Flynn *(CEO)*
Paul Schlueter *(Exec VP)*
Susan DeMarco *(VP-Acct Svcs)*
Sarah Sheldon *(Sr Acct Exec & Producer)*
Kelli Conger *(Media Dir)*
Liz Garvey *(Creative Dir)*
Derek Pine *(Creative Dir)*
Mark Sorensen *(Creative Dir)*
Doug Stevens *(Producer-Digital)*
Barb Boheman *(Dir-Media Strategy)*
Eric D. Nelson *(Dir-Digital Mktg)*
Mara White *(Dir-PR)*
Chip Albright *(Sr Acct Mgr)*
Lindsay Metcalf *(Mgr-Acctg)*
Kiersten Maertens *(Acct Supvr)*
Maggie Baker *(Acct Exec)*
Andy Ireland *(Acct Exec)*
Chris Lightfoot *(Acct Exec)*
Leslie Millard *(Acct Exec)*
Megan Heideman *(Media Buyer)*
Josh Schoenblatt *(Media Buyer)*
Katie Holzworth *(Coord-Media)*

Accounts:
MidAmerican Energy Company
OnMedia

FLYTEVU
700 12th Ave S Ste 200, Nashville, TN 37203
Tel.: (615) 921-8738
E-Mail: inquiry@flytevu.com
Web Site: www.flytevu.com

Employees: 10
Year Founded: 2015

Agency Specializes In: Advertising, Brand Development & Integration, Content, Digital/Interactive, Entertainment, Event Planning & Marketing, Paid Searches

Laura Hutfless *(Partner & Head-Bus Dev)*
Jeremy M Holley *(Partner)*
Sarah Duggan *(Acct Dir)*
Ryan Milby *(Creative Dir)*
Whitney Byerly *(Acct Mgr)*
Morgan McKenzie *(Acct Mgr)*
Paige Reese *(Acct Mgr)*
Laura Fuller *(Coord)*

Accounts:
New-Bumble Trading Inc
New-CBOCS Properties, Inc
New-Garth Brooks
New-Tennessee Tourism

FLYWHEEL
90 Broad St Ste 2400, New York, NY 10004
Tel.: (646) 448-9898
E-Mail: miller@flywheelpartners.com
Web Site: flywheelpartners.com

Employees: 18
Year Founded: 2006

Agency Specializes In: Advertising, Brand Development & Integration, Business-To-Business, Consulting, Experience Design, Health Care Services, Integrated Marketing, Medical Products, Pharmaceutical

Approx. Annual Billings: $5,000,000

Breakdown of Gross Billings by Media: Consulting: $5,000,000

Jung Lee *(Mng Partner)*
Dave Miller *(Mng Partner-Flywheel Partners)*
Colleen McMahon *(Partner)*
Jyothi Chandra *(Sr Acct Dir)*
Emily Cheesman *(Acct Dir)*
Jill Jannsen *(Dir-Content Strategy & Dev)*
Juah Huth *(Assoc Dir)*
Allison Ozkan *(Sr Mgr)*

FMB ADVERTISING
145 S Gay St, Knoxville, TN 37902-1004
Tel.: (865) 525-1554
Fax: (865) 525-0118
Toll Free: (877) 345-4281
E-Mail: info@engagefmb.com
Web Site: www.engagefmb.com

E-Mail for Key Personnel:
President: mfreeman@fmbadvertising.com
Creative Dir.: mfreeman@fmbadvertising.com
Media Dir.: ebryant@fmbadvertising.com
Public Relations: oshults@fmbadvertising.com

Employees: 9
Year Founded: 1986

National Agency Associations: AAF-AMA

Agency Specializes In: Advertising, Advertising Specialties, Affluent Market, Agriculture, Automotive, Aviation & Aerospace, Bilingual Market, Brand Development & Integration, Branded Entertainment, Broadcast, Business Publications, Business-To-Business, Cable T.V., Catalogs, Co-op Advertising, Collateral, College, Consulting, Consumer Marketing, Consumer Publications, Corporate Identity, Crisis Communications, Direct Response Marketing, Direct-to-Consumer, Education, Electronic Media, Exhibit/Trade Shows, Financial, Food Service, Graphic Design, Guerilla Marketing, Health Care Services, High Technology, Hispanic Market, Industrial, Internet/Web Design, Legal Services, Local Marketing, Logo & Package Design, Luxury Products, Magazines, Market Research, Media Buying Services, Media Planning, Medical Products, Newspaper, Newspapers & Magazines, Out-of-Home Media, Outdoor, Package Design, Planning & Consultation, Point of Purchase, Point of Sale, Print, Production, Production (Ad, Film, Broadcast), Production (Print), Publishing, Radio, Restaurant, Seniors' Market, Social Marketing/Nonprofit, Sports Market, Strategic Planning/Research, T.V., Technical Advertising, Trade & Consumer Magazines, Travel & Tourism, Web (Banner Ads, Pop-ups, etc.)

Approx. Annual Billings: $4,080,000

Breakdown of Gross Billings by Media: Bus. Publs.: $75,000; Cable T.V.: $400,000; Collateral: $350,000; Consulting: $75,000; D.M.: $200,000; Graphic Design: $150,000; Mags.: $200,000; Mdsg./POP: $25,000; Newsp.: $150,000; Other: $50,000; Outdoor: $40,000; Point of Purchase: $50,000; Print: $450,000; Radio: $325,000; Radio & T.V.: $350,000; Sports Mktg.: $100,000; Spot Radio: $55,000; Spot T.V.: $450,000; Strategic Planning/Research: $135,000; T.V.: $325,000; Trade Shows: $50,000; Worldwide Web Sites: $75,000

Jody M. Freeman *(Pres)*
Odette Shults *(Sr VP)*
Andrea Truan *(Creative Dir)*
Christine Gordon *(Acct Mgr)*
Mal Alder *(Mgr-Social Media)*
Lori Herron *(Acct Supvr)*

Accounts:
Campbellsville University; Campbellsville, KY Brand Identity Communications; 2001
Eastern Kentucky University; Richmond, KY Alumni Magazine, Brand Identity, Student Admissions; 2003
Knoxville TVA Employees Credit Union; Knoxville, TN Financial Services; 1996

AGENCIES - JANUARY, 2019   ADVERTISING AGENCIES

Parkwest Medical Center; Knoxville, TN Healthcare; 2006
Proficiency Testing Service; Brownsville, TX Testing Services for Laboratories; 1998
University of Tennessee Women's & Men's Athletic Department; Knoxville, TN Sporting Advertising & Promotion; 1996
YMCA of East Tennessee Philanthropic; 2001

THE FOCUS GROUP
11545 Old Hwy 49, Gulfport, MS 39505
Tel.: (228) 832-3667
Fax: (228) 314-2387
E-Mail: info@focusgroupms.com
Web Site: www.focusgroupms.com

Employees: 16

Agency Specializes In: Advertising, Brand Development & Integration, Graphic Design, Internet/Web Design, Logo & Package Design, Print, Search Engine Optimization, Social Media

Allison Buchanan *(CEO)*
Cecelia Shabazz *(Creative Dir)*
Brynn Joachim *(Dir-Acct Svc)*
Elizabeth Adams *(Sr Acct Exec)*

Accounts:
Charter Bank
City of Diamondhead
City of Gulfport
City of Pascagoula
DMR
Global Financial
Greenwood Convention & Visitors Bureau
Gulfport-Biloxi International Airport
Hancock Chamber of Commerce
Hattiesburg Zoo
Mississippi Bicentennial Celebration - South
Mississippi Gulf Coast Scenic Byways
Mississippi Hospitality & Restaurant Association
Mississippi Power Economic Development
Ocean Springs Chamber of Commerce
Senator Brice Wiggins
White Pillars Restaurant
Wild American Shrimp

FOCUSED IMAGE
2941 Fairview Park Dr Ste 650, Falls Church, VA 22042
Tel.: (703) 739-8803
Fax: (703) 739-8809
E-Mail: info@focusedimage.com
Web Site: www.focusedimage.com

Employees: 15

National Agency Associations: PRSA

Toby Eckhardt *(Pres)*
Dave Scanlon *(Exec VP-Strategic Plng)*
Kristina Messner *(Sr VP-PR & Social Media)*
Greg German *(VP-Web & Interactive Comm)*
Matt Marsden *(VP-Bus Dev)*
Sis Pittman *(Creative Dir-Print)*
Stacey Salsman *(Sr Acct Exec)*

Accounts:
CSC Holdings, LLC
DeWALT
HealthExtra
SOME (So Others Might Eat)
United States Wrestling Foundation (Agency of Record) Marketing, Public Relations

FOLLOW THE EYES
PO Box 717, Lima, OH 45802
Tel.: (419) 302-8430
E-Mail: info@fteyes.com
Web Site: www.fteyes.com

Employees: 10
Year Founded: 2011

Agency Specializes In: Advertising, Brand Development & Integration, Digital/Interactive, Internet/Web Design, Out-of-Home Media, Outdoor, Print, Public Relations, Radio, Social Media

David Crnkovich *(Pres)*

Accounts:
Buckeye Mechanical Insulation

THE FOOD GROUP
589 8th Ave 4th Fl, New York, NY 10018
Tel.: (212) 725-5766
Fax: (212) 686-2901
E-Mail: tfg-ny@thefoodgroup.com
Web Site: www.thefoodgroup.com

Employees: 15
Year Founded: 1969

Agency Specializes In: Food Service

Mark Cotter *(CEO)*
Kyle Kraus *(Exec VP)*
Lauren Holt *(Acct Supvr-Perdue Farms)*
Brian Marchesani *(Acct Exec-Mondelez Intl Acct)*
John Logan McGee *(Sr Art Dir)*
Audrey Prior *(Assoc Media Dir)*

Accounts:
Kraft Foodservice
Louisiana Seafood Promotion
PepsiCo inc.; Purchase, NY
Polly-O; Mineola, NY Fresh Water-Packed Mozzarella, Italian Cheeses
Tabasco Foodservice

The Food Group (Tampa)
3820 Northdale Blvd Ste 202B, Tampa, FL 33624
Tel.: (813) 933-0683
Fax: (813) 932-1232
E-Mail: mark.cotter@thefoodgroup.com
Web Site: www.thefoodgroup.com

Employees: 9
Year Founded: 1988

Agency Specializes In: Food Service

Kyle Kraus *(Exec VP)*
Elissa Ferenbach *(Sr VP & Client Svcs Dir)*
Catherine Dazevedo *(Sr VP-Marcom)*
Megan Hage *(Grp Acct Dir)*
Michele Cozza *(Dir-Production)*
Jan Masters *(Dir-HR)*
Audrey Prior *(Supvr-Media)*
Annette Miranda *(Asst Controller)*

Accounts:
McIlhenny Company Tabasco Brand Pepper Sauce
State of Florida Department of Citrus Captain Citrus, Commodity Board Promoting Florida Citrus Products

The Food Group (Chicago)
1140 W Fulton Market Ste 300, Chicago, IL 60607
Tel.: (312) 596-3333
Fax: (312) 596-3338
Web Site: www.thefoodgroup.com

Employees: 19
Year Founded: 1994

Agency Specializes In: Food Service

Andrea Orth *(VP & Grp Acct Dir)*

Accounts:
ConAgra
Kraft
National Restaurant Association
Rich-SeaPak Frozen Appetizers, Shrimp

FOODMIX MARKETING COMMUNICATIONS
103 W Arthur St, Elmhurst, IL 60126
Tel.: (630) 366-7500
Fax: (630) 366-7519
E-Mail: doc@foodmix.net
Web Site: www.foodmix.net

Employees: 30
Year Founded: 2000

Agency Specializes In: Advertising, Advertising Specialties, Brand Development & Integration, Business Publications, Business-To-Business, Collateral, Communications, Consulting, Consumer Marketing, Corporate Identity, Digital/Interactive, Direct Response Marketing, Food Service, In-Store Advertising, Industrial, Internet/Web Design, Local Marketing, Logo & Package Design, Magazines, Merchandising, Multimedia, New Product Development, Planning & Consultation, Point of Purchase, Point of Sale, Print, Production, Public Relations, Publicity/Promotions, Radio, Restaurant, Retail, Sales Promotion, Sponsorship, Strategic Planning/Research, T.V., Trade & Consumer Magazines

Approx. Annual Billings: $25,000,000 (Capitalized)

Breakdown of Gross Billings by Media: Collateral: $2,500,000; Consulting: $10,000,000; D.M.: $2,500,000; Promos: $2,500,000; Strategic Planning/Research: $2,500,000; Trade & Consumer Mags.: $2,500,000; Worldwide Web Sites: $2,500,000

Sara Hagen *(Pres)*
Dan O'Connell *(CEO)*
Steve Megel *(COO)*
Eric Olson *(Sr VP & Exec Creative Dir)*
Peter Baughman *(VP-Comm)*
Hutson Kovanda *(Exec Creative Dir)*
Mary Ramirez *(Mgr-Traffic)*
Hannah Schober Kennedy *(Sr Art Dir)*

Accounts:
Coca-Cola Foodservice; Atlanta, GA
Insight Beverages
Lactalis Foodservice; Buffalo, NY
Mizkan Americas, Inc.; Mount Prospect, IL; 2001
Pennant
Taylor Company; Rockton, IL

FOOTSTEPS
85 Broad St Fl 16, New York, NY 10004
Tel.: (212) 336-9743
Fax: (212) 924-5669
E-Mail: vjohnson@footstepsgroup.com

Employees: 37
Year Founded: 2000

Agency Specializes In: African-American Market, Asian Market, Hispanic Market, Sponsorship

Verdia Johnson *(Co-Founder & Pres)*
Charles N. Jamison, Jr. *(Pres & Dir-Brand Strategy & Creative Rels)*
David Pilgrim *(Exec Creative Dir)*

Accounts:
Blue Cross & Blue Shield of Florida; Jacksonville, FL
Continuum Health Partners
Gillette

ADVERTISING AGENCIES

Lowe's Home Improvement Warehouse
Visa

FORCE 5 MEDIA, INC.
1433 Northside Blvd, South Bend, IN 46615
Tel.: (574) 234-2060
Web Site: www.discoverforce5.com

Employees: 10
Year Founded: 2000

Agency Specializes In: Advertising, Brand Development & Integration, Event Planning & Marketing, Print

Deb DeFreeuw *(Pres & Strategist-Certified Brand)*
David Morgan *(VP & Strategist-Certified Brand)*
Beth North *(Dir-Bus Dev)*
Marty Heirty *(Strategist-Acct)*

Accounts:
South Bend ON

FORCE MARKETING LLC
5955 Shiloh Rd E Ste 204, Atlanta, GA 30005
Tel.: (678) 208-0667
Fax: (678) 208-0673
Toll Free: (800) 818-2651
E-Mail: rsieger@forcemktg.com
Web Site: www.forcemktg.com

Employees: 47
Year Founded: 2004

Revenue: $6,500,000

John Fitzpatrick *(Pres & CEO)*
Heather Troline *(CMO)*
Kate Andra *(VP-Strategy)*
Eric Mercado *(VP-Sls)*
Randy Sieger *(VP)*
Jonathan Thompson *(VP-Bus Dev)*
Cody Tomczyk *(VP-Sls)*
Shirie Cantrell *(Controller & Dir-HR)*
Lauren Benton *(Dir-Mktg Ops)*
Alicia Brooks *(Dir-OEM Relationships)*
Amy Farley *(Dir-Mktg & Media)*
Christopher Fitch *(Dir-Interactive Mktg)*
Jessica Sims *(Mgr-Client Success)*
Brandt Farmer *(Assoc Creative Dir)*

FORESIGHT GROUP, INC.
2822 N Martin Luther King Jr Blvd, Lansing, MI 48906-2927
Tel.: (517) 485-5700
Fax: (517) 485-0202
Toll Free: (800) 766-2355
E-Mail: info@thinkdodeliver.com
Web Site: www.foresightgroup.net

E-Mail for Key Personnel:
President: Bill@foresightgr.com

Employees: 45
Year Founded: 1986

National Agency Associations: AAF

Agency Specializes In: Advertising, Automotive, Broadcast, Business Publications, Business-To-Business, Communications, Consulting, Corporate Identity, Education, Electronic Media, Exhibit/Trade Shows, Government/Political, Graphic Design, Health Care Services, Industrial, Infomercials, Internet/Web Design, Logo & Package Design, Media Buying Services, Medical Products, Multimedia, Out-of-Home Media, Outdoor, Planning & Consultation, Point of Purchase, Print, Production, Public Relations, Publicity/Promotions, Radio, Strategic Planning/Research, T.V.

Approx. Annual Billings: $6,000,000

Linda Getzmeyer *(Mgr-Acctg)*
Dave Page *(Mgr-Mail Dept)*
Chris Hyland *(Supvr-Digital)*
Jill Dimmitt *(Acct Exec)*
Tyler Christofferson *(Rep-Sls)*
Deanna Dowling *(Rep-Sls)*
Anne Pratt *(Rep-Sls)*
Stacey Trzeciak *(Rep-Sls)*

FOREST HOME MEDIA
1059 Barrel Springs Hollow Rd, Franklin, TN 37069
Tel.: (615) 582-0554
Web Site: www.foresthomemedia.com

Employees: 10
Year Founded: 2012

Agency Specializes In: Advertising, Content, Internet/Web Design, Media Relations, Public Relations, Social Media

Nancy McNulty *(Partner)*
Geinger Hill *(Coord-Mktg)*

Accounts:
Carbine & Associates
Nashville Area Home Tours

FORGE MEDIA & DESIGN
135 Liberty Street Ste 300, Toronto, ON M6K 1A7 Canada
Tel.: (416) 533-3674
E-Mail: info@forgemedia.ca
Web Site: forgemedia.ca

Employees: 30
Year Founded: 2005

Agency Specializes In: Advertising, Brand Development & Integration, Corporate Communications, Graphic Design, Internet/Web Design

Gregory Neely *(Principal)*
Laurence Roberts *(Principal)*

Accounts:
Children's Hospital of Philadelphia

FORGE WORLDWIDE
142 Berkeley St, Boston, MA 02116
Tel.: (857) 305-3429
E-Mail: info@forgeworldwide.com
Web Site: www.forgeworldwide.com

Employees: 26
Year Founded: 2005

National Agency Associations: AMA

Agency Specializes In: Advertising, Brand Development & Integration, College, Consumer Marketing, Corporate Identity, Digital/Interactive, Education, Financial, Graphic Design, High Technology, Integrated Marketing, Internet/Web Design, Multimedia, Sponsorship

Approx. Annual Billings: $19,250,000

Harry G. Chapin *(CEO)*
Melissa Koehler *(VP & Dir-Client Engagement)*
Jim Bell *(Creative Dir)*
Tara Kearney *(Art Dir)*
Heather Ward *(Client Svcs Dir)*
Errin Chapin *(Dir-Acctg)*
Anna Vaivoda *(Strategist-Mktg & New Bus)*
Eugene Torres *(Copywriter)*
Rob Stewart *(Sr Exec Creative Dir)*

Accounts:
American International College; Springfield, MA Rebranding
Brigham and Women's Hospital
Cisco C-suite
Dragon
Emerson Hospital Branding, Marketing
Franklin Sports, Inc.; Stoughton, MA
Friendly's Ice Cream Campaign: "Come Get Happy", Out-of-Home Advertising, Print, Radio, Social Media, Television
Harvey Building Products Television, Vinyl Windows
Herb Chambers Companies Branding, Print Advertising
International Yacht Restoration School; Newport, R.I. Brand Reposition
Iron Mountain Digital
Isenberg School of Management
Kaspersky Lab
MIT
Partners Health Care
Privateer American Rum Brand Strategy, Event Communications, Point-of-Purchase, Social Media
Rockland Trust Company; Hanover, MA Brand Strategy
Room to Grow
SBLI
Spaulding Rehabilitation Network
Uno Chicago Grill
Verizon Communications Inc.
Virgin Healthmiles
WPI

FORMATIVE
821 2Nd Ave Ste 600, Seattle, WA 98104
Tel.: (206) 792-5129
Web Site: www.formativeco.com

Employees: 25
Year Founded: 2005

Agency Specializes In: Advertising, Brand Development & Integration, Digital/Interactive, Internet/Web Design, Media Buying Services, Social Media

Jonathan Rosoff *(CEO)*
Lee Sherman *(Chief Media Officer)*
Joshua Downs *(Creative Dir)*
Drew Warren *(Assoc Dir-Analytics)*
Eric Kaplan *(Acct Supvr)*

Accounts:
Inrix, Inc.

FORREST & BLAKE INC.
1139 Spruce Dr 2nd Fl, Mountainside, NJ 07092
Tel.: (908) 789-6800
Fax: (908) 789-6764
E-Mail: info@forrestandblake.com
Web Site: www.forrestandblake.com

E-Mail for Key Personnel:
President: anns@forrestandblake.com

Employees: 12
Year Founded: 1994

National Agency Associations: Second Wind Limited

Agency Specializes In: Advertising, Automotive, Brand Development & Integration, Broadcast, Cable T.V., Co-op Advertising, Consulting, Digital/Interactive, Direct Response Marketing, Electronic Media, Graphic Design, Infomercials, Internet/Web Design, Market Research, Media Relations, Newspapers & Magazines, Out-of-Home Media, Outdoor, Point of Purchase, Print, Production, Production (Print), Public Relations, Publicity/Promotions, Radio, Recruitment, Retail,

AGENCIES - JANUARY, 2019 — ADVERTISING AGENCIES

Search Engine Optimization, T.V., Transportation, Web (Banner Ads, Pop-ups, etc.)

Ann Shallcross *(Pres)*
Cheryl C. Gaffney *(Media Dir & Client Svcs Dir)*
Wayne A. Freitag *(Creative Dir)*
Maria Okun *(Acct Coord)*

Accounts:
Douglas Auto Group

FORSMAN & BODENFORS
(Acquired by MDC Partners Inc.)

FORT GROUP INC.
100 Challenger Rd 8th Fl, Ridgefield Park, NJ 07660
Tel.: (201) 445-0202
Fax: (201) 445-0626
Web Site: www.fortgroupinc.com

Employees: 40
Year Founded: 1970

National Agency Associations: DMA

Agency Specializes In: Advertising, Broadcast, Cable T.V., Consulting, Consumer Marketing, Consumer Publications, Direct Response Marketing, Financial, Newspaper, Newspapers & Magazines, T.V.

Approx. Annual Billings: $30,465,000

Breakdown of Gross Billings by Media: Bus. Publs.: $675,000; Cable T.V.: $10,500,000; Collateral: $270,000; D.M.: $270,000; Internet Adv.: $2,000,000; Mags.: $270,000; Newsp.: $1,080,000; Out-of-Home Media: $250,000; Production: $1,525,000; Radio: $3,530,000; T.V.: $9,845,000; Transit: $250,000

Frank DiGioia *(Pres & CEO)*
Steven Laux *(Chief Creative Officer & Exec VP)*
Joe Moran *(VP & Gen Mgr)*
Jerry Putruele *(VP & Gen Mgr-Digital)*
Anthony Forte *(VP-Digital Strategy)*
Pamela Lorusso *(Art Dir)*
Kaitlyn Riccobono *(Media Buyer)*
Maureen Whyte *(Media Buyer)*

Accounts:
All Hallows
Barrons Newspaper
Building Materials Distributors, Inc.
Forward Newspaper
Golf Digest
Golf World
Marvin Windows and Doors
Somerset Tire Service, Inc.

FORTE GROUP INC.
5949 Sherry Ln Ste 1800, Dallas, TX 75225
Tel.: (214) 890-7912
E-Mail: info@fortegroupinc.com
Web Site: www.fortegroupinc.com

Employees: 10

Agency Specializes In: Advertising, Brand Development & Integration, Digital/Interactive, Internet/Web Design, Public Relations

Cindy Hall *(CEO)*
Jade Falldine *(COO)*

Accounts:
Presbyterian Village North

FORTE-THE COLLECTIVE
20523 Starling Ct, Santa Clarita, CA 91350
Tel.: (213) 973-9725
Web Site: www.fortethecollective.com

Employees: 6
Year Founded: 2010

Bryan Alano *(Principal)*

Accounts:
Los Angeles Clippers

FORTNIGHT COLLECTIVE
1727 15th St Ste 200, Boulder, CO 80302
Tel.: (720) 331-7098
Web Site: www.fortnightcollective.com

Employees: 40
Year Founded: 2016

Agency Specializes In: Advertising, Brand Development & Integration, Digital/Interactive, Media Buying Services, Media Planning, Out-of-Home Media, Radio, Social Media, Strategic Planning/Research

Andy Nathan *(Founder & CEO)*
Mandy Eckford *(Mng Dir-North America)*
Aimee Luther *(Mng Dir-Europe)*
Ted Morse *(Brand Dir)*
Jen Kubis *(Supvr-Brand)*
Molly Hennessy *(Brand Dir)*
Noelle Mulholland *(Brand Mgr)*
Katie Andrews *(Coord-Brand & Ops)*
Jen Jaffe *(Dir-Fin)*
Beth Egan *(Strategist-Media)*

Accounts:
New-Bext360
New-Foodstirs Inc
New-Nestle Purina PetCare Company
New-The Safe + Fair Food Company
New-Voter RX
New-Yasso Frozen Greek Yogurt

FORTY FORTY AGENCY
PO Box 2866, San Francisco, CA 94126
Tel.: (510) 559-1036
E-Mail: contact@4040agency.com
Web Site: www.4040agency.com

Employees: 10
Year Founded: 2002

Approx. Annual Billings: $3,000,000

John Trotter *(Partner & Creative Dir)*

Accounts:
Acorn Footwear; Lewiston, ME Brand & Campaign Positioning (Joint Venture with KSV Agency); 2011
America's Cup; San Francisco, CA 2 1/2 Marketing Strategy & Launch Campaign; 2011
Atlanta Braves; Atlanta, GA Brand Experience & Sponsor Integration Design; 2008
Citizens Bank Park; Philadelphia, PA Co-branding, Brand Experience, Naming Rights; 2007
The Climate Corporation; San Francisco, CA Integrated Marketing & Advertising, Rebranding & Renaming; 2011
Jacksonville Jaguars; Jacksonville, FL Naming Rights Branding; 2010
MTV Networks Entertainment Group; New York, NY Brand Strategy & Creative; 2011
Spike TV; New York, NY Brand Strategy & Creative; 2010
UFC; Las Vegas, NV Co-Branding Strategy & Creative; 2010
Washington Nationals; Washington DC (Agency of Record) Brand Development; 2010

FORTYTWOEIGHTYNINE
12533 Wagon Wheel Rd, Rockton, IL 61072
Tel.: (815) 398-4289
Fax: (815) 394-0291
E-Mail: pingus@42en.com
Web Site: http://www.fortytwoeightynine.com/

Employees: 9
Year Founded: 1906

Agency Specializes In: Advertising, Business Publications, Business-To-Business, Collateral, Communications, Consulting, Corporate Identity, Cosmetics, Direct Response Marketing, E-Commerce, Electronic Media, Engineering, Exhibit/Trade Shows, Food Service, Graphic Design, Health Care Services, High Technology, Industrial, Information Technology, Internet/Web Design, New Product Development, Pharmaceutical, Planning & Consultation, Point of Purchase, Point of Sale, Print, Production, Public Relations, Publicity/Promotions, Strategic Planning/Research, Technical Advertising, Transportation

Approx. Annual Billings: $6,000,000

Breakdown of Gross Billings by Media: Mags.: $3,000,000; Newsp.: $3,000,000

Rick Belinson *(Owner & Pres)*
Amanda Nyen *(Media Dir)*
Jennifer Hankins *(Office Mgr & Mgr-Acctg)*
Christine Chaney *(Designer-Multimedia & Visual)*
Carol Merry *(Sr Art Dir)*

Accounts:
DSM
Hutchens Industries Inc.; Springfield, MO
Nalco
Woodward Aircraft Engine Systems

FORZA MARKETING
(Acquired & Absorbed by Northlich)

FORZA MIGLIOZZI, LLC
5419 Hollywood Blvd, Hollywood, CA 90027
Tel.: (213) 973-4001
E-Mail: info@forzamigliozzi.com
Web Site: www.forzamigliozzi.com

Employees: 24
Year Founded: 2007

Agency Specializes In: Advertising, Alternative Advertising, Brand Development & Integration, Branded Entertainment, Broadcast, Business-To-Business, Cable T.V., Co-op Advertising, Communications, Consumer Goods, Consumer Marketing, Corporate Identity, Crisis Communications, Entertainment, Event Planning & Marketing, Experience Design, Experiential Marketing, Fashion/Apparel, Graphic Design, Guerilla Marketing, Household Goods, In-Store Advertising, Integrated Marketing, Internet/Web Design, Leisure, Logo & Package Design, Luxury Products, Market Research, Men's Market, Merchandising, Mobile Marketing, Newspaper, Newspapers & Magazines, Out-of-Home Media, Outdoor, Package Design, Podcasting, Point of Purchase, Point of Sale, Print, Product Placement, Production (Print), Promotions, Public Relations, Publicity/Promotions, Radio, Sales Promotion, Sports Market, Strategic Planning/Research, T.V., Teen Market, Transportation, Travel & Tourism, Urban Market, Viral/Buzz/Word of Mouth, Women's Market

Approx. Annual Billings: $24,000,000

Breakdown of Gross Billings by Media: Brdcst.: $8,000,000; Event Mktg.: $2,000,000; Newsp. &

ADVERTISING AGENCIES

Mags.: $3,000,000; Other: $7,000,000; Radio: $2,000,000; Worldwide Web Sites: $2,000,000

Michael Migliozzi *(Mng Partner & Creative Dir)*

Accounts:
AdvancePierre Fast Fixin', Barber Foods, Steak-EZE, Pierre Drive Thru
After Party Beverage
Armed Music; Los Angeles, CA Entertainment
Chris' & Pitt's
Cost Plus World Market Promotion
The Counter QSR
Diocese of Brooklyn Promotion
Hyperbolic Audio; New York, NY Audio Services
Innove Real Estate
Invitation Homes Real Estate
LA Car Guy Subaru, Audi, Fisker, Porsche, Volkswagen, Toyota
NBCSN Promotion
New Evangelization Television TV Launch
Nisum Technologies IT Services
Poms & Associates Insurance
RelaxZen Beverage
Skyscraper Brewing Company; El Monte, CA Beer
Wedbush Bank Financial
Wedbush Securities Financial
WSH&B Legal Services

FOSTER MARKETING COMMUNICATIONS
3909-F Ambassador Caffrey, Lafayette, LA 70503
Tel.: (337) 235-1848
Fax: (337) 237-7246
Web Site: www.fostermarketing.com

E-Mail for Key Personnel:
President: gfoster@fostermarketing.com
Production Mgr.: vwyatt@fostermarketing.com
Public Relations: vwyatt@fostermarketing.com

Employees: 12
Year Founded: 1980

National Agency Associations: AAF-AMA-BMA-PRSA

Agency Specializes In: Advertising, Advertising Specialties, Aviation & Aerospace, Brand Development & Integration, Broadcast, Business Publications, Business-To-Business, Catalogs, Collateral, Communications, Consulting, Corporate Communications, Corporate Identity, Crisis Communications, Customer Relationship Management, Direct Response Marketing, E-Commerce, Electronic Media, Environmental, Event Planning & Marketing, Exhibit/Trade Shows, Financial, Food Service, Graphic Design, Industrial, Integrated Marketing, International, Internet/Web Design, Investor Relations, Logo & Package Design, Magazines, Marine, Market Research, Media Buying Services, Media Planning, Media Relations, Multimedia, New Product Development, New Technologies, Newspaper, Newspapers & Magazines, Out-of-Home Media, Outdoor, Package Design, Print, Production, Production (Print), Public Relations, Publicity/Promotions, Radio, Real Estate, Sales Promotion, Search Engine Optimization, Strategic Planning/Research, Technical Advertising, Telemarketing, Trade & Consumer Magazines

Approx. Annual Billings: $5,740,000 Capitalized

Breakdown of Gross Billings by Media: Adv. Specialities: $74,000; Bus. Publs.: $2,570,000; Collateral: $1,080,000; Comml. Photography: $28,000; D.M.: $41,000; Fees: $753,000; Newsp.: $21,000; Outdoor: $101,000; Pub. Rels.: $72,000; Trade Shows: $1,000,000

Tiffany Harris *(Pres)*
George Foster *(CEO)*
Kristy Bonner *(VP-Digital Svcs)*

Gary Meeks *(Controller)*
Tiffany Soileau *(Acct Exec)*

Accounts:
Acteon
Fugro NV
GE Energy
GE Transportation
Superior Energy Services

Branch

Foster Marketing Communications
1160 Dairy Ashford Ste 310, Houston, TX 77079
Tel.: (281) 448-3435
Fax: (281) 445-1362
Web Site: www.fostermarketing.com

Employees: 14
Year Founded: 1980

National Agency Associations: AAF-BMA-Second Wind Limited

Agency Specializes In: Advertising, Aviation & Aerospace, Brand Development & Integration, Business Publications, Business-To-Business, Collateral, Corporate Identity, Direct Response Marketing, Environmental, Event Planning & Marketing, Exhibit/Trade Shows, Graphic Design, Investor Relations, Media Buying Services, New Product Development, Print, Public Relations, Real Estate, Sales Promotion, Strategic Planning/Research

Megan Schreckenbach *(VP-Acct Svcs)*
Lindsay Brown *(Mktg Mgr)*
Ambika Kashi Singh *(Coord-Digital Content)*

Accounts:
GE Transportation

FOUNDATIONS MARKETING GROUP
1140 Ave of the Americas 9th Flr, New York, NY 10036
Tel.: (212) 537-9363
Web Site: www.fmg.nyc

Employees: 9

Agency Specializes In: Advertising, Brand Development & Integration, Social Media

Monika Elling *(Founder & CEO)*

Accounts:
New-Vintage Rockefeller Wine & Spirits

FOUNDRY
(Formerly Bauserman Group)
500 Damonte Ranch Pkwy Ste 675, Reno, NV 89521
Tel.: (775) 784-9400
Fax: (775) 784-9401
E-Mail: info@bausermangroup.com
Web Site: www.foundryideas.com/

Employees: 26

Agency Specializes In: Advertising, Brand Development & Integration, Digital/Interactive, Internet/Web Design, Media Planning, Search Engine Optimization, Social Media

Jim Bauserman *(CEO)*
Steven Aramini *(Creative Dir)*
Carla Acree *(Dir-Media Svcs)*
Charlene Andrews *(Acct Exec)*
Charlene Carp *(Acct Exec)*
Megan Landa *(Acct Coord)*
Allison Boyd *(Coord-Media)*

Brigette Paulson *(Sr Media Buyer)*

Accounts:
CDA Casino Resort
Hard Rock Hotel & Casino Lake Tahoe
Reno Rodeo

FOUNDRY 9 LLC
44 W 28th St 6th Fl, New York, NY 10001
Tel.: (212) 989-7999
Fax: (212) 989-7190
E-Mail: info@foundry9.com
Web Site: www.foundry9.com

Employees: 60
Year Founded: 2004

Agency Specializes In: Advertising, Brand Development & Integration, Digital/Interactive, Email, Graphic Design, Media Buying Services, Media Planning, Print, Social Media

Steve Kandetzke *(VP-Program Mgmt)*
Maggie Knight *(VP-Mktg Solutions)*
Kwong Sai *(Dir-Strategy & Analysis)*
Keith Chu *(Div CIO)*

Accounts:
Carbonite, Inc. Digital, Marketing, Media Buying, Media Planning

FOUR BROTHERS MEDIA
2089 Alder Springs Ln, Victor, MT 59875
Tel.: (406) 642-3244
E-Mail: contact@fourbrothersmedia.com
Web Site: www.fourbrothersmedia.com

Employees: 5
Year Founded: 2013

Agency Specializes In: Advertising, Brand Development & Integration, Email, Graphic Design, Internet/Web Design, Search Engine Optimization, Social Media

Erin Hallahan *(Mgr-Sls)*
Lisa Hallahan *(Mgr-Social Media Mktg)*

Accounts:
Bob Brandon Runnymede School
Todd Willman Questions About Christianity

FOUR DEEP MULTIMEDIA LLC
501 E Franklin St Ste 619, Richmond, VA 23219
Tel.: (804) 521-4455
Toll Free: (866) 671-8554
Web Site: www.fourdeepmultimedia.com

Employees: 9

Agency Specializes In: Advertising, Brand Development & Integration, Crisis Communications, Graphic Design, Internet/Web Design, Media Buying Services, Print, Social Marketing/Nonprofit

J. T. Logan *(Founder & CEO)*
Ena Ampy *(CEO-Special Events & Entertainment Branding)*

Accounts:
Mount Olive Baptist Church
Zion Baptist Church

FOURTH IDEA
500 Seneca St Ste 507, Buffalo, NY 14204
Tel.: (716) 931-9948
E-Mail: hello@fourthidea.com
Web Site: www.fourthidea.com

AGENCIES - JANUARY, 2019 — ADVERTISING AGENCIES

Employees: 12

Agency Specializes In: Advertising, Brand Development & Integration, Digital/Interactive, Package Design, Print

Thomas Mooney *(CEO)*
Nick Blazier *(Art Dir)*
Sean Daly *(Art Dir)*
Mike Tripi *(Art Dir)*
Megan Burget *(Acct Exec)*

Accounts:
Delaware North Companies Inc
KanJam
Kegworks
Moleskine
University at Buffalo

THE FOWLER GROUP
404 W Kennedale Pk way, Kennedale, TX 76060
Tel.: (866) 478-5890
Web Site: www.thefowlergroup.com

Employees: 50

Agency Specializes In: Advertising, Brand Development & Integration, Content, Event Planning & Marketing, Graphic Design, Internet/Web Design, Logo & Package Design, Public Relations, Search Engine Optimization, Social Media

Amy Stratton *(Client Svcs Dir)*

Accounts:
Dodson Companies
Kelly Lott Productions, LLC

FOXHOUND PRODUCTIONS
20200 Paradise Ln #2, Topanga, CA 90290
Tel.: (323) 546-9020
E-Mail: admin@foxhoundproductions.com
Web Site: www.foxhoundproductions.com/

Employees: 10

Agency Specializes In: Branded Entertainment, Content, Production, Production (Ad, Film, Broadcast)

Jonathan Thompson *(Owner & Creative Dir)*

Accounts:
Alzheimer's Assocation
Ford
General Motors Chevrolet
Microsoft

FOXTROT BRAVO ALPHA
638 Tillery St, Austin, TX 78702
Tel.: (512) 637-8999
Web Site: https://foxtrot.co/

Employees: 15
Year Founded: 2008

Agency Specializes In: Advertising, Brand Development & Integration, Digital/Interactive, Logo & Package Design, Print, Search Engine Optimization, Strategic Planning/Research

Brad Phillips *(Principal & Dir-Experience & Interaction)*
Jann Baskett *(Principal-Brand & Strategy)*
Oscar Morris *(Sr Designer)*

Accounts:
Emancipet
Gigaom
SXSW LLC

Starling
Verb

FRACTL
601 N Congress Ave Ste 206, Delray Beach, FL 33445
Tel.: (844) 337-2285
E-Mail: contact@frac.tl
Web Site: www.frac.tl

Employees: 85

Agency Specializes In: Advertising, Brand Development & Integration, Content, Digital/Interactive, Paid Searches, Public Relations, Search Engine Optimization, Social Media

Nick Santillo *(Pres & CEO)*
Dan Tynski *(Sr VP-Fractl Labs)*
Kristin Tynski *(Sr VP-Creative)*
Brandi Santillo *(Exec Dir)*
Kerry Jones *(Mktg Dir)*
Ryan Sammy *(Creative Dir)*
Mike Geneivive *(Mgr-Creative Strategy)*

Accounts:
New-BuzzStream
New-Fanatics, Inc.,
New-Goal.com
New-Movoto, Inc.
New-Recovery Brands, LLC
New-Superdrug Stores plc

FRANK ABOUT WOMEN
525 Vine St, Winston Salem, NC 27101
Tel.: (336) 774-9397
Fax: (336) 774-9550
Web Site: www.frankaboutwomen.com

Employees: 1,000
Year Founded: 2001

National Agency Associations: 4A's

Agency Specializes In: Advertising, Automotive, Brand Development & Integration, Communications, Consumer Goods, Entertainment, Experience Design, Fashion/Apparel, Financial, Food Service, Health Care Services, Internet/Web Design, Local Marketing, Media Buying Services, Media Planning, Media Relations, Package Design, Promotions, Public Relations, Publishing, Restaurant, Retail, Travel & Tourism

Jennifer Ganshirt *(Co-Founder & Mng Partner)*
Christy Blain *(Sr VP & Grp Dir-Creative)*
Kate Wilson Masten *(Sr VP & Grp Dir-Media)*
Seton McGowan *(VP & Assoc Dir-Social Strategy)*
Kate Hanley *(Assoc Dir-Strategic Plng)*

Accounts:
Abbott Nutrition; 2012
Food Lion; 2011
Hanesbrands Inc Playtex; 2011
PBS Sprout Cable TV Network for Children; 2011
Sylvan Learning; 2013
TREsemme; 2010

THE FRANK AGENCY INC
10561 Barkley St Ste 200, Overland Park, KS 66212
Tel.: (913) 648-8333
Fax: (913) 648-5024
Web Site: thefrankagency.com/

Employees: 52
Year Founded: 1981

National Agency Associations: ICOM

Agency Specializes In: Advertising, Advertising Specialties, Affiliate Marketing, Affluent Market, Agriculture, Alternative Advertising, Arts, Automotive, Below-the-Line, Bilingual Market, Brand Development & Integration, Broadcast, Business Publications, Business-To-Business, Cable T.V., Catalogs, Co-op Advertising, Collateral, College, Communications, Computers & Software, Consulting, Consumer Goods, Consumer Marketing, Consumer Publications, Corporate Communications, Corporate Identity, Custom Publishing, Customer Relationship Management, Digital/Interactive, Direct Response Marketing, Direct-to-Consumer, E-Commerce, Education, Electronic Media, Electronics, Email, Entertainment, Environmental, Event Planning & Marketing, Exhibit/Trade Shows, Financial, Government/Political, Graphic Design, Guerilla Marketing, Health Care Services, High Technology, Hospitality, Household Goods, Identity Marketing, In-Store Advertising, Industrial, Infomercials, Information Technology, Integrated Marketing, International, Internet/Web Design, Leisure, Local Marketing, Logo & Package Design, Magazines, Marine, Market Research, Media Buying Services, Media Planning, Media Relations, Media Training, Men's Market, Merchandising, Mobile Marketing, Multimedia, New Product Development, New Technologies, Newspapers & Magazines, Out-of-Home Media, Outdoor, Paid Searches, Planning & Consultation, Point of Purchase, Point of Sale, Print, Production, Production (Print), Promotions, Public Relations, Publicity/Promotions, Publishing, RSS (Really Simple Syndication), Radio, Real Estate, Recruitment, Regional, Retail, Sales Promotion, Search Engine Optimization, Social Marketing/Nonprofit, Sponsorship, Strategic Planning/Research, Sweepstakes, T.V., Technical Advertising, Telemarketing, Trade & Consumer Magazines, Transportation, Travel & Tourism, Viral/Buzz/Word of Mouth, Yellow Pages Advertising

Approx. Annual Billings: $100,000,000

Breakdown of Gross Billings by Media: Bus. Publs.: 5%; Collateral: 5%; Consulting: 5%; D.M.: 10%; E-Commerce: 10%; Internet Adv.: 10%; Mdsg./POP: 5%; Plng. & Consultation: 5%; Production: 5%; Pub. Rels.: 5%; Sls. Promo.: 5%; Strategic Planning/Research: 10%; T.V.: 10%; Worldwide Web Sites: 10%

Tony Ali *(Pres & CEO)*
Susan Reiter *(COO)*
Jana Ferguson *(Exec VP & Client Svcs Dir)*
Andrew Booth *(Sr VP-Media Svcs)*
Kimberly Honore *(VP & Dir-Search Engine Mktg)*
Todd Chambers *(VP & Grp Creative Dir)*
Sarah Cline *(VP-Bus Dev)*

Accounts:
American Red Cross National Fundraising
Arby's Restaurant Group
Armed Forces Insurance; Leavenworth, KS; 2004
Dell SecureWorks
Delta TechOps
Equifax
iContact
Kool Smiles
Mercedes-Benz USA
Navy Federal Credit Union
NCM Associates
PetSafe
Six Flags Entertainment Corp.; Atlanta, GA Theme Park & Water Park, Tourism & Hospitality; 2003
Spanx

FRANK COLLECTIVE
20 Jay St Ste 930, Brooklyn, NY 11201
Tel.: (646) 606-2211
Web Site: www.frankcollective.com

Employees: 10

395

ADVERTISING AGENCIES
AGENCIES - JANUARY, 2019

Year Founded: 2011

Agency Specializes In: Above-the-Line, Below-the-Line, Branded Entertainment, Broadcast, Collateral, Digital/Interactive, In-Store Advertising, Multimedia, Point of Purchase, Point of Sale, Print, Production, Web (Banner Ads, Pop-ups, etc.)

Approx. Annual Billings: $1,500,000

Michael Wasilewski *(Founder, Partner & Chief Creative Officer)*
Jiffy Iuen *(Founder)*

Accounts:
American Express; 2013
Bombas; 2014
Conde Nast Dove, TreSemme, US Trust; 2012
Lo & Sons; 2014
Relay Graduate School; 2014
Tourneau; 2013

FRANK CREATIVE INC
1100 Se Division St Ste 110, POrtland, OR 97202
Tel.: (503) 546-3626
Fax: (503) 546-3636
E-Mail: info@frankcreative.com
Web Site: www.frankcreative.com

Employees: 6

Agency Specializes In: Advertising, Broadcast, Collateral, Internet/Web Design, Print

Susan Parker *(Founder)*
David Karstad *(Creative Dir)*

Accounts:
The Conservation Alliance
GoLite Footwear

FRANK STRATEGIC MARKETING
803 Oella Ave, Ellicott City, MD 21043
Tel.: (410) 203-1228
Fax: (410) 203-2002
E-Mail: gfrank@frankbiz.com
Web Site: www.frankbiz.com

Employees: 10
Year Founded: 1995

National Agency Associations: Second Wind Limited

Agency Specializes In: Advertising

Gerry Frank *(Chief Creative Officer)*

Accounts:
Attendee Interactive
CEDIA
Consumer Electronics Show
Craig Coyne Jewelers
Food Marketing Institute
Goldwell
I-Fund of Maryland
Kenseal Construction Products
U.S. Foodservice

FRANK UNLIMITED
(Name Changed to Hail Creative)

FRANKEL MEDIA GROUP
105 SW 128th St Ste 200, Newberry, FL 32669-3244
Tel.: (352) 331-5558
Fax: (352) 331-5449
Web Site: www.frankelmedia.com

Employees: 8
Year Founded: 2004

Agency Specializes In: Advertising, Brand Development & Integration, Corporate Identity, Direct Response Marketing, Event Planning & Marketing, Graphic Design, Internet/Web Design, Media Buying Services, Media Planning, Strategic Planning/Research

Channing Casey Williams *(VP)*
Gary Pilla *(Creative Dir)*
Ashleigh Flanders *(Sr Acct Mgr)*
Josh Garland *(Acct Mgr)*
Suzanne Bachus *(Sr Acct Exec)*
Julie Gallop *(Sr Acct Exec)*

FRANKLIN STREET MARKETING
9700 Farrar Ct, Richmond, VA 23236
Tel.: (804) 320-3838
Fax: (804) 320-1999
Toll Free: (800) 644-8555
E-Mail: mail@franklinstreet.com
Web Site: www.franklinstreet.com

E-Mail for Key Personnel:
President: flynn@franklinstreet.com

Employees: 19
Year Founded: 1986

Agency Specializes In: Advertising, Brand Development & Integration, Collateral, Corporate Communications, Corporate Identity, Event Planning & Marketing, Health Care Services, Logo & Package Design, Magazines, Media Buying Services, Medical Products, Newspaper, Out-of-Home Media, Outdoor, Print, Production, Public Relations, Recruitment

Breakdown of Gross Billings by Media: Collateral: 20%; Logo & Package Design: 10%; Newsp. & Mags.: 15%; Outdoor: 5%; Pub. Rels.: 10%; Radio & T.V.: 30%; Trade & Consumer Mags.: 5%; Worldwide Web Sites: 5%

Tim Roberts *(Pres & CEO)*
William B. Flynn *(Pres)*
Lisa Jesmer *(Sr VP-Client Investor Svcs)*
Whitney Pratt *(VP-Creative Strategy)*
Dean Ruth *(VP-Ops)*
Allison Van Pelt *(VP-Client Strategy)*
Kelly Jackson *(Fin Mgr)*

Accounts:
Centra
Martin Memorial Health Systems; Stuart, FL
Methodist Hospitals

FRASER COMMUNICATIONS
1631 Pontius Ave, Los Angeles, CA 90025
Tel.: (310) 319-3737
Fax: (310) 319-1537
E-Mail: rfraser@frasercommunications.com
Web Site: www.frasercommunications.com

E-Mail for Key Personnel:
President: rfraser@frasercommunications.com
Media Dir.: bdundore@frasercommunications.com

Employees: 32
Year Founded: 1992

National Agency Associations: AAF-AD CLUB

Agency Specializes In: Advertising, African-American Market, Alternative Advertising, Asian Market, Automotive, Brand Development & Integration, Broadcast, Business-To-Business, Cable T.V., Children's Market, Collateral, Communications, Consumer Marketing, Corporate Communications, Corporate Identity, Cosmetics, Crisis Communications, Digital/Interactive, Education, Electronic Media, Entertainment, Environmental, Fashion/Apparel, Financial, Government/Political, Guerilla Marketing, Health Care Services, Hispanic Market, Internet/Web Design, LGBTQ Market, Logo & Package Design, Market Research, Media Buying Services, Media Planning, Media Relations, Medical Products, Multicultural, Multimedia, Out-of-Home Media, Outdoor, Package Design, Paid Searches, Print, Production (Ad, Film, Broadcast), Production (Print), Public Relations, Publicity/Promotions, Radio, Search Engine Optimization, Seniors' Market, Social Marketing/Nonprofit, Sponsorship, Strategic Planning/Research, T.V., Viral/Buzz/Word of Mouth, Web (Banner Ads, Pop-ups, etc.), Women's Market

Approx. Annual Billings: $40,000,000

Breakdown of Gross Billings by Media: Cable T.V.: 12%; Collateral: 1%; Internet Adv.: 3%; Newsp. & Mags.: 10%; Outdoor: 7%; Radio: 67%

Renee Fraser *(CEO)*
Neelam Tolani *(CFO)*
Ilene Prince *(Sr VP & Client Svcs Dir)*
Lisa Schellenbach *(Dir-Integrated Media)*

Accounts:
East West Bank; San Marino, CA; 2002
Metropolitan Water District
UCLA Extension

FRCH DESIGN WORLDWIDE
311 Elm St Ste 600, Cincinnati, OH 45202
Tel.: (513) 241-3000
Fax: (513) 241-5015
E-Mail: info@frch.com
Web Site: www.frch.com

Employees: 150

Agency Specializes In: Brand Development & Integration, Corporate Communications, Entertainment, Graphic Design, Hospitality, Media Relations, Restaurant, Retail, Sponsorship

Kelli Fellers *(VP)*
Robyn Novak *(VP)*
Amy Rink *(VP)*
Rob Rink *(VP & Architect-Project)*
Scott Rink *(VP)*
Craig Bonifas *(Dir & Client Mgr)*
Lisa Carmack *(Dir)*
Cassie Koch *(Dir-Retail & Mixed-Use)*
Monica Lowry *(Dir)*
Nicole McDevitt *(Dir-Specialty Architecture)*
Mari Miura *(Dir-Interior Design)*
Jonathan Rolke *(Dir & Architect)*
Mike Ruehlman *(Dir-Design)*
Meredith Seeds *(Dir-Interior Design)*
Brian M. Sullivan *(Dir & Architect)*
Melissa Paauwe *(Mgr-Bus Dev)*
Raejean Downs *(Sr Designer-Interior & Hospitality)*
Erin Kessen *(Designer)*
Caitlin Yurchak *(Designer-Interior)*
Michael Horn *(Coord-Billing-Acctg Dept)*
Elizabeth Birkenhauer *(Sr Project Coord)*
Melanie Felts *(Sr Ops Mgr)*

Accounts:
Aveda Corporation
Hilton Worldwide Home2 Suites

FRED AGENCY
550 Pharr Road, Atlanta, GA 30305
Tel.: (404) 720-0995
Web Site: www.fredagency.com

Employees: 15

Agency Specializes In: Advertising, Brand Development & Integration, Corporate Identity,

AGENCIES - JANUARY, 2019 — ADVERTISING AGENCIES

Digital/Interactive, Internet/Web Design, Media Buying Services, Media Planning, Print, Radio, T.V.

Fred Adkins *(Pres & Chief Creative Officer)*
Ryan Highfield *(Controller)*
Amanda Cartelli-Burrow *(Creative Dir)*
Donny Adkins *(Dir-Digital Media & Interactive)*
Emily Mulvey *(Assoc Dir-Brand Strategy)*

Accounts:
Seventh Midtown

FREDERICK SWANSTON
2400 Lakeview Pkwy Ste 175, Alpharetta, GA 30009
Tel.: (770) 642-7900
Web Site: www.frederickswanston.com

Employees: 38
Year Founded: 1999

Agency Specializes In: Advertising, Brand Development & Integration, Digital/Interactive, Market Research, Sponsorship

Approx. Annual Billings: $10,500,000

Una Hutton Newman *(Sr Dir-Healthcare Div)*
Patty Kinney *(Dir-Creative Svcs)*
Caitlin Kinney *(Acct Supvr)*
Katie Bowers *(Sr Acct Exec)*
Michael Hersh *(Acct Exec)*
Dustin Hall *(Assoc Creative Dir)*

Accounts:
Exide Technologies
Iberostar Hotels & Resorts
JoAnn's Fabrics
Kosair Children's Hospital
Metro Health
Norton Hospital Norton Healthcare
VeriFone Systems, Inc.

FREE ENTERPRISE LLC
(Name Changed to Hyperbolous)

FREE RANGE STUDIOS
1110 Vermont Ave NW Ste 500, Washington, DC 20005
Tel.: (877) 893-1213
E-Mail: discover@freerange.com
Web Site: freerange.com/

Employees: 10
Year Founded: 2000

Agency Specializes In: Collateral, Communications, Corporate Identity, Digital/Interactive, Government/Political, Graphic Design, Internet/Web Design, Logo & Package Design, Multimedia, Out-of-Home Media, Outdoor, Point of Sale, Print, Radio, Viral/Buzz/Word of Mouth

Approx. Annual Billings: $1,500,000

Grant Henderson *(Founder & Dir)*
Louis Fox *(Co-Founder)*
Jonah Sachs *(Co-Founder)*
Naoto De Silva *(VP-Fin & Ops)*
Eriq Wities *(Dir-Photography)*
Nancy Wellinger *(Copywriter)*
Emily Dransfield *(Chief of Staff)*

Accounts:
Advertising Council Creative, Video
African Wildlife Foundation
Alliance for Climate Education
Discovery Channel
Earth Justice
Green Mountain
Greenpeace
Human Rights Campaign
Planned Parenthood
WRTC
WWF

FREEBAIRN & CO.
3384 Peachtree Rd, Atlanta, GA 30326
Tel.: (404) 487-6106
Fax: (404) 231-2214
E-Mail: jcobb@freebairn.com
Web Site: www.freebairn.com

E-Mail for Key Personnel:
President: jfreebairn@freebairn.com
Creative Dir.: mkirkpatrick@freebairn.com
Media Dir.: schapman@freebairn.com

Employees: 17
Year Founded: 1980

National Agency Associations: PRSA-TAAN

Agency Specializes In: Advertising, Advertising Specialties, Agriculture, Brand Development & Integration, Broadcast, Business Publications, Business-To-Business, Cable T.V., Collateral, College, Consumer Goods, Consumer Marketing, Consumer Publications, Corporate Identity, Digital/Interactive, Direct Response Marketing, E-Commerce, Education, Electronic Media, Event Planning & Marketing, Exhibit/Trade Shows, Financial, Graphic Design, Health Care Services, High Technology, Household Goods, Information Technology, Integrated Marketing, Internet/Web Design, Legal Services, Leisure, Logo & Package Design, Magazines, Media Planning, Media Relations, Multimedia, New Product Development, Newspaper, Newspapers & Magazines, Out-of-Home Media, Outdoor, Package Design, Planning & Consultation, Point of Purchase, Point of Sale, Print, Production, Promotions, Public Relations, Publicity/Promotions, Radio, Retail, Sales Promotion, Sponsorship, Sports Market, Strategic Planning/Research, T.V., Trade & Consumer Magazines, Transportation, Travel & Tourism

Approx. Annual Billings: $17,000,000

John C. Freebairn *(Pres)*
Sandy Chapman *(Sr VP & Media Dir)*
Jean G. Cobb *(Sr VP & Mgmt Supvr)*
Julie Kahle *(Dir-Media & Digital Strategy)*
Kit Becker *(Sr Designer-Interactive)*
Don Patton *(Sr Art Dir)*

Accounts:
Norit Americas; Atlanta, GA Activated Carbon; 1997
Progressive Lighting
University of Georgia Center for Continuing Education
The University of Georgia-Terry College of Business; Atlanta, GA Evening & Executive MBA Programs; 2005
YKK AP; Austell, GA Architectural Products; 1996

Branch

Freebairn & Company Public Relations
3384 Peachtree Rd, Atlanta, GA 30326
(See Separate Listing)

FREED ADVERTISING
1650 Hwy 6, Sugar Land, TX 77478
Tel.: (281) 240-4949
Fax: (281) 240-4999
Web Site: www.freedad.com

E-Mail for Key Personnel:
President: gfreed@freedad.com

Employees: 20
Year Founded: 1984

National Agency Associations: 4A's-AAF

Agency Specializes In: Advertising, Automotive, Brand Development & Integration, Business-To-Business, Collateral, Communications, Corporate Identity, Direct Response Marketing, Electronic Media, Entertainment, Exhibit/Trade Shows, Faith Based, Financial, Food Service, Health Care Services, High Technology, Industrial, Internet/Web Design, Legal Services, Leisure, Logo & Package Design, Media Buying Services, Medical Products, Merchandising, New Product Development, Newspaper, Newspapers & Magazines, Out-of-Home Media, Outdoor, Pharmaceutical, Point of Purchase, Point of Sale, Print, Production, Public Relations, Radio, Real Estate, Recruitment, Restaurant, Retail, Sales Promotion, Sports Market, Strategic Planning/Research, T.V., Technical Advertising, Trade & Consumer Magazines, Transportation, Travel & Tourism, Yellow Pages Advertising

Approx. Annual Billings: $21,000,000

Gerald Freed *(Owner)*
Mandy de Leon *(Sr Acct Dir)*
Nancy Self *(Creative Dir)*
Rosa Serrano *(Dir-Media Strategy)*
Jordan Lippman *(Media Planner & Media Buyer)*
Kristine Alardin *(Media Buyer)*

Accounts:
Baker Nissan
Firethorn; Houston, TX Master-planned Community
Hochheim Prairie Insurance
IKEA IKEA North America Services, LLC
Imperial Sugar
Mercedes-Benz of Sugar Land
MountainKing Potatoes
Redstone Companies; TX Redstone Golf Club, The Houstonian Hotel, The Houstonian, Country Club, Blackhorse Golf Club, Shadow hawk Golf Club

FREESTYLE CREATIVE
2200 N Broadway St, Moore, OK 73160
Tel.: (405) 703-4110
E-Mail: contact@freestyleokc.com
Web Site: www.freestyleokc.com

Employees: 50
Year Founded: 2007

Agency Specializes In: Advertising, Brand Development & Integration, Commercial Photography, Digital/Interactive, Event Planning & Marketing, Graphic Design, Production, Production (Ad, Film, Broadcast), Public Relations, Radio, Social Media

Kelley Gann *(Pres)*
Vahid Farzaneh *(CEO)*
Jalal Farzaneh *(Partner-Consulting)*
Mohammad Farzaneh *(Partner-Consulting)*
Brian Gililland *(Partner-Creative)*
Templin Hammack *(Partner-Creative)*
Steven Paul Judd *(Partner-Creative)*
Kyle Roberts *(Partner-Creative)*
Matt Farley *(VP & Mktg Dir)*
Kiley Browning *(Art Dir)*
Princess Mangiliman *(Dir-Ops)*
Rebecca Dill *(Acct Exec)*
Alexis Trammell *(Acct Exec)*

Accounts:
New-Chickasaw Nation
New-Define Your Direction
New-Elliott Roofing
New-Galleria Furniture
New-Home Creations, Inc

ADVERTISING AGENCIES — AGENCIES - JANUARY, 2019

New-OSU School of Hospitality & Tourism Management
New-The Ohio State University Wexner Medical Center
New-Osmania University - Department of Business Management

FREESTYLE MARKETING GROUP
211 E Bdwy No 214, Salt Lake City, UT 84111
Tel.: (801) 364-3764
Fax: (801) 322-2168
Web Site: www.freestylemg.com

Employees: 10
Year Founded: 2000

Agency Specializes In: Advertising, Collateral, Internet/Web Design, Media Planning

Jason Harrison *(Partner & Creative Dir)*
Michael Stoll *(COO & VP-S/s)*
Shawna Gunther *(Acct Supvr)*
Nancy Di Modica Swan *(Acct Exec)*

Accounts:
Arriva E-Commerce
The Colony at White Pine Canyon
Danish Furniture
DogTread
East Zion Development
Mezze Fine Food

FRENCH/BLITZER/SCOTT LLC
275 Madison Ave 4th Fl, New York, NY 10016
Tel.: (212) 255-2650
Fax: (212) 255-0383
E-Mail: rscott@frenchblitzerscott.com
Web Site: www.frenchblitzerscott.com

E-Mail for Key Personnel:
President: RScott@frenchblitzerscott.com

Employees: 5
Year Founded: 1985

Agency Specializes In: Aviation & Aerospace, Business-To-Business, Financial, Print

Robert Scott *(Pres)*
Ray Gaulke *(CMO)*

Accounts:
Alan James Group
Bronxville Historical Conservancy
Country Living
Credit Suisse
Premio Foods; Hawthorne, NJ Sausage Products; 1999
Sheppard Mullin Richter & Hampton

FRENCH/WEST/VAUGHAN, INC.
112 E Hargett St, Raleigh, NC 27601
Tel.: (919) 832-6300
Fax: (919) 832-6360
Web Site: www.fwv-us.com

Employees: 50
Year Founded: 2001

National Agency Associations: ABC-COPF

Agency Specializes In: Advertising, Advertising Specialties, Affluent Market, Aviation & Aerospace, Brand Development & Integration, Broadcast, Business Publications, Business-To-Business, Cable T.V., Collateral, College, Communications, Consulting, Consumer Goods, Consumer Marketing, Consumer Publications, Corporate Communications, Corporate Identity, Digital/Interactive, Direct-to-Consumer, Education, Exhibit/Trade Shows, Fashion/Apparel, Financial, Food Service, Graphic Design, Guerilla Marketing, Health Care Services, Identity Marketing, In-Store Advertising, Information Technology, Integrated Marketing, Internet/Web Design, Local Marketing, Logo & Package Design, Luxury Products, Magazines, Market Research, Media Buying Services, Media Planning, Medical Products, Men's Market, Multimedia, New Technologies, Newspaper, Newspapers & Magazines, Out-of-Home Media, Outdoor, Package Design, Pharmaceutical, Point of Purchase, Point of Sale, Print, Promotions, Radio, Real Estate, Recruitment, Regional, Restaurant, Retail, Sales Promotion, Search Engine Optimization, Seniors' Market, Social Marketing/Nonprofit, Sponsorship, Sports Market, Strategic Planning/Research, T.V., Teen Market, Trade & Consumer Magazines, Transportation, Urban Market, Viral/Buzz/Word of Mouth, Web (Banner Ads, Pop-ups, etc.), Women's Market, Yellow Pages Advertising

Approx. Annual Billings: $55,000,000

David Gwyn *(Pres)*
Barrie Hancock *(Sr VP)*
Brad Grantham *(VP)*
Leah Knepper *(VP)*
Scott Palmer *(VP-Digital & Social Media)*
Rachel Swanson *(VP)*
Shea Carter *(Assoc VP-Social Media & Influencer Mktg)*
Maggie Travis McDonald *(Grp Acct Dir)*
Corey Adams *(Producer-Creative)*
Jerstin Crosby *(Art Dir-Social Media)*
John Moore *(Creative Dir)*
Jordan Nowlin *(Mgr-Paid Social)*
Brian O'Connor *(Mgr-Digital Media)*
Evan Burkhart *(Sr Acct Supvr)*
Megan Byers *(Sr Acct Supvr)*
Evan Boyer *(Acct Supvr)*
Dana Edwards *(Acct Supvr)*
Clay Hanback *(Acct Supvr)*
Dana Moody *(Acct Supvr)*
Mackenzie Smith *(Acct Supvr)*
Jillian Spitz *(Acct Supvr)*
Sarah Teal *(Acct Supvr)*
Colleen Vallely *(Acct Supvr)*
Elizabeth Lubben *(Sr Acct Exec)*
Erin McGuire *(Sr Acct Exec)*
Peyton Burgess *(Acct Exec)*
Abigail Quesinberry *(Strategist-Social Media)*
Caroline Hayward *(Planner-Brand)*
Rachel Jackson *(Acct Coord)*
Alaina Ruggery *(Acct Coord)*
Jaimee White *(Coord-Social Media)*
Brewer Owen *(Assoc-Acct)*

Accounts:
ABB Inc.
Absorption Pharmaceuticals Advertising, Brand Positioning, Digital, Point-of-Sale, Promescent (Marketing & Public Relations Agency of Record), Retail, Social Media
A.J. Fletcher Foundation Marketing, PR, Strategic Communications
American College of Veterinary Ophthalmologists (Agency of Record) External Public Relations
Arena North America Swimwear
Arian Foster
Atlantic Natural Foods External Media Relations, Loma Linda, National Consumer, Neat, Strategic Brand Communications; 2017
B2G Sports (Agency Of Record) Marketing, Public Relations
Bassett Furniture Event Planning, Grassroots Marketing, Media Outreach, Media Relations
Beaches CVB
BlitzPredict Marketing Strategy; 2018
BodeVet, Inc. Brand & Product Awareness, Marketing, Public Relations; 2018
Brand Napa Valley (Agency of Record) Brand Strategy, Integrated Marketing, Positioning
Cabela's Media, Public Relations
Campbell University PR, School of Osteopathic Medicine
The Central Intercollegiate Athletic Association
Certified Angus Beef LLC National Consumer Media, Public Relations, Strategic Counsel; 2018
Chargebacks911 Media Relations, National Consumer
Chris Canty Chris Canty Foundation, Marketing, Public Relations
CompareCards.com
Concord Hospitality Enterprises Company (PR & Creative Services Agency of Record)
Dahntay Jones
Deutsch Family Wine & Spirits Content, Josh Cellars, Video, Yellow Tail Food Truck Tailgate Tour
Dey Pharmaceuticals
Divi Resorts
Dominion Realty Partners, LLC
Downtown Raleigh Alliance
Elevation Burger (Agency of Record) Advertising, Events, Public Relations, Social Media
eWinWin
Fleet Feet Sports (Public Relations Agency of Record)
The Free Enterprise Nation
Gear4 Consumer Marketing, PR
Glen Davis
Glover Quin
Good Look Ink
Greater Raleigh Convention and Visitors Bureau (Creative Services Agency of Record)
HCA Holdings Inc.
Healthy Living Academies; 2008
High Gravity Adventures (Marketing Agency of Record) Public Relations
Hood River Distillers Broker's Gin, Creative Campaigns, Pendleton Whisky, ULLR Nordic Libation, Yazi Ginger Vodka
House-Autry Mills
HR Florida State Council (Public Relations & Marketing Agency of Record)
International Gemological Institute
Island Club Brands
The J. Peterman Company (Agency of Record) Branding & Creative Development, Media Relations, Public Relations, Strategic Integrated Marketing, Traditional & Digital Marketing, Website Enhancements; 2018
The Jimmy V Foundation
Justin Boot Co.
K4Connect Public Relations
Marc John Jefferies (Public Relations Agency of Record) Marketing, Media Relations
Medcryption
Melitta
Michael Vick
Moe's Southwest Grill restaurants (Agency of Record) Integrated Marketing Campaign; 2010
MoGo Sport Athlete Endorsements, PR, Social Media
NATHAN PR, Social Media Marketing, Strategic Media Relations
National Pro Fastpitch (Public Relations, Marketing & Sponsorship Development Agency of Record) Media Relations
Nestle USA, Inc. Gold Peak, Nestea
Nfinity Shoes (Agency of Record) Women's Athletic Footwear; 2008
NOCQUA Adventure Gear Marketing, PR
Nolan Carroll Marketing
North Carolina Department of Transportation
North Carolina Museum of Natural Sciences
North Carolina Pork Council Brand Positioning, Consumer Communications, Creative Development, Media Relations, Paid Media Strategies, Social Media, Strategic Brand Communications, Strategic Counsel & Execution; 2018
North Carolina SweetPotato Commission (Marketing Agency of Record) Brand Positioning, Communications, Creative Development, Digital Advertising, Events, Media Relations, Social Media, Website Development; 2018
Nutrabolt Event, External Media Relations, Marketing, Public Relations, Traditional & Online

398

AGENCIES - JANUARY, 2019 — ADVERTISING AGENCIES

Media Outreach; 2017
Optek Music Systems
Osceola County Advertising, Branding, Creative Services, Marketing, Public Relations, RAM National Circuit Finals Rodeo, Social Media
Paralyzed Veterans of America "Racing to Empower Veterans", Creative, Digital Marketing, Marketing, Media Relations, Public Relations, Social Media, Strategic Brand Development
Pfizer
Pogo Health
Polar Ice House
Professional Rodeo Cowboys Association
Pulse Health & Wellness Initiatives; 2007
Rashad Jennings (Public Relations, Marketing & Endorsement Agency of Record) New York Giants Running Back
RBC Bank
Respirics
Rise Against Hunger Creative Design, Earned & Social Media, Event Management, Partnership Development, Program Activation, Strategic Planning, Writing
Russell Wilson
Ryan Mundy (Agency of Record) Brand Development, Marketing, Public Relations, Social Media
SAS
Skins International PR
Skytrak
Smith Anderson
Southern Season (Public Relations Agency of Record)
Southwestern Athletic Conference Marketing, PR, Social Media
Sports Endeavors Inc. Brand Strategy, Creative
Stacey Lee Agency (Agency of Record)
Strata Solar Public Relations
Structure House Media
Tasc Performance; New Orleans, LA Digital Advertising, Event Sponsorships, Grassroots Activities, PR Campaign, SEO, Social Media
Teen Cancer America Advertising, Pro Bono Marketing, Pro Bono Public Relations
Teradata Corporation
TigerSwan
Trailways Transportation System (Marketing Agency of Record)
Tweetsie Railroad
University of North Carolina-Pembroke (Public Relations Agency of Record); 2018
U.S. Polo Association
USA Futsal Marketing, Public Relations
The Variable Public Relations Campaign
Veteran Golfers Association Public Relations, Sponsorship
VF Corp Advanced Comfort Jeans, Social Media, Traditional Public Relations, Wrangler
Volvo Trucks North America, Inc.
Wallace Family Racing Endorsement, Marketing, PR, Sponsorship
The Warnaco Group, Inc. Speedo
Washington Tourism Development Authority (Agency of record) Advertising, Digital Marketing, Public Relations
Wilmington

Branches

French/West/Vaughan, Inc.
2211 E 7th Ave, Tampa, FL 33605
Tel.: (727) 647-0770
E-Mail: jglasure@fwv-us.com
Web Site: www.fwv-us.com

Employees: 70

National Agency Associations: COPF

Agency Specializes In: Advertising

David Gwyn *(Pres)*
Natalie Best *(Exec VP & Dir-Client Svc)*
Barrie Hancock *(Sr VP)*

Accounts:
Luol Deng - Miami Heat Forward (Marketing & Endorsement Agency of Record)
Wrangler

French/West/Vaughan, Inc.
185 Madison Ave Ste 401, New York, NY 10016
Tel.: (212) 213-8562
Web Site: www.fwv-us.com

Employees: 51

National Agency Associations: COPF

Agency Specializes In: Advertising

Rick French *(Chm & CEO)*
Barrie Hancock *(Sr VP)*

Accounts:
Cardiac Wellness
Continental Teves
Dunn
Gitano
Natural Pleasures
Swatch
TrustAtlantic Financial
VF Imagewear

Division

Fetching Communications
PO Box 222, Tarpon Springs, FL 34688
(See Separate Listing)

FRESH DESIGN STUDIO LLC
29 E Madison St Ste 1620, Chicago, IL 60602
Tel.: (312) 880-9337
E-Mail: info@freshds.com
Web Site: www.freshdesignstudio.com

Employees: 50
Year Founded: 2009

Agency Specializes In: Advertising, Brand Development & Integration, Email, Event Planning & Marketing, Internet/Web Design, Magazines, Media Planning, Search Engine Optimization, Social Media, T.V.

Anson Wu *(Mng Dir-Creative)*
Marcus Mcglory *(Dir-Bus Dev)*
Brian DeVito *(Acct Mgr)*
Edwin Aquino *(Mgr)*
Connie Chen *(Assoc-Mktg)*

Accounts:
New-SOLA Group Inc Kitchen Bath Design
New-WSKG

FRESH MEDIA GROUP
382 W Chestnut St Ste 109, Washington, PA 15301
Tel.: (724) 503-4826
Web Site: http://savvyfreshgroup.com/

Employees: 11
Year Founded: 2012

Agency Specializes In: Advertising, Brand Development & Integration, Graphic Design, Internet/Web Design, Media Buying Services, Print, Social Media

A. J. Brach *(Co-Owner)*
Fawn Schooley *(Office Mgr)*
Jordan Schramm *(Project Mgr & Specialist-Social Media)*

Accounts:
Casa Vite Imagine Design
Dunkin' Brands Group, Inc.
Four Seasons Resort
General Industries
Golf Club of Washington
John Bruner
Krencys Bakery
Sarris Candies
Washington Area Credit Union
Washington Health System Robotics

FRESHBUZZ MEDIA, INC.
(See Under Solve Agency, Inc.)

FRIENDS & NEIGHBORS
401 1St Ave N Ste 100, MinneaPOlis, MN 55401
Tel.: (612) 339-1549
Web Site: www.friends-neighbors.com

Employees: 25
Year Founded: 2012

Agency Specializes In: Advertising, Brand Development & Integration, Content, Digital/Interactive, Internet/Web Design, Logo & Package Design, Media Buying Services, Media Planning, Search Engine Optimization

Mark Bubula *(Co-Founder & Pres)*
Tom Fugleberg *(Co-Founder & Head-Creative)*
Beth Tarr *(Fin Dir)*
Jen Rorke *(Grp Acct Dir)*
Tesa Raymond *(Acct Dir)*
Tj Shaffer *(Creative Dir)*
Molly Dunne *(Assoc Dir-Creative)*
Mitch Green *(Assoc Dir-Creative)*
Aaron Smith *(Assoc Dir-Acct)*
Justin Theroux *(Sr Designer)*
Kelsey Vetter *(Jr Designer)*

Accounts:
Anytime Fitness (Lead Strategic & Creative Agency); 2017
New-Boxed Water
New-Ecolab
New-Hamline University
New-Mounds Park Academy
Self Esteem Brands Waxing the City (Lead Strategic & Creative Agency); 2017
University of Minnesota (Advertising Agency of Record) Brand Strategy Planning, Campaign Development, Creative Concepting, Media, Production, Project Scoping; 2018

FROEHLICH COMMUNICATIONS, INC.
309 Ct Ave Ste 234, Des Moines, IA 50309
Tel.: (515) 699-8502
Fax: (515) 699-8503
Web Site: www.froehlichcomm.com

Employees: 2

Agency Specializes In: Advertising, Collateral, Event Planning & Marketing, Internet/Web Design, Logo & Package Design, Media Planning, Print, Strategic Planning/Research

Scott Froehlich *(Pres)*

Accounts:
American Standard
Maytag

FRONTGATE MEDIA
28256 San Marcos, Mission Viejo, CA 92692
Tel.: (949) 528-3359
Web Site: www.frontgatemedia.com

Employees: 10

ADVERTISING AGENCIES

Year Founded: 2001

Agency Specializes In: Children's Market, Content, Education, Entertainment, Faith Based, Media Buying Services, Men's Market, Public Relations, Social Media, Sponsorship, Teen Market, Tween Market, Urban Market, Web (Banner Ads, Pop-ups, etc.), Women's Market

Scott A. Shuford *(Founder & Chief Engagement Officer)*
Katie Hardie-Nguyen *(Mgr-Social Media Mktg)*
Lori Heiselman *(Sr Publicist)*

Accounts:
Azusa Now Festival, PR
Crossflix (Global Agency of Record) Advertising, Brand Strategy, Communications, Grassroots Outreach, Publicity, Social Media
Evangelical Christian Publishers Association (Public Relations Agency of Record) Brand Strategy & Communications, Grassroots Outreach, Publicity, Social Media; 2017
Pure Flix God's Not Dead
TelePastor Public Relations, Social Marketing Services, Video
Thomas Nelson PR, Publishing
World Vision International Media

FRONTIER 3 ADVERTISING
15127 Kercheval Ave, Grosse Pointe Park, MI 48230
Tel.: (313) 347-0333
Web Site: www.frontier3.com

Employees: 15
Year Founded: 2002

Agency Specializes In: Advertising, Collateral, Logo & Package Design, Market Research, Media Planning, Out-of-Home Media, Outdoor, Print, Radio, T.V.

Bill Mestdagh *(Pres & CEO)*
Eric Turin *(Partner & Exec VP)*
Jody Yacobucci *(Media Dir)*
Andrew Roa *(Dir-Social Media & Internet Mktg)*

Accounts:
The Old Club

FRONTLINE ADVERTISING, INC.
52 Conmar Dr, Rochester, NY 14609
Tel.: (585) 787-9000
Fax: (585) 787-9001
Web Site: http://www.frontlineadvertising.com

Employees: 10
Year Founded: 1994

Agency Specializes In: Brand Development & Integration, Broadcast, Business-To-Business, Collateral, Consumer Marketing, Corporate Identity, Direct Response Marketing, Electronic Media, Event Planning & Marketing, Graphic Design, Internet/Web Design, Logo & Package Design, Multimedia, Newspapers & Magazines, Out-of-Home Media, Outdoor, Production, Public Relations, Publicity/Promotions, Radio, Retail, Sales Promotion

Approx. Annual Billings: $12,300,000

Breakdown of Gross Billings by Media: Brdcst.: 40%; Collateral: 10%; Event Mktg.: 10%; Graphic Design: 20%; Logo & Package Design: 10%; Newsp.: 10%

Frank Contestabile *(Pres)*

Accounts:
Arts & Cultural Council of Greater Rochester

Charlotte Furniture & Appliance; Rochester, NY
Dorschel Automotive
Renaissance Square; Rochester, NY
Rochester Athletic Club; Rochester, NY
Rochester Colonial Manufacturing; Rochester, NY
Rochester Genesee Regional Transit Authority
The Ski Company

FROZEN FIRE
325 N St Paul St, Dallas, TX 75201
Tel.: (214) 745-3456
Web Site: www.frozenfire.com

Employees: 13
Year Founded: 1999

Agency Specializes In: Advertising, Brand Development & Integration, Digital/Interactive, Graphic Design, Internet/Web Design, Social Media

Brad Davis *(Owner & CEO)*
Mindi Long *(Pres)*
Ericka Silva *(Acct Mgr)*
Elizabeth Legrande *(Mktg Comm Mgr)*

Accounts:
Ace Cash Express, Inc.
IDEA Public Schools

FRUITT COMMUNICATIONS, INC.
37 Baker Ave, Lexington, MA 02421
Tel.: (781) 274-0330
Fax: (781) 674-9192
E-Mail: lisa@fruittcomm.com
Web Site: www.fruittcomm.com

Employees: 5

Lisa Fruitt *(Owner)*

Accounts:
Atlantic Western Consulting
Babson Interactive
Chestnut Children's Center
The Druker Company
Maimonides School
McNeil Real Estate

FRUKT
1840 Century Park E, Fl 2, Los Angeles, CA 90067
Tel.: (310) 967-2451
E-Mail: northamerica@wearefrukt.com
Web Site: wearefrukt.com

Employees: 20
Year Founded: 2001

Agency Specializes In: Advertising, Digital/Interactive, Entertainment, Experiential Marketing, Social Media, Strategic Planning/Research

Shirley Richter Hughes *(Mng Dir)*
Meilani Weiss *(Sr VP-Brand Integration & Product Placement)*
Katie Grijalva *(Grp Dir-Music & Talent Strategy)*
Kristina Burns *(Acct Dir)*
Sara Aguirre *(Acct Mgr)*

Accounts:
Heineken USA Inc. (Agency of Record) Amstel Light, Dos Equis, Entertainment Public Relations, Heineken, Heineken Light, Integrated Partnerships, Product Placement, Red Stripe, Strategic Integration, Strongbow, Tecate, Tiger; 2018

FRY COMMUNICATIONS INC.

800 W Church Rd, Mechanicsburg, PA 17055-3179
Tel.: (717) 766-0211
Fax: (717) 691-0341
Toll Free: (800) 334-1429
E-Mail: info@frycomm.com
Web Site: www.frycomm.com

Employees: 1,850
Year Founded: 1934

Henry Fry *(Chm)*
Michael T. Lukas *(CEO)*
Christopher Wawrzyniak *(CFO)*
David Fry *(CTO)*
Kevin Quinn *(VP-Sls)*
Mike Weber *(VP-Mfg)*
Dave Landwehr *(Asst VP-Mfg)*
Mark Stoner *(Gen Mgr-Prepress Ops)*
Melissa Durborow *(Mktg Dir)*
Glenn Sollenberger *(Dir-Postal Affairs)*
Elizabeth Bellis *(Project Mgr-Mktg)*
Frank Hopkins *(Mgr-HR)*
Brad Reynolds *(Mgr-Customer Svc)*
Harry Warner *(Mgr-Quality Assurance)*
Terry Yeh *(Mgr-MIS)*

Accounts:
Snyder-Diamond; Santa Monica, CA Marketing Agency

FSC MARKETING + DIGITAL
1 Oxford Ctr, Pittsburgh, PA 15219
Tel.: (412) 471-3700
Fax: (412) 471-9323
E-Mail: info@fscmarketing.com
Web Site: fscmarketing.com/

Employees: 10
Year Founded: 1956

Agency Specializes In: Advertising, Brand Development & Integration, Business-To-Business, Collateral, Communications, Consulting, Consumer Goods, Consumer Marketing, Corporate Identity, Customer Relationship Management, Digital/Interactive, Direct Response Marketing, Exhibit/Trade Shows, Health Care Services, Hospitality, In-Store Advertising, Integrated Marketing, International, Internet/Web Design, Legal Services, Logo & Package Design, Market Research, Medical Products, New Product Development, Package Design, Planning & Consultation, Point of Purchase, Point of Sale, Promotions, Public Relations, Radio, Sales Promotion, Social Marketing/Nonprofit, Strategic Planning/Research, Transportation

Approx. Annual Billings: $22,646,000

Breakdown of Gross Billings by Media: Collateral: 10%; Consulting: 20%; D.M.: 10%; Exhibits/Trade Shows: 5%; Logo & Package Design: 5%; Point of Purchase: 5%; Production: 5%; Pub. Rels.: 10%; Radio & T.V.: 5%; Sls. Promo.: 25%

Richard Hurey *(CFO & Controller-Fin & Ops)*

Accounts:
Conroy Foods; Pittsburgh, PA Consumer Goods; 2003
Gulf Chemical & Metallurgical Corp.
North American Scientific/NOMOS Radiation Oncology
Pittsburgh Downtown Partnership; Pittsburgh, PA
Santinelli International; New York, NY
The W.W. Henry Company; Alliquipa, PA; 2001

FTI CONSULTING
555 12Th St Nw, Washington, DC 20004
Tel.: (202) 312-9100
Fax: (202) 312-9101

AGENCIES - JANUARY, 2019 — ADVERTISING AGENCIES

Web Site: www.fticonsulting.com

Employees: 450
Year Founded: 1993

National Agency Associations: PAC

Agency Specializes In: Agriculture, Automotive, Aviation & Aerospace, Brand Development & Integration, Broadcast, Cable T.V., Collateral, Communications, Consulting, Consumer Marketing, Corporate Communications, Corporate Identity, Direct Response Marketing, Education, Environmental, Event Planning & Marketing, Financial, Government/Political, Graphic Design, High Technology, Hispanic Market, Information Technology, Internet/Web Design, Logo & Package Design, Pharmaceutical, Public Relations, Strategic Planning/Research, Transportation

Steven H. Gunby *(Pres & CEO)*
Anthony J. Ferrante *(Sr Mng Dir & Head-Cybersecurity)*
Jackson Dunn *(Sr Mng Dir)*
Kristina Moore *(Mng Dir)*
Paul Linton *(Chief Strategy Officer)*
Holly Paul *(Chief HR Officer)*
Curtis Lu *(Gen Counsel)*
Myron Marlin *(Sr Mng Dir-Strategic Comm Unit)*
Sean Darragh *(Mng Dir-Strategic Comm)*
Patrick Grobbel *(Mng Dir-Data, Analytics, Forensic & Litigation Consulting)*
Brian Kennedy *(Head-Strategic Comm-Americas)*
Chris Tucker *(Head-Energy, Natural Resources & Strategic Comm)*
Jorge Padilla *(Sr Dir-Strategic Comm Operation)*
Charlene MacDonald *(Dir-Strategic Comm Unit)*

Accounts:
Fluor Corporation
Pan American Health & Education Organization Foundation Global Violence Prevention; 2008
The Portland Cement Association; 2008
The Salt River Project

FUEGO COMMUNICATIONS & MARKETING INC
6900 Turkey Lake Rd, Orlando, FL 32819
Tel.: (407) 641-4460
Web Site: www.fuegocommunications.com

Employees: 5
Year Founded: 2005

Agency Specializes In: Advertising, Brand Development & Integration, Logo & Package Design, Public Relations

Accounts:
Braven Painting
Classic Real Estate School
Dyches Funeral Home
KuberneoCPA
Red Road LLC

FUEL
3023 Church St, Myrtle Beach, SC 29577
Tel.: (843) 839-1456
Fax: (843) 839-1460
E-Mail: info@fueltravel.com
Web Site: www.fueltravel.com

Employees: 20

Agency Specializes In: Consulting, Digital/Interactive, Email, Local Marketing, Media Relations, Search Engine Optimization, Web (Banner Ads, Pop-ups, etc.)

Stuart Butler *(COO)*
David Day *(COO)*
Pete DiMaio *(Dir-Client Success)*
Melissa Kavanagh *(Dir-Analytics)*
Bryce Pate *(Dir-Support-Guest desk & Iqrez)*
Alyssa Fate *(Mgr-Client Success)*

Accounts:
Century 21 Boling & Associates, Inc.
Debordieu Vacation Guide
Endless Fun Resorts
Myrtle Beach Golf Holiday
Myrtle Beach National Brittain Property Management
MyrtleBeachHotels.com
Wilmington & Beaches Convention & Visitors Bureau

FUEL CREATIVE GROUP
2321 P St 2nd Fl, Sacramento, CA 95816
Tel.: (916) 669-1591
Web Site: www.fuelcreativegroup.com

Employees: 8
Year Founded: 2004

Agency Specializes In: Advertising, Brand Development & Integration, Graphic Design, Print, Social Media

Brent Rector *(Principal & Creative Dir)*
Steve Worth *(Principal & Dir-Production)*

Accounts:
Mazda Raceway Laguna Seca

FUEL MARKETING
703 E 1700 S, Salt Lake City, UT 84105
Tel.: (801) 484-2888
Fax: (801) 484-2944
Web Site: www.fuelmarketing.com

Employees: 50

Agency Specializes In: Advertising, Broadcast, Digital/Interactive, Print, Public Relations

Donna Foster *(Partner)*
Paul Eagleston *(Creative Dir)*

Accounts:
American Library Association
Challenger School
Control4 Corporation
DirectBuy, Inc.
Gold's Gym International, Inc
Low Book Sales
Physician Group of Utah, Inc

FUEL PARTNERSHIPS
6111 Broken Sound Pkwy NW Ste 265, Boca Raton, FL 33487
Tel.: (561) 961-5436
Web Site: www.fuelpartnerships.com

Employees: 9
Year Founded: 2011

Agency Specializes In: Advertising, Brand Development & Integration, Consulting, Consumer Marketing, Digital/Interactive, Email, Event Planning & Marketing, Graphic Design, In-Store Advertising, Internet/Web Design, Local Marketing, Market Research, Media Buying Services, Media Planning, Media Relations, Out-of-Home Media, Outdoor, Planning & Consultation, Point of Purchase, Point of Sale, Production (Ad, Film, Broadcast), Promotions, Publicity/Promotions, Retail, Sales Promotion, Social Marketing/Nonprofit, Social Media, Strategic Planning/Research, Sweepstakes, Web (Banner Ads, Pop-ups, etc.)

Erik Rosenstrauch *(Pres & CEO)*
Matt Custage *(VP-Client Svcs)*
David Berke *(Acct Dir)*
Justin Stephens *(Dir-Mktg & Bus Dev)*

Accounts:
Sheets Brand Sheets Energy Strips, Sleep Sheets; 2011

FUEL YOUTH ENGAGEMENT
7 Hinton Ave N Ste 100, Ottawa, ON K1Y 4P1 Canada
Tel.: (613) 224-6738
Fax: (613) 224-6802
E-Mail: engage@fuelyouth.com
Web Site: www.fuelyouth.com/

Employees: 25
Year Founded: 1999

National Agency Associations: IAB

Agency Specializes In: Advertising, Advertising Specialties, Branded Entertainment, Digital/Interactive, Electronic Media, Entertainment, Internet/Web Design, Publicity/Promotions, Sales Promotion, Strategic Planning/Research, Teen Market, Viral/Buzz/Word of Mouth

Approx. Annual Billings: $20,000,000

Breakdown of Gross Billings by Media: Internet Adv.: 100%

Julie Allen *(CFO)*
Braden Bailey *(COO)*
Martin Walker *(CTO)*
Carl Durocher *(Dir-Design)*
Colin Tisdall *(Dir-IT & Facilities)*

Accounts:
Bestbuy Online Executive Games
BMW Mini www.motormate.com
Coors Coors Golf Games
DreamWorks
FedEx Football, Golf
Gap www.watchmechange.com
GE Eco Sites
GM My GM Link
Hasbro
HBO
Mattel
McDonald's Campaign: "McDonald's Happy Studio"
Microsoft
NASCAR
NFL
Wrigleys

FUEL YOUTH ENGAGEMENT
(Acquired by Schiefer ChopShop)

FULL CIRCLE
648 Monroe Ave NW Ste 500, Grand Rapids, MI 49503
Tel.: (616) 301-3400
Fax: (616) 301-8069
E-Mail: info@thinkfullcircle.com
Web Site: www.thinkfullcircle.com

Employees: 20
Year Founded: 2001

Agency Specializes In: Advertising, Brand Development & Integration, Logo & Package Design, Social Media

Steve Harney *(Principal & Strategist-Brand)*
Gregg Burns *(Art Dir)*
Mike Schurr *(Creative Dir)*
Megan Smolen *(Acct Exec)*

Accounts:
Belden Brick & Supply Company

ADVERTISING AGENCIES

Garrison Dental
Health & Wellness company
Kent Power
Magnum Coffee
Two Men and a Truck
Universal Forest Products, Inc.
Wegmans Food Markets, Inc.
Wisinski Group

FULL CONTACT ADVERTISING
186 Lincoln St Fl 7, Boston, MA 02111
Tel.: (617) 948-5400
Fax: (617) 249-0144
E-Mail: amy.brownweber@gofullcontact.com
Web Site: www.gofullcontact.com

Employees: 35
Year Founded: 2006

Agency Specializes In: Above-the-Line, Advertising, Advertising Specialties, Affluent Market, Arts, Automotive, Brand Development & Integration, Branded Entertainment, Broadcast, Business-To-Business, Cable T.V., Children's Market, Collateral, Communications, Computers & Software, Consulting, Consumer Goods, Consumer Marketing, Consumer Publications, Content, Corporate Communications, Corporate Identity, Digital/Interactive, Direct Response Marketing, Direct-to-Consumer, E-Commerce, Electronics, Email, Entertainment, Environmental, Event Planning & Marketing, Exhibit/Trade Shows, Experience Design, Fashion/Apparel, Financial, Food Service, Graphic Design, Health Care Services, High Technology, Hospitality, Household Goods, Identity Marketing, In-Store Advertising, Integrated Marketing, International, Internet/Web Design, Leisure, Local Marketing, Logo & Package Design, Luxury Products, Magazines, Market Research, Men's Market, Merchandising, Mobile Marketing, Multicultural, Multimedia, New Product Development, New Technologies, Newspaper, Newspapers & Magazines, Out-of-Home Media, Outdoor, Package Design, Pets , Planning & Consultation, Point of Purchase, Point of Sale, Print, Production, Production (Ad, Film, Broadcast), Promotions, Public Relations, Publicity/Promotions, Radio, Real Estate, Regional, Restaurant, Retail, Sales Promotion, Search Engine Optimization, Social Marketing/Nonprofit, Social Media, Sponsorship, Sports Market, Strategic Planning/Research, Sweepstakes, T.V., Teen Market, Trade & Consumer Magazines, Transportation, Travel & Tourism, Tween Market, Urban Market, Viral/Buzz/Word of Mouth, Web (Banner Ads, Pop-ups, etc.), Women's Market

Approx. Annual Billings: $38,700,000

Marty Donohue *(Partner & Creative Dir)*
Tim Foley *(Partner & Creative Dir)*
Jennifer Maltby *(Chief Strategy Officer)*
Lawrence O'Toole *(Assoc Creative Dir)*

Accounts:
Alzheimer's Association; 2016
Atlantic Broadband Telecommunications; 2012
BankNewport; 2016
Boston Private; 2016
Cambridge Savings Bank (Agency of Record); 2015
Cumberland Farms
D'Angelo; 2014
Evenflo; 2014
Fisher-Price Bob the Builder, MEGA BLOKS, Thomas & Friends; 2015
Moo; 2015
One Mission; 2013
Papa Gino's Fast Casual Dining & Delivery; 2014
Symmons Industries, Inc Commercial/Residential Shower Systems & Faucets; 2014

FULL COURT PRESS COMMUNICATIONS
409 13th St 13th Fl, Oakland, CA 94612
Tel.: (510) 271-0640
E-Mail: info@fcpcommunications.com
Web Site: www.fcpcommunications.com

Employees: 20
Year Founded: 2001

Agency Specializes In: Brand Development & Integration, Crisis Communications, Event Planning & Marketing, Government/Political, Media Relations, Media Training, Social Marketing/Nonprofit, Strategic Planning/Research

Dan Cohen *(Owner)*
Sarah Hersh-Walker *(COO)*
Audrey Baker *(Coord-Comm)*

Accounts:
American Civil Liberties Union
Death Penalty Focus
East Bay Asian Youth Center
Organic Power
Pacific Forest
Park Day School
Solano Avenue Association

FULL SPECTRUM BRANDING, LLC
19514 Encino Spur, San Antonio, TX 78259
Tel.: (210) 215-0905
E-Mail: ralph@fullspectrumbranding.com
Web Site: www.fullspectrumbranding.com

Employees: 4

Agency Specializes In: Advertising, Brand Development & Integration, Internet/Web Design, Logo & Package Design, Social Media

Ralph D. Klonz *(Gen Mgr-Sls)*
Ernest Castanon *(Designer)*

Accounts:
San Antonio School for the Performing Arts
William J. Cruse DDS

FULL-THROTTLE COMMUNICATIONS INC.
5301 N Commerce Ave Ste C, Moorpark, CA 93021
Tel.: (805) 529-3700
Fax: (805) 529-3701
E-Mail: info@full-throttlecom.com
Web Site: www.full-throttlecom.com

Agency Specializes In: Advertising, Brand Development & Integration, Broadcast, Collateral, Corporate Identity, Digital/Interactive, Media Buying Services, Media Planning, Print, Public Relations

Jason Bear *(Pres & CEO)*
Jonina Costello *(Mgr-PR)*

Accounts:
The Bullet Bunker (Agency of Record) Advertising, Marketing, Public Relations
Canyon Coolers Marketing, Public Relations
Midland Radio Corporation (Agency of Record) Public Relations, Strategic Marketing, X-Talker Series
Optisan Marketing
Rite in the Rain (Agency of Record) Media Outreach, Public Relations Strategy

FULL TILT ADVERTISING
2550 Meridian Blvd Ste 200, Franklin, TN 37067
Tel.: (615) 528-2663
Web Site: www.fulltiltadvertising.com

Employees: 10

Agency Specializes In: Advertising, Email, Out-of-Home Media, Outdoor, Print, Radio, T.V.

Carl Brenner *(Pres)*

Accounts:
Walker Chevrolet

FULLSCREEN, INC.
12180 Millennium Dr, Los Angeles, CA 90094
Web Site: fullscreenmedia.co

Employees: 800
Year Founded: 2011

Agency Specializes In: Arts, Brand Development & Integration, Branded Entertainment, Content, Digital/Interactive, Electronic Media, Entertainment, Experiential Marketing, Game Integration, High Technology, Internet/Web Design, Mobile Marketing, Multimedia, Production, Production (Ad, Film, Broadcast), Social Media, T.V., Urban Market, Viral/Buzz/Word of Mouth

George Strompolos *(Founder)*
Whit Richards *(CFO)*
David Ho *(Gen Counsel & Exec VP)*
Christina Chu *(Sr VP-Engrg)*
Sheauen Chung *(Sr VP-HR)*
John Holdridge *(Sr VP-Social Video Strategy & Media)*
Vito Iaia *(Sr VP-ECommerce)*
Alec McNayr *(Sr VP-Mktg & Innovation)*
Maureen Polo *(Sr VP-Brand Studio)*
Bryan Thoensen *(Sr VP-Original Entertainment)*
Darnell Brisco *(VP-Accts & Social)*
Rozanna Tesler Fried *(VP-Bus & Legal Affairs)*
Crystal Surrency *(VP-Strategy & Insights)*
Beau Bryant *(Gen Mgr-Creator Svcs)*
Pete Stein *(Gen Mgr)*
Sara Grimaldi *(Sr Dir-Measurement & Insights)*
Jason Molina *(Sr Dir-Strategy)*
Vick Trochez *(Art Dir)*
Laura Goldman Bachner *(Dir-Engagement & Comm)*
Mark Williams *(Dir-Yield Ops)*
Katherine Ring *(Mgr-Integrated Mktg)*

Accounts:
Ford Video Content
General Electric YouTube
Mattel Monster High, YouTube
Universal Pictures Experiential Marketing, Ouija

Subsidiary

McBeard
12180 Millennium Dr, Los Angeles, CA 90094
(See Separate Listing)

FUNK/LEVIS & ASSOCIATES
931 Oak St, Eugene, OR 97401
Tel.: (541) 485-1932
Fax: (541) 485-3460
E-Mail: info@funklevis.com
Web Site: www.funklevis.com

Employees: 11
Year Founded: 1980

Agency Specializes In: Advertising, Brand Development & Integration, Communications, Corporate Identity, Graphic Design, Logo & Package Design

Revenue: $13,000,000

Anne Marie Levis *(Pres & Creative Dir)*
Mindy DeForest *(Acct Mgr)*
Christopher Berner *(Sr Designer)*

AGENCIES - JANUARY, 2019 — ADVERTISING AGENCIES

FUNKHAUS
1855 Industrial St Ste 103, Los Angeles, CA 90021
Tel.: (213) 259-3865
E-Mail: info@funkhausdesign.com
Web Site: www.funkhaus.us

Employees: 11
Year Founded: 2011

Agency Specializes In: Advertising, Brand Development & Integration, Content, Digital/Interactive, Exhibit/Trade Shows, Logo & Package Design, Print, Production

David Funkhouser *(Owner & Creative Dir)*
Nicholas Dies *(Partner & Head-Client Svcs)*
Drew Baker *(Dir-Tech)*

Accounts:
Black Dog Film
Cap Gun Collective
Carbon VFX
Community Films
Demand Media, Inc.
Emoto Music
Harvest Films
MJZ
Mutato
O Positive
The Peach Kings
Prettybird
Raconteur
The True East
Whitehouse Post

FUNNEL SCIENCE
2800 Regal Rd, Plano, TX 75075
Tel.: (972) 867-3100
Fax: (214) 245-5896
Web Site: www.funnelscience.com

Employees: 6
Year Founded: 2009

Agency Specializes In: Advertising, Brand Development & Integration, Digital/Interactive, Internet/Web Design, Paid Searches, Search Engine Optimization, Social Media

Alex Fender *(Dir-Sls & Mktg)*

Accounts:
Cook In Tuscany

FUOR DIGITAL
444 N Wells Ste 502, Chicago, IL 60654
Tel.: (312) 257-2240
Fax: (312) 278-0200
E-Mail: media@fuor.net
Web Site: fuor.com

Employees: 169
Year Founded: 2006

Agency Specializes In: Advertising, Email, Mobile Marketing, Search Engine Optimization, Web (Banner Ads, Pop-ups, etc.)

Rachel Jarvis *(COO)*

Accounts:
Cargill
FPL
Loyola University Chicago
MSG
NOCC
Republic of Peru Tourism Services
Zimmer

FURBER ADVERTISING, LLC
11014 Wynfield Springs Dr, Richmond, TX 77406
Tel.: (713) 524-0382
E-Mail: info@furberadvertising.com
Web Site: www.furberadvertising.com

Employees: 3
Year Founded: 2002

Agency Specializes In: Advertising, Advertising Specialties, Bilingual Market, Hispanic Market, Local Marketing, Media Buying Services, Media Relations, Out-of-Home Media, Outdoor, Production, Radio, Recruitment, Retail, Sports Market, T.V.

Accounts:
Goodman Financial

FURMAN ROTH ADVERTISING
801 Second Avenue, New York, NY 10017
Tel.: (212) 687-2300
Fax: (212) 687-0858
E-Mail: eroth@furmanroth.com
Web Site: www.furmanroth.com

E-Mail for Key Personnel:
Media Dir.: mlefkowitz@furmanroth.com

Employees: 25
Year Founded: 1954

National Agency Associations: 4A's-LAA

Agency Specializes In: Electronic Media, Media Buying Services, Out-of-Home Media, Print, Radio, Retail, T.V.

Ernie Roth *(Pres & CEO)*
Stephen Friedman *(Partner, Sr VP & Dir-Acct Svcs)*
Mark Lefkowitz *(Exec VP & Media Dir)*
Jacki Friedman *(Sr VP)*
Barry Glenn *(Sr Dir-Art)*
Jacob Rabinowitz *(Creative Dir)*
Alycia Lien *(Acct Coord)*

Accounts:
B&H
Cohen's Fashion Optical; 2006
Gold's
New York Methodist Hospital
The New York Times
Sabra
Seton Hall University
Valley Health System

Branch

Furman, Feiner Advertising
560 Sylvan Ave, Englewood Cliffs, NJ 07632
Tel.: (201) 568-1634
Fax: (201) 568-6262
E-Mail: eroth@furmanroth.com
Web Site: www.furmanroth.com

Employees: 15
Year Founded: 1972

Agency Specializes In: Recruitment, Retail

Ernie Roth *(Pres & CEO)*
Mark Lefkowitz *(Exec VP & Dir-Partner Media)*
Vilma Sindoni *(Exec VP)*
Maria LoPiccolo *(Sr VP)*
Rosemary Metz *(VP)*
Barry Glenn *(Dir-Creative)*

Accounts:
Ann Taylor
Avenue
Christmas Tree Shop
Cohens
Loft
MapQuest, Inc.
New York Methodist Hospital
Nutrisystem
Season
Seton Hall University
Sterling National Bank

FUSE/IDEAS
8 Winchester Pl, Winchester, MA 01890
Tel.: (617) 776-5800
Fax: (617) 776-5821
E-Mail: info@fuseideas.com
Web Site: www.fuseideas.com

Employees: 40

Agency Specializes In: Advertising, Brand Development & Integration, Collateral, Exhibit/Trade Shows, Internet/Web Design, Multimedia, Radio, Sponsorship, T.V., Web (Banner Ads, Pop-ups, etc.)

Approx. Annual Billings: $50,000,000

Dennis Franczak *(CEO)*
Justin Vogt *(VP-Bus Dev)*
Kristin Ingeneri *(Acct Dir & Sr Project Mgr)*
Vanessa Levin *(Creative Dir)*
Alaine Hansen *(Specialist-Social Media)*

Accounts:
Adidas
Bermuda Department of Tourism
Comcast
Disney
ESPN
FOX Cable Networks
Greater Wildwoods Tourism (Advertising Agency of Record) Broadcast, Creative, Digital, Media, Out of Home, Print, SEM, Social, Strategy & Planning
HBO
Johnson & Wales University Marketing & Communication
Maine State Lottery (Advertising Agency of Record)
Massachusetts State Lottery Commission
Mercantile Bank (Agency of Record) Broadcast, Online & Social Media, Print
Nokia
Philly Pretzel Factory Brand Identity, Creative Development, Marketing, Messaging, Positioning, Research; 2017
Tourism Santa Fe Advertising, Broadcast, Creative, Digital, Marketing, Print, Social Media

FUSE INTERACTIVE
775 Laguna Canyon Rd, Laguna Beach, CA 92651
Tel.: (949) 376-0438
Fax: (949) 376-0498
E-Mail: info@gofuse.com
Web Site: www.gofuse.com

Employees: 50
Year Founded: 1994

Agency Specializes In: Digital/Interactive, E-Commerce, Electronic Media, Graphic Design, Information Technology, Internet/Web Design, New Product Development, Strategic Planning/Research

Approx. Annual Billings: $6,500,000

Stefan Drust *(CEO & Exec Creative Dir)*
April Fallon *(Mgr-Project Mgmt Team)*
Renee Whitley *(Sr Acct Exec)*
Kelly Gale Barrett *(Strategist-Digital)*
Matt DeAngelo *(Assoc Creative Dir)*

ADVERTISING AGENCIES

Accounts:
Kawasaki Motors Corp., U.S.A. Jet Ski Ultra 310LX

FUSE, LLC
110 W Canal St Ste 101, Winooski, VT 05404
Web Site: www.fusemarketing.com

Employees: 50
Year Founded: 1995

Agency Specializes In: Brand Development & Integration, Branded Entertainment, Content, Copywriting, Digital/Interactive, Electronic Media, Experience Design, Experiential Marketing, Guerilla Marketing, In-Store Advertising, Local Marketing, Mobile Marketing, Point of Purchase, Production, Promotions, Shopper Marketing, Social Media, Sponsorship, Strategic Planning/Research, Teen Market, Tween Market, Viral/Buzz/Word of Mouth

Bill Carter *(Partner)*
Issa Sawabini *(Partner)*
Brett Smith *(Partner)*
Tim Bentley *(Sr Dir-Creative Services)*
Mark Heitzinger *(Acct Dir)*
Lauren Machen *(Acct Dir-PR & Digital Comm)*
Tim Maher *(Dir-Brand Strategy)*
Hayley Cimler *(Sr Acct Mgr-Brand Strategy)*
Jeremy Oclatis *(Sr Acct Mgr-Brand Strategy)*
Kelsey Detwiler *(Acct Mgr-Brand Strategy)*
Jake Mayers *(Copywriter-Social Media)*

Accounts:
PepsiCo, Inc. Experiential, Mountain Dew
Starbucks Doubleshot Espresso

FUSEBOXWEST
6101 Del Valle Dr, Los Angeles, CA 90048
Tel.: (310) 993-7073
Web Site: fuseboxwest.com

Employees: 2

Agency Specializes In: Advertising, Brand Development & Integration, Broadcast, Commercial Photography, Consumer Goods, Digital/Interactive, Direct Response Marketing, Event Planning & Marketing, Financial, Health Care Services, Local Marketing, Logo & Package Design, Media Planning, Mobile Marketing, Pharmaceutical, Production (Ad, Film, Broadcast), Production (Print), Promotions, Search Engine Optimization, Social Media, Strategic Planning/Research, Urban Market, Web (Banner Ads, Pop-ups, etc.)

Serafin Canchola *(Creative Dir)*

Accounts:
Dakota Financial
John Kelly Chocolates
Jordan Vineyards
L.A. County Department of Public Health

FUSEPROJECT
1401 16th St, San Francisco, CA 94103
Tel.: (415) 908-1492
Fax: (415) 908-1491
E-Mail: info@fuseproject.com
Web Site: www.fuseproject.com

Employees: 80
Year Founded: 1999

Agency Specializes In: Advertising, Brand Development & Integration, Digital/Interactive, E-Commerce, Public Relations, Social Media, Strategic Planning/Research

Yves Behar *(Founder & CEO)*
Logan Ray *(Partner & Dir-Strategy)*
Mary Kate Fischer *(CFO)*
Qin Li *(VP-Design)*
Kristine Arth *(Brand Dir)*
Cody Carroll *(Dir-Bus Dev)*
Hardy Chambliss *(Dir-Accts)*

Accounts:
New-August Home
New-Happiest Baby, Inc
New-Herman Miller, Inc.
New-Movado Group, Inc.
New-PayPal Inc.
New-Western Digital Corporation

FUSION IDEA LAB
506 N Clark St, Chicago, IL 60654
Tel.: (312) 670-9060
Fax: (312) 670-9061
E-Mail: info@fusionidealab.com
Web Site: www.fusionidealab.com

E-Mail for Key Personnel:
President: oberman@fusionidealab.com

Employees: 10
Year Founded: 1998

Agency Specializes In: Advertising, Brand Development & Integration, Broadcast, Business Publications, Business-To-Business, Cable T.V., Children's Market, Collateral, Consumer Marketing, Consumer Publications, Corporate Identity, Direct Response Marketing, Electronic Media, Entertainment, Event Planning & Marketing, Food Service, Graphic Design, In-Store Advertising, Internet/Web Design, LGBTQ Market, Local Marketing, Logo & Package Design, Magazines, New Product Development, Newspaper, Out-of-Home Media, Outdoor, Point of Sale, Print, Production, Radio, Restaurant, Retail, Sports Market, Strategic Planning/Research, T.V., Trade & Consumer Magazines, Transportation, Travel & Tourism

Michael Oberman *(Founder & Exec Creative Dir)*

Accounts:
Anheuser Busch
Budweiser
Expedia
Fox Family
Jonhson & Johnson
Lincoln Snacks
Playboy
Reed's Advertising
Remington
Target Corp.
Warner Brothers

FUSION MARKETING
1928 Locust St, Saint Louis, MO 63103
Tel.: (314) 576-7500
Web Site: www.thisisfusion.com

Employees: 195

Agency Specializes In: Advertising, Brand Development & Integration, Content, Digital/Interactive, Experience Design, Internet/Web Design, Logo & Package Design, Print, Social Media, Travel & Tourism

Bill Decker *(CEO)*
Michael Cox *(CFO)*
Scott Gaterman *(Sr VP-Mktg Acct Svcs)*
Grant Stiff *(Sr VP-Bus Dev)*
Gina Monroe *(Sr Dir-HR)*
Caron Arnold *(Creative Dir)*
Rebecca Wulf *(Art Dir)*
Nicole Kramer *(Dir-Acct Ops & Dev)*
Julie McCulloch *(Dir-Acct Ops & Dev-Fusion Performance Mktg)*
Eric Schneider *(Sr Mgr-New Bus)*
Theresa Blomker *(Acct Mgr)*
Kyle Zimmermann *(Production Mgr)*
John Roth *(Acct Supvr)*
Chris Haffner *(Supvr-Production)*
Cara Baldwin *(Acct Exec)*
Samantha Dulle *(Acct Exec)*
Caroline O'Keefe *(Acct Exec-Performance Solutions)*
Bret Monahan *(Sr Analyst-Fin)*
Raleigh Moore *(Acct Coord-Performance Solutions)*
Ruth Hillier *(Coord-Accts Payable)*
Nick Bommarito *(Assoc Creative Dir)*
Lisa Lawless *(Sr Program Mgr-Experiential Mktg)*
Cam Phillips *(Sr Program Mgr-Production)*

Accounts:
AFA
New-Anheuser-Busch Companies, LLC
Bosch
Bunzl
CABO WABO
CVS Pharmacy
Enterprise
Entrematic
Espolon
Family Dollar
Forty Creek
Fox Sports
Goose Island
Kia
Lion's Choice
Live Nation
Monster Energy
Purina
Rollins
Sprint
Valvoline
New-Wild Turkey America Honey
Wild Turkey
World Wide Technology, Inc.
Wray & Nephew

FUSION92
440 W Ontario St, Chicago, IL 60654
Tel.: (312) 725-7784
E-Mail: info@fusion92.com
Web Site: www.fusion92.com

Employees: 63

Agency Specializes In: Advertising, Digital/Interactive, Search Engine Optimization, Social Media

Matt Murphy *(Founder & CEO)*
Doug Dome *(Pres)*
Jacob Beckley *(Sr VP-Innovation)*
John Geletka *(Sr VP-Agency Svcs)*
Mark Skroch *(Sr VP-Client Svcs)*
Benjamin Cox *(VP-Mktg Transformation)*
Meghan McCarthy *(VP-Media)*
Josh Hurley *(Exec Creative Dir)*
Holly Dicks *(Media Dir)*
Marcella Dulac *(Media Dir)*
Leah Sallen *(Acct Dir)*
Joe Brodecki *(Sr Mgr-Media)*
Karl Andrew Freischlag *(Sr Mgr-Media)*
Scott Blomberg *(Mgr-Media)*
Patrick Olchawa *(Mgr-Media)*
Andrea Soper *(Sr Designer)*
Harrison Lasser *(Assoc Media Dir-Data & Analytics)*

Accounts:
AT&T

FUSIONFARM
500 3rd Ave SE, Cedar Rapids, IA 52401
Tel.: (319) 368-8975

AGENCIES - JANUARY, 2019 — ADVERTISING AGENCIES

E-Mail: contact@fusionfarm.com
Web Site: www.fusionfarm.com

Employees: 42
Year Founded: 2011

Agency Specializes In: Advertising, Brand Development & Integration, Internet/Web Design, Print, Social Media

Neil Brewster *(Art Dir)*
Seth Smith *(Art Dir)*
Jake Vardaman *(Art Dir-Motion Design)*
Michael Zydzik *(Creative Dir)*
Kelly Homewood *(Dir-Agency)*
Shaina Boylan *(Sr Acct Mgr)*
Tracy Pratt *(Mktg Mgr, Product Mgr & Strategist-Digital)*

Accounts:
Collins Community Credit Union

FUSZION COLLABORATIVE
1420 Prince St Ste 100, Alexandria, VA 22314-2868
Tel.: (703) 548-8080
Fax: (703) 548-8382
E-Mail: fuszioninfo@fuszion.com
Web Site: www.fuszion.com

Employees: 7
Year Founded: 1996

Agency Specializes In: Advertising, Internet/Web Design, Pets, T.V.

Rick Heffner *(Owner)*
Sue Smith *(VP-Fin & Admin)*

Accounts:
1Worldspace Satellite Radio Stations
A&E Television Network
Animal Planet Paws Across the Planet
BET Network
CNN Your Choice, Your Voice
Discovery Communications Media Literacy
Discovery Multimedia Skywatching
Discovery Networks
Discovery.com
ESPN Classic Affiliate
Fox Family Channel
FX/Nascar
The History Channel Millennium Memory Game
National Geographic Out There
Pepsi-Cola Co. Star Wars Collector's Cans
Smithsonian Brown v. Board Exhibit, Flag Day Festival, NASM Hazy Center CD-Rom
Speed Channel
Sundance Industries Custom Furniture
Teenbeat Records Sisterhood CD
Time Life Books Total Golf Maglog
Time Life Music Body & Soul, Classic Jazz
Travel Channel Barbeque Sauce
WE Television Network

FUTUREBRAND
909 3Rd Ave Fl 8, New York, NY 10022
Tel.: (212) 931-6300
Fax: (212) 931-6310
E-Mail: infona@futurebrand.com
Web Site: www.futurebrand.com

Employees: 75
Year Founded: 1992

National Agency Associations: 4A's

Agency Specializes In: Brand Development & Integration

Rachael Scott *(Partner & Dir-Creative Strategy-Hugo & Cat)*
Wally Krantz *(Chief Creative Officer-Corp)*
Sven Seger *(Chief Creative Officer-Americas)*
Jim Lowell *(Chief Growth Officer-Worldwide)*
Simon Hill *(Pres-North America)*
Kari Blanchard *(Gen Mgr-San Francisco & Exec Dir-Strategy)*
Jenn Szekely *(Exec Dir-Mktg & New Bus-North America)*
Clare-Louise Smith *(Acct Dir)*
Polly Hopkins *(Dir-Client)*

Accounts:
ABInBev
American Airlines AA, Logo
Casella Wines
CECP
Disney Corporate Citizenship
The Dow Chemical Company
DuPont Performance Coatings
Elanco
IHOP
John Wiley & Sons
McKesson
McKinsey & Company
Nestle Waters
Pfizer
Pitney Bowes Branding Strategy, Digital
SAE International
Teletech
Unilever
The US Army
USAA
The World Gold Council

Branches

FutureBrand
2 Waterhouse Square 140 Holborn, London, EC1N 2AE United Kingdom
Tel.: (44) 207 067 0010
Fax: (44) 870 990 5467
E-Mail: contact-london@futurebrand.com
Web Site: www.futurebrand.com

Employees: 500

Tom Adams *(Pres & Chief Strategy Officer)*
Jon Tipple *(Chief Strategy Officer-Worldwide)*
Nick Sykes *(Pres-Intl)*
Patrick Smith *(CEO-Global)*
Marie-Therese Cassidy *(Exec Creative Dir-Consumer Brands)*
Shane Greeves *(Exec Creative Dir-Global)*
Matthew Buckhurst *(Creative Dir)*
Cerys Tusabe James *(Client Svcs Dir)*
Stefanie Mathewson *(Acct Dir)*
Vanessa Valian *(Dir-HR)*
Tom Goffee *(Mgr-New Bus & Digital Content)*

Accounts:
Cricket Australia Campaign: "T20"
LOCOG
Morrisons Strategy
Xstrata Campaign: "Xstrata Difference"

FutureBrand
8/F Oxford House Taikoo Place, 979 King's Rd, Quarry Bay, China (Hong Kong)
Tel.: (852) 2501 7979
Fax: (852) 2544 0600
E-Mail: Jochan@futurebrand.com
Web Site: www.futurebrand.com

Employees: 10

Accounts:
Cathay Pacific
CLP Power
Commonwealth Bank
eBay China
Joincare
Lenovo
Marco Polo Hotel Group
Shanghai Pudong Development Bank
Swire

FutureBrand
520 Bourke St Level 4, West, Melbourne, VIC 3000 Australia
Tel.: (61) 3 9604 2777
Fax: (61) 3 9604 2799
E-Mail: eputignano@futurebrand.com
Web Site: www.futurebrand.com

Employees: 20

Richard Curtis *(CEO-Australia, New Zealand & South East Asia)*
Victoria Berry *(Dir-Strategy)*
Josh McGregor *(Dir-Design)*

Accounts:
12th FINA World Championships
7 Eleven Munch
Amcal Max
BHP Bilton
ConnectEast Breeze
Crown Entertainment
Diners Club International
Hayman
Mitsubishi; Chadstone, Australia
OPSM
Perfolas
Southern Cross Care Branding & Ccommunications, Southern Plus
Streets Sunday
Yellow

FutureBrand
69 Blvd du General, Leclerc, 92583 Clichy, France
Tel.: (33) 1 55 63 13 20
Fax: (33) 1 55 63 13 21
E-Mail: contact-paris@futurebrand.com
Web Site: www.futurebrand.com

Employees: 200

Agency Specializes In: Advertising

Jerome Lhermenier *(Mng Dir)*
Nicolas Gallouin *(Sr Dir-Design)*

FutureBrand
Avenida El Bosque Norte, Oficina 1003 Las Condes, Santiago, Chile
Tel.: (56) 2 374 2350
Fax: (56) 2 374 2249
E-Mail: contact-santiagodechile@futurebrand.com
Web Site: www.futurebrand.com

Employees: 9

Gustavo Koniszczer *(Mng Dir)*
Cristian Oyharcabal *(Dir-Design)*

FUZZCO INC.
141 Spring St, Charleston, SC 29403
Tel.: (843) 723-1665
Web Site: www.fuzzco.com

Employees: 19
Year Founded: 2005

Agency Specializes In: Advertising, Brand Development & Integration, Collateral, Communications, Graphic Design, Internet/Web Design, Logo & Package Design, Print

Josh Nissenboim *(Co-Founder & Creative Dir)*
Helen Rice *(Co-Founder & Creative Dir)*
Elizabeth Hunt Damrich *(Acct Mgr & Strategist-*

ADVERTISING AGENCIES

Brand)
Colin Pinegar (Sr Designer)

Accounts:
GIANT
Tokai Polytechnic College

FVM STRATEGIC COMMUNICATIONS
630 W Germantown Pke Ste 400, Plymouth Meeting, PA 19462
Tel: (610) 941-0395
Fax: (610) 941-0580
E-Mail: info@thinkfvm.com
Web Site: www.thinkfvm.com/

Employees: 25
Year Founded: 1987

Agency Specializes In: Business-To-Business, Consumer Marketing, Retail

Helen Smith (VP & Bus Mgr)
Jon Cohen (VP-Client Svcs)
Tom O'Brien (Head-Bus Dev)
Aaron Baksa (Art Dir)
Alexandra Pickel (Client Svcs Dir)
Christina Travaglini (Acct Supvr)
Marissa Varju (Supvr-Digital Media & Analytics)
Kiersten Hepler (Acct Exec)
Molly McDevitt (Acct Exec)
Coleman Rigg (Acct Exec)
Russell Falk (Assoc Creative Dir)
Jon Tran (Assoc Creative Dir-B2B, B2C & Branding)

Accounts:
Archdiocese of Philadelphia
Arraya Solutions Brand Positioning, Content Marketing, Website Design & Development
BASF
Commvault
ESOP Economics Content Marketing, Digital Strategy, Event Strategy, Media Planning, Social Media
Market Street Advisors Content Marketing, Creative Services
Perinatal Research Consortium Design
Philadelphia Gear
Smartsolutions
Strategic Distribution, Inc.; Bensalem, PA
UNIVAR
US Armor

FYI BRAND COMMUNICATIONS
174 5th Ave Ste 404, New York, NY 10010
Tel: (212) 586-2240
Fax: (212) 586-2234
E-Mail: info@fyipr.com
Web Site: www.fyibrandcomm.com

Employees: 5
Year Founded: 2001

Agency Specializes In: Advertising, Public Relations

Tammy Brook (Pres)

Accounts:
Mike Tyson
Russell Westbrook

G&G ADVERTISING, INC.
2804 3rd Ave N, Billings, MT 59101
Tel: (406) 294-8113
Fax: (406) 294-8120
E-Mail: mgray@gng.net
Web Site: www.gng.net

E-Mail for Key Personnel:
President: mgray@gng.net

Employees: 10
Year Founded: 1997

Agency Specializes In: Advertising, Brand Development & Integration, Business-To-Business, Cable T.V., Collateral, Communications, Consumer Marketing, Corporate Identity, Direct Response Marketing, Entertainment, Event Planning & Marketing, Financial, Government/Political, Graphic Design, Logo & Package Design, Media Buying Services, Media Planning, Medical Products, Newspaper, Newspapers & Magazines, Out-of-Home Media, Outdoor, Print, Production, Production (Ad, Film, Broadcast), Public Relations, Radio, Recruitment, Sports Market, T.V., Teen Market, Travel & Tourism

Michael Gray (Pres & Creative Dir)
Gerald Gray, Jr. (VP)

Accounts:
Montana Tourism
Office of National Drug Control Policy; Washington, DC Anti-Drug Campaign; 1998
Us Census Bureau
W.K. Kellogg Foundation; Lansing, MI Enlace/Nahei Programs; 2003

G&G OUTFITTERS INC.
4901 Forbes Blvd, Lanham, MD 20706
Tel: (301) 731-2099
Fax: (301) 731-5199
E-Mail: info@ggoutfitters.com
Web Site: www.ggoutfitters.com

Employees: 5

Doug Gardner (Co-Founder & Pres)
David Johnson (CFO)
Bryan Caporlette (CTO)
Christine Kenney (Pres-Beverage Div)
Pete Papilion (Pres-Intl)
Rusty Pepper (Pres-Strategic Accounts Grp)
Jeffery Schalik (Pres-Consumer Products)
Rich Gergar (Exec VP)
Charles Bullen (Dir-Ops)
Harold Dorsey (Dir-Creative Svcs)
Diane Trevanthan (Dir-Supply Chain & Procurement)
Denise Wittmeyer (Dir-Motorsports)

Accounts:
Adams Automotive
Aerotec
Allegis Group
Best Western
Coca-Cola Refreshments USA, Inc.
Comcast
FannieMae
Frontier Airlines
ING Direct
Lexus
NASCAR

G&M PLUMBING
1165 S Summer Breeze Ln, Anaheim, CA 92808
Tel: (310) 727-3555
E-Mail: laurie@gmplumbing.com
Web Site: www.gmplumbing.com

Employees: 20
Year Founded: 1999

Agency Specializes In: Advertising, Affiliate Marketing, Alternative Advertising, Automotive, Brand Development & Integration, Branded Entertainment, Broadcast, Cable T.V., Consumer Marketing, Consumer Publications, Entertainment, Food Service, Integrated Marketing, Leisure, Luxury Products, Multimedia, Newspaper, Newspapers & Magazines, Out-of-Home Media, Outdoor, Planning & Consultation, Print, Production, Production (Ad, Film, Broadcast), Production (Print), Radio, Restaurant, Strategic Planning/Research, T.V., Travel & Tourism

Glenn Miller (Partner & Creative Dir)

Accounts:
Comcast
Del Taco LLC
HBO
Red Robin
Robbins Bros
THQ

G&S BUSINESS COMMUNICATIONS
60 E 42nd St 44th Fl, New York, NY 10165
Tel: (212) 697-2600
Fax: (212) 697-2646
E-Mail: learnmore@gscommunications.com
Web Site: www.gscommunications.com

Employees: 500

Agency Specializes In: Advertising, Brand Development & Integration, Business-To-Business, Collateral, Communications, Content, Digital/Interactive, Media Relations, Public Relations, Social Media

Luke Lambert (Pres & CEO)
Steve Halsey (Mng Dir & Principal)
Jeff Altheide (COO)
Kerry Henderson (Principal & Mng Dir-Raleigh)
Mary Buhay (Sr VP-Mktg)
Caryn Caratelli (Sr VP)
Stephanie D. Moore (Sr VP)
Brad Bremer (VP)
Josh Laster (VP)
Christopher Martin (VP-Creative)
Lyndsey Newnam (VP)
Michael Samec (VP-Digital Strategy)
Susan Sheehan (VP-Sustainability Consulting)
Seth Niessen (Controller)
Susan Fisher (Acct Dir)
Mary Gordon (Acct Dir)
Dana Hartong (Acct Dir)
Katie Klaas (Acct Dir)
Emily Bunce (Dir-Insights)
Alan Hicks (Dir-Video & Motion Graphics)
Linda Kane (Dir-Content Strategy)
Abigail Schindo (Acct Exec)

Accounts:
Neovia Logistics Services LLC (Agency of Record)
Panasonic Eco Solutions North America

G-COMMUNICATIONS
224 N Broadway Ste 302, Milwaukee, WI 53202
Tel: (414) 225-9901
Fax: (414) 225-9930
E-Mail: gcom1289@gcom-inc.com
Web Site: www.gcom-inc.com

Employees: 5
Year Founded: 1996

Agency Specializes In: Communications, Consulting, Recruitment, Strategic Planning/Research

Approx. Annual Billings: $2,000,000

Brandon G. Adams (Pres)

G MEDIA STUDIOS
86 Weybosset St 2nd Fl, Providence, RI 02903
Tel: (401) 351-7900
Web Site: www.gmediastudios.com

Employees: 50

AGENCIES - JANUARY, 2019 — ADVERTISING AGENCIES

Year Founded: 2015

Agency Specializes In: Advertising, Brand Development & Integration, Communications, Content, Customer Relationship Management, Digital/Interactive, E-Commerce, Experiential Marketing, Media Buying Services, Media Planning, Production, Social Media

David Paolo *(Founder & CEO)*
John Harwood *(Chm)*
Megan Decker *(Pres & COO)*
Jeremy S. Cargilo *(Mng Dir)*
Julie Pinheiro *(Fin Dir)*
Shawn Cournoyer *(Creative Dir)*
Timothy Snow *(Mgr-Social Media)*

Accounts:
New-Alchemist Group LLC (Agency of Record)
New-Closettec
New-Jacky's Galaxie
New-Kambria Marketing Services; 2018
New-Kangaroo Manufacturing
New-KB Surfaces
New-Narragansett Boat Club
New-Plastic Surgery of Southern New England P.C.
New-Sheahan Printing

THE G3 GROUP
832 Oregon Ave Ste L, Linthicum, MD 21090
Tel.: (410) 789-7007
Fax: (410) 789-7005
Toll Free: (800) 783-1799
E-Mail: mary@graphics3.com
Web Site: www.g3group.com

Employees: 17
Year Founded: 1984

Agency Specializes In: Advertising, Automotive, Broadcast, Business-To-Business, Cable T.V., Collateral, Commercial Photography, Communications, Consumer Marketing, Digital/Interactive, Direct Response Marketing, E-Commerce, Exhibit/Trade Shows, Food Service, Graphic Design, Health Care Services, In-Store Advertising, Internet/Web Design, Local Marketing, Logo & Package Design, Magazines, Media Buying Services, Medical Products, New Product Development, Newspaper, Out-of-Home Media, Outdoor, Pharmaceutical, Planning & Consultation, Print, Public Relations, Radio, T.V., Yellow Pages Advertising

Mary Berman *(Co-Owner)*
Anita Schott *(CEO)*
John Pusey *(Dir-Web Dev & Hosting)*
Andy Goolsby *(Mgr-Admin)*
Theodore Schott *(Specialist-IT)*

Accounts:
Chesapeake Bay Crab Cake Company
Mama Mancini's
Mars Supermarkets; 1988
University of Maryland

G7 ENTERTAINMENT MARKETING
801 18th Ave S, Nashville, TN 37203
Tel.: (615) 988-3422
E-Mail: info@g7marketing.com
Web Site: www.g7marketing.com

Employees: 30

National Agency Associations: 4A's

Agency Specializes In: Advertising, Brand Development & Integration, Digital/Interactive, Sponsorship

Andre Gaccetta *(CEO)*

Peter Brown *(VP)*
Wayne Leeloy *(Head-Strategy & Innovation)*
Rick Whetsel *(Exec Dir-Booking & Production)*
Maranda McGeary *(Sr Dir-Brand Strategy)*
Brian Thurman *(Client Svcs Dir)*
Joni Miller *(Dir-Ops)*
Sarah Romero *(Dir-Brand Partnerships & Strategy)*
Christian Henderson *(Acct Mgr)*
Lauren Spurlock *(Sr Acct Exec)*
Jasmine Evans *(Acct Exec)*

Accounts:
Mack Trucks, Inc.
The Procter & Gamble Company Pantene
Ram Trucks

GA CREATIVE INC
10500 Ne 8th St Ste 1140, Bellevue, WA 98004
Tel.: (425) 454-0101
E-Mail: info@gacreative.com
Web Site: www.gacreative.com

Employees: 32
Year Founded: 1984

Agency Specializes In: Advertising, Digital/Interactive, Graphic Design

Karen Axtell *(Principal)*
Julie Burke *(Principal-Brand Strategy)*
Wally Lloyd *(Principal)*
Sara Patillo *(Principal-Creative Svcs)*
Jeff Welsh *(Principal-Creative Svcs)*

Accounts:
Kidney Research Institute
PACCAR Inc.

GA HEALTHCARE COMMUNICATION
(Name Changed to Sandbox Chicago)

THE GAB GROUP
95 S Federal Hgwy Ste 201, Boca Raton, FL 33432
Tel.: (561) 750-3500
Fax: (561) 982-4649
E-Mail: info@thegabgroup.com
Web Site: www.thegabgroup.com

Employees: 25
Year Founded: 2004

Agency Specializes In: Advertising, Event Planning & Marketing, Graphic Design, Public Relations

Michelle Soudry *(Founder & CEO)*
Simon Soudry *(CFO)*
Allyson Berg *(Brand Mgr)*

Accounts:
The Altman Companies (Agency of Record) Altis Boca Raton, Local & National Public Relations
Apura Juicery & Coffeehouse Brand Identity Marketing, Public Relations, Social Media & website design
Arreva (Public Relations Agency of Record); 2017
New-Atlas Restaurant Group Ouzo Bay (Public Relations Agency of Record); 2018
Berman Plastic Surgery and Spa Marketing, Public Relations, Website Design
Crossroads Financial (Agency of Record) Event Planning, Golf Tournament, Marketing, Public Relations
New-Dave Magrogan Restaurant Group Localgreens (Public Relations Agency of Record); 2018
DiscountMedicalSupplies.com Public Relations
Farmer's Table Restaurant (Public Relations Agency of Record) Branding, Marketing, Social Media, Web Design

New-Fit Foodz Cafe Ripe (Public Relations Agency of Record); 2018
Fork & Knife Restaurant Design, Marketing, Public Relations, Social Media
Harvest Seasonal Grill (Agency of Record) Local & National Public Relations
Hilton Boca Raton Suites (Public Relations Agency of Record)
Home Angels by NeoForm Design, Marketing, Public Relations, Social Media
Hudson at Waterway East (Agency of Record) Brand Development, Strategic Public Relations
iPic Entertainment
Jim Karol
Laser Pain Care
Liquivita Lounge (Agency of Record)
The Little Chalet (Public Relations Agency of Record)
New-The Locale (Public Relations Agency of Record); 2018
Melissa Weinberg Tanning & Beauty (Agency of Record)
Mellow Mushroom Pizza Bakers (Agency Of Record) Marketing, Strategic Public Relations
Neapolitan Pizza Company (Public Relations Agency of Record)
Oceans 234
Perfect Glow Sunless (Agency of Record)
Procacci Development Corporation (Public Relations Agency of Record) Bar Flamenco, Public Relations
Red, The Steakhouse Marketing, PR, Social Media
RegistryFinder.com
Rhino Doughnuts & Coffee Graphic Design, Marketing, Public Relations
Siemens Group Akoya
The Spirit of Giving Network (Agency of Record) Brand Identity Marketing, Website
STEAM Nightclub Public Relations
V & V Jewels (Public Realtions Agency of Record) online
VIPwink Corp Public Relations, VIPwink
White Glove Drivers Public Relations, Social Media, Web Design
Wolfgang's Steakhouse Miami Public Relations
Yoko-San (Agency of Record) Marketing, Public Relations, Tech-at-the-Table Offering

GABRIEL DEGROOD BENDT
515 Washington Ave N Ste 200, MinneaPOlis, MN 55401
Tel.: (612) 547-5000
Fax: (612) 547-5090
E-Mail: info@always-thinking.com
Web Site: gdbagency.com

E-Mail for Key Personnel:
President: jbendt@always-thinking.com
Creative Dir.: tgabriel@always-thinking.com

Employees: 37
Year Founded: 1997

National Agency Associations: 4A's

Agency Specializes In: Advertising, Advertising Specialties, Affluent Market, Agriculture, Alternative Advertising, Arts, Automotive, Brand Development & Integration, Branded Entertainment, Broadcast, Business-To-Business, Cable T.V., Catalogs, Children's Market, Collateral, College, Communications, Computers & Software, Consulting, Consumer Goods, Consumer Marketing, Consumer Publications, Corporate Communications, Corporate Identity, Crisis Communications, Digital/Interactive, Direct Response Marketing, Direct-to-Consumer, E-Commerce, Education, Electronic Media, Electronics, Email, Entertainment, Environmental, Event Planning & Marketing, Exhibit/Trade Shows, Experience Design, Fashion/Apparel, Financial, Game Integration, Government/Political, Graphic Design, Guerilla Marketing, Health Care Services, High Technology, Hospitality, Household Goods,

ADVERTISING AGENCIES
AGENCIES - JANUARY, 2019

Identity Marketing, In-Store Advertising, Information Technology, Integrated Marketing, Internet/Web Design, LGBTQ Market, Leisure, Local Marketing, Logo & Package Design, Luxury Products, Magazines, Marine, Market Research, Media Buying Services, Media Planning, Media Relations, Media Training, Medical Products, Men's Market, Merchandising, Mobile Marketing, Multicultural, Multimedia, New Product Development, New Technologies, Newspaper, Newspapers & Magazines, Out-of-Home Media, Outdoor, Over-50 Market, Package Design, Pets, Planning & Consultation, Point of Purchase, Point of Sale, Print, Production, Production (Print), Promotions, Public Relations, Publicity/Promotions, Radio, Regional, Restaurant, Retail, Sales Promotion, Search Engine Optimization, Seniors' Market, Social Marketing/Nonprofit, Social Media, Sponsorship, Sports Market, Stakeholders, Strategic Planning/Research, Sweepstakes, T.V., Teen Market, Trade & Consumer Magazines, Transportation, Travel & Tourism, Tween Market, Urban Market, Viral/Buzz/Word of Mouth, Web (Banner Ads, Pop-ups, etc.), Women's Market

Greg Engen *(Pres)*
Tom Gabriel *(CEO)*
Doug De Grood *(Creative Dir)*
Maggie Thoele *(Media Dir)*
Naomi Hoffman *(Sr Acct Exec)*

Accounts:
3M Healthcare - Infection Prevention Div
Abbey's Hope
Activision Blizzard, Inc
Anytime Fitness
Bailey Nurseries
Black Forest Inn
Chuck & Don's Online, Outdoor
Crystal Farms
Game-Mill
Genesis Archery Brand Strategy, Digital, Public Relations
Hammer Made
Nuveen Investment, LLC
Park Dental Brand Development, Brand Positioning, Campaign Development, Campaign: "Smile, you've got Park Dental", Media Planning & Buying
Red Wing Shoe Company
Samsung Staron Surfaces
Science Museum of MN; Saint Paul, MN
Summit Brewing Company
Western International University
Zebco; Tulsa, OK

GABRIEL MARKETING GROUP
8200 Greensboro Dr Ste 403, McLean, VA 22102
Tel.: (703) 485-3117
E-Mail: info@gabrielmarketing.com
Web Site: www.gabrielmarketing.com

Employees: 50

Agency Specializes In: Advertising, Brand Development & Integration, Communications, Content, High Technology, Media Buying Services, Media Planning, Media Training, New Product Development, Public Relations, Social Media

Leah Gabriel Nurik *(Founder & CEO)*
Michiko Murakami Morales *(Sr VP-PR)*

Accounts:
New-Cartera Commerce Inc Splender
New-Pitcher AG
New-Rooam, Inc.
New-TCN

GAGA MARKETING
1925 Old Valley Rd 2nd Flr, Stevenson, MD 21153
Tel.: (410) 484-6782
Fax: (410) 484-0785
E-Mail: info@gaganation.com
Web Site: www.gaganation.com

Year Founded: 2007

Agency Specializes In: Advertising, Brand Development & Integration, Collateral, Digital/Interactive, E-Commerce, Internet/Web Design, Media Planning, Print, Production (Ad, Film, Broadcast), Search Engine Optimization

Earl P. Galleher *(Pres)*
Marianne Martino *(COO)*
Richard L. Smith III *(Principal & Creative Dir)*
Mark Elmore *(Principal)*

Accounts:
New-Akamai Technologies, Inc.
New-Genting New York LLC
New-Maryland Live! Casino
New-Masland Contract

THE GAGE TEAM
601 S Phillips, Sioux Falls, SD 57104
Tel.: (605) 332-1242
Web Site: www.thegageteam.com

Year Founded: 2005

Agency Specializes In: Advertising, Brand Development & Integration, Event Planning & Marketing, Graphic Design, Internet/Web Design, Logo & Package Design, Print, Public Relations, Radio, T.V.

Steve Veenhof *(Creative Dir)*
Chris Stanley *(Head Programmer)*

Accounts:
Kory Davis Realty
Midway Drive In
Oahe, Inc.

GAGGI MEDIA COMMUNICATIONS, INC.
2200 Yonge Street, Suite 1711, Toronto, ON M4S 2C6 Canada
Tel.: (416) 222-4364
Fax: (416) 482-9672
Web Site: www.gaggimedia.com

Employees: 11
Year Founded: 1992

Agency Specializes In: Advertising, Event Planning & Marketing, Internet/Web Design, Local Marketing, Magazines, Media Buying Services, Media Planning, Media Relations, Newspaper, Out-of-Home Media, Promotions, Public Relations, Radio, Retail, Sponsorship, Strategic Planning/Research, T.V., Web (Banner Ads, Pop-ups, etc.)

Kelly Dutton *(Pres)*
Laura Gaggi *(CEO)*
Ken Kirk *(VP & Dir-Strategic Plng & Admin)*
Susan Robb *(Acct Dir & Supvr-Activation)*
Sarah Howarth *(Acct Dir)*
Rachael Smith *(Supvr-Media Strategy)*

Accounts:
The Arthritis Society
Biore
Canadian Cancer Society
Canadian Life and Health Insurance
CHCH
CNE
Curel
Fort Erie Race Track
The Globe & Mail
Holt Renfrew
Humber River Hospital
Jergens
John Frieda
Kao Brands Inc.
Mackenzie Investments
Prevora
Price Waterhouse Cooper
RBC Canadian Open
Rent-a-Center
SCENE
Smoker's Helpline
Weedman

GAIN THEORY
Three World Trade Ctr 175 Greenwich St, New York, NY 10007
Tel.: (715) 243-9011
E-Mail: newyork@gaintheory.com
Web Site: www.gaintheory.com

Employees: 200
Year Founded: 2015

Agency Specializes In: Advertising, Automotive, E-Commerce, Event Planning & Marketing, Fashion/Apparel, Retail

Shawn O'Neal *(CEO-NA)*
Karen Kaufman *(Chief Strategy Officer-Global)*
Keith Byers *(Head-Ops & Client Delivery)*
Russell Nuzzo *(Head-Attribution & Mktg Technologies-Global)*
Earl Potter *(Sr Partner)*
Jayne Oh *(Partner)*
Robert Schaetz *(Assoc Dir-Bus Dev)*
Manjiry Tamhane *(CEO-Global)*

Accounts:
New-Aldi Food Inc.
New-Diageo North America, Inc.
New-HomeAway, Inc.
New-Target Corporation
New-Unilever United States, Inc.
New-Vodafone Americas Inc.

GALEWILL DESIGN
1 Bridge St, Irvington, NY 10533
Tel.: (914) 693-0606
E-Mail: dorothy@galewill.com
Web Site: www.galewill.com

Employees: 1

Agency Specializes In: Advertising, Collateral, Event Planning & Marketing, Internet/Web Design, Social Media

Robert McKinnon *(Dir)*

Accounts:
National Geographic Channel
The Robert Wood Johnson Foundation
Shape Your World

GALLEGOS UNITED
(Formerly Grupo Gallegos)
300 Pacific Coast Hwy Ste 200, Huntington Beach, CA 92648
Tel.: (714) 794-6400
Fax: (714) 794-6420
Web Site: http://gallegosunited.com/

Employees: 80
Year Founded: 2001

National Agency Associations: 4A's

Agency Specializes In: Advertising, Affluent Market, Asian Market, Automotive, Below-the-Line, Bilingual Market, Brand Development & Integration, Branded Entertainment, Broadcast, Cable T.V., Collateral, Communications, Copywriting, Customer Relationship Management, Food

AGENCIES - JANUARY, 2019 — ADVERTISING AGENCIES

Service, Hispanic Market, Household Goods, In-Store Advertising, Integrated Marketing, Internet/Web Design, Local Marketing, Multicultural, Multimedia, New Product Development, Newspapers & Magazines, Package Design, Pets, Planning & Consultation, Production, Programmatic, Promotions, Publicity/Promotions, Radio, Regional, Restaurant, Retail, Shopper Marketing, Social Media, Sponsorship, Strategic Planning/Research, T.V., Teen Market, Travel & Tourism, Tween Market, Web (Banner Ads, Pop-ups, etc.)

Approx. Annual Billings: $67,500,000

John Gallegos *(Founder & CEO)*
Harvey Marco *(Co-Pres & Chief Creative Officer)*
Jennifer Mull *(CMO)*
Andrew Delbridge *(Chief Strategy Officer)*
Silvina Cendra *(Head-Strategy & Plng)*
Jose Pablo Rodriguez *(Head-Acct Mgmt)*
Sebastian Garin *(Exec Creative Dir)*
Chris Mellow *(Exec Dir-Activation)*
Dino Spadavecchia *(Exec Creative Dir)*
Sharon Cleary *(Creative Dir)*
Carlos Tornell *(Creative Dir)*
Natalie Vaughn *(Acct Dir)*
Catarina Goncalves *(Dir-Strategic Plng)*
Maria Maldini *(Dir-Creative Svcs)*
Nora Ayala *(Acct Supvr)*
Natalie Uribe *(Acct Supvr)*
Sandra Ochoa *(Acct Exec)*
Matt Burton *(Sr Acct Planner)*
Jeb Quaid *(Copywriter)*
Aaron Onsurez *(Assoc Creative Dir)*

Accounts:
Alzheimer's Association Campaign: "Daughter", Campaign: "Forgetting Little things", Campaign: "Forgot Your Password?"
California Milk Processor Board (Agency of Record) "Medusa", Campaign: "Battle", Campaign: "BonesLoveMilk", Campaign: "Brave", Campaign: "Champion", Campaign: "Milk Fuels A Better Future", Creative; 2005
Carnival Cruise Lines
Chick-Fil-A Point-of-Purchase, Social Media, Span Advertising
Church's Chicken Multi-Cultural Marketing
The Clorox Company
Coca-Cola
Comcast Corporation Cable Services, XFinity
Constru-guia
Coronado Brewing Co. (Lead Creative Agency of Record) Brand Activation, Creative, Strategic
Custom Comfort Mattress
Foster Farms
Fruit of the Loom; 2003
General Mills
Intuit Inc. TurboTax
JC Penney (Hispanic Agency of Record)
Kia Motors America
La Cocina VA
Mitsubishi
Motel 6
Nexjet Corp (Agency of Record) Creative, Digital Communications, Media Strategy, Strategic
Toshiba America Information Systems, Inc. Brand Identity, Latin America Advertising, Media, Portege, Qosimo, Satellite, Strategic Planning, Tecra
Valvoline
Wonderful Pistachios

THE GAME AGENCY
18 E 16th St 7th Fl, New York, NY 10003
Tel.: (877) 986-4263
Fax: (347) 695-1270
E-Mail: stephen.baer@thegameagency.com
Web Site: thegameagency.com

Employees: 50

Agency Specializes In: Digital/Interactive, Entertainment, Game Integration, Graphic Design, Local Marketing, Promotions

Stephen Baer *(Mng Partner & Head-Creative Strategy & Innovation)*
Richard Lowenthal *(Mng Partner)*
Joseph Mcdonald *(Mng Partner)*
Rajeev Paliwal *(Partner & Head-Bus Dev)*

Accounts:
American Express
Disney
EA
Intel
Lexus
McDonald's
Nintendo
Pfizer

GAMS COMMUNICATIONS
308 W Erie St Ste 400, Chicago, IL 60654-3624
Tel.: (312) 280-2740
Fax: (312) 280-7323
E-Mail: info@gamsgroup.com
Web Site: www.gamscom.com

E-Mail for Key Personnel:
President: dave@gamsgroup.com

Employees: 20
Year Founded: 1974

Agency Specializes In: Advertising, Brand Development & Integration, Broadcast, Business-To-Business, Cable T.V., Co-op Advertising, Collateral, Communications, Consulting, Consumer Marketing, Digital/Interactive, Direct Response Marketing, E-Commerce, Electronic Media, Graphic Design, High Technology, Industrial, Infomercials, Internet/Web Design, Logo & Package Design, Magazines, Media Buying Services, New Product Development, Newspaper, Newspapers & Magazines, Out-of-Home Media, Outdoor, Pharmaceutical, Planning & Consultation, Point of Purchase, Point of Sale, Print, Production, Radio, Real Estate, Restaurant, Retail, Sales Promotion, Sweepstakes, T.V., Trade & Consumer Magazines, Travel & Tourism

Approx. Annual Billings: $38,000,000

Voni Giambrone *(Acct Exec)*

GANGWAY ADVERTISING
4313 Purdue Ave, Dallas, TX 75225
Tel.: (214) 265-7976
Web Site: www.gangwayadvertising.com

Employees: 10
Year Founded: 2006

Randy Smoot *(Pres)*
Cynthia Smoot *(Partner)*

Accounts:
Waitressville
Me & Re Design

GARAGE BRANDING
410 W 4th St Ste 100, Winston Salem, NC 27101
Tel.: (336) 721-1610
Fax: (336) 721-1984
E-Mail: info@garagebranding.com
Web Site: www.garagebranding.com

Employees: 8
Year Founded: 2003

Agency Specializes In: Brand Development & Integration, Event Planning & Marketing, Guerilla Marketing, Internet/Web Design, Logo & Package Design, Media Relations, Print, Public Relations

Denzil Strickland *(Owner)*
Neil Shoffner *(Acct Svcs Dir)*
Ec Vance *(Production Mgr)*
Carloyn Strickland *(Copywriter)*

Accounts:
Audi
Bush's Baked Beans
Dial Soap
GlaxoSmithKline
Hanes
Legg Mason
Olive Garden
Sealy
Syngenta
Wachovia

THE GARAGE TEAM MAZDA
3200 Bristol St Ste 300, Costa Mesa, CA 92626
Tel.: (714) 913-9900
Web Site: https://www.garageteammazda.com/

Employees: 166
Year Founded: 2010

National Agency Associations: 4A's

Agency Specializes In: Advertising, Experiential Marketing, Sponsorship

Jennifer Reece *(Mng Partner & Dir-Connections Strategy & Investment)*
Tom Nickerson *(Sr VP & Fin Dir)*
Erich Funke *(Chief Creative Officer)*
Brynn Harris *(Sr VP & Acct Dir)*
Darcey O'Byrne *(Sr VP & Dir-Retail Ops)*
Dan Galaraga *(VP & Dir-Integrated Media)*
Bart Kias *(VP-Bus Affairs)*
Zak Masaki *(Creative Dir & Art Dir)*
Melissa Webber *(Creative Dir-Brand)*
John Bruning *(Dir-Technical)*
Edgar Rodriguez *(Dir-Media Tech)*
Amberly Collins *(Acct Supvr)*
Cory Sampson *(Acct Supvr-Brand)*
Mi Mai *(Supvr-Integrated Media)*
Stacey Cho *(Planner-Digital Media)*
Brooke Hawley *(Acct Coord)*
Donellyn Mendoza *(Assoc Media Dir)*
Allan Su *(Sr Media Planner)*

Accounts:
Mazda North American Operations Advertisement, Campaign: "A Driver's Life", Campaign: "Driving Matters", Campaign: "Game Changers"', Campaign: "Superstrada", Campaign: "Zoom-Zoom", Creative, Digital, In-Print, Mazda6, Media, TV

GARD COMMUNICATIONS
1140 SW 11th Ave, Portland, OR 97205
Tel.: (503) 221-0100
Fax: (503) 226-4854
Toll Free: (800) 800-7132
Web Site: www.gardcommunications.com

E-Mail for Key Personnel:
Creative Dir.: jplymale@gardcommunications.com

Employees: 20
Year Founded: 1979

Agency Specializes In: Advertising, Brand Development & Integration, Collateral, Corporate Communications, Corporate Identity, Crisis Communications, Event Planning & Marketing, Government/Political, Graphic Design, Health Care Services, Internet/Web Design, Media Buying Services, Media Planning, Media Relations, Planning & Consultation, Promotions, Public Relations, Strategic Planning/Research

ADVERTISING AGENCIES

Approx. Annual Billings: $12,000,000

Liz Fuller *(Pres)*
Brian Gard *(Pres)*
John Plymale *(Creative Dir)*
Scott Gallagher *(Dir-PR)*
Valarie Grudier *(Dir-Fin & Ops)*
Michelle Helm-Carpinelli *(Dir-Media & Promo)*
Scott Sparling *(Dir-Strategy)*
Julia Stoops *(Dir-Web & Digital)*
Luciana Trevisan *(Sr Acct Mgr)*
Greg Buss *(Acct Mgr-PR & Adv)*
Andrew Thompson *(Acct Mgr-PR)*

Accounts:
Ambre Energy North America
Huron Healthcare
O'Loughlin Trade Shows
ODS Companies
Portland General Electric
The Standard

GARDNER KEATON, INC.
3536 East Forest Lk Dr, Sarasota, FL 34232
Tel.: (941) 924-7216
Fax: (941) 924-7194
E-Mail: keaton@gardnerkeaton.com
Web Site: blog.gardnerkeaton.com/

Employees: 5
Year Founded: 1975

Agency Specializes In: Graphic Design, Internet/Web Design

Approx. Annual Billings: $800,000

Breakdown of Gross Billings by Media: Collateral: $360,000; Logo & Package Design: $160,000; Mags.: $200,000; Worldwide Web Sites: $80,000

Jim Keaton *(Designer-Visual)*

Accounts:
American Electronics Association; Washington, DC; 1996
American Shipbuilding
Bloomberg BNA
The Financial Services Roundtable; Washington, D.C.
Howell Construction Inc.
Lancaster Homes
Molloy Marketing Services
Omnifics; Alexandria, VA Office Furniture; 1985
Tagnetics
Viking Healthcare Solutions

GARFIELD GROUP
325 Chestnut St Ste 400, Philadelphia, PA 19106
Tel.: (215) 867-8600
Fax: (215) 867-8610
E-Mail: info@garfieldgroup.com
Web Site: www.garfieldgroup.com

Employees: 25
Year Founded: 1990

Agency Specializes In: Advertising, Public Relations

Revenue: $45,000,000

Larry Garfield *(Pres)*
Les Brokaw *(COO & VP)*
Bryon Lomas *(VP & Creative Dir)*
Matt Pfluger *(VP-Strategy & Client Svc)*
Kimberly Cox *(Sr Mgr-PR)*
Alexa Hunt *(Sr Acct Exec)*

Accounts:
Accolade
Almac
ASTM
Bioclinica
DialConnection
Duff & Phelps
FamilyWize
iMedX
InstaMed
NextDocs
Opportunity Finance Network
ThinkShift
Vertex

GARMEZY MEDIA
53 Lindsley Ave, Nashville, TN 37210
Tel.: (615) 242-6878
E-Mail: frontdesk@garmezymedia.com
Web Site: www.garmezymedia.com

Employees: 5

Agency Specializes In: Advertising, Automotive, Infomercials, Local Marketing, Print, Production (Ad, Film, Broadcast), Production (Print), Radio, T.V.

Andy Garmezy *(Partner)*
Pat Parker *(Media Dir)*
Melissa Thompson *(Dir-Digital)*

GARRANDPARTNERS
Ste 201 75 Washington Ave, Portland, ME 04101-2665
Tel.: (207) 772-3119
Fax: (207) 828-1699
E-Mail: info@garrand.com
Web Site: http://garrandpartners.com/

E-Mail for Key Personnel:
President: bgarrand@garrand.com
Production Mgr.: cmazuzan@garrand.com

Employees: 20
Year Founded: 1989

National Agency Associations: 4A's

Agency Specializes In: Brand Development & Integration, Broadcast, Business-To-Business, Collateral, Consumer Goods, Consumer Marketing, E-Commerce, Electronic Media, Environmental, Event Planning & Marketing, Exhibit/Trade Shows, Government/Political, Graphic Design, High Technology, Internet/Web Design, Media Planning, Media Relations, Media Training, Medical Products, Planning & Consultation, Print, Production, Promotions, Public Relations, Strategic Planning/Research, T.V., Teen Market, Trade & Consumer Magazines, Web (Banner Ads, Pop-ups, etc.)

Approx. Annual Billings: $27,000,000

Breakdown of Gross Billings by Media: Cable T.V.: 10%; Network T.V.: 10%; Point of Sale: 10%; Spot Radio: 10%; Spot T.V.: 15%; Strategic Planning/Research: 15%; Syndication: 20%; Trade & Consumer Mags.: 10%

Brenda Garrand *(CEO)*
Allison Blackstone *(Creative Dir)*
Matthew Caffelle *(Creative Dir)*
Will Russell *(Dir-Production)*
Megan Mercer *(Office Mgr)*
Emily Trescot *(Asst Mgr & Designer)*
Colleen Craig *(Acct Supvr)*
Krystin TRUE *(Strategist-Acct)*

Accounts:
Bedard Pharmacy
Eaton Peabody
FairPoint
H.P. Hood Dairy
ITN America
Lakewood Camps
Lion Brand Yarn
Maine Medical Center; ME
Popcornopolis
University of Maine

THE GARRIGAN LYMAN GROUP, INC
1524 Fifth Ave 4th Fl, Seattle, WA 98101
Tel.: (206) 223-5548
Web Site: https://www.glg.com/

Employees: 124
Year Founded: 1993

National Agency Associations: AMIN

Agency Specializes In: Advertising, Digital/Interactive, Graphic Design, Sponsorship

Tim Garrigan *(Founder & Principal)*
Rebecca Lyman *(Co-Founder & Principal)*
Cheronne Wong *(CFO)*
Bryan Cummings *(Chief Creative Officer)*
Chris Geiser *(CTO)*
Kalie Kimball-Malone *(Exec Creative Dir)*
Kurt Reifschneider *(Creative Dir)*
Molly Seaverns *(Dir-Market Strategy)*
Gerry Soroczak *(Sr Mgr-Delivery)*

Accounts:
Herman Miller, Inc.
Microsoft Corporation
The Museum of Flight
Philips Electronics North America
Thompson's Water Seal
Umpqua Bank

GARRISON ADVERTISING
17931 Shoal Creek Dr, Baton Rouge, LA 70810
Tel.: (225) 761-1000
Fax: (225) 761-9000
Toll Free: (888) CME4ADS
E-Mail: gerald@garrisonadvertising.com
Web Site: www.garrisonadvertising.com

E-Mail for Key Personnel:
President: ggarrison@br-adgroup.com

Employees: 10
Year Founded: 1978

National Agency Associations: AFA-PRSA

Agency Specializes In: Advertising, Advertising Specialties, Business-To-Business, Co-op Advertising, Food Service, Graphic Design, Media Buying Services, New Product Development, Out-of-Home Media, Point of Purchase, Point of Sale, Production, Public Relations, Publicity/Promotions, Restaurant, Retail, Sales Promotion, T.V.

Approx. Annual Billings: $5,000,000

Breakdown of Gross Billings by Media: D.M.: $1,000,000; Radio: $1,200,000; T.V.: $2,800,000

Gerald Garrison *(Pres)*

Accounts:
McDonald's; Monroe, LA Fast Food Chain; 1986
McDonald's; Shreveport, LA Fast Food Chain; 1991

GARRISON HUGHES
100 First Avenue, Pittsburgh, PA 15222
Tel.: (412) 338-0123
E-Mail: bgarrison@garrisonhughes.com
Web Site: www.garrisonhughes.com

Employees: 36

AGENCIES - JANUARY, 2019

ADVERTISING AGENCIES

Agency Specializes In: Advertising, Collateral, Graphic Design, Logo & Package Design, Newspapers & Magazines, Radio, Sales Promotion, T.V.

Dave Popelka *(VP & Dir-Strategy & Bus Dev)*
Dave Hughes *(Art Dir)*
Bob Lazor *(Art Dir)*
Corinne McMunn *(Media Dir)*
Christopher Spain *(Art Dir)*
Corinne Stenander *(Art Dir)*
Bob Brown *(Dir-Design-UPMC Mktg)*
Shannon West *(Project Mgr-Adv)*
Kim Tarasi *(Mgr-Creative Svcs)*
Alison Kretschman *(Supvr-Digital Media)*
Stacy O'Neill *(Supvr-Media)*
Nicole Berkey *(Media Planner & Media Buyer)*
Bill Garrison *(Copywriter)*
Mike Giunta *(Copywriter)*
Jennifer Reed *(Acct Mgmt)*

Accounts:
Bruschetta's Bar & Grille; Pittsburgh, PA
Children's Hospital of Pittsburgh of UPMC; Pittsburgh, PA Children's Hospital's Suburban Campaign, Direct Mail, Magazine, Radio, Suburban, Television
Education Management Corporation; Pittsburgh, PA
Heinz History Center Campaign: "Troop Train"
Nemacolin Woodlands Resort; Pittsburgh, PA (Agency of Record) Advertising
Pittsburgh Post-Gazette; Pittsburgh, PA
PNC; Pittsburgh, PA
PPG Industries; Pittsburgh, PA Advertising, Community & Business Leaders, Doing Well, Doing Good, Magazine
ReedSmith LLP
Schneider Downs; Pittsburgh, PA
Western Pennysylvania Sports Museum; Pittsburgh, PA

GARRITANO GROUP
305 Minnetonka Ave S Ste 200, Wayzata, MN 55391
Tel.: (612) 333-3775
Fax: (612) 333-3778
Web Site: www.garritano-group.com

Employees: 42
Year Founded: 1999

National Agency Associations: DMA

Agency Specializes In: Direct Response Marketing

Joe Garritano *(Pres)*
Ryan Campbell *(Acct Svcs Dir)*

Accounts:
Ameriprise Financial
Assurant Affordable Health
Ecolab; Saint Paul, MN; 2004
Minnesota Historical Society
Minnesota Twins
Mutual of Omaha
National Geographic
Nutrisystem
Toro
Truven Health Analytics
TUI University
United Business Mail

THE GARY GROUP
1546 7th St, Santa Monica, CA 90401
Tel.: (310) 449-7626
Fax: (310) 264-9744
E-Mail: info@garygroup.com
Web Site: www.garygroup.com

E-Mail for Key Personnel:
President: egary@garygroup.com

Employees: 30
Year Founded: 1976

Agency Specializes In: Advertising, Advertising Specialties, Broadcast, Cable T.V., Consumer Marketing, Electronic Media, Entertainment, Event Planning & Marketing, Graphic Design, Leisure, Magazines, Media Buying Services, Merchandising, Out-of-Home Media, Point of Purchase, Point of Sale, Print, Production, Publicity/Promotions, Radio, Sales Promotion, Sports Market, Sweepstakes, Syndication

Richard Gary *(Owner)*
Rick Rogers *(Pres)*
Gabriel Rameriz *(Supvr-Digital Media)*
Marcy Ellenbogen *(Media Buyer-Integrated)*

Accounts:
Affliction
Amazon
ASCAP
Atlantis
Brand Asset Group
Code Black Entertainment
Country Music Association
Fox Home Entertainment
GMR Marketing
Golden Boy Promotions
NOW
Sony BMG
Universal Music Group
Warner Music Group; Los Angeles, CA

GARZA CREATIVE GROUP
2601 Hibernia St Ste 200, Dallas, TX 75204
Tel.: (214) 720-3888
Fax: (214) 720-3889
E-Mail: vicki@garzacreative.com
Web Site: www.garzacreative.com

Employees: 3
Year Founded: 1991

Agency Specializes In: Advertising, Bilingual Market, Brand Development & Integration, Business-To-Business, Collateral, Communications, Consulting, Corporate Communications, Corporate Identity, Direct Response Marketing, Event Planning & Marketing, Graphic Design, High Technology, Hispanic Market, Local Marketing, Logo & Package Design, Media Buying Services, Planning & Consultation, Print, Public Relations, Publicity/Promotions, Radio, Real Estate, Strategic Planning/Research, T.V.

Breakdown of Gross Billings by Media: Bus. Publs.: 20%; Mags.: 15%; Pub. Rels.: 10%; Radio: 20%; T.V.: 20%; Transit: 15%

Paco Garza *(Pres & Sr Creative Dir)*
Vicki Garza *(CEO)*
David Schmidt *(Dir-IT Svcs)*

Accounts:
Atmos Energy; Dallas, TX Gas; 2004
ROSS-HR; Dallas, TX Electric Delivery; 1993
Texas Instruments; Dallas, TX High Technology Collateral; 1995

GAS LAMP MEDIA
9810 Scripps Lake Dr Ste F, San Diego, CA 92131
Tel.: (619) 955-6995
Fax: (619) 955-7607
E-Mail: chris@gaslampmedia.com
Web Site: https://www.gaslampmedia.com/

Employees: 12

Agency Specializes In: Brand Development & Integration, Identity Marketing, Print, Web (Banner Ads, Pop-ups, etc.)

Christopher Shaughnessy *(Partner)*

GASLIGHT CREATIVE
713 W Saint Germain St Ste 200, Saint Cloud, MN 56301
Tel.: (320) 257-2242
Fax: (320) 257-2243
Web Site: www.gaslightcreative.com

Employees: 10
Year Founded: 2009

Agency Specializes In: Advertising, Event Planning & Marketing, Graphic Design, Internet/Web Design, Logo & Package Design, Print, Public Relations, Radio, Social Media, T.V.

Jodie Pundsack *(Co-Founder & Strategist-Creative)*
Michael Nelsen *(Dir-Interactive Media)*

Accounts:
Albany Apothecary
Great River Energy
Vision Woodworking, Inc.

GASQUE ADVERTISING, INC.
3195 Leaphart Rd, West Columbia, SC 29169-3001
Tel.: (803) 791-0952
Fax: (803) 791-0955
Toll Free: (800) 281-5153
E-Mail: ken@gasque.com
Web Site: www.gasque.com

E-Mail for Key Personnel:
President: ken@gasque.com
Media Dir.: jillian@gasque.com
Production Mgr.: mary@gasque.com
Public Relations: hayley@gasque.com

Employees: 6
Year Founded: 1973

National Agency Associations: Second Wind Limited

Agency Specializes In: Advertising, Arts, Brand Development & Integration, Business Publications, Business-To-Business, Consulting, Corporate Identity, Email, Graphic Design, Guerilla Marketing, Identity Marketing, Industrial, Logo & Package Design, Media Planning, Point of Purchase, Print, Publicity/Promotions, Radio, Trade & Consumer Magazines, Viral/Buzz/Word of Mouth

Breakdown of Gross Billings by Media: Bus. Publs.: 10%; Collateral: 5%; Consulting: 15%; D.M.: 10%; Fees: 10%; Graphic Design: 5%; Internet Adv.: 10%; Plng. & Consultation: 15%; Pub. Rels.: 5%; Trade & Consumer Mags.: 5%; Worldwide Web Sites: 10%

Ken Gasque *(Creative Dir, Planner-Mktg & Designer)*
Mary Gasque *(Office Mgr)*

Accounts:
Reynolds Industries
SC Heart Center Health Care

THE GATE WORLDWIDE NEW YORK
71 5th Ave, New York, NY 10003
Tel.: (212) 508-3400
Fax: (212) 508-3502
E-Mail: contact@thegateworldwide.com
Web Site: www.thegateworldwide.com

E-Mail for Key Personnel:
Creative Dir.: bill.schwab@thegateworldwide.com

ADVERTISING AGENCIES

Production Mgr.:
charlie.katz@thegateworldwide.com

Employees: 50
Year Founded: 1872

Agency Specializes In: Above-the-Line, Advertising, Affluent Market, Alternative Advertising, Automotive, Aviation & Aerospace, Below-the-Line, Brand Development & Integration, Broadcast, Business Publications, Business-To-Business, Collateral, Communications, Computers & Software, Consulting, Consumer Goods, Consumer Marketing, Corporate Communications, Corporate Identity, Digital/Interactive, E-Commerce, Electronics, Engineering, Entertainment, Event Planning & Marketing, Fashion/Apparel, Financial, Government/Political, Graphic Design, Guerilla Marketing, High Technology, Hospitality, Household Goods, Identity Marketing, Industrial, Integrated Marketing, International, Internet/Web Design, Investor Relations, Leisure, Local Marketing, Logo & Package Design, Luxury Products, Magazines, Media Buying Services, Media Planning, Men's Market, Mobile Marketing, New Product Development, Newspaper, Newspapers & Magazines, Out-of-Home Media, Outdoor, Planning & Consultation, Podcasting, Print, Production, Production (Print), Promotions, Radio, Real Estate, Recruitment, Regional, Restaurant, Retail, Social Marketing/Nonprofit, Sponsorship, Sports Market, Stakeholders, Strategic Planning/Research, Syndication, T.V., Trade & Consumer Magazines, Transportation, Travel & Tourism, Women's Market

Approx. Annual Billings: $85,000,000

Breakdown of Gross Billings by Media: Cable T.V.: 10%; Consumer Publs.: 24%; D.M.: 2%; Internet Adv.: 10%; Network T.V.: 5%; Newsp.: 15%; Out-of-Home Media: 5%; Radio: 5%; Spot T.V.: 8%; Syndication: 2%; Trade & Consumer Mags.: 14%

Beau Fraser *(Pres)*
Awilda Charriez *(CFO & COO)*
David Bernstein *(Chief Creative Officer)*
Eric Heuvel *(Mng Dir-Media)*
Sophia Donohue *(Grp Acct Dir)*
Elinor Beltrone *(Art Dir & Assoc Creative Dir)*
Gina Graham *(Producer-Digital)*
Charlie Katz *(Dir-Production)*
Aamir Smith *(Assoc Dir-Creative & Digital)*
Timothy Cozzi *(Sr Mgr-Studio & Agency Ops)*
Mike Abadi *(Assoc Creative Dir)*
Halo Cheng *(Grp Creative Dir)*
Scott Singow *(Assoc Creative Dir)*

Accounts:
Duxiana
Garanimals
Institute of Management Accountants
Lawrence Hospital Group
Marcum Group TV
The Military Officers Association of America (Agency of Record) Brand Awareness, Media Planning & Buying; 2018
Nasdaq OMX Group Campaign: "Ignite Your Ambition", Online, Social Media
Project Management Institute Analytics, Search
SPDR Gold Shares Campaign: "Precise in a World that isn't", Digital, Print

GATE6, INC.
16624 N 90Th St Ste 111, Scottsdale, AZ 85260
Tel.: (623) 572-7725
Fax: (623) 572-7726
Web Site: https://www.gate6.com/

Employees: 80
Year Founded: 1996

Agency Specializes In: Advertising, Digital/Interactive, Email, Media Buying Services, Media Planning, Mobile Marketing, Paid Searches, Social Media, Strategic Planning/Research, Yellow Pages Advertising

Manish Mamnani *(Founder & CEO)*
Atul Shukla *(CTO & VP-Engrg)*
Charmon Stiles *(Dir-Digital & Product Mgr)*

Accounts:
Free Arts of Arizona
Gourmet Orchards
PlayersTowel
Vantage Mobility International (VMI); 2015
Webgility Inc.

GATEHOUSE MEDIA PARTNERS
175 Sully's Trail, Pittsford, NY 14534
Tel.: (585) 598-0030
Fax: (585) 248-2631
Web Site: www.gatehousemedia.com

Employees: 1,286

Agency Specializes In: Advertising, Digital/Interactive, Media Buying Services, Radio, Social Media, Strategic Planning/Research, T.V.

Nikki Bragg *(Acct Mgr)*

Accounts:
Oliver Winery

GATESMAN
(Formerly Gatesman+Dave)
2730 Sidney St Bldg 2 Ste 300, Pittsburgh, PA 15203
Tel.: (412) 381-5400
Fax: (412) 381-9770
Web Site: www.gatesmanagency.com/

Employees: 80
Year Founded: 2006

National Agency Associations: 4A's-AMIN-PRSA-Second Wind Limited

Agency Specializes In: Advertising, Automotive, Brand Development & Integration, Broadcast, Business Publications, Business-To-Business, Cable T.V., Co-op Advertising, Collateral, Communications, Consumer Marketing, Corporate Identity, Digital/Interactive, Email, Fashion/Apparel, Financial, Graphic Design, In-Store Advertising, Industrial, Integrated Marketing, Internet/Web Design, Logo & Package Design, Magazines, Media Planning, Media Relations, Newspaper, Newspapers & Magazines, Out-of-Home Media, Outdoor, Planning & Consultation, Point of Purchase, Point of Sale, Print, Public Relations, Publicity/Promotions, Radio, Restaurant, Retail, Search Engine Optimization, Social Marketing/Nonprofit, Social Media, Sponsorship, Strategic Planning/Research, T.V., Trade & Consumer Magazines, Travel & Tourism, Viral/Buzz/Word of Mouth, Web (Banner Ads, Pop-ups, etc.)

Approx. Annual Billings: $91,000,000

Shannon Baker-Meyer *(Pres)*
Craig Ferrence *(Sr VP & Creative Dir)*
Kathy Oldaker *(Sr VP & Media Dir)*
Emily Hamill *(Sr VP & Dir-Connections Strategy)*
Kirk Banasik *(Sr VP)*
Sara Ahuja *(VP & Grp Acct Dir)*
Desiree Bartoe *(VP & Grp Acct Dir-PR & Social Media)*
Karen Frost *(VP & Creative Dir)*
Tim Friez *(VP & Dir-IT & Cyber Security)*
Beth Thompson *(Assoc VP & Grp Acct Dir)*
Billie Kellar *(Assoc VP & Dir-HR)*
Susan Mews *(Acct Dir)*
Rachel Borowski *(Acct Supvr-PR)*
Chris Callen *(Supvr-Project Mgmt)*
Shannon Matula *(Sr Acct Exec)*
Sandy Haymes *(Acct Exec)*
Rochelle L. Amiscaray *(Media Planner & Media Buyer)*
Matthew Axeman *(Assoc Creative Dir)*
Alex Jouan *(Assoc Media Dir)*
Janelle Klueber *(Sr Media Planner)*

Accounts:
CeaseFirePa
Coen Oil Ruff Creek Markets; 2015
CONSOL Energy; 2014
Del Monte; 2004
Duquesne Light Company; 2015
Ebb Therapeutics (Public Relations Agency of Record) Content Creation, Influencer Outreach, Media Relations, Messaging, Social Media, Video Production
Fedex
Fellowes, Inc (Agency of Record) 360 Services, Advertising, Brand Development, Digital & Analytics, Integrated Marketing, Media Planning & Buying, Public Relations, Social Media; 2017
Hormel Foods House of Tsang; 2013
Mine Safety Appliance Fixed Gas & Fire Detection; 2015
Mylan Pharmaceuticals; 2003
National Institute for Newman Studies (Public Relations Agency of Record) Content Creation, Influencer Outreach, Media Relations, Messaging, Social Media, Video Production
National Inventors Hall of Fame; 2014
North Shore LIJ Health System; 2012
Pittsburgh Penguins NHL Franchise; 2007
PPG Architectural Coatings Pittsburgh Paints & Stains; 2015
PPG Specialty Coatings & Materials Optical; 2007
Quaker Steak & Lube; Sharon, PA The Lube; 2007
S&T Bank (Agency of Record) Advertising, Brand Positioning, Digital, Media Buying, Media Planning, Public Relations, Social Media
Shop 'n Save; Pittsburgh, PA Supermarket Chain; 2007
StarKist Content, Creative, Social Media, Website, starkist.com
Supervalu Foodland
University of Pittsburgh Media Center Children's Hospital Of Pittsburgh Of UPMC, Health Plan, Health System, Media Planning & Buying, UPMC Hamot; 2012

GATESMAN+DAVE
(See Under Gatesman)

GAUGER + ASSOCIATES
360 Post St, San Francisco, CA 94108
Tel.: (415) 434-0303
Fax: (415) 434-0524
E-Mail: hello@gauger-associates.com
Web Site: www.gauger-associates.com

Employees: 20
Year Founded: 1974

National Agency Associations: IAN

Agency Specializes In: Advertising, Brand Development & Integration, Graphic Design, New Product Development, Public Relations, Strategic Planning/Research

David Gauger *(Pres)*
Isabelle Laporte *(Sr Art Dir)*
Lori Murphy *(Sr Art Dir)*
Carol Muth *(Chief Exec Creative Dir)*

Accounts:
Artisana Foods; 2014
Baker Ranch Master Planned Community; 2012
Carmel Valley Manor Retirement Community; 2013
DeNova Homes New Homes; 2015

AGENCIES - JANUARY, 2019 — ADVERTISING AGENCIES

Dividend Homes, Inc.; Santa Clara, CA New Homes; 1974
The Dunes Master Planned Community; 2006
Espetus Food Service; 2013
Galaxy Desserts Bakery; 2000
Geneva Holdings; 2001
Golbon Food Service; 2014
Heritage on the Marina Retirement Community; 2013
Karoun Dairies Food & Beverage; 2013
Kiper Homes; 2003
Lock It Up Self-Storage; 1985
Monogram Residential Trust; 2014
Museum of Craft and Design Non-Profit; 2011
NCPHS Retirement Communities; 2010
The Peninsula Regent Retirement Community; 2010
Ramar Foods Frozen Foods; 2012
Redwood Hill Farm Food & Beverage; 2010
San-J International; San Francisco, CA Natural Foods; 1984
Shea Homes Northern California New Homes; 1992
Supernutrition; San Francisco, CA Supplements, Vitamins; 1996
The Tea Room Confections; 2008
TH Herbals Beverage; 2013
Toll Brothers New Homes; 2005
Truwhip Dessert Topping; 2010
Vitathinq Confections; 2014
Wallaby Yogurt Food & Beverage; 2004

GAVIN ADVERTISING
328 W Market St, York, PA 17401
Tel.: (717) 848-8155
Fax: (717) 855-2292
E-Mail: gavin@gavinadv.com
Web Site: www.gavinadvertising.com

Employees: 13
Year Founded: 2011

Agency Specializes In: Advertising, Brand Development & Integration, Crisis Communications, Customer Relationship Management, International, Logo & Package Design, Media Buying Services, Media Relations, Public Relations, Search Engine Optimization

Mandy Arnold (CEO)
Christopher Savarese (VP-Client Svcs)
Sarah Chain (Acct Dir)
Jason Altland (Dir-Digital Svcs)
Tracey Johnston (Dir-Digital)

Accounts:
C.S. Davidson Inc.
MINI of Baltimore

GCG MARKETING
2421 W 7th St Ste 400, Fort Worth, TX 76107-2388
Tel.: (817) 332-4600
Fax: (817) 877-4616
E-Mail: turner@gcgadvertising.com
Web Site: www.gcgmarketing.com

Employees: 27
Year Founded: 1973

Agency Specializes In: Advertising, Business Publications, Business-To-Business, Collateral, Communications, Consulting, Corporate Identity, Direct Response Marketing, Engineering, Event Planning & Marketing, Fashion/Apparel, Financial, Graphic Design, Health Care Services, High Technology, Industrial, Information Technology, Internet/Web Design, Investor Relations, Logo & Package Design, Magazines, Medical Products, New Product Development, Newspaper, Newspapers & Magazines, Out-of-Home Media, Outdoor, Pharmaceutical, Planning & Consultation, Point of Purchase, Point of Sale, Print, Production, Radio, Sales Promotion, Strategic Planning/Research, Technical Advertising, Trade & Consumer Magazines

Approx. Annual Billings: $25,790,000

Neil Foster (Pres)
Scott Turner (CEO)
Allyson Cross (Exec Dir-Mktg)
Kris Copeland (Creative Dir)
Pat Gabriel (Creative Dir)
Andrea Ortega (Assoc Dir-Art)
Jahnae Stout (Mktg Mgr)
Dominique Donoghoe (Acct Supvr)
Maggie Stamas (Sr Acct Exec)
Maegan Woody (Sr Acct Exec)
Marcie Heffley (Acct Exec)
Blake McAdow (Strategist-Mktg)
Sirine Saad (Acct Exec)
Taylor Travis (Acct Exec)
Hannah Byrom (Assoc Acct Exec)
Lauren Coleman (Sr Art Dir)
Jenny Manning (Sr Mktg Mgr)
Brian Wilburn (Sr Art Dir)

Accounts:
7-Eleven, Inc.
7-Eleven Talent Acquisition
BNSF Railways
Cash America International
Colonial Companies
DFB Holdings; Fort Worth, TX
DUSA Pharmaceuticals
EECU
ExxonMobil; Irving, TX
PolyJohn Enterprises
Ranbaxy Laboratories
Rheem
Saladmaster
Steadmed
Taro Pharma
Vertex Energy
XTO Energy; Fort Worth, TX Oil & Gas Corporation

GD SQUARED
4900 N Talman Ave Ste 1, Chicago, IL 60625
Tel.: (773) 293-1896
Fax: (773) 293-6245
E-Mail: gd@gdsquared.com
Web Site: www.gdsquared.com

Employees: 3
Year Founded: 2007

Agency Specializes In: Advertising, Brand Development & Integration, Graphic Design, Internet/Web Design, Web (Banner Ads, Pop-ups, etc.)

Garrett Bowhall (Designer)

GEARBOX FUNCTIONAL CREATIVE INC.
412 37th Ave N, Saint Cloud, MN 56303
Tel.: (320) 266-4660
E-Mail: info@gearboxfc.com
Web Site: www.gearboxfc.com

Employees: 4

Agency Specializes In: Advertising, Brand Development & Integration, Broadcast, Graphic Design, Internet/Web Design, Media Planning, Print, Search Engine Optimization, Social Media

Sara Mohs (Partner, Strategist-Creative & Copywriter)
Glenn Richards (CEO-Creative)

Accounts:
Marco Technology

GEARSHIFT ADVERTISING
930 W 16th St Ste E2, Costa Mesa, CA 92627
Tel.: (949) 734-7460
E-Mail: info@gearshiftads.com
Web Site: www.gearshiftads.com

Employees: 13
Year Founded: 2013

Agency Specializes In: Advertising, Brand Development & Integration, Digital/Interactive

Thomas Blinn (Pres)
Nevin Safyurtlu (Partner & Dir-Production)
Norm Tribe (Partner & Dir-Creative & Digital)
Eric M. Cwiertny (Creative Dir)
John Howell (Acct Dir)
Greg Huffstutter (Media Dir)

Accounts:
Sage Hill School (Agency of Record)
Yamaha Corporation of America

THE GEARY COMPANY
3136 E Russell Rd, Las Vegas, NV 89120-3463
Tel.: (702) 382-9610
Fax: (702) 382-0920
E-Mail: contact@gearycompany.com
Web Site: www.gearycompany.com

Employees: 18
Year Founded: 1969

National Agency Associations: AAF-IAB

Agency Specializes In: Advertising, Advertising Specialties, Automotive, Broadcast, Business Publications, Business-To-Business, Cable T.V., Co-op Advertising, Collateral, Communications, Consumer Marketing, Consumer Publications, Digital/Interactive, Direct Response Marketing, E-Commerce, Electronic Media, Email, Entertainment, Graphic Design, Infomercials, Integrated Marketing, Internet/Web Design, Leisure, Local Marketing, Logo & Package Design, Luxury Products, Magazines, Media Buying Services, Media Planning, Men's Market, Mobile Marketing, Multimedia, Newspaper, Newspapers & Magazines, Out-of-Home Media, Outdoor, Over-50 Market, Paid Searches, Print, Production, Production (Ad, Film, Broadcast), Production (Print), Promotions, Public Relations, Publicity/Promotions, Radio, Real Estate, Restaurant, Retail, Sales Promotion, Search Engine Optimization, Seniors' Market, Sports Market, T.V., Trade & Consumer Magazines, Transportation, Travel & Tourism, Web (Banner Ads, Pop-ups, etc.), Women's Market

Approx. Annual Billings: $12,000,000

Breakdown of Gross Billings by Media: Cable T.V.: 5%; Fees: 2%; Graphic Design: 6%; Logo & Package Design: 2%; Newsp. & Mags.: 35%; Outdoor: 15%; Production: 5%; Radio & T.V.: 30%

James D. McKusick (CEO & Partner)
Teri Mckusick (Comptroller)
Glenn Larsen (Creative Dir & Art Dir)
Bob Burch (Art Dir)
Kenny Shore (Creative Dir)
Jessica Sclafani (Production Mgr)

Accounts:
Cannery Casino Resorts; LAs Vegas, NV & Washington, PA Gaming/Entertainment/Restaurants/Special Events/Rooms; 2011
Courtesy Auto Group; Las Vegas, NV Automotive Sales for Kia, Mazda, Mitsubishi, Lotus & Pre-Owned; 2005
Fitz Casino and Hotel; Tunica, MS

ADVERTISING AGENCIES
AGENCIES - JANUARY, 2019

Gaming/Entertainment/Special Events/Restaurants/Rooms; 2011
Friendly Ford; Las Vegas, NV Automotive Sales & Service; 1991
Golden Gaming; Las Vegas, NV Gaming/Taverns/Pubs/Promotions; 2011
The Good Dog Food Company
Heness & Haight Attorneys; Las Vegas, NV Personal Injury; 2008
Lotus Broadcasting; Las Vegas, NV Radio Stations
Pacifica Companies; San Diego, CA New Homes; 2005
Rich Little; Las Vegas, NV Entertainer; 2011
Sam Schwartz Attorney; Las Vegas, NV Bankruptcy & Short Sales; 2010

GEILE LEON MARKETING COMMUNICATIONS
5257 Shaw Ave Ste 102, Saint Louis, MO 63110
Tel.: (314) 727-5850
Fax: (314) 727-5819
E-Mail: info@geileon.com
Web Site: geileon.com

Employees: 15
Year Founded: 1989

National Agency Associations: Second Wind Limited

Agency Specializes In: Broadcast, Business-To-Business, Collateral, Direct Response Marketing, Internet/Web Design, Print, Retail, Sales Promotion, T.V.

Approx. Annual Billings: $14,000,000

Breakdown of Gross Billings by Media: Brdcst.: $270,000; Bus. Publs.: $200,000; Cable T.V.: $65,000; Collateral: $275,000; D.M.: $340,000; Farm Publs.: $320,000; Internet Adv.: $35,000; Logo & Package Design: $75,000; Newsp. & Mags.: $370,000; Outdoor: $320,000; Point of Purchase: $310,000; Point of Sale: $330,000; Pub. Rels.: $90,000; Radio: $600,000; Sls. Promo.: $675,000; Strategic Planning/Research: $100,000; T.V.: $410,000; Trade Shows: $30,000; Transit: $65,000; Worldwide Web Sites: $120,000

David Geile *(Mng Partner & Creative Dir)*
Randy Micheletti *(VP & Acct Svcs Dir)*
Dan Diveley *(VP)*
Mary Roddy Sawyer *(VP)*
Ben Schwab *(Art Dir)*
Luke Smith *(Sr Acct Exec)*
Meg Strange *(Sr Acct Exec)*
Mike Haueisen *(Copywriter)*
Ben Edmonson *(Sr Art Dir)*

Accounts:
Metro Imaging

GELIA-MEDIA, INC.
390 S Youngs Rd, Williamsville, NY 14221
Tel.: (716) 629-3200
Fax: (716) 629-3299
E-Mail: info@gelia.com
Web Site: www.gelia.com

E-Mail for Key Personnel:
President: jphipps@gelia.com

Employees: 85
Year Founded: 1961

Agency Specializes In: Advertising, Advertising Specialties, Automotive, Aviation & Aerospace, Bilingual Market, Brand Development & Integration, Broadcast, Business Publications, Cable T.V., Catalogs, Co-op Advertising, Collateral, Commercial Photography, Communications, Consulting, Consumer Goods, Consumer Publications, Corporate Identity, Customer Relationship Management, Direct Response Marketing, Event Planning & Marketing, Health Care Services, Identity Marketing, In-Store Advertising, International, Internet/Web Design, Logo & Package Design, Market Research, Media Planning, Media Relations, Medical Products, New Product Development, Newspapers & Magazines, Package Design, Point of Purchase, Print, Product Placement, Production (Ad, Film, Broadcast), Production (Print), Public Relations, Publicity/Promotions, Radio, Recruitment, Retail, Sales Promotion, Seniors' Market, Strategic Planning/Research, T.V., Telemarketing, Yellow Pages Advertising

Approx. Annual Billings: $52,500,000

James Phipps *(Pres)*
Tom Weber *(VP & Exec Creative Dir)*
Jon Boal *(VP-Client Svc Ops & Media)*
Jason Yates *(Creative Dir & Supvr-Digital)*
Gloria Boron-Pembleton *(Media Dir)*
Kathy Kastan *(Creative Dir)*
Jason Paulter *(Art Dir)*
Karen Rushford *(Media Dir)*
Bob Chase *(Dir-PR)*
Cameron Macon *(Dir-Digital & Strategic Solutions)*
Anthony Andres *(Sr Acct Mgr-Media)*
Jennifer Ferris *(Acct Mgr-PR)*
Jonathan Koziol *(Project Mgr-Creative)*
Kellie Mazur *(Mgr-PR Acct & Copywriter)*
Brian Orzechowski *(Acct Exec)*
Kerri Linsenbigler *(Copywriter)*
Brandon Scott *(Sr Art Dir)*

Accounts:
Independent Health Foundation
Purolator
Queen City Roller Girls

GEM ADVERTISING
85 Willow St Ste 2, New Haven, CT 06511
Tel.: (203) 506-0040
E-Mail: info@thinkgem.com
Web Site: www.gem-advertising.com

Employees: 25
Year Founded: 2008

Agency Specializes In: Advertising, Broadcast, Collateral, Digital/Interactive, Media Buying Services, Print, Promotions, Public Relations, Radio, T.V.

Chris Bartlett *(Co-Founder & CEO)*
Peter Kozodoy *(Partner & Chief Strategy Officer)*
Joe Lane *(Mng Dir & Sr Acct Mgr)*
Brian Mullen *(CFO)*
Lauren Downer *(Mktg Dir-UK)*
Spencer Mahar *(Art Dir)*
Gary Doyens *(Dir-Media Plng & Buying)*
Caitlin Artigliere *(Strategist-Social Media)*
Anna Salatto *(Designer-Front-End)*

Accounts:
Blue Chip Tek Branding, Marketing, Print Collateral, Website
Griffin Health Services Corporation (Agency of Record)
Hawk-Eye Innovations North America Marketing
Shubert Theatre Digital, Website
Sundae Spa

GENERATOR MEDIA + ANALYTICS
353 Lexington Ave Fl 14, New York, NY 10016
Tel.: (212) 279-1474
Fax: (212) 279-1475
Web Site: www.generatormedia.com

Employees: 73
Year Founded: 2002

Agency Specializes In: Affluent Market, Broadcast, Business-To-Business, Cable T.V., College, Computers & Software, Consumer Goods, Consumer Marketing, Consumer Publications, Cosmetics, Digital/Interactive, Direct Response Marketing, Direct-to-Consumer, E-Commerce, Education, Electronic Media, Fashion/Apparel, Financial, Hispanic Market, Hospitality, Household Goods, Leisure, Local Marketing, Magazines, Media Buying Services, Media Planning, Multicultural, New Technologies, Newspaper, Newspapers & Magazines, Out-of-Home Media, Over-50 Market, Paid Searches, Pets, Print, Programmatic, Radio, Sponsorship, Strategic Planning/Research, Travel & Tourism, Women's Market

Approx. Annual Billings: $297,000,000

Greg Messerle *(Pres)*
Chris Gilbertie *(Partner & Mng Dir)*
Nathan Perez *(Sr VP-Comm Strategy)*
Erika Cramer *(VP-Comm Strategy)*
Ed Rosenthal *(VP-Bus Dev)*
Nicole Cross *(Dir-Search Engine Mktg)*
Jaime Donovan *(Dir-Analytics)*
Shari Slackman *(Dir-Television Strategy & Investment)*
Shawn Wu *(Dir-Comm Strategy)*
Shawnette Adonis *(Assoc Dir-Comm)*
Tyler Brownlee *(Assoc Dir-Comm Strategy)*
Steven Shnayder *(Mgr-SEM)*
John Andruszkiewicz *(Supvr-Comm Strategy)*
Violet Berisha-Garcia *(Supvr-Comm Strategy)*
Leigh Jacobs *(Supvr-Comm Strategy)*
Alanna Slate *(Supvr-Comm Strategy)*
J'nel Billups *(Sr Planner-Comm Strategy)*
Katie Bow *(Sr Planner-Comm Strategy)*
Korey O'Rourke *(Sr Buyer-Television Strategy & Investment)*

Accounts:
American Red Cross; 2015
Aryzta Otis Spunkmeyer
Carma Laboratories Carmex; 2015
Clarion Brands; 2014
Curves; 2013
De'Longhi America Inc. (Digital Agency of Record) Activation, Analysis, Braun, Strategic Development
Edrington Americas Cutty Sark; 2016
Freshpet; 2010
Hydralyte; 2016
IDB Bank; 2009
Irish Breeze WaterWipes; 2017
J&J Snack Foods Luigi's Italian Ices, SuperPretzel; 2014
Jenny Craig; 2013
Kiss Nails
KOA; 2013
La Compagnie; 2015
Miele; 2013
Moberg Pharma; 2015
Mutti USA Inc. Media Planning, Buying & Analytics; 2018
NBC Universal Seeso; 2016
New York University; 2010
Penn State University; 2016
Perdue Farms Incorporated Analytics, Buying, Digital & Offline Media Research, Perdue Foods (Media Agency of Record), Strategic Planning; 2018
Purdue Pharma; 2015
The Street, Inc. Analysis, Jim Cramer's Action Alerts Plus, Online Financial News, Real Money, TheStreet.com (Media Agency of Record); 2018
Texas A&M University; 2016
University of Virginia; 2015
Upsher Smith; 2015
Wacoal; 2015

GENUINE INTERACTIVE
500 Harrison Ave 5R, Boston, MA 02118

414

AGENCIES - JANUARY, 2019 — ADVERTISING AGENCIES

Tel.: (617) 451-9700
Fax: (617) 451-9705
E-Mail: hello@genuineinteractive.com
Web Site: https://www.wearegenuine.com/

Employees: 155
Year Founded: 2005

Agency Specializes In: Above-the-Line, Advertising, Brand Development & Integration, Business-To-Business, Consulting, Consumer Goods, Consumer Marketing, Customer Relationship Management, Digital/Interactive, Direct Response Marketing, Direct-to-Consumer, Education, Financial, Health Care Services, High Technology, Information Technology, Integrated Marketing, International, Internet/Web Design, Market Research, Media Buying Services, New Technologies, Paid Searches, Pharmaceutical, Public Relations, Retail, Search Engine Optimization, Social Marketing/Nonprofit, Viral/Buzz/Word of Mouth, Web (Banner Ads, Pop-ups, etc.)

Timothy Haarmann *(Mng Dir & Exec VP)*
Prentice Smith *(Sr VP & Fin Dir)*
Stephen Potter *(Sr VP & Creative Dir)*
Mike Norman *(Sr VP-Tech)*
Jennifer Poirier *(Sr VP-Client Svcs)*
Elizabeth Giuggio *(Creative Dir & Copywriter)*
Joanna Field *(Acct Dir)*
Laura Tirado *(Creative Dir)*
Steve Yaffe *(Creative Dir)*
Mary-Ann DiThomas *(Dir-Delivery)*
Gordon Porter *(Acct Supvr)*
Sarah Fuller *(Assoc Creative Dir)*

Accounts:
MassMutual; 2007
Panera; 2015
RB Airwick, Amope, KY, Lysol; 2005
Welch's International (Agecny of Record) Digital Content, Display Ads, Marketing Strategy, National Broadcast, Packaging, Paid Search, Radio, Social Media, TV, Videos, Website

GEOFFREY CARLSON GAGE, LLC
125 Lake St W Ste 212, Wayzata, MN 55391-1573
Tel.: (952) 923-1081
Fax: (952) 923-1094
E-Mail: info@gcgage.com
Web Site: www.gcgage.com

E-Mail for Key Personnel:
President: geoff@gcgage.com

Employees: 8
Year Founded: 1999

National Agency Associations: ADFED

Agency Specializes In: Advertising, Advertising Specialties, Brand Development & Integration, Business Publications, Business-To-Business, Collateral, Communications, Consulting, Consumer Marketing, Consumer Publications, Corporate Identity, Digital/Interactive, Direct Response Marketing, E-Commerce, Electronic Media, Event Planning & Marketing, Exhibit/Trade Shows, Graphic Design, High Technology, Industrial, Internet/Web Design, Logo & Package Design, Magazines, Media Buying Services, Newspaper, Newspapers & Magazines, Out-of-Home Media, Outdoor, Point of Purchase, Point of Sale, Print, Production, Public Relations, Publicity/Promotions, Radio, Sales Promotion, Strategic Planning/Research, Trade & Consumer Magazines, Yellow Pages Advertising

Approx. Annual Billings: $648,001

Breakdown of Gross Billings by Media: Adv. Specialities: $1; D.M.: $70,000; E-Commerce: $10,000; Graphic Design: $60,000; Internet Adv.: $30,000; Logo & Package Design: $60,000; Print: $60,000; Promos.: $18,000; Trade & Consumer Mags.: $30,000; Trade Shows: $40,000; Worldwide Web Sites: $270,000

Geoffrey Carlson Gage *(Owner & Pres)*

GEOMETRY GLOBAL
701 Horsebarn Rd Ste 200, Bentonville, AR 72758
Tel.: (479) 903-6318
Web Site: www.geometry.com

Employees: 50
Year Founded: 2013

Agency Specializes In: Advertising, Below-the-Line, College, Digital/Interactive, Shopper Marketing

Rhonda Gilbert *(VP & Acct Dir)*
Erica Baker *(Acct Dir-ShopperWorks)*
Rebecca Raney *(Acct Supvr-Walmart Personal Care)*
Kristin Cole *(Sr Acct Exec)*
Brooke Gaffigan *(Sr Acct Exec)*
Rob Higginbotham *(Sr Acct Exec)*
Hailey Ray *(Sr Acct Exec)*
Shannon Fowler *(Acct Exec)*
Jenna Matthews *(Acct Exec)*
Brittany Bowden *(Asst Acct Exec)*
Jordan Fisher *(Asst Acct Exec-Team Unilever Shopper)*

Accounts:
Kimberly-Clark
Unilever

GEOMETRY GLOBAL NORTH AMERICA HQ
636 11th Ave, New York, NY 10036
Tel.: (212) 537-3700
E-Mail: lindsay.fellows@geometry.com
Web Site: www.geometry.com

Employees: 4,000
Year Founded: 2013

National Agency Associations: 4A's

Agency Specializes In: Alternative Advertising, Below-the-Line, Collateral, Digital/Interactive, Direct Response Marketing, E-Commerce, Email, Exhibit/Trade Shows, Experience Design, Experiential Marketing, Guerilla Marketing, In-Store Advertising, Local Marketing, Mobile Marketing, Multicultural, Out-of-Home Media, Point of Purchase, Point of Sale, Print, Promotions, Radio, Retail, Shopper Marketing, Sponsorship, Sweepstakes, Trade & Consumer Magazines, Web (Banner Ads, Pop-ups, etc.)

Holly Meloy *(Mng Dir & Exec VP)*
Tim Vola *(Sr VP & Mng Dir)*
Stefan Himpe *(CFO & COO)*
Jim Carlton *(Chief Creative Officer)*
Jon Hamm *(Chief Creative Officer)*
Marta LaRock *(Chief Strategy Officer-North America)*
Heidi Schoeneck *(Chief Creative Officer)*
Scott McCallum *(Pres-Shopper Mktg-North America)*
Steve Harding *(CEO-Global)*
Tony Ciresi *(Exec VP & Acct Dir)*
Debbie Kaplan *(Exec VP-Experiential Mktg-North America)*
Stephen Zhawred *(Sr VP & Acct Dir)*
Alejandra Denda *(Sr VP-Comml Mktg)*
Amy Gomez *(Sr VP-Cross-Cultural Mktg)*
Steve Finney *(VP & Grp Acct Dir)*
Lindsay Fellows *(VP-Acct)*
Allysun Lundy *(VP-Acct)*
Chantal Smith *(Creative Dir)*
Selinde Dulckeit *(Dir-Corp Comm-Global)*
Yanina Erman *(Dir-Corp Comm-North America)*
William Good *(Dir-Bus Dev-Global)*
Gina Lee Paradiso *(Acct Supvr)*
Stephanie Zapata *(Acct Supvr)*
Kamaria Muir *(Supvr-Media)*
Jeff Czaplewski *(Acct Exec)*

Accounts:
Aetna
American Express
The Coca Cola Company
Conagra
The Dannon Company, Inc. Oikos Triple Zero
Diageo North America Inc. Baileys
Dupont
Electrolux In-Store
Fidelity
Ford
General Mills
Goodyear
John Deere
Kimberly-Clark Corporation Huggies, Kleenex, Shopper Media
Liberty Mutual
Mondelez International
Royal Dutch Shell plc B2B, Shell Global Commercial, Shell Retail, Shopper, Trade; 2018
Target
Time Warner Cable
Unilever
Waste Management

Branches

Geometry Global
215 Rue Saint-Jacques Bureau 333, QC H2Y 1M6 Montreal, QC Canada
Tel.: (514) 861-1811
Web Site: www.geometry.com

Employees: 40

Nuala Byles *(Exec VP & Exec Creative Dir)*
Martin Bujold *(Head-Creative)*
Greg Muhlbock *(Art Dir)*

Accounts:
Danone Activia, Oikos, Point of Sale
Kimberly-Clark Inc. Broadcast, Campaign: "Share The Care", Campaign: "Someone Needs One.", Kleenex, OOH, Online, Print

Geometry Global
701 Horsebarn Rd Ste 200, Bentonville, AR 72758
(See Separate Listing)

Geometry Global
350 N Orleans St, Chicago, IL 60654
Tel.: (312) 229-8500
Web Site: www.geometry.com

Employees: 1,000

National Agency Associations: 4A's

Jim Carlton *(Chief Creative Officer)*
Nick Jones *(Chief Growth Officer)*
Scott McCallum *(Pres-Shopper Mktg-North America)*
John Manley *(Exec VP & Head-Strategy)*
Dan Eisenberg *(Exec VP-Experiential Mktg)*
Annette Fonte *(Sr VP-Acct)*
Chad Ingram *(Sr VP & Grp Creative Dir)*
Sara Kosiorek *(VP & Dir-Ops)*
Laura Johnston *(Exec Creative Dir)*
Craig Ducker *(Acct Dir)*
Ilze Lazdins *(Art Dir)*
Kelley McClellan *(Acct Dir)*
Ryan Leigh Robertson *(Acct Dir)*
Kimberly Spurgash *(Assoc Dir-Talent Acq)*
Jorie Hamm *(Acct Supvr & Strategist-Channel)*

ADVERTISING AGENCIES

AGENCIES - JANUARY, 2019

Kristen Bellavia *(Acct Supvr)*
Lisa Gehring *(Acct Supvr)*
Dominic Johnson *(Supvr-Media)*
Elizabeth Cheong *(Acct Exec)*
Jon Britt *(Sr Art Dir)*

Accounts:
Kimberly-Clark
Mondelez

Geometry Global
388 S Main St, Akron, OH 44311
Tel.: (330) 376-6148
Web Site: www.geometry.com

Employees: 200

National Agency Associations: 4A's

Agency Specializes In: Advertising, Sponsorship

Gail Kay *(Mng Dir & Exec VP)*
Jim Carlton *(Chief Creative Officer)*
Melvin Strobbe *(Exec VP & Exec Creative Dir)*
Tony Bell *(Sr VP & Grp Acct Dir)*
Brian Spencer *(Sr VP & Media Dir)*
Susan Ladd *(VP & Grp Acct Dir)*
Betsy Foote *(VP & Media Dir)*
Han Kim *(Grp Dir-Creative)*
Matt Finley *(Sr Dir-Art)*
Hayley Kelsey *(Media Dir)*
Sean Schott *(Art Dir)*
Mark Thompson *(Assoc Dir-Creative)*
Angelica Gregoire *(Acct Supvr)*
Lindsay Moll *(Acct Supvr)*
Betsey Lukens *(Supvr-Digital Media)*
Lauran Bush *(Acct Exec)*
Katie Spisak *(Assoc Media Dir)*
Jamie Turpin *(Assoc Creative Dir)*

Accounts:
Bombardier Recreational Products
General Mills
John Deere
Nestle

GEORGE P. JOHNSON
11 E 26th St Fl 12, New York, NY 10010
Tel.: (212) 401-7800
Fax: (212) 401-7801
Web Site: https://www.gpj.com/

Employees: 1,400
Year Founded: 1914

National Agency Associations: 4A's

Agency Specializes In: Advertising, Experiential Marketing

James Klein *(Sr VP-Live Production)*
Jennifer Shifman *(VP & Gen Mgr)*
Marcos Ribeiro *(VP & Exec Creative Dir-Global)*
Peter Williams *(Creative Dir)*
Kami Hilkemeier *(Mgr-Events)*

GEORGE P. JOHNSON COMPANY, INC.
3600 Giddings Rd, Auburn Hills, MI 48326-1515
Tel.: (248) 475-2500
Fax: (248) 475-2325
E-Mail: info@gpj.com
Web Site: https://www.gpj.com/

Employees: 1,300
Year Founded: 1914

National Agency Associations: 4A's

Agency Specializes In: Event Planning & Marketing, Experiential Marketing, Strategic Planning/Research

Chris Meyer *(CEO)*
Eva Miller *(Sr VP-HR)*
Jennifer Shifman *(VP & Gen Mgr)*
Scott Kellner *(VP-Mktg)*
Alan Lee *(Sr Dir-Fin Bus Controls)*
Eric Hachlinski *(Grp Creative Dir)*
Catherine Mosher *(Assoc Producer-Event)*

Accounts:
American Ultimate Disc League Agency of Record, Sports Marketing
Chrysler, LLC All Chrysler & Fiat Brands Including Maserati
Cisco Conference/Experiential
Fiat Chrysler Automobiles
Honda Acura, Auto Show/Experiential
IBM Global Experiential Agency of Record
Infiniti Division, Nissan North America Auto Show/Experiential
Lexus Auto Show/Experiential
LG Campaign: "LG at CTIA"
MWV Conference/Experiential
Sage Conference/Experiential
Salesforce.com Annual Dreamforce Event Strategy, Production & Management
Samsung Live Event/Gala Production
Scion Auto Show/Experiential
Tesla Global Experiential Agency of Record
Toyota Auto Show/Experiential
Tridium Conference/Experiential
Under Armour Sports & Experiential Marketing

Branches

George P. Johnson Company, Inc.
120 Saint James Ave # 4, Boston, MA 02116
Tel.: (617) 535-9800
Fax: (617) 535-9797
E-Mail: info@gpj.com
Web Site: www.gpj.com

Employees: 60

National Agency Associations: 4A's

Ken Madden *(Sr VP & Head-Digital Engagement)*
David Michael Rich *(Sr VP-Client Svcs)*
John Trinanes *(Sr VP-Creative)*
Marc Ruggiero *(Exec Dir-Graphics)*
Eric Cavanaugh *(Creative Dir)*
David Shor *(Creative Dir)*
Gary Lebrun *(Sr Creative Dir)*

Accounts:
Alfa Bank Campaign: "Moscow Day"
Dodge
Fiat USA Campaign: "Fiat Gallery at 18 Wooster"
IBM Corp
Nissan Infinity
Toyota Motor Campaign: "Scion Surface Experience"

George P. Johnson Company, Inc.
4000 Centre Pointe Dr, La Vergne, TN 37086
Tel.: (615) 768-3200
Fax: (615) 768-3201
Web Site: https://www.gpj.com/

Employees: 25

National Agency Associations: 4A's

Ryan Burke *(Sr VP & Grp Acct Dir)*
Jennifer Shifman *(VP & Gen Mgr)*
Eric Peters *(Acct Dir)*
Seth Marquart *(Dir-Strategy & Plng)*
Ashley Lee *(Acct Mgr)*

George P. Johnson Company, Inc.
18500 Crenshaw Blvd, Torrance, CA 90504
Tel.: (310) 965-4300

Fax: (310) 965-4696
Web Site: https://www.gpj.com/

Employees: 130

National Agency Associations: 4A's

Agency Specializes In: Advertising

Chris Meyer *(CEO)*
Mike Rossi *(Exec VP-Ops-Worldwide)*
John Capano *(Sr VP-Strategy & Plng-North America & Gen Mgr-Los Angeles)*
James Updike *(Sr VP)*
Jennifer Shifman *(VP & Gen Mgr)*
John Romero *(VP & Acct Dir)*
James Christian *(Exec Creative Dir)*
Jeremy Twardowski *(Sr Dir-Fabrication Estimating)*
Sarah Ball *(Mgr-Event Svcs)*
Geoffrey Mye *(Sr Creative Dir)*

Accounts:
New-American Honda Motor Co., Inc Acura
New-FCA US LLC
New-Mazda North American Operations
Nissan North America, Inc. Infiniti
Toyota Motor Sales, U.S.A
New-Volkswagen Group of America, Inc

George P. Johnson Company, Inc.
999 Skyway Rd Ste 300, San Carlos, CA 94070
Tel.: (650) 226-0600
Fax: (650) 226-0601
E-Mail: richard.toscano@gpj.com
Web Site: https://www.gpj.com/

Employees: 100

National Agency Associations: 4A's

Agency Specializes In: Sponsorship

Jack Derusha *(Sr VP-Ops)*
Paolo Zeppa *(Sr VP-Client Success)*
Jennifer Shifman *(VP & Gen Mgr)*
Scott Burns *(VP & Exec Creative Dir)*
Jorge E. Narvaez-Arango *(VP & Exec Creative Dir)*
Nicole Feldman *(VP-Client Svcs)*
Scott Kellner *(VP-Mktg)*
Andrew Lesher *(Sr Dir-Event Production)*
Ryan Hove *(Dir-Strategy & Plng)*
Jason Escalante *(Mgr-Event)*
Bo Mendoza *(Mgr-Event Staffing)*
Linda Yu *(Mgr-Talent & Culture)*
Suzanne Hanson *(Sr Creative Dir)*

Accounts:
Charles Schwab
Cisco Systems, Inc.

George P. Johnson (UK) Ltd
Picton House 52 High St, Kingston, KT1 1HN
United Kingdom
Tel.: (44) 208 879 2200
Fax: (44) 208 879 2201
Web Site: https://www.gpj.com/

Employees: 70

Agency Specializes In: Advertising

Jason Megson *(Mng Dir & VP)*
Jonathan McCallum *(Chief Strategy Officer & VP)*
Nick Riggall *(VP-Digital Strategy)*
Neil Mason *(Exec Creative Dir)*
Mary Hodson *(Sr Acct Dir)*
George Bear *(Dir-Creative Svcs)*
Merethe Bergnord-Ashby *(Dir-Event)*
Lizzie Mildinhall *(Dir-Event Svcs)*
Hannah Tapper *(Sr Mgr-Events)*

Accounts:
VMware

AGENCIES - JANUARY, 2019 — ADVERTISING AGENCIES

George P. Johnson (France) SARL
74 Rue Rouget de Lisle, 92150 Suresnes, France
Tel.: (33) 1 4783 7587
Fax: (33) 1 4279 0583
Web Site: https://www.gpj.com/

Employees: 1

Agency Specializes In: Advertising

Victoria Connor *(Sr Acct Dir)*
Laura Sabouret *(Dir-Ops-EMEA)*

George P. Johnson Event Marketing Co. Ltd.
Unit 703 SK Tower 6A Jianguomenwai Street, Chaoyang District, Beijing, 100022 China
Tel.: (86) 10 6529 8800
Fax: (86) 10 6563 0103
E-Mail: inbox@gpjco.com
Web Site: www.gpj.com/

Employees: 40

Agency Specializes In: Advertising

Felix Jun Gonzales *(Mng Dir & VP)*
Phyllis Teo *(VP & Gen Mgr-GCG)*
Jessie Li *(Asst Gen Mgr)*

George P. Johnson (Australia) Pty., Ltd.
Suite 101 Level 1 63-79 Miller St, Pyrmont, Sydney, NSW 2009 Australia
Tel.: (61) 2 8569 7600
Fax: (61) 2 8569 7610
E-Mail: gpjaustralia@gpj.com
Web Site: https://www.gpj.com/

Employees: 60

Agency Specializes In: Advertising

Caleb Bush *(Mng Dir & VP)*
Will Halliday *(Exec Dir-Strategy)*
Bim Ricketson *(Exec Creative Dir)*
Felippe Diaz *(Grp Acct Dir)*
Glenn Whitehead *(Creative Dir)*
Marc Iacono *(Dir-Ops)*
Natalie Pronin *(Mgr-Western Australia)*
Jessica Quiney *(Strategist-Creative)*
Justine Carr *(Reg Acct Dir-APAC)*
James David *(Sr Creative Dir)*

Accounts:
APEC
General Motors
Genesis Care
Hyundai
IBM
Intuit
Invictus Games Sydney 2018
Kluger
Lexus
Nissan
Optus Mobile Pty. Ltd. Activation, Creative, Experiential, Production; 2017
SIBOS
Smart Light Sydney
Synergy (Experiential Agency of Record) Activation, Creative, Strategy; 2018
Yonex

GEOVISION
75 N Beacon St, Watertown, MA 02472
Tel.: (617) 926-5454
Fax: (617) 925-5411
E-Mail: info@geovisiononline.com
Web Site: geovisiononline.com

Year Founded: 1989
National Agency Associations: AHAA

Agency Specializes In: Hispanic Market, Sponsorship

Juan Mandelbaum *(Pres & Creative Dir)*
Michelle Jimenez *(Acct Dir)*

Accounts:
Children's Television Workshop Sesame Street
Coca-Cola/McCann-Erickson Worldwide
D.C. Heath
Massachusetts Environmental Trust
McDonald's/Arnold Worldwide
Volkswagen/Arnold Worldwide
WGBH-TV

GERARD MARKETING GROUP
618 Oakwood Ave, Saint Louis, MO 63119
Tel.: (314) 413-0146
E-Mail: info@gerardmarketinggroup.com
Web Site: gerardmarketinggroup.com/

Employees: 20
Year Founded: 2001

National Agency Associations: 4A's

Agency Specializes In: Advertising, Brand Development & Integration, Content, Event Planning & Marketing, Internet/Web Design, Logo & Package Design, Public Relations, Search Engine Optimization, Social Media

Sherrie Wehner *(CMO & Chief Dev Officer)*
Susan Gerard *(Principal)*

Accounts:
New-Avid Dental Products

GERSHONI
785 Market St The Dome, San Francisco, CA 94103
Tel.: (415) 397-6900
E-Mail: info@gershoni.com
Web Site: www.gershoni.com

Employees: 12

Agency Specializes In: Advertising, Experiential Marketing

Amy Gershoni *(Co-Founder & Pres)*
Gil Gershoni *(Co-Founder & Creative Dir)*
Jake Durrett *(Sr Producer-Creative)*
Kelly Graham *(Acct Dir)*
April Durrett *(Strategist-Creative-UX, CX Strategy & Design)*

Accounts:
Bank of America
Hewlett-Packard
Kai Vodka
Patron Spirits Co.
Silicon Graphics

GETFUSED
285 Summer St, Boston, MA 02210
Tel.: (617) 500-2606
Web Site: getfused.com

Employees: 23
Year Founded: 1996

Agency Specializes In: Advertising, Advertising Specialties, Brand Development & Integration, Digital/Interactive, E-Commerce, Email, Graphic Design, Internet/Web Design, Paid Searches, Search Engine Optimization, Social Marketing/Nonprofit, Social Media, Strategic Planning/Research, Web (Banner Ads, Pop-ups, etc.)

Erica Seery *(Strategist-Lead Mktg)*

Accounts:
Cosi Brand Website, Coffee Initiative; 2015
Harpoon Brewery Brewery Website; 2006
Massachusetts Biotechnology Council Organization Website; 2012
New England Patriots 365 Loyalty Program; 2001

GHG
200 5th Ave, New York, NY 10010
Tel.: (212) 886-3000
Fax: (212) 886-3297
E-Mail: ghgnewsroom@ghgroup.com
Web Site: https://ghgroup.com/

Employees: 300
Year Founded: 1978

National Agency Associations: PRSA

Agency Specializes In: Advertising, Advertising Specialties, Bilingual Market, Brand Development & Integration, Business-To-Business, Collateral, Communications, Consulting, Consumer Marketing, Corporate Identity, Digital/Interactive, Direct Response Marketing, Education, Electronic Media, Event Planning & Marketing, Exhibit/Trade Shows, Graphic Design, Health Care Services, Hispanic Market, Information Technology, Internet/Web Design, Local Marketing, Logo & Package Design, Medical Products, Pharmaceutical, Print, Public Relations, Publicity/Promotions, Retail, Sales Promotion, Sponsorship, Strategic Planning/Research, Telemarketing, Trade & Consumer Magazines

Mark Suster *(CFO)*
Gary Scheiner *(Chief Creative Officer & Exec VP)*
Justin Reed *(Sr VP & Dir-Digital Strategy)*
Dan Relton *(Sr VP & Dir-HR)*

Accounts:
Allergan
AstraZeneca Pharmaceuticals LP
Boehringer Ingelheim Dulcolax, Viramune
Eli Lilly Global Branding
Essilor
Jed Foundation (Pro-Bono)
Pfizer Advil Cold and Sinus, Alavert, Celebrex, Dimetapp, Robitussin
Procter & Gamble
Text4baby

Branches

Grey Healthcare Group
1656 Washington Ste 300, Kansas City, MO 64108
Tel.: (816) 842-8656
Fax: (816) 842-1522
Web Site: https://ghgroup.com/

Employees: 48

National Agency Associations: 4A's

Carolyn Oddo *(Mng Dir & Exec VP)*
Nichole Davies *(Exec VP & Head-Strategy)*
Shelley Hanna *(Sr VP)*
Rusty Nail *(VP & Creative Dir)*
Bonnie Baker *(VP & Creative Mgr-Print, Digital, Animation, Video & Brdcst)*
Raven Hubbard *(Acct Supvr)*
Emily Stein *(Sr Acct Exec)*
Erin Unterstein *(Sr Acct Exec)*
Alyssa Usoskin *(Sr Acct Exec)*
Chris Etzold *(Grp Acct Supvr)*
Jenny Krieger *(Grp Acct Supvr)*

ADVERTISING AGENCIES

Marissa Packer *(Grp Acct Supvr)*
Danielle Wozniak *(Assoc Creative Dir)*

Accounts:
Hills Pet Nutrition

Grey Healthcare Paris
63 bis rue de Sevres, 92100 Boulogne-Billancourt, France
Tel.: (33) 1 46 84 85 72
Fax: (33) 1 46 84 86 17
E-Mail: info@ghgroup.com
Web Site: https://ghgroup.com/

Employees: 17

Agency Specializes In: Health Care Services, Pharmaceutical

Thierry Kermorvant *(Mng Dir)*

Grey Healthcare
Lynton House, 7-12 Tavistock Square, London, WC1H 9LT United Kingdom
Tel.: (44) 203 037 3600
Fax: (44) 203 037 3610
Web Site: https://ghgroup.com/

Employees: 30
Year Founded: 1979

Agency Specializes In: Health Care Services

Gaby Cooper *(Mng Partner)*
Ian Randle *(Head-Production-Fragrances London)*
Berni Spires *(Comml Dir)*
Elly Price *(Dir-Bus Dev-EU)*

Accounts:
AstraZeneca; Sweden
British Heart Foundation Campaign: "Bhf-Vinnie"
GlaxoSmithKline plc Campaign: "The Heat", Lucozade Sport Conditions Zone
News UK
Pfizer
Roche; Switzerland
Scope
The Sunday Times
Vodafone Ireland

Grey Healthcare
Northpoint Building Level 18 100 Miller Street, North, Sydney, NSW 2060 Australia
Tel.: (61) 2 9936 2700
Fax: (61) 2 9936 2701
Web Site: https://ghgroup.com/

Employees: 7
Year Founded: 1996

Agency Specializes In: Media Buying Services

Accounts:
Abbott
Allergan
AMRRIC
Drontal Allwormer
Eli Lilly
GSK
Pfizer Social, TV, Website
Roche
Shire

Phase Five Communications
114 5th Ave, New York, NY 10011-5604
Tel.: (212) 886-3047
Fax: (212) 886-3271
E-Mail: wbalter@ghgroup.com
Web Site: www.phase-five.com

Employees: 80

Agency Specializes In: Health Care Services, Pharmaceutical, Planning & Consultation

GIAMBRONE + PARTNERS
5177 Salem Hills Ln, Cincinnati, OH 45230
Tel.: (513) 231-5146
Fax: (513) 231-5126
E-Mail: markg@giambroneandpartners.com
Web Site: www.giambroneandpartners.com/

Employees: 8
Year Founded: 2002

Agency Specializes In: Advertising, Affluent Market, Alternative Advertising, Broadcast, Business-To-Business, Cable T.V., Catalogs, Children's Market, Co-op Advertising, Collateral, Computers & Software, Consulting, Consumer Goods, Consumer Publications, Corporate Communications, Corporate Identity, Cosmetics, Direct Response Marketing, Direct-to-Consumer, Exhibit/Trade Shows, Fashion/Apparel, Food Service, Graphic Design, Health Care Services, Hospitality, Household Goods, In-Store Advertising, Internet/Web Design, Leisure, Local Marketing, Logo & Package Design, Luxury Products, Magazines, Men's Market, Multimedia, New Product Development, Newspaper, Newspapers & Magazines, Out-of-Home Media, Outdoor, Package Design, Point of Purchase, Point of Sale, Print, Production, Production (Ad, Film, Broadcast), Production (Print), Promotions, Radio, Real Estate, Regional, Sales Promotion, Sponsorship, Sports Market, Sweepstakes, T.V., Trade & Consumer Magazines, Transportation, Travel & Tourism, Web (Banner Ads, Pop-ups, etc.)

Approx. Annual Billings: $500,000

Ken Giambrone *(Principal & Chief Creative Officer)*
Mark Giambrone *(Principal & Exec Dir-Creative)*

Accounts:
Haversham & Baker Golf Expeditions
JeniLee Cosmetics
Newport Aquarium
Procter & Gamble

GIANT CREATIVE/STRATEGY, LLC
1700 Montgomery St, San Francisco, CA 94111
Tel.: (415) 655-5200
Fax: (415) 655-5201
E-Mail: info@giantsf.com
Web Site: www.giantagency.com

Employees: 16
Year Founded: 2002

National Agency Associations: 4A's

Agency Specializes In: Digital/Interactive, Exhibit/Trade Shows, Health Care Services, Internet/Web Design, Logo & Package Design, Pharmaceutical, Print, Production, Public Relations, Strategic Planning/Research

Stephen Mullens *(Founder & Partner)*
Adam Gelling *(Pres)*
Steven Gold *(CEO)*
Jeffrey Nemy *(CFO)*
Eric Steckelman *(Chief Growth Officer)*
Michael Sperling *(Principal)*
Kristina Ellis *(Exec VP & Exec Creative Dir)*
Jan Vennari *(Exec VP & Client Svcs Dir)*
Michele Adams *(Sr VP & Creative Dir)*
Andrew Wint *(Sr VP-Tech)*
Josh Yoburn *(Sr VP-Medical & Scientific Strategy)*
Lawrence Caringi *(VP & Dir-Client Partnerships)*
Purr Drummey *(VP-Creative Svcs)*
Kimberly Robinson *(Acct Grp Supvr)*

Dana Nakagawa *(Supvr-Art)*
Stephanie Chen *(Sr Acct Exec)*
Felicity Pal *(Copywriter)*

Accounts:
Actelion
APP Pharmaceuticals, Inc.
ArthroCare EMT
BioGen Idec
BioMarin Pharmaceutical
Conor Medsystems
Gilead Sciences, Inc. SpeakFromTheHeart.com
Neutrogena Corp
Otsuka America
PDL BioPharma
Synarc
Verus Corp.

GIANT SPOON
6100 Wilshire Blvd Ste 700, Los Angeles, CA 90048
E-Mail: hello@giantspoon.com
Web Site: www.giantspoon.com

Employees: 36

Agency Specializes In: Advertising, Content, Digital/Interactive, Strategic Planning/Research

Trevor Guthrie *(Co-Founder)*
Jonathan Haber *(Co-Founder)*
Marc Simons *(Co-Founder)*
Pierre Parisot *(Mng Dir & Head-Content)*
Corbin Brown *(VP & Dir-Strategy)*
Justine Lyn *(VP-Media)*
Alana White *(VP-Media Strategy & Mktg)*
Adam Wiese *(VP-Strategy)*
Russ Cohn *(Acct Dir)*
Adam Groves *(Creative Dir)*
Zac Ryder *(Creative Dir)*
Mike Valentin *(Media Dir)*
Grace Damo *(Dir-Media Strategy)*
Sharon Murff *(Dir-Creative Resources & Svcs)*
Caleb W Smith *(Dir-Social & Content Strategy)*
Annie Nam *(Assoc Dir-Strategy)*
Will Simpson *(Assoc Dir-Strategy)*
Scott Nieman *(Acct Mgr)*
Christina Luley *(Mgr-Talent Acq)*
Sammi Han *(Sr Strategist-Social)*
Joshua Noa *(Strategist)*
Karine Grigorian *(Sr Art Dir)*
Felipe Mollica *(Sr Art Dir)*
Chloe Seitz *(Assoc Acct Dir)*

Accounts:
Amazon
Cole Haan
Conde Nast
General Electric
Hewlett-Packard Company
Home Box Office, Inc SXSW
Keek Marketing, Media
Lego
Lincoln Motor Co
Massachusetts Mutual Life Insurance Company
NBC Universal, Inc.
One Medical (Media Agency of Record)
Paramount Pictures
Pinterest (Media Agency of Record)
STX Entertainment
Uber Technologies Inc.
Zoological Society of San Diego Media Planning & Buying; 2018

GIANTS & GENTLEMEN
145 Berkeley St Ste 200, Toronto, ON M5A 2X1 Canada
Tel.: (416) 568-0811
Web Site: www.giantsandgents.com

Employees: 50
Year Founded: 2012

Agency Specializes In: Advertising, Digital/Interactive, Media Planning, Public Relations, Social Media

Gino Cantalini *(Co-Founder & Chief Strategy Officer)*
Natalie Armata *(Co-Founder & Creative Dir)*
Alanna Nathanson *(Co-Founder & Creative Dir)*
Steve Waugh *(VP & Head-Client Svcs)*
Steven Kim *(Sr Dir-Art)*
Julie Wierzbicki *(Acct Dir)*
Adrian Sauvageot *(Dir-Digital Svcs)*
Kelly Brennan *(Acct Mgr)*
Tina Chimbos *(Office Mgr)*
Ariella Harris *(Acct Mgr)*
Lauren Morrison *(Acct Mgr)*
Nina Erceg-Gogic *(Acct Coord)*
Brandon Baker *(Sr Writer)*
Catherine Wong *(Team Head-Medical Indus)*

Accounts:
New-Assaulted Women's Helpline; 2017
Big Smoke Burger; 2017
Days Inn Canada Campaign; "Bizcation: "Jerry Land"
Dr. Bernstein Diet & Health Clinics Campaign: "Been There. Done That."
Dr. Oetker (Creative Agency of Record) Casa di Mama, Giuseppe, Giuseppe Pizzeria, Ristorante, Shirriff, Tradizionale; 2018
Fisherman's Friend Campaign: "Suck it Up"
Global Pet Foods
Inaria B2B, Brand Strategy, Communications, Creative, Packaging
Indie88 Brand Refresh, Creative, Strategic Positioning
Mac's Convenience Stores Campaign: "You Are What You Froster"
Movember Foundation Breakups are hard
Mucho Burrito; 2017
National Ballet School
One at Keswick
Pusateri's Fine Foods Creative, Strategy; 2017
Testicular Cancer Canada

GIBBONS/PECK MARKETING COMMUNICATION
PO Box 5396, Greenville, SC 29606
Tel.: (864) 232-0927
Fax: (864) 232-2213
E-Mail: jgibbons@gibbonspeck.com
Web Site: www.gibbonspeck.com

Employees: 9
Year Founded: 1994

Anne Peck Gibbons *(Owner & Creative Dir)*
James Gibbons *(Owner)*

Accounts:
AMAMCO Tool
AnMed Health
Asheville Christian Academy
Baptist Easley Hospital
Central Pacific Bank (Hawaii)
Converse College
Greenwood Hills Conference Center
Hometrust Bank
Isothermal Community College
Mission Health
Northeast State Technical Community College
The Palmetto Bank
Paragon Bank
The Peace Center for the Performing Arts
Pittsboro Christian Village
Planter's Peanuts
Riverside National Bank
Two Chefs Restaurants

GIBENS CREATIVE GROUP
1014 N Gloster Ste C, Tupelo, MS 38804
Tel.: (662) 844-9007
Fax: (662) 840-3839
Web Site: www.gibenscreativegroup.com

Employees: 3

Agency Specializes In: Advertising, Brand Development & Integration, Corporate Identity, Graphic Design, Internet/Web Design, Logo & Package Design, Print

Eric Gibens *(Pres & CEO)*
Cass Phipps *(Creative Dir)*
Betsy Davis *(Acct Exec)*

Accounts:
B&B Concrete Company Inc.
Dont Be Cruel BBQ Duel
Elvis Presley Birthplace
Kruzzer Kaddy
Lone Cypress
Old Wavery
Shape
Sportsman Camo Covers
Sweet Cheeks Donut
Urology Associates

GIESKEN OUTDOOR ADVERTISING
115 Sophia's Lane, Ottawa, OH 45875
Tel.: (313) 462-0789
Toll Free: (866) 443-7536
E-Mail: tom@gieskenoutdoor.com
Web Site: www.gieskenoutdoor.com/

Employees: 10

Thomas Giesken *(Pres)*

Accounts:
Bob Evans
Hype Athletics
Tim Horton's Outdoors

GIGANTE VAZ PARTNERS ADVERTISING, INC.
915 Broadway, New York, NY 10010
Tel.: (212) 343-0004
Fax: (212) 343-0776
Web Site: www.gigantevaz.com

Employees: 28
Year Founded: 1989

National Agency Associations: AAF-AWNY

Agency Specializes In: Advertising, Brand Development & Integration, Broadcast, Business Publications, Business-To-Business, Cable T.V., Co-op Advertising, Collateral, Consumer Marketing, Consumer Publications, Corporate Identity, Cosmetics, Digital/Interactive, Direct Response Marketing, Email, Fashion/Apparel, Financial, Graphic Design, Health Care Services, High Technology, In-Store Advertising, Information Technology, Internet/Web Design, Logo & Package Design, Magazines, Media Buying Services, Merchandising, New Product Development, Newspaper, Newspapers & Magazines, Out-of-Home Media, Outdoor, Package Design, Pharmaceutical, Point of Purchase, Point of Sale, Print, Production, Production (Ad, Film, Broadcast), Publicity/Promotions, Publishing, RSS (Really Simple Syndication), Radio, Search Engine Optimization, Sponsorship, Strategic Planning/Research, Sweepstakes, T.V., Technical Advertising, Trade & Consumer Magazines, Transportation, Web (Banner Ads, Pop-ups, etc.)

Approx. Annual Billings: $71,000,000

Breakdown of Gross Billings by Media: Cable T.V.: 8%; D.M.: 3%; Internet Adv.: 11%; Network T.V.: 20%; Newsp. & Mags.: 20%; Out-of-Home Media: 4%; Radio: 10%; Spot T.V.: 10%; Syndication: 4%; Trade & Consumer Mags.: 10%

Jim McHugh *(Pres)*
Paul Gigante *(CEO & Chief Creative Officer)*
Madeline Vaz *(COO & Head-Client Svcs)*
Edwin Melendez *(Production Mgr-Print-Digital Design)*
Jefferson Vo *(Supvr-Digital Media)*

Accounts:
Botkier Designer Handbags & Accessories
Chubb Insurance
The College Board Education
Crillon Importers Spirits
EFI
iCIMS Business Technology
Mack-Cali Realty Corp. Real Estate
St. Martin's Press Entertainment, Publishing

GIGASAVVY
14988 Sand Canyon Ave Studio 4, Irvine, CA 92618
Tel.: (877) 728-8901
E-Mail: info@gigasavvy.com
Web Site: https://www.gigasavvy.com/

Employees: 34

Agency Specializes In: Advertising, Brand Development & Integration, Digital/Interactive, Graphic Design, Media Buying Services, Print, Search Engine Optimization, Social Media

Kyle Johnston *(Pres)*
Robert Zibell *(VP)*
Sara Gwin *(Production Mgr)*
Alexandra Corwin *(Sr Strategist-Media)*

Accounts:
Johnny Rockets

GIGUNDA GROUP, INC.
139 Flightline Rd, Portsmouth, NH 03801
Tel.: (603) 314-5000
Fax: (603) 314-5001
E-Mail: info@gigundagroup.com
Web Site: www.gigundagroup.com

Employees: 30
Year Founded: 1994

Agency Specializes In: Sponsorship

Ryan FitzSimons *(Founder & CEO)*
Beth Brodeur *(Dir-HR)*
Tracy Boucher *(Mgr-Bus Dev)*
Devin Hallahan *(Acct Exec)*

Accounts:
Advil
Animal Planet
Assa Abloy
Bounty
Duracell
Eukanuba
Guitar Hero
Kelloggs
Mars Snackfood
Nike
P&G
Pedigree

ADVERTISING AGENCIES
AGENCIES - JANUARY, 2019

Shell
Sony
Stanley
Tide
Valvoline
Yahoo

GILBREATH COMMUNICATIONS, INC.
15995 N Barkers Landing Ste 100, Houston, TX 77079
Tel.: (281) 649-9595
Fax: (281) 752-6899
E-Mail: info@gilbcomm.com
Web Site: www.gilbcomm.com

Employees: 12
Year Founded: 1989

National Agency Associations: AAF-AMA-PRSA

Agency Specializes In: Above-the-Line, Advertising, African-American Market, Alternative Advertising, Below-the-Line, Broadcast, Business Publications, Business-To-Business, Cable T.V., Collateral, College, Communications, Consulting, Consumer Marketing, Corporate Communications, Corporate Identity, Digital/Interactive, Direct-to-Consumer, Electronic Media, Environmental, Event Planning & Marketing, Exhibit/Trade Shows, Financial, Graphic Design, Internet/Web Design, Local Marketing, Logo & Package Design, Media Planning, Media Relations, Men's Market, Multicultural, Multimedia, Newspaper, Newspapers & Magazines, Out-of-Home Media, Outdoor, Package Design, Planning & Consultation, Point of Purchase, Point of Sale, Production, Production (Ad, Film, Broadcast), Production (Print), Public Relations, Publicity/Promotions, Radio, Recruitment, Regional, Retail, Sales Promotion, Social Marketing/Nonprofit, Strategic Planning/Research, T.V., Transportation, Urban Market, Web (Banner Ads, Pop-ups, etc.), Women's Market

Approx. Annual Billings: $4,000,000

Audrey J. Gilbreath *(Pres)*
Wardell Gilbreath *(CFO & VP)*
Bettie DeBruhl *(VP-Mktg Comm)*
Robyn Wright *(Dir-Mktg Comm)*
Latoya Thomas *(Acct Exec)*
Kelly Musebeck *(Sr Graphic Designer)*
Megan Bryant *(Acct Coord)*
Robert Alfaro *(Jr Graphic Designer)*

Accounts:
Houston-Galveston Area Council Clean Air & Commuting Solutions
Port Authority of Houston Cargo to Economic Dev., Environment
Shell Oil Supplier Diversity, Community Rel.
Workforce Solutions Employment

GILL FISHMAN ASSOCIATES
675 Massachusetts Ave, Cambridge, MA 02139
Tel.: (617) 492-5666
Fax: (617) 492-5408
E-Mail: gfa@gillfishmandesign.com
Web Site: www.gillfishmandesign.com

Employees: 4

Agency Specializes In: Advertising, Collateral, Digital/Interactive, Internet/Web Design

Gill Fishman *(Founder & CEO)*
Michael Persons *(Sr Designer)*

Accounts:
Alnylam Pharmaceuticals, Inc
Brown University
The Davis Companies
Gloucester Pharmaceuticals Inc.
Harvard University
Mass Technology Leadership Council
The Rashi School
Sapient Corporation
Spaulding Rehabilitation Hospital

GILLESPIE GROUP
101 N Providence Rd, Wallingford, PA 19086
Tel.: (610) 924-0900
Fax: (610) 924-0909
Web Site: www.gillespiegroup.com

Employees: 11
Year Founded: 1992

Agency Specializes In: Advertising, Automotive, Collateral, Education, Entertainment, Health Care Services, Internet/Web Design, Local Marketing, Media Buying Services, Print, Radio, Retail, Social Marketing/Nonprofit, T.V.

Mike Gillespie, Sr. *(Pres & CEO)*
Sean Gillespie *(VP-Creative)*
Debbie Field *(Media Dir)*
Carolyn Banks *(Mgr-Media)*
Jim Krauss *(Acct Exec)*

Accounts:
Catholic Health Care Services
Pacifico Marple

GILMORE MARKETING CONCEPTS, INC.
142 Glenbrook Cir, Gilberts, IL 60136
Tel.: (847) 931-1511
E-Mail: info@gmcicreative.com
Web Site: gmcicreative.com

Employees: 5
Year Founded: 1991

Agency Specializes In: Advertising, Brand Development & Integration, Event Planning & Marketing, Internet/Web Design, Print, Public Relations, Social Media

Kim Gilmore *(Pres)*

Accounts:
Algonquin Commons
School District U-46

GIN LANE MEDIA
136 E Broadway Fl 2, New York, NY 10002
Tel.: (212) 260-9565
E-Mail: hello@ginlanemedia.com
Web Site: ginlane.com

Employees: 40
Year Founded: 2008

Agency Specializes In: Advertising, Brand Development & Integration, Content, Digital/Interactive, Internet/Web Design

Suze Dowling *(Gen Mgr)*
Dan Kenger *(Creative Dir-Digital)*
Camille Baldwin *(Dir-Brand Dev)*

Accounts:
Black Seed Bagels

GINESTRA WATSON
907 E State St, Rockford, IL 61104
Tel.: (815) 968-9502
Fax: (815) 968-9503
E-Mail: info@ginestrawatson.com
Web Site: http://www.ginestrawatson.com/about/

E-Mail for Key Personnel:
President: jay@ginestrawatson.com
Creative Dir.: keith@ginestrawatson.com

Employees: 6
Year Founded: 2000

Agency Specializes In: Advertising, Automotive, Brand Development & Integration, Business-To-Business, Consumer Marketing, Content, Digital/Interactive, E-Commerce, Health Care Services, Internet/Web Design, Logo & Package Design, Public Relations, Recruitment, Social Media, Trade & Consumer Magazines, Web (Banner Ads, Pop-ups, etc.)

Approx. Annual Billings: $1,800,000

Jay Ginestra *(Partner)*

Accounts:
A. Vision Chicago; Chicago, IL Event Planning; 2004
Arcon Associates; Lombard, IL Architecture; 2001
Chicago Rockford International Airport
Edgebrook
Ginestrawatson
OSF Health Care; Peoria, IL Health Care; 2001
OSF Saint Anthony Medical Center; Rockford, IL Health Care; 2000
Oxford Pest Control
River District
Toyoda Machinery; Chicago, IL; 2000

GINGER GRIFFIN MARKETING & DESIGN
19109 W Catawba Ave Ste 114, Cornelius, NC 28031
Tel.: (704) 896-2479
Web Site: www.wehaveideas.com

Employees: 7

Agency Specializes In: Advertising, Collateral, Internet/Web Design, Logo & Package Design, Package Design, Social Media

Ginger Ervin Griffin *(Principal)*
Gianni Masciopinto *(Art Dir)*
Kimberly Davis *(Sr Acct Exec)*
Kendall Smith *(Acct Exec & Coord-Social Media)*
Becky Rishel *(Designer-Web)*

Accounts:
Charlotte Skyline Terrace
Griffin Brothers Tires, Inc.

GIOVATTO ADVERTISING & CONSULTING INC.
95 Rte 17 S, Paramus, NJ 07652
Tel.: (201) 226-9700
Fax: (201) 226-9694
E-Mail: results@giovatto.com
Web Site: www.giovatto.com

E-Mail for Key Personnel:
President: jgiovatto@giovatto.com
Creative Dir.: jbriggs@giovatto.com

Employees: 45
Year Founded: 1988

Agency Specializes In: Automotive, Fashion/Apparel, Financial, Food Service, Internet/Web Design, Print, Radio, T.V.

Approx. Annual Billings: $55,000,000

Steve Aquino *(VP-Sls & Mktg)*
Michael Messano *(VP-Creative & Ops)*
Brian Tomasella *(Controller)*
Gina Giovatto *(Sr Acct Dir)*
Michael Earle *(Art Dir)*
Jason Laychock *(Creative Dir)*

Anthony Oade *(Creative Dir)*
Samantha Parisi *(Dir-Digital Mktg)*
Natalia Michell Alarcon *(Acct Mgr)*
Justin Giovatto *(Acct Mgr)*
Margo Giovatto *(Acct Mgr)*
Jesika Grosman *(Acct Mgr)*
Kathryn Toms *(Acct Mgr)*
Nicholas Zivic *(Acct Mgr)*
Danielle Lapinski *(Mgr-Digital Mktg)*
Nicholas Pascali *(Mgr-Accts & Bus Dev)*
Dominic Capone *(Acct Exec)*

Accounts:
Blackberry
Crestron
Jack Daniels
Konica Minolta
Nokia
Samsung
Sony Ericsson
T-Mobile US
Wal Mart

GIRARD ADVERTISING LLC
604 DW Hwy Ste 105, Merrimack, NH 03054
Tel.: (603) 429-0100
Fax: (603) 429-0120
E-Mail: advertise@girardadvertising.com
Web Site: www.girardadvertising.com

Employees: 5
Year Founded: 2002

Agency Specializes In: Advertising, Graphic Design, Internet/Web Design, Media Buying Services, Public Relations, Social Media

Karen Girard *(Owner)*

Accounts:
Al Terry Plumbing & Heating, Inc.
Artistic Tile Inc.
Black Forest Restaurant
Upton & Hatfield

GIST & ERDMANN, INC.
1978 The Alameda, San Jose, CA 95126
Tel.: (408) 551-0290
Fax: (408) 551-0294
E-Mail: info@gist-erd.com
Web Site: www.gist-erd.com

Employees: 10
Year Founded: 1988

National Agency Associations: AMA-DMA

Agency Specializes In: High Technology, Information Technology

Gerald Gist *(Owner)*

Accounts:
GE Sensing
General Electric
Intel
iPark
Oracle
StatsChipPac

GK COMMUNICATIONS, INC.
149 S Barrington Ave Ste 780, Los Angeles, CA 90049
Tel.: (310) 849-8295
Fax: (310) 440-0645
E-Mail: info@gkcommunications.net
Web Site: www.gkcommunications.net

Agency Specializes In: Brand Development & Integration, Collateral, Communications, Consulting, Crisis Communications, Exhibit/Trade Shows, Local Marketing, Media Relations, Media Training, Public Relations

Greg Kalish *(Founder & Pres-Mktg Comm)*
Amy Goldsmith *(Owner)*

Accounts:
Billy Blues
Cheng Cohen
Goldcentral.com
Inwindow Outdoor
Pulmuone
Radlink
StanBio Laboratory
Staubach
Woodward Laboratory

GKV COMMUNICATIONS
1500 Whetstone Way 4th Fl, Baltimore, MD 21230
Tel.: (410) 539-5400
Fax: (410) 234-2441
E-Mail: newbusiness@gkv.com
Web Site: www.gkv.com

E-Mail for Key Personnel:
President: rogerg@gkv.com
Creative Dir.: jeffm@gkv.com
Production Mgr.: darrenm@gkv.com

Employees: 80
Year Founded: 1981

National Agency Associations: 4A's-ABC-AMIN-APA-BPA

Agency Specializes In: Advertising, Brand Development & Integration, Digital/Interactive, Direct Response Marketing, Exhibit/Trade Shows, Experiential Marketing, Financial, Graphic Design, Guerilla Marketing, In-Store Advertising, Media Buying Services, Mobile Marketing, Production (Print), Public Relations, Social Media, Sponsorship, Web (Banner Ads, Pop-ups, etc.)

Approx. Annual Billings: $150,000,000

Roger L. Gray *(Chm & CEO)*
Mark Rosica *(Partner, Sr VP & Assoc Creative Dir)*
Cathy Kowalewski *(CFO & VP)*
Jeffrey I. Millman *(Chief Creative Officer)*
David Broscious *(Sr VP & Creative Dir)*
Shannon K. Gardiner *(Sr VP & Dir-Acct Mgmt)*
Mike Hilton *(VP & Dir-IT)*
Emma Abbott *(VP & Acct Supvr-Social Media & PR)*
Chuck Fischer *(VP & Acct Supvr)*
Jessica Loewe *(VP & Assoc Media Dir)*
Diane Wiles *(Supvr-Media)*
Tony Marzullo *(Sr Acct Exec)*
Lauren Bottaro *(Acct Exec-PR & Social Media)*
Marisa Daeschner *(Acct Exec)*
Kaitlyn Gibbons *(Acct Exec)*
Natasha Raikar *(Acct Exec)*
Stacy Smith *(Media Planner & Media Buyer)*
Rob Brulinski *(Designer-Motion)*
Amelia Miller *(Copywriter)*
Kristin Quinn *(Asst Acct Exec)*
Robin Rombro *(Assoc Media Dir)*
Joy Wisnom *(Sr Media Planner)*

Accounts:
About Faces Salons Social Marketing Strategy
AbsoluteCARE (Agency of Record) Websites
Aerotek
Back to Nature Foods Company Advertising, Back to Nature (Agency of Record), Digital, Experiential, SnackWell's (Agency of Record), Social Media
Baltimore Ravens
BG&E Home
Blue Shield of California
Bridgestone Golf (Digital Advertising & Media Agency of Record) Creative, Digital Strategy, Social Media
CareFirst BlueCross BlueShield
CareFirst
Coventry Health Care
DSM Nutritional Products
Elderplan
L-3 Communications
Martek Biosciences
Maryland Lottery
Maryland Physicians Care
Medifast, Inc. (Agency of Record) Branding, Campaign: "Your Whole World Gets Better", Creative Development, Digital, Market Research, Media, Multi-Media, Print, Radio, Social, Strategic Planning, TV
Network Health (Agency of Record) Creative Development, Digital, Media Buying, Media Planning, Medicare Age-In, Medicare Annual Enrollment Period, Strategic Planning, TV
Orizon S.A Identity, Logo, Orizon Foods (Agency of Record), Packaging
Pandora Jewelry LLC. (Marketing Agency of Record-North America) Brand Development, North American Marketing, Strategic Planning
Shentel Wireless
Thinq
Toms Snack Foods

GLANTZ DESIGN INC
1840 Oak Ave, Evanston, IL 60201
Tel.: (847) 864-8003
E-Mail: info@glantz.net
Web Site: www.glantz.net

Employees: 15
Year Founded: 2008

Agency Specializes In: Advertising, Brand Development & Integration, Collateral, Internet/Web Design, Logo & Package Design, Media Buying Services, Print, Promotions, Social Media, Strategic Planning/Research

Keith Glantz *(Pres & Chief Creative Officer)*
Anne Weber *(Chief Strategy Officer)*

Accounts:
Foov Fitness
NUTennis.com

GLASS AGENCY
(See Under un/common)

GLASS & MARKER
2220 Livingston St, Oakland, CA 94606
Tel.: (510) 698-4396
E-Mail: info@glassandmarker.com
Web Site: www.glassandmarker.com

Employees: 14

Agency Specializes In: Advertising, Digital/Interactive

Nick Markham *(Exec Creative Dir)*
Jesse Tarnoff *(Exec Creative Dir)*

Accounts:
Estimote Inc
Indochino
Luna Video
Soylent

THE GLENN GROUP
50 Washington St, Reno, NV 89503-5603
Tel.: (775) 686-7777
Fax: (775) 686-7750
E-Mail: agency@theglenngroup.com
Web Site: www.theglenngroup.com

E-Mail for Key Personnel:
Chairman: jglenn@theglenngroup.com

ADVERTISING AGENCIES
AGENCIES - JANUARY, 2019

President: vglenn@theglenngroup.com
Creative Dir.: BLedoux@theglenngroup.com
Media Dir.: jevans@theglenngroup.com
Public Relations: teast@theglenngroup.com

Employees: 70
Year Founded: 1969

Agency Specializes In: Advertising, Brand Development & Integration, Broadcast, Business-To-Business, Collateral, Communications, Consumer Marketing, Corporate Communications, Corporate Identity, Crisis Communications, Digital/Interactive, Direct Response Marketing, Direct-to-Consumer, E-Commerce, Electronic Media, Email, Entertainment, Event Planning & Marketing, Exhibit/Trade Shows, Financial, Government/Political, Graphic Design, Health Care Services, Hospitality, Identity Marketing, Integrated Marketing, Internet/Web Design, Local Marketing, Logo & Package Design, Magazines, Market Research, Media Buying Services, Media Planning, Media Relations, Media Training, Mobile Marketing, Multimedia, New Product Development, Newspaper, Newspapers & Magazines, Out-of-Home Media, Outdoor, Package Design, Paid Searches, Planning & Consultation, Point of Purchase, Point of Sale, Print, Production, Production (Ad, Film, Broadcast), Production (Print), Promotions, Public Relations, Publicity/Promotions, Publishing, RSS (Really Simple Syndication), Radio, Real Estate, Recruitment, Regional, Restaurant, Retail, Search Engine Optimization, Social Marketing/Nonprofit, Sponsorship, Sports Market, Strategic Planning/Research, T.V., Trade & Consumer Magazines, Transportation, Travel & Tourism, Viral/Buzz/Word of Mouth, Web (Banner Ads, Pop-ups, etc.)

Approx. Annual Billings: $65,000,000

Breakdown of Gross Billings by Media: Brdcst.: 30%; Collateral: 11%; D.M.: 12%; Internet Adv.: 10%; Print: 35%; Worldwide Web Sites: 2%

Gina Brooks *(Partner & Exec VP-Fin & Ops)*
Kelly Glenn *(Partner & Exec VP-Acct Mgmt)*
Jennifer Evans *(Exec VP-Media Strategy)*
Brett Rhyne *(Creative Dir)*
Jan Johnson *(Dir-Print Production)*

Accounts:
Bally Technologies, Inc.
Boeing
Capriottis
Employers Insurance; Reno, NV Photography Flag Plastic; 1998
Employers Campaign: "Americans at Work"
Feather Falls Casino; Oroville, CA
FireKeepers Development Authority; Battle Creek, MI
Gold Strike Casino
Grand Sierra Resort & Casino
Grand Victoria Hotel & Casino; Chicago, IL
IGT (International Gaming Technologies); Reno & Las Vegas, NV
Las Vegas Review Journal
Mandalay Bay
The Mob Museum
Nevada Commission on Tourism
Nevada Department of Public Safety; Reno, NV
ReMax
Reno Air Race Association
Reno Real Estate Ventures LLC; Chicago, IL Rebranding
Renown
Shark Reef at Mandalay Bay
Smith Center
Table Mountain Casino; Friant, CA

GLIMMER, INC.
9 S Columbia St, Naperville, IL 60540
Tel.: (630) 330-8747
Fax: (630) 355-4211
E-Mail: info@glimmerco.com
Web Site: glimmerchicago.com

Employees: 11
Year Founded: 2004

Agency Specializes In: Advertising, Advertising Specialties, Brand Development & Integration, Business Publications, Business-To-Business, Co-op Advertising, Collateral, Consulting, Consumer Marketing, Consumer Publications, Corporate Identity, Direct Response Marketing, Electronic Media, Email, Event Planning & Marketing, Exhibit/Trade Shows, Graphic Design, Health Care Services, Hispanic Market, In-Store Advertising, Internet/Web Design, LGBTQ Market, Local Marketing, Logo & Package Design, Magazines, Media Buying Services, Merchandising, New Product Development, Newspaper, Newspapers & Magazines, Out-of-Home Media, Outdoor, Planning & Consultation, Point of Purchase, Point of Sale, Print, Promotions, Publicity/Promotions, Radio, Real Estate, Recruitment, Retail, Sales Promotion, Sports Market, Trade & Consumer Magazines, Web (Banner Ads, Pop-ups, etc.)

Breakdown of Gross Billings by Media: Adv. Specialities: 10%; Collateral: 10%; Local Mktg.: 5%; Newsp. & Mags.: 40%; Print: 20%; Promos.: 15%

Brian Eveslage *(Pres)*

Accounts:
Advent Product Development
Cassidy Tire & Service
Chicago Tribune
Meisner Electric
Portillo Restaurant Group
Provena Health
San Diego Union Tribune
Thorek Hospital
Two Fish Art Glass
US Energy Savings
Vee Pak, Inc.

GLINT ADVERTISING
5761 Park Vista Cir Ste 205, Fort Worth, TX 76244
Tel.: (817) 616-0320
Fax: (817) 616-0325
E-Mail: agency@glintadv.com
Web Site: www.glintadv.com

Employees: 10
Year Founded: 2000

Agency Specializes In: Advertising, Brand Development & Integration, Digital/Interactive, Logo & Package Design, Media Buying Services, Media Planning, Media Relations, Public Relations, Social Media, Strategic Planning/Research

Craig Lloyd *(Pres & CEO)*

Accounts:
Craigs Collision
Fix It Fast Cellular

GLO CREATIVE
1221 Brickell Ave S990 Biscayne Blvdte 900, Miami, FL 33132
Tel.: (786) 623-3911
Web Site: www.glocreative.com

Employees: 15

Agency Specializes In: Advertising, Broadcast, Digital/Interactive, Internet/Web Design, Print, Public Relations, T.V.

Amanda Thornton *(Specialist-Mktg Comm)*

Accounts:
Gerda Locks
Miami-Dade Animal Services (Social Media Agency of Record) Social, Strategic Digital Marketing
NewsMax Media, Inc.

GLOBAL EXPERIENCE SPECIALISTS, INC.
7000 Lindell Rd, Las Vegas, NV 89118
Tel.: (702) 515-5500
Web Site: ges.com

Employees: 3,000

Agency Specializes In: Event Planning & Marketing, Exhibit/Trade Shows, Experiential Marketing, Promotions, Retail

Steve Moster *(Pres)*
Eddie Newquist *(Chief Creative Officer & Exec VP)*
Jeff Quade *(Chief Sls Officer)*
Wendy Gibson *(Exec VP-Mktg-Global)*
Vin Saia *(Exec VP)*
Terry Campanaro *(Sr VP-Client Rels & Corp Accts)*
Daniel Hilbert *(Sr VP-GES Events Grp)*
Mark Thomas *(Sr VP-Client Engagement)*
Jason Stead *(Mng Dir-UK)*
Debra Goodlett *(VP-Client Engagement)*
Robin Stapley *(VP-Creative)*
John Woo *(VP-Design & Creative)*
Betty Bergeron *(Sr Dir-Events)*
Lori Chester *(Dir-Bus Dev & Corp Accts)*
Renee Marie Mancino *(Dir-Client Engagement-Events)*

Accounts:
Los Angeles Auto Show

GLOBAL MEDIA FUSION, INC.
223 W 73rd St Ste 1014, New York, NY 10023
Tel.: (310) 597-9332
E-Mail: support@globalmediafusion.com
Web Site: www.globalmediafusion.com

Agency Specializes In: Consulting, Content, Digital/Interactive, Production (Ad, Film, Broadcast), Syndication, T.V.

Lauren Williams *(Pres)*
Robert Blagman *(CEO)*

Accounts:
Atari, Inc.

GLOBAL PRAIRIE
1703 Wyandotte St Ste 400, Kansas City, MO 64108
Tel.: (816) 994-9640
Web Site: https://www.globalprairie.com/

Employees: 87
Year Founded: 2008

National Agency Associations: 4A's

Agency Specializes In: Advertising, Brand Development & Integration, Event Planning & Marketing, Search Engine Optimization, Social Media

Mike Kanaley *(Dir-Ops)*
Sarah Findle *(Sr Acct Mgr)*
Dia Vavruska *(Sr Acct Mgr)*
Jeffrey Heaton *(Sr Art Dir)*

Accounts:
New-American Advertising Federation - Kansas City

New-Bayer Advanced

GLOBAL REACH ADVERTISING
12595 - 301 Union St, Seattle, WA 98111
Tel.: (206) 905-1590
Toll Free: (800) 401-0907
E-Mail: info@globalreachadvertising.com
Web Site:
www.globalreachadvertising.com/locations/seattle/

Employees: 4
Year Founded: 2007

Agency Specializes In: Bilingual Market, Business-To-Business, Digital/Interactive, Email, Experience Design, In-Store Advertising, International, Local Marketing, Mobile Marketing, Paid Searches, Print, Promotions, Search Engine Optimization, Social Media, Web (Banner Ads, Pop-ups, etc.)

Vadim Kotin *(Founder)*

Accounts:
UBC Development SEO; 2011

GLOBAL TEAM BLUE
(Formerly Team Detroit)
550 Town Ctr Dr, Dearborn, MI 48126-2750
Tel.: (313) 615-2000
Fax: (313) 583-8001
Toll Free: (800) 521-8038
E-Mail: hello@gtb.com
Web Site: www.gtb.com

Employees: 1,300
Year Founded: 1932

National Agency Associations: 4A's

Agency Specializes In: Sponsorship

Satish Korde *(Pres & CEO)*
Melissa Weiland *(Mng Partner & Media Dir-US)*
Mary Beth Duffy *(Mng Partner-Digital Customer Experience Team)*
Robert Rosiek *(Exec VP & Fin Dir-Client)*
Kim Brink *(COO)*
Alicia Shankland *(Chief HR Officer-Global)*
Kurt Unkel *(Chief Digital Officer)*
David Murphy *(Pres-USA)*
Chris Preuss *(Exec VP-Global Affairs & Mktg Comm)*
Marci Benson *(Sr VP & Dir-Content Hub, News & Reporting)*
Danielle Dudley *(Sr VP & Reg Mgr-Local Integrated Media)*
Otto Bischoff *(Sr VP & Mgr-Local Integrated Media)*
Susan Mersch *(Sr VP & Grp Creative Dir)*
Connie Atkinson *(VP & Sr Producer-Brdcst)*
Brian Curran *(VP & Sr Producer-Print)*
Kelly Trudell *(VP & Sr Producer)*
Brett Collins *(VP & Acct Dir-Ford Enterprise)*
Beth Hambly *(VP & Creative Dir)*
Maureen Marnon *(VP & Producer-Integrated Content)*
Denise Moczydlowsky *(VP & Acct Dir)*
John Stoll *(VP & Creative Dir)*
Sefi Grossman *(VP & Dir-Tech)*
Brett Norman *(VP & Dir-Partnerships)*
Courtney Nowicki *(VP & Dir-Digital Media Plng)*
Ron Kirkman *(VP & Mgr-Brdcst Bus & Integrated Production)*
Aaron Smith *(VP-Innovation & Mobile Strategy)*
Bob Lynch *(Head-Digital Comm)*
Vico Benevides *(Exec Creative Dir-Ford-Latam)*
Matt Soldan *(Exec Creative Dir-US)*
Dan Weber *(Creative Dir & Writer)*
Vinny Couto *(Art Dir)*
Haley Hendricks *(Acct Dir-Digital)*
Kristine Kaligian *(Acct Plng Dir)*
Paul Kelly *(Creative Dir)*
Erica Martin *(Acct Dir)*

Phil Pennington *(Acct Dir)*
Rodrigo Strozenberg *(Creative Dir)*
Jaimie Mazzola *(Mgmt Supvr)*
Francisco Milian *(Assoc Dir-Multicultural Media)*
Barbara Toboy *(Sr Mgr-Analytics)*
Christine Gallagher *(Client Svcs Mgr & Sr Specialist-Local Market)*
Bill Bevan *(Project Mgr-Technical-Platform Solutions)*
Isaac Johnson *(Mgr-Ad Ops)*
Janice Kondruk *(Mgr-Client Svc)*
Lauren Coyne *(Acct Supvr-Ford Car & SUV Brand)*
Amy Svireff *(Acct Supvr)*
Jaclyn Huffman *(Supvr-Digital Media-Negotiation)*
Maria McAvoy *(Supvr-Brand Mgmt)*
Kelly McCanna *(Supvr-Tier II Paid Search)*
Caryn Gray *(Sr Specialist-Local Market & Integrated Media Dept)*
David Chan *(Strategist-Digital)*
Lucas Arantes *(Copywriter)*
Kendra Holmstedt *(Planner-Media-Hybrid)*
Christina Kallery *(Copywriter)*
Oshin Anjum *(Sr Media Planner)*
Sarah Bills *(Assoc Creative Dir)*
Sanja Dardagan *(Assoc Creative Dir)*
Natasha De Melis *(Sr Publr-Social-Ford Mustang)*
Sarah Harbin *(Assoc Media Dir-Paid Search)*
Brad Hensen *(Grp Creative Dir-JWT)*
Jorge Jacome *(Assoc Creative Dir-Ford Motor)*
Araceli Maldonado *(Sr Media Buyer)*
Jessica Mihelic *(Assoc Acct Dir)*
Jimmy Morrissey *(Sr Art Dir)*
Tricia O'Connor *(Assoc Media Dir)*
Sarah Rosser *(Grp Bus Dir-UK)*
Mary Morgan Rossy *(Sr Media Planner)*
Kari Ryan *(Sr Publr-Social-Content Hub)*
Megan Thornam *(Assoc Creative Dir)*
Susan Watts *(Sr Bus Mgr)*

Accounts:
Bosch
Brine
College For Creative Studies Campaign: "1 in 5 Teens"
Compuware Corporation Strobe
Ford Motor Company Activation, Customer Relationship Marketing, Media Buying & Planning, Multicultural & Tier 2 Dealer Advertising, Shopper & Performance Marketing
Johnson Controls
Lincoln Motor Company Campaign: "Bull", Campaign: "I Just Liked It", Lincoln MKC, Lincoln MKZ, Lincoln Signed Art Print
New Step
Oakwood
Ohio Art Etch A Sketch, Nanoblocks
Optima Batteries
Purina
Ross School of Business
The Scotts Miracle-Gro Company Miracle-Gro, Ortho, Roundup, The Scotts Company, Turf Builder, Turf Builder Plus 2, Turf Builder Plus Halts, Weed-B-Gon
Shell
Sports Authority (Agency of Record) Brand Experience, Consumer Communications, Full Line Sporting Goods Retailer
United Way
Varta
Warrior Lacrosse

Branches

Global Team Blue
(Formerly Blue Hive)
Sea Containers House, 18 Upper Ground, London, SE1 9RQ United Kingdom
Tel.: (44) 20 7674 8600
E-Mail: hello@gtb.com
Web Site: www.gtb.com

Employees: 500
Year Founded: 2010

Agency Specializes In: Advertising, Communications, Media Relations

John D'Arcy *(Mng Partner-Data Analytics)*
Julian James Watt *(Chief Creative Officer-Australia)*
Ben Richards *(Chief Digital Officer-EMEA)*
Paul Confrey *(Pres-EMEA)*
Nigel Edginton-Vigus *(Head-Owned Media Copy & Creative Dir)*
Steve Orme *(Head-Media-UK)*
Adrian Birkinshaw *(Exec Creative Dir)*
Lazaros Nikiforidis *(Exec Creative Dir-Europe)*
Paul Yull *(Exec Creative Dir)*
Richard Last *(Creative Dir)*
Sian Patrick *(Acct Dir-Europe)*
Simon Ronchetti *(Bus Dir)*
Marcos Almirante *(Assoc Creative Dir)*
Bryn Attewell *(Grp Creative Dir-Europe)*

Accounts:
Ford Motor Company Limited Ford Focus

Zubi Advertising Services, Inc.
2990 Ponce De Leon Blvd Ste 600, Coral Gables, FL 33134-5006
(See Separate Listing)

GLOBAL THINKING
3670 Wheeler Ave, Alexandria, VA 22304
Tel.: (571) 527-4160
E-Mail: ideas@globalthinking.com
Web Site: www.globalthinking.com

Employees: 30

Agency Specializes In: Advertising, Brand Development & Integration, Internet/Web Design, Social Media

Accounts:
LIFT

GLOBE RUNNER
16415 Addison Rd Ste 550, Addison, TX 75001
Tel.: (877) 646-6038
E-Mail: seo@globerunner.com
Web Site: https://globerunner.com/

Employees: 25
Year Founded: 2008

Agency Specializes In: Advertising, Brand Development & Integration, Content, Paid Searches, Search Engine Optimization, Social Media

Eric McGehearty *(CEO)*
Chad Costas *(Pres-Strategic Relationships)*
Brett Dougall *(Creative Dir)*
Edward Hale *(Creative Dir)*
Sandra Fennessy *(Dir-Ops)*

Accounts:
AgeWait
The Diamond Broker
Jerky Dynasty

THE GLOVER PARK GROUP
1025 F St NW 9th Fl, Washington, DC 20004-1409
Tel.: (202) 337-0808
Fax: (202) 337-9137
Web Site: gpg.com

Employees: 150
Year Founded: 2001

Agency Specializes In: Advertising, Corporate Communications, Crisis Communications, Media

ADVERTISING AGENCIES
AGENCIES - JANUARY, 2019

Relations, Media Training, Public Relations, Sponsorship

Carter Eskew *(Founder, Partner & Mng Dir)*
Joel Johnson *(Mng Dir & Head-Govt Rels Practice)*
Jason Miner *(Mng Dir & Dir-Strategic Comm)*
Jonathan Kopp *(Mng Dir & Sr Strategist-Interactive)*
Arik Ben-Zvi *(Mng Dir)*
Susan Brophy *(Mng Dir)*
Randy DeValk *(Mng Dir)*
Brian Gaston *(Mng Dir)*
Jenni LeCompte *(Mng Dir)*
Jennifer Loven *(Mng Dir)*
Nedra Pickler *(Mng Dir)*
Catharine Cyr Ransom *(Mng Dir)*
Graeme Trayner *(Mng Dir)*
Lee Jenkins *(Sr VP & Mgr-Creative Studio)*
Liz Allen *(Sr VP)*
Joshua Gross *(Sr VP)*
Tod Preston *(Sr VP)*
Joseph Caruso *(Mng Dir-Strategic Comm)*
Victoria Esser *(Mng Dir-Strategic Comm)*
Aryana Khalid *(Mng Dir-Health & Wellness)*
Andrew King *(Mng Dir-Govt Rels Practice)*
Joel Leftwich *(Mng Dir-Food & Agriculture Practice)*
Paul Poteet *(Mng Dir-Govt Rels Practice)*
Gina Foote *(VP-Govt Rels Practice)*
Max Gleischman *(VP-Strategic Comm)*
Robert Harris *(VP-Govt Affairs)*
Lisa Large *(VP)*
Sarah Culvahouse Mills *(VP)*
Rob Seidman *(VP)*
Daniel Watson *(VP)*
Kat Mavengere *(Dir-Pub Affairs)*

Accounts:
AARP
ADP
Campaign For Women's LIfe
DowDuPont Specialty Products Division; 2017
FanDuel
The J.G. Wentworth Company
McDonald's Corporation Government Relations & PA Push; 2018
Netflix
Pfizer
Society for Human Resource Management
Starz Government Relations, Strategic Communications
Verizon Wireless

Branch

The Glover Park Group LLC
114 5th Ave 17th Fl, New York, NY 10011
Tel.: (646) 495-2700
Fax: (202) 337-9137
Web Site: gpg.com

Agency Specializes In: Advertising, Brand Development & Integration, Communications, Content, Event Planning & Marketing, Government/Political, Media Relations, Production, Public Relations, Stakeholders

Katie Myler *(Mng Dir)*
Michael Feldman *(Founder, Partner & Mng Dir)*
Elizabeth Micci *(Mng Dir)*
Megan Grant *(VP-Strategic Comm)*
Jonathan Kopp *(Mng Dir)*
Paul Hicks *(Mng Dir)*

Accounts:
New-Cerberus Capital Management L.P.
New-Ministry of Foreign Affairs & International Cooperation
New-National Football League

GLOW INTERACTIVE, INC.
105 Chambers St Fl 2, New York, NY 10007
Tel.: (212) 206-7370
Fax: (212) 208-0910
E-Mail: info@weareglow.com
Web Site: www.weareglow.com/

Employees: 25
Year Founded: 1999

Agency Specializes In: Game Integration, Mobile Marketing, Sponsorship

Peter Levin *(Co-Founder & CEO)*
Howard Kleinberg *(Pres)*
Mike Molnar *(Mng Partner)*
Ted Kacandes *(Pres-Glow Digital Agency)*
Duncan Bird *(Exec Creative Dir)*
Sean Lynam *(Mktg Dir)*
Jennifer Fink *(Dir-Digital & Social Strategy-GLOW Social & Digital Agency)*
Sarah Pine *(Assoc Dir-Social & Digital Strategy)*

Accounts:
Home Box Office, Inc
Hulu LLC
I Love New York
IFC
Spotify
USA Network Campaign: "White Collar HTML 5 In-browser Rich Media"
Viacom Inc VH1
Westminster Kennel Club

GLYNNDEVINS ADVERTISING & MARKETING
8880 Ward Pkwy Ste 400, Kansas City, MO 64114
Tel.: (913) 491-0600
Fax: (913) 491-1369
E-Mail: csmith@glynndevins.com
Web Site: www.glynndevins.com

E-Mail for Key Personnel:
President: gdevins@glynndevins.com
Creative Dir.: kgrazier@glynndevins.com
Media Dir.: sbogan@glynndevins.com

Employees: 76
Year Founded: 1987

Agency Specializes In: Above-the-Line, Advertising, Brand Development & Integration, Broadcast, Cable T.V., Collateral, Communications, Consulting, Corporate Identity, Crisis Communications, Digital/Interactive, Direct Response Marketing, Direct-to-Consumer, Electronic Media, Email, Event Planning & Marketing, Faith Based, Graphic Design, Health Care Services, Internet/Web Design, Market Research, Media Buying Services, Newspaper, Newspapers & Magazines, Out-of-Home Media, Outdoor, Over-50 Market, Production, Public Relations, Publicity/Promotions, Radio, Search Engine Optimization, Seniors' Market, Social Media, Strategic Planning/Research, T.V., Travel & Tourism, Web (Banner Ads, Pop-ups, etc.), Yellow Pages Advertising

Approx. Annual Billings: $80,000,000 Capitalized

Gwen Benefield *(Dir-Acctg)*
Dave Dunn *(Assoc Dir-PR)*
Curtis Gray *(Sr Mgr-Production Ops)*
Tim Boeshaar *(Mgr-Digital Production)*
Jason Poland *(Mgr-Software Quality Assurance)*
Karin Clements *(Acct Supvr)*
Emily Gordon *(Acct Supvr)*
Lauren Schneider *(Acct Supvr)*
Brian Sumner *(Acct Supvr)*
Alice Angulo *(Sr Acct Exec)*
Christiana Benter *(Sr Acct Exec)*
Madeline Braun *(Sr Acct Exec)*
Molly Clark *(Sr Acct Exec)*

Andy Cuff *(Sr Acct Exec)*
Ben Green *(Sr Acct Exec-PR)*
Chelsea Wilson *(Sr Acct Exec-PR)*
Lisa Wojcehowicz *(Sr Acct Exec)*
Andrew Enfield *(Acct Exec)*
Lauren Hamilton *(Acct Exec)*
Mary Sedeno *(Acct Exec)*
Natalie Dufek *(Asst Acct Exec)*
Robert Popper *(Assoc Creative Dir)*

Accounts:
John Knox Village
Life Care Services
Presbyterian Manors of Mid-America

GLYPH INTERFACE
5216 Central Ave, Indianapolis, IN 46220
Tel.: (317) 721-1727
E-Mail: info@glyphinterface.com
Web Site: www.glyphinterface.com

Employees: 15

Agency Specializes In: Health Care Services

Jennifer Parker *(Acct Mgr)*

Accounts:
All American Pet Resorts
East 54

GLYPHIX ADVERTISING
6964 Shoup Ave, West Hills, CA 91307
Tel.: (818) 704-3994
Fax: (818) 704-8850
E-Mail: cohen@glyphix.com
Web Site: www.glyphix.com

E-Mail for Key Personnel:
President: cohen@glyphix.com

Employees: 7
Year Founded: 1995

Agency Specializes In: Advertising, Brand Development & Integration, Business-To-Business, Collateral, Consumer Marketing, Consumer Publications, Corporate Communications, Corporate Identity, E-Commerce, Graphic Design, Internet/Web Design, Logo & Package Design, Magazines, New Product Development, Newspapers & Magazines, Out-of-Home Media, Outdoor, Print, Production, Radio, Strategic Planning/Research, T.V.

Approx. Annual Billings: $3,000,000

Breakdown of Gross Billings by Media: Bus. Publs.: 15%; Collateral: 20%; Consumer Publs.: 5%; Graphic Design: 15%; Logo & Package Design: 10%; Out-of-Home Media: 10%; Worldwide Web Sites: 25%

Brad Wilder *(Co-Founder & Creative Dir)*
Larry Cohen *(CEO)*

Accounts:
Davis Colors
ECJ; Beverly Hills, CA Law Firm
Farmers Insurance; CA Website; 2009
Montage Development
Morpheus Music
Ohmega Technologies; 1996
The Peloton; Boulder, CO Real Estate Development
Walt Disney Records Music Videos; 2010
Water Music
Western Commercial Bank

GMC+COMPANY
866 Camp St, New Orleans, LA 70130

AGENCIES - JANUARY, 2019 — ADVERTISING AGENCIES

Tel.: (504) 524-8117
Fax: (504) 523-7068
E-Mail: info@gmcadvertising.com
Web Site: http://thatsgmc.com/

Employees: 5

Agency Specializes In: Advertising

Glenda English (Pres & Creative Dir)

Accounts:
Audubon Golf Trail
Louisiana Office of Tourism

GMG ADVERTISING
13500 N Kendall Dr Ste 115, Miami, FL 33186
Tel.: (305) 752-2512
Web Site: www.gmgadvertising.com

Employees: 25
Year Founded: 2007

Agency Specializes In: Advertising, Broadcast, Crisis Communications, Graphic Design, Internet/Web Design, Logo & Package Design, Out-of-Home Media, Outdoor, Print, Public Relations, Social Media

Yalennie Vinas (Owner)
Michael Beovides (Pres & CEO)
Erick Coego (Dir-Creative & Art)
Jose Basso (Acct Exec)
Hilda Beovides (Media Buyer)
Ines Ayra (Coord-Event & Production)

Accounts:
Ace Hardware Corporation
Amercanex Corp (Agency of Record)

GMLV LLC
53 Edison Pl Level 3, Newark, NJ 07102
Tel.: (973) 848-1100
Fax: (973) 624-3836
Web Site: www.gmlv.co

Employees: 20

National Agency Associations: 4A's

Agency Specializes In: Advertising, Brand Development & Integration, Corporate Identity, Event Planning & Marketing, Media Buying Services, Media Planning, Out-of-Home Media, Outdoor, Public Relations, Search Engine Optimization, Social Media, Sponsorship

Ray Levy (Partner)
Loretta Volpe (Partner)
Robert St. Jacques (Creative Dir)
Steven Manise (Mgr-Media)
Jim Volpe (Acct Supvr-Media)
Allison Howard (Strategist-Media)

Accounts:
320 Sports
Barnes & Noble
Chefs Diet Advertising & Marketing Agency of Record, Branding, Public Relations
Chubb Insurance
Jordache
Twist and Smash'd
Unitex

GNET
7920 Sunset Blvd 2nd FL, Los Angeles, CA 90046
Tel.: (323) 951-9399
E-Mail: info@gnet.agency
Web Site: www.gnet.agency

Employees: 200

Year Founded: 2001

Agency Specializes In: Advertising, Brand Development & Integration, Content, Integrated Marketing, Production, Strategic Planning/Research

David Getson (CEO & Partner)
John Rosenberg (Owner & Pres)
Dennis Lesica (Dir-Game Capture)
Lindsey Kohon (Producer-Supervising & Supvr-Music)
Nina Scott (Dir-Strategic Ops)
Chris DuMont (Dir-Creative Capture)
Adrien de Tray (Creative Dir)
Robbie Burrell (Dir-Capture)
Niko DeMordaunt (Sr Brand Dir)
John Fleming (Creative Dir)

Accounts:
New-Activision Blizzard Inc
New-Bethesda Softworks LLC Skyrim
New-Blizzard Entertainment World of Warcraft
New-Microsoft Corporation Microsoft Xbox
New-Supercell Oy

GO BIG MARKETING
1000 N Magnolia Ave, Orlando, FL 32803
Tel.: (407) 862-1228
Web Site: gobigmarketing.com

Employees: 5

Agency Specializes In: Advertising, Content, Graphic Design, Media Buying Services, Public Relations, Radio, Search Engine Optimization, Social Media, T.V.

Sue Hanna (Owner & CEO)

Accounts:
Crime Prevention Security Systems

GO FETCH MARKETING & DESIGN
7613 Ashleywood Dr, Louisville, KY 40241
Tel.: (502) 415-7405
Fax: (502) 773-5671
E-Mail: info@gofetchmarketing.com
Web Site: www.gofetchmarketing.com

Employees: 5
Year Founded: 2004

Agency Specializes In: Advertising, Email, Graphic Design, Internet/Web Design, Logo & Package Design, Media Buying Services, Print, Public Relations, Search Engine Optimization, Social Media

Accounts:
Venture Connectors
The Waterfront Challenge

GO MEDIA
4507 Lorain Ave, Cleveland, OH 44102
Tel.: (216) 939-0000
Fax: (216) 803-8100
E-Mail: thomas@gomedia.com
Web Site: gomedia.com

Employees: 20
Year Founded: 1998

Agency Specializes In: Advertising, Arts, Brand Development & Integration, Collateral, Corporate Identity, Graphic Design, Guerilla Marketing, High Technology, Identity Marketing, Internet/Web Design, Local Marketing, Logo & Package Design, Mobile Marketing, Multimedia, Point of Purchase, Print, Production, Production (Ad, Film, Broadcast), Production (Print), Publicity/Promotions, Urban Market, Web (Banner Ads, Pop-ups, etc.)

Approx. Annual Billings: $2,000,000

Breakdown of Gross Billings by Media: Graphic Design: $2,000,000

William Beachy (Owner & Pres)
Wilson Revehl (CTO & VP)
Michael Miller (Acct Mgr & Copywriter)
Lauren Hudac (Acct Mgr-Svc)
Lauren Prebel (Mgr-Acct Svcs)
Jana Dvorin (Strategist-Media)
Jamie Esposito (Strategist-Digital)
Chris Comella (Designer)
Carly Utegg (Sr Designer)

GO WELSH
3055 Yellow Goose Rd, Lancaster, PA 17601
Tel.: (717) 898-9000
Fax: (717) 898-9010
Toll Free: (866) 469-3574
E-Mail: info@gowelsh.com
Web Site: www.gowelsh.com

Employees: 5

National Agency Associations: AAF-ADC

Agency Specializes In: Advertising, Graphic Design, Public Relations

Craig Welsh (Principal & Creative Dir)

Accounts:
Armstrong World Industries Inc.
Royer's Flowers & Gifts
Society of Design Campaign: "Inviting Hische"

GO2 ADVERTISING
2265 E Enterprise Pkwy, Twinsburg, OH 44087
Tel.: (330) 650-5300
Fax: (330) 650-6416
Web Site: http://www.go2works.com

Employees: 47
Year Founded: 2010

Agency Specializes In: Advertising, Brand Development & Integration, Digital/Interactive, Social Media, Strategic Planning/Research

Pete Rubin (Mng Partner)
Brandon Melgaard (Partner)
Charley Lombardo (COO)
Dean Rembielak (Exec Creative Dir)
Chris Bushway (Creative Dir)
Michelle Gadus (Dir-Acct Svc)
Mike Katona (Dir-Bus Dev)
Loretta Vaxman (Dir-Ops)
Kristy Warrell (Sr Acct Mgr)
Kimberly Glasko (Acct Supvr)
Becca Hill (Acct Supvr)
Michelle Luscre (Supvr-Strategy)
Rebecca Pantaleano (Sr Acct Exec)
Katherine Dill (Strategist-User Experience)
Caitlin Ellison (Acct Exec)
Diane Hutchison (Sr Acct Coord)

Accounts:
American Heart Association

GOALEN GROUP MEDIA
2700 Neilson Way #629, Santa Monica, CA 90405
Tel.: (310) 612-0303
Fax: (310) 396-2361
E-Mail: goalen@goalengroup.com
Web Site: www.goalengroup.com

Employees: 2
Year Founded: 1984

425

ADVERTISING AGENCIES

Agency Specializes In: Brand Development & Integration, Collateral, Corporate Identity, Event Planning & Marketing, Exhibit/Trade Shows, Graphic Design, Media Buying Services, Multimedia, Point of Sale

Matthew Goalen *(VP)*
James Goalen *(Dir & Writer)*

GOCONVERGENCE
4545 36th St, Orlando, FL 32811
Tel.: (407) 235-3210
Fax: (407) 299-9907
E-Mail: info@thegoco.com
Web Site: http://www.thegoco.com/

Employees: 32
Year Founded: 1997

National Agency Associations: AAF

Agency Specializes In: Above-the-Line, Advertising, Advertising Specialties, Affluent Market, African-American Market, Alternative Advertising, Arts, Automotive, Aviation & Aerospace, Below-the-Line, Bilingual Market, Brand Development & Integration, Branded Entertainment, Broadcast, Business Publications, Business-To-Business, Cable T.V., Catalogs, Children's Market, Co-op Advertising, Collateral, College, Commercial Photography, Communications, Computers & Software, Consulting, Consumer Goods, Consumer Marketing, Consumer Publications, Content, Corporate Communications, Corporate Identity, Crisis Communications, Digital/Interactive, Direct Response Marketing, Direct-to-Consumer, E-Commerce, Education, Electronic Media, Electronics, Email, Entertainment, Environmental, Event Planning & Marketing, Exhibit/Trade Shows, Experience Design, Experiential Marketing, Fashion/Apparel, Financial, Food Service, Game Integration, Government/Political, Graphic Design, Guerilla Marketing, Health Care Services, High Technology, Hispanic Market, Hospitality, Household Goods, Identity Marketing, In-Store Advertising, Industrial, Infomercials, Information Technology, Integrated Marketing, International, Internet/Web Design, Leisure, Local Marketing, Logo & Package Design, Luxury Products, Magazines, Marine, Market Research, Media Buying Services, Media Planning, Media Relations, Medical Products, Men's Market, Merchandising, Mobile Marketing, Multicultural, Multimedia, New Product Development, New Technologies, Newspaper, Newspapers & Magazines, Out-of-Home Media, Outdoor, Over-50 Market, Package Design, Paid Searches, Pharmaceutical, Planning & Consultation, Podcasting, Point of Purchase, Point of Sale, Print, Product Placement, Production, Production (Print), Promotions, Public Relations, Publicity/Promotions, Publishing, Radio, Real Estate, Recruitment, Regional, Restaurant, Retail, Sales Promotion, Search Engine Optimization, Seniors' Market, Social Marketing/Nonprofit, Social Media, Sponsorship, Sports Market, Stakeholders, Strategic Planning/Research, T.V., Technical Advertising, Teen Market, Trade & Consumer Magazines, Transportation, Travel & Tourism, Tween Market, Urban Market, Viral/Buzz/Word of Mouth, Web (Banner Ads, Pop-ups, etc.), Women's Market

Approx. Annual Billings: $26,000,000

Breakdown of Gross Billings by Media: Brdcst.: $12,000,000; Cable T.V.: $8,000,000; Print: $6,000,000

Kenny Taht *(Chief Creative Officer)*
Chris Harris *(Sr VP-Creative & Mktg-Brand Action)*
Brad Moore *(Sr VP)*
Mish Tucker Clark *(VP-Strategy & Accts)*

Brian Townsend *(VP-Bus Dev)*
Smithy Sipes *(Dir-Film & Sr Producer)*
Aaron Reed *(Creative Dir)*
Christian Andersen *(Dir-Interactive Media)*
Toby Dalsgaard *(Dir-Creative Svcs)*
Ashley Plumley *(Dir-Creative Svcs)*

Accounts:
3M Health Information Systems; MN Agency of Record; 2011
3M; MN; 2005
Atlantis Resort & Casino; Paradise Island, Bahamas Agency of Record, Creative & TV Production, Destination Marketing; 2010
Cirrus Aircraft; MN Agency of Record; 2008
Disney Vacation Club; FL TV Production, Direct Response TV Production, Video on Demand; 2005
Disney Youth Group Marketing; FL Print, Web; 2006
Google; CA Special Venue Experience, Web; 2005
Lovesac Sactionals Digital Video Content, Integrated Marketing Campaign, Radio, TV; 2017
Nassau Paradise Island Promotion Board; Paradise Island, Bahamas Agency of Record, Creative & Broadcast Production, Destination Marketing; 2009
Orlando Magic; FL Brand Marketing Strategy, Print, In-Game Experiences; TV & Radio Commercials; 1997
SIMCOM; FL Professional National Flight Simulator Training Centers; 2011
Wilson Tennis; IL TV Commercial Production & Website Development; 2005

GODA ADVERTISING
1603 Colonial Pkwy, Inverness, IL 60067
Tel.: (847) 776-9900
Fax: (847) 776-9901
E-Mail: info@goda.com
Web Site: www.goda.com

E-Mail for Key Personnel:
President: pgoda@goda.com
Creative Dir.: LKang@goda.com

Employees: 6
Year Founded: 1985

Agency Specializes In: Advertising, Asian Market, Bilingual Market, Business Publications, Business-To-Business, Children's Market, Collateral, Commercial Photography, Corporate Identity, Direct Response Marketing, E-Commerce, Electronic Media, Electronics, Email, Engineering, Event Planning & Marketing, Exhibit/Trade Shows, Health Care Services, High Technology, Industrial, Information Technology, Integrated Marketing, Internet/Web Design, Logo & Package Design, Magazines, Media Buying Services, Media Planning, Medical Products, Newspapers & Magazines, Paid Searches, Print, Production, Public Relations, Publicity/Promotions, Sales Promotion, Search Engine Optimization, Social Media, Technical Advertising, Trade & Consumer Magazines

Approx. Annual Billings: $3,000,000

Elizabeth Kang *(VP & Creative Dir)*

Accounts:
Fuji
Lyndex-Nikken, Inc.
Mitsubishi
Pat Mooney - The Saw Company
Sumitomo

GODFREY ADVERTISING
40 N Christian St, Lancaster, PA 17602
Tel.: (717) 393-3831

Fax: (717) 393-1403
E-Mail: info@godfrey.com
Web Site: www.godfrey.com

E-Mail for Key Personnel:
President: val@godfrey.com
Creative Dir.: jcastanzo@godfrey.com
Media Dir.: swhisel@godfrey.com
Production Mgr.: lynn@godfrey.com
Public Relations: chuck@godfrey.com

Employees: 67
Year Founded: 1947

Agency Specializes In: Brand Development & Integration, Business-To-Business, Co-op Advertising, Collateral, Commercial Photography, Communications, Corporate Identity, Digital/Interactive, Direct Response Marketing, E-Commerce, Electronic Media, Event Planning & Marketing, Exhibit/Trade Shows, Experiential Marketing, Graphic Design, High Technology, Industrial, Internet/Web Design, Media Buying Services, New Product Development, Planning & Consultation, Print, Production, Public Relations, Publicity/Promotions, Sales Promotion, Sponsorship, Sports Market, Strategic Planning/Research, Technical Advertising

Approx. Annual Billings: $41,000,000 Capitalized

Stacy Whisel *(Pres)*
Charles Manners *(CEO)*
Erin Michalak *(Sr VP & Dir-Acct Svc)*
Scott Trobaugh *(VP & Exec Creative Dir)*
Eric Beckman *(Art Dir)*
Travis Macdonald *(Creative Dir)*
Ruben van der Meij *(Acct Dir)*
Steven Graham *(Dir-PR)*
Melissa Zane *(Dir-Creative Ops)*
Bradley Corvelle *(Sr Acct Mgr)*
Julie LaSalle *(Sr Acct Mgr)*
Donna Harris *(Strategist)*
Kathryn Anderson *(Assoc Creative Dir)*
Alison Fetterman *(Grp Acct Mgr)*
Donna Lindsey *(Sr Art Dir)*
Mark Stoner *(Sr Art Dir)*

Accounts:
Ashland
Bosch Rexroth Corp. Factory Automation & Hydraulics; 2000
Coleman Heating & Air Conditioning Residential & Light Commercial HVAC Products Marketed by York International Corp.; 1982
Danfoss Mechanical & Electrical Components
Glatfelter Specialty Papers & Engineered Products
Harrington Hoists Industrial Cranes & Hoists; 1990
HSM Solutions; Hickory, NC Strategic Communications
Interface Solutions, Inc. Engineered Composite Materials, Sealing Systems, Unique Specialty Papers
JLG Industries Aerial Work Platforms & Construction Machinery
Kingspan Insulated Panels
Kluber Lubrication North America, LP Specialty Lubricants
Luxaire Heating & Air Conditioning Residential & Light Commercial Products Marketed by York International Corp.; 1982
Murray Insurance Associates, Inc. Commercial Risk Management Services
Nora Rubber Flooring Commercial Rubber Flooring Systems
Reed Minerals B2B Marketing Communications, BLACK BEAUTY, BRIGHTLINE, Branding, Digital Marketing; 2017
Rexroth Bosch Group
Solensis
Timken Company Engineered Bearings & Alloy Steels
Toolinc Dynamics
Veeco Instruments

Wind-Lock Corporation Tools & Accessories for the Commercial Construction Industry
YORK Label Pressure Sensitive Labels

GODFREY DADICH
(Formerly Godfrey Q & Partners)
140 New Montgomery St Fl 7, San Francisco, CA 94105
Tel.: (415) 217-2800
Fax: (415) 217-2898
E-Mail: inquiries@godfreydadich.com
Web Site: godfreydadich.com

Employees: 50

National Agency Associations: 4A's

Agency Specializes In: Advertising, Advertising Specialties, Electronic Media, Electronics, Multimedia, New Technologies, T.V., Technical Advertising

Patrick Godfrey *(Pres & Mng Partner)*
Dennis O'Rourke *(Mng Partner & CFO)*
Dev Finley *(Partner & Mng Dir)*
Erik Welch *(Partner & Dir-Production)*
Danielle Bird *(Grp Dir-Plng)*
Sarah Haar *(Acct Dir)*
Andy Mera *(Creative Dir)*
Alexandra Brown *(Sr Acct Mgr)*
Morgan Raleigh *(Acct Mgr)*
Erik Brown *(Sr Acct Planner)*
Heather Brady *(Assoc Media Dir)*
Clark Katayama *(Grp Media Dir)*
Jon Kolakowski *(Sr Media Planner)*

Accounts:
Borland
Cisco Systems
Dolby
Riverbed
SAP

GODFREY Q & PARTNERS
(See Under Godfrey Dadich)

GODIVERSITY
(Formerly Freydell+Torres Diversity)
436 E 58th St Ste 3D, New York, NY 10022
Tel.: (917) 797-6189
E-Mail: hfreydell@godiversity.com
Web Site: godiversity.com/

Employees: 20

Humberto Freydell *(Founder & CEO)*
Samuel Fernandez *(CTO)*
Lin Mac Master *(Chief Comm Officer)*
Jaime Jara Cervantes *(Creative Dir)*
Holmes Hernandez *(Creative Dir)*
Andres Zamudio *(Art Dir)*
Mauricio Torrenegra *(Mgr-Multicultural Mktg)*
Isabel Morales *(Acct Exec)*
Migdalia Colon *(Chief Copywriter)*

Accounts:
AARP
Catholic Relief Services
The Hartford
Virgin Mobile USA, Inc.

GODWIN ADVERTISING AGENCY, INC.
(d/b/a Godwin Group)
1 Jackson Pl 188 E Capitol St Ste 800, Jackson, MS 39201
Tel.: (601) 354-5711
Fax: (601) 960-5869
E-Mail: pshirley@godwin.com
Web Site: www.godwin.com

E-Mail for Key Personnel:
President: pshirley@godwin.com
Creative Dir.: tballard@godwin.com
Media Dir.: kmoss@godwin.com
Public Relations: lragland@godwin.com

Employees: 80
Year Founded: 1937

National Agency Associations: ABC-MAGNET-MCA

Agency Specializes In: Brand Development & Integration, Broadcast, Collateral, Communications, Consulting, Consumer Marketing, Corporate Identity, Direct Response Marketing, E-Commerce, Environmental, Financial, Food Service, Health Care Services, High Technology, Internet/Web Design, Media Buying Services, Over-50 Market, Public Relations, Restaurant, Retail, Seniors' Market, Sponsorship, Transportation, Travel & Tourism

Approx. Annual Billings: $67,000,000

Breakdown of Gross Billings by Media: Brdcst.: 6%; Collateral: 4%; Consumer Publs.: 3%; D.M.: 3%; Fees: 29%; Newsp.: 14%; Other: 1%; Out-of-Home Media: 1%; Print: 1%; Production: 1%; Pub. Rels.: 4%; Radio: 12%; T.V.: 15%; Trade & Consumer Mags.: 3%; Worldwide Web Sites: 3%

Philip Shirley *(Chm, CEO & Sr Partner)*
John McKie *(Mng Partner)*
Susan James *(Partner & CFO)*
Donna Ritchey *(Partner & Exec VP-GodwinGroup)*
Lee Ragland *(VP & Dir-PR)*
Sue Templeman *(VP-Brand Mgmt)*
Tal McNeill *(Exec Dir-Creative)*
Steve Alderman *(Sr Mgr-PR)*

Accounts:
Brown Bottling Company
Hancock Bank; Gulfport, MS; 1997
Louisville Slugger; Lousville, KY; 1999
MedjetAssist
Mississippi Baptist Health Systems; Jackson, MS Healthcare; 1985
Trustmark National Bank; Jackson, MS Banking; 1937

Branch

GodwinGroup
1617 25th Ave, Gulfport, MS 39501
(See Separate Listing)

GODWINGROUP
1617 25th Ave, Gulfport, MS 39501
Mailing Address:
PO Box 4728, Biloxi, MS 39535-4728
Tel.: (228) 388-8511
Fax: (228) 388-8782
Web Site: www.godwin.com

Employees: 55
Year Founded: 1976

Agency Specializes In: Environmental, Financial, Health Care Services, Travel & Tourism

Philip Shirley *(Chm & CEO)*
John McKie *(Mng Partner)*
Kami Wert *(Partner & Gen Mgr-Godwin Gulf Coast)*
Tal McNeill *(Sr VP & Grp Dir-Creative)*
Lee Ragland *(VP & Dir-PR)*
Tammy Bowen *(Media Dir)*
Steve Alderman *(Sr Mgr-PR)*
Lauren Mozingo *(Sr Brand Mgr)*
Alyson McMullan *(Brand Mgr)*
Don Hawkins *(Mgr-Traffic)*
Debra Allen *(Asst Brand Mgr)*

Accounts:
Gulf Coast Regional Tourism Partnership
Hancock Bank
Hancock Holding Company; Gulfport, MS
Horne LLP
Louisville Slugger
Medjet Assist
Sandestin Golf & Beach Resort
Traditions

GOING INTERACTIVE
912 Holcomb Bridge Rd, Roswell, GA 30076
Tel.: (770) 643-3014
E-Mail: hello@goinginteractive.com
Web Site: www.goinginteractive.com

Employees: 7
Year Founded: 1999

Agency Specializes In: Advertising, Digital/Interactive, Internet/Web Design, Social Media

Jason Davenport *(Co-Founder & Creative Dir)*
Douglas Davenport *(Principal & Dir-Strategic)*
Phil Brane *(Producer & Designer)*

Accounts:
Future Foundation
Prime Time Toys

GOING TO THE SUN MARKETING ASSOCIATES, LLC
1250 Whitefish Hills Dr, Whitefish, MT 59937
Tel.: (406) 862-2870
E-Mail: buildyourbrand@gttsmarketing.com
Web Site: www.gttsmarketing.com

Employees: 5
Year Founded: 2004

Agency Specializes In: Advertising, Brand Development & Integration, Internet/Web Design, Media Planning, Print, Public Relations, Radio, Social Media

Michael Moffitt *(Pres)*

GOLD DOG COMMUNICATIONS
6609 Goldsboro Rd, Falls Church, VA 22042
Tel.: (703) 534-3990
Web Site: www.golddogcommunications.com

Employees: 11

Agency Specializes In: Advertising, Brand Development & Integration, Digital/Interactive, Internet/Web Design, Social Media

Jean Komendera *(Pres)*
Kristina Billingsley *(Dir-HR & Bus)*
John Quigley *(Dir-Tech)*
Rachel Fink *(Acct Supvr)*
Brittany Holtz *(Acct Exec)*
Amanda Bifulco *(Asst Acct Exec)*
Justin Perkins *(Acct Coord)*
Christina Ortiz *(Sr Art Dir)*

Accounts:
450K
Bethesda Row

GOLD FRONT
158 11th St, San Francisco, CA 94103
Tel.: (415) 965-3148
E-Mail: info@goldfront.com
Web Site: www.goldfront.com

Employees: 10

ADVERTISING AGENCIES

Agency Specializes In: Advertising, Brand Development & Integration, Copywriting, Digital/Interactive, Identity Marketing, Package Design, Production (Ad, Film, Broadcast), Retail, Social Media, Strategic Planning/Research, T.V.

Josh Lowman *(Founder & Creative Dir)*
Moeka Lowman *(Founder)*
Alex Romero *(Head-Acct)*
Evan Winchester *(Assoc Dir-Creative)*
Ziv Tsau *(Designer)*

Accounts:
New-Newsela
New-Provident Credit Union
New-Slack Technologies

GOLD N FISH MARKETING GROUP LLC
53 Old Route 22, Armonk, NY 10504
Tel.: (914) 273-2275
E-Mail: info@gnfmarketing.com
Web Site: www.gnfmarketing.com

Employees: 27
Year Founded: 2003

Agency Specializes In: Event Planning & Marketing, Experiential Marketing, Graphic Design, Guerilla Marketing

Approx. Annual Billings: $50,000,000

Caren Berlin *(CEO)*
Steve Gold *(Chief Creative Officer)*
Angela Vecchio *(Exec Creative Dir)*
Ross Cooper *(Dir-Plng & Digital)*
Marc Weilheimer *(Dir-Entertainment Mktg)*
Nicole Pasternak *(Office Mgr-Ops)*
Erika Howard *(Acct Supvr)*

Accounts:
Mondelez Creative, belVita; 2008
Proximo Spirits 1800 Coconut, Creative, Dobel, Events, Gran Centenario, Public Relations; 2009
Sprint (Agency of Record) Boost Mobile, Creative, Digital, Events, Experiential; 2007

GOLDSTEIN GROUP COMMUNICATIONS
30500 Solon Industrial Pkwy, Solon, OH 44139
Tel.: (440) 914-4700
Fax: (440) 914-4701
E-Mail: info@ggcomm.com
Web Site: www.ggcomm.com

Employees: 12
Year Founded: 1992

Agency Specializes In: Advertising, Brand Development & Integration, Catalogs, Collateral, Direct Response Marketing, Market Research, Product Placement, Public Relations, Trade & Consumer Magazines, Web (Banner Ads, Pop-ups, etc.)

Mark Johnson *(VP)*
Jeff Spencer *(Creative Dir)*
Loren Meck *(Dir-Sls Svcs)*
Sandi Hensel *(Mktg Mgr)*
Cyndi Friedel *(Acct Exec-Online)*
James Pugh *(Writer-Technical)*

Accounts:
Abanaki Pollution Control Equipment Manufacturer
Bud Industries Electronic enclosures
Danaher
Dynamotors
Keithley
LJ Star

GONZALEZ MARKETING LLC
2804 West Northern Lights, Anchorage, AK 99517
Tel.: (907) 562-8640
Web Site: www.gonzalezmarketing.com

Employees: 10
Year Founded: 2001

Agency Specializes In: Advertising, Digital/Interactive, Event Planning & Marketing, Graphic Design, Internet/Web Design, Media Buying Services, Media Planning, Promotions, Public Relations, Radio

Mary Gonzalez *(CFO)*
Jenny Thomasson *(VP-Client Svcs)*

Accounts:
Chevrolet of South Anchorage
Lithia Chrysler Jeep Dodge of South Anchorage

GOOD ADVERTISING, INC.
5100 Poplar Ave Ste 1700, Memphis, TN 38137
Tel.: (901) 761-0741
Fax: (901) 682-2568
Toll Free: (800) 325-9857
E-Mail: dcox@goodadvertising.com
Web Site: www.goodadvertising.com

E-Mail for Key Personnel:
President: dale.cox@goodadvertising.com
Creative Dir.: ellen.isaacman@goodadvertising.com

Employees: 25
Year Founded: 1982

Agency Specializes In: Advertising, Brand Development & Integration, Business-To-Business, Consumer Marketing, Direct Response Marketing, E-Commerce, Electronic Media, Graphic Design, Health Care Services, High Technology, Industrial, Internet/Web Design, Logo & Package Design, Medical Products, Point of Sale, Print, Public Relations, Publicity/Promotions, Retail

Approx. Annual Billings: $10,000,000

Dale Cox *(Pres)*
Ellen Isaacman *(Exec VP-Creative)*
Barney Street *(Exec VP-Ops)*
Chris Fiveash *(Dir-Art)*
Karen Crutchfield *(Supvr-Acctg)*
Jim Rich *(Copywriter)*
Megan Dwan *(Sr Art Dir)*

Accounts:
FedEx Alliance Marketing; Memphis, TN
FedEx Corporation; Memphis, TN; 1984
FedEx Freight Marketing; Memphis, TN
FedEx Government & Sales Support; Memphis, TN
FedEx International; Memphis, TN
FedEx Logistics & Electronics Commerce; Memphis, TN
FedEx Retail Marketing; Memphis, TN
The Food Bank; Memphis, TN; 2006
GKM; Indianapolis, IN; 2005
International Paper Co.; Memphis, TN; 2004
The Memphis Zoo; 1996

GOOD KARMA CREATIVE
37 W 12th St, New York, NY 10011
Tel.: (212) 691-8879
Fax: (212) 645-0871
Web Site: www.goodkarmacreative.com

Employees: 1

Agency Specializes In: Advertising, Internet/Web Design

Luke Lois *(Mng Dir)*

Accounts:
Boulder Creek
Superfocus
Travalo
Youtoo Technologies

GOOD MARKETING GROUP
(Formerly Good Group, LLC)
580 W Main St Ste 3, Trappe, PA 19426-1940
Tel.: (484) 902-8914
Web Site: goodmarketinggroup.com/

Employees: 7
Year Founded: 2003

Shannon Good *(Owner & Pres)*
Bradley Good *(Partner-Strategic Mktg Plng & Dev)*
Missie Souders *(Office Mgr)*

Accounts:
Hero To Hero
Sam's Italian Deli

GOODBY, SILVERSTEIN & PARTNERS
720 California St, San Francisco, CA 94108-2404
Tel.: (415) 392-0669
E-Mail: contact@gspsf.com
Web Site: goodbysilverstein.com

Employees: 300
Year Founded: 1983

Agency Specializes In: Advertising, Brand Development & Integration, Digital/Interactive, Experiential Marketing, Production, Production (Ad, Film, Broadcast), Production (Print), Sponsorship, Strategic Planning/Research

Shada Shariatzadeh *(Head-Production)*
Jim Elliot *(Exec Creative Dir)*
Katie Coane *(Grp Dir-Brand Strategy)*
Ralph Paone *(Grp Dir-Brand Strategy)*
Chad Bettor *(Exec Grp Acct Dir)*
Michael Crain *(Grp Acct Dir-Comcast)*
Stevan Chavez *(Art Dir)*
Melody Cheung *(Acct Dir)*
Rachel Fagin *(Acct Dir)*
Miguel Gonzalez *(Art Dir)*
Tristan Graham *(Creative Dir)*
Patrick Knowlton *(Creative Dir)*
Shelby Lemons *(Art Dir)*
Cam Miller *(Creative Dir)*
Rachel Saxon *(Producer-Brdcst)*
Alissa Sheely *(Acct Dir)*
Sean Smith *(Art Dir)*
Jon Wolanske *(Creative Dir)*
Adam Reeves *(Dir-Innovation)*
Edgar Ornelas *(Sr Mgr-Brdcst Traffic)*
Lindsay Agosta *(Acct Mgr)*
Emily Bollier *(Acct Mgr)*
Katie Freedman *(Acct Mgr)*
Kathryn LaMott *(Acct Mgr)*
Tara Masse *(Fin Mgr)*
Meghan Mast *(Acct Mgr)*
Chrissy Shearer *(Mgr-Bus Affairs)*
Matthew McNamara *(Strategist)*
Theo Bayani *(Copywriter)*
Clemens Zlami *(Copywriter)*
Kurt Mills *(Assoc Creative Dir)*
Paul Nowikowski *(Assoc Creative Dir)*
Kaitlin Ramsey *(Asst Acct Mgr)*
Carlos Rangel *(Assoc Creative Dir)*
Georgia Totvanian *(Asst Producer)*

Accounts:
Ad Council
Adobe Systems Incorporated (Creative Agency of Record) Adobe Creative Suite 2, Adobe Creative Suite 2.3, Adobe Marketing Cloud, Adobe Stock, Campaign: "Do You Know What Your Marketing Is Doing?", Campaign: "Dream On", Campaign: "I Am the New Creative", Campaign: "Logo Remix", Campaign: "Metrics, not Myths",

Campaign: "Snake Bite", Campaign: "The Launch", Campaign: "The New Creatives", Campaign: "Woo Woo", Media, Photoshop, Social
American Rivers Campaign: "Get More Green Tool"
Autism Speaks Campaign: "I Want to Say"
Bay Area Council Billboards, Bus-Shelter Ads, Campaign: "Talking Is Teaching: Talk, Read, Sing", Radio, TV, Vocabulary, Website, talkreadsing.org
BMW of North America, LLC (US Creative Agency of Record) Regional & Dealer Work; 2018
The Center for Investigative Reporting Poster series, Web Films, Website Design
Comcast Corporation (Agency of Record) Campaign: "For the Kids", Campaign: "Homecoming", Campaign: "Name Game", Campaign: "Names Are Made Here", Campaign: "Out There", Consumer Advertising, Creative, Digital, Dish Head, Internet Service, Nascar Xfinity Series, OOH, PowerBoost, Social, Triple Play Service, Xfinity, sFi Wireless Gateway network, xFi Pods
Common Sense Media
New-Credit Karma, Inc.
Dali Museum Campaign: "Staring Contest", iPhone App
Dreyer's Ice Cream Haagen-Dazs, Premium; 1999
eBay Inc. Campaign: "Come to Think of it, eBay", Campaign: "Shop a Song", Campaign: "Shop the World", Creative, Media, Social, Strategy, TV
Fiat Chrysler Automobiles Chrysler (Agency of Record), Creative, Dodge, Dodge Ram 1500, RAM Trucks
Frito-Lay North America, Inc. Cheetos, Creative, Dips, Doritos, Doritos Collisions, Doritos Late Night Rihanna, Grandma's Cookies, Mountain Dew, Stacy's Pita Chips, Super Bowl 2018, Sweetos, Tostitos; 2006
General Motors Campaign: "Chevy Runs Deep", Campaign: "Chevy Sonic Integrated", Campaign: "Night Swimming", Campaign: "Street Art", Campaign: "Then & Now", Chevrolet (Lead Creative Agency), Chevy Volt
Golden Gate National Park Association Campaign: "Golden Gate Bridge 75th Anniversary"
Golden State Warriors, LLC
Google Campaign: "Balloons", Campaign: "Hall & Oates", Campaign: "Love Story", Campaign: "May be the best ads are just answers.", Google Docs Demo-Masters Edition; Google+, YouTube
Gradifi
GREE International, Inc (Agency of Record) Digital Marketing
The Hunting Ground Film Chain Camera Pictures
Hyundai Motor America Genesis, Santa Fe, Tucson, Veracruz; 2007
Liberty Mutual Insurance Group Inc (Creative Agency of Record) Analytic Capabilities, Consumer Business Unit, Creative, Strategic Thinking; 2017
Logitech Logitech Revue
Marmot (Agency of Record)
Motorola Mobility LLC Motorola
National Audobon Society Birding the Net
National Football League
Nest Campaign: "Happy Homes"
Nestle USA Campaign: "La Dolce Vita", Digital, Dreyer's/Edy's, Print, TV
Netflix
Nintendo
New-One Medical Advertising, Healthcare Services
Penske Automotive Group, Inc. Saturn
PepsiCo, Inc. Cheetos, Creative, Digital, Doritos Blaze, Grandma's Cookies, Mountain Dew Ice, Pepsi, Project T.P., Rold Gold, Super Bowl 2018, TV; 2008
POPSUGAR Creative
Porsche Cars North America, Inc
Rock the Vote
Seagate Technology Brand Strategy
Sonic Corp. Campaign: "Drive-In", Campaign: "Dunk", Campaign: "Heart's Desire", Campaign: "One on One on One", Campaign: "Sipsters", Campaign: "SquareShakes", Campaign: "Sweeter", Campaign: "Train Your 'Buds", Campaign: "Wolfman", Creative, Sonic Drive-In, Wingtoberfest
Specialized Bicycles Campaign: "Life of Speed", Campaign: "Thumbs Of Glory", Pedal-Powered Machine Contest
The Specialized Foundation
StubHub, Inc. (Global Agency of Record) Campaign: "Your Ticket Out"
Tipping Point Community
Twitter Brand Marketing, Campaign: "Love Every Second", Campaign: "World Cup of Twitter", World Cup Video
UC Berkeley Art Museum & Pacific Film Archive
Xfinity 3D
Yahoo! Yahoo Bus Stop Derby

THE GOODNESS COMPANY
820 Baker St, Wisconsin Rapids, WI 54494
Tel.: (715) 423-1255
Toll Free: (866) 265-1001
E-Mail: patrick@goodnesscompany.com
Web Site: www.goodnesscompany.com

E-Mail for Key Personnel:
President: patrick@goodnesscompany.com
Creative Dir.: terri@goodnesscompany.com
Media Dir.: patrick@goodnesscompany.com
Public Relations: info@goodnesscompany.com

Employees: 14
Year Founded: 1994

National Agency Associations: AMA

Agency Specializes In: Advertising, Affluent Market, African-American Market, Automotive, Bilingual Market, Brand Development & Integration, Business Publications, Business-To-Business, Children's Market, Co-op Advertising, Collateral, Communications, Consulting, Consumer Goods, Consumer Marketing, Consumer Publications, Corporate Communications, Corporate Identity, Digital/Interactive, Direct Response Marketing, E-Commerce, Education, Electronic Media, Email, Entertainment, Environmental, Fashion/Apparel, Financial, Food Service, Government/Political, Graphic Design, Health Care Services, High Technology, Hispanic Market, Identity Marketing, Industrial, Information Technology, International, Internet/Web Design, Investor Relations, Leisure, Local Marketing, Logo & Package Design, Luxury Products, Magazines, Marine, Media Buying Services, Medical Products, Multicultural, Multimedia, New Product Development, Newspaper, Newspapers & Magazines, Out-of-Home Media, Outdoor, Over-50 Market, Pharmaceutical, Planning & Consultation, Point of Purchase, Point of Sale, Print, Production, Public Relations, Publicity/Promotions, Real Estate, Recruitment, Restaurant, Retail, Sales Promotion, Seniors' Market, Strategic Planning/Research, Teen Market, Trade & Consumer Magazines, Transportation, Travel & Tourism, Web (Banner Ads, Pop-ups, etc.), Women's Market, Yellow Pages Advertising

Patrick Goodness *(CEO)*
Terri Goodness *(Creative Dir)*

Accounts:
3PEC; MI Automotive; 2004
Administration for Native Americans; Washington, D.C.; 2003
Advanced Audio & Video; WI Home Audio Products; 2003
Adventure 212 Fitness
Allstate Insurance Company; Northbrook, IL; 1994
American Lung Association; Springfield, IL Tobacco QuitLine; 2005
Antioch Rescue Squad
Architectural Designs Inc.; WI; 2002
Bahamas Medical Center
Bancroft State Bank
BFG Tech; Lake Forest, IL Internet Traffic Cop; 2005
Buhrman Design Group; IL Landscaping Services; 1995
Capuchin-Franciscan Vocations Religious Vocation Recruitment; 2007
Cardinal Health
CIB Bank; IL Financial Services; 2002
Colina Dental
Colony Brands Inc.
Costa Rica Dental Team
Custom Gutter Corporation; IL Construction Services; 2001
Day Elevator & Lift; Lynbrook, NY Elevators, Lifts; 2005
DeKind Computer Consultants; 2005
Easter Seals
Energy Composites Corporation
Fabric Source; MN Fabric; 1999
Fey Printing
The Financial Centre Investment Services; 2007
Florida Health Systems
Hasbro Childrens Hospital
Interactive Business Products; IL; 2002
Luna Carpet; IL Retail & Commercial Carpeting; 1998
Made Rite Bedding; IL Mattresses; 1999
Manning Silverman; Lincolnshire, IL Accounting Services; 2006
Master Key Consulting; MD Government Consulting; 2002
Michels Corporation; WI Construction Services; 2004
Microsoft Corp.; Redmond, WA Accessibility - Disabilities Group; 1998
Midnight Velvet; WI Women's Clothing, Accessories & Home Accents; 2004
Monroe & Main; WI Women's Clothing; 2005
North Shore Trust & Savings; Chicago, IL Mid-Size Bank; 2005
Nurtrativa Global Health Foods; 2008
Pediatric Solutions; IL Pediatrics Franchise; 2005
Prime Wine, Inc.; IL Wine; 2004
RainTrade Corporation; IL Construction Services; 2001
Rapid Control Systems
Sundance Photo; Jackson, WI Photo Services; 2007
Village of Antioch; Antioch, IL Village Brand & Collateral Materials; 2005
West Suburban Orthodontics; Elmhurst, IL Dental Services; 2007
Westphal's Printing; WI Printing Services; 2003

GORA COMMUNICATIONS
3 Front St, Stonington, CT 06378
Tel.: (401) 354-9229
Fax: (401) 223-6444
Web Site: www.goracommunications.com

Employees: 1
Year Founded: 1990

Agency Specializes In: Advertising, Brand Development & Integration, Graphic Design, Media Relations, Strategic Planning/Research

Angela Gora *(Pres & Creative Dir)*

Accounts:
Greater Providence Chamber of Commerce
The Providence Center Symmetry at Duncan Lodge
RI Catholic
Saint Antoine Community Ultimate

GORDLEY GROUP
2540 N Tucson Blvd, Tucson, AZ 85716
Tel.: (520) 327-6077
Fax: (520) 327-4687

ADVERTISING AGENCIES — AGENCIES - JANUARY, 2019

E-Mail: info@gordleygroup.com
Web Site: http://www.gordleygroup.com/

Employees: 15
Year Founded: 1991

Agency Specializes In: Advertising, Brand Development & Integration, Event Planning & Marketing, Media Relations, Public Relations, Strategic Planning/Research

Revenue: $1,000,000

Jan Gordley *(Pres)*
Jennifer LaHue *(Creative Dir)*
Sulochana Konur *(Dir-Ops)*
Dawn Hosack *(Planner-Media & Mktg)*

Accounts:
Pima Community College

GORILLA 76 LLC
408 N Euclid Ave 3rd Fl, Saint Louis, MO 63108
Tel.: (314) 332-1020
Web Site: www.gorilla76.com

Employees: 19

Agency Specializes In: Advertising, Brand Development & Integration, Content, Internet/Web Design, Search Engine Optimization, Social Media

Jon Franko *(Partner)*
Joe Sullivan *(Partner)*

Accounts:
The Korte Company
TruQC LLC

THE GOSS AGENCY INC.
49 Broadway Ste 202, Asheville, NC 28801
Tel.: (828) 259-9910
Fax: (828) 225-6999
E-Mail: info@thegossagency.com
Web Site: www.thegossagency.com

Employees: 12
Year Founded: 1998

Agency Specializes In: Above-the-Line, Advertising, Advertising Specialties, Affiliate Marketing, Affluent Market, African-American Market, Agriculture, Alternative Advertising, Arts, Asian Market, Automotive, Aviation & Aerospace, Below-the-Line, Bilingual Market, Brand Development & Integration, Branded Entertainment, Broadcast, Business Publications, Business-To-Business, Cable T.V., Catalogs, Children's Market, Co-op Advertising, Collateral, College, Commercial Photography, Communications, Computers & Software, Consulting, Consumer Goods, Consumer Marketing, Consumer Publications, Content, Corporate Communications, Corporate Identity, Cosmetics, Crisis Communications, Custom Publishing, Customer Relationship Management, Digital/Interactive, Direct Response Marketing, Direct-to-Consumer, E-Commerce, Education, Electronic Media, Electronics, Email, Engineering, Entertainment, Environmental, Event Planning & Marketing, Exhibit/Trade Shows, Experience Design, Fashion/Apparel, Financial, Food Service, Game Integration, Government/Political, Graphic Design, Guerilla Marketing, Health Care Services, High Technology, Hispanic Market, Hospitality, Household Goods, Identity Marketing, In-Store Advertising, Industrial, Infomercials, Information Technology, Integrated Marketing, International, Internet/Web Design, Investor Relations, LGBTQ Market, Legal Services, Leisure, Local Marketing, Logo & Package Design, Luxury Products, Magazines, Marine, Market Research, Media Buying Services, Media Planning, Media Relations, Media Training, Medical Products, Men's Market, Merchandising, Mobile Marketing, Multicultural, Multimedia, New Product Development, New Technologies, Newspaper, Newspapers & Magazines, Out-of-Home Media, Outdoor, Over-50 Market, Package Design, Paid Searches, Pharmaceutical, Planning & Consultation, Podcasting, Point of Purchase, Point of Sale, Print, Product Placement, Production, Production (Ad, Film, Broadcast), Production (Print), Promotions, Public Relations, Publicity/Promotions, Publishing, RSS (Really Simple Syndication), Radio, Real Estate, Recruitment, Regional, Restaurant, Retail, Sales Promotion, Search Engine Optimization, Seniors' Market, Social Marketing/Nonprofit, Sponsorship, Sports Market, Stakeholders, Strategic Planning/Research, Sweepstakes, Syndication, T.V., Technical Advertising, Teen Market, Telemarketing, Trade & Consumer Magazines, Transportation, Travel & Tourism, Urban Market, Viral/Buzz/Word of Mouth, Web (Banner Ads, Pop-ups, etc.), Women's Market, Yellow Pages Advertising

Jeffrey E. Goss *(Pres)*
Gordon Farquhar *(Dir-Political & Client Svcs)*
Karen Goss *(Office Mgr)*
Bob Davies *(Strategist-Brand)*

Accounts:
Haywood County Tourism; 2014
Historic Biltmore Village Branding
Paradise Beach Resort Brand Image, Website
Visit Natchez Convention & Visitors Bureau

GOTHAM PUBLIC RELATIONS
400 W. Broadway, New York, NY 10012
Tel.: (212) 352-2147
E-Mail: courtney@gothampr.com
Web Site: www.gothampr.com

Employees: 108
Year Founded: 2002

Agency Specializes In: Advertising, Arts, Brand Development & Integration, Branded Entertainment, Entertainment, Event Planning & Marketing, Hospitality

Courtney Lukitsch *(Founder)*

Accounts:
Adjmi-Andreoli
AFNY
Corinth Films (Agency of Record)
Fitzgerald Fine Arts (Agency of Record)
Flavor Paper Business Development, Global Marketing
GHWArchitects (Agency of Record)
Hudson Furniture Business Development, Global Marketing
Jennifer Post Design
Luis Pons D-Lab
Messana O'Rorke
Morris Adjmi Architects
Olighting.com (Agency of Record)
Pryor Callaway Design
Relative Space (Agency of Record) Flooring & Textile Showroom
Sebastian+Barquet Business Development, Global Marketing
Subject (Agency of Record)
Whitehall Interiors (Agency of Record)
Workshop/apd
The World of Interiors Business Development, Global Marketing

THE GOULDING AGENCY, INC.
1367-C S Railrd Ave, Chipley, FL 32428
Tel.: (850) 625-6888
E-Mail: info@thegouldingagency.com
Web Site: www.thegouldingagency.com

Agency Specializes In: Advertising, Internet/Web Design, Media Buying Services, Media Planning, Print, Public Relations, Radio

Debbie Goulding *(Pres)*

Accounts:
Hard Labor Creek Shooting Sports
Jackson County The Real Florida
Jeep Sullivan's Outdoor Adventures
Real Florida Magazine
Wausau Possum Festival

GOURMET MARKETING
307 7th Ave Ste 1104, New York, NY 10001
Tel.: (646) 854-4320
E-Mail: info@gourmetmarketing.net
Web Site: www.gourmetmarketing.net

Employees: 8

Agency Specializes In: Advertising, Internet/Web Design, Search Engine Optimization, Social Media

Gene Herts *(Pres)*

Accounts:
Ayza Wine & Chocolate Bar

GRADIENT EXPERIENTIAL LLC
150 W 28th St Fl 2, New York, NY 10001
Tel.: (212) 997-9742
E-Mail: info@wearegradient.com
Web Site: wearegradient.com

Employees: 50

Agency Specializes In: Experiential Marketing

Pauline Oudin *(Mng Dir & Partner)*
Colin McKenzie *(Partner & Head-Acct Svcs)*

GRADY BRITTON
107 SE Washington St Ste 300, Portland, OR 97214-2613
Tel.: (503) 228-4118
Fax: (503) 273-8817
E-Mail: info@gradybritton.com
Web Site: www.gradybritton.com

E-Mail for Key Personnel:
Creative Dir.: andya@gradybritton.com
Media Dir.: sarahp@gradybritton.com
Production Mgr.: kellyb@gradybritton.com
Public Relations: ering@gradybritton.com

Employees: 20
Year Founded: 1974

National Agency Associations: 4A's

Agency Specializes In: Advertising, Brand Development & Integration, Broadcast, Business-To-Business, Collateral, Communications, Corporate Communications, Corporate Identity, Financial, High Technology, Media Buying Services, Media Planning, Multimedia, Public Relations, Real Estate, Sponsorship, Strategic Planning/Research, Transportation, Web (Banner Ads, Pop-ups, etc.)

Approx. Annual Billings: $6,200,000

Paige Campbell *(Pres & Partner)*
Andy Askren *(Partner & Exec Creative Dir)*
Mary-Catherine Jones *(Creative Dir)*
Sarah Prince *(Media Dir)*
Lisa M Martin *(Dir-PR)*
Kelly Burns *(Sr Acct Mgr)*
Jill Hrycyk *(Sr Acct Mgr)*

AGENCIES - JANUARY, 2019 — ADVERTISING AGENCIES

Sandy Ragnetti *(Sr Acct Mgr)*
Andy Ehlen *(Sr Media Planner & Sr Media Buyer)*

Accounts:
Bob's Red Mill
New-Oil Can Henry's
Port of Vancouver (Agency of Record)
Travel Portland

GRAFIK MARKETING COMMUNICATIONS
625 N Washington St, Alexandria, VA 22314
Tel.: (703) 299-4500
Fax: (703) 299-5999
E-Mail: info@grafik.com
Web Site: https://grafik.agency/

Employees: 25

Agency Specializes In: Advertising, Broadcast, Collateral, Corporate Identity, Digital/Interactive, Direct Response Marketing, Email, Event Planning & Marketing, Exhibit/Trade Shows, Experience Design, Internet/Web Design, Local Marketing, Mobile Marketing, Out-of-Home Media, Outdoor, Paid Searches, Print, Production (Print), Promotions, Radio, Retail, Search Engine Optimization, Social Media, Web (Banner Ads, Pop-ups, etc.)

Lance Wain *(Pres & Principal)*
Mikah Sellers *(Chief Digital Officer)*
David Collins *(Principal & Creative Dir)*
Gregg Glaviano *(Principal & Creative Dir)*
Lynn Umemoto *(Principal-Client Strategy)*
Hal Swetnam *(Sr VP & Sr Strategist-Creative)*
Robin Vaitonis *(Sr VP-Client Engagement)*
Sun Yun *(VP-Experience Design & Creative Dir-Digital)*
Tanya Nazarian *(VP-Bus Dev)*
Arthur Hsu *(Art Dir)*
Carrie Madigan *(Art Dir)*
George Nicholas *(Creative Dir)*
Johnny Vitorovich *(Creative Dir)*
Esther Nardone *(Sr Mgr-Client Svcs)*
Greg Spraker *(Sr Art Dir)*

Accounts:
AdvicePeriod; 2013
AES Internal Brand; 2013
Akre Capital Management; 2014
Anybill; 2011
The Brady Campaign Campaign Design; 2014
Carsquare; 2014
Convergent Wealth Advisor; 2007
Cystic Fibrosis Foundation; 2006
DC Prep; 2007
EYA Corporate Brand; 2005
Gennum; 2007
Global Automakers; 2010
Honda in America Advocacy; 2003
JK Moving Services; 2010
National Museum of the American Indian; 2000
National Trust for Historic Preservation; 2011
Neustar; 2013
Smithsonian Institution Corporate Advertising; 2001
Software AG Corporate Advertising; 2010
Spree Commerce; 2013
Waldron Private Wealth; 2014
WTOP; 2014

GRAFITZ GROUP NETWORK
1102 3rd Ave Ste 204, Huntington, WV 25701
Tel.: (304) 581-4689
E-Mail: info@grafitz.com
Web Site: www.grafitz.com

Employees: 10

Agency Specializes In: Advertising, Email, Graphic Design, Internet/Web Design, Logo & Package Design, Media Planning, Print, Radio

Shawn Fitzpatrick *(Owner)*
Perry Ryan Bentley *(VP & Creative Dir)*
Tanya Taul *(Sr Dir-Strategic Mktg)*
Bryan Ousley *(Sr Designer-Programming & Web)*
Josh Robirds *(Designer-Branding)*

Accounts:
Hope's Place

GRAGG ADVERTISING
450 E 4th St Ste 100, Kansas City, MO 64106
Tel.: (816) 931-0050
Fax: (816) 931-0051
Toll Free: (800) 649-4225
E-Mail: info@graggadv.com
Web Site: www.graggadv.com

Employees: 51
Year Founded: 1993

National Agency Associations: AAF-DMA

Agency Specializes In: Advertising, Aviation & Aerospace, Broadcast, Business-To-Business, Cable T.V., Digital/Interactive, Direct Response Marketing, E-Commerce, Electronic Media, Graphic Design, Internet/Web Design, Logo & Package Design, Media Buying Services, Newspaper, Newspapers & Magazines, Out-of-Home Media, Outdoor, Planning & Consultation, Point of Purchase, Point of Sale, Print, Production, Radio, Recruitment, Restaurant, Retail, Strategic Planning/Research, T.V.

Breakdown of Gross Billings by Media:
Audio/Visual: 2%; Bus. Publs.: 5%; Collateral: 5%; Consulting: 5%; D.M.: 10%; E-Commerce: 5%; Event Mktg.: 1%; Exhibits/Trade Shows: 1%; Fees: 10%; Graphic Design: 7%; Logo & Package Design: 1%; Mags.: 3%; Newsp.: 5%; Outdoor: 3%; Plng. & Consultation: 2%; Radio: 5%; Spot T.V.: 20%; Strategic Planning/Research: 5%; Worldwide Web Sites: 5%

Darryl Mattox *(Pres & COO)*
Gregory Gragg *(CEO)*
Fred Frantz *(Exec VP)*
Cathryn Vaughn *(VP-Channel Strategy)*
Mark Buchele *(Media Dir)*

Accounts:
American Career Institute Buying, Planning and Placement, Online Marketing Strategies, Search Engine Marketing and Optimization, Traditional Media, Website Redesign
American Heart Association 2017 Go Red For Women, Digital, Print, Social Media, Video
American School of Technology Integrated Marketing Strategy
Brookline College Integrated Marketing Strategy
Central Penn College Integrated Marketing Strategy
Globe University Integrated Marketing Strategy
Michigan Institute of Aviation and Technology Online, Interactive Marketing, Traditional Advertising
Miller-Motte College Online
New York Automotive & Diesel Institute (Agency of Record) Brand Awareness, Brand Marketing, Marketing, Online
Ntimus Clinic (Agency of Record) Brand Development, Offline & Online Marketing, Search Engine Marketing, Website Design
Pat Riha Productions
Topsy's Popcorn

THE GRAHAM GROUP
2014 W Pinhook Rd Ste 210, Lafayette, LA 70508-3297
Tel.: (337) 232-8214
Fax: (337) 235-3787
E-Mail: graham@graham-group.com

Web Site: www.graham-group.com

E-Mail for Key Personnel:
President: graham@graham-group.com
Media Dir.: natalie@graham-group.com

Employees: 30
Year Founded: 1979

Agency Specializes In: Financial, Health Care Services, Travel & Tourism

Approx. Annual Billings: $23,700,000

Michelle Constantin *(COO)*
Kathy Andersen *(Sr VP-Acct Svc)*
Raymond Credeur *(Creative Dir)*
Denise Bishop *(Media Planner & Media Buyer)*
Baylie Landry *(Media Buyer)*
Kerry Palmer *(Mng Art Dir)*

Accounts:
Christus Saint Patrick Hospital
Demco; Baton Rouge, LA Utilities
Los Angeles Department of Transportation
Louisiana Health System

Branch

The Graham Group
11505 Perkins Rd Bldg 3 Ste 3, Baton Rouge, LA 70810
Tel.: (225) 767-8520
Fax: (225) 761-0870
E-Mail: graham@graham-group.com
Web Site: www.graham-group.com

Employees: 20
Year Founded: 1993

Agency Specializes In: Financial, Health Care Services, Travel & Tourism

Wynne Waltman *(Acct Supvr)*

Accounts:
Louisiana Lottery
Terrebonne general Medical Center

GRAHAM GROUP INTERACTIVE
2014 W Pinhook Rd Ste 210, Lafayette, LA 70508-8504
Tel.: (337) 232-8214
Fax: (337) 235-3787
E-Mail: info@graham-group.com
Web Site: www.graham-group.com

E-Mail for Key Personnel:
President: graham@graham-group.com

Employees: 27
Year Founded: 1995

Agency Specializes In: Consulting, Consumer Marketing, Electronic Media, Internet/Web Design, Multimedia, Publicity/Promotions, Web (Banner Ads, Pop-ups, etc.)

Approx. Annual Billings: $3,900,000

Breakdown of Gross Billings by Media: Worldwide Web Sites: 100%

Michelle Constantin *(COO)*

GRAHAM MEDIA PARTNERS
512 Saint Davids Rd, Wayne, PA 19087
Tel.: (610) 688-2060
Web Site: www.grahammediapartners.com

Employees: 6

ADVERTISING AGENCIES

Year Founded: 2014

Agency Specializes In: Advertising, Brand Development & Integration, Business-To-Business, Internet/Web Design, Logo & Package Design, Print, Public Relations, Social Media

Lisa Graham *(Co-Founder & CEO)*
Steve Graham *(CO-Founder & COO)*
Corey Pontz *(Creative Dir)*

Accounts:
Walz IT LLC

GRAHAM OLESON
525 Communication Cir, Colorado Springs, CO 80905-1736
Tel.: (719) 635-7335
Fax: (719) 635-1143
Toll Free: (800) 776-7336
E-Mail: info@grahamoleson.com
Web Site: www.grahamoleson.com

Employees: 55
Year Founded: 1977

Agency Specializes In: Advertising, Automotive, Brand Development & Integration, Broadcast, Business-To-Business, Cable T.V., Co-op Advertising, Collateral, Corporate Identity, Digital/Interactive, Direct Response Marketing, Direct-to-Consumer, Email, Graphic Design, Guerilla Marketing, Hispanic Market, Identity Marketing, In-Store Advertising, Infomercials, Integrated Marketing, Internet/Web Design, Local Marketing, Logo & Package Design, Magazines, Market Research, Media Buying Services, Media Planning, Merchandising, Newspaper, Newspapers & Magazines, Out-of-Home Media, Outdoor, Planning & Consultation, Point of Purchase, Point of Sale, Print, Sales Promotion, Search Engine Optimization, Sponsorship, Sports Market, Strategic Planning/Research, Web (Banner Ads, Pop-ups, etc.)

Approx. Annual Billings: $40,000,000

Sandy Emmert *(Pres)*
Kirk Oleson *(CEO)*
Rhonda Maehara *(Exec VP)*
Jennifer Davis *(Sr Acct Dir)*
Samantha McClay *(Mgr-Digital Campaign)*
Joy Rishavy *(Mgr-Media)*
Evie Willis *(Mgr-Media)*
Kristi Davis *(Acct Supvr)*
Sarah Becker *(Sr Acct Exec)*
Joni Melendrez *(Sr Acct Exec)*
Emily Grantz *(Acct Coord)*
Rhonda Von Luhrte *(Acct Coord)*
Rachel Wilkins *(Acct Coord)*
Meredith Griffin *(Coord-Media)*
Tim Atnip *(Assoc Creative Dir)*

Accounts:
Ford
Honda
Land Rover
Lexus
Lincoln
Toyota

GRAHAM STANLEY ADVERTISING
75 S Broadway 4th Fl, White Plains, NY 10601
Tel.: (914) 304-4275
Fax: (914) 304-4254
E-Mail: info@grahamstan.com
Web Site: www.grahamstan.com

Employees: 21

Agency Specializes In: Advertising, Digital/Interactive, Graphic Design, Internet/Web Design, Media Buying Services, Public Relations, Social Media, Strategic Planning/Research

Approx. Annual Billings: $2,000,000

Larry Woodard *(Chm & CEO)*

Accounts:
Cox Communications; Atlanta, GA Cable, Internet, Telephone; 2011
Eurobasket.com (Agency of Record)
Gunter Media Group; New York, NY Syndicated Research; 2011
Sweet Spot Apparel; Atlanta, GA Apparel; 2010

GRAJ + GUSTAVSEN
156 5th Ave Fifth Fl, New York, NY 10010
Tel.: (212) 387-0070
E-Mail: gg@ggny.com
Web Site: www.ggny.com

Employees: 50
Year Founded: 1989

Agency Specializes In: Advertising, Brand Development & Integration, Graphic Design, Internet/Web Design, Retail, Stakeholders, Strategic Planning/Research

Simon Graj *(Co-Founder, CEO & Partner)*
Raymond Graj *(Owner & Principal)*
Eric Gustavsen *(Owner)*
Scott Todd *(Sr VP-Licensing & Strategic Partnerships)*
Alan Zaitz *(VP-Bus Dev)*

Accounts:
Dick's Sporting Goods, Inc.
Fiskars Brands, Inc. Waterford Wedgwood
Harley-Davidson, Inc.
Kimberly-Clark Corporation
Kohl's Corporation
Levi Strauss & Co.
Marc Fisher Footwear Easy Spirit
Scripps Networks Interactive, Inc.
World Triathlon Corporation IronGirl, IronKids, IronMan

GRANT MARKETING
581 Boylston St, Boston, MA 02116
Tel.: (857) 305-3382
E-Mail: info@grantmarketing.com
Web Site: www.grantmarketing.com

Employees: 8
Year Founded: 1986

National Agency Associations: AMA-BMA-Second Wind Limited

Agency Specializes In: Advertising, Brand Development & Integration, Broadcast, Business-To-Business, Catalogs, Collateral, Commercial Photography, Consulting, Corporate Communications, Corporate Identity, Digital/Interactive, E-Commerce, Email, Exhibit/Trade Shows, Graphic Design, High Technology, Identity Marketing, Industrial, Integrated Marketing, Internet/Web Design, Logo & Package Design, Market Research, Media Buying Services, Media Planning, Media Relations, Paid Searches, Planning & Consultation, Print, Public Relations, RSS (Really Simple Syndication), Search Engine Optimization, Social Marketing/Nonprofit, Strategic Planning/Research

Bob Grant *(Pres)*
Grant Penny *(Art Dir)*
Cam Mirisola-Bynum *(Dir-Content)*
Vidushi Bhardwaj *(Specialist-Content Mktg)*

Accounts:
Alliance Scales; Canton, MA Scales, Weighing Systems
Alpha Rho Plastics Corp.; Fitchburg, MA Plastic Boxes
ICL-Imaging; Framingham, MA Large Format Printing
ikaSystems
Interstate Specialty Products; Sutton, MA Die Cutting Services, Gaskets
JI Morris Company; Southbridge, MA Fasteners; 2000
Koch Membrane Systems Filtration Systems
Mass Coalition for Suicide Prevention; Boston, MA; 2007
Standard Rivet; Boston, MA Decorative Rivets

GRANTSTREET CREATIVE
137 E Iron Ave 2nd Fl, Dover, OH 44622
Tel.: (330) 243-0651
Web Site: www.grantstreetcreative.com

Employees: 1

Agency Specializes In: Advertising, Brand Development & Integration, Internet/Web Design, Logo & Package Design, Social Media

David Ramsell *(Creative Dir)*

Accounts:
ACI Services Inc
Tuscarawas County Convention & Visitors Bureau

GRAPESEED MEDIA
79 Madison Ave Fl 3, New York, NY 10016
Tel.: (212) 220-3903
E-Mail: campaigns@grapeseedmedia.com
Web Site: www.grapeseedmedia.com

Employees: 50

Agency Specializes In: Media Planning, Social Media

Bill Updegraff *(Pres)*
O'mar Nelson *(Sr Dir-Programmatic Engagement)*
Tyler Barnet *(Client Svcs Dir)*
Jon Gross *(Dir-Media Trading)*
Colin O'Donohoe *(Dir-Partnerships)*
Emily Sheiner *(Mgr-Strategy & Plng)*
Jason Gan *(Campaign Mgr)*

GRAPEVINE COMMUNICATIONS INC
5201 Paylor Ln, Sarasota, FL 34240
Tel.: (941) 351-0024
Fax: (941) 351-0034
E-Mail: wowme@grapeinc.com
Web Site: www.grapeinc.com

Employees: 25

Agency Specializes In: Advertising, Collateral, Internet/Web Design, Logo & Package Design, Out-of-Home Media, Outdoor, Print, Public Relations, Radio, Social Media, T.V.

Angela Massaro-Fain *(Pres & Partner)*
Allison Imre Perkowski *(Pres)*
John Fain *(Partner & Exec VP)*
Gabriele Vest *(VP-Bus Dev)*
Eric Buchanan *(Art Dir)*
John Butzko *(Dir-Comm)*
Heidi Cook *(Dir-Ops)*
Tammy Dumer *(Dir-Fin)*
Britney Guertin *(Dir-PR & Social Media)*
Michael Hamlin *(Dir-Art)*
Joan Burnell *(Mgr-Production & Traffic)*
Taylor Lawless *(Mgr-Client Rels)*

Accounts:
ANKO Products

AGENCIES - JANUARY, 2019 — ADVERTISING AGENCIES

ASO Group
BK Ventures Group
Cabot Cove of Largo
City of North Port Marketing
Dan Dannheisser Personal Injury Attorney
Datum Corporation
Dr. Joshua Colkmire Restorative & Cosmetic Dentistry
Duncan Real Estate
Florida Mediator Services
Garage King, Inc
GreenZone Heroes
J Dawes Group
Karins Engineering Group
The Lakeshore Condominiums
Manasota Air Conditioning Contractors Association
Midlake Specialty Food Products Branding & Packaging Design
Ocean Blue Pool Services
Omega Communities
Penta5 USA, LLC Branding & Packaging Design
PGT Industries, Inc.
Practice Works MD
Sarasota School of Arts & Sciences
Sky Zone Sarasota
Southport Capital
Synergy Building Corp
Tarpon Shores Dental
TreeUmph! Adventure Course
Vold Vision

GRAPHIC D-SIGNS INC
279 Rte 31 S Ste 4, Washington, NJ 07882
Tel.: (908) 835-9000
Fax: (866) 274-6880
E-Mail: letstalk@graphicd-signs.com
Web Site: https://www.kickcharge.com/

Employees: 26

Agency Specializes In: Advertising, Collateral, Corporate Identity, Digital/Interactive, Graphic Design, Logo & Package Design, Out-of-Home Media, Outdoor, Print, Social Media

Dan Antonelli *(Pres & Chief Creative Officer)*
Alyssa Young *(Dir-Digital Mktg)*
Michelle Profita *(Sr Acct Exec)*
Joan Olkowski *(Sr Graphic Designer)*

Accounts:
Air Zero
Clear the Air
Trico Poly Systems

GRAPHICMACHINE INC.
140 Walnut St, Kansas City, MO 64106
Tel.: (816) 291-3697
E-Mail: hello@graphicmachine.com
Web Site: www.graphicmachine.com

Employees: 2
Year Founded: 1999

Agency Specializes In: Advertising, Brand Development & Integration, Digital/Interactive, E-Commerce, Email, Internet/Web Design, Print, Search Engine Optimization, Social Media

Brian Jones *(Founder & Owner)*
Patience Jones *(Partner)*

Accounts:
Kpb Architects

GRAVINA ONLINE STRATEGIES
49 Archdale St Ste 2G, Charleston, SC 29401
Tel.: (843) 580-2820
Web Site: www.engagegravina.com

Employees: 10

Year Founded: 2013

Agency Specializes In: Advertising, Digital/Interactive, Public Relations, Social Media

Curt Mercadante *(Principal)*

Accounts:
Radiate Technologies

GRAVITY DIGITAL
12603 Hwy 105 W Ste 204, Conroe, TX 77304
Tel.: (936) 588-2882
Fax: (936) 588-2884
Web Site: www.gravitydigital.com

Employees: 5
Year Founded: 2000

Agency Specializes In: Advertising, Brand Development & Integration, Collateral, Graphic Design, Internet/Web Design, Logo & Package Design, Media Buying Services, Print, Radio, Social Media

Casey OQuinn *(Principal)*

Accounts:
The Arbor Gate

GRAVITY GROUP
107 E Water St, Harrisonburg, VA 22801
Tel.: (540) 433-3071
Fax: (540) 433-3076
E-Mail: info@gravitygroup.com
Web Site: www.gravitygroup.com

Employees: 8

Agency Specializes In: Advertising, Social Media

Steve Gilman *(Pres-Mktg & Strategist-Brand)*
Christian Perritt *(Creative Dir)*
Lindsey Laughlin *(Dir-Digital Mktg & Ops)*
Mark Fenton *(Specialist-Media)*

Accounts:
DuPont Community Credit Union
The Frazier Quarry Inc.
RMH Healthcare
Universal Postal Union
VMRC Foundation

GRAVITY MEDIA
114 W 26th St 8th Fl, New York, NY 10001
Tel.: (646) 486-0000
Fax: (646) 486-0030
E-Mail: hello@mediagravity.com
Web Site: www.mediagravity.com

Employees: 50
Year Founded: 2009

Agency Specializes In: Advertising, Event Planning & Marketing, Internet/Web Design, Media Buying Services, Media Planning, Public Relations, Social Media, Sponsorship, Strategic Planning/Research

Yuriy Boykiv *(CEO)*
Artur Melentin *(Partner & Chief Creative Officer)*
Monique Tapie *(Mng Dir)*
Luba Tolkachyov *(COO)*
Rob Douglas *(Exec VP)*
Mir Akhgar *(VP-Client Svcs)*
Boris Litvinov *(VP-Media)*
Diego Saldeno *(Sr Acct Dir)*
Lilian Laskin *(Dir-Ops & HR)*
Oliver Walsh *(Media Planner & Buyer)*
Carlos Cervantes *(Assoc Media Dir)*

Accounts:
9/11 Memorial Museum
American Board of Physician Specialties
Anheuser-Busch InBev
Caesars Entertainment "Lunar New Year", Campaign: "Reveal Your Fortune"
CenterLight Healthcare
Edward Jones
General Motors
IDT Corporation
Melia Hotels International Gran Melia, ME, North & South America Digital Marketing, Paradisus
Pele
Pilgrim's Pride Corporation (Agency of Record) Brand Strategy, Creative Development, Digital Content & Website, Media Planning & Buying; 2017
Red Door Spas by Elizabeth Arden
ShelterPoint Life Insurance
United States Army
Western Union
W.L. Gore & Associates, Inc. Gore-Tex; 2018
Xfinity Creative, Home Services, Internet, Media, Phone, Strategy, Television

GRAVITY SWITCH
195 Russell St Ste B11, Hadley, MA 01035
Tel.: (413) 586-9596
E-Mail: ask@gravityswitch.com
Web Site: www.gravityswitch.com

Employees: 11
Year Founded: 1996

Agency Specializes In: Advertising, Brand Development & Integration, Computers & Software, Content, Digital/Interactive, Internet/Web Design, Print, Search Engine Optimization

Jason Mark *(Pres)*

Accounts:
Asnuntuck Community College
Guggenheim

GRAY LOON MARKETING GROUP, INC.
300 SE Riverside Dr Ste 200, Evansville, IN 47713
Tel.: (812) 422-9999
Fax: (812) 422-3342
Toll Free: (888) GRAYLOON
E-Mail: info@grayloon.com
Web Site: https://www.grayloon.com/

Employees: 28
Year Founded: 1994

Agency Specializes In: Advertising, Brand Development & Integration, Business Publications, Business-To-Business, Collateral, Commercial Photography, Communications, Consumer Goods, Consumer Marketing, Consumer Publications, Content, Corporate Communications, Corporate Identity, Customer Relationship Management, Digital/Interactive, Direct Response Marketing, Direct-to-Consumer, E-Commerce, Education, Electronic Media, Email, Exhibit/Trade Shows, Graphic Design, Industrial, Infomercials, Information Technology, Internet/Web Design, Leisure, Logo & Package Design, Magazines, Media Planning, Media Relations, Merchandising, Mobile Marketing, Multimedia, New Product Development, Newspapers & Magazines, Out-of-Home Media, Outdoor, Package Design, Pets , Pharmaceutical, Podcasting, Point of Purchase, Point of Sale, Print, Production, Public Relations, RSS (Really Simple Syndication), Sales Promotion, Search Engine Optimization, Social Media, Sports Market, Technical Advertising, Trade & Consumer Magazines, Travel & Tourism

Approx. Annual Billings: $4,000,000

Jon Ruthenburg *(CEO)*

ADVERTISING AGENCIES

Brita Lewis Turbyfill *(Partner & Dir-Outdoor Mktg)*
Tom Lewis *(COO)*
Bryan Horstman *(Art Dir)*
Jonathan Harling *(Dir-PR)*
Jason Ludwig *(Dir-Web Dev)*
Katie Dausmann *(Office Mgr)*
Katie Gross *(Mgr-Social Media & Strategist)*
Clint Davis *(Mgr-IT)*
Jen Green *(Sr Designer)*
Greg Gehlhausen *(Assoc Creative Dir)*

Accounts:
Accuride Corporation accuridecorp.com
Ambassador Travel
Benelli benelliusa.com
Burris Optics burrisoptics.com
Duck Commander duckcommander.com
Economic Development Coalition
EVSC
Guidefitter (Media Relations Agency of Record)
Hazard 4 Progressive Tactical Gear (Public Relations Agency of Record)
Hoosier Energy hoosiersites.com
Hoyt
Mead Johnson Nutrition
Realtree Camo realtreeoutdoors.com
Steiner Optics steiner-optics.com
Thomson Center

GRAY MATTER AGENCY INC.
24 Shipyard Drive, Hingham, MA 02043
Tel.: (781) 740-4001
Fax: (781) 740-4002
E-Mail: kthompson@graymatteragency.com
Web Site: www.graymatter.agency/

Employees: 10
Year Founded: 2006

National Agency Associations: AA

Agency Specializes In: Advertising, Brand Development & Integration, Business-To-Business, Communications, Consumer Marketing, Corporate Communications, Direct Response Marketing, Health Care Services, Investor Relations, Market Research, Medical Products, Planning & Consultation, Production, Sales Promotion, Strategic Planning/Research

John Springer *(Owner & Creative Dir)*

GREAT COMMUNICATORS, INC.
2655 LeJeune Rd, Coral Gables, FL 33134
Tel.: (305) 448-1456
Fax: (305) 448-1482
E-Mail: info@greatcom.com
Web Site: www.greatcom.com

Employees: 7
Year Founded: 1990

Agency Specializes In: Brand Development & Integration, Collateral, Crisis Communications, Financial, Government/Political, Internet/Web Design, Investor Relations, Media Relations, Multimedia, Newspaper, Product Placement, Promotions, Publicity/Promotions

David Stiefel *(Pres & CEO)*

Accounts:
Berenfeld Spritzer Shechter & Sheer
Greater Miami Jewish Federation (Agency of Record)
Jewish Community Services of South Florida
Meland Russin & Budwick
Miami Jewish Film Festival (Public Relations Agency of Record) Media
Zadok Art Gallery

GREAT RIVER CREATIVE
233 S Wacker Dr 84th Fl, Chicago, IL 60606
Tel.: (312) 235-6560
E-Mail: grc@greatrivercreative.com
Web Site: www.greatrivercreative.com

Employees: 2
Year Founded: 2009

Agency Specializes In: Advertising, Brand Development & Integration, Event Planning & Marketing, Internet/Web Design, Media Buying Services, Social Media, Strategic Planning/Research

Sarah Dickinson *(Pres & CEO)*

Accounts:
Great Lakes Region USA Volleyball Brand Awareness, Windy City National Qualifier (Sponsorship Sales Agency of Record)
The H Foundation Events & Media Relation, Inbound Marketing, Public Relations, Strategic & Content Marketing, Strategic Planning
ISOVAC Products LLC Global Business Development
Lakes to Locks Passage
Mainstreet Steak & Chophouse
Vintage Illinois

GREATER THAN ONE
395 Hudson St, New York, NY 10014
Tel.: (212) 252-1999
Fax: (212) 252-7364
Web Site: www.greaterthanone.com

Employees: 70
Year Founded: 2000

Agency Specializes In: Advertising, Affiliate Marketing, Brand Development & Integration, Business-To-Business, Consulting, Consumer Marketing, Consumer Publications, Content, Corporate Communications, Digital/Interactive, Direct-to-Consumer, E-Commerce, Education, Electronic Media, Electronics, Email, Entertainment, Environmental, Hispanic Market, Hospitality, Integrated Marketing, Internet/Web Design, LGBTQ Market, Media Buying Services, Media Planning, Mobile Marketing, Paid Searches, Podcasting, RSS (Really Simple Syndication), Retail, Search Engine Optimization, Social Marketing/Nonprofit, Strategic Planning/Research, Travel & Tourism, Viral/Buzz/Word of Mouth, Web (Banner Ads, Pop-ups, etc.), Women's Market

Approx. Annual Billings: $30,000,000

Breakdown of Gross Billings by Media: Internet Adv.: $15,000,000; Other: $4,000,000; Strategic Planning/Research: $11,000,000

Elizabeth Izard Apelles *(CEO)*
Gregory Gross *(Partner & Chief Creative Officer)*
John Mahler *(Partner & Dir-Strategy)*
Pamela Pinta *(Partner)*
Christa Toole *(Partner-Search Mktg & Analytics)*
Pilar Belhumeur *(Exec Creative Dir)*
Cailean Contini *(Acct Dir)*
William T. Major *(Dir-Ops)*
Katie Schuyler *(Dir-Integrated Media)*
Ken Winell *(Dir-Tech)*
Garrett Schlein *(Supvr-Social Media & PR)*
Amari Lilton *(Copywriter)*

Accounts:
BET
Genetech
Genzyme
Lunesta
MEDA
Medtronic
MSNBC
New York Presbyterian Hospital
New York University
Novartis
Sunovion Campaign: "Omnaris Integrated"
Transit Center
Vail Resorts

Branch

Greater Than One
100 Montgomery St Ste 1700, San Francisco, CA 94104
Tel.: (415) 229-4500
E-Mail: contact@greaterthanone.com
Web Site: www.greaterthanone.com

Employees: 51
Year Founded: 2000

Agency Specializes In: Brand Development & Integration, Business-To-Business, Communications, Content, Customer Relationship Management, Digital/Interactive, Experience Design, Health Care Services, Internet/Web Design, Production

Jim Plattner *(CFO-Global)*
Kieran Walsh *(Pres-US)*
Ken Winell *(Dir-Tech)*
Amanda Powers Han *(Sr Partner-Client Svcs)*

Accounts:
New-AcelRx Pharmaceuticals Inc.
New-Actelion Pharmaceuticals Ltd
New-Grifols S.A.
New-Jazz Pharmaceuticals plc
New-Neurelis Inc.
New-Portola Pharmaceuticals Inc.
New-Promius Pharma LLC.
New-U.S. Mission to UNESCO

GREATEST COMMON FACTORY
2000 E 6th St, Austin, TX 78702
Tel.: (512) 410-1313
E-Mail: getstarted@gcfactory.com
Web Site: www.gcfactory.com

Employees: 11
Year Founded: 2011

Agency Specializes In: Advertising, Content, Strategic Planning/Research

Karen Jacobs *(Founder & Head-Bus & Production)*
John Trahar *(Founder & Head-Strategic & Creative)*
Zach Rener *(Head-Creative)*
Tyler Crelia *(Copywriter & Editor)*
Richard W Sanchez *(Art Dir)*
Eric Archer *(Designer-Production)*

Accounts:
A+ Federal Credit Union (Agency of Record) Advertising, Brand Positioning
Arise Ventures
Hopdoddy Burger Bar (Agency of Record) Advertising, Brand Positioning
Mama Fu's Asian House (Agency of Record) Advertising, Brand Positioning
Nike, Inc.
SafeAuto Insurance Company
Salt Lick BBQ Rebrand
New-Tecovas (Marketing Agency of Record) Advertising, Public Relations, Website; 2018

GREATEST CREATIVE FACTOR
7991 Back Mountain Rd, Reedsville, PA 17084
Tel.: (410) 467-4672
Fax: (410) 467-4672
Web Site: www.gcfonline.com

Employees: 5

Agency Specializes In: Advertising, Brand Development & Integration, Digital/Interactive, Internet/Web Design, Logo & Package Design, Print, Social Media

Brenda Foster *(Partner)*
Domenica Genovese *(Partner-Creative)*
William Shain *(Specialist-Admissions Mktg & Ops)*

Accounts:
Johns Hopkins University
Widener University

GREEN DOOR MEDIAWORKS
263 Soda Creek Ct, Dillon, CO 80435
Tel.: (970) 485-0670
E-Mail: info@greendoormediaworks.com
Web Site: www.greendoormediaworks.com

Employees: 5
Year Founded: 2012

Agency Specializes In: Crisis Communications, Media Relations, Media Training, Production, Public Relations, Social Media

Ryan Whaley *(Founder & Owner)*
Chad Whaley *(Dir-Comm)*

Accounts:
Lake View Condominiums
Sandusky Main Street Association

GREEN DOT ADVERTISING & MARKETING
5400 NE 4th Ct, Miami, FL 33137
Tel.: (305) 674-8406
Fax: (305) 674-7898
E-Mail: info@greendotadvertising.com
Web Site: www.greendotadvertising.com/

Employees: 5
Year Founded: 1995

Agency Specializes In: Advertising

Revenue: $1,000,000

Mario Behr *(Pres & Creative Dir)*

Accounts:
Act Mortgage
Brightstar
Chapman Partnership
Fernandez Bay Village
Frontier Golf
Hook & Tackle Apparel
IMACS
Research In Motion/Blackberry
Sea Vee Boats
Sony Electronics
Sony Latin America
U Health
Wish Restaurant

GREEN GRASS MARKETING & ADVERTISING
4539 36th St, Orlando, FL 32811
Tel.: (407) 299-7990
E-Mail: info@greengrass4me.com
Web Site: www.greengrass4me.com

Employees: 3
Year Founded: 2008

Agency Specializes In: Advertising, Email, Graphic Design, Internet/Web Design, Media Buying Services, Radio, Social Media, T.V.

Jim Ford *(Dir-Technical)*

Accounts:
Healing Revolutions
Trobo

GREEN POINT CREATIVE
555 8th Ave Ste 409, New York, NY 10018
Tel.: (212) 967-6532
E-Mail: info@greenpointcreative.com
Web Site: www.greenpointcreative.com

Employees: 10

Agency Specializes In: Advertising, Content, Print, Production, Radio, Social Media, T.V.

Howard Bowler *(Pres)*

Accounts:
New-Drug Policy Alliance

GREEN ROOM PUBLIC RELATIONS
333 W Main St Ste 1, Boonton, NJ 07005
Tel.: (973) 263-8585
Fax: (201) 526-8351
E-Mail: info@greenroompr.com
Web Site: www.greenroompr.com

Employees: 25

Agency Specializes In: Broadcast, Corporate Communications, Crisis Communications, Internet/Web Design, Media Relations, Planning & Consultation, Public Relations

Deborah Fowler *(Co-Founder & Mng Partner)*
Karen Carolonza *(Mng Partner)*
Allison Pishko *(Sr Acct Mgr)*
Elizabeth Amodeo *(Sr Acct Exec-Channel Mgmt)*
Chelsea Takacs *(Sr Acct Exec)*

Accounts:
Alpharma Animal Health Animal Drugs Mfr
Becton Dickinson & Company Medical Equipment & Supplies Mfr
Biogen Idec & Elan Pharmaceutical Products Mfr
ExL Pharma Pharmaceutical Training & Educational Support Services
GlaxoSmithKline Pharmaceutical Products Mfr
Merck Pharmaceutical Products Mfr
Novartis Oncology Cancer Medicine Mfr
Publicis Consultants Public Relations

GREEN TEAM ADVERTISING, INC.
3305 Jerusalem Ave Ste 201, Wantagh, NY 11793
Tel.: (212) 966-6365
Fax: (212) 966-6178
E-Mail: info@greenteamusa.com
Web Site: www.greenteamglobal.com

E-Mail for Key Personnel:
President: hugh@greenteamusa.com

Employees: 14
Year Founded: 1993

Agency Specializes In: Corporate Identity, Environmental, Travel & Tourism

Milton Kapelus *(Partner & Client Svcs Dir)*
Hank Stewart *(Exec VP-Comm Strategy)*
Nubia Zagami *(Sr Accountant)*

Accounts:
Johnson & Johnson
Rainforest Alliance
Scottish Tourist Board
VisitScotland Tourism Services

GREENFIELD ADVERTISING GROUP
12551 New Brittany Blvd Bldg 26, Fort Myers, FL 33907-3625
Tel.: (239) 437-0000
Web Site: http://www.greenfieldmediamarketing.com

Employees: 4

Agency Specializes In: Advertising, Digital/Interactive, Exhibit/Trade Shows, Internet/Web Design, Media Planning, Point of Sale, Production, Radio, Search Engine Optimization, T.V.

Deborah A Greenfield *(Pres & CEO)*

Accounts:
Absolute Law

GREENLIGHT
4827 Memphis St, Dallas, TX 75207
Tel.: (214) 393-8470
Web Site: www.greenlightad.com

Employees: 50
Year Founded: 2006

Agency Specializes In: Advertising, Brand Development & Integration, Direct Response Marketing, Email, Event Planning & Marketing, Identity Marketing

Olivia Cole *(Co-Founder & COO)*
Erik Herskind *(CEO)*
Todd Lancaster *(Chief Creative Officer)*
Kaitlyn Coffee *(Art Dir)*
Alex Liesner *(Acct Dir)*
Brittney Stephens *(Client Svcs Dir)*
Clara Seddelmeyer *(Acct Exec)*
Mauricio Cremer *(Assoc Creative Dir)*

Accounts:
Cafe Momentum
New-Gold's Gym
The Inn at Arch Cape
New-Invictus Games Foundation
New-La Cantera Resort & Spa
New-La Quinta Worldwide, LLC CRM, Direct Marketing, Email, La Quinta Returns, Logo, Military Initiative, Online, Paid Media, Radio, Social, TV, Video
Spence Diamonds Brand Platform & Identity, Strategic Brand Evolution; 2018
The Statler

GREENLIGHT MEDIA & MARKETING, LLC
8439 Sunset Blvd W, Hollywood, CA 90069
Tel.: (310) 273-2266
E-Mail: info@greenlightmm.com
Web Site: www.greenlightmm.com

Employees: 33

Agency Specializes In: Advertising, Affluent Market, African-American Market, Automotive, Brand Development & Integration, Branded Entertainment, Computers & Software, Consulting, Consumer Goods, Content, Copywriting, Cosmetics, Digital/Interactive, Direct-to-Consumer, Electronics, Entertainment, Event Planning & Marketing, Experience Design, Experiential Marketing, Fashion/Apparel, Financial, Hispanic Market, Integrated Marketing, Market Research, Men's Market, Multicultural, Production (Ad, Film, Broadcast), Restaurant, Retail, Social Media, Sponsorship, Sports Market, Strategic Planning/Research, Teen Market, Travel & Tourism, Tween Market, Web (Banner Ads, Pop-ups, etc.), Women's Market

Dominic Sandifer *(Pres & Mng Partner)*

ADVERTISING AGENCIES — AGENCIES - JANUARY, 2019

Steve Bender *(Partner & Exec VP-Strategy)*
Eric Block *(Head-Acct Mgmt)*
Nick Davidge *(Exec Creative Dir)*
James Aardahl *(Acct Dir)*
Amy Farias *(Acct Dir)*
Tom Williams *(Acct Dir)*
Stephy Pool *(Dir-Cultural Mktg Strategy)*
Sarah Kirsch *(Acct Supvr)*
Paul Reader *(Strategist)*
Noah Carlstrom *(Sr Art Dir)*
Lucas Potter *(Mng Supvr)*

Accounts:
Hyundai Motor America Campaign: "Generation Music Project", Content
Intel
La Quinta Inns & Suites CRM, Direct Marketing, Email, La Quinta Returns, Logo, Online, Paid Media, Radio, Social, TV, Video
Logitech
Lytro Brand Strategy, Creative, Digital, Media, Production
Under Armour "Huddle Up"

GREENMARK PUBLIC RELATIONS
1200 Darnell Dr Ste L, Mundelein, IL 60060-1084
Tel: (866) 362-4538
E-Mail: info@greenmarkpr.com
Web Site: www.greenmarkpr.com

Employees: 5

Agency Specializes In: Business-To-Business, Commercial Photography, Consulting, Email, Environmental, Exhibit/Trade Shows, Graphic Design, Local Marketing, Media Relations, Print, Public Relations, Web (Banner Ads, Pop-ups, etc.)

Sue Markgraf *(Founder & Pres)*
Lynn Petrak *(VP)*
Sharon Hentsch *(Dir-Bus Dev)*
Heidi Hetzel *(Mgr-Sponsorship)*

Accounts:
Chalet Landscaping, Nursery & Garden Center
Chicago Gateway Green
Chicago Trees Initiative
Global Explorers
Green Exchange
Greenspace
The Lurie Garden
ROC Exhibitions
SpiceStack

GREENRUBINO
1938 Fairview Ave E Ste 200, Seattle, WA 98102
Tel: (206) 447-4747
Fax: (206) 447-9494
E-Mail: info@greenrubino.com
Web Site: www.greenrubino.com

Employees: 47
Year Founded: 1977

National Agency Associations: AMA

Agency Specializes In: Advertising, Advertising Specialties, Alternative Advertising, Arts, Automotive, Aviation & Aerospace, Brand Development & Integration, Broadcast, Business Publications, Cable T.V., Catalogs, Co-op Advertising, Collateral, Communications, Computers & Software, Consumer Goods, Consumer Marketing, Consumer Publications, Content, Corporate Communications, Corporate Identity, Cosmetics, Crisis Communications, Custom Publishing, Customer Relationship Management, Digital/Interactive, Direct Response Marketing, Direct-to-Consumer, E-Commerce, Education, Electronic Media, Electronics, Email, Engineering, Entertainment, Environmental, Event Planning & Marketing, Exhibit/Trade Shows, Fashion/Apparel, Financial, Food Service, Game Integration, Government/Political, Graphic Design, Guerilla Marketing, Health Care Services, High Technology, Hospitality, Household Goods, Identity Marketing, In-Store Advertising, Information Technology, Integrated Marketing, International, Internet/Web Design, Investor Relations, LGBTQ Market, Legal Services, Leisure, Local Marketing, Logo & Package Design, Luxury Products, Magazines, Marine, Market Research, Media Buying Services, Media Planning, Media Relations, Media Training, Medical Products, Men's Market, Mobile Marketing, Multicultural, Multimedia, New Product Development, New Technologies, Newspaper, Newspapers & Magazines, Out-of-Home Media, Outdoor, Over-50 Market, Package Design, Paid Searches, Pets, Pharmaceutical, Planning & Consultation, Point of Purchase, Point of Sale, Print, Product Placement, Production, Production (Print), Promotions, Public Relations, Publicity/Promotions, RSS (Really Simple Syndication), Radio, Real Estate, Recruitment, Regional, Restaurant, Retail, Sales Promotion, Search Engine Optimization, Seniors' Market, Social Marketing/Nonprofit, Social Media, Sponsorship, Sports Market, Stakeholders, Strategic Planning/Research, Syndication, T.V., Technical Advertising, Teen Market, Trade & Consumer Magazines, Transportation, Travel & Tourism, Tween Market, Urban Market, Viral/Buzz/Word of Mouth, Web (Banner Ads, Pop-ups, etc.), Women's Market, Yellow Pages Advertising

Approx. Annual Billings: $21,500,000

Breakdown of Gross Billings by Media: Brdcst.: $5,000,000; Collateral: $1,500,000; D.M.: $1,000,000; E-Commerce: $3,000,000; Event Mktg.: $750,000; Graphic Design: $2,500,000; Newsp. & Mags.: $1,500,000; Out-of-Home Media: $1,250,000; Pub. Rels.: $1,000,000; Worldwide Web Sites: $4,000,000

Cameron Green *(Partner)*
John Rubino *(Partner)*
Hamilton McCulloh *(Exec Dir)*
Melissa Durfee Davis *(Media Dir)*
Daniel Getachew *(Acct Dir)*
Paul Villa *(Acct Dir)*
Crystal Inge *(Dir-Integrated Mktg)*
Kimanh Moreau *(Dir-Digital)*
Jon Njos *(Sr Mgr-Media)*
Lisa Dahlby *(Sr Acct Mgr)*
Peggy Rodman *(Mgr-Studio)*
Rachael Brister *(Strategist-LGBT)*
Matthew Swecker *(Copywriter)*

Accounts:
Avanade; Seattle, WA Business Consulting; 2008
The Columbia Bank Financial; 1992
Delta Dental Dental Insurance; 2011
Fred Hutch Cancer Research; 2011
Microsoft; Redmond, WA Software; 2000
PAWS; Seattle, WA Animal Welfare/Non-Profit; 2000
Ryan Law; Seattle, WA Legal Services; 2009
Seattle Cancer Care Alliance Campaign: "Together is Better", Creative, Outdoor, Print, Radio, TV
Snoqualmie Casino Gaming; 2012
Sound Transit Transportation; 2008
Washington State Wine Commission Wine; 2008

GREENSTREET MARKETING
75 20Th St S, Battle Creek, MI 49015
Tel: (269) 963-9922
Fax: (269) 963-7831
E-Mail: info@greenstreetmkg.com
Web Site: www.greenstreetmkg.com

Employees: 7
Year Founded: 1995

National Agency Associations: DMA

Agency Specializes In: Advertising, Advertising Specialties, Automotive, Brand Development & Integration, Business Publications, Business-To-Business, Cable T.V., Co-op Advertising, Collateral, Commercial Photography, Communications, Consulting, Consumer Marketing, Consumer Publications, Corporate Identity, Direct Response Marketing, Event Planning & Marketing, Financial, Food Service, Graphic Design, Health Care Services, Hispanic Market, Internet/Web Design, Logo & Package Design, Magazines, Newspaper, Newspapers & Magazines, Out-of-Home Media, Outdoor, Planning & Consultation, Point of Purchase, Point of Sale, Print, Production, Public Relations, Radio, Restaurant, Retail, Sales Promotion, Strategic Planning/Research, T.V., Trade & Consumer Magazines, Transportation, Travel & Tourism

Accounts:
360 Encompassing Cuisine
American Museum of Magic
Battle Creek Area Catholic Schools; Battle Creek, MI; 2000
Battle Creek Community Foundation; Battle Creek, MI; 2009
BC Area Chamber of Commerce; Battle Creek, MI; 2011
Calhoun County Intermediate School District; Marshall, MI; 2010
CTS Telecom; Galesburg, MI; 2009
Kellogg Community Federal Credit Union; 2000
Malia Mediterranean Bistro; Battle Creek, MI; 2010
McFee Medical Technologies; Battle Creek, MI; 2009
Southern Michigan Orthopaedics; Battle Creek & Marshall, MI; 2011

GREENTARGET STRATEGIC COMMUNICATIONS
141 W Jackson Blvd Ste 3100, Chicago, IL 60604
Tel: (312) 252-4100
E-Mail: contactus@greentarget.com
Web Site: www.greentarget.com

Employees: 15

National Agency Associations: COPF

Agency Specializes In: Brand Development & Integration, Business-To-Business, Crisis Communications, Public Relations

John Corey *(Founder, Pres & Partner)*
Aaron R. Schoenherr *(Founder & Partner)*
Laura Miller *(Exec VP)*
Steven J. DiMattia *(Sr VP)*
Ted O. Mills *(Sr VP)*
Pam Munoz *(Sr VP)*
Chris Gale *(VP)*
Ashley Kyle *(VP)*
Lisa Seidenberg *(VP-Media Rels)*
Jennifer Aragones Tatro *(VP-Bus Dev & Mktg)*
Christian Erard *(Assoc VP)*
Abby Moriarty *(Assoc VP)*
Joseph Cascio *(Dir-Ops)*
Brandon Copple *(Dir-Content & Editorial Strategy)*
John Matthew Upton *(Dir-Digital Strategy & Analytics)*

Accounts:
BT
Detroit Mercy School of Law
Foley & Lardner, LLP.
HBOS
Hogan & Hartson
Miller & Chevalier

GREMILLION & POU
(Name Changed to Romph & Pou Agency)

AGENCIES - JANUARY, 2019 — ADVERTISING AGENCIES

GRENADIER
1221 Pennsylvania Ave, Boulder, CO 80302
Tel.: (303) 386-3957
E-Mail: info@grenadierco.com
Web Site: www.grenadierco.com

Employees: 18
Year Founded: 2012

National Agency Associations: 4A's

Agency Specializes In: Advertising, Brand Development & Integration, Communications, Content, Corporate Communications, Corporate Identity, Graphic Design, Integrated Marketing, Internet/Web Design, Logo & Package Design, Market Research, Package Design, Sponsorship, Strategic Planning/Research

Approx. Annual Billings: $3,000,000

Jeff Graham *(Partner & Mng Dir)*
Wade Paschall *(Partner & Creative Dir)*
Randall Rogers *(Partner)*
Eric Forsyth *(Brand Dir)*
Peri Shaplow *(Dir-Strategy)*
Malory Toscano *(Supvr-Brand)*
William Patterson *(Sr Writer)*

Accounts:
Adidas North America Inc Creative Projects
Coinstar Coinstar, Coinstar Exchange, Digital; 2013
Fresh Produce Clothing; 2014
Husky Liners; 2013
Intrawest Intrawest Pass Products; 2015
Original Penguin Creative Projects; 2013
Portalupi Wine Company Vaso di Marina; 2012
Purina Petcare Creative Projects; 2013
Rio Grande Mexican Restaurants; 2014
SolidFire SolidFire Enterprise Storage System; 2013
Suerte Tequila; 2012
Water Pik, Inc. Showerhead & Faucet Division; 2012
Winter Park Resort; 2013
Woody Creek Distillers Woody Creek Vodka; 2013

GRETEMAN GROUP
1425 E Douglas 2nd Fl, Wichita, KS 67211
Tel.: (316) 263-1004
Fax: (316) 263-1060
E-Mail: info@gretemangroup.com
Web Site: www.gretemangroup.com

E-Mail for Key Personnel:
President: sgreteman@gretemangroup.com
Creative Dir.: sgreteman@gretemangroup.com
Media Dir.: jgore@gretemangroup.com
Production Mgr.: lheinz@gretemangroup.com
Public Relations: dharms@gretemangroup.com

Employees: 21
Year Founded: 1989

National Agency Associations: ADFED-PRSA

Agency Specializes In: Advertising, Affluent Market, Arts, Aviation & Aerospace, Brand Development & Integration, Broadcast, Business Publications, Business-To-Business, Catalogs, Collateral, Consumer Marketing, Corporate Communications, Corporate Identity, Electronic Media, Event Planning & Marketing, Exhibit/Trade Shows, Experience Design, Financial, Graphic Design, Guerilla Marketing, Health Care Services, High Technology, Hospitality, Identity Marketing, Integrated Marketing, Internet/Web Design, Investor Relations, Leisure, Logo & Package Design, Luxury Products, Magazines, Media Relations, Media Training, Medical Products, Men's Market, Merchandising, Multicultural, Out-of-Home Media, Outdoor, Over-50 Market, Package Design, Point of Purchase, Point of Sale, Print, Production (Ad, Film, Broadcast), Production (Print), Public Relations, Publicity/Promotions, Radio, Recruitment, Retail, Social Marketing/Nonprofit, Strategic Planning/Research, Trade & Consumer Magazines, Travel & Tourism, Viral/Buzz/Word of Mouth, Web (Banner Ads, Pop-ups, etc.), Women's Market

Sonia Greteman *(Pres & Creative Dir)*
Deanna Harms *(Exec VP)*
Ashley Bowen Cook *(VP & Brand Dir)*
Chaney Kimball *(Sr Dir-Digital)*
Marc Bosworth *(Art Dir)*
Meghan Smith *(Art Dir)*
Jordan Walker *(Dir-Digital)*
Donna Grow *(Brand Mgr-Production)*
Stephanie Stover *(Brand Mgr)*
Lori Heinz *(Production Mgr)*
Ginny Walton *(Mgr-Pricing & Media Buyer)*
Shae Blevins *(Strategist-Digital)*

Accounts:
Adobe Home
BlueBike Architects
City of Wichita
Dallas Airmotive
Envision
Executive AirShare (Agency of Record) Advertising, Marketing, Public Relations
FlightSafety International
Foxwoods Development
Gossen Livingston Architects
HOW Magazine Creative, Gift of Lift
Hutton Construction LogoLounge 8
IdeaTek
Jackson, Wade & Blanck LLC
Kansas Aviation Museum
Kansas Health Foundation
Kansas State Fair
Laham Development
LawKingdon Architecture
Mark Arts (Agency of Record)
Newport Television
OLC Global
PDS Med (Agency of Record)
PIM Aviation Insurance (Agency of Record)
Preferred Health Systems (Agency of Record)
R. Messner Construction
Riordan Clinic
Rockwell Collins
Royal Caribbean International
Signature Flight Support
Spirit AeroSystems
USAIGNY (Agency of Record) Branding
Versus Bank
Vibe-It
WaterWalk Development
WDM Architects
Wichita Area Technical College
Wichita Dwight D. Eisenhower National Airport (Marketing Agency of Record) Digital Marketing, Social Media, Strategic Planning
Wichita Mid-Continent Airport
Woodside Health & Tennis

GREY CANADA
46 Spadina Ave Ste 500, Toronto, ON M5V 2H8 Canada
Tel.: (416) 486-0700
Fax: (416) 486-3244
Web Site: grey.com/canada

E-Mail for Key Personnel:
President: Ann_Nurock@grey.net

Employees: 50
Year Founded: 1958

Agency Specializes In: Advertising, Advertising Specialties, Automotive, Business-To-Business, Communications, Consumer Goods, Consumer Marketing, Corporate Communications, Corporate Identity, Digital/Interactive, Direct Response Marketing, Direct-to-Consumer, Education, Email, In-Store Advertising, Infomercials, International, Internet/Web Design, Local Marketing, Mobile Marketing, Multimedia, Newspaper, Newspapers & Magazines, Out-of-Home Media, Outdoor, Over-50 Market, Paid Searches, Pharmaceutical, Podcasting, Point of Purchase, Print, Production, Production (Print), Promotions, RSS (Really Simple Syndication), Radio, Regional, Retail, Search Engine Optimization, Seniors' Market, Social Marketing/Nonprofit, Stakeholders, Sweepstakes, T.V., Teen Market, Telemarketing, Trade & Consumer Magazines, Transportation, Travel & Tourism, Urban Market, Women's Market

Angela Lowe *(Grp Acct Dir)*
Nevena Djordjevic *(Acct Dir)*
Christina Festoso *(Acct Dir)*
Chloe Kim *(Art Dir)*
Sam Leirsch *(Producer-Digital)*
Oskars Trinitis *(Art Dir)*
Genevieve Beharry *(Dir-Design)*
Erin Reinecke *(Acct Supvr)*
Harjot Tatla *(Acct Supvr)*
Cassia Napier *(Acct Exec)*
Cory Hansen *(Copywriter)*
Jean-Claude M. Kikongi *(Planner-Strategic)*
Shirley Yushkov *(Copywriter)*
Ryan McNeill *(Assoc Creative Dir)*
Pete Ross *(Assoc Creative Dir)*
Jamie Spears *(Assoc Creative Dir)*

Accounts:
Brown-Forman El Jimador Tequila, Herradura Tequila (Digital CRM & Below the Line Marketing), Herradura Ultra, Tequila Herradura Ultra (Agency of Record)
Canadian Blood Services (Creative Agency of Record) Integrated Communication, Traditional & Digital Advertising
Canadian Cancer Society; 2005
Canadian Special Olympics CSO, Sports Celebrities Festival; 1998
Diageo Canada Campaign: "Window Pints", Captain Morgan, Crown Royal; 2004
Eli Lilly Canada Cialis; 2004
Everytown for Gun Safety Campaign: "Lockdown"
GlaxoSmithKline Abreva, Campaign: "Time in Wings", Contac, Nytol, Polident, Poligrip, Sensodyne (Paste, Brush, Floss); 1983
Glentel
Government of Ontario Ministry of Education, Ministry of Health & Long Term Care, Ministry of Health Promotion
HSBC Bank
JTI MacDonald
Metrolinx Radio
Mill Street Brewery Campaign: "Refreshingly Honest"
Missing Children Society of Canada Campaign: "Milk Carton 2.0", Campaign: "World's Most Valuable Search Engine"
Moms Demand Action for Gun Sense in America Broadcast Media, Campaign: "Choose One", Campaign: "Lockdown", Campaign: "Not Allowed", Digital, Print, Radio
Mr.Clean
Ontario Government
OSEG (Ottawa Sports & Entertainment Group)
Ovarian Cancer Canada
Playtex Baby Magic, Banana Boat, Diaper Genie, Infant Feeding, Tampons, Wet Ones; 1968
Post Foods Canada Campaign: "The First15 Project"
Post Foods U.S.
Post Holdings, Inc.
Presto
Procter & Gamble Auto Dry, Clean Mop, Magic Eraser, Mr. Clean (North America), Pantene, Pringles Jalapeno; 1974
Sagicor
The Salvation Army Canada Campaign: "Bottle, Drugs, Gun", Campaign: "Frank", Campaign:

ADVERTISING AGENCIES
AGENCIES - JANUARY, 2019

"No One Chooses to Eat Garbage", Campaign: "Poverty Isn't Always Easy to See"
Special Olympics Canada
Special Olympics Campaign: "Kevin"
SUBWAY Restaurants Creative, Marketing, Strategy
Toronto Zoo
Volvo Canada
World Vision Canada

Branch Offices:

Grey Vancouver
736 Granville St, Vancouver, BC V6Z 1G3 Canada
(See Separate Listing)

Tank
55 Prince St, Montreal, QC H3C2M7 Canada
(See Separate Listing)

GREY GROUP
200 5th Ave, New York, NY 10010
Tel.: (212) 546-2000
Fax: (212) 546-2001
E-Mail: Inquiries@grey.com
Web Site: www.grey.com

Employees: 10,500
Year Founded: 1917

National Agency Associations: 4A's-AAF-ABC-APA-BPA-CBP-DMA-MCA-NYPAA-TAB

Agency Specializes In: Children's Market, Communications, Consulting, Digital/Interactive, Direct Response Marketing, Event Planning & Marketing, Government/Political, Hispanic Market, Internet/Web Design, Logo & Package Design, Public Relations, Sales Promotion, Sponsorship

Chris Esposito *(CFO)*
Robert Walsh *(CIO)*
Daniel Bennett *(Chief Innovation Officer-Worldwide)*
Suresh Nair *(Chief Creative Intelligence Officer-Grey Consulting)*
Per Pedersen *(Chm-Creative)*
Leo Rayman *(CEO-Grey Consulting)*
Mark Schwatka *(Exec VP & Exec Creative Dir)*
Jennifer Chanowitz *(Exec VP & Acct Dir)*
Janique Helson *(Exec VP & Acct Dir)*
Brian LeCount *(Exec VP-Strategy & Insights)*
Beth Berg *(Sr VP & Acct Dir)*
Brian Erickson *(Sr VP & Acct Dir)*
Sara Jett *(Sr VP & Acct Dir)*
Kerry Quinn *(Sr VP & Dir-Global Client Ops)*
Courtney Engel *(Sr VP-Activation, Talent & PR)*
Jamie Grady *(Sr VP-Fin & Ops-Grey Midwest)*
Evan Kraut *(Mng Dir-Grey Adventures)*
Diana Blau *(VP & Acct Dir)*
Stephanie Sills Braveman *(VP & Acct Dir)*
Emily Giordano Dimakopoulos *(VP & Acct Dir)*
Snigdha Gollamudi *(VP & Acct Dir)*
Courtney Griffin *(VP & Acct Dir)*
Isabel Munoz-Cadilla *(VP & Acct Dir)*
Nicole Nazarenus *(VP & Acct Dir)*
Kelly Norris *(VP & Acct Dir)*
Ari Stelzner *(VP & Acct Dir)*
Rita Seredenko *(VP & Dir-HRIS)*
Ryan Hallett *(VP)*
John Stichweh *(VP-Acct Svcs-Grey Midwest)*
Rachel Jillian West *(Head-Creative Mgmt)*
Caitlin Ewing *(Exec Creative Dir & Writer)*
Jason Brandt *(Exec Dir-Digital-Team P&G)*
Joanna Carver *(Exec Creative Dir)*
Adam Kahn *(Exec Creative Dir-Midwest)*
Bradley Mancuso *(Exec Creative Dir)*
Joe Mongognia *(Exec Creative Dir)*
Qian Qian *(Exec Creative Dir)*
Peter Viento *(Exec Creative Dir-Shopper Mktg)*
Amelia Acosta *(Sr Producer-Digital)*

Christopher Izzo *(Sr Producer-Digital)*
Kevin Gentile *(Creative Dir & Art Dir)*
Jackie Blaze *(Creative Dir)*
Andrea Bollin *(Bus Dir-Commerce)*
Jeannie Chung *(Creative Dir)*
Mike Cicale *(Creative Dir)*
Roger Fish *(Creative Dir)*
Robert Jencks *(Art Dir & Sr Designer)*
Michelle Liuzzo *(Art Dir)*
Ryan McCarthy *(Creative Dir)*
Danny McHatton *(Creative Dir)*
Brian Mekjian *(Creative Dir)*
Justin Roth *(Creative Dir)*
Margaret Russo *(Creative Dir)*
Tyronne Schaffer *(Creative Dir)*
Amie Senich *(Acct Dir)*
Kenneth Gold *(Dir-Social Media)*
Marissa Kramer *(Dir-Copy)*
Ann Friedman Ryan *(Dir-Engagement Strategy)*
Meghan Taylor *(Dir-Plng)*
Maria Vorovich *(Dir-Strategy)*
Lindsey Wood *(Dir-Activation)*
Sarah Turner *(Assoc Dir-Creative & Writer)*
Timothy K. Carpenter *(Acct Supvr)*
Stephanie DiMilia *(Acct Supvr)*
Michael Emer *(Acct Supvr)*
Whitnie Hawkins *(Acct Supvr)*
Jennifer Rooks Smith *(Supvr-Copy)*
Hannah Byrne *(Sr Acct Exec)*
Megan Puleo *(Sr Acct Exec)*
Madeline Lefferts *(Acct Exec)*
Hannah Melton *(Acct Exec)*
Chelsea Anderson *(Assoc Creative Dir)*
Samira Ansari *(Grp Creative Dir)*
Javier Bonilla *(Reg Creative Dir)*
Conor Champley *(Assoc Creative Dir)*
James Heekin, III *(Exec Chm)*
Matt Hock *(Assoc Creative Dir)*
Lillian O'Connor *(Assoc Creative Dir)*
Jamie Rome *(Assoc Creative Dir)*
Kate Shearer *(Sr Art Dir)*
Eddie Sun *(Sr Art Dir)*
Llana Wolstein *(Sr Art Dir)*

Accounts:
3M Campaign: "Jump"
AB Volvo
Ally Bank
Bausch & Lomb (Global Advertising Duties) Eye Drops, Prescription Medicines & Vitamins
Boehringer Ingelheim
Bose Corporation (Global Creative agency of Record)
Canon
Champions Against Bullying Campaign: "The Bullies"
Darden Restaurants
Diageo
Eli Lilly
Friends of the National Park Foundation
Gillette Campaign: "Go Ask Dad", Campaign: "The Best a Man Can Get", TV
GlaxoSmithKline Panadol Pain Relief
Hasbro, Inc.
The J.M. Smucker Company (Creative Agency of Record)
Kellogg Company Pringles
Marriott Hotels & Resorts
Mike's Hard Beverage Company Mike's Hard Lemonade
National Football League Properties National Football League, Inc.
The NFL
Nokia, Inc.
The Procter & Gamble Company Ambi Pur, Blades & Razor, Braun, Campaign: "One Stroke Shave", Digital Communications, Downy, Gillette, Gillette Fusion ProGlide, Global Brand Agency Leader (BAL), Global Creative, Men's Gillette, Pantene, Pantene Pro-V, Personal Care, The Art of Shaving
States United To Prevent Gun Violence
Symantec
T.J. Maxx (Agency of Record)
Turner Broadcasting Inc.
Volvo Trucks North America, Inc.
Walgreens Boots Global Advertising, Marketing

Partner Companies

GHG
200 5th Ave, New York, NY 10010
(See Separate Listing)

Grey New York
200 5th Ave, New York, NY 10010
(See Separate Listing)

Grey Puerto Rico
PO Box 367, San Juan, PR 00918
(See Separate Listing)

Wing
200 5th Ave 3rd Fl, New York, NY 10010
(See Separate Listing)

GREY NEW YORK
200 5th Ave, New York, NY 10010
Tel.: (212) 546-2000
Fax: (212) 546-1495
E-Mail: gwwinfo@grey.com
Web Site: www.grey.com/newyork

Employees: 700
Year Founded: 1925

National Agency Associations: AAF-ABC-APA-BPA-CBP-DMA-MCA-NYPAA-TAB

Agency Specializes In: Advertising, Advertising Specialties, Brand Development & Integration, Business-To-Business, Children's Market, Communications, Consumer Marketing, Cosmetics, Health Care Services, High Technology, Industrial, Leisure, Multimedia, Pharmaceutical, Restaurant, Retail, Sponsorship, Strategic Planning/Research, Teen Market

Mino Jarjoura *(Partner & Exec Producer)*
Janique Helson *(Exec VP & Acct Dir)*
Seema Patel *(Exec VP & Acct Dir)*
Brian Weston *(Exec VP & Acct Dir)*
Simon Ludowyke *(Exec VP & Dir-Bus Dev)*
Ilisia Shuke *(Sr VP & Acct Dir)*
Ben Tauber *(Mng Dir-Acct Mgmt)*
Dario Cosmelli *(VP & Acct Dir)*
Corey Dobbs *(VP & Acct Dir)*
Katy Hill *(VP)*
Jeff Anderson *(Exec Creative Dir)*
Joanna Carver *(Exec Creative Dir)*
Caitlin Ewing *(Exec Creative Dir)*
Hannah Fishman *(Exec Creative Dir)*
Tristan Kincaid *(Exec Creative Dir)*
Qian Qian *(Exec Creative Dir)*
Javier Bonilla *(Grp Dir-Creative)*
Kyle Janisch *(Sr Dir-Art)*
Jennifer Donatelli *(Art Dir & Assoc Dir-Creative)*
Cuanan Cronwright *(Creative Dir & Copywriter)*
Leonardo Barbosa *(Creative Dir)*
Andrew Barrett *(Art Dir)*
Cara Cecchini *(Art Dir)*
Susannah Knox *(Art Dir)*
Chris Perrone *(Creative Dir)*
Emily Pracher *(Art Dir)*
Rogerio Colantuono *(Dir-Strategy)*
Amy Lieberthal *(Assoc Dir-Creative & Copywriter)*
Arturo Macouzet *(Assoc Dir-Creative & Art)*
Justin Choy *(Acct Supvr)*
Colleen Paxton *(Acct Supvr)*
Jillian Barcia *(Acct Exec)*
Hunter Teare *(Acct Exec)*
Madeline Topinka *(Acct Exec)*
Mia Rafowitz *(Copywriter)*

AGENCIES - JANUARY, 2019 — ADVERTISING AGENCIES

Walt Whitman (Copywriter)
Maria Luiza Barreto (Sr Art Dir)
Silvana Medukic (Sr Writer)
Brian Pluta (Assoc Creative Dir)

Accounts:
9/11 Day
Ad Desk Instagram
Aetna; 2001
American Association of Retired Persons
American Egg Board Campaign: "Bacon Brothers", Campaign: "Side of Kevin", Online; 1993
Applebee's International Inc (North America Advertising Agency of Record) Integrated Communications, Neighborhood Grill & Bar
B&G Foods Campaign: "Parking Lot"
Best Buy Co., Inc. CRM, Campaign: "Win the Holidays at Best Buy", Creative Development, Design, Digital, Social Media, Social Strategy, TV
Bosch North America Campaign: "Stop the Roadkill"
Bosch Purolator
Bosch Spark Plug Line (Agency of Record) Consumer Advertising, Marketing Communications
New-Bose Corporation
Breathe Right Campaign: "The Bedtime Stakes"
Canon U.S.A., Inc. Brand Strategy, Campaign: "Concert", Campaign: "Eulogy", Campaign: "Inspired", Campaign: "Never Again", Campaign: "PIXMA PRO", Campaign: "Project Imagination", Campaign: "Rebel With A Cause", Campaign: "See Impossible", Campaign: "Touchdown", Creative, DSLR Camera, Digital, Event, Promotional, Public Relations
CIBA Vision
Darden Restaurants, Inc. Creative, Longhorn Steakhouse, Olive Garden; 1984
Longhorn Steakhouse (Agency of Record)
DirecTV Group Holdings, LLC
Dynamics ePlate Campaign: "Aquarium"
Earth 911 Campaign: "Recycle: Wolf"
Eli Lilly; 2000
Emirates Airline Brand Communications
Filtration Americas
The Finovate Group FinovateFall 2016 (Agency of Record), FinovateSpring 2017 (Agency of Record)
Fitbit Inc. Brand Awareness & Engagement, Drive User Acquisition
Friends of the National Parks Foundation
Green Earth Technologies Creative, Public Relations
Haagen-Dazs Digital
Hasbro Digital Advertising, Furby, Hulk, Iron Man, Littlest Pet Shop, My Little Pony, Spider-Man, Star Wars, Telepods, Transformers; 1977
JIF
Kellogg Company Nutrigrain, Pringles (Advertising Agency of Record), Super Bowl 2018 Campaign: "Wow"
Ketel One Vodka
Marriott International Branding, Campaign: "#LoveTravels", Campaign: "Let's Go Somewhere Brilliant", Campaign: "Travel Brilliantly", Campaign: "Travel is a Journey", Creative, Digital Advertising, Logo, Marriott Hotels & Resorts, Print, Public Relations, Social Media
New-McCormick & Company, Incorporated (Agency of Record) Frank's RedHot (Agency of Record); 2018
National Football League (Creative Agency of Record) Super Bowl 2018
National Park Foundation Campaign: "Find Your Park", Digital, Outdoor, Print, Social Media
National Park Service Broadcast, Campaign: "Find Your Park", Campaign: "Parks"
Nestle USA, Inc. Above-the-Line, Campaign: "Feed Your Phenomenal", Campaign: "The Phenomenal Effect of Elizabeth Ryan", Creative, Digital, Fit Kitchen (Agency of Record), Haagen Dazs Lines (Agency of Record), Lean Cuisine (Agency of Record), Online, Outshine (Agency of Record), Stouffer's, TV
NOMORE.org Campaign: "No More"
NYC Recycles Campaign: "Recycle Eveything"
PANDORA A/S
Penguin Books
Pfizer Advil, Alavert, Dimetapp, Nexium, Preparation H, Robitussin, ThermaCare
Playtex Products, Inc. Campaign: "Censored"; 1968
The Procter & Gamble Company Gillette; 1956
Purolator Campaign: "Burglar", Campaign: "If They Can - Amish", Campaign: "If They Can - Granny", Campaign: "If They Can"
Red Lobster Seafood
Sierra Trading Post Inc. National Marketing; 2017
Small Steps Ltd
Southern Poverty Law Center
States United to Prevent Gun Violence Campaign: "Ed-A Petition for Stronger Gun Laws", Campaign: "Ghost vote", Campaign: "Holes", Campaign: "The Monster Is Real"
T. J. Maxx
Terlato Wines International; Lake Bluff, IL Rutherford Hill; 2007
TNT "Dallas", Campaign: "Timeline", Marketing
TruTV
Turner Entertainment Network Campaign: "Clear Gaze"
United Nations International Children's Fund
United Van Lines "There's Moving and there's moving United" Campaign
The University of Pittsburgh Medical Center Branding, Marketing
U.S. Department of Health and Social Services Substance & Mental Health Services Administration
Volvo (North America Agency of Record) Campaign: "Highway robbery", Campaign: "The Greatest Interception Ever", Creative, Social, Volvo XC60, Volvo XC90
Weber-Stephen Products Advertising, Communications, Digital, Marketing
Wet Ones Campaign: "Beautiful mess"
Workhorse Group Inc. (Agency of Record) Brand Identity, Media, Strategic Marketing
World Baseball Classic
World Trade Center "The Rise of See Forever: One World Observatory"
YouTube, LLC

U.S. Agency Information

Grey San Francisco
303 2nd St Ste 800 S Tower, San Francisco, CA 94107
(See Separate Listing)

EMEA Regional Headquarters

Grey London
The Johnson Building 77 Hatton Garden, London, EC1N 8JS United Kingdom
Tel.: (44) 20 3037 3000
Fax: (44) 20 3037 3001
Web Site: http://grey.com/london

Employees: 260
Year Founded: 1969

Agency Specializes In: Advertising, Digital/Interactive, Event Planning & Marketing, Media Planning, Package Design, Viral/Buzz/Word of Mouth

Belgium

FamousGrey
(Formerly Famous nv/sa)
Hendrik Placestraat 43a, 1702 Groot-Bijgaarden, Belgium
Tel.: (32) 2 411 35 45
Fax: (32) 24118448
E-Mail: info@famous.be
Web Site: www.famous.be

Employees: 50

Agency Specializes In: Advertising

Marc Fauconnier (CEO)
Ria Dreelinck (Partner & CFO)
Jonathan Detavernier (Partner-Buyerminds Brussels & Head-Interactive)
Peter Ampe (Partner-Creative)
Tom Jacobs (Art Dir & Copywriter)
Diederik Jeangout (Art Dir)
Iwein Van Dev Yver (Creative Dir)
Ad Van Ongeval (Art Dir)

Accounts:
Belgian Association of Stutterers
Gerard
Jupiler Truck
Kiyo Offside
Klara
Missing Children Europe Campaign: "Missing Children"
Nagelmackers
Team Belgium
Vlaamse Vervoersmaatschappij De Lijn Bus, 1
Volvo Volvo S90

Grey Benelux
(Formerly Grey Possible Benelux)
Rue Jules Cockxstraat 8-10, B-1160 Brussels, Belgium
Tel.: (32) 2 773 1711
Fax: (32) 2 771 2690
Web Site: grey.com/benelux

E-Mail for Key Personnel:
President: patrick_stichelmans@grey.be

Employees: 25
Year Founded: 1946

Agency Specializes In: Advertising

Kris Muylaert (Head-Strategy)

Accounts:
Helly Hansen

Bulgaria

Grey Group Bulgaria
23 Mizia Strasse 2nd Floor, 1330 Sofia, Bulgaria
Tel.: (359) 2 401 5073
Fax: (359) 2 401 5073
E-Mail: office@grey.bg
Web Site: bulgaria.grey.com/us

Employees: 28
Year Founded: 1995

Agency Specializes In: Advertising

Albena Zdravkova (Mng Partner)
Mariyana Koseva (Acct Mgr)

Czech Republic

WMC/Grey
Belgicka 115/40, 12000 Prague, 2 Czech Republic
Tel.: (420) 20 3037 3500
Fax: (420) 2 667 98 103
E-Mail: info@wmcgrey.cz
Web Site: www.wmcgrey.cz/cz/

Employees: 35

ADVERTISING AGENCIES

Year Founded: 1991

Agency Specializes In: Advertising

Klara Jahodova *(Sr Acct Mgr)*

Accounts:
Ambiente Restaurants
The Baxter Theatre
Film Music Prague Music of Hollywood: Concert of Michael Giacchino
Heineken
Laufen Cz S.r.o. JIKA
PREkolo

Denmark

Uncle Grey A/S
Studsgade 35, DK 8000 Arhus, Denmark
Tel.: (45) 702 71100
Fax: (45) 702 71101
E-Mail: cb@unclegrey.dk
Web Site: unclegrey.dk/

Employees: 25
Year Founded: 1983

Agency Specializes In: Advertising

Lars Samuelsen *(Chief Strategy Officer & Head-Digital)*
Rasmus Skjott *(Head-Media Strategy)*
Martin Peters Ginsborg *(Exec Creative Dir)*
Simon Naver *(Sr Dir-Art & Assoc Dir-Creative)*
Carl Angelo *(Art Dir)*
Jesper Hansen *(Art Dir)*
Thomas Ilum *(Creative Dir)*
Johan Krarup *(Dir-Client Svc)*
Charlotte Porsager *(Dir-Client Svc)*
Lukas Lund *(Assoc Dir-Creative)*
Celina Aagaard *(Acct Mgr)*
Jannie Tychsen *(Acct Mgr)*
Patrick Poulsen *(Strategist)*
Sophie Hotchkiss *(Copywriter)*
Mathias Mads Nielsen *(Designer-Motion Graphic)*

Accounts:
Amnesty International
Canon
Carlsberg A/S Somersby
Cheapflights Flight Search, Media, Online
Copenhagen Pride
Hungry.dk ApS
ONLY Campaign: "The Liberation", Website
Opel
Socialist Peoples Party
Urban Ears Campaign: "Scratch Posters"
WWF Campaign: "Chimpanse"
Zederkof Campaign: "The Fight"

Estonia

Inorek & Grey
Mafina 20, 10144 Tallinn, Estonia
Tel.: (372) 6 109 370
Fax: (372) 6 109 371
E-Mail: grey@grey.ee
Web Site: grey.ee

Employees: 10
Year Founded: 1996

Tauno Kivihall *(Creative Dir)*
Aleksandra Voltseva *(Acct Mgr)*
Terje Vessin *(Sls Mgr)*
Kertu Peet *(Designer)*

Finland

SEK & Grey
Annankatu 28, 00100 Helsinki, Finland
Tel.: (358) 9 695 71
Fax: (358) 9 695 7200
E-Mail: marco.makinen@sek.fi
Web Site: sek.fi/

Employees: 122
Year Founded: 1987

Agency Specializes In: Advertising

Jaakko Rantala *(CEO)*
Laura Mertano *(Head-Client Grp)*
Ritva Isteri *(Art Dir)*
Suvi Lahde *(Creative Dir)*
Anton Raevaara *(Art Dir)*
Heli Roiha *(Art Dir)*
Marja Vattulainen *(Acct Dir)*
Rune Miltton *(Dir)*
Aleksi Erma *(Copywriter)*
Marjo Taura *(Copywriter)*
Annu Terho *(Copywriter)*
Ville Verkkapuro *(Copywriter)*

Accounts:
Berner Herbina
Fazer
Finnair
MAD WOMEN Open Mic Event
Paulig Presidentti 3D Coffee Box

France

Grey Paris
92 Avenue Des Ternes, 75017 Paris, France
Tel.: (33) 1 44 09 15 15
Fax: (33) 1 44 09 15 00
Web Site: grey.com/france

Employees: 50
Year Founded: 1964

Agency Specializes In: Communications

Laurence Cormier *(Bus Dir)*
Cedric Auzannet *(Dir-Artistic)*

Accounts:
Dignity Danish Institute Against Torture
Far Cry 4
Lego Campaign: "Computer", Campaign: "Creativity forgives everything", Campaign: "Fridge", Campaign: "Haunted House", Campaign: "Parachutes"
Ubisoft

Germany

Grey Group Germany
Platz der Ideen 1, PO Box 101051, 40476 Dusseldorf, Germany
Tel.: (49) 211 3807 0
Fax: (49) 211 3807 367
E-Mail: contact@grey.de
Web Site: grey.com/germany

Employees: 300
Year Founded: 1953

Agency Specializes In: Advertising

Andre Schieck *(Co-CEO)*
Michael Rewald *(CMO)*
Fabian Kirner *(Chief Creative Officer)*
Alexandros Antoniadis *(Exec Creative Dir-Art)*
Mark Hendy *(Exec Creative Dir)*
Felix Lemcke *(Exec Creative Dir)*
Jan Lucas *(Exec Creative Dir)*
Martin Venn *(Exec Creative Dir-Copy)*
Luca Boncompagni *(Sr Dir-Art)*

Thomas Kuhn *(Creative Dir)*
Marjorieth Sanmartin *(Creative Dir)*
Markus Werner *(Supvr-Art & Creative)*
Sandra Herich *(Sr Art Dir)*

Accounts:
Ay Yildiz Online & Offline, TV
Barmer
Deichmann Schuhe GmbH & Co. Vertriebs KG Campaign: "Occupy Banksy!", Campaign: "Running Shoes", Deichmann, Shoes
Dulces Anahuac
Duracell
Erdogan Campaign: "Freedom of tweets"
Eurowings
Febreze Kitchen Campaign: "Holiday"
Geers
Germanwings
HanseMerkur Travel Insurance
Iceland's Soccer Team
Iceland's Soccer Team
International Children's Fund Campaign: "The Lost Choir-Mad World"
Kellogg Company Pringles
Langenscheidt Campaign: "Decodicons"
Procter & Gamble Baldessarini, Boss, Campaign: "Lovely Skirt", Fairy, Febreze Campaign: "Breathe Happy", Febreze Campaign: "Febreze Experiment: Communal Bathroom" , Febreze Campaign: "Febreze Experiment: Couch" & Febreze Campaign: "Man in a Box", Giorgio Beverly Hills, Helmut Lang, Hugo, Lacoste, Laura, Pantene, Roma, Sensodyne, Vanezia, Yohji Yamamoto
Seat Brake Energy Recovery System, Campaign: "Taxi Fare"
SoundCloud
Terre des Femmes - FGM
UN Women Echo of help
UNICEF
Vitasprint B12 Campaign: "Running Alarm"
Westdeutsche Lotterie West Lotto

Grey
Schwedter St 6, 60314 Frankfurt, Germany
Tel.: (49) 69 42 72 82 500
Fax: (49) 69 42 72 82 555
Web Site: grey.com/germany

Employees: 20

Agency Specializes In: Advertising

Dickjan Poppema *(CEO)*
Fabian Kirner *(Chief Creative Officer)*
Sabrina Franz *(Controller-Fin)*
Christian Anhut *(Exec Creative Dir)*
Mark Hendy *(Exec Creative Dir)*
Moritz Ebeling *(Jr Art Dir)*

Accounts:
GlaxoSmithKline Australia Pty Ltd
HanseMerkur
Langenscheidt GmbH & Co. KG TV
Procter & Gamble Campaign:"Tired Devices ? Toy Soldier", Duracell, Radio

Israel

Adler, Chomski Grey
154 Menacham Begin Road, 154 Tel Aviv, 64921 Israel
Tel.: (972) 3 608 8888
Fax: (972) 3 608 8881
E-Mail: amir_guy@acw-grey.co.il
Web Site: www.grey.com/israel/

Employees: 300
Year Founded: 1980

Agency Specializes In: Advertising

Moti Rubinstein *(Creative Dir)*
Olga Vorobieva *(Art Dir)*
Tal Weissbuch *(Acct Dir)*
Daphna Gan *(Acct Mgr)*
Maayan Ben Shoham *(Acct Supvr)*
Oskar Mendel *(Copywriter)*
Carmit Kan-Dror *(Sr Art Dir)*
Sharon Suliman Rutten *(Sr Art Dir)*

Accounts:
Bezeq International Campaign: "Stork", Next Generation Network
Delta Lingerie Campaign: "A One-Time Sale", Machtonim, Poke Campaign
Delta Underwear
Lighting Networks
Iosec
Lotto Israeli Lottery Campaign: "Selfie"
Offer Avnir Piaggio MP3, Vespa
Pantene
Pelephone Campaign: "Cloud"
Procter & Gamble Gillette
Shanti House Donation Appel
Shoken Campaign: "Print one"
Tambour Paint
Volkswagen Group of America, Inc. Campaign: "Elvis", Campaign: "From 0 to 100 km", Golf GTI, Hill Hold Assist, Touareg

Grey Tel Aviv
98 Igal Alon St, Tel Aviv, 64921 Israel
Tel.: (972) 36088888
Web Site: www.grey.com

Employees: 50

Agency Specializes In: Advertising, Brand Development & Integration, Production

E-ta-i Haivri *(Head-Digital Creative Team)*
Elad Hermel *(Dir-Creative Plng)*
Sharon Suliman Rutten *(Sr Art Dir-Adler Chomsky Grp)*

Accounts:
Bezeq The Israeli Telecommunication Corp Ltd.
Delta Lingerie Campaign: "A One-Time Sale"
New-The National lottery
Shanti House
Steimatzky Books Campaign: "The right book will always keep you company."
New-Strauss Group
Volkswagen Fatique Detection System

Italy

Grey Italia S.p.A
Via Alberto Mario 19, 20149 Milan, Italy
Tel.: (39) 02 3616 7500
Fax: (39) 02 349 763 21
E-Mail: info@grey.it
Web Site: www.grey.com/italy/

Employees: 82
Year Founded: 1964

Delphine Hawrylko *(Art Dir)*
Andrea Marzagalli *(Creative Dir)*
Daria Paraboni *(Art Dir)*
Luca Beato *(Assoc Creative Dir)*
Barbara Cicalini *(Reg Creative Dir)*
Alice Pozzi *(Sr Art Dir)*

Accounts:
Green Peace Campaign: "The Fashion Duel"

GreyUnited
Via Galvano Fiamma 18, Milan, 20149 Italy
Tel.: (39) 02 321 1141
Fax: (39) 02 321 11 44 01

Web Site: grey.com/italy

Employees: 10

Agency Specializes In: Advertising, Commercial Photography, Print

Pino Rozzi *(CEO & Exec Creative Dir)*
Marta Di Girolamo *(CEO)*
Gaetano De Marco *(Chief Strategy Officer)*
Roberto Battaglia *(Exec Creative Dir)*
Paola Petruni *(Acct Dir)*
Cinzia Losi *(Supvr-Copy)*
Giuseppina Iaccarino *(Copywriter-Creative)*
Barbara Cicalini *(Reg Creative Dir)*
Serena Di Bruno *(Assoc Creative Dir)*
Edwin Herrera *(Sr Art Dir)*

Accounts:
Homedics
Sky Sky Sports
Vodafone "Olivia"

Netherlands

Grey Amsterdam
Watertorenplein 4b, 1051 PA Amsterdam, Netherlands
Mailing Address:
P.O. Box 7364, 1007 JJ Amsterdam, Netherlands
Tel.: (31) 20 577 5111
Fax: (31) 20 577 5100
E-Mail: Patrick.Joore@GreyPOSSIBLE.nl
Web Site: http://grey.com/benelux

Employees: 60
Year Founded: 1975

Agency Specializes In: Advertising

Miriam Sijmonsbergen *(Head-Strategy)*
Oscar Winkelaar *(Head-Digital)*
Lionell Schuring *(Exec Creative Dir)*
Frank Van Rooijen *(Exec Creative Dir)*
Annette Menheere *(Dir-Client Svcs)*
Rens Quirijnen *(Copywriter)*

Accounts:
Dutch Government
FSHD Foundation

Norway

Uncle Grey Oslo
Sorkedalsveien 6, 0365 Oslo, Norway
Tel.: (47) 21 60 34 00
Fax: (47) 21 60 33 02
E-Mail: rune@uncle.dk
Web Site: unclegrey.dk

Employees: 30
Year Founded: 1976

Agency Specializes In: Advertising

Terje W. Jacobsen *(Art Dir)*
Christian Kurt Rahn *(Art Dir-Digital)*
Mia Lykkegaard Farver *(Dir-Art)*
Michael Mandrup *(Dir-Design)*
Josephine Winther-Poupinel *(Client Svc Dir)*

Poland

Grey Group Poland
Ul Jasna 24, 00-054 Warsaw, Poland
Tel.: (48) 22 332 9300
Fax: (48) 22 332 9303
E-Mail: info@grey.com.pl
Web Site: grey.com/poland/

Employees: 80
Year Founded: 1991

Agency Specializes In: Advertising

Anna Panczyk *(CEO)*
Anna Konarska *(CFO)*
Jakub Korolczuk *(Exec Creative Dir)*
Joanna Hurda *(Reg Dir-Client Svc & Shopper Mktg)*
Michal Krejza *(Mktg Dir)*
Helena Olecka *(Dir-Digital Client Svc)*
Agata Pamieta *(Acct Mgr)*
Natalia Jaworowska *(Sr Acct Exec-PR)*
Mateusz Cukierski *(Planner-Strategic)*
Dominika Halas *(Sr Art Dir)*
Antoni Kaminski *(Sr Art Dir)*

Accounts:
Affidea "Life Recipe"
Caritas
City is Ours Fundation
Fresh St Market
Ikea
Lewiatan Czestochowa Sp. z o.o.
The National Fire Service of Poland
Pepco Poland Sp. Z o.o.
Polish Red Cross Campaign : "Life After Death"
Rak'n'Roll
Samsung Samsung Galaxy S6
Zlote Tarasy

Romania

Geometry Global
Frumoasa St 39, Sector 1, Bucharest, Romania
Tel.: (40) 213 106 516
Fax: (40) 2 1 310 6509
E-Mail: mircea.pascu@geometry.com
Web Site: www.geometry.com/

Employees: 100
Year Founded: 1992

Agency Specializes In: Advertising

Mircea Pascu *(Mng Dir)*
Florina Voevod *(Fin Dir)*
Mina Ionescu *(Head-Digital Project Mgmt)*
Bogdan Teodorescu *(Head-Digital)*
Cristina Ungureanu *(Head-Strategy)*
Bogdan Dinu *(Art Dir)*
Mihai Fetcu *(Creative Dir)*
Manuela Fulga *(Acct Dir)*
Bogdan Raileanu *(Creative Dir)*
Adriana Staicu *(Acct Dir)*
Simona Costea *(Dir-Client Svc)*
Marin Preda *(Dir-Content)*
Razvan Bodea *(Acct Mgr)*
Monica Gheorghe *(Mgr-Traffic)*
Cristian Misu *(Mgr-Retail Comm)*
Sandra Cristu *(Copywriter)*
Ioana Ichim *(Copywriter)*
Andreea Ionita *(Copywriter)*
Andreea Apostoliu *(Jr Planner-Geometry Global Bucharest)*
Codrin Badescu *(Jr Strategist-Social Media)*
Dan Costea *(Sr Art Dir)*

Accounts:
Antena 1 "The RGB News"
Baneasa Shopping City Communicate, Creative, Digital Consultancy, Public Relations, Strategy; 2017
elefant.ro
Metro Romania Creative, Integrated Communication, Strategic
Observator Campaign: "The RGB News"
Romanian Football Federation Campaign: "FRF supports education"

ADVERTISING AGENCIES

Russia

Grey CIS
Olimpiyskiy pr. 16, 129090 Moscow, Russia
Tel.: (7) 495 909 8301
Fax: (7) 495 792 31 35
E-Mail: grey-reception@grey.ru
Web Site: www.grey.com/russia/

Employees: 170
Year Founded: 1993

Agency Specializes In: Advertising

Alexey Kovylov *(Pres & CEO)*

Accounts:
Akrikhin
Kaspersky Lab
Opel Opel Mokka

Saudi Arabia

Grey Group Saudi Arabia
NCCI Building (Abraj Towers), King Fahad Road, Riyadh, Saudi Arabia
Mailing Address:
PO Box 40601, Jeddah, Saudi Arabia
Tel.: (966) 1 218 0290
Fax: (966) 1 218 0299
E-Mail: info@greyjeddah.com
Web Site: http://grey.com/mena

Employees: 40
Year Founded: 1989

Agency Specializes In: Advertising

Marc Bouharb *(Mng Dir)*
Moustafa Majzoub *(Dir-Client Svc)*

Accounts:
Nadec
Subway Advertising & Communication Strategy, Creative, Initiatives, Marketing

Serbia & Montenegro

Grey d.o.o. Belgrade
Bade Pivljanina 39, Belgrade, 11000 Serbia
Tel.: (381) 111 367 5765
Fax: (381) 111 367 5768
Web Site: www.grey.com

Employees: 70

Marin Simurina *(Mng Partner)*

Slovenia

Grey Ljubljana d.o.o.
(d/b/a Grey Group Slovenia)
Bravnicarjeva ulica 13, 1000 Ljubljana, Slovenia
Tel.: (386) 1 5132 600
Fax: (386) 1 5132 617
Web Site: grey.com/slovenia

Employees: 20
Year Founded: 1993

Spela Zorz *(Mng Dir)*
Nikola Bubanj *(CEO-Adriatic & Balkans)*
Petra Krulc *(Exec Creative Dir)*
Petra Glinsek *(Creative Dir)*
Matija Primc *(Art Dir)*
Teja Rajsp *(Acct Mgr)*

Accounts:

A1 Slovenija

Spain

Grey Barcelona
Santalo 10, 08021 Barcelona, Spain
Tel.: (34) 93 365 0200
Fax: (34) 93 365 0201
E-Mail: comunicacion@grey.es
Web Site: www.grey.com/spain

Employees: 100

Oscar Pena de San Antonio *(Head-Mktg Technologies-Europe)*
Angel Trallero Pano *(Exec Creative Dir)*
Gloria Baldrich *(Art Dir)*
Irene Alvarez Ruano *(Art Dir)*
Ximo Villalba *(Creative Dir)*
Anna Riba Escude *(Acct Supvr)*
Manel Sarceda *(Media Planner-Media Plng)*

Accounts:
ANAR Foundation Campaign: "If Somebody Hurts You, Phone Us & We'll Help You", Campaign: "Only For Chidren"
Asociacion De Editores De Madrid Campaign: "Don Quixote", Campaign: "Moby Dick", Campaign: "The Little"
Muy Historia
Procter & Gamble
Room Mate Hotels
Sony Campaign: "Exhausted Heros", PlayStation 4
Termoplast
Ubisoft

Grey Madrid
Paseo de la Castellana ,53, 20046 Madrid, Spain
Tel.: (34) 915 550 000
Fax: (34) 91 556 6530
E-Mail: john.lynn@grey.es
Web Site: www.grey.com/spain

Employees: 100
Year Founded: 1980

Agency Specializes In: Advertising

Enric Nel-lo *(Chief Creative Officer)*
Javier Garcia Monserrat *(Exec Creative Dir)*
Nacho Hernandez *(Creative Dir)*
Marcos Lozano *(Art Dir)*
Rene Macone *(Creative Dir)*
Fernando Riveros *(Creative Dir)*
Carmen Orbe *(Dir-Audiovisual & Graphic Production)*
Mercedes Ruiz *(Dir-Accts)*

Accounts:
Adidas AG
Aje Group
Cris Against Cancer
Febe
Fotawa
G + J Campaign: "Alois Hitler", MUY HISTORIA
Madrid Book Publishers Association Campaign: "The more you read "
Procter & Gamble Pantene Hair Hang; 1980
UbiSoft

Sweden

INGO
Master Samuelsgatan 56, 114 80 Stockholm, Sweden
Tel.: (46) 8 410 981 00
Fax: (46) 8 458 2801
E-Mail: info@ingostockholm.se
Web Site: ingostockholm.se

Employees: 50

Stina Jansdotter Oberg *(Head-Health & Wellness & Acct Dir)*
Marie Klinte *(Head-Acct Directors & Dir-Client Svc)*
Simon Stefansson *(Head-Strategy)*
Bjorn Stahl *(Exec Creative Dir)*
Richard Baynham *(Creative Dir)*
Rikard Holst *(Art Dir)*
Max Hultberg *(Art Dir)*
Ylva Weiber Jakobsson *(Acct Dir)*
Josefine Richards *(Creative Dir)*
Mia Melani *(Acct Mgr)*

Accounts:
3 Mobile
AB Electrolux (Lead Agency) Eureka
BMW
Burger King Sweden Creative; 2018
Folkoperan
Lidl Campaign: "Dill", Campaign: "Say it with meat"
Swedish Tourist Association Campaign: "Swedish Number"

Turkey

4129Grey
(Formerly Grey Istanbul)
Tesvikiye mah. Hakk? Yeten cad. No: 11-13 Terrace Fulya Center 1-2, M2 kat? 34365 Sisli, Istanbul, Turkey
Tel.: (90) 212 245 85 30
Fax: (90) 212 328 31 38
E-Mail: serhat.arapoglu@4129grey.com
Web Site: grey.com/turkey

Employees: 100
Year Founded: 1990

Agency Specializes In: Advertising

Ahmet Terzioglu *(Grp Head-Creative)*
Onur Evin *(Art Dir)*
Seren Koroglu *(Creative Dir)*
Sahap Kurtaran *(Art Dir)*
Tolga Ozbakir *(Art Dir)*
Melike Asci *(Brand Mgr)*
Ecem Gok *(Brand Mgr)*
Emre Insar *(Copywriter)*
Ergin Binyildiz *(Deputy Creative Dir)*

Accounts:
180 COFFEE
Amnesty International Campaign: "Frame of Speech"
Capital Radio Campaign: "The Story of The 80's", Campaign: "The story of 90's"
Duracell
Fairy
Generali
Netflix
Procter & Gamble Braun
Pronet Security System
Quiksilver
Samet Campaign: "Hinge"
Teknosa
Topkapi Raki Campaign: "Just You"

Ukraine

Grey Group Ukraine
4A Verhnii Val St, 04071 Kiev, 01004 Ukraine
Tel.: (380) 44 590 5111
Fax: (380) 44 287 7163
E-Mail: info@grey.ua
Web Site: www.grey.ua

Employees: 10
Year Founded: 1996

United Arab Emirates

Grey Group Middle East Network
10th Fl API Tower Sheikh Zayed Rd, Dubai, United Arab Emirates
Mailing Address:
PO Box 60416, Dubai, United Arab Emirates
Tel.: (971) 4 3310 331
Fax: (971) 4 3310 553
E-Mail: tina.mascarenhas@greydubai.com
Web Site: grey.com/mena

Employees: 45
Year Founded: 1989

Agency Specializes In: Advertising

Nadim Khoury *(CEO)*
Kamil Kuran *(Grp CEO-MENA)*
Ali Shabaz *(Chief Creative Officer-MENA)*
Vidya Manmohan *(Exec Creative Dir)*
Dzila Dik *(Client Svcs Dir)*
Khaled Ibrahim *(Sr Art Dir)*

Accounts:
AQUA Carpatica Digital, Social
Barwa Bank Group Integrated Communication
Dubai Electricity & Water Authority Marketing & Communications; 2018
Ferrero Ferrero Rocher, Kinder Bueno, Kinder Chocolate, Kinder Country, Kinder Joy, Kinder Schoko-Bons, Raffaello
The Lego Group
Volkswagen Group of America, Inc.

Nigeria

All Seasons Mediacom
No 50 Adekunle Fajuyi Way, GRA Ikeja, Lagos, Nigeria
Tel.: (234) 1 493 8979
Fax: (234) 14932697
Web Site: www.mediacom.com

Employees: 41

Agency Specializes In: Media Buying Services

Accounts:
Amstel
BankPHB
Cobranet
Dublin City Council Sponsorship, Tourism
Dunlop
Emirates
eTranzact
Jagal Pharma
Nestle
Nigeria Breweries
PepsiCo
Samsung
Stallion Motors
Sterling Bank
Suzuki
Yudoo

South Africa

Grey Group South Africa
17 Muswell Road South Block A, Wedgefield Office Park, Bryanston, Gauteng 2021 South Africa
Tel.: (27) 11 706 3060
Fax: (27) 11 463 6043
Web Site: www.grey.com/southafrica

Employees: 65
Year Founded: 1977

Sizakele Marutlulle *(CEO)*
Fran Luckin *(Chief Creative Officer)*
Glenn Jeffery *(Exec Creative Dir)*

Accounts:
Brandhouse
British American Tobacco
Duracell
Endangered Wildlife Trust
Findyofayah.org Campaign: "Fighting a virus with a virus"
GSK
Heineken Amstel, Heineken
Mazda
Namepak
Procter & Gamble Pantene
Volvo Cars Campaign: "A New Beginning"

Canada

Grey Canada
46 Spadina Ave Ste 500, Toronto, ON M5V 2H8 Canada
(See Separate Listing)

Argentina

Grey Argentina
Balafco 845, C 1414 AQQ Buenos Aires, Argentina
Tel.: (54) 11 5555 1800
Fax: (54) 11 5555 1801
E-Mail: recepcion@grey.com.ar
Web Site: www.grey.com

Employees: 70
Year Founded: 1972

Agency Specializes In: Advertising

Maximo Lorenzo *(CEO)*
Pablo Martin Sanchez Rubio *(CEO)*
Jorge Villar *(Mng Dir)*
Hernan Kritzer *(Chief Creative Officer)*
Diego Medvedocky *(Chief Creative Officer-Latam)*
Sol Martin *(VP-Strategy-Latam & Argentina)*
Sebastian Arias *(Art Dir)*
Alejandro Devoto *(Creative Dir)*
Simon Dukart *(Acct Dir)*
Giselle Ezeiza *(Acct Dir)*
Florencia Loda *(Creative Dir)*
Rodrigo Raices *(Creative Dir)*
Florencia Chirizola *(Copywriter)*
David Gomez Mejia *(Copywriter-Adv)*
Diego Alonso *(Sr Art Dir)*

Accounts:
Comedy Central
El campo Cine
El Cronista Comercial
Fundacion Favaloro Campaign: "The Salt You Can See"
Hospital Aleman Neuroscience Exhibition: Brain
LG Electronics
Magistral
MTV
Paramount Channel
Procter & Gamble Campaign: "Magistral Dishwasher: Big Drops", Campaign: "Magistral: Mom at 40"
Random Corp S.A
VH1
Viacom, Inc

Brazil

Grey
Avenida Major Sylvio de Magalnaes Padiha Edificio Philadelphia 1st Fl, 5200 Condominio America Bus Pk, CEP 05693-000 Sao Paulo, Brazil
Tel.: (55) 11 3755 8200
Fax: (55) 11 3755 8214
Web Site: grey.com/brasil

Employees: 180

Marcia Esteves *(Co-Chm)*
Adriano Matos *(Exec Creative Dir)*
Bruno Brux *(Creative Dir)*
Rafael Gonzaga *(Creative Dir)*
Ale Koston *(Creative Dir)*
Renato F. Moreira Costa *(Acct Dir)*
Fernanda Pancini *(Bus Dir)*
Mariangela Silvani *(Creative Dir)*
Renata Tolentino *(Bus Dir)*
Luis Ulrich *(Art Dir)*
Nathalia Beividas *(Project Mgr-Digital Production)*
Jose Arnaldo Suaid *(Sr Copywriter-Creative)*
Felipe Cirino *(Copywriter)*
Fillipi Longuini *(Copywriter)*
Pedro Rocha *(Sr Art Dir)*

Accounts:
Aruba
BR4Dogs
Coca-Cola Campaign: "Don't Look Back"
Foca
Green Nation
Human Rights Foundation Campaign: "War shows the worse side of life"
Mexican Red Cross
Procter & Gamble Campaign: "Everlasting Seconds - Eye", Gillette, Gillette Mach3, Masterbrand
Reclame Aqui
Rolling Stone Magazine
Sekron Security Systems
Sensodyne
Volvo Brazil Volvo xc60
WWF Campaign: "Deforested Field"

Chile

Grey Chile
Eleodoro Yanez 2376, Providencia Las Condes, 7510451 Santiago, Chile
Tel.: (56) 2 584 9900
Fax: (56) 2 584 9902
Web Site: www.grey.com/chile/

Employees: 75
Year Founded: 1978

Agency Specializes In: Advertising

Diego Medvedocky *(Chief Creative Officer-Latam)*
Carles Puig *(Chief Creative Officer)*
Ignacio Quinones *(Chief Creative Officer)*
Per Pedersen *(Chm-Global Creative)*
Armando Alcazar *(Pres/CEO-Ogilvy & Geometry Chile)*
Miguel Angel Cerdeira Castro *(Gen Dir-Creative)*
Lucas Sousa Gondim *(Creative Dir & Art Dir)*
Eduardo Casassus *(Art Dir)*
Andres Escalona *(Art Dir)*
Javier Herrera Rossi *(Brand Dir)*
Jose Zarate *(Art Dir)*
Pablo Endara *(Acct Supvr)*
Raimundo Silva Prieto *(Acct Supvr)*
Fernanda Alvarez Bustos *(Supvr-Creative)*
Rosalin Torres Nouel *(Acct Exec)*
Jose Manuel Ferreira Castro *(Copywriter)*
Oscar Nunez *(Sr Art Dir-Interactive)*
Alberto Osorio *(Sr Creative Dir)*

Accounts:
Celerity
Hasbro Twister Bicycle
Pfizer
Punto Net
Sky Airline
Vina Maipo Gran Devocion Blended Wines
VTR.com Campaign: "Internet Parental Control: Violence", Campaign: "Some words are hard to reach. Unlimited minutes plan."
Yo Mujer

ADVERTISING AGENCIES

AGENCIES - JANUARY, 2019

Colombia

Grey: REP
Calle 94 #16-57, Bogota, Colombia
Tel.: (57) 1 530 3131
Fax: (57) 1 236 0252
E-Mail: ggamba@rep.com.co
Web Site: www.grey.com

Employees: 80

Andres Quintero *(Pres)*
Sebastian Mallarino *(VP-Creative-Colombia)*
Emiliano Gonzalez De Pietri *(Exec Creative Dir)*
Felipe Alvarez *(Art Dir)*
Diego Arenas *(Creative Dir)*
Carlos Garcia *(Art Dir)*
Sebastian Benitez Gonzalez *(Creative Dir)*
Andres Mendoza *(Art Dir)*
Juan Morales *(Art Dir)*
Nicolas Perez *(Art Dir)*
Sergio Tenjo *(Creative Dir)*
Beatriz Eugenia Garzon *(Dir-Accts & Planner)*
Diana Marcela Cely Fonseca *(Dir-Brand Plng)*
Andres Nunez *(Copywriter)*
Diego Perez *(Copywriter)*
Daniel Mosquera *(Grp Creative Dir)*
Camilo Monzon Navas *(Grp Creative Dir)*

Accounts:
Blu Radio Sports Radio Station
Colcafe
Compania Nacional de Chocolates
Copa Holdings, S.A. Wingo
Dolex Gripa
Millicom International Cellular SA TigoUne
Procter & Gamble
Top Ultra
Voltaren

Costa Rica

jotabequ Advertising
(Affiliate of Grey Worldwide)
Avenue 1 & 3, San Jose, Costa Rica
Mailing Address:
PO Box 60-2050, San Jose, Costa Rica
Tel.: (506) 2284 9800
Fax: (506) 225 5512
E-Mail: jotabequ@jotabequ.com
Web Site: www.jotabequ.com

Employees: 150

Wagner Cornejo *(Co-CEO)*
Eduardo Maruri *(CEO)*
Alberto Quiros *(Partner-Jotabequ Grey & Dir-Content)*
Diego Medvedocky *(Chief Creative Officer)*
Duncan Campbell *(Art Dir)*
Andrea Castro *(Art Dir)*
Allan Jimenez *(Supvr-Creative)*

Accounts:
Cabletica
Hyundai Motor Company Campaign: "Hyundai Original Parts", Hyundai Blind Spot Detector
Masculan

Ecuador

Maruri GREY
(Formerly Maruri)
Avenida Las Aguas #640, Guayaquil, Ecuador
Tel.: (593) 4 2888 120
Fax: (593) 4 28881 40
Web Site: grey.com/ecuador

Employees: 120
Year Founded: 1993

Carlos Haz *(Fin Dir-Ecuador)*
Santiago Crespo *(VP-Strategy & Plng)*
Andres Maruri *(VP-Client Rels)*
Adrian Pipo Morano *(Exec Creative Dir)*
Santiago Maruri *(Production Mgr)*
Viviana Holguin *(Coord-Presidency)*

Accounts:
3M
Aseplas
Asociacion de Radios de Ecuador
Ecuadorian Football Association
Extra Newspaper
Glue It
Kids-Tab Campaign: "Bambi in the Woods", Campaign: "Flowers in April", Campaign: "Ice fox"
The National Football Association Safety Committee
The National Institute of Statistics and Censuses
Nature's Garden Campaign: "Large Url", Campaign: "Spa"
Panasonic Bluetooth Speakers
Renault
Sambito

Mexico

Grey Mexico, S.A. de C.V
Jaime Balmes No 8-104 Col Los Morales Polanco, 11510 Mexico, DF Mexico
Tel.: (52) 55 5350 3700
Fax: (52) 55 5280 1292
E-Mail: greymx@attmail.com
Web Site: www.grey.com/mexico/

Employees: 150
Year Founded: 1984

National Agency Associations: AMAP

Agency Specializes In: Advertising

Marco Milesi *(Pres & CEO)*
Marcela Lopez *(CFO)*
Humberto Polar *(Chief Creative Officer)*
Mariela Rueda *(Head-Art & Exec Creative Dir)*
Janeth Vazquez Angulo *(Creative Dir-Associated Art)*
Daniel De Leon *(Creative Dir)*
Ricardo Sanchez Garcia *(Art Dir)*
Gustavo Gonzalez *(Creative Dir)*
Veronica Pugliese *(Bus Dir)*
Felipe Spinola *(Creative Dir)*
Manuel Vera Vazquez *(Creative Dir)*
Carlos E. Ramirez *(Dir-Integrated Creative)*
Maria Quintana *(Designer)*
Victor Hugo Figueroa *(Gen Creative Dir)*
Joanna Lopez *(Grp Creative Dir)*

Accounts:
3M Mexico Consumer Products, Corporate; 1996
Boehringer Ingelheim
Coca Cola
GlaxoSmithKline Breath Right Strips, Campaign: "Asteroids", Campaign: "Tums Drive In", Corega Denture Adhesive, Heartburn Tablet, Nytol
Heineken
Hitcase
Hitcasepro 10
Hoseg
HSBC
Mexico Red Cross
Motor Master
Pantera Fresca Popsicles
Playtex
Procter & Gamble de Mexico City Campaign: "Gillette For Women Nature", Campaign: "Led Tail", Hair Care, Macleans, Soaps
Save the Children
Secouya Care Center

Peru

Circus Grey
Av Pedro de Osma 205, Barranco, Lima, Peru
Tel.: (51) 1 6179292
Fax: (51) 1617 9274
Web Site: grey.com/peru

Employees: 75
Year Founded: 1998

Agency Specializes In: Advertising, Government/Political, Social Marketing/Nonprofit

Juan Carlos Gomez de la Torre *(Pres & Gen Dir-Creative)*
Gisella Ocampo *(Gen Mgr)*
Diego Cifuentes Tirado *(Editor-Creative)*
Joe Almeida *(Art Dir)*
Cesar Godenzi *(Creative Dir)*
Ricardo Toyohama *(Creative Dir)*
Esteban Meza *(Copywriter-Creative)*
Luigi Rissi *(Sr Art Dir)*

Accounts:
BCP Bank Campaign: "Very Easy"
BCP Deals App
Claro Peru
Credicorp Capital
Forte Security Doors
Ideasmusik App
San Fernando Poultry Campaign: "Brochette", Chicken Preserved Food
Techo Campaign: "Pandora Project", Campaign: "Trolling Against Poverty"

Grey GCG Peru S.A.C.
Av Arequipa No 4080, Miraflores, Lima, 18 Peru
Tel.: (51) 1 411 4900
Fax: (51) 1 411 4915
Web Site: www.grey.com

Employees: 60
Year Founded: 1998

National Agency Associations: APAP (Portugal)

Agency Specializes In: Advertising

Juan Carlos Gomez de la Torre *(Pres-Circus Grey & Gen Creative Dir)*
Emiliano Gonzalez De Pietri *(Exec Creative Dir)*
Valeria Malone *(Dir-Bus Dev-Circus Grey)*

Accounts:
Deterperu/Procter & Gamble Ariel, Camay, Moncler, Pantene, Pringles, Salvo
Magia
Volt Energy Drink

Trinidad & Tobago

Valdez & Torry Advertising Limited
46 Murray St, Woodbrook, Port of Spain, Trinidad & Tobago
Tel.: (868) 622 7103
Fax: (868) 622 7136
E-Mail: ideas@vtinternational.net
Web Site: vtinternational.net/

Employees: 35
Year Founded: 1996

Agency Specializes In: Advertising

Christian Torry *(Pres)*
Vikash Rampersad *(VP-Creative)*
Astrid O Neal *(Exec Creative Dir)*
Nadine Khan *(Media Dir)*

AGENCIES - JANUARY, 2019 — ADVERTISING AGENCIES

Accounts:
Francis Fashions/Shoe Locker
Kapok Hotel
Magna
Scotiabank
SportWorld
Tatil
Top Imports
TruValu
TTPost

Asia Pacific Regional Headquarters

Grey Group Asia Pacific
No 1 Magazine Road #03-07 Central Mall,
  Singapore, 059567 Singapore
Tel.: (65) 65117600
Fax: (65) 62238992
Web Site: www.grey.com/asiapacific

Employees: 50

Agency Specializes In: Advertising, Advertising Specialties, Asian Market, Automotive, Aviation & Aerospace, Bilingual Market, Brand Development & Integration, Broadcast, Business Publications, Business-To-Business, Cable T.V., Children's Market, Co-op Advertising, Collateral, Commercial Photography, Communications, Consulting, Consumer Marketing, Consumer Publications, Corporate Identity, Cosmetics, Digital/Interactive, Direct Response Marketing, E-Commerce, Education, Electronic Media, Engineering, Entertainment, Environmental, Event Planning & Marketing, Exhibit/Trade Shows, Fashion/Apparel, Financial, Food Service, Government/Political, Graphic Design, Health Care Services, High Technology, Industrial, Infomercials, Information Technology, Internet/Web Design, Investor Relations, LGBTQ Market, Leisure, Logo & Package Design, Magazines, Marine, Media Buying Services, Medical Products, Merchandising, Multimedia, New Product Development, Newspaper, Newspapers & Magazines, Out-of-Home Media, Outdoor, Over-50 Market, Pharmaceutical, Planning & Consultation, Point of Purchase, Point of Sale, Print, Production, Public Relations, Publicity/Promotions, Radio, Real Estate, Recruitment, Restaurant, Retail, Sales Promotion, Seniors' Market, Sports Market, Strategic Planning/Research, Sweepstakes, Syndication, T.V., Technical Advertising, Teen Market, Telemarketing, Trade & Consumer Magazines, Transportation, Travel & Tourism, Yellow Pages Advertising

Konstantin Popovic *(CEO)*
Neil Cotton *(Chief Strategy Officer-Singapore & Dir-Global Strategy-GSK)*
Mans Tesch *(Chief Strategy Officer-Asia Pacific, Middle East & Africa)*
Nirvik Singh *(Chm/CEO-Asia Pacific, Middle East & Africa)*
Andrew Boatman *(Sr VP & Reg Bus Dir)*
Suresh Ramaswamy *(Head-Reg Digital-AMEA)*
Rumki Fernandes *(Reg Dir-Talent & HR-Asia Pacific, Middle East & Africa)*
Maurice Wee *(Creative Dir)*
Spencer Cheng *(Dir-Mktg & Bus Dev)*
Devika Johri *(Dir-Plng)*
Huma Qureshi *(Dir-PR-APAC)*

Accounts:
3M Lint Roller; 1984
AKIJ Cement
AXA
British Council Campaign: "Know Your English"
Brother International Above-The-Line, Below-The-Line Creative, Laser & Inkjet Printers, Online
Certis Cisco Security Creative, Digital
China Mobile
CV. Gold Elite Industries
Double A
ESPN ESPN Star Sports
F&N
Ferrero SEA Brand Activation, Digital, Ferrero Rocher, Kinder Bueno, Point-Of-Sale marketing
GE Money
Generali Group Branding, Creative; 2018
GlaxoSmithKline Eye-Mo Eye Drops, Panadol
Heineken
Invida Singapore
KFC Global Delights Series
Lasalle College of the Arts
Malaysia Dairy Industries
Vitagen Less Sugar
Microsoft
Procter & Gamble The Gillette Company
Sennheiser
SG50
TAC
Weber-Stephen Products LLC
Wildlife Reserves Singapore
WWF Campaign: "Water"

whiteGREY
(Formerly Grey Pty. Ltd.)
Level 2, 16 Palmer Parade, Cremorne, VIC 3121
  Australia
Tel.: (61) 3 9208 1800
Fax: (61) 3 9820 9703
Web Site: grey.com/australia

Employees: 50
Year Founded: 1966

Agency Specializes In: Government/Political, Logo & Package Design, Pharmaceutical, Retail

Lee Simpson *(CEO)*
James Keeler *(Chief Strategy Officer & Chief Customer Experience Officer)*
Katie Firth *(Mng Dir-Natl)*
Juan EA Garcia *(Head-Tech)*
Terry Kerr *(Head-Production)*
Nathan Rogers *(Head-Strategy)*
Matt Sayer *(Head-Tech-Natl)*
Chad Mackenzie *(Exec Creative Dir-Natl)*
Lynn Clift *(Grp Dir-Plng, Creative & Brand Strategy)*
Justine Leong *(Grp Dir-Bus)*
Ronojoy Ghosh *(Creative Dir)*
Stephen Connor *(Dir-Sls & Mktg)*
Renee Luri *(Dir-Design)*
Kate Walker *(Dir-Client Grp)*
Julie Hutchinson *(Sr Mgr-Mktg)*
Alex Sunier *(Sr Mgr-Bus)*
Catherine David *(Sr Acct Mgr)*
Nicola McCooe *(Copywriter)*
Sally Richmond *(Assoc Creative Dir)*
Brett Terblanche *(Sr Art Dir-Integrated)*

Accounts:
155th Melbourne Cup Carnival Fashion, Knights, Princess, Day of Days
Ambi Pur
Bakers Delight (Agency of Record)
Bauer Trader Media
Building Better Lives
Bulla Dairy Foods Digital
Cloud 9 Frozen Yoghurt Campaign: "Frozen in the clouds"
Covergirl
David Sheldrick Wildlife Trust
ElephantVoices
Gillette
GlaxoSmithKline Panadol, Public Relations
GMHBA Retail Advertising
Hello Sunday Morning Campaign: "Text"
Holden
La Fabril
Melbourne Storm Campaign Name: "No Ordinary Team"
Missing Persons Advocacy Network
MS Australia Campaign: "This bike has MS"
Open Family
Pental Campaign: "Maids", White King Power Clean
Perla
Procter & Gamble
Royal Caribbean International
Sara Lee Household & Body Care
Seeing MS Campaign: "Exposing the Invisible Disease"
Sportsbet Sportsbet Collar
Transport Accident Commission Campaign: " Wipe Off 5", Campaign: "A place to remember", Campaign: "BLIND", Campaign: "If you drive on drugs, you're out of your mind.", Campaign: "Mother's Day", Campaign: "Out of Your Mind", Campaign: "Party's Over", Campaign: "Thursday Arvo", Campaign: "Ungiven Gifts", Drink Drive; 1989
Victorian Racing Club
Volvo Car Australia Campaign: "Makes Parenting Look Easy", Creative, Digital, Product Design, Social, Strategy
White King
Worksafe Australia Campaign: "The Pain Game"
WorkSafe Victoria

Bangladesh

Grey Bangladesh Ltd.
House 06 5th Floor Road 137 Block SE(D),
  Gulshan 1, Dhaka, 1212 Bangladesh
Tel.: (880) 2 55044825
Fax: (880) 2 881 1541
E-Mail: gousul.shaon@grey.com
Web Site: www.grey.com/bangladesh

Employees: 21
Year Founded: 1996

Agency Specializes In: Advertising, South Asian Market

Salahuddin Shahed *(CEO)*
Syed Gousul Alam Shaon *(Chief Creative Officer)*
Syed Tariq *(Asst VP)*
Jaiyyanul Huq *(Exec Creative Dir-Vietnam)*
Rakibul Hasan *(Art Dir)*
Mohammad Akrum Hossain *(Creative Dir)*
Nurul Islam *(Art Dir)*
Shariful Islam *(Art Dir)*
Masud Parvez *(Acct Dir)*
Nurur Rahman *(Creative Dir)*
Saniar Rahman *(Art Dir)*
K. M. Yousuf-Al-Mamun *(Art Dir)*
Ayesha Farzana *(Dir-Client Servicing)*
Bitop Das Gupta *(Dir-Plng)*
Zubair Hossain *(Supvr-Creative)*
Waleed K. Rajamiya *(Copywriter)*
Manami Sunjia Hossain *(Sr Officer-HR)*
Jihad Bin Tahzeeb Sayem *(Grp Mgr)*

Accounts:
Coca Cola Campaign: "Happiness Arcade"
Grameen Intel Social Business Ltd.
HBMR Bicycle Locks
LG Electronics LG Refrigerator
Ministry of Religious Affairs
Paradote
RFI Group
Ucash Campaign: "City, Sea, Forest"
United Commercial Bank Limited
Xcel Chewing Gum

China

Grey Beijing
607 Tower W3 Oriental Plaza 1 East Chang An
  Avenue, Dong Cheng District, Beijing, 100 738
  China
Tel.: (86) 10 8508 9688
Fax: (86) 10 8518 5500

ADVERTISING AGENCIES

AGENCIES - JANUARY, 2019

E-Mail: tammy.sheu@grey.com
Web Site: www.grey.com

Employees: 84
Year Founded: 1992

Bernard Wong *(Gen Mgr)*
James Yang *(Gen Mgr-Grey Shopper Mktg)*
Stephen Liu *(Exec Creative Dir)*
Li Ning *(Sr Art Dir)*

Accounts:
Beijing Subway
Neuro-PS
Xiaomi Social Media, Traditional Media

Grey Shanghai
3/F Block 3 The Bridge 8 Phase III, 550 Jumen Road, Shanghai, 200023 China
Tel.: (86) 21 2320 2288
Fax: (86) 21 2320 2200
E-Mail: danny.mok@grey.com
Web Site: www.grey.com/china

Employees: 119
Year Founded: 1994

Canon Wu *(Chief Creative Officer-Shanghai)*
Desmond Chan *(Chief Growth Officer-Greater China & Exec VP)*
Joseph Tsang *(Chief Digital Officer)*
Sanjay Chaudhari *(Sr VP & Reg Client Svcs Dir-APAC Grooming)*
June Lyloc *(Mng Dir-Shanghai)*
Bernard Wong *(Gen Mgr-Beijing)*
Yu Ming Cho *(Creative Dir)*
Benjamin Li *(Dir-Mktg Comm)*
Iris Zhang *(Sr Mgr-Strategy & Innovation)*
Farrell Jiang *(Mgr-Strategic Plng, Brand & Digital)*

Accounts:
Bank of Communications; Shanghai, China; 2008
Carlsberg Brewery Hong Kong Limited Communication Solutions, Tuborg; 2018
Proya Sunblock
Volvo Creative, XC60
World Wildlife Fund China Campaign: "Earth Overshoot Day", Campaign: "Save the Vanishing Tree", OOH, Print, social Media

Hong Kong

Grey Hong Kong
31/F 169 Electric Rd, North Point, China (Hong Kong)
Tel.: (852) 2510 6888
Fax: (852) 2510 7541
Web Site: www.grey.com

Employees: 10
Year Founded: 1978

Sarah Trombetta *(CEO)*
Michael Knox *(Chief Creative Officer)*
Ali Shabaz *(Chief Creative Officer-MENA)*
Adam O'Conor *(Chm/CEO-China)*
Anjali Jain *(Sr VP & Reg Bus Dir-P&G)*
Owen Smith *(Head-Strategy)*
Bonnie Chan *(Sr Acct Dir)*
Desmond Li *(Sr Acct Dir)*
Jason Cornelius *(Creative Dir-Brand Experience)*
Joanna Go *(Bus Dir)*
Ella Wong *(Art Dir)*
Yumi Wong *(Acct Mgr)*
Leo Yuen *(Acct Mgr)*
Ken Yau *(Production Mgr)*
Christy Leung *(Acct Exec)*
Iris Wong *(Acct Exec)*
Amy Cheng *(Copywriter)*
Dorothy Chan *(Assoc Acct Dir)*
Hans Ibrahim *(Reg Grp Creative Dir)*
Christopher Lee *(Grp Creative Dir)*
Ealon Li *(Assoc Creative Dir-China)*
Jackie Wong *(Assoc Creative Dir)*
Jeffrey Wong *(Assoc Creative Dir)*

Accounts:
A Drop of Life Campaign: "Words From Water"
Abbott Laboratories BoneSure
California Walnut Commission
Greenpeace
The Hong Kong Tourism Board
HSBC
Joy of life Ltd Campaign: "First Photo Last Photo"
Joy of Life Campaign: "First Photo Last Photo"
The Procter & Gamble Company Creative, Downy, Olay, Pantene
Wellcome Creative

India

Grey (India) Ltd. (Bangalore)
Mount Kailash No 33/5 2nd Floor Meanee Avenue Road, Bengaluru, 560 042 India
Tel.: (91) 80 4357 8181
Fax: (91) 80 2228 0339
E-Mail: hari_k@greyindia.com
Web Site: www.grey.com

Employees: 10

Agency Specializes In: Advertising

Vineet Singh *(VP & Dir-Client Svcs)*
Vishal Ahluwalia *(VP & Branch Head)*
Mark Flory *(Sr Dir-Creative & Art)*

Accounts:
Britannia Industries Ltd. Britannia Goodday Cakes, Campaign: "Britannia Cakes. Achhaiyon se bhara", Kwality's Glucose, Kwality's Marie, Kwality's Pusti, Kwality's Salt & Sweet, Nutrine Cookies
Britannia New Zealand Foods Pvt. Ltd. Britannia Milkman Butter, Britannia Milkman Cheese, Britannia Milkman Dairy Whitener, Britannia Milkman Ghee, Britannia Milkman Fresh Milk
Dell India Campaign: "Family", Campaign:"Celebrate Dell se", Campaign:"I can do kuch bhi", Creative
DHL
Duracell
Fortis Hospital Creative
Fujifilm India Campaign: "360", Campaign: "Ultra-zoom"
Glaxo Smithkline Campaign: "Make Peace with Food"
Intex
Muthoot Group Creative
Pigeon Home Appliances Creative
Reliance Communications 3G Launch, Campaign: "Freezer", Campaign: "Youtube", Wireless Business
Stovekraft Pvt Ltd Pigeon Super Cooker
UB Group

Grey (India) Pvt. Ltd.
Grey House 28 Dr E Borge Road Oppos Dr Shirodkar High School, Parel, Mumbai, 400 012 India
Tel.: (91) 22 4036 6363
Fax: (91) 22 4036 6220
E-Mail: errol_goveas@greyindia.com
Web Site: www.grey.com

Employees: 290
Year Founded: 1987

Agency Specializes In: Communications, Digital/Interactive, Direct Response Marketing, Exhibit/Trade Shows, Financial, Health Care Services, Media Buying Services, Public Relations,

South Asian Market

Yashaswini Samat *(Chm & Mng Dir)*
Sandipan Bhattacharyya *(Chief Creative Officer)*
Vishal Ahluwalia *(Sr VP & Head-Branch-Bangalore)*
Vineet Singh *(Sr VP & Head-Office)*
Samir Chadha *(Sr VP-Films)*
Suparna Mucadum *(VP & Head-Branch)*
Mehul Prajapati *(Grp Head-Creative & Copywriter)*
Arun Raman *(Head-Strategy & Plng)*
Shaikh Zubair *(Head-Creative Grp)*
Mudassir Ansari *(Assoc VP)*
Mayuresh Dubhashi *(Exec Creative Dir)*
Indrajeet Kadam *(Creative Dir)*
Sriya Sengupta *(Acct Dir)*
Jignya Shedge *(Assoc Dir-Films)*
Monica Kaur *(Acct Supvr)*
Amit Anand *(Copywriter)*
Vivek Bhambhani *(Sr Creative Dir)*
Shouvik Gupta *(Grp Creative Dir)*
Mangesh Kavale *(Assoc Creative Dir)*
Tulika Shekhar *(Assoc Acct Dir)*

Accounts:
3M
Bennett Coleman & Co
Bharti AXA
Broadcast Audience Research Council India EKAM, Logo
Capital Foods Limited Ching's Secret Masalas
Cipla Limited
Cupid Condoms Campaign: "The Slow Cycling Race"
Dell India Campaign: "Laser Lockdown", Dell Inspiron Laptops, Integrated Marketing
Duracell Camera, Campaign: "Positive & Negative", Remote Control
Ferrero Group Campaign: "Theatre", Ferrero Rocher, Kinder, Nutella, Tic Tac; 2010
Fiat Chrysler India Advertising, Campaign: "Life Just Became More Interesting", Punto Evo
Fortis
Fujifilm India Campaign: "Two-Faced Beauty Pageant"
Government Of India
Indian Army Air Force
Infosys
Janhit Manch Campaign: "Mumbai's Beauty in Your Hands"
Kewal Kiran Clothing Campaign: "Strip the Summer", Killer Jeans
Mahindra Rise
Ministry of Women & Child Development
Network 18
Oil & Natural Gas Corp. Ltd. (ONCG)
One Life Network
Parakh Agro Industries Creative
Parle Agro Pvt. Ltd. Lactobite, Melody, Parle Marie, Smoothies, Tangy
The Procter & Gamble Company Downy Fabric Softener, Pantene
Radio City 91.1 FM
Raymond Limited TVC; 2018
Reliance Broadcast Network Limited Big CBS Love, Big CBS Prime, Big RTL Thrill
Reliance Communications Creative
Reliance Mobiles Reliance 3G
Sapat International Pvt. Ltd.
Times Centre for Learning Femina Believe Learning Academy
UTV Bindass Creative, Dadagiri Season 2
Volkswagen Campaign: "Anything4Jetta"
Wella India Hair Cosmetics Pvt Ltd. Creative
Zee Group

Grey (India) Pvt. Pty. Ltd. (Delhi)
Park Centra 503-505 Sector 30 NH-8, Opp 32nd Milestone, Gurgaon, 122 001 India
Tel.: (91) 22 4036 6363
Fax: (91) 124 497 3208
Web Site: www.grey.com

AGENCIES - JANUARY, 2019 — ADVERTISING AGENCIES

Employees: 10

Ketan Desai *(Pres-North)*
Bikram Bindra *(VP & Head-Strategic Plng)*
Varun Goswami *(Exec Creative Dir)*
Arjun Dominic Bhimwal *(Creative Dir)*
Harshvardhan Sharma *(Assoc Dir-Art & Creative)*
Gurdev Singh *(Assoc Dir-Art & Creative)*
Sahil Mehta *(Supvr-Creative)*
Gautam Bhasin *(Sr Creative Dir)*
Piyush Jain *(Sr Creative Dir)*

Accounts:
3M India Scotch-brite Sponge Wipe
Actionaid
Alstrong Creative
Collage Group Below the Line, Creative, Print
Crocin Cold & Flu Max
Fenesta Building Systems
Fox International Channels Campaign: "Chatni", Campaign: "Not Enough", Creative, Fox History & Traveller, National Geographic Channel
Fuji Film India Above the Line & Below the Line Media, Creative
Fujifilm
Genpact
GlaxoSmithKline Crocin, ENO
Gujarat Ambuja Cements
Indian Air Force
Indian Navy
Indian Oil Corporation Limited
Intex Technologies Mobile Phones, Widescreen TV
John Keells Food; 2009
Kamdhenu Paints Campaign: "Chupao Nahin Sudharo"
Living Media India Ltd.
Maharishi Ayurveda Products Pvt Limited Creative; 2018
Muthoot Group Creative
Nirmaya Charitable Trust
Novartis
Onida
Parle Agro
Procter & Gamble Ambipur Air Freshener, Campaign: "Guess the Smell", Downy, Pantene
Radio City
Ranbaxy Laboratories Ltd.
Reliance Broadcast Network Limited Big FM, Big Magic, Spark Punjabi
Sricure Herbs India Campaign: "Matchsticks"
Suzuki
Usha International Creative, Usha Fans
Wrigley India Pvt. Ltd.

Indonesia

Grey Group Indonesia
5th Fl Tetra Pak Building, Jl Buncit Raya Kav 100, Jakarta, 12510 Indonesia
Tel.: (62) 21 7919 2129
Fax: (62) 21 7919 7755
E-Mail: info@greyindo.com
Web Site: www.grey.com

Employees: 120
Year Founded: 1976

Subbaraju Alluri *(CEO-Indonesia & Thailand)*
Finy Tjong *(Grp Head-Creative)*
Siddika Dehlvi *(Asst VP & Reg Dir-Bus)*
Nugroho Nurarifin *(Exec Creative Dir)*
Ekananta Joesoepadi *(Sr Acct Dir)*
Sharan Sood *(Reg Dir-Bus)*
Maya Dhamayanti *(Grp Acct Dir)*
Sawitri Hertoto *(Bus Dir)*
Ancilla Marcelina *(Art Dir)*
Ridward Ongsano *(Creative Dir)*
Devan Rudhinata *(Art Dir)*
Halina Santiago *(Art Dir)*
Neha Bansal *(Dir-Plng-P&G)*
Donny Narendra *(Sr Acct Mgr)*
Khansa Nadira *(Acct Mgr)*
Okky Octavianus Daud *(Mgr-Social Media)*
Ayesha Bedi *(Copywriter)*
Maria Priscilla *(Sr Graphic Designer)*

Accounts:
Astra Honda Motor OOH, POS, Print, Radio, TV, Verza 150
Combiphar
Generali Group Branding; 2018
GlaxoSmithKline Campaign: "The old bar"
Gudang Garam Surya Digital; 2018
Jaringan Advokasi Tambang Campaign: "A Gift of Innocence For Mr. President"
Maggi Seasoning
P&G Indonesia Ambipur, Campaign: "Family's Picnic", Downy, Pantene, Social Media
Pantene & Downy
PT Astra Honda Motor Above-the-Line, Below-the-Line, Creative, Digital, Honda CB150R Streetfire, Ou-of-Home, Print, Radio, TV
PT Krama Yudha Tiga Berlian Motors Mitsubishi Outlander Sport
PT Mitra Alami Sejahtera Sentosa Campaign: "Stewardess"
Telkom Speedy Monitoring Campaign: "Whatch your home everywhere you go"

Japan

Grey Group Japan
Ebisu Square, 1-23-23 Ebisu, Shibuya-ku, Tokyo, 150-0013 Japan
Tel.: (81) 3 5423 1711
Fax: (81) 3 5423 1741
E-Mail: info@greygroup.jp
Web Site: grey.co.jp/

Employees: 120
Year Founded: 1963

National Agency Associations: IAAA-JAAA

Agency Specializes In: Communications

Yukiko Ochiai *(Pres & CEO)*
Yasushi Ogata *(VP & Exec Creative Dir)*
Sayaka Adachi *(Sr Acct Dir)*

Accounts:
Hakusetsusha Dry Cleaning
KOOWHO
SORA Fukushima Dogs & Cats Rescue
New-TOMY COMPANY, LTD.

Korea

Grey Group Korea
2 & 3F ISA Bldg 600-1, Gangnam-Gu, Seoul, 135-815 Korea (South)
Tel.: (82) 2 3015 5800
Fax: (82) 2 3015 5900
Web Site: www.grey.com/korea

E-Mail for Key Personnel:
Media Dir.: joonhoy@greyworldwide.co.kr

Employees: 100
Year Founded: 2000

National Agency Associations: ACA

Scott Rhee *(CEO)*

Malaysia

Grey Group Malaysia
15th Floor Wisma Genting, Jalan Sultan Ismail, Kuala Lumpur, 50250 Malaysia
Tel.: (60) 3 2178 0000
Fax: (60) 3 2162 6363
E-Mail: nicky.lim@grey.com
Web Site: www.grey.com

Employees: 200
Year Founded: 1986

Agency Specializes In: Advertising, Advertising Specialties

Irene Wong *(CEO)*
Andrew Fong *(Head-Creative Grp)*
Jo Yau *(Gen Mgr)*
Graham Drew *(Exec Creative Dir)*
Ronojoy Ghosh *(Creative Dir)*
Austin Lee Ming Lin *(Art Dir)*
Sandy Ng *(Art Dir)*
Heng Thang Wei *(Creative Dir)*
Huma Qureshi *(Dir-PR & Corp Comm-AMEA)*
Kenzhen Leong *(Sr Brand Mgr)*
Sharon Rodrigues *(Grp Brand Dir)*
Elaine Ng *(Mgr-Brand Activation)*
Audrey Chua *(Acct Exec)*
Ralve Khor *(Designer)*
Brendon Low *(Copywriter)*

Accounts:
Assa Abloy Campaign: "Home"
The Body Shop Campaign: "Needless Deaths"
New-Coway OMBAK
Dyslexia Association of Malaysia
Ep Plus Group Campaign: "Forgetful"
Natasha Skin Clinic Center Creative, Digital; 2017
Procter & Gamble (M) Sdn Bhd Campaign: "Dyslexic Media Invite", Pantene, Pringles
New-RinggitPlus.com Brand Communications, Creative Campaign Development, Digital & Social Media Execution, Media Operations, Public Relations; 2018
Telekom Malaysia Unifi
Tesco Malaysia
UNHCR
Unilever
URC Snack Foods (M) Sdn Bhd

Philippines

Campaigns & Grey
2723 Sabio Street, Chino Roces Avenue, Makati, 1231 Philippines
Tel.: (63) 2 884 7398
Fax: (63) 2 810 3854
E-Mail: campaignsinfo.manila@grey.com
Web Site: www.grey.com/philippines

E-Mail for Key Personnel:
President: yolyo@campaignandgrey.net

Employees: 121
Year Founded: 1986

Agency Specializes In: Advertising

John Lucas *(CEO)*
Eugene Demata *(Chief Creative Officer)*
Per Pederson *(Chm-Creative)*
Mary Meledie Warren *(Sr VP & Client Svcs Dir)*
Ana Ysabel Ongpin *(Mng Dir-PR & Social Media)*
Eres T. Gatmaitan-Aspi *(VP-Accts Mgmt)*
Cherry Gutierrez *(VP-Client Svcs)*
Rizzo Tangan *(Exec Dir-Creative)*
Matthew Yu *(Art Dir)*
Mel Aguinaldo *(Assoc Creative Dir)*
Paulo Correa *(Assoc Creative Dir)*
Mags Sandoval *(Deputy Exec Creative Dir)*

Accounts:
A. Tung Chingco Ligo Sardines
Academy for Educational Development
Amway Philippines
Andoks Campaign: "Perfect Breast"
Artha Land
Ayala Land
Baliuag District Hospital
Bantay Kalikasan Foundation Inc.

ADVERTISING AGENCIES
AGENCIES - JANUARY, 2019

Boehringer Ingelheim
Cetaphil
Coca-Cola
Consolidated Distillers
Davies Paints
Del Monte Philippines
Digital Mobile
Dulcolax Campaign: "Louis"
Felcris Centrale Above-the-Line, Creative, Out of Home
Ginebra San Miguel Blue
Glaxo SmithKline Astring-O-Sol, Eye Mo, Sensodyne
Harlbon Foundation
HBC
IDS Logistics
JMC
Lacoste Footwear
Lamolyan
Ligo
Mirant Philippines
The National Privacy Commission
Novartis
Nutrience
Pediatrica
Penstar Sports
Pfizer
Philippine Match
Procter & Gamble Downy, Global Handwashing Day, Joy, P&G 75th Anniversary, Pantene, Zest
Quezon Province
Rockwell Land Corporation
Sanofi
Sara Lee
Shell
Smirnoff Mule
Solar Entertainment Corporation Campaign: "Clapper"
Tim Hortons Public Relations
UNICEF
Unilab
Universal Robina Corporation Maxx Iceman
Widus Hotel & Casino Creative
Wyeth

Singapore

Grey Digital
No. 1 Magazine Road, #03-07 Central Mall, Singapore, 059567 Singapore
Tel.: (65) 6221 2748
Fax: (65) 62212768
Web Site: grey.com/apac

Employees: 40

Agency Specializes In: Advertising, Communications, Digital/Interactive, Internet/Web Design, South Asian Market

Accounts:
Microsoft

Grey Singapore
No1 Magazine Road, #03-07 Central Mall, Singapore, 059567 Singapore
Tel.: (65) 6511 7600
Fax: (65) 6223 8992
E-Mail: frontdesk.singapore@grey.com
Web Site: www.grey.com

Employees: 50

Neil Cotton *(Chief Strategy Officer & Dir-Global Strategy-GSK)*
Tim Cheng *(Chief Creative Officer)*
Ozkan Kusay *(Grp Head-Creative)*
Carles Puig *(Exec Creative Dir)*
Rohit Nair *(Sr Acct Dir)*
Haley Lauren Ross *(Planner)*

Accounts:
3M Lint Roller
Actal Antacid Campaign: "Feel Stuffed No More"
Alzheimer's Disease Association of Singapore Campaign: "Sort Me Out"
Ambi Pur
The Arcade Stationery
AXA
BAT
British Council
China Mobile
Cry Child Rights & You Campaign: "Resume"
The Daily Times Campaign: "Free My Voice"
Diageo
ESPN STAR Sports Campaign: "Football Clock"
Eureka Call Centre System Campaign: "Lend An Eye"
GE Money
GlaxoSmithKline Plc Eye Mo, Panadol
Greenlam Asia Pacific Campaign: "Greenlam Woodpecker"
Harry's Holdings Above-the-Line, Brand Reposition, Creative, Digital, In-House
Hotels.com Brand Campaign, Brand Planning, Brand Strategy, Creative Design
Invida Campaign: "Indian Food"
Kentucky Fried Chicken Campaign: "Bad Dog", Campaign: "Enjoy the Zinger You Love - in a Spicy New Way!", Campaign: "Fulfill a Hero's Appetite with a Hero-Sized Burger", Campaign: "Hero-Sized", Campaign: "KFC Delivery Life Gets Easier", Campaign: "Transportation", In-Store, Outdoor, Print, TV, Zinger Chicken Rice, Zinger Double Down Max Burger
Lasalle College of the Arts Singapore Campaign: "The Art of Inspiration"
Metro Campaign: "Every Bag has a Story"
MPAN
Neelvasant Medical Foundation and Research Center Campaign: "Life Saving Dot"
Oculus Campaign: "Bubbles"
Pfizer
Procter & Gamble
Qatar Airways Campaign: "A Few Good Men"
Sacoor Brothers Above the Line, Below the Line, Brand Strategy, Creative, Event Management, Media Planning
Salon De Choix
Sara Lee
TAC
Weber
Wildlife Reserves Singapore
Workplace Safety and Health Council Campaign: "This Could Be You"
WWF Circle of Life
Zoo Education Programmes

Thailand

Grey Thailand
8th Fl Q House Ploenjit Bldg 598 Ploenchite Rd, Lumpini Pathumwan, Bangkok, 10330 Thailand
Tel.: (66) 2 685 2000
Fax: (66) 66 2 685 2097-99
Web Site: www.grey.com/thailand

Employees: 28
Year Founded: 1990

Pattaraporn Wongmesak *(Assoc VP & Country Mgr)*
Subbaraju Alluri *(Dir-Thailand)*

Accounts:
304 Industrial Park (Agency of Record) Digital Marketing, Event Management, Out of Home Advertising, Print, Public Relations, Television
Bar-B-Q Plaza
Certainty (Agency of Record) Brand Strategy, Corporate Social Responsibility, Event Management, Public Relations

GREYnj United
1028/5 Pongamorn Building Rama 4 Rd, Thungmanamek Sathorn, Bangkok, 10120 Thailand
Tel.: (66) 2 119 0200
Fax: (66) 26798598
Web Site: grey.com

Employees: 10

Agency Specializes In: Advertising

Subbaraju Alluri *(CEO)*
Kanaporn Hutcheson *(Mng Dir)*
Ali Shabaz *(Chief Creative Officer-MENA)*
Jureeporn Thaidumrong *(Chief Creative Officer)*
Per Pedersen *(Chm-Creative)*
Siravich Chatchaiganan *(Grp Head-Creative)*
Nonthaporn Ketmanee *(Sr Grp Head-Creative)*
Asawin Phanichwatana *(Exec Creative Dir)*
Kanokkorn Seehapan *(Grp Dir-Client Svcs)*
Kantharat Teerarojjanawong *(Grp Acct Dir)*
Vorawan Kaewket *(Acct Dir)*
Vanalee Krairavee *(Art Dir)*
Apiwat Pattalarungkhan *(Creative Dir)*
Itthipol Pleankrim *(Art Dir)*
Thanyaluck Pongacha *(Creative Dir)*
Irvine Prisilia *(Creative Dir)*
Atthapong Rakkhatham *(Art Dir)*
Matthana Saetiaw *(Art Dir)*
Nattakit Satitviboon *(Art Dir)*
Supakit Yindeeanant *(Art Dir)*
Kanoksak Kanchanachutha *(Dir-Ops Svc)*
Navinda Kittisubkul *(Dir-Plng)*
Huma Qureshi *(Dir-PR & Corp Comm-Apac)*
Konthamas Ratanasuvan *(Dir-Client Svc)*
Pojanee Sowantip *(Dir-Strategic Plng)*
Nutnaree Harussadeechvalit *(Acct Mgr)*
Nantida Tansawai *(Acct Mgr)*
Warangkana Naksakul *(Mgr-Traffic)*
Supada Asawasirisilp *(Acct Exec)*
Jiratchana Boontham *(Acct Exec)*
Nicharee Chatchavalkijkul *(Acct Exec)*
Nattaya Dendeevanichsorn *(Acct Exec)*
Worrawan Chailert *(Copywriter)*
Jongkoch Dusittanakarin *(Planner-Strategic)*
Arthima Iam-athikom *(Copywriter)*
Shanya Jiwachotkamjorn *(Copywriter)*
Warumpa Laoprasert *(Copywriter)*
Narupon Paoin *(Copywriter)*
Nuttapan Phairutchawan *(Copywriter)*
Puriwat Poonyawiboonchart *(Copywriter)*
Tanongsak Tannoprat *(Copywriter)*
Sorrasak Thummakosol *(Copywriter)*
Jidapa Udomkittivorakul *(Copywriter)*
Thanyaporn Damprasert *(Jr Producer)*
Arnon Kantawang *(Sr Art Dir)*
Pareena Rachchaibun *(Jr Planner)*

Accounts:
Ananda Development
Bangkok Airways Campaign: "Nothing's Gonna Change My Love For You"
Bangkok University
Bar-B-Q Plaza "BarBQ Fulfill"
The Barbecue Plaza
Ferrero SpA Tic Tac
HiSo Snacks
Kasikorn Bank
The Procter & Gamble Company Pantene
Sabina
New-Tecnogas
Tesco
Thai Health Promotion Foundation
Thailand's Institute of Justice
Tros
True Corporation
United Natural Foods, Inc
Volvo Car Thailand

GREY PUERTO RICO
PO Box 367, San Juan, PR 00918

448

AGENCIES - JANUARY, 2019 — ADVERTISING AGENCIES

Tel.: (787) 999-9000
Fax: (787) 999-6711
Web Site: grey.com/puerto_rico

Employees: 75
Year Founded: 1933

Agency Specializes In: Advertising, Direct Response Marketing, Media Buying Services, Public Relations, Sales Promotion

Carmen Yanes *(CFO)*
Vanessa Torres *(Mgr-Print Production)*

Accounts:
Procter & Gamble

GREY SAN FRANCISCO
303 2nd St Ste 800 S Tower, San Francisco, CA 94107
Tel.: (415) 403-8000
Web Site: www.grey.com/us

Employees: 100
Year Founded: 1917

National Agency Associations: 4A's

Agency Specializes In: Above-the-Line, Advertising, Alternative Advertising, Below-the-Line, Business Publications, Cable T.V., Co-op Advertising, Digital/Interactive, Electronic Media, Email, Entertainment, Experiential Marketing, Guerilla Marketing, Health Care Services, Hispanic Market, In-Store Advertising, Integrated Marketing, Magazines, Media Relations, Mobile Marketing, Multimedia, Newspaper, Newspapers & Magazines, Out-of-Home Media, Outdoor, Point of Purchase, Point of Sale, Print, Product Placement, Production, Production (Print), Promotions, Public Relations, Publishing, Radio, Shopper Marketing, Social Media, Sponsorship, Sweepstakes, Syndication, T.V., Viral/Buzz/Word of Mouth, Web (Banner Ads, Pop-ups, etc.)

Rodrigo Jatene *(Chief Creative Officer-Grey West)*
Alex Morrison *(Pres-West)*
Ryan Miller *(Exec VP-Insights & Investments)*
Will Egan *(Sr VP & Grp Dir)*
Priyanka Chatterjee *(Sr VP)*
Teresa Tran *(Acct Supvr)*

Accounts:
Altair
Fitbit Inc. Brand Awareness & Engagement, Drive User Acquisition
LendingTree Creative
NRG Energy, Inc. Campaign: "Smart Dog"
Pernod-Ricard Graffigna
The Salt Institute, Alexandria, VA Campaign: "Olde Salty Campaign"; 2011
Sun Edison (Lead Creative Agency) B2B Advertising, Consumer, Digital Marketing; 2015
Symantec Corporation Campaign: "Santa Got Hacked", Campaign: "The Most Dangerous Town On The Internet", Norton; 2005
Technicolor; 2014

GREY VANCOUVER
736 Granville St, Vancouver, BC V6Z 1G3 Canada
Tel.: (604) 687-1001
Fax: (604) 682-1827
Toll Free: (877) 250-2275
E-Mail: vancouver_reception@greyvancouver.com
Web Site: grey.com/canada

E-Mail for Key Personnel:
President: timjohnson@grey.net

Employees: 20
Year Founded: 1987

Agency Specializes In: Advertising, Brand Development & Integration, Digital/Interactive, Production, Public Relations

Approx. Annual Billings: $5,000,000

Helen Pak *(Pres-Toronto & Chief Creative Officer-Canada)*
Neil McPhedran *(Gen Mgr-Vancouver)*
Maya Lange *(Grp Acct Dir)*
Elizabeth Whalen *(Art Dir & Creative Dir)*
James Ansley *(Creative Dir)*
Leah Moy *(Assoc Creative Dir)*

Accounts:
ADT Security
BC Used Oil Management Association
Better Environmentally Sound Transportation
Bike Month
Canfor Corp.
GGRP Sound
GraphTech Guitar Labs
Liquor Stores of BC
OK Tire
The Regional Municipality of Wood Buffalo
Starbucks
Thrifty Foods
TransLink
Walk BC
Warner Bros.
WIRELESEWAVE
World Vision

GRIFF/SMC, INC. MEDICAL MARKETING COMMUNICATIONS
9042 Thunderhead Dr, Boulder, CO 80302
Tel.: (303) 443-7602
E-Mail: griff@griffsmc.com
Web Site: www.griffsmc.com

Employees: 2
Year Founded: 1975

National Agency Associations: BMA

Agency Specializes In: Advertising, Advertising Specialties, Brand Development & Integration, Broadcast, Business Publications, Business-To-Business, Co-op Advertising, Collateral, Communications, Consulting, Consumer Marketing, Consumer Publications, Corporate Identity, Digital/Interactive, Direct Response Marketing, Direct-to-Consumer, E-Commerce, Electronic Media, Exhibit/Trade Shows, Graphic Design, Health Care Services, High Technology, Industrial, Integrated Marketing, Internet/Web Design, Logo & Package Design, Magazines, Media Buying Services, Media Planning, Media Relations, Medical Products, Multimedia, Newspaper, Newspapers & Magazines, Out-of-Home Media, Outdoor, Over-50 Market, Package Design, Pharmaceutical, Planning & Consultation, Point of Purchase, Point of Sale, Print, Production, Production (Print), Promotions, Public Relations, Publicity/Promotions, Radio, Sales Promotion, Seniors' Market, Strategic Planning/Research, Technical Advertising, Trade & Consumer Magazines, Web (Banner Ads, Pop-ups, etc.), Women's Market, Yellow Pages Advertising

Bob Griff *(Pres & Creative Dir)*

Accounts:
Enhance Skin Products Inc Visible Youth

GRIFFIN & ASSOCIATES
119 Dartmouth Dr SE, Albuquerque, NM 87106
Tel.: (505) 764-4444
E-Mail: info@griffinassoc.com
Web Site: www.griffinassoc.com

Employees: 25

Agency Specializes In: Advertising, Graphic Design, Media Relations, Media Training, Social Media, Strategic Planning/Research

Dezaree Vega-Garcia *(Pres)*
Joanie Griffin *(CEO)*
Jamie Dickerman *(VP-PR)*
David Empey *(VP)*
Barbara Rudolf *(Creative Dir)*
David Dabney *(Dir-Digital Solutions)*
Floyd E. Vasquez, Jr. *(Acct Mgr)*
Shannon Carey *(Assoc Creative Dir)*

Accounts:
Durango Area Tourism Office
Los Alamos County
Town of Taos
Visit Big Sky Media Relations

GRIFFIN & COMPANY
(Acquired by LMO Advertising)

GRIFFIN ARCHER
126 N 3rd St Ste 204, Minneapolis, MN 55401
Tel.: (612) 309-2050
Web Site: www.griffinarcher.com

Employees: 19

Agency Specializes In: Advertising, Communications, Print, Public Relations, T.V.

Ellie Anderson *(CEO)*

Accounts:
Arta Tequila Online, Outdoor, Point-of-Sale, Social Media
CITGO
Denver Museum of Nature & Science
Element Electronics National TV
Giant Screen Films
J. R. Watkins
LearningRx
Luminara Worldwide Luminara Candles
Magic Straws Brand Planning, Creative, Media, Public Relations
Science Museum of Minnesota Advertising, Digital Marketing, Strategy

GRIFFIN COMMUNICATIONS GROUP
3101 NASA Parkway Ste L, Seabrook, TX 77586
Tel.: (281) 335-0200
Fax: (281) 333-1414
Web Site: http://www.griffincg.com/

Employees: 15
Year Founded: 1997

Agency Specializes In: Advertising, Brand Development & Integration, Communications, Consulting, Corporate Communications, Corporate Identity, Custom Publishing, Event Planning & Marketing, Exhibit/Trade Shows, Logo & Package Design, Magazines, Market Research, Media Buying Services, Media Planning, Media Relations, Media Training, Out-of-Home Media, Planning & Consultation, Production (Ad, Film, Broadcast), Production (Print), Public Relations, Sponsorship, Strategic Planning/Research

Jeff Carr *(Pres)*
Gwen Griffin *(CEO)*
Brooke Baumer Crawford *(Acct Dir)*
Lauren Martin-Quesada *(Sr Acct Mgr)*
Melissa Wren *(Acct Mgr, Mgr-Mktg & Bus Dev & Specialist-Events)*
Brett Griffin *(Acct Mgr)*
Angelica DeLuccia *(Sr Acct Exec)*
Kristin Kleven *(Acct Exec)*

ADVERTISING AGENCIES
AGENCIES - JANUARY, 2019

GRIFFIN COMMUNICATIONS, INC.
1432 Sparks Rd, Sparks, MD 21152
Tel.: (410) 296-7777
Fax: (410) 339-5292
Web Site: www.griffcom.com
E-Mail for Key Personnel:
President: info@griffcom.com
Creative Dir.: norm@griffcom.com
Media Dir.: kim@griffcom.com

Employees: 4
Year Founded: 1987

Agency Specializes In: Business Publications, Collateral, Exhibit/Trade Shows, Information Technology, Internet/Web Design, Multimedia, New Product Development, Planning & Consultation, Production, Strategic Planning/Research, Technical Advertising

Approx. Annual Billings: $1,700,000

Steve Foerster *(Chief Investment Officer & VP)*
Wade Deaver *(VP-Sls)*
Kathy Haney *(VP-HR)*
Houston Hunt *(VP-Mktg)*
Dwayne Shrader *(VP)*
Trevor Wiseman *(VP-Tech)*
Richard Cox *(Dir-New Media)*
Derek Criss *(Dir-Local Sls)*
Elizabeth Taylor Semtner *(Dir-Mktg Svcs)*
Jill Millaway *(Sls Mgr-Interactive)*
Nancy Ruth *(Acct Exec)*

Accounts:
Avista Solutions International
Creative Cow

GRIFFIN WINK ADVERTISING
6306 Iola Ave, Lubbock, TX 79424
Tel.: (806) 791-0045
Fax: (806) 791-0048
Toll Free: (800) 753-1375
E-Mail: rusty@griffinwink.com
Web Site: www.griffinwink.com

Employees: 5
Year Founded: 1975

National Agency Associations: AAF

Agency Specializes In: Advertising, Advertising Specialties, Affluent Market, Agriculture, Automotive, Bilingual Market, Brand Development & Integration, Broadcast, Business Publications, Business-To-Business, Cable T.V., Catalogs, Co-op Advertising, Collateral, College, Commercial Photography, Communications, Consulting, Consumer Goods, Consumer Marketing, Consumer Publications, Corporate Identity, Digital/Interactive, Direct Response Marketing, E-Commerce, Education, Electronic Media, Engineering, Entertainment, Environmental, Event Planning & Marketing, Exhibit/Trade Shows, Financial, Food Service, Government/Political, Graphic Design, Health Care Services, High Technology, Household Goods, Identity Marketing, Industrial, Infomercials, Information Technology, Internet/Web Design, Leisure, Local Marketing, Logo & Package Design, Magazines, Market Research, Media Buying Services, Media Planning, Medical Products, Men's Market, Merchandising, Multimedia, New Product Development, Newspaper, Newspapers & Magazines, Out-of-Home Media, Outdoor, Package Design, Pharmaceutical, Planning & Consultation, Point of Purchase, Point of Sale, Print, Production, Production (Print), Promotions, Public Relations, Publicity/Promotions, Radio, Real Estate, Restaurant, Retail, Sales Promotion, Social Marketing/Nonprofit, Sponsorship, Sports Market, Strategic Planning/Research, T.V., Technical Advertising, Trade & Consumer Magazines, Transportation, Travel & Tourism

Approx. Annual Billings: $960,000

Breakdown of Gross Billings by Media: Collateral: 20%; Network Radio: 50%; T.V.: 30%

Rusty Griffin *(Owner)*
Brian Wink *(Pres)*
Randy Wink *(Partner & COO)*
Chelsea Wink *(Grp Media Dir)*

Accounts:
Dana Palmer Turf Management
Interim Healthcare
Schlotzsky's (Lubbock Area Advertising)
Taco Villa
Watermaster Irrigation

GRIGG GRAPHIC SERVICES, INC.
20982 Bridge St, Southfield, MI 48033-4033
Tel.: (248) 356-5005
Fax: (248) 356-5636
Web Site: www.grigg.com

Employees: 15
Year Founded: 1967

Agency Specializes In: Advertising, Advertising Specialties, Brand Development & Integration, Corporate Identity, Graphic Design, Logo & Package Design, Out-of-Home Media, Outdoor, Planning & Consultation, Print

Stuart Grigg *(Pres)*
Geoff Spencer *(Art Dir)*
Kate Walsh *(Art Dir)*
Dawn Sinclair *(Sr Art Dir & Mgr-Creative Svcs)*

Accounts:
Hutzel Women's Hospital; Detroit, MI Hospital Services

GRIN
(Formerly Daniel, Burton, Dean Advertising & Design, Inc.)
225 Court St, Evansville, IN 47708
Tel.: (812) 426-0551
Fax: (812) 422-5386
Toll Free: (800) 687-4599
E-Mail: hello@grin.agency
Web Site: dbd15.com/

Employees: 10
Year Founded: 1976

National Agency Associations: AAF

Agency Specializes In: Advertising, Affiliate Marketing, Below-the-Line, Brand Development & Integration, Catalogs, Children's Market, Collateral, Commercial Photography, Communications, Consumer Goods, Consumer Marketing, Corporate Communications, Corporate Identity, Customer Relationship Management, Digital/Interactive, Direct-to-Consumer, E-Commerce, Email, Exhibit/Trade Shows, Experience Design, Graphic Design, Guerilla Marketing, Household Goods, Identity Marketing, In-Store Advertising, Information Technology, Integrated Marketing, Internet/Web Design, Local Marketing, Logo & Package Design, Media Planning, Men's Market, Multimedia, New Product Development, Newspaper, Out-of-Home Media, Outdoor, Package Design, Paid Searches, Point of Purchase, Point of Sale, Print, Production, Production (Print), Promotions, RSS (Really Simple Syndication), Regional, Retail, Sales Promotion, Search Engine Optimization, Social Media, Sports Market, Strategic Planning/Research, Technical Advertising, Trade & Consumer Magazines, Transportation, Viral/Buzz/Word of Mouth, Web (Banner Ads, Pop-ups, etc.), Women's Market, Yellow Pages Advertising

Phil Mowrey *(Pres & Sr Partner-Brand Creation)*
Michelle Frazer *(Head-Acct Svcs)*
Caitlin Mathews *(Sr Strategist-Digital)*
David Wright *(Assoc Partner)*

Accounts:
Alexander Mobility Services; Baltimore, MD Moving and Relocation Service
Atlas World Group, Inc.; Evansville, IN Moving Services, Relocation Service; 1989
Avail Resource Management; Evansville, IN Move Management Services; 2003
Goalrilla Basketball; Evansville, IN Residential Basketball Systems; 1997
Golden Van Lines; Longmont, CO Moving Services
Mesker Park Zoo
Mizerak
Mobility
Rocket Aeroheads
STIGA Table Tennis; Evansville, IN Table Tennis & Accessories; 1993
Titan Global Distribution; Saint Louis, MO Corporate/Industrial Logistics; 2006
Truth 2 Micro Site
Woodplay Playsets; Raleigh, NC Residential Playground/Swingsets; 2008
Wordman Inc.

GRINLEY CREATIVE LLC
28 Benjamin Dr, Goffstown, NH 03045
Tel.: (603) 497-2583
Web Site: www.grinleycreative.com

Employees: 1
Year Founded: 2013

Agency Specializes In: Advertising, Brand Development & Integration, Internet/Web Design, Logo & Package Design, Out-of-Home Media, Outdoor, Print, Radio, Social Media, T.V.

Dan Grinley *(Principal-Creative)*

Accounts:
Pope Memorial SPCA
Russound

GRIP DESIGN, INC.
1128 N Ashland Ave, Chicago, IL 60185
Tel.: (312) 906-8020
Fax: (773) 235-4747
Web Site: hellogrip.com/

Employees: 9

Agency Specializes In: Advertising, Brand Development & Integration, Collateral, Digital/Interactive, Package Design

Kelly Kaminski *(Principal)*
Kevin McConkey *(Principal)*
Lonnie Tapia *(Dir-Accts)*

Accounts:
Bengtson Center
Cassiday Schade LLP
Keeley Funds
Kellogg Company
The Nielsen Company B.V.
Romi Chopra Group

GRIP LTD.
179 John St 6th Fl, Toronto, ON M5T 1X4 Canada
Tel.: (416) 340-7111
Fax: (416) 340-7776
Web Site: www.griplimited.com

Employees: 150
Year Founded: 2002

AGENCIES - JANUARY, 2019 — ADVERTISING AGENCIES

Agency Specializes In: Advertising, Brand Development & Integration, Radio, Social Media, T.V.

Rich Pryce-Jones *(Owner)*
Bob Shanks *(Owner)*
David Chiavegato *(Partner)*
David Crichton *(Partner)*
Randy Stein *(Partner-Creative)*
Ron Dunstan *(CFO)*
Michelle Tafler *(Grp Dir-Brand & Bus Dev)*
Cam Finlayson *(Grp Acct Dir)*
Martin McClorey *(Grp Acct Dir)*
Tania Overholt *(Mgr-Creative Resource & Producer)*
Kristine Black *(Acct Dir)*
Scott Dube *(Creative Dir)*
Shannon Fostka *(Bus Dir)*
Justine Leetham *(Bus Dir)*
Emily Robinson *(Bus Dir)*
Robin Soukvilay *(Art Dir)*
Jessica Tran *(Bus Dir)*
Liz Crofton *(Dir-Creative & Brdcst Svcs)*
Kira Montgomery *(Dir-Connections Plng)*
Lindsay Renwick *(Dir-Social Media)*
David Greisman *(Acct Mgr)*
Kristin Macri *(Acct Mgr)*
Jacquie Kostuk *(Strategist-Social Content)*
Jackson Byrne *(Copywriter)*
Josh Gladstone *(Jr Copywriter)*
Andrew Parsons *(Copywriter)*
James Rutledge *(Acct Coord)*
Colin Craig *(Assoc Partner-Creative)*
Trevor Gourley *(Assoc Creative Dir)*
Mike Koe *(Assoc Creative Dir)*
Julia Morra *(Assoc Creative Dir)*
Ben Steele *(Assoc Creative Dir)*
Juan Torres *(Assoc Creative Dir)*

Accounts:
Acura
Budweiser
Dare
Expedia Broadcast, Campaign: "Escape Winter", Campaign: "Paradise", Campaign: "World Traveler", Online, Print, Social Media
HBO Campaign: "Dragon Bowl", Game Of Thrones
Honda Motor Company, Ltd. Roadside Assistance
Johnson and Johnson
KFC Corporation Campaign: "New Kid", Creative
Labatt Canada Campaign: "The Movie out Here", Labatt Blue, Labatt Blue Light
Oshawa Centre B2B, Creative, Social Media
RBC
The Sunnybrook Foundation
Taco Bell Canada "The Waiting Game", Campaign: "Eat Your Words"
Testicular Cancer Canada Campaign: "Cop", Campaign: "Mechanic", Print, Social Media, Social Video, TV
Toronto Humane Society
Yum! Restaurants International (Canada) Co. (Agency of Record) Creative, Pizza Hut

GROK
20 W 22nd St, New York, NY 10010
Tel.: (212) 249-9900
Web Site: www.groknyc.com

Employees: 20
Year Founded: 2009

Agency Specializes In: Business Publications, Cable T.V., Collateral, Consumer Publications, Digital/Interactive, Exhibit/Trade Shows, Experience Design, Local Marketing, Magazines, Mobile Marketing, Multimedia, Newspaper, Newspapers & Magazines, Out-of-Home Media, Outdoor, Paid Searches, Print, Production, Production (Print), Publishing, Radio, Search Engine Optimization, Social Media, T.V., Trade & Consumer Magazines, Web (Banner Ads, Pop-ups, etc.)

Approx. Annual Billings: $75,000,000

Julie Bauer *(Co-Founder, CEO & Partner)*
Steve Landsberg *(Co-Founder, Partner & Chief Creative Officer)*
Tod Seisser *(Co-Founder & Chief Creative Officer)*
Susan Lewis *(VP-Mktg)*
Mara Weinraub *(Head-Social Media & Assoc Creative Dir)*
Rebecca Padrick *(Acct Dir)*
Tyler J. Borza *(Acct Supvr)*
Christian Meissner *(Acct Exec)*
Thomas Mori *(Assoc Creative Dir)*

Accounts:
CallidusCloud; 2012
D'Agostino's Food & Beverage Mfr & Retailers
i-Health, Inc. AZO, Brain Health Products Mfr & Distr, Culturelle, Estroven; 2011
Johnson Controls Inc. Electronic Appliances Mfr
Luxaire Heatnig & Air Conditioning; 2011
The Make-A-Wish Foundation
The New York Burger Co Restaurant Services
New-Savers Thrift
Taleo Corporation Prepackaged Software Publishers
Zicam; 2012

GROOVE COMMERCE
415 S Central, Baltimore, MD 21202
Tel.: (800) 564-9826
E-Mail: info@groovecommerce.com
Web Site: www.gotgroove.com

Employees: 50
Year Founded: 2007

Agency Specializes In: Advertising, Brand Development & Integration, E-Commerce, Email, Event Planning & Marketing, Internet/Web Design, Paid Searches, Search Engine Optimization, Social Media, Strategic Planning/Research

Ethan Giffin *(Founder & CEO)*

Accounts:
New-Acer Exhibits
New-Final Draft
New-Fitness Anywhere LLC TRX

GROUP 4
147 Simsbury Rd, Avon, CT 06001
Tel.: (860) 678-1570
Fax: (860) 678-0783
Web Site: www.groupfour.com

Employees: 20
Year Founded: 1972

Agency Specializes In: Brand Development & Integration, Market Research, Package Design, Product Placement, Strategic Planning/Research

Matthew Phillips *(Dir-Engrg)*

Accounts:
Aiwa
Alsons
Combe
Coty
Dannon
Eli Lilly
First Alert
MSA
Panasonic Electronic Equipment
Snap-On Tools
USG
Wagner USA Consumer Painting Products
X-ACTO Office Tools Manufacturer

GROUP 5 WEST, INC.
810 W Second St, Little Rock, AR 72201-2118
Tel.: (501) 372-7151
Fax: (501) 372-3089
E-Mail: g5w@swbell.net
Web Site: www.groupfivewest.com

Employees: 7
Year Founded: 1963

Agency Specializes In: Business-To-Business, Industrial, Medical Products

Richard Hinkle *(Chm)*
Lisa Hemme *(Pres)*

Branch

Group 5 West, Inc.
197 Walnut Gardens Dr, Memphis, TN 38018-2907
Tel.: (901) 624-3956
Fax: (901) 737-0936
E-Mail: lisa.hemme@comcast.net
Web Site: www.groupfivewest.com

Employees: 6

Agency Specializes In: Public Relations

Lisa Hemme *(Pres)*

Accounts:
Chris Woods Construction Company
Jolly Roofing & Contracting
Logical Systems Inc.

GROUP 7EVEN
2305 Roosevelt Rd, Valparaiso, IN 46383
Tel.: (219) 476-3704
E-Mail: info@group7even.com
Web Site: www.group7even.com

Employees: 7

Agency Specializes In: Advertising, Brand Development & Integration, Internet/Web Design, Logo & Package Design, Media Buying Services, Media Planning, Print, Radio, Strategic Planning/Research, T.V.

Michelle Hanna-Andres *(Pres)*
Rebecca Arnett *(Acct Exec)*

Accounts:
The Economic Development Corporation Michigan City (Marketing Agency of Record)
Northern Indiana Commuter Transportation District (Agency of Record) South Shore Line, Strategic Marketing
Qubit Networks

THE GROUP ADVERTISING
1221 N Mills Ave Ste B, Orlando, FL 32803
Tel.: (407) 898-2409
E-Mail: info@thegroupads.com
Web Site: www.thegroupadvertising.com

Employees: 5
Year Founded: 2006

Agency Specializes In: Advertising, Brand Development & Integration, Digital/Interactive, Multicultural, Public Relations

Hernan Tagliani *(Founder & Pres)*
Hector L. Torres *(VP-Client Rels)*

Accounts:
Body Blaster

ADVERTISING AGENCIES

CFE Federal Credit Union
Don Mealy's Sport Mazda
Foundation For Foster Children
Hooters
The Nature Conservancy
Negocios
Orlando Science Center
Perfume Provider of America
Santa Barbara Beach & Golf Resort

GROUP FIFTY FIVE MARKETING
3011 W Grand Blvd, Detroit, MI 48202
Tel.: (313) 875-1155
Fax: (313) 875-4349
E-Mail: info@group55.com
Web Site: www.group55.com

Employees: 20
Year Founded: 1982

National Agency Associations: Second Wind Limited

Agency Specializes In: Collateral, Communications, Consumer Marketing, Corporate Identity, Public Relations

Approx. Annual Billings: $5,000,000

Catherine Lapico *(Owner & CEO)*
Michael Lapico *(Pres & COO)*
Stacey Shires *(Acct Dir & Copywriter)*
Heather Schabel *(Sr Art Dir)*

Accounts:
Agency Services Group
Amcor
Amerisure Insurance
Atlas Oil
Beztak Properties
BrassCraft
Central Global
Comerica Bank
Conway MacKenzie
Covidien
DMC
DTE
First State Bank
Health Plus
Judson Center
Kirk in the Hills
Lear Corporation
Letica
Livonia Public Schools
Michigan Lottery
Pioneer State Mutual Insurance Company
Ronnisch Construction Group
Schostak Brothers
St John Health System
Stryker
Terumo
Wayne-Westland Community Schools
Webasto

GROUP LEAF LLC
PO Box 546, Hudson, WI 54016
Tel.: (715) 381-0123
Fax: (651) 204-2262
E-Mail: info@groupleaf.com
Web Site: www.groupleaf.com

Employees: 10
Year Founded: 2003

Agency Specializes In: Advertising, Brand Development & Integration, Collateral, Crisis Communications, Internet/Web Design, Logo & Package Design, Media Buying Services, Public Relations

Gregory Leaf *(Principal)*
Laura Bakke *(Sr Designer)*

Accounts:
Legacy Post & Beam
Nygaard Associates

GROUP M5
42 O'Leary Avenue, P.O. Box 13305, Saint John's, NL A1B 4B7 Canada
Tel.: (709) 753-5559
Web Site: www.m5.ca

Employees: 100

Agency Specializes In: Communications, Digital/Interactive, Market Research, Public Relations

Heather Dalton *(Partner)*
Chris MacInnes *(Partner)*

Accounts:
General Motors
Marine Atlantic
Nalcor
Southwestern Energy

GROUP TWO ADVERTISING, INC.
1617 John F Kennedy Blvd Ste 510, Philadelphia, PA 19103
Tel.: (215) 561-2200
Fax: (215) 561-2842
Web Site: www.grouptwo.com
E-Mail for Key Personnel:
President: relkman@grouptwo.com

Employees: 12
Year Founded: 1970

Agency Specializes In: Real Estate

Mollie Elkman *(Owner & Pres)*
Daniel Gerson *(COO)*
John A. Damiri *(Strategist-Media)*

Accounts:
Kettler Forlines
Wayne Homes

GROUP360 WORLDWIDE
(See Under We Are Alexander)

GROUP46
1323 May River Rd Ste 202, Bluffton, SC 22910
Tel.: (843) 540-0567
Web Site: grp46.com

Employees: 6
Year Founded: 2014

Agency Specializes In: Above-the-Line, Advertising, Advertising Specialties, Affiliate Marketing, Affluent Market, African-American Market, Agriculture, Alternative Advertising, Arts, Asian Market, Automotive, Aviation & Aerospace, Below-the-Line, Bilingual Market, Brand Development & Integration, Branded Entertainment, Broadcast, Business Publications, Business-To-Business, Cable T.V., Catalogs, Children's Market, Co-op Advertising, Collateral, College, Commercial Photography, Communications, Computers & Software, Consulting, Consumer Goods, Consumer Marketing, Consumer Publications, Content, Corporate Communications, Corporate Identity, Cosmetics, Crisis Communications, Custom Publishing, Customer Relationship Management, Digital/Interactive, Direct Response Marketing, Direct-to-Consumer, E-Commerce, Education, Electronic Media, Electronics, Email, Engineering, Entertainment, Environmental, Event Planning & Marketing, Exhibit/Trade Shows, Experience Design, Faith Based, Fashion/Apparel, Financial, Food Service, Game Integration, Government/Political, Graphic Design, Guerilla Marketing, Health Care Services, High Technology, Hispanic Market, Hospitality, Household Goods, Identity Marketing, In-Store Advertising, Industrial, Infomercials, Information Technology, Integrated Marketing, International, Internet/Web Design, Investor Relations, LGBTQ Market, Legal Services, Leisure, Local Marketing, Logo & Package Design, Luxury Products, Magazines, Marine, Market Research, Media Buying Services, Media Planning, Media Relations, Media Training, Medical Products, Men's Market, Merchandising, Mobile Marketing, Multicultural, Multimedia, New Product Development, New Technologies, Newspaper, Newspapers & Magazines, Out-of-Home Media, Outdoor, Over-50 Market, Package Design, Paid Searches, Pets, Pharmaceutical, Planning & Consultation, Podcasting, Point of Purchase, Point of Sale, Print, Product Placement, Production, Production (Ad, Film, Broadcast), Production (Print), Promotions, Public Relations, Publicity/Promotions, Publishing, RSS (Really Simple Syndication), Radio, Real Estate, Recruitment, Regional, Restaurant, Retail, Sales Promotion, Search Engine Optimization, Seniors' Market, Shopper Marketing, Social Marketing/Nonprofit, Social Media, South Asian Market, Sponsorship, Sports Market, Stakeholders, Strategic Planning/Research, Sweepstakes, Syndication, T.V., Technical Advertising, Teen Market, Telemarketing, Trade & Consumer Magazines, Transportation, Travel & Tourism, Tween Market, Urban Market, Viral/Buzz/Word of Mouth, Web (Banner Ads, Pop-ups, etc.), Women's Market, Yellow Pages Advertising

Hannah Albert *(Acct Mgr)*

Accounts:
Belfair Plantation; 2013
K&K Interiors Home Furnishings; 2009
Pierce Kelly Hunt Real Estate; 2014
Vineyard 55; 2014

GROUPE RINALDI COMMUNICATION MARKETING
Ste 400 6750 av de l'Esplanade, Montreal, QC H2V 4M1 Canada
Tel.: (514) 274-1177
Fax: (514) 274-2766
E-Mail: info@agencerinaldi.com
Web Site: www.agencerinaldi.com

Employees: 20
Year Founded: 1994

Maurice Rinaldi *(Pres & CEO)*
Aurelie Pinceloup *(Gen Mgr)*
Joanne Rinaldi *(Mgr-HR)*
Jean-Charles Bullot *(Sr Designer-Agency Rinaldi)*

Accounts:
Chop Crazy
Discount
Engel Chevalier
Fraser Furniture
Mont Sutton
Subaru

GROUPM ENTERTAINMENT
2425 Olympic Blvd, Santa Monica, CA 90404-4030
Tel.: (310) 309-8700
Web Site: www.groupm.com

Employees: 40

National Agency Associations: 4A's

AGENCIES - JANUARY, 2019 — ADVERTISING AGENCIES

Agency Specializes In: Advertising

Drew Fauser *(Mgr-Print)*
Frances Rubio *(Mgr-Multicultural Mktg Analytics)*

Accounts:
American Express Company
Lenovo Group Ltd
Motorola Solutions, Inc.
Nestle US Digital, Media Planning & Buying, Nespresso USA, Nestle Health Sciences, Nestle Nutrition, Nestle Purina PetCare, Nestle USA, Nestle Waters North America
Unilever United States Inc.
Yahoo! How Money Works, Superfoods

GROW
427 Granby St, Norfolk, VA 23510
Tel.: (757) 431-7710
Fax: (757) 431-7709
E-Mail: info@thisisgrow.com
Web Site: www.thisisgrow.com

Employees: 35
Year Founded: 2004

Agency Specializes In: Advertising, Digital/Interactive

Drew Ungvarsky *(CEO & Exec Creative Dir)*
Jason Sutterfield *(Mng Dir)*
Neill McIvor *(Head-Strategy & Client Engagement)*
Eric Lohman *(Creative Dir)*
Josh Newton *(Art Dir)*
Peter J. Wagoner *(Creative Dir)*
Joe Branton *(Dir-Design)*
Sarah Ann McCormick Walters *(Dir-Strategy & Client Engagement)*
Brian Walker *(Dir-Tech)*

Accounts:
Acura
adidas America Inc.
Adobe
Axe
BFGoodrich
The Cartoon Network Adult Swim
Coca-Cola
EA Sports
Google Inc. Campaign: "Burberry Kisses" for Burberry, Campaign: "Hilltop Re-Imagined for Coca-Cola", Campaign: "Madden GIFERATOR" for EA Sports, Campaign: "Phenomenal Shot" for Nike, Campaign: "Uncover Your World"
HP
JC Penney Digital/Interactive, Rock Your Look
Motorola Solutions, Inc.
NASA
NBC
Nike
Rdio
Spotify
Sprint Campaign: "Sprint - All. Together. Now."
Valerian
YouTube

GROW MARKETING
570 Pacific Ave 3rd Fl, San Francisco, CA 94133
Tel.: (415) 440-4769
Fax: (415) 440-4779
E-Mail: contact@grow-marketing.com
Web Site: www.grow-marketing.com

Employees: 80

Agency Specializes In: Sponsorship

Gabrey Means *(Co-Founder & Chief Creative Officer)*
Tami Anderson *(Mng Dir)*
Thao Bui *(VP-Accts)*
Laura Fogelman *(VP-Strategy & Accts)*

Courtney Quinn *(Sr Acct Mgr)*
Brie Votto *(Acct Supvr)*

Accounts:
Pernod Ricard Glenlivet
Tazo Event, Marketing, PR, Social Media Campaigns

GRUPO GALLEGOS
(See Under Gallegos United)

GRW ADVERTISING
19 W 21St St Rm 402, New York, NY 10010
Tel.: (212) 620-0519
Fax: (212) 620-0549
E-Mail: contact@grwadvertising.com
Web Site: www.grwadvertising.com

E-Mail for Key Personnel:
President: edronk@aol.com

Employees: 8
Year Founded: 1994

Agency Specializes In: Advertising, Brand Development & Integration, Business-To-Business, Entertainment, Graphic Design, Internet/Web Design, Logo & Package Design, Magazines, Newspapers & Magazines, Out-of-Home Media, Print, Radio, Retail, Strategic Planning/Research, Trade & Consumer Magazines, Travel & Tourism

Revenue: $5,000,000

Ed Ronk *(Pres & Partner)*

Accounts:
Empire Theatre Company
Pride Institute
Rioult Dance Theatre

GS&F
209 10th Ave S Ste 222, Nashville, TN 37203
Tel.: (615) 385-1100
Fax: (615) 783-0500
E-Mail: biz@gsandf.com
Web Site: gsandf.com

E-Mail for Key Personnel:
President: jlipscomb@gsandf.com
Creative Dir.: rgibbons@gsandf.com
Media Dir.: llawson@gsandf.com

Employees: 75
Year Founded: 1978

Agency Specializes In: Advertising, Automotive, Brand Development & Integration, Business-To-Business, Cable T.V., Catalogs, Co-op Advertising, Collateral, Consumer Goods, Consumer Marketing, Consumer Publications, Corporate Communications, Corporate Identity, Crisis Communications, Digital/Interactive, Direct Response Marketing, Electronic Media, Entertainment, Event Planning & Marketing, Exhibit/Trade Shows, Financial, Food Service, Graphic Design, Health Care Services, Hospitality, Household Goods, In-Store Advertising, Industrial, Integrated Marketing, Internet/Web Design, LGBTQ Market, Leisure, Local Marketing, Logo & Package Design, Luxury Products, Market Research, Media Buying Services, Media Planning, Media Relations, Multicultural, Multimedia, Newspapers & Magazines, Out-of-Home Media, Package Design, Planning & Consultation, Point of Purchase, Point of Sale, Print, Production (Print), Promotions, Public Relations, Publicity/Promotions, Radio, Restaurant, Retail, Sales Promotion, Social Marketing/Nonprofit, Sponsorship, Sports Market, Strategic Planning/Research, T.V., Trade & Consumer Magazines, Transportation, Travel & Tourism, Yellow Pages Advertising

Approx. Annual Billings: $52,000,000

Roland Gibbons *(Co-Owner & Chief Creative Officer)*
David Camma *(Exec VP & Acct Mgmt Dir)*
Dana Haynes *(VP-Acctg)*
Shari Dennis *(Grp Acct Dir)*
Patrick Sherry *(Grp Acct Dir)*
Marty Penton *(Sr Producer-Creative)*
Brett Thompson *(Sr Producer-Creative)*
Emilie Guthrie *(Acct Dir)*
Aaron Rayburn *(Art Dir)*
Scott Brooks *(Mgr-Transmedia)*
Allie Anderson *(Acct Supvr)*
Megan Brittain *(Acct Supvr)*
Kristin Hampel *(Acct Supvr-PR)*
Heath Overton *(Acct Supvr)*
Nick Marchant *(Sr Acct Exec)*
Stephen McAllister *(Acct Exec)*
Meaghan Tucci *(Acct Exec)*
Jessica Underwood *(Acct Exec)*
Jason Skinner *(Grp Creative Dir)*
Wade Stringfellow *(Sr Art Dir)*
Paige Thompson *(Assoc Creative Dir)*

Accounts:
A.O. Smith Commercial & Residential Water Heaters; 2006
Asurion Wireless Communications Services; 2003
BLC Textiles
Bridgestone Americas Consumer Tires, Dayton, Firestone, Motorcycle Tires, Motorsports, TreadLife; 1994
Carrier Corporation Heating/Cooling Units; 2002
Comdata
Crossville
Delta Dental Dental Insurance; 2004
Holler & Dash Fast Casual Restaurant
Hunt Brothers Pizza Convenience Store Pizza Shops; 2008
Hunter Industrial Casablanca Fan Company, Fans, Home Comfort Products; 2000
International Comfort Products (ICP) Heating/Cooling Products; 1982
LP Building Products; 2008
Nashville Predators NHL Team; 2008
Oasis Center
Sweet CeCe's Branding, Communications, Creative, Project Management, Public & Media Relations, Social Media, Web Design
Tennessee Titans NFL Football Team; 1995
Tractor Supply CO
Tropical Smoothie Cafe
Universal Lighting Technologies Lighting Ballasts; 1996
University of Tennessee Medical Center Regional Academic & Medical Center; 2007

GSD&M
828 W 6th St, Austin, TX 78703
Tel.: (512) 242-4736
Fax: (512) 242-4700
Web Site: https://www.gsdm.com/

E-Mail for Key Personnel:
President: roy_spence@gsdm.com
Media Dir.: judy_trabulsi@gsdm.com

Employees: 500
Year Founded: 1971

National Agency Associations: 4A's-AAF-ARF-PRSA-WOMMA

Agency Specializes In: Advertising, Brand Development & Integration, Broadcast, Digital/Interactive, Education, Entertainment, Environmental, Financial, Food Service, Government/Political, Health Care Services, Leisure, Media Buying Services, Newspaper, Over-50 Market, Print, Restaurant, Retail, T.V., Transportation, Travel & Tourism

ADVERTISING AGENCIES

Yolanda Aquino *(VP & Dir-Brdcst Buying)*
Ryan Micklos *(Sr Producer-Digital)*
Greg Wyatt *(Assoc Dir-Creative & Art Dir)*
Alisa Sengel Wixom *(Creative Dir & Copywriter)*
Gene Brenek *(Creative Dir & Assoc Creative Dir)*
Christopher Colton *(Creative Dir)*
Luke Crisell *(Creative Dir)*
Maria D'Amato *(Creative Dir)*
Hannah Dobbs *(Art Dir)*
Julia Elizondo *(Producer-Digital)*
Chris Greer *(Art Dir)*
AK Sanford *(Art Dir)*
Shanteka Sigers *(Creative Dir)*
Nicholas Troop *(Art Dir)*
Ryan Warner *(Art Dir)*
Jon Williamson *(Art Dir)*
Mikael Greenlief *(Dir-Comm Strategy)*
Tien Nguyen *(Sr Mgr-SEM & Adv Ops)*
Melody Parsons *(Bus Mgr-Brdcst)*
Alexandria Reid *(Acct Mgr)*
Linda Nhan *(Mgr-Bus Affairs)*
Olivia Baker *(Acct Supvr)*
Retha Cioppa *(Acct Supvr)*
Monte Hawkins *(Acct Supvr)*
Blair Williams *(Acct Supvr)*
Christine Kwak *(Supvr-Media)*
Leigh Browne *(Copywriter)*
Justin Hahn *(Copywriter)*
Mariah Kline *(Jr Copywriter)*
Marty Erhart *(Sr Art Dir)*
Eric Knittel *(Assoc Creative Dir)*
Alex Lang *(Sr Art Dir)*
Evan Walker *(Assoc Media Dir-Social)*

Accounts:
Advertising Council Creative
American Civil Liberties Union-Texas & Nonprofit Legacy Community Health Digital Video
Ascension Health
AT&T, Inc. AT&T U-Verse, AT&T, Inc.
At Home Stores Creative, Media Buying, Media Planning
Austin City Limits (Creative Agency of Record); 2011
Caesars Palace
Campbell Soup Co. Campbell Skillet Sauces, Dinner Sauce, Slow Cooker Sauces
Chipotle Mexican Grill, Inc. Online, Outdoor, Radio, Traditional Advertising
FCA US Creative, Dodge (Creative Agency of Record)
Food Lion LLC (Agency of Record) Advertising, Creative, Integrated Marketing Strategy, Media Assembly, Media Planning & Buying
The Goodyear Tire & Rubber Company; Akron, OH "Made", Campaign: "Battle Tested, Road Ready", Marketing Campaign, NASCAR
Harrah's Louisiana Downs Casino & Racetrack; 2009
Harry's, Inc
Heineken USA Amstel
Hilton Worldwide, Inc. Creative, Digital, Hampton Inn (Agecny of Record), Hilton Garden Inn, Hilton Hotels & Resorts, Portfolio Marketing
Horseshoe Casinos Campaign: "Slots"
Invista BV Stainmaster
Jarritos Campaign: "Double Straw", Campaign: "Flex", Campaign: "Glassblowers", Campaign: "Involuntary Taste Test"
Land Rover
LeapFrog Media
Lee Jeans
Lennox International Inc. Creative & Media
Link Snacks, Inc. Brand Strategy, Jack Link's (Creative & Strategy Agency of Record); 2018
The Northwestern Mutual Life Insurance Company(Lead Agency) Creative
Pacifico Campaign: "Yellow Caps"
PGA Tour; Ponte Verde, FL Creative, Media; 1989
Pizza Hut (Creative Agency of Record); 2018
Popeye's Chicken & Biscuits (Agency of Record) Campaign: "#LoveThatChicken", Campaign: "Chicken Waffle Tenders", Creative, Media Buying & Planning, Social Media, TV
Seton Healthcare Family
Southwest Airlines Co.; 1981
Sport Clips Media
Steak 'n Shake
Stork Media
Sysco Corporation
United States Air Force (Agency of Record) "Aim High", "Barrier Breakers", Campaign: "America's Future", Campaign: "American Airmen", Campaign: "Make It Fly", Campaign: "New Frontiers", Campaign: "The Collaboratory', Creative, Digital Media Buy, It's Not Science Fiction, Online; 2000
University of Texas Campaign: "Leave Your Mark"
Unscrew America (Pro Bono) Energy-Saving Lightbulbs; 2008
Walgreen Co. (Agency of Record) Branding, Broadcast, Campaign: "At the Corner of Happy & Healthy", Campaign: "Faces", Campaign: "Get a Shot Give a Shot", Campaign: "Scraps", Creative, Digital Strategy, Outdoor, Print
Wells Enterprises, Inc. Blue Bunny, Media, Media Buying, Media Planning, Strategy
Zale Corp. Campaign: "Friend Your Mom", Campaign: "Let Love Shine", Zales Holiday Series

Branches:

GSD&M Chicago
200 E Randolph St Ste 4100, Chicago, IL 60601
Tel.: (312) 725-5750
Fax: (312) 573-5790
Web Site: https://www.gsdm.com/

Employees: 75

National Agency Associations: 4A's

Agency Specializes In: Media Buying Services, Sponsorship

Betty Pat McCoy *(Mng Dir, Sr VP & Dir-Investment)*
Jack Epsteen *(Sr VP & Dir-Production)*
Ryan Carroll *(Sr VP & Grp Creative Dir)*
Amy Lyon *(VP & Acct Dir)*
Ulian Valkov *(VP & Assoc Dir-Investment-Natl)*
Lindsey Kuhn *(Acct Supvr)*
Les Stipp *(Supvr-Media & Media Buyer)*
Kristen Andersen *(Supvr-Media)*
Teresa Hill-Saadan *(Supvr-Media)*
Christine Kwak *(Supvr-Media)*
Jessica Alfred *(Sr Media Buyer)*
Erin Bernethy *(Assoc Media Dir)*
Scott Brewer *(Grp Creative Dir)*
Bill Marceau *(Grp Creative Dir)*
Angela Maroney *(Sr Media Buyer)*
Roni Skwiersky *(Sr Media Buyer)*

Accounts:
AARP
American Express
AT&T, Inc.
Hallmark
U.S. Air Force Services
Zale Corporation Gordon's Jewelers, Peoples Jewelry, Piercing Pagoda, Zale Corporation

GSG DESIGN
(See Under Diadeis)

GSS COMMUNICATIONS, INC.
5042 Wilshire Blvd Ste 317, Los Angeles, CA 90036
Tel.: (323) 939-1181
Fax: (888) 387-5717
E-Mail: agraham@gssla.com
Web Site: www.gssla.com

Employees: 9
Year Founded: 1983

Agency Specializes In: Brand Development & Integration, Business Publications, Business-To-Business, Collateral, Communications, Consulting, Corporate Identity, Direct Response Marketing, Financial, Health Care Services, Leisure, Out-of-Home Media, Outdoor, Print, Strategic Planning/Research, Travel & Tourism

Approx. Annual Billings: $8,500,000

Andrea Graham *(Pres)*

Accounts:
Esotouric; Los Angeles, CA Entertainment/Tourism; 2007
Health Access Solutions; Foster City, CA; Woodland Hills, CA Medical Software; 2007
Marketing Strategic Group; Westlake Village, CA
Philadelphia County Dental Society; 1998
Physiquality; Calabasas, CA Consumer Healthcare; 2007
Swett & Crawford Group; Atlanta, GA Wholesale Insurance Brokerage; 1978
West Hollywood Convention & Visitors Bureau

GSW WORLDWIDE
500 Olde Worthington Rd, Westerville, OH 43082
Tel.: (614) 848-4848
Fax: (614) 848-3477
E-Mail: columbus@gsw-w.com
Web Site: www.gsw-w.com

Employees: 300
Year Founded: 1977

National Agency Associations: AAF-DMA-PRSA

Agency Specializes In: Advertising, Brand Development & Integration, Broadcast, Business-To-Business, Collateral, Communications, Consulting, Consumer Marketing, Corporate Identity, Direct Response Marketing, Financial, Graphic Design, Health Care Services, Media Buying Services, Medical Products, New Product Development, Pharmaceutical, Planning & Consultation, Print, Production, Public Relations, Publicity/Promotions, Radio, Retail, Sales Promotion, Sponsorship, Strategic Planning/Research, T.V., Technical Advertising

Approx. Annual Billings: $415,900,000

Jon Nelson *(Pres)*
Sonja Foster-Storch *(Pres-North America)*
Dan Smith *(Pres-Columbus)*
Scott Page *(Exec VP & Gen Mgr-GSW Adv)*
Stephan Saba *(Sr VP & Head-Digital, Media & Experience)*
Beth Schieber *(Sr VP & Grp Acct Dir-GSW Adv)*
Jon Parkinson *(Sr VP & Dir-Integrated Production)*
Jamie Horowitz *(VP & Grp Acct Dir)*
Wayne Fassett *(VP, Creative Dir & Writer)*
Kathryn Bernish-Fisher *(VP & Strategist-Brand)*
Randall Scoville *(VP-Creative Svc Ops)*
Stacy Richard *(Art Dir)*
Sarah Cannon *(Strategist-Brand)*
Celeste Guy *(Analyst-Digital & SEO SME)*
Abby Scott *(Sr Designer-Brand)*
Edmund Sanchez *(Sr Art Dir)*
Erik Silverson *(Assoc Creative Dir)*
Jim Willis *(Assoc Creative Dir)*

Accounts:
Eli Lilly & Company Campaign: "Beyond The Moment", Cymbalta, Duloxetine SUI, Evista, Forteo, Gemzar, Humalog/Humulin, Strattera, Xigris, Zyprexa
Janssen Biotech, Inc.

Branch

AGENCIES - JANUARY, 2019 — ADVERTISING AGENCIES

ENE Life
Calle Villarroell 216, 08036 Barcelona, Spain
Tel.: (34) 93 439 1848
Fax: (34) 93 419 0238
E-Mail: spain@gsw-w.com
Web Site: www.ene.es

Employees: 3
Year Founded: 1990

Guillermo Fernandez *(Deputy Gen Dir & Dir-Accts)*
Alberto Rosa Gomez *(Exec Creative Dir)*
Silvia Montes Garcia *(Art Dir)*
Aurelio Moreno Roa *(Mgr-Digital)*
Maria Angeles Torres *(Mgr-Fin)*

GUD MARKETING
1223 Turner St Ste 101, Lansing, MI 48906
Tel.: (517) 267-9800
Fax: (517) 267-9815
E-Mail: Hello@GudMarketing.com
Web Site: www.gudmarketing.com/

Employees: 22
Year Founded: 1978

Agency Specializes In: Advertising, Agriculture, Automotive, Brand Development & Integration, Broadcast, Business-To-Business, Children's Market, Collateral, Communications, Consulting, Consumer Marketing, Consumer Publications, Corporate Communications, Corporate Identity, Direct Response Marketing, Education, Electronic Media, Environmental, Event Planning & Marketing, Exhibit/Trade Shows, Food Service, Graphic Design, Health Care Services, Internet/Web Design, Leisure, Logo & Package Design, Magazines, Media Buying Services, Medical Products, New Product Development, Newspaper, Newspapers & Magazines, Out-of-Home Media, Outdoor, Planning & Consultation, Point of Purchase, Point of Sale, Print, Production, Public Relations, Publicity/Promotions, Radio, Sales Promotion, Strategic Planning/Research, T.V., Trade & Consumer Magazines, Travel & Tourism

Debbie Horak *(Partner & Chief Growth Officer)*
Larry Amburgey *(Fin Dir)*
Elissa Crumley *(Principal)*
Emmie Musser *(Media Dir)*
Jill Holden *(Dir-Strategic Plng)*
Nancy Metzger *(Dir-Traffic)*

GUERILLA SUIT
1208 E 7Th St 2nd Fl, Austin, TX 78702
Tel.: (512) 480-5900
E-Mail: hello@guerillasuit.com
Web Site: www.guerillasuit.com

Employees: 11
Year Founded: 2010

Agency Specializes In: Advertising, Collateral, Digital/Interactive, Logo & Package Design, Print

Julie Warenoff *(Exec Dir)*
Luigi Maldonado *(Art Dir)*

Accounts:
Circuit of the Americas (Agency of Record)
Pearl Brewery

GUEST RELATIONS MARKETING
1375 Peachtree St Ste 360, Atlanta, GA 30309
Tel.: (404) 343-4377
Fax: (404) 343-4538
Web Site: http://grmworks.com/

Employees: 6
Year Founded: 2006

Agency Specializes In: Advertising, Social Media, Strategic Planning/Research

Mike Tyre *(Mng Partner)*
April Voris *(Partner)*

Accounts:
Allan Vigil Dealerships
The Kahala Hotel & Resort
Maternal Science healthy mama

GUIDE PUBLICATIONS
422 Morris Ave Ste 5, Long Branch, NJ 07740
Tel.: (732) 263-9675
Fax: (732) 263-0494
Web Site: http://nurse.careers/

Employees: 6
Year Founded: 2000

Agency Specializes In: Advertising, Newspaper, Out-of-Home Media, Outdoor, Recruitment, Sales Promotion

Approx. Annual Billings: $250,000

Mike Beson *(Pres)*
Stacey LaBruno *(Acct Exec-Sls)*

Accounts:
AT Systems
Coca-Cola Refreshments USA, Inc.
Manor by the Sea; Ocean Grove, NJ; 2002
Nordion Inc.
Pepsi Bottling Group Inc.
ProClean
ResCare
Veolia Transportation
WEL Companies

GUMAS ADVERTISING
99 Shotwell St, San Francisco, CA 94103-3625
Tel.: (415) 621-7575
Fax: (415) 255-8804
Web Site: www.gumas.com
E-Mail for Key Personnel:
President: jgumas@gumas.com
Creative Dir: bjones@gumas.com
Media Dir: JHearn@gumas.com

Employees: 20
Year Founded: 1984

Agency Specializes In: Advertising, Advertising Specialties, Affluent Market, Agriculture, Alternative Advertising, Arts, Automotive, Aviation & Aerospace, Brand Development & Integration, Broadcast, Business Publications, Business-To-Business, Cable T.V., Catalogs, Children's Market, Co-op Advertising, Collateral, College, Commercial Photography, Communications, Computers & Software, Consulting, Consumer Goods, Consumer Marketing, Consumer Publications, Content, Corporate Communications, Corporate Identity, Cosmetics, Customer Relationship Management, Digital/Interactive, Direct Response Marketing, Direct-to-Consumer, E-Commerce, Education, Electronic Media, Electronics, Email, Engineering, Entertainment, Environmental, Exhibit/Trade Shows, Experience Design, Fashion/Apparel, Financial, Food Service, Government/Political, Graphic Design, Guerilla Marketing, Health Care Services, High Technology, Hospitality, Household Goods, Identity Marketing, In-Store Advertising, Industrial, Infomercials, Information Technology, Integrated Marketing, International, Internet/Web Design, LGBTQ Market, Legal Services, Leisure, Local Marketing, Logo & Package Design, Luxury Products, Magazines, Market Research, Media Buying Services, Media Planning, Medical Products, Men's Market, Mobile Marketing, Multicultural, Multimedia, New Product Development, New Technologies, Newspaper, Newspapers & Magazines, Out-of-Home Media, Outdoor, Over-50 Market, Package Design, Paid Searches, Pets, Pharmaceutical, Planning & Consultation, Podcasting, Point of Purchase, Point of Sale, Print, Product Placement, Production, Production (Print), Promotions, Public Relations, Publicity/Promotions, Radio, Real Estate, Recruitment, Regional, Restaurant, Retail, Sales Promotion, Search Engine Optimization, Seniors' Market, Social Marketing/Nonprofit, Social Media, Sponsorship, Sports Market, Strategic Planning/Research, Sweepstakes, T.V., Teen Market, Telemarketing, Trade & Consumer Magazines, Transportation, Travel & Tourism, Tween Market, Urban Market, Viral/Buzz/Word of Mouth, Women's Market

Approx. Annual Billings: $10,500,000

Breakdown of Gross Billings by Media: Brdcst.: 5%; Bus. Publs.: 10%; Collateral: 20%; D.M.: 10%; Internet Adv.: 20%; Logo & Package Design: 15%; Mags.: 10%; Newsp.: 5%; Outdoor: 5%

John Gumas *(Founder & CEO)*
Craig Alexander *(Pres)*
Pat Demiris *(VP & Dir-Ops)*
Rita Ipsen *(Acct Dir)*

Accounts:
Aldila
Array Networks; San Jose, CA; 2004
Bell Investment Advisors; Oakland, CA Financial Services; 2010
Burr Pilger & Mayer, LLP; San Francisco, CA Accounting Services, Business Consulting Services, Wealth Management Services; 2005
Criticial Logic; Burlingame, CA Software Testing Services; 2005
HP; Mountainview, CA
Netgear; San Jose, CA Range Extenders, Routers, Wireless Adapters
Petcamp; San Francisco, CA Pet Care For Dogs & Cats; 2011
San Francisco Chamber of Commerce; San Francisco, CA; 2007
San Francisco Giants Community Fund
SanDisk Corp.; Sunnyvale, CA Hi-Tech Products, Memory Cards; 2002
Skins
Trip Insurance; Monte Sereno, CA; 2011
U.S. First Credit Union of San Mateo (Agency of Record)
Yonex; Torrence, CA

GUMGUM, INC.
1314 7Th St, Santa Monica, CA 90401
Tel.: (310) 260-9666
Web Site: www.gumgum.com

Employees: 188
Year Founded: 2007

Agency Specializes In: Advertising, Brand Development & Integration, Digital/Interactive, Programmatic

Phil Schraeder *(Pres & COO)*
Ophir Tanz *(CEO)*
Ben Plomion *(CMO)*
Mark Ensley *(VP-Automotive)*
Neil Ford *(VP-Central US & Canada)*
Jeremy Kaplan *(VP-East Coast)*
Jeff Katz *(Gen Mgr-GumGum Sports)*
Peter Wallace *(Comml Dir-UK)*
Rachel Lombardo *(Sr Acct Mgr)*
Callie Askenas *(Acct Mgr-Publr Dev)*
Monica Hefferan-Horner *(Acct Mgr)*
Chelsey Travin *(Acct Mgr)*
Whitney Graves *(Mgr-Agency Rels)*

ADVERTISING AGENCIES
AGENCIES - JANUARY, 2019

Kally Lyons (Mgr-Client Solutions)
Davis Reiter (Mgr-Programmatic Solutions)

Accounts:
Toyota

GUNDERSON DIRECT INC
1275 A St, Hayward, CA 94541
Tel.: (510) 749-0054
Web Site: www.gundersondirect.com

Employees: 50

Agency Specializes In: Advertising, Business-To-Business, Communications, Direct Response Marketing, Direct-to-Consumer, Email, Event Planning & Marketing, Production, Strategic Planning/Research

Mike Gunderson (Pres)
Jeff Tarran (VP-Acct Svcs)
Jessica Gunderson (Dir-Organizational Dev)
Courtney Henson (Acct Mgr)
Mike Izo (Acct Mgr)
Jaki Rangel (Office Mgr)
Lindsey Rulis (Acct Mgr)
Greg Johnson (Production Mgr)
Erin Taylor (Mgr-Studio)
Tara Eglin (Sr Art Dir)

Accounts:
New-Swift Capital
New-ZipRecruiter Inc

THE GUNTER AGENCY
N9191 Cardinal Crest Ln, New Glarus, WI 53574
Tel.: (608) 527-4800
E-Mail: contact@gunteragency.com
Web Site: www.gunteragency.com

Employees: 3
Year Founded: 1996

National Agency Associations: AAF-Second Wind Limited

Agency Specializes In: Advertising, Agriculture, Brand Development & Integration, Broadcast, Business Publications, Business-To-Business, Cable T.V., Children's Market, Co-op Advertising, Collateral, Commercial Photography, Communications, Consulting, Consumer Marketing, Consumer Publications, Corporate Identity, Digital/Interactive, Direct Response Marketing, E-Commerce, Electronic Media, Entertainment, Exhibit/Trade Shows, Financial, Food Service, Graphic Design, Health Care Services, High Technology, Industrial, Internet/Web Design, Logo & Package Design, Magazines, Media Buying Services, Medical Products, Merchandising, Multimedia, New Product Development, Newspaper, Newspapers & Magazines, Out-of-Home Media, Outdoor, Planning & Consultation, Point of Purchase, Point of Sale, Print, Production, Public Relations, Publicity/Promotions, Radio, Retail, Sales Promotion, Sports Market, Strategic Planning/Research, T.V., Technical Advertising, Trade & Consumer Magazines, Travel & Tourism, Yellow Pages Advertising

Approx. Annual Billings: $3,500,000

Breakdown of Gross Billings by Media: E-Commerce: $175,000; Farm Publs.: $175,000; Graphic Design: $350,000; Logo & Package Design: $350,000; Newsp. & Mags.: $175,000; Other: $175,000; Outdoor: $175,000; Point of Sale: $175,000; Print: $700,000; Pub. Rels.: $175,000; Radio & T.V.: $350,000; Strategic Planning/Research: $350,000; Worldwide Web Sites: $175,000

Lucinda Gunter (Pres)

Accounts:
The Employer Group PEO Services; 2010
Furst-McNess Agricultural Products; 2008
General Beverage Beverage Distribution; 2004
The Industrial Athlete Healthcare Services; 2010
Quality Technology International Agricultural Specialty Products; 2004

GURU MEDIA SOLUTIONS LLC
PO Box 340, Sausalito, CA 94966
Tel.: (415) 252-0700
E-Mail: connect@weareguru.com
Web Site: www.weareguru.com

Employees: 50

Agency Specializes In: Advertising, Brand Development & Integration, Content, Customer Relationship Management, Digital/Interactive, Integrated Marketing, Internet/Web Design, Media Buying Services, Media Planning, Social Media

Jared Levy (Founder & CEO)
Nikki Peyraud (Acct Dir)
Praveen Dayananda (Dir-Fin)
CJ Bruce (Strategist-Digital)
Alexander Deleuse (Strategist-Creative)
Mafe Perez (Designer-Social Impact)
Chris Znerold (Sr Designer-UX)

Accounts:
New-Clover Sonoma (Agency of Record)
New-Mamma Chia (Agency of Record)

GUSTIN ADVERTISING
3 Charlesview Rd Ste 1, Hopedale, MA 01747
Tel.: (508) 541-1238
Fax: (508) 541-8006
E-Mail: information@gustinadvertising.com
Web Site: www.gustinadvertising.com

Employees: 5
Year Founded: 1998

Agency Specializes In: Advertising, Graphic Design, Internet/Web Design, Print, Social Media

Jessica Watuku (CEO & Creative Dir)
Renee Slovick (Copywriter)

Accounts:
The Asgard & The Kinsale
Capts Waterfront Grill & Pub

GWA/GREGORY WELTEROTH ADVERTISING
356 Laurens Rd, Montoursville, PA 17754
Tel.: (570) 433-3366
Fax: (866) 294-5765
E-Mail: info@gwa-inc.com
Web Site: www.gwa-inc.com

Employees: 78
Year Founded: 1994

Agency Specializes In: Brand Development & Integration, Broadcast, Cable T.V., Content, Digital/Interactive, Direct Response Marketing, Electronic Media, Event Planning & Marketing, Magazines, Media Buying Services, Media Planning, Mobile Marketing, Newspaper, Out-of-Home Media, Outdoor, Print, Programmatic, Promotions, Radio, Search Engine Optimization, Social Media, Sponsorship, Strategic Planning/Research, Trade & Consumer Magazines

Matt Hoff (VP-Sls)
Michele Kautz (VP-Accts)

Jeff Morrison (VP-Accts)
Stephanie Minnick (Assoc VP-Accts)
Steve Fagnano (Media Dir)
Darlene Lowery (Reg Mgr)
Jaime Smith (Reg Mgr)
Robyn Fagnano (Acct Mgr)
Erica Mazzante (Acct Mgr)
Terri Harris (Media Planner & Media Buyer)
Angela Abell (Coord-Media)
Aaron Kilcoyne (Chief of Staff)

Accounts:
Air Jamaica
Alltel
Ariens/Gravely
Husqvarna
Rock Island Auction Co.
Shop-Vac

GWP BRAND ENGINEERING
365 Bloor St E Ste 1900, Toronto, ON M4W 3L4 Canada
Tel.: (416) 593-4000, ext. 227
Fax: (416) 593-4001
E-Mail: robertm@brandengineering.com
Web Site: www.brandengineering.com

Employees: 15
Year Founded: 1996

National Agency Associations: AMIN

Agency Specializes In: Strategic Planning/Research

Philippe Garneau (Pres & Exec Creative Dir)
Robert Morand (Exec VP & Gen Mgr)

Accounts:
Borrowell Consumer Marketplace Lending Platform; 2014
Credit Unions of Ontario Ontario Association for Credit Unions; 2013
D+H Financial Technologies; 2014
Ferrero Rocher Kinder Chocolate, Kinder Surprise; 1997
Teachers Life Life & LTD Insurance; 2013

GWP, INC.
32 Park Ave, Montclair, NJ 07042
Tel.: (973) 746-0500
Fax: (973) 746-5563
Web Site: www.gwpinc.com

E-Mail for Key Personnel:
Creative Dir.: tcryan@gwpinc.com

Employees: 12
Year Founded: 1991

National Agency Associations: APMA WORLDWIDE

Agency Specializes In: Advertising, Advertising Specialties, Affluent Market, Alternative Advertising, Below-the-Line, Brand Development & Integration, Branded Entertainment, Broadcast, Business Publications, Business-To-Business, Cable T.V., Catalogs, Co-op Advertising, Collateral, College, Consulting, Consumer Goods, Consumer Marketing, Consumer Publications, Corporate Communications, Customer Relationship Management, Digital/Interactive, Direct Response Marketing, Direct-to-Consumer, Event Planning & Marketing, Exhibit/Trade Shows, Experience Design, Financial, Game Integration, Graphic Design, Guerilla Marketing, Health Care Services, Identity Marketing, In-Store Advertising, Infomercials, Integrated Marketing, International, Local Marketing, Logo & Package Design, Magazines, Media Buying Services, Media Planning, Media Relations, Medical Products, Mobile Marketing, Multimedia, New Product

Development, New Technologies, Newspaper, Newspapers & Magazines, Out-of-Home Media, Outdoor, Over-50 Market, Package Design, Paid Searches, Pharmaceutical, Planning & Consultation, Point of Purchase, Point of Sale, Print, Product Placement, Production, Production (Ad, Film, Broadcast), Production (Print), Promotions, Publicity/Promotions, Radio, Recruitment, Retail, Sales Promotion, Search Engine Optimization, Seniors' Market, Sponsorship, Strategic Planning/Research, Sweepstakes, T.V., Teen Market, Transportation, Urban Market, Viral/Buzz/Word of Mouth, Web (Banner Ads, Pop-ups, etc.), Women's Market

Approx. Annual Billings: $5,535,000

Breakdown of Gross Billings by Media: Event Mktg.: $75,000; Graphic Design: $200,000; Internet Adv.: $600,000; Logo & Package Design: $100,000; Newsp. & Mags.: $50,000; Plng. & Consultation: $1,500,000; Promos.: $1,500,000; Radio & T.V.: $1,500,000; Spot T.V.: $10,000

Eric Lanel *(Pres)*

Accounts:
beano
Cold Stone Creamery; Englewood, NJ
GlaxoSmithKline; Parsippany, NJ Beano, Contac, Ecotrin, Gaviscon, Phazyme, Polident, Tagamet, Viverin
HON Corp.
Polident
Wayne Tile; Wayne, NJ Tile

GYK ANTLER
175 Canal St, Manchester, NH 03101
Tel.: (603) 625-5713
E-Mail: Info@GYKAntler.com
Web Site: gykantler.com/

Employees: 100
Year Founded: 1975

Agency Specializes In: Advertising, Advertising Specialties, Affluent Market, Alternative Advertising, Brand Development & Integration, Branded Entertainment, Broadcast, Business-To-Business, Cable T.V., Children's Market, College, Computers & Software, Consulting, Consumer Goods, Consumer Marketing, Consumer Publications, Content, Copywriting, Corporate Identity, Cosmetics, Custom Publishing, Digital/Interactive, Direct-to-Consumer, E-Commerce, Electronic Media, Email, Entertainment, Event Planning & Marketing, Experience Design, Experiential Marketing, Fashion/Apparel, Financial, Graphic Design, Guerilla Marketing, Health Care Services, High Technology, Hospitality, Household Goods, Identity Marketing, In-Store Advertising, Integrated Marketing, Internet/Web Design, Leisure, Local Marketing, Logo & Package Design, Luxury Products, Magazines, Media Buying Services, Media Planning, Men's Market, Mobile Marketing, Multicultural, Multimedia, New Product Development, New Technologies, Newspapers & Magazines, Out-of-Home Media, Over-50 Market, Package Design, Planning & Consultation, Point of Purchase, Point of Sale, Print, Production, Production (Ad, Film, Broadcast), Production (Print), Programmatic, Promotions, Publicity/Promotions, Radio, Regional, Retail, Sales Promotion, Seniors' Market, Social Media, Sponsorship, Sports Market, Strategic Planning/Research, Sweepstakes, T.V., Technical Advertising, Teen Market, Trade & Consumer Magazines, Travel & Tourism, Viral/Buzz/Word of Mouth, Web (Banner Ads, Pop-ups, etc.), Women's Market

Approx. Annual Billings: $10,000,001

Travis York *(Pres & CEO)*
Elaine Krause *(Sr VP & Creative Dir)*
Sophia Cigliano *(Acct Svcs Dir)*
Michael Gatti *(Creative Dir)*
Nancy Boyle *(Dir-Production Svcs)*
Dustin Ruoff *(Dir-Infrastructure & Support)*
Marian Spurrier *(Dir-Talent & Dev)*

Accounts:
Cedar's Mediterranean Foods (Agency of Record) Creative, Digital, Media Buying, Media Planning, Social
Dartmouth-Hitchcock (Agency of Record) Media Planning, Creative, Digital, Media Buying, Social
New Hampshire Lottery (Agency of Record) Creative, Digital, Media Buying, Media Planning, Social
New Hampshire Travel & Tourism (Agency of Record) Creative, Digital, Media Buying, Media Planning, Social
PayPal (Agency of Record) Creative, Digital, Social
Sweet Baby Ray's (Agency of Record) Creative, Digital, Media Buying, Media Planning, Social
Timberland Creative, Digital, Social
United Bank (Agency of Record) Creative, Digital, Media Buying, Media Planning, Social

Branches

GYK Antler
93 Summer St 4th Fl, Boston, MA 02111
Tel.: (603) 625-5713
Web Site: gykantler.com

Employees: 100
Year Founded: 1975

Agency Specializes In: Advertising, Advertising Specialties, Affluent Market, Alternative Advertising, Brand Development & Integration, Branded Entertainment, Broadcast, Business-To-Business, Cable T.V., Children's Market, College, Computers & Software, Consulting, Consumer Goods, Consumer Marketing, Consumer Publications, Content, Copywriting, Corporate Identity, Cosmetics, Custom Publishing, Digital/Interactive, Direct-to-Consumer, E-Commerce, Electronic Media, Email, Entertainment, Event Planning & Marketing, Experience Design, Experiential Marketing, Fashion/Apparel, Financial, Graphic Design, Guerilla Marketing, Health Care Services, High Technology, Hospitality, Household Goods, Identity Marketing, In-Store Advertising, Integrated Marketing, Internet/Web Design, Leisure, Local Marketing, Logo & Package Design, Luxury Products, Magazines, Media Buying Services, Media Planning, Men's Market, Mobile Marketing, Multicultural, Multimedia, New Product Development, New Technologies, Newspapers & Magazines, Out-of-Home Media, Over-50 Market, Package Design, Planning & Consultation, Point of Purchase, Point of Sale, Print, Production, Production (Ad, Film, Broadcast), Production (Print), Programmatic, Promotions, Publicity/Promotions, Radio, Regional, Retail, Sales Promotion, Seniors' Market, Social Media, Sponsorship, Sports Market, Strategic Planning/Research, Sweepstakes, T.V., Technical Advertising, Teen Market, Trade & Consumer Magazines, Travel & Tourism, Viral/Buzz/Word of Mouth, Web (Banner Ads, Pop-ups, etc.), Women's Market

Travis York *(Pres & CEO)*
Michael Wachs *(Chief Creative Officer)*
Luke Garro *(Exec VP & Dir-Content)*
Shana Malik *(VP-Integrated Media)*
Andrew Hemingway *(Exec Dir-Digital Mktg & Media)*
Kate Montanile *(Acct Dir)*

Amy Brown Weber *(Dir-Bus Dev)*
Marian Spurrier *(Dir-Talent & Dev)*
Tina Yanuszewski *(Dir-HR)*
Jessica Ottaviano *(Supvr-Digital Media)*
Kelsey Giovinelli *(Sr Acct Exec)*
Alexandra Villa *(Acct Exec)*
Lauren Beach *(Bus Dev Exec)*

Accounts:
New-Cedar's Mediterranean Foods (Agency of Record) Creative, Digital, Media Planning, Social
Dartmouth-Hitchcock (Agency of Record) Creative, Digital, Media Planning, Social
New Hampshire Lottery (Agency of Record) Creative, Digital, Media Buying, Media Planning, Social
New Hampshire Travel & Tourism (Agency of Record) Creative, Digital, Media Buying, Media Planning, Social
PayPal (Agency of Record) Creative, Digital, Social
Sweet Baby Ray's (Agency of Record) Creative, Digital, Media Buying, Media Planning, Social
Timberland Creative, Digital, Social
United Bank (Agency of Record) Creative, Digital, Media Buying, Media Planning, Social

GYRO
115 Broadway, New York, NY 10006
Tel.: (212) 915-2490
Fax: (212) 915-2491
Web Site: https://www.gyro.com/

Employees: 600
Year Founded: 1981

National Agency Associations: AAF-ANA-BMA-DMA-IAB-IPA-MCA-PRSA

Agency Specializes In: Above-the-Line, Advertising, Advertising Specialties, Affiliate Marketing, Affluent Market, Agriculture, Arts, Aviation & Aerospace, Below-the-Line, Brand Development & Integration, Broadcast, Co-op Advertising, Collateral, Commercial Photography, Communications, Computers & Software, Consulting, Consumer Goods, Consumer Marketing, Consumer Publications, Content, Corporate Communications, Corporate Identity, Crisis Communications, Custom Publishing, Customer Relationship Management, Digital/Interactive, Direct Response Marketing, Direct-to-Consumer, Education, Electronic Media, Electronics, Email, Engineering, Environmental, Event Planning & Marketing, Exhibit/Trade Shows, Experience Design, Experiential Marketing, Financial, Food Service, Government/Political, Graphic Design, Health Care Services, High Technology, Hispanic Market, Household Goods, Identity Marketing, In-Store Advertising, Industrial, Information Technology, Integrated Marketing, International, Internet/Web Design, Investor Relations, Leisure, Local Marketing, Logo & Package Design, Luxury Products, Magazines, Market Research, Media Buying Services, Media Planning, Media Relations, Media Training, Medical Products, Merchandising, Mobile Marketing, New Product Development, New Technologies, Newspaper, Out-of-Home Media, Outdoor, Package Design, Paid Searches, Pharmaceutical, Planning & Consultation, Podcasting, Point of Purchase, Point of Sale, Print, Product Placement, Production, Production (Ad, Film, Broadcast), Production (Print), Promotions, Public Relations, Publicity/Promotions, Publishing, RSS (Really Simple Syndication), Real Estate, Restaurant, Retail, Sales Promotion, Search Engine Optimization, Social Marketing/Nonprofit, Social Media, Sponsorship, Stakeholders, Strategic Planning/Research, T.V., Technical Advertising, Trade & Consumer Magazines, Transportation, Viral/Buzz/Word of Mouth, Web (Banner Ads, Pop-ups, etc.)

ADVERTISING AGENCIES

Approx. Annual Billings: $100,000,000

Christoph Becker *(CEO & Chief Creative Officer)*
Christopher Hill *(Pres-Chicago & Denver)*
Jennifer McPhail *(Sr VP & Grp Acct Dir)*
Angela Kyle *(Head-New Bus-North America)*
Kash Sree *(Exec Creative Dir & Copywriter)*
Stanley Hsu *(Art Dir)*
Adeline Martin *(Media Dir)*
Maggie Powers *(Creative Dir)*
Connie Que *(Acct Dir)*
Marco Walls *(Creative Dir)*
Heather Burmester *(Sr Project Mgr-Digital)*
Angela Day *(Assoc Acct Dir)*
Brittney Hanlon *(Sr Designer-Digital)*

Accounts:
Adobe
American Express
Audi
Bennison Baby Pajamas Baby Care Wear
BlackBerry (Global Agency of Record) BlackBerry Passport, Campaign: "Work Wide", Enterprise Software & Services
BT
Cannon
DAF
Deere & Company
Delta Airlines
EmblemHealth Inc Brand Strategy, Creative; 2016
Federal Express Pan-European Integrated
Fidelity
First Data
Fujitsu
GE
Google
Hewlett-Packard Advertising
Hiscox USA (Marketing & Advertising Agency of Record) Creative, Online
ITT
Joe Torre Safe At Home Foundation
John Deere Campaign: "You're On Trade Show"
Kelloggs
Kennametal
LifeCell Brand Identity
Medidata Advertising, Brand Campaign, Creative, Messaging
Mobile
Oracle
Panasonic
Polk
Polyphony Campaign: "You Can't Hear Our Differences"
PotashCorp
Shell
Sky
Sony
Tetra Pak Campaign: "Perfectly Squared"
Time Inc. (Agency of Record) Brand Positioning, Campaign: "Open the Experience", Outdoor
Turn Creative
United Stationers
UPS
USG Corporation Campaign: "The Weight Has Been Lifted"
Virgin Atlantic
William Grant & Sons Grant's

Gyro Cincinnati
7755 Montgomery Rd Ste 300, Cincinnati, OH 45236
(See Separate Listing)

Branches

Gyro Denver
1625 Broadway Ste 2800, Denver, CO 80202
(See Separate Listing)

Gyro Chicago
410 N Michigan Ave Ste 800, Chicago, IL 60611

Tel.: (312) 595-0203
Fax: (312) 595-0212
Web Site: https://www.gyro.com/

Employees: 40

Agency Specializes In: Sponsorship

Mark Witthoefft *(Head-Strategy & Plng)*
Gretchen Hentemann *(Grp Acct Dir)*
Raphael Cabrera *(Art Dir & Sr Graphic Designer)*
Andrew Mamott *(Creative Dir)*
Ted Wahlberg *(Creative Dir)*
Mark Sedlacek *(Dir-Creative & Art)*
Natalie Crain Snyder *(Dir-Production)*
Tim Offenburger *(Acct Supvr)*
Haley Drake Reckling *(Acct Supvr)*
Joseph Hwalek *(Strategist-Brand)*
Eric Clements *(Copywriter)*
John Castaneda *(Assoc Creative Dir)*
Stuart Confer *(Sr Art Dir)*
Don Dunbar *(Assoc Creative Dir)*
Greg Fioretti *(Assoc Creative Dir)*
Matthew Olson *(Sr Art Dir)*

Accounts:
American Express
Canon
Cars.com Campaign: "Before it's Too Late", Print Ads
Grant Thornton LLP (US Agency of Record) Broadcast, Content Marketing, Digital Media
John Deere Campaign: "You're On"
Kimberly-Clark
Make-A-Wish
Oracle
Sanofi Pasteur
Sony
USG Corp Brand Awareness, Campaign: "It's Your World. Build It", Online Video, Social Media

gyro London
15 Macklin St, London, WC2B 5NG United Kingdom
Tel.: (44) 2073511550
Web Site: https://www.gyro.com/

Employees: 100

Agency Specializes In: Advertising, Business-To-Business, Content, Customer Relationship Management, Digital/Interactive, Public Relations, Search Engine Optimization, Social Media

Kate Howe *(Chm)*
Emma Rush *(Pres)*
Beth Freedman *(Mng Dir)*
Ian Bell *(Chief Strategy Officer)*
David Harris *(Chief Creative Officer)*
Stuart Giddings *(Pres-Network)*
Edward Low *(Head-Bus Dev & Mktg)*
Anya Newton *(Head-Media)*
Sam Connor *(Acct Mgr)*

Accounts:
Condeco Brand Evolution, Global, Marketing Communications; 2018
GN Netcom Inc. Jabra (Global Agency of Record)
Opus Energy; 2018
Square

Gyro Paris
38 bis rue du fer a Moulin, 75005 Paris, France
Tel.: (33) 1 55 43 50 00
E-Mail: paris@gyro.com
Web Site: https://www.gyro.com/

Employees: 15

Sebastien Zanini *(Gen Mgr & Exec Creative Dir)*
Nathael Duboc *(Gen Mgr)*
Pierre-Marie Faussurier *(Exec Creative Dir)*

Berengere Bonfils *(Acct Dir)*
Jean Letellier *(Art Dir)*
Amelie Ozouf *(Sls Dir)*
Jeanne Tourneur *(Art Dir)*

Accounts:
Carl-Zeiss-Stiftung ZEISS DriveSafe Lenses
Credit Foncier
French Ministry of Social Affairs, Health and Women's Rights: Stop - that's enough!
Hamelin Group The Flying Notebooks
T-Mobile US

Gyro
1025 Sansome St, San Francisco, CA 94111
(See Separate Listing)

maxIIGyroHSR
Munich Lindwurmstr 76, 80337 Munich, Germany
Tel.: (49) 089 7677 340
Fax: (49) 89 76 77 34 70
Web Site: https://www.gyro.com/

Employees: 15

Claudia Leischner *(Gen Mgr)*
Jurgen Muller-Nedebock *(Exec Dir-Creative)*

GYRO CINCINNATI
7755 Montgomery Rd Ste 300, Cincinnati, OH 45236
Tel.: (513) 671-3811
Fax: (513) 671-8163
Toll Free: (800) 243-2648
Web Site: https://www.gyro.com/

Employees: 130
Year Founded: 1981

National Agency Associations: AAF-BMA-DMA-PRSA

Agency Specializes In: Advertising, Aviation & Aerospace, Brand Development & Integration, Business-To-Business, Corporate Identity, Digital/Interactive, Direct Response Marketing, Engineering, Financial, Food Service, Health Care Services, High Technology, Industrial, Information Technology, Internet/Web Design, Legal Services, Marine, Medical Products, Pharmaceutical, Public Relations, Sponsorship, Technical Advertising, Trade & Consumer Magazines, Transportation

Angie Fischer *(Pres)*
Adryanna Sutherland *(COO)*
Judy R. Begehr *(Sr VP-Acct Plng)*
Sean Nestle *(Sr VP-Strategic Ops & Product Dev)*
Emily Guthrie *(VP & Media Dir)*
Preeti Joshi Thakar *(VP & Acct Dir)*
Ian Dahlman *(VP-Search & Analytics)*
Cristina Olivera Heise *(VP-Buyer Experience Plng)*
Carolyn Ladd *(VP-Acct Plng & Digital Strategy)*
David Rosenthal *(VP-Brand Strategy & Plng)*
Jessica Shrewsbury *(VP-Digital Integration)*
Mike Tittel *(Exec Creative Dir)*
Kevin Dorato *(Sr Project Mgr-Digital)*
Maura Pearson *(Acct Exec)*
Caitlin Ayers *(Assoc Creative Dir)*

Accounts:
AK Steel; 1994
Avaya (Agency of Record) "Avaya Stadium Shootout", Branding, Out-of-Home
Baker Hughers INTEQ; 2006
BCB Holdings Limited
Cincinnati Bell; 1998
Contech; 2003
Convergys; 1999
Deere & Company
Delta Dental
Dymo Labeling Identification Solutions Creative, Media Planning & Buying, Strategic Planning

Fidelity Investments
Flowserve Corporation; 2006
Johns Manville Corporation
Kellogg's; 2006
Kennametal Inc.
Magnode Corporation; 1981
Makino, Inc.; 1992
Nucor Steel
Pall Corporation; 1998
Pitney Bowes; 2007
SAP
SHP Design; 1983
Suntory
Tate & Lyle Campaign: "Believe It", Creative, Dolcia Prima, Media, Online Advertising, Online Videos, PR, Print
TE Connectivity Ltd.
USG Corporation Sheetrock; 2006

GYRO DENVER
1625 Broadway Ste 2800, Denver, CO 80202
Tel.: (303) 656-4900
Fax: (303) 294-9997
Toll Free: (800) 243-2648
E-Mail: daphne.fink@gyro.com
Web Site: https://www.gyro.com/

Employees: 20
Year Founded: 1988

National Agency Associations: BMA-INBA

Agency Specializes In: Advertising, Automotive, Brand Development & Integration, Business Publications, Business-To-Business, Cable T.V., Collateral, Communications, Consulting, Corporate Identity, Direct Response Marketing, E-Commerce, Electronic Media, Engineering, Event Planning & Marketing, Exhibit/Trade Shows, Graphic Design, High Technology, Industrial, Internet/Web Design, Logo & Package Design, Magazines, Media Buying Services, New Product Development, Newspaper, Newspapers & Magazines, Out-of-Home Media, Outdoor, Planning & Consultation, Point of Purchase, Point of Sale, Print, Production, Public Relations, Publicity/Promotions, Sales Promotion, Sports Market, Strategic Planning/Research, Technical Advertising, Transportation, Travel & Tourism

Approx. Annual Billings: $20,000,000

Breakdown of Gross Billings by Media: Bus. Publs.: 8%; Collateral: 32%; D.M.: 2%; Fees: 20%; Pub. Rels.: 10%; Sls. Promo.: 25%; Trade Shows: 3%

Chris Hill *(Pres)*
Frank Garamy *(VP-Digital Integration)*
Andrew Mamott *(Creative Dir)*
Robert Tucker *(Dir-Brand Strategy)*
Heather Risatti *(Assoc Dir-PR)*

Accounts:
DCP Midstream
Grant Thornton US
Ice-O-Matic
Johns Manville Commercial & Industrial Division; Denver, CO Mechanical Insulations & Air Handling Products; 1988
Johns Manville Corporate Relations; Denver, CO Corporate Brand Management; 1998
Johns Manville Roofing Systems; Denver, CO Commercial & Industrial Products & Systems; 1988
Milliken & Co
Tw Telecom
Vubiquity (Global Agency of Record) Brand Positioning, Design
WOW!

H&K GRAPHICS
8374 Market St Ste 489, Bradenton, FL 34202
Tel.: (941) 758-2200
Fax: (941) 758-0400
Toll Free: (800) 345-2439
E-Mail: bill@hkgraphicsinc.com
Web Site: www.hkgraphicsinc.com

Employees: 2
Year Founded: 1989

Agency Specializes In: Newspapers & Magazines

Breakdown of Gross Billings by Media: Adv. Specialities: 10%; Mags.: 10%; Newsp.: 70%; Print: 10%

William Kalter *(Pres)*
Janet Heller *(Exec VP)*

Accounts:
AJ Willner & Co. Auctions; 1994
David Gary; 2003
Destiny Auctions
Perillo Auctions; 1994
TSD Advanced Personnel; 1999

H&L PARTNERS
353 Sacramento St 21st Fl, San Francisco, CA 94111
Tel.: (415) 434-8500
Fax: (415) 544-4151
Web Site: www.handlpartners.com

Employees: 85
Year Founded: 1985

National Agency Associations: 4A's-AMIN

Agency Specializes In: Advertising, Direct Response Marketing, Hispanic Market, Media Buying Services, Planning & Consultation

Approx. Annual Billings: $120,000,000

Trey Curtola *(Pres)*
Josh Nichol *(Pres)*
Crystal Sawyer *(Sr VP & Mng Dir)*
Andrea Alfano *(COO, Exec VP & Dir-Client Svc)*
Michael Ramirez *(Sr VP & Media Dir)*
Chris Cronin *(VP & Grp Acct Dir)*
Maribel Orozco *(VP & Dir-Multicultural Mktg)*
Brianna Brooks *(Acct Dir)*
Camille Kahrimanian *(Acct Dir)*
Samantha Gaw *(Dir-Analytics)*
Carly Bonilla-Flores *(Supvr-Media)*
Tashia Neuhaus *(Assoc Producer)*

Accounts:
McDonald's Corporation Advertising, Data Analytics, Marketing Strategy, Merchandising, Multi-Ethnic Marketing, Public Relations
Missouri Division of Tourism Campaign: "Enjoy the Show", Campaign: "Show-Me State", Travel/Tourism
Oakland Museum of California
Purple Wine & Spirits
Saint Louis Convention & Visitors Commission; Saint Louis, MO Campaign: "The Meeting Guru", Travel/Tourism
San Francisco Bulls
Touchston Energy; Arlington, VA Energy Cooperative
Toyota; Northern California, CA Auto Dealer Association, Campaign: "Hippies", Campaign: "Nerds", Campaign: "Weirdos"
University of Southern California (USC)

Branch

H&L Partners
30 Maryland Plz, Saint Louis, MO 63108-1526
Tel.: (314) 454-3400
Web Site: www.handlpartners.com

E-Mail for Key Personnel:
President: mschaeffer@handlpartners.com
Creative Dir.: mmanion@handlpartners.com
Media Dir.: tmartin@handlpartners.com

Employees: 30
Year Founded: 2001

National Agency Associations: 4A's-AMIN

Agency Specializes In: Advertising, Direct Response Marketing, Hispanic Market, Media Buying Services, Sponsorship

Tyler Martin *(Mng Dir)*
Mark Schaeffer *(Exec VP-Bus Dev-St.Louis)*
Jennifer Evans *(Reg Dir-Client Acctg)*
Michelle Loehr *(Media Dir)*
Shaun Young *(Sr Art Dir-Interactive)*

Accounts:
CPC Logistics; 2012
Mercy Health Branding, Service Line Marketing; 2011
Missouri Division of Tourism (Agency of Record) Advertising, Campaign: "It's Your Show", Digital, State Tourism, TV; 2006
Phillips Furniture Home furnishing retail; 2004
St. Louis Convention & Visitors Commission Destination Tourism; 2006
Tacony Corporation Maytag Vacuums; 2012
Touchstone Energy Cooperatives Electric energy to rural America; 2008

H+A INTERNATIONAL, INC.
70 E Lake St Ste 1220, Chicago, IL 60601
Tel.: (312) 332-4650
Fax: (312) 332-3905
E-Mail: gpedroni@h-a-intl.com
Web Site: www.h-a-intl.com

Employees: 12
Year Founded: 1984

Agency Specializes In: Advertising, Brand Development & Integration, Communications, Direct Response Marketing, Email, International, Internet/Web Design, Local Marketing, Print, Public Relations, Publicity/Promotions

Beate Halligan *(Pres)*
Roger Halligan *(CEO)*
Timothy Ward *(Dir-Accts & Strategy)*

Accounts:
CMM International
Craft Hobby Trade Shows
Emergency Response Conference & Expo
International Home & Housewares Show

H+M COMMUNICATIONS
8656 Holloway Plaza Dr, W Hollywood, CA 90069
Tel.: (310) 289-5066
Fax: (310) 289-5068
Web Site: www.hm-com.com

Employees: 50
Year Founded: 2003

Agency Specializes In: Advertising, Crisis Communications, Digital/Interactive, Event Planning & Marketing, Graphic Design, Media Buying Services, Media Planning, Media Relations, Media Training, Social Media

Etienne Hernandez Medina *(Pres & CEO)*

Accounts:
Comcast

H2R AGENCY

ADVERTISING AGENCIES

5106 Lebsack Ln, Loveland, CO 80537
Tel.: (720) 226-3229
E-Mail: findoutmore@h2ragency.com
Web Site: www.h2ragency.com

Employees: 4

Agency Specializes In: Advertising, Brand Development & Integration, Internet/Web Design, Radio, Strategic Planning/Research, T.V.

Ivy Cooper-Rice *(Pres)*
Rick Harshman *(CEO)*
Steve Hammond *(Exec Creative Dir)*

Accounts:
Treasure Bay Casino & Hotel

HABERMAN & ASSOCIATES, INC.
430 N 1st Ave, Minneapolis, MN 55401
Tel.: (612) 338-3900
Fax: (612) 338-4844
E-Mail: mail@modernstorytellers.com
Web Site: www.modernstorytellers.com/

Employees: 30

Fred Haberman *(Co-Founder & CEO)*
Sarah Haberman *(Co-Founder & Mng Partner)*
Brian Wachtler *(Mng Partner)*
Jon Zurbey *(Partner)*
Jeff Berg *(Creative Dir)*
Emalie Wichmann *(Creative Dir)*
Janet Chambers *(Dir-Acct Mgmt & Talent Dev)*
Sunny Fenton *(Dir-Partnership Dev)*
Jesse Ross *(Dir-Creative & Tech)*
John Tuttle *(Dir-Tech & Facilities)*
Rachel Gray *(Assoc Dir-Engagement)*
Joshlyn Goepfrich *(Acct Mgr)*
Maggie Pendleton *(Acct Mgr)*
Amy McDevitt *(Mgr-HR)*
Natalie Harrison *(Acct Supvr)*
Toni Danielson *(Sr Strategist-Digital-Influencer Rels & Digital Media Plng)*
Molly Thorpe *(Sr Strategist-Engagement & Media)*
Jessica Reiersgord *(Strategist-Engagement & Media)*
Julia Brock *(Media Planner & Buyer)*
Nicole Smart *(Designer)*
Jessica Quinn *(Assoc Acct Dir)*

Accounts:
Amery Regional Medical Center Brand
The August Schell Brewing Company Campaign: "We are German Craft", Digital, Outdoor, Print, Radio
Biogenic Reagents Infographics Development, Marketing Communications
ClearWay Minnesota (Agency of Record) Advertising, Creative, Digital, Marketing Strategy, Media Buying & Planning, Public Relations, QuitPlan, Social & Content Marketing; 2017
Earthbound Farm Organic Digital, PR, Social, Website
Gearworks
GO Veggie! Public Relations
Gold'n Plump Campaign: "Moms Vs", Marketing
Late July Organic Snacks Social Marketing
LeafLine Labs (Agency of Record) Communication, Marketing, Public Relations, Website
Lorissa's Kitchen
Navitas Organics "Live Life Positive", "The Super Effect", Brand Mantra, Digital Anthem Video, Digital Banners, Paid Social, Rich Media; 2018
Parent Aware for School Readiness
Prairie Organic Spirits (Agency of Record); 2018
Prana Event Planning, Marketing Planning, PR, Social
Stella & Chewy's Creative, Influencer Outreach, Meal Mixers, Search, Social
Traditional Medicinals "Plant Power Journal", Brand Publishing, Campaign: "Plant Power For A Better You", Communications, Content Marketing, Digital, Media Buying, Online, Print Advertising, Public Relations, Social Media
Volvo Cars of North America

HADROUT ADVERTISING & TECHNOLOGY
195 W Nine Mile, Ferndale, MI 48220
Tel.: (313) 444-9323
E-Mail: info@hadrout.com
Web Site: www.hadrout.com

Employees: 10
Year Founded: 2004

Agency Specializes In: Advertising, Event Planning & Marketing, Internet/Web Design, Logo & Package Design, Out-of-Home Media, Outdoor, Print, Radio, Social Media

Maria Petrenko *(Founder & Creative Dir)*
Nikita Goldberg *(CTO)*
Eduard Verkhoturov *(Dir-Networks)*
Ivan Petrenko *(Mgr-Ops-Russia)*
Nedim Kunic *(Acct Exec)*
Terry Gorski *(Bus Dev)*

Accounts:
Academy of Russian Classical Ballet
Scribe Publishing Company

HAESE & WOOD MARKETING & PUBLIC RELATIONS
1223 Wilshire Blvd Ste 100, Santa Monica, CA 90403
Tel.: (310) 684-3626
Web Site: www.haesewood.com

Employees: 1

Agency Specializes In: Advertising, Brand Development & Integration, Content, Crisis Communications, Media Relations, Public Relations, Social Media

Marilyn Haese *(Pres)*
Warren Cereghino *(Principal)*

Accounts:
Orange County Transportation Authority

HAFENBRACK MARKETING & COMMUNICATIONS
116 E 3Rd St, Dayton, OH 45402
Tel.: (937) 424-8950
Fax: (937) 424-8951
E-Mail: info@hafenbrack.com
Web Site: https://www.goupward.com/hafenbrack.html

Employees: 15

Agency Specializes In: Advertising

Revenue: $15,000,000

John Fimiani *(Partner & Dir-Brand & Strategy-Upward Brand Interactions)*
Patricia Arrowood *(Mgr-Acctg)*

Accounts:
Ali Industries
Clark County Red Cross
F&S Harley
Hafenbrack Marketing
JatroDiesel
National Funeral Directors Association

HAGAN ASSOCIATES
8 Carmichael St, Essex, VT 05452
Tel.: (802) 863-5956
Fax: (802) 864-8232
Web Site: haganmarketing.com/

Employees: 15
Year Founded: 1981

Agency Specializes In: Financial, Health Care Services, Travel & Tourism

Approx. Annual Billings: $8,000,000

Breakdown of Gross Billings by Media: Bus. Publs.: $400,000; D.M.: $400,000; Farm Publs.: $400,000; Mags.: $800,000; Newsp.: $4,000,000; Radio: $500,000; T.V.: $1,500,000

Accounts:
Fletcher Allen Health Care
Vermont Symphony Orchestra

HAGGERTY & ASSOCIATES
One Arrow Drive, Woburn, MA 01801
Tel.: (781) 935-5220
Fax: (781) 935-1666
E-Mail: info@haggertycompanies.com
Web Site: www.haggertycompanies.com

E-Mail for Key Personnel:
President: thaggerty@haggertycompanies.com

Employees: 6
Year Founded: 1991

Agency Specializes In: Advertising, Automotive, Brand Development & Integration, Broadcast, Business Publications, Business-To-Business, Cable T.V., Co-op Advertising, Collateral, Communications, Consumer Marketing, Consumer Publications, Corporate Identity, Digital/Interactive, Direct Response Marketing, E-Commerce, Electronic Media, Entertainment, Environmental, Exhibit/Trade Shows, Financial, Food Service, Graphic Design, Health Care Services, High Technology, Industrial, Information Technology, Internet/Web Design, Logo & Package Design, Magazines, Media Buying Services, Medical Products, New Product Development, Newspaper, Newspapers & Magazines, Out-of-Home Media, Outdoor, Over-50 Market, Planning & Consultation, Point of Purchase, Point of Sale, Print, Production, Public Relations, Publicity/Promotions, Radio, Real Estate, Recruitment, Restaurant, Retail, Sales Promotion, Seniors' Market, Strategic Planning/Research, Sweepstakes, T.V., Technical Advertising, Trade & Consumer Magazines, Travel & Tourism, Yellow Pages Advertising

Approx. Annual Billings: $2,900,000

Breakdown of Gross Billings by Media: Bus. Publs.: $290,000; Collateral: $290,000; D.M.: $290,000; Mags.: $290,000; Newsp.: $290,000; Other: $290,000; Outdoor: $290,000; Pub. Rels.: $290,000; Radio: $290,000; T.V.: $290,000

Timothy F. Haggerty *(Pres)*
Rick Hydren *(Dir-Art)*

Accounts:
AEA Technology, QSA Radiography Equipment Sales
American Environmental Hazardous Waste Clean Up
The Bank of Canton
Boston Financial Financial Management
Boyle Insurance Agency
Briar Restaurant Group Irish Restaurants & Pubs
Butler Bank
Century Financial Services Investment Services
Country Club Heights Senior Retirement Community
D.L. Maher Companies Environmental Drilling

AGENCIES - JANUARY, 2019 — ADVERTISING AGENCIES

Drs. Coakley & Trainor Dental Practice
E.B. Horn Company Jeweler
Elia Financial
The First National Bank of Ipswich Full-Service Community Bank
Franklin Park Zoo Metropolitan Zoo
Gables at Winchester Senior Retirement Community
Grandwireless Verizon Cellular Phone Services
Hendersons Wharf Inn & Residential Property
Heritage at Stoneridge
Leominster Credit Union
Longwood Place at Reading
McLaughlin Insurance Insurance Agency
Mulrenan Physical Therapy
Next Generation Network Electronic Media
Northern Bank & Trust Co. Commercial Savings Bank
ProEx Physical Therapy Full Service Wellness Center
River Bay Club Senior Retirement Community
Salem Five Boyle Insurance Services
Saugus Bank Full-Service Community Bank
Senior Retirement Community
Suffolk Downs Thoroughbred Racetrack
Sunrise Senior Living
Superior Friction Auto Disc Brakes
Technical Personnel Services Technical Placement Services
Whitehall Estates Senior Retirement Community
Winchester Hospital
Winchester Savings Bank Full-Service Savings Bank
Winn Management Company Property Management Services

HAGGMAN, INC.
39 Dodge St PMB 331, Beverly, MA 01915
Tel.: (978) 525-3742
Fax: (978) 525-4867
Web Site: www.haggman.com

E-Mail for Key Personnel:
President: eric@haggman.com

Employees: 12
Year Founded: 1991

Agency Specializes In: Advertising, Broadcast, Cable T.V., Co-op Advertising, Collateral, Consumer Marketing, Corporate Identity, Environmental, Financial, Food Service, Graphic Design, Health Care Services, Newspapers & Magazines, Out-of-Home Media, Outdoor, Public Relations, Publicity/Promotions, Radio, Restaurant, Strategic Planning/Research, T.V.

Breakdown of Gross Billings by Media: Newsp. & Mags.: 21%; Pub. Rels.: 10%; Radio: 19%; T.V.: 50%

Eric Haggman *(CEO & Dir-Creative)*
Emily F. Haggman *(Exec VP & Dir-Acct Svc)*
Ann Messenger *(VP & Sr Dir-Art)*
Alicia Crichton *(Sr Acct Dir)*
Linda Russo *(Sr Strategist-Mktg)*
Melissa Langdon *(Asst Bus Mgr & Coord-IT)*

Accounts:
Care New England; Providence, RI Hospitals & Services; 2000
CSG/NYSERDA; Westborough, MA Energy Star, Home Performance; 2000
Select Restaurants, Inc.; Cleveland, OH; 1994

HAGON DESIGN
72 St Leger St Ste 321, Kitchener, Ontario N2H 6R4 Canada
Tel.: (519) 954-9263
E-Mail: info@hagondesign.com
Web Site: www.hagondesign.com

Agency Specializes In: Advertising, Brand Development & Integration, Corporate Communications, Digital/Interactive, Exhibit/Trade Shows, Logo & Package Design, Print, Radio, Social Media, T.V.

Crystal Eagles *(Dir-Ops)*
Joshua Emberlin *(Sr Designer)*

Accounts:
Farrow Group

HAHN PUBLIC COMMUNICATIONS
4200 Marathon Blvd, Austin, TX 78756
Tel.: (512) 344-2010
E-Mail: info@hahntexas.com
Web Site: www.hahnpublic.com/

E-Mail for Key Personnel:
President: jhahn@hahntexas.com

Employees: 16
Year Founded: 1991

Agency Specializes In: Brand Development & Integration, Public Relations, Sponsorship

Approx. Annual Billings: $3,000,000

Jeff Hahn *(Pres & Principal)*
Brian Dolezal *(VP)*
Russ Rhea *(VP-Media Svcs)*
Steve Lanier *(Controller)*
Amanda Kennedy *(Sr Mgr-Client Svcs)*

Accounts:
Capital Metropolitan Transportation Authority
Catellus Commercial Group
Circuit of The Americas
Grande Communications
Samsung Semiconductor; Austin, TX
Seton Medical Group
Texas Commission of the Arts

HAIL CREATIVE
(Formerly Frank Unlimited)
2819 Elliott Ave Ste 204, Seattle, WA 98121
Tel.: (206) 948-0675
Web Site: http://www.hailcreative.com/

Employees: 10
Year Founded: 2010

Zach Hitner *(Principal & Creative Dir)*
Forrest Healy *(Principal & Dir-Creative)*

Accounts:
Alliance Proton Therapy; Seattle, WA Event Marketing, Online Advertising, Print, Radio
The Everett Clinic; Everett, WA (Agency of Record) Broadcast, Online & Non-traditional Media, Outdoor, Print
Redhook Beer
Sound Credit Union; Tacoma, WA
Zulily

HAKUHODO INCORPORATED
Akasaka Biz Tower 5-3-1 Akasaka, Minato-ku, Tokyo, 107-6322 Japan
Tel.: (81) 3 6441 6161
Fax: (81) 3 6441 6166
E-Mail: koho.mail@hakuhodo.co.jp
Web Site: www.hakuhodo.co.jp

Employees: 3,151
Year Founded: 1895

National Agency Associations: IAA-JAAA

Agency Specializes In: Above-the-Line, Advertising, Advertising Specialties, Affiliate Marketing, Affluent Market, African-American Market, Agriculture, Alternative Advertising, Arts, Asian Market, Automotive, Aviation & Aerospace, Below-the-Line, Bilingual Market, Brand Development & Integration, Branded Entertainment, Broadcast, Business Publications, Business-To-Business, Cable T.V., Catalogs, Children's Market, Co-op Advertising, Collateral, College, Commercial Photography, Communications, Computers & Software, Consulting, Consumer Goods, Consumer Marketing, Consumer Publications, Content, Corporate Communications, Corporate Identity, Cosmetics, Crisis Communications, Custom Publishing, Customer Relationship Management, Digital/Interactive, Direct Response Marketing, Direct-to-Consumer, E-Commerce, Education, Electronic Media, Electronics, Email, Engineering, Entertainment, Environmental, Event Planning & Marketing, Exhibit/Trade Shows, Experience Design, Fashion/Apparel, Financial, Food Service, Game Integration, Government/Political, Graphic Design, Guerilla Marketing, Health Care Services, High Technology, Hispanic Market, Hospitality, Household Goods, Identity Marketing, In-Store Advertising, Industrial, Infomercials, Information Technology, Integrated Marketing, International, Internet/Web Design, Investor Relations, LGBTQ Market, Legal Services, Leisure, Local Marketing, Logo & Package Design, Luxury Products, Magazines, Marine, Market Research, Media Buying Services, Media Planning, Media Relations, Media Training, Medical Products, Men's Market, Merchandising, Mobile Marketing, Multicultural, Multimedia, New Product Development, New Technologies, Newspaper, Newspapers & Magazines, Out-of-Home Media, Outdoor, Over-50 Market, Package Design, Paid Searches, Pharmaceutical, Planning & Consultation, Podcasting, Point of Purchase, Point of Sale, Print, Product Placement, Production, Production (Ad, Film, Broadcast), Production (Print), Promotions, Public Relations, Publicity/Promotions, Publishing, RSS (Really Simple Syndication), Radio, Real Estate, Recruitment, Regional, Restaurant, Retail, Sales Promotion, Search Engine Optimization, Seniors' Market, Social Marketing/Nonprofit, Sponsorship, Sports Market, Stakeholders, Strategic Planning/Research, Sweepstakes, Syndication, T.V., Technical Advertising, Teen Market, Telemarketing, Trade & Consumer Magazines, Transportation, Travel & Tourism, Urban Market, Viral/Buzz/Word of Mouth, Web (Banner Ads, Pop-ups, etc.), Women's Market, Yellow Pages Advertising

Masaru Kitakaze *(Chief Creative Officer-Worldwide & Dir)*
Kentaro Kimura *(Co-Chief Creative Officer-APAC)*
Katsuhiko Suzuki *(Creative Dir & Art Dir)*
Junichi Kurata *(Art Dir)*
Kazuhiro Suda *(Creative Dir)*
Yoshifumi Takeda *(Creative Dir)*
Toshiyuki Fujitsuka *(Dir-Creative & Planner)*
Jorge J Takahashi *(Dir-Acct Mgmt)*
Muro Takeshi *(Dir-Investment & Mgmt Div)*

Accounts:
Adidas Campaign: "School Days Shoot"
Adobe Systems Co., Ltd. Campaign: "Font Me", Creative Cloud
Asabiraki
The Big Issue Japan Campaign: "A Homeless Success Story"
Bureau Kikuchi Campaign: "Kikuchi Naruyoshi-Jazz"
Coca-Cola (Japan) Company, Limited
Minute Maid
Comexposium Japan KK
Dmg Events Japan Campaign: "White Shadow"
Flash Reproductions
Google Campaign: "Maps 8-Bit", Campaign: "Memories for the future", Campaign: "OK Go - All Is Not Lost"
Hi-Chew Campaign: "Toothbrush Hero"

ADVERTISING AGENCIES
AGENCIES - JANUARY, 2019

Inakadate Village
Infas Publications, Inc.
JT Thunders "Volleyball vs Basketball"
Kagome
KDDI Corporation Campaign: "Puchi Puchi Earth", Campaign: "Ramen Mobile Championship"
Kirin Brewery Company, Ltd.
Laforet Museum Campaign: "All Is Made From Nature' Installation", Campaign: "Be Noisy.", Harajuku
Mercedes Benz Co., Ltd Campaign: "NEXT A-Class"
Mori Building Tokyo City Symphony
Ntt Docomo, Inc.
Otsuka Pharmaceutical Co., Ltd. Calorie Mate, Campaign: "Show Them What You've Got"
Paby Campaign: "Parent & Baby Cam"
Procter & Gamble Media Planning
RC Corp France-Japan
Sanofi Consumer Health Care, Media; 2017
Shiga Art School
Shoei Inc.
Sony Interactive Entertainment Bravia, Gravity Daze 2
BRAVIA
Southern Comfort
Sunshine Aquarium Penguin Navi
Suntory Holdings Limited Campaign: "Hibiki Glass"
Takeo Co., LTD
Tomita Shuzo Inc.
Uha Mikakuto
WWD Japan
Yahoo!

Domestic Office:

Hakuhodo Inc. Kyushu Office
Hakata Riverain East Site 2-1 Shimokawabata-machi, Fukuoka, 812-0027 Japan
Tel.: (81) 92 263 4560
Fax: (81) 92 263 4555
E-Mail: go.mizushima@hakuhodo.co.jp
Web Site: www.hakuhodo.co.jp

Employees: 100
Year Founded: 1955

Junji Narita *(Dir)*

Affiliated & Subsidiary Companies

Digital Advertising Consortium, Inc.
Yebisu Garden Place Twr 33F 4-20-3 Ebisu, Shibuya-ku, Tokyo, 150-6033 Japan
Tel.: (81) 3 5449 6360
Fax: (81) 3 5449 6201
E-Mail: int-dac@dac.co.jp
Web Site: www.dac.co.jp

Employees: 400
Year Founded: 1996

Agency Specializes In: Consulting, Electronic Media, Media Buying Services, Strategic Planning/Research

Masaya Shimada *(Pres & COO)*
Akihiko Tokuhisa *(Exec Mng Dir)*
Kazuhiro Sunada *(Deputy Head-Brand Mktg Grp)*
Kent Isshiki *(Gen Mgr-Reg Bus Dev Dept-Global Bus Grp)*
Yu Murakami *(Gen Mgr-Media Dept 3)*
Noriyuki Nagamatsu *(Gen Mgr-AD-Tech Laboratory)*
Yoshihisa Nakagawa *(Dir-Media Svcs Grp)*

Hakuhodo Erg, Inc.
11th Floor Hakata Riverain East Site 2-1 Shimokawabata-machi, Hakata-ku, Fukuoka, 812-0027 Japan
Tel.: (81) 92 263 3811
Fax: (81) 92 263 3819
E-Mail: info@hakuhodo-erg.co.jp
Web Site: https://www.hakuhodo-global.com/

Employees: 100
Year Founded: 1993

Agency Specializes In: Publicity/Promotions

Hakuhodo i-studio, Inc.
NBF Toyosu Gardenfront 9F 5-6-15 Toyosu, Koto-ku, Tokyo, 135-8621 Japan
Tel.: (81) 3 5144 7700
Fax: (81) 3 5144 7709
E-Mail: webmaster@i-studio.co.jp
Web Site: www.i-studio.co.jp

Employees: 240
Year Founded: 2000

Agency Specializes In: Digital/Interactive, Electronic Media, Internet/Web Design

Seiichi Hirabayashi *(Pres)*

Asia-Pacific

Cheil Worldwide Inc.
222 Itaewon-ro, Youngsan-gu, Seoul, Korea (South)
Tel.: (82) 2 3780 2114
Fax: (82) 2 3780 2483
E-Mail: webmaster@cheil.co.kr
Web Site: www.cheil.com

Employees: 883
Year Founded: 1973

Agency Specializes In: Corporate Identity, Media Buying Services, Sales Promotion

Jeongkeun Yoo *(Pres & CEO)*
Wain Choi *(Chief Creative Officer & Sr VP)*
Malcolm Poynton *(Chief Creative Officer)*
Keesoo Kim *(Pres-Middle East & Africa)*
Jaesan Kim *(Sr VP-Comm)*
Kate Hyewon Oh *(Exec Creative Dir)*
Russell Schaller *(Exec Creative Dir-UK)*
John Park *(Producer & Copywriter)*
Ollie Agius *(Art Dir-Film)*
Marc Baek *(Creative Dir)*
Gayoung Choi *(Art Dir)*
Seongphil Hwang *(Creative Dir)*
Seontaek Kim *(Art Dir)*
Alex hyuckjin Kwon *(Creative Dir-Digital)*
Giho Lee *(Art Dir)*
Hoonki Lee *(Acct Dir)*
Hyungkyun Oh *(Creative Dir)*
Hyunjung Park *(Creative Dir)*
Nelson Quintal *(Creative Dir)*
Josh Seokjin *(Sr Art Dir)*
Josh Seokjin Shin *(Sr Art Dir)*
Matthew Yuen *(Creative Dir-Digital-Hong Kong)*
Yoonho Kim *(Dir-Corp Branding)*
Hor Yew Pong *(Dir-Creative-Hong Kong)*
Jay Jeong *(Sr Mgr)*
Hyun Woo Kang *(Acct Mgr)*
Hyunjae Shin *(Acct Exec)*
Edward Crowley *(Copywriter)*
Pete Ioulianou *(Copywriter-Film)*
Nahil Kang *(Copywriter)*
Seungree Kang *(Copywriter)*
Sohee Kim *(Media Planner)*
Taeyul Ko *(Designer)*
Moonhee Lee *(Planner-Digital Campaign)*
Joohee Lee *(Sr Art Dir)*
Jinwoo Ryu *(Sr Art Dir)*

Accounts:
Burger King Campaign: "Breakfast Like a King",
King Americano
Busan Metropolitan Police Agency
Caribbean Bay
CJ Entertainment Campaign: "Wi-Fi poster"
Dubai Electricity & Water Authority Strategic Planning & Communication
Dunkin Donuts Campaign: "Flavor Radio", Campaign: "Radio Spray"
EBS
Emart Campaign: "Sunny QR code", Campaign: "Sunny Sale", Flying Store
Hankook Tire Campaign: "Be One with It Winter"
Home Plus
Hong Kong Disneyland
Ijota White
KT
L'Oreal Paris Campaign: "The L'Oreal My Girls Go Glam with Sonam", Casting Creme Gloss, Digital, Shopper Marketing, Social Media
Ministry of Unification Piano of Unification
Olympic Winter Games 2018; Pyeongchang, South Korea Logo Design
Public Health & Safety Awareness
S-OiL Campaign: "Here Balloon"
Samsung Group "Look at Me", Billboards, Camera, Campaign: "#BeFearless", Campaign: "#RideFor", Campaign: "#WinnerTakesEarth", Campaign: "All Created By Galaxynote", Campaign: "Be a Star", Campaign: "Be the Master of Payments", Campaign: "Bigger Forests", Campaign: "How to Share Smart - Insight", Campaign: "How to live smart - Smart Sticker", Campaign: "Minus One Project", Campaign: "Non Stop Life", Campaign: "Ski Jump in 360?", Campaign: "The Match Part 1?, Campaign: "The Match Part 2", Campaign: "The Match", Campaign: "WinnerTakesEarth", Creative, Galaxy, Galaxy 11, Galaxy A8, Galaxy Alpha, Galaxy Note, Galaxy S, Galaxy S5, Galaxy Tab S, Gear Circle Bluetooth Headset, Mobile Telephones & Pagers, Printers, S Health app, S6 Edge, Samsung AC, Samsung Electronics, Samsung Galaxy S6, Samsung Gear, Samsung NX 200, Samsung Pay, Samsung SD
Samsung Life Insurance Campaign: "Bridge of Life", Campaign: "Just Once Again"
Seoul Metropolitan Government
Under Armour OOH, Print
UNHCR Refugee Exhibition Campaign: "Invisible People"
Uniqlo HEATTECH
The Walt Disney Company Disney Fashion Stations/Stores, Disney Marvel, Disney Princess Academy, Planes, Shopper Marketing
WWF

Hakuhodo Hong Kong Ltd.
25th F Prosperity Mellennia Traza 663 Kings Road, North Point, China (Hong Kong)
Tel.: (852) 2865 1861
Fax: (852) 2865 0952
E-Mail: hakuhodo@hakuhodo.co.hk
Web Site: https://www.hakuhodo-global.com/

Employees: 40
Year Founded: 1988

Shinichi Okada *(Pres & Mng Dir)*
Mike Chiu *(Head-Creative)*
Cedric Lam *(Head-Media)*
Winnie Lam *(Gen Mgr)*
George Moro *(Gen Mgr)*
Lorell Pang *(Acct Dir)*
Lina Tun *(Creative Dir)*
Tsuyuki Akifumi *(Dir-Brand & Innovation Design Div Strategic Plng)*
Thomas Siy *(Production Mgr)*
Yinwa Chan *(Sr Acct Exec)*
Helen Liu *(Assoc Acct Dir)*

Accounts:
Kao Creative

AGENCIES - JANUARY, 2019

Seiko Creative, Media, Media Planning & Buying, Strategic Planning

Hakuhodo & Saigon Advertising Co., Ltd.
10th Floor Room 6 Saigon Centre 65 Le Loi St, District 1, Ho Chi Minh City, Vietnam
Tel.: (84) 8 3825 0140
Fax: (84) 8 3825 0143
E-Mail: van.vu@hakuhodosac.com
Web Site: https://www.hakuhodo-global.com/

Employees: 30
Year Founded: 1995

Phan Quynh *(Exec Acct Dir)*
Ton Thien *(Acct Dir)*
Do Hoang Linh Chi *(Acct Supvr)*
Phan An *(Copywriter)*

Hakuhodo Malaysia Sdn. Bhd.
9Fl Bldg A Peremba Square Saujana Resort Section U2, 40150 Kuala Lumpur, Shah Alam Selangor Malaysia
Tel.: (60) 3 7848 3384
Fax: (60) 3 7848 3385
E-Mail: admin@hakuhodo.com.my
Web Site: www.hakuhodo.com.my

Employees: 50
Year Founded: 1973

Toru Watanabe *(Mng Dir)*
Alan Ho *(Grp Head-Creative)*
Jane Wong *(Grp Acct Dir)*
John Dorai *(Creative Dir)*
Ray Goh *(Creative Dir)*
Max Tan *(Creative Dir)*

Hakuhodo Percept Pvt. Ltd.
P22, Raghuvanshi Estate, 11/12, Senapati Bapat Marg, Lower Parel, Mumbai, 400 013 India
Tel.: (91) 22 -3044 8400
E-Mail: hakuhododelhi@hakuhodopercept.com
Web Site: www.perceptindia.in/hakuhodo_percept.html

Employees: 500

Harindra Singh *(Vice Chm & Mng Dir)*
Jayanto Banerjee *(COO)*
Elvis Sequeira *(COO)*
Sharad Mathur *(Sr VP-Client Servicing)*
Kosuke Kataoka *(Exec Dir)*
Sabuj Sengupta *(Exec Creative Dir)*
Saurav Dasgupta *(Creative Dir)*
Shobhit Mathur *(Creative Dir-Natl & India)*
Ajay Chandwani *(Dir)*
Ajay Saini *(Sr Creative Dir)*
Anuj Tandon *(Grp CFO)*

Accounts:
Century Plyboards
Costa Coffee
Daikin
Hindustan Sanitaryware Creative, Hindware Line Campaign: "Katrina Kaif, Neighbour", Campaign: "Shopping", Campaign: "Stickers"
Maruti Suzuki Creative, Integrated Brand
Numero Uno Jeanswear Campaign: "Stay cool and confident", Creative
Panasonic
Phive Rivers
Rocket Science Animation Animated visiting card
Royzez.com
Sharp Mobile
Sheela Foam Group Creative, Sleepwell
Sony India Below-the-Line, Bravia Triluminos HD LED TV, Campaign: "Lets the Picture Say Much More", Campaign: "There is More to a Picture", Creative, Cyber-shot, Digital, Exmor R Sensors, Print, Xperia Z

Toshiba
Yakult Danone Creative

Hakuhodo Singapore Pte. Ltd.
111 Somerset Rd 12-01 Singapore Power Building, 238164 Singapore, Singapore
Tel.: (65) 6734 5451
Fax: (65) 6734 4489
Web Site: www.hakuhodo.co.jp

Employees: 35
Year Founded: 1974

Yang Yeo *(Co-Chief Creative Officer-APAC)*
Patrick Ng *(Grp Head-Creative & Sr Art Dir)*
James Keng Lim *(Creative Dir)*
Daphne Boey *(Assoc Dir-Digital)*
Joanne Hoe *(Planner-Strategic)*
Felicia Tay *(Copywriter)*

Accounts:
All Nippon Airlines
Biore UV Watery Essence OOH, Print, TV
Canon Campaign: "Struck a Chord at the Local Level", Canon EOS, Canon EOS M, Creative, Digital, Point-of-Sale, Print, TV
Car Club Online; 2018
Daiken Toshiba
Kao Campaign: "Biore UV Perfect Spray"
Ngee Ann Polytechnic Art Direction, Copywriting, Digital Media, Mentorship Programme, Planning, Strategy; 2018
Seiko
Wacom Singapore Brand Identity, Creative, Social Media; 2018

Europe

Southpaw
The Warehouse Hill Street, Tunbridge Wells, Kent TN1 2BY United Kingdom
Tel.: (44) 18 9251 7777
Fax: (44) 18 9251 6795
Web Site: www.southpawagency.com

Employees: 65

Tom Poynter *(CEO)*
Claire Lambell *(Sr Acct Dir)*
Abbi Gutsell *(Sr Acct Dir)*
Kamran Akram *(Sr Designer)*
Sophie Raubenheimer *(Art Dir)*
Craig Roderick *(Creative Dir)*
Glenn Smith *(Creative Dir)*
Dan Harold *(Dir-Ops)*
Scott Wackett *(Mgr-Creative Studio)*

Accounts:
Autoglym Media Planning & Buying
Baskin Robbins Digital, Media, Social Media
Callaway Golf
Eurotunnel Creative, Le Shuttle, Social Media
Hitachi
Honda UK Honda Civic Type R, Online Content, Out of Home, Press, Video on Demand
Japan Airlines Pan-European
Kobayashi
The Ladies European Tour Creative, The Solheim Cup
Mondial Assistance
SABMiller
Miller Genuine Draft Digital, Media Planning & Buying, Social Media
Sanctuary (Lead Strategic & Creative Agency) #LetGo
Sharp
Unipart Automotive Creative, Media, You'll Find Us Better

HALEY MARKETING GROUP
6028 Sheridan Dr, Williamsville, NY 14231
Tel.: (888) 696-2900
E-Mail: info@haleymarketing.com
Web Site: www.haleymarketing.com

Employees: 60

Agency Specializes In: Advertising, Content, Internet/Web Design, Logo & Package Design, Print, Search Engine Optimization, Social Media

David Searns *(CEO)*
Victoria Kenward *(COO & VP)*
Todd Lewandowski *(Dir-Content Mktg)*
Paula Zeisz *(Dir-Mktg Education)*
Becca Searns *(Specialist-Mktg Support)*

Accounts:
Area Temps

HALL AND PARTNERS
488 Madison Ave, New York, NY 10022
Tel.: (212) 925-7844
Fax: (212) 343-1270
E-Mail: newyork@hall-and-partners.com
Web Site: www.hallandpartners.com

Employees: 50

Agency Specializes In: Advertising

Approx. Annual Billings: $1,000,000

Jenna Lauer *(Mng Partner)*
Josh Shames *(Mng Partner)*
Sue Klinck *(Partner-UK)*
Kalil Vicioso *(Partner-Cultural Insight & Brand Strategy)*
Gabrielle Bell *(CEO-Europe)*
Vanella Jackson *(CEO-Global)*
Soumya Roy *(CEO-NY Consumer & Health)*
D. Erica Pascual *(Grp Dir-Strategy)*
Matt Vicenzi *(Grp Dir-Strategy)*
Tom Warren-Piper *(Grp Dir-Strategy)*
Christine Hayden *(Dir-Creative Strategy & US Health)*
Kevin McCarter *(Dir-Strategy)*
Nicole Citron *(Mgr-Grp Strategy)*

HALLARON ADVERTISING
2202 Timberloch Pl Ste 128, The Woodlands, TX 77380
Tel.: (281) 299-0538
E-Mail: info@hallaronadvertising.com
Web Site: www.hallaronadvertising.com

Employees: 8
Year Founded: 2003

Agency Specializes In: Advertising, Brand Development & Integration, Graphic Design, Internet/Web Design, Logo & Package Design, Media Planning, Radio, Social Media, T.V.

Mike Hallaron *(Owner & CEO, Dir-Accts)*
Kelley Cain *(Sr Art Dir)*

Accounts:
Allo French Rotisserie
Cotton Logistics
Ink Jet, Inc.
Red Tiger Security

HALLOCK & BRANCH
4137 Sw 6Th Avenue Dr, Portland, OR 97239
Tel.: (503) 224-1711
Fax: (503) 224-3026
Web Site: www.hallockandbranch.com/

Employees: 6
Year Founded: 1959

ADVERTISING AGENCIES — AGENCIES - JANUARY, 2019

Agency Specializes In: Government/Political, Health Care Services, Internet/Web Design, Real Estate, Restaurant, Retail, Travel & Tourism

Mike Branch *(Dir-Social Media & Website Dev)*

Accounts:
King Retail Solutions
Nodal Exchange
Oregon Zoo
The Portland

THE HALO GROUP
PO Box 20435, New York, NY 10001
Tel.: (212) 643-9700
Fax: (212) 967-8348
E-Mail: info@thehalogroup.com
Web Site: thehalogroup.com

Employees: 36
Year Founded: 1994

National Agency Associations: AMIN-DMA-PRSA

Agency Specializes In: Above-the-Line, Advertising, Affluent Market, Agriculture, Alternative Advertising, Aviation & Aerospace, Below-the-Line, Brand Development & Integration, Broadcast, Business Publications, Business-To-Business, Cable T.V., Catalogs, Co-op Advertising, Collateral, College, Communications, Computers & Software, Consulting, Consumer Goods, Consumer Marketing, Consumer Publications, Corporate Communications, Corporate Identity, Cosmetics, Digital/Interactive, Direct-to-Consumer, Education, Electronic Media, Electronics, Email, Entertainment, Exhibit/Trade Shows, Experience Design, Fashion/Apparel, Financial, Food Service, Game Integration, Graphic Design, Guerilla Marketing, Health Care Services, High Technology, Hospitality, Household Goods, In-Store Advertising, Industrial, Integrated Marketing, International, Internet/Web Design, Leisure, Local Marketing, Logo & Package Design, Luxury Products, Magazines, Market Research, Media Buying Services, Media Planning, Media Relations, Men's Market, Mobile Marketing, Multicultural, Multimedia, New Product Development, New Technologies, Newspaper, Newspapers & Magazines, Out-of-Home Media, Outdoor, Over-50 Market, Package Design, Paid Searches, Planning & Consultation, Point of Purchase, Point of Sale, Print, Product Placement, Production, Production (Print), Promotions, Public Relations, Publicity/Promotions, Radio, Recruitment, Restaurant, Sales Promotion, Search Engine Optimization, Social Media, Sponsorship, Sports Market, Strategic Planning/Research, Sweepstakes, T.V., Trade & Consumer Magazines, Travel & Tourism, Viral/Buzz/Word of Mouth, Web (Banner Ads, Pop-ups, etc.), Women's Market

Approx. Annual Billings: $31,000,000

Breakdown of Gross Billings by Media: D.M.: 2%; Internet Adv.: 41%; Newsp. & Mags.: 37%; Outdoor: 10%; Radio & T.V.: 10%

Accounts:
Baby Brezza Baby Feeding Products; 2015
Devotion Spirits Inc. Brand Awareness, Devotion Vodka, Event Management, Public Relations, Social Media
Flossy Shoes Womens Shoes; 2015
Hess Express Convenience Stores; 2012
itslearning (Agency of Record) Advertising, Brand Awareness, Branding, Public Relations, Public School Learning Management Platform, Social Media; 2016
Kids Discover (Agency of Record) Brand Strategy, Creative, Marketing
Liebherr Refrigeration Luxury Home Appliances; 2010
The New York Conservatory for Dramatic Arts Theatrical Arts Degree Programs; 2015
NYU/Stern Gloval Executive Programs Masters and MIS Degrees; 2015
ShopRite Stories Wholesome Pantry Private Label Brands; 2016
St. George's University Medical and Veterinary Medical School Degrees; 1994
SUNY Empire State College Degree Programs; 2015
Toy Industry Association Genius of Play Movement; 2015

HAMAZAKI WONG MARKETING GROUP
1155 Pender St W Ste 700, Vancouver, BC V6E 2P4 Canada
Tel.: (604) 669-8282
Fax: (604) 669-2288
E-Mail: aspire@hamazakiwong.com
Web Site: www.hamazakiwong.com

Employees: 10
Year Founded: 1989

Agency Specializes In: Advertising, Asian Market

William Wong *(Gen Mgr)*
Michael Wong *(Art Dir)*
Lilian Chen *(Acct Mgr)*
Stewart Wong *(Acct Mgr)*

Accounts:
Artspoints
The BMW Store
Coast Capital Savings
Dinosaurs Unearthed
OpenRoad Auto Group
Tropicana

HAMELIN MARTINEAU INC.
505 Maisonneuve Blvd W Ste 300, Montreal, QC H3A 3C2 Canada
Tel.: (514) 842-4416
Fax: (514) 844-9343
E-Mail: info@hamelin-martineau.ca
Web Site: www.hamelin-martineau.ca

Employees: 10
Year Founded: 1988

Agency Specializes In: Advertising, Business-To-Business, Graphic Design, Logo & Package Design, Media Buying Services, Media Planning, Public Relations, Strategic Planning/Research

Robert Martineau *(Owner)*
Diane Hamelin *(VP)*

Accounts:
Peak of Catering
Pilot Pens
Prescott SM
Reitmans
TD Insurance
TD Meloche Monnex

HAMILTON & BOND ADVERTISING INC.
3003 Foxmoor Dr, Montgomery, IL 60538-4091
Tel.: (630) 293-0071
E-Mail: information@hamiltonbond.com
Web Site: www.hamiltonbond.com

Employees: 5
Year Founded: 1984

National Agency Associations: BPA

Agency Specializes In: Business-To-Business, Communications, Digital/Interactive, E-Commerce, Internet/Web Design, Search Engine Optimization, Web (Banner Ads, Pop-ups, etc.)

Approx. Annual Billings: $4,000,000 Capitalized

Breakdown of Gross Billings by Media: Internet Adv.: 63%; Print: 37%

Marion L. Bond *(Owner)*

Accounts:
Cardwell Westinghouse; Chicago, IL
Chemical Waste Management
Chicago Clock Company
General Services Administration
NIS Group Co., Ltd
Universal Railway Devices, Inc.; Chicago, IL
WDCB
World Dryer Corporation
Worldwide Airline Customer Relations Association

HAMLYN SENIOR MARKETING
25 Chestnut St, Haddonfield, NJ 08033
Tel.: (856) 857-0800
Fax: (856) 857-0808
E-Mail: marketing@hamlynmarketing.com
Web Site: www.hamlynmarketing.com

Employees: 9
Year Founded: 2003

Agency Specializes In: Advertising, Collateral, Communications, Consumer Marketing, Direct Response Marketing, Event Planning & Marketing, Market Research, Media Buying Services, Media Relations, New Product Development, Newspaper, Over-50 Market, Print, Promotions, Publicity/Promotions, Radio, Real Estate, Sales Promotion, Seniors' Market, Strategic Planning/Research, Telemarketing, Yellow Pages Advertising

Approx. Annual Billings: $475,000

Breakdown of Gross Billings by Media: Collateral: 5%; D.M.: 60%; Event Mktg.: 10%; Graphic Design: 12%; Newsp. & Mags.: 13%

Catherine S. Martin *(Pres)*

HAMMER CREATIVE
1020 North Cole Ave, Hollywood, CA 90038
Tel.: (323) 606-4700
Fax: (323) 463-8130
E-Mail: info@hammercreative.com
Web Site: www.hammercreative.com

Employees: 30
Year Founded: 1988

Agency Specializes In: Entertainment, Multimedia, Production (Ad, Film, Broadcast)

Breakdown of Gross Billings by Media: Production: 100%

Mark Pierce *(Founder & CEO)*
Scott Hayman *(Mng Partner & Exec Producer)*
Brett Hocker *(Exec Creative Dir)*

Accounts:
Big Beach Films
EA Games
Ubisoft
Warner Independent Pictures

HAMMERQUIST STUDIOS
221 Yale Ave N, Seattle, WA 98109
Tel.: (206) 463-3714
Web Site: hammerquiststudios.com

Employees: 12

AGENCIES - JANUARY, 2019 — ADVERTISING AGENCIES

Year Founded: 2005

Fred Hammerquist *(Founder & Pres)*
John Ide *(Art Dir & Sr Designer)*
Peter Conklin *(Sr Mgr-Dev)*
Brenda Rigor *(Sr Project Mgr & Acct Mgr)*
Alexis Oltman *(Sr Project Mgr-Interactive)*

Accounts:
Canadian Mountain Holidays
Diamondback Bicycles
eVent Fabrics
Heavenly Mountain Resort
Polartec
Sage Fly Fishing
Sea To Summit
SOG Knives
Taos Ski Valley

HAMPTON CREATIVE
3939 S Harvard Ave Ste 204, Tulsa, OK 74135
Tel.: (918) 877-5577
E-Mail: info@hamptoncreative.com
Web Site: www.hamptoncreative.com

Employees: 50

Agency Specializes In: Advertising, Brand Development & Integration, Collateral, Digital/Interactive, Logo & Package Design, Media Buying Services, Media Planning, Package Design, Search Engine Optimization, Social Media

Piper Messimore *(CFO)*
David Lichtenwalter *(Art Dir)*
Nate Olsen *(Art Dir)*
Christian Ensor *(Dir-Bus Dev)*
Brian Fowler *(Dir-Art)*

Accounts:
CherryBerry Enterprises LLC
In Touch Ministries

HANCOCK ADVERTISING AGENCY
PO Box 630010, Nacogdoches, TX 75963-0010
Tel.: (936) 564-9559
Fax: (936) 560-0845
E-Mail: info@hancockadvertising.com
Web Site: www.hancockadvertising.com

E-Mail for Key Personnel:
President: chris@hancockadvertising.com
Creative Dir.: lance@hancockadvertising.com

Employees: 10
Year Founded: 1973

National Agency Associations: AAF

Agency Specializes In: Advertising, Advertising Specialties, Brand Development & Integration, Broadcast, Business Publications, Business-To-Business, Cable T.V., Co-op Advertising, Collateral, Consulting, Corporate Identity, Direct Response Marketing, Electronic Media, Environmental, Financial, Graphic Design, Health Care Services, Internet/Web Design, Legal Services, Logo & Package Design, Magazines, Medical Products, Newspaper, Newspapers & Magazines, Out-of-Home Media, Outdoor, Public Relations, Publicity/Promotions, Radio, Restaurant, Sales Promotion, T.V., Trade & Consumer Magazines, Yellow Pages Advertising

Breakdown of Gross Billings by Media: Brdcst.: 10%; Exhibits/Trade Shows: 5%; Internet Adv.: 10%; Other: 20%; Outdoor: 10%; Production: 20%; T.V.: 20%; Trade Shows: 5%

Lance Kitchen *(Art Dir)*
Michele Flippen *(Office Mgr)*

Accounts:
BBVA Bancorp
Citizens National Bank
First State Bank and Trust; Carthage
First State Bank; Central TX
Klaberg Bank
Legacy Texas National Bank

HANCOCK ADVERTISING GROUP, INC.
3300 N A Bldg 1 Ste 302, Midland, TX 79705-5356
Tel.: (432) 694-2181
Fax: (432) 694-2290
E-Mail: jdh@hancockgroup.net
Web Site: www.hancockgroup.net

Employees: 5
Year Founded: 1986

Agency Specializes In: Industrial, Retail

Valerie Hale *(Pres)*

Accounts:
First Capital
Manor Park Retirement Community
Rogers Ford; Midland, TX Autos; 1992

HANGAR 30 INC
PO Box 461344, Denver, CO 80246
Tel.: (303) 522-3943
Fax: (303) 997-2170
E-Mail: info@hangar30.com
Web Site: www.hangar30.com

Employees: 4
Year Founded: 2009

Agency Specializes In: Advertising, Brand Development & Integration, Internet/Web Design, Social Media, Strategic Planning/Research

Accounts:
Air National Guard Ready54, The Wingman Project, Wingman Day
Mesa Verde Foundation

HANLEY WOOD MARKETING
430 1st Ave N Ste 550, Minneapolis, MN 55401
Tel.: (612) 338-8300
Fax: (612) 338-7044
Web Site: www.hanleywoodmarketing.com

Employees: 38

Agency Specializes In: Advertising, Brand Development & Integration, Content, Digital/Interactive, Email, Event Planning & Marketing, Internet/Web Design, Print, Social Media, Sponsorship

Frank Anton *(CEO)*
Matthew Flynn *(CFO)*
Ron Spink *(Pres-Design Grp)*
Paul Tourbaf *(Pres-Residential Construction Grp)*
Keith Rosenbloom *(VP & Controller)*
Dana Brink *(VP-Quality)*
Dan Colunio *(VP-Sls-Remodeling & Distr Grp)*
Vince Giorgi *(VP-Solutions Dev)*
Liz Schindler *(VP)*
Jamie Volpe *(Sr Acct Dir-Strategic)*
Ed Kraft *(Sls Dir-Natl)*
Clare O'Dower *(Acct Dir-Strategic)*
Jim Bagan *(Dir-Education Solutions)*
Melissa Gehrig *(Dir-Design)*
Leah Kennedy *(Supvr-Influencer Strategy)*

Accounts:
The Sherwin-Williams Company

HANLON CREATIVE
1744 Sumneytown Pike, Kulpsville, PA 19443
Tel.: (267) 421-5755
Fax: (484) 466-0466
Web Site: https://www.hanloncreative.com/

Employees: 20
Year Founded: 2000

Agency Specializes In: Advertising, Broadcast, Digital/Interactive, Market Research, Media Buying Services, Media Planning, Print, Radio, Search Engine Optimization, T.V.

Christopher Hanlon *(Founder & Creative Dir)*
Andrew Hanlon *(Owner & Pres)*
Toby Eberly *(Exec VP & Gen Mgr)*
Kyle Lockard *(Art Dir)*
Daniel Reizes *(Acct Dir)*
Michelle Thomas *(Art Dir)*
Michael Lees *(Dir-Ops & Print Mgmt)*
Janet Hanlon *(Office Mgr)*
Gabriella Ataman *(Acct Exec)*
Brian Loper *(Sr Art Dir)*

Accounts:
Children's Hospital of Pennsylvania
Good Neighbor Pharmacy
Office of Child & Youth Protection Build

HANNA & ASSOCIATES INC.
1090 E Lakeshore Dr Ste 201, Coeur D'Alene, ID 83814
Mailing Address:
PO Box 2025, Coeur D'Alene, ID 83816
Tel.: (208) 667-2428
Fax: (208) 765-8044
Web Site: www.hanna-advertising.com

E-Mail for Key Personnel:
President: dayneh@hanna-advertising.com
Creative Dir.: JohnB@hanna-advertising.com
Media Dir.: jeffh@hanna-advertising.com
Production Mgr.: ShannonP@hanna-advertising.com

Employees: 25
Year Founded: 1976

National Agency Associations: 4A's-AAF

Agency Specializes In: Brand Development & Integration, Broadcast, Business Publications, Business-To-Business, Cable T.V., Communications, Consulting, Consumer Marketing, Consumer Publications, Corporate Identity, Direct Response Marketing, Education, Electronic Media, Engineering, Entertainment, Event Planning & Marketing, Exhibit/Trade Shows, Financial, Graphic Design, High Technology, Industrial, Information Technology, Internet/Web Design, Investor Relations, Legal Services, Leisure, Logo & Package Design, Magazines, Media Buying Services, Medical Products, Merchandising, Newspaper, Newspapers & Magazines, Out-of-Home Media, Outdoor, Planning & Consultation, Point of Purchase, Point of Sale, Print, Publicity/Promotions, Radio, Restaurant, Retail, Sports Market, Strategic Planning/Research, T.V., Trade & Consumer Magazines, Travel & Tourism

Jeff Hanna *(VP & Media Dir)*
John Baechler *(VP & Dir-Creative)*
Justin Childers *(Media Dir)*
Rebecca Reeves *(Sr Acct Exec)*
Dayne G. Hanna *(Acct Exec-Svc)*
Cathy Duer *(Media Planner & Media Buyer)*
Dwain Smart *(Assoc Creative Dir)*

Accounts:
Avista
ESPN Throwdown
Inland Northwest Community Foundation
Jacksons Food Store
NW Tile and Floor

ADVERTISING AGENCIES

Spokesman Review; Spokane, WA Regional Newspaper
Sterling Action
Washington State University Athletics; Pullman, WA Intercollegiate Athletics
Zak Designs Packaging

HANNA LEE COMMUNICATIONS, INC.
575 Madison Ave 8th Fl, New York, NY 10022
Tel.: (212) 721-2090
Fax: (212) 721-2091
E-Mail: info@hannaleecommunications.com
Web Site: www.hannaleecommunications.com

Employees: 10
Year Founded: 2004

Agency Specializes In: Advertising, Brand Development & Integration, Business Publications, Communications, Corporate Communications, Event Planning & Marketing, Exhibit/Trade Shows, Food Service, Hospitality, Industrial, Internet/Web Design, Local Marketing, Media Training, Newspaper, Product Placement, Public Relations, Sponsorship, Strategic Planning/Research

Hanna Lee *(Founder & Pres)*
Jen Neugeboren *(Dir-Media Rels)*

Accounts:
Atsby New York Vermouth
Bacchanal Restaurant
Bar Celona (Agency of Record)
Bortolomiol Prosecco
Campari Campaign: "Year of the Negroni", PR
Conway Family Wines; Arroyo Grande, CA Public Relations
The Cooper Spirits Co
The Dead Rabbit
Forcella Pizza Restaurant Group
The French Culinary Institute
G7 Portuguese Wine Consortium
Goats do Roam
Gourmet Latino Festival
GRACE Restaurant
Hangar 1 Vodka
Japan Week
Kyochon Restaurant Group
Leblon Cachaca (Agency of Record) Brazil's Handcrafted Spririt
Louis Royer Cognacs Event Management, Media Relations, Public Relations
Lowell International Foods (Agency of Record)
Manhattan Cocktail Classic (Agency of Record)
Marie Brizard Liqueurs
Michael's New York
Mionetto Wines
NYC & Company
PAMA Pomegranate Liqueur Digital, Event Marketing, Media Relations, Public Relations, Social Media Strategy
Pisco Control C "Million Rays of Sunshine", Event Marketing, PR, Social Media Strategy
Rayuela Restaurant
San Domenico
Santa Teresa Rum
Sobieski Vodka
Terra Andina (Agency of Record)
TINCUP American Whiskey
Wines of Croatia

HANON MCKENDRY
125 Ottawa SW Ste 305, Grand Rapids, MI 49503
Tel.: (616) 776-1111
Fax: (616) 776-0022
E-Mail: hi@hanonmckendry.com
Web Site: www.hanonmckendry.com/

Employees: 35

Accounts:
Denver Mattress
Oak Express Furniture Stores
Rayovac
Zondervan

HANSON ASSOCIATES, INC.
30 N 41St St Ste 400, Philadelphia, PA 19104
Tel.: (215) 487-7051
Fax: (215) 487-7052
E-Mail: info@hansondesign.com
Web Site: www.hansondesign.com

Employees: 15

Agency Specializes In: Brand Development & Integration, Communications, Digital/Interactive, Internet/Web Design, Local Marketing, Package Design, Retail, Strategic Planning/Research

Gilman Hanson *(Agency Dir & Strategist-Creative Brand)*

Accounts:
Zero Water

HANSON DODGE INC.
220 E Buffalo St, Milwaukee, WI 53202
Tel.: (414) 347-1266
Fax: (414) 347-0493
E-Mail: info@hansondodge.com
Web Site: www.hansondodge.com

Employees: 65

Agency Specializes In: Advertising, Below-the-Line, Brand Development & Integration, Collateral, College, Consumer Marketing, Corporate Identity, Digital/Interactive, Direct Response Marketing, E-Commerce, Education, Email, Experience Design, Experiential Marketing, Information Technology, Integrated Marketing, Internet/Web Design, Planning & Consultation, Podcasting, Sales Promotion, Search Engine Optimization, Social Media, Sports Market, Teen Market, Travel & Tourism, Web (Banner Ads, Pop-ups, etc.)

Stacie Boney *(Pres)*
Tim Dodge *(CEO)*
Mike Stefaniak *(Chief Strategy Officer)*
Angela Rothen *(Sr VP-Tech & Ops)*
Sarah Collins *(VP-Brand Engagement)*
Chris Buhrman *(Exec Creative Dir)*
Brandon Powell *(Dir-Digital Mktg)*
Megan Gavin *(Mktg Mgr)*
Chris Becker *(Sr Acct Exec)*

Accounts:
New-Children's Hospital of Wisconsin Creative
Outdoor Industry Association (Agency of Record)
SOG Specialty Knives & Tools (Agency of Record) Campaign: "Rise to the Occasion", Campign: "Mission-Grade", Strategic Marketing
Stanley PMI (Agency of Record)
Trek Bicycle Corporation TREK Madone
VISIT Milwaukee
Wilson Sporting Goods

HANSON WATSON ASSOCIATES
1411 15th St, Moline, IL 61265
Tel.: (309) 764-8315
Fax: (309) 764-8336
Web Site: www.hansonwatson.com

E-Mail for Key Personnel:
Creative Dir.: kathy@hansonwatson.com

Employees: 6
Year Founded: 1945

National Agency Associations: AAF-Second Wind Limited

Agency Specializes In: Brand Development & Integration, Broadcast, Business Publications, Business-To-Business, Collateral, Communications, Corporate Communications, Corporate Identity, Direct Response Marketing, Event Planning & Marketing, Exhibit/Trade Shows, Graphic Design, Health Care Services, Hispanic Market, Internet/Web Design, Logo & Package Design, Magazines, Media Buying Services, Medical Products, Newspaper, Newspapers & Magazines, Out-of-Home Media, Outdoor, Planning & Consultation, Print, Public Relations, Publicity/Promotions, Radio, Sports Market, Strategic Planning/Research, T.V.

James Watson *(Pres)*
Katherine Betcher *(Dir-Art & Creative)*
Tim Wilkinson *(Dir-Bus Dev)*
Josh Wray *(Analyst-Social Media & Res)*

Accounts:
Club Choice
Community Health Care
Davenport Country Club; Davenport, IA; 1995
Johnson Contracting Company, Inc

Division

Latin Connection
1411 15th St, Moline, IL 61265
Tel.: (309) 764-8315
Fax: (309) 764-8336
Web Site: www.qclatinoconnection.com

Employees: 5

Accounts:
Casa
Las Ranas
Latino Guide
Sonido Camaney
Sonido Estrella
Zaldivar Foundation

HAP MARKETING SERVICES, INC.
(Formerly Briechle-Fernandez Marketing Services Inc.)
265 Industrial Way W Ste 7, Eatontown, NJ 07724
Tel.: (732) 982-8222
Fax: (732) 982-8223
E-Mail: info@hapmarketing.com
Web Site: www.hapmarketing.com

E-Mail for Key Personnel:
President: lorenzo.fernandez@bfmarketing.com

Employees: 26
Year Founded: 1984

Agency Specializes In: Advertising, Advertising Specialties, Agriculture, Automotive, Aviation & Aerospace, Bilingual Market, Brand Development & Integration, Business Publications, Business-To-Business, Catalogs, Collateral, Commercial Photography, Communications, Consumer Marketing, Corporate Communications, Corporate Identity, Cosmetics, Direct Response Marketing, Education, Electronic Media, Electronics, Email, Engineering, Environmental, Event Planning & Marketing, Exhibit/Trade Shows, Graphic Design, Health Care Services, High Technology, Hispanic Market, In-Store Advertising, Industrial, International, Internet/Web Design, Investor Relations, Logo & Package Design, Marine, Media Buying Services, Media Planning, Media Relations, Medical Products, Merchandising, Multicultural, Multimedia, New Product Development, Newspaper, Newspapers & Magazines, Out-of-Home Media, Outdoor, Pharmaceutical, Point of Purchase, Point of Sale, Print, Production, Production (Print), Promotions, Public Relations, Publicity/Promotions, Sales Promotion, Strategic Planning/Research, Technical Advertising,

AGENCIES - JANUARY, 2019 — ADVERTISING AGENCIES

Transportation

Approx. Annual Billings: $18,966,000

Lorenzo Fernandez *(Mng Partner)*
Christian Fernandez *(Exec VP)*
Charles Bins *(Sr Mgr-PR)*
Lisa Welch *(Acct Exec-Briechle-Fernandez Mktg Svcs)*

Accounts:
AMA Labs; New City, NY Laboratory Testing Services; 2010
Amino Gmbh; Frellsted, Germany Amino Acids
Ashland Performance Specialties Specialty Chemicals
BENEO-Palatinit; Morris Plains, NJ Sweetener
Bunge Ltd; White Plains, NY Agricultural Products
Chattem Chemicals API's & Performance Chemicals
Condea Servo LLC; South Plainfield, NJ
Cyanco Corp.; Winnemucca, NV Mining Chemicals
Evonik Industries Specialty Chemicals
Gallagher Corp. Polyurethane Molding
Gelest Inc.; Morrisville, PA Silanes
Gum Base Co.; Milan, Italy Gum Bases
Heraeus Sensor Technology USA; North Brunswick, NJ Temperature Sensors
Kemper System America, Inc.; Closter, NJ Roofing & Waterproofing Systems; 1998
The Linde Group Industrial Gases
Metal Textiles Corp; Edison, NJ
Micro Corporation; Somerset, NJ Insert Molding, Medical Devices, Metal Stamping, Molding
Optimum Anodes PM Anodes
Orion Engineered Carbons; Kingwood, TX Carbon Black; 2011
Palsgaard Inc. Food Emulsifiers & Stabilizers
Presidente Inc.; Miami, FL Beer
Reaxis; McDonald, PA Chemicals
Stepan LLC Basic & Intermediate Chemicals
Umicore

HAPPEN
1115 Broadway Unit 1031, New York, NY 10010
Tel.: (718) 541-4375
E-Mail: newyork@happen.com
Web Site: www.happen.com

Agency Specializes In: Advertising, Brand Development & Integration, T.V.

David Walker *(Co-Founder, CEO & Partner)*
Melinda A. Lehman *(Founder & Partner-North America)*

Accounts:
New-Acorns Childrens Hospice
New-Arla Foods amba Baby & Me Organic
New-Cornerstone
New-London Underground
New-Match.com
New-Omega Pharma Mens Health
New-Reckitt Benckiser Inc. Calgon

HAPPY COG
109 S 13th St Unit 3 S, Philadelphia, PA 19107
Tel.: (215) 701-3936
Web Site: www.happycog.com

Employees: 20

Agency Specializes In: Digital/Interactive, Internet/Web Design

Greg Hoy *(Principal)*
Dave DeRuchie *(Dir-Client Success)*
Mark Huot *(Dir-Tech & Dev)*
Michael Johnson *(Dir-Design)*
Dana Pavlichko *(Designer)*

Accounts:
The Amanda Project Story Book Providers
Georgetown University Educational Institution
MTV Campaign: "O Music Awards"
W. W. Norton & Company Inc. Academic Books Publisher
Zappos Development Inc. Consulting Services

HAPPY CREATIVE SERVICES (INDIA) PVT LTD
(Acquired by mcgarrybowen & Name Changed to Happy mcgarrybowen)

HAPPY MEDIUM
1717 Ingersoll Ave Ste 117, Des Moines, IA 50309
Tel.: (515) 440-0006
Fax: (515) 440-0964
E-Mail: info@itsahappymedium.com
Web Site: www.itsahappymedium.com

Employees: 36
Year Founded: 2011

Agency Specializes In: Advertising, Digital/Interactive, Graphic Design, Internet/Web Design, Media Buying Services, Social Media

Katie Patterson *(Founder & CEO)*
Doug Choi *(Art Dir)*
Kristen Sabin *(Dir-Client Experience)*
Lauren Reuland *(Office Mgr)*
Anna Spencer *(Media Planner & Media Buyer)*
Jill Patterson *(Acct Coord)*

Accounts:
Kum & Go

THE HARBOUR GROUP LLC
1200 New Hampshire Ave NW Ste 850, Washington, DC 20036
Tel.: (202) 295-8787
E-Mail: contact@harbourgrp.com
Web Site: www.harbourgrp.com

Employees: 25

Agency Specializes In: Advertising, Crisis Communications, Digital/Interactive, Public Relations

Adam Sharon *(Sr VP)*

Accounts:
Conoco
Government of Libya
Kraft Foods
Major League Baseball Player's Association
Pfizer Inc.
PhRMA
Republic of Georgia
The Royal Embassy of Saudi Arabia Strategic Communications
US Airways

HARBURGER/SCOTT ADVERTISING
72 Balmville Rd, Newburgh, NY 12550
Tel.: (845) 787-0031
Web Site: www.harburgerscottadvtg.com

Employees: 2
Year Founded: 1982

Agency Specializes In: Brand Development & Integration, Business-To-Business, Collateral, Consumer Marketing, Cosmetics, Fashion/Apparel, Financial, Internet/Web Design, New Product Development, Newspapers & Magazines, Over-50 Market, Planning & Consultation, Print, Restaurant, Retail, Strategic Planning/Research, Travel & Tourism

Revenue: $200,000

Brenda Harburger *(Pres & CEO)*
Ian Campbell *(Partner-Key Accts & Sr Acct Exec)*

Accounts:
Glenn & Breheney

HARD BEAT COMMUNICATIONS, INC.
1515 Broadway 11th Fl, New York, NY 10036
Tel.: (718) 476-3616
Fax: (718) 710-7478
Toll Free: (800) 789-3062
E-Mail: marketing@caribpr.com
Web Site: www.hardbeatcommunications.com

Employees: 5
Year Founded: 2004

Agency Specializes In: Advertising, Advertising Specialties, African-American Market, Broadcast, Cable T.V., Communications, Corporate Communications, E-Commerce, Event Planning & Marketing, Graphic Design, Internet/Web Design, Media Buying Services, Newspaper, Newspapers & Magazines, Planning & Consultation, Print, Public Relations, Publicity/Promotions, Radio, Recruitment, Strategic Planning/Research, T.V., Yellow Pages Advertising

Approx. Annual Billings: $250,000

Felicia J. Persaud *(CMO)*

Accounts:
Caribbean Tourism Organization Website & Newsletter; 2010
Invest Caribbean Now Sponsorship & Event Planning; 2010
One Caribbean Television Advertising & Promotion; 2010
PR Newswire Caribbean & Caribbean American Press Releases; 2009

HARFIELD & ASSOCIATES
Ste 320 - 1385 W 8th Ave, Vancouver, BC V6H 3V9 Canada
Tel.: (604) 684-7100
Fax: (604) 684-7307
E-Mail: info@harfield.com
Web Site: www.harfield.com

Employees: 25
Year Founded: 1981

National Agency Associations: Second Wind Limited

Agency Specializes In: Advertising, Advertising Specialties, Digital/Interactive, Direct Response Marketing, E-Commerce, Internet/Web Design, Strategic Planning/Research

Steve Robinson *(Sr Graphic Designer)*
Britt Wutschnik *(Coord-Studio)*

Accounts:
Honda Western Canada

HARGER, HOWE & WALSH
1 Van De Graaff Dr Ste 401, Burlington, MA 01803
Tel.: (781) 425-5005
Fax: (781) 425-5004
Toll Free: (800) 699-6891
E-Mail: mwalsh@hargerhowe.com
Web Site: www.hargerhowe.com

Employees: 20
Year Founded: 1968

Agency Specializes In: Advertising Specialties,

ADVERTISING AGENCIES

Brand Development & Integration, Broadcast, Business Publications, Cable T.V., Collateral, Communications, Consulting, Corporate Identity, Direct Response Marketing, E-Commerce, Electronic Media, Event Planning & Marketing, Exhibit/Trade Shows, Graphic Design, Health Care Services, High Technology, Internet/Web Design, Logo & Package Design, Media Buying Services, Multimedia, Newspaper, Newspapers & Magazines, Out-of-Home Media, Outdoor, Point of Purchase, Point of Sale, Print, Production, Publicity/Promotions, Radio, Recruitment, Sales Promotion, Strategic Planning/Research, T.V., Trade & Consumer Magazines

Approx. Annual Billings: $7,000,000

Jennifer Sopczak *(Mng Partner)*
Michelle Swarts *(Mng Partner)*
Mark Wedes *(Mng Partner)*
Michael Walsh *(Pres-Harger Howe Adv)*

Accounts:
Ixia
Memorial Hermann Healthcare System
Texas Children Hospital

HARLAND CLARKE CORP.
15955 La Cantera Pkwy, San Antonio, TX 78256
Toll Free: (800) 382-0818
E-Mail: info@harlandclarke.com
Web Site: www.harlandclarke.com

Employees: 45
Year Founded: 1994

Agency Specializes In: Financial

Peter A. Fera, Jr. *(CFO & Exec VP)*
Dan Singleton *(COO)*
Bob Madrid *(VP-Mktg, ECommerce & Retail Channels Div)*
Karen Salamone *(VP-Mktg-Market)*
Tom Triozzi *(VP-Product Mktg)*
Chris E. Caldwell *(Exec Dir-Fin)*
Stephen Nikitas *(Sr Dir-Strategy)*
Andrew Huber *(Product Mgr-Mktg Solutions)*
Greg Kuyava *(Mgr-Sls & Mktg-Card Svcs)*
Molly Boehm Livermore *(Acct Exec)*
Stephen Garizio *(Client Mgr)*
Meredith Grant *(Sr Mktg Mgr)*

Accounts:
Branch Banking & Trust (BB&T)
Frost Bank
HSBC
Knowledge Learning Centers
Marshall & Ilsley Corporation
Regions
Twin City Federal

HARLEY & CO
252 7th Ave 5V, New York, NY 10001
Tel.: (646) 559-0903
E-Mail: info@harleyandcompany.com
Web Site: harleyandcompany.com

Employees: 100

Agency Specializes In: Advertising, Brand Development & Integration, Commercial Photography, Content, Digital/Interactive, E-Commerce, Exhibit/Trade Shows, Internet/Web Design, New Product Development, Print, Viral/Buzz/Word of Mouth

Sarah Hall *(Founder & Partner-Creative Strategy)*
Alexandra Hall *(Partner)*

Accounts:
Kala Sleep
Rebecca Minkoff

HARLO INTERACTIVE INC.
700 Ne 22Nd Ave Ste A, Portland, OR 97232
Tel.: (503) 517-8074
Web Site: www.harlointeractive.com

Employees: 11
Year Founded: 2004

Agency Specializes In: Advertising, Brand Development & Integration, Collateral, Digital/Interactive, E-Commerce, Internet/Web Design, Logo & Package Design, Package Design, Social Media

Danny Decker *(CEO)*

Accounts:
MediaSilo
Portland Opportunities Industrialization Center, Inc.
  Rosemary Anderson High School

THE HARMON GROUP
807 3rd Ave S, Nashville, TN 37210
Tel.: (615) 256-3393
Fax: (615) 256-3464
E-Mail: info@harmongrp.com
Web Site: www.harmongrp.com

Employees: 20

Agency Specializes In: Advertising, Communications, Sponsorship

Revenue: $10,000,000

Ken Schulz *(Owner)*
Rick Arnemann *(CEO)*
Barry Jones *(VP-Creative Svcs)*
Amy Kinard *(Art Dir)*
Charles Priddy *(Sr Acct Exec)*

HAROLD WARNER ADVERTISING, INC.
700 Parkside Ave, Buffalo, NY 14216
Tel.: (716) 852-4410
Fax: (716) 852-4725
E-Mail: mail@haroldwarner.com
Web Site: www.haroldwarner.com

Employees: 5
Year Founded: 1945

Agency Specializes In: Advertising, Business Publications, Business-To-Business, Collateral, Consulting, Corporate Communications, Corporate Identity, Digital/Interactive, Direct Response Marketing, E-Commerce, Electronic Media, Graphic Design, Industrial, Internet/Web Design, Magazines, Media Buying Services, Planning & Consultation, Print, Public Relations, Publicity/Promotions, Technical Advertising, Trade & Consumer Magazines

Paul V. Offermann *(Pres)*
Joanne M. Kij *(Sr Mgr-Traffic)*
Jill Walsh *(Production Mgr)*
Kenneth A. Boos *(Acct Exec)*

Accounts:
ACT Associates
Batavia Engineering, Inc.
Buffalo Metal Casting Co., Inc.; Buffalo, NY Nonferrous Castings of Aluminum, Brass Bronze & Conductive Copper
Easyfit
Envirospec Inc.; Buffalo, NY & Toronto, ON, Canada Patented System For Elevating & Uniform Spacing of Paver Stones On Waterproofed Areas
Envoy; Buffalo, NY
Griffco Valve
Infinitex; Clarence, NY Wastewater Treatment Systems
Kee Safety, Inc.
LNA Solutions
Milward Alloys; Lockport, NY Alloying Additives, Aluminum & Copper Master Alloys, Custom Alloys
Neutrex
Niagara Fiberboard Inc.; Lockport, NY Wallboard & Prefabricated Soffets
Niagara Transformer Corp.; Buffalo, NY Power & Distribution Transformers
Pentalift Equipment Corp.; Guelph, ON, Canada Materials Handling & Docking Equipment
Polymer Molding; Erie, PA
Revvo Caster Company, Inc.; Buffalo, NY Industrial Casters & Wheels; 1997
SurveyorTemp
Titan Tool Supply Co., Inc.; Buffalo, NY Optical Metrology for Metalworking, Electronics & Quality Control
Ttarp Industries Inc.; Buffalo, NY Die Cutting, Heat Laminators & Vertical Band Saws; 1997
Unidex, Inc.; Warsaw, NY Ergonomic Manipulators, Material Handling Equipment, Workstations; 1999
Vandemark Chemical
Vent-A-Kiln Corp.; Buffalo, NY Fume & Heat Exhaust System For Kilns
W.T. Height Company, Inc. Casters, Leveling Mounts, Wheels
Wanner Engineering
WSF Industrial, Inc.; Tonawanda, NY Autoclaves, Reactor Retorts, Other Processing Equipment & Systems, Vacuum Impregnation Vessels

HARRIMAN CREATIVE, INC
PO Box 12667, Portland, OR 97212
Tel.: (503) 796-1813
Fax: (503) 241-9475
E-Mail: brianh@harrimancreative.com
Web Site: www.harrimancreative.com

Employees: 2
Year Founded: 1996

Agency Specializes In: Advertising, Advertising Specialties, Alternative Advertising, Brand Development & Integration, Business Publications, Business-To-Business, Catalogs, Collateral, Communications, Corporate Communications, Corporate Identity, Direct Response Marketing, Graphic Design, Guerilla Marketing, Health Care Services, Identity Marketing, Integrated Marketing, Internet/Web Design, LGBTQ Market, Logo & Package Design, Media Buying Services, Media Planning, Out-of-Home Media, Package Design, Print, Production (Print), Promotions, Social Marketing/Nonprofit, Trade & Consumer Magazines, Urban Market

Breakdown of Gross Billings by Media: Adv. Specialities: 10%; Collateral: 25%; Exhibits/Trade Shows: 10%; Graphic Design: 25%; Print: 30%

Brian R. Harriman *(Pres)*

Accounts:
HemoBand Corporation; Portland, OR HemoBand
Jordco, Incorporated; Beaverton, OR EndoGel, Endoring, Endoring FileCaddy

HARRIS AGENCY
2250 Kalakaua Ave Ste 313, Honolulu, HI 96815
Tel.: (808) 946-6116
Fax: (808) 946-6556
E-Mail: info@harris-agency.com
Web Site: www.harris-agency.com

Employees: 25
Year Founded: 2006

AGENCIES - JANUARY, 2019 — ADVERTISING AGENCIES

Agency Specializes In: Advertising, Brand Development & Integration, Digital/Interactive, Event Planning & Marketing, Media Buying Services, Media Planning, Print, Public Relations, Social Media, Strategic Planning/Research

Doug Harris *(CEO)*

Accounts:
Burger King Holdings Inc.

HARRIS, BAIO & MCCULLOUGH INC.
520 S Frnt St, Philadelphia, PA 19147-1723
Tel.: (215) 440-9800
Fax: (215) 440-9812
E-Mail: info@hbm.com
Web Site: www.hbmadv.com

Employees: 50
Year Founded: 1983

National Agency Associations: LSA

Agency Specializes In: Business-To-Business, Consumer Marketing, Direct Response Marketing, Event Planning & Marketing, Health Care Services, Public Relations, Publicity/Promotions, Sponsorship, Sports Market

Approx. Annual Billings: $78,831,056

Breakdown of Gross Billings by Media: Bus. Publs.: $15,766,211; Collateral: $7,883,106; Fees: $3,941,553; Internet Adv.: $1,576,621; Network T.V.: $3,941,553; Newsp. & Mags.: $1,576,621; Point of Purchase: $5,518,174; Promos.: $6,306,484; Pub. Rels.: $9,459,727; Sports Mktg.: $1,576,621; Spot T.V.: $1,576,621; T.V.: $3,941,553; Trade & Consumer Mags.: $11,824,658; Yellow Page Adv.: $3,941,553

George Harris *(Pres)*
Jenny Thurstin *(Exec VP)*
Rick Scheflen *(Sr VP & Creative Dir)*
C. Brett Harrell *(VP-Acct Mgmt)*
Shawn Salvatore *(VP)*
Lori Gramlich *(Mgr-Digital Prepress)*
Kurt Andersen *(Acct Exec)*
Ron Kalina *(Assoc Creative Dir)*

Accounts:
American Biltrite, Inc. Protective Masking Materials
American Cancer Society
Chron's & Colitis Foundation of America
EnerSys Corporation
GlaxoSmithKline plc
NASCAR Network of Automotive Repair & Parts Stores, Roush Racing
Rockwood Specialties Inc. Chemical Additives for Paints, Inks, Grease & Cosmetics
SKF USA Inc. Ball & Rolling Bearings
SKF/VSM Europe Automotive Aftermarket, Bearing Products, Specialized Replacement Kits
Subaru of America Outback, Legacy & Impreza
Yuasa Specialty Batteries

HARRIS MARKETING GROUP
700 Forest Ave, Birmingham, MI 48009
Tel.: (248) 723-6300
Fax: (248) 723-6301
E-Mail: info@harris-hmg.com
Web Site: www.harris-hmg.com

Employees: 30
Year Founded: 1976

Agency Specializes In: Advertising, Women's Market

Janice Rosenhaus *(CEO)*

Accounts:
ARC Pacific (Agency of Record)
First Federal Bank of Wisconsin (Agency of Record)
Lifeway Foods; Chicago, IL
Uniland Construction; Bloomfield Hills; MI
WNBA
YMCA Metro Detroit; Detroit, MI

HARRISON AND STAR LLC
75 Varick St 6th Fl, New York, NY 10013
Tel.: (212) 727-1330
Fax: (212) 822-6590
Web Site: www.harrisonandstar.com

E-Mail for Key Personnel:
President: tcurran@hs-ideas.com
Creative Dir.: kmcshane@hs-ideas.com

Employees: 275
Year Founded: 1987

Agency Specializes In: Advertising, Health Care Services, Pharmaceutical

Ty Curran *(Pres & CEO)*
Mardene Miller *(Pres)*
Mario Muredda *(CEO)*
Mark Friedman *(Chief Creative Officer & Exec VP)*
Anne Davison *(Sr VP & Grp Dir-Plng)*
Caroline Burton *(Sr VP & Creative Dir)*
Rebecca Greenberg *(Sr VP & Client Svcs Dir)*
Eva Tolk *(Sr VP, Planner-Experience & Strategist-Digital)*
Ely Levin *(Sr VP & Assoc Creative Dir)*
Rob Perota *(Sr VP & Grp Creative Dir)*
Jessica Wey *(Sr VP & Assoc Creative Dir)*
Elyse Coyle *(VP & Grp Acct Supvr)*
Sandra Nevistich *(VP & Assoc Creative Dir)*
Sarah Stout *(VP & Grp Acct Supvr)*
Terese Kung *(Exec Dir-Strategy & Innovation)*
Marjorie Vincent *(Creative Dir)*
Alison Eiffe *(Acct Supvr)*
Tara Collins *(Grp Acct Supvr)*
Darrell Ann Smith *(Grp Acct Supvr)*

Accounts:
Abbott Humira
Bayer Corp.
Genentech, Inc. Avastin, Herceptin, Rituxan, Tarceva, Xeloda
Lucentis
Novartis Ophthalmics
Novartis Pharmaceuticals Corp.
Roche
Santarus, Inc.
Teva Neurosciences, Inc.
Valeant Pharmaceuticals Jublia

HARRISON MARKETING & ADVERTISING
333 Palmer Dr Ste 220, Bakersfield, CA 93309
Tel.: (661) 283-1999
Fax: (661) 283-1998
E-Mail: info@teamhma.com
Web Site: www.teamhma.com

Employees: 5
Year Founded: 1992

Agency Specializes In: Advertising, Digital/Interactive, Direct Response Marketing, Event Planning & Marketing, Graphic Design, Internet/Web Design, Logo & Package Design, Media Buying Services, New Product Development, Print, Production, Public Relations, Radio, T.V.

Dan Harrison *(Pres)*
Cris Peterson *(Dir-Art)*
Kristina Kinnett *(Office Mgr & Media Buyer)*
Jeff Opie *(Designer)*
Pam Sill *(Designer-Graphic)*

Accounts:
Agape International
Bakersfield Memorial Hospital
Clifford & Bradford
Clinica Sierra Vista
River Ranch
Salinas Valley Memorial Hospital
Sierra Printers

HARRISON MEDIA
24416 Crocker Blvd, Clinton Township, MI 48036
Tel.: (586) 465-3855
Fax: (586) 465-2726
E-Mail: mark@harrisonmedia.net
Web Site: www.harrisonmedia.net

Employees: 8

Agency Specializes In: Advertising, Event Planning & Marketing

Patti Harrison *(Owner)*
Mark Harrison *(Controller)*
Samantha Babcock *(Media Buyer & Coord-Special Projects)*
Ashley Jackson *(Media Buyer)*
Jeff Radzinski *(Media Buyer-Digital)*
Katie Cichowski *(Sr Media Buyer)*

Accounts:
Hap
Henry Ford Health System Media Buying

HARRISONRAND ADVERTISING
6823 Bergenline Ave, Guttenberg, NJ 07093
Tel.: (201) 861-5600
E-Mail: info@harrisonrand.com
Web Site: www.harrisonrand.com

Employees: 10

Agency Specializes In: Advertising, Brand Development & Integration, Event Planning & Marketing, Public Relations, Social Media

Daryl Harrison Rand *(Pres & CEO)*
David Rand *(Mng Partner & Media Dir)*

Accounts:
Choose New Jersey
LibertyHealth Foundation
New Jersey City University

HART
(Formerly HART/CPV)
1398 Goodale Blvd, Columbus, OH 43212
Tel.: (614) 224-3887
Web Site: www.cpvinc.com/hartcpv

Employees: 80
Year Founded: 1965

National Agency Associations: 4A's

Agency Specializes In: Advertising, Brand Development & Integration, Broadcast, Business Publications, Business-To-Business, Children's Market, Collateral, Communications, Consulting, Consumer Marketing, Consumer Publications, Corporate Identity, Direct Response Marketing, E-Commerce, Education, Financial, Graphic Design, Health Care Services, High Technology, Industrial, Internet/Web Design, Logo & Package Design, Magazines, Newspaper, Newspapers & Magazines, Out-of-Home Media, Outdoor, Planning & Consultation, Print, Production, Radio, Real Estate, Restaurant, Retail, Strategic Planning/Research, T.V., Trade & Consumer Magazines

Approx. Annual Billings: $12,000,000

ADVERTISING AGENCIES
AGENCIES - JANUARY, 2019

Breakdown of Gross Billings by Media: Bus. Publs.: 10%; Collateral: 30%; D.M.: 10%; Mags.: 5%; Newsp.: 15%; Outdoor: 5%; Radio: 10%; Strategic Planning/Research: 5%; T.V.: 10%

Mike Hart *(Pres & CEO)*
Rocco Maiolo *(Partner)*
Rick Carey *(VP & Creative Dir)*
Marcie Gabor *(VP & Dir-Branding & Design)*
Carol Barrett *(Media Dir)*
Jen Walker *(Media Dir)*
Mike Murphy *(Sr Art Dir)*

Accounts:
AkzoNobel Coatings
Alliance Data Systems
Arkansas Children's Hospital; 2011
Buckeye Power/Ohio Electric Cooperatives; Columbus, OH
Cardinal Health; Columbus, OH; 2009
Charles Penzone Family of Salons; Columbus, OH
Entrotech; Columbus, OH
Goodwill Columbus
Honda of Americas Mfg.
National Children's Hospital; Columbus, OH; 1995
Nationwide Realty Investments
Ohio Dominican University; Columbus, OH; 2000
Williams Detroit Diesel-Allison; Columbus, OH Diesel Engine Distributor; 1994

Branch

HART
(Formerly HART/CPV)
811 Madison Ave Fl 1, Toledo, OH 43604
Tel.: (419) 893-9600
Web Site: www.hartinc.com

Employees: 56
Year Founded: 1965

National Agency Associations: 4A's-PRSA-Second Wind Limited

Agency Specializes In: Advertising, Automotive, Brand Development & Integration, Broadcast, Business-To-Business, Cable T.V., Collateral, Consumer Marketing, Corporate Identity, Direct Response Marketing, Education, Electronic Media, Exhibit/Trade Shows, Financial, Government/Political, Graphic Design, Health Care Services, Industrial, Internet/Web Design, Investor Relations, Logo & Package Design, Media Buying Services, Multimedia, Newspaper, Out-of-Home Media, Outdoor, Production, Public Relations, Search Engine Optimization, Social Marketing/Nonprofit, Social Media, Trade & Consumer Magazines, Transportation, Travel & Tourism

Marc Paulenich *(COO & Sr VP-Strategy)*
Susan Degens *(VP-Media)*
Rich Kretz *(VP-Video Svcs)*
Brian Newberry *(VP-Brand Leadership)*
Randy Phipps *(Exec Creative Dir)*
Sean Rodman *(Creative Dir & Chief Writer)*
Sharon Stemen *(Mgr-New Bus Dev)*
Leslie Bloom *(Sr Acct Exec)*
Sarah Wright *(Sr Acct Exec)*
Jeff Payden *(Sr Art Dir)*

Accounts:
Cabell Huntington Hospital; 2013
Caterpillar; 2015
Certified Angus Beef; Wooster, OH; 2001
Croghan Colonial Bank; 2014
HCR Manor Care; Toledo, OH; 2005
La-Z-Boy; Monroe, MI; 2000
Lima Memorial Health System; 2012
Lourdes University; 2014
Mercy Health; 2013
Ohio Department of Transportation; 2014
Ohio Lottery; 2009
Paramount Health Care; Toledo, OH; 2004
ProMedica Health System; 2004
Seafood Nutrition Partnership
Therma-Tru Doors; 2007
Toledo Area Regional Transit Authority; Toledo, OH
Tween Brands; 2014
URS Corporation
Wacker Chemical Corp

THE HART AGENCY, INC.
13310 Leavenworth Rd, Kansas City, KS 66109
Tel.: (913) 362-7121
Fax: (913) 362-8213
Web Site: www.thebobhartagency.com
E-Mail for Key Personnel:
President: bhart@hartagency.com

Employees: 3
Year Founded: 1985

Agency Specializes In: Business-To-Business, Direct Response Marketing

Approx. Annual Billings: $2,300,000

Robert W. Hart *(Owner)*
Diane Schmidt *(Mgr-Production)*
Suzanne Doss *(Rep-Comml Lines Customer Svc)*

HARTE-HANKS, INC.
9601 McAllister Freeway Ste 610, San Antonio, TX 78216
Tel.: (210) 829-9000
Fax: (210) 829-9403
Toll Free: (800) 456-9748
E-Mail: contactus@harte-hanks.com
Web Site: www.hartehanks.com

Employees: 5,529
Year Founded: 1920

Agency Specializes In: Business Publications, Direct Response Marketing, Direct-to-Consumer

Revenue: $495,300,000

Alfred Tobia *(Chm)*
Jon C. Biro *(CFO & Exec VP)*
Frank Grillo *(CMO)*
Andrew Harrison *(Officer & Sr VP)*
Nicole Pawluk *(VP-Strategy)*
Jason Prew *(Grp Acct Dir)*
Nadia Nelipa *(Assoc Dir-Mktg Strategy & Analytics)*
Dena Konkel *(Mgr-Program Mktg)*

Accounts:
AstraZeneca
BMW of North America, LLC
Comcast
Flumist
International Business Machines Corporation
JCPenney
The Nature's Bounty Co (Agency of Record) Direct-to-Consumer Marketing
Pfizer Inc.
Samsung Electronics America, Inc.
Sony Corporation of America
Symantec

Branches

Harte-Hanks, Inc.
1400 E NewPOrt Center Dr # 21, Deerfield Bch, FL 33442
Tel.: (954) 429-3771
Fax: (954) 570-1100
Web Site: hhl1.harte-hanks.com/hitsweb/

Employees: 130

Year Founded: 1990

Christian Regan *(Partner-HR Bus & VP)*
Scott Hilson *(Sr Dir-Copy)*

Harte-Hanks, Inc.
165 New Commerce Blvd, Wilkes Barre, PA 18706-1439
Tel.: (570) 826-0414
Fax: (570) 826-0488
Web Site: www.hartehanks.com

Employees: 150

Robert Kuhl *(Mng Dir)*
Alan Kittle *(Exec Creative Dir-Global)*
Michael Piatt *(Dir-Bus Dev)*

Subsidiaries

Harte-Hanks Direct Marketing/Baltimore, Inc.
4545 Annapolis Rd, Baltimore, MD 21227-4817
Tel.: (410) 636-6660
Fax: (410) 636-2638
Web Site: www.hartehanks.com/

Employees: 350

Bob Kuhl *(Mng Dir)*
Frank Grillo *(CMO)*

Harte-Hanks Direct Marketing/Dallas, L.P.
2750 114th St Ste 100, Grand Prairie, TX 75050-8737
Tel.: (972) 660-4242
Fax: (972) 660-3137
E-Mail: info@harte-hanks.com
Web Site: www.hartehanks.com

Employees: 100

Bob Kuhl *(Mng Dir)*
Carolyn Oatman *(Dir-Employee Benefits)*

Harte-Hanks Direct Marketing/Fullerton, Inc.
680 Langsdorf Dr, Fullerton, CA 92831-3702
Tel.: (714) 996-8900
Fax: (714) 441-1577
E-Mail: media@hartehanks.com
Web Site: www.hartehanks.com

Employees: 20

Johnny Castaneda *(VP-IT)*
Brad Wamsley *(VP-Growth Markets)*

Aberdeen Group
15015 Avenue Of Science Ste 110, San Diego, CA 92128
Tel.: (800) 854-8409
Fax: (858) 452-6857
E-Mail: hello@aberdeen.com
Web Site: http://aberdeen.com/

Employees: 250

Agency Specializes In: Strategic Planning/Research

Gary Skidmore *(CEO)*

Harte-Hanks Response Management/Boston, Inc.
600 N Bedford St, East Bridgewater, MA 02333
Tel.: (508) 894-1500

Fax: (508) 378-8448
Web Site: www.hartehanks.com/

Employees: 400

Frank Grillo *(CMO)*
Lauri Kearnes *(VP & Controller)*
Matthew Rust Pollock *(VP-Solution Sls)*
Danielle Nesbitt Lakos *(Mgr-Talent Acq)*
Gary Ronan *(Mgr-HR)*

Harte-Hanks Data Services LLC
6701 Baymeadow Dr Ste D, Glen Burnie, MD 21060-6405
Tel.: (410) 412-1662
Fax: (410) 412-1659
E-Mail: contactus@harte-hanks.com
Web Site: www.hartehanks.com

Employees: 100

Frank Grillo *(CMO)*

Accounts:
PennysaverUSA.com
TheFlyer.com

Harte-Hanks Direct, Inc.
3800 Horizon Blvd Ste 500, Feasterville Trevose, PA 19053
Tel.: (215) 750-6600
Fax: (215) 944-9710
Web Site: www.hartehanks.com

E-Mail for Key Personnel:
President: frank_harvey@harte-hanks.com

Employees: 180
Year Founded: 1983

Agency Specializes In: Sponsorship

Frank Grillo *(CMO)*
Alan Kittle *(Sr VP-Creative & Strategy)*
Monica Perkins *(Acct Dir)*

Aberdeen Group, Inc.
451D St 7th Fl Ste 710, Boston, MA 02210
Tel.: (617) 723-7890
Fax: (617) 723-7897
Toll Free: (800) 577-7891
E-Mail: member.services@aberdeen.com
Web Site: www.aberdeen.com

Employees: 100
Year Founded: 1998

Matthew T Grant *(CMO)*
Derek Brink *(VP-Res, Info Security & IT GRC)*
Janelle Casella *(Sr Dir-Client Success)*
Jim Rapoza *(Dir-Res)*

Accounts:
Acxiom
Gardner Denver
Industry Canada

Harte-Hanks Direct Marketing/Jacksonville, LLC
7498 Fullerton St, Jacksonville, FL 32256-3508
Tel.: (904) 363-6313
Fax: (904) 363-6867
E-Mail: contactus@harte-hanks.com
Web Site: www.hartehanks.com

Employees: 125
Year Founded: 1972

Agency Specializes In: Direct Response Marketing

Non-U.S. Subsidiaries

Harte-Hanks CRM Services Belgium N.V.
Ekkelgaarden 6, 3500 Hasselt, Belgium
Tel.: (32) 11 300 300
Fax: (32) 11 300 310
E-Mail: info@harte-hanks.be
Web Site: www.hartehanks.com

Employees: 50

Agency Specializes In: Communications, Consulting, Direct-to-Consumer, Media Planning, New Technologies, Strategic Planning/Research

Jeff Slough *(Gen Mgr-Europe)*
Pascal Schroyen *(Dir-Fin & Admin)*

HARVEST CREATIVE
348 N Main, Memphis, TN 38103
Tel.: (901) 526-6244
Web Site: www.harvestcreative.com

Employees: 10

Agency Specializes In: Advertising, Brand Development & Integration, Graphic Design, Logo & Package Design

Daniel Brown *(Owner & Creative Dir)*
Coral Anique Norbech Edwards *(Head-Mktg)*
Jenna Kaufman *(Acct Mgr)*
Mike Force *(Assoc Creative Dir)*

Accounts:
Tractor Supply Co. Inc.

HARVEST CREATIVE SERVICES
1011 North Washington, Lansing, MI 48906
Tel.: (517) 887-6555
Web Site: harvestcreativeservices.com/

Employees: 18

Agency Specializes In: Advertising, Brand Development & Integration, Strategic Planning/Research

Colleen Murray *(VP-Music & Media Rights)*
Lou Schiavone *(Writer & Creative Dir)*

Accounts:
Biggby Coffee

HARVEY & DAUGHTERS, INC./ H&D BRANDING
952 Ridgebrook Rd Ste 1000, Sparks, MD 21152
Tel.: (410) 771-5566
Fax: (410) 771-5559
E-Mail: jperkins@hd-branding.com
Web Site: www.harveyagency.com

Employees: 32
Year Founded: 1986

National Agency Associations: AAF-IN-Second Wind Limited

Agency Specializes In: Advertising, Brand Development & Integration, Communications, Consumer Marketing, Guerilla Marketing, Integrated Marketing, Internet/Web Design, Package Design, Point of Purchase, Promotions, Publicity/Promotions, Retail, Strategic Planning/Research

Approx. Annual Billings: $28,000,000 Capitalized

Kathy Harvey *(Founder & Pres)*
John Makowski *(Sr VP & Creative Dir)*

Jennifer Leah *(Art Dir)*
Sue Baile *(Dir-Brand Integration)*
Alexandra Geisler *(Acct Exec)*

Accounts:
Black & Decker
Blanx
CoverGirl
Delta Carbona
DeWalt
Dr. Scholl's
H&S Bakery/Schmidt's
Hershey's
McCormick Foodservice, Retail
Olay
Phillips Seafood
Procter & Gamble Cosmetics Oil of Olay, Max Factor & Cover Girl; 1986
Schmidt Baking
Scotts
Season Brand
Turkey Hill
U.S. Foodservice

HASTINGS DESIGN CO
PO Box 8813, Roanoke, VA 24014
Tel.: (540) 808-2233
E-Mail: mary@hastingsdesign.com
Web Site: www.hastingsdesign.com

Employees: 1

Mary Hastings *(Pres)*

Accounts:
Bontex, Inc.

HATCH MARKETING
560 Harrison Ave Ste 302, Boston, MA 02118
Tel.: (617) 267-6262
E-Mail: hello@engagehatch.com
Web Site: www.engagehatch.com

Employees: 50

National Agency Associations: ICOM

Agency Specializes In: Advertising, Brand Development & Integration, Broadcast, Content, Digital/Interactive, Internet/Web Design, Media Planning, Radio, Social Media, Strategic Planning/Research

Breakdown of Gross Billings by Media: Bus. Publs.: $60,000; Collateral: $870,000; D.M.: $150,000; Mags.: $90,000; Newsp.: $450,000; Other: $90,000; Outdoor: $510,000; Pub. Rels.: $30,000; Radio: $150,000; T.V.: $600,000

Jennifer Harrington *(Pres)*
Nik Barkley *(Creative Dir)*
Jacqueline Holland *(Creative Dir)*
Chris Dousharm *(Dir-Social Media & Acct Exec)*
Tami Gauvreau *(Dir-Acct & Media)*
Alyssa Napoleon *(Dir-Client Svcs)*
Hannah Gillis *(Acct Exec & Strategist-Media)*

Accounts:
Blue Cross Blue Shield of Massachusetts
New-The Glenmede Trust Company Advertising, Branding, Creative, Media, Social
Massachusetts Department of Transportation

THE HATCHER GROUP
4340 E W Highway Ste 912, Bethesda, MD 20814
Tel.: (301) 656-0348
Fax: (301) 656-0633
E-Mail: info@thehatchergroup.com
Web Site: www.thehatchergroup.com

Employees: 25

ADVERTISING AGENCIES

Year Founded: 2000

Agency Specializes In: Advertising, Brand Development & Integration, Content, Crisis Communications, Digital/Interactive, Internet/Web Design, Public Relations, Social Media

Ed Hatcher *(Pres)*
Angie Cannon *(Partner)*

Accounts:
The Horizon Foundation

HATFIELD MEDIA
12450 Lake Station Pl, Louisville, KY 40299
Tel.: (502) 509-3349
E-Mail: contact@hatfieldmedia.com
Web Site: https://www.hatfieldmedia.com/

Employees: 12
Year Founded: 2009

Agency Specializes In: Above-the-Line, Advertising, Advertising Specialties, Affiliate Marketing, Affluent Market, African-American Market, Alternative Advertising, Asian Market, Below-the-Line, Brand Development & Integration, Business-To-Business, Communications, Consulting, Consumer Marketing, Content, Corporate Communications, Corporate Identity, Custom Publishing, Digital/Interactive, Direct-to-Consumer, E-Commerce, Electronic Media, Email, Event Planning & Marketing, Faith Based, Graphic Design, Guerilla Marketing, High Technology, Identity Marketing, Integrated Marketing, International, Internet/Web Design, Local Marketing, Logo & Package Design, Luxury Products, Market Research, Media Buying Services, Media Planning, Media Relations, Men's Market, Mobile Marketing, Multimedia, New Product Development, Over-50 Market, Paid Searches, Planning & Consultation, Production, Promotions, Publicity/Promotions, Publishing, Regional, Sales Promotion, Search Engine Optimization, Social Marketing/Nonprofit, Social Media, Strategic Planning/Research, Technical Advertising, Urban Market, Viral/Buzz/Word of Mouth, Web (Banner Ads, Pop-ups, etc.), Women's Market

Drake Hatfield *(CEO)*

Accounts:
Donan Engineering SEM, SEO, Video Production, Website Development; 2015
Ford Motor Company Video Production; 2012
Kentucky Venues Kentucky State Fair; 2018

THE HAUSER GROUP INC.
13354 Manchester Rd Ste 200, Saint Louis, MO 63131
Tel.: (314) 436-9090
Fax: (314) 436-9212
Web Site: www.hausergrouppr.com

Employees: 5

Agency Specializes In: Advertising, Crisis Communications, Media Relations, Media Training, Public Relations, Social Media, Strategic Planning/Research

Julie Hauser *(Pres)*
Kelly Harris *(Sr Acct Dir)*
Pamela Powell *(Acct Dir)*
Abigail Rolland *(Acct Exec)*

Accounts:
Gateway Greening
Great Rivers Greenway

HAVAS
29/30 quai de Dion Bouton, 92817 Puteaux, Cedex France
Tel.: (33) 1 58 47 80 00
Fax: (33) 1 58 47 90 38
E-Mail: havas.communications@havas.com
Web Site: www.havasgroup.com/

Employees: 15,419
Year Founded: 1835

National Agency Associations: AACC-ADC

Agency Specializes In: Above-the-Line, Advertising, Advertising Specialties, Below-the-Line, Brand Development & Integration, Branded Entertainment, Communications, Consulting, Content, Corporate Communications, Corporate Identity, Crisis Communications, Customer Relationship Management, Digital/Interactive, Direct Response Marketing, Direct-to-Consumer, Entertainment, Environmental, Event Planning & Marketing, Experience Design, Financial, In-Store Advertising, Internet/Web Design, Investor Relations, Logo & Package Design, Market Research, Media Buying Services, Media Planning, Media Relations, Media Training, Mobile Marketing, Out-of-Home Media, Outdoor, Package Design, Pharmaceutical, Planning & Consultation, Point of Purchase, Point of Sale, Production (Print), Promotions, Public Relations, Publicity/Promotions, Publishing, Sales Promotion, Shopper Marketing, Social Media, Sponsorship, Sports Market, Viral/Buzz/Word of Mouth, Web (Banner Ads, Pop-ups, etc.)

Approx. Annual Billings: $2,285,419,000

Yannick Bollore *(Chm & CEO)*
Aurelie Jolion *(Partner & Head-Havas Grp Fin Committee)*
Thierry Grouleaud *(Deputy Dir Gen & Dir-Productions)*
Christophe Coffre *(Pres-Havas Paris & Creative Dir)*
Matthieu de Lesseux *(CEO-Creative-France)*
Remi Babinet *(Mng Dir-Clarisse Lacarrau-BETC LA)*
Valerie Planchez *(VP)*
Edouard Dorbais *(Editor & Designer)*
Kevin Nugeron *(Editor & Designer)*
Remi Arnaud *(Art Dir)*
Nicolas Harlamoff *(Art Dir)*
Alfred Pelamatti *(Art Dir)*
Alban Penicaut *(Creative Dir)*
Benoit Pinon *(Art Dir)*
Maxime Trenton *(Dir-Comml Art)*
Nathalie Coulibeuf *(Assoc Dir)*
Constantin de La Borde *(Copywriter)*
Sophie Lacheze *(Coord-Grp Awards Shows)*
Michel Dobkine *(Gen Sec)*
Stephane Fouks *(Exec Chm)*

Accounts:
The Architecture Museum
Autosphere
B&B Hotels
Carrefour
Cite de l'architecture & du patrimoine
Citroen
Danone
EDF
Emirates Global Media Strategy, Planning, Social, Traditional & Digital Investments
France Telecom
GlaxoSmithKline Consumer Healthcare Advertising, Content, Digital
Goliath
Grupo Carso
Hershey Foods
HotelF1 Hospitality
New-Hubside
Hyundai
Joey Starr / Lickshot
King Jouet
Lehning voxpax
Les Restaurants du Coeur
LVMH
McDonald's
Merck
Michelin (Global Media Agency of Record) Global Strategic Media
Mondelez International, Inc.
Moutardes du Vexin
Novartis Nicotinell
Peugeot
Pfizer
Philip Morris International
Reckitt Benckiser
Sanofi
Veolia Water

Havas Creative Group

Arnold Furnace
Level 11 60 Miller St, Sydney, NSW 2060 Australia
Tel.: (61) 2 8248 5000
Fax: (61) 2 8248 5050
Web Site: http://au.arn.com

Employees: 30

Agency Specializes In: Sports Market

Accounts:
Atkins Nutritionals
Cenovis
Disney Channel
Olympus
Peugeot
Skins
Surfrider Foundation Plastic Pollution Awareness, Print
Tour East

Arnold Worldwide
10 Summer St, Boston, MA 02110
(See Separate Listing)

fullsixadvertising
157 Rue Anatole, 92300 Levallois-Perret, France
Tel.: (33) 149687300
E-Mail: communication@fullsix.com
Web Site: http://group.fullsix.com

Employees: 600

Agency Specializes In: Advertising

Melissa Dimemmo *(CEO-US)*
Frederic Delaunay *(Acct Dir)*
Bertrand Fargheon *(Dir-Omni Media)*
Seinn Schlidt *(Dir-Strategy-US)*
Pierre Chapron *(Acct Mgr)*
Diogo Paulo *(Sr Art Dir-US)*

Accounts:
French Red Cross Campaign: "The light of donation"

Havas Formula
810 Parkview Dr N, El Segundo, CA 90245
(See Separate Listing)

Havas Sports & Entertainment
(Formerly Ignition Holdings LLC.)
101 Marietta St NW 6th Fl, Atlanta, GA 30303
(See Separate Listing)

Havas Worldwide Chicago
36 E Grand Ave, Chicago, IL 60611
(See Separate Listing)

AGENCIES - JANUARY, 2019 — ADVERTISING AGENCIES

Havas Worldwide
200 Hudson St, New York, NY 10013
(See Separate Listing)

Helia
6 Briset Street, London, EC1M 5NR United Kingdom
Tel.: (44) 207 017 1000
Fax: (44) 207 017 1001
Web Site: http://havaskx.com/havas-helia/

Employees: 100
Year Founded: 1967

Agency Specializes In: Direct Response Marketing

Xavier Rees *(CEO)*
Emma Langford-Lee *(Mng Partner)*
Mark Whelan *(Chief Creative Officer)*
James Swan *(Exec Creative Dir)*
Aaron Howard *(Creative Dir)*
Kate Keepax *(Dir-New Bus & Mktg)*
Lisa Lee *(Dir-Bus Strategy)*

Accounts:
Adidas Digital, International CRM
Agilent Technologies
Barclays
Barkley Cars International
BBC CRM
The Co-operative Bank
D.E Master Blenders Global Media
Diageo
Heathrow
Nestle
Pets at Home
Peugeot UK Campaign: "Carkour", Campaign: "Envy Whodunnit", Campaign: "See the city in a different light", Campaign: "Show Your Character", Data, Digital
Royal Mail Customer Engagement
Saga Customer Engagement Strategy
Sky Card Credit Card; 2008
Southwestern Distillery Campaign: "FaceTime", Tarquin's Gin
Starbucks Coffee Company UK Ltd. EMEA Customer Engagement; 2018
Tesco CRM, Clubcard
TSB Direct Marketing
Unilever Campaign: "just one shower", Digital Display Communications, Dove (Global Digital Agency of Record), Dove Men+Care (Global Digital Agency of Record), Surf (Global Digital Agency of Record)
Viking Cruises
Volvo Cars, Digital, V40 R-Design
Westfield CRM
Whitbread Beefeater Grill, Brewers Fayre, CRM, Premier Inn, Table Table, Taybarns

Helia
Phoenix Way, Cirencester, Glos GL7 1RY United Kingdom
Tel.: (44) 1285 644744
Fax: (44) 1285 654952
Web Site: http://havaskx.com/havas-helia/

Employees: 110

Agency Specializes In: Direct Response Marketing

Emily Couldwell *(Acct Dir)*
Sue Wall *(Dir-Ops)*

Accounts:
Comparethemarket.com
Heinz Baby Food
Pets at Home CRM

W & Cie
1 Cours de 1Ile Seguin, Boulogne-Billancourt, 92650 France
Tel.: (33) 1 72 27 00 00
Fax: (33) 1 72 27 00 07
E-Mail: d.gancel@wcie.fr
Web Site: www.wcie.fr

Employees: 95

Agency Specializes In: Advertising, Production (Print)

Francois Lamotte *(Mng Dir)*
Gregoire Weil *(Deputy Mng Dir & Head-Content & Digital)*
Thomas Stern *(VP & Creative Dir)*
Marc Atallah *(Art Dir-Digital & Creative)*
Paul Groves *(Creative Dir)*
Catherine Million Parmentier *(Dir-Admin & Fin)*
Vincent Berard *(Sr Art Dir)*

Accounts:
Federation Nationale Solidarite Femmes Campaign: "Breath"
G6 Hospitality LLC
Mercure Hotels

Havas Media Group

Affiperf
8 rue Godefroy, 92800 Puteaux, France
Tel.: (33) 1 58 47 80 00
Fax: (33) 1 58 47 90 38
E-Mail: contact@affiperf.com
Web Site: www.affiperf.com

Employees: 50

Agency Specializes In: Programmatic

Melissa Bonnick *(Sr VP-Programmatic Strategy-US)*
Laure de Longvilliers Prest *(Dir-France)*
Elaine Lao *(Mgr-Programmatic Strategy-Boston)*

Arena BLM
247 Tottenham Court Rd, London, W1T 7QX United Kingdom
Tel.: (44) 20 7182 6400
Fax: (44) 20 7287 8769
Web Site: http://www.arenamedia.com/

Employees: 90
Year Founded: 1990

Agency Specializes In: Media Buying Services

Abi Ward *(Mng Partner)*
Sarah Treliving *(Grp Mng Dir-Arena Media & Arena Azure)*
Hannah Tucker *(Bus Dir)*

Accounts:
All Leisure Group Just You, Media, Media Planning & Buying, Swan Hellenic, Travelsphere, Voyages of Discovery
Betfair Media Planning & Buying, SEO, Social
Blinkbox Planning & Buying
Bourne Leisure
Brittany Ferries
Canti Media
Character Options
Charles Wells Bombardier, Estrella Damm UK, Media, Young's
Danish Crown Media Buying
Dominos Pizza Campaign: "#Lookdown", Campaign: "A dough in the life", Media Planning & Buying
Emirates Media Planning & Buying
ESPN
Eurostar
Flight Centre Buying, Media
GX Networks Ltd. Media Planning & Buying
Indeed Laboratories In-House, Media, Nanoblur, Outdoor, Press
Innovation Norway
Jaeger
King of Shaves
LG Global Media
Merck Consumer Health Hailborange, Seven Seas
MyCarNeedsA.com Media Buying, Media Planning
Pizza Group Domino's, Online Sitcom, The Support Group
QVC
Ricola Media Planning & Buying, TV Roundup
Royal Botanical Gardens Kew
Royal Mail Holdings plc Media, Media Planning & Buying
Scotts Miracle-Gro Media Planning & Buying
Scotts
Suzuki
Three Mobile
Tulip Danepak, Media Buying, Media Planning
Universal Music Group Media
Vapestick
VSO
Warner Vision
Westfield
Win Cash Live Brand Media, Media Buying, Media Planning

Cake Group Ltd
The HKX Building, 3 Pancras Sq, London, N1C 4AG United Kingdom
Tel.: (44) 203 196 9000
Web Site: cakegroup.squarespace.com

Employees: 50
Year Founded: 1998

Agency Specializes In: Brand Development & Integration, Experiential Marketing, Public Relations

Mark Whelan *(Founder)*
Shirin Majid *(Exec Creative Dir)*
Liam Thompson *(Mgr-Gaming & Influencer)*

Accounts:
Alton Towers Resort Consumer PR, Creative, The Smiler, Theme Park & Resort, Viral Campaign
Ben & Jerry's
The Big Lottery Fund
The Big Lunch
British Airways
Burger King
Chivas
Coca-Cola Refreshments USA, Inc.
COI
Electronic Arts Public Relations
HMV
Honda Social Media
Hyundai Motor Company Campaign: "Car Parts for the World"
Microsoft
Molson Coors Brewing Company (UK) Ltd. Blue Moon, Coors Light, Pravha, Sponsorship & Activation, Staropramen
Morrisons Consumer PR, Nutmeg
Motorola Solutions, Inc.
One Direction Campaign: "Our Moment"
Orange
PG Tips
Sainsburys Mobile
Shop Direct Consumer Public Relations, SEO, Social Media
Sony UK Experiential, Online, Public Relations, SmartBand, Social Media, Wristband
Tourism Ireland Adventure Sports-Tourism
Unilever
United Biscuits
V Festival 20th Anniversary, Consumer Public Relations, Media, Press

ADVERTISING AGENCIES

Virgin Atlantic #FlightDecks, 787 Aircraft, Birthday Girl, Concept Creation, Consumer Public Relations, Event Production, Microsite, Talent Handling
Visit London
Vodafone
Weetabix Alpen, Online Social Strategy, Social Media
Yahoo

Havas Digital
11 Square Leon Blum, 92806 Puteaux, Cedex France
Tel.: (33) 1 46 93 33 33
Fax: (33) 1 46 93 35 37
Web Site: havasdigitalfactory.com

Employees: 50

Agency Specializes In: Media Buying Services

Stephanie Marie *(Chief Transformation Officer-Havas Media Grp)*

Accounts:
AACD - Association for Assistance to Handicapped Children Campaign: "Forgotten Bill"
B&B Hotels
DG Digital, MediaMind, Online, TV Campaign Optimization, VideoFusion
Orange ABC Annual Report, Cellular Phones

Havas Just:: Putney
(Formerly Just Health Communications)
3 Pancras Square, London, N1C 4AG United Kingdom
Tel.: (44) 20 8877 8400
Fax: (44) 20 8874 2453
Web Site: www.havasjust.com

Employees: 33

Agency Specializes In: Brand Development & Integration, Communications, Consulting, Consumer Publications, Health Care Services, Media Relations, Public Relations, Strategic Planning/Research

Jennie Talman *(Co-Founder)*
Emma Crozier *(Mng Dir)*
Fiona Walton-Doyle *(Dir)*

Accounts:
Campaign to End Loneliness Communications
Caris Life Sciences Integrated PR, Public Affairs
MiniCol
Novartis

Havas Media
200 Hudson St, New York, NY 10013
(See Separate Listing)

HAVAS HEALTH & YOU
200 Madison Ave, New York, NY 10016
Tel.: (212) 532-1000
Fax: (212) 251-2766
Web Site: http://www.HavasHealthAndYou.com/

Employees: 2,500

National Agency Associations: 4A's

Agency Specializes In: Communications, Health Care Services, Sponsorship

Donna Murphy *(Partner & CEO)*
Jeff Hoffman *(Partner & Chief Dev Officer)*
Edward Stapor *(Partner & Chief Client Officer)*
John Hackney *(CEO-European Union)*
Carola Salvato *(CEO-Italy)*
Letty Albarran *(Exec VP & Exec Creative Dir-Copy)*

Meredith Levy Bernstein *(Sr VP & Dir-Bus Dev)*
Lisa Quartley *(Sr VP & Planner)*
Michele Coppa *(Sr VP-HR)*
James Akhbari *(VP & Dir-Digital Media)*
Steven Nothel *(Brand Dir)*
Jennifer Korngut *(Acct Supvr)*

United States

Havas Life Metro
200 Madison Ave, New York, NY 10016
Tel.: (212) 532-1000
Fax: (212) 251-2766
Web Site: www.havaslife.com/

Employees: 150
Year Founded: 1980

Agency Specializes In: Health Care Services, Pharmaceutical

Noel Castro *(Mng Dir & Chief Creative Officer)*
Christine D'Appolonia *(Mng Dir)*
Jack Englert *(Exec VP & Exec Creative Dir)*
Ryan Phippen *(Sr VP & Acct Grp Supvr)*
Ellen Funk *(VP & Acct Grp Supvr)*
Kim Rostovskis *(VP & Acct Grp Supvr)*
Amanda Vitta *(VP & Acct Grp Supvr)*
Jay Sylvester *(VP & Assoc Creative Dir)*

Accounts:
Bausch & Lomb
Biogen Idec
Bristol-Myers Squibb
ENDO Pharmaceuticals
Genentech
Lansinoh Laboratories
Medicis

Havas Life New York
200 Madison Ave, New York, NY 10016
Tel.: (212) 726-5050
Web Site: www.havaslife.com

Employees: 125
Year Founded: 2003

National Agency Associations: 4A's

Allison Ceraso *(Pres)*
Michael McNamara *(Pres)*
Janine Serio *(Sr VP & Assoc Creative Dir)*

H4B Chelsea
75 9th Ave, New York, NY 10011
Tel.: (212) 299-5000
E-Mail: mpeto@Health4Brands.com
Web Site: www.health4brands.com

Employees: 325
Year Founded: 2004

National Agency Associations: 4A's

Agency Specializes In: Advertising, Health Care Services

Christian Bauman *(Partner & Chief Creative Officer)*
Michael Peto *(Pres-Health4Brands)*
Cara Levinson *(Sr VP & Planner)*
Courtney Lynch *(Sr VP & Assoc Creative Dir)*
Daniel Plansky *(Sr VP & Assoc Creative Dir)*
George Lepore *(Assoc Mng Dir & Exec Creative Dir)*
Jennifer Troast *(Acct Grp Supvr)*
Charles Ross *(Acct Supvr)*

Havas Life Metro
36 E Grand Ave, Chicago, IL 60611

Tel.: (312) 640-6800
Fax: (312) 640-3219
Web Site: www.havaslife.com

Employees: 45
Year Founded: 2000

Agency Specializes In: Health Care Services

Jill Mennenga *(Exec VP & Grp Dir)*
Stephen Bell *(Sr VP-Strategic Plng)*
Ann Slingerland *(Acct Supvr)*

Canada

Havas Life
20 Richmond St E 6th Fl, Toronto, ON M5C 2R9 Canada
Tel.: (416) 925-9005
Fax: (416) 925-6568
Web Site: www.havaslife.com

Employees: 25

Agency Specializes In: Health Care Services

Chantal Innes *(VP & Creative Dir)*
Cecile Hustin *(VP-Strategic Plng)*
Danielle Nicholas *(Grp Acct Dir-Havas Health)*
Anoush Thorose *(Art Dir)*

Accounts:
Abbott
Bayer BP Canada
Bayer BP Global
Boehringer Ingelheim
Janssen Ortho

Italy

Havas Life Rome
Via del Poggio Laurentino 118, 00144 Rome, Italy
Tel.: (39) 0654550498
E-Mail: Cristina.Dalo@havasww.com
Web Site: www.havaslife.com

Employees: 4
Year Founded: 2004

Agency Specializes In: Health Care Services

Elisabetta Grioni *(Dir-Medical & Planner-Strategic)*
Alessandra Bordigato *(Dir-Bus Developer)*
Olgamaria Pacchioni *(Dir-Bus Unit)*
Michela Carella *(Sr Acct Mgr)*
Michela Ferron *(Sr Acct Mgr)*

Germany

Havas Life Bird & Schulte
Urachstrasse 19, 79102 Freiburg, Germany
Tel.: (49) 07618885480
Web Site: www.bird-schulte.de

Employees: 30
Year Founded: 2008

Jeremy Bird *(Mng Dir)*
Monika Schulte *(Joint Mg Dir-Strategy & Client Svcs)*

Havas Lynx
168-173, Berkshire House, London, WC1V7AA United Kingdom
Tel.: (44) (0)20 3763 5780
Web Site: https://www.havaslynx.com/

Employees: 35

AGENCIES - JANUARY, 2019 — ADVERTISING AGENCIES

Year Founded: 2012

Tim Woodcock *(Mng Dir-London)*
Jon Chapman *(Creative Dir)*
Trevor Johnson *(Dir-Design)*
Lauren Awcock *(Sr Acct Mgr)*
Alicia Dews *(Copywriter)*

Accounts:
Broughton House
Cancer Research UK
HSS
Organ Donor Foundation
Teva #Laugh4Lungs

Havas Life Medicom UK
Ferry Works, Summer Road, Thames Ditton, KT7 0QJ United Kingdom
Tel.: (44) (0) 208 481 8100
Web Site: www.havaslifemedicom.com

Employees: 100
Year Founded: 2003

Sarah Mikhailov *(Mng Partner)*
Chris Bartley *(Mng Dir & Chief Innovation Officer)*
Alison Garside *(Copywriter-Brand, Adv & Promo)*

HAVAS WORLDWIDE
200 Hudson St, New York, NY 10013
Tel.: (212) 886-4100
Fax: (212) 886-5013
Web Site: havas.com/

Employees: 11,000
Year Founded: 1991

National Agency Associations: 4A's

Agency Specializes In: Above-the-Line, Advertising, Advertising Specialties, Automotive, Aviation & Aerospace, Below-the-Line, Brand Development & Integration, Branded Entertainment, Business-To-Business, Communications, Content, Corporate Communications, Cosmetics, Digital/Interactive, Event Planning & Marketing, Fashion/Apparel, Financial, Food Service, Health Care Services, High Technology, International, Leisure, Luxury Products, Medical Products, Men's Market, Multicultural, Pharmaceutical, Planning & Consultation, Public Relations, Retail, Social Marketing/Nonprofit, Social Media, Sponsorship, Strategic Planning/Research, Teen Market, Travel & Tourism, Urban Market, Women's Market

Laura Maness *(CEO)*
Israel Garber *(Mng Dir & Exec Creative Dir)*
Frank Mangano *(CFO & COO-North America)*
Michael Kaushansky *(Pres-Helia & Chief Data Officer-North America)*
Yvonne Bond *(Chief Comm Officer)*
Dan Davies *(Exec VP & Head-Digital Investments)*
Rich Gagnon *(Exec VP & Head-Havas Healthmedia Practice)*
Patrick Kelly *(Sr VP & Grp Acct Dir-Havas Media Grp)*
Caitlin K. Mahoney *(VP & Grp Dir-Integrated Investment)*
Mia Mariano *(VP & Grp Acct Dir)*
Michael Tavares *(VP & Assoc Dir-Creative & Art)*
Sarah Casebolt *(VP-New Bus)*
Dee Ersu *(VP)*
Arthur Yen *(VP-Mktg Analytics & Data Consulting)*
Jason Jercinovic *(Head-Mktg Innovation)*
Andy Checo *(Assoc VP)*
Kim Ann Baskinger *(Exec Creative Dir)*
Sophie Hauptfuhrer *(Exec Dir-Strategy)*
Paul Johnson *(Exec Creative Dir)*
Pam Kim *(Exec Creative Dir)*
Adam Lau *(Exec Creative Dir)*
John Rea *(Exec Creative Dir)*
Nukte Tuncok Fischer *(Grp Dir-Plng)*
Elaine Purcell *(Grp Dir-Strategy)*
Katie Ryan *(Grp Dir-Strategy)*
Julie Lister *(Grp Acct Dir)*
Katy Milmoe *(Grp Acct Dir)*
Anthony Derby *(Sr Producer-Digital)*
Erin Boram Chung *(Art Dir-Interactive & Designer)*
Eduardo Camacho *(Art Dir)*
Danny Corrales *(Creative Dir)*
Joseph Delhommer *(Creative Dir)*
Nick Elliott *(Creative Dir)*
Jay Hunt *(Creative Dir)*
Amy Korfias *(Acct Dir)*
Brad Kranjec *(Art Dir)*
Theodore McFail *(Producer-Digital)*
Sascha Piltz *(Creative Dir)*
Keegan Sanford *(Art Dir)*
John M. Teter *(Creative Dir)*
Julian Tippins *(Creative Dir)*
Tommy Troncoso *(Creative Dir)*
Erwin Winkler *(Creative Dir)*
Pedro Gomez *(Mgmt Supvr)*
Alison Alexandre *(Dir-Procurement)*
Jennifer Copeland *(Dir-Social Strategy)*
Nushien Fateh *(Dir-Strategy)*
Daniel Finnegan *(Dir-Strategic Comm)*
Grace Fung *(Dir-Plng)*
Nazly Kasim *(Dir-Creative & Art)*
Cathy Pitegoff *(Dir-Brdcst Production & Bus Affairs)*
Stephanie Pollitt *(Dir-Mktg & Bus Dev)*
Holden Weintraub *(Dir-Studio-Euro RSCG Life)*
Joshua Plotzker *(Assoc Dir)*
Deborah Steeg *(Sr Mgr-Brdcst Bus)*
Alicia Thomas *(Mgr-Budget & Coord-Fin)*
Julie Rosenoff *(Mgr-Art Production)*
Denise Wilkinson *(Mgr-Creative-Havas Tonic)*
Leah Drewnowski *(Acct Supvr)*
Sarah Louie *(Acct Supvr)*
Christopher Mander *(Acct Supvr)*
Caroline Proto *(Supvr-Media)*
Kristin Sakaguchi *(Supvr-Analytics)*
Kaitlyn Stumpf *(Supvr-Connections Plng)*
Katherine Terc-Acosta *(Supvr-Media)*
Lauren Croke *(Acct Exec-Global Growth & Digital Production)*
Elliot Guzman *(Specialist-Ad Ops & Digital Media)*
Michael Martinangelo *(Acct Exec)*
Suraj Balani *(Analyst-Digital)*
Alexis Carr *(Copywriter)*
Alexis Dammar *(Planner-Connections)*
Gordon Grout *(Copywriter)*
Tasha Hanna *(Art Buyer)*
Madeline Toro *(Analyst-Fin)*
Sandra Rivera *(Coord-Creative)*
Svetlana Bregman *(Assoc Media Dir)*
Richard Douek *(Assoc Creative Dir-Copy)*
Sam Fitzgerald *(Assoc Creative Dir)*
Mitchell Goidel *(Buyer-Digital Investments)*
Joe Koecher *(Assoc Creative Dir)*
Fernando Mattei *(Assoc Creative Dir)*
John Nussbaum *(Grp Creative Dir)*
Thomas Richter *(Assoc Creative Dir)*
Seth Rothberg *(Sr Developer-Interactive)*
Caitlin VanderKlok *(Sr Art Dir)*
Gina Vargas *(Sr Media Planner)*
Natasha Vega *(Buyer-Digital Investments)*

Accounts:
New-Accor
Actavis
Air France
Amgen
Astellas
AstraZeneca
Banco Santander
New-Barnes & Noble, Inc. Creative, Media
Biogen
Canal +
Carrefour
Century Link
Citigroup
Citroen
Craftsman
Credit Agricole
Credit Suisse Group
Danone Danone, Danone Nutricia, Evian
Evian
Defence Force Australia
Diageo
Ebay Pay Pal
EDF
Ferrero Ferrero Roche, Kinder, Nutella, Tic Tac
Grupo Carso
Grupo Pao de Azucar
GSK Advertising, Digital, Flonase OTC, Respritory Rx
New-Harman International Industries, Incorporated Broadcast, Digital, JBL, Radio, Social
Heineken USA Dos Equis
Heinz
IBM
Keurig Green Mountain, Inc K-Select, K-cup
Kevita, Inc. Events
New-La Poste
Louis Vuitton Moet Hennessy Berluti, LVMH Group, Louis Vuitton, Sephora, TAG Heuer
Merck KGaA
Mondelez International, Inc. Ritz
MonoPrix
Mulliez Group
New York Life Creative
Novartis
Orange
Pernod Ricard Aberlour, Ballantine's, Brancott Estate, Chivas, Creative, G.H. Mumm, Havana Club, Jacob's Creek, Oddka, Perrier-Jouet, Wybrovowa
Peugeot
Pfizer
Reckitt Benckiser Air Wick, Calgon, Cillit Bang, Clearasil, Durex, Gaviscon, Harpic, K-Y, Mortein, Mucinex, Nurofen, Scholl, Stepsils, Vanish, Veet, Woolite
Roche
Sanofi SA
Seagate
Select Comfort
Sonae
TD Ameritrade Holding Corporation (Agency of Record) Campaign: "Lamb", Campaign: "Type E", Campaign: "You Got This", Digital, In-Store, Print, Social, TV
Telecom Italia
Teva
Veolia Environment

United States

Abernathy MacGregor Group-Los Angeles
707 Wilshire Blvd Ste 3950, Los Angeles, CA 90017-3110
Tel.: (213) 630-6550
Fax: (213) 489-3443
E-Mail: idc@abmac.com
Web Site: www.abmac.com

Employees: 15
Year Founded: 1998

Agency Specializes In: Financial, Public Relations

Ian D. Campbell *(Vice Chm)*
Chuck Dohrenwend *(Mng Dir)*
Sydney Isaacs *(Mng Dir)*
James B. Lucas *(Mng Dir)*
Shawn H. Pattison *(Mng Dir)*
David Schneiderman *(Mng Dir)*
Alan Oshiki *(Exec VP)*
Sheila Bowman Ennis *(Sr VP)*
Beth Hoang *(Sr VP)*
Ina McGuinness *(Sr VP)*
Kate Schneiderman *(Sr VP)*
Mark Veverka *(Sr VP)*

ADVERTISING AGENCIES

Abernathy MacGregor Group-New York
501 Madison Ave 13th Fl, New York, NY 10022-5617
(See Separate Listing)

Annex88
(Formerly The 88)
26 Broadway Ste 1106, New York, NY 10004
(See Separate Listing)

Havas Edge Boston
10 Summer St, Boston, MA 02110
Tel.: (617) 585-3000
Fax: (617) 585-3001
E-Mail: info@havasedge.com
Web Site: www.havasedge.com

Employees: 22

Agency Specializes In: Advertising, Sponsorship

Greg Johnson (Pres & COO)
Eric Bush (CFO)
Jack Kirby (Pres-DRTV Agency Svcs)
Bill Marks (Exec VP & Grp Dir)
George Sylva (Sr VP-Ops)
Karla Tateosian (VP & Acct Dir)
Dalton Mangin (VP-Bus Dev)
Kristen Dzialo (Sr Project Mgr-Digital & Producer)

Accounts:
LifeLock
Plated
SoClean
Vistaprint Media Buying

Havas Edge Portland
2386 Faraday Ave Ste 200, Carlsbad, CA 92008
Tel.: (503) 228-5555
Fax: (503) 228-0560
Web Site: www.havasedge.com

Employees: 60
Year Founded: 1988

Agency Specializes In: Advertising Specialties, Direct Response Marketing, Infomercials, Sponsorship, T.V.

Greg Johnson (Pres & COO)
Steve Netzley (CEO)
Eric Bush (CFO)
Neil Nguyen (Chief Digital Officer-Global)
Mary Webb (Exec VP & Exec Creative Dir)
Bill Marks (Exec VP & Grp Dir)
Abed Abusaleh (Exec VP-Long-Form Brdcst Media)
George Sylva (Sr VP-Ops)
Christopher Stanvick (VP & Grp Dir-Strategic Accts)
Dalton Mangin (VP-Bus Dev)
Mary Craig (Acct Exec)

Accounts:
Body by Jake
Brita Water
Cadillac
Callaway Golf Hex Ball; 2000
Char-Broil; 2000
Countrywide Financial
Direct TV
Harrah's Casino
Louisiana Pacific
Merck Propecia
Select Comfort

Havas Edge
2386 Faraday Ave Ste 200, Carlsbad, CA 92008
Tel.: (760) 929-0041
Fax: (760) 929-0104

E-Mail: info@havasedge.com
Web Site: www.havasedge.com

Employees: 100
Year Founded: 2001

National Agency Associations: 4A's

Agency Specializes In: Advertising, Advertising Specialties, Direct Response Marketing, Electronic Media, Infomercials, Media Buying Services, Media Planning, Production, Sponsorship, Strategic Planning/Research, T.V., Telemarketing

Greg D. Johnson (Pres & COO)
Mary Webb (Exec VP & Exec Creative Dir)
Katherine Yustak (Exec VP & Dir-HR)
Abed Abusaleh (Exec VP-Long Form Media)
Shannon Ellis (Exec VP-Bus Dev)
Chris Brombach (VP-Acct Grp)
Sean Kalub (VP-Acct Grp & Media)
Ben McEachen (VP-Media Sys)
Joey Hastie (Client Svcs Dir)
Walker Burl (Dir-Short Form Media Ops)
Nicky DeLaSalle (Dir-Bus Dev)
Craig Schwarz (Dir-Short Form Media Grp)
Sal Camarda (Media Buyer)
Joe Carballo (Media Buyer)
Kevin Fay (Media Buyer)
Matthew Leyva (Media Buyer)
Carly Lindgren (Media Buyer)
Mark Steaple (Media Buyer)
Lorraine Galano (Sr Media Buyer)
Erika Maccani (Jr Media Buyer)
Jeanmarie Munger (Asst Media Buyer)

Accounts:
Beachbody US Hispanic Media
Cancer Treatment Centers of America
CarMD.com Media
Debt Free
Euro-Pro
The Hartford
It's A 10 Haircare
LifeLock
Sanyo-Fisher
Viking River Cruises
VistaPrint

Havas Health & You
200 Madison Ave, New York, NY 10016
(See Separate Listing)

Havas Impact Chicago
36 E Grand Ave Stes 3 & 4, Chicago, IL 60611
Tel.: (312) 799-7000
Fax: (312) 799-7100
Web Site: http://annexexp.com/

Employees: 50
Year Founded: 1998

Agency Specializes In: Direct Response Marketing, Experiential Marketing

Accounts:
Barilla
Groupon Customer Relationship Marketing
PureCircle (Agency of Record)
Sprint Digital Marketing (Agency of Record)
Valspar Paints & Stains

Havas Impact
2885 Pacific Dr Ste A, Norcross, GA 30071-1807
Tel.: (888) 788-5918
Fax: (770) 248-9014
Toll Free: (888) 788-5918
Web Site: http://annexexp.com/

Employees: 50

National Agency Associations: 4A's

Agency Specializes In: Brand Development & Integration, Consumer Marketing, Event Planning & Marketing, Exhibit/Trade Shows, Experiential Marketing, Merchandising, Out-of-Home Media, Sales Promotion, Sports Market, Strategic Planning/Research

John Frantz (VP-Ops)
Rachael Carter (Sr Production Mgr)
Todd Hoffnagle (Sr Production Mgr)

Accounts:
Boots Healthcare
Bristol Myers Squibb
Clorox
General Motors
Johnson & Johnson
Kellogg USA
Kraft
Merck
Mertz Pharmaceutical
Nestle USA
PepsiCo
Procter & Gamble
Sanofi Aventis
Unilever

Havas PR
200 Madison Ave, New York, NY 10016
(See Separate Listing)

Havas - San Francisco
1725 Montgomery St, San Francisco, CA 94111
Tel.: (415) 345-7700
Fax: (415) 345-7705
Web Site: http://sf.havas.com/

Employees: 65
Year Founded: 1996

National Agency Associations: 4A's

Agency Specializes In: Advertising, Bilingual Market, Brand Development & Integration, Broadcast, Corporate Identity, Digital/Interactive, Direct Response Marketing, Electronic Media, Event Planning & Marketing, Information Technology, Internet/Web Design, Investor Relations, Radio, Retail, Sponsorship, Strategic Planning/Research

Monette Hagopian (Mng Dir)
Ernie Lageson (Mng Dir)
Ken Gutman (Creative Dir)
Greg Hawkins (Creative Dir)
Rob Krusz (Acct Dir)
Janhavi Phadke (Creative Dir)
Gabriel Isaacs (Dir-Strategy & CX)
Lyndsey Sferro Konrad (Dir-HR & Talent Acq)
Michael Larson (Dir-Fin & Ops)
Jim Lightner (Dir-Fin & Ops)

Accounts:
Alder Creative, Digital, Social; 2017
BioMarin Creative, Digital, Social; 2016
Citrix Creative, Digital, Social; 2016
Genetech (Agency of Record)
Koret Foundation Creative, Digital; 2014
MetroMiles Media Buying, Media Planning; 2016
Novartis Creative, Digital, Social; 2017
OFX Creative, Digital, Media Buying, Media Planning, Social; 2016
PayPal Creative, Digital; 2014
Robert Half Media Buying, Media Planning; 2014
Tria Creative, Digital, Media Buying, Media Planning, Social; 2015
US Air Force Creative, Digital; 2007

Havas Worldwide New York
200 Hudson St, New York, NY 10013
Tel.: (212) 886-4100

AGENCIES - JANUARY, 2019 — ADVERTISING AGENCIES

Fax: (212) 886-2016
Web Site: www.havasgroup.com/

Employees: 1,500
Year Founded: 1986

National Agency Associations: 4A's-DMA-PRSA

Agency Specializes In: Advertising, Advertising Specialties, Automotive, Brand Development & Integration, Broadcast, Business-To-Business, Communications, Consulting, Consumer Marketing, Corporate Identity, Digital/Interactive, Direct Response Marketing, Event Planning & Marketing, Fashion/Apparel, Financial, Food Service, Health Care Services, High Technology, Hispanic Market, Internet/Web Design, Investor Relations, Medical Products, New Product Development, Out-of-Home Media, Outdoor, Pharmaceutical, Planning & Consultation, Point of Purchase, Point of Sale, Print, Production, Public Relations, Publicity/Promotions, Restaurant, Sales Promotion, Strategic Planning/Research, Sweepstakes, T.V., Teen Market

Elena Grasmann *(Mng Dir)*
James Basirico *(VP & Assoc Creative Dir-Art)*
Paul Johnson *(Exec Creative Dir)*
Nukte Tuncok Fischer *(Grp Dir-Plng)*
Casey Ritts *(Grp Acct Dir)*
Eduardo Camacho *(Art Dir)*
Kathleen Canty *(Assoc Producer)*
Anders da Silva *(Creative Dir)*
Joseph Delhommer *(Creative Dir)*
Jenni Finch *(Acct Dir)*
Stephanie Pollitt *(Dir-Mktg & Bus Dev)*
Stella Continanza *(Acct Supvr)*
Aimee Drob *(Acct Supvr)*
Andrea Zaldumbide *(Planner-Integrated & Buyer)*

Accounts:
Air France-KLM Group
Amgen Neulasta, Vera; 2002
Automatic Data Processing, Inc. (Agency of Record); 2018
Bedsider.org Campaign: "Dog", Campaign: "Grandma", Campaign: "The Talk"
Cash4Gold
Children's Health Fund (Pro-Bono)
Chivas
Consolidated Edison, Inc (Lead Creative & Media Agency) Data & Experience Design, Digital, Online, Social, TV
Edible Arrangements International, Inc. (Lead Creative Agency)
FMR LLC (Fidelity Investments)
GlaxoSmithKline, Inc. Advair, Boniva, Valtrex, Vesicare; 1999
Heineken Campaign: "Luna Rising", Campaign: "Most Interesting Man in the World", Campaign: "The Most Interesting Man in the World Wins on Land, Sea, Air and Beyond", Campaign: "The Most Interesting Man in the World on Cinco de Mayo", Heineken, Heineken Light; 2004
IBM
Keurig Green Mountain Campaign: "The Cup Half Full"
Kraft
Mattress Firm Dream Bed
Merck
Nestle
Novartis BeneFiber, Keri Lotion, Nicotinell, Vagistat; 2004
Partnership for a Drug-Free America (Pro-Bono)
Pfizer, Inc. Chantix, Oporia
Reckitt Benckiser Inc.; Wayne, NJ AirWick, Cattlemen's Barbeque, Clearasil, D-Con, Easy Off Bam, Electrasol, Frank's Original Red Hot, French's Gourmayo, French's Mustard, French's Potato Sticks, French's Taste Toppers, French's Worcestershire Sauce, Hippo, Jet Dry, Lime-Away, Old English, Resolve, Rid-X, Spray n Wash, Veet, Woolite; 2001
Sanofi-Aventis Pharmaceutical Apidra, Lantus, Lovenox
Schering-Plough HealthCare Products Corp; Kenilworth, NJ A&D Ointment, Afrin Nasal Spray, Bain de Soleil, Chlor-Trimeton, Claritin, Coppertone, Coricidin, Correctol, Dr. Scholl's, Drixoral, Lotrimin AF, Tinactin; 1984
The Skin Cancer Foundation (Pro-Bono)
Sony Music Entertainment Legacy Recordings
TD Ameritrade Holding Corporation
Verizon Business
Volvo Car Corp.; Goteborg, Sweden Global Lead Agency; 1991
Volvo Cars of Europe; 2000
Volvo Local Market Tactical Organization; Rockleigh, NJ Handled by Fuel North America
WeddingWire
Yahoo

Havas Worldwide-Strat Farm
200 Hudson St, New York, NY 10013
Tel.: (212) 886-4100
Web Site: http://havas.com/

Employees: 10

Agency Specializes In: Brand Development & Integration, Digital/Interactive, Social Media

Pablo Hernandez *(Grp Acct Dir)*
Eric Bertuccio *(Creative Dir & Writer)*
Frances Durkes *(Acct Dir)*
Sam Higgins *(Creative Dir)*
Christine Chang *(Mgmt Supvr)*
Chris Jarrin *(Dir-Creative & Art)*
Rob Conger *(Mgr-Presentation)*

Accounts:
Capgemini North America
Johns Hopkins Medicine
Mastercard
Weight Watchers

Havas Worldwide Tonic
200 Hudson St, New York, NY 10013
Tel.: (212) 886-4100
Fax: (212) 886-2016
Web Site: tonic.havas.com

Employees: 400
Year Founded: 2005

National Agency Associations: 4A's

Agency Specializes In: Advertising, Health Care Services, Pharmaceutical

Paul Klein *(Mng Partner)*
Phil Silvestri *(Mng Dir & Chief Creative Officer)*
Israel Garber *(Mng Dir & Exec Creative Dir)*
Yvonne Bond *(Chief Comm Officer & Chief Network Initiatives Officer)*
Liz Kane *(Mng Dir-Plng)*
Anthony D'Angelo *(VP & Dir-Strategy)*
Kristen Ziaks *(VP-Comm Strategy)*
John Rea *(Exec Creative Dir)*
Lisa Murphy *(Grp Dir-Acct Plng)*
Caroline Smith *(Sr Dir-Analytics & Insight)*
Michael DeRosa *(Exec Producer-Digital)*
Eric Tsui *(Acct Dir)*
Andreas Komodromos *(Sr Program Mgr)*

Accounts:
GlaxoSmithKline

Helia
372 Danbury Rd Ste 100, Wilton, CT 06897
Tel.: (203) 563-3300
Fax: (203) 563-3435
Web Site: http://www.HavasHeliaNA.com/

Employees: 51

Year Founded: 1978

Agency Specializes In: Direct Response Marketing

Accounts:
Canadian Tire
SONIC Corporation Menus, Packaging, Point of Sale; 2010

Helia
400 E Pratt St 10th Fl, Baltimore, MD 21202-6174
Tel.: (410) 230-3700
Fax: (410) 752-6689
Web Site: http://www.HavasHeliaNA.com/

Employees: 45
Year Founded: 1988

Agency Specializes In: Advertising, Direct Response Marketing, Sponsorship

Kate Fulks *(Mng Dir)*
Sarah Quackenbush *(Dir-Bus Dev)*

Accounts:
JP Morgan Chase
Perceptive Software; 2008

Helia
4490 Cox Rd, Glen Allen, VA 23060
Tel.: (804) 968-7400
Fax: (804) 968-7450
Web Site: http://www.HavasHeliaNA.com/

Employees: 50

Killian Schaffer *(Mng Dir-CRM)*
Shay Young *(Mng Dir-Data & Mktg Tech)*
Ward Thomas *(Dir-Analytics)*

Accounts:
AARP
Chase
Diageo
Humana
Hyatt
Liberty Mutual
Sprint

Republica Havas
(Formerly Republica)
2153 Coral Way, Miami, FL 33145
(See Separate Listing)

Canada

Havas Worldwide Canada
1253 McGill College Ave 3rd Fl, Montreal, QC H3B 2Y5 Canada
Tel.: (514) 845-7256
Fax: (514) 845-0975
E-Mail: info.montreal@havasww.com
Web Site: http://ca.havas.com/

Employees: 74
Year Founded: 1986

Agency Specializes In: Advertising

Jan-Nicolas Vanderveken *(Pres & CEO)*
Carle Coppens *(Sr VP & Creative Dir)*
Frederic Bruniquel *(VP & Creative Dir)*
John C. Parlea *(VP-Media & CRM)*
Olivier Goulet-Lafond *(Editor & Designer)*
Ryan Paton *(Grp Acct Dir)*
Brian Allen *(Creative Dir)*
John Pankert *(Dir-Strategy)*
Sadaf Mohammad *(Mgr-HR)*
Michael Porfirio *(Copywriter)*
Mariam Alqasim *(Jr Art Dir)*

ADVERTISING AGENCIES

Accounts:
Cadillac Fairview
Couche-Tard Circle K Banner, Creative, Strategy
New-Flair Airlines (Agency of Record) Branding, Consumer, Creative, Marketing, Strategy; 2018
Greenfield Natural Meat Co.
Heritage Toronto
Hershey Canada
Kruger Products OOH, Scotties
Loblawas Loblaws, Maxi, President's Choice, Provigo
Mighty Blend
New Balance Canada
VIA Rail
Volkswagen Canada 24 Tremblant

Havas Worldwide Digital Canada
473 Adelaide St W Ste 300, Toronto, ON M4S 3E4 Canada
Tel.: (416) 920-6864
Fax: (416) 920-5043
Web Site: http://ca.havas.com/

Employees: 150

Agency Specializes In: Direct Response Marketing

Bradley Kowalski *(Acct Dir)*
Michael Pallister *(Mgr-Studio)*
Daffodil Stewart-Morris *(Mgr-Fin Acctg)*

Accounts:
Agilent Technologies
CDW
Evian
Kraft
Reckitt Benckiser

Havas Worldwide Toronto
473 Adelaide St W Ste 300, Toronto, ON M5V 1T1 Canada
Tel.: (416) 920-6864
Fax: (416) 920-5043
E-Mail: info.toronto@havasww.com
Web Site: http://ca.havas.com/

Employees: 150

Agency Specializes In: Advertising, Co-op Advertising, Digital/Interactive, Direct Response Marketing, Event Planning & Marketing, Internet/Web Design

Melody Adhami *(COO)*
Alexandra Panousis *(Pres-Media)*
Thomas Olesinski *(CEO-Havas Canada)*
Sarah Jue *(VP & Grp Acct Dir)*
John C. Parlea *(VP-Media & CRM)*
Hannah Savage *(VP-Comm & Digital Mktg Strategy-Canada)*
Avi Soudack *(Dir-User Experience)*

Accounts:
Agilent Technologies
Argus Insurance Bermuda
Aric Guite Photography
CDW
Fairmont Hotels
Fidelity
New-Flair Airlines (Agency of Record) Branding, Consumer, Creative, Marketing, Strategy; 2018
GlaxoSmithKline (GSK)
Groupe Media TFO Digital, Social Media
Hershey's
Jacob's Creek
Jean Coutu Group Digital Initiatives, Media Buying, Social
John Hancock
Kraft Canada
Mondelez
Monster Factory
New Balance
Novartis
Reckitt Benckiser Air Wick, Airwick, Durex Condoms, Finish, Woolite, Zero
Schering-Plough
Sears Canada
Terago

Plastic Mobile
171 E Liberty St Ste 204, Toronto, ON M6K 3P6 Canada
(See Separate Listing)

Regional Headquarters

Havas Worldwide-Europe
29/30 quai de Dion Bouton, Puteaux, Cedex 92817 France
Tel.: (33) 1 58 47 85 21
Fax: (33) 1 58 47 85 12
Web Site: http://havas.com/

Employees: 1,200

Agency Specializes In: Advertising

Edouard Dorbais *(Editor & Designer)*
Nicolas Palhier *(Project Dir-Digital)*
Alban Penicaut *(Creative Dir)*
Nicolas Favier *(Assoc Dir)*

Accounts:
Easy Cash

Austria

Havas Worldwide Vienna
Hasnerstrasse 123, 1160 Vienna, Austria
Tel.: (43) 1 5011 80
Fax: (43) 1 5011 8150
E-Mail: wien@havasww.com
Web Site: havas.wien/

Employees: 50
Year Founded: 1992

Accounts:
Begas
Citroen C-Zero
Ekazent
Neunerhaus
Peugeot
Sanofi Aventis

Belgium

Havas Worldwide Brussels
Dekenijstraat 58 rue du Doyenne, Brussels, 1180 Belgium
Tel.: (32) 2 348 38 00
Fax: (32) 2 347 59 11
Web Site: http://be.havas.com/

Employees: 43

Agency Specializes In: Brand Development & Integration, Consumer Marketing, Corporate Communications, Direct Response Marketing, Health Care Services, Internet/Web Design, Public Relations

Ann Voorspoels *(Mng Dir)*
Stephane Daniel *(Creative Dir & Copywriter)*
Hugo Battistel *(Creative Dir)*
Vanessa Hendrickx *(Art Dir)*
Christian De La Villehuchet *(Dir-Creative Council-Global)*
Vanessa Delneste *(Acct Mgr)*
Antoine Wellens *(Copywriter)*

Accounts:
Mondelez International, Inc.; 1997
Opera & Ballet Flanders
The Reading Foundation
Tiense Suiker Campaign: "T-man"

Havas Worldwide Digital Brussels
58 rue du Doyenne, 1180 Brussels, Belgium
Tel.: (32) 2 348 38 00
Fax: (32) 2 348 38 12
Web Site: http://be.havas.com/

Employees: 80

Ann Voorspoels *(Mng Dir)*
Stephane Daniel *(Creative Dir & Copywriter)*
Hugo Battistel *(Creative Dir)*
Murielle Segers *(Acct Dir)*
Thierry Debievre *(Dir-Ops)*
Philippe Haine *(Strategist-Digital)*

Accounts:
Mondelez International, Inc.

Bulgaria

Havas Worldwide Sofia
16, Tundja Str. Sofia, Sofia, 1164 Bulgaria
Tel.: (359) 2 963 17 51
Fax: (359) 2 400 9401
Web Site: http://havas.bg/

Employees: 7
Year Founded: 1995

Agency Specializes In: Advertising, Consumer Marketing

Ana Mladenova *(Creative Dir)*
Velichka Slavcheva *(Acct Dir-Euro RSCG)*
Kaliya Aneva *(Copywriter)*
Georgi Zlatkov *(Copywriter)*

Accounts:
Volkswagen Group

Croatia

Havas Worldwide Zagreb
Ilica 26, 10000 Zagreb, Croatia
Tel.: (385) 1 4831253
Fax: (385) 1 4831254
E-Mail: marina.bolancaradunovic@unex.hr
Web Site: www.unex.hr/hr/naslovnica

E-Mail for Key Personnel:
Creative Dir.: kruno@unex.hr

Employees: 80
Year Founded: 1991

Agency Specializes In: Advertising, Corporate Communications, Digital/Interactive, Direct Response Marketing, Event Planning & Marketing, Internet/Web Design, Media Buying Services, Public Relations, Publicity/Promotions, Sales Promotion

Czech Republic

Havas Worldwide Digital Prague
Expo 58 Letenske sady 1500, 170 00 Prague, 7 Czech Republic
Tel.: (420) 220397600
Fax: (420) 220397601
Web Site: http://havas.cz/

Employees: 200

AGENCIES - JANUARY, 2019 — ADVERTISING AGENCIES

Agency Specializes In: Business-To-Business, Consumer Marketing, Digital/Interactive, Direct Response Marketing, Event Planning & Marketing, Internet/Web Design

Eda Kauba *(Chief Creative Officer)*
Lenka Berankova *(Brand Dir)*
Sarka Doehring *(Dir-HR)*
Martina Figurova *(Brand Mgr)*
Tomas Machata *(Specialist-IT)*

Havas Worldwide Prague
Expo 58 Letenske Sady 1500, 170 00 Prague, 7 Czech Republic
Tel.: (420) 220 397 600
Fax: (420) 220 397 601
Web Site: http://havas.cz/

Employees: 120
Year Founded: 1994

Agency Specializes In: Advertising, Brand Development & Integration, Business-To-Business, Consulting, Consumer Marketing, Corporate Communications, Digital/Interactive, Direct Response Marketing, Event Planning & Marketing, Health Care Services, Internet/Web Design, Publicity/Promotions, Sales Promotion

Eda Kauba *(Chief Creative Officer)*
Jakub Kolarik *(Head-Creative)*
Milos Koci *(Creative Dir)*
Pavel Slovacek *(Art Dir)*
Lais Veloso *(Art Dir)*
Monica Hubner *(Dir)*
Karla Calheiros *(Copywriter)*

Accounts:
Amnesty International Campaign: "Stones for Sakineh", Campaign: "The Wall"
Citroen
EKO-KOM
KB
Mondelez Interntional, Inc Opavia
P&G
Styx
Unicef

Denmark

Havas Worldwide Copenhagen
Jagtvej 169B, 2100 Copenhagen, Denmark
Tel.: (45) 77 33 44 00
Fax: (45) 77 33 44 33
Web Site: http://dk.havas.com/

Employees: 20
Year Founded: 1989

Agency Specializes In: Advertising, Corporate Communications, Digital/Interactive, Direct Response Marketing, Event Planning & Marketing, Health Care Services, Publicity/Promotions, Sales Promotion

Anker Brandt Nielsen *(CFO)*
Benny Steen Moller *(Copywriter)*

Accounts:
Citroen
Reckitt Benckiser Calgon

Finland

Havas Worldwide Helsinki
Peramiehenkatu 12 E, Helsinki, 00150 Finland
Tel.: (358) 9 425 00200
Fax: (358) 9 42500 201
E-Mail: info@havasww.fi
Web Site: http://helsinki.havas.com/

Employees: 35

Agency Specializes In: Advertising

Accounts:
Cancer Society of Finland Campaign: "Baby Love", Campaign: "The Breath Holder"
FinFami
Finland Campaign: "The Breath Holder"
Finnish National Gallery
Fragile Childhood Organization "Orphanage", Campaign: "Monsters", PSA
Lasinen Lapsuus Parental Alcohol Misuse Awareness
Nokia
Ratiopharm

France

BETC
1 Rue de l'Ancien Canal, 93500 Paris, France
Tel.: (33) 1 56 41 35 00
Fax: (33) 1 56 41 35 01
E-Mail: communication@betc.com
Web Site: betc.com

Employees: 500
Year Founded: 1994

Agency Specializes In: Magazines, Newspaper, Newspapers & Magazines

Fabrice Brovelli *(VP)*
Julien Leveque *(Head-Activation Strategy)*
Agnes Cavard *(Sr Dir-Artistic)*
Jacques Decazes *(Sr Dir-Creative & Art)*
Guillaume Palmantier *(Dir-Film & Producer-Creative)*
Arnaud Assouline *(Creative Dir & Copywriter)*
Romain Arrigoni *(Art Dir)*
Eric Astorgue *(Art Dir)*
Johann Bernast *(Creative Dir)*
David Derouet *(Art Dir)*
Guillaume Fouquere *(Art Dir)*
Rayhaan Khodabux *(Art Dir)*
Alexandre Kazuo Kubo *(Creative Dir-Brazil)*
Remi Lascault *(Art Dir)*
Amelie Molter *(Acct Dir & Customer Mgr)*
Pascal Moncapjuzan *(Art Dir)*
Steven Poindron *(Art Dir)*
Lucas Ribeiro *(Creative Dir-Brazil)*
Clement Roumegous *(Acct Dir)*
Aurelie Scalabre *(Art Dir)*
Landry Stark *(Art Dir)*
Jonathan Baudet-Botella *(Dir-Creative & Art)*
Camille Ly *(Dir-Artistic)*
Stephan Schwarz *(Assoc Creative Dir & Sr Copywriter-Creative)*
Vincent Colonna-Cesari *(Planner-Engagement)*
Alexis Gaujoin *(Copywriter-Digital)*
Valentine Gilbert *(Copywriter)*
Olivier Mille *(Copywriter)*
Nicolas Richard *(Copywriter)*
Ibrahim Seck *(Copywriter)*
Xander Smith *(Copywriter)*
Adrien Torres *(Acct Planner)*
Erika Reyes *(Sr Art Dir)*

Accounts:
13th Street Campaign: "Bathroom Suspect", Campaign: "I kill a friend 2", Campaign: "The Target"
Addictions Equity Fund Addict Aide
Aides
Aigle
Air France-KLM Group Campaign: "France is in the Air", Campaign: "L'envol", Campaign: "The A380 Inspiration project"
Boursorama
Bouygues Telecom
Breast Cancer Awareness Month
New-Burn
Canal+ SA "The interactive form", Campaign: "Because there is a Story behind every Story", Campaign: "Borgia App", Campaign: "Cameramen", Campaign: "Fuel For Fans", Campaign: "Making Sport Bigger is Our Sport", Campaign: "More Cinema", Campaign: "Subtitles", Campaign: "The Bear", Campaign: "The Clowns", Campaign: "The Wise Man", Carlos, TV, Tick
Chloe
Club Med
Credit Agricole
D&AD
Decathlon 40 years of sport, Campaign: "Team Mates", Campaign: "Tired footballer", Campaign: "We Make Sport Easier", Print
Disney Parks & Resorts Campaign: "Giants", Campaign: "Santa"
Disneyland Paris
Disneyland Resorts
Dr Pepper Snapple Brand Positioning, Schweppes
Eric Bompard
FDJ (French Lottery)
FLAC Anticorrida
Gant Campaign: "I have seen", Lead Creative Agency
Graffiti General
Groupe Danone S.A. Campaign: "Baby & Me", Campaign: "Baby Inside", Campaign: "Badoit New Identity", Campaign: "Little Big Baby", Campaign: "Live Young", Campaign: "The Amazing Baby & Me", Creative, Evian, Outdoor, Print
Human Rights Watch
Ibis Campaign: "Sleep Art", Campaign: "The Ultimate Sleep"
La Parole aux Sourds
La Poste
La Roche-Posay
Lacoste S.A. Campaign: "Life is a Beautiful Sport", Campaign: "Support With Style", Campaign: "The Big Leap"
Leroy Merlin
Les Cinemas Pathe-Gaumont
Les Revenants Campaign: "Ghosts"
L'Oreal S.A.
Loto Campaign: "Knock On Wood"
Louis Vuitton Campaign: "Venice - Director's Cut"
LVMH Moet Hennessy Louis Vuitton SA Chaumet
Manor Creative
McDonald's
MCM Campaign: "MCM Pizzas", Campaign: "Speed Rabbit Pizza"
Medecins du Monde Campaign: "Names not Numbers"
Orangina
Paris 2024
Philharmonie de Paris
Pierre & Vacances SA
PSA Peugeot Citroen S.A. Citroen, Global Advertising, Peugeot
Reckitt Benckiser Campaign: "Cleantertainment", Cillit Bang
Renaloo Campaign: "60th Anniversary", Kidney Transplantations
Reporters Without Borders "War Reporters", 'Kim Jong Un'
Schneider Electric
Sephora Campaign: "Where Beauty Beats"
Sixt Advertising
Sky Team
Sofinco S.A.
Sofitel
Stop Harcelement de Rue
Super Loto Campaign: "Lucky Gloves"
SXSW
SyFy
Total Campaign: "Space Travellers"
Ubisoft Entertainment S.A. Campaign: "Amazing Street Hack", Campaign: "Hide By Watch Dogs", Campaign: "The Charge", Watch Dogs
United Nations Children's Fund

ADVERTISING AGENCIES

Victimes & Citoyens Campaign: "Don't let alcohol drive you to the wrong place"
Young Director Award Campaign: "The light is your friend"
Yves Rocher "For serious kids, 1", Campaign: "The Mini Factory", Petit Bateau
Yves Saint Laurent L'HOMME

Havas Digital Factory
17 rue de la Quintaine, Rennes, 35000 France
Tel.: (33) 2 99 65 55 55
Fax: (33) 2 99 30 72 27
Web Site: www.havasdigitalfactory.com

Employees: 65
Year Founded: 2001

Agency Specializes In: Communications, Consumer Marketing, Internet/Web Design

Jeremy Prevost *(Editor & Designer)*
Alban Penicaut *(Creative Dir)*
Edouard Dorbais *(Copywriter)*

Accounts:
CNCT National Committee Campaign: "Tobacco weighs annually 47 billion Euro on French society"
Michelin
Slate.fr

Havas Worldwide Digital Dusseldorf
Kaiserwerther Strasse 135, Dusseldorf, 40474 Germany
Tel.: (49) 211 9916 0
Fax: (49) 211 991 64 96
Web Site: http://de.havas.com/

Employees: 150

Agency Specializes In: Advertising, Broadcast, Cable T.V., Digital/Interactive, Direct Response Marketing, Internet/Web Design, Publicity/Promotions, Sales Promotion, Strategic Planning/Research

Guido Korfer *(Mng Dir)*
Darren Richardson *(Chief Creative Officer & Exec Creative Dir-Digital-Europe)*
Eric Schoeffler *(Chief Creative Officer-Germany & Exec Creative Dir-Europe)*

Accounts:
Radio.de Gmbh

Havas Worldwide Dusseldorf
Kaiserwerther Strasse 135, 40474 Dusseldorf, Germany
Tel.: (49) 21191496
Fax: (49) 2119149757
E-Mail: jan.steinbach@havasww.com
Web Site: http://de.havas.com/

Employees: 180
Year Founded: 1965

Agency Specializes In: Brand Development & Integration, Communications, Consulting, Corporate Communications, Corporate Identity, Food Service, Public Relations, Transportation

Darren Richardson *(Chief Creative Officer & Exec Creative Dir-Digital-Europe)*
Eric Schoeffler *(Chief Creative Officer-Germany & Exec Creative Dir-Europe)*
Nicolas Becker *(Exec Creative Dir)*
Muhamed Braimi *(Art Dir)*
Christoph Damanik *(Creative Dir-Traditional & Digital)*
Juan Leguizamon *(Creative Dir)*
Sofia Panek *(Acct Dir)*

Tobias Rabe *(Creative Dir)*
Tobias von Aesch *(Creative Dir-Art)*
Monika Pfeiffer *(Mgmt Supvr)*
Klara Rogel *(Asst Dir-Art)*
Sascha Neumann *(Jr Copywriter)*
Ramon Scheffer *(Copywriter)*
David Ulc *(Copywriter)*
Melanie Drechsler *(Sr Art Dir)*
Jennifer Rakowski *(Jr Art Dir)*
Rodrigo Stroisch *(Sr Art Dir)*

Accounts:
Agent Green Environmental Organization
Berliner Zeitung
Brandt Zwieback-Scholkladen GmbH
Caritas Internationalis
The European Central Bank Direct Marketing, Online Advertising, Outdoor, PR, Print, Radio, TV
Fiftyfifty Campaign: "Frozen Cinema", Homeless
Getty Images
Lloyds Pharmacy
N-TV Campaign: "Showing the idea closer to the news literally"
PayPal Inc
Peugeot 208 GTi, Campaign: "The Legend Returns", Online
Radio.net
United Parcel Service Europe, Brussels
United Technologies Corporation

Havas Worldwide Hamburg
Brahms Kontor Johannes-Brahms-Platz 1, 20355 Hamburg, Germany
Tel.: (49) 40 43175 0
Fax: (49) 40 43175 110
E-Mail: ulrike.hanky-mehner@havaspr.com
Web Site: http://de.havas.com/

Employees: 20

Agency Specializes In: Consulting, Corporate Communications, Public Relations

Patrik Buchtien *(Mng Partner)*
Marco Wedemann *(Mng Dir)*
Thomas Funk *(CEO-Germany & Mng Dir-Europe)*

Accounts:
Guinness World Records B2B Communication & Events
Mondelez International, Inc. Jakobs, Milka, Tassimo

Greece

Havas Worldwide Athens
226 Snygrou Avenue, 176 72 Athens, Greece
Tel.: (30) 210 952 0109
Fax: (30) 210 952 0209
E-Mail: infoathens@havas.com
Web Site: www.havas.com

Employees: 60
Year Founded: 1979

Diana Barbatsarou *(Sr Acct Supvr)*

Accounts:
Air France-KLM Group
Exalco
Quanto
Reckitt Benckiser Airwick, Calgon, Calgonit, Dosia, Karpex, Quanto, Woolite
Sanofi-Aventis
Somfy
Veet
Vichy

Hungary

Havas Worldwide Budapest
Nagyszombat u 1, 1036 Budapest, Hungary
Tel.: (36) 1436 7270
Fax: (36) 1436 7810
Web Site: www.havasworldwide.hu/

Employees: 30
Year Founded: 1990

Agency Specializes In: Advertising

Balazs Csurgo *(CEO-Creative Svcs-Hungary)*
Viktor Manuel Imre *(Creative Dir)*

Accounts:
Air France-KLM Group
Mondelez International, Inc.

Ireland

Havas Worldwide Dublin
64 Lower Leeson St, Dublin, 2 Ireland
Tel.: (353) 1 614 5300
Fax: (353) 1 661 1992
Web Site: http://havas.ie/

Employees: 50
Year Founded: 1943

Agency Specializes In: Consumer Marketing

Tony Caravousanos *(Head-Adv)*
Peter O'Dwyer *(Exec Creative Dir)*
Gary Boylan *(Creative Dir)*
Adrian Fitz-Simon *(Creative Dir)*
Zoe Higgins *(Art Dir)*
Aoife Surgeon *(Acct Dir)*
Colm McGuire *(Dir-Adv)*
Aisling Mullins *(Sr Acct Mgr)*
John Flannery *(Acct Mgr)*
Ryan Glynn *(Acct Mgr)*
Mary Reynolds *(Acct Mgr-Digital)*
Suzanne Heneghan *(Acct Exec)*
Ronan Jennings *(Planner-Strategic)*

Accounts:
AIL Group
Aurivo Consumer Foods Campaign: "Connacht Gold Low Fat Butter"
Birds Eye Ireland
BMI
Brainwave
Bulmers
Cuisine de France
The Doyle Collection
EMI
Heineken
Hyundai Cars Ireland
Irish League of Credit Unions
Irish Red Cross
Mondelez International, Inc.
Pavilions
Peter McVerry Trust TV
Pfizer
Premier Foods Ireland
Premier Foods PLC
Reckitt Benckiser
Valeo Foods
Findlander Grants
Institute of Education
The Irish Council Society
JustEat.ie
Mercedes
Mitsubishi
MyHome.ie Campaign: "My Home My World"
Pfizer Inc.

Italy

Havas Worldwide Digital Milan

AGENCIES - JANUARY, 2019 — ADVERTISING AGENCIES

Via San Vito, 7, 20123 Milan, Italy
Tel.: (39) 02 8020 2275
Fax: (39) 02 7200 0027
Web Site: http://havas.com/

Employees: 21
Year Founded: 1998

Agency Specializes In: Above-the-Line, Advertising, Automotive, Below-the-Line, Digital/Interactive, Health Care Services

Dario Villa *(Creative Dir)*
Paolo Biondolillo *(Mgr)*
Claudia Brambilla *(Designer-Digital)*
Vincenzo Garzillo *(Copywriter)*
Veronica Ciceri *(Sr Art Dir)*
Davide Di Gennaro *(Sr Art Dir)*

Accounts:
Campari Campaign: "Celebrating Friendship", Comparisoda
CDEC Foundation
Durex Campaign: "Loveville"
Figli Della Shoah Association
TIM Foundation

Havas Worldwide Milan
Via San Vito 7, 20123 Milan, Italy
Tel.: (39) 02 802021
Fax: (39) 02 72000027
Web Site: http://it.havas.com/

Employees: 120
Year Founded: 1982

Agency Specializes In: Advertising

Giovanni Porro *(Chief Creative Officer)*
Simone Cresciani *(Gen Mgr)*
Diego Campana *(Art Dir)*
Luigi Fattore *(Creative Dir)*
Aureliano Fontana *(Creative Dir)*
Chiara Monticelli *(Creative Dir)*
Marco Vigano *(Creative Dir)*
Dario Villa *(Creative Dir)*
Bruno Vohwinkel *(Creative Dir)*
Salvatore Zanfrisco *(Creative Dir)*
Elisa Rizzuto *(Dir-Social Media Client Svc)*
Chiara Colombo *(Acct Supvr)*
Elena Pozzi *(Acct Supvr)*
Riccardo Walchhutter *(Copywriter)*
Veronica Ciceri *(Sr Art Dir)*
Isabella Musacchia *(Sr Art Dir)*

Accounts:
Camparisoda Campaign: "Orange Passion"
Ferrarelle Spa Mineral Water
Figli Della Shoah And Fondazione Cded
Invicta
Tim

Lebanon

Havas Worldwide Beirut
Voice of Lebanon Bldg, Achrafieh,, PO Box 116-5106, Beirut, Lebanon
Tel.: (961) 1 217 137
Fax: (961) 1 217 156
Web Site: http://havas.com/

Employees: 20

Agency Specializes In: Advertising

Nabil Maalouf *(Gen Mgr-Middle East Dubai)*

The Netherlands

Havas Worldwide Amsterdam
Sarphatistraat 370, Amsterdam, 1018 GW Netherlands
Tel.: (31) 20 456 5000
Fax: (31) 20 664 39 49
Web Site: http://havaslemz.com

Employees: 70
Year Founded: 1987

Agency Specializes In: Advertising

Bieneke Glijn *(Producer-Creative)*
Regina Kroon *(Producer-Creative)*
Edgar Kuipers *(Bus Dir & Zone Mgr)*
Menno Schipper *(Creative Dir)*
Nils Taildeman *(Creative Dir-Havas Lemz)*
Sheila da Silva *(Acct Mgr)*
Bart van de Winkel *(Copywriter)*
Rick Geven *(Key Acct Dir)*

Accounts:
Metropole Orchestra Campaign: "Metropole Tweetphony", Campaign: "Save an Orchestra"

Poland

Havas Worldwide Poland
Ul Marynarska 11, 02-674 Warsaw, Poland
Web Site: pl.havas.com/

Employees: 80
Year Founded: 1992

Agency Specializes In: Advertising

Malgorzata Wegierek *(CEO-Havas Media Grp)*
Michal Imbierowicz *(Exec Creative Dir)*
Magdalena Charczuk *(Grp Acct Dir)*
Agata Stanczyk-Dabrowska *(Grp Acct Dir)*

Accounts:
Anida
Canal + Creative, Digital, Online, e-Marketing
NC+ Creative, Digital, Online, e-Marketing
Polish Union of Transplantation Medicine
Reckitt Benckiser Air Wick
Rip Curl Pro Store Braille Clothing Tags

Portugal

Havas Experience Lisbon
Alameda dos Oceanos Torre Euro RSCG, Parque das Nacoes, 1990-223 Lisbon, Portugal
Tel.: (351) 21 891 0600
Fax: (351) 21 892 2600
Web Site: http://pt.havas.com/

Employees: 175
Year Founded: 1990

Pedro Graca *(CEO)*
Augusto Rebelo De Andrade *(CFO)*
Rui Lourenco *(Chief Creative Officer-Havas Worldwide Digital Portugal)*
Joao Ferreira *(VP)*
Jose Vieira *(Creative Dir)*

Accounts:
NOS

Havas Worldwide Digital Portugal
Zona Intervencao Expo 98 Alameda dos Oceanos, Pav Exposicoes, Lisbon, 1990-223 Portugal
Tel.: (351) 21 891 06 00
Fax: (351) 21 892 26 97
Web Site: http://www.havasgroup.com/

Employees: 14

Rui Lourenco *(Chief Creative Officer)*
Patricia Caetano *(Sr Acct Dir)*
Tita Martins *(Grp Acct Dir)*
Marco Goncalves *(Art Dir)*
Rita Cassiano Neves *(Art Dir)*
Margarida Pedreira *(Creative Dir-Digital)*
Jose Vieira *(Creative Dir)*
Luis Silva *(Dir & Mgr)*
Rui Mascarenhas *(Acct Mgr)*

Accounts:
Amnesty International Campaign: "Mugshots"
APAV
Coca-Cola Company
F.Lima
NOS WTF
Optimus
Portuguese Association For Victim Support
Salvador Association
SOS Racismo
Uber
Zas Odorless Firelighters

Romania

Havas Worldwide Bucharest
Calea Victoriei 141 Sector 1, Bucharest, 010071 Romania
Tel.: (40) 21 318 1447
Fax: (40) 21 31 29 159
Web Site: http://www.addv.ro/

Employees: 25
Year Founded: 1999

Agency Specializes In: Advertising

Adrian Dura *(CEO)*
Iulia Paraschiv *(Sr Acct Mgr)*

Havas Worldwide Digital Spain
Plaza de Canalejas 3, Madrid, 28014 Spain
Tel.: (34) 349 133 02323
Fax: (34) 349 133 02345
Web Site: http://havas.com/

Employees: 75
Year Founded: 1998

Havas Worldwide Southern Spain
Plaza de Canalejas No 3, 28014 Madrid, Spain
Tel.: (34) 91 330 2323
Fax: (34) 91 330 2345
Web Site: http://havas.com/

Employees: 75

Jesus Lada *(Chief Creative Officer & Dir Gen-Creative)*
Trinidad Cortes *(Acct Dir)*
Nacho Soria *(Creative Dir)*
Luis Casadevall *(Copywriter-Creative)*

Sweden

Havas Worldwide Granath
Peter Myndes Backe 8, Box 17089, 10462 Stockholm, Sweden
Tel.: (46) 852246000
Fax: (46) 852246099
Web Site: www.granathreklam.se/

Employees: 35
Year Founded: 1992

Agency Specializes In: Above-the-Line, Advertising, Affluent Market, Automotive, Aviation & Aerospace, Internet/Web Design, Pharmaceutical

ADVERTISING AGENCIES

AGENCIES - JANUARY, 2019

David Granath *(Founder & Mng Dir)*
Helena Vase *(Head-Production & Acct Mgr)*
Goran Berggard *(Acct Dir)*
Maria Lamke *(Art Dir)*
Fredrik Espmark *(Dir-Creative)*

Accounts:
Actavis
Air France-KLM Group
Bayer
Fidelity Funds
Gardasil
Medical Protection Agency
Novartis
Sanofi-Aventis
Statoil
Swedish Environmental Protection Agency
The Swedish Police
Ticnet

Switzerland

Havas Worldwide Geneva
42 rue du XXXI Decembre, 1211 Geneva, 6 Switzerland
Tel.: (41) 22 718 9494
Fax: (41) 22 718 9495
Web Site: http://swiss.havas.com/

Employees: 20
Year Founded: 1992

Agency Specializes In: Communications, Corporate Identity, Direct Response Marketing, Logo & Package Design, Pharmaceutical, Sales Promotion

Damien Fournier *(Mng Dir)*
Pauline Richard Charuel *(Acct Mgr & Head-Production)*
Simeon Brandner *(Art Dir)*
Pierre-Olivier Gardello *(Art Dir)*
Gabriel Mauron *(Creative Dir)*
Laurine Veuthey *(Acct Mgr)*
Mathieu Cuvelier *(Copywriter)*

Accounts:
Action Innocence
Geneva SPCA
Go Out! Magazine
Riposa

Havas Worldwide Zurich
Gutstrasse 73, PO Box 428, 8047 Zurich, Switzerland
Tel.: (41) 444666777
Fax: (41) 466 67 22
E-Mail: info-zurich@havasww.com
Web Site: http://swiss.havas.com/

Employees: 50
Year Founded: 1959

National Agency Associations: BSW

Agency Specializes In: Public Relations

Patrick Beeli *(Creative Dir)*
Rolf Hunziker *(Dir-Client Svc)*
Peter Schaefer *(Dir-Plng)*
Mathias Bart *(Copywriter)*

Accounts:
3M Health Care, Red Dot
Arena 225
BAB
Credit Suisse Charity Event
Danone
DU Kulturmagazin
Econoniesuisse
En Vogue
Ever
Evian
Federal Office of Public Health Campaign: "Itching-Pizza"
Greenpeace
Haecky Fine Food AG
IG Motorrad
IP Multimedia
IPL
Kult Productions
Laserpraxis Campaign: "Mermaid"
M-Electronic
Nigros
Novartis
One Young World Campaign: "Time Change, Mind Change"
Riposa Campaign: "Swiss Sleep: A colorful dream"
Ristorante Cantina
SAM Campaign: "Filling Station"
SMH Verlag AG
Swiss Cancer Foundation
Swiss Health Department Campaign: "Pizza"
Swiss Post International Campaign: "Scratchcard Mailing"
Swiss Railroad Company (SBB)
Swiss Tibetan Friendship
Switzerland Cheese
Walter Moretto
WeightWatchers
Zurich Chamber Orchestra "Toy Soldiers", Campaign: "Sound", Classical Music

Havas Worldwide Istanbul
Istiklal Caddesi No 284-286 Odakule Is Merkezi Kat 16, Beyoglu, Istanbul, 34430 Turkey
Tel.: (90) 212 245 8300
Fax: (90) 212 245 8310
Web Site: www.havasworldwide.com.tr

Employees: 40

Agency Specializes In: Broadcast, Communications, Consumer Marketing, Direct Response Marketing, Internet/Web Design, Strategic Planning/Research

Ergin Binyildiz *(Chief Creative Officer)*
Serhan Acar *(Creative Dir)*
Metin Dilek *(Art Dir)*
Birol Ecevit *(Acct Dir)*
Yavuzhan Gel *(Creative Dir)*
Murat Hersan *(Art Dir)*
Cenk Hobapl *(Producer-Digital)*
Umit Yanilmaz *(Art Dir)*
Hasan Yildirim *(Art Dir)*
Berk Yilmaz *(Acct Dir)*
Hande Alagoz *(Brand Mgr)*
Burak Bolat *(Mgr-Social Media)*
Selin Akbay *(Acct Exec)*
Ozge Asan *(Acct Exec)*
Burtay Bastufan *(Acct Exec)*
Ali Garan *(Copywriter)*
Benan Aka Ozturk *(Copywriter)*
Ahmet Husrev Sefer *(Sr Art Dir)*

Accounts:
Acik Radyo/Open Radio Campaign: "Music of the People"
Dettol
Durex Easy Roll On
Faber-Castell
LG
Nestle
Next Navigation Systems
PSA Peugeot Citroen S.A. Citroen, Peugeot
Reckitt Benckiser "Durex Arrivals", Campaign: "Dirty Stranger", Campaign: "Make wools happy", Durex, Vanish, Woolite
Total
Turk Telekom Campaign: "BaskADball", Campaign: "BaskeTweet", Campaign: "BasketPad"
Vestel

Ukraine

Havas Worldwide Kiev
41 Vozdvyzhenska Street, Kiev, 01033 Ukraine
Tel.: (380) 044 455 1303
E-Mail: becoolwith@havaswwkiev.com.ua
Web Site: www.havasworldwidekiev.com.ua/

Employees: 70
Year Founded: 2004

Agency Specializes In: Advertising

Kseniya Morozova *(Mng Dir)*
Valentyn Bielienkov *(Art Dir)*
Artem Gusev *(Art Dir)*
Alexander Kulakov *(Creative Dir)*
Sergey Yaroslavtsev *(Creative Dir)*
Kateryna Burlyay *(Dir-Client Svc)*
Yulia Borgulenko *(Sr Copywriter-Creative)*
Maria Korotkevich *(Copywriter-Adv)*

Accounts:
Artevilla Wellness Centre
Ukraine International Airlines

United Kingdom

Havas London
(Formerly Havas Work Club)
The HKX Building, 3 Pancras Square, London, N1C 4AG United Kingdom
Tel.: (44) 20 3793 3800
Web Site: havaskx.com/havas-london/

Employees: 100

Agency Specializes In: Advertising, Digital/Interactive

Xavier Rees *(CEO)*
Jennifer Black *(Mng Partner)*
Ainhoa Wadsworth *(Mng Partner)*
Eva Grimmett *(Chief Strategy Officer)*
Tim Jones *(Chief Creative Officer)*
Mark Sinnock *(Chief Strategy Officer-Europe)*
Mark Whelan *(Chief Creative Officer-UK)*
Eleni Sarla *(Chief Client Officer)*
Matt Adams *(CEO-Havas Grp Media-UK)*
Dan Davies *(Exec VP & Head-Digital Investments)*
Elena Grasman *(Mng Dir-New York)*
Sally Barr *(Head-Social)*
Patrick Cahill *(Co-Head-Integrated Production)*
Rebecca White *(Head-Mktg-Heathrow)*
Elliot Harris *(Exec Creative Dir)*
Clare Hutchinson *(Exec Dir-Strategy)*
Ben Mooge *(Exec Creative Dir)*
Francois-Xavier Hafner *(Sr Acct Dir)*
Becky Rouch *(Grp Acct Dir)*
Lynsey Atkin *(Creative Dir & Copywriter)*
Nick Wavish *(Art Dir & Copywriter)*
Joe Williams *(Art Dir & Copywriter)*
Jade Andrews *(Art Dir)*
Belinda Bennett *(Acct Dir)*
Josh Edwards *(Acct Dir-Strategic & Creative)*
Katie Houghton *(Producer-Digital)*
Aaron Howard *(Creative Dir)*
Kenn MacRae *(Creative Dir)*
John McPartland *(Art Dir)*
Dave Mygind *(Creative Dir)*
Matthew Paris *(Acct Dir)*
Emma Prendergast *(Acct Dir)*
Anne Puech *(Acct Dir)*
Matthew Ramage *(Acct Dir)*
Jonathan Rands *(Art Dir)*
Tom Richards *(Creative Dir)*
Claire Sweeting *(Acct Dir)*
Matt Swinburne *(Creative Dir)*
Tom Trevelyan *(Acct Dir)*
Sarah Wells *(Producer-Print & Digital)*
Sarah Barclay *(Dir-Programme)*
Patrick Brindle *(Dir-Global Category)*
Kristin Cowper *(Dir-Global Plng)*

ADVERTISING AGENCIES

Steve Davies *(Dir-Creative Design)*
Emma Hartley *(Dir-Client Svcs)*
Claire Lillis *(Dir-Art Buying)*
Natalie Swan *(Dir-Strategy)*
Tilly Swann *(Dir-Strategy)*
Becky Taylor-Wilknison *(Dir-Strategy)*
May-Leen Wong *(Dir-Strategy)*
Sophie Amodio *(Sr Acct Mgr)*
Sophie Fletcher *(Sr Acct Mgr)*
Bella Brown *(Acct Mgr)*
Nicholas Hillier *(Acct Mgr)*
Sarah Jacob *(Acct Mgr)*
Claire Petzal *(Acct Mgr)*
Kate Sheppard *(Acct Mgr)*
Jahney Smith *(Acct Mgr)*
Tati Yanchoglo *(Acct Mgr)*
Chris Slough *(Client Partner)*
Rosanna Owen *(Strategist)*
Kate Reed *(Strategist)*
Emma Stafford *(Strategist)*
Joe Coleman *(Copywriter)*
Zack Gardner *(Copywriter)*
Themis Loizou *(Jr Planner)*
Barney Packham *(Copywriter)*
Dan Scheers *(Designer)*
Masha Shukkore *(Copywriter)*
Alex Tizard *(Copywriter)*
Pat Comer *(Sr Art Dir)*
Jenika Hadipour *(Jr Strategist)*
Natasha King *(Asst Producer-Film)*
Mary Musasa *(Asst Producer)*

Accounts:
Accor Media, Novotel
Adidas Social Media
Alfa Romeo Global
ASDA Asda.com, Campaign: "#savesummer", Creative, Digital, Strategic
Britain's Beer Alliance
British Broadcasting Corporation
BT Business Insights
Coca-Cola
Department for Education Out-of-Home, Press, TV; 2018
Dominos Pizza Group Limited
The Emirates Group
General Mills Digital, Haagen-Dazs, Old El Paso
Google
GSK Content, Digital
Harrison's Fund Creative
Heathrow Airport Advertising
Heineken Desperados, Global Digital, Strongbow Gold
H.J. Heinz Company, Limited Digital, UK & Europe Creative; 2018
HRA Pharma Creative, EllaOne, FMCG, OTC Drugs
Huawei Technologies Co., Ltd Creative
Hyundai Motor U.K. Ltd
Iglo
Jack Wills Creative, Digital, Strategic
Jurys Inn (Lead Advertising Agency)
Keep Britain Tidy; 2018
Kia Motors UK Limited
McLaren F1
Molson Coors Brewing Company (UK) Ltd. Advertising, Blue Moon, Carling, Cobra, Coors Light, Pravha, Rekorderlig, Sharp's Brewery, Staropramen, UK Creative
Mondelez International, Inc. Campaign: "Seductively Silky", Carte Noire, Mellow Bird, Seductive Servers
Nationwide Building Society Campaign: "People Powered Digital Services", Media, Online
Nature's Bounty International Communications, Digital, Nature's Bounty, Solgar, Strategy
Nokia Nokia N85; 2009
Paddy Power
Pernod Ricard UK Beefeater
Plum Baby
Reckitt Benckiser Group plc Air Wick, Clearasil, E45, Finish, Gaviscon, Lemlift, Lemsip, Optrex, Vanish
Rentokil Digital
Rolls-Royce Creative, Digital, Direct Activity, Integrated Advertising
Royal Mail Holdings plc
Sanctuary Spa YouTube Channel
Sanofi-Aventis Sanofi Genzyme
Sharp's Brewery Creative, Doom Bar
Sony BMG
Sony Computer Entertainment America LLC Advertising, PlayStation Plus
Walmart / ASDA
Work Club Ginger Pig

Havas People Birmingham
Ground Fl 39 Dominion Ct Sta Rd Solihull, Birmingham, B91 3RT United Kingdom
Tel.: (44) 121 711 3433
Fax: (44) 121 711 7769
Web Site: www.havaspeople.com

Employees: 25
Year Founded: 2003

Wendy Peoples *(CFO)*
Danni Brace *(Head-Client & Bus Dev-Global)*
Rebecca Baynes *(Grp Acct Dir)*
Fiona Capel *(Acct Dir-Mktg)*
Jessica Carrington *(Acct Dir)*
Dawn Cronin *(Acct Dir)*
Sian Dutton *(Acct Dir)*
Dan Gregory *(Creative Dir)*
Helen Jenkins *(Sr Acct Mgr-Media)*
Charlotte Fenney *(Client Partner)*
Helen Selwyn *(Client Partner)*

Havas People Glasgow
Standard Building 3rd Floor 94 Hope Street, Glasgow, G2 6PH United Kingdom
Tel.: (44) 141 332 2020
Fax: (44) 141 332 7665
Web Site: www.havaspeople.com

Employees: 8
Year Founded: 1982

Agency Specializes In: Communications, Recruitment

Rebecca Baynes *(Grp Acct Dir)*
Susie Roe *(Dir-Resourcing)*
Charlotte Fenney *(Client Partner)*

Accounts:
Lothian

Havas People London
6 Briset Street, London, EC1M 5NR United Kingdom
Tel.: (44) 207 022 4000
Fax: (44) 207 022 4005
Web Site: www.havaspeople.com

Employees: 60
Year Founded: 1947

National Agency Associations: IPA-PPA

Agency Specializes In: Advertising, Business-To-Business, Consulting, Graphic Design, Internet/Web Design, Print, Recruitment

Rupert Grose *(CEO)*
Wendy Peoples *(CFO)*
Julia Jawnyj *(Mng Dir-Performance Improvement)*
Danni Brace *(Head-Client & Bus Dev-Global)*
Eleni Konstantinou *(Head-Ops)*
Priyanka Chawda *(Art Dir)*
Alasdair Devenney *(Acct Dir)*
Dan Gregory *(Creative Dir)*
Duncan James *(Art Dir)*
Dave Runacres *(Client Svcs Dir)*
Susie Roe *(Dir-Resourcing)*
Sara Brooks *(Acct Mgr)*
Gaynor Burksfield *(Client Partner)*
Charlotte Fenney *(Client Partner)*
Amy Boswell *(Media Planner & Buyer)*
Jenna Morrissey *(Copywriter)*
Moses Gunarman *(Sr Art Dir)*
Graeme Wright *(Assoc-Qualitative Res & Insight)*

Accounts:
Allen & Overy
Central School of Speech & Drama
New-Commuters of Kent
Direct Line Group
Her Majesty's Prison & Probation Service
The Ministry of Defence Campaign: "MOD Police Constables"
New-Next
Staffordshire University Media Planning & Buying

Havas People Manchester
Trafford House Chester Rd, Stretford, Manchester, M32 0RS United Kingdom
Tel.: (44) 161 610 2200
Fax: (44) 161 872 3351
Web Site: www.havaspeople.com

Employees: 7

Agency Specializes In: Recruitment

Paul Hadfield *(Creative Dir-Havas PR UK)*
Simon Bracewell *(Dir-Havas Education)*

Accounts:
McCurrach
Thomas Cook Press

Havas PR London
Cupola House 15 Alfred Pl, London, WC1E 7EB United Kingdom
Tel.: (44) 207 467 9200
Fax: (44) 207 467 9201
E-Mail: enquiries@havasww.com
Web Site: www.havaspr.co.uk/

Employees: 50
Year Founded: 1978

National Agency Associations: IAA

Agency Specializes In: Business-To-Business, Communications, Corporate Communications, Investor Relations, Pharmaceutical, Public Relations

Paola Nicolaides *(Assoc Dir)*

Accounts:
Arla Foods Castello, Digital, Lactofree, PR, Social Media
Bae Systems
Diageo
Hogg Robinson Corporation
Ideal Standard International Consumer & Trade PR
Kimberly Clark
Reckon B2B, Media Relations
Studio Influencer Outreach
Vileda PR
Water Regulations Advisory Scheme Trade & Consumer PR; 2018

Havas Worldwide London
Cupola House 15 Alfred Place, London, WC1E 7EB United Kingdom
Tel.: (44) 207 240 4111
Fax: (44) 207 467 9210
E-Mail: enquiries@havasww.com
Web Site: http://havaskx.com/havas-london/

Employees: 200
Year Founded: 1990

ADVERTISING AGENCIES

National Agency Associations: IAA

Agency Specializes In: Communications, Public Relations

Chris Hirst *(Grp CEO-Europe & UK)*
Xavier Rees *(CEO)*
Gareth Davies *(Mng Partner)*
Ainhoa Wadsworth *(Mng Partner)*
Jeremy Carr *(Partner-Creative)*
Tracey Barber *(CMO)*
Thomas Funk *(CEO-Grp Germany & Mng Dir-Europe)*
Mark Davis *(Dir-Digital & Head-Bus)*
Sally Barr *(Head-Social)*
Gary Jobe *(Grp Head-Tech)*
Caroline Saunders *(Head-Acct Mgmt)*
Ben Mooge *(Exec Creative Dir)*
Tom Ring *(Sr Acct Dir)*
Lynsey Atkin *(Creative Dir)*
Susanne Collin *(Acct Dir)*
Tamara Greene *(Brand Dir)*
Anthony Edwards *(Dir-Strategy)*
Lindsay Macintyre *(Dir-New Bus)*
Clare Phayer *(Dir-Strategy)*
Patrick Cahill *(Joint Head-Integrated Production)*
Nicola Forristal *(Grp Chief People Officer-UK)*
Paul Ward *(Grp COO-UK)*

Accounts:
Arla Foods Advertising, Baby & Me Organic, Creative
Carl F Bucherer (Global Advertising Agency) Creative, Digital
Chivas Regal Campaign: "Here's To Big Bear"
Citroen UK Campaign: "Anti Retro", Campaign: "Footballet", Campaign: "Refined Redefined", Geisha Diesel Engine, Idiot Abroad
CLIC Sargent The Joke Appeal
Credit Suisse Campaign: "Leonardo Di Vinci App", Campaign: "Metamorphosis"
Danone
Evian Campaign: "Live Young"
Dos Equis Campaign: "The Most Interesting Man in the World"
Ella's Kitchen Campaign: "Give A Sprout", Creative, Digital
Harrod's Brand Campaign, Creative
Heathrow Airport Campaign: "The First Flight"
Huawei Global Creative
J. R. Simplot Company
Loveflutter Campaign: "Quirky Me"
Maggie's Digital
National Express Coach Media
Reckitt Benckiser Campaign: "Explore", Campaign: "Get In Sync", Campaign: "When It's On It's On", Creative, Durex Condoms, E-Commerce Website, Finish, Global Advertising, Mobile App, Strepsils, TV, Vanish, Vinyl 40', Vinyl 50'
Santander Campaign: "123 Current Account", Campaign: "Dog Grooming", Cinema, Outdoor, Staples, TV
Thomas Cook Brand-Building TV, Campaign: "Water Slide", Customer Awareness
Unilever Campaign: "Pageant 90", VO5
VO5 Campaign: "Pageant"

Helia
6 Briset Street, London, EC1M 5NR United Kingdom
Tel.: (44) 207 017 1000
Fax: (44) 207 017 1001
Web Site: http://havaskx.com/havas-helia/

Employees: 100
Year Founded: 1967

Agency Specializes In: Direct Response Marketing

Xavier Rees *(CEO)*
Emma Langford-Lee *(Mng Partner)*
Mark Whelan *(Chief Creative Officer)*
James Swan *(Exec Creative Dir)*
Aaron Howard *(Creative Dir)*
Kate Keepax *(Dir-New Bus & Mktg)*
Lisa Lee *(Dir-Bus Strategy)*

Accounts:
Adidas Digital, International CRM
Agilent Technologies
Barclays
Barkley Cars International
BBC CRM
The Co-operative Bank
D.E Master Blenders Global Media
Diageo
Heathrow
Nestle
Pets at Home
Peugeot UK Campaign: "Carkour", Campaign: "Envy Whodunnit", Campaign: "See the city in a different light", Campaign: "Show Your Character", Data, Digital
Royal Mail Customer Engagement
Saga Customer Engagement Strategy
Sky Card Credit Card; 2008
Southwestern Distillery Campaign: "FaceTime", Tarquin's Gin
Starbucks Coffee Company UK Ltd. EMEA Customer Engagement; 2018
Tesco CRM, Clubcard
TSB Direct Marketing
Unilever Campaign: "just one shower", Digital Display Communications, Dove (Global Digital Agency of Record), Dove Men+Care (Global Digital Agency of Record), Surf (Global Digital Agency of Record)
Viking Cruises
Volvo Cars, Digital, V40 R-Design
Westfield CRM
Whitbread Beefeater Grill, Brewers Fayre, CRM, Premier Inn, Table Table, Taybarns

Helia
Phoenix Way, Cirencester, Glos GL7 1RY United Kingdom
Tel.: (44) 1285 644744
Fax: (44) 1285 654952
Web Site: http://havaskx.com/havas-helia/

Employees: 110

Agency Specializes In: Direct Response Marketing

Emily Couldwell *(Acct Dir)*
Sue Wall *(Dir-Ops)*

Accounts:
Comparethemarket.com
Heinz Baby Food
Pets at Home CRM

Maitland/AMO
(Formerly The Maitland Consultancy)
3 Pancras Square, London, N1C 4AG United Kingdom
Tel.: (44) 20 7379 5151
Fax: (44) 20 7379 6161
E-Mail: info@maitland.co.uk
Web Site: www.maitland.co.uk

Employees: 50
Year Founded: 1994

Agency Specializes In: Brand Development & Integration, Corporate Communications, Financial, Government/Political, Investor Relations, Media Relations, Pharmaceutical, Planning & Consultation

Angus Maitland *(Chm)*
William Clutterbuck *(Vice Chm & Head-Fin Svcs & Litigation PR)*
Neil Bennett *(CEO)*
James Drewer *(Mng Partner-Political)*
Isabella Gornall *(Assoc Partner-Political & Head-Maitland Green)*
Al Loehnis *(Partner & Head-TMT Industries)*
Emma Burdett *(Partner)*
Julie Harris *(Partner-Political)*
James Isola *(Partner)*
Clinton Manning *(Partner)*
Jeremy Dorling *(CFO & COO)*
Sam Cartwright *(Assoc Partner)*

Accounts:
Aberdeen Asset Management
Ashtead
B&M Retail
Balfour Beatty Corporate & Financial Communications, Financial PR
Cath Kidston
Catlin Group
The Climate Group
Debiopharm SA
Domino's Pizza, Inc. Financial & Corporate Public Relations
EIM
Epwin Group Communications
Essar
Flybe
GlaxoSmithKline
Halfords
The Harley Medical Group Communications, Reputation Management
Howdens
Kleinwort Benson Corporate Communications, PR
The Laird Group Plc
Moneysupermarket.com Group Plc Corporate PR, Financial Communications
Monsoon Accessorize
Mysale Group Communications
OCH-ZIFF
Oriel Securities Communications Strategy
Permal
Pets at Home
Porterbrook Strategic Communications; 2018
Premier Foods
SAB Miller
Santander
Schroders
Spire Healthcare Group
TDR Capital
Tesco
Thames Water Utilities
TUI Group Corporate Communications
UPS
Weir Group plc
Zoopla IPO communications

Regional Headquarters

Havas Worldwide Latin America
Av. Sao Gabriel 301, Itaim Bibi, C1414BKK Sao Paulo, 01435-001 Brazil
Tel.: (55) 11-2126 1000
Fax: (55) 11-2126 1100
Web Site: http://havas.com/

Employees: 538
Year Founded: 2002

Agency Specializes In: Advertising, Business-To-Business, Consumer Marketing, Digital/Interactive, Direct Response Marketing

Erh Ray *(Partner & CEO)*
Vivian Zimetbaum Ferraz *(CEO)*
Jorge Percovich *(CEO-Latam Grp)*
Celio Salles *(Creative Dir)*
Akira Tateyama *(Creative Dir)*

Accounts:
Mortein Pro
Pao de Acucar
Pirelli
Reckitt Benckiser

AGENCIES - JANUARY, 2019 — ADVERTISING AGENCIES

Dominican Republic

AS Publicidad
Jose Contreras no 62, Zona Universitaria, Santo Domingo, Dominican Republic
Tel.: (809) 535 3264
Fax: (809) 535 2303
Web Site: www.dreambuildersdr.com

Employees: 15

Agency Specializes In: Advertising

Raul Bartolome *(Owner)*

Guatemala

Havas Guatemala
(Formerly ICU Publicidad)
18 Calle 24-69 Zona 10 Empresarial Zona Pradera, Torre 4 Nivel 8 Oficina 805, Guatemala, Guatemala
Tel.: (502) 2224 5700
Fax: (502) 2332 8941
E-Mail: gerencia@icupublicidad.com
Web Site: www.havasgt.com/

Employees: 21

Agency Specializes In: Advertising

Mexico

Havas Worldwide Mexico
Av Insurgentes Sur 694-9, Mexico, CP 031000 Mexico
Tel.: (52) 55 5626 61 00
Fax: (52) 55 5687 7406
Web Site: http://havasworldwide.com.mx/

Employees: 40

Agency Specializes In: Advertising, T.V.

Laurence Rossignol *(Partner-HR Bus)*
Martin Gandarillas *(Acct Dir)*
Beatriz Torres *(Acct Dir)*

Accounts:
Anheuser-Busch InBev Media
AXA Insurance
Continental
Formula 1
Nacional Monte De Piedad Comic Sensus

Regional Headquarters

The Face - Melbourne
Level 1 132 B Gwynne St, Richmond, VIC 3121 Australia
Tel.: (61) 3 9426 5399
Fax: (61) 3 9427 7537
E-Mail: katie.fowles@thefaceaustralia.com.au
Web Site: www.havaspeople.com.au

Employees: 10
Year Founded: 1992

Agency Specializes In: Recruitment

Havas Worldwide Australia
Level 12 60 Miller Street, North Sydney, NSW 2060 Australia
Tel.: (61) 2 9963 7711
Fax: (61) 2 9957 5766
Web Site: http://au.havas.com/

Employees: 100
Year Founded: 1990

Agency Specializes In: Digital/Interactive

Imogen Hewitt *(Grp Mng Dir)*
Daniel Smith *(Mng Dir)*
James Wright *(Chm-Havas PR Collective)*
Anthony Janjic *(Head-Traffic)*
Phil Johnston *(Head-Plng)*
Seamus Higgins *(Exec Creative Dir)*
Damian Royce *(Exec Creative Dir)*
Alexander Ball *(Bus Dir-Client)*
Amy Kawaguchi *(Acct Dir)*
Joey Newton *(Art Dir)*
Nic Adamovich *(Sr Designer)*
Amanda Picman *(Designer)*
Joe Ranallo *(Jr Copywriter)*

Accounts:
Australian Wool Innovation
Boehringer Ingelheim
Casella Family Brands Yellow Tail
Chatime (Creative Agency of Record); 2018
Defence Force Recruiting (Agency of Record) Australian Defence Force, Campaign: "Do what you love", Creative, Digital
Department of Industry, Innovation & Science Consultation, Data Analytics, Design, Development, Digital, Strategy, UX, Website Development, business.gov.au; 2018
eBay
Fund for Peace Media
Goodman Fielder Creative, Meadow Lea, Media Strategy, Olive Grove, Praise, White Wings
New-Kayo Sports Brand Architecture, Brand Identity, Brand Name, Communications Strategy, Creative, Customer Value Proposition
Moet Hennessy Digital, Social
Nestle Australia Ltd. Nescafe
Novartis
Reckitt Benckiser Mortein (Creative Agency of Record)
Save Our Sons & Duchenne Foundation Campaign: "The Most Powerful Arm Ever Invented"
Sony Australia Campaign: "DSLR GEAR NO IDEA"
Steve Waugh Foundation
Telstra Corporation Ltd.

Havas Worldwide Southeast Asia
150 Cantonment Road, Block B, Cantonment Centre #03-06/07/08, Singapore, 089762 Singapore
Tel.: (65) 6317 6600
Fax: (65) 6317 6700
Web Site: sea.havas.com

Employees: 95

Agency Specializes In: Advertising, Consumer Marketing, Digital/Interactive, Direct Response Marketing, Internet/Web Design, Public Relations, Social Media

Mike Amour *(Chm & CEO-Havas Grp-APAC)*
Remi Babinet *(Chm & Creative Dir-Global)*
Daniel Ho *(Mng Dir)*
Valerie Madon *(Chm-Singapore & Chief Creative Officer-Southeast Asia)*
Charu Aggarwal Harish *(Chief Strategy Officer-India & SEA & Dir-Digital Strategy-GSK)*
Andrew Hook *(Chief Creative Officer)*
Levent Guenes *(Chief Growth Officer-Asia Pacific)*
Vishnu Mohan *(Chm/CEO-Havas Grp-Southeast Asia & India)*
Shervin Seah *(Grp Head-Creative)*
Russell Lai *(Gen Mgr)*
Christian Pattman *(Exec Dir-Client)*
Farhan Darma *(Art Dir)*
Franck Vidal *(Bus Dir-AdCity)*
Gereld Khoong *(Planner-Strategic)*
Kelvin Lim *(Assoc Creative Dir-Singapore)*

Accounts:
Anna Sui Beauty
Carlsberg Beer, Campaign: "Cars In Control"
Changi Airport Group (Media Agency of Record) Media Buying
China Telecom
DBS Financial Services
GlaxoSmithKline Plc Panadol
IBM Technology
Jardine Cycle & Carriage Limited Brand Strategy, Creative, Cycle & Carriage Kia, Digital, Integrated Communications, Retail Communications; 2018
Lee Hwa Jewellery Jewelry
Microsoft Technology
Novartis Pharmaceuticals
NTUC Fair Price Telecommunications; 2008
Orange Telecommunications
Pernod Ricard Spirits
Peugeot Auto
Porsche Asia Pacific Content Development, Creative Executions
Reckitt Benckiser FMCG
New-Resorts World Sentosa Global Media; 2018
Sanofi Aventis FMCG, Pharmaceuticals
Singapore Association of the Visually Handicapped Campaign: "Blind Faith"
Singapore Symphony Group Media Planning & Buying, Strategic Counsel; 2018
Sony Consumer Electronics
TD Ameritrade

Havas Worldwide Sydney
60 Miller Street Level 12, North, Sydney, NSW 2060 Australia
Tel.: (61) 2 9963 7711
Fax: (61) 2 9957 5766
E-Mail: Anthony.Gregorio@havasww.com
Web Site: http://au.havas.com/

Employees: 120

Agency Specializes In: Consumer Marketing

Mike Wilson *(CEO)*
Daniel Smith *(Mng Dir)*
Gordon Dougal *(Chief Digital Officer)*
Phil Johnston *(Head-Plng)*
Monique Pardavi *(Head-Brdcst)*
Seamus Higgins *(Exec Creative Dir)*
Ant Melder *(Exec Creative Dir)*
Gabe Hammond *(Sr Producer-Brdcst-Host & Havas Australia)*
Tom Hoskins *(Creative Dir)*
Helen King *(Art Dir)*
Alex Bolderoff *(Copywriter)*
Anthony Campagna *(Copywriter)*

Accounts:
Aspen CRM Club, Redesigning & Relaunching, S26; 2018
Citroen Brochures, Community Management, Creative, Strategic Planning
Dr. Lewinn's Media
Durex Brand Positioning, Campaign: "Fundawear", Campaign: "Touch Over The Internet", Durex Fetherlite Intense, Durexperiment
eBay Campaign: "Know What They Like, What They Love", Creative
Expedia Lastminute.com.au, Out-of-Home, Radio, Video
Fairfax Media Creative, MyCareer
GlaxoSmithKline Plc Nicabate
Greenpeace Campaign: "Turtle", Outdoor & Print Campaign
Intel
Kia Motor Corporation Creative, Kia Motors, Media
Liquor Marketing Group (Agency of Record) Bottlemart, Brand Communication, Brand Strategy & Creative, In-Store, Press, SipnSave, Social, Trade, Web
Novartis

485

ADVERTISING AGENCIES

Nurofen
PayPal Inc.
Perfetti van Melle Chupa Chups, Media, Mentos; 2018
Pernod Ricard Brancott Estate, Jacob's Creek
Personal Broadband Australia iBurst
Peugeot
Pine O'Cleen Campaign: "The wipe with a flipside"
Reckitt Benckiser Campaign: "Durexperiment Fundawear", Campaign: "Sponsor the White House", Campaign: "The Harpic Toilet Confessions", Harpic, Mortein, Pea Beu, Vanish
Ricegrowers Limited; 2018
Seafolly; 2018
Sony Campaign: "DSLR Gear No Idea", Campaign: "Like Nothing You've Ever Experienced", Campaign: "Multimillion Dollar", Campaign: "No More Bad Photos", Online, Social Media, Sony NEX, Ultra HD TV
Steve Waugh Foundation
Sydney IVF
Tony Bianco CRM Programme, Platform Technology; 2018
Tourism Palau
YSL Beaute

Host
Level 7 155 Clarence St, Sydney, NSW 2000 Australia
Tel.: (61) 2 9963 7711
Fax: (61) 2 9957 5766
Web Site: hosthavas.com/

Employees: 101

Agency Specializes In: Advertising

Laura Aldington *(CEO)*
Naren Sanghrajka *(Mng Partner)*
Daniel Smith *(Mng Dir)*
Olly Taylor *(Chief Strategy Officer)*
Jon Austin *(Exec Creative Dir)*
Seamus Higgins *(Exec Creative Dir)*
Stu Turner *(Exec Creative Dir)*
Jo Thomasson *(Grp Acct Dir)*
Chris Smyth *(Sr Producer-Digital)*
Eddy Milfort *(Sr Designer-Digital & Art Dir)*
Janet Szabados *(Art Dir)*
Jess Page *(Dir-Plng)*
Max Bennett *(Sr Acct Mgr)*
Hadleigh Sinclair *(Copywriter)*
Jack Delmonte *(Sr Art Dir)*

Accounts:
Air New Zealand (Creative Agency of Record) Online, Social Media, Video
Australian Indigenous Education Foundation
Defence Force Recruiting
Department of Industry, Innovation & Science Business.gov.au, Consultation, Data Analytics, Design, Development, Digital, UX; 2018
Electrolux
Expedia Campaign: "The Obvious Choice", Hotels.com, Online Video, Out-of-Home, Press, TV
Fetch TV Spoiler
Free Tv Australia Campaign: "20 20 Vision Phase 2"
Goulburn Valley
Hotels.com (Creative Agency of Record)
Ikea
James Squire
Lego
Levis
Lion Co Above the Line, James Boag, Social Media, TV, Tooheys, XXXX Gold
Myob Campaign: "Myob Live"
National Heart Foundation Creative, Marketing Stategy; 2018
NBN Co Creative
New-Oroton Creative; 2018
Palau Legacy Project
Rentokil
Subaru Content, Digital
Sydney Water Campaign: "Tap", Creative
Think TV Campaign: "The Future of TV", Free TV
Tooheys Extra Dry
Tourism Palau
Tourism Western Australia Campaign: "Facebook's Biggest Tag"
Visit California
Western Australia Tourism Campaign: "Extraordinary lives with you forever", Campaign: "Facebook's Biggest Tag"

China

Havas Digital Shanghai
(Formerly Socialistic China)
11/F Novel Building No 887 Huaihai Zhong Road, Shanghai, 200020 China
Tel.: (86) 21 6467 5868
Fax: (86) 21 6467 5869
Web Site: www.havas.com

Employees: 20

Agency Specializes In: Digital/Interactive

Alessandro Pang *(Dir-Integrated Comm)*

Accounts:
Danone Infant Nutrition
Freescale
Hersheys
Ivory Baby
Jala
Peugeot
Seagate

Havas Worldwide Beijing
19/F Tower B Global Trade Center No 36 Bei San Huan East Road, Dongcheng District, Beijing, 100013 China
Tel.: (86) 10 5923 2700
Fax: (86) 10 5825 6172
Web Site: http://havas.com/

Employees: 150
Year Founded: 1993

Benjamin Wong *(Mng Dir)*
Karl Wu *(CEO-China, Hong Kong & Taiwan)*

Accounts:
China Telecom Corporation Limited Execution, Offline & Traditional Media Planning & Buying, Performance Evaluation; 2018

Havas Worldwide Hong Kong
9/F Northeast Warwick House Taikoo Place, 979 King's Road, Island East, Hong Kong, China (Hong Kong)
Tel.: (852) 2590 1800
Fax: (852) 2516 5411
Web Site: http://havas.com/

Employees: 65

Agency Specializes In: Advertising

Ng Kaima *(Sr Acct Dir)*
Ivan Tang *(Sr Acct Mgr-Digital)*
Tiffany Cheng *(Mgr-Strategy)*

Accounts:
Air France-KLM Group
Anna Sui Super Black Mascara
Hong Kong International Airport Brand Management, Communication, Creative, Strategic Planning, Through the Line
Peugeot
Pizza Hut Digital Communications
Shangri-La Hotel (Global Media Planning & Buying)
The Shard Hotel
Sony Bravia, Handycam, Vaio, Walkman

Havas Worldwide Shanghai
11/F, Novel Building, 887 Huaihai Zhong Road, Shanghai, 200020 China
Tel.: (86) 21 6467 5868
Fax: (86) 21 6467 5869
Web Site: http://havas.com/

Employees: 55

Ben Sun Erhei *(Chief Creative Officer)*
Shangyong Yang *(Exec Creative Dir)*
Zerien Li *(Art Dir)*
Lyon Liao *(Art Dir)*
Roc Wong *(Art Dir)*
Jack Xuan *(Creative Dir)*
Vivian Chen *(Copywriter)*
Kiddy Wang *(Copywriter)*
Vencent Chen *(Assoc Creative Dir)*

Accounts:
Ariston
Balabala
Bank of Communications (Creative Agency of Record) Brand Strategy, Creative Advertising
China Bank of Communications
Citroen
Getty Images
Global Road Safety Partnership
Hand In Hand
Hershey Company Hershey Kisses; 2008
OSM
Reckitt Benckiser
Uni Green Tea (Creative Agency of Record) Below-the-Line, Creative Development, Digital, Print, TV
Yili Chang Qing, Pureday Yogurt, QQ Star Children's Milk, QQ Star Yogurt, Yili Adult Milk

Korea

Havas Worldwide Seoul
10th Fl Dongwon Bldg 128 27 Dangju-dong, Jongro-gu, Seoul, 110-759 Korea (South)
Tel.: (82) 2 757 33 23
Fax: (82) 2 794 66 86
Web Site: www.havasworldwide.co.kr/

Employees: 60
Year Founded: 1997

Agency Specializes In: Advertising, Digital/Interactive, Direct Response Marketing, Internet/Web Design

Jinnie Kim *(Sr Acct Exec)*

Malaysia

Havas Worldwide Kuala Lumpur
11F, The Crest, 3 Two Square 2 Jalan 19/1, Petaling Jaya, 46300 Malaysia
Tel.: (60) 3 76286600
Fax: (60) 3 2718 6704
Web Site: http://havas.com/

Employees: 50
Year Founded: 1980

Andreas Vogiatzakis *(CEO)*
Andrew Lee *(Mng Dir-Havas Immerse)*
Premnath Unnikrishnan *(Head-Digital)*

Accounts:
DiGi Creative Agency of Record

Philippines

AGENCIES - JANUARY, 2019 — ADVERTISING AGENCIES

Havas Worldwide Manila
16F Robinsons Equitable Bank Tower 4 ADB, Pasig, 1605 Philippines
Tel.: (63) 2 638 6063
Fax: (63) 2 634 6854
E-Mail: info.ph@havasww.com
Web Site: http://havas.com/

Employees: 74
Year Founded: 1998

Agency Specializes In: Advertising, Communications, Consumer Marketing, Digital/Interactive, Direct Response Marketing, Health Care Services, Internet/Web Design

Jos Ortega *(Chm & CEO)*

Accounts:
7-Eleven
Absolute
Beer Na Beer
Bisolvon
Chinatrust
Cobra Energy Drink
Colt 45
Executive Optical
Intel
InterBey
Lonestar Light
Lysol
Nippon Life Philippines
Novartis
Pascual Laboratories Betadine, OraCare
Philippine Daily Inquirer
SABA Seafood
Saba
Sanofi-Aventis
SM Malls
Tiger Airways
Total
Veet
Yehey.com

Singapore

Havas Southeast Asia
80 Robinson Road #20-02, Singapore, 068898 Singapore
Tel.: (65) 6317 6600
Fax: (65) 6317 6700
E-Mail: levent.guenes@havas.com
Web Site: sea.havas.com/

Employees: 130
Year Founded: 1974

Jacqui Lim *(Grp CEO-Havas Grp)*
Valerie Madon *(Chm-Singapore & Chief Creative Officer-Southeast Asia)*
Andrew Hook *(Chief Creative Officer)*
Joseph Chua *(Gen Mgr)*
Keshav Bhat *(Art Dir)*
Farhan Darma *(Art Dir)*
Antoine de La Seigliere *(Reg Grp Acct Dir & Dir-Ops-South East Asia)*
Jude Foo *(Dir-Client Svcs)*
Amos Chen *(Copywriter)*
Gereld Khoong *(Planner-Strategic)*
Felicia Ong *(Planner-Strategic)*
Katrina Villanueva *(Copywriter)*
Kelvin Lim *(Assoc Creative Dir-Singapore)*
Hazyrah Mokhlas *(Jr Art Dir)*

Accounts:
Agilent Technologies
Air France-KLM Group Content Creation, Corporate Communications, Media Strategies, Public Relations, Strategic Counselling
Allied World B2B, Brand Campaign, Creative, Digital, OOH, Print, Public Relations
Aspial Corporation Digital, Media
Bose
Brocade Communications
CapitaLand Group
Carlsberg
Cycle & Carriage Citroen, Creative, DS, Digital, Digital Communications Strategy, Integrated Communications, Kia, Maxus, Media Planning & Buying, Mercedes-Benz, Mitsubishi; 2018
Dell
Diageo
EPINS Branding
Esplanade - Theatres on the Bay (Media Agency of Record) Digital Strategy, Media Planning & Buying; 2018
FairPrice
Fox Fashion Apparel
Gardens by the Bay Digital Media Strategy., Media Planning & Buying
New-Go-Jek Media Buying; 2018
New-Health Promotion Board Online & Offline Media Buying
Lion Capital Management
Microsoft APAC
Network for Electronic Transfers Media Planning & Buying
Nikon
Novartis
Poh Heng Brand Strategy, Digital, Social & Media, Strategic Creative; 2018
Reckitt Benckiser Durex
Seagate
Singapore Management University Creative, Media Partner
TD Ameritrade Online, Outdoor, Print
Tiger Airways
Trane
Universitas Global
Volvo
Yahoo!

Havas Worldwide Bangkok
29 Bangkok Business Center Building 28th Floor Room 2802 Soi Ekamai, Sukhumvit 63 Klongton Nua Watt, Bangkok, 10110 Thailand
Tel.: (66) 2 022 6301
Fax: (66) 2 382 1727
Web Site: http://havas.com/

Employees: 20

Agency Specializes In: Business-To-Business, Consumer Marketing, Digital/Interactive, Direct Response Marketing, Event Planning & Marketing, Internet/Web Design, Publicity/Promotions

Sunny Hermano *(Dir-Bus Dev & Integration-Havas Creative APAC)*

India

Havas Life Sorento
(Formerly Sorento Healthcare Communications Pvt Ltd)
12 Garodia Estate 3A Udyog Nagar SV Road Goregaon West, Mumbai, 400 062 India
Tel.: (91) 22 28783752
Fax: (91) 22 28754952
E-Mail: info@sorentohealth.com
Web Site: www.sorentohealth.com

Employees: 100

Agency Specializes In: Advertising

Sangeeta Barde *(Mng Partner)*
Susan Josi *(Mng Partner)*
Delon Mascarenhas *(Sr VP)*

Accounts:
Abbott
Alkem
Dr Reddy's
Finlinea Haelthwits
Glenmark
Johnson & Johnson
MSD
Torrent

Havas Worldwide Bangalore
4016 First Cross 17th Main, HAL II Stage - Domlur, Indiran, Bengaluru, 560 008 India
Tel.: (91) 80 49195333
Fax: (91) 80 49195399
Web Site: http://www.in.havas.com/

Employees: 500

Agency Specializes In: Internet/Web Design

Mohit Joshi-MoJo *(Mng Dir)*
Nima D.T. Namchu *(Chief Creative Officer)*
Saurabh Jain *(VP-South-Havas Media India)*

Accounts:
Air Wick Campaign: "Family", Campaign: "Freshness", Campaign: "Life is Bright"
Airtel
Bharat Petroleum
BlueStone.com Digital, Mobile Media
Dadha & Company Integrated Media, Netmeds.com; 2018
Durex Durex Condoms: Durex Christmas
Foyr Digital, E-commerce, Media
Gaana.com
Google
HolidayIQ.com Integrated Media
HSBC
IBM
Indiatimes.com
Luxpresso.com
Makemytrip.com
Malabar Group Allure Collections, Digital, Social Media
MoneyView.in Media
Muthoot Pappachan Group Integrated Media; 2018
Pajero
Quikr Media
Reckitt Benckiser Veet
Times Internet Limited
Unilever
Webex
Zigwheels.com

Havas Worldwide Gurgaon
5th Floor Tower A Building No 9, DLF Cyber City Phase III, Gurgaon, 122002 India
Tel.: (91) 124 468 4500
Fax: (91) 124 468 4599
Web Site: www.havas.com

Employees: 170

Uday Mohan *(Mng Partner-North & East India)*
Nima D. T. Namchu *(Chief Creative Officer)*
Anita Nayyar *(CEO-India & Southeast Asia-Havas Media)*
Sanghamitra Chakraborty *(Sr VP & Head-Bus)*
Chandy Mohapatra *(Sr VP-Digital & Adv)*
Mohit Joshi *(Mng Dir-Havas Media Grp)*
Ankit Rastogi *(Joint Mng Dir & Head-Media Buying-Natl)*
Shubhrojyoti Roy *(Exec Dir-Plng)*
Navin Theeng *(Exec Creative Dir)*
Gurdev Singh Sidhu *(Sr Creative Dir)*

Accounts:
Amplifon Media
Amway India Artistry, Attitude, Beauty Vertical, Media Planning & Buying
Bharat Learn
BSNL Data One, One India
CareerBuilder India Digital
Caterpillar India Digital Media

ADVERTISING AGENCIES

Child Survival India Campaign: "No Child Brides"
Clovia Digital, Mobile
Doctor 24x7 Digital, Media, Mobile
Faircent.com Integrated Media; 2017
FoodCloud.in Digital, Media, Outdoor, Print, Radio, TV
Indiatimes.com
iOrderFresh Digital, Mobile, Social, Traditional Media Buying, Traditional Media Planning
Kohler
Mann Public School
Max New York Life
Mortien
Neo Milk Products Media
OCM India Digital Media, Traditional
OYO Integrated Media; 2018
Ranbaxy (Digital Agency of Record) Consumer Healthcare
Reckitt Benckiser Campaign: "Happy Mornings", Campaign: "Kids Dreams", Creative, Disprin, Durex Jeans, Harpic Toilet Cleaner, Mortein, Strepsils, Veet Hair Removal Cream
New-Sri Lanka Tourism Promotion Bureau Digital, Global Destination Marketing, Integrated Brand Campaign, Marketing Campaign, Mobile, Social Media, Website; 2018
Sujata Appliances Digital, Integrated Media, Mobile, Strategic
Volvo
Wonder Cement Media
Yepme.com Media
Zee Business Creative, Marketing Communication

Havas Worldwide Mumbai
Valencia Building - 4th floor, Raj Kamal Marg, Off Dr SS Rao Road, Parel, Mumbai, India
Tel.: (91) 22 6177 6177
Fax: (91) 22 6177 6178
Web Site: http://havas.com/

Employees: 190

Agency Specializes In: Advertising, Brand Development & Integration, Consumer Marketing, Corporate Communications, Digital/Interactive, Direct Response Marketing, Health Care Services, Public Relations, South Asian Market

Kunal Jamuar *(Mng Partner-West & South)*
Arindam Sengupta *(Pres-West & South)*
Rana Barua *(CEO-Havas Grp)*
Nirmalya Sen *(CEO-India)*
Mohit Joshi-MoJo *(Mng Dir-Havas Media Grp)*
Rayomand J. Patell *(Exec Creative Dir)*

Accounts:
Bajaj Allianz Life Insurance Co. Ltd. Integrated Media; 2018
Bajaj Finserv Limited Media; 2018
Bharat Learn
Borosil Media
BPCL
Cobra Beer
Dell
D'lecta Foods Creative
DS Group Communications, Tansen
Finish
Grand Hyatt
HDFC Bank HDFC Credit Cards
Jaslok Hospital & Research Centre Creative, Integrated Communications
Microsoft
Mitsubishi Motors Cedia, Creative, Lancer, Montero, Outlander, Pajero
Multi Screen Media Pvt Ltd
Nimbus Sport Creative, World Hockey Series
Paras Pharmaceutical Creative, D'Cold, Dermicool, Itchguard, Krack, Moov
Reckitt Benckiser
Rohit Surfactants Creative, Personal Care & Home Care Products
Sanofi Aventis Amaryl, Clexane, Lantus
Sterling Holiday Resorts Content Creation, Design, Digital, Integrated Media, Strategy; 2017
Yepme.com Media

South Africa

Havas Worldwide Johannesburg
Cedarwood House Ballywoods Office Park Bally Clare Dr, 2194 Bryanston, South Africa
Tel.: (27) 11 549 3600
Fax: (27) 11 706 5377
Web Site: za.havas.com/

Employees: 62

Agency Specializes In: Advertising

Mandy Leontakianakis *(Chief Strategy Officer)*
Lynn Madeley *(CEO-Southern Africa)*
Fiona O' Connor *(Creative Dir)*
Tumi Sethebe *(Creative Dir)*
Beverly Rae Jones *(Dir-Client Svc)*
Greg Dennis *(Acct Mgr)*

Accounts:
Air France-KLM Group
Autopax
Bonjela
Calmdog
Citroen
Durex Play Campaign: "Durex Play Woman"
Mortein Campaign: "Jeremy"
Mr. Min
Parmalat; 2018
Peermont Hotels, Casinos & Resorts
PNet Behind the Scenes
PSN Campaign: "Intruder"
Reckitt Benckiser Campaign: "Entomology", Strepsils
Revlon 24 Seven, Aquamarine, ColorSilk, Cutex, Flex, Mitchum
Target Mortein Campaign: "Easy Reach: Tap"
Universal Music Africa

United Arab Emirates

Havas Worldwide Middle East
Choueiri Building, 1st Floor Al Sufouh 2 St., Knowledge Village P.O. Box 21448, Dubai, 21448 United Arab Emirates
Tel.: (971) 4-455-6000
Fax: (971) 4 455 6299
Web Site: http://havas.com/

Employees: 60
Year Founded: 2001

Agency Specializes In: Consumer Marketing, Public Relations

Ali Shoucair *(Mng Dir-Arabia)*
Houda Tohme *(Gen Mgr)*
Mark Fiddes *(Exec Creative Dir)*
Elisa-Sofia Gomes *(Art Dir)*
Nadia Karim *(Art Dir)*
Pramod Kumar *(Media Dir)*
Andrew Pearson *(Creative Dir)*
Didier Farajallah *(Dir-Media Audit)*
Annie Lazarevski *(Dir-Client Svc)*
Carlos Nadal *(Dir-Bus Dev)*
Alena Smirnova *(Acct Mgr)*
Tony Sarkis *(Mgr-Media-MENA)*
Fabio Silveira *(Planner-Strategic)*
Rachid Mtaini *(Reg Mng Dir)*
Dany Naaman *(Reg Mng Dir)*

Accounts:
Air France-KLM Group
And So To Bed
First Abu Dhabi Bank
Haagen-Dazs
Ooredoo Group
Peugeot
Pif Paf
Reckitt Benckiser Durex, Pifpaf Insect Repellent
Sanofi-Aventis
World Expo 2020; 2017

HAVAS WORLDWIDE CHICAGO
36 E Grand Ave, Chicago, IL 60611
Tel.: (312) 640-6800
Fax: (312) 640-6801
E-Mail: chicago@havasww.com
Web Site: http://chi.havas.com/

Employees: 200

National Agency Associations: 4A's

Agency Specializes In: Advertising, Brand Development & Integration, Sponsorship

Laura Maness *(CEO)*
Amy Merchant *(Mng Dir)*
Angelo Kritikos *(CFO & Dir-Ops)*
Anna Parker *(Chief Strategy Officer)*
Casey Hess *(Chief Growth Officer)*
Paul Marobella *(Chm/CEO-Creative-North America)*
Lisa Evia *(Pres-Media)*
Kaitlyn Murphy *(Sr VP-Client Svcs)*
Constance George *(VP-Client Svcs)*
Marieta Blaskova *(Head-Production)*
Drew Donatelle *(Exec Creative Dir)*
William Mericle *(Exec Creative Dir)*
Chrissy Bouyea *(Grp Dir-Acct & HR)*
Adrian Fogel *(Grp Dir-Plng)*
Maxwell Billings *(Sr Dir-Art)*
Harry Mulkey *(Sr Dir-Brand Mktg)*
Meagan Huskisson *(Sr Acct Dir)*
Brandon Scharold *(Sr Acct Dir)*
Karim Ukani *(Sr Acct Dir-CRM)*
Gary Breslin *(Creative Dir)*
Anders da Silva *(Creative Dir)*
Emily Enderson *(Acct Dir)*
Kristy Hughes *(Acct Dir)*
Marissa Jaeckel *(Acct Dir)*
Vyvy Ly *(Producer-Brdcst)*
Jason Mann *(Creative Dir)*
Lexi Rodriguez *(Art Dir)*
Anna Russett *(Creative Dir)*
Cameron Schultheis *(Creative Dir)*
Brittany Shifrin *(Acct Dir)*
Kristen Vandenberg *(Acct Dir)*
Grant Dudgeon *(Dir-Analytics)*
Bonnie Hamilton *(Dir-Bus Affairs)*
Tom Hord *(Dir-Strategy)*
Meredith Martin *(Dir-Digital Mktg)*
Jon Schultz *(Dir-Strategy)*
Craig Hensel *(Sr Mgr-Content)*
Mariana Parke *(Grp Brand Dir)*
Natalie Samson *(Mgr-Programmatic Trading-North America)*
Theresa Uytuico *(Mgr-Creative)*
Laura Greene *(Acct Supvr-Social)*
Landon Seely *(Supvr & Planner-Media)*
Taylor Frable *(Supvr-Connections Plng & Client Leadership)*
Melissa Barash *(Sr Acct Exec)*
Rachel James *(Sr Acct Exec)*
Marc Robisch *(Specialist-Social Media)*
Nicoletta Straub *(Specialist-Analytics, Res & Tech)*
Chelsea Berger *(Copywriter)*
Alexis Carr *(Copywriter)*
Lauren Rabe *(Media Planner)*
Kiley Saunders *(Copywriter)*
Kate Steinberg *(Copywriter)*
Amanda Vitrano *(Planner-Media)*
Denise Alvarez *(Jr Project Mgr)*
Austin Arnold *(Sr Art Dir)*
Jonathan Chang *(Sr Art Dir)*
Daniel Cobb *(Assoc Creative Dir)*
Jon Eckman *(Grp Creative Dir)*
Bernardo Gomez *(Grp Creative Dir)*
Carlo Guardascione *(Assoc Creative Dir)*

AGENCIES - JANUARY, 2019 — ADVERTISING AGENCIES

Eric Kripas *(Assoc Creative Dir)*
Eric Lowery *(Assoc Creative Dir)*
Lewis McVey *(Grp Creative Dir)*
John Nussbaum *(Grp Creative Dir)*
Erika Ryan *(Sr Recruiter-Creative)*
Will Ryan *(Sr Art Dir)*

Accounts:
Autolite Campaign: "Mysterion"
AutoZone (Agency of Record) Advertising
Beam, Inc. Campaign: "Make It Easy with a Lifeguard", Sauza Tequila
Carl Karcher Enterprises, Inc (Creative Agency of Record) Digital, Online Video Content, Radio, Social, TV
Citigroup Inc.
CKE Restaurants Inc. (Creative Agency of Record)
EFFEN Vodka
Hardees Food Systems, Inc. (Creative Agency of Record) Brand Campaign, Digital, Online Video Content, Radio, Social, TV
Hefty Campaign: "#SaidNoSchoolEver", Online
Moen Incorporated (Agency of Record) Content, Creative, Digital, Marketing, Media, Social Media Strategy
Nando's Group Holdings, Ltd. Peri-Peri
Pearle Vision Digital
R&B Foods, Inc. Bertolli (Creative & Digital Agency of Record), Digital, In-Store, Packaging, Print, Radio, Ragu (Creative & Digital Agency of Record), TV
Reynolds Consumer Products Aluminum Foil, Campaign: "Party Hard Moms", Campaign: "Ultimate Cubs Game", Campaign: "Ultimate Garbage Men", Hefty (Agency of Record), Online, Televisions
Sauza Tequila
Sony Corporation PlayStation
Terminix Attractive Targeted Sugar Bait, Branding, Campaign: "Death to Mosquitoes", Print, TV

HAVIT ADVERTISING, LLC
3811 N Fairfax Dr, Arlington, VA 22203
Tel.: (202) 795-8530
E-Mail: hello@havitad.com
Web Site: www.havitad.com

Employees: 10
Year Founded: 2003

Agency Specializes In: Advertising, Consumer Marketing, Direct Response Marketing, Experiential Marketing, High Technology, Retail

Approx. Annual Billings: $7,000,000

Breakdown of Gross Billings by Media: Collateral: 10%; D.M.: 40%; Outdoor: 10%; Print: 40%

Scott Mikolajczyk *(CEO)*
Carolina Skelly *(Exec VP)*
Scott Collin *(Exec Creative Dir)*
Eric Sackett *(Mgr-Studio)*
Rebecca Mabie *(Grp Creative Dir)*

Accounts:
Comcast; Baltimore, MD Cable Television, High-Speed Internet; 2003
Mount Vernon Campaign: "One Man Stands Out"

HAWK ASSOCIATES, INC.
99353 Overseas Hwy Ste 15, Key Largo, FL 33037
Tel.: (305) 451-1888
E-Mail: info@hawkassociates.com
Web Site: www.hawkassociates.com

Employees: 5
Year Founded: 1995

Agency Specializes In: Brand Development & Integration, Crisis Communications, Email, Internet/Web Design, Investor Relations, Media Relations

Frank Hawkins *(CEO)*
Peter D'Agostino *(Mng Dir)*

Accounts:
Manhattan Scientifics, Inc.
NeoGenomics, Inc.

HAWK MARKETING SERVICES
77 Vaughan Harvey Blvd 4th Fl Unit 28, Moncton, NB E1C 0K2 Canada
Tel.: (506) 877-1400
Fax: (506) 877-1503
Web Site: www.hawk.ca

Employees: 28
Year Founded: 1978

Bill Whalen *(CEO)*
Francois Giroux *(Chief Creative Officer)*
Andre Levesque *(VP-Client Svcs)*
Steve Thompson *(Dir-Ops)*
Chris Farella *(Assoc Dir-Creative & Sr Writer-Creative)*
Kathy Landry *(Mgr-Client Acctg)*
Ruth MacDonnell *(Mgr-HR)*
Kara Arsenault *(Acct Exec)*
Liz Wiltshire *(Writer-Creative)*
Chris Choiniere *(Sr Art Dir)*

HAWKE MEDIA
1640 5th St 107, Santa Monica, CA 90401
Tel.: (310) 451-7295
E-Mail: info@hawkemedia.com
Web Site: www.hawkemedia.com

Employees: 60

Agency Specializes In: Advertising, Brand Development & Integration, Content, Digital/Interactive, Internet/Web Design, Media Buying Services, Search Engine Optimization, Social Media, T.V.

Tony Delmercado *(COO)*
Mike Banuelos *(Sr Dir-Growth)*

Accounts:
Bitium

HAWTHORNE DIRECT INC.
2280 W Tyler St Ste 200, Fairfield, IA 52556
Tel.: (641) 472-3800
Fax: (641) 472-4553
E-Mail: solutions@hawthornedirect.com
Web Site: www.hawthornedirect.com

E-Mail for Key Personnel:
Creative Dir.: thawthorne@hawthornedirect.com
Public Relations: kcrawfordkerr@hawthornedirect.com

Employees: 75
Year Founded: 1986

National Agency Associations: DMA

Agency Specializes In: Advertising, Automotive, Branded Entertainment, Broadcast, Business-To-Business, Computers & Software, Consumer Goods, Cosmetics, Direct Response Marketing, Education, Electronics, Entertainment, Fashion/Apparel, Financial, Health Care Services, Household Goods, Infomercials, Integrated Marketing, Internet/Web Design, Media Buying Services, Media Planning, Medical Products, Mobile Marketing, Multimedia, New Technologies, Pharmaceutical, Production, Production (Ad, Film, Broadcast), Retail, Sponsorship, Sports Market, Strategic Planning/Research, T.V., Telemarketing

Approx. Annual Billings: $103,000,000

Jessica Hawthorne-Castro *(CEO)*
John Pucci *(CMO & Chief Creative Officer)*
George Leon *(Chief Strategy Officer)*
Mark Ratner *(Sr VP-Mktg Svcs)*
Steve D'Amico *(VP & Grp Acct Dir)*
Mary Papp *(VP-Media Acct Mgmt & Acct Dir)*
Stephen Kelley *(VP-Data Science)*
Amanda Woodin *(Strategist-Media & Acct & Analyst)*
Neil Steven Klayman *(Assoc Creative Dir & Sr Copywriter)*
Gina Lombardo-Negron *(Assoc Media Dir-Natl Brdcst & Syndication)*
Brandy Septer *(Sr Asst-Media Buying & Jr Media Buyer)*
Lori Rabin Zalensky *(Assoc Media Dir)*

Accounts:
3M
Bose Corp.
Braun
Church & Dwight Co., Inc.
Discover Card
Eons
Evinrude
Hamilton Beach
High Plains Bison
Holloway House
Humminbird
J.G. Wentworth
Lawn Boy
Rowenta
Time-Life Inc.; Alexandria, VA Music Collections
Transamerica
The United States Navy
United States Navy
Urban Rebounding System
Varidesk TV
Wagner Power Paint

HAYMAKER
4126 W Jefferson Blvd, Los Angeles, CA 90016
Tel.: (310) 853-3646
E-Mail: newbiz@hymkr.co
Web Site: www.hymkr.co

Employees: 10
Year Founded: 2017

Agency Specializes In: Advertising, Brand Development & Integration, Content, Social Media

Matt Johnson *(Co-Founder & Chief Strategy Officer)*
Jay Kamath *(Co-Founder & Chief Creative Officer)*
Kevin Lau *(Designer)*
Kimberly Ong *(Designer)*

Accounts:
New-Kaboom!
New-Lions Gate Entertainment Corp.
Truth Initiative
New-VF Corporation Reef (Creative Agency of Record)

HAYNES MARKETING NETWORK, INC.
715 Jarrell Plantation Rd, Macon, GA 31046
Tel.: (478) 742-5266
Fax: (478) 742-5334
Web Site: www.haynesmarketing.com

E-Mail for Key Personnel:
President: phil@haynesmarketing.com
Creative Dir.: amelia@haynemarketing.com

Employees: 2
Year Founded: 1976

Agency Specializes In: Advertising, Automotive,

ADVERTISING AGENCIES

Broadcast, Business-To-Business, Cable T.V., Collateral, Consulting, Consumer Marketing, Consumer Publications, Corporate Communications, Corporate Identity, Direct Response Marketing, Electronic Media, Financial, Government/Political, Graphic Design, Industrial, Integrated Marketing, Magazines, Market Research, Media Buying Services, Media Planning, Mobile Marketing, Newspaper, Newspapers & Magazines, Out-of-Home Media, Outdoor, Planning & Consultation, Print, Production (Ad, Film, Broadcast), Publicity/Promotions, Radio, Retail, Strategic Planning/Research, T.V., Transportation, Yellow Pages Advertising

Phil Haynes *(Pres)*
Amelia Haynes *(VP & Graphic Designer)*

Accounts:
Bashinski Fine Gems & Jewelry; Macon, GA Jewelry; 2002
GBIS Disability, Inc
L.E. Schwartz & Sons; Macon, GA Roofing Services; 1988
Schwartz Precision Manufacturing; Macon, GA Laser Cutting; 1996
Youmans Chevrolet; Macon, GA Chevrolet; 1978

HAYTER COMMUNICATIONS
(Acquired by Williams-Helde Marketing Communications)

HAYWORTH PUBLIC RELATIONS
700 W Granada Blvd Ste 100, Ormond Beach, FL 32174
Tel.: (386) 677-7000
Fax: (386) 677-7393
E-Mail: info@hayworthpr.com
Web Site: hayworthpr.com/

Year Founded: 1999

Agency Specializes In: Public Relations, Retail, Strategic Planning/Research, Travel & Tourism

Kevin Hayworth *(Owner)*
Kelly Prieto *(VP)*
Kaitlin Harris *(Acct Mgr)*
Sarah Weaver *(Acct Mgr)*

Accounts:
Amelia Island Tourist Development Council
Payless Car Rental Automobile Rental Services
The Shores Resort & Spa Tourism Services
TradeWinds Island Grand
Visit Winston-Salem
Wyndham Reef Resort (Agency of Record) Public Relations

HCB HEALTH
701 Brazos Ste 1100, Austin, TX 78701
Tel.: (512) 320-8511
Fax: (512) 320-8990
Web Site: www.hcbhealth.com

Employees: 80
Year Founded: 2001

National Agency Associations: 4A's

Agency Specializes In: Advertising, Brand Development & Integration, Broadcast, Business-To-Business, Cable T.V., Communications, Consumer Publications, Content, Corporate Communications, Corporate Identity, Crisis Communications, Digital/Interactive, Direct Response Marketing, Direct-to-Consumer, Electronic Media, Email, Exhibit/Trade Shows, Graphic Design, Health Care Services, High Technology, Identity Marketing, Integrated Marketing, International, Internet/Web Design, Local Marketing, Logo & Package Design, Magazines, Market Research, Media Buying Services, Media Planning, Media Relations, Medical Products, Mobile Marketing, Multicultural, Multimedia, New Product Development, New Technologies, Newspaper, Newspapers & Magazines, Out-of-Home Media, Outdoor, Package Design, Paid Searches, Pharmaceutical, Planning & Consultation, Print, Production (Ad, Film, Broadcast), Public Relations, Publicity/Promotions, Radio, Regional, Sales Promotion, Search Engine Optimization, Social Marketing/Nonprofit, Social Media, Sponsorship, Strategic Planning/Research, Syndication, T.V., Technical Advertising, Trade & Consumer Magazines, Web (Banner Ads, Pop-ups, etc.)

Kerry Hilton *(CEO & Exec Creative Dir)*
Nancy Beesley *(Partner & CMO)*
Robert Palmer *(Chief Innovation Officer)*
Kim Carpenter *(Assoc Partner & Exec VP-Integrated Svcs)*
Amy Dowell *(Assoc Partner & Exec VP-Strategy)*
Amy Hansen *(Sr VP & Creative Dir)*
Francesco Lucarelli *(Sr VP-Strategic & Acct Svcs)*
Lori Lipscomb *(VP-Fin)*
Dave Russell *(VP-Media Strategy)*
Harry Stavrou *(VP-Digital Svcs)*
Abby Mansfield *(Creative Dir)*
Jessica Dube *(Sr Media Planner & Buyer)*

Accounts:
Alcon Laboratories
Alcon Surgical (Global & US Agency of Record)
AposTherapy
California Pacific Medical Center-Sutter Health
CareFusion
Cochlear
Edgemont Pharmaceuticals
Harden Healthcare
Hollister
invisalign
KCI
Lanx
LDR
LIVESTRONG
Luminex
McKesson Specialty Health
Medtronic
The Menninger Clinic
On-X Life Technologies
Schumachergroup
Scott & White Health Plan
Smith & Nephew
Texas Oncology
THANC Foundation
The US Oncology Network
Vaser
Zeus Scientific

Subsidiary

HCB Health Chicago
205 N Michigan Ave Ste 2315, Chicago, IL 60601-5923
(See Separate Listing)

HCB HEALTH CHICAGO
205 N Michigan Ave Ste 2315, Chicago, IL 60601-5923
Tel.: (312) 645-0100
Fax: (312) 645-0120
Web Site: www.hcbhealth.com

Employees: 30
Year Founded: 1982

National Agency Associations: 4A's

Agency Specializes In: Advertising, Brand Development & Integration, Consulting, Health Care Services, Internet/Web Design, Medical Products, Pharmaceutical

Nick Rambke *(Sr VP & Mng Dir)*
Amy Hansen *(Sr VP & Creative Dir)*
Abby Mansfield *(Sr VP & Creative Dir)*
Greg Niemczyk *(VP & Acct Dir-Bus Dev)*
Yuliya Chepurnaya *(Sr Art Dir)*
Erin Schwarz *(Assoc Creative Dir)*

Accounts:
Mission Pharmacal
Myriad Genetics
Terumo Cardiovascular Systems
Teva Neuroscience, Inc./Eisai Inc.
Vetter Pharma

HCK2 PARTNERS
3875 Ponte Ave, Addison, TX 75001
Tel.: (972) 716-0500
Fax: (972) 716-0599
E-Mail: hcapps@hck2.com
Web Site: www.hck2.com

E-Mail for Key Personnel:
President: hcapps@michaelpartners.com

Employees: 30
Year Founded: 1998

Agency Specializes In: Advertising, Advertising Specialties, Brand Development & Integration, Business Publications, Business-To-Business, Collateral, Consulting, Consumer Goods, Consumer Marketing, Consumer Publications, Corporate Communications, Corporate Identity, Cosmetics, Crisis Communications, Digital/Interactive, Direct Response Marketing, E-Commerce, Electronic Media, Email, Event Planning & Marketing, Exhibit/Trade Shows, Fashion/Apparel, Financial, Food Service, Graphic Design, Health Care Services, High Technology, In-Store Advertising, Information Technology, Integrated Marketing, Internet/Web Design, Investor Relations, Local Marketing, Logo & Package Design, Media Buying Services, Media Planning, Media Relations, Medical Products, Multimedia, New Product Development, Newspaper, Newspapers & Magazines, Out-of-Home Media, Outdoor, Package Design, Pharmaceutical, Planning & Consultation, Point of Purchase, Point of Sale, Print, Production, Production (Print), Promotions, Public Relations, Publicity/Promotions, Radio, Real Estate, Restaurant, Retail, Social Marketing/Nonprofit, Strategic Planning/Research, T.V., Trade & Consumer Magazines, Travel & Tourism, Women's Market

Kenneth Kracmer *(Co-Owner & Mng Partner)*
Heather Capps *(Pres & CEO)*
Elizabeth Browne Cornelius *(VP-Acct Svc)*
Kerri Fulks *(VP-PR Ops)*
Chris Schembri *(Exec Dir-Mktg & Media)*
Jordan LaMons *(Dir-Tech)*
Erin Groover *(Sr Acct Exec)*
Kelly Galloway *(Specialist-Adv & Print)*

Accounts:
Dependable Auto Shippers
Holiday Card Campaign: "Naughty or Nice Game"
Marazzi Tile
NTT DATA, Inc.
Yo! Bus

HDE, LLC.
22 E Victory St, Phoenix, AZ 85040
Tel.: (602) 276-2499
Fax: (815) 642-4836
Web Site: www.hdeagency.com

Employees: 8

Agency Specializes In: Advertising, Brand Development & Integration, Graphic Design,

AGENCIES - JANUARY, 2019 — ADVERTISING AGENCIES

Internet/Web Design, Logo & Package Design, Print, Public Relations, Radio, Social Media, Strategic Planning/Research

Landon Evans (Creative Dir)
Jennifer Pruett (Dir-Pub & Media Rels & Acct Exec)

Accounts:
Accelerated Beverages
Arctic Fox Heating & Air Conditioning
Arizona Restaurant Systems, Inc.
Brat Haus (Agency of Record) Creative Development, Design, Marketing, Public Relations
Crowne Plaza San Marcos Hotel
Crust Restaurants (Agency of Record) Brand Marketing, Public Relations
El Palacio Brand Development, Marketing, Public Relations
Hunter Contracting Company
Pincus & Associates
Pizza Me! Design, Marketing, Public Relations
SanTan Brewing Company
Scottsdale League for the Arts (Marketing & Public Relations Agency of Record) Scottsdale Culinary Festival
World of Beer Franchise Marketing, Promotional Development, Public Relations

HDM/ZOOMEDIA
55 W Wacker Dr, Chicago, IL 60601
Tel.: (312) 506-5200
Fax: (312) 506-5201
Web Site: hdmz.com/

Employees: 20
Year Founded: 1936

National Agency Associations: 4A's

Agency Specializes In: Business-To-Business, Internet/Web Design, Public Relations, Sponsorship

Daniel Hoexter (Pres & CEO)
Dave Marcou (Sr VP-Bus Dev)
Dillon Allie (VP-Client Svcs)
Hooshna Amaria (VP-Client Svcs)
Katie Jeter Cibula (VP-Client Svcs)
Seth Schwartz (VP-Client Svcs & Digital Strategy)
Michael Nienow (Creative Dir)
John Pantlind (Media Dir)

Accounts:
Abimba Manufacturing
Agilent Technologies
Applied Biosystems
Bimba
BioSante Pharmaceuticals
Gilead
InterMune
Life Technologies
Medtronic
The Nugene Product
Regeneron
Remel
Rosetta Genomics
Sigma-Aldrich
Sirna Therapeutics
Thermo Fisher Scientific
Trustwave
XTRA Lease

Branch

HDM/Zoomedia
1620 Montgomery St, San Francisco, CA 94111
Tel.: (415) 474-1192
Fax: (415) 474-8146
Web Site: hdmz.com/

Employees: 15

Year Founded: 1994

National Agency Associations: 4A's

Agency Specializes In: Health Care Services, Medical Products, Pharmaceutical

Seth Schwartz (VP-Client Svcs & Digital Strategy)
Justin Bane (Dir-Tech)
Christine Bennett (Dir-Digital Mktg)

Accounts:
Celera Corp; Alameda, CA
Genencor International
Gilead Sciences
Rigel Pharmaceuticals

HDSF
88 Townsend St, San Francisco, CA 94107
Tel.: (415) 235-1115
E-Mail: info@hdsf.com
Web Site: www.hdsf.com/

Employees: 8
Year Founded: 2003

Agency Specializes In: Advertising, Digital/Interactive, Graphic Design, Internet/Web Design, Media Planning, Print

Sue Hutner (CEO & Dir-Brand Strategy)
Justine Descollonges (Principal & Creative Dir)

Accounts:
Hathaway Dinwiddie Construction Company

HEADSPACE MARKETING
2323 Yonge St Ste 204, Toronto, ON M4P 2C9 Canada
Tel.: (416) 221-3770
Fax: (416) 221-9436
E-Mail: eblais@headspacemarketing.com
Web Site: www.headspacemarketing.com

Employees: 10

Agency Specializes In: Advertising, Brand Development & Integration, Communications

Eric Blais (Pres)

Accounts:
Bio-Oil
D'Italiano
Dormex-Vous
Durex
Tim Hortons
Virgin Mobile USA, Inc.

HEALIX
100 W 33rd St, New York, NY 10001
Tel.: (646) 602-4200
E-Mail: info@healixglobal.com
Web Site: www.healixglobal.com

Employees: 101

Agency Specializes In: Advertising, Content, Digital/Interactive, Health Care Services, Paid Searches, Pharmaceutical, Print, Radio, Search Engine Optimization, Strategic Planning/Research, T.V.

Jeffrey Erb (Pres-Healix)
Laurie Larson (Sr VP & Grp Dir-Media)
Matt Thornbrough (Sr VP & Sr Dir-Media)
Michael Baliber (Sr VP & Dir-Digital Innovation)
Benjamin Assor (Sr VP-Strategy)
Elisabeth Stuart (VP & Sr Dir-Media)
Josh Forney (VP & Dir-Media Plng)
Margaux Alpert (Media Dir)

Peter Duffy (Dir-Growth)
Anisha Vora (Dir-Media Plng)
Jordan Brensilber (Supvr-Media Plng)
Jacqueline Fenske (Supvr-Media)
Erica Gusler (Supvr-Media Plng)
Lauren Lacorazza (Supvr)
Julianne Francisco (Media Planner)
Jordan Niedosik (Media Planner)
Julie Socolow (Media Planner)
Luigi Camacho (Assoc Media Dir)
Alyssa M. Gruber (Sr Media Planner)
Perri Rumstein (Assoc Media Dir)

Accounts:
Bristol-Myers Squibb Company
Merck & Co., Inc.
Takeda Pharmaceutical Company Limited
Teva Pharmaceutical Industries, Ltd.

HEALTH SCIENCE COMMUNICATIONS
711 3rd Ave Ste 17, New York, NY 10017
Tel.: (212) 849-7900
Fax: (212) 627-4764
Web Site: www.hsci.com

E-Mail for Key Personnel:
President: dbottiglieri@hsci.com

Employees: 120
Year Founded: 1987

Agency Specializes In: Education, Health Care Services, Medical Products, Pharmaceutical

Delphine Dubois (CEO)
Fariba Ghodrati (Sr VP-Client Svcs)
Charity Miller (Sr VP-Client Svcs)
Nicole Luciano (VP-Medical & Scientific Svcs)
Alison Pantelic (Sr Acct Dir)
Josh Rodman (Dir-Medical)
Anthony Pernice (Sr Mgr-Traffic)

Accounts:
Bristol-Myers Squibb Company
Bristol-Myers Squibb Medical Imaging
Genentech
Merck & Company
Merck/Schering-Plough
Novartis
Pfizer Inc.
Schering-Plough International
Schering-Plough Pharmaceuticals

HEALTH2 RESOURCES
8230 Old Courthouse Rd Ste 105, Vienna, VA 22182
Tel.: (703) 394-5395
E-Mail: info@health2resources.com
Web Site: www.health2resources.com

Employees: 10
Year Founded: 1998

Agency Specializes In: Advertising, Brand Development & Integration, Crisis Communications, Digital/Interactive, Event Planning & Marketing, Internet/Web Design, Media Relations, Public Relations, Social Media

Katherine Capps (Pres)
Sandy Mau (VP-Comm)

Accounts:
Rocky Mountain Health Plans

THE HEALTHCARE CONSULTANCY GROUP
711 3rd Ave 17th Fl, New York, NY 10017
Tel.: (212) 849-7900
Fax: (212) 627-4764
Web Site: https://www.hcg-int.com/

ADVERTISING AGENCIES

Employees: 500
Year Founded: 1987

Agency Specializes In: Advertising

Denise Bottiglieri *(Chm)*
George Liao *(Fin Dir)*
Brian Kielty *(COO, CFO-Global & Exec VP)*
Gregory Imber *(Pres-Hyphen Digital)*
Mary Rofael *(Pres-ProEd Comm, Inc)*
Delphine Dubois *(CEO-Health Science Comm)*
Jan-Willem van Doorn *(Exec VP & Mng Dir-Medical & Scientific Svcs)*
Elizabeth Robinson *(Exec VP-Talent Engagement & Dev)*
Kathleen Young *(Exec VP)*
Diala Habib *(Sr VP)*
Elizabeth Cummings *(VP & Grp Controller)*
Joseph Walsh *(Dir-Ops)*

Accounts:
Clovis Oncology

HEALTHCARE SUCCESS STRATEGIES
2860 Michelle Ste 230, Irvine, CA 92606
Toll Free: (800) 656-0907
E-Mail: info@healthcaresuccess.com
Web Site: www.healthcaresuccess.com

Employees: 30

Agency Specializes In: Advertising, Brand Development & Integration, Email, Health Care Services, Internet/Web Design, Local Marketing, Logo & Package Design, Media Buying Services, Newspapers & Magazines, Public Relations, Publicity/Promotions, Radio, Search Engine Optimization, T.V., Web (Banner Ads, Pop-ups, etc.)

Stewart Gandolf *(CEO & Creative Dir)*
Raheim Bundle *(Dir-Paid Digital Strategies)*
Steven Jacobs *(Mgr-SEO)*
Kathy Roy Gaughran *(Sr Strategist-Mktg)*
Lori Waltz *(Specialist-Trng)*
Celeste Ethington *(Acct Coord & Coord-Media)*
Kyle Hojem *(Coord-Mktg)*
Charles DeNatale *(Sr Media Buyer)*
Simona Ramos *(Assoc Creative Dir)*

HEALTHSTAR COMMUNICATIONS, INC.
1000 Wyckoff Ave, Mahwah, NJ 07430
Tel.: (201) 560-5370
Fax: (201) 891-2380
E-Mail: marketing@healthstarcom.com
Web Site: www.healthstarcom.com

Employees: 150
Year Founded: 2001

Agency Specializes In: Health Care Services, Medical Products

Approx. Annual Billings: $213,000,000

Marcia McLaughlin *(Vice Chm)*
Chris Sweeney *(CEO)*
Joe Tardibuono *(Exec VP-Fusion Grp)*
Cira Montreys *(Sr VP, Head-Medical & Dir-Medical)*
Lew Campanaro *(Sr VP-Acct Svcs)*
Bryan Fuerst *(Sr VP-Fin)*
Eileen J. May *(Sr VP-Acct Svcs-HealthSTAR Strategic Engagements)*
Pat Purcell *(Sr VP-Strategic Solutions)*
Pauline DeLoughery *(VP-Acct Svcs)*
Sid DeSousa *(VP-Client Svcs)*
James King *(VP)*
Scott Salvatore *(VP-IT)*
Karen Smith *(VP-Acct)*
Bindi Shah *(Sr Dir-Medical)*

Angela Browne *(Sr Acct Dir)*
Joshua Klitenick *(Acct Supvr)*

Accounts:
AstraZeneca Pharmaceuticals
Bayer Pharmaceuticals Corp.
Biogen, Inc.
Boehringer Ingelheim Corp.
Eli Lilly & Co.
Merck & Co., Inc.
Nabi Biopharmaceuticals
Novartis Pharmaceuticals Corp. Lamisil DermGel
Obagi Medical Products, Inc
Pfizer Inc.
Reliant Pharmaceuticals
Sankyo Pharma
Sanofi-Synthelabo Inc.
University of Texas

Branches

Centron
1745 Broadway, New York, NY 10019
Tel.: (646) 722-8900
Fax: (646) 722-8988
Web Site: https://centronnyc.com/

Employees: 80

Agency Specializes In: Health Care Services, Medical Products, Pharmaceutical

Celine Vita *(Pres)*
Madeleine Gold *(Mng Dir & Exec VP)*
Meredith Pugh *(Chief Strategy Officer & Chief Growth Officer)*
Carolyn O'Neill *(Chief Creative Officer)*
Alyssa Farquhar *(Sr VP & Creative Dir)*
Benjamin Bring *(VP-Client & Media Svcs-Eastern & Midwest Reg)*
Dani Longoria *(Dir-Publr Solutions)*
Vickrum Singh *(Mgr-Client & Media Svcs)*

Accounts:
Eisai Inc. Ontak, Targretin
Genta Ganite, Genasense
Lundbeck/Solvey
Lundbeck/Takeda
Merz

HEART
105 Bch Street, Boston, MA 02111
Tel.: (508) 981-7315
Web Site: wemakeheart.com

Employees: 6
Year Founded: 2013

Agency Specializes In: Above-the-Line, Advertising, Advertising Specialties, Alternative Advertising, Below-the-Line, Brand Development & Integration, Branded Entertainment, Broadcast, Cable T.V., Communications, Consulting, Content, Corporate Identity, Custom Publishing, Digital/Interactive, Experience Design, Graphic Design, Identity Marketing, In-Store Advertising, Integrated Marketing, Logo & Package Design, Magazines, Mobile Marketing, New Product Development, Newspaper, Out-of-Home Media, Outdoor, Package Design, Planning & Consultation, Point of Purchase, Point of Sale, Print, Social Media, Sponsorship, Strategic Planning/Research, T.V., Viral/Buzz/Word of Mouth, Web (Banner Ads, Pop-ups, etc.)

Thomas O'Connell *(Founder)*

Accounts:
Gemvara Retail/Online; 2013

HEARTBEAT DIGITAL
200 Hudson St 9th Fl, New York, NY 10013
Tel.: (212) 812-2233
Fax: (212) 812-6380
Toll Free: (888) 941-9590
E-Mail: info@heartbeatideas.com
Web Site: https://www.weareheartbeat.com/

Employees: 100

National Agency Associations: 4A's

Agency Specializes In: Advertising, Media Buying Services, Media Planning, Search Engine Optimization, Viral/Buzz/Word of Mouth

Bill Drummy *(Founder & Chm)*
Nadine Leonard *(Mng Dir & Exec Dir-Plng)*
James Talerico *(Mng Dir & Exec Creative Dir)*
Lee Slovitt *(Exec VP & Head-Relationship)*
Janelle Starr *(Exec VP-Mktg)*
Jennifer Campanaro *(Sr VP & Gen Mgr)*
Trey Albers *(Creative Dir-Copy)*
Chris Whaites *(Creative Dir)*
Nancy Salerno *(Dir-Editorial-Heartbeat Ideas)*
Michael Rodas *(Assoc Media Dir)*

Accounts:
Abbott Laboratories
Amgen
Baxter Bioscience
BD
Biogen
Genentech
GSK
Memorial Sloan-Kettering
Merck
Millennium
MSD Pharmaceuticals Private Limited
Roche Diagnostics
Sanofi Aventis
Sephora
UCB
XYZAL

HEAT
1100 Sansome St, San Francisco, CA 94111
Tel.: (415) 477-1999
Fax: (415) 477-1990
E-Mail: elder@sfheat.com
Web Site: http://thisisheat.com/

Employees: 55
Year Founded: 2005

Agency Specializes In: Digital/Interactive, Internet/Web Design, Print, Production, Sponsorship

Approx. Annual Billings: $12,000,000

Steve Stone *(Founder & Chief Creative Officer)*
Michael Barrett *(Pres)*
John Elder *(CEO)*
Aaron Lang *(Mng Dir)*
Justin Cox *(Chief Strategy Officer)*
Maggie Windsor Gross *(Head-Strategy)*
Elaine Cox *(Exec Creative Dir)*
Mike Duckworth *(Creative Dir)*
Tommy Le Roux *(Creative Dir)*
Liza Bobrow *(Dir-Ops)*
Tarini Shrikhande *(Dir-Strategy)*
Apo Bordin *(Assoc Dir-Strategy)*
Brooke Dunnigan *(Assoc Dir-Strategy)*
Austin O'Connor *(Assoc Dir-Creative)*
Ryan Ouyoumjian *(Assoc Dir-Strategy)*
Merima Heric *(Acct Supvr)*
Jacqueline Russell *(Sr Acct Exec)*
Jon Korn *(Sr Writer)*
Melissa Ploysophon *(Sr Art Dir)*
Phil Van Buren *(Assoc Creative Dir)*

Accounts:

AOL
Deloitte
EA Sports (Agency of Record) Campaign: "Become More Powerful", Campaign: "Born to Madden", Campaign: "Get Ready", Campaign: "Madden 25: Running Back Sons", Campaign: "Madden NFL 12 Smack Shack", Campaign: "Madden Season", Campaign: "Madden: The Movie", Campaign: "NCAA True Friend", Campaign: "Shadow", Campaign: "The Rumble", Campaign: "Titanfall", Digital, Madden NFL 15, NHL 16, Star Wars Battlefront, Tiger Woods PGA Tour 14., UFC
Esurance Social Media
John Hancock Financial Services Global Creative
Kendall-Jackson Digital, Point-of-Purchase, Print
La Crema Winery Digital, Experiential, POS, Print, Trade Development
Levi Strauss & Co. Denizen (Agency of Record), Digital, Outdoor, Print, Radio, Social Media Marketing
MINI Dealership Complementary Campaign, Digital, Print, Radio, Social Media, TV
Netgear Arlo (Agency of Record), Campaign: "Burglar On Demand", Social Media
NFL Campaign: "Madden NFL 15 Madden Season", Campaign: "Madden: The Movie"
Nike
Nikon
Riverbed
Shutterfly
Sunrun
SW
THX
Weebly Campaign: "We Believe", Online, TV
Yelp
YouSendIt Campaign: "Consumer-Facing", Digital, Experiential
Zynga Inc.

HEAVENSPOT
1800 S Brand Blvd Ste 205, Glendale, CA 91204
Tel.: (323) 463-1092
Fax: (323) 463-1605
E-Mail: information@heavenspot.com
Web Site: www.heavenspot.com

Employees: 19
Year Founded: 1997

Agency Specializes In: Advertising, Brand Development & Integration, Digital/Interactive, Internet/Web Design, Print

Geoff Oki *(Creative Dir)*

Accounts:
Fox Restaurant Concepts (Digital Agency of Record) Creative, Strategy
Goldenvoice, Llc.
Mattel, Inc.
Universal Pictures

HECKLER ASSOCIATES
6638 114Th Ave Se, Bellevue, WA 98006
Tel.: (206) 352-1010
Fax: (206) 352-1011
E-Mail: inquiries@hecklerassociates.com
Web Site: hecklerassociates.com

Employees: 23
Year Founded: 1970

Agency Specializes In: Advertising, Digital/Interactive, Internet/Web Design, Logo & Package Design, Out-of-Home Media, Outdoor, Package Design, Print, Radio, Sponsorship, T.V.

Revenue: $1,500,000

Terry Heckler *(Pres)*

Accounts:
Sage

HEILBRICE
1 Corporate Plaza Dr, Newport Beach, CA 92660
Tel.: (949) 336-8800
Fax: (949) 336-8819
E-Mail: ideas@heilbrice.com
Web Site: www.heilbrice.com

E-Mail for Key Personnel:
President: hal.brice@heilbrice.com

Employees: 40
Year Founded: 1987

Agency Specializes In: Advertising, Advertising Specialties, Affluent Market, Bilingual Market, Brand Development & Integration, Broadcast, Business-To-Business, Cable T.V., Co-op Advertising, Collateral, Communications, Consumer Goods, Consumer Marketing, Corporate Communications, Corporate Identity, Digital/Interactive, Direct Response Marketing, Food Service, Government/Political, Hispanic Market, In-Store Advertising, Integrated Marketing, Internet/Web Design, Local Marketing, Logo & Package Design, Magazines, Market Research, Media Buying Services, Media Planning, Media Relations, Merchandising, Multicultural, Multimedia, Newspaper, Newspapers & Magazines, Out-of-Home Media, Outdoor, Package Design, Point of Purchase, Point of Sale, Print, Production, Production (Ad, Film, Broadcast), Production (Print), Promotions, Public Relations, Publicity/Promotions, Radio, Restaurant, Retail, Search Engine Optimization, Social Marketing/Nonprofit, Sponsorship, T.V., Trade & Consumer Magazines, Travel & Tourism, Web (Banner Ads, Pop-ups, etc.), Women's Market

Revenue: $80,000,000

Hal Brice *(CEO)*
Robert Guevarra *(VP-Ops)*
Doris Heil *(Mgr-HR)*
Scott Burris *(Assoc Creative Dir)*

Accounts:
Cirque du Soleil
The Great Atlantic & Pacific Tea Company A&P, A&P Liquor, AC Healthy Kids, America's Choice, Best Cellars, Food Basics, Gold Quality, Green Way, Hartford Reserve, LiveBetter, Master Choice, Pathmark, Smart Price, Superfresh, The Food Emporium, The Great Atlantic & Pacific Tea Company, Inc., Via Roma, Waldbaum's
Jana Water North America Consumer Engagement, Social Media
Los Angeles Clippers; Los Angeles, CA Basketball Team; 1999
Los Angeles Tourism & Convention Board Creative & Strategy Agency of Record, Integrated Consumer Marketing
Manhattan Beach Chamber of Commerce
Marie Callender's Restaurant & Bakery Creative
Ralph's Grocery Company Food 4 Less Supermarkets, Ralph's Grocery Company
Roth Capital Partners

HEINRICH MARKETING
2228 Blake St Ste 200, Denver, CO 80205-2120
Tel.: (303) 233-8660
Fax: (303) 239-5373
Toll Free: (800) 356-5036
E-Mail: info@heinrich.com
Web Site: www.heinrich.com

E-Mail for Key Personnel:
President: georgeeddy@heinrich.com
Media Dir.: laurasonderup@heinrich.com
Public Relations: laurasonderup@heinrich.com

Employees: 55
Year Founded: 1977

National Agency Associations: DMA

Agency Specializes In: Direct Response Marketing, Sponsorship

Approx. Annual Billings: $18,000,000

Laura Sonderup *(Mng Dir & Sr Strategist-Multicultural)*
Erin Iwata *(VP-Digital Mktg)*
Steven Greenwald *(Media Dir)*
Julie Kreutz *(Acct Dir)*
Robert L. McPhee *(Creative Dir)*
Rafael Rodriguez *(Acct Dir)*
Jay Rael *(Dir-Acct Plng)*
Erika Lidster-Burdett *(Sr Mgr-Print Production)*
Kristen Brelig *(Acct Supvr)*
Casey Ray *(Sr Acct Exec)*
Erin Shneider *(Graphic Designer-Comm & Mktg)*
Linds Johnson *(Assoc Media Dir)*

Accounts:
COUNTRY Financial
Macy's West; San Francisco, CA
Merrick Bank
Wells Fargo

Heinrich Hawaii
900 Fort St Mall Ste 860, Honolulu, HI 96813
Tel.: (808) 275-1021
Fax: (808) 275-1152
E-Mail: mwitter@heinrich.com
Web Site: www.heinrichhawaii.com

Employees: 20

Patrick Bullard *(Principal-Bullard Mktg)*
Erin Iwata *(VP-Digital Mktg)*
Steven Greenwald *(Media Dir)*
Robert McPhee *(Creative Dir)*
Rafael Rodriguez *(Acct Dir)*
Erika Lidster-Burdett *(Sr Mgr-Print Production)*
Angee Jackson *(Sr Acct Exec)*

Accounts:
The Cookie Corner
Hawaii Coffee Company
Humana
HWB
Paradise
Saint Louis Alumni
Saint Louis School
Sizzler

HEINZEROTH MARKETING GROUP
415 Y Blvd, Rockford, IL 61107-3059
Tel.: (815) 967-0929
Fax: (815) 967-0983
E-Mail: ideas@heinzeroth.com
Web Site: www.heinzeroth.com

Employees: 11
Year Founded: 1993

National Agency Associations: Second Wind Limited

Agency Specializes In: Advertising, Aviation & Aerospace, Bilingual Market, Brand Development & Integration, Business Publications, Business-To-Business, Cable T.V., Catalogs, Co-op Advertising, Collateral, Commercial Photography, Communications, Consumer Goods, Consumer Marketing, Consumer Publications, Corporate Communications, Corporate Identity, Digital/Interactive, Direct Response Marketing, E-Commerce, Electronic Media, Email, Event Planning & Marketing, Exhibit/Trade Shows, Graphic Design, High Technology, Household Goods, In-Store Advertising, Industrial, Integrated

ADVERTISING AGENCIES — AGENCIES - JANUARY, 2019

Marketing, Internet/Web Design, Legal Services, Leisure, Local Marketing, Logo & Package Design, Luxury Products, Magazines, Marine, Market Research, Media Planning, Media Relations, Merchandising, Multimedia, New Product Development, Newspapers & Magazines, Out-of-Home Media, Outdoor, Package Design, Paid Searches, Pharmaceutical, Planning & Consultation, Point of Purchase, Point of Sale, Print, Production, Promotions, Public Relations, Publicity/Promotions, Radio, Sales Promotion, Search Engine Optimization, Social Marketing/Nonprofit, Social Media, Strategic Planning/Research, T.V., Technical Advertising, Trade & Consumer Magazines

Loren Heinzeroth *(Pres)*
Greg Surufka *(VP & Creative Dir)*
Roger Peterson *(Sr Acct Mgr)*
Scott Heinzeroth *(Acct Exec)*
Lisa Nielsen *(Acct Exec-PR & Media Buy)*

Accounts:
Altra Industrial Motion; South Beloit, IL
Concentric
Culligan
Horton Automatics
Northern Illinois Hospice & Grief Center; Rockford, IL
Rain Bird Corporation; Azusa, CA

HEIRLOOM
60 29th St Ste 430, San Francisco, CA 94110
Tel.: (415) 480-9559
Web Site: www.heirloomagency.com

Employees: 1
Year Founded: 2015

Agency Specializes In: Brand Development & Integration, Collateral, Digital/Interactive, Experience Design, Paid Searches, Search Engine Optimization, Social Media

Rob Meyerson *(Principal)*

Accounts:
Alongside; 2016
Corelight; 2016
Flex YTWO Formative; 2016
Marketo; 2016

HEISE MEDIA GROUP
1400 Easton Dr Ste 148, Bakersfield, CA 93309
Tel.: (661) 323-8594
Fax: (661) 323-1120
E-Mail: info@heisemedia.com
Web Site: www.heisemedia.com

Employees: 2

Agency Specializes In: Advertising, Graphic Design, Internet/Web Design, Media Buying Services, Media Planning, Public Relations

Marlene B. Heise *(Owner & CEO)*

Accounts:
The Aviator Casino
Finnery's Coffee Brewing Company
HealthSouth Bakersfield Rehabilitation Hospital

HELIUM CREATIVE
3327 NE 32nd St, Fort Lauderdale, FL 33308
Tel.: (954) 333-8900
E-Mail: info@heliumcreative.com
Web Site: www.heliumcreative.com

Employees: 10
Year Founded: 2004

Agency Specializes In: Advertising, Brand Development & Integration, Collateral, Commercial Photography, Copywriting, Internet/Web Design, Print, Real Estate, Search Engine Optimization, Social Media

Christopher Heller *(Founder, Pres & Creative Dir)*
Ryan Heller *(Art Dir)*
Kelly Gedvilas *(Designer-Experience)*
Enid Nolasco *(Mgr-Creative)*
Amanda Camposano *(Designer)*

Accounts:
New-AKOYA Condominium Association
New-Bad Harriet
New-BeMeals
New-Biota Aquariums
New-Drip Pop
New-Gulf Building LLC
New-Katie Sandler
New-Pinthouse
New-Port 32 Fort Lauderdale
New-Revelation Design

HELIUS CREATIVE ADVERTISING LLC
1935 E Vine St Ste 290, Murray, UT 84121
Tel.: (801) 424-5005
Fax: (801) 424-5006
E-Mail: q@heliuscreative.com
Web Site: www.heliuscreative.com

Agency Specializes In: Advertising, Brand Development & Integration, Corporate Identity, Graphic Design, Internet/Web Design, Logo & Package Design, Out-of-Home Media, Outdoor, Print

Rod Burkholz *(Owner, Art Dir & Designer)*

Accounts:
Solstice Spices

HELIX EDUCATION
175 SW Temple Ste 700, Salt Lake City, UT 84101
Tel.: (801) 886-2002
Fax: (801) 886-0102
Toll Free: (800) 279-9335
E-Mail: info@helixeducation.com
Web Site: www.helixeducation.com/

Employees: 140
Year Founded: 1987

Agency Specializes In: Broadcast, Commercial Photography, Communications, Direct Response Marketing, E-Commerce, Education, Electronic Media, Infomercials, Internet/Web Design, Magazines, Media Buying Services, New Product Development, Newspaper, Newspapers & Magazines, Out-of-Home Media, Outdoor, Planning & Consultation, Print, Production, Radio, Recruitment, Strategic Planning/Research, Telemarketing, Yellow Pages Advertising

Scott Burke *(Co-Founder & CTO)*
Matthew Schnittman *(Pres & CEO)*
Rachel Lemieux *(Sr Strategist-Integrated Media)*
Andrea Johnson *(Strategist-Integrated Media)*

Accounts:
The American Council on Education

HELKEN & HORN
230 N Mccormick St # B, Prescott, AZ 86301
Tel.: (928) 776-0234
E-Mail: info@azadagency.com
Web Site: www.azadagency.com

Employees: 2

Agency Specializes In: Advertising, Internet/Web Design, Radio, Social Media, T.V.

Tracey Horn *(Pres)*
Sue Marceau *(Copywriter)*
Dina Ponder *(Sr Graphic Designer)*

Accounts:
Alarm Connection
Barrett Propane
The Dells
Enchanted Canyon
Executive Transportation Services
Freedom Station Family Fun
The Palace Restaurant & Saloon
Pinnacle Capital Mortgage
Realty Executives Northern Arizona
Yavapai County Contractors Association

HELLERMAN BARETZ COMMUNICATIONS
5335 Wisconsin Ave NW Ste 640, Washington, DC 20015
Tel.: (202) 274-4751
Web Site: http://www.hellermanllc.com/

Employees: 5

Agency Specializes In: Content, Crisis Communications, Media Relations, Public Relations, Social Media, Strategic Planning/Research

John Hellerman *(Pres)*

Accounts:
Corinthian

HELLMAN
1225 W 4th St, Waterloo, IA 50702
Tel.: (319) 234-7055
Fax: (319) 234-2089
Toll Free: (800) 747-7055
Web Site: www.hellman.com

Employees: 36
Year Founded: 1967

Agency Specializes In: Broadcast, Business Publications, Cable T.V., Catalogs, Collateral, Consumer Publications, Digital/Interactive, Direct Response Marketing, Electronic Media, Email, Exhibit/Trade Shows, Experiential Marketing, Local Marketing, Magazines, Mobile Marketing, Multimedia, Newspaper, Newspapers & Magazines, Out-of-Home Media, Outdoor, Print, Production (Print), Promotions, Publishing, Radio, Social Media, T.V., Trade & Consumer Magazines, Web (Banner Ads, Pop-ups, etc.)

Approx. Annual Billings: $48,000,000

Breakdown of Gross Billings by Media: Cable T.V.: 5%; Collateral: 10%; D.M.: 5%; E-Commerce: 10%; Exhibits/Trade Shows: 5%; Graphic Design: 5%; Logo & Package Design: 5%; Outdoor: 5%; Point of Purchase: 10%; Pub. Rels.: 10%; Radio & T.V.: 15%; Worldwide Web Sites: 15%

Tony Luetkehans *(Pres & Creative Dir)*
Mike Ruane *(CFO)*
Dwight Fritts *(Exec VP)*
Ila Scott-Ford *(Creative Dir-Copy & Strategist-Mktg)*
Kimberly Rogers *(Acct Mgr)*

Accounts:
3M
Ecolab
General Electric
John Deere

AGENCIES - JANUARY, 2019   ADVERTISING AGENCIES

Branch

Hellman
Ste 250 The Gilbert Bldg 413 Wacouta Street, Saint Paul, MN 55101
Tel.: (612) 375-9598
Fax: (612) 375-0215
Web Site: www.hellman.com

Employees: 45

Agency Specializes In: Advertising, Agriculture, Aviation & Aerospace, Brand Development & Integration, Business-To-Business, Collateral, Consumer Marketing, Corporate Identity, E-Commerce, Email, Exhibit/Trade Shows, Health Care Services, In-Store Advertising, Industrial, Integrated Marketing, Internet/Web Design, Logo & Package Design, Market Research, Media Buying Services, Media Planning, Media Relations, Media Training, Medical Products, Merchandising, New Product Development, Out-of-Home Media, Outdoor, Package Design, Pharmaceutical, Point of Purchase, Point of Sale, Print, Production (Ad, Film, Broadcast), Production (Print), Promotions, Public Relations, Publicity/Promotions, Radio, Retail, Sales Promotion, Search Engine Optimization, Strategic Planning/Research, Technical Advertising, Trade & Consumer Magazines, Travel & Tourism, Web (Banner Ads, Pop-ups, etc.)

Kathryn Forslund *(Exec VP & Acct Exec)*

HELLO DESIGN
10305 Jefferson Blvd, Culver City, CA 90232
Tel.: (310) 839-4885
Fax: (310) 839-4886
E-Mail: hello@hellodesign.com
Web Site: www.hellodesign.com

Employees: 50

Agency Specializes In: Advertising, Brand Development & Integration, E-Commerce, Graphic Design, Internet/Web Design, Mobile Marketing, Search Engine Optimization

David Lai *(CEO & Creative Dir)*
Scott Arenstein *(Mng Partner)*
Szu Ann Chen Smith *(Partner & Acct Dir)*
Miles Diggins *(Sr Acct Dir)*
Hajime Himeno *(Dir-Design)*
Tracy Hung *(Dir-Design)*
George Lee *(Dir-Production)*

Accounts:
Callaway Golf
Dermalogica
General Mills
Intel
Mattel
Nike
Sesame Workshop
Speedo Campaign: "Fueled by Water"
TaylorMade Golf

HELLOWORLD
(Acquired by Merkle & Name Changed to HelloWorld, A Merkle Company)

HELLOWORLD, A MERKLE COMPANY
(Formerly Helloworld)
300 Town Center Ste 2100, Southfield, MI 48075
Tel.: (877) 837-7493
Fax: (248) 543-3777
Web Site: www.helloworld.com

Employees: 370
Year Founded: 1999

Agency Specializes In: Brand Development & Integration, Local Marketing, Mobile Marketing, Sponsorship, Sports Market

Peter DeNunzio *(CEO)*
Chris Bennett *(Mng Dir & VP)*
Chris Wayman *(Chief Client Officer)*
Jen Todd Gray *(Sr VP-Mktg & Creative Svcs)*
Meredith Hillman *(Mng Dir-Client Leadership & VP)*
Colleen Clark *(VP & Grp Acct Dir)*
Stephanie Gentile *(VP & Grp Acct Dir)*
Nora McGillicuddy *(VP & Grp Acct Dir)*
Sara Kowal *(VP-Client Leadership)*
Tia Sollecito *(VP-Client Leadership & Bus Dev)*
Michael Puffer *(Head-Product Strategy)*
Rachel Colangelo *(Sr Acct Dir)*
Meaghan Walters *(Acct Dir)*
Janice Pollard *(Dir-Mktg Content & PR)*
Racquel Ankney *(Sr Mgr-Strategic Svcs)*
Ashleigh Nies *(Sr Acct Mgr)*

Accounts:
Anheuser-Busch
Belk, Inc. "Santa Baby Sweepstakes"
Billy Graham Evangelistic Association
The Bon-Ton Stores, Inc Campaign: "Celebrate Mom! Love. Gift. Repeat"
CMO Club
The Coca-Cola Company
Ford Fusion
GAC TV
Johnson & Johnson
Justin Bieber
Kenny Chesney
New-Microsoft
Rascal Flatts
Rock the Vote
Sony BMG Music Entertainment
Starbucks
Trulia Brand Awareness, Content, Mobile, Online Videos
Virgin Mobile USA, Inc.

Branch

HelloWorld, A Merkle Company
(Formerly HelloWorld)
Ste 1920 One Bellevue Center 411 108th Ave NE, Bellevue, WA 98004
Tel.: (877) 837-7493
Fax: (248) 543-3777
Web Site: www.helloworld.com

Employees: 500

Agency Specializes In: Advertising, Brand Development & Integration, Content, Mobile Marketing, Social Media

Chris Bennett *(Mng Dir & VP)*
Josh Yaker *(Gen Counsel & VP)*
Michael Tsow *(Sr Dir-Client Solutions & Analytics)*

Accounts:
New-Anheuser-Busch Companies, LLC.
New-Johnson & Johnson
New-Microsoft
New-Starbucks Corporation

HELPSGOOD
6627 Valjean Ave, Van Nuys, CA 91406
Tel.: (818) 787-4444
Web Site: http://helpgood.com

Employees: 5
Year Founded: 2011

Agency Specializes In: Advertising, Brand Development & Integration, Consumer Marketing, Content, Digital/Interactive, Email, Entertainment, Government/Political, Graphic Design, Identity Marketing, Integrated Marketing, Internet/Web Design, LGBTQ Market, Multicultural, Promotions, Public Relations, Publicity/Promotions, Search Engine Optimization, Social Marketing/Nonprofit, Social Media, Stakeholders, Teen Market, Tween Market, Viral/Buzz/Word of Mouth, Web (Banner Ads, Pop-ups, etc.)

Michael Bellavia *(CEO)*
Ferry Permadi *(CTO)*
Amanda Lehner *(Strategist-Digital)*

Accounts:
Brave Trails
Fountain House
Tias Hope

HEMLINE CREATIVE MARKETING
506 S Main Ste 201, Memphis, TN 38103
Tel.: (901) 529-9092
E-Mail: info@hemlinetheory.com
Web Site: www.hemlinetheory.com

Employees: 5

Agency Specializes In: Advertising, Brand Development & Integration, Logo & Package Design, Public Relations, Social Media

Cynthia Saatkamp *(Owner)*
Kelley Morice *(Partner)*
Terri Harris *(Client Svcs Dir)*
Megan Glenn *(Brand Mgr-Digital)*
Aimee McMillin *(Comm Mgr)*

Accounts:
Apple Grove
The Assisi Foundation of Memphis
Ballet Memphis
Bella Vita & Itty Bitty Bella
Clark/Dixon Architects
Destination King
GTx, Inc.
Memphis Crisis Center
Memphis Medical Center
Onyx Medical Corporation

THE HENDERSON ROBB GROUP
401 Bay St Ste 1600, Toronto, ON M5H 2Y4 Canada
Tel.: (416) 646-6604
Fax: (416) 363-0460
E-Mail: info@hendersonrobb.com
Web Site: www.hendersonrobbmarketing.com/

Employees: 10

National Agency Associations: Second Wind Limited

Agency Specializes In: Advertising, Brand Development & Integration, Business-To-Business, Internet/Web Design, Market Research

Peter Henderson *(Owner)*
Bill Robb *(Partner)*

Accounts:
Alias
Compugen
MCI, LLC

HENDRICK & ASSOCIATES MARKETING SERVICES INC.
1015 Fourth St SW Ste 750, Calgary, AB T2R 1J4 Canada
Tel.: (403) 571-0760
Fax: (403) 571-0769
E-Mail: gary@hendrick.ca
Web Site: www.hendrick.ca

ADVERTISING AGENCIES

Employees: 6
Year Founded: 1995

National Agency Associations: ICA

Gary Hendrick *(Pres)*
Gaylene Hendrick *(Sec)*

Accounts:
Canadian North
Cetelex Systems
Sunpine Forest Products
Surrey Eye Care Centre
Tim Hortons

Subsidiary

BlessAd Christian Communications
1015 4th St SW, Ste 750, Calgary, AB T2R 1J4
   Canada
Tel.: (403) 571-0760
Fax: (403) 571-0769
Web Site: www.blessad.ca

Employees: 4

Gary W. Hendrick *(Pres)*

Accounts:
Bible Research Institute, Peterborough
Christian Life Assembly - Langley, BC
Church of the Nazarene Canada, Toronto
Edmonton Christian Schools, Edmonton
First Assembly Church, Calgary
Harvest Worship Centre; Brampton, ON
Lifeline Malawi; 2006
Mission Fest,Edmonton
PAOC - Eastern Ontario Womens Ministries

HENKE & ASSOCIATES, INC.
236 Hamilton Rd, Cedarburg, WI 53012
Tel.: (262) 375-9090
Fax: (262) 375-2262
E-Mail: bhenke@henkeinc.com
Web Site: www.henkeinc.com

Employees: 9
Year Founded: 1986

National Agency Associations: Second Wind Limited

Agency Specializes In: Advertising, Advertising Specialties, Automotive, Brand Development & Integration, Broadcast, Business Publications, Business-To-Business, Cable T.V., Catalogs, Co-op Advertising, Collateral, Commercial Photography, Communications, Consulting, Consumer Goods, Consumer Marketing, Consumer Publications, Corporate Communications, Corporate Identity, Cosmetics, Crisis Communications, Customer Relationship Management, Digital/Interactive, Direct Response Marketing, Direct-to-Consumer, E-Commerce, Electronic Media, Email, Engineering, Entertainment, Environmental, Event Planning & Marketing, Exhibit/Trade Shows, Financial, Food Service, Government/Political, Graphic Design, Health Care Services, High Technology, In-Store Advertising, Industrial, Infomercials, Information Technology, Integrated Marketing, Internet/Web Design, Investor Relations, Legal Services, Leisure, Local Marketing, Logo & Package Design, Magazines, Marine, Market Research, Media Buying Services, Media Planning, Media Relations, Medical Products, Men's Market, Merchandising, Mobile Marketing, Multimedia, New Product Development, Newspaper, Newspapers & Magazines, Out-of-Home Media, Outdoor, Over-50 Market, Package Design, Planning & Consultation, Point of Purchase, Point of Sale, Print, Production, Production (Print), Promotions, Public Relations, Publicity/Promotions, Radio, Real Estate, Recruitment, Regional, Restaurant, Retail, Sales Promotion, Search Engine Optimization, Seniors' Market, Social Marketing/Nonprofit, Social Media, Sponsorship, Sports Market, Strategic Planning/Research, Sweepstakes, Syndication, T.V., Teen Market, Telemarketing, Trade & Consumer Magazines, Transportation, Travel & Tourism, Viral/Buzz/Word of Mouth, Web (Banner Ads, Pop-ups, etc.), Yellow Pages Advertising

Approx. Annual Billings: $5,000,000

Breakdown of Gross Billings by Media: Consumer Publs.: $400,000; D.M.: $100,000; Mags.: $100,000; Newsp.: $550,000; Other: $100,000; Point of Purchase: $500,000; Production: $200,000; Radio: $1,000,000; Sls. Promo.: $50,000; T.V.: $2,000,000

William Henke *(Owner)*
Annette Murtos *(Dir-Media)*

THE HENKER GROUP, LLC.
26 N Washington St Ste 201, Easton, MD 21601
Mailing Address:
PO Box 2680, Easton, MD 21601
Tel.: (410) 702-5015
Fax: (410) 779-9407
Web Site: www.thehenkergroup.com

Employees: 6
Year Founded: 2005

Agency Specializes In: Brand Development & Integration, Content, Copywriting, Digital/Interactive, Email, Event Planning & Marketing, Graphic Design, Logo & Package Design, Production (Ad, Film, Broadcast), Production (Print), Public Relations, Search Engine Optimization, Social Media, Strategic Planning/Research, Web (Banner Ads, Pop-ups, etc.)

Mary Ann Henker *(Pres & CEO)*
Kirsten Strohmer *(VP-Bus Dev)*
Jennifer Henderson *(Creative Dir)*
Madeleine Clemens *(Asst-Mktg & Comm)*

Accounts:
Mid-Shore Mental Health Systems, Inc.
Tidewater Physical Therapy & Rehabilitation
   Associates

HENKINSCHULTZ
6201 S Pinnacle Pl, Sioux Falls, SD 57108
Tel.: (605) 331-2155
Fax: (605) 331-2556
E-Mail: hello@henkinschultz.com
Web Site: www.henkinschultz.com

Employees: 22

Agency Specializes In: Advertising, Brand Development & Integration, Digital/Interactive, Event Planning & Marketing, Logo & Package Design

Kirby Schultz *(Partner)*
Rebecca Burger *(Client Svcs Dir)*
Emily Schilling *(Office Mgr)*
Mike Knudson *(Acct Exec)*
Jason Jellis *(Designer)*
Paul Thompson *(Media Buyer)*

Accounts:
South Dakota State University

HEPCATSMARKETING.COM
6224 NW 16th St, Margate, FL 33063
Tel.: (954) 532-0645
Web Site: www.hepcatsmarketing.com

Employees: 20
Year Founded: 2012

Agency Specializes In: Affiliate Marketing, Alternative Advertising, Catalogs, Digital/Interactive, Direct Response Marketing, Electronic Media, Email, Guerilla Marketing, Local Marketing, Magazines, Multimedia, Newspaper, Paid Searches, Print, Search Engine Optimization, Shopper Marketing, Social Media, Viral/Buzz/Word of Mouth, Web (Banner Ads, Pop-ups, etc.)

Luis Quinones *(CEO)*
Thomas Hurley *(Partner)*

HERB GILLEN AGENCY
1953 S Mallway Ave, Columbus, OH 43221
Tel.: (614) 488-2828
Fax: (614) 488-3945
Web Site: www.herbgillen.com

Employees: 10

Agency Specializes In: Advertising, Collateral, Digital/Interactive, Event Planning & Marketing, Logo & Package Design, Print, Public Relations, Radio, Strategic Planning/Research, T.V.

Herb Gillen *(Pres)*

Accounts:
Rdp Foodservice, Ltd.
Thunder Over Michigan
Vectren Dayton Air Show

HERB GROSS & COMPANY, INC.
10000 Gatehouse Ct, Charlotte, NC 28277-8730
Tel.: (704) 846-0199
Fax: (704) 841-9014
Toll Free: (800) 257-0772
E-Mail: herb@herbgross.com
Web Site: www.herbgross.com

Employees: 4
Year Founded: 1970

Agency Specializes In: Broadcast, Print, Retail

Herb Gross *(Pres)*

Accounts:
Felluca Garage Doors; Rochester, NY; 1997
Quality Overhead Doors; Toledo, OH
Thompson Garage Doors; Reno, NV; 1998
Wayne Dalton; Mount Hope, OH; 2001

HERCKY PASQUA HERMAN, INC.
319 Chestnut St, Roselle Park, NJ 07204
Tel.: (908) 241-9474
Fax: (908) 241-8961
E-Mail: hercky@hph-comm.com
Web Site: www.hph-comm.com

Employees: 10
Year Founded: 1985

Agency Specializes In: Business-To-Business, Retail

Approx. Annual Billings: $4,200,000

Peter Hercky *(Owner)*
Michael Pasqua *(Partner)*

HERESY, LLC
10304 Nolina Cove, Austin, TX 78759-6413
Tel.: (512) 415-1698
Web Site: www.heresy.co

AGENCIES - JANUARY, 2019

ADVERTISING AGENCIES

Employees: 3
Year Founded: 2010

Agency Specializes In: Advertising, Digital/Interactive, Graphic Design, Internet/Web Design

Josh Sklar *(Pres & Creative Dir)*

Accounts:
The Coca-Cola Company
Colgate-Palmolive Company
Dell Inc.

HERMAN ADVERTISING
6400 N Andrews Ave Ste 340, Fort Lauderdale, FL 33309
Tel.: (954) 565-3102
E-Mail: info@hermanadvertising.com
Web Site: www.hermanadvertising.com

Employees: 25

Agency Specializes In: Advertising, Brand Development & Integration, Digital/Interactive, Internet/Web Design, Market Research, Media Buying Services, Media Planning, Newspapers & Magazines, Print, Production, Radio, Social Media, T.V.

Chris Herman *(Pres & CEO)*
Tami Weaver *(CFO)*
Kimberly Brandt *(Acct Dir)*
Erin Feldman *(Art Dir)*
Laurie Harvey *(Dir-Integrated Media)*
Thomas Malaro *(Dir-Motion Graphics)*
Darren Franks *(Mgr-Digital Mktg)*
Donna Chase *(Strategist-Creative)*
Ashanty Lopez *(Jr Media Buyer)*

HERMAN ASSOCIATES, INC.
1430 Broadway, New York, NY 10018
Tel.: (212) 616-1190
Fax: (212) 725-0172
E-Mail: hainfo@hermanassociatesnewyork.com
Web Site: www.hermanassociatesnewyork.com

E-Mail for Key Personnel:
President:
sherman@hermanassociatesnewyork.com
Production Mgr.:
dlarrabure@hermanassociatesnewyork.com
Public Relations:
malmonte@hermanassociatesnewyork.com

Employees: 9
Year Founded: 1973

Agency Specializes In: Advertising, Brand Development & Integration, Broadcast, Business-To-Business, Collateral, Consulting, Consumer Marketing, Corporate Communications, Corporate Identity, Digital/Interactive, Direct Response Marketing, Email, Financial, Graphic Design, Health Care Services, High Technology, Industrial, Integrated Marketing, Internet/Web Design, Leisure, Magazines, Marine, Media Buying Services, Media Relations, Newspaper, Newspapers & Magazines, Out-of-Home Media, Outdoor, Over-50 Market, Planning & Consultation, Print, Production (Ad, Film, Broadcast), Public Relations, Publicity/Promotions, Radio, Sales Promotion, Strategic Planning/Research, Trade & Consumer Magazines, Transportation, Travel & Tourism, Web (Banner Ads, Pop-ups, etc.)

Approx. Annual Billings: $2,500,000

Breakdown of Gross Billings by Media:
Audio/Visual: $10,000; Brdcst.: $150,000; Bus. Publs.: $750,000; Collateral: $350,000; Corp. Communications: $75,000; Exhibits/Trade Shows: $10,000; Fees: $30,000; Graphic Design: $125,000; Internet Adv.: $100,000; Mags.: $750,000; Newsp.: $150,000

Paula Herman *(CEO)*
Stuart Herman *(Partner)*

Accounts:
Air-India; New York, NY
Big Brothers Big Sisters of New York City
Carpet Export Promotion Council; India Hand-Woven Rugs; 2008
Christie, Inc.; Cypress, CA Digital Cinema Projection Equipment, Film Equipment
Clearwater Festival; Poughkeepsie, NY; 2004
Masterlooms, Inc.; Secaucus, NJ Imported Area Rugs
Senior Health Partners; New York, NY
Wallenius Wilhelmsen Logistics; Woodcliff Lake, NJ Global Logistics, Ocean Cargo, Transport

Branch

Herman & Almonte Public Relations, LLC
1430 Broadway, New York, NY 10018
(See Separate Listing)

HERO
44W 28th St 8th Fl, New York, NY 10001
Tel.: (212) 398-7100
E-Mail: hello@herogrp.com
Web Site: www.herogrp.com

Employees: 50

Agency Specializes In: Advertising, Brand Development & Integration, Content, Digital/Interactive, Print, Social Media, T.V.

Joseph Anthony *(Founder)*
Rich Schlansker *(Mng Dir & Head-Production)*
Kwadwo Tufuoh *(VP-Ops & Acct Dir)*

Accounts:
New-Nike, Inc
New-Pfizer Inc.

HERO FARM
3525 Hessmer Ave, Metairie, LA 70002
Tel.: (504) 451-4282
E-Mail: signal@hero-farm.com
Web Site: http://theherofarm.com/

Employees: 5
Year Founded: 2009

Agency Specializes In: Advertising, Event Planning & Marketing, Internet/Web Design, Logo & Package Design, Print, Public Relations

Shaun Walker *(Co-Founder & Creative Dir)*
Reid Stone *(CEO & Sr Strategist)*
Jason Taix *(Art Dir)*

Accounts:
WRBH 88.3 FM

HERON AGENCY
1528 W Fullerton, Chicago, IL 60614
Tel.: (773) 969-5200
Fax: (773) 477-7388
E-Mail: info@heronagency.com
Web Site: www.heronagency.com

Employees: 20

Agency Specializes In: Advertising, Brand Development & Integration, Crisis Communications, Event Planning & Marketing, Public Relations, Search Engine Optimization, Social Media

Noreen Heron *(Founder & Pres)*
Lianne Wiker Hedditch *(Exec VP)*
Regina Verdico *(Dir-Bus Dev)*
Holly Gustavson *(Specialist-Mktg)*

Accounts:
Blue Plate Catering
The Champions Challenge
The Chicago Office of Tourism
Chicago Wolves
David Feherty's Troops First Foundation
Diageo North America Inc. Smirnoff
Geja's Cafe
Harlem Globetrotters
The Highland Games
Hyatt Hotels Corporation
Le Meridien Hotels
Marriott International, Inc. Marriott Theatre
Massage Envy Limited, LLC
Renaissance Chicago Downtown
VU Rooftop Bar Public Relations; 2018
Wischermann Properties
The Wit Chicago
The World Tour of Gymnastics Superstars

HERRMANN ADVERTISING DESIGN/COMMUNICATIONS
30 W St, Annapolis, MD 21401
Tel.: (410) 267-6522
Fax: (410) 295-0266
E-Mail: info@herrmann.com
Web Site: www.herrmann.com

Employees: 25
Year Founded: 1979

National Agency Associations: Second Wind Limited

Judi Herrmann *(Pres & Chief Creative Officer)*
John Albert *(Chief Bus Dev Officer & Sr Acct Exec)*
Alexis Gatto *(Media Dir & Sr Acct Exec)*
Stephanie Blank *(Sr Acct Exec)*
Jane Farrell *(Sr Acct Exec)*

Accounts:
CAIS Internet
Cellular One
Center for the Advancement of Food Service Education
Central Supply Company
Cooperative Development Foundation
Disclosure, Inc.
Dissen & Juhn Corporation
e.spire
Earthlan (Metropolitan Area Networks)
Indian Creek School
InterCAD
KMC Telecom
Maryland Saltwater Sport Fishing Association
Maryland Scenic Byways
Maryland State Teachers Association
Mustique
National Association for Senior Living Industry
National Electrical Manufacturers Association
Navy League of the United States
SkyTel
United Cerebral Palsy Associations
United Service Organization
University of Maryland
USi
Yacht Magazine

THE HESTER GROUP LLC
100 N Laura St Ste 802, Jacksonville, FL 32202
Tel.: (904) 739-2338
Fax: (904) 739-2339
E-Mail: info@hester-group.com
Web Site: www.hester-group.com

ADVERTISING AGENCIES
AGENCIES - JANUARY, 2019

Employees: 30
Year Founded: 1998

National Agency Associations: Second Wind Limited

Agency Specializes In: Advertising, Education, Food Service, Regional, Restaurant

Hester Clark *(Pres & CEO)*

Accounts:
National Urban League
PBS&J
Ritzi
RS&H

HEY ADVERTISING
1501 4Th Ave Ste 2450, Seattle, WA 98101
Tel.: (206) 829-9782
Web Site: www.heyadvertising.com

Employees: 77
Year Founded: 2009

Agency Specializes In: Advertising, Brand Development & Integration, Digital/Interactive, Social Media

Chris Lloyd *(Mng Partner)*
Eric Gutierrez *(Partner & Chief Creative Officer)*
Sitha Ngy *(Creative Dir)*
Kaylie Gray *(Acct Exec & Strategist-Social Media)*

HFB ADVERTISING, INC.
1283 Minerva Ave, West Islip, NY 11795
Tel.: (631) 383-1693
Toll Free: (877) 432-2231
E-Mail: hfbadvertising@hfbadvertising.com
Web Site: www.hfbadvertising.com

Employees: 10

Agency Specializes In: Advertising, Advertising Specialties, Alternative Advertising, Automotive, Broadcast, Business Publications, Business-To-Business, Cable T.V., Co-op Advertising, Collateral, Commercial Photography, Computers & Software, Consulting, Consumer Publications, Corporate Communications, Corporate Identity, Direct Response Marketing, Direct-to-Consumer, Email, Exhibit/Trade Shows, Financial, Food Service, Government/Political, Graphic Design, In-Store Advertising, Internet/Web Design, Local Marketing, Logo & Package Design, Magazines, Media Buying Services, Media Planning, Medical Products, Newspaper, Newspapers & Magazines, Out-of-Home Media, Outdoor, Paid Searches, Planning & Consultation, Point of Sale, Print, Production, Production (Ad, Film, Broadcast), Production (Print), Promotions, Publicity/Promotions, Real Estate, Recruitment, Restaurant, Retail, Seniors' Market, Sweepstakes, T.V., Trade & Consumer Magazines, Transportation, Travel & Tourism, Urban Market, Web (Banner Ads, Pop-ups, etc.), Women's Market

Approx. Annual Billings: $1,000,000

Breakdown of Gross Billings by Media: Graphic Design: $1,000,000

Lance Rocha *(VP)*
Harris Brown *(Dir-Art & Sr Graphic Designer)*

HG MEDIA, INC.
31 Airpark Rd Ste 6, Princeton, NJ 08540-1524
Tel.: (609) 921-6200
E-Mail: info@hg-media.com
Web Site: www.hg-media.com

Employees: 4

Agency Specializes In: Graphic Design, Internet/Web Design

Kenneth Greenberg *(Founder & CEO)*

Accounts:
Community Options
Digimax
Foxtons
Hi Tops of Princeton
Kevmar
Laurie Altman
Neutrogena
Niece Lumber Company
Nutrafruit
Princeton Business News
Revlon
TORC Financial
TradeSpeed
Visionary Vehicles

HI-GLOSS
1666 Kennedy Causeway, Miami Beach, FL 33141
Tel.: (305) 759-7288
E-Mail: info@hi-gloss.com
Web Site: www.hi-gloss.com/

Employees: 3
Year Founded: 2004

Agency Specializes In: Above-the-Line, Advertising, Advertising Specialties, Affiliate Marketing, Affluent Market, Arts, Aviation & Aerospace, Below-the-Line, Bilingual Market, Brand Development & Integration, Branded Entertainment, Broadcast, Business-To-Business, Catalogs, Co-op Advertising, Collateral, Consumer Marketing, Consumer Publications, Content, Corporate Identity, Cosmetics, Digital/Interactive, Direct-to-Consumer, E-Commerce, Email, Fashion/Apparel, Food Service, Government/Political, Graphic Design, Health Care Services, High Technology, Hispanic Market, Hospitality, Identity Marketing, Integrated Marketing, International, Internet/Web Design, LGBTQ Market, Leisure, Logo & Package Design, Luxury Products, Magazines, Marine, Media Buying Services, Media Planning, Medical Products, Men's Market, Mobile Marketing, Multimedia, New Product Development, Newspaper, Newspapers & Magazines, Out-of-Home Media, Outdoor, Package Design, Paid Searches, Pharmaceutical, Planning & Consultation, Print, Production, Production (Ad, Film, Broadcast), Production (Print), Promotions, Radio, Real Estate, Recruitment, Regional, Restaurant, Retail, Search Engine Optimization, Social Marketing/Nonprofit, Social Media, Sponsorship, Sports Market, Strategic Planning/Research, Sweepstakes, T.V., Technical Advertising, Travel & Tourism, Viral/Buzz/Word of Mouth, Web (Banner Ads, Pop-ups, etc.), Women's Market

Roberto Villazon *(Pres)*
Carrie Copeland *(VP)*

Accounts:
Adrienne Arsht Center Entertainment; 2010
Fontainebleau Miami Beach Hospitality; 2008
Grove Bay Hospitality Group (Agency of Record)
Swatch Group Longines
Vanity Fair
W South Beach Hospitality; 2012
Waldorf Astoria Orlando

HIDALGO & DE VRIES, INC.
560 5th St Ste 401, Grand Rapids, MI 49504
Tel.: (616) 493-5000
Fax: (616) 493-5001
E-Mail: info@hidalgodevries.com
Web Site: www.hidalgodevries.com

Employees: 5
Year Founded: 1989

Agency Specializes In: Customer Relationship Management, Integrated Marketing, New Product Development, Strategic Planning/Research

Carlos Hidalgo *(Pres)*

Accounts:
Advantage Health
ALTL
CitiVision
Manatron, Inc.; Portage, MI
Medtronics
Vichem
Zondervan

HIEBING
315 Wisconsin Ave, Madison, WI 53703-2107
Tel.: (608) 256-6357
Fax: (608) 256-0693
E-Mail: letstalk@hiebing.com
Web Site: www.hiebing.com

E-Mail for Key Personnel:
President: dflorin@hiebing.com
Creative Dir.: smullen@hiebing.com
Media Dir.: BEdison@hiebing.com
Production Mgr.: crichards@hiebing.com
Public Relations: bhernandez@hiebing.com

Employees: 54
Year Founded: 1981

Agency Specializes In: Advertising, Broadcast, Business-To-Business, Collateral, Communications, Consulting, Consumer Marketing, Corporate Identity, Direct Response Marketing, Event Planning & Marketing, Financial, Graphic Design, Health Care Services, Internet/Web Design, Logo & Package Design, Magazines, Marine, Media Buying Services, Newspaper, Newspapers & Magazines, Out-of-Home Media, Outdoor, Planning & Consultation, Point of Purchase, Point of Sale, Print, Public Relations, Radio, Retail, Sales Promotion, Sponsorship, Strategic Planning/Research, T.V., Trade & Consumer Magazines, Yellow Pages Advertising

Dave Florin *(Pres)*
Dana Arnold *(Partner, Mng Dir-Austin & Dir-PR & Social Media)*
Amanda Broderick *(Partner & Acct Mgr-PR & Social Media)*
Erin Holzbauer *(Partner & Assoc Media Dir)*
Mike Pratzel *(Partner)*
Sean Mullen *(VP & Creative Dir)*
Jay Gullixson *(Art Buyer & Producer-Brdcst)*
Lynn Borkenhagen *(Media Dir)*
Barry Edison *(Dir-Touchpoints)*
Eena Taylor *(Dir-Digital)*
Ginny Brocker *(Assoc Dir-PR & Social Media)*
Chris Richard *(Production Mgr)*
Shelley Beere *(Acct Supvr)*
Tessa Bisek *(Sr Acct Exec)*
Lauren Smith *(Sr Acct Exec-PR, Content & Social Media)*
Katie Helscher *(Acct Exec-PR & Social Media)*
Leanne Havertape *(Media Planner & Media Buyer)*
Ashley Berg *(Media Buyer-Digital)*
David Byrne *(Sr Media Planner)*
Kristin Mueller *(Sr Media Planner)*

Accounts:
American Family Insurance; Madison, WI
American Girl
Anchor Bank; Madison, WI Financial Services
BioAg Gateway

Brown Shoe Company, Inc
The Coca-Cola Company
Credit Union National Association
Culver Franchising System, Inc. (Agency of Record) Campaign: "Thank you Farmers", Campaign: "Welcome to Delicious"
Dean HMO & Medical Group; Madison, WI Healthcare Services
Design Concepts, Inc
Fiskars
General Casualty; Sun Prairie, WI Insurance
Kerry Group
Kinetico
Kwik Trip; La Crosse, WI
Kwik Trip
Madison Museum of Contemporary Art
Montgomery Ward
Nestle
Saint Mary's Hospital & Medical Center; Madison, WI
Schneider National
Society Insurance
Summit Credit Union
ThedaCare/Touchpoint Health Plan; Appleton, WI Health Care
Toppers Pizza

Branch

Hiebing-Austin
1214 W 6th St Ste 207, Austin, TX 78703
Tel.: (512) 763-2780
E-Mail: ideas@hiebing.com
Web Site: www.hiebing.com

Employees: 500
Year Founded: 2014

Agency Specializes In: Advertising, Brand Development & Integration, Broadcast, Digital/Interactive, Media Buying Services, Media Planning, New Product Development, Public Relations, Search Engine Optimization, Social Media

Dana Arnold *(Mng Dir)*
Dan Martin *(Acct Supvr)*
Amanda Fier *(Acct Mgr-Social Media & PR)*

Accounts:
New-Boys & Girls Clubs of the Austin Area (Agency of Record)
New-Christian Brothers Automotive (Agency of Record)
Chuy's Holdings, Inc (Marketing Agency of Record) Brand Awareness, Brand Positioning, Creative Campaign Development, Digital, National Public Relations, Out-of-Home, Paid Media Planning & Management, Promotions, Radio, Social Media Content Development, Sponsorships; 2018

HIGH TIDE CREATIVE
PO Box 1714, New Bern, NC 28563
Tel.: (252) 671-7087
E-Mail: info@hightidecreative.com
Web Site: www.hightidecreative.com

Employees: 8
Year Founded: 2005

Agency Specializes In: Advertising, Collateral, Corporate Identity, Out-of-Home Media, Outdoor, Package Design, Print, Radio, T.V.

Todd Willis *(Pres)*
Kim Kruger *(Partner & Media Dir)*
Tom Lewis *(Principal & Creative Dir)*
Alicia Hawkins *(Art Dir)*
Dawn Osterlund-Martin *(Mgr-Traffic)*

Accounts:

Carolina Orthopedics Sports Medicine & Physical Therapy (Advertising Agency of Record) Marketing
Lenoir Memorial Hospital (Agency of Record) Branding
Nash County Travel & Tourism (Agency of Record) Branding, Implementation, Marketing, Media Planning, Strategic Planning; 2018
TyraTech Inc
Wayne Community College (Agency of Record) Digital Media, Marketing; 2017

HIGH-TOUCH COMMUNICATIONS INC.
372 Ste-Catherine St W Ste 320, Montreal, QC H3B 1A2 Canada
Tel.: (514) 739-2461
Fax: (514) 739-6121
Web Site: www.htc.ca

Employees: 20
Year Founded: 1982

Agency Specializes In: Brand Development & Integration, Communications, Internet/Web Design, Planning & Consultation, Strategic Planning/Research

Tom Kouri *(Pres)*

Accounts:
The Cedar Cancer Institute
Inro
Unisource Canada
Velan
YES

HIGH WIDE & HANDSOME
9430 West Washington Blvd, Culver City, CA 90232
Tel.: (310) 751-6931
E-Mail: info@wearewh.com
Web Site: www.highwidehandsome.com

Employees: 15
Year Founded: 2009

Agency Specializes In: Above-the-Line, Advertising, Below-the-Line, Brand Development & Integration, Broadcast, Collateral, Corporate Identity, Digital/Interactive, Email, Exhibit/Trade Shows, Experience Design, Graphic Design, In-Store Advertising, Internet/Web Design, Logo & Package Design, Magazines, Market Research, Newspaper, Newspapers & Magazines, Out-of-Home Media, Outdoor, Package Design, Planning & Consultation, Point of Purchase, Point of Sale, Print, Production (Print), Radio, Search Engine Optimization, Social Media, Strategic Planning/Research, T.V., Trade & Consumer Magazines, Viral/Buzz/Word of Mouth, Web (Banner Ads, Pop-ups, etc.)

Approx. Annual Billings: $20,000,000

Magnus Morgan *(Founder & Client Svcs Dir)*
John Truscott *(Pres)*
Sheena Ruffin *(Partner)*
Mike Wolfsohn *(Chief Creative Officer)*
Jarrett Farls *(Creative Dir)*
Damian Fraticelli *(Creative Dir)*
Ginny Turner *(Dir-Production)*
Emma Cardenas *(Assoc Dir-Social Media & Partnerships)*
Lori Ellison *(Assoc Creative Dir)*

Accounts:
CCP Games DUST 514, EVE Online; 2012
Constellation Brands Arbor Mist, Black Box Wine, Clos du Bois, NPD, Paul Masson, Rex Goliath; 2010
The Habit Burger Grill; 2013
Motiga Gigantic; 2015

Nissin Foods Cup Noodles
Toshiba; 2012
Trion Worlds Archeage, Defiance, RIFT; 2010
Ventura Foods Dean's Dip, LouAna Cooking Oils, Marie's Salad Dressings; 2013

HIGH10 MEDIA
62 W 45th St 4th Fl, New York, NY 10036
Tel.: (212) 918-2046
E-Mail: office@high10media.com
Web Site: www.high10media.com

Year Founded: 2010

Agency Specializes In: Advertising, Brand Development & Integration, Communications, Consulting, Content, Corporate Communications, Media Relations, Media Training, Social Media, Strategic Planning/Research

Evan Strome *(Pres)*
Lisa Dallos *(CEO)*
Beau Bernstein *(Sr VP)*
Ed James *(Sr VP)*
Ashley Rindsberg *(Sr VP)*
Tony Rindsberg *(Sr VP-Digital)*
Amanda Hebert *(VP)*
Jocelyn Cordova *(Sr Dir)*
Erin Haworth *(Sr Dir)*
Jimmy Harney *(Sr Acct Exec)*
Shaunna Murphy *(Sr Acct Exec)*

Accounts:
AllianceBernstein Public Relations; 2018
New-The Hollywood Reporter Inc.
New-National Geographic Channel
New-The New Republic Inc.
New-Telemundo Network Inc.

HIGHDIVE ADVERTISING
820 W Jackson Blvd Ste 525B, Chicago, IL 60607
Tel.: (312) 588-6922
E-Mail: info@highdiveus.com
Web Site: www.highdiveus.com

Employees: 10

Agency Specializes In: Advertising, Digital/Interactive, In-Store Advertising, Print, Production (Ad, Film, Broadcast), Radio, Social Media

Chad Broude *(Co-Founder & Exec Creative Dir)*
Mark Gross *(Co-Founder & Exec Creative Dir)*
Louis Slotkin *(Mng Partner)*
Megan Lally *(Partner)*
Daniel Macena *(Art Dir & Copywriter)*
Michael Williams *(Art Dir & Copywriter)*
Matthew Gallo *(Acct Dir)*

Accounts:
Barilla America, Inc Ready Pasta; 2017
FCA US LLC Creative, Ram Trucks, Super Bowl 2018
Fiat Chrysler Automobiles Jeep
Guaranteed Rate, Inc; 2017
Marriott International, Inc EMC2 Hotel; 2017
NIKE, Inc. Lacrosse Connect Athletes
New-Radio Mercury Awards

HIGHER IMAGES INC.
368 Commercial St, Bridgeville, PA 15017
Tel.: (412) 203-1996
Fax: (412) 220-7771
Toll Free: (888) 207-4414
E-Mail: admin@higherimages.net
Web Site: https://www.higherimages.com/

Employees: 25

Agency Specializes In: Advertising, Brand

ADVERTISING AGENCIES

Development & Integration, Digital/Interactive, Graphic Design, Internet/Web Design, Paid Searches, Print, Public Relations, Search Engine Optimization

Bryan Thornberg *(Pres & CEO)*
Daniel Harmon *(VP)*
Alexandra Hepler *(Creative Dir)*

Accounts:
Fitness Werqs

HIGHTOWER AGENCY
970 Ebenezer Blvd, Madison, MS 39110
Tel.: (601) 853-1822
Fax: (601) 853-1069
E-Mail: eoh@hightowerservices.com
Web Site: www.hightoweragency.com

Employees: 30
Year Founded: 1990

Agency Specializes In: Recruitment, Transportation

Eddie Hightower *(Pres)*
James Hickman *(Exec VP)*
Christina Wright *(VP-Media Svcs)*
Randy Scheel *(Sls Dir)*
Sissy Musgrove *(Coord-Media)*
Ashley Purvis *(Coord-Media)*
Jessica Troth *(Sr Coord-Media)*

Accounts:
Hill Brothers
USA Truck

HIGLEY DESIGN
389 Taylor St, Ashland, OR 97520
Tel.: (541) 482-8805
E-Mail: info@higleydesign.com
Web Site: www.higleydesign.com

Employees: 1

Agency Specializes In: Advertising, Brand Development & Integration, Exhibit/Trade Shows, Graphic Design, Logo & Package Design

John Higley *(Creative Dir & Designer)*

Accounts:
eSuperStock
Hill Station
Sapling Bicycle Company

HILL AEVIUM
34215 Hwy 6 Ste 204, Edwards, CO 81632
Tel.: (970) 926-6700
Fax: (970) 926-6705
E-Mail: info@hillaevium.com
Web Site: www.hillaevium.com

Employees: 10
Year Founded: 2004

Agency Specializes In: Advertising, Brand Development & Integration, Digital/Interactive, Market Research, Multimedia

Linda Hill *(Pres)*
Steve Litt *(Dir-Fin & HR)*
Michelle Parenti *(Dir-Digital Mktg)*
Mark Beresniewicz *(Sr Art Dir)*

Accounts:
Advanced Systems Group
Black Tie Ski Rentals
Crazy Mountain Brewery
Glenwood Hot Springs

HILL & PARTNERS INCORPORATED
25 Mathewson Dr Ste 200, East Weymouth, MA 02189-2345
Tel.: (857) 403-0312
Fax: (617) 471-7914
E-Mail: info@hillpartners.com
Web Site: www.hillpartners.com

Employees: 15
Year Founded: 1995

Michael McMahon *(Pres & CEO)*
Sarah McGill *(Controller)*
Mark Holme *(Creative Dir)*
Amy Connery *(Dir-Culture & Talent)*
Joseph Brosnan *(Sr Acct Mgr)*
John Neil *(Acct Mgr)*
Sean Pulera *(Sls Mgr)*
Lauren Wood *(Sls Mgr)*
Whitney Crowley *(Mgr-Event)*
Rick Lenz *(Acct Exec)*
Josh Terceira *(Sr Graphic Designer)*
Michael Vallone *(Asst Creative Dir & Sr Designer-Exhibit)*

Accounts:
Dunkin' Brands Group, Inc.
GTECH
National Grid; Waltham, MA
Polartec LLC
Samsonite

HILL HOLLIDAY
53 State St, Boston, MA 02109
Tel.: (617) 366-4000
E-Mail: info@hhcc.com
Web Site: www.hhcc.com

Employees: 373
Year Founded: 1968

National Agency Associations: 4A's-AD CLUB

Agency Specializes In: Advertising, Brand Development & Integration, Broadcast, Business-To-Business, Collateral, Communications, Consulting, Consumer Marketing, Corporate Identity, Digital/Interactive, Direct Response Marketing, E-Commerce, Fashion/Apparel, Financial, Food Service, Health Care Services, High Technology, Hispanic Market, Internet/Web Design, Logo & Package Design, Media Buying Services, Newspaper, Newspapers & Magazines, Out-of-Home Media, Outdoor, Pharmaceutical, Publicity/Promotions, Radio, Retail, Sponsorship, Strategic Planning/Research, Telemarketing

Approx. Annual Billings: $850,000,000

Breakdown of Gross Billings by Media: D.M.: 1%; Internet Adv.: 1%; Network T.V.: 34%; Newsp. & Mags.: 20%; Other: 2%; Outdoor: 3%; Radio: 13%; Spot T.V.: 26%

Scott Feyler *(CFO)*
Scott Hainline *(Sr VP & Exec Producer)*
Karen Hite *(Sr VP & Creative Dir)*
Summer Dembek Latif *(Sr VP & Acct Dir)*
Rick McHugh *(Sr VP, Grp Creative Dir & Copywriter)*
Julianna Akuamoah *(Sr VP-Diversity & Talent Mgmt)*
Sara Goldsmith *(VP & Creative Dir)*
Danielle Stern *(VP & Acct Dir)*
Leslie Collier *(VP & Mgmt Supvr)*
Ryan Smith *(VP & Mgmt Supvr)*
Samantha Curtin *(Sr Producer-Digital)*
Pete Shamon *(Creative Dir & Writer)*
Kent Breard *(Acct Dir)*
Victoria O'Neil *(Producer-Digital)*
Eric Hertenstein *(Mgmt Supvr)*
Erin Eby *(Assoc Dir-Art & Creative)*
Caitlin Clifford *(Mgr-Bus Affairs)*
Kevin Hurley *(Supvr-Media)*
Kristen Kouloheras *(Sr Acct Exec)*
Mariela McAuley *(Sr Acct Exec)*
Madison Albano *(Designer)*
Sean Condrick *(Designer & Jr Copywriter-Social)*
Kelsey Gillen *(Planner-Brand)*
Shelby Mathieu *(Media Buyer)*
Lauren McGrath *(Designer)*
Lauren Gober *(Sr Media Buyer-Local Investments)*
Amanda Roberts *(Assoc Creative Dir-Copy)*

Accounts:
Ahold
American Lung Association
Anheuser-Busch Budweiser; 2001
Art Director's Club
Bank of America Corporation "Invisible-U2", Brand Positioning, Campaign: "Gladly Tuesday", Campaign: "Life's Better When We're Connected", Campaign: "Portraits", Campaign: "Power of the Right Advisor", Consumer Advertising, Lead Creative, Merrill Lynch, NCAA Championship
Boston Children's Museum
Boston Healthcare for the Homeless Program Campaign: "Sox for Socks Integrated"
Boston Police Department
Capella University Creative, Digital, Media
Clark Bar Campaign: "Are you Clark enough?"
Dell
Friends of the Public Garden
Frontier Communications Corporation (Advertising Agency of Record) Analytics, Customer Experience, Media Planning & Buying, Online & Offline Creative Development; 2018
Great Wolf Resorts, Inc.; Madison, WI (Agency of Record) Account Management, Brand Management, Creative Development, Data Analytics, Great Wolf Lodge, Marketing Communications, Media Planning & Purchasing, Strategic Planning & Research
Harvard Pilgrim Health Care Campaign: "Dog Loves Guitar", Campaign: "Nine Golfers ", Campaign: "Talking Twins "; 1990
The J.M. Smucker Company Dunkin' Brands
Johnson & Johnson
LG Electronics Campaign: "#MomConfessions", Campaign: "Mom's Inner Thoughts TV", Digital, Dish Washer, Oven, Refrigerator, TV, Washing Machine
Liberty Mutual (Creative Agency of Record) Campaign: "Human", Campaign: "Passion For What We Do", Digital Media, Print, Radio, Video
Major League Baseball Season
Marshalls Media
Massachusetts State Lottery; 2003
Museum of Fine Arts (Media); Boston, MA; 2003
Necco Sweetheart
The New England Confectionery Company Inc. "Color Your Own", Campaign: "#Tweethearts", Necco Candy Buttons
Newsweek Daily Beast Co. Mad Men
Novartis Pharmaceuticals Corp. Diovan
Oxfam America (Agency of Record) Brand Campaign, Campaign: "Food Fight"
Partners Healthcare; 1996
Partnership for Drug Free Kids Campaign: "WeGotYou", Campaign: "Who Controls You?", Campaign: "Your Brain on Drugs", Emoji, Mobile, Outdoor, Print, wegotyou.life
Party City Corporation (Agency of Record) Creative, Digital, Media
Peel & Eat
Planet Fitness (Agency of Record) Creative, Digital Media Buying, Strategy & Traditional
Procter & Gamble
Putnam Investments; 2003
RED
Safeco Insurance
Smucker's
Spike TV
St. Jude Children's Research Hospitals
New-Sterling Jewelers Inc. BeamYourLove.com, Kay Jewelers

AGENCIES - JANUARY, 2019 — ADVERTISING AGENCIES

Supercuts, Inc. Media, Media Strategy, Planning & Buying
Tempur Sealy International, Inc
VH1
WhiteWave
WHOLE WORLD Water (Agency of Record) #WholeWorldWater, Creative, Digital, Media

Branches

EP+Co
(Formerly Erwin-Penland)
110 E Court St Ste 400, Greenville, SC 29601
(See Separate Listing)

Gray Matter Agency Inc.
24 Shipyard Drive, Hingham, MA 02043
(See Separate Listing)

Hill Holliday/New York
622 3rd Ave 14th Fl, New York, NY 10017
(See Separate Listing)

Subsidiary

Trilia Media
53 State St, Boston, MA 02109
(See Separate Listing)

HILL HOLLIDAY/NEW YORK
622 3rd Ave 14th Fl, New York, NY 10017
Tel.: (212) 905-7000
Fax: (212) 905-7100
E-Mail: lrossi@hhny.com
Web Site: www.hhcc.com

Employees: 140
Year Founded: 1976

National Agency Associations: 4A's

Agency Specializes In: Advertising, Brand Development & Integration, Broadcast, Business-To-Business, Cable T.V., Collateral, Communications, Consulting, Consumer Marketing, Consumer Publications, Corporate Communications, Corporate Identity, Digital/Interactive, Direct Response Marketing, E-Commerce, Electronic Media, Entertainment, Financial, Graphic Design, High Technology, In-Store Advertising, Internet/Web Design, Local Marketing, Logo & Package Design, Magazines, Merchandising, Newspaper, Newspapers & Magazines, Out-of-Home Media, Outdoor, Pharmaceutical, Planning & Consultation, Point of Purchase, Point of Sale, Print, Production, Publicity/Promotions, Radio, Retail, Sales Promotion, Strategic Planning/Research, T.V., Trade & Consumer Magazines

Approx. Annual Billings: $180,000,000

Brian Gonsar *(Sr VP & Exec Producer)*
Lauren Herman *(Sr VP & Creative Dir)*
Kristen Andersen *(VP & Acct Dir)*
David Parise *(VP & Creative Dir)*
Jamie Sundheim *(VP & Acct Dir)*
Lisa Kleinman *(VP-AMD Brdcst)*
Kristin Mengel *(VP-Digital Health Strategy)*
Judy Elissaint *(Sr Producer-Digital)*
Jarard Isler *(Art Dir & Graphic Designer)*
Niko Coutroulis *(Creative Dir)*
Elodie Gauthier *(Producer-Digital)*
Rachel Rawlinson *(Producer-Brdcst)*
Keith Wells *(Art Dir)*
Jordan Noelle Gillespie *(Acct Supvr)*
Corinne Piccari *(Media Buyer)*
Toby Katz *(Sr Media Buyer)*
Justine Moncrief *(Assoc Creative Dir)*

Kristina Przitulsky *(Assoc Strategist-Digital)*

Accounts:
Merrill Lynch & Co., Inc. Campaign: "TrailScape"
Verizon Wireless; 2000

HILL ZOOG
77 Mark Dr Ste 3, San Rafael, CA 94903
Tel.: (415) 491-5901
E-Mail: info@hillzoog.com
Web Site: https://hillzoog.com/

Employees: 5

Agency Specializes In: Advertising, Brand Development & Integration, Digital/Interactive, Internet/Web Design, Logo & Package Design, Media Buying Services, Media Relations, Print, Search Engine Optimization, Social Media

Ann Hill *(CEO & Principal)*

Accounts:
NorCal VDV

HILLS BALFOUR
(Acquired by MMGY Global)

HILTON & MYERS ADVERTISING, INC.
3350 N Country Club Rd, Tucson, AZ 85716
Tel.: (520) 881-4550
Fax: (520) 881-4696
E-Mail: info@hiltonmyersadv.com
Web Site: www.hiltonmyersadv.com

Employees: 5
Year Founded: 1986

Agency Specializes In: Advertising, Media Buying Services, Print, Production, Production (Print)

Accounts:
Lexus of Tucson
Magpies Gourmet Pizza Logo
Royal Automotive Group
TMC Foundation Invitation
Tucson Medical Center Report to Our Community

HIMMELRICH PR
PO Box 10444, Baltimore, MD 21209
Tel.: (410) 528-5400
Fax: (410) 528-1515
E-Mail: info@himmelrich.com
Web Site: www.himmelrich.com

Employees: 7

Agency Specializes In: Arts, Media Relations, Promotions, Public Relations

Steven Himmelrich *(Pres)*
Garrett Berberich *(Acct Exec)*
Dan Wiznitzer *(Acct Exec)*

Accounts:
Allfirst Bank
Anderson Coe & King
Bebe Paluzza Baby & Toddler Expo
JPB Enterprises
Merrill Corporation
Mobil Oil
Sugarloaf Moutain Works

HINDSIGHT MANAGEMENT INC.
2213 Morris Ave Ste 2020, Birmingham, AL 35203-4214
Tel.: (205) 324-9600
E-Mail: jriley@hindsightmanagement.com
Web Site: www.hindsightmanagement.com

E-Mail for Key Personnel:
President: jriley@hindsightsystems.com

Employees: 2
Year Founded: 1987

Agency Specializes In: Advertising, Brand Development & Integration, Business-To-Business, Consulting, Consumer Marketing, Consumer Publications, Corporate Communications, Health Care Services, Investor Relations, Medical Products, Over-50 Market, Planning & Consultation, Seniors' Market, Strategic Planning/Research

Approx. Annual Billings: $6,000,000

Breakdown of Gross Billings by Media: Bus. Publs.: $120,000; D.M.: $300,000; Fees: $1,080,000; Logo & Package Design: $600,000; Mdsg./POP: $300,000; Newsp.: $600,000; Plng. & Consultation: $600,000; Production: $300,000; Sls. Promo.: $600,000; Strategic Planning/Research: $600,000; Trade & Consumer Mags.: $600,000; Worldwide Web Sites: $300,000

James E. Riley *(Owner)*

Accounts:
PointClear Solutions; Birmingham, AL

HIP ADVERTISING
2809 Mansion Rd Ste A, Springfield, IL 62711
Tel.: (217) 789-4447
Web Site: www.hipadvertising.com

Employees: 5

Agency Specializes In: Advertising, Digital/Interactive, Event Planning & Marketing, Internet/Web Design, Logo & Package Design, Out-of-Home Media, Outdoor, Public Relations, Radio, Social Media, Strategic Planning/Research

Myra Hoffman *(Owner & Pres)*
Angela Parks *(Creative Dir & Graphic Designer)*
Molly Ballinger *(Acct Exec)*
Sanya Kushak *(Designer-Web)*

Accounts:
University of Spa & Cosmetology Arts
Zaras Collision Center Inc.

HIPERVINCULO
2700 Glades Cir Ste 108, Weston, FL 33327
Tel.: (786) 529-0679
E-Mail: info@hipervinculo.net
Web Site: www.hipervinculo.net/en/

Employees: 10
Year Founded: 2004

Agency Specializes In: Computers & Software, Digital/Interactive, E-Commerce, Electronics, Engineering, Fashion/Apparel, Hispanic Market, Internet/Web Design, Market Research, Media Buying Services, Media Planning, Paid Searches, Real Estate, Strategic Planning/Research

Orianna Amoni *(Art Dir & Sr Designer)*
Miguel Camacho *(Strategist-Digital Media Mktg Campaigns)*
Ida Tovar *(Jr Designer)*

Accounts:
Chrissie24 Hair Products; 2011
Flexoven Packages Plastics; 2012
TWC Latin American Computer Wholesaler; 2012
Zerma Americas Recycling Industrial Machinery; 2013

ADVERTISING AGENCIES
AGENCIES - JANUARY, 2019

HIRECLIX LLC
3 Heritage Way, Gloucester, MA 01930
Tel.: (617) 299-8889
E-Mail: contact@hireclix.com
Web Site: www.hireclix.com

Employees: 10
Year Founded: 2010

Agency Specializes In: Advertising, Recruitment, Search Engine Optimization, Social Media

Neil Costa *(Founder & CEO)*
Scott Ryan *(VP-Client Svcs)*
Anne LaFond *(Dir-Client Svcs & Digital Mktg)*
Corinne Lunnen *(Mgr-Digital Mktg)*
Tracy Scollo *(Mgr-Bus Dev)*
Michael Campbell *(Analyst-Digital Mktg)*
Olivia Wilson *(Analyst-Digital Mktg)*

HIRONS & COMPANY
422 E New York St, Indianapolis, IN 46202
Tel.: (317) 977-2206
Fax: (317) 977-2208
E-Mail: info@hirons.com
Web Site: www.hirons.com

E-Mail for Key Personnel:
President: thirons@hirons.com
Public Relations: jparham@hirons.com

Employees: 50
Year Founded: 1978

Agency Specializes In: Advertising, Advertising Specialties, Bilingual Market, Brand Development & Integration, Broadcast, Business-To-Business, Collateral, Consumer Publications, Corporate Identity, Direct Response Marketing, Education, Electronic Media, Event Planning & Marketing, Food Service, Government/Political, Graphic Design, Health Care Services, Internet/Web Design, Logo & Package Design, Magazines, Media Buying Services, Multimedia, Newspaper, Newspapers & Magazines, Out-of-Home Media, Outdoor, Print, Public Relations, Radio, Real Estate, Restaurant, Sports Market, Strategic Planning/Research, Trade & Consumer Magazines, Travel & Tourism

Approx. Annual Billings: $30,000,000

Tom Hirons *(Chm & Pres)*
Jim Parham *(CEO)*
Deana Haworth *(COO)*
Mike Murphy *(Sr VP)*
Kelsey Brewer *(Sr Acct Mgr & Producer)*
Emily Kibling *(Acct Dir)*
Pam Linsley *(Creative Dir)*
Caitlin Dempsey *(Sr Acct Mgr)*
Erin Kimbowa *(Sr Acct Mgr)*
Kendall Bybee *(Acct Mgr)*
Laura Crafton *(Acct Mgr)*
Emily Hayden *(Acct Mgr)*
Matthew Hornyak *(Acct Mgr)*
Gabriel Lindman *(Specialist-Digital Design)*
Kelly Hamilton *(Media Planner & Media Buyer)*
Olivia Crum *(Coord-Digital Media)*
Robert Hickson *(Coord-Digital Media)*

Accounts:
Department of the Navy - NAVSEA Crane
Eiteljorg Museum of American Indians & Western Art
Indiana University
Indianapolis Indians
Indianapolis Symphony Orchestra
Indianapolis Zoo
Verizon Wireless

HIRSHORN ZUCKERMAN DESIGN GROUP
(d/b/a HZDG)
10101 Molecular Dr, Rockville, MD 20850
Tel.: (301) 294-6302
Fax: (301) 294-6305
E-Mail: info@hzdg.com
Web Site: www.hzdg.com

Employees: 100

Agency Specializes In: Brand Development & Integration, Broadcast, Digital/Interactive, Direct Response Marketing, E-Commerce, Electronic Media, Graphic Design, Internet/Web Design, Multimedia, Print

Karen Zuckerman *(Founder, Pres & Chief Creative Officer)*
Jerry Zuckerman *(CEO)*
Glenn Watts *(COO)*
Katie Hooper *(Chief Strategy Officer)*
Stacey DeOrzio *(Sr VP-Client Rels)*
Lindsay Maarec *(Mng Dir-Bus Dev)*
Chad Stockton *(VP & Creative Dir)*
Debbie Norris *(Media Dir)*
Justine Song *(Acct Dir)*
Gillian Goodman *(Sr Mng Creative Dir & Dir-Luxury Brands)*
Ambyr Hochman *(Sr Mgr-Content Mktg, Campaigns & Influencers)*
Ellie West *(Strategist-Digital & Project Mgr)*
Gabrielle Weissburg *(Mgr-Paid Social Media)*
Jason Drumheller *(Assoc Creative Dir)*

Accounts:
Affinia Hotels
Again Restaurants
Alexan Solero
Conair Campaign: "Your Confidence is Showing", Conair for Men
The Georgian
Half Street
Hilton Worldwide, Inc.
Maryland's Department of Commerce Brand Positioning, Brand Strategy, Marketing, Maryland Marketing Partnership (Agency of Record)
National Jean Co

HISPANIC GROUP
8181 NW 14th St Ste 250, Miami, FL 33126
Tel.: (305) 477-5483
Fax: (305) 436-1953
E-Mail: nbcontact@hispanicgroup.net
Web Site: www.hispanicgroup.net

Employees: 40
Year Founded: 2002

Agency Specializes In: Sponsorship

Jose Luis Valderrama *(Pres & CEO)*
Ximena Pazos *(VP & Media Dir)*
Erika Andonie *(Supvr-Digital Media)*
Margarita Vargas *(Sr Acct Exec)*

Accounts:
Dish Network- Dish Latino; 2005
Volkswagen US Creative on Demand

HISPANIDAD
2228 Blake St Ste 200, Denver, CO 80205
Tel.: (303) 233-8660
Toll Free: (800) 356-5036
Web Site: www.heinrichhispanidad.com

Employees: 41

Agency Specializes In: Advertising, Event Planning & Marketing, Media Planning, Print, Strategic Planning/Research

Accounts:
Wyoming Department of Transportation

HITCHCOCK FLEMING & ASSOCIATES, INC.
500 Wolf Ledges Pkwy, Akron, OH 44311-1022
Tel.: (330) 376-2111
Fax: (330) 966-7060
Toll Free: (888) 376-7601
E-Mail: info@teamhfa.com
Web Site: www.teamhfa.com

E-Mail for Key Personnel:
Creative Dir.: mcollins@teamhfa.com

Employees: 90
Year Founded: 1940

National Agency Associations: 4A's-AAF-AMA-BPA-DMA-PRSA

Agency Specializes In: Advertising, Advertising Specialties, Alternative Advertising, Arts, Automotive, Aviation & Aerospace, Bilingual Market, Brand Development & Integration, Branded Entertainment, Business Publications, Business-To-Business, Cable T.V., Co-op Advertising, Collateral, Communications, Consulting, Consumer Goods, Consumer Marketing, Consumer Publications, Corporate Communications, Corporate Identity, Customer Relationship Management, Digital/Interactive, Direct Response Marketing, Direct-to-Consumer, E-Commerce, Education, Electronic Media, Email, Engineering, Entertainment, Environmental, Event Planning & Marketing, Exhibit/Trade Shows, Food Service, Government/Political, Graphic Design, Health Care Services, High Technology, Hispanic Market, Hospitality, Household Goods, Identity Marketing, In-Store Advertising, Industrial, Information Technology, Integrated Marketing, International, Internet/Web Design, Investor Relations, Leisure, Local Marketing, Logo & Package Design, Magazines, Market Research, Media Buying Services, Media Planning, Media Relations, Medical Products, Merchandising, Mobile Marketing, New Product Development, Newspaper, Newspapers & Magazines, Out-of-Home Media, Outdoor, Over-50 Market, Package Design, Paid Searches, Pharmaceutical, Planning & Consultation, Podcasting, Point of Purchase, Point of Sale, Print, Product Placement, Production, Production (Print), Promotions, Public Relations, Publicity/Promotions, Radio, Recruitment, Regional, Restaurant, Retail, Sales Promotion, Search Engine Optimization, Seniors' Market, Social Marketing/Nonprofit, Sponsorship, Strategic Planning/Research, Sweepstakes, T.V., Technical Advertising, Teen Market, Telemarketing, Trade & Consumer Magazines, Transportation, Travel & Tourism, Viral/Buzz/Word of Mouth

Approx. Annual Billings: $90,000,000

Charles Abraham *(Mng Partner & CFO)*
Keith Busch *(Partner-Connections)*
Dale Elwell *(Partner-Client Svcs)*
Kevin Kinsley *(Partner-Client Dev)*
Matt McCallum *(Partner-Ops)*
Shirley Shriver *(Partner-Strategy & Insights)*
Shelly Morton *(Dir-Project Mgmt)*
Sandi Nelson *(Dir-Pur & Legal Compliance)*
Mike Pocci *(Dir-Connections Plng)*
Katie Greenwald *(Acct Mgr-PR)*
Fran Cossin *(Mgr-HR)*
Ted Paynter *(Acct Supvr)*
Kim Bruns *(Supvr-Creative)*
Amy Clevenger *(Sr Specialist-Integrated Media)*

Accounts:
Akron Summit County Convention & Visitors Bureau Convention Space, Meeting Recruitment
Bosch Power Tools Creative, Media Buying, Media Planning
Buffalo Wild Wings Media
Cleveland Clinic Brand Positioning, Creative,

AGENCIES - JANUARY, 2019 — ADVERTISING AGENCIES

Media Buying, Media Planning, Strategic Planning
Clopay Creative Design, Media Buying, Media Planning, Promotions, Strategic Planning
Dunlop Tires Creative Design, Strategic Planning
Flood Wood Stain Brand Positioning, Creative, Media Buying, Media Planning, Social, Strategic Planning
The Goodyear Tire & Rubber Company Aviation, Commercial Truck, Consumer Tires, Off-the-Road Tires
IKO Media Relations
JRayl Transport Inc. Brand Positioning, Media Planning & Buying, Public Relations, Website Design
Keep Akron Beautiful Pro-Bono
Liquid Nails Brand Positioning, Creative, Media Buying, Media Planning, Social, Strategic Planning
LP Building Products Creative Design, Paid Media, Strategic Planning
LP SmartSide Trim and Siding Brand Positioning, Creative, Media Buying, Media Planning, Social, Strategic Planning
PPG Industries Creative Design, Paid Media, Strategic Planning
PPG Paint Brand Positioning, Creative, Media Buying, Media Planning, Strategic Planning
PPG Pittsburgh Paint Brand Positioning, Creative, Media Buying, Media Planning, Strategic Planning
PPG Proluxe Brand Positioning, Creative, Media Buying, Media Planning, Strategic Planning
Rinnai America Corporation (Agency of Record) Campaign Development, Strategic Planning; 2017
Rowmark Brand Positioning, Creative
Saint-Gobain Content, Process Systems Business, Public Relations
Sikkens Pro Luxe Creative, Media Buying, Media Planning, Social, Strategic Planning
Skycasters Satellite Internet Provider Digital
Superior Clay Brand Positioning, Creative, Media Buying, Media Planning, Strategic Planning
Tremco Roofing & Building Maintenance; Beachwood, OH Renovation, Maintenance & Repair Solutions
Wolf Building Products Brand Positioning, Creative, Media Buying, Media Planning, Social, Strategic Planning

THE HIVE
544 King St W, Toronto, Ontario M5V 1M3 Canada
Tel.: (416) 923-3800
Fax: (416) 923-4123
E-Mail: info@thehiveinc.com
Web Site: www.thehiveinc.com

Employees: 50

Agency Specializes In: Advertising, Brand Development & Integration, Broadcast, Corporate Identity, Digital/Interactive, Experiential Marketing, Out-of-Home Media, Outdoor, Print, Promotions, Social Media, Strategic Planning/Research

Andy Krupski *(Chm)*
Rick Shaver *(Pres & CEO)*
Ted Rakoczy *(Pres & COO)*
Simon Creet *(Partner & Chief Creative Officer)*
Trent Fulton *(Partner)*
Jennifer Lukas *(VP-Events)*
Cameron Stark *(Bus Dir)*
Meghan Kraemar *(Assoc Creative Dir)*

Accounts:
Asahi Canada (National Agency of Record) Brand Advertising, Event Marketing, Grolsch, Peroni, Promotional Activities, Strategic Planning
The Bicycle Factory
Coca-Cola Canada
Jack Daniel's
McCain Foods Limited (Lead Strategic & Creative Agency) McCain Deep'n Delicious Cake, McCain Potato Segment, McCain SuperFries; 2018
Mondelez International Campaign: "Pass the Love"
Ontario Power Generation

HJMT COMMUNICATIONS, LLC
78 E Park Ave, Long Beach, NY 11561
Tel.: (347) 696-0220
E-Mail: info@hjmt.com
Web Site: www.hjmt.com

Employees: 15

Agency Specializes In: Event Planning & Marketing, Graphic Design, Local Marketing, Media Relations, Publicity/Promotions

Hilary Topper *(Pres & CEO)*
Lisa Gordon *(Exec VP-PR)*
Lori Alexy *(VP-Client Svcs)*

Accounts:
B Well NY Corporate Wellness Consultants
Esquire Bank

HK ADVERTISING, INC.
41 Bisbee Ct Ste A-1, Santa Fe, NM 87508
Tel.: (505) 988-9299
Fax: (505) 983-5804
Toll Free: (800) 766-2092
E-Mail: hkadv@hkadv.com
Web Site: www.hkadv.com

E-Mail for Key Personnel:
President: david@hkadv.com

Employees: 8
Year Founded: 1982

National Agency Associations: AAF

Agency Specializes In: Government/Political, Retail, Travel & Tourism

Approx. Annual Billings: $3,750,000 (Capitalized)

Breakdown of Gross Billings by Media: Collateral: 27%; Mags.: 1%; Newsp.: 17%; Outdoor: 8%; Point of Purchase: 2%; Radio: 23%; T.V.: 22%

David C. Hayduk *(Owner)*

Accounts:
Bishops Lodge Resort & Spa
Buffalo Thunder Resort & Spa
Camel Rock Casino
Dancing Eagle Casino
Los Alamos Medical Center
Molecular Informatics
New Mexico Finance Authority
New Mexico National Guard
New Mexico North Central Region
Regional Development Corporation
Route 66 Casino Hotel

HL GROUP
350 Madison Ave Fl 17, New York, NY 10017
Tel.: (212) 529-5533
Fax: (212) 673-3131
Web Site: www.hlgrp.com

Employees: 250
Year Founded: 2001

Agency Specializes In: Brand Development & Integration, Communications, Crisis Communications, Event Planning & Marketing, Market Research, Media Relations

Lynn Tesoro *(Co-Founder & CEO)*
Steven DeLuca *(Pres & CMO)*
Guillermo Zalamea *(Partner)*
Kimberly Flaster *(Sr VP-Fashion)*
Andrew Barlow *(VP-Events)*
Stacie Gillian *(VP)*
Joanne Langbein *(VP)*
Matthew Levison *(VP)*
Max McCormack *(VP)*
Christopher S. Motta *(VP-Digital Media)*
Annie Naslund *(VP-Beauty)*
Brandon Sansone *(VP)*
Brittany Akens *(Dir)*
Erin Ally *(Acct Mgr-Digital)*
Bailey Hospodor *(Acct Mgr)*

Accounts:
AG Adriano Goldschmied
Bolthouse Farms Public Relations
Charlotte Tilbury
Cover FX (Public Relations Agency of Record) Brand & Leadership Positioning, Events, Influencer Engagement, Media Relations, Partnerships, Strategic Communications; 2017
Expedia.Com Online Travel Agency
Four Seasons Hotel & Resorts (US Public Relations & Social Media Agency of Record) Digital, Media Relations
Hilton Worldwide Conrad Hotels & Resorts, Waldorf Astoria
Jo Malone Jo Loves
Mattel Barbie, Public Relations
Milly
National Kitchen & Bath Association Marketing, Public Relations
Oscar de la Renta
Pepsico
Tatcha
Tory Burch

Branch

HL Group
9300 Wilshire Blvd Ste 300, Beverly Hills, CA 90212
Tel.: (323) 966-4600
Web Site: www.hlgrp.com

Employees: 30
Year Founded: 2001

Agency Specializes In: Advertising, Brand Development & Integration, Content, Crisis Communications, Event Planning & Marketing, Media Planning, Media Relations, Public Relations, Social Media, T.V.

Michelle Mikoljak Stevenson *(Exec VP)*
Farial Awan *(Assoc VP)*
Alexis Murray-Merriman *(Dir-Travel & Lifestyle)*

Accounts:
New-Athleta Inc
New-Toms Shoe's Inc

HLG HEALTH COMMUNICATIONS
1700 Market St Sixth Fl, Philadelphia, PA 19103-3913
Tel.: (215) 563-4461
Fax: (215) 563-1148
E-Mail: info@hlg.com
Web Site: www.hlg.com

E-Mail for Key Personnel:
President: dwinigrad@hlg.com

Employees: 40
Year Founded: 1967

Agency Specializes In: Communications, Medical Products, Planning & Consultation

Approx. Annual Billings: $70,000,000

ADVERTISING AGENCIES

Breakdown of Gross Billings by Media:
Audio/Visual: 2%; Bus. Publs.: 15%; Collateral: 35%; Consumer Publs.: 2%; D.M.: 15%; Fees: 10%; Internet Adv.: 5%; Newsp.: 2%; Other: 5%; Production: 1%; Pub. Rels.: 2%; Radio & T.V.: 3%; Trade Shows: 3%

David Winigrad *(Pres)*

Accounts:
Abbott Laboratories
Ariad Pharmaceuticals
Aspect Medical Systems Bis
Azur Pharma
Baxter Healthcare Corp.
BMS Imaging Cardiolite, Definity
Bristol-Myers Squibb Atazanavir, Corporate, Coumadin, Sustiva
GE Healthcare
Healthpoint Accuzyme, Panafil
MDS Pharma Services
MEDA Pharmaceuticals
Merck & Co., Inc. Merck Managed Care, Merck Ophthalmics
Neuronetics
Organogenesis

HMC ADVERTISING
453 D St Ste C, Chula Vista, CA 91910
Tel.: (619) 420-4586
Toll Free: (888) 330-7637
E-Mail: info@hmcadvertising.com
Web Site: www.hmcadvertising.com

E-Mail for Key Personnel:
President: lroberts@hmcadvertising.com
Media Dir.: rnava@hmcadvertising.com

Employees: 7
Year Founded: 1990

National Agency Associations: 4A's-AHAA

Agency Specializes In: Advertising, Advertising Specialties, Bilingual Market, Brand Development & Integration, Broadcast, Consulting, Corporate Identity, Entertainment, Event Planning & Marketing, Exhibit/Trade Shows, Government/Political, Graphic Design, Hispanic Market, Internet/Web Design, Local Marketing, Logo & Package Design, Media Buying Services, Multimedia, Newspaper, Newspapers & Magazines, Out-of-Home Media, Outdoor, Planning & Consultation, Public Relations, Publicity/Promotions, Radio, Retail, Strategic Planning/Research, T.V., Travel & Tourism

Jennifer Garcia-Hinkle *(Pres)*
Lucy Roberts *(CEO)*
Rosa Pratt *(Media Dir)*

Accounts:
Baja Duty Free Retail Duty-Free Products
Feld Entertainment Disney on Ice, Ringling Brothers & Barnum & Bailey; 1990

HMC ADVERTISING LLC
(d/b/a HMC2)
65 Millet St Ste 301, Richmond, VT 05477
Tel.: (802) 434-7141
Fax: (802) 434-7140
E-Mail: info@wearehmc.com
Web Site: www.wearehmc.com/

Employees: 15
Year Founded: 1980

Agency Specializes In: Advertising, Brand Development & Integration, Branded Entertainment, Collateral, College, Consumer Goods, Consumer Marketing, Corporate Communications, Direct Response Marketing, Education, Email, Entertainment, Event Planning & Marketing, Financial, Graphic Design, Health Care Services, Integrated Marketing, Internet/Web Design, Local Marketing, Logo & Package Design, Magazines, Market Research, Media Buying Services, Media Planning, Media Training, Medical Products, Newspaper, Newspapers & Magazines, Package Design, Print, Production, Production (Ad, Film, Broadcast), Production (Print), Public Relations, Radio, Regional, Strategic Planning/Research, Travel & Tourism, Viral/Buzz/Word of Mouth, Web (Banner Ads, Pop-ups, etc.), Women's Market, Yellow Pages Advertising

Breakdown of Gross Billings by Media: Newsp. & Mags.: 50%; Print: 35%; Radio & T.V.: 10%; Worldwide Web Sites: 5%

Tom Holmes *(Pres)*
Paula Bazluke *(VP & Media Dir)*

Accounts:
Middlesex Savings Bank (Agency of Record) Brand Redesign & Marketing
Smugglers' Notch Resort; Smugglers' Notch, VT; 1988
State of Vermont; Montpelier, VT
Vermont Information Technology
Vermont Student Assistance Corp.; Winooski, VT Student Loans; 2004

HMH
1800 SW 1st Ave Ste 250, Portland, OR 97201
Tel.: (503) 295-1922
Fax: (503) 295-1938
E-Mail: portland@hmhagency.com
Web Site: www.hmhagency.com

E-Mail for Key Personnel:
President: edh@thinkhmh.com
Creative Dir.: daveb@thinkhmh.com
Media Dir.: jille@thinkhmh.com
Production Mgr.: paulap@thinkhmh.com
Public Relations: marianm@thinkhmh.com

Employees: 30
Year Founded: 1978

National Agency Associations: 4A's

Agency Specializes In: Advertising, Advertising Specialties, African-American Market, Agriculture, Asian Market, Automotive, Aviation & Aerospace, Bilingual Market, Brand Development & Integration, Broadcast, Business Publications, Business-To-Business, Cable T.V., Children's Market, Co-op Advertising, Collateral, Commercial Photography, Communications, Consulting, Consumer Marketing, Consumer Publications, Corporate Communications, Corporate Identity, Cosmetics, Digital/Interactive, Direct Response Marketing, E-Commerce, Education, Electronic Media, Engineering, Entertainment, Environmental, Event Planning & Marketing, Exhibit/Trade Shows, Fashion/Apparel, Financial, Food Service, Government/Political, Graphic Design, Health Care Services, High Technology, Hispanic Market, In-Store Advertising, Industrial, Infomercials, Information Technology, Internet/Web Design, Investor Relations, LGBTQ Market, Legal Services, Leisure, Local Marketing, Logo & Package Design, Magazines, Marine, Media Buying Services, Medical Products, Merchandising, Multimedia, New Product Development, Newspaper, Newspapers & Magazines, Out-of-Home Media, Outdoor, Over-50 Market, Pharmaceutical, Planning & Consultation, Point of Purchase, Point of Sale, Print, Production, Public Relations, Publicity/Promotions, Radio, Real Estate, Recruitment, Restaurant, Retail, Sales Promotion, Seniors' Market, Sports Market, Strategic Planning/Research, Sweepstakes, Syndication, T.V., Technical Advertising, Teen Market, Telemarketing, Trade & Consumer Magazines, Transportation, Travel & Tourism, Yellow Pages Advertising

Approx. Annual Billings: $5,200,000

Ed Herinckx *(Pres-Portland)*
Megan Miller *(VP & Client Svcs Dir)*
Paula Phillis *(VP-Portland)*
Donna Forbes *(Gen Mgr)*
Steve Cox *(Creative Dir)*
Jenn Hausman *(Media Dir)*
Denise Hollingsworth *(Dir-Brand Strategy)*
Jeff Nichols *(Dir-Creative & Art)*
Mardi Ball *(Mgr-Acctg)*
Robb Beck *(Mgr-Digital Campaign & Analytics)*
Cindi Elsom *(Acct Supvr)*
Patti Bateman *(Assoc Creative Dir)*

Accounts:
Alliance Truck Parts
Central Oregon Visitors Authority
Crescent Communities Residential Division
Epiq Systems
Fluke Networks
Freightliner Trucks
Harrison Dental
Idaho Power
LP Building Products
Mecklenburg Livable Communities
Mercedes-Benz Financial Services
Meritor
North Carolina State Ports Authority
Oregon Community Credit Uniion
PacificSource
Palmetto Bluff Creative, Social Media
The Partners Group
Superior Tape & Label
Teleflex
Thomas Built Buses; High Point, NC
Tolko Industries
Transportation Fairness Alliance
TriMet
TruWood
Watchguard Technologies
Western Star

Satellite Offices

HMH
19797 Village Office Ct, Bend, OR 97702
Tel.: (541) 388-2003
Fax: (541) 388-4381
Web Site: www.hmhagency.com

Employees: 10
Year Founded: 1986

National Agency Associations: 4A's-Second Wind Limited

Agency Specializes In: Broadcast, Business-To-Business, Cable T.V., Consulting, Corporate Identity, Digital/Interactive, Direct Response Marketing, Financial, Graphic Design, Health Care Services, High Technology, Internet/Web Design, Leisure, Logo & Package Design, Magazines, Medical Products, Newspaper, Newspapers & Magazines, Planning & Consultation, Podcasting, Point of Sale, Print, Production, Production (Print), Radio, Seniors' Market, Sponsorship, Strategic Planning/Research, T.V., Trade & Consumer Magazines, Travel & Tourism

Ed Herinckx *(Pres)*

Accounts:
Montana Lottery
Nike
The Oregon State Fair

HMH-Charlotte N.C.
1435 W Morehead St Ste 140, Charlotte, NC 28208

AGENCIES - JANUARY, 2019 ADVERTISING AGENCIES

Tel.: (704) 323-4444
Fax: (704) 323-4440
Toll Free: (888) 527-62327
Web Site: www.hmhagency.com

Employees: 10
Year Founded: 1999

Sally Auguston *(VP)*
Shawn Kelley *(Exec Creative Dir)*
Jennifer Hausman *(Media Dir)*
Betsy Grant *(Acct Supvr)*
Christina Chu *(Sr Acct Exec-PR)*
Dana Thomas *(Strategist-Digital & Social)*

Accounts:
Freightliner

HN MEDIA & MARKETING
(Name Changed to OpAD Media Solutions, LLC)

HODGES ADVERTISING INC
3727 Rose Lake Dr Ste 101, Charlotte, NC 28217
Tel.: (704) 357-3560
Web Site: www.hodgesadvertising.com

Employees: 3

Agency Specializes In: Advertising, Media Buying Services, Promotions, Radio, T.V.

Chris Hodges *(Founder & Pres)*
Terri Hodges *(CFO & Office Mgr)*
David Hodges *(Mgr-Digital Mktg)*

Accounts:
Elite 5 Chevy Dealers

HODGES & ASSOCIATES
The Dr Pepper Bldg Ste 300 2829 2nd Ave S,
  Birmingham, AL 35233
Tel.: (205) 328-4357
Fax: (205) 328-4366
E-Mail: hodges@thehighroad.com
Web Site: www.thehighroad.com

Employees: 7

Marynell Ford *(Strategist-Mktg)*
Ryan Murphy *(Sr Graphic Designer)*

Accounts:
The Community Foundation of Greater Birmingham
Daniel Corp.
Davis Architects
Medical Properties Trust, LLP

HODGES ASSOCIATES, INC.
PO Box 53805, Fayetteville, NC 28305
Tel.: (910) 483-8489
Fax: (910) 483-7197
E-Mail: info@hodgesassoc.com
Web Site: www.hodgesassoc.com

E-Mail for Key Personnel:
President: anna@hodgesassoc.com
Creative Dir.: jerri@hodgesassoc.com
Production Mgr.: chuck@hodgesassoc.com

Employees: 7
Year Founded: 1974

National Agency Associations: AAF

Agency Specializes In: Agriculture, Automotive, Brand Development & Integration, Broadcast, Business Publications, Business-To-Business, Cable T.V., Catalogs, Co-op Advertising, Collateral, Commercial Photography, Communications, Consulting, Consumer Marketing, Consumer Publications, Corporate Identity, Digital/Interactive, Direct Response Marketing, E-Commerce, Education, Electronic Media, Engineering, Entertainment, Environmental, Event Planning & Marketing, Exhibit/Trade Shows, Faith Based, Fashion/Apparel, Financial, Food Service, Government/Political, Graphic Design, Health Care Services, High Technology, Hispanic Market, Industrial, Internet/Web Design, Legal Services, Leisure, Logo & Package Design, Magazines, Marine, Media Buying Services, Media Planning, Media Relations, Medical Products, Merchandising, Multimedia, New Product Development, Newspaper, Newspapers & Magazines, Out-of-Home Media, Outdoor, Over-50 Market, Package Design, Pharmaceutical, Planning & Consultation, Point of Purchase, Point of Sale, Print, Production, Production (Print), Public Relations, Publicity/Promotions, Radio, Real Estate, Recruitment, Restaurant, Retail, Sales Promotion, Seniors' Market, Sports Market, Strategic Planning/Research, T.V., Technical Advertising, Teen Market, Trade & Consumer Magazines, Transportation, Travel & Tourism, Yellow Pages Advertising

Approx. Annual Billings: $3,000,000

Breakdown of Gross Billings by Media: Bus. Publs.: $733,000; Collateral: $295,000; D.M.: $29,000; Mags.: $130,000; Newsp.: $480,500; Outdoor: $115,000; Point of Purchase: $10,000; Production: $477,000; Radio: $280,000; Sls. Promo.: $135,500; T.V.: $315,000

Anna Hodges Smith *(Pres & Acct Exec)*
Chuck Smith *(VP)*
Colette Moore *(Copywriter)*
Jerri L. Allison *(Sr Art Dir)*

Accounts:
A La Cart; Charlotte, NC Food Service Equipment; 2000
Aberdeen & Rockfish Railroad; Aberdeen, NC; 1995
All America Mortgage; Fayetteville, NC; 2005
Blood & Cancer Clinic; Fayetteville, NC Medical
Cape Fear Botanical Garden; Fayetteville, NC
Cape Fear Cardiology; Fayetteville, NC Medical; 2009
Carolina Regional Radiology; Fayetteville, NC Medical; 2007
Carolina Turf Farm; Raeford, NC Commercial Sod
Cavin's Business Solutions; Fayetteville, NC Business Products; 2009
City of Fayetteville Leaf Pick-Up Program; Fayetteville, NC
Cottages at North Ramsey; Fayetteville, NC Real Estate Development; 2008
ESAB Welding Products; Florence, SC Welding & Cutting Equipment Manufacturer
Fayetteville Area Convention & Tourism; 1998
G & G HealthCare
Guaranty Savings & Loan
Highland Presbyterian Church; Fayetteville, NC; 2005
House Autry Farms
Hutchens, Senter & Britton; Fayetteville, NC Legal Services
Jerry Gregory & Associates; Fayetteville, NC Legal Services; 2005
John Boyle & Co.; Statesville, NC Industrial Manufacturers
The Logistics Company; Fayetteville, NC Computers/Internet
Natvar Company
North Carolina's Southeast; Elizabethtown, NC Economic Development; 2006
Olde Fayetteville Insurance; Fayetteville, NC Insurance Services
Pilch, Inc
Public Works Commission; Fayetteville, NC Utilities
Reed-Lallier (Agency of Record) Advertising, Chevrolet, Marketing, Public Relations
Rego-Cryo Flow; Burlington, NC Regulators, Valves; 1997
Resinal Corp; Severn, NC Inks
Riverside Sports Center; Fayetteville, NC
Saint Patrick Church; Fayetteville, NC; 2004
Snyder Memorial Baptist Church; Fayetteville, NC; 2002
Stedman Housing Mart
Valley Regional Imaging; Fayetteville, NC Radiology/Imaging; 2009
Woodbridge Alternative Inc.; Fayetteville, NC Residential Treatment for At-Risk Youth; 2003

HOEGGER COMMUNICATIONS
901 Indiana Ave Ste 100, Wichita Falls, TX 76301
Tel.: (940) 692-7999
Web Site: www.hoeggercommunications.com

Employees: 8

Agency Specializes In: Advertising, Event Planning & Marketing, Internet/Web Design, Logo & Package Design, Print, Radio, Social Media, T.V.

Jackie Hoegger *(Owner & Pres)*
Suzanne Taylor *(Dir-Digital Mktg)*
Tricia Golding *(Planner-Event & Media Buyer)*

Accounts:
Berend Bros
Four Stars Auto Ranch
Neighborhood Autos
Next Concept LLC

HOFF COMMUNICATIONS
23 S Lansdowne Ave, Lansdowne, PA 19050
Tel.: (610) 623-2091
Fax: (610) 623-2041
E-Mail: service@hoffcomm.com
Web Site: hoffcomm.com

Employees: 8
Year Founded: 1988

Agency Specializes In: Business-To-Business

Approx. Annual Billings: $1,000,000

Jennifer Hoff *(Founder & Pres)*

Accounts:
Celebration Theater
Landsdowne Professional Association

HOFFMAN AND PARTNERS
44 Adams St, Braintree, MA 02184
Tel.: (617) 354-8600
Fax: (781) 843-9799
Web Site: www.hoffmanandpartners.net

E-Mail for Key Personnel:
President: bob@hoffmanandpartners.net

Employees: 35
Year Founded: 2012

Agency Specializes In: Advertising, Brand Development & Integration, Broadcast, Business-To-Business, Cable T.V., Collateral, Consumer Goods, Consumer Marketing, Consumer Publications, Corporate Identity, Digital/Interactive, Direct Response Marketing, Direct-to-Consumer, E-Commerce, Email, Financial, Guerilla Marketing, Health Care Services, In-Store Advertising, Internet/Web Design, Local Marketing, Logo & Package Design, Luxury Products, Magazines, Market Research, Media Buying Services, Media Planning, Mobile Marketing, Newspaper, Newspapers & Magazines, Out-of-Home Media, Outdoor, Paid Searches, Planning & Consultation, Point of Purchase, Point of Sale, Print, Production, Production (Ad, Film, Broadcast), Production

ADVERTISING AGENCIES — AGENCIES - JANUARY, 2019

(Print), Promotions, Radio, Regional, Restaurant, Retail, Search Engine Optimization, Seniors' Market, Social Marketing/Nonprofit, Social Media, Strategic Planning/Research, T.V., Trade & Consumer Magazines, Travel & Tourism, Web (Banner Ads, Pop-ups, etc.), Women's Market

Approx. Annual Billings: $15,000,000

Breakdown of Gross Billings by Media: Collateral: 5%; Consulting: 10%; D.M.: 5%; E-Commerce: 10%; Internet Adv.: 10%; Newsp. & Mags.: 15%; Out-of-Home Media: 5%; Radio: 10%; T.V.: 30%

Bob Hoffman *(Pres & Chief Creative Officer)*
Jennifer Reuss *(Sr VP-Media & Mgmt Supvr)*
Darcy Doyle *(VP-Creative)*
Katie Alabiso *(Acct Supvr)*

Accounts:
Boston Interiors Furniture Retailer
Capital Growth Management CGM Mutual Funds
Fusion Worldwide International Electronics
MB Trading Online Trading Services
Scottrade; Saint Louis, MO Financial Services

HOFFMAN YORK
(Formerly HY Connect)
200 N Water St, Milwaukee, WI 53202
Tel.: (414) 289-9700
Fax: (414) 289-0417
Toll Free: (800) 842-3020
E-Mail: contact@hoffmanyork.com
Web Site: hoffmanyork.com

E-Mail for Key Personnel:
Public Relations: sboeldt@hyc.com

Employees: 80
Year Founded: 1933

National Agency Associations: AMIN-DMA

Agency Specializes In: Advertising, Brand Development & Integration, Broadcast, Business-To-Business, Cable T.V., Co-op Advertising, Collateral, Consulting, Consumer Marketing, Corporate Identity, Digital/Interactive, Event Planning & Marketing, Exhibit/Trade Shows, Food Service, Graphic Design, Health Care Services, Internet/Web Design, Logo & Package Design, Magazines, Marine, Newspapers & Magazines, Out-of-Home Media, Outdoor, Planning & Consultation, Point of Purchase, Point of Sale, Public Relations, Publicity/Promotions, Radio, Retail, Strategic Planning/Research, T.V., Telemarketing, Trade & Consumer Magazines, Travel & Tourism

Sherree Lenz *(Owner)*
Troy Peterson *(CEO)*
Dave Hanneken *(Partner & Exec Creative Dir)*
Sharon Boeldt *(Partner & Dir-Earned Media)*
Tom Watson *(Partner & Dir-Client Svc)*
Phil Backe *(Partner & Exec Media Dir)*
Dave Brown *(Partner)*
Vivian Moller *(CFO)*
Emily Dold *(VP & Media Dir)*
Angie Buchanan *(VP & Acct Supvr)*
Rachel Armstrong *(Producer-Digital)*
Cathy E. Brendel *(Mgr-HR)*
Matthew Hogan *(Mgr-Res)*
Kendell Lee *(Supvr-Media)*
Elizabeth Taft *(Sr Acct Exec)*
Beckie Christensen *(Sr Buyer-Media Brdcst)*
Dana Redfield *(Media Planner)*
Luke Bell *(Sr Media Planner)*
Sarah Fabina *(Asst Media Planner)*

Accounts:
ABS Global
Broan NuTone
Cedar Crest Ice Cream
Integrative Therapeutics

Kohler
Kolbe Windows & Doors
Manpower Group
Montana Tourism
Napoleon Grills
Sazerac
WAHL
Wisconsin State Lottery; Madison, WI Lottery Services & Games; 1990
Yamaha; Kennesaw, GA Water Vehicles; 1995

HOFFMANN PUBLISHING GROUP
2921 Windmill Rd, Sinking Spring, PA 19608
Tel.: (610) 685-0914
Fax: (610) 685-0916
Web Site: www.hoffmannpublishing.com

Employees: 15
Year Founded: 1990

Revenue: $2,000,000

Tracy Hoffmann *(Pres)*
Linda Hoffmann *(COO)*
Sherry Bolinger *(Sr VP-Reg Media Sls)*
Susan Shelly *(Dir-Media Content)*
Joanie Berney *(Sr Acct Exec-Media)*
Sherry Mathias *(Sr Acct Exec-Media)*
Alicia Marie Lee *(Reg Exec-Media Sls)*

Accounts:
Benson Settlement Company
Eagleville Hospital; 2004

HOGARTH WORLDWIDE
164 Shaftesbury Ave, London, WC2H 8HL United Kingdom
Tel.: (44) 20 7240 6400
Web Site: www.hogarthww.com

Employees: 5,000
Year Founded: 2008

Agency Specializes In: Advertising, Brand Development & Integration, Broadcast, Communications, Digital/Interactive, Event Planning & Marketing, Internet/Web Design, Print, Production, T.V.

Richard Glasson *(Co-CEO)*
Kevan Thorn *(Co-CEO)*
Matthew Kitcherside *(Chief Client Officer)*
Nicole B Meissner *(Chief Digital Officer)*
Darren Parker *(VP-Tech-Workflow & Ops)*
Steven Butler *(Dir-Production Tech)*

Accounts:
The Phoenix Garden

Branch

Hogarth Worldwide
230 Park Ave S 11th Fl, New York, NY 10003
Tel.: (646) 480-6444
E-Mail: info@hogarthww.com
Web Site: www.us.hogarthww.com

Employees: 300
Year Founded: 2008

National Agency Associations: 4A's

Agency Specializes In: Bilingual Market, Broadcast, Co-op Advertising, Integrated Marketing, International, Local Marketing, Magazines, Merchandising, Multimedia, Newspaper, Newspapers & Magazines, Out-of-Home Media, Outdoor, Point of Sale, Print, Production, Production (Print), T.V., Web (Banner Ads, Pop-ups, etc.)

Karine Brasil *(Head-Campaign & Creative Dir)*
Katie deLaski *(Acct Dir)*
Zivy Johnson *(Producer-Brdcst)*
Wagner Fraga *(Dir-Digital Production & Tech)*
Ruhiya Nuruddin *(Dir-Brdcst & Content Production)*
William Hayes *(Acct Mgr)*
Laura Verdecia *(Acct Mgr)*
Leah Teravskis *(Project Mgr-Digital)*

Accounts:
Bose Corporation
Emirates Airline

HOLBERG DESIGN, INC.
2559 Fairway Dr, York, PA 17402
Tel.: (717) 843-4048
Fax: (717) 848-2163
E-Mail: info@holbergdesign.com
Web Site: www.holbergdesign.com

Employees: 6

Agency Specializes In: Advertising, Brand Development & Integration, Internet/Web Design, Media Planning, Print, Strategic Planning/Research

Richard Holberg *(Pres)*
Michael Waltemeyer *(Dir-New Bus Dev)*

Accounts:
Reinsel Kuntz Lesher LLP

HOLLAND ADVERTISING:INTERACTIVE
8040 Hosbrook Rd, Cincinnati, OH 45236
Tel.: (877) 865-0977
Fax: (513) 721-1269
Web Site: www.HollandAdvertising.com

E-Mail for Key Personnel:
President: bholland@hollandroi.com

Employees: 10
Year Founded: 1937

National Agency Associations: AAF-AMA-DMA

Agency Specializes In: Advertising, Advertising Specialties, African-American Market, Brand Development & Integration, Broadcast, Business Publications, Business-To-Business, Cable T.V., Co-op Advertising, Collateral, Communications, Consulting, Consumer Goods, Consumer Marketing, Consumer Publications, Corporate Communications, Corporate Identity, Cosmetics, Customer Relationship Management, Digital/Interactive, Direct Response Marketing, Direct-to-Consumer, Electronic Media, Entertainment, Event Planning & Marketing, Financial, Government/Political, Graphic Design, Guerilla Marketing, Health Care Services, Hospitality, Identity Marketing, In-Store Advertising, Information Technology, Integrated Marketing, Internet/Web Design, Leisure, Luxury Products, Magazines, Market Research, Media Buying Services, Media Planning, Media Relations, Medical Products, Men's Market, Mobile Marketing, New Product Development, Newspaper, Newspapers & Magazines, Out-of-Home Media, Outdoor, Over-50 Market, Package Design, Pets, Pharmaceutical, Planning & Consultation, Podcasting, Point of Purchase, Print, Production (Print), Public Relations, RSS (Really Simple Syndication), Radio, Recruitment, Regional, Restaurant, Retail, Sales Promotion, Search Engine Optimization, Seniors' Market, Social Marketing/Nonprofit, Social Media, Strategic Planning/Research, T.V., Trade & Consumer Magazines, Travel & Tourism, Urban Market, Viral/Buzz/Word of Mouth, Women's Market, Yellow Pages Advertising

Approx. Annual Billings: $10,000,000

AGENCIES - JANUARY, 2019 — ADVERTISING AGENCIES

Breakdown of Gross Billings by Media: Brdcst.: 35%; Consulting: 10%; D.M.: 10%; Internet Adv.: 30%; Print: 15%

Mark S. Holland *(Partner & Sr Strategist-Acct)*
Bryan Holland *(Partner)*

Accounts:
ABS Business Products; Cincinnati, Columbus & Dayton, OH B2B; 1994
Advance Dentistry; Cincinnati, OH Dental Practice; 2010
Aquatic & Garden Decor; Cincinnati, OH; 1991
The Cincinnatian Hotel; Cincinnati, Ohio Hospitality; 2010
Esther Price Candy; Dayton, OH; 2010
Floturn; 1983
Mason Company Kennel Mfr; 1983
Mike-Sells Snack Foods; 2009
Mullaney's Home Health Care Medical, Pharmacy, Compounding; 1996
Procter & Gamble; 1963
The Rug Gallery; Cincinnati, OH; 1990
Towne Condominiums
Troyke Manufacturing; 1972
Widmer's Cleaners; 2003

HOLLAND MARK
727 Atlantic Ave, Boston, MA 02111
Tel.: (617) 247-1111
Web Site: www.holland-mark.com

Employees: 20

Agency Specializes In: Advertising, Brand Development & Integration, Broadcast, Digital/Interactive, Direct-to-Consumer

Approx. Annual Billings: $5,000,000

Rob Waldeck *(Pres)*
Renee Bolz *(VP & Client Svcs Dir)*
Jim Magary *(Strategist-Media)*

Accounts:
Stonyfield Farms
Virgin Money USA
Zipcar

HOLLYWOOD BRANDED INC.
110 Lomita St, El Segundo, CA 90245
Tel.: (310) 606-2030
Fax: (310) 606-2063
E-Mail: info@hollywoodbranded.com
Web Site: https://www.hollywoodbranded.com/

Employees: 12
Year Founded: 2007

Agency Specializes In: Above-the-Line, Advertising, Advertising Specialties, African-American Market, Asian Market, Below-the-Line, Bilingual Market, Brand Development & Integration, Branded Entertainment, Communications, Consulting, Consumer Goods, Consumer Marketing, Content, Corporate Communications, Corporate Identity, Cosmetics, Entertainment, Environmental, Fashion/Apparel, Game Integration, Hispanic Market, Identity Marketing, In-Store Advertising, Integrated Marketing, International, LGBTQ Market, Leisure, Luxury Products, Magazines, Marine, Media Buying Services, Medical Products, Men's Market, Mobile Marketing, Multicultural, New Technologies, Over-50 Market, Pharmaceutical, Point of Purchase, Product Placement, Promotions, Public Relations, Publicity/Promotions, Publishing, Restaurant, Seniors' Market, Social Marketing/Nonprofit, Sponsorship, Strategic Planning/Research, Sweepstakes, Syndication, T.V., Teen Market, Transportation, Travel & Tourism, Urban Market, Viral/Buzz/Word of Mouth, Women's Market

Approx. Annual Billings: $3,000,000

Breakdown of Gross Billings by Media: Cable T.V.: 10%; Consulting: 15%; Corp. Communications: 15%; Game Shows: 5%; Network T.V.: 10%; Promos.: 10%; Strategic Planning/Research: 15%; Syndication: 10%; T.V.: 10%

Stacy Jones *(CEO)*

Accounts:
BlackBerry Blackberry; 2007
Coffee Beanery; 2011
FLIR Extech, FLIR, Lorex Technology, Raymarine; 2014
Mezzetta; 2014
PassionRoses PassionRoses, Passion Growers; 2010

HOLMES MILLET ADVERTISING
4161 McKinney Ave Ste 200, Dallas, TX 75204
Tel.: (214) 526-4885
Fax: (214) 526-4887
E-Mail: info@holmesmillet.com
Web Site: www.holmesmillet.com

Employees: 13

Agency Specializes In: Advertising, Brand Development & Integration, Collateral, Digital/Interactive, Graphic Design, Internet/Web Design, Package Design, Print, Radio, T.V.

Tom Miller *(Partner)*
Jeffrey Millet *(Partner)*
David Holmes *(Mng Dir-Bus Dev & Acct Svcs)*

Accounts:
Curry Printing Inc.
Guida, Slavich & Flores, P.C.
Hermes Sargent Bates, L.L.P.
Inter-American Corporation Helium
Markland Hanley
The Melrose Hotel
Vidar Systems Corporation
Winstead Sechrest & Minick Pc

HOLT CREATIVE GROUP
119 University Place, Tyler, TX 75702
Tel.: (214) 826-9802
Toll Free: (888) 707-0447
Web Site: www.holtcreativegroup.com

Employees: 3

Agency Specializes In: Advertising, Brand Development & Integration, Digital/Interactive, Internet/Web Design, Logo & Package Design, Social Media

Edwin Holt *(CEO-ES Holt Companies)*
Erin Porterfield *(Sr Dir-Creative)*
Jennifer Burk *(Media Dir)*
Lacy Judd *(Strategist-SEO & Social Media)*
John O'Dell *(Strategist-Mktg)*
Brooke Marcum *(Acct Coord)*

Accounts:
Dallas Symphony Orchestra

HOLTON SENTIVAN AND GURY
PO Box 957, Ambler, PA 19002
Tel.: (215) 619-7600
Fax: (215) 619-7621
E-Mail: jholton@hsgadv.com
Web Site: www.hsgadv.com

Employees: 22
Year Founded: 1983

National Agency Associations: ADC

Agency Specializes In: Advertising, Alternative Advertising, Automotive, Below-the-Line, Broadcast, Business-To-Business, Cable T.V., Co-op Advertising, Consulting, Consumer Marketing, Consumer Publications, Corporate Identity, Direct Response Marketing, E-Commerce, Education, Electronics, Email, Exhibit/Trade Shows, Fashion/Apparel, Graphic Design, Health Care Services, High Technology, Hospitality, Household Goods, Identity Marketing, In-Store Advertising, Industrial, Integrated Marketing, Internet/Web Design, Leisure, Logo & Package Design, Luxury Products, Men's Market, Mobile Marketing, Multimedia, Newspaper, Out-of-Home Media, Outdoor, Over-50 Market, Planning & Consultation, Point of Purchase, Point of Sale, Print, Production, Production (Ad, Film, Broadcast), Production (Print), Promotions, RSS (Really Simple Syndication), Radio, Real Estate, Retail, Sales Promotion, Seniors' Market, Social Marketing/Nonprofit, Social Media, Strategic Planning/Research, Sweepstakes, T.V., Teen Market, Trade & Consumer Magazines, Transportation, Travel & Tourism, Web (Banner Ads, Pop-ups, etc.)

Approx. Annual Billings: $24,500,000

Breakdown of Gross Billings by Media: D.M.: $6,500,000; E-Commerce: $3,000,000; Mags.: $3,400,000; Newsp.: $3,600,000; Radio: $1,400,000; T.V.: $3,600,000; Worldwide Web Sites: $3,000,000

Jack Holton *(CEO)*
Bob Peischel *(Assoc Creative Dir-Copy)*

Accounts:
Adams County National Bank
Clean Earth
Cutting Crew
Deloitte Interactive
Kreischer Miller
Main Line Health; Radnor, PA Interactive, Multi-Media
The National Constitution Center; Philadelphia, PA Interactive
Right Management; Philadelphia, PA
Rosenberg & Parker; King of Prussia, Pa Surety Bond Brokers

HOMERUN CREATIVE SERVICES INC.
5436 Main St, Williamsville, NY 14221
Tel.: (716) 574-1595
Fax: (716) 560-3781
Web Site: www.homeruncreative.com

Employees: 10

Agency Specializes In: Advertising, Internet/Web Design, Print, Public Relations, Social Media

Accounts:
Chef's Restaurant of Buffalo NY

THE HONEY AGENCY
1050 20th St Ste 220, Sacramento, CA 95811
Tel.: (916) 444-0203
E-Mail: buzz@honeyagency.com
Web Site: www.honeyagency.com

Employees: 10
Year Founded: 2008

Agency Specializes In: Advertising, Brand Development & Integration, Internet/Web Design, Search Engine Optimization, Social Media

Accounts:

ADVERTISING AGENCIES

Farm to Fork Capital of America

HOOAH LLC.
PO Box 1390, Winter Park, FL 32790
Tel.: (407) 362-7715
Web Site: www.hooah.cc

Employees: 20
Year Founded: 2003

Agency Specializes In: Advertising, Digital/Interactive, Media Buying Services, Public Relations, Social Media

Jorge Suria *(Pres & Creative Dir)*

Accounts:
Department of Defense
Orlando Utilities Commission

HOOK
522 King St, Charleston, SC 29403
Tel.: (843) 853-5532
E-Mail: info@hookusa.com
Web Site: hookworldwide.com

Employees: 26
Year Founded: 2005

Agency Specializes In: Advertising, Broadcast, Collateral, Logo & Package Design, Out-of-Home Media, Outdoor, Print

Brady Waggoner *(Owner)*
Tom Jeffrey *(Partner)*
Phil Waggoner *(Partner)*
Trish Ward *(Art Dir)*
Jennifer Waggoner *(Media Buyer)*

Accounts:
Charleston Mix
PeopleMatterHR
Studio Strut
Titin Tech

HOOKLEAD
68 Line St, Charleston, SC 29403
Tel.: (740) 500-4665
E-Mail: contact@hooklead.com
Web Site: www.hooklead.com/

Employees: 4
Year Founded: 2009

Agency Specializes In: Advertising, Brand Development & Integration, Internet/Web Design, Media Planning, Print, Social Media

Allen Bayless *(Principal-Web & Graphic Design & Digital Mktg)*

Accounts:
East Bay Deli

HOOPLA MARKETING & PUBLIC RELATIONS
2011 Walnut St, Philadelphia, PA 19103
Tel.: (215) 964-9943
E-Mail: info@hooplaphilly.com
Web Site: www.hooplaphilly.com

Year Founded: 2010

Amanda Wozniak *(Partner)*

Accounts:
New Balance of Philadelphia

HOPE-BECKHAM, INC.
1900 Century Pl Ne Ste 250, Atlanta, GA 30345
Tel.: (404) 636-8200
Fax: (404) 636-0530
Web Site: www.hopebeckham.com

Employees: 20
Year Founded: 1994

Agency Specializes In: Business-To-Business, Communications, Entertainment, Exhibit/Trade Shows, Experiential Marketing, Government/Political, Hospitality, Investor Relations, Local Marketing, Mobile Marketing, Public Relations, Sponsorship, Sports Market

Paul Beckham *(Co-Founder)*
Bob Hope *(Co-Owner & Pres)*
Ann Nelson *(VP-Fin & Admin)*
Holly Brochmann *(Sr Acct Dir)*
Wendy Hsiao *(Acct Dir)*
Victoria Croft *(Asst Acct Exec)*

Accounts:
Arris, Inc.
Atlanta Sports Council
Atlanta Track Club
Belk Department Stores
Collegiate Licensing Company
ESPN Events Celebration Bowl
FusionHealth
Georgia Education Articulation Committee
Greenberg Traurig LLP
The TOUR Championship

THE HORAH GROUP
351 Manville Rd #105, Pleasantville, NY 10570
Tel.: (914) 495-3200
Fax: (914) 769-8802
E-Mail: dgoldsmith@horah.com
Web Site: www.horah.com

E-Mail for Key Personnel:
Chairman: dick@horah.com

Employees: 2
Year Founded: 1982

National Agency Associations: DMA

Agency Specializes In: Business Publications, Business-To-Business, Cable T.V., Catalogs, Co-op Advertising, Collateral, Communications, Consumer Marketing, Consumer Publications, Customer Relationship Management, Direct Response Marketing, Direct-to-Consumer, Education, Entertainment, Financial, Graphic Design, Health Care Services, Internet/Web Design, Mobile Marketing, Newspapers & Magazines, Out-of-Home Media, Point of Sale, Print, Production, Radio, Strategic Planning/Research, T.V., Telemarketing

Approx. Annual Billings: $1,000,000

Breakdown of Gross Billings by Media: D.M.: $1,000,000

Dick Goldsmith *(Chm)*

Accounts:
American Diabetes Foundation
Consumers Union
Kids Discover Magazine
Quadrant HealthCom

HORICH HECTOR LEBOW
101 Schilling Rd Ste 30, Hunt Valley, MD 21031
Tel.: (410) 823-5020
Fax: (410) 329-1210
Toll Free: (800) 878-8989
E-Mail: jparks@hpladv.com
Web Site: www.hpladv.com

Employees: 35
Year Founded: 1989

Agency Specializes In: Advertising, Cable T.V., Consumer Marketing, Household Goods, Newspaper, Planning & Consultation, Radio, Retail, T.V.

Approx. Annual Billings: $25,000,000

Chip Hector *(Partner & COO)*
David Weinstein *(Partner)*
Miles Anderson *(Creative Dir)*
Kristin Hollis *(Production Mgr)*
Liz Healey *(Supvr-Media)*

Accounts:
Becker Furniture
Benchcraft Furniture
Darvin Furniture
Goldsteins Furniture
John V. Schultz Furniture
Morris Home Furnishings
Pilgrim Furniture City
Powell's Furniture
Superstore Furniture
Vermont Furniture Galleries
Walker Furniture
Wolf Furniture

HORIZON MARKETING GROUP, INC.
215 Rockwood Dr, Southington, CT 06489
Mailing Address:
PO Box 1468, Glastonbury, CT 06033
Tel.: (727) 525-0034
Web Site: www.hmgcompany.com

Employees: 55
Year Founded: 1998

Agency Specializes In: Advertising, Brand Development & Integration, Corporate Communications, Corporate Identity, Email, Internet/Web Design, Media Buying Services, Multicultural, Planning & Consultation, Public Relations, Social Media, Web (Banner Ads, Pop-ups, etc.)

Bill Harper *(Owner)*
Michele Grimes *(Pres)*
Brian Grimes *(CFO)*

HORN GROUP INC.
301 E 57th St 4th Fl, New York, NY 10022
Tel.: (212) 715-1600
Fax: (415) 905-4001
E-Mail: info@horngroup.com
Web Site: www.horngroup.com

Employees: 52
Year Founded: 1991

National Agency Associations: COPF

Agency Specializes In: Business-To-Business, Digital/Interactive, Graphic Design, High Technology, Integrated Marketing, Media Relations, Media Training, Public Relations

Approx. Annual Billings: $9,000,000

Sabrina Horn *(Mng Partner & Head-Tech Practice)*
Garrett Fisher *(Sr Developer-UI)*

Accounts:
Absolute Software Interactive Marketing, PR, Social Media
Bay Alarm Medical Consumer Communications
BitDefender
NorseCorp
StrongMail PR
TigerLogic Corporation Media Relations,

AGENCIES - JANUARY, 2019 — ADVERTISING AGENCIES

Messaging, Postano (Digital Communications Agency of Record)
Validity
Whiptail Analyst Relations, Media, PR
WhiteFence (Agency of Record)
WhiteHat Security

HORN GROUP INC.
(Acquired by Finn Partners)

HORNALL ANDERSON
710 2nd Ave Ste 1300, Seattle, WA 98104-1712
Tel.: (206) 467-5800
Fax: (206) 467-6411
E-Mail: us@hornallanderson.com
Web Site: www.hornallanderson.com/

Employees: 125
Year Founded: 1982

Agency Specializes In: Affluent Market, Automotive, Aviation & Aerospace, Brand Development & Integration, Branded Entertainment, Business Publications, Business-To-Business, Catalogs, Collateral, Communications, Computers & Software, Consulting, Consumer Goods, Consumer Marketing, Content, Corporate Identity, Cosmetics, Customer Relationship Management, Digital/Interactive, Direct-to-Consumer, E-Commerce, Education, Electronic Media, Electronics, Engineering, Environmental, Exhibit/Trade Shows, Experience Design, Fashion/Apparel, Financial, Food Service, Game Integration, Graphic Design, Health Care Services, High Technology, Hospitality, Household Goods, Identity Marketing, In-Store Advertising, Information Technology, Integrated Marketing, International, Internet/Web Design, Leisure, Logo & Package Design, Luxury Products, Marine, Market Research, Medical Products, Men's Market, Mobile Marketing, New Technologies, Package Design, Pets, Pharmaceutical, Point of Purchase, Point of Sale, Print, Production (Print), Real Estate, Regional, Retail, Shopper Marketing, Sponsorship, Sports Market, Transportation, Travel & Tourism, Web (Banner Ads, Pop-ups, etc.), Women's Market

Jack Anderson (CEO)
Jeff Baker (Exec VP)
Ricki Pasinelli (Sr Dir-Client Engagement)
Peter Anderson (Creative Dir)
Lauren DiRusso (Dir-Design)
Euan Fraser (Dir-Strategy)
Jay Hilburn (Dir-Design)
Kevi A. Louis-Johnson (Dir-Design)
Amy Marshall (Dir-People Dev)
Laura Masters (Dir-Client Engagement)
Betsy Price (Sr Mgr-Partnerships-NY)
Karen Angell (Acct Supvr-Client Svcs)
Maxwell Churchill (Sr Designer)
Jon Graeff (Sr Designer)
Katie Lee (Sr Designer)
Sarah Allen (Sr Accountant)

Accounts:
Airbus
Amazon
ASDA
Ciena
CitationShares
Clearwire
Empire State Building
Eos
Garlic Jim's
Hewlett-Packard
Holland America Line
L'Oreal
Lovin' Scoopful
Madison Square Garden
Marmite Campaign: "Ma'amite"
Microsoft
OMD
PepsiCo
Redhook Brewery Campaign: "Packaging"
Riverplace
Space Needle
Starbucks Campaign: "Evolution Fresh Brand Experience", Campaign: "Starbucks Via Extension"
T-Mobile US Sidekick
Tommy Bahama
Unilever
University of Washington National Branding
Virgin Atlantic
Weyerhaeuser
Widmer Brothers; Portland, OR SnowPlow Winter Beer

HORNERCOM
474 Main St, Harleysville, PA 19438
Tel.: (267) 932-8760
Fax: (267) 932-8759
E-Mail: info@hornercom.com
Web Site: www.hornercom.com

Employees: 22
Year Founded: 1992

Agency Specializes In: Collateral, Communications, Corporate Identity, Direct Response Marketing, Event Planning & Marketing, Exhibit/Trade Shows, Graphic Design, Internet/Web Design, Magazines, Media Buying Services, Planning & Consultation, Public Relations, Publicity/Promotions, Retail, T.V.

Jack Horner (Pres)
Meg Horner (CEO)
Kari Gill (Mgr-Promotional Products Sls)
Jeff Shurilla (Sr Acct Supvr)
Richard Page (Graphic Artist)

HORNSBY BRAND DESIGN
PO Box 51204, Knoxville, TN 37950
Tel.: (865) 660-7261
Fax: (865) 690-7265
E-Mail: info@hornsbybrandesign.com
Web Site: www.hornsbybrandesign.com

Employees: 2
Year Founded: 2003

Agency Specializes In: Advertising, Brand Development & Integration, Internet/Web Design, Logo & Package Design

Chris Hornsby (Pres)
Bridget Hornsby (CEO & Principal-Brand Design)

Accounts:
Finish Point
Knoxville Area Transit
Memphis Urban Area MPO

HOT DISH ADVERTISING
800 Washington Ave N Ste 200, Minneapolis, MN 55401
Tel.: (612) 341-3100
Fax: (612) 341-0555
E-Mail: glindberg@hotdishad.com
Web Site: www.hotdishad.com

Employees: 15
Year Founded: 1999

Agency Specializes In: Advertising, Automotive, Brand Development & Integration, Broadcast, Business Publications, Business-To-Business, Cable T.V., Co-op Advertising, Collateral, Consulting, Consumer Goods, Consumer Marketing, Consumer Publications, Direct-to-Consumer, Identity Marketing, In-Store Advertising, Integrated Marketing, Internet/Web Design, Local Marketing, Logo & Package Design, Magazines, Media Buying Services, Media Planning, Merchandising, Newspaper, Newspapers & Magazines, Out-of-Home Media, Outdoor, Package Design, Planning & Consultation, Point of Purchase, Point of Sale, Print, Production (Print), Promotions, Radio, Regional, Retail, Sales Promotion, Strategic Planning/Research, T.V., Trade & Consumer Magazines

Approx. Annual Billings: $6,300,000 Capitalized

Breakdown of Gross Billings by Media: Adv. Specialities: $76,000; Cable T.V.: $155,000; Co-op Adv.: $885,000; Comml. Photography: $171,000; D.M.: $165,000; Fees: $510,000; Graphic Design: $223,000; In-Store Adv.: $32,000; Internet Adv.: $263,000; Logo & Package Design: $60,000; Mags.: $1,750,000; Network T.V.: $205,000; Newsp.: $315,000; Outdoor: $175,000; Plng. & Consultation: $210,000; Print: $215,000; Production: $485,000; Radio: $135,000; Strategic Planning/Research: $155,000; Worldwide Web Sites: $115,000

Greg Lindberg (Owner & CFO)
Jennifer Campbell (Pres)
Dawn Kane (CEO)
Ruth Harvey (Creative Dir)
Emilee Sirek (Sr Acct Exec)
Hilary Chang (Acct Exec & Copywriter)
Hayley Schnell (Acct Exec)
Kaylee Brist (Acct Coord)
Pete Bakanowski (Sr Art Dir)

Accounts:
Budget Blinds; Orange County, CA Window Treatments
Edible Arrangements; CT Fresh Fruit Bouquets
Fruitation; CT Fresh Fruit Smoothies
Lawn Doctor; NJ Lawn Services
Menchie's; California Frozen Yogurt
Novus; Minnesota Automotive Glass Repair
Primrose Schools; Georgia Schools

HOT TOMALI COMMUNICATIONS INC
1441 E Pender St, Vancouver, BC V5L 1V7 Canada
Tel.: (604) 893-8347
Fax: (604) 893-8346
E-Mail: info@hottomali.com
Web Site: www.hottomali.com/

Employees: 50
Year Founded: 1998

Agency Specializes In: Brand Development & Integration, Broadcast, Corporate Identity, Digital/Interactive, Graphic Design, Internet/Web Design, Media Buying Services, Mobile Marketing, Search Engine Optimization

Thomas Stringham (Pres & Creative Dir)
Alice Openysheva (Office Mgr)

Accounts:
7-Eleven Canada Slurpee Frozen Drinks
AmericanEHR
CanadianEMR Healthcare Services Provider
Chop Shop Hair Designing Services
City of Vancouver Campaign: "Pedestrian"
Fairmont Hot Springs Resort
PacBlue Printing Printing Services
Silver Star Mountain Resort

HOUSER & HENNESSEE
6000 Dixie Hwy, Bridgeport, MI 48722
Tel.: (989) 921-1172
Fax: (989) 921-1175
Toll Free: (800) 878-1172
Web Site: www.houserhennessee.com

ADVERTISING AGENCIES

AGENCIES - JANUARY, 2019

Cliff Houser *(Owner)*
Larry Hennessee *(CEO)*
Kim Gouin *(VP)*
Mike Grocholski *(Sr Graphic Designer)*

Accounts:
Koegel Meats
Little Caesar's

HOW FUNWORKS LLC
343 19th St, Oakland, CA 94612
Tel.: (510) 851-9940
E-Mail: hi@howfunworks.com
Web Site: www.howfunworks.com

Employees: 50
Year Founded: 2014

Agency Specializes In: Advertising, Brand Development & Integration, Social Media, T.V.

Paul Charney *(Founder & CEO)*
Craig Mangan *(Founder & Chief Creative Officer)*
Kenny White *(Founder)*
Amanda Charney *(Acct Supvr)*
Alison Michael *(Sr Strategist-Creative)*
Candace Faircloth *(Art Dir)*
Jodi Naglie *(Asst Acct Mgr)*
Ray Hobbs *(Strategist-Creative)*
Tina Weber *(CFO)*
Scott Menzie *(Copywriter)*
Quentin Shuldiner *(Creative Dir)*

Accounts:
New-Credit Karma Inc.
New-ESPN Inc.
New-Freshworks Inc

HOWARD MILLER ASSOCIATES, INC.
20A E Roseville Rd, Lancaster, PA 17601
Tel.: (717) 581-1919
Fax: (717) 581-1972
Web Site: www.globalhma.com

Employees: 10
Year Founded: 1979

National Agency Associations: 4A's

Agency Specializes In: Advertising, Brand Development & Integration, Broadcast, Business Publications, Business-To-Business, Catalogs, Collateral, Communications, Consulting, Content, Corporate Identity, Digital/Interactive, Email, Environmental, Event Planning & Marketing, Health Care Services, Industrial, Information Technology, Integrated Marketing, Internet/Web Design, Magazines, Media Relations, Multimedia, Planning & Consultation, Print, Production (Ad, Film, Broadcast), Production (Print), Public Relations, Search Engine Optimization, Social Media, Strategic Planning/Research, Technical Advertising, Trade & Consumer Magazines

Approx. Annual Billings: $3,000,000

Drew Dorgan *(Owner)*
Jamie Wilson *(Acct Dir)*
Colleen Hofmann *(Mgr-Interactive Mktg)*
Erin Lebo *(Strategist-Creative)*
Abbie Luo *(Specialist-Digital Mktg)*
Jason Getz *(Designer-Interactive)*

Accounts:
Trent, Inc.; Philadelphia, PA

HOWELL, LIBERATORE & ASSOCIATES, INC.
50 Pennsylvania Ave, Elmira, NY 14902
Tel.: (607) 733-5666
Fax: (607) 734-5233
E-Mail: service@HLAmarketing.com
Web Site: www.hlamarketing.com

E-Mail for Key Personnel:
President: esmith@hlamarketing.com

Employees: 7
Year Founded: 1942

National Agency Associations: ABC-Second Wind Limited

Agency Specializes In: Brand Development & Integration, Business-To-Business, Collateral, Communications, Consulting, Corporate Identity, Direct Response Marketing, Education, Electronic Media, Entertainment, Event Planning & Marketing, Exhibit/Trade Shows, Financial, Graphic Design, Health Care Services, Industrial, Internet/Web Design, Logo & Package Design, Magazines, Media Buying Services, Medical Products, Multimedia, Newspaper, Newspapers & Magazines, Out-of-Home Media, Outdoor, Planning & Consultation, Point of Purchase, Print, Public Relations, Publicity/Promotions, Radio, Strategic Planning/Research, T.V., Travel & Tourism

Approx. Annual Billings: $1,500,000

Eiron Smith *(Pres)*
Donna Wujastyk *(Office Mgr)*
Hope Johnson *(Sr Acct Exec)*

Accounts:
Edger Enterprises Website
Elmira Savings Bank
Fagan Engineers & Land Surveyors, P.C Website
Great-Circle Technologies
Watkins Glen International
Welliver

HOWERTON+WHITE
520 E Douglas, Wichita, KS 67202
Tel.: (316) 262-6644
E-Mail: info@howertonwhite.com
Web Site: www.howertonwhite.com

Employees: 15
Year Founded: 2002

Agency Specializes In: Advertising, Advertising Specialties, Alternative Advertising, Brand Development & Integration, Branded Entertainment, Broadcast, Business Publications, Business-To-Business, Cable T.V., Catalogs, Co-op Advertising, Collateral, College, Communications, Consulting, Consumer Marketing, Consumer Publications, Content, Copywriting, Corporate Communications, Corporate Identity, Crisis Communications, Digital/Interactive, Direct-to-Consumer, E-Commerce, Electronic Media, Email, Event Planning & Marketing, Exhibit/Trade Shows, Experience Design, Experiential Marketing, Graphic Design, Guerilla Marketing, High Technology, Identity Marketing, In-Store Advertising, Infomercials, Integrated Marketing, International, Internet/Web Design, Local Marketing, Logo & Package Design, Magazines, Market Research, Media Buying Services, Media Planning, Media Relations, Media Training, Mobile Marketing, Multimedia, New Product Development, Newspaper, Newspapers & Magazines, Out-of-Home Media, Outdoor, Over-50 Market, Package Design, Paid Searches, Planning & Consultation, Point of Purchase, Point of Sale, Print, Product Placement, Production, Production (Ad, Film, Broadcast), Production (Print), Promotions, Public Relations, Publicity/Promotions, Publishing, Radio, Regional, Sales Promotion, Search Engine Optimization, Seniors' Market, Social Marketing/Nonprofit, Social Media, Strategic Planning/Research, T.V., Technical Advertising, Trade & Consumer Magazines, Viral/Buzz/Word of Mouth, Web (Banner Ads, Pop-ups, etc.), Women's Market

Approx. Annual Billings: $16,000,000

Nicole Howerton *(Pres)*
Ken White *(Partner)*
Josh Becker *(Art Dir)*
Bryan Malone *(Co-Creative Dir)*
Tina Walterscheid *(Brand Mgr & Acct Exec)*
Doug Minson *(Acct Exec)*
Melody Mynatt *(Acct Exec)*
Sharon Bullard *(Acct Coord)*
Craig Tomson *(Assoc Creative Dir)*

Accounts:
BLI Rentals Rent-to-Own Solutions; 2008
Charles Machine Works American Augers, Ditch Witch, Hammerhead, Radius, Subsite, Trencor; 2016
First National Bank of Hutchinson Financial; 2007
PetroChoice Dyna-Plex 21C, EcoUltra, Medallion Plus; 2016
Spirit AeroSystems Manufacturer; 2014
Susan B. Allen Memorial Hospital Healthcare; 2011

HR ADWORKS LTD.
280 Smith Street Main Floor, Winnipeg, MB R3C 1K2 Canada
Tel.: (204) 943-3312
Fax: (204) 943-6192
Toll Free: (877) 943-3312
E-Mail: llicharson@hradworks.ca
Web Site: www.hradworks.ca

Employees: 14
Year Founded: 1984

Agency Specializes In: Recruitment

Approx. Annual Billings: $5,150,000

Glen Zelinsky *(Coord-Acctg)*

HSC MARKETING
5050 Quorum Dr Ste 700, Dallas, TX 75254
Tel.: (214) 352-5929
Fax: (214) 351-5735
Web Site: www.hscmarketing.com

Employees: 10

Agency Specializes In: Advertising, Brand Development & Integration, Crisis Communications, Media Buying Services, Media Planning, Print, Public Relations, T.V.

Suzanne Hall-Lewis *(Principal & Creative Dir)*
Beth Dunham *(Designer)*

Accounts:
Texas Security Bank

HSR GROUP, INC.
(Formerly The Marketing Center of the Universe)
(d/b/a Firmidable)
1539 Jackson Ave 5th Fl, New Orleans, LA 70130
Tel.: (504) 525-0932
Fax: (504) 525-7011
E-Mail: hello@firmidable.com
Web Site: firmidable.com

E-Mail for Key Personnel:
President: nchapman@themarketingcenter.com

Employees: 13
Year Founded: 1991

National Agency Associations: AAF-AMA

Agency Specializes In: Advertising, Broadcast,

AGENCIES - JANUARY, 2019 — ADVERTISING AGENCIES

Cable T.V., Digital/Interactive, Direct Response Marketing, Internet/Web Design, Legal Services, Media Buying Services, Media Planning, Media Relations, Out-of-Home Media, Outdoor, Print, Production, Production (Print), Publicity/Promotions, Radio, Search Engine Optimization, Syndication, T.V., Yellow Pages Advertising

Approx. Annual Billings: $15,000,000

Breakdown of Gross Billings by Media: Local Mktg.: 100%

Alex Ludwig *(Sr Acct Exec)*

Accounts:
Social Security Disability Attorneys
Vieux Carre Property Owners; New Orleans, LA
Workers Compensations Attorneys

HUB MEDIA
827 State St Ste 24, Santa Barbara, CA 93101
Tel.: (805) 963-4200
Fax: (805) 963-4225
E-Mail: dawn@hub-media.com
Web Site: www.hub-media.com

Agency Specializes In: Brand Development & Integration, Broadcast, Cable T.V., Communications, Corporate Communications, Corporate Identity, Entertainment, Integrated Marketing, Media Relations, Multimedia, Product Placement, Production, Production (Ad, Film, Broadcast), Production (Print), Social Marketing/Nonprofit, Syndication, T.V.

Approx. Annual Billings: $900,000

Breakdown of Gross Billings by Media: Production: 100%

Gary Sugarman *(CEO)*

Accounts:
Audi; U.K., USA
CMP; U.K. Tradeshows & Publications

HUB STRATEGY AND COMMUNICATION
39 Mesa St, San Francisco, CA 94129
Tel.: (415) 561-4345
Fax: (415) 771-5965
E-Mail: info@hubstrategy.com
Web Site: hubsanfrancisco.com

Employees: 20
Year Founded: 2002

Agency Specializes In: Advertising, Sponsorship

Mike Reese *(Pres)*
D. J. O'Neil *(CEO & Creative Dir)*
Elaine Harris Smith *(Grp Acct Dir)*
Jason Rothman *(Dir-Design)*
Spencer Terris *(Acct Mgr)*
Ernest Leo *(Asst Acct Mgr)*

Accounts:
Accidentally Extraordinary
Blue Shield of California
Eat24
Google
Levi's Levi's Stadium Museum
Lyve Minds (Agency of Record)
Microsoft
Nimble Storage Inc. Campaign: "Adaptive Flash Challenge", Online Advertising, Social Media
Personal Capital (Agency of Record) Brand Awareness, Creative, Outdoor Media, Radio
Sling Media; San Mateo, CA Slingbox
Smart
Stanford Children's Health (Agency of Record) Advertising, Digital, Online, Radio, Video Texture (Agency of Record)
New-VIPKid Brand Personality & Guidelines, Digital, Digital Display & Video, Integrated Campaign, Media Planning & Buying, Messaging, Online, Out-of-Home, Social Media, TV, Traditional Radio, Visual Identity; 2018
Wonder Workshop Digital, Radio, TV

HUDSON CUTLER & CO
50 Lexington Ave, New York, NY 10010
Tel.: (347) 405-0430
E-Mail: info@hudsoncutler.com
Web Site: www.hudsoncutler.com

Employees: 10
Year Founded: 2015

Agency Specializes In: Advertising, Brand Development & Integration, Collateral, Communications, Digital/Interactive, Event Planning & Marketing, Production, Public Relations, Social Media, Strategic Planning/Research

Robert Dowling *(CEO)*

Accounts:
New-Crunch Fitness (Public Relations Agency of Record)
Rejuvenan Global Health (Communications Agency of Record) Brand Communications Strategy, Content Development, Executive Thought Leadership, Influencer & Media Relations Services, Narrative, Social Media; 2017

HUDSON MIND
833 Broadway, New York, NY 10003
Tel.: (201) 993-7014
Web Site: hudsonmind.com

Employees: 25

Agency Specializes In: Arts, Commercial Photography, Communications, Computers & Software, Consulting, Consumer Goods, Cosmetics, Digital/Interactive, E-Commerce, Email, Entertainment, Fashion/Apparel, Health Care Services, Information Technology, Internet/Web Design, Production (Ad, Film, Broadcast), Retail, Search Engine Optimization, Social Marketing/Nonprofit, Social Media, Travel & Tourism, Viral/Buzz/Word of Mouth

Accounts:
Hexagon Consulting Network Online Marketing (SEO & SMM); 2015

HUDSON ROUGE
257 Park Ave S 20th Fl, New York, NY 10010
Tel.: (212) 845-0500
E-Mail: hello@hudsonrouge.com
Web Site: www.hudsonrouge.com

Employees: 130
Year Founded: 2011

National Agency Associations: 4A's

Agency Specializes In: Advertising, Brand Development & Integration, Digital/Interactive, Media Planning, Social Media

Paul Venn *(CEO)*
Oliver Gibson *(Chief Strategy Officer-Global)*
Jon Pearce *(Chief Creative Officer)*
Monique Frumberg *(Sr VP-Brand Content & Alliances & Grp Dir-Social Media)*
Jeff Payne *(Sr VP & Grp Creative Dir)*
Mimi Song *(Sr VP & Grp Comm Dir)*
Peter Galio *(VP & Acct Dir-Digital Mktg)*
Keenan Ellsberry *(VP & Dir-Digital Strategy & Innovation)*
Suzanne Crowe *(Head-Content Production)*
Juliana Hamilton *(Sr Dir-Art)*
Emlyn Allen *(Creative Dir)*
Mary Tyler McNider *(Media Dir)*
Brett Minieri *(Creative Dir)*
Doug Molloy *(Bus Dir)*
Luke Partridge *(Creative Dir)*
John Sippel, Jr. *(Art Dir-Digital)*
Tamara Taylor *(Acct Dir)*
Nick Zafonte *(Assoc Dir-Creative)*
David Norton *(Sr Mgr-Site Optimization)*
Tavia Moore *(Sr Project Mgr-Social & Brand Publ)*
Tanya Madorsky *(Acct Exec)*
Gong Liu *(Assoc Creative Dir)*

Accounts:
The Edrington Group The Macallan; 2018
Lincoln Motor Company Lincoln MKC

HUDSONYARDS
80 Broad St 26th Fl, New York, NY 10004
Tel.: (212) 716-6600
Fax: (212) 716-6700
E-Mail: info@hyards.com
Web Site: www.hudson-yards.com

Employees: 200

Agency Specializes In: Advertising, Advertising Specialties, Affluent Market, Automotive, Bilingual Market, Branded Entertainment, Business Publications, Business-To-Business, Catalogs, Co-op Advertising, Collateral, Communications, Consulting, Consumer Goods, Consumer Publications, Corporate Identity, Cosmetics, Custom Publishing, E-Commerce, Entertainment, Exhibit/Trade Shows, Food Service, Graphic Design, High Technology, In-Store Advertising, Internet/Web Design, Leisure, Logo & Package Design, Luxury Products, Media Buying Services, Multimedia, Newspaper, Out-of-Home Media, Outdoor, Package Design, Pharmaceutical, Point of Purchase, Point of Sale, Print, Product Placement, Production, Production (Ad, Film, Broadcast), Production (Print), Promotions, Publishing, Restaurant, Search Engine Optimization, Technical Advertising, Trade & Consumer Magazines, Transportation, Travel & Tourism, Urban Market, Web (Banner Ads, Pop-ups, etc.), Yellow Pages Advertising

Approx. Annual Billings: $90,000,000

Diane Romano *(Pres & COO)*
Stephen Finnerty *(Exec VP-Sls)*
Neil O'Callaghan *(Exec VP-Ops & Tech)*
John Regina *(Exec VP-Sls)*
Ed Saturn *(VP-Sls)*

Accounts:
Aleve
Kraft
L'Oreal
Miller Lite
Nestle
Quaker
Ritz
Windex

HUDSUN MEDIA
200 Varick St Ste 611, New York, NY 10014
Tel.: (646) 582-8630
Web Site: hudsunmedia.com/

Employees: 50
Year Founded: 2010

Agency Specializes In: Content, T.V.

Michael Rourke *(CEO)*

ADVERTISING AGENCIES

AGENCIES - JANUARY, 2019

Conor McManus *(Dir-Dev)*

Accounts:
Conde Nast
FYI Celebrity Renovation
Oxygen
Vh1

HUE STUDIOS
222 Water St Ste 228, Binghamton, NY 13901
Tel.: (607) 722-5156
Fax: (800) 513-9084
E-Mail: contact@huestudios.com
Web Site: www.huestudios.com

Employees: 10

Agency Specializes In: Advertising, Content, Digital/Interactive, Graphic Design, Internet/Web Design, Logo & Package Design, Media Planning, Print, Public Relations, Social Media

Camila Hoffman *(Creative Dir)*
Peter Hoffman *(Dir-Web)*

Accounts:
Greater Binghamton Chamber of Commerce
MaineSource Food & Party Warehouse
Opportunities for Broome, Inc.
Warehouse Carpet Outlet

HUGE LLC
45 Main St Ste 300, Brooklyn, NY 11201
Tel.: (718) 625-4843
Fax: (718) 625-5157
E-Mail: makesomething@hugeinc.com
Web Site: www.hugeinc.com

Employees: 1,000
Year Founded: 1999

National Agency Associations: 4A's

Agency Specializes In: Above-the-Line, Advertising, Advertising Specialties, Affiliate Marketing, Affluent Market, African-American Market, Agriculture, Alternative Advertising, Arts, Asian Market, Automotive, Aviation & Aerospace, Below-the-Line, Bilingual Market, Brand Development & Integration, Branded Entertainment, Broadcast, Business Publications, Business-To-Business, Cable T.V., Catalogs, Children's Market, Co-op Advertising, Collateral, College, Commercial Photography, Communications, Computers & Software, Consulting, Consumer Goods, Consumer Marketing, Consumer Publications, Content, Corporate Communications, Corporate Identity, Cosmetics, Crisis Communications, Custom Publishing, Customer Relationship Management, Digital/Interactive, Direct Response Marketing, Direct-to-Consumer, E-Commerce, Education, Electronic Media, Electronics, Email, Engineering, Entertainment, Environmental, Event Planning & Marketing, Exhibit/Trade Shows, Experience Design, Faith Based, Fashion/Apparel, Financial, Food Service, Game Integration, Government/Political, Graphic Design, Guerilla Marketing, Health Care Services, High Technology, Hispanic Market, Hospitality, Household Goods, Identity Marketing, In-Store Advertising, Industrial, Infomercials, Information Technology, Integrated Marketing, International, Internet/Web Design, Investor Relations, LGBTQ Market, Legal Services, Leisure, Local Marketing, Logo & Package Design, Luxury Products, Magazines, Marine, Market Research, Media Buying Services, Media Planning, Media Relations, Media Training, Medical Products, Men's Market, Merchandising, Mobile Marketing, Multicultural, Multimedia, New Product Development, New Technologies, Newspaper, Newspapers & Magazines, Out-of-Home Media, Outdoor, Over-50 Market, Package Design, Paid Searches, Pets , Pharmaceutical, Planning & Consultation, Podcasting, Point of Purchase, Point of Sale, Print, Product Placement, Production, Production (Ad, Film, Broadcast), Production (Print), Promotions, Public Relations, Publicity/Promotions, Publishing, RSS (Really Simple Syndication), Radio, Real Estate, Recruitment, Regional, Restaurant, Retail, Sales Promotion, Search Engine Optimization, Seniors' Market, Shopper Marketing, Social Marketing/Nonprofit, Social Media, South Asian Market, Sponsorship, Sports Market, Stakeholders, Strategic Planning/Research, Sweepstakes, Syndication, T.V., Technical Advertising, Teen Market, Telemarketing, Trade & Consumer Magazines, Transportation, Travel & Tourism, Tween Market, Urban Market, Viral/Buzz/Word of Mouth, Web (Banner Ads, Pop-ups, etc.), Women's Market, Yellow Pages Advertising

Mark Weintraub *(Grp VP & Client Svcs Dir)*
Marlena Edwards *(Grp VP-Talent)*
Mitsy Lopez-Baranello *(Grp VP-CRM & Loyalty)*
Richard Swain *(Grp VP-Brand Strategy & Identity)*
Mark Manning *(Mng Dir-London)*
Tina McCarthy *(VP-Client Svcs)*
Kristen Green *(Head-Content Strategy)*
Trey Trenchard *(Head-Analytics-Strategy Grp)*
Ian Burns *(Exec Creative Dir-Global)*
Stephen Wake *(Exec Dir-Experience)*
Julie Minchew *(Grp Dir-Plng)*
Natalie Mammone *(Creative Dir)*
Blake Bensman *(Dir-Engagement)*
Teri Bloom *(Dir-Plng)*
Clare Hines *(Dir-Plng)*
Cindy Hoffman *(Dir-Bus Affairs)*
Melissa Kloman *(Dir-Plng)*
Jenna Massaroni *(Dir-Comm Design)*
Angela Sun *(Dir-Engagement)*
Matthew Tingley *(Dir-SEO)*
Mark Sytsma *(Assoc Dir-Paid Social)*
Kristina King *(Mgr-PR)*
Katie Ess *(Sr Designer-Visual)*
Stephanie Fayngor *(Media Planner)*

Accounts:
American Express
Anheuser-Busch InBev
Apple
Audi
Canada Goose
Cap'n Crunch
Casper Sleep, Inc. (Agency of Record) Nap Pillow
Comcast Web
Dick's Sporting Goods, Inc. (Social Agency of Record) Content Creation, Social Media Strategy
Fiat Chrysler Chrysler, Dodge, FIAT North America, Jeep, Online Advertising, Ram
FX
Google
Gucci
Kayser-Roth Corporation Communications, Creative, Digital, Media, Messaging, No Nonsense (Agency of Record), Strategy; 2018
Kohl's Social Media, TV Broadcast
LG Corp Creative, V30
Lowe's
Mass Mutual
McDonald's Corporation Global Digital Design, User Experience; 2017
Morgan Stanley Campaign: "Capital Creates Change", Digital, Print, Social, Website
Nestle USA, Inc. Nestle Waters
Nike Nike+, Run Club
Perfetti Van Melle USA, Inc. Airheads
Quicken Loans, Inc Rocket Mortgage, Super Bowl 2018
Samsung
TED
Unilever
Vans
The White House Campaign: "Heads Up America"

Branches

Huge
60 Sloane Avenue, London, SW3 3XB United Kingdom
Tel.: (44) 2078945030
E-Mail: london@hugeinc.com
Web Site: www.hugeinc.com

Employees: 50
Year Founded: 2011

Agency Specializes In: Advertising, Digital/Interactive, Social Media

Alex Pym *(Mng Dir)*
Christopher Koller *(VP-Strategy)*
Wayne Deakin *(Exec Creative Dir-EMEA)*
Andy Thomas *(Creative Dir-Europe)*
Stephanie King *(Client Partner)*

Accounts:
Clive Christian Digital
Diageo plc Alexander & James
Pernod Ricard UK (Global Creative Agency of Record) Creative, Digital Innovations, Malibu (Global Lead Creative Agency)
Samsung Campaign: "Looking For Myself", Smart TV
Volkswagen Marketing, Seat

Huge
426 17th St 2nd Fl, Oakland, CA 94612
Tel.: (510) 735-0700
E-Mail: oak@hugeinc.com
Web Site: www.hugeinc.com

Employees: 100

Agency Specializes In: Advertising, Brand Development & Integration, Communications, Content, Customer Relationship Management, Digital/Interactive, Event Planning & Marketing, Media Relations, Social Media, Strategic Planning/Research

Michael Chamberlin *(Mng Dir)*
Jordan Smith *(Sr Mgr-Resource)*

Accounts:
New-Google Inc.
New-Nokia
United We Dream

Huge
6100 Wilshire Blvd 2nd Fl, Los Angeles, CA 90048
Tel.: (310) 499-7700
E-Mail: losangeles@hugeinc.com
Web Site: www.hugeinc.com

Employees: 100
Year Founded: 2006

National Agency Associations: 4A's

Agency Specializes In: Advertising, Digital/Interactive, Integrated Marketing, Internet/Web Design, Sponsorship, Strategic Planning/Research

Michael Chamberlin *(Mng Dir)*
Markus Hammer *(Head-Analytics & Strategy)*
Kristen Siharath *(Head-Content Strategy)*
Evan Dody *(Exec Creative Dir)*
Ryan Kellogg *(Creative Dir)*
Blake Bensman *(Dir-Engagement)*
Keith Morris *(Dir-Tech)*
Chelsea Burka *(Sr Mgr-Bus Dev)*
Josie Rauss *(Mgr-Bus Dev)*
Clark Morgan *(Grp Creative Dir)*
Justin Norman *(Assoc Creative Dir)*

AGENCIES - JANUARY, 2019 — ADVERTISING AGENCIES

Accounts:
PetSmart Digital
Tempur Sealy International, Inc.

Huge
530 Penn St NE, Washington, DC 20002
Tel.: (202) 350-4600
E-Mail: dc@hugeinc.com
Web Site: www.hugeinc.com

Employees: 60
Year Founded: 2012

Agency Specializes In: Advertising, Brand Development & Integration, Communications, Content, Digital/Interactive, In-Store Advertising, Integrated Marketing, Out-of-Home Media, Social Media, Strategic Planning/Research

Rocky Probst *(Sr Mgr-Social Mktg)*
Jordan Mitchell *(Sr Strategist-Mktg)*

Accounts:
New-Everytown for Gun Safety Support Fund, Inc
Lyft

Huge
1375 Peachtree St NE Ste 400, Atlanta, GA 30309
Tel.: (404) 461-9025
E-Mail: atl@hugeinc.com
Web Site: www.hugeinc.com

Year Founded: 2013

Agency Specializes In: Brand Development & Integration, Content, Customer Relationship Management, Digital/Interactive, Experience Design, Media Planning, Public Relations, Search Engine Optimization, Social Media, Strategic Planning/Research

Carrie Philpott *(Mng Dir-Atlanta)*
Roy Torres *(Creative Dir)*
Jordan Sparrow *(Sr Art Dir)*

Accounts:
New-Kayser-Roth Corporation No Nonsense (Agency of Record)

HUGHES AGENCY LLC
110 E Court St Ste 100, Greenville, SC 29601
Tel.: (864) 271-0718
Fax: (864) 271-7522
E-Mail: info@hughes-agency.com
Web Site: www.hughes-agency.com

Employees: 50

Agency Specializes In: Advertising, Brand Development & Integration, Event Planning & Marketing, Media Relations, Public Relations, Strategic Planning/Research

Velda Hughes *(Owner & Pres)*
Brandy Humphries *(COO)*
Amanda Long *(Sr Acct Dir)*
Elise Nichols *(Sr Acct Dir)*
Jennifer Spellman *(Media Dir)*
Anna Mcninch *(Acct Mgr)*
Eliza Bostian *(Sr Acct Exec)*
Lauren Bennett Neely *(Sr Acct Exec)*
Katie Smith *(Sr Acct Exec)*
Lynn-D Gunter *(Sr Exec Acct Mgr)*

Accounts:
Clements Kindness Fund
SYNNEX Corporation

HUGHES & STUART, INC.
6050 Greenwood Pl Blvd Ste 130, Greenwood Village, CO 80111
Tel.: (303) 798-0601
E-Mail: mgoetz@hughesstuart.com
Web Site: www.hughesstuart.com

Employees: 7
Year Founded: 1979

Agency Specializes In: Advertising, Graphic Design, Media Relations, Media Training, Social Media

Denise Keller *(Art Dir)*
Elizabeth Gee *(Dir-Comm)*
Tony Walt *(Dir-3D & Motion Design)*
Bryan Bisel *(Program Mgr-IT)*
Melanie Hughes Goetz *(Specialist-Comm)*

Accounts:
DC Clear
Purgatoire Watershed
Wheatlands Metropolitan District

HUGHES LEAHY KARLOVIC
1415 Park Ave W, Denver, CO 80205
Tel.: (844) 455-3377
E-Mail: hello@hlkagency.com
Web Site: www.hlkagency.com

Employees: 215

Agency Specializes In: Advertising, Brand Development & Integration, Digital/Interactive, Media Buying Services, Media Planning

Joe Leahy *(Partner & Chief Creative Officer)*
Rob Hofferman *(Mng Dir)*
Toni Edinger *(Acct Dir)*

Accounts:
SCL Health
St. Louis Browns

HUGHESLEAHYKARLOVIC
1141 S 7th St, Saint Louis, MO 63104
Tel.: (314) 571-6300
E-Mail: jobs@hlkagency.com
Web Site: www.hlkagency.com

E-Mail for Key Personnel:
President: jschnurbusch@hughes-stl.com

Employees: 50
Year Founded: 1977

National Agency Associations: MAGNET

Agency Specializes In: Automotive, Aviation & Aerospace, Brand Development & Integration, Broadcast, Business Publications, Business-To-Business, Cable T.V., Children's Market, Co-op Advertising, Collateral, College, Communications, Consulting, Consumer Marketing, Consumer Publications, Corporate Communications, Corporate Identity, Crisis Communications, Customer Relationship Management, Digital/Interactive, Direct Response Marketing, E-Commerce, Education, Electronic Media, Email, Engineering, Entertainment, Event Planning & Marketing, Exhibit/Trade Shows, Experience Design, Fashion/Apparel, Financial, Food Service, Game Integration, Graphic Design, Guerilla Marketing, Health Care Services, High Technology, Hospitality, Household Goods, In-Store Advertising, Industrial, Integrated Marketing, International, Internet/Web Design, Leisure, Local Marketing, Logo & Package Design, Magazines, Marine, Market Research, Media Buying Services, Media Planning, Media Relations, Medical Products, Merchandising, Mobile Marketing, Multimedia, New Product Development, New Technologies, Newspaper, Newspapers & Magazines, Out-of-Home Media, Outdoor, Package Design, Paid Searches, Pharmaceutical, Planning & Consultation, Podcasting, Point of Purchase, Point of Sale, Print, Production, Production (Ad, Film, Broadcast), Production (Print), Promotions, Public Relations, Publicity/Promotions, RSS (Really Simple Syndication), Radio, Recruitment, Regional, Restaurant, Retail, Sales Promotion, Search Engine Optimization, Social Marketing/Nonprofit, Sponsorship, Sports Market, Strategic Planning/Research, Sweepstakes, T.V., Teen Market, Trade & Consumer Magazines, Transportation, Travel & Tourism, Web (Banner Ads, Pop-ups, etc.), Yellow Pages Advertising

Approx. Annual Billings: $37,500,000

Breakdown of Gross Billings by Media: Brdcst.: 20%; Bus. Publs.: 20%; Consumer Publs.: 25%; Fees: 10%; Production: 10%; Pub. Rels.: 10%; Strategic Planning/Research: 5%

Joe Leahy *(Partner & Chief Creative Officer)*
Eric Karlovic *(Partner)*
Patricia Alt *(Acct Dir)*
Ryan Doggendorf *(Creative Dir)*
Maeve Dohogne *(Creative Dir)*
Toni Edinger *(Acct Dir)*
Erin Gitau *(Acct Dir)*
Laura Vivian *(Acct Dir)*
Bob Sherron *(Dir-Tech)*
Patrick Keefe *(Assoc Dir-Strategy)*
Tia Hochstein *(Strategist-Media)*

Accounts:
AAA
Enterprise
Missouri Municipal League
MiTek
Race For The Cure
RubinBrown; Saint Louis, MO
Saint Louis Public Library
Steel Joist Institute
Webster University

HULT MARKETING
619 SW Water Street, Peoria, IL 61605-5123
Tel.: (309) 673-8191
Fax: (309) 674-5530
Web Site: https://www.hultmarketing.com/

Employees: 20
Year Founded: 1956

National Agency Associations: MCA-NAAN-Second Wind Limited

Agency Specializes In: Advertising, Automotive, Bilingual Market, Brand Development & Integration, Broadcast, Business Publications, Business-To-Business, Cable T.V., Co-op Advertising, Collateral, Commercial Photography, Communications, Consulting, Consumer Marketing, Consumer Publications, Corporate Identity, Digital/Interactive, Direct Response Marketing, Education, Electronic Media, Event Planning & Marketing, Fashion/Apparel, Financial, Government/Political, Graphic Design, Health Care Services, High Technology, Industrial, Infomercials, Information Technology, Internet/Web Design, Logo & Package Design, Media Buying Services, Medical Products, Multimedia, New Product Development, Newspaper, Newspapers & Magazines, Out-of-Home Media, Outdoor, Over-50 Market, Pharmaceutical, Planning & Consultation, Point of Purchase, Point of Sale, Print, Production, Public Relations, Publicity/Promotions, Radio, Sales Promotion, Seniors' Market, Strategic Planning/Research, T.V., Technical Advertising, Trade & Consumer Magazines, Travel & Tourism, Yellow Pages Advertising

Approx. Annual Billings: $10,000,000

ADVERTISING AGENCIES

Breakdown of Gross Billings by Media: Adv. Specialities: 5%; Brdcst.: 10%; Bus. Publs.: 10%; Collateral: 20%; D.M.: 15%; Logo & Package Design: 5%; Newsp. & Mags.: 5%; Newsp.: 5%; Outdoor: 5%; Point of Purchase: 5%; Pub. Rels.: 5%; Worldwide Web Sites: 10%

Jim Flynn *(Pres & CEO)*

HUMAN
153 Essex St Apt 7B, New York, NY 10002
Tel.: (917) 740-5483
E-Mail: connect@thehumanstory.com
Web Site: agency.thehumanstory.com/

Agency Specializes In: Digital/Interactive, Social Marketing/Nonprofit, Strategic Planning/Research

Jonathan Olinger *(Founder & Owner)*
Hannah Roodman *(Mng Dir)*

Accounts:
AARP Foundation
Barclays
Bernie Sanders for President "Together"
BlackBerry
Brigham and Women's Hospital
Gordon & Betty Moore Foundation
Henley & Partners
Johns Hopkins Hospital
Kittitian Hill
McKinsey & Company
Penguin Random House
Seeds of Peace
UNICEF
The United Nations "The Story You Are Shaping"

HUMAN IMPACT SOLUTIONS
(Formerly Pixel Prose Media, LLC)
Corbin Ave, Los Angeles, CA 91306
Tel.: (646) 820-9559
E-Mail: info@humanimpactsolutions.com
Web Site: www.humanimpactsolutions.com

Employees: 3
Year Founded: 2010

Agency Specializes In: Advertising, Brand Development & Integration, Graphic Design, Media Relations, Social Media

Janet A. Dickerson *(Co-Founder & CEO)*

Accounts:
Highmark Foundation

HUMANAUT
1427 Williams St, Chattanooga, TN 37408
Tel.: (423) 771-9646
E-Mail: hello@humanaut.is
Web Site: humanaut.is

Employees: 10

Agency Specializes In: Brand Development & Integration, Digital/Interactive, Mobile Marketing, Public Relations

David Littlejohn *(Founder & Chief Creative Officer)*
Andrew Clark *(Founder & Sr Strategist)*
Albert Breitwieser *(Sr Dir-Art)*
Carrie Warren *(Sr Dir-Art)*
Andy Pearson *(Creative Dir & Copywriter)*
Maggie Baynham *(Producer-Creative)*
Fritsl Butler *(Producer-Creative)*
Elizabeth Cates *(Acct Dir)*
Nik Daum *(Art Dir)*
Sam Taylor *(Producer-Social)*
Dan Jacobs *(Dir-Content)*
Tommy Wilson *(Dir-Production)*
Michelle Sturgis *(Acct Supvr)*

Coleson Amon *(Designer)*
Liza Behles *(Copywriter)*
Ari Levi *(Copywriter)*
Jedd Levine *(Copywriter)*
Jen Rezac *(Sr Designer)*

Accounts:
A Mother's Pledge
Blowfish
New-Bombas
Confluence Outdoor
Cooperative Regions of Organic Producer Pools Butter, Campaign: "Real Morning Report", Campaign: "Save the Bros", Digital, Lead Creative, Organic Balance, Organic Fuel, Organic Valley, Video
Felt App
Halfpops, Inc.
Home Paternity
New-Kopari Influencer Postings, Paid Social, Podcasts, Product Sampling
Lyft
Nomva
Perception Kayaks
Radio Systems Corporation Catspiracy, Creative, Design, Digital, Marketing, PetSafe, ScoopFree, Social Media
Soda Stream Direct, LLC
Suja Juice
Williams-Sonoma Inc West Elm

HUMBLE
(Formerly Paranoid US)
1265 S Cochran Ave, Los Angeles, CA 90019
Tel.: (310) 397-3000
Web Site: humble.tv/

Employees: 65
Year Founded: 2004

Agency Specializes In: Advertising, Web (Banner Ads, Pop-ups, etc.)

Eric Berkowitz *(Founder & Pres)*
Rich Pring *(Mng Dir & Exec Producer)*

Accounts:
Faune
Nike Footwear
Zeitguised Consulting Group

HUMMINGBIRD CREATIVE GROUP
160 NE Maynard Rd Ste 205, Cary, NC 27513
Tel.: (919) 854-9100
Fax: (919) 854-9101
E-Mail: info@hummingbird-creative.com
Web Site: https://hummingbird-creative.com/

Employees: 4
Year Founded: 1995

Agency Specializes In: Advertising, Brand Development & Integration, Direct Response Marketing, Direct-to-Consumer, Email, Experiential Marketing, Internet/Web Design, Logo & Package Design, Production, Production (Print), Promotions, Public Relations, Sales Promotion

Wendy Coulter *(CEO)*
Sherry Mitchell *(Dir-Brand Strategies)*

Accounts:
Exhibit Resources Collateral, Marketing Strategy, Public Relations, Social Media
Integrated Audio Video Branding Strategy, Collateral, Marketing Strategy, PPC Campaigns, Public Relations, Social Media, Web Marketing, Website Design
REUL Brand Branding Strategy, Collateral, Marketing Strategy, PPC Campaigns, Public Relations, Social Media, Web Marketing, Website Design

Technology Savants Branding Strategy, Collateral, Marketing Strategy, PPC Campaigns, Public Relations, Social Media, Web Marketing, Website Design

HUMPHREY ASSOCIATES INC
2256 E 7Th St, Tulsa, OK 74104
Tel.: (918) 584-4774
Fax: (918) 584-4773
Web Site: www.humphreyad.com

Employees: 50

Agency Specializes In: Advertising, Brand Development & Integration, Internet/Web Design, Media Planning, Print, Public Relations, Radio, T.V.

Jim Humphrey *(Owner, Pres & Creative Dir)*

Accounts:
Enacomm

HUNT ADKINS
15 S 5th St Fl 12, Minneapolis, MN 55402
Tel.: (612) 339-8003
Fax: (612) 339-8104
Web Site: www.huntadkins.com

E-Mail for Key Personnel:
President: phunt@huntadkins.com
Creative Dir.: dadkins@huntadkins.com
Media Dir.: lsteig@huntadkins.com

Employees: 43
Year Founded: 1991

Agency Specializes In: Advertising, Affluent Market, Alternative Advertising, Brand Development & Integration, Broadcast, Business-To-Business, Cable T.V., Collateral, College, Computers & Software, Consumer Goods, Consumer Marketing, Copywriting, Corporate Communications, Corporate Identity, Customer Relationship Management, Digital/Interactive, E-Commerce, Email, Entertainment, Financial, Food Service, Graphic Design, Guerilla Marketing, Health Care Services, High Technology, Hospitality, Identity Marketing, In-Store Advertising, Information Technology, Integrated Marketing, Internet/Web Design, Leisure, Logo & Package Design, Magazines, Market Research, Media Buying Services, Media Planning, Medical Products, Men's Market, Mobile Marketing, New Product Development, New Technologies, Newspaper, Newspapers & Magazines, Out-of-Home Media, Outdoor, Package Design, Point of Purchase, Point of Sale, Print, Production, Production (Print), Programmatic, Radio, Regional, Restaurant, Retail, Sales Promotion, Search Engine Optimization, Social Marketing/Nonprofit, Social Media, Sponsorship, Sports Market, Strategic Planning/Research, T.V., Technical Advertising, Teen Market, Trade & Consumer Magazines, Travel & Tourism, Viral/Buzz/Word of Mouth, Web (Banner Ads, Pop-ups, etc.)

Approx. Annual Billings: $75,400,000

Patrick Hunt *(Pres & CEO)*
Shelley Wicinske *(Partner & Dir-Studio)*
Doug Adkins *(Chief Creative Officer)*
Shanna Apitz *(Creative Dir)*
Holli Maines *(Client Svcs Dir)*
Ryan Richardson *(Media Dir)*
Alex Denholm *(Dir-Bus Dev)*
Matt Russell *(Strategist-Media-Media Investments)*

Accounts:
Bard's Beer Craft Beer; 2007
Calabrio B2B, Technology Software; 2010
Canterbury Park Card Room Gamng, Horse Racing; 2013

AGENCIES - JANUARY, 2019 — ADVERTISING AGENCIES

Duck Commander Sporting Goods; 2014
Dune Cannon Supply Co (Agency of Record); 2018
Hayward Industries Pool Equipment; 2013
iWireless Mobile Carrier; 2011
Lac Courte Oreilles Casino Casino Gaming; 2016
Mayo Clinic Healthcare; 2010
VISTA Outdoor Ammo, Firearms; 2012

HUNTER
204 Julie Dr, Parkesburg, PA 19365
Tel.: (610) 909-4884
Toll Free: (877) 363-0606
E-Mail: info@rjhunter.com
Web Site: www.rjhunter.com

E-Mail for Key Personnel:
President: john@rjhunter.com

Employees: 3
Year Founded: 1986

Agency Specializes In: Advertising, Brand Development & Integration, Public Relations

John Willis *(Pres)*
Gary Piscatelli *(CFO-North America & Sr VP)*
Vic Carlson *(Sr VP-Mktg)*
Norm Malone *(VP-Sls & Mktg-Fabrication Div)*
Christine Mikler *(VP-Fin-Fabrication Div)*
Bruce D. Milley *(VP)*
Paula Cerna *(Dir-Product Mgmt)*
Donna Lobosco *(Dir-Brand Comm)*
Debi Borowski *(Mktg Mgr)*
Kirsten Clark *(Mktg Mgr)*

Accounts:
Conestoga Wood
Eastern Instruments; Wilmington, NC
Furmano Foods
Hill & Associates; Wilmington, NC
Philadelphia Gear

HUNTSINGER & JEFFER
809 Brook Hill Cir, Richmond, VA 23227-2503
Tel.: (804) 266-2499
Fax: (804) 266-8563
Toll Free: (800) 969-3342
E-Mail: info@huntsingerjeffer.com
Web Site: www.huntsinger-jeffer.com

E-Mail for Key Personnel:
President: vickil@huntsinger-jeffer.com
Public Relations: willis@huntsinger-jeffer.com

Employees: 14
Year Founded: 1964

National Agency Associations: DMA

Agency Specializes In: Direct Response Marketing

Approx. Annual Billings: $3,348,000

Victoria Lester *(Pres)*
Cheryl Martin *(VP)*
Shannon Holleman *(Dir-List Svcs)*
Chris Pitzer *(Sr Art Dir)*
Willis Turner *(Sr Writer)*

Accounts:
American Red Cross; 1996
Englewood Hospital & Medical Center Foundation; 2013
Military Officers Association of America; 2011
National Association of Police Organizations; Washington, DC; 1985
VFW National Home for Children; 2010
Volunteers of America; Washington, DC; 2004

HUSEBO ADVERTISING & PUBLIC RELATIONS
411 N Donnelly St, Mount Dora, FL 32757
Tel.: (352) 787-5777
Fax: (352) 787-5510
E-Mail: info@husebo.com
Web Site: www.husebo.com

Employees: 20

Agency Specializes In: Advertising, Internet/Web Design, Print, Public Relations, Radio, T.V.

Lanny Husebo *(Pres)*
Brooke Robles *(Dir-Interactive Mktg & Strategy)*

Accounts:
Vac-Tron Equipment

HUXLEY QUAYLE VON BISMARK, INC.
2 Berkeley St Ste 301, Toronto, ON M5A 4J5 Canada
Tel.: (416) 864-1700
Fax: (416) 864-1701
E-Mail: chris@huxleyquayle.com
Web Site: hqvb.ca

Employees: 10

Agency Specializes In: Advertising, Brand Development & Integration

Approx. Annual Billings: $750,000

Chris Hall *(Pres)*

Accounts:
Appleton Estate Jamaica Rum

HY CONNECT
(Merged with MERGE to form HYC/MERGE)

HYC/MERGE
(Formerly HY Connect)
142 E Ontario St Ste 13, Chicago, IL 60611-2818
Tel.: (312) 787-2330
Fax: (312) 787-2320
Web Site: www.mergeworld.com

E-Mail for Key Personnel:
Creative Dir: tbonilla@hyc.com
Media Dir: pbacke@hyc.com
Production Mgr: KHayes@hyc.com

Employees: 27
Year Founded: 1994
National Agency Associations: AMA-AMIN-DMA

Agency Specializes In: Advertising, Brand Development & Integration, Broadcast, Business-To-Business, Cable T.V., Children's Market, Collateral, Consumer Marketing, Corporate Identity, Digital/Interactive, Direct Response Marketing, E-Commerce, Education, Event Planning & Marketing, Exhibit/Trade Shows, Graphic Design, Internet/Web Design, Logo & Package Design, Magazines, Media Buying Services, Medical Products, Newspaper, Newspapers & Magazines, Out-of-Home Media, Outdoor, Pharmaceutical, Print, Production, Radio, Restaurant, Sponsorship, Strategic Planning/Research, T.V., Trade & Consumer Magazines, Travel & Tourism

Approx. Annual Billings: $70,000,000

Breakdown of Gross Billings by Media: Mags.: $6,800,000; Newsp.: $13,600,000; Outdoor: $13,600,000; Radio: $17,000,000; T.V.: $19,000,000

Kevin Houlihan *(Pres & Chief Creative Officer)*
Elissa Polston *(Chief Strategy Officer & Exec VP)*
Lauren Tucker *(Chief Strategy Officer)*
Ron Bess *(CEO-MERGE Network & Chicago)*
Brad Most *(Sr VP & Acct Dir)*
Tony Bonilla *(VP & Creative Dir)*
Dimitri Poulios *(VP & Creative Dir)*
Kevin Passolt *(VP & Acct Supvr)*
Jacob Robinson *(VP & Acct Supvr)*
Suzanne Velonis *(VP & Acct Supvr)*
Michael Matykiewicz *(Exec Creative Dir)*
Nathen Grigsby *(Sr Producer-Brdcst)*
Jessica Burkhart *(Art Dir)*
Stefanie Lyons *(Creative Dir)*
Michael Plunkett *(Dir-Strategy & Analytics)*
Kip Russell *(Dir-Social Media)*
Courtney Cummings *(Supvr-Media)*
Lisa Opensky Greenberg *(Supvr-Media)*
Kevin Sheehan *(Assoc Creative Dir & Copywriter)*
Kat Wise *(Planner-Strategic)*
Brian Colbert *(Assoc Creative Dir)*

Accounts:
Academy of Dermatology
Advocate Healthcare; Chicago, IL Hospitals; 2002
Arlington Park; Arlington Heights, IL; 2000
Bakers Square (Agency of Record)
Blue Cross Blue Shield Campaign: "Birthday"
Cherdon
Chicago's First Lady Cruises (Agency of Record) Creative, Digital, Marketing, Media Buying, Media Planning, Strategy
Design Center
Emerson Network Power
First Tennessee Bank Media Buying, Media Planning
Harley-Davidson
Health Care Service Corporation
Indiana University Health
James Hardie
Land O'Frost Inc. (Advertising Agency of Record) Consumer, Creative
Marco's Pizza (Agency of Record)
MB Financial Bank
Merillat
Museum of Science and Industry
The Museum of Science and Industry (Agency of Record)
Napoleon Products Advertising & Marketing Agency of Record, Pro 665 Grill
NetCredit
Peapod Campaign: "Get Fresh", Creative, Radio
ProMedica
Roche Diagnostics Advertising, Digital Communications, Marketing, Strategic Planning
Turtle Wax, Inc. Turtle Wax Ice, Turtle Wax, Inc.
University of Notre Dame-Mendoza College of Business
Village Inn
Wahl Products
Weber Grill Restaurants
Wisconsin Lottery
Yamaha

HYDRIC MEDIA
The Yard Flatiron N 246 5th Ave, New York, NY 10001
Tel.: (213) 394-6443
E-Mail: hello@hydricmedia.com
Web Site: www.hydricmedia.com

Employees: 50

Agency Specializes In: Advertising, Internet/Web Design

Eoin McCarthy *(Co-Founder)*

Accounts:
Gatorade Amplify
Rate My Professors
Wonder FM

HYDROGEN ADVERTISING
1520 4th Ave Ste 600, Seattle, WA 98101

ADVERTISING AGENCIES

Tel.: (206) 389-9500
Fax: (206) 389-4849
E-Mail: info@hydrogenadvertising.com
Web Site: http://hydrogenadvertising.com/

Employees: 10

Agency Specializes In: Advertising, Brand Development & Integration, Business-To-Business, Collateral, Experiential Marketing, Graphic Design, Print, Radio, Sponsorship, T.V.

Rick Peterson *(Pres)*
Tom Scherer *(Pres)*
Mary Knight *(Principal, Exec Creative Dir & Copywriter)*
Michael McGrath *(Principal, Art Dir & Creative Dir)*
Brenda Collons *(VP & Dir-Strategic Comm & PR)*
Hillary Miller *(VP-Accts & Strategy)*
Lauren Meadows-Rose *(Media Dir)*
Lori Bentler *(Fin Mgr)*
Michael Van Schepen *(Acct Supvr)*
Brian McCartney *(Sr Designer-Digital)*

Accounts:
AegisLiving
Agilent
American Advertising Federation Creative
Eating Disorder Prevention
Family Services
Heritage Bank Advertising, Digital, Print, Radio, Television
Kenworth Truck Company
Keysight Technologies Advertising, Global Advertising, Online, Print
Microsoft B2B Campaign for Online Services
MultiCare Health System
The Polyclinic Campaign: "Physician Owned, Physician Run"
Precor
Quadrant Homes (Agency of Record); 2008
Trammell Crow
Whole Foods
Windermere Real Estate Campaign: "Your Story is Our Story"

HYFN
12777 Jefferson Blvd, Los Angeles, CA 90066
Tel.: (310) 937-1400
E-Mail: letsdoads@hyfn.com
Web Site: www.hyfn.com

Employees: 200

Agency Specializes In: Advertising, Arts, Brand Development & Integration, Content, Copywriting, Digital/Interactive, Internet/Web Design, Production, Social Media

Scott Burton *(CTO)*
Ashley Heron *(Chief Digital Officer)*
Greg Meyer *(VP-Client Partnerships & Influencer Mktg)*
Laura Caccavo *(Dir-Strategy)*
Kevin Delmotte *(Dir-Product Mgmt)*
Gerald Tang *(Dir-Accts-Natl)*
Bryan Williams *(Dir-Analytics)*
Kerry Meisner *(Supvr-Media Buying)*

Accounts:
New-Air Bud Entertainment
New-Get Schooled
New-UFC GYM
New-Visit California

HYPE CREATIVE PARTNERS
12655 W Jefferson Blvd, Los Angeles, CA 90066
Tel.: (559) 521-6679
Web Site: www.hypecreativepartners.com

Employees: 10

Agency Specializes In: Brand Development & Integration, Digital/Interactive, Graphic Design, Strategic Planning/Research

Cynthia Rojas *(CMO)*
Robert Rivers *(Creative Dir)*

Accounts:
California Yacht Club
Caruso
Experian
Grill Concepts
JPMorganChase
Liberty Mutual
Suzuki

HYPE GROUP LLC
360 Central Ave Ste 300, St Petersburg, FL 33701
Tel.: (727) 623-9085
Fax: (727) 803-6836
E-Mail: info@hypegroup.net
Web Site: www.hypegroup.net

Employees: 25
Year Founded: 2009

Agency Specializes In: Advertising, Brand Development & Integration, Graphic Design, Internet/Web Design, Print, Public Relations, Social Media

Brooke Boyd *(Pres)*
Nico Guidicessi *(Sr Graphic Designer)*

Accounts:
the AVENUE eat/drink
Flippers Pizzeria Campaign Planning, Creative Design, Market Research, Marketing Strategy, PR, Social Media
The Grape @ Coconut Point
Nova HRC

HYPERAKT
400 3rd Ave, Brooklyn, NY 11215
Tel.: (718) 855-4250
Fax: (718) 855-2754
E-Mail: whatsup@hyperakt.com
Web Site: www.hyperakt.com

Employees: 13
Year Founded: 2001

Agency Specializes In: Advertising, Brand Development & Integration, Internet/Web Design, Print

Julia Vakser Zeltser *(Co-Founder & Creative Dir)*
Deroy Peraza *(Principal & Dir-Creative)*
Jason Lynch *(Art Dir)*
Wen Ping Huang *(Designer)*

Accounts:
Bill & Melinda Gates Foundation
Collaborative Fund
Girl Scouts of the United States of America
Good Magazine
Hunchworks
Ted Conferences, LLC
Thomson Reuters Foundation

HYPERBOLOUS
(Formerly Free Enterprise LLC)
116 Nassau St Fl 6, New York, NY 10038
Tel.: (212) 500-5030
Fax: (212) 625-8745
E-Mail: info@hyperbolous.com
Web Site: hyperbolous.com/

Employees: 6
Year Founded: 2002

Agency Specializes In: Advertising, Broadcast, Digital/Interactive, Media Planning, Social Media

Blaine Lifton *(CEO)*
Pamela Hopkins *(COO & Dir-Production)*
Gerry O'Reilly *(Writer, Producer & Strategist)*
Marcus Kemp *(Creative Dir)*
Andrew Rider *(Client Svcs Dir-Brand Strategy)*
Steve Soldano *(Sr Strategist-Media & Planner)*
Howie Krakow *(Writer & Strategist)*
Laramie Lifton *(Sr Art Dir)*

Accounts:
Drinkmaple
Lovesac
Orvis
Sleep Number
WebMD

HYPERQUAKE
205 W Fourth St Ste 1010, Cincinnati, OH 45202
Tel.: (513) 563-6555
Fax: (513) 563-6080
E-Mail: chris.heile@hyperquake.com
Web Site: www.hyperquake.com

Employees: 35

Agency Specializes In: Advertising, Brand Development & Integration, Branded Entertainment, Digital/Interactive

Colin Crotty *(Pres & CEO)*
Dan Barczak *(Chief Creative Officer)*
Shari Ernst *(VP-Client Leadership)*
Molly Danks *(Dir-Ops)*

Accounts:
Bounce
Cover Girl
DIY Network
Ethicon
Food Network
GE Healthcare
HGTV
New Balance
Pampers
Procter & Gamble
Scripps Networks
Sea Pak
Takeda
Vicks
Warner Bros. Pictures
Welch's Interactive

HYPHEN COMMUNICATIONS
110-375 Water St, Vancouver, BC V6B 5C6 Canada
Tel.: (604) 694-0844
Fax: (604) 694-0845
Web Site: www.hyphenweb.com

Employees: 5

Agency Specializes In: Advertising

David Martin *(Pres & Creative Dir)*

Accounts:
City of Richmond
Goldcorp
Northshore Auto Mall

HYPHEN DIGITAL
488 Madison Ave 5th Fl, New York, NY 10022
Tel.: (212) 849-7700
Fax: (212) 856-8602
E-Mail: info@hyphenhealth.com
Web Site: https://www.hyphendigital.com/

Employees: 15

AGENCIES - JANUARY, 2019 — ADVERTISING AGENCIES

Year Founded: 2001

Agency Specializes In: Advertising, Communications, Digital/Interactive, E-Commerce, Electronic Media, Health Care Services, New Product Development, Pharmaceutical

Greg Imber *(Pres)*
Akarsh Sakalaspur *(Sr VP-Dir-Digital)*
David Ferguson *(VP & Creative Dir-Scientific Visual Strategy)*
Deborah Pagano *(VP & Dir-Production)*
Samantha Bortniker *(Mgr-Digital Res & Project)*

Accounts:
Bristol-Myers Squibb
ConjuChem
Genentech
Merck
Myogen/Gilead
Novartis
Sanofi-Aventis
Schering-Plough

THE I AM GROUP, INC.
2875 East Timberwood, Hernando, FL 34442
Fax: (305) 646-0144
Toll Free: (800) 421-2358
E-Mail: rachael@iamgroupinc.com
Web Site: www.iamgroupinc.com

Employees: 5

Agency Specializes In: Advertising, Affluent Market, Alternative Advertising, Arts, Brand Development & Integration, Branded Entertainment, Broadcast, Business Publications, Business-To-Business, Cable T.V., Children's Market, Communications, Consulting, Consumer Goods, Corporate Communications, Corporate Identity, Cosmetics, Engineering, Entertainment, Event Planning & Marketing, Financial, Graphic Design, Identity Marketing, Information Technology, Integrated Marketing, Internet/Web Design, Legal Services, Leisure, Logo & Package Design, Luxury Products, Magazines, Market Research, Medical Products, New Product Development, Newspapers & Magazines, Package Design, Point of Purchase, Print, Production, Production (Print), Promotions, Public Relations, Publicity/Promotions, Publishing, Radio, Real Estate, Restaurant, Sales Promotion, Social Marketing/Nonprofit, Strategic Planning/Research, T.V., Viral/Buzz/Word of Mouth

Approx. Annual Billings: $1,000,000

Breakdown of Gross Billings by Media: Corp. Communications: $1,000,000

Lee Elliot *(Pres & Mktg Dir)*
Rachael Miller *(Exec VP-Design)*
Victor Valla *(Sr VP-Fine Art)*

I IMAGINE STUDIO
152 W Huron St Unit 100, Chicago, IL 60654
Tel.: (855) 792-7263
Fax: (866) 372-4390
E-Mail: info@iimaginestudio.com
Web Site: www.iimaginestudio.com

Employees: 20
Year Founded: 2000

Larry Minsky *(VP-Adv)*
Kurt Zoller *(VP-Acct Svcs)*
Jesse Jacobs *(Dir-Creative)*
Dmitriy Naymark *(Dir-Search Engine Mktg)*

Accounts:
Lamin-Art, Inc.

I-SITE, INC.
15 S Third St Ste 200, Philadelphia, PA 19106-2801
Tel.: (215) 413-3135
Fax: (215) 413-3128
E-Mail: info@i-site.com
Web Site: www.i-site.com

E-Mail for Key Personnel:
President: ian@i-site.com

Employees: 13
Year Founded: 1996

Agency Specializes In: Children's Market, Consumer Marketing, E-Commerce, Education, Electronic Media, Food Service, Health Care Services, Internet/Web Design, Multimedia, Pharmaceutical

Accounts:
Anacostia Watershed
Deloitte
National Dairy Council
Nxtup
Redbud Native Plant
Virunga National Park
Welcoming Center for New Pennsylvanians

I2 MARKETING INC
96 Madeline Ave, Asheville, NC 28806
Tel.: (828) 575-2268
Web Site: www.i2mktg.com

Employees: 3
Year Founded: 2010

Agency Specializes In: Advertising, Brand Development & Integration, Email, Internet/Web Design, Public Relations, Social Media

Accounts:
Herrmann International
Mission Foundation

IBARRA STRATEGY GROUP INC.
1101 17Th St Nw Ste 607, Washington, DC 20036
Tel.: (202) 969-8777
Fax: (202) 969-8778
E-Mail: mickey@IbarraStrategy.com
Web Site: www.ibarrastrategy.com

Agency Specializes In: Corporate Identity, Customer Relationship Management, Education, Email, Entertainment, Event Planning & Marketing, Hispanic Market, Media Relations, Pharmaceutical, Public Relations, Recruitment, Strategic Planning/Research

Mickey Ibarra *(Founder & Pres)*

IBEL AGENCY
243 N 5th St, Columbus, OH 43215
Tel.: (614) 294-0662
Fax: (614) 294-0663
E-Mail: contact@ibelagency.com
Web Site: www.ibelagency.com

Employees: 8

Agency Specializes In: Advertising, Brand Development & Integration, Digital/Interactive, Internet/Web Design, Print, Social Media

Sebastian Ibel *(Owner & Pres)*
Alyssa DeGeorge *(Art Dir)*

Accounts:
The Benchmark
The Cleaning Fleet

CMH Fashion Week
Corporate One Federal Credit Union
Dress for Success
Hostd
Ohio Capital Corporation for Housing

IBM IX
(Formerly Resource/Ammirati)
19 Union Sq W 11th Fl, New York, NY 10003
Tel.: (212) 925-2111
Web Site: www.ibm.com/ibmix

Employees: 500

Agency Specializes In: Advertising, Brand Development & Integration, Identity Marketing, Shopper Marketing, Social Media, Sponsorship, Web (Banner Ads, Pop-ups, etc.)

Scott Lieberman *(Partner & VP)*
Babs Rangaiah *(Partner-Global Mktg)*
Jordan Bitterman *(VP-Digital Strategy & Sls)*
Anita Mahon *(VP-Analytics & Value-Driven Strategy-Watson Health)*
Chad Andrews *(Head-Solution, Adv & Blockchain-TeleComm, Media & Entertainment)*
Diana Berman *(Assoc Partner-Digital Strategy & Head-Media & Entertainment)*
Dani Feore *(Head-Indus, Pharma, Consumer Healthcare & CPG-Watson Adv)*
Jeremy Hlavacek *(Head-Revenue-Watson Adv)*
Grace Neve *(Head-Paid Media)*
Paul Papas *(Head-Digital Strategy)*
Jeffrey Castellano *(Exec Creative Dir)*
Bob Lukasik *(Exec Creative Dir)*
Darryl Bolduc *(Sr Acct Dir-Watson Customer Engagement)*
Cristina Frank *(Grp Acct Dir)*
Pei Hsieh *(Dir-Global Experience Design)*
Caitlyn Phillips *(Dir-Global Experience Design)*
Kent Sednaoui *(Dir-Bus Dev)*
David Virenius *(Dir-Programmatic & Platform Intelligence-Watson Adv)*
Crystal Merope Jeffs *(Mgr-Design Service-Global)*
Mickey Coey *(Sr Acct Exec)*
Elizabeth Ewald *(Specialist-Performance Media-Central Headquarters)*
Giles Hendrix *(Architect-Application)*
Molly Vannucci *(Assoc Partner-Strategy)*

Accounts:
B&G Foods, Inc Mrs. Dash, TV
Birchbox Advertising, Brand Awareness, Broadcast, Campaign: "A Better Way to Beautiful", Campaign: "Open for Beautiful", Campaign: "There's a Better Way", Creative
Champion Petfoods Consumer Campaigns, Marketing Strategy, Orijen & Acana; 2018
Sally Beauty Holdings, Inc. Digital; 2018

Branches

IBM iX
(Formerly Resource/Ammirati)
400 N Michigan Ave Ste 600, Chicago, IL 60611
Tel.: (312) 801-7100
Web Site: www.ibm.com/ibmix

Employees: 416

Agency Specializes In: Advertising, Brand Development & Integration, Business-To-Business, Digital/Interactive, Social Media

Deirdre Egan *(Partner & Head-Acct Mgmt Chicago Studio)*
Dameon Pope *(Partner)*
Adrienne Beck *(Head-Sls Strategy-Watson Adv)*
Katie Bogda *(Exec Dir-Mktg & Comm)*
Alex Sinclair *(Creative Dir-Content & Editorial)*
Kalee Hollon *(Assoc Dir-Mktg Activation)*
Sophie Wilson *(Sr Mgr-SEO)*

ADVERTISING AGENCIES

Accounts:
Kohl's Corporation
RaceTrac (Lead Creative Agency) Advertising, Brand Strategy, Digital, Social Media

IBM iX
(Formerly Resource/Ammirati)
250 S High St, Columbus, OH 43215-2219
Tel.: (614) 621-2888
Fax: (614) 621-2873
Toll Free: (800) 550-5815
Web Site: www.ibm.com/ibmix

Employees: 400
Year Founded: 1981

Agency Specializes In: Brand Development & Integration, Digital/Interactive, E-Commerce, Experiential Marketing, Internet/Web Design, Mobile Marketing, Search Engine Optimization, Shopper Marketing, Social Media, Sponsorship, Strategic Planning/Research, Web (Banner Ads, Pop-ups, etc.)

Nancy Kramer *(Founder & Chm)*
Jennifer Hanley *(Partner & Head-CPG Indus & Columbus Studio)*
Dennis Bajec *(Chief Creative Officer)*
Jim Rudd *(Chief Digital Officer)*
Dan Shust *(Chief Innovation Officer)*
Cybelle Srour *(Mng Dir-Strategy)*
Kristin Fletcher *(Head-Mktg-North America)*
John Kadlic *(Head-Digital Experience Practice-North America)*
Jeff Tritt *(Head-Talent & Digital Strategy-North America)*
Josh Hara *(Creative Dir)*
Amanda Rearick *(Art Dir)*
Michael Yuzwa *(Creative Dir)*
Kathy Milette *(Dir-ECommerce Strategy)*
David Shaw *(Dir-Brand Strategy)*
Julie Sablar *(Sr Mgr-Integrated Strategy & Social Media)*
Jason DiPietro *(Assoc Creative Dir)*
Leah Hanson *(Assoc Head-User & Mktg Res)*
Richard Ruggerio *(Grp Creative Dir)*

Accounts:
Adobe
Autodesk
B Corporation
Bath & Body Works
Battelle
Bose
Brooklyn Bowl
Brown-Foreman Chambord; Little Black Dress Vodka
Bush's Beans
Cardinal Health
The Coca-Cola Company Burn, Powerade
CVS
Cycling Sports Group
DSW
Gymboree
HP
Huntington Bank
In The Raw
Jerry Seinfeld
Limited Brands
Nationwide Insurance
Nestle USA, Inc. (Creative & Digital Agecny of Record) California Pizza Kitchen, Digiorno, Nestle Tollhouse
Newell Rubbermaid
Nike
Nintendo
Petsmart
Pirate's Booty
Procter & Gamble Co. Digital, Head & Shoulders, P&G Estore
Shaw Floors
The Sherwin-Williams Company (Digital Agency of Record)
Sweet 'N Low
Tena
Toys R Us
United Dairy Farmers Branding, Homemade Brand Ice Cream, Marketing
Vibram (Global Ecommerce, Social Media Agency of Record) Website
Victoria's Secret VS, VS PINK, Victoria's Secret Sport

ICC
(See Under FCBCURE)

ICF OLSON
420 N 5th St Ste 1000, Minneapolis, MN 55401
Tel.: (612) 215-9800
Web Site: www.icfolson.com

Employees: 80

Agency Specializes In: Advertising, Brand Development & Integration, Digital/Interactive, Public Relations, Social Media

Guy Cierzan *(Mng Dir)*
Jim Lawler *(Chief HR Officer & Exec VP)*
John Armstrong *(Exec VP)*
Steve Peckham *(Sr VP & Gen Mgr)*
Paul Isakson *(Sr VP-Strategy)*
Jeff Brown *(VP & Mng Dir-Digital)*
Kathleen Crotty *(Mng Dir-Digital & VP)*
Dan Baker *(VP & Grp Acct Dir)*
Dom De Gustino *(VP-Bus Dev & Client Rels-North America)*
Nicole Pomerleau *(VP-Connection Strategy)*
Daniele Lanza *(Head-Creative)*
Corey Price *(Art Dir & Designer)*
Caroline Landree *(Acct Dir-PR)*
Tom Lord *(Creative Dir)*
Liz Reinertson *(Creative Dir)*
Meredith Engelen *(Assoc Dir-Strategy)*
Tony Smith *(Assoc Dir-Strategy)*
Mara Castillo *(Mgr-Resource)*
Alison Griffin *(Acct Supvr-Corp & Pub Affairs)*
Michelle Conway *(Strategist-Content)*
Dom DeLoya *(Copywriter)*
Derek Pletch *(Copywriter)*

Accounts:
Adobe
Amtrak
Belize Tourism Board Digital Advertising
California Lottery Digital
Commerce Bank
Hyatt Hotels & Resorts
The Minnesota Wild
Oscar Mayer
Wells Enterprises Inc Blue Bunny (Public Relations & Social Media Agency of Record)
Wrigley Company Skittles

Branches

ICF Olson
(Formerly Olson)
564 W Randolph St, Chicago, IL 60661
Tel.: (312) 577-1750
Fax: (312) 577-1760
Web Site: www.olson.com

Employees: 90
Year Founded: 2004

Agency Specializes In: Brand Development & Integration, Corporate Communications, Crisis Communications, Public Relations, Sponsorship, Technical Advertising

Bryan Specht *(Pres)*
Victoria Phillips *(COO)*
Tricia Ewald *(Exec VP-Acct Mgmt)*
Chip Knicker *(Sr VP & Bus Mgr-Digital)*
Mark Flores *(VP)*
Emily McMahon *(VP)*
Ali Troy *(VP)*
Kelley Whalen *(VP)*
Kelli Bovin *(Acct Dir)*
Katie Cosgrove *(Acct Dir)*
Holly Dotterer *(Acct Dir-Corp Affairs)*
Andrea Zimmerman *(Acct Dir)*
Jen Boyles *(Dir-Content Strategy)*
Kylie Burness *(Acct Supvr)*
Zachary Cheek *(Acct Supvr-Social & Content Mktg)*
Chad Kluge *(Supvr-Connections Strategy)*
Molly Cournoyer *(Sr Acct Exec)*
Leila Erickson *(Sr Acct Exec)*
Amelia Croxson *(Strategist-Media)*
Stephanie Remley *(Strategist-Connections)*
Hannah Scherrer *(Copywriter)*

Accounts:
Beam Suntory Jim Beam Bourbon (US Public Relations Agency of Record)
EcoMedia Public Space Recycling Company
The Elations Company Food Products Producer
Fitbit Inc Body Fitness Products Mfr, Public Relations
General Mills
Glu Mobile Mobile Entertainment Services
Johnson Controls
Kraft Foods
Mars
MillerCoors Crispin Cider, Leinenkugel, Miller High Life, Redd's Apple Ale, Website, Zima
Mondelez International, Inc. "#Tweet2Lease.", Campaign: "Bacon Barter", Communications Strategy, Media Relations, Oscar Mayer, PR, Wienermobile
OfficeMax
PepsiCo
Sharp Electronics (Social Media Agency of Record) Creative, Design, Digital
Trulia
Wrigley

Olson Engage
420 N 5th St #1000, Minneapolis, MN 55401
Tel.: (612) 215-9800
Web Site: www.olsonengage.com

Employees: 300

Agency Specializes In: Content, Public Relations, Social Media

Bryan Specht *(Pres)*
Jeff Olson *(Exec VP)*
Steve Peckham *(Sr VP & Gen Mgr)*
Kara Arneson *(VP)*
Joe Edelson *(VP)*
Shannon McCarthy Lovich *(VP)*
Jason Miller *(VP-Social & Content)*
Kelley Whalen *(VP)*
Josh Lohrius *(Exec Creative Dir)*
Sarah Brown *(Acct Supvr)*
Rachel Cooper *(Acct Supvr-Media Rels)*
Yezenia Gonzalez *(Acct Supvr)*
Andrew Miller *(Acct Supvr-Media Rels)*
Samantha DeBoer *(Sr Acct Exec)*

Accounts:
Amplify Snack Brands Paqui
New-Beam Suntory Inc. Jim Beam
New-BEHR Process Corporation
Carvana
New-Chobani LLC
Driven Brands (Corporate Communications Agency of Record); 2018
MillerCoors LLC Miller Lite, Public Relations
Screenvision Media
New-The Terminix International Company Limited Partnership
New-Wells Enterprises, Inc. Blue Bunny

AGENCIES - JANUARY, 2019 — ADVERTISING AGENCIES

Wm. Wrigley Jr. Company Skittles
New-Wyndham Worldwide Corporation Days Inn (US Public Relations Agency of Record); 2018

ICIDIGITAL
650 W Lake St Ste 330, Chicago, IL 60661
Tel.: (312) 930-1145
Web Site: www.icidigital.com

Employees: 77
Year Founded: 2003

Agency Specializes In: Advertising, Digital/Interactive, Internet/Web Design

Accounts:
Indigo
United Airlines, Inc.

ICM PARTNERS
10250 Constellation Blvd., Los Angeles, CA 90067
Tel.: (310) 550-4278
Web Site: www.icmtalent.com

Employees: 80

Agency Specializes In: Branded Entertainment, Consulting, Entertainment, Event Planning & Marketing, Planning & Consultation, Product Placement, Promotions, Sponsorship

Carol Goll *(Partner & Head-Global Branded Entertainment)*
Brandon Shaw *(Dir-Corp & Exec Comm)*
Ricardo Sanchez, Jr. *(Sr Recruiter)*

Accounts:
Jaguar; 2013
Land Rover; 2013

ICON ADVERTISING & DESIGN INC
1035 Bedford St, Abington, MA 02351
Tel.: (781) 413-0001
E-Mail: info@iconadvertising.com
Web Site: www.iconadvertising.com

Employees: 5

Agency Specializes In: Advertising, Brand Development & Integration, Graphic Design, Logo & Package Design, Package Design, Print, Public Relations, Search Engine Optimization, Social Media

Denis Concannon *(Pres)*

Accounts:
Convenient Auto Repair Specialists
Gibson Allen Design Build
TC Training

ICONOCLAST ARTIST MANAGEMENT LLC
420 W 14th St 5 NW, New York, NY 10014
E-Mail: hello@icnclst.com
Web Site: www.icnclst.com

Employees: 10
Year Founded: 2017

Agency Specializes In: Advertising, Arts, Brand Development & Integration, Content, Environmental, Exhibit/Trade Shows, Graphic Design, Identity Marketing, Strategic Planning/Research

Sky Gellatly *(Co-Founder & Mng Partner)*
Nikle Guzijan *(Co-Founder)*
Timothy McGurr *(Partner-Client & Creative)*
Moses Aipa *(Creative Dir & Strategist-Brand)*

Geraldo Rodriguez *(Sr Acct Mgr)*

Accounts:
New-Google Inc. Google Pixel 2
New-NIKE Inc
New-New Museum of Contemporary Art

ICONOLOGIC
400 Trabert Ave NW, Atlanta, GA 30309
Tel.: (404) 260-4500
Fax: (404) 260-4581
E-Mail: info@iconologic.com
Web Site: iconatl.com/

Employees: 20

Agency Specializes In: Advertising, Aviation & Aerospace, Brand Development & Integration, Communications, Consulting, Food Service, Government/Political, Internet/Web Design, Logo & Package Design, Men's Market, New Technologies, Restaurant, Sports Market

Ward Copeland *(Partner & COO)*
Juliet D'Ambrosio *(Partner)*
Lauren Buonaiuto *(Acct Dir)*
Amanda Young *(Acct Mgmt Dir)*

Accounts:
Andre Benjamin
Auburn University
The Coca-Cola Company

ID29
425 River St, Troy, NY 12180
Tel.: (518) 687-0268
Fax: (518) 687-0607
Web Site: www.id29.com

Employees: 8

Agency Specializes In: Above-the-Line, Advertising, Advertising Specialties, Affiliate Marketing, Affluent Market, Alternative Advertising, Below-the-Line, Brand Development & Integration, Branded Entertainment, Co-op Advertising, College, Communications, Computers & Software, Consumer Goods, Consumer Marketing, Consumer Publications, Corporate Identity, Cosmetics, Direct Response Marketing, Direct-to-Consumer, Education, Electronic Media, Electronics, Entertainment, Event Planning & Marketing, Exhibit/Trade Shows, Experience Design, Experiential Marketing, Fashion/Apparel, Financial, Food Service, Game Integration, Graphic Design, Guerilla Marketing, Identity Marketing, In-Store Advertising, Infomercials, Integrated Marketing, Internet/Web Design, Investor Relations, Leisure, Local Marketing, Luxury Products, Marine, Merchandising, Mobile Marketing, Multimedia, New Product Development, Newspapers & Magazines, Out-of-Home Media, Outdoor, Package Design, Point of Purchase, Point of Sale, Print, Production, Production (Print), Promotions, Recruitment, Sales Promotion, Search Engine Optimization, Sponsorship, Sports Market, Stakeholders, Sweepstakes, T.V., Technical Advertising, Teen Market, Trade & Consumer Magazines, Transportation, Travel & Tourism, Urban Market, Viral/Buzz/Word of Mouth, Web (Banner Ads, Pop-ups, etc.), Women's Market, Yellow Pages Advertising

Approx. Annual Billings: $1,000,000

Michael Fallone *(Principal & Creative Dir)*
Doug Bartow *(Principal & Dir-Design)*
James Morrison *(Acct Dir)*
Jake Wright *(Sr Designer)*

Accounts:
The Case Foundation

Davidson Brothers Brand & Marketing Communication, Creative Strategy
EMPAC
Litespeed
Novell
Realtime Worlds
The Travel Channel
Troy Night Out
Union College

I.D.E.A.
444 W Beech St 4th Fl, San Diego, CA 92101
Tel.: (619) 295-8232
Fax: (619) 295-8234
Web Site: www.theideabrand.com/

Employees: 12

Agency Specializes In: Advertising, Brand Development & Integration, Collateral, Digital/Interactive, Direct Response Marketing, Electronic Media, Electronics, Event Planning & Marketing, Logo & Package Design, Media Buying Services, Media Planning, Multimedia, New Technologies, Out-of-Home Media, Outdoor, Production (Ad, Film, Broadcast), Production (Print), Public Relations, Radio, Social Media, Sponsorship, T.V.

Indra Gardiner Bowers *(Founder & CEO)*
Jonathan Bailey *(Founder)*
Michaela Krams *(VP-Media)*
E. Slody *(Exec Creative Dir)*
Danielle Nuzzo *(Dir-PR & Social Media)*
Katie Sheriff *(Asst Mgr-PR & Social)*

Accounts:
Eddie Bauer
Feetz Shoes
Harrah's Ak-Chin Casino & Resort
Harrah's Resort Southern California Digital & Mobile, Funner, CA, Out-of-Home, Paid Online Video, Print, Social Channels, TV
National University Broadcast, Campaign: "Spiders", Campaign: "Sports", Digital, Outdoor, Print
Olevia
Qualcomm
Scheib
UFC Gym
Unicef
Visit Newport Beach
Vivitar
Von Dutch
WD-40 Company 3-in-One Oil, Lava Soap, Spot Shot!

IDEA AGENCY
(Acquired & Absorbed by Pannos Marketing)

IDEA ASSOCIATES, INC.
6000 Lake Forrest Dr NW, Atlanta, GA 30341
Tel.: (770) 234-9407
Fax: (770) 234-9410
E-Mail: sales@ideaassociates.com
Web Site: www.ideaassociates.com

Employees: 7
Year Founded: 1988

Agency Specializes In: Real Estate

Approx. Annual Billings: $4,500,000

Breakdown of Gross Billings by Media: Other: 40%; Print: 60%

Bruce Freides *(Principal)*
Sibet Burch Freides *(Principal)*

Accounts:

ADVERTISING AGENCIES

Achasta; Dahlonega, GA
Sobu Flats; Atlanta, GA

IDEA BANK MARKETING
701 W Second St, Hastings, NE 68901
Tel.: (402) 463-0588
Fax: (402) 463-2187
E-Mail: mail@ideabankmarketing.com
Web Site: https://www.ideabankmarketing.com/

E-Mail for Key Personnel:
President: ann@ideabankmarketing.com
Creative Dir.: sherma@ideabankmarketing.com

Employees: 12
Year Founded: 1982

National Agency Associations: Second Wind Limited

Agency Specializes In: Agriculture, Brand Development & Integration, Broadcast, Business Publications, Cable T.V., Co-op Advertising, Collateral, Communications, Consulting, Consumer Marketing, Corporate Identity, Direct Response Marketing, Electronic Media, Exhibit/Trade Shows, Graphic Design, Industrial, Internet/Web Design, Logo & Package Design, Magazines, Media Buying Services, Multimedia, New Product Development, Newspaper, Newspapers & Magazines, Point of Purchase, Point of Sale, Print, Production, Public Relations, Radio, Sales Promotion, T.V., Telemarketing, Yellow Pages Advertising

Approx. Annual Billings: $2,000,000

Ann Martin *(Founder & Pres)*
Sherma Jones *(Owner)*
Karen Stroebel *(Office Mgr)*
Tamera Schlueter *(Acct Planner & Copywriter)*

Accounts:
Bruckman Rubber Co.
Centennial Plastics, Inc
Central Community College
Chief Agri/Industrial Products; Kearney, ME Agriculture; 2002
Chief Custom Products
Chief Fabrication Division; Grand Island, NE Agri Building
Community Hospital - McCook; McCook, NE; 1996
The Equitable Federal Savings Bank; Grand Island, NE; 2002
Family Medical Center; Hastings, NE; 2002
Family Resources of Greater Nebraska; Grand Island, NE; 2000
First Bank & Trust Company
First National Bank; Minden, NE Financial; 2000
Five Points Bank; Grand Island, NE Banking; 1999
General Collection, Inc.
Hal Maggiore Photography
Hornady Manufacturing Company; Grand Island, NE Bullets, Handguns, Rifles; 2001
Industrial Irrigation & Engine Services; Hastings, NE; 1984
Peterson Industries; Smith Center, KS RV Trailers; 1994

THE IDEA CENTER
15 S 23Rd St, Richmond, VA 23223
Tel.: (804) 264-3067
Web Site: www.theideacenter.com

Employees: 5

Agency Specializes In: Advertising, Internet/Web Design, Print, Radio, Search Engine Optimization, Social Media, T.V.

Barry Martin *(Pres)*
Peyton Gregory *(Art Dir)*
Kyle Milwit *(Acct Mgr)*

Accounts:
HCA Virginia

IDEA ENGINEERING, INC.
21 E Carrillo St, Santa Barbara, CA 93101
Tel.: (805) 963-5399
Fax: (805) 963-5339
E-Mail: info@ideaengineering.com
Web Site: www.ideaengineering.com

Employees: 10
Year Founded: 2000

Agency Specializes In: Advertising, Brand Development & Integration, Media Buying Services

Simon Dixon *(CEO)*
Wayne Kimbell *(Partner)*
Richard Gregoire *(Principal & Mgr-Process Engrg)*
Wallace Reinecke *(VP)*
Alicia Chasse *(Controller)*
Jeanne Spencer *(Creative Dir)*
Marcello Santone *(Sr Designer-Piping)*
Ron Lucas *(Sr Art Dir)*
Jimmy W. A. Smith *(Sr Engr-Electrical)*

Accounts:
Bryant & Sons, Ltd.
CenCal Health
The Home Depot Foundation; 2003
Sansum Clinic; Santa Barbara, CA Medical Services; 2005
University of Santa Barbara; Santa Barbara, CA

THE IDEA FACTORY
122 E 42nd St Ste 2900, New York, NY 10168
Tel.: (917) 371-7754
E-Mail: vc@theideafactory.biz
Web Site: www.theideafactory.biz

Employees: 5
Year Founded: 1992

Agency Specializes In: Advertising, Affluent Market, Alternative Advertising, Automotive, Below-the-Line, Brand Development & Integration, Broadcast, Business-To-Business, Cable T.V., Catalogs, Collateral, College, Communications, Computers & Software, Consulting, Consumer Goods, Consumer Marketing, Consumer Publications, Corporate Communications, Corporate Identity, Cosmetics, Digital/Interactive, Direct Response Marketing, Direct-to-Consumer, E-Commerce, Electronic Media, Fashion/Apparel, Financial, Food Service, Graphic Design, Guerilla Marketing, Health Care Services, High Technology, Hospitality, Household Goods, In-Store Advertising, Industrial, Infomercials, Internet/Web Design, Legal Services, Local Marketing, Logo & Package Design, Magazines, Market Research, Media Planning, Media Relations, Medical Products, Men's Market, New Product Development, Over-50 Market, Package Design, Paid Searches, Pharmaceutical, Point of Purchase, Point of Sale, Print, Production (Ad, Film, Broadcast), Production (Print), Promotions, Public Relations, Publicity/Promotions, Publishing, Radio, Regional, Restaurant, Retail, Sales Promotion, Search Engine Optimization, Seniors' Market, Sponsorship, Sports Market, Strategic Planning/Research, T.V., Teen Market, Trade & Consumer Magazines, Travel & Tourism, Urban Market, Women's Market

Approx. Annual Billings: $2,000,000

Breakdown of Gross Billings by Media: Brdcst.: 30%; Cable T.V.: 20%; Consulting: 10%; Fees: 15%; Print: 10%; Radio: 15%

Vincent Conti *(Exec Creative Dir & Strategist-Online Mktg)*

IDEA GROVE
14800 Quorum Dr Ste 320, Dallas, TX 75254
Tel.: (972) 235-3439
E-Mail: inquiries@ideagrove.com
Web Site: www.ideagrove.com

Employees: 50

Agency Specializes In: Advertising, Internet/Web Design, Public Relations, Search Engine Optimization, Social Media, Sponsorship

Scott Baradell *(Pres)*
Etta Goss *(COO & Sr VP)*
Nate Binford *(VP-Digital)*
Liz Cies *(VP)*
Katie Scullin Long *(VP)*
Brittany McLaughlin *(Acct Mgr)*
Donna Brannin *(Sr Acct Exec)*

Accounts:
Pivot3 (Integrated Marketing & Public Relations AOR)

IDEA HALL
611 Anton Blvd Ste 140, Costa Mesa, CA 92626
Tel.: (714) 436-0855
E-Mail: info@ideahall.com
Web Site: ideahall.com

Employees: 35
Year Founded: 2003

Agency Specializes In: Advertising, Brand Development & Integration, Broadcast, Business Publications, Cable T.V., Digital/Interactive, Direct Response Marketing, Electronic Media, Email, Experience Design, Guerilla Marketing, In-Store Advertising, Local Marketing, Magazines, Mobile Marketing, Multimedia, Newspaper, Newspapers & Magazines, Out-of-Home Media, Outdoor, Paid Searches, Point of Purchase, Point of Sale, Print, Production, Production (Print), Promotions, Public Relations, Radio, Search Engine Optimization, Social Media, Web (Banner Ads, Pop-ups, etc.)

Approx. Annual Billings: $7,000,000

Rebecca Hall *(Pres & CEO)*
Randy Hall *(Principal)*
Erin Warady *(VP & Grp Dir-Consumer Lifestyle)*
Tempel Regan-Watson *(Controller)*
Dave MacLeod *(Grp Dir-Acct Svcs)*
Anita Mellon *(Grp Dir-PR)*
Jeff Cole *(Sr Producer-Creative & Digital Media)*
Kristina Camille Sarenas *(Acct Mgr)*
Jade Terry *(Acct Mgr)*
Megan Whalen *(Sr Acct Exec)*
Bill Kauker *(Grp Creative Dir)*

Accounts:
Big Brothers & Big Sisters
Birtcher Development Corporate and asset branding, PR, advertising, websites; 2006
Bixby Land Company
Buchanan Street Partners
Chapman University
Cox Castle & Nicholson
CU Direct
C.W. Driver Companies
Cystinosis Research Foundation
East Valley Water District
Hendy
Hersch Games
The Irvine Company
Kaiser Permanente
Kearny Real Estate
Money 360
NTS
OC Waste & Recycling
Orange Catholic Foundation
Pumpkin Glow (Agency of Record)

RD Olson Construction
Roll Real Estate Development (Agency of Record)
Sabal Financial Corporate and business line branding, Direct Response, PR; 2010
StorQuest
Sunwest Bank
Swinerton Builders & Renewable Energy
United Way
University of California, Irvine
Visit Anaheim; 2016
W. Driver Companies
Wilson Daniels

THE IDEA MARKETING
2121 S Oneida St Ste 550, Denver, CO 80224
Tel.: (303) 759-5902
E-Mail: info@theideamarketing.com
Web Site: www.theideamarketing.com

Employees: 5

Agency Specializes In: Advertising, Brand Development & Integration, Crisis Communications, Event Planning & Marketing, Media Buying Services, Media Planning, Media Relations, Print, Public Relations, T.V.

Patricia Lepiani *(Pres)*

Accounts:
New-Nurse-Family Partnership

THE IDEA MILL
6101 Penn Ave Ste 400, Pittsburgh, PA 15206
Tel.: (412) 924-0027
Fax: (412) 924-0034
E-Mail: grzym@ideamill.com
Web Site: www.ideamill.com

Employees: 4
Year Founded: 1998

Agency Specializes In: Advertising

Anthony Musmanno *(Chief Creative Officer)*
Doug Kochmanski *(Art Dir)*
Allison Eash *(Media Planner & Media Buyer)*

Accounts:
Arterati
Cochran Automotive
Dockers
Flynn Construction
Georgia Museum of Art
Irish and Classical Theatre
Jeffrey's Salon
King's Family Restaurants
TravelCenters of America, LLC Services for Professional Truck Drivers; 2005

IDEABASE
138 E Main St Ste 203, Kent, OH 44240
Tel.: (330) 672-7300
Fax: (330) 672-7373
Web Site: www.ideabasekent.com

Employees: 50

Agency Specializes In: Advertising, Brand Development & Integration, Broadcast, Digital/Interactive, Media Planning, Media Relations, Print, Public Relations, Radio, T.V.

Kristin Dowling *(Dir)*

Accounts:
College of Communication & Information

IDEAHAUS
1014 Stratford Ct, Del Mar, CA 92014
Tel.: (844) 433-2428
E-Mail: sandiego@ideahaus.com
Web Site: www.ideahaus.com

Employees: 10
Year Founded: 1990

Agency Specializes In: Advertising, Graphic Design, Internet/Web Design

Kevin Popovic *(Founder & CEO)*

Accounts:
Alliance Healthcare Foundation
Blue Sky Broadcast
GotUWired
PT Services Group
Take Shape For Life

IDEAOLOGY ADVERTISING INC.
4223 Glencoe Ave Ste A 127, Marina Del Rey, CA 90292
Tel.: (310) 306-6501
Fax: (310) 306-6508
E-Mail: csacks@ideaology.biz
Web Site: http://ideaologyinc.com

Employees: 6

Cary Sacks *(Pres)*
Louis Plotkin *(Partner)*
Kim Ashton *(Acct Dir)*
Cindy Humbert *(Media Dir)*
Dino Santilli *(Creative Dir)*

Accounts:
Bank of America
Bank of Hawaii
Cerritos Auto Square
Mattress Firm
Sit'nSleep Mattresses

IDEAS COLLIDE INC.
6125 E Indian School Rd Studio Ste 1005, Scottsdale, AZ 85251
Tel.: (480) 659-4520
E-Mail: info@ideascollide.com
Web Site: www.ideascollide.com

Employees: 47

Agency Specializes In: Advertising, Digital/Interactive, Email, Market Research, Strategic Planning/Research

Matthew Clyde *(Pres & Sr Strategist)*
Bridget Daly *(VP-Client Svcs & Acct Dir)*
Joel Eberhart *(VP-Mktg & Community Dev)*
Michael Fleming *(VP-Digital Strategy)*
Elisha Lutz *(Acct Dir)*
Michael Mason *(Creative Dir)*
Jamie Nuzbach *(Creative Dir)*
Amber Pensky *(Acct Dir)*
Sue Watt *(Acct Dir-Mktg Comm)*
Colin Bennett *(Dir-Talent)*
Amy Frost *(Dir-Art)*
James West *(Dir-Video & Content)*
Jeremy Rudd *(Mgr-Mktg Automation)*
Jess Jenkins *(Sr Strategist-Media)*
Carissa Sudjono *(Designer)*
Rita Rabbani *(Assoc Acct Dir)*

Accounts:
American Liberty Hospitality
Arizona Dairy Council
Best Western International, Inc.
Spark Analytics

IDEAS THAT EVOKE
301 S Blount St Fl 2, Madison, WI 53703
E-Mail: cblackmore@evokebrands.com
Web Site: www.ideasthatevoke.com

Employees: 50

Agency Specializes In: Advertising, Brand Development & Integration, Commercial Photography, Content, Digital/Interactive, Internet/Web Design, Media Buying Services, Production, Public Relations, Social Media

Kelly Ehlers *(Pres)*
Jeffrey Craig Lunnen *(Mng Dir)*
Monica Hickey *(Acct Dir)*
Katie Crokus *(Mgr-Talent & Culture)*
Erin Mansour *(Sr Acct Exec)*
Marissa Monett *(Sr Acct Exec)*
Jessica Scholz *(Sr Acct Exec)*
Kait Burrier *(Copywriter)*

Accounts:
New-AC Hotel Madison Downtown (Agency of Record)
New-Andis Company
New-Building Brave
New-Cosmetologists Chicago Americas Beauty Show
New-Coty Inc Wella Professional
New-Elizabeth Arden Inc Red Door Spa
New-Hairdressers At Heart
New-North Central Group
New-The Procter & Gamble Company Tide Dry Cleaners

IDEAS THAT KICK
911 W 50th St, Minneapolis, MN 55419
Tel.: (612) 343-8880
Fax: (612) 343-1021
E-Mail: mail@ideasthatkick.com
Web Site: www.ideasthatkick.com

Employees: 50
Year Founded: 2001

Agency Specializes In: Advertising, Brand Development & Integration, Digital/Interactive, Event Planning & Marketing, Experience Design, Internet/Web Design, Outdoor, Package Design, Social Media, Strategic Planning/Research

Stefan Hartung *(Co-Founder & Head-Creative)*
Mary Kemp *(Co-Founder & Head-Strategy)*

Accounts:
New-Eyebobs
New-Minnesota Opera
New-The Naughty Greek
New-Oxbow Animal Health
New-Step One Foods
New-Twin Cities In Motion

IDEASCAPE, INC.
57 Newcomb Rd, Stoneham, MA 02180
Tel.: (781) 665-3700
E-Mail: rl@ideascape.com
Web Site: www.ideascape.com

E-Mail for Key Personnel:
President: rl@ideascape.com

Employees: 5
Year Founded: 1990

Agency Specializes In: Brand Development & Integration, Business-To-Business, Catalogs, Collateral, Corporate Identity, Direct Response Marketing, E-Commerce, Fashion/Apparel, Graphic Design, Health Care Services, High Technology, Internet/Web Design, Leisure, Logo & Package Design, Medical Products, Print, Production, Sports Market, Travel & Tourism

Approx. Annual Billings: $1,000,000

ADVERTISING AGENCIES

Ralph Lucier *(Pres)*

IDEAWORK STUDIOS
735 State St, Santa Barbara, CA 93101
Tel.: (805) 962-2468
Web Site: www.ideawork.com

Employees: 10

Jay Schwartz *(Chief Creative Officer)*
David Rayner *(VP-Strategy & Dev)*

Accounts:
Australia's Thunder from Down Under
Bally Technologies
Barona Resort and Casino
Crunch Fitness 21st Birthday Campaign, Contest, E-Mail, Out of Home Marketing, Social Media
Hard Rock Hotel & Casino
Harrah's
MGM Grand's Crazy Horse Paris

IDEAWORKS, INC.
1110 N Palafox St, Pensacola, FL 32501-2608
Tel.: (850) 434-9095
Fax: (850) 434-5753
E-Mail: info@ideaworksusa.com
Web Site: http://ideaworks.co/

E-Mail for Key Personnel:
President: carons@ideaworksusa.com
Creative Dir.: michelleo@ideaworksusa.com

Employees: 10
Year Founded: 1995

Agency Specializes In: Advertising, Brand Development & Integration, Business Publications, Co-op Advertising, Collateral, Communications, Consulting, Corporate Identity, Direct Response Marketing, E-Commerce, Event Planning & Marketing, Exhibit/Trade Shows, Financial, Graphic Design, Health Care Services, Internet/Web Design, Investor Relations, Media Buying Services, Medical Products, New Product Development, Newspaper, Newspapers & Magazines, Out-of-Home Media, Outdoor, Over-50 Market, Planning & Consultation, Point of Purchase, Point of Sale, Print, Production, Public Relations, Publicity/Promotions, Radio, Real Estate, Restaurant, Retail, Seniors' Market, Sports Market, Strategic Planning/Research, T.V., Trade & Consumer Magazines, Travel & Tourism, Yellow Pages Advertising

Breakdown of Gross Billings by Media: Co-op Adv.: 2%; Consulting: 5%; Fees: 3%; Graphic Design: 10%; Mags.: 21%; Outdoor: 4%; Point of Purchase: 2%; Point of Sale: 2%; Promos.: 10%; Radio: 14%; Sls. Promo.: 10%; Strategic Planning/Research: 5%; T.V.: 12%

Caron Sjoberg *(Pres & CEO)*

Accounts:
Baptist Health Care
Northwest Florida Regional Planning Council

IDENTITY
100 W 33rd St, New York, NY 10017
Tel.: (212) 683-2500
Fax: (212) 683-2502
Web Site: www.identityww.com/

Employees: 50
National Agency Associations: 4A's

Agency Specializes In: Advertising

Li Wang *(VP-Language & Culture)*

Sonia Riojas *(Assoc Dir-Cross Cultural Connections)*
Joseph Kiwanuka *(Mgr-Cross-Cultural Connections)*

Accounts:
BET Networks (Media Agency of Record) Creative
Covered California Media Planning & Buying
Dr Pepper Snapple Group, Inc. 7up
Gucci America Inc.
Honda North America, Inc.
Nissan North America, Inc. Infiniti
Tommy Hilfiger USA

IDFIVE
3600 Clipper Mill Rd, Baltimore, MD 21211
Tel.: (410) 837-5555
Fax: (410) 783-0999
E-Mail: hi@idfive.com
Web Site: www.idfive.com

Employees: 30
Year Founded: 2005

Agency Specializes In: Advertising, Business-To-Business, College, Digital/Interactive, Graphic Design, Integrated Marketing, Internet/Web Design, Media Planning, Paid Searches, Search Engine Optimization, Strategic Planning/Research, Technical Advertising, Web (Banner Ads, Pop-ups, etc.)

Approx. Annual Billings: $6,000,000

Andres Zapata *(Co-Founder & Exec VP-Strategy)*
Caitlin Currey *(Client Svcs Dir)*
Matt McDermott *(Creative Dir)*
Chris Smith *(Mktg Dir)*
Frank Diller *(Sr Acct Exec)*
Jodi Hey *(Sr Acct Exec)*
Max Kellner *(Acct Exec)*

Accounts:
Academbot.com
Aerotek University of Maryland
Baltimore Office of Promotion
Clark School of Engineering
Drexel Dornsife School of Public Health
Drexel Lebow College of Business
Howard University
Hudson Valley Community College
Johns Hopkins Carey School of Business
Johns Hopkins School of Education
Jophns Hopkins Bloomberg School of Public Health
Loyola University Maryland
Smithsonian Institute
University of Baltimore; 2008
University of Dallas
University of Maryland Graduate School
University of Maryland School of Nursing
University of Maryland School of Pharmacy
Vaccinogen
Whitman, Requardt & Associates
Wor-Wic Community College

IDIRECT MARKETING, INC.
6789 Quail Hill Pkwy Ste 550, Irvine, CA 92603
Tel.: (949) 753-7300
Fax: (949) 269-0198
E-Mail: dhastings@idirectmarketing.com
Web Site: www.idirectmarketing.com

Employees: 9

Agency Specializes In: Customer Relationship Management, Direct Response Marketing, Direct-to-Consumer, Integrated Marketing, Internet/Web Design, Local Marketing, Market Research, Media Buying Services, Media Planning, Multimedia, Planning & Consultation, Promotions, Publicity/Promotions, Real Estate, Sales Promotion, Strategic Planning/Research, Viral/Buzz/Word of Mouth, Web (Banner Ads, Pop-ups, etc.)

Approx. Annual Billings: $9,079,524

Dennis Hastings *(Owner)*

IDYLLWILD ADVERTISING
8188 S Highland Dr Ste D5, Sandy, UT 84093
Tel.: (801) 733-8400
Web Site: http://www.idydigital.com/

Employees: 10
Year Founded: 2007

Agency Specializes In: Advertising, Email, Internet/Web Design, Search Engine Optimization, Social Media

Michelle Smith *(Founder & CEO)*
Rob Covington *(Creative Dir)*
Erik Harrison *(Designer)*

Accounts:
Connor Sports Flooring
Nashville Mosquito Squad
Showtime Custom Floors
Solitude Mountain Resort
Sport Court International Inc.

IGNITE COMMUNICATIONS
11445 JohnsCreek Pkwy, Duluth, GA 30097
Tel.: (770) 232-1711
Fax: (770) 232-1722
E-Mail: pball@ignitecommunications.com
Web Site: www.ignitecommunications.com

Employees: 16

Agency Specializes In: Advertising, Business-To-Business, Communications, Corporate Communications, Direct Response Marketing, Direct-to-Consumer, Food Service, Industrial, Integrated Marketing, Local Marketing, Logo & Package Design, Point of Sale, Promotions, Telemarketing

Doug Pickert *(Pres)*
Pam Ball *(CFO)*
Pam Waken *(VP-Acct Svc)*

Accounts:
Agility
Arby's Restaurant Group, Inc.
Giles Industries
Moe's Southwest Grill
Pactiv Packaging North America Protective Packaging
Paradise Tomato Kitchens
ProMarketing; Atlanta, GA; 2008
Rich Products; Buffalo, NY
Surge; Atlanta, GA; 2008
Ted's Montana Grill

IGNITE DESIGN AND ADVERTISING, INC.
8431 Utica Ave, Rch Cucamonga, CA 91730
Tel.: (909) 948-6704
Web Site: www.clickandcombust.com

Employees: 20

Agency Specializes In: Automotive, Education, Entertainment, Fashion/Apparel, Government/Political, Health Care Services, Legal Services, Pets, Real Estate, Sports Market

Chris Wheeler *(Pres & CEO)*
Audrey Pentz Kikos *(VP-Client Solutions)*
Kimberli Wheeler *(VP-Bus Ops)*
Gregory Poutre *(Art Dir)*

AGENCIES - JANUARY, 2019 — ADVERTISING AGENCIES

Carolyn Hayes Uber *(Dir-Brand Strategies)*
Jami Sams *(Acct Mgr)*
Joaquin Barranco *(Designer-Digital Media)*

Accounts:
Kumho Tire

IGNITED
2150 Park Pl Ste 100, El Segundo, CA 90245
Tel.: (310) 773-3100
Fax: (310) 773-3101
E-Mail: contact@ignitedusa.com
Web Site: www.ignitedusa.com

Employees: 50
Year Founded: 1999

National Agency Associations: 4A's-THINKLA

Agency Specializes In: Above-the-Line, Advertising, Automotive, Below-the-Line, Brand Development & Integration, Broadcast, Business-To-Business, Collateral, Communications, Computers & Software, Consulting, Consumer Goods, Consumer Marketing, Content, Cosmetics, Customer Relationship Management, Digital/Interactive, Direct-to-Consumer, E-Commerce, Electronic Media, Electronics, Entertainment, Event Planning & Marketing, Exhibit/Trade Shows, Experience Design, Experiential Marketing, Fashion/Apparel, Financial, Food Service, Game Integration, Government/Political, Graphic Design, Guerilla Marketing, Health Care Services, High Technology, Hospitality, Household Goods, In-Store Advertising, Industrial, Information Technology, Integrated Marketing, Internet/Web Design, Leisure, Logo & Package Design, Luxury Products, Market Research, Media Buying Services, Media Planning, Men's Market, Merchandising, Mobile Marketing, Multimedia, New Technologies, Newspaper, Newspapers & Magazines, Out-of-Home Media, Outdoor, Over-50 Market, Package Design, Paid Searches, Planning & Consultation, Point of Purchase, Print, Production, Production (Print), Promotions, Real Estate, Recruitment, Restaurant, Retail, Sales Promotion, Search Engine Optimization, Social Marketing/Nonprofit, Social Media, Sponsorship, Sports Market, Strategic Planning/Research, T.V., Technical Advertising, Teen Market, Trade & Consumer Magazines, Transportation, Travel & Tourism, Viral/Buzz/Word of Mouth, Web (Banner Ads, Pop-ups, etc.), Women's Market

Whitney Stephenson *(Fin Dir)*
Bree Bandy *(VP-Brand Mgmt & Ops)*
David Lock *(VP-Govt, Experiential & Bus Dev)*
Christel Roldan *(VP-Brand Mgmt)*
Lisa Myers *(Media Dir)*
Sam Helphand *(Dir-Creative Svcs & Production)*
Chalita Dasnanjali *(Grp Media Dir)*
Ron Graening *(Sr Artist-Production)*

Accounts:
Activision Blizzard, Inc; Santa Monica, CA "Call of Duty", "Destiny", "Guitar Hero", "Skylanders", Campaign: "Deadpool Does Comic-Con", Experiential Marketing, Video Games; 1999
DTS, Inc. Campaign: "Dts Anthem", Campaign: "We're All Ears", Headphone X
Greater Palm Springs Convention and Visitors Bureau "Ice Block Challenge", Experiential, Media Planning & Buying, Social Media; 2012
gumi "Brave Frontier", "Chain Chronicle", Experiential Marketing; 2014
Johnnie-O
Jollibee; 2016
Kevita, Inc. Content Creation, Media Buying, Media Planning, Website; 2016
Library of Congress Advertising, Creative Development & Production, Digital Development, Marketing, Media Planning & Buying; 2016
MGA Entertainment; 2014
MTV "Rebel Music"; 2014
PLDT; 2015
Scopely The Walking Dead: Road To Survival; 2014
Sony Electronics; San Diego, CA VAIO Laptops; 2005
Trion Digital, Experiential, Media Planning & Buying; 2010
Turtle Beach Elite Pro, Experiential Marketing, Integrated Marketing, PX24, Stealth 350VR, Stream Mic, Video Production; 2012
United States Army; Washington, DC Education & Outreach, Marketing, Recruiting; 2001
U.S. Securities & Exchange Commission (SEC) Integrated Marketing, Public Service Campaign; 2015
VEEV Media Planning & Buying
ZICO Campaign: "Naturally Powered", Coconut Water; 2010

Branch

Ignited
915 Bdwy Ste 605, New York, NY 10010
(See Separate Listing)

IGNITION BRANDING
7770 Westmoreland Dr, Sarasota, FL 34243
Tel.: (813) 415-4454
E-Mail: jglasure@ignitionbranding.com
Web Site: www.ignitionbranding.com

Employees: 20

Agency Specializes In: Advertising, Crisis Communications, Digital/Interactive, Exhibit/Trade Shows, Graphic Design, Media Training, Print, Public Relations, Search Engine Optimization, Strategic Planning/Research

Martin Kistler *(CEO & Chief Creative Dir)*
Carrie Wiltshire *(COO)*

Accounts:
Ambassador Limousine
BlackBerry Blackberry

IGNITION INTERACTIVE
12959 Coral Tree Pl, Los Angeles, CA 90066
Tel.: (310) 586-1670
Web Site: http://ignitioncreative.com

Employees: 208

Agency Specializes In: Advertising, Broadcast, Game Integration, Print

Martin Kistler *(Partner & Creative Dir)*
Lynda Cox *(CFO)*
Robin Burke *(Exec VP & Creative Dir-Original Content-Intl)*
Dale Lanier *(Exec VP-Brdcst Adv)*
Bryan Allen *(Sr VP & Creative Dir)*
Lissy L'Amoreaux *(Head-Digital & Social Content)*
Yujin Ono *(Art Dir)*
Wayne Watson *(Creative Dir-AV)*
Landon Brown *(Dir-Strategy)*
Kate Talbot *(Dir-PR)*
Christie Kutsch *(Sr Acct Exec)*
Jason Herron *(Sr Art Dir)*
Lena Herve *(Sr Art Dir-Digital)*

Accounts:
20th Century Fox Campaign: "X-Men: Days of Future Past"
Arrested Development Campaign: "ManGo", www.insertmeanywhere.biz
Lions Gate Entertainment Corp. The Hunger Games
Netflix Campaign: "Superfan", House of Cards, Lilyhammer, Orange is the New Black
Resident Evil Campaign: "Eat Like A Tyrant"
Trask Industries

IGRAFIX CREATIVE LLC
1245 Farmington Avenue, West Hartford, CT 06107
Tel.: (860) 521-6567
Web Site: www.igrafix.com

Employees: 1

Agency Specializes In: Advertising, Internet/Web Design, Logo & Package Design, Print, Social Media

Brigitte DiBenedetto *(Pres & Designer)*

Accounts:
Harmony Home Care Services LLC

ILAN GEVA & FRIENDS
2252 Washington Dr, Northbrook, IL 60062
Tel.: (312) 497-2233
Fax: (312) 666-5823
E-Mail: ilan@ilanandfriends.com
Web Site: ilanandfriends.net/

Employees: 2
Year Founded: 1993

Agency Specializes In: Advertising, Automotive, Bilingual Market, Brand Development & Integration, Business-To-Business, Collateral, Consulting, Consumer Marketing, Corporate Identity, Direct Response Marketing, Education, Exhibit/Trade Shows, Financial, Food Service, Graphic Design, Health Care Services, Hispanic Market, Internet/Web Design, Leisure, Logo & Package Design, Medical Products, Merchandising, Out-of-Home Media, Outdoor, Over-50 Market, Point of Purchase, Point of Sale, Print, Production, Public Relations, Publicity/Promotions, Radio, Real Estate, Restaurant, Retail, Sales Promotion, Sports Market, Strategic Planning/Research, T.V., Trade & Consumer Magazines, Transportation, Travel & Tourism

Approx. Annual Billings: $2,500,000

Breakdown of Gross Billings by Media: Collateral: $375,000; D.M.: $750,000; Graphic Design: $125,000; Logo & Package Design: $250,000; Newsp. & Mags.: $250,000; Point of Sale: $125,000; Strategic Planning/Research: $625,000

Ilan Geva *(Owner)*

Accounts:
Chicago Arts Orchestra; Chicago, IL; 2009
Lisbon Convention Bureau; 2007
Medical Travel Insight; 2012
MediTour Expo; NY; 2011
Meeting Incentive Experts; Chicago, IL; 2003
Murphy/Jahn; 2012

ILFUSION INC
209 S Main St, Fort Worth, TX 76104
Tel.: (888) 420-5115
Web Site: www.ilfusion.com

Employees: 14
Year Founded: 2010

Agency Specializes In: Advertising, Brand Development & Integration, Digital/Interactive, Internet/Web Design, Print, Social Media

Jeff Langhammer *(Co-Founder & Partner)*
Blake Hooser *(CEO)*
Lee Littlefield *(Creative Dir)*

ADVERTISING AGENCIES

Accounts:
Hope Center For Autism
Walls Outdoors Clothing

ILLUME COMMUNICATIONS
420 Dunkirk Rd, Baltimore, MD 21212
Tel.: (443) 377-3566
E-Mail: noboundaries@illumecommunications.com
Web Site: illumecomm.com

Employees: 3

Agency Specializes In: Brand Development & Integration, Consumer Marketing, Guerilla Marketing, Internet/Web Design, Media Buying Services, Print, Promotions, Public Relations, T.V.

James Evans *(CEO & Creative Dir)*

ILLUMINATION ADVERTISING INC.
650 Cleveland St Ste 1236, Clearwater, FL 33757
Tel.: (813) 507-9392
E-Mail: hello@illuminationadvertising.com
Web Site: www.illuminationadvertising.com

Employees: 5

Agency Specializes In: Advertising, Graphic Design, Print, Public Relations, Search Engine Optimization, Social Media

Sarah L. Stone *(Pres & CEO)*
Robyn Clarke *(Art Dir)*

Accounts:
Baking by the Sea

ILLUSTRIA, INC.
1401 K St NW Ste 450, Washington, DC 20005
Tel.: (202) 733-1548
Web Site: www.illustriadesigns.com

Employees: 50
Year Founded: 2013

Agency Specializes In: Brand Development & Integration, Collateral, Digital/Interactive, Email, Internet/Web Design, Package Design, Social Media

Katherine Long *(Founder & CEO)*
Dennis Turbeville *(Creative Dir)*
Lance Swearingen *(Dir-Partnerships)*
Andrew Bridgeman *(Mgr-Digital Mktg)*
Angelia Duncan *(Sr Designer)*

IM IMAGE MARKETING
2979 Whispering Pines Dr, Canfield, OH 44406
Tel.: (330) 272-1493
Web Site: www.imimagemarketing.com

Employees: 4
Year Founded: 2005

Agency Specializes In: Advertising, Brand Development & Integration, Graphic Design, Internet/Web Design, Print, Social Media

Mike Tarantino *(Pres & Dir-Creative & Mktg)*

Accounts:
Aamco transmissions of Boardman
Eric Allshouse LLC
Lisa Herold
Matt Gambrel Attorney at Law

IMAGE ASSOCIATES LLC
700 Virginia St E Ste 220, Charleston, WV 25301
Tel.: (304) 345-4429
Fax: (304) 345-4445
Web Site: www.imageassociatesllc.com

Agency Specializes In: Advertising, Brand Development & Integration, Internet/Web Design, Logo & Package Design, T.V.

William Hogan *(Creative Dir)*
Bryan Shaw *(Sr Specialist-Mktg-South East Reg-Frontier Comm)*
Sharon Harms *(Designer)*

Accounts:
Frontier Communications Corporation
The West Virginia Housing Development Fund

IMAGE MAKERS ADVERTISING INC
17110 W Greenfield Ave # 1, Brookfield, WI 53005
Tel.: (262) 650-8300
Fax: (262) 650-1595
E-Mail: im@imagemakersadv.com
Web Site: www.imagemakersadv.com

Employees: 20

Agency Specializes In: Advertising, Internet/Web Design, Media Buying Services, Out-of-Home Media, Outdoor, Print, Public Relations, Radio, Social Media, Strategic Planning/Research, T.V.

Tina Chovanec *(Dir-Creative)*
Sarah Appleton Zubarik *(Mgr-Social & Specialty Media)*
Sara Gooding *(Sr Graphic Designer-Web)*
Sylvie Hergott *(Sr Graphic Designer)*

Accounts:
Arts Cameras Plus

IMAGE MARKETING CONSULTANTS
681 Main St, Plantsville, CT 06479
Tel.: (860) 863-5861
E-Mail: info@imagemarketingconsultants.com
Web Site: www.imagemarketingconsultants.com

Employees: 8
Year Founded: 2007

Agency Specializes In: Advertising, Brand Development & Integration, Crisis Communications, Internet/Web Design, Media Planning, Media Relations, Media Training, Print, Search Engine Optimization, Social Media

Kate Sirignano *(Pres)*

Accounts:
Winterberry Gardens

IMAGEHAUS
221 N 1St St Ste 225, MinneaPOlis, MN 55401
Tel.: (612) 377-8700
Fax: (612) 374-2956
E-Mail: info@imagehaus.net
Web Site: www.imagehaus.net

Employees: 6

National Agency Associations: AAF

Agency Specializes In: Brand Development & Integration, Collateral, Consulting, Consumer Goods, Consumer Marketing, Corporate Communications, Cosmetics, Fashion/Apparel, Graphic Design, Health Care Services, Household Goods, In-Store Advertising, LGBTQ Market, Logo & Package Design, Marine, Medical Products, Package Design, Point of Purchase, Point of Sale, Print, Retail, Social Marketing/Nonprofit

Breakdown of Gross Billings by Media: Collateral: 20%; Digital/Interactive: 10%; Graphic Design: 30%; Logo & Package Design: 20%; Mdsg./POP: 20%

Jay Miller *(Owner & Creative Dir)*

Accounts:
All Seasons Wild Bird Store
CVS Pharmacy; 2008
Kangaroo Korner
Minute Clinic Health Care; 2009
Napa Jack's
OfficeMax; 2006
Otto Bock; Minneapolis, MN Medical Products; 2001
Schimidty's
Target
UBS
Urban Retreat
Wilson's Leather

IMAGEMAKERS INC.
514 Lincoln Ave, Wamego, KS 66547
Tel.: (888) 865-8511
Fax: (785) 380-2556
E-Mail: info@imagemakers-inc.com
Web Site: www.imagemakers-inc.com

Employees: 25
Year Founded: 2001

Agency Specializes In: Advertising, Email, Event Planning & Marketing, Internet/Web Design, Logo & Package Design, Print, Public Relations, Search Engine Optimization, Social Media

Dan Holmgren *(Pres & Creative Dir)*
Jaclyn Collins *(Client Svcs Dir)*
Ben York *(Art Dir)*

Accounts:
Back Nine Development

IMAGEMARK, INC.
12 Godfrey Pl 3rd Fl, Wilton, CT 06897
Tel.: (415) 484-9094
Fax: (203) 761-8624
E-Mail: info@imagemark.net
Web Site: http://imagemark.net/

Employees: 7
Year Founded: 1996

Agency Specializes In: Brand Development & Integration, Digital/Interactive

Jenny Pemberton *(Fin Mgr)*

Accounts:
Bellagio
Citibank
Cold Stone
Drug Free America
Elm Bank
Fairfield Magazine
Global Design
Health Prize
Hot Dog On A Stick
Manpower
Mozart.com
Nabors
The National Geographic Channel
Northwest Mutual
Qualified Bookkeepers
Shaklee
Street Smart Technology
The Weather Channel
Yale Cancer Center

IMAGEN

AGENCIES - JANUARY, 2019 — ADVERTISING AGENCIES

800 Douglas Rd La Puerta del Sol Ste 101, Coral Gables, FL 33134
Tel.: (305) 774-9443
Fax: (305) 774-9043
Web Site: www.imagentma.com

Employees: 5

Agency Specializes In: Advertising, Crisis Communications, Event Planning & Marketing, Media Buying Services, Media Planning, Out-of-Home Media, Outdoor, Print, Public Relations, Radio, Social Media

Mari J. Garcia *(Owner)*
Roxana Fernandez *(Pres)*
Cesar Rolon *(CEO)*

Accounts:
LimeBike
Ocean Bank
VaporFi

IMAGERY CREATIVE
7440 Sw 50Th Ter Ste 102, Miami, FL 33155
Tel.: (305) 667-4468
Fax: (786) 953-7168
E-Mail: info@imagerycreative.com
Web Site: www.imagerycreative.com

Employees: 10
Year Founded: 2002

Agency Specializes In: Advertising, Advertising Specialties, Alternative Advertising, Aviation & Aerospace, Bilingual Market, Brand Development & Integration, Broadcast, Business-To-Business, Cable T.V., Collateral, Commercial Photography, Communications, Computers & Software, Consulting, Consumer Goods, Consumer Marketing, Content, Corporate Communications, Corporate Identity, Digital/Interactive, Direct-to-Consumer, E-Commerce, Electronic Media, Electronics, Email, Environmental, Event Planning & Marketing, Exhibit/Trade Shows, Financial, Food Service, Graphic Design, Guerilla Marketing, Health Care Services, High Technology, Hospitality, Identity Marketing, In-Store Advertising, Integrated Marketing, Internet/Web Design, Investor Relations, Leisure, Local Marketing, Logo & Package Design, Luxury Products, Magazines, Market Research, Media Buying Services, Medical Products, Multicultural, Multimedia, New Product Development, Newspapers & Magazines, Out-of-Home Media, Outdoor, Package Design, Paid Searches, Planning & Consultation, Point of Purchase, Point of Sale, Print, Production, Production (Ad, Film, Broadcast), Production (Print), Promotions, Public Relations, Publicity/Promotions, Radio, Real Estate, Regional, Restaurant, Retail, Sales Promotion, Search Engine Optimization, Social Marketing/Nonprofit, Social Media, Sponsorship, Strategic Planning/Research, T.V., Technical Advertising, Teen Market, Transportation, Travel & Tourism, Viral/Buzz/Word of Mouth, Web (Banner Ads, Pop-ups, etc.)

Julio Sanchez *(Exec Creative Dir)*

Accounts:
ACGG Development
Advance Roofing
Bacardi USA
Bahri Development
Baja Fresh
Bayview Financial
Cointreau
DonQ
Dreamquest Foundation
Express Equity
Franklin Credit
Grove Developer
International Finance Bank
Lighthouse CMHC
MedCare International
Mercy Hospital
National Asset Direct
Noble House Hotels & Resorts
Ocean Key
Pangaea Hard Rock
Premiere Beverage
Republic Nation
Santa's LLC
Sony Electronics
South Florida Golf Foundation
Southern Wine & Spirits
Taha Properties
Tiva Healthcare
TM Real Estate Group
TotalBank

IMAGINASIUM INC.
110 S Washington St, Green Bay, WI 54301
Tel.: (920) 431-7872
Fax: (920) 431-7875
Toll Free: (800) 820-4624
E-Mail: dkreft@imaginasium.com
Web Site: www.imaginasium.com

E-Mail for Key Personnel:
President: pat@imaginasium.com
Creative Dir.: joe@imaginasium.com
Media Dir.: annette@imaginasium.com
Production Mgr.: shelly@imaginasium.com
Public Relations: pat@imaginasium.com

Employees: 23
Year Founded: 1996

National Agency Associations: AAF-Second Wind Limited

Agency Specializes In: Advertising, Brand Development & Integration, Broadcast, Business-To-Business, Consulting, Consumer Marketing, Corporate Communications, Corporate Identity, Digital/Interactive, Direct Response Marketing, Education, Environmental, Event Planning & Marketing, Exhibit/Trade Shows, Financial, Graphic Design, Health Care Services, Integrated Marketing, Internet/Web Design, Leisure, Logo & Package Design, Market Research, Media Planning, Medical Products, Planning & Consultation, Print, Production (Print), Recruitment, Retail, Sponsorship, Sports Market, Strategic Planning/Research, Travel & Tourism, Web (Banner Ads, Pop-ups, etc.)

Approx. Annual Billings: $5,000,000

Denis Kreft *(VP-Bus Ops)*
Kory Lax *(Mng Creative Dir & Creative Dir)*
Melinda Morella-Olson *(Dir-Strategic Engagement)*
Laura Myers *(Dir-Mktg & Client Svcs)*

Accounts:
Boldt

IMAGINATION (CANADA) LTD.
22 Wellesley St E Ste 2202, Toronto, ON MAY 1G3 Canada
Tel.: (416) 929-1260
Fax: (416) 572-2212
E-Mail: andrew.horberry@imagination.com
Web Site: https://www.imagination.com/

Agency Specializes In: Advertising

Andrew Horberry *(Dir-Special Projects)*

Accounts:
BBC
British Airways
Ford of Canada
Jaguar
Mazda
One World
Samsung
Shell
Sony
V&A
Vodafone

THE IMAGINATION COMPANY
920 Campbell Rd, Bethel, VT 05032
Tel.: (802) 234-5809
E-Mail: info@theimaginationcompany.com
Web Site: www.theimaginationcompany.com

Agency Specializes In: Advertising, Brand Development & Integration, Graphic Design, Internet/Web Design, Print, Public Relations

Jim Giberti *(Pres & Creative Dir)*
Kristen Smith *(VP & Art Dir)*

Accounts:
Killington Resort
Northstar Fireworks
Packard Fuels

THE IMAGINATION FACTORY
15 Ionia Ave SW Ste 220, Grand Rapids, MI 49503
Tel.: (616) 356-2545
Fax: (616) 356-2546
E-Mail: imagine@what-if.com
Web Site: www.what-if.com

Employees: 6
Year Founded: 1985

Agency Specializes In: Consulting, Consumer Marketing, Digital/Interactive, Electronic Media, Internet/Web Design, Publicity/Promotions

Kate Mccrindle *(Partner & Project Mgr)*
Mike McCrindle *(Graphic Designer & Designer-Media)*

Accounts:
Amway
Apple
Bosch
Church Organizations
Dow Chemical
Michigan Dept
Sacramento Kings

THE IMAGINATION GROUP
25 Store St, South Crescent, London, WC1E 7BL United Kingdom
Tel.: (44) 207 323 3300
Fax: (44) 207 323 5801
E-Mail: jake.moore@imagination.com
Web Site: https://www.imagination.com/

Employees: 300
Year Founded: 1978

Agency Specializes In: Advertising, Automotive, Brand Development & Integration, Corporate Identity, Event Planning & Marketing, Exhibit/Trade Shows, Experiential Marketing, Financial, Planning & Consultation

Patrick Reid *(Grp CEO)*
Alistair Wilson *(Mng Dir)*
Gary Siow *(Fin Dir-China)*
Lee Wateridge *(Gen Mgr-China)*
Todd Bokin *(Bus Dir)*
Alice Cadwgan *(Mktg Dir-Global)*
Tony Currie *(Creative Dir-Connected Experiences)*
Rob Day *(Client Svcs Dir)*
Julien Dupuis *(Acct Dir-Digital)*
Cassandra Harris *(Bus Dir-PR & Experiential)*

ADVERTISING AGENCIES

Louise Jorden *(Creative Dir)*
Andrew Marriott *(Bus Dir)*
Stephanie McCann *(Acct Dir)*
Conor Twohill *(Bus Dir)*
Natalie Tyson *(Acct Dir)*
Claire Dykes *(Dir-HR)*
Simon King *(Dir-Ops)*
Rebecca Taylor *(Sr Mgr-HR)*
Laura Holmes *(Sr Acct Mgr)*
Simon Bruxner-Randall *(Grp COO)*
Anton Christodoulou *(Grp CTO)*
James Keane *(Joint Head-Creative-Ford EMEA)*

Accounts:
BBC
Commonwealth Bank Campaign: "Community Seeds"
Disney
Disneyland Paris
Ford Motor Company
Jaguar Cars Limited Campaign: "Range Rover: The All-New Experience"
Land Rover
Orange
Shell Campaign: "An Expression of Innovation"
Swire Properties Campaign: "Pacific Place"
Tate Modern Launch

Branches

Imagination the Americas
155 Franklin St, New York, NY 10013
Tel.: (212) 813-6400
Fax: (212) 813-6401
E-Mail: info@imagination.com
Web Site: https://www.imagination.com/

Employees: 30

Rob Bullen *(CFO)*
Gabrielle Chamberlain *(Mng Dir-Imagination The Americas-New York)*
William Gorncy *(Sr Mgr-Digital Project & Sr Producer)*
Geoffrey Hayes *(Acct Dir)*
Ronald Pawlicki *(Creative Dir)*
Sigourney Hudson-Clemons *(Sr Acct Mgr)*

Accounts:
Akzo Noble
British Airways
Christies
Disney Land
Ford
Jaguar
Mazda
One World
Samsung
Sony
Virgin Mobile USA, Inc.
Vodafone

Imagination (USA) Inc.
290 Town Center Dr 7th Fl, Dearborn, MI 48126-2765
Tel.: (313) 996-7000
Fax: (313) 563-8606
E-Mail: christopher.gerlach@imagination.com
Web Site: https://www.imagination.com/

Employees: 28

Candice Dias *(Head-Strategy & Content)*
Amy Myers-Delaney *(Head-Production)*
Kyle Boynton *(Creative Dir)*
Mark Rennoldson *(Acct Dir)*
Guy Stevenson *(Client Svcs Dir-Global)*
Christin Israelski *(Dir-Investor Comm-Americas)*
Paul Skomra *(Sr Mgr-Comml)*
Brittany Phillips *(Mgr-Comml)*
Janice Hachlinski *(Sr Designer-2D)*

Imagination (Canada) Ltd.
22 Wellesley St E Ste 2202, Toronto, ON M4Y 1G3 Canada
(See Separate Listing)

Imagination Australia
Ste 121 Jones Bay Wharf, 26-32 Pirrama Rd, Pyrmont, 2009 Australia
Tel.: (61) 2 8572 8700
Fax: (61) 2 9660 2800
Web Site: https://www.imagination.com/

Employees: 135
Year Founded: 2006

Antony Gowthorp *(Mng Dir)*
Georgina Crichton *(Gen Mgr)*
Kate Daly *(Bus Dir)*
Trevor Smith *(Dir-Production)*
Brodie Melrose *(Sr Acct Mgr)*
Angela Lemon *(Client Svcs Mgr)*
Adrian Goldthorp *(Sr Creative Dir)*

Accounts:
BMW
City of Sydney
Commonwealth Bank of Australia
Ford
Interface
Land Rover
Nike
Samsung
Shell
Telstra
Winten Property Group 1 Denison Street, Brand Positioning

IMAGINE GLOBAL COMMUNICATIONS
262 W 38Th St Rm 703, New York, NY 10018
Tel.: (212) 922-1961
Fax: (212) 922-1962
Web Site: www.imagine-team.com

Employees: 20

Agency Specializes In: Travel & Tourism

Gabriele Sappok-Klink *(Partner)*

Accounts:
Aurelio Lech
Jacada Travel Public Relations
Pezula Resort Hotel and Spa
The Safari Collection
Singapore Airlines
Singita
South Pacific Tourism Organisation
Uncharted Africa Safari Co
Zambezi Queen

IMAGINE IT MEDIA
318 N Palm Canyon Dr, Palm Springs, CA 92262
Tel.: (760) 325-6998
Fax: (866) 902-0435
E-Mail: info@imagineitmedia.com
Web Site: www.imagineitmedia.com

Employees: 5
Year Founded: 2002

Agency Specializes In: Advertising, Collateral, Graphic Design, Internet/Web Design, Logo & Package Design, Print, Public Relations, Search Engine Optimization

Jeff Shotwell *(Pres & Creative Dir)*
Scott Jones *(VP)*

Accounts:
Desert Business Association
LGBT Legal Forms
Modern Misting Systems

IMAGINE THIS, INC.
43 Corporate Park, Irvine, CA 92606
Tel.: (949) 486-4598
Fax: (714) 384-0444
E-Mail: patrick@imaginethispromo.com
Web Site: www.imaginethispromo.com

Employees: 32
Year Founded: 1999

Agency Specializes In: Advertising

Revenue: $22,000,000

Patrick Papaccio *(CEO)*
Adam Bullock *(Sr VP-Ops)*
Autumn Gregg *(VP-Client Svcs)*
Ben Haines *(Creative Dir)*
Daniel Saenz *(Dir-Bus Dev)*
Amy French *(Mgr-Acctg & Bus)*
Nancy McCarthy *(Mgr-Vendor Rels)*
Joseph Guiste *(Sr Strategist-Mktg)*
Gretchen Krebs *(Acct Exec-Sls)*
Joanne Nguyen *(Acct Coord)*
Russ Scarce *(Sr Exec-Mktg)*

Accounts:
Ameristar
Auto Club
Heinz
Hyundai
MGM Grand
Nissan
Smuckers

IMAGO COMMUNICATIONS
200-168 rue Notre-Dame Nord, Sainte-Marie, QC G6E 3Z9 Canada
Tel.: (418) 387-4781
Fax: (418) 387-1826
Web Site: www.goimago.com/

Employees: 20

Agency Specializes In: Communications, Internet/Web Design, Production, Public Relations, Strategic Planning/Research

Jean Savoie *(Pres)*

Accounts:
MBI Plastic (Mouleurs de Beauce Inc.)

IMAJ ASSOCIATES
11 William Reynolds Farm Rd, West Kingston, RI 02892
Tel.: (401) 491-9665
Fax: (401) 654-6667
Web Site: http://imajassociates.com/

Employees: 10

Jami Ouellette Morse *(Pres & Creative Dir)*
Jennifer Allison *(Strategist)*

Accounts:
Atlantic Hearing
Bishop Hendricken High School
Care New England
CityFinds
Meckley & Associates
Rhode Island Housing HelpCenter
The Virta Insurance Agency

IMBUE CREATIVE
200 Ludlow Dr, Ewing, NJ 08638
Tel.: (609) 963-4004

AGENCIES - JANUARY, 2019 — ADVERTISING AGENCIES

E-Mail: info@imbuecreative.com
Web Site: www.imbuecreative.com

Employees: 7

Agency Specializes In: Advertising, Digital/Interactive, Graphic Design, Internet/Web Design

Joe Kubiak *(Mng Dir)*
Michael Piperno *(Principal & Dir-Creative)*
Jane Laswell *(Creative Dir)*
Laura Dickerman *(Sr Acct Mgr)*
Wendy Stasolla *(Project Mgr & Designer)*
Mark Yearick *(Copywriter)*

Accounts:
Bucks County Playhouse
Mistral
Westminster Conservatory of Music

IMG COLLEGE
540 North Trade St, Winston Salem, NC 27101
Tel.: (336) 831-0700
Fax: (859) 226-4242
Web Site: www.imgcollege.com

Employees: 300
Year Founded: 1972

Agency Specializes In: Sports Market

Revenue: $81,800,000

Tim Pernetti *(Pres)*
Andrew Judelson *(Exec VP-Sls & Mktg)*
Cory Moss *(Sr VP & Mng Dir-The Collegiate Licensing Company)*
Tom Fletcher *(Sr VP-Sls & Bus Dev-West)*
John Loken *(Sr VP-Global Consumer Mktg-IMG Events)*
Joe Potter *(Sr VP-Media Ops)*
Rick Barakat *(VP-Sls Strategy & Ops)*
Dan Barrett *(VP-Bus Dev)*
Andrew Giangola *(VP-Strategic Comm-WME)*
John Hite *(VP-IMG College Seating)*
Scott MacKenzie *(VP-Bus Dev)*
Jason Wilmoth *(VP-Partnership Mktg)*
John Gregory *(Creative Dir)*
Zak Damman *(Mgr-Social Media)*
Steve Brice *(Acct Exec)*
Martin Graham *(Acct Exec)*

Accounts:
Alltel
Chobani Content, Digital, Greek Yogurt, Print Ads, Product Sampling, Radio Ads
Dodge
Foot Locker
IBM
Kraft Foods Content, Jell-O, Social-Media, Video Boards

IMMERSION ACTIVE
44 North Market St, Frederick, MD 21701
Tel.: (301) 631-9277
Fax: (301) 631-9276
E-Mail: info@immersionactive.com
Web Site: www.immersionactive.com/

Employees: 12
Year Founded: 1998

National Agency Associations: AAF

Agency Specializes In: Advertising, Affiliate Marketing, Affluent Market, Aviation & Aerospace, Consulting, Consumer Marketing, Content, Corporate Identity, Digital/Interactive, Direct Response Marketing, E-Commerce, Email, Game Integration, Graphic Design, Internet/Web Design, Leisure, Luxury Products, Media Buying Services, Media Planning, Mobile Marketing, Multimedia, Over-50 Market, Paid Searches, Podcasting, RSS (Really Simple Syndication), Search Engine Optimization, Seniors' Market, Strategic Planning/Research, Viral/Buzz/Word of Mouth

Approx. Annual Billings: $1,500,000

Breakdown of Gross Billings by Media: Internet Adv.: $1,500,000

Joe Ford *(Pres & Sr Strategist-Digital)*
Jonathan Boehman *(Grp Head-Innovation & Sr Strategist-Digital)*
Lisa McElwain *(Head-Paid Media Domain & Sr Strategist-Digital Media)*
Gina Pagliaro *(Head-Strategy Domain & Sr Strategist-Digital Mktg)*
Kathi Scharf *(Dir-Property Dev Solutions)*
John Sears *(Dir-Interactive)*
Lisa Young *(Sr Strategist-Digital Mktg)*

IMMOTION STUDIOS
4717 Fletcher Ave, Fort Worth, TX 76107
Tel.: (817) 731-4176
Web Site: www.immotionstudios.com

Employees: 25

Agency Specializes In: Advertising, Brand Development & Integration, Graphic Design, Internet/Web Design, Public Relations, Social Media

Lindsey Hurr *(VP & Strategist-Certified Brand-Fort Worth Adv & Brand Dev)*
Coleman Anderson *(Acct Exec & Producer-Video)*
Patti Nelson Bandy *(Art Dir)*
Colin Coolidge *(Dir-Web)*
Jonathan Graf *(Dir-Art & Web)*
Tom Schuller *(Dir-Creative)*
Shelly Raifsnider *(Acct Mgr)*
Marie Simon *(Acct Mgr)*

Accounts:
Insight Complete Eye Care Public Relations, Social Media
Junior Achievement of the Chisholm Trail, Inc Design, Event Planning, Public Relations, Social Media, Strategy
Shoot Smart Indoor Range & Training Center

IMPACT DIRECT
17830 Statesville Rd Ste 200, Cornelius, NC 28031
Tel.: (704) 894-0461
Fax: (704) 894-0564
Toll Free: (888) 343-2010
Web Site: www.impactdirect.com

Employees: 5

Agency Specializes In: Advertising, Direct Response Marketing, Event Planning & Marketing, Market Research, Publicity/Promotions

Brian Stanley *(Co-Founder & VP)*
Josh Weaver *(Pres)*

IMPACT MARKETING & PUBLIC RELATIONS, INC.
6310 Stevens Forest Rd Ste 260, Columbia, MD 21046
Tel.: (410) 312-0081
Fax: (410) 872-0890
Web Site: www.impactmarketing.net/

Employees: 2
Year Founded: 1990

Agency Specializes In: Communications

Duane Carey *(Pres)*
Erin McMahon *(Acct Mgr)*
Terri Hesse *(Mgr-Digital Mktg)*
Seema Parekh *(Mgr-Acctg)*

Accounts:
Howard County Chamber of Commerce
The Melting Pot

IMPACT XM - NEW JERSEY
250 Ridge Rd, Dayton, NJ 08810
Tel.: (732) 274-2000
Fax: (732) 274-2417
E-Mail: experience@impact-xm.com
Web Site: www.impact-xm.com

Employees: 150
Year Founded: 1973

Agency Specializes In: Brand Development & Integration, Corporate Communications, Entertainment, Exhibit/Trade Shows, Market Research, Strategic Planning/Research

Jared Pollacco *(Pres)*
Stephen Mapes *(Sr VP-Strategy)*
Tom Frisby *(VP-Design & Mktg)*
Donna Bernero *(Exec Acct Dir)*
Kevin Padden *(Exec Dir-Engagement & Digital)*
Kristi Martins *(Sr Acct Mgr)*
Lindsay Brown *(Project Mgr-IT)*

Accounts:
Canton of St. Gallen City Details

IMPRENTA COMMUNICATIONS GROUP
315 W 9Th St Ste 700, Los Angeles, CA 90015
Tel.: (626) 300-6620
E-Mail: imprentainfo@icgworldwide.com
Web Site: www.icgworldwide.com

Employees: 30
Year Founded: 2001

Agency Specializes In: Advertising, Broadcast, Communications, Content, Event Planning & Marketing, Government/Political, Media Relations, Print, Radio, Social Media

Ronald Wong *(Pres & CEO)*
Ken Tiratira *(Chief Strategy Officer & Sr VP-Ops)*
Katreena Salgado *(Sr VP)*
Steve Patno *(Mgr-Production & Graphics)*

Accounts:
New-California Community Colleges Chancellor
New-California Department of Industrial Relations
New-The California Endowment
New-Frontier Communications Corporation
New-Health Net, Inc.
New-NBC Universal, Inc.
New-Pacific Gas & Electric Company
New-Southern California Gas Company

Branch

Imprenta Communications Group
1225 8th St Ste 440, Sacramento, CA 95814
Tel.: (916) 930-0881
E-Mail: imprentainfo@icgworldwide.com
Web Site: www.icgworldwide.com

Employees: 30
Year Founded: 2001

Agency Specializes In: Advertising, Broadcast, Communications, Content, Event Planning & Marketing, Government/Political, Internet/Web Design, Print, Radio, Social Media

ADVERTISING AGENCIES

Joe Zago *(Sr VP)*

Accounts:
New-California Professional Firefighters
New-Covered California
New-North East Medical Services
New-Resources Legacy Fund

IMPRESSIONS-A.B.A. INDUSTRIES, INC.
393 Jericho Tpk, Mineola, NY 11501
Tel.: (516) 739-3210
Fax: (516) 739-9246
E-Mail: info@impressionsaba.com
Web Site: www.impressionsaba.com

E-Mail for Key Personnel:
President: aschettino@impressionsaba.com

Employees: 30
Year Founded: 1971

Agency Specializes In: Advertising, Brand Development & Integration, Broadcast, Business Publications, Business-To-Business, Collateral, Communications, Computers & Software, Consulting, Consumer Publications, Corporate Identity, Customer Relationship Management, Direct Response Marketing, Electronics, Engineering, Event Planning & Marketing, Exhibit/Trade Shows, Financial, Graphic Design, Health Care Services, High Technology, Identity Marketing, Industrial, Information Technology, Integrated Marketing, Internet/Web Design, Investor Relations, Luxury Products, Magazines, Marine, Market Research, Media Buying Services, Media Planning, Media Relations, Medical Products, Multimedia, New Product Development, New Technologies, Paid Searches, Pharmaceutical, Planning & Consultation, Print, Production, Production (Ad, Film, Broadcast), Production (Print), Promotions, Publicity/Promotions, Publishing, Sales Promotion, Search Engine Optimization, Strategic Planning/Research, Technical Advertising, Telemarketing, Trade & Consumer Magazines

Approx. Annual Billings: $25,000,000 Capitalized

Breakdown of Gross Billings by Media: Collateral: 10%; D.M.: 40%; Exhibits/Trade Shows: 10%; Plng. & Consultation: 20%; Sls. Promo.: 10%; Trade & Consumer Mags.: 10%

Anthony M. Schettino *(Founder & Pres)*
Jeff Thurau *(Sr Art Dir & Dir-IT)*
LouAnn Pugliese *(Acct Supvr)*

Accounts:
Ameriprise
Broadridge
International Paper
Mastercard International
Mercer
National Grid
Schneider Electric
SNL Financial
Tyco/ADT
Unica/IBM
Wesco

IMPRESTIGE MEDIA MARKETING
4402 W 95th St, Prairie Village, KS 66207
Tel.: (913) 232-9098
Fax: (913) 904-0858
E-Mail: randy@imprestige.com
Web Site: www.imprestige.com

Employees: 9

Agency Specializes In: Advertising, Advertising Specialties, Alternative Advertising, Automotive, Brand Development & Integration, Broadcast, Business Publications, Cable T.V., Catalogs, Co-op Advertising, Collateral, College, Commercial Photography, Consulting, Consumer Publications, Corporate Identity, Customer Relationship Management, Direct Response Marketing, Education, Electronic Media, Email, Event Planning & Marketing, Experience Design, Experiential Marketing, Graphic Design, Guerilla Marketing, Health Care Services, In-Store Advertising, Infomercials, Internet/Web Design, Local Marketing, Logo & Package Design, Magazines, Media Buying Services, Media Planning, Media Relations, Media Training, Multicultural, Multimedia, New Product Development, Newspaper, Newspapers & Magazines, Out-of-Home Media, Outdoor, Planning & Consultation, Point of Purchase, Print, Production, Production (Ad, Film, Broadcast), Production (Print), Promotions, Public Relations, Publicity/Promotions, Publishing, Radio, Retail, Sales Promotion, Search Engine Optimization, Strategic Planning/Research, T.V., Teen Market, Travel & Tourism, Urban Market, Viral/Buzz/Word of Mouth, Web (Banner Ads, Pop-ups, etc.), Yellow Pages Advertising

Approx. Annual Billings: $3,000,000

Breakdown of Gross Billings by Media: Brdcst.: $2,000,000; Cable T.V.: $250,000; Collateral: $50,000; Comml. Photography: $20,000; Event Mktg.: $100,000; Graphic Design: $10,000; Internet Adv.: $3,000; Newsp.: $50,000; T.V.: $500,000; Worldwide Web Sites: $17,000

Dan Neustadter *(Owner & COO)*

Accounts:
A1 Mortgage; Lee's Summit, MO Mortgage Services; 2007
BigDataSummitKC (Agency of Record)
Comfort Tours; Kansas City, MO Travel & Leisure; 2007
Marvin's Midtown Chiropractic; Kansas City, MO Chiropractic Services; 2007
Meridian Mortgage Solutions; Carmel, IN Mortgage Services
Smart Wholesale Lending; Saint Louis, MO Mortgage Services; 2007
Sunshine Home Improvement; Drexel, MO Windows, Siding & Patio; 2007

IMPRINT PROJECTS
500 Broadway Fl 2, New York, NY 10012
Tel.: (212) 925-2968
E-Mail: info@imprintprojects.com
Web Site: www.imprintprojects.com

Employees: 46

Agency Specializes In: Advertising, Brand Development & Integration, Digital/Interactive, Print, Strategic Planning/Research

Adam Katz *(Pres)*
Justin Kerr *(Pres)*
Anna Simonse *(Mng Dir)*
Nina Sers *(Gen Mgr)*
Lien Nguyen *(Acct Dir)*
Natalie Sims *(Creative Dir)*
Jennifer Whitney *(Creative Dir)*
David Jacob Kramer *(Dir-Creative)*
Brandon Gwin *(Mgr-Social Media)*
Jonathan Handy *(Strategist-Social)*

Accounts:
Moogfest
RVCA

IMPULSE CONCEPT GROUP
18 Leonard St, Norwalk, CT 06850
Tel.: (203) 945-9262
Web Site: www.impulseconceptgroup.com

Employees: 1
Year Founded: 2013

Agency Specializes In: Advertising, Brand Development & Integration, Digital/Interactive, Graphic Design, Internet/Web Design, Print, Promotions, T.V.

Matthew Conciatore *(Mng Partner & Creative Dir)*

Accounts:
University of Saint Joseph

IMRE
909 Ridgebrook Rd Ste 300, Baltimore, MD 21152
Tel.: (410) 821-8220
Fax: (410) 821-5619
E-Mail: info@imre.com
Web Site: https://imre.com/

Employees: 50

National Agency Associations: COPF

Agency Specializes In: Sponsorship

Mark Eber *(Owner)*
David Imre *(CEO)*
Jeff Smokler *(Partner & Pres-Healthcare)*
Crystalyn Stuart *(Partner)*
Mary Ann Wilson *(CFO)*
Michael O'Mara *(COO)*
Anne Denford *(Sr VP-HR)*
Ryan Jordan *(VP & Creative Dir)*
Jennifer Beck *(VP-Consumer Strategy)*
Sarah Dembert *(VP)*
Lindsay Hughes *(VP-Healthcare)*
Ed Snider *(Sr Dir-Res & Insights)*
Jason Burelle *(Creative Dir)*
Stefen Lovelace *(Acct Dir)*
Wendy Clark *(Acct Mgr)*
Nichole Addison Hart *(Acct Mgr)*
Kristi Volke *(Acct Mgr)*
Danielle Ippolito *(Sr Acct Exec)*
Megan Fox *(Acct Exec-Sports Mktg)*
Amanda Guagliardo *(Acct Exec)*
Sarah Lane *(Acct Exec)*
Rachel Poisall *(Acct Exec)*
Erin Hampton *(Sr Production Mgr)*

Accounts:
ABC Merit Choice
AkzoNobel Glidden Professional, Marketing, PR
AMAG Pharmaceuticals
The American Institute of Architects
Ames True Temper Ames, Dynamic Design, Hound Dog, Jackson, Razor-Back, True Temper, UnionTools
AmWINS Group Benefits
AstraZeneca
Beazer Homes Single-Family Homes; 2008
Becton Dickinson
Boral Bricks; 2008
Bristol-Myers Squibb
California Pizza Kitchen (Social Media Agency of Record)
California Pizza Kitchen (Social Media Agency of Record)
CoreNet Global
Corporate Coverage
Dal-Tile Corporation (Agency of Record) American Olean, Creative, Daltile, Public Relations, Social Marketing
Deere & Company; Moline, IL Public Relations
EFI Global
EngagePoint Marketing
Fiber Composites, LLC (Agency of Record) Fiberon
Gravie Campaign: "Gravie Makes Everything Better"
Irrigation Association Education Foundation
John Deere
Kwikset Campaign: "Made for the World You Live

AGENCIES - JANUARY, 2019 — ADVERTISING AGENCIES

In", Consumer, Digital Advertising, Social Content, Videos, Web
Liberty Hardware Manufacturing Corporation
Mannington Mills Flooring; 2008
MetLife
New-Patagonia
Penn Mutual
PepsiCo
PowerBar
PowerBar (Public Relations, Social Media & Creative Agency of Record)
T. Rowe Price
Travelers Championship
Travelers
United Industries Consumer Products; 2008
New-Williamson-Dickie Manufacturing Company Dickies (Public Relations Agency of Record), Social Media
Zoetis

Branches

IMRE
6100 Wilshire Blvd Ste 1110, Los Angeles, CA 90048
Tel.: (213) 289-9190
E-Mail: info@imre.com
Web Site: https://imre.com/

Employees: 50

Agency Specializes In: Advertising, Digital/Interactive, Public Relations, Social Media

Joe Keenan *(Exec Dir-LGBTQ & Entertainment)*

Accounts:
Kwikset

IMRE
60 Broad St, New York, NY 10004
Tel.: (917) 477-4800
Fax: (410) 821-5619
E-Mail: info@imre.com
Web Site: imre.com/

Employees: 50

Agency Specializes In: Advertising, Digital/Interactive, Public Relations, Social Media

Ryan Jordan *(Sr VP & Creative Dir)*
Christine Pierpoint *(Sr VP-Consumer Div)*
Anne Denford *(VP-HR)*
Stephanie Sones *(Acct Mgr)*
Amy M. Jones *(Sr Acct Exec)*
Benjamin Myers *(Assoc Creative Dir)*

Accounts:
Travelers & Target

JMPR, Inc.
5850 Canoga Ave Ste 300, Woodland Hills, CA 91367
(See Separate Listing)

IMS ADVERTISING LLC
769 Newfield St Ste 6, Middletown, CT 06457
Tel.: (860) 316-2541
Fax: (860) 316-2551
E-Mail: info@imsadvertising.com
Web Site: www.imsadvertising.com

Employees: 3

Agency Specializes In: Advertising, Brand Development & Integration, Internet/Web Design, Logo & Package Design, Search Engine Optimization, Social Media

Bob Russo *(Pres)*

Accounts:
All Services Electric
Bruce Solomon Plumbing Heating & Air
Service Roundtable

IN FOOD MARKETING
600 N Washington Ave Ste C101, Minneapolis, MN 55401
Tel.: (612) 353-3400
E-Mail: info@infoodmktg.com
Web Site: infoodmarketing.com

Employees: 50
Year Founded: 1995

Agency Specializes In: Advertising, Brand Development & Integration, Communications, Copywriting, Event Planning & Marketing, Exhibit/Trade Shows, Food Service, Media Buying Services, Media Planning, Production, Public Relations

Anita Nelson *(Pres & Acct Dir)*
Lori Gerdts *(VP & Creative Dir)*
Maggie Alt *(Acct Mgr)*
Caroline Carlson *(Strategist-Content & Copywriter)*
Emily Erickson *(Acct Exec)*
Ben Russell *(Acct Exec)*
Betsy DeNuccio *(Sr Graphic Designer)*
Ciara Metzger *(Coord-Digital Mktg)*

Accounts:
New-Cookie Cart
New-T. Marzetti Company

THE IN-HOUSE AGENCY, INC.
55 Madison Ave Ste 400, Morristown, NJ 07960
Tel.: (973) 285-3259
Fax: (908) 996-3593
E-Mail: dougm@in-houseagency.com
Web Site: www.theinhouseagency.com

Employees: 5
Year Founded: 1996

Agency Specializes In: Above-the-Line, Advertising, Affluent Market, Alternative Advertising, Arts, Automotive, Below-the-Line, Brand Development & Integration, Broadcast, Business Publications, Business-To-Business, Cable T.V., Co-op Advertising, Collateral, College, Commercial Photography, Communications, Computers & Software, Consulting, Consumer Goods, Consumer Marketing, Consumer Publications, Corporate Communications, Corporate Identity, Cosmetics, Digital/Interactive, Direct Response Marketing, Direct-to-Consumer, E-Commerce, Education, Electronic Media, Electronics, Email, Entertainment, Event Planning & Marketing, Exhibit/Trade Shows, Fashion/Apparel, Financial, Government/Political, Graphic Design, Guerilla Marketing, Health Care Services, High Technology, Hospitality, Household Goods, Identity Marketing, In-Store Advertising, Industrial, Information Technology, Integrated Marketing, Internet/Web Design, Investor Relations, Leisure, Local Marketing, Logo & Package Design, Luxury Products, Magazines, Market Research, Media Planning, Media Relations, Medical Products, Men's Market, Merchandising, Mobile Marketing, Multicultural, Multimedia, New Product Development, New Technologies, Newspaper, Newspapers & Magazines, Out-of-Home Media, Outdoor, Package Design, Paid Searches, Planning & Consultation, Podcasting, Point of Purchase, Point of Sale, Print, Production, Production (Print), Promotions, Publicity/Promotions, Publishing, Radio, Real Estate, Recruitment, Regional, Restaurant, Retail, Sales Promotion, Search Engine Optimization, Social Media, Sports Market, Strategic Planning/Research, Sweepstakes, T.V., Technical Advertising, Teen Market, Trade & Consumer Magazines, Transportation, Travel & Tourism, Urban Market, Viral/Buzz/Word of Mouth, Women's Market, Yellow Pages Advertising

Approx. Annual Billings: $5,000,000

Doug MacGibbon *(Pres & Creative Dir)*
Emily Foster *(Dir-IHAF)*

Accounts:
Best Buy Co., Inc.
Chobani
Institute on Aging
JOHNNIE WALKER BLUE LABEL
Mattel
Microsoft

IN MARKETING SERVICES
Merritt 7 Corporate Park 501, Norwalk, CT 06851
Tel.: (203) 847-6400
Web Site: www.inmarketingservices.com

Employees: 500
Year Founded: 2000

Agency Specializes In: Consumer Goods, Consumer Marketing, Custom Publishing, Digital/Interactive, Planning & Consultation, Retail, Shopper Marketing, Sponsorship, Strategic Planning/Research

Lisa Klauser *(Pres-Shopper Mktg)*
Dino de Leon *(Exec VP & Exec Creative Dir)*
Valerie Bernstein *(Sr VP-Bus Dev)*
Ines Henrich *(Sr VP-Client Svcs)*
Amanda Rosen *(VP)*
David Smith *(VP-Client Svcs-Shopper Mktg)*
Reagen Anderes *(Sr Dir-Digital Shopper Mktg)*
Kristin Marie Anderson *(Sr Acct Dir-New Bus)*
Colin McCormick *(Sr Acct Dir-Shopper Mktg)*
Mike Baroni *(Creative Dir)*
Shane Carroll *(Acct Dir)*
Jeannie Sexton *(Acct Dir)*
Lindsay Sullivan *(Acct Dir)*
Regina Hobbs Haley *(Dir-Strategic Plng)*
Mendy Clark *(Assoc Dir-Project Mgmt)*
Allison Combs *(Acct Supvr)*
Georgiana Piperea *(Sr Acct Exec)*
Maggie McConnell *(Acct Exec)*

Accounts:
Amope Pedi Perfect
Energizer Personal Care Banana Boat, Carefree, Hawaiian Tropic, Playtex, Stayfree, Wet Ones
Newell Rubbermaid Lunch Box
People Magazine
Reckitt Benckiser
Sargento
Schick Quattro, Skintimate
Unilever Fruttare, Good Humor, Klondike Bar, Magnum, Popsicle

Branch

IN Marketing Services
5101 W JB Hunt Dr Ste 100, Rogers, AR 72758
(See Separate Listing)

IN PLACE MARKETING
703 N Willow Ave, Tampa, FL 33606
Tel.: (813) 933-1810
Fax: (813) 932-8512
E-Mail: info@inplacemarketing.com
Web Site: www.inplacemarketing.com

Employees: 8
Year Founded: 1971

ADVERTISING AGENCIES

Agency Specializes In: Real Estate

Approx. Annual Billings: $1,500,000

Breakdown of Gross Billings by Media: Mags.: $600,000; Newsp.: $450,000; Outdoor: $450,000

Barbara Commesso *(Pres)*
Joseph Commesso *(CFO & VP)*
Peter Masem *(Creative Dir)*
Kayla Bradley *(Designer)*
Donnie White *(Designer)*

Accounts:
Arlington Ridge
Blair Communities
Blair Homecrafters
Bridgewater Place
Crosland
Hannah Bartoletta
Lennar Homes
Metro Development
Ryland Homes
Tradition Communities
William Ryan Homes

INAMOTO & CO
117 8th St, Brooklyn, NY 11215
Tel.: (917) 793-9045
E-Mail: info@inamoto.co
Web Site: inamoto.co

Employees: 50
Year Founded: 2015

Agency Specializes In: High Technology, New Technologies, Planning & Consultation, Strategic Planning/Research

Rei Inamoto *(Co-Founder & Partner)*
Rem Reynolds *(Co-Founder & Partner)*
Nathalie Torres *(Dir-Data)*
Steve Winchell *(Dir-Design)*
Will Rocklin *(Product Mgr)*

Accounts:
Asics Digital, London flagship; 2018
Sotheby's
Toyota
Uniqlo

INC RESEARCH/INVENTIV HEALTH
(Name Changed to Syneos Health, Inc.)

INCEPTION MARKETING, INC.
268 Bush St, San Francisco, CA 94104
Tel.: (415) 399-1045
E-Mail: hello@inceptionus.com
Web Site: www.inceptionus.com

Employees: 5
Year Founded: 1976

Agency Specializes In: Advertising, Brand Development & Integration, Crisis Communications, Digital/Interactive, Logo & Package Design, Media Buying Services, Media Planning, Print, Search Engine Optimization, Social Media

Bill Criswell *(Pres)*
Megan Houchin *(Acct Mgr)*
Rylie Schock *(Sr Acct Exec)*

Accounts:
Tiger Balm

INCHRIST COMMUNICATIONS
256 S Academy St, Mooresville, NC 28115
Tel.: (704) 759-6192

Web Site: inchristcommunications.com/

Employees: 15
Year Founded: 2002

Agency Specializes In: Advertising, Brand Development & Integration, Content, Copywriting, Crisis Communications, Event Planning & Marketing, Faith Based, Government/Political, Graphic Design, Market Research, Media Buying Services, Production (Ad, Film, Broadcast), Public Relations, Social Media, Stakeholders, Strategic Planning/Research, Web (Banner Ads, Pop-ups, etc.)

Palmer Holt *(Pres)*
Darin Campbell *(Acct Mgr & Head-Development)*
Ty Mays *(Acct Exec-Contract)*

Accounts:
Hope Pregnancy Centers
International Day for the Unreached
Kairos
TechSoup.org

INDEPENDENT FLOORCOVERINGS DEALERS OF AMERICA, INC.
3104 Creekside Village Dr Nw Ste 507, Kennesaw, GA 30144
Tel.: (770) 592-5858
Fax: (770) 592-5508
Toll Free: (888) 261-4332
E-Mail: contact@ifda.net
Web Site: www.ifda.net

Employees: 6

Agency Specializes In: Direct-to-Consumer, Promotions, Radio, T.V.

John Harris *(Mng Dir)*
Anne Brown *(VP)*

Accounts:
Bob's Carpets
Durfee's Floor Center
The Flooring Network
Palmetto Carpet
Stainmaster
Townsend Floors
Vallejo Floor Company

INDEPENDENT GRAPHICS INC.
242 West 8th Street, Wyoming, PA 18644
Tel.: (570) 654-4040
Web Site: www.independentgraphics.com

Employees: 50

Agency Specializes In: Graphic Design

Lou Ciampi, Jr. *(Owner & Pres)*
Stan Brozena *(Mgr-Production)*
Jim Ciampi *(Mgr-Customer Svc)*
Jeff Fusco *(Mgr-PrePress)*
Rich Mattei *(Mgr-Customer Satisfaction)*

Accounts:
Bridon American Corp.

INDUSTRIAL IMAGE
111 S 2nd Ave, Alpena, MI 49707
Tel.: (989) 358-7100
Web Site: www.ind-image.com

Employees: 5

Accounts:
Besser Company

INDUSTRIAL STRENGTH MARKETING
1401 5th Ave N, Nashville, TN 37208
Tel.: (615) 577-2015
Web Site: http://industrialstrengthmarketing.com/

Employees: 22
Year Founded: 2003

Agency Specializes In: Affiliate Marketing, Alternative Advertising, Business Publications, Catalogs, Collateral, Consumer Publications, Custom Publishing, Digital/Interactive, Direct Response Marketing, Electronic Media, Email, Exhibit/Trade Shows, Experience Design, Guerilla Marketing, Local Marketing, Magazines, Mobile Marketing, Multimedia, Newspapers & Magazines, Paid Searches, Point of Sale, Print, Product Placement, Production, Production (Print), Promotions, Publishing, RSS (Really Simple Syndication), Search Engine Optimization, Social Media, Trade & Consumer Magazines, Web (Banner Ads, Pop-ups, etc.)

James Soto *(CEO)*
Sheri Wofford *(Partner & Controller)*
Jake Gerli *(Dir-Comm)*
Brent Lathrop *(Dir-Tech)*
Joey Strawn *(Dir-Integrated Mktg)*

Accounts:
Bailey Parks Urethane National Brand, Urethane Molding; 2008
E-Com Seating Chair Manufacturing & Distribution, Laboratory Seating, National Brand; 2010
Mills Products Hydroforming, Metal Forming, National Brand, Roll Forming
National Boiler Service Boiler Repair, Boiler Service, National Brand; 2010
Nth-Works Metal Stamping; 2012
Power Technology Laser Diode Manufacturing, National Brand; 2011
Process Baron Air Handling, Ash Handling, Fuel Handling, Industrial Fans, Material Handling, National Brand; 2008
Southern Metal Fabricators Metal Fabrication, National Brand; 2010
Tennessee Children's Home Child Care Services, Christian Ministry, National Brand; 2012

INFERNO
505 Tennessee St Ste 108, Memphis, TN 38103
Tel.: (901) 278-3773
Fax: (901) 278-3774
E-Mail: tim@creativeinferno.com
Web Site: www.creativeinferno.com

Employees: 30
Year Founded: 1999

National Agency Associations: AAF-PRSA

Agency Specializes In: Advertising, Affluent Market, Brand Development & Integration, Broadcast, Business Publications, Business-To-Business, Cable T.V., Collateral, Communications, Computers & Software, Consulting, Consumer Goods, Consumer Marketing, Consumer Publications, Corporate Communications, Corporate Identity, Digital/Interactive, Direct Response Marketing, Direct-to-Consumer, Electronic Media, Email, Entertainment, Event Planning & Marketing, Fashion/Apparel, Financial, Government/Political, Graphic Design, Guerilla Marketing, Health Care Services, Hospitality, In-Store Advertising, Information Technology, Integrated Marketing, International, Internet/Web Design, Local Marketing, Magazines, Market Research, Media Buying Services, Media Planning, Media Relations, Media Training, Medical Products, Merchandising, New Product Development, Newspaper, Newspapers & Magazines, Out-of-Home Media, Outdoor, Over-50 Market, Package Design, Pharmaceutical, Planning

& Consultation, Podcasting, Point of Purchase, Point of Sale, Print, Production, Production (Ad, Film, Broadcast), Production (Print), Promotions, Public Relations, RSS (Really Simple Syndication), Radio, Recruitment, Regional, Retail, Sales Promotion, Search Engine Optimization, Social Marketing/Nonprofit, Strategic Planning/Research, T.V., Technical Advertising, Trade & Consumer Magazines, Transportation, Travel & Tourism, Viral/Buzz/Word of Mouth, Web (Banner Ads, Pop-ups, etc.), Women's Market, Yellow Pages Advertising

Approx. Annual Billings: $14,600,000

Breakdown of Gross Billings by Media: Corp. Communications: $730,000; Exhibits/Trade Shows: $1,460,000; Graphic Design: $1,460,000; Logo & Package Design: $2,190,000; Production: $1,460,000; Pub. Rels.: $2,190,000; Strategic Planning/Research: $2,190,000; Worldwide Web Sites: $2,920,000

Michael Overton *(Partner & Creative Dir)*
Dan O'Brien *(Partner)*
Tim Sellers *(Partner)*
Ryan Knoll *(Acct Mgr)*
Liza Routh *(Acct Mgr)*
Lindsey Woodard *(Acct Mgr)*
Anne Dugan *(Mgr-Traffic)*
Beth Wilson *(Mgr-PR)*
Colleen Radish *(Acct Supvr)*
Joe McLaughlin *(Sr Acct Exec)*
Tarryn Sanchez *(Sr Acct Exec-Creative Inferno)*
Kristin Wescott *(Sr Acct Exec)*
Caitlin Berry *(Acct Exec-PR)*
Nicole Hinson *(Acct Exec)*
Lauren Berry *(Acct Coord-PR)*
Garner Keppen *(Acct Coord-PR)*
Jennifer Johnson *(Jr Art Dir)*
Casey Kennedy *(Jr Art Dir)*
Amy Lind *(Sr Art Dir)*
Trish McLaughlin *(Sr Writer)*

Accounts:
Eclectic Eye; Memphis, TN Eyewear, Optical Services; 2003
Fullen Dock & Warehouse; Memphis, TN Transportation Management Systems; 2003
Memphis Public Links; Memphis, TN Golf Courses; 2001
The Motorcycle Industry Association
NuVasive; San Diego, CA Orthopedic Devices; 2002
Prudential
Smith & Nephew; Memphis, TN Orthopedic Devices; 2003

THE INFINITE AGENCY
220 E Las Colinas Blvd, Irving, TX 75039
Tel.: (469) 310-5870
E-Mail: hello@theinfiniteagency.com
Web Site: https://theinfiniteagency.com/

Employees: 52
Year Founded: 2010

Agency Specializes In: Advertising, Brand Development & Integration, Collateral, Digital/Interactive, Graphic Design, Internet/Web Design, Logo & Package Design, Print, Social Media, T.V.

Jonathan Ogle *(Founder & Pres)*
Flip Croft-Caderao *(Principal & Dir-Interactive)*
Stephen Wade *(Principal)*
Melissa Garcia Sinkoski *(VP-Ops)*
Ally E. Hardgrave *(Dir-Fulfillment)*
Derek McIntyre *(Dir-Digital Media)*
Alisa Hovland *(Sr Brand Mgr)*
Kate Hamel *(Brand Mgr)*
Whitney Hamilton *(Mgr-Social Media)*
John Lods *(Mgr-Digital Media)*

Danielle Cody *(Exec Coord)*
Matthew Johnson *(Assoc Creative Dir)*
Ky Lewis *(Sr Art Dir)*

Accounts:
Anheuser-Busch Companies, LLC Bud Light
New-On The Border
Spree
New-Topgolf International, Inc.
New-Twin Peaks
New-Varidesk, Llc

INFINITE COMMUNICATIONS, INC.
15250 Ventura Blvd 730 Sherman, Oaks, CA 91403
Tel.: (818) 990-9843
E-Mail: info@infinitecomm.net
Web Site: www.thisisinfinite.com

Employees: 7

Agency Specializes In: Advertising, Brand Development & Integration, Internet/Web Design, Media Relations, Paid Searches, Print, Public Relations, Search Engine Optimization, Social Media

Accounts:
Dr. Sally

INFINITE GLOBAL
(Formerly Infinite Spada)
205 E 42nd St 17th Fl, New York, NY 10017
Tel.: (212) 838-0220
Fax: (212) 208-2945
Web Site: www.infiniteglobal.com

Employees: 10

Agency Specializes In: Communications, Crisis Communications, Media Relations

Jamie Diaferia *(Founder & CEO)*
Steven Andersen *(VP-Content & Client Strategy)*

Accounts:
Avvo, Inc.
eGain
Kroll, Inc

INFINITE PUBLIC RELATIONS, LLC
(Merged with Spada to Form Infinite Spada)

INFINITEE COMMUNICATIONS, INC.
3525 Piedmont Rd Ne Bldg 7-210, Atlanta, GA 30305
Tel.: (404) 231-3481
Fax: (404) 231-4576
Toll Free: (800) 886-3481
Web Site: www.infinitee.com

Employees: 23

Agency Specializes In: Advertising, Brand Development & Integration, Business-To-Business, Digital/Interactive, Integrated Marketing, Promotions

Jocelyn Smith *(CEO & Mng Partner)*
Barbara McGraw *(Principal)*
Janet Smith *(VP-Brand Mgmt)*
Vince Vitti *(VP-Bus Dev & Digital Strategy)*
Amy Norton *(Sr Acct Dir)*
Shannon Petty *(Creative Dir)*
Marcia Schlehuber *(Sr Brand Mgr)*
Chelsea Schmidt *(Sr Brand Mgr)*
Ryan Chisholm *(Sr Designer-Graphic, Web & Multi-Media)*

Accounts:

Athens First Bank & Trust Company
Atlanta Center for Self Sufficiency
Avison Young Branding, Digital Media, Public Relations
Banyan Street Properties Media, PR
Buckhead Atlanta
Citadel Outlets
Cousins Properties Incorporated
Craig Realty Group
DiversiTech Corporation
The Eric R. Beverly Family Foundation
Fuqua Development
Gables Residential Strategic Branding
Hill Partners, Inc. (Agency of Record) Branding, Marketing, Messaging, Specialty Shops
Hines
King's Ridge Christian School
Lennar Commercial Investments
Meals By Grace
Monolith
North Fulton Community Improvement District (Agency of Record) Marketing
OliverMcmillan
Parkway Properties, Inc.
PM Realty Group LP
RaCo Real Estate Advisors
Royal Oak
Safe Havens International
Sandestination
Tanger Outlet Centers
United Bankshares, Inc.

INFINITY CONCEPTS
5331 Triangle Ln, Export, PA 15632
Tel.: (724) 733-1200
Fax: (724) 733-1201
E-Mail: info@infinityconcepts.net
Web Site: www.infinityconcepts.net

Employees: 31

Agency Specializes In: Advertising, Direct Response Marketing, Graphic Design, Internet/Web Design, Media Relations, Strategic Planning/Research

Mark Dreistadt *(Founder, Pres & CEO)*
Suzanne Dreistadt *(CFO)*
Darrell Law *(Chief Dev Officer)*
Paul McDonald *(Media Dir)*
Jason Dreistadt *(Dir-Creative & Ops)*
George Konetes *(Dir-Digital Media)*
Mendy Nestor *(Dir-PR)*

Accounts:
Boston Catholics Holy Place
Cornerstone Television Network Digital Marketing, Strategy
First Baptist Church of Oakeola Holy Place
University of Notre Dame Educational Services

INFINITY MARKETING
874 S Pleasantburg Dr, Greenville, SC 29607
Tel.: (864) 235-1700
Fax: (864) 235-3100
E-Mail: info@infinitymkt.com
Web Site: www.infinitymkt.com

Employees: 31
Year Founded: 1993

Agency Specializes In: Advertising, Alternative Advertising, Broadcast, Cable T.V., Collateral, Corporate Communications, Digital/Interactive, Direct-to-Consumer, Electronic Media, Email, Event Planning & Marketing, Graphic Design, Hispanic Market, Identity Marketing, In-Store Advertising, Integrated Marketing, Internet/Web Design, Local Marketing, Logo & Package Design, Media Buying Services, Media Planning, Media Relations, Multimedia, Newspaper, Newspapers & Magazines, Out-of-Home Media, Outdoor, Print,

ADVERTISING AGENCIES

Production, Production (Ad, Film, Broadcast), Production (Print), Promotions, Radio, Regional, T.V., Web (Banner Ads, Pop-ups, etc.), Yellow Pages Advertising

Tony Williams *(Pres)*
Bill Shatten *(Client Svcs Dir)*
Thomas Broadus *(Dir-Digital Media)*
Jane Finney Hall *(Dir-Strategy & Integration)*
Tim Collins *(Production Mgr)*
Brandon Candler *(Mgr-Creative Team)*
Meghan Foreman *(Mgr-Mktg Analytics)*
John Fuhler *(Mgr-Fiscal Ops)*
Cassie Thompson *(Mgr-Organizational Dev)*
Heather Yevcak *(Mgr-Acctg)*
Pamela Rockwell *(Sr Specialist-Media)*
Lena Dunham *(Media Buyer)*
Dana Haltiwanger *(Media Buyer)*
Lindsey Mainhart *(Sr Graphic Designer)*
Landon Senn *(Designer-Digital Creative)*
Sarah Kaye Mohammed *(Coord-Digital)*
Chris Sweeney *(Coord-Analytics)*
Darian Villalobos *(Coord-Media)*
Nicole Yee *(Coord-Direct Mail Program)*
Lee Campbell *(Sr Designer-Digital)*
Rebecca Kennelly *(Sr Coord-Mktg)*
Shannon Rogers *(Sr Coord-Mktg)*
Miranda White *(Asst-Mktg)*

Accounts:
ARCpoint Labs Multimedia Creative, Production Services
Chesnee Communications, Inc.
Comcast Cable; 2005
New-Greenville Health System Digital, Media Planning & Buying, Out-of-Home, Paid Social, Print, Radio, Search Engine Marketing, TV, Traditional Advertising
Greenville Technical College; 2017
Greenwood Capital Associates Branding, Public Relations, Website Design; 2017
Limestone College (Agency of Record) Branding, Extended Campus, Marketing, Media Buying, Media Planning
Live More
MSO
Nano Cleaning Solutions Communication Strategies, Marketing Services, Media Buying, Media Planning, Search Engine Optimization, Website Design
Newwave
Suddenlink Communications; 2004
Sunrise Fresh Produce Website
Sylvan Learning Direct Mail, Radio, Social Media
University Of Florida Media Planning, Traditional & Digital Media; 2018

INFLIGHT CREATIONS
9393 N 90Th St Ste 208, Scottsdale, AZ 85258
Tel.: (480) 331-4621
E-Mail: takeoff@inflightcreations.com
Web Site: www.inflightcreations.com

Employees: 4

Agency Specializes In: Advertising, Brand Development & Integration, Digital/Interactive, Graphic Design, Internet/Web Design, Logo & Package Design, Print, Social Media

Trevor Shaffer *(Co-Founder & Creative Dir)*
Carson Poe *(Mktg Dir)*

Accounts:
Dre Mack
Ford Motor Company
Innovative Products Operations
The Phoenician Scottsdale
Skaas & Co

INFLUENT50
650 F Street NW, Washington, DC 20004

Tel.: (202) 434-7600
E-Mail: hello@influent50.com
Web Site: www.influent50.com

Employees: 19

Agency Specializes In: Advertising, Media Planning

Dave Austin *(Mng Dir)*
Katharine Lazarus *(Acct Dir)*
Kevin Mitchell *(Dir-Mktg Analytics)*
Natalie Wood *(Analyst-Social Media Mktg)*

Accounts:
Avis Budget
UnitedHealthcare

INFORM, INC.
PO Box 1708, Hickory, NC 28603
Tel.: (828) 322-7766
Fax: (828) 322-4868
Web Site: www.informinc.net

Employees: 5
Year Founded: 1967

Agency Specializes In: Business-To-Business, Pets, Public Relations

Approx. Annual Billings: $624,000

Breakdown of Gross Billings by Media: Collateral: $187,200; Mags.: $31,200; Outdoor: $312,000; Radio: $31,200; T.V.: $62,400

Paul Fogleman, Jr. *(Pres)*

Accounts:
Accordis Yarn; Charlotte, NC
Carolina Hosiery Association; Hickory, NC
Century Furniture; Hickory, NC; 1967
City of Hickory; Hickory, NC
Conover Plastics; Hickory, NC
Faith In America; Hudson, NC
Greenville Colorants
Henerson Machinery
Legware Trends & Fashion; Hickory, NC; 1967
Pets Plus Homecare
Twin City

INFORM VENTURES
606 N Larchmont Blvd Ste 307, Los Angeles, CA 90004
Tel.: (323) 906-0724
Fax: (323) 906-0725
E-Mail: patrick@inform-ventures.com
Web Site: www.inform-ventures.com

Employees: 10

Agency Specializes In: Entertainment

Patrick Courrielche *(Partner)*
Adryana Cortez *(Sr VP-Mktg & Comm)*

Accounts:
Toyota Lexus, Scion

INFORMATION ANALYTICS, INC.
7205 S Hampton Rd, Lincoln, NE 68506
Mailing Address:
7205 S Hampton Rd, Lincoln, NE 68506
Tel.: (402) 477-8300
Fax: (402) 695-7375
Toll Free: (866) 477-8300
Web Site: www.4w.com

E-Mail for Key Personnel:
President: KLivingston@4w.com
Creative Dir.: rcurtis@4w.com
Media Dir.: rcurtis@4w.com

Production Mgr.: rcurtis@4w.com
Public Relations: rcurtis@4w.com

Employees: 15
Year Founded: 1995

Agency Specializes In: Automotive, Aviation & Aerospace, Business-To-Business, Consulting, Consumer Marketing, Digital/Interactive, Direct Response Marketing, E-Commerce, Electronic Media, Engineering, Graphic Design, High Technology, Information Technology, Internet/Web Design, Legal Services, Merchandising, Publicity/Promotions, Real Estate, Seniors' Market, Technical Advertising, Trade & Consumer Magazines

Approx. Annual Billings: $800,000

Breakdown of Gross Billings by Media: D.M.: 73%; Mags.: 9%; Radio: 9%; T.V.: 9%

Accounts:
City of Lincoln; Lincoln, NE; 1998
Duncan Aviation; Lincoln, NE; 1997
Exmark Manufacturing; Beatrice, NE; 1997
State of Nebraska Division of Tourism; Lincoln, NE; 1998

INFUSION DIRECT MARKETING & ADVERTISING INC
350 Motor Pky Ste 410, Hauppauge, NY 11788
Tel.: (631) 846-1558
E-Mail: info@infusiondirect.com
Web Site: www.infusiondirect.com

Employees: 5

Agency Specializes In: Advertising, Graphic Design, Internet/Web Design, Logo & Package Design, Print, Public Relations

Monique Merhige-Machado *(Owner)*

Accounts:
Commtech Design (Agency of Record) Public Relations
Idesco, Corp.
ISONAS Inc
OffSite Vision Holdings, Inc. (Public Relations Agency of Record)

INK
31652 2Nd Ave, Laguna Beach, CA 92651
Tel.: (949) 596-4500
Fax: (949) 502-3773
E-Mail: info@inkagency.com
Web Site: www.inkagency.com

Employees: 135
Year Founded: 2007

Agency Specializes In: Advertising, Brand Development & Integration

Todd Henderson *(Founder & Pres)*
Tom Doerr *(Dir-Digital Mktg)*

Accounts:
Agile360
Baja Fresh
DocuTech
Edwards Lifesciences
Hoag Health
Orange County Department of Education
Raleigh Enterprises
RF Surgical Systems
Santa Monica Convention and Visitors Bureau
SchoolsFirst Federal Credit Union
SmartRoom
Time Warner Cable Business Class
Yokohama Tire Corporation

AGENCIES - JANUARY, 2019 — ADVERTISING AGENCIES

THE INK TANK
2461 Queen St E, Toronto, ON M4E 1H8 Canada
Tel.: (416) 690-7557
Fax: (416) 690-9236
E-Mail: js@theinktank.com
Web Site: www.theinktank.com

Employees: 6
Year Founded: 1984

Agency Specializes In: Agriculture, Financial, Food Service, Pets, Real Estate, Restaurant, Travel & Tourism

Jim Murray *(Strategist, Writer & Producer-Brdcst)*
Bill Tibbles *(Dir-Creative, Strategist & Designer)*
Jacqueline Spicer *(Strategist-Brand, Designer & Writer)*

Accounts:
Ensemble Travel
JJ Barnicke
Miniature Transportation

INLANDLIGHT LLC
20343 N Hayden Rd Ste 105-116, Scottsdale, AZ 85255
Tel.: (602) 903-2011
E-Mail: info@inlandlight.com
Web Site: www.inlandlight.com

Employees: 2

Agency Specializes In: Advertising, Brand Development & Integration, Content, Digital/Interactive, Internet/Web Design, Media Buying Services, Search Engine Optimization, Social Media

Len Morales, Jr. *(Founder)*

Accounts:
The Interior Design

INNER SPARK CREATIVE
1735 E University Dr Ste 104, Auburn, AL 36830
Tel.: (334) 826-7502
E-Mail: info@innersparkcreative.com
Web Site: www.innersparkcreative.com

Employees: 10
Year Founded: 2014

Agency Specializes In: Advertising, Brand Development & Integration, Collateral, Corporate Identity, Electronic Media, Graphic Design, Internet/Web Design, Local Marketing, Logo & Package Design, Mobile Marketing, Out-of-Home Media, Outdoor, Print, RSS (Really Simple Syndication), Radio, Search Engine Optimization, Social Media, Web (Banner Ads, Pop-ups, etc.)

Dayton Cook *(Art Dir)*
Jarrett Moore *(Creative Dir)*
Joel Moore *(Dir-Ops)*

Accounts:
Holland Homes Custom Home Builder; 2015
Initial Outfitters Direct Sales; 2015
University Ace Hardware; 2015

INNERACTION MEDIA LLC
1440 Ctr Hill Ave Ste 4, Morgantown, WV 26505
Tel.: (304) 288-1503
Web Site: www.inneractionmedia.com

Employees: 10
Year Founded: 2011

Agency Specializes In: Advertising, Brand Development & Integration, Internet/Web Design, Logo & Package Design, Public Relations, Radio, Social Media, Strategic Planning/Research, T.V.

Jim Matuga *(Founder & CEO)*

Accounts:
Allegheny Design Services
Mon General Hospital
Mountainstate Orthopedic Associates Inc

INNERSPIN MARKETING
3250 Wilshire Blvd Ste 2150, Los Angeles, CA 90010
Tel.: (213) 251-1500
Web Site: www.innerspin.com

Employees: 22

Agency Specializes In: Above-the-Line, Advertising, Advertising Specialties, Affluent Market, Arts, Asian Market, Below-the-Line, Bilingual Market, Brand Development & Integration, Broadcast, Business-To-Business, Collateral, College, Communications, Consulting, Consumer Goods, Consumer Marketing, Content, Corporate Communications, Corporate Identity, Customer Relationship Management, Digital/Interactive, Direct-to-Consumer, E-Commerce, Education, Electronics, Entertainment, Environmental, Event Planning & Marketing, Fashion/Apparel, Financial, Food Service, Graphic Design, Identity Marketing, In-Store Advertising, Integrated Marketing, Internet/Web Design, Logo & Package Design, Luxury Products, Magazines, Market Research, Media Buying Services, Media Planning, Media Relations, Mobile Marketing, Multicultural, Newspapers & Magazines, Out-of-Home Media, Over-50 Market, Package Design, Point of Purchase, Point of Sale, Print, Production, Production (Ad, Film, Broadcast), Production (Print), Promotions, Restaurant, Retail, Search Engine Optimization, Shopper Marketing, Social Marketing/Nonprofit, Social Media, South Asian Market, Sponsorship, Strategic Planning/Research, Sweepstakes, T.V., Technical Advertising, Teen Market, Urban Market, Web (Banner Ads, Pop-ups, etc.), Women's Market

Approx. Annual Billings: $5,000,000

Elcid Choi *(CEO)*
Jeanette Low *(Client Svcs Dir)*

Accounts:
Bliss Fuzz Off, Print
Escena Golf & Grill, Real Estate; 2011
Mrs. Cubbinsons Salad Toppings, Stuffing; 2011
Paula Deen Paula Deen Foods; 2012
Sugar Foods Food Service; 2011
Walgreens Balance Rewards; 2011

INNIS MAGGIORE GROUP, INC.
4715 Whipple Ave NW, Canton, OH 44718-2651
Tel.: (800) 460-4111
Fax: (330) 492-5568
E-Mail: dick@innismaggiore.com
Web Site: www.innismaggiore.com

E-Mail for Key Personnel:
President: dick@innismaggiore.com

Employees: 32
Year Founded: 1974

National Agency Associations: AMA-PRSA

Agency Specializes In: Above-the-Line, Advertising, Advertising Specialties, Affiliate Marketing, Affluent Market, Agriculture, Alternative Advertising, Arts, Automotive, Aviation & Aerospace, Below-the-Line, Brand Development & Integration, Branded Entertainment, Broadcast, Business Publications, Business-To-Business, Cable T.V., Catalogs, Children's Market, Co-op Advertising, Collateral, College, Commercial Photography, Communications, Computers & Software, Consulting, Consumer Goods, Consumer Marketing, Consumer Publications, Content, Corporate Communications, Corporate Identity, Cosmetics, Crisis Communications, Custom Publishing, Customer Relationship Management, Digital/Interactive, Direct Response Marketing, Direct-to-Consumer, E-Commerce, Education, Electronic Media, Electronics, Email, Engineering, Entertainment, Environmental, Event Planning & Marketing, Exhibit/Trade Shows, Experience Design, Experiential Marketing, Faith Based, Fashion/Apparel, Financial, Food Service, Game Integration, Government/Political, Graphic Design, Guerilla Marketing, Health Care Services, High Technology, Hispanic Market, Hospitality, Household Goods, Identity Marketing, In-Store Advertising, Industrial, Infomercials, Information Technology, Integrated Marketing, International, Internet/Web Design, Investor Relations, Legal Services, Leisure, Local Marketing, Logo & Package Design, Luxury Products, Magazines, Marine, Market Research, Media Buying Services, Media Planning, Media Relations, Media Training, Medical Products, Men's Market, Merchandising, Mobile Marketing, Multicultural, Multimedia, New Product Development, New Technologies, Newspaper, Newspapers & Magazines, Out-of-Home Media, Outdoor, Over-50 Market, Package Design, Paid Searches, Pets, Pharmaceutical, Planning & Consultation, Podcasting, Point of Purchase, Point of Sale, Print, Product Placement, Production, Production (Ad, Film, Broadcast), Production (Print), Promotions, Public Relations, Publicity/Promotions, Publishing, RSS (Really Simple Syndication), Radio, Real Estate, Recruitment, Regional, Restaurant, Retail, Sales Promotion, Search Engine Optimization, Seniors' Market, Social Marketing/Nonprofit, Social Media, Sponsorship, Sports Market, Stakeholders, Strategic Planning/Research, Sweepstakes, Syndication, T.V., Technical Advertising, Teen Market, Telemarketing, Trade & Consumer Magazines, Transportation, Travel & Tourism, Tween Market, Urban Market, Viral/Buzz/Word of Mouth, Web (Banner Ads, Pop-ups, etc.), Women's Market, Yellow Pages Advertising

Approx. Annual Billings: $26,000,000

Dick Maggiore *(Pres & CEO)*
Mark Vandegrift *(COO)*
David Collins *(Principal-Web Dev)*
Lorraine Kessler *(Principal-Strategy & Client Svcs)*
Kathi Maggiore *(Principal-Admin)*
Jeff Monter *(VP-Creative Svcs)*
Scott Edwards *(Exec Creative Dir)*
Emily Mays *(Art Dir)*
Jamie Smart *(Dir-Client Svcs)*
Jeff McMahan *(Acct Supvr)*
Devon Miller *(Acct Supvr)*
Lee-Ann DeMeo *(Assoc Creative Dir)*

Accounts:
Advanced Power
Aero Communications Inc
Alside; Cuyahoga Falls, OH Building Products; 2002
Apple Growth Partners; Akron, OH Financial Services; 2006
AultCare; Canton, OH Health Insurance; 1996
Aultman Health Foundation; Canton, OH Healthcare; 1996
Aultman Hospital; Canton, OH Healthcare; 1996
Aultman Orrville
Baird Brothers; Canfield, OH Building Products; 2006
Bank of America; Charlotte, NC Financial Services; 2004
FSBO

ADVERTISING AGENCIES

Gebauer Company
GOJO Industries, Inc Creative, Sustainability Report; 2008
Goodyear - Aviation Division; Akron, OH Tires; 2007
Goodyear - Off Road Division; Akron, OH Tires; 2007
Guidestone Financial Services; Dallas, TX Financial Services; 2006
JOMAC Ltd
Kendall House, Inc
Nickles Bakery Inc.; Navarre, OH Baked Goods Manufacturer; 1998
Ohio Civil Service Employee Association
Old Carolina ICHOR
Republic Steel; Canton, OH Steel; 1988
RTI International Metals; Warren, OH Titanium; 1999
Stark Community Foundation
Stark County District Library
The Village Network

INNOCEAN USA
180 5th St Ste 200, Huntington Beach, CA 92648
Tel.: (714) 861-5200
Fax: (714) 861-5337
Web Site: www.innoceanusa.com

Employees: 100

National Agency Associations: 4A's

Agency Specializes In: Advertising, Brand Development & Integration, Digital/Interactive, Event Planning & Marketing, Experiential Marketing, Sponsorship

Gabriel Mattar *(Chief Creative Officer-Europe)*
Ben Gogley *(Sr VP-Hyundai Media Plng)*
Bridgett Silva-Judd *(VP & Mng Dir-Brand, Social & Experiential)*
Jeff Bossin *(VP & Grp Creative Dir)*
Michael Everard *(VP & Grp Creative Dir)*
Jonathan Farjo *(VP-Digital Experience)*
Andy Hsu *(VP & Grp Creative Dir-Digital)*
Kelly Kliebe *(VP & Grp Creative Dir)*
Douglas Palmer *(VP-Tech & Innovation)*
Lisa Puig *(Media Dir-Genesis)*
Kathy Garfield *(Dir-Digital & Social Strategy)*
Edgar Molina *(Dir-Digital)*
Shareen Cooper *(Sr Mgr-Community)*
Carolina Montenegro *(Sr Brand Mgr-Retail)*
Jerrin Inouye *(Supvr-Consolidated Investment-Local Video & Audio)*
Pita Rodriguez *(Supvr-Kia Media Plng)*
Mason Yang *(Coord-Project Mgmt)*
Kate Eglen *(Sr Art Dir)*

Accounts:
Alaska's Bakery Organic Doggie Treats
Alpina Foods (Agency Of Record) Yogurt
Atomic Candy Campaign: "Explore Your Sweet Side"
CarePossible Campaign: "Checkout and Alarm Clock"
Federal Mogul Champion Parts
Finish Line
FootJoy Broadcast, Campaign: "FJ. The Mark of a Player", Digital, Mobile, Social Marketing
Hankook Tire America Campaign: "Never Halfway", Digital, Print, Social Media, TV
Hyundai Motor America (Agency of Record) 2015 Sonata, Creative, Hyundai Equus, Hyundai Tucson, Media Planning, NCAA, Sonata Turbo, Super Bowl 2018, The Elantra, Veloster Turbo
Kia Motors America "Fight for your Picanto", Media, PicantoLeaks
NRG Energy Inc
Thousand Dollar Shave Society Campaign: "Baby On Purpose"

Branch

Canvas Worldwide
75 Varick St, New York, NY 10013
(See Separate Listing)

INNOVA DESIGN & ADVERTISING
9211 W Rd Ste 143-109, Houston, TX 77064
Tel.: (713) 623-4432
Fax: (713) 623-2714
E-Mail: info@innovadesign.com
Web Site: www.innovadesign.com

Employees: 1
Year Founded: 1990

Agency Specializes In: Advertising, Brand Development & Integration, Collateral, Corporate Identity, Internet/Web Design, Media Buying Services, Out-of-Home Media, Outdoor, Package Design, Print, Promotions

James B. Jarman, Jr. *(Pres & Creative Dir)*

Accounts:
Azulino Tequila labels

INNOVISION ADVERTISING, LLC
5140 30th Ave, New York, NY 11377
Tel.: (212) 380-6744
E-Mail: chelsey@innovisionadvertising.com
Web Site: www.innovisionadvertising.com

Employees: 5
Year Founded: 2009

Agency Specializes In: Advertising, Broadcast, Business Publications, Cable T.V., Co-op Advertising, Consulting, Direct Response Marketing, Email, Infomercials, Magazines, Media Buying Services, Media Planning, Newspaper, Newspapers & Magazines, Out-of-Home Media, Outdoor, Print, Radio, Social Media, Strategic Planning/Research, Syndication, T.V., Yellow Pages Advertising

Approx. Annual Billings: $975,000

Chelsey Pendock *(Co-Founder & Media Buyer)*

INNOVISION MARKETING GROUP
5961 Kearny Villa Road, San Diego, CA 92123
Tel.: (619) 356-3020
E-Mail: info@innovisionnow.com
Web Site: http://teaminnovision.com/

Employees: 22

Agency Specializes In: Advertising, Brand Development & Integration, Print

Bianca Kasawdish *(Mgr-Copy & Content)*
Mike Esperanza *(Sr Acct Exec)*
Alyssa Ortega *(Strategist-Media)*
Anna Rycyzyn *(Media Planner)*

Accounts:
San Diego Gulls (Agency of Record)

INQUEST MARKETING
9100 Ward Pkwy, Kansas City, MO 64114
Tel.: (816) 994-0994
Fax: (816) 994-0999
E-Mail: info@inquestmarketing.com
Web Site: https://inquestmarketing.com/

E-Mail for Key Personnel:
Production Mgr.: dennis@inquestmarketing.com

Employees: 22
Year Founded: 1986

Agency Specializes In: Advertising, Advertising Specialties, Brand Development & Integration, Broadcast, Business Publications, Business-To-Business, Cable T.V., Collateral, Commercial Photography, Communications, Consulting, Consumer Goods, Consumer Marketing, Consumer Publications, Corporate Communications, Corporate Identity, Crisis Communications, Customer Relationship Management, Digital/Interactive, Direct Response Marketing, Direct-to-Consumer, E-Commerce, Education, Electronic Media, Email, Entertainment, Event Planning & Marketing, Exhibit/Trade Shows, Faith Based, Financial, Food Service, Graphic Design, Health Care Services, High Technology, Hispanic Market, In-Store Advertising, Industrial, Information Technology, Integrated Marketing, Internet/Web Design, Local Marketing, Logo & Package Design, Magazines, Market Research, Media Buying Services, Media Planning, Media Relations, Medical Products, Merchandising, Multimedia, New Product Development, New Technologies, Newspaper, Newspapers & Magazines, Out-of-Home Media, Outdoor, Paid Searches, Pets, Pharmaceutical, Planning & Consultation, Point of Purchase, Point of Sale, Print, Production, Production (Print), Public Relations, Publicity/Promotions, Radio, Restaurant, Retail, Sales Promotion, Search Engine Optimization, Social Marketing/Nonprofit, Social Media, Sports Market, Strategic Planning/Research, Sweepstakes, T.V., Trade & Consumer Magazines, Viral/Buzz/Word of Mouth

Approx. Annual Billings: $8,000,000

Breakdown of Gross Billings by Media: Brdcst.: $2,000,000; Collateral: $2,500,000; Consulting: $2,500,000; E-Commerce: $500,000; Graphic Design: $500,000

Brian Olson *(Owner)*
Joe Myers *(Exec Acct Dir)*
Aaron Newell *(Art Dir-Interactive)*
Stacy Sanderson *(Media Dir)*
Jessica Crozier *(Dir-PR & Social Media Content)*
Kristi Sherer *(Dir-Database Mktg)*
Dennis Michael *(Production Mgr)*
Jakob Kircher *(Media Planner & Buyer)*

Accounts:
A.B. May Heating & Cooling Contractor
Ace Imagewear Uniform Services
Belfonte Dairy Products Ice Cream; 1996
Faultless Bon Ami Garden Tools
Fujifilm Sericol Graphic Ink
Postal Uniform Direct Post Office Uniforms
Price Chopper Grocery Retail
Starlight Theatre Outdoor Theatre
WellPet Pet Food

INSIDE OUT COMMUNICATIONS
24 Water St, Holliston, MA 01746
Tel.: (508) 429-8184
Fax: (508) 429-3970
E-Mail: mstearns@iocomm.com
Web Site: www.iocomm.com

Employees: 12
Year Founded: 1987

Agency Specializes In: Advertising

Alicia Frick Laguarda *(Pres)*
Maria Stearns *(VP-Client Svcs)*
Matt Lynch *(Creative Dir)*

Accounts:
Caterpillar
Genesis Consolidated Services Employee Benefits Packages, Human Resources Management, Payroll Administration, Risk Management Services, Tax Administration

Iwaki America
Lenze/Americas
MetroWest Community Health Care Foundation (Agency of Record)
Milton CAT
Nurse Power

INSIGHT CREATIVE GROUP
19 NE 9th St, Oklahoma City, OK 73104
Tel.: (405) 728-3062
E-Mail: ideas@icgadv.com
Web Site: www.icgadv.com

Employees: 20
Year Founded: 2006

Agency Specializes In: Advertising, Brand Development & Integration, Internet/Web Design, Media Buying Services, Print, Social Media

Eric Joiner *(CEO)*
Doug Farthing *(Partner & Chief Creative Officer)*
Rusty Duncan *(Partner)*
Erin Acuff *(Media Dir)*
Jason Reynolds *(Acct Dir-ICG)*
Lisha Dunlap *(Mgr-Content)*
Steve Loftis *(Strategist-Brand)*
Sharee Farmer *(Sr Acct Planner)*
Callie Franklin *(Media Buyer)*
Amy Nickerson *(Sr Art Dir)*

Accounts:
Big Brothers Big Sisters of Oklahoma
Novo Ministries
Oklahoma City Zoo (Creative Agency of Record)
St. Anthony Hospital

INSIGHT CREATIVE INC.
1816 Sal St, Green Bay, WI 54302
Tel.: (920) 468-7459
Fax: (920) 468-0830
Web Site: www.insightcreative.com

Employees: 50

Agency Specializes In: Advertising, Digital/Interactive, Public Relations, Social Media

Jim von Hoff *(Pres)*
Jay Bauer *(Creative Dir)*
Cindy Struensee *(Bus Dir)*
Andy Vanremortel *(Media Dir)*
Stacy J. Allen *(Dir-Brand Strategy)*
Niki Petit *(Dir-Bus Dev)*
Molly Setzer *(Mgr-Media)*
Jenny Brandenburg *(Media Buyer)*
Andrea Lasecki *(Sr Coord-Social Media)*

Accounts:
Domino Printing Sciences plc

INSIGHT MARKETING COMMUNICATIONS
(Formerly The BCB Group, Inc.)
10 Alexander Dr, Wallingford, CT 06492
Tel.: (203) 630-7800
Fax: (203) 630-7805
Web Site: http://insightmarketingcommunications.com/
E-Mail for Key Personnel:
Creative Dir.: dbelmont@bcbgroup.com

Employees: 12
Year Founded: 1985

Agency Specializes In: Advertising, Automotive, Aviation & Aerospace, Brand Development & Integration, Collateral, Communications, Consulting, Corporate Identity, Direct Response Marketing, Electronic Media, Event Planning & Marketing, Exhibit/Trade Shows, Graphic Design, Internet/Web Design, Logo & Package Design, Media Planning, Multimedia, Planning & Consultation, Point of Purchase, Point of Sale, Print, Production, Public Relations

Dick Belmont *(Producer & Creative Dir)*

Accounts:
American Electronic Components; Elkhart, IN Automotive & Industrial Switches, Relays; 2003
AquaPure by 3M
Godiva Chocolatier; New York, NY Confections; 1995
Honeywell Life Safety Systems
International Aero Engines; Glastonbury, CT V2500 Commercial Turbofan Aircraft Engine; 1989
Sunglass Hut/Watch Station

INSIGHT MARKETING DESIGN
401 E 8th St Ste 304, Sioux Falls, SD 57103
Tel.: (605) 275-0011
Fax: (605) 275-0056
E-Mail: info@insightmarketingdesign.com
Web Site: www.insightmarketingdesign.com

Employees: 16
Year Founded: 2003

Agency Specializes In: Advertising, Brand Development & Integration, Digital/Interactive, Internet/Web Design, Media Planning, Radio, Search Engine Optimization, Strategic Planning/Research, T.V.

Candy Van Dam *(Partner & Chief Strategy Officer)*
Doug Moss *(Partner)*
Roger Nolan *(VP-Acct Svcs)*
Jill Smith *(VP-Digital Svcs)*
Ben Hodgins *(Art Dir & Ops Mgr)*
Jon Carroll *(Creative Dir)*
Gaye Grider *(Media Dir)*
Joan Meyers *(Office Mgr)*
Drysen Carsten *(Production Mgr)*

Accounts:
Quality BioResources

INSIVIA
5000 Euclid Ave, Cleveland, OH 44103
Tel.: (216) 373-1080
Web Site: www.insivia.com/

Employees: 14
Year Founded: 2002

Agency Specializes In: Advertising, Brand Development & Integration, Content, Digital/Interactive, Event Planning & Marketing, Graphic Design, Integrated Marketing, Internet/Web Design, Mobile Marketing, Production, Production (Print), Search Engine Optimization, Social Marketing/Nonprofit, Social Media, Strategic Planning/Research, Web (Banner Ads, Pop-ups, etc.)

Andy Halko *(CEO)*

Accounts:
Collect Next Logo Design
Fan Mosaics Nascar Mobile App
Midtown Cleveland Video
Solupay Collateral System
Yonanas Microsite

INSPIRE!
3625 N Hall St Ste 1100, Dallas, TX 75219
Tel.: (214) 521-7373
Fax: (214) 252-1722
Web Site: inspireagency.com/

Employees: 20
Year Founded: 1998

National Agency Associations: 4A's

Agency Specializes In: Advertising, Bilingual Market, Brand Development & Integration, Hispanic Market, Integrated Marketing, Media Buying Services, Media Planning, Multicultural, Retail, Sponsorship, Teen Market, Urban Market

Breakdown of Gross Billings by Media: Cable T.V.: 7%; D.M.: 1%; Internet Adv.: 2%; Network Radio: 1%; Network T.V.: 28%; Newsp. & Mags.: 5%; Other: 3%; Out-of-Home Media: 4%; Spot Radio: 29%; Spot T.V.: 19%; Trade & Consumer Mags.: 1%

Accounts:
Boost Mobile Hispanic Marketing, Mobile Phone Service, Sin Abusos Campaign
Coca-Cola Refreshments USA, Inc. Soft Drinks & Beverage Products
Heineken USA Campaign: "Con caracter", Digital, Indio, Media Buying, OOH, Outdoor, Radio
Mattress Giant Mattresses
McDonald's Fast Food Restaurants
Sprint
Western Union Caribbean/Latin American Remittances

INSPIRE CREATIVE STUDIOS
St George Technology Bldg, Wilmington, NC 28405
Tel.: (910) 395-0200
Toll Free: (866) 814-4427
E-Mail: info@inspirenc.com
Web Site: http://inspirenc.com/

Employees: 5
Year Founded: 2005

Agency Specializes In: Advertising, Advertising Specialties, Alternative Advertising, Brand Development & Integration, Broadcast, Business-To-Business, Cable T.V., Catalogs, Co-op Advertising, Collateral, College, Commercial Photography, Communications, Consulting, Consumer Goods, Consumer Marketing, Consumer Publications, Content, Corporate Communications, Corporate Identity, Crisis Communications, Custom Publishing, Digital/Interactive, Direct Response Marketing, Direct-to-Consumer, E-Commerce, Electronic Media, Email, Event Planning & Marketing, Exhibit/Trade Shows, Food Service, Government/Political, Graphic Design, Health Care Services, Hospitality, Identity Marketing, In-Store Advertising, Industrial, Infomercials, Integrated Marketing, Internet/Web Design, Leisure, Logo & Package Design, Luxury Products, Market Research, Media Buying Services, Media Planning, Media Relations, Media Training, Multimedia, Newspaper, Newspapers & Magazines, Out-of-Home Media, Outdoor, Package Design, Paid Searches, Pharmaceutical, Planning & Consultation, Podcasting, Point of Purchase, Point of Sale, Print, Product Placement, Production, Production (Ad, Film, Broadcast), Production (Print), Promotions, Public Relations, Publicity/Promotions, Publishing, RSS (Really Simple Syndication), Radio, Real Estate, Restaurant, Retail, Search Engine Optimization, Seniors' Market, Social Marketing/Nonprofit, Sponsorship, Sports Market, Strategic Planning/Research, Syndication, T.V., Technical Advertising, Trade & Consumer Magazines, Travel & Tourism, Viral/Buzz/Word of Mouth, Web (Banner Ads, Pop-ups, etc.), Yellow Pages Advertising

Ira Bass *(Media Buyer)*

Accounts:

ADVERTISING AGENCIES

Cape Fear Restaurants; Wilmington, NC; 2006

INSTINCT MARKETING
7460 Warren Parkway, Frisco, TX 75034
Tel.: (214) 269-1700
Web Site: www.instinctmarketing.com

Employees: 24

Agency Specializes In: Customer Relationship Management, Direct Response Marketing, Market Research, Search Engine Optimization, Web (Banner Ads, Pop-ups, etc.)

Revenue: $7,500,000

Brian Broadbent *(CFO)*
William F. Broadbent, Sr. *(CEO-Instinct Mktg & Head-Generation & Internet Mktg Optimization)*
Monica Serrano *(Controller-Fin)*

Accounts:
Conversion Graphics
Search Wisdom

INSTRUMENT
3529 North Williams Avenue, Portland, OR 97227
Tel.: (503) 928-3188
Fax: (503) 231-9902
E-Mail: hello@instrument.com
Web Site: www.instrument.com/

Employees: 175
Year Founded: 2002

Agency Specializes In: Advertising, Brand Development & Integration, Digital/Interactive, E-Commerce, Graphic Design

Coryna Sorin *(Partner & VP-Acct Svcs)*
Vince LaVecchia *(COO)*
Kirsten Blair *(Exec Dir)*
Laureen Feeny *(Creative Dir)*
Tim Kamerer *(Dir-Design)*
Steve Mahn *(Dir-Design)*
Michael Novia *(Assoc Dir-Design)*
Jessica Raschio *(Strategist)*
Trevor Orton *(Sr Writer)*

INSYNC PLUS
(Formerly Bemis Balkind)
3530 Wilshire Blvd Ste 1500, Los Angeles, CA 90010
Tel.: (323) 965-4800
Fax: (323) 965-4808
E-Mail: contact@insync.plus
Web Site: insync.plus/

Employees: 24

Agency Specializes In: Digital/Interactive, Entertainment, Production, Production (Print), Strategic Planning/Research

Jeff Wadley *(Creative Dir)*
Selina McCale *(Dir-Digital Content & Strategy)*

Accounts:
Dreamworks Pictures
Warner Bros. Pictures

INSYNTRIX
2829 E 107Th Ct, Northglenn, CO 80233
Tel.: (303) 280-0014
E-Mail: info@insyntrix.com
Web Site: www.insyntrix.com

Employees: 7

Agency Specializes In: Advertising, Brand Development & Integration, Graphic Design, Internet/Web Design, Social Media, Strategic Planning/Research

Ian Atchison *(Pres)*

Accounts:
HP

INTANDEM INC.
1302 E Firetower Rd, Greenville, NC 27858
Tel.: (252) 321-1111
Fax: (252) 321-1169
Web Site: www.intandeminc.com

Employees: 5

Agency Specializes In: Advertising, Communications, Corporate Identity, Graphic Design, Internet/Web Design, Logo & Package Design, Print, Public Relations

Georgina Quinn *(Creative Dir)*

Accounts:
Earp Dentistry
Rooks Dentistry
Spine In Motion

THE INTEGER GROUP, LLC
7245 W Alaska Dr, Lakewood, CO 80226
Tel.: (303) 393-3000
Fax: (303) 393-3730
E-Mail: nicolesouza@integer.com
Web Site: www.integer.com

Employees: 902
Year Founded: 1993

Agency Specializes In: Advertising, Advertising Specialties, Asian Market, Bilingual Market, Brand Development & Integration, Broadcast, Business-To-Business, Catalogs, Collateral, Communications, Consumer Goods, Consumer Marketing, Customer Relationship Management, Digital/Interactive, Direct Response Marketing, Direct-to-Consumer, E-Commerce, Entertainment, Event Planning & Marketing, Exhibit/Trade Shows, Experience Design, Financial, Graphic Design, Hispanic Market, Household Goods, In-Store Advertising, Integrated Marketing, International, Internet/Web Design, Local Marketing, Logo & Package Design, Market Research, Media Buying Services, Media Planning, Men's Market, Merchandising, Mobile Marketing, Multicultural, Multimedia, Newspapers & Magazines, Out-of-Home Media, Outdoor, Package Design, Pharmaceutical, Planning & Consultation, Point of Purchase, Point of Sale, Print, Production, Promotions, Publicity/Promotions, Radio, Regional, Retail, Sales Promotion, Shopper Marketing, Sponsorship, Sports Market, Strategic Planning/Research, Sweepstakes, T.V., Telemarketing, Trade & Consumer Magazines, Urban Market, Viral/Buzz/Word of Mouth, Women's Market

Jeremy Pagden *(Chm)*
Tisha Pedrazzini *(Pres)*
Mike Sweeney *(CEO)*
Craig Elston *(Chief Strategy Officer)*
Ellen Cook *(Pres-Dallas)*
Dani Coplen *(Exec VP-Creative)*
Christine Stoeber *(Grp CFO & Exec VP)*
Amanda Deering *(Art Dir)*
Karen Romanelli *(Acct Dir-Mars Chocolate)*
Matt Korotko *(Assoc Dir-Insight & Strategy)*
Ali Downing *(Acct Supvr)*
Noelle Belling *(Supvr-Project Mgmt)*
Melanie Regan *(Supvr-Media)*
Tegan Smith *(Supvr)*
Ginny Hoskins *(Acct Exec)*

Accounts:
7-Eleven
Allsteel Office Furniture; 2008
AT&T Communications Corp.
BancVue; 2005
Benjamin Moore Paints; 2005
Bimbo Bakeries, USA
Carpet One Flooring Retailers; 2011
Dr. Oetker
Electrolux Frigidaire; 2007
FedEX Office
Georgia Lottery
Gillette Razor
GlaxoSmithKline
Grocery Manufacturers Association
Homes Murphy & Associates Insurance Brokerage; 1986
Illinois Lottery
Iowa Department of Economic Development; 1987
Iowa Governor's Traffic Safety Bureau; 1989
Iowa Lottery; 2002
Johnson & Johnson Acuvue, LifeScan
Kohler
Link Snacks, Inc Jack Link's (Shopper Marketing Agency of Record)
Mars
Mercy Medical Center Healthcare; 2010
Michelin BFGoodrich, Michelin; 2006
MillerCoors Blue Moon, Campaign: "Brewmaster's Inspiration"; 1993
Mohawk Industries Columbia Flooring, Daltile, Quick-Step; 2006
OnMedia/Mediacom Internet Services; 2010
Pella Corporation Doors, Windows; 1997
The Procter & Gamble Company
Red Robin Gourmet Burgers Merchandising
Regency Energy Partners
Shell Pennzoil, Quaker State, Rotella Lubricants; 2010
Slurpee
Starbucks At Home Coffee, Channel Brand Management (Lead Agency), Marketing

Branches

The Integer Group-Dallas
1999 Bryan St Ste 1700, Dallas, TX 75201
(See Separate Listing)

The Integer Group - Denver
7245 W Alaska Dr, Lakewood, CO 80226
(See Separate Listing)

The Integer Group-Midwest
2633 Fleur Dr, Des Moines, IA 50321-1753
(See Separate Listing)

INTEGRAPHIX, INC.
305 N Eric Dr Ste E, Palatine, IL 60067
Tel.: (847) 537-0067
E-Mail: info@integraphix.com
Web Site: www.integraphix.com

Employees: 4

Agency Specializes In: Advertising, Brand Development & Integration, Graphic Design, Internet/Web Design, Logo & Package Design, Print

Scott Ventura *(Chief Creative Officer)*

Accounts:
Elemental Media
Number 4 Designs
The Traveling Pot

INTEGRATED MARKETING SERVICES

279 Wall St Research Park, Princeton, NJ 08540-1519
Tel.: (609) 683-9055
Fax: (609) 683-8398
E-Mail: lkaufman@imsworld.com
Web Site: www.imsworld.com

E-Mail for Key Personnel:
President: lkaufman@imsworld.com

Employees: 50
Year Founded: 1981

Agency Specializes In: Advertising, Brand Development & Integration, Business Publications, Business-To-Business, Collateral, Communications, Consumer Marketing, Consumer Publications, Corporate Communications, Corporate Identity, Digital/Interactive, Direct Response Marketing, E-Commerce, Education, Electronic Media, Engineering, Environmental, Exhibit/Trade Shows, Financial, Graphic Design, Health Care Services, High Technology, Hispanic Market, Industrial, Information Technology, Internet/Web Design, Investor Relations, Legal Services, Logo & Package Design, Magazines, Media Buying Services, Medical Products, New Product Development, Newspaper, Newspapers & Magazines, Over-50 Market, Pharmaceutical, Point of Purchase, Print, Production, Public Relations, Publicity/Promotions, Seniors' Market, Strategic Planning/Research, Trade & Consumer Magazines, Travel & Tourism

Approx. Annual Billings: $11,000,000

Breakdown of Gross Billings by Media: Bus. Publs.: $3,000,000; Newsp.: $8,000,000

Lois Kaufman *(Pres)*
Anthony Casale *(CEO)*

Accounts:
Berlitz International, Inc.
Siemens
SoupMan, Inc. Marketing, Merchandising, Traditional & Digital Media
Tribune Co.; Chicago, IL

INTELLIGENT COMMUNITIES GROUP
250 Park Ave 7th Fl, New York, NY 10177
Tel.: (212) 825-1582
Fax: (212) 825-0075
E-Mail: info@creating-communities.com
Web Site: www.creating-communities.com

Employees: 4
Year Founded: 1983

Agency Specializes In: Infomercials, New Product Development, Public Relations, Real Estate

Approx. Annual Billings: $750,000

Louis A. Zacharilla *(Mng Dir)*
Robert A. Bell *(VP)*

Accounts:
Allied Signal
Dex One Corporation
JSAT
Louis Dreyfus
The REIS Reports
Society of Satellite Professionals International
Stuart Dean
Vestcom International

INTERACTIVE STRATEGIES
1140 Connecticut Ave NW Ste 1008, Washington, DC 20036
Tel.: (202) 223-8656
Web Site: www.interactivestrategies.com

Employees: 32
Year Founded: 2001

Agency Specializes In: Advertising, Brand Development & Integration, Content, Digital/Interactive, Internet/Web Design, Logo & Package Design, Social Media

Bruce Namerow *(Founder & Sr Strategist)*
Dean Burney *(Mng Partner & VP-Design & User Experience)*
Kye Tiernan *(Mng Partner & VP-Strategy & Client Svc)*
Mark Davenport *(Acct Dir)*
Mimi Tan *(Creative Dir)*
Ryan McBurney *(Interim Dir-Digital Mktg)*

Accounts:
Apartment Search
Edelman Financial Services
Envision

INTERACTIVITY MARKETING
408 Main St, Conway, SC 29526
Tel.: (843) 438-8262
Web Site: www.interactivitydigital.com

Employees: 13
Year Founded: 2009

Agency Specializes In: Advertising, Brand Development & Integration, Content, Email, Internet/Web Design, Logo & Package Design, Mobile Marketing, Search Engine Optimization, Social Marketing/Nonprofit

Gary Henderson *(Founder & CEO)*

Accounts:
Distinctive Eyewear
Myrtle Beach Zipline Adventures

INTERBRAND
700 W Pete Rose Way Ste 460, Cincinnati, OH 45203
Tel.: (513) 421-2210
Fax: (513) 421-2386
E-Mail: info@interbrand.com
Web Site: www.interbrand.com

Employees: 75

Agency Specializes In: Advertising, Brand Development & Integration, Digital/Interactive

Gonzalo Brujo *(Chief Growth Officer-Spain)*
Brian Erdman *(Mng Dir-Consumer Branding)*
Tom Custer *(Exec Dir-Consumer & Retail Brand Experience)*
Debbie Arnold *(Sr Dir-Client Dev)*
Missy Donahoe *(Sr Dir-Plng)*
Shane Jallick *(Creative Dir)*
Stephanie McCulloch *(Dir-Design)*
Caitlin Neyer *(Assoc Dir-Retail Brand Experience)*
Alyssa Carfi *(Sr Assoc-PR)*

Accounts:
3M 3M Post-it
BALS
CSC Holdings, LLC
Wm. Wrigley Jr. Company Orbit Gum, Packaging Design; 2008
YP

INTERBRAND CORPORATION
130 5th Ave, New York, NY 10011-4306
Tel.: (212) 798-7500
Fax: (212) 798-7501
E-Mail: usinfo@interbrand.com
Web Site: www.interbrand.com

Employees: 110

Agency Specializes In: Brand Development & Integration, Environmental, Logo & Package Design, Sponsorship

Charles Trevail *(CEO)*
Kelly Gall *(CFO & Grp COO)*
Christopher Nurko *(Chief Innovation Officer)*
Tom Zara *(Pres-New York & San Francisco)*
Daniel Binns *(Mng Dir-New York, San Francisco & Toronto)*
Chris Campbell *(Exec Creative Dir)*
Laura Krajecki *(Exec Dir-Global)*
Mike Knaggs *(Sr Creative Dir)*

Accounts:
3M Post-It
Accenture
Applebee's
AT&T Communications Corp.
Aviage Systems
AWARD
Banco Popular
Barclays
Best Buy
BMW Mini
Boots
Canon
City of Johannesburg
Ebay
Hewlett Packard Enterprise
Humana
Kellogg's Branding
Keurig Green Mountain
Mandela Poster Project
Montecasino
National Geographic
Nissan West Europe SAS Brand Strategy
Oxfam
PricewaterhouseCoopers
Procter & Gamble Aussie, Noxzema, Tag
Repsol YPF Oil Company
Samsung
Schering-Plough Bridion
SFR Mobile Phones
Singapore Mozaic
Synchrony Financial Branding, Campaign: "Engage With Us", Logo
Terranova
Thai Airways
Unilever Foodsolutions Knorr
Unionpay Bank Card Processing
Wrigley Campaign: "Wrigley Brand Identity"
Xerox

Branches

Interbrand
85 Strand, London, WC2R 0DW United Kingdom
Tel.: (44) 20 7554 1000
Fax: (44) 20 7554 1001
E-Mail: reception@interbrand.com
Web Site: www.interbrand.com

Employees: 130

Christian Purser *(CEO)*
Vincent Baroin *(COO & CFO-EMEA & Latam)*
Andrew Michael Payne *(Chief Creative Officer)*
Rebecca Robins *(Chief Learning Officer & Chief Culture Officer)*
Jez Frampton *(CEO-Global)*
Sue Daun *(Exec Creative Dir)*
Paul Wood *(Sr Dir-Client)*
Donna West *(Creative Dir)*
Michael Rocha *(Dir-Brand Valuation)*
Rebecca Finlan *(Project Mgr-Client)*

Accounts:
Image of the Studio
Npower Strategy

ADVERTISING AGENCIES

Telefonica

InterbrandHealth
130 5th Ave, New York, NY 10011
Tel.: (212) 798-7600
Fax: (212) 798-7501
Web Site: www.interbrand.com

Employees: 200

Jane Parker *(CEO)*
R. John Fidelino *(Exec Creative Dir)*
Barry Silverstein *(Exec Dir-Client Svc)*
Nicole Diamant *(Mktg Dir)*

INTERBRAND DESIGN FORUM
700 W Pete Rose Way Ste 460, Cincinnati, OH 45203
Tel.: (937) 439-4400
Fax: (937) 439-4340
E-Mail: scott.smith@interbrand.com
Web Site: www.interbranddesignforum.com/

Employees: 150
Year Founded: 1978

Agency Specializes In: Sponsorship

Tim Raberding *(VP-Engrg)*
Ryan Brazelton *(Exec Creative Dir)*
Glen Middleton *(Exec Dir-Interbrand)*
Don Rethman *(Sr Dir-Architecture)*
Tracy Heppes *(Mgr-Automotive Program)*
Ashlie Wilmetti *(Designer-Interior & Planner)*
Ross Jacobs *(Sr Graphic Designer)*
Haley Kunka *(Sr Designer)*
Jimena Roses-Sierra *(Designer)*
Amanda Handermann *(Assoc Creative Dir)*

Accounts:
Applebee's
Burger King
Dunkin' Donuts
FedEx
Gold's Gym
KFC
Land Rover
Mazda
McDonald's
Microsoft
Porsche
Subway
Yankee Candle

Branches

Interbrand Design Forum
15375 Barranca Pkwy Ste E106, Irvine, CA 92618
Tel.: (949) 450-1101
Fax: (949) 450-9967
E-Mail: jim.williamson@interbrand.com
Web Site: www.interbranddesignforum.com/

Employees: 10

Agency Specializes In: Advertising

Interbrand San Francisco
555 Market St Ste 500, San Francisco, CA 94105
Tel.: (415) 848-5000
Fax: (415) 848-5020
E-Mail: sarah.lent@interbrand.com
Web Site: www.interbrand.com

Employees: 20

Agency Specializes In: Advertising

Accounts:
3M 3M Post-it
Ambre
Applebee's
BALS

INTERCEPT GROUP - CAMPUS INTERCEPT / CONSUMER INTERCEPT
251 Consumers Rd 3rd Fl, Toronto, ON M2J 4R3 Canada
Tel.: (416) 479-4200, ext. 321
E-Mail: info@interceptgroup.com
Web Site: www.interceptgroup.com

Employees: 50
Year Founded: 2006

Agency Specializes In: Advertising, Advertising Specialties, Below-the-Line, Branded Entertainment, College, Consumer Marketing, Direct-to-Consumer, Electronics, Entertainment, Event Planning & Marketing, Integrated Marketing, Mobile Marketing, Planning & Consultation, Point of Sale, Sales Promotion, Social Media, Sponsorship, Strategic Planning/Research, Urban Market

Approx. Annual Billings: $10,000,000

Andrew Au *(Pres)*
Shaheen Yazdani *(VP-Client Svc)*
Jessica Gorassi *(Grp Acct Dir)*
Daisy Magboo *(Sr Mgr-Staffing & Acct Mgr)*
Julian Ibe *(Sr Mgr)*
Jennifer Jesson *(Sr Acct Mgr)*

Accounts:
3M Canada
7-Eleven
HP
Pepsico
Unilever

INTERCOMMUNICATIONS INC.
1375 Dove St Ste 200, Newport Beach, CA 92660
Tel.: (949) 644-7520
Fax: (949) 640-5739
E-Mail: intercom@intercommunications.com
Web Site: www.intercommunications.com

E-Mail for Key Personnel:
President: ta@intercommunications.com

Employees: 15
Year Founded: 1984

National Agency Associations: 4A's

Agency Specializes In: Strategic Planning/Research

Breakdown of Gross Billings by Media: Collateral: 40%; Consulting: 30%; Newsp. & Mags.: 30%

Toni Alexander *(Pres & Creative Dir)*
Bob Weil *(Sr VP-Digital Engagement)*
Carolyn Marek *(Media Dir & Acct Mgr)*
Richard Darner *(Sr Art Dir)*

Accounts:
Four Seasons Residences LA
Hasko Development
Lincoln Property Co - Villages at Playa Vista
Luxury Estates - Utopia
McCaffrey Group
Tero Viejo Inc.

INTERESTING DEVELOPMENT
(Formerly Office of Baby)
25 Peck Slip, New York, NY 10038
Tel.: (914) 359-4815
E-Mail: info@interestingdevelopment.com
Web Site: interestingdevelopment.com/

Employees: 50
Year Founded: 2015

Agency Specializes In: Advertising, Alternative Advertising, Content, Experiential Marketing

Paul Caiozzo *(Founder & Chief Creative Officer)*
Nathan Frank *(Co-Founder, Exec Creative Dir & Copywriter)*
Michael Hagos *(Creative Dir)*
Kelsey Shang *(Art Dir)*
Megan Sheehan *(Creative Dir)*
Prit Patel *(Copywriter)*

Accounts:
Etsy, Inc
Google
Parachute
Siggi's
StreetEasy OOH
ZocDoc Digital, Email, Social
Zulily

INTERKOM CREATIVE MARKETING
720 Guelph Line Ste 304, Burlington, ON L7R 4E2 Canada
Tel.: (905) 332-8315
Fax: (905) 332-8316
Toll Free: (800) 565-0571
E-Mail: solutions@interkom.ca
Web Site: www.interkom.ca

Employees: 20
Year Founded: 1981

Martin van Zon *(Pres)*
Kayla Van Zon *(Acct Dir)*
Lee Zhang *(Client Svcs Dir)*
Willem van Zon *(Strategist)*

Accounts:
Amgen
Burlington Art Centre
Halton Women's Place & ErinOak Kids
Injection Molding Systems
PictorVision
Young Drivers of Canada

INTERLEX COMMUNICATIONS INC.
4005 Broadway Ste B, San Antonio, TX 78209-6311
Tel.: (210) 930-3339
Fax: (210) 930-3383
Toll Free: (866) 430-3339
E-Mail: info@interlexusa.com
Web Site: www.interlexusa.com

Employees: 33
Year Founded: 1995

Agency Specializes In: Above-the-Line, Advertising, Advertising Specialties, Affluent Market, African-American Market, Agriculture, Alternative Advertising, Arts, Asian Market, Automotive, Below-the-Line, Bilingual Market, Brand Development & Integration, Branded Entertainment, Broadcast, Business Publications, Business-To-Business, Cable T.V., Children's Market, Co-op Advertising, Collateral, College, Commercial Photography, Communications, Consulting, Consumer Goods, Consumer Marketing, Consumer Publications, Content, Corporate Communications, Corporate Identity, Cosmetics, Customer Relationship Management, Digital/Interactive, Direct Response Marketing, Direct-to-Consumer, E-Commerce, Education, Electronic Media, Electronics, Environmental, Event Planning & Marketing, Exhibit/Trade Shows, Experience Design, Faith Based, Fashion/Apparel, Financial, Food Service, Game Integration, Government/Political, Graphic Design, Guerilla Marketing, Health Care Services, Hispanic Market,

AGENCIES - JANUARY, 2019 — ADVERTISING AGENCIES

Hospitality, Household Goods, Identity Marketing, In-Store Advertising, Infomercials, Integrated Marketing, International, Internet/Web Design, LGBTQ Market, Local Marketing, Logo & Package Design, Luxury Products, Magazines, Market Research, Media Buying Services, Media Planning, Media Relations, Medical Products, Men's Market, Merchandising, Mobile Marketing, Multicultural, Multimedia, New Product Development, Newspaper, Newspapers & Magazines, Out-of-Home Media, Outdoor, Over-50 Market, Package Design, Paid Searches, Pharmaceutical, Planning & Consultation, Podcasting, Point of Purchase, Point of Sale, Print, Product Placement, Production, Production (Ad, Film, Broadcast), Production (Print), Promotions, Public Relations, Publicity/Promotions, Radio, Real Estate, Recruitment, Regional, Restaurant, Retail, Sales Promotion, Search Engine Optimization, Seniors' Market, Social Marketing/Nonprofit, Social Media, South Asian Market, Sponsorship, Sports Market, Stakeholders, Strategic Planning/Research, T.V., Teen Market, Transportation, Travel & Tourism, Tween Market, Urban Market, Web (Banner Ads, Pop-ups, etc.), Women's Market

Approx. Annual Billings: $31,000,000

Breakdown of Gross Billings by Media: Brdcst.: $28,000,000; Radio: $3,000,000

Heather Kristina Ruiz *(Co-Founder & Dir-Creative)*
Rudy Ruiz *(CEO)*
Joseph Garcia *(COO)*
Leah DeLaGarza Flores *(VP-Ops & Integration)*
Thomas Schlenker *(Dir-Medical-ILX Health Strategies Grp)*
Mayra Urteaga *(Mgr-Acctg)*
Rebecca U. Marut *(Acct Supvr)*
Irasema Ortiz *(Acct Exec)*
Ana Fidencio-Ramos *(Media Planner & Buyer)*

Accounts:
American Airlines
American Express
Amigo Energy
Amoco
AT&T West
Balise
Department of Homeland Security
Texas Department of State Health Services

INTERMARK GROUP, INC.
101 25th St N, Birmingham, AL 35203
Tel.: (205) 803-0000
Fax: (205) 870-3843
Toll Free: (800) 554-0218
Web Site: www.intermarkgroup.com

E-Mail for Key Personnel:
President: jake.mckerzie@intermarkgroup.com

Employees: 185
Year Founded: 1977

National Agency Associations: PRSA

Agency Specializes In: Advertising, Alternative Advertising, Automotive, Brand Development & Integration, Broadcast, Business Publications, Business-To-Business, Cable T.V., Co-op Advertising, Collateral, Communications, Consulting, Consumer Goods, Consumer Marketing, Consumer Publications, Corporate Communications, Corporate Identity, Crisis Communications, Digital/Interactive, Direct Response Marketing, E-Commerce, Electronic Media, Email, Entertainment, Environmental, Event Planning & Marketing, Exhibit/Trade Shows, Financial, Food Service, Graphic Design, Health Care Services, Hispanic Market, In-Store Advertising, Industrial, Infomercials, Information Technology, Integrated Marketing, Internet/Web Design, Legal Services, Leisure, Logo & Package Design, Media Buying Services, Media Planning, Media Relations, Media Training, Medical Products, Merchandising, Mobile Marketing, Multimedia, New Product Development, Newspaper, Newspapers & Magazines, Out-of-Home Media, Outdoor, Over-50 Market, Package Design, Pharmaceutical, Planning & Consultation, Point of Purchase, Point of Sale, Print, Production, Production (Print), Promotions, Public Relations, Publicity/Promotions, Radio, Real Estate, Regional, Restaurant, Retail, Sales Promotion, Search Engine Optimization, Seniors' Market, Social Media, Sponsorship, Sports Market, Strategic Planning/Research, T.V., Technical Advertising, Trade & Consumer Magazines, Transportation, Travel & Tourism, Viral/Buzz/Word of Mouth, Yellow Pages Advertising

Approx. Annual Billings: $100,000,000

Breakdown of Gross Billings by Media: Cable T.V.: $12,467,984; Internet Adv.: $5,818,392; Mags.: $831,199; Newsp.: $831,199; Out-of-Home Media: $831,199; Production $16,348,774; Pub. Rels.: $531,335; Radio: $8,311,989; T.V.: $54,027,929

Josh Simpson *(Chief Strategy Officer)*
Becci Hart *(Pres-PR)*
Jim Poh *(Sr VP & Dir-Comm & Media)*
Matt Mckenzie *(VP-Strategy & Revenue)*
Keith Otter *(Exec Creative Dir)*
William P. Dinan *(Acct Dir)*
Michel Le *(Art Dir)*
David Keel *(Dir-IT)*
Christopher Story *(Dir-Web & Mobile Application Support-ALLOY)*
Cheryl Landreth *(Office Mgr)*
Deana Tomasello *(Media Buyer & Acct Supvr)*
Kelly Darden *(Acct Supvr)*
Julie LaForce *(Acct Exec)*
Summer Wales *(Acct Exec)*
Mary Kathryn Woods *(Acct Exec)*
Aaron Carter *(Copywriter)*
Joel Lugar *(Assoc Creative Dir & Copywriter)*
Sally Russell Baio *(Sr Media Buyer)*
Mark Bartman *(Assoc Creative Dir)*
Hillary McDaniel *(Jr Art Dir)*
Natalie Panciera *(Sr Media Planner)*
Ashley Prewitt *(Div Mgr-Small Bus)*
April Terry *(Asst-Media)*
Blake Young *(Assoc Creative Dir)*

Accounts:
AFC Family Care Digital, Interactive, Mobile, Television & Cinema
Alabama Tourism Department (Agency of Record) Advertising, Campaign: "Year of", Marketing
American Buildings Company; Eufaula, AL
Cadence Bank Brand Strategy, Creative, Marketing Campaign, Media Planning & Buying, Online, PR, Research
Chevrolet Local Marketing Association; Bettendorf, IA/Davenport, IA/East Moline, IL/Rock Island, IL
Chevrolet Local Marketing Association; Birmingham, AL
Chevrolet Local Marketing Association; Cedar Rapids, IA
Chevrolet Local Marketing Association; Charlotte, NC
Chevrolet Local Marketing Association; Denver, CO
Chevrolet Local Marketing Association; Dothan, AL/Montgomery, AL
Chevrolet Local Marketing Association; Grand Junction, CO
Chevrolet Local Marketing Association; Huntsville, AL
Chevrolet Local Marketing Association; Mobile, AL/Pensacola, FL
Chevrolet Local Marketing Association; Nashville, TN
Chevrolet Local Marketing Association; South Bend, IN
Chevrolet Local Marketing Association; Tallahassee, FL/Panama City, FL
Chevrolet Local Marketing Association; Washington, DC
EGS Commercial Real Estate; Birmingham, AL
Mohawk Industries; Dalton, GA
Office Furniture USA; Birmingham, AL
Parrish Medical Center (Advertising Agency of Record)
Red Diamond Coffee; Birmingham, AL
Southeast Toyota Distributors; Deerfield Beach, FL
St. Vincent's Health System; Birmingham, AL
Sweet Home Alabama Out of Home, Print
Talladega Superspeedway Creative, Marketing Strategy, Media
University of Alabama; Tuscaloosa, AL

INTERMEDIA ADVERTISING
22120 Clarendon St, Woodland Hills, CA 91367
Tel.: (818) 995-1455
Fax: (818) 719-9977
E-Mail: sales@intermedia-advertising.com
Web Site: www.intermedia-advertising.com

Employees: 200
Year Founded: 1974

Agency Specializes In: Direct Response Marketing, Integrated Marketing

Robert Yallen *(Pres)*
Tim Gerrity *(CFO)*
Grant Rosenquist *(Sr VP-Media Insight & Plng)*
Kevin Szymanski *(Sr VP)*
Richard Chellew *(VP-Inter & Media Interactive)*
Maria Barrett *(Mgr-New Bus Dev)*
Jennifer Khadavi *(Sr Media Buyer)*

Accounts:
Rosland Capital

INTERMUNDO MEDIA
2000 Central Ave, Boulder, CO 80301
Tel.: (303) 867-8800
Web Site: imm.com

Employees: 215

Agency Specializes In: Advertising, Digital/Interactive, Email, Media Buying Services, Search Engine Optimization, Social Media

Wayne Chavez *(Founder & Co-Chm)*
Gina Lee *(COO)*
Corien De Jong *(Sr VP & Exec Dir-Creative)*
Zach Baze *(Sr VP-Strategy & Insights)*
Luke Kannawin *(Supvr-Programmatic Media)*
Jenny Shi *(Supvr-Media Performance)*
Brent Mccown *(Assoc Creative Dir)*

Accounts:
Brinker International Interactive Media, Maggiano's Little Italy, Strategy
IGeneX
Leota
magicJack
Primanti Bros
Roku Digital Marketing
Sphero

INTERNECTION
1577 Riverview Cir W, Ripon, CA 95366-9330
Tel.: (800) 893-8458
Fax: (209) 599-6600
Web Site: www.internec.com

E-Mail for Key Personnel:
Production Mgr.: ktucker@internec.com

Employees: 9
Year Founded: 1995

ADVERTISING AGENCIES

Agency Specializes In: Advertising, Business Publications, Collateral, Graphic Design, Internet/Web Design, Logo & Package Design, Magazines, Newspaper, Newspapers & Magazines, Print, Recruitment, Restaurant, Trade & Consumer Magazines

Approx. Annual Billings: $6,100,000

Accounts:
Airoom Architects & Builders
Antech Diagnostics
Associated Health Professionals
Barton Protective Services
Bristol Industries
College Hospital
Crystal Springs Water Co.; Mableton, GA
El Pollo Loco
Eurest Services
Granite Construction
Jet Delivery
Kelly Services; San Jose, CA Recruitment
LTD Commodities, LLC
Manpower Technical
Medfinders, Inc.
Monroe Truck Equipment
Pacific Rim Mechanical
Placement Pros
PrideStaff
RCR Companies
Red Lion Hotels
Restaurant Management Careers
Smart & Final
Sony Entertainment America; Foster City, CA Recruitment; 1998
Southern Wine & Spirits
Sparkletts
Surf & Sand Resort
Tripp Lite; Chicago, IL Recruitment Advertising
Unimark
Winbond Microelectronics; San Jose, CA; 1996

INTERNET EXPOSURE, INC.
1101 Washington Ave S, Minneapolis, MN 55415
Tel.: (612) 676-1946
E-Mail: info@ieexposure.com
Web Site: https://www.iexposure.com/

Employees: 15
Year Founded: 1995

Agency Specializes In: Digital/Interactive, Game Integration, Local Marketing, Mobile Marketing, Paid Searches, Search Engine Optimization, Social Media, Web (Banner Ads, Pop-ups, etc.)

Jeff Hahn *(Owner)*

Accounts:
Summit Brewing; 2013

INTERNET MARKETING, INC.
10620 Treena St Ste 250, San Diego, CA 92131
Tel.: (866) 563-0620
Fax: (866) 780-5126
E-Mail: info@internetmarketinginc.com
Web Site: www.internetmarketinginc.com

Employees: 169
Year Founded: 2005

Agency Specializes In: Advertising, Email, Internet/Web Design, Search Engine Optimization, Social Media

Justin Cohen *(Pres)*
Brandon Fishman *(Pres)*
Jason Brigham *(CEO-Digital Mktg & Adv-Full Funnel)*
Chris Sullivan *(VP-SIs)*
Phong Chieng *(Dir-SEO & Insights)*
Adrian Huth *(Dir-Paid Media)*

Delana Ricasa *(Dir-Paid Media)*
Kacey McArthur *(Assoc Dir-Paid Media)*
Christina Gov *(Sr Specialist-Paid Media)*
Amanda Duehren *(Strategist-Paid Media)*
Irene Roberts *(Sr Creative Dir)*

INTERPLANETARY
175 Varick St, New York, NY 10014
Tel.: (212) 488-4769
Web Site: http://www.ipny.com/

Employees: 6

Agency Specializes In: Advertising, Brand Development & Integration, Broadcast, Digital/Interactive, Multimedia, Newspapers & Magazines, Out-of-Home Media, Outdoor, Print, Radio, T.V.

Joseph A Dessi *(Mng Partner)*
Andy Semons *(Partner & Head-Strategy)*
Chris Parker *(Partner-Creative)*
Bruce Lee *(Creative Dir)*
Jill McClabb *(Creative Dir)*

Accounts:
Astoria Bank
City of Hope Hospital
Leukemia & Lymphoma Society

THE INTERPUBLIC GROUP OF COMPANIES, INC.
909 Third Ave, New York, NY 10022
Tel.: (212) 704-1200
Fax: (212) 704-1201
E-Mail: info@interpublic.com
Web Site: www.interpublic.com

Employees: 50,200
Year Founded: 1902

National Agency Associations: 4A's-AAF-AC-ARF-IAA-PMA

Agency Specializes In: Advertising, African-American Market, Asian Market, Brand Development & Integration, Corporate Identity, Digital/Interactive, Direct Response Marketing, Event Planning & Marketing, Health Care Services, Hispanic Market, Internet/Web Design, Investor Relations, Logo & Package Design, Media Buying Services, Newspaper, Out-of-Home Media, Outdoor, Print, Public Relations, Sales Promotion, Sponsorship, Sports Market, Strategic Planning/Research, T.V., Teen Market

Revenue: $7,882,400,000

Michael Roth *(Chm & CEO)*
Frank Mergenthaler *(CFO & Exec VP)*
John Halper *(CIO)*
Heide Gardner *(Chief Diversity Officer)*
Andrew Bonzani *(Gen Counsel, Sec & Sr VP)*
Nicholas Camera *(Gen Counsel)*
Ellen T. Johnson *(Treas & Sr VP-Fin)*
Rick Weber *(Sr VP-Client Fin & Ops)*
Nicole Sarakos *(VP-Fin Plng & Analysis)*
Jemma Gould *(Sr Dir-Corp Responsibility & Comm)*
Eileen P. Beverley *(Dir-Comm & Partnerships)*
Leslie LaPlante *(Dir-Digital Svcs-CMI)*
Miriam Sampson *(Sr Mgr-IT Governance & Comm)*
Tim Jensen *(Mgr-Engrg-Unified Comm)*
Rebecca Singer *(Sr Analyst-Social)*
Jennifer Clark *(Asst Gen Counsel)*
Anca Cornis-Pop *(Asst Gen Counsel)*
Natalee Topolewski *(Media Buyer)*
Joseph Gangi Clemente *(Engr-Unified Comm)*
Miguel Hidalgo *(Engr-Unified Comm)*
Diamia Foster *(Assoc-Orion Worldwide & Identity)*
James Mazlen *(Sr Counsel)*

Accounts:
General Motors
Harley-Davidson Creative, Digital, Media, Strategic
Honeywell (Global Marketing Agency of Record) Advertising, Brand, Corporate Marketing, Demand Generation, Digital Marketing, Public Relations; 2018
Johnson & Johnson Family of Companies
Markwins Beauty Products Communications, Integrated PR, Marketing, Social Media, Wet n Wild
Merck & Co., Inc.; Whitehouse Station, NJ
Microsoft Corporation (Agency of Record) Advertising, Creative, Global Deployment
MillerCoors
Nestle USA, Inc.; 2018
Walmart
Zurich Insurance Group Global Marketing

McCann-Erickson WorldGroup (Part of the Interpublic Group)

AFG&
1 Dag Hammarskjold Plz, New York, NY 10017
(See Separate Listing)

beauty@gotham
622 3Rd Ave Fl 16, New York, NY 10017
(See Separate Listing)

Fitzgerald & Co
944 Brady Ave Nw, Atlanta, GA 30318
(See Separate Listing)

The Martin Agency
One Shockoe Plz, Richmond, VA 23219
(See Separate Listing)

McCann Minneapolis
(Formerly Mithun)
510 Marquette Ave, Minneapolis, MN 55402
(See Separate Listing)

McCann Worldgroup
622 3rd Ave, New York, NY 10017
(See Separate Listing)

NAS Recruitment Innovation
9700 Rockside Rd Ste 170, Cleveland, OH 44125
(See Separate Listing)

Draftfcb Group: (Part of the Interpublic Group)

FCB Global
100 W 33rd St, New York, NY 10001
(See Separate Listing)

FCB Health
100 W 33rd St, New York, NY 10001
(See Separate Listing)

Hacker Agency
1215 4th Ave Ste 2100, Seattle, WA 98161-1018
Tel.: (206) 805-1500
Fax: (206) 805-1599
E-Mail: info@hal2l.com
Web Site: hal2l.com

Employees: 300
Year Founded: 1986

National Agency Associations: 4A's

Agency Specializes In: Direct Response Marketing, Electronic Media, Sponsorship

AGENCIES - JANUARY, 2019 ADVERTISING AGENCIES

Spyro Kourtis *(CEO)*
Nasima Sadeque *(CFO)*
Julie Rezek *(Pres-North America)*
Michael Goerz *(Exec Acct Dir)*
Kate Kemp *(Grp Dir-Creative)*
Rachel Stevens *(Creative Dir)*
Matt Knuth *(Dir-Bus Dev)*

Accounts:
Amazon.com; 2016
Clover Health; 2017
e-Health; 2016
Essence Healthcare, Inc
Global Hyatt
Highmark Blue Cross Blue Shield
Microsoft Bing
Progressive Drive
Sam's Club
Uber

R/GA
450 W 33rd St, New York, NY 10001
(See Separate Listing)

Interpublic Aligned Companies: (Part of the Interpublic Group)

Acxiom LLC
PO Box 2000, Conway, AR 72032
Mailing Address:
PO Box 8190, Little Rock, AR 72203-8190
Tel.: (501) 342-1000
Fax: (501) 342-3913
Toll Free: (888) 322-9466
E-Mail: infoau@acxiom.com
Web Site: www.acxiom.com

Employees: 3,260
Year Founded: 1969

Scott E. Howe *(Pres & CEO)*
James Arra *(Co-Pres-LiveRamp)*
Anneka Gupta *(Co-Pres-Connectivity)*
Warren Jenson *(Pres-Intl & CFO, Exec VP & Head-Technical Ops)*
Jerry C. Jones *(Chief Legal Officer)*
Dennis Self *(Pres-Mktg Svcs)*
David Eisenberg *(Sr VP & Head-Strategy & Corp Dev)*
Phil Lore *(Grp VP-Fin Svcs & Pub Sector)*
Sherry Booles *(VP-Mktg)*
Lauren Russi Dillard *(VP-IR)*
Chad Engelgau *(VP-Product Mgmt & Mktg-Global Identity, Analytics & Data)*
Neil Fried *(VP-Strategy & Corp Dev)*
Chris Hamlin *(VP-Sls & Client Svcs)*
Craig H. Murray *(VP-Retail Markets)*
Trey Stephens *(VP-Audience Monetization)*
Suzanne Darmory *(Exec Creative Dir-Zeta Global)*
Matt Owen *(Creative Dir)*
Rich Van Allen *(Product Dir)*
Shelly Stubbs *(Client Svcs Mgr)*
Tanya Depner *(Comm Mgr)*
Sherry Hamilton *(Program Mgr-Mktg)*
Leslie Price *(Product Mgr)*
Carmen McKenna-McWilliams *(Acct Exec)*
Catherine Hughes *(Corp Officer-Governance)*
Sandy Hurst *(Sr Exec-Sls & Audience Solutions)*
Chance Schanzlin *(Sr Mktg Mgr)*

Advantage Sponsorship and Brand Experience Agency
290 Harbor Dr 2nd Fl, Stamford, CT 06902
(See Separate Listing)

The Axis Agency
1840 Century Park E 6th Fl, Los Angeles, CA 90069
(See Separate Listing)

BB&M Lowe & Partners
Ave Ricardo Arango y Calle 54 Urbanizacion Obarrio 4, Panama, Panama
Tel.: (507) 263 9300
Fax: (507) 263 9692
E-Mail: info@bbm-panama.com
Web Site: www.bbm-panama.com

Employees: 62
Year Founded: 1971

Mario Barcenas *(Exec VP)*
Jaime Sosa *(VP-Plng)*

Campbell Ewald
2000 Brush St Ste 601, Detroit, MI 48226
(See Separate Listing)

Branches

Campbell Ewald Los Angeles
8687 Melrose Ave Ste G510, West Hollywood, CA 90069
Tel.: (310) 358-4800
Web Site: www.c-e.com

Employees: 40
Year Founded: 1962

National Agency Associations: 4A's-THINKLA

Agency Specializes In: Advertising, Experiential Marketing, Sponsorship

Zenaida Torres Marvin *(Mng Dir)*
Jo Shoesmith *(Chief Creative Officer)*
Jamie Lewis *(Mng Dir-Digital)*
Chip Rich *(Exec Creative Dir)*
Paul Jennings *(Grp Dir-Media Strategy)*
Jim Lorden *(Grp Dir-Media Strategy)*
Meredith Snavely *(Grp Dir-Media Strategy)*
Chris Hancock *(Producer-Digital)*
Michael Ceraulo *(Dir-Design)*
Caitlin Byrne *(Assoc Dir-Social Media)*
Paula Pletcher *(Mgr-Client Svcs & Project)*
Charles Abell *(Sr Acct Supvr)*
Emma Hicks *(Sr Acct Supvr)*
Ashley E. Brabham *(Acct Supvr)*
Kendra Hwang *(Supvr-Media)*
Cayle Rappaport *(Supvr-Media)*
Rich De Los Santos *(Acct Exec)*
Geena Angrisani *(Media Planner)*
Marina Crum *(Media Planner)*
Thao Le *(Designer-Digital)*
Dana Meltzer *(Media Buyer)*
Jade Roxas *(Media Planner)*
Alan Crow *(Buyer-Brdcst)*
Nicole Regan *(Sr Art Dir)*
Maria Sweeney *(Assoc Acct Dir)*

Accounts:
Chicken of the Sea International; San Diego, CA (Agency of Record)
Covered California (Agency of Record) Creative Implementation, Digital, Media Buying, Media Planning, Social Communications, Strategy
Energy Upgrade California Education, Energy, Marketing, Outreach, Water
Kaiser Permanente Insurance
Keep Oakland Beautiful Campaign: "Litter is Bad"
Los Angeles Tourism & Convention Board
Sun Products Corporation

Campbell Ewald New York
386 Park Ave S, New York, NY 10016
Tel.: (646) 762-6700
Web Site: www.c-e.com

Employees: 30

National Agency Associations: 4A's

Agency Specializes In: Advertising, Collateral, Content, Digital/Interactive, Event Planning & Marketing, Logo & Package Design, Print, Sponsorship

Sal Taibi *(Pres)*
Jonathan Lange *(Exec VP & Acct Svc Dir)*
Jamie Rubin *(Sr VP & Mng Dir-Media)*
Lisa Stroh *(VP & Grp Acct Dir)*
Lane Sorkin *(VP & Media Dir)*
Dana Delle *(VP & Grp Media Dir)*
Chip Rich *(Exec Creative Dir)*
Yoko Fujita *(Creative Dir)*
Aneika Fermin *(Sr Acct Supvr)*
Emily Morris *(Sr Acct Supvr)*
Jenna Calascibetta *(Supvr-Media)*
Deanna Guido *(Supvr-Media)*
Claire Lovell *(Supvr-Media)*
Nathalie Rocklin *(Media Buyer)*
Benjamin Phillips *(Asst Acct Exec)*
Michael Hernandez *(Assoc Media Dir-SociedAD)*
Nicole Regan *(Sr Art Dir)*
Kelley Samanka *(Assoc Creative Dir-Art & Design)*
Toni Velez Lucarelli *(Sr Bus Mgr)*

Accounts:
CFA Institute Brand Planning, Content Strategy, Creative
Conecuh Ridge Distillers Branding, Clyde May's Whiskey, Digital, Planning & Content, Social Media, Strategy Development, Website Development
Empire State Development Advertising, Digital Marketing, Media Buying, Media Planning
Energy Upgrade California
General Motors Below-the-Line, Cadillac, Customer
I Love NY
MilkPEP
Nemiroff (Agency of Record) Creative, Interactive, Media; 2017
New York Tourism
The Sun Products Corporation Campaign: "Crescendo", Snuggle Bear, Snuggle Fresh Spring Flowers, Snuggle Serenades, TV
United Nations Children's Fund Advocacy, Digital, Education, Fundraising, Mobile, Social, Traditional

Campbell Ewald San Antonio
816 Camaron Ste 102, San Antonio, TX 78212
Tel.: (210) 242-3760
Web Site: www.c-e.com

Employees: 30

National Agency Associations: 4A's

Agency Specializes In: Experiential Marketing

Kevin Wertz *(CEO)*
Brian Phelps *(Mng Dir & COO)*
Jarilyn Auger *(CFO)*
Barb Rozman-Stokes *(Chief People Officer)*
Jim Millis *(Creative Dir)*
David Bierman *(Grp Creative Dir & Copywriter)*

Accounts:
Valero Energy Corporation (Agency of Record) Branding, Creative, Media Buying, Media Planning

Carmichael Lynch
110 N 5th St, Minneapolis, MN 55403
(See Separate Listing)

Change Communications GmbH
Solmsstrasse 4, 60486 Frankfurt am Main, Germany
Mailing Address:

ADVERTISING AGENCIES — AGENCIES - JANUARY, 2019

Postfach 90 06 65, 60446 Frankfurt am Main, Germany
Tel.: (49) 69 97 5010
Fax: (49) 69 97 501 141
E-Mail: klaus.flettner@change.de
Web Site: www.change.de

Employees: 60
Year Founded: 1978

Klaus Flettner *(CEO)*
Gabriela Rado *(Mng Dir)*

Current Lifestyle Marketing
875 N Michigan Ave Ste 2700, Chicago, IL 60611
(See Separate Listing)

Deutsch, Inc.
330 W 34th St, New York, NY 10001
(See Separate Listing)

DeVries Global
909 Third Ave, New York, NY 10022
(See Separate Listing)

Elephant
333 Bryant St Ste 320, San Francisco, CA 94107
(See Separate Listing)

Frank About Women
525 Vine St, Winston Salem, NC 27101
(See Separate Listing)

Frukt Communications
No 2 Warehouse Sq, 140 Holborn, London, EC1N 2AE United Kingdom
Tel.: (44) 207 751 2900
E-Mail: london@wearefrukt.com
Web Site: wearefrukt.com

Employees: 100

Agency Specializes In: Entertainment

Dominic Hodge *(Mng Dir & Head-Plng)*
Jim Robinson *(Mng Dir)*

Accounts:
Coca Cola
Mast-Jagermeister UK Consumer Activation, Jagermeister

Branch

FRUKT
1840 Century Park E, Fl 2, Los Angeles, CA 90067
(See Separate Listing)

Hill Holliday
53 State St, Boston, MA 02109
(See Separate Listing)

Huge LLC
45 Main St Ste 300, Brooklyn, NY 11201
(See Separate Listing)

Interactive Avenues Pvt. Ltd.
First Floor Kagalwala House C Block - East Wing, Metro Estate 175 CST Road, Mumbai, 400098 India
Tel.: (91) 66753000
Fax: (91) 66753005
Web Site: www.interactiveavenues.com

Employees: 200
Year Founded: 2006

Agency Specializes In: Advertising, Internet/Web Design, Search Engine Optimization, Social Media

Amar Deep Singh *(CEO)*
Shantanu Sirohi *(COO)*
Shantanu Mulay *(Head-Creative Bus)*
Mushahid Abbas *(Media Dir)*
Sudarshan Shettigar *(Creative Dir-Digital)*
Sathya Narayanan *(Assoc Creative Dir)*

Accounts:
Micromax Informatics Campaign: "Leave Your Mark with Canvas 6!", Micromax Canvas

IPG Mediabrands
100 W 33rd St 9th Fl, New York, NY 10001
(See Separate Listing)

LOLA MullenLowe
(Formerly Lola Madrid)
C. Marques de Cubas, 4, Madrid, 28014 Spain
Tel.: (34) 917 89 33 50
E-Mail: hola@lola-mullenlowe.com
Web Site: http://lola-mullenlowe.com/

Employees: 65

Chacho Puebla *(Partner & Chief Creative Officer)*
Fred Bosch *(Creative Dir & Head-Digital Innovation)*
Fabio Brigido *(Head-Art & Creative Dir-Global)*
Amaya Coronado *(Head-Strategy)*
Francisco Cassis *(Exec Creative Dir)*
Nestor Garcia *(Exec Creative Dir)*
Nacho Onate *(Exec Creative Dir)*
Marcelo Monzillo *(Creative Dir & Art Dir)*
Tom Elliston *(Dir-Global Bus, Acct Dir & Copywriter)*
Tomas Ostiglia *(Creative Dir-Global & Copywriter)*
Enrique Torguet *(Art Dir & Copywriter)*
Manuel Castillo Aguerri *(Art Dir-Creative)*
Paulo Areas *(Creative Dir)*
Saulo Rocha *(Assoc Dir-Creative & Art)*
Oscar Fernandez-Baca Cordon *(Acct Mgr)*
Laura Gerpe *(Acct Mgr)*
Esther Mestre *(Acct Supvr)*
Adriana Gonzalez Cid *(Acct Exec)*
Martin Feijoo *(Copywriter)*
Palma Llopis *(Copywriter)*
Marcelle Santos *(Planner-Strategic)*
Rocio Abarca *(Reg Acct Dir)*
Felipe Antonioli *(Sr Art Dir)*

Accounts:
9GAG, INC
Amplifon (Agency of Record) Branding, Communication, Creative, Marketing, Strategy
Buccaneer
Burger King Global
Cabify Digital, Global Communication, Global Creative, Integrated Advertising, Strategic; 2018
FELGTB
Kia Motors Europe Creative; 2017
Kiss TV Campaign: "I Know You Want Me"
Libero Football Magazine
Mattel Barbie, Campaign: "Anagram Christmas", Digital, Hot Wheels, Max Steel, Monster High, Pictionary, Scrabble
Miami Ad School Campaign: "The Worstfolio"
Monsieur Gordo Brewery
Nomad Skateboards Campaign: "The board that should have arrived 100 years ago, is here.", Campaign: "Very Old School", Campaign: "We Are The Same"
Revista Libero
Seat Leon Birthday
Unilever N.V. Advertising, Brooke Bond Tea, Campaign: "Flag", Campaign: "Release the beast", Cornetto, Magnum, PG Tips, Paddle Pop
Visionlab Campaign: "Gratu-Gratu-Ito-Ito"

Middle East Communication Networks - MCN
Emarat Atrium Bldg 4th Fl, PO Box 6834, Sheikh Zayed Rd, Dubai, United Arab Emirates
Tel.: (971) 4 321 0007
Fax: (971) 4 321 1540
E-Mail: info@promoseven.com
Web Site: https://mcnholding.com/

Employees: 375

Akram Miknas *(Chm)*
Rami Omran *(CEO)*
Mohamad Haidar *(COO)*
Tom Roy *(Chief Innovation Officer)*

Accounts:
HP
Nestle
Sony
Unilever

Momentum Worldwide
250 Hudson St, New York, NY 10013
(See Separate Listing)

MullenLowe Brasil
Rua Gomes De Carvalho 1195, 5 e 6 Andares, Vila Olimpia, Sao Paulo, SP CEP 04547-004 Brazil
Tel.: (55) 11 3299 2999
Fax: (55) 11 3845 7708
Web Site: mullenlowegroup.com

Employees: 30
Year Founded: 1957

Jose Borghi *(Co-CEO)*
Andre Gomes *(CEO)*
Juliano de Almeida *(Art Dir)*
Luiz Cesar Faria, Jr. *(Art Dir)*
Robert Filshill *(Client Svcs Dir)*
Fabio Nunes *(Art Dir)*
Gilmar Pinna *(Creative Dir)*
Eduardo Salles *(Creative Dir)*
Caroline Paulino *(Supvr)*
Henrique Louzada *(Copywriter)*

Accounts:
New-AkzoNobel Dulux
Anador Campaign: "Every headache has the same solution.", Campaign: "Head"
Asics Campaign: "Let it Go", Campaign: "Perfect Pace", Campaign: "Pizza, Cake"
Boehringer Ingelheim Campaign: "Synchronized Swimming"
Casa & Video
Ducoco
FINI
Hemorio Hemopics
Pepsodent Campaign: "Reaches Impossible Places"
Runner's Magazine
Safe Roads Alliance
Sao Paulo Creative Club Campaign: "Blank Sheet of Paper"
Sea Shepherd
Smart Fit
TRES
Unica (Brazilian Sugarcane Industry Association)
Unilever Campaign: "Kissdemic", Campaign: "Knorr Quick: Ping Pong", Close Up, Knorr Quick Campaign: "Kitchen", Personal Care Products, Rexona & Axe Deodorants, Signal, Gessy, & Cristal

MullenLowe Group
60 Sloane Avenue, London, SW3 3XB United

AGENCIES - JANUARY, 2019 — ADVERTISING AGENCIES

Kingdom
(See Separate Listing)

Octagon
800 Connecticut Ave 2nd Fl, Norwalk, CT 06854
(See Separate Listing)

Orion Trading
622 3rd Ave, New York, NY 10017
(See Separate Listing)

PACE Advertising
200 5Th Ave Fl 6, New York, NY 10010
(See Separate Listing)

PMK*BNC
1840 Century Park E Ste 1400, Los Angeles, CA 90067
Tel.: (310) 854-4800
Fax: (310) 289-6677
E-Mail: info@pmkbnc.com
Web Site: www.pmkbnc.com

Employees: 30

National Agency Associations: 4A's

Agency Specializes In: Entertainment, Experiential Marketing, Public Relations, Publicity/Promotions, Sponsorship

Cindi Berger *(Chm & CEO)*
Brad Cafarelli *(Vice Chm)*
Monica Chun *(Pres)*
Maryann Watson *(Exec VP-Brand Strategy & Comm & Gen Mgr-Vowel Digital)*
Michael Donkis *(Exec VP)*
Min Polley *(Exec VP-Brand Mktg)*
Rebecca Waits *(Exec VP-People Svcs)*
Taj Sullivan *(Sr VP & Creative Dir-Brand Mktg)*
Michael Fein *(Sr VP-Strategic Insights & Analytics)*
Daniel Martinez *(Sr VP-Entertainment Mktg)*
Krista Woerz *(Sr VP-Brand Mktg)*
Michelle Ravelo-Santos *(VP)*
Brian Tsao *(VP-Brand Mktg & Comm)*
Allison Weisman *(VP)*
Benjamin Epstein *(Dir-Brand Mktg)*
Michael Scher *(Acct Supvr-Publicity, Entertainment Strategy & Dev)*
Steve Willis *(Acct Supvr)*

Accounts:
Activision Blizzard, Inc.
Lucky Strike Lanes Event Planning, Media Relations, Social Media
The Void

PMK*BNC
622 3rd Ave 8th Fl, New York, NY 10017
Tel.: (212) 582-1111
Fax: (212) 582-6666
Web Site: www.pmkbnc.com

Employees: 34

National Agency Associations: 4A's

Agency Specializes In: Entertainment, Public Relations, Publicity/Promotions, Sponsorship

Cindi Berger *(Co-Chm & CEO)*
Genesa Garbarino *(Sr VP)*
Omar Gonzales *(VP-Film Dept)*
Jodie Magid *(VP-Talent)*
Kelly Ricci *(Dir-Brand Mktg & Comm)*
Amanda Allison *(Acct Supvr-Product, Tech & Motorsports-Audi of America)*

Accounts:
American Express Sponsorship
Audi of America (US Agency of Record) Campaign: "Spock vs. Spock", Campaign: "The Challenge", Communications, Digital, Media Relations, Social Content, Strategic Planning, US Public Relations
Beats by Dr. Dre Digital, Marketing, Public Relations
Cole Haan Campaign: "The art of elegant innovation"
Diageo Haig Club, Public Relations, Social
IMDb Digital, Marketing, PR
JCPenney Co. (Agency of Record)
PepsiCo Aquafina FlavorSplash, PR, Pepsi, Pepsi Limon
The Player's Tribune Public Relations
Samsung Samsung Gear S2: Human Kaleidoscope
Verizon Events & Promotion

Ponce Buenos Aires
Avenida del Libertador 14950, Acassuso, 1641 Buenos Aires, Argentina
Tel.: (54) 11 4733 5100
Fax: (54) 11 4733 5101
Web Site: http://www.mullenlowegroup.com/agencies/mullenlowe-group/#!/agency/ponce-buenos-aires

Employees: 70
Year Founded: 1997

Agency Specializes In: Advertising, Consumer Goods, Consumer Marketing, Household Goods

Luz Pasman *(Gen Dir-Client Svcs & Plng)*
Agustin Suarez *(Creative Dir)*
Catalina Aguirre *(Acct Supvr)*
Francisco Odriozola *(Supvr-Brand)*

Accounts:
Fox Networks Group Latin America
Stella Artois
Unilever Axe Bowling, Axe Deodorant, Axe Distance, Campaign: "Evidence 1", Campaign: "La Donna e Mobile", Campaign: "Not Just a Pretty Hairstyle", Campaign: "THE LOOK", Campaign: "The Cleaner", Deodorant, Detergents, Foods, Gold Temptation, Mother, Rexona, Television, Toiletries

Publicidad Comercial
Edificio Comercial, Avenida el Espino No.77, Urbanizacion Madre Selva Antig, La Libertad, El Salvador
Tel.: (503) 22 44 22 22
Fax: (503) 244 3363
E-Mail: Juan.Salaverria@corp.ipgnetwork.com
Web Site: www.pcomercial.com

Employees: 100

Orlando Alvarez *(Gen Creative Dir)*
Rodrigo Canjura *(Gen Creative Dir)*

Accounts:
El Faro Digital Newspaper

Serum
1215 4th Ave Ste 2100, Seattle, WA 98161
(See Separate Listing)

Tierney Communications
The Bellevue 200 S Broad St, Philadelphia, PA 19102-3803
(See Separate Listing)

Constituency Management: (Part of the Interpublic Group)

Casanova Pendrill
275-A McCormick Ave Ste 100, Costa Mesa, CA 92626-3369
(See Separate Listing)

FutureBrand
909 3Rd Ave Fl 8, New York, NY 10022
(See Separate Listing)

Golin
875 N. Michigan Ave 26th Fl, Chicago, IL 60611
(See Separate Listing)

IW Group, Inc.
8687 Melrose Ave Ste G540, West Hollywood, CA 90069
(See Separate Listing)

Jack Morton Worldwide
500 Harrison Ave Ste 5R, Boston, MA 02118
(See Separate Listing)

Weber Shandwick
909 3rd Ave, New York, NY 10022
(See Separate Listing)

INTERSECTION
(Formerly Titan)
10 Hudson Yards Fl 26, New York, NY 10001
Tel.: (212) 644-6200
Fax: (212) 644-2010
Web Site: http://www.intersection.com/

Employees: 700
Year Founded: 2001

Approx. Annual Billings: $27,200,000

Dan Doctoroff *(Chm)*
Ari Buchalter *(CEO)*
Craig Abolt *(CFO)*
Dafna Sarnoff *(CMO)*
David Etherington *(Chief Strategy Officer)*
Jim Butler *(Pres-Consulting & Solutions)*
Scott E. Goldsmith *(Pres-Intersection Media)*
Jamie Lowe *(Sr VP-Natl Media Sls)*
Miko Rahming *(Sr VP-Innovation & Creative)*
Jonathan Fuller *(VP & Head-SMB Sls-US)*
Greg Ald *(VP & Sls Mgr-Natl)*
Eileen Crossin *(VP-Sls-LinkNYC)*
Ruth Alyce *(Sr Dir-Client Strategy)*
Robert Levine *(Acct Mgr-Natl)*
Steve Rosenberg *(Sr Acct Exec-Natl)*
Bryan Burda *(Acct Exec)*
Amanda Levine *(Acct Exec-Natl)*

Accounts:
ABC
Anheuser Busch
AOL/Time Warner
AT&T Communications Corp.
Cingular
Delaware River Port Authority Out-of-Home
Hudson Yards
Southeastern Pennsylvania Transportation Authority (SEPTA); Philadelphia, PA
Timberland

Branches

Intersection
(Formerly Titan Worldwide)
195 State St 4th Fl, Boston, MA 02109
Tel.: (781) 356-2009
Fax: (617) 227-0166
Web Site: www.intersection.com/

Employees: 13

ADVERTISING AGENCIES

Dave Etherington *(Chief Strategy Officer)*
Eileen Crossin *(VP-Sls-LinkNYC)*
Robert Levine *(Acct Mgr-Natl)*
Kevin Haskell *(Sls Mgr-SMB)*
Jeff Thaw *(Sls Mgr-SMB)*
Peter Baker *(Sr.Acct Exec)*
Michael Shearin *(Sr Acct Exec)*
Tisha Duke *(Acct Exec-Natl)*
Stuart Hamby *(Acct Exec)*

Intersection
(Formerly Titan Worldwide)
55 Dwight Pl, Fairfield, NJ 07004
Tel.: (973) 439-5621
Fax: (973) 439-5744
Web Site: http://www.intersection.com/

Employees: 40

Craig Abolt *(CFO)*
Dave Etherington *(Chief Strategy Officer)*

Intersection
(Formerly Titan)
879W 190th St Ste 265, Gardena, CA 90248
Tel.: (310) 630-0445
Fax: (310) 630-0469
Web Site: http://www.intersection.com/

Employees: 20

Jamie Lowe *(Sr VP-Natl Media Sls)*
Kevin Haskell *(Sls Mgr-SMB)*
Tisha Duke *(Acct Exec-Natl)*

Intersection
(Formerly Titan)
1635 Market St Fl 17, Philadelphia, PA 19103
Tel.: (215) 281-1980
Fax: (215) 281-1990
Web Site: http://www.intersection.com/

Employees: 27

Agency Specializes In: Out-of-Home Media, Outdoor

Jon Roche *(VP & Gen Mgr)*
Neville Bharucha *(Sr Acct Mgr)*
Megan Gawlak *(Sr Acct Exec)*

Accounts:
Drexel University
Horizon Wireless

Intersection
(Formerly Titan Outdoor)
4636 E Marginal Way S Ste B-100, Seattle, WA 98134
Tel.: (206) 762-2531
Fax: (206) 762-2532
Web Site: www.intersection.com

Employees: 500

Agency Specializes In: Sponsorship

Dave Etherington *(Chief Strategy Officer)*
Eileen Crossin *(VP-Sls-LinkNYC)*
Robert Levine *(Acct Mgr-Natl)*
Kevin Haskell *(Sls Mgr-SMB)*
Jeff Thaw *(Sls Mgr)*
Peter Baker *(Sr Acct Exec)*
Michael Shearin *(Sr Acct Exec)*
Tisha Duke *(Acct Exec-Natl)*

Accounts:
McDonald's
Mercury Advertising
OMG

Seattle Founders
Watermark Credit Union
Wells Fargo

INTERSPORT INC
303 E Wacker Dr Ste 2200, Chicago, IL 60601
Tel.: (312) 661-0616
E-Mail: info@intersportnet.com
Web Site: www.intersportnet.com

Employees: 500
Year Founded: 1985

Agency Specializes In: Advertising, Brand Development & Integration, Content, Entertainment, Event Planning & Marketing, Experiential Marketing, Hospitality, Production (Ad, Film, Broadcast), Social Media, Sponsorship, Sports Market, T.V.

Charlie Besser *(CEO)*
Stacey Vollman Warwick *(Sr VP & Gen Mgr)*
Tom Buerger *(Sr VP-Strategic Partnerships)*
Shannon Dan *(Sr VP-Digital Strategy)*
Jason Bernstein *(VP-Content Strategy & Distr)*
Kurt Melcher *(Exec Dir-Esports)*
Ashley Brantman *(Acct Dir)*
Sean Merriman *(Mgr-Digital Media)*
Jamie Litoff *(Acct Supvr)*
Ian Brown *(Sr Acct Exec)*

Accounts:
Ace Hardware Corporation
Arrow Electronics, Inc
Blue Cross & Blue Shield of North Carolina Inc
ESPN, Inc.
GEICO Corporation
James Beard Foundation
National Car Rental
Smithfield Foods, Inc.
Sony Computer Entertainment America LLC
  PlayStation
United HealthCare Services, Inc.
U.S. Marine Corps

INTERTREND COMMUNICATIONS, INC.
213 E Broadway, Long Beach, CA 90802-5003
Tel.: (562) 733-1888
Fax: (562) 733-1889
E-Mail: info@intertrend.com
Web Site: www.intertrend.com

E-Mail for Key Personnel:
President: julia@intertrend.com
Creative Dir.: stephanine@intertrend.com
Media Dir.: michael@intertrend.com

Employees: 50
Year Founded: 1991

National Agency Associations: AAF-DMA

Agency Specializes In: Advertising, Advertising Specialties, Affluent Market, Alternative Advertising, Arts, Asian Market, Automotive, Bilingual Market, Brand Development & Integration, Branded Entertainment, Broadcast, Business Publications, Business-To-Business, Cable T.V., Catalogs, Children's Market, Co-op Advertising, Collateral, College, Commercial Photography, Communications, Computers & Software, Consulting, Consumer Goods, Consumer Marketing, Consumer Publications, Content, Corporate Communications, Corporate Identity, Digital/Interactive, Direct Response Marketing, Direct-to-Consumer, E-Commerce, Education, Electronic Media, Electronics, Email, Entertainment, Event Planning & Marketing, Exhibit/Trade Shows, Experience Design, Fashion/Apparel, Financial, Food Service, Game Integration, Government/Political, Graphic Design, Guerilla Marketing, Health Care Services, High Technology, Hospitality, Household Goods, Identity Marketing, In-Store Advertising, Integrated Marketing, Internet/Web Design, Leisure, Local Marketing, Logo & Package Design, Luxury Products, Magazines, Market Research, Media Buying Services, Media Planning, Media Relations, Media Training, Merchandising, Mobile Marketing, Multicultural, Multimedia, New Product Development, New Technologies, Newspaper, Newspapers & Magazines, Out-of-Home Media, Outdoor, Over-50 Market, Package Design, Paid Searches, Pharmaceutical, Planning & Consultation, Podcasting, Point of Purchase, Point of Sale, Print, Product Placement, Production, Production (Print), Public Relations, Publicity/Promotions, Publishing, Radio, Real Estate, Regional, Restaurant, Retail, Sales Promotion, Seniors' Market, Social Marketing/Nonprofit, Sponsorship, Sports Market, Strategic Planning/Research, Sweepstakes, T.V., Technical Advertising, Teen Market, Trade & Consumer Magazines, Transportation, Travel & Tourism, Urban Market, Viral/Buzz/Word of Mouth, Women's Market, Yellow Pages Advertising

Approx. Annual Billings: $70,000,000

Breakdown of Gross Billings by Media: Collateral: 5%; D.M.: 5%; Internet Adv.: 5%; Newsp.: 30%; Outdoor: 5%; Production: 20%; Pub. Rels.: 5%; Radio: 10%; T.V.: 15%

Julia Y. Huang *(Pres)*
Wade Guang *(VP-Ops)*
Richard Fu *(Sr Dir-Asian Mktg-Harrah's)*
Joe Min *(Grp Acct Dir)*
Neil Sadhu *(Creative Dir)*
Joyce Lu *(Dir-Integrated Production)*
Anna Xie *(Dir-Strategic Plng)*
Joys Wong *(Assoc Media Dir)*
Jason Xia *(Assoc Media Dir)*

Accounts:
American Cancer Society
Asia American Symphony
AT&T Communications Corp.
J.C. Penney; Dallas, TX; 1996
JPMorgan Chase
State Farm Insurance; Bloomington, IL (Asia
  Agency of Record); 1999
Toyota Motor North America, Inc. (Agency of
  Record) Matrix
Western Union

INTOUCH SOLUTIONS
7045 College Blvd Ste 300, Overland Park, KS 66211
Tel.: (913) 317-9700
Fax: (913) 317-8110
E-Mail: getintouch@intouchsol.com
Web Site: www.intouchsol.com

Employees: 650
Year Founded: 1999

Agency Specializes In: Advertising, Brand Development & Integration, Content, Crisis Communications, Internet/Web Design, Media Buying Services, Media Planning, Print, Search Engine Optimization, Social Media

Marty Canniff *(Sr VP & Exec Creative Dir)*
Ellen LeGrand *(Sr VP & Client Svcs Dir)*
Joanna Derma *(Sr VP & Dir-Client Svc)*
Kim Bishop *(Sr VP-Client Svcs)*
Mary Doherty *(Sr VP-HR & Admin)*
Joe Doyle *(Sr VP-Strategic Dev)*
Steven Hebert *(Sr VP-Strategic Dev)*
Betsy Schenck Kramer *(Sr VP-Client Svc)*
Elizabeth Rooney *(VP & Exec Creative Dir)*
Brent Scholz *(VP & Exec Creative Dir)*
Vicky Cory *(VP-Client Svcs)*
Joanna Friel-Wimmer *(VP & Grp Creative Dir)*
Matthew Goyer *(VP-Internal Compliance)*

AGENCIES - JANUARY, 2019 — ADVERTISING AGENCIES

Krisha Newham *(VP-Client Svcs)*
Betsy Leonard *(Acct Dir)*
Angela Shaw *(Media Dir)*
Ashley Smalley *(Acct Dir)*
Ryan Hallquist *(Assoc Dir-Strategic Plng)*
Addy Kryger *(Sr Acct Mgr)*
Jordan Tieman *(Sr Acct Mgr)*
Jessica Stitt *(Acct Mgr)*
Alanna Cerino *(Acct Supvr)*
Ryan Mazar *(Acct Supvr)*
Nina Prybula *(Acct Supvr)*
Lauren Vaughn *(Strategist-Relationship Mktg)*
Tina Breithaupt *(Sr Media Dir)*
Sarah Rew *(Sr Art Dir)*

Accounts:
New-Baxalta
New-Teva Neuroscience

INTRAPROMOTE LLC
(See Under Lead to Conversion)

INTREPID MARKETING GROUP
6500 Creedmoor Rd Ste 216, Raleigh, NC 27613
Tel.: (919) 845-2467
Web Site: www.intrepidmg.com

Employees: 25

Agency Specializes In: Advertising, Promotions, Public Relations, Social Media

Mike Dixon *(Partner)*
Ann-Marie Sales *(Partner)*
Caitlin Carey *(Mgr-Digital Media)*
Missy White *(Sr Acct Exec)*

Accounts:
Carolina Hurricanes
Carolina Mudcats
Carolina RailHawks
Fuentek
Implus Corporation
Marbles Kids Museum
The Mudcats
New Balance
Park West Village
REX Hospital Open
Teamworks
The V Foundation for Cancer Research

INTRIGUE
425 Broad Hallow Rd, Melville, NY 11747
Tel.: (631) 465-1600
Web Site: www.intriguegraphics.com

Employees: 22
Year Founded: 1999

Agency Specializes In: Above-the-Line, Advertising, Advertising Specialties, Affiliate Marketing, Affluent Market, African-American Market, Agriculture, Alternative Advertising, Arts, Asian Market, Automotive, Aviation & Aerospace, Below-the-Line, Bilingual Market, Brand Development & Integration, Branded Entertainment, Broadcast, Business Publications, Business-To-Business, Cable T.V., Catalogs, Children's Market, Co-op Advertising, Collateral, College, Commercial Photography, Communications, Computers & Software, Consulting, Consumer Goods, Consumer Marketing, Consumer Publications, Content, Copywriting, Corporate Communications, Corporate Identity, Cosmetics, Crisis Communications, Custom Publishing, Customer Relationship Management, Digital/Interactive, Direct Response Marketing, Direct-to-Consumer, E-Commerce, Education, Electronic Media, Electronics, Email, Engineering, Entertainment, Environmental, Event Planning & Marketing, Exhibit/Trade Shows, Experience Design, Faith Based, Fashion/Apparel, Financial, Food Service, Game Integration, Government/Political, Graphic Design, Guerilla Marketing, Health Care Services, High Technology, Hispanic Market, Hospitality, Household Goods, Identity Marketing, In-Store Advertising, Industrial, Infomercials, Information Technology, Integrated Marketing, International, Internet/Web Design, Investor Relations, LGBTQ Market, Legal Services, Leisure, Local Marketing, Logo & Package Design, Luxury Products, Magazines, Marine, Market Research, Media Buying Services, Media Planning, Media Relations, Media Training, Medical Products, Men's Market, Merchandising, Mobile Marketing, Multicultural, Multimedia, New Product Development, New Technologies, Newspaper, Newspapers & Magazines, Out-of-Home Media, Outdoor, Over-50 Market, Package Design, Paid Searches, Pets , Pharmaceutical, Planning & Consultation, Podcasting, Point of Purchase, Point of Sale, Print, Product Placement, Production, Production (Ad, Film, Broadcast), Production (Print), Programmatic, Promotions, Public Relations, Publicity/Promotions, Publishing, RSS (Really Simple Syndication), Radio, Real Estate, Recruitment, Regional, Restaurant, Retail, Sales Promotion, Search Engine Optimization, Seniors' Market, Shopper Marketing, Social Marketing/Nonprofit, Social Media, South Asian Market, Sponsorship, Sports Market, Stakeholders, Strategic Planning/Research, Sweepstakes, Syndication, T.V., Technical Advertising, Teen Market, Telemarketing, Trade & Consumer Magazines, Transportation, Travel & Tourism, Tween Market, Urban Market, Viral/Buzz/Word of Mouth, Web (Banner Ads, Pop-ups, etc.), Women's Market, Yellow Pages Advertising

Approx. Annual Billings: $11,000,000

Robert Fenamore *(Pres)*
Jeffery Ginsberg *(Sr VP-Bus Dev)*
Michael Massa *(VP-Ops)*
Michelle Huergo *(Acct Dir)*

Accounts:
Bed Bath & Beyond
Brady Risk Insurance
Bulova
Canon
Casabella
Latour Travel
Liberty Uniforms
Overnight Mountings
Six Trees
Vehicle Tracking Solutions
Yaleet

INTRINZIC MARKETING + DESIGN INC.
1 Levee Way Ste 3121, Newport, KY 41071
Tel.: (859) 261-2200
Fax: (859) 261-2102
E-Mail: justin@intrinzicinc.com
Web Site: http://intrinzicbrands.com/

Employees: 20

Agency Specializes In: Corporate Identity, Market Research

Wendy Vonderhaar *(Owner)*
Chris Heile *(Chief Strategy Officer)*
Katie Peters *(Acct Dir)*
Sarah Eisenman *(Assoc Dir-Digital Design)*
Michelle Kolenz *(Sr Acct Mgr)*
Tami Beattie *(Office Mgr)*
Mary Kaser *(Mgr-HR)*
Rob Pasquinucci *(Sr Strategist-PR & Content)*
Elaine Zeinner *(Strategist-Content)*
Emily Kowalchik *(Assoc Acct Dir)*

Accounts:
Anthem
Baker Concrete Construction
Boys & Girls Club of Cincinnati
Cincinnati Live
Johnson & Johnson Vision Care - Vistakon
Johnson Investment Council
Kumon cosmic Club
Miami University MBA Program
ProSource
The Redmoor
Senco
Spectrum
St. Elizabeth Healthcare
Transportation Authority of Northern Kentucky (TANK)
U.S Bank
U.S Bank Flexparks
Western Southern

INTROWORKS, INC.
(d/b/a Freytag Mcmillen)
13911 Ridgedale Dr Ste 280, Minnetonka, MN 55305
Tel.: (952) 593-1800
Fax: (952) 593-1900
E-Mail: inquiry@introworks.net
Web Site: http://intro.works/

Employees: 12
Year Founded: 1992

Agency Specializes In: Advertising, Brand Development & Integration, Communications, Financial, Identity Marketing, Information Technology, Medical Products

Approx. Annual Billings: $2,000,000

Bob Freytag *(Pres)*
Mike McMillan *(Partner & Chief Creative Officer)*
Nancy Chesser *(Partner & Dir-Acct Svcs)*
Matt Fahrner *(Partner-Creative Ops)*
Susan Reed *(Creative Dir)*
Carol Lambert *(Sr Acct Mgr)*

INTUIT MEDIA GROUP
1239 NE 8th Ave, Fort Lauderdale, FL 33304
Tel.: (954) 716-6341
E-Mail: info@intuitmediagroup.com
Web Site: intuitmediagroup.com

Employees: 6

Agency Specializes In: Advertising, Brand Development & Integration, Graphic Design, Internet/Web Design, Logo & Package Design, Print, Search Engine Optimization, Social Media

John Paul *(Pres)*

Accounts:
Blue & Green Films
Nitro Displays

INVENTIV HEALTH INC.
(Merged with INC Research Holdings, Inc. to form INC Research/InVentiv Health)

INVENTIVA
19179 Blanco Rd, San Antonio, TX 78258-4009
Tel.: (830) 438-4679
Web Site: www.inventiva.com

E-Mail for Key Personnel:
Chairman: heberto@inventiva.com
President: glia@inventiva.com
Media Dir.: mpolovina@inventiva.com

Employees: 11
Year Founded: 1989

ADVERTISING AGENCIES

National Agency Associations: AAF-AMA

Agency Specializes In: Advertising, Bilingual Market, Communications, Consulting, Food Service, Government/Political, Hispanic Market, Leisure, Media Buying Services, Media Planning, Multicultural, Out-of-Home Media, Outdoor, Over-50 Market, Pharmaceutical, Planning & Consultation, Retail, Sponsorship, Strategic Planning/Research

Approx. Annual Billings: $8,000,000

G. Lia Gutierrez *(Principal)*
Heberto Gutierrez *(Principal)*

Accounts:
American Electric Power Utilities; 1997
American Quarter Horse Association; 2003
Central Power & Light Utilities
Laredo National Bank
Pioneer Flour Mills
Southwest Electric & Power
Texas Department of Health; 1994
Tony Lama Boots
Valero Energy Corporation

INVERSE MARKETING
300 East Randolph St, Chicago, IL 60601
Tel.: (312) 944-7833
Fax: (312) 944-5756
E-Mail: rick@inversem.com
Web Site: www.inversem.com

Employees: 4
Year Founded: 1990

Agency Specializes In: Advertising, Brand Development & Integration, Business-To-Business, Communications, Consulting, Consumer Marketing, Internet/Web Design, Planning & Consultation, Radio, Strategic Planning/Research

Approx. Annual Billings: $500,000

Rick Marzec *(Founder & Pres)*

Accounts:
Liberty Bank
Mercedes Benz
National Collegiate Scouting Association
Pinkerton
Prudential Capital

INVERVE MARKETING
1035 N Washington Ave, Lansing, MI 48906
Tel.: (517) 485-7237
E-Mail: info@invervemarketing.com
Web Site: https://invervemarketing.com/

Employees: 8

Agency Specializes In: Advertising, Brand Development & Integration, Graphic Design, Internet/Web Design, Media Buying Services, Search Engine Optimization, Social Media

Lisa Smith *(Pres)*
Fran Russell *(Creative Dir)*

Accounts:
Asahi Kasei Plastics

INVNT
524 Broadway Rm 402, New York, NY 10012
Tel.: (212) 334-3415
E-Mail: newyork@invnt.com
Web Site: www.invnt.com

Employees: 103
Year Founded: 2008

Agency Specializes In: Advertising, Brand Development & Integration, Broadcast, Digital/Interactive, Graphic Design, Internet/Web Design, Social Media

Scott Cullather *(Founder & Mng Partner)*
Kristina McCoobery *(COO)*
Paul Blurton *(Chief Creative Officer)*
Scott Michael Kerr *(Mng Dir-Strategic Accts)*
Sue Painter *(Art Dir)*
Matt Flachsenhaar *(Sr Creative Dir)*

Accounts:
ESPN, Inc.
General Motors
Grant Thornton
Intel
Juniper Networks
Merck
Miele Inc.
Outdoor Advertising Association of America
PepsiCo Inc.
Samsung Electronics America, Inc.
The Society for Human Resource Management
Subway

INVOKE
(Formerly Invoke Media)
322 Water St Ste 400, Vancouver, BC V6B 1B6 Canada
Tel.: (604) 398-3600
E-Mail: biz@invokedigital.co
Web Site: www.invokedigital.co

Employees: 50

Agency Specializes In: Digital/Interactive, Social Media

Chris Miller *(CEO)*
Wes DeBoer *(Dir-Tech)*
Jordan Eshpeter *(Dir-Strategy)*
Jessica Turner *(Sr Strategist-Product)*
Colin Sharp *(Copywriter-Media)*
Natalie Zawadzki *(Sr Designer-Product Experience)*

Accounts:
Electronic Arts
MSN
The Onion Onion Magic Answer Ball App
State Farm Insurance
Viacom
Wells Fargo

INVOKE MEDIA
(See Under Invoke)

IOMEDIA
640 W 28th St, New York, NY 10001
Tel.: (212) 352-1115
Fax: (212) 352-1117
Web Site: www.io-media.com

Employees: 35
Year Founded: 1997

Agency Specializes In: Content, Graphic Design, Production, Strategic Planning/Research

Peter Korian *(Founder & Pres)*
Steven Korian *(Exec VP)*
Ashwan Wadhwa *(Mng Dir-India)*
Eugene Carroll *(VP-Production)*
Megan Doran *(Dir-Ops)*

Accounts:
Abbott Health Care Services
Baxter Healthcare Products Mfr
Bristol Myers Squibb
Genetech Medical Products Producers
Janssen Biotech, Inc.
King Phamaceuticals Pharmaceutical Product Producers

ION BRAND DESIGN
948 West 7th Ave, Vancouver, BC V5Z 1C3 Canada
Tel.: (604) 682-6787
Fax: (604) 682-6769
Toll Free: (888) 336-2466
E-Mail: info@iondesign.ca
Web Site: www.iondesign.ca

Employees: 6
Year Founded: 1988

Agency Specializes In: Brand Development & Integration, Media Planning, Strategic Planning/Research

David Coates *(Partner)*
Rod Roodenburg *(Partner-Creative)*

Accounts:
Sustainable Solutions International

IONIC MEDIA
21300 Victory Blvd, Woodland Hills, CA 91367
Tel.: (818) 849-3737
Fax: (818) 905-7800
Toll Free: (877) 905-7800
E-Mail: inquiry@ionicmedia.com
Web Site: www.ionicmedia.com

Employees: 40
Year Founded: 2002

Agency Specializes In: Above-the-Line, Advertising, Advertising Specialties, Affluent Market, Alternative Advertising, Automotive, Bilingual Market, Branded Entertainment, Broadcast, Business-To-Business, Cable T.V., Catalogs, College, Communications, Consulting, Consumer Goods, Consumer Marketing, Consumer Publications, Content, Customer Relationship Management, Digital/Interactive, Direct Response Marketing, Direct-to-Consumer, E-Commerce, Electronics, Email, Entertainment, Experience Design, Financial, Guerilla Marketing, Hispanic Market, Household Goods, In-Store Advertising, Infomercials, Integrated Marketing, International, Internet/Web Design, LGBTQ Market, Legal Services, Local Marketing, Magazines, Market Research, Media Buying Services, Media Relations, Men's Market, Mobile Marketing, Multicultural, New Technologies, Newspaper, Out-of-Home Media, Over-50 Market, Paid Searches, Pharmaceutical, Planning & Consultation, Print, Product Placement, Radio, Regional, Retail, Search Engine Optimization, Seniors' Market, Sponsorship, Sports Market, Strategic Planning/Research, Sweepstakes, Syndication, T.V., Telemarketing, Transportation, Urban Market, Web (Banner Ads, Pop-ups, etc.)

Approx. Annual Billings: $100,000,000

Breakdown of Gross Billings by Media: Brdcst.: 40%; Internet Adv.: 50%; Strategic Planning/Research: 10%

Catherine Hahn *(VP-Plng & Acct Mgmt)*
Sharon Bender *(Dir-Media Svcs)*

Accounts:
Bausch & Lomb
Children's Hospital of Philadelphia
Cooking.com
Disney
Marriott
Relax the Back

AGENCIES - JANUARY, 2019 — ADVERTISING AGENCIES

Smith & Hawken
Therative
Verizon Wireless
Virgin

IOSTUDIO
565 Marriott Dr Ste 820, Nashville, TN 37214
Tel.: (615) 256-6282
E-Mail: info@iostudio.com
Web Site: www.iostudio.com

Employees: 80
Year Founded: 2001

Agency Specializes In: Advertising, Brand Development & Integration, Digital/Interactive, Production

Mitch Powers *(Founder, CEO & Partner)*
Chris West *(Partner)*
Miriam Hansen *(Dir-Creative Svcs)*
Jen Mears *(Acct Supvr)*

Accounts:
Goodall Homes
SPEAKeasy Spirits Strategic Marketing Campaign, Whisper Creek Tennessee Sipping Cream
United States Army National Guard

IPG MEDIABRANDS
100 W 33rd St 9th Fl, New York, NY 10001
Tel.: (212) 883-4751
E-Mail: contact@mbww.com
Web Site: https://www.ipgmediabrands.com/

Employees: 7,500
Year Founded: 2007

National Agency Associations: 4A's

Agency Specializes In: Advertising, Media Buying Services, Media Planning, Media Relations, Media Training

Chandon Jones *(Partner-Ad Ops & Sr VP)*
Stanley Zhao *(Partner-Portfolio-China)*
Samuel Chesterman *(CIO)*
Ian Johnson *(Chief Product Officer)*
Pawel Orkwiszewski *(Chief Strategy Officer-Poland)*
Valerie Davis *(Sr VP & Head-Accts-US)*
Danielle Dorter *(Sr VP-Employee Rels & Legal Compliance)*
Ross Jenkins *(Sr VP-Cross Media Measurement)*
Kimber Robbins *(Sr VP-Product Mgmt)*
Tom Cunningham *(VP-Corp Comm)*
Lindsay Foxley *(VP-Bus Intelligence & Audience Insights)*
Rebecca Kaykas-Wolff *(VP-Product Mktg)*
Dale Tzeng *(VP-Audience Analytics)*
Ie-Tsen Cheng *(Brand Dir-Malaysia)*
James Corbett *(Creative Dir)*
Melissa Burzichelli *(Dir-Ad Ops)*
Pablo Hernandez *(Dir-Delivery, Data & Tech)*
Brandon C. Lee *(Dir-Digital Adv Ops)*
Pablito Padua *(Dir-Delivery-EMEA)*
Heather Talty *(Dir-J3 Ad Ops)*
Sara Tehrani *(Dir-Paid Social)*
Rebecca Crisan *(Assoc Dir-Bus & Audience Insights & Analytics)*
Earlington Chung *(Project Mgr-Digital)*
Sara Dixon *(Mgr-Strategy)*
Cassandra Georgio *(Sr Specialist-Paid Social)*
Axelle Basso Bondini *(Media Planner)*
Saqib Mausoof *(Chief Strategist-Data)*
Eric Traver *(Assoc Acct Dir-Mediabrands Society)*

Accounts:
Amazon Global Media Planning & Buying
Biogen
BMW
Coca-Cola
New-CVS
ExxonMobil
FCA US Chrysler, Jeep
GoPro HERO5
Innovid Media, TV, Video
Johnson & Johnson
Mallinckrodt
Merck
MillerCoors
Mopar
Sony
USAA

Branches

Cadreon
100 W 33rd St 9th Fl, New York, NY 10001
(See Separate Listing)

Healix
100 W 33rd St, New York, NY 10001
(See Separate Listing)

ID Media
100 W 33rd St, New York, NY 10001
(See Separate Listing)

Identity
100 W 33rd St, New York, NY 10017
(See Separate Listing)

Initiative Worldwide
100 W 33rd St, New York, NY 10001
(See Separate Listing)

Initiative
42 St John Square, London, EC1M 4EA United Kingdom
Tel.: (44) 20 7663 7000
Fax: (44) 20 7663 7001
E-Mail: tony.manwaring@uk.initiative.com
Web Site: www.initiative.com

Employees: 80
Year Founded: 1970

Agency Specializes In: Consulting, Media Buying Services

Gary Birtles *(Mng Dir)*
James Shoreland *(Chief Client Officer-UK & EMEA)*
Richard Morris *(Pres-EMEA & CEO-UK)*
Mark Cochrane *(Head-Strategy-EMEA)*
James Temperley *(Head-Brdcst)*
Caroline Manning *(Dir-Strategy)*
Jack Winter *(Mgr-Comm Design)*
Rhian Withers *(Mgr-Plng)*
Deborah MacKay *(Grp Client Dir)*

Accounts:
Amazon
Ancestry.co.uk
Bernard Matthews
Carlsberg Brewing Limited San Miguel
Continental Tyres Media Buying, Media Planning
Dorchester Collection Media, Micro App
Flight Centre Corporate Traveller, FCM, First & Business Class, Media Planning & Buying, Round the World Experts
Hays
Hertz Media Buying & Planning
Kindred Media Planning & Buying; 2017
Liverpool Victoria LV=, Media Planning & Buying; 2018
London Zoo
Nokia Corporation Nokia Health
Quorn Foods Media Planning & Buying
Sixt UK Media; 2018
TGI Fridays
Travelodge Media Buying, Media Planning

MAGNA GLOBAL
100 W 33rd St 9th Fl, New York, NY 10001
(See Separate Listing)

Rapport Worldwide
1 Dag Hammarskjold Plz, New York, NY 10017
(See Separate Listing)

Reprise Media Australia
Level 1, 166 William St, Sydney, NSW 2011 Australia
Tel.: (61) 2 9994.4200
Web Site: www.reprisemedia.com.au/

Employees: 15

Grace Liu *(CEO)*
Lachlan Brahe *(Mng Dir)*
Jules Kilmartin *(Gen Mgr)*
Gillian Cook *(Dir-Owned-Melbourne, Perth & Adelaide)*
Alessio Fasoli *(Assoc Dir-Paid Media)*
Thalia Amanakis *(Acct Mgr)*

Accounts:
Bunnings
Coca-Cola Australia
Dreamworld
Hyundai Motor Company Australia Social Media
News Queensland
RACQ
Target
Unilever Australia
ZUJI

Reprise Media
100 W 33rd St Ste 921, New York, NY 10001
Tel.: (212) 883-4751
Web Site: www.reprisemedia.com

Employees: 50

National Agency Associations: 4A's

Agency Specializes In: Search Engine Optimization

Rob Bernstein *(Mng Dir & Exec VP)*
Rich Devine *(Sr VP & Head-West Coast)*
James Douglas *(Sr VP & Head-Media-Reprise Digital)*
David Mataranglo *(Sr VP-Search)*
Rima Chodha *(VP & Grp Dir-Paid Search)*
Dan Toplitt *(VP & Grp Dir-SEO)*
Renee Marquardt *(Gen Mgr)*
Lisa Sannazzaro *(Dir-Paid Social)*
Lauren Walsh *(Dir-Strategy)*
Brooke Bowen *(Assoc Dir-SEM)*
Kevin Holze *(Assoc Dir-Search Engine Mktg)*
Shelby Veldman *(Assoc Dir)*
David Weiss *(Assoc Dir-Search & Social)*
Samantha Crane *(Sr Mgr-Paid Social)*
Trevor Casey *(Mgr)*
Milynn Luong *(Mgr-Paid Social)*
Andisue Means *(Mgr-Digital Media Plng)*
Julian Robinson *(Mgr-SEM)*
Stephen Zantz *(Mgr-Paid Search & Social)*
Ben Feiden *(Supvr-Mobile Investment)*
Ali Storelli *(Supvr-Mobile Strategy & Media)*
Jessica Kraus *(Assoc Media Dir-Mobile Strategy & Media)*
Kevin McDonnell *(Assoc Media Dir)*
Beno Stewart *(Assoc Media Dir)*

Accounts:
Cathay Pacific
Honda
Johnson & Johnson Search Marketing

ADVERTISING AGENCIES
AGENCIES - JANUARY, 2019

KIA
L'Oreal
Maidenform Brands, Inc.
Mastercard
Microsoft, Inc; Redmond, WA
PacSafe (Global Digital Agency of Record) Digital Performance, Planning, Programmatic Strategies; 2017
Raymour & Flanigan
Verizon

Stickyeyes
West One Wellington Street, Leeds, West Yorkshire LS1 1BA United Kingdom
Tel.: (44) 1133912929
Fax: (44) 1133912939
Web Site: www.stickyeyes.com

Employees: 100
Year Founded: 1998

Agency Specializes In: Content, Email, Graphic Design, Search Engine Optimization, Social Media

Craig Chalmers *(Founder & CEO)*
Phil Kissane *(Mng Dir)*
Tom Howard *(CFO)*
Katie Fincham *(Head-Earned Mktg Comm)*
Simon Allen *(Client Svcs Dir)*
Paul Hill *(S/s Dir)*
Lisa Wisniowski *(Brand Dir-Comm)*
Lee Allen *(Dir-Plng)*
Jonny Artis *(Dir-Search)*
Heather Healy *(Dir-Mktg Comm)*
Kate Mathews *(Dir-Strategic PR)*
Phil McGuin *(Dir-Demand Generation)*
Jonny Briggs *(Mgr-Data & Analytics)*
Michael Hewitt *(Mgr-Content Mktg)*

Accounts:
Cath Kidston PPC
Enova International
Hertz Europe International SEO Strategy
Hilton Worldwide Blogger Engagement Campaign, Creative Digital
The Kroger Co Content marketing, Digital Marketing Strategy, Digital Strategy, Money Services Department, Search Engine Optimisation, Web Design; 2018
Leeds Building Society
MBNA
TD Direct Investing

IPROSPECT
1 S Station, Boston, MA 02110
Tel.: (617) 449-4300
Fax: (617) 923-7004
E-Mail: interest@iprospect.com
Web Site: www.iprospect.com

Employees: 150
Year Founded: 1996

National Agency Associations: 4A's

Agency Specializes In: Search Engine Optimization

Revenue: $10,000,000

Adam Kasper *(Mng Dir & Exec VP)*
Jack Hewlett *(Mng Dir)*
Michael Gullaksen *(COO)*
Matt Kropp *(Exec VP & Mng Dir-West)*
Charlotte Polci *(VP-Integrated Solutions)*
Stefanie Bos *(Head-Paid Social)*
Joseph Cajindos *(Head-Paid Social)*
Adrian Crasto *(Head-Paid Social)*
Karen Rose Kim *(Head-Paid Social)*
Ally Lowney *(Head-Paid Social)*
Jayna Nelson *(Head-Paid Social)*
Stephanie Ortiz *(Head-Paid Social)*
Jacob Ziegler *(Head-Paid Social)*
Ryan Hessenthaler *(Sr Dir-Paid Search)*
Jessica Hordeman *(Dir-Paid Social)*
Nick Morrelli *(Dir-Analytics & Res)*
Katherine Patton *(Dir-Paid Social)*
RJ Keeney *(Assoc Dir-Data & Insights)*
Ryan Sammartino *(Assoc Dir-Paid Social)*
Drew Stoga *(Assoc Dir-Paid Social)*
Edward J. Vilardell *(Acct Mgr-Client Svcs)*
Shay Karim *(Mgr-Digital Display)*
Katie Getz Bifano *(Assoc Mktg Dir)*
Maria Khalid *(Sr Assoc-Analytics)*
Christian Mejia *(Sr Assoc-Paid Social)*
Evan Mikalonis *(Sr Assoc-SEM)*
Vicky Zhang *(Sr Assoc-Paid Social)*

Accounts:
American Eagle Outfitters
Anheuser-Busch InBev N.V./S.A.
AT&T Communications Corp.
Circuit City
Hilton Worldwide, Inc. (Digital Agency of Record)
New-Intel Corporation Search
Panasonic
Staples Digital Media
Xerox

IQ 360
800 W El Camino Real Ste 180, Mountain View, CA 94040
Tel.: (408) 348-3651
E-Mail: info@iq360inc.com
Web Site: www.iq360inc.com

Employees: 15

Agency Specializes In: Advertising, Crisis Communications, Digital/Interactive, Media Relations, Public Relations, Social Media

Lori Teranishi *(Principal)*
Elisabeth Hershman *(VP & Dir-Litigation Comm)*
Joshua Shon *(Acct Exec)*

Accounts:
Kaiser Permanente

IQ SOLUTIONS
11300 Rockville Pk Ste 901, Rockville, MD 20852
Tel.: (301) 984-1471
Fax: (301) 984-1471
E-Mail: info@iqsolutions.com
Web Site: www.iqsolutions.com

Employees: 275

Agency Specializes In: E-Commerce, Health Care Services, Information Technology, Strategic Planning/Research, Web (Banner Ads, Pop-ups, etc.)

Tony Quin *(CEO)*
Tom Brackett *(CFO)*
Stephanie Holtz Adams *(VP-Data Analytics)*
Alejandra Brackett *(Deputy Project Dir & Sr Analyst-Digital Health Comm)*

Accounts:
National Institute for Health
National Institute of Arthritis & Musculoskeletal & Skin Diseases Messaging

IQUANTI, INC.
111 Town Square Pl Ste 1201, Jersey City, NJ 07310
E-Mail: info@iquanti.com
Web Site: www.iquanti.com

Employees: 200
Year Founded: 2008

Agency Specializes In: Content, Digital/Interactive, Financial, Internet/Web Design, Media Buying Services, Paid Searches, Programmatic, Search Engine Optimization, Social Marketing/Nonprofit

Vish Sastry Rachakonda *(CEO)*
John Ward *(COO)*
Michael Carle *(VP-Bus Dev)*
Brent Trimble *(VP-Head Client Services & Strategic Solutions)*
Jana Folmert *(Creative Dir)*
Vishal Maru *(Dir-Product Mgmt & Fin Svcs)*
Alice Wong *(Mgr-Content Mktg-SEO, Site, SEM & Blogs)*
Byron A. Todman, Jr. *(Sr Analyst-Paid Social)*

Accounts:
Allstate
American Express
Avis
Wyndham

IRON CREATIVE COMMUNICATION
120 2nd St Fl 3, San Francisco, CA 94105
Tel.: (415) 227-9975
Web Site: www.ironcreative.com

Employees: 27
Year Founded: 2003

Agency Specializes In: Advertising, Brand Development & Integration, Digital/Interactive, E-Commerce, Graphic Design, Radio, Social Media

John Walsh *(Owner & Creative Dir)*
Dave Caraker *(Creative Dir)*
Russell Tokar *(Creative Dir-Digital)*
Lindsey Selden *(Dir-Creative & Sr Designer)*
Marcela Carrillo *(Sr Designer)*

Accounts:
Bticino S.p.A.
Levi Strauss & Co.
NewSchools Venture Fund
The North Face, Inc.
Patelco Credit Union
Purcell Murray Company Inc.
TRX Marketing

IRONCLAD MARKETING
PO Box 733, West Fargo, ND 58078
Tel.: (701) 373-0062
Web Site: www.ironcladmktg.com

Employees: 20
Year Founded: 2009

Agency Specializes In: Advertising, Internet/Web Design, Logo & Package Design, Public Relations

Denise Stoppleworth *(Owner & Pres)*
Sarah Roberts *(Art Dir & Graphic Designer)*
Mitchell Wagner *(Dir-Digital Mktg)*

Accounts:
Atlas Copco Construction Equipment Brand Awareness, Construction, Marketing, Public Relations
Blastcrete Equipment Company, Inc.

ISA ADVERTISING
845 3rd Ave, New York, NY 10022
Tel.: (646) 290-5227
Fax: (212) 293-3779
E-Mail: ishokoff@isaadvertising.com
Web Site: www.isaadvertising.com

E-Mail for Key Personnel:
President: ishokoff@irisshokoff.com

Employees: 15
Year Founded: 1989

AGENCIES - JANUARY, 2019 — ADVERTISING AGENCIES

National Agency Associations: DMA

Agency Specializes In: Advertising, Advertising Specialties, African-American Market, Asian Market, Automotive, Aviation & Aerospace, Brand Development & Integration, Broadcast, Business-To-Business, Cable T.V., Children's Market, Co-op Advertising, Collateral, Communications, Consulting, Consumer Marketing, Cosmetics, Direct Response Marketing, Education, Fashion/Apparel, Financial, Food Service, Government/Political, Health Care Services, High Technology, Hispanic Market, Infomercials, Information Technology, LGBTQ Market, Leisure, Logo & Package Design, Magazines, Media Buying Services, Medical Products, Newspaper, Newspapers & Magazines, Out-of-Home Media, Outdoor, Over-50 Market, Pharmaceutical, Planning & Consultation, Print, Production, Radio, Seniors' Market, Strategic Planning/Research, T.V., Teen Market, Trade & Consumer Magazines, Transportation, Travel & Tourism

Approx. Annual Billings: $34,000,000

Breakdown of Gross Billings by Media: Cable T.V.: 25%; Consumer Pubs.: 20%; Internet Adv.: 10%; Newsp.: 15%; Out-of-Home Media: 5%; Radio: 15%; Spot T.V.: 10%

Iris Shokoff *(Founder & CEO)*
Beth Wrubleski *(Sr Acct Supvr)*
Shannon Entin *(Strategist-Social Media)*

Accounts:
Bookspan; Garden City, NY All Clubs; 1995
Omaha Steaks; Omaha, NE; 1999
Pace University; New York, NY; 1989
Rider University; Princeton, NJ

ISOBAR
140 Bdwy Ste 4520, New York, NY 10005
Tel.: (212) 909-2300
E-Mail: info@us-isobar.com
Web Site: www.isobar.com/us/home

Employees: 120
Year Founded: 2000

Agency Specializes In: Advertising, Brand Development & Integration, Communications, Search Engine Optimization, Social Media

Geoff Cubitt *(Co-CEO-US)*
Jeff Maling *(Co-CEO-US)*
Ronald Ng *(Chief Creative Officer & Exec VP)*
Navneet Virk *(VP)*
Tim Dunn *(Exec Dir-Strategy)*
Teressa Bur *(Dir-Analytics)*
Leigh Christie *(Dir-Isobar NowLab Americas)*
Chad Vavra *(Dir-Experience Strategy & Design)*

Accounts:
The Coca-Cola Company
Enterprise Holdings, Inc. (Digital Agency of Record) Mobile, Strategy, Web
Harmon Kardon
KCRW Music Mine iPad
Lonza
William Patrick Corgan

ISOBAR US
One S Station, Boston, MA 02110
Tel.: (617) 936-1600
Fax: (617) 449-4200
Web Site: www.isobar.com

E-Mail for Key Personnel:
President: sarah.fay@isobar.net

Employees: 700
Year Founded: 2004

National Agency Associations: 4A's

Agency Specializes In: Digital/Interactive, Direct Response Marketing, Direct-to-Consumer, High Technology, Integrated Marketing, Internet/Web Design, New Technologies

Deb Boyda *(CEO)*
Vikalp Tandon *(CTO)*
Dave Meeker *(Chief Innovation Officer)*
Jeff Maling *(CEO-Global)*
Ricardo Salema *(VP & Exec Creative Dir)*
Jessica Azoulay *(VP-Ops)*
Steve Coy *(VP)*
Peter Giersch *(VP-Channel Partners)*
M. Adil Waqar *(Head-Res & Mktg Intelligence Practice)*
Paul Buranosky *(Mktg Dir)*
Jenessa Carder *(Dir-Strategy)*
Leigh Christie *(Dir-Isobar NowLab Americas)*
Javier Frank *(Dir-Tech & Commerce)*

Accounts:
Adidas Campaign: "adidas ClimaCool Ride"
Coca-Cola Refreshments USA, Inc. Sprite (Digital Agency of Record)
Conde Nast Publications, Inc. Digital Experience, Wired25; 2018
Dolby Laboratories Campaign: "Dolby Update Theater"
Electronic Arts
Lafayette 148 New York Digital, E-Commerce, Global, In-Store & Online Integration, Original Content
Lego
Lowe's
Motorola Solutions, Inc.
Papa Johns
Philips Healthcare 3D Digital
Sprite Global Digital Agency of Record
Yahoo! Sports Campaign: "Yahoo! Sports Grudge Judge"

Branches

Isobar Brazil
Rua Wisard 298 - 5 andar, vila Madalena, Sao Paulo, 05434-000 Brazil
Tel.: (55) 11 3759 3600
E-Mail: comunicacao@isobar.com.br
Web Site: www.isobar.com/br/home

Employees: 300

Agency Specializes In: Advertising

Abel Reis *(CEO-Latin America)*
Eliel Allebrandt *(VP-Ops)*
Claudio De Souza *(VP-Bus & Ops)*
Luis Padilha *(VP-Media)*
Mateus Braga *(Exec Creative Dir)*
Filipe Braga *(Creative Dir)*
Alex Coelho *(Dir-Integrated Creative)*
Moises Amaral *(Designer)*
Yuri Coppe *(Designer)*
Paulo Ribas *(Sr Art Dir-Interactive)*

Accounts:
98 FM Radio Station
Fiat Group Automobiles S.p.A Campaign: "Big Little Car", Campaign: "Live Store", Campaign: "Social Drive"
Limited Edition Campaign: "Real Toy Soldier"
Mares Films
Nivea Creative, Nivea Sun, TV
Sky Company #SKYREC, Campaign: "Wind", Digital, Hashtag

Isobar Hong Kong
16/F 633 King's Rd, North Point, China (Hong Kong)

Tel.: (852) 39624500
Fax: (852) 39624567
E-Mail: dwanye.serjeantx@isobar.com
Web Site: www.isobar.com/hk/home

Employees: 50

Agency Specializes In: Digital/Interactive, Internet/Web Design

David Jessop *(Mng Dir)*
Sonia Feng *(Gen Mgr)*
Nicoletta Stefanidou *(Exec Creative Dir)*
Edward Williams *(Bus Dir)*
Astrar Lam *(Dir-Technical)*
Katheryn Lui *(Dir-Strategic Plng)*
Sonny Xu *(Dir-Plng)*
Annie Zhang *(Dir-Media Plng)*

Accounts:
AIA
Audi Hong Kong Digital
The Coca-Cola Company
Hong Kong Broadband Network Website Redevelopment
Kellogg's (Digital Agency of Record) Digital
Rosewood Hotels & Resorts Digital, Website Redesign

Isobar India
7th Floor B Wing Poonam Chambers II Dr Annie, Besant Road, Mumbai, 400018 India
Tel.: (91) 2230248103
Web Site: www.isobar.com

Employees: 50

Agency Specializes In: Advertising, Digital/Interactive, Media Relations, Social Media

Shamsuddin Jasani *(Grp Mng Dir-South Asia)*
Gopa Kumar *(Exec VP)*
Gopa Menon *(Exec VP)*
Chandrashekhar Mhaskar *(Exec VP)*
Nakul Sagar *(Grp Head-Client Servicing)*
Anadi Sah *(Head-Innovation, Creative & Tech)*
Anish Daniel *(Assoc VP)*
Richa Bhardwaj *(Sr Dir)*
Priyanka Shah *(Sr Dir-Mobile)*
Taj Ali Naqvi *(Dir-Film & Sr Producer)*
Ranjeet Kumar *(Creative Dir)*
Amit Singh *(Creative Dir)*
Anish Varghese *(Creative Dir-Natl)*
Vibhor Yadav *(Creative Dir)*
Ashish Kumar *(Dir-Performance Mktg)*
Debarati Roy *(Dir)*
Aakriti Sinha *(Dir-Social Media)*
Saniya Bijlani *(Sr Mgr-Client Servicing)*
Proneeta Das Tsering *(Acct Mgr)*
Monica Nath *(Acct Mgr)*
Radhika Rampal *(Sr Acct Exec)*
Prachi Karan *(Sr Media Dir)*

Accounts:
Accessible Tourism
Acer
Adidas
AirAsia
Barbeque Nation Digital
Coca-Cola
Duroflex Digital, Social Media
Fox Networks Group India Digital, Fox Life, National Geographic, Social Media
Godrej & Boyce Godrej Security Solutions, Traditional & Digital Media; 2017
Hachette Book Publishing India Digital
Hotel Ramada
IndiaFirst Life Insurance Digital, Website
JK Tyres (Digital Agency of Record)
MakeMyTrip Digital, Social Media
Maruti Suzuki Digital
Myntra Fashion Brands
Panasonic Digital

ADVERTISING AGENCIES
AGENCIES - JANUARY, 2019

Ramada
Siyaram Silk Mills Creative, Media, Oxemberg (Digital Agency of Record), Social
Sterling Holiday Resorts Social Media
TimesofMoney Digital
Titan Company Limited
VIP Industries Creative, Digital, Social, VIP Bags; 2017
Wrangler

isobar MENA
(Formerly Digital Republic)
2 El Malek El Afdal Street, Zamalek, Cairo, Egypt
Tel.: (20) 2 2735 8442
Web Site: www.isobar.com/ae/en/

Employees: 80

Agency Specializes In: Content, Digital/Interactive, E-Commerce, Game Integration, Media Buying Services, Media Planning, Social Media, Strategic Planning/Research

Karim Khalifa *(CEO & Founder-Digital Republic)*

Accounts:
Edita
Frico
McDonald's
Ras Al Khaimah Tourism Development Authority Communications, Digital, Social Marketing, Social Media, Strategy
Reckitt Benckiser
Savola
Unilever

Isobar North America
343 Arsenal St, Watertown, MA 02472
Tel.: (617) 218-6500
Fax: (617) 218-6700
Web Site: www.isobar.com

Employees: 120

National Agency Associations: 4A's

Geoff Cubitt *(CEO)*
Saurab Bhargava *(Sr VP & Head-Portfolio)*
James Lazar *(VP)*
Elliot Savitzky *(Dir)*

Accounts:
Adidas StellaSport
Nikon

Isobar UK
10 Triton Street Regents Place, London, NW1 3BF United Kingdom
Tel.: (44) 20 3535 9700
Fax: (44) 20 7920 7381
Web Site: www.isobar.com

Employees: 125

Mike Mulligan *(COO)*
Simon Gill *(Chief Experience Officer-Europe, Middle East & Africa)*
Andrew Luckie *(Assoc Mgr-Mktg)*

Accounts:
3 Mobile
Adidas (UK) Ltd. Campaign: "The Adizero D Rose 2"
AkzoNobel Creative, Cuprinol, Digital Creative, Digital Strategy, Dulux, Hammerite, Polycell, Social Media
Auto Trader Digital, Digital Display, Public Relations, Strategy
Aviva RAC
Bacardi Global Digital Advertising
Brown-Forman Chambord, Digital, Social
Burger King (Digital Agency of Record) Digital Communications, Digital Strategy
Coca-Cola Refreshments USA, Inc.
Eurostar
Google Digital, Google Music All Access, Print
Guardian News & Media Campaign: "The Whole picture", Digital
Huawei
Magners Digital
McCain Potatoes
NatWest Campaign: "The Natwest Secret Cricketer"
News Group Newspapers The Sun; 2007
News of the World
Nokia
Philips Electronics UK Limited
The Procter & Gamble Company
ScottishPower Creative, Digital Advertising, Social Media
Sony Corporation Campaign: "One Stadium", Digital, Fifa World Cup 2014, One Stadium Live
Toyota UK Aygo, Campaign: "All New Yaris - Social Snap Shot", Campaign: "YNOT", Digital, Prius, Social Media, Yaris; 2008
Visit Sweden
Woolworths

Isobar
300 E Randolph Ste 4000, Chicago, IL 60601
Tel.: (312) 529-3500
Web Site: www.isobar.com

Agency Specializes In: Advertising, Brand Development & Integration, Communications, Content, Digital/Interactive, Event Planning & Marketing, New Product Development, Search Engine Optimization, Social Media, Strategic Planning/Research

Shawn B. Mishra *(Sr VP & Mng Partner-Digital Commerce)*
Tonya Bakritzes *(CMO)*
Sean Shelby *(CTO)*
Deb Boyda *(CEO-US)*

Accounts:
New-Chicago Youth Symphony Orchestras

Pjure Isobar
Ignaz Kock Strasse 17, 1210 Vienna, Austria
Tel.: (43) 1 503 98 82
Web Site: www.isobar.com

Employees: 10

Agency Specializes In: Digital/Interactive

Helmut Kosa, *(CEO)*
Wolfgang Kindermann *(Creative Dir)*

Accounts:
Allianz
Bahlsen
Maestro
MasterCard
Stiefelkonig

TUS Isobar
77 Robinson Road, #19-00, Robinson 77 Singapore, 068896 Singapore
Tel.: (65) 65788452
E-Mail: ContactUs.Sg@isobar.com
Web Site: www.isobar.com/sg/home

Employees: 30
Year Founded: 2001

Agency Specializes In: Advertising, Email, Multimedia, Public Relations, Strategic Planning/Research

Prakash Kamdar *(CEO)*
Rohan Lightfoot *(Partner-Client & Mng Dir-APAC)*
Sandipan Roy *(Chief Strategy Officer-APAC)*
Stan Lim *(Exec Creative Dir)*

Accounts:
Coca-Cola Campaign: "Share a Coke", Campaign: "Share a Feeling", Digital Engagement, Outdoor, Social Media, TV ad, Video Content
eBay
Huawei Digital Marketing
Intel Corporation Computer Processor Developers
LG Consumer Electronics Distr
Microsoft
OCBC Bank Consumer Financial Services, Digital, Frank, Operations
Thuraya Telecommunications Mobile Satellite Operating Services

wwwins Isobar
Suite 103 1st Floor, Block G Huai Hai Xi Road, Shanghai, 200052 China
Tel.: (86) 21 5238 1333
Fax: (86) 21 5238 6873
Web Site: www.isobar.com

Employees: 300
Year Founded: 1999

Agency Specializes In: Advertising, Digital/Interactive, Local Marketing, Media Buying Services, Media Planning, Strategic Planning/Research

Francis Lam *(CTO & Chief Innovation Officer)*
Chris Chen *(Chief Creative Officer-Isobar China Group)*
Alvin Huang *(CEO-Isobar China Grp)*
Cecilia Huang *(Sr VP-Brand Commerce Consultancy-China Grp)*
Sonia Feng *(Gen Mgr)*

Accounts:
Adidas
Anheuser-Busch InBev Budweiser
Bacardi
The Coca-Cola Company Campaign: "Release Your Summer in 100 Ways", Campaign: "Share a Coke", Digital, Minute Maid, Sprite, Video
Huawei Digital Marketing
KFC
Mondelez International Campaign: "Share a bonding moment", Creative, Digital, Oreo
Procter & Gamble
Unilever Knorr
Volkswagen

ISOM GLOBAL STRATEGIES
300 New Jersey Ave Nw Ste 900, Washington, DC 20001
Tel.: (202) 347-3374
E-Mail: info@isomglobal.com
Web Site: http://isomglobal.com/

Employees: 25

Agency Specializes In: Advertising, Public Relations

Towan Isom *(Pres & CEO)*

Accounts:
U.S. Department of Health & Human Services

ISTRATEGYLABS
(Acquired by J. Walter Thompson)

ITC
27001 Agoura Rd Ste 150, Agoura Hills, CA 91301
Tel.: (800) 590-6953
Fax: (323) 544-6206

AGENCIES - JANUARY, 2019 — ADVERTISING AGENCIES

E-Mail: info@itcfirm.com
Web Site: https://www.r6s.com/

Employees: 10
Year Founded: 1995

Agency Specializes In: Advertising, Brand Development & Integration, Digital/Interactive, Paid Searches, Public Relations, Search Engine Optimization, Social Media

Accounts:
The Fashion Bookstore

IVIE & ASSOCIATES INC.
601 Silveron Blvd, Flower Mound, TX 75028
Tel.: (972) 899-5000
Fax: (972) 899-5050
E-Mail: ivieinc@ivieinc.com
Web Site: www.ivieinc.com

Employees: 650
Year Founded: 1993

Agency Specializes In: Advertising, Broadcast, Cable T.V., Commercial Photography, Consulting, Consumer Goods, Customer Relationship Management, Digital/Interactive, Electronic Media, Food Service, Household Goods, In-Store Advertising, Internet/Web Design, Local Marketing, Magazines, Media Buying Services, Media Planning, Newspaper, Newspapers & Magazines, Planning & Consultation, Point of Purchase, Point of Sale, Print, Production, Production (Ad, Film, Broadcast), Production (Print), Promotions, Public Relations, Publishing, Radio, Retail, Social Media, Sponsorship, T.V., Technical Advertising, Telemarketing, Web (Banner Ads, Pop-ups, etc.)

Warren Ivie *(Founder & CEO)*
Gary Long *(CFO)*
Buddy Martensen *(CMO & Exec VP)*
David Needham *(Chief Client Officer & Exec VP)*
Brandon Ivie *(Pres-Ivie-US)*
Renee Rawlings *(Pres-Emerging Markets)*
Kevin Bridgewater *(Exec VP-Mktg)*
Kay Ivie *(Exec VP)*
Patricc Quinn *(Grp VP-Client Svcs)*
Kim Burke *(VP-Client Svcs)*
Tammi Needham *(VP-Acct Dev)*
Tim Vickery *(VP-Sls & Bus Dev)*
Joe Worley *(VP-Client Svcs)*
Laurie Raymundo *(Mktg Dir)*
Stacey Diamond *(Dir-Media Svcs)*
Charles Meyer *(Dir-Bus Dev)*

Accounts:
Acme
Albertsons
B&Q
Bel Air
BSG
Coca Cola (China)
Cub
Farm Fresh
Fresh Thyme
Hipermart
Jewel-Osco
Mannings
Martin's
Natural Markets
NFI
Nob Hill Foods
Raley's
Sally Beauty
Sam's Club
Shaw's
Shop n' Save
Shoppers
Smart & Final
SuperValu
Team Leader
Walmart
Walmart (China)
Watsons

Branch

CLM Marketing & Advertising
588 W Idaho St, Boise, ID 83702-5928
(See Separate Listing)

IVUE DIGITAL ADVERTISING, INC.
670 Pelham Blvd # 207, Saint Paul, MN 55114
Tel.: (651) 307-0120
Web Site: ivuedigital.com

Employees: 1

Agency Specializes In: Advertising, Digital/Interactive, Social Media

John Ruiz *(Owner)*

Accounts:
Abra Auto Body & Glass
Eastview Family Chiropractic
Valley Services Inc.
The Work Connection of Hudson

IVY CREATIVE
214 N Main St Ste 102, Natick, MA 01760
Tel.: (774) 290-0013
Fax: (774) 290-0015
E-Mail: info@ivycreative.com
Web Site: www.ivycreative.com

Employees: 5
Year Founded: 2007

Agency Specializes In: Advertising, Brand Development & Integration, Internet/Web Design, T.V.

Steve Ratner *(Principal & Creative Dir)*
Tom Segale *(Principal & Dir-Production)*
Rick Felty *(Principal & Sr Creative Dir)*
Robert Hebert *(Dir-Design)*

Accounts:
Arbella Insurance
Begley Law Group
Boston University
The Cavan Group
Comcast SportsNet
Dunkin Brands Group, Inc.
GateHouse Media, Inc.
The Goodyear Tire & Rubber Company
Harvard Athletics
Ivy League Sports

THE IVY GROUP, LTD.
1001 E Market St Ste 202, Charlottesville, VA 22902
Tel.: (434) 979-2678
Fax: (434) 979-8433
Toll Free: (800) IVY-1250
E-Mail: contact@ivygroup.com
Web Site: www.ivygroup.com

E-Mail for Key Personnel:
President: fitzgerald@ivygroup.com

Employees: 11
Year Founded: 1989

Agency Specializes In: Advertising, Advertising Specialties, Brand Development & Integration, Broadcast, Business-To-Business, Collateral, Communications, Consulting, Consumer Marketing, Consumer Publications, Corporate Identity, Digital/Interactive, Direct Response Marketing, E-Commerce, Education, Environmental, Event Planning & Marketing, Exhibit/Trade Shows, Graphic Design, Health Care Services, High Technology, Information Technology, Internet/Web Design, Leisure, Logo & Package Design, Magazines, Media Buying Services, New Product Development, Newspaper, Newspapers & Magazines, Out-of-Home Media, Outdoor, Planning & Consultation, Point of Purchase, Print, Production, Public Relations, Publicity/Promotions, Radio, Recruitment, Restaurant, Retail, Seniors' Market, Strategic Planning/Research, Telemarketing, Travel & Tourism, Yellow Pages Advertising

Pamela Fitzgerald *(Mng Partner)*
Chris Fitzgerald *(CFO & Mgr-Video, Design & Audio Production)*
Emily Burlingame *(Specialist-Design & Social Media)*

Accounts:
Accutec Blades (Agency of Record)
Tiger Fuel
Vietnam Children's Fund

Branch

The Ivy Group, Ltd.
1489 Baltimore Pike Suite 215, Springfield, PA 19064
Tel.: (610) 544-4040
Fax: (610) 544-4055
E-Mail: info@ivygroup.com
Web Site: http://ivygroup.com/service/libraries/

Year Founded: 1989

Agency Specializes In: Advertising

Chris Fitzgerald *(CFO & Mgr-Video, Design & Audio Production)*
Stephen J. Burden *(Sr Graphic Designer)*

Accounts:
National Trust for Historic Preservation
Pennsylvania Library Association/Commonwealth Library

IW GROUP, INC.
8687 Melrose Ave Ste G540, West Hollywood, CA 90069
Tel.: (310) 289-5500
Fax: (310) 289-5501
E-Mail: info@iwgroupinc.com
Web Site: https://iwgroup.agency/index.php

E-Mail for Key Personnel:
Chairman: bimada@iwgroupinc.com
President: nsung@iwgroupinc.com
Media Dir.: jchen@iwgroupinc.com

Employees: 64
Year Founded: 1990

National Agency Associations: 4A's

Agency Specializes In: Advertising, Asian Market, Aviation & Aerospace, Consumer Goods, Consumer Marketing, Financial, Government/Political, Public Relations, Sponsorship

Breakdown of Gross Billings by Media: Brdcst.: 35%; Collateral: 15%; Consumer Publs.: 50%

Bill Imada *(Chm & Chief Connectivity Officer)*
Nita Song *(Pres)*
Brian Jung *(Chief Creative Officer)*
Wendy Liao *(Grp Acct Dir)*
Sally Choi *(Acct Dir)*
Shagorika Ghosh *(Acct Dir)*
Heather Hannasch *(Creative Dir)*

ADVERTISING AGENCIES

Flora Zhao *(Acct Dir)*
Irene Hsu *(Supvr-Media)*
Ting Lin *(Assoc Creative Dir)*

Accounts:
American Airlines
American Cancer Society
American Legacy Foundation; 1999
Blue Cross of California
California Children & Families Commission (F5 CA)
California Department of Food & Agriculture
California Department of Highways
California Public Utilities Commission; CA Electric Deregulation Outreach; 1997
Chrysler
The Coca-Cola Company
Covered California Asian Americans
Dish Network
GODIVA Chocolatier Campaign: "Victory"
McDonald's Corporation Sirloin Burger
Met Life
Nissan North America
United States Army
Wal-Mart Stores, Bentonville, AR; 2007

Branches

IW Group
33 New Montgomery St Ste 990, San Francisco, CA 94105
Tel.: (415) 268-1828
Fax: (415) 905-0376
E-Mail: info@iwgroupinc.com
Web Site: https://iwgroup.agency/index.php

Employees: 10
Year Founded: 1991

National Agency Associations: 4A's

Agency Specializes In: Asian Market

Craig Tomiyoshi *(VP-Consumer Engagement)*
Flora Zhao *(Grp Acct Dir)*
Stone Mays *(Sr Art Dir)*

Accounts:
Bank of America
The Coca-Cola Company
FDIC
KTSF
McDonald's
Merrill Lynch
MetLife, Inc.
Nissan North America
US Army
U.S. Census Bureau
Wal-Mart Stores, Inc.
WaMu

IW Group
215 PArk Ave S, New York, NY 10003
Tel.: (646) 979-8959
E-Mail: hhatanaka@iwgroupinc.com
Web Site: https://iwgroup.agency/index.php

Employees: 3

National Agency Associations: 4A's

Accounts:
American Airlines
Christopher & Dana Reeve Foundation
Glaxo Smith Kline
McDonald's

IWERX MEDIA & ADVERTISING
101 S Main Street, Minot, ND 58701
Tel.: (701) 540-5111
Web Site: http://iwerxmedia.com/

Employees: 14
Year Founded: 2009

Agency Specializes In: Alternative Advertising, Digital/Interactive, Direct Response Marketing, Electronic Media, Email, Guerilla Marketing, Local Marketing, Multimedia, Point of Sale, Production, Promotions, Social Media, Web (Banner Ads, Pop-ups, etc.)

Approx. Annual Billings: $2,500,000

Steven Edwards *(COO)*

Accounts:
Captini Captini Social Wifi; 2015

J&M MARKETING COMMUNICATIONS, LLC
177 Parkside Dr, Princeton, NJ 08540-4814
Tel.: (609) 924-1083
E-Mail: jandmads@aol.com
Web Site: www.jandmads.com

Employees: 5
Year Founded: 1981

Agency Specializes In: Automotive, Brand Development & Integration, Consumer Marketing, Financial, Internet/Web Design, Out-of-Home Media, Outdoor, Print, Promotions, Real Estate, Restaurant, Retail, Strategic Planning/Research, Web (Banner Ads, Pop-ups, etc.)

Approx. Annual Billings: $5,000,000

Margaret Van Dagens *(Owner)*

Accounts:
Holman Studios; Dorset, VT Furniture; 2009

J DANIEL AGENCY
583 Donofrio Dr Ste 218, Madison, WI 53719
Tel.: (608) 535-9428
E-Mail: info@jdanielagency.com
Web Site: www.jdanielagency.com

Employees: 2
Year Founded: 2007

Agency Specializes In: Advertising, Brand Development & Integration, Digital/Interactive, Email, Graphic Design, Internet/Web Design, Print, Social Media

Accounts:
Hello Referrals
Neverfar
ReviewUs

J. FITZGERALD GROUP
12 W Main St, Lockport, NY 14094
Tel.: (716) 433-7688
Fax: (716) 433-6772
E-Mail: contact@jfitzgeraldgroup.com
Web Site: www.jfitzgeraldgroup.com

Employees: 15

Agency Specializes In: Advertising, Brand Development & Integration, Crisis Communications, Internet/Web Design, Logo & Package Design, Media Planning, Public Relations, Search Engine Optimization, Social Media, Strategic Planning/Research

Carmel Cerullo Beiter *(Partner & VP)*
Dan Tidwell *(VP-Sls-Natl)*
Ron Koscinski *(Creative Dir)*
Heide Edgington *(Sr Acct Mgr)*

Accounts:
Cornerstone Community Federal Credit Union
Mullane Motors (Advertising Agency of Record)
Ubmd Physicians Group (Agency of Record) Media

J. GREG SMITH, INC.
14707 California St, Omaha, NE 68154
Tel.: (402) 444-1600
Fax: (402) 444-1610
E-Mail: jgreg@jgregsmith.com
Web Site: www.jgregsmith.com

E-Mail for Key Personnel:
President: jgreg@radiks.net
Media Dir.: jsmith@radiks.net

Employees: 10
Year Founded: 1970

Agency Specializes In: Advertising, Affluent Market, Brand Development & Integration, Broadcast, Business Publications, Business-To-Business, Cable T.V., Children's Market, Co-op Advertising, Collateral, Commercial Photography, Communications, Consulting, Consumer Goods, Consumer Marketing, Corporate Communications, Corporate Identity, Crisis Communications, Direct Response Marketing, Education, Environmental, Event Planning & Marketing, Exhibit/Trade Shows, Experience Design, Faith Based, Financial, Food Service, Government/Political, Graphic Design, Hospitality, Household Goods, Identity Marketing, In-Store Advertising, Industrial, Integrated Marketing, Internet/Web Design, Investor Relations, Leisure, Local Marketing, Logo & Package Design, Luxury Products, Magazines, Media Planning, Media Relations, Medical Products, Merchandising, Multimedia, New Product Development, Newspaper, Newspapers & Magazines, Out-of-Home Media, Outdoor, Over-50 Market, Package Design, Planning & Consultation, Point of Purchase, Point of Sale, Print, Production, Production (Print), Promotions, Public Relations, Publicity/Promotions, Radio, Real Estate, Regional, Restaurant, Retail, Sales Promotion, Seniors' Market, Social Marketing/Nonprofit, Sponsorship, Stakeholders, Strategic Planning/Research, Sweepstakes, T.V., Trade & Consumer Magazines, Transportation, Travel & Tourism

Approx. Annual Billings: $3,000,000

Breakdown of Gross Billings by Media: Brdcst.: 25%; Logo & Package Design: 5%; Newsp.: 20%; Plng. & Consultation: 20%; Radio: 5%; Spot T.V.: 15%; Strategic Planning/Research: 10%

Jeff S. Smith *(VP)*

Accounts:
General Douglas MacArthur Foundation; Norfolk, VA; 2007
Great Plains Black History Museum
Lewis and Clark Trail
National Arbor Day Foundation; Lincoln, NE Trees for America, Tree City USA, Conservation Trees & Rain Forest, Replanting Our National Forests; 1972

J. LINCOLN GROUP
9595 Six Pines Dr Ste 8210, The Woodlands, TX 77380
Tel.: (832) 631-6050
Fax: (832) 631-6001
E-Mail: info@jlincolngroup.com
Web Site: www.jlincolngroup.com

Employees: 3

Agency Specializes In: Advertising, Brand Development & Integration, Internet/Web Design, Logo & Package Design, Media Buying Services,

AGENCIES - JANUARY, 2019 — ADVERTISING AGENCIES

Print, Radio, T.V.

Jason Breshears *(Creative Dir)*
Dan Arnold *(Media Buyer)*
Crystal Griffith *(Media Buyer)*
Ronald Lowrey *(Media Buyer)*

Accounts:
Honda Of Lake Jackson
Honda of Brazosport
Jaguar Cars Limited
Land Rover
Lone Star Cowboy Church
Motorcycle Gear Extravaganza
The Progressive Corporation
Re-Bath
Safeco Insurance Company of America
Sports Culture

J. WALTER THOMPSON
466 Lexington Ave, New York, NY 10017-3140
Tel.: (212) 210-7000
Fax: (212) 210-7299
Web Site: https://www.jwt.com/

E-Mail for Key Personnel:
Chairman: bob.jeffrey@jwt.com

Employees: 650
Year Founded: 1864

National Agency Associations: 4A's-AAF-AD CLUB-AWNY-MCA-NEW YORK/AMA-OAAA-THINKLA

Agency Specializes In: Advertising, Sponsorship

Tamara Ingram *(CEO)*
Laura Selfridge *(Partner & Dir-Ops)*
Lori Beal *(Mng Dir)*
Claire Capeci Sucre *(Mng Dir)*
Sherri Chambers *(CMO-New York)*
Ben James *(Chief Creative Officer)*
Lulu Laudon *(Chief Strategy Officer)*
Simon Pearce *(CEO-North America)*
Rishap Malhotra *(Sr VP-Ops)*
Debra Bucar *(VP)*
Niels Bredemeijer *(Head-Creative-Netherlands)*
Bas Korsten *(Head-Global Creative-Council)*
Antonio Nunez Lopez *(Head-Strategy-SCPF)*
Heather O'Flynn *(Head-Production)*
Ingrid Bernstein *(Exec Dir-Digital & Content Strategy)*
Amy Carvajal *(Exec Creative Dir)*
Billy Faraut *(Exec Creative Dir)*
Florent Imbert *(Exec Creative Dir)*
Jacob Perez *(Exec Dir-Strategy)*
Marina Pen *(Grp Dir-Strategy)*
Keshni Sharma *(Sr Dir-Creative & Art)*
Michelle Topal *(Sr Acct Dir)*
Karen Abbate *(Creative Dir)*
Karl Ackermann *(Creative Dir)*
Nadine Andros *(Acct Dir)*
Bob Broadfoot *(Art Dir)*
Claudio Castagnola *(Art Dir)*
Winnie Chang *(Creative Dir)*
Ally Churchwell *(Producer-Brdcst)*
Erin Cross *(Acct Dir)*
Tadhg Ennis *(Art Dir)*
Claire Healy *(Art Dir)*
Alex Hoffman *(Assoc Producer)*
Itai Inselberg *(Creative Dir)*
Andrew Jones *(Bus Dir)*
Melissa Krimm *(Bus Dir)*
Taejun Park *(Art Dir)*
Jag Prabhu *(Creative Dir)*
Robert Rosswaag *(Creative Dir)*
Brittany Sarrett *(Creative Dir)*
Meredith Leffler Steinman *(Bus Dir)*
Jessica Stewart *(Creative Dir)*
Steve Torres *(Art Dir)*
Mary Warner *(Creative Dir)*
Archer West *(Art Dir)*
Heather Field *(Dir-Brand Intelligence & Strategist-Brand)*
Kamran Aslam *(Dir-Tech)*
Steve Bumba *(Dir-Portfolio & Solutions)*
Zeynep Cingir *(Dir-Digital Production)*
Caroline Coleman *(Dir-Brand Production)*
Jennifer Usdan McBride *(Dir-Digital & Innovation)*
Meg McGinley *(Dir-Bus Affairs)*
Rikesh Mistry *(Dir-Strategy)*
Thomas O`Connell *(Dir-Bus Affairs)*
Mark Truss *(Dir-Brand Intelligence)*
Juan Turcios *(Assoc Dir-Tech-Digital Innovation)*
Diane Burns *(Acct Mgr)*
Kate Egan *(Acct Mgr)*
Christine Fiorentino *(Sr Project Mgr-Creative Dev)*
Matthew Klesel *(Acct Mgr)*
Hannah Charrington *(Mgr-Growth-Global)*
Karen Harrison *(Mgr-Talent, Acct Mgmt & Strategic Plng)*
Emily Hadaway *(Acct Supvr)*
Stephanie Kim *(Acct Supvr)*
Marta La Rock *(Strategist)*
Donald Foshay *(Copywriter)*
Paula Gete-Alonso *(Copywriter)*
Neil Lopez *(Copywriter)*
Emely Perez *(Sr Designer)*
Christina Pitsinos *(Copywriter)*
Michelle Unger *(Designer)*
Da Jun Yoo *(Designer)*
Darryl Kluskowski *(Grp Creative Dir)*
Howard Lenn *(Grp Creative Dir)*
Joseph Mueller *(Sr Art Dir)*
Emily Nargi *(Sr Bus Mgr)*

Accounts:
7-Eleven
AB Electrolux Eureka
ADC Portfolio Night
New-Ancestry.com LLC Paid Social Media
Bayer Coppertone, Creative, Miralax, Phillips
Black Lives Matter Creative, Online, Social, Strategic, Website
Bongiovi Acoustic Labs
Bristol-Myers Squibb
Campari America Creative, Digital, Grand Marnier, Print, TV, Wild Turkey
Cobra Puma Golf (Lead Creative Agency)
The Dannon Company, Inc. Oikos Triple Zero
Ense
The Estee Lauder Companies Inc. Clinique
Ford Motor Co Ford Everest, Ranger
General Mills Haagen-Dazs
Google Creative, Energizer Personal Care, Enterprise Assignment
HeforShe
HSBC Creative
Jansen
Johnson & Johnson Neutrogena, Tylenol, Zyrtec
KPMG Campaign: "Glass Ceiling", Global Creative
McNEIL-PPC, Inc. Campaign: "How We Family", Online, Tylenol
Mio Global Creative
Nestle USA, Inc. Buitoni Pasta (Creative Agency of Record), Campaign: "Snack Brighter", Campaign: "aah", Carnation, Drumstick, Libby's, Mac Cups, Skinny Cow, Stouffers, Tollhouse
The New Literacy Project
Newell Calphalon, Creative, Irwin, Lenox, Paper Mate, Rubbermaid, Sharpie
Nokia Global Creative; 2007
Northwell Health Advertising, Campaign: "Happy Birthday Austin Joseph", Creative, Marketing, Strategy
The One Show for Creativity The One Show 2018; 2017
Period Equity
Pfizer Inc.
Puma North America, Inc. (Creative Agency of Record) Campaign: "BeatBot", Campaign: "Calling All Troublemakers", Campaign: "Forever Faster", Campaign: "Rihanna trains for platinum"
Reporters Without Borders
Rolex SA Campaign: "Deepest Dive"
Royal Dutch Shell plc Master Brand Communications
Save the Children International
T. Rowe Price Group Inc.
Treasury Wine Estates Global Marketing, Marketing Communications, Marketing Strategy, Public Relations, Shopper Marketing
Tribeca Film Festival
UN Women
Unilever Digital Marketing, Global Advertising Development, Global Digital Strategy & Content, Lux (Agency of Record), Sunsilk
United Health Group
United States Marine Corps
New-Unloadamerica.com
Vice
Wild Turkey (Agency of Record)
YouTube, LLC

Subsidiaries

iStrategyLabs
641 S St Nw # 1, Washington, DC 20001
(See Separate Listing)

J. Walter Thompson INSIDE
6300 Wishire Blvd, Los Angeles, CA 90048
(See Separate Listing)

J. Walter Thompson San Francisco
1001 Front St, San Francisco, CA 94111
Tel.: (415) 782-4800
Web Site: www.jwt.com

Employees: 30

Agency Specializes In: Advertising, Brand Development & Integration, Content, Crisis Communications, Digital/Interactive, Search Engine Optimization, Shopper Marketing, Social Media

Accounts:
Treasury Wine Estates 19 Crimes Wine

J. Walter Thompson U.S.A., Inc.
466 Lexington Ave, New York, NY 10017-3140
(See Separate Listing)

J. Walter Thompson
222 Merchandise Mart Plz Ste 250, Chicago, IL 60654
(See Separate Listing)

MIRUM LLC
350 10th Ave 12th Fl, San Diego, CA 92101
(See Separate Listing)

Canada

J. Walter Thompson Canada
160 Bloor St E Ste 800, Toronto, ON M4W 3P7 Canada
(See Separate Listing)

J. Walter Thompson Canada
500 rue St-Jacques Ste 1410, Montreal, QC H2Y 1S1 Canada
Tel.: (514) 287-3597

ADVERTISING AGENCIES

Fax: (514) 287-9007
Web Site: https://www.jwt.com/en/canada

Employees: 20
Year Founded: 2004

Agency Specializes In: Advertising

Andre Lachance *(VP & Gen Mgr)*
Julie Guimond *(Dir-Print Production)*
Brigitte Ledermann *(Copywriter)*

Accounts:
Bayer
Energizer
HSBC
Johnson & Johnson
Kraft
Kraft Foods
Nokia
Shell
Tim Hortons

Nigeria

LTC Advertising Lagos
2nd Fl Motorway Centre 1 Motorway Ave, PMB 21772 Ikeja, Lagos, Nigeria
Tel.: (234) 1 471 2056
Fax: (234) 1 554 7897
E-Mail: info@ltc-jwtlagos.net
Web Site: www.ltc-jwtlagos.net

Employees: 50
Year Founded: 1986

Billy Kolawole Lawson *(Chm)*
Bisi Afolabi *(CEO & Mng Dir)*
Tunji Oladejo *(Grp Head-Bus Dev)*
Adebayo Toib Adelabu *(Asst Dir-Copy)*

South Africa

J. Walter Thompson Cape Town
30 Keerom Street 3rd Floor, 8001 Cape Town, 8001 South Africa
Mailing Address:
PO Box 7234, Roggebaai, 8012 Cape Town, South Africa
Tel.: (27) 21 426880
Fax: (27) 21 426 2890
Web Site: https://www.jwt.com/

Employees: 45
Year Founded: 1928

Jim Faulds *(CEO)*
Rochelle April *(Head-Brdcst & Content)*
David Gorin *(Media Dir)*
Gareth Pretorius *(Creative Dir)*
Claire Markwell *(Dir-Client Svc)*

Accounts:
A Nation's Pride
Barloworld Digital
Bokomo Foods Campaign: "Big Flavour Big Taste"
Diageo plc 36 & 6
Everlast Boxing Campaign: "Born Fighters"
Ford Road Safety
Gautrain Campaign: "Boy, Dog, Baby", Campaign: "By Car By Train", Campaign: "For People On The Move"
Green Cross
Johnson & Johnson Campaign: "Benylin Cough Cough"
Kalahari.com Campaign: "Bloodsport", Campaign: "Taken Aweigh", Campaign: "Textbook Beer Burger Shoe"
Kellogg Company
Lewis
Lucky Star Analytics, Lead Creative Agency, Public Relations, Social Media
Mardi Gras
Panarottis Campaign: "Family Board Game Boxes"
Shell SA
Smirnoff
SunStream Technology Inc Marketing Communication
True Blue Surf Travel

J. Walter Thompson
34 Homestead Rd cnr 12th Ave & Rivonia Rd, Rivonia, 2128 South Africa
Mailing Address:
PO Box 3939, Rivonia, 2128 South Africa
Tel.: (27) 11 806 8000
Fax: (27) 11 806 8010
Web Site: https://www.jwt.com/

Employees: 110
Year Founded: 1928

National Agency Associations: ACA

Nick Liatos *(Exec Creative Dir)*
Paul Strappini *(Exec Creative Dir)*
Claire Markwell *(Dir-Client Svc)*
Siobhaun Hieber *(Copywriter)*

Accounts:
Bayer Healthcare
Bombela Gautrain
Kelloggs
Kraft
Nestle
Nokia
Shell
Unilever
Zam-Buk

Tunisia

J. Walter Thompson
91 Avenue Louis Braille, Cite El-Khadrah, Tunis, 1003 Tunisia
Tel.: (216) 71 806 250
Fax: (216) 71 860 082
Web Site: https://www.jwt.com/

Employees: 25

Ahmed Mahjoub *(Mng Dir)*
Ghassan Nejmeh *(CEO-North Africa)*
Kaddour Hazem *(Mng Dir-Morocco & Dir-Plng-North Africa)*
Ben Abdelghaffar Ahmed *(Art Dir)*
Kaouther Boumaiza *(Mgr-Talent)*

Accounts:
ARFT Campaign: "Pulp Fiction"
B Cosmic
Lilas
Samsung

Australia

J. Walter Thompson Australia
Bldg 18A 64 Ballmain St, Richmond, VIC 3121 Australia
Mailing Address:
P.O. Box 6182, Melbourne, VIC 3004 Australia
Tel.: (61) 3 9868 9111
Fax: (61) 3 9867 7568
E-Mail: melb.info@jwt.com
Web Site: https://www.jwt.com/en/sydney

Employees: 65
Year Founded: 1929

National Agency Associations: AFA

Michael Godwin *(Mng Dir-Melbourne)*
Simon McCrudden *(Head-Plng)*
Kieran Antill *(Exec Creative Dir)*
Angela Morris *(Exec Dir-Plng)*
Jessica Johnson *(Grp Acct Dir)*
Melody Chia *(Acct Dir)*
Lochie Newham *(Art Dir)*
Monica Placella *(Art Dir)*
Annie Price *(Creative Dir)*
Brie Stewart *(Creative Dir-Content)*
Catherine Graham *(Dir-Customer Experience)*
Lizzie Barclay *(Sr Acct Mgr)*
Emma Rutherford-Ward *(Sr Acct Mgr)*
Jack Elliott *(Copywriter)*
Bernd Marbach *(Designer-3D)*
Katie Moore *(Copywriter-Creative)*
Nicholas Sellars *(Sr Art Dir)*

Accounts:
Australian Department of Health & Ageing Campaign: "Swap it where is"
Cancer Center
Coles Group Ltd. Creative, First Choice Liquor, Vintage Cellars; 2018
Ford Motor Company Campaign: "Face to Facebook", Ford Territory, G Series (Television)
IFAW Australia
Jetstar Campaign: "Live for Today", Creative, OOH, Print, Social
Kleenex Puppy
Kraft Heinz Company Campaign: "It pays to sell Peanut Butter like Ice Cream", In-store, Media, Online, Philadelphia, TV
Melbourne Queer Film Festival Man Goes on Journey
Melbourne Writers Festival Campaign: "Wi-Fiction"
Mondelez International, Inc. Campaign: "Right Kinda Nuts", Philadelphia
Murdoch University Creative
Mylanta Campaign: "Chilli Con Carnage", Campaign: "Sushiti", Print Campaign
Quit Victoria Campaign: "Last Dance", Campaign: "The Wait"
RAC Electric Highway
Royal Dutch Shell plc
Simplot Australia Pty. Ltd. Birds Eye Deli, Brand Strategy, Chicken Tonight, Creative, I&J, John West, Lean Cuisine, Leggo's, Shopper & Social
Subway
New-Treasury Wine Estates Global Creative, Squealing Pig
Unilever
VicRoads
Victorian Youth Symphony Orchestra
Vodafone Australia Creative; 2002

J. Walter Thompson
Level 14 338 Pitt Street, Sydney, NSW 2000 Australia
Tel.: (61) 2 9947 2222
Fax: (61) 2 9947 2299
E-Mail: syd.info@jwt.com
Web Site: https://www.jwt.com/

Employees: 60
Year Founded: 1929

Agency Specializes In: Direct Response Marketing, Sales Promotion

Chris Wilson *(Mng Dir-Client Svcs)*
Jacqueline Archer *(Head-Production)*
Carly Yanco *(Head-Strategy)*
Simon Hayes *(Sr Dir-Art)*
James Ansell *(Sr Acct Dir)*
Jack Blades *(Sr Acct Dir)*
Kyle Abshoff *(Grp Acct Dir)*
Amanda Slatyer *(Sr Producer & Dir-Brdcst)*
Chris Badger *(Creative Dir)*
Simon Cox *(Creative Dir)*
Nick Doring *(Art Dir)*
Will Edwards *(Creative Dir)*

Jennie Esposito *(Acct Dir)*
Katy Grey *(Acct Dir)*
Joe Hawkins *(Creative Dir)*
Ana Lynch *(Client Svcs Dir)*
Catherine Graham *(Dir-Customer Experience)*
Jack Burton *(Acct Mgr)*
Andrew Douglas *(Acct Mgr)*
Bronte Rohrig *(Acct Mgr)*
Ellie Sutton *(Acct Mgr)*
Brona Kilkelly *(Strategist-Creative)*
Craig Mack *(Strategist-Social Media)*
Wilora Keeley *(Copywriter)*
Tim Newton *(Copywriter)*
Kat Thomas *(Copywriter)*

Accounts:
AMP
Banlice
Bayer Consumer Care
Beyondblue
Cancer Council NSW Campaign: "I Touch Myself"
Challenger Creative
Department of Foreign Affairs and Trade Brand Strategy, Smartraveller; 2018
Edgewell Personal Care Quattro, Schick
FaHCSIA
Federal Government Department of Health & Aging National Sexually Transmissible Infections Prevention Program
Ford Campaign: "You're The Voice"
Hanesbrands Inc. Berlei
Hero Condoms
HSBC Television
Japan Earthquake Appeal Campaign: "Sushi Train"
Jetstar
Johnson & Johnson Campaign: "Crawl", Campaign: "Flirtilator", Combantrin, Imodium, Nicorette, Regaine, Sudafed Day & Night
Kellogg's All Bran, Coco Pops, Crunchy Nut Cornflakes, In-Store, Special K, Sultana Bran, TV
Kimberly-Clark Brand Strategy, Campaign: "Share the Softness", Campaign: "The 'Wash Test", Creative, Digital, In-Store, Kleenex Cottonelle, Social Media, TV
Kraft Campaign: "Darwin"
La Trobe University
LWP Property Group
McMillan Shakespeare
McNeil-PPC, Inc K-Y, Yours + Mine
Melbourne Writers Festival Campaign: "Stories Unbound"
Merck & Co., Inc.
MSD Animal Health Bravecto, Creative Partner; 2018
Mylanta
New-Nestle Campaign: "jointhebreakersparty", Content, KitKat, Online, Social Media, Video
Nokia Corporation Beautifully Simple
NSW Government Campaign: "Stop Before it Gets Ugly", Print, Rural Fire Service
Parkinson's NSW World Parkinson's Day
Patak Social Media
Piaggio Vespa Australia
New-Puma Creative
RAC Insurance Campaign: "Attention Powered Car", Creative, Roadside Assistance
Rare Cancers Australia
Sega Sonic Vision
Shell
Smirnoff
Subway Restaurants (Agency of Record) Communications, Creative, Digital, Social, Strategy
Sydney Dogs and Cats Home Bumble, Campaign: "Almost Homeless"
Tourism & Events Queensland Content, Creative, Digital Content, Outdoor, Print, Social, TV
Tourism Queensland
Treasury Wine Estates Global Creative, Squealing Pig
Tresemme
Unilever Australia Ltd. Dove, OMO Washing Detergent

Virtual Equality
Vodafone Creative
Youth Off The Streets Campaign: "Graham & Linda", Homeless Charity

China

J. Walter Thompson Beijing
RM 501, 5/F Jin Bao Tower, 89 Jin Bao St., Beijing, 100000 China
Tel.: (86) 10 851 59599
Fax: (86) 1085159590
Web Site: https://www.jwt.com/

Employees: 30
Year Founded: 1986

Janet Dai *(Mng Dir)*
Carter Chow *(CEO-China)*
Jeff Zhang *(Creative Dir)*

Accounts:
Baby Back Home Missing Children App
Gome Brand Strategy, Creative Business, Digital Marketing, New Media Marketing, Promotion
Intel Campaign: "Look Inside,"
Iqianjin Internet Finance Brand & Creative
Microsoft Creative, Online Advertising, Online App, Out-of-Home Billboards, Print, Viral Videos, Windows 8
Nokia Campaign: "Unfollow"
Renren.com Brand Strategy, Nuomi.com
Shell
Tencent Holdings Limited

J. Walter Thompson
26F/2702-2704, WPP Campus, 399 Heng Feng Road, Shanghai, 200070 China
Tel.: (86) 2122877777
Fax: (86) 2122877778
E-Mail: together@jwt.com
Web Site: https://www.jwt.com/en/shanghai

Employees: 250
Year Founded: 1986

George rui Shi *(Mng Dir)*
Norman Tan *(Chm-China & Chief Creative Officer-North Asia)*
Joyce Ling *(Chief Strategy Officer-Greater China)*
Sheung Yan Lo *(Chm-Creative Council-Asia Pacific)*
Carter Chow *(CEO-China)*
Pathida Akkarajindanon *(Grp Head-Creative)*
Ratan Malli *(Head-Strategy & Analytics)*
Nattagorn Thairattanasuwan *(Grp Head-Creative)*
Polo Wu *(Head-Digital-China)*
Jason Wu *(Gen Mgr-Bus Unit)*
David Chee *(Exec Creative Dir-Digital)*
Leo Liu *(Exec Creative Dir-Digital)*
Michael Nash *(Bus Dir-Changan Ford)*
Marchille Yan *(Dir-Fin-North East Asia-JWT Shanghai)*
Weiluan Dai *(Sr Acct Mgr)*
Clara Li *(Copywriter)*
Digna Rabadam *(Copywriter)*
Sean Tang *(Designer-Shanghai)*
Fei Wei *(Sr Creative Dir-Interactive)*
Arvino Yanuario *(Sr Art Dir)*
Chao Zhang *(Grp Creative Dir)*

Accounts:
999 Pharmaceutical Co., Ltd.
AliCloud Campaign: "For Values Beyond Computing", Print, TV
Alipay (Agency of Record)
Bayer Elevit
Creative Technology
Denon Campaign: "King Kong, Gatsby"
Disney Resort shopping center
The Edrington Group The Macallan; 2018

ELaN Languages Print
Forevermark
Huawei Technologies Co., Ltd. Brand Strategy, Creative, Digital, Honor Smartphone, Planning
Maxam Campaign: "Civilization-Egypt"
Oishi Brand Awareness, Communication & Creative Strategies; 2018
SAKURA SAKURA (water Exercise) Of the share a shower
Samsonite Campaign: "Kid Proof", Campaign: "Sammies For Kids", Cosmolite Suitcase, Heaven & Hell
Shell Global
Skullcandy
Starbucks China Digital, Social Media
Tencent Holdings Limited; 2017
Three Fin Sbuca School
Treasury Wine Estates Global Marketing, Marketing Communications, Marketing Strategy, Public Relations, Shopper Marketing
Xiu Dou

Hong Kong

J. Walter Thompson
36/F PCCW Tower Taikoo Place 979 King's Road, Quarry Bay, China (Hong Kong)
Tel.: (852) 2280 3333
Fax: (852) 2280 3533
Web Site: https://www.jwt.com/

Employees: 50
Year Founded: 1973

Agency Specializes In: Advertising Specialties

Mark Webster *(Chm & CEO)*
Matthew Parry *(Mng Dir)*
Carlos Camacho *(Exec Creative Dir)*
Kym Ma *(Creative Dir)*
Henry Yim *(Co-Creative Dir)*
Frankie Fung *(Grp Creative Dir)*

Accounts:
Banana Boat Solar Protection
Cooper Wheelock Loft-Style Real Estate; 2007
DIAGEO plc
Friends of the Earth Campaign: "Drown The World"
HSBC
International Fund for Animal Welfare Campaign: "Free the Moon Bear"
Jiayuan.com International Campaign: "Finding Your Other Half"
Johnson & Johnson Campaign: "Flipbook With Bad Breath", Listerine
Lucozade HK
MGM China Integrated, MGM COTAI
Nikon Corporation (Digital Agency of Record) Content Creation & Social Media, Online Campaigns, Website; 2018
Nissin Foods Below-the-Line, Cup Noodles, Digital, Print, TV
Nokia Corporation
Pink Beauty Campaign: "Armpit Tsunami"
Samsonite Asia Limited Campaign: "Step Out", Campaign: "Take on the World"
SmarTone-Vodafone
The Womens Foundation

India

Contract Advertising (India) Limited
Vaswani Chambers 264 Dr Annie Bessant Road, Mumbai, 400 030 India
Tel.: (91) 22 40569696
Fax: (91) 22 2430 3808
Web Site: www.contractindia.co.in

Employees: 500
Year Founded: 1947

ADVERTISING AGENCIES

National Agency Associations: AAAI (INDIA)

Raji Ramaswamy (CEO)
Ashish Chakravarty (Chief Creative Officer)
Rohit Srivastava (Chief Strategy Officer)
Arjun Sen (Exec VP & Gen Mgr-Mumbai)
Mayur Hola (Exec VP & Exec Creative Dir)
Kapil Mishra (Exec VP-Contract Adv & Exec Creative Dir)
Rahul Ghosh (Sr VP & Sr Creative Dir)
Sunil Shetty (Sr VP-Strategic Plng)

Accounts:
Acer Creative, Digital, Out-Of-Home, Print, Radio, TV
Aditya Birla Group Louis Philippe
Air Pegasus
Amarprakash Developers
Amira Nature Foods Ltd Digital Media, Media, Print, Radio, Television
Asian Paints Campaign: "The Wall Takes it All", Creative, Royale, Tractor
Aviva Life Insurance Creative
Bajaj Electricals
Bata Glide Vapor, Speedy, XoRise Genesis
Bluestone.com Creative
Cadbury India Campaign: "Cadbury Celebrations Lonely Maa", Campaign: "Choose your Face", Campaign: "Made with Love", Celebrations Candy, Eclairs, Halls
CaratLane
CK Birla Group Orient Electric
CNBC TV18 Campaign: "Hello Dreamers"
Corelle Campaign: "Relax"
Crompton Greaves Creative
Dabur India Ltd Campaign: "Rose Glow", Vatika- Anti-Dandruff Shampoo; 2005
Del Monte
Dominos Pizza India Ltd Campaign: "Football", Campaign: "Theatre", Oven-Baked Subwich
Droom Creative, Digital, Print, TV
Edelweiss
Electrolux Creative, Kelvinator
Firstpost.com Campaign: "Got An Opinion?", Campaign: "Journalist"
Fortune India Communication, Creative, Creative Strategy, Digital Strategy
GNIIT
Godrej
GPI
Hotstar
HSBC
HSIL Ltd Moonbow
Hypercity
Infomedia Yellow Pages
ITC
Jaypee Associates
JK Tyre Campaign: "Soles with Souls", Digital, OOH, Print, Radio
Jockey International Campaign: "Sweep Him Off His Feet or Stay Single"
Jubilant Foodworks Campaign: "Kidney or Heart", Campaign: "Lost", Campaign: "Rishton Ka Time"
Kenstar
KOEL- Gensets
Life OK
LINE
Mankind Pharma Manforce
Mantri Developers
Marico
Max Bupa
Micromax Brand Campaign, Creative, YU
Mondelez India Kraft-Cadbury
Network18 Campaign: "Got An Opinion?", Creative, Marketing, Moneycontrol.com
NIIT
Piramal Realty Creative
Portea Medical
Provogue india Ltd Campaign: "Make Your Mark"
Religare Star Child Plans
Revlon
Samsonite Corporation American Tourister, Campaign: "Survivor", Samsonite; 2009
Sansui Creative

Shell
Shoppers Stop Ltd Campaign: "Every Wife Doesn't Know", Campaign: "Get Knotty", Campaign: "Go Gaga Over You", Campaign: "Loud Entrance", Campaign: "Tidy Up In Style", Campaign: "Unlock Extra", Start Something New
Sony Pictures Networks India Brand & Show- Related Communications, Creative, Marketing Communication, Sony SAB; 2018
Sound Art Campaign: "Sound Drives"
Star Plus Campaign: "Knife", Creative
Sugar Free Campaign: "Meetha on, Calories Gone"
Tango Media Creative
Tara Jewellers Campaign: "For Life's Unbreakable Relationships", Campaign: "Promise", Campaign: "Sorry Papa"
Tata Docomo Campaign: "Bhalai Ki Supply", Campaign: "Duckface Selfie", Campaign: "Falooda", Campaign: "More Data, More Bhalai", Campaign: "Open Up", Campaign: "Poser", Campaign: "Selfiesh", Campaign: "Snowball", Creative
Tata Motors
Tata Tele Services
Truecaller Brand Campaign, Brand Marketing, Creative
Truly Madly
United Breweries Campaign: "Vladivar Scream"
United Spirits Limited
UTI Mutual Fund Creative, Digital, OOH, Print, Radio, TV
Vectus Industries
VIP
Whirlpool India Campaign: "New for longer", Campaign: "Permanent Stain", Campaign: "Stain Terminator"
Wills lifestyle
Zydus Wellness

J. Walter Thompson

301 Peninsula Chambers Ganpatrao Kadam Marg, Lower Parel West, Mumbai, 400 013 India
Tel.: (91) 22 40985555
Fax: (91) 22 40985656
E-Mail: colvyn.harris@jwt.com
Web Site: https://www.jwt.com/

Employees: 165
Year Founded: 1929

Senthil Kumar (Chief Creative Officer)
Shaziya Khan (Sr VP & Exec Dir-Plng)
Steve Mathias (VP & Exec Creative Dir)
Sayam Bhadra (VP & Client Svcs Dir)
Giridhar Bhat (VP)
Sayantan Choudhury (Exec Creative Dir)
Hanoz Mogrelia (Exec Creative Dir-Radiant)
Shounak Guhathakurta (Sr Dir-Creative)
Hardik Anand (Client Svcs Dir)
Chitra Bhanu (Creative Dir-Copy)
Ashwin Lingan (Creative Dir)
Sambit Mohanty (Creative Dir-Natl)
Mythili Chandrasekar (Dir-Plng-Natl)
Layla Khan (Dir-Plng)
Saloni Harshwal (Supvr-Art & Creative)
Arjun Ninad (Copywriter)
Sumonto Ghosh (Sr Creative Dir)
Kashyap Joshi (Sr Creative Dir)
Pradeep Ravindran (Sr Creative Dir)

Accounts:
Aditya Birla Insurance Brockers
Apollo Tyres Apollo Alpha
Association of Mutual Funds in India
Bay Beat Collective The Genomusic Project
Bharti Airtel Airtel Digital TV Campaign: "Life Badlo - Quick Service", Campaign: "Hip Hop", Campaign: "Movie Crashers"
Cello Writing Cello Pens, Creative, Maxriter, Pinpoint, Short Film, Surprise Test, TVC, Technotip
CommonFloor.com Campaign: "No Darr. Find Ghar", Cinema, Digital, Outdoor, Print, Radio

Diageo Campaign: "Smirnoff Spin The Bottle Board Game Packaging", Johnnie Walker, Smirnoff Green Apple
Disney UTV Campaign: "Indiagames.com: Mom"
Ford Motor Company Campaign: "Don't Text While Driving", Endeavour 4x4, Fiesta, Ford Figo
Forevermark
Fura Gems Inc. Branding, Colombian Emeralds, Creative, Design, Digital, Mozambique Rubies, Traditional Communication; 2018
Glaxosmithkline Consumer Healthcare Ltd Boost, Campaign: "Child Experiments", Campaign: "Office", Horlicks, Nutribic Biscuits
Godrej & Boyce Mfg Company Ltd Campaign: "Ab Musibat se Darna Kaisa", Campaign: "Birthday Party", Campaign: "Goldilocks- secret to staying young", Campaign: "Thoughts will remain thoughts", Godrej Safes, Godrej Security Solutions
Godrej Consumer Products Campaign: "Subah Bolo Good Knight", Goodknight Cool Gel, Goodnight
Gripone
Haiyya
Hero Motocorp Campaign: "50 Million", Glamour, Hero HF Deluxe, Hero Splendor
The Hindu Newspaper
Hindustan Unilever Ltd Lux, Rin
Ihaveanidea Inc Campaign: "Women"
In Defense of Animals
Indian Red Cross Society
Is-Travel & Tourism
ITC Limited Engage, Television Commercial
Kellogg Company Campaign: "Big Meeting", Campaign: "Game", Campaign: "Perfect Figure", Campaign: "Uff Yeh Honey Loops", Honey Loops, Kellogg's All Bran, Kellogg's Chocos, Kellogg's Special K, Oats
KidZania Creative, OOH, Print
Life Insurance Corporation
Microsoft Corporation India Pvt Ltd
Morphy Richards Bbrand Identity, Brand Campaign, Creative, Packaging
Multi Screen Media Campaign: "Old Couple", Campaign: "Police", Campaign: "Role Reversal", Campaign: "Seats"
Mydaughterwill.org
National Geographic
National Payments Corporation of India Above the Line, Advertising, Below-the-Line, Creative, Digital, RuPay, RuPay Card Scheme, Strategy
Naturals Creative, Marketing, Online, Print, Social Media, TV
Nestle India Campaign: "Dancing Babies", Campaign: "Shor", Campaign: "To Love is To Share", Campaign: "Virat as Mr. Vaali", Chocolate Business, Kit Kat, Munch, Nestle Alpino
Nike Campaign: "Make Every Yard Count"
Nokia Campaign: "Congratulates Croma", Campaign: "Directions (Mandarin - French)", Campaign: "Nokia Translator", Campaign: "Pinning", Lumia 920, N8, Nokia C2 -00, Nokia Lumia, Ovi Maps, Social Media
PepsiCo Andhra Bangkok Curry, Campaign: "Ab Ras Barsega", Campaign: "Football vs Cricket", Campaign: "Free recharge, Priyanka Chopra", Campaign: "Hit Hai", Campaign: "It's Good to be Alive", Campaign: "Oh Yes Abhi!", Campaign: "Party Invitation", Campaign: "T20 Film", Campaign: "Try Tedha Yaar", Creative, Kurkure, Lay's, Mountain Dew, Punjabi Pizza, Rajasthani Manchurian, Slice, Tropicana
Frito-Lay Campaign: "Lay's Best Buddies", Campaign: "The Secret is Out", Lay's
Petroleum Conservation Research Association
Raymond Group Creative, Park Avenue
Rotary International National Polio Plus Committee
Shaadi.com Matrimonials
Sintex Creative, Strategic; 2018
Sony Digital, ESPN, SIX
Starbucks Creative
Sunrisers Group Campaign: "Rise Up to Every Challenge, IPL"

AGENCIES - JANUARY, 2019 — ADVERTISING AGENCIES

Tata AIA Life Insurance
Times of India
Zydus Wellness Creative, Everyuth Naturals - Tulsi-Turmeric Facewash, Everyuth Scrubs Facewash & Peel Offs

J. Walter Thompson
26 Ethiraj Salai, Egmore, Chennai, 600 008 India
Mailing Address:
Bag No. 1401, Chennai, 600 008 India
Tel.: (91) 44 4292 9600
Fax: (91) 44 4292 9701
E-Mail: anita.gupta@jwt.com
Web Site: https://www.jwt.com/

Employees: 60
Year Founded: 1955

Ayan Chakraborty *(VP & Exec Bus Dir)*
M. L. Raghavan *(VP & Exec Bus Dir)*
Mukund Raina *(Assoc VP & Client Svcs Dir)*
Avinash Bajaj *(Creative Dir)*
Sambit Mohanty *(Creative Dir-Natl)*
Debasish Das *(Dir-Strategic Plng)*
Naman Joshi *(Acct Mgr)*
Sundeep Sehgal *(Sr Creative Dir)*
Gresha Sen Gupta *(Sr Creative Dir)*

Accounts:
CavinKare Creative
Dharampal Satyapal Group Pass Pass Pulse, TV
Ethical Nutrients Ironmax
G R Thanga Maligai Jewellery
GlaxoSmithKline Consumer Healthcare Ltd Horlicks Chocolate
Info Edge India Jeevansathi.com
K7 Computing 360-Degree Communications, Brand Positioning, Creative
MRF
Orient Electricals Orient AC
Times of India Campaign: "Naaka Mukka-A Day In The Life Of Chennai"
Tube Investments of India Limited BSA, Creative, Hercules
Univercell

J. Walter Thompson
Bengal Intelligent Park, Omega Bldg, 18th Fl, Blk EP&GP, Salt Lake, Sector V, Kolkata, 700 091 India
Tel.: (91) 33 4407 5300
Web Site: www.jwt.com/

Employees: 40
Year Founded: 1934

Vijay Jacob Parakkal *(Mng Partner & Sr VP)*
Kaushik Roy *(Trustees:)*
Pinaki Bhattacharya *(Sr VP & Dir-Plng-Natl)*
Arjun Mukherjee *(VP, Exec Creative Dir & Copywriter)*
Bipasha Banerjee *(VP & Exec Creative Dir)*
Rinku Roy Choudhury *(VP & Exec Dir-Plng)*
Sayam Bhadra *(VP & Dir-Client Svcs)*
Megha Manchanda *(VP & Dir-Strategic Plng)*
Tiraz Balaporia *(VP & Exec Bus Dir)*
Ayan Chakraborty *(VP & Exec Bus Dir)*
Debashish Biswas *(Assoc VP & Dir-Client Svcs)*
Surojit Sen *(Assoc VP & Dir-Client Svcs-Digital)*
Tania Sinha *(Assoc VP & Dir-Client Svcs)*
Partha Chowdhury *(Sr Dir-Creative)*
Anurag Acharya *(Creative Dir & Copywriter)*
Ananyo Banerjee *(Creative Dir)*
Jatishankar Bhowmik *(Art Dir)*
Soumya Chowdhury *(Client Svcs Dir)*
Sreemoyee Dutta *(Acct Dir)*
Sourish Mitra *(Art Dir)*
Subhrakanti Mondol *(Art Dir)*
Nilanjan Sarkar *(Acct Dir)*
Moeinuk Sengupta *(Creative Dir)*
Soham Sengupta *(Acct Dir-Digital)*
Neha Srivastava *(Acct Dir)*
Mythili Chandrasekar *(Dir-Plng-Natl)*
Sreeparna Gupta *(Dir-Client Svcs)*
Rohini Ghosh *(Assoc Dir)*
Sukanta Biswas *(Supvr-Creative)*
Suvrajit Kundu *(Supvr-Art)*
Nuzhath Enayath *(Copywriter)*
Sayasi Ghosh *(Copywriter)*
Kaushik Roy *(Copywriter)*
Sarasij Dasgupta *(Sr Creative Dir)*
Sumonto Ghosh *(Sr Creative Dir)*
Purnajyoti Kundu *(Jr Art Dir)*
Simone Patrick *(Sr Creative Dir)*

Accounts:
Atletico de Kolkata Creative, Digital, Merchandising, Outdoor, Print
Berger Paints (India) Limited
New-Bharti Airtel Limited
Dalmia Bharat Cement Dalmia DSP
Dot Bird
Exide Industries Exide, Standard Furukawa
Gatorade
Getit Infoservices
Godrej & Boyce
Godrej Security Solutions Break in, Campaign: "Guest on Lunch", Godrej Sizzle, Metal Bank, Museum, Pension, Will
Hamdard Laboratories Pvt Ltd Creative, RoohAfza, Safi, Suvalin
Hearing Plus
Hero Cycles Campaign: "Baisakhi", Campaign: "Boyfriend"
ITC Ltd Engage
Ivy League
Khaitan Electricals Pvt. Ltd. Khaitan Emergency Lamps, Khaitan Fans, Khaitan Mixer Grinder
Khimji Jewellers
Konark Cement Campaign: "Seesaw"
Mayur Ply Campaign: "Office"
Nestle Campaign: "Munch nuts-2", Kit Kat
Nokia Asha 311, Nokia X
Nutribic
PC Chandra Jewellers Creative
Peerless Hospital
Rotary Club International
Sony Max
Star Sports Indian Soccer League
Tata Steel Brand Campaign, Digital, OOH, Online, Print, TV, Tata Pravesh, Tata Tiscon
Times of India
Turtle Limited Khadi
UNICEF Creative, Mission Nirmal Bangla; 2018

J. Walter Thompson
9th Floor Embassy Heights 13 Magrath Road, Bengaluru, 560 025 India
Tel.: (91) 80 42612100
Fax: (91) 80 42612249
E-Mail: dhunji.wadia@jwt.com
Web Site: https://www.jwt.com/

Employees: 85
Year Founded: 1929

Kundan Joshee *(Sr VP & Mng Partner)*
Kishore Tadepalli *(Mng Partner & Sr VP)*
Senthil Kumar *(Chief Creative Officer)*
Shujoy Dutta *(Head-Plng)*
Priya Shivakumar *(Creative Dir-Natl)*
Akshay Shetty *(Supvr-Creative)*

Accounts:
Britannia Industries Ltd. Creative, Good Day
The Hindu Newspaper
Levi's
Lifestyle Campaign: "Lifestyle Baddie Bags", Campaign: "StylePlay"
Lukup Media Advertising
Nike Campaign: "Make Every Yard Count", Campaign: "Parallel Journeys"
Times of India
Titan Industries Creative
United Breweries (Holdings) Ltd Kingfisher

Indonesia

J. Walter Thompson
Jalan Proklamasi No 46, Jakarta, 10320 Indonesia
Tel.: (62) 21 310 0367
Fax: (62) 21 314 4292
Web Site: https://www.jwt.com/

Employees: 60
Year Founded: 1972

National Agency Associations: PPPI

Marianne Admardatine *(CEO)*
Johan Shabudin *(Mng Dir)*
Harry Deje *(Mng Dir-Verve)*
Erwin Santoso *(Grp Head-Creative)*
Astrid Anggawirya *(Copywriter)*

Accounts:
American Standard Above-the-Line, Digital
Indosat IM3, Matrix, Mentari
Krisview Campaign: "No More Blind Pots"
Leuch'Tech
Nokia Campaign: "Morning, Day, Night", GPS, Nikon: Waterfall, Nseries
PT Puncak Finansial Utama Branding Campaign, CekAja.com (Agency of Record), Creative, Digital, Offline
XL Axiata (Agency of Record) XL GO
Yamaha Motorcycles Outdoor Media, Print, Radio, TV

Japan

J. Walter Thompson Japan
Yebisu Garden Place Tower 30th Floor 4-20-3 Ebisu, Shibuya-ku, Tokyo, 150 6030 Japan
Tel.: (81) 3 3280 9500
Fax: (81) 3 3280 7104
Web Site: https://www.jwt.com/japan

Employees: 140
Year Founded: 1956

Hironobu Kitajima *(Mng Dir)*
Kumiko Ohashi *(Head-Plng)*
Takumi Ichihara *(Gen Mgr)*
Ichihara Takumi *(Gen Mgr)*
Yoshihito Ishikawa *(Sr Dir-Integrated Production)*
Tomohiko Nakano *(Producer-Creative)*
Marco Koeder *(Dir-Digital Bus)*
Keizo Mugita *(Sr Creative Dir)*
Yukio Okada *(Reg Creative Dir)*
Yuhei Takeyama *(Assoc Creative Dir)*
Hironaga Yai *(Sr Partner-Plng)*

Accounts:
Avex
BMW Creative
Daitan Holdings Co Ltd
Disney Entertainment
Ishii Hospital
Jack Daniels
Jaguar
Mitsui Chemicals Inc. Digital, Print, Radio, Whole You
Mondelez International, Inc. Parmesan Cheese
Morinaga Milk Industry & Co. Campaign: "300 PARMESAN Collection", Kraft Parmesan
Nestle Japan Kit Kat
Tanizawa
Unilever Lux

Korea

J. Walter Thompson Korea
8F JS Tower 144 20 Samsung-dong, Kangnam-gu, Seoul, 135-090 Korea (South)

ADVERTISING AGENCIES

Tel.: (82) 2 3148 3600
Fax: (82) 2 3148 3601
E-Mail: eunkung.an@jwt.com
Web Site: https://www.jwt.com/

Employees: 31
Year Founded: 1989

Saerom Hong *(Acct Mgr)*

Accounts:
EBay
Google
Nike Air Max
PAYCO (Agency of Record)

Malaysia

J. Walter Thompson
Level 6 Wismean Anta Jalan Changtat Senantan, Damansara Heights, Kuala Lumpur, 50490 Malaysia
Tel.: (60) 3 271 06688
Fax: (60) 3 271 06616
Web Site: https://www.jwt.com/

Employees: 60
Year Founded: 1975

Saurabh Saksena *(Mng Dir)*
Hasnah Mohammed Samidin *(Exec Creative Dir)*
Eugene Nyam *(Sr Acct Dir)*
Lau Kuan Cheng *(Bus Dir-Digital)*
Kamakshi Thareja *(Dir-Plng)*
Yao ding *(Jr Art Dir)*

Accounts:
FindIt Malaysia (Agency of Record) Digital, Social Media
Shell Malaysia Campaign: "Welcome to Shell", Creative

New Zealand

J. Walter Thompson International
The Axis Bldg CNR 91 St Georges Bay & Cleveland Roads, Parnell, Auckland, New Zealand
Mailing Address:
PO Box 2566, Auckland, New Zealand
Tel.: (64) 9 379 9625
Fax: (64) 9 357 0825
E-Mail: nz.info@jwt.com
Web Site: https://www.jwt.com/en/newzealand

Employees: 35
Year Founded: 1976

Agency Specializes In: Direct Response Marketing, Public Relations

Simon Lendrum *(Mng Dir)*
Jacqueline Smart *(Head-Plng)*
Justin Barnes *(Exec Creative Dir)*
Eduardo Hernandez *(Sr Acct Dir)*
Jo Simpson *(Sr Acct Dir)*
Dominic Henshall *(Grp Acct Dir)*
Tracey Theiler *(Grp Acct Dir)*
Nina East *(Creative Dir)*
Nick Houghton *(Art Dir)*
Shaun Rush *(Acct Dir)*
Mariona Wesselo-Comas *(Art Dir)*
Anthony Brosnan *(Dir-Digital)*
Harriette Hanson *(Sr Acct Mgr)*
Alisha Iyer *(Sr Acct Mgr)*
Bonnie Shum *(Sr Acct Mgr)*
Bambi Bamba *(Acct Mgr)*
Bibi Bliekendaal *(Copywriter)*
Bob Moore *(Copywriter)*
Rafi Stone *(Copywriter)*
Nicola Yuen *(Designer-Studio)*

Accounts:
Auckland Transport Campaign: "Happy Ending Voucher", Marketing, Online, Outdoor, Social Media
Contact Energy Creative, Retail, Strategic Counsel
Ford Motor Company Campaign: "Ford Fiesta Cross Stitch", Campaign: "Paseengers"
HSBC
Kellogg's
McleMap (Agency of Record) Media Business; 2017
Sovereign Campaign: "Take Charge"
Trade Me Jobs Campaign: "Family Names"
University of Auckland
Vice New Zealand
Z Energy Caltex, Retail

Pakistan

J. Walter Thompson
4th Floor Executive Tower Dolmen City, Marine Drive, Karachi, Sindh 75600 Pakistan
Tel.: (92) 21 569 3401
Fax: (92) 21 568 8444
Web Site: https://www.jwt.com/

Employees: 100
Year Founded: 1963

Imran Afzal *(CEO)*
Omer Yousuf Murad *(CFO)*
Muhammad Baber *(Grp Head-Creative)*
Acil Muhammad *(Grp Head-Creative)*
Sara Fatima Koraishy *(Gen Mgr)*
Ammar Haider *(Creative Dir)*
Mehr Hamid *(Creative Dir)*
Shazia Khan *(Dir-Plng)*
Ali Nawaz Gondal *(Country Head-Production)*

Accounts:
EPOS E-Commerce, easestore.com
Geo TV
HSBC
Khaadi Consumer Marketing, Corporate Marketing, Creative, HR & Employer Branding, Khaadi Kids & Accessories, Khaadi Motherbrand, Khaadi Pret, Strategic Planning; 2018
Mayfair Group of Companies Creative
Ufone Creative, Digital

Philippines

J. Walter Thompson
7th F Equitable Bank Tower 8751 Paseo de Roxas, Salcedo Village, Makati, 1227 Philippines
Tel.: (63) 2 864 8560
Fax: (63) 2 884 8563
E-Mail: maggie.madayag@jwt.com
Web Site: https://www.jwt.com/

Employees: 55
Year Founded: 1947

Golda Aguilar Roldan *(Mng Dir)*
Dave Ferrer *(Chief Creative Officer)*
Carol Pe Benito *(Head-Print & Mgr-Studio-Manila)*
Pamela Pacete-Garcia *(Exec Dir-Plng)*
Brandie Tan *(Exec Creative Dir)*
Ardie Vega *(Grp Acct Dir-Globe Postpaid, Platinum & TM)*
Bob Cruz *(Creative Dir)*
Dizon Drea *(Art Dir)*
Rica Manuel *(Art Dir)*
Macky Laurens Sanchez *(Art Dir)*
Javey Villones *(Creative Dir)*
Lio Cana *(Sr Acct Mgr)*
Patricia Cui *(Sr Acct Mgr)*
Sofia Lobregat *(Sr Acct Mgr)*
Catherine Lee *(Acct Mgr)*
Angelique Vergara *(Acct Mgr)*
Eliza Zetha *(Mgr-Integrated Strategy)*
Joei Calixto *(Copywriter)*
Albert Millar *(Copywriter)*
Dana Ledesma *(Jr Planner-Strategic)*
Tim Villela *(Assoc Creative Dir)*

Accounts:
Bayer Philippines Campaign: "Concert"
Berlitz
Del Monte Foods, Inc.
Edgewell Personal Care Schick
Ford
New-Globe Telecom, Inc. Outdoor
GNC Live Well Campaign: "Swamp", Campaign: "Wine Bottle"
Manulife Financial Corporation
McNEIL-PPC, Inc.
Mondelez International Campaign: "Unsilent Night"
Sunsilk
Unilever Cream Silk
Zain

Singapore

J. Walter Thompson Singapore
50 Scotts Rd Unit 01-01, Singapore, 228242 Singapore
Tel.: (65) 6880 5088
Fax: (65) 6227 8183
Web Site: https://www.jwt.com/

Employees: 90
Year Founded: 1978

Farrokh Madon *(Partner-Creative)*
Marco Versolato *(Chief Creative Officer)*
John Gutteridge *(CEO-Asia Pacific)*
Jacco ter Schegget *(CEO-South East Asia)*
Gerri Hamill *(Head-Brdcst)*
Ida Siow *(Head-Plng-Southeast Asia & Singapore)*
Riku Vassinen *(Head-Digital)*
Gaurav Lalwani *(Gen Mgr & Reg Dir-Bus)*
Jeslyn Tan *(Gen Mgr-Media)*
Tay Guan Hin *(Exec Creative Dir-Global)*
Jon Loke *(Exec Creative Dir)*
Minzie Liyu *(Art Dir & Creative Dir)*
Aarti Nichlani *(Creative Dir & Copywriter)*
Hasheer Aslam *(Art Dir)*
Alan Leong *(Creative Dir)*
Ricardo Tronquini *(Creative Dir)*
Malati Afridi *(Dir-Plng)*
Geoff Ang *(Dir-Photographer)*
Heeru Kishnani *(Dir-Bus)*
Magz Osborne *(Dir-Corp Comm-APAC)*
Sit Meifang *(Sr Brand Mgr)*
Apeksha Joshi *(Sr Acct Mgr)*
Anna Choi *(Acct Mgr)*
Serena Zhang *(Mgr-Media)*
Sally Chua *(Acct Exec)*

Accounts:
Association of Women for Action & Research Campaign: "The Guardian Angel "
ASUS Communications, Digital, Global Marketing, Integrated Strategy; 2018
Bayer Berocca, Redoxon Triple action
Changi Airport Group (Content Marketing Agency of Record) Brand & Tactical Communications, Creative, Digital, Websites
Fourtrimesters Campaign: "Tissue Card"
Friso Digital Out-of-Home Campaign, Social Media
Hewlett Packard Asia Pacific Campaign: "This Isn't a Banner"
HSBC Singapore Advertising, OOH, Press, Social & Digital, Visa Platinum Credit Card
Icm Pharma Campaign: "Victory At The Commode"
Johnson & Johnson Listerine
Kellogg's
Ministry of Communications & Information Communications, Integrated Marketing; 2018
Mizmor Campaign: "Table Of Cloth"
Nanyang Technological University Creative

AGENCIES - JANUARY, 2019 — ADVERTISING AGENCIES

Nestle Kit Kat
Nikon Singapore Creative
Pizza Hut Creative
Republic of Singapore Navy Communications, Events, Lead Integrated Marketing, Recruitment
Samsung Asia
Screening Room Campaign: "King Kong", Campaign: "Where Food Meets Film"
Shell Global Social Media
Singapore Economic Development Board
Singapore Tourism Board Creative
TEDx Campaign: "Bright Ideas", Campaign: "Bulb"
Unilever Campaign: "Fragrance Sticks", Campaign: "Magic Shower Rooms", Cream Silk, Lux, Radiant, Sunsilk
Vue Privee Campaign: "Window Paintings"

Taiwan

J. Walter Thompson
11F No. 35, Lane 11 GuangFu N. Rd, Taipei, 105 Taiwan
Tel.: (886) 2 3766 1000
Fax: (886) 2 2766 3298
Web Site: https://www.jwt.com/taipei

Employees: 100
Year Founded: 1988

Agency Specializes In: Above-the-Line, Advertising, Advertising Specialties, Automotive, Consumer Goods, Digital/Interactive, Event Planning & Marketing, Shopper Marketing

Evan Teng *(Mng Dir-Taipei)*
I-Fei Chang *(Exec Dir-Creative-Taipei)*
Ian Chen *(Creative Dir)*

Accounts:
Kengyih Campaign: "The Tallest FB X'mas Tree", Flowers
Viva

Thailand

J. Walter Thompson Thailand
591 19/F UBC 2 Bldg Sukhumvit 33 Road, Klongton Nua Wattana, Bangkok, 10110 Thailand
Tel.: (66) 2 204 8000
E-Mail: chanintorn.sinwat@jwt.com
Web Site: https://www.jwt.com/

E-Mail for Key Personnel:
Creative Dir.: pinit.chantaprateep@jwt.com

Employees: 75
Year Founded: 1983

Maureen Tan *(CEO)*
Parattajariya Jalayanateja *(Mng Dir)*
Ratchanida Nakpresha *(CFO)*
Joao Braga *(Chief Creative Officer)*
Thasorn Boonyanate *(Head-Content & Digital & Creative Dir)*
Jiroj Mechoojit *(Head-Production)*
Park Wannasiri *(Exec Creative Dir)*
Danai Apiwatmongkol *(Art Dir)*
Kusuma Arunanondchai *(Art Dir)*
Yannapat Boonkate *(Art Dir)*
Chatchai Butsabakorn *(Creative Dir)*
Supparerk Chattanachotikul *(Art Dir)*
Jit-aree Chotivithayaporn *(Acct Dir)*
Catherine Gianzon *(Reg Brand Dir)*
Natthaphol Hirunlikid *(Art Dir)*
Wachira Kanjanawadeekul *(Art Dir)*
Kunakorn Pramoolsukh *(Client Svcs Dir)*
Nuchsinee Srithongchart *(Acct Dir)*
Supachai Toemtechatpong *(Creative Dir)*
Intira Tripukdeekul *(Art Dir)*
Nattianan Vanichchanant *(Bus Dir)*

Chatree Chokmongkolsatian *(Dir-Comm Plng)*
Prachawan Ketavan *(Dir-Strategic Plng)*
Sakila Banyen *(Assoc Dir-Plng)*
Jiradej Penglengpol *(Assoc Dir-Creative)*
Prewprae Tirabulkul *(Acct Mgr)*
Pattira Uttaranakorn *(Mgr-PR & Social Media)*
Saowarak Vongsakulpaisal *(Mgr-Traffic)*
Kunat Chaengcharat *(Copywriter)*
Supalerk Silarangsri *(Copywriter)*
Veerawin Suksantinunt *(Copywriter)*
Duangjai Choomnoommanee *(Reg Producer)*
Arayanan Markchoo *(Assoc Creative Dir)*
Putthikon Saeamad *(Sr Art Dir)*

Accounts:
AIS 3G 2100
Bireley's
Hair Max Shampoo
New-Huawei Technologies Co., Ltd Mate 20 Series
Kimberly-Clark Corporation Kleenex
Kit Kat
Mattel East Asia Hot Wheels
New-Netflix
The Siam Commercial Bank Campaign: "I Missed Already"
Sunsilk
Thailand's Men & Women Progressive Movement Foundation
Top Charoen Optical
WeChat
Women And Men

Austria

J. Walter Thompson Werbeagentur GmbH
Muthgasse 109, A-1190 Vienna, Austria
Tel.: (43) 1 93 9990
Fax: (43) 1 93 999 99
E-Mail: vienna@jwt.com
Web Site: https://www.jwt.com/

Employees: 40
Year Founded: 1930

Sabrina Saeuerl *(Fin Dir)*

Belgium

J. Walter Thompson Dialogue
86 Avenue Franklin Roosevelt, 1050 Brussels, Belgium
Tel.: (32) 2 890 90 00
Fax: (32) 2 890 90 99
Web Site: https://www.jwt.com/brussels

Employees: 25

Agency Specializes In: Corporate Communications, Web (Banner Ads, Pop-ups, etc.)

Johnny Baka *(CFO)*
Natalia Konovaloff *(Designer-Web)*

J. Walter Thompson
Avenue Franklin Roosevelt 86, B-1050 Brussels, Belgium
Tel.: (32) 2 775 0020
Fax: (32) 2 771 6005
E-Mail: jean-jacques.luycx@jwt.com
Web Site: https://www.jwt.com/

Employees: 45
Year Founded: 1930

Johnny Baka *(CFO)*
Xavier Bouillon *(Creative Dir)*
Olivia Gathy *(Acct Dir)*
Chris Rustin *(Acct Dir)*
Jean-Luc Walraff *(Creative Dir)*
Yves Cwajgenbaum *(Copywriter)*

Yagiz Ekren *(Assoc Creative Dir)*

Accounts:
Touche Pas A Ma Pote

Bosnia & Herzegovina

Studio Marketing J. Walter Thompson
Cobanija 20, 71000 Sarajevo, Bosnia & Herzegovina
Tel.: (387) 33 265 600
Fax: (387) 33 200 739
E-Mail: info@smjwt.ba
Web Site: www.sm-studiomarketing.com

Employees: 10

Minka Gazibara *(Gen Mgr)*

Bulgaria

Huts J. Walter Thompson Sofia
Iztok District 14 B Charles Darwin Street, 1113 Sofia, Bulgaria
Tel.: (359) 2 971 7182
Fax: (359) 2 971 7178
E-Mail: info@hutsjwt.com
Web Site: https://www.jwt.com/hutsjwtsofia

Employees: 40
Year Founded: 1994

Tatyana Kuchinova *(Deputy Gen Mgr & Dir-Client Svc)*
Maria Bikova *(Creative Dir)*
Sashka Sashova *(Coord-Nestle Confectionery & Ice Cream)*
Galina Troeva *(Exec Grp Dir)*

Accounts:
Bayer OTC
Clinique
Everbel
Grazia
Jacobs 3in1
Jacobs Monarch
Maxim
Nestle Confectionery Brands
Nestle Ice Cream Brands
Nova Brasilia Coffee
Oriflame
Peshterska Rakia
Playboy
Savex
Semana
Shell
Teo Bebe
Vodafone

Croatia

Studio Marketing J. Walter Thompson
Draskoviceva 5, HR-10000 Zagreb, Croatia
Tel.: (385) 1 4628 333
Fax: (385) 1 4628 340
E-Mail: smjwt@smjwt.hr
Web Site: www.sm-studiomarketing.com/en

Employees: 15
Year Founded: 1998

Ivana Palatinus *(Gen Mgr)*

France

J. Walter Thompson France
88 Avenue Charles de Gaulle, 92200 Neuilly-sur-Seine, Cedex France

ADVERTISING AGENCIES

Tel.: (33) 1 41 05 80 00
Fax: (33) 1 41 05 80 01
E-Mail: jwt.france@jwt.com
Web Site: https://www.jwt.com/

Employees: 150
Year Founded: 1928

National Agency Associations: AACC

Agency Specializes In: Advertising

Florent Depoisier *(Exec Mng Dir)*
Thomas derouault *(Mng Dir & Exec Creative Dir)*
Virgile Brodziak *(Mng Dir)*
Eric Auvinet *(Editor & Designer)*
Thomas Blanc *(Editor & Designer)*
Adrien Mancel *(Editor & Designer)*
Ahmed El Zoghlami *(Exec Creative Dir-North Africa & MENA)*
Florian Amoneau *(Art Dir)*
Laura Moreau Bockli *(Art Dir)*
Gael Caron *(Art Dir)*
Julien Chesne *(Art Dir)*
Olivier Courtemanche *(Creative Dir)*
Ludovic Marrocco *(Creative Dir-Rolex)*
Paul-Emile Raymond *(Art Dir)*
Dominique Rudloff *(Acct Dir)*
Cindy Manautou Mahet *(Sr Art Dir)*

Accounts:
Berocca
Daily Tattoo
Freedom Voices Network
Hawaiian Tropic Campaign: "More Protection"
Liberation
Mountain Riders Social
Nestle Campaign: "Crunch Pulls Norman Out Of His Room", Extreme Chocolate Crisp Ice Cream, Kit Kat
Wilkinson Quattro Love Needs A Bit of Upkeep

Germany

J. Walter Thompson Frankfurt
Hanauer Landstrasse 147, Frankfurt am Main, 60314 Germany
Mailing Address:
PO Box 111911, 60054 Frankfurt, Germany
Tel.: (49) 69 405 76 216
Fax: (49) 69 405 764 14
Web Site: www.jwt.com/jwtfrankfurt

Employees: 100
Year Founded: 1952

Ingo Sanchez *(Mng Dir)*
Bernd Adams *(COO)*
Mark Karatas *(Exec Creative Dir)*
Danyel Kassner *(Art Dir)*

Accounts:
Mazda Campaign: "Heightened Senses"
Nestle Campaign: "Advent Calendar", Campaign: "Kit Kat Traffic Break Experiment", Kit Kat
The Salvation Army "DIE MISSION"

Hungary

J. Walter Thompson Budapest
Revesz 27-29, 1123 Budapest, Hungary
Tel.: (36) 1488 0500
Fax: (36) 1488 0501
E-Mail: cskiss@partnersjwt.hu
Web Site: https://www.jwt.com/

E-Mail for Key Personnel:
Creative Dir.: TaFarago@partnersjwt.hu

Employees: 15
Year Founded: 1992

Agency Specializes In: Advertising, Digital/Interactive, Guerilla Marketing

Ildiko Tollosi *(Mng Dir)*
Linda Darnai *(Acct Dir)*

Accounts:
Hungary Government

Ireland

JWT Folk
(Formerly Target McConnells)
20 North Umbeland Road, Ballsbridge, Dublin, 4 Ireland
Tel.: (353) 1 665 1900
Fax: (353) 1 665 1901
Web Site: www.jwt.com/en/jwtfolk

Employees: 80
Year Founded: 1916

National Agency Associations: IAPI

Agency Specializes In: Digital/Interactive, Direct Response Marketing, Production, Public Relations, Publicity/Promotions, Radio, T.V.

Abi Moran *(CEO)*
Enda Leo Kelly *(Co-Mng Dir)*
Claire Reilly *(Acct Dir)*
Andrew McQuillan *(Dir-Studio-Target McConnells)*
Karl Waters *(Dir-Creative)*
Laura Halpin *(Copywriter)*
Laura Daley *(Joint Mng Dir)*

Accounts:
An Post
Arnotts Ltd. Strategic Digital
Britvic Ireland Above the Line, Ballygowan, Creative, Digital
Irish Universities Association Advertising & Communications, Creative; 2018
Mitsubishi Pencils
Vodafone Campaign: "They're Coming, Are You?"

Italy

J. Walter Thompson Milan
Via Lomazzo 19, 20154 Milan, Italy
Tel.: (39) 02 33634 1
Fax: (39) 02 33634 400
E-Mail: milan.reception@jwt.com
Web Site: https://www.jwt.com/italy

Employees: 100
Year Founded: 1951

Agency Specializes In: Advertising

Barbara Maggioni *(Head-Client)*
Simone Adami *(Art Dir)*
Cristina Barbiero *(Bus Dir)*
Paolo Cesano *(Creative Dir)*
Antonio Di Battista *(Creative Dir)*
Claudia Longo *(Acct Dir)*
Elisa Scalabrin *(Acct Dir)*
Massimiliano Traschitti *(Creative Dir)*
Luca Zamboni *(Creative Dir)*
Giovanna Curti *(Dir-Client Svc)*
Giulia Profili *(Dir-Client Svc)*
Federica Carpanzano *(Acct Mgr)*
Davide Di Napoli *(Supvr-Creative)*
Pietro Lorusso *(Supvr-Creative)*
Marco Rocca *(Supvr-Creative)*
Andrea Salvaneschi *(Sr Art Dir & Supvr-Social Media)*
Giorgio Mirani *(Acct Exec)*
Francesca Vita *(Acct Exec)*
Marco Santarelli *(Assoc Creative Dir)*

Accounts:
Automobili Lamborghini Holding S.p.A.
Foscam
Future Generali
Gruppo Campari
Hotpoint
Indesit Creative
Pharmacists Preparers
Rinascente

J. Walter Thompson
Via del Commercio 36, 00154 Rome, Italy
Tel.: (39) 02 33 6341
Fax: (39) 065 783 233
E-Mail: rome.reception@jwt.com
Web Site: https://www.jwt.com/italy

Employees: 50
Year Founded: 1951

Agency Specializes In: Advertising

Enrico Dorizza *(Chm & Chief Creative Officer)*
Sergio Rodriguez *(CEO & Chief Creative Officer)*
Giuseppe Salinari *(Gen Mgr)*
Flavio Malnoli *(Creative Dir)*
Massimiliano Traschitti *(Creative Dir)*
Francesca Costanzo *(Acct Supvr)*
Elisabetta Zauli *(Acct Exec)*
Antonio Codina *(Copywriter)*
Nicoletta Cernuto *(Assoc Creative Dir)*

Accounts:
AIL
Forevermark Limited
Johnson & Johnson Campaign: "Bungalow", Campaign: "Holidays", Listerine Advanced White
SAMSUNG ELECTRONICS ITALIA SPA "Workers"
Treccani

Netherlands

Ubachswisbrun J. Walter Thompson
Rietlandpark 301, 1019 DW Amsterdam, Netherlands
Mailing Address:
PO Box 904, 1000 AX Amsterdam, Netherlands
Tel.: (31) 20 301 9696
Fax: (31) 20 301 9600
Web Site: jwt.amsterdam/en/home

Employees: 50
Year Founded: 1957

Agency Specializes In: Advertising

Ralph Wisbrun *(Mng Partner)*
Bas Korsten *(Exec Creative Dir & Partner-Creative)*
Alewijn Dekker *(Deputy Mng Dir)*
Erik-Jan Koense *(Deputy Mng Dir)*
Dieuwer Bulthuis *(Head-Creative)*
Chris Sant *(Head-Creative)*
Ian Thomas *(Exec Creative Dir)*
Gerard Foekema *(Art Dir)*
Robert Harrison *(Art Dir & Sr Designer-Visual)*
Friso Ludenhoff *(Creative Dir)*
Andreas Moller *(Acct Dir)*
Maarten Vrouwes *(Art Dir)*
Jessica Hartley *(Dir-Comm-School for Justice)*
Lisse Mastenbroek *(Strategist)*
Ronald Mica *(Designer)*

Accounts:
Apollo Tyres Global Creative, Vredestein
Belangenbehartiging Amsterdamse Dak- en Thuislozen (BADT) Campaign: "A piggy bank for the homeless"
BMW BMWi3, Broadcast, Campaign: "Driving Pleasure Reinvented", Campaign: "Glance Back", Campaign: "Matchbox"
Born Healthy Fund "Baby Room"

AGENCIES - JANUARY, 2019 — ADVERTISING AGENCIES

Bridgestone
Dutch Tax and Customs Administration Campaign: "Sea Lion"
Elan Languages "Taste the Translation"
Free a Girl Movement School for Justice
General Motors Company Opel
Heineken Sol (Global Lead Agency); 2018
ING Groep N.V. Campaign: "A Penny For Your Thoughts", Campaign: "The Next Rembrandt", Campaign: "What's It Going To Be?", Personal Property Insurance
Nationale Nederlanden Campaign: "Do Re Mi", Campaign: "In Love"
Nestle Campaign: "Guy In A Waiting Line", Campaign: "New Ipad Launch", Kit Kat
Nukuhiva "The Traceable Coat Hanger"
Opel Nederland Campaign: "500 Km"
PEFC Campaign: "Save The Green"
PLUS Supermarket SuperSauce
Spadel
WE Fashion

Poland

J. Walter Thompson Poland
Ul Zurawia 45, 00-680 Warsaw, Poland
Tel.: (48) 22 440 1200
Fax: (48) 22 440 1201
E-Mail: office@jwt.com.pl
Web Site: https://www.jwt.com/lemonskyjwalterthompsonpoland

Employees: 40
Year Founded: 1992

Monika Lapczynska *(Dir-Client Svc & Ops)*
Gawel Podwysocki *(Mgr-Print Production & Studio DTP)*
Krzysztof Filipczyk *(Sr Art Dir)*

Accounts:
IKEA

Portugal

J. Walter Thompson
Centro Cultural de Belem, Rua Bartolomeu Dias, 1449-003 Lisbon, Portugal
Tel.: (351) 21 413 8200
Fax: (351) 21 410 4574
Web Site: https://www.jwt.com/

E-Mail for Key Personnel:
President: susana.decarvalho@jwt.com

Employees: 18
Year Founded: 1981

National Agency Associations: APAP (Portugal)

Agency Specializes In: Advertising

Susana Carvalho *(CEO)*
Andre Felix *(Exec Creative Dir)*
Jorge Barrote *(Creative Dir)*
Joao Oliveira *(Creative Dir)*
Raoul van Harten *(Art Dir)*
Assuncao Albuquerque *(Dir-Client Svc)*
Elisabete Ferreira *(Dir-Digital Brand Transformation & Bus)*
Nuno Melo Da Silva *(Dir-Client Svc & Strategic Plng)*
Tiago Prandi *(Sr Art Dir)*

Accounts:
Sagres Bohemia
Vodafone Campaign: "Motocross", Campaign: "Supper"

Serbia & Montenegro

Studio Marketing
Bul Arsenija Carnojevica 52/34, 11000 Belgrade, Serbia
Tel.: (381) 11 361 8383
Fax: (381) 11 2685 558
E-Mail: marko@smjwt.rs
Web Site: www.sm-studiomarketing.com

Employees: 50
Year Founded: 1998

Slovenia

Studio Marketing
Vojkova 50, SI-1000 Ljubljana, Slovenia
Tel.: (386) 1 589 6810
Fax: (386) 1 589 6862
E-Mail: info@smjwt.com
Web Site: www.sm-studiomarketing.com

E-Mail for Key Personnel:
President: jernej.repovs@smjwt.com

Employees: 30
Year Founded: 1973

Jernej Repovs *(Pres & Reg Creative Dir)*
Tina Bolcar *(CEO-Studio Mktg JWT)*

Spain

J. Walter Thompson
La Palma # 10, 28004 Madrid, Spain
Tel.: (34) 91 592 3300
Fax: (34) 91 310 42 16
E-Mail: comunicacion@jwt.com
Web Site: https://www.jwt.com/

Employees: 150
Year Founded: 1971

National Agency Associations: AEAP

Agency Specializes In: Advertising

Jaime Chavarri Chauton *(Gen Dir-Creative)*
Ivan de Dios Elices *(Creative Dir)*

Accounts:
Amnesty International
Bodybell
Corona Campaign: "Drink Responsibly", Campaign: "It's On Me. No It's On Me.", Campaign: "Turtle", Django
La Ciudad de La Raqueta Campaign: "Ballrocking"
Nestle

J. Walter Thompson
Via Augusta 281 4a Planta, 08017 Barcelona, Spain
Tel.: (34) 93 413 1414
Fax: (34) 93 413 1415
E-Mail: contacto.barcelona@jwt.com
Web Site: https://www.jwt.com/

E-Mail for Key Personnel:
Creative Dir.: alex.martinez@jwt.com

Employees: 25
Year Founded: 1966

Agency Specializes In: Communications

Javier Lores Perejoan *(Art Dir)*
Pol Ubeda *(Creative Dir)*
Jordi Iglesias *(Dir-Customer Svcs)*

Accounts:
Diagonal Mar Shopping Centre Campaign: "The First Bag That Raises Your Self-Esteem"
Freixenet Campaign: "Among the Bubbles", Global Positioning, Shine

Switzerland

J. Walter Thompson Fabrikant
Binzmuhlestrasse 170, CH-8050 Zurich, Switzerland
Mailing Address:
Postfach 8037, 8005 Zurich, Switzerland
Tel.: (41) 44 277 7111
Fax: (41) 44 277 7112
E-Mail: info@jwtf.ch
Web Site: http://www.jwtf.ch/

Employees: 18
Year Founded: 1965

National Agency Associations: BSW

Agency Specializes In: Advertising

Turkey

Manajans Thompson Istanbul
Buyukdere Cad Harman Sokak No 4 Kat 7 Levent, 80498 Istanbul, Turkey
Tel.: (90) 212 317 2000
Fax: (90) 212 282 6477
Web Site: www.manajans-jwt.com/

Employees: 75
Year Founded: 1964

Sukran Genc *(Art Dir)*
Buse Say *(Art Dir)*
Fulya Ozari *(Acct Supvr)*

Accounts:
Association of Shelter Volunteers & Animal Rights
Unilever Turkey

United Kingdom

Cheetham Bell
Astley House Quay St, Manchester, M3 4AS United Kingdom
Tel.: (44) 161 832 8884
Fax: (44) 161 835 1436
Web Site: www.cheethambelljwt.com

E-Mail for Key Personnel:
Creative Dir.: andy.cheetham@jwt.com

Employees: 80
Year Founded: 1919

Agency Specializes In: Brand Development & Integration, Communications, Graphic Design, Retail

Martin Smith *(Creative Dir)*

Accounts:
B&M Retail Limited
British Car Auctions
Dr Oetker Sponsorship
Inov-8 Brand, Press, Social
Jersey Telecom Campaign: "Mycool Bolt-On", Consumer Brands, Corporate Identity, Through the Line
John West Campaign: "Discover The Story Behind Every Can - Combover", Campaign: "Lucky Pete", Campaign: "The Clue Is The Name", Creative
La Redoute Advertising
On the Beach Campaign: "Totally Beaching Holidays"
Siemens Home Appliances (Lead Creative Agency)
Taste Inc Campaign: "Wrestler"

ADVERTISING AGENCIES
AGENCIES - JANUARY, 2019

Victoria Plumb

J. Walter Thompson
1 Knightsbridge Green, London, SW1X 7NW
   United Kingdom
Tel.: (44) 20 7656 7000
Fax: (44) 20 7656 7010
E-Mail: hello@jwt.com
Web Site: https://jwt.co.uk/

Employees: 464
Year Founded: 1926

National Agency Associations: IAA

Agency Specializes In: Advertising

Andy Cheetham *(Chm)*
James Evans *(CEO-BlueHive-Europe)*
Toby Hoare *(CEO-Europe)*
Derek Turner Smith *(CEO-Intl)*
Neil Godber *(Head-Plng)*
Emma Howarth *(Head-Acct Mgmt)*
Kate Muir *(Head-New Bus-UK & Europe)*
Paul Waddup *(Head-Creative)*
Patrick Netherton *(Deputy Head-Acct Mgmt)*
Lucas Peon *(Exec Creative Dir)*
Samantha Brooks *(Sr Acct Dir)*
Anna Deane *(Sr Acct Dir)*
Hannah Macfarlane *(Sr Acct Dir-New Bus)*
Denise Connell *(Sr Producer-Brdcst)*
Anna Henderson *(Sr Producer-Creative)*
Chermine Assadian *(Creative Dir)*
Claire Banks *(Acct Dir)*
Emma Bass *(Acct Dir)*
Chas Bayfield *(Creative Dir)*
Jason Berry *(Creative Dir)*
Jerry Bland *(Art Dir)*
Axel Chaldecott *(Creative Dir)*
Sophie Christiansen *(Acct Dir)*
Sally Emerton *(Bus Dir)*
Angus Flockhart *(Acct Dir)*
Chips Hardy *(Creative Dir)*
Dave Jenner *(Creative Dir)*
Gloriana Lopez-Lay *(Acct Dir)*
Katie Oldfield *(Producer-Creative)*
Nicholla Raube *(Creative Dir)*
Phil Ridsdale *(Acct Dir)*
Paul Rizzello *(Creative Dir)*
Andy Smith *(Creative Dir)*
Simon Sworn *(Creative Dir)*
Doug Wade *(Producer-Brdcst)*
Jo Wallace *(Creative Dir)*
Chris S. Bailey *(Dir-Plng)*
Joao Caputi *(Dir-Plng)*
Toby Clifton *(Dir-Integrated Production)*
Richard Cottingham *(Dir-Plng)*
Verity DeCourcy-Norman *(Dir-Integrated Program-Shell Global & Wilkinson Sword)*
Shekhar Deshpande *(Dir-Global Plng & Strategy Consulting)*
Omar El-Gammal *(Dir-Plng)*
Simone Forster *(Dir-Client Partnership)*
Charles Martyn *(Dir-New Bus)*
Anne McCreary *(Dir-Plng)*
Guy Murphy *(Dir-Plng-Worldwide)*
Christiano Neves *(Dir-Integrated Creative)*
Marie Stafford *(Dir-Innovation Grp-Europe)*
Will Wright *(Dir-Creative & Art)*
Rob Bovington *(Assoc Dir-Creative)*
Steve Webley *(Assoc Dir-Creative)*
Joseph Bassary *(Sr Project Mgr-Digital)*
Ben O'Neill-Gregory *(Acct Exec)*
James Champ *(Designer)*
Kell Lunam-Cowan *(Copywriter)*
Eleanor Metcalf *(Planner)*
Emilie Sheehan *(Designer-Interactive)*
Christian Timmermans *(Designer)*
Sophia Redgrave *(Assoc Bus Dir)*
Bryan Riddle *(Sr Designer-Creative)*

Accounts:
AB World Foods Campaign: "Put some Music in your Food", Campaign: "Young Spice", Patak's, Blue Dragon, Reggae Reggae Sauce
Age UK Campaign: "No Friends"
Alzheimer's Society
Anti-Slavery International Campaign: "Victorian Newspaper"
Apollo Tyres Global Creative
Army Reserve
Army Army Recruitment, Campaign: "Step Up", Creative
Asahi Breweries Ltd. Global Advertising, Grolsch; 2018
Aspall Brand Positioning
ASPIRE Campaign: "Andy's Story"
Avon; 2017
Bayer AG Bepanthen, Berocca, Campaign: "10th Month slideshow"
Bede House
Bridgestone Tyres Campaign: "Everywhere"
British Army Campaign: "Step Up", Digital Outdoor, Radio, Social Media, TV, Video-on-Demand
CADD Anti-Drunk Driving
Care For The Wild Campaign: "Cat Aid", Campaign: "The Tooth Fairy", Donation Appeal
Carlsberg
COI IEA
Computers 4 Africa
Crowne Plaza Campaign: "You First", Print
De Beers Consolidated Mines Limited Campaign: "As One", Creative, Forevermark, TV
Diageo Smirnoff
Diesel Diesel Black Gold
The Edrington Group Global Creative & Strategic, The Macallan; 2018
Ed's Easy Diner Campaign: "Eat the 50s", Outdoor, Press
Energizer Uk Wilkinson Sword
Girlguiding
The Glasgow School of Art
GlaxoSmithKline plc
Google Inc.
InterContinental Hotels Group PLC Campaign: "Secrets in the City", Creative, Holiday Inn Express, Insider Experiences, Marketing, Online, Print, Social Media
International Fund for Animal Welfare
Johnson & Johnson Anusol, Benadryl, Benylin, Calpol, Campaign : "Where's your mouth been", Campaign: "Feel Every Smile", Campaign: "Mouth Vs Life", Campaign: "Power To Your Mouth", Imodium, Listerine, Sudafed Olynth
Kenwood Campaign: "Leeks", Campaign: "What Do You See?", Chef, kMix
Kimberly-Clark Andrex, Kleenex
KPMG Global Creative
Kraft Foods Inc
Lastminute.com CRM
Legal & General Creative, Media
Lego Duplo
Live Life Then Give Life Campaign: "Falling in Love Again", Campaign: "Let Love Live On"
Microsoft Bing
Mondelez International Campaign: "Coffee vs Gangs", Campaign: "Dude, Where'S My Chicken?", Creative, Digital, Douwe Egberts, Halls, Kenco, Public Relations, Strategic, TV
National Centre for Domestic Violence Campaign: "Drag Him Away", Campaign: "House Hunt", Hands
Nespresso
Nestle UK Ltd. Aero
Nokia Campaign: "Uv Box"
Premier Foods PLC Ambrosia, Best of Both, Billboard, Campaign: "Exceedingly Good Cakes", Campaign: "Life is Better With Cake", Campaign: "Now Tastes Even Better", Campaign: "Salvation Army", Campaign: "Snowball Fight", Campaign: "The Magic Cube", Campaign: "The Magic Touch", Creative, Halloween campaign, Online, Oxo, Print, TV
Qatar Financial Centre Brand Positioning, Creative, Digital & Social Media, Global Integrated Advertising
Record Store Day
RHM plc
Rolex
Rolls Royce Engines
Save the Children International Global; 2017
Schroders Global Integrated Creative; 2017
Seraphine Campaign: "Congratulations M'um", Campaign: "Is it a girl? Is it a boy?", Outdoor Campaign
Shell Campaign: "Supercars", Global Creative, Strategy; 2007
Stop Ivory
Suntory Holdings Ltd Campaign: "You can't get any more Ribenary", Marketing, Outdoor, Ribena, Social Media, Strategic, TV, Video-on-Demand
Territorial Army Campaign: "Caption at Work", Campaign: "Night Time Sangar Handover", Campaign: "The Apache", Campaign: "The Briefing"
Tilda Creative
Treasury Wine Estates Global Marketing, Marketing Communications, Marketing Strategy, Public Relations, Shopper Marketing
UN Women National Committee (UK Lead Agency); 2017
UNICEF Andrex: The Bathroom Store
Unilever Campaign: "Hair Meet Wardrobe", LUX, Sunsilk, Timotei, Toni & Guy
Victim Support & National Centre for Domestic Violence
Wagamama Digital, Integrated Business, Out of Home, Print, Social
Watkins Books Campaign: "Fenopalm"
World Wildlife Fund Campaign: "Tiger", Digital, Direct Mail, Press, TV

Afghanistan

Altai Communications
House 733-124 St 4 Qala-e-Fatullah, Kabul, Afghanistan
Tel.: (93) 79 888 000
Web Site: www.altaiconsulting.com

Employees: 20
Year Founded: 2004

Emmanuel de Dinechin *(Partner-France)*
Kamran Parwana *(Dir-Afghanistan)*

Egypt

J. Walter Thompson Cairo
306 Cornish El Nile, Maadi, 124 Cairo, Egypt
Mailing Address:
El Giza PO-Imbaba, PO Box 435, Imbaba, 12411 Cairo, Egypt
Tel.: (20) 2 27371290
Fax: (20) 225254740
Web Site: https://www.jwt.com/jwtcairo

Employees: 70
Year Founded: 1987

Agency Specializes In: Advertising

Amal El Masri *(Chief Strategy Officer-JWT MEA)*
Ramsey Naja *(Chief Creative Officer-MENA Reg)*
Rula El Kallouby *(Exec Dir)*
Khaled Y. Zaki *(Mgr-Content & Producer-TV)*
Ahmed Hamdalla *(Creative Dir)*
Sherif Atef *(Dir-Fin, Admin, Procurement & IT)*
Moemen El Siwi *(Copywriter)*
Rana Khairy *(Copywriter)*
Mohamed Gaber *(Sr Art Dir)*

Accounts:
Dolceca Ice Cream Campaign: "Aqua Mangos"
Egyptian Tourism Authority
Kraft Foods
Mondelez Chiclets

AGENCIES - JANUARY, 2019 — ADVERTISING AGENCIES

Nestle Kimo Cono, Dolceca, Maxibon
OSN Terrible Accident
Vodafone Campaign: "Fakka", Campaign: "How to make small seem big"

Kuwait

J. Walter Thompson
Wataniya Tower 10th Floor Fahed Al Salem Street, Daiya, 35454 Kuwait
Mailing Address:
PO Box 15363, Daiya, 35454 Kuwait
Tel.: (965) 2460234
Fax: (965) 2460231
E-Mail: karim.bitar@jwt.com
Web Site: https://www.jwt.com/

Employees: 25
Year Founded: 1987

Mazen Fayad *(Exec Creative Dir)*

Accounts:
Zain

Lebanon

J. Walter Thompson
47 Patriarch Howeiyek Street Sabbagh Bld 3rd Floor, Bab Idriss, 11-3093 Beirut, Lebanon
Tel.: (961) 1 973 030
Fax: (961) 1 972 929
E-Mail: pascale.khoury@jwt.com
Web Site: https://www.jwt.com/

Employees: 80
Year Founded: 1987

Iyad Krayem *(CEO)*
Tarek Haddad *(Mng Dir)*
Dikran Kalaydjian *(CFO)*
Randa Chehab *(Dir-Talent & Head-Trng)*
Maria Akmakji *(Sr Acct Dir)*
Paola Mounla *(Creative Dir)*
Elie Nasr *(Art Dir)*

Accounts:
Amnesty International Chile Campaign: "Every Signature Makes It Harder"
Bou Khalil Supermarkets
Cadbury Adams Middle East
The Coca-Cola Company Campaign: "Giraffe"
Diageo Lebanon Campaign: "Double Trouble", Smirnoff Red
Fransabank
Heineken Brasserie Almaza, Campaign: "What's Christmas without Red and Green"
Touch Campaign: "My Plan", Creative

Syria

J. Walter Thompson
Shoshara Building Hilal Al Bizim Street, Malki, Damascus, Syria
Mailing Address:
PO Box 5566, Damascus, Syria
Tel.: (963) 11 373 5528
Fax: (963) 11 373 7924
Web Site: https://www.jwt.com/

Employees: 20
Year Founded: 1995

Udai Al Jundi *(Mgr-Traffic)*
Oula Alayoubi *(Sr Accountant)*

United Arab Emirates

J. Walter Thompson
Business Central Tower Block B 36 Rd, PO Box 202032, Media City, Dubai, United Arab Emirates
Mailing Address:
PO Box 4327, Dubai, United Arab Emirates
Tel.: (971) 4 369 8400
Fax: (971) 4 369 8401
Web Site: https://www.jwt.com/

Employees: 150
Year Founded: 1987

Ramsey Naja *(Chief Creative Officer-MENA Reg)*
Vatche Keverian *(CEO-MENA)*
Sasan Saeidi *(CEO-Gulf)*
Rayyan Aoun *(Exec Creative Dir)*
Marco Bezerra *(Exec Creative Dir)*
Chafic Haddad *(Exec Creative Dir)*
Carine Howayek *(Art Dir)*
Yulia Kurdina *(Acct Dir)*
Stephanie Pagani *(Bus Dir)*
Gautam Wadher *(Creative Dir)*
Helina Asefa *(Dir-Plng)*

Accounts:
Atlantis Atlantis The Palm
Coca-Cola
HSBC Campaign: "E-Greeting", HSBC Commercial Bank: First on 1st
Johnson & Johnson Listerine
Band-Aid Campaign: "Hulk"
King's College Hospital (Agency of Record); 2018
Kinokuniya Bookstore Campaign: "Bookends"
Mada Masr
Nestle Arabia Campaign: "Have a break. Have a KitKat.", Campaign: "Kit Kat-Boss", Campaign: "Silence Your Hunger"
Nike Sports Campaign: "Nike Sticker Wall"
Pink Caravan
Property Finder Communication; 2018
Saudi Telecom Company Consumer Communication, Creative, Mobile
Suraya Foundation
Suzy's Beauty Salon
Tunisiana Campaign: "Desert"
Unilever Closeup (Agency of Record), Communications; 2018

Argentina

J. Walter Thompson
Alsina 465, C1087 AAE Buenos Aires, Argentina
Tel.: (54) 1 1 4339 6100
Fax: (54) 1 1 4339 3675
Web Site: https://www.jwt.com/

Employees: 100
Year Founded: 1929

Agency Specializes In: Advertising

Vanina Rudaeff *(CEO)*
Sebastian Castaneda *(Gen Dir-Creative)*
Analia Rios *(Exec Creative Dir)*
Nicolas Centroni *(Creative Dir)*
Sebastian Esposito *(Creative Dir)*
Yago Fandino *(Creative Dir)*
Damian Izquierdo *(Creative Dir)*
Fernando Serra *(Creative Dir)*
Ariel Traverso *(Bus Dir)*
Cosme Argerich *(Dir-Production)*
Soledad Gonzalez *(Acct Mgr & Project Mgr)*
Victoria Carrano *(Brand Mgr)*
Sebastian Lombroni *(Copywriter)*
Romina Mele *(Acct Coord)*

Accounts:
Air Brahma Brahma Beer
Alzas Bajas Magazine Campaign: "More Information, Less Risk"
Berocca Campaign: "#BeroccaMechanicalDesk"
Clarin
Conduciendo a Conciencia Campaign: "Drive Safely"
Cucaiba
Gibson Guitar Corp. Savant
Key Biscayne
L.A.L.C.E.C
Mercado Business Magazine Campaign: "Flags - China-India", Campaign: "The world is a hard place to understand."
Mondelez International, Inc. Campaign: "Birds", Gum, Halls Creamy, Halls XS
Neumen
Philco
Salvation Army Mr. Love

Brazil

J. Walter Thompson
Rua Mario Amaral 50, Paraiso, 04002-20 Sao Paulo, SP Brazil
Tel.: (55) 11 3887 5447
Fax: (55) 11 3887 0173
Web Site: www.jwt.com/brasil

Employees: 340
Year Founded: 1929

Agency Specializes In: Advertising

Rodrigo Grau *(Chief Creative Officer-Brazil & South Latin)*
Maisa Delgado *(Head-Production)*
Cassio Moron *(Exec Creative Dir)*
Mariana Borga *(Creative Dir)*
Rafael Falco *(Art Dir)*
Gustavo Lacerda *(Creative Dir)*
Caiano Medeiros *(Art Dir)*
Ignacio Mendiola *(Creative Dir)*
Ana Naja *(Art Dir)*
Nicolas Romano *(Creative Dir)*
Mariana Carvalho *(Mgr-Digital Brand Content & Social Media-Vodafone)*
Daniel Rybak *(Acct Exec)*
Lucas Arantes *(Copywriter-Creative)*
Heinz Boesing *(Jr Copywriter)*
Rafael Hessel *(Copywriter)*
Pedro Ricci *(Sr Designer-Multidisciplinary)*
Fernanda Fajardo *(Sr Art Dir)*
Pablo Lobo *(Sr Art Dir)*

Accounts:
91 Rock 91 Rock Clock, Campaign: "Deaths", Campaign: "Vocals"
A.C. Camargo Cancer Center Campaign: "Anti Cancer Paste Up", Campaign: "The Running Finger", Campaign: "The Unexpected Choir", Super-Powerful Campaign, Superformula
AfroReggae Campaign: "Electric Pee", Campaign: "Putting Favelas On The Map"
Alcoholics Anonymous Campaign: "The Crash Cooler"
Atados
AzMina
Bayer AG Bepanthen, Bepantol Baby
Bon Vivant Grater Card
Buzina Gourmet Food Truck
The Coca-Cola Company Coca-cola
Easy Taxi
Ford "I wish i were a troller", Campaign: "Fairy Tale", Campaign: "Ford Ecosport Wearble Calendar", Campaign: "Ford-Reading Your Mind", Campaign: "Ogres"
Gomes Da Costa Campaign: "Fresh Fish Packing"
Hospital A.C.Camargo Cancer Center Campaign: "Superformula"
Instituto Ayrton Senna
Instituto AzMina
Instituto Defesa Direito Defesa
ISA
Jacobs Douwe Egberts
Kiss Radio FM Campaign: "The Turnstile of Rock"

ADVERTISING AGENCIES

Lavanderia Wash
Liga Do Rosa
Listerine
Master Blenders Pilao Decaf
Mobilize Brasil
Nestle Kit Kat Pillow
Olympikus
Rede de Justica
Revista Azmina
Santa Casa de Misericordia de Porto Alegre
SporTV
Tramontina Knifes, The Bible of Barbecue
Warner Bros
The Womanity Foundation

Chile

J. Walter Thompson
Avenida Ricardo Lyon 1262 Providencia, Santiago, Chile
Tel.: (56) 2 230 9000
Fax: (56) 2 225 4593
Web Site: https://www.jwt.com/

Employees: 50
Year Founded: 1944

National Agency Associations: ACHAP-IAA

Agency Specializes In: Consumer Marketing

Cristian Escamilla *(Creative Dir & Copywriter)*
Juan Pablo Chaves *(Art Dir)*

Accounts:
Bayer Berocca Plus
CCU
Chilean Red Cross
Ford Motor Company
Johnson & Johnson Band Aid
Kraft Foods Campaign: "Catapult"
Mondelez
Nestle
Puma
Unicef
United Nations

Colombia

J. Walter Thompson
Calle 98 No 22 64 Floor 12, Bogota, Colombia
Mailing Address:
Apartado Aereo 89173, Bogota, Colombia
Tel.: (57) 1 621 6060
Fax: (57) 1 621 6060
E-Mail: jwt.colombia@jwt.com
Web Site: https://www.jwt.com/

Employees: 120
Year Founded: 1939

Agency Specializes In: Consumer Marketing

Juan Pablo Rocha *(Pres-Colombia)*
Maria Mercedes Medina Rendon *(Gen Dir-Production)*
Andres Maranta *(Head-Art & Dir-Creative Content)*
Albrecht Bake *(Creative Dir)*
Paola Barrero *(Creative Dir)*
Rodolfo Borrell *(Creative Dir)*
Gabriel Perdomo Motta *(Art Dir)*
Miguel Andres Norato *(Creative Dir)*
Jaime Perea *(Creative Dir)*
Silvia Vega *(Acct Dir)*
Andres Riano Martinez *(Copywriter)*
Juan Carlos Otalora *(Sr Art Dir)*

Accounts:
Abbott
Casa Luker
Cliniderma
Luki
Natalia Ponce de Leon Foundation
Nestle Kit-Kat
Nike Colombia
Samsung Electronics

El Salvador

J. Walter Thompson
Calle Circunvalacion No 332, Colonia San Benito, San Salvador, El Salvador
Tel.: (503) 2264 3505
Fax: (503) 2264 3512
Web Site: https://www.jwt.com/

Employees: 29
Year Founded: 1978

Agency Specializes In: Advertising

Argentina Merlos *(Dir-Accts)*

Mexico

J. Walter Thompson
Avenue Ejercito Nacional No 519, Col Granada, CP 11520 Mexico, DF Mexico
Tel.: (52) 55 5729 4000
Fax: (52) 55 5279 4093
Web Site: https://www.jwt.com/

Employees: 100
Year Founded: 1943

Agency Specializes In: Advertising

Miguel Oscariz *(CEO)*
Sergio Ramirez *(Creative Dir)*
Silvia Gomez *(Dir-Photographic Production)*
Polo Garza *(Acting Chm)*

Accounts:
Anheuser-Busch InBev Campaign: "This is Mexicanidad"
AstraZeneca
Canon Campaign: "'Don't Let A Call Interrupt Your Photo", Canon EOS
Crown Imports LLC Victoria
Dramamine
Henkel AG Fester
Mexican Red Cross Campaign: "Phonebooth > Moneybox", Charity, Charity Fundraising
PPG Comex Colormaps

Peru

J. Walter Thompson
Paseo de la Republica 5883, Lima, 18 Peru
Tel.: (51) 1 610 6767
Fax: (51) 1 610 6768
E-Mail: milagros.plaza@jwt.com
Web Site: https://www.jwt.com/

Employees: 60
Year Founded: 1957

Agency Specializes In: Advertising

Nestor Ferreyro *(CEO)*
Diego Livachoff *(Chief Creative Officer)*
Monica Torres *(Dir-Production)*
Alejandro Gutierrez de la Torre *(Copywriter)*

Accounts:
Ambev Peru
Billboard Dogs
Casa Andina
Flora Tristan
La Canasta Basketball School
Peruvian Association of Alzheimer's Disease

Puerto Rico

J. Walter Thompson
791 Calle C, San Juan, PR 00920
Mailing Address:
PO Box 2125, San Juan, PR 00922-2125
Tel.: (787) 474-2501
Fax: (787) 474-2506
E-Mail: srasances.pagan@jwt.com
Web Site: https://www.jwt.com/

E-Mail for Key Personnel:
President: jorge.rodriguez@jwt.com

Employees: 100
Year Founded: 1955

Jorge Rodriguez *(Pres)*
Richard Pascual *(VP & Acct Grp Dir)*
Jaime Rosado *(VP & Reg Creative Dir)*
Johanna Santiago *(Creative Dir)*
Liz Labrada *(Sr Acct Exec)*
Andrea Vega *(Copywriter)*

Accounts:
Banco Popular Campaign: "The Most Popular Song"
Dc Shoes Campaign: "Spray The Word"
Department of Economic Development & Commerce of Puerto Rico
Heineken
Mendez & Co
Muscular Dystrophy Association
Pepsico Campaign: "Fueling Buzz", Gatorade, Pepsi
Puerto Rico Tourism Video
Race For The Cure
Susan G. Komen Breast Cancer Foundation Campaign: "5 Women, 5 Races"
Triple-S

Venezuela

J. Walter Thompson
Centro Banaven Torre C Piso 3 Ave La Estancia Chuao, Caracas, 1061 Venezuela
Tel.: (58) 212 991 7944
Fax: (58) 212 902 3227
Web Site: www.jwt.com/

Employees: 200
Year Founded: 1964

Agency Specializes In: Advertising, Hispanic Market

Roberto Pol *(Pres)*
Eugenio Reyes *(Gen Dir-Creative)*
Agustin Gonzalez *(Art Dir)*
Luis Rojas *(Art Dir)*
Tatiana Ferro Del Rio *(Dir-Gen Acct)*
Nestor Rivero *(Dir-Plng)*
Stephanie Molina *(Acct Supvr)*
Andreina Plaza Palmar *(Acct Supvr)*
Javier De Bourg *(Sr Art Dir)*

Accounts:
Alcaldia de Baruta Online, Video
Fudena

J. WALTER THOMPSON ATLANTA
3630 Peachtree Road NE Ste 1200, Atlanta, GA 30326
Tel.: (404) 365-7300
Fax: (770) 668-5707
Web Site: https://www.jwt.com/atlanta

E-Mail for Key Personnel:
President: Ridge.White@jwttech.com

AGENCIES - JANUARY, 2019 — ADVERTISING AGENCIES

Creative Dir.: roy.trimble@jwttech.com
Media Dir.: cindy.giller@jwttech.com
Production Mgr.: kim.bohlayer@jwttech.com

Employees: 80
Year Founded: 1947

National Agency Associations: 4A's

Agency Specializes In: Advertising, Brand Development & Integration, Broadcast, Business Publications, Business-To-Business, Cable T.V., Co-op Advertising, Consulting, Consumer Marketing, Consumer Publications, Corporate Communications, Corporate Identity, Digital/Interactive, Direct Response Marketing, Electronic Media, High Technology, Information Technology, Internet/Web Design, Magazines, Media Buying Services, Newspaper, Newspapers & Magazines, Out-of-Home Media, Outdoor, Planning & Consultation, Print, Production, Radio, Retail, Sponsorship, Strategic Planning/Research, T.V., Technical Advertising, Trade & Consumer Magazines

Marshall Lauck *(Pres)*
Todd Copilevitz *(Partner & Dir-Comm Strategy)*
Chris Wilson *(Mng Dir-Client Svcs)*
Murray Butler *(Exec Creative Dir)*
Jeremy Jones *(Exec Creative Dir)*
Sunni Thompson *(Exec Dir-Content)*
Sean McNeeley *(Grp Acct Dir)*
Breanna Rotell Caldwell *(Acct Dir)*
Lucas Heck *(Creative Dir)*
Erin McGivney *(Bus Dir-Shell, Pennzoil & Quaker State)*
Liz Olson *(Acct Dir)*
Marcos Piccinini *(Creative Dir)*
Katie Sedmak *(Art Dir)*
Eleni Martine *(Dir-Client Fin)*
Aparna Joshi *(Acct Supvr)*
Amy Miller *(Acct Supvr)*
Marjanee Shook *(Acct Supvr)*
Ashley Ihesiaba *(Supvr-Social Media)*
Marcelo Florentino *(Sr Copywriter-Creative)*
Javier Molinos *(Assoc Creative Dir)*

Accounts:
Black Lives Matter
Blue Coat Systems
BMC Software
Bob Woodruff Foundation
Bridgestone Golf Bridgestone Golf
Brother
Build-A-Bear Workshop, Inc. (Lead Creative Agency) Communications, Marketing, Retail, Sponsorship
Church's Chicken, Inc. (Creative Agency of Record) Broadcast, Marketing, Radio Advertising, Texas Chicken; 2017
FEMA
Foundation Rwanda
Hire Heroes USA
Jiffy Lube International, Inc. Broadcast, Campaign: "Every Corner", Campaign: "Leave Worry Behind(SM)", Digital, OOH, Radio, Social
Kumho Tire USA (Agency of Record) Creative, Strategic
Police Security
Randstad
Scana Corporation
Shell Oil Company Brand Strategy, Campaign: "Airlift Drift", Campaign: "Complete Protection", Campaign: "Joyride circuit", Creative Development, Pennzoil Synthetics (Creative Agency of Record), Quaker State, TV
SimDesk
SOPUS Products Pennzoil AirLift Drift
Texas Instruments
Travis Manion Foundation
The United Service Organizations Broadcast, Digital, OOH, Radio, Social
US Marine Corps Advertising, Campaign: "Home of the Brave", Campaign: "The Few, the Proud", Campaign: "The Land We Love", Campaign: "Toward the Sounds of Chaos", Campaign: "Wall", Communications, Digital, Media, Social
US Virgin Islands Department of Tourism (Advertising Agency of Record) Creative Design, Media Relations
Zultys Technologies

J. WALTER THOMPSON CANADA
160 Bloor St E Ste 800, Toronto, ON M4W 3P7 Canada
Tel.: (416) 926-7300
Fax: (416) 967-2859
E-Mail: torjwtresumes@jwt.com
Web Site: https://www.jwt.com/en/canada

E-Mail for Key Personnel:
President: paul.wales@enterprisecs.com

Employees: 175
Year Founded: 1975

Agency Specializes In: Advertising Specialties, Experiential Marketing

Shenny Jaffer *(Head-Brdcst & Integrated Production)*
Cory Eisentraut *(Exec Creative Dir)*
Kevin Tam *(Grp Dir-Technical)*
Chitty Krishnappa *(Grp Acct Dir)*
Tory Grummett *(Acct Dir)*
Terence Jou *(Acct Dir)*
Zuheir Kotob *(Art Dir)*
Sheng Sinn *(Bus Dir)*
Phil Sylver *(Creative Dir)*
Julian Weiman *(Producer-Brdcst)*
Matt Ball *(Dir-Strategic Plng)*
Adam Ferraro *(Dir-Content & Performance Strategy)*
Nicola Martin *(Dir-Print & Studio Production)*
Sue Stephenson *(Dir-Ops)*
Kim Fijan *(Mgr-Print Production)*
Marli Bennet *(Acct Supvr)*
Joel Werner *(Acct Supvr)*
Kelsey Holst *(Acct Exec)*
Shane Rodak *(Copywriter)*
Jeff Topol *(Copywriter)*
Jennifer Cotton *(Assoc Head-Integrated Brdcst)*
Raj Gupta *(Sr Art Dir)*

Accounts:
Air Canada Creative
Bayer Cadbury
Brandaid
Canadian Film Fest Broadcast, Campaign: "Canadian Zombie", Campaign: "Its Hard Being A Canadian Actor", Campaign: "The Academy of Cliche"
Canadian Premier League
Canon
Diageo
Easter Seals
Heartland Food Products Group Splenda (North America Creative & Strategy Agency of Record)
Hotels.com (Canadian Creative Agency of Record) Canadian Advertising, Digital Marketing, Social, Strategy
HSBC
Johnson & Johnson Band Aid, Campaign: "Hopscotch", Tylenol
Mazda Canada "Long Drive Home", Campaign: "Cineplex TimePlay", Campaign: "Game Changer", Social Media
McCormick Canada; 1997
Nestle Kit Kat
New-Pyxus International, Inc. (Global Agency of Record) Architecture, Brand Identity & Positioning, Marketing Communications, Rebrand, Website; 2018
ReStore Habitat for Humanity, Social Media, Videos
Sick Kids Hospital Cancer Monitoring
St. Louis Children's Hospital
Tim Horton Children's Foundation
Tim Hortons, Inc. Campaign: "Dark Experiment", Campaign: "Good Ol Hockey Game", Dark Roast Coffee Blend, Tim Horton Donuts; 1991
Tourism Ireland
Tourism Toronto
TVB Bessies
University of Toronto
WalMart Campaign: "Lives For Halloween Mom", Campaign: "Man Math", Wal-Mart Flyer
New-White Ribbon Creative, Video

J. WALTER THOMPSON INSIDE
6300 Wishire Blvd, Los Angeles, CA 90048
Tel.: (310) 309-8282
Fax: (310) 309-8283
E-Mail: conversations@jwtinside.com
Web Site: www.jwtinside.com

Employees: 40
Year Founded: 1949

National Agency Associations: 4A's-AMA

Agency Specializes In: Advertising, Advertising Specialties, Business-To-Business, Consulting, Corporate Identity, Over-50 Market, Recruitment

Leslie Salmon *(Sr Partner & Mng Dir)*
Jeff Press *(CFO)*
Kathy Dowd *(Sr Dir-Client)*
Erin Seedman *(Sr Dir-Client)*
Bruce Carey *(Creative Dir)*
Janice Chung *(Media Dir)*
Mark Overbaugh *(Dir-Creative Svcs-Natl)*

Accounts:
Atos Consulting
B&Q
Boeing
Merrill Lynch
Metropolitan Police
Microsoft
Nordstrom Career Site
United States Department of State Career Site

Branches

J. Walter Thompson Inside
3630 Peachtree Rd, Ste 1200, Atlanta, GA 30326
Tel.: (404) 365-7300
Web Site: https://www.jwt.com/

Employees: 14

National Agency Associations: 4A's

Agency Specializes In: Communications, Recruitment

Casey Aitken *(Creative Dir)*
Peter Price *(Dir-Plng & Strategy)*
Julie Roth Ganter *(Acct Supvr)*
Jenn Patterson *(Acct Supvr)*
Cami Manning *(Sr Acct Exec)*
Calley Stuenkel *(Sr Analyst-Fin)*

Accounts:
Capital One
Children's Healthcare of Atlanta
Dreyers
Expedia inc
The Home Depot
Jet Blue Airways
Merrill Lynch
Microsoft
Shell
U.S Border Patrol

J. Walter Thompson Inside
1001 Fannin St Ste 4500, Houston, TX 77002

ADVERTISING AGENCIES

Tel: (713) 952-4290
Fax: (713) 977-9127
Web Site: www.jwt.com

Employees: 1
Year Founded: 1984

National Agency Associations: 4A's

Agency Specializes In: Communications, Public Relations, Recruitment

Janice Chung *(Media Dir)*
Karen Joyce *(Dir-HR)*
Megan Keleshian *(Client Dir)*

Accounts:
Dreyers
Ferguson

J. Walter Thompson Inside
466 Lexington Ave 4th Fl, New York, NY 10017-3166
Tel.: (212) 856-0045
Fax: (212) 210-1097
Web Site: http://www.jwtinside.com/

Employees: 35

National Agency Associations: 4A's

Agency Specializes In: Communications, Recruitment, Sponsorship

Doug Shonrock *(Mng Dir-Atlanta & Dir-Tech Products)*
Ian Kaplan *(Head-Bus Dev & Dir-Natl Sls)*
Peggy Brogan Woods *(Sr Dir-Client)*
Dave Levin *(Sr Producer-Digital)*
Sarah Albertelli *(Acct Dir)*
Erin Hartman *(Media Dir)*
Samantha Zegman *(Acct Exec)*

Accounts:
American Express Company

J. Walter Thompson Inside
11973 Westline Industrial Ste 100, Saint Louis, MO 63146
Tel.: (314) 275-8600
Fax: (314) 205-1398
E-Mail: jonathan.redman@jwt.com
Web Site: http://www.jwtinside.com/

Employees: 30

National Agency Associations: 4A's

Agency Specializes In: Communications, Recruitment

Jennifer Strathmann *(Dir-Studio)*

Accounts:
B&Q
Capital One
Catholic Healthcare West
Childrens Hospital Los Angeles
Comcast
Dreyers
Ferguson
jet Blue Airways
Microsoft
University of Michigian

International

J. Walter Thompson Inside
160 Bloor St E 8th Floor, Toronto, ON M4W 3P7 Canada
Tel.: (416) 926-7304
Fax: (416) 926-7316

E-Mail: lauri.richardson@jwt.com
Web Site: http://www.jwtinside.com/

Employees: 180

Agency Specializes In: Communications, Recruitment

Dean Foerter *(Chief Strategy Officer)*

J. Walter Thompson Inside
Level 12 99 Walker St I, Sydney, NSW 2060 Australia
Tel.: (61) 2 9947 2285
Fax: (61) 2 9770 7810
E-Mail: allison.doorbar@jwt.com
Web Site: http://www.jwtinside.com/

Employees: 8

Agency Specializes In: Communications, Recruitment

Angela Morris *(Chief Strategy Officer-Australia)*
Steve Hey *(Grp Head-Creative)*
Daniella Adam *(Art Dir & Sr Designer)*
Alexandra Antoniou *(Sr Art Dir)*

Accounts:
HSBC Holdings plc
Kimberly-Clark Corporation
Nokia Corporation
Unilever Australia Ltd.

Global Partners

WAT - We are Together
(Formerly ORC Image & Strategies d'Employeur)
6 boulevard des Capucines, 75441 Paris, Cedex 9 France
Tel.: (33) 1 47 61 58 00
Fax: (33) 1 49 10 95 72
Web Site: www.wearetogether.fr/

Employees: 80
Year Founded: 1988

Agency Specializes In: Communications, Planning & Consultation, Recruitment

Fabrice Fournier *(Pres)*
Fanny Mouthuy Caumont *(Deputy CEO)*
Thierry Delorme *(VP)*
Emmanuelle Laurent *(Dir-Council)*
Corinne Leveque *(Dir-Customer)*
Elodie Biagiotti Walk *(Assoc Dir)*
Christina Pastoret *(Sr Acct Mgr)*
Sylvie Shamsoudine *(Project Mgr-Media)*
Jean Christophe Tixier *(Mgr-Media)*
Laure Schlissinger *(Deputy Dir)*

AIMS Polska sp. z o.o.
ul Flory 9/10, 00-586 Warsaw, Poland
Tel.: (48) 22 331 66 67
Fax: (48) 22 331 66 94
E-Mail: info@aims.pl
Web Site: http://www.aimsinternational.com/

Employees: 2
Year Founded: 1996

Agency Specializes In: Communications, Planning & Consultation, Recruitment

J. WALTER THOMPSON U.S.A., INC.
466 Lexington Ave, New York, NY 10017-3140
Tel.: (212) 210-7000
Fax: (212) 210-7299
E-Mail: request@jwt.com
Web Site: https://www.jwt.com/

Employees: 800
Year Founded: 1864

Agency Specializes In: Advertising

Ian Kaplan *(Head-Bus Dev & Sls Dir-Natl)*
Amy Carvajal *(Exec Creative Dir)*
Amanda Hutt *(Acct Dir)*

Accounts:
Baobeihuijia.com Campaign: "Missing Children"
Bloomberg
Energizer Personal Care
GoodNites Underwear
Intel
Kimberly-Clark Corporation
Nestle
Schick-Wilkinson Sword Schick Quattro

Principal Offices

J. Walter Thompson U.S.A., Inc.
1001 Fannin Ste 4500, Houston, TX 77002
Tel.: (713) 659-6688
Fax: (713) 759-0034
E-Mail: request@jwt.com
Web Site: www.jwt.com

Employees: 25
Year Founded: 2000

Ray Redding *(Mng Dir & Sr VP)*
Ramsay Curry *(Acct Mgr)*

Accounts:
Houston Ford Dealers Assoc.
Shell Oil Company Global Creative & Media, Shell Oil Products, Shell Trading

J. Walter Thompson Atlanta
3630 Peachtree Road NE Ste 1200, Atlanta, GA 30326
(See Separate Listing)

Service Offices:

J. Walter Thompson U.S.A., Inc.
2600 Douglas Ave Ste 610, Coral Gables, FL 33134
Tel.: (305) 476-7702
Fax: (305) 476-7710
E-Mail: request@jwt.com
Web Site: https://www.jwt.com/

Employees: 11
Year Founded: 2000

Chris Wilson *(Mng Dir-Client Svcs)*
Sunni Thompson *(Exec Dir-Content)*
Breanna Rotell Caldwell *(Acct Dir)*
Erin Hartman *(Media Dir)*
Erin McGivney *(Bus Dir-Shell, Pennzoil & Quaker State)*
Andrea Villa *(Bus Dir)*
Sydney Busby *(Supvr-Content Strategy)*

J. Walter Thompson U.S.A., Inc.
1 Dallas Ctr 350 N Saint Paul St Ste 2410, Dallas, TX 75201
Tel.: (214) 468-3460
Fax: (214) 754-7199
E-Mail: request@jwt.com
Web Site: https://www.jwt.com/

Employees: 11

Lo Sheung Yan *(Chm-Creative Council-APAC)*
Toby Hoare *(CEO-Europe)*

AGENCIES - JANUARY, 2019 ADVERTISING AGENCIES

Michael Apple *(Acct Dir)*

Accounts:
7-Eleven Creative

J. Walter Thompson U.S.A., Inc.
455 Pennsylvania Ave Ste 136, Fort Washington, PA 19034
Tel.: (215) 643-9700
Fax: (215) 643-9730
E-Mail: request@jwt.com
Web Site: https://www.jwt.com/

Employees: 5

Philip Alandt *(Sr VP & Acct Dir)*

J. Walter Thompson U.S.A., Inc.
10401 N Meridian St Ste 216, Indianapolis, IN 46290-1090
Tel.: (317) 844-5181
Fax: (317) 844-5240
E-Mail: request@jwt.com
Web Site: https://www.jwt.com/

Employees: 4

Lo Sheung Yan *(Chm-Creative Council-APAC)*
Eric Kwiatkowski *(VP & Acct Mgr)*

J. Walter Thompson U.S.A., Inc.
7666 E 61st St Ste 130, Tulsa, OK 74145
Tel.: (918) 250-1884
Fax: (918) 250-0875
E-Mail: request@jwt.com
Web Site: https://www.jwt.com/

Employees: 10

Accounts:
Ford
HSBC
Nestle
Nike
Shell
Unilever

J3 NEW YORK
1400 Broadway, New York, NY 10018
Tel.: (917) 265-2700
Web Site: www.umww.com

Employees: 200

National Agency Associations: 4A's

Agency Specializes In: Advertising, Media Planning, Sponsorship

Matthew Baker *(Partner-Client Bus & Sr VP)*
Bruce Lee *(Partner-Client Bus & Sr VP)*
Hilary Gilmore *(Partner-Decision Sciences)*
Lauren C Katz *(Partner-Integrated Plng)*
Rich Anderson *(Mng Dir & Exec VP)*
Eileen Kiernan *(Pres-UM-Global)*
Erin Akselrod-Quintana *(Exec VP & Client Mng Partner)*
Alison Menius *(VP & Grp Partner-Integrated Plng)*
Aisha Bickford *(Assoc Dir-Acct & Ops)*
Lara Miller Chin *(Grp Partner-Integrated Plng)*
Sarah Kadish *(Grp Partner-Integrated Plng)*

Accounts:
Johnson & Johnson Global Media, Listerine

JAB ADVERTISING
203 Market Ave S Ste 212, Canton, OH 44702
Tel.: (330) 936-4083
Web Site: www.jabvertising.com

Employees: 3

Agency Specializes In: Advertising, Brand Development & Integration, Collateral, Internet/Web Design, Package Design, Promotions

Doug Bennett *(Owner)*

Accounts:
Historic Onesto Lofts

JACK MORTON WORLDWIDE
500 Harrison Ave Ste 5R, Boston, MA 02118
Tel.: (617) 585-7000
Fax: (617) 585-7171
E-Mail: experience@jackmorton.com
Web Site: www.jackmorton.com

Employees: 850
Year Founded: 1939

National Agency Associations: 4A's-AMA-ANA-ARF-DMA-PMA-PRSA-WOMMA

Agency Specializes In: Advertising Specialties, Below-the-Line, Business-To-Business, College, Consulting, Consumer Marketing, Corporate Communications, Corporate Identity, Digital/Interactive, Direct-to-Consumer, Entertainment, Environmental, Event Planning & Marketing, Exhibit/Trade Shows, Experience Design, Experiential Marketing, Financial, Graphic Design, Guerilla Marketing, Health Care Services, Hispanic Market, Integrated Marketing, Internet/Web Design, Investor Relations, Local Marketing, Market Research, Medical Products, Mobile Marketing, Multicultural, Pharmaceutical, Planning & Consultation, Podcasting, Print, Production, Production (Print), Promotions, Recruitment, Social Marketing/Nonprofit, Social Media, Sponsorship, Sports Market, Stakeholders, Strategic Planning/Research, Viral/Buzz/Word of Mouth

Josh McCall *(Chm & CEO)*
Steve Mooney *(Mng Dir)*
Bill Davies *(CFO)*
Bruce Henderson *(Chief Creative Officer-Global)*
Melissa Rose *(Chief People Officer)*
Craig Millon *(Exec VP-Consumer Mktg)*
Phil Collyer *(Sr VP & Head-Creative)*
Ben Grossman *(Sr VP & Grp Dir-Strategy)*
Jeb Blatt *(Sr VP)*
Rachel Vingsness *(VP & Dir-HR)*
Keith Manning *(Grp Dir-Creative)*
Angela Godfrey *(Acct Supvr)*
Caroline McDonough *(Sr Assoc Strategist)*

Accounts:
Ad Council Community Management, Content, Social Media Strategy
American Evolution Events; 2018
Bank of America Event Marketing
Cotton Inc.
Coty Wella
Global Protection Corp (Agency of Record); 2017
Lego Star Wars
Liberty Mutual Insurance (Brand Experience Agency of Record)
Samsung Event Marketing, Experiential
Scott & White Healthcare; Temple, TX Employee Engagement
Subway Experiential
Truven Health Analytics Event Marketing, Experiential
Verizon Employee Engagement
VMware Event Marketing, Experiential

Branches

Genuine Interactive
500 Harrison Ave 5R, Boston, MA 02118
(See Separate Listing)

Jack Morton Worldwide (Sao Paulo)
Av Antonio Joaquim de Moura Andrade, 425, Vila Nova Conceicao, 04507-0001 Sao Paulo, Brazil
Tel.: (55) 16175857135
Web Site: www.jackmorton.com/offices/sao-paulo/

Employees: 850
Year Founded: 1939

Agency Specializes In: Above-the-Line, Affiliate Marketing, Alternative Advertising, Below-the-Line, Branded Entertainment, Broadcast, Digital/Interactive, Exhibit/Trade Shows, Experience Design, Guerila Marketing, In-Store Advertising, Mobile Marketing, Out-of-Home Media, Shopper Marketing, Social Media, Sponsorship

Bill Davies *(CFO)*
Craig Millon *(Exec VP-Consumer Mktg)*

Jack Morton Worldwide (Dubai)
Office 2201-2202, PO Box 212148, Bayswater Tower, Dubai, United Arab Emirates
Tel.: (971) 971044312389
Web Site: www.jackmorton.com/offices/dubai/

Employees: 850
Year Founded: 1939

Agency Specializes In: Above-the-Line, Alternative Advertising, Branded Entertainment, Broadcast, Digital/Interactive, Exhibit/Trade Shows, Experience Design, In-Store Advertising, Local Marketing, Mobile Marketing, Out-of-Home Media, Promotions, Shopper Marketing, Social Media, Sponsorship, Trade & Consumer Magazines

Rebecca Amey *(Mng Dir-Middle East & Sr VP)*
Jason Rodbard *(VP & Creative Dir)*

Accounts:
Abraaji Capital
Emirates

Jack Morton Worldwide (Dusseldorf)
Rochusstrasse 47, 40479 Dusseldorf, Germany
Tel.: (49) 49021149554504
Web Site: www.jackmorton.com/offices/dusseldorf

Employees: 850
Year Founded: 1939

Agency Specializes In: Above-the-Line, Branded Entertainment, Broadcast, Digital/Interactive, Exhibit/Trade Shows, Experience Design, Guerilla Marketing, In-Store Advertising, Local Marketing, Mobile Marketing, Multimedia, Out-of-Home Media, Outdoor, Promotions, Shopper Marketing, Social Media, Sponsorship, Trade & Consumer Magazines

Jens Mayer *(Mng Dir-Germany)*

Accounts:
Vodafone

Jack Morton Worldwide (Singapore)
40A Orchard Road, #07-01 MacDonald House, 238838 Singapore, Singapore
Tel.: (65) 6564998800
Web Site: www.jackmorton.com/offices/singapore/

Employees: 850
Year Founded: 1939

Agency Specializes In: Branded Entertainment, Broadcast, Digital/Interactive, Exhibit/Trade Shows,

ADVERTISING AGENCIES

Experience Design, Guerilla Marketing, In-Store Advertising, Local Marketing, Out-of-Home Media, Outdoor, Promotions, Shopper Marketing, Social Media, Sponsorship

Charles Robinson *(Sr VP & Mng Dir)*
Faresh Jowharsha *(VP & Dir-Ops)*

Accounts:
Google
Nike

Jack Morton Worldwide (Seoul)
Dae-gong Building, 4/F, Gangnam-gu, Seoul, Korea (South)
Tel.: (82) 4402087352000
Web Site: www.jackmorton.com/offices/seoul/

Employees: 850
Year Founded: 1939

Agency Specializes In: Broadcast, Digital/Interactive, Exhibit/Trade Shows, Experience Design, Guerilla Marketing, In-Store Advertising, Local Marketing, Promotions, Shopper Marketing, Social Media, Sponsorship, Trade & Consumer Magazines

Mike Kunheim *(Mng Dir & Exec VP-UK)*

Accounts:
Samsung Electronics

Jack Morton Worldwide (Hong Kong)
10/F Oxford House TaiKoo Place, Quarry Bay, Hong Kong, China (Hong Kong)
Tel.: (852) 8522805176
Web Site: www.jackmorton.com/offices/hong-kong/

Employees: 850
Year Founded: 1939

Agency Specializes In: Digital/Interactive, Exhibit/Trade Shows, Experience Design, Guerilla Marketing, Local Marketing, Promotions, Shopper Marketing, Sponsorship

Natalie Ackerman *(Exec VP-China)*
Lucille Marie Essey *(VP, Exec Creative Dir & Dir-Show)*
Christina Miles *(Mgr-Resource)*

Accounts:
Acadine Technologies H5OS
K-Mart
Marriott

Jack Morton Worldwide (Shanghai)
1045 Huaihai Zhong Road, 16/F Huai Hai Plaza, 200031 Shanghai, China
Tel.: (86) 862124110157
Web Site: www.jackmorton.com/offices/shanghai/

Employees: 850
Year Founded: 1939

Accounts:
HSBC
TMall

Jack Morton Exhibits
10 Applegate Dr, Robbinsville, NJ 08691
Tel.: (609) 259-0500
Fax: (609) 259-4055
E-Mail: experience@jackmorton.com
Web Site: www.jackmorton.com

Employees: 850
Year Founded: 1939

National Agency Associations: 4A's

Agency Specializes In: Advertising

Jim Cavanaugh *(Sr VP & Mng Dir)*

Accounts:
2(X)IST
Bank of America
Dow

Jack Morton Worldwide
16-18 Acton Pk Estate Stanley Gardens, The Vale, London, W3 7QE United Kingdom
Tel.: (44) 208 735 2000
Fax: (44) 208 735 2020
E-Mail: experience@jackmorton.com
Web Site: www.jackmorton.com/

Employees: 850
Year Founded: 1939

Julian Pullan *(Vice Chm & Pres-Intl)*
Mike Kunheim *(Mng Dir & Exec VP)*
Damian Ferrar *(Sr VP & Exec Creative Dir)*
Henry Simonds *(Sr VP & Client Svcs Dir)*
Nathan Thompson *(VP & Creative Dir)*
Suzi Thrift *(VP & Dir-Production & Integrated Mktg)*
Jim Donald *(Head-Production)*
Michael J Kent *(Deputy Head-Technical Svcs)*
Martyn Gooding *(Creative Dir-Film X Tech)*
Oksana Koval *(Bus Dir)*
Sam Moqbel *(Bus Dir)*
Andrew Thomas *(Creative Dir)*
Caroline Wurfbain *(Client Svcs Dir)*
Chris Richards *(Dir-Technical Svcs)*
Paul Visser *(Sr Mgr-Production)*
Ben Pickering *(Production Mgr)*
Ben Phillips *(Mgr-Client Dev)*
Ajay Jarkani *(Specialist-IT)*
Illango Nelson *(Specialist-IT)*
Rob Oliver *(Sr Production Mgr)*

Accounts:
Airbnb, Inc
Coty Wella
Freeview Campaign: "Entertainment. It's Even Better When it's Free"
King Digital Entertainment PLC Candy Crush Soda Saga
Kodak Brand Experience, Creative
Mayor of London London New Year's Eve fireworks
Nivea Dare to Dip
Ooredoo Brand Experience

Jack Morton Worldwide
Royal Navy House 32 Grosvenor St, The Rocks, Sydney, NSW 2000 Australia
Tel.: (61) 2 8231 4500
Fax: (61) 2 8231 4555
E-Mail: experience@jackmorton.com
Web Site: www.jackmorton.com

Employees: 850
Year Founded: 1939

Helen Graney *(Mng Dir)*
Dan Pearce *(VP & Dir-Ops-Australia)*
Julia King *(Acct Dir)*
Jackie Lavallee *(Assoc Producer)*

Accounts:
Google

Jack Morton Worldwide
Level 2, 114 Flinders St, Melbourne, VIC 3000 Australia
Tel.: (61) 0386442100
E-Mail: experience@jackmorton.com
Web Site: www.jackmorton.com

Employees: 850
Year Founded: 1939

Accounts:
Casella Yellow Tail
Google
Nespresso

Jack Morton Worldwide
600 Battery St 2nd Fl, San Francisco, CA 94111
Tel.: (415) 318-4300
E-Mail: experience@jackmorton.com
Web Site: www.jackmorton.com

Employees: 850
Year Founded: 1939

National Agency Associations: 4A's

Agency Specializes In: Advertising

Edward Scott *(Sr VP & Mng Dir-West Coast)*
Vince Belizario *(Sr VP & Grp Acct Dir)*
Niki Herr *(Sr VP & Client Svcs Dir)*
Jessica Buck *(VP & Exec Producer)*
Julian Rad *(Grp Dir-Creative)*
Tom Michael *(Dir-Strategy)*
David Harrison *(Sr Creative Dir)*

Accounts:
Google Inc. Creative
T-Mobile Telecommunications

Jack Morton Worldwide
1840 Century Park E Ste 1800, Los Angeles, CA 90067
Tel.: (310) 967-2400
Fax: (310) 967-2450
E-Mail: experience@jackmorton.com
Web Site: www.jackmorton.com

Employees: 850
Year Founded: 1939

National Agency Associations: 4A's

Agency Specializes In: Advertising, Sponsorship

Edward Scott *(Sr VP & Mng Dir-West Coast)*
Alex Esguerra *(Grp Dir-Creative)*
Audrey Eden *(Dir-Entertainment)*

Jack Morton Worldwide
875 N Michigan Ave 27th Fl, Chicago, IL 60611
Tel.: (312) 274-6060
Fax: (312) 274-6061
E-Mail: experience@jackmorton.com
Web Site: www.jackmorton.com

Employees: 850
Year Founded: 1939

National Agency Associations: 4A's

Agency Specializes In: Advertising

Josh McCall *(Chm & CEO)*
Bill Davies *(CFO)*
Shelley Elkins *(Sr VP & Exec Creative Dir)*
Michelle Gallagher *(Sr VP & Client Svcs Dir)*
Sharon Wilson *(VP & Exec Producer)*
Rena Menkes Hula *(VP & Creative Dir)*

Accounts:
Abbott
Abbvie
P&G
Target

Jack Morton Worldwide
1 Woodward Ave, Detroit, MI 48226-3430

AGENCIES - JANUARY, 2019 — ADVERTISING AGENCIES

Tel.: (313) 596-9100
E-Mail: experience@jackmorton.com
Web Site: www.jackmorton.com

Employees: 40
Year Founded: 1939

National Agency Associations: 4A's

Agency Specializes In: Advertising, Sponsorship

Josh McCall *(Chm & CEO)*
John Howard *(Exec VP & Mng Dir-Detroit)*
Elizabeth Krato *(Exec VP & Dir-Ops)*
Cyndy Davis *(Sr VP & Mng Dir-Exhibits)*
Robyn Olson *(Sr VP & Dir-HR)*
David Hirsch *(Sr VP & Sr Creative Dir)*
John Rehm *(Sr VP-Mktg Svcs)*
Steve Leslie *(VP & Program Dir)*
Anne Moore *(VP & Sr Creative Dir)*
Erin Abbott *(Acct Dir)*
Russell J. Rinke *(Creative Dir)*
Mary Trybus *(Creative Dir)*
Joann Stricker *(Mgr-Media Evaluations)*
Anthony Giordano *(Sr Creative Dir)*
Noor Yousif *(Assoc Production Mgr-Cadillac)*

Accounts:
Bayer Schering Plough
CME Group
Dell
Ebay
ESPN
General Motors Chevrolet, Event Marketing, Experiential Marketing, Promotions, Sponsorships
HP
Hyundai
IBM
Microsoft

Jack Morton Worldwide
909 3rd Ave 11th Floor, New York, NY 10022
Tel.: (212) 401-7000
Fax: (212) 401-7010
E-Mail: experience@jackmorton.com
Web Site: www.jackmorton.com

Employees: 850
Year Founded: 1939

National Agency Associations: 4A's

Agency Specializes In: Advertising, Affluent Market, Arts, Automotive, Brand Development & Integration, Broadcast, Communications, Computers & Software, Consumer Goods, Consumer Marketing, Cosmetics, Digital/Interactive, Direct-to-Consumer, Entertainment, Event Planning & Marketing, Fashion/Apparel, Financial, Food Service, Graphic Design, Health Care Services, High Technology, Hospitality, Integrated Marketing, International, Luxury Products, Market Research, Multimedia, Package Design, Pharmaceutical, Print, Production, Production (Ad, Film, Broadcast), Promotions, Public Relations, Publicity/Promotions, Retail, Sales Promotion, Social Media, Sponsorship, Strategic Planning/Research, T.V., Travel & Tourism, Web (Banner Ads, Pop-ups, etc.)

Cyndi Davis *(Sr VP & Mng Dir)*
Craig Millon *(Exec VP-Consumer Mktg)*
Julie Levinthal *(Sr VP-Brand Strategy-Cadillac)*
Michael Kort *(VP & Grp Dir-Creative)*
Carol Katz *(VP & Exec Producer)*
Kim Burkus *(VP & Acct Dir)*
Samantha Fortino *(VP & Dir-Production)*
Christina Houghton *(VP & Dir-Strategy)*
Kristine Corbin *(Dir-Project Mgmt)*
Lisa Gruber *(Sr Mgr-PR)*
Mary Koerner *(Assoc Strategist)*
Cody Lynch *(Sr Assoc-Reg Market)*

Accounts:
British Petroleum Energy
Cotton Manufacturing
Google Fiber Optics
IBM Technology
Samsung Technology
Verizon Communications Telecommunications

JACKSON MARKETING GROUP
2 Task Ct, Greenville, SC 29607
Tel.: (864) 272-3000
Fax: (864) 272-3040
Web Site: www.jacksonmg.com

Employees: 85
Year Founded: 1988

National Agency Associations: BMA-PRSA-Second Wind Limited

Agency Specializes In: Advertising, Automotive, Aviation & Aerospace, Brand Development & Integration, Collateral, College, Communications, Consumer Marketing, Corporate Communications, Corporate Identity, Crisis Communications, Digital/Interactive, Event Planning & Marketing, Exhibit/Trade Shows, Experience Design, Financial, Graphic Design, Guerilla Marketing, Health Care Services, Identity Marketing, Integrated Marketing, Internet/Web Design, Logo & Package Design, Market Research, Media Buying Services, Media Planning, Media Relations, Mobile Marketing, Pharmaceutical, Production (Print), Public Relations, Publicity/Promotions, Search Engine Optimization, Sponsorship, Strategic Planning/Research, Transportation

Larry Jackson *(Chm)*
Darrell Jackson *(Pres & CEO)*
David Madson *(CFO & Exec VP)*
Kevin Johnson *(COO & Exec VP)*
David Jones *(CMO & VP)*
Frank De Angelo *(Exec Dir-Motorsports & Client Rels)*
Kristie D. GraySmith *(Exec Dir-HR)*
Joshua Lyall *(Exec Dir-Strategic Plng)*
Todd Steen *(Exec Dir-Bus Dev)*
Scott Taylor *(Exec Dir-Ops & Client Fin Mgmt)*
Kathy Vass *(Exec Dir-PR & Social Media)*
Lowell Eckart *(Grp Acct Dir)*
Chad Rucker *(Creative Dir)*
Christiana Pusateri *(Dir-First Impressions)*
Myles Grimm *(Assoc Dir-Creative & Digital)*
Jim Hahn *(Production Mgr)*
Monique Bearden *(Acct Supvr)*
Alissa Ricci *(Supvr-Media)*
Micah Moeller *(Graphic Designer-Digital)*
Luke Black *(Coord-Mktg-Intl Motor Sports Association)*
Ryan Woodham *(Coord-Sls-Intl Motor Sports Association)*

Accounts:
American Red Cross of the Upstate
Artisphere
BF Goodrich Tires
Big League World Series Campaign: "2015 Season Kickoff"
BMW Charity ProAm
BMW Manufacturing Corp.
BMW Motorrad
BNSF Railway
Capsugel
Hyster Lift Trucks; Greenville, NC; 2009
Junior Invitational at Sage Valley Golf Club (Agency of Record) Branding, Digital, Media, Public Relations, Social Media
Metropolitan Arts Council
Michelin Aircraft Tires
Michelin Earthmover Tires
Michelin North America
Michelin Truck Tires
Milliken & Co.
The Palmetto Bank Smart phone
Peace Center; Greenville, SC Performing Arts; 2009
Trijicon, Inc (Agency of Record) Branding, Creative, Design, Digital, Marketing, Media, Packaging, Strategy
Wiley X Eyewear
Yale Lift Trucks; Greenville, NC; 2009

JACOB TYLER BRAND COMMUNICATIONS
6863 Friars Rd, San Diego, CA 92108
Tel.: (619) 573-1061
Fax: (619) 696-8633
Toll Free: (866) 735-3438
E-Mail: info@jacobtyler.com
Web Site: www.jacobtyler.com

Employees: 18

Agency Specializes In: Advertising, Brand Development & Integration, Corporate Identity, Graphic Design, Internet/Web Design, Logo & Package Design, Out-of-Home Media, Outdoor, Print, Search Engine Optimization, Social Media

Les Kollegian *(CEO & Chief Creative Officer)*
Elise Limbaga *(Acct Supvr)*

Accounts:
BIOS Lighting (Agency of Record) Brand Development, Brand Reputation & Awareness, Creative, Public Relations; 2018
JBS International
Soundcast Company

JACOBS AGENCY
325 W Huron St, Chicago, IL 60654
Tel.: (312) 664-5000
Fax: (312) 664-5080
E-Mail: newbusiness@jacobsagency.com
Web Site: www.jacobsagency.com

Employees: 30
Year Founded: 1997

National Agency Associations: BMA

Agency Specializes In: Above-the-Line, Below-the-Line, Broadcast, Cable T.V., Collateral, Digital/Interactive, Electronic Media, Exhibit/Trade Shows, In-Store Advertising, Mobile Marketing, Newspaper, Out-of-Home Media, Outdoor, Point of Purchase, Point of Sale, Print, Promotions, Radio, Shopper Marketing, Social Media, Sponsorship, Sweepstakes, T.V., Web (Banner Ads, Pop-ups, etc.)

Tom Jacobs *(Principal)*

Accounts:
Accenture
ACCO
Amtrak Regional Advertising
Comcast
Fair Oaks Farms
HomeDirectUSA
Kellogg
Microsoft
Mondelez International, Inc.
Nicor
OTTO
Turano Baking Company
WE Energies
Weston Food Brands

JACOBS & CLEVENGER, INC.
303 E Wacker Dr, Chicago, IL 60601
Tel.: (312) 894-3000
Fax: (312) 894-3005

ADVERTISING AGENCIES

E-Mail: mail3250@jacobsclevenger.com
Web Site: www.jacobsclevenger.com

Employees: 30
Year Founded: 1982

National Agency Associations: 4A's-AMA-DMA

Agency Specializes In: Advertising, Automotive, Bilingual Market, Business Publications, Business-To-Business, Cable T.V., Collateral, Communications, Consulting, Consumer Marketing, Cosmetics, Direct Response Marketing, E-Commerce, Education, Electronic Media, Financial, Food Service, Graphic Design, Health Care Services, High Technology, Hispanic Market, Information Technology, Internet/Web Design, Leisure, Logo & Package Design, Magazines, New Product Development, Newspapers & Magazines, Over-50 Market, Planning & Consultation, Point of Sale, Print, Public Relations, Radio, Retail, Strategic Planning/Research, T.V., Telemarketing, Trade & Consumer Magazines, Travel & Tourism

Approx. Annual Billings: $30,000,000

Breakdown of Gross Billings by Media: D.M.: $28,000,000; Other: $2,000,000

Ron Jacobs *(Pres)*
Meg Goodman *(Mng Dir & VP)*
Penny Clevenger *(VP-Fin & Admin)*
John Kissane *(Creative Dir)*

Accounts:
American Marketing Association; Chicago, IL
Cintas Uniforms
Consumers Energy; Jackson, MI
The Direct Marketing Association
National Restaurant Association Educational Foundation

JACOBSON ROST
233 N Water St 6th Fl, Milwaukee, WI 53202
Tel.: (414) 220-4888
Fax: (414) 220-4889
Web Site: www.jacobsonrost.com

E-Mail for Key Personnel:
President: jflemma@jacobsonrost.com
Creative Dir.: srussell@jacobsonrost.com
Media Dir.: JEmery@jacobsonrost.com
Public Relations: mbrophy@jacobsonrost.com

Employees: 50
Year Founded: 1956

National Agency Associations: MCA

Agency Specializes In: Advertising, Brand Development & Integration, Broadcast, Business-To-Business, Cable T.V., Collateral, Consumer Marketing, Consumer Publications, Digital/Interactive, Event Planning & Marketing, Exhibit/Trade Shows, Food Service, In-Store Advertising, Internet/Web Design, Leisure, Logo & Package Design, Magazines, Marine, Newspaper, Out-of-Home Media, Outdoor, Planning & Consultation, Point of Sale, Print, Production, Public Relations, Radio, Restaurant, Retail, Sales Promotion, Sponsorship, Sports Market, Strategic Planning/Research, T.V., Travel & Tourism

Approx. Annual Billings: $64,000,000

Jerry Flemma *(Pres & COO)*
Patrick Goggin *(Partner & Chief Strategy Officer)*
Steve Simoncic *(Chief Creative Officer)*
Nicole Friedman *(Acct Supvr-PR)*
Emily Madelung *(Media Planner & Media Buyer)*
Andria Rosell *(Mng Supvr-PR)*
Tina Wraalstad *(Grp Media Dir)*
Aimee Zozakiewicz *(Assoc Acct Supvr)*

Accounts:
Boss Snowplows; Iron Mountain, MI Snow Removal Equipment; 1998
Carl Buddig & Company Carl Buddig & Company, Deli Cuts, Extra Thin, Fix Quix
Cellcom Israel Ltd.
Conagra Brands, Inc.
Jacob Leinenkugel Brewing Co.
Kohler Company; Kohler, WI Plumbing Products
MillerCoors LLC Campaign: "Great Beer Great Responsibility", Miller Lite Brewers Collection
Nemschoff, Inc.
Old Wisconsin Sausage; Sheboygan, WI; 2001
Potbelly Sandwich Works LLC
Society Insurance; Fond du Lac, WI; 1998
Stein Gardens & Gifts

JADI COMMUNICATIONS
1110 Glenneyre St, Laguna Beach, CA 92651
Tel.: (949) 494-8900
Fax: (949) 494-4153
E-Mail: studio@jadicom.com
Web Site: www.jadicom.com

Employees: 10

Agency Specializes In: Advertising, Brand Development & Integration, Broadcast, Corporate Identity, Digital/Interactive, Internet/Web Design, Out-of-Home Media, Outdoor, Print, Public Relations, Radio

Gary Brewer *(VP-Bus Dev)*
Tim Morra *(Exec Dir-Creative)*
Alec Boehm *(Dir-Visual)*
Lisa Roberson-Beery *(Dir-Dev)*
Ashley Pringle *(Assoc Creative Dir)*

Accounts:
AMA Skincare Marketing, Strategic Branding
Epson America Inc.

JAFFE & PARTNERS
222 E 34Th St Apt 1204, New York, NY 10016
Tel.: (212) 696-5555
Fax: (212) 696-4998
E-Mail: stevej@jaffeandpartners.com
Web Site: www.jaffeandpartners.com

Employees: 13
Year Founded: 1991

Agency Specializes In: Brand Development & Integration, Direct Response Marketing, Event Planning & Marketing, Exhibit/Trade Shows, Graphic Design, Internet/Web Design, Logo & Package Design, New Product Development, Point of Purchase, Publicity/Promotions, Sales Promotion

Approx. Annual Billings: $5,000,000

Breakdown of Gross Billings by Media: Brdcst.: $1,000,000; Collateral: $1,000,000; Fees: $2,500,000; Point of Purchase: $250,000; Trade Shows: $250,000

Betty Wall *(Partner & Client Svcs Dir)*
Steven Jaffe *(Partner)*

Accounts:
American Express; New York, NY; 1991
Cheeses of France, Inc.
Pentagon Federal Credit Union
Software Business Consulting

JAJO, INC.
131 N Rock Island St, Wichita, KS 67202
Tel.: (316) 267-6700
Fax: (316) 267-3531
E-Mail: info@jajo.net

AGENCIES - JANUARY, 2019

Web Site: http://www.jajo.agency/

Employees: 6
Year Founded: 2003

Agency Specializes In: Advertising, Aviation & Aerospace, Brand Development & Integration, Broadcast, Business-To-Business, Cable T.V., College, Consumer Marketing, Corporate Identity, Digital/Interactive, Direct Response Marketing, E-Commerce, Event Planning & Marketing, Exhibit/Trade Shows, Financial, Graphic Design, Health Care Services, High Technology, Hospitality, Identity Marketing, Industrial, Integrated Marketing, Internet/Web Design, Leisure, Logo & Package Design, Luxury Products, Marine, Market Research, Media Buying Services, Multimedia, Out-of-Home Media, Outdoor, Planning & Consultation, Print, Promotions, Public Relations, Radio, Retail, Seniors' Market, Strategic Planning/Research, T.V., Trade & Consumer Magazines, Transportation, Travel & Tourism

Steve Randa *(Mng Partner)*
Shawn Stuckey *(Mng Partner)*
Eric Andreae *(Art Dir)*
Aubrie Lockamy *(Art Dir)*
Lea Frevert *(Brand Mgr)*
Brian Beyer *(Designer)*
Matt Meinecke *(Copywriter)*
Matt Nelson *(Copywriter)*
Andrew Timme *(Designer)*
Mike Gangwere *(Assoc Creative Dir)*

Accounts:
Cox Business; Wichita, KS Business Voice, Data & Video Services; 2009
Great Lakes Polymer Technologies
ICM, Inc.; Colwich, KS; 2008

JAM3
171 E Liberty St Ste 252, Toronto, ON M6K 3P6 Canada
Tel.: (416) 531-5263
Fax: (416) 532-5263
Web Site: www.jam3.com

Employees: 100

Agency Specializes In: Advertising, Digital/Interactive, Internet/Web Design

Mark McQuillan *(Founder & Pres)*
Florencia Courtaux *(Head-Production)*
Michael Dobell *(Head-Production)*
Pablo Vio *(Exec Creative Dir)*
Dirk van Ginkel *(Creative Dir)*
Dan Clark *(Client Partner)*

Accounts:
Dean West
Fathom Film Group Campaign: "Inside North Korea", Campaign: "The Defector: Escape from North Korea"
MTV
National Film Board of Canada Bear 71
Orange SA Campaign: "Future Self", Digital
Royal Canadian Mint Campaign: "Heart of the Arctic"
Skittles Campaign: "Create The Rainbow", Online

THE JAMES AGENCY
6240 E Thomas Rd Ste 200, Scottsdale, AZ 85251
Tel.: (480) 248-6710
Fax: (480) 323-2208
E-Mail: info@thejamesagency.com
Web Site: www.thejamesagency.com

Employees: 30
Year Founded: 2005

Agency Specializes In: Advertising, Collateral,

AGENCIES - JANUARY, 2019 — ADVERTISING AGENCIES

Corporate Identity, Event Planning & Marketing, Graphic Design, Internet/Web Design, Media Buying Services, Media Planning, Public Relations, Strategic Planning/Research

Veronique James *(Founder & CEO)*
Cristin Andrews *(Controller)*
Darren Simoes *(Art Dir)*
Shane Tang *(Creative Dir)*
Jennifer Adler *(Dir-PR)*
Dallas McLaughlin *(Dir-Interactive Mktg)*
Ashley Winkel *(Dir-Client Svcs)*
John Glynn *(Sr Acct Mgr-PR)*
Jayne Gaskey *(Office Mgr)*
Katharine Longo *(Mgr-Social Media)*
Jamie Britton *(Sr Graphic Designer)*
Mandy Karimi *(Sr Media Planner & Media Buyer)*
Amy Aust *(Rep-PR)*
Keller Perry *(Jr Acct Mgr-PR)*

Accounts:
AC Hotel Phoenix Tempe/Downtown (Local Public Relations Agency of Record) Social Media
Barrio Queen (Public Relations Agency of Record) Search Engine Optimization, Social Media, Website
City of Scottsdale
New-The Cliffs Hotel + Spa (Agency of Record) Creative Services, Media Buying, Public Relations, Social Media, Website Design; 2018
Hotel Valley Ho Advertising, Creative, Digital Media, Media Buying, Website Design
Mountain Shadows (Agency of Record) Creative, Hearth '61, Media Buying, Public Relations, Social Media, Video Production, Website Design
Moxy Tempe (Local Public Relations Agency of Record) Social Media
Norbu Designs
Octane Raceway
Pei Wei Asian Diner Public Relations
The Phoenix Ale Brewery Central Kitchen (Public Relations Agency of Recoed) Digital Marketing Strategy, Social Media
Potty Pals Club
Spinatos Pizzeria
Tilted Kilt (National Advertising & Digital Agency of Record) Creative, Media Buying, National Brand Positioning, Pub & Eatery, Social Media Strategy, Traditional
New-Travel Costa Mesa Creative Services, Logo & Branding, Public Relations, Video Production; 2018
YC's Mongolian Grill

JAMES & MATTHEW
2 Shaker Rd Ste D220, Shirley, MA 01464
Tel.: (978) 424-4500
E-Mail: hi@jamesandmatthew.com
Web Site: www.jamesandmatthew.com

Employees: 12
Year Founded: 2007

Agency Specializes In: Advertising, Brand Development & Integration, Internet/Web Design, Social Media

John Cain *(Partner)*
Craig Birchfield *(Creative Dir)*
Mariella McNeany *(Sr Art Dir)*

Accounts:
New-Advia credit union

JAMES & THOMAS, INC.
6N397 Corron Rd Ste 100, Saint Charles, IL 60175-8420
Tel.: (630) 587-9901
Fax: (630) 587-9911
Web Site: www.jamesthomasinc.com
E-Mail for Key Personnel:
President: bbloch@aol.com

Employees: 4
Year Founded: 1965

Agency Specializes In: Advertising, Business-To-Business, Consulting, Direct Response Marketing, Engineering, Environmental, Financial, Graphic Design, Health Care Services, Logo & Package Design, Medical Products, Newspaper, Newspapers & Magazines, Point of Purchase, Print, Production, Public Relations, Publicity/Promotions, Radio, Recruitment, T.V., Trade & Consumer Magazines, Transportation, Yellow Pages Advertising

Breakdown of Gross Billings by Media: Bus. Publs.: 3%; Collateral: 3%; Comml. Photography: 2%; D.M.: 3%; Fees: 6%; Game Shows: 4%; Mags.: 1%; Network Radio: 6%; Newsp. & Mags.: 2%; Newsp.: 26%; Outdoor: 1%; Point of Purchase: 2%; Print: 3%; Production: 4%; Pub. Rels.: 2%; Radio & T.V.: 32%

William Bloch *(Owner)*

Accounts:
Business Learning Inc.; 1987
CAE Service, Inc.; 2000
Conroy Physical Therapy; 2000
CTE AECOM; 1967
Family Pac
IL Chip Services
Illinois Masonic Childrens Home; 1999
Illinois Masonic Homes Endowment Fund
Topel Forman Accounting Services

JAMES ROSS ADVERTISING
1180 SW 36th Ave Ste 101, Pompano Beach, FL 33069
Tel.: (954) 974-6640
Fax: (954) 974-6621
E-Mail: neil@jamesrossadvertising.com
Web Site: www.jamesrossadvertising.com

Employees: 12
Year Founded: 2003

Agency Specializes In: Advertising, Affiliate Marketing, Affluent Market, African-American Market, Alternative Advertising, Automotive, Aviation & Aerospace, Bilingual Market, Brand Development & Integration, Branded Entertainment, Business Publications, Business-To-Business, Cable T.V., Catalogs, Children's Market, Collateral, Commercial Photography, Communications, Consumer Goods, Consumer Marketing, Consumer Publications, Corporate Communications, Corporate Identity, Cosmetics, Custom Publishing, Digital/Interactive, Direct Response Marketing, Direct-to-Consumer, E-Commerce, Electronic Media, Electronics, Email, Entertainment, Environmental, Event Planning & Marketing, Exhibit/Trade Shows, Experiential Marketing, Fashion/Apparel, Financial, Food Service, Graphic Design, Guerilla Marketing, Health Care Services, High Technology, Hispanic Market, Hospitality, Household Goods, Identity Marketing, In-Store Advertising, Internet/Web Design, LGBTQ Market, Leisure, Local Marketing, Logo & Package Design, Luxury Products, Magazines, Marine, Media Buying Services, Media Planning, Medical Products, Merchandising, Mobile Marketing, Multicultural, Multimedia, New Product Development, New Technologies, Newspaper, Newspapers & Magazines, Out-of-Home Media, Outdoor, Over-50 Market, Package Design, Paid Searches, Pharmaceutical, Planning & Consultation, Point of Purchase, Point of Sale, Print, Production, Production (Print), Promotions, Publishing, Radio, Real Estate, Restaurant, Retail, Sales Promotion, Search Engine Optimization, Seniors' Market, Social Marketing/Nonprofit, Sports Market, Technical Advertising, Trade & Consumer Magazines, Transportation, Travel & Tourism, Viral/Buzz/Word of Mouth, Web (Banner Ads, Pop-ups, etc.)

Approx. Annual Billings: $18,000,000

Breakdown of Gross Billings by Media: Collateral: 5%; D.M.: 2%; Graphic Design: 10%; Outdoor: 2%; Point of Sale: 5%; Print: 32%; Production: 3%; Sls. Promo.: 3%; Trade & Consumer Mags.: 10%; Trade Shows: 3%; Worldwide Web Sites: 25%

Jim Potts *(Pres)*
Neil Ross *(CEO)*
Paige Ross *(Dir-HR & Benefits)*

Accounts:
AshBritt
Dolphin Encounters
Gardens Memorial Park
Heico
Javalution Coffee Company
MD Science Lab
Techno Derm

JAMES STREET ASSOCIATES, LTD.
2441 W Vermont St Ste 298, Blue Island, IL 60406
Tel.: (708) 371-0110
Fax: (708) 371-1979
E-Mail: media@jamesstreetassoc.com
Web Site: jamesstreetassoc.com

Employees: 10

Agency Specializes In: Advertising, Brand Development & Integration, Collateral, Consulting, Email, Integrated Marketing, Internet/Web Design, Logo & Package Design, Production, Publicity/Promotions, Strategic Planning/Research, Web (Banner Ads, Pop-ups, etc.)

Martha Anderson *(Exec Dir)*
Bill Fahrenwald *(Exec Dir)*

Accounts:
Kenco Media Relations
Pacer International

JAMPOLE COMMUNICATIONS, INC.
428 Forbes Ave, Pittsburgh, PA 15219-1620
Tel.: (412) 471-2463
Fax: (412) 471-5861
E-Mail: office@jampole.com
Web Site: www.jampole.com

Employees: 4

Marc Jampole *(Pres)*

JAN KELLEY MARKETING
1005 Skyview Dr Ste 322, Burlington, ON L7P 5B1 Canada
Tel.: (905) 631-7934
Fax: (905) 632-6924
E-Mail: jletwin@jankelley.com
Web Site: www.jankelley.com

E-Mail for Key Personnel:
President: jletwin@jankelleymarketing.com
Media Dir.: cpreston@jankelleymarketing.com
Production Mgr.: splace@jankelleymarketing.com

Employees: 48
Year Founded: 2001

National Agency Associations: CMA

Agency Specializes In: Advertising, Advertising Specialties, Automotive, Brand Development & Integration, Broadcast, Business Publications, Business-To-Business, Co-op Advertising,

ADVERTISING AGENCIES

Communications, Consulting, Consumer Marketing, Consumer Publications, Corporate Identity, Direct Response Marketing, Education, Event Planning & Marketing, Food Service, Graphic Design, Health Care Services, Internet/Web Design, Logo & Package Design, Marine, Media Buying Services, Medical Products, Merchandising, New Product Development, Out-of-Home Media, Outdoor, Planning & Consultation, Point of Purchase, Point of Sale, Print, Production, Public Relations, Publicity/Promotions, Radio, Strategic Planning/Research

Approx. Annual Billings: $10,000,000

Breakdown of Gross Billings by Media: Consulting: 18%; D.M.: 9%; Exhibits/Trade Shows: 1%; Fees: 5%; Graphic Design: 15%; Logo & Package Design: 5%; Newsp.: 5%; Point of Sale: 5%; Radio: 10%; Strategic Planning/Research: 10%; T.V.: 10%; Trade & Consumer Mags.: 5%; Worldwide Web Sites: 2%

Chantel Broten *(Pres & CEO)*
Jim Letwin *(CEO)*
Ken Nicholson *(VP)*
Lynn Ridley *(VP-Creative)*
David Barnes *(Art Dir)*
Pam Murdock *(Acct Dir)*
Geoff Redwood *(Creative Dir)*
Mark Walters *(Art Dir)*
Amy Williams *(Acct Dir)*
Mike Bzowski *(Dir-Video)*
Kamila Karwowski *(Dir-Comm)*
Cathy Sheppard *(Dir-First Impressions)*
Candice Sells *(Acct Mgr)*
Jennifer Candlish *(Comm Mgr)*
Terri Cameron *(Mgr-Media)*
Stephanie Tryon *(Mgr-Media)*
Ashley Coles *(Specialist-Digital & Search Mktg)*
Chelsea Craig *(Strategist-Digital)*
Stew Farago *(Assoc Creative Dir & Copywriter)*
Nicholas Ginty *(Sr Graphic Designer)*
Anita Kitchen *(Assoc Creative Dir)*

Accounts:
ArcelorMittal Dofasco Inc.
Armstrong Milling
AweStruck Wildlife Removal
Big Brothers Big Sisters
Bulk Burn
Canadian Tire Dealers' Association
Cosella Dorken
Deeley Harley-Davidson
Hamilton Health Sciences
Imperial Oil Ltd.
Jiffy Lube
Knowledge First Financial
Melitta Coffee
Ministry of Finance
Municipal Property Assessment Corporation
Ontario Medical Association
Ontario Pharmaceutical
Ontario Telemedicine Network
Peller Estates
Ranpro Inc.
RiteRate
Rust-Oleum
Sevita (PRO Seeds)
SIR Corp.
Suncor Lubricants
Toronto Transit Commission
VicWest
The Works Burger

JANIS BROWN & ASSOCIATES
19434 4th Pl, Escondido, CA 92029-8111
Tel.: (760) 743-1795
Fax: (760) 746-1691
E-Mail: info@janisbrown.com
Web Site: www.janisbrown.com

Employees: 15

Year Founded: 1977

Agency Specializes In: Advertising, Bilingual Market, Brand Development & Integration, Broadcast, Cable T.V., Co-op Advertising, Collateral, Consulting, Consumer Marketing, Corporate Identity, Direct Response Marketing, E-Commerce, Electronic Media, Entertainment, Event Planning & Marketing, Fashion/Apparel, Food Service, Graphic Design, High Technology, Hispanic Market, Infomercials, Internet/Web Design, Leisure, Logo & Package Design, Magazines, Media Buying Services, Newspaper, Newspapers & Magazines, Out-of-Home Media, Outdoor, Over-50 Market, Planning & Consultation, Point of Purchase, Point of Sale, Print, Production, Publicity/Promotions, Radio, Real Estate, Restaurant, Retail, Sales Promotion, Strategic Planning/Research, Sweepstakes, T.V., Teen Market, Trade & Consumer Magazines, Travel & Tourism

Approx. Annual Billings: $6,000,000

Breakdown of Gross Billings by Media: Collateral: 10%; Internet Adv.: 2%; Out-of-Home Media: 20%; Print: 30%; Radio: 13%; T.V.: 25%

Janis Brown *(Principal)*

Accounts:
City North
Jones Lang LaSalle
Pine Street Development; Seattle, WA
Serramonte Center; Daly City, CA
Urban Retail Properties; Chicago, IL

JANKOWSKICO.
570 Kirts Blvd Ste 202, Troy, MI 48084
Tel.: (248) 404-9900
Fax: (248) 404-9905
E-Mail: possiblities@jankowskico.com
Web Site: www.jankowskico.com

E-Mail for Key Personnel:
President: rjankowski@jankowskico.com

Employees: 8
Year Founded: 1998

National Agency Associations: AAF

Agency Specializes In: Advertising, Brand Development & Integration, Corporate Identity, Education, Financial, Sponsorship

Roger Jankowski *(Pres)*

Accounts:
Wayne State University Physicians Group
West Michigan Academy of Environmental Science

JARRARD PHILLIPS CATE & HANCOCK, INC.
219 Ward Cir Ste 3, Brentwood, TN 37027
Tel.: (615) 254-0575
Fax: (615) 843-8431
E-Mail: info@jarrardinc.com
Web Site: www.jarrardinc.com

Employees: 8

Agency Specializes In: Communications, Government/Political, Health Care Services

David Jarrard *(Pres & CEO)*
Molly Cate *(Partner & Chief Innovation Officer)*
Kim Fox *(Partner)*
Emme Nelson Baxter *(VP)*
Jennifer McGoldrick Fuqua *(Dir-Bus Dev)*

JASE GROUP, LLC
614 Georgia Ave, Norfolk, VA 23508
Tel.: (757) 962-0134
Web Site: www.jasegroup.com

Employees: 3
Year Founded: 1997

Agency Specializes In: Advertising, Brand Development & Integration, Internet/Web Design, Social Media

Keith Parnell *(CEO)*

Accounts:
Advance Short Sale Service (Creative Agency of Record) Search Engine Optimization, Social Media
Arvon Staffing Virginia, LLC (Creative Agency of Record)
Changes Hairstyling (Digital Media Agency of Record) Creative Advertising, Digital Media, Public Relations
Dragas Mortgage Company
Iggles Cheesesteaks & Burgers (Advertising Agency of Record) Creative
La Bella in Ghent (Advertising Agency of Record)
NuMerchant Pro (Advertising & Creative Agency of Record) Search Engine Optimization, Social Media
Philly Style Steaks & Subs (Advertising Agency of Record) Website
Royal Oak Eye Care (Advertising & Creative Agency of Record) Search Engine Optimization, Social Media Integration
Tidewater Arts Outreach (Digital Media Agency of Record) Advertising, Creative, Hampton Roads arts organization, Public Relations
Vancostas Mediterranean Restaurant (Advertising & Creative Agency of Record) Search Engine Optimization, Social Media

JASON SCHULTE DESIGN, INC.
(See Under Office)

JAVELIN MARKETING GROUP
7850 N Belt Line Rd, Irving, TX 75063-6098
Tel.: (972) 443-7000
Fax: (972) 443-7194
E-Mail: info@javelinmarketinggroup.com
Web Site: https://javelinagency.com/

Employees: 190
Year Founded: 2004

National Agency Associations: 4A's-AAF-AMA-DMA

Agency Specializes In: Advertising, Automotive, Business-To-Business, Collateral, Communications, Consulting, Consumer Marketing, Corporate Communications, Digital/Interactive, Direct Response Marketing, Direct-to-Consumer, Electronic Media, Financial, Graphic Design, Health Care Services, High Technology, Information Technology, Internet/Web Design, Local Marketing, Pharmaceutical, Planning & Consultation, Print, Production, Sponsorship, Strategic Planning/Research, Sweepstakes

Tina Posey *(Pres)*
Leigh Ober *(Chief People Officer)*

Accounts:
Allstate
AT&T, Inc. AT&T U-Verse
Citi
Gerber Life Insurance Company
Heritage Union
The Humane Society of the United States Call Center Management, Creative, DRTV, Media Planning & Buying
Hyatt
New Zealand Telecom

PEPBOYS Auto
The Scooter Store
TruGreen; Memphis, TN Lawn Care

JAY ADVERTISING, INC.
170 Linden Oaks, Rochester, NY 14625-2836
Tel.: (585) 264-3600
Fax: (585) 264-3650
Toll Free: (800) 836-6800
E-Mail: gregory.smith@jayww.com
Web Site: www.jayww.com

E-Mail for Key Personnel:
President: gregory.w.smith@jayww.com

Employees: 50
Year Founded: 1973

National Agency Associations: 4A's

Agency Specializes In: Advertising, Automotive, Brand Development & Integration, Broadcast, Cable T.V., Co-op Advertising, Communications, Consumer Marketing, Consumer Publications, Direct-to-Consumer, Entertainment, Health Care Services, Magazines, Media Buying Services, Media Planning, Newspaper, Newspapers & Magazines, Out-of-Home Media, Outdoor, Over-50 Market, Pharmaceutical, Point of Purchase, Point of Sale, Print, Production, Publicity/Promotions, Radio, Restaurant, Retail, Sales Promotion, Social Media, Sponsorship, Sports Market, Sweepstakes, T.V., Trade & Consumer Magazines

Approx. Annual Billings: $24,000,000

Ferdinand Smith, III *(CEO & Exec Creative Dir)*
Roxie Barrett *(CFO & Sr VP)*
Bob Nisson *(Chief Creative Officer-McCann)*
Guy Smith *(Sr VP)*
David Ianucci *(Acct Dir)*
Matt Soike *(Acct Dir)*
Colleen Condon *(Dir-Digital Svcs)*
Susan Cregan *(Dir-Media Svcs)*
Nick Castello *(Media Planner & Media Buyer)*
Jennifer Barone-Donahue *(Sr Supvr-Media)*

Accounts:
First Niagara Financial Group; Lockport, NY Bank & Consumer Commercial Services; 2007
General Motors Pontiac Retail, Buick & GMC Truck Retail Advertising, Chevrolet Retail
HBO
Nikon Inc (Agency of Record)
Raymour & Flanigan Furniture; Liverpool, NY Furniture; 2005
Rochester Red Wings Baseball Team
Sealy Corporation; Trinity, NC Mattresses
St. John Fisher College; Rochester, NY Liberal Arts College; 2006
Wegmans Food & Pharmacy

JAYNE AGENCY
PO Box 556, Highland Park, IL 60035
Tel.: (312) 464-8100
Web Site: www.jayneagency.com

Employees: 15
Year Founded: 2009

Brooke Foley *(CEO)*
Bradley Pierce *(Acct Dir)*

Accounts:
Big Lots!; 2014
College Illinois! Prepaid Tuition Program; 2012
Free Market Ventures; 2012

JAYRAY, A COMMUNICATIONS CONSULTANCY
535 E Dock St Ste 205, Tacoma, WA 98402-4630
Tel.: (253) 627-9128
Fax: (253) 627-6548
E-Mail: scampbell@jayray.com
Web Site: www.jayray.com

Employees: 12
Year Founded: 1970

Agency Specializes In: Advertising, Brand Development & Integration, Consulting, Corporate Identity, Event Planning & Marketing, Financial, Graphic Design, Health Care Services, Internet/Web Design, Legal Services, Media Relations, Media Training, Public Relations, Real Estate, Strategic Planning/Research

Approx. Annual Billings: $9,000,000 (Capitalized)

Breakdown of Gross Billings by Media: Bus. Publs.: 21%; Collateral: 14%; D.M.: 5%; Mags.: 17%; Newsp.: 26%; Outdoor: 6%; Point of Sale: 1%; T.V.: 5%; Transit: 5%

Kathleen Deakins *(Pres)*
Bridget Baeth *(Principal)*
Bethany Doane *(Coord-Admin)*

Accounts:
Broadway Center for the Performing Arts
Catholic Health Initiatives; Denver, CO Health Care
Green Diamond Resource Co.
Harborstone Credit Union
KPS Health Plans
Lacey Fire District Three
LeRoy Jewelers; Tacoma, WA
Lucks Food Decorating Co.; Tacoma, WA Cake Decorations; 1992
Mercy Medical Center
Metro Parks Tacoma
Northwest Cascade, Inc.
Palmer Scholars
Pierce County Library System
Pierce County Public Works & Utilities
Port of Tacoma
Simpson Lumber Company, LLC; Tacoma, WA; 1985
Simpson Tacoma Kraft Co.; Tacoma, WA Paper, Pulp
Sound Credit Union
St. Anthony Hospital
Threshold Group
Thurston County Department of Water & Waste
The Union Credit Union

JB CHICAGO
230 W Superior St Ste 300, Chicago, IL 60654
Tel.: (312) 442-7223
Fax: (312) 264-0138
E-Mail: info@jbchicago.com
Web Site: www.jbchicago.com

Employees: 10

Agency Specializes In: Integrated Marketing

Stephen Gaither *(CEO)*
Christina Calderon *(COO & Creative Dir)*
Lindsey Lullo *(Acct Supvr)*

Accounts:
Albert's Diamond Jewelers
American Auto Insurance
ASHA Salon & Spa
Koncept Promotions
Nate Berkus & Associates
Virtual Care Provider, Inc

J.C. THOMAS MARKETING COMMUNICATIONS
PO Box 11716, Charlotte, NC 28220
Tel.: (704) 377-9660
Fax: (704) 377-9662
E-Mail: info@jcthomas.com
Web Site: jcthomas.com

Employees: 5

Joel B. Thomas *(Owner)*

Accounts:
Johnson & Johnson
The McGill & Hill Group Financial Advisory Firm; 2010

JCDECAUX NORTH AMERICA
350 5Th Ave Fl 73, New York, NY 10118
Tel.: (646) 834-1200
Fax: (646) 834-1201
Web Site: www.jcdecauxna.com

Employees: 180
Year Founded: 1994

Agency Specializes In: Out-of-Home Media, Outdoor

Bernard Parisot *(Pres & Co-CEO)*
Jean-Luc Decaux *(Co-CEO)*
Robert P. Cilia *(Co-Mng Dir)*
Stacey Ferris Kodak *(Co-Mng Dir-JCDecaux Airport)*
Nicolas Clochard-Bossuet *(COO)*
Renaud Couillens *(CMO)*
Mark Costa *(Chief Digital Officer)*
Faith Garbolino *(Exec VP-Sls & Mktg)*
Andrew Korniczky *(Exec VP-Intl Client Svcs)*
Jennifer Gilhooley *(VP-Reg Sls)*
Josh Kaner *(VP-Strategic Partnerships)*
Thomas Mason *(VP-HR)*
Annmarie Cartolano *(Head-Digital Activation)*
Jessica Spinelli *(Sls Dir-Intl)*
Angela Auletta Nappi *(Mktg Mgr)*

Accounts:
American InterContinental University
NYC & Company OOH
Starbucks
Toyota

JD GORDON CREATIVE LABS
(See Under Antidote 71)

JDA FRONTLINE
800 N Capitol St Nw Ste 800, Washington, DC 20002
Tel.: (202) 559-0290
E-Mail: info@jdafrontline.com
Web Site: www.jdafrontline.com/

Employees: 15
Year Founded: 1976

Agency Specializes In: Advertising

Trevor Francis *(Mng Partner & Exec VP)*
Ralph Posner *(Exec VP)*
Chris Billeter *(VP-Digital Media)*
Laurie Rossbach *(VP-Pub Affairs)*
Isabel Rollison *(Dir)*

Branch

JDA Frontline
68 1/2 Queen St, Charleston, SC 29401
Tel.: (843) 722-9670
Fax: (843) 722-9672
E-Mail: info@jdafrontline.com
Web Site: www.jdafrontline.com

Employees: 10
Year Founded: 2005

Agency Specializes In: Advertising,

ADVERTISING AGENCIES

Communications, Crisis Communications, Media Training, Public Relations, Strategic Planning/Research, Web (Banner Ads, Pop-ups, etc.)

Thomas Otis *(Exec VP-Fin)*

Accounts:
Edo Interactive Digital Marketing

JDCOMMUNICATIONS INC
776 Washington St, Canton, MA 02021
Tel.: (781) 828-0323
Fax: (810) 885-2048
E-Mail: info@jdcomm.biz
Web Site: www.jdcomm.biz

Employees: 5

Agency Specializes In: Advertising, Collateral, Graphic Design, Media Buying Services, Print, Public Relations

Joanne DiFrancesco *(Owner & Pres)*
Yvonne Lauziere *(Art Dir)*
Ashley Francis *(Acct Mgr & Coord-Social Media)*
Mary Sarafin *(Strategist-Social Media)*

Accounts:
Eleven Interiors
GerrityStone Granite Stone Fabrications

JEFFREY ALEC COMMUNICATIONS
149 S Barrington Ave Ste 331, Los Angeles, CA 90049
Tel.: (310) 265-1700
Fax: (310) 476-6770
E-Mail: info@jeffreyalec.com
Web Site: www.jeffreyalec.com

E-Mail for Key Personnel:
President: jlevine@jeffreyalec.com
Creative Dir.: jlevine@jeffreyalec.com
Production Mgr.: tgleason@jeffreyalec.com
Public Relations: lmori@jeffreyalec.com

Employees: 4
Year Founded: 1985

National Agency Associations: Second Wind Limited

Agency Specializes In: Advertising, African-American Market, Automotive, Aviation & Aerospace, Brand Development & Integration, Broadcast, Business Publications, Business-To-Business, Cable T.V., Catalogs, Collateral, Communications, Consulting, Corporate Communications, Corporate Identity, Digital/Interactive, Direct Response Marketing, E-Commerce, Electronic Media, Event Planning & Marketing, Exhibit/Trade Shows, Fashion/Apparel, Financial, Food Service, Graphic Design, Health Care Services, High Technology, Identity Marketing, Industrial, Internet/Web Design, Investor Relations, Leisure, Logo & Package Design, Luxury Products, Marine, Market Research, Media Buying Services, Media Planning, Media Relations, Medical Products, Multimedia, Newspaper, Out-of-Home Media, Outdoor, Package Design, Planning & Consultation, Point of Purchase, Print, Production, Production (Print), Public Relations, Publicity/Promotions, Radio, Real Estate, Restaurant, Retail, Sales Promotion, Social Marketing/Nonprofit, Strategic Planning/Research, Trade & Consumer Magazines, Transportation, Travel & Tourism

Approx. Annual Billings: $1,000,000

Breakdown of Gross Billings by Media: Collateral: 25%; Consulting: 25%; Graphic Design: 15%; Logo & Package Design: 10%; Worldwide Web Sites: 25%

Accounts:
ATI Tools; Escondido, CA Aircraft Tools; 2007
CDI Torque Products; City of Industry, CA Calibration Equipment, Torque Products; 1988
Pipeline Apparel; Gardena, CA Men's & Young Men's Surf Apparel; 2002
Progressive Management Systems; Los Angeles, CA Consulting; 2004
Remy Leather Fashions Fashion; 1995
Signature Estate & Investment Advisors, LLC; Los Angeles, CA Financial; 2006
Weyco Group Inc. Fashion; 1999
Zimmer Museum (Non-Profit); Los Angeles, CA; 2003

JEFFREY SCOTT AGENCY
1544 Fulton St, Fresno, CA 93721
Tel.: (559) 268-9741
Fax: (559) 268-9759
Web Site: www.jsaweb.com

Employees: 30

Agency Specializes In: Advertising, Brand Development & Integration, Event Planning & Marketing, Media Planning, Media Relations, Out-of-Home Media, Outdoor, Print, Public Relations, Social Media, Strategic Planning/Research

Bruce Batti *(Pres)*
Wendy Batti *(CFO)*
Suzanne Davis *(Art Dir)*
Jennifer Seita *(Dir-PR)*
Kerry Sabbatini *(Media Buyer)*
Lauren Ruh *(Acct Coord-PR)*

Accounts:
Barrels Unlimited, Inc.
Tioga-Sequoia Brewing

JEKYLL AND HYDE
26135 Plymouth Rd, Redford, MI 48239
Tel.: (800) 500-4210
Toll Free: (800) 500-4210
Web Site: jekyllhydeagency.com/

Employees: 16
Year Founded: 1996

Agency Specializes In: Advertising, Brand Development & Integration, Consumer Goods, Direct Response Marketing, Logo & Package Design, Media Planning, Multimedia, Package Design, Print, Production, Radio, Strategic Planning/Research, T.V., Web (Banner Ads, Pop-ups, etc.)

Revenue: $7,000,000

Sally Young *(Pres)*
Robb Taylor *(Chief Creative Officer, Dir-Creative & Strategist-Brand)*
Michelle Pike *(Acct Dir)*
May Lopez *(Assoc Dir-Traditional Media)*
Cameron Solu *(Mgr-Digital Media)*
Justin Girouard *(Acct Exec)*
Carl Rozkowski *(Analyst-Digital Media)*

Accounts:
Andover (Agency of Record)
Australian Dream Media Purchasing, Strategy
Cremo Company Shave Cream
Delicious Brands L.L.C.; Dallas, TX (Agency of Record)
DenTek Dental Guards
H2Ocean Extreme Tattoo Care Kit, Television
Holmquist Healthcare LLC (Agency of Record)
Innovative Body Solutions (Agency of Record) Resistance Stretching DVD
Jackson Precious Metals Inc.; Redford, MI (Agency of Record)
P&M Products L.L.C; Kirkland, WA (Agency of Record)
Remedent Inc (Agency of Record)
Solos Footwear (Agency of Record)
Sunset Malibu; Malibu, CA (Agency of Record)
Triumph Pharmaceuticals (Agency of Record)

JELLYFISH
729 E Pratt St Ste 600, Baltimore, MD 21202
Tel.: (443) 842-5555
Web Site: www.jellyfish.net

Employees: 200

Agency Specializes In: Digital/Interactive, Direct Response Marketing, Mobile Marketing, Search Engine Optimization, Sponsorship, Web (Banner Ads, Pop-ups, etc.)

Approx. Annual Billings: $100,000,000

Jim Hamilton *(Mng Dir & Head-US)*
Paramjeet Sanghera *(CTO)*
Kevin Buerger *(Exec VP & Mng Dir-US)*
Greg Allum *(Head-Social Media)*
Nick Fettiplace *(Head-Earned Media)*
Daniel Wilkinson *(Head-Paid Media-UK)*
Jai Amin *(Sr Dir-PPC)*
Josh Patterson *(Sr Dir-SEO)*
Will Phung *(Grp Acct Dir)*
Alex Feinberg *(Acct Dir-Digital)*
Cory Hudson *(Creative Dir)*
Sara Furney-Howe *(Dir-PPC)*
Jennifer Thorpe *(Dir-Ops)*
Andrew Burakov *(Sr Mgr-Paid Social)*
Peter Niles *(Sr Acct Mgr)*
Elijah Perry *(Sr Acct Mgr)*
Colleen Jackson *(Sr Specialist-Paid Social)*
Steve Backes *(Acct Exec)*
Robby Douglas *(Sr Planner-Digital)*
Louisa Johns *(Sr Mktg Mgr-UK)*

Accounts:
ADP
Caesars
Carfax
Deckers Outdoor Corporation Cross-Channel Digital Marketing, Digital Strategy; 2017
Fidelity
Fitbit
Navdy (Digital Agency of Record) Analytics, Creative & Development, Display, Email Marketing, Paid Search, Search Engine Optimization, Social Media, Video
Pfizer
RACKSPACE HOSTING, INC (Digital Agency of Record) Analytics, Audience, Conversion Rate Optimization, Creative, Development Solutions, Digital Strategy, Media Planning, Pay-per-Click, Search Engine Optimization, Social Media; 2017
Walden University
Zipcar

JENNIFER BETT COMMUNICATIONS
54 W 21st St Ste 508, New York, NY 10010
Tel.: (646) 896-1397
E-Mail: shontal@jenniferbett.com
Web Site: www.jenniferbett.com

Employees: 50
Year Founded: 2013

Agency Specializes In: Advertising, Brand Development & Integration, Communications, Content, Media Relations, New Product Development, Public Relations, Strategic Planning/Research

Jennifer Meyer *(Founder & Pres)*
Melissa Duren Conner *(Partner & Mng Dir)*
Ilana Rubin *(Assoc VP)*

AGENCIES - JANUARY, 2019 — ADVERTISING AGENCIES

Alana Linsenbigler *(Sr Dir)*
Noelle Nocera Gorbunoff *(Dir-PR)*
Beth Bassil *(Sr Mgr-PR)*
Natalie Thatcher *(Acct Mgr)*
Ryan Pachuta *(Assoc Mgr-PR)*

Accounts:
New-M.Gemi
New-Mizzen & Main LLC
New-Naadam Cashmere LLC
New-Parachute Home
New-Stella & Dot LLC
New-Zupa Noma LLC (Agency of Record)

JENNINGS & COMPANY
110 Banks Dr Ste 200, Chapel Hill, NC 27514
Tel.: (919) 929-0225
Fax: (919) 968-8278
E-Mail: pzinn@jenningsco.com
Web Site: www.jenningshealthcaremarketing.com

Employees: 25
Year Founded: 1985

Dan Dunlop *(Pres & CEO)*
Paige Zinn *(Principal)*
Dewey Mooring *(VP & Acct Svcs Dir)*
Kathleen Anzenberger *(Art Dir)*
Suzanne Williams *(Art Dir)*
Cheryl Witherspoon *(Mgr-Acctg)*
Tim Brennan *(Acct Supvr)*
Morgan Butler *(Acct Supvr)*
Kate Gillmer *(Specialist-Digital Engagement)*

Accounts:
The Nasher Museum of Art at Duke University; 2007
Practical Playbook Digital Communications, Social Truliant
Volvo Fleet
Volvo Owner-Ops
Volvo Trucks North America, Inc. Autocar, Volvo VHD, Volvo VHD 430, Volvo VN, Volvo VN 430, Volvo VN 630, Volvo VN 670, Volvo VN 730, Volvo VN 780, Volvo VNL 300, Volvo VNM 200, X Peditor

JENNINGS SOCIAL MEDIA MARKETING
5251 W. 116th St., Ste. 200, Leawood, KS 66221
Tel.: (816) 221-1040
E-Mail: info@jenningssocialmedia.com
Web Site: http://jsmm-vbm.com

Employees: 6
Year Founded: 2003

Agency Specializes In: Advertising, Collateral, Consulting, Corporate Communications, Corporate Identity, Direct Response Marketing, Graphic Design, Internet/Web Design, Media Buying Services, Media Planning, Media Relations, Print, Public Relations, Publicity/Promotions, Radio, Sponsorship, Sports Market, T.V., Web (Banner Ads, Pop-ups, etc.)

Accounts:
Emfluence
Kansas City Sports Commission

JERRY DEFALCO ADVERTISING
1060 Maitland Ctr Commons Ste 410, Maitland, FL 32751
Tel.: (407) 661-3131
E-Mail: info@jerrydefalco.com
Web Site: www.jerrydefalco.com

Employees: 10
Year Founded: 2008

Agency Specializes In: Advertising, Automotive, Digital/Interactive, Media Buying Services, Radio, Strategic Planning/Research, T.V.

Jerry D. DeFalco *(Founder & CEO)*
J. P. Royston *(Pres)*
Stacy B. Wisda *(CFO & Dir-Media Placement)*
Dominick Cullari *(VP-Audio Production)*
Betsy Fife *(VP-Media)*
Camden Cilento *(Dir-Digital Strategy)*
Jim Schuster *(Dir-Graphic Design)*
Jeffrey Torres *(Dir-Video Production)*
Jennifer Leonard *(Media Buyer)*

Accounts:
New-fusionZONE Automotive Inc Opelika Ford & Opelika Chrysler Dodge Jeep Ram

JESS3
1707 L St NW Ste 1000, Washington, DC 20036
Tel.: (571) 213-4308
E-Mail: hi@jess3.com
Web Site: www.jess3.com

Employees: 8
Year Founded: 1982

Agency Specializes In: Advertising, Brand Development & Integration, Internet/Web Design, Social Media, Sponsorship, Travel & Tourism

Jesse Thomas *(Founder & CEO)*

Accounts:
American Express Company
ESPN, Inc. TV Ratings 101
The Estee Lauder Companies Inc.
Forbes Magazine The Zen of Steve Jobs
Google Inc. Google Politics & Elections 2012
Samsung America, Inc. SXSWi 2012 Smart Wall
United Nations Foundation

JET MARKETING
1929 W County Rd 56, Fort Collins, CO 80524
Tel.: (970) 218-4797
Web Site: www.jetmarketing.net

Employees: 11

Agency Specializes In: Advertising, Brand Development & Integration, Internet/Web Design, Logo & Package Design, Media Planning

Jackie O'Hara *(Owner)*
Lynn U. Nichols *(Dir-Content & Copywriter)*
Erin Rogers *(Designer)*

Accounts:
University of Colorado Hospital

JETSET STUDIOS
11150 W Olympic Blvd Ste 1020, Los Angeles, CA 90064
Tel.: (310) 235-1014
Fax: (310) 914-0469
E-Mail: info@jetsetstudios.com
Web Site: www.jetsetstudios.com

Employees: 15
Year Founded: 1999

Agency Specializes In: Advertising, Entertainment, Game Integration, Internet/Web Design, Viral/Buzz/Word of Mouth

Russell Scott *(CEO & Creative Dir)*

Accounts:
Fox Broadcasting Services
Sony Entertainment Services
Universal Studios Entertainment Services
Warner Bros

JETSTREAM PUBLIC RELATIONS
PO Box 796367, Dallas, TX 75379
Tel.: (972) 788-9456
Fax: (972) 788-9189
E-Mail: info@jetstreampr.com
Web Site: jetstreamcomm.com/

Employees: 6
Year Founded: 2002

Agency Specializes In: Business-To-Business, Communications, Consulting, Corporate Communications, Corporate Identity, Digital/Interactive, Entertainment, Financial, Government/Political, High Technology, Internet/Web Design, Retail

Revenue: $1,000,000

Accounts:
Cistera Networks; 2007
Dell Computer Corporation
The Southland Corporation
Tesoro Petroleum Corporation

JFLAROUCHE ADVERTISING AGENCY
(See Under Larouche Marketing Communication)

J.G. SULLIVAN INTERACTIVE, INC.
6101 Nimtz Pkwy, South Bend, IN 46628-6111
Tel.: (312) 943-1600
Fax: (574) 234-1490
Toll Free: (800) 363-9196
E-Mail: pr@jgsullivan.com
Web Site: https://www.jgsullivan.com/

Employees: 30
Year Founded: 1955

National Agency Associations: BPA

Agency Specializes In: Digital/Interactive

Brett Knobloch *(Pres-Content on Demand)*

Accounts:
Adelphia
Armstrong Flooring
Bendix
Fisher & Paykel
John Deere
Lowe's Home Improvement
Michelin
Nibco; IN
Norelco
Philips
Sears
Stanley
Waterpik
Whirlpool Corp.; Benton Harbor, MI Home Appliances (Special Projects)
York Coleman & Luxaire

JH COMMUNICATIONS LLC
111 Wayland Ave, Providence, RI 02906
Tel.: (401) 831-6123
E-Mail: info@jhcom.net
Web Site: www.jhcom.net

Employees: 10
Year Founded: 2002

Agency Specializes In: Advertising, Communications, Digital/Interactive, Print, Public Relations, Radio, T.V.

John Houle *(Principal)*
Pete Lucas *(VP-Bus Dev)*
Anna Romano *(Office Mgr)*

Accounts:

ADVERTISING AGENCIES

RI Medical Imaging

JHA MARKETING
2312 Western Trl Ste 303C, Austin, TX 78745
Tel.: (512) 444-0716
Fax: (512) 444-0865
Web Site: www.jha-marketing.com

Employees: 15

Agency Specializes In: Advertising, Collateral, Commercial Photography, Consulting, Corporate Identity, Digital/Interactive, Direct Response Marketing, Event Planning & Marketing, Exhibit/Trade Shows, Financial, Graphic Design, High Technology, Internet/Web Design, Print

John M. Hamm *(Pres & CEO)*
Paula Logan *(Office Mgr)*

Accounts:
3M
Adams Globalization
Alereons
Avaire
Dell
NetQos
QuickArrow
Semicon Groups
Silicon Labs
Spinal Concepts
TMG Consulting
Unwired Buyer
VIEO
Visionedge
Wifi alliance
Wilsonart International

JIBE MEDIA
774 S 300 W Unit B, Salt Lake City, UT 84101
Tel.: (801) 433-5423
Fax: (801) 364-5423
E-Mail: info@jibemedia.com
Web Site: http://jibemedia.com/work

Employees: 20
Year Founded: 2001

Agency Specializes In: Advertising, Brand Development & Integration, Social Media

Joel Farr *(Owner & Partner)*
Gregory Lowe *(Partner)*
Sam DeMastrie *(Art Dir & Designer)*
Ben Bowen *(Acct Dir)*
Paula Dalby *(Coord-Acctg & Admin Svcs)*

Accounts:
Davis Education Foundation
Ivory Homes
Mule Deer Foundation
Reaction Polymers, Inc.
Uptown Cheapskate
Xinsurance

JIGSAW LLC
710 N Plankinton Ave, Milwaukee, WI 53203
Tel.: (414) 271-0200
Fax: (414) 271-0201
E-Mail: info@jigsawllc.com
Web Site: www.jigsawllc.com

Employees: 20

Agency Specializes In: Advertising, Collateral, Digital/Interactive, Print, Promotions, Public Relations, Social Media, Strategic Planning/Research

Steven Marsho *(Pres & Partner)*
Steven Wold *(Partner & Chief Creative Officer)*
Mike Luedke *(Dir-Strategy)*
Cory Ampe *(Head-Content & Acct Supvr)*
Amanda Janssen-Egan *(Jr Partner & Media Dir)*
David Refinski *(Acct Svcs Dir)*
Johnny Abbate *(Dir-Digital)*
Beki Gonzalez *(Sr Art Dir)*
Anne Linginfelter *(Sr Art Dir)*

Accounts:
88Nine Radio Milwaukee
BloodCenter of Wisconsin
Dohmen Foundation
Lake Consumer Products
Landmark Credit Union
Legacy Private Trust Company
Manpower Group
Midwest Orthopedic Specialty Hospital
Milwaukee Art Museum Campaign: "Uncrated. Unveiled."
Sage Technologies
Visit Milwaukee
Wheaton Franciscan Healthcare-Iowa, Inc.
Wisconsin Energy Corporation
Zywave, Inc.

JK DESIGN
465 Amwell Rd, Hillsborough, NJ 08844
Tel.: (908) 428-4700
Web Site: www.jkdesign.com

Employees: 58
Year Founded: 1985

Agency Specializes In: Broadcast, Business Publications, Cable T.V., Catalogs, Co-op Advertising, Collateral, Consumer Publications, Digital/Interactive, Electronic Media, Email, Exhibit/Trade Shows, In-Store Advertising, Local Marketing, Magazines, Mobile Marketing, Multimedia, Newspaper, Newspapers & Magazines, Out-of-Home Media, Outdoor, Point of Purchase, Point of Sale, Print, Production, Production (Print), Radio, Social Media, T.V., Trade & Consumer Magazines, Viral/Buzz/Word of Mouth, Web (Banner Ads, Pop-ups, etc.), Yellow Pages Advertising

Jerry Kaulius *(Owner)*
Brett Fielo *(COO & CTO)*
Martha Marchesi *(COO & Chief Strategy officer)*
Mark Medeiros *(Exec VP & Creative Dir)*
Michael Kalfus *(VP-Acct Svcs)*
Andrea Wolkofsky *(VP-Strategic Alliances)*
Joey Greenstein *(Creative Dir)*
Carolyn Kerr *(Acct Dir)*
Samantha Bongiorni *(Acct Mgr)*
Erin Hudecek *(Acct Mgr)*
Jim Galligan *(Assoc Creative Dir)*
Nick Guido *(Assoc Creative Dir)*
Christopher Holewski *(Assoc Creative Dir)*
Christopher Pierson *(Grp Creative Dir)*

Accounts:
Philips Lighting

JKR ADVERTISING & MARKETING
291 Southhall Ln Ste 200, Maitland, FL 32751
Tel.: (321) 397-0777
Web Site: www.jkradvertising.com

Employees: 50
Year Founded: 2006

Agency Specializes In: Broadcast, Cable T.V., Co-op Advertising, Electronic Media, Local Marketing, Mobile Marketing, Paid Searches, Production, Radio, Search Engine Optimization, T.V.

Approx. Annual Billings: $47,000,000

Kevin Baumann *(CEO)*
Jon Albert *(Partner)*
Jeff Johnson *(Partner)*
Daniel Albert *(CFO)*
Jeff Dilley *(COO)*
Rowe Jones *(VP-Creative & Production)*
Christina Gallos *(Media Dir)*
Joe Minuni *(Dir-Production)*
Jennifer Pavlak *(Sr Acct Exec)*
Doug Johnson *(Acct Exec)*
Brittany Scott *(Acct Exec)*
James Smith *(Acct Exec)*
Jason Hussey *(Copywriter & Coord-Creative)*
Tara Wally *(Media Buyer)*
Jacqui Allain *(Coord-Media & Jr Media Buyer)*
Michael Czorny *(Coord-Media & Traffic)*
Aoife Walsh *(Coord-Media)*
Richard Brauns *(Sr Partner)*
Sandie Bridges *(Sr Media Buyer)*
Steven Lorenzo *(Sr Partner)*

Accounts:
Acura of Augusta
Autoworld KIA
Big M Chevy - Radcliff
Big Red KIA
Bill Doraty KIA
Bloomington Ford
Brewbaker Dodge Chrysler Jeep
Brewbaker Infiniti
Brewbaker KIA
Briggs Chrysler Dodge Jeep Lawrence
Briggs Dodge RAM Topeka
Briggs KIA
Briggs Nissan
Briggs Subaru
Butler Fiat of Indianapolis
Car Town Hyundai
Car Town Kia of Florence
Car Town KIA
Car Town RIchmond
Century KIA
Charlie Obaugh Chevrolet Buick Waynesboro
Cronin Toyota & Nissan
Crown KIA of Longview
Crown Kia of Tyler
Dothan Chrysler Dodge Jeep
Dothan Kia
Enterprise Chevrolet
Father & Sons VW & KIA
Felton Holly KIA
Gainesville Mitsubishi
Galeana Chrysler Jeep
Galeana KIA
Good Motor Company
Grand KIA
Hampton Automotive Group
Hatfield KIA
Hawkinson KIA
Hughes Honda
Hyundai of Mankato
Jack Miller KIA
Jeremy Franklin Suzuki
Kia Autosport Columbus
Kia Autosport Pensacola
The Kia Big 3
KIA of Augusta
KIA of Bradley
KIA Of Chattanooga
KIA Of Duluth
KIA of Muncie
Kia of St. Cloud
KIA of Wilmington
The KIA Stores
Kingdom KIA
Laredo Dodge Chrysler Jeep
Matt Blatt KIA
Metro KIA of Madison
Mike Finnin KIA
Mike Murphy KIA
Nazareth Ford
Orlando KIA
Palm Springs KIA
Pete Franklin's Best Cars
Prestige KIA
Repo Joe-The Kia Big 3

AGENCIES - JANUARY, 2019 — ADVERTISING AGENCIES

Riverchase KIA
Salt Lake Mitsubishi
Selbyville Holly KIA
Sherwood Kia
Southeast KIA
Spitzer KIA Mansfield
Sterling Auto Group
Stokes Honda
Stokes KIA
Stokes Volkswagen
Sunset Chevrolet GMC Buick
Sunset Kia
Suntrup Hyundai
Suntrup KIA
Suntrup Nissan
Taylor Hyundai
Taylor KIA Findlay Lima
Taylor KIA of Boardman
Taylor KIA-Toledo
TKS, Anniston Gadsden
Toyota Direct
Tropical Cadillac
University Chrysler Jeep Dodge Ram
University Chrysler Jeep Dodge
University CJDR - Florence
University Hyundai of Florence
University Hyundai
University KIA, IN
University KIA of Muscle Shoals
University KIA
Ward Chrysler
Ward KIA
Ward Used
Warner KIA
West Brothers Chevrolet Buick GMC
Young Automotive

JL MEDIA DIRECT RESPONSE
(Formerly William Sullivan Advertising, Inc.)
1600 Us Route 22 E, Union, NJ 07083-3415
Tel.: (908) 302-1220
Fax: (908) 687-9280
E-Mail: info@jlmedia.com
Web Site: jlmedia.com

Employees: 10

Agency Specializes In: Broadcast, Media Buying Services, Print, Production, Radio, Trade & Consumer Magazines

Tony Potter *(Exec VP-Client Strategy & Dev)*
Kristyn Getlik *(Dir-Bus Dev)*
Kevin Gilman *(Dir-SEM)*
Erin Giordano *(Dir-Brdcst-Natl)*
Chris Jendryka *(Dir-Adv Ops)*
Rich Reizovic *(Dir-Print Media)*
Karin Suttmann *(Dir-Strategic)*
Ginamarie Buonomo *(Mgr-Promotions)*

Accounts:
Natural Cures
Proactiv

JLM PARTNERS
1001 4Th Ave Ste 4340, Seattle, WA 98154
Tel.: (206) 381-3600
Fax: (206) 381-3607
E-Mail: lrm@jlmpartners.com
Web Site: www.jlm-partners.com

Employees: 10

Agency Specializes In: Business-To-Business, Corporate Communications, Crisis Communications

Louise R. Mooney *(CEO)*
Jeremy Pemble *(Exec VP)*
Renee Burch *(Acct Dir)*

Accounts:
Amazon.com
Cisco
Clearwire Broadband Services
Hillcrest Laboratories
Motorola Solutions, Inc.
RealNetworks

JM FOX ASSOCIATES INC
616 Dekalb St, Norristown, PA 19401
Tel.: (610) 275-5957
Fax: (610) 275-7448
Web Site: www.jmfox.com

Agency Specializes In: Advertising, Brand Development & Integration, Email, Internet/Web Design, Logo & Package Design, Out-of-Home Media, Outdoor, Print, Public Relations, Radio, T.V.

Robert Goldwein *(Acct Exec & Assoc-Mktg)*

Accounts:
4 Less Furniture
Blue Bell Physical Therapy
Carrolls Jewelers
Chantilly Floral
D&K Appliances
Da Vinci's Pub
Solemate
Spice Salon

JMC MARKETING COMMUNICATIONS & PR
10 Pearl St, Kingston, NY 12401
Tel.: (845) 331-1200
Fax: (845) 331-1431
Toll Free: (800) 459-3003
E-Mail: info@jmcpr.com
Web Site: www.jmcpr.com

Employees: 12
Year Founded: 1987

National Agency Associations: ABC-PRSA

Agency Specializes In: Commercial Photography, Communications, Direct Response Marketing, Event Planning & Marketing, Exhibit/Trade Shows, Internet/Web Design, Multimedia, Point of Sale, Print, Publicity/Promotions, Sales Promotion

Approx. Annual Billings: $1,000,000

John Mallen *(Owner & Pres)*

Accounts:
Honeywell International
International Association of Outsourcing Professional (IAOP)
Invensys Controls
Messe Frankfurt
Ore Pharmaceuticals Inc.
Performance Fibers
Polymer Group, Inc.
Robertshaw Controls Company

JMD COMMUNICATIONS
760 Calle Bolivar, San Juan, PR 00909
Tel.: (787) 728-3030
Fax: (787) 728-7050
E-Mail: jmd@jmdcom.com
Web Site: www.jmdcom.com

E-Mail for Key Personnel:
President: jjimenez@jmdcom.com

Employees: 35
Year Founded: 1996

Approx. Annual Billings: $25,000,000

Joey Jimenez *(Pres)*
Carlos Davila *(Creative Dir)*

Accounts:
Cooperativa Zeno Gandia
First Bank
Healthy Lifestyles Fitness Club
Nissan Infinity
Pfizer Caribbean
RJ Reynolds

JMPR, INC.
(Acquired by IMRE)

JNA ADVERTISING
7101 College Blvd Ste 120, Overland Park, KS 66210
Tel.: (913) 327-0055
E-Mail: marketing@jnaadv.com
Web Site: http://www.jna-advertising.com/

Employees: 25

Agency Specializes In: Advertising, Brand Development & Integration, Corporate Identity, Digital/Interactive, Internet/Web Design, Print, Social Media, T.V.

John Nohe *(Pres & CEO)*
Jordan Garcia *(Pres)*
Lance McCormick *(Chief Creative Officer & VP)*
Angie Williams *(VP & Client Svcs Dir)*
Jolee Liebnitz *(VP-Ops)*
Tom Wirt *(Exec Creative Dir)*
Sarah Beverlin *(Acct Dir)*
Susan Tiehen *(Creative Dir)*
Laura Dold *(Acct Supvr)*
Megan Ferguson *(Supvr-Social Media)*
Natalie Neppl *(Supvr-Media)*

Accounts:
The Blue Buffalo Co.
Ceva Animal Health
Kansas Lottery Commission Campaign: "Big Catch", Campaign: "Big TV", Campaign: "Curtains", Campaign: "Dream Sergeant", Campaign: "Hammock", Campaign: "Meterologist", Campaign: "Monkey", Campaign: "Yard Balloon", TV
Mooney International Corp
Overland Park Convention & Visitors Bureau
Palmetto Moon (Lead Advertising & Marketing Agency of Record) Brand Strategy, Creative, Digital & Public Relations, In-Store Experience, Media Planning & Buying; 2018

J.O. DESIGN
440 S Main, Fort Worth, TX 76104
Tel.: (817) 335-0100
E-Mail: hello@jodesign.com
Web Site: www.jodesign.com

Employees: 17
Year Founded: 1998

Agency Specializes In: Advertising, Brand Development & Integration, Crisis Communications, Digital/Interactive, Event Planning & Marketing, Internet/Web Design, Media Buying Services, Media Relations, Search Engine Optimization, Social Media

Mallorie Anderson *(Acct Exec-PR)*
Sarah Schimpff *(Acct Exec-PR)*
Christina Berger *(Copywriter & Coord-Social Media)*

Accounts:
New-Stockyards Heritage

JOAN
110 E 25th St, New York, NY 10010

ADVERTISING AGENCIES

Web Site: www.joancreative.com

Employees: 15
Year Founded: 2016

Agency Specializes In: Advertising, Brand Development & Integration, Content, Digital/Interactive, Public Relations, Social Media, Strategic Planning/Research

Lisa Clunie *(Co-Founder & CEO)*
Jaime Robinson *(Co-Founder & Chief Creative Officer)*
Dan Lucey *(Partner-Equity & Exec Creative Dir)*
Renee Jennings *(CFO)*
Anibal Casso *(Chief Strategy Officer)*
Sarah Collinson *(Head-Acct Mgmt)*
Luisa Bundy *(Grp Acct Dir)*
Cara Johnson *(Art Dir)*
Lindsey Lanpher *(Creative Dir)*
Boris Opacic *(Art Dir)*
Rose Sacktor *(Art Dir)*
Stephanie Thiel *(Acct Dir)*
Rebecca Patrick *(Dir-Creative Svcs)*
Chris Turney *(Dir-Strategy)*
Katie Persichilli *(Acct Supvr)*
Gonzalo Herguet *(Sr Designer)*
Michelle Lamont *(Copywriter)*

Accounts:
Adidas
Booking.com Creative
Ferrara Candy Company Black Forest, Digital, TV Advertising, Video; 2018
General Mills Cereal, Creative, Pillsbury, Project-Based
New-Google Inc. Pixel 3
Jet.com Display, Paid Social, Social
Julep Beauty, Inc
Netflix; 2016
World Kitchen LLC Digital, Revere

JOBELEPHANT.COM INC.
5443 Fremontia Ln, San Diego, CA 92115
Tel.: (619) 795-0837
Fax: (619) 243-1484
Toll Free: (800) 311-0563
E-Mail: info@jobelephant.com
Web Site: www.jobelephant.com

E-Mail for Key Personnel:
President: michael@jobelephant.com

Employees: 8
Year Founded: 2000

Agency Specializes In: African-American Market, Asian Market, Bilingual Market, Business Publications, Cosmetics, Engineering, Financial, Government/Political, Graphic Design, High Technology, Information Technology, Internet/Web Design, Media Buying Services, Newspaper, Newspapers & Magazines, Pharmaceutical, Print, Recruitment, Retail, Trade & Consumer Magazines, Transportation, Travel & Tourism

Michael Ang *(CEO)*
Andy Boom *(Dir-Bus Dev)*
Darla Needham *(Media Buyer-Accts Payable)*
Siritha Huantes *(Rep-Adv)*

Accounts:
City of South Lake Tahoe
Kellogg's
Lassen Group
Norcal Mutual Insurance Company
Planned Parenthood of San Diego
San Jose State University
Stratagene
Time Warner Cable
University of Idaho
University of San Diego

JODYANDIANE CREATIVE COMMUNICATIONS, LLC
111 Wood Hollow Ln, New Rochelle, NY 10804
Tel.: (914) 632-2576
Web Site: www.jodyandiane.com

Agency Specializes In: Advertising, Brand Development & Integration, Collateral, Digital/Interactive, Event Planning & Marketing, Internet/Web Design, Media Buying Services, Media Planning, Promotions, Public Relations

Accounts:
New Rochelle Humane Society From Our Home to Yours

JOE AGENCY
5603 W Washington Blvd, Los Angeles, CA 90016
Tel.: (323) 934-4014
E-Mail: contact@joeagency.com
Web Site: joeagency.com/

Employees: 10
Year Founded: 2015

Agency Specializes In: Advertising, Affluent Market, African-American Market, Alternative Advertising, Arts, Asian Market, Automotive, Aviation & Aerospace, Bilingual Market, Brand Development & Integration, Branded Entertainment, Broadcast, Cable T.V., Co-op Advertising, Communications, Consumer Goods, Copywriting, Cosmetics, Digital/Interactive, Education, Entertainment, Environmental, Experiential Marketing, Fashion/Apparel, Financial, Food Service, Guerilla Marketing, Hispanic Market, Hospitality, Household Goods, In-Store Advertising, Industrial, Information Technology, Integrated Marketing, Investor Relations, LGBTQ Market, Leisure, Local Marketing, Luxury Products, Media Buying Services, Men's Market, Mobile Marketing, Multicultural, Multimedia, Product Placement, Production, Production (Ad, Film, Broadcast), Promotions, Public Relations, Publicity/Promotions, Regional, Restaurant, Retail, Social Marketing/Nonprofit, Social Media, Sponsorship, Sports Market, Strategic Planning/Research, T.V., Teen Market, Travel & Tourism, Urban Market, Viral/Buzz/Word of Mouth, Web (Banner Ads, Pop-ups, etc.), Women's Market

Approx. Annual Billings: $5,000,000

Alex Corral *(CEO)*
John Arnazzi *(Dir-New Bus Dev)*
Josue Elguezabal *(Mgr-Social Media)*

Accounts:
FCA LLC Chrysler, Dodge, Jeep, Ram; 2015
Hulu; 2015
LA Dodgers; 2015
Major League Baseball
Warsteiner; 2015

THE JOEY COMPANY
45 Main St Ste 413, Brooklyn, NY 11201
Tel.: (718) 852-7730
Fax: (718) 412-3498
E-Mail: see@thejoeycompany.com
Web Site: www.thejoeycompany.com

Employees: 15
Year Founded: 1991

Agency Specializes In: Above-the-Line, Advertising, Affluent Market, Alternative Advertising, Arts, Automotive, Brand Development & Integration, Broadcast, Business-To-Business, Cable T.V., Co-op Advertising, Consumer Goods, Consumer Marketing, Consumer Publications, Corporate Identity, Cosmetics, Digital/Interactive, Direct Response Marketing, Direct-to-Consumer, Education, Electronics, Entertainment, Fashion/Apparel, Financial, Food Service, Government/Political, Graphic Design, Health Care Services, Hispanic Market, Hospitality, Household Goods, Integrated Marketing, Internet/Web Design, LGBTQ Market, Leisure, Local Marketing, Logo & Package Design, Luxury Products, Marine, Medical Products, Men's Market, New Product Development, New Technologies, Newspapers & Magazines, Out-of-Home Media, Outdoor, Over-50 Market, Pets , Pharmaceutical, Point of Sale, Print, Radio, Real Estate, Restaurant, Retail, Seniors' Market, Social Marketing/Nonprofit, Sponsorship, Sports Market, Strategic Planning/Research, T.V., Teen Market, Trade & Consumer Magazines, Transportation, Travel & Tourism, Tween Market, Urban Market, Women's Market

Approx. Annual Billings: $225,000,000

Breakdown of Gross Billings by Media: Radio & T.V.: $225,000,000

Joey Cummings *(Founder, CEO, Chief Creative Officer & Chief Strategic Officer)*
Mesh Maktal *(Mng Dir-Creative)*
Jim Trowell *(Art Dir)*

Accounts:
CDC; 2009
Church & Dwight (Agency of Record) Arm & Hammer Baking Soda, Arrid Extra Dry, Close Up Toothpaste, First Response Pregnancy Tests, Nair Depilatories, RepHresh Feminine Hygiene Products, Simply Saline, Trojan Lubricants
DCG Autogroup Teen Safety Driving Campaign; 2008
Jarden Myself Pelvic Muscle Trainer; 2009
PURE Insurance; 2008
Sanofi-Aventis/Chattem ACT Mouthwash, Allegra, Bullfrog Sunblock, Capzasin, Dexatrim, Garlique, Gold Bond Body Wash, Gold Bond First Aid, Gold Bond Foot Care, Gold Bond Lotion, Gold Bond Powder, Gold Bond Sanitizing Lotion, Herpecin, Icy Hot, Kaopectate, Pamprin, Phisoderm, Selsun Blue Shampoo, Sun In
Title IX; 2004

JOHN APPLEYARD AGENCY, INC.
(d/b/a Appleyard Agency)
4400 Bayou Blvd Ste 34, Pensacola, FL 32503-2668
Tel.: (850) 494-2194
Fax: (850) 494-0289
Web Site: www.appleyardagency.com

Employees: 20
Year Founded: 1959

Agency Specializes In: Advertising, Brand Development & Integration, Graphic Design, Internet/Web Design, Media Planning, Public Relations, Social Media

Revenue: $1,600,000

Diane Appleyard *(Pres)*
Dick Appleyard *(Pres)*
Chitra Carroll *(Art Dir)*
Carolyn Appleyard *(Fin Mgr)*
Eva Chastain *(Office Mgr)*
Susan Suggs *(Project Mgr-Art & Creative)*
Riannon Boven *(Mgr-Art Dept)*
Karah Hobbs *(Coord-Print Media)*

Accounts:
Armored Frog

JOHN LAMBERT ASSOCIATES
4370 Starkey Rd Ste 4D, Roanoke, VA 24018
Tel.: (540) 989-4830

AGENCIES - JANUARY, 2019   ADVERTISING AGENCIES

Fax: (540) 772-4405
E-Mail: jlambert@jlapr.com
Web Site: www.jlapr.com

Year Founded: 1977

National Agency Associations: Second Wind Limited

Agency Specializes In: Public Relations

John W. Lambert, Jr. *(Owner-Australia)*

Accounts:
Halifax Regional Medical Center
Kroger
North Carolina Hospital Association
Wake Forest University Baptist Medical Center

JOHN MANLOVE ADVERTISING
5125 Preston Ave, Houston, TX 77505
Tel.: (281) 487-6767
Fax: (281) 487-5566
Toll Free: (800) 848-4088
E-Mail: info@johnmanlove.com
Web Site: www.johnmanlove.com

Employees: 12
Year Founded: 1962

National Agency Associations: AAF

John Manlove *(Owner, Pres & CEO)*
Eddy Henry *(Chief Creative Officer)*
Leah Manlove Howard *(VP & Dir-Brand Dev-JMMC)*
Gina Manlove *(VP)*
Melody Manlove *(Mgr-Production & Acct Exec)*

Accounts:
Allied Waste
Cameron
Galveston College Marketing & Branding, Messaging, Strategic; 2017
HCA Holdings Inc.
Port of Houston Authority Branding, Communication, Creative, Event Planning, Media Services, Outdoor Advertising, Print, Strategic Marketing
United States Army Account Management, Advertising, Branding, Communication, Creative, Marketing, Media, Outdoor, Planning, Print, Special Operations Recruiting Battalion, Strategic

JOHN MCNEIL STUDIO
720 Channing Way, Berkeley, CA 94710
Tel.: (510) 526-7100
Web Site: www.johnmcneilstudio.com

Employees: 120
Year Founded: 2009

Agency Specializes In: Advertising, Brand Development & Integration, Copywriting, Environmental, Event Planning & Marketing, Internet/Web Design, Production, Search Engine Optimization, Social Media, Strategic Planning/Research

John McNeil *(Founder & CEO)*
Nils Peyron *(Pres)*
Jason Hudson *(CFO)*
Carolyn Shulman *(Mng Dir & Exec VP)*
Melissa Hutchinson *(Dir-HR)*
Emma Bergmann *(Coord-HR)*
Matthew McConnell *(Dir-Social Media & Digital Mktg & Sr Strategist-Social)*
Kim Le Liboux *(Exec Creative Dir)*
Remi Abbas *(Exec Dir-Strategy & Insight)*
Snow Burns *(Dir-Social Strategy)*
Brandon Kuchta *(Dir-Production)*
Ryan Woodring *(Dir-Project Mgmt & Creative Svcs)*

Steve Mawhinney *(Creative Dir)*

Accounts:
New-CA Technologies
New-Caledonia Spirits Barr Hill
New-Charlotte Russe Inc.
New-Cisco Systems Inc.
New-Mountain Hardwear Inc.
New-Nest Labs
New-TCHO Chocolate
New-Teradata Corporation (Brand & Marketing Agency of Record)

JOHN ST.
172 John Street, Toronto, ON M5T 1X5 Canada
Tel.: (416) 348-0048
Fax: (416) 348-0050
E-Mail: afleischmann@johnst.com
Web Site: www.johnst.com

Employees: 100
Year Founded: 2001

Agency Specializes In: Advertising, Brand Development & Integration

Breakdown of Gross Billings by Media: Print: 30%; Radio: 20%; T.V.: 50%

Arthur Fleischmann *(Pres & CEO)*
Jane Tucker *(Partner & Exec Mng Dir)*
Angus Tucker *(Partner & Chief Creative Officer)*
Joanna Groszek *(CFO)*
Aimee DeParolis *(Head-Production)*
Cas Binnington *(Exec Dir)*
Mooren Bofill *(Exec Dir-Design)*
Gerardo Agbuya *(Art Dir)*
Caitlin Bourada *(Acct Dir)*
Cher Campbell *(Creative Dir)*
Andrea Friday *(Acct Dir)*
Caroline Friesen *(Art Dir)*
Paul Little *(Creative Dir)*
Lia MacLeod *(Art Dir)*
Stuart Milligan *(Acct Dir)*
Bianca Myers *(Acct Dir)*
Dorota Pankowska *(Art Dir)*
Mark Scott *(Creative Dir)*
Jacqueline Lane *(Dir-Design)*
Trevor Thomas *(Dir-Strategic Plng)*
Cecile Dhanani *(Brand Mgr)*
Laura Jones *(Mktg Mgr)*
Jaclyn Cooper *(Acct Supvr)*
Jamie Faltl *(Acct Supvr)*
Claudia Buckler *(Acct Exec)*
Rebecca Damiani *(Acct Exec)*
Camilo Moreno *(Acct Exec)*
Jennifer Munoz *(Strategist-Brand)*
Michael Arnott *(Designer-Retail)*
Cedric Audet *(Assoc Creative Dir & Copywriter)*
Robbie Percy *(Copywriter)*
Jesse Wilks *(Copywriter)*
Sanya Grujicic *(Assoc Creative Dir)*
Peter MacDonald *(Exec Head-Mktg)*
Kara Wark *(Sr Art Dir)*

Accounts:
1 Second Everyday
Ad Bands
AstraZeneca
Boston Pizza International, Inc. Pizza Patio Set, 1
Canadian Safe School Network Campaign: "Kids Read Mean Tweets"
Cashmere Tissues Magazine & Newspaper, Print
The Cassies Teeneger, Ex, Cop
New-Cieslok Out of Home
Coggins Campaign: "ExFEARiential"
Corby Distilleries Wiser's, Wiserhood Purse
Doctors Without Borders
Dr. Oetker Canada Ltd.
Family Channel
Future Shop Campaign: "Future Shopping", Campaign: "Gifts You'll Want Too", Campaign: "Nice List", Digital, Online, Signage, Transit Shelters
New-Gift Card Calculator Electronics, Technology Media, Website
The Goods
New-Home Hardware Stores Limited (Agency of Record) Creative
ING Direct Brand Strategy, Campaign: "Coffee Cup Car", Campaign: "Old Ways", Campaign: "you get what you save for", Creative, Strategic Counsel
Kobo Campaign: "Reader's Passion", Online, Print, TV
Kruger Products Scotties
Lake Huron Campaign: "Stop The Drop"
Little Monster Catvertising
Loblaw Companies Limited (Agency of Record) Advertising, Campaign: "Crave More", No Frills
Maple Leaf Foods Campaign: "A tradition of quality", Campaign: "Always-on", Campaign: "Change Your Life with Bacon", Campaign: "Feed their Potential", Natural Selections, Online, Schneiders, TV, Video
Miami Ad School Toronto Campaign: "The Interview"
Mitsubishi Motor Sales of Canada Campaign: "Built Better. Backed Better", Campaign: "Commute", Campaign: "Electriphobia", Mitsubishi Mirage
President's Choice Broadcast, Campaign: "Crave More", Marketing, Social Media
Shoppers Drug Mart Corporation (Agency of Record) Creative, Media, Print
Tangerine
Tata Global Beverages Campaign: "Routine"
Tetley Routine Experiment #1, Routine Experiment #2, Tetley Infusions
Trader Corp Campaign: "Free Parking Day"
Trader Media Autotrader.ca
War Child Canada Surrogaid
Winners Creative
WWF Canada Campaign: "Crowdsourced Earth Hour Anthem", Campaign: "Granny Call Centre", Campaign: "Lazy Environmentalism - Feed Your Cat", Campaign: "Lazy Environmentalism - Making a Sandwich", Campaign: "Lazy Environmentalist", Campaign: "National Sweater Day", Campaign: "Scratch and Save Adoptions card", Campaign: "We Are All Wildlife", Campaign: "We Don't Farm Like This", Earth Hour, MSC Seafood, Online
Young Guns International Campaign: "Forest"
Zellers Campaign: "Festive Finale"

JOHNNY LIGHTNING STRIKES AGAIN LLC
1818 Wyandotte St Ste 100, Kansas City, MO 64108
Tel.: (877) 664-5572
Fax: (877) 664-5572
E-Mail: omg@jlsa.com
Web Site: www.jlsa.com

Employees: 9
Year Founded: 2009

Agency Specializes In: Advertising, Brand Development & Integration, Content, Internet/Web Design, Logo & Package Design, Print

Joshua Davis *(Owner & Creative Dir)*
David Cecil *(Owner & Dir-Strategy)*
James Penman *(Co-Owner & Dir-Interactive)*
Caroline Young *(Strategist & Copywriter)*
Sara Duncan *(Designer)*

Accounts:
KVC Health Systems

JOHNSON & MURPHY
16120 Sherman Way, Van Nuys, CA 91406
Tel.: (818) 787-2170
Fax: (818) 787-2094
Web Site: www.jmadv.com

579

ADVERTISING AGENCIES — AGENCIES - JANUARY, 2019

Employees: 300

Agency Specializes In: Brand Development & Integration, Broadcast, Collateral, Consumer Marketing, Entertainment, Event Planning & Marketing, Exhibit/Trade Shows, Experiential Marketing, Graphic Design, Logo & Package Design, Media Buying Services, Production, Publicity/Promotions, Strategic Planning/Research

Kevin Murphy *(Owner)*
JW Potter *(Creative Dir)*

Accounts:
20th Television
Buena Vista Television
Lions Gate Films
Regal CineMedia Corporation
Revolution Studios
That 70's Show

JOHNSON & SEKIN
800 Jackson St Ste 500, Dallas, TX 75202
Tel.: (214) 244-0690
Web Site: www.johnsonandsekin.com

Employees: 18

Agency Specializes In: Advertising, Brand Development & Integration, Internet/Web Design, Print, Social Media, T.V.

Chris Sekin *(Mng Partner & Exec Creative Dir)*
Kent Johnson *(Partner & Creative Dir)*
Evan Henderson *(Acct Dir)*
Krista McCrimmon *(Creative Dir)*
Tony Marsh *(Dir-Ops)*
Mike Stopper *(Dir-Acct Svc & Strategy)*
Kelsey Doyle *(Sr Acct Exec)*
Olivia Price *(Sr Acct Exec)*
James Harrison *(Assoc Creative Dir)*
Zack Ward *(Assoc Creative Dir)*

Accounts:
American Heart Association
Baylor University (Advertising Agency of Record); 2017
Boy Scouts of America Digital Video; 2018
Caliber Collision
Chili's Grill & Bar Print Creative; 2017
Dallas Cowboys Merchandising
Dallas Zoo (Advertising Agency of Record); 2017
Fuzzy's Taco Shop (Advertising Agency of Record) Branding, Cause Marketing, Even Culinary Ideation, Positioning, Promotions, Social Media; 2018
Local Hive Honey
Meat Fight
Pecan Lodge BBQ
Pizza Inn (Agency of Record) Brand Strategy, Creative, Digital, Logo, Social Planning
Rice's Honey (Advertising Agency of Record) Digital Advertising & Social Media, Label Design, Media Buying, Website; 2018
Teasdale Latin Foods

JOHNSON DESIGN GROUP
5353 Fulton St E, Ada, MI 49301
Tel.: (616) 676-5557
E-Mail: karen@johnsondesign.com
Web Site: www.johnsondesign.com

Employees: 3
Year Founded: 1985

Agency Specializes In: Advertising, Advertising Specialties, Automotive, Brand Development & Integration, Broadcast, Business Publications, Business-To-Business, Cable T.V., Children's Market, Co-op Advertising, Collateral, Commercial Photography, Communications, Consulting, Consumer Marketing, Consumer Publications, Corporate Communications, Corporate Identity, Cosmetics, Digital/Interactive, Direct Response Marketing, E-Commerce, Education, Electronic Media, Engineering, Entertainment, Environmental, Event Planning & Marketing, Exhibit/Trade Shows, Fashion/Apparel, Financial, Food Service, Government/Political, Graphic Design, Health Care Services, High Technology, Hispanic Market, In-Store Advertising, Industrial, Information Technology, Internet/Web Design, Investor Relations, Legal Services, Leisure, Local Marketing, Logo & Package Design, Magazines, Marine, Media Buying Services, Medical Products, Merchandising, Multimedia, New Product Development, Newspaper, Newspapers & Magazines, Out-of-Home Media, Outdoor, Over-50 Market, Pharmaceutical, Planning & Consultation, Point of Purchase, Point of Sale, Print, Production, Public Relations, Publicity/Promotions, Radio, Real Estate, Recruitment, Restaurant, Retail, Sales Promotion, Seniors' Market, Sports Market, Strategic Planning/Research, Sweepstakes, T.V., Technical Advertising, Teen Market, Trade & Consumer Magazines, Transportation, Travel & Tourism, Yellow Pages Advertising

Karen Johnson *(Principal)*

Accounts:
Garlock Equipments
Hines Corporation
K & H Concrete
Proscan

JOHNSON GRAY ADVERTISING
395 2Nd St, Laguna Beach, CA 92651
Tel.: (949) 955-3781
Web Site: www.johnsongray.com

Employees: 12

Agency Specializes In: Advertising, Collateral, Digital/Interactive, Event Planning & Marketing, Internet/Web Design, Media Relations, Print, Radio, Social Media, Strategic Planning/Research

William Johnson *(CEO & Creative Dir)*
Hunter Johnson *(Sr VP-Bus Dev)*
Jay Mitchell *(Creative Dir)*
Kathy McLaughlin *(Dir-Media)*
Teri Rowland *(Acct Supvr)*

THE JOHNSON GROUP
436 Market St, Chattanooga, TN 37402-1203
Tel.: (423) 756-2608
Fax: (423) 267-0475
E-Mail: jjohnson@johngroup.com
Web Site: www.johngroup.com

E-Mail for Key Personnel:
President: jjohnson@johngroup.com
Creative Dir.: pbuckley@johngroup.com
Media Dir.: RDaigh@johngroup.com

Employees: 65
Year Founded: 1996

National Agency Associations: 4A's

Agency Specializes In: Sponsorship

Joe Johnson *(Owner)*
Sandy Buquo *(Partner & Client Svcs Dir)*
Mike Polcari *(Partner & Creative Dir)*
Roger Vaughn *(Partner & Creative Dir)*
Pat Buckley *(Partner & Mng Creative Dir)*
Joyce Debter *(Controller)*
Alice Ailey *(Acct Svcs Dir)*
Chris Jones *(Creative Dir)*
Brett Williams *(Acct Dir)*
Katie Delich *(Media Buyer)*
Christina Oyler *(Planner-Digital)*

Donna Barton *(Assoc Media Dir)*
Reese Goode *(Assoc Media Dir)*
Tim Hanners *(Sr Head-Healthcare Mktg)*

Accounts:
Dean Food dairies
Fivestar Ranges; Cleveland, TN Stainless Steel Consumer Ranges
The Krystal Company (Co-op & Media Buying Agency of Record) Marketing, Strategies
Krystal Restaurants
Pet Dairy; Charlotte, NC; 2006
Salsarita's Fresh Cantina Digital, Media
Sunbelt Granola Bars
US Xpress Transportation

JOHNSON GROUP
15 S 16th Ave, Saint Cloud, MN 56301
Tel.: (320) 654-0500
E-Mail: info@jgroupmarketing.com
Web Site: www.jgroupmarketing.com

Employees: 15

Agency Specializes In: Advertising, Brand Development & Integration, Digital/Interactive, Event Planning & Marketing, Graphic Design, Internet/Web Design, Public Relations, Search Engine Optimization, Social Media

Scott Hondl *(Owner & Acct Exec)*
Pam Raden *(Owner)*
Crystal Simon *(Art Dir)*
Scott M. Raden *(Mgr)*

Accounts:
Thomsen's Greenhouse & Garden Center
UV Vodka

JOHNSON INC.
7 E 2Nd St # A, Richmond, VA 23224
Tel.: (804) 644-8515
Fax: (804) 644-0835
E-Mail: Lwilliams@johnsonmarketing.com
Web Site: www.johnsonmarketing.com

Employees: 10
Year Founded: 1992

Agency Specializes In: Event Planning & Marketing, Public Relations

Approx. Annual Billings: $2,700,000

Nicole Reed *(Office Mgr)*

Accounts:
AES
CIAA
City of Richmond
Friends
Optima Family Health Care
Optima
Philip Morris
Richmond Coliseum
Richmond Redevelopment & Housing Agency
Verizon
Virginia Tourism

JOHNSON MARKETING GROUP INC.
15255 S 94Th Ave Ste 500, Orland Park, IL 60462
Tel.: (708) 403-4004
Fax: (708) 403-4111
E-Mail: info@jmg-inc.com
Web Site: www.jmg-inc.com

Employees: 10
Year Founded: 1985

Agency Specializes In: Brand Development & Integration, Business-To-Business, Collateral,

AGENCIES - JANUARY, 2019 — ADVERTISING AGENCIES

Corporate Identity, Direct Response Marketing, E-Commerce, Exhibit/Trade Shows, Food Service, High Technology, Industrial, Information Technology, Internet/Web Design, Logo & Package Design, Media Buying Services, New Product Development, Planning & Consultation, Point of Purchase, Point of Sale, Print, Production, Public Relations, Strategic Planning/Research, Technical Advertising

Approx. Annual Billings: $4,000,000

Breakdown of Gross Billings by Media: Bus. Publs.: 20%; Collateral: 55%; D.M.: 15%; Worldwide Web Sites: 10%

Allison Johnson *(Founder & Pres)*
Paul G. Johnson *(CEO)*
James Galligan *(Principal)*

JOHNSONRAUHOFF
2525 Lake Pines Dr, Saint Joseph, MI 49085
Tel.: (269) 428-9212
Fax: (269) 428-3312
Toll Free: (800) 572-3996
Web Site: johnsonrauhoff.com

Employees: 60
Year Founded: 1969

National Agency Associations: AMA-Second Wind Limited

Agency Specializes In: Advertising, Alternative Advertising, Automotive, Brand Development & Integration, Broadcast, Business-To-Business, Catalogs, Children's Market, Collateral, Commercial Photography, Communications, Consumer Goods, Consumer Marketing, Consumer Publications, Content, Corporate Communications, Corporate Identity, Cosmetics, Digital/Interactive, Direct Response Marketing, E-Commerce, Education, Electronic Media, Electronics, Engineering, Event Planning & Marketing, Exhibit/Trade Shows, Faith Based, Fashion/Apparel, Financial, Food Service, Graphic Design, Guerilla Marketing, Health Care Services, High Technology, Household Goods, In-Store Advertising, Industrial, Integrated Marketing, Internet/Web Design, LGBTQ Market, Local Marketing, Logo & Package Design, Magazines, Media Buying Services, Media Planning, Media Relations, Medical Products, Merchandising, Multimedia, New Product Development, New Technologies, Newspaper, Newspapers & Magazines, Out-of-Home Media, Outdoor, Over-50 Market, Package Design, Pharmaceutical, Planning & Consultation, Point of Purchase, Point of Sale, Print, Production, Production (Ad, Film, Broadcast), Production (Print), Promotions, Public Relations, Publicity/Promotions, Radio, Real Estate, Regional, Retail, Sales Promotion, Seniors' Market, Social Media, Sports Market, Strategic Planning/Research, Sweepstakes, T.V., Technical Advertising, Teen Market, Trade & Consumer Magazines, Travel & Tourism, Tween Market, Viral/Buzz/Word of Mouth, Web (Banner Ads, Pop-ups, etc.), Women's Market

Approx. Annual Billings: $10,000,000

Breakdown of Gross Billings by Media: Brdcst.: 5%; Collateral: 10%; Comml. Photography: 25%; Production: 25%; Strategic Planning/Research: 10%; Worldwide Web Sites: 25%

Mason Johnson *(Pres)*
Jackie Huie *(CEO)*
Michael Huie *(COO)*
David Buckland *(Acct Dir)*
Marilyn Simmons Wilson *(Acct Dir)*
Amy Hemphill *(Dir-HR & Sr Recruiter)*
Rob Regovich *(Mgr-Studio)*

Accounts:
Amway; Ada, MI General Merchandise
Hamilton Beach; Glen Allen, VA Portable Appliances; 1997
International Order of the Rainbow for Girls Global Membership; 2007
Johnson Controls; Holland, MI Automotive Products; 1994
KitchenAid; Benton Harbor, MI Small Appliance
Meijer; Grand Rapids, MI General Merchandise (Photography); 1979
Michigan Masons; Alma, MI Regional Membership
Newell Rubbermaid; Atlanta, GA Levolor
Rheem; Montgomery, AL Water Heaters
Sur La Table; Seattle, WA Gourmet Cooking Products; 2005
Walmart; Bentonville, AR General Merchandise; 1980
Whirlpool; Benton Harbor, MI Appliances; 1969

Branches

JohnsonRauhoff Marketing Communications
300 W Britain Ave, Benton Harbor, MI 49022
Tel.: (269) 428-3377
Fax: (269) 925-4549
Web Site: www.johnsonrauhoff.com

Employees: 20

David Buckland *(Acct Dir)*
Marilyn Simmons Wilson *(Acct Dir)*
Amy Hemphill *(Dir-HR & Sr Recruiter)*
Rob Regovich *(Mgr-Studio)*

Accounts:
Amway
Bosch
GE
Johnson Controls
Meijer
Samsung
Sears
Skil
Walmart
Whirlpool

JOHNXHANNES
627 Broadway 9th Fl, New York, NY 10012
Tel.: (917) 941-0661
E-Mail: info@johnxhannes.com
Web Site: www.johnxhannes.com

Employees: 20

Agency Specializes In: Advertising, Communications, Internet/Web Design, Production, Public Relations, Social Media, Sponsorship

Hannes Ciatti *(Co-Founder & Exec Creative Dir)*
John McKelvey *(Co-Founder & Exec Creative Dir)*
Pierre Janneau *(Creative Dir)*
Dan Kroeger *(Creative Dir)*

Accounts:
New-Beats Electronics LLC Beats By Dr. Dre
Corazon
Montefiore
New-Squarespace, Inc.
New-Under Armour

JONES ADVERTISING
603 Stewart St Ste 600, Seattle, WA 98101
Tel.: (206) 691-3124
Fax: (206) 691-3495
E-Mail: info@jonesadvertising.com
Web Site: www.jonesadvertising.com

Employees: 10

Year Founded: 2001

Agency Specializes In: Advertising, Branded Entertainment, Media Planning, Production, Public Relations, Radio, Social Media, T.V.

Mark Jones *(Owner)*
Kristin Mackay *(Mgmt Supvr)*
David Edgerton *(Assoc Dir-Creative & Sr Copywriter)*
Kimberly Lukens *(Acct Supvr)*

Accounts:
Rover.com

THE JONES AGENCY
303 N Indian Canyon Dr, Palm Springs, CA 92262-6015
Tel.: (760) 325-1437
Fax: (760) 778-0320
E-Mail: kradke@jonesagency.com
Web Site: www.jonesagency.com

Employees: 9
Year Founded: 1958

Agency Specializes In: Advertising, Advertising Specialties, Automotive, Aviation & Aerospace, Brand Development & Integration, Broadcast, Business Publications, Business-To-Business, Cable T.V., Children's Market, Co-op Advertising, Collateral, Commercial Photography, Communications, Consulting, Consumer Marketing, Consumer Publications, Corporate Identity, Cosmetics, Digital/Interactive, Direct Response Marketing, E-Commerce, Education, Electronic Media, Entertainment, Environmental, Event Planning & Marketing, Exhibit/Trade Shows, Fashion/Apparel, Financial, Food Service, Government/Political, Graphic Design, Health Care Services, High Technology, Infomercials, Information Technology, Internet/Web Design, Investor Relations, LGBTQ Market, Legal Services, Leisure, Logo & Package Design, Magazines, Media Buying Services, Medical Products, Multimedia, New Product Development, Newspaper, Newspapers & Magazines, Out-of-Home Media, Outdoor, Over-50 Market, Pharmaceutical, Point of Purchase, Point of Sale, Production, Public Relations, Publicity/Promotions, Radio, Real Estate, Restaurant, Retail, Sales Promotion, Seniors' Market, Sports Market, Strategic Planning/Research, Sweepstakes, Syndication, T.V., Teen Market, Telemarketing, Trade & Consumer Magazines, Transportation, Travel & Tourism, Yellow Pages Advertising

Approx. Annual Billings: $2,000,000

Kyle Radke *(CEO)*
Maryanne Coury *(Media Dir)*

Accounts:
Buddy Greco's Restaurant; Cathedral City, CA
Canyon National Bank; Palm Springs & Palm Desert, CA
City & Regional Magazine Association; Los Angeles, CA
Desert Partners; Palm Desert, CA
Desert Regional Medical Centre
Hotel Twin Dolphin; Cabo San Lucas, Mexico
Las Casualas Terraza; Palm Springs, CA Restaurant
Palm Hills Land Company
The Quarry; La Quinta, CA
US Filter/Veolia; Palm Desert, CA
Villa Porto Fino; Palm Desert, CA
Walter Clark; Palm Desert, CA

JONES & THOMAS, INC.
363 S. Main St, Decatur, IL 62523
Tel.: (217) 423-1889

ADVERTISING AGENCIES
AGENCIES - JANUARY, 2019

Fax: (217) 425-0680
E-Mail: corp@jonesthomas.com
Web Site: www.jonesthomas.com

E-Mail for Key Personnel:
President: bill@jonesthomas.com

Employees: 15
Year Founded: 1980

Agency Specializes In: Advertising, Agriculture, Brand Development & Integration, Broadcast, Business Publications, Business-To-Business, Co-op Advertising, Collateral, Communications, Consulting, Consumer Marketing, Consumer Publications, Corporate Identity, Direct Response Marketing, Event Planning & Marketing, Exhibit/Trade Shows, Financial, Food Service, Graphic Design, Health Care Services, Industrial, Internet/Web Design, Investor Relations, Logo & Package Design, Magazines, Media Buying Services, Medical Products, Multimedia, New Product Development, Newspaper, Newspapers & Magazines, Out-of-Home Media, Outdoor, Over-50 Market, Pharmaceutical, Planning & Consultation, Point of Purchase, Point of Sale, Print, Production, Public Relations, Publicity/Promotions, Radio, Sales Promotion, Seniors' Market, Sports Market, Strategic Planning/Research, T.V., Trade & Consumer Magazines

Bill Lehmann *(Pres)*
Russ Proch *(VP)*
Laura Hunt *(Acct Exec)*

Accounts:
Seno Formal Wear; Decatur, IL; 2005

JONES FOSTER DEAL ADVERTISING & PUBLIC RELATIONS, INC.
412 E Madison St, Tampa, FL 33602
Tel.: (813) 223-4545
Fax: (813) 254-7899
E-Mail: jfoster@jfdadvertising.com
Web Site: www.jfdadvertising.com

Employees: 2
Year Founded: 2003

National Agency Associations: AMA

Agency Specializes In: Advertising, Advertising Specialties, Affluent Market, Brand Development & Integration, Broadcast, Business Publications, Business-To-Business, Cable T.V., Catalogs, Co-op Advertising, Collateral, Communications, Computers & Software, Consulting, Consumer Marketing, Consumer Publications, Corporate Communications, Corporate Identity, Crisis Communications, Direct Response Marketing, Direct-to-Consumer, E-Commerce, Electronic Media, Electronics, Event Planning & Marketing, Exhibit/Trade Shows, Financial, Food Service, Graphic Design, Health Care Services, High Technology, Hispanic Market, Hospitality, In-Store Advertising, Industrial, Information Technology, Integrated Marketing, Internet/Web Design, Leisure, Local Marketing, Logo & Package Design, Magazines, Marine, Media Buying Services, Media Planning, Media Relations, Media Training, Medical Products, Merchandising, Mobile Marketing, Multimedia, New Product Development, Newspaper, Newspapers & Magazines, Out-of-Home Media, Outdoor, Package Design, Pharmaceutical, Planning & Consultation, Point of Purchase, Point of Sale, Print, Product Placement, Production, Production (Ad, Film, Broadcast), Production (Print), Promotions, Public Relations, Publicity/Promotions, Publishing, Radio, Real Estate, Recruitment, Regional, Restaurant, Retail, Sales Promotion, Search Engine Optimization, Social Marketing/Nonprofit, Sponsorship, Sports Market, Strategic Planning/Research, T.V., Technical Advertising, Telemarketing, Trade & Consumer Magazines, Transportation, Travel & Tourism, Urban Market, Web (Banner Ads, Pop-ups, etc.), Women's Market, Yellow Pages Advertising

Approx. Annual Billings: $7,600,000

Breakdown of Gross Billings by Media: Bus. Publs.: 20%; Production: 40%; Pub. Rels.: 20%; Radio & T.V.: 20%

Jay Foster *(Partner)*

Accounts:
Custom Scripts Rx; Tampa, FL; 2005
Doctor's Walk-In Clinics; Tampa, FL; 2002
Electric Supply Electrical Distributor; 2007
Hollister, Inc. Wound Care Products; 2008
KHS&S Contractors; Tampa, FL Specialty Contractor; 2003
Laser Scalp & Hair Center; Clearwater, FL Hair Transplants; 2011
Markou Medical Center; Clearwater, FL Hair Replacement; 2011
Richie's Cleaners Dry Cleaning Chain; 2013
Superior Communications Communications Systems; 2011
Tye Maner Group; Tampa, FL Sales Training & Motivational Speaker; 2004
Villa Rosa Specialty Housewares; 2014

JONES HUYETT PARTNERS
3200 SW Huntoon St, Topeka, KS 66604-1606
Tel.: (785) 228-0900
Fax: (785) 228-9990
Web Site: www.jhpadv.com

E-Mail for Key Personnel:
President: gjones@jshadv.com
Media Dir.: LPalace@jshadv.com

Employees: 25

National Agency Associations: AAF

Agency Specializes In: Advertising, Brand Development & Integration, Broadcast, Business-To-Business, Collateral, Commercial Photography, Communications, Consulting, Consumer Marketing, Corporate Identity, Digital/Interactive, Direct Response Marketing, E-Commerce, Financial, Graphic Design, Health Care Services, Internet/Web Design, Logo & Package Design, Newspaper, Newspapers & Magazines, Out-of-Home Media, Outdoor, Planning & Consultation, Point of Purchase, Point of Sale, Print, Production, Public Relations, Publicity/Promotions, Radio, Sales Promotion, Seniors' Market, Strategic Planning/Research, T.V., Trade & Consumer Magazines

Gary Jones *(CEO & Chief Creative Officer)*
Kurt Eskilson *(CFO & Sr VP)*
Jake Huyett *(Exec VP)*
Linda Bull *(Sr VP-HR)*
Linda Eisenhut *(VP)*
Leslie Palace *(Sr Acct Mgr)*
Melissa White *(Strategist-Digital Mktg)*
Sherrie Wilson *(Media Buyer)*

Accounts:
Aldersgate Village/United Methodist Homes; Topeka, KS; 1992
Bartlett & West Engineers, Inc.; Topeka, KS; 1994
Blue Cross & Blue Shield of Kansas; Topeka, KS; 1999
Newcomer Funeral Service Group; Topeka, KS; 2003
Prairie Band Potawatomi Nation; Mayetta, KS; 1996
Security Benefit; Topeka, KS; 2004
Stormont-Vail Regional HealthCare; Topeka, KS; 1982

JONES KNOWLES RITCHIE
85 Spring St 5th Fl, New York, NY 10012
Tel.: (347) 205-8200
E-Mail: newyork@jkrglobal.com
Web Site: www.jkrglobal.com

Agency Specializes In: Advertising, Brand Development & Integration, Communications, Digital/Interactive, Internet/Web Design, Package Design, Strategic Planning/Research

Tonya Garrett *(Mng Dir)*
Sara Hyman *(CEO-North America)*
Gavin May *(Head-Strategy)*
Tosh Hall *(Exec Creative Dir)*
Jenna Portela *(Grp Acct Dir)*
Laura Wall *(Grp Acct Dir)*
Phil Buhagiar *(Bus Dir)*
Daniel D'Arcy *(Creative Dir)*
James Taylor *(Creative Dir)*
Christopher Allan *(Dir-Strategy)*
Cyrus Blais *(Dir-Design)*
Francesca Zaccone *(Acct Mgr)*
Frederic Trigalo *(Mgr-Bus Dev)*
Mike Perry *(Sr Designer)*

Accounts:
Anheuser-Busch Companies, LLC
New-Dunkin' Brands Group Inc.
Hippo Technologies, LLC
Walker & Co

JORDAN ASSOCIATES
3111 Quail Springs Pkwy Ste 200, Oklahoma City, OK 73124-2625
Tel.: (405) 840-3201
Fax: (405) 840-4149
E-Mail: info@jordanadvertising.com
Web Site: jordanadvertising.com

Employees: 25
Year Founded: 1961

National Agency Associations: 4A's

Agency Specializes In: Advertising, Agriculture, Automotive, Brand Development & Integration, Broadcast, Business-To-Business, Co-op Advertising, Collateral, Communications, Consulting, Consumer Marketing, Consumer Publications, Corporate Communications, Corporate Identity, Direct Response Marketing, E-Commerce, Event Planning & Marketing, Exhibit/Trade Shows, Financial, Food Service, Government/Political, Graphic Design, Health Care Services, High Technology, In-Store Advertising, Local Marketing, Logo & Package Design, Media Buying Services, Medical Products, Merchandising, Multimedia, Over-50 Market, Planning & Consultation, Point of Purchase, Point of Sale, Public Relations, Publicity/Promotions, Restaurant, Retail, Sales Promotion, Seniors' Market, Sponsorship, Sports Market, Strategic Planning/Research, Teen Market

Rhonda Hooper *(Pres & CEO)*
Mike Wilkinson *(Sr VP-Strategic Plng)*
Randy Bradley *(VP & Creative Dir)*
Helen Reinhiemer-Mercer *(VP & Media Dir)*
Steve Green *(VP)*
Tammy Monden *(Media Dir)*

Accounts:
AAA Oklahoma (Agency of Record)
Allied Custom Gypsum
American Automobile Association
GHS Insurance
OKC Memorial Foundation
Oklahoma Lottery
Oklahoma Office of Homeland Security (Agency of Record) Red Dirt Ready
ONEOK

Star Building Systems

JOSEPH BROWN & ASSOCIATES INC.
(See Under Portside Advertising)

JP&R ADVERTISING AGENCY INC.
305 Broadway Ste 200, New York, NY 10007
Tel.: (212) 267-6698
Fax: (212) 608-2147
Toll Free: (800) 660-7050
E-Mail: info@jpandr.com
Web Site: www.jpandr.com

E-Mail for Key Personnel:
President: wmannion@jpandr.com
Public Relations: RDeBoer@jpandr.com

Employees: 4
Year Founded: 1964

Agency Specializes In: Advertising Specialties, Legal Services, Newspaper, Real Estate

Approx. Annual Billings: $3,750,000

William Mannion *(CEO)*
Beth Gazes *(Dir-Sls & Mktg)*
Tricia Samaroo *(Acct Mgr)*
Twanda Stafford *(Acct Mgr)*

Accounts:
Kosterich & Assoc.; Yonkers, NY Legal Notice Publications; 2002
Phillips Lytle; Rochester, NY Legal Notice Publications; 1999
Public Administrator of New York County Legal Notice Publications; 2005
RAS Boriskin Legal Notice Publications; 2014
Stagg, Terenzi, Confusione & Wabnik Legal Notice Publications; 2013
Sweeney Gallo & Reich; Rego Park, NY Legal Notice Publications; 1995

JPA HEALTH COMMUNICATIONS
1420 K St NW Ste 1050, Washington, DC 20005
Tel.: (202) 591-4000
Fax: (202) 591-4020
Web Site: www.jpa.com/

Employees: 7

Agency Specializes In: Communications, Crisis Communications, Event Planning & Marketing, Government/Political, Health Care Services, Media Relations, Strategic Planning/Research

Michael O'Brien *(Mng Dir)*
Ken Deutsch *(Exec VP)*
Patrick Brady *(Sr VP)*
Berna Diehl *(Sr VP)*
Sara Chadwick Dunn *(Sr VP)*
Adam Pawluk *(Sr VP)*
Sarah Dick *(VP)*
Lisa Rivero *(VP)*
Carolyn Sobczyk *(VP)*
Melissa Zuckerman *(VP)*
Eldon Marr *(Head-Technical)*
Andrea Still Gray *(Acct Dir)*
Andrea Fetchko *(Acct Supvr)*

Accounts:
Advancing Excellence in Americas Nursing Homes
Bristol-Myers Squibb Oncology Advocacy Business
Entertainment Industries Council, Inc.
GenSpera, Inc. (Public Relations Agency of Record) Communications
Global Bridges Digital Presence, Network Communications
National Center for Complementary & Alternative Medicine
The Partnership for Safe Medicines

JPL INTEGRATED COMMUNICATIONS, INC.
471 JPLWick Dr, Harrisburg, PA 17111
Tel.: (717) 558-8048
E-Mail: JPL@JPLcreative.com
Web Site: https://www.jplcreative.com/

Employees: 500
Year Founded: 1989

National Agency Associations: 4A's

Agency Specializes In: Brand Development & Integration, Content, Digital/Interactive, Internet/Web Design, Media Relations, Media Training, Public Relations, Search Engine Optimization, Social Media

Luke Kempski *(Pres)*
Matt Daly *(VP-Client Solutions)*
Paul Grosso *(VP-Media Production & IT)*
Bill Kobel *(VP-Strategy & Integrated Comm)*
Mary Pedersen *(Creative Dir)*
Kelly Seipe *(Acct Mgmt Dir)*
Susan Cort *(Dir-Comm)*
Ryan Pudloski *(Dir-Technical Solutions)*
Jason Menicheschi *(Sr Acct Mgr-Meetings & Events)*
Jill Sailer *(Sr Acct Mgr)*
Jenny Fedullo *(Mgr-Learning Solutions)*
Traci Gallagher *(Mgr-Media Production)*
Michael Endy *(Assoc Creative Dir-Copy)*

Accounts:
Hershey Entertainment & Resorts Company
Rite Aid Corporation Direct Mail, Email

J.R. NAVARRO & ASSOCIATES INC.
212 26th St Ste 315, Santa Monica, CA 90402
Tel.: (310) 472-0589
E-Mail: mnavarro@jrnavarro.com
Web Site: www.jrnavarro.com

E-Mail for Key Personnel:
President: jnavarro@jrnavarro.com

Employees: 17
Year Founded: 1977

Agency Specializes In: Advertising

Approx. Annual Billings: $12,000,000

Mike Navarro *(CEO)*

Accounts:
Al Brooks Ticket Agency; Los Angeles, CA Ticket & Tour Service
International Visitors Council of Los Angeles; Los Angeles, CA International Services
Mitsubishi Motors North America; Cypress, CA Automotive
Petersen Automotive Museum; Los Angeles, CA Museum
Rose Bowl Tours; Los Angeles, CA Tour Operator
So. Cal Sports/Entertainment Guide; Los Angeles, CA Entertainment
Watson Land Co.; Carson, CA Commercial Office Development
Wells Fargo Bank; Los Angeles, CA Financial Services

J.R. THOMPSON CO.
(See Under The JRT Agency)

THE JRT AGENCY
(Formerly J.R. Thompson Co.)
26970 Haggerty Rd Ste 100, Farmington Hills, MI 48331
Tel.: (248) 553-4566
Fax: (248) 553-2138
Web Site: www.thejrtagency.com/

Employees: 65
Year Founded: 1974

National Agency Associations: AMA-BMA-PRSA-Second Wind Limited

Agency Specializes In: Advertising, Automotive, Brand Development & Integration, Business Publications, Business-To-Business, Communications, Consulting, Corporate Identity, Digital/Interactive, Direct Response Marketing, Event Planning & Marketing, Graphic Design, Internet/Web Design, Logo & Package Design, Magazines, Marine, Merchandising, Planning & Consultation, Point of Purchase, Point of Sale, Print, Production, Public Relations, Publicity/Promotions, Sales Promotion, Strategic Planning/Research, Trade & Consumer Magazines

Mark W. Bellissimo *(CEO)*
Terry Ayrault *(Chief Creative Officer)*
Jamie McCarthy *(Chief Creative Officer-Innovation)*
Marcy McCausland *(Chief Accounting Officer & Controller)*
Kurt Kerttu *(VP)*
Fiona McKenna *(VP-Client Svcs)*
Josh Perry *(VP-Mktg Strategy & Acct Svc)*
Dave Rainney *(VP-Tech)*
Eric Aldrich *(Dir-Client Svc)*
Tom Ussery *(Dir-Bus Intelligence)*
Susan Weatherhead *(Dir-Bus Dev)*
Holly Weberman *(Acct Mgr-Automotive Wholesale Parts Mktg)*
Lindsay Leonard *(Specialist-Client Svc)*
Ruth Newman *(Coord-Client Svcs)*
Brian Ferencz *(Sr Art Dir)*
Tom Gurisko *(Assoc Creative Dir)*
Kim McIntyre *(Sr Art Dir)*
Kristen Meisnitzer *(Exec-Client Svc)*

Accounts:
Chrysler Corporation Dodge Division; Auburn Hills, MI, Mopar Parts Division; Center Line, MI; 1974
Tecumseh Products Company; Ann Arbor, MI North American Marketing, PR Communications

JS2 COMMUNICATIONS
303 N Sweetzer Ave, Los Angeles, CA 90048
Tel.: (323) 866-0880
Fax: (323) 866-0882
Web Site: js2pr.com/

Employees: 10

Agency Specializes In: Public Relations

Jeff Smith *(Co-Founder & CEO)*
Jill Sandin *(Owner)*
Kristin Hansel *(Acct Supvr)*

Accounts:
ArcLight Cinemas & Pacific Theatres
Boombang
CASA
Chef Danhi
City Tavern Public Relations
The Coffee Bean & Tea Leaf
FARMSHOP Public Relations
Golden Road Brewing
iZO Cleanze
Karlin+Pimsler
MCC Hospitality Group
Nana, What's Cancer?
New School of Cooking; Culver City, LA
Out & About Tours
Payard
Pennyful.com Media Relations, Social Media
Rao's
Rare Concepts Group
RockSugar Pan Asian Kitchen

ADVERTISING AGENCIES

Rush Street
Shaw Festival
Soho House North America Brand Positioning
Tender Greens
TheSuitest Marketing, Media Outreach, Social Media
Wet International Personal Wellness Products; 2008

JSTOKES AGENCY
1444 N Main St, Walnut Creek, CA 94596-4605
Tel.: (925) 933-1624
Fax: (925) 933-0546
Toll Free: (888) 9STOKES
E-Mail: info@jstokes.com
Web Site: www.jstokes.com

E-Mail for Key Personnel:
President: jim@jstokes.com
Media Dir.: betty@jstokes.com

Employees: 25
Year Founded: 1974

National Agency Associations: 4A's-AAF-AMA

Agency Specializes In: Advertising, Aviation & Aerospace, Brand Development & Integration, Broadcast, Business-To-Business, Cable T.V., Co-op Advertising, Collateral, Communications, Consumer Goods, Consumer Marketing, Consumer Publications, Content, Corporate Identity, Digital/Interactive, Direct Response Marketing, Direct-to-Consumer, Electronic Media, Email, Event Planning & Marketing, Exhibit/Trade Shows, Financial, Food Service, Graphic Design, Guerilla Marketing, Health Care Services, Hispanic Market, Hospitality, In-Store Advertising, Integrated Marketing, Internet/Web Design, Local Marketing, Logo & Package Design, Magazines, Media Buying Services, Media Relations, Mobile Marketing, Multimedia, Newspaper, Newspapers & Magazines, Out-of-Home Media, Outdoor, Paid Searches, Point of Purchase, Point of Sale, Print, Product Placement, Production, Production (Print), Promotions, Public Relations, Publicity/Promotions, Radio, Real Estate, Regional, Restaurant, Retail, Sales Promotion, Search Engine Optimization, Seniors' Market, Social Marketing/Nonprofit, Social Media, Sponsorship, Strategic Planning/Research, T.V., Teen Market, Trade & Consumer Magazines

Approx. Annual Billings: $25,000,000

Jim Stokes *(Pres)*
Dan Stokes *(Exec VP)*
Lindsey Fischesser *(Acct Dir)*
Heather Golbienko *(Art Dir)*
Christine Louie *(Mgr-Digital Media)*
Claire Corpus *(Supvr-Project Mgmt)*
Betty Tafoya *(Specialist-Media)*
Alexis Moreno *(Acct Coord)*
Kristen dePaschalis *(Assoc Media Dir)*
Linda Raynsford *(Assoc Creative Dir)*

Accounts:
Bay Alarm; Walnut Creek, CA Home & Business Security; 1993
Bishop Ranch Commercial Real Estate; 1981
Knobbe Martens IP Law; 2011
SpeeDee Oil Change & Tune-Up of the West Car Care; 1989
Subway Restaurants QSR Food; 1988

J.T. MEGA FOOD MARKETING COMMUNICATIONS
4020 Minnetonka Blvd, Minneapolis, MN 55416-4100
Tel.: (952) 929-1370
Fax: (952) 929-5417
Toll Free: (800) 923-6342
E-Mail: info@jtmega.com
Web Site: www.jtmega.com

E-Mail for Key Personnel:
Media Dir.: mpulver@jtmega.com
Production Mgr.: sdekker@jtmega.com

Employees: 50
Year Founded: 1976

Agency Specializes In: Brand Development & Integration, Business-To-Business, Exhibit/Trade Shows, Food Service, Industrial, Point of Purchase

Approx. Annual Billings: $17,000,000

Breakdown of Gross Billings by Media:
Audio/Visual: 5%; Bus. Publs.: 20%; Collateral: 40%; D.M.: 15%; Fees: 10%; Point of Purchase: 5%; Pub. Rels.: 5%

Philip Lee *(Pres)*
Tim Glovatsky *(Partner & Exec VP)*
Sandri Dekker *(Partner, Sr VP-Production & Dir-Digital Dev)*
Bartelme Kreske *(VP & Exec Creative Dir)*
Clarice Hallberg *(VP & Supvr-Mgmt)*
Bob Beach *(VP-Creative Svcs)*
Don Mullen *(Media Dir)*
Kate Garvin *(Acct Exec)*
Patrick DuPont *(Sr Art Dir)*

Accounts:
Brakebrush Chicken; Westfield, WI; 1988
Di Lusso Deli Company
Hormel Food Campaign: "#ArtofDiLusso", Ham, Pork, Bacon, Chili & Stew; 1996
Jennie-O Turkey Store; Willmar, MN
Michael Foods; Wayzata, MN
Precept Foods
Sartori Foods
United Sugars Corporation

JUGULAR LLC
1 Little W 12th St, New York, NY 10014
Tel.: (212) 931-9009, ext. 100
E-Mail: info@jugularnyc.com
Web Site: www.jugularnyc.com

Employees: 6
Year Founded: 2006

Agency Specializes In: Advertising, Brand Development & Integration, Internet/Web Design, Out-of-Home Media, Outdoor, Print, Promotions, Radio, Search Engine Optimization, Social Media, T.V.

Scott Lackey *(Founder & Pres)*
Erin McElduff *(Partner & Creative Dir)*

Accounts:
ProDirect Sports

JUICE GROUP
Ste 212-1650 Duranleau St, Vancouver, BC V6H 4B6 Canada
Tel.: (604) 266-4266
Web Site: www.juicegroup.ca

Agency Specializes In: Brand Development & Integration, Internet/Web Design, Social Media

Jonathan Greenstein *(Owner)*
Tyler Hamilton *(Pres)*
Lara Greenstein *(Creative Dir)*

Accounts:
Camp Hatikvah
Global Shoe Connection
Gloria Latham
Keir Surgical
The Kidz Lounge
Miz Mooz

JUICE PHARMA WORLDWIDE
322 8th Ave 10th Fl, New York, NY 10001
Tel.: (212) 647-1595
Fax: (212) 647-1594
Web Site: www.juicepharma.com

Employees: 200
Year Founded: 2002

Revenue: $4,500,000

Lynn Macrone *(Owner)*
Lois Moran *(Pres & CEO)*
Forrest King *(Partner & Chief Innovation Officer)*
Howard Nagelberg *(CFO)*
Joan Wildermuth *(Chief Creative Officer & Exec Dir)*
Adam Kline *(Mng Dir-ZEST Adaptics, Exec VP & Creative Dir-JUICE Pharma)*
Roxana Bannach-Lin *(Exec VP-Strategic Plng & Bus Dev-Switzerland)*
Alec Pollak *(VP & Dir-User Experience & Content Mktg)*
Kyleigh Dooley *(Coord-Creative Production)*

Accounts:
Bristol Myers Squibb
Elan
Merck
Pfizer

JUICEBOX INTERACTIVE
516 3rd St Ste 202, Des Moines, IA 50309
Tel.: (515) 244-6633
E-Mail: hi@juiceboxint.com
Web Site: www.juiceboxinteractive.com

Employees: 6

Agency Specializes In: Advertising, Content, Digital/Interactive, Internet/Web Design, Social Media

Aimee Oakley-Runyan *(Editor, Strategist-Mktg & Copywriter)*
Kevin Vandekrol *(Dir-Tech)*
Jaclyn Nail *(Sr Designer-Web)*

Accounts:
Beza Threads
Encore Properties
Wiedenfeld & McLaughlin LLP

JULIE A. LAITIN ENTERPRISES, INC.
1350 Ave of the Americas 2nd Fl, New York, NY 10019
Tel.: (646) 568-1877
E-Mail: jlaitin@julielaitin.com
Web Site: www.julielaitin.com

Employees: 5
Year Founded: 1982

Agency Specializes In: Collateral, Communications, Direct Response Marketing, E-Commerce, Health Care Services, High Technology, Print, Public Relations, Publicity/Promotions, Sales Promotion

Julie A. Laitin *(Pres)*
Cynthia Amorese *(Sr VP)*
Martha Hall Houck *(Acct Mgr)*
Ravelle Brickman *(Sr Writer)*

Accounts:
HCB Health; 2008
MicroMass Communication; 2008
Publicis Touchpoint Solutions; 2007
StrikeForce Communication; 2010
Triple Threat Communications; 2013

JULIET ZULU
4243 Se Belmont St, Portland, OR 97215
Tel.: (503) 841-5152
E-Mail: info@julietzulu.us
Web Site: www.julietzulu.us

Employees: 22
Year Founded: 2009

Agency Specializes In: Advertising, Broadcast, Digital/Interactive, Graphic Design, Internet/Web Design, Print

Meg Weber *(Dir-Ops)*

Accounts:
Puma North America, Inc.
Recreational Equipment, Inc.

JUMBOSHRIMP ADVERTISING, INC.
544 Bryant St, San Francisco, CA 94107
Tel.: (415) 369-0500
Fax: (415) 369-0501
Web Site: www.jumboshrimp.com

Employees: 9

Agency Specializes In: Advertising, Brand Development & Integration

Robert Ahearn *(Founder & Owner)*
Michelle Verloop *(Sr Acct Dir)*
Shane Diiullo *(Creative Dir)*

Accounts:
AJA Video Systems
Calypso Technology, Inc.
CBS Interactive Inc.
Cisco Systems, Inc.
Comventures
Continental Airlines Inc.

JUMP!
1417 Mayson St, Atlanta, GA 30324
Tel.: (404) 574-2910
Fax: (404) 574-2915
E-Mail: matt@jumphi.com
Web Site: www.jumphi.com

Employees: 10

Agency Specializes In: Advertising, Brand Development & Integration, Branded Entertainment, Broadcast, Communications, Corporate Communications, Corporate Identity, Graphic Design, Identity Marketing, Local Marketing, Publishing

Charlie Skinner *(Sr Designer-Motion Media)*

Accounts:
DIY Network
Fine Living
HGTV House Hunters
PGA Tour Superstore
The Sunshine House
TBS
TNTLA

JUMP BRANDING & DESIGN INC.
235 Carlaw Ave Ste 403, Toronto, ON M4M 2S1 Canada
Tel.: (416) 463-5867
Fax: (416) 463-0059
Toll Free: (866) 716-6668
E-Mail: info@howhigh.ca
Web Site: www.howhigh.ca

Employees: 30

Year Founded: 2004

Agency Specializes In: Advertising, Brand Development & Integration, Corporate Identity, Email, Internet/Web Design, Package Design, Search Engine Optimization, Social Media, Technical Advertising

Eric M.W. Boulden *(Pres)*
Brigitte Headley *(Mng Dir)*
Jerry Alfieri *(Principal & VP)*
Jason Hemsworth *(Principal & Dir-Strategic)*
Richard Patmore *(Creative Dir)*
Paul Volk *(Sr Designer-Interior)*
Andrew Vysick *(Sr Designer)*

Accounts:
Carson, Dunlop & Associates Ltd
Curated Properties
DDrops Logo Design, Packaging
Hanson + Jung Architects Inc.
KFC Corporation
South St. Burger Co.
YUM! Brands, Inc. Pizza Hut

JUMP START AGENCY LLC
4050 Andrew Jackson Way, Hermitage, TN 37076
Tel.: (615) 656-5277
Web Site: www.jsanow.com

Employees: 10
Year Founded: 2011

Agency Specializes In: Advertising, Corporate Identity, Graphic Design, Internet/Web Design, Print, Search Engine Optimization, Social Media

Roger Miller *(CEO)*

Accounts:
Mahan & Associates LLC
Westgate Inn & Suites

JUMPSTART AUTOMOTIVE MEDIA
550 Kearny St Ste 500, San Francisco, CA 94108
Tel.: (415) 844-6300
Fax: (415) 399-0868
Web Site: http://www.jumpstartautomotivemedia.com/

Employees: 97
Year Founded: 2000

Agency Specializes In: Advertising, Automotive, Financial, Internet/Web Design

Jason Koenigsknecht *(Sr VP-Sls-Natl)*
Libby Murad-Patel *(VP-Strategic Insights & Analytics)*
Aaron Serrao *(VP-Audience Dev)*
Shannon Rigby *(Acct Exec)*
Jillian Gibala *(Sr Mktg Mgr)*

Accounts:
Consumer Guide Automotive
NADAguides
Shopping.com Dealtime, Epinions, Shopping.com
Vehix

JUNE ADVERTISING
PO Box 541221, Omaha, NE 68154
Tel.: (402) 502-6575
E-Mail: info@juneadv.com
Web Site: www.juneadv.com

Year Founded: 2005

Agency Specializes In: Advertising, Digital/Interactive, Email, Internet/Web Design, Logo & Package Design, Out-of-Home Media, Outdoor, Print, Radio, T.V.

Rob Mucciaccio *(Founder, Partner & Creative Dir)*

Accounts:
Heritage Communities

JUNGLE COMMUNICATIONS INC
9 Broadman Pkwy, Jersey City, NJ 07305
Tel.: (201) 432-7300
E-Mail: info@junglecommunications.com
Web Site: www.junglecommunications.com

Employees: 10
Year Founded: 2005

Agency Specializes In: Advertising, Brand Development & Integration, Digital/Interactive, Event Planning & Marketing, Guerilla Marketing, International, Media Planning, Production, Public Relations, Search Engine Optimization, Social Media

Sam Mikhail *(CEO)*
Maciel Almonte *(Coord-Mktg & Comm)*

Accounts:
New-Daniel Buttafuoco of Buttafuoco & Associates
New-Life Balance Center of New York
New-Soaring Heights Charter School

JUNGLE DIGITAL ENTERPRISES
530 Emerson St, Palo Alto, CA 94301
Tel.: (650) 326-7622
E-Mail: jungle@jungledigital.com
Web Site: www.jungledigital.com

Employees: 13
Year Founded: 1987

Agency Specializes In: Graphic Design, Newspaper, Newspapers & Magazines, Recruitment

Approx. Annual Billings: $100,000,000

Dang Le *(Mgr-Bus-Jungle Print & Design)*

JV MEDIA DESIGN
177 Kestrel Ln, Roseburg, OR 97471
Tel.: (541) 677-7440
E-Mail: info@jvmediadesign.com
Web Site: www.jvmediadesign.com

Employees: 2
Year Founded: 1995

Agency Specializes In: Advertising, E-Commerce, Graphic Design, Internet/Web Design, Logo & Package Design, Print, Social Media

Sherry Holub *(Creative Dir)*

Accounts:
South of the James Productions

JVS MARKETING LLC
860 Jupiter Park Dr Ste 1-A, Jupiter, FL 33458
Tel.: (561) 745-6207
Fax: (561) 972-4406
Toll Free: (855) 742-6397
E-Mail: info@jvsads.com
Web Site: www.jvsads.com

Year Founded: 2001

Agency Specializes In: Advertising, Automotive, Business-To-Business, Digital/Interactive, Event Planning & Marketing, Media Planning, Print, Production, Radio, Strategic Planning/Research, T.V.

ADVERTISING AGENCIES

Ron Scirrotto *(Pres)*
Joan Scirrotto *(VP)*
Marsha Block DiBenedetto *(Media Dir)*
Angelo Schillaci *(Art Dir)*

Accounts:
New-Pohanka Honda of Fredericksburg

J.W. MORTON & ASSOCIATES
1924 Saint Andrews Ct NE, Cedar Rapids, IA 52402-5889
Tel.: (319) 378-1081
Fax: (319) 378-1827
E-Mail: spot@jwmorton.com
Web Site: www.jwmorton.com

E-Mail for Key Personnel:
President: dmorton@jwmorton.com

Employees: 14
Year Founded: 1984

Agency Specializes In: Brand Development & Integration, Broadcast, Business-To-Business, Consumer Marketing, Exhibit/Trade Shows, Financial, Health Care Services, High Technology, Industrial, Merchandising, Newspaper, Out-of-Home Media, Outdoor, Radio, Strategic Planning/Research, T.V., Trade & Consumer Magazines

Breakdown of Gross Billings by Media: Adv. Specialities: 1%; Audio/Visual: 3%; D.M.: 1%; Exhibits/Trade Shows: 1%; Fees: 15%; Mags.: 12%; Newsp.: 9%; Out-of-Home Media: 3%; Ping. & Consultation: 14%; Print: 9%; Production: 2%; Pub. Rels.: 4%; Radio & T.V.: 12%; Strategic Planning/Research: 14%

David Morton *(Pres-Mktg Svcs)*
Connie Collins *(Sr Dir-Art)*
Kristopher Sullens *(Art Dir)*
Scott Appleget *(Sr Acct Mgr)*
Kim McGuire *(Office Mgr)*
Chris Schulte *(Acct Mgr)*
Kevin Northway *(Sr Art Dir)*

Accounts:
Bankers Trust; Cedar Rapids, IA
Iowa City Hospice; Iowa City, IA
Iowa Falls State Bank; Iowa Falls, IA
Lil' Drug Store Products
Panchero's Mexican Grill
St. Luke's Hospital
TaxACT.com
Vi-COR

JWALCHER COMMUNICATIONS
2986 Ivy St, San Diego, CA 92104
Tel.: (619) 295-7140
Fax: (619) 295-7135
E-Mail: pr@jwalcher.com
Web Site: www.jwalcher.com

Employees: 5

Agency Specializes In: Collateral, Email, Internet/Web Design, Local Marketing, Magazines, Media Planning, Media Relations, Newspaper, Publicity/Promotions, Radio, T.V.

Jean Walcher *(Pres)*
Sandy Young *(VP)*
Jenna Brossman *(Mgr-Integrated Mktg)*
Ashley Weaver *(Acct Exec)*

Accounts:
Anza Borrego Foundation Media Relations, Public Awareness
Bali Hai Restaurant
California Athletic Trainers' Assoc.
Circulate San Diego Media Relations & Planning, Vision Zero
The International Council of Systems Engineering
Jewish Family Service of San Diego Strategic Public Relations
United States Parachute Assoc
United Way of San Diego
Zephyr Partners

JWALK
419 Pk Ave S, New York, NY 10016
Tel.: (646) 649-2339
E-Mail: info@jwalkny.com
Web Site: www.jwalkny.com

Employees: 22
Year Founded: 2008

Agency Specializes In: Advertising, Brand Development & Integration, Digital/Interactive, Social Media

Raphael Bouquillon *(Exec Dir-Accts)*
Jaclyn Allen *(Acct Dir-Buxom Cosmetics)*
Samantha Cho *(Acct Dir)*

Accounts:
Bare Escentuals BareMinerals, Buxom
Bebe
DeLeon Tequila Brand Strategy, Creative Design, Social Media
DeLeon
Kenneth Cole Brand Strategy, Creative Design, Social Media
Lacoste Brand Strategy, Creative Design, Social Media
Organic Gemini
Proximo Spirits
RealBeanz Brand Planning, Brand Strategy, Creative, Digital, Experiential, Social
Rubbermaid
Shiseido Strategy
Stuart Weitzman

K2 COMMUNICATIONS
180 E Rambler Dr, Southampton, PA 18966
Tel.: (215) 230-7671
Fax: (215) 230-8385
E-Mail: kurt@k2-com.com
Web Site: www.k2-com.com

Employees: 10
Year Founded: 2002

National Agency Associations: BMA

Agency Specializes In: Advertising, Brand Development & Integration, Business-To-Business, Collateral, Communications, Consumer Goods, Corporate Identity, Digital/Interactive, Direct Response Marketing, Direct-to-Consumer, Education, Electronic Media, Exhibit/Trade Shows, Financial, Graphic Design, Health Care Services, High Technology, Industrial, Information Technology, Integrated Marketing, Internet/Web Design, Market Research, Medical Products, New Technologies, Pharmaceutical, Planning & Consultation, Point of Purchase, Point of Sale, Public Relations, Publicity/Promotions, Strategic Planning/Research, T.V., Technical Advertising, Trade & Consumer Magazines, Travel & Tourism

Approx. Annual Billings: $3,000,000

Accounts:
Bankers' Information Network
Coppertone Sport Sunglasses
FMC
Hank's Rootbeer
Kodak Graphic Communications Group
Merck
NMS Labs
Opera Company of Philadelphia
Yuengling Brewery

KABOOKABOO MARKETING
396 Alhambra Cir S Twr Ste 210, Coral Gables, FL 33134
Tel.: (305) 569-9154
E-Mail: info@kabookaboo.com
Web Site: www.kabookaboo.com

Employees: 13
Year Founded: 2001

Agency Specializes In: Advertising, Brand Development & Integration, Graphic Design, Social Media

Ari Rollnick *(Founder & CEO)*

Accounts:
Goldman Properties Website
Miami International Auto Show
Zoo Miami Website

KALEIDOSCOPE
64 Wooster St Apt 6E, New York, NY 10012
Tel.: (212) 358-7750
Fax: (212) 358-8620
E-Mail: frontdesk@kscopenyc.com
Web Site: www.kscopenyc.com

Employees: 11

National Agency Associations: 4A's

Agency Specializes In: Production

Karen Jorgensen *(Pres & Chief Creative Officer)*
Tara Cacciola *(VP-Creative Svcs & Dir)*
Cheryl Riggins *(VP-Stage Production)*

Accounts:
Hewlett-Packard
Intel
Pepsi
Toyota
Wrigley "Seattle Mix", Packaging, Skittles

KALEIDOSCOPE MARKETING AND COMMUNICATIONS INCORPORATED
346 Fairlawn Avenue, Toronto, ON M5M 1T6 Canada
Tel.: (416) 785-8558
E-Mail: ygauthier@KaleidoscopeResults.com
Web Site: www.kaleidoscopemarketing.ca

Employees: 50

Agency Specializes In: Advertising, Brand Development & Integration, Digital/Interactive, Event Planning & Marketing, Experience Design, Graphic Design, Print, Public Relations, Social Marketing/Nonprofit, Strategic Planning/Research

Kate Taylor *(Co-CEO)*

KAMP GRIZZLY
2316 Ne Oregon St Ste 109, Portland, OR 97232
Tel.: (503) 228-9440
E-Mail: info@kampgrizzly.com
Web Site: www.kampgrizzly.com

Employees: 28

Agency Specializes In: Advertising, Brand Development & Integration

Daniel Portrait *(Founder & Exec Creative Dir)*
Jared Evans *(Editor & Dir)*
Yogi Hakim *(Creative Dir)*

Blake Carrillo *(Project Mgr-Digital)*

Accounts:
adidas America Inc.
Netflix, Inc Altered Carbon, Psychasec
The Patron Spirits Company Patron Tequila
Portland Timbers

KANEEN ADVERTISING & PR
100 N Stone Ave Ste 450, Tucson, AZ 85701
Tel.: (520) 885-9009
E-Mail: receptionist@kaneenpr.com
Web Site: www.kaneenpr.com

Employees: 7
Year Founded: 1980

Agency Specializes In: Advertising, Brand Development & Integration, Digital/Interactive, Event Planning & Marketing, Internet/Web Design, Media Planning, Media Relations, Programmatic, Public Relations, Social Media

Nanette Pageau *(Principal & Dir-PR)*
Rick Kaneen *(VP)*
Carrie Wilkinson *(Media Dir & Coord-Pub Affairs)*
Kenna Smith *(Project Mgr-Creative & Writer)*

Accounts:
Sun Link Streetcar

THE KANTAR GROUP
11 Madison Ave, New York, NY 10010
Tel.: (212) 548-7200
Fax: (212) 548-7201
E-Mail: info@kantar.com
Web Site: www.kantar.com

Employees: 28,500
Year Founded: 1995

Agency Specializes In: Consulting, Market Research

Andy Brown *(CEO)*
Robert Bowtell *(CFO)*
Anna Reeves *(CMO)*
George Carens *(Chief Growth Officer-Kantar Media North America)*
Joseph Hayes *(Chief Revenue Officer)*
Jason Lapp *(Chief Growth Officer)*
Scott Megginson *(Pres-Insights Div-Canada)*
Manish Bhatia *(CEO-Media-North America)*
Mary Ann Packo *(CEO-Insights-North America)*
Satya Menon *(Exec VP-Kantar's Analytic Practice)*
Libby MacDonald *(Sr VP-Agency & Adv)*
Kate McGee *(Sr VP-Kantar Consulting)*
Melissa Wilson *(Sr VP-Mktg-Insights Div-North America)*
Carmen Bohoyo *(Mng Dir-Insights-Western Reg)*
Dave Emery *(VP & Gen Mgr-Healthcare Res)*
Elaine Chen *(VP-Mktg Comm)*
Katherine Clarke *(VP-Client Dev)*
Mark Drapala *(VP-Partner Solutions & Sls-Kantar Shopcom)*
Joanna Franchini *(VP-Cultural Insight-Kantar Consulting)*
Lawrence Kuizema *(VP-Product Strategy & Digital)*
Jordan Lucoff *(VP-Brandstage Growth & Strategy)*
Kevin O'Shea *(VP-Client Consulting Svcs-Kantar Health)*
Kelly Ward *(VP-HR)*
Crystal Baker *(Sr Dir)*
David Krull *(Acct Dir)*
Aaron Codak *(Dir-Acctg-North America)*
Eileen Pierson *(Dir-HR)*
Dean Blume *(Product Mgr)*

Accounts:
AARP Services, Inc

UK Headquarters

The Kantar Group
6 More London Pl, Tooley St, London, SE1 2QY
United Kingdom
Tel.: (44) 207 656 5700
Fax: (44) 207 656 5701
E-Mail: Info@Kantar.com
Web Site: www.kantar.com

Employees: 12

Agency Specializes In: Strategic Planning/Research

Wayne Levings *(Pres)*
Eric Salama *(CEO)*
Anna Reeves *(CMO)*
Keld Lunda Nielsen *(Chief Creative Officer & Mng Dir-EMEA)*
Richard Asquith *(Chief Product Officer)*
Tim Kelsall *(CEO-Insights-Malaysia & Chief Client Officer-APAC)*
Julie Kollman *(Chief Res Officer)*
Louise Ainsworth *(CEO-EMEA-Kantar Media)*
Andy Brown *(CEO-Kantar Media)*
Adrian Gonzalez *(CEO-Insights-North Asia, South East Asia & Pacific)*
MC Lai *(CEO-Insights Div-Malaysia)*
Sharon Potter *(CEO-Ops)*
Philip Smiley *(CEO-Kantar Consulting)*
Jeff Krentz *(Exec VP)*
Geoff Wicken *(Head-Licensing & Core Svc-TGI Intl-Kantar Media)*
Matthew Brain *(Dir-Data Acq & Tech-New Data & Innovation)*
Trevor Jones *(Dir-Data Solutions)*
Mandy Pooler *(Dir)*

Divisions

Millward Brown Inc.
3333 Warrenville Rd, Lisle, IL 60532
(See Separate Listing)

Subsidiaries

Adgooroo
730 W Randolph, Chicago, IL 60661
Tel.: (312) 205-4260
Toll Free: (866) 263-9900
Web Site: www.adgooroo.com/

Employees: 20

Agency Specializes In: Search Engine Optimization

Eric Marcy *(Pres)*
Jim Leichenko *(Mktg Dir)*
Whitney Fershee *(Dir-Customer Success & Analytics)*
Courtney Christianson *(Mgr-Client Svcs)*

Accounts:
Discount Party Supplies
Sam Ash

Compete, Inc.
501 Boylston St, Boston, MA 02116
Tel.: (617) 933-5600
Fax: (617) 933-5700
E-Mail: press@compete.com
Web Site: https://www.compete.com/

Employees: 75

Bruce Bullis *(Dir-Data Dev & Architecture)*

Accounts:
Chrysler
Hyundai Motor America
MSN
Subaru of America, Inc.
Teva Neuroscience
Verizon Wireless

KAPOWZA
101 N Haven St, Baltimore, MD 21224
Tel.: (443) 769-3730
Web Site: www.kapowza.co

Employees: 5

Agency Specializes In: Advertising, Brand Development & Integration, Content, Email, Internet/Web Design, Media Buying Services, Media Planning, Print, Public Relations, Social Media

Dan Schepleng *(Pres, Creative Dir & Writer)*
Sean Sutherland *(Acct Dir)*
Christopher Chester *(Designer)*

Accounts:
The Creig Northrop Team of Long & Foster Real Estate
New-Notice & Comment

KAREN MORSTAD & ASSOCIATES LLC.
PO Box 1687, Greenwich, CT 06836
Tel.: (203) 661-1090
Fax: (203) 661-1091
E-Mail: drabin@karenmorstad.com
Web Site: www.karenmorstad.com

Employees: 52
Year Founded: 2004

Agency Specializes In: Advertising, Collateral, Commercial Photography, Corporate Identity, Digital/Interactive, Direct Response Marketing, Email, Internet/Web Design, Market Research, New Product Development, Newspapers & Magazines, Point of Sale, Public Relations, T.V., Web (Banner Ads, Pop-ups, etc.)

Karen Morstad *(Pres)*

KARI FEINSTEIN PUBLIC RELATIONS
1610 Broadway Ste 102, Santa Monica, CA 90404
Tel.: (323) 957-2700
E-Mail: hello@kfpr.tv
Web Site: www.kfpr.tv

Employees: 1

Agency Specializes In: Advertising, Digital/Interactive, Event Planning & Marketing, Public Relations, Social Media

Kari Feinstein *(Founder)*

Accounts:
Desigual

KARLIN+PIMSLER
115 E 30th St Fl 1, New York, NY 10016-7532
Tel.: (212) 779-3375
Fax: (212) 779-4154
E-Mail: mkarlin@karlinpimsler.com
Web Site: www.karlinpimsler.com

E-Mail for Key Personnel:
President: mkarlin@karlinpimsler.com
Creative Dir.: spimsler@karlinpimsler.com

Employees: 10
Year Founded: 1995

National Agency Associations: DMA

ADVERTISING AGENCIES
AGENCIES - JANUARY, 2019

Agency Specializes In: Business-To-Business, Collateral, Consulting, Consumer Marketing, Corporate Identity, Direct Response Marketing, Internet/Web Design, Logo & Package Design, Sales Promotion, Strategic Planning/Research, T.V.

Approx. Annual Billings: $17,000,000

Breakdown of Gross Billings by Media: Collateral: $1,650,000; D.M.: $2,600,000; Internet Adv.: $1,150,000; Radio: $600,000; T.V.: $11,000,000

Stephen Pimsler *(Creative Dir)*

Accounts:
Brava; Coconut Grove, FL
British Airways
Cablevision
Cigna
Citizens Bank
EDiets.com Direct Response TV Creative
Hair Club For Men & Women
Indigene Pharma
J. G. Wentworth
Lippincott OutofYourLife.com
NationsHealth

KARMORY
745 Atlantic Ave Fl 8, Boston, MA 02111
Tel.: (617) 337-2720
Web Site: www.karmory.com

Employees: 20
Year Founded: 2014

Agency Specializes In: Branded Entertainment, Broadcast, Business Publications, Cable T.V., Catalogs, Consumer Publications, Custom Publishing, Digital/Interactive, Direct Response Marketing, Electronic Media, Email, Exhibit/Trade Shows, Experience Design, Game Integration, Guerilla Marketing, In-Store Advertising, Local Marketing, Magazines, Mobile Marketing, Multimedia, Newspaper, Newspapers & Magazines, Out-of-Home Media, Outdoor, Paid Searches, Podcasting, Point of Purchase, Point of Sale, Print, Product Placement, Production, Production (Print), Promotions, Publishing, Radio, Search Engine Optimization, Shopper Marketing, Social Media, Sponsorship, T.V., Trade & Consumer Magazines, Viral/Buzz/Word of Mouth, Web (Banner Ads, Pop-ups, etc.)

Eric Vaden *(Mng Partner)*

Accounts:
Bruce Rossmeyer's Harley Davidson
Sweeney Merrigan Law
Virus Zero

KARO GROUP, INC.
1817 10th Ave SW, Calgary, AB T3C 0K2 Canada
Tel.: (403) 266-4094
Fax: (403) 269-1140
E-Mail: info@karo.com
Web Site: www.karo.com

Employees: 40
Year Founded: 1971

Agency Specializes In: Advertising, Brand Development & Integration, Communications, Digital/Interactive, Environmental

Lance Philpott *(Mgr-IT)*
Michael Dangelmaier *(Grp Creative Dir)*

Accounts:
FlapJack Finder
HomeFront Calgary
Port Metro Vancouver
TELUS Spark (Agency of Record)
Travel Alberta Campaign: "Families Grow With Water"
The Young Canadians

KARSH & HAGAN COMMUNICATIONS, INC.
685 S Broadway, Denver, CO 80209
Tel.: (303) 296-8400
Fax: (303) 296-2015
E-Mail: kroberts@karsh.com
Web Site: karshhagan.com

E-Mail for Key Personnel:
President: pmarranzino@karsh.com

Employees: 40
Year Founded: 1977

National Agency Associations: 4A's

Agency Specializes In: Advertising, Brand Development & Integration, Broadcast, Co-op Advertising, College, Consumer Marketing, Financial, Graphic Design, Health Care Services, Hospitality, Local Marketing, Logo & Package Design, Magazines, Media Buying Services, Media Planning, Medical Products, Newspaper, Newspapers & Magazines, Out-of-Home Media, Outdoor, Point of Purchase, Point of Sale, Print, Production, Radio, Real Estate, Recruitment, Regional, Restaurant, Retail, Sponsorship, T.V., Travel & Tourism, Women's Market

Tracy Broderick *(Pres)*
Pocky Marranzino *(Co-CEO)*
Jeff Martin *(Chief Creative Officer & VP)*
Becky Ferguson *(VP & Dir-Brdcst Production)*
David Stewart *(VP & Dir-Creative Tech)*
Lauren Curler *(Grp Acct Dir)*
Carol Quinn *(Acct Dir)*
Camille Heinrich *(Dir-Consumer Insights & Intergration-Karsh Hagan)*
Scott Brakora *(Sr Acct Mgr)*
Jordan Kuglitsch *(Sr Acct Mgr)*
Lauren Corna *(Acct Supvr)*
Anne-Marie Salcito *(Acct Supvr)*
Ivy Vaughn *(Media Planner & Media Buyer)*
Lindsey Mills *(Sr Art Dir & Designer)*
Nikki Burmaster Baker *(Assoc Media Dir)*
Mark Stiltner *(Assoc Creative Dir)*

Accounts:
American Crew, Inc.
Arrow Electronics Campaign: "Five Year Olds on Five Years Out"
Aspen Snowmass Advertising Planning
Colorado Tourism Office Campaign: "The Come to Life"
Denver International Airport Advertising, Creative, Marketing
Pinnacle Bancorp.; Central City, NE Financial Services; 2005
Pinnacol Assurance; Denver, CO Workers' Compensation Insurance; 2002
Regis University Private Four Year University; 2000
The State of Colorado Campaign: "Making Colorado"
TD Ameritrade Holding Corporation
Visit Denver

KARSTAN COMMUNICATIONS
700 Doorbell Dr Ste 301, Oakville, ON L6K 3V3 Canada
Tel.: (905) 844-1900
Fax: (905) 844-5200
Web Site: www.karstan.com

Employees: 7

National Agency Associations: Second Wind Limited

Agency Specializes In: Advertising, Brand Development & Integration, Digital/Interactive, Direct Response Marketing, Logo & Package Design, Public Relations

Jeanine Miessner *(Pres)*
Brian Miessner *(VP)*

Accounts:
McCain Foods Ltd.

KASTNER
(Formerly Kastner & Partners)
5340 Alla Rd Ste 110, Los Angeles, CA 90066
Tel.: (310) 458-2000
Fax: (310) 458-6300
E-Mail: opportunities@kastnernetwork.us
Web Site: kastner.agency/

Employees: 60
Year Founded: 1985

Agency Specializes In: Advertising, Media Buying Services, Media Planning, Sponsorship

Approx. Annual Billings: $100,000,000

Patrick Hodges *(Art Dir)*
Simone Nobili *(Creative Dir)*
Kevin OBrien *(Acct Dir)*
Rena Banks *(Dir-Ops & Resources)*
Emily Peck *(Acct Supvr-Red Bull)*
Krissy Kobata *(Supvr-Media)*

Accounts:
Adidas North America
Carpe Diem
Honma Golf (Agency of Record) Brand Identity, Branded Experiences, Content Production, Creative, Digital, Events, In-Store Activation, Social Media, Video
OtterBox
Red Bull North America, Inc (Agency of Record) Campaign: "Choose Your Wings", Campaign: "The World", Campaign: "Wings for Every Taste", Digital Video, Media, Out-of-Home
SmartKids
New-SNKR INC
Wise Foods, Inc (Lead Creative Agency) Brand Activations, Branded Experience, Cheez Doodles, Content Creation, Events, Food Truck Favorites Line Chips, Partners & Sponsorships, Traditional Creative, Wise Chips

KATALYST CREATIVE MARKETING
195 Arizona Ave, Atlanta, GA 30307
Tel.: (770) 887-5504
E-Mail: kat@adKatalyst.com
Web Site: www.adkatalyst.com

Employees: 5
Year Founded: 2011

Agency Specializes In: Above-the-Line, Below-the-Line, Broadcast, Collateral, Digital/Interactive, Email, Experience Design, Guerilla Marketing, In-Store Advertising, Local Marketing, Mobile Marketing, Multimedia, Out-of-Home Media, Outdoor, Point of Purchase, Point of Sale, Print, Production, Production (Print), Promotions, Radio, Shopper Marketing, Social Media, T.V., Trade & Consumer Magazines, Viral/Buzz/Word of Mouth, Web (Banner Ads, Pop-ups, etc.)

Approx. Annual Billings: $500,000

Kat Downend *(Principal & Creative Dir)*

KATHODERAY MEDIA INC.
20 Country Estates Rd PO Box 545, Greenville, NY 12083

AGENCIES - JANUARY, 2019 — ADVERTISING AGENCIES

Tel.: (518) 966-5600
Fax: (518) 966-5629
E-Mail: info@kathoderay.com
Web Site: www.kathoderay.com

Employees: 10
Year Founded: 1997

Agency Specializes In: Advertising, Affluent Market, African-American Market, Alternative Advertising, Catalogs, Children's Market, Collateral, Communications, Content, Corporate Communications, Corporate Identity, Direct Response Marketing, Direct-to-Consumer, E-Commerce, Graphic Design, Information Technology, Integrated Marketing, Internet/Web Design, Multicultural, Multimedia, Production (Print), RSS (Really Simple Syndication), Real Estate, Social Marketing/Nonprofit, Urban Market, Web (Banner Ads, Pop-ups, etc.), Women's Market

Approx. Annual Billings: $350,000

Breakdown of Gross Billings by Media: Corp. Communications: 25%; Graphic Design: 25%; Worldwide Web Sites: 50%

Kathleen McQuaid *(Founder, Pres & Creative Dir)*
Chelsea James *(Sr Dir-Art & Designer)*
Mark A. Gustavson *(Dir-Digital Mktg)*
Lisa Myron *(Dir-Dev)*
Judy Xanthopoulos *(Office Mgr)*

Accounts:
Beyond Wealth Management; Poughkeepsie, NY Financial Services; 2006
InterHealth; Benicia, CA Neutraceuticals; 2005
Jack Schwartz Shoes; New York, NY Lugz Shoes; 1999
The Lincoln Institute; Greenwich, CT; 1998

KAZOO BRANDING
316 E Hennepin Ave Ste 202-203, Minneapolis, MN 55414
Tel.: (612) 378-7050
E-Mail: info@kazoobranding.com
Web Site: www.kazoobranding.com

Employees: 5
Year Founded: 1999

Agency Specializes In: Brand Development & Integration, Communications, Strategic Planning/Research

Tom Dupont *(Principal)*
Jamie Peltier *(Coord-Mktg & Specialist-Social Media)*

Accounts:
Hormel Foods
Minneapolis Police Department Police Department
Minnesota Eye Consultants
Northeast Business Association
Pay It Forward Fund
Pukka Pies Public Relations
Red Seat
Talent Poole

KDR MEDIA GROUP
(Formerly KDR Productions/Dollarwise Publications)
1051 Perimeter Dr Ste, 1150, Schaumburg, IL 60173
Tel.: (630) 894-0934
Fax: (630) 894-0953
Web Site: kdrmediagroup.com/

Employees: 20
Year Founded: 1992

Agency Specializes In: Direct Response Marketing

Approx. Annual Billings: $2,500,000

Greta Goldman *(Dir-Sls)*
Dino Thanos *(Mgr-Direct Mktg)*

Accounts:
Firestone
Goodyear

KEA ADVERTISING
217 Rte 303 Ste 1, Valley Cottage, NY 10989-2534
Tel.: (845) 268-8686
Fax: (845) 268-8699
E-Mail: keaadvertising@keaadvertising.com
Web Site: www.keaadvertising.com

Employees: 16
Year Founded: 1995

Agency Specializes In: Advertising, Automotive, Collateral, Digital/Interactive, Newspaper, Retail, Web (Banner Ads, Pop-ups, etc.)

Approx. Annual Billings: $15,000,000

Henry Kwartler *(Pres)*
Dean Miller *(VP)*
Andrea Tully-Dobbelaer *(Mktg Dir)*
Brandon Hoffman *(Dir-Digital Mktg)*
Vlada Koleva *(Acct Mgr-Inside)*
Linda Augustoni *(Mgr-Direct Mail & Sr Coord-Media)*

Accounts:
Liberty
Majestic
Quattroporte
Quit Smoking
Skin Centre

KEATING MAGEE MARKETING COMMUNICATIONS
708 Phosphor Ave, Metairie, LA 70005
Tel.: (504) 299-8000
Fax: (504) 525-6647
Web Site: www.keatingmagee.com

Employees: 10
Year Founded: 1981

National Agency Associations: AMA

Agency Specializes In: Advertising, Arts, Brand Development & Integration, Broadcast, Business-To-Business, Cable T.V., Co-op Advertising, Collateral, Communications, Consulting, Consumer Publications, Corporate Communications, Corporate Identity, Crisis Communications, Digital/Interactive, Education, Email, Entertainment, Event Planning & Marketing, Exhibit/Trade Shows, Financial, Government/Political, Graphic Design, Guerilla Marketing, Health Care Services, Hospitality, Identity Marketing, Integrated Marketing, Internet/Web Design, Leisure, Luxury Products, Market Research, Media Buying Services, Media Planning, Media Relations, Medical Products, Mobile Marketing, Multimedia, Newspaper, Newspapers & Magazines, Out-of-Home Media, Outdoor, Over-50 Market, Paid Searches, Planning & Consultation, Point of Sale, Print, Production, Production (Ad, Film, Broadcast), Public Relations, Publicity/Promotions, Radio, Real Estate, Retail, Search Engine Optimization, Seniors' Market, Social Marketing/Nonprofit, Sponsorship, Sports Market, Strategic Planning/Research, Sweepstakes, T.V., Trade & Consumer Magazines, Travel & Tourism, Viral/Buzz/Word of Mouth, Web (Banner Ads, Pop-ups, etc.), Women's Market

Approx. Annual Billings: $20,000,000

Jennifer Magee *(CEO)*

Accounts:
Louisiana Campaign for Tobacco-Free Living
UnitedHealthcare

KEEN BRANDING
30616 Overbrook Ctr Way, Milton, DE 19969
Tel.: (302) 644-6885
E-Mail: info@keenbranding.com
Web Site: www.keenbranding.com

Employees: 15
Year Founded: 2000

Agency Specializes In: Advertising, African-American Market, Asian Market, Automotive, Aviation & Aerospace, Bilingual Market, Brand Development & Integration, Business Publications, Business-To-Business, Cable T.V., Children's Market, Collateral, Communications, Consulting, Consumer Marketing, Corporate Identity, Cosmetics, Digital/Interactive, E-Commerce, Education, Electronic Media, Engineering, Entertainment, Environmental, Fashion/Apparel, Financial, Food Service, Graphic Design, Health Care Services, High Technology, Hispanic Market, Industrial, Infomercials, Information Technology, Internet/Web Design, Legal Services, Leisure, Logo & Package Design, Magazines, Marine, Medical Products, Multimedia, New Product Development, Over-50 Market, Pharmaceutical, Planning & Consultation, Real Estate, Restaurant, Retail, Seniors' Market, Strategic Planning/Research, Transportation, Travel & Tourism

Approx. Annual Billings: $5,000,000

Breakdown of Gross Billings by Media: Logo & Package Design: $1,250,000; Plng. & Consultation: $3,750,000

Alicia Stack *(Partner)*

Branches

Keen Branding
PO Box 416, Nassau, DE 19969
Mailing Address:
PO Box 12372, Charlotte, NC 28220-2372
Tel.: (302) 644-6885
Fax: (704) 295-1101
E-Mail: info@keenbranding.com
Web Site: www.keenbranding.com

E-Mail for Key Personnel:
President: astack@keenbranding.com
Creative Dir.: sownbey@keenbranding.com

Year Founded: 2000

Agency Specializes In: Advertising, African-American Market, Agriculture, Asian Market, Automotive, Aviation & Aerospace, Bilingual Market, Brand Development & Integration, Business Publications, Business-To-Business, Cable T.V., Children's Market, Collateral, Communications, Consulting, Consumer Marketing, Corporate Identity, Cosmetics, Digital/Interactive, E-Commerce, Education, Electronic Media, Engineering, Entertainment, Environmental, Fashion/Apparel, Financial, Food Service, Graphic Design, Health Care Services, High Technology, Hispanic Market, Industrial, Infomercials, Information Technology, Internet/Web Design, Legal Services, Leisure, Logo & Package Design, Magazines, Marine, Medical Products, Multimedia, New Product Development, Over-50 Market, Pharmaceutical, Planning & Consultation, Real Estate, Restaurant, Retail, Seniors' Market,

ADVERTISING AGENCIES

Sports Market, Strategic Planning/Research, Transportation, Travel & Tourism

Alicia Stack *(Partner)*

Accounts:
Block Drug
GlaxoSmithKline
Hewlett-Packard
Kellogg's
KFC
Merck
Procter & Gamble Pharmaceuticals
Sara Lee
Wilson Sporting Goods

KEENAN-NAGLE ADVERTISING
1301 S 12th St, Allentown, PA 18103-3814
Tel.: (610) 797-7100
Fax: (610) 797-8212
Web Site: www.keenannagle.com

E-Mail for Key Personnel:
President: mkeenan@keenannagle.com

Employees: 20
Year Founded: 1985

Agency Specializes In: Financial, Health Care Services, Industrial

Carol Sarubin *(CFO)*
Alissa Nieli *(Art Dir)*
James Nicnick *(Dir-Web Dev)*
Gena Cavallo *(Mgr-Print & Production)*
Rob Burns *(Designer)*

Accounts:
Fuller Bulk Handling Compressor Div
Horsehead Resource Development Co., Inc.; Palmerton, PA
Ingersoll-Dresser Pumps
Lehigh Electric
Michael Dunn Corporation
Premier Bank; Doylestown, PA
Silberline Manufacturing Co., Inc.
Vastex International
Walters Oil, Inc.; Easton, PA & Phillipsburg, NJ
Weidenhammer Systems Corporation

KEITH BATES & ASSOCIATES, INC.
4319 N Lowell Ave, Chicago, IL 60641
Tel.: (773) 205-7992
Fax: (773) 205-7988
E-Mail: keithbates@kbates.com
Web Site: www.kbates.com

Employees: 2
Year Founded: 1970

Agency Specializes In: Business-To-Business, Consulting, Corporate Identity, Direct Response Marketing, High Technology, Information Technology, Internet/Web Design, Planning & Consultation, Strategic Planning/Research, Travel & Tourism, Viral/Buzz/Word of Mouth

Approx. Annual Billings: $500,000

Keith Bates *(Owner)*

Accounts:
ABC Technologies
Antares Alliance Grp.
IBM
Napersoft
Silvon Software
SKK, Inc.
SPSS

KEKST & CO.
(See Under Kekst CNC)

KEKST CNC
(Formerly Kekst & Co.)
437 Madison Ave 37th Fl, New York, NY 10022
Tel.: (212) 521-4800
Fax: (212) 521-4900
E-Mail: newyork@kekstcnc.com
Web Site: www.kekstcnc.com/

Employees: 75

Agency Specializes In: Sponsorship

Jeffrey Taufield *(Vice Chm)*
Jeremy Fielding *(Pres & CEO)*
Lissa Perlman *(Partner)*
Robert Siegfried *(Partner)*
Molly Morse *(Mng Dir & Co-Head-Retail & Consumer Practice)*
Liz Cohen *(Mng Dir)*
Ruth Pachman *(Mng Dir)*
Peter Hill *(Principal)*
Thomas Davies *(Sr VP)*
Todd Fogarty *(Sr VP)*
Lawrence Rand *(Exec Chm)*

Accounts:
American Gilsonite Co.
CBOCS, Inc.
KKR Financial Holdings LLC
LVMH Moet Hennessy Louis Vuitton
North Castle Partners
Spectrum Brands, Inc.
Tecumseh Products Co.

Branch

Kekst CNC
(Formerly CNC - Communications & Network Consulting AG)
40 Chancery Lane, London, WC2A 1JA United Kingdom
Tel.: (44) 20 3219 8800
Fax: (44) 20 7 307 5331
E-Mail: london@kekstcnc.com
Web Site: www.kekstcnc.com

Employees: 19
Year Founded: 2001

Agency Specializes In: Public Relations

Bernhard Meising *(Partner & CEO)*
Richard Campbell *(Mng Partner)*
Oliver Mann *(Partner & Mng Dir)*
Ben Curson *(Partner)*
Roland Klein *(Partner)*
Claire Maloney *(Partner)*
Kevin Soady *(Partner)*
Liam Clark *(Dir)*
Simon Evans *(Dir-London)*
Tom Climie *(Assoc)*

Accounts:
Ontario Teachers' Pension Plan (UK, Europe & Asia Pacific Public Relations Agency of Record) Corporate & Financial Communications; 2017

KELLEN COMMUNICATIONS
355 Lexington Ave Ste 1515, New York, NY 10017
Tel.: (212) 297-2100
Fax: (212) 370-9047
E-Mail: infony@kellenpr.com
Web Site: https://kellencompany.com/

Employees: 45
Year Founded: 1945

Agency Specializes In: Consumer Marketing, Corporate Identity, Food Service, High Technology, Industrial, Public Relations, Travel & Tourism

Approx. Annual Billings: $10,000,000

Peter Rush *(CEO)*
Joan Cear *(Sr VP)*
Russell Lemieux *(Sr VP)*
Pam Meadows *(Controller)*
Lee Ann Clark *(Exec Dir)*
Daniel Heney *(Exec Dir)*
Susan Tibbitts *(Exec Dir)*
Chris Barry *(Dir-Comm)*
Stan Samples *(Dir-Comm)*
Alexandra Smith Ozerkis *(Sr Acct Supvr-Comm)*
Randy Spoon *(Acct Supvr)*
Kristen Swan *(Acct Supvr-PR)*
Lauren Costello *(Sr Acct Exec)*
Erin Erickson *(Sr Acct Exec)*
Katie Goshgarian *(Sr Acct Exec)*
Alexandra Cantor Owens *(Sr Acct Exec)*
Michelle Cunningham *(Acct Exec-Association Mgmt-Denver)*
Jill Gabbert *(Acct Exec)*
Martha Jones *(Acct Exec)*
Jon Krueger *(Acct Exec)*
Meredith Taylor *(Acct Exec)*
Zachary Harris *(Assoc Acct Exec)*

Accounts:
Association for Dressings & Sauces
Builders Hardware Manufacturers Association
Calorie Control Council
Copper Development Association
Disaster Recovery Institute International (Agency of Record) Digital Strategy, Industry Partnership Outreach, Integrated Communications, Media Relations
Girl Scouts of the USA Digital, Integrated Marketing & Communications Strategy, Public Relations
Infant Formula Council
National Association of Corrosion Engineers (Public Relations Agency of Record) Integrated Communications, Media Relations
National Association of Margarine Manufacturers
National Candle Association
National Pasta Association
New York Women in Communications
Research Chefs Association

Branches

Kellen Communications
1156 15th St NW Ste 900, Washington, DC 20005
Tel.: (202) 207-0915
Fax: (202) 223-9741
E-Mail: infodc@kellenpr.com
Web Site: https://kellencompany.com/

Employees: 25

Agency Specializes In: Public Relations

John Ferraro *(VP)*
Michael Greskiewicz *(VP)*
Martin Bay *(Sr Dir-Meetings Ops & Procurement)*
Linda Arcangeli-Story *(Mgr-Meetings)*
Susan Carter *(Mgr-Meetings & Expositions)*
Sean Hewitt *(Mgr-Meetings & Expositions)*
Robert Rankin *(Sr Acct Exec)*
Tonya Brown *(Coord-Meetings & Expositions)*

Accounts:
Calorie Control Council
Copper Development Association
International Formula Council
National Association of Margarine Manufacturers
National Candle Association
National Park Association
Pfizer Inc

Kellen Europe
Avenue Jules Bordet 142, 1140 Brussels, Belgium

AGENCIES - JANUARY, 2019 — ADVERTISING AGENCIES

Tel.: (32) 2 761 16 00
Fax: (32) 2 761 16 99
E-Mail: info@kelleneurope.com
Web Site: http://kellencompany.com/

Employees: 20
Year Founded: 2004

Agency Specializes In: Public Relations

Alfons Westgeest *(Grp VP)*
Hans Craen *(VP)*
Maria Teresa Scardigli *(VP)*
Aurora Vicente *(Sr Mgr-Association)*
Dani Kolb *(Mgr)*
Jean Xu *(Sr Acct Supvr)*
Pascale Lammineur *(Sr Accountant)*

KELLENFOL ADVERTISING
Gran Via Corts Catalanes, 08020 Barcelona, Spain
Tel.: (34) 933056233
E-Mail: info@kellenfol.com
Web Site: www.kellenfol.com

Employees: 6
Year Founded: 2011

Agency Specializes In: Above-the-Line, Alternative Advertising, Below-the-Line, Branded Entertainment, Catalogs, Digital/Interactive, Electronic Media, Experience Design, Guerilla Marketing, In-Store Advertising, Infomercials, Magazines, Mobile Marketing, Multimedia, Newspapers & Magazines, Out-of-Home Media, Outdoor, Social Media, Viral/Buzz/Word of Mouth

Approx. Annual Billings: $1,000,000

Jesus F. Gordillo *(Mgr & Strategist)*

Accounts:
Chopard Digital Strategy
Daikin Design Branding
Danone Advertising
Dom Perignon Branding Design
Fujitsu Advertising
ITW / Panreac Advertising
Sanofi Advertising Strategy

KELLETT COMMUNICATIONS
5012 50th Ave, PO Box 1027, Yellowknife, NT X1A 2N7 Canada
Tel.: (867) 669-9344
Fax: (867) 669-9354
Web Site: https://kellett.nt.ca/

Employees: 15
Year Founded: 1998

Agency Specializes In: Advertising

William Kellett *(Pres)*

Accounts:
Folk on the Rocks
Kellett
Latitude Wireless
NorthwestTel

KELLEY & ASSOCIATES ADVERTISING
8410 Wolf Lake Dr Ste 104, Bartlett, TN 38133
Tel.: (901) 754-8998
Fax: (901) 754-8060
Web Site: www.kelleyadv.com

Employees: 10

Agency Specializes In: Advertising, Brand Development & Integration, Graphic Design, Internet/Web Design, Logo & Package Design, Media Planning, Public Relations

Christi Kelley *(Pres)*
Kim Strickland *(VP & Sr Art Dir)*
Elise Herron *(Acct Mgr)*

Accounts:
Catholic Charities of West Tennessee
The City of Bartlett
Frost Bake Shop

KELLEY & COMPANY
70 Walnut St, Wellesley, MA 02481
Tel.: (781) 239-8092
Fax: (781) 239-8093
E-Mail: gckelleyco@aol.com
Web Site: www.kelleyandwhoever.com/

Employees: 9
Year Founded: 1993

National Agency Associations: 4A's

Agency Specializes In: Automotive, Brand Development & Integration, Consumer Marketing, Education, Financial, High Technology, Leisure, Retail, Sports Market, Travel & Tourism

Approx. Annual Billings: $11,300,000

Glenn Kelley *(Pres/CEO-Kelley & Cohorts)*

Accounts:
Connected Corporation High Technology
Cotuit Development Inc. Real Estate
EMC Corporation
Gosling's Liquor, Spirits
Windemere Development Corp. Real Estate, Resort

KELLEY HABIB JOHN
155 Seaport Blvd, Boston, MA 02210
Tel.: (617) 241-8000
Fax: (617) 241-8110
Web Site: www.khj.com

Employees: 20
Year Founded: 1986

Agency Specializes In: Advertising, Advertising Specialties, Bilingual Market, Brand Development & Integration, Broadcast, Business Publications, Business-To-Business, Collateral, Communications, Consulting, Consumer Marketing, Consumer Publications, Corporate Identity, Digital/Interactive, Direct Response Marketing, Education, Electronic Media, Event Planning & Marketing, Exhibit/Trade Shows, Financial, Government/Political, Graphic Design, Health Care Services, High Technology, Hispanic Market, Industrial, Information Technology, Internet/Web Design, Legal Services, Logo & Package Design, Magazines, Media Buying Services, Medical Products, Merchandising, Multimedia, Newspaper, Newspapers & Magazines, Out-of-Home Media, Outdoor, Over-50 Market, Planning & Consultation, Point of Purchase, Point of Sale, Print, Production, Publicity/Promotions, Radio, Real Estate, Sales Promotion, Seniors' Market, Strategic Planning/Research, T.V., Technical Advertising, Trade & Consumer Magazines, Travel & Tourism

Approx. Annual Billings: $34,700,000

Bill Fleishman *(Pres)*
Judy A. Habib *(CEO)*
Sylvie Askins *(Chief Strategy Officer, Exec VP & Principal)*
Adam Cramer *(Principal, Sr VP & Dir-Creative)*
Patricia Marraffa *(VP-Fin & Admin)*
Tod Brubaker *(Dir-Creative & Copywriter)*
Stephanie Kalin *(Sr Assoc-Client Svc)*

Michelle Karalekas *(Sr Client Svcs Dir)*
Mary Kate Powers *(Sr Assoc-Client Svcs)*

Accounts:
Delta Dental
Webster Five Cents Savings Bank Commercial & Retail Mutual Bank; 1995

KELLIHER SAMETS VOLK
212 Battery St, Burlington, VT 05401-5281
Tel.: (802) 862-8261
Fax: (802) 863-4724
E-Mail: tvolk@ksvc.com
Web Site: www.ksvc.com

E-Mail for Key Personnel:
Creative Dir.: bill@ksvc.com
Media Dir.: bob@ksvc.con
Public Relations: claudia@ksvc.con

Employees: 65
Year Founded: 1977

National Agency Associations: MAGNET

Agency Specializes In: Advertising, Brand Development & Integration, Business Publications, Cable T.V., Collateral, Communications, Consumer Marketing, Consumer Publications, Corporate Identity, Crisis Communications, Digital/Interactive, E-Commerce, Event Planning & Marketing, Financial, Government/Political, Graphic Design, Guerilla Marketing, In-Store Advertising, Integrated Marketing, Internet/Web Design, Leisure, Media Buying Services, Media Planning, Media Relations, Newspaper, Newspapers & Magazines, Out-of-Home Media, Outdoor, Over-50 Market, Planning & Consultation, Point of Purchase, Point of Sale, Print, Production, Public Relations, Publicity/Promotions, Radio, Retail, Sponsorship, Sports Market, Strategic Planning/Research, T.V., Teen Market, Trade & Consumer Magazines, Travel & Tourism, Women's Market

Approx. Annual Billings: $40,000,000

Yoram Samets *(Co-Founder, Partner & Mng Dir)*
Ashley Nicholls *(Principal & Exec Dir-Strategy)*
Bill Stowe *(Principal & Exec Creative Dir)*
Cavan Chasan *(Exec Dir-Connections)*
Linda Kelliher *(Creative Dir)*
Brian Mullins *(Creative Dir)*
Erin Fagnant *(Dir-Client Mgmt)*
Aimee Frost *(Dir-Connections Strategy)*
Rachel Gage *(Brand Mgr)*
Brent Sitterly *(Mgr-Analytics)*
Tim White *(Mgr-IT)*
Dave Treston *(Sr Strategist-Brand & Planner-Acct)*
Lauren Schechter Singh *(Sr Analyst-Digital Mktg)*

Accounts:
Arbella Insurance Group
Boys & Girls Club of Burlington
Mass Save; Boston, MA
National Grid
Nellie's Cage Free Eggs
Okemo Mountain Resort
Rural Cellular Corp./Unicel; Alexandria, MN
State Street Corporation
State Street Global Advisors
Totes Isotoner ACORN
Vermont Business Roundtable; South Burlington, VT
Vermont Department of Health; Burlington, VT Smoke Baby
Vermont Energy Investment Corp.; Burlington, VT
Vermont Student Assistance Corp.; Winooski, VT

Branch

Kelliher Samets Volk NY
337 Broome St 3rd Fl, New York, NY 10002
(See Separate Listing)

ADVERTISING AGENCIES — AGENCIES - JANUARY, 2019

KELLIHER SAMETS VOLK NY
337 Broome St 3rd Fl, New York, NY 10002
Tel: (212) 366-4000
Fax: (212) 366-4046
E-Mail: info@ksvc.com
Web Site: www.ksvc.com

Employees: 4
Year Founded: 1977

Agency Specializes In: Advertising, Brand Development & Integration, Communications, Consulting, Consumer Publications, Digital/Interactive, Exhibit/Trade Shows, Experiential Marketing, Graphic Design, In-Store Advertising, Internet/Web Design, Leisure, Local Marketing, Logo & Package Design, Magazines, Media Buying Services, New Product Development, Newspaper, Out-of-Home Media, Outdoor, Pharmaceutical, Planning & Consultation, Print, Real Estate, Restaurant, Retail, Sales Promotion, Travel & Tourism

Yoram Samets *(Chm)*
Cavan Chasan *(Exec Dir-Connections)*
Linda Kelliher *(Creative Dir)*
Brian Mullins *(Creative Dir)*
Erin Fagnant *(Dir-Client Mgmt)*
Aimee Frost *(Dir-Connections Strategy)*
Tucker Wright *(Dir-Strategy)*
Rachel Gage *(Brand Mgr)*

Accounts:
Chittenden Bank
Seventh Generation
Stowe
VT Dept of Health

KELLY & COMPANY
3100 N Knoxville Ave Ste 213, Peoria, IL 61603
Tel: (309) 550-5786
Web Site: http://www.kcoad.com/

Employees: 6

Agency Specializes In: Advertising, Brand Development & Integration, Internet/Web Design, Logo & Package Design, Print, Radio, T.V.

Kelly Alexander *(Pres)*
R Alexander *(VP-Ops)*

Accounts:
Advantage Auto
Bikers for Ta-Tas
Blunier Builders Inc
German-Bliss Equipment
Klasinski Orthopedic Clinic
McMahon's Pints & Plates
Menold Construction & Restoration
Millworks
Woodworkers Shop

KELSEY ADVERTISING & DESIGN
115 Broad St, Lagrange, GA 30240
Tel: (706) 298-2738
Web Site: www.kelseyads.com

Employees: 20

Agency Specializes In: Advertising, Brand Development & Integration, Digital/Interactive, Graphic Design, Integrated Marketing, Logo & Package Design, Out-of-Home Media, Outdoor, Print, Public Relations, Strategic Planning/Research

Accounts:
Thinc Academy

KEMP ADVERTISING & MARKETING
3001 N Main St, High Point, NC 27265
Tel: (336) 869-2155
Web Site: http://kempad.com/

Employees: 20

Agency Specializes In: Advertising, Internet/Web Design, Public Relations, Social Media, Strategic Planning/Research

Jon Kemp *(Owner & Pres)*
Tony Faucette *(Partner & VP)*
Brent Taylor *(Creative Dir)*

Accounts:
Eanes Heating and Air Direct Mail, Marketing, Online Banner Ads, Print Ads, Television, Web Video
Taylorsville Savings Bank Ssb

KEN SLAUF & ASSOCIATES, INC.
1 N Main St, Lombard, IL 60148
Tel: (630) 629-7531
Fax: (630) 629-7534
E-Mail: info@ksa-inc.com
Web Site: www.ksa-inc.com

Employees: 7
Year Founded: 1949

National Agency Associations: BMA

Agency Specializes In: Business-To-Business, Industrial

Approx. Annual Billings: $1,500,000

Kenneth Slauf *(Pres)*

Accounts:
Autoblok; Wheeling, IL; 1997
Reishauer; Elgin, IL Machine Tools
ROW, Inc.
Transor Filter; Elk Grove, IL EDM Filtration Systems

KENNA
90 Burnhamthorpe Road West 5th Floor, Mississauga, ON L5B 3C3 Canada
Tel: (905) 277-2900
Web Site: www.kenna.ca

Employees: 130
Year Founded: 1999

Agency Specializes In: Advertising, Advertising Specialties, Brand Development & Integration, Digital/Interactive, Fashion/Apparel, Financial, Internet/Web Design, Publicity/Promotions, Sports Market, Teen Market

Jeffrey Bowles *(Pres & CEO)*
Raul De Sousa *(CFO)*
Stephen Shaw *(Chief Strategy Officer)*
John Stevenson *(Grp Acct Dir)*
Steve Turner *(Grp Acct Dir)*
Jane Donovan *(Acct Dir)*
Jason Griffiths *(Acct Dir)*
Jennifer Jilany *(Acct Dir)*
Ken Morgan *(Creative Dir)*
Aimee Richard *(Acct Dir-Agriculture)*
Melissa Kochuk *(Acct Mgr)*
Melissa Sinclair *(Acct Mgr)*
Carla Bartolo *(Acct Supvr)*
Leanne Carter *(Acct Supvr)*
Dayna Horgan *(Acct Supvr)*
Mary Mastrangelo *(Acct Supvr)*
Nadia Mohammed *(Acct Supvr)*
Sarah Rizvi *(Acct Supvr)*
Erika Bernhart *(Acct Exec)*

Watson Chong *(Acct Exec)*
Blanche Kwan *(Acct Exec)*
Jordan Sloggett *(Acct Exec)*
Brittney Wright *(Acct Coord)*

Accounts:
BASF
Capital One
Coca-Cola Refreshments USA, Inc.; 2004
Dockers; Toronto, ON; 2001
Dr. Oetker
Dreyfus; 1998
FedEx
Kids Help Phone
Levi's Canada
Mercedes-Benz Canada
Molson Canada; Toronto, ON; 1994
Nintendo of Canada; 2005
Ontario Lottery & Gaming Corporation; 2004
Rogers
Sonos
Tim Hortons
Yamaha Motor Canada Ltd.; 2004

KENNEDY COMMUNICATIONS
34690 Mission Hill Dr, Rancho Mirage, CA 92270
Tel: (360) 213-5001
Fax: (360) 213-0246
Toll Free: (800) 877-0485
E-Mail: info@kennedyglobal.com
Web Site: www.kennedyglobal.com

Employees: 5

Agency Specializes In: Advertising

Kurt Kennedy *(CEO & Exec Creative Dir)*
Curtis Franklin *(Creative Dir)*

Accounts:
Adobe
Albertsons
Big Brothers Big Sisters Invitation
Culligan Campaign: "It Pays To See The Difference"
Dell
Nike
Sunglass Hut
Target Optical

KENT COMMUNICATIONS
6402 Westchester Cir, Richmond, VA 23225
Tel: (804) 323-1500
Web Site: www.kentcommunications.net

Employees: 1

Agency Specializes In: Advertising, Brand Development & Integration, Broadcast, Collateral, Internet/Web Design, Media Buying Services, Out-of-Home Media, Outdoor, Print, Radio

Tom Kent *(Pres)*

Accounts:
JoPa Co

KERIGAN MARKETING ASSOCIATES, INC.
3706 Highway 98 Apt 103, Mexico Beach, FL 32456
Tel: (850) 229-4562
Fax: (866) 518-5855
E-Mail: info@kerigan.com
Web Site: keriganmarketing.com

Employees: 10
Year Founded: 2000

Agency Specializes In: Advertising, Internet/Web Design, Logo & Package Design, Print, Social

AGENCIES - JANUARY, 2019   ADVERTISING AGENCIES

Media, T.V.

Dana K. Kerigan *(Partner-Agency & VP-Media)*
Jack Kerigan *(Principal)*
Sara Backus *(Creative Dir)*

Accounts:
Florida State University Panama City (Agency of Record)
Tyndall Federal Credit Union Inc. (Agency of Record)

KERN
20955 Warner Center Ln, Woodland Hills, CA 91367-6511
Tel.: (818) 703-8775
Fax: (818) 703-8458
Toll Free: (800) 335-4244
E-Mail: info@kernagency.com
Web Site: kernagency.com/

Employees: 50
Year Founded: 1991

Agency Specializes In: Direct Response Marketing, Strategic Planning/Research

Russell Kern *(Founder & Pres)*
Camilla Grozian-Lorentzen *(Sr VP)*
Scott Levine *(Sr VP-Strategy)*
Curtis Kaneshiro *(VP-Strategy & Analytics)*
Anna Heidecker *(Mgmt Supvr)*
Nilesh Sojitra *(Dir-Dev)*
Bailey Fernandez *(Acct Supvr)*
Gary Hays *(Acct Supvr)*
Fiona Ryan *(Sr Acct Exec)*
Chrissy Reninger *(Acct Exec)*
Alexandra Slatkin *(Acct Exec)*

Accounts:
DIRECTV

KERVIN MARKETING
14121 NE Airport Way Ste 207572, Portland, OR 97230
Tel.: (250) 204-2108
Web Site: www.kervinmarketing.com

Employees: 1

Agency Specializes In: Advertising, Brand Development & Integration, Email, Graphic Design, Internet/Web Design, Logo & Package Design, Print, Search Engine Optimization, Social Media

Accounts:
Peniuks Sportfishing
TAP Bookkeeping

KEVIN J. ASH CREATIVE DESIGN, LLC
58 Meadow Lane, Northwood, NH 03261
Tel.: (603) 942-8989
E-Mail: kjacd@kjadesign.com
Web Site: www.kjadesign.com

Employees: 6
Year Founded: 1992

Agency Specializes In: Advertising, Brand Development & Integration, Business Publications, Collateral, Consumer Marketing, Corporate Communications, Corporate Identity, Direct Response Marketing, Electronic Media, Exhibit/Trade Shows, Financial, Graphic Design, Health Care Services, High Technology, Internet/Web Design, Logo & Package Design, Magazines, Media Buying Services, Newspaper, Newspapers & Magazines, Out-of-Home Media, Outdoor, Print, Production, Radio, Recruitment, Trade & Consumer Magazines

Approx. Annual Billings: $5,000,000

Breakdown of Gross Billings by Media: Corp. Communications: $500,000; Exhibits/Trade Shows: $500,000; Graphic Design: $1,000,000; Newsp. & Mags.: $1,000,000; Radio: $500,000; Trade & Consumer Mags.: $1,000,000; Worldwide Web Sites: $500,000

Kevin J. Ash *(Principal & Dir-Creative)*

Accounts:
Mr. Shower Door Custom Shower/Bath Enclosures; 1993

KEY GORDON COMMUNICATIONS
70 The Esplanade Ste 300, Toronto, ON M5E 1R2 Canada
Tel.: (416) 644-0844
Fax: (416) 362-2387
E-Mail: info@keygordon.com
Web Site: www.keygordon.com

Employees: 7

Grant Gordon *(Pres & Creative Dir)*
Bruce Roberts *(Mng Dir)*
Joe Gorecki *(Art Dir)*

Accounts:
Feed The Children
Fleishman Hillard
Hydro One
Independent Grocers
Organic Meadow
SierraClub
Starbucks
Toronto Hydro
Triton
WWF

KEYAD, LLC
1723 N Loop 1604 E Ste 211, San Antonio, TX 78232
Tel.: (210) 363-2861
Fax: (210) 568-6630
E-Mail: cmp@keyad.com
Web Site: www.keyad.com

Employees: 25
Year Founded: 1998

Agency Specializes In: Advertising, Advertising Specialties, Alternative Advertising, Automotive, Brand Development & Integration, Branded Entertainment, Business Publications, Business-To-Business, Catalogs, Co-op Advertising, Collateral, Content, Corporate Identity, Cosmetics, Custom Publishing, Direct Response Marketing, Direct-to-Consumer, Education, Electronic Media, Entertainment, Event Planning & Marketing, Exhibit/Trade Shows, Graphic Design, Hospitality, Identity Marketing, Internet/Web Design, Local Marketing, Logo & Package Design, Magazines, Media Buying Services, Media Planning, New Product Development, Out-of-Home Media, Outdoor, Over-50 Market, Package Design, Podcasting, Point of Purchase, Point of Sale, Print, Production (Ad, Film, Broadcast), Production (Print), Public Relations, Publicity/Promotions, RSS (Really Simple Syndication), Regional, Retail, Sales Promotion, Sports Market, Technical Advertising, Telemarketing, Trade & Consumer Magazines, Transportation, Travel & Tourism, Web (Banner Ads, Pop-ups, etc.)

Revenue: $1,500,000

Accounts:
Alpha Jones
Domino's Pizza
Nike
Nikon
Pizza Hut

KEYPATH EDUCATION
15500 W 113 Ste #200, Lenexa, KS 66219
Tel.: (913) 254-6000
Fax: (913) 538-5078
Web Site: keypathedu.com/

Employees: 300

Agency Specializes In: Advertising, Direct Response Marketing, Education, Internet/Web Design, Newspaper, Print, Radio, T.V., Yellow Pages Advertising

Approx. Annual Billings: $39,000,000

Steve Fireng *(CEO)*
Peter Vlerick *(CFO)*
Jai B. Shankar *(CIO & Exec VP-Tech)*
Tracy Kreikemeier *(CMO)*
Lee Becker *(Dir-Digital Media)*
Megan Roth *(Mgr-Partnership Dev)*
Mandy Harkleroad *(Acct Supvr-Affiliate)*
Morgan Barker *(Specialist-Affiliate Mktg)*
Christine Hernandez *(Specialist-Affiliate Mktg)*

Accounts:
Azusa Pacific University
The Career Centers
The Center for Professional Development at The Art Institute of Colorado
Davison
Dawn
Delta Tech Recruitment
Duluth Business University
EDMC
Hallmark College
The Illinois Institute of Art Recruitment
International Institute of the Americas Recruitment
Liberty University
Lincoln Educational Services Recruitment
Maybe Logic Academy
Modern Gun School
Olympia College Recruitment
Pinnacle Career Institute Recruitment
The Praxis Center
SBB College
Student Loan Solutions, LLC
Students Paths
Thompson Education
Utah Career College

KEYSTONE MARKETING
709 N Main St, Winston Salem, NC 27101
Tel.: (336) 777-3473
Fax: (336) 354-0047
Web Site: www.keystonemarketing.net

Employees: 8

Agency Specializes In: Advertising, Communications, Promotions, Strategic Planning/Research

Brad Bennett *(CEO & Principal)*
Mike Grice *(Principal & Chief Creative Officer)*
Chip Crutchfield *(Dir-Interactive)*
Jonathan Reed *(Assoc Dir-Creative)*

Accounts:
The Hershey Co.
Mondelez International, Inc. Oreo, Oscar Mayer, A1 Steak Sauce

KGBTEXAS
200 E Grayson St, San Antonio, TX 78215
Tel.: (210) 826-8899
Fax: (210) 826-8872
E-Mail: info@kgbtexas.com

ADVERTISING AGENCIES

Web Site: www.kgbtexas.com

Employees: 43

Agency Specializes In: Advertising

Katie Harvey *(CEO)*
Mary McNelis *(VP)*
Edith Ramirez *(VP-Fin)*
Ron Landreth *(Creative Dir)*
Lisa Marie Barocas *(Acct Supvr)*
Kirsten Forkheim *(Sr Acct Exec)*
Daniela Lopez *(Acct Exec)*
Tricia Lynn Silva *(Acct Exec-Pub Affairs)*
Marcella Dalmau *(Assoc Acct Exec)*
Dana Sotoodeh *(Acct Coord-PR)*
Eli Flores *(Sr Art Dir)*

Accounts:
Claro
Papa John's Pizza
Tricentennial

KGLOBAL
2001 L St NW 6th Fl, Washington, DC 20036
Tel.: (202) 349-7075
E-Mail: hello@kglobal.com
Web Site: www.kglobal.com

Employees: 35

Agency Specializes In: Advertising, Brand Development & Integration, Content, Crisis Communications, Digital/Interactive, Media Relations, Public Relations

Mark Green *(Pres & CEO)*
Randy DeCleene *(Partner)*
Gene Grabowski *(Partner)*
Jenny Nuber *(Partner)*
Andy Beck *(Mng Dir)*
Charles Dolan *(Sr VP)*
Molly Mark *(VP)*
Lauren Martens *(VP)*
Brianna Broad *(Acct Supvr)*
Angelita Ramirez *(Acct Supvr)*
Terri Baumann *(Sr Acct Exec)*
Paul Dubas *(Sr Acct Exec)*
Elliot Carter *(Acct Exec)*
Kevin Hastings *(Acct Exec)*

Accounts:
CRF Frozen Foods Crisis Communications

KH COMPLETE ADVERTISING
10073 Hague Rd, Indianapolis, IN 46256
Tel.: (317) 813-0180
Web Site: https://www.khcompleteadvertising.com/

Agency Specializes In: Advertising, Digital/Interactive, Graphic Design, Media Buying Services, Media Relations, Public Relations, Search Engine Optimization, Social Media

Kerrie Henderson *(Owner)*

KHEMISTRY
14-16 Brewer Street, London, W1F OSG United Kingdom
Tel.: (44) 20 7437 4084
Fax: (44) 20 7437 4085
E-Mail: kenny@khemistry.ltd.uk
Web Site: www.khemistry.ltd.uk

Employees: 7
Year Founded: 2001

Agency Specializes In: Above-the-Line, Advertising, Advertising Specialties, Arts, Automotive, Aviation & Aerospace, Below-the-Line, Brand Development & Integration, Business Publications, Business-To-Business, Commercial Photography, Communications, Computers & Software, Consumer Goods, Consumer Marketing, Consumer Publications, Corporate Communications, Corporate Identity, Digital/Interactive, Direct Response Marketing, Direct-to-Consumer, E-Commerce, Education, Email, Entertainment, Financial, Food Service, Graphic Design, Household Goods, Information Technology, Integrated Marketing, International, Internet/Web Design, Logo & Package Design, Luxury Products, Magazines, Market Research, Mobile Marketing, New Product Development, New Technologies, Newspaper, Newspapers & Magazines, Out-of-Home Media, Outdoor, Package Design, Pharmaceutical, Point of Purchase, Point of Sale, Print, Production, Production (Print), Promotions, Public Relations, Publicity/Promotions, Radio, Retail, Sales Promotion, Search Engine Optimization, Social Media, Strategic Planning/Research, T.V., Trade & Consumer Magazines, Travel & Tourism, Yellow Pages Advertising

Approx. Annual Billings: $500,000

Breakdown of Gross Billings by Media: Adv. Specialities: $100,000; Brdcst.: $150,000; Consumer Publs.: $100,000; Corp. Communications: $50,000; E-Commerce: $100,000

Anthony Bates *(Partner)*
Kenny Nicholas *(Partner)*
Priscilla Jeha *(Gen Mgr)*
Lindsay Thompson *(Creative Dir)*

Accounts:
Anglicare Southern Queensland
Belazu; UK Food Products
CAI Games; UK Online Gaming
Devonshire Partnership; UK Surveyors
IET Venues; UK Venue Hire
Jasper Littman; UK Savile Row Tailor
KBR Government & Infrastructure
Profile Interiors; UK Interior Fitters
Queensland Treasury
St Patrick's International College; UK & Asia Education
Superman Energy Drink; UK Energy Drink
Vital Europe; UK Dentistry

KICKSTART CONSULTING INC
217 State St, San Mateo, CA 94401
Tel.: (650) 346-8990
E-Mail: pr@kickstartconsulting.com
Web Site: www.kickstartconsulting.com

Employees: 10

Agency Specializes In: Media Planning, Media Relations, Public Relations, Strategic Planning/Research, Trade & Consumer Magazines

Annette Shimada *(Principal)*

Accounts:
Accelrys
Accruent
Bristlecone
Clearapp
Conard House Medical Services
Infobright Data Warehousing Services
ITM Software
SeeSaw Networks Media Planning & Buying Services

KIDD GROUP
2074 Centre Point Blvd Ste 200, Tallahassee, FL 32308
Tel.: (850) 878-5433
Fax: (850) 878-6745
Toll Free: (800) 323-4869
E-Mail: info@kidd.com
Web Site: http://www.kidd.com/

E-Mail for Key Personnel:
President: WKidd@kiddtucker.com

Employees: 10
Year Founded: 1980

National Agency Associations: Second Wind Limited

Agency Specializes In: Advertising, Communications, E-Commerce, Education, Financial, Government/Political, Graphic Design, Health Care Services, Internet/Web Design, Market Research, Media Buying Services, Media Planning, Public Relations, Retail, Social Media, Transportation, Web (Banner Ads, Pop-ups, etc.)

Jerry Kidd *(CEO)*

Accounts:
Bay Medical Center; Panama City, FL Healthcare Services; 1998
City of Jacksonville Beach Utilities
Florida Department of Health; Tallahassee, FL; 1999

KIDS AT PLAY
959 Cole Ave, Hollywood, CA 90038
Tel.: (323) 462-8100
E-Mail: play@kidsatplaymedia.com
Web Site: http://www.kidsatplay.com/

Employees: 10
Year Founded: 2006

Agency Specializes In: Advertising, Brand Development & Integration, Production

Jason Berger *(Founder & CEO)*
Jim Dolan *(Partner & CFO)*
Amy Laslett *(Partner & Exec Producer)*
Emma Berger *(COO)*
Topher Osborn *(Dir-Photography)*

KIDVERTISERS
1133 Broadway Ste 1000, New York, NY 10010
Tel.: (212) 966-2345
Fax: (212) 966-2770
E-Mail: mail@kidvertisers.com
Web Site: www.kidvertisers.com

E-Mail for Key Personnel:
Creative Dir.: vesey@kidvertisers.com

Employees: 10
Year Founded: 1989

Agency Specializes In: Broadcast, Cable T.V., Children's Market, Collateral, Consumer Publications, Education, Entertainment, Graphic Design, Leisure, Magazines, Teen Market

Approx. Annual Billings: $8,000,000

Breakdown of Gross Billings by Media: Bus. Publs.: $250,000; Graphic Design: $250,000; Mags.: $1,000,000; Promos.: $250,000; T.V.: $6,250,000

Larry Nunno *(Owner)*
Nona Bleetstein *(Office Mgr)*

Accounts:
Comedy Central
Disney
National Geographic Little Kids
Networks
Nickelodeon
Paramount
Playskool

AGENCIES - JANUARY, 2019 — ADVERTISING AGENCIES

KILLEEN FURTNEY GROUP, INC.
149 S Barrington Ave Ste 800, Los Angeles, CA 90049-3310
Tel.: (310) 476-6941
Fax: (310) 476-6256
E-Mail: info@killeenfurtneygroup.com
Web Site: www.killeenfurtneygroup.com

Employees: 10

Agency Specializes In: Crisis Communications, Government/Political, Local Marketing, Media Relations, Media Training, Public Relations, Social Marketing/Nonprofit, Strategic Planning/Research, Web (Banner Ads, Pop-ups, etc.)

Joann E. Killeen *(Pres)*

Accounts:
California State Parks
Comeback Institute
DAKA International
David Lustig & Associates
Lifetime Corporation
Litton Industries
Microsoft Corporation
OATH
Wal-Mart

KILLERSPOTS
463 Ohio Pke Ste 102, Cincinnati, OH 45255
Tel.: (800) 639-9728
Fax: (513) 672-0161
E-Mail: sales@killerspots.com
Web Site: www.killerspots.com

Employees: 10
Year Founded: 1997

Storm Bennett *(CEO)*
Ray Brown *(Gen Mgr)*

Accounts:
Beechmont Racquet & Fitness
Cincinnati Tan Company

KILLIAN BRANDING
73 W Monroe St Ste B, Chicago, IL 60603
Tel.: (312) 836-0050
Fax: (312) 836-0233
E-Mail: info@killianbranding.com
Web Site: www.killianbranding.com

E-Mail for Key Personnel:
Creative Dir.: bob@killianadvertising.com

Employees: 13
Year Founded: 1987

National Agency Associations: 4A's

Agency Specializes In: Advertising, Affluent Market, Brand Development & Integration, Broadcast, Business Publications, Business-To-Business, Cable T.V., Collateral, College, Communications, Computers & Software, Consulting, Consumer Goods, Consumer Marketing, Consumer Publications, Corporate Communications, Corporate Identity, Digital/Interactive, E-Commerce, Education, Electronic Media, Email, Exhibit/Trade Shows, Financial, Food Service, Graphic Design, Health Care Services, High Technology, Identity Marketing, Industrial, Information Technology, Integrated Marketing, Internet/Web Design, Legal Services, Logo & Package Design, Medical Products, New Product Development, New Technologies, Newspapers & Magazines, Out-of-Home Media, Outdoor, Over-50 Market, Package Design, Paid Searches, Planning & Consultation, Print, Production, Radio, Retail, Sales Promotion, Search Engine Optimization, Seniors' Market, Social Marketing/Nonprofit, Strategic Planning/Research, T.V., Trade & Consumer Magazines

Approx. Annual Billings: $15,200,000

Cat Novak *(VP-Creative Svcs)*
Zack Dessent *(Art Dir-Digital)*

Accounts:
Bounce Logistics; South Bend, IN; 2007
The Diemasters; Elk Grove Village, IL; 2009
Family Credit Management; Rockford, IL; 2006
Grippo & Elden; Chicago, IL Attorneys; 2001
Hermitage Art; Chicago, IL E-Commerce Publishing; 1999
North Shore Pediatric Therapy; Chicago, IL Pediatric Therapy; 2011
Travis Pedersen; Chicago, IL; 2009

KINDLING MEDIA, LLC
1728 Whitley Ave, Hollywood, CA 90028
Tel.: (310) 954-1379
Web Site: kindlingdigital.com/

Employees: 10
Year Founded: 2010

Agency Specializes In: Above-the-Line, Advertising, Advertising Specialties, Affluent Market, African-American Market, Agriculture, Alternative Advertising, Arts, Asian Market, Automotive, Aviation & Aerospace, Below-the-Line, Bilingual Market, Brand Development & Integration, Branded Entertainment, Business-To-Business, Children's Market, College, Commercial Photography, Computers & Software, Consulting, Consumer Goods, Consumer Marketing, Content, Cosmetics, Digital/Interactive, Direct-to-Consumer, Education, Electronic Media, Electronics, Entertainment, Environmental, Fashion/Apparel, Financial, Food Service, Government/Political, High Technology, Hispanic Market, Hospitality, Household Goods, Industrial, Information Technology, Integrated Marketing, International, LGBTQ Market, Leisure, Luxury Products, Marine, Media Planning, Media Relations, Media Training, Men's Market, Mobile Marketing, Multicultural, New Technologies, Over-50 Market, Pets, Product Placement, Production (Ad, Film, Broadcast), Real Estate, Restaurant, Retail, Seniors' Market, Social Media, South Asian Market, Sports Market, Teen Market, Transportation, Travel & Tourism, Tween Market, Urban Market, Viral/Buzz/Word of Mouth, Women's Market

Approx. Annual Billings: $2,500,000

Lauren Kaplow *(Acct Exec)*

Accounts:
E! Online "The Royals", Influencer Marketing, Viral Strategy
Zodiac Vodka Advertising Platform, Influencer Activations

KINDRED
460 Gate Five Rd, Sausalito, CA 94965
Tel.: (415) 944-3310
Fax: (415) 944-3327
Web Site: www.kindredsf.com

Employees: 6
Year Founded: 2009

Agency Specializes In: Advertising, Brand Development & Integration, Package Design

Marian Kwon *(Partner & Chief Strategy Officer)*
Cori Constantine *(Dir-Strategy)*

Accounts:
Ahnu Footwear
Crimson & Quartz Wine

KINER COMMUNICATIONS
44651 Village Ct Ste 114, Palm Desert, CA 92260
Tel.: (760) 773-0290
Fax: (760) 773-1750
E-Mail: info@kinercom.com
Web Site: www.kinercom.com

Employees: 16
Year Founded: 1994

Agency Specializes In: Advertising, Collateral, Corporate Identity, Crisis Communications, Digital/Interactive, Media Relations, Print, Promotions, Public Relations, Radio, T.V.

Revenue: $2,500,000

Scott Kiner *(CEO)*
Sheila Kiner *(CEO)*
Linda Furbee *(VP-Client Svcs)*
Sandy Piedra *(Media Dir)*

Accounts:
3rd Corner Wine Shop & Bistros
American Jazz Institute
American Red Cross
Back Nine Greens (Agency of Record) Advertising, Marketing, Public Relations
Cabazon Band of Mission Indians
Claremont McKenna College
Coachella Valley Economic Partnership
Community Valley Bank
Copper Mountain College
Cuistot Restaurant
Desert Sands Unified School District
Eagle Falls Golf Course
Fantasy Springs Resort Casino
Heckmann Corporation
Links Nursery
Martha's Village & Kitchen
MyPalmSprings.com
Off the Grid Survival Supply Store
Out of the Box Gold Store
Palm Desert Area Chamber of Commerce
The Penta Building Group
Pete Carlson's Golf & Tennis
Prime Time International
Score
SilverRock Resort
Southwest Arts Festival
Tradition Golf Club

KINETIC KNOWLEDGE
620 Harris Ave, Brielle, NJ 08730
Tel.: (732) 722-5915
E-Mail: contact@kineticknowledge.com
Web Site: kineticknowledge.com

Employees: 3
Year Founded: 2003

Agency Specializes In: Advertising, Content, Digital/Interactive, Graphic Design, Internet/Web Design, Logo & Package Design, Print, Search Engine Optimization, Social Media

Chris Frerecks *(Owner & Pres)*

Accounts:
Balsamic Nectar
C Rice Global
Greenauer Design Group
Schmidt Realty Group

KINETIC SOCIAL
134 W 37th St 7th Fl, New York, NY 10018
Tel.: (646) 561-0380
E-Mail: hello@kineticsocial.com

ADVERTISING AGENCIES

Web Site: www.kineticsocial.com

Employees: 50

Agency Specializes In: Advertising, Brand Development & Integration, Content, Copywriting, Digital/Interactive, Media Buying Services, Media Planning, Public Relations, Social Media, Strategic Planning/Research

Accounts:
New-Mars Inc Snickers

KINETIX CREATIVE
934 3rd St Ste 401, Alexandria, LA 71301
Tel.: (318) 487-8200
E-Mail: info@brandwithred.com
Web Site: http://www.kbisp.com/

Employees: 25
Year Founded: 2002

Agency Specializes In: Advertising, Brand Development & Integration, Graphic Design, Internet/Web Design, Logo & Package Design, Social Media

Liz Lowry (CMO)
Josh Swenson (CTO)
Glen Ducote (CEO-Kinetix Technologies)
Caitlin Billingsley (Dir-Mktg Dept)

Accounts:
Alexandria Pineville CVB
Honey Brake Lodge
Louisiana Community Development Authority
Spirits Foods & Friends

THE KING AGENCY
3 N Lombardy St, Richmond, VA 23220
Tel.: (804) 249-7500
E-Mail: info@kingagency.com
Web Site: www.thekingagency.com

Employees: 14

Agency Specializes In: Advertising, Graphic Design, Social Media

David King (Pres)
Gus Pistolis (VP & Sr Strategist-Mktg)
Rachel Everett (Copywriter)
MaryJo Steinmetz (Sr Media Planner)

Accounts:
Altadis USA, Inc.
Arby's Restaurant Group, Inc.
Bottoms Up Pizza Campaign: "Huge Slices to Huge Decks"
Citizen Community Bank
Dr. Baxter Perkinson & Associates Campaign: "Dentist Crossing"
First Capital Bank
Global Healthcare Alliance, Inc.
Harman Eye Centre
Healthcare Solutions, Inc.
McGeorge Toyota (Agency of Record) Creative Advertising
VCS

KING & PARTNERS, LLC
35 Great Jones St 6th Fl, New York, NY 10012
Tel.: (212) 371-8500
E-Mail: info@kingandpartners.com
Web Site: www.kingandpartners.com

Employees: 14

Agency Specializes In: Advertising, Brand Development & Integration, Digital/Interactive, E-Commerce, Graphic Design, Internet/Web Design, Social Media

Inii Kim (Creative Dir)
Dan Liu (Art Dir)
Tamara Belopopsky (Dir-Bus Dev & Strategy)
Justin Grubbs (Dir-Tech)
Soyeo Jung (Designer)

Accounts:
Auberge Resorts Collection Creative; 2018
Victoria Beckham

KING FISH MEDIA
900 Cummings Center, Beverly, MA 01915
Tel.: (978) 745-4140
Fax: (978) 745-4725
E-Mail: info@kingfishmedia.com
Web Site: www.kingfishmedia.com

Employees: 7
Year Founded: 2001

Agency Specializes In: Advertising, Content, Digital/Interactive, Email, Event Planning & Marketing, Internet/Web Design, Market Research, Mobile Marketing, Print, Social Media

Revenue: $2,282,000

Cameron Brown (Founder & CEO)
Sue Twombly (VP-Strategy & Client Svcs)
Melissa Kustka (Controller)
Brittany Kee (Acct Mgr)

Accounts:
Affinion
Ameriprise
Avnet
Bank of America
Boston Market
HIMMS
Kretschmer Wheat Germ
Market Forge Industries
Restaurant.com

KING MEDIA
1555 Watertower Place Ste 200, East Lansing, MI 48823
Tel.: (517) 333-2048
E-Mail: kingmedia@kingmedianow.com
Web Site: www.kingmedianow.com

Employees: 10
Year Founded: 1999

Agency Specializes In: Advertising, Brand Development & Integration, Event Planning & Marketing, Graphic Design, Media Relations, Public Relations

Coleen King (Founder & Pres)
Laurie DeYoung (Acct Dir)
Allison Navarra (Coord-Mktg)
Amanda Vanlente-Hatter (Coord-Mktg)

Accounts:
Tabor Hill Winery & Restaurant

KINGS ENGLISH LLC
335 S Davie St, Greensboro, NC 27401
Tel.: (336) 574-0304
Web Site: www.thekingsenglish.com

Employees: 5

Agency Specializes In: Advertising, Broadcast, Internet/Web Design, Print, Public Relations, Social Media

Marc Barnes (Dir-PR)
David McLean (Dir-PR)

Accounts:
Otey Construction
South of France

KINNEY GROUP CREATIVE
424 W 33rd St Ste 570, New York, NY 10001
Tel.: (323) 570-2076
E-Mail: hello@kinneygroupcreative.com
Web Site: www.kinneygroupcreative.com

Employees: 3
Year Founded: 2010

Agency Specializes In: Advertising, Brand Development & Integration, Digital/Interactive, Radio

Alex Leal (Client Svcs Dir)

Accounts:
Aquadopa
Author Phyllis Peters

KINZIEGREEN MARKETING GROUP
915 5th St, Wausau, WI 54403
Tel.: (715) 845-4251
Fax: (715) 842-3399
E-Mail: info@kinziegreen.com
Web Site: www.kinziegreen.com

E-Mail for Key Personnel:
President: kirk@kinziegreen.com
Creative Dir.: tom@kinziegreen.com
Media Dir.: jody@kinziegreen.com

Employees: 11
Year Founded: 1966

Agency Specializes In: Advertising, Brand Development & Integration, Business Publications, Business-To-Business, Collateral, Consulting, Consumer Marketing, Corporate Identity, Digital/Interactive, Direct Response Marketing, Exhibit/Trade Shows, Financial, Health Care Services, Internet/Web Design, Magazines, Media Buying Services, Newspapers & Magazines, Planning & Consultation, Production, Public Relations, Radio, Strategic Planning/Research, T.V., Yellow Pages Advertising

Approx. Annual Billings: $6,986,218 Capitalized

Kirk E. Howard (Owner & Pres)
Bridget Leonhard (VP-Ops)
Jody McCormick (Media Dir & Acct Exec)
Patti Howard (Acct Mgr-Svc)
Chris Martin (Mgr-Interactive Svcs)

Accounts:
Church Mutual Insurance
EO Johnson Office Technologies
Greenheck Fan Air Moving Equipment, Kitchen Ventilation Systems; 1966
Never Forgotten Honor Flight
Vortex Tool Company
WRM America

KIOSK CREATIVE LLC
750 Grant Ave 200, Novato, CA 94945
Tel.: (415) 895-5327
E-Mail: hello@kiosk.tm
Web Site: https://kiosk.tm/

Employees: 46
Year Founded: 2004

Agency Specializes In: Advertising, Brand Development & Integration, Internet/Web Design, Media Buying Services, Media Planning

AGENCIES - JANUARY, 2019 — ADVERTISING AGENCIES

Munir Haddad *(CEO)*
Claire Knoles *(COO)*
Dave Holden *(Chief Creative Officer)*
Renea Eure *(Acct Dir)*
Elizabeth Diles *(Supvr-Media)*
Christina Levant *(Supvr-Media)*
Jenn Hagerman *(Sr Acct Exec)*
Molly Lazor *(Acct Exec)*
Melanie Howe *(Media Buyer)*

Accounts:
Tapjoy

KIP HUNTER MARKETING
888 E Las Olas Blvd Ste 500, Fort Lauderdale, FL 33301
Tel.: (954) 765-1329
Fax: (954) 524-3047
E-Mail: contact@kiphuntermarketing.com
Web Site: www.kiphuntermarketing.com

Employees: 7

Agency Specializes In: Advertising, Brand Development & Integration, Corporate Identity, Event Planning & Marketing, Media Planning, Media Training, Public Relations, Social Media

Kip Hunter *(CEO)*
Jodi Goldstein *(Chief Client Officer)*

Accounts:
BBX Capital Real Estate
BFC Financial
Hoffmans Chocolates
The Village at Gulfstream Park

KIRK COMMUNICATIONS
1 New Hampshire Ave Ste 125, Portsmouth, NH 03801
Tel.: (603) 766-4945
Fax: (603) 766-1901
E-Mail: info@kirkcommunications.com
Web Site: www.kirkcommunications.com

Employees: 2

Nate Tennant *(Founder & CEO)*

Accounts:
Adder
Animetrics
Annik Technology Services Ltd. Branding, Digital, Marketing, Website Creation
Auger Systems
CBE Technologies (Agency of Record) Web Site; 2008
Cipher Optics
Imprivata
IMT Partners; North Chelmsford, MA
Ipswitch Analyst Relations, New Product Announcements, New Product Introductions, Press Relations, Product Placements, Public Relations, Social Networking, Trade Show Press
ITelagen
Sagamore Systems
SeaNet Technologies
Staff Hunters
Theikos
Thermonexus, LLC
Treeno Software
XyEnterprise

KITCH & SCHREIBER, INC.
(Single Location)
402 Court St, Evansville, IN 47708-1130
Tel.: (812) 424-7710
E-Mail: contact@kitchandschreiber.com
Web Site: www.kitchandschreiber.com

Employees: 7

Agency Specializes In: Advertising, Event Planning & Marketing, Internet/Web Design, Logo & Package Design, Media Planning, Out-of-Home Media, Outdoor, Print, Radio, T.V.

Revenue: $1,800,000

Ken Schreiber *(Pres)*
Scott Schreiber *(VP-Media Svcs)*

Accounts:
Carson's Brewery

KITCHEN PUBLIC RELATIONS, LLC
5 Penn Plz, New York, NY 10001
Tel.: (212) 687-8999
Fax: (212) 687-6272
E-Mail: dnorman@kitchenpr.com
Web Site: www.kitchenpr.com

Employees: 10
Year Founded: 1992

Agency Specializes In: Brand Development & Integration, Corporate Communications, Crisis Communications, Exhibit/Trade Shows, Government/Political, Strategic Planning/Research

Revenue: $1,100,000

David Norman *(Mng Dir)*

Accounts:
Conning
Denver Global Products
Employment Resource Group
Preferred Concepts
S'well
Y-cam Solutions

KITCHEN SINK STUDIOS
828 N Third St, Phoenix, AZ 85004
Tel.: (602) 258-3150
E-Mail: info@kitchensinkstudios.com
Web Site: www.kitchensinkstudios.com

Employees: 25
Year Founded: 1999

Agency Specializes In: Advertising, Brand Development & Integration, Event Planning & Marketing, Graphic Design, Internet/Web Design, Logo & Package Design, Media Buying Services, Production (Ad, Film, Broadcast), Public Relations, Social Media

Nick Hower *(Owner & Founder)*
Kory Kapfer *(Owner & Founder)*
Devin Gritton *(Dir-Animation)*
Mike Griak *(Strategist-Brand)*

Accounts:
New-Beal Derkenne
New-Coffin & Trout
New-Ezra Arthur
New-Fox Restaurant Concepts
New-Frances
New-Huxton
New-TASER International
New-UTI
New-Western Alliance Bank

KITEROCKET
(Formerly Impress Public Relations, Inc.)
515 E Grant St, Phoenix, AZ 85004
Tel.: (602) 443-0030
E-Mail: hellophx@kiterocket.com
Web Site: www.kiterocket.com/

Employees: 10
Year Founded: 2017

Agency Specializes In: Business-To-Business, Communications, Environmental, Integrated Marketing, Public Relations, Search Engine Optimization, Social Media, Strategic Planning/Research, Technical Advertising

Martijn Pierik *(CEO & Mng Partner)*
German Wegbrait *(Creative Dir)*
Tom Cheyney *(Dir-Content & Market Intelligence)*
Andrew DePoy *(Dir-Brand & Mktg Comm)*

Accounts:
Amkor Technology Inc.
ASM International
Entrepix
Flexible Display Center
OmniVision
Rohm & Haas Electronic Materials
SAFC Global
SAFC Hitech
Sigma Life Science (Agency of Record)

Branches

Kiterocket
(Formerly IMPRESS Public Relations, Inc.)
811 Sansome St, San Francisco, CA 94111
Tel.: (602) 443-0030
E-Mail: hellosfo@kiterocket.com
Web Site: www.kiterocket.com/

Employees: 25
Year Founded: 2017

Agency Specializes In: Communications, Public Relations, Search Engine Optimization, Social Media

Dave Richardson *(Mng Partner)*
Ina Chu *(Dir-Client Svc-Asia pacific)*

KIWI CREATIVE
22600 Ascoa Ct, Strongsville, OH 44149
Tel.: (440) 973-4250
Fax: (440) 973-4433
Web Site: www.kiwicreative.net

Employees: 5
Year Founded: 2007

Agency Specializes In: Advertising, Graphic Design, Internet/Web Design, Media Planning, Print, Social Media

Accounts:
John Carroll University

KK BOLD
505 E Main Ave Ste 250 PO Box 693, Bismarck, ND 58502-4412
Tel.: (701) 255-3067
Fax: (701) 255-1022
E-Mail: contact@kkbold.com
Web Site: www.kkbold.com

E-Mail for Key Personnel:
President: laroyk@kkcltd.com
Creative Dir.: clayc@kkcltd.com
Media Dir.: marcig@kkcltd.com

Employees: 29
Year Founded: 1969

Agency Specializes In: Agriculture, Broadcast, Collateral, Corporate Identity, Digital/Interactive, Electronic Media, Graphic Design, Health Care Services, Internet/Web Design, Media Buying Services, Newspapers & Magazines, Out-of-Home Media, Outdoor, Planning & Consultation, Print, Public Relations, Radio, T.V., Travel & Tourism

ADVERTISING AGENCIES

LaRoy Kingsley *(Owner & Pres)*
Wayne Kranzler *(CEO)*
Jackie Hawkinson *(VP-Ops & Office Mgr)*
Kalvin Kingsley *(VP-IT)*
Stephanie Schoenrock *(VP)*
Clay Hove *(Creative Dir)*
Ted Hanson *(Acct Mgr)*
Penny Blotsky *(Media Buyer)*

Accounts:
Bismarck Funeral Home
Bismarck Mandan Development Association
Bismarck-Mandan Chamber of Commerce
Bowman County Development
Cloverdale Meats
Dan's Pantry
Fireside Office Products; Bismarck, ND Office Equipment; 1984
Grand River Casino And Resort
Hatton Prairie Village
Kirkwood Mall; Bismarck, ND Regional Shopping Mall; 1990
Minot State University
Nisqually Red Wind Casino Marketing Agency of Record
North Dakota Democratic Party; Bismarck, ND; 1982
North Dakota Education Association; Bismarck, ND; 1990
North Dakota John Deere Dealers Co-op; Minneapolis, MN Farm Equipment; 1984
North Dakota University Systems
Red River Commodities
Russell's Reserve
Unison Bank

KKPR MARKETING & PUBLIC RELATIONS
PO Box 511, Milford, PA 18337
Tel: (570) 296-2333
E-Mail: info@kkmpr.com
Web Site: http://kkmpr.com/

Agency Specializes In: Advertising, Brand Development & Integration, Event Planning & Marketing, Internet/Web Design, Media Planning, Public Relations

Katrina Foster *(Founder)*
Graham Campbell *(Mktg Mgr)*

KLEBER & ASSOCIATES MARKETING & COMMUNICATIONS
1215 Hightower Trl Bldg C, Atlanta, GA 30350
Tel: (770) 518-1000
Fax: (770) 518-2700
E-Mail: info@kleberadvertising.com
Web Site: www.kleberandassociates.com

Employees: 20
Year Founded: 1987

National Agency Associations: Second Wind Limited

Agency Specializes In: Advertising, Brand Development & Integration, Business-To-Business, Co-op Advertising, Communications, Consumer Marketing, Corporate Identity, Crisis Communications, Customer Relationship Management, Direct Response Marketing, Direct-to-Consumer, Electronic Media, Email, Exhibit/Trade Shows, Integrated Marketing, Internet/Web Design, Logo & Package Design, Market Research, Media Buying Services, Media Planning, Media Relations, Media Training, Planning & Consultation, Podcasting, Print, Product Placement, Public Relations, Publicity/Promotions, RSS (Really Simple Syndication), Search Engine Optimization, Sponsorship, Strategic Planning/Research, Web (Banner Ads, Pop-ups, etc.)

Steven Kleber *(Founder & Pres)*
Hal Smith *(Creative Dir)*

Accounts:
Altmans Integrated Marketing, Media Relations, Social Media, Strategic
Boise Cascade Holdings, L.L.C. Wood Products Division (Public Relations Agency of Record); 2018
Century Architectural Specialties
New-CertainTeed Corporation CertainTeed Roofing (Public Relations Agency of Record); 2018
DANVER (Agency of Record)
Emira
Feeney, Inc Integrated Marketing, Media Relations, Social Media, Strategic
Gama Sonic (Marketing Agency of Record) Digital Media, Public & Media Relations
Georgia-Pacific Gypsum LLC (Advertising Agency of Record) Account Strategy, Creative Advertising, Dens, Digital, Marketing, Media Planning, ToughRock
Gerber Plumbing Fixtures Corporation Plumbing Fixtures; 2008
Hy-lite Integrated Marketing, Media Relations, Social Media, Strategic
KWC America; Norcross, GA High End Kitchen & Bath Plumbing Fixtures
Marble Institute of America + The Building Stone Institute (Marketing Agency of Record) Digital Media, Public & Media Relations
Masonite (Agency of Record) PR, Social Media, Traditional & Digital Channels
Nichiha; Atlanta, GA Fiber Cement Siding Products
Panolam Surface Systems (Marketing Agency of Record) Brand Identity, Brand Research
Reliance Worldwide Corporation (Agency of Record) Advertising, EvoPEX Plumbing Solution, Public Relations, Sharkbite Plumbing; 2018
New-The Tile Doctor (Agency of Record); 2018
Viance's Wood Treatment solutions
Walpole Outdoors Integrated Marketing, Media Relations, Social Media, Strategic
Woodtrack Ceiling System

KLEIDON & ASSOCIATES
3517 Embassy Parkway, Akron, OH 44333
Tel: (330) 666-5984
Fax: (330) 666-6833
E-Mail: info@kleidon.com
Web Site: www.kleidon.com

Employees: 8
Year Founded: 1975

National Agency Associations: AAF

Agency Specializes In: Advertising, Brand Development & Integration, Business-To-Business, Consumer Marketing, Graphic Design, Logo & Package Design, Public Relations, Strategic Planning/Research, Trade & Consumer Magazines

Revenue: $1,000,000

Rose A. Kleidon *(Owner)*
Dennis A. Kleidon *(CEO)*
Tim Klinger *(Creative Dir)*
Diana Lueptow *(Dir-Strategic Comm)*
Peggy Schobert *(Dir-Ops & Media Rels)*

Accounts:
Conservancy for CVNP Annual Report, Campaign: "Trails Forever"
Fresco Mexican Grill & Salsa Bar
JDM Structures
Jentner Financial Group
Omega Cabinetry

KLICKPICKS
136 E 57th St, New York, NY 10022
Tel: (646) 330-4613
E-Mail: info@klickpicks.com
Web Site: www.klickpicks.com

Employees: 5

Agency Specializes In: Advertising, Cosmetics, Digital/Interactive, Electronic Media, Production (Ad, Film, Broadcast)

Katherine O'Sullivan *(CEO)*
Jose Pinto *(COO)*

Accounts:
First in Service Travel Travel Agency
Lysse Fashion
Priv

KLUGE INTERACTIVE
4133 Redwood Ave Unit 4032, Marina Del Rey, CA 90066
Tel: (213) 761-7560
E-Mail: hello@klugeinteractive.com
Web Site: www.klugeinteractive.com

Employees: 9
Year Founded: 2008

Agency Specializes In: Advertising, Brand Development & Integration, Corporate Identity, Digital/Interactive, Internet/Web Design, Strategic Planning/Research

Arturo Perez *(CEO)*
Cameron Wood *(Partner & COO)*
Daniel Garcia *(Head-Product Dev & Client Svcs)*

Accounts:
Runrunes

THE KLUGER AGENCY
1200 Brickell Ave 14th Fl, Miami, FL 33131
Tel: (305) 639-8750
Fax: (305) 639-8751
E-Mail: info@klugeragency.com
Web Site: www.klugeragency.com

Employees: 5

Agency Specializes In: Entertainment, Product Placement

Adam Kluger *(CEO)*

KLUNDT HOSMER
216 W Pacific Ste 201, Spokane, WA 99201
Tel: (509) 456-5576
Fax: (509) 456-5848
Toll Free: (866) 456-5577
E-Mail: info@klundthosmer.com
Web Site: https://klundthosmer.com/

Employees: 18
Year Founded: 1987

Agency Specializes In: Advertising, Brand Development & Integration, Broadcast, Digital/Interactive, E-Commerce, Email, Internet/Web Design, Search Engine Optimization, Social Media

Rick Hosmer *(Partner & CMO)*
Diane Mahan *(Partner, Chief Strategy Officer & Chief Digital Officer)*
Jean Klundt *(Partner & Creative Dir)*
Ashley Martin *(Partner & Chief Relationship Officer)*
Darin Klundt *(Principal & Creative Dir)*
Heather Zangara *(Office Mgr)*
Mastery Sheets *(Coord-Web)*

AGENCIES - JANUARY, 2019 — ADVERTISING AGENCIES

Accounts:
Lawton Printing Inc. Commercial Printing Services
Northwest Spokane Pediatrics Offices of Physicians Except Mental Health
Susan Mahan Kohls DDS Dental Care Service Providers

KLUNK & MILLAN ADVERTISING INC.
1620 POnd Rd Unit 300, Allentown, PA 18104
Tel.: (610) 973-2400
Fax: (610) 973-2407
Web Site: www.klunkmillan.com

Employees: 50
Year Founded: 1989

Agency Specializes In: Advertising, Brand Development & Integration, E-Commerce, Logo & Package Design, Media Planning, Mobile Marketing, Print, Public Relations, Search Engine Optimization, Strategic Planning/Research

James Klunk *(Pres)*
Andrew Hall *(Sr VP & Creative Dir)*
Michelle Gaynor *(VP-Client Svcs)*
Rob Perillo *(Exec Creative Dir)*
Gwenn Lundy *(Art Dir)*
Jason Ziemba *(Art Dir)*
Kat Yesvetz *(Media Buyer & Coord-Traffic)*

Accounts:
Air Products
Crayola Experience
Fluortek
Kutztown University
Olympus
Orbel Corporation
Stanley Black & Decker

KMGI.COM
228 Park Ave S Ste 16065, New York, NY 10003
Tel.: (212) 873-2211
Fax: (212) 202-4982
Toll Free: (866) 437-3816
Web Site: www.kmgi.com

E-Mail for Key Personnel:
President: ak@kmgi.com
Production Mgr.: eg@kmgi.com

Employees: 19
Year Founded: 1997

Agency Specializes In: Digital/Interactive, E-Commerce, Education, Electronic Media, High Technology, Infomercials, Information Technology, Internet/Web Design, Media Buying Services, Production

Approx. Annual Billings: $4,200,000

Breakdown of Gross Billings by Media: Fees: 10%; Internet Adv.: 25%; Other: 2%; Production: 60%; Pub. Rels.: 3%

Accounts:
9 Net Avenue, Inc.; NJ Internet-Related Services; 1998
American Airlines; Dallas, TX
Boeing
Brown & Williamson; KY Tobacco; 1999
Canon
CBS
DuPont; New York, NY Corian; 1999
Energizer
Intel
Macromedia, Inc.; San Francisco, CA Software; 1999
MTV
Net 2 Phone, Inc.; Hackensack, NJ IP Telephony; 1999
Siemens
Transatlantic Communications; New York, NY Telecommunications Services; 1998
Verizon
Vivendi Group
Volkswagen Group of America, Inc.
Volvo

KMK MEDIA GROUP
716 N Church St, Rockford, IL 61103
Tel.: (815) 399-2805
Fax: (815) 399-1726
E-Mail: info@kmkmedia.com
Web Site: www.kmkmedia.com

Employees: 5

Agency Specializes In: Advertising, Brand Development & Integration, Event Planning & Marketing, Internet/Web Design, Logo & Package Design, Print, Public Relations, Social Media, T.V.

Jeff Klarman *(Pres)*
Pam Maher *(CEO)*
Doug Burton *(Mktg Mgr)*
Maegan Shinkle *(Specialist-Comm)*
Kelly Sundby *(Sr Graphic Designer)*

Accounts:
Barkley's Burgers, Brews & Dawgs Marketing Consulting, Social Media Management; 2018
Caldwell Group
Hospice Care of America Media Plan, Public Relations, Social Media Strategy
Ipsen International, Inc Heat-Treating Solutions, Promotional Video; 2017
MD Skin Center
Nitrorthopaedics
Parks Chamber of Commerce Marketing, Public Relations, Social Media, Young at Heart festival
Pearson (Advertising Agency of Record)
Rock River Valley Pantry Design, Invitation, Logo, Poster, Social Media, Ticket, Web Graphics
Siena on Brendenwood (Advertising Agency of Record) Marketing, Media Buying, Print, Public Relations, Social Media Marketing

KMR COMMUNICATIONS
1111 Lincoln Rd, Miami Beach, FL 33139
Tel.: (786) 276-2327
Web Site: www.kmrpr.com

Employees: 20
Year Founded: 1998

Katherine M. Rothman *(CEO)*

KNACK4 DESIGN, INC.
29 Whistler Hill Ln, Huntington, NY 11743
Tel.: (631) 486-2750
Fax: (631) 486-2750
E-Mail: info@knack4design.com
Web Site: www.knack4design.com

Employees: 2

Agency Specializes In: Advertising, Brand Development & Integration, Package Design, Strategic Planning/Research

Accounts:
A&M Rotondi
Bethpage Federal Credit Union
Ecological Laboratories Inc.
Karon Check Cashing Inc.
Love of Learning Montessori School
Mailmen Inc.
Matthew James Salon
Maxus Media Marketing Solutions
Neilson Associates
Old Westbury College
Palm Bay Imports
Presidio Beverage Company
Quick Tax Inc.
RCG&H Law Firm
Sanna Mattson & Macleod
Terryco Lawn Maintenance
Wine Wave Inc.

KNB COMMUNICATIONS
230 Park Ave 10th Fl Ste 1000, New York, NY 10169
Tel.: (212) 505-2441
Fax: (917) 591-3117
E-Mail: info@knbpr.com
Web Site: http://www.knbcomm.com/

Employees: 12

Agency Specializes In: Communications, Public Relations

Shirin Bhan *(Founder & Pres)*
Kathy-Ann Gobin *(Mgr-Exec Digital & Video Production)*

Accounts:
Aprima
Carefx Corporation Medical Services
Corindus Vascular Robotics
iMedica Corporation Software Solution Provider
Impelsys Electronic Content Solutions Provider
TeleHealth Services Media Services

THE KNIGHT AGENCY
6895 E Camelback Rd Ste 118, Scottsdale, AZ 85251
Tel.: (480) 447-9996
Web Site: www.knight.agency

Employees: 10

Agency Specializes In: Advertising, Event Planning & Marketing, Public Relations

Erica Knight *(Pres-PR & Mktg)*
Stephanie Ferrer *(Sr Acct Exec-PR)*

Accounts:
The Mitchell Group

KNIGHT MARKETING
2032 Hawthorne St, Sarasota, FL 34239
Tel.: (941) 361-3070
Fax: (941) 365-2333
E-Mail: info@knightmarketing.com
Web Site: www.knightmarketing.com

Employees: 5

Agency Specializes In: Advertising, Brand Development & Integration, Internet/Web Design, Media Buying Services, Media Planning, Media Relations, Public Relations, Social Media

Christina Blenk *(VP-Web Dev)*
Ticia Mahler *(VP)*

Accounts:
Voalte, Inc.
Youthful Aging Home Health Private Duty Care

KNOODLE ADVERTISING
4450 N 12th St Ste 120, Phoenix, AZ 85014
Tel.: (602) 530-9900
Web Site: http://www.knoodle.com/

Employees: 4

Agency Specializes In: Advertising, Internet/Web Design, Logo & Package Design, Media Buying

ADVERTISING AGENCIES

AGENCIES - JANUARY, 2019

Services, Media Planning, Media Training, Multimedia, Print, Public Relations, Search Engine Optimization

Rosaria Cain *(CEO)*
Scott Cain *(Partner & CFO)*
Sandra Guadarrama-Baumunk *(Client Svcs Dir)*
Christopher Medina *(Dir-Integrated Comm)*
Maria Ortiz *(Office Mgr)*
Bryan Glasco *(Media Buyer)*

Accounts:
National Kidney Foundation, Inc.
Shamrock Foods Company

KNOW ADVERTISING
422 W 11 Mile Rd, Royal Oak, MI 48067
Tel.: (248) 632-1171
Fax: (248) 542-7316
Web Site: www.knowad.com

Employees: 16
Year Founded: 2005

Agency Specializes In: Advertising, Brand Development & Integration, Digital/Interactive, Email, Internet/Web Design, Radio

Dylan Shippey *(Sr Art Dir)*

Accounts:
Niagara LaSalle Corporation
Roberts Restaurant Group

KNUDSEN, GARDNER & HOWE, INC.
PO Box 1043, Twinsburg, OH 44087
Tel.: (216) 781-5000
Fax: (216) 781-5004
E-Mail: info@kghinc.com
Web Site: www.kghinc.com

E-Mail for Key Personnel:
President: tim@kghinc.com

Employees: 4
Year Founded: 1967

Agency Specializes In: Advertising, Automotive, Consumer Goods, Consumer Marketing, Consumer Publications, Financial, Planning & Consultation, Production (Print)

Tim Knudsen *(Pres)*
Greg Beckner *(Graphic Designer & Designer-Web)*

Accounts:
Anderson & Vreeland, Inc.; Bryan, OH
Axiom Automotive Technologies; Pittsburgh, PA
Corteco
Custom Flex
Floraline Display Products Corp.; Cleveland, OH
Freudenberg-NOK Distribution Div.; Milan, OH
Light Craft Manufacturing, Inc.; Fremont, OH
Mill-Rose Laboratories; Mentor, OH
Nautica Charity Poker Festival
Nova Polymers
TransTec
Warwick Products, Inc.; Cleveland, OH
Westport Axle Corporation; Cleveland, OH

KNUPP & WATSON & WALLMAN
(Name Changed to KW2)

KOCHAN & COMPANY MARKETING COMMUNICATIONS
7107 Cambridge Ave, Saint Louis, MO 63130
Tel.: (314) 621-4455
Fax: (314) 621-1777
E-Mail: bob@kochanandcompany.com
Web Site: www.kochanandcompany.com

E-Mail for Key Personnel:
President: bob@kochanandcompany.com
Media Dir.: kathy@kochanandcompany.com

Employees: 6
Year Founded: 1987

National Agency Associations: AAF

Agency Specializes In: Advertising, Brand Development & Integration, Broadcast, Business-To-Business, Cable T.V., Collateral, Communications, Consumer Marketing, Corporate Identity, Digital/Interactive, Direct Response Marketing, Email, Entertainment, Financial, Graphic Design, Health Care Services, Integrated Marketing, Internet/Web Design, Leisure, Logo & Package Design, Media Buying Services, Media Planning, Newspaper, Newspapers & Magazines, Out-of-Home Media, Outdoor, Point of Purchase, Point of Sale, Print, Production, Promotions, Radio, Restaurant, Retail, Sales Promotion, Social Media, Sports Market, Strategic Planning/Research, T.V., Trade & Consumer Magazines, Travel & Tourism

Approx. Annual Billings: $2,000,000

Breakdown of Gross Billings by Media: Brdcst.: 26%; Collateral: 10%; Consulting: 8%; Internet Adv.: 3%; Outdoor: 5%; Print: 20%; Promos.: 10%; Strategic Planning/Research: 18%

Robert J. Kochan *(Pres & Sr Strategist-Mktg)*

Accounts:
Consort Homes; St. Louis, MO Home Builder; 2009
Delta Dental of Missouri; Saint Louis, MO & Kansas City, MO Dental Health Plan; 1998
Hotel Blackhawk; Davenport, IA (Agency of Record)
Laclede's Landing; St. Louis, MO Entertainment District; 2008
The Missouri Valley Conference; Saint Louis, MO College Sports Conference; 2004
National Railroad Hall of Fame; Galesburg, IL Museum; 2007
The Pasta House Co.; Saint Louis, MO Italian Restaurants; 1995
Pool King Recreation; Saint Louis, MO Pool & Spa Dealer; 2005
Pulaski Banks; St Louis, MO Banking/Financial; 2010

KODA
2836 E Appaloosa Rd, Gilbert, AZ 85296
Tel.: (480) 696-6552
E-Mail: info@koda.agency
Web Site: www.koda.agency

Employees: 5
Year Founded: 2004

Agency Specializes In: Above-the-Line, Alternative Advertising, Collateral, Digital/Interactive, Direct Response Marketing, Electronic Media, Email, Exhibit/Trade Shows, Experience Design, Paid Searches, Print, Viral/Buzz/Word of Mouth, Web (Banner Ads, Pop-ups, etc.)

Janice Hodson *(Dir-Corp Dev)*

Accounts:
Bavaria Yachts Yachts; 2011

KOEPPEL DIRECT
16200 Dallas Pkwy Ste 270, Dallas, TX 75248
Tel.: (972) 732-6110
Fax: (972) 733-1977
Web Site: www.koeppeldirect.com

Employees: 20

Agency Specializes In: Advertising, Brand Development & Integration, Logo & Package Design, Media Buying Services, Media Planning, Programmatic, Public Relations, Search Engine Optimization, Social Media, T.V.

Peter Koeppel *(Pres)*
Sean Bartyzel *(Exec VP-Bus Dev)*
Darwin Aguinaldo *(Dir-Brdcst Media)*

Accounts:
American Red Cross

KOHNSTAMM COMMUNICATIONS
400 N Robert St Ste 1450 Securian Tower, Saint Paul, MN 55101
Tel.: (651) 228-9141
Fax: (651) 298-0628
E-Mail: media@kohnstamm.com
Web Site: www.kohnstamm.com

Employees: 20
Year Founded: 1991

National Agency Associations: COPF

Agency Specializes In: Brand Development & Integration, Communications, Consumer Marketing, Corporate Communications, Crisis Communications, Digital/Interactive, Event Planning & Marketing, Financial, Guerilla Marketing, Industrial, Local Marketing, Media Relations, Product Placement, Strategic Planning/Research, Trade & Consumer Magazines, Viral/Buzz/Word of Mouth, Web (Banner Ads, Pop-ups, etc.)

Joshua Kohnstamm *(Pres & CEO)*
Alan Newbold *(VP & Dir-Brand & Client Svcs)*
Aaron Berstler *(Grp Acct Dir-Bus PR)*

Accounts:
3M
Elliott Wave International
Happy Baby Foods
Malt-O-Meal
Pro Uro Care
Thai Kitchen

KOIKO DESIGN LLC
322 Stoughton Ave, Cranford, NJ 07016
Tel.: (908) 272-1113
Web Site: www.koikodesign.com

Employees: 5

Agency Specializes In: Arts, Bilingual Market, Brand Development & Integration, Catalogs, Cosmetics, Graphic Design, Local Marketing, Logo & Package Design, Magazines, Newspapers & Magazines, Package Design, Real Estate

Approx. Annual Billings: $140,000

Breakdown of Gross Billings by Media: Graphic Design: $70,000; Newsp. & Mags.: $30,000; Print: $40,000

Irena Pejovic *(Owner)*

KOLBECO MARKETING RESOURCES
1676 Bryan Rd Ste 113, Prairie City, MO 63368
Tel.: (636) 379-3895
Fax: (636) 272-3252
E-Mail: info@kolbeco.net
Web Site: www.kolbeco.net

Employees: 5
Year Founded: 2000

Agency Specializes In: Advertising, Broadcast,

AGENCIES - JANUARY, 2019 — ADVERTISING AGENCIES

Crisis Communications, Internet/Web Design, Logo & Package Design, Media Training, Print, Public Relations, Social Media, Strategic Planning/Research

Lauren Kolbe *(Owner & Sr Mgr)*
Scott Kolbe *(Owner)*
Danieal Broz *(Dir-Accts & Info)*
Erica Skrivan *(Acct Mgr)*

Accounts:
ActOn Dentistry
Antennas Direct
Krilogy Financial
True North Management Services

KONCORDIA GROUP
(Merged with Conclusive Analytics & Marketing Associates fo form OneMagnify)

KOOPMAN OSTBO
412 NW 8th Ave, Portland, OR 97209
Tel.: (503) 517-6958
Fax: (503) 223-1819
E-Mail: info@koopmanostbo.com
Web Site: www.koopmanostbo.com

Employees: 23
Year Founded: 1994

Agency Specializes In: Above-the-Line, Advertising, Advertising Specialties, Affluent Market, Agriculture, Arts, Business Publications, Business-To-Business, Co-op Advertising, Collateral, Communications, Consulting, Consumer Goods, Consumer Marketing, Consumer Publications, Content, Corporate Communications, Corporate Identity, Cosmetics, Crisis Communications, Custom Publishing, Digital/Interactive, Direct-to-Consumer, E-Commerce, Education, Email, Environmental, Event Planning & Marketing, Exhibit/Trade Shows, Experience Design, Food Service, Government/Political, Health Care Services, Household Goods, Leisure, Local Marketing, Logo & Package Design, Magazines, Market Research, Media Buying Services, Media Planning, Media Relations, Media Training, Medical Products, Mobile Marketing, New Product Development, New Technologies, Newspaper, Newspapers & Magazines, Out-of-Home Media, Outdoor, Package Design, Paid Searches, Pharmaceutical, Planning & Consultation, Point of Purchase, Point of Sale, Print, Production (Ad, Film, Broadcast), Production (Print), Public Relations, Radio, Regional, Sales Promotion, Social Marketing/Nonprofit, Social Media, Sponsorship, Stakeholders, Strategic Planning/Research, T.V., Technical Advertising, Trade & Consumer Magazines, Travel & Tourism, Viral/Buzz/Word of Mouth, Web (Banner Ads, Pop-ups, etc.)

Revenue: $30,000,000

Ken Koopman *(Owner)*
Joe Parker *(Partner, Gen Mgr & Dir-Client Rels)*
Roxana Ortiz *(Mgr-Creative Ops)*

Accounts:
Bob's Red Mill Natural Foods, Inc.; Milwaukee, WI; 1997
Bulk is Green Council; 2009
Crater Lake Soda
Ecofish; 2016
Farmers Brothers; 2015
Gosee Portland
Kroger
Lochmead Farms
Lovely Candy Co.; 2016
Luna & Larry's Coconut Bliss
Once Again Nut Butter; 2015
Recharge
Santa Cruz Organic
Spritzer
Umpqua Dairy; 2016
Wild Oats
Zenger Farm; 2016

KOSSMAN/KLEIN & CO.
PO Box 38624, Germantown, TN 38183-0624
Tel.: (901) 754-0025
Fax: (901) 754-3980
Web Site: www.kossmankleinco.com

Employees: 2
Year Founded: 1981

National Agency Associations: LAA

Agency Specializes In: Automotive, Aviation & Aerospace, Collateral, Corporate Identity, Event Planning & Marketing, Graphic Design, Health Care Services, High Technology, Logo & Package Design, Media Buying Services, Medical Products, Public Relations, Publicity/Promotions, Trade & Consumer Magazines

Jerold Klein *(Owner)*

Accounts:
Air Repair, Inc.; Cleveland, MS Stearman Airplane Restorer; 1993
Patterson Warehouses, Inc.; Memphis, TN Public Warehouses; 1992

KOVEL/FULLER
9925 Jefferson Blvd, Culver City, CA 90232-3505
Tel.: (310) 841-4444
Fax: (310) 841-4599
E-Mail: info@kovelfuller.com
Web Site: www.kovelfuller.com

E-Mail for Key Personnel:
President: jfuller@kovelfuller.com

Employees: 40
Year Founded: 1999

Agency Specializes In: Above-the-Line, Advertising, Automotive, Below-the-Line, Brand Development & Integration, Broadcast, Business-To-Business, Cable T.V., Collateral, College, Communications, Computers & Software, Consulting, Consumer Goods, Consumer Marketing, Content, Copywriting, Corporate Identity, Digital/Interactive, Direct Response Marketing, Direct-to-Consumer, Electronic Media, Electronics, Email, Entertainment, Event Planning & Marketing, Financial, Graphic Design, High Technology, In-Store Advertising, Integrated Marketing, Internet/Web Design, Leisure, Logo & Package Design, Market Research, Media Buying Services, Media Planning, New Technologies, Newspapers & Magazines, Out-of-Home Media, Outdoor, Paid Searches, Planning & Consultation, Point of Purchase, Point of Sale, Print, Production, Production (Ad, Film, Broadcast), Production (Print), Programmatic, Public Relations, Radio, Retail, Sales Promotion, Search Engine Optimization, Social Media, Sponsorship, Strategic Planning/Research, T.V., Teen Market, Viral/Buzz/Word of Mouth, Web (Banner Ads, Pop-ups, etc.)

Approx. Annual Billings: $5,000,000

John Fuller *(Owner & CEO)*
Steve Fuller *(Pres)*
Jason Covey *(Exec VP-Bus Dev)*
Kristin Bruno *(VP-Bus Dev)*

Accounts:
505 Games Digital; 2017
BANDAI NAMCO Entertainment America Inc. Creative, Digital, Social Media; 2017
Bethesda Softworks Creative, Digital, Social Media; 2017
Cash Call Creative, Media Buying, Mortgages/Personal Loans; 2003
Jagex Game Studio Creative, Digital, Media Buying, Media Planning, Social Media; 2017
Mercury Insurance Creative, Digital
Nintendo of America Creative, Social Media; 2017
Softbank Robotics America Media Buying, Media Planning; 2016
Square Enix Creative, Digital, Social Media
Yokohama Tire Corporation Corporate Messaging, Creative, Digital, Media Buying, Media Planning, Public Relations, Social Media; 2006

KOVERT CREATIVE
77 Sands St, Brooklyn, NY 11201
Tel.: (212) 335-0100
Web Site: www.kovertcreative.com

Employees: 20

Agency Specializes In: Advertising, Brand Development & Integration, Content, Crisis Communications, Event Planning & Marketing, Public Relations, Social Media

Joseph Assad *(CEO)*
Lewis Kay *(Co-CEO)*
Annie Malter Nathan *(VP)*
Devin Pedzwater *(Creative Dir)*

Accounts:
New-General Motors Cadillac (Public Relation Agency of Record)
Method; 2017

KPI AGENCY
302 Washington St, San Diego, CA 82103
Tel.: (949) 304-3043
Web Site: www.thekpiagency.com

Employees: 10
Year Founded: 2014

Agency Specializes In: Above-the-Line, Advertising, Advertising Specialties, Affluent Market, African-American Market, Asian Market, Below-the-Line, Bilingual Market, Brand Development & Integration, Broadcast, Business-To-Business, Cable T.V., Children's Market, Co-op Advertising, Collateral, College, Communications, Consulting, Consumer Goods, Consumer Marketing, Consumer Publications, Content, Copywriting, Corporate Communications, Corporate Identity, Crisis Communications, Custom Publishing, Digital/Interactive, Direct Response Marketing, Direct-to-Consumer, Electronic Media, Email, Exhibit/Trade Shows, Experience Design, Experiential Marketing, Financial, Food Service, Game Integration, Graphic Design, Health Care Services, High Technology, Hispanic Market, Identity Marketing, Integrated Marketing, International, Internet/Web Design, LGBTQ Market, Local Marketing, Logo & Package Design, Luxury Products, Magazines, Market Research, Media Buying Services, Media Planning, Media Relations, Media Training, Medical Products, Men's Market, Mobile Marketing, Multicultural, Multimedia, Newspaper, Newspapers & Magazines, Out-of-Home Media, Outdoor, Over-50 Market, Package Design, Paid Searches, Pets, Pharmaceutical, Planning & Consultation, Print, Production, Production (Ad, Film, Broadcast), Production (Print), Programmatic, Promotions, Public Relations, Publicity/Promotions, Radio, Regional, Restaurant, Sales Promotion, Search Engine Optimization, Seniors' Market, Shopper Marketing, Social Marketing/Nonprofit, Social Media, South Asian Market, Strategic Planning/Research, T.V., Technical Advertising, Teen Market, Trade & Consumer Magazines, Tween Market, Urban

ADVERTISING AGENCIES

Market, Viral/Buzz/Word of Mouth, Web (Banner Ads, Pop-ups, etc.), Women's Market

Chad Childress *(Chief Growth Officer & Chief Innovation Officer)*
Kelly Ward *(Head-Acct Svc)*
Jenny Garcia *(Dir-Client Partnership)*

Accounts:
Abiomed; 2016
AstraZeneca; 2914
Bayer; 2015
Edwards Lifesciences; 2016
Exagen Diagnostics; 2916
Ignyta; 2015
Pfizer; 2016
Puma Biotechnology; 2016
Sanofi; 2016

KPS3 MARKETING
500 Ryland St Ste 300, Reno, NV 89502
Tel.: (775) 686-7439
Fax: (775) 334-4313
E-Mail: info@kps3.com
Web Site: www.kps3.com

Employees: 26
Year Founded: 1991

Agency Specializes In: Advertising, Brand Development & Integration, Digital/Interactive, Internet/Web Design, Social Media

Stephanie Kruse *(Pres)*
Rob Gaedtke *(CEO)*
Ayse Caglar *(VP-Client Strategy)*
Andy Walden *(VP-Client Strategy)*
Chrisie Yabu *(Sr Dir-Natl PR)*
Rachel Curran *(Sr Acct Dir)*
Julia Jones *(Dir-Res)*
Kevin Jones *(Dir-Creative & Technical)*
Tammy Abe *(Office Mgr & Bus Mgr)*
Jaclyn March *(Sr Acct Mgr)*
Turner Park *(Project Mgr-Digital)*
Ashley Chisam *(Designer-Web & Graphic Designer)*
Vy Tat *(Designer)*
Jancy Ulch *(Coord-PR)*
Jenna Hubert *(Assoc Creative Dir)*

Accounts:
Arch Business System
Nevada Network of Domestic Violence
Roundabout Catering & Party Rentals Advertising, Content Development, Design, Digital, Engine Optimization, Marketing Communications, Marketing Strategy, Public Relations, Social Media
United Way of Northern Nevada & The Sierra

KRACOE SZYKULA & TOWNSEND INC.
2950 W Square Lake Rd Ste 112, Troy, MI 48098-5725
Tel.: (248) 641-7500
Fax: (248) 641-4779
E-Mail: rkracoe@ksthip.com
Web Site: www.ksthip.com

E-Mail for Key Personnel:
President: rkracoe@ksthip.com
Creative Dir.: townsend@ksthip.com
Media Dir.: szykula@ksthip.com

Employees: 6
Year Founded: 1991

National Agency Associations: AAF-BMA-BPA

Agency Specializes In: Advertising, Automotive, Brand Development & Integration, Business Publications, Business-To-Business, Catalogs, Collateral, Corporate Communications, Corporate Identity, Engineering, Industrial, Internet/Web Design, Magazines, Media Buying Services, Media Planning, Multimedia, New Product Development, Out-of-Home Media, Outdoor, Planning & Consultation, Promotions, Public Relations, Publicity/Promotions, Sales Promotion, Search Engine Optimization, Technical Advertising

Approx. Annual Billings: $4,900,000

Breakdown of Gross Billings by Media:
Audio/Visual: 2%; Bus. Publs.: 35%; Print: 12%; Pub. Rels.: 40%; Sls. Promo.: 9%; Worldwide Web Sites: 2%

Edward Szykula *(Owner)*
Andrew J. Townsend *(Principal & Dir-Creative)*
Roland Kracoe *(Principal)*

Accounts:
BLM Group; Wixom, MI Tube Processing & Fabricating Machinery
Buck Chuck Co.; Traverse City, MI Chucks; 2007
CIGNYS; Saginaw, MI General Manufacturing; 2002
Creform Corp.; Wixom, MI; Greer, SC Material Handling System; 1996
Doerken Corporation USA; Ann Arbor, MI Engineered Coatings; 2003
FixtureWorks; Fraser, MI Workholding & Fixturing; 2004
HOSCO; Livonia, MI Paint Finishing Systems; 2000
Hougen Manufacturing, Inc.; Flint, MI Holemaking Cutting Tools; 1991
ThermoFlex; Morrison, TN Thermo & Vacuum Forming; 2007
Urgent Plastic Services; Rochester Hills, MI Plastic Prototypes; 1997
VGAGE; Madison Heights, MI Gaging Products & Systems; 2006

KRAFTWORKS LTD.
60 Broad St Fl 25, New York, NY 10004
Tel.: (212) 431-7501
Fax: (212) 431-7527
E-Mail: info@kraftworksltd.com
Web Site: kraftworksnyc.com

Employees: 20
Year Founded: 2000

Agency Specializes In: Fashion/Apparel, Leisure, Sponsorship, Strategic Planning/Research

Neil Kraft *(CEO)*
Elisabeth Stermer *(Dir-Client Svc)*

Accounts:
HanesBrands Bali
Playtex Apparel Campaign: "Be Uniquely You."
iacc
La Prairie
Planned Parenthood Campaign: "Care That Counts"
Swimsuits For All

KRATIVE LLC
129 Church St # 227, New Haven, CT 06510
Tel.: (855) 572-8483
E-Mail: studio@krative.com
Web Site: www.krative.com

Employees: 3

Agency Specializes In: Advertising, Brand Development & Integration, Internet/Web Design, Logo & Package Design, Print, Search Engine Optimization

Rick Callahan *(Founder & CEO)*
Samantha Mudry *(Production Mgr)*

Accounts:
The Healing Corner

KRAUS MARKETING
4 Spring St, Morristown, NJ 07960
Tel.: (973) 998-5742
Web Site: www.krausgroupmarketing.com

Employees: 13

Agency Specializes In: Advertising, Brand Development & Integration, Internet/Web Design, Search Engine Optimization, Social Media

Nick Kraus *(Pres)*
Ian Leong *(Dir-Digital Mktg)*
Joel Kraus *(Acct Mgr)*
Nick Powell *(Acct Exec)*

Accounts:
Kim's Barkery

KRAUSE ADVERTISING
5307 E Mockingbird Ln Ste 250, Dallas, TX 75206
Tel.: (214) 823-5100
Fax: (214) 823-5108
E-Mail: jim_krause@krauseadvertising.com
Web Site: www.krauseadvertising.com

Employees: 16
Year Founded: 1979

Agency Specializes In: Advertising, Affluent Market, Brand Development & Integration, Branded Entertainment, Broadcast, Collateral, Education, Entertainment, Fashion/Apparel, Financial, Food Service, Graphic Design, Guerilla Marketing, Health Care Services, Hospitality, Leisure, Local Marketing, Logo & Package Design, Luxury Products, Media Buying Services, Production (Ad, Film, Broadcast), Real Estate, Restaurant, Retail, Social Marketing/Nonprofit, Sports Market, Strategic Planning/Research, Syndication, T.V., Travel & Tourism, Viral/Buzz/Word of Mouth

Approx. Annual Billings: $31,500,000

Breakdown of Gross Billings by Media: Bus. Publs.: $787,500; Collateral: $2,835,000; Fees: $1,197,000; Mags.: $3,465,000; Newsp.: $6,520,500; Other: $2,205,000; Outdoor: $1,260,000; Point of Sale: $63,000; Production: $3,402,000; Radio: $6,300,000; T.V.: $3,465,000

Jim Krause *(CEO)*
Jim Hradecky *(Principal)*
Candace Krause *(VP)*
Scott Leblanc *(Creative Dir)*
Karla Schilling *(Sr Acct Exec)*
Elisabeth Massad *(Acct Exec)*

Accounts:
C.J. Charles; La Jolla, CA Fine Jeweler; 2005
Lee Michaels; LA Fine Jewelers; 2002
Louis Glick; New York, NY Wholesale Diamond Jewelry; 2004
Lux Bond & Green; CT & Boston Fine Jewelers; 2002
Park Cities Bank; Dallas, TX; 2004
William Goldberg; NY Diamond Jewelry Wholesaler; 2005

KREATIVE
1725 220Th St Se Ste 101, Bothell, WA 98021
Tel.: (866) 849-0922
E-Mail: hello@kreative.com
Web Site: www.kreative.com

Employees: 50
Year Founded: 2010

Agency Specializes In: Advertising, Arts, Brand

AGENCIES - JANUARY, 2019 — ADVERTISING AGENCIES

Development & Integration, Collateral, Consumer Goods, Content, Digital/Interactive, E-Commerce, Graphic Design, Internet/Web Design, Logo & Package Design, Out-of-Home Media, Outdoor, Package Design, Print, Retail, Search Engine Optimization, Social Media, T.V., Web (Banner Ads, Pop-ups, etc.)

Accounts:
Evolution By Thompson
J Thompson Consulting

KRISTOF CREATIVE, INC.
707 Bob White Ct, Mount Juliet, TN 37122
Tel.: (615) 656-5516
Fax: (480) 275-3659
E-Mail: kristofcreative@gmail.com
Web Site: www.kristofcreative.com

Employees: 10
Year Founded: 1995

Agency Specializes In: Advertising, Brand Development & Integration, Broadcast, Consulting, Corporate Identity, Cosmetics, Fashion/Apparel, Financial, Food Service, Graphic Design, Health Care Services, Internet/Web Design, Logo & Package Design, Out-of-Home Media, Outdoor, Package Design, Print, Restaurant, Travel & Tourism

Approx. Annual Billings: $250,000

Breakdown of Gross Billings by Media: Collateral: 40%; Logo & Package Design: 20%; Trade Shows: 10%; Worldwide Web Sites: 30%

Accounts:
cMedia Corporation
Fairfax County Federal Credit Union
Ferrin IronWorks
Solatese

KRONER COMMUNICATION
4966 Valhalla Dr, Boulder, CO 80301
Tel.: (303) 478-3044
Fax: (303) 785-7483
Web Site: www.kronercommunications.com

Employees: 5

Agency Specializes In: Advertising, Collateral, Exhibit/Trade Shows, Public Relations

Marilyn R. Kroner *(Principal)*

Accounts:
Body Bar Systems Inc.
The Chasen Group
Exhibit Surveys, Inc.
Exhibitor Media Group "EXHIBITOR2014", Public Relations
The Hughes Group Brand Awareness, Public Relations Strategies

KRT MARKETING
3685 Mt Diablo Blvd Ste 255, Lafayette, CA 94549-3776
Tel.: (925) 284-0444
Fax: (925) 284-0448
E-Mail: keith@krtmarketing.com
Web Site: www.krtmarketing.com

E-Mail for Key Personnel:
President: keith@krtmarketing.com
Creative Dir.: henry@krtmarketing.com
Media Dir.: ryan@krtmarketing.com

Employees: 20
Year Founded: 1972

Agency Specializes In: Advertising, Brand Development & Integration, Business Publications, Business-To-Business, Collateral, College, Communications, Computers & Software, Corporate Communications, Corporate Identity, Crisis Communications, Digital/Interactive, Direct Response Marketing, E-Commerce, Email, Event Planning & Marketing, Exhibit/Trade Shows, Financial, Graphic Design, Health Care Services, High Technology, Hospitality, Identity Marketing, Integrated Marketing, Internet/Web Design, Local Marketing, Logo & Package Design, Luxury Products, Marine, Media Buying Services, Media Planning, Media Relations, Medical Products, Newspaper, Print, Production (Print), Public Relations, Publicity/Promotions, Real Estate, Recruitment, Restaurant, Sales Promotion, Social Marketing/Nonprofit, Social Media, Strategic Planning/Research, Sweepstakes, Technical Advertising, Transportation, Travel & Tourism

Approx. Annual Billings: $25,245,000

Ryan Christoi *(Mng Partner)*
Mona Tawakali *(Partner)*
Marcia Thomas *(VP-Fin)*
Nicole Morris *(Head-HR & Controller)*
Adriana Kevill *(Head-Mktg)*
Jenny Skundrich *(Head-Client Svcs)*
Kara Somsen Diem *(Dir-Client Strategy)*
Olivia Yongue *(Dir-Client Strategy)*
Abigail DiFazio *(Media Planner)*
Jessica Silva *(Coord-Media)*

Accounts:
Deere & Company
Fannie Mae; Washington, DC Recruitment; 2005
Hitachi Data Systems; Santa Clara, CA Storage Systems; 2010
PayPal; San Jose, CA Partner Programs; 2009
Philips-Van Heusen; New York, NY Recruitment; 2004
Procter & Gamble; Cincinnati, OH Recruitment; 2005
Saint Mary's College of California; Moraga, CA Graduate Programs; 2009
TIAA-CREF Recruitment; 2007
UnitedHealth Group; New York, NY Recruitment; 2006

KRUEGER COMMUNICATIONS
1222 Preston Way, Venice, CA 90291
Tel.: (310) 995-1971
Fax: (310) 857-1355
E-Mail: john_krueger@kruegerads.com
Web Site: www.kruegerads.com

Employees: 10
Year Founded: 2005

Agency Specializes In: Advertising

John Krueger *(Owner)*
Allen Krueger, Jr. *(Pres & Sr Architect-Sys)*
Ryan Merryfield *(Mgr-Inside Sls)*
Steve Dykstra *(Acct Exec)*

Accounts:
Auto Insurance Specialists
Garden Fresh Restaurant Corp. (Advertising Agency of Record) Discover Fresh, Print, Radio, Souplantation/Sweet Tomatoes, TV
Nikon

KRUSH DIGITAL ADVERTISING AGENCY
15812 N Pennsylvania Ave, Oklahoma City, OK 73013
Tel.: (405) 603-5355
Web Site: www.gokrush.com

Employees: 50
Year Founded: 2013

Agency Specializes In: Broadcast, Custom Publishing, Digital/Interactive, Electronic Media, Email, Infomercials, Local Marketing, Mobile Marketing, Out-of-Home Media, Outdoor, Paid Searches, Print, Promotions, Radio, Search Engine Optimization, Social Media, T.V., Viral/Buzz/Word of Mouth, Web (Banner Ads, Pop-ups, etc.)

Rusty Holzer *(Co-Founder & Exec Dir)*

Accounts:
Comfort Masters Insulation; 2013

KRUSKOPF & COMPANY, INC.
310 4th Ave S 2nd Fl, Minneapolis, MN 55415
Tel.: (612) 338-3870
Fax: (612) 630-5158
E-Mail: info@kctruth.com
Web Site: www.kctruth.com

E-Mail for Key Personnel:
Creative Dir.: skruskopf@kctruth.com

Employees: 20
Year Founded: 1988

National Agency Associations: AMIN

Agency Specializes In: Advertising, Brand Development & Integration, Broadcast, Collateral, Communications, Consumer Marketing, Corporate Identity, Entertainment, Food Service, Graphic Design, Health Care Services, Logo & Package Design, New Product Development, Out-of-Home Media, Outdoor, Point of Sale, Public Relations, Radio, Restaurant, Retail, Sales Promotion, Sponsorship, Strategic Planning/Research, T.V.

Approx. Annual Billings: $25,000,000

Breakdown of Gross Billings by Media: Brdcst.: 35%; Bus. Publs.: 10%; Collateral: 15%; Newsp.: 10%; Out-of-Home Media: 20%; Radio & T.V.: 10%

Robb Burnham *(VP & Creative Dir)*
Mike Cronin *(VP & Assoc Creative Dir)*
Jeannette Tschida *(Media Dir)*
Shannon Burgess *(Acct Mgr)*
Kallie Larson *(Acct Mgr)*
Brandon Tyrrell *(Acct Supvr)*
Lauren Akin *(Supvr-Media)*
Aron Shand *(Sr Art Dir)*

Accounts:
3M Co. 3M ESPE
3M; Maplewood, MN Optical Services Division; 2004
Cost Cutters Communications
Evercare
Fieldnation.com
Fuji Ya; Minneapolis, MN
Herzing University
MyWonderfulLife.com
Nautic Global Group
No Name Steaks
SC Railing Co.
United Healthcare Sonus Hearing Clinics; 2004

KTK DESIGN
53 W Jackson Blvd Ste 720, Chicago, IL 60604
Tel.: (312) 212-1500
Fax: (312) 212-1796
E-Mail: joe@ktkdesign.com
Web Site: www.ktkdesign.com

E-Mail for Key Personnel:
President: joe@ktkdesign.com

Employees: 2
Year Founded: 1991

Agency Specializes In: Advertising, Brand

ADVERTISING AGENCIES
AGENCIES - JANUARY, 2019

Development & Integration, Business-To-Business, Collateral, Commercial Photography, Communications, Consulting, Consumer Marketing, Corporate Identity, Direct Response Marketing, E-Commerce, Electronic Media, Event Planning & Marketing, Exhibit/Trade Shows, Graphic Design, Health Care Services, High Technology, Internet/Web Design, LGBTQ Market, Logo & Package Design, Media Buying Services, New Product Development, Newspapers & Magazines, Out-of-Home Media, Outdoor, Point of Purchase, Point of Sale, Print, Production, Restaurant, Retail, Sales Promotion, Technical Advertising, Yellow Pages Advertising

Approx. Annual Billings: $750,000

Joseph J. Kozak *(Co-Owner)*
Kristina Krumdick *(Co-Owner)*

Accounts:
Desert Willow Golf Resort; Palm Desert, CA
National Association of Realtors; Chicago, IL; 1996
The Segal Company; Chicago, IL Business Publications; 1993

KUHN & ASSOCIATES
10901 W 84th Terr Ste 240, Lenexa, KS 66214
Tel.: (913) 663-5999
E-Mail: contact@kuhnkc.com
Web Site: www.kuhnkc.com

Employees: 4

Agency Specializes In: Advertising, Brand Development & Integration, Collateral, Digital/Interactive, Email, Graphic Design, Internet/Web Design, Print, Social Media

Ray Kuhn *(Owner)*

Accounts:
Aviation Solutions

KUNO CREATIVE
36901 American Way Ste 2A, Avon, OH 44011
Tel.: (800) 303-0806
E-Mail: info@kunocreative.com
Web Site: www.kunocreative.com

Employees: 55
Year Founded: 2000

Agency Specializes In: Advertising, Computers & Software, Content, Digital/Interactive, Internet/Web Design

Chris Knipper *(CEO)*
Shannon Barnes *(VP-Enterprise Accts)*
Daniel Ulichney *(VP-Creative Svcs)*
Annie Callahan *(Mgr-Paid Media & SEO)*
Jarrick Cooper *(Mgr-Strategic Accts)*
Maren Dickey *(Acct Coord)*
Nikki Elmer *(Acct Coord)*

Accounts:
BASIC Engineering
Primary Care Provider

KW2
(Formerly Knupp & Watson & Wallman)
2010 Eastwood Drive, Madison, WI 53704
Tel.: (608) 232-2300
Fax: (608) 232-2301
Web Site: https://kw2madison.com/

E-Mail for Key Personnel:
President: tknupp@knupp-watson.com

Employees: 24
Year Founded: 1986

Agency Specializes In: Advertising, Advertising Specialties, African-American Market, Agriculture, Asian Market, Bilingual Market, Brand Development & Integration, Broadcast, Business Publications, Business-To-Business, Cable T.V., Children's Market, Co-op Advertising, Collateral, Commercial Photography, Communications, Consulting, Consumer Marketing, Consumer Publications, Corporate Identity, Digital/Interactive, Direct Response Marketing, E-Commerce, Education, Electronic Media, Entertainment, Environmental, Event Planning & Marketing, Exhibit/Trade Shows, Financial, Food Service, Government/Political, Graphic Design, Health Care Services, High Technology, Hispanic Market, Industrial, Infomercials, Information Technology, Internet/Web Design, Logo & Package Design, Magazines, Media Buying Services, Medical Products, Merchandising, Multimedia, New Product Development, Newspaper, Newspapers & Magazines, Out-of-Home Media, Outdoor, Pharmaceutical, Planning & Consultation, Point of Purchase, Point of Sale, Print, Production, Public Relations, Publicity/Promotions, Radio, Recruitment, Restaurant, Retail, Sales Promotion, Seniors' Market, Sports Market, Strategic Planning/Research, T.V., Technical Advertising, Telemarketing, Trade & Consumer Magazines, Transportation, Travel & Tourism, Yellow Pages Advertising

Andy Wallman *(Pres & Exec Creative Dir)*
Jennifer Savino *(VP)*
Theodore Knupp *(Mgr-Knupp Real Estate Investments)*
Jackie Pecquex *(Mgr-Digital Media)*

Accounts:
Brothers Main
Corona Clipper
Goodstock
Hasumann Johnson
Madison Symphony Orchestra
Mid-State Technical College
Physicians Plus Insurance
Rocky Rococo
Steve Brown Apartments
Western Technical College
Wisconsin Anti-Tobacco
Wisconsin Department of Health Services; 1998
Wisconsin Department of Transportation; 1986
Wisconsin Department of Workforce Development; 1989

KWG
(Formerly Karlen Williams Graybill Advertising)
512 7th Ave 41st Fl, New York, NY 10018
Tel.: (212) 414-9000
Fax: (212) 414-9561
E-Mail: info@kwgadv.com
Web Site: www.kwgadv.com

Employees: 20
Year Founded: 1967

National Agency Associations: 4A's

Agency Specializes In: Collateral, Consumer Marketing, Direct Response Marketing, Logo & Package Design, New Product Development, Package Design, Public Relations, Sponsorship, Strategic Planning/Research

Approx. Annual Billings: $44,000,000

Jim Williams *(Pres)*
Jeff Graybill *(Mng Partner)*
Valerie Cipriati *(Sr VP & Dir-Strategic Media)*
Sarah Humphrey *(Sr VP & Dir-Strategy)*
Dave Duran *(Grp Dir-Brdcst Strategy & Ops)*
Kelly Killelea *(Grp Dir-Digital Strategy & Ops)*
Christina Chin *(Media Dir-Plng)*
Chrissy Madalone *(Acct Dir)*
Christopher Manning *(Media Dir)*

Maya Milbert *(Media Dir)*
Stacey Stern *(Media Dir)*
Jesse Chen *(Dir-Analytics & Results)*
Ryan Laird *(Dir-Grp Acct & Plng)*
Nicole Kingston *(Assoc Dir-Digital Media)*
Adrienne Hoffman *(Supvr-Media Buying)*
Lisa Vaccarella *(Supvr-Media Buying)*
Helder Correia *(Media Buyer)*
Sarah Esposito *(Media Buyer)*

Accounts:
Bull Frog
Capzasin
Chattem, Inc. Media Buying
Ester-C
Ester-E
FLEXALL
Garlique
NewPhase
Pamprin
Sanofi Consumer Products (Media Buying Agency of Record)

KWITTKEN
(Name Changed to KWT Global)

KWORQ
5 Crosby St Ste 2E, New York, NY 10013
Tel.: (212) 380-1455
E-Mail: hello@kworq.com
Web Site: kworq.com

Employees: 6
Year Founded: 2011

Agency Specializes In: Advertising, Affluent Market, Arts, Automotive, Branded Entertainment, Business-To-Business, Children's Market, Commercial Photography, Communications, Computers & Software, Consumer Goods, Content, Copywriting, Cosmetics, Digital/Interactive, Direct-to-Consumer, Electronic Media, Electronics, Email, Entertainment, Exhibit/Trade Shows, Experience Design, Experiential Marketing, Fashion/Apparel, Graphic Design, High Technology, Household Goods, In-Store Advertising, Information Technology, Integrated Marketing, Internet/Web Design, Leisure, Logo & Package Design, Luxury Products, Media Planning, Men's Market, Multicultural, Out-of-Home Media, Over-50 Market, Paid Searches, Production, Production (Ad, Film, Broadcast), Production (Print), Retail, Search Engine Optimization, Social Marketing/Nonprofit, Social Media, Strategic Planning/Research, Technical Advertising, Teen Market, Urban Market, Web (Banner Ads, Pop-ups, etc.), Women's Market

Approx. Annual Billings: $500,000

Guy Peires *(Co-Founder)*
Chris Sullivan *(Co-Founder)*

Accounts:
Anti Anti Website; 2013
Eyelo Brand Launch, Content Marketing, Website Launch; 2016
Hickey Freeman Brand Relaunch, Made to Measure Service; 2016
Lokai Black and White Bacelets; 2017
NBA Players Association Campaign: "#EverydayDad"; 2016
Ray Ban New Product Launch, Online Customization Tool; 2017
Samuelsohn NYFWM Launch; 2016
SAP Metlife Stadium Activation; 2015
Screen Household Technology & App; 2016
Shindig Website; 2016
Verizon NFL Mobile App; 2015

KWT GLOBAL
(Formerly Kwittken)

AGENCIES - JANUARY, 2019 — ADVERTISING AGENCIES

160 Varick St, New York, NY 10013
Tel.: (646) 277-7111
Fax: (646) 658-0880
E-Mail: info@kwtglobal.com
Web Site: www.kwtglobal.com

Employees: 22
Year Founded: 2005

National Agency Associations: COPF

Agency Specializes In: Automotive, Business-To-Business, Cable T.V., Consulting, Corporate Communications, Crisis Communications, Education, Entertainment, Fashion/Apparel, Financial, Food Service, Hospitality, Household Goods, Internet/Web Design, Investor Relations, Luxury Products, Media Relations, Medical Products, Publishing, Retail, Social Marketing/Nonprofit, Sponsorship, Trade & Consumer Magazines, Travel & Tourism

Aaron R. Kwittken *(Founder, Chm-Global & CEO)*
Shanee Goss *(Exec Mng Dir)*
Jeff Maldonado *(Mng Dir)*
Gabrielle Zucker *(Exec VP)*
Matthew Arnhols *(Sr Acct Dir-Digital)*
Dara Cothran *(Sr Acct Dir)*
Rita Covey *(Sr Acct Dir)*
Caty Bennett Gray *(Acct Dir)*
Hannah Soule *(Designer)*
Brandon Lewis *(Assoc Acct Exec)*

Accounts:
The ALS Association; 2017
Amadeus
American Eagle Outfitters
American Express
Artistry
Better Homes & Gardens Real Estate
BMW
Butterfield Fulcrum (Agency of Record)
Capco
Cengage Learning
Coleman Research Group
Convexity Scientific Brand Awareness, Flyp (Public Relations Agency of Record), Media Relations; 2018
CourseSmart
CPower
Dia&Co (Public Relations Agency of Record) Brand Positioning, Executive Visibility, National & Local Event Support, Product Launches, Strategic Brand Initiatives; 2018
DSM Biomedical (Agency of Record)
First Advantage
Hisense
HomeAway
Ironman (North American Agency of Record) Public Relations, Strategic Corporate & Consumer Communications
Laurel Road Brand Activations, Content Marketing, Thought Leadership, Traditional Media Relations; 2018
Leesa Sleep (North America Public Relations Agency of Record) Content Marketing, Executive Viisibility, Influencer Engagement, Media Relations, Thought Leadership
Matrixx Initiatives, Inc. Content, Media Relations, Public Relations, Zicam (Communications Agency of Record)
Orange Theory Fitness
Pantone, Inc. (Public Relations Agency of Record)
Park Place Technologies (Global Communications Agency of Record) Communications Strategy; 2018
PODS Enterprises, Inc (Public Relations & Social Media Agency of Record) Brand & Consumer Communications, Brand Activations, Content Marketing, Social Media, Thought Leadership, Traditional Media Relations; 2018
Procter & Gamble Co
PURE Insurance
Ricoh Day-to-Day Media Relations, Integrated Communications; 2018
Sharp Electronics Consumer, Public Relations
Sleeman Breweries
TE Connectivity
Trusted Advisor
U.S. News & World Report Public Relations; 2008
Virtus Asset Management
Windstream
Wyndham
Zicam

KYK ADVERTISING MARKETING PROMOTIONS

2600 Constant Comment Pl, Louisville, KY 40299
Tel.: (502) 636-0288
Fax: (502) 636-0635
Toll Free: (800) 531-6999
Web Site: www.kykmarketing.com

E-Mail for Key Personnel:
President: jhagerty@kykmarketing.com

Employees: 22
Year Founded: 1980

Agency Specializes In: Collateral, Commercial Photography, Consumer Marketing, Consumer Publications, Corporate Identity, Direct Response Marketing, Food Service, Internet/Web Design, Logo & Package Design, New Product Development, Newspaper, Out-of-Home Media, Outdoor, Point of Purchase, Point of Sale, Radio, Sales Promotion, Strategic Planning/Research

Approx. Annual Billings: $25,000,000

Breakdown of Gross Billings by Media: Collateral: 50%; D.M.: 2%; Point of Purchase: 5%; Sls. Promo.: 43%

Jack Hagerty *(Pres)*
Paul Plaschke *(Dir-Bus Dev)*
Steve Coburn *(Mgr-Production)*
Mark Stivers *(Sr Creative Dir-KYK Mktg & Creative)*

Accounts:
Brown-Forman Corporation; Louisville, KY
Coca-Cola Bottling; Atlanta, GA

KZSW ADVERTISING

19 Bennetts Rd, Setauket, NY 11733
Tel.: (631) 348-1440
Fax: (631) 348-1449
E-Mail: contact@kzswadvertising.com
Web Site: kzswadvertising.com

Employees: 18
Year Founded: 1980

National Agency Associations: 4A's

Agency Specializes In: Advertising, Brand Development & Integration, Business Publications, Business-To-Business, Collateral, Corporate Identity, Direct Response Marketing, E-Commerce, Education, Exhibit/Trade Shows, Graphic Design, Health Care Services, High Technology, Internet/Web Design, Leisure, Logo & Package Design, Print, Production, Radio, Restaurant, Technical Advertising, Telemarketing, Trade & Consumer Magazines, Travel & Tourism

Approx. Annual Billings: $20,034,000

Breakdown of Gross Billings by Media: Adv. Specialities: $50,000; Bus. Publs.: $2,600,000; Cable T.V.: $160,000; Collateral: $5,100,000; Consumer Pubs.: $4,150,000; D.M.: $430,000; E-Commerce: $60,000; Event Mktg.: $30,000; Exhibits/Trade Shows: $40,000; Fees: $230,000; Internet Adv.: $120,000; Logo & Package Design: $30,000; Network Radio: $300,000; Newsp.: $3,100,000; Newsp. & Mags.: $250,000; Outdoor: $50,000; Print: $100,000; Production: $1,640,000; Radio: $50,000; Radio & T.V.: $190,000; Sls. Promo.: $50,000; Spot Radio: $190,000; Spot T.V.: $280,000; Strategic Planning/Research: $100,000; T.V.: $664,000; Trade Shows: $20,000; Video Brochures: $25,000; Worldwide Web Sites: $25,000

Jack Schultheis *(Owner & Creative Dir)*
Michael Welch *(Mng Partner)*
Chris Basile *(Art Dir)*
Richard Shepard *(Supvr-Production)*

Accounts:
Holy Child Academy Independent School; 2007
Long Island Convention & Visitors Bureau Tourism, Meetings & Conventions; 2001
NYCyberKnife RadioSurgery Center; 2014
Winthrop-University Hospital; Mineola, NY Healthcare Services; 1999

L-A ADVERTISING

1541 Alta Dr Ste 202, Whitehall, PA 18052
Tel.: (610) 799-3382
Fax: (610) 365-8027
Web Site: www.l-aadvertising.com

Employees: 2

Agency Specializes In: Advertising

Larry Kacyon *(Owner & Specialist-Integrated Mktg)*

Accounts:
Abec Inc.
Aesculap
Amroc Entry Systems
Bethlehem Skateplaza
DORMA Group North America
Hertz Supply Company
HT Lyons
Kutztown University of Pennsylvania
Lear Educational Center
Lehigh Center for Clinical Research
Moravian College Comenius Center for Continuing, Professional & Graduate Studies
Premair Cleaning & Maintenance
TND
Tuscan Dairy Farms

L-AVENUE

11467 Huebner Rd Ste 368, San Antonio, TX 78230
Tel.: (210) 348-1900
E-Mail: l-avenue@l-avenue-ad.com
Web Site: www.l-avenue-ad.com

Employees: 7

Carlos Jaramillo *(Dir)*

Accounts:
Be Natural
UltraVision

L2 MARKETING

114 W Sixth St, Tyler, TX 75701
Tel.: (903) 526-6864
Fax: (903) 526-6884
E-Mail: info@l2-marketing.com
Web Site: www.l2-marketing.com

Employees: 6
Year Founded: 2004

Agency Specializes In: Advertising, Brand Development & Integration, Event Planning & Marketing, Internet/Web Design, Logo & Package Design, Out-of-Home Media, Outdoor, Print, T.V.

Linda Warren *(Owner)*

ADVERTISING AGENCIES

Doug Warren *(Office Mgr)*

Accounts:
Murphey the Jeweler

L3 ADVERTISING INC.
115 Bowery 3rd Fl, New York, NY 10002-4933
Tel.: (212) 966-7050
Fax: (212) 431-1282
E-Mail: info@l3advertising.com
Web Site: www.l3advertising.com

Employees: 20
Year Founded: 1984

Agency Specializes In: Advertising, Asian Market, Event Planning & Marketing, Financial, Health Care Services, Hospitality, Strategic Planning/Research, Travel & Tourism

Approx. Annual Billings: $4,000,000

Joseph Lam *(Co-Founder & Pres)*
Ellen Lee *(VP-Acct Svcs)*
Raymond Tam *(Art Dir)*

Accounts:
CAIA-Chinese American Insurance Association
Diageo
Fantasy Springs Hotel & Casino
Johnnie Walker Scotch
Red Egg
Vonage

L7 CREATIVE
5927 Balfour Ct Ste 104, Carlsbad, CA 92008
Tel.: (760) 931-0777
Toll Free: (877) 572-7888
E-Mail: info@L7creative.com
Web Site: www.L7creative.com

Employees: 20
Year Founded: 2001

Agency Specializes In: Advertising, Alternative Advertising, Brand Development & Integration, Branded Entertainment, Broadcast, Business-To-Business, Collateral, Consumer Marketing, Corporate Communications, Corporate Identity, Digital/Interactive, Direct Response Marketing, Direct-to-Consumer, E-Commerce, Electronic Media, Email, Entertainment, Exhibit/Trade Shows, Experience Design, Experiential Marketing, Game Integration, Identity Marketing, In-Store Advertising, Information Technology, Internet/Web Design, Logo & Package Design, Magazines, Media Planning, Media Relations, Mobile Marketing, Multimedia, New Product Development, New Technologies, Newspaper, Newspapers & Magazines, Out-of-Home Media, Outdoor, Package Design, Paid Searches, Podcasting, Point of Purchase, Point of Sale, Print, Product Placement, Production, Production (Print), Promotions, Radio, Recruitment, Search Engine Optimization, Social Marketing/Nonprofit, Social Media, Viral/Buzz/Word of Mouth, Web (Banner Ads, Pop-ups, etc.)

Approx. Annual Billings: $4,500,000

Tom Gallego *(CEO)*
Christine Tarantino-Gallego *(Fin Dir)*
Cody Gutierrez *(Assoc Dir-Mktg Intelligence)*
Theresa Boxberger *(Acct Exec-Digital)*

Accounts:
Chimei Consumer Electronics; 2007
La Cantina Doors Bi-Fold Door Systems; 2008
National City Mortgage Financial; 2004
National Merchants Association; 2016
Pac West Builders Construction; 2005
VIZIO TV's Consumer Electronics; 2003

LA ADS
9018 Balboa Blvd 536, Northridge, CA 91325
Tel.: (800) 991-0625
E-Mail: frontdesk@laadsmarketing.com
Web Site: www.laadsmarketing.com

Employees: 5
Year Founded: 2009

Agency Specializes In: Advertising, Public Relations, Social Media

Dan Katz *(Pres)*

Accounts:
The Archdiocese Los Angeles

LA AGENCIA DE ORCI & ASOCIADOS
2800 28th St Ste 222, Santa Monica, CA 90405-6202
Tel.: (310) 444-7300
Fax: (310) 478-3587
E-Mail: info@orci.com
Web Site: www.orci.com

E-Mail for Key Personnel:
Creative Dir.: RCardena@laagencia.com

Employees: 35
Year Founded: 1982

National Agency Associations: AAF-AEF-AHAA

Agency Specializes In: Advertising, Advertising Specialties, Automotive, Bilingual Market, Brand Development & Integration, Broadcast, Business-To-Business, Cable T.V., Co-op Advertising, Collateral, Communications, Consumer Marketing, Cosmetics, Digital/Interactive, Direct Response Marketing, Event Planning & Marketing, Financial, Health Care Services, Hispanic Market, Internet/Web Design, Media Buying Services, Newspaper, Newspapers & Magazines, Out-of-Home Media, Outdoor, Planning & Consultation, Point of Purchase, Point of Sale, Print, Production, Public Relations, Publicity/Promotions, Radio, Restaurant, Retail, Sales Promotion, Sponsorship, Strategic Planning/Research, T.V.

Breakdown of Gross Billings by Media: Cable T.V.: 2%; Internet Adv.: 3%; Network Radio: 3%; Network T.V.: 33%; Newsp. & Mags.: 3%; Out-of-Home Media: 5%; Outdoor: 1%; Spot Radio: 14%; Spot T.V.: 36%

Hector Orci *(Owner)*
Andrew Orci *(Pres & CEO)*
Marina Filippelli *(COO & Client Svcs Dir)*
Luiz Salles *(Sr VP & Head-Strategic Plng)*
Juan Jose Quintana *(Sr VP & Exec Creative Dir)*
Marielena Tidwell *(Sr VP-HR)*
Lois Mosgrove *(Grp Acct Dir)*
Javier Guemes *(Creative Dir)*
Paola Cervantes *(Acct Supvr)*
Nathaly Gamino *(Sr Acct Exec)*
Marco Vides *(Sr Art Dir)*

Accounts:
American Honda Motor Co., Inc.; Torrance, CA
American Honda Motor Co., Inc. Hispanic
Angel Soft
Bacardi USA, Inc. Cazadores
Big Brothers Big Sisters of America
CASA; Seattle, WA (Public Relations)
Court Appointed Special Advocates
Georgia Pacific
Jack in the Box
Lactaid
Sempra Energy
Splenda

LABOV ADVERTISING, MARKETING AND TRAINING
609 E Cook Rd, Fort Wayne, IN 46825
Tel.: (260) 497-0111
Fax: (260) 497-0007
E-Mail: blabov@labov.com
Web Site: www.labov.com

Employees: 45
Year Founded: 1981

Agency Specializes In: Above-the-Line, Advertising, Affiliate Marketing, Affluent Market, Alternative Advertising, Automotive, Aviation & Aerospace, Below-the-Line, Brand Development & Integration, Business Publications, Business-To-Business, Catalogs, Co-op Advertising, Collateral, Communications, Consulting, Consumer Goods, Consumer Marketing, Consumer Publications, Corporate Communications, Corporate Identity, Custom Publishing, Customer Relationship Management, Digital/Interactive, Direct Response Marketing, Direct-to-Consumer, Electronic Media, Environmental, Event Planning & Marketing, Exhibit/Trade Shows, Experience Design, Financial, Government/Political, Graphic Design, Guerilla Marketing, Health Care Services, Identity Marketing, In-Store Advertising, Industrial, Integrated Marketing, Internet/Web Design, Leisure, Local Marketing, Logo & Package Design, Luxury Products, Magazines, Marine, Market Research, Medical Products, Merchandising, Mobile Marketing, Multimedia, New Product Development, Newspaper, Newspapers & Magazines, Out-of-Home Media, Outdoor, Package Design, Planning & Consultation, Point of Purchase, Point of Sale, Print, Production (Print), Promotions, Public Relations, Publicity/Promotions, Retail, Sales Promotion, Sponsorship, Strategic Planning/Research, Transportation, Viral/Buzz/Word of Mouth

Barry LaBov *(Pres)*
Cathy Schannen *(VP & Acct Dir)*
Luann Erickson *(VP-HR & Ops)*
Dick Swary *(VP)*
Sal Farias *(Acct Mgr)*
Lauren De La Cruz *(Project Mgr-Digital)*
Mary Gabbard *(Mgr-Traffic)*
Pete Piekarski *(Sr Art Dir)*

Accounts:
Audi of America; Auburn Hills, MI; 1998
Ferrari; Englewood Cliffs, NJ; 2004
Fleetwood RV Marketing; 2009
FlexJet; 2014
Freightliner; 2000
Harley-Davidson; 2008
Heil Trailer; 2013
Volkswagen Group of America, Inc.; Auburn Hills, MI; 1995
Zimmer Orthopaedics; Warsaw, IN; 2003

THE LACEK GROUP
900 2nd Ave S Ste 1800, Minneapolis, MN 55402
Tel.: (612) 359-3700
Fax: (612) 359-9395
E-Mail: info@lacek.com
Web Site: www.lacek.com

Employees: 100
Year Founded: 1993

National Agency Associations: 4A's

Agency Specializes In: Direct Response Marketing

Amy Karls *(Partner, VP & Acct Supvr)*
Tyler Love *(Sr VP & Acct Dir)*
Courtney Schultz *(Sr VP & Acct Dir)*
Randy Gunderson *(Sr VP-Acct Svcs)*
Michelle Wildenauer *(Sr VP-Strategic Svcs)*
Tim Manoles *(VP-Loyalty Consulting)*
Alison LaPoint Krahn *(Sr Acct Dir)*

AGENCIES - JANUARY, 2019 — ADVERTISING AGENCIES

Terra Charley *(Acct Dir)*
Greg Goranson *(Assoc Creative Dir & Dir-Studio)*
Francie Olhausen *(Dir-Portfolio Mgmt)*
Joseph Rueckert *(Dir-Customer Engagement Strategy)*
Dave Karges *(Assoc Dir-Creative & Copy)*
Marcin Michalek *(Sr Mgr-Strategic Svcs)*
Amy Bugg *(Acct Supvr)*
Jennifer Lorenz *(Acct Supvr)*
Andie Nelson *(Acct Exec)*
Kara Nyberg *(Acct Exec)*
Jess Heitland *(Sr Designer)*
Jay Walsh *(Copywriter)*
Jim Adler *(Sr Art Dir)*
Kimberly Hudson *(Assoc Creative Dir)*
Jeff Jones *(Grp Creative Dir)*
Kirsten Jones *(Sr Portfolio Mgr)*
Steve Pederson *(Sr Art Dir)*
Jennifer Russo *(Assoc Creative Dir)*
Maranatha Wilson *(Assoc Creative Dir)*

Accounts:
AOL
Carnival Cruise Lines Campaign: "WAVE", Digital Media, Marketing, Print
National Car Rental
Soap Factory Content, Creative, Mobile
Starwood Hotels & Resorts
United Continental Holdings OnePass Loyalty Program

LAER PEARCE & ASSOCIATES
23 Blackhawk, Trabuco Canyon, CA 92679
Tel.: (949) 599-1212
Fax: (949) 599-1213
E-Mail: info@laer.com
Web Site: www.laer.com

Employees: 6

Agency Specializes In: Brand Development & Integration, Communications, Crisis Communications, Email, Environmental, Government/Political, Media Relations, Media Training, Newspaper, Real Estate, Strategic Planning/Research, Web (Banner Ads, Pop-ups, etc.)

Laer Pearce *(Pres)*
Beth Pearce *(CFO & VP)*

Accounts:
Anaheim
BIA
Boeing Realty Corporation
California Geotechnical Engineers Association
CalOptima
Centra Realty
Coalition for Habitat Conservation
Cucamonga Valley Water District
DMB Associates
Grub & Ellis
John Laing Homes
Mesa Consolidated Water District
Mission Landscaping
Newhall Land & Farming
Newhall Ranch
Shea Homes
South Orange County Wastewater Authority
Tejon Ranch Company
Yorba Linda Water District

LAGRANT COMMUNICATIONS
633 W 5th St, Los Angeles, CA 90071-2005
Tel.: (323) 469-8680
Fax: (323) 469-8683
Web Site: www.lagrantcommunications.com

Employees: 20
Year Founded: 1990

Agency Specializes In: Sponsorship

Kim Hunter *(Founder, Chm & CEO)*
Keisha Brown *(Pres & Chm-Health & Wellness Practice)*
Paulo Lima *(Chm-Arts & Culture Practice & Sr VP)*
Jocelyn Robinson *(VP-Community Engagement)*

Accounts:
American Airlines
American Cancer Society
Bahamas Ministry of Tourism
California Wellness Foundation
City of Los Angeles
CMS
Deloitte
Harley Davidson; 2007
Islands of the Bahamas
Lagrant Foundation
Macy's East
National Marrow Donor Program Multicultural Media Relations Campaign; 2007
Office of National Drug Control Policy
Southern California Edison
United Bank of California
US Army
USC
YWCA

THE LAIDLAW GROUP, LLC
560 Harrison Ave Ste 404, Boston, MA 02118
Tel.: (617) 423-2801
Fax: (617) 423-2802
E-Mail: info@laidlawgroup.com
Web Site: www.laidlawgroup.com

Employees: 5

Cindy Laidlaw *(Principal)*

Accounts:
Boyce Highlands; Concord, NH Wood Moldings; 2004
Draper Knitting Equipile Performance Wear; 2004
Duckham Architecture & Interiors Web Site
Dujardin Design
Dunkin Donuts
Precast Specialties
Rakks Rangine Corporation
Reebok
Sage Laboratories
Staples

LAIR
125 W 29th St 4th Fl, New York, NY 10001
Tel.: (212) 924-1429
Web Site: www.lair.tv

Employees: 20

Agency Specializes In: Advertising, Brand Development & Integration, Content, Digital/Interactive, Event Planning & Marketing

Kelly Carson *(Partner & VP-Strategic Partnerships & Biz Dev)*
Theresa Loguercio *(Supvr-Post Production & Producer-Creative & Line)*
Lara Geis *(Dir-Brdcst)*

Accounts:
New-BalletMet
New-MLB Advanced Media, L.P.

LAIRD+PARTNERS
475 10th Ave 7th Fl, New York, NY 10018
Tel.: (212) 478-8181
Fax: (212) 478-8210
E-Mail: info@lairdandpartners.com
Web Site: www.lairdandpartners.com

Employees: 70

Agency Specializes In: Advertising, Affluent Market, Brand Development & Integration, Cosmetics, Fashion/Apparel, Luxury Products, Newspapers & Magazines, Package Design, Planning & Consultation, Print, Sponsorship, T.V.

Approx. Annual Billings: $200,000,000

Trey Laird *(Founder, Chm & Chief Creative Officer)*
Jackie Blum *(Exec VP & Acct Svcs Dir)*
Jenifer Kocourek *(VP & Acct Dir)*
Patrick Kinsella *(VP-Creative Svcs)*
Mike Karam *(Head-Strategy)*
Caroline Macmillan *(Grp Acct Dir)*
Martin Diegor *(Art Dir)*
Hedwig Iooss *(Art Dir)*
Melina Kok *(Creative Dir)*
Cristobal Melendez *(Acct Dir)*
Karen Walzer *(Acct Dir)*
Natalie Paul *(Assoc Dir-Social Strategy)*
Dominick Romeo *(Acct Supvr)*
Kyra Griffin *(Sr Creative Dir)*

Accounts:
American Eagle Outfitters Marketing Campaign
Banana Republic Advertising
Calvin Klein, Inc. Fragrances
Coach
Coty Rimmel
Donna Karan DKNY, Donna Karan Collection
Dr. Pepper Snapple Group Mott's Applesauce
The Four Seasons
The Gap Creative
Jimmy Choo
Karl Lagerfeld
Lane Bryant Campaign: "ImNoAngel", Prabal Gurung
Nautica
SoulCycle
Target Bullseye, Mass Media Campaign
New-Tiffany & Co.
Todd Snyder
Tom Ford
Tommy Hilfiger USA Clothing
Tory Burch Foundation

LAJEUNESSE COMMUNICATION MARKETING
(See Under Carbure)

LAKE GROUP MEDIA, INC.
1 Byram Group Pl, Armonk, NY 10504
Tel.: (914) 925-2400
Web Site: www.lakegroupmedia.com

Employees: 68
Year Founded: 1961

Agency Specializes In: Advertising, Affluent Market, African-American Market, Alternative Advertising, Arts, Automotive, Business-To-Business, Children's Market, Co-op Advertising, Consulting, Consumer Goods, Consumer Marketing, Cosmetics, Customer Relationship Management, Digital/Interactive, Direct Response Marketing, Direct-to-Consumer, Education, Electronic Media, Electronics, Email, Engineering, Entertainment, Environmental, Faith Based, Fashion/Apparel, Financial, Government/Political, Health Care Services, High Technology, Hospitality, Household Goods, Information Technology, Integrated Marketing, Investor Relations, LGBTQ Market, Leisure, Local Marketing, Luxury Products, Marine, Media Buying Services, Media Planning, Medical Products, Men's Market, Mobile Marketing, Multimedia, New Technologies, Newspaper, Over-50 Market, Paid Searches, Pets, Pharmaceutical, Planning & Consultation, Print, Production (Print), Real Estate, Retail, Seniors' Market, Shopper Marketing, Social

ADVERTISING AGENCIES

Marketing/Nonprofit, Sports Market, Stakeholders, Sweepstakes, Teen Market, Telemarketing, Transportation, Travel & Tourism, Tween Market, Web (Banner Ads, Pop-ups, etc.), Women's Market

Approx. Annual Billings: $67,000,000

Ryan Lake *(CEO)*
Heather Maylander *(Mng Dir)*
Karen Lake *(COO)*
Lenny Medico *(Sr VP)*
Joe Robinson *(Sr VP-List Brokerage)*
Carolyn Woodruff *(Mng Dir-Brokerage)*
Sheryl Benjamin *(VP)*
Mike Connolly *(VP-Sls)*
Jennifer Cuttler *(VP-Brokerage)*
Lenore DeBellis *(VP)*
Allison Hoshia *(VP-Client Svcs)*
Belkys Reyes-Cuni *(VP)*
Joanne Elias *(Assoc VP-List Brokerage)*
Carrie French *(Assoc VP)*
Mary Ellen Quirk *(Assoc VP)*
Kathy Stivaletti *(Assoc VP-List Brokerage)*
Lisa Dolzadelli *(Dir-Customer Svc)*
Jim Gallagher *(Dir-Insert Media Sls)*
Danny Grubert *(Dir-Sls)*
Lisa Schoen *(Dir-Art & Mktg)*
Anjie Logan *(Acct Mgr-Customer Svc)*
Elisa Klatt *(Sr Acct Exec)*
Felicia Pucci *(Acct Exec)*

Accounts:
American City Business Journals American City Business Journals Subscriptions; 2003
BabyTalk Baby Talk Magazine; 2007
Boardroom Boardroom Reports; 2011
Buena Vista Home Entertainment Disney Movie Club; 2011
Consumers Union Consumer Reports; 2011
Crestline Company Crestline B2B Catalog; 2011
Democratic Congressional Campaign Committee Direct Mail Fundraising; 2008
Experian Z24 Catalog Cooperative; 2013
Fingerhut Fingerhut Credit; 2011
Fisher Investments; 2009
Gerber Life Insurance Grow-Up Plan; 2011
Gerber Products Company Carnation Baby Formula; 2008
Hartford Insurance; 2011
Heifer International Heifer International Fundraising Catalog; 2008
Highlights for Children Continuity Program; 2012
Investor's Business Daily; 2008
Loeb Enterprises Script Relief; 2011
Lorman Education Continuing Education; 2011
Mattel Fisher Price DM; 2013
Mead Johnson Enfamil; 2012
National Geographic Society National Geographic Magazine; 2011
National Magazine Exchange; 2011
The Nature Conservancy Direct Mail Fundraising; 2010
Picture People Retail; 2010
SC Direct Especially Yours Catalog, Paula Young Catalog; 2011
Source Interlink Media Automobile Magazine; 2012
Sprint Assurance Wireless; 2011
Suarez Corporation Biotech Research, International Home Shopping, US Commemorative Gallery
Uline Shipping Supply Specialists Uline B2B Shipping Catalog; 2009

LAKE STRATEGIC MARKETING
2341 Ellis Ave St, Saint Paul, MN 55114
Tel.: (651) 276-8927
Web Site: lakestrategic.com/

Employees: 5

Agency Specializes In: Advertising, Brand Development & Integration, Collateral, Content, Digital/Interactive, Package Design, Social Media

John Kohl *(Pres)*
Niko Markos *(Mgr-Digital Mktg)*

Accounts:
United States Conceal Carry Association

LAM-ANDREWS INC.
1201 8th Ave S, Nashville, TN 37203
Tel.: (615) 297-7717
Fax: (615) 297-4033
E-Mail: info@lam-andrews.com
Web Site: www.lam-andrews.com

Employees: 10
Year Founded: 1991

Agency Specializes In: Advertising, Advertising Specialties, Brand Development & Integration, Business Publications, Co-op Advertising, Commercial Photography, Communications, Consulting, Consumer Marketing, Consumer Publications, Corporate Identity, Digital/Interactive, Direct Response Marketing, E-Commerce, Electronic Media, Entertainment, Event Planning & Marketing, Exhibit/Trade Shows, Fashion/Apparel, Financial, Graphic Design, Health Care Services, Internet/Web Design, Legal Services, Logo & Package Design, Media Buying Services, Medical Products, New Product Development, Out-of-Home Media, Outdoor, Pharmaceutical, Planning & Consultation, Print, Production, Public Relations, Publicity/Promotions, Radio, Real Estate, Retail, Sports Market, T.V., Technical Advertising

Approx. Annual Billings: $4,000,000

Breakdown of Gross Billings by Media: Collateral: 5%; D.M.: 5%; Fees: 30%; Newsp.: 30%; Outdoor: 5%; T.V.: 20%; Trade Shows: 5%

Douglas Andrews *(Pres)*
David Barlar *(Dir-Creative Svcs)*

Accounts:
Bradfords; Nashville, TN Furniture; 1991
Cambio Solutions; Brentwood, TN
New Light Imaging; Nashville, TN
Quorum Health Resources; Brentwood, TN
Timberline Properties; Knoxville, TN
Worth Properties

LAMAR ADVERTISING COMPANY
5321 Corporate Blvd, Baton Rouge, LA 70808
Tel.: (225) 926-1000
Fax: (225) 926-1005
Toll Free: (800) 235-2627
E-Mail: infotdoran@lamarhq.com
Web Site: www.lamar.com

E-Mail for Key Personnel:
President: kreilly@lamarhq.com

Employees: 3,400
Year Founded: 1902

Agency Specializes In: Digital/Interactive, Out-of-Home Media, Outdoor

Revenue: $1,541,260,000

Kevin P. Reilly, Jr. *(Chm & Pres)*
Trevin Wecks *(VP & Gen Mgr)*
Scott Butterfield *(VP & Reg Mgr)*
Tammy Duncan-Swope *(VP-HR)*
Buster Kantrow *(VP-Bus Dev)*
Mike Mons *(VP)*
Bill Ripp *(VP-Digital Dev)*
Rachel Tempanaro *(VP-Digital Media)*
Mendi Robinson *(Creative Dir)*
Allie McAlpin *(Dir-Comm & Mgr-Web)*
Ian Dallimore *(Dir-Digital Innovation & Sls Strategy)*
Emily McManus *(Dir-Mktg Programs)*
Stacy Enderle *(Acct Mgr-Natl)*
Craig Bendixen *(Mgr-SE Wyoming Market)*
Lisa Sahd Kane *(Mgr-New Bus Dev)*
Chris Landry *(Mgr-Mktg Trng & Dev)*
Deborah Ruiz Marr *(Mgr-Sls & Mktg)*
Shelby Stilwell *(Mgr-Market-SF Bay Area Reg)*
Teresa Wells *(Sr Acct Exec)*
Teri Fox *(Acct Exec-Sls)*
Maritza Norton *(Acct Exec-Sls-Natl)*
Matthew Wells *(Acct Exec-Sls)*
Michelle Griffin *(Sr Graphic Designer)*

Accounts:
Barstoolsexpress.com
General Motors Chevrolet, Chevy Malibu
John Wayne Airport, Orange County Digital Advertising; 2018
National Center for Disaster Fraud Pro-Bono
Recycle Across America
Sony Pictures

Subsidiaries

Lamar Advertising Company
700 Southlake Blvd, Richmond, VA 23236
Tel.: (804) 794-7000
Fax: (804) 794-1816
Web Site: www.lamar.com

Employees: 27

Agency Specializes In: Out-of-Home Media, Outdoor

Floyd Williams *(Pres-Interstate Logos)*
Mark Sherwood *(VP & Reg Mgr)*
Robert Switzer *(VP-Ops)*
Tom Fahey *(Gen Mgr)*
Mendi Robinson *(Creative Dir)*
Phil Cherry *(Reg Mgr)*
Paul Gartland *(Reg Mgr)*
Byron Montgomery *(Reg Mgr)*
Don Riley *(Reg Mgr)*
Cheryl McCoy *(Sls Mgr)*
Cliff Moak *(Sls Mgr)*
Christopher Trares *(Sls Mgr-Airports)*
Justin Burkholder *(Acct Exec)*
Andres Estrada *(Acct Exec-Sls)*
Jeremy Kadoich *(Acct Exec)*
Jim Villela *(Acct Exec-Sls)*
Stephanie Reyes *(Coord-Sls)*
Bill Condon *(Territory Mgr)*
Genna Neal *(Asst-Sls)*

Lamar Corporation
5321 Corporate Blvd, Baton Rouge, LA 70808
Tel.: (225) 926-1000
Fax: (225) 923-0658
Toll Free: (800) 235-2627
E-Mail: tdoran@lamar.com
Web Site: www.lamar.com

Employees: 130
Year Founded: 1902

Kevin P. Reilly *(Chm & Pres)*
Sean Reilly *(CEO)*
Keith A. Istre *(CFO & Treas)*
Thomas Teepell *(CMO)*

LAMBESIS, INC.
7911 Herschel Ave, La Jolla, CA 92037
Tel.: (858) 255-4800
Fax: (760) 547-2331
E-Mail: info@lambesis.com
Web Site: www.lambesis.com

E-Mail for Key Personnel:
President: cfarmer@lambesis.com

Production Mgr.: mhayes@lambesis.com

Employees: 35
Year Founded: 1987

National Agency Associations: 4A's

Agency Specializes In: Above-the-Line, Advertising, Affluent Market, Alternative Advertising, Automotive, Brand Development & Integration, Branded Entertainment, Broadcast, Cable T.V., Communications, Consulting, Consumer Goods, Consumer Marketing, Consumer Publications, Content, Corporate Identity, Cosmetics, Direct Response Marketing, E-Commerce, Electronic Media, Electronics, Entertainment, Environmental, Fashion/Apparel, Game Integration, Graphic Design, Hospitality, In-Store Advertising, Information Technology, Integrated Marketing, International, Internet/Web Design, Logo & Package Design, Luxury Products, Magazines, Market Research, Media Buying Services, Media Planning, Multimedia, New Product Development, Out-of-Home Media, Outdoor, Package Design, Planning & Consultation, Point of Purchase, Point of Sale, Print, Product Placement, Production, Production (Print), Search Engine Optimization, Sponsorship, Strategic Planning/Research, T.V., Teen Market, Trade & Consumer Magazines

Approx. Annual Billings: $92,000,000

Breakdown of Gross Billings by Media: Cable T.V.: 22%; Consumer Publs.: 50%; Internet Adv.: 12%; Newsp.: 1%; Outdoor: 15%

Vicki Hoekstra *(COO)*
Oscar Lutteroth *(Exec Dir-Interactive)*
Brian Munce *(Exec Dir-Brand Mgmt)*
Michael Hayes *(Dir-Print Production)*
Hicham Badri *(Assoc Creative Dir)*

Accounts:
Anchor Brewing; 2010
The Coca-Cola Company Campaign: "Flavor-Charged Iced Tea", Dasani, Experiential, Fuze, Gold Peak Coffee, Gold Peak Tea, Honest Tea, Out-of-Home, Sprite Green; 2007
Dasani Essence Flavored Bottled Water; 2008
Fisker Automotive, Inc.
Gruppo Campari; 2004
sbe Entertainment Group & SLS Hotels; 2011
Tacori

LANDERS & PARTNERS, INC.
13555 Automobile Blvd Ste 610, Clearwater, FL 33762
Tel.: (727) 572-5228
Fax: (727) 572-5910
E-Mail: info@landersandpartners.com
Web Site: www.landersandpartners.com

Employees: 22
Year Founded: 1977

Agency Specializes In: Advertising, Broadcast, Consumer Marketing, Electronic Media, Media Buying Services, Merchandising, Point of Purchase, Sponsorship

Approx. Annual Billings: $14,994,001

Breakdown of Gross Billings by Media: Brdcst.: $11,613,000; D.M.: $271,500; Graphic Design: $193,875; Newsp.: $1,401,000; Outdoor: $933,000; Point of Sale: $290,813; Print: $290,813

Michelle Darr *(Pres)*
Jenna Pullaro *(Dir-Media Svcs)*
Will Starks *(Dir-Mid-West)*
Jason Bouwman *(Media Buyer)*

Accounts:
KFC; NC; AL; FL; NY; IN
Long John Silver's; NC; FL
Taco Bell; AL; FL; GA; IN; LA; NC; SC; KY; NY; VA; IL; MI; OH

LANDOR ASSOCIATES
1001 Front St, San Francisco, CA 94111
Tel.: (415) 365-1700
Fax: (415) 365-3190
E-Mail: more_info@landor.com
Web Site: https://landor.com/

Employees: 100
Year Founded: 1941

National Agency Associations: 4A's

Agency Specializes In: Brand Development & Integration, Experiential Marketing, Sponsorship

Christopher Lehmann *(Mng Dir)*
Mimi Chakravorti *(Exec Dir-Strategy)*
Jo Clarke *(Exec Dir-Activation)*
Bob Kersten *(Exec Dir-Client Svcs)*
Trevor Wade *(Mktg Dir)*
Suzanne Beane *(Dir-Client)*
Myra El-Bayoumi *(Dir-Strategy)*
Kimberly Pierce *(Dir-Strategy)*
Marc Hershon *(Sr Mgr-Naming & Verbal Identity)*
Emi Yasaka *(Sr Designer-Branded Environments)*

Accounts:
Advanced Ice Cream Technologies Campaign: "Bardot"
Alcoa
Arts Centre Melbourne Campaign: "Box of Curiosities"
Barclays
Bayer
BMW
BP
Broadview Security
The Children's Creativity Museum
Cracker Barrel Old Country Store Brand Strategy
Danone China Robust Dairy Products
DC Comics DC Entertainment, DC Reveal
ECOtality Campaign: "Blink Identity & Visual System", Campaign: "Blink"
FedEx
Frito-Lay
GE
Giant Bicycles Campaign: "Everyday Rider Sponsorships"
Holler & DashT
ITG Campaign: "Decoding Signal from Noise"
Kraft Foods
Marriott Hotels & Resorts
MillerCoors Brewing Company Campaign: "Miller High Life Red, White & Blue Summer", MGD (Branding Agency of Record), Miller High Life (Branding Agency of Record), Miller Lite (Branding Agency of Record)
PepsiCo
Pernod Ricard
Procter & Gamble Eukanuba, Global Handwashing Day, Old Spice Classic
Raytheon Websense Forcepoint
Samsung
SKYY Spirits
Sony
Taj Group
Texas Instruments

Branches

Landor Associates
Via Tortona 37, Milan, I-20144 Italy
Tel.: (39) 02 7645 171
Fax: (39) 02 7601 2596
E-Mail: landor.italy@landor.com
Web Site: https://landor.com/

Employees: 25

Agency Specializes In: Brand Development & Integration

Antonio Marazza *(Gen Mgr)*
Michele Genghi *(Creative Dir)*
Francesca Pannuti *(Dir-Client)*
Elena Lambertucci *(Mgr-Client)*
Vittorio Gagliardi *(Sr Designer)*
Isabella Gemelli *(Client Mgr-Strategic Branding)*

Landor Associates
44 rue des Petites Ecuries, Paris, 75010 France
Tel.: (33) 1 53 34 31 00
Fax: (33) 1 53 34 31 01
Web Site: https://landor.com/

Employees: 75

Agency Specializes In: Brand Development & Integration

Luc Speisser *(Pres/Mng Dir-Landor Paris & Landor Geneva)*
Stephane Dubard *(Exec Dir-Strategy, Digital & Transformation)*
Oriane Tristani *(Exec Dir-Client Svc)*
Melissa Weiss *(Dir-Client)*

Accounts:
Alba
HomeAway, Inc. Brand Positioning

Landor Associates
Rue Lugardon 1, CH-1227 Geneva, Switzerland
Tel.: (41) 22 908 40 66
Fax: (41) 22 908 40 67
Web Site: https://landor.com/

Employees: 10

Agency Specializes In: Brand Development & Integration

Florence Chevallier *(Dir-Client)*

Landor Associates
Klamath House, 18 Clerkenwell Green, London, EC1R 0QE United Kingdom
Tel.: (44) 207 880 8000
Fax: (44) 207 880 8001
Web Site: https://landor.com/

Employees: 120

Agency Specializes In: Brand Development & Integration

Peter Knapp *(Chm & Chief Creative Officer)*
Jane Geraghty *(CEO)*
James Bruce *(CFO)*
Charlotte Morrison *(Gen Mgr-London)*
Nick Cooper *(Exec Dir-EMEA)*
Naomi Davie *(Exec Dir-Client Svcs)*
Sophie Lord *(Exec Dir-Strategy)*
Andrew Welch *(Exec Dir-Accts)*
James Nixon *(Sr Client Mgr)*

Accounts:
Austrian Airlines
BDO International
BP
British Airways
De Beers
Diageo
Invensys Campaign: "Invensys Typography"
Jet Airways
Kraft
Land Rover

ADVERTISING AGENCIES — AGENCIES - JANUARY, 2019

Medi-Clinic Corporation
Molson Coors Campaign: "Re-Launching A National Treasure"
MoneyGram Brand Identity
Paddy Power Brand Visual Identity, Online, Retail & Marketing
UKTV Business-to-Business, Logo, Rebranding, The Nebula

Landor Associates
An der Alster 47, Hamburg, 20099 Germany
Tel.: (49) 40 378 5670
Fax: (49) 378 567 71
E-Mail: ldhp.reception@landor.com
Web Site: https://landor.com/

Employees: 40
Year Founded: 1997

Agency Specializes In: Brand Development & Integration

Lars Schlossbauer *(Gen Mgr)*
Jesper Bech Hansen *(Dir-Strategy)*
Tony Lyons *(Dir-Design)*
Jack Osborn *(Sr Designer)*
Andreas Gruss *(Client Dir)*

Accounts:
Mondelez International, Inc.

Landor Associates
233 N Michigan Ave Ste 1400, Chicago, IL 60601
Tel.: (312) 596-1444
Fax: (312) 596-1464
Web Site: https://landor.com/

Employees: 20
Year Founded: 1991

Agency Specializes In: Brand Development & Integration

Mary Zalla *(Pres-Consumer Brands & Mng Dir-Cincinnati & Chicago)*
Katie George Mancini *(Dir-Client)*

Landor Associates
230 Park Ave S 6th Fl, New York, NY 10003
Tel.: (212) 614-5050
Fax: (212) 614-3966
Web Site: https://landor.com/

Employees: 100

National Agency Associations: 4A's

Agency Specializes In: Sponsorship

Thomas Ordahl *(Chief Strategy Officer)*
Tiffany Vasilchik *(Chief Growth Officer)*
Stuart Sproule *(Pres-North America)*
Mimi Chakravorti *(Exec Dir-Strategy)*
Marie Minyo *(Exec Dir-Client Svcs)*
Louis Sciullo *(Exec Dir-Fin Svcs)*
Jasmine Tanasy *(Exec Dir-Naming & Verbal Identity)*
Ashley Rosenbluth *(Sr Dir-Client)*
Jane Boynton *(Creative Dir)*
Elyse Kazarinoff *(Creative Dir-Verbal Branding)*
Julie Doughty *(Dir-Naming & Verbal Identity)*
Thomas Haggerty *(Dir-Production)*
Beca Lee *(Dir-Design)*
Danielle Prevete *(Dir-Culture & Engagement)*
Julia Race *(Sr Mgr-Culture & Engagement)*
Justin Molina *(Sr Client Mgr)*

Accounts:
Accenture
Central Park Conservancy Communication
Delta Airlines

FedEx Office
HomeAway, Inc. Brand Positioning
Office Depot, Inc. Brand Identity Development

Landor Associates
110 Shillito Pl, Cincinnati, OH 45202-2361
Tel.: (513) 419-2300
Fax: (513) 221-3532
Web Site: https://landor.com/

Employees: 180

National Agency Associations: 4A's

Agency Specializes In: Brand Development & Integration, Sponsorship

Rick Shelton *(Dir-Client)*
Katie Cousino *(Sr Client Mgr)*
Stephanie Hilgefort *(Client Mgr)*

Accounts:
AIGA Campaign: "The World's Smallest Poster"
Mondelez International, Inc. Campaign: "Gevalia"
Procter & Gamble Campaign: "Old Spice Classic"

LANE PR
(Acquired by Finn Partners)

LANETERRALEVER
645 E Missouri Ave Ste 400, Phoenix, AZ 85012
Tel.: (602) 258-5263
Fax: (602) 257-8128
E-Mail: info@laneterralever.com
Web Site: www.laneterralever.com

Employees: 100
Year Founded: 1962

National Agency Associations: 4A's-MAGNET

Agency Specializes In: Advertising, Affiliate Marketing, Affluent Market, Alternative Advertising, Arts, Automotive, Brand Development & Integration, Broadcast, Business Publications, Business-To-Business, Cable T.V., Co-op Advertising, Collateral, Communications, Consulting, Consumer Goods, Consumer Marketing, Consumer Publications, Content, Corporate Identity, Customer Relationship Management, Digital/Interactive, Direct Response Marketing, Direct-to-Consumer, E-Commerce, Electronic Media, Email, Entertainment, Environmental, Event Planning & Marketing, Exhibit/Trade Shows, Experience Design, Fashion/Apparel, Financial, Food Service, Game Integration, Graphic Design, Guerilla Marketing, Health Care Services, High Technology, Hispanic Market, Hospitality, Household Goods, Identity Marketing, Infomercials, Integrated Marketing, Internet/Web Design, Investor Relations, Leisure, Local Marketing, Logo & Package Design, Luxury Products, Magazines, Media Buying Services, Media Planning, Media Relations, Media Training, Men's Market, Mobile Marketing, Multimedia, New Product Development, New Technologies, Newspaper, Newspapers & Magazines, Out-of-Home Media, Outdoor, Paid Searches, Planning & Consultation, Podcasting, Point of Purchase, Point of Sale, Print, Product Placement, Production, Production (Ad, Film, Broadcast), Production (Print), Promotions, Public Relations, Publicity/Promotions, RSS (Really Simple Syndication), Radio, Real Estate, Recruitment, Regional, Restaurant, Retail, Sales Promotion, Search Engine Optimization, Seniors' Market, Social Marketing/Nonprofit, Sponsorship, Sports Market, Stakeholders, Strategic Planning/Research, Sweepstakes, T.V., Trade & Consumer Magazines, Travel & Tourism, Viral/Buzz/Word of Mouth, Web (Banner Ads, Pop-ups, etc.)

Approx. Annual Billings: $100,000,000

Chris Johnson *(Pres)*
Beau Lane *(CEO)*
Ian Barry *(Chief Creative Officer)*
Scott McAndrew *(Chief Strategy Officer)*
Mark Itkowitz *(Sr VP & Exec Creative Dir)*
Fraser Elliot *(Sr VP & Media Dir)*
Gil Rodriguez *(Sr VP-Bus Solutions)*
Gary Serviss *(VP & Creative Dir)*
Matt Sicko *(VP & Creative Dir)*
Jody Alexander *(VP-Client Satisfaction)*
Scott Patten *(VP-Strategic Plng)*
Eric Doolan *(Sr Dir-User Experience)*
Elise Gould *(Sr Dir-Content Mktg)*
John Sizer *(Acct Dir)*
Kirstin Jones *(Dir-Media Strategy)*
Amy Raymer *(Dir-Brand Strategy & Res)*
Hannah Tooker *(Sr Strategist-Social Media)*
Cassandra Fronzo *(Assoc Media Dir)*
Jenna Lowy *(Sr Art Dir)*

Accounts:
Arizona Cardinals
The Arizona Center for Nature Conservation (Agency of Record) Advertising, Exhibits & Events, Outreach Strategies; 2017
Arizona Lottery
Boots USA
Cable ONE; Phoenix, AZ; 2003
CVS Caremark
First Solar
Greater Phoenix Convention & Visitors Bureau
Honeywell Aerospace
Inspirato with American Express
Lyft Local Public Relations
Massage Envy
Muscular Dystrophy Association
National Bank of Arizona
National Multiple Sclerosis Society, Arizona Chapter (Public Relations Agency of Record) Media Relations, Strategic
Northcentral University Content Marketing Strategy, Social Media; 2017
Pat Tillman Foundation
PayScan
Phoenix Convention Center
The Phoenix Suns & Mercury Media Management Engagement; 2017
Sports & Orthopedic Specialist
SunCor Development
Time Warner Cable
Wal-Mart
Xanterra Parks & Resorts

LANMARK360
804 Broadway, West Long Branch, NJ 07764
Tel.: (732) 389-4500
Fax: (732) 389-4998
Web Site: www.lanmark360.com/

Employees: 40
Year Founded: 1977

National Agency Associations: ADC-NJ Ad Club

Agency Specializes In: Advertising, Advertising Specialties, Brand Development & Integration, Business Publications, Business-To-Business, Catalogs, Communications, Consulting, Corporate Communications, Corporate Identity, Crisis Communications, Digital/Interactive, Direct Response Marketing, E-Commerce, Education, Electronic Media, Event Planning & Marketing, Exhibit/Trade Shows, Graphic Design, Health Care Services, Integrated Marketing, Internet/Web Design, Local Marketing, Logo & Package Design, Market Research, Media Buying Services, Media Planning, Media Relations, Media Training, Medical Products, Multimedia, New Product Development, New Technologies, Package Design, Pharmaceutical, Planning & Consultation, Podcasting, Point of Purchase, Print, Promotions,

AGENCIES - JANUARY, 2019 — ADVERTISING AGENCIES

Public Relations, Publicity/Promotions, Sales Promotion, Search Engine Optimization, Strategic Planning/Research, Technical Advertising, Telemarketing, Trade & Consumer Magazines, Viral/Buzz/Word of Mouth, Web (Banner Ads, Pop-ups, etc.)

Breakdown of Gross Billings by Media: Adv. Specialities: 3%; Collateral: 8%; Consulting: 10%; Corp. Communications: 5%; Graphic Design: 10%; In-Store Adv.: 5%; Logo & Package Design: 3%; Print: 20%; Production: 3%; Strategic Planning/Research: 13%; Trade & Consumer Mags.: 15%; Trade Shows: 5%

Howard Klein *(Owner & Pres)*
Kurt Algayer *(VP-Production Svcs)*
Danielle Avalone *(VP-Acct Svcs)*
Ed Yasser *(VP-Digital)*
Andrew Saklas *(Creative Dir)*
Judy Adelman *(Mgr-Media)*

Accounts:
Conair Corporation; Stamford, CT Interplak; 1994
Darby Corporate Solutions; Boston, MA
Darby Dental
Darby Group Companies; Westbury, NY
Dental Trade Alliance
Johnson & Johnson
Novartis Pharmaceuticals; East Hanover, NJ
OraPharma; Warminster, PA Arrestin; 2002
Sirona; Charlotte, NC Erec, Inlab; 1992
Windmill Restaurant
Wrigley
Young Dental; Chicago, IL
Zenith Dental; Englewood, NJ

LAPLACA COHEN
43 W 24th St Tenth Fl, New York, NY 10010-3205
Tel.: (212) 675-4106
Fax: (212) 675-4763
E-Mail: info@laplacacohen.com
Web Site: www.laplacacohen.com

Employees: 25
Year Founded: 1993

Agency Specializes In: Faith Based, Leisure

Approx. Annual Billings: $15,000,000

Breakdown of Gross Billings by Media: Brdcst.: 10%; Newsp. & Mags.: 85%; Outdoor: 3%; Transit: 2%

Maggie Hartnick *(Mng Dir)*
Ryoichi Yamazaki *(Art Dir)*
Robby Marlin *(Acct Mgr)*
Natasha Hernandez *(Asst Controller)*
Elliott Stokes *(Media Planner)*
Alex Rearick *(Assoc Creative Dir)*

Accounts:
Copia
Hillwood Museum & Garden
Philadelphia Museum of Art; Philadelphia, PA; 1995

LAROUCHE MARKETING COMMUNICATION
(Formerly jfLarouche Advertising Agency)
871 Grande Allee Ouest Ste 205, Quebec, QC G1S 1C1 Canada
Tel.: (418) 651-8777
Fax: (418) 651-9229
Web Site: www.larouchemc.com

Employees: 7
Year Founded: 2006

Agency Specializes In: Advertising

Jean-Francois Larouche *(Pres)*
Celine Kirouac *(Exec Dir)*
Raynald Laflamme *(Art Dir)*
Stephane Veilleux *(Creative Dir)*

Accounts:
APN
Apocalypse Zero
BRP
CEOBois
Expedia
Government of Quebec
Julien
KFC
Labatt Breweries
Lepine Cloutier Funeral Home; 2005
Prolam
Q-Web
Ubisoft
Urgel Bourgie Funeral Home; 2005
Verity Audio Loudspeakers; 2005
Volkswagen
Weight Watchers

LARSON O'BRIEN MARKETING GROUP
3591 Ridgeway Dr Ste 200, Bethel Park, PA 15102
Tel.: (412) 831-1959
Fax: (412) 833-2838
E-Mail: info@larsonobrien.com
Web Site: www.larsonobrien.com

E-Mail for Key Personnel:
President: jack@larsonobrien.com
Production Mgr.: jeff@larsonobrien.com

Employees: 20
Year Founded: 2001

National Agency Associations: Second Wind Limited

Agency Specializes In: Business-To-Business, Corporate Identity, Digital/Interactive, Print, Public Relations, Publicity/Promotions, Sales Promotion

Approx. Annual Billings: $8,500,000 Fees Capitalized

Jack R O'Brien *(Chm & Pres)*
Ronald Larson *(CEO & Art Dir)*
Kevin Mayer *(Partner & Dir-Sls Consulting)*
Garrett Andrae *(Principal & Creative Dir)*
Jeff Miskis *(Dir-Digital)*
Nick Murosky *(Dir-Content Mktg)*
Julie Pintar *(Dir-Media & Res)*
Jeff Gray *(Mgr-Production & Media)*

Accounts:
American Hydrotech, Inc. Marketing Communications
Banker Wire PR
Birdair, Inc.; 2007
Butler County Community College; Butler, PA; 1998
Cambridge Architectural
Fabric Structures Association
Follansbee Steel; Follansbee, VA
Greenscan; Los Angeles, CA; 2009
H.B. Fuller Construction Products Inc; Aurora, IL PR, TEC Brand
Hope's PR, Planning & Execution, Strategic Marketing
Nichiha USA
PVSEC
Ronstan
Viracon Marketing Communications
Zurn Industries PR

LASER ADVERTISING
1500 Cordova Rd Ste 200, Fort Lauderdale, FL 33316
Tel.: (954) 760-4667
Fax: (954) 760-7049
Web Site: www.laseradvertising.com

Employees: 2

Agency Specializes In: Advertising, Content, Internet/Web Design, Print, Search Engine Optimization

Charles Datlen *(Owner)*

Accounts:
Dona Lola
Luke Brown Yachts
Outer Reef Yachts

LASPATA DECARO
450 W 15th St Ste 600, New York, NY 10011
Tel.: (212) 929-1998
Fax: (212) 243-5305
E-Mail: info@laspatadecaro.com
Web Site: www.laspatadecaro.com

Employees: 15

Agency Specializes In: Advertising

Charles DeCaro *(Creative Dir)*
Rocco Laspata *(Creative Dir)*
Anne Erickson *(Dir-Media & Creative Svcs)*
Yasmeen Jacobs *(Office Mgr)*

Accounts:
Americana Legend
Americana Manhasset
Perry Ellis; 2007
Ulta

LATCHA+ASSOCIATES
24600 Hallwood Ct, Farmington Hills, MI 48335-1603
Tel.: (248) 482-4500
Fax: (248) 482-4624
E-Mail: mikef@latcha.com
Web Site: www.latcha.com

Employees: 220
Year Founded: 1998

Agency Specializes In: Above-the-Line, Advertising Specialties, Affiliate Marketing, African-American Market, Agriculture, Alternative Advertising, Arts, Asian Market, Aviation & Aerospace, Below-the-Line, Bilingual Market, Branded Entertainment, Broadcast, Business Publications, Business-To-Business, Cable T.V., Children's Market, College, Commercial Photography, Computers & Software, Consumer Goods, Consumer Publications, Corporate Identity, Cosmetics, Crisis Communications, Custom Publishing, Education, Electronic Media, Electronics, Email, Engineering, Entertainment, Environmental, Event Planning & Marketing, Exhibit/Trade Shows, Experience Design, Experiential Marketing, Faith Based, Fashion/Apparel, Financial, Food Service, Game Integration, Government/Political, Graphic Design, Guerilla Marketing, Health Care Services, High Technology, Hispanic Market, Hospitality, Household Goods, Identity Marketing, In-Store Advertising, Industrial, Infomercials, International, Internet/Web Design, Investor Relations, LGBTQ Market, Legal Services, Leisure, Local Marketing, Logo & Package Design, Magazines, Media Training, Medical Products, Men's Market, Merchandising, Multicultural, New Product Development, New Technologies, Newspaper, Newspapers & Magazines, Out-of-Home Media, Outdoor, Over-50 Market, Package Design, Paid Searches, Pets, Pharmaceutical, Podcasting, Point of Purchase, Point of Sale, Product Placement, Programmatic, Promotions, Public Relations, Publicity/Promotions, Publishing, RSS

ADVERTISING AGENCIES

(Really Simple Syndication), Radio, Real Estate, Recruitment, Regional, Restaurant, Sales Promotion, Seniors' Market, Shopper Marketing, Social Marketing/Nonprofit, South Asian Market, Sponsorship, Sports Market, Stakeholders, Sweepstakes, Syndication, T.V., Technical Advertising, Teen Market, Telemarketing, Trade & Consumer Magazines, Transportation, Travel & Tourism, Tween Market, Urban Market, Viral/Buzz/Word of Mouth, Web (Banner Ads, Pop-ups, etc.), Women's Market, Yellow Pages Advertising

Approx. Annual Billings: $50,000,000

David Latcha *(Founder & Owner)*
Lisa Chapman *(Pres & Exec Creative Dir)*
Michael Fleury *(VP-Growth & Strategic Partnerships)*
Tracey Ruffin *(Dir-Consumer Insights & Analytics)*
Casey Nichols *(Acct Supvr)*
Christina Goodall *(Sr Acct Exec)*
Collin Magin *(Copywriter)*

Accounts:
Audi of North America (Agency of Record) After Sale CRM, Audi Cars, SUVs; 2010
Bissel Consumer Products; 2013
Ford Division Ford Cars, Trucks, & SUVs; 2000
Ford Fleet USA Fleet Sales; 2003
Ford International Ford, Lincoln, Mercury Cars, Trucks, & SUVs Worldwide; 2002
KIA Motors (Agency of Record) CRM, Creative, Digital, Print, Social; 2016
Lincoln Mercury Lincoln Cars, SUVs, Mercury Cars, SUVs; 2003
Subaru North America After Sale CRM; 2012
Vera Bradley Inc. Women's Handbags & Fashion Accessories; 2014

LATIN WORLD ENTERTAINMENT AGENCY
3470 Nw 82Nd Ave, Doral, FL 33122
Tel.: (305) 572-1515
Fax: (305) 572-1510
E-Mail: moreinfo@latinwe.com
Web Site: www.latinwe.com

Employees: 10

Mariana Segura *(VP-Mktg & Branded Entertainment)*
Keegan Killian *(Brand Mgr & Strategist-Social Media-Sofia Vergara)*

Accounts:
CNET Website Creation
Colgate
General Mills
Pepsi

LATIN2LATIN MARKETING + COMMUNICATIONS LLC
333 N New River Dr E Ste 1200, Fort Lauderdale, FL 33301
Tel.: (954) 376-4800
E-Mail: info@latin2latin.com
Web Site: latin2latin.com

Employees: 50
Year Founded: 2007

Agency Specializes In: Advertising, Brand Development & Integration, Communications, Digital/Interactive, Event Planning & Marketing, Health Care Services, Hispanic Market, Radio, Social Media, T.V.

Arminda Figueroa *(Founder & Pres)*
Nilda Velez *(VP-Acct Svcs & Ops)*
Jill Kaplan *(Dir-PR)*
Michael Kettenring *(Dir-IT, CRM & Mktg Automation)*
Natascha Otero-Santiago *(Dir-Digital Strategy)*
Maria Paz Echevarria *(Dir-Media Svcs)*
Juanin Reid *(Dir-Client Svcs)*
Sonja Serrano *(Sr Specialist-Mktg-Generation)*
Daniel Gomez *(Acct Exec)*
Diana Rodriguez *(Acct Exec-Publicist)*
Brenda Sanchez *(Coord-Mktg)*

Accounts:
Ana G. Mendez University System (US Agency of Record); 2017
Badia Hand to Shoulder Center
New-Dr. Doggie-Victor Oppenheimer
New-Elements Therapeutic Massage LLC
New-Gymguyz LLC
Hispanic Unity
New-Latinarrific
New-MARC Institute
Northwell Health-Lenox Hill Hospital
New-Novus Inc.
OrthoNOW Orthopedic Urgent Care Center
PBS Kids
New-Sistema Universitario Ana G. Mendez
New-South Florida Symphony Orchestra
New-The Surgery Center at Doral
New-Trustbridge Hospice

LATIN3 INC.
4000 Hollywood Blvd, Hollywood, FL 33021
Tel.: (954) 744-8599
Fax: (954) 893-7307
E-Mail: info@latin3.com
Web Site: www.latin3.com

Employees: 50

Agency Specializes In: Sponsorship

Adrian Garcia *(Grp Acct Dir)*

Accounts:
General Mills, Inc.
Panasonic System Communications Company (Latin America Agency of Record) B2B, Content Development, Creative, Digital Marketing, Media Buying, Media Planning, Social Media, Strategy, Toughbook, Toughpad, Website
Pepsi
Reebok
Sony
Wachovia

LATINA CREATIVE AGENCY
506 2Nd Ave Ste 1400, Seattle, WA 98104
Tel.: (425) 968-8013
E-Mail: info@latinacreativeagency.com
Web Site: www.latinacreativeagency.com

Employees: 8

Agency Specializes In: Advertising, Brand Development & Integration, Digital/Interactive, Event Planning & Marketing, Media Planning, Media Relations, Media Training, Social Media

Teresa Jones *(Exec-Multi-Media Sls-Univision Seattle)*

Accounts:
Dustin Tavella
Latino Community Fund

THE LATINO WAY
330 Main St 3rd Fl, Hartford, CT 06106
Tel.: (860) 770-6071
E-Mail: info@thelatinoway.com
Web Site: thelatinoway.com

Agency Specializes In: Advertising, Brand Development & Integration, Communications, Hispanic Market, Media Buying Services, Media Planning, Production, Publishing, Radio, T.V.

Maria Lino *(Principal & Acct Dir)*
Carlos Masias *(Sr Dir-Creative)*

Accounts:
New-Connecticut Lottery Corporation

LATINWORKS MARKETING, INC.
2500 Bee Caves Rd, Austin, TX 78746
Tel.: (512) 479-6200
Fax: (512) 479-6024
Web Site: www.latinworks.com

Employees: 150
Year Founded: 1998

Agency Specializes In: Above-the-Line, Advertising, Advertising Specialties, Affluent Market, African-American Market, Alternative Advertising, Automotive, Below-the-Line, Bilingual Market, Brand Development & Integration, Branded Entertainment, Broadcast, Cable T.V., Children's Market, Collateral, College, Communications, Consulting, Consumer Goods, Consumer Marketing, Consumer Publications, Content, Digital/Interactive, Direct-to-Consumer, Electronic Media, Email, Entertainment, Experience Design, Financial, Food Service, Government/Political, Graphic Design, Guerilla Marketing, Hispanic Market, Household Goods, Identity Marketing, In-Store Advertising, Integrated Marketing, International, Internet/Web Design, LGBTQ Market, Local Marketing, Logo & Package Design, Magazines, Market Research, Media Buying Services, Media Planning, Men's Market, Mobile Marketing, Multicultural, Multimedia, Newspaper, Out-of-Home Media, Outdoor, Over-50 Market, Paid Searches, Pets, Pharmaceutical, Planning & Consultation, Point of Purchase, Point of Sale, Print, Production, Production (Ad, Film, Broadcast), Production (Print), Promotions, Radio, Regional, Retail, Sales Promotion, Search Engine Optimization, Seniors' Market, Shopper Marketing, Social Marketing/Nonprofit, Social Media, Sponsorship, Sports Market, Strategic Planning/Research, Sweepstakes, Syndication, T.V., Teen Market, Trade & Consumer Magazines, Travel & Tourism, Tween Market, Urban Market, Viral/Buzz/Word of Mouth, Web (Banner Ads, Pop-ups, etc.), Women's Market

Approx. Annual Billings: $116,000,000

Alejandro Ruelas *(Co-Founder, Mng Partner & CMO)*
Manny Flores *(CEO)*
Leo Olper *(Mng Dir & Sr VP)*
Scott Radigk *(CFO)*
Christy Kranik *(Exec VP & Gen Mgr)*
Michelle Aldrich *(VP-Fin Ops)*
Luis Guido *(VP-Experiential Mktg)*
Gabriel Garcia *(Exec Creative Dir)*
Nicole Arena *(Media Dir)*
Morris Davila *(Creative Dir)*
Alejandro Egozcue *(Creative Dir)*
Shelley Hall *(Acct Dir)*
Victoria Carasa *(Media Planner)*
Mitchell Rummel *(Media Planner)*
Chloe King *(Grp Media Dir)*

Accounts:
Capital One; 2013
Jack Daniel's; 2013
Kimberly-Clark Corp. Advertising, Digital, Huggies, Kleenex, Pull-Ups; 2007
Lowe's; 2003
Major League Baseball
Marriott; 2014
Mars Inc Cesar, Dove, M&M's, Pedigree, Snickers, Starburst, Twix; 2007
Pepsico Aquafina, Frappucino, Manzanita,

Mountain Dew, Pepsi, Sierra Mist, Sol; 2011
Post Consumer Brands (Hispanic Marketing Agency of Record) Creative, Planning, Post Honey Bunches of Oats, Post PEBBLES, Strategy
Starbucks
Stripes Laredo Taco Company, Stripes; 2012
Target Broadcast, Campaign: "Arrullo", Campaign: "Sin Traduccion", Campaign: "Sobremesa", Digital Advertising, Experiential, Hispanic Marketing, Print, Radio, TV, Up & Up; 2013
Texas Lottery Instant Scratch-Off, Mega Millions, Powerball; 2008
Visit Austin
Wrigley Jr. Company Skittles, Starbursts; 2010

LATORRA, PAUL & MCCANN
120 E Washington St, Syracuse, NY 13202-4000
Tel.: (315) 476-1646
Fax: (315) 476-1611
E-Mail: lpm@lpm-adv.com
Web Site: www.lpm-adv.com

Employees: 40
Year Founded: 1993

National Agency Associations: NAMA-PRSA

Agency Specializes In: Advertising, Advertising Specialties, Agriculture, Brand Development & Integration, Broadcast, Business Publications, Business-To-Business, Cable T.V., Co-op Advertising, Collateral, Communications, Consumer Marketing, Corporate Identity, Direct Response Marketing, Electronic Media, Event Planning & Marketing, Exhibit/Trade Shows, Financial, Graphic Design, Hispanic Market, Industrial, Internet/Web Design, Leisure, Logo & Package Design, Magazines, Media Buying Services, Medical Products, New Product Development, Newspaper, Newspapers & Magazines, Out-of-Home Media, Pets, Pharmaceutical, Planning & Consultation, Point of Purchase, Point of Sale, Print, Production, Public Relations, Publicity/Promotions, Radio, Sales Promotion, Strategic Planning/Research, T.V., Technical Advertising, Trade & Consumer Magazines, Travel & Tourism

Michael Ancillotti *(Pres & CEO)*
Bill Patrick *(VP-Ops & Fin)*
Andy Collins *(Creative Dir)*
Mark Anderson *(Dir-Media)*
Kimberly Parr *(Dir-PR)*
Barbara Straight *(Sr Mgr-Production)*

Accounts:
American Dairy Association-New York State
Carrier Corporation; Syracuse, NY Room Air Conditioners
Carrier Duct Free Systems; Syracuse, NY; 1998
Dairy One; Ithaca, NY; 2002
Hoard's Dairyman; Fort Atkinson, WI Dairy Industry Magazine; 1999
Nationwide Insurance (N.Y.); Columbus, OH Personal & Commercial Insurance; 1999
Nationwide Insurance (New York State); Syracuse, NY; 1999
St. Bonaventure University

LATREILLE ADVERTISING & TALENT INC
1219 N Leroy St, Fenton, MI 48430
Tel.: (810) 714-4224
Web Site: www.latreilles.com

Employees: 3

Agency Specializes In: Advertising, Media Buying Services, Print, Radio, T.V.

William Latreille *(Pres)*
William Latreille III *(Pres)*

Accounts:
Dave Lamb Heating & Cooling
Fenton Hotel
Grand Blanc Mercedes-Benz
Grand Blanc Motorcars
Hodges Subaru
Lane Car Company
Panda Water Ice
River Rock Grill
Shane Adams
Sterling Heights Dodge, Inc.

LATTIMER COMMUNICATIONS
(Name Changed to Metrics Marketing, Inc.)

LAUGHING SAMURAI
1221 N Mills Ave, Orlando, FL 32803
Tel.: (407) 982-4350
Web Site: www.laughingsamurai.com

Employees: 7
Year Founded: 2008

Agency Specializes In: Advertising, Advertising Specialties, Affiliate Marketing, Alternative Advertising, Bilingual Market, Brand Development & Integration, Co-op Advertising, Collateral, Consumer Marketing, Digital/Interactive, Direct Response Marketing, Electronic Media, Email, Experience Design, Graphic Design, Guerilla Marketing, Identity Marketing, Internet/Web Design, Local Marketing, Logo & Package Design, Market Research, Multimedia, Package Design, Production, Production (Print), Public Relations, Publicity/Promotions, Search Engine Optimization, Social Marketing/Nonprofit, Social Media, Strategic Planning/Research, T.V., Web (Banner Ads, Pop-ups, etc.), Yellow Pages Advertising

Approx. Annual Billings: $1,000,000

Benjamin Collins *(Co-Founder & Pres)*

Accounts:
Microsoft; New York, NY Marketing, Package Design

LAUGHLIN/CONSTABLE, INC.
207 E Michigan St, Milwaukee, WI 53202-4998
Tel.: (414) 272-2400
Fax: (414) 270-7140
Web Site: www.laughlin.com

Employees: 155
Year Founded: 1976

National Agency Associations: 4A's-AMA-BMA-PRSA

Agency Specializes In: Advertising, Affluent Market, Alternative Advertising, Brand Development & Integration, Branded Entertainment, Broadcast, Business Publications, Business-To-Business, Cable T.V., Catalogs, Children's Market, Co-op Advertising, Collateral, Communications, Consumer Goods, Consumer Marketing, Content, Corporate Communications, Corporate Identity, Cosmetics, Crisis Communications, Customer Relationship Management, Digital/Interactive, Direct Response Marketing, Direct-to-Consumer, E-Commerce, Electronic Media, Email, Entertainment, Experience Design, Experiential Marketing, Fashion/Apparel, Financial, Food Service, Game Integration, Graphic Design, Guerilla Marketing, Health Care Services, Hispanic Market, Hospitality, Household Goods, In-Store Advertising, Information Technology, Integrated Marketing, Internet/Web Design, Leisure, Local Marketing, Logo & Package Design, Luxury Products, Magazines, Market Research, Media Buying Services, Media Planning, Media Relations, Medical Products, Men's Market, Merchandising, Mobile Marketing, Multicultural, Multimedia, New Product Development, Newspaper, Newspapers & Magazines, Out-of-Home Media, Outdoor, Over-50 Market, Package Design, Planning & Consultation, Point of Purchase, Point of Sale, Print, Production, Production (Ad, Film, Broadcast), Promotions, Public Relations, Publicity/Promotions, Publishing, Radio, Regional, Restaurant, Retail, Sales Promotion, Search Engine Optimization, Seniors' Market, Social Marketing/Nonprofit, Sponsorship, Strategic Planning/Research, T.V., Teen Market, Trade & Consumer Magazines, Transportation, Travel & Tourism, Viral/Buzz/Word of Mouth, Web (Banner Ads, Pop-ups, etc.), Yellow Pages Advertising

Approx. Annual Billings: $220,000,000

Mat Lignel *(Pres & CEO)*
Rome Seifert *(CFO)*
Lisa Bennett *(Chief Creative Officer)*
Kristine Lueneburg Naidl *(Mng Dir-PR & Exec VP)*
Susan Stearns *(Exec VP & Acct Svcs Dir)*
Vanessa Watts *(Exec VP & Media Dir)*
Heather Anglim *(Exec VP-HR)*
Paul Brienza *(Exec VP-Digital)*
Renee Haber *(Exec VP-Acct Svcs)*
Brenna Kriviskey Sadler *(Exec VP-PR)*
Mark Carlson *(Sr VP & Dir-Brand Strategies)*
Patrick Laughlin *(Creative Dir)*
Benjamin Bernhard *(Sr Strategist-Digital)*

Accounts:
Acuity
Associated Bank; Milwaukee, WI; 2002
Aurora Healthcare; Milwaukee, WI Saint Luke's Hospital; 2005
Beaufort Memorial Hospital; Beaufort, SC 197 Bed Hospital; 2005
Bon-Ton Stores Bergner's, Bon-Ton, Boston Store, Carson Pirie Scott, Elder-Beerman, Herberger, Younker's; 1992
Bridgestone/Firestone MasterCare Car Service Auto Service, Tire Retailing; 1997
Bright Start College Savings & Oppenheimer Funds
Connecture, Inc. IT Service for Processing Health Plans; 2004
CUNA
Delnor Hospital; Geneva, IL 128 Bed Hospital; 2001
Empire Today
Etire
Firestone
Food Network
FRAM Filtration (Agency of Record)
HPCtv; Milwaukee, WI Digital Cable, Real Estate Listings, TV Network Broadcasting; 2005
International Engine Group; Chicago, IL
Lung Cancer Alliance
Manpower Group
Master Lock Padlocks; 2004
McDonald's Corporation
Medela (Creative Agency of Record) Nursing Mothers' Products; 2007
MillerCoors
Mills E-commerce Enterprises, Llc (Creative Agency of Record) Advertising, Creative Concepting, OOH, Production, Radio Advertising, Television; 2018
New-Milwaukee Bucks, Inc.
Navistar International Truck Engine; 2005
Northwestern Medicine
Palermo Villa (Agency of Record) Analytics, Creative, Media Buying, Media Planning, Public Relations, Strategy, Urban Pie
Paris Presents Incorporated (Advertising & Digital Marketing Agency of Record) Social Media
PDC Brands
Promega; 2006
Salon Selectives; Chicago, IL
Sears Holdings

ADVERTISING AGENCIES — AGENCIES - JANUARY, 2019

Topper's Pizza; Whitewater, WI Pizza Stores; 2007
UIMCC
ULTA
USA Network
The Wisconsin Department of Tourism (Agency of Record) Campaign: "Airplane!", Marketing
Wisconsin Department of Transportation Digital Advertising, Media Planning, Public Relations, Social Media, Strategic

Branches

Laughlin/Constable, Inc.
200 S Michigan Ave, Chicago, IL 60604
Tel.: (312) 422-5900
Fax: (312) 422-5901
Web Site: www.laughlin.com

Employees: 120
Year Founded: 1997

National Agency Associations: 4A's

Agency Specializes In: Above-the-Line, Advertising, Advertising Specialties, Affiliate Marketing, Affluent Market, Alternative Advertising, Arts, Brand Development & Integration, Branded Entertainment, Broadcast, Business Publications, Business-To-Business, Cable T.V., Catalogs, Children's Market, Co-op Advertising, Collateral, College, Commercial Photography, Communications, Computers & Software, Consulting, Consumer Goods, Consumer Marketing, Consumer Publications, Content, Corporate Communications, Corporate Identity, Cosmetics, Crisis Communications, Custom Publishing, Customer Relationship Management, Digital/Interactive, Direct Response Marketing, Direct-to-Consumer, E-Commerce, Education, Electronic Media, Electronics, Email, Engineering, Entertainment, Environmental, Event Planning & Marketing, Exhibit/Trade Shows, Experience Design, Fashion/Apparel, Financial, Food Service, Game Integration, Government/Political, Graphic Design, Guerilla Marketing, Health Care Services, High Technology, Hispanic Market, Hospitality, Household Goods, Identity Marketing, In-Store Advertising, Industrial, Infomercials, Information Technology, Integrated Marketing, International, Internet/Web Design, Investor Relations, Legal Services, Leisure, Local Marketing, Logo & Package Design, Luxury Products, Magazines, Marine, Market Research, Media Buying Services, Media Planning, Media Relations, Media Training, Medical Products, Men's Market, Merchandising, Mobile Marketing, Multicultural, Multimedia, New Product Development, New Technologies, Newspaper, Newspapers & Magazines, Out-of-Home Media, Outdoor, Over-50 Market, Package Design, Paid Searches, Pharmaceutical, Planning & Consultation, Podcasting, Point of Purchase, Point of Sale, Print, Product Placement, Production, Production (Ad, Film, Broadcast), Production (Print), Promotions, Public Relations, Publicity/Promotions, Publishing, RSS (Really Simple Syndication), Radio, Real Estate, Recruitment, Regional, Restaurant, Retail, Sales Promotion, Search Engine Optimization, Seniors' Market, Social Marketing/Nonprofit, Sponsorship, Sports Market, Stakeholders, Strategic Planning/Research, Sweepstakes, Syndication, T.V., Technical Advertising, Teen Market, Telemarketing, Trade & Consumer Magazines, Transportation, Travel & Tourism, Urban Market, Viral/Buzz/Word of Mouth, Web (Banner Ads, Pop-ups, etc.), Women's Market, Yellow Pages Advertising

Mat Lignel *(Pres & CEO)*
Mark Carlson *(Chief Strategy Officer)*
Paul Brienza *(Exec VP-Digital)*
Renee Haber *(Exec VP-Acct Svcs)*
Vanessa Watts *(Exec VP-Media)*
Patti Bridge *(Sr VP-Acct Mgmt)*
Katy Gajewicz *(Sr VP-Strategic Plng)*
Emily Wong Harley *(VP-Media)*
Allie Geise *(Art Dir)*
Jon Laughlin *(Creative Dir)*
Kate Miller Raasch *(Acct Dir)*
Grant Simpson *(Creative Dir)*
Maggie Avram *(Dir-Digital Strategy)*
John Stachulski *(Dir-Programmatic Strategy)*
Jonathan Cleveland *(Sr Acct Mgr)*
Chelsey M. Wahlstrom *(Acct Supvr)*
Hillary Benson *(Supvr-Media Buying)*
Kevin Shanley *(Supvr-Media)*

Accounts:
Associated Bank
Bon-Ton Department Stores; York, PA; 1992
Boys & Girls Club of Chicago
Bridgestone/Firestone; Chicago, IL; 1997
D.G. Yuengling & Son Incorporated Audio, Home, OOH, On-Premise, Print, Retail, Social Media, Video, Yuengling (Creative Agency of Record); 2018
Harley Davidson Museum; Milwaukee, WI; 2007
Medela, Inc. Medela Breastfeeding U.S.
Paris Presents Incorporated (Advertising & Digital Marketing Agency of Record) Social Media
Stacy Adams Collection
Toppers
University of Illinois Hospital & Health Sciences System
Wisconsin Department of Tourism
New-World Finance

Laughlin/Constable New York
27 Whitehall St 7th Fl, New York, NY 10004
Tel.: (212) 422-4022
Fax: (212) 422-4078
E-Mail: info@laughlin.com
Web Site: www.laughlin.com

Employees: 8

National Agency Associations: 4A's

Agency Specializes In: Custom Publishing

Chris Brignola *(Exec VP & Exec Creative Dir)*
Tim Baumgartner *(VP-Analytics)*
Lauren Garstecki *(VP-Digital)*
Emily Wong Harley *(VP-Media)*
Laura Markewicz *(VP-Digital Strategy)*
Jim Rhines *(VP-Web Dev)*
Ben Wohlers *(VP-Digital)*
Nikki Hill *(Media Dir)*
Rosemarie Waraksa *(Acct Supvr)*
Steven Kaufman *(Sr Engr-Front-End)*

Accounts:
American Society for the Prevention of Cruelty to Animals (Digital Agency of Record); 2018
Firestone
Jewish Home Life Care
Kleenex
Lung Cancer Alliance (Agency of Record)
Master Look

LAUNCH
351 E Kennedy St, Spartanburg, SC 29302
Tel.: (864) 580-2350
Fax: (864) 583-5276
E-Mail: sims@launchsomething.com
Web Site: www.launchsomething.com

Employees: 6

Agency Specializes In: Advertising, Brand Development & Integration, Broadcast, Business Publications, Collateral, Communications, Consulting, Corporate Communications, Corporate Identity, Event Planning & Marketing, Graphic Design, Internet/Web Design, Logo & Package Design, Media Buying Services, Merchandising, Newspapers & Magazines, Out-of-Home Media, Outdoor, Planning & Consultation, Print, Publicity/Promotions, Radio, Strategic Planning/Research

Sims Bouwmeester *(Pres)*
Lesley Mottla *(Chief Product Officer, Chief Experience Officer & Sr VP)*
Mark Miller *(Dir-Art)*

LAUNCH AGENCY
4100 Midway Rd Ste 2110, Carrollton, TX 75007
Tel.: (972) 818-4100
Fax: (972) 818-4101
Toll Free: (866) 427-5013
E-Mail: info@launchagency.com
Web Site: www.launchagency.com

E-Mail for Key Personnel:
Creative Dir.: dwilguse@launchagency.com

Employees: 25
Year Founded: 2003

National Agency Associations: 4A's

Agency Specializes In: Advertising

Approx. Annual Billings: $14,000,000

Breakdown of Gross Billings by Media: Brdcst.: 20%; Collateral: 5%; D.M.: 5%; Fees: 25%; In-Store Adv.: 2%; Internet Adv.: 7%; Local Mktg.: 3%; Logo & Package Design: 3%; Mdsg./POP: 3%; Out-of-Home Media: 5%; Print: 5%; Strategic Planning/Research: 10%; Worldwide Web Sites: 7%

Michael Boone *(Principal & Acct Dir)*
Diane Seimetz Duncan *(Principal)*
David Wilgus *(Principal)*
April Steinbach *(Creative Dir & Writer)*
Carolyn Sexton *(Art Dir)*
Alexandra Watson *(Dir-Digital Media)*
Alex Slotkin *(Assoc Creative Dir & Copywriter)*
Jason Giles *(Client Svc Dir)*

Accounts:
Bed Bath and Beyond
Children's Advocacy Center of Collin County
Children's Medical Center Campaign: "Trust"
Cooper Consulting Partners
The Dallas Wind Symphony
ParkPlace Dealerships; Dallas, TX; 2003
Promised Land Dairy
ViewPoint Bank

LAUNCH DYNAMIC MEDIA, LLC
1103 Rocky Drive, Suite 202, Reading, PA 19609
Tel.: (610) 898-1330
Fax: (610) 898-8262
E-Mail: info@launchdm.com
Web Site: www.launchdm.com

Employees: 10
Year Founded: 1997

Agency Specializes In: Digital/Interactive, Print, Web (Banner Ads, Pop-ups, etc.)

Christopher McConney *(COO)*
Brian Leupold *(VP-S/s & Mktg)*
Meghan Miller *(Acct Dir)*

Accounts:
Fujitsu
GiggleWorks
Greth Homes
Hess
Reading Chamber
Reading Truck Body
Smithsonian Institution

AGENCIES - JANUARY, 2019 — ADVERTISING AGENCIES

LAUNCHFIRE INTERACTIVE INC.
200 Isabella St 5th Fl, Ottawa, ON K1S 1V7 Canada
Tel.: (613) 728-5865
Fax: (613) 728-1527
Toll Free: (800) 896-4115
E-Mail: info@launchfire.com
Web Site: www.launchfire.com

Employees: 20

Agency Specializes In: Advertising, Digital/Interactive, Internet/Web Design, Mobile Marketing, Strategic Planning/Research, Viral/Buzz/Word of Mouth, Web (Banner Ads, Pop-ups, etc.)

John Findlay *(Founder)*
Alexandre Lemaire *(CTO)*
A. J. Pratt *(VP-Sls & Mktg)*

Accounts:
AMD
ATI
Canadian Blood Services
Castrol
Dell
DIAGIO
Gillette
Intel
Jewel-Osco
JF Sports Canada
MBNA
Microsoft
Napster
NBC
Nestle
Nintendo
Palm
Procter & Gamble
RSA
Splenda
Tylenol
Yahoo! Music Canada

LAUNCHPAD
100 Galen St 2nd Fl, Watertown, MA 02472
Tel.: (617) 926-8700
Fax: (617) 924-8744
E-Mail: info@launchpad.tv
Web Site: www.launchpad.tv

Employees: 8
Year Founded: 2002

Agency Specializes In: Brand Development & Integration, Communications, Corporate Communications, Corporate Identity, E-Commerce, Internet/Web Design, Production, T.V.

Jacob Eidsmoe *(VP & Creative Dir)*
John Basile *(Mgr)*

Accounts:
Abbott Diagnostics
Armour
Goal Marketing
Log Cabin
Lycos

LAUNCHPAD ADVERTISING
119 W 24Th St Fl 2, New York, NY 10011
Tel.: (212) 303-7250
E-Mail: info@launchpadadvertising.com
Web Site: www.lpnyc.com

Employees: 21

Agency Specializes In: Advertising, Brand Development & Integration, Consumer Marketing, Direct Response Marketing, Strategic Planning/Research, Web (Banner Ads, Pop-ups, etc.)

Noah Ross *(Partner)*

Accounts:
CenturyLink Marketing
CONTEXTWEB; New York, NY (Agency of Record) Digital, Media
Habitat for Humanity New York (Strategic & Creative Agency of Record) Strategic & Creative Advertising
Jambu (Agency of Record) Creative Advertising, Digital, In-Store, Print, Strategic Advertising
The Pat Tillman Foundation Brand Strategy, Marketing, Print
The Power of Fruit (Agency of Record)
Wall Street Journal

LAUNCHSQUAD
340 Pine St Ste 100, San Francisco, CA 94104
Tel.: (415) 625-8555
Fax: (415) 625-8559
E-Mail: squad@launchsquad.com
Web Site: www.launchsquad.com

Employees: 50
Year Founded: 2000

National Agency Associations: COPF

Agency Specializes In: Brand Development & Integration, Communications, Consumer Marketing, Consumer Publications, Event Planning & Marketing, Exhibit/Trade Shows, Print, Production, Public Relations, Strategic Planning/Research

Mike Farber *(Founder & Partner-Boston)*
Jason Mandell *(Co-Founder & Principal)*
Jesse Odell *(Partner)*
Brett Weiner *(Partner)*
Daniel Paul *(Sr VP-Fin & Ops)*
Lisa Picasso *(Sr VP)*
Gavin Skillman *(Sr VP-New York)*
Matt Calderone *(VP)*
Molly Galler *(VP)*
Tessa Greenwood *(VP)*
Kei Hoshino Quigley *(VP)*
Mike Schroeder *(VP)*
Caroline Brayson *(Acct Dir)*
Carolyn Reynolds *(Acct Mgr)*
Stephanie Fryer *(Mgr-HR & Ops)*
Maria Pianelli *(Sr Acct Exec)*
Josh Tammaro *(Sr Acct Exec)*

Accounts:
Aereo Media Relations, Strategy
AnchorFree
Boxed (Public Relations Agency of Record) Content Creation, Media Relations, Strategy, Thought Leadership
BrightRoll
Clair Mail Mobile Technology
Clairmail
ClearStory Data
Evernote
Opower
Sage Technology Thought Leadership
TIBCO PR, Tibbr
Wine.com (Agency of Record) Media Relations

LAUNDRY SERVICE
40 W 25th St, New York, NY 10010
Tel.: (212) 812-5671
E-Mail: hi@247laundryservice.com
Web Site: 247laundryservice.com

Employees: 70
Year Founded: 2011

Agency Specializes In: Advertising, Social Media

Jordan Fox *(COO)*
Jeremy Leon *(VP-Strategy)*
Shayna Pilnick *(VP-Client Svcs & Ops)*
Tess McBride *(Grp Acct Dir)*
Mary French *(Acct Dir)*
Katherine Udeze *(Acct Dir)*
Rebekah Roberson *(Sr Mgr-Social Media)*
Matthew Ballew *(Acct Mgr)*
Seth McGinnis *(Mgr-Community)*
Taylor Doyle *(Acct Supvr)*
Victoria Roedel *(Sr Strategist-Creative)*
Samuel Hassler *(Strategist-Social Media)*
Scott Horlbeck *(Copywriter)*
Dan Rozier *(Assoc Creative Dir)*

Accounts:
Amazon
Anheuser-Busch Companies, LLC Michelob Ultra
Beats by Dre
BMW of North America, LLC Social Media Agency of Record; 2016
Celestial Seasonings, Inc. Community Management, Content Creation, Creative, Digital Media, Media Buying, Social Strategy; 2018
CytoSport Digital, Muscle Milk, Social
New-Ferrero U.S.A., Inc. Marketing Strategy, Tic Tac (Creative Agency of Record), Tic Tac Gum, Tic Tac Mints; 2018
Jordan Brand
The Lincoln Motor Company; 2017
Nike Jordan, Social Media
T-Mobile Production, Super Bowl 2018
Viber Social Media

LAURA DAVIDSON PUBLIC RELATIONS, INC.
72 Madison Ave, New York, NY 10016
Tel.: (212) 696-0660
Fax: (212) 696-9804
E-Mail: info@ldpr.com
Web Site: www.ldpr.com

Employees: 17
Year Founded: 1991

Agency Specializes In: Consulting, Crisis Communications, Internet/Web Design, Local Marketing, Publicity/Promotions

Revenue: $1,800,000

Laura Davidson *(Owner)*
Leslie Cohen *(Exec VP)*
Sara Geen Hill *(Sr VP)*
Meghna Patel *(Sr VP)*
Dana Curatolo *(Acct Dir)*
Courtney Curtsinger *(Sr Acct Exec)*

Accounts:
Abercrombie & Kent USA, LLC
The Allison Inn & Spa in; Willamette Valley, OR Public Relations
Aman Resorts
Bal Harbour, Florida
Bequia Beach Hotel (Public Relations Agency of Record) Media Relations; 2018
Briggs & Riley
Capella Marigot Bay Resort & Marina (Public Relations Agency of Record)
Curtain Bluff Resort
The Dominick (Public Relations Agency of Record); 2018
The Driskill Hotel (Agency of Record); 2018
Family Traveller US (Public Relations Agency of Record); 2017
Friedmutter Group
The Gleneagles Hotel (Public Relations Agency of Record)
Grand Hotel Excelsior Vittoria PR
Grande Lakes Orlando
The Inn at Windmill Lane (Public Relations Agency

ADVERTISING AGENCIES

of Record)
Kittitian Hill Public Relations
Las Alcobas
Marigot Bay Resort & Marina
Marriott International, Inc. Convention & Resort Network
Mayflower Renaissance Hotel; Washington, DC
The Moorings (Public Relations Agency of Record)
Morgans Hotel Group Co. (Public Relations Agency of Record)
Mount Airy Casino Resort (Public Relations Agency of Record); 2018
Naples Grande Beach Resort
New York Marriott, Brooklyn Bridge (Public Relations Agency of Record)
Newport Marriott (Public Relations Agency of Record)
Ocean Edge Resort & Golf Club; Brewster, MA
Ocean House; Watch Hill, RI OH! Spa, Public Relations, The Weekapaug Inn
Park Hyatt St. Kitts
The Press Hotel (Public Relations Agency of Record)
The Redbury New York (Agency of Record); 2018
The Resort at Paws Up
Rocco Forte Hotels PR
New-Royal Isabela (Public Relations Agency of Record)
Sanctuary Retreats
Serena & Lily
Sydney & Destination New South Wales
Taj Hotels Resorts Palaces Safaris (Public Relations Agency of Record); 2017
The Thinking Traveller Think Puglia, Think Sicily
Tidal New York (Public Relations Agency of Record); 2018
TownePlace Suites (Public Relations Agency of Record)
Travel Portland
Travel Portland (Public Relations Agency of Record)
The Tryall Club
US Luggage LLC Briggs & Riley Travelware (Public Relations Agency of Record)
Visit Scotland
Watch Hill
The Waterfall Group Public Relations
Wyndham Grand Clearwater Beach (Public Relations Agency of Record); 2017
Wyndham Grand Rio Mar Puerto Rico Golf & Beach Resort (Public Relations Agency of Record); 2017

LAVERDAD MARKETING & MEDIA
1517 Woodstrail Ln, Loveland, OH 45140
Tel.: (513) 891-1430
Fax: (815) 301-9664
E-Mail: mike.robinson@laverdadmarketing.com
Web Site: www.laverdadmarketing.com

Employees: 30

National Agency Associations: AMA-MRA-PRSA

Agency Specializes In: African-American Market, Asian Market, Automotive, Bilingual Market, Brand Development & Integration, Consumer Goods, Event Planning & Marketing, Guerilla Marketing, Hispanic Market, Household Goods, International, Market Research, Merchandising, Multicultural, Public Relations, Publicity/Promotions, Social Marketing/Nonprofit, Travel & Tourism

Approx. Annual Billings: $5,000,000

Breakdown of Gross Billings by Media: Adv. Specialities: 20%; Collateral: 30%; Event Mktg.: 20%; Radio: 30%

Mary Robinson *(Mgr-Corp Svcs)*

Accounts:
bigg's; Cincinnati, OH Hispanic Category
Ohio Hispanic Chambers of Commerce Branding, Cultural Training, Marketing, PR, Stakeholder Management

LAVIDGE & ASSOCIATES INC.
3819 Oakhurst Dr, Knoxville, TN 37919
Tel.: (865) 584-6121
Fax: (865) 584-6756
E-Mail: info@lavidgeinc.com
Web Site: www.lavidgeinc.com

E-Mail for Key Personnel:
Public Relations: towneso@lavidgeinc.com

Employees: 10
Year Founded: 1950

National Agency Associations: APA-MCA

Agency Specializes In: Brand Development & Integration, Broadcast, Cable T.V., Commercial Photography, Event Planning & Marketing, Financial, Internet/Web Design, Logo & Package Design, Magazines, Media Buying Services, Multimedia, New Product Development, Newspaper, Newspapers & Magazines, Out-of-Home Media, Outdoor, Point of Sale, Print, Production, Public Relations, Real Estate, Sales Promotion, Sports Market, Sweepstakes, Travel & Tourism

Approx. Annual Billings: $10,750,000

Townes Lavidge Osborn *(Pres)*

Accounts:
Capital
High Hampton Inn & Country Club; Cashiers, NC
Jackson County Travel & Tourism Authority; Sylva, NC
The L.A.M.P. Foundation; Knoxville, TN
Schaad

THE LAVIDGE COMPANY
2777 E Camelback Rd Ste 300, Phoenix, AZ 85016
Tel.: (480) 998-2600
Fax: (480) 998-5525
E-Mail: info@lavidge.com
Web Site: www.lavidge.com

E-Mail for Key Personnel:
Creative Dir.: bcase@lavidge.com

Employees: 75
Year Founded: 1982

National Agency Associations: AAF-PRSA

Agency Specializes In: Advertising, Broadcast, Collateral, Corporate Identity, Event Planning & Marketing, Graphic Design, Integrated Marketing, Internet/Web Design, Logo & Package Design, Media Buying Services, Point of Sale, Print, Production (Ad, Film, Broadcast), Public Relations, Sports Market, Strategic Planning/Research

Approx. Annual Billings: $70,000,000

William R. Lavidge *(CEO)*
Alicia Wadas *(COO & Exec VP)*
Bob Case *(Chief Creative Officer)*
Stephen Heitz *(Chief Innovation Officer)*
Betsey Griffin *(Mng Dir-Media)*
Anne Robertson *(Mng Dir-PR)*
Tim Trull *(Mng Dir-Strategy)*
Kyra Caruso *(Assoc Dir-Strategy)*
Jennifer Whittle *(Assoc Dir-PR)*
Kathy Knudson *(Office Mgr)*
Sabrina Norris *(Acct Supvr)*
Melanee Arnett *(Supvr-Interactive Media)*
Cammy Osenberg Corken *(Supvr-Media)*
Tammy Griffin *(Strategist-Digital)*
Caroline Montgomery *(Acct Exec)*
Juliana Gonzales Scott *(Sr Art Dir-Interactive)*

Accounts:
Arizona State University Marketing, Media
Banner Health; Phoenix, AZ; 2007
Celebrity Fight Night
College of St. Scholastica
Discount Tire; 2005
Enterprise Bank & Trust
Greenberg Traurig
I/O Data Centers
McDonald's Phoenix Co-op; 2002
Najafi Companies
Phoenix Area McDonald's
Phoenix International Raceway; Phoenix, AZ; 2006
RSC Rental Equipment
UPN 45 KUTP; 2001
VirTra
WGM

LAWLER BALLARD VAN DURAND
PO Box 59746, Birmingham, AL 35259
Tel.: (205) 821-7177
E-Mail: info@lbvd.com
Web Site: www.lbvd.com

E-Mail for Key Personnel:
President: tvandurand@lbvd.com

Employees: 25
Year Founded: 1991

Agency Specializes In: Advertising, Brand Development & Integration, Consumer Goods, Consumer Marketing, Corporate Identity, Financial, Food Service, Graphic Design, Logo & Package Design, Media Buying Services, Media Planning, Multimedia, Newspaper, Newspapers & Magazines, Out-of-Home Media, Outdoor, Package Design, Production (Print), Public Relations, Publicity/Promotions, Radio, Regional, Social Media, Strategic Planning/Research, T.V., Women's Market

Approx. Annual Billings: $26,000,000

Tinsley Van Durand *(Pres)*
Lrichard Albright *(Assoc Creative Dir)*

Accounts:
Alabama Power
National Peanut Board

Branch

Lawler Ballard Van Durand
675 Ponce De Leon Ave Ne, Atlanta, GA 30308
Tel.: (404) 817-0701
E-Mail: info@lbvd.com
Web Site: www.lbvd.com

Employees: 5

Agency Specializes In: Advertising

Bob Coyle *(Mng Dir)*
Steve Saari *(Creative Dir)*
Hilary Stiefelmeyer *(Sr Mktg Mgr)*

Accounts:
Peanut Butter & Co Campaign: "Taste Amazing"

LAWRENCE & SCHILLER, INC.
3932 S Willow Ave, Sioux Falls, SD 57105-6234
Tel.: (605) 338-8000
Fax: (605) 338-8892
Toll Free: (888) 836-6224
E-Mail: contact@l-s.com
Web Site: www.l-s.com

E-Mail for Key Personnel:

AGENCIES - JANUARY, 2019 — ADVERTISING AGENCIES

President: scott.lawrence@l-s.com
Creative Dir.: john.pohlman@l-s.com

Employees: 55
Year Founded: 1976

National Agency Associations: Second Wind Limited

Agency Specializes In: Agriculture, Automotive, Brand Development & Integration, Broadcast, Business Publications, Business-To-Business, Cable T.V., Children's Market, Co-op Advertising, Collateral, Commercial Photography, Communications, Consulting, Consumer Marketing, Consumer Publications, Corporate Identity, Digital/Interactive, Direct Response Marketing, E-Commerce, Education, Electronic Media, Engineering, Entertainment, Environmental, Event Planning & Marketing, Exhibit/Trade Shows, Financial, Food Service, Government/Political, Graphic Design, Health Care Services, High Technology, Industrial, Infomercials, Information Technology, Internet/Web Design, Investor Relations, Legal Services, Leisure, Logo & Package Design, Magazines, Media Buying Services, Medical Products, Merchandising, Multimedia, New Product Development, Newspaper, Newspapers & Magazines, Out-of-Home Media, Outdoor, Over-50 Market, Pharmaceutical, Planning & Consultation, Point of Purchase, Point of Sale, Print, Production, Public Relations, Publicity/Promotions, Radio, Recruitment, Restaurant, Retail, Sales Promotion, Seniors' Market, Sports Market, Strategic Planning/Research, T.V., Technical Advertising, Teen Market, Telemarketing, Trade & Consumer Magazines, Transportation, Travel & Tourism, Yellow Pages Advertising

Approx. Annual Billings: $13,500,000

Breakdown of Gross Billings by Media: Adv. Specialities: $135,000; Collateral: $1,080,000; Consulting: $270,000; D.M.: $270,000; E-Commerce: $3,510,000; Graphic Design: $135,000; Internet Adv.: $270,000; Mags.: $540,000; Newsp.: $2,160,000; Out-of-Home Media: $405,000; Outdoor: $135,000; Plng. & Consultation: $405,000; Point of Purchase: $1,485,000; Print: $810,000; Radio: $135,000; T.V.: $945,000; Video Brochures: $135,000; Worldwide Web Sites: $675,000

Scott Lawrence *(Pres & CEO)*
John Pohlman *(Exec VP)*
Dan Edmonds *(Sr VP & Dir-Design)*
Mark Glissendorf *(Sr VP-Ops & Multimedia)*
Tracy Saathoff *(VP-Insights, Strategy & Media)*
Amy DesLauriers *(Media Dir)*
Carrie Biondi *(Dir-Bus Dev)*
Laura Mitchell *(Dir-Digital Mktg)*
Jamie Hegge *(Acct Supvr)*
Amy Dancey *(Sr Strategist-Digital)*
Chelsea Redinger *(Sr Strategist-Media)*
Amanda Hanson-McCord *(Specialist-Media)*
Carly Hegstad *(Strategist-Digital Mktg)*
Cortney Slaight *(Acct Exec)*
Sarah Pitts *(Sr Art Dir)*
Scott Wiechmann *(Assoc Creative Dir)*

Accounts:
Augie Mascot
DAKOTACARE
Ed the Energy Guy
Forward Sioux Falls
Great Western Bank
KELO
Koch Hazard Architects
Midcontinent Business Solutions
Midcontinent Communications
Rosenbauer America
Sanford Health
Sanford Kid Zone
Sanford The Gift
South Dakota Department of Tourism Broadcast, Creative, Media, PR, Print
South Dakota State University
South Dakota Symphony
Taco John's International, Inc. (Advertising Agency of Record)
Visit Rapid City
Visit Spearfish

LAZBRO, INC.
5 Concourse Pkwy Ste 3000, Atlanta, GA 30328
Tel.: (310) 279-5080
Fax: (866) 273-2652
E-Mail: info@lazbro.com
Web Site: www.lazbro.com

Employees: 8

Agency Specializes In: Advertising, Advertising Specialties, Affiliate Marketing, Affluent Market, African-American Market, Alternative Advertising, Arts, Brand Development & Integration, Branded Entertainment, Broadcast, Children's Market, Co-op Advertising, Collateral, College, Consumer Marketing, Cosmetics, Digital/Interactive, Direct Response Marketing, Direct-to-Consumer, E-Commerce, Electronic Media, Email, Entertainment, Event Planning & Marketing, Experience Design, Food Service, Game Integration, Graphic Design, Guerilla Marketing, Health Care Services, High Technology, Hispanic Market, Hospitality, Identity Marketing, Infomercials, Information Technology, Integrated Marketing, Internet/Web Design, LGBTQ Market, Leisure, Local Marketing, Logo & Package Design, Luxury Products, Market Research, Media Buying Services, Men's Market, Mobile Marketing, Multicultural, Multimedia, New Technologies, Package Design, Pets , Pharmaceutical, Planning & Consultation, Podcasting, Production, Production (Ad, Film, Broadcast), Promotions, Public Relations, Publicity/Promotions, Search Engine Optimization, Social Marketing/Nonprofit, Social Media, Strategic Planning/Research, Sweepstakes, Teen Market, Transportation, Travel & Tourism, Tween Market, Urban Market, Viral/Buzz/Word of Mouth, Web (Banner Ads, Pop-ups, etc.), Women's Market

Breakdown of Gross Billings by Media:
Audio/Visual: 10%; Collateral: 5%; Digital/Interactive: 70%; Graphic Design: 15%

Jennifer Samples Lazarus *(Pres)*
Evan Lazarus *(CEO)*
Jake Hamilton *(Dir-Media & Content Mktg)*
Brittany Everett *(Sr Strategist-Digital)*

Accounts:
American Film Institute
Child Care Resource Center
North East Valley Health Corporation
Physicians Formula Cosmetics
Sunless, Inc. Mystic Tan, VersaSpa
Whish Body Products

LDWWGROUP
1444 Oak Lawn Ave Ste 119, Dallas, TX 75207
Tel.: (214) 960-4132
E-Mail: info@ldwwgroup.com
Web Site: www.ldwwgroup.com

Employees: 25

Agency Specializes In: Advertising, Brand Development & Integration, Content, Crisis Communications, Digital/Interactive, Media Relations

Ken Maxwell *(Partner & Creative Dir)*
Kristy Morgan *(Partner-Adv & Design)*
Jody Venturoni *(Partner)*

Accounts:
Omni Hotels & Resorts

LEAD ME MEDIA
1166 W Newport Ctr Dr, Deerfield Beach, FL 33442
Tel.: (954) 906-9200
Fax: (561) 423-7890
Toll Free: (888) 445-3282
E-Mail: info@leadmemedia.com
Web Site: www.leadmemedia.com

Employees: 26
Year Founded: 2007

Agency Specializes In: Advertising, Advertising Specialties, Affiliate Marketing, Affluent Market, African-American Market, Arts, Aviation & Aerospace, Bilingual Market, Branded Entertainment, Business-To-Business, Children's Market, Co-op Advertising, College, Communications, Computers & Software, Consulting, Consumer Goods, Consumer Marketing, Content, Corporate Communications, Cosmetics, Crisis Communications, Customer Relationship Management, Digital/Interactive, Direct Response Marketing, Direct-to-Consumer, E-Commerce, Education, Electronic Media, Electronics, Email, Engineering, Entertainment, Environmental, Event Planning & Marketing, Exhibit/Trade Shows, Faith Based, Fashion/Apparel, Financial, Food Service, Government/Political, Graphic Design, Guerilla Marketing, Health Care Services, High Technology, Hispanic Market, Hospitality, Household Goods, Industrial, Information Technology, Integrated Marketing, Internet/Web Design, Investor Relations, Leisure, Local Marketing, Market Research, Media Buying Services, Media Planning, Media Relations, Men's Market, Mobile Marketing, Multicultural, Multimedia, New Product Development, Newspaper, Out-of-Home Media, Outdoor, Over-50 Market, Pets , Pharmaceutical, Planning & Consultation, Point of Sale, Print, Production, Production (Print), Promotions, Publicity/Promotions, Publishing, Radio, Real Estate, Recruitment, Regional, Restaurant, Retail, Sales Promotion, Search Engine Optimization, Seniors' Market, Social Marketing/Nonprofit, Social Media, Sports Market, Strategic Planning/Research, Sweepstakes, T.V., Technical Advertising, Teen Market, Telemarketing, Transportation, Travel & Tourism, Tween Market, Urban Market, Viral/Buzz/Word of Mouth, Web (Banner Ads, Pop-ups, etc.), Women's Market

Breakdown of Gross Billings by Media: Internet Adv.: 100%

Rob Clouse *(Founder)*
Robert Brown *(Pres)*
Christian Santamaria *(COO)*
Debra Robbins *(Media Dir)*
Steve Halas *(Sr Acct Exec-Data Aggregation & Digital Mktg Consultation)*

LEAD TO CONVERSION
(Formerly Intrapromote LLC)
115 Executive Pkwy Ste 100, Hudson, OH 44236
Tel.: (855) 473-6582
E-Mail: info@leadtoconversion.com
Web Site: www.leadtoconversion.com

Employees: 50

Agency Specializes In: Advertising, Multimedia, Search Engine Optimization

Sean Bolton *(Co-Founder & CEO)*
Mark Alperin *(VP-Digital Mktg)*

ADVERTISING AGENCIES

Kevin Dockman *(VP-Creative)*
Matthew Travers *(VP-Digital Mktg)*
Anne Christensen *(Dir-Social Media Mktg)*
Jason Zimmerman *(Mgr-Digital Mktg)*

Accounts:
American Honda Motor Co.
ASCO
Blue Cross Blue Shield
The Cleveland Clinic
GENCO
Microsoft
Road & Travel Magazine
Schumacher Homes Article Optimization, Link Development, Online Press, Organic Search Campaign, Paid Search Campaign, Real Estate Services, Search, Social Media
Virtua Health

LEADDOG MARKETING GROUP
159 W 25th St 2nd Fl, New York, NY 10001
Tel.: (212) 488-6500
Web Site: www.leaddogmarketing.com

Employees: 155
Year Founded: 1999

Agency Specializes In: Brand Development & Integration, Consumer Marketing, Entertainment, Integrated Marketing, Promotions, Social Marketing/Nonprofit, Sponsorship, Sports Market

Revenue: $14,700,000

Dan Mannix *(Pres & CEO)*
Dan Jahn *(Partner & Sr VP-Brand Promos & Digital Solutions)*
J. G. Robilotti *(Partner & Sr VP)*
Shauna Griffiths *(Sr VP-Strategic Mktg, Partnerships & Comm)*
Paula Nikolaidis *(Sr VP-Acct Mgmt)*
Karen Ashnault *(VP)*
Gina Durante *(VP-Fin, HR & Admin)*
Ken Blake *(Sr Acct Dir)*
Jason Polan *(Sr Acct Dir)*
Paola Ortega *(Dir)*
Mary Saini *(Dir-Brand Promos)*
Stacy Gollinger *(Sr Mgr-Strategic Mktg & Partnerships)*
Danit Aronson *(Chief Partnership Officer)*

Accounts:
ABC
Amtrak
Audi of America (Sports Marketing & Experiential Agency of Record)
Boston Apparel Group Apparels & Accessories Mfr
Chipotle
Department of Transportation Branding
HBO Television Channel
Intel
Jabra (North American Marketing Agency of Record) Digital Strategy
KRAVE Jerky Campaign: "KRAVE Better"
Nascar Auto Racing
Odwalla
The Orphan Magazine Magazine Publishers
Recreational Equipment, Inc.
TNT Television Channel
Vitamin Water Vitamin Water Mfr
WWE

LEADING EDGE COMMUNICATIONS LLC
206 Bridge St, Franklin, TN 37064
Tel.: (615) 790-3718
Fax: (615) 794-4524
E-Mail: info@leadingedgecommunications.com
Web Site: http://leadingedgecommunications.com/

Employees: 10

Agency Specializes In: Advertising, Corporate Identity, Digital/Interactive, Internet/Web Design, Package Design

Eddie Coutras *(Owner & Pres)*

Accounts:
Mississippi Turfgrass Association

LEADING EDGES
2100 8th St, Meridian, MS 39301
Tel.: (601) 483-9810
Fax: (601) 485-6976
Web Site: www.leadingedges.net

Employees: 20

Agency Specializes In: Advertising, Digital/Interactive, Graphic Design, Internet/Web Design, Logo & Package Design, Media Relations, Print, Promotions, Public Relations, Social Media

Tony Pompelia *(Partner)*
Lynn Combest *(VP-Sls)*
Mark Brentnall *(Dir-Creative)*
Mary Katherine DeBardeleben *(Acct Exec)*
Leslie Hiatt *(Acct Exec)*
Kristen McCaskill *(Acct Rep)*

Accounts:
Citizens National Bank
Lauderdale County Tourism
LPK Architects
MSU Riley Center (Agency of Record)
Rush Health Systems
Structural Steel Services

LEAP COMMUNICATIONS
(See Under Leap Creative Inc.)

LEAP CREATIVE INC.
(Formerly Leap Communications)
1301 Shiloh Rd Ste 1140, Kennesaw, GA 30144
Tel.: (678) 354-4240
Fax: (678) 354-4241
E-Mail: hello@leap.net
Web Site: www.leap.net

Employees: 30
Year Founded: 2003

Agency Specializes In: Advertising, Brand Development & Integration, Digital/Interactive, Print

Robyn Bilbrey *(Project Mgr & Media Buyer)*

Accounts:
The Mohawk Group

LEAP STRATEGIC MARKETING, LLC
N16 W23250 Stone Rdg Dr Ste 4, Waukesha, WI 53188
Tel.: (262) 436-4080
Web Site: www.leapstrategicmarketing.com

Employees: 10
Year Founded: 2007

Agency Specializes In: Advertising, Digital/Interactive, Graphic Design, Public Relations, Strategic Planning/Research

John Verre *(Pres)*
Laura Bonesteel *(Acct Dir)*

Accounts:
Bank of New Glarus
BioLyte Laboratories

LEAPFROG ONLINE
807 Greenwood St, Evanston, IL 60201
Tel.: (847) 492-1968
Fax: (847) 492-1990
E-Mail: info@leapfrogonline.com
Web Site: www.leapfrogonline.com

Employees: 158
Year Founded: 1995

Agency Specializes In: Advertising, Automotive, Communications, Consumer Goods, Consumer Marketing, Digital/Interactive, Direct Response Marketing, Direct-to-Consumer, Financial, High Technology, Sponsorship

Scott Epskamp *(Co-Founder & Pres)*
Dave Husain *(Co-Founder & CEO)*
Cass Baker *(Exec VP-Indus Practices & Product Dev)*
Anthony DeNunzio *(Sr VP & Gen Mgr)*
Matt Kelley *(Sr VP-Consumer Journey Mktg)*
Tim Ossmo *(Grp VP-Media)*
Kara Packwood *(VP-Offline Digital Customer Engagement)*
Stephanie Cunningham-Long *(Media Dir)*
Carrie Sheeran *(Media Dir)*
Caitlin Siegel *(Sr Mgr-Media)*

Accounts:
Adelphia
AT&T Broadband
Comcast
Discover Card
Hallmark
Leapfrog
Morningstar
Motorola Solutions, Inc.

LEAPFROG SOLUTIONS, INC.
1700 Diagonal Rd Ste 450, Alexandria, VA 22314
Tel.: (703) 273-7900
Fax: (703) 273-7902
E-Mail: lfs_info@leapfrogit.com
Web Site: https://www.leapfrogit.com/

Employees: 23

Agency Specializes In: Brand Development & Integration, Event Planning & Marketing, Internet/Web Design, Print, Public Relations, Sponsorship

Revenue: $2,000,000

Lisa Martin *(Pres & CEO)*
Robert Derby *(VP-Strategic Comm)*
Sara Rassi *(Acct Dir)*
Kathrine Kirstein *(Sr Acct Mgr)*
Katherine Cooper *(Acct Coord)*

Accounts:
American Red Cross
Athena Technologies, Inc.
Cochran & Owen
Deloitte
Eagle Ray, Inc.
Employment Enterprises; 2008
Fairfax Choral Society

LEAVITT COMMUNICATIONS INC
5221 Olive Hill Rd, Fallbrook, CA 92028
Tel.: (760) 639-2900
E-Mail: info@leavcom.com
Web Site: www.leavcom.com

Employees: 5
Year Founded: 1991

Agency Specializes In: Advertising, Public Relations, Social Media

Neal Leavitt *(Pres)*

Richard Stehr *(VP)*

Accounts:
Cambrios Technologies Corporation

LEE BRANDING
945 Broadway St NE Ste 280, Minneapolis, MN 55413
Tel.: (612) 843-8477
Fax: (612) 843-8479
Web Site: www.leebranding.com

Employees: 18
Year Founded: 2011

Agency Specializes In: Advertising, Brand Development & Integration, Collateral, Digital/Interactive, Media Buying Services, Media Planning, Print, Public Relations, Social Media

Revenue: $5,000,000

Terri Lee *(Pres, CEO & Principal)*

Accounts:
612 Brew
Amplifon
Baxter Healthcare
Cardiovascular Systems, Inc. (CSI)
ENKI Brewing
Medtronic
Minnesota Lynx
Orthopaedic and Fracture Clinic

LEE TILFORD AGENCY
5725 W Hwy 290 Ste 201, Austin, TX 78735
Tel.: (512) 899-1100
E-Mail: info@leetilford.com
Web Site: www.leetilford.com

Employees: 26

Agency Specializes In: Advertising, Customer Relationship Management, Digital/Interactive, Direct Response Marketing, Promotions, Radio, Retail, Search Engine Optimization, Social Media, Strategic Planning/Research

Tony Tilford *(Pres)*
John Dillon *(Accountant & Controller)*
Gregory Poszywak *(Art Dir)*
Jamie Dillon *(Sr Acct Exec)*
Brandon Tilford *(Acct Exec)*
Canaan Henderson *(Copywriter)*
Adam Keeton *(Sr Media Planner & Buyer)*

Accounts:
Spec's Family Partners Ltd.

LEFT FIELD CREATIVE
2020 Washington Ave, Saint Louis, MO 63103
Tel.: (314) 773-1300
Fax: (314) 773-1311
E-Mail: info@leftfieldcreative.com
Web Site: www.leftfieldcreative.com

Employees: 34

Agency Specializes In: Advertising

Bill Shelton *(Founder, Pres, CEO & Partner)*
Heejin Park *(Art Dir)*
Natanya Marks *(Acct Mgr-Bus Dev)*

LEGACY MARKETING PARTNERS
640 N LaSalle Dr 5th Fl, Chicago, IL 60654
Tel.: (312) 799-5400
Web Site: http://legacymarketing.com

Employees: 346

Agency Specializes In: Advertising, Brand Development & Integration, Content, Digital/Interactive, Event Planning & Marketing, Social Media, Sponsorship

Chris Kapsalis *(Pres)*
Mark Driggs *(Exec VP-Bus Ops)*
Kristin Gusanders *(Exec VP-Client Svc)*
Amanda Turnbull *(Sr VP-Client Svcs)*
Kim Georgeff *(VP)*
Shari Moehlenkamp *(VP-Fin)*
Christine Sabol *(VP)*
Kathryn Schey *(Grp Acct Dir)*
Alex Ricchi *(Acct Dir)*
Charelle Hammond *(Dir-HR)*
Tony Nestorovski *(Dir-Acctg)*
Bruce Turner *(Dir-IT)*

Accounts:
Pernod Ricard USA, Inc.

LEGACY WORLDWIDE
2775 Premiere Pkwy Ste 100, Duluth, GA 30097
Tel.: (770) 904-0007
Fax: (770) 904-0003
Web Site:
http://legacyworldwidewebdev.com/lwwrev/

Employees: 30

Agency Specializes In: Brand Development & Integration, Digital/Interactive, Email, Faith Based, Media Buying Services, Production (Ad, Film, Broadcast), Search Engine Optimization

Damon Davis *(Chm & CEO)*
Charlie Campbell *(Sr VP)*
Randall Mains *(VP & Dir-Digital Mktg)*
Ben Tule *(Media Dir)*
Kali Webber *(Bus Dir & Corp Strategist)*
Nathalie Davis *(Dir-New Media Svcs)*

Accounts:
Gregory Dickow Ministries Email Marketing, Event, Media Buying
Thomas Nelson Books Branding, Media Buying, TV

LEGEND INC.
PO Box 50, Marblehead, MA 01945-0050
Tel.: (781) 990-8707
Fax: (781) 639-2511
Toll Free: (800) 976-0008
Web Site: www.legendinc.com
E-Mail for Key Personnel:
President: bp@legendinc.com

Employees: 8
Year Founded: 1979

Agency Specializes In: Advertising, Broadcast, Business-To-Business, Cable T.V., Commercial Photography, Communications, Consulting, Digital/Interactive, Direct Response Marketing, E-Commerce, Education, Electronic Media, Entertainment, Event Planning & Marketing, Graphic Design, Health Care Services, High Technology, Information Technology, Internet/Web Design, LGBTQ Market, Leisure, Logo & Package Design, Magazines, Marine, Media Buying Services, Medical Products, New Product Development, Newspaper, Newspapers & Magazines, Out-of-Home Media, Outdoor, Planning & Consultation, Point of Purchase, Point of Sale, Print, Production, Public Relations, Publicity/Promotions, Radio, Real Estate, Recruitment, Restaurant, Retail, Sales Promotion, Seniors' Market, Sports Market, Strategic Planning/Research, T.V., Technical Advertising, Trade & Consumer Magazines, Transportation, Travel & Tourism

Approx. Annual Billings: $2,500,000 Capitalized

Breakdown of Gross Billings by Media: Brdcst.: 10%; Bus. Publs.: 18%; Cable T.V.: 3%; Collateral: 5%; D.M.: 3%; Internet Adv.: 7%; Newsp. & Mags.: 20%; Production: 25%; Pub. Rels.: 5%; Radio: 4%

Bill Purdin *(Pres-Adv Agency & Creative Dir)*
Joy Purdin *(VP)*
Claudia Weisman Rodenstein *(VP)*

Accounts:
Design & Co.
The Duratherm Corporation
Genevieve deManio Photography
Insurers' Recovery Group; Natick, MA Insurance Recovery & Risk Management; 1997
Mazow McCullough
Proofreadnow.com
Union Specialties; Newburyport, MA Specialty Products for Leather Industry

LEGION ADVERTISING
1400 Corporate Dr Ste 100, Irving, TX 75038
Tel.: (817) 784-8544
Fax: (817) 385-0378
E-Mail: eric@legionadvertising.com
Web Site: www.legionadvertising.com

Employees: 22
Year Founded: 2000

Agency Specializes In: Bilingual Market, Digital/Interactive, Hispanic Market, Media Buying Services, Planning & Consultation, Sponsorship, Strategic Planning/Research

Revenue: $15,000,000

Fernando Sanchez Servitje *(Partner & Dir)*
Guille Saucedo *(Creative Dir & Art Dir)*
Antonio Meraz Arceo *(Acct Dir)*

Accounts:
Bimbo Bakeries USA

LEGRAND & ASSOCIATES
3925 Benton Rd, Bossier City, LA 71111
Tel.: (318) 226-4555
Fax: (318) 226-4558
Web Site: www.legrandandassociates.com

Employees: 5

Agency Specializes In: Advertising, Graphic Design, Internet/Web Design, Radio

Al LeGrand *(Owner)*
Germaine Benoit *(Mgr-Office & Bus)*
Mary Craigo *(Sr Acct Exec)*

Accounts:
Mclarty Ford

LEHIGH MINING & NAVIGATION
1 W Broad St, Bethlehem, PA 18018
Tel.: (484) 821-0920
Fax: (484) 821-0921
Web Site: lehighminingandnavigation.com

Employees: 17
Year Founded: 2004

Agency Specializes In: Advertising, Local Marketing, Media Relations, Public Relations

Approx. Annual Billings: $8,600,000

Scott Byers *(Mng Partner-Creative)*
Larry Feldman *(CFO)*

ADVERTISING AGENCIES

Denis Aumiller (Mng Dir-Creative)
Deborah Drake (Media Dir)
Tom Doerfler (Sr Art Dir)

Accounts:
Air Products Specialty Chemicals; 2013
AltusGroup CarbonCast Precast Concrete Technology; 2004
B. Braun OEM Division Medical Devices; 2005
C.F. Martin & Co Martin Guitar, Martin Strings
Discover Lehigh Valley Regional Tourism; 2009
ESSA Bank & Trust Financial Services; 2014
Lehigh Valley Health Network Advertising, Brand Messaging, Creative, Digital, Print, Public Relations, Radio, Television; 2017
Olympus Consumer Imaging Products; 2005
Paxos Restaurants Blue, Melt, Torre; 2004
PPL EnergyPlus/Talen Energy Retail & Commercial Energy Supply; 2009

THE LEIGH AGENCY
2192 Harithy Dr, Dunn Loring, VA 22027
Tel.: (703) 850-5190
E-Mail: info@leighenergy.com
Web Site: www.leighenergy.com

Employees: 20
Year Founded: 2009

Agency Specializes In: Advertising, Brand Development & Integration, Direct Response Marketing, Identity Marketing, Internet/Web Design, Media Planning, Public Relations, Search Engine Optimization, Strategic Planning/Research

Jodi Leigh (Pres)
Frank Bilotto (Sr Art Dir)

Accounts:
2 Young Foundation Health Care Services

LEINICKE GROUP
213 Old Meramec Station Rd, Saint Louis, MO 63021
Tel.: (636) 227-4424
Fax: (636) 227-8049
Web Site: www.leinickegroup.com

Employees: 7
Year Founded: 1979

Agency Specializes In: Advertising, Brand Development & Integration, Digital/Interactive, Internet/Web Design, Print, Social Media

Connie Leinicke (Exec VP)
Bob Gauen (Creative Dir)

Accounts:
12 Days of Giving
Gordon USA

LENNON & ASSOCIATES
7590 N Glenoaks Blvd Ste 105, Burbank, CA 91504
Tel.: (323) 465-5104
Fax: (323) 463-6463
E-Mail: maria@lennon.com
Web Site: www.lennon.com

Employees: 5
Year Founded: 1978

Agency Specializes In: Advertising, Advertising Specialties, Broadcast, Cable T.V., Catalogs, Co-op Advertising, Collateral, Commercial Photography, Communications, Consulting, Consumer Marketing, Corporate Communications, Corporate Identity, Environmental, Event Planning & Marketing, Exhibit/Trade Shows, Graphic Design, Hospitality, Household Goods, In-Store Advertising, Infomercials, Information Technology, Integrated Marketing, Internet/Web Design, Logo & Package Design, Magazines, Media Planning, Multimedia, Newspapers & Magazines, Out-of-Home Media, Outdoor, Package Design, Planning & Consultation, Point of Sale, Production, Production (Print), Promotions, Public Relations, Publicity/Promotions, Sales Promotion, Search Engine Optimization, Sponsorship, Strategic Planning/Research, T.V., Trade & Consumer Magazines, Web (Banner Ads, Pop-ups, etc.), Yellow Pages Advertising

Approx. Annual Billings: $1,000,000

Dan Lennon (Creative Dir)
James Park (Creative Dir)
Sean Funkhouser (Acct Exec-PR & Copywriter)

Accounts:
Hancock & Moore
Royal Pedic
Westwood Interiors
Wildwood

LENZ MARKETING
119 E Ct Sq Ste 201, Decatur, GA 30030
Tel.: (404) 373-2021
Fax: (404) 371-0293
Web Site: www.lenzmarketing.com

Employees: 25

Agency Specializes In: Advertising, Brand Development & Integration, Digital/Interactive, Public Relations, Social Media

Richard Lenz (Pres)
Mike Killeen (VP-Mktg)
John R. Lenz (VP)
Ben Barnes (Creative Dir)
Meagan Maron (Acct Mgr)
Rachel Cushing (Supvr-Media)
Christine Mahin (Supvr-Accts)
Joshua Grizzle (Acct Coord)
Carey Blankenship (Coord-Media)
Chelsea Hoag (Coord-Media)

Accounts:
100 Miles
Core Performance Company
Newnan Dermatology
SouthCoast Medical Group

LEO BURNETT BUSINESS
300 Park Ave S, New York, NY 10010
Tel.: (646) 840-8350
Fax: (646) 840-8360
Web Site: http://leoburnett.com/

Employees: 50
Year Founded: 2000

National Agency Associations: 4A's

Agency Specializes In: Advertising, Brand Development & Integration, Broadcast, Business Publications, Business-To-Business, Collateral, Corporate Communications, Corporate Identity, Digital/Interactive, Education, Financial, Graphic Design, Health Care Services, Industrial, Out-of-Home Media, Print, Production, Radio, Recruitment, Sales Promotion, Travel & Tourism

Breakdown of Gross Billings by Media: Collateral: 20%; Mags.: 10%; Newsp.: 16%; Other: 26%; Out-of-Home Media: 2%; Radio: 2%; T.V.: 24%

Juan Woodbury (Sr VP, Creative Dir-Experiential & Exec Producer)
Denis Giroux (Sr VP & Exec Producer)
Rob Allen (Sr VP & Dir-Tech)
Ken Gilberg (VP & Dir-Production Resource)
Lee Goldberg (Sr Producer-Brdcst)
Rodrigo Cantalejo (Dir-Creative & Art)

Accounts:
ACE Group Ltd.
Ann & Robert H. Lurie Children's Hospital of Chicago (Creative Advertising Agency of Record) Out-of-Home, Social, TV
Avis Budget Group, Inc. Avis, Budget, Payless Options Industry Council
Stanley
United Nations Office for the Coordination of Humanitarian Affairs Campaign: "#theworldneedsmore"

LEO BURNETT COMPANY LTD.
175 Bloor St E North Twr, Toronto, ON M4W 3R9 Canada
Tel.: (416) 925-5997
Fax: (416) 92-5 3443
Web Site: www.leoburnett.ca

E-Mail for Key Personnel:
Creative Dir.: judy.john@leoburnett.ca
Public Relations: margaret.arnold@leoburnett.ca

Employees: 100
Year Founded: 1935

National Agency Associations: ABC-CBP-NYPAA

Agency Specializes In: Advertising, Bilingual Market, Brand Development & Integration, Broadcast, Business-To-Business, Cable T.V., Children's Market, Co-op Advertising, Collateral, Communications, Consumer Marketing, Corporate Identity, Cosmetics, Digital/Interactive, Direct Response Marketing, E-Commerce, Education, Electronic Media, Entertainment, Event Planning & Marketing, Fashion/Apparel, Financial, Food Service, Health Care Services, High Technology, Infomercials, Internet/Web Design, Media Buying Services, New Product Development, Newspaper, Newspapers & Magazines, Out-of-Home Media, Outdoor, Over-50 Market, Planning & Consultation, Point of Purchase, Point of Sale, Print, Production, Public Relations, Radio, Retail, Seniors' Market, Sports Market, Strategic Planning/Research, Sweepstakes, T.V., Teen Market, Transportation, Travel & Tourism

Ben Tarr (Pres)
Richard Bernstein (Sr VP & Grp Acct Dir)
Franca Piacente (Sr VP & Dir-Production Svcs)
Gavin Bayley (VP & Head-Bus-North America)
Anchie Contractor (VP & Grp Acct Dir)
Dan Koutoulakis (VP & Dir-Strategy)
Morgan Kurchak (Grp Head-Creative)
Lucyed Hernandez (Art Dir)
Natalie Mathers (Art Dir)
Chris Munnik (Creative Dir)
James Pacitto (Art Dir)
Dejan Djuric (Dir-Design)
Milly Benko (Acct Supvr)
Abigail Berkley (Acct Supvr)
Rebecca Simon (Acct Supvr)
Will Bodak (Acct Exec)
Hannah Chafetz (Acct Exec)
Aryana Hassan (Acct Exec)
Mike Cook (Copywriter)
Charlie Glassman (Copywriter)
Kevin Hoessler (Copywriter)
Shauna Roe (Copywriter)
Anthony Atkinson (Grp Creative Dir)
Nicole Ellerton (Grp Creative Dir)
Natee Likitsuwankool (Sr Art Dir)

Accounts:
Amazon.com, Inc Amazon Echo: "Baldwin Bowl"
AMC Networks Campaign: "The Walking Dead Rotting Finger Countdown"
Bell Canada Campaign: "Brought To Life"
Bounce

City Ontario Campaign: "Ontario: Who Will You Help"
DanoneWave Brand Strategy, Creative, North America, Vega; 2017
Derek Royer
Diageo; Canada Smirnoff Ice; 2005
Earls Kitchen + Bar Campaign: "Lobster Party"
Elections Ontario Campaign: "We Make Voting Easy"
New-Fast Retailing Co., Ltd. Uniqlo
Flight Network Campaign: "Gas Station Takeover"
Forbes
Government of Ontario
IKEA Canada
The Intern of Bloor Street
Invesco Investment Fund
James Ready Beer Alcohol, Campaign: "50% Awesomer Coasters", Campaign: "How Many Beers for That?", Cover Photo Swap, James Ready Cap Recall
J.M. Smucker Adam's Peanut Butter, Jams; 1996
Kellogg Company Frosted Flakes, Funktown, Special K; 1952
Kraft Heinz Company Breakstone's, Campaign: "Faces", Campaign: "Made with JELL-O-V-E", Cool Whip, Cracker Barrel, Crystal Light, Jell-O, Philadelphia Cream Cheese (Agency of Record), Planters, TV
MillerCoors Campaign: "Say Yes to Yes", Coors Light
Moosehead Breweries; Canada Moosehead Lager; 2005
Nintendo; 1991
New-Ontario Association of Architects Brand Identity, Colour Pallets, Logo, Rebranding, Typography; 2018
Ontario Women's Directorate Campaign: "WhoWillYouHelp"
Peter Schafrick Campaign: "Flip Books"
Procter & Gamble Always, Bounce, Bounty, Campaign: "Bounce It Off Millions", Campaign: "Bounty Picks It Up", Campaign: "Dig It! Get It!", Campaign: "Like A Girl", Gain, Mr. Clean, Pet Hair Repellent "Bunnies"; 1958
Raising the Roof "Humans for Humans ", Campaign: "Every Toque Goes a Long Way in Helping the Homeless", Campaign: "Nothing But Potential - Look Down", Campaign: "Repackaging Help", Campaign: "Thank You For Helping the Homeless", Campaign: "The Homeless Read Mean Tweets", Campaign: "The Street House", Campaign: "Toques That Make You Look Good - "Dentist", Homeless Charity
Reel Canada National Canadian Film Day 150
Restore Integrative Health Campaign: "Restore Logo"
Rooster Post Production Campaign: "Calendar of Large Cocks"
The Score; Toronto, Ontario, Canada Television Programming; 2004
Smith Restaurant + Bar Campaign: "Smith.Food For The Everyman."
Somerset Collection
TDCanada "Automated Thanking Machines"
The Toronto-Dominion Bank Campaign: "MakeTodayMatter"
TSN
TVO "Group Photos - Chefs"
Type Books Campaign: "The Joy of Books"
Yellow Pages Campaign: "Local Lights"
zee

LEO BURNETT DETROIT, INC.
3310 W Big Beaver Rd Ste 107, Troy, MI 48084-2809
Tel.: (248) 458-8300
Fax: (248) 458-8300
Web Site: www.leoburnett.com

Employees: 170
Year Founded: 1906

National Agency Associations: 4A's

Agency Specializes In: Communications, Experiential Marketing, Sponsorship

Jesse Spencer *(Partner-Social Media Strategy & VP)*
Adam Livesey *(Chief Creative Officer)*
Tony Booth *(Exec VP & Dir-Creative Ops)*
Joya Harris *(Sr VP & Grp Acct Dir-Gen Motors Certified Svc)*
Brian Dooley *(Sr VP & Dir-Integrated Production)*
Delayne Turner *(Sr VP & Dir-Talent)*
Erik Zaar *(VP & Exec Producer)*
Andrew Bacheller *(VP & Acct Dir)*
Eric MacMichael *(Sr Producer-Digital)*
Kevin Lau *(Creative Dir)*
Tim Thomas *(Creative Dir-Buick)*
Bob Veasey *(Art Dir & Grp Creative Dir)*
Deborah McCauley-Ellis *(Sr Mgr-Bus Affairs)*
Dayna Czarniecki *(Mgr-Asset)*
Daniel Birney *(Assoc Creative Dir)*
Stephen Kerry *(Assoc Creative Dir)*
Matthew Perry *(Assoc Creative Dir)*

Accounts:
Detroit Institute of Arts "Diego Rivera and Frida Kahlo in Detroit", Communications, Creative, Creative Agency of Record, Exhibition, Marketing
Envo Water
General Motors Company (Creative Agency of Record) Buick, Campaign: "Fastball", Campaign: "Swish", Campaign: "The Big Game Meets The Big Day", Digital, GMC, Out of Home, Print, Social, TV; 2007
National Collegiate Athletic Association (NCAA) Campaign: "Talking Bench", Creative; 2012

LEO BURNETT WORLDWIDE, INC.
35 W Wacker Dr, Chicago, IL 60601-1723
Tel.: (312) 220-5959
Fax: (312) 220-3299
E-Mail: belief@leoburnett.com
Web Site: www.leoburnett.us/chicago/contact-us/

Employees: 6,844
Year Founded: 1935

National Agency Associations: 4A's-AAF-ABC

Agency Specializes In: Above-the-Line, Advertising, Advertising Specialties, Affiliate Marketing, Affluent Market, African-American Market, Alternative Advertising, Arts, Asian Market, Automotive, Below-the-Line, Bilingual Market, Brand Development & Integration, Branded Entertainment, Broadcast, Business Publications, Business-To-Business, Cable T.V., Catalogs, Children's Market, Co-op Advertising, Collateral, College, Communications, Computers & Software, Consulting, Consumer Goods, Consumer Marketing, Consumer Publications, Content, Copywriting, Corporate Communications, Corporate Identity, Cosmetics, Crisis Communications, Custom Publishing, Customer Relationship Management, Digital/Interactive, Direct Response Marketing, Direct-to-Consumer, E-Commerce, Electronic Media, Electronics, Email, Entertainment, Event Planning & Marketing, Exhibit/Trade Shows, Experience Design, Experiential Marketing, Faith Based, Financial, Food Service, Game Integration, Graphic Design, Guerilla Marketing, Health Care Services, High Technology, Hispanic Market, Household Goods, Identity Marketing, In-Store Advertising, Infomercials, Integrated Marketing, International, Internet/Web Design, LGBTQ Market, Leisure, Local Marketing, Logo & Package Design, Luxury Products, Magazines, Market Research, Men's Market, Merchandising, Mobile Marketing, Multicultural, Multimedia, New Product Development, New Technologies, Newspaper, Newspapers & Magazines, Out-of-Home Media, Over-50 Market, Package Design, Paid Searches, Pets, Planning & Consultation, Point of Purchase, Point of Sale, Print, Product Placement, Production, Production (Ad, Film, Broadcast), Production (Print), Programmatic, Promotions, Public Relations, Publicity/Promotions, Publishing, RSS (Really Simple Syndication), Radio, Regional, Retail, Sales Promotion, Search Engine Optimization, Seniors' Market, Shopper Marketing, Social Marketing/Nonprofit, Social Media, South Asian Market, Sponsorship, Sports Market, Strategic Planning/Research, Sweepstakes, Syndication, T.V., Technical Advertising, Teen Market, Trade & Consumer Magazines, Transportation, Travel & Tourism, Tween Market, Urban Market, Viral/Buzz/Word of Mouth, Web (Banner Ads, Pop-ups, etc.), Women's Market

Approx. Annual Billings: $1,000,000,000

Katie Newman *(CMO-US)*
Emma Montgomery *(Chief Strategy Officer & Exec VP)*
Mark Tutssel *(Exec Chm & Chief Creative Officer)*
Karuna Rawal *(Pres-Client Rels)*
Andrew Swinand *(CEO-North America)*
Jeanie Caggiano *(Exec VP, Head-Bus-UnitedHealthcare & Exec Creative Dir)*
Skip Drayton *(Exec VP & Grp Dir-Integrated Mktg)*
Robert C. Raidt *(Exec VP & Grp Acct Dir)*
Mark Blears *(Exec VP & Acct Dir)*
Mark Burgess *(Exec VP & Acct Dir)*
Sarah Paulsen *(Exec VP & Acct Dir)*
Chris Bergen *(Exec VP & Dir-Bus)*
Lisa Gillis *(Exec VP & Dir-Platforms & Partnerships)*
Joe Gray *(Exec VP & Dir-Strategy)*
Martin Harper *(Exec VP & Dir-Strategic Plng)*
Kevin Lilly *(Exec VP & Dir-Strategy)*
Chris Marshall *(Exec VP & Dir)*
Aki Spicer *(Exec VP & Dir-Global Strategy)*
Ron Nelken *(Exec VP & Grp Exec Producer)*
Denis Giroux *(Sr VP & Exec Producer)*
Leigh Armstrong *(Sr VP & Brand Dir-Bus Leadership)*
Sarah Block *(Sr VP & Creative Dir)*
Bianca Bradford *(Sr VP & Acct Dir)*
Amanda Butts *(Sr VP & Creative Dir)*
Brian Siedband *(Sr VP & Creative Dir)*
Jim Stallman *(Sr VP & Creative Dir)*
Christopher Bridgland *(Sr VP & Dir-Strategy)*
Pushpa Gopalan *(Sr VP & Dir-Strategy-Kraft Heinz Brands)*
Masha Sajdeh *(Sr VP-Insights & Strategy)*
Miller Jones *(VP, Creative Dir & Copywriter)*
Rebecca Ewan *(VP & Acct Dir)*
John Kistner *(VP & Creative Dir)*
Aaron Pendleton *(VP & Creative Dir-Allstate)*
Mikal Pittman *(VP & Creative Dir)*
Scott Smith *(VP & Creative Dir)*
Amrita Bhatia *(VP & Dir-Strategy-Campbell's Soup)*
Tony Cregler *(VP & Dir-Brand Strategy)*
Ken Gilberg *(VP & Dir-Production Resource)*
Maria Rentzelos *(VP & Dir-Digital Strategy)*
Peggy Walter *(VP & Dir-Celebrity Svcs)*
David Skinner *(Exec Creative Dir)*
Mike Ward *(Creative Dir & Writer)*
Alexander Arroyo *(Art Dir)*
Donna Foster *(Assoc Creative Dir & Art Dir)*
Michelle Scallate-Hartley *(Acct Dir)*
Chris Clark *(Dir-Music)*
Michael Shanahan *(Dir-Production Ops)*
Jennifer Skidgel *(Dir-Creative Assets & Content)*
Mao Moua *(Assoc Dir-Creative Resource)*
Blair Cooley *(Acct Mgr)*
Anne Carbo *(Production Mgr)*
Carolyn Raginia *(Production Mgr)*
Robyn Schwartz *(Mgr-Talent)*
Katie Stuiber *(Mgr-Database)*
Toni Duttweiler *(Acct Supvr-Operational)*
Sarah Wickman *(Acct Supvr)*
Nickay Penado *(Supvr-Global Mktg)*
Laura Rinas *(Strategist-Brand)*
Jeremy Adams *(Assoc Creative Dir & Writer)*
Austin Paramore *(Copywriter)*

ADVERTISING AGENCIES

Kelly Godfray *(Asst Acct Exec)*
Kent Carmichael *(Assoc Creative Dir)*
Shirley Costa *(Sr Bus Mgr)*
Rene Delgado *(Assoc Creative Dir)*
Elvena Dowd *(Sr Bus Mgr)*
John Havemann *(Sr Art Dir)*
Travis Klausmeier *(Assoc Creative Dir)*
Jillian Solarczyk *(Sr Art Dir)*
Ryan Stotts *(Assoc Creative Dir)*

Accounts:
New-The Advertising Council
Aldi US Creative; 2018
The Allstate Corporation (Agency of Record)
Altoids Altoids Sours
Altria Group, Inc. (Agency of Record)
Amazon
Art Institute of Chicago (Agency of Record)
Bridgestone Americas Tire Operations, LLC Creative, Firestone, Firestone Complete Auto Care
Bridgestone/Firestone North American Tire, LLC (Agency of Record)
Brooks Running (Global Agency of Record)
Cheez-It (Agency of Record)
Chicago Ideas Week
Coca-Cola Refreshments USA, Inc. Creative
ComEd (Agency of Record) The Ice Box Derby
DIRECTV "BOXING"
Esurance (Creative Agency of Record) "Sorta Rx", Creative
FEMA
Fiat
General Motors (Agency of Record) Advertising, Buick (Agency of Record), GMC (Agency of Record), Marketing
Intel
Jeep
Kellogg Company (Agency of Record) All-Bran, Cereal, Cheez-It, Cinnamon Frosted Flakes, Creative, Crunchy Nut, FiberPlus, Frosted Flakes, Gone Nutty, Hispanic, Keebler, Media Buying, Media Planning, Online, Peanut Butter, Pop Tarts, Social Media, Special K, TV, Wake Up To Breakfast
The Kraft Heinz Company (Creative Agency of Record) Creative, JELL-O, Kraft, McCafe Coffee, Planters, Super Bowl 2018 Campaign: "Family Greatly", TV
Labatt USA LLC Beck's, Leffe; 2002
Marshall's (Agency of Record) Creative, Digital
Nestle Purina PetCare Company (Agency of Record) Creative, Digital, Public Relations, TV
Nintendo of America (Agency of Record) Creative, Digital, Nintendo DS, Nintendogs, Wii; 1991
Norton
Pantone
Peace One Day Olive Oil Can
Philip Morris (Agency of Record)
Procter & Gamble (Agency of Record) Always, Mr. Clean
Proton
Samsung Electronics America, Inc. (Agency of Record) Creative, Galaxy Gear, Galaxy Note 3, Global Brand Positioning, Global TV, Global Visual Display Business, Integrated Communications Strategy, Samsung QLED TV
Seek Seek Volunteer
Serta Simmons Bedding, LLC Marketing, Serta (Lead Creative Agency); 2017
Symantec Norton Internet Security
Ty Inc.
United Nations
Visa
Western Digital
Wikipedia

North America:

Arc Worldwide
35 W Wacker Dr 15th Fl, Chicago, IL 60601
(See Separate Listing)

Lapiz
35 W Wacker Dr 12th Fl, Chicago, IL 60601
Tel.: (312) 220-5000
Fax: (312) 220-6212
E-Mail: info@lapizusa.com
Web Site: www.lapizusa.com

Employees: 40
Year Founded: 1999

National Agency Associations: 4A's

Agency Specializes In: Bilingual Market, Consumer Marketing, Hispanic Market, Public Relations, Sales Promotion, Sponsorship

Luciana Cani *(Sr VP & Exec Creative Dir)*
Diego Figueroa *(Sr VP & Dir-Strategy & Participation)*
Maria Bernal *(VP & Creative Dir)*
Flavio Pina *(Head-Art & Creative Dir)*
Freddy Agostini *(Art Dir)*
Marco Azucena *(Acct Dir)*
Daniela Barcelo *(Acct Supvr)*
Maria Bonet *(Acct Supvr)*
Jaime Mougan *(Strategist)*
Ernesto Martinez *(Copywriter)*
Juan Carlos Montes *(Sr Designer)*
Paul Sabouret *(Reg Acct Dir)*
Luiz Vicente Simoes *(Reg Creative Dir)*

Accounts:
ACH Foods Creative, Mazola; 2008
Allstate Corporation; 2007
Brown Forman
The Cara Program Choose
Chase
Chicago Latino Film Festival Campaign: "All About Great Stories", Campaign: "Paternity"
Coca-Cola Refreshments USA, Inc.
General Motors Buick
H&R Block, Inc.; 2007
Hanes
H.J. Heinz Company Philadelphia Cream Cheese (Lead Creative Agency)
Kellogg Company Keebler
Labatt USA LLC
Lumini Photography Campaign: "Get A Better"
Mars Bounty
Marshalls Hispanic
McDonald's Chicago, North West Indiana
Mexico Tourism Board Campaign: "Doppelgangers Mexico", Campaign: "Los Cabos #Unstoppable", Campaign: "Snow Graffiti", Outdoor, TV
Mujeres Latinas En Accion Campaign: "Flower", Campaign: "Husband", Campaign: "Ring"
Nestle Purina PetCare Company Purina Latin America
Nintendo
Procter & Gamble Always, Bounty Paper Towels, Campaign: "BATHROOM-MADE", Campaign: "Bed", Campaign: "Clear Words", Campaign: "Movie", Campaign: "Quinceanera", Campaign: "Radio Case", Campaign: "Stains Happen", Charmin, Clear Blue, Dawn, Gain with Oxi, Herbal Essences, Outdoor, Prilosec OTC, Print, Puffs
Re/Max Holdings Campaign: "Dream With Your Eyes Open", Digital, Print, Radio, Social Media, Tv
Rofs Pharmaceuticals
The Spirit Initiative
UnitedHealthcare Campaign: "Ways In"
U.S. Cellular Hispanic; 2010
Walt Disney Company
Wickes Furniture

Leo Burnett Business
300 Park Ave S, New York, NY 10010
(See Separate Listing)

Leo Burnett Detroit, Inc.
3310 W Big Beaver Rd Ste 107, Troy, MI 48084-2809
(See Separate Listing)

Leo Burnett - Los Angeles
6500 Wilshire Blvd Ste 1950, Los Angeles, CA 90048
Tel.: (323) 866-6020
Fax: (323) 866-6033
E-Mail: info@leoburnett.com
Web Site: www.leoburnett.com

Employees: 5
Year Founded: 1947

National Agency Associations: 4A's

Anna C. Gomez *(CFO & Exec VP-Severn Bank)*
Debbie Myszynski *(Exec VP-Bus Leadership)*
Radim Svoboda *(Exec VP-Bus Mgmt-Global)*

Accounts:
Nintendo Co., Ltd.
Samsung Campaign: "Sweet Dreams", Galaxy Gear, Note 3

Leo Burnett Tailor Made
300 Park Ave S 7th Fl, New York, NY 10013
Tel.: (646) 840-8300
Fax: (646) 840-8334
E-Mail: lisa.abbatiello@leoburnett.com
Web Site: www.leoburnett.com

Employees: 40

Agency Specializes In: Sponsorship

Mark Tutssel *(Chief Creative Officer-Worldwide)*

Accounts:
Filip Technologies Campaign: "Best Day Ever"
Hemoba/Esporte Clube Vitoria Campaign: "My Blood is Red and Black"
Village Voice Campaign: "New York Writes Itself", Campaign: "The Chairman"

Leo Burnett USA
35 W Wacker Dr, Chicago, IL 60601-1723
Tel.: (312) 220-5959
Fax: (312) 220-3299
Web Site: www.leoburnett.us

Employees: 1,000
Year Founded: 1935

Agency Specializes In: Advertising, Advertising Specialties, Brand Development & Integration, Sponsorship

Dan Chodrow *(Exec VP & Exec Creative Dir)*
Julie Rothweiler *(Exec VP & Acct Dir)*
Lisa Gillis *(Exec VP & Dir-Platforms & Partnerships)*
Debbie Myszynski *(Exec VP-Bus Leadership)*
Scott Kemper *(Sr VP & Exec Producer)*
Bianca Bradford *(Sr VP & Acct Dir)*
Jeff Candido *(Sr VP & Creative Dir)*
Michael Shirley *(Sr VP & Creative Dir)*
Brian Siedband *(Sr VP & Creative Dir)*
Michael Stern *(Sr VP & Acct Dir)*
Jonathan Linton *(VP & Acct Dir)*
Bowen Mendelson *(VP & Creative Dir)*
Kathleen Finn Bell *(VP & Dir-Advanced Analytics)*
Eric Holubow *(VP & Dir-Strategy)*
Andrew Malloy *(VP & Dir-Strategy)*
Patrick McDowell *(VP & Dir-Mktg Ops)*
Rachel Bottlinger *(Art Dir)*
Thiago Di Gregorio *(Art Dir & Assoc Creative Dir)*
Felipe Leite *(Art Dir & Assoc Creative Dir)*
Megan Meyer *(Acct Dir)*
Michelle Scallate *(Acct Dir)*
Kristen Walters *(Art Dir)*

Adam Dettloff *(Mgmt Supvr)*
Jessica Estes *(Dir-Strategy)*
Stephanie Horn *(Dir)*
Samantha Rasnak *(Acct Supvr)*
Ryan Seagram *(Acct Supvr)*
Sasvi Alam *(Sr Acct Exec)*
Raleigh Ward *(Acct Exec)*
Kevin Goff *(Assoc Creative Dir & Copywriter)*
Anthony Williams *(Copywriter)*
Rene Delgado *(Assoc Creative Dir)*
Travis Klausmeier *(Assoc Creative Dir)*
Jillian Lamb *(Assoc Creative Dir)*

Accounts:
The Allstate Corporation Allstate Foundation Purple Purse, Allstate Homeowner Insurance
American Bar Association
The Art Institute of Chicago Campaign: "19th Century Paris Has Come To Chicago"
Avis
Beam Suntory Jim Beam (Global Creative Agency of Record)
Centrum Campaign: "Stay On Top Of Your Game"
Chicago Cubs
The Coca-Cola Company Campaign: "Small World Machines"
Delta Faucet Co. Campaign: "HappiMess Anthem", Campaign: "HappiMess", Campaign: "Here's to the Mess Makers", Digital, Print, Shower Head, Touch-Free Faucet, Touch2O
Donate Life America
Esurance, Inc. Campaign: "Sorta Pharmacist", Campaign: "Sorta You Isn't You"
Exelon
FEMA
Field Museum
Firestone Campaign: "Do Truck Stuff", Campaign: "Drive A Firestone", Campaign: "Jump", Campaign: "Pick Up"
General Motors Company Campaign: "Her Horse", Chevy Silverado, Pontiac
Hallmark Cards, Inc. Hallmark Cards, Inc., Hallmark Greeting Cards
The Innovation Foundation Chicago Ideas
Invesco Ltd. Campaign: "Intentional Investing", Campaign: "Roger on a Monday"
Kellogg Company Campaign: "Eat Special. Feel Special.", Campaign: "Froot Detector", Campaign: "Shut Down Fat Talk", Campaign: "Tomorrow", Campaign: "What Will You Gain When You Lose?", Creative, Digital, Froot Loops Treasures, In-Store Marketing, Print, Public Relations, Raisin Bran Crunch, TV
McDonald's Corporation (Lead Creative Agency)
MillerCoors; Chicago, IL Campaign: "How To Speak Australian", Creative, Miller High Life; 2009
NCAA (Agency of Record)
Nestle USA, Inc
Nintendo Creative, Digital, Donkey Kong Country Returns 3D
Pfizer
Philip Morris U.S.A. Marlboro (Agency of Record), Parliament, Philip Morris U.S.A.
The Procter & Gamble Company Always, Tide Purina
Samsung "Changes", Campaign: "Design Your Life", Campaign: "Dress Your Device Up, No Matter What The Occasion", Campaign: "Sweet Dreams", Campaign: "The Chant", Campaign: "The Developer", Campaign: "Voices of Life", Campaign: "We AllShare movie trailer", Galaxy Gear, Galaxy Note 3, Galaxy Note 4, Gear VR, Swarovski
Sprint Campaign: "Unlimited Love Billboard"
Tampax
UnitedHealth Group (Creative Agency of Record) Campaign: "Low Jump", Campaign: "Our Song", Campaign: "Ways In", Digital, Out-of-Home, Radio, Social, TV, Television & Cinema
Walgreens; Chicago, IL; 2009
Walt Disney Company

Canada

Leo Burnett Company Ltd.
175 Bloor St E North Twr, Toronto, ON M4W 3R9 Canada
(See Separate Listing)

Argentina

Leo Burnett Buenos Aires
Sucre 865 1428, C1107 BVA Buenos Aires, Argentina
Tel.: (54) 11 4819 5959
Fax: (54) 11 4819 5900
E-Mail: fernando.bellotti@leoburnett.com.ar
Web Site: www.leoburnettargentina.com

Employees: 87
Year Founded: 1981

Agency Specializes In: Advertising

Matias Eusebi *(Exec Creative Dir-Argentina)*
Ammiel Fazzari *(Exec Creative Dir)*
Gustavo Botte *(Creative Dir)*
Estefania Pecora *(Art Dir)*
Martin Puiatti *(Art Dir)*
Hernan Cunado *(Dir-Brand Mktg)*
Sofia Citro *(Acct Supvr)*
Maria Belen D'Erasmo *(Acct Exec)*
Alberto Valencia *(Copywriter-Creative)*
Carmelo Maselli *(Gen Creative Dir)*
Federico Puricelli *(Reg Producer)*

Accounts:
Arcor Arcor Father-Son, Campaign: "The Juice Mystery"; 1997
Car One "Love Story / Party", "Psychologist", Campaign: "Damn License Plates", Campaign: "Previous Owner"
Chrysler Campaign: "GPS to Get Lost"
McDonald's Corporation
Samsung
Warsteiner

Brazil

Leo Burnett Tailor Made
Rua Brejo Alegre 93/99, CEP-04557-050 Sao Paulo, SP Brazil
Tel.: (55) 11 5504 1300
Fax: (55) 11 5504 1444
Web Site: www.leoburnett.com.br

Employees: 160
Year Founded: 1969

Wilson Mateos *(VP-Creative & Exec Creative Dir)*
Tiago Lara *(VP-Data & Strategy)*
Andre Nassar *(Exec Creative Dir)*
Gustavo Zilles *(Grp Dir-Plng)*
Breno Balbino *(Art Dir)*
Tomas Correa *(Creative Dir)*
Eric Fernando *(Art Dir)*
Andre Kirkelis *(Art Dir)*
Luciano Lincoln *(Creative Dir)*
Alexandre Pagano *(Creative Dir)*
Felipe Palacio *(Art Dir)*
Denis Gustavo Alves *(Dir-Digital Integration)*
Vivian Jenckel *(Mgr-Plng)*
Pedro Rais *(Mgr-Digital Ops)*
Daniel Albrecht *(Planner)*
Lara Dante *(Planner)*
Pedro Furtado *(Copywriter)*
Filipe Medici *(Copywriter)*
Marco Mattos *(Sr Art Dir)*
Pedro Utzeri *(Grp Creative Dir)*

Accounts:
ABTO Campaign: "Bentley Burial", Campaign: "Dating", Charity, Donation Badges
The Against Malaria Foundation
Betsson Group Advertising, Betsson.com, Creative, Strategy
Bradesco Creative, Strategic
Brazilian Association of Organ Transplant Campaign: "Bentley Burial"
Centro de Valorizacao da Vida Campaign: "Inside Every Suicide"
The Chrysler Group Campaign: "Eagle", Campaign: "Risks", Car, Jeep Grand Cherokee
Clube Sangue Bom "Solidarity Queue", Campaign: "The Donor Cable"
CVV; 1999
Daimler AG
Extra
Fiat Chrysler Automobiles Fiat, Fiat 500, Fiat Ambulance, Fiat Bravo, Fiat Ducato, Fiat Original Parts, Jeep, Linea, New Fiat Uno, Palio; 1995
Guitar Player Magazine Campaign: "1985, 2012", Campaign: "Fashion Trends", Campaign: "The Beatles", Campaign: "World Economy", Jimi Hendrix
Hemoba Foundation Campaign: "My Blood Is Red And Black"
Lemonade Films
Livraria Da Vila Campaign: "15 Minutes", Campaign: "Malcolm X"
Mothers of Se
Next
PEA - Animal Hope Project Campaign: "Ain't cute"
RSPCA
Samsung Group
Sharpie
Topline Gums campaign: "Made For Kissing"
Truth
Vitoria Campaign: "My Blood is Red & Black"

Colombia

Leo Burnett Colombia, S.A.
Carrera 13 N 89-59, Bogota, DC Colombia
Tel.: (57) 1 628 5959
Fax: (57) 1 218 9073
E-Mail: olga.villegas@col-leoburnett.com
Web Site: www.col-leoburnett.com

Employees: 150
Year Founded: 1964

Fernando Bellotti *(Pres)*
Herberth Monterroso *(Chief Creative Officer)*
Olga Lucia Villegas *(CEO-LATAM Region)*
Mauricio Sarmiento *(VP-Creative)*
Leonardo Valencia *(Head-Creative Team & Copywriter)*
Eddy Marquez *(Art Dir & Designer)*
Lukas Calderon Giraldo *(Creative Dir)*
Ana Matilde Sanchez *(Acct Dir)*
Janeth Consuegra *(Dir-Customer Svc)*
Carolina Arias *(Copywriter)*
Camilo Garz n *(Copywriter)*
Mateo Alvarez Santos *(Copywriter)*
Lukas Calderon *(Reg Creative Dir)*
Diego Ortiz *(Gen Creative Dir)*

Accounts:
Against Cancer League Cancer Awareness
Anheuser-Busch InBev
Asiri Group of Hospitals Ltd. Soap Bus Ticket
Cerveza Club Colombia
Coca-Cola Campaign: "The Happiness Passenger"
Cruz Roja Colombiana Campaign: "Names of Blood", Campaign: "The Blood Scroll"
Davivienda Bank; 1979
Falabella Roberta Allen
Mawbima
Seguros Bolivar Billboard Lighting Rod, Campaign: "Rockstar"; 1997

Mexico

ADVERTISING AGENCIES
AGENCIES - JANUARY, 2019

Leo Burnett Mexico S.A. de C.V.
Bosque de Duraznos 65-8P Bosques de las Lomas, 11700 Mexico, DF Mexico
Tel.: (52) 55 5246 5959
Fax: (52) 55 5251 7207
E-Mail: jaguilar@leoburnett.com.mx
Web Site: www.leoburnett.com

Employees: 150
Year Founded: 1969

National Agency Associations: AMAP-IAA

Agency Specializes In: Advertising

Fernando Bellotti *(Pres-Argentina & Creative Dir-Latin America)*
Juan Pablo Camargo Villasenor *(VP-Strategic Plng)*
Ulises Navarro *(VP-Ops)*
Federico Russi *(VP-Creative)*
Carolina Torres *(Head-Strategy)*
Alan Daniel Benavides *(Art Dir)*
Guto Kono *(Creative Dir)*
Omar Leon *(Creative Dir)*
Hugo Munoz *(Creative Dir)*
Raquel Jauregui Renteria *(Art Dir)*
Julian Romera *(Art Dir)*
Aldo Gonzalez Figueroa *(Copywriter)*
Andres Landivar *(Assoc Creative Dir)*

Accounts:
4 Pelagatos
Always
Anheuser-Busch InBev N.V./S.A. Corona
AXA Insurance
Kellogg's Company All-Bran; 1984
Procter & Gamble; 1982

Paraguay

Mass Publicidad S.R.L.
Estados Unidos 961 3rd Floor, Asuncion, Paraguay
Tel.: (595) 21 451 031
Fax: (595) 21 210 772
E-Mail: prubiani@mass.com.py
Web Site: www.mass.com.py

Employees: 34
Year Founded: 1996

Agency Specializes In: Advertising, Public Relations

Pascual Rubiani *(Owner)*

EMEA Regional Headquarters

Leo Burnett, Ltd.
Warwick Building Kensington Village, Avonmore Road, London, W14 8HQ United Kingdom
Tel.: (44) 207 751 1800
Fax: (44) 207 348 3855
Web Site: www.leoburnett.co.uk

Employees: 482
Year Founded: 1969

National Agency Associations: IPA

Agency Specializes In: Advertising

Chloe Belskaia *(Head-Strategy)*
Max Keane *(Head-Plng)*
Lindsey George *(Deputy Head-Acct Mgmt & Acct Dir-Bd)*
Rob Cooling *(Deputy Head-Acct Mgmt)*
Terence Leong *(Exec Creative Dir)*
Ian Toombs *(Exec Creative Dir)*
Luke Boggins *(Creative Dir)*
Don Bowen *(Creative Dir)*
Oliver Farrington *(Creative Dir)*
Dan McCormack *(Creative Dir)*
Jay Perry *(Acct Dir)*
Neil Richardson *(Creative Dir)*
Steve Robertson *(Creative Dir)*
Shaun Sundholm *(Creative Dir)*
Will Butterworth *(Dir-Strategy)*
Zoe Crowther *(Dir-Mktg & New Bus)*
Gaynor Goldring *(Sr Mgr-Traffic)*
Emma Greenaway *(Sr Acct Mgr)*
Pia Dhaliwal *(Copywriter)*
Catherine Owen *(Planner)*
Blake Waters *(Copywriter)*
Cassandra Jamcotchian *(Sr Art Dir)*

Accounts:
Amnesty International Campaign: "The Departure Board"
BITC Campaign: "Ban The Box"
Brake
Business In The Community Campaign: "BAN THE BOX"
Channel 4
Chrysler Group UK Creative, Dodge, Jeep
Co-operative Electrical Snapchat
The Co-operative Legal Services Campaign: "Ready Meals", Campaign: "Voice of Law"
Coca Cola Campaign: "Share a Bottle", Coke Classic, Coke Zero, Diet Coke; 2007
Energy Brands #shinebright, Vitamin Water
Comfy
Dartmouth Films Campaign: "The Machine"
Design Museum 2015 Exhibition, Design
Dewars
Fiat Chrysler Automobiles
Homebase Campaign Name: "Containers", Campaign: "Make Your House Your Home"; 2008
IndieLisboa 10th International Independent Film Festival, Campaign: "Noooo!"
Karma Nirvana "National Day of Memory for Honour Killing", Campaign: "RememberShafilea", Campaign: "Suffocation", Print, Social Media Campaign
Kellogg Company "Henry", Campaign: "72,000 Flavours", Campaign: "Actual Size", Campaign: "Blue Plaque of Lies", Campaign: "Buy Two, Get a Free Boat", Campaign: "Day's Out", Campaign: "Give a Child a Breakfast", Campaign: "Imagine That", Campaign: "It's All Lies", Campaign: "Revolutionary Chocolatier", Campaign: "The Box", Campaign: "The Trouble is They Taste Too Good", Coco Pops, Corn Flakes, Crunchy Nut, Frosties, Marketing, Rice Krispies, Special K, Television; 1977
Leica Store
Lindt & Sprungli
Luerzers International Archive Campaign: "Account Man Monthly", Campaign: "Spreadsheet Enthusiast", Campaign: "Untouchable Covers"
MillerCoors
National Careers Service
NHS LifeCheck
Nike
NSPCC Creative
Paddy Power Betfair plc Betfair (Creative Agency of Record); 2018
Pantone Campaign: "Pantone Queen"
Plan International Campaign: "Mass Construction"
Procter & Gamble #GentleManHunt, Always, Campaign: "#LikeAGirl", Cleaning Product, Daz Confetti, Flash, Old Spice; 1983
Renaissance Photography Prize Campaign: "Renaissance", Campaign: "Saturday, Sunday & Monday", Campaign: "Winter"
Rice Krispies Squares
Ronald McDonald House Charities Campaign: "Dad's Voice"
Samsung Campaign: "The Time Is Now"
Shelter Homeless Charity
THINK! Campaign: "PubLooShocker", Drunk-Driving PSA, Teenage Road Safety
Tommys
Which?

Belgium

Leo Burnett Belgium
18 Place Eugene Flageyplien, Box 17, 1050 Brussels, Belgium
Tel.: (32) 2 775 65 40
Fax: (32) 2 779 90 36
E-Mail: info@leoburnett.be
Web Site: www.leoburnett.be

Employees: 32
Year Founded: 1975

National Agency Associations: EAAA

Agency Specializes In: Electronics, Food Service, Pharmaceutical

Tom Garcia *(Creative Dir)*
Ivan Moons *(Art Dir)*
Lennert Vedts *(Creative Dir)*
Kaat Danneels *(Acct)*
Isabelle Hubinon *(Sr Art Dir)*

Accounts:
New-Belfius Bank
Handicap International
The Reading Foundation Out of Office Poetry
Think Pink

Cyprus

Innovation Leo Burnett
90 Ifigenias St 2nd Fl, 2003 Strovolos, Nicosia, Cyprus
Mailing Address:
PO Box 16058, 2085 Strovolos Nicosia, Cyprus
Tel.: (357) 22 378 828
Fax: (357) 22 378 577
E-Mail: leoburnett@leoburnett.com.cy
Web Site: www.leoburnett.com

Employees: 20

Agency Specializes In: Advertising

Stavroula Trokkou Eracleous *(Fin Dir)*

Estonia

Kontuur-Leo Burnett
Parnu Road 142A, 11317 Tallinn, Estonia
Tel.: (372) 683 2000
Fax: (372) 683 2001
E-Mail: info@kontuur.ee
Web Site: www.kontuur.ee

Employees: 65
Year Founded: 1997

Agency Specializes In: Out-of-Home Media, Outdoor

Urmas Villmann *(Partner & Dir-Creative)*
Marge Nuggis *(Art Dir)*

Egypt

AMA Leo Burnett
2005C Corniche El Nil St Ramlet Beaulec, Nile City Towers N Tower, 11221 Cairo, Egypt
Tel.: (20) 2 2461 8000
Fax: (20) 2 2461 9080
Web Site: leoburnett.com

AGENCIES - JANUARY, 2019 — ADVERTISING AGENCIES

Employees: 65

Ibrahim Ashour *(Art Dir)*
Ahmed Elhabashy *(Art Dir)*
Raghda El Maghrabi *(Comm Mgr)*
Osama Arnaouty *(Assoc Creative Dir)*

Accounts:
Birell
Egypt Foods Campaign: "Cono is Different", Campaign: "Dog", Cono
Heinz Campaign: "You Can't Eat Without It"
Mobinil Campaign: "Mobinil Hands", Campaign: "We Only Have Each Other"

France

Leo Burnett
26 Rue Salomon de Rothschild, 92150 Suresnes, France
Tel.: (33) 1 58 47 77 00
Fax: (33) 1 79 62 11 20
E-Mail: jean-paul.brunier@leoburnett.fr
Web Site: www.leoburnett.fr

Employees: 151
Year Founded: 1969

Regis Perrone *(Mng Dir)*
Jean-Paul Brunier *(CEO-France & Belgium)*
Veronique Khayat *(Head-Brand Comm-Carrefour Market & Tunisian Natl Tourism Office)*
Kurt Novack *(Exec Creative Dir)*
Julien Divialle *(Art Dir-Digital)*
Kevin Fines *(Copywriter)*
Oliver Mille *(Copywriter)*
Laetitia Chretien *(Sr Art Dir)*

Accounts:
Charal Campaign: "The Ostrich"; 1993
Chrysler Group Campaign: "Now, man is expected anywhere", Campaign: "Upside Down Doe", Campaign: "Upside Down Elephant", Campaign: "Upside Down Giraffe", Jeep Wrangler
Coty Inc Max Factor, Playboy
Crosscall
Daimler AG Campaign: "See whatever you want to see"
Delipapier Le Trefle Toilet Paper Campaign: "Sopalin Orange Juice", Emma
Fiat 500
Jeep Campaign: "Beaver", Campaign: "Bike", Campaign: "Boat", Campaign: "Float", Campaign: "Horse", Campaign: "Speedboat", Quiksilver Pro
Kellogg Company; 1986
Le CRAN
Le Trefle Campaign: "EMMA", Campaign: "Paper is Necessary"
Mimi Foundation Campaign: "If Only For A Second", Puzzle 1, Puzzle 2, Puzzle 3
Musee de l'Homme
Noemi Association
Pfizer Inc.
Roady
Samsung "The Way You Are", Galaxy A, Samsung Galaxy
Sidaction
Sopalin
Theatre de la Bastille Campaign: "Edgar & Kelly"
Volvo Trucks Campaign: "If Only for a Second"

Ireland

Leo Burnett Associates
46 Wellington Rd Ballsbridge, Dublin, 4 Ireland
Tel.: (353) 1 668 9627
Fax: (353) 1 668 1341
E-Mail: info@leoburnett.ie
Web Site: www.leoburnett.com

Employees: 25
Year Founded: 1962

Agency Specializes In: Consumer Marketing

Martin Larkin *(Chm)*

Accounts:
Bavaria Beer
Beiersdorf Ireland
Channel 6
Elverys Sports
FIAT
Goodfella's
Home Value Hardware; 1998
Kellogg's
Nawras Campaign: "Piggybacking"
RPII

Italy

Leo Burnett Co., S.r.l.
Via Fatebenefratelli 14, 20121 Milan, Italy
Tel.: (39) 02 63541
Fax: (39) 02 2900 5229
E-Mail: giorgio.brenna@leoburnett.it
Web Site: www.leoburnett.it

Employees: 192
Year Founded: 1969

Alessandro Antonini *(Exec Creative Dir & Creative Dir-Global)*
Selmi Barissever *(Exec Creative Dir)*
Lorenzo Crespi *(Exec Creative Dir)*
Fabio Lista *(Art Dir)*
Anna Meneguzzo *(Creative Dir)*
Cristiano Nardo *(Creative Dir)*
Mark Tutssel *(Creative Dir)*
Giulia Papetti *(Dir-Creative & Art)*
Francesca Bertocco *(Acct Mgr)*
Roberta Sessini *(Acct Mgr)*
Francesca Ajelli *(Acct Exec & Coord-Social Media)*
Elisabetta Iulita *(Acct Exec)*
Daniel Cantrell *(Copywriter)*
Marcello Foppiani *(Designer-Product)*
Alejandra Gumucio *(Copywriter-Safilo-Intl)*
Andrea Zanino *(Copywriter)*
Maurizio Cambianica *(Jr Acct Exec)*
Giovanni Pesce *(Coord-Creative)*
Cinzia Caccia *(Sr Art Dir)*
Filippo Formentini *(Sr Art Dir)*
Fabio Lettieri *(Sr Art Dir)*
Giovanni Salvaggio *(Assoc Creative Dir)*
Francesco Simonetti *(Assoc Creative Dir)*
Marco Zilioli *(Sr Art Dir)*

Accounts:
Fiat Fiat 500 Cult Yacht, Safety At Work Awareness; 1991
IDI Pharmaceuticals Cinzia Your Skin Friend
Jeep Campaign: "Jeep Never Adapt"
McDonald's; 2000
MIA Onlus
Moleskin
Montblanc Campaign: "The Beauty of a Second", Nicolas Rieussec Chronograph
Procter & Gamble "Always BackMeApp", Clearblue Easy, Pringles Multigrain; 1986
Samsung Campaign: "Samsung Smart Bikes", Washing Machine
Theatre de la Bastille
Vivienne Westwood
WWF

Leo Burnett Co. S.r.l.
Via San Quintino 28, 10121 Turin, Italy
Tel.: (39) 011 560 1911
Fax: (39) 011 5175 300
Web Site: www.leoburnett.it

Employees: 15
Year Founded: 1969

Agency Specializes In: Advertising

Alessandro Antonini *(Exec Creative Dir)*
Selmi Barissever *(Exec Creative Dir)*
Lorenzo Crespi *(Exec Creative Dir)*
Giuseppe Campisi *(Art Dir)*
Hugo Gallardo Dominguez *(Creative Dir)*
Paolo Griotto *(Dir-Client Svcs)*
Daniele Del Nero *(Supvr-Creative)*
Massimo Paternoster *(Copywriter)*
Michele Sartori *(Assoc Creative Dir)*

Accounts:
Fiat Chrysler Automobiles 500x, Campaign: "Panda", Creative, Global Advertising Strategy, Jeep; 1993

Leo Burnett Rome
Via Crescenzio 38, 00193 Rome, Italy
Tel.: (39) 06 684 321
Fax: (39) 06 684 32 513
E-Mail: leoinfo@leoburnett.it
Web Site: www.leoburnett.it

Employees: 50

Agency Specializes In: Advertising

Alessandro Antonini *(Exec Creative Dir & Creative Dir-Global)*
Raffaello Dell'Anna *(Acct Dir)*
Marco Zilioli *(Sr Art Dir)*

Jordan

Leo Burnett Jordan
18 Al Mutanabi Street 3rd Cicle, 2013, Amman, 11181 Jordan
Tel.: (962) 646 44142
Fax: (962) 646 44142
Web Site: http://leoburnettmea.com/

Employees: 8

Agency Specializes In: Advertising

Carol Isabella Hanna *(Reg Dir-People & Culture)*
Joelle Jammal *(Reg Dir-Comm)*
Manal Hijazi *(Comm Mgr)*

Kuwait

Leo Burnett
Al Khaleeja Building 12th Floor, PO Box 4455, Safat, 13045 Kuwait, Kuwait
Tel.: (965) 240 4967
Fax: (965) 240 7855
Web Site: www.leoburnett.com

Employees: 8
Year Founded: 1986

Agency Specializes In: Advertising

Lebanon

H&C, Leo Burnett
Sofil Center 5th Floor Achrafieh, PO Box 55369, Beirut, Lebanon
Tel.: (961) 1 201090
Fax: (961) 1 334219
Web Site: www.leoburnett.com

Employees: 85
Year Founded: 1974

ADVERTISING AGENCIES

National Agency Associations: IAA-LAA

Agency Specializes In: Consumer Marketing

Alexandre Choucair *(Creative Dir)*
Odile Riachi *(Creative Dir)*
Diego de Aristegui *(Dir-Comm)*
Youssef Naaman *(Dir-Global Comm & Reg Ops-CEEMEA)*
Said Stephan *(Dir-Fin)*
Lama Najjar *(Copywriter-English)*
Nayla Baaklini *(Sr Art Dir)*
Thierry Chehab *(Sr Art Dir)*
Malek Ghorayeb *(Reg Exec Creative Dir-Levant)*
Christina Salibi *(Sr Art Dir)*

Accounts:
Alfa Campaign: "Tariff"
Bank Audi Campaign: "Go Out there Wheel of Life", Campaign: "Make It Big Out Of Little", Credit Card
Bel Group CSR Campaign
Bonux
Chateau Ksara
Diageo Plc Campaign: "Keep Walking Lebanon", Johnnie Walker
Khalil Warde SAL
LibanPost
Mashrou' Leila
Mondelez International, Inc.; 1991
Offre Joie Campaign: "Volunteers Don't Seek Recognition"
Outbox International Short Film Festival Campaign: "The Forest"
Procter & Gamble Campaign: "Smoky Eye Effect"; 1983
Virgin Radio "Elvis", Campaign: "Nothing Comes Easy", Campaign: "Say No To Piracy"
Warde Campaign: "Home Is A Quest"

Lithuania

Leo Burnett Vilnius
Birutes 1D, Vilnius, 08117 Lithuania
Tel.: (370) 5 264 7505
Fax: (370) 5 260 9000
E-Mail: office@leoburnett.lt
Web Site: www.leoburnett.com

Employees: 6

Nida Zeke *(Art Dir)*

Accounts:
Nestle Baltics
Sanofi-Aventis Lithuania

Morocco

Leo Burnett Casablanca
Villa Oasis, 14 rue Mohamed Benbrahim, Bd, Abderrahim Bouabid, Casablanca, Morocco
Tel.: (212) 5 22 98 92 91
E-Mail: asmaa.dyani@leoburnett.ma
Web Site: www.leoburnett.com

Employees: 20
Year Founded: 1999

Agency Specializes In: Advertising

Kamal El Allam *(Grp Dir-Comm)*
Haytam Belaouad *(Sr Art Dir)*

Norway

Kitchen Leo Burnett
Drammensveien 127, 114, BYGG 86,2 ETG, 0212 Oslo, Norway

Tel.: (47) 24 10 3629
Fax: (47) 24 10 39 99
E-Mail: haakon@kitchen.no
Web Site: www.kitchen.no

Employees: 49
Year Founded: 1981

Agency Specializes In: Advertising, Automotive, Consumer Goods, Consumer Marketing

Bjorn Polmar *(Chm)*
Haakon Dahl *(CEO)*
Bendik Romstad *(Head-Energy Pool Oslo & Copywriter)*
Christian Hygen *(Creative Dir)*
Melissa Kristiansen *(Art Dir)*
Phill Meyler *(Creative Dir)*
Hans Moe *(Acct Dir)*
Kjetill Nybo *(Creative Dir)*
Tom Andersson *(Planner)*

Accounts:
Betsson Group Advertising, Betsson.com, Creative, Strategy
Bufdir
Meny
Norwegian Airlines Campaign: "From Cold To Hot"
SpareBank 1 "The Way Home", Campaign: "App-Bank", Campaign: "Woman in Black"

Poland

Leo Burnett Warsaw SP.Z.O.O.
UL Woloska 9, 02-583 Warsaw, Poland
Tel.: (48) 22 448 9800
Fax: (48) 22 860 9801
Web Site: www.leoburnett.pl

Employees: 120
Year Founded: 1991

Agency Specializes In: Advertising

Tomasz Pawlikowski *(CEO)*
Hanna Jackowska *(Mng Dir)*
Adam Nowakowski *(Plng Dir & Deputy Mng Dir)*
Marta Tuczynska *(Head-Grp Acct)*
Maciej Porebski *(Exec Creative Dir)*
Weronika Soltysiak *(Mgr-Plng)*

Accounts:
Amnesty International Campaign: "Empathy Calendars"
Max Factor

Portugal

Leo Burnett Publicidade, Ltda.
Rua das Flores 7, 1200-193 Lisbon, Portugal
Tel.: (351) 21 326 0800
Fax: (351) 21 326 0895
E-Mail: sofia.barros@leoburnett.pt
Web Site: www.leoburnett.pt

Employees: 57
Year Founded: 1982

Lina Ventura *(Fin Dir)*
Steve Colmar *(Exec Creative Dir)*
Douglas Cardoso *(Art Dir)*
Cristina Almeida *(Dir-Production)*
Paula Lopes *(Dir-Client Svc)*
Antonio Silva *(Dir-Design-Lisbon)*
Diogo Figueira *(Copywriter)*
Jose Gouveia *(Designer)*

Accounts:
Amnesty International Campaign: "Stop Torture", Campaign: "Voices for Freedom", Tyrannybook
Brisa
Carma Campaign: "The Bicycle Made From The Scrap Of A Car"
Control Arms Campaign: "The exhibition that shouldn't exist"
EDP Foundation
IndieJunior "Horse", Campaign: "Nooooooooooooooooo", Campaign: "Shower"
Lisbon City Council Campaign: "LX Type"
Louie Louie Campaign: "Gelatery", Campaign: "Kurt"
Mondelez International, Inc.; 1998

Romania

Leo Burnett & Target SA
13 Nicolae Iorga Str, Bucharest, 010432 Romania
Tel.: (40) 21 201 6100
Fax: (40) 21 201 6101
E-Mail: office@leoburnett.ro
Web Site: http://www.leoburnett.ro/

Employees: 100
Year Founded: 1995

Agency Specializes In: Advertising

Ali Bati *(Exec Creative Dir)*
Alin Badiu *(Art Dir)*
Irina Becher *(Creative Dir)*
Andreia Anghel *(Dir-Brand Comm)*
Victor Stroe *(Dir-Plng)*
Danina Arsene *(Brand Mgr-Comm)*
Andreas Aron *(Copywriter)*
Sebastian Romano *(Copywriter)*
Alin Marghidanu *(Grp Creative Dir)*

Accounts:
Asociatia Pro Democratia
BRD Groupe Societe Generale
MAPA GmbH
Stop Violence Against Women
Telekom Romania

Russia

Leo Burnett Moscow
11 Bldg 2-5 Timur Frunze Str 2nd Fl, Business Centre Red Rose, 119021 Moscow, Russia
Tel.: (7) 495 969 2030
Fax: (7) 495 969 2025
E-Mail: reception.leoburnett@leoburnett.ru
Web Site: www.leoburnett.ru

Employees: 200
Year Founded: 1995

Agency Specializes In: Advertising

Andrey Yarinich *(Head-Creative Grp)*
Mikhail Kudashkin *(Exec Creative Dir)*
Mikhail Yarovikov *(Sr Dir-Art)*
Maria Chechelova *(Acct Dir)*
Stanislav Kabulin *(Art Dir)*
Patimat Magomedova *(Dir-Bus Dev-Russia)*
Mila Novojilova *(Mgr)*

Accounts:
FC Lokomotiv
Fiat Chrysler Automobiles Campaign: "Beauty in Dirt", Campaign: "Carabiner", Jeep
Goodyear Russia
Google Campaign: "Free a Tree"
Kraft Foods; 2003
MegaFon
Myth
PIK Group
Procter & Gamble Dreft; 1995
S7 Airlines Campaign: "Catch a Plane", Campaign: "Where Cold is Cool"
Sberbank
Surf Leroy Merlin Campaign: "Banknotes"

Uber

Saudi Arabia

Targets/Leo Burnett
Al Faisaliah Tower 7th Fl, PO Box 295797, King Fahd Rd, Riyadh, 11351 Saudi Arabia
Tel.: (966) 1 273 7070
Fax: (966) 1 273 7071
Web Site: www.leoburnett.com

Employees: 45
Year Founded: 2001

Mohammed Albatran *(Art Dir)*
Habeeb Najjar *(Art Dir)*
Khalid Al Khatib *(Sr Graphic Designer-Finalizer)*
Dominic Felix *(Sr Graphic Designer)*

Accounts:
Mondelez International, Inc.; 1987

Slovakia

Wiktor/Leo Burnett, s.r.o.
Leskova 5, 811 04 Bratislava, Slovakia
Tel.: (421) 2 5249 7250
Fax: (421) 2 5249 7078
E-Mail: wlb@wlb.sk
Web Site: http://wlb.sk/

Employees: 50
Year Founded: 1992

Agency Specializes In: Advertising

Peter Kontra *(Mng Dir)*
Peter Kacenka *(Exec Creative Dir)*
Stefan Andrejco *(Creative Dir)*
Martin Motacek *(Creative Dir)*
Raffo Tatarko *(Creative Dir)*
Jana Divisova *(Sr Acct Mgr)*
Marek Surovec *(Copywriter)*

Accounts:
Heineken Zlaty Bazant
J&T Banka "PlayDowJones"
Orange Slovakia Campaign: "Lucky Puck"
Slovak Caves Administration
Transparency International Campaign: "Not every bribe is just a box of chocolates"
Volkswagen

Switzerland

Spillmann/Felser/Leo Burnett
Armtlerstrasse 201, PO Box 8040, CH-8003 Zurich, Switzerland
Tel.: (41) 43 311 2525
Fax: (41) 43 311 2524
E-Mail: welcome@sflb.ch
Web Site: www.sflb.ch

Employees: 70
Year Founded: 2002

Agency Specializes In: Advertising, Travel & Tourism

Rolf Zimmermann *(Mng Dir)*
Axel Eckstein *(Exec Creative Dir)*
Martin Stulz *(Exec Creative Dir)*
David Fischer *(Creative Dir)*
Pedro Moosmann *(Art Dir)*
Anthony Dumville *(Assoc Creative Dir)*

Accounts:
Bio Suisse
Emmentaler Campaign: "Emmentaler Cheese Gotthelf", Campaign: "National Day Emmentaler"
Federal Office of Public Health Switzerland Campaign: "Organ Donation", Campaign: "The Decision"
German Stuttering Association
Mario Haller
Micasa; Zurich Campaign: "Names-Promotion"
Samsung "Duerer", NX Mini
Slow Food
Swiss Life; Zurich Campaign: "Life's Turns In A Sentence"
Switzerland Tourism Ant Hill, Campaign: "Clocks", Campaign: "Holidays Without Internet", Campaign: "The Visit"
WOZ Die Wochenzeitung Campaign: "Ads Suck When You'Re Reading", Campaign: "Notebook, Smartphone, Tablet"

Turkey

Markom/Leo Burnett
Buyukdere Cad 26/6 Beytem Plaza, Sisli, 34360 Istanbul, Turkey
Tel.: (90) 212 373 40 00
Fax: (90) 212 246 0842
E-Mail: sibel.buyuktezcan@leoburnett.com.tr
Web Site: www.leoburnett.com.tr

Employees: 65
Year Founded: 1983

Ekin Arsiray *(Grp Head-Creative)*
M. Evren Dinler *(Grp Head-Creative)*
Ersin Pekin *(Grp Head-Creative)*
Omer Siber *(Grp Head-Creative)*
Oktar Akin *(Creative Dir)*
Selcuk Akyuz *(Copywriter)*
Ozan Demir *(Sr Art Dir)*
Tunc Ersoz *(Chief-Graphics Workshop)*
Ahmet Yacel *(Sr Art Dir)*

Accounts:
Fiat Chrysler Automobiles Campaign: "The Ball", Hillholder, Jeep Renegade, Panic Brake Assistance
Samsung Campaign: "Hearing Hands"
Tofas

Ukraine

Leo Burnett Kiev
24 Vorovskogo Str building 2 2nd floor, 01054 Kiev, Ukraine
Tel.: (380) 44 490 9060
Fax: (380) 44 490 9070
E-Mail: info@leoburnett.ua
Web Site: www.leoburnett.ua

Employees: 50
Year Founded: 1995

Tatiana Fedorenko *(Creative Dir)*

Accounts:
Delo.ua Campaign: "News briefly", Campaign: "One Glance Is Enough"

Radius Leo Burnett
Dubai Media City Bldg No 11, PO Box 7534, Dubai, United Arab Emirates
Tel.: (971) 4 3672 600
Fax: (971) 4 3672 611
Web Site: http://leoburnettmea.com/

Employees: 225
Year Founded: 1986

National Agency Associations: IAA

Agency Specializes In: New Product Development, Out-of-Home Media, Outdoor, Public Relations, Sales Promotion

Kamal Dimachkie *(Exec Mng Dir)*
Bassel Kakish *(Fin Dir)*
Bechara Mouzannar *(Chief Creative Officer)*
Daniel Salles *(Head-Art & Creative Dir)*
Munah Zahr *(Exec Creative Dir)*
Ramzi Sleiman *(Reg Dir-Comm)*
Rafael Augusto *(Creative Dir)*
Tariq Ayass *(Creative Dir-Leo Burnett MEA & Studio M)*
Akhilesh Bagri *(Creative Dir)*
Valerio Mangiafico *(Art Dir-MENA)*
Danielle Jamal *(Dir-Digital & Effectiveness)*
Nabil Mufarrij *(Dir-Comm Servicing)*
Sheni Meledath *(Sr Mgr-Digital Delivery)*
Ali Ali *(Copywriter)*
Waleed Bachnak *(Copywriter)*
Anirudh Shiva *(Copywriter-MEA)*
Anton Marais *(Assoc Creative Dir)*
Andre Nassar *(Reg Exec Creative Dir)*

Accounts:
New-Abu Dhabi Airports Abu Dhabi Duty Free, Advertising, Brand & Digital Marketing, Communication, Creative Services, Social Media, Strategic Planning; 2018
New-Agthia Group Al Ain Water, Al Bayan, Alpin, Communication, Creative, Digital, Marketing, Outdoor, Print Advertising, Social Media; 2018
Big Ticket Abu Dhabi Activation, Creative, Digital, Media, Print, Production, Radio, Social, Strategy; 2017
Diageo Campaign: "Made of more"; 1991
Ferrero Group Digital, GCC, Social
FGB Content Creation
Fox Movies
General Motors Campaign: "The Perfect Storm"
Haris Munif
McDonald (Agency of Record) Campaign: "Family Time Forever", Creative, Mccafe
National Geographic Campaign: "Wild Cards"
Nawras
Procter & Gamble Campaign: "Tide Smart Bag", Laundry Detergent, Reusable Shopping Bag, Tide, Washing Powder; 1987
Samsung After-Sales Service, Air Conditioning, Campaign: "Messy Chocolate", Samsung Galaxy A
Sharjah Commerce & Tourism Development Authority Digital, OOH, Print, Radio, TV; 2017
New-Spotify Advertising Communications; 2018
Telecommunication

United Kingdom

Leo Burnett London
Kensington Village, Avonmore Road, London, W14 8HQ United Kingdom
Tel.: (44) 207 751 1800
Fax: (44) 2077130822
E-Mail: info@leoburnett.co.uk
Web Site: www.leoburnett.co.uk

Employees: 39
Year Founded: 2001

Agency Specializes In: Brand Development & Integration, Digital/Interactive, Email, Entertainment, Game Integration, Internet/Web Design, Social Media, Technical Advertising, Viral/Buzz/Word of Mouth

Gareth Collins *(CEO)*
Max Keane *(Head-Plng)*
Craig Neilson *(Head-Creative Ops)*
Charlie Martin *(Exec Creative Dir-Europe)*
Liane Dowling *(Sr Dir-Creative & Art)*
Hannah Cunningham *(Art Dir & Copywriter)*
Beth Grace *(Art Dir & Copywriter)*
Ben Newman *(Art Dir & Copywriter)*

ADVERTISING AGENCIES

AGENCIES - JANUARY, 2019

Lewis Beaton (Art Dir)
Luke Boggins (Creative Dir)
Jack Brenman (Acct Dir)
Gareth Butters (Creative Dir)
Oliver Farrington (Creative Dir)
Mark Franklin (Art Dir)
Peter Heyes (Creative Dir)
Sam Houlston (Acct Dir-Bd)
Mihiri Kanjirath (Acct Dir)
Graham Lakeland (Creative Dir)
Olivia Logue (Acct Dir)
Jessica Lyons (Acct Dir)
Dan McCormack (Creative Dir)
Ailsa McQuaid (Acct Dir)
Jay Perry (Acct Dir)
Victoria Reiz (Acct Dir)
Steve Robertson (Creative Dir)
Jo Tauscher (Client Svcs Dir)
Zoe Crowther (Dir-Mktg & New Bus)
Layla Potter (Dir-Client Svc)
Steph Bates (Sr Acct Mgr)
Helen Cliffe (Sr Acct Mgr)
Felicity Davies (Sr Acct Mgr)
Rachel McEwen (Sr Acct Mgr)
Ruth Stasiak (Sr Acct Mgr)
Robert Ellen (Acct Mgr)
Blake Field (Acct Exec)
Matt Cox (Designer)
Javier Leal-Olivas (Sr Designer)
Alex Moore (Copywriter)
Catherine Owen (Planner)
Will Rees (Designer)
Sam Sword (Copywriter)
Rob Tenconi (Copywriter)
Blake Waters (Copywriter)
Kinda Savarino (Jr Designer)

Accounts:
Action on Addiction Campaign: ""The Dry/Clean Initiative"
Alfred Dunhill
Arla Foods Limited Castello (Digital Agency of Record), Content Production, Digital Creative Development, Global Digital & Social Strategy, Lurpak; 2018
Avios Content, Digital, Social Media
Betfair (Creative Agency of Record) International Markets; 2018
Betsson
New-Breast Cancer Care
New-Butlin's Limited Creative; 2018
The Collective Brand Awareness, Digital
Contiki
Cosmopolitan
Coty, Inc. Clairol, Well
Covent Garden
Design Museum
End Youth Homelessness
Food Network American Street Feasts, Digital Campaign
Innocent Big Knit, Campaign: "Orange Lovers"
Jergens Naturals
John Frieda Jergens
Karma Nirvana
Kellogg Company
Kingfisher
Logica
McDonald's Corporation Advertising, FIFA World Cup Sponsorship, Global Communications, McCafe, McDelivery
Mercedes-Benz UK #YOUDRIVE, Campaign: "Challenge the Van", Campaign: "Van Experience", Digital Strategy, Social Strategy, Twitter Campaign
National Society for the Prevention of Cruelty to Children
Now TV
Pretty Green Below the Line, Digital Communications, Sunglasses Launch
Red Bull
Royal Caribbean Social Media
Samsung
Sky Social Media
TravelSupermarket

United Breweries Group Jura Whisky
Whyte & Mackay Campaign: "X Marks the Spot", Jura Whisky

Australia

Leo Burnett Melbourne
Level 7 28 Fresh Water Supply South Bank, Melbourne, VIC 3006 Australia
Tel.: (61) 3 9251 1300
Fax: (61) 3 9251 1350
E-Mail: melinda.geertz@leoburnett.com.au
Web Site: www.leoburnett.com.au

Employees: 42
Year Founded: 1935

Agency Specializes In: Advertising

Monica Lewin (Grp Acct Dir & Planner-Strategic)
Chris Ivanov (Grp Acct Dir)
Jaime Morgan (Grp Acct Dir)
Amanda Nicoll (Grp Acct Dir)
Ee-Lyn Law (Sr Producer-Digital)
Eliza Malone (Sr Producer-Brdcst)
Lauralee Cuzner (Acct Dir)
Chris Jovanov (Creative Dir-Digital)
Blair Kimber (Creative Dir)
Emma Lazarou (Acct Dir)
Jess Lilley (Creative Dir)
Daniel Pizzato (Creative Dir)
Jim Walsh (Creative Dir)
Jacquelyn Whelan (Acct Dir)
Tim den Braber (Dir-Client Svcs & Digital Transformation)
Ilona Levchenko (Dir-Integrated Strategy)
Angela Lethbridge (Sr Acct Mgr)
Kirstie Gadsden (Production Mgr)
Marlo Wilson (Acct Exec)
John Angless (Designer-Motion)
Joe Hill (Sr Creative)

Accounts:
7-Eleven Stores Campaign: "Slurpee: Reinventing an Icon", Slurpee, Slurpee BYO Cup Day
Ardmona
Arts Centre Melbourne Campaign: "Box of Curiosities"
Australian Marriage Equality
Berger Paints Campaign: "Man Space"
Bonds Bonds Originals, Online, Out-of-Home, Print, Social
City of Melbourne Creative, Digital, Strategy; 2018
The Communications Council Circus Festival
Crikey "Set In Stone"
Dulux Group
British Paints Paint & Prime
The Equality Campaign
The Famous Spiegeltent
Freehills
General Mills
Giant Everyday Rider Sponsorships
Glide Fins
Headspace National Youth Mental Health Foundation Reword
Honda Australia Pty., Ltd. (Creative Agency of Record) CR-V Series, CR-V Series II, Campaign: ""Power of Dreams", Campaign: "A-Team", Campaign: "Go With It", Campaign: "Human Truth", Cinema, Civic Type R, Communications, Creative, Digital, H2O, HR-V, Interactive, Outdoor, Social, TV
Mercer Wealth Solutions
Nestle Maxibon
Nintendo
Patties Foods Category Growth, Consumer Engagement, Four'N Twenty, Herbert Adams, Innovation, Marketing & Communications Strategy, Nanna's, Patties; 2017
Peters Ice Cream Campaign: "The Thrill of the Taste", Cinema, Creative, Digital, In-store, Magazine, Outdoor, TV

Philip Morris; 1979
Scenic Tours Digital Strategy
Scope Campaign: "See The Person", Campaign: "What Do I Look Like?", Disability Awareness, See The Person; 2000
SEEK Learning Campaign: "The Learnings from Seek Learning", Campaign: "Volunteer to Promote Volunteering"
SPC #MyFamilyCan, Baked Beans, Campaign: "Ain't Nobody Got Time For That", Campaign: "MyFamilyCan", Creative, Fruit Cups, Goulburn Valley, SPC Ardmona (Creative Agency of Record), Spaghetti, TV
Spirit of Tasmania Advertising, Brand Strategy & Creative Services, Marketing Strategy, Outdoor & Digital Advertising, Print, Radio, Television
Sportsbet.com.au
Suzuki
Victoria University

Leo Burnett Sydney
26 Hickson Road, Millers Point Point, Sydney, NSW 2000 Australia
Tel.: (61) 2 9925 3555
Fax: (61) 2 9925 3617
E-Mail: sydney@leoburnett.com.au
Web Site: www.leoburnett.com.au

Employees: 160
Year Founded: 1935

Antony Neeson (Mng Dir)
Kieran Ots (Exec VP & Exec Creative Dir)
Stuart Alexander (Grp Head-Creative)
Adrian Jung (Head-Production)
Dave Varney (Grp Head-Creative)
James Walker-Smith (Gen Mgr)
Vince Lagana (Exec Creative Dir)
Amanda Nicoll (Grp Acct Dir)
Rachel Devine (Sr Producer-Brdcst)
Chris Summers (Sr Producer-Digital)
Ian Broekhuizen (Creative Dir)
Malcolm Caldwell (Creative Dir)
Nigel Clark (Creative Dir)
Adrian Ely (Creative Dir)
Charlotte Kent (Bus Dir)
Bethany Ryan (Bus Dir)
Graham Alvarez (Dir-Strategy)
Stephanie Brown (Dir-Strategy)
Liz Hunt (Dir-PR)
Mitchell Incoll (Dir-Strategy)
Letizia Bozzolini (Assoc Dir-Creative)
Lisa O'Neill (Assoc Dir-Creative)
Michael Tramonte (Sr Acct Mgr)
Carla Dovgan (Acct Mgr)
Laura Egan (Acct Mgr)
Courtney Rule (Strategist-PR)
Meredith Besseling (Designer-Conceptual)
Paula Cardona (Sr Designer-Conceptual)
Sebastien Jacques (Designer-Digital)
Laura Christie (Sr Bus Dir)
Belinda Drew (Grp Bus Dir)
Neil Duncan (Sr Bus Dir)
Amber Glenister (Sr Bus Dir)
Toby Hussey (Grp Bus Dir)
Rebecca Morton (Grp Bus Dir)
Sarah Parris (Sr Art Dir)
Prue Purnell (Sr Bus Mgr)

Accounts:
7-Eleven BYO Cup Day
Assistance Dogs Australia
Australian Bureau of Statistics & Census Campaign: "Run That Town", Campaign: "Spotlight"
Barbeques Galore
Ben Lee
Bundy Five
Canon Australia Campaign: "Darren Jew", Campaign: "Decoy ? A Portrait Session With a Twist", Campaign: "PIXMA Endless Creative Possibilitie", Campaign: "Seconds With", Canon Digic Image Processor, Compact Cameras,

AGENCIES - JANUARY, 2019 — ADVERTISING AGENCIES

Gorilla, Large Format Printers, Media Planning
Coca Cola 3D Touchscreens Technology, Campaign: "Small Faces", Campaign: "Small World Machines", Small World Posters
Colonial First State
Craveable Brands (Creative Agency of Record) Chicken Treat, Creative, Design & Digital, Oporto, Red Rooster, Strategic; 2018
Diageo Bundaberg Rum, Campaign: "Ain't No Nancy Drink", Campaign: "Bundy 8-Ball", Campaign: "Bundy Bottle", Campaign: "Butterfly", Campaign: "Collective Genius", Campaign: "Lucy Maria", Campaign: "Road to Recovery", Campaign: "Smirnoff Pure", Campaign: "Watermark", Captain Morgan, Favourable Lie, Johnnie Walker, Master Distiller's Collective, Media Planning, Media Strategy, Pampero, Post Disaster Aid Program, Rum, Smirnoff, Television
Earth Hour
Ebay Campaign: "When Inspiration Strikes", Online Shopping, Website
Emirates Airlines Project
Energy Australia Above-the-line, Advertising, Brand Strategy, Campaign: "Perfect Plans", Campaign: "Power To Move", Digital, Outdoor, TV
EOS Photochains
Freedom Furniture
Giant Everyday Rider Sponsorships
Kellogg's Be Natural
Ketel One Vodka Campaign: "'This One's Mine", Creative
Landcom
Marilyn Grace
Maytag; 1999
NSW Fire & Safety
Pacific Brands Limited
Parrot Carrot
Procter & Gamble Herbal Essences, SK-II, Tide; 1985
Questacon
Rabobank
Ronald McDonald House Charities Campaign: "Tree Of Life"
Samsung Group Campaign: "Shark Dive in the Desert", Campaign: "Made for Australia", Galaxy S5, Galaxy S8, Galaxy Tab S2, Gear VR, Pocket Patrol, S-Drive
Suncorp Creative, GIO
New-Sweet&Chilli Cocktail Porter
TEDxSydney Brand Development, Communications, Creative
TRUenergy Creative
Twinings Communications, Creative, Strategy
Unibet Australia Campaign: "Back Yourself"
Unilever Campaign: "The Priceline & Dove 7 Day Test"

Leo Burnett-Beijing
Room 1308 China World Tower 2 No 1 Jian Guo Meri Wai Avenue, Beijing, 100004 China
Tel.: (86) 10 8588 3388
E-Mail: benjamin.tsang@bj.leoburnett.com
Web Site: www.leoburnett.com

Employees: 80
Year Founded: 1992

Frank Liu *(Mng Dir)*
Jennifer Wei *(Sr Mgr-People & Culture)*
Carol Lam *(Pres/Chief Creative Officer-Greater China)*

Accounts:
Audi Communications, FAW Audi, Integrated Marketing, Strategic Creative
Baidu, Inc. Baidu Duer, Digital
China Mobile And, Creative
COFCO Creative, Fortune Oil, Strategy
Hainan Airline
Yili Branding, Communications, Creative, Satine

Leo Burnett-Guangzhou
5/F North Tower Poly International Plaza, Yue Jiang Zhong Road, Guangzhou, 510308 China
Tel.: (86) 20 2836 0333
Fax: (86) 20 2836 0391
E-Mail: chasie.zeng@gz.leoburnett.com
Web Site: www.leoburnett.com

Employees: 60
Year Founded: 1992

Agency Specializes In: Advertising

Tak Ho Lau *(Exec Creative Dir)*
Kato Tsang *(Assoc Creative Dir)*

Leo Burnett Shanghai Advertising Co., Ltd.
2F Block F Red Town 570 Huai Hai Road (W), Shanghai, 200052 China
Tel.: (86) 21 6028 3100
Fax: (86) 21 5230 5773
Web Site: www.leoburnett.com

Employees: 100
Year Founded: 1992

Angie Wong *(Mng Dir)*
Rocky Hao *(Exec Creative Dir)*
Sunny Lai *(Exec Creative Dir)*
David Dai *(Acct Dir)*
Jeffrey Ng *(Acct Dir)*
Frankie Qian *(Creative Dir)*
Billy Qiu *(Acct Dir)*
Bianca Tam *(Bus Dir)*
Laurent Wen *(Bus Dir)*
Bati Wu *(Creative Dir)*
Wicky Wu *(Art Dir)*
Amy Wu *(Dir-People & Culture-China)*
Xue Bai *(Copywriter)*
Kyle Cai *(Assoc Creative Dir)*
Madman Lin *(Assoc Art Dir)*
Eric Sun *(Grp Creative Dir)*
Kevin Wu *(Grp Creative Dir)*
Seven Wu *(Assoc Art Dir)*
Young Yang *(Assoc Creative Dir)*

Accounts:
Abbott China Creative, Eleva, Integrated Communication Strategies, PediaSure, Similac, Total Comfort; 2018
Amazon China Creative, Kindle E-reader
Coca-Cola Refreshments USA, Inc. Campaign: "Shine", Coke/Red Lounge, Minute Maid; 2000
General Motors CT6 Sedan, Cadillac, Integrated Marketing
Huawei Branding, Creative, Enterprise Business Group (Advertising Agency of Record)
McDonald's In-Store, Online, Video
Pfizer China Brand Awareness, Strategic Creative, Viagra; 2017
Samsung Group 8 Seconds (Lead Creative Agency)
Uni-President Above the Line, Below-the-Line Merchandising, Branding, Communication Strategy, Content Planning, Detox Juice, Digital, Print, Social, Soup Daren (Creative Agency of Record), TV, Uni-Sport, Xiao Ming Tong Xue

Hong Kong

Leo Burnett-Hong Kong
6th Fl City Plaza 3 14 Taikoo Wan Road, Quarry Bay, China (Hong Kong)
Tel.: (852) 2567 4333
Fax: (852) 2885 3209
Web Site: www.leoburnett.com

Employees: 180
Year Founded: 1970

Agency Specializes In: Advertising

Jeff Ho *(Mng Dir)*
Vincent Siu *(Client Svcs Dir)*
Kato Tsang *(Assoc Creative Dir)*

Accounts:
Casablanca Campaign: "Deep Sleep", Campaign: "Dominos", Campaign: "Dreambot", I-Pillow
Che San Stationery 2 Ply Paper Towels
Concordia Project
Lindt Chocolate Creative, Lindor; 2017
Procter & Gamble Advertising, Campaign: "Smooth Heart Touching Moments", Pert, Rejoice; 1983
The Salvation Army Campaign: "Gift Box"
Staedtler Campaign: "Architecture", Campaign: "Memoji", Campaign: "The Pencil", Campaign: "Where it all begins."

India

Leo Burnett India
Big Apple A, 36 Dr L Shirodkar Rd Parel, Mumbai, 400 012 India
Tel.: (91) 22 6663 4444
Fax: (91) 22 2417 3328
Web Site: www.leoburnett.co.in/

Employees: 250
Year Founded: 1972

Agency Specializes In: Consumer Marketing, Financial, Industrial, South Asian Market

Rohini Radhakrishnan *(Partner-Brand)*
Adi Vyas *(Partner-Brand)*
Prashanth Challapalli *(COO)*
RajDeepak Das *(Chief Creative Officer-South Asia & Mng Dir-India)*
Dheeraj Sinha *(Chief Strategy Officer-South Asia & Mng Dir-India)*
Samir Gangahar *(Pres-North)*
Saurabh Varma *(CEO-South Asia)*
Ajeeta Bharadwaj *(Exec VP & Head-Plng & Strategy-Mumbai)*
Gaurav Dudeja *(Exec VP)*
Saraswathi Laxman *(Exec VP)*
Sanju Menon *(Exec VP)*
Abhimanyu Khedkar *(VP)*
Aditi Mahale *(VP)*
Yousuf Rangoonwala *(VP-Strategy)*
Rajiv Wadhwa *(VP)*
Neha Kapoor *(Assoc VP)*
Sachin Kamble *(Exec Creative Dir)*
Amit Nandwani *(Exec Creative Dir)*
Vikram Pandey *(Exec Creative Dir)*
Gunjan Poddar *(Exec Creative Dir)*
Pranav Harihar Sharma *(Exec Creative Dir)*
Prajato Guha Thakurta *(Exec Creative Dir)*
Manasvi Abrol *(Creative Dir)*
Rohan Kumar *(Creative Dir)*
Vijay Kumbhar *(Art Dir)*
Brahmesh Tiwari *(Creative Dir)*
Vikrant Wadkar *(Art Dir)*
Sushrita Mukherjee *(Dir-Brand Strategy)*
Mukul Upadhyay *(Assoc Dir-Creative)*
Reena Nair *(Mgr-People & Culture)*
Piyush Jaiswal *(Copywriter)*
Vivek Unnikrishnan *(Copywriter)*
Puran Choudhary *(Assoc Creative Dir)*
Rachana Dixit *(Reg Creative Dir)*
Archit Gadiyar *(Sr Creative Dir)*
Abhijit Kalan *(Assoc Creative Dir)*
Kevin Lobo *(Sr Creative Dir)*
Vikrant Yadav *(Sr Creative Dir)*

Accounts:
Adlabs Imagica Creative
Amazon Kindle India
Amazon.com, Inc Amazon Prime Video, Creative
Anchor Electricals Pvt. Ltd (Creative Agency of Record)

ADVERTISING AGENCIES

Anchor Health & Beauty care
Apple Inc
Bajaj Auto Limited ATL, Activation, Bajaj CT100, Bajaj Discover (Agency of Record), Bajaj Finserv, Bajaj V, Campaign: "Khushiyon Ka Jackpot", Digital, Print, Retail; 1973
Birla Sunlife Insurance Co Ltd
Bridgestone Creative; 2018
Bunge Limited Bunge India, Dalda, Gagan Cooking Oil
Campaign Brief Asia
Coca-Cola India Limited Campaign: "Aaj kuch toofani karte hain", Campaign: "Bhaag Bittoo Bhaag", Campaign: "Limca Wali Pyaas", Campaign: "Pyaas Badhao", Campaign: "Reflection of Music - Table Mat", Campaign: "Sounds of Happiness", Campaign: "Toofan to Sab Keanderhai, Bas Dhakkan hi to Hatanahai", Campaign: "WhirlWind", Coke Studio, Creative, Digital Media, Limca, Maaza, Minute Maid Nimbu Fresh, OOH, Radio, Social Media, TV, Thums Up; 1995
Craftsvilla
Dharampal Premchand Ltd Baba Elaichi
Door Step School Campaign: "Ink Pad"
Emami Ltd Digital, HE Deodorant
Fiat; 1995
Fortis Healthcare Digital
General Mills Integrated Communications, Pillsbury
GlaxoSmithKline Pharmaceuticals Ltd. Campaign: "Aadatein Badal Rahi Hain", Iodex, Ostocalcium
Google India; 2018
HDFC Bank Campaign: "Har Zaroorat Poori Ho Chutki Mein, Bank Aapki Muthi Mein", Creative
HDFC Standard Life Insurance Company Limited Campaign: "IPL Team", Campaign: "Life of Dignity", Campaign: "YoungStar Plans, Family"
Hindustan Petroleum Corporation Limited Creative, Finit Insect Repellent
H.J. Heinz Company Campaign: "Classroom", Complan Memory, Heinz Ketchup; 1989
I am Laadli
Inbisco India Kopiko, TV
Jeep
Loksatta Awaaz - 1
McDonald's Campaign: "#ThodaTimeAur", Campaign: "Absolutely Indian", Campaign: "Bargain", Campaign: "Chinese Whisper", Campaign: "Dare to Choose", Campaign: "Don't Stop, Just Have Pop", Campaign: "Happy Sparrows", Crispy Veggie Pops, Digital, Masala Grill Burger, McCafe, McSpicy, OOH, Print, Radio, Social Media
OLX Advertising
ParentCircle Branding, Communication Strategy
Perfetti Van Melle India Pvt Ltd Campaign: "Boss, Yeh Mera Dil"
Tata Capital Limited Tata Capital Housing Finance
Tata Chemicals Limited Campaign: "Cucumber Salad", Campaign: "Happy Mother's Day"
Tata Sampann
Procter & Gamble Hygiene & Health Care Limited Campaign: "100% Shiksha", Campaign: "South Indian", Tide Detergents, Tide Fragrance - Fisherman, Washing Detergent; 1984
Samsung India Electronics Pvt. Ltd. Mobile, Samsung Refrigerator
Sony Entertainment Television Campaign: "A Million Dollar Question (Kaun Banega Crorepati)", Campaign: "Indian Idol Junior"
Star India Star Bharat
Sterlite Technologies
Tide Detergent
Tide

Leo Burnett India
24 & 30 Okhla Industrial Real Estate Phase III 3rd Floor, New Delhi, 110 020 India
Tel.: (91) 11 4150 0000
Fax: (91) 11 4161 2152
Web Site: www.leoburnett.com

Employees: 50

Year Founded: 1972

Agency Specializes In: Advertising

Dipendra Rai *(Partner-Brand Svcs)*
Saraswathi Laxman *(Exec VP)*
Amritraj Thakur *(VP-Brand Strategy)*
Arjuna Gaur *(Exec Creative Dir)*
Sadanand Devanand *(Creative Dir)*
Mukul Raut *(Creative Dir)*
Anuj Sarkar *(Art Dir)*
Aniruddha Ghosh *(Dir-Creative & Art)*
Sachin Burma *(Grp Exec Creative Dir)*
Ashish Poddar *(Sr Creative Dir)*

Accounts:
Bacardi Martini India Bacardi Dark Rum, Bacardi White Rum, Bombay Sapphire Gin, Creative, Dewar's Scotch, Eristoff, Grey Goose Vodka
Bajaj Auto. Ltd. Bajaj CT100, Bajaj V
Coca-Cola Co. Campaign: "Har Mausam Love, Har Mausam Aam", Campaign: "Main Hoon Toofani", Digital, Maaza, OOH, Point-of-Sales, Thums Up
Craftsvilla.com
McDonald's Happy Meal
PayUMoney Creative
Saint Gobain
Samsung India Campaign: "Bring Out", Galaxy Grand
Yatra.com

Leo Burnett Orchard
(Formerly Orchard Advertising)
HAL 3rd Stage No 37 80 Foot Road, Bengaluru, 560 075 India
Tel.: (91) 9986459969
Fax: (91) 80 2527 2506
Web Site: www.orchardindia.com

Employees: 50
Year Founded: 1977

Agency Specializes In: Advertising, South Asian Market

Prashanth Challapalli *(COO)*
Menaka Menon *(Exec VP)*
Amritraj Thakur *(VP-Brand Strategy)*
Ajeeta Bharadwaj *(Head-Plng-Mumbai)*
Rohitash Shrivastava *(Head-Strategy-Natl)*
Amod Dani *(Exec Creative Dir)*
Hemant Kumar *(Exec Creative Dir)*
Neel Roy *(Exec Creative Dir)*
Punarvasu Naik *(Assoc Dir)*

Accounts:
Amazon India
Bigg Boss 7 Below-The-Line, Digital, Mobile, Print, Radio
Blackberry
Deccan Aviation; 1998
Dream11 Creative; 2018
Emami Navratna Oil
Fiat India
i-canhelp
Jyothi Laboratories Campaign: "Insects Dancing", Campaign: "Quiz", Maxo
Lux Cozi ONN
Lux Industries
MAS Holdings Amante, Creative
OLX Campaign: "OLXMadAds"
OnePlus Campaign: "Never Settle"
Oppo Electronics
Peter England
Pico Peta
Piramal Healthcare Campaign: "Chamchi"
SBI Life Insurance
South African Breweries
Standard Chartered Bank
Vistaprint India Advertising, Campaign: "Chalta Hai ko Chalta Karo"
WaterHealth India BTL, Creative, Media, Print
Wipro Consumer Care Campaign: "Class room", Glucovita

Indonesia

Leo Burnett Indonesia
JL MH Thamrin Kav 3 Menara Thamrin 26th, Jakarta, 10250 Indonesia
Tel.: (62) 21 3983 0118
Fax: (62) 21 3983 0119
E-Mail: dan_oesman@leoburnettkreasindo.com
Web Site: www.leoburnett.co.id

Employees: 113
Year Founded: 1990

Agency Specializes In: Advertising

Brian Charles Capel *(CEO)*
Eva Ayu Karina *(Sr Dir-Brdcst)*
Bhara Felder *(Acct Dir)*
Yogi Pradana *(Creative Dir)*
Jules Tan *(Creative Dir)*
Alfiya Rahmani *(Dir-Client Svc)*
Andhika Hakim *(Sr Acct Exec)*

Accounts:
McDonald's; 2004
Nintendo
PT Indofood Chitao (Creative Agency of Record), Popmie (Creative Agency of Record)

Japan

Beacon Communications K.K.
JR Tokyo Maguro Building 3-1-1 Kami-Osaki, Shinagawa-ku, Tokyo, 141-0021 Japan
Tel.: (81) 3 5437 7200
Fax: (81) 3 5437 7211
E-Mail: tokyo.prbeacon@beaconcom.co.jp
Web Site: www.beaconcom.co.jp

Employees: 350
Year Founded: 2001

National Agency Associations: ABC-IAA-JAAA-JMAA

Sayuri Kato *(Exec Dir-HR)*
Mikiko Hisamichi *(Art Dir)*
Uno Kunimoto *(Art Dir)*
Kyoko Mitsui *(Acct Dir)*
Naoki Nishimura *(Creative Dir)*
Kohei Ochiai *(Art Dir)*
Yukichi Shikata *(Art Dir)*
Yoshishige Takei *(Creative Dir)*
Marie Kobayashi *(Acct Supvr)*
Kaoru Saito *(Acct Supvr)*
Yongbom Seo *(Acct Planner)*
Taketo Igarashi *(Assoc Creative Dir)*
Norihiro Sasa *(Sr Art Dir)*

Accounts:
AXA Life Insurance Japan
BMW Japan
East Japan Railway Company
Ebara Foods Industry, Inc. Campaign: "Funfair in Your Mouth"
Japan Railway Company
MINI Apartment Flyer
Mondelez
Nikon Corporation Campaign: "Tears"
One Eight Promotion Campaign: "Pinch Pinup"
Procter & Gamble Far East Ltd. Ariel, Attento, Braun Oral-B, Campaign: "International Flight Mouth", Campaign: "Life & Dirt", Campaign: "Mom's First Birthday", Campaign: "Transform Audition", Crest Spin Brush, Eukanuba, Herbal Essences, Iams, Joy, Pampers, Rejoy, Whisper; 1983
Puma
Tefal

AGENCIES - JANUARY, 2019 — ADVERTISING AGENCIES

UNESCO NGO Japan
Wada Elementary School Campaign: "Ribbond Birds"

Korea

Leo Burnett Korea
East Wing 15th Fl Signature Towers 100 Cheonggyecheon-ro, Jongno-gu, Seoul, 100-230 Korea (South)
Tel.: (82) 220003600
Fax: (82) 27320082
Web Site: leoburnett.com/

Employees: 120
Year Founded: 1991

Agency Specializes In: Advertising

Sarah-Jane Chang *(CFO)*
Sukbong Hong *(Dir-Acct Mgmt)*
Hyojung Koo *(Dir-Digital)*
Ji-hyun Kwon *(Acct Exec)*

Accounts:
ASML
Bayer
Coca Cola
Ferrero; 2000
Gilead
GSK
Kellogg Company; 1992
Korea Ginseng
McDonald's Campaign: "Big Mac Song"; 1991
Pfizer
Philip Morris; 1990
Procter & Gamble Female Hygiene; 1990
Samsung Mobile
Sanofi Aventis
Takeda

Malaysia

Leo Burnett Malaysia
Level 5 Menara Olympia, 8 Jalan Raja Chulan, 50200 Kuala Lumpur, Malaysia
Tel.: (60) 3 2031 0998
Fax: (60) 3 2031 0972
E-Mail: tan.kieneng@leoburnett.com.my
Web Site: www.leoburnett.com.my

Employees: 143
Year Founded: 1964

Agency Specializes In: Advertising

Tan Kien Eng *(CEO)*
Robert Kay *(Bus Dir)*
Shyyi Lee *(Art Dir)*
Soon Lon Fung *(Art Dir)*
Natasha Monteiro *(Bus Dir)*
Martin Ng *(Creative Dir-Digital)*
James Yap *(Creative Dir)*
Elizabeth Anita *(Mgr-Traffic)*
Pia Dhaliwai *(Copywriter)*
Daniel Heng *(Copywriter)*
Jovian Lee *(Copywriter)*
Hyrul Anuar *(Sr Art Dir-Digital)*
Iska Hashim *(Grp Creative Dir)*
Eaide Jasli *(Assoc Creative Dir)*

Accounts:
AIA Malaysia
BCWA
BookXcess
Carlsberg
Coway Malaysia Advertising, Communications, Digital, Public Relations, Social
Golden Arches Campaign: "Save the Sundae Cone"
Lazada Branding, Online
Maxis Product Marcomm
McDonald's Creative; 1986
Media Prima Creative, Creative Communications, Digital Terrestrial Television, MyFreeview, Strategic Development
Petronas Campaign: "Rubber Boy"
Reckitt Benckiser Durex RealFeel
Samsung Malaysia Campaign: "Samsung Believes in Malaysia", Galaxy S4
New-Yayasan Chow Kit

Philippines

Leo Burnett Manila
Enterprise Center Tower 2 24th Fl 6766 Ayala Avenue Corner, Paseo de Roxas, Makati, 1226 Philippines
Tel.: (63) 28848001
Fax: (63) 28848036
E-Mail: gela.pena@ph.leoburnett.com
Web Site: www.leoburnett.com

Employees: 86
Year Founded: 1935

Agency Specializes In: Advertising

Raoul Panes *(Chief Creative Officer)*
Dino Cabrera *(Chief Digital Officer & Creative Dir)*
Raymond Arrastia *(CEO-Publicis One Philippines)*
Sue Ann Malig-Nolido *(VP & Acct Mgmt Dir)*
Aissa Stephanie dela Cruz *(Grp Head-Creative)*
Donny Dingcong *(Grp Acct Dir)*
Cey Enriquez-Ponferrada *(Creative Dir)*
Noel San Juan *(Creative Dir)*
Sara Sarmiento *(Art Dir)*
Daniel Ansel Tingcungco *(Art Dir)*
Carl Urgino *(Creative Dir)*
Judy Buenviaje Medina *(Dir-Acct Mgmt)*
Kimie Arenillo *(Assoc Acct Dir)*
Paolo Roa *(Sr Art Dir)*

Accounts:
Ad Board of the Philippines Campaign: "Horsemen"
Bank of the Philippine Islands Social Media
Camella Homes Property Development
Coca-Cola Refreshments USA, Inc. Campaign: "Xerox Man", Coke Light, Coke Zero, Samurai Energy Drink; 2002
Cultural Center of the Philippines
General Motors
Hank & Frank
McDonald's Breakfast McSavers, Campaign: "Flash Cards", Campaign: "Kuya", Campaign: "Mctollbooth", Campaign: "Restraint", Golden Arches Development Corp, Rainbow; 1996
Philip Morris; 1995
Philippine Airlines
Procter & Gamble Camay, Campaign: "Aid Couture 2", Campaign: "Aid Couture", Tide; 1978
Samurai Campaign: "Xerox Man"
Shell Philippines
WWF Philippines, Inc. Dangers Beneath Exhibit, Earth Hour

Singapore

Leo Burnett
16, Collyer Quay #03-00, Income at Raffles, 049318 Singapore, Singapore
Tel.: (65) 6718 0888
Web Site: www.leoburnett.com

Employees: 93
Year Founded: 1946

National Agency Associations: SAA

Agency Specializes In: Advertising Specialties

Serene Koh *(Mng Dir)*
Eric Yeo *(Exec Creative Dir)*
Adrian Yeap *(Creative Dir)*
Alejandro Canciobello *(Reg Creative Dir)*

Accounts:
Allergan (Regional Creative Agency of Record) Asia-Pacific Integrated Communications, Health Care, Medical Aesthetics
APEX Clubs of Singapore. Somebody RC60s
BMW Asia Creative, Events, Marketing
GEMS World Academy (Creative Agency of Record) Communications, Digital, Outdoor, Print
Great Eastern Campaign: "There Will Never Be Another You"
Ikea Campaign: "Catalogue Launch", Creative
Maybank (Creative Agency of Record) Communications
The Orchard Road Business Association Christmas On A Great Street 2016, Design
The Patissier Cake-Mouflage
Performance Motors Limited Creative; 2017
Procter & Gamble SK-II; 1977
Samsung
Singapore Cancer Society Campaign: "No Excuse Not To Screen"
Sony Sony RX
Telco Indonesia
Tigerair (Social Media Agency of Record)

Sri Lanka

Leo Burnett Solutions Inc.
No 379 R A de Mel Mawatha, Colombo, 3 Sri Lanka
Tel.: (94) 11 237 2080
Fax: (94) 11 237 2088
Web Site: www.leoburnett.lk

Employees: 80
Year Founded: 1999

Agency Specializes In: Advertising, South Asian Market

Arosha Perera *(CEO)*
Mehnaz Ilhamdeen *(Head-Ops)*
Thushara Malalanayake *(Art Dir)*
Kumudini Gomes *(Dir-People & Culture)*
Neeraj Karambelkar *(Dir-Digital)*
Rinesh Jayarathne *(Sr Brand Mgr)*
Roshana Rasheed *(Assoc Creative Dir)*

Accounts:
Asiri Group of Hospitals
Findmyfare.com
Janet Deodorant Campaign: "Nurse, Police Woman"
JAT Holdings Initiative, Petal Paint
KV International Campaign: "Durty Scean 01"
Spa Ceylon

Thailand

Leo Burnett
Sindhorn Bldg Tower 1 3rd Fl 130-132 Wireless Rd, Lumpini Pathumwan, Bangkok, 10330 Thailand
Tel.: (66) 2 684 5555
Fax: (66) 2 684 5500
E-Mail: on-usa_l@leoburnett.co.th
Web Site: www.leoburnett.com

Employees: 120
Year Founded: 1965

National Agency Associations:

Agency Specializes In: Direct Response Marketing, Graphic Design, Public Relations, Sales Promotion

Sompat Trisadikun *(Chief Creative Officer & Art*

ADVERTISING AGENCIES

Dir)
Amares Chumsai Na Ayudhya *(Chief Innovation Officer)*
Songkran Sethesompobe *(CEO-Thailand)*
Nares Lim *(Head-Creative Grp & Art Dir)*
Skon Khanawuthikarn *(Grp Head-Creative)*
Panupak Siripakdee *(Grp Head-Creative)*
Paruj Daorai *(Exec Creative Dir & Art Dir)*
Chanyutt Boonyagate *(Exec Creative Dir)*
Keeratie Chaimoungkalo *(Exec Creative Dir)*
Panjaporn Kruapanichwong *(Grp Acct Dir)*
Nuwadee Ketruangroch *(Creative Dir & Copywriter)*
Valundh Charoensombut-Amorn *(Art Dir)*
Smach Chotitat *(Art Dir)*
Ariyawat Juntaratip *(Creative Dir)*
Piti Pongrakananon *(Creative Dir)*
Patara-on Poonsawat *(Art Dir)*
Parinyawat Ruaychaiudomchok *(Art Dir)*
Parinyaporn Srangsomwong *(Acct Dir)*
Juthamas Udomlapsakul *(Art Dir)*
Wanrawee Tangsuwan *(Acct Exec)*
Piyawat Chaiyabunphattharakun *(Copywriter)*
Jakkaphong Kirdtongkum *(Copywriter)*
Dhitiwat Mongkolsmai *(Copywriter)*
Sirikorn Rungrueangdechaphat *(Copywriter)*

Accounts:
Center For The Protection Of Children's Rights Foundation Campaign: "A Girl", Campaign: "Child Abuse", Campaign: "It Never Goes Away"
Don't Drive Drunk Foundation Campaign: "Suicide"
New-Fast Retailing Co., Ltd. UNIQLO
ME by TMB Bank Campaign: "Panyee FC", Me Move
PTG Energy Brand Communications
Samaritans
Samsung Campaign: "Kitchen", Galaxy S4
Shutterstock, Inc.
Tesco Lotus
Thai Health Promotion Foundation
Total Access Communication Public Company Limited
Tourism Authority of Thailand Campaign: "I Hate Thailand", Campaign: "It Begins with the People", Campaign: "The Way We See The World", TV; 2007
New-TQM Insurance Brokers Online Advertising
Youth Guardian Foundation

LEO J. BRENNAN, INC.
1130 S Lake Valley Dr, Fenton, MI 48430
Tel.: (248) 362-3131
Fax: (248) 362-2355
E-Mail: request@ljbrennan.com
Web Site: www.ljbrennan.com

E-Mail for Key Personnel:
President: lbrennan@ljbrennan.com

Employees: 3
Year Founded: 1969

Agency Specializes In: Advertising Specialties, Automotive, Business Publications, Business-To-Business, Collateral, Consulting, E-Commerce, Engineering, Financial, Graphic Design, Health Care Services, High Technology, Industrial, Information Technology, Internet/Web Design, Logo & Package Design, Marine, Media Buying Services, Medical Products, New Product Development, Newspapers & Magazines, Planning & Consultation, Point of Purchase, Print, Production, Public Relations, Publicity/Promotions, Sales Promotion, Strategic Planning/Research, Technical Advertising

Leo J. Brennan *(Pres)*

Accounts:
Ace Controls
Al Salter Photography, Inc.
E&E Engineering

J.F. Hubert Enterprises
ND Industries
Search Group, Inc.

LEONE ADVERTISING
2024 Santa Cruz Ave, Menlo Park, CA 94025
Tel.: (650) 854-5895
Fax: (650) 854-7576
E-Mail: info@leonead.com
Web Site: www.leonead.com

Employees: 3

Agency Specializes In: Advertising, Brand Development & Integration, Content, Internet/Web Design, Search Engine Optimization, Social Media

Laurel Leone *(Owner)*
Steve Bellamy *(COO)*

Accounts:
Jorgenson, Siegel, McClure & Flegel, LLP

LEOPARD
555 17th St Ste 300, Denver, CO 80202-3908
Tel.: (303) 527-2900
Fax: (303) 530-3480
E-Mail: req_info@leopard.com
Web Site: https://www.leopard.com/

Employees: 60
Year Founded: 1984

National Agency Associations: 4A's

Agency Specializes In: Business-To-Business, Education, Financial, High Technology, Sponsorship

Jill Mabary *(Acct Mgr)*
Felipe Aguilar *(Designer)*

Accounts:
Attensity
CDW
Cisco
Intrado
Mentor Graphics
SAP
Siemens

LEOPOLD KETEL & PARTNERS
118 Sw 1St Ave, Portland, OR 97204
Tel.: (503) 295-1918
Fax: (503) 295-3601
E-Mail: krissy@leoketel.com
Web Site: www.leoketel.com

E-Mail for Key Personnel:
Creative Dir.: jerryk@leoketel.com

Employees: 22
Year Founded: 1995

National Agency Associations: PRSA

Agency Specializes In: Advertising, Brand Development & Integration, Broadcast, Collateral, Communications, Consumer Marketing, Corporate Identity, Electronic Media, Fashion/Apparel, Financial, Food Service, Graphic Design, Internet/Web Design, Logo & Package Design, Media Buying Services, Newspapers & Magazines, Out-of-Home Media, Outdoor, Planning & Consultation, Point of Purchase, Point of Sale, Print, Public Relations, Publicity/Promotions, Radio, Retail, Strategic Planning/Research, T.V., Trade & Consumer Magazines, Travel & Tourism

Approx. Annual Billings: $22,300,000

Breakdown of Gross Billings by Media: Fees: 26%;

Internet Adv.: 1%; Mags.: 27%; Network T.V.: 9%; Newsp.: 13%; Outdoor: 2%; Production: 16%; Radio: 6%

Terra Spencer *(Founder, Partner & Mng Dir)*
Molly Streuli *(Mgr-Production & Copywriter)*
Kiah Bray *(Mgr-Acctg)*
Jeremy Bolesky *(Designer)*

Accounts:
ATRIO Health Plans (Advertising & Branding Agency of Record)
Benchmade Knives
Cannon Beach Business Associates
Castelli
New-Durham & Bates (Agency of Record) Brand Research, Design & Advertising, Strategy Development
Friedrich Air Conditioning
ODS Health Insurance
Oregon Humane Society; 2002
Oregon Public Broadcasting
Pendleton Whisky
Pendleton Woolen Mills
Planned Parenthood
Tillamook County Creamery Association Cheese, Ice Cream - Television Spots

LEPOIDEVIN MARKETING
245 S Executive Dr, Brookfield, WI 53005
Tel.: (262) 754-9505
Web Site: www.LePoidevinMarketing.com

Employees: 12
Year Founded: 1997

Agency Specializes In: Business Publications, Catalogs, Co-op Advertising, Collateral, Custom Publishing, Digital/Interactive, Direct Response Marketing, Electronic Media, Email, Exhibit/Trade Shows, Guerilla Marketing, In-Store Advertising, Infomercials, Local Marketing, Magazines, Mobile Marketing, Multimedia, Newspapers & Magazines, Out-of-Home Media, Outdoor, Paid Searches, Point of Purchase, Point of Sale, Print, Product Placement, Production, Production (Print), Search Engine Optimization, Social Media, Sponsorship, Sweepstakes, Telemarketing, Trade & Consumer Magazines, Viral/Buzz/Word of Mouth, Web (Banner Ads, Pop-ups, etc.)

Approx. Annual Billings: $2,000,000

Dean LePoidevin *(Pres & Dir-Strategic)*
Gregg Kerttula *(Creative Dir)*
Angela Mork *(Acct Supvr-Strategic Content Dev)*
Karen Enriquez-Wagner *(Sr Acct Exec)*
Michael Isaacson *(Sr Acct Exec)*
Steve Staedler *(Sr Acct Exec-PR)*
Kelsey Meyer *(Acct Exec & Strategist-Digital Mktg)*

Accounts:
Abbott Diagnostics; 2013
Colordyne; 2012
Dorner Manufacturing; 2009
FMC Professional Products; 2013
Jaguar Animal Health Jaguar, Neonorm; 2014
LEM USA; 2011
Liphatech Professional Pest Control Products; 2007
MinXray; 2011
Snap-On Industrial Professional Tool Use & Management Programs, Snap-on Tools; 2008
Spee-Dee Manufacturing; 2012

L.E.R. PR
580 Broadway Ste 309, New York, NY 10012
Tel.: (646) 692-3244
E-Mail: info@lerpr.com
Web Site: www.lerpr.com

Employees: 5

AGENCIES - JANUARY, 2019   ADVERTISING AGENCIES

Agency Specializes In: Advertising, Brand Development & Integration, Digital/Interactive, Event Planning & Marketing, Internet/Web Design, Media Relations, Public Relations, Social Media

Jane Lerman *(Founder)*

Accounts:
Thaddeus O'Neil

LEROY + CLARKSON
211 Centre St, New York, NY 10013
Tel.: (212) 431-9291
Web Site: www.leroyandclarkson.com

Employees: 11
Year Founded: 2001

Agency Specializes In: Advertising, Brand Development & Integration, Content, Digital/Interactive, Graphic Design, Production, Promotions

Kate Hillis *(Mng Partner)*

Accounts:
A&E Stores, Inc.
American Broadcasting Company Dancing with the Stars Season Three
Cooking Channel
The Discovery Channel
E! Entertainment Television, Inc.
Fuse Knowledge is Power
The History Channel
Home & Garden Television
Lifetime Entertainment Services LLC Network Rebrand
Syfy
USA Suits & Mr Porter Fashion Show
Zipcar, Inc.

LEROY & ROSE
1522F Cloverfield Blvd, Santa Monica, CA 90404
Tel.: (310) 310-8679
E-Mail: info@leroyandrose.com
Web Site: www.leroyandrose.com

Employees: 50
Year Founded: 2013

Agency Specializes In: Advertising, Digital/Interactive, Outdoor, Print, Social Media

Melchior Lamy *(Principal & Creative Dir)*
Matt Sams *(VP-Creative Adv)*
Chris Cotu *(Creative Dir)*
Wendy Schwartz *(Mgr-New Bus & Sr Copywriter)*
Adriana Tringone *(Coord-Office)*
Matthew Sampson *(Coord-Office)*
Patrick Ratcliff *(VP-Accts)*
Mallette Lamy *(VP-Ops)*
Reese Forbes *(Dir-Bus Dev-Sports & Lifestyle)*

Accounts:
New-AMC Entertainment Inc. The Walking Dead
New-The CW Television Network
New-Fox Broadcasting Company The Mick
New-Hulu LLC The Handmaid's Tale
New-Netflix Inc. A Futile & Stupid Gesture
New-Roadside Attractions
New-Warner Bros. Entertainment Inc. Game Night

LESNIEWICZ ASSOCIATES LLC
500 E Front St, Perrysburg, OH 43551-2134
Tel.: (419) 873-0500
Fax: (419) 873-0600
Toll Free: (800) 809-3093
E-Mail: contactus@designtoinfluence.com
Web Site: http://www.design2influence.com/

Employees: 12

Agency Specializes In: Advertising, Brand Development & Integration, Collateral, Communications, Consulting, Corporate Identity, Digital/Interactive, Graphic Design, Internet/Web Design, Logo & Package Design, Sales Promotion, Strategic Planning/Research

Revenue: $2,000,000

Terrence Lesniewicz *(Chief Brand Officer)*

Accounts:
BASF
Bowling Green State University
Crain Communications
Dana Holding Corporation
TI Automotive
Toledo Mud Hens; Toledo, OH
Toledo Public Schools
TRANE

LESSING-FLYNN ADVERTISING CO.
220 Se 6Th St Ste 210, Des Moines, IA 50309
Tel.: (515) 274-9271
Fax: (515) 274-9283
E-Mail: jimspoerl@lessingflynn.com
Web Site: www.lessingflynn.com

Employees: 19
Year Founded: 1907

National Agency Associations: APA-MCA-NAMA

Agency Specializes In: Agriculture, Business-To-Business

Approx. Annual Billings: $7,500,000

Connor Flynn *(Chm)*
Joe Rosenberg *(Vice Chm)*
Tom Flynn, III *(Pres)*
Jessica Held *(Principal & VP)*
Jared Bramer *(Acct Mgr)*
Shannon Hughes *(Mgr-Media)*
Joel Clifton *(Sr Art Dir)*
Chris Hanson *(Sr Mng Art Dir)*

Accounts:
Vermeer

LETIZIA MASS MEDIA
5460 Desert Point Dr, Las Vegas, NV 89118
Tel.: (702) 777-2121
Fax: (702) 878-0983
Web Site: http://www.letiziaagency.com/

Employees: 10

Agency Specializes In: Brand Development & Integration, Broadcast, Digital/Interactive, Graphic Design, Media Buying Services

Kevin Bailey *(Dir-Ops)*
Russell Letizia *(Acct Exec)*

Accounts:
El Cortez Hotel & Casino
Fashion Show Mall Shopping Centers
Hyundai Car Dealers
McDonald Fast Food Restaurant

THE LETTER M MARKETING
285 Woolwich St, Guelph, ON N1H 3V8 Canada
Tel.: (519) 836-6183
Fax: (519) 836-3155
Web Site: www.thelettermmarketing.com/

Employees: 15
Year Founded: 1979

Julie Brown-Hallman *(Art Dir & Graphic Designer)*
Stacey McCarthy *(Sr Acct Mgr)*
Stenna Berry *(Sr Art Dir)*

Accounts:
The City of Guelph; 2004

LEVATAS
11701 Lk Victoria Gardens Ave, Palm Beach Gardens, FL 33410
Tel.: (561) 622-4511
E-Mail: hello@levatas.com
Web Site: www.levatas.com

Employees: 77
Year Founded: 2006

Agency Specializes In: Communications, Digital/Interactive, Strategic Planning/Research

Chris Nielsen *(Founder & Head-Experience Design)*
Ryan Gay *(CEO)*
Daniel Bruce *(Partner & Exec VP-Data & Analytics)*
Ray Popp *(Exec VP-Strategy)*
Johann Beukes *(VP-Data Science & Analytics)*
Kristen Saumell *(Project Mgr-Client Solutions)*

Accounts:
BurgerFi
Duffy's Sports Bar
Palm Beach County Tourism Department

LEVEL BRAND
(Name Changed to LEVEL Mpls)

LEVEL MPLS
(Formerly Level Brand)
724 N 1st St, Minneapolis, MN 55401-1143
Tel.: (612) 338-8000
Fax: (612) 338-9824
E-Mail: info@levelbrand.com
Web Site: www.levelmpls.com

E-Mail for Key Personnel:
President: johnf@levelbrand.com
Media Dir.: lauras@levelbrand.com

Employees: 40
Year Founded: 1986

Agency Specializes In: Advertising, Agriculture, Brand Development & Integration, Collateral, Communications, Direct Response Marketing, Financial, Graphic Design, Health Care Services, Logo & Package Design, Media Buying Services, Newspaper, Newspapers & Magazines, Out-of-Home Media, Outdoor, Point of Purchase, Point of Sale, Print, Production, Public Relations, Radio, Restaurant, Retail, Strategic Planning/Research, T.V., Trade & Consumer Magazines

Approx. Annual Billings: $8,093,181

Breakdown of Gross Billings by Media: Mags.: $201,923; Newsp.: $675,081; Outdoor: $846,431; Radio: $3,587,044; T.V.: $2,782,702

Lois Dirksen *(Pres & Strategist-Brand)*
John Foley *(CEO & Sr Brand Strategist)*
Dave Damman *(Chief Creative Officer)*
Laura Shiue *(VP-Strategic Mktg & Media)*
Kim Thelen *(VP-Strategic Plng & Client Svc)*
John Jensen *(Controller)*
Gregg Byers *(Creative Dir)*
Anna DePagter *(Art Dir)*
Nick Nelson *(Creative Dir)*
Ruth Edstrom *(Dir-Production)*
Kjerste Gast *(Asst Media Planner & Buyer)*

Accounts:

ADVERTISING AGENCIES — AGENCIES - JANUARY, 2019

Boldt
Healthsense Branding, Communications Support, Creative Development, Market Insights
Medica; Minnetonka, MN; 2000
Pearson Assessments
Unipower
Western Bank; 2002

LEVENSON GROUP
2100 Ross Avenue, Dallas, TX 75201
Tel.: (214) 932-6000
Fax: (214) 880-0630
E-Mail: hello@levensongroup.com
Web Site: www.levensongroup.com

Employees: 70
Year Founded: 1984

Agency Specializes In: Communications, Consumer Marketing, Entertainment, Public Relations, Retail, Sales Promotion, Sponsorship

Andy Harmon *(Pres & CEO)*
Robert McEnany *(CMO)*
Faithe Nicholson *(Chief Acctg Officer & Sr VP-Levenson & Hill)*
Susan Clarke *(Sr VP-Entertainment Div)*
Cindy Evans *(Sr VP)*
Jeff Mallace *(VP-Branding & Activation)*
Esther Lafuente *(Controller)*
Jonathan Silverberg *(Art Dir)*
Cari Fagan *(Sr Media Buyer)*

Accounts:
Church's Chicken Casual Dining, Media Buying for Western U.S.
Dallas Center for the Performing Arts
Gordon's Jewelers; Irving, TX
Marble Slab Creamery; Houston, TX Ice Cream; 2005
Paramount Pictures
RMG Networks (Marketing Agency of Record) Advertising, Brand Strategy, Digital Marketing, Marketing, Media Strategy, Public Relations
Warner Brothers

THE LEVERAGE AGENCY
888 7th Ave, New York, NY 10106
Tel.: (212) 752-2500
Fax: (212) 223-6982
Web Site: www.leverageagency.com

Employees: 50
Year Founded: 2005

Agency Specializes In: Branded Entertainment, Media Planning, Public Relations, Sales Promotion, Strategic Planning/Research, T.V.

David Rosenfeld *(Co-Founder & Mng Partner-Leverage Agency & Primo Entertainment)*
Benjamin Sturner *(Owner & Pres)*
Andres Naftali *(Mng Partner-Leverage Latino)*
Jay Williams *(Mng Partner)*
Patricia Ginestiere *(Gen Counsel & Dir-Bus Dev)*
Mandy O'Donnell *(Sr VP-Integrated Mktg)*
Chris Farrell *(VP-Partnership Mktg)*
Kimberly Kasarda *(Dir-Ops)*
Jake Brackman *(Mktg Mgr-Global Sports & Entertainment)*

Accounts:
Amway Global Multilevel Marketing Services
AVP Pro Beach Volleyball Sports
B&G Foods Green Giant, Veggie Tots
Bad Boy Entertainment Bad Boy Family Reunion Tour (Sponsorship Agency of Record)
FremantleMedia
Jimmy Kimmel
KFC
Mark Burnett
New York Post
The New York Times
NFL Alumni Association (Sponsorship Agency of Record)
Professional Squash Association (Global Sponsorship Agency of Record) Global Marketing
Radical Media
Six Flags Entertainment Corp.
Tic Tac

LEVERAGE MARKETING GROUP
117-119 S Main St, Newtown, CT 06470-2380
Tel.: (203) 270-6699
Fax: (203) 270-3491
E-Mail: info@leverage-marketing.com
Web Site: www.leverage-marketing.com

E-Mail for Key Personnel:
Creative Dir.: david@leverage-marketing.com
Production Mgr.: tomm@leverage-marketing.com

Employees: 8
Year Founded: 1984

National Agency Associations: BMA-Second Wind Limited

Agency Specializes In: Advertising, Business-To-Business, Consumer Marketing, Graphic Design, High Technology, Public Relations, Sales Promotion, Sponsorship

Approx. Annual Billings: $3,000,000

Breakdown of Gross Billings by Media: Bus. Publs.: $720,000; Cable T.V.: $36,000; Collateral: $432,000; Consumer Publs.: $600,000; D.M.: $504,000; E-Commerce: $180,000; Newsp.: $180,000; Outdoor: $36,000; Radio: $180,000; Sls. Promo.: $450,000; T.V.: $72,000

Tom Marks *(CEO & Gen Mgr)*
Sue Kaufman *(Office Mgr)*
Lauren Adiletti *(Acct Exec)*

Accounts:
ATS/MRI VOIP Telephone Services
Bubble Wrap
Cartuf; Danbury, CT; 2001
GE-International Fiber Systems (IFS); Newtown, CT Audio Video & Fiber Optic Data Communication Products; 1998
Photronics; Brookfield, CT PhotoMasks; 1990
Sealed Air Corporation, Corporate Offices; Saddle Brook, NJ Packaging Systems; 1993
Sealed Air Corporation, Engineered Products Div.; Danbury, CT Foam-in-Place Packaging Systems; 1989
Sealed Air Corporation, Korrvu Division; Danbury, CT Suspension & Retention Packaging Systems; 1992
Sealed Air Corporation, Packaging Products Division; Saddle Brook, NJ Bubble Wrap; 1995
Sun Rocket
Newtown School System; Newtown, CT

LEVIATHAN DESIGN
327 N Aberdeen Ste 201, Chicago, IL 60607
Tel.: (312) 878-1500
E-Mail: info@lvthn.com
Web Site: www.lvthn.com

Year Founded: 2010

Agency Specializes In: Advertising, Brand Development & Integration, Commercial Photography, Content, Digital/Interactive, Environmental, Exhibit/Trade Shows, Graphic Design, Internet/Web Design, Strategic Planning/Research

Jason White *(Co-Founder & Exec Creative Dir)*
Chad Hutson *(Pres)*
Pedro Andres Sanchez *(Creative Dir)*
Krzysztof Pianko *(Sr Designer-Motion)*

Accounts:
New-The Dolby Gallery
New-Gogo Business Air
New-MGM Resorts International MGM Grand
New-PepsiCo Inc.
New-United Center

LEVINE & ASSOCIATES, INC.
130 N Edgewood St, Arlington, VA 22201
Tel.: (202) 842-3660
Fax: (202) 842-3663
E-Mail: peggy@levinedc.com
Web Site: www.levinedc.com

E-Mail for Key Personnel:
President: barbaral@levinedc.com

Employees: 12
Year Founded: 1988

Agency Specializes In: Advertising, Brand Development & Integration, Collateral, Corporate Identity, Direct Response Marketing, Entertainment, Exhibit/Trade Shows, Government/Political, Graphic Design, Health Care Services, High Technology, Internet/Web Design, Logo & Package Design, Magazines, Medical Products, Print, Production, Radio, Travel & Tourism

Approx. Annual Billings: $6,000,000

Breakdown of Gross Billings by Media: Collateral: $3,275,000; Mags.: $850,000; Newsp.: $1,625,000; Radio: $250,000

Barbara Levine *(Founder)*
Jennifer Stolk Vance *(Dir-Creative Svcs)*

Accounts:
AARP; 2000
American Chemical Society
Children's Defense Fund
Edison National Historic Site
International Youth Foundation
Meat & Livestock Australia; 2004
National Institute on Aging; 1998
The Ocean Conservancy
U.S. Holocaust Memorial Museum; 1985
United States Department of Agriculture
United States Department of Health & Human Services
Urban Institute
Verizon Center
Washington National Opera
Widerthan
WiderThan Americas, Inc.
Wintergreen Resort Advertising Campaign
Wolf Trap Foundation; 1996
Woolly Mammoth

THE LEVINSON TRACTENBERG GROUP
154 Grand St, New York, NY 10013
Tel.: (646) 568-3166
E-Mail: contact@ltgny.com
Web Site: www.ltgny.com

Employees: 5

Agency Specializes In: Advertising

Joel Levinson *(Partner)*
Joel Tractenberg *(Partner)*

Accounts:
Blatt Billiards Advertising, Digital Marketing, Print
NY Spine Institute (Agency of Record) Creative Advertising, Media Buying, Media Planning, Social Media

AGENCIES - JANUARY, 2019 — ADVERTISING AGENCIES

LEVLANE ADVERTISING/PR/INTERACTIVE
100 Penn Sq E, Philadelphia, PA 19107
Tel.: (215) 825-9600
Fax: (215) 809-1900
E-Mail: info@levlane.com
Web Site: https://www.levlane.com/

E-Mail for Key Personnel:
President: dlane@levlane.com

Employees: 35
Year Founded: 1984

National Agency Associations: 4A's-MAGNET-PRSA

Agency Specializes In: Advertising, Brand Development & Integration, Broadcast, Business-To-Business, Co-op Advertising, Communications, Education, Entertainment, Financial, Food Service, Graphic Design, Health Care Services, High Technology, Internet/Web Design, Logo & Package Design, Media Buying Services, New Product Development, Out-of-Home Media, Outdoor, Print, Production, Public Relations, Publicity/Promotions, Restaurant, Retail, Sales Promotion, Seniors' Market, Sponsorship, Strategic Planning/Research, Sweepstakes

Approx. Annual Billings: $40,000,000

David Lane *(Owner)*
Bruce Lev *(Partner & Chief Creative Officer)*
Karen Ruiter *(CFO)*
Debbey Racano *(Sr VP & Creative Dir)*
Tony Sweeney *(Sr VP & Media Dir)*
David Huehnergarth *(Sr VP & Dir-Strategic Engagement)*
Lori Miller *(Sr VP-Creative Strategy)*
Bess Denney *(VP & Acct Dir)*
Jason Rossano *(VP & Acct Dir)*
Dan Hall *(VP & Dir-Digital Media)*
Josh Lev *(VP & Acct Supvr)*
R. J. Cassi *(Art Dir & Graphic Designer)*
Gregory Leon *(Mgr-Programmatic Media)*
Lyn Tettemer *(Mgr-Acctg)*
Teresa McAleese *(Supvr-Media)*
Joseph Schoppy *(Copywriter)*
Taylor Mazzarese *(Sr Art Dir)*

Accounts:
AcquireWeb
Agile Therapeutics
American Law Institute-American Bar Association (Agency of Record); Philadelphia, PA
Barcelona Wine Bar & Restaurant Marketing, Media, Public Relations
Bartaco Marketing, Media, Public Relations
Barteca Restaurant Group (Agency of Record) Marketing, Media, Public Relations
Bayada Home Health Care
Bayada Nurses Inc Brand Strategy & Marketing, Creative Development, Strategic Planning; 2018
Buckner Retirement Services
Center City District
Clemens Food Group Brand Planning, Creative, Farm Promise (Agency of Record), Hatfield Quality Meats (Agency of Record), Media, Social
DASH Pharmaceuticals
Drexel University (Media Agency of Record) Academy of Natural Sciences Museum, Media Buying, Media Planning, Offline, Online
Eagle Pharmaceutical
Ilera Healthcare (Agency of Record) Brand Strategy, Creative, Go-to-Market Campaign Development, Packaging Design, Public Relations, Web & Interactive Services; 2018
Jack Williams Tire (Agency of Record) Creative & Content Development, Digital & Traditional Media Planning & Buying, Outdoor, Print, TV; 2017
Kennedy Health System
Massage Envy; Cleveland, OH
Massage Envy Connecticut Broadcast, Digital, Event Marketing, PR, Print, SEM, SEO, Social Media, Website Development
Massage Envy Maryland & Southern Delaware Event Marketing, PR, Social Media
Massage Envy New York Broadcast, Digital, Event Marketing, PR, Print, SEM, SEO, Social Media, Website Development
Massage Envy Northern and Central New Jersey (Agency Of Record) Broadcast, Digital, Event Marketing, PR, Print, SEM, SEO, Social Media, Website Development
Massage Envy Northern Virginia & DC Event Marketing, PR, Social Media
Massage Envy Philadelphia (Agency of Record) Event Marketing, Online, Radio, Search Engine Marketing, Sponsorships, TV
Massage Envy Event Marketing, Online Advertising, Radio, Search Engine Marketing, Sponsorships, TV
Mayor's Office of Transportation and Utilities; Philadelphia, PA Campaign: "Sorta Stop", Traffic Safety
Mayor's Office of Transportation
Messiah Lifeways
Philadelphia Corporation for Aging
Philadelphia Financial (Agency of Record) Public Relations
Philadelphia Industrial Development Corporation Strategic Marketing
Philadelphia Mayors Office of Transportation & Utilities
Provident Bank The Provident Bank Foundation
Rothman Institute
Senior Care Development

LEVO HEALTH
3414 W Bay to Bay Blvd, Tampa, FL 33629
Tel.: (855) 234-0232
E-Mail: info@levohealth.com
Web Site: www.levohealth.com

Employees: 20
Year Founded: 2014

Agency Specializes In: Above-the-Line, Advertising, Advertising Specialties, Affiliate Marketing, Affluent Market, African-American Market, Agriculture, Alternative Advertising, Arts, Asian Market, Automotive, Aviation & Aerospace, Below-the-Line, Bilingual Market, Brand Development & Integration, Branded Entertainment, Broadcast, Business Publications, Business-To-Business, Cable T.V., Catalogs, Children's Market, Co-op Advertising, Collateral, College, Commercial Photography, Communications, Computers & Software, Consulting, Consumer Goods, Consumer Marketing, Consumer Publications, Content, Corporate Communications, Corporate Identity, Cosmetics, Crisis Communications, Custom Publishing, Customer Relationship Management, Digital/Interactive, Direct Response Marketing, Direct-to-Consumer, E-Commerce, Education, Electronic Media, Electronics, Email, Engineering, Entertainment, Environmental, Event Planning & Marketing, Exhibit/Trade Shows, Experience Design, Faith Based, Fashion/Apparel, Financial, Food Service, Game Integration, Government/Political, Graphic Design, Guerilla Marketing, Health Care Services, High Technology, Hispanic Market, Hospitality, Household Goods, Identity Marketing, In-Store Advertising, Industrial, Infomercials, Information Technology, Integrated Marketing, International, Internet/Web Design, Investor Relations, LGBTQ Market, Legal Services, Leisure, Local Marketing, Logo & Package Design, Luxury Products, Magazines, Marine, Market Research, Media Buying Services, Media Planning, Media Relations, Media Training, Medical Products, Men's Market, Merchandising, Mobile Marketing, Multicultural, Multimedia, New Product Development, New Technologies, Newspaper, Newspapers & Magazines, Out-of-Home Media, Outdoor, Over-50 Market, Package Design, Paid Searches, Pets , Pharmaceutical, Planning & Consultation, Podcasting, Point of Purchase, Point of Sale, Print, Product Placement, Production, Production (Ad, Film, Broadcast), Production (Print), Promotions, Public Relations, Publicity/Promotions, Publishing, RSS (Really Simple Syndication), Radio, Real Estate, Recruitment, Regional, Restaurant, Retail, Sales Promotion, Search Engine Optimization, Seniors' Market, Shopper Marketing, Social Marketing/Nonprofit, Social Media, South Asian Market, Sponsorship, Sports Market, Stakeholders, Strategic Planning/Research, Sweepstakes, Syndication, T.V., Technical Advertising, Teen Market, Telemarketing, Trade & Consumer Magazines, Transportation, Travel & Tourism, Tween Market, Urban Market, Viral/Buzz/Word of Mouth, Web (Banner Ads, Pop-ups, etc.), Women's Market, Yellow Pages Advertising

David M. Williams *(Chief Strategy Officer)*
Heath Friar *(Sr Mktg Dir)*

Accounts:
Darryl Strawberry Recovery Centers

LEVY INDUSTRIAL
Four Smithfield St, Pittsburgh, PA 15222-2222
Tel.: (412) 201-1900
Fax: (412) 201-1410
E-Mail: info@levyind.com
Web Site: www.levyind.com/

E-Mail for Key Personnel:
President: davelevy@levymgi.com
Creative Dir.: lisawittig@levymgi.com
Media Dir.: pennysummers@levymgi.com

Employees: 12
Year Founded: 1987

Agency Specializes In: Advertising, Brand Development & Integration, Business Publications, Business-To-Business, Collateral, Communications, Corporate Identity, Digital/Interactive, Direct Response Marketing, E-Commerce, Electronic Media, Engineering, Event Planning & Marketing, Financial, Graphic Design, Health Care Services, High Technology, Industrial, Information Technology, Internet/Web Design, Legal Services, Medical Products, New Product Development, Newspaper, Newspapers & Magazines, Out-of-Home Media, Outdoor, Pharmaceutical, Planning & Consultation, Point of Purchase, Point of Sale, Print, Production, Public Relations, Publicity/Promotions, Radio, Sales Promotion, Strategic Planning/Research, Technical Advertising, Telemarketing

David Levy *(Pres & CEO)*
Lisa Wittig *(VP-Creative)*
Todd Miller *(Dir-PR)*
Charles J. Sylak *(Dir-Bus Dev)*
Amanda Uhme *(Acct Mgr)*
Trisha Etherington *(Mgr-Interactive Production)*
Steve Abrams *(Specialist-Sls Channel)*
Daniel R. Kerekes *(Sr Art Dir)*

Accounts:
Ametek Specialty Metals; Eighty Four, PA Metal Powders & Polymers; 1991
Irwin Car & Equipment; Irwin, PA Industrial Wheel Assemblies; 1992
ITW Sexton Marketing

LEWIS ADVERTISING, INC.
1050 Country Club Rd, Rocky Mount, NC 27804
Tel.: (252) 443-5131
Fax: (252) 443-9340

ADVERTISING AGENCIES
AGENCIES - JANUARY, 2019

Web Site: www.lewisadvertising.com
E-Mail for Key Personnel:
President: dwilliams@lainc.com

Employees: 47
Year Founded: 1969
National Agency Associations: 4A's

Agency Specializes In: Advertising, Agriculture, Brand Development & Integration, Business Publications, Business-To-Business, Cable T.V., Co-op Advertising, Collateral, Commercial Photography, Communications, Digital/Interactive, E-Commerce, Electronic Media, Financial, Food Service, Graphic Design, Guerilla Marketing, Health Care Services, High Technology, Hospitality, In-Store Advertising, Integrated Marketing, International, Internet/Web Design, Local Marketing, Logo & Package Design, Magazines, Market Research, Media Buying Services, Media Planning, Multimedia, New Product Development, Newspaper, Newspapers & Magazines, Out-of-Home Media, Outdoor, Paid Searches, Point of Purchase, Point of Sale, Print, Production, Production (Print), Promotions, Public Relations, Publicity/Promotions, Radio, Real Estate, Regional, Restaurant, Retail, Sales Promotion, Search Engine Optimization, Social Marketing/Nonprofit, Sponsorship, Strategic Planning/Research, T.V., Technical Advertising, Telemarketing, Trade & Consumer Magazines, Transportation, Travel & Tourism, Yellow Pages Advertising

Approx. Annual Billings: $35,000,000

Gene L. Lewis *(Chm)*
Donald H. Williams, Jr. *(Pres)*
Kim Council *(CFO & Sr VP)*
Phil Greer *(Sr VP)*
Ronnie Grillo *(Sr VP)*
Lee Lewis *(Sr VP-Out-Of-Home Media)*
Alfred Arnold *(VP & Creative Dir)*
Susan Harper *(VP-Production)*
Jim Lowdermilk *(VP-Acct Svc)*
Vicki Raper *(VP-Media Svcs)*
Thomas Zawistowicz *(VP)*
Shyrlyn Parker *(Mgr-Accts Payable, HR Admin & Hwy Logos)*
Ursula Forrester *(Acct Supvr)*
Kristie Kennedy *(Media Buyer)*
Brenda Pelletier *(Assoc-Media)*

Accounts:
A Cleaner World
Builder's Discount Center
CenturyLink
Embarg Business
Fred's Beds
Friendly Check
Hardees Food Systems, Inc.
Hardee's Interview Radio
Kerr Drug
LeafGuard
Nash Health Care
Nash Surgical Weight Loss - Tape Measure
NCPC
North Carolina Pork Council
PenCell Plastics
Perdue, Inc. - Housing Division
Providence Bank
Riverside Brochure
Veeam

LEWIS COMMUNICATIONS
2030 1st Ave N, Birmingham, AL 35203
Tel.: (205) 980-0774
Fax: (205) 437-0250
E-Mail: newbiz@lewiscommunications.com
Web Site: www.lewiscommunications.com

Employees: 120
Year Founded: 1951
National Agency Associations: 4A's-ICOM-PRSA

Agency Specializes In: Advertising, Advertising Specialties, Affluent Market, Automotive, Brand Development & Integration, Broadcast, Business Publications, Business-To-Business, Cable T.V., Children's Market, Co-op Advertising, Collateral, College, Commercial Photography, Communications, Consulting, Consumer Goods, Consumer Marketing, Consumer Publications, Content, Copywriting, Corporate Communications, Corporate Identity, Customer Relationship Management, Digital/Interactive, Direct-to-Consumer, E-Commerce, Education, Electronic Media, Email, Environmental, Event Planning & Marketing, Exhibit/Trade Shows, Experience Design, Experiential Marketing, Financial, Food Service, Government/Political, Graphic Design, Guerilla Marketing, Health Care Services, Hospitality, Identity Marketing, Integrated Marketing, Internet/Web Design, Leisure, Local Marketing, Logo & Package Design, Luxury Products, Magazines, Marine, Market Research, Media Buying Services, Media Planning, Media Relations, Media Training, Medical Products, Mobile Marketing, Multimedia, New Technologies, Newspaper, Newspapers & Magazines, Out-of-Home Media, Outdoor, Over-50 Market, Package Design, Paid Searches, Planning & Consultation, Podcasting, Point of Purchase, Print, Production, Production (Ad, Film, Broadcast), Production (Print), Programmatic, Promotions, Public Relations, Publicity/Promotions, RSS (Really Simple Syndication), Radio, Real Estate, Restaurant, Search Engine Optimization, Seniors' Market, Social Marketing/Nonprofit, Social Media, Sponsorship, Sports Market, Stakeholders, Strategic Planning/Research, T.V., Trade & Consumer Magazines, Transportation, Travel & Tourism, Urban Market, Viral/Buzz/Word of Mouth, Web (Banner Ads, Pop-ups, etc.), Women's Market

Approx. Annual Billings: $100,000,000

Larry Norris *(Pres & CEO)*
Spencer Till *(Sr VP & Exec Creative Dir)*
Brian Garrett *(VP & Media Dir)*
Val Holman *(VP & Dir-Ops)*
Gary Brandon *(VP & Strategist-Brand)*
Carlton Wood *(VP-Client Svcs)*
Stephen Curry *(Exec Creative Dir)*
Roy Burns, III *(Creative Dir)*
Libby Lord *(Producer-Interactive)*
Tripp Lewis *(Dir-New Bus Dev)*
Scott Piggott *(Dir-Digital & Tech)*
Joy Mims *(Acct Mgr)*
Anne Marie Whatley *(Acct Mgr)*
Jennifer Carter *(Strategist-Digital Media)*
Kathleen Sharp *(Specialist-Digital Media)*
Peyton VanderWoude *(Strategist-Brand)*
Jason Corbin *(Assoc Creative Dir)*

Accounts:
Abeka Books Textbook Publishing/Distribution; 2013
The Admiral Hotel Hotel, Travel; 2016
Alabama Environmental Council Environmental Agency; 2015
Alagasco; Birmingham, AL Natural Gas (utility); 2010
Auburn University Center for Architecture and Urban Studies Education, Outreach; 2016
Austal, USA; Mobile, AL Commercial & Defense Vessels; 2009
Auto & Truck Services Automotive; 2015
Babcock Ranch Florida Real Estate; 2016
Columbus Regional Health Healthcare; 2014
Common Bond Brewery Beverage, Craft Beer; 2015
District Cider Beverage, Craft Beer; 2016
Energy Logic Commercial/Industrial Heating; 2014
Fluid Music Revolution Entertainment, Music; 2016
Good People Brewing Beverage, Craft Beer; 2012
Habitat for Humanity; Birmingham, AL Habitat for Humanity of Greater Birmingham; 2007
HERO Doughnuts Distribution, Food; 2015
The Joseph School Leadership School in Haiti; 2010
KAIYA Beach Resort Real Estate, Resort; 2015
Live Sugar Freed / A Healthy America Healthy LIving, Social Awareness; 2015
Mercedes-Benz of Birmingham; 2016
Mobile Area Water & Sewer Service Water (utility); 2005
MUSC Health (Medical University of South Carolina) Academic Medical Center, Healthcare; 2009
Nashville Zoo Attraction/Tourism; 2014
Premier Health Healthcare, Hospital System; 2011
Pretty Perfect Cheese Distribution, Food; 2014
Spire / The Laclede Group Natural Gas (utility); 2016
Stony Brook Medicine Academic Medical Center, Healthcare; 2007
Tiffin Motorhomes; Red Bay, AL Motorhomes & RV; 2003
UCONN Health Academic Medical Center, Healthcare; 2014
University of Iowa Health Care Academic Medical Center, Healthcare; 2013
University of Vermont Medical Center / University of Vermont Health Network Academic Medical Center, Heatlhcare; 2012
University of VIrginia Health System Academic Medical Center, Healthcare; 2006
US Postal Service Postal Inspection Service; 2008
USA Health System Academic Medical Center, Healthcare; 2016
Vanderbilt University Owen Graduate School of Management Higher Education, University; 2007
Vermont Brewers Association Associations, Beverage; 2016
Wake Forest Baptist Health Academic Medicine, Healthcare; 2006

Branches

Caddis Interactive
216 Noah Dr, Franklin, TN 37064
(See Separate Listing)

Lewis Communications
1668 Government St, Mobile, AL 36604
Tel.: (251) 476-2507
E-Mail: newbiz@lewiscommunications.com
Web Site: www.lewiscommunications.com

Employees: 120
Year Founded: 1951

Agency Specializes In: Advertising, Advertising Specialties, Affluent Market, Arts, Brand Development & Integration, Broadcast, Business Publications, Business-To-Business, Cable T.V., Children's Market, Co-op Advertising, Collateral, College, Commercial Photography, Communications, Computers & Software, Consulting, Consumer Goods, Consumer Marketing, Consumer Publications, Content, Copywriting, Corporate Communications, Corporate Identity, Crisis Communications, Customer Relationship Management, Digital/Interactive, Direct-to-Consumer, E-Commerce, Education, Electronic Media, Email, Environmental, Event Planning & Marketing, Exhibit/Trade Shows, Experience Design, Experiential Marketing, Financial, Food Service, Government/Political, Graphic Design, Guerilla Marketing, Health Care Services, Hospitality, Identity Marketing, In-Store Advertising, Integrated Marketing, Internet/Web Design, Leisure, Local Marketing, Logo & Package Design, Luxury Products, Magazines, Marine, Market Research, Media Buying Services, Media Planning, Media

AGENCIES - JANUARY, 2019 — ADVERTISING AGENCIES

Relations, Medical Products, Mobile Marketing, Multimedia, New Technologies, Newspaper, Newspapers & Magazines, Out-of-Home Media, Outdoor, Over-50 Market, Package Design, Paid Searches, Planning & Consultation, Podcasting, Point of Purchase, Print, Production, Production (Ad, Film, Broadcast), Production (Print), Programmatic, Promotions, Public Relations, Publicity/Promotions, RSS (Really Simple Syndication), Radio, Real Estate, Recruitment, Restaurant, Retail, Sales Promotion, Search Engine Optimization, Seniors' Market, Social Marketing/Nonprofit, Social Media, Sponsorship, Stakeholders, Strategic Planning/Research, T.V., Trade & Consumer Magazines, Transportation, Travel & Tourism, Urban Market, Viral/Buzz/Word of Mouth, Web (Banner Ads, Pop-ups, etc.), Women's Market

Ellen Praytor Faulkner *(Mng Dir & Sr VP)*
Brian Garrett *(VP & Media Dir)*
Sara Miles Agee *(Producer-Creative Integrated)*
Puffer Thompson *(Creative Dir)*
Tripp Lewis *(Dir-New Bus Dev)*
Scott Piggott *(Dir-Digital & Tech)*
Jim Sealy *(Dir-Fin Svcs)*
Catherine Bartz *(Sr Mgr-Digital Media)*
John Michael Morris *(Sr Mgr-Media)*
Cynthia Maddox *(Sr Acct Mgr)*
Jennifer Dira *(Acct Mgr)*
Courtney Rooney Haupt *(Mgr-Internal Controls)*
Rhonda Wilkinson *(Acct Supvr)*
Jordan Harrison *(Strategist-Brand)*
Connor Pipkins *(Strategist-Digital)*
Rebecca Roberts *(Media Planner & Buyer)*
Deanna Chisholm *(Sr Art Dir)*
Amanda Zeh Peacock *(Sr Art Dir)*

Accounts:
Abeka Books Textbook Publishing/Distribution; 2013
The Admiral Hotel Hotel/Travel; 2016
Austal Commercial & Defense Vessels; 2009
Columbus Regional Health Healthcare; 2014
Mobile Area Water & Sewer Service Water/Utility; 2005
Pretty Perfect Cheese Distribution, Food; 2014
University of Vermont Medical Center / University of Vermont Health Network Academic Medicine, Healthcare; 2012
USA Health System Academic Medical Center, Healthcare; 2016

Lewis Communications
30 Burton Hills Blvd Ste 207, Nashville, TN 37215-6184
Tel.: (615) 661-4995
Fax: (615) 661-4772
E-Mail: newbiz@lewiscommunications.com
Web Site: www.lewiscommunications.com

Employees: 120
Year Founded: 1951

Agency Specializes In: Advertising, Advertising Specialties, Affluent Market, Automotive, Brand Development & Integration, Broadcast, Business Publications, Business-To-Business, Cable T.V., Children's Market, Collateral, College, Commercial Photography, Communications, Consulting, Consumer Goods, Consumer Marketing, Consumer Publications, Content, Copywriting, Corporate Communications, Corporate Identity, Customer Relationship Management, Digital/Interactive, Direct Response Marketing, Direct-to-Consumer, E-Commerce, Education, Electronic Media, Email, Entertainment, Environmental, Event Planning & Marketing, Exhibit/Trade Shows, Experience Design, Experiential Marketing, Financial, Food Service, Government/Political, Graphic Design, Health Care Services, Hospitality, Identity Marketing, Information Technology, Integrated Marketing, Internet/Web Design, Leisure, Local Marketing, Logo & Package Design, Luxury Products, Magazines, Marine, Market Research, Media Buying Services, Media Planning, Medical Products, Mobile Marketing, Multimedia, New Technologies, Newspaper, Newspapers & Magazines, Out-of-Home Media, Outdoor, Over-50 Market, Package Design, Paid Searches, Pharmaceutical, Planning & Consultation, Podcasting, Point of Purchase, Print, Product Placement, Production, Production (Ad, Film, Broadcast), Production (Print), Programmatic, Promotions, Public Relations, Publicity/Promotions, RSS (Really Simple Syndication), Radio, Real Estate, Recruitment, Restaurant, Retail, Search Engine Optimization, Seniors' Market, Social Marketing/Nonprofit, Social Media, Sponsorship, Stakeholders, Strategic Planning/Research, T.V., Trade & Consumer Magazines, Transportation, Travel & Tourism, Urban Market, Viral/Buzz/Word of Mouth, Web (Banner Ads, Pop-ups, etc.), Women's Market

Ken Wilson *(Mng Dir & VP)*
Gary Brandon *(VP & Strategist-Brand)*
Jake Fagan *(VP-Digital)*
Robert Froedge *(Creative Dir)*
Patrick Norris *(Art Dir)*
Tripp Lewis *(Dir-New Bus Dev)*
Jim Sealy *(Dir-Fin Svcs)*
Katie Peninger *(Acct Supvr)*
Jennifer Carter *(Strategist-Digital Media)*
Eric Knepp *(Sr Designer-UX & UI)*
Laura Powers *(Assoc Creative Dir & Copywriter)*

Accounts:
Ascend Federal Credit Union Banking, Financial; 2016
Energy Logic Commercial/Industrial Heating, Manufacturing; 2014
Fluid Music Revolution Entertainment, Music; 2016
Live Sugar Freed / A Healthy America Healthy Living, Social Awareness; 2015
Nashville Zoo Attraction/Tourism; 2014
Premier Health Healthcare, Hospital System; 2011
Vanderbilt University Owen Graduate School of Management Higher Education, Unviersity; 2007
Wake Forest Baptist Health Academic Medical Center, Healthcare; 2006

LEWIS COMMUNICATIONS LIMITED
Millbank Tower, Millbank, London, SW1P 4RS United Kingdom
Tel.: (44) 207 802 2626
Fax: (44) 207 802 2627
E-Mail: hellolondon@teamlewis.com
Web Site: www.teamlewis.com/uk/

Employees: 70

Agency Specializes In: Advertising, Communications, Digital/Interactive, Paid Searches, Programmatic, Public Relations, Search Engine Optimization, Social Media

Chris Lewis *(CEO)*
Sarah Aitchison *(Sec & Dir-Ops)*
Ruth Jones *(Mng Dir-UK)*
Simon Billington *(Exec Dir-Creative & Digital)*
Kate Axelby *(Dir)*
James Holmes *(Dir)*
Charmaine Chan *(Assoc Dir)*
Claire Sach *(Assoc Dir)*
Ruvina Uppal *(Assoc Dir)*

Accounts:
Absolute Software
Ampersand Travel
ArchOver B2B
ebay
Hotel Le Bristol Paris
Lexmark
Maintel Public Relations
Octopus Investments
Omniture
Orange
Paessler Media Relations, UK & Ireland Public Relations; 2018
PayPal Inc.
Samsung
Sanyo
SushiShop Public Relations
Symantec

Branches

Lewis
Via Lecco 12, 20124 Milan, Italy
Tel.: (39) 02 36531375
Fax: (39) 02 89692419
Web Site: http://www.teamlewis.com/uk/

Employees: 7

Agency Specializes In: Public Relations

Gabriele Sciuto *(Acct Dir)*
Alessia Brugora *(Acct Mgr)*
Federica Campori *(Mgr-Strategy)*
Elisa Rattotti *(Sr Acct Exec)*

Lewis
44 rue Blanche, Paris, 75009 France
Tel.: (33) 1 55 31 98 00
Fax: (33) 1 55 31 98 09
E-Mail: info@lewispr.fr
Web Site: http://www.teamlewis.com/fr/

Employees: 23

Agency Specializes In: Public Relations

Marie-laure Laville *(Gen Mgr-France)*
Christel Sandi *(Acct Dir)*
Karim Rhalimi *(Assoc Dir)*
Nicolas Lefevre *(Sr Mgr-Sls & Mktg-Western Europe)*
Lauriane Durand *(Sr Acct Mgr)*
Quentin Filou *(Sr Acct Mgr)*
Velina Gaillard *(Mgr-Comml & HR)*

Lewis
Baierbrunner Str 15, Munich, 81379 Germany
Tel.: (49) 89 17 30 19 0
Fax: (49) 89 17 30 19 99
Web Site: http://www.teamlewis.com/

Employees: 30

Rafael Rahn *(Sr VP-Central & Eastern Europe)*
Sascha Blasczyk *(Acct Dir)*
Yasmine Boucetta *(Client Svcs Dir-Intl)*
Alexander Fuchs *(Acct Dir)*
Bettina Greiffer *(Sr Acct Mgr)*
Conrad Bautze *(Acct Mgr)*
Stefanie Meister *(Sr Acct Exec)*

Accounts:
Cloudeo Brand Awareness, Campaign Narrative & Messaging, Content Creation, Media Relations, Public Relations, Strategy Development; 2018

Lewis
Suite 102 Level 1, 15 Blue St N, Sydney, 2060 Australia
Tel.: (61) 2 9409 3100
Fax: (61) 2 8904 9176
Web Site: http://www.teamlewis.com/

Employees: 5

Agency Specializes In: Public Relations

ADVERTISING AGENCIES

Steven Reilly *(Gen Mgr-Australia)*

Accounts:
Oracle

LEWIS
(Formerly EBA Communications Ltd)
Unit B 19/F On Hing Bldg 1 On Hing Terrace,
   Central, China (Hong Kong)
Tel.: (852) 2537 8022
Fax: (852) 2537 3012
Web Site: www.teamlewis.cn

Employees: 16
Year Founded: 1987

Agency Specializes In: Public Relations

Accounts:
Air Products
Avnet
Behr
Citrix Systems
CLP
Compuware
Datacraft Asia
Dexcom
ECA
Fuji Xerox
Gartner
HK Computer Society
Infor
Invista
Johnson Controls
Johnson Matthey
Microchip
NetApp
Oracle
Premiere Global Services
Radica
SAP
T9
Teradata
Tourism Australia
Tourism New South Wales
Tourism Victoria
Walton
Zetex

Lewis
1101A 11/F CRE Building, 303 Henness Road,
   Wanchai, China (Hong Kong)
Tel.: (852) 3944 5000
Fax: (852) 3944 5001
E-Mail: hellohongkong@lewispr.com
Web Site: http://www.teamlewis.com/

Employees: 50

Agency Specializes In: Public Relations

Carrie Tsoi *(Assoc Dir-China)*

Accounts:
Harvey Nash (Asia Pacific Agency of Record)
JobsDB Communications, Public Relations
Skyscanner (Agency of Record) Integrated
   Communications

Lewis
Meerenakkerplein 16, 5652 BJ Eindhoven,
   Netherlands
Tel.: (31) 40 235 46 00
Fax: (31) 40 235 46 01
E-Mail: info@lewispr.com
Web Site: http://www.teamlewis.com/

Employees: 27

Agency Specializes In: Public Relations

Yvonne van Bokhoven *(Exec VP-Europe)*
Vera Kops *(Gen Mgr-Netherlands)*
Ingrid van den Nieuwenhof *(Acct Dir)*
Janneke de Vries *(Mktg Mgr)*

Lewis
3 Pickering St #01-58/59 Nankin Row, 048660
   Singapore, Singapore
Tel.: (65) 6571 9140
Fax: (65) 6534 7251
Web Site: www.teamlewis.com

Employees: 50

Agency Specializes In: Public Relations

Emma Jenkins *(Sr VP-Asia Pacific)*
Ann Chong *(Mng Dir-Southeast Asia)*
Fairil Yeo *(VP-Transformation-APAC)*

Accounts:
Abacus
Altera
Ampersand Travel
Audi
Avanade
BBC Global News
BBC Worldwide Digital Marketing, Media Relations,
   PR, Press Bureau
Bosch Corporate Media Communication, Media
   Channel Planning, Public Relations; 2018
Citrix
Ebay
Emma Bridgewater
Epson Singapore Pte Ltd Public Relations, Social
   Communication
Grohe
Hitachi
Honeywell China
Larry Jewelry
Lexmark
Panasonic
Pure Fitness
Samsung
Seasons
Symantec
Yota

Lewis
3131 Camino del Rio N Ste 200, San Diego, CA
   92108
Tel.: (619) 516-2559
Fax: (619) 677-2710
Web Site: http://www.teamlewis.com/

Employees: 20

Stephanie Proos *(Mng Dir)*
Irena Boostani *(VP)*
Patrick Jameson *(Sr Acct Exec)*

Lewis
575 Market St, San Francisco, CA 94105
Tel.: (415) 432-2400
Fax: (415) 992-4410
E-Mail: info@lewispr.com
Web Site: http://www.teamlewis.com/

Employees: 25

Agency Specializes In: Public Relations

Andres Wittermann *(Exec VP-Europe, Middle East,
   Africa & Asia Pacific)*
Jutta Deuschl *(Mng Dir-Munich)*
Miles Christian Daniels *(VP-Media Strategy)*
Dara Sklar *(VP)*

Accounts:
Cloudeo Brand Awareness, Campaign Narrative &
   Messaging, Content Creation, Media Relations,
   Public Relations, Strategy Development; 2018
Crowdstrike
Samsung
Symantec
UJET Public Relations; 2017

Lewis
2000 S St NW, Washington, DC 20009
Tel.: (202) 349-3866
Fax: (202) 349-3867
E-Mail: hellowashingtondc@lewispr.com
Web Site: http://www.teamlewis.com/

Employees: 501

Agency Specializes In: Corporate Communications,
Crisis Communications, Event Planning &
Marketing, Media Relations, Media Training, Public
Relations

Caren Auchman *(Sr VP)*
Matt Robbins *(VP-Insight & Res)*

Accounts:
FlowTraq
Software AG

Lewis
200 Wheeler Rd, Burlington, MA 01803
Tel.: (781) 761-4500
Fax: (617) 421-8619
E-Mail: helloboston@teamlewis.com
Web Site: www.teamlewis.com

Employees: 50
Year Founded: 1995

Agency Specializes In: Event Planning &
Marketing, Government/Political, Media Relations

Heather Bliss *(Sr VP)*
Robert Collins *(Sr VP)*
Andrea Doeringer Dunbeck *(VP)*
Joel Richman *(VP-Client Engagement)*
Lillian Dunlap *(Dir-Content Mktg)*

Accounts:
Apama
ARIN
Dreamstime (Agency of Record) Media Relations
Fiba
Le Bristol
Panasonic
Quantenna Communications, Inc
Samsung
Sanyo
Symantec

Lewis
379 W Broadway Ste 528, New York, NY 10012
Tel.: (646) 783-3716
E-Mail: hellonewyork@teamlewis.com
Web Site: www.teamlewis.com

Agency Specializes In: Advertising, Content, Crisis
Communications, Digital/Interactive, Event
Planning & Marketing, Market Research, Media
Relations, Public Relations, Search Engine
Optimization, Social Media

Stephen Corsi *(Exec VP-US)*
Jen Dobrzelecki *(Sr VP)*
Noah Dye *(Sr VP-Client Engagement-US)*
Abby Berger *(VP)*
Rebecca Deutsch *(Acct Dir)*

Accounts:
New-Crimson Hexagon

Piston Agency

AGENCIES - JANUARY, 2019 — ADVERTISING AGENCIES

530 B St, San Diego, CA 92101
(See Separate Listing)

LEWIS MEDIA PARTNERS
500 Libbie Ave Ste 2C, Richmond, VA 23226
Tel.: (804) 741-7115
Fax: (804) 741-7118
E-Mail: info@lewismediapartners.com
Web Site: www.lewismediapartners.com

Employees: 50

Beth Saunders *(VP)*
Jackie Niblock *(Dir-Digital Mktg)*
Julie Duncan *(Sr Acct Mgr)*
BG Brinkley *(Mgr-HR)*
Gwendolyn Ford *(Mgr-Fin)*
Vickie Brooks *(Strategist-Media)*
Lisa Loving *(Specialist-Digital Media)*
Nancy Moore *(Sr Analyst-Digital Mktg)*
Jennifer Ward *(Analyst-Digital)*
Christi Barbour *(Buyer-Brdcst)*
Lisa Quisenberry *(Sr Media Buyer)*

LG2
3575 Saint-Laurent Boulevard Suite 900, Montreal, QC H2X 2T7 Canada
Tel.: (514) 281-8901
Fax: (514) 281-0957
E-Mail: infomtl@lg2.com
Web Site: www.lg2.com

Employees: 100

Agency Specializes In: Advertising

Mathieu Roy *(Partner & Mng Dir)*
Nellie Kim *(Partner, VP & Creative Dir)*
Marc Fortin *(VP-Creative & Creative Dir)*
Julie Pilon *(Counsel-Comm & VP)*
Alex Sliman *(Head-Production)*
Luc Dupere *(Editor & Designer)*
Adrien Heron *(Editor & Designer)*
Andree-Anne Hallee *(Art Dir & Copywriter)*
Liam Johnstone *(Art Dir)*
JC Laniel *(Art Dir)*
Patrick Seymour *(Art Dir)*
Jean Lafreniere *(Dir-Art & Copywriter)*
Melanie Chateauneuf *(Dir-Consulting)*
Vanessa Dicaire *(Dir-Consulting, Branding & Design)*
Marie-Christine Huppe *(Dir-Consulting)*
Isabelle Miville *(Dir-Consulting)*
Karine Payette *(Dir-Consulting)*
Elise Cropsal *(Asst Dir-Creative & Design)*
Dane Armstrong *(Acct Supvr)*
Christine Larouche *(Strategist)*
Guillaume Bergeron *(Copywriter)*
Nicolas Boisvert *(Copywriter)*
Camille Sykes *(Coord-Creative)*

Accounts:
1one Production
Agropur Cooperative
Arctic Gardens
Automotive Insurance of Quebec
Bell
Bonduelle
Canac Hardware
The Capital Transit Network
City of Montreal Alive 375/Vive 375
Country Time Campaign: "Breakfast time is whenever you're reading this", Campaign: "It's never too late for Bacon""
Crown Corporation Creative Communications
DuProprio Branding, Communications, Creative; 2018
F. Menard
Farnham Ale & Lager
Fenplast
Fondation Emergence
Gender Creative Kids Canada
Hydro-Quebec Digital, Front End Development, Online Content, Social Media, UX Design; 2018
Krispy Kernels Campaign: "Dinosaur, Robot", Campaign: "Meditation", Campaign: "President", Km 43
La Cage Aux Sports
La Societe de l'assurance automobile du Quebec
Les Rotisseries Au Coq Ltee
Life Saving Society Campaign: "Hand", Campaign: "Inattention"
Loto-Quabec Campaign: "Billet Noir"
Maison Orphee
Natrel
Nestle
Nike
Parc Olympique
Partenariat du Quartier des Spectacles Campaign: "Luminotherapy"
Penningtons Yoga
Quebec Automobile Insurance Corporation
Quebec City Magic Festival "Magic Mop", Campaign: "Magic Hat", Campaign: "Magic Powers"
Quebec Hog Farmers
Quebec Milk Producers Creative, Les Producteurs de lait du Quebec
Quebec Original
Rockland
Sanofi-Aventis Campaign: "Dandruff Flakes Typically Occur in Winter", Selsun Blue
Savoura
Sears Optical Campaign: "Makeup, Tail, Boat", Campaign: "The Fabulous Flea Circus"
Tourism Montreal
New-Ubisoft Canada Content, Digital, Experiential, FAM, Social Platforms, Traditional Advertising; 2018
Ultramar Brand's Messaging, Social Content
Valin Custom Tailoring Campaign: "Whatever Your Shape"
Via Capitale Campaign: "Garage"
Village Vacances Valcartier

LGD COMMUNICATIONS, INC.
3819 N Miami Ave, Miami, FL 33137
Tel.: (305) 576-9400
Fax: (305) 576-9200
Web Site: lgdcom.com/

Employees: 20
Year Founded: 2001

Agency Specializes In: Advertising, Affluent Market, Brand Development & Integration, Collateral, Commercial Photography, Corporate Identity, Digital/Interactive, Electronic Media, Internet/Web Design, Logo & Package Design, Luxury Products, Media Buying Services, Media Planning, Print, Radio, Social Media, T.V.

Approx. Annual Billings: $1,600,000

Len Dugow *(Pres & Chief Creative Officer)*
Nancy Cooper *(COO)*
Matthew Dugow *(Dir-New Business & Digital Mktg)*
Kaile Choi *(Office Mgr)*

Accounts:
Gale Boutique Hotel & Residences (Branding, Advertising & Digital Marketing Agency of Record)
Marina Palms Yacht Clubs & Residences Advertising, Branding, Digital Marketing, Web Development
Melia Hotel International Advertising, Branding, Digital Marketing, Web Development
Prive Residences Advertising, Branding, Digital Marketing, Web Development
Sabbia Beach (Branding, Advertising & Digital Marketing Agency of Record) Media Buying, Media Planning, Point of Sale, Print, Website

LHWH ADVERTISING & PUBLIC RELATIONS
(d/b/a LHWH)
3005 Hwy 17 Bypass N, Myrtle Beach, SC 29577-6742
Tel.: (843) 448-1123
Fax: (843) 626-2390
E-Mail: alesnik@lhwh.com
Web Site: www.lhwhadvertising.com

E-Mail for Key Personnel:
President: alesnik@lhwh.com
Creative Dir.: swilson@lhwh.com
Public Relations: lgainer@lhwh.com

Employees: 40
Year Founded: 1987

Agency Specializes In: Advertising, Entertainment, Financial, Health Care Services, Real Estate, Travel & Tourism

Approx. Annual Billings: $10,000,000

Andrew Lesnik *(Pres)*
Vern Hearl *(Partner)*
Steve Ellwood *(Sr Dir-Art)*
Pat Harris *(Creative Dir)*
Dick Gibson *(Dir-Production)*
Dana Mcdonald *(Mgr-Network)*
Daniel Monroe *(Acct Exec)*
Laura Tyler *(Acct Exec)*
Jamie Wilburn *(Coord-PR)*

Accounts:
Barefoot Landing
Broadway at the Beach
Burroughs & Chapin
eBay Inc
Eggs Up Grill
Family Kingdom
Founders Group International
Game of Thrones
Hilton Head MLS
HTC Communications
Jaguar Land Rover
Marina Inn
McLeod Health
Newland Communities
Nike, Inc
Silver Companies
Toyota Motor Corporation

LIFT AGENCY
(Formerly Creative Lift Inc.)
650 California St Fl 22, San Francisco, CA 94108
Tel.: (415) 248-3170
E-Mail: hello@wearelift.com
Web Site: www.wearelift.com/

Employees: 29
Year Founded: 2003

Agency Specializes In: Advertising, Brand Development & Integration, Broadcast, Digital/Interactive, E-Commerce, Email, Package Design, Print, Radio, Retail

Tim Carr *(Founder)*
Jason Woodley *(Mng Partner)*
Marisa Badovinus *(Acct Dir)*
Brent Matsuo *(Art Dir)*
Katie Burke *(Acct Supvr)*
Nikki Emerson *(Sr Designer-Visual)*

Accounts:
Direct Marketing Educational Foundation

LIGHT+CO
205 E 42nd St, New York, NY 10017
Tel.: (646) 838-0816
E-Mail: hello.nyc@lightand.co
Web Site: lightand.co

ADVERTISING AGENCIES
AGENCIES - JANUARY, 2019

Employees: 3
Year Founded: 2014

Agency Specializes In: Advertising, Brand Development & Integration, Communications, Content, Market Research, Media Buying Services, Media Planning

David Cameron *(CEO)*

Accounts:
Juliska
Steinway & Sons Creative, Media, Strategy
Tabasco

LIGHTHOUSE LIST COMPANY
27 SE 24th Ave Ste 6, Pompano Beach, FL 33062
Tel.: (954) 489-3008
Fax: (954) 489-3040
E-Mail: lighthouselist@lighthouselist.com
Web Site: www.lighthouselist.com

Employees: 20

Agency Specializes In: Advertising Specialties

Lighthouse List is a premier interactive and mixed channel broker in the United States. Our integrated marketing consists of a promotional mix of direct mail, telemarketing, digital, lead generation, SMS and more. The Lighthouse List Team is knowledgable, experienced, and dedicated to ensuring our clients receive the best possible results. We offer impeccable service at the absolute most competitve pricing. With sixteen years of experience, we continue to evolve and innovate for you, our client.

Robert Orr *(Pres)*
Mark Traverso *(VP-New Bus & Sls)*
Scott Warren *(Dir-Data Mgmt)*
Matt Kowalski *(Mgr-New Bus Dev & Data Acquisition)*

LIGHTHOUSE MARKETING
PO Box 9, Morristown, NY 13664
Tel.: (315) 656-9922
Fax: (315) 656-9955
Web Site: www.lighthousemkt.com

Employees: 5
Year Founded: 2001

Kim McNeill *(CFO-Ops)*
Christine Fallucco *(VP-Mktg Strategy)*
Ann Martin *(VP-Svcs)*
Ashley Jernigan *(Acct Svcs Dir)*
Tracie Cantrell *(Sr Acct Mgr)*

Accounts:
Brophy Services Inc
Brown & Brown
Eldan Homes
Greek Peak Mountain Resort
John Arquette Properties

LIGHTMAKER
6881 Kingspointe Pkwy Ste 12, Orlando, FL 32819
Tel.: (321) 293-0500
Fax: (321) 293-0501
E-Mail: usa@lightmaker.com
Web Site: https://www.lightmaker.com/

Employees: 40

Agency Specializes In: Digital/Interactive

Accounts:
Bacardi
BMW
JK Rowling

LIGHTQUEST MEDIA INC
7666 E 61st St Ste 120, Tulsa, OK 74133
Tel.: (918) 794-6464
E-Mail: news@lightquestmedia.com
Web Site: www.lightquestmedia.com

Employees: 8

Agency Specializes In: Graphic Design, Internet/Web Design, Media Buying Services, Media Planning, Media Relations, Product Placement, Production

Chris Busch *(CEO)*
Walter Warren *(Exec VP)*
Cynthia Johnston *(Dir-Ops & Fin)*

Accounts:
Elevate Life Church
Faith Life Now Strategies Sharing Services
Love A Child, Inc.

LIGON MEDIA
PO Box 161776, Sacramento, CA 95816
Tel.: (916) 642-8710
Web Site: www.ligonmedia.com

Agency Specializes In: Advertising, Internet/Web Design, Media Training, Public Relations, Radio, T.V.

David Ligon *(Owner)*

Accounts:
Sacramento Area Commerce & Trade Organization

LIKEABLE MEDIA
240 W 37th St 7th Fl, New York, NY 10018
Tel.: (212) 660-2458
E-Mail: contact@likeable.com
Web Site: www.likeable.com

Employees: 101
Year Founded: 2006

Agency Specializes In: Advertising, Broadcast, Content, Copywriting, Digital/Interactive, Graphic Design, Media Planning, Promotions, Social Media

Dave Kerpen *(Chm)*
Carrie Kerpen *(CEO)*
Candie Harris *(COO)*
Honey Comer *(VP-Client Svcs)*
James Reichert *(Acct Dir)*
Brian Murray *(Dir-Talent & Culture)*
Michael Dunn *(Sr Mgr-Community)*
Charlie Balk *(Sr Acct Mgr)*
Jessica Chen *(Sr Acct Mgr)*
Emanie White-Heard *(Coord-Bus Dev)*

Accounts:
New-Auntie Anne's Inc.
New-Century 21
New-Extra Storage Space
New-Grubhub
New-Pure Barre
New-Sara Lee Snacks
New-Seamless
New-Stubhub

LILLETHORUP PRODUCTIONS, INC.
5011 Seward St, Omaha, NE 68104
Tel.: (402) 341-5423
Fax: (402) 342-8392
E-Mail: tim@lpvideo.com
Web Site: www.lpvideo.com

Employees: 3
Year Founded: 1990

Approx. Annual Billings: $500,000

Tim Lillethorup *(Owner & Pres)*

LIME VALLEY ADVERTISING, INC.
1620 S Riverfront Dr, Mankato, MN 56001
Tel.: (507) 345-8500
Fax: (507) 387-6901
Toll Free: (800) 896-5419
E-Mail: info@limevalley.com
Web Site: www.limevalley.com

Employees: 20

Agency Specializes In: Advertising, Corporate Identity, Digital/Interactive, Graphic Design, Internet/Web Design, Logo & Package Design, Media Buying Services, Print, Public Relations, Social Media

Brian Maciej *(Owner)*
Jim Schill *(VP)*
Marissa Geerdes *(Dir-Admin Svcs)*

Accounts:
Mankato Marathon

LIMEGREEN MOROCH, LLC
150 N Michigan Ave Ste 1450, Chicago, IL 60601
Tel.: (312) 432-1600
Fax: (312) 602-3836
E-Mail: info@limegreen.net
Web Site: http://lgmoroch.com/

Employees: 10

National Agency Associations: 4A's

Agency Specializes In: Advertising, Brand Development & Integration, Digital/Interactive, Media Relations, Media Training, Public Relations, Social Media, Strategic Planning/Research

Michon Ellis *(Founder & CEO)*
Stu Cohn *(Creative Dir)*
Allison Lamb *(Mgr-Limegreen Skincare)*

Accounts:
AmazingCosmetics
Bacardi USA, Inc.
Beam Global Spirits & Wine
BlackDoctor.org
Courvoisier
Cystic Fibrosis Foundation
Johnson & Johnson
Kia Motors America Communication Strategy, Creative, Media Relationships
Laphroaig Scotch
Luster Products Inc.
Magic Johnson Bridgescape
McDonald's Corporation
Miami University
United States Tennis Association Communications, Marketing
Universal Beauty Products
University of Chicago

LIMELIGHT NETWORKS
222 South Mill Ave Ste 800, Tempe, AZ 85281
Tel.: (602) 850-5000
Fax: (602) 850-5001
E-Mail: media@llnw.com
Web Site: https://www.limelight.com/

Employees: 400
Year Founded: 2005

Agency Specializes In: Investor Relations, Media

AGENCIES - JANUARY, 2019 — ADVERTISING AGENCIES

Buying Services, Multimedia

Bob Lento *(Pres & CEO)*
George Vonderhaar *(Chief Sls Officer)*
Dan Carney *(Sr VP-Ops)*
Kurt Silverman *(Sr VP-Dev & Delivery)*
Kevin Odden *(Grp VP-Americas)*
Nigel Burmeister *(VP-Mktg-Global)*
Nivedita Mehra *(VP-Sls Ops)*
Jake Roersma *(VP-Software Dev)*
Will Rotch *(Sr Dir-Product Mgmt)*
Michael Shulman *(Sr Dir-Platform Engrg)*
Ed Kosten *(Dir-Sys Engrg)*
Lauren Eldridge *(Sr Mgr-Mktg Ops)*
Eileen Foran *(Sr Mgr-Online Community)*
Meredith Johnson *(Sr Mgr-Mktg Programs)*
Sharon Bronaugh *(Sr Mktg Dir)*

Accounts:
DoubleClick

LINDSAY, STONE & BRIGGS, INC.
1 S Pickney St, Madison, WI 53703
Tel.: (608) 251-7070
Fax: (608) 251-8989
E-Mail: info@lsb.com
Web Site: www.lsb.com

Employees: 35
Year Founded: 1978

National Agency Associations: 4A's

Agency Specializes In: Advertising, Brand Development & Integration, Broadcast, Collateral, Communications, Consulting, Consumer Marketing, Graphic Design, Health Care Services, Internet/Web Design, Logo & Package Design, Media Buying Services, New Product Development, Out-of-Home Media, Planning & Consultation, Print, Production, Public Relations, Publicity/Promotions, Radio, Strategic Planning/Research, T.V., Trade & Consumer Magazines, Travel & Tourism, Viral/Buzz/Word of Mouth

Marsha Lindsay *(Founder)*
Bill Winchester *(Pres & Chief Creative Officer)*
Phil Ouellette *(CEO)*
Julie Herfel *(Partner & Dir-Creative Ops)*
Lindsay Ferris *(Sr VP & Sr Strategist-Mktg)*
Amy Rohn *(VP & Dir-PR)*
Nicole Etheridge *(Media Dir)*
Eleanor Pierce *(Dir-Content Strategy)*
Shelley DauSchmidt *(Acct Supvr)*

Accounts:
EatStreet (Agency of Record) Brand Strategy, Creative, Online, Public Relations
Emergency Physicians Insurance Company (EPIC)
First Weber Group Realtors
Jazz at Five Concert Series
Marshfield Clinic; 2001
Michael Best & Friedrich
Midwest Airlines
Milio's
Pneuma Respiratory Content Development, Public Relations Strategy, Thought Leadership; 2018
PremierGarage (Agency of Record)
Stonyfield Farm
Tampa General Hospital (Agency of Record)

LINEAR CREATIVE LLC
20 S 3rd St, Columbus, OH 43215
Tel.: (216) 741-1533
Web Site: www.linearcreative.com

Employees: 2
Year Founded: 2003

Agency Specializes In: Advertising, Event Planning & Marketing, Graphic Design, Internet/Web Design, Public Relations, Strategic Planning/Research

Raymond W. Jasinski *(Owner & Creative Dir)*
Mike Counselman *(Dir-Video Art)*
Barbara A. Ragon *(Dir-Mktg)*
Elizabeth Stephan *(Coord-Mktg)*

Accounts:
J&M Machine, Inc.
Northern Ohio Printing, Inc. SculptedUV

LINETT & HARRISON
219 Changebridge Rd, Montville, NJ 07045
Tel.: (908) 686-0606
Fax: (908) 686-0623
Web Site: www.linettandharrison.com

E-Mail for Key Personnel:
President: sharrison@linettandharrison.com

Employees: 20
Year Founded: 1989

Agency Specializes In: Advertising, Brand Development & Integration, Broadcast, Business Publications, Business-To-Business, Cable T.V., Children's Market, Co-op Advertising, Collateral, Commercial Photography, Consumer Marketing, Corporate Identity, Cosmetics, Digital/Interactive, Direct Response Marketing, Education, Exhibit/Trade Shows, Financial, Graphic Design, Health Care Services, High Technology, Hispanic Market, Industrial, Internet/Web Design, Leisure, Logo & Package Design, Magazines, Marine, Media Buying Services, Newspapers & Magazines, Out-of-Home Media, Outdoor, Planning & Consultation, Point of Purchase, Print, Production, Public Relations, Publicity/Promotions, Radio, Real Estate, Recruitment, Retail, Sales Promotion, Strategic Planning/Research, Sweepstakes, Trade & Consumer Magazines, Travel & Tourism

Sam Harrison *(Pres & Acct Svcs Dir)*
Diane Ahle *(Acct Mgr)*

Accounts:
Chilton Memorial Hospital
College of Saint Elizabeth
Cornerstone Accounting Group
Hospital for Joint Diseases
The Provident Bank of New Jersey Marketing, Media Relations
SI Bank & Trust
The Szikley Borresen Group
University Health Plans
Westminster Hotel

THE LINICK GROUP, INC.
Linick Bldg 7 Putter Ln Dept RB08, Middle Island, NY 11953-0102
Mailing Address:
PO Box 102, Middle Island, NY 11953-0102
Tel.: (631) 924-3888
Fax: (631) 924-8555
E-Mail: linickgrp@att.net
Web Site: www.andrewlinickdirectmarketing.com

Employees: 70
Year Founded: 1972

National Agency Associations: DMA

Agency Specializes In: Advertising, Agriculture, Asian Market, Automotive, Aviation & Aerospace, Brand Development & Integration, Broadcast, Business Publications, Business-To-Business, Cable T.V., Children's Market, Co-op Advertising, Collateral, Commercial Photography, Communications, Consulting, Consumer Marketing, Consumer Publications, Corporate Identity, Cosmetics, Digital/Interactive, Direct Response Marketing, E-Commerce, Education, Electronic Media, Engineering, Entertainment, Environmental, Event Planning & Marketing, Exhibit/Trade Shows, Fashion/Apparel, Financial, Food Service, Graphic Design, Health Care Services, High Technology, Hispanic Market, Industrial, Infomercials, Information Technology, Internet/Web Design, Investor Relations, Legal Services, Leisure, Logo & Package Design, Magazines, Marine, Media Buying Services, Medical Products, Merchandising, Multimedia, New Product Development, Newspaper, Newspapers & Magazines, Out-of-Home Media, Outdoor, Over-50 Market, Pets , Pharmaceutical, Planning & Consultation, Point of Purchase, Point of Sale, Print, Production, Public Relations, Publicity/Promotions, Radio, Real Estate, Recruitment, Restaurant, Retail, Sales Promotion, Seniors' Market, Sports Market, Strategic Planning/Research, Sweepstakes, Syndication, T.V., Technical Advertising, Teen Market, Telemarketing, Trade & Consumer Magazines, Transportation, Travel & Tourism, Yellow Pages Advertising

Approx. Annual Billings: $50,000,000

Breakdown of Gross Billings by Media: Adv. Specialities: 1%; Audio/Visual: 1%; Brdcst.: 2%; Bus. Publs.: 3%; Cable T.V.: 2%; Co-op Adv.: 2%; Collateral: 2%; Comml. Photography: 2%; Consulting: 5%; Consumer Publs.: 2%; Corp. Communications: 2%; D.M.: 8%; E-Commerce: 15%; Event Mktg.: 2%; Exhibits/Trade Shows: 2%; Fees: 5%; Foreign: 2%; Graphic Design: 2%; In-Store Adv.: 10%; Internet Adv.: 5%; Mags.: 3%; Newsp. & Mags.: 3%; Newsp.: 2%; Plng. & Consultation: 2%; Print: 2%; Production: 3%; Pub. Rels.: 5%; Radio & T.V.: 5%; Trade Shows: 1%; Video Brochures: 1%; Worldwide Web Sites: 1%

Andrew S. Linick *(Chm & CEO)*
Bruce Linick *(VP)*

Accounts:
ABCNews.com; New York, NY Competitive Intelligence, TV Commercial; 2007
Act Technology Corporation
Arizona Highways Magazine
Checkpoint Systems, Inc.
Duna-Bull Dog Bedz, LLC; 2006
Fortune Magazine
Grow Group, Inc.
IBM
Innovative Speech Therapy Online Training DVD; 2006
McGraw-Hill Publications
Microsoft Corporation

The Linick Group, Inc.
The Linick Building, Middle Island, NY 11953-0102
(See Separate Listing)

LINK ADVERTISING INC.
554 Waterloo St, London, ON N6B 2P9 Canada
Tel.: (519) 432-1634
Fax: (519) 432-4626
Toll Free: (800) 472-5731
E-Mail: info@linkad.com
Web Site: www.linkad.com

Employees: 9
Year Founded: 1987

Anne Halls *(Pres)*
Danielle Vanhie *(Specialist-Mktg)*

Accounts:
Accucaps Industries
Discovery Air

THE LINK AGENCY
38 Talcott St, Barrington, RI 02806

ADVERTISING AGENCIES
AGENCIES - JANUARY, 2019

Tel.: (401) 289-2600
E-Mail: info@thelinkagency.com
Web Site: www.thelinkagency.com

Employees: 14
Year Founded: 2000

Agency Specializes In: Advertising, Advertising Specialties, Direct Response Marketing, Hispanic Market, Logo & Package Design, Public Relations, Sales Promotion, Strategic Planning/Research

Tracy LeRoux *(Founder)*

Accounts:
Bancorp Rhode Island, Inc. (BankRI)
Fidelity Charitable Gift Fund
Goya Foods
International Academy of Low Vision Specialists
RageWorks
Rhode Island Convention Center
Saint Luke's School
TJX Companies
Turning Point
Woman & Infants Hospital

LINKMEDIA 360
2 Summit Park Dr, Independence, OH 44131
Tel.: (216) 447-9400
Fax: (216) 447-9412
Toll Free: (877) 843-1091
Web Site: www.linkmedia360.com/

Employees: 16
Year Founded: 1968

National Agency Associations: ADM-LSA

Agency Specializes In: Co-op Advertising, Financial, Health Care Services, Internet/Web Design, Search Engine Optimization, Strategic Planning/Research, T.V., Yellow Pages Advertising

Approx. Annual Billings: $12,000,000

Breakdown of Gross Billings by Media: Yellow Page Adv.: $12,000,000

Chad Luckie *(Mng Partner)*
David Wolf *(Mng Partner)*
Renae Dabney *(Sr VP)*
Cindy Adamek *(VP)*
Kurt Krejny *(VP-Mktg)*
Todd Hall *(Acct Dir)*
Marissa Centofanti *(Dir-Solutions)*
Matt Mesenger *(Dir-Digital Mktg)*
Phil Smith *(Dir-Bus Dev)*
Patti Vargo *(Dir-Billing & Admin)*
Barra Terrigno *(Client Svcs Mgr)*
Kyle Luckie *(Mgr-Bus Dev-Digital Mktg Agency)*
Joanna Nativio *(Sr Specialist-Content Mktg)*
Paul J. Bauer *(Strategist-SEO Local Listings & Acct Exec-Digital Mktg)*
Amy Dwyer *(Acct Exec)*
Christopher Enis *(Acct Exec)*
Debbie Schuckert *(Acct Exec)*
Alex Michael *(Analyst-Digital Mktg)*

LINKSTORM
1 Penn Plz #6244, New York, NY 10119
Tel.: (646) 649-8799
Fax: (646) 649-8795
Toll Free: (855) 836-6743
E-Mail: info@linkstorm.net
Web Site: www.linkstorm.net

Employees: 14
Year Founded: 2000

Agency Specializes In: Advertising, Digital/Interactive, E-Commerce, Publishing, Web (Banner Ads, Pop-ups, etc.)

Revenue: $1,000,000

David Sidman *(Founder & CEO)*
Michael B. Healy *(Dir-Ad & Client Ops)*

Accounts:
Audi
Blackberry
Chevrolet; Detroit, MI
Cisco; San Jose, CA
Coca-Cola Refreshments USA, Inc.; Atlanta, GA
  CokeTag
Hachette Filipacchi; New York, NY
Hewlett-Packard Company; Palo Alto, CA
Microsoft
Ogilvy; New York, NY
Sharebuilder
VentureFuel
Verizon
Volvo
Wal-Mart

LINKSWORLDGROUP
770 POnce De Leon Blvd Ste 308, Coral Gables, FL 33134
Tel.: (786) 360-3514
E-Mail: info@linksworldgroup.com
Web Site: www.linksworldgroup.com

Employees: 29

Agency Specializes In: Advertising, Brand Development & Integration, Content, Crisis Communications, Event Planning & Marketing, Media Buying Services, Media Planning, Paid Searches, Social Media, T.V.

Johanna Castro *(Dir-Sls & Mktg-Caribbean & Latin America)*
Edward De Valle, II *(Sr Partner)*
Brenda Sandoval Valdes *(Assoc Partner)*

Accounts:
New-The Cayman Islands Department of Tourism
Celino South Beach (Public Relations Agency of Record) Marketing & Communication; 2017
The Excellence Group (Public Relations Agency of Record) Creative Content, Outreach Strategies; 2017
HTC Corporation (Latin America Public Relations Agency of Record) Communications Strategy, Media Relations, Social Media Strategy
The Israel Ministry of Tourism
New-Kayak
Tourism New Zealand
VIVA Air (Agency of Record); 2018

LINN PRODUCTIONS
PO Box 2724, Rapid City, SD 57709
Tel.: (605) 348-8675
Fax: (605) 355-0664
Toll Free: (877) 248-8675
E-Mail: studio@linnproductions.com
Web Site: www.linnproductions.com

Employees: 7

Agency Specializes In: Advertising, Advertising Specialties, Digital/Interactive, Internet/Web Design, Production (Ad, Film, Broadcast), Web (Banner Ads, Pop-ups, etc.)

Marc Linn *(Co-Owner)*

Accounts:
Fischers Furniture
Riddles Jewelry Christmas

LINNIHAN FOY ADVERTISING
615 1st Ave NE Ste 320, Minneapolis, MN 55413
Tel.: (612) 331-3586
Fax: (612) 238-3000
E-Mail: info@linnihanfoy.com
Web Site: www.linnihanfoy.com

Employees: 25

Agency Specializes In: Advertising, Internet/Web Design, Media Buying Services, Media Planning, Public Relations

Sean Foy *(Co-Owner)*
Neal Linnihan *(Pres)*
Dan Rasmussen *(Partner, VP & Acct Dir)*
Dan Dennison *(Controller)*
Dennis Brekke *(Creative Dir-Interactive)*
Brian Flis *(Creative Dir)*
David Hruby *(Creative Dir)*
Jena Bruning *(Project Mgr-Digital)*
Liv Tollefson *(Acct Supvr & Sr Strategist-Media)*
Tracy Briese *(Sr Strategist-Media)*
Erin Gibson *(Sr Strategist-Media)*
Mark Potter *(Sr Strategist-Digital)*
Aubrey Kvasnicka *(Strategist-Media)*
Erik Lillejord *(Acct Exec)*
Conor Franzen Linnihan *(Strategist-Design)*
Max Sundermeyer *(Acct Exec-PR)*

Accounts:
Cargill, Inc.
Restonic Mattress Corporation Versalok
Schneiderman's Furniture
Treasure Island Resort & Casino (Media Agency of Record) Media Buying, Media Planning

LINX COMMUNICATIONS CORP.
155 E Main St 2nd Fl, Smithtown, NY 11787-2808
Tel.: (631) 361-4400
Fax: (631) 361-6400
E-Mail: info@linx.com
Web Site: www.linx.com

E-Mail for Key Personnel:
President: michael@linx.com

Employees: 17
Year Founded: 1996

National Agency Associations: AACC-Second Wind Limited

Agency Specializes In: Advertising, Advertising Specialties, Affluent Market, Alternative Advertising, Brand Development & Integration, Broadcast, Business Publications, Business-To-Business, Cable T.V., Catalogs, Children's Market, Co-op Advertising, Collateral, College, Communications, Computers & Software, Consulting, Consumer Goods, Consumer Marketing, Corporate Communications, Corporate Identity, Custom Publishing, Customer Relationship Management, Digital/Interactive, Direct Response Marketing, Direct-to-Consumer, E-Commerce, Education, Electronic Media, Electronics, Email, Engineering, Entertainment, Environmental, Event Planning & Marketing, Exhibit/Trade Shows, Faith Based, Fashion/Apparel, Financial, Food Service, Government/Political, Graphic Design, Guerilla Marketing, Health Care Services, High Technology, Hospitality, Identity Marketing, In-Store Advertising, Industrial, Infomercials, Information Technology, Integrated Marketing, Internet/Web Design, Investor Relations, Legal Services, Leisure, Local Marketing, Logo & Package Design, Luxury Products, Magazines, Market Research, Media Buying Services, Media Planning, Media Relations, Medical Products, Mobile Marketing, Multimedia, New Product Development, New Technologies, Newspaper, Newspapers & Magazines, Out-of-Home Media, Outdoor, Over-50 Market, Package Design, Paid Searches, Pharmaceutical, Planning & Consultation, Podcasting, Point of Purchase, Point of Sale, Print, Product Placement, Production (Ad, Film, Broadcast), Production (Print),

AGENCIES - JANUARY, 2019 — ADVERTISING AGENCIES

Promotions, Public Relations, Publicity/Promotions, RSS (Really Simple Syndication), Radio, Real Estate, Recruitment, Regional, Restaurant, Retail, Sales Promotion, Search Engine Optimization, Seniors' Market, Social Marketing/Nonprofit, Social Media, Sponsorship, Sports Market, Strategic Planning/Research, Sweepstakes, T.V., Technical Advertising, Telemarketing, Trade & Consumer Magazines, Transportation, Travel & Tourism, Viral/Buzz/Word of Mouth, Web (Banner Ads, Pop-ups, etc.)

Approx. Annual Billings: $13,000,000

Michael Smith *(Pres & CEO)*
Jerian DiMattei *(VP-Acct Svcs)*
Randee Smith *(VP-Admin)*
Debbie Cosentino *(Art Dir)*

Accounts:
Canon USA; Lake Succes, NY

LIONFISH ADVERTISING
4847 E Virginia St Ste D, Evansville, IN 47715
Tel.: (812) 457-8902
E-Mail: searesults@lionfishadvertising.com
Web Site: http://lionfishmarketinggroup.com/

Employees: 5

Agency Specializes In: Advertising, Digital/Interactive, Graphic Design, Internet/Web Design, Media Relations, Public Relations, Search Engine Optimization, Social Media, T.V.

Sarah Fortune *(Mktg Dir)*

Accounts:
All-Star Lawn Care
Attorney Kevin Bryant
Crane Concrete
Green Tree Plastics

LIPMAN HEARNE, INC.
200 S Michigan Ave Ste 1600, Chicago, IL 60604-2423
Tel.: (312) 356-8000
Fax: (312) 356-4005
E-Mail: lhi@lipmanhearne.com
Web Site: www.lipmanhearne.com

Employees: 50
Year Founded: 1988

National Agency Associations: 4A's

Agency Specializes In: Advertising, Brand Development & Integration, Collateral, College, Communications, Consulting, Crisis Communications, Digital/Interactive, Direct Response Marketing, Education, Government/Political, Graphic Design, Health Care Services, Integrated Marketing, Internet/Web Design, Logo & Package Design, Market Research, Media Buying Services, Media Planning, Media Relations, Media Training, Planning & Consultation, Print, Public Relations, Social Marketing/Nonprofit, Social Media, Strategic Planning/Research

Minesh Parikh *(CEO)*
Donna Van De Water *(COO)*
Jeremy Ryan *(Exec VP-Creative & Digital Svcs)*
Sara Stern *(Exec VP)*
Libby Morse *(Sr VP & Creative Dir)*
Katie Greer *(Sr Acct Exec)*
Craig Turner *(Coord-IT Support & Office)*

LIPOF MCGEE ADVERTISING
830 Peters Rd Ste D100, Plantation, FL 33324
Tel.: (954) 472-9999
Fax: (954) 472-1222
Web Site: http://lipofmcgee.com/

Employees: 15

Agency Specializes In: Advertising, Automotive

Mark Lipof *(Pres)*
Nathan Lowery *(VP)*
Sally Green *(Media Dir)*
Matthew Grodzitsky *(Dir-Art)*
Marco Mottola *(Dir-Digital Mktg)*
Yahira Mendoza *(Asst-Mktg)*
Maria Velasquez *(Asst-Media)*

LIPPINCOTT
499 Park Ave, New York, NY 10022-1240
Tel.: (212) 521-0000
Fax: (212) 308-8952
E-Mail: info@lippincott.com
Web Site: www.lippincott.com

Employees: 90
Year Founded: 1943

Agency Specializes In: Advertising, Brand Development & Integration, Communications, Digital/Interactive, Exhibit/Trade Shows, Experiential Marketing, Logo & Package Design

Rick Wise *(CEO)*
Cory Cruser *(Partner-Experience Innovation)*
Brendan Murphy *(Sr Partner-Design)*
Max Pfennighaus *(Partner-Design & Brand Expression)*
Julius Roberge *(Partner-Strategy)*
Heather Stern *(CMO)*
John Marshall *(Chief Strategy Officer & Chief Innovation Officer)*
Connie Birdsall *(Creative Dir-Global)*
Anna Maltabarow *(Mktg Dir)*
Michael D'Esopo *(Sr Partner & Dir-Brand Strategy)*
Wendy Tsang *(Dir-Talent & Culture)*
Chris Colborn *(Chief Experience Officer)*
Fabian Diaz *(Sr Partner)*
Allen Gove *(Sr Partner-Strategy)*
Rachel Robison *(Assoc-Mktg Project & Events)*
Laura Schultz *(Sr Assoc-Mktg)*

Accounts:
3M
A&P
Abbott Labs
ABC Television
Actavis
AIGA
Ajilon
Al Ghurair
Allegion
Allstate
American Express
American Greetings
American Heart Association
American Management Association
Amtrak
Andaz
Aptuit
Archstone Communities
Avaya
Avianca
Baker Tilly
Bancroft NeuroHealth
New-Bank of America Corporation Logo
Barclays
Baskin-Robbins
Bausch & Lomb
Bayer
Bayn
BD
Betty Crocker
BMW
BP America Inc. Ampm
Brightheart
British Gas
Buick
Burberrys
C Spire
CA Technologies
Campbell's
Catapult Learning
Centria
Champion Spark Plugs
Chick-fil-A
Childreach
Cintas Brand Strategy
Citgo
Citizens Bank
Clayton, Dubilier & Rice
Coca-Cola
Cognistar
Comcast
Comerica Incorporated
Con Edison, Inc.
Conectiv
Coty, Inc.
Country Road
Daewoo Motor Company
Dell Inc.
Delta Air Lines
Design Management Institute
Doosan Group
Dyneon
Earth Pledge
Ebay Logo
ECornell
Eddie Bauer
Egon Zehnder
E.I. du Pont de Nemours & Company Global Brand Identity
Elsevier
Enbridge Inc.
EPEAT EcoSense
ExxonMobil
EyeMed
Farmers Insurance
FiberMark, Inc.
First Citizens Bank
Fluor Corporation
ForeSee
Forethought
Fragomen
The Gillette Company
Giti
GLAAD
Goodwin Procter
Group Health
Grupo Aeroportuario del Pacifico
Guangzhou Honda
Handok Pharmaceuticals
Hayneedle
The Hershey Company Balanced Choices
Hertz
Holland & Knight
Houghton Mifflin Harcourt
Humana Inc.
Hyatt Corporation
IBM
Inova Health System
Intuit
ITT Corporation
Jamba Juice
JDA Software Brand-Strategy, Campaign: "Plan to Deliver", Communications, Online, Out-of-Home Advertising, Print, Social Media
Johnson Controls
JohnsonDiversey
Kelly Services
Kemper Corporation
Knowles
La Francaise des Jeux La Francaise des Jeux
Lighthouse International
Lincoln Financial Group
Loeb Inc.
Lonely Planet
Manitowoc
Mashreq
MasterCard Advisors

ADVERTISING AGENCIES
AGENCIES - JANUARY, 2019

McDonald's
The McGraw-Hill Companies
Meredith
Metafore
Metro-Goldwyn-Mayer
MFS Investment Management
Mobily
Monotype
Neuberger Berman
Nissan Infiniti
Nokia Siemens Networks
Nuveen Investments
OFS
OneMain Financial
Orange
PacifiCare Health Systems
Pathmark
Peter Piper Pizza
Pizza Hut
Power.org
Praxair
Prep for Prep
The Prince's Charities
Princeton National Rowing Association
Principal Financial Group
The Procter & Gamble Company
Qtel
Quick Chek
The Radio Corporation of America
RCA
Red Lobster
SABIC
Sainsbury's
Sam's Club
Samsung
Sara Lee Corporation
Scana Corporation
Scripps Health
The Shabab Club
Shutterstock
Signature Flight Support
SK
Sonic Drive-In
Southern Company
Southwest Airlines Logo
Sprint
Standard & Poor's
Stanley Black & Decker
Starbucks
Stouffer's
Sutter Health
Sysmex
TAG Aviation
Televisa
Telmex
Telus Corporation
Tenneco
TGV
Time Warner Cable
Truliant
Trustmark National Bank
Turkiye Is Bankasi
United Airlines
United Technologies
UnitedHealth
Vale
Viking
Visa
The Vitamin Shoppe
Walmart
Wana
Western Union
Windstream
Xylem Inc
Yves Rocher

LIQUID ADVERTISING
138 Eucalyptus Dr, El Segundo, CA 90245
Tel.: (310) 450-2653
Fax: (310) 450-2658
E-Mail: info@liquidadvertising.com
Web Site: www.liquidadvertising.com

Employees: 35
Year Founded: 2000

National Agency Associations: 4A's

Agency Specializes In: Advertising, Affluent Market, African-American Market, Alternative Advertising, Asian Market, Automotive, Aviation & Aerospace, Brand Development & Integration, Branded Entertainment, Business-To-Business, Cable T.V., Children's Market, Collateral, College, Communications, Computers & Software, Consulting, Consumer Goods, Consumer Marketing, Corporate Identity, Digital/Interactive, Direct Response Marketing, Direct-to-Consumer, E-Commerce, Education, Electronic Media, Electronics, Email, Entertainment, Event Planning & Marketing, Exhibit/Trade Shows, Experience Design, Fashion/Apparel, Financial, Food Service, Game Integration, Graphic Design, Guerilla Marketing, Health Care Services, High Technology, Hispanic Market, Hospitality, Household Goods, Identity Marketing, In-Store Advertising, Infomercials, Information Technology, International, Internet/Web Design, LGBTQ Market, Legal Services, Leisure, Luxury Products, Market Research, Media Buying Services, Media Planning, Media Relations, Media Training, Medical Products, Men's Market, Mobile Marketing, Multicultural, Multimedia, New Technologies, Newspaper, Newspapers & Magazines, Out-of-Home Media, Outdoor, Package Design, Paid Searches, Pets , Pharmaceutical, Planning & Consultation, Podcasting, Print, Production, Production (Ad, Film, Broadcast), Production (Print), Promotions, Publicity/Promotions, Publishing, RSS (Really Simple Syndication), Radio, Recruitment, Regional, Restaurant, Retail, Sales Promotion, Social Marketing/Nonprofit, Social Media, Sponsorship, Sports Market, Strategic Planning/Research, Sweepstakes, Syndication, T.V., Technical Advertising, Teen Market, Telemarketing, Trade & Consumer Magazines, Transportation, Travel & Tourism, Tween Market, Urban Market, Viral/Buzz/Word of Mouth, Web (Banner Ads, Pop-ups, etc.), Women's Market

Approx. Annual Billings: $4,800,000

Will Akerlof *(Pres & CEO)*
Marlo Huang *(Principal & VP-Media)*
Patrick Runco *(VP & Exec Creative Dir)*
Kevin Joyce *(VP-Media)*
Mio Takahashi *(Dir-Creative Production)*
Blake Freedman *(Supvr-Media)*
Jennifer Huang *(Supvr-Media Strategy)*
Alex Huang *(Strategist-Media)*
Sarah Westerfield *(Copywriter)*
Rick Dressler *(Assoc Media Dir)*
Brandon Halprin *(Assoc Strategist-Media)*
Cameron Tow *(Assoc Media Dir)*

Accounts:
Blizzard Entertainment
High Rez
Microsoft
Recovery Channel
Sonos
Turbine

LIQUID AGENCY, INC.
448 S Market St, San Jose, CA 95113
Tel.: (408) 850-8800
Fax: (408) 850-8825
Web Site: www.liquidagency.com

Employees: 30
Year Founded: 2000

Agency Specializes In: Advertising, Brand Development & Integration, Digital/Interactive, Internet/Web Design, Logo & Package Design

Scott Gardner *(Founder & CEO)*
Christopher Rowlison *(Pres)*
Dennis Hahn *(Chief Strategy Officer)*
Darin Albers *(VP-Media)*
Jim Gibson *(Exec Creative Dir)*
Paul Simon *(Creative Dir)*
Marty Neumeier *(Dir-Transformation)*

Accounts:
Jive Software Campaign: "Work Better Together", Content Marketing, Marketing, Online, Signage, Social Media
PayPal Brand Strategy, Digital

LIQUID SOUL
1024 Hemphill Ave Ste B, Atlanta, GA 30318
Tel.: (404) 892-2836
E-Mail: contact@goliquidsoul.com
Web Site: goliquidsoul.com

Employees: 50
Year Founded: 2005

Agency Specializes In: Advertising, Brand Development & Integration, Communications, Digital/Interactive, Entertainment, Event Planning & Marketing, Media Buying Services, Publicity/Promotions, Social Media, Sports Market

Tirrell D. Whittley *(Founder, CEO & Principal)*
Paxton Baker *(Mng Partner-Washington)*
Nick F. Nelson *(CMO & Principal)*
Amy Wright *(VP-Strategic Mktg & Client Svcs)*
Kimberly Knowles *(Office Mgr)*

Accounts:
New-20th Century Fox Film Corp. War of the Planet of the Apes
New-ABC Inc. Black-ish
Central Intercollegiate Athletic Association (Agency of Record) Advertising, Digital Marketing, Partnership Development, Public Relations, Social Media, Strategic Planning; 2018
New-ESPN Inc.
New-Essence Magazine
New-Home Box Office Inc. Game of Thrones
New-Lions Gate Entertainment Corp. Hunger Games : Catching Fire
New-Marvel Studios Inc. Black Panther
New-NBC Universal Inc. The Voice
New-Universal Studios Inc. Fast & Furious 6
New-Warner Bros. Entertainment Inc. 42

LIQUIDFISH
401 E California Ave Ste 201, Oklahoma City, OK 73104
Tel.: (405) 606-4445
Fax: (405) 606-4447
E-Mail: info@liquidfish.com
Web Site: liquid.fish

Employees: 20

Agency Specializes In: Advertising, Brand Development & Integration, Digital/Interactive, Internet/Web Design, Logo & Package Design, Print, Promotions, Social Media

Cody Blake *(Pres)*

Accounts:
Colcord Hotel
Cover Oklahoma
Custom Reef Creations
Westpoint Homes

LIQUIDHUB, INC.
44 W 28th St Fl 6, New York, NY 10001
Tel.: (646) 496-2942
Web Site: www.liquidhub.com

AGENCIES - JANUARY, 2019   ADVERTISING AGENCIES

Employees: 100

Olivier Zitoun *(Partner & Head-Life Sciences Practice)*
Christer Manning *(Partner & Exec Creative Dir)*
Matthew Bernardini *(Partner)*
William duPont *(Partner)*
Daniel Davenport *(Mng Dir)*
Carina Rolley *(Mng Dir)*
Godfrey Baker *(Mng Dir-Application Dev)*
Nick Zylik *(Mng Dir-Engagement Mgmt)*
Kristi Rose Barron *(Dir-Panel Procurement)*
Erik Beadle *(Dir-Creative Ops)*

LISAIUS MARKETING
(See Under Tenth Crow Creative)

LITOS STRATEGIC COMMUNICATION
62 Wilson St, S Dartmouth, MA 02748
Tel.: (508) 996-8989
Web Site: www.Litossc.com

Employees: 8
Year Founded: 1984

Agency Specializes In: Advertising, Advertising Specialties, Brand Development & Integration, Broadcast, Business Publications, Business-To-Business, Catalogs, Collateral, Communications, Consulting, Consumer Goods, Corporate Communications, Corporate Identity, Crisis Communications, Digital/Interactive, Direct Response Marketing, Email, Environmental, Event Planning & Marketing, Government/Political, Graphic Design, High Technology, Integrated Marketing, Internet/Web Design, Logo & Package Design, Market Research, New Technologies, Newspaper, Newspapers & Magazines, Out-of-Home Media, Outdoor, Package Design, Point of Sale, Print, Production (Print), Promotions, Public Relations, Publicity/Promotions, RSS (Really Simple Syndication), Radio, Search Engine Optimization, Strategic Planning/Research, Trade & Consumer Magazines, Web (Banner Ads, Pop-ups, etc.)

Approx. Annual Billings: $1,500,000

Mark Litos *(Pres)*
Peter Vercellone *(Mgr-Traffic & Production)*

Accounts:
Bridgewater State University; Bridgewater, MA Department of Energy Smart Grid Initiative
GDF SUEZ Energy North America, Inc.; Houston, TX Energy/Power Generation

LITTLE & COMPANY
100 Washington Ave S Ste 1200, Minneapolis, MN 55401
Tel.: (612) 375-0077
Fax: (612) 375-0423
E-Mail: sunny.fenton@littleco.com
Web Site: littleco.com

Employees: 37
Year Founded: 1979

Agency Specializes In: Advertising, Advertising Specialties, Alternative Advertising, Arts, Brand Development & Integration, Broadcast, Business-To-Business, Catalogs, Collateral, Communications, Consumer Goods, Consumer Marketing, Corporate Communications, Corporate Identity, Digital/Interactive, Environmental, Experience Design, Financial, Graphic Design, Health Care Services, Identity Marketing, In-Store Advertising, Integrated Marketing, Internet/Web Design, Investor Relations, Leisure, Local Marketing, Logo & Package Design, Magazines, Newspaper, Out-of-Home Media, Outdoor, Package Design, Point of Purchase, Print, Production, Production (Print), Radio, Recruitment, Retail, Sponsorship, Stakeholders, Trade & Consumer Magazines

Approx. Annual Billings: $13,000,000

Joanne Kuebler *(Owner & Principal)*
Monica Little *(Chm)*
Joe Cecere *(Pres & Chief Creative Officer)*
Brooke Brown *(Mng Dir & Sr VP)*
Traci Elder *(VP-Mktg)*
Mike Schacherer *(Creative Dir)*
Kayla Bries *(Dir-Strategy)*
Leslie Olson *(Designer)*
Jennifer Yelk *(Designer)*

Accounts:
American Public Media
Barnes & Noble
Bassford Remelen (Brand Agency of Record)
New-Bremer Bank (Agency of Record) Consumer & Employee Engagement, Content Strategy, Creative, Design, Digital, Strategic Planning; 2018
New-BUFFALO WILD WINGS, INC.
Cargill's Animal Nutrition Brand Identity, Design
Clinic Sofia; Minneapolis, MN Healthcare/Health Services; 2009
Code42 Digital, Print
DC Comics, Inc.
Gap Inc Branding
Guthrie Theater Foundation Brand Strategy
Habitat for Humanity International Rebrand
Landscape Structures; Minneapolis, MN Manufacturer/B2B; 2005
Lowe's Companies, Inc. Creative
Medtronic; Minneapolis, MN Medical Device; 2010
Microsoft; Seattle, WA Consumer Products/Technology; 2007
Milwaukee Burger Company (Brand Agency of Record) Brand Experience
Nina Hale Brand Identity, Design
New-PepsiCo, Inc.
New-Philia Foods (Agency of Record) Brand Identity & Packaging, Content Strategy, Creative, Digital, Strategic Brand Positioning; 2018
Polaris; Minneapolis, MN Consumer Products/Corporate Communications; 1994
RedBrick Health; Minneapolis, MN Healthcare/Health Services; 2008
Ryan Companies U.S., Inc (Brand Agency of Record) Brand Strategy
Saint Paul Great River Park Project; Saint Paul, MN Government/Environmental; 2010
Sealy Corporation Sealy Posturepedic
New-Securian Financial
Target Corporation Retail; 1989
U.S. Bancorp (US Brand Agency of Record)
Vibrant Credit Union
Way to Grow; Minneapolis, MN Non-Profit; 2009
Wells Fargo; San Francisco, CA Finance/Corporate Communications; 1987

LITTLE BIG BRANDS
1 N Broadway Ste 201, White Plains, NY 10601
Tel.: (914) 437-8686
E-Mail: contactus@littlebigbrands.com
Web Site: www.littlebigbrands.com

Employees: 17

Agency Specializes In: Advertising, Brand Development & Integration, Identity Marketing, Logo & Package Design, Product Placement

Pamela Long *(Partner & Client Svcs Dir)*
Crystal Bennett *(Partner)*
John Nunziato *(Chief Creative Officer)*
Karla Finlan *(Acct Dir)*
Richard Palmer *(Creative Dir)*
Frank Tantao *(Dir-Production)*
Emma Jackson *(Mgr-Studio)*

Accounts:
Finesse
Genny Light
Give
The Lion Brewery Beverages
Lionshead
Lypsyl
M5 Magnum
Wisk Eco Energy
Yardley

LITTLE BIRD MARKETING
1027 S Main St, Joplin, MO 64801
Tel.: (417) 782-1780
E-Mail: info@littlebirdmarketing.com
Web Site: https://www.littlebirdmarketing.com/

Employees: 13

Agency Specializes In: Advertising, Brand Development & Integration, Content, Internet/Web Design, Logo & Package Design, Print

Priscilla McKinney *(Pres & CEO)*
Steve McKinney *(VP)*

Accounts:
Candy House Gourmet Chocolates
Ozark Christian College

LITTLE DOG AGENCY INC.
3850 Bessemer Rd Ste 220, Mount Pleasant, SC 29466
Tel.: (843) 856-9201
Fax: (843) 856-9207
E-Mail: webmaster@littledogagency.com
Web Site: www.littledogagency.com

Employees: 4
Year Founded: 2005

Agency Specializes In: Advertising, Advertising Specialties, African-American Market, Agriculture, Asian Market, Automotive, Aviation & Aerospace, Bilingual Market, Brand Development & Integration, Broadcast, Business Publications, Business-To-Business, Cable T.V., Children's Market, Co-op Advertising, Collateral, Commercial Photography, Communications, Consulting, Consumer Marketing, Consumer Publications, Corporate Communications, Corporate Identity, Cosmetics, Digital/Interactive, Direct Response Marketing, E-Commerce, Education, Electronic Media, Engineering, Entertainment, Environmental, Event Planning & Marketing, Exhibit/Trade Shows, Fashion/Apparel, Financial, Food Service, Government/Political, Graphic Design, Health Care Services, High Technology, Hispanic Market, In-Store Advertising, Industrial, Infomercials, Information Technology, Internet/Web Design, Investor Relations, LGBTQ Market, Legal Services, Leisure, Local Marketing, Logo & Package Design, Magazines, Marine, Media Buying Services, Medical Products, Merchandising, Multimedia, New Product Development, Newspaper, Newspapers & Magazines, Out-of-Home Media, Outdoor, Over-50 Market, Pharmaceutical, Planning & Consultation, Point of Purchase, Point of Sale, Print, Production, Public Relations, Publicity/Promotions, Radio, Real Estate, Recruitment, Restaurant, Retail, Sales Promotion, Seniors' Market, Sports Market, Strategic Planning/Research, Sweepstakes, Syndication, T.V., Technical Advertising, Teen Market, Telemarketing, Trade & Consumer Magazines, Transportation, Travel & Tourism, Yellow Pages Advertising

Brent McKay *(Pres)*
Soraya McKay *(VP)*
Bonnie Schwartz *(Office Mgr)*

ADVERTISING AGENCIES
AGENCIES - JANUARY, 2019

Kaili Howard *(Specialist-Mktg & Media Buyer)*

Accounts:
82 - Clean
Blackbeard's Cove Family Fun Park
Charleston Restaurant Association
Daniel Island Business Association
Red's 1947 Ice House
Rita's

LITTLE L COMMUNICATIONS
PO Box 63, Geneva, OH 44041
Tel.: (440) 799-7884
Web Site: littlelcomm.biz

Employees: 12
Year Founded: 1936

National Agency Associations: AAF-PRSA

Agency Specializes In: Advertising, Advertising Specialties, Asian Market, Automotive, Brand Development & Integration, Business Publications, Business-To-Business, Children's Market, Co-op Advertising, Collateral, College, Communications, Consulting, Consumer Goods, Consumer Marketing, Consumer Publications, Corporate Communications, Corporate Identity, Crisis Communications, Direct-to-Consumer, E-Commerce, Education, Electronic Media, Engineering, Event Planning & Marketing, Exhibit/Trade Shows, Financial, Food Service, Government/Political, Graphic Design, Health Care Services, High Technology, Industrial, Information Technology, Integrated Marketing, International, Legal Services, Local Marketing, Logo & Package Design, Magazines, Marine, Media Buying Services, Media Planning, Medical Products, Merchandising, Multimedia, New Product Development, Newspaper, Newspapers & Magazines, Out-of-Home Media, Outdoor, Over-50 Market, Package Design, Pharmaceutical, Planning & Consultation, Point of Purchase, Point of Sale, Print, Production, Production (Ad, Film, Broadcast), Public Relations, Publicity/Promotions, RSS (Really Simple Syndication), Radio, Real Estate, Restaurant, Retail, Sales Promotion, Search Engine Optimization, Seniors' Market, Social Marketing/Nonprofit, Strategic Planning/Research, T.V., Technical Advertising, Trade & Consumer Magazines, Travel & Tourism, Urban Market, Web (Banner Ads, Pop-ups, etc.), Women's Market, Yellow Pages Advertising

Breakdown of Gross Billings by Media: Bus. Publs.: 30%; Collateral: 15%; D.M.: 10%; Production: 15%; Pub. Rels.: 30%

Laura Lytle *(Pres & CEO)*

Accounts:
Eye Lighting
The Lake County YMCA

LITTLEFIELD AGENCY
1350 S Boulder Ave Ste 500, Tulsa, OK 74119-3214
Tel.: (918) 295-1007
Fax: (918) 295-1001
Web Site: littlefieldagency.com/
E-Mail for Key Personnel:
President: david@littlefieldinc.com
Creative Dir.: lbender@littlefield.us

Employees: 28
Year Founded: 1980

National Agency Associations: AMA-MAGNET-PRSA

Agency Specializes In: Above-the-Line, Advertising, Affiliate Marketing, Alternative Advertising, Below-the-Line, Brand Development & Integration, Branded Entertainment, Broadcast, Business Publications, Business-To-Business, Cable T.V., Catalogs, Co-op Advertising, Collateral, College, Communications, Consulting, Consumer Goods, Consumer Marketing, Consumer Publications, Content, Corporate Identity, Digital/Interactive, Education, Electronic Media, Email, Exhibit/Trade Shows, Financial, Graphic Design, Household Goods, Identity Marketing, In-Store Advertising, Industrial, Information Technology, Integrated Marketing, Internet/Web Design, Legal Services, Local Marketing, Logo & Package Design, Magazines, Market Research, Media Buying Services, Media Planning, Mobile Marketing, Multimedia, Newspaper, Newspapers & Magazines, Out-of-Home Media, Outdoor, Package Design, Paid Searches, Planning & Consultation, Podcasting, Point of Purchase, Point of Sale, Print, Production, Production (Ad, Film, Broadcast), Production (Print), Radio, Restaurant, Sales Promotion, Search Engine Optimization, Social Media, Strategic Planning/Research, T.V., Trade & Consumer Magazines, Transportation

Approx. Annual Billings: $29,145,000

David G. Littlefield *(Pres & CEO)*
Laurie Tilley *(Exec VP-Strategy)*
Mike Rocco *(VP & Creative Dir)*
Marellie Littlefield *(VP-Fin & HR)*
Steve Roop *(Dir-Interactive)*
Candace Chupp *(Sr Art Dir)*
Jason Jordan *(Assoc Creative Dir)*

Accounts:
B+T Engineering Group; 2014
Bishop Kelley High School; 2000
BOK Financial (Agency of Record) Bank of Albuquerque, Bank of Arizona, Bank of Arkansas, Bank of Kansas City, Bank of Oklahoma, Bank of Texas, Colorado State Bank and Trust; 2002
Catholic Charities; 2015
Ditch Witch (Agency of Record); 2002
Grasshopper Mowers (Agency of Record); 2015
Groendyke Transport; 2012
Love's Country Stores; 2015
OnCue Convenience Stores; 2015
ONE Gas; 2016
Quik Print; 2003
Route 66 Tulsa; 2010
Tulsa Health Department
Tulsa Transit; 2016
YMCA of Greater Tulsa (Agency of Record); 2007

LIVE & BREATHE
Crown House, 143-147 Regent Street, London, W1B 4JB United Kingdom
Tel.: (44) 20 7478 0000
Fax: (44) 20 7478 0001
E-Mail: info@liveandbreathe.co.uk
Web Site: www.liveandbreathe.com

Employees: 70

Agency Specializes In: Advertising, Below-the-Line, Brand Development & Integration, Digital/Interactive, Direct Response Marketing, Experience Design, Experiential Marketing, Retail, Sales Promotion

Stuart Mitchell *(CEO)*
Nick Gray *(Mng Dir)*
Kenny Cox *(Comml Dir)*
James Hoxley *(Creative Dir)*
Gary Jacobs *(Creative Dir)*
Sarah Anderson *(Dir-Client Svc)*

Accounts:
Birds Eye Bake to Perfection, Below the Line Marketing, Experiential, Fish Fusions, Make More Of Midweek Tour, Promotional, Rice Fusions, Sampling Campaign, Shopper Marketing
Blockbuster UK Marketing Strategy
Danone Waters UK & Ireland Ltd Evian & Volvic, In-Store Campaign, Point Of Sale, Tropical Tour, Volvic Touch of Tropical Fruits
Evian Campaign: "Baby and Me", Campaign: "Live young", Campaign: "Wimbledon Whites"
Kwik Fit Below-the-Line, Direct Mail
LivingSocial
Morrisons In-Store Communications
Peacocks
Reckitt Benckiser
Wyevale Garden Centres Advertising

LIVEAREALABS
3131 Western Ave Ste515, Seattle, WA 98121
Tel.: (206) 521-1105
E-Mail: info@liveareaabs.com
Web Site: http://www.liveareacx.com

Employees: 52
Year Founded: 2009

Agency Specializes In: Advertising, Brand Development & Integration, Digital/Interactive, E-Commerce, Internet/Web Design, Mobile Marketing, Strategic Planning/Research

Mark Moskal *(Co-Founder & Exec Creative Dir)*
Naomi Dent *(Reg Dir-SEA & NYC)*

Accounts:
Brooks Sports, Inc.
London Drugs Limited
Meredith Wendell
World Vision

LIVELY GROUP
575 Lexington Ave Fl 27, New York, NY 10022
Tel.: (212) 752-1926
E-Mail: info@livelygroup.tv
Web Site: www.livelygroup.tv

Employees: 80

Agency Specializes In: Advertising, Branded Entertainment, Entertainment, Graphic Design, Multimedia, Production, Production (Ad, Film, Broadcast)

Ethel Rubinstein *(Owner & CEO)*
Lenny Stein *(CFO)*
Amanda Rivera *(Coord-Client Svcs)*

Subsidiaries

BlueRock
575 Lexington Ave Fl 26, New York, NY 10022
(See Separate Listing)

Decibel
575 Lexington Ave Fl 22, New York, NY 10022
(See Separate Listing)

Scarlett
575 Lexington Ave Fl 22, New York, NY 10022
(See Separate Listing)

Spontaneous
(d/b/a Spontaneous)
(Private-Parent-Single Location)
575 Lexington Ave Fl 25, New York, NY 10022
(See Separate Listing)

LIVING PROOF CREATIVE
1305 E 6th St #8, Austin, TX 78702

AGENCIES - JANUARY, 2019

ADVERTISING AGENCIES

Tel.: (512) 815-2969
E-Mail: info@livingproofcreative.com
Web Site: livingproofcreative.com

Employees: 10
Year Founded: 2015

Agency Specializes In: Brand Development & Integration, Business-To-Business, Digital/Interactive, Graphic Design, Internet/Web Design, Search Engine Optimization, Social Media

Cayah Howell *(CEO & Partner-Creative)*
George Ilic *(Dir-Digital Mktg)*

Accounts:
Nike
University of Texas

LJF ASSOCIATES, INC.
26419 Oak Rdg Dr, The Woodlands, TX 77380-1964
Tel.: (281) 367-3922
Fax: (281) 292-7780
E-Mail: forinfo@ljfassoc.com
Web Site: www.ljfmarketing.com

E-Mail for Key Personnel:
President: lfreede@ljfassoc.com

Employees: 7
Year Founded: 1989

National Agency Associations: Second Wind Limited

Agency Specializes In: Advertising, Advertising Specialties, Broadcast, Business Publications, Business-To-Business, Cable T.V., Collateral, Communications, Consulting, Consumer Publications, Corporate Identity, Direct Response Marketing, Electronic Media, Engineering, Event Planning & Marketing, Exhibit/Trade Shows, Financial, Graphic Design, Health Care Services, High Technology, Industrial, Information Technology, Internet/Web Design, Investor Relations, Legal Services, Local Marketing, Logo & Package Design, Magazines, Media Buying Services, Medical Products, Multimedia, Newspaper, Newspapers & Magazines, Out-of-Home Media, Outdoor, Planning & Consultation, Print, Public Relations, Publicity/Promotions, Radio, Seniors' Market, Strategic Planning/Research, T.V., Technical Advertising, Trade & Consumer Magazines

Linda Freede *(Pres)*

Accounts:
Burditt Consultants; Conroe, TX Urban Forestry; 2005
Fullenweider Wilhite
Huntsville Convention & Visitors Center; Huntsville, TX Tourism
Multi-Seal Inc.; Houston, TX Tire Sealants; 2004

LKF MARKETING
259 East Michigan Ave, Kalamazoo, MI 49008
Tel.: (269) 349-4440
Fax: (269) 349-6128
E-Mail: lkf_info@lkfmarketing.com
Web Site: www.lkfmarketing.com

Employees: 10

Agency Specializes In: Advertising, Internet/Web Design, Media Buying Services, Public Relations, Social Media

Heather Isch *(Pres & CEO)*
Linda Lewis *(Office Mgr)*
Lisa Moore *(Acct Exec & Specialist-SEO)*
Martha Nicholson *(Acct Exec, Media Planner & Buyer)*
Sara Ramaker *(Strategist-Content)*

Accounts:
Envirologic
Premier Vein Center

LKH&S
54 W Hubbard Ste 100, Chicago, IL 60610
Tel.: (312) 595-0200
Fax: (312) 595-0300
E-Mail: lkhs@lkhs.com
Web Site: www.lkhs.com

E-Mail for Key Personnel:
Creative Dir.: kirshenbaum@lkhs.com
Public Relations: lewin@lkhs.com

Employees: 20
Year Founded: 1991

National Agency Associations: BMA

Agency Specializes In: Advertising, Affiliate Marketing, Affluent Market, Agriculture, Alternative Advertising, Arts, Automotive, Brand Development & Integration, Branded Entertainment, Broadcast, Business-To-Business, Collateral, College, Communications, Computers & Software, Consulting, Consumer Goods, Consumer Marketing, Corporate Communications, Corporate Identity, Customer Relationship Management, Digital/Interactive, Direct Response Marketing, Direct-to-Consumer, E-Commerce, Education, Electronic Media, Electronics, Email, Entertainment, Environmental, Exhibit/Trade Shows, Financial, Graphic Design, Guerilla Marketing, Health Care Services, High Technology, Hospitality, Household Goods, Identity Marketing, In-Store Advertising, Industrial, Information Technology, Integrated Marketing, Internet/Web Design, Leisure, Local Marketing, Logo & Package Design, Luxury Products, Magazines, Marine, Market Research, Medical Products, Multimedia, New Product Development, New Technologies, Newspaper, Newspapers & Magazines, Out-of-Home Media, Outdoor, Over-50 Market, Package Design, Point of Purchase, Point of Sale, Print, Production, Production (Ad, Film, Broadcast), Production (Print), Promotions, Public Relations, Publishing, RSS (Really Simple Syndication), Radio, Restaurant, Retail, Sales Promotion, Search Engine Optimization, Social Marketing/Nonprofit, Strategic Planning/Research, Sweepstakes, T.V., Technical Advertising, Telemarketing, Trade & Consumer Magazines, Transportation, Web (Banner Ads, Pop-ups, etc.)

Breakdown of Gross Billings by Media: Bus. Publs.: 20%; D.M.: 35%; Internet Adv.: 15%; Newsp. & Mags.: 5%; Point of Purchase: 5%; Production: 5%; Strategic Planning/Research: 15%

Stanton Lewin *(Chm & CEO)*
Samuel Kirshenbaum *(Partner)*
Bill Heuglin *(Assoc Dir-Creative)*
Jennyfer Butzen Dougherty *(Acct Supvr & Strategist-Media)*
Christina Seiwert *(Acct Supvr)*
David Spreckman *(Acct Supvr)*

Accounts:
Glisten Appliance Cleaners, CPG
Oncology Services International Healthcare
Out CPG, Laundry
PECO Energy
Shop! Trade Organization
Thermacell Mosquito Repellents
Tru Vue Glazing to Framers
UniCarriers Forklifts, Material Handling
Walter Payton Liver Center Healthcare
Woolite At-Home Dry Cleaner CPG, Laundry
World Cat Boats

Branch

LKH&S Louisville
4907 Dunbarvalley Rd, Fisherville, KY 40023
Tel.: (502) 261-9826
Web Site: www.lkhs.com

Employees: 10
Year Founded: 2005

Agency Specializes In: Advertising, Affiliate Marketing, Affluent Market, Agriculture, Alternative Advertising, Arts, Automotive, Brand Development & Integration, Branded Entertainment, Broadcast, Business-To-Business, Collateral, College, Communications, Computers & Software, Consulting, Consumer Goods, Consumer Marketing, Corporate Communications, Corporate Identity, Customer Relationship Management, Digital/Interactive, Direct Response Marketing, Direct-to-Consumer, E-Commerce, Education, Electronic Media, Electronics, Email, Entertainment, Environmental, Exhibit/Trade Shows, Financial, Graphic Design, Guerilla Marketing, Health Care Services, High Technology, Hospitality, Household Goods, Identity Marketing, In-Store Advertising, Industrial, Information Technology, Integrated Marketing, Internet/Web Design, Leisure, Local Marketing, Logo & Package Design, Luxury Products, Magazines, Marine, Market Research, Multimedia

Stanton Lewin *(Chm & CEO)*
Bill Heuglin *(Assoc Dir-Creative)*
Christina Seiwert *(Acct Supvr)*

LLOYD & CO.
180 Varick St Ste 1018, New York, NY 10014
Tel.: (212) 414-3100
Fax: (212) 414-3113
E-Mail: info@lloydandco.com
Web Site: www.lloydandco.com

Employees: 25
Year Founded: 1994

Agency Specializes In: Leisure, Luxury Products, Sponsorship, Travel & Tourism

Approx. Annual Billings: $20,000,000

Jodi Sweetbaum *(Pres & Mng Dir)*
Shari Kaufman-Lewis *(Acct Dir)*
Douglas Lloyd *(Creative Dir)*
Rachel Levine *(Dir-Creative Svcs)*

Accounts:
Adidas
Badgley Mischka
Big Magazine
Calvin Klein
Club Monaco
Cole Haan
Concord
Ebel
Estee Lauder Broadcast, Campaign: "Be Daring, Be an Inspiration", Campaign: "Dual Impressions", Modern Muse, Modern Muse Le Rouge, Print, Social Media, TV
Express
Fragile
G Series
Garrard
Glaceau/Vitamin Water
Gucci
John Varvatos
Marie Claire
Max Mara
Movado
Nave
PepsiCo Inc. Advertising, Campaign: "Live for

ADVERTISING AGENCIES

Now", Pepsi
Perry Ellis
Sergio Ross
The Standard Hotel
Tod's
Tommy Hilfiger
Yves Saint Laurent

LMA
2300 Yonge St Ste 1000, PO Box 2302, Toronto, ON M4P 1E4 Canada
Tel.: (416) 440-2500
Fax: (416) 440-2504
Web Site: https://lma.ca/

Employees: 12
Year Founded: 1991

Agency Specializes In: Advertising

Jerry Grymek *(Acct Dir)*
Elizabeth Zemnickis *(Office Mgr)*
Maureen Wright *(Mgr-PR)*
Ante Miletic *(Acct Coord-PR)*

Accounts:
Artic Combustion
Botox At Home
Brightlights
CLHIO
COMO Hotels
Dine Magazine
Firestone
Israel Tour Guide
Medevaq
New York Hotel PA
Ojai Valley Inn & Spa
Palm Holdings
Performance World
Rics Americas
Steelmen Systems
Surveyors General Insurance
Tridel
Visit Florida
Zarienu

LMD AGENCY
14409 Greenview Dr Ste 200, Laurel, MD 20708
Tel.: (301) 498-6656
Fax: (301) 953-0321
Web Site: www.lmdagency.com

Employees: 75

Agency Specializes In: Advertising, Brand Development & Integration, Corporate Identity, Digital/Interactive, Internet/Web Design, Out-of-Home Media, Outdoor, Point of Purchase, Print, Public Relations, Strategic Planning/Research

Karen Killian *(Pres)*
Sarah Pugh *(Pres)*
Scott Van Der Meid *(Partner & VP-Creative Svcs)*
Dan Croft *(Creative Dir-Web Svcs)*
Katie Slagle *(Acct Dir)*
Holly Huntley *(Dir-Client & Consulting Svcs)*
Kristen Newton *(Dir-Strategy & Res)*
Mary Ellen McCormack *(Acct Mgr)*
Brandon Aksteter *(Project Mgr & Strategist-Digital)*
Cathy Barrett *(Mgr-Fin & Admin)*
Irma Oliver *(Strategist-Mktg)*

Accounts:
Capitol College
The National Information Exchange Model
SESYNC
U.S. Environmental Protection Agency WaterSense
University of Maryland

LMGPR
111 W Evelyn Ave Ste 308, Sunnyvale, CA 94086

Tel.: (408) 738-9150
Fax: (408) 738-9100
E-Mail: info@lmgpr.com
Web Site: www.lmgpr.com

Employees: 12
Year Founded: 2002

Agency Specializes In: Event Planning & Marketing, Exhibit/Trade Shows, Local Marketing, Media Relations, Media Training, New Technologies, Public Relations, Publishing, Strategic Planning/Research

Donna Loughlin Michaels *(Pres)*
Michael Erwin *(Dir-Editorial)*

Accounts:
Avocent
Blue Coat
Citrix Systems
Concentric
Crescendo Networks
enKoo
FireEye
frevvo
Infineta Systems (Agency of Record)
Netoptics
Werkadoo (Agency of Record) Online Workplace for Businesses and Contracting Professionals
Wildfire
Zyrion Public Relations

LMI ADVERTISING
1987 State St, E Petersburg, PA 17520
Tel.: (717) 569-8826
Fax: (717) 569-9463
E-Mail: info@lmiadvertising.com
Web Site: http://lmiadvertising.com/agency.php

Employees: 2

Agency Specializes In: Advertising, Brand Development & Integration, Broadcast, Collateral, Digital/Interactive, Internet/Web Design, Media Planning, Out-of-Home Media, Outdoor, Public Relations, Radio

Tina Bellanca *(Pres)*
Gregg R. Rineer *(VP-Creative Svcs)*
Joshua Jones *(Art Dir)*

Accounts:
Alliance Cancer Specialists

LMO ADVERTISING
1776 Wilson Blvd 5th Fl, Arlington, VA 22209
Tel.: (703) 875-2193
Fax: (703) 875-2199
E-Mail: sherrigreen@lmo.com
Web Site: www.lmo.com

E-Mail for Key Personnel:
President: douglaughlin@lmo.com

Employees: 60
Year Founded: 1995

National Agency Associations: 4A's

Agency Specializes In: Advertising, Brand Development & Integration, Broadcast, Co-op Advertising, Collateral, Consumer Marketing, Corporate Identity, Direct Response Marketing, Government/Political, Internet/Web Design, Media Buying Services, Media Planning, Newspapers & Magazines, Out-of-Home Media, Outdoor, Print, Production, Radio, Recruitment, Sponsorship, Strategic Planning/Research, Teen Market

Mike Kapetanovic *(Pres)*
David Marinaccio *(Chief Creative Officer)*
Kendria Perry *(VP-Client Svcs)*

Chris Rothrock *(Media Dir)*
Dustin Rubin *(Sr Brand Mgr-Social Media)*
Karen Laughlin *(Supvr-Interactive Mktg)*
Lauren Pappas *(Supvr-Media)*
Erica Wiles *(Media Planner & Media Buyer)*
Tarah Golzar *(Media Planner)*
Debbie Simon *(Assoc Media Dir)*
Sarah Spatafora *(Sr Supvr-Media)*

Accounts:
Avis Budget Group, Inc. Avis Canada, Avis Europe, Avis Rent a Car, Budget Japan, Budget Rent a Car; 2004
Bionic Turtle Advertising, Marketing Strategy, Website Maintenance
Booz Allen Hamilton
Bull Frog
Capital Area Food Bank; 2007
Carleton V Strategic Marketing Initiatives
Department of Defense Health.mil, Tricare
Department of Veterans Affairs VetBiz.gov; 2004
DuPont Fabros Technology Creative
George Washington University (Digital Media Agency of Record) Digital Strategy, Media Buying
Hargrove Inc. Advertising Strategy
Jordan
Lurn, Inc Visual Design, Web & Mobile
The Maple Guild (Agency of Record) Content Marketing, Creative, Direct Marketing, Strategic
Metro
The National Guard Air National Guard, Army National Guard, Guard Bureau, Recruitment Advertising; 1995
Nutshell Website
Sears Portrait Studio
Sigma Phi Epsilon
Thanks USA
United States Army National Guard; Crystal City, VA Recruitment, Retention & Public Affairs; 1995
United States Coast Guard (Agency of Record) Media, Production
Urban Arias
US French Embassy; 2006
Voice for America's Troops
Washington West

Branches

Griffin & Company
1776 Wilson Blvd Fl 5, Arlington, VA 22209
(See Separate Listing)

LMO Advertising
(Formerly VIM Interactive)
1200 Steuart St Ste C1, Baltimore, MD 21230
Tel.: (443) 873-3700
Fax: (443) 969-4191
Web Site: http://www.lmo.com/

Employees: 20

National Agency Associations: 4A's

Agency Specializes In: Digital/Interactive

J.P Welch *(Strategist-Creative)*
Erica Wiles *(Planner & Jr Media Buyer)*

Accounts:
Marriott

LOADED CREATIVE LLC
141 W High St, Bellefonte, PA 16823
Tel.: (814) 353-0144
Web Site: www.weareloaded.com

Employees: 6

Agency Specializes In: Advertising, Brand Development & Integration, Corporate Identity,

Digital/Interactive, Internet/Web Design, Package Design, Print, Radio, T.V.

Mark D. Dello Stritto *(Owner & Creative Dir)*
Daniel J. Evans *(Assoc Dir-Creative, Writer, Producer & Strategist)*
Sean McCauley *(Art Dir & Graphic Designer)*
Darryl Cozza *(Designer-Website)*
William Offutt *(Designer-Website)*

Accounts:
Alpha Fire Company
ORX

LOCAL MARKETING SOLUTIONS GROUP, INC.
1600 Golf Rd Ste 1200, Rolling Meadows, IL 60008
Tel.: (312) 475-2179
Web Site: www.lmsg.co/

Employees: 20
Year Founded: 2012

Agency Specializes In: Above-the-Line, Affiliate Marketing, Alternative Advertising, Below-the-Line, Branded Entertainment, Catalogs, Co-op Advertising, Collateral, Consumer Publications, Custom Publishing, Digital/Interactive, Direct Response Marketing, Electronic Media, Email, Experience Design, In-Store Advertising, Local Marketing, Multimedia, Newspaper, Newspapers & Magazines, Paid Searches, Point of Purchase, Point of Sale, Print, Product Placement, Production, Production (Print), Promotions, Publishing, Search Engine Optimization, Shopper Marketing, Social Media, Sponsorship, Telemarketing, Trade & Consumer Magazines, Viral/Buzz/Word of Mouth, Web (Banner Ads, Pop-ups, etc.), Yellow Pages Advertising

Al Croke *(Pres & CEO)*
Drew Foerster *(Chief Creative Officer)*
Lukasz Racon *(CTO)*
Michael D. Mancini *(Chief Revenue Officer)*

Accounts:
Acuity
Anvnet
AT&T
Bemis
Dell
Kohler
Lenovo
Michelin
Neptune Society
Ricoh

Subsidiaries

DuFour Advertising
532 S 8th St Ste 100, Sheboygan, WI 53081
(See Separate Listing)

J.G. Sullivan Interactive, Inc.
6101 Nimtz Pkwy, South Bend, IN 46628-6111
(See Separate Listing)

Branch

J.G. Sullivan Interactive Inc.
343 W Erie St Ste 440, Chicago, IL 60654
Tel.: (312) 943-1600
Fax: (773) 439-2130
Toll Free: (800) 363-9196
E-Mail: intel@jgsullivan.com
Web Site: https://www.jgsullivan.com/

Employees: 20

Agency Specializes In: Advertising, Advertising Specialties, Affiliate Marketing, Arts, Automotive, Brand Development & Integration, Business-To-Business, Co-op Advertising, Collateral, Communications, Computers & Software, Consulting, Consumer Goods, Consumer Marketing, Corporate Identity, Cosmetics, Customer Relationship Management, Digital/Interactive, Direct Response Marketing, Direct-to-Consumer, Electronic Media, Electronics, Email, Entertainment, Financial, Food Service, Graphic Design, High Technology, Hospitality, Household Goods, Industrial, Information Technology, Integrated Marketing, Internet/Web Design, Legal Services, Leisure, Local Marketing, Marine, Medical Products, Merchandising, Multimedia, New Technologies, Pharmaceutical, Planning & Consultation, Print, Production, Production (Print), Publicity/Promotions, Real Estate, Recruitment, Regional, Restaurant, Retail, Sales Promotion, Sports Market, Strategic Planning/Research, Technical Advertising, Transportation, Travel & Tourism

Accounts:
DAL-Tile
John Deere
Johnson Controls
Omni Hotels

LOCALITE LA
116 S Catalina Ave Ste 107 & 109, Redondo Beach, CA 90277
Tel.: (424) 254-8391
E-Mail: info@localitela.com
Web Site: www.localitela.com

Employees: 3

Agency Specializes In: Advertising, Brand Development & Integration, Digital/Interactive, Event Planning & Marketing, Internet/Web Design, Social Media

Matthew McIvor *(Mng Partner)*
Jennalee McIvor *(Sr VP)*

Accounts:
DOMA Kitchen
Richstone Family Center

LOCATION3 MEDIA, INC.
1515 Arapahoe St Tower 2 Ste 400, Denver, CO 80202
Tel.: (303) 291-6984
Fax: (303) 298-1986
Toll Free: (877) 462-9764
E-Mail: info@location3.com
Web Site: www.location3.com

E-Mail for Key Personnel:
President: abeckman@location3.net

Employees: 65
Year Founded: 1999

National Agency Associations: AMA-DMA-SEMPO-WAA

Agency Specializes In: Advertising, Business-To-Business, Consulting, Consumer Marketing, Content, Digital/Interactive, Direct Response Marketing, Direct-to-Consumer, E-Commerce, Email, Graphic Design, High Technology, Hispanic Market, Internet/Web Design, Local Marketing, Media Buying Services, Media Planning, Mobile Marketing, Search Engine Optimization, Social Marketing/Nonprofit, Sponsorship, Web (Banner Ads, Pop-ups, etc.)

Approx. Annual Billings: $3,000,000

Andrew Beckman *(Chm)*
Alex Porter *(CEO)*
Erik Whaley *(Sr VP & Mng Dir)*
Ryan Guilford *(CFO & CTO)*
Gloria Dutton *(VP-Digital Strategy)*
Tom Lynch *(VP-Agency Growth & Dev)*
Carol Lee *(Sr Dir-Bus Dev)*
Josh Allen *(Mktg Dir)*
Sarah Lich *(Acct Dir)*
Andy Redington *(Acct Dir)*
Christine Schuldt *(Acct Dir)*
Taylor Bridges *(Sr Acct Mgr)*
Brett Dugan *(Sr Acct Mgr)*
Mariah Harbert *(Sr Acct Mgr)*
Benedikt Hammer *(Acct Mgr-SEO)*
Holly Leske *(Acct Mgr-Local Listings & PPC)*
Megan Sakas *(Acct Mgr)*
Kody Pedersen *(Mgr-Content & Mktg)*
Henry Kortz *(Sr Accountant)*

LOCKARD & WECHSLER
2 Bridge St Ste 200, Irvington, NY 10533
Tel.: (914) 591-6600
Fax: (914) 591-6652
E-Mail: info@lwdirect.com
Web Site: www.lwdirect.com

Employees: 25
Year Founded: 1967

National Agency Associations: MCA

Agency Specializes In: Direct Response Marketing, Financial

Approx. Annual Billings: $80,000,000

Richard Wechsler *(Pres & CEO)*
Asieya Pine *(Pres)*
Carolyn Sura *(Exec VP & Dir-Brdcst)*
Stacey Kaufman *(Sr VP & Dir-Infomercial Div)*
Eddie Wilders *(Sr VP & Dir-Res)*
Rachel Hirschl *(Sr VP-Digital Media)*
Kurt Pisani *(VP-Client Svcs)*
Rachel Wilders *(VP-Client Svcs)*
Bill Sullivan *(Dir-Bus Dev)*
James Minieri *(Sr Acct Supvr)*
Brian Uhl *(Sr Acct Supvr)*

Accounts:
American Home Business Association
Idea Village; NJ; 2000
Square One Entertainment, Inc
Studio SB, LLC
Thane International
TriStar Products; Parsippany, NJ; 1998

LOCOMOTION CREATIVE
2535 Franklin Rd Ste 201, Nashville, TN 37204
Tel.: (615) 327-4647
Fax: (615) 327-7670
E-Mail: ajohnsen@locomotioncreative.com
Web Site: www.locomotioncreative.com

Employees: 14
Year Founded: 1998

Agency Specializes In: Advertising

S.A. Habib *(Owner & Pres)*
Brian Donnenwirth *(Art Dir & Designer)*
Jamie Dunham *(Strategist-Mktg)*
Richard Scaglione *(Strategist-Creative)*
Loraine Flegal *(Sr Graphic Designer)*
Michelle Myers *(Designer)*
Amy Ware *(Designer)*
Wes Webb *(Designer)*
Morgan Norris *(Web Designer)*

Accounts:
American Hometown Publishing
Bass Berry & Sims

ADVERTISING AGENCIES
AGENCIES - JANUARY, 2019

LODESTONE ADVERTISING
PO Box 3086, Great Falls, MT 59403
Tel.: (406) 761-0288
Fax: (406) 761-6576
E-Mail: info@lodestoneadvertising.com
Web Site: www.lodestoneadvertising.com

Employees: 4
Year Founded: 1996

National Agency Associations: AAF-AFA

Agency Specializes In: Advertising, Print

Sales: $750,000

Chuck Fulcher *(Owner)*

Accounts:
Montana State Fair
Motifs
Ozog Eye Care Laser Center

LODICO & COMPANY
60 McAllister Dr, Carlisle, MA 01741
Tel.: (978) 369-6556
Fax: (978) 369-6284
E-Mail: isabran@lodicoandco.com
Web Site: www.lodicoandco.com

E-Mail for Key Personnel:
President: bsabran@lodicoandco.com

Employees: 5
Year Founded: 1989

National Agency Associations: PRSA

Agency Specializes In: Advertising, Asian Market, Brand Development & Integration, Business Publications, Business-To-Business, Collateral, Commercial Photography, Communications, Consulting, Corporate Communications, Electronic Media, Engineering, Event Planning & Marketing, Graphic Design, High Technology, Logo & Package Design, Media Buying Services, Medical Products, Pharmaceutical, Print, Public Relations, Radio, Strategic Planning/Research, Technical Advertising

Approx. Annual Billings: $9,000,000

Breakdown of Gross Billings by Media: Bus. Publs.: $4,000,000; Collateral: $1,000,000; Pub. Rels.: $4,000,000

Barbara L. Sabran *(Pres & Creative Dir)*
Ira Sabran *(Exec VP)*

Accounts:
Delta
Melexis
NexTek

LOGAN
4221 Redwood Ave Ste 2A, Los Angeles, CA 90066
Tel.: (310) 822-1500
Fax: (310) 822-2277
Web Site: www.logan.tv

Employees: 74

Agency Specializes In: Advertising, Graphic Design

Alexei Tylevich *(Mng Dir)*
Max Hattler *(Dir)*
Hauke Hilberg *(Dir)*
Kazuaki Kiriya *(Dir)*
David Slade *(Dir)*
Korner Union *(Dir)*

Accounts:
DC Shoes

LOGOWORKS
825 E 1180 S Ste 300, American Fork, UT 84003
Tel.: (747) 666-5646
Toll Free: (888) 710-5646 (LogoMaker)
E-Mail: info@logoworks.com
Web Site: www.logoworks.com

Employees: 100
Year Founded: 2001

Agency Specializes In: Custom Publishing, Internet/Web Design, Logo & Package Design, Multimedia, Production (Print), Promotions

Approx. Annual Billings: $5,700,000

Daniel Wolfson *(Pres)*
Toufan Rahimpour *(COO)*
Jenni Wheeler *(Art Dir)*
Aaron Bernabi *(Dir-Client Dev)*

Accounts:
360 Investments
Adventure Camps
Agile
The CraftArt Studio
Global360
Hewlett Packard
HomeWorks
Krewe Outfitters
Morning Moon Cafe
WonderWorks

LOHRE & ASSOCIATES, INCORPORATED
126A W 14th St, Cincinnati, OH 45202
Tel.: (513) 961-1174
E-Mail: sales@lohre.com
Web Site: www.lohre.com

E-Mail for Key Personnel:
President: chuck@lohre.com

Employees: 4
Year Founded: 1935

Agency Specializes In: Advertising, Alternative Advertising, Aviation & Aerospace, Brand Development & Integration, Business-To-Business, Catalogs, Collateral, Commercial Photography, Consulting, Corporate Communications, Corporate Identity, Digital/Interactive, E-Commerce, Email, Engineering, Environmental, Event Planning & Marketing, Exhibit/Trade Shows, Graphic Design, High Technology, Industrial, Integrated Marketing, Internet/Web Design, Logo & Package Design, Magazines, Market Research, Media Planning, Multimedia, Paid Searches, Planning & Consultation, Print, Production, Production (Print), Public Relations, Publicity/Promotions, RSS (Really Simple Syndication), Search Engine Optimization, Social Marketing/Nonprofit, Strategic Planning/Research, Technical Advertising, Viral/Buzz/Word of Mouth

Approx. Annual Billings: $700,000

Breakdown of Gross Billings by Media: Collateral: 50%; Mags.: 50%

Charles Lohre *(Pres)*
Robert Jeffries *(Art Dir)*
Frank Kaulen *(Acct Dir-Europe)*
Rachel Taylor *(Acct Dir-Europe)*

Accounts:
Beck Paint Hardware; 2004
CAST-FAB; Cincinnati, OH Castings & Fabrications; 1996
CF3 (Cincinnati Form Follows Function) Mid-Century Modern Forum; 2004
Cincinnati Industrial Machinery; Cincinnati, OH Industrial Washers; 1977
Dynamic Industries; Cincinnati, OH Contract Machining; 1977
Hamilton Kettles, Inc.; Cincinnati, OH Food & Drug Processing Equipment; 1977
Hamilton Tool Co.; Cincinnati, OH Web Presses & Collators
Hill and Griffith Co.; Cincinnati, OH Materials Processing; 1977
ILSCO; Cincinnati, OH Electrical Connectors; 1992
Insul-Deck Concrete; Florence, KY Concrete Forms; 1995
International Processing Corporation; Winchester, KY Chemical Processing; 2000
McGraw/Kokosing, Inc.; Middletown, OH Engineers & Constructors; 1978
MED+ Urgent Medical Care Services Urgent Care; 2005
New England Industrial Machine Tool Representative; 2000
ROHR America, Inc.; Lexington, KY Dredging & Aggregate Processing Equipment; 1995
Roto-Disc Process Valves; 1998
SKF Machine Tool Group; Grafton, WI Machine Tool Components; 1992
SKF Precision Technologies Precision Machine Tool Components; 1999
VERTIFLO; Cincinnati, OH Pumps; 1987

LOIS GELLER MARKETING GROUP
3801 Ne 207Th St Apt 1003, Miami, FL 33180
Tel.: (646) 723-3231
Fax: (954) 456-2877
E-Mail: info@loisgellermarketinggroup.com
Web Site: www.loisgellermarketinggroup.com

E-Mail for Key Personnel:
President: lois@loisgellermarketinggroup.com

Employees: 5
Year Founded: 1995

National Agency Associations: DMA

Agency Specializes In: Above-the-Line, Advertising, Affluent Market, Automotive, Below-the-Line, Brand Development & Integration, Business Publications, Cable T.V., Catalogs, Collateral, Communications, Consulting, Consumer Marketing, Consumer Publications, Corporate Communications, Custom Publishing, Customer Relationship Management, Digital/Interactive, Direct Response Marketing, Direct-to-Consumer, E-Commerce, Education, Electronic Media, Electronics, Email, Fashion/Apparel, In-Store Advertising, Integrated Marketing, Internet/Web Design, Local Marketing, Luxury Products, Magazines, Multicultural, Newspaper, Planning & Consultation, Point of Sale, Print, Promotions, Publishing, Real Estate, Social Marketing/Nonprofit, Strategic Planning/Research, T.V., Trade & Consumer Magazines, Travel & Tourism, Web (Banner Ads, Pop-ups, etc.), Women's Market

Approx. Annual Billings: $500,000

Lois K. Geller *(Owner & Pres)*
Michael McCormick *(VP & Creative Dir)*

LONDON : LOS ANGELES
(d/b/a LO:LA)
840 Apollo St Ste 100, El Segundo, CA 90245
Tel.: (323) 879-6001
Web Site: www.thelolaagency.com

Employees: 50
Year Founded: 2017

Agency Specializes In: Advertising, Content, Digital/Interactive, Event Planning & Marketing,

AGENCIES - JANUARY, 2019 — ADVERTISING AGENCIES

Experience Design, Internet/Web Design, Paid Searches, Social Media, Strategic Planning/Research, Web (Banner Ads, Pop-ups, etc.)

Nick Platt *(Founder & CEO)*
Rosanne Ramos *(Partner & Head-Client Rels)*
Chris Shaushkin *(COO)*
Dave Scott *(Grp Dir-Creative)*
Robert Bridwell *(Creative Dir)*
Lynette Rios *(Art Dir)*
Yolanda Lopez *(Dir-Project Mgmt)*
Andrea Buenaventura *(Sr Acct Exec)*
Michael Sands *(Copywriter)*

Accounts:
New-Cycle Gear Inc.
New-Fleming's Prime Steakhouse & Wine Bar
New-Garden Fresh Restaurant Corp.
New-Lazy Dog Restaurant & Bar
New-Total Wine & More

LONGREN & PARKS
5265 Beachside Dr, Hopkins, MN 55343
Tel.: (612) 961-4559
E-Mail: sales@longrenparks.com
Web Site: www.longrenparks.com

E-Mail for Key Personnel:
President: steve@longrenparks.com

Employees: 6
Year Founded: 1987

Agency Specializes In: Communications, Engineering, Industrial, Print, Public Relations

Steve Longren *(Owner)*
Steve Parks *(VP)*
Carrie Decker *(Creative Dir & Designer)*
Julie Eleftheriou *(Dir-Editorial)*

Accounts:
APG Sensors
BMG Seltec
Clean Air Products
Empire Magnetics
OMRON Scientific Technologies, Inc.
Pepperl + Fuchs
Portescap
Procorp
SAIA Burgess Ledex & Dormeyer
Sick Stegmann, Inc.
Stegmann, Inc.
Wanner Engineering
Wanner Engineering

LOOKTHINKMAKE, LLC
4704 E Cesar Chaves St, Austin, TX 78702
Tel.: (512) 402-6861
Fax: (512) 672-6112
Web Site: www.lookthinkmake.com

Employees: 50
Year Founded: 2008

Agency Specializes In: Brand Development & Integration, Internet/Web Design, Logo & Package Design, Market Research, Mobile Marketing, Print, Public Relations, Search Engine Optimization, Strategic Planning/Research, T.V.

Patricia Buchholtz *(Co-Founder & Partner)*
Sean Thompson *(Partner & Creative Dir)*
Sonia Amin *(Art Dir)*
Kelsey Kemper *(Acct Dir-PR)*
Casey Miller *(Dir-PR)*
Jordan Jeffus *(Acct Exec)*
Elle Tse *(Sr Designer)*
Jeff Noel *(Assoc Creative Dir)*

Accounts:
CG&S Design-Build Public Relations
Frio Canon
Plum Creek Golf Club
Risher Martin
Sanctuary Lofts
Sims Foundation

THE LOOMIS AGENCY
17120 Dallas Pkwy Ste 200, Dallas, TX 75248-1189
Tel.: (972) 331-7000
Fax: (972) 331-7001
E-Mail: info@theloomisagency.com
Web Site: www.theloomisagency.com

Employees: 55
Year Founded: 1984

Agency Specializes In: Automotive, Brand Development & Integration, Broadcast, Co-op Advertising, Consumer Marketing, Consumer Publications, Corporate Identity, Direct Response Marketing, Entertainment, Food Service, Graphic Design, Logo & Package Design, Magazines, Media Buying Services, New Product Development, Newspapers & Magazines, Out-of-Home Media, Outdoor, Point of Purchase, Point of Sale, Radio, Restaurant, Retail, Sales Promotion, Sponsorship, Strategic Planning/Research, Trade & Consumer Magazines, Travel & Tourism

Approx. Annual Billings: $52,000,000

Mike Sullivan *(Pres)*
Paul Loomis *(CEO)*
Julie Ondrusek *(Partner, COO & Dir-Client Svcs)*
Tina Tackett *(Exec Creative Dir)*
Kimberly Smith *(Creative Dir & Copywriter)*
Jim Green *(Creative Dir)*
Aimee Herron *(Media Dir)*
Chelsea Ratliff *(Brand Dir)*
Cecily Worthy *(Creative Dir)*
Marissa Stabler *(Brand Mgr)*
Kelsey Ney *(Coord-Brand)*
Rachel Brittenham *(Sr Media Buyer)*
Eric Brule *(Sr Art Dir)*
Lynn Fraker *(Sr Media Buyer)*
Tayler McCarthy *(Assoc Creative Dir)*

Accounts:
The Army/Air Force Exchange Services
First United Bank
Fitness Connection
Golden Chick
Maids International Inc Brand Initiatives, Franchisee Marketing; 2017
Massage Heights
Medieval Times
Metro Mattress
Papa John's International, Inc.
Rug Doctor
Sun Tan City
United Methodist Church

LOONEY ADVERTISING AND DESIGN
7 N Mountain Ave, Montclair, NJ 07042
Tel.: (973) 783-0017
Fax: (973) 783-0613
Web Site: www.looney-advertising.com

Employees: 20

Agency Specializes In: Above-the-Line, Advertising, Advertising Specialties, Affluent Market, Alternative Advertising, Arts, Automotive, Aviation & Aerospace, Below-the-Line, Brand Development & Integration, Branded Entertainment, Broadcast, Business Publications, Business-To-Business, Cable T.V., Children's Market, Co-op Advertising, Collateral, College, Communications, Computers & Software, Consulting, Consumer Goods, Consumer Marketing, Consumer Publications, Content, Corporate Communications, Corporate Identity, Cosmetics, Customer Relationship Management, Digital/Interactive, Direct Response Marketing, Direct-to-Consumer, E-Commerce, Education, Electronic Media, Electronics, Email, Entertainment, Environmental, Event Planning & Marketing, Exhibit/Trade Shows, Experience Design, Fashion/Apparel, Financial, Food Service, Graphic Design, Guerilla Marketing, Health Care Services, High Technology, Hospitality, Household Goods, Identity Marketing, In-Store Advertising, Industrial, Integrated Marketing, International, Internet/Web Design, Leisure, Local Marketing, Logo & Package Design, Luxury Products, Magazines, Marine, Market Research, Media Buying Services, Media Planning, Media Relations, Media Training, Medical Products, Men's Market, Merchandising, Mobile Marketing, Multicultural, Multimedia, New Product Development, New Technologies, Newspaper, Newspapers & Magazines, Out-of-Home Media, Outdoor, Over-50 Market, Package Design, Paid Searches, Pharmaceutical, Planning & Consultation, Podcasting, Point of Purchase, Point of Sale, Print, Product Placement, Production, Production (Ad, Film, Broadcast), Production (Print), Promotions, Public Relations, Publicity/Promotions, RSS (Really Simple Syndication), Radio, Real Estate, Recruitment, Regional, Restaurant, Retail, Sales Promotion, Search Engine Optimization, Seniors' Market, Social Marketing/Nonprofit, Sponsorship, Sports Market, Stakeholders, Strategic Planning/Research, Sweepstakes, Syndication, T.V., Technical Advertising, Teen Market, Telemarketing, Trade & Consumer Magazines, Transportation, Travel & Tourism, Urban Market, Viral/Buzz/Word of Mouth, Web (Banner Ads, Pop-ups, etc.), Women's Market

Approx. Annual Billings: $35,000,000

Jennifer Seaman *(Head-Media)*
Jason Moya *(Art Dir & Graphic Designer)*
Debbie Looney *(Art Dir)*
Sean Looney *(Creative Dir)*

Accounts:
Applegate Farms Branding, Corporate Communications, Creative Development, Digital Development, Media Planning, Strategic Planning
Audubon Society of Rhode Island
ConnectPointz
Omni Watch & Clock, Inc.
Panera Bread Company

LOPEZ NEGRETE COMMUNICATIONS, INC.
3336 Richmond Ave Ste 200, Houston, TX 77098
Tel.: (713) 877-8777
Fax: (713) 877-8796
E-Mail: lnc@lopeznegrete.com
Web Site: www.lopeznegrete.com

E-Mail for Key Personnel:
President: alex@lopeznegrete.com

Employees: 250
Year Founded: 1985

National Agency Associations: AAF-AHAA-AMA

Agency Specializes In: Above-the-Line, Advertising, Advertising Specialties, Arts, Automotive, Below-the-Line, Bilingual Market, Brand Development & Integration, Branded Entertainment, Broadcast, Business-To-Business, Cable T.V., Children's Market, Collateral, Communications, Consulting, Consumer Goods, Consumer Marketing, Consumer Publications, Content, Corporate Communications, Corporate Identity, Cosmetics, Crisis Communications, Customer Relationship Management,

ADVERTISING AGENCIES

Digital/Interactive, Direct Response Marketing, Direct-to-Consumer, Electronic Media, Electronics, Entertainment, Event Planning & Marketing, Exhibit/Trade Shows, Experience Design, Fashion/Apparel, Financial, Food Service, Graphic Design, Guerilla Marketing, Health Care Services, Hispanic Market, Household Goods, In-Store Advertising, Internet/Web Design, Local Marketing, Logo & Package Design, Media Buying Services, Media Planning, Media Relations, Media Training, Medical Products, Mobile Marketing, Multicultural, Multimedia, New Product Development, Newspaper, Newspapers & Magazines, Out-of-Home Media, Outdoor, Package Design, Pets, Pharmaceutical, Planning & Consultation, Print, Production, Production (Print), Promotions, Public Relations, Publicity/Promotions, Radio, Real Estate, Regional, Restaurant, Retail, Sales Promotion, Social Marketing/Nonprofit, Sponsorship, Sports Market, Strategic Planning/Research, T.V., Teen Market, Trade & Consumer Magazines, Travel & Tourism, Tween Market, Women's Market

Alex Lopez Negrete *(Pres & CEO)*
Julio Arrieta *(CMO & Mng Dir)*
Fernando Osuna *(Chief Creative Officer)*
Howard Brown *(VP & Gen Mgr)*
Olga Reyes *(Exec Creative Dir)*
Gustavo Foldvari *(Grp Dir-Plng)*
Idalia San Juan *(Acct Dir)*
Luis Rodriguez *(Art Dir)*
Manuel Villegas *(Creative Dir)*
Julie Jameson Grayum *(Dir-PR & Social Media)*
Gerry Loredo *(Dir-Bus Analytics)*
Anthony Parker Marban *(Dir-HR)*
Jason Valdez *(Sr Specialist-Channel Strategy)*
Michelle Lopez Negrete *(Acct Exec)*
Francisco Aguera *(Copywriter)*
Patrick Lopez Lopez-Negrete *(Acct Planner)*
Ben Vargas *(Copywriter)*
Marina Willis *(Acct Planner)*
Paco Garabito *(Assoc Creative Dir)*
Jorge Leza *(Sr Art Dir)*
Luigui Rodriguez *(Sr Art Dir)*

Accounts:
Bank of America Corporation; 1993
Cellco Partnership
Feld Entertainment; 2014
Fiat Chrysler Automobiles "Salt of the Earth", Chrysler 200, Digital, Hispanic, Social, TV
Frontier Communications
Genghis Grill
Lone Star College (Total Market Agency of Record) Creative, Digital, Experiential, Media Buying, Media Planning, Production, Social Media
McDonald's Corporation
NBC Universal Motion Pictures Group; 2007
Recreational Boating & Fishing Foundation; 2013
Samsung Telecommunications America; 2013
Southern California Edison; 2013
Verizon Communications; 2011
Wal-Mart Stores, Inc (Hispanic Agency of Record) Campaign: "Iceberg, Mountains"; 1995

Branches

Lopez Negrete Communications West, Inc.
2222 W Olive Ave, Burbank, CA 91506
Tel.: (713) 877-8777
Fax: (818) 524-2016
Toll Free: (888) 398-0657
E-Mail: incmailbox@lopeznegrete.com
Web Site: www.lopeznegrete.com

Employees: 200
Year Founded: 2007

Cathy Lopez Negrete *(CFO)*
Julie Jameson Grayum *(Dir-PR & Social Media)*

Accounts:
Bank of America
LNC
Microsoft
NBC Universal, Inc.
NRG Energy, Inc.
Sonic
Visa
Wal Mart Campaign: "Iceberg"

Tippit & Moo Advertising
3336 Richmond Ave Ste 300, Houston, TX 77098
(See Separate Listing)

LOPITO, ILEANA & HOWIE, INC.
Metro Office Park #13 First St, Guaynabo, PR 00968
Tel.: (787) 783-1160
Fax: (787) 783-2273
E-Mail: info@lih.com
Web Site: www.lih.com

Employees: 75
Year Founded: 1972

Approx. Annual Billings: $25,225,415

Jose Alvarez *(Owner)*
Tere Davila *(Partner & Creative Dir)*
Alexandra Caraballo *(Head-Integrated Media Svcs & Gen Mgr)*
Idy Candanedo *(Acct Dir)*
Milka Seda *(Media Dir)*
Jorge Tous *(Art Dir)*

Accounts:
Baccardi Caribbean
Caribbean Project Management
Evertec
Festival Casals
GlaxoSmithKline
Horizon Lines
Imdulac
JCPenney
Merck, Sharp & Dohme
Metal Lube
Nestle
Puerto Rico Queer Film Festival
Puerto Rico Safe Kids
SPCA
UBS
Worldnet

LORRAINE GREGORY COMMUNICATIONS
95 Executive Dr Ste A, Edgewood, NY 11717
Tel.: (888) 624-5888
Fax: (631) 694-1501
E-Mail: info@lgcli.com
Web Site: www.lorrainegregory.com

Employees: 50

Agency Specializes In: Advertising, Brand Development & Integration, Media Planning, Public Relations

Greg Demetriou *(Pres & CEO)*
Jay Demetriou *(COO)*
Lorraine Demetriou *(Exec VP)*
John Plate *(Dir-Bus Dev)*
Julie Roventini *(Acct Mgr)*
Todd Matises *(Acct Supvr)*
Mickey Belkin *(Rep-Client Rels & Sls)*

Accounts:
Dominican Sisters of Amityville
Hia-li

LOS YORK
1823 Colorado Ave, Santa Monica, CA 90404
Tel.: (310) 399-6047
E-Mail: brandinquiries@losyork.tv
Web Site: www.losyork.tv

Employees: 50

Agency Specializes In: Advertising, Content, Digital/Interactive, In-Store Advertising, Production, Social Media, T.V.

Dexton Deboree *(Co-Founder & Mng Partner)*
Martha Smith *(Grp Acct Dir & Exec Producer)*
Serge Kirsanov *(Creative Dir & Dir-Jordan Brand)*
Shane Griffin *(Creative Dir)*
Desmond Marzette *(Copywriter)*
Santino Sladavic *(Sr Exec Producer)*

Accounts:
New-Infinity E-Bike
New-NIKE Inc. Jordan
New-OC Fair & Event Center

LOSASSO INTEGRATED MARKETING
4853 N Ravenswood Ave, Chicago, IL 60640
Tel.: (773) 271-2100
Fax: (773) 271-4600
E-Mail: info@losasso.com
Web Site: www.losasso.com

Employees: 50
Year Founded: 1989

Agency Specializes In: Advertising, Brand Development & Integration, Digital/Interactive, Entertainment, Event Planning & Marketing, Health Care Services, Media Planning, Public Relations, Social Media, Strategic Planning/Research

Scott LoSasso *(CEO)*
Mark Hollingsworth *(COO & Principal)*
David Fabbri *(VP-Creative & Integrated Strategy)*
Julia Parisot *(VP-Bus Dev)*
John Rossmiller *(VP-Client Svcs)*
Kendall Monahan *(Exec Creative Dir)*
Jamie L. Goff *(Acct Dir)*
Kara Schmidt *(Acct Dir)*
Giuseppe Nardone *(Assoc Dir-Digital Strategy & Analytics)*
Amanda Marker *(Acct Mgr)*
Andrea Gillespie *(Mgr-PR)*
Sean Griffin *(Mgr-PR)*
Jada Cash *(Assoc Creative Dir-Integrated Strategy)*

Accounts:
New-North American Association of Food Equipment Manufacturers

LOUNGE LIZARD WORLDWIDE
31 W Main St, Patchogue, NY 11772
Tel.: (888) 444-0110
Fax: (631) 563-6278
Toll Free: (888) 444-0110
Web Site: www.loungelizard.com

Employees: 20
Year Founded: 1996

Agency Specializes In: Advertising

Ken Braun *(Founder & Chief Creative Officer)*
Rob Schiffman *(Dir-Tech)*
Kristin Lehmann *(Sr Project Mgr-Digital)*

Accounts:
American Express
FalconStor
Tuesday's Children

LOVE ADVERTISING INC.

AGENCIES - JANUARY, 2019 — ADVERTISING AGENCIES

3550 W 12Th St, Houston, TX 77008
Tel.: (713) 552-1055
Fax: (713) 552-9155
Toll Free: (800) 544-5683
E-Mail: billie@loveadv.com
Web Site: www.loveadv.com

E-Mail for Key Personnel:
President: brenda@loveadv.com

Employees: 30
Year Founded: 1979

Agency Specializes In: Advertising, Advertising Specialties, Automotive, Broadcast, Cable T.V., Co-op Advertising, Commercial Photography, Consulting, Direct Response Marketing, Environmental, Event Planning & Marketing, Exhibit/Trade Shows, Food Service, Government/Political, Graphic Design, Hispanic Market, Internet/Web Design, LGBTQ Market, Logo & Package Design, Magazines, Media Buying Services, Multimedia, New Product Development, Newspaper, Newspapers & Magazines, Out-of-Home Media, Outdoor, Planning & Consultation, Print, Production, Public Relations, Publicity/Promotions, Radio, Restaurant, Retail, Sales Promotion, Sponsorship, Sports Market, Strategic Planning/Research, T.V., Yellow Pages Advertising

Approx. Annual Billings: $33,000,000

Breakdown of Gross Billings by Media: Other: 10%; Radio: 30%; T.V.: 60%

Billie Van Slyke (Exec VP & Creative Dir)
Jonathan Kane (Sr VP)
Jessica Manning (Sr VP-PR)
Shannon Sheffield Moss (Sr VP)
Carol Caposino (Dir-Production)
Brittany Williams (Dir-Digital Media)
Tessa LeBoeuf (Mgr-Social Media)
Katie Roberts (Mgr-PR)
Elise Garland (Sr Acct Supvr)
Megan McGuigan (Sr Acct Supvr)
Brenda Carbajal (Acct Supvr)
Virginia Vorster (Acct Supvr)
Therese Anderson (Media Planner & Buyer)
Jennifer Allison (Coord-Media Billing)
Deverin Hayes (Coord-Creative)
Brandon Limanni (Sr Art Dir)
Kaelie Marcozzi (Sr Media Planner & Buyer)
Nicole Plunkett (Sr Media Planner-Digital & Buyer)
Erlyns Portillo (Sr Media Planner & Buyer)
Alex Soto (Grp Media Dir)

Accounts:
Buffalo Wild Wings, Inc.
C&D Scrap
Centerpoint Energy
Gallery Furniture; Houston, TX; 1989
Genghis Grill
Houston Auto Dealer Association; 1994
Houston Auto Show
HSP
Northwest Honda; Houston, TX Motorcycles; 1999
Papa John's
Tomball Bunch
Westside Tennis Club

LOVE & COMPANY, INC.
1209 N East St, Frederick, MD 21701
Tel.: (301) 663-1239
Fax: (301) 663-1553
E-Mail: info@loveandcompany.com
Web Site: www.loveandcompany.com

E-Mail for Key Personnel:
President: rlove@loveandcompany.com
Creative Dir.: tsprecher@loveandcompany.com
Production Mgr.: pbarto@loveandcompany.com

Employees: 13

Year Founded: 1980
National Agency Associations: AAF-Second Wind Limited

Agency Specializes In: Advertising, Advertising Specialties, Brand Development & Integration, Business Publications, Communications, Consulting, Corporate Identity, Direct Response Marketing, Education, Financial, Graphic Design, Local Marketing, Logo & Package Design, Market Research, Media Buying Services, Media Planning, Media Relations, Multimedia, Over-50 Market, Public Relations, Seniors' Market, Social Marketing/Nonprofit, Strategic Planning/Research, Travel & Tourism

Approx. Annual Billings: $1,000,000

Ann Burnside Love (Founder & Chm)
Rob Love (Pres)
Lisa Pearre (Principal & Exec VP)
Tyler Sprecher (Principal, VP & Creative Dir)
Tim Bracken (VP-Bus Dev & Sr Specialist-Mktg)
Susan Moore Dolton (VP-Sls Svcs)
Susan Foley (VP-Sls Trng)
Melissa Francis (Acct Mgr)
Pat Barto (Mgr-Traffic & Production)

LOVE AND WAR ASSOCIATES LLC
414 Broadway 5th Fl, New York, NY 10013
Tel.: (212) 343-3141
E-Mail: info@loveandwar.com
Web Site: www.loveandwar.com

Employees: 21
Year Founded: 2006

Agency Specializes In: Advertising, Digital/Interactive, Internet/Web Design, Print, Social Media

Eng San Kho (Partner)
Peter Tashjian (Partner)
Steve Fine (Art Dir)

Accounts:
Denihan Hospitality Group, LLC

LOVE COMMUNICATIONS
546 S 200 W, Salt Lake City, UT 84101
Tel.: (801) 519-8880
Fax: (801) 519-8884
E-Mail: tlove@lovecomm.net
Web Site: www.lovecomm.net

Employees: 30

Thomas M. Love (Founder, Pres & Partner)
Preston E. Wood (Partner & Creative Dir)
Richard B. Love (Partner & Dir-Creative)
Alan Reighard (Partner-Brand Plng)
Aaron Evans (VP & Grp Acct Dir)
Peggy Conway (VP & Media Dir)
Rhonda Greenwood (VP & Dir-PR)
Mark Stevenett (VP-Shareholder)
John Youngren (VP)
Chip Haskell (Creative Dir)
Jonathan Smithgall (Dir-Digital Mktg)
Hannah Pelletier (Mgr-Digital Media)
Erin Wiggins (Mgr-Digital Media)
Kelli Fratto (Acct Supvr-PR)

Accounts:
All Seasons Resort Lodging
Cooper Roberts Simonsen Associates
DownEast Home & Clothing
Pioneer Theatre Company
Spring Mobile
Standard Optical
Swaner EcoCenter
University Health Care

Utah Office of Tourism Media Buying
Wingers Grill & Bar Restaurants

LOVELL COMMUNICATIONS, INC.
2021 Richard Jones Rd Ste 310, Nashville, TN 37215
Tel.: (615) 297-7766
Fax: (615) 297-4697
E-Mail: lovcom@lovell.com
Web Site: www.lovell.com

Employees: 11
Year Founded: 1988

Agency Specializes In: Collateral, Communications, Corporate Communications, Crisis Communications, Email, Entertainment, Event Planning & Marketing, Financial, Government/Political, Health Care Services, Hospitality, Internet/Web Design, Local Marketing, Media Relations, Media Training, Pharmaceutical, Retail, Search Engine Optimization, Social Marketing/Nonprofit

Paula Lovell (Founder & CEO)
Rosemary Plorin (Pres & CEO)
Rebecca Kirkham (Sr VP)
Dana Coleman (VP)
Robin Embry (VP)
Susanne Powelson (VP)
Janice Sensing (Office Mgr)
Amanda Anderson (Sr Acct Supvr)
Erin George (Sr Acct Supvr)
Jessica Hopson (Acct Supvr)
Samantha Prichard (Acct Supvr)
Laura Elkins (Sr Acct Exec)
Kristy Lucero (Sr Acct Exec)
Alli Finkelston (Acct Exec)
Bailey Wimmer (Acct Exec)

Accounts:
Alive Hospices
AlliedBarton Security Services LLC; Conshohocken, PA
Cadence Bank; Starkville, MS
College Living Experience; Columbia, MD
General Council on Finance & Administration of The United Methodist Church; Nashville, TN
MedQuest Associates; Alpharetta, GA
MedSolutions; Franklin, TN
Superior Energy Services Inc.; New Orleans, LA
Whitney National Bank; New Orleans, LA

THE LOVELL GROUP
(Formerly Lovell Public Relations, Inc.)
8080 N Central Expwy Ste 1410, Dallas, TX 75026-1817
Tel.: (972) 788-4511
Fax: (972) 788-4322
E-Mail: info@thelovellgroupinc.com
Web Site: thelovellgroupinc.com/

Employees: 4

Betty Lovell (Pres)

Accounts:
The Macerich Company

LOVELL PUBLIC RELATIONS, INC.
(Name Changed to The Lovell Group)

LOVGREN MARKETING GROUP
809 N 96th St Ste 2, Omaha, NE 68114
Tel.: (402) 397-7158
Fax: (402) 397-0354
Toll Free: (800) 366-8488
E-Mail: lovgren@lovgren.com
Web Site: www.lovgren.com

ADVERTISING AGENCIES

Employees: 5
National Agency Associations: AANI

Agency Specializes In: College, Consulting, Consumer Marketing, Education, Financial, Government/Political, Travel & Tourism

Linda Lovgren *(Pres & CEO)*

Accounts:
American National Bank
Bridges Investment Management Inc.
Campbell's of London
City of Omaha
Consolidated Telephone
Creighton University (project)
Curt Hofer Construction
Grace University
Lexus of Omaha
Omaha Royals
Reload LLC (Agency of Record) Smashburger Restaurants in Omaha & Lincoln, NE

LOWRY CREATIVE
2525 Drane Field Rd Ste 12, Lakeland, FL 33811
Tel.: (863) 797-4845
Web Site: www.lowrycreative.com

Employees: 5

Agency Specializes In: Advertising, Brand Development & Integration, Digital/Interactive, Internet/Web Design, Print

Andrew Pritchett *(Dir-Digital Media)*

Accounts:
Bionic Gloves
OMS Group

LOYALKASPAR
13 Crosby St Ste 402, New York, NY 10013
Tel.: (212) 343-1037
Fax: (212) 343-1038
E-Mail: info@loyalkaspar.com
Web Site: www.loyalkaspar.com

Employees: 54
Year Founded: 2003

Agency Specializes In: Advertising, Brand Development & Integration, Broadcast, Production

David Herbruck *(Pres & Principal)*
Beat Baudenbacher *(Principal & Chief Creative Officer)*
Daniel Doernemann *(Exec Creative Dir)*
Anna Minkkinen *(Creative Dir)*

Accounts:
AMC Networks Inc. The Walking Dead
Fuse Rebranding
Pop Creative
Screenvision Cinema Network LLC

Branch

Loyalkaspar Inc
3767 Overland Ave Unit 107, Los Angeles, CA 90034
Tel.: (323) 272-4847
E-Mail: project.inquiries@loyalkaspar.com
Web Site: www.loyalkaspar.com

Agency Specializes In: Advertising, Brand Development & Integration, Digital/Interactive, Logo & Package Design, Out-of-Home Media, Print, Production, Social Media, Strategic Planning/Research

Erin Serletic *(Head-Client Partnerships)*
Tony Trius *(Mgr-Studio)*
Mika Saulitis *(Sr Strategist-Creative)*
Clarke Davis *(Jr Designer)*

Accounts:
New-Blizzard Entertainment Esports Powerhouse

LP&G MARKETING
2552 N Alvernon Way, Tucson, AZ 85712
Tel.: (520) 624-1116
Fax: (520) 624-0272
E-Mail: lperls@lpginc.com
Web Site: www.lpginc.com

E-Mail for Key Personnel:
Creative Dir.: lperls@lpginc.com
Media Dir.: cpalmer@lpginc.com
Production Mgr.: abowles@lpginc.com

Employees: 10
Year Founded: 1993

National Agency Associations: AAF-AMA-PRSA

Agency Specializes In: Advertising, Alternative Advertising, Arts, Brand Development & Integration, Broadcast, Business-To-Business, Cable T.V., Co-op Advertising, Collateral, Communications, Computers & Software, Consumer Marketing, Corporate Identity, Crisis Communications, Digital/Interactive, Direct Response Marketing, Direct-to-Consumer, E-Commerce, Email, Entertainment, Event Planning & Marketing, Exhibit/Trade Shows, Graphic Design, Guerilla Marketing, Health Care Services, High Technology, Hospitality, Integrated Marketing, Internet/Web Design, LGBTQ Market, Leisure, Local Marketing, Logo & Package Design, Luxury Products, Magazines, Market Research, Media Buying Services, Media Relations, Medical Products, Merchandising, New Product Development, Out-of-Home Media, Outdoor, Package Design, Planning & Consultation, Podcasting, Point of Purchase, Point of Sale, Print, Production, Production (Ad, Film, Broadcast), Promotions, Public Relations, Publicity/Promotions, Radio, Real Estate, Restaurant, Sales Promotion, Search Engine Optimization, Seniors' Market, Social Marketing/Nonprofit, Strategic Planning/Research, T.V., Trade & Consumer Magazines, Transportation, Travel & Tourism, Viral/Buzz/Word of Mouth, Web (Banner Ads, Pop-ups, etc.)

Approx. Annual Billings: $1,211,430

Leslie Perls *(Owner & Creative Dir)*
Jenny Hanke *(Accountant-HR)*
Alison Gillanders Daubert *(Assoc Creative Dir)*
David Wahl *(Sr Writer)*

Accounts:
Blue + White Auto; Tucson, AZ
Bombhair Website
Cascades of Tucson; Tucson, AZ
Environmental Services Dept., City of Tucson; Tucson, AZ
Medical Referral Source; Tucson, AZ
Nextrio; Tucson, AZ
Pima Federal Credit Union; Tucson, AZ
Regier Carr & Monroe; Tucson, AZ
Remodelers' Advantage; Laurel, MD
Save the Cord Foundation; Tucson, AZ
Town of Queen Creek; Queen Creek, AZ
University of Arizona Health Network; Tucson, AZ

LPI COMMUNICATIONS GROUP INC.
101 253 62nd Ave SE, Calgary, AB T2H 0R5 Canada
Tel.: (403) 735-0655
Fax: (403) 735-0530
Toll Free: (888) 835-0655
E-Mail: info@lpi-group.com
Web Site: www.lpi-group.com

Employees: 40

Agency Specializes In: Advertising, Corporate Communications, Digital/Interactive, Direct Response Marketing, Logo & Package Design, Print, Sales Promotion, Sports Market, Strategic Planning/Research, Web (Banner Ads, Pop-ups, etc.)

Craig Lindsay *(Pres)*
Melody MacPherson *(Mng Dir & VP-Toronto Office)*
Glenda Lapitan *(Fin Dir)*
Ken Youngberg *(Mng Dir-Growth & Innovation)*
Erin Henry *(Client Svcs Dir)*
Ed Quong *(Creative Dir)*
Dawn LaPeare *(Sr Acct Mgr)*
Jennifer Marcelino *(Sr Acct Mgr)*
Rochelle Gracia *(Acct Mgr-Coca-Cola, Monster Energy & NOS Energy)*
Suzanne Lacoste *(Acct Mgr)*
Becky Foster *(Sr Production Mgr)*

Accounts:
Calgary Stampede
Easyhome
Kraft
Levi Strauss

Branch

LPi Communications
4220 98th St NW Ste 104, Edmonton, AB T6E 6A1 Canada
Tel.: (780) 452-4160
Fax: (780) 452-2066
E-Mail: edmonton@lpi-group.com
Web Site: www.lpi-group.com

Employees: 12

Agency Specializes In: Advertising

John de Pinho *(Creative Dir)*
Tim Morrison *(Creative Dir)*
Becky Foster *(Sr Production Mgr)*

Accounts:
All Weather Windows
Calgary Stampede
The CORE
Full Throttle
Hockey Calgary
Johnson & Johnson
Kraft Canada
Odwalla
Value Drug Mart

LPK
19 Garfield Pl, Cincinnati, OH 45202
Tel.: (513) 241-6401
Fax: (513) 241-1423
Web Site: https://www.lpk.com/

Employees: 400

Agency Specializes In: Brand Development & Integration, Corporate Identity, Identity Marketing

Nathan Hendricks *(Chief Creative Officer)*
Valerie Jacobs *(Chief Insight Officer, Chief Innovation Officer & Head-Thought)*
Andrea Geist *(Brand Dir)*
Dayna Lewallen *(Brand Dir)*
Tonya Van Tine-Burns *(Brand Dir)*
David Volker *(Creative Dir)*
Bryan Goodpaster *(Sr Creative Dir-Trends & Foresight)*

Accounts:
Excedrin
Gillette
Glad
Hallmark
Hershey
Pampers
Pringles
Source Cincinnati
Tampax
US Bank

Branches

LPK Sarl Geneva
Avenue des Morgines 12, Petit-Lancy, CH-1213 Geneva, Switzerland
Tel.: (41) 22 300 3300
Fax: (41) 22 300 3322
E-Mail: info@lpk.com
Web Site: https://www.lpk.com/

Employees: 20

Julien Desgarceaux *(Brand Dir & Ops Mgr-Europe)*
Cathy Lowe *(Dir-Client Dev-UK)*

LPNY LTD.
135 E 65th St, New York, NY 10021
Tel.: (212) 288-5676
Fax: (212) 288-5679
E-Mail: jlotas@lpny.com
Web Site: www.lpny.com

Employees: 5
Year Founded: 1986

Agency Specializes In: Advertising, Advertising Specialties, Brand Development & Integration, Broadcast, Business-To-Business, Children's Market, Consulting, Consumer Marketing, Consumer Publications, Corporate Identity, Cosmetics, Government/Political, Graphic Design, Health Care Services, LGBTQ Market, Logo & Package Design, Magazines, New Product Development, Out-of-Home Media, Outdoor, Over-50 Market, Point of Purchase, Retail, Teen Market

Joanna Patton *(Partner)*
Edward Lehman *(Dir-Creative & Acct Svcs)*

Accounts:
Ahava Skincare
American Red Cross; Greater New York
Beth Israel
Brooklyn Brewery; Brooklyn, NY Brooklyn Lager, Brooklyn Brown; 1986
Cosmo GIRL
Max Factor
New York Cornell
NYC Children's Services

LSHD ADVERTISING INC.
180 Pleasant St Ste 3, Easthampton, MA 01027
Tel.: (413) 593-1114
Fax: (413) 593-1115
E-Mail: info@lshd.com
Web Site: www.lshd.com

Employees: 7

Agency Specializes In: Advertising, Brand Development & Integration, Broadcast, Communications, Digital/Interactive, Event Planning & Marketing, Internet/Web Design, Logo & Package Design, Out-of-Home Media, Outdoor, Print

Tom Leveille *(Pres)*
Joanna Surowiec *(Acct Exec)*

Accounts:
Chemex Corporation

LUBICOM MARKETING CONSULTING
1428 36th St, Brooklyn, NY 11218
Tel.: (718) 854-4450
Fax: (718) 854-4474
E-Mail: info@lubicom.com
Web Site: www.lubicom.com

E-Mail for Key Personnel:
President: mlubinsky@lubicom.com

Employees: 12
Year Founded: 1984

Agency Specializes In: Advertising, Business-To-Business, Collateral, Communications, Consulting, Consumer Marketing, Direct Response Marketing, Event Planning & Marketing, Exhibit/Trade Shows, Food Service, Graphic Design, Health Care Services, New Product Development, Newspaper, Over-50 Market, Production, Public Relations

Menachem Lubinsky *(CEO)*
Eda Kram *(Office Mgr)*

Accounts:
Kosher Today
Kosherfest

LUCI CREATIVE
6900 N Central Park Ave, Lincolnwood, IL 60712
Tel.: (224) 233-0730
Fax: (847) 679-2805
E-Mail: hello@lucicreative.com
Web Site: www.lucicreative.com

Employees: 50

Agency Specializes In: Advertising, Brand Development & Integration, Content, Digital/Interactive, Email, Graphic Design, Internet/Web Design, Production, Retail, Social Media

Michael Shapiro *(Pres)*
AJ Goehle *(Exec Dir)*
Jaime Hotz *(Art Dir)*
Kevin Snow *(Creative Dir)*
Morgan Bury *(Strategist-Creative)*
Sarah Ingraham *(Strategist-Creative)*
Kiah Shapiro *(Strategist-Creative)*
Sarah Anderson *(Sr Graphic Designer)*
Angelica Guzman *(Jr Designer-Exhibit)*
Matthew York *(Sr Designer)*
Michael Gospel *(Jr Designer)*

Accounts:
New-Chicago Childrens Museum
New-First Division Museum
New-Harry Carays Restaurant Group Chicago Sports Museum
New-John B. Sanfilippo & Son, Inc.
New-Museum of Science & Industry
New-National Spiritual Assembly of the Baha'is of the United States
New-PG&E Corporation

LUCID AGENCY
117 E 5th St 2nd Fl, Tempe, AZ 85281
Tel.: (480) 219-7257
Web Site: www.lucidagency.com

Employees: 25

Agency Specializes In: Advertising, Internet/Web Design, Mobile Marketing, Public Relations, Search Engine Optimization, Social Media

Ken Bonham *(Partner)*

Peter Rawlinson *(CTO)*
Sarah Hobin *(Acct Dir)*
Megan Owens *(Acct Mgr)*
Jacqueline Sherry *(Acct Mgr)*
Benjamin Stone *(Acct Mgr)*

Accounts:
Arizona Mexico commission
City of Tempe

LUCKIE & COMPANY
600 Luckie Dr Ste 150, Birmingham, AL 35223-2429
Tel.: (205) 879-2121
Fax: (205) 877-9855
E-Mail: BHM@luckie.com
Web Site: www.luckie.com

E-Mail for Key Personnel:
President: tom.luckie@luckie.com
Creative Dir.: brad.white@luckie.com
Media Dir.: linda.rountree@luckie.com
Public Relations: brian.pia@luckie.com

Employees: 130
Year Founded: 1953

Agency Specializes In: Advertising, Brand Development & Integration, Broadcast, Business Publications, Business-To-Business, Cable T.V., Co-op Advertising, Collateral, Communications, Consulting, Consumer Publications, Corporate Communications, Corporate Identity, Digital/Interactive, Direct Response Marketing, E-Commerce, Education, Electronic Media, Event Planning & Marketing, Exhibit/Trade Shows, Financial, Food Service, Government/Political, Graphic Design, Health Care Services, High Technology, Hispanic Market, In-Store Advertising, Information Technology, Internet/Web Design, Investor Relations, Legal Services, Leisure, Local Marketing, Logo & Package Design, Magazines, Media Buying Services, Medical Products, Merchandising, New Product Development, Newspaper, Newspapers & Magazines, Out-of-Home Media, Outdoor, Planning & Consultation, Point of Purchase, Point of Sale, Print, Production, Public Relations, Publicity/Promotions, Radio, Real Estate, Recruitment, Retail, Sales Promotion, Sponsorship, Strategic Planning/Research, T.V., Telemarketing, Trade & Consumer Magazines, Travel & Tourism, Yellow Pages Advertising

Revenue: $15,000,000

Ed Mizzell *(Mng Dir)*
Chris Statt *(COO)*
Laura Long *(Sr VP-Strategic Engagement)*
Melissa Wheeler *(Sr VP-HR)*
Stephanie Naman *(VP & Creative Dir)*
Jane Mantooth *(Controller)*
Brian Conley *(Acct Dir)*
Bo Rumbley *(Dir-Digital Art & Designer)*
Kristin Layman *(Dir-Strategic Engagement)*
Betsy Pendergast *(Dir-Strategic Plng)*
Sylvia Adamson *(Sr Mgr-Field Mktg)*
Lane Varner Cross *(Sr Mgr-Engagement)*
Andrea Carver *(Acct Supvr)*
Mary Lanaux *(Acct Supvr)*
Megan Dillon *(Supvr-Media)*
Maree Jones *(Strategist-Content)*
Abby Jay *(Planner-Brand)*

Accounts:
Alabama Department of Conservation
Alabama Power Company; Birmingham, AL Media Buying & Planning; 1997
American Cast Iron Pipe Co.; Birmingham, AL; 1956
AT&T Communications Corp.; Birmingham, AL Direct Mail; 1997
Balch & Bingham LLP
Bayer Advanced

ADVERTISING AGENCIES

Blue Cross-Blue Shield of Alabama; Birmingham, AL; 1957
Bradford Health Services (Agency of Record) Creative, Digital Marketing, Media Planning & Buying, Strategic Marketing & Communications
Brown-Forman
Char-Broil (Agency of Record) Brand Strategy, Creative, Digital Media, Marketing, Mobile
Drake's
Express Oil Change
GlaxoSmithKline
Grandview Medical Center
Gulf Power Company
Kirkland's
Marlow's Tavern (Agency of Record) Advertising, Branding Strategy & Positioning, Creative, Marketing
Marriott
McKee Foods Corporation; Collegedale, TN Granola Bars, Little Debbie, Sunbelt Cereals; 1979
Mercedes-Benz U.S. International
Pace (Agency of Record) Digital, Marketing
Piedmont Hospital
Regions Financial Corporation Regions Bank
United Way of Central Alabama
Virginia Samford Theatre
Visit Panama City Beach (Agency of Record)

Branches

Luckie & Company
3160 Main St, Duluth, GA 30096
Tel.: (678) 638-2618
E-Mail: ATL@luckie.com
Web Site: www.luckie.com

Employees: 200

Agency Specializes In: Advertising, Brand Development & Integration, Public Relations, Search Engine Optimization, Social Media

John Gardner *(Pres)*
Ed Mizzell *(Mng Dir)*
Chris Statt *(COO)*
Brad White *(Chief Creative Officer)*
Mary Winslow *(Sr VP-Strategic Solutions)*
Brandon Doty *(VP & Mktg Dir)*
Monique Bosier *(Supvr-Strategic Engagement)*

Accounts:
Piedmont Hospital
Regions Bank

Luckie & Co.
7201 Ranch Rd 2222, Austin, TX 78730
Tel.: (303) 506-1562
E-Mail: AUS@luckie.com
Web Site: www.luckie.com

Employees: 500

Agency Specializes In: Brand Development & Integration, Direct Response Marketing, Planning & Consultation, Public Relations, Social Media

Ed Mizzell *(Mng Dir)*
Brad White *(Chief Creative Officer)*
Melissa Wheeler *(Sr VP-HR)*
Giannina Stephens *(VP & Dir-Print Production)*
Bill Abel *(VP-Connections Strategy)*
Sylvia Adamson *(Sr Mgr-Field Mktg)*

Accounts:
AT&T Advanced Solutions, Inc.
Balch & Bingham LLP
Bayer Properties, LLC
Giant Impact, LLC.
GlaxoSmithKline
Grandview Medical Center
Marriott
Mercedes-Benz USA Inc.
Pur Minerals

LUCKY GENERALS
160 Exmouth House 3-11 Pine St, London, EC1R 0JH United Kingdom
Tel.: (44) 0203 371 6360
E-Mail: HQ@luckygenerals.com
Web Site: www.luckygenerals.com

Employees: 50
Year Founded: 2013

Agency Specializes In: Advertising, Copywriting, Digital/Interactive, Experiential Marketing, Strategic Planning/Research

Helen Calcraft *(Founder & Partner)*
Andy Nairn *(Co-Founder & Partner)*
Loz Horner *(Partner-Strategy)*
James Fox *(Mng Dir)*
Nik Upton *(COO)*
Mollie Bowness *(Acct Dir)*
Cressida Holmes-Smith *(Bus Dir)*
Rosalie Lindqvist Jones *(Acct Dir)*
Minnie Vaughan *(Acct Dir)*
Louise Bodily *(Sr Acct Mgr)*

Accounts:
Amazon.com, Inc. Creative, Super Bowl 2018
New-Anheuser-Busch InBev N.V./S.A. Budweiser, World Cup Activations
Hostelworld Group Plc
Oppo Creative, Marketing, OnePlus, OnePlus 5, UK Advertising; 2018
New-Royal Caribbean Cruises Ltd Celebrity Cruises (Global Creative Agency of Record); 2018
New-Thread
New-TimeTo
Whitbread PLC Premier Inn

LUCKYFISH
161 Mangum St SW Ste 101, Atlanta, GA 30313
Tel.: (404) 659-1001
E-Mail: greetings@luckyfish.tv
Web Site: www.luckyfish.tv

Employees: 5

Agency Specializes In: Brand Development & Integration, Digital/Interactive, Graphic Design, Identity Marketing, Internet/Web Design

Jason Bratton *(Partner & Art Dir)*

Accounts:
The Coca-Cola Company Beverages Producer
Purple Inc. Counselling & Recovery Services

LUDOMADE
5101 Fairbanks Way, Culver City, CA 90230
Tel.: (310) 424-5700
Web Site: www.ludomade.com

Employees: 40
Year Founded: 2001

Agency Specializes In: Advertising, Branded Entertainment, Communications, Digital/Interactive, E-Commerce, Game Integration, Mobile Marketing

Revenue: $10,000,000

Matt Griswold *(Founder & CEO)*

Accounts:
American Airlines
LEGO Toys Mfr
Microsoft Brand Identity Forum

LUMENTUS LLC
99 Madison Ave 9th Flr, New York, NY 10016
Tel.: (212) 235-0255
Web Site: www.lumentus.com

Employees: 25
Year Founded: 2009

Agency Specializes In: Advertising, Brand Development & Integration, Corporate Communications, Crisis Communications, Digital/Interactive, Media Relations, Print, Public Relations, Social Media, T.V.

Laurence Moskowitz *(CEO & Mng Partner)*
Adam Selig *(Mng Partner & COO)*
Bryan Bridges *(Sr Dir-Digital Strategy)*
Philip McMahon *(Acct Dir)*
Debbie Sarlo *(Media Dir)*
Alex Wetmore *(Creative Dir)*
Jesse Jacobs *(Dir-Creative Strategy)*
Hameem Kader *(Dir-Search Mktg)*
Eric Schultz *(Dir-Strategic Comm)*
Eden Greenfield *(Acct Mgr)*
Matt Robson *(Mgr-Search Mktg Strategy)*
Robert Beltran *(Sr Partner)*
Christina Bertinelli *(Sr Partner)*

Accounts:
New-FundFire
New-MarcomCentral
New-Portfolios with Purpose
Protect Our Power Advertising, Corporate Communications, Digital & Traditional, Public Affairs, Public Relations, Strategic & Social Media Communications

LUMINATE ADVERTISING
390 Interlocken Cres Ste 350, Broomfield, CO 80021
Tel.: (303) 460-8703
Fax: (303) 460-8704
E-Mail: mary@luminateadvertising.com
Web Site: www.luminateadvertising.com

Employees: 5
Year Founded: 1996

Agency Specializes In: Graphic Design, Medical Products, Newspaper, Recruitment

Approx. Annual Billings: $1,000,000

Breakdown of Gross Billings by Media: Newsp.: $900,000; Pub. Rels.: $100,000

Mary Tilger *(Dir-Agency & Brand Resource)*

Accounts:
Alexanders Data Service; Denver, CO Recruitment Advertising; 1996
Laradon; Denver, CO Recruitment Advertising; 1997
Metropolitan State College of Denver
Regis University
Six Flags Elitch Gardens; Denver, CO Recruitment Advertising; 1998
Six Flags Worlds of Adventure; Aurora, OH Recruitment Advertising; 2001
Vail Valley Medical Center; Vail, CO Recruitment Advertising; 1996
Water World

LUNA AD
116 Princess St, Wilmington, NC 28401
Tel.: (910) 763-7030
Web Site: www.lunaad.com

Employees: 5

AGENCIES - JANUARY, 2019 — ADVERTISING AGENCIES

Agency Specializes In: Advertising, Brand Development & Integration, Event Planning & Marketing, Graphic Design, Internet/Web Design, Logo & Package Design, Print, Public Relations, Social Media, T.V.

Cathey Luna *(Owner & Acct Svcs Dir)*

Accounts:
Bob King Automall

LUNCHBUCKET CREATIVE
616 W Colorado Ave, Colorado Springs, CO 80904
Tel.: (719) 466-3010
E-Mail: info@lunchbucketcreative.com
Web Site: www.lunchbucketcreative.com

Employees: 2

Agency Specializes In: Advertising, Brand Development & Integration, Corporate Identity, Digital/Interactive, Internet/Web Design

Larry Hinkle *(Partner & Copywriter)*
Craig Rae *(Partner)*
Ryan Carsten *(Designer-Interactive)*

Accounts:
Citizens Project

LUNDMARK ADVERTISING + DESIGN INC.
2345 Grand Blvd Ste 200, Kansas City, MO 64108
Tel.: (816) 842-5236
Fax: (816) 221-7175
E-Mail: brandon@lundmarkadv.com
Web Site: www.lundmarkadvertising.com

Employees: 6
Year Founded: 1947

Agency Specializes In: Bilingual Market, Brand Development & Integration, Business-To-Business, Catalogs, Collateral, Consumer Goods, Consumer Marketing, Direct Response Marketing, Graphic Design, In-Store Advertising, Logo & Package Design, Package Design, Point of Purchase, Point of Sale, Print, Production, Production (Print), Promotions, Sales Promotion

Brandon Myers *(Mng Partner)*
Kia Hunt *(Creative Dir)*
Nick Ogden *(Dir-Design, Print & Interactive)*

Accounts:
Borden Dairy
Faultless Starch/Bon Ami Co.
Hostess Brands
Payless Shoe Source

LUPEER
(Formerly ProspectMX)
210 W Grant St, Lancaster, PA 17603
Tel.: (866) 450-0409
Toll Free: (877) 312-7331
E-Mail: info@lupeer.com
Web Site: lupeer.com

Employees: 7
Year Founded: 2007

Agency Specializes In: Affiliate Marketing, Consulting, Internet/Web Design, Paid Searches, Search Engine Optimization

Joshua Cranmer *(Pres)*
Ashley Walter *(Mktg Dir)*
Nicole Oberholtzer *(Dir-UX)*

Accounts:

MES Inc. Engineering & Consulting Services

LUQUIRE GEORGE ANDREWS, INC.
(d/b/a LGA)
4201 Congress St Ste 400, Charlotte, NC 28209
Tel.: (704) 552-6565
Fax: (704) 552-1972
E-Mail: brookhouse@lgaadv.com
Web Site: https://thinklga.com/

Employees: 45
Year Founded: 1984

National Agency Associations: 4A's

Agency Specializes In: Advertising, African-American Market, Automotive, Aviation & Aerospace, Bilingual Market, Brand Development & Integration, Broadcast, Business Publications, Business-To-Business, Cable T.V., Children's Market, Co-op Advertising, Collateral, Communications, Consulting, Consumer Marketing, Consumer Publications, Corporate Communications, Corporate Identity, Digital/Interactive, Direct Response Marketing, E-Commerce, Education, Electronic Media, Engineering, Entertainment, Event Planning & Marketing, Exhibit/Trade Shows, Fashion/Apparel, Financial, Food Service, Government/Political, Graphic Design, Health Care Services, Hispanic Market, Industrial, Internet/Web Design, Investor Relations, LGBTQ Market, Legal Services, Leisure, Logo & Package Design, Magazines, Marine, Medical Products, Merchandising, New Product Development, Newspaper, Newspapers & Magazines, Out-of-Home Media, Outdoor, Over-50 Market, Planning & Consultation, Point of Purchase, Point of Sale, Print, Production, Public Relations, Publicity/Promotions, Radio, Real Estate, Recruitment, Restaurant, Retail, Sales Promotion, Seniors' Market, Sponsorship, Sports Market, Strategic Planning/Research, T.V., Technical Advertising, Teen Market, Trade & Consumer Magazines, Transportation, Travel & Tourism, Yellow Pages Advertising

Approx. Annual Billings: $50,000,000

Steve Luquire *(Founder & CEO)*
Peggy Brookhouse *(Pres & Partner)*
Brooks Luquire *(Sr VP & Dir-Client Svc)*
Philip Tate *(Sr VP)*
Chuck Griffiths *(VP & Controller)*
Jennifer Jones *(VP, Grp Dir-Creative & Copywriter)*
Shawn Gordon *(VP & Media Dir)*
Liz Chandler *(VP-PR)*
Todd Aldridge *(Art Dir)*
Jon Cain *(Assoc Creative Dir & Art Dir)*
Joe Tolley *(Art Dir & Assoc Creative Dir)*
Chelsea Zipperer *(Art Dir)*
Carolyn Hulbert *(Dir-Digital Media)*
Bobbi Adderton *(Sr Mgr-Production)*
Jarvis Holliday *(Sr Mgr-Digital Content)*
Courtney Ottelin *(Sr Project Mgr-Digital)*
Jeremy Selan *(Mgr-Acctg & Ops)*
Sarah Helms *(Acct Supvr)*
Ashley Kelley *(Sr Acct Exec)*
Taryn Huson *(Acct Exec)*
Kate Kazan *(Acct Exec-PR)*
Ryan Coleman *(Grp Creative Dir & Copywriter)*
Sean Sullivan *(Sr Developer)*

Accounts:
AAF Charlotte
ACC Football
American Tire Distributors Aftermarket Tires, Campaign: "Drag Chute", Tire Pros (Advertising Agency of Record); 2005
Babson Capital Management
Barings
Belk (Public Relations)
Blum
Bojangles' Restaurants, Inc.

Carolina Panthers Sam Mills
Coca-Cola Bottling Co. Consolidated
Free Range Brewing
Lincoln Financial
McGladrey Campaign: "The Gauntlet"
Methodist Sports Medicine Campaign: "Comeback Athlete Award"
National Gypsum
North Carolina State Tourism Campaign: "Wild Horses", Marketing Program, North Carolina Wines, Website Design
PGA of America
Piedmont Natural Gas
PURPLE Campaign: "Peel Back The Paint"
RSM US LLP
Simpson Motorcycle Helmets
Snyder's-Lance, Inc. Public Relations
Visit North Carolina (Agency of Record)
Wolfgang Puck Pizza Bar (Public Relations)

LURE AGENCY
11525 Legendale Dr, Lakeside, CA 92040
Tel.: (619) 273-5100
Web Site: www.lureagency.com

Employees: 5
Year Founded: 2012

Agency Specializes In: Advertising, Brand Development & Integration, Digital/Interactive, Internet/Web Design, Logo & Package Design, Media Buying Services, Media Planning, Public Relations, Social Media, Strategic Planning/Research

Cory Falter *(Chief Creative Officer)*
Zoe Freedman *(Strategist-Content)*

Accounts:
Juice Nation

LURE DESIGN, INC.
1009 Virginia Dr, Orlando, FL 32803
Tel.: (407) 895-5360
Web Site: www.luredesigninc.com

Employees: 1

Agency Specializes In: Advertising, Brand Development & Integration, Graphic Design

Jeff Matz *(Owner)*
Sarah Collins *(Principal & Designer)*
Paul Mastriani *(Principal & Designer)*

Accounts:
Enzian Theater City of God Cult Classic Poster
YMCA

LUXURIOUS ANIMALS LLC
2030 Shallowford Park Mnr, Roswell, GA 30075
Tel.: (212) 518-1920
E-Mail: info@luxanimals.com
Web Site: www.luxanimals.com

Employees: 12
Year Founded: 2008

Agency Specializes In: Advertising, Digital/Interactive, Social Media

Garrett Nantz *(Principal & Creative Dir)*

Accounts:
Home Box Office, Inc.
Kimberly-Clark Corporation Huggies

L.W. RAMSEY ADVERTISING AGENCY
PO Box 2561, Davenport, IA 52809
Tel.: (563) 326-3333

ADVERTISING AGENCIES
AGENCIES - JANUARY, 2019

Fax: (563) 326-0159
Toll Free: (800) 473-0157
Web Site: www.ramseyadagency.com

Employees: 1
Year Founded: 1923

National Agency Associations: APA-BPA

Agency Specializes In: Agriculture, Graphic Design, Public Relations, Social Marketing/Nonprofit

Rick Bopp *(Designer-Adv)*

Accounts:
Ramsey How-To Booklets

LYERLY AGENCY INC.
126 N Main St, Belmont, NC 28012
Tel.: (704) 525-3937
Fax: (704) 525-3938
E-Mail: info@lyerly.com
Web Site: www.lyerly.com

Employees: 9
Year Founded: 1977

National Agency Associations: AD CLUB-AMA-Second Wind Limited

Agency Specializes In: Advertising, Aviation & Aerospace, Brand Development & Integration, Business-To-Business, Co-op Advertising, Collateral, Communications, Consulting, Consumer Marketing, Corporate Identity, Direct Response Marketing, E-Commerce, Event Planning & Marketing, Exhibit/Trade Shows, Financial, Food Service, Graphic Design, Health Care Services, High Technology, Industrial, Internet/Web Design, Leisure, Logo & Package Design, Media Buying Services, Medical Products, Newspaper, Newspapers & Magazines, Out-of-Home Media, Outdoor, Over-50 Market, Pharmaceutical, Planning & Consultation, Point of Purchase, Point of Sale, Print, Production, Public Relations, Publicity/Promotions, Real Estate, Recruitment, Restaurant, Retail, Strategic Planning/Research, Travel & Tourism

Approx. Annual Billings: $15,000,000

Melia L. Lyerly *(Owner)*
Elaine Lyerly *(Pres & CEO)*

Accounts:
Bank of Kansas
Cannon School
Central Piedmont Community College
Charlotte Eye Ear Nose Throat Associates (Agency of Record)
Charlotte Mecklenburg School
Charlotte Preparatory School
Evergreen Packaging
First Bank
First Trust Bank
First Union National Bank
Gaston Day School
The PENROD Company; Virginia Beach, VA; 2003
Physicians for Peace
Rowan Jobs Initiative
UNCC Belk College of Business

LYQUIX
400 Market St, Philadelphia, PA 19106
Tel.: (215) 930-0187
Fax: (215) 501-7087
Web Site: www.lyquix.com

Employees: 7
Year Founded: 2008

Agency Specializes In: Advertising, Brand Development & Integration, Email, Graphic Design, Market Research, Mobile Marketing, Print, Production, Search Engine Optimization, Social Media

Matt Hyde *(Partner)*
Ruben Reyes *(Partner-Tech & Usability)*

Accounts:
Intelligent Infrastructure Systems Web

LYTHOS STUDIOS
1303 Brookland Pkwy, Richmond, VA 23227
Tel.: (804) 225-7780
Web Site: www.lythos.com

Employees: 8

Agency Specializes In: Advertising, Brand Development & Integration, Broadcast, Digital/Interactive, Logo & Package Design, Print, Radio, T.V.

Revenue: $1,280,000

Clay Hamner *(Pres)*
Darrell Cahoon *(Dir-Ops)*

Accounts:
Fiamour

M&C SAATCHI PLC
36 Golden Sq, Soho, London, W1F 9EE United Kingdom
Tel.: (44) 20 7543 4500
Fax: (44) 20 7543 4501
E-Mail: info@mcsaatchi.com
Web Site: www.mcsaatchi.com

Employees: 1,251
Year Founded: 1995

Agency Specializes In: Advertising

Approx. Annual Billings: $756,814,706

Chris Hides *(Co-Founder & Mng Dir-Global)*
Jeremy Sinclair *(Chm)*
Giles Hedger *(CEO)*
Mark Newnes *(Mng Partner)*
James Shepherd *(Mng Partner-Growth-M&C Saatchi Performance)*
Richard Alford *(Partner)*
Tom Firth *(Mng Dir)*
Camilla Kemp *(Grp Mng Dir)*
Rishma Shah *(Fin Dir)*
Raquel Chicourel *(Chief Strategy Officer)*
Richard Hill *(Chief Strategy Officer)*
Richard Storey *(Chief Strategy Officer)*
Jeremy Hemmings *(Chief Client Officer)*
Moray Maclennan *(CEO-Worldwide)*
Chris Brown *(Head-Strategy)*
Simon Dicketts *(Exec Creative Dir & Copywriter)*
Mark Goodwin *(Exec Creative Dir)*
Maurice Saatchi *(Exec Dir)*
Angus Campbell Golding *(Sr Acct Dir)*
Anna Heracleous *(Sr Acct Dir)*
Lucy Keogh *(Sr Acct Dir)*
Angus Maclay *(Sr Acct Dir)*
Jovana Rajacic-Djordjevic *(Sr Acct Dir)*
Andy Williams *(Sr Producer-Acct)*
Will Bate *(Art Dir & Copywriter-creative)*
Evren Ahmet *(Acct Dir)*
Davia Angelo *(Art Dir)*
Julian Cirrone *(Creative Dir-Create)*
Matt Collier *(Creative Dir)*
Hannah Courtney *(Acct Dir-Experiential-Sport & Entertainment)*
Ed Day *(Producer-Print)*
Jessica Deakin *(Acct Dir-World Svcs)*
Gemma Dodds *(Acct Dir)*
Katie Gilbert *(Bus Dir)*
Olivia Gregory *(Acct Dir)*
Darren Keff *(Creative Dir)*
Nick Manson *(Bus Dir)*
Wayne Robinson *(Creative Dir)*
Matt Brazel *(Dir-CSU & Planner)*
Faheem Chaudry *(Dir-CSU & Planner)*
Angelo An *(Dir-Creative & Art)*
Julia Cheetham *(Dir-Creative Ops)*
Liam Ennis *(Dir-Experience)*
Antonia Harrison *(Dir-Bus Dev-Intl)*
Nathaniel Hill *(Dir)*
Steve Parker *(Dir-Strategy)*
Ros Trinick *(Dir-PR & Comm-M&C Saatchi Counter Extremism)*
Sophia Ben Yedder *(Dir-Design)*
Lauren Hunt-Morgan *(Assoc Dir)*
Sean Cotterell *(Sr Acct Mgr-M&C Saatchi Sport & Entertainment-London)*
Thibault Cozic-Shaw *(Sr Acct Mgr)*
Gabriella Smith *(Sr Acct Mgr)*
Millie Daly *(Acct Mgr)*
Kelly Larken *(Acct Mgr)*
Curtis Brittles *(Copywriter)*
Megan Fowler *(Designer)*
Lizzie Haycocks *(Planner)*
Sara Hart *(Sr Assoc Dir)*
Victoria Heiden *(Sr Assoc Dir)*
Lizzie O'Hara-Boyce *(Assoc Creative Dir)*
Lynsey Smith *(Sr Assoc Dir)*
Justin Tindall *(Grp Chief Creative Officer)*

Accounts:
AA Charitable Trust
Adidas
Africa United Campaign: "We've Got Your Back", Online, Radio, TV
Ageas
Air New Zealand
Alibaba
Be Clear On Cancer
Beatbullying Campaign: "MindFull", Campaign: "The Big March"
Blue Cross CRM, Consumer PR, Media Planning & Buying, Social Media
BMW (UK) Ltd
Boots Digital, Implementation, Media Strategy
British Airways
BT Group EE
Byron Consumer & Corporate Communications
Catholic Aid Agency for England and Wales Razir
Celcom
Club Med
Co-op Food Consumer
CommBank
New-The Department for Education Apprenticeships (Lead Strategy & Creative Agency); 2018
The Department for International Trade British Goods & Services; 2018
Department for Work & Pensions
Dinosaur Designs Brand Awareness
Dixons Carphone Brand Campaign, Brand Positioning, Carphone Warehouse, Consumer Communications, Currys PC World, Press
Dorset Cereals
Dreams Advertising
East Midlands Trains Online, Out-of-Home, Print, Radio, Social
FIA Foundation
Financial Conduct Authority Advertising, Public Relations
GambleAware (Lead Creative Advertising Agency); 2018
Ginsters
GlaxoSmithKline Ladbrokes Bingo, Lucozade Hydroactive, Lucozade Sport, Macleans
Ladbrokes Bingo
Lucozade Sports
Macleans
Google GooglePlay
Gousto Creative, Media; 2018
Havana Club
New-HM Government
Home Office Social Media, Video

AGENCIES - JANUARY, 2019 — ADVERTISING AGENCIES

New-Instax
Investec Private Banking Communications
Jacamo Brand Public Relations, Digital, Media, Product Public Relations
Jameson
Ladbrokes
Legal & General Group Plc Creative, Public Relations; 2018
Little Dish Creative
Monika's Doggie Rescue
NatWest Campaign: "Goodbye, Hello", Campaign: "Her Big Day", Campaign: "House that Built Jack", Campaign: "Mustang", Get Cash, Outdoor & Digital Channels, Press, TV
Network Rail
Nude by Nature Global Public Relations
Ocado
One25 Campaign: "The Green Light District"
Optus
Paddy Power
Penny For London
Pernod Ricard UK Ballantine's, Global Advertising, Jameson Irish Whiskey
Public Health England Above-the-Line, Campaign: "Be Clear On Cancer", Campaign: "Change4Life - 10 Minute Shake Up", Commercial Partnerships, Creative, Digital & Social Media, Global Radio, Public Relations, SMS, Stoptober
Rail Delivery Group Advertising
Royal Mail Holdings plc Advertising
SABMiller Peroni Nastro Azzurro
Safe Passage
Samsonite
Fosters
The Silver Line Charity Campaign: "Christmas at Home"
Sonos, Inc.
Surfers Against Sewage Wasteland Warship
Tata Motors Limited Land Rover
Tourism Malaysia
Turkish Airlines Inc Consumer & Corporate Communications; 2017
Twinings (UK Creative Agency of Record) Integrated Campaign; 2018
UK Government's Department for Communities and Local Government Communications
New-The UK Home Office
Unilever Digital Creative, Lipton
New-Versus
Virgin Active Consumer & Corporate Public Relations, Social, Strategic Communications
VirtualPride.org

Branches

Bohemia
72 Christie St, Saint Leonards, NSW Australia
Tel.: (61) 293736488
Fax: (61) 293736482
Web Site: www.bohemiagroup.com.au

Employees: 60

Agency Specializes In: Advertising, Brand Development & Integration, Digital/Interactive, Media Buying Services, Mobile Marketing, Social Media

Brett Dawson *(Founder & CEO)*
Chris Christofi *(Partner & Head-Strategy)*
James Collier *(Partner)*
Sophie Price *(Head-Integrated Strategy)*
Theo Zisoglou *(Head-Media & Investment)*
Rebecca Hamilton *(Media Dir)*
Jennifer Lloyd *(Comml Dir)*
Sam Westaway *(Media Dir)*
Rebecca Alexander *(Dir-Context)*
Jeremy Bierma *(Dir-Performance)*
Jacqui Capel *(Dir-Integration)*
Mark Echo *(Dir-Media)*
Kate Kennet *(Dir-Content)*
Alex Skorokhod *(Dir-Intelligence & Data Science)*

Anna Vergaki *(Dir-Performance)*

Accounts:
Aspen Australia Coloxyl, Media
Caltex Media
CSR
Elanco
Employsure Performance Media & Digital; 2018
Healthdirect Australia Media
McWilliam's Wines Group Evans & Tate, Henkell, Media Strategy, Mionetto Prosecco
Michael Hill International Inc. Communications Strategy, Media Buying, Media Planning; 2017
National Australia Bank Limited UBank
News.com.au
Open Colleges
Pandora Content, Creative Development, Media, Strategy
Paula's Choice
Racing Victoria Business Case Development, Content Distribution, Digital, Media Strategy, Planning & Buying, Search, Social, Strategic Advice; 2018
Schneider Electric Clipsal, Media Planning & Buying, Media Strategy, The Block Shop; 2017
Steadfast
Steinhoff Asia Pacific Group Holdings Best & Less, Communications Strategy, Freedom Furniture, Media, Media Buying, Media Planning; 2017
Taste.com.au
Travel Corporation
Travel Insurance Direct Communications Strategy, Media Planning & Buying, Principal
Twitter Media
Unibet (Media Agency of Record) Media Buying, Media Planning, Media Strategy
Unicef
Western Sydney University Communications Strategy Development, Marketing, Media Buying, Media partner; 2018
Youi

Clear
The Poppy Factory Petersham Rd, Richmond, London TW10 6UW United Kingdom
Tel.: (44) 20 3735 1800
Fax: (44) 2084398281
Web Site: www.clearstrategy.com

Employees: 70
Year Founded: 2002

Damian Symons *(CEO)*
Jim Whelan *(Mng Dir-UK)*

Clear
88 Pine St Fl 30, New York, NY 10005
Tel.: (212) 361-0014
E-Mail: simong@clear-ideas.com
Web Site: https://www.clearstrategy.com/

Employees: 100
Year Founded: 2002

Agency Specializes In: Affluent Market, Brand Development & Integration, Consulting, Consumer Goods, Consumer Marketing, Cosmetics, Electronics, Entertainment, Environmental, Fashion/Apparel, Financial, Food Service, Graphic Design, Health Care Services, Hispanic Market, Household Goods, International, Logo & Package Design, Luxury Products, Market Research, Medical Products, Men's Market, Multicultural, New Product Development, Package Design, Pets, Pharmaceutical, Planning & Consultation, Restaurant, Retail, Seniors' Market, South Asian Market, Strategic Planning/Research, Teen Market, Tween Market, Urban Market, Women's Market

Michael Weber *(Mng Dir)*
Adam Garrett *(Mng Dir-US)*
Rhonda Hiatt *(Exec Dir-Strategy)*

Joseph Lavin *(Dir-Sensory Science-Clear M&C Saatchi)*
Amanda Skudlarek *(Sr Creative Dir)*

Accounts:
Church's Chicken, Inc (Strategic Global Branding Agency of Record) Global Brand Positioning & Experience, Texas Chicken; 2017

Human Digital
Portland House, 4 Great Portland Street, London, W1W 8QL United Kingdom
Tel.: (44) 207 404 6434
Fax: (44) 207 242 2348
Web Site: www.human-digital.com

Employees: 50

Agency Specializes In: Social Media

Sarah Ward *(CEO)*

Accounts:
Gatorade
Microsoft
Palmolive

LIDA
36 Golden Square, London, W1F 9EE United Kingdom
Tel.: (44) 20 7544 3700
Fax: (44) 20 7544 3701
E-Mail: lisat@lida.com
Web Site: www.lida.com

Employees: 450
Year Founded: 2000

Agency Specializes In: Brand Development & Integration, Digital/Interactive, Direct Response Marketing

Jonathan Goodman *(CEO)*
Annabel Mackie *(Mng Partner)*
Mark Smith *(Mng Partner)*
Claire Cootes *(COO)*
Benjamin Golik *(Chief Creative Officer)*
Tori Winn *(Exec Creative Dir)*
Emily Challenor *(Sr Acct Dir)*
Georgia Campbell *(Acct Dir)*
Natalie Plange *(Bus Dir)*
Joanne Olsen *(Dir-Talent Dev)*
Marianna Xenophontos *(Dir-Strategy)*
Eloise Liddell *(Sr Acct Mgr)*
Marsha Tunkel *(Strategist)*
Greg Foy *(Sr Art Dir)*
Spencer White *(Assoc Creative Dir)*

Accounts:
Acas
Alzheimer's Society Digital, OOH, Radio, Television
AXA; 2018
BA Holidays
Blue Cross
Bmi Bmi American Express Credit Card, Direct Marketing
Carnival UK CRM, Creative, Cunard, P&O Cruises, Strategic
COI Inland Revenue
Comparethemarket.com Below-the-Line, CRM, Direct-to-Consumer
Costa Global Loyalty Strategy; 2017
Coutts & Ulster Bank
Dept of Health
East Midlands Trains Campaign: "Reasons to Take the Train", Direct Marketing, Email, Leaflets, Online, Outdoor
Football Association Digital Youth Reward & Recognition Programme, Initiative & Strategic; 2018
Foyles
Greater Anglia Brand Positioning, Stansted

ADVERTISING AGENCIES

Express; 2018
Greater London Authority Campaign: "Capital Bee - Saving London's Bees"
The Home Office
Hotels.com; 2018
HSE
John Lewis Financial Services Direct Marketing
KPMG
Leslie Davis
MINI
Miscarriage Association Guerrilla Marketing, Natural Poster
National Trust "50 Things to do Before You're 11?", Outdoors
NatWest
O2 Campaign: "Be more dog", Direct Marketing
The Open University Creative, Display Banners, Online, Out of Home, Paid Search, Print, Radio, Social, Strategy, TV, VOD
Oxfam Direct & Digital Fundraising
Royal Airforce
Royal Bank of Scotland CRM Strategy, Content, Creative
Royal Mail B2B, CRM, Collectibles, Parcelforce Worldwide, Royal Mail Consumer & Network Access, Royal Mail Customer Marketing, Royal Mail Data Services, Royal Mail MarketReach, Royal Mail Parcels, Royal Mail Stamps
South West Trains; 2008
Superdrug; 2018
Tourettes Action
Travelex

Lida
Level 3 99 Macquarie St, Sydney, NSW 2000 Australia
Tel.: (61) 2 9016 1600
Fax: (61) 2 9019 5747
Web Site: lidaaustralia.com.au/

Employees: 30

Agency Specializes In: Digital/Interactive, Direct Response Marketing

Victoria Curro *(Mng Dir)*
Brendon Harrington *(Gen Mgr)*
Katie Morgan *(Grp Acct Dir)*
Kerri Chesler *(Acct Dir)*
Rich Donovan *(Creative Dir)*
Domenic Bartolo *(Dir-Design)*
Janet Evans *(Sr Writer)*

Accounts:
ANZ
APM
Audi
Blackberry
CommBank
Crazy Domains
Electronic Frontiers Australia
EMI
Fairfax Media Limited Lead Customer Engagement Agency, The Age, The Australian Financial Review, The Sydney Morning Herald
Google Campaign: "Build With Chrome", Campaign: "Google Voice Search"
IAG
Naval Association of Australia
NRMA
Optus
Qantas Frequent Flyer
Uniting
Westfield

M&C Saatchi Abel
Media Quarter, Somerset Road, De Waterkant, Cape Town, 8001 South Africa
Tel.: (27) 21 421 1024
Web Site: mcsaatchiabel.co.za/

Employees: 500

Jacques Burger *(Founder & Partner)*
Robert Grace *(Partner & Head-Strategy)*
Makosha Maja-Rasethaba *(Partner & Head-Strategy)*
Adam Weber *(Partner & Exec Creative Dir-Johannesburg)*
Neo Mashigo *(Partner-Creative)*
Jason Harrison *(Mng Dir)*
Joshua de Kock *(Grp Head-Creative)*
Sharika Jaga *(Grp Head-Brand Comm)*
Gordon Ray *(Exec Creative Dir-Natl)*
Amanda Crawley *(Grp Acct Dir)*
Nicole Morris *(Grp Acct Dir)*
Tennessee Barber *(Art Dir)*
Wade Barnes *(Art Dir)*
Matthew Blitz *(Creative Dir)*
Delane Chengan *(Art Dir)*
Samantha L'Etang *(Acct Dir)*
Ronald S. Mabe *(Art Dir)*
Ashraf Majiet *(Creative Dir)*
Mpumelelo Lungile Ngewu *(Art Dir)*
Tshegofatso Phethle *(Art Dir)*
Ille Potgieter *(Bus Dir)*
Robert Prinsloo *(Art Dir)*
Jabulani Sigege *(Creative Dir)*
Jordan Tryon *(Creative Dir)*
Mark Winkler *(Creative Dir)*
Ntobeko Ximba *(Art Dir)*
Keren Eames *(Dir-Client Svcs)*
Martine Levy *(Dir-Production Unit)*
Luke de Kock *(Acct Mgr)*
Danyal Ismail *(Acct Mgr)*
Wiggie Johaadien *(Office Mgr)*
Meaghan Essel *(Copywriter)*
Tom Kratz *(Copywriter)*
Marguerite Nel *(Copywriter)*
Mike Abel *(Chief Exec Partner-South Africa)*

Accounts:
Boxman
Flight Centre Flight Centre Brand: Fly Graphs - Mauritius
The Haven Night Shelter
Heineken Amstel
Hollard Insurance Campaign: "Mystic Marie", Love Your Stuff
Iziko Museums
Mr Delivery
Mweb Campaign: "Dear South Africans living in Australia", Campaign: "Dear South Africans living in the UK"
Nando's
Q20
Rocketseed South Africa
Stamps for Good
Superbalist.com Run
Takealot.com
Toyota Motor Corporation Automark, Lexus; 2018
Virgin Active South Africa
Windhoek (Lead Agency) Creative, Legendary Intrinsic Story; 2017
WWF South Africa (Lead Agency) Digital Channels, Integrating New Strategies; 2017
Zeitz MOCAA Brand Identity

M&C Saatchi Milan
Viale Monte Nero 76, 20135 Milan, Italy
Tel.: (39) 236748250
Fax: (39) 236748294
Web Site: www.mcsaatchi.com

Year Founded: 2010

Agency Specializes In: Advertising

Luca Scotto di Carlo *(Partner & Exec Creative Dir)*
Vincenzo Gasbarro *(Partner & Creative Dir)*
Massimo Capucci *(Head-Plng)*
Daria Burzoni *(Acct Dir)*
Alessandro Candito *(Creative Dir)*
Luca Capretti *(Art Dir-Digital)*
Daria D'Angelo *(Acct Dir)*
Daniele Dionisi *(Creative Dir)*
Luca Fulciniti *(Art Dir)*
Giulia Giuffrida *(Acct Dir)*
Matteo Grandese *(Creative Dir)*
Lorenzo Guagni *(Art Dir)*
Paolo Perrone *(Creative Dir)*
Alberto Pinto *(Acct Dir)*
Margherita Zanvit *(Acct Dir-Digital)*
Federico Fornasari *(Dir-Creative Production)*
Stefania Sabbatini *(Dir-Digital Production)*
Alessia Agazzi *(Acct Mgr)*
Giusy Cesareo *(Acct Mgr)*
Giovanni La Monaca *(Mgr-Production)*
Michele Bellini *(Copywriter)*
Federica Scalona *(Copywriter)*
Roberto Ardigo *(Sr Art Dir)*
Stefano Guidi *(Deputy Creative Dir)*
Armando Viale *(Deputy Creative Dir)*

Accounts:
BMW (UK) Ltd Mini
E.ON
Europe Assistance Milan Stunt Campaign: "L1F3"
Fastweb Campaign: "Fastline", Speed
Leroy Merlin
Sky Italia Santa's Team
Unicredit

M&C Saatchi Performance
(Formerly M&C Saatchi Mobile)
625 Broadway 6th Fl, New York, NY 10012
Tel.: (646) 619-2809
E-Mail: newyork@mcsaatchiperformance.com
Web Site: www.mcsaatchiperformance.com

Employees: 100
Year Founded: 2006

Agency Specializes In: Advertising, Brand Development & Integration, Copywriting, Digital/Interactive, Direct Response Marketing, Media Buying Services, Media Planning, Out-of-Home Media, Production, T.V.

James Hilton *(CEO)*
Kabeer Chaudhary *(Mng Partner-APAC)*
Alex Hewson *(Mng Partner-Media)*
James Shepherd *(Mng Partner-Growth)*
Eric Mugnier *(Sr VP-North America)*
Daniel Rosen *(Sr VP-Global Ops)*
Libby Robinson *(Mng Dir-EMEA)*
Chris Steedman *(Mng Dir-APAC)*
Gabriel Cheng *(VP-Strategic Growth & Partnerships)*
Nicolette Pinto *(Acct Dir-Australia)*
Bobbie Gersbach-Smith *(Dir-ANZ)*
Anika Maini *(Assoc Dir)*
Michael Penn *(Assoc Dir-Bus Dev)*
Julie Goldman *(Supvr-Media)*
Derek Geryol *(Strategist-App Store Optimization)*
Jared Rosen *(Media Planner & Buyer)*

Accounts:
Audible Inc.
Carousell
HotelsCombined
iHeartRadio
Microsoft Corporation
Snap Kitchen
Sportsbet

M&C Saatchi Public Relations
88 Pine St Fl 30, New York, NY 10005
(See Separate Listing)

M&C Saatchi Sport & Entertainment
36 Golden Square, London, W1F 9EE United Kingdom
Tel.: (44) 20 7543 4531
Fax: (44) 20 7543 4712
E-Mail: information@mcsaatchi.com

AGENCIES - JANUARY, 2019 — ADVERTISING AGENCIES

Web Site: www.mcsaatchi.com

Employees: 45

Agency Specializes In: Brand Development & Integration, Entertainment, Event Planning & Marketing, Sports Market

Steve Martin *(CEO)*
Jamie Wynne-Morgan *(CEO-UK)*
Rosie Everard *(Sr Acct Dir)*
Megan Thomas *(Sr Acct Dir-US)*
Emma Watson *(Acct Mgr)*

Accounts:
1966 Entertainment Commercial & Charitable Interests, England Football Team
Amir Khan
Asics Digital, Out-Of-Home, POS, Print, TV
Association of Volleyball Professionals Brand Outreach, Strategy
Ballantines "Benjamin Von Wong's Underwater River", Brand Positioning, Campaign: "INSA's Space GIF-ITI", Global PR, Scotch Whisky
Beyond Sport United
BNY Mellon Boat Race, Public Relations
Bomber Ski (Public Relations Agency of Record) Media
Carlsberg
The Coca-Cola Company Odwalla, Powerade
Contego Sports Brand Development, International Marketing, Public Relations, Social Media
Currys Campaign: "Vader's Visit"
EE
Harlem RBI Events & Talent Relations, Golf Charity Event, Public Relations
Heineken UK Consumer PR, Heineken's Rugby World Cup
Jameson Irish Whiskey
MindFull Campaign: "Let it all out"
NatWest
Newton Investment Management Boat Race, Public Relations
O2 Innovation, Technology
Orange
Pernod Ricard Ballantine, Digital, Global Marketing, Public Relations, Social Media
Reebok Public Relations
Sainsbury Active Kids Campaign
Samsung Electronics UK Public Relations
Saracens Strategic Marketing; 2018
Street Soccer USA
Taylormade
Technogym (US Public Relations Agency of Record)
Travelex
Trilogy
United States Olympic Committee

M&C Saatchi
32 rue du Notre Dame des Victoires, 75002 Paris, France
Tel.: (33) 1 55 80 1000
Fax: (33) 1 55 80 10 10
E-Mail: gillesm@mcsgad.com
Web Site: www.mcsaatchi.com

Employees: 60

Agency Specializes In: Advertising, Digital/Interactive, Direct Response Marketing

Gilles Masson *(Founder & Pres)*
Philippe Horeau *(Mng Dir)*
Thierry Taglioni *(Deputy Dir Gen)*
Jean-Luc Roux *(VP)*
Jean-Didier Loizeau *(Head-Print Production-Associates)*
Antoine Barthuel *(Creative Dir)*
Robin de Lestrade *(Creative Dir)*
Charlotte Drago *(Dir-Customer)*

Accounts:
Sorenza Clothing and Footwear

M&C Saatchi
1-26-1 Ebisunishi Shibuya-Ku, Tokyo, 150 0021 Japan
Tel.: (81) 3 5456 6355
Fax: (81) 3 5456 6377
Web Site: www.mcsaatchi.co.jp

Employees: 13

Agency Specializes In: Advertising, Brand Development & Integration, Consulting, Corporate Identity, Digital/Interactive, Luxury Products, Public Relations, Sponsorship

Tamio Koshino *(CEO & Rep Dir)*
Nobuhiko Yamamoto *(Chief Strategy Officer & Creative Dir)*

Accounts:
Japan Airlines Company, Ltd. Brand Identity, Brand Message, Global Branding Strategy, Tokyo 2020; 2017
Sony (China) Limited Creative

M&C Saatchi
Oranienburgerstr 5a, D-10178 Berlin, Germany
Tel.: (49) 30 616 5790
Fax: (49) 30 616 57920
Web Site: www.mcsaatchi.com

Employees: 35

Agency Specializes In: Advertising, Advertising Specialties, Multimedia, New Technologies, Production (Ad, Film, Broadcast), Production (Print), Sponsorship

Dominik Tiemann *(Partner & Mng Dir)*
Christian Schuck *(Partner & Exec Creative Dir)*
Torsten Wirwas *(Mng Dir)*
Sandra Stoltze *(Acct Dir & Head-Unit)*
Javier Suarez Argueta *(Exec Creative Dir)*
Heath Lock *(Art Dir)*
David Karolinski *(Sr Acct Mgr)*
Doris Koch *(Sr Acct Mgr)*
Susan Marr *(Sr Acct Mgr)*
Alexander Fuhrling *(Acct Mgr)*
Armita Steiger *(Acct Mgr)*
Giacomo Nuti *(Assoc Creative Dir)*

Accounts:
European Maccabi Games
HelmMut
Maya Mate
Oxfam Deutschland
Volkswagen Group

M&C Saatchi
99 MacQuarie St, Sydney, NSW 2000 Australia
Tel.: (61) 290196000
E-Mail: mariej@mcsaatchi.co.nz
Web Site: www.mcsaatchi.com

Employees: 200

Agency Specializes In: Advertising

Jaimes Leggett *(Grp CEO)*
Sian Cook *(Mng Partner)*
Tom McFarlane *(Partner-Creative)*
Mervyn Tan *(Partner-Strategy)*
Russell Hopson *(Grp Mng Dir)*
Cam Blackley *(Chief Creative Officer)*
Mandi Barton *(Head-Social)*
Rachael Fraser *(Head-Strategy)*
Nathalie Brady *(Gen Mgr)*
Ben Greenslade *(Gen Mgr-Sport & Entertainment)*
Lucy Billington *(Grp Dir-Mktg & Bus Dev)*
Luke Simkins *(Sr Dir-Art)*
Nikki Chapman *(Sr Acct Dir)*
Tori Davis *(Sr Acct Dir)*
Caroline Millar *(Sr Acct Dir)*
Veronique Proulx *(Sr Acct Dir)*
Josephine Ross *(Sr Acct Dir)*
Tara Goh *(Grp Acct Dir)*
Hayley Larkman *(Grp Acct Dir)*
Samuel MacDonnell *(Grp Acct Dir)*
Julia Mahoney *(Grp Acct Dir)*
Lauren Trace *(Grp Acct Dir)*
Karlee Weatherstone *(Grp Acct Dir)*
Michael Andrews *(Creative Dir)*
Chris Brailey *(Creative Dir)*
Brendan Donnelly *(Creative Dir)*
Sharon Edmondston *(Creative Dir)*
Guy Futcher *(Creative Dir)*
Shane Gibson *(Creative Dir)*
Curtis McDonald *(Creative Dir)*
Tom Mort *(Acct Dir)*
Neil Walshe *(Art Dir)*
Bobbie Gersbach-Smith *(Dir-Australia & New Zealand)*
Dean Hastie *(Dir-Design)*
Catherine Mellon *(Dir-Strategy)*
Grant Morrell *(Dir-Ops-Woolworths Grp)*
Erika Morton *(Dir-Experiential)*
Tyler Wilson *(Dir-Strategy)*
Jennifer Edwards *(Acct Mgr)*
Joshua Johns *(Acct Mgr)*
Fleur Farrington *(Mgr-Creative Svcs)*
Chris Ching *(Copywriter)*
John Henry-Pajak *(Designer)*
Jonathan Seidler *(Copywriter)*
Andy Flemming *(Grp Creative Dir)*
Peta Mcdowell *(Sr Art Dir)*
Mike Miller *(Sr Art Dir)*
Nathan Moore *(Sr Art Dir)*
James Steer *(Sr Project Dir)*
Celia Wallace *(Sr Bus Dir)*

Accounts:
Acreis
AIME
ANZ
Asics Campaign: "Face A Nation"
Australian Cancer Research Foundation (ACRF)
Australian Marriage Equality
Big Richard Creative, Marketing Campaigns, Planning, Strategic
Blue Ball Foundation
Brown-Forman Corporation Creative, Digital, Jack Daniels, Out-of-Home, Social; 2017
BWS
Commonwealth Bank of Australia Brand & Design, Brand Awareness, Branding Campaign, Campaign: "Can", Campaign: "Change Your Everyday", Campaign: "CommBank Travel Options", Campaign: "Go to the Bank", Campaign: "Leather Hitting Willow", Campaign: "The CommBank Cricket Club", Campaign: "Three Little Letters", TV
Ebay
Eftpos Campaign: "A Little Button Can Do A Lot Of Good", Campaign: "Heartland"
Global Franchise Group Campaign: "Love the Run ", The Athlete's Foot
Google Campaign: "Build With Chrome", Campaign: "Google Voice Search", Campaign: "The Perfect Shot", Nexus 7
Greater Western Sydney Giants
Herringbone
IAG
Keep Sydney Open
Lend Lease Creative
Lilydale
Medicins Sans Frontieres Campaign: "Carburetor"
Menulog Branding, Creative, Strategic
Miroslav Underwear Campaign: "Quality Best Appreciated Up Close"
Monikas Doggie Rescue
Noise International Campaign: "Ping-Pong By Noise", Campaign: "The Art Of Noise"
OnePiece Digital, PR, Social
Pepsi Max

ADVERTISING AGENCIES
AGENCIES - JANUARY, 2019

Pizza Hut Doritos Crunchy Crust Pizza
Quit
Samsung
Sara Lee Indulge in the Moment
DE Master Blenders Campaign: "Wake Up To Something Special"
Moccona Campaign: "Hint of Chocolate" sarat
Schneider Electric Clipsal, The Block Shop
Skins
St Vincent de Paul Society Christmas Appeal: Dear Santa, Creative, Strategic
Steggles
Stepping Stone Creations
Sydney Dogs & Cats Home Campaign: "Getting To Zero", Campaign: "Limited Edition"
Tennis Australia Ready Play
Testicular Cancer Awareness
Toyota Motor Corporation Lexus
Travelex
Ugg Campaign: "Here Comes Spring", Campaign: "Keep Stepping", Campaign: "Pop Of Summer"
Visualaz
Woolworths Limited Big W, Campaign: "Grown in Australia", Creative, Supermarket
Wotif
Xero (Global Creative Agency) Strategic

M&C Saatchi
No 486 Fuxing Middle Road, Shanghai, 200020 China
Tel.: (86) 21 6267 3183
Fax: (86) 21 6386 3990
E-Mail: angelah@mcsaatchi.com.cn
Web Site: www.mcsaatchi.com

Michael Liu *(Partner-China)*
Tony Liu *(Partner-China)*
Albert Yeo *(Exec Creative Dir)*
Jessica Jarl *(Bus Dir)*

M&C Saatchi
Level 27 140 William Street, Melbourne, VIC 3000 Australia
Tel.: (61) 3 9670 2225
Fax: (61) 3 9670 2229
E-Mail: davidb@mcsaatchi.com.au
Web Site: www.mcsaatchi.com

Employees: 40

Agency Specializes In: Direct Response Marketing

Andy Cairns *(Mng Dir)*
Cam Blackley *(Chief Creative Officer)*
Justin Graham *(Chief Strategy Officer)*
Jill Manester *(Head-Strategy)*
Emma Hill *(Exec Creative Dir)*
Emma Robbins *(Exec Creative Dir)*
Callum Walker *(Grp Acct Dir)*
Russel Fox *(Creative Dir)*
Rebecca Robertson *(Client Svcs Dir)*
Symon van Haalen *(Acct Dir)*
Kara Blair *(Acct Mgr)*
Sam Siddons *(Acct Mgr)*
Jay Lazaro *(Sr Art Dir)*

Accounts:
Bottlemart
CPA Australia Brand, Digital, Marketing, Strategy CPA
Cricket Australia Big Bash League, Campaign: "Don't be a Daryl", Campaign:"It's Your Game"
Hennessy Australia
KFC
Melbourne Recital Center
New-Netball Victoria Digital, Print, TV
Opel Campaign: "Guten Tag Australien", Creative
Plush Brand Strategy, Creative & Media; 2018
Slater & Gordon Campaign: "Not A Problem", Marketing Communications, Strategy
Tennis Australia Campaign: "Djokovic"

New-Toyota Lexus

M&C Saatchi
141B Shahpur Jat, New Delhi, 110049 India
Tel.: (91) 9818544924
Web Site: mcsaatchi.co.in

Employees: 33

Accounts:
Aditya Birla Group Campaign: "Trek & Crow"
Cyber Media
Dabbawala Foundation
DC Design
Easy Bill
Franklin Templeton Investments Mutual Fund; 2008
Stargaze
T24 Mobile Campaign: "Mauritius"
TCNS Clothing Company Creative, W
VLCC

M&C Saatchi
21 Media Circle, #05-10 Infinite Studios, Singapore, 138562 Singapore
Tel.: (65) 98265656
Web Site: www.mcsaatchi.com.sg/

Employees: 10

Tanuj Philip *(Founder, CEO & Partner)*
Ramesh Kumar *(Chief Strategy Officer)*
Leonard Goonting *(Grp Head-Creative)*
Katherine Teo *(Head-Digital)*
Toh Han Ming *(Exec Creative Dir)*
Dawn Goh *(Dir-Strategy Plng)*
Aloysius Ong *(Dir-Creative & Art)*
Tay Kok Wei *(Sr Art Dir)*

Accounts:
Aviva
Bank of Singapore Social Media
Bridgestone China & Asia Pacific Pte Ltd (Agecny of Record) Brand Campaign, Creative, Digital & Social, Social Media Strategy, Website
Danone
FED; China Women's Footwear; 2007
ITV
Mediacorp Radio
Mount Faber Leisure Group (Marketing Agency of Record) Communications
MSIG Holdings (Asia) Creative, Digital, Social Media; 2018
O2
Regent
Royal Brunei Airlines Brunei Tourism; 2018
SAP
Shell Retail Singapore (Agency of Record)
Tourism Australia
Web.com
Yakult

M&C Saatchi
Banguan Malaysia Re 17 Lorong Dungun, 50490 Kuala Lumpur, Malaysia
Tel.: (60) 3 2094 6355
Fax: (60) 3 2093 9355
E-Mail: lara.hussein@mcsaatchi.com
Web Site: www.mcsaatchi.com

Employees: 80

Michael Quay *(Mng Partner & Dir-Plng)*
Lara Hussein *(Mng Dir)*
Pauline Ang *(Grp Head-Creative)*
Gabriele Espaldon *(Grp Head-Creative)*
Paul Gage *(Head-Plng)*
Shireen Peterson *(Gen Mgr)*
Henry Yap *(Exec Creative Dir)*
Darren Lee *(Grp Dir-Digital Creative)*
Marzuki Maani *(Exec Producer-Creative)*

Ryan Leong *(Acct Mgr)*
Faras Adanan *(Sr Art Dir)*
Usamah Azlan *(Assoc Creative Dir)*

Accounts:
Axiata Group Berhad Above-the-Line & Below-the-Line Advertising, Boost, Celcom Axiata, Conceptualisation, Product Development
Calpis
CIMB Creative, Festive & Corporate Segments, Social Media; 2018
Malaysia Airlines System Berhad Creative, Digital, Raya
SPCA Campaign: "There's more play in a pet"
Universiti Teknologi Malaysia Creative
Volkswagen Group Cross Touran, Jetta, Lead Agency, Passat B7, The People's Car

M&C Saatchi
2032 Broadway, Santa Monica, CA 90404
Tel.: (310) 401-6070
Fax: (310) 264-1910
Web Site: www.mcsaatchi-la.com

Employees: 40

National Agency Associations: 4A's-THINKLA

Agency Specializes In: Branded Entertainment, Broadcast, Business Publications, Co-op Advertising, Collateral, Consumer Publications, Digital/Interactive, Email, Guerilla Marketing, In-Store Advertising, Magazines, Mobile Marketing, Multimedia, Newspaper, Newspapers & Magazines, Out-of-Home Media, Paid Searches, Point of Purchase, Point of Sale, Print, Production, Production (Print), Radio, Search Engine Optimization, Social Media, T.V., Trade & Consumer Magazines, Viral/Buzz/Word of Mouth, Web (Banner Ads, Pop-ups, etc.)

Huw Griffith *(CEO & Partner)*
Kate Bristow *(Partner & Chief Strategy Officer)*
Rebecca McGough *(Mng Dir)*
Michael Wilton *(Mng Dir)*
Mandy Waldorf Graham *(Exec VP & Dir-Strategy)*
Jason Riley *(Exec VP & Dir-Strategic Plng)*
Corey Langworthy *(Mng Dir-Sport & Entertainment LA)*
Erica Mapa *(VP-Sport & Entertainment)*
Serena Thynne *(VP)*
Maria Salvador Smith *(Exec Creative Dir)*
Victor Bernedo *(Art Dir)*
Jamie Ortega *(Acct Dir-Digital)*
Daisy Peralta *(Acct Dir)*
Sharon Rosenthal *(Acct Dir)*
Ron Tapia *(Creative Dir)*
Brian Bushaw *(Dir-Production)*
Dennis Di Salvo *(Dir-Content Production-LA)*
John Leung *(Dir-Creative Tech)*
Marta Paterno *(Dir-Media Ops)*
Kayvon Saless *(Dir-Production)*
Jessica Gorelick *(Acct Supvr)*
Katie Jordan *(Acct Exec)*
Stephen Reidmiller *(Assoc Creative Dir)*

Accounts:
Alibaba Ecommerce; 2014
BMW of North America, LLC BMW Motorrad USA (Creative Agency of Record), Brand Awareness, Digital, Print, Social Media
Epson America, Inc; Long Beach, CA Printers, Projectors; 2009
Fig & Olive Restaurant; 2016
Ford Theater Arts; 2015
Fox Restaurant Concepts Restaurants; 2016
FX Entertainment; 2013
Golden Voice Entertainment; 2012
Harvard Westlake Education; 2016
Miramax Entertainment; 2014
Nitro Circus Entertainment; 2013
Oakley Fashion, Sports; 2014
Occidental Petroleum Corporation Corporate; 2009

AGENCIES - JANUARY, 2019 — ADVERTISING AGENCIES

Ohio State University Comprehensive Cancer Center Healthcare; 2012
Pacific Life Insurance Company (Creative Agency of Record) Brand Awareness, Consumer Brand Advertising, Creative, Digital Media
Reebok Footware, Sports; 2015
ROK Brands (Agency of Record) Broader Communications, Eexperiential, Strategic Positioning & Development, Visual Identity; 2018
Sacramento Kings Sports; 2015
Starz Entertainment; 2014
University of Miami Health System Sylvester Comprehensive Cancer Center Healthcare; 2013
University of Southern California Education; 2016
Vizio Electrical; 2015
Zoological Society of San Diego Digital, Outdoor, Print, TV, Tiger Trail; 2005

Digital

Heavenspot
1800 S Brand Blvd Ste 205, Glendale, CA 91204
(See Separate Listing)

Scarecrow M&C Saatchi
(Formerly Scarecrow Communications Ltd)
2nd Floor Kamani Chambers 32 Ramjibhai Kamani Marg, Ballard Estate, Mumbai, 400 038 India
Tel.: (91) 2243321600
Web Site: www.scarecrow.asia

Employees: 100
Year Founded: 2009

Agency Specializes In: Advertising, Digital/Interactive, Media Buying Services, Public Relations

Raghu Bhat *(Founder & Dir)*
Manish Bhatt *(Co-Founder & Dir)*
Arunava Sengupta *(Co-Founder & Dir)*
Mangesh Mulajkar *(VP)*
Joybrato Dutta *(Grp Head-Creative)*
Ashish Naik *(Exec Creative Dir-L&K Saatchi & Saatchi)*
Mustafa Kapasi *(Sr Creative Dir)*
Yatin Vaidya *(Asst Creative Dir)*

Accounts:
New-Abby Awards
ALT Balaji Creative &Pictures
ArthImpact Brand Identity, Creative, Happy, Logo; 2017
BIC Bic-Cello, Digital
Business Standard Creative; 2017
Danone Narang Beverages Blue, Creative
Development Bank Of Singapore
Dharampal Satyapal Group Creative, Dairy Business
Diligent Media Corporation Ltd
DittoTv
Doseat.com
Dr. Oetker FunFoods, Marketing
DS Group Creative, Pulse
Edelweiss
Emami Ltd Boroplus, Campaign: "Bheem-stein", Creative, Emami 7 Oils in One Hair Oil, Emami Diamond Shine Hair Colour, Emami Kesh King Hair Oil & Shampoo
Eye Bank Association of India (E.B.A.I.)
Flourish PureFoods Creative
Fortuity Gaming Pvt Ltd Brand Positioning, Creative, PokerNation, Strategy
Godfather Beer
Gromax Agri Equipment Limited Above-the-Line, Below-the-Line, Brand Communication, Creative, Digital Film, Media, OOH, Print, Radio, Retail Visual Identity, TV Commercial, Trackmate, Trakstar, Trringo; 2017
Head Infotech India Pvt Ltd Ace2three, Advertising, Brand Awareness
Hungama
iProf Creative
ITC Limited
Joy Cosmetics Creative
Justbooks
Kenneth Cole Creative
Kohinoor McCormick Everyday Basmati
The Lactalis Group Anik Range, Creative; 2018
Lava Mobiles Campaign: "Don't Touch, Just Wave"
Localbanya.com Creative
Mount Litera School Campaign: "Memory Disk"
MVI Mobiles
Panasonic Anchor, Anchor Panasonic Smoke Alarm, Brand Campaign, Campaign: "Respect your sacrifice"
Pentair Water
Quikr India Pvt Ltd Brand Proposition, Campaign: "Super Hero"
Quiksilver Creative
Radio City Creative
Rasna Creative Communications
Reliance Industries Limited Campaign: " Be Unformal", Campaign: "Ghost wearing Tie"
Religare Enterprises
Rupa Bumchums, Campaign: "Voting", Rupa Frontline, TV
Sebapharma Baby Sebamed, Creative; 2018
Skechers Creative, Film & Digital Activation; 2017
New-Sportzconsult Creative, Mumbai Games, Social Media, Web Design; 2018
Spykar Creative
Steve Madden Creative
Taxxi - Vitamin K Campaign: "Maid", Campaign: "Othello"
Varuna Pumps Creative
Viacom 18
Vimal
Vox Pop Clothing Creative, Digital, Print, Strategic OOH
Wagh Bakri Tea Group Advertising, Creative, Good Morning Premium Tea, Jay Jawan Tea, Mili Tea, Wagh Bakri Tea
Zee Entertainment Enterprises Creative, Strategy
Zee Khana Khazana Living Foodz, TV Campaign
Zee Learn Creative

TALK.GLOBAL
(Formerly Talk PR)
3-5 Rathbone Place, London, W1T 1HJ United Kingdom
Tel.: (44) 20 7268 6100
E-Mail: welcome@talk.global
Web Site: talk.global/

Employees: 30
Year Founded: 2001

Agency Specializes In: Consumer Marketing, Content, Digital/Interactive, Leisure, Public Relations

Jane Boardman *(CEO)*
Ryan Woor *(COO)*
Craig Wills *(Head-Strategy)*
Hannah Craig *(Acct Dir)*
Sophie P. *(Assoc Dir)*

Accounts:
Alfa Romeo
American Express
The British Fashion Council
Buena Vista Home Entertainment
Christina Aguilera
Dixons
Dolce & Gabbana
EB Brands Candy Store
ELLE Style Awards
English Cut
Farfetch.com PR, Press
Fiat Chrysler Automobiles Fiat
Fujifilm Social Media
G.H.Mumm Global Public Relations
Hugo Boss
James Bond 007 Fragrances
Jeep
Lacoste
Mother of Pearl Public Relations
Nailease
Navabi Public Relations
Pencourage
Perfect Moment Media, Public Relations, Ski, Surf
Pernod Ricard Travel Retail Communications, Communications Strategy, Consumer Engagement, Consumer PR, Digital PR, Pernod Ricard, Retail
POPSUGAR Inc. Brand Awareness, Brand Identity, Communications, Media, ShopStyle
Procter & Gamble
Sainsbury's Boutique, Press, Publicity
The Sanctuary Spa
Scottish & Newcastle Carlsberg, Fosters
ShopStyle UK
SK-II
Stella McCartney
Swarovski Crystallized
Tesco
Twinings
Vita Coco Beauty Communications
Vodafone
Wella Professional

M&R MARKETING GROUP
331 3rd St, Macon, GA 31201
Tel.: (478) 621-4491
E-Mail: hey@mandr-group.com
Web Site: www.mandr-group.com

Employees: 13
Year Founded: 2008

Agency Specializes In: Advertising, Brand Development & Integration, Graphic Design, Internet/Web Design, Logo & Package Design, Search Engine Optimization, Social Media

Nick Rios *(Co-Founder & Creative Dir)*
Matthew Michael *(Co-Founder & Dir-Accts)*
Heather Waldron *(Art Dir)*
Tracie Davis *(Sr Acct Mgr)*

Accounts:
Cherry Blossom Festival
Macon Water Authority

M. BOOTH & ASSOCIATES
666 3rd Ave, New York, NY 10017
Tel.: (212) 481-7000
Fax: (212) 481-9440
E-Mail: info@mbooth.com
Web Site: www.mbooth.com

Employees: 160
Year Founded: 1985

National Agency Associations: COPF

Agency Specializes In: Sponsorship

Dale S. Bornstein *(CEO)*
Bradford Rodney *(Mng Partner)*
Adrianna Bevilaqua *(Mng Dir & Chief Creative Officer)*
Margaret Booth-Saba *(Mng Dir)*
Joe Hamrahi *(CFO & COO)*
Jody Johnson *(Chief People Officer)*
Jon Paul Buchmeyer *(Mng Dir-Brand Mktg & Strategy & Exec VP)*
Mark Schroeder *(Exec VP & Dir-Corp Practice)*
Nancy Seliger *(Exec VP-Brand Dev & Client Experience)*
Jennifer Teitler *(Exec VP-Consumer)*
Margo Schneider *(Mng Dir-Media Rels & Sr VP)*
Martha Cid *(Sr VP & Grp Dir-Media)*
Richard Goldblatt *(Sr VP & Dir-Consumer Brands*

ADVERTISING AGENCIES

& Better4You)
Matt Hantz *(Sr VP-Digital)*
Dana Kopp Hudon *(Sr VP)*
Michelle Overall *(Sr VP-Entertainment Mktg & Partnerships)*
Scott Varland *(Sr VP-Mktg Innovation)*
Shira Zackai *(Sr VP-Media Practice)*
Sally Alfis *(VP & Grp Mgr-Lifestyle & Spirits)*
Matthew Bautista *(VP-Media Rels)*
Frani Chung *(VP)*
Salvatore Della Monica *(VP & Grp Mgr-Digital)*
Alex Della Rocca *(VP)*
Jamie Evans *(VP)*
Moon Kim *(VP & Grp Mgr-Corp)*
Amy Shoenthal *(VP & Grp Mgr-Digital)*
Lauren Swartz *(VP)*
Carrie Van Es *(VP-Digital & Grp Mgr)*
Jacqueline Warren *(VP)*
Jeff Bodzewski *(Dir-Midwest)*
Gillian Kline *(Dir-Plng & Insights)*
Jennifer McTigue *(Dir-Digital Strategy)*
Bonnie Ulman *(Dir-M Booth South)*
Mark Westall *(Dir-Insights & Plng)*
Ashley Aruda *(Sr Acct Supvr)*
Brandi Holmes *(Sr Acct Supvr)*
Megan Hunsicker *(Sr Acct Supvr)*
Matthew Martinelli *(Sr Acct Supvr)*
Rachel Grady *(Acct Supvr)*
Gabriella Miranda *(Acct Supvr)*
Sarah Bilbrey *(Sr Acct Exec)*
Sofi Biviano *(Sr Acct Exec)*
Elisha Stavropoulos *(Sr Acct Exec)*
Nicole Gresh *(Sr Strategist-Media Rels & AS)*
Anmol Sekhri *(Strategist-Digital)*
Jane Attermann *(Asst Strategist-Digital)*

Accounts:
American Express Public Relations
Beiersdorf North America Inc Aquaphor (Public Relations Agency of Record), Aquaphor Healing Ointment, Content Creation, Earned Media, Equity-Building Campaigns, Eucerin (Public Relations Agency of Record), Event Planning, Influencer Outreach, Nivea (Public Relations Agency of Record), Nivea Men, Social Media; 2018
The British Virgin Islands Tourist Board Media Relations, PR, Strategic Consulting & Planning
Brooks Sports (Agency of Record) Consumer PR
Brother International Business Machines Group, P-Touch Label
Brugal
Burlington Coat Factory PR
Campari
Canada Goose Public Relations
Carnival Cruise Line (North American Agency of Record)
coupons.com
Dyson
Evenflo Company, Inc. Bath Tubs, Booster Car Seats, Bottle Feeding, Breast Pumps, Changing Tables, Convertible Car Seats, Cribs, Cups, Doorway Jumpers, Evenflo Company, Inc., Evenflo infant furnishings, ExerSaucer Products, Frame Carriers, Gates, Gerry Pet Gates, High Chairs, Humidifiers, Infant Car Seats, Monitors, Nursing Pads, Pacifiers, Playards, Potties, Snugli Products, Soft Carriers, Strollers, Swings, Travel Systems
The Famous Grouse
Firstbuild
GE
General Motors Buick (Public Relations Agency of Record), GMC (Public Relations Agency of Record)
Godiva Chocolatier (Public Relations Agency of Record) Digital, Media Relations, Social Media, Special Events
Goed
Google
Highland Park
Kelley Blue Book (Public Relations Agency of Record) Marketing, Social Media, Strategy
Land's End
Lutron
The Macallan
Marriott International
Match Group Tinder (US Agency of Record)
Mercedes-Benz
Montage Deer Valley (Public Relations Agency of Record) Brand Awareness, Media Relations, Public Relations
Morton Salt, Inc (Public Relations Agency of Record) Corporate Communications, Crisis Communications, Influencer Marketing Strategy, Internal Communications, Measuring & Monitoring, Media Relations, Media Training, Strategy; 2017
Nolet's
Noosa
Patron Spirits Company Public Relations
Rent.com
Simply Business (US Agency of Record) Communications Strategy, Executive Visibility, Influencer Marketing, Media Relations, Program Development; 2018
St. Ives
Steelcase
Sur La Table
Tourism New Zealand (North American Agency of Record) Earned Media, Partnerships, Public Relations Activations; 2017
Trek Bicycle (Public Relations Agency of Record) Events, Media, Social Media, Thought Leadership
Turnstone
Unilever I Can't Believe It's Not Butter!, Vaseline, Wish Bone
University of Pennsylvania Wharton School

M/H VCCP
(Formerly MUH-TAY-ZIK HOF-FER)
220 Sansome St, San Francisco, CA 94104
Tel.: (415) 255-6363
E-Mail: general@mh-vccp.com
Web Site: www.mh-vccp.com

Employees: 85
Year Founded: 2008

Agency Specializes In: Advertising, Digital/Interactive, Social Media, Sponsorship

Revenue: $17,000,000

Matt Hofherr *(Founder & Chief Strategy Officer)*
John Matejczyk *(Co-Founder & Exec Creative Dir)*
Teri Miller *(Partner & Mng Dir)*
Joel Kaplan *(Assoc Partner & Exec Creative Dir)*
Paul Stechschulte *(Exec Creative Dir)*
Marisa Buss *(Grp Acct Dir)*
Carolina Cruz-Letelier *(Client Svcs Dir)*
Margaret Furth *(Acct Dir)*
Colleen Horne *(Art Dir)*
Alexis Lovett *(Mktg Dir)*
Katy Aquino *(Dir-Project Mgmt)*
Katie Ramp *(Dir-Talent)*
Brendan Robertson *(Dir-Strategy & Comm)*
Kathryn Macleod *(Acct Mgr-Audi of America)*
Emily Menken *(Acct Mgr)*
Henry Fernandez *(Acct Supvr)*
Hannah Getz *(Acct Supvr)*
Mikaela Kearns *(Acct Supvr)*
Amanda Burger *(Copywriter)*
Patrick Farrell *(Copywriter)*
David Roth *(Copywriter)*
Stevan Chavez *(Sr Art Dir)*
Adam Ledbury *(Assoc Creative Dir)*
Kelsey Wilkins *(Assoc Creative Dir)*
Allen Yu *(Assoc Creative Dir)*

Accounts:
New-AAA
Albertsons Safeway O Organics, TV
American Automobile Association (Agency of Record) Campaign: "Insurance That's Not Just Insurance"
Audi of America (Social Media Agency of Record) Audi A4, Campaign: "a clever tech-minded", Creative Content, Online, Quattro, Social, Social Media
California State Auto Association Insurance Group
Clover Sonoma Banner Ads, Digital Radio, Digital Videos, Print Ads, Social Ads
Do.com
E & J Gallo Winery
Golden State Warriors #WeAreWarriors, Campaign: " Ice Bath", Campaign: "Assist", Campaign: "Fast Break", Campaign: "Little Help"
Google, Inc. Google Goggles, Google Mobile
Hulu
Karhoo
Lyft Digital & Interactive; 2017
Maker Studios Digital, Social
New-Method Digital
Netflix Campaign: "Fireplace For Your Home", Campaign: "Spoil Yourself"
OXO Campaign: "Tested on Humans", Media
Premier Foods plc OXO
Social Finance, Inc. Brand Awareness
Staples, Inc.
Stitch Fix Creative
New-T-Mobile
Zoosk Inc. Campaign: "First Comes Like", Campaign: "Mistletoe Moment", Online, TV

M IS GOOD
8216 Creedmoor Rd Ste 201, Raleigh, NC 27613
Tel.: (866) 861-2424
Web Site: misgood.com/

Employees: 5
Year Founded: 2001

Agency Specializes In: Brand Development & Integration, Communications, Corporate Communications, Corporate Identity, Faith Based, Search Engine Optimization, Social Media, Web (Banner Ads, Pop-ups, etc.)

David Jones *(Founder & Pres)*
David Pruitt *(Designer-Creative)*

Accounts:
Audacity Factory
Custom Home Exteriors
Five Hole Sports
Henderson Properties
J & D Tree Pros, Inc.
Kingdom Meditation
Stoa Christian Homeschool Speech & Debate
Vardy Human Performance Center

M J KRETSINGER
7760 France Avenue South, Minneapolis, MN 55435
Tel.: (612) 327-8067
E-Mail: info@mjkretsinger.com
Web Site: mjkretsinger.com/

Employees: 10
Year Founded: 2003

Agency Specializes In: Advertising, Brand Development & Integration, Collateral, Digital/Interactive, Internet/Web Design, Social Media

Revenue: $1,000,000

Michael Kretsinger *(CEO)*
Joe Kocik *(Sr Art Dir & Designer-UX)*

Accounts:
Comstar
KleinBank

M/K ADVERTISING PARTNERS, LTD.

AGENCIES - JANUARY, 2019 — ADVERTISING AGENCIES

(d/b/a MK)
16 W 22Nd St, New York, NY 10010
Tel.: (212) 367-9225
Fax: (212) 242-7008
E-Mail: info@mkanyc.com
Web Site: mkanyc.com

Employees: 12
Year Founded: 1997

Agency Specializes In: Advertising, Brand Development & Integration, Broadcast, Business-To-Business, Cable T.V., Children's Market, Collateral, Consumer Marketing, Consumer Publications, Direct Response Marketing, Entertainment, Graphic Design, Leisure, Logo & Package Design, Media Buying Services, Print, T.V., Trade & Consumer Magazines

Approx. Annual Billings: $15,000,000

Jeff Bechtloff *(VP & Media Dir)*
Caroll Ann Moore *(VP & Dir-Production)*
Colin Riley *(Sr Mgr-Digital Media)*
Michael Thomas *(Office Mgr)*

Accounts:
ABC Daytime
ABC Family
Cable & Telecommunications Association for Marketing
Cablevision of New York
CBS Daytime
City Center New York
CSTV
Disney Publishing Worldwide; New York, NY
Fox News Channel
Fox News Radio
Kingfisher
Lifetime Networks
MYOB Software US, Inc.; Rockaway, NJ; 2000
National Geographic Channel; Washington, DC; 2000
NBC Cable Networks
NCTA
NFL Network
Penguin Young Readers Group
Showtime Networks
Soapnet
Style
Time Warner Cable
YES Network

M/SIX
2nd Fl 75 Spring St, New York, NY 10012
Tel.: (646) 751-4602
Web Site: www.msixagencyna.com

Employees: 101

Agency Specializes In: Advertising, Brand Development & Integration, Content, Digital/Interactive, Media Buying Services, Media Planning, Social Media, Strategic Planning/Research

Ray Romero *(Chief Digital Officer-North America)*
Ilana Abrahams-Nolte *(Pres-North America)*
James Chanter *(Sr Partner & Dir)*
Robert DeSena *(Sr Partner & Dir-Media)*
Michael Fiola *(Dir-Res)*
Jacqueline Puzo *(Sr Partner & Dir-Media)*
Avi Weinstein *(Assoc Dir-Mktg Intelligence & Analytics)*
Danielle Angeles *(Mgr-Search & Social)*
Alex Guilder *(Mgr-Media Plng)*
Jeremy Pool *(Mgr-Search & Social)*
Jana Heath *(Supvr-Media)*
Robert Fazio *(Sr Assoc Planner)*
Tiffany Lo *(Assoc Media Dir)*
Stephen Shoemaker *(Assoc Media Dir)*

Accounts:
Aetna Inc.
AstraZeneca Pharmaceuticals LP
BNY Mellon
Bowlero Corp., AMF Bowling Centers Inc.
Britvic PLC
Carlsberg Group Media Strategy; 2018
CB Richard Ellis Group, Inc.
Chico's FAS, Inc. Media Planning & Buying
David Yurman, Inc Digital Media Planning & Buying
Dow Jones & Company, Inc.
Giant Eagle, Inc.
Hitachi America, Ltd.
John Hancock Financial Services
Manulife Financial Corporation
Swatch Group USA
The Whitney Museum (Media Agency of Record)

M SS NG P ECES
836 Manhattan Ave Ste 2, Brooklyn, NY 11222
Tel.: (646) 290-7931
E-Mail: contactus@mssngpeces.com
Web Site: www.mssngpeces.com

Employees: 34
Year Founded: 2005

Agency Specializes In: Advertising

Ari Kuschnir *(Founder & Exec Producer)*
Brian Latt *(Mng Partner)*
Kate Oppenheim *(Mng Partner)*
Dave Saltzman *(Partner & Exec Producer)*
Josh Nussbaum *(Partner & Dir)*
Natalie Loos *(Head-Mktg)*
Mike Woods *(Exec Creative Dir & Dir-Immersive Content)*

Accounts:
The Climate Reality Project
Heineken
Intel
PepsiCo 7UP FREE, Campaign: "Feels Good to be You", Digital, Social Media, TV
WorldHumanitarianDay.org

M STUDIO
513C Bangs Ave, Asbury Park, NJ 07712
Tel.: (732) 721-0890
E-Mail: info@mdidit.com
Web Site: www.mdidit.com

Employees: 5
Year Founded: 2004

Agency Specializes In: Advertising, Brand Development & Integration, Event Planning & Marketing, Graphic Design, Internet/Web Design, Media Relations, Media Training, Public Relations, Search Engine Optimization, Social Media

Jenna Zilincar *(Owner)*
Shannon Furey *(Dir-PR)*

Accounts:
European Soaps Branding, Digital Marketing, Marketing, Pre de Provence, Website Development
Red Bank RiverCenter Events, Media & Social Influencers, Media Relations, Public Relations Messaging, Social Media Consultation
Simple Shoes
Troy Container Line (Agency of Record) Digital, Marketing, Public Relations, Social Media

M16 MARKETING
140 Peachtree St NW, Atlanta, GA 30303
Tel.: (678) 922-9283
Web Site: https://m16marketing.com/

Employees: 10

Agency Specializes In: Content, Digital/Interactive, Internet/Web Design, Paid Searches, Search Engine Optimization, Social Media

Don Dodds *(Mng Partner & Chief Strategist)*

Accounts:
Uprite Ergo

M2 MARKETING AND MANAGEMENT SERVICES INC.
200 N Tustin Ave Ste 200, Santa Ana, CA 92705
Tel.: (714) 558-3971
E-Mail: contact@m2response.com
Web Site: m2response.com

Employees: 10
Year Founded: 1999

Agency Specializes In: Advertising, Brand Development & Integration, Consumer Marketing, Digital/Interactive, Direct Response Marketing, Financial, Media Buying Services, Media Planning, Strategic Planning/Research, Telemarketing

Rachel Read *(VP)*
Melany Koenig *(VP)*
Brooke Raynor *(Acct Exec)*

Accounts:
New-Keurig Dr Pepper Inc.
New-Wahl Clipper Corporation

M3 GROUP
221 W Saginaw St, Lansing, MI 48933
Tel.: (517) 203-3333
Fax: (517) 203-3334
Web Site: www.m3group.biz

Employees: 25

Agency Specializes In: Advertising, Brand Development & Integration, Event Planning & Marketing, Graphic Design, Guerilla Marketing, Internet/Web Design, Media Buying Services, Public Relations, Social Media

Jennifer Hodges *(VP-Bus Dev)*
Kelly Mazurkiewicz *(VP-Mktg & Comm)*
Mark Higgin *(Creative Dir)*
Alison Johnston *(Dir-Internal Ops)*
Candice Donnelly *(Sr Acct Mgr)*
Jill Bailey *(Mgr-Media)*
Melissa Dowrick *(Specialist-Comm & Planner-Event)*
Jeffrey Henry *(Acct Exec)*

Accounts:
Lansing Economic Area Partnership

M320 CONSULTING
2806 N Martin St E Point, Atlanta, GA 30334
Tel.: (404) 669-6320
Web Site: www.m320consultinggroup.com

Employees: 5

Agency Specializes In: Advertising, Brand Development & Integration, Content, Digital/Interactive, Public Relations, Social Media

Monica Coleman *(Founder & Pres)*

Accounts:
Burger King
The Home Depot

M5 NEW HAMPSHIRE
707 Chestnut St, Manchester, NH 03104
Tel.: (603) 627-9600

ADVERTISING AGENCIES

Fax: (603) 627-9603
E-Mail: susan@m5nh.com
Web Site: http://m5us.com/

E-Mail for Key Personnel:
Media Dir.: susan@m5nh.com

Employees: 10
Year Founded: 1989

National Agency Associations: Second Wind Limited

Agency Specializes In: Advertising, Automotive, Brand Development & Integration, Broadcast, Business-To-Business, Co-op Advertising, Corporate Identity, Direct Response Marketing, E-Commerce, Electronic Media, Email, Event Planning & Marketing, Exhibit/Trade Shows, Financial, Health Care Services, Integrated Marketing, Market Research, Media Buying Services, Production (Ad, Film, Broadcast), Public Relations, Radio, T.V., Web (Banner Ads, Pop-ups, etc.)

Approx. Annual Billings: $9,100,000 Capitalized

Breakdown of Gross Billings by Media: Brdcst.: 29%; Bus. Publs.: 2%; D.M.: 9%; Fees: 14%; Internet Adv.: 2%; Mags.: 2%; Newsp.: 13%; Outdoor: 3%; Point of Purchase: 2%; Print: 7%; Production: 5%; Radio & T.V.: 9%; Transit: 3%

Maria Dauer *(Controller)*
Jason Knights *(Acct Mgr)*
Jane Harrington *(Sr Strategist-Media)*
Joe Burke *(Acct Exec)*

Accounts:
Centrix Bank; Bedford, NH; 1999
Courville Communities
Courville Community; Manchester, NH Assisted Living, Nursing Home; 1995
New Hampshire Association of Broadcasters; Bedford, NH Trade Association; 1974
Secondwind Water Systems

M8 AGENCY
3301 NE 1st Ave Ste Ph6, Miami, FL 33137
Tel.: (786) 623-5500
Fax: (305) 675-8253
Web Site: m8agency.com/

Employees: 87
Year Founded: 2001

Agency Specializes In: Advertising, Below-the-Line, Brand Development & Integration, Digital/Interactive, Hispanic Market, Internet/Web Design, Market Research, Media Planning, Print, Search Engine Optimization

Revenue: $13,600,000

Sergio Barrientos *(Chief Strategy Officer)*
Joaquin Lira *(Chief Creative Officer)*
Tisha Costales *(Sr VP & Client Svcs Dir)*
Daniel Almada *(VP & Grp Acct Dir)*
Flavia Hakkers *(VP-Fin)*
Audel Alvarez *(Creative Dir)*
Herman Grabosky *(Acct Dir)*
Matthew Kunkel *(Media Dir)*
Marcelo Boasso *(Production Mgr)*
Jessica Rizo *(Media Planner)*

Accounts:
Sony Corporation Campaign: "Beach Grenade", PlayStation

MA3 AGENCY
39 Walker St Apt 3F, New York, NY 10013
Tel.: (646) 291-6400
E-Mail: hello@ma3agency.com
Web Site: www.ma3agency.com

Employees: 20

Agency Specializes In: Advertising, Brand Development & Integration, Event Planning & Marketing, Experiential Marketing, Print, Public Relations, Social Media

Jason Lannert *(Co-Founder, Co-CEO, Chief Strategy Officer & Chief Brand Officer)*

THE MAAC GROUP
333 Waltham St, Lexington, MA 02421
Tel.: (781) 862-1666
Fax: (781) 862-1666
Web Site: www.maacg.com

Employees: 20

Agency Specializes In: Brand Development & Integration, Digital/Interactive, Email, Hospitality, Internet/Web Design, Media Relations, Public Relations, Search Engine Optimization, Sponsorship, Travel & Tourism

Melanie Alexander *(Pres)*
Lori McCarthy *(Mgr-Contracting)*

MAC STRATEGIES GROUP
53 W Jackson Blvd, Chicago, IL 60604
Tel.: (312) 588-4102
Fax: (312) 275-7501
E-Mail: info@macstrategiesgroup.com
Web Site: www.macstrategiesgroup.com

Employees: 5

Agency Specializes In: Crisis Communications, Media Relations, Public Relations, Strategic Planning/Research

Ryan P. McLaughlin *(Pres & CEO)*
Cally Eckles *(Partner & COO)*
Matt Butterfield *(Partner & Chief Strategy Officer)*
Monique Garcia *(VP-Pub & Media Rels)*
Julie Larsen *(Acct Exec)*

Accounts:
The Chase Group Professional Recruiting Services
The Chicago Slaughter (Agency of Record)
Illinois Association of Regional Superintendents of Schools; Springfield, IL Campaign: "Restoring Pay to Illinois Regional Superintendents'"
Trac Web Based Project Management Services
Woodfield Chicago Northwest Convention Bureau

MACDONALD MEDIA
1306 NW Hoyt St 204, Portland, OR 97209
Tel.: (971) 255-1150
Web Site: www.macdonaldmedia.com

Employees: 25
Year Founded: 1997

National Agency Associations: 4A's

Agency Specializes In: Above-the-Line

David Koppelman *(Mng Dir)*
Stephen Faso *(VP-Strategic Partnerships)*
Kathie Wright Montague *(Media Dir)*
Peter MacDonald *(Dir-Ops)*
Simone Davis *(Acct Supvr)*
Tamsen Brown *(Supvr-Media)*
Madison Berry-Sellers *(Media Planner)*
Kelsey McMahan *(Media Planner)*

Accounts:
Alaska Airlines
Coffee Bean & Tea Leaf
Delivery.com
ESPN
Facebook
fitflop
Guess
KIND Snacks
Madison Square Garden
Meijer
Nike, Inc.
NY Knicks
NY Rangers
Old Spice
Oris Watches
Premier Exhibitions
Revlon Professional Brands
Roc Nation
Starbucks Coffee
Torrid
UCLA
Union Bank
Viacom
Vita Coco

MACDOUGALL BIOMEDICAL COMMUNICATIONS, INC.
888 Worcester St, Wellesley, MA 02482
Tel.: (781) 235-3060
Fax: (781) 235-3061
Web Site: www.macbiocom.com

Employees: 12

Agency Specializes In: Brand Development & Integration, Business-To-Business, Communications, Corporate Communications, Corporate Identity, Crisis Communications, Education, Email, Internet/Web Design, Investor Relations, Logo & Package Design, Media Relations, Medical Products, Print, Public Relations, Strategic Planning/Research

Kari M.L. Watson *(Mng Partner)*
Karen Sharma *(Mng Dir)*
Carl Cummings *(Mng Dir-Creative)*
Mario Brkulj *(VP-Germany)*
Joe Sardone *(VP-Creative)*
Cammy Duong *(Sr Acct Mgr)*
Jennifer Conrad *(Acct Mgr)*
Stefanie Tuck *(Sr Acct Exec)*

Accounts:
Acetylon Pharmaceuticals, Inc.
Epizyme, Inc.
ERS Genomics
Momenta Pharmaceuticals
Rheonix, Inc. Media
Wolfe Laboratories, Inc.

MACHINERY
924 Cherry St, Philadelphia, PA 19107
Tel.: (609) 410-6614
Web Site: www.machineryphilly.com

Employees: 5

Agency Specializes In: Advertising

Ken Cills *(Founder)*
Paul Miller *(Dir-Accounts)*

Accounts:
Auto Lenders Transit Center
Just Born, Inc. Goldenberg Peanut Chews
Philadelphia Craft Show Branding, Collateral, Outdoor, TV, Web
University Medical Center of Princeton

MACIAS CREATIVE
261 NE 1st St Fl 3, Miami, FL 33132
Tel.: (305) 503-0421
E-Mail: info@maciascreative.com

AGENCIES - JANUARY, 2019 — ADVERTISING AGENCIES

Web Site: www.maciascreative.com/

Employees: 50
Year Founded: 2005

Agency Specializes In: Above-the-Line, Advertising, Advertising Specialties, Affluent Market, Below-the-Line, Bilingual Market, Brand Development & Integration, Branded Entertainment, Broadcast, Cable T.V., Children's Market, Collateral, College, Communications, Consumer Goods, Consumer Marketing, Consumer Publications, Content, Copywriting, Corporate Identity, Digital/Interactive, Direct-to-Consumer, Education, Entertainment, Event Planning & Marketing, Exhibit/Trade Shows, Experience Design, Experiential Marketing, Fashion/Apparel, Financial, Food Service, Government/Political, Graphic Design, Health Care Services, Hispanic Market, Hospitality, Household Goods, Identity Marketing, In-Store Advertising, Integrated Marketing, Internet/Web Design, Leisure, Local Marketing, Logo & Package Design, Luxury Products, Magazines, Media Planning, Men's Market, Mobile Marketing, Multicultural, Multimedia, Newspaper, Newspapers & Magazines, Out-of-Home Media, Over-50 Market, Package Design, Planning & Consultation, Point of Purchase, Point of Sale, Production, Production (Ad, Film, Broadcast), Production (Print), Radio, Regional, Restaurant, Retail, Seniors' Market, Shopper Marketing, Social Marketing/Nonprofit, Social Media, Sports Market, Strategic Planning/Research, T.V., Teen Market, Transportation, Travel & Tourism, Tween Market, Urban Market, Web (Banner Ads, Pop-ups, etc.), Women's Market

Marcos Macias *(President & Chief Creative Officer)*
Alex Macias *(Mng Partner & Chief Operating Officer)*
Douglas Kellner *(Acct Dir)*
Melissa Orellana *(Dir-Activation)*
Ernesto Ruiz *(Supvr-Accts)*
Adenike O. Akinbisehin *(Copywriter)*

Accounts:
Burger King
General Mills
Haagen Dazs
Tampico Beverages
Zignum Mezcal

MACLAREN MCCANN CANADA INC
(See Under McCann Canada)

MACLYN GROUP
1573 Naperville/Wheaton Rd, Naperville, IL 60563
Tel.: (630) 852-2057
E-Mail: whoareyou@maclyngroup.com
Web Site: www.maclyngroup.com

Employees: 20

Agency Specializes In: Advertising, Brand Development & Integration, Digital/Interactive, Event Planning & Marketing, Internet/Web Design, Logo & Package Design, Out-of-Home Media, Outdoor, Public Relations, Search Engine Optimization, Social Media

Bill Murphy *(Mng Partner)*
Marc Hausmann *(Partner)*
Jay Paonessa *(VP & Creative Dir)*
Kevin McMaster *(Sr Acct Exec)*
Michael Naples *(Assoc Creative Dir)*

Accounts:
Argus Brewery
Casey's Foods Inc.
Choose DuPage
Dunkin' Donuts

MACQUARIUM INTELLIGENT COMMUNICATIONS
1800 Peachtree St NW Ste 250, Atlanta, GA 30309
Tel.: (404) 554-4000
Fax: (404) 554-4001
E-Mail: info@macquarium.com
Web Site: www.macquarium.com

Employees: 120
Year Founded: 1992

Agency Specializes In: Consulting, Digital/Interactive, Internet/Web Design, Sponsorship, Technical Advertising

Marc F. Adler *(Founder & Chm)*
Jay Cann *(CTO)*
Don Brazil *(VP-Client Engagement)*
Asa Sherrill *(VP-Experience Design)*

Accounts:
AGL Resources
AT&T Communications Corp.
Atlanta Gas Light Company
Atlanta Sports Council
ATS
Bayor Health Care System
The Center for Puppetry Arts
Coca-Cola Refreshments USA, Inc.
Delta Air Lines
Earthlink
Executive Wealth Management (EWM)
Georgia Institute of Technology
The Home Depot
HSBC
IBM
Lufthansa
Mastercard
Media Play
The State of Florida
Suncoast Motion Picture Co.
Turner
United Way
UPS
Yahoo!

MACRO COMMUNICATIONS
34281 Doheny Park Rd #2163, Capistrano Beach, CA 92624
Tel.: (949) 229-5655
Fax: (949) 261-8866
Web Site: https://www.macrocommunications.com/

Employees: 7
Year Founded: 1987

Agency Specializes In: Advertising, Brand Development & Integration, Collateral, Consulting, Content, Corporate Identity, Digital/Interactive, Direct Response Marketing, Direct-to-Consumer, E-Commerce, Electronic Media, Email, Graphic Design, Internet/Web Design, Local Marketing, Logo & Package Design, Mobile Marketing, Multimedia, New Technologies, Package Design, Paid Searches, Point of Purchase, Point of Sale, Print, Production, Search Engine Optimization, Social Media, Sports Market, Strategic Planning/Research, Viral/Buzz/Word of Mouth, Web (Banner Ads, Pop-ups, etc.)

Kristi Grant *(Sr Graphic Designer)*

Accounts:
Lexus
Mazda
Serface; Rancho Santa Margarita, CA; 2005
Toyota

MACROHYPE
32 Broadway, New York, NY 10004
Tel.: (415) 645-3572
Web Site: www.MacroHype.com

Employees: 6
Year Founded: 2009

Agency Specializes In: Digital/Interactive, Search Engine Optimization, Shopper Marketing

Accounts:
Himont Pharmaceutical Ferplex; 2010

MACY + ASSOCIATES INC.
411 Culver Blvd, Los Angeles, CA 90293-7705
Tel.: (310) 821-5300
Fax: (310) 821-8178
E-Mail: kmacy@macyinc.com
Web Site: www.macyinc.com

E-Mail for Key Personnel:
Creative Dir.: kmacy@macyinc.com
Media Dir.: jhalloran@macyinc.com

Employees: 11
Year Founded: 1989

National Agency Associations: 4A's

Agency Specializes In: Brand Development & Integration, Communications, Corporate Communications, Exhibit/Trade Shows, Financial, Government/Political, Industrial, Investor Relations, Logo & Package Design, Newspaper, Newspapers & Magazines, Public Relations, Real Estate, Sponsorship, Strategic Planning/Research

Approx. Annual Billings: $1,000,000

John Halloran *(Dir-Creative Svcs)*

Accounts:
1100 Wilshire
Amstar
Goodwin Procter LLP; Century City, CA; 2007
Granite Park, Pasadena
Shea Properties

Branch

Macy + Associates Inc.
1750 Montgomery St, San Francisco, CA 94111
Tel.: (415) 954-8550
Fax: (415) 954-8598
E-Mail: kmacy@macyinc.com
Web Site: www.macyinc.com

Employees: 15
Year Founded: 1991

Agency Specializes In: Advertising, Brand Development & Integration, Communications, Electronic Media, Graphic Design, Public Relations

Kimberly Macy *(Pres)*
John Halloran *(Dir-Creative Svcs)*

Accounts:
Buchanan Street Partners
Jefferies & Company

MAD 4 MARKETING
5255 Nw 33Rd Ave, Fort Lauderdale, FL 33309
Tel.: (954) 485-5448
Fax: (954) 485-5410
E-Mail: info@mad4marketing.com
Web Site: www.mad4marketing.com

E-Mail for Key Personnel:
President: chris@mad4marketing.com

ADVERTISING AGENCIES

Employees: 14
Year Founded: 1992

National Agency Associations: AAF-AMA-DMA

Agency Specializes In: Advertising, Advertising Specialties, Brand Development & Integration, Broadcast, Business-To-Business, Cable T.V., Children's Market, Collateral, College, Communications, Consumer Marketing, Corporate Identity, Digital/Interactive, Direct Response Marketing, E-Commerce, Event Planning & Marketing, Exhibit/Trade Shows, Graphic Design, Guerilla Marketing, Health Care Services, Internet/Web Design, LGBTQ Market, Leisure, Local Marketing, Logo & Package Design, Magazines, Marine, Media Buying Services, Media Planning, Medical Products, New Product Development, Newspaper, Newspapers & Magazines, Out-of-Home Media, Outdoor, Package Design, Planning & Consultation, Point of Purchase, Point of Sale, Print, Production, Production (Print), Public Relations, Publicity/Promotions, Radio, Real Estate, Recruitment, Restaurant, Retail, Sales Promotion, Search Engine Optimization, Strategic Planning/Research, T.V., Transportation, Travel & Tourism, Viral/Buzz/Word of Mouth

Approx. Annual Billings: $5,000,000

Christine Madsen *(Pres & CEO)*
Elyse Taylor *(VP)*
Laura Pierson *(Sr Strategist-Acct)*

Accounts:
Altman Management Company; Boca Raton, FL Real Estate; 2008
Baptist Outpatient Services; Miami, FL Healthcare; 1997
Broward College; Fort Lauderdale, FL; 2002
East Coast Jewelry
Fishing Hall of Frame & Museum
Phoenix Physicians, LLC
Purigen; Sunrise, FL Nitrogen; 2006
Regent Bank; Fort Lauderdale, FL; 2005
Ulysse Nardin; Boca Raton, FL Watches; 1999
Westrec Marinas; Encino, CA; 2004

MAD ADDIE MARKETING
46 Old Stage Rd, Ballston Lake, NY 12019
Tel.: (518) 857-3359
E-Mail: info@madaddie.com
Web Site: www.madaddiemarketing.us

Employees: 7
Year Founded: 2014

Agency Specializes In: Advertising, Brand Development & Integration, Digital/Interactive, Event Planning & Marketing, Internet/Web Design, Print, Search Engine Optimization, Social Media, Sponsorship, T.V.

Kariann Wolf Morris *(CEO & Strategist-Mktg)*

Accounts:
New-Bay State Elevator

MAD DOGS & ENGLISHMEN
363 17th St, Oakland, CA 94612
Tel.: (510) 251-0402
E-Mail: info@maddogsandenglishmen.com
Web Site: www.maddogsandenglishmen.com

Employees: 15
Year Founded: 1991

Agency Specializes In: Advertising, Digital/Interactive

Nick Cohen *(Partner & Creative Dir)*

Jon Soto *(Partner & Co-Creative Dir)*

Accounts:
Brickstr
City Center at Bishop Ranch
Nadkins
Rock Creek Vineyard

MAD GENIUS
279 S Perkins St, Ridgeland, MS 39157
Tel.: (601) 605-6234
Fax: (601) 605-2121
Web Site: www.madg.com

Employees: 31
Year Founded: 2005

Agency Specializes In: Advertising, Brand Development & Integration, Digital/Interactive, Print, Social Media, T.V.

Chip Sarver *(Pres)*
Ryan Farmer *(Sr VP & Creative Dir)*
Zach Prichard *(VP & Creative Dir-Video)*
Frank Owen *(VP & Strategist-Ops)*
Monte Kraus *(Mgr-Production & Sr Producer)*
Pshone Grace *(Media Dir)*
Anasthia Johnson *(Dir-Digital Mktg)*
Kim Shirley *(Project Mgr-Digital)*
Kim Sykes *(Production Mgr)*
Leann M Smith *(Mgr-Co-Op & Asst-Media)*
Adam Daniel *(Supvr-Post Production & Sound)*
Dana Marsalis *(Acct Exec)*

Accounts:
Roman Catholic Diocese of Jackson
Ronald McDonald House Charities of Mississippi
Seafood Revolution

MAD MEN MARKETING
1001 Kings Ave Ste 300, Jacksonville, FL 32202
Tel.: (904) 355-1766
E-Mail: support@madmenmarketinginc.com
Web Site: www.madmenmarketinginc.com

Employees: 29
Year Founded: 2006

Agency Specializes In: Advertising, Advertising Specialties, Affluent Market, Automotive, Aviation & Aerospace, Brand Development & Integration, Broadcast, Cable T.V., Computers & Software, Consumer Goods, Consumer Marketing, Content, Copywriting, Digital/Interactive, Direct-to-Consumer, E-Commerce, Education, Electronic Media, Email, Engineering, Entertainment, Fashion/Apparel, Financial, Food Service, Graphic Design, Health Care Services, High Technology, Hospitality, Identity Marketing, Information Technology, Integrated Marketing, Internet/Web Design, Legal Services, Logo & Package Design, Luxury Products, Market Research, Media Buying Services, Media Planning, Media Relations, Men's Market, Multimedia, New Product Development, Package Design, Paid Searches, Pharmaceutical, Planning & Consultation, Production, Production (Ad, Film, Broadcast), Radio, Real Estate, Restaurant, Retail, Sales Promotion, Search Engine Optimization, Social Marketing/Nonprofit, Social Media, Sports Market, Strategic Planning/Research, T.V., Technical Advertising, Transportation, Travel & Tourism, Web (Banner Ads, Pop-ups, etc.), Women's Market

Approx. Annual Billings: $10,000,000

Ryan Blair *(COO)*
Paul Witt *(Sr VP & Dir-Agency-Tampa Bay)*
Justin DeStefano *(VP & Dir-Production)*
Joe Stelma *(VP & Dir-Mktg)*
J. D. Blair *(Dir-Digital Media)*
Alyssa Brunning *(Acct Mgr-Strategic)*

Molly McDaniel *(Sr Acct Strategist)*

Accounts:
Garber Automall (Agency of Record)
Jacksonville Zoo & Gardens Digital, Media Buying, Media Planning, Social
Lennar Jacksonville (Agency of Record)

MADDASH E-MEDIA
827 Main St, Woburn, MA 01801
Tel.: (781) 935-0015
Fax: (800) 919-0017
Toll Free: (866) MADDASH
E-Mail: shannon.price@maddash.net
Web Site: www.maddash.net

Employees: 22
Year Founded: 2000

National Agency Associations: AMA

Agency Specializes In: Brand Development & Integration, Broadcast, Consulting, Corporate Identity, E-Commerce, Electronic Media, Exhibit/Trade Shows, Internet/Web Design, Multimedia, Production, Recruitment, T.V.

Approx. Annual Billings: $2,500,000

David Grainger, Jr. *(Co-Founder & Mng Partner)*
Shannon Price *(Mng Partner)*

MADDEN BRAND AGENCY
(See Under Made Brands, LLC)

MADDOCK DOUGLAS, INC.
111 Adell Pl, Elmhurst, IL 60126
Tel.: (630) 279-3939
Fax: (630) 279-0553
Toll Free: (800) 988-6780
E-Mail: info@maddockdouglas.com
Web Site: www.maddockdouglas.com

Employees: 65
Year Founded: 1991

Agency Specializes In: Advertising, Advertising Specialties, Brand Development & Integration, Business-To-Business, Collateral, Communications, Consulting, Consumer Marketing, Corporate Identity, Digital/Interactive, Direct Response Marketing, E-Commerce, Event Planning & Marketing, Exhibit/Trade Shows, Graphic Design, In-Store Advertising, Internet/Web Design, Local Marketing, Logo & Package Design, Media Buying Services, New Product Development, Out-of-Home Media, Outdoor, Point of Purchase, Point of Sale, Print, Production, Public Relations, Publicity/Promotions, Radio, Real Estate, Recruitment, Retail, Sales Promotion, Strategic Planning/Research

Mike Maddock *(Founder & CEO)*
Wesley E Douglas *(Co-Founder & Dir-Innovation & Creative)*
Maria Ferrante-Schepis *(Pres)*
Luisa Flaim-Uriarte *(Partner & Exec VP-Innovation)*
Gino Chirio *(Sr VP-Engagements)*
Cindy Malone *(VP-Innovation)*
Randy Simms *(VP-Innovation Experience Design)*
Diana Kander *(Dir-Innovation Culture & Habits)*

Accounts:
Culligan
DuPont
LG/Zenith Consumer Electronics
Purina
S.C. Johnson
Shure, Inc.
Talaris, Inc.
Verizon
Wise Foods Snack Foods

AGENCIES - JANUARY, 2019 — ADVERTISING AGENCIES

MADDOCKS
2011 Pontius Ave, Los Angeles, CA 90025
Tel.: (310) 477-4227
Fax: (310) 479-5767
E-Mail: frank@maddocks.com
Web Site: http://maddocksvenice.com/

Employees: 10

Agency Specializes In: Advertising, Identity Marketing, Logo & Package Design, Merchandising, Package Design

Revenue: $5,000,000

Frank Maddocks *(Pres)*
Robert DeSantis *(Pres-Transactional Media)*

Accounts:
Coca-Cola Refreshments USA, Inc.
Estee Lauder
Ketel One
Procter & Gamble
Red Bull
The Venetian Hotel

MADE BRANDS, LLC
(Formerly Madden Brand Agency)
1935 Florida Ave Ste 101, Lakeland, FL 32803
Tel.: (863) 500-1476
Web Site: madelkld.com

Employees: 8

Agency Specializes In: Advertising, Brand Development & Integration, Collateral, Digital/Interactive, Logo & Package Design, Out-of-Home Media, Outdoor, Print, Social Media

Michelle Ledford *(Pres & Principal)*
Allen Reed *(Principal & Exec Dir-Creative)*
Cindy Joyce *(Art Dir)*

Accounts:
Bank of Central Florida
Florida United Methodist Foundation

MADE MOVEMENT LLC
205 Canyon Blvd # 100, Boulder, CO 80302
Tel.: (720) 420-9840
E-Mail: hello@mademovement.com
Web Site: https://www.heymade.com

Employees: 65
Year Founded: 2012

Agency Specializes In: Advertising, Brand Development & Integration, Broadcast, Collateral, Digital/Interactive, E-Commerce, Experience Design, Internet/Web Design, Mobile Marketing, Out-of-Home Media, Print, Production, Production (Print), Radio, Sponsorship, Strategic Planning/Research

Dave Schiff *(Chief Creative Officer)*
Kelly Canavan *(Acct Dir)*
Myles Rigg *(Copywriter)*

Accounts:
Clayton Homes, Inc. (Marketing Agency of Record) Advertising, Clayton Built, Digital, Strategy
Copper Mountain
Evol Foods
Lyft Creative
Mozilla
New Balance
New Belgium Brewing Company, Inc.
Pangea
Repair.com
Seventh Generation, Inc.
T.G.I. Friday's Inc. (Digital, Creative & Technology Agency of Record) Campaign: "Unionize", Digital Content, Online, Social, Social Media, TV
Vegas.com
Walmart

MADISON + MAIN
101 E Cary St, Richmond, VA 23219
Tel.: (804) 521-4141
Fax: (804) 521-4140
Toll Free: (877) 623-6246
E-Mail: shout@madisonmain.com
Web Site: www.madisonmain.com

Employees: 10
Year Founded: 2005

Agency Specializes In: Advertising, Advertising Specialties, Affiliate Marketing, Brand Development & Integration, Broadcast, Cable T.V., Collateral, College, Communications, Consulting, Consumer Goods, Consumer Marketing, Corporate Communications, Corporate Identity, Crisis Communications, Digital/Interactive, Direct Response Marketing, Direct-to-Consumer, E-Commerce, Electronics, Email, Event Planning & Marketing, Graphic Design, Guerilla Marketing, Health Care Services, Hospitality, Identity Marketing, In-Store Advertising, Local Marketing, Logo & Package Design, Market Research, Media Buying Services, Media Planning, Media Relations, Medical Products, Merchandising, Multimedia, New Technologies, Newspaper, Newspapers & Magazines, Out-of-Home Media, Outdoor, Paid Searches, Point of Purchase, Point of Sale, Print, Production, Production (Ad, Film, Broadcast), Production (Print), Promotions, Public Relations, Publicity/Promotions, Radio, Retail, Sales Promotion, Search Engine Optimization, Social Marketing/Nonprofit, Strategic Planning/Research

Molly Whitfield *(COO)*
Kara Forbis *(VP-Brand Strategy)*
Scott Harris *(Art Dir & Producer)*
Kaitlin Riddle *(Sr Acct Mgr)*
David Saunders *(Chief Idea Officer)*
Art Webb *(Assoc Creative Dir)*

Accounts:
Advanced Wellness Centre
Commonwealth Autism
CowanGates
Cudas Social Media
Davis & Green Electrical
The Dragas Group
First Bank
The Lightning Protection Institute
Lucy Corr Village & Springdale at Lucy Corr
Marketplace Events (Agency of Record) Media Buying, Public Relations
The National MS Society
R.A.M.P.S.
Shenandoah Valley Music Festival
Silverback Distillery
Vera's Fine Jewelers
Village Bank
The Virginia Aeronautical Historical Society
Virginia Online Fantasy Sports (Agency of Record)
Virginia Women's Center
World's Best Cheesecake
Yard Works

MADISON + VINE
8075 W 3rd St Ste 560, West Hollywood, CA 90048
Tel.: (310) 201-7612
E-Mail: info@madisonvine.com
Web Site: www.madisonvine.com

Employees: 50
Year Founded: 2015

Agency Specializes In: Advertising, Brand Development & Integration, Content, Entertainment, Production

James Shani *(Founder & CEO)*
Matthew Seigel *(Partner & Mng Dir)*
Jack Driscoll *(Dir)*
Jesse Harris *(Dir)*
Jack Naylor *(Dir)*
Joylon Watkins *(Dir)*

Accounts:
The Gatorade Company
Grubhub, Inc
New-Lady Gaga
New-Lenovo Group Ltd
New-Panda Express Inc.
New-Samsung Electronics America Inc.
New-Staples Inc.
New-Taco Bell Corp.

MADISON & FIFTH
5 E Long St 8th Fl, Columbus, OH 43215
Tel.: (614) 246-7777
Web Site: www.madisonandfifth.com

Employees: 5
Year Founded: 2000

Agency Specializes In: Advertising, Digital/Interactive, Social Media

Accounts:
Black Falls Natural Angus
Dublin Arts Council
Grandview Yard
Hilton Marco Island
Latitude 41
Mall Properties, Inc.
New Albany Community Foundation
Piada Italian Street Food
Riverboxes
The Wine Bistro

MADISON AVENUE SOCIAL
Central Park W, New York, NY 10023
Tel.: (516) 978-5745
Web Site: www.madisonavenuesocial.com

Employees: 10

Agency Specializes In: Advertising, Brand Development & Integration, Consulting, Content, Paid Searches, Promotions, Public Relations, Publishing, Social Media

Deirdre Catucci *(Pres)*
Tim McHale *(Chief Media Officer)*
Mike Gentile *(Exec Creative Dir)*
Dave Taylor *(Copywriter-B2B)*

Accounts:
New-A. T. Cross Company Marvel
New-Fonderie 47
New-Liberty United
New-Lucasfilm
New-Sheaffer Pen Co
Voicera (Social Media Agency of Record); 2017

MADRAS BRAND SOLUTIONS
379 W Broadway, New York, NY 10012
E-Mail: hello@madrasglobal.com
Web Site: www.madrasglobal.com

Agency Specializes In: Advertising, Brand Development & Integration, Consumer Marketing, Content, Digital/Interactive, Event Planning & Marketing, In-Store Advertising, Internet/Web Design, Print, Production, Search Engine Optimization, Social Media, T.V.

Advertising Agencies

ADVERTISING AGENCIES

Fred Schuster *(CEO)*
Andrew Ladden *(Chief Creative Officer)*

Accounts:
The American Outdoorsman
BBC Worldwide America Inc
Clarks Companies
French Connection Group plc
Lenovo Group Ltd
Macy's, Inc Content, Creative Automation, Ecommerce Advertising, Macys.com, Product Images & Descriptions
Manolo Blahnik International Limited
Patheon (Global Agency of Record)
Tesco plc
Thermo Fisher Scientific (Agency of Record)

MADRAS GLOBAL
84 Wooster St Ste 203, New York, NY 10012
Tel: (646) 741-8012
Web Site: www.madrasglobal.com

Year Founded: 2017

Agency Specializes In: Advertising, Brand Development & Integration, Consulting, Content, Digital/Interactive, E-Commerce, Internet/Web Design, Production, Social Media, Strategic Planning/Research

Fred Schuster *(CEO)*
Andrew Ladden *(Chief Creative Officer)*
Vikram Menon *(Pres-Global Ops)*
Shiva Kris *(CTO)*
Rob Andrews *(Mng Dir-UK)*
Sriram Sunder *(Sr VP)*
Ajit Devadason *(Head-Creative)*
Sendil Kumar *(Head-Creative)*
Arianna Salcedo *(Dir-Client Svcs)*
Olivier Duong *(Dir-Design)*
Brett Jones *(Dir-Client Svcs)*
Bill Davaris *(Art Dir & Creative Dir)*

Accounts:
New-The American Outdoorsman
New-H.H. Brown Shoe Company Inc
New-Macy's Inc. Creative Automation
New-Patheon Inc.
New-Salt Financial
New-SharkNinja Operating LLC Shark IonFlex
New-Travel Tours

MADWELL
243 Boerum St, Brooklyn, NY 11206
Tel: (347) 713-7486
E-Mail: info@madwellnyc.com
Web Site: www.madwell.com

Employees: 83

Agency Specializes In: Advertising, Multimedia

David Eisenman *(Co-Founder & CEO)*
Chris Sojka *(Co-Founder & Chief Creative Officer)*
Sean Holland *(Mng Dir)*
Sandy Sherman *(VP-Production)*
Adam Levite *(Head-Video & Motion & Creative Dir)*
Berto Aguayo *(Sr Producer-Creative)*
Molly Crossin *(Acct Dir)*
Chelsea Herman *(Producer-Creative)*
Julia Compton *(Dir-Design)*
Laura Etheredge *(Dir-Copy)*
Matt Fry *(Dir-Design)*
Brigid McEntee *(Dir-Accts & Production)*
Lindsey Sims *(Dir-Media)*
Jessie Blake *(Acct Mgr-Integrated Production)*
Elise Conway *(Acct Mgr)*
Aaron Graham *(Acct Mgr)*
Desmond Te *(Mgr-SEM)*
Lisa Vanterpool *(Mgr-Publicity & Accts)*
Leland Benedict *(Sr Designer)*
Chris Church *(Sr Designer)*

Anna Lindell *(Sr Designer)*
Ana Meza *(Designer)*
Jacob Smiley *(Sr Designer)*

Accounts:
All Market, Inc. Vita Coco
Aloha (Creative Agency of Record)
Babyganics
Happy Family
Kind Healthy Snacks
Mamatini
New York Botanical Garden Digital
New York Road Runners Club, Inc. Creative, Marketing, New York City Marathon (Agency of Record), Promotion
Phin & Phebes (Agency of Record)
Rockport (Creative Agency of Record)
Union Square Hospitality Group
New-Verizon Communications Inc. Creative, Social Media, Visible; 2018
Willow (Creative Agency of Record)

MAGIC DOG CREATIVE
477 Madison Ave 2nd Fl Ste 1, New York, NY 10022
Tel: (347) 508-1080
E-Mail: contact@magicdogcreative.com
Web Site: www.magicdogcreative.com

Employees: 4
Year Founded: 2012

Agency Specializes In: Advertising, Collateral, Content, Digital/Interactive, Graphic Design, Media Buying Services, Print, Search Engine Optimization, Social Media, Strategic Planning/Research

Accounts:
Ausanil

MAGIC JOHNSON ENTERPRISES
9100 Wilshire Blvd Ste 700 E Tower, Beverly Hills, CA 90212
Tel: (310) 246-4400
Fax: (310) 786-8796
E-Mail: info@magicjent.com
Web Site: www.magicjohnson.com

Employees: 25

Agency Specializes In: Advertising, African-American Market, Asian Market, Hispanic Market, Multicultural

Earvin 'Magic' Johnson *(Chm & CEO)*
Kawanna Brown *(COO)*
Gerald E. Johnson, II *(CMO)*
Christina Francis *(Sr VP-Mktg)*
Sheila Ewing *(VP-Fin & Ops)*
Shane Jenkins *(VP)*
Ryan L. Smith *(Dir-Investments)*

Accounts:
Aetna
Best Buy
TNT

MAGNA GLOBAL
100 W 33rd St 9th Fl, New York, NY 10001
Tel: (212) 883-4751
E-Mail: press@magnaglobal.com
Web Site: www.magnaglobal.com

Employees: 60

National Agency Associations: 4A's

Agency Specializes In: Strategic Planning/Research

Andy Zonfrillo *(Pres)*
David Cohen *(Pres-North America)*
Dani Benowitz *(Exec VP & Dir-Investment)*
Vincent Letang *(Exec VP & Dir-Forecasting-Global)*
Kathy Doyle *(Exec VP-Local Investment)*
Vin Paolozzi *(Exec VP-Innovation)*
Eric Wilds *(Exec VP-Strategic Growth Initiatives)*
Brian Hughes *(Sr VP-Audience Intelligence & Strategy)*
Kara Manatt *(Sr VP-Intelligence Solutions & Strategy)*
Jon Mansell *(Sr VP-Marketplace Innovation)*
Luke Stillman *(Sr VP-Digital Intelligence)*
Florencia Crosta *(Reg Dir-Investments)*
Brian Castagna *(Dir-Investment)*
Julie Anson *(Assoc Dir-Partner Innovation-Advanced TV)*
Keisha Sealey *(Assoc Dir-Strategic Investment)*
Erica McLean *(Coord-Mktg-Cosma Intl Grp)*

Accounts:
BMW
Coca-Cola
MillerCoors

MAGNANI
(Formerly Magnani Continuum Marketing)
200 S Michigan Ave Ste 500, Chicago, IL 60604
Tel: (312) 957-0770
E-Mail: contact_us@magnani.com
Web Site: www.magnani.com

E-Mail for Key Personnel:
President: rudy@magnani.com

Employees: 43
Year Founded: 1985

National Agency Associations: AMA-PRSA

Agency Specializes In: Advertising, Advertising Specialties, Brand Development & Integration, Broadcast, Business-To-Business, Collateral, Communications, Consulting, Consumer Marketing, Corporate Communications, Corporate Identity, Digital/Interactive, Direct Response Marketing, E-Commerce, Education, Entertainment, Event Planning & Marketing, Exhibit/Trade Shows, Fashion/Apparel, Financial, Graphic Design, Health Care Services, High Technology, Hospitality, Internet/Web Design, Leisure, Logo & Package Design, Magazines, Market Research, Medical Products, Merchandising, Multimedia, New Product Development, Newspaper, Newspapers & Magazines, Out-of-Home Media, Outdoor, Planning & Consultation, Point of Purchase, Print, Production, Public Relations, Publicity/Promotions, Radio, Restaurant, Retail, Sales Promotion, Sports Market, Strategic Planning/Research, T.V., Trade & Consumer Magazines, Travel & Tourism

Justin Daab *(Pres)*
Ted Hoagland *(CFO)*
Justin Jurek *(Dir-UX & Web Dev)*
Gail Straus *(Dir-Res)*
Fatima Khan *(Sr Strategist-Client)*

Accounts:
CME Group; Chicago, IL Derivatives Exchange; 2005
CNA Insurance; Chicago, IL; 2002
Marriott International, Inc. ; Bethesda, MD Hotel/Lodging; 2005
Oil-Dri Corporation of America Cat's Pride (Advertising & Marketing Agency of Record)

MAGNANI CARUSO DUTTON
138 W 25th St, New York, NY 10001
Tel: (212) 500-4500
E-Mail: info@mcdpartners.com
Web Site: www.mcdpartners.com

AGENCIES - JANUARY, 2019 — ADVERTISING AGENCIES

Employees: 65

Agency Specializes In: Advertising, Alternative Advertising, Below-the-Line, Brand Development & Integration, Business-To-Business, Children's Market, Communications, Consumer Goods, Consumer Marketing, Content, Cosmetics, Customer Relationship Management, Digital/Interactive, Direct Response Marketing, Direct-to-Consumer, E-Commerce, Electronic Media, Electronics, Email, Entertainment, Experience Design, Experiential Marketing, Fashion/Apparel, Financial, Graphic Design, Household Goods, Information Technology, Internet/Web Design, Leisure, Logo & Package Design, Luxury Products, Magazines, Mobile Marketing, Multimedia, New Technologies, Paid Searches, Podcasting, Production (Print), Publishing, RSS (Really Simple Syndication), Search Engine Optimization, Social Marketing/Nonprofit, Strategic Planning/Research, Trade & Consumer Magazines, Travel & Tourism, Viral/Buzz/Word of Mouth, Web (Banner Ads, Pop-ups, etc.)

Approx. Annual Billings: $38,500,000

Breakdown of Gross Billings by Media: E-Commerce: $4,000,000; Graphic Design: $2,000,000; Internet Adv.: $13,500,000; Worldwide Web Sites: $19,000,000

John Caruso *(Partner & Chief Creative Officer)*
Wasim Choudhury *(Partner)*
James Warren *(Dir-Digital Intelligence)*

Accounts:
A&E Television A&E.com
Advance Me AdvanceMe.com
AT&T Communications Corp. AT&T.com
Capitol One CapitalOne.com
CIT Group CIT.com
Discover Financial Services Discover.com
Sesame Workshop SesameStreet.com, Sesameworkshop.com
Tiffany & Co. Tiffany.com

MAGNETIC COLLABORATIVE
159 W 25th St 7th Flr, New York, NY 10001
Tel.: (212) 242-9000
Fax: (212) 620-4068
Web Site: www.weremagnetic.com

Employees: 48

Agency Specializes In: Advertising, Digital/Interactive, Social Media

Jessica Reznick *(Pres)*
Richard Rathe *(Mng Partner)*
Glenn Marck *(Partner-Creative)*
Phil Koutsis *(Exec Creative Dir)*
Emma Rathe *(Bus Dir)*
Rachel Saunders *(Dir-Consumer Res & Insights-Global)*

Accounts:
Google Inc.
Kind LLC

MAGNETIC IMAGE INC.
(Acquired by Boyden & Youngblutt Advertising & Marketing & Name Changed to B&Y Magnetic)

MAGNETO BRAND ADVERTISING
227 Sw Pine St Ste 200, POrtland, OR 97204
Tel.: (503) 222-7477
Fax: (503) 222-7737
E-Mail: info@magnetoworks.com
Web Site: www.magnetoworks.com

Employees: 10
Year Founded: 2001

Agency Specializes In: Advertising, Brand Development & Integration, Digital/Interactive, Logo & Package Design, Media Buying Services, Print, Radio, Strategic Planning/Research, T.V.

Craig Opfer *(Owner & Creative Dir)*
Paul Landaker *(Acct Dir)*

Accounts:
Northwest Natural Gas Company
Portland International Raceway

MAGNIFICENT MARKETING LLC
511 w 41st St, Austin, TX 78751
Tel.: (512) 777-9539
Web Site: www.magnificent.com

Employees: 10

Agency Specializes In: Advertising, Brand Development & Integration, Paid Searches, Print, Search Engine Optimization, Social Media

Steve Viner *(Mktg Dir)*
Erin Curran *(Mgr-Client Support)*

Accounts:
Sealy Eye Center

MAGNIFY360
429 Main Street, El Segundo, CA 90245
Tel.: (866) 861-8878
Fax: (310) 861-8878
Toll Free: (855) 462-4360
E-Mail: info@magnify360.com
Web Site: my.magnify360.com/admin/clients/lp_landingpages

Employees: 15

Agency Specializes In: Advertising, Internet/Web Design

Treacy Seeley *(Sr Acct Mgr)*
Jay Hayward *(Mgr-Client Success & Engr-Sls)*

Accounts:
Citrix Systems
Continental Warranty
Rhino Marketing, Inc.

MAGNOLIA COMMUNICATIONS
988 Sauve Ct, North Vancouver, BC V7K 3C8 Canada
Tel.: (604) 760-3085
E-Mail: info@magnoliamc.com
Web Site: www.magnoliamc.com

Employees: 20
Year Founded: 2005

Agency Specializes In: Advertising, Collateral, Digital/Interactive, Event Planning & Marketing, Internet/Web Design, Local Marketing, Media Relations, Public Relations, Publishing

Phoebe Yong *(Principal)*
Kristina Lee *(Gen Mgr)*
Jina You *(Dir-Comm)*

Accounts:
Fincad
Verrus Mobile Technologies

MAGNUM CREATIVE INC.
807 Powell Street, Vancouver, BC V6A 1H7 Canada

Tel.: (604) 628-7637
Web Site: www.magnumcreative.ca

Employees: 10
Year Founded: 2007

Agency Specializes In: Advertising, Brand Development & Integration, Digital/Interactive, Mobile Marketing, Search Engine Optimization, Social Media

Brett Duzita *(Strategist-Digital)*

Accounts:
Diveidc

MAGNUSON DESIGN
1890 E Mortimer Dr, Boise, ID 83712
Tel.: (208) 869-6279
E-Mail: creative@magnusondesign.com
Web Site: www.magnusondesign.com

Employees: 1

Agency Specializes In: Advertising, Brand Development & Integration, Corporate Identity, Internet/Web Design, Logo & Package Design, Print

Accounts:
Curt Faus Corp
Givens Pursley
McCall Landscapes & Design
National Vehicle Leasing Association
Tucker & Associates

MAGRINO PUBLIC RELATIONS
352 Park Ave S, New York, NY 10010
Tel.: (212) 957-3005
Fax: (212) 957-4071
E-Mail: info@smapr.com
Web Site: http://www.magrinopr.com/

Employees: 30
Year Founded: 1992

Agency Specializes In: Brand Development & Integration, Event Planning & Marketing, Public Relations, Sponsorship

Susan Magrino *(Founder & CEO)*
Allyn Magrino *(Pres & COO)*
Leigh Ann Ambrosi *(Exec VP)*
Courtney Iselin *(VP)*
Bailey Horn Longcore *(Sr Acct Dir)*
Kim Klein *(Acct Dir)*
Mary Blanton Ogushwitz *(Acct Dir)*
John Rice *(Acct Dir)*
Kortney Kavanagh *(Sr Acct Mgr-Digital)*
Pamela Steigmeyer *(Mgr-Corp Svcs)*
Danielle Hendricks *(Acct Supvr)*
Carlos Ledesma *(Sr Strategist-Creative)*

Accounts:
11 Hoyt; 2018
30 Park Place Four Seasons Private Residences New York
Alzheimer's Association Rita Hayworth Gala; 2018
Babeth's Feast
Barton & Gray Mariners Club
Bedell Cellars
Booker Wines My Favorite Neighbor; 2018
Canopy by Hilton (Global Agency of Record)
Castle Hill Inn
Champagne Nicolas Feuillatte
Chateau d'Esclans The Palm by Whispering Angel
Christie's International Real Estate; 2018
CIRCA Consumer Support, Marketing, Media, PR
Colonial Williamsburg Foundation
Conrad Dublin; 2017
Conrad Hotels & Resorts (Global Public Relations Agency of Record)

ADVERTISING AGENCIES
AGENCIES - JANUARY, 2019

The Cromwell
Dean & DeLuca, Inc
DoubleTree by Hilton
Douglas Elliman Development Marketing Communications; 2018
Everdure by Heston Blumenthal
Fairmont Scottsdale Princess
Fontainebleau Miami Beach PR
Geoffrey Beene
Grace Bay Club; 2007
Grand Brulot; 2018
Hakkasan New York
Hammacher Schlemmer Redesign
Harborside; 2017
Hastens
Heavensake; 2017
Highland Dallas Digital Marketing
Hospitality Alliance; 2018
Hunter Douglas, Inc.; 2018
Hyatt Regency New Orleans
Hyatt Union Square New York
Illy Ernesto Illy International Coffee Awards & Gala, Project Management; 2018
Joali Maldives; 2018
JW Marriott Turnberry Miami; 2018
Lavazza Public Relations
Le Meridien Hotels & Resorts
Learfield Licensing Partners National Tailgate Weekend
The Lexington Hotel; 2018
The LINQ
Loews Regency Hotel
Lotte New York Palace; 2018
Marie France Van Damme
Martha Stewart Living Omnimedia, Inc.; New York, NY
Matthew Kenney Cuisine
Meyer Davis Studios Marketing, PR
Miracle
Mouton Cadet; 2018
Nicolas Feuillatte
Obica Public Relations
Obrascon Huarte Lain (Public Relations Agency of Record) Mayakoba Residences, Promotions
The One Group One Hospitality, STK Restaurants
OWN
Paramount Hotel
The Plaza PR
Pure Home
The Ranch at Live Oak Malibu PR
The Ranch at Live Oak Digital Marketing
The Residences at Baha Mar (Public Relations Agency of Record)
The Rittenhouse Hotel
Rottet Studio
New-SHA Wellness Clinic (Agency of Record); 2018
Six Senses Hotels Resorts Spas
New-Snailz; 2018
SpongeBath
Sri panwa Public Relations
Stew Leonard's
Sugar Beach Residences
Tastemade Inc.; 2018
Terrain; 2018
Tishman Speyer Properties Communication, Social Media Strategy; 2017
New-Tone It Up; 2018
Turnberry Isle Miami
Vaughan; 2018
Waldorf Astoria Hotels & Resorts (Global Public Relations Agency of Record)
Wevorce
William Grant PR
Willis Tower
Windsor Properties Digital Marketing
Windsor Brand Messaging, Press; 2007
Wine Traders International Chateau Gaby, Chateau Moya, Chateau du Parc; 2017

MAIER ADVERTISING, INC.
1789 New Britain Ave, Farmington, CT 06032-3317
Tel.: (860) 677-4581
Fax: (860) 677-4898
E-Mail: agency@maier.com
Web Site: www.maier.com

E-Mail for Key Personnel:
President: bill@maier.com
Production Mgr.: kim@maier.com
Public Relations: harry@maier.com

Employees: 17
Year Founded: 1971

National Agency Associations: PRSA

Agency Specializes In: Advertising, Brand Development & Integration, Business Publications, Business-To-Business, Collateral, Communications, Consulting, Corporate Communications, Corporate Identity, Direct Response Marketing, Electronic Media, Event Planning & Marketing, Exhibit/Trade Shows, Graphic Design, High Technology, Industrial, Information Technology, Integrated Marketing, Internet/Web Design, Logo & Package Design, Media Buying Services, Media Planning, Media Relations, Multimedia, Pharmaceutical, Planning & Consultation, Point of Purchase, Point of Sale, Print, Production, Production (Print), Public Relations, Publicity/Promotions, Sales Promotion, Sponsorship, Strategic Planning/Research, Technical Advertising, Trade & Consumer Magazines, Web (Banner Ads, Pop-ups, etc.)

Breakdown of Gross Billings by Media: Bus. Publs.: 12%; Collateral: 15%; Corp. Communications: 8%; Graphic Design: 20%; Internet Adv.: 15%; Logo & Package Design: 5%; Print: 10%; Pub. Rels.: 5%; Strategic Planning/Research: 10%

Laura Kennedy *(Exec VP-Fin)*
Bryan Johnson *(VP-Creative)*
Rick Mellon *(VP-Creative)*
Brian Connolly *(Client Svcs Dir)*
Corey Swistro *(Client Svcs Mgr)*

Accounts:
Agilent Technologies
Bridgeport Fittings; Bridgeport, CT Electrical Products; 2004
CIGNA HealthCare
GE Energy; Atlanta, GA Distribution of Power, Smart Grid Technology Products, Solutions for Transmission; 2008
Gexpro; Shelton, CT Electrical & Electronic Products; 1993
Hubbell Inc.; Orange, CT Electrical Products; 2003
Hubbell Power Systems
Innovative Medical Products
The Lee Company
Mott Corporation; Farmington, CT Filter Media; 1994
Regan Technologies; Wallingford, CT IT Systems Integrator; 2008
TRUMPF

MAIN IDEAS
26485 482nd Ave, Brandon, SD 57005
Tel.: (605) 582-7800
Fax: (605) 582-8922
E-Mail: info@mainideas.com
Web Site: www.mainideas.com

Employees: 3
Year Founded: 1992

National Agency Associations: Second Wind Limited

Agency Specializes In: Advertising, Brand Development & Integration, Business-To-Business, Consumer Marketing

Approx. Annual Billings: $900,000

Lisa Peterson *(Owner)*
Steve Peterson *(Owner)*

Accounts:
Girl Scouts Dakota Horizons
Hurco Industries
Raven Industries, Inc.
Spader Companies
Statistical Surveys Inc.
Vision Care Associates
Western Industries, Inc.

MAIZE MARKETING INC.
21031 Ventura Blvd, Los Angeles, CA 91364
Tel.: (818) 849-5114
E-Mail: info@maizemarketing.com
Web Site: www.maizemarketing.com

Employees: 4
Year Founded: 2004

Agency Specializes In: Advertising, Content, Internet/Web Design, Logo & Package Design, Print, Public Relations, Social Media

Kevin Friedman *(Pres)*
Tory Hinton *(Dir-PR)*

Accounts:
Association for Science in Autism Treatment
Louroe Electronics
Pacifica First National Bank
Restricted Shoes
Schwartz & Shapiro LLP

MAJESTYK APPS
265 W 37Th St Rm 618, New York, NY 10018
Tel.: (646) 233-4511
Web Site: majestykapps.com

Employees: 10
Year Founded: 2011

Agency Specializes In: Advertising, Brand Development & Integration, Business-To-Business, Consulting, Consumer Marketing, Digital/Interactive, E-Commerce, Email, Graphic Design, High Technology, Identity Marketing, Internet/Web Design, Logo & Package Design, Market Research, Production, Social Media, Strategic Planning/Research, Technical Advertising

Approx. Annual Billings: $1,000,000

Sean O'Shea *(Pres)*

Accounts:
Ally Auto iOS & Web Development; 2015
Audiomack iOS & Android Apps; 2014
Chapter iOS Development, Design, Branding, Etc.; 2015
Citi Bank iOS & Android Development; 2015
Elemental Path Cognitoys Apps, Websites, Branding, Design, Etc.; 2015
IBM Bluemix App IBM Bluemix App; 2015
JumpRamp Games Design, Lucktastic Android; 2015
Stark Carpets Design; 2015
Suite Retail iOS Development; 2015

MAKAI
211 Nevada St, El Segundo, CA 90245
Tel.: (310) 546-9585
Fax: (310) 321-7933
E-Mail: info@makaievents.com
Web Site: makaiinc.com

Employees: 10
Year Founded: 1995

AGENCIES - JANUARY, 2019 — ADVERTISING AGENCIES

Agency Specializes In: Brand Development & Integration, College, Corporate Communications, Entertainment, Event Planning & Marketing, Guerilla Marketing, Integrated Marketing, Internet/Web Design, Local Marketing, Merchandising, Mobile Marketing, Multicultural, Package Design, Production (Print), Regional, Retail, Sales Promotion, Sponsorship, Sports Market, Strategic Planning/Research, Technical Advertising, Viral/Buzz/Word of Mouth

Robbie Thain *(CEO)*

Accounts:
Adobe
Intel
Nestle
Soyjoy
Suzuki
Wet Planet Beverage, Co. Jolt Soda

MAKIARIS MEDIA SERVICES
101 Centerpoint Dr Ste 101, Middletown, CT 06457
Tel.: (860) 854-6380
Web Site: www.makiarismedia.com

Employees: 13

Agency Specializes In: Advertising, Brand Development & Integration, Business-To-Business, Print, Social Media, T.V.

Irene Makiaris *(Owner)*
John Scully *(Pres)*
Andi Bardino *(Dir-Fin Svcs)*
Anne Fusco *(Dir-Media Svcs)*
Donna Staples *(Dir-Media Svcs)*
Kimberly Kosiorek *(Mgr-Media Svcs)*

Accounts:
New-UConn Health

MAKING WAVES
(Formerly Nansen Inc)
Drottninggatan 92, Stockholm, 113 36 Sweden
Tel.: (46) 8 20 47 70
E-Mail: info@makingwaves.se
Web Site: www.makingwaves.com/

Employees: 89

Agency Specializes In: Advertising, Digital/Interactive, Graphic Design

Jonathan Pettersson *(CEO)*
Roshanak Fatahian *(Dir-Client)*
Joe Grause *(Dir-Bus Dev-US)*

Accounts:
SRAM Corporation

MALETZKY MEDIA
157 Columbus Ave Fl 5, New York, NY 10023
Tel.: (212) 829-0150
Web Site: www.maletzkymedia.com

Employees: 5

Agency Specializes In: Advertising, Brand Development & Integration, Media Relations

Karyn Maletzky Ravin *(Pres)*
Noelle Schultz *(Dir-Fin & HR)*

Accounts:
Children's Cardiomyopathy Foundation Public Relations, US Agency of Record
Dalys 1895 Media Relations, US Agency of Record
Lamaze Intimates (Public Relations Agency of Record) Brand Awareness, Creative & Influential Campaign, Media Relations, Social Media; 2017 Product of the Year
Tender Corp (Public Relations Agency of Record) After Bite, Ben's Tick & Insect Repellent, Easy Care First Aid, Media Relations, Natrapel Tick & Insect Repellent, Social Media, The Itch Eraser

MALKUS COMMUNICATIONS GROUP
888 Las Olas Blvd Ste 508, Fort Lauderdale, FL 33301
Tel.: (954) 523-4200
Fax: (954) 523-5902
E-Mail: cmalkus@malkus.com
Web Site: http://malkusgroup.com/

Employees: 5
Year Founded: 1974

Agency Specializes In: Brand Development & Integration, Broadcast, Collateral, Graphic Design, Internet/Web Design, Media Relations, Print, Production (Print), Public Relations

Accounts:
Advanced Green Technologies
Arthur R. Marshall Foundation Social Services
Atlantic Hotel
Beach Place
Boca Ballet Theatre Entertainment Services
Broward County Fair
Comcast
Cooper City
Digestive CARE Medical Services
Everglades Foundation Inc Environmental Services
Med Time Technology, Inc.
Phil Smith Automotive Group

MALLOF, ABRUZINO & NASH MARKETING
765 Kimberly Dr, Carol Stream, IL 60188-9407
Tel.: (630) 929-5200
Fax: (630) 752-9288
Web Site: www.manmarketing.com

Employees: 20
Year Founded: 1980

Agency Specializes In: Advertising, Advertising Specialties, Automotive, Bilingual Market, Broadcast, Cable T.V., Co-op Advertising, Commercial Photography, Direct Response Marketing, Electronic Media, Email, Graphic Design, Infomercials, Internet/Web Design, Magazines, Media Buying Services, Media Planning, Media Relations, Newspaper, Newspapers & Magazines, Out-of-Home Media, Outdoor, Print, Production, Production (Ad, Film, Broadcast), Publicity/Promotions, Radio, Retail, Sales Promotion, T.V.

Approx. Annual Billings: $18,000,000

Edward G. Mallof *(Pres)*
Antoinette Mallof *(VP-Creative Svcs)*
Lee Zuika *(Controller)*
Frank DiMatteo *(Reg Dir-Accts-Sls & Mktg)*
Guy Lieberman *(Dir-Digital Mktg)*
Sue Hoffman *(Mgr-Acctg)*
Kelley Stiles *(Sr Acct Exec)*
Lucy Ferrari *(Acct Exec)*
Christina Vasta *(Specialist-Acct)*
Michelle Garbarz *(Media Buyer)*
Jamie Golden Bingham *(Acct Coord)*
Renata Serpico *(Acct Coord)*
Lori Thornton *(Acct Coord)*
Jane Wiedmeyer *(Coord-Adv)*
Lisa Bircher *(A&P-A&R)*

Accounts:
B2B Computer Products
Barrington Volvo
BMW of Peoria
Castle BPG

MALONEY STRATEGIC COMMUNICATIONS
9441 Lyndon B Johnson Fwy Ste 506, Dallas, TX 75243-4541
Tel.: (214) 342-8385
Fax: (214) 342-8386
Web Site: www.maloneystrategic.com

Employees: 15
Year Founded: 1993

Agency Specializes In: Restaurant, Travel & Tourism

John Maloney *(Owner)*
Brian Thompson *(VP-Mktg)*
Budi Sutomo *(Creative Dir)*
Donna Payne *(Acct Exec)*

Accounts:
City of Irving, Texas
Cozymels Mexican Grill Restaurants
Destination ImagiNation
The EDS Byron Nelson Classic
Grand Cayman Marriott Beach Resort
The Hilton Baton Rouge Capitol Center
Holiday Inn Express
InterContinental Hotels Group
Irving Convention & Visitors Bureau
Kessler Collins
La Quinta Inn and Suites
The Marriott Grand Cayman Beach Resort
Prism Hotels and Resorts
Reddy Ice Corporation
Royal Bank of Canada
Sabre
Schmidt & Stacy
Sealed Air Corporation

MAMMOTH ADVERTISING LLC
46 East 20th St, New York, NY 10003
Tel.: (212) 352-2200
Fax: (718) 522-2961
E-Mail: info@mammothnyc.com
Web Site: www.mammothnyc.com

Employees: 25
Year Founded: 2005

Agency Specializes In: Advertising, Media Planning, Print, Promotions, Public Relations, Social Media

Patrick Sammon *(Head-Strategy & Social Mktg)*
Charles Lam *(Dir-Production & Tech)*
Lauren Shugrue *(Sr Mgr-Digital Mktg & Creative Production)*

Accounts:
A&E
Fox Entertainment Group, Inc.
Lions Gate Entertainment Corp.
Paramount Pictures Corporation
Showtime Networks Inc.
Sony Pictures
Universal Studios, Inc.

MAMUS, INC.
3902 Henderson Blvd, Tampa, FL 33629
Tel.: (813) 922-1254
E-Mail: more@mamusinc.com
Web Site: www.mamusinc.com

Employees: 8

Agency Specializes In: Advertising, Brand Development & Integration, Graphic Design, Internet/Web Design, Print

ADVERTISING AGENCIES

John Mamus *(Chief Creative Officer)*

Accounts:
AVA Velocity Works
Fila USA, Inc.
Imblim
Noble Biomaterials

MAN MARKETING
765 Kimberly Dr, Carol Stream, IL 60188
Tel.: (630) 929-5200
Fax: (630) 752-9288
Web Site: www.manmarketing.com

Employees: 26
Year Founded: 1980

Agency Specializes In: Advertising, Broadcast, Digital/Interactive, Internet/Web Design, Media Buying Services, Out-of-Home Media, Outdoor, Print, Search Engine Optimization, Social Media

Ed Mallof *(Pres)*
Lee Zuika *(Controller-Fin)*
Frank D. DiMatteo *(Reg Dir-Accts-Sls & Mktg)*
Doug Pieper *(Creative Dir-Brdcst)*
Lucy Ferrari *(Dir-Promotional)*
Guy Lieberman *(Dir-Digital Mktg)*
Lisa Bircher *(Mgr-Acctg)*
Sue Hoffman *(Mgr-Acctg)*
Kelley Stiles *(Sr Acct Exec)*
Theresa Daniels *(Acct Exec)*
Christina Vasta *(Specialist-Acct)*
Renata Serpico *(Acct Coord)*
Lori Thornton *(Acct Coord)*
Jamie Golden *(Coord)*
Jane Wiedmeyer *(Coord-Adv)*
Michelle Garbarz *(Sr Media Buyer)*

Accounts:
Fox Valley Auto Group

THE MANAHAN GROUP
222 Capitol St, Charleston, WV 25301
Tel.: (304) 343-2800
E-Mail: info@manahangroup.com
Web Site: www.manahangroup.com

Employees: 10

Agency Specializes In: Advertising, Broadcast, Digital/Interactive, Event Planning & Marketing, Graphic Design, Logo & Package Design, Media Planning, Print, Public Relations, Strategic Planning/Research

George Manahan *(CEO)*
Ron Jarrett *(Controller)*
Kristina Hawley *(Creative Dir)*
Tammy Harper *(Sr Acct Mgr)*
Bethany West *(Sr Media Buyer)*

Accounts:
Pierpont Community & Technical College

MANCUSO MEDIA, LLC
701 Palomar Airport Rd Ste 300, Carlsbad, CA 92011
Tel.: (760) 632-8211
Web Site: www.mancusomedia.com

Employees: 8

Agency Specializes In: Advertising, Brand Development & Integration, Content, Media Buying Services, Print, Search Engine Optimization, Social Media

Gina Mancuso *(Pres & CEO)*
Jenny Mendoza *(Dir-Digital Strategy)*
Elizabeth Miljan *(Project Mgr & Strategist-Digital Media)*
Dolly Varvis *(Sr Media Buyer)*

Accounts:
Discount Tire Centers

MANDALA
2855 NW Crossing Dr Ste 201, Bend, OR 97701-2744
Tel.: (541) 389-6344
Fax: (541) 389-3531
E-Mail: info@mandala.agency
Web Site: mandala.agency/

E-Mail for Key Personnel:
Creative Dir.: paul@mandala-agency.com
Media Dir.: laura@mandala-agency.com

Employees: 7
Year Founded: 1980

National Agency Associations: 4A's-PORTLAND AD FED

Agency Specializes In: Advertising, Aviation & Aerospace, Broadcast, Collateral, College, Consumer Marketing, Corporate Identity, Financial, Graphic Design, Health Care Services, Identity Marketing, Internet/Web Design, Media Buying Services, Media Planning, Newspapers & Magazines, Production (Print), Public Relations, Real Estate, Search Engine Optimization, Social Media

Approx. Annual Billings: $7,000,000 Capitalized

Matthew Bowler *(Partner)*
Laury Benson *(CFO)*
Ryan Crotty *(Sr Dir-Art)*
Paul Grignon *(Creative Dir)*
Laura Bryant *(Dir-Media & Digital Strategy)*
Lori Hell *(Dir)*

Accounts:
Mountain Khakis; 2013
Pronghorn; 2014
Sky Lakes Medical Center Hospital; Klamath Falls, OR; 2005

MANGAN HOLCOMB PARTNERS
2300 Cottondale Ln Ste 300, Little Rock, AR 72202
Tel.: (501) 376-0321
Fax: (501) 376-6127
Web Site: www.manganholcomb.com

Employees: 30
Year Founded: 1972

National Agency Associations: 4A's

Agency Specializes In: Advertising, Advertising Specialties, Agriculture, Brand Development & Integration, Broadcast, Business-To-Business, Co-op Advertising, Communications, Corporate Identity, Financial, Health Care Services, Investor Relations, Media Buying Services, Medical Products, Public Relations, Publicity/Promotions, Strategic Planning/Research, Transportation

Approx. Annual Billings: $10,000,000

Chip Culpepper *(Owner & Chief Creative Officer)*
Sharon Tallach Vogelpohl *(Pres)*
David Rainwater *(CEO & Principal)*
Molly Morrison *(Editor & Copywriter-Creative)*
Mary Claire Hill *(Acct Exec-PR)*

Accounts:
Arkansas 529 GIFT Planning & Managing Communications
Arkansas Pharmacists Association Marketing Communications, Planning & Managing Communications
Chuy
Dave & Buster's Entertainment, Inc (Agency of Record)
Delta Plastics
Harding University Planning & Managing Communications
J.B. Hunt Transport Services; Lowell, AR
University of Arkansas for Medical Sciences
University of Arkansas Planning & Managing Communications, Pulaski Technical College
Verizon Communications Planning & Managing Communications

MANGOS
1010 Spring Mill Ave, Conshohocken, PA 19428
Tel.: (610) 296-2555
Fax: (610) 640-9291
E-Mail: bradleygast@mangosinc.com
Web Site: mangos.agency/

Employees: 20
Year Founded: 1977

Agency Specializes In: Advertising, Affluent Market, African-American Market, Agriculture, Alternative Advertising, Arts, Asian Market, Automotive, Brand Development & Integration, Branded Entertainment, Broadcast, Business-To-Business, Children's Market, Collateral, College, Communications, Computers & Software, Consulting, Consumer Goods, Consumer Marketing, Content, Copywriting, Corporate Communications, Corporate Identity, Cosmetics, Customer Relationship Management, Digital/Interactive, Direct-to-Consumer, Education, Electronic Media, Electronics, Email, Engineering, Environmental, Experience Design, Experiential Marketing, Fashion/Apparel, Financial, Food Service, Graphic Design, Guerilla Marketing, Health Care Services, High Technology, Hospitality, Household Goods, Identity Marketing, Industrial, Information Technology, Integrated Marketing, International, Internet/Web Design, LGBTQ Market, Leisure, Logo & Package Design, Luxury Products, Marine, Market Research, Media Buying Services, Media Planning, Medical Products, Men's Market, Mobile Marketing, Multicultural, New Product Development, New Technologies, Out-of-Home Media, Over-50 Market, Package Design, Paid Searches, Pets, Planning & Consultation, Print, Production, Production (Ad, Film, Broadcast), Promotions, Public Relations, Radio, Real Estate, Recruitment, Restaurant, Sales Promotion, Search Engine Optimization, Seniors' Market, Social Marketing/Nonprofit, Social Media, Sponsorship, Sports Market, Stakeholders, Strategic Planning/Research, T.V., Teen Market, Trade & Consumer Magazines, Transportation, Travel & Tourism, Tween Market, Urban Market, Viral/Buzz/Word of Mouth, Web (Banner Ads, Pop-ups, etc.), Women's Market

William Gast *(Principal & CEO)*
Bradley Gast *(Partner)*
Patti Monaco *(Sr VP & Acct Dir)*
Joanne DeMenna *(Sr VP & Dir-Strategy)*
Kevin Couch *(Creative Dir)*
Justin Moll *(Creative Dir)*
Brooke De Luise *(Dir-Digital Experience)*
Casey Zweigle *(Sr Acct Mgr)*
Carroll Borodynko *(Mgr-Digital Mktg)*
Bryan Thompson *(Designer)*
Tracy Nenna Shinko *(Sr Art Dir)*

Accounts:
BlackRock
Bucks County Workforce Investment Board Youth Program
Curtiss-Wright Flow Control Company
Firstrust Bank (Agency of Record)
Lehigh Valley Health Network Campaign: "Through

AGENCIES - JANUARY, 2019 — ADVERTISING AGENCIES

a Child's Eyes"
Liberty Sport
Main Line Health (Agency of Record)
National Museum of American Jewish History; Philadelphia, PA
Olympus
Siemens
Siemens Healthcare; Malvern, PA
University of the Arts
Vibe Hearing Aids
Zix Corp
Zurich

MANHATTAN MARKETING ENSEMBLE
443 Park Ave S 4th Fl, New York, NY 10016-7322
Tel.: (212) 779-2233
Fax: (212) 779-0825
E-Mail: jrowe@mme.net
Web Site: www.mme.net

Employees: 32
Year Founded: 1989

Agency Specializes In: Advertising, Collateral, Food Service, Point of Sale, Retail, Sponsorship

Approx. Annual Billings: $65,000,000

Sook Kang-Fuentecilla *(Grp Acct Dir)*
Giovanni Chiappardi *(Acct Dir)*
Brad Eisenstein *(Creative Dir)*
Jimmy Ng *(Creative Dir)*
Kelsey Fraser *(Acct Exec)*
Shannon McGlynn *(Acct Exec)*
Maury Maniff *(Sr Partner)*
Don Raskin *(Sr Partner)*
Mabel Tong *(Sr Art Dir)*

Accounts:
Affinia Hospitality; Manhattan, NY; 1999
Belvedere Vodka
The Benjamin
Estates & Wines
E.T. Browne Drug Company, Inc. Palmer's
Maxell Corp. of America; Fairlawn, NJ Audio & Video Tapes; 1990
Nathan's Famous (Agency of Record) Hot Dogs; 1990

MANIFOLD, INC.
531 Howard St 3rd flr, San Francisco, CA 94105
Tel.: (415) 978-9500
E-Mail: hello@wearemanifold.com
Web Site: www.wearemanifold.com

Employees: 25
Year Founded: 2010

Agency Specializes In: Advertising, Brand Development & Integration, Content, Digital/Interactive, Event Planning & Marketing, Public Relations, Social Media

Accounts:
New-General Electric Company

MANJON STUDIOS
7650 W Us Hwy 90 Lot 410, San Antonio, TX 78227
Tel.: (210) 764-9321
Web Site: http://www.sanantonioadvertisingagency.co/

Employees: 4

Agency Specializes In: Advertising, Digital/Interactive, Graphic Design, Internet/Web Design, Media Buying Services, Radio, T.V.

Capone De Leon *(Owner)*
Perry Reed *(Sls Mgr)*

Accounts:
Ultimate Services Group

MANN ADVERTISING INC
(See Under AD4CE Media)

MANSELL MEDIA
402 Monroe St, Clinton, MS 39056
Tel.: (601) 339-2040
Web Site: www.mansellmedia.net

Employees: 5
Year Founded: 2012

Agency Specializes In: Advertising, Event Planning & Marketing, Graphic Design, Internet/Web Design, Logo & Package Design, Print, Radio, Social Media, T.V.

Clay Mansell *(Pres)*
Carrie Chennault *(Art Dir)*
Megan Smith *(Mgr-Social Media)*

Accounts:
New-Lewis Furniture Store

MANSFIELD + ASSOCIATES, INC.
629 12th St, Manhattan Beach, CA 90266
Tel.: (310) 245-9600
E-Mail: info@mans.com
Web Site: www.mans.com

E-Mail for Key Personnel:
President: peter@mans.com
Creative Dir.: craig@mans.com

Employees: 5
Year Founded: 1992

Agency Specializes In: Digital/Interactive, Internet/Web Design

Approx. Annual Billings: $1,000,000

Peter Mansfield *(Pres)*
Christopher Adams *(Production Mgr)*
Kevin Truong *(Mgr-IT Network)*

Accounts:
California Wellness Foundation
The Challenged Athletes Foundation
McGuire Properties
Q Inc. Software

MANSFIELD INC.
1200 Bay St, Suite 604, Toronto, ON M5R 2A5 Canada
Tel.: (416) 599-0024
Fax: (416) 599-7484
Web Site: www.mansfieldinc.com

Employees: 20

Agency Specializes In: Advertising, Advertising Specialties, Market Research, Media Buying Services, Media Planning, Media Relations, Media Training, Public Relations, Publicity/Promotions

Hugh Mansfield *(CEO)*

Accounts:
Kanetix Ltd (Public Relations Agency of Record) Influencer Campaigns, Media Relations, National Public Relations Strategy
Lorus Therapeutics
Speedy Corporation
Yamana Gold; Toronto, Canada

MANTERA ADVERTISING
1902 Three Bridges Way, Bakersfield, CA 93311
Tel.: (661) 201-8790
E-Mail: info@manteramedia.com
Web Site: www.manteramedia.com

Employees: 5
Year Founded: 2008

Agency Specializes In: Above-the-Line, Advertising, Advertising Specialties, Affiliate Marketing, Affluent Market, African-American Market, Agriculture, Alternative Advertising, Arts, Asian Market, Automotive, Aviation & Aerospace, Below-the-Line, Bilingual Market, Brand Development & Integration, Branded Entertainment, Broadcast, Business Publications, Business-To-Business, Cable T.V., Catalogs, Children's Market, Co-op Advertising, Collateral, College, Commercial Photography, Communications, Computers & Software, Consulting, Consumer Goods, Consumer Marketing, Consumer Publications, Content, Corporate Communications, Corporate Identity, Cosmetics, Crisis Communications, Custom Publishing, Customer Relationship Management, Digital/Interactive, Direct Response Marketing, Direct-to-Consumer, E-Commerce, Education, Electronic Media, Electronics, Email, Engineering, Entertainment, Environmental, Event Planning & Marketing, Exhibit/Trade Shows, Experience Design, Faith Based, Fashion/Apparel, Financial, Food Service, Game Integration, Government/Political, Graphic Design, Guerilla Marketing, Health Care Services, High Technology, Hispanic Market, Hospitality, Household Goods, Identity Marketing, In-Store Advertising, Industrial, Infomercials, Information Technology, Integrated Marketing, International, Internet/Web Design, Investor Relations, LGBTQ Market, Legal Services, Leisure, Local Marketing, Logo & Package Design, Luxury Products, Magazines, Marine, Market Research, Media Buying Services, Media Planning, Media Relations, Media Training, Medical Products, Men's Market, Merchandising, Mobile Marketing, Multicultural, Multimedia, New Product Development, New Technologies, Newspaper, Newspapers & Magazines, Out-of-Home Media, Outdoor, Over-50 Market, Package Design, Paid Searches, Pets, Pharmaceutical, Planning & Consultation, Podcasting, Point of Purchase, Point of Sale, Print, Product Placement, Production, Production (Ad, Film, Broadcast), Production (Print), Promotions, Public Relations, Publicity/Promotions, Publishing, RSS (Really Simple Syndication), Radio, Real Estate, Recruitment, Regional, Restaurant, Retail, Sales Promotion, Search Engine Optimization, Seniors' Market, Shopper Marketing, Social Marketing/Nonprofit, Social Media, South Asian Market, Sponsorship, Sports Market, Stakeholders, Strategic Planning/Research, Sweepstakes, Syndication, T.V., Technical Advertising, Teen Market, Telemarketing, Trade & Consumer Magazines, Transportation, Travel & Tourism, Tween Market, Urban Market, Viral/Buzz/Word of Mouth, Web (Banner Ads, Pop-ups, etc.), Women's Market, Yellow Pages Advertising

Chad Willis *(Sr Acct Mgr)*
David Reichelt *(Mgr-Mobile Dev)*
Matthew Molina *(Acct Exec)*

Accounts:
Brundage Lane Florist
East Pointe Dance
Karpe Real Estate Billboard, SEO, Website; 2012
Kern River Alliance
The Mission at Kern County Digital, Marketing, Website; 2013
Que Pasa Mexican Restaurants Billboard, Radio, Website; 2011
Stockdale Tile Website; 2014

ADVERTISING AGENCIES

MANTOOTH MARKETING COMPANY
8334 Coeur DAlene Dr, Fort Collins, CO 80525
Tel.: (970) 663-1888
Fax: (970) 682-1327
Web Site: www.mantoothcompany.com

Employees: 25

Agency Specializes In: Advertising, Digital/Interactive, Event Planning & Marketing, Graphic Design, Logo & Package Design, Media Relations, Media Training, Out-of-Home Media, Outdoor, Print, Public Relations

Connie Hanrahan *(Owner)*
Callie Morgan *(Mgr-Event)*

Accounts:
Community Foundation of Northern Colorado
Team Fort Collins

MANZELLA MARKETING GROUP
5360 Genesee St Ste 203, Bowmansville, NY 14026
Tel.: (716) 681-6565
E-Mail: data@manzellamarketing.com
Web Site: www.manzellamarketing.com

Employees: 26
Year Founded: 1987

Agency Specializes In: Advertising, Brand Development & Integration, Graphic Design, Internet/Web Design, Media Buying Services, Print, Search Engine Optimization, Social Media, T.V.

Jim Manzella *(Pres & CEO)*
Shandra Holt *(VP & Creative Dir)*
Robert Crean *(VP-Acct Svcs & Bus Dev)*
Scott Fierle *(VP-Bus Dev)*
Greg Blarr *(Acct Mgr & Sr Copywriter)*
Nicole Lawler-Meisenburg *(Acct Mgr)*
Stephen Ketterer *(Sr Art Dir)*

Accounts:
Conax

MANZER COMMUNICATIONS
1201 W 24th St Ste 103, Austin, TX 78705
Tel.: (512) 721-1097
E-Mail: info@manzercommunications.com
Web Site: www.manzercommunications.com

Employees: 7
Year Founded: 2010

Agency Specializes In: Advertising, Brand Development & Integration, Business-To-Business, Content, Crisis Communications, Digital/Interactive, Media Buying Services, Media Relations, Search Engine Optimization, Social Media

Dave Manzer *(Pres)*

Accounts:
Harte Hanks

MARBURY GROUP
16 Terminal Way, Pittsburgh, PA 15219
Tel.: (412) 904-1969
Web Site: www.marburygrp.com

Employees: 2
Year Founded: 2012

Agency Specializes In: Advertising, Brand Development & Integration, Internet/Web Design, Media Buying Services, Media Planning, Social Media

Douglas Shriber *(Principal)*

Kathryn Sullivan *(VP-Acct Svcs)*
Andrea Hornish *(Sr Media Buyer)*

Accounts:
Andora Restaurant

MARC ATLAN DESIGN, INC.
434 Carroll Canal, Los Angeles, CA 90291
Tel.: (310) 306-8148
Fax: (310) 306-8348
E-Mail: info@marcatlan.com
Web Site: www.marcatlan.com

Employees: 1

Agency Specializes In: Advertising, Brand Development & Integration, Event Planning & Marketing, Exhibit/Trade Shows, Logo & Package Design, Print, T.V.

Accounts:
Coty Prestige
Fondation Cartier
Helmut Lang
L'Oreal USA, Inc.
Unilever United States, Inc.
Wallpaper Magazine

M/A/R/C RESEARCH
1660 N Westridge Cir, Irving, TX 75038
Fax: (972) 983-0444
Toll Free: (800) 884-6272
Web Site: www.marcresearch.com

Employees: 100
Year Founded: 1968

Approx. Annual Billings: $1,000,000

Merrill Dubrow *(Pres & CEO)*
Rob Arnett *(Exec VP)*
Alice Butler *(Sr VP-Res Svcs)*
Susan Hanks *(Sr VP-Res Mgmt)*
Susan Hurry *(Sr VP-Client Svcs)*
Patricia Wakim *(Sr VP-Fin)*
Scott Waller *(Sr VP)*
Gwen Amador *(VP)*
Paolo Canulla *(VP-Insights & Strategies)*
Allen Hogg *(Dir-Res)*
Randall Wahl *(Chief Res Officer)*

MARC USA
225 W Station Square Dr Ste 500, Pittsburgh, PA 15219
Tel.: (412) 562-2000
Fax: (412) 562-2022
E-Mail: bstefanis@marcusa.com
Web Site: www.marcusa.com

Employees: 270
Year Founded: 1955

Agency Specializes In: Advertising, Advertising Specialties, Affluent Market, Arts, Automotive, Bilingual Market, Brand Development & Integration, Branded Entertainment, Broadcast, Business Publications, Business-To-Business, Cable T.V., Children's Market, Co-op Advertising, Collateral, College, Communications, Consulting, Consumer Goods, Consumer Marketing, Consumer Publications, Content, Corporate Communications, Corporate Identity, Cosmetics, Crisis Communications, Digital/Interactive, Direct Response Marketing, E-Commerce, Education, Electronic Media, Electronics, Email, Entertainment, Event Planning & Marketing, Fashion/Apparel, Financial, Food Service, Game Integration, Graphic Design, Guerilla Marketing, Health Care Services, Hispanic Market, Hospitality, Household Goods, Identity Marketing, In-Store Advertising, Information Technology, Integrated Marketing, Internet/Web Design, Leisure, Local Marketing, Logo & Package Design, Luxury Products, Magazines, Market Research, Media Buying Services, Media Planning, Media Relations, Medical Products, Mobile Marketing, Multicultural, Multimedia, New Product Development, New Technologies, Newspaper, Newspapers & Magazines, Out-of-Home Media, Outdoor, Package Design, Paid Searches, Planning & Consultation, Podcasting, Point of Purchase, Point of Sale, Print, Production, Production (Ad, Film, Broadcast), Promotions, Public Relations, Publicity/Promotions, RSS (Really Simple Syndication), Radio, Real Estate, Regional, Restaurant, Retail, Sales Promotion, Search Engine Optimization, Seniors' Market, Shopper Marketing, Social Marketing/Nonprofit, Social Media, Sponsorship, Sports Market, Strategic Planning/Research, Sweepstakes, Syndication, T.V., Teen Market, Trade & Consumer Magazines, Travel & Tourism, Viral/Buzz/Word of Mouth, Web (Banner Ads, Pop-ups, etc.), Women's Market

Approx. Annual Billings: $30,000,000

Cari Bucci Hulings *(Pres)*
Bryan Hadlock *(Chief Creative Officer)*
Barbara Stefanis-Israel *(Sr VP & Mktg Dir)*
Cheryl Sills *(Sr VP & Dir-Corp Comm)*
Mark Moll *(Exec Creative Dir)*
Marcello Figallo *(Sr Dir-Experience Design)*
Carolyn Jennings Butler *(Acct Dir)*
Greg Edwards *(Creative Dir)*
Michelle Fuscaldo *(Mgmt Supvr)*
Michael Lodge *(Mgmt Supvr)*
Jon Kagan *(Dir-Search & Biddable Media)*
Josh MacCarty *(Dir-Data Science)*
Elana Kreisel *(Assoc Dir-Buying)*
Eugenia Archetti *(Acct Mgr-Plng)*
Sarah Gladd *(Program Mgr-Interactive)*
Jennifer Brenner *(Mgr-Digital Strategy & CRM Solutions)*
Kimberly Bozick *(Acct Supvr-Interactive)*
Adam Cicco *(Assoc Creative Dir & Copywriter)*
Lindsey Foster *(Planner-Digital Media)*
Cassandra Costanzo *(Assoc Media Dir)*
Jolene Getch *(Assoc Media Dir)*
Shane Patnesky *(Sr Art Dir)*
David Benjamin Seman *(Assoc Creative Dir)*

Accounts:
American Heart Association; 2012
The Andy Warhol Museum Campaign: "Summer's Different Here", Campaign: "Voice For My Father", Digital, Outdoor, Postcards, Print; 2012
Belle Tire Distributors Inc (Agency of Record) Brand Strategy, Creative Development, Media Buying, Media Planning
Cape Cod Beach Chair Company
Carle Foundation Hospital; 2011
Conair
Cooper Tire and Rubber Company; 2009
DePaul University; 2011
Dish Network DishLatino; 2011
Eclair Naturals Advertising, Brand, Digital, Marketing, Print, Public Relations; 2016
Five Star Senior Living Media
Florida Coalition Against Human Trafficking; 2007
Gold Eagle Company 303 Protectant, STA-BIL 360; 2014
Health Alliance Insurance; 2011
Huntington Bank; 2014
Independent Insurance Agents & Brokers of America, Inc. Campaign: "Free To Do What's Right For You", Campaign: "Gym", Campaign: "Skydive", Direct Mail, Online, Out-of-Home, Print, Radio, Trusted Choice
Kaleo Media
Make-A-Wish Foundation; 1998
MAV TV; 2011
Navistar; 2014
Net 10 Wireless; 2013
Oster; 2009
Payless Shoe Source (Agency of Record) Media;

AGENCIES - JANUARY, 2019 — ADVERTISING AGENCIES

2012
The Pennsylvania Lottery (Agency of Record) Media; 2002
PharmaVite NatureMade Vitamins; 2011
Ruby Tuesday (Agency of Record) Creative
Sunbeam; 2009
True Value Company; 1983

Branches

Cogniscient Media
91 Montvale Ave Ste 104, Stoneham, MA 02180
(See Separate Listing)

Marc USA Boston
91 Montvale Ave Ste 104, Stoneham, MA 02180
(See Separate Listing)

MARC USA Chicago
325 N La Salle Blvd Ste 750, Chicago, IL 60654
(See Separate Listing)

MARCA Miami
3390 Mary St Ste 254, Coconut Grove, FL 33133
(See Separate Listing)

MARC USA BOSTON
91 Montvale Ave Ste 104, Stoneham, MA 02180
Tel.: (617) 250-8580
E-Mail: boston@marcusa.com
Web Site: www.marcusa.com

Employees: 20
Year Founded: 1955

Agency Specializes In: Advertising, Advertising Specialties, Affluent Market, Arts, Automotive, Bilingual Market, Brand Development & Integration, Broadcast, Business Publications, Business-To-Business, Cable T.V., Children's Market, Co-op Advertising, Collateral, College, Communications, Consulting, Consumer Goods, Consumer Marketing, Consumer Publications, Content, Corporate Communications, Corporate Identity, Cosmetics, Crisis Communications, Digital/Interactive, Direct Response Marketing, E-Commerce, Education, Electronic Media, Electronics, Email, Entertainment, Event Planning & Marketing, Fashion/Apparel, Financial, Game Integration, Graphic Design, Guerilla Marketing, Health Care Services, Hispanic Market, Hospitality, Household Goods, Identity Marketing, In-Store Advertising, Information Technology, Integrated Marketing, Internet/Web Design, Leisure, Local Marketing, Logo & Package Design, Luxury Products, Magazines, Market Research, Media Buying Services, Media Planning, Media Relations, Medical Products, Mobile Marketing, Multicultural, Multimedia, New Product Development, New Technologies, Newspapers & Magazines, Out-of-Home Media, Outdoor, Package Design, Paid Searches, Planning & Consultation, Podcasting, Point of Purchase, Point of Sale, Print, Production, Production (Ad, Film, Broadcast), Production (Print), Promotions, Public Relations, Publicity/Promotions, Publishing, RSS (Really Simple Syndication), Radio, Real Estate, Regional, Restaurant, Retail, Sales Promotion, Search Engine Optimization, Seniors' Market, Shopper Marketing, Social Marketing/Nonprofit, Social Media, Sponsorship, Sports Market, Strategic Planning/Research, Sweepstakes, Syndication, T.V., Teen Market, Trade & Consumer Magazines, Travel & Tourism, Viral/Buzz/Word of Mouth, Web (Banner Ads, Pop-ups, etc.)

Approx. Annual Billings: $30,000,000

Chris Heitmann, (Chief Innovation Officer)

David Buklarewicz (Exec VP & Exec Media Dir)
Michael Lodge (Mgmt Supvr)
Paul Witham (Dir-SEO)
Lauren Rockwell (Assoc Dir-SEO)
Sadie Barlow (Assoc Media Dir)
Taylor Bruzzese (Sr Media Planner)

Accounts:
American Heart Association; 2012
The Andy Warhol Museum Campaign: "Summer's Different Here", Campaign: "Voice For My Father", Digital, Outdoor, Postcards, Print; 2012
Belle Tire Distribution Brand Strategy, Creative Development, Media Buying, Media Planning
Cape Cod Beach Chair Company
Carle Foundation Hospital; 2011
Conair
Cooper Tire and Rubber Company; 2009
DePaul University; 2011
Dish Network Dish Latino; 2011
Eclair Naturals
Florida Coalition Against Human Trafficking; 2007
Gold Eagle Company 303 Protectant, STA-BIL 360; 2014
Health Alliance Insurance; 2011
Huntington Bank; 2014
Independent Insurance Agents & Brokers of America, Inc. Campaign: "Free To Do What's Right For You", Campaign: "Gym", Campaign: "Skydive", Direct Mail, Online, Out-of-Home, Print, Radio, Trusted Choice
Make-A-Wish Foundation; 1998
Navistar; 2014
Net 10 Wireless; 2013
Oster; 2009
Payless Shoe Source; 2012
The Pennsylvania Lottery; 2002
PharmaVite NatureMade Vitamins; 2011
Qdoba Restaurant Corporation (Agency of Record) Digital Media Planning & Buying, Offline; 2018
Ruby Tuesday Creative; 2016
Sunbeam; 2009
True Value Company; 1983

MARC USA CHICAGO
325 N La Salle Blvd Ste 750, Chicago, IL 60654
Tel.: (312) 321-9000
Fax: (312) 321-1736
E-Mail: jmclaren@marcusa.com
Web Site: www.marcusa.com

Employees: 20
Year Founded: 1955

Agency Specializes In: Advertising, Advertising Specialties, Affluent Market, Arts, Bilingual Market, Brand Development & Integration, Broadcast, Business Publications, Business-To-Business, Cable T.V., Children's Market, Co-op Advertising, Collateral, College, Consulting, Consumer Goods, Consumer Marketing, Consumer Publications, Content, Corporate Communications, Corporate Identity, Cosmetics, Crisis Communications, Digital/Interactive, Direct Response Marketing, E-Commerce, Education, Electronic Media, Electronics, Email, Entertainment, Event Planning & Marketing, Fashion/Apparel, Financial, Game Integration, Graphic Design, Guerilla Marketing, Health Care Services, Hispanic Market, Hospitality, Household Goods, Identity Marketing, In-Store Advertising, Information Technology, Integrated Marketing, Internet/Web Design, Leisure, Local Marketing, Logo & Package Design, Luxury Products, Magazines, Market Research, Media Buying Services, Media Planning, Media Relations, Medical Products, Mobile Marketing, Multicultural, Multimedia, New Product Development, New Technologies, Newspapers & Magazines, Out-of-Home Media, Outdoor, Package Design, Paid Searches, Planning & Consultation, Podcasting, Point of Purchase, Point of Sale, Print, Production, Production (Ad, Film, Broadcast), Production (Print), Promotions, Public Relations, Publicity/Promotions, Publishing, RSS (Really Simple Syndication), Radio, Real Estate, Regional, Restaurant, Retail, Sales Promotion, Search Engine Optimization, Seniors' Market, Shopper Marketing, Social Marketing/Nonprofit, Social Media, Sponsorship, Sports Market, Strategic Planning/Research, Sweepstakes, Syndication, T.V., Teen Market, Trade & Consumer Magazines, Travel & Tourism, Viral/Buzz/Word of Mouth, Web (Banner Ads, Pop-ups, etc.)

Approx. Annual Billings: $30,000,000

Breakdown of Gross Billings by Media: Bus. Publs.: 3%; Collateral: 11%; D.M.: 6%; Mags.: 5%; Newsp. & Mags.: 18%; Outdoor: 10%; Radio: 22%; T.V.: 23%; Transit: 2%

Jean McLaren (CMO & Pres-Chicago)
Joe Burke (Sr VP & Exec Creative Dir)
Matt Sullivan (Sr VP & Grp Creative Dir)
Amy Nixon (VP & Grp Acct Dir)
Scott Pool (VP & Dir-Brdcst-Natl)
Karen Raidel (VP & Dir-Acct Plng)
Stephane Auriol (Acct Dir)
Snake Roth (Dir-Integrated Production)
Jill Cano (Media Buyer)
Linzie Dobbs (Media Planner)
Meaghan Dolan (Media Buyer)
Amanda Rodio (Planner-Digital Media)

Accounts:
American Heart Association; 2012
The Andy Warhol Museum; 2012
Belle Tire Distributions Inc.
Cape Cod Beach Chair Company
Carle Foundation Hospital Marketing
Conair
Cooper Tires and Rubber Company; 2009
DePaul University; 2011
Dish Network DishLatino; 2011
Eclair Naturals
Florida Coalition Against Human Trafficking; 2007
Gold Eagle Company 303 Protectant, STA-BIL 360; 2014
Health Alliance Insurance Marketing
Huntington Bank; 2014
Independent Insurance Agents & Brokers of America, Inc.
Make-A-Wish Foundation; 1998
MAVTV; 2011
Navistar Inc. (Advertising Agency of Record) Brand Strategy; IC Bus, Campaign: "Uptime", International Truck, Marketing, Online, Print; 2014
Net 10 Wireless; 2013
Oster; 2009
Payless ShoeSource (Ageny of Record) Campaign: "Payless for Style", Creative; 2012
The Pennsylvania Lottery; 2002
PharmaVite Nature Made Vitamins; 2011
Ruby Tuesday Creative
Sunbeam; 2009
True Value Company Easy Care, EasyCare Platinum, Home & Garden Showplace, Taylor Rental, TrueValue; 1983

MARCA MIAMI
3390 Mary St Ste 254, Coconut Grove, FL 33133
Tel.: (305) 423-8300
Fax: (305) 665-3533
Web Site: www.marcusa.com

Employees: 60
Year Founded: 2003

National Agency Associations: AMIN

Agency Specializes In: Advertising, Advertising Specialties, Affluent Market, Arts, Automotive, Bilingual Market, Brand Development & Integration, Broadcast, Business Publications, Business-To-Business, Cable T.V., Children's Market, Co-op

ADVERTISING AGENCIES

Advertising, Collateral, College, Communications, Consulting, Consumer Goods, Consumer Marketing, Consumer Publications, Content, Corporate Communications, Corporate Identity, Cosmetics, Crisis Communications, Digital/Interactive, Direct Response Marketing, E-Commerce, Education, Electronic Media, Electronics, Email, Entertainment, Event Planning & Marketing, Fashion/Apparel, Financial, Food Service, Game Integration, Graphic Design, Guerilla Marketing, Health Care Services, Hispanic Market, Household Goods, Identity Marketing, In-Store Advertising, Information Technology, Integrated Marketing, Internet/Web Design, Investor Relations, Leisure, Local Marketing, Logo & Package Design, Luxury Products, Magazines, Market Research, Media Buying Services, Media Planning, Media Relations, Medical Products, Merchandising, Mobile Marketing, Multicultural, Multimedia, New Product Development, New Technologies, Newspaper, Newspapers & Magazines, Out-of-Home Media, Outdoor, Package Design, Paid Searches, Planning & Consultation, Podcasting, Point of Purchase, Point of Sale, Print, Production, Production (Ad, Film, Broadcast), Production (Print), Programmatic, Promotions, Public Relations, Publicity/Promotions, RSS (Really Simple Syndication), Radio, Real Estate, Regional, Restaurant, Retail, Sales Promotion, Seniors' Market, Shopper Marketing, Social Marketing/Nonprofit, Social Media, Sponsorship, Sports Market, Strategic Planning/Research, Sweepstakes, Syndication, T.V., Teen Market, Trade & Consumer Magazines, Travel & Tourism, Viral/Buzz/Word of Mouth, Web (Banner Ads, Pop-ups, etc.), Women's Market

Approx. Annual Billings: $30,000,000

Tony Nieves *(Pres)*
Armando Hernandez *(Partner & Chief Creative Officer)*
Alejandro Berbari *(Partner, Sr VP & Exec Creative Dir)*
Zamar Vives *(VP & Exec Grp Dir)*
Sebastian Moltedo *(Creative Dir)*
Yuvitza Olivera *(Acct Dir)*
Amanda Taylor *(Sr Strategist-Digital)*

Accounts:
American Heart Association; 2012
The Andy Warhol Museum Campaign: "Summer's Different Here", Campaign: "Voice for my Father", Digital, Outdoor, Postcards, Print; 2012
Belle Tire Distributions, Inc. Brand Strategy, Creative Development, Media Buying, Media Planning
Cape Cod Beach Chair Company
Carle Foundation Hospital; 2011
Conair
Cooper Tire and Rubber Company; 2009
Deezer Brand Awarness, Creative, FLOW, Media Planning & Buying, Strategy Development
DePaul University; 2011
DishLatino Anthem Video, Creative, Customer Acquisition, Digital, Digital Radio, Hispanic, Multimedia Branding, Puerto Rican Market, Social, TV
Eclair Naturals
Florida Coalition Against Human Trafficking Campaign: "Security Camera"
Gold Eagle Company 303 Protectant, STA-BIL 360; 2014
H&R Block
Health Alliance Insurance; 2011
Huntington Bank; 2014
Independent Insurance Agents & Brokers of America, Inc.
Kyocera Hispanic & Latin American Marketing
Make-A-Wish Foundation
MAV TV; 2011
Navistar; 2014
Net 10 Wireless; 2013
Norwegian Cruise Line
Oster
Panama Jack (Digital & Social Agency of Record) Digital Display, Ecommerce, Email Marketing, Search, Website Redesign; 2017
Payless Shoe Source; 2012
Pennsylvania Lottery; 2002
PharmaVite NatureMade Vitamins; 2011
Rite Aid Corporation Campaign: "Wellness 65+", Digital, Direct Mail, Online, Radio, Videos; 1995
Ruby Tuesday Creative; 2016
Sunbeam; 2009
True Value Company; 1983
Wahl Clipper Corporation

MARCEL DIGITAL
445 W Erie St Ste 200, Chicago, IL 60654
Tel.: (312) 255-8044
Fax: (866) 643-7506
Web Site: https://www.marceldigital.com/

Employees: 20
Year Founded: 2003

Ben Swartz *(Pres)*
Kyle Brigham *(Dir-Client Rels & Strategy)*
Kari Faber *(Dir-Paid Media)*
Catherine Merton *(Acct Mgr)*
Patrick Delehanty *(Mktg Mgr)*
Thomas Confar *(Mgr-Paid)*

Accounts:
Broadway In Chicago
Cole Wire
Hub International
Modern Process Equipment Corporation
Personal Zation
Your Labels Now

MARCHEX, INC.
520 Pike St Ste 2000, Seattle, WA 98101
Tel.: (206) 331-3300
Fax: (206) 331-3695
E-Mail: info@marchex.com
Web Site: www.marchex.com

Employees: 225
Year Founded: 2003

Agency Specializes In: Internet/Web Design, Mobile Marketing

Revenue: $90,291,000

Anne Devereux-Mills *(Chm)*
Michael A. Arends *(CFO)*
Ethan Caldwell *(Chief Admin Officer & Gen Counsel)*
Travis Fairchild *(Exec VP)*
Matt Muilenburg *(Sr VP & Head-Indus-Automotive)*
Trevor Caldwell *(VP-IR & Strategic Initiatives)*
Todd Wilson *(VP-Ops)*
Alina Korotaeva *(Acct Dir-Customer Success)*
Kimberly Paul *(Acct Dir)*
Steven Russell *(Dir-Strategic & Enterprise Sls)*
Nikki LeDrew *(Sr Acct Mgr-Customer Success)*
Tom Knoop *(Sr Partner & Mgr)*

Accounts:
AT&T Communications Corp.
Barrington Broadcasting; 2008
Diversified Systems Group, Inc.
Geary LSF
HealthMarkets
IBM
IQ Chart

MARCOM GROUP INC.
1180 Courtneypark Dr E, Mississauga, ON L5T 1P2 Canada
Tel.: (905) 565-0331
Fax: (905) 565-0339
E-Mail: marcom@mgrp.com
Web Site: www.mgrp.com

Employees: 50
Year Founded: 1982

Agency Specializes In: Advertising

Dave Heslop *(Pres)*
Scott Dennison *(Acct Svcs Dir)*
Kevin Kirkwood *(Art Dir)*
Dack Heslop *(Acct Mgr)*
Ana Fonseca *(Supvr-Data Entry Dept)*

Accounts:
Brampton Brick
Chevron/Texaco
Gay Lea
HOYA Vision Care
KitchenAid
OSRAM SYLVANIA
Purolator
Simmons
Whirlpool

MARCOSOLO DESIGN
17226 Tilbury Way, Westfield, IN 46074
Tel.: (317) 946-4897
Fax: (317) 575-9943
Web Site: www.marcosolodesign.com

Employees: 1

Agency Specializes In: Advertising, Corporate Identity, Email, Event Planning & Marketing, Internet/Web Design, Logo & Package Design, Print

Craig Clayton *(Pres)*

Accounts:
BBG Construction
Cellular Necessities
Fit Livin

THE MARCUS GROUP, INC.
310 Passaic Ave Ste 301, Fairfield, NJ 07004
Tel.: (973) 890-9590
Fax: (973) 890-9130
E-Mail: info@marcusgroup.com
Web Site: www.marcusgroup.com

Employees: 17
Year Founded: 1970

National Agency Associations: PRSA

Agency Specializes In: Advertising, Business-To-Business, Collateral, Communications, Consulting, Corporate Identity, Government/Political, Graphic Design, Health Care Services, Internet/Web Design, Investor Relations, Magazines, Media Relations, Newspaper, Newspapers & Magazines, Out-of-Home Media, Planning & Consultation, Print, Production, Promotions, Public Relations, Publicity/Promotions, Strategic Planning/Research, Web (Banner Ads, Pop-ups, etc.)

Approx. Annual Billings: $4,000,000

Breakdown of Gross Billings by Media: Adv. Specialities: 10%; Bus. Publs.: 5%; Collateral: 10%; Consulting: 20%; Graphic Design: 10%; Newsp. & Mags.: 10%; Print: 10%; Pub. Rels.: 25%

Alan C. Marcus *(Owner)*
Denise Gassner Kuhn *(COO & Exec VP)*
Penny Goldstein *(VP-Ops)*
Angela Middleton *(Creative Dir)*
Jeannette Tarquino *(Media Planner & Media Buyer)*

AGENCIES - JANUARY, 2019 — ADVERTISING AGENCIES

Accounts:
Michael Graves
Nadasky Kopelson
New Jersey Society of Architects

MARCUS THOMAS LLC
4781 Richmond Rd, Cleveland, OH 44128
Tel.: (216) 292-4700
Fax: (216) 378-0396
Toll Free: (888) 482-4455
E-Mail: mbachmann@marcusthomasllc.com
Web Site: www.marcusthomasllc.com

E-Mail for Key Personnel:
Creative Dir.: jkim@marcusthomasllc.com

Employees: 95
Year Founded: 1937

National Agency Associations: 4A's-AAF-AMA-ARF-MAGNET-PRSA

Agency Specializes In: Advertising, Brand Development & Integration, Broadcast, Business Publications, Business-To-Business, Cable T.V., Collateral, Communications, Consumer Goods, Consumer Marketing, Corporate Communications, Digital/Interactive, Direct Response Marketing, Electronic Media, Exhibit/Trade Shows, Financial, Health Care Services, Household Goods, Industrial, Integrated Marketing, Internet/Web Design, Market Research, Media Buying Services, Media Relations, Medical Products, Newspaper, Out-of-Home Media, Outdoor, Paid Searches, Planning & Consultation, Point of Sale, Print, Programmatic, Public Relations, Publicity/Promotions, Retail, Social Media, Sponsorship, Sports Market, Strategic Planning/Research, T.V., Trade & Consumer Magazines, Transportation, Web (Banner Ads, Pop-ups, etc.)

Approx. Annual Billings: $86,000,000

Jason Hutchison *(Partner, VP & Mgmt Supvr-Website & Application Dev)*
Jennifer Hirt-Marchand *(Partner-Res)*
Ian Verschuren *(CTO)*
Glenda Terrell *(VP & Mgmt Supvr)*
Tim Bennett *(VP-PR)*
Pat Carlson-Burnham *(VP-Acct Svc)*
Joanne Teets *(VP-Studio Svcs)*
Megan Gannon *(Art Dir)*
Stephanie Landes-Burris *(Creative Dir)*
Dagmar McGannon *(Media Dir)*
Phong Nguyen *(Art Dir)*
Brian Roach *(Art Dir)*
Laura Seidel *(Art Dir)*
Max Sollisch *(Creative Dir-Adv)*
Jill Lewis *(Mgmt Supvr)*
Garth Bender *(Dir-Customer Experience)*
Raphael Rivilla *(Dir-Media & Connections Plng)*
Cathy Rivera *(Mgr-Fin Projects)*
Dave Evans *(Acct Supvr)*
Debbie Pirone *(Acct Supvr)*
Lisa Holmgren *(Sr Planner-Media)*
Deanna Langer *(Acct Exec-PR)*
Kelly Zandy *(Acct Exec)*
Rachel Hoskins *(Copywriter)*
Matt Krupa *(Copywriter)*
Erin Mchugh *(Copywriter)*
Derek Oyen *(Designer-UX)*
T. J. Prochaska *(Copywriter)*
Peter Roth *(Sr Designer-Digital)*
Rebecca Wulfeck *(Assoc-Res)*

Accounts:
Akron Children's Hospital; 2003
Alcoa Wheel & Forged Products; 2000
Bendix Commercial Vehicle Systems; 1999
The Better Sleep Council Marketing, Public Relations, Social & Digital Media, Strategic Development
Boys & Girls Clubs of Cleveland Campaign: "Save Our Kids"
Dexcom
Diebold Financial Self-Service Division
Diebold; 2008
First Energy Brand Advertising
FirstLight HomeCare (Advertising Agency of Record) Brand Development, Marketing Support
Goo Gone Campaign: "Dice"
Innovative Developments; Cleveland, OH Creative, Digital Marketing Communications, Media, Mycestro, Planning, Public Relations
KraftMaid Cabinetry, Inc. (Agency of Record) Brand Consulting, Creative Services, Digital, Media, Public Relations, Social Marketing; 2018
Lifebanc Campaign: "Bugs"
Masco Corporation BEHR (Social Media Agency of Record), KILZ
Metrie
Momentive Performance Materials Marketing
MTD Bolens, Campaign: "How We're Built", Troy-Built, White Outdoor Equipment, Yard-Machine, Yard-Man; 2006
Nestle Buitoni, Creative, Digital, Nescafe, Ovaltine, Refrigerated Pastas, Sauces
Ohio Department of Administrative Services; Columbus, OH Creative, Media
Ohio Lottery Commission Broadcast, Buckeye 5, Campaign: "It's Time for a New Tradition", Campaign: "Joy is More Joyful With Friends", Campaign: "Mosquitos", Campaign: "Poison Ivy", Cash Explosion, Classic Lotto, Cool Cat, Digital Advertising, Kicker, Marketing, Mega Millions, Mobile, Money Island, Ohio State Lottery, Out-of-Home, Pick 3, Pick 4, Radio, Rolling Cash 5, Ten-OH!; 2003
Okamoto Campaign: "Bareback. Almost.", Campaign: "Fatherhood' Crown Condoms"
Quanex
Sherwin-Williams Protective & Marine Coatings Campaign: "Krylon ColorMaster Challenge", Digital, Dutch Boy, Krylon, Pratt & Lambert, Purdy
Shoes and Clothes for Kids
Sirva
The Step2 Company; 2008
Sundries Brands
Swagelok Company; 1999
Tarkett; 1998
TourismOhio Buying, Media, Planning, Strategy
Troy-Bilt Alexa Skill, Campaign: "Built for Life", Digital, Mobile, POS, Radio, Social Media, TV
U.S. Cotton Swisspers (Agency of Record)

THE MAREK GROUP
6625 W 78th St Ste 260, Bloomington, MN 55439
Tel.: (952) 345-7273
Fax: (952) 345-7261
E-Mail: info@marekgroup.com
Web Site: www.marekgroup.com/

Employees: 12
Year Founded: 1975

Agency Specializes In: Advertising, Brand Development & Integration, Business Publications, Business-To-Business, Catalogs, Co-op Advertising, Collateral, Consulting, Corporate Communications, Corporate Identity, Digital/Interactive, Direct Response Marketing, E-Commerce, Electronic Media, Engineering, Exhibit/Trade Shows, Financial, Food Service, Graphic Design, Health Care Services, High Technology, Industrial, Information Technology, Integrated Marketing, Internet/Web Design, Local Marketing, Logo & Package Design, Magazines, Marine, Market Research, Media Buying Services, Media Planning, Media Relations, Medical Products, Multimedia, New Technologies, Newspapers & Magazines, Paid Searches, Planning & Consultation, Point of Purchase, Point of Sale, Print, Production, Production (Print), Promotions, Public Relations, Publicity/Promotions, Sales Promotion, Search Engine Optimization, Social Marketing/Nonprofit, Strategic Planning/Research, Technical Advertising, Trade & Consumer Magazines, Web (Banner Ads, Pop-ups, etc.)

Approx. Annual Billings: $2,400,000

Breakdown of Gross Billings by Media: Collateral: 5%; Internet Adv.: 20%; Print: 10%; Trade & Consumer Mags.: 5%; Worldwide Web Sites: 60%

Mark Sprester *(Art Dir)*
Tara Beyer *(Acct Mgr-Mktg)*

Accounts:
ASI DataMyte
Continental Hydraulics; Minneapolis, MN Hydraulic Components; 2005
General Mills; Minneapolis, MN Foodservice Flour & Bakery Mixes; 1993
Mirror Disk; Minneapolis, MN Online Backup Services; 2008
OnPoint On Demand; Portsmouth, NH Printing; 2007
Soluxe; Darien, CT Imprinted Products; 2008
Thomas Engineering Co.; Minneapolis, MN Custom Precision Metal Stampings; 1975
Thrivent Financial; Minneapolis, MN Financial Products; 2004
United Health Group; Minneapolis, MN Health Insurance; 2007
University of Minnesota; Minneapolis, MN Landscape Arboretum; 2003

MARICICH BRAND COMMUNICATIONS
18201 McDurmott W Ste A, Irvine, CA 92614
Tel.: (949) 223-6455
Fax: (949) 223-6451
E-Mail: mark@maricich.com
Web Site: www.maricich.com

Employees: 20

National Agency Associations: TAAN

Agency Specializes In: Advertising, Brand Development & Integration, Business-To-Business, Cable T.V., Co-op Advertising, Consumer Marketing, Corporate Communications, Corporate Identity, Direct Response Marketing, Direct-to-Consumer, Event Planning & Marketing, Government/Political, Health Care Services, Local Marketing, Media Buying Services, Media Relations, Medical Products, Over-50 Market, Public Relations, Seniors' Market, Viral/Buzz/Word of Mouth

David Maricich *(Pres & COO)*
Mark Maricich *(CEO)*
Suzanne Maricich *(Pres-Maricich Health)*
Debbie Karnowsky *(Exec Creative Dir)*
Scott Littlejohn *(Creative Dir)*
Cameron Young *(Creative Dir)*
Cindy Ramirez *(Mgr-Print Production & Studio)*

Accounts:
Abbott Laboratories
Golden State Water Company
Memorial Care
PCI

MARINELLI & COMPANY
25 E 21st St 9th Fl, New York, NY 10010-6207
Tel.: (212) 254-3366
Fax: (212) 477-2282
E-Mail: kmarinelli@marinellic.com
Web Site: www.marinellic.com

E-Mail for Key Personnel:
President: kmarinelli@marinellic.com

Employees: 23
Year Founded: 1974

ADVERTISING AGENCIES

Agency Specializes In: Advertising, Automotive, Bilingual Market, Brand Development & Integration, Broadcast, Business-To-Business, Children's Market, Collateral, Communications, Consumer Marketing, Corporate Communications, Corporate Identity, Cosmetics, Digital/Interactive, Direct Response Marketing, Direct-to-Consumer, Education, Entertainment, Event Planning & Marketing, Exhibit/Trade Shows, Experience Design, Financial, Food Service, Government/Political, Graphic Design, Guerilla Marketing, Health Care Services, High Technology, Integrated Marketing, Internet/Web Design, Local Marketing, Logo & Package Design, Merchandising, Mobile Marketing, New Product Development, Newspapers & Magazines, Package Design, Pharmaceutical, Point of Purchase, Point of Sale, Print, Production, Production (Print), Promotions, Radio, Restaurant, Retail, Sales Promotion, Sports Market, Strategic Planning/Research, Sweepstakes, Teen Market, Travel & Tourism, Viral/Buzz/Word of Mouth

Approx. Annual Billings: $3,000,000

Breakdown of Gross Billings by Media: Collateral: 10%; D.M.: 10%; Event Mktg.: 10%; Graphic Design: 15%; Logo & Package Design: 10%; Point of Sale: 10%; Print: 10%; Radio & T.V.: 5%; Sls. Promo.: 10%; Strategic Planning/Research: 10%

Ric Sella (Sr VP & Dir-Client Svcs)

Accounts:
Altria
Benzel-Busch Motor Car Corp.; 2000
Celtic Crossing
Colgate Palmolive
Delta Storage
Ecosmart
Elizabeth Arden; New York, NY; 2000
GlaxoSmithKline
Kobrand Corporation St. Francis Wines
Loews Cineplex Entertainment; New York, NY; 2001
Natural Health Science; Geneva, Switzerland Prelox, Pycnogenol; 2002
Oracle Beauty Brands; NJ
XO Holdings, Inc.; Reston, VA; 2005

THE MARINO ORGANIZATION, INC.
171 Madison Ave 12th Fl, New York, NY 10016
Tel.: (212) 889-0808
Fax: (212) 889-2457
E-Mail: info@themarino.org
Web Site: http://marinopr.com/

Employees: 20
Year Founded: 1993

Agency Specializes In: Collateral, Communications, Corporate Communications, Crisis Communications, Email, Event Planning & Marketing, Financial, Government/Political, Internet/Web Design, Media Relations, Media Training, Multimedia, Out-of-Home Media, Outdoor, Public Relations, Publishing, Real Estate, Retail, Social Marketing/Nonprofit, Strategic Planning/Research, Trade & Consumer Magazines, Travel & Tourism

Revenue: $2,100,000

John F. Marino (Pres)
Frank C. Marino (CEO)
Lee Silberstein (Mng Dir & Chief Strategy Officer)
Robert J. Barletta (Exec VP)
Cara Marino Gentile (Exec VP)
Tom Corsillo (Sr VP-Land Use & Pub Policy)
Jennifer Rudolf (Sr VP-Digital & Brand Strategy)
Matt Bergman (Sr Counsel & VP)
Russ Colchamiro (VP-Comml Real Estate)
Elizabeth Ferrara-Latino (VP)
Ross M. Wallenstein (VP)
Danielle Friedman (Sr Dir-Integrated Strategy & Chief of Staff)
Brandon Levesque (Acct Dir)
Megan Nealon (Acct Dir)

Accounts:
The American Institute of Architects
Biagio Cru & Estate Wines Rose All Day
Bono USA Inc Digital, Marketing, Media Relations; 2018
Brooklyn Navy Yard Development
Con Edison Solutions
New-Cushman & Wakefield, Inc.
New-The Home Depot, Inc.
McDonald's Corporation (New York Agency of Record) Crisis Management, Events, Media Relations, Stakeholder Engagement
New Rochelle (Agency of Record) Publoic Relations
New-One World Trade Center
The Real Estate Board of New York
Servcorp NYC Public Relations
New-Silvercup Studios
New-Turn 2 Foundation
Walmart Inc.

MARION INTEGRATED MARKETING
7026 Old Katy Rd Ste 249, Houston, TX 77024
Tel.: (713) 623-6444
E-Mail: info2@marion.com
Web Site: www.marion.com

Employees: 50

Agency Specializes In: Advertising, Brand Development & Integration, Corporate Identity, Event Planning & Marketing, Graphic Design, Public Relations, Search Engine Optimization, Social Media

John Anger (VP)

Accounts:
The Moody Foundation

MARIS, WEST & BAKER, INC.
18 Northtown Dr, Jackson, MS 39211-3016
Tel.: (601) 977-9200
Fax: (601) 977-9257
E-Mail: peter.marks@mwb.com
Web Site: www.mwb.com

Employees: 21
Year Founded: 1970

Agency Specializes In: Automotive, Financial, Government/Political, Health Care Services, Restaurant

Peter Marks (Co-Owner & Pres)
Tim Mask (Pres)
Keith Fraser (Partner & Creative Dir)
Marc Leffler (Partner & Creative Dir)
Randy Lynn (Partner & Creative Dir-Digital)
Mike Booth (CFO)
Angie Smith (VP & Media Dir)
Austin Cannon (VP-Interactive Svcs)
Jana Bell (Dir-Agency Mktg)
Ray Harris (Acct Exec)

Accounts:
AMVAC
Cadence Bank
Crossroads Film Festival
Energy Nuclear
Genuine Scooter Company
Jackson Convention & Visitors Bureau
Mississippi Development Authority
Mississippi State Department of Health
Soulshine Pizza Factory
Sweet Peppers Deli
Thermo-Kool

MARK ADVERTISING AGENCY, INC.
1600 5th St, Sandusky, OH 44870
Tel.: (419) 626-9000
Fax: (419) 626-9934
Web Site: https://www.markadvertising.com/

Employees: 15

Agency Specializes In: Advertising, Brand Development & Integration, Digital/Interactive, Graphic Design, Internet/Web Design, Print, Social Media

Revenue: $1,500,000

Katherine Dragon (Office Mgr)

Accounts:
Bay Manufacturing
Gaymont Nursing Center
Sandusky State Theatre
Stein Hospice

MARK ONE MARKETING
1377 Cheswick Pl, Westlake Village, CA 91361
Tel.: (818) 720-8163
Web Site: www.markonemarketing.com

Employees: 17

Agency Specializes In: Alternative Advertising, Branded Entertainment, Broadcast, Cable T.V., Co-op Advertising, Collateral, Digital/Interactive, Direct Response Marketing, Electronic Media, Infomercials, Local Marketing, Mobile Marketing, Multimedia, Out-of-Home Media, Outdoor, Paid Searches, Podcasting, Product Placement, Production, Production (Print), Promotions, Radio, Search Engine Optimization, Social Media, Sponsorship, T.V.

Approx. Annual Billings: $16,000,000

Mark Lang (CEO)

Accounts:
Auto Insurance Specialists; 2013
Lyft; 2015
Western Union; 2013

MARKEN COMMUNICATIONS INC.
3375 Scott Blvd Ste 236, Santa Clara, CA 95054-3113
Tel.: (408) 986-0100
Fax: (408) 986-0162
E-Mail: andy@markencom.com
Web Site: www.markencom.com

E-Mail for Key Personnel:
President: andy@markencom.com

Employees: 9
Year Founded: 1977

National Agency Associations: BPA-PMA-PRSA

Agency Specializes In: Business-To-Business, Consumer Marketing, Consumer Publications, E-Commerce, Electronic Media, Event Planning & Marketing, Exhibit/Trade Shows, High Technology, Industrial, Information Technology, Internet/Web Design, Investor Relations, Planning & Consultation, Public Relations, Publicity/Promotions, Strategic Planning/Research, Technical Advertising

Approx. Annual Billings: $5,100,000

Breakdown of Gross Billings by Media: Fees:

AGENCIES - JANUARY, 2019 — ADVERTISING AGENCIES

$2,040,000; Mags.: $3,060,000

Andy Marken *(Pres)*
Dan Bell *(VP-Regulatory Compliance & Technical Affairs)*
Michael MacNeir *(Dir-Comml Ops)*
Christine Noble *(Sr Mktg Dir)*

Accounts:
ADS Tech; Cerritos, CA Audio/Video Hardware & Software; 2002
BrightSign; Los Gatos, CA
Corel
Cyberlink; Fremont, CA Video Production Software; 2007
Dazzle; Fremont, CA
InterVideo; Fremont, CA Software; 2001
Migo Software; Foster City, CA Software; 2005
Mitsubishi Chemical Co; Sunnyvale, CA Storage; 1994
NewTech Infosystems; Orange, CA Software; 2000
Other World Computing; Woodstock, IL
Panasonic; Osaka, Japan
Pinnacle Systems; Mountain View, CA Video Production; 2007
Ulead Software; Fremont, CA Video Software; 2003
Verbatim Inc.; Charlotte, NC Storage Systems & Media; 1996

MARKER SEVEN, INC.
300 Beale St Ste A, San Francisco, CA 94105-2091
Tel.: (415) 447-2841
Fax: (415) 447-2860
Web Site: www.markerseven.com

Employees: 17
Year Founded: 2001

Agency Specializes In: Advertising, Internet/Web Design, Web (Banner Ads, Pop-ups, etc.)

Revenue: $1,600,000

John Clauss *(Founder & CEO)*
Patrick Ford *(Co-Owner)*
Maggie Fok *(VP-Client Svcs)*
Scott Abbott *(Creative Dir)*
Jeremy Amos *(Dir-Tech)*

Accounts:
Abarca Group
College Media Solutions
Gallagher Sharp West
Green Coast Foundation
Greener World Media
Marriott Residential Suite
US Telecom Association

MARKET CONNECTIONS
82 Patton Ave Ste 710, Asheville, NC 28801
Tel.: (828) 398-5250
Web Site: www.mktconnections.com

Employees: 5

Agency Specializes In: Advertising, Brand Development & Integration, Event Planning & Marketing, Graphic Design, Internet/Web Design, Print, Public Relations, Radio, Strategic Planning/Research, T.V.

Karen Tessier *(Pres)*
Brad Campbell *(Creative Dir)*
Nathan Jordan *(Creative Dir)*

Accounts:
Diamond Brand Outdoors
Keystone Camp

MARKET DEVELOPMENT GROUP, INC.
5151 Wisconsin Ave NW 4th Fl, Washington, DC 20016
Tel.: (202) 298-8030
Fax: (202) 244-4999
E-Mail: mdginc@mdginc.org
Web Site: www.mdginc.org

Employees: 33
Year Founded: 1978

Agency Specializes In: Advertising, Advertising Specialties, Direct Response Marketing, Faith Based, Health Care Services, Infomercials, Magazines, New Product Development, Pets, Strategic Planning/Research, Sweepstakes

Approx. Annual Billings: $50,000,000

Breakdown of Gross Billings by Media: Adv. Specialities: $5,000,000; D.M.: $32,500,000; Event Mktg.: $1,000,000; Exhibits/Trade Shows: $1,000,000; Foreign: $5,000,000; Graphic Design: $5,000,000; Spot T.V.: $500,000

John Alahouzos *(Founder, Partner & Exec VP)*
W. Michael Gretschel *(Founder & Partner-MDG)*

Accounts:
American Action Fund for Blind Children & Adults
The Humane Society of the United States
International Fund for Animal Welfare
National Federation of the Blind
Southwest Indian Children's Fund

MARKET FORCE, INC.
109 N Boylan Ave, Raleigh, NC 27603
Tel.: (919) 828-7887
Fax: (919) 832-1807
E-Mail: njohnson@theforce.com
Web Site: www.theforce.com

Employees: 5
Year Founded: 1993

National Agency Associations: Second Wind Limited

Agency Specializes In: Advertising, Business-To-Business, Collateral, Consulting, Consumer Marketing, Corporate Identity, Direct Response Marketing, Graphic Design, Logo & Package Design, Media Buying Services, Out-of-Home Media, Outdoor, Planning & Consultation, Point of Purchase, Point of Sale, Print, Radio, Real Estate, Strategic Planning/Research, Travel & Tourism

Revenue: $1,000,000

Nancy Perry Johnson *(Pres)*

Accounts:
ElectriCities of NC; Raleigh, NC Association of Municipal Utilities; 1991

MARKETEAM INC
26012 Pala, Mission Viejo, CA 92691
Tel.: (949) 830-6101
E-Mail: info@mktminc.com
Web Site: www.mktminc.com

Agency Specializes In: Advertising, Brand Development & Integration, Event Planning & Marketing, Food Service, Internet/Web Design, Logo & Package Design, Production, Strategic Planning/Research

Glenn Schmitt *(Pres)*
Jason Stone *(VP-Ops)*
Ken Taylor *(VP-Strategic Dev)*
Mark Vidano *(VP-Ops)*
Jeffrey Wetzel *(Dir-Premier Accts)*

Christine Smith-Hill *(Sr Mgr-Premier Accts)*
Joe Alfano *(Mgr-Premier Accts)*
Jeff Davidson *(Mgr-Premier Accts)*
Amber Jackson *(Mgr-Premier Accts)*
Linda Terzic *(Mgr-Office Svcs)*

Accounts:
New-AMC Theatres
New-American Golf Corporation
New-Caesars Entertainment Corporation
New-Hyatt Hotels Corporation
New-Red Robin Gourmet Burgers, Inc.
New-Royal Caribbean International
New-Walt Disney Parks & Resorts Worldwide Inc.

MARKETEL
(See Under McCann Montreal)

MARKETING ALTERNATIVES, INC.
21925 Field Pkwy Ste 200, Deer Park, IL 60010-7208
Tel.: (847) 719-2299
Fax: (847) 719-2288
E-Mail: info@mktalt.com
Web Site: www.mktalt.com/index.html

E-Mail for Key Personnel:
President: gjstanko@mktalt.com

Employees: 30
Year Founded: 1983

National Agency Associations: BMA

Agency Specializes In: Business-To-Business, Consumer Marketing, Information Technology, Integrated Marketing, Telemarketing

Approx. Annual Billings: $10,000,000 Fees Capitalized

Gary Jon Stanko *(Pres)*
Ram Patibandla *(CIO & Exec VP)*
Darcy Tudor *(Exec VP-Call Center Div)*
Kari Milinkovich *(VP-Branding & Logistics)*
Jason Carlile *(Dir-Call Center Sls Ops)*

MARKETING & ADVERTISING BUSINESS UNLIMITED, INC.
(d/b/a MABU)
1003 Gateway Ave, Bismarck, ND 58503
Tel.: (701) 250-0728
Fax: (701) 250-1788
Toll Free: (800) 568-9346
E-Mail: mmabin@agencymabu.com
Web Site: www.agencymabu.com

Employees: 20
Year Founded: 2001

Agency Specializes In: Advertising, Advertising Specialties, Alternative Advertising, Brand Development & Integration, Broadcast, Business Publications, Business-To-Business, Cable T.V., Collateral, Commercial Photography, Communications, Consulting, Consumer Publications, Content, Corporate Communications, Corporate Identity, Digital/Interactive, E-Commerce, Education, Electronic Media, Email, Event Planning & Marketing, Exhibit/Trade Shows, Government/Political, Graphic Design, Guerilla Marketing, Health Care Services, Hospitality, Identity Marketing, Integrated Marketing, International, Internet/Web Design, Logo & Package Design, Market Research, Media Buying Services, Media Planning, Media Relations, Mobile Marketing, Multicultural, Multimedia, New Technologies, Newspaper, Newspapers & Magazines, Out-of-Home Media, Outdoor, Over-50 Market, Planning & Consultation, Podcasting, Print, Production, Production (Ad, Film, Broadcast), Production (Print), Promotions, Public Relations,

ADVERTISING AGENCIES
AGENCIES - JANUARY, 2019

Publicity/Promotions, RSS (Really Simple Syndication), Radio, Real Estate, Recruitment, Regional, Sales Promotion, Search Engine Optimization, Seniors' Market, Social Marketing/Nonprofit, Social Media, Stakeholders, Strategic Planning/Research, T.V., Trade & Consumer Magazines, Transportation, Travel & Tourism, Web (Banner Ads, Pop-ups, etc.), Women's Market, Yellow Pages Advertising

Approx. Annual Billings: $2,500,000

Breakdown of Gross Billings by Media: Internet Adv.: 20%; Out-of-Home Media: 10%; Print: 25%; Production: 10%; Radio & T.V.: 25%; Worldwide Web Sites: 10%

Mike Mabin *(Pres)*

Accounts:
U.S. Army Civilian Corps; San Antonio, TX Recruitment for Medical/Dental Personnel; 2009
U.S. Dept. of Justice; Washington, DC Government Meetings & Events; 2009

MARKETING & MEDIA SOLUTIONS, INC.
304 E Gibson St, Haubstadt, IN 47639
Mailing Address:
11497 S 450 E, Haubstadt, IN 47639
Tel.: (812) 768-5555
Fax: (812) 768-5550
Web Site: www.marketingmediasolutions.com

Employees: 1

Agency Specializes In: Advertising, Internet/Web Design, Print, Radio, T.V.

Kye Hofman *(Owner)*

Accounts:
Fehrenbacher Cabinets Inc
Kings Great Buys Plus

MARKETING ARCHITECTS, INC.
110 Cheshire Ln Ste 200, Minnetonka, MN 55305
Tel.: (952) 449-2500
E-Mail: info@markarch.com
Web Site: http://www.marketingarchitects.com/

Employees: 92
Year Founded: 1996

Agency Specializes In: Advertising, Media Planning, Search Engine Optimization, Social Media

Revenue: $5,400,000

Charles Hengel *(Founder & CEO)*
Rob DeMars *(Chief Creative Officer)*
Rita O'Keeffe *(Corp Counsel & VP)*
Katie Scheetz *(Exec VP-Bus Dev)*
Angela Voss *(Exec VP-Acct Svcs)*
Aaron Lange *(Sr VP-Tech)*
Benjamin Fruehauf *(VP & Creative Dir)*
Courtney Hoefener *(VP-Talent & Organizational Solutions)*
Matthew Hultgren *(VP-Analytics)*
Ryan Kinkaid *(VP-Creative)*
Stephanie Leapaldt *(VP-Client Svcs)*
Eric Pilhofer *(VP-Creative Solutions)*
Devan Futterer *(Acct Dir-Client Svcs)*
Jennifer Grimm *(Media Dir)*
Whitney Stratten *(Acct Dir)*
Nikki Erkkila *(Dir-Affiliate Svcs)*
Brianna Noeldner *(Acct Mgr-Adv Svcs)*
Maria Zivkovic *(Mgr-Mktg Campaign)*
Mindi Esala *(Media Buyer)*

Accounts:
Bare Escentuals, Inc.
Beach Body
HurryCane LLC
Needle
Rosetta Stone Inc.
Transcend
Tuft

THE MARKETING ARM
1999 Bryan St 18th Fl, Dallas, TX 75201-3125
Tel.: (214) 259-3200
Fax: (214) 259-3201
E-Mail: info@themarketingarm.com
Web Site: www.themarketingarm.com

Employees: 550
Year Founded: 1993

Agency Specializes In: Digital/Interactive, Entertainment, Experiential Marketing, Shopper Marketing, Social Media, Sponsorship

Ray Clark *(Founder & CEO)*
Trina Roffino *(Pres-Consumer Engagement)*
Nowell Upham *(Exec VP-Consumer Engagement)*
Tony Amador *(Sr VP-Talent Dev)*
Doug Dunkin *(Sr VP-Experiential)*
Jeff Erickson *(Sr VP-Digital Integration)*
Amy Erschen *(Sr VP-Acct Svcs)*
Harris Wilkinson *(VP & Grp Creative Dir)*
Pat Book *(Acct Dir-Experiential Mktg)*
Maren Gibbs *(Dir-Production)*
Basia Wojcik *(Assoc Dir-Global & Olympic Consulting)*
Brooke Norrell-Wiley *(Mgr-Consulting)*
Colleen O'Connor *(Acct Supvr)*
Corey Lark *(Supvr-Agency Comm)*
Samantha Barnett *(Acct Exec)*
Amy Casey *(Acct Exec)*
Courtney Foster *(Acct Exec)*
Kate Studrawa *(Acct Exec)*
Rob Neatherlin *(Grp Creative Dir)*
Linda Snorina *(Assoc Creative Dir)*

Accounts:
American Airlines
Anheuser-Busch Companies, LLC
AT&T, Inc. Campaign: "Be The Fan"
New-BOD Cinema, Television
Buffalo Wild Wings, Inc.
Chili's Grill & Bar Social
The Dannon Company, Inc.
Dewar's
Frito-Lay (Consumer Engagement Agency of Record) Campaign: "Do Us A Flavor", Cheetos, Doritos, In-Store Marketing, Lay's, Multipack, Tostitos
GameStop Corp. Promotions
The Goodyear Tire & Rubber Company
Hilton Worldwide Hospitality, Sports
JC Penney "Oscars Play to Give" Game, Mobile
Monster.com Digital, Promotions, Talent
Novartis AG
PDC Brands BOD Man
Pepsi Campaign: "Test Drive", Celebrity Talent, Entertainment, Pepsi-Cola, PepsiMAX, Uncle Drew
Quaker Chewy Superstar, Shopper Marketing
State Farm (Entertainment Creative Agency of Record)
Unilever Campaign: "Care Makes a Man Stronger", Campaign: "Journey to Comfort", Campaign: "Real Strength", Dove, Dove Men + Care
Victoria's Secret Entertainment, Mobile

Branches

The Marketing Arm
12777 W Jefferson Blvd Ste 120, Los Angeles, CA 90066
Tel.: (310) 754-3000
Fax: (310) 754-3001
Web Site: www.themarketingarm.com

Employees: 80

Agency Specializes In: Advertising, Digital/Interactive, Social Media

Larry Weintraub *(Pres-Music Strategy & Chief Innovation Officer)*
Brad Alesi *(Chief Digital Officer)*
Tom Meyer *(Pres-Davie Brown Entertainment)*
Terry Dry *(CEO-Digital)*
Melissa Fallon-Miller *(Sr VP-Television, Film & Digital)*
Brandon Stuart *(Sr VP-Brand Mktg & Creative Solutions)*
Kenny Barela *(Creative Dir)*
Jhony Gutierrez *(Dir-Strategy)*
Andrew Robinson *(Dir-Concept)*
Rachel Stoll *(Dir-Strategy)*
John Michael Cox *(Assoc Dir-Creative Content)*
Zane Cassidy *(Assoc Creative Dir)*
Christina Contreras *(Sr Art Dir)*

Accounts:
NBA
PepsiCo Inc. Campaign: "Joy Of Pepsi", Pepsi Max

The Marketing Arm
200 E Randolph St 42nd Flr, Chicago, IL 60601
Tel.: (312) 552-5700
E-Mail: info@themarketingarm.com
Web Site: www.themarketingarm.com

Employees: 50
Year Founded: 1993

Agency Specializes In: Advertising, Brand Development & Integration, Content, Crisis Communications, Digital/Interactive, Entertainment, Event Planning & Marketing, Social Marketing/Nonprofit, Social Media

Scott Malaga *(VP-Consulting)*
Andrew Prahin *(Creative Dir)*

Accounts:
New-CVS Health Corporation Campaign: "Cigarettes Out. Health In."

The Marketing Arm
711 3rd Ave 11th Fl, New York, NY 10017
Tel.: (212) 284-7686
Web Site: www.themarketingarm.com

Employees: 50

Robert Familetti *(Mng Dir)*
Brad Groves *(Exec VP)*
Rachel Caliente *(VP & Acct Dir)*
Hannah Redmond *(Grp Dir-Strategy & Innovation)*
Farah Brigante *(Creative Dir)*
Jane Giliberto *(Dir-Promo Ops)*
Haley Oefinger *(Assoc Dir-Digital Strategy)*
Brynn Cahalan *(Copywriter)*
Ronna Antar *(Assoc Acct Dir)*

Accounts:
Aqua Pharmaceuticals (Agency of Record) Altabax, B2B & B2C Outreach, Cordran, Creative, Marketing Communications, Media, Public Relations, Strategy, Veltin
NBA

MARKETING CONCEPTS GROUP
6 Old Field Rd, Weston, CT 06883
Tel.: (203) 454-0800
Fax: (203) 454-0507
Toll Free: (866) DIJIT01
E-Mail: weaverpd@mcgtec.com
Web Site: www.mcgtec.com

Employees: 5
Year Founded: 1981

Agency Specializes In: Advertising, Automotive, Brand Development & Integration, Co-op Advertising, Collateral, Consulting, Consumer Marketing, Graphic Design, High Technology, Internet/Web Design, Logo & Package Design, New Product Development, Package Design, Point of Purchase, Point of Sale, Print, Sales Promotion, Social Marketing/Nonprofit

Breakdown of Gross Billings by Media: Collateral: 20%; Consulting: 80%

Paul Weaver *(Pres)*
Rick Crouch *(Partner)*

Accounts:
Boy Scouts of America; Irving, TX Membership, Publications; 1981
Hershey Chocolate USA
NHL; New York, NY E-Commerce; 2001
Salty Snack Food Company
SONY Digital; Amsterdam, Netherlands; Tokyo, Japan Digital Photography, OS; 2001

THE MARKETING DEPARTMENT
457 King St, London, ON N6B 1S8 Canada
Tel.: (519) 439-8080
Fax: (519) 439-8081
Toll Free: (866) 439-8080
Web Site: www.tmd.ca

Employees: 15
Year Founded: 1995

Randy Timmins *(Co-Founder)*
Anne-Marie Daggett *(Pres-Oregon)*
Diane Allen *(Dir-Fin & Admin)*
Link Malott *(Dir-Ops)*
Nicholas Callender *(Designer-Production)*
Craig Forsey *(Assoc Creative Dir)*

Accounts:
Alcon Canada
Arctic
Black Berry
Domus
Huron
Iciniti
Kanter Yachts
Keith Brown Magician
Lawon
LCS
Mountain HardWear
North Star
SISKINDS
Sorel
Summit

MARKETING DIRECTIONS, INC.
28005 Clemens Rd, Cleveland, OH 44145
Tel.: (440) 835-5550
Fax: (440) 892-9195
Web Site: marketingdirectionsinc.com/

E-Mail for Key Personnel:
President: nick@ideaswithapoint.com
Creative Dir.: scott@ideaswithapoint.com
Production Mgr.: marie@ideaswithapoint.com

Employees: 14
Year Founded: 1980

National Agency Associations: ADFED-BMA

Agency Specializes In: Advertising, Automotive, Brand Development & Integration, Business-To-Business, Communications, Consumer Goods, Consumer Marketing, Consumer Publications, Corporate Communications, Corporate Identity, Customer Relationship Management, Direct-to-Consumer, E-Commerce, Electronic Media, Event Planning & Marketing, Food Service, Graphic Design, Health Care Services, In-Store Advertising, Internet/Web Design, Logo & Package Design, Magazines, Media Buying Services, Media Planning, Media Relations, Medical Products, New Product Development, Newspapers & Magazines, Out-of-Home Media, Outdoor, Package Design, Point of Sale, Print, Production, Public Relations, Retail, Sales Promotion, Trade & Consumer Magazines

Nicholas J. Lowe *(Pres)*
John Brubaker *(VP & Mgr-Special Projects)*
Scott Camarati *(Dir-Creative)*
Marie Bozek *(Production Mgr)*
Catherine Schwark-Risko *(Acct Exec)*
Kelly Sullivan *(Acct Exec)*

Accounts:
Arnold
City of Middleburg Heights
Federal-Mogul Automotive Aftermarket Products; 1998
Napa Gaskets
Rivals Sports Grille; 2007
Saint Luke's Foundation

MARKETING EDGE GROUP
1555 Ruth Rd Units 1 & 2, North Brunswick, NJ 08902
Tel.: (732) 658-1540
Fax: (732) 745-1990
E-Mail: info@medge.com
Web Site: http://www.marketingedgegroup.com/

Employees: 8
Year Founded: 1995

Agency Specializes In: Automotive, Communications, Financial, Logo & Package Design, Medical Products, Pharmaceutical, Real Estate, Retail

Approx. Annual Billings: $5,000,000

Rama Marupilla *(Partner & VP-Software Dev)*
Allison Welker *(Exec VP & Gen Mgr)*
Christine Conant *(Art Dir & Sr Graphic Designer)*
Stephanie Stefanelli *(Sr Acct Mgr)*
Danielle Mears *(Sr Acct Exec)*

Accounts:
AT&T Communications Corp.; Bridgewater, NJ Business Services; 1996
Capital Asset Exchange
Digital Source 360
Douglas Laboratories; Pittsburgh, PA; 1999
Granutec, Inc.
Image Stream Productions
JS Group
Marketing Zone
MD On-line
Pfizer
Phillips
Quest Diagnostics; Teterboro, NJ; 1999
Roche Diagnostics
Sea Tel
Tris Pharma
Trius Therapeutics
US HealthConnect
Venodyne; Columbus, MS; 2000

MARKETING FACTORY
815 Hamton Dr, Venice, CA 90291
Tel.: (310) 314-8008
E-Mail: info@marketingfactory.com
Web Site: www.marketingfactory.com

Employees: 50

Agency Specializes In: Brand Development & Integration, Digital/Interactive, Entertainment, Market Research, Strategic Planning/Research

Rob Tonkin *(Founder & Exec Producer)*
Heather Healy *(VP-Ops & Sr Producer)*
Natasha Hamidi *(VP-Fin)*
Matt Pennington *(Creative Dir & Producer)*

Accounts:
Honda Motor Company

THE MARKETING GARAGE
15243 Yonge St, Aurora, ON L4G 1L8 Canada
Tel.: (905) 727-6978
Fax: (905) 727-0103
Toll Free: (855) 223-8313
E-Mail: bob@themarketinggarage.ca
Web Site: www.themarketinggarage.ca

Employees: 10

National Agency Associations: Second Wind Limited

Bob Nunn *(Owner & Pres)*

Accounts:
Career Builder Canada
Dawson Dental Centres
Niagara Parks Commission
Pathways to Perennials
Timberland Footwear

MARKETING IN COLOR
1515 N Marion St, Tampa, FL 33602
Tel.: (877) 258-3771
E-Mail: info@marketingincolor.com
Web Site: www.marketingincolor.com

Employees: 25
Year Founded: 1996

Agency Specializes In: Advertising, Brand Development & Integration, Graphic Design, Internet/Web Design, Media Buying Services, Media Planning, Search Engine Optimization, Social Media

Cheryl Parrish *(Pres & CEO)*
John Parrish *(Creative Dir)*
MaryKay Scott *(Acct Mgr)*
Gediam Leon *(Designer-Web)*

Accounts:
HD Law Partners

MARKETING MATTERS
4000 13th Lane NE, Saint Petersburg, FL 33703
Tel.: (954) 925-1511
Fax: (954) 925-1549
E-Mail: info@marketingmatters.net
Web Site: www.marketingmatters.net

Employees: 5
Year Founded: 1997

Agency Specializes In: Advertising, Collateral, Entertainment, Event Planning & Marketing, Luxury Products, Newspaper, Product Placement, Public Relations, Publishing, Strategic Planning/Research

Coleen Sterns Leith *(Pres)*
Joe Piccirilli *(Mng Partner-Rosswater Energy)*
Stephanie Scola *(Mktg Mgr-KEF America)*

Accounts:
Avad
Cobb
KanexPro (Agency of Record) Advertising, Marketing Communications, Public Relations,

ADVERTISING AGENCIES

Social Media
KEF America (Agency of Record)
Niles Audio Corporation
RGB Spectrum Public Relations

MARKETING MEDIA COMMUNICATION
PO Box 2063, Salt Lake City, UT 84110
Tel.: (801) 359-8900
Fax: (801) 359-8933
Toll Free: (800) 587-5588
E-Mail: mmc@marketingmediacom.com
Web Site: www.marketingmediacom.com

Employees: 10
Year Founded: 1985

Agency Specializes In: Brand Development & Integration, Health Care Services, Internet/Web Design, Logo & Package Design, Medical Products, Pharmaceutical, Public Relations, Strategic Planning/Research

Stephen Holbrook *(Owner)*

Accounts:
Bard Access Systems
Bard Peripheral Vascular
Beehive Glass
Compass Capital
EMPI
Jeremy Ranch
Specialty Furniture
Weber State University

MARKETING OPTIONS, LLC
7965 Washington Woods Dr, Dayton, OH 45459
Tel.: (937) 436-2648
Fax: (937) 436-6156
E-Mail: info@moptions.com
Web Site: www.moptions.com

E-Mail for Key Personnel:
President: bcast@moptions.com
Media Dir.: mike@moptions.com

Employees: 3
Year Founded: 1987

Agency Specializes In: Advertising, Business Publications, Business-To-Business, Collateral, Communications, Consulting, E-Commerce, Electronic Media, Exhibit/Trade Shows, Graphic Design, Integrated Marketing, Internet/Web Design, Market Research, New Product Development, Print, Production (Print), Public Relations, Search Engine Optimization, Strategic Planning/Research, Trade & Consumer Magazines

Barbara Weber Castilano *(Owner)*
Bryan Strunk *(Art Dir)*

Accounts:
International Mold Steel
Palmer Manufacturing

MARKETING RESOURCE GROUP
225 S Washington Sq, Lansing, MI 48933
Tel.: (517) 372-4400
Web Site: www.mrgmi.com

Employees: 10
Year Founded: 1979

Agency Specializes In: Advertising, Crisis Communications, Media Relations, Public Relations

Tom Shields *(Pres)*
David Doyle *(Exec VP)*
Donna Halinski Hondorp *(Sr Acct Dir)*

Accounts:
Sparrow Foundation

MARKETING RESULTS INC.
2900 W Horizon Rdg Pkwy Ste 200, Henderson, NV 89052
Tel.: (702) 361-3850
Fax: (702) 361-2905
Web Site: www.marketingresults.net

Employees: 25
Year Founded: 1988

Agency Specializes In: Direct Response Marketing, Email, Event Planning & Marketing, Graphic Design, Print

Gary Border *(Pres & COO)*
Patrice Gianni *(CEO)*
Craig Border *(VP-Database Mktg)*
Kevin McElroy *(VP-Creative Svcs)*
Meg Schroeder *(VP-Ops)*
Kristen Fulmer *(Mktg Dir)*
Amy Morais *(Creative Dir-Digital)*
Rebecca Perger *(Acct Svcs Dir)*

THE MARKETING SHOP
605 East Baltimore450 Parkway Dr Pike 2nd Fl E, Broomall, PA 19008
Tel.: (215) 967-1466
Web Site: mshop360.com/

Employees: 9

Agency Specializes In: Advertising, Email, Internet/Web Design

Pat DiCola *(Founder & CMO)*
Ryan Fitzpatrick *(CIO & Dir-Tech)*

Accounts:
Difilippos Service Company
Wimpys Original

MARKETING SPECIFICS INC.
6217 Arnall Court, Acworth, GA 30101
Tel.: (770) 426-1107
Fax: (770) 426-1305
Toll Free: (800) 717-8999
E-Mail: info@marketingspecifics.com
Web Site: www.marketingspecifics.com

Employees: 20
Year Founded: 1987

National Agency Associations: Second Wind Limited

Agency Specializes In: Advertising, Advertising Specialties, Affluent Market, Brand Development & Integration, Catalogs, Collateral, Communications, Consulting, Consumer Marketing, Corporate Communications, Corporate Identity, Digital/Interactive, Direct Response Marketing, E-Commerce, Email, Event Planning & Marketing, Exhibit/Trade Shows, Graphic Design, Hospitality, Identity Marketing, Integrated Marketing, International, Internet/Web Design, Leisure, Logo & Package Design, Luxury Products, Market Research, Media Planning, Media Relations, Merchandising, Mobile Marketing, Over-50 Market, Point of Purchase, Production (Ad, Film, Broadcast), Production (Print), Public Relations, Publicity/Promotions, RSS (Really Simple Syndication), Radio, Real Estate, Retail, Sales Promotion, Search Engine Optimization, Seniors' Market, Social Marketing/Nonprofit, Social Media, Telemarketing, Web (Banner Ads, Pop-ups, etc.), Women's Market

Joan N. Barnes *(Founder & Pres)*

MARKETING STRATEGIES INC.
4603 Oleander Dr Ste 4, Myrtle Beach, SC 29577
Tel.: (843) 692-9662
Fax: (843) 692-0558
E-Mail: production@marketingstrategiesinc.com
Web Site: www.marketingstrategiesinc.com

Employees: 3

Agency Specializes In: Advertising, Brand Development & Integration, Collateral, Digital/Interactive, Graphic Design, Logo & Package Design, Media Relations, Media Training, Public Relations, Social Media

Denise Blackburn-Gay *(Pres & CEO)*
Samantha Bower *(Mktg Dir)*

Accounts:
2018 Rotary 7770 District Conference (Agency of Record); 2017
Anita M. Winkler (Agency of Record) Public Relations; 2018
New-Carolina OB & GYN (Agency of Record) Design, Digital Communications, Marketing, Public Relations, Strategic Communications
Lowes Foods

THE MARKETING WORKS
55 Murray St Ste 108, Ottawa, ON K1N 5M3 Canada
Tel.: (613) 241-4167
Fax: (613) 241-7321
E-Mail: info@the-marketing-works.com
Web Site: www.the-marketing-works.com

Employees: 2
Year Founded: 1993

Agency Specializes In: Brand Development & Integration, Business-To-Business, Communications, Consulting, High Technology, Planning & Consultation, Strategic Planning/Research

Accounts:
Bridgewater Systems
Canada Museum of Science and Technology
Canadian Medical Association Practice Solutions
Canadian Museum of Civilization
CMHC
The Electronic Courthouse
Export Development Corporation
The Heart & Stroke Foundation of Canada
Natural Resources Canada
Teknor Corporation
Transport Canada
United Way of Ottawa-Carleton

MARKETING WORKS, INC.
740 Lakeview Plz Blvd Ste 100, Worthington, OH 43085
Tel.: (614) 540-5520
Fax: (614) 540-5524
E-Mail: info@marketing-works.net
Web Site: http://marketingworks360.com/

Employees: 10

Agency Specializes In: Advertising, Brand Development & Integration, Communications, Government/Political, Internet/Web Design, Local Marketing, Media Relations, Public Relations, Strategic Planning/Research, Viral/Buzz/Word of Mouth, Web (Banner Ads, Pop-ups, etc.)

Bill Kiefaber *(Pres & Partner)*
Tina Rudisill *(Pres)*
Brenda Stier-Anstine *(CEO)*
Stacy Wood *(Sr VP & Head-Practice Grp)*

AGENCIES - JANUARY, 2019 — ADVERTISING AGENCIES

Scott Bowman *(VP)*
Tom Vranich *(VP-Client Svcs)*
Sandy Wynegar *(Client Svcs Dir)*
Bill Hayward *(Dir-Comm & PR)*
Alexandra Conley *(Sr Acct Mgr)*
Mary Trimarche *(Office Mgr)*

Accounts:
Bob Webb Group
e-Play
Finance Fund
Mid Ohio Oncology/Hematology
Progressive Medical, Inc.; Westerville, OH

MARKETSHARE PLUS, INC.
12730 Coldwater Rd Ste 102, Fort Wayne, IN 46845
Tel.: (260) 497-9988
Fax: (260) 497-0064
E-Mail: mkst@marketshareplus.com
Web Site: www.marketshareplus.com

Employees: 4
Year Founded: 1992

Agency Specializes In: Children's Market, Food Service

Thomas D. Mattern *(Owner)*

Accounts:
Access America
Andrew Davis
Challenger Door
Mike Thomas Association, Wayne, IN Sofas, Loveseats, Chairs & Ottomans
Trans Am Series

MARKETSMITH INC
2 Wing Dr, Cedar Knolls, NJ 07927
Tel.: (973) 889-0006
E-Mail: contact@marketsmithinc.com
Web Site: www.marketsmithinc.com

Employees: 50
Year Founded: 1999

Agency Specializes In: Advertising, Arts, Brand Development & Integration, Broadcast, Consumer Goods, Content, Digital/Interactive, Direct Response Marketing, Direct-to-Consumer, Electronic Media, Email, Financial, Food Service, Government/Political, Graphic Design, Mobile Marketing, Out-of-Home Media, Outdoor, Print, Search Engine Optimization, Social Media, Strategic Planning/Research

Revenue: $1,400,000

Monica C. Smith *(Founder & CEO)*
Lois Marks *(Mng Dir-Client Svcs & Exec VP)*
Rob Bochicchio *(Exec VP-Media Innovation & Strategy)*
Nasir Michael *(Exec VP-Fin & Ops)*
Carina Pologruto *(Exec VP)*
Jon Renner *(EVP-Creative Svcs)*
Larry Durst *(Sr VP & Exec Creative Dir)*
Luis Hernandez *(Sr VP & Strategist-Digital)*
Nicole Malino *(SVP-Client Svcs)*
Davey Rosenbaum *(Sr VP-Res)*
Michael Waksbaum *(Sr VP-Plng)*
Tony Siminerio *(VP & Creative Dir)*
Desiree Maurin *(VP-Client Performance)*
Keith Muhlon *(VP-Media Relations)*
Anne Picone *(Dir-Mktg Svcs)*
Elena Parks *(Acct Supvr)*
Gina Partite *(Acct Supvr)*
Shanna Vella *(Acct Supvr)*
Alyssa Bartlett *(Supvr-Media Plng)*
Dinh Le *(Sr Specialist-Media Ops)*
Kristen Costello *(Strategist-Digital)*
Melissa Holm *(Media Buyer)*

Accounts:
American Financial Resources Inc AFR Wholesale, Digital Marketing, eLEND
Brookdale Senior Living
Garrett Wade
Level Up (Agency of Record) Content, Media, Orchestrate Search Campaigns, Website; 2017
Lovesac (Agency of Record); 2018
MoMA Direct Mail, MoMA Design Store
New Jersey Lottery
New Jersey Tourism
Papermill Playhouse
PSEG Long Island
Smithsonian
SMT Expo (Agency of Record); 2017
Sturbridge Yankee Workshop
Widex (US Agency of Record) Direct Mail, E-Mail, Hearing Solutions Division, Trade Show, Video; 2018

MARKETSMITHS CONTENT STRATEGISTS LLC
401 Park Ave S, New York, NY 10016
Tel.: (415) 787-5058
E-Mail: info@marketsmiths.com
Web Site: www.marketsmiths.com

Employees: 15

Agency Specializes In: Content, Copywriting, Email, Print, Search Engine Optimization, Social Media

Jean Tang *(Founder & Sr Strategist-Copywriting)*
Melissa Holm *(Media Buyer)*

Accounts:
Choices in Childbirth
Entrepreneur Online
Ethos Wellness Collective
Forbes.com
Gastronomie491
Greenhouse Eco-Cleaning
IOBY
Jose Rolon Events
Kuncio Orthodontics
LMA Group
NYFU
Rock Paper Team
Rubicon Project
Varghese & Associates

MARKETSTAR CORPORATION
2475 Washington Blvd, Ogden, UT 84401
Tel.: (801) 393-1155
Fax: (801) 393-4115
Toll Free: (800))877-8259
E-Mail: info@marketstar.com
Web Site: https://www.marketstar.com/

Employees: 250
Year Founded: 1988

Agency Specializes In: Business-To-Business, Consumer Marketing, Consumer Publications, Health Care Services, High Technology, Sponsorship

Keith Titus *(Pres & CEO)*
E.J. Harris *(CFO)*
Vaughn Aust *(Exec VP-Mktg & Product)*
Michelle Gunter *(VP-B2B Partner Channel)*
Regan Felix Howell *(Dir-Channel Sls)*
Joe Sako *(Dir-Insights & Analytics)*

Accounts:
Agilsys
Canon
Cisco
Hewlett Packard Compaq
InFocus
KitchenAid
Logitech
Microsoft
Motorola Solutions, Inc.
Office Depot
Sony
Verizon
Whirlpool

MARKHAM & STEIN UNLIMITED
3326 Mary St, Miami, FL 33133
Tel.: (305) 445-6642
Web Site: www.markhamandstein.com

Employees: 12

Agency Specializes In: Advertising, Brand Development & Integration, Content, Digital/Interactive, Event Planning & Marketing, Graphic Design, Print, Social Media

Markham Cronin *(Founder, Partner & Chief Creative Officer)*
Jeff Steinhour *(CEO & Mng Partner)*
Jack Daniel Bagdadi *(Creative Dir)*
Michelle Baumgard *(Art Dir)*
Evie Macias *(Acct Dir)*
Tristan Stevens *(Acct Dir)*
Brent Carlin *(Dir-Digital)*
Leen Dahman *(Sr Acct Mgr)*
Karina Bagdadi *(Copywriter)*
Aly Perez *(Assoc Creative Dir)*
Michael Perez *(Sr Supvr-Media)*

Accounts:
Mellow Mushroom
Mercury Marine
Oriental Bank
Popcorn Indiana
Porsche (Latin America Agency of Record) Creative
Santa Margherita

THE MARLIN NETWORK, INC.
305 W Mill St, Springfield, MO 65806
Tel.: (417) 885-4500
Fax: (417) 887-3643
E-Mail: marlin@marlinco.com
Web Site: www.marlinco.com

E-Mail for Key Personnel:
President: dkm@marlinco.com

Employees: 70
Year Founded: 1985

Agency Specializes In: Brand Development & Integration, Business-To-Business, Consumer Marketing, Digital/Interactive, Food Service, Graphic Design, Internet/Web Design, New Product Development, Publicity/Promotions, Strategic Planning/Research

Michael Stelzer *(Owner)*
Shelbey Stockton *(Grp Acct Dir)*
Nora Hiatt *(Art Dir)*
Matt Rose *(Creative Dir)*
Emily Dale *(Sr Acct Exec)*
James Kaminski *(Acct Exec)*
Greta Miller *(Acct Exec)*
Ashley Bush *(Sr Analyst-Mktg)*
Quentin Brown *(Sr Art Dir)*

Accounts:
Akzo Nobel Chemicals
Blue Bunny
Camp Barnabas (Pro Bono)
Mission Food Service
Pinnacle Foods
Splenda
Starbucks Foodservice
Sweet Street Desserts Inc. Foodservice Desserts;

ADVERTISING AGENCIES — AGENCIES - JANUARY, 2019

2000

MARRINER MARKETING COMMUNICATIONS, INC.
6731 Columbia Gateway Dr Ste 250, Columbia, MD 21046
Tel.: (410) 715-1500
Fax: (410) 995-3609
Toll Free: (800) 268-6475
Web Site: www.marriner.com

E-Mail for Key Personnel:
Media Dir.: wendy@marriner.com
Production Mgr.: vicki@marriner.com

Employees: 48
Year Founded: 1989

Agency Specializes In: Advertising, Brand Development & Integration, Broadcast, Business Publications, Business-To-Business, Collateral, Consumer Goods, Consumer Marketing, Consumer Publications, Content, Corporate Communications, Corporate Identity, Custom Publishing, Digital/Interactive, Direct Response Marketing, Direct-to-Consumer, Electronic Media, Email, Event Planning & Marketing, Exhibit/Trade Shows, Food Service, Graphic Design, Hospitality, Identity Marketing, In-Store Advertising, Integrated Marketing, Internet/Web Design, Local Marketing, Logo & Package Design, Market Research, Media Buying Services, Media Planning, Mobile Marketing, Multimedia, New Product Development, Out-of-Home Media, Outdoor, Paid Searches, Planning & Consultation, Point of Purchase, Point of Sale, Print, Production, Production (Ad, Film, Broadcast), Promotions, Public Relations, Restaurant, Retail, Sales Promotion, Search Engine Optimization, Social Media, Sponsorship, Strategic Planning/Research, Trade & Consumer Magazines, Travel & Tourism, Web (Banner Ads, Pop-ups, etc.)

Approx. Annual Billings: $60,000,000

Tighe Merkert *(Pres & CEO)*
Susan Gunther *(Partner & VP-Client Svcs)*
Rob Levine *(Partner & VP-Acct Strategy)*
Chris Just *(VP & Exec Creative Dir)*
David Melnick *(VP & Dir-Strategic Partnerships)*
Linda Henley *(VP-Pkg & Production Mgr)*
Vicki Rummel *(VP-Production)*
Wendy Simms *(VP-Media)*
Josie Griffin *(Controller)*
Claudia Barac-Roth *(Assoc Dir-Creative & Art)*
Jessica Hinton *(Project Mgr-Digital)*
Ann Saunders *(Acct Supvr)*
Katie Vacca *(Acct Supvr)*
Anne Wineholt *(Supvr-Media)*
Elliot Meek *(Sr Acct Exec)*
Lauren DeGeorge *(Acct Exec)*
Jessica Guercio *(Acct Exec)*
Chelsea Simpson *(Coord-Media)*
Matthew Ketchum *(Assoc Creative Dir)*

Accounts:
Butterball
Butterball (Foodservice Agency of Record) Marketing Communications
Campbell Soup Company Digital, Website
Hospitality Mints Digital Strategy, E-commerce, Marketing
Knouse Foods
Marriott International
Maryland Office of Tourism Development (Agency of Record) Creative, Marketing, Media Placement
McCormick & Company (Agency of Record)
Meat & Livestock Australia
MICROS Systems
Perdue Farms
Phillips Foods
Reinhart Foodservice
Rich Products
The Sugar Association
USA Rice Federation; 2006
Vulcan, Wolf & Berkel
Zatarain's

THE MARS AGENCY
25200 Telegraph Rd, Southfield, MI 48033-7496
Tel.: (248) 936-2200
Fax: (248) 936-2760
Toll Free: (800) 521-9317
E-Mail: cookb@themarsagency.com
Web Site: www.themarsagency.com/

Employees: 470
Year Founded: 1973

Agency Specializes In: Advertising, Advertising Specialties, Brand Development & Integration, Broadcast, Business Publications, Cable T.V., Co-op Advertising, Collateral, Consumer Marketing, Direct Response Marketing, Event Planning & Marketing, Food Service, Health Care Services, Hispanic Market, In-Store Advertising, Internet/Web Design, Local Marketing, Magazines, Merchandising, New Product Development, Newspaper, Newspapers & Magazines, Out-of-Home Media, Outdoor, Pharmaceutical, Point of Purchase, Point of Sale, Print, Production, Production (Print), Promotions, Radio, Retail, Sales Promotion, Shopper Marketing, Sponsorship, Strategic Planning/Research, Sweepstakes, T.V.

Approx. Annual Billings: $252,245,461

Carol Butash *(Sr VP-Fin)*
Maribeth Fasseel *(Sr VP-Fin)*
Kris Abrahamson *(VP-Client Leadership)*
Chris Baranowski *(VP-Fin)*
Lorrie Boone *(VP-Strategic Plng)*
Mary Sahn Evans *(VP-Strategic Plng)*
Tom Fritz *(VP-Client Leadership)*
Margie Fujarski *(VP-Client Svc)*
Barbara Ann Hagen *(VP-Samsung Global)*
Jason Jakubiak *(VP & Grp Creative Dir)*
Maureen OHare *(VP-Growth, Connections & Shopper Mktg)*
Kim Pawlak *(VP-Creative Ops)*
Kristen Sabol *(VP-Client Leadership)*
David Wysocki *(VP & Grp Creative Dir)*
Jonathan Morrow *(Creative Dir)*
Jason Parzuchowski *(Creative Dir)*
Rachel Bateast *(Dir-Strategic Plng)*
Cindy Carr *(Dir-Shopper Mktg Partnerships)*
Monica Hudak *(Dir-Client Leadership)*
Danielle Spalding *(Dir-Client Leadership)*
Sherry Galligan *(Supvr-Brdcst)*
Jordan Hefty *(Sr Acct Exec)*

Accounts:
American Pet Nutrition (Shopper Marketing Agency of Record) Marketing
Big Y Foods Inc.
Campbell Soup Co. Shopper Marketing
Cargill Inc; 2010
Chobani Greek Yogurt, Marketing, Strategic Insight
Clorox
Hallmark
Henkel
Live Nation
Lowe's
Pepperidge Farms
Pfizer; 2010
Samsung
T-Mobile
Tillamook County Creamery Association (Shopper Marketing Agency of Record); 2017
United Health Group; 2010
UnitedHealthcare
Walmart

MARSDEN MARKETING
225 Ottley Dr NE Ste 150, Atlanta, GA 30324
Tel.: (678) 369-0019
E-Mail: info@marsdenmarketing.com
Web Site: www.marsdenmarketing.com

Employees: 15
Year Founded: 2001

Agency Specializes In: Advertising, Brand Development & Integration, Business-To-Business, Digital/Interactive, Graphic Design, Internet/Web Design, Media Relations, Public Relations, Search Engine Optimization, Social Media

Anne Marsden *(Principal-B2B Mktg, Demand Generation & Sls Dev Agency)*
Suzanne Moore *(Principal)*
Noah Thomas *(Mgr-Client Success)*
Jeffrey Willis *(Mgr-Client Success)*
Brian Bicknell *(Designer-B2B Mktg Graphic)*

Accounts:
New-Qmatic
Trextel (Agency of Record)

MARSHAD TECHNOLOGY GROUP
12 Desbrosses St, New York, NY 10013
Tel.: (212) 925-8656
E-Mail: info@marshad.com
Web Site: www.marshad.com

Employees: 20

Agency Specializes In: Advertising, Broadcast, Digital/Interactive, Education, Entertainment, Financial, Health Care Services, Information Technology, Multimedia, New Technologies, Pharmaceutical, Public Relations, Retail, Travel & Tourism, Web (Banner Ads, Pop-ups, etc.)

Neal Marshad *(Pres)*

Accounts:
Caswell-Massey Creative Development, Online Advertising Strategy & Management, Search Engine Optimization, Social Media Strategy
Colgate Palmolive
Coty, Inc
General Mills
Idamenities Europe SL
NBC Entertainment
Olga Corporation
Pyramid Media Inc
Rita Hazan Salon
Speedo Authentic Fitness
Telerep
Viacom

MARSHFIELD GROUP
9025 Osborne Dr, Mentor, OH 44060
Tel.: (440) 974-8448
Fax: (440) 357-8577
E-Mail: info@marshfield.com
Web Site: www.marshfield.com

Employees: 4
Year Founded: 1979

Agency Specializes In: Communications, Consumer Marketing, Electronic Media, Graphic Design, Internet/Web Design, Multimedia, Planning & Consultation

Tom Mitchell *(Owner)*

Accounts:
Bescast; Painesville, OH
GE; Cleveland, OH Lighting; 1993
Holz Rubber; Lodi, CA
John Palmer's Bistro 44; Concord, OH
Lake Hospital Systems; Concord, OH
NCD Medical Group; Eastlake, OH

AGENCIES - JANUARY, 2019 — ADVERTISING AGENCIES

MARSTON WEBB INTERNATIONAL
270 Madison Ave, New York, NY 10016
Tel.: (212) 684-6601
Fax: (212) 725-4709
Toll Free: (800) 580-6816
E-Mail: marwebint@cs.com
Web Site: www.marstonwebb.com

E-Mail for Key Personnel:
President: victor@marstonwebb.com
Media Dir.: madlene@marstonwebb.com

Employees: 11
Year Founded: 1982

Agency Specializes In: Advertising, Advertising Specialties, Business Publications, Business-To-Business, Collateral, Consulting, Consumer Publications, Education, Entertainment, Financial, Government/Political, Health Care Services, High Technology, Internet/Web Design, Investor Relations, Media Buying Services, Newspaper, Newspapers & Magazines, Planning & Consultation, Public Relations, Radio, Real Estate, Recruitment, Sales Promotion

Breakdown of Gross Billings by Media: Collateral: 25%; Fees: 25%; Newsp. & Mags.: 50%

Victor G. Webb *(Pres)*

Accounts:
Austrian Trade Commission; New York, NY
Internet Plus; CA Ecommerce Direct
Linden Educational Services; Washington, DC
MBA Tours; Boston, MA Education; 2000
McEn Mining
Metropolitan Area Network; Washington, DC Broadband Wireless Service
World Gold Council; New York, NY & London, UK
Yomiuri Shimbun; Tokyo, Japan Newspaper

MARTIN ADVERTISING
1650-C E Greenville St, Anderson, SC 29621
Tel.: (864) 226-0282
Fax: (864) 226-8215
Web Site: www.ineedmartin.com

Employees: 3
Year Founded: 1989

Agency Specializes In: Advertising, Brand Development & Integration, Graphic Design, Internet/Web Design, Logo & Package Design, Media Planning, Print, Promotions, Radio, T.V.

Judy E. Forrest *(Mgr-Fin, Media Planner-Print & Buyer)*
Cynthia M. Simpson *(Specialist-Acct Fin)*
Emily B. Holland *(Media Planner-Acct Svcs & Brdcst & Buyer)*

Accounts:
Hill Electric, Inc.
Timms Harley-Davidson

THE MARTIN AGENCY
One Shockoe Plz, Richmond, VA 23219
Tel.: (804) 698-8000
Fax: (804) 698-8001
E-Mail: info@martinagency.com
Web Site: www.martinagency.com

Employees: 486
Year Founded: 1965

National Agency Associations: 4A's-AAF-APA-ARF-BPA-DMA

Agency Specializes In: Advertising, Agriculture, Automotive, Brand Development & Integration, Branded Entertainment, Broadcast, Business Publications, Business-To-Business, Cable T.V., Children's Market, Communications, Consulting, Consumer Marketing, Consumer Publications, Content, Corporate Communications, Digital/Interactive, Direct Response Marketing, E-Commerce, Electronic Media, Electronics, Entertainment, Environmental, Event Planning & Marketing, Fashion/Apparel, Financial, Game Integration, Graphic Design, Health Care Services, High Technology, Information Technology, Integrated Marketing, Internet/Web Design, Investor Relations, Leisure, Logo & Package Design, Magazines, Market Research, Media Buying Services, Media Planning, Merchandising, Mobile Marketing, New Product Development, Newspaper, Newspapers & Magazines, Out-of-Home Media, Outdoor, Over-50 Market, Package Design, Paid Searches, Podcasting, Point of Purchase, Point of Sale, Print, Product Placement, Production, Promotions, Public Relations, Publicity/Promotions, RSS (Really Simple Syndication), Radio, Restaurant, Retail, Sales Promotion, Search Engine Optimization, Sponsorship, Sports Market, Strategic Planning/Research, T.V., Teen Market, Telemarketing, Trade & Consumer Magazines, Travel & Tourism, Viral/Buzz/Word of Mouth, Web (Banner Ads, Pop-ups, etc.), Yellow Pages Advertising

Shawn Lacy *(Mng Dir)*
Liz Toms *(Sr VP & Dir-Bus Dev)*
Justin Harris *(VP & Creative Dir)*
Mercedes Allen *(Head-Production)*
Sam Keasler *(Head-Creative)*
Thiago Elias *(Sr Dir-Art)*
Chloe Bos *(Acct Dir)*
Raiven Delisle *(Art Dir)*
Shaun Roach *(Assoc Producer-Digital)*
Leslie Griles *(Dir-Outreach & Partnerships)*
Kelsey Larus *(Dir-Strategic Engagement)*
Deric Nance *(Assoc Dir-Creative)*
Kevin Merrill *(Grp Project Mgr)*
Monica Cox *(Acct Supvr-Fin)*
Michael Foster *(Acct Supvr)*
Peter Norquist *(Acct Supvr)*
Emily Goodman *(Supvr-Bus Affairs)*
Allison Slocum *(Supvr-Media-Engagement Team)*
Kendall Gardiner *(Acct Exec)*
Laura Holland *(Acct Exec)*
Mary Anne Kavjian *(Acct Exec)*
Cecelia Parrish *(Sr Planner-Strategic)*
Erin Shepherd *(Acct Exec)*
Whitney Boggs *(Sr Designer)*
Molly Burke *(Copywriter)*
Devon Dorney *(Media Planner)*
William Godwin *(Sr Designer)*
Sara Goforth *(Assoc Designer)*
Melanie M. Matlock *(Copywriter)*
John McClaire *(Designer-Experience)*
Kerry McNally *(Media Planner)*
Paige Nuckols *(Designer)*
Lauren Tresco *(Planner-Strategic)*
Tayler Anderson *(Acct Coord)*
Sierra Gonzales *(Coord)*
Alexandra Ender *(Asst Media Planner)*
Sean Riley *(Grp Creative Dir)*
Henrique Santiago *(Assoc Creative Dir)*

Accounts:
Benjamin Moore & Co. (Creative & US Media Agency of Record) Digital, Fenway Collection, Green Monster, Natura "Zero-VOC and Zero Emissions", Online, Print, Radio, Regal Select, Revive Paint, TV
New-BUFFALO WILD WINGS, INC (Creative Agency of Record); 2018
Discover Financial Services, Inc. Discover It Miles
Donate Life Organ Donation Advocacy
Experian
Ferrero U.S.A., Inc. Strategic, Tic Tac (US Creative Agency of Record)
Geico Car Insurance, Creative, Digital, GEICO Auctioneer, Online; 1994
General Motors Chevrolet
Georgia-Pacific Sparkle Paper Towels
Golf Channel B2B, Consumer Brand Engagement, Digital, GolfNow, Social Creative, Strategic Planning Plus Broadcast; 2018
Hanesbrands Branded Apparel Champion, L'eggs
Hilton Worldwide, Inc.
John F. Kennedy Presidential Library & Museum Campaign: "An Idea Lives on", Campaign: "Clouds Over Cuba", Campaign: "Peace Corps"; 1994
New-Kohl's Corporation Brand; 2018
Land O'Lakes Inc. "Add A Little Good", Creative Development, Kozy Shack Puddings (Agency of Record), Land O'Lakes Butter (Agency of Record), Media Buying, Media Planning
Lidl US, LLC; 2018
Manpower Inc. (Agency of Record); 2009
Midas International Corporation Creative, Project Spark; 2013
Mondelez International Advertising, Chips Ahoy!, Cookie Balls, Creative, Marketing, Oreo, Oreo Thins, Print, Ritz, TV, Transformers, Video
Nestle Purina PetCare Company
Penske Truck Leasing (Agency of Record) "Horn", Online, Print, Social Media
PING Golf Equipment; 1995
Sabra Dipping Company LLC (Advertising Agency of Record) Creative, Digital Media, Social Media Strategy, Strategic
Shadow of War
Sling TV LLC (Agency of Record) Digital, Mobile, New Media, Out-of-Home Ads, Paid & Organic Social, Paid Search, Promotions; 2018
Stoli Group USA LLC Creative, Stolichnaya Vodka
Subway Restaurants Digital, Social, TV
TIAA-CREF Creative, Media Buying, Media Planning, Strategy
Tie the Knot
The Timberland Company
Tracfone Wireless Lovestruck, Net 10
US Commonwealth of Virginia
Virginia Tourism Authority (Advertising, Creative & Paid Media Agency of Record); 2017
Warner Brothers/Monolith
Wizards of the Coast, Inc (Agency of Record) Branding & Strategic Planning; 2018

Branches

The Martin Agency
3 Grosvenor Gardens, London, SW1W 0BD
United Kingdom
Tel.: (44) 207 979 5600
Web Site: www.martinagency.com

Employees: 5
Year Founded: 2014

Agency Specializes In: Advertising, Brand Development & Integration, Digital/Interactive, Event Planning & Marketing, Graphic Design, Internet/Web Design, Print

Ian Davidson *(Exec VP)*
Mark Nicholson *(Creative Dir)*

Accounts:
Barclays
Baskin-Robbins Digital, Social
Dunkin' Donuts Digital, Social
Education First
Manpower Group
United Parcel Service, Inc.

MARTIN & CO ADVERTISING
3504 Knight Rd, Whites Creek, TN 37189
Tel.: (615) 876-1822
Fax: (615) 876-9018
Web Site: www.martincoadvertising.com

ADVERTISING AGENCIES

Employees: 10

Agency Specializes In: Advertising, Brand Development & Integration, Content, Digital/Interactive, Event Planning & Marketing, Package Design, Public Relations, Social Media

Zan Martin *(Pres & CEO)*
Randy Martin *(CEO)*
Jeff Lee *(VP-Digital Mktg)*

Accounts:
Alignment Simple Solutions
Fontanel Hotel & Resort

THE MARTIN GROUP, LLC.
487 Main St Ste 200, Buffalo, NY 14203
Tel.: (716) 853-2757
Fax: (716) 853-7366
Web Site: http://www.martingroup.co/

Employees: 76

National Agency Associations: 4A's

Agency Specializes In: Advertising, Brand Development & Integration, Broadcast, Collateral, Digital/Interactive, Environmental, Out-of-Home Media, Outdoor, Package Design, Point of Sale, Print

Gerry Martin *(Owner)*
Tod Martin *(Pres & Chief Creative Officer)*
Andre Grebenstein *(Partner)*
Patrick Hynes *(Principal)*
Lisa Strock *(Sr VP-Client Svcs)*
Michael Tsanis *(VP & Creative Dir)*
John Jiloty *(VP-Social Media & Content)*
Michael Prezioso *(VP-Ops)*
Jim Lynch *(Media Dir)*
Dave Riley *(Dir-Digital Art & Creative)*
Kate Wilcox *(Sr Brand Mgr)*
Jessica Black *(Mgr-Studio)*
Meg Hunter *(Mgr-Bus Dev)*
Rosemary Witschard *(Mgr-Traffic)*
Lianne Coogan *(Supvr-Creative)*
Jillian Gallagher *(Supvr-Creative)*
Anna Hofer *(Strategist-Digital Media)*
Krista Sobon *(Media Planner & Buyer)*
Victoria Kopra *(Coord-Ops)*
Chase Martin *(Coord-Ops)*

Accounts:
ECMC
Great Skate
Seneca Gaming Corp Creative Development, Marketing, Media

MARTIN RETAIL GROUP/MARTIN ADVERTISING
2801 University Blvd Ste 200, Birmingham, AL 35233
Tel.: (205) 930-9200
Fax: (205) 933-6949
Web Site: www.martinretail.com

Employees: 90
Year Founded: 1977

National Agency Associations: 4A's

Agency Specializes In: Broadcast, Direct Response Marketing, Email, Magazines, Newspaper, Print, Radio, Sponsorship, T.V.

David Martin *(CEO)*
Scott Metzger *(VP & Gen Mgr)*
Tim Kaiser *(VP & Grp Dir-Premium)*
Patrick Sullivan *(VP & Reg Dir-NE Reg)*
Jake Chappell *(Head-Digital Media)*
Brad Maxon *(Gen Mgr)*
Pam Satterfield *(Media Dir)*

Dave Janisse *(Mgmt Supvr-Retail Integration)*
Crawford Miller *(Dir-Digital Strategy)*
Chris Richardson *(Acct Supvr)*
Melanie Maddox *(Supvr-Media)*
David Goetz *(Media Planner & Media Buyer)*
Farr Shell *(Media Planner & Media Buyer)*
Lorita Faulkner *(Sr Media Buyer & Planner)*
Brooks Gant *(Sr Graphic Designer)*
Crystal Garcia *(Sr Media Buyer)*
Lisa Hamilton *(Sr Media Buyer)*
Jessie Hancock *(Jr Media Planner)*
Cassidy King *(Sr Media Buyer)*
Sheena Robinson *(Sr Media Planner)*

Accounts:
Allstate
Buick
Cadillac Campaign: "Standard"
GMC

MARTIN THOMAS INTERNATIONAL
20367 Clover Field Ter, Sterling, VA 20165
Tel.: (401) 245-8500
Fax: (401) 245-0694
E-Mail: contact@martinthomas.com
Web Site: www.martinthomas.com

E-Mail for Key Personnel:
President: mpottle@martinthomas.com

Employees: 5
Year Founded: 1987

National Agency Associations: PRSA

Agency Specializes In: Advertising, Bilingual Market, Business-To-Business, Consulting, Corporate Communications, Corporate Identity, Direct Response Marketing, Exhibit/Trade Shows, Graphic Design, Industrial, Internet/Web Design, Logo & Package Design, Public Relations, Publicity/Promotions, Strategic Planning/Research, Technical Advertising, Trade & Consumer Magazines

Approx. Annual Billings: $1,000,000

Martin K. Pottle *(Owner)*

Accounts:
Alliance Polymers & Services, LLC; Romulus, MI Plastics Resins Distributor, Tech Service Provider
Deerfield Urethane, Inc.; Whately, MA Plastics Films; 1999
Elastocom TPE Technologies, Inc.; Rochester, IL Thermoplastic Elastomers; 2007
G.R. Technical Services, Inc.; Mountainside, NJ Industrial Designers; 1992
National Plastics Center & Museum; Leominster, MA Industry Services, Museum; 1999
Plastics Institute of America, Inc.; Lowell, MA Trade Association; 2002
Polyzen, Inc.; Cary, NC Medical Products; 1998
SEI Chemical; Los Angeles, CA Chemicals

MARTIN WAYMIRE
600 W Saint Joseph St # 100, Lansing, MI 48933
Tel.: (517) 485-6600
E-Mail: info@mwadvocacy.com
Web Site: www.martinwaymire.com

Employees: 5

Agency Specializes In: Advertising, Digital/Interactive, Graphic Design, Internet/Web Design, Media Buying Services, Media Relations, Media Training, Print, Public Relations, Social Media

Andie Poole *(Sr Acct Exec-Mktg & Digital Media)*
Jessica Tramontana *(Sr Acct Exec)*
Andrea Kerbuski *(Acct Exec)*

Accounts:
Michigan Retailers Association

MARTIN WILLIAMS ADVERTISING INC.
150 S 5th St, Minneapolis, MN 55402-4428
Tel.: (612) 340-0800
Fax: (612) 342-9700
E-Mail: mgray@martinwilliams.com
Web Site: www.martinwilliams.com

Employees: 100
Year Founded: 1947

National Agency Associations: 4A's

Agency Specializes In: Above-the-Line, Advertising, Below-the-Line, Branded Entertainment, Broadcast, Business Publications, Business-To-Business, Cable T.V., Catalogs, Consumer Goods, Consumer Marketing, Consumer Publications, Digital/Interactive, Direct Response Marketing, Electronic Media, Email, Exhibit/Trade Shows, Experience Design, In-Store Advertising, Local Marketing, Magazines, Mobile Marketing, Multimedia, Newspaper, Newspapers & Magazines, Out-of-Home Media, Paid Searches, Pets, Pharmaceutical, Podcasting, Point of Purchase, Point of Sale, Print, Production, Production (Print), Promotions, Radio, Retail, Search Engine Optimization, Shopper Marketing, Social Media, Sponsorship, Sports Market, Sweepstakes, T.V., Trade & Consumer Magazines, Viral/Buzz/Word of Mouth, Web (Banner Ads, Pop-ups, etc.)

Lori Yeager Davis *(Pres)*
Brian McHugh *(CFO & Sr VP)*
Brock Davis *(Chief Creative Officer)*
Freddie Richards *(Sr VP & Head-Integrated Production)*
Swapna Desai *(Sr VP & Dir-Bus Strategy)*
Marty Enerson *(Sr VP & Dir-Ops)*
Stan Prinsen *(VP & Dir-Production)*
Emily Almich *(VP & Grp Media Dir)*
Steve Casey *(Exec Creative Dir)*
Dan Roettger *(Creative Dir)*
Joy Miller *(Dir-Studio Production)*
Anna Winberg *(Dir-Project Mgmt)*
Laura Wiering *(Mgr-New Bus)*
Lisa Schaefer *(Media Planner)*
John Riippa *(Buyer-Brdcst)*

Accounts:
3M Media Buying, Public Relations; 1978
CHS Creative, Product Strategy; 2013
Crown Poly Brand Strategy & Research, Creative, Digital, Media Buying, Media Planning, Production, Social; 2016
Finnegans Irish Ales Creative, Digital, Media Buying, Media Planning, Social; 2009
Horton, Inc. (Agency of Record) Advertising, Creative, Media Buying, Media Planning, Public Relations; 2015
Kubota Tractor Corporation Advertising, Creative, Kubota Construction Equipment (Agency of Record), Media Planning, Social, Strategy, Tractor, Mower & Rough Terrain Vehicle Business; 2013
Mall of America Broadcast, Creative, Digital, Media Buying, Media Planning, Out-of-Home, Print, Radio, Social; 2013
Meguiar's Media Buying, Media Planning; 2015
Minnesota Twins Community Fund Creative, Digital, Media Buying, Media Planning, Social; 2010
Syngenta Brand Strategy, Creative, Digital, Media Buying, Media Planning, Response Planning, Syngenta Crop protection, Syngenta Seeds, Website; 1985
Thrivent Mutual Funds Creative, Digital, Media Buying, Media Planning; 2014
Tilda Rice Media Buying, Media Planning; 2016

AGENCIES - JANUARY, 2019   ADVERTISING AGENCIES

Turfco Manufacturing Co. Creative, Digital, Media Buying, Media Planning; 2015
West Central Brand Strategy, Creative, Production; 2013
Wolverine Creative, Digital, Media Buying, Media Planning, Social; 2013

Divisions

TripleInk
150 S 5Th St, Minneapolis, MN 55402
(See Separate Listing)

Karwoski & Courage
150 S 5Th St, Minneapolis, MN 55402
Tel.: (612) 342-9898
Fax: (612) 342-4340
E-Mail: gkarwosk@creativepr.com
Web Site: www.creativepr.com

Employees: 17
Year Founded: 1992

Agency Specializes In: Public Relations, Sponsorship

Glenn Karwoski *(Founder & Mng Dir)*
Stan Prinsen *(VP & Head-Production)*
Emily Wozniak *(VP & Grp Acct Dir)*
Tena Murphy *(VP & Dir-HR)*
David Erickson *(VP-Online Mktg)*
Michael Gugala *(VP)*
Mark Bauer *(Dir-Acctg Ops)*

Accounts:
3M Commercial Graphics
3M Company
3M Healthcare
A-dec, Inc. Media Relations
Boys & Girls Clubs
Felhaber, Larson, Fenlon & Vogt
First American Funds
GlaxoSmithKline
KickedUp Media Group Satellite Media Tour
Kinze Manufacturing
Pavay Organics Corporation Public Relations
P.F. Chang's PR
Pillsbury Food Services

MARTINO BLUM
2101 Bel Air Rd Ste D, Fallston, MD 21047
Tel.: (410) 893-1700
Fax: (410) 893-2598
Web Site: www.martinoblum.com

Employees: 5
Year Founded: 1987

Agency Specializes In: Consumer Marketing

Approx. Annual Billings: $3,200,000

Michael Blum *(Pres & Dir-Creative)*

Accounts:
Family Recreation Products
Klein's Family Markets
Little House Music
Physicians Pain Care
Regional Pest management

MARTINO FLYNN LLC
175 Sully's Trl Ste 100, Pittsford, NY 14534
Tel.: (585) 421-0100
Fax: (585) 421-0121
E-Mail: info@martinoflynn.com
Web Site: www.martinoflynn.com

Employees: 52
Year Founded: 1967

National Agency Associations: MAGNET

Agency Specializes In: Advertising, Brand Development & Integration, Broadcast, Business-To-Business, Collateral, Consulting, Consumer Marketing, Direct Response Marketing, E-Commerce, Electronic Media, Financial, Graphic Design, Health Care Services, High Technology, Industrial, Internet/Web Design, Logo & Package Design, Media Buying Services, Newspapers & Magazines, Out-of-Home Media, Pharmaceutical, Public Relations, Publicity/Promotions, Radio, Retail, Sponsorship, Sports Market

Approx. Annual Billings: $33,000,000

Chris Flynn *(Partner)*
Kevin Flynn *(Partner)*
Tim Downs *(Exec Creative Dir)*
Robbie Magee *(Exec Dir)*
Colleen Bogart *(Media Dir)*
Matt D'Angelo *(Creative Dir-Digital)*
Jake Pierson *(Acct Dir)*
Julie Wegman *(Dir-Client Dev, Health Care Practice & Mktg Strategy)*
Julie Andrews *(Mgr-Sys & Network)*
Chelsea Metzger *(Sr Acct Exec-PR & Social Media)*
Ashley Saltzman *(Sr Acct Exec)*
Katherine Flynn *(Acct Exec)*
Skylar Jameson *(Acct Exec)*
Annette Kohl *(Media Buyer)*
Cindy Rogers *(Media Buyer)*
Jaime Berthold *(Coord-Media)*
Brianna Bennett *(Sr Supvr-Media)*
John Dobles *(Sr Art Dir)*
Charlotte McCabe *(Grp Creative Dir)*
Alyssa Neuman *(Sr Supvr-Digital Media)*

Accounts:
Buffalo Bills
Dick's Sporting Goods Campaign: "The Balls to go for it", Top Flite
Massachusetts Mutual Life Insurance Company

MARTOPIA, INC.
3805 E Main St, Saint Charles, IL 60174
Tel.: (630) 587-9944
Fax: (630) 587-5316
Toll Free: (866) 587-9944
E-Mail: info@martopia.com
Web Site: www.martopia.com

Employees: 15

Agency Specializes In: Advertising, Brand Development & Integration, Crisis Communications, Digital/Interactive, Email, Exhibit/Trade Shows, Financial, Health Care Services, Industrial, Internet/Web Design, Local Marketing, Media Relations, Newspaper, Podcasting, Promotions, Public Relations, Search Engine Optimization, Strategic Planning/Research

Tami Starck Hernandez *(Owner & Pres)*
Scott Nielsen *(Creative Dir)*

Accounts:
The Honorable Cause Foundation

MARTY WEISS & FRIENDS
41 E 11th Street 11th Floor, New York, NY 10003
Tel.: (212) 699-6490
E-Mail: info@martyweissandfriends.com
Web Site: martyweissandfriends.com

Employees: 10

Marty Weiss *(Founder)*

Accounts:

City & Country School
Dering Hall
Ike Kligerman Barkley
Imperial Brands; Palm Beach Gardens, FL 4 Orange Premium Vodka (Agency of Record); Sobieski; 2007
Rose Tarlow Melrose House
Sobieski Vodka

THE MARX GROUP
2175 E Francisco Blvd East Ste F, San Rafael, CA 94901
Tel.: (415) 453-0844
Fax: (415) 451-0166
Web Site: http://marxgrp.com/

E-Mail for Key Personnel:
President: tmarx@themarxgrp.com
Creative Dir.: kpetersen@themarxgrp.com
Media Dir.: gmedina@themarxgrp.com

Employees: 10
Year Founded: 1984

National Agency Associations: APRA-Second Wind Limited

Agency Specializes In: Advertising, Automotive, Brand Development & Integration, Business-To-Business, Co-op Advertising, Collateral, Communications, Consulting, Consumer Marketing, Consumer Publications, Corporate Communications, Corporate Identity, Direct Response Marketing, E-Commerce, Email, Event Planning & Marketing, Exhibit/Trade Shows, Graphic Design, High Technology, Household Goods, Identity Marketing, Industrial, Information Technology, Integrated Marketing, Internet/Web Design, Leisure, Logo & Package Design, Market Research, Media Buying Services, Media Planning, Media Relations, Package Design, Planning & Consultation, Point of Purchase, Point of Sale, Print, Promotions, Public Relations, Publicity/Promotions, Radio, Real Estate, Sales Promotion, Search Engine Optimization, Social Marketing/Nonprofit, Social Media, Sponsorship, Strategic Planning/Research, Telemarketing, Trade & Consumer Magazines, Transportation, Travel & Tourism

Approx. Annual Billings: $4,300,000

Breakdown of Gross Billings by Media: Collateral: 5%; D.M.: 10%; Exhibits/Trade Shows: 5%; Fees: 15%; Graphic Design: 10%; Logo & Package Design: 5%; Point of Purchase: 5%; Sls. Promo.: 5%; Strategic Planning/Research: 20%; Trade & Consumer Mags.: 5%; Trade Shows: 5%; Worldwide Web Sites: 10%

Tom Marx *(Chm & Chief Strategy Officer)*
Frank Buscemi *(Pres, CEO & Creative Dir)*
Kerri Petersen *(Exec VP-Mktg & Creative Svcs)*
Steffanie Savine *(VP-Sls & Accts)*
Gary McCoy *(Dir-PR)*

Accounts:
Betts Springs; Fresno, CA Heavy Duty Truck Parts & Service; 2012
CADNA Automotive; Memphis, TN Prestone Farm & ArmorMark Brand Automotive Belts, Hoses, Thermostats & Radiator Caps; 2007
CTEK Power USA Marketing, PR
DENSO Sales/US; Long Beach, CA Original Equipment & Aftermarket Parts; 2005
E-ZOIL (Marketing & Public Relations Agency of Record) Advertise Creative, Marketing & Branding Strategies, Media Planning & Placement, Messaging, Trade & Consumer
Enerpulse Marketing, PR
FRAS-LE North America; Farmington Hills, MI Friction Products for Light, Medium and Heavy Duty Vehicles; 2010
H3R Performance; Larkspur, CA Portable Premium

ADVERTISING AGENCIES

Fire Extinguishers for Autos, Marine, Off-Road, Garage & Small Business; 2005
HUBB (Public Relations Agency of Record) Branding, Marketing, Public Relations
King Engine Bearings; Cedar Grove NJ Engine bearings for aviation, automotive, industrial and agriculture; 2009
MAHLE Clevite Inc Marketing, Public Relations
VIPAR Equipment Network; Crystal Lake, IL Program Distribution Group; 2008
VIPAR Heavy Duty; Crystal Lake, IL Program Distribution Group; 2007

MARX LAYNE & COMPANY
31420 Northwestern Hwy Ste 100, Farmington Hills, MI 48334
Tel.: (248) 855-6777
Fax: (248) 855-6719
E-Mail: mlayne@marxlayne.com
Web Site: www.marxlayne.com

Employees: 19
Year Founded: 1987

Agency Specializes In: Public Relations

Michael Layne *(Pres)*
Michael Szudarek *(Partner)*
Leslie Pardo *(Sr VP)*
Alan Upchurch *(Sr VP)*
Robyn Gorell *(VP)*
Glenn Oswald *(VP)*
Kelly Gwisdala *(Controller)*
David Stoyka *(Acct Supvr)*
Lynn Haliburton *(Sr Acct Exec)*
Lana Mini *(Sr Acct Exec)*

Accounts:
Cantoro Italian Market & Trattoria (Digital Media Agency of Record) Digital Footprint & Communication Platforms, Email, Media Relations & Community Relations, Programing, Redesigning, Social Media Platforms & Dialogues, Websites, Writing
McDonald's Premium Roast Coffee
Moosejaw Mountaineering
NextDiesel
Quicken Loans 2017 Meridian Winter Blast, Communications Campaign, Public Relations
Riverfront Eyecare Media Relations, Online Content Marketing, Website
Toasted Oak Grill & Market (Agency of Record)
TransLogic Auto Carriers (Agency of Record)
Twelve Oaks Mall
Wal-Mart

MARY FISHER DESIGN
1731 Emerson St, Jacksonville, FL 32207
Tel.: (904) 398-3699
Fax: (904) 398-3799
Web Site: www.maryfisherdesign.com

Employees: 5

Agency Specializes In: Advertising, Corporate Identity, Internet/Web Design, Media Buying Services, Out-of-Home Media, Outdoor, Public Relations, Radio, Search Engine Optimization, Social Media, T.V.

Mary Fisher *(CEO)*
Kelly Young *(Art Dir)*
Bruce Floyd *(Sr Art Dir)*

Accounts:
Watson Realty Corp

MASCOLA ADVERTISING
434 Forbes Ave, New Haven, CT 06512-1932
Tel.: (203) 469-6900
Fax: (203) 467-8558
E-Mail: contact@mascola.com
Web Site: www.mascola.com
E-Mail for Key Personnel:
President: chuck@mascola.com
Public Relations: matt@mascola.com

Employees: 10
Year Founded: 1987

Agency Specializes In: Advertising, Advertising Specialties, Affluent Market, African-American Market, Alternative Advertising, Arts, Automotive, Bilingual Market, Brand Development & Integration, Branded Entertainment, Broadcast, Business Publications, Business-To-Business, Cable T.V., Catalogs, Co-op Advertising, Collateral, College, Communications, Consulting, Consumer Goods, Consumer Marketing, Consumer Publications, Content, Corporate Communications, Corporate Identity, Crisis Communications, Customer Relationship Management, Digital/Interactive, Direct Response Marketing, Direct-to-Consumer, E-Commerce, Education, Electronic Media, Electronics, Email, Entertainment, Event Planning & Marketing, Exhibit/Trade Shows, Financial, Food Service, Government/Political, Graphic Design, Guerilla Marketing, High Technology, Hispanic Market, Hospitality, Identity Marketing, In-Store Advertising, Information Technology, Integrated Marketing, International, Internet/Web Design, Investor Relations, LGBTQ Market, Legal Services, Leisure, Local Marketing, Logo & Package Design, Luxury Products, Magazines, Marine, Market Research, Media Buying Services, Media Planning, Media Relations, Media Training, Men's Market, Mobile Marketing, Multicultural, Multimedia, New Product Development, New Technologies, Newspaper, Newspapers & Magazines, Out-of-Home Media, Outdoor, Package Design, Paid Searches, Planning & Consultation, Podcasting, Point of Purchase, Point of Sale, Print, Production, Production (Print), Promotions, Public Relations, Publicity/Promotions, RSS (Really Simple Syndication), Radio, Real Estate, Regional, Restaurant, Sales Promotion, Search Engine Optimization, Social Marketing/Nonprofit, Sponsorship, Sports Market, Strategic Planning/Research, Sweepstakes, Syndication, T.V., Teen Market, Trade & Consumer Magazines, Transportation, Travel & Tourism, Urban Market, Viral/Buzz/Word of Mouth, Web (Banner Ads, Pop-ups, etc.), Women's Market

Approx. Annual Billings: $30,000,000

Breakdown of Gross Billings by Media: Bus. Publs.: 10%; Collateral: 20%; D.M.: 20%; Mags.: 20%; Newsp.: 20%; Radio & T.V.: 10%

Chuck Mascola *(Pres & Strategist-Bus Growth)*
Vin DiGioia *(Dir-Digital Svcs)*
Lauren Leitch *(Specialist-Media)*

Accounts:
Aetna
Big E; West Springfield, MA
Eastern States Exposition; West Springfield, MA
Hancock Shaker Village
ResidenSea (Agency of Record)

MASLANSKY + PARTNERS
200 Varick St, New York, NY 10014
Tel.: (917) 677-9100
Fax: (703) 358-0089
Web Site: www.maslansky.com

Employees: 23

Agency Specializes In: Market Research

Michael Maslansky *(CEO)*
Keith Yazmir *(Partner & Mng Dir-EMEA)*
Lee Carter *(Partner)*
Larry Moscow *(Partner)*
Joe Baumann *(Sr VP-R&D & Product Strategy)*
Clint Sievers *(Sr VP)*
Justin Altum *(VP)*
David Baynham *(VP)*
Katie Cronen *(VP)*
Ali Slaight *(Dir-Language Strategy)*

Accounts:
AARP
Alcatel-Lucent
American Medical Association
Amgen
Anheuser-Busch
AT&T Communications Corp.
Bank of America
Bill & Melinda Gates Foundation
Blue Cross Blue Shield
Chase
Citibank
Comcast
Conservation International
Consumer Healthcare Products Association
Continental Airlines
Disney
eBay
eLanco
Entergy
Estee Lauder
FedEx
Florida Power & Light
General Electric
Hilton Hotels
Insured Retirement Institute
Kindsight
Kroger
McDonald's
Microsoft
Monster
Motion Picture Association of America
National Mining Association
NBC Universal
P&G
Penn Mutual
PepsiCo
Personal Care Products Council
Peter G. Peterson Foundation
Pfizer
PriceWaterhouseCoopers
Property Casualty Insurers Association of America
PSE&G
Shell Oil
Southern California Edison
Starbucks
Tyco International
UBS
Van Kampen Investments
Wachovia
Westfield

MASLOW LUMIA BARTORILLO ADVERTISING
182 N Franklin St, Wilkes Barre, PA 18701-1404
Tel.: (570) 824-1500
Fax: (570) 825-9757
E-Mail: agency3@mlbadvertising.com
Web Site: https://www.mlbadvertising.agency/

Employees: 10
Year Founded: 1979

National Agency Associations: AAF

Agency Specializes In: Brand Development & Integration, Broadcast, Business Publications, Business-To-Business, Direct Response Marketing, Entertainment, Exhibit/Trade Shows, Food Service, Internet/Web Design, Logo & Package Design, New Product Development, Newspaper, Newspapers & Magazines, Out-of-Home Media, Outdoor, Public Relations, Radio, Travel & Tourism

Michael Scholl *(Art Dir)*

Accounts:
Dincher & Dincher
Greater Wilkes-Barre Chamber of Business & Industry; Wilkes-Barre, PA; 1995
Huntsville Golf Club; Lehman, PA; 1991
Intermountain Health Group
Quad 3
Riverfront Parks of Wilkes-Barre; Wilkes-Barre, PA; 1994
Sagacious Consulting
Tom Hesser (Agency of Record) Online Marketing, Print, Social Media, TV/Radio

MASON, INC.
23 Amity Rd, Bethany, CT 06524-3417
Tel.: (203) 393-1101
Fax: (203) 393-2813
E-Mail: info@mason23.com
Web Site: www.mason23.com

E-Mail for Key Personnel:
President: cmason@masonmadison.com
Creative Dir.: RGamer@masonmadison.com
Media Dir.: pobrien@masonmadison.com
Production Mgr.: aporretta@masonmadison.com
Public Relations: fonofrio@masonmadison.com

Employees: 25
Year Founded: 1951

National Agency Associations: 4A's-MAAN

Agency Specializes In: Advertising, Brand Development & Integration, Business Publications, Business-To-Business, Co-op Advertising, Collateral, Consulting, Consumer Marketing, Consumer Publications, Corporate Identity, Digital/Interactive, Direct Response Marketing, E-Commerce, Electronic Media, Engineering, Environmental, Event Planning & Marketing, Exhibit/Trade Shows, Health Care Services, High Technology, Industrial, Information Technology, Internet/Web Design, Magazines, Medical Products, Merchandising, Out-of-Home Media, Outdoor, Planning & Consultation, Point of Purchase, Point of Sale, Print, Production, Public Relations, Publicity/Promotions, Real Estate, Recruitment, Sales Promotion, Strategic Planning/Research, Sweepstakes, Technical Advertising, Trade & Consumer Magazines, Transportation

Approx. Annual Billings: $20,000,000

Stephen D. Hayes *(Pres)*
Francis Onofrio *(Pres)*
Charles T. Mason *(CEO)*
Elmer Grubbs *(VP & Assoc Creative Dir)*
Angelo Porretta *(VP-Production Svcs)*
Christian Renstrom *(VP-Bus Dev)*
Derek Beere *(Client Svcs Dir)*
Richard Gamer *(Creative Dir)*
Neil Johnson *(Creative Dir-Digital)*
Brenda Zambrello *(Media Dir)*
Mark Scheets *(Mgr-Digital Strategy & Analytics)*

Accounts:
Acadia Insurance
Cohen & Wolf
Connecticut Lottery Corporation Advertising, Creative, KENO (Agency of Record), Media Buying, Production
Connecticut Open Tennis Tournament (Agency of Record) Advertising, Digital Media, Press, Public Relations, Social Media
Connex Credit Union
Cookson Electronics
DYMAX Corporation
Energize CT
Enthone
Gateway Community College
Hospital for Special Care
Odyssey Logistics & Technology
Precision X-Ray
Speedline Technologies
The United Illuminating Company
Yale Center for Clinical Investigation
Yale New Haven Health

MASON INTERACTIVE INC
130 W 29th St 6th Fl, New York, NY 10001
Tel.: (212) 967-7862
E-Mail: hello@masoninteractive.com
Web Site: www.masoninteractive.com

Employees: 15
Year Founded: 2008

Agency Specializes In: Advertising, Brand Development & Integration, Content, Corporate Identity, Digital/Interactive, Logo & Package Design, Media Buying Services, Search Engine Optimization, Social Media

Brook Llewellyn Shepard *(CEO & Mng Partner)*
Greg Byrnes *(Mng Partner)*
Craig Handleman *(Mng Partner)*
Brian Poole *(Acct Mgr-eMail & Social Remarketing)*

Accounts:
Carini Lang Carpets
The Whisky Explorers Club

MASON MARKETING, INC
(Formerly Mason Selkowitz Marketing, Inc)
400 Whitney Rd, Penfield, NY 14526
Tel.: (585) 249-1100
Fax: (585) 249-1060
E-Mail: info@msmmarcom.com
Web Site: www.masonmarketing.com

Employees: 33
Year Founded: 1986

Agency Specializes In: Advertising, Brand Development & Integration, Broadcast, Business-To-Business, Collateral, Communications, Consumer Marketing, Direct Response Marketing, Education, Financial, Graphic Design, Health Care Services, Industrial, Medical Products, Pharmaceutical, Planning & Consultation, Point of Purchase, Point of Sale, Public Relations, Publicity/Promotions, Sales Promotion, Strategic Planning/Research

Approx. Annual Billings: $21,656,750 Capitalized

Breakdown of Gross Billings by Media:
Audio/Visual: 5%; Bus. Publs.: 15%; Collateral: 25%; D.M.: 15%; Pub. Rels.: 5%; Sls. Promo.: 20%; Strategic Planning/Research: 10%; Trade & Consumer Mags.: 5%

Timothy J. Mason *(Pres & CEO)*
Brad Schultz *(Chief Creative Officer)*
Terri Cubiotti *(Exec VP & Client Svcs Dir)*
Mike Cassidy *(Exec VP)*
Jack Pilarski *(Acct Mgr)*
Greg Danylak *(Supvr-Creative)*
Tom Moyer *(Assoc Creative Dir)*

Accounts:
Genesee Regional Bank
Klein Steel
New York Apple Association; Fishers, NY; 2000
Nipro Diagnostics, Inc.; 2001
Tyco Fire & Building Products; Landsdale, PA; 2006

MASON SELKOWITZ MARKETING, INC
(See Under Mason Marketing, Inc)

MASONBARONET
1801 N Lamar St Ste 250, Dallas, TX 75202
Tel.: (214) 954-0316
Fax: (214) 855-0460
E-Mail: info@masonbaronet.com
Web Site: www.masonbaronet.com

E-Mail for Key Personnel:
Creative Dir.: Paul@masonbaronet.com

Employees: 6
Year Founded: 1992

Agency Specializes In: Advertising, Brand Development & Integration, Broadcast, Business Publications, Business-To-Business, Collateral, Communications, Consulting, Consumer Marketing, Corporate Communications, Corporate Identity, Digital/Interactive, Direct Response Marketing, Education, Electronic Media, Entertainment, Fashion/Apparel, Financial, Food Service, Graphic Design, Health Care Services, High Technology, Internet/Web Design, LGBTQ Market, Legal Services, Leisure, Logo & Package Design, Magazines, Newspaper, Out-of-Home Media, Outdoor, Point of Purchase, Point of Sale, Print, Radio, Real Estate, Restaurant, Retail, Strategic Planning/Research, T.V., Trade & Consumer Magazines

Approx. Annual Billings: $2,000,000

Breakdown of Gross Billings by Media: Collateral: $100,000; Graphic Design: $200,000; Logo & Package Design: $200,000; Print: $800,000; T.V.: $200,000; Worldwide Web Sites: $500,000

Holly Mason *(Owner & Pres)*
Kristin Baxter *(Creative Dir)*
Austin Beavers *(Art Dir)*
Sook Lee *(Art Dir)*
Cheryl Mc Cue *(Acct Dir)*
Connor Huff *(Acct Mgr)*

Accounts:
Hanson Brick & Tile
Payne Mitchell Law Group

MASS MEDIA MARKETING
229 Fury's Ferry Rd, Augusta, GA 30907
Tel.: (706) 651-0053
Fax: (706) 651-0535
E-Mail: info@m3agency.com
Web Site: www.m3agency.com

E-Mail for Key Personnel:
President: rick@massmediamkt.com
Creative Dir.: lynn@massmediamktg.com
Production Mgr.: mark@massmediamktg.com

Employees: 15
Year Founded: 2000

National Agency Associations: AAF

Agency Specializes In: Broadcast, Co-op Advertising, Food Service, Graphic Design

Approx. Annual Billings: $10,000,000

Rick Donaldson *(CEO)*
Fredna Lynn Forbes *(Art Dir-M3 Agency)*
Lynn Lynn Forbes *(Art Dir)*
Anna Freeman *(Acct Mgr)*
Lauren Clifton *(Strategist-Media)*
Ashley Drummond *(Acct Exec)*
Kim Jenkins *(Acct Exec)*
Courtney Prouty *(Acct Exec)*
Kelly Gillis *(Media Buyer)*
Amy Padgett *(Media Planner)*
Cori Branam *(Jr Acct Exec)*

Accounts:
First Bank

ADVERTISING AGENCIES
AGENCIES - JANUARY, 2019

MASSEY COMMUNICATIONS
(Name Changed to Moxe)

MASSIVEMEDIA
34 W 27th St 6 Fl, New York, NY 10001
Tel.: (212) 730-7222
Fax: (212) 730-7444
E-Mail: info@massivemediainc.com
Web Site: www.massivemediainc.com

Employees: 15
Year Founded: 1995

Agency Specializes In: Advertising, Advertising Specialties, Affluent Market, African-American Market, Alternative Advertising, Arts, Asian Market, Automotive, Bilingual Market, Children's Market, Collateral, College, Consumer Marketing, Direct-to-Consumer, Electronic Media, Entertainment, Event Planning & Marketing, Exhibit/Trade Shows, Experience Design, Guerilla Marketing, Health Care Services, Hispanic Market, Identity Marketing, In-Store Advertising, Integrated Marketing, LGBTQ Market, Leisure, Local Marketing, Luxury Products, Marine, Men's Market, Mobile Marketing, Multicultural, Multimedia, Out-of-Home Media, Outdoor, Over-50 Market, Pets , Point of Purchase, Production, Promotions, Publicity/Promotions, Real Estate, Regional, Restaurant, Sales Promotion, Seniors' Market, Social Marketing/Nonprofit, Sports Market, Sweepstakes, Teen Market, Tween Market, Urban Market, Viral/Buzz/Word of Mouth, Women's Market

Approx. Annual Billings: $6,000,000

Robert Rukstalis *(Pres)*

Accounts:
Assurance Wireless
Boost Mobile
Chase
Dunkin Donuts
Hyundai
Nissan
Samsung
Sprint
Verizon
Virgin Mobile USA, Inc.

MASSMEDIA CORPORATE COMMUNICATIONS
2230 CorPOrate Cir Ste 210, Henderson, NV 89074
Tel.: (702) 433-4331
Fax: (702) 433-4566
E-Mail: carmesha@massmediacc.com
Web Site: www.massmediacc.com

Employees: 18
Year Founded: 1997

Agency Specializes In: Public Relations

Breakdown of Gross Billings by Media: Pub. Rels.: 100%

Paula Yakubik *(Mng Partner)*
Georgeann Pizzi *(Partner)*
Casey Floyd *(VP-Integrated Mktg)*
Lisa Montague *(VP-Ops & Media)*
Brooke Snelling *(Grp Acct Dir)*
Aaron Moses *(Creative Dir)*

Accounts:
ABQ Health Partners
Brass Cap Companies
The City of Henderson
Colliers International
HealthCare Partners Nevada
Kafoury
LS Power
McDonald's Corporation
NAIOP
Nevada Department Of Employment Training & Rehabilitation Campaign: "Opportunity at Work", Creative Development, Media Planning & Placement, Public Relations, Social Media
Nevada Partnership For Homeless Youth
Penta
Pets Best Insurance; Boise, ID Media Inquiries, Public Relations
Pisanelli Bice
Southwest Gas
Valley Electric Association, Inc.
Women's Health Associates of Southern Nevada

MASSMEDIA, INC.
67 Walnut Hill Rd, Newton, MA 02459-2666
Tel.: (617) 964-1098
Toll Free: (877) MASSMEDIA
E-Mail: info@massmedia.net
Web Site: www.massmedia.net

Employees: 3
Year Founded: 1991

Agency Specializes In: Advertising, Broadcast, Cable T.V., Collateral, Consulting, E-Commerce, Education, Fashion/Apparel, Financial, High Technology, Infomercials, Internet/Web Design, Leisure, Media Buying Services, Multimedia, Out-of-Home Media, Outdoor, Planning & Consultation, Production, Radio, Retail, Strategic Planning/Research, T.V., Travel & Tourism

Approx. Annual Billings: $3,000,000

Breakdown of Gross Billings by Media: Newsp.: 5%; Outdoor: 5%; Production: 15%; Radio & T.V.: 50%; Strategic Planning/Research: 10%; Worldwide Web Sites: 15%

Charles N. Shapiro *(Founder & Pres)*
Debra A. Shapiro *(VP)*

Accounts:
Chippewa Boots; Fort Worth, TX Footwear; 1999
Congregation Kehillath Israel Branding, Events, Membership; 2008
Connecticut School of Broadcasting Education; 1991
Legends Radio Radio Station; 2014
Massasoit Community College Education; 2014
Mount Wachusett Community College Education; 2012
Santa's Village Entertainment; 2013
State Universities/Commonwealth of Massachusetts Awareness, Branding; 2014
Worcester State University Education; 2014

MASTERMINDS
6727 Delilah Rd, Egg Harbor Township, NJ 08234
Tel.: (609) 484-0009
Fax: (609) 484-1909
Web Site: mastermindsagency.com

Employees: 42
Year Founded: 1985

Agency Specializes In: Above-the-Line, Advertising, Advertising Specialties, Below-the-Line, Brand Development & Integration, Broadcast, Cable T.V., Collateral, Communications, Consulting, Consumer Goods, Consumer Marketing, Corporate Identity, Customer Relationship Management, Direct Response Marketing, Direct-to-Consumer, Entertainment, Graphic Design, Hospitality, Internet/Web Design, Leisure, Logo & Package Design, Magazines, Media Buying Services, Newspaper, Newspapers & Magazines, Out-of-Home Media, Outdoor, Over-50 Market, Planning & Consultation, Point of Purchase, Print, Production, Production (Print), Promotions, Publicity/Promotions, Radio, Regional, Restaurant, Retail, Sales Promotion, Seniors' Market, Sports Market, Strategic Planning/Research, Sweepstakes, T.V., Trade & Consumer Magazines, Travel & Tourism, Web (Banner Ads, Pop-ups, etc.)

Approx. Annual Billings: $35,000,000

Joseph McIntire *(Pres)*
Nancy Smith *(CEO)*
Ryan Leeds *(Mng Partner)*
Joe McDonough *(Mng Partner)*
Jennifer Fink *(VP & Acct Dir)*
George Cortesini *(VP & Dir-Accts)*
Bill Porter *(VP-Media Svcs)*
Lani Bouchacourt *(Acct Dir)*
Susan Schneider Hennelly *(Creative Dir)*
Shawna Lewis *(Acct Supvr)*
Cristy Hoffman *(Media Planner & Media Buyer)*
Dave Rubman *(Sr Media Buyer & Planner)*
Jean Pierre Blanchet *(Sr Art Dir)*
Chris Holland *(Assoc Creative Dir)*

Accounts:
Cannery Row Casinos; Las Vegas, NV Racetrack & Casino; 2007
Greater Philadelphia Tourism Marketing Corp. Philly Guest of the Day, Philly Overnight Hotel Package
IGT; Reno, NV Branded Slot Machines; 1989
The Mississippi Gulf Coast Regional Convention & Visitors Bureau
Pinnacle Entertainment
The Westfield Group; 2004

MASTERPIECE ADVERTISING
3101 Boardwalk Ste 13, Atlantic City, NJ 08401
Tel.: (609) 344-2400
Fax: (609) 347-3556
E-Mail: getcreative@masterpieceadvertising.com
Web Site: www.masterpieceadvertising.com

Employees: 12

Agency Specializes In: Advertising, Brand Development & Integration, Digital/Interactive, Event Planning & Marketing, Internet/Web Design, Print, Promotions, Search Engine Optimization, Social Media, Strategic Planning/Research

Phyllis Lacca *(Owner)*
Mark Patten *(Creative Dir)*
Hiro Kizuka *(Dir-Interactive Comm)*

Accounts:
The Pascale Sykes Foundation (Agency of Record) Marketing
Reliance Medical Group

MASTERWORKS
19462 Powder Hill Pl NE, Poulsbo, WA 98370
Tel.: (360) 394-4300
Web Site: www.masterworks.com/

Employees: 120
Year Founded: 1989

Agency Specializes In: Brand Development & Integration, Digital/Interactive, Direct Response Marketing, Experience Design, Faith Based, Strategic Planning/Research

Steve Woodworth *(Pres)*
Dave Raley *(EVP-Analytics, Innovation & Strategy)*
Rory Starks *(Exec VP-Strategic Engagement)*
Barbara Takata *(Exec VP-Client Svcs)*
Ray Pokorny *(Sr VP-Client Strategy)*
Scott VanderLey *(Sr VP-Client Strategy)*

AGENCIES - JANUARY, 2019 — ADVERTISING AGENCIES

Renee Kane *(VP-Client Strategy)*
Sheryl Larson *(VP-Media)*
Allen Thornburgh *(VP-Strategic Innovation)*
Bob Ball *(Exec Creative Dir)*
Caitlyn Hale *(Sr Acct Exec)*
Scott Ahern *(Sr Strategist-Digital Mktg)*
Eric Pratum *(Sr Strategist-Digital)*

Accounts:
Alilance Defending Freedom
Open Doors
Phoenix Rescue Mission
Prison Fellowship

MATCH MARKETING GROUP
5225 Satellite Drive, Mississauga, ON L4W5P9 Canada
Tel.: (905) 566-2824
Toll Free: (877) 628-2405
E-Mail: info@matchmg.com
Web Site: www.matchmg.com

Employees: 5,000

Agency Specializes In: Shopper Marketing

Perry Miele *(Chm)*
Michael Dill *(Pres & CEO)*
Mike Duncan *(Mng Partner)*
Antoine Adams *(Partner)*
Rob Elliott *(CFO)*
Dave Rewak *(VP-Strategy)*
Roger Chan *(Grp Acct Dir)*
Rishi Gupta *(Acct Dir)*
Kathryn Hill *(Client Svcs Dir)*
Robert Fleming *(Mgr-Sls, Ops & Retail)*
Rick Teles *(Mgr-Client)*
Shelli Kotkovski *(Client Mgr-Match Transact)*

Accounts:
L'Oreal
Mars Canada Advertising, Ben's Beginners, Digital Banners, Public Relations, Social Media, Uncle Ben's
Pepsi
Redbox

Branch

Match Marketing Group
(Formerly Trisect, LLC)
130 S Jefferson St 5th Fl, Chicago, IL 60661
Tel.: (312) 733-1303
Fax: (312) 733-5883
Web Site: matchmg.com

Employees: 83

Agency Specializes In: Advertising, Brand Development & Integration, Digital/Interactive, Media Buying Services, Production, Promotions, Sponsorship

Richard Thomas *(Mng Partner)*
Scot Wheeler *(Sr VP-Applied Analytics)*
Dave Wasserman *(VP & Creative Dir)*
Nicole Lenti *(VP-Mktg)*
Ryan Maconochie *(VP & Grp Creative Dir)*
Craig Miller *(Exec Creative Dir-US)*
Kari Peck *(Creative Dir)*
Lisa Sokolnicki *(Acct Dir)*
Hannah Dewey *(Sr Acct Mgr)*
Aubrey Jones *(Mgr-Diageo)*
Ali Rein *(Acct Supvr)*
Mallory McDonald Paul *(Acct Exec)*
Matt Vergoni *(Assoc Creative Dir)*

Accounts:
Chamberlain
Chicago Bears Football Club, Inc. (Advertising Agency of Record)
ConAgra Foods Bertolli, Frontera, Healthy Choice, Orville Redenbcher's, Slim Jim
DeVry University National Student Programs
Kawasaki Heavy Industries (U.S.A.), Inc. Campaign: "Lone Ranger", KX Dirt, KX motocross, Ninja, Online, Teryx4
Kimberly-Clark Corporation Cottonelle, Print, Scott, Scott Naturals, TV, Viva
Merisant
Merrick Pet Care
Mike's Hard Lemonade Co. TV
Paper Mate
Sharpie
Sure PayRoll
Uni-Ball
US Cellular Inc.
Weiman

MATCHA DESIGN LLC
13406 S 19Th Ct, Bixby, OK 74008
Tel.: (918) 749-2456
E-Mail: info@matchadesign.com
Web Site: www.matchadesign.com

Employees: 10
Year Founded: 2004

Agency Specializes In: Advertising, Brand Development & Integration, Corporate Identity, Digital/Interactive, Email, Internet/Web Design, Logo & Package Design, Print, Social Media

Chris Lo *(Pres & CEO)*

Accounts:
Up With Trees

MATCHBOOK CREATIVE
1317 N Pennsylvania St, Indianapolis, IN 46202
Tel.: (317) 920-1200
Web Site: www.matchbookcreative.com

Employees: 20
Year Founded: 2007

Agency Specializes In: Advertising, Brand Development & Integration, Collateral, Corporate Identity, Internet/Web Design, Package Design, Print, Social Media

Christy Gormal *(COO)*
Maris Schiess *(VP)*
Michael Stark *(Creative Dir)*
Whitney Shelley *(Mgr-Traffic)*
Jenny Dexter *(Acct Exec)*
Alex Vela *(Designer)*
Madeline Cole *(Sr Art Dir)*

Accounts:
Humane Society of Indianapolis

MATLOCK ADVERTISING & PUBLIC RELATIONS
107 Luckie St, Atlanta, GA 30303
Tel.: (404) 872-3200
Fax: (404) 876-4929
E-Mail: edward.rutland@matlock-adpr.com
Web Site: www.matlock-adpr.com

Employees: 15
Year Founded: 1986

Agency Specializes In: Advertising, Consumer Marketing, Direct Response Marketing, Public Relations, Sponsorship

Approx. Annual Billings: $25,000,000

Breakdown of Gross Billings by Media: Print: 60%; Spot Radio: 30%; Spot T.V.: 10%

Kirstin Popper *(Mng Dir & Sr VP)*
Donald Webster *(Exec VP & Controller)*

Accounts:
Atlanta Medical Center Brand Positioning, Creative Strategy, Media, Public Relations
BMW Marketing
Georgia-Pacific
Mini USA
Publix Super Markets; 1993

Branch:

Matlock Advertising & Public Relations-NY
160 Varick St, New York, NY 10013
Tel.: (212) 532-3800
Fax: (212) 532-4010
E-Mail: edward.rutland@matlock-adpr.com
Web Site: www.matlock-adpr.com

Employees: 5
Year Founded: 1993

Agency Specializes In: Advertising, Public Relations

Kent Matlock *(Chm & CEO)*
S. Edward Rutland *(Mng Partner & Exec VP)*
Chandra Diggs Small *(Acct Dir)*

Accounts:
BMW
Georgia Pacific
Luster Products
Major League Baseball
Mini
Publix Supermarkets

MATRIX MARKETING GROUP LLC
47 Maple St, Burlington, VT 05401
Tel.: (802) 435-1414
E-Mail: info@matrixmarketinggroup.com
Web Site: www.matrixmarketinggroup.com

Employees: 5
Year Founded: 2002

Agency Specializes In: Advertising, Graphic Design, Paid Searches, Public Relations, Search Engine Optimization, Social Media

George Schildge *(Founder & CEO)*

Accounts:
SCApath
TrackVia Content Marketing, Marketing Strategy

MATRIX PARTNERS LTD.
566 W Adams St Ste 720, Chicago, IL 60661
Tel.: (312) 648-9972
Fax: (312) 648-9978
E-Mail: info@matrix1.com
Web Site: www.matrix1.com

Employees: 12
Year Founded: 1996

Agency Specializes In: Brand Development & Integration, Communications, Pets , Strategic Planning/Research

Breakdown of Gross Billings by Media: Bus. Publs.: 10%; Collateral: 10%; D.M.: 10%; Fees: 25%; Internet Adv.: 15%; Mags.: 15%; Point of Purchase: 5%; Pub. Rels.: 5%; Trade Shows: 5%

Don Tomala *(Mng Partner)*
Dennis Abelson *(Partner & Creative Dir)*
Kristy Boulos *(VP & Acct Supvr)*
Rebecca Tomala *(VP-Client Svcs)*

ADVERTISING AGENCIES

George Wielgus *(Sr Dir-Art)*
Stephanie Krol *(Dir-PR)*
Alyson Brodsky *(Mgr-PR)*

Accounts:
Arctic Paws
Custom Foods
Griffith
Hyper Products
McNeil
Pet Care Systems; Detroit Lakes, MN Pet Products; 2001
Quaker
REI
StickySheets
SwheatScoop
Tops
TropiClean

MATRIX2 ADVERTISING
1903 NW 97th Ave, Miami, FL 33172
Tel.: (305) 591-7672
Fax: (305) 591-8575
Web Site: www.matrix2advertising.com

Employees: 18
Year Founded: 1977

Agency Specializes In: Advertising, Collateral, Content, Graphic Design, Internet/Web Design, Media Buying Services, Media Planning, Out-of-Home Media, Outdoor, Print, Social Media, Strategic Planning/Research

Revenue: $1,200,000

Kathy Maiuri *(Owner)*
Kim Haber *(Acct Svcs Dir)*
Bill Thomas *(Creative Dir)*

Accounts:
Miramar Cultural Center Artspark

MATTER COMMUNICATIONS
50 Water St, Mill #3, The Tannery, Newburyport, MA 01950
Tel.: (978) 499-9250
Fax: (978) 499-9253
E-Mail: scott@matternow.com
Web Site: www.matternow.com

Employees: 10

Agency Specializes In: Communications, Corporate Communications, Crisis Communications, High Technology, Integrated Marketing, Investor Relations, Media Training, Publicity/Promotions, Social Media

Mandy Mladenoff *(Pres)*
Scott Signore *(CEO & Principal)*
Jesse Ciccone *(Mng Dir & VP)*
Patty Barry *(Principal)*
Tim Hurley *(Exec VP)*
Anne Lines *(VP)*
Matt Mendolera-Schamann *(VP)*
Elise Ouellette *(VP)*
Jim Baptiste *(Acct Dir)*
Vanessa Boynton *(Acct Dir)*
Sara Beth Fahey *(Acct Mgr)*
Anne Tommasi *(Acct Mgr)*
Jessica Wolter *(Acct Mgr)*

Accounts:
128 Technology (Agency of Record); 2018
Abalta Technologies; 2017
Auth0 (Agency of Record); 2018
Bishop House; 2017
BlueSnap (Agency of Record); 2018
CarePort Health
Cellco Partnership
New-CureDuchenne; 2018
CVS Pharmacy
Databricks (Agency of Record); 2018
DocuTAP (Agency of Record); 2018
ExaGrid
Experience
GG Expo; 2017
Harris Corp.
Hudson Headwaters Health Network
Interactions, LLC
IOTAS; 2017
Ixcela
JDA Software Group (Public Relations Agency of Record) Social Media, Thought Leadership, Trade Media Relations
Johnson Controls
Kespry (Agency of Record); 2018
Kubota Image Tools
Lexar Media
LoJack Media Relations, PR, Social Strategy
Lowepro
Mirador; 2017
Modernizing Medicine
Moltin (Agency of Record); 2018
New-Myomo; 2018
Omnigo Software (Agency of Record); 2018
New-Paychex, Inc; 2018
Progress Software Corporation (North American Agency of Record) Creative, Media Outreach, Public Relations, Social Media, Strategic Counsel, Thought Leadership
PTC
Purf Cultivar; 2017
New-Radius Bank; 2018
Recordation
Sectigo (Agency of Record); 2018
Spider Holster
Sterilis
New-Theracycle; 2018
Timeshare Exit Team; 2017
New-Tree Care Industry Association; 2018
New-Unitio
Verizon Wireless New England
ZappRx (Public Relations Agency of Record) Awards, Branding, Media Relations, Messaging, Social Media, Speaking, Strategic Counsel; 2017

Branch

Matter Communications
197 Portland St 3rd Fl, Boston, MA 02114
Tel.: (617) 874-5200
Web Site: www.matternow.com

Employees: 90
Year Founded: 2003

Agency Specializes In: Business-To-Business, Content, Corporate Communications, Event Planning & Marketing, Graphic Design, Internet/Web Design, Logo & Package Design, Media Relations, Public Relations, Social Media

Jennifer Karin *(VP)*
Jeff Tahnk *(Gen Mgr-Digital Mktg)*
Diane Fortier Carragher *(Acct Mgr)*
Charles Trowbridge *(Acct Mgr)*
Celia Alviti *(Acct Exec)*
Jenna Bouffard Buraczenski *(Acct Exec)*

Accounts:
New-The Forsyth Institute
New-Harman International Industries, Incorporated

MATTER CREATIVE GROUP
9466 Montgomery Rd, Cincinnati, OH 45242
Tel.: (513) 398-1700
E-Mail: inquiry@mattercreativegroup.com
Web Site: www.mattercreativegroup.com

Employees: 13

Agency Specializes In: Advertising, Brand Development & Integration, Internet/Web Design, Logo & Package Design

Joel Warneke *(Partner & Exec Creative Dir)*
Greg Fehrenbach *(Principal & Creative Dir)*

Accounts:
Blue Ash Oral

MATTER UNLIMITED LLC
205 Hudson St Fl 7, New York, NY 10013
Tel.: (646) 664-4472
E-Mail: ican@makethingsmatter.com
Web Site: www.makethingsmatter.com

Employees: 12
Year Founded: 2010

Agency Specializes In: Advertising, Brand Development & Integration, Digital/Interactive, Social Media, Strategic Planning/Research

Robert Holzer *(Founder & CEO)*
Sean Donovan *(Partner-Equity)*
Alexandra Gordon *(Mng Dir)*
Jared Elms *(Exec Creative Dir)*
Shabazz Larkin *(Creative Dir)*
Michael Lebakken *(Acct Dir)*
Aina Abiodun *(Dir-Strategy)*
Ahmer Kalam *(Dir-Strategy)*

Accounts:
Enterprise Community Partners Affordable Housing
Hewlett-Packard Company
Merck & Co., Inc. Merck for Mothers
My Brother's Keeper Alliance

MATTHEW JAMES CREATIVE, INC.
596 Squaw Run Rd E, Pittsburgh, PA 15238
Tel.: (412) 508-8085
Fax: (412) 906-9580
E-Mail: solutions@matthewjamescreative.com
Web Site: www.matthewjamescreative.com

Employees: 2
Year Founded: 2006

Agency Specializes In: Advertising, Business-To-Business, Internet/Web Design, Search Engine Optimization

Jim Balog *(Owner & Partner)*
Matthew Loht *(Owner)*

Accounts:
Cronimet USA
Universal Manufacturing Corp.

THE MATTHEWS GROUP, INC.
400 Lake St, Bryan, TX 77801
Tel.: (979) 823-3600
Fax: (979) 823-0036
E-Mail: info@thematthewsgroup.com
Web Site: www.thematthewsgroup.com

E-Mail for Key Personnel:
President: drew@thematthewsgroup.com

Employees: 7
Year Founded: 1987

Drew Matthews *(Pres & Creative Dir)*
Debbie Brow *(Office Mgr)*

Accounts:
First Community Holdings; Houston, TX
St. Joseph Regional Health Center; Bryan, TX

MATTS & DAVIDSON INC.

AGENCIES - JANUARY, 2019 — ADVERTISING AGENCIES

7 Rye Ridge Plz, Rye Brook, NY 10573
Tel.: (914) 220-6576
Fax: (914) 831-3203
Toll Free: (800) 353-8867
E-Mail: tdavidson@mattsdavidson.com
Web Site: www.mattsdavidson.com

Employees: 20
Year Founded: 2005

Agency Specializes In: Advertising, Advertising Specialties, Affluent Market, Alternative Advertising, Brand Development & Integration, Business Publications, Business-To-Business, Cable T.V., Collateral, Commercial Photography, Consulting, Consumer Marketing, Corporate Identity, Digital/Interactive, Direct Response Marketing, E-Commerce, Email, Entertainment, Event Planning & Marketing, Graphic Design, In-Store Advertising, Infomercials, Information Technology, Internet/Web Design, Local Marketing, Logo & Package Design, Media Buying Services, Multimedia, New Product Development, Newspaper, Paid Searches, Podcasting, Print, Public Relations, Publicity/Promotions, Sales Promotion, Strategic Planning/Research, Technical Advertising, Women's Market, Yellow Pages Advertising

Approx. Annual Billings: $700,000

Breakdown of Gross Billings by Media: Internet Adv.: 100%

Theresa Davidson (Owner)

MATTSON
343 Hatch Dr, Foster City, CA 94404
Tel.: (650) 574-8824
E-Mail: contact@mattsonco.com
Web Site: www.mattsonco.com

Employees: 60
Year Founded: 1977

Agency Specializes In: Advertising, Brand Development & Integration, Content, Food Service, New Product Development, Package Design, Social Media

Steve Gundrum (Chm & Chief Creative Officer)
Barb Stuckey (Pres & Chief Innovation Officer)
Justin Shimek (CEO)
Al Banisch (Exec VP-New Product Strategy)

Accounts:
Conagra Foods
General Mills Inc.
The Kraft Heinz Company
McDonald's Corporation
PepsiCo, Inc.

MATTSON CREATIVE INC
14988 Sand Canyon Ave Studio 8, Irvine, CA 92618
Tel.: (949) 651-8740
E-Mail: info@mattsoncreative.com
Web Site: www.mattsoncreative.com

Employees: 5

Agency Specializes In: Advertising, Brand Development & Integration, Digital/Interactive, Graphic Design

Ty Mattson (Owner)

Accounts:
Audi of America, Inc.
The Jim Henson Company
SND CYN

MAVEN COMMUNICATIONS LLC
123 S Broad St Ste 830, Philadelphia, PA 19109
Tel.: (215) 434-7190
E-Mail: info@mavenagency.com
Web Site: www.mavenagency.com

Employees: 50

Agency Specializes In: Advertising, Event Planning & Marketing, Internet/Web Design, Public Relations, Social Media, Strategic Planning/Research

Jessica Sharp (Co-Owner & Principal)
Rebecca Devine (Owner)
Lisa Gimelli (Exec VP & Client Svcs Dir)
Laura Potucek (Sr VP & Exec Creative Dir)
Sarah Rohlfing (Sr VP & Grp Acct Dir)
Bruce Flickinger (VP & Creative Dir-Copy)
Kevin Lawless (VP & Creative Dir-Design)
Jill Sorensen (VP & Acct Dir)
Joni Honig (VP & Mgmt Supvr)
Veronica Mikitka Reed (Acct Dir)
Sabeen Malik (Supvr-Project Mgmt)
Emily Charles (Acct Exec)

Accounts:
ARCWheeler LLC Real Estate Investment & Development Services
The Arthritis Foundation Inc Health Care & Social Service Provider
Excel Physical Therapy Health Care & Gymnasium Providers
Fisher & Phillips LLP
Futura Mobility
InfoMC Inc Health Care Service Providers
Javers Group Human Resources & Benefit Outsourcing Service Providers
ProPoint Graphics
Prudential Real Estate Affiliates Inc Real Estate Agency Services
Rothman Institute; Philadelphia, PA PR
Vesper Property Group Ltd Real Estate Investment & Development Services

MAVEN CREATIVE
62 W Colonial Dr Ste 302, Orlando, FL 32801
Fax: (888) 606-2836
Toll Free: (888) 606-2836
E-Mail: hello@mavencreative.com
Web Site: mavencreative.com

Employees: 12
Year Founded: 2008

Agency Specializes In: Advertising, Brand Development & Integration, Corporate Identity, Digital/Interactive, Print

Chris Stephens (Chief Creative Officer)

Accounts:
The Pop Parlour

MAXAUDIENCE
5845 Avenida Encinas Ste 128, Carlsbad, CA 92008
Tel.: (855) 367-3409
Toll Free: (866) 501-7170
E-Mail: info@maxaudience.com
Web Site: www.maxaudience.com

Employees: 21
Year Founded: 2009

Agency Specializes In: Advertising, Agriculture, Brand Development & Integration, Business-To-Business, Digital/Interactive, Direct Response Marketing, Electronic Media, Email, Engineering, Environmental, Financial, Graphic Design, Industrial, Local Marketing, Paid Searches, Real Estate, Search Engine Optimization, Social Marketing/Nonprofit, Social Media, Strategic Planning/Research, Transportation, Web (Banner Ads, Pop-ups, etc.)

Approx. Annual Billings: $2,000,000

Matt Smith (Co-Founder & CMO)
Mark McIntyre (CEO)
Ben Kirby (VP-Integrated Mktg)
Ed Rutherfurd (VP-Digital Mktg Strategy)

Accounts:
New-EscrowTech; 2015
Intel; 2016
New-LendingTree, LLC; 2009
New-Quicken, Inc; 2010
New-Rick Lance Studio; 2011

MAXIMUM DESIGN & ADVERTISING
7032 Wrightsville Ave Ste 201, Wilmington, NC 28403
Tel.: (910) 256-2320
Fax: (910) 256-5171
E-Mail: kelly@maximumdesign.com
Web Site: maximumrocks.com

Employees: 8
Year Founded: 1998

Agency Specializes In: Brand Development & Integration, Exhibit/Trade Shows, Internet/Web Design, Media Buying Services, Media Planning, Out-of-Home Media, Outdoor, Real Estate, Strategic Planning/Research

Kelly Burnette (Co-Founder & Principal)
Benson Wills (Mgr-Internet Dev)

Accounts:
The Ginn Company
The Grove

MAXIMUM MEDIA ENTERPRISES, INC.
999 Broadway Ste 204, Saugus, MA 01906
Tel.: (978) 536-9600
Fax: (978) 536-9604
E-Mail: info@maximummediaagency.com
Web Site: maximum.media

Employees: 7
Year Founded: 2003

National Agency Associations: 4A's

Agency Specializes In: Advertising, Email, Event Planning & Marketing, Graphic Design, Internet/Web Design, Local Marketing, Media Buying Services, Print, Production, Radio, T.V.

Nick DeAngelo (Owner)
Cheryl DeAngelo (Pres)

Accounts:
Redwood

MAXWELL & MILLER MARKETING COMMUNICATIONS
141 E Michigan Ste 500, Kalamazoo, MI 49007-3943
Tel.: (269) 382-4060
Fax: (269) 382-0504
E-Mail: millerg@maxwellandmiller.com
Web Site: www.maxwellandmiller.com

E-Mail for Key Personnel:
President: millerg@maxwellandmiller.com
Media Dir.: mnurrie@maxwellandmiller.com

Employees: 10
Year Founded: 1981

ADVERTISING AGENCIES

Agency Specializes In: Advertising, Brand Development & Integration, Business-To-Business, Communications, Consulting, Consumer Marketing, Consumer Publications, Corporate Identity, Direct Response Marketing, Graphic Design, Logo & Package Design, Newspapers & Magazines, Out-of-Home Media, Outdoor, Travel & Tourism

Breakdown of Gross Billings by Media: Bus. Publs.: 10%; Collateral: 30%; D.M.: 5%; Logo & Package Design: 5%; Mags.: 15%; Newsp.: 15%; Outdoor: 10%; Radio & T.V.: 10%

Gregory Miller *(Pres & Creative Dir)*
Ruth Nurrie *(Media Dir)*
Dan Willoughby *(Assoc Creative Dir)*

Accounts:
Branns Steakhouses; Grand Rapids, MI; 1997
Jack Brown Produce
Kellogg's
Petoskey Area Visitors Bureau; Petoskey, MI Resort Region; 1988
Whirlpool

MAXX MARKETING
222 W Merchandise Mart Plz Ste 250, Chicago, IL 60654
Tel.: (312) 777-6039
E-Mail: info@maxx-marketing.com
Web Site: www.maxx-marketing.com

Employees: 15
Year Founded: 1997

Agency Specializes In: Digital/Interactive, Experience Design, Experiential Marketing, Merchandising, Package Design

Derek Quan, *(Sr VP-Mktg)*
Liz Gollner *(Creative Dir)*
Nathaniel Lucero *(Sr Mgr-Creative-North America)*
Erica Davis *(Acct Mgr)*
Yuuka Yonemrua *(Designer-Product)*

Accounts:
Gallo App Development
Kellogg Experiential, VR

MAYCREATE
701 Broad St Ste 100, Chattanooga, TN 37402
Tel.: (423) 634-0123
E-Mail: info@maycreate.com
Web Site: www.maycreate.com

Employees: 12
Year Founded: 2003

Agency Specializes In: Advertising, Advertising Specialties, Affluent Market, Alternative Advertising, Arts, Automotive, Brand Development & Integration, Business-To-Business, Cable T.V., Co-op Advertising, Collateral, College, Consumer Goods, Consumer Marketing, Consumer Publications, Copywriting, Corporate Communications, Corporate Identity, Custom Publishing, Digital/Interactive, Direct Response Marketing, Direct-to-Consumer, Electronic Media, Electronics, Email, Exhibit/Trade Shows, Fashion/Apparel, Financial, Food Service, Graphic Design, Guerilla Marketing, Health Care Services, Hospitality, Household Goods, Identity Marketing, In-Store Advertising, Industrial, Integrated Marketing, Internet/Web Design, Legal Services, Leisure, Local Marketing, Logo & Package Design, Luxury Products, Magazines, Market Research, Media Buying Services, Media Planning, Men's Market, Merchandising, New Product Development, Newspaper, Newspapers & Magazines, Out-of-Home Media, Outdoor, Package Design, Pets, Point of Purchase, Point of Sale, Print, Production (Print), Promotions, Radio, Real Estate, Restaurant, Retail, Sales Promotion, Search Engine Optimization, Seniors' Market, Social Marketing/Nonprofit, Sponsorship, Sports Market, Strategic Planning/Research, Teen Market, Transportation, Travel & Tourism, Web (Banner Ads, Pop-ups, etc.)

Approx. Annual Billings: $1,500,000

Brian May *(Pres)*
Grant Little *(Sr Dir-Art)*
Brian Murphy *(Sr Dir-Creative)*
Christy McCreery *(Art Dir)*
Rad Davenport *(Dir-Digital Engagement)*
Eliza Everett *(Mgr-Accts)*
Rob Cherof *(Sr Acct Planner & Strategist)*

Accounts:
Gordon Biersch Restaurant; 2012
Mohawk Floors Solidtech; 2016
Old Chicago Restaurant; 2012
Rock Bottom Restaurant; 2012

THE MAYOROS AGENCY
2764 Pleasant Rd, Fort Mill, SC 29708
Tel.: (803) 619-9640
Toll Free: (877) 450-6780
E-Mail: info@mayorosagency.com
Web Site: www.mayorosagency.com

Employees: 1
Year Founded: 2003

Agency Specializes In: Advertising, Graphic Design, Internet/Web Design, Logo & Package Design, Media Buying Services, Media Planning, Print, Social Media, Strategic Planning/Research

Tim Knol *(Dir-Digital Mktg)*

Accounts:
Carolina Lift Stations

MAYR COMMUNICATIONS INC
15 Farview Terr Ste 2, Paramus, NJ 07652
Tel.: (201) 291-9800
Fax: (201) 291-9874
Toll Free: (866) 688-6297
E-Mail: info@mayr.com
Web Site: www.mayr.com

Employees: 3
Year Founded: 1998

Agency Specializes In: Faith Based, Graphic Design, Public Relations

Revenue: $1,500,000

Accounts:
Advanced Viral Research Corporation
Aegis Management
Alita Pharmaceuticals
Barr Pharmaceuticals
Caugherty & Hahn
K2R
LuSheann Caterers and Event Planning
RetailClick

MB PILAND ADVERTISING & MARKETING LLC
3127 Southwest Huntoon, Topeka, KS 66604
Tel.: (785) 232-4156
Web Site: www.mbpiland.com

Employees: 4

Agency Specializes In: Advertising, Collateral, Digital/Interactive, Media Planning, Social Media, Strategic Planning/Research

Martha Bartlett Piland *(Pres & CEO)*
Alex Goodpasture Reilly *(Principal & VP)*

Accounts:
Midland Care Connection Inc.

MBLM
114 W 27Th St Apt 2N, New York, NY 10001
Tel.: (212) 979-8200
E-Mail: info.ny@mblm.com
Web Site: www.mblm.com

Employees: 98
Year Founded: 2005

Agency Specializes In: Advertising, Brand Development & Integration, Corporate Identity, Digital/Interactive, Internet/Web Design, Package Design, Sponsorship

Claude Salzberger *(Founder, Pres & Partner)*
John Diefenbach *(Chm)*
Mario Natarelli *(Mng Partner)*
Maria Gabriela Pulido *(Mng Partner)*
Sidney Blank *(Partner)*
Rina Plapler *(Partner)*
William Shintani *(Partner-Dubai)*
Amy Clausi *(CFO)*
Kate Conrad *(Dir-Bus Dev)*
Heitor Piffer Siqueira *(Dir-Design)*

Accounts:
AllianceBernstein Campaign: "Ahead of Tomorrow", Marketing, Online, Print, Website
Madrilena Tequila Xicote Bottle

MBS VALUE PARTNERS, INC.
501 Madison Ave Fl 12A, New York, NY 10022
Tel.: (212) 750-5800
Fax: (212) 661-2268
E-Mail: contact@mbsvalue.com
Web Site: mbsvalue.com

Employees: 25

Agency Specializes In: Brand Development & Integration, Corporate Communications, Crisis Communications, Financial, Identity Marketing, Investor Relations, Local Marketing, Media Relations, Strategic Planning/Research

Betsy Brod *(Partner)*

Accounts:
Arcos Dorados Holdings Inc.
Uruguay Mineral Exploration, Inc.
Viramal

MBT MARKETING
107 SE Washington St, Portland, OR 97214
Tel.: (503) 232-7202
Fax: (503) 232-7213
E-Mail: info@mbtmarketing.com
Web Site: www.mbtmarketing.com/

Employees: 15

Agency Specializes In: Advertising

Approx. Annual Billings: $10,000,000

Scott Thompson *(Mng Partner)*
Devin Barr *(Acct Dir)*
Laura Davis *(Art Dir)*
Blake Heiss *(Dir-Video Production)*
Tara Christiano *(Acct Mgr & Media Buyer)*
Mia Carney *(Acct Supvr)*
Taylor Johnson *(Acct Exec)*
Norm Myhr *(Sr Partner)*

AGENCIES - JANUARY, 2019 — ADVERTISING AGENCIES

Accounts:
Allison Smith
BASCO
Dairy Queen
Hecht Group
Home & Garden
Home Builders University
Kroger
Tire Factory
Toy & Joy Drive
Vista

MC SQUARED ADVERTISING AGENCY
325 W Eighth St Ste 405, Los Angeles, CA 90014
Tel.: (213) 612-4488
E-Mail: info@e-mc2.com
Web Site: https://e-mc2.com/

Employees: 20

Agency Specializes In: Advertising, Brand Development & Integration, Event Planning & Marketing, Internet/Web Design, Public Relations, Social Media

Ron McMillan *(Principal)*
Joe Di Stefano *(VP)*

Accounts:
MAD Architects

MCBEARD
12180 Millennium Dr, Los Angeles, CA 90094
Tel.: (424) 488-3498
E-Mail: info@mcbeard.com
Web Site: www.mcbeard.tumblr.com

Employees: 500

Agency Specializes In: Advertising, Brand Development & Integration, Content, Public Relations, Social Media, T.V.

Accounts:
Marvel Studios, Inc.
Mary Kay Inc.
NBC Universal, Inc. Saturday Night Live
PulteGroup, Inc.
STX Financing, LLC
Turner Broadcasting System, Inc TNT Cable Channel
Walt Disney Pictures & Television

MCBEE GIBRALTAR
(Name Changed to Signal Group Consulting, LLC)

MCC
12377 Merit Dr, Ste 800, Dallas, TX 75251
Tel.: (972) 480-8383
Fax: (972) 669-8447
E-Mail: pam_watkins@mccom.com
Web Site: www.mccom.com

E-Mail for Key Personnel:
President: mike_crawford@mccom.com
Creative Dir.: greg_hansen@mccom.com
Media Dir.: karen_hansen@mccom.com

Employees: 25
Year Founded: 1986

Agency Specializes In: Advertising, Brand Development & Integration, Broadcast, Business Publications, Business-To-Business, Collateral, Communications, Computers & Software, Consulting, Consumer Publications, Corporate Identity, Digital/Interactive, Direct Response Marketing, E-Commerce, Electronic Media, Electronics, Engineering, Entertainment, Financial, Graphic Design, High Technology, Industrial, Information Technology, Internet/Web Design, Magazines, Market Research, Media Buying Services, Media Planning, Media Relations, Multimedia, New Technologies, Newspaper, Newspapers & Magazines, Out-of-Home Media, Point of Purchase, Point of Sale, Print, Production, Public Relations, Publicity/Promotions, Radio, Real Estate, Recruitment, Sales Promotion, Social Media, Strategic Planning/Research, T.V., Technical Advertising, Trade & Consumer Magazines

Approx. Annual Billings: $40,000,000

Breakdown of Gross Billings by Media: Brdcst.: 10%; Digital/Interactive: 75%; Print: 15%

Mike Crawford *(Pres)*
Shannon Sullivan *(Sr VP-Digital Engagement Strategy)*
Jim Terry *(Sr VP-Acct Svc)*
Pam Watkins *(Sr VP-Bus & Media Strategy)*
Todd Brashear *(VP-Creative)*
Kathy Andrews *(Dir-Ops)*
Majel Montano *(Acct Mgr)*

Accounts:
Accudata Technologies
Alienware
Animalz by ReTrak Content Marketing, Kid-Friendly Headphones, Public Relations
ApartmentMatching.com
BCCK
Chrisholm Trail
Citadel
CommScope
CPS HR Consulting
CyrusOne Planning
Dallas Ad League
E-Mist Innovations
Family Online Safety Institute
Fujitsu
GDI
GoalTender Development Institute
Harris CapRock Communications; Houston, TX Remote Communications Systems; 1998
Hudson & Marshall
ImageVision
Jobe's Company
Kinetrex Energy Brand Awareness & Credibility, Brand Messaging & Positioning, Communications, Website
L-3 Communications Thermal-Eye
Lone Star Analysis (Agency of Record) Creative Services, Market Research, Marketing Communication Services, Messaging, Public Relations, Web Development; 2018
Net Socket
ORIX
Parsoft
Privus Mobile "Swine Flew", Creative
Property Damage Appraisers Brand Development, Marketing Communications
Raytheon
Razberi Technologies (Agency of Record)
RuleSpace
SpotSee Brand Recognition, Paid Media & Public Relations; 2018
TeamSupport.com
Tech Titans
Texas Instruments Incorporated
Vari-Lite
Zoom Motorola Cable

MCCABE DUVAL + ASSOCIATES
58 Narrows Ln, Harpswell, ME 04079
Tel.: (207) 347-8614
Fax: (207) 773-7245
Toll Free: (800) 603-6069
E-Mail: cduval@mccabe-duval.com
Web Site: www.mccabe-duval.com

E-Mail for Key Personnel:
Creative Dir.: cmccabe@mccabe-duval.com

Employees: 15
Year Founded: 1988

Agency Specializes In: Brand Development & Integration, Business-To-Business, Collateral, Corporate Identity, Direct Response Marketing, E-Commerce, Electronic Media, Financial, Logo & Package Design, Medical Products, Print, Strategic Planning/Research

Approx. Annual Billings: $5,000,000

Breakdown of Gross Billings by Media: Collateral: 15%; D.M.: 15%; E-Commerce: 10%; Fees: 15%; Graphic Design: 10%; Print: 15%; Strategic Planning/Research: 10%; Worldwide Web Sites: 10%

Chris Duval *(Founder & Pres)*
Constance McCabe *(Principal & Creative Dir)*
Paula Bourassa *(Acct Exec)*

MCCAFFERTY & CO. ADVERTISING
1014 S Floyd St, Louisville, KY 40203
Tel.: (502) 581-9227
Fax: (502) 582-2865
Web Site: www.mccaffertyandcompany.com

Employees: 1

Agency Specializes In: Advertising, Direct Response Marketing, Identity Marketing, Out-of-Home Media, Outdoor, Package Design, Print

John McCafferty *(Pres & Creative Dir)*

Accounts:
Better Business Bureau
Southern Warehouse & Distribution

MCCANN
(Formerly McCann Erickson Worldwide)
622 3rd Ave, New York, NY 10017-6707
Tel.: (646) 865-2000
Fax: (646) 487-9610
E-Mail: contact@mccann.com
Web Site: www.mccannworldgroup.com/expertise/mccann

Employees: 10,300
Year Founded: 1902

National Agency Associations: AAF-ABC-APA-BPA-DMA-MCA-TAB-THINKLA

Agency Specializes In: Sponsorship

Approx. Annual Billings: $107,000,000

Joel Rodriguez *(Exec VP & Exec Creative Dir-North America)*
Ann Baumlin Carey *(Sr VP & Exec Acct Dir-McCann XBC)*
Julianna Katrancha *(Sr VP & Grp Dir-Strategy)*
Laura Decker *(Sr VP & Grp Acct Dir)*
Susan Irwin *(Sr VP & Dir-Comm)*
Kimberly Almonroeder *(VP & Acct Dir)*
Jason Ashlock *(VP & Creative Dir)*
Pete Jones *(Exec Creative Dir-McCann XBC)*
Dom Baccollo *(Creative Dir)*
Lisa Huang *(Acct Dir)*
Rachel Aronson *(Dir-Strategy & Social)*
Whitney Bryan *(Dir-Comm Plng)*
Megumi Sasada *(Mgr-Client Budget-Fin)*
Jacob Krasnow *(Acct Exec)*
Carmen Jamile Ramirez *(Acct Exec)*
Tori Nygren *(Copywriter)*
Kate Bergquist *(Assoc Creative Dir)*
Sean Bryan *(Grp Creative Dir)*
Lauren McCrindle *(Grp Creative Dir)*
Erin Wendel *(Grp Creative Dir)*

ADVERTISING AGENCIES

AGENCIES - JANUARY, 2019

Accounts:
American Airlines
Ashley Furniture Industries, Inc.
Biscuits & Bath
Black & Decker
The Brady Campaign to Prevent Gun Violence Campaign: "Voices Against Violence"
Brady Center to Prevent Gun Violence Campaign: "Voices Against Violence"
Chicco
Cisco Systems, Inc.
Coca-Cola Refreshments USA, Inc.
Girls Who Code "Why Can't Girls Code?"
GlaxoSmithKline
Godiva Chocolatier, Inc. Godiva
HomeGoods
L'Oreal
MasterCard
MGM Resorts International (Creative Agency of Record)
Microsoft Creative
Mondelez International, Inc.
National Geographic Channel (Lead Brand Marketing Agency) Creative, Strategy
Nestle USA, Inc. Campaign: "Fountain of Electrolytenment", Campaign: "Raid", Nestle Waters
New York Lottery Campaign: "Holiday Wishes", Online, Out-of-Home, Radio, TV
Novartis
The Parks & Crump Law Firm Campaign: "Millionhoodies for Trayvon Martin"
Pfizer
Purity.Organic Inc.
Reckitt Benckiser Airborne, Campaign: "Let's End This", Creative, Delsym, Dettol, Digestive Advantage, Digital, Lysol, Marketing, MegaRed, Mucinex (Advertising Agency of Record), Print, Social, TV
San Francisco Arts Commission Campaign: "Graffiti"
Siemens
Sony Ericsson Campaign: "Juggling", Campaign: "Made Of Imagination", Xperia Play
SSL International/Durex
State Street Corporation State Street Global Advisors (Lead Creative Agency); 2014
Tiffany
Tommee Tippee
Unilever
US Postal Service Campaign: "Priority:You"
Verizon Communications Creative, Fios
Xbox

Branches

Commonwealth
500 Woodward Ave, Detroit, MI 48075
Tel.: (313) 202-3700
Web Site: www.cw-mccann.com

Employees: 300
Year Founded: 2012

Agency Specializes In: Sponsorship

Grant Theron *(COO & Exec Dir)*
Matt Canzano *(Exec VP & Deputy Chief Creative Officer)*
Todd Riddle *(Chief Creative Officer-Global Markets)*
Jeff Beverly *(Exec VP & Dir-Content)*
Krysty Sagnia *(Mng Dir-Global Resource Center)*
Tom Cote *(VP & Grp Acct Dir)*
Diana Ceausu *(VP & Dir-Strategy)*
Chris Everhart *(Sr Dir-Art)*
Jessie Gontko *(Sr Dir-Art)*
Noah Schusterbauer *(Exec Producer-Interactive)*
Erik Bjorklund *(Creative Dir)*
Sanziana Fanica *(Acct Dir-Chevrolet Global Content Studio)*
John Fiebke *(Creative Dir)*
Chris Halas *(Creative Dir)*
Dan Marvin *(Creative Dir)*
Laura Pewinski *(Art Dir)*
Ethan Skelton *(Art Dir)*
Tiffany Wisnieski *(Art Dir)*
Iris Coldibelli *(Dir-Global Strategy)*
Michael Gutelli *(Dir-Creative Content Strategy & Content Studio)*
Elav Horwitz *(Dir-Global Innovation)*
Nick Allen *(Assoc Dir-Creative)*
Gary Hale *(Mgr)*
Andrea Goulette *(Acct Supvr)*
Chris Skalsky *(Acct Supvr)*
Lauren Steckroth *(Supvr-Comm)*
Allison Piper *(Sr Acct Exec)*
Catherine Endeley *(Strategist-Brand)*
Erika DeVriendy *(Jr Copywriter)*
Kate Dryden *(Copywriter)*
Leah Kane *(Copywriter)*
Madeline Schafer *(Jr Copywriter)*
Bryan Durco *(Assoc Creative Dir)*
Jennifer Hadin *(Sr Program Mgr)*
Scott Lenfestey *(Assoc Creative Dir)*

Accounts:
General Motors Company Chevrolet (Agency of Record)

McCann New York
(Formerly McCann Erickson/New York)
622 3rd Ave, New York, NY 10017
Tel.: (646) 865-2000
Fax: (646) 487-9610
Web Site: www.mccannny.com/

Employees: 850
Year Founded: 1902

National Agency Associations: 4A's

Agency Specializes In: Above-the-Line, Advertising, Advertising Specialties, Affiliate Marketing, Affluent Market, African-American Market, Agriculture, Alternative Advertising, Arts, Asian Market, Automotive, Aviation & Aerospace, Below-the-Line, Bilingual Market, Brand Development & Integration, Branded Entertainment, Broadcast, Business Publications, Business-To-Business, Cable T.V., Catalogs, Children's Market, Co-op Advertising, Collateral, College, Commercial Photography, Communications, Computers & Software, Consulting, Consumer Goods, Consumer Marketing, Consumer Publications, Content, Corporate Communications, Corporate Identity, Cosmetics, Crisis Communications, Custom Publishing, Customer Relationship Management, Digital/Interactive, Direct Response Marketing, Direct-to-Consumer, E-Commerce, Education, Electronic Media, Electronics, Email, Engineering, Entertainment, Environmental, Event Planning & Marketing, Exhibit/Trade Shows, Experience Design, Faith Based, Fashion/Apparel, Financial, Food Service, Game Integration, Government/Political, Graphic Design, Guerilla Marketing, Health Care Services, High Technology, Hispanic Market, Hospitality, Household Goods, Identity Marketing, In-Store Advertising, Industrial, Infomercials, Information Technology, Integrated Marketing, International, Internet/Web Design, Investor Relations, LGBTQ Market, Legal Services, Leisure, Local Marketing, Logo & Package Design, Luxury Products, Magazines, Marine, Market Research, Media Buying Services, Media Planning, Media Relations, Media Training, Medical Products, Men's Market, Merchandising, Mobile Marketing, Multicultural, Multimedia, New Product Development, New Technologies, Newspaper, Newspapers & Magazines, Out-of-Home Media, Outdoor, Over-50 Market, Package Design, Paid Searches, Pets , Pharmaceutical, Planning & Consultation, Podcasting, Point of Purchase, Point of Sale, Print, Product Placement, Production, Production (Ad, Film, Broadcast), Production (Print), Promotions, Public Relations, Publicity/Promotions, Publishing, RSS (Really Simple Syndication), Radio, Real Estate, Recruitment, Regional, Restaurant, Retail, Sales Promotion, Search Engine Optimization, Seniors' Market, Social Marketing/Nonprofit, Social Media, South Asian Market, Sponsorship, Sports Market, Stakeholders, Strategic Planning/Research, Sweepstakes, Syndication, T.V., Technical Advertising, Teen Market, Telemarketing, Trade & Consumer Magazines, Transportation, Travel & Tourism, Tween Market, Urban Market, Viral/Buzz/Word of Mouth, Web (Banner Ads, Pop-ups, etc.), Women's Market, Yellow Pages Advertising

Kevin Nelson *(Mng Dir)*
Jeremy Miller *(Chief Comm Officer)*
Colm Murphy *(Chief Strategy Officer)*
Rob Reilly *(Chm-Global Creative)*
Dan Donovan *(Exec VP & Creative Dir)*
Carolyn Johnson *(Sr VP & Head-Integrated Production)*
Joe Konietzko *(Sr VP & Exec Dir-Strategy)*
Marco Pupo *(Sr VP & Exec Creative Dir)*
Holly Hessler *(Sr VP & Grp Dir-Creative)*
Daniel Mize *(Sr VP & Grp Acct Dir)*
Nancy Tynan *(Sr VP & Grp Acct Dir)*
Eric David Johnson *(Sr VP & Exec Producer-Integrated Music)*
Kristina Samsonova *(Sr VP & Exec Producer-Innovation)*
Laura Frank *(Sr VP & Dir-Strategy)*
Stella Warkman *(Sr VP & Dir-Project Mgmt)*
Vince Lim *(VP & Creative Dir)*
Anna Andreis *(VP & Dir-Strategy)*
Erik Kroha *(VP & Dir-Tech)*
Bill Wright *(Exec Creative Dir)*
Mila Mitova *(Sr Dir-Art)*
Dominick Baccollo *(Creative Dir)*
Kelsey DaHarb *(Jr Art Dir)*
Sean Flanigan *(Producer-Digital)*
EJ Lee *(Creative Dir)*
Alex Little *(Creative Dir)*
Vincent Scicchitano *(Acct Dir)*
George Katz *(Dir-Design)*
Daniel Lammon *(Dir-Strategy)*
David Mashburn *(Dir-Design)*
Hope Nardini *(Assoc Dir-Creative)*
Daniel de la Torre *(Acct Supvr)*
Elvia Ortiz *(Acct Supvr)*
Kyle Ross *(Acct Supvr)*
Jordan Berger *(Sr Strategist-Social)*
Jamile Ramirez *(Acct Exec)*
Karishma Shah *(Strategist-Social)*
Ethan Buller *(Sr Graphic Designer)*
Oscar Gierup *(Jr Copywriter)*
Christina Hillman *(Designer)*
Yung Lee *(Designer)*
Elina Rudkovskaya *(Copywriter)*
Stephanie Del Rosal *(Sr Art Dir)*
Annie Elliott *(Assoc Creative Dir)*
Josh Grossberg *(Grp Creative Dir)*
Ethel Jones *(Assoc Project Dir)*
Lauren McCrindle *(Grp Creative Dir)*
Nel Sparkman *(Jr Designer)*
Erin Wendel *(Grp Creative Dir)*

Accounts:
The Advertising Council
American Airlines Creative
Ashley Furniture Industries, Inc.
Bisquick
Brady Campaign to Prevent Gun Violence Campaign: "Conversations", PSA
Bristol Myers Squibb
Chick-fil-A (Lead Agency) Brand Strategy
Cigna Corporation (Lead Creative Agency) Brand Strategy, Campaign: "Together, All the Way", Creative, Digital, TV, Website
Clio Awards
Evolve Balloons, Campaign: "Playthings", Claws, Swords
Feeding America

AGENCIES - JANUARY, 2019 — ADVERTISING AGENCIES

Frozen Food Council
Galderma
General Mills (Agency of Record) Campaign: "Cinnamon Toast Crunch Selfie", Campaign: "Parent Promises", Campaign: "The Tiny & The Tasty", Campaign: "Ugly Sweaters For Your Snacks", Chex
Girls Who Code
GlaxoSmithKline Lovaza, Cervarix
Godiva Chocolatier, Inc. Godiva, Media
Healthy America
HomeGoods, Inc US Creative Advertising
Ignite Restaurant Group; Houston, TX Brand Advertising
Brick House Tavern + Tap Strategy
Joe's Crab Shack Campaign: "100% Shore!"
Romano's Macaroni Grill
IKEA IKEA Catalog, Ikea.com
Johnson & Johnson Vistakon Vision Products
Lockheed Martin Campaign: "The Field Trip to Mars", Creative
March For Our Lives
MasterCard Inc. Campaign: "Lost Dog"
Mayborn Group Tommee Tippee
MGM Resorts International Springfield
Microsoft Corp.
Mondelez International Dentyne
National Geographic Channel
Nespresso Campaign: "Training Day"
Nestle Waters North America Campaign: "Fountain of Electrolytenement", Campaign: "Nature's Fix"
New York State Lottery Creative, Digital
Novartis AG; East Hanover, NJ Aclasta, RAD, Reclast; 2003
Pfizer Toviaz
Qualcomm Incorporated
Reckitt Benckiser Inc. Delsym, Dettol, Lysol, Mucinex
Sony Ericsson
Sony Xperia Campaign: "Made of Imagination", Campaign: "Mind of a Child", Campaign: "The Most Immersive Xperia"
State Street Global Advisors (Creative Lead Agency)
Ulta Beauty (Creative Agency of Record); 2017
Unilever UK Foods
United States Postal Service (Agency of Record) Creative
United Way of America
Verizon Communications Inc. Campaign: "Get Out of the Past", Campaign: "Reality Check", Campaign: "Why", Creative, Fios (Agency of Record), Live Broadcast Application, Verizon Wireless (Lead Agency), Vision

MRM McCann
(Formerly McCann Erickson/Salt Lake City)
60 E South Temple, Salt Lake City, UT 84111
Tel.: (801) 257-7700
Fax: (801) 257-7799
Web Site: mccann.com

Employees: 100

National Agency Associations: 4A's

Daniel Chu (Chief Creative Officer & Exec VP)
Stephanie Mace (Exec VP & Gen Mgr)
Kelly Hindley (Sr VP-Strategic Plng)
Barbara Hirsch (VP & Grp Dir-Strategy)
Mary McBride (VP & Dir-Engagement Plng)
David Emmitt (VP & Grp Creative Dir)
David Byrd (Creative Dir)
Brandon T. Bott (Sr Strategist-Mktg)
Adam Hancock (Assoc Creative Dir)

Accounts:
Intel
MasterCard
SAIC
Verisign
Verizon

McCann Detroit
(Formerly McCann Erickson)
360 W Maple Rd, Birmingham, MI 48009
Tel.: (248) 203-8000
Fax: (248) 203-8010
E-Mail: detroit@mccann.com
Web Site: www.mccann.com

Employees: 200

National Agency Associations: 4A's

Agency Specializes In: Advertising

James Ward (Pres)
Chris Robertson (Mng Partner-Birmingham & Exec Creative Dir)
Christine Arthur (Mng Dir)
Kris Shaffer (Chief Strategy Officer & Exec VP)
Brad Emmett (Chief Creative Officer)
Vince McSweeney (Chief Creative Officer)
Mark Canavan (Exec VP & Exec Creative Dir)
Michael Crone (Exec VP & Client Svcs Dir)
Julianna Katrancha (Sr VP & Grp Dir-Strategy)
Todd Paglia (VP & Mgr-Global Product Info)
Julian Putti (VP & Assoc Creative Dir)
Jamie Buckingham (Grp Head-Creative)
Joe Ivory (Grp Head-Creative)
Mike Stocker (Exec Creative Dir)
Chris Bissonnette (Grp Dir-Creative)
Tiffany Moy-Miller (Grp Dir-Creative)
Somer Myers (Sr Dir-Art)
Liza Roach (Grp Acct Dir)
Robin Chrumka (Creative Dir)
Gary Kunkel (Art Dir)
Julianne Purther (Creative Dir)
Andy Herbert (Dir-Ops)
Jessica Perry (Dir-Strategy)
Diane Campbell (Assoc Dir-Creative)
Maureen Clemons Peck (Sr Acct Exec)
Racquel Ankney (Strategist)
David Brajdic (Sr Art Dir)
Ashley Crowley (Sr Art Dir)
Susan Stallings (Assoc Creative Dir)

Accounts:
Accolade "Bradley", Hardys Wine
Admiral Group Campaign: " Looking Out for You"
Altro
Always A Chance
American Airlines
Ameriprise Financial, Inc. (Lead Creative Agency)
Ashley Furniture
Bentley
Bob Evans Farms, LLC (Creative & Shopper Marketing Agency of Record) Brand Strategy
Corridor
Delphi
New-Dexcom G6 Glucose Monitoring System
E-Lites Digital Outdoor, PR, Press Marketing Communications, TV
Flowers by Gabrielle
General Mills Campaign: "Nature Valley Trail VIew"
General Motors Company Buick
Hitachi Business-to-Business, Social Innovation Business
Honeywell Consumer Products Autolite, Fram
James Villa Holidays Creative, TV
job.com; 2018
Keira Watering Cans Campaign: "Carnivorous Plants", Campaign: "Mobile App", Campaign: "Thumb"
Master Card
Matrix
MFI Retail Creative, Media Buying; 2008
MGM Grand Detroit (Integrated Agency of Record)
Michigan Economic Development Corporation Campaign: "Pure Michigan", Creative, Travel Michigan
Microsoft
Miele
Motors Corp
Nestle
Northrop Grumman
Old Jamaica Ginger Beer Man vs. Food Nation Sponsorship
Pfizer
Saab Change Perspective Campaign
Sirius XM Radio
Sunseeker CRM, Creative, Digital, Global Communications, International PR, Media Buying, Strategic Planning
Triumph Motorcycles Global Digital Marketing
Unilever
Vauxhall Astra GTC, Insignia
World Vision
Xbox

McCann Worldgroup
600 Battery St, San Francisco, CA 94111
Tel.: (415) 262-5600
Fax: (415) 262-5400
E-Mail: info@mccannsf.com
Web Site: www.mccann.com

Employees: 550
Year Founded: 1902

National Agency Associations: IPA

Agency Specializes In: Advertising, Brand Development & Integration, Broadcast, Business-To-Business, Cable T.V., Children's Market, Consumer Marketing, High Technology, Information Technology, Magazines, Media Buying Services, Newspaper, Newspapers & Magazines, Out-of-Home Media, Outdoor, Print, Strategic Planning/Research, T.V., Trade & Consumer Magazines

Jeremy Miller (Chief Comm Officer)
Kevin McNulty (Pres-Momentum Worldwide)
Damian Wilbur (Dir-Performance Analytics)

Accounts:
Bumble Bee Foods
General Mills, Inc.
Microsoft; Redmond, WA Xbox

McCann Canada
(Formerly MacLaren McCann Canada Inc.)
200 Wellington St W, Toronto, ON M5V 0N6 Canada
(See Separate Listing)

McCann Montreal
(Formerly Marketel)
1100 Rene-Levesque Boulevard West 19th Floor, Montreal, QC H3B 4N4 Canada
(See Separate Listing)

Algeria

FP7 McCann Algeria
31 Mohammad khoudi, El Biar, Algiers, Algeria
Tel.: (213) 21 79 22 42
Fax: (213) 21 79 22 39
E-Mail: amourad@mccannalger.com
Web Site: https://www.fp7.com/

Employees: 39

Mourad Ait Aoudia (Gen Mgr)
Leila Saber-Pacha (Acct Dir)
Neila Amrane (Acct Mgr)

Accounts:
Cevital
Coca Cola
Emirates NBD
Faderco
FAF
Huawei
La Vache Qui Rit
Nestle

ADVERTISING AGENCIES
AGENCIES - JANUARY, 2019

ooredoo

Argentina

McCann Erickson
Esmeralda 1080, 1007 Buenos Aires, Argentina
Tel.: (54) 11 5552 2100
Fax: (54) 11 4315 1254
Web Site: www.mccann.com

Employees: 92
Year Founded: 1935

National Agency Associations: AAAP (Argentina)-IAA

Agency Specializes In: Consumer Marketing

Chavo D'Emilio *(Pres)*
Ezequiel Rocino *(Gen Dir-Creative)*
Juan Pablo Curioni *(Exec Creative Dir)*
Cristian Bahamondes Velozo *(Art Dir)*
Lucas Castro *(Copywriter)*
Pablo Rossi *(Copywriter-Adv)*
Juan Manuel Duchen *(Sr Art Dir)*

Accounts:
New-Initiative 2030
Latam Airlines
Mastercard
New-Philco
Raaw
Sodimac
New-TyC Sports
ZonaJobs

Australia

McCann Erickson Advertising Pty. Ltd.
Level 7 574 Saint Kilda, South, Melbourne, VIC 3000 Australia
Tel.: (61) 3 9993 9333
Fax: (61) 3 9993 9300
E-Mail: melbourneteam@mccann.com.au
Web Site: www.mccann.com.au/

Employees: 45
Year Founded: 1960

National Agency Associations: AFA-MCA

Adrian Bosich *(Mng Partner)*
Georgie Pownall *(Mng Dir)*
Zain Hoosen *(CFO & COO)*
Pat Baron *(Chief Creative Officer)*
Martin Box *(Head-Production)*
Cinnamon Darvall *(Head-Brdcst)*
Richard Hayes *(Grp Acct Dir)*
Charlie McDevitt *(Grp Acct Dir)*
Alec Hussain *(Bus Dir)*
Joshua Ida *(Producer-Digital)*
Henri Leon *(Acct Dir-AGL Energy)*
Nicole Mandile *(Creative Dir)*
Caity Moloney *(Art Dir)*
Jacquelyn Whelan *(Acct Dir)*
Andrew Woodhead *(Creative Dir)*
Emma Black *(Dir-Media Acct & Planner-Strategy)*
Roshni Hegerman *(Dir-Strategy)*
Robert Stone *(Dir-Natl People & Talent)*
Jane Walshe *(Dir-Media)*
Aaron Lipson *(Assoc Dir-Creative)*
Meg Andrews *(Sr Acct Mgr)*
Leighton Howindt *(Acct Exec)*
Dave Budd *(Sr Designer)*
Tom Medalia *(Copywriter)*
Edward Stroud *(Designer)*

Accounts:
Australian Federal Government
Bendigo Bank
Bic
Coca-Cola South Pacific
Google
Holden Barina Beats
Lion
LocalAgentFinder Brand Refresh, Creative, Production, TVC Creative
L'Oreal Paris
Macmillan Publishing
Macquarie Dictionary Phubbing
MasterCard
Melbourne Central
Melbourne International Film Festival (MIFF) Campaign: "Films that stay with you", Campaign: "The Emotional Trailer"
Metro Trains Campaign: "Be Safe Around Valentine's Day ... and Trains", Campaign: "Deck the Halls", Campaign: "Dumb Ways To Die", Campaign: "Dumb Ways to Die 2: The Games", Campaign: "Take Your Time On Game Day", Press
Nimble
Pacific Brands
Specsavers Campaign: "Vespa"
Tiger Airlines Campaign: "Good to Go"
University of Melbourne Billboard, Campaign: "Where Great Minds Collide", Creative, Digital, Interactive & Mobile, Outdoor, Poster, Transportation & Vehicles
V/Line Creative
Velvet Jayne Campaign: "Bras & Knickers"
Vic Gambling
Victorian Racing Club
Victorian Responsible Gambling Foundation Campaign: "100 Day Challenge", Campaign: "100 Days - Anna", Campaign: "KidBet", Digital Banners, Print, Radio, TV
Victorian WorkCover Authority
WorkSafe Victoria Campaign: "WorkSafe: Bad Days", Creative
YMCA

McCann Erickson Advertising Pty. Ltd.
166 William St, Woolloomooloo, NSW 2011 Australia
Tel.: (61) 2 9994 4000
Fax: (61) 2 9994 4010
E-Mail: contact@mccann.com.au
Web Site: www.mccann.com.au/

Employees: 150
Year Founded: 1959

National Agency Associations: AFA-MCA

Agency Specializes In: Health Care Services

Chris Baker *(Head-Social)*
Alexandra Baker *(Reg Bus Dir-APAC)*

Accounts:
Holden Ute
L'Oreal
MasterCard Australia Ltd.
Pfizer
Uncle Toby's

McCann Healthcare Melbourne
Level 7 574 St Kilda Rd, 3001 Melbourne, Australia
Tel.: (61) 03 9993 9344
Fax: (61) 03 9993 9300
Web Site: www.mccann.com.au

Employees: 15

Agency Specializes In: Advertising, Health Care Services, Pharmaceutical

Accounts:
Melbourne Central
Pfizer
Public Transport Victoria

McCann Healthcare Sydney
Royal Naval House 32-34 Grosvenor Street, The Rocks, Sydney, 2000 Australia
Tel.: (61) 02 9994 4390
Fax: (61) 02 9994 4010
Web Site: http://www.mccannhealth.com.au/

Employees: 50

Agency Specializes In: Advertising, Health Care Services, Print

Alexandra McCarthy *(Head-Strategy)*
Raj Bains *(Art Dir)*
Elizabeth Ritchie *(Acct Dir)*
Emma Taylor *(Acct Dir)*
Vanessa Reynolds *(Copywriter)*
Kate Chisnall *(Assoc Creative Dir)*

Accounts:
A2 Milk/Freedom Nutritional Products
AAPT
Bristol-Meyers Squibb Pravachol, Taxol
Bushells
George Western Foods
Guide Dogs Victoria Campaign: "Opening Doors"
Holden Ute
International Diabetes Institute
Jack Daniels
JR/Duty Free
L'Oreal
Melbourne Central
Merck Serono
Microsoft
Nestle Nutrition Campaign: "Talking Toddlers", NAN Toddler Milks
Novartis
Pfizer Australia
Procter & Gamble Metamucil
Sanofi-Aventis
SCA Hygiene Australia
V-Line
Xbox

Mccann
32 Grosvenor St The Rocks, Sydney, NSW 2000 Australia
Tel.: (61) 299944000
Fax: (61) 299944010
Web Site: www.mccann.com.au

Employees: 50
Year Founded: 1959

Agency Specializes In: Advertising, Brand Development & Integration, Digital/Interactive, Market Research

Frances Clayton *(Chief Strategy Officer-Australia)*
Nicole Taylor *(CEO-Natl)*
Erin Porich *(Head-Acct Mgmt)*
Lyndell Sawyer *(Head-Media)*
Benjamin Davis *(Exec Creative Dir-Queensland)*
Jerker Fagerstrom *(Exec Creative Dir)*
Jessica White *(Sr Acct Dir)*
Jodie Allen *(Acct Dir)*
Lauren Barnes *(Acct Dir)*
Justin Carew *(Creative Dir)*
Alice Littleboy *(Acct Dir)*
Iggy Rodriguez *(Creative Dir)*
Ian MacDonald *(Dir-Strategy-Sydney)*
Caroline Drury *(Sr Acct Mgr)*
Hadley Allchurch *(Mgr-Media)*
William Halstead *(Copywriter)*
David O Sullivan *(Copywriter)*

Accounts:
AMP Capital Shopping Centres
Botanica Juices
Bushells Tea Tea Drinks Mfr
Charles Sturt University Campaign: "Think Again", Media Buying, Online, Social Media, Television
Coca-Cola Amatil Hot Beverages Sprite

Defence Housing Australia
Department of Families, Housing, Community
   Services and Indigenous Affairs Campaign:
   "Impossible Orchestra"
Freeview More for Free Telecommunication
   services
The Hunger Project Campaign: "A Table To End
   Hunger", Digital, Media, Out-of-Home, Radio
Lego Campaign: "Santa's Little Helper", Media,
   Toys Mfr
Lion Dairy & Drinks Brand Awareness
MasterCard Australia Ltd Campaign: "Florence &
   the Machine", Campaign: "New Zealand",
   Financial Transaction Payment Cards Provider
Metro Trains Campaign: "Dumb Ways To Die"
Microsoft Creative, Xbox
Midas Network Management services
Milo Nutritious Energy Drinks
MTV Exit Foundation
NBN Media
Nestle Australia Ltd. Purina
Solaris Paper Emporia, TV
Suzanne Grae
Taubmans Painting Products Mfr
Twinings
Uncle Tobys (Agency of Record) Campaign:
   "Energy Feeds Your Passion"
Velvet Jayne
World Kitchen Campaign: "Corelle Post-A-Plate",
   Campaign: "Tipsy Hostess", Corelle, Online

Bahrain

FP7
609 City Centre Building 6th Floor Government
   Avenue, PO Box 5989, Manama, Bahrain
Mailing Address:
PO Box 5989, Manama, Bahrain
Tel.: (973) 17 500 777
Fax: (973) 17 224 375
E-Mail: info@fp7.com
Web Site: https://www.fp7.com/

Employees: 200
Year Founded: 1968

Agency Specializes In: Consumer Marketing, Direct
Response Marketing, Public Relations

Amit kapoor (Exec Creative Dir)
Mohamed Sabra (Sr Acct Dir)

Accounts:
Al Zamil Air Conditioners
Batelco Audio Signature, Environmental
   Awareness, INFINITY, Ramadan Promo, Sim
   Sim O-Net Device, Talk For Free On Friday,
   Voice SMS, World Cup Promo
Berlitz Language School
BIC Formula One
BigWig
Cathay Pacific Airways Limited
Dubai Duty Free
GulfAir
Joby Gorillapod
KKT Orthopedic Spine Centre
L'Oreal
Lux
MasterCard
Nestle
Nido
Orbit
QNB
Rotana
Samsung
Sony
UPS
Vileda
Volvo
Xbox 360 Wireless Controller
Yaquby Stores Joby Gorilapod

Bangladesh

Unitrend Ltd.
House #49 Rd #27, Dhanmondi R/A, Dhaka, 1213
   Bangladesh
Tel.: (880) 2 912 4380
Fax: (880) 2 811 0436
E-Mail: info@unitrendbd.com
Web Site: http://www.unitrendltd.com/

Employees: 100

Zulfiqar Ahmed (Owner)
Sushanta Saha (Head-Ops)

Bosnia

McCann Erickson Sarajevo
GM Lokateli 21, 71000 Sarajevo, Bosnia &
   Herzegovina
Tel.: (387) 33 267 111
Fax: (387) 33 267 121
E-Mail: mail@mccann.ba
Web Site: www.mccann.ba

Employees: 30

Vesna Vlasic Jusupovic (Mng Dir)
Muamera Kadric (Media Dir)

Brazil

McCann Erickson Publicidade Ltda.
Rua Visconde de Ouro Preto 5 12-13 Floors,
   22250-180 Rio de Janeiro, Brazil
Tel.: (55) 21 2106 2500
Fax: (55) 212 106 7998
E-Mail: mccann@mccann.com.br
Web Site: https://www.wmccann.com/

Employees: 50
Year Founded: 1935

Agency Specializes In: Advertising, Automotive,
Consumer Goods, Consumer Marketing, Electronic
Media, Electronics, Food Service

Marcio Borges (Exec VP-Ops, Innovation &
   Strategic Alliances)
Marcelo Hack (VP-Production)
Jaqueline Travaglin (VP-Projects & Ops)
Monica Charoux (Dir-Corp Comm-Latin America)

Accounts:
Chevrolet
L'Oreal

McCann Erickson / SP
Rua Loefgreen 2527, CEP 04040- 33 Sao Paulo,
   Vila Clementino Brazil
Tel.: (55) 11 3775 3000
E-Mail: mccann@mccann.com.br
Web Site: https://www.wmccann.com/

Employees: 245
Year Founded: 1935

Agency Specializes In: Advertising, Social
Marketing/Nonprofit

Paulo Filipe Souza (Creative Dir & Art Dir)
Leonardo Arcoverde (Art Dir)
Fernando Penteado (Creative Dir-South America)
Rafael Carvalho (Copywriter)
Otavio Mastrogiuseppe (Copywriter)
Augusto Meira (Copywriter)
Joao Pires (Copywriter-WMcCann)

Accounts:
Coca-Cola Refreshments USA, Inc.
Colgate Sorriso Herbal
Dorina Nowill Foundation
Exercito de Salvacao
Hospital de Cancer de Barretos
Kraft Foods Chicklets
LeYa Books
Mat Inset
Salvation Army Campaign: "Labyrinth"

Paim Comunicacao
Rua Padre Chagas 79 5 Andar, Moinhos de Vento,
   CEP 90570-080 Porto Alegre, Brazil
Tel.: (55) 51 2102 2577
E-Mail: contato@paim.com.br
Web Site: www.paim.com.br

Employees: 95
Year Founded: 1991

Agency Specializes In: Advertising

Cesar Paim (Pres)
Rodrigo Pinto (Partner & Creative Dir)
Aline Lima (Acct Dir)
Joao Batista Cabral de Melo (Dir-New Bus & Mktg)
Gerson Lattuada (Copywriter & Mgr-Creative)
Marcio Blank (Mgr-Creation)
Taisa Brambila (Mgr-Media)
Cindy Schneider (Jr Editor)

Accounts:
Ambev
Estudio Gorila
Instituto de Estudos Empresariais
Ministerio Publico do Trabalho
Polar Beer Campaign: "Cell Phone Nullifier"
SPRS Brazilian Pediatric Society
Vinicola Aurora

Cameroon

McCann Erickson Cameroon
39 rue Kitchener Place de la Chamber de
   Commerce, Douala, Cameroon
Mailing Address:
PO Box 12516, Douala, Cameroon
Tel.: (237) 3343 9188
Fax: (237) 3342 29 02
Web Site: www.mccann.com

Employees: 20
Year Founded: 1986

Agency Specializes In: Advertising

Annie Barla (Gen Mgr)
Venant G. Pouemi (Dir-Strategy-Douala)
Sinclair Teffo (Dir-Artistic)

Chile

McCann Erickson S.A. de Publicidad
Ave Andres Bello 2711, 7th Fl, Comuna las
   Condes, Santiago, Chile
Tel.: (56) 2337 6777
Fax: (56) 2337 6800
Web Site: www.mccann.com

Employees: 150
Year Founded: 1945

National Agency Associations: ACHAP

Agency Specializes In: Advertising, Automotive,
Aviation & Aerospace, Consumer Goods,
Consumer Marketing, Financial, Food Service,
Multimedia, T.V., Teen Market

Cesar Aburto Aguirre (Creative Dir)

ADVERTISING AGENCIES
AGENCIES - JANUARY, 2019

Ricardo Corsaro *(Creative Dir)*
Patricio Navarrete *(Creative Dir-Santiago)*
Matias Cabrera *(Sr Art Dir)*

Accounts:
Capel
The Coca-Cola Company Del Valle
Dentyne
Fundacion Las Rosas Campaign: "Reality Show", Campaign: "We Need Volunteers"
General Motors Campaign: "Seatbelt", Chevrolet
Gillette Mach 3
Kraft Foods Dentyne Extra
Nestle Chile S.A

China

McCann Erickson Guangming Ltd.
33/F Telecom Plaza, 18 Zhong Shan Er Road, Guangzhou, 510115 China
Tel.: (86) 20 8888 8438
Fax: (86) 20 8888 8439
Web Site: www.mccann.com

Employees: 500

Joe Zhou *(Grp Creative Dir)*

Accounts:
Cadillac
New-Chevrolet

UM
21/F Huaihai Plz, 1045 Huaihai Rd, Shanghai, 200031 China
Tel.: (86) 21 2411 1488
Fax: (86) 21 2411 1468
E-Mail: stella.lee@umww.com
Web Site: www.umww.com/global

Employees: 60
Year Founded: 2000

Agency Specializes In: Media Buying Services

Lin Liu *(Chief Strategy Officer)*

Accounts:
CCTV
Coca-Cola Campaign: "Share a Coke"

Colombia

McCann Erickson Corp. S.A.
Calle 96 #13A-21/33, Santafe de Bogota, Bogota, Colombia
Tel.: (57) 1487 1010
E-Mail: latam@mccann.com
Web Site: www.mccann.com

Employees: 185
Year Founded: 1945

National Agency Associations: ACA

Alvaro Fuentes *(CEO)*
Samuel Estrada *(Chief Creative Officer & Bus Dir)*
Alejandro Bermudez *(Exec Creative Dir)*
Juan Gomez *(Creative Dir & Acct Supvr)*
Juan Afanador *(Creative Dir)*
Catalina Arjona *(Acct Dir)*
Andrea Avendano *(Art Dir)*
Diego Castellanos *(Art Dir)*
Reini Farias *(Creative Dir)*
Daniel Gonzalez *(Creative Dir)*
Cesar Meza *(Creative Dir)*
Jonnathan Olmos *(Art Dir)*
Carlos Jimenez Pena *(Acct Dir)*
Anderson Quiroga *(Creative Dir)*
Melisa Restrepo *(Acct Dir)*

Carlos Revollo *(Art Dir)*
Juan Andres Reyes Ramirez *(Art Dir)*
Sebastian Zuluaga *(Art Dir)*
Luis Fernando Prada *(Dir-Creative Digital)*
Susana Bonilla *(Acct Mgr)*
Jaime Suarez *(Acct Mgr)*
Manuel Esteban Espitia Benavides *(Copywriter-Adv)*
Ruben Higuita *(Copywriter)*
Steven Leon *(Copywriter)*
Julian Orlando Roldan Triana *(Sr Designer-Digital)*

Accounts:
New-Banco Popular
Biblioteca EPM
Bimbo Dunitas
Boyaca Lottery
Colombian National Police
Editorial Televisa Campaign: "Kick"
Empresa de Telecomunicaciones de Bogota
EPM Campaign: "Water Museum"
General Motors Company Chevrolet
Grupo Aval
Latam Airlines LATAM Entertainment, Print
Marca
Ministry of National Education Campaign: "The Bulletpen"
New-Musical Pillow Spring
NATIONAL POLICE FORCE
Spring
Step Ahead

McCann Erickson Corp. (S.A.)
Edificio Banco Andino Carrera 43A #16A Sur 38, Ofc 1205, Medellin, Colombia
Tel.: (57) 4 313 6622
Fax: (57) 4 313 6822
Web Site: www.mccann.com

Employees: 30
Year Founded: 1997

Agency Specializes In: Advertising

Alejandro Bermudez *(Exec Creative Dir)*
Manuel Esteban Espitia Benavides *(Copywriter-Adv)*

Croatia

McCann Erickson
Heinzelova 33A, 10 000 Zagreb, Croatia
Tel.: (385) 1 555 51 00
E-Mail: info@mccann.hr
Web Site: www.mccann.hr

Employees: 80

Goran Bozic *(Creative Dir)*
Sandra Cindric *(Acct Dir)*
Goranka Mijic *(Acct Dir)*
Zeljka Ivosevic Valentic *(Acct Dir)*

Cyprus

De Le Ma/ McCann Erickson
36 Grivas Dighenis Ave, 1066 Nicosia, Cyprus
Mailing Address:
PO Box 21674, 1512 Nicosia, Cyprus
Tel.: (357) 2 2660 300
Fax: (357) 2 2660 303
E-Mail: despo@delema.com
Web Site: www.delema.com

Employees: 52
Year Founded: 1985

Agency Specializes In: Advertising, Advertising Specialties, African-American Market, Agriculture, Asian Market, Automotive, Aviation & Aerospace, Bilingual Market, Brand Development & Integration, Broadcast, Business Publications, Business-To-Business, Cable T.V., Children's Market, Co-op Advertising, Collateral, Commercial Photography, Communications, Consulting, Consumer Marketing, Consumer Publications, Corporate Communications, Corporate Identity, Cosmetics, Digital/Interactive, Direct Response Marketing, E-Commerce, Education, Electronic Media, Engineering, Entertainment, Environmental, Event Planning & Marketing, Exhibit/Trade Shows, Fashion/Apparel, Financial, Food Service, Government/Political, Graphic Design, Health Care Services, High Technology, Hispanic Market, In-Store Advertising, Industrial, Infomercials, Information Technology, Internet/Web Design, Investor Relations, LGBTQ Market, Legal Services, Leisure, Local Marketing, Logo & Package Design, Magazines, Marine, Media Buying Services, Medical Products, Merchandising, Multimedia, New Product Development, Newspaper, Newspapers & Magazines, Out-of-Home Media, Outdoor, Over-50 Market, Pharmaceutical, Planning & Consultation, Point of Purchase, Point of Sale, Print, Production, Public Relations, Publicity/Promotions, Radio, Real Estate, Recruitment, Restaurant, Retail, Sales Promotion, Seniors' Market, Sports Market, Strategic Planning/Research, Sweepstakes, Syndication, T.V., Technical Advertising, Teen Market, Telemarketing, Trade & Consumer Magazines, Transportation, Travel & Tourism, Yellow Pages Advertising

Despo Lefkariti *(CEO)*
Irene Kalogirou-Karaoli *(VP & Exec Media Dir)*
Christiana Chrysostomou *(Acct Dir)*
Efi Christou *(Mgr-Media)*
Lina Hamali *(Sr Copywriter-Creative)*

Czech Republic

McCann Erickson Prague
Riegrovy Sady 28, 12000 Prague, 2 Czech Republic
Tel.: (420) 2 2200 9188
Fax: (420) 2 22 723 996
E-Mail: reception.prague@mccann.cz
Web Site: www.mccann.cz

Employees: 60

Jan Binar *(CEO)*
Martina Hejdova *(COO)*
Razvan Capanescu *(Chief Creative Officer)*
David Cermak *(CEO-Momentum)*
Jiri Horut *(Grp Dir-Creative & Art Dir)*
Filip Kukla *(Grp Dir-Creative & Copywriter)*
Joseph Martin *(Grp Dir-Creative)*
Filip Kosatka *(Art Dir)*
Martin Kraus *(Art Dir)*
Jaroslav Malina *(Acct Dir)*
Klara Palmer *(Creative Dir)*
Hana Prokopova *(Acct Dir)*
Hayley Smith *(Art Dir)*
Lucie Srbkova *(Acct Dir)*
Ales Vyhlidal *(Dir-Strategic Plng)*
Petr Malina *(Acct Mgr)*
Eliska Menclova *(Acct Mgr)*
Nikola Palasova *(Acct Mgr)*
Sarka Vesela *(Acct Mgr)*
Jitka Baldwin *(Mgr-Digital Production)*
Anna Jelinkova *(Acct Exec)*
Jan Benda *(Copywriter)*
Ales Brichta *(Copywriter)*
Lucie Rust *(Planner-Strategic)*
Aidan Whitley *(Copywriter)*
Ondrej Kroupa *(Sr Art Dir)*

Accounts:
Al-Namura
Bornier
Coca-Cola

ING Bank Mutual Funds
Nas Grunt Campaign: "Bees Can Find Sugar Where you Least Expect It"
Peter's Cold Brew
Plzensky Prazdroj
Remy Cointreau
Sklizeno
Vodafone

Denmark

McCann Copenhagen
Gothersgade 14 4, DK-1123 Copenhagen, Denmark
Tel.: (45) 33134243
E-Mail: info@mccann.dk
Web Site: www.mccann.dk

Employees: 50

Agency Specializes In: Advertising

Audrey Amselli *(Reg Client Svcs Dir)*

Accounts:
Coca-Cola Campaign: "The Happy Flag", Logo, Poster
Ikea
Ladbrokes.dk
L'Oreal S.A.
Universal Music Black Sabbath

Finland

Hasan & Partners Oy
Pursimiehenkatu 29-31B, 00150 Helsinki, Finland
Tel.: (358) 424 6711
Fax: (358) 9 177 055
Web Site: www.hasanpartners.fi

Employees: 500

Tobias Wacker *(Partner & Creative Dir)*
Gustaf From *(Sr Acct Dir)*
Sami Anttila *(Art Dir)*
Jukka Mannila *(Creative Dir)*
Mikael Nemeschansky *(Art Dir)*
Ossi Piipponen *(Art Dir)*
Dan Ronnqvist *(Client Svcs Dir)*
Barbara Sorsa *(Acct Dir)*
Timo Huopalainen *(Dir-Art)*
Jarno Lindblom *(Dir-Client Svc)*
Pia Fri *(Acct Mgr)*
Jonna Ilvonen *(Acct Mgr)*
Teija Jarvinen *(Acct Mgr)*
Ossi Honkanen *(Assoc Creative Dir & Mgr-Innovation)*
Katariina Harteela *(Copywriter)*
Olessia Kozlova *(Planner-Strategic)*
Anu Niemonen *(Copywriter)*
Jussi Pekkala *(Copywriter)*

Accounts:
DNA Campaign: "Christmas Wish", Campaign: "Follow The Gift"
Fazer Campaign: "Geisha Chocolate: Valentine's Day", Campaign: "Tutti Frutopia"
Felix
Helsingin Sanomat Campaign: "One Story, all the Angles", Daily Newspaper
Helsinki Olympic Stadium
Kesko Corporation K-Citymarket
KONE Oyj
LahiTapiola
Metsa Wood
Novart Oy
Plan International Finland Campaign: "1000 Days", Campaign: "Girls Can"
Saarioinen
Sanoma Media Finland Oy
Sinebrychoff Karhu

Stadion-saatio
Stockman
Takeda Oy
Tallink Silja Line
Urheilusanomat Sports Magazine Campaign: "Dry Season"
Valio
Veikkaus Oy:
Vepsalainen Oy
World Design Capital Campaign: "Kauko Remotely Controlled Design Cafa"
World Kitchen
Yuju Milk

McCann Helsinki
Lautatarhankatu 8 B, 00580 Helsinki, Finland
Tel.: (358) 424 6311
Fax: (358) 424 631 311
E-Mail: hello@mccann.fi
Web Site: www.mccann.fi

Employees: 30
Year Founded: 1924

Yrjo Haavisto *(Project Mgr-Creative Svcs)*

Accounts:
Delta Car Dealership Campaign: "Let's Change The Headlines"
Hammaspeikko Dental Clinic Campaign: "Before & After", Dental Whitening Services
Nokian Tyres Plc
Trendi & Lily Campaign: "United State of Women"

France

McCann Erickson Paris
69 Blvd du General Leclerc, 92583 Clichy, France
Tel.: (33) 01 47 59 34 56
Fax: (33) 14 748 0757
E-Mail: info@mccann.fr
Web Site: www.mccann.fr

Employees: 188
Year Founded: 1927

Agency Specializes In: Consumer Marketing, Health Care Services

Bruno Tallent *(Pres & CEO)*
Nannette Lafond-Dufour *(Pres-Clients & Bus Leadership)*
Erik Bertin *(Exec VP-Strategy)*
Cedric Van Houtte *(VP & Head-Global Bus)*
Caroline de Chou *(VP-Beauty Team)*
Michel De Lauw *(VP-Creation-France)*
Caroline Montrichard *(VP-Beauty Team-McCann Paris)*
Pierre-Jean Bernard *(Head-Social Media-Beauty Team)*
Julien Chiapolini *(Exec Creative Dir)*
Riccardo Fregoso *(Exec Creative Dir)*
Clara Bazin-Vinson *(Art Dir)*
Sebastien Boutebel *(Creative Dir)*
Alexandra Dupy *(Acct Dir)*
Mateo Fernandez *(Art Dir)*
Lauren Haberfield *(Art Dir)*
Adrien Lavayssiere *(Art Dir)*
Guy Lewis *(Creative Dir)*
Christophe Rambaux *(Art Dir)*
Anne-Sophie Carbo *(Dir-New Bus-McCann Worldgroup)*
Sonia Presne *(Dir-Artistic)*
Isabelle Hafkin *(Mgr-Comm)*
Alizee Tournadre *(Mgr-Community)*
Valentin Audubon *(Designer-Motion)*
Palmyre Betremieux *(Planner-Strategy)*
Regis Langlade *(Planner-Channel & Strategic)*
Gilles Ollier *(Copywriter)*
Claire Pages *(Copywriter)*
Claire Besancon *(Assoc Creative Dir)*

Jimmy Charles *(Asst Art Dir-Digital)*
Caroline Gozier Chesnais *(Sr Art Dir)*
Agathe Dupasquier *(Assoc Creative Dir-Beauty Team)*
Cesar Garcia *(Sr Art Dir)*

Accounts:
Association of Journalists for the Environment
Capitaine Plouf Music& Sound Design Campaign: "For The Love Of Sound"
European Council on Refugees & Exiles Campaign: "Bloody Stairs"
Fisherman's Friend
Innocence In Danger
Inpes Anti-AIDS Campaign
L'Oreal S A Campaign: "#WorthSaying", Global, Vichy
MasterCard; 1999
New-Mouvement du Nid
Nestle FITNESS PSA
Nestle/Gloria Animal Products, Campaign: "One second of emotions", Nespresso
Olympique de Marseille

Georgia

McCann Erickson Georgia
71 Vazha-Pshavela Ave BCV 4th Fl, Tbilisi, 0186 Georgia
Tel.: (995) 32 220 73 55
Fax: (995) 32 220 75 87
E-Mail: office@mccann.com.ge
Web Site: www.mccann.com.ge

Employees: 10

Jaroslaw Wiewiorski *(Mng Dir-Creative)*
Tamuna Chikvaidze *(Grp Head-Acct)*
Irakli Skhirtladze *(Creative Dir)*
Lika Chanturia *(Acct Mgr)*

Accounts:
UN Women

Germany

McCann Erickson Brand Communications Agency
Grosser Hasenpad 44, 60598 Frankfurt am Main, Germany
Tel.: (49) 69 60 50 70
Fax: (49) 69 60 50 76 66
E-Mail: frankfurt@mccann.de
Web Site: www.mccann.de

Employees: 100

Sean Condon *(Mng Dir & Exec VP)*
Andreas Bruckner *(Mng Dir)*
Laurent Jaulin *(CFO)*
Martin Biela *(Exec Creative Dir)*
Jan C. Portz *(Creative Dir)*
Joerg Scheuerpflug *(Grp Creative Dir-Experience Design)*
Anja Viemann *(Assoc Creative Dir)*

Accounts:
Adam Opel GmbH European Creative, Pan-European Strategy
GranataPet #SnackBall
Mammut Sports Group Store ecosystem
Master Card
New-Miele & Cie KG

McCann Erickson Deutschland
Grosser Hasenpad 44, D-60598 Frankfurt am Main, Germany
Tel.: (49) 6960 5070
Fax: (49) 69 605 07 666
E-Mail: mccann-erickson@mccann.de

ADVERTISING AGENCIES

Web Site: www.mccann.de

Employees: 1,000
Year Founded: 1928

National Agency Associations: GWA

Martin Biela *(Exec Creative Dir)*
Juliane Back *(Acct Dir)*
Thomas Keil *(Creative Dir)*

Accounts:
Coca-Cola Campaign: "Taste the Feeling"
GranataPet
Mammut Store Ecosystem
Stiftung Artenschutz Campaign: "#animachine"

McCann Erickson Hamburg GmbH
Neuer Wall 43, 20354 Hamburg, Germany
Tel.: (49) 4036 0090
Fax: (49) 4036 0092 10
E-Mail: hamburg@mccann.de
Web Site: www.mccann.de

Employees: 20

National Agency Associations: GWA

Ruber Iglesias *(CEO)*
Cortney Endecott *(Mng Partner & Dir-HR & Ops)*

Accounts:
Aldi Nord (Germany Marketing Agency of Record)
Integrated Marketing Communications

M.E.C.H.
Schonhauser Allee 37, Kultur Brauerei, D-10435 Berlin, Germany
Tel.: (49) 30 44 03 00
Fax: (49) 30 44 03 01 51
Web Site: www.mccann.de

Employees: 25

Accounts:
Deutsche Akademie fur Akupunktur

Greece

McCann Erickson Athens
2 Hydras st & 280 Kifissias ave, Halandri, 15232 Athens, Greece
Tel.: (30) 21 0817 1100
Fax: (30) 21 0817 1180
E-Mail: mce.athens@europe.mccann.com
Web Site: www.mccann.gr

Employees: 92
Year Founded: 1972

National Agency Associations: EDEE

Agency Specializes In: Advertising, Advertising Specialties, Communications, Consumer Marketing, Corporate Communications, Corporate Identity, In-Store Advertising, Local Marketing, Logo & Package Design, Sales Promotion

Harry Parianos *(CEO)*
Natalia Symeonidou *(Grp Acct Dir)*
Hailena Tragaki *(Grp Acct Dir)*
Maria Alexiou *(Creative Dir)*
Eleftheria Petropoulou *(Creative Dir)*

Accounts:
Mastercard

Guatemala

D4 Mccann
5a Ave 5-55 zona 14 Europlaza Torre I Nivel 7, Guatemala, Guatemala
Tel.: (502) 50223839699
Fax: (502) 50223839698
E-Mail: info@d4mccann.com
Web Site: www.d4mccann.com

Employees: 10

Agency Specializes In: Advertising, Brand Development & Integration, Out-of-Home Media, Outdoor, Print, Strategic Planning/Research

Herbert Castillo *(Pres)*
Gabriel Castillo *(CEO)*

Accounts:
Credito Hipotecario Nacional
Thai Nippon Rubber Industry Co. Ltd Vive

Hong Kong

McCann Erickson Hong Kong Ltd.
23F Sunning Plz 10 Hysan Ave, Causeway Bay, China (Hong Kong)
Tel.: (852) 2808 7888
Fax: (852) 2576 9136
E-Mail: apac@mccann.com
Web Site: mccann.com

Employees: 136
Year Founded: 1963

Agency Specializes In: Communications

Jaslin Goh *(Mng Partner & Chief Strategy Officer)*
Brandon Cheung *(Mng Partner-McCann Cathay Pacific Central Team)*
Florence Kong *(Mng Partner)*
Martin Lever *(Exec Creative Dir)*
Wen-Hsiu Louie *(Exec Creative Dir)*
Eva Cheung *(Sr Acct Dir-Cathay Pacific Central Team)*
Julia Broughton *(Grp Acct Dir-Cathay Pacific Central Team)*
O. Mok *(Art Dir-Digital)*
Alexandra Peacock *(Acct Dir)*
Guilherme Pecego *(Creative Dir)*
Wai Wong *(Art Dir)*
Patricia Chung *(Sr Mgr-Outport)*
Dan Jacques *(Assoc Creative Dir)*
Fanny Lau *(Assoc Creative Dir)*
Agnes Lee *(Assoc Creative Dir)*
Philip Lee *(Grp Creative Dir)*

Accounts:
Asia Miles
City Chain Solvil Et Titus, Time is Love
Coca-Cola China Bonaqua Mineral Water, Campaign: "Chok! Chok! Chok!", Campaign: "Paint the Beach", Chok!, Coca-Cola, Digital, Fanta, Hi-C, Nestea, Sprite, Sunfill, TV
Corbis Images Campaign: "Visual Alphabet"
Cyma Creative
HMVideal
Intel; Taiwan; 2008
Jet Li Foundation
Metro Publishing Hong Kong
MTR Elements
Nestle Mild Black Coffee, Nescafe Ready to Drink
Nike Hong Kong; 2008
PepsiCo, Inc. Lay's Potato Chips
VF Corporation Lee Jeans
Wellcome Supermarket

UM
23rd Floor Sunning Plaza, Hysan Ave, Causeway Bay, China (Hong Kong)
Tel.: (852) 2808 7228
Fax: (852) 2576 7308
Web Site: www.umww.com

Employees: 20

Alice Lam *(Mng Dir-Hong Kong)*
Seven Li *(Dir-Strategic Plng)*

Accounts:
Brand Hong Kong Media Buying, Media Planning
Burberry
Financial Times Media
Yeung Gwong

India

End to End Marketing Solutions Pvt. Ltd
#173 9th Cross, Indiranagar 1st Stage, Bengaluru, 560038 India
Tel.: (91) 80 43461200
Fax: (91) 80 25281471
E-Mail: info@endtoend.in
Web Site: endtoend.in

Employees: 50

PN Shanavas, *(CEO)*

Accounts:
Hewlett Packard
Intel
Microsoft

McCann Erickson India
McCann House Dr SS Rao Road, Parel East, Mumbai, 40012 India
Tel.: (91) 22 423 06600
Fax: (91) 22 241 6871
Web Site: www.mccann.com

Employees: 500

Partha Sinha *(Vice Chm & Mng Dir)*
Prasoon Joshi *(Chm-Asia Pacific & CEO/Chief Creative Officer-McCann Worldgroup)*
Suraja Kishore *(Exec VP, Head-Natl Plng & Gen Mgr)*
Jyoti Mahendru *(Exec VP-HR)*
Kishore Chakraborti *(VP-Consumer Insight & Human Futures Dev)*
Rajesh Mani *(Exec Creative Dir)*
Subramani Ramachandran *(Exec Creative Dir)*
Abhinav Tripathi *(Exec Creative Dir)*
Prateek Bhardwaj *(Creative Dir-Natl)*
Pranav Bhide *(Creative Dir-McCann Worldgroup)*
Pradyumna Chauhan *(Creative Dir-Natl)*
Vikram Dhembare *(Creative Dir)*
Utsav Khare *(Creative Dir)*
Rohit Devgun *(Sr Creative Dir)*
Rajit Gupta *(Sr Creative Dir)*
Sanket Pathare *(Sr Creative Dir)*

Accounts:
Active Total Security Systems Campaign: "Bank", Campaign: "God", Campaign: "High Rise", Campaign: "Keys Are Hard To Find"
Aircel Campaign: "Little Extra"
Bombay Dyeing
Coca-Cola India Limited Campaign: "Crazy for Happiness", Campaign: "Mobile Campaign Shot", Campaign: "Spread happiness Without Reason, Share a Coca-Cola", Khushiyan Baatne Se Hi Badhti Hain
Dabur India Limited Campaign: "Kids", Campaign: "Mosquito", Chyawanprash, Meswak, Odomos, Pharmaceuticals
Dermaclinix
Dharampal Satyapal Group Creative, Meetha Maza, Rajnigandha
Dish TV Campaign: "Child Lock", Campaign: "Cock and Pussy", Campaign: "Intermission Interrupted", Campaign: "Intermission Uninterrupted", Creative, Dish Sawaar Hai
Follihair Campaign: "Anchor"

AGENCIES - JANUARY, 2019 — ADVERTISING AGENCIES

General Motors India Campaign: "Fuel Efficient", Creative
Greenpeace
Happy Life Welfare Society & Dabbawala Foundation Campaign: "Share My Dabba"
Harman Kardon
Hindustan Unilever Ltd Pears
Hockey India League
HUL (Hindustan Unilever Ltd) Campaign: "Masoom", Pears
IDFC Bank Creative, Outdoor, Print, TV
Incredible India Creative
Intel
Jagran Prakashan Campaign: "Soulmate"
Johnson & Johnson Campaign: "Women for Change", Stayfree
Kraft Heinz Glucon-D, Nycil
LifeCell
L'Oreal
Maharashtra Dyslexia Association
Marico Limited Activation, Campaign: "Aaj ka Special", Campaign: "Add a Shade", Campaign: "Growing Is Beautiful", Campaign: "Love Dobara", Campaign: "Man Offers", Digital, Mediker, Parachute Advanced Body Lotion, Parachute Advanced Jasmine Hair Oil, Parachute Advanced Tender Coconut, Parachute Advansed, Print, Public Relation, Radio, Saffolalife, Shanti Amla, TVC
Mumbai Indians
Myntra
Nestle Campaign: "Switch On Your Morning", Everyday, Magii, Nescafe Classic, Nutrition & Healthcare Business, Ready-To-Cook
Nirlep Campaign: "Chicken"
Paytm
Paytm
Penguin Group Campaign: "Author Headphones"
Perfetti Van Melle India Pvt. Ltd. Alpenliebe Gold, Big Babol, Campaign: "Happy Indians", Campaign: "Kid", Campaign: "Red Light"
Piramal Enterprises Ltd Campaign: "Chaale Tujhe Dekh Loonga", Lacto Calamine, QuikKool
Premier Tissues Kitchen Towel
Radio Mirchi Campaign: "IRS Callers", Campaign: "Mirchi Sunne Vale Always Khush"
Reckitt Benckiser Dettol Gold, Moov
Reebok Campaign: "Live with Fire"
Reliance Life Insurance Co Ltd
Saavn Advertising, Creative
Samsonite American Tourister, Campaign: "Car Crash", Cosmolite, TVC
Schimitten and Hoppits
Snapdeal
Sony India Creative
Star Sports & Star Cricket
Ttk Lig Ltd
TVS Motor Company Campaign: "For Front Benchers", Campaign: "Ride comfortably", Tvs Star City
Usha International Ltd. Campaign: "Air Basketball Match", Campaign: "AirPlay Challenge - Mom & Son", Fans
VIP Industries Creative, Skybags, VIP
Western Union Money Transfer Campaign: "Western Union Demo Billboards"
World For All Animal Care & Adoptions
World Wide Fund for Nature
Xolo Mobiles Campaign: "Built in Translator", Campaign: "English to Swahili", X900
Yatra.com Creative

McCann Erickson India
8 Balaji Estate Guru Ravi Dass Marg Kalkaji, Near Kailash Colony, New Delhi, 110019 India
Tel.: (91) 11 2600 2600
Fax: (91) 11 2600 2655
E-Mail: sanjay.nayak@ap.mccann.com
Web Site: www.mccann.com

Employees: 260

Jitender Dabas *(Chief Strategy Officer)*
Kapil Batra *(Head-Creative)*
Gourav Verma *(Head-Creative Team)*
Abhishek Chaswal *(Exec Creative Dir)*
Ravinder Siwach *(Exec Creative Dir)*
Richa Mishra *(Art Dir)*
Gunjan Gaba *(Copywriter)*

Accounts:
The 3C Company
ABH Packers & Movers
Aircel (Agency of Record) Campaign: "Joy of a Little Extra", Campaign: "Pappu", Campaign: "Pocket Buddies", Creative, IPL
Badminton Association of India Campaign: "Players"
Chlormint
Coca-Cola
Dabur India
Dermotriad+
ESPN
General Motors Campaign: "Conference Room"
Greenply Industries Ltd Greenlam Laminates
HP
HSIL Hindware, TV
IKFI
Indian Badminton League Creative, Strategic
Intel Digital, PC Business
Ixigo
Jagran Campaign: "Largest Print Network of India"
JustDial
Livguard
Lufthansa Campaign: "More Indian Than You Think"
Mastercard
MetLife India Insurance Co. Ltd. Campaign: "Pocket Money"
Ministry of Public Health Afghanistan
Nestle Campaign: "Start Healthy, Stay Healthy"
Nokia India Creative; 2018
Paytm Creative, Outdoor, Print, TV
Piramal Healthcare Quikkool
Skore Condom Campaign: "Lasts Longer Than You Think", Campaign: "Naughty World"
Sporty Solutionz Campaign: "Players"
Subway India Campaign: "Let's Go Rafting", Campaign: "Throw Your Treats at Subway", Creative, Egg & Mayo Sandwich
UNICEF
Videocon Air Conditioners, Campaign: "The Cascade of Books", Orange Peel
Yatra.com Campaign: "Ehsaan Mat Lo, Discount Lo"

Ireland

McCannBlue
Malting Tower Grand Canal Quay, Dublin, 2 Ireland
Tel.: (353) 1 234 3900
E-Mail: info@mccannblue.ie
Web Site: mccannblue.ie

Employees: 40
Year Founded: 1991

Shannon Rushe *(Acct Dir)*
Graham Stewart *(Creative Dir)*
Sarah Corr *(Dir-Relationship)*
Jenny Paetzold *(Dir-Ops)*
Eamonn Rohan *(Dir-Digital)*
Stephen Moore *(Grp Creative Dir)*

Accounts:
Bacardi
Beck's
Boots Nurofen; 1993
Bord Bia
Boring Vs. Normal
Cheerios
Coca-Cola Ireland Coke (Media), Diet Coke, Fanta, Five Alive, Fruitopia, Lilt; 1993
Dairygold Campaign : "Butter it with Dairygold"
Deep RiverRock Water Cafe, Strategy
Dublin Business School Creative, Digital, Media Buying, Media Planning
Entel PCS
Fuji
Garnier Ambre Solaire, Belle Color, Expression, Neutralia, Synergie
Health and Safety Authority Campaign: "Tractor"
Heineken Sports Sponsorship
Hunky Dory's
Irish Mist
Kerry
Largo Foods
L'Oreal Skin, Body & Hair Care; 1991
MasterCard
Maybelline
McDonald's
Microsoft
Mobile Network 3
Molloys
Movistar
Nestle Ireland Cereals, Clusters, Coffee, Lucky Charms, Nesquik, Shreddies; 1991
Opel
Powerade
Purina
Rape Crisis Centre Campaign: "Fade"
Safefood Campaign: "Childhood Obesity", Campaign: "Folic Acid", Digital Display, Print, Public Relations, Social Media, TV
Santa Rita 120
Siemens
Solero
SuperValu
Tayto
UNICEF

Israel

McCann Erickson
2A Raul Valenberg St, Tel Aviv, 69719 Israel
Tel.: (972) 3 7686450
Fax: (972) 3 768 6876
E-Mail: lobby@mccann.co.il
Web Site: www.mccann.co.il

Employees: 400

Iiran Elias *(Art Dir)*
Geva Gershon *(Art Dir)*
Dan Kashani *(Creative Dir-Digital-McCann Tel-Aviv Israel)*
Daniela Klinger *(Acct Dir)*
Roni Kvoras *(Art Dir)*
Elias Liran *(Art Dir)*
Lior Meiri *(Creative Dir)*
Dror Nachumi *(Creative Dir)*
Kfir Peretz *(Art Dir)*
Gal Porat *(Art Dir)*
Yaniv Zaguri *(Art Dir)*
Moran Peleg *(Dir-Client Team)*
Guy Barak *(Acct Supvr)*
Oron Hershtig *(Copywriter)*
Tal Manor *(Copywriter)*
Shachar Rosenfeld *(Copywriter)*
Dor Waintrob *(Copywriter)*
Nadav Pressman *(Sr Creative Dir)*
Shiran M Romano *(Sr Art Dir)*

Accounts:
AEG Campaign: "Noah's Ark"
AIG Campaign: "Vod Takeover"
Burger King
Caesarstone
Domino's Pizza Campaign: "Don't Let Hunger Ruin The Game", Campaign: "The Big Idea"
El Al Airlines Campaign: "South America", Campaign: "The London Present", Switzerland Present
Eurocom Panasonic
Garage Fitness Club Campaign: "Be prepared to sweat"

ADVERTISING AGENCIES

General Mills
Honda Campaign: "Betrayal", Campaign: "Sword", Campaign: "The Treat", Honda CRF250R, Honda CS500F
IKEA International Group Campaign: "Good solutions for bad habits"
Israel Anti-Drugs Authority Campaign: "Both Sided of Weed", Campaign: "Drugs Set Your Timeline", Facebook Timeline
JNF Campaign: "Filter"
Leiman-Schlussel Campaign: "Kiss - Tuna"
Mentos Campaign: "Salami"
Nestle Nescafe
New-Pharm
Panasonic
Perfetti Van Melle Mentos Kiss
Purina ProPlan Campaign: "Reverse World"
Sapir College
Shorashim Group Campaign: "Donate with Style", Campaign: "The Siren", Fast over
Tempo Goldstar Beer
Unilever Campaign: "Hiding Body", Dove
Volvo Campaign: "Finger Safety", Campaign: "The Seesaw"
Yes Multiroom Campaign: "Game Of Thrones", Campaign: "Move Your Content", Campaign: "Yes Streamer", Campaign: "Yes"
YesGo

Italy

McCann Erickson Italiana S.p.A.
Via Libano 68/74, 00144 Rome, Italy
Tel.: (39) 06 500 991
Fax: (39) 06 5728 9350
E-Mail: eleonora.cinelli@mccan.com
Web Site: www.mccann.com

Employees: 15
Year Founded: 1959

Agency Specializes In: Public Relations

Joyce King Thomas *(Chm & Chief Creative Officer-McCannXBC)*
Alessandro Sabini *(Chief Creative Officer & Creative Dir-Nespresso)*
Alessandro M. Sciortino *(Creative Dir)*
Gaetano Del Pizzo *(Exec Head-Art & Mgr-Creative)*
Diego Savalli *(Copywriter)*

Accounts:
Althea
FAO Global Petition Against Hunger, The 1 Billion Hungry Project
Gruppo Poste Italiane
Honda Europe SH 125 Mode DCT
L'Oreal
Menarini Youderm
Poste italiane S.P.A.
Telethon
Unipol Banca

McCann Worldgroup S.r.l
Via Valtellena 15/17, 20159 Milan, Italy
(See Separate Listing)

Japan

McCann Erickson Inc.
Aqua Dojima West 19th Floor 1-4-16, Dojimahama Kita-ku, Osaka, 530-0004 Japan
Tel.: (81) 6 6342 6800
Fax: (81) 6 6342 6893
Web Site: www.mccann.co.jp

Employees: 40
Year Founded: 1980

Agency Specializes In: Advertising, Advertising Specialties, Brand Development & Integration, Communications, Consumer Marketing, Corporate Identity, Direct Response Marketing, Event Planning & Marketing, Graphic Design, Out-of-Home Media, Outdoor, Planning & Consultation, Sales Promotion, Strategic Planning/Research

John Woodward *(Chief Strategy Officer)*
Yoshitaka Matsuura *(Sr Dir-Plng)*
Satoko Takada *(Creative Dir)*

McCann Erickson Japan Inc.
Shin Aoyama Bldg., E 1-1-1 Minami-Aoyama, Minato-ku, Tokyo, 107-8679 Japan
Mailing Address:
Minato-ku, P.O. Box 90, Tokyo, 107-91 Japan
Tel.: (81) 3 37468111
Fax: (81) 3 37468247
E-Mail: info.pm.me@japan.mccann.com
Web Site: www.mccann.co.jp

Employees: 425
Year Founded: 1960

Agency Specializes In: Advertising, Advertising Specialties, Below-the-Line, Communications, Direct Response Marketing, Event Planning & Marketing, Media Buying Services, Public Relations, Publicity/Promotions, Sales Promotion, Strategic Planning/Research

Hiroshi Namiki *(Chm)*
Hiroaki Mori *(Pres & CEO)*
Antony Cundy *(Chief Client Officer)*
Takashi Enomoto *(Bus Dir-Media)*
Michiko Nukui *(Acct Dir)*
Satoko Takada *(Creative Dir)*
Shoji Yokota *(Acct Dir)*
Noriko Sekine *(Asst Mgr-Corp Comm)*
Kanae Sumi *(Acct Supvr)*
Yoshihito Tanaka *(Acct Supvr)*
Ryosuke Yoshitomi *(Planner-Creative Div)*

Accounts:
Amazon
Casio
Suntory
Toyo Tire & Rubber Co., Ltd.

Lebanon

Fortune Promoseven-Lebanon
Ashrafieh 784 Bldg Sodeco, PO Box 116-5288, Beirut, Lebanon
Tel.: (961) 1 428 428
Fax: (961) 1 398 646
E-Mail: george.jabbour@promoseven.com.lb
Web Site: https://www.fp7.com/

Employees: 70
Year Founded: 1969

Agency Specializes In: Consumer Marketing, Public Relations

Emile Atallah *(Mng Dir-FP7 McCann)*
Nassif Abou Aloula *(Head-Digital & Bus Dir)*
Karim Rayess *(Exec Creative Dir)*
Elie Fakhry *(Art Dir)*
Salim Fayed *(Acct Dir)*
Pamela Karam *(Art Dir)*
Ribale Rayess *(Art Dir)*
Carl Bou Abdallah *(Dir-Strategic Plng)*
Tahaab Rais *(Dir-Plng & Insights)*
Petra Berbari *(Sr Acct Exec)*
Mike Awad *(Assoc Creative Dir)*
Rosy Mouallem *(Sr Art Dir-BEY)*
Thomas Young *(Assoc Creative Dir)*

Accounts:
Mashrou' Leila

McDonald's
Murr Television

Malawi

Cottman McCann Advertising
Hisco House Chipembere Highway, P.O. Box 835, Blantyre, Malawi
Mailing Address:
PO Box 2473, Blantyre, Malawi
Tel.: (265) 1 67 17 20
Fax: (265) 1 671 487
E-Mail: clientservice@hiscohouse.com
Web Site: www.mccann.com

Employees: 12

Malaysia

McCann Erickson (Malaysia) Sdn. Bhd.
5-01 & 5-02 Wisma LYL No 12 Jalan 51A/223 Petaling Jaya, Selangor Darul Ehsan, 46100 Kuala Lumpur, Malaysia
Tel.: (60) 3 7841 2898
Fax: (60) 3 2712 6668
Web Site: www.mccann.com

Employees: 140
Year Founded: 1965

Agency Specializes In: Communications, Faith Based

Sean Sim *(CEO)*
Matsuzaka Shun *(Head-McCann NEXT & McCann Millennials APAC & Dir-Digital Creative)*
Gavin E. Hoh *(Exec Creative Dir)*
Adrian Ho *(Creative Dir)*
Yeoh Oon Hoong *(Creative Dir)*
Shukri Jai *(Bus Dir)*
Jeanette Laws *(Bus Dir)*
Nura Yusof *(Dir-Plng)*
Jannah Adnan *(Acct Mgr)*
Yuinny Soong *(Project Mgr-Digital)*
Yuza Dannial Affiq *(Acct Exec)*
Thomas Chiew *(Designer)*
Zachary Loh *(Copywriter)*
Yow Kuan Wai *(Assoc Creative Dir)*
Irene Kuan *(Assoc Acct Dir)*

Accounts:
Borders Cookbooks Campaign: "Dog", Campaign: "Husbands"
Celcom
Grafa Sdn Bhd Campaign: "Lessons In Riding: Crotch", Campaign: "Lessons In Riding: Penny", Campaign: "Lessons In Riding: Wig"
Petronas Film

Mexico

McCann Erickson Mexico
Palo Santo No 22, Lomas Altas, 11950 Mexico, DF Mexico
Tel.: (52) 55 5258 5900
Fax: (52) 55 5258 5917
E-Mail: nicolas.guzman@mccann.com.mx
Web Site: www.mccann.com

Employees: 230
Year Founded: 1947

Agency Specializes In: Above-the-Line, Advertising, Brand Development & Integration, Communications, Experience Design, Health Care Services, Integrated Marketing, Promotions, Publicity/Promotions, Strategic Planning/Research

Myriam Barrios *(Art Dir)*

Mario Carbajal *(Creative Dir)*
Eduardo Guerrero *(Art Dir)*
Isabel R. Palacios *(Creative Dir)*
Eddi Aguirre *(Assoc Creative Dir)*
Gabriela Paredes Olguin *(Grp Creative Dir-VectorB)*

Accounts:
BestDay.com
BIC Twin Lady Razors
Bimbo Bakeries; 1983
General Motors Campaign: "Don't Text a Driver", Campaign: "Pedestrian Pass", Chevrolet, Chevrolet Tahoe, Print
Janssen Invokana
L'Oreal Camapign: "Colour Blind Awareness NGO", Casting, Cosmetics, Elvide, Feria, Imedia, Maybelline, Studio Line; 1979
The Non-Violence Project Mexico
Non Violence

Morocco

Promoseven-Morocco
237 Bd Zerktouni Residence El Kheir, Casablanca, Morocco
Tel.: (212) 22 364040
Fax: (212) 22 364732
E-Mail: gouza@fp7mccann.co.ma
Web Site: https://www.fp7.com/

Employees: 50
Year Founded: 1992

Laszlo Koza *(Gen Mgr)*

Netherlands

McCann Amsterdam
Bovenkerkerweg 6-8, 1185 XE Amstelveen, Netherlands
Tel.: (31) 205030800
Fax: (31) 205030888
E-Mail: info@ifbmccann.com
Web Site: http://www.mccann.nl/

Employees: 36
Year Founded: 1959

Miranda Honselaar *(Bus Dir-Beauty Team & Dir-Client Svc)*
John Spijkers *(Mgr-Creative-IFBMcCANN)*
Tim Voors *(Interim Dir-Creative)*

Accounts:
Arag
Batavíastad
Het Spoorwegmuseum
Intratuin
L'Oreal Nederland B.V.
MasterCard/Maestro
Maybelline NY
Mediq
Pfizer
Plan-it Brico
Praxis
RedBrand
Remia
Roosvicee
Stegeman
TVM
Van Gils
Venco
Welzorg

Norway

McCann Erickson
Sandakervn 24C Building C1, Box 4228, N-0401 Oslo, Norway
Tel.: (47) 2254 3600
Fax: (47) 2254 3601
E-Mail: info@mccann.no
Web Site: www.mccann.no

Employees: 85

Adam Billyeald *(Art Dir)*
Stian Birkelid *(Art Dir)*
Jan Petter Agren *(Copywriter)*
Jorgen Laure *(Copywriter)*

Accounts:
New-Citroen Norway
Grilstad Campaign: "The Lucky Pig"
New-MAXBO
Rema 1000 "Urban Farmer", Campaign: "Brothers"
Storebrand Campaign: "#Justgonna"
Tine Tine 14
Wideroe Airline Campaign: "A Summer Without Rain", Campaign: "Grandpa's Magic Trick", Campaign: "The Shortest Url"

Oman

FP7
1st Fl Homuz Bldg Next Near Ruwi Roundabout, PO Box 2317, 112 Muscat, Oman
Mailing Address:
PO Box 2413, 112 Muscat, Oman
Tel.: (968) 2 4705270
E-Mail: info@fp7.com
Web Site: https://www.fp7.com/#!/en/dxb/contact/12

Employees: 25
Year Founded: 1988

Agency Specializes In: Consumer Marketing, Direct Response Marketing, Point of Sale, Public Relations

Osama Elsayyad *(Mng Dir)*
Noufal Ali *(Exec Creative Dir)*
Summer ELbosraty *(Creative Dir)*
Hossam Elgarably *(Creative Dir)*
Haakon Rashad Miknas *(Acct Mgr & Jr Planner-Strategic)*

Accounts:
Al Hilal Islamic Banking Services
Apollo Medical Centre
Delicio
Nakheel Group ReFresh
Oman Oasis
Ooredoo Telecom
Renna Mobile
Sweets of Oman

Paraguay

Biedermann Publicidad S.A.
Alejo Garcia 2589 c/ Rio de la Plata, Asuncion, Paraguay
Tel.: (595) 21 238 6200
Fax: (595) 21 571 07
E-Mail: info@biedermann.com.py
Web Site: www.biedermann.com.py

Employees: 65
Year Founded: 1954

National Agency Associations: APAP (Portugal)-IAA

Agency Specializes In: Advertising, Consumer Goods, Consumer Marketing

Enrique Biedermann *(Owner)*
Federico Perie Torrents *(Gen Dir-Creative & Plng)*
Alejandro Rebull *(Gen Creative Dir)*

Accounts:
Millicom Campaign: "Rewrite", Campaign: "Slide", Tigo

Peru

McCann Erickson (Peru) Publicidad S.A.
Calle Tripoli 102 Miraflores Apartado 180668, L18-0368 Lima, 18 Peru
Tel.: (51) 1 610 8100
Fax: (51) 1 618 8110
E-Mail: latam@mccann.com
Web Site: www.mccannworldgroup.com

Employees: 80
Year Founded: 1946

Christian Caldwell *(Chief Creative Officer-Lima & VP)*
Mauricio FernandezMaldonado C *(VP)*
Orlando Aguilar *(Art Dir)*
Ricardo Aranibar *(Art Dir)*
Camilo Astogar *(Creative Dir)*
Kevin Contreras *(Art Dir)*
Javier Delgado *(Creative Dir)*
Luis Veliz Montenegro *(Art Dir)*
Eleni Polizogopulos *(Acct Dir)*
Max Urbina *(Art Dir)*
Roberto Lopez *(Supvr-Creative)*
Pamela Gomez *(Sr Acct Exec)*
Patricia Herrera Postigo *(Sr Acct Exec)*
Gabriela Vega Maggiorini *(Copywriter)*

Accounts:
AFP Habitat
Aniquem Campaign: "The Firecracker Project", Robot
Burger King Corporation
Calidda
Coca-Cola Refreshments USA, Inc. Campaign: "Happy ID", OOH, Press, Radio, Sprite, TV, Website
Cusquena
Domund Campaign: "Cold"
Ducati
Entel Chile S.A Campaign: "Share a Contact, Change a life "
Flying Dog Hostels
Grupo El Comercio
Helsinki Region Transport HSL - Track to the Future
Kraft Foods
LATAM Airlines Campaign: "Kids That Dream, Kids That Fly"
Mastercard
National Blind Unit of Peru The first post in Braille
Papa Con Camote
Peru21 Newspaper
Peruvian Red Cross
Representaciones Durand
Save the Children #SPEAKFORTHEM, Campaign: "Boy", Campaign: "Girl"
Sodimac Homecenter Sodimac Homecenter: Sodimac Toy Store
UNCP

Philippines

McCann Erickson (Philippines), Inc.
34th Floor GT Tower 6813 Ayala Avenue Corner HV Dela Costa Street, Makati City, Manila, 1229 Philippines
Tel.: (63) 2 757 2333
Web Site: www.mccann.com

Employees: 270
Year Founded: 1963

Raul M. Castro *(Chm & CEO)*

ADVERTISING AGENCIES

Joe Dy *(Asst VP & Exec Creative Dir)*
Sydney Samodio *(Exec Creative Dir)*
Maan Bautista *(Creative Dir)*
Xzenia Cruz *(Creative Dir)*
Bong Legaspi *(Creative Dir)*
Rachelle Rayos *(Acct Dir)*
Randy Tiempo *(Creative Dir)*
Melissa Vibar *(Art Dir-McCann Worldgroup)*
Sonia Pascual *(Assoc Dir-Plng)*
Marlon Borreo *(Copywriter)*
Katerina Rara *(Copywriter)*
Sofia Tawasil *(Copywriter)*
Marco Dimaano *(Assoc Creative Dir)*

Accounts:
Fully Booked Bookstore
Jollibee Foods Corporation Fastfood Corporate Promotions; 1996
JS Unitrade Merchandise Campaign : "Walang tatalo sa alagang totoo", EQ Plus Diapers
Nestle Cappuccino, Carnation, Chocolait, Coffeemate, Decaf, Maggi, Magnolia UHT, Master Roast, Neslac, Nesvita; 1985
Philippine Cancer Society Inc

Poland

Polska McCann Erickson
Cybernetyki 19, 02-677 Warsaw, Poland
Tel.: (48) 22 548 8100
Fax: (48) 22 21 01 101
E-Mail: office_warsaw@mccann.com.pl
Web Site: mccann.com

Employees: 150
Year Founded: 1991

Bartek Klimaszewski *(Creative Dir)*
Lukasz Krol *(Acct Dir)*
Marcin Sosinski *(Creative Dir)*
Monika Trawinska *(Art Dir-Digital)*
Katarzyna Grochowska *(Sr Acct Exec)*
Piotr Lopuszanski *(Art Buyer)*

Accounts:
CI Games
KFC
Less Mess Storage
Mastercard
Nobody's Children Foundation
Pernod Ricard Wyborowa

Portugal

McCann Worldgroup Portugal
Rua Carlos Alberto da Mota Pinto n 17A, Piso 8, 1070-313 Lisbon, Portugal
Tel.: (351) 217 517 500
Fax: (351) 217 517 504
E-Mail: geral@mccann.pt
Web Site: www.mccann.pt

Employees: 70
Year Founded: 1980

Angelo Costa *(COO & CFO)*
Rita Salvado *(Chief Creative Officer)*
Miguel Pinto Goncalves *(Grp Acct Dir)*
Fredrick Fannon *(Creative Dir)*
Cesar Nunes *(Art Dir-Lisbon)*
Sofia Belo *(Grp Acct Mgr)*

Accounts:
ACP Portuguese Auto Club Campaign: "Txt & Drive"
Chiado Publishers
Expresso Newspaper
Oxigenio Radio Station Campaign: "Groove", Campaign: "Hipster", Campaign: "MC"
Portuguese Association for Victim Support
Portuguese League Against Aids Campaign: "Vaccine"
Zurich Home Insurance

Romania

McCann Erickson Romania
Jules Michelet 18 1st Sector, Bucharest, 010463 Romania
Tel.: (40) 2 1 232 3727
Fax: (40) 2 1 232 3190
E-Mail: reception@mccann.ro
Web Site: www.mccann.ro

Employees: 200
Year Founded: 1996

Catalin Dobre *(Chief Creative Officer & Creative Dir-CEE)*
Andreea Elisabeta Sofrone *(Grp Acct Dir)*
Lia Bira *(Art Dir)*
Simona Suman *(Creative Dir)*
Dana Ioana Hogea *(Dir-Client Svc)*
Alexandra Albu *(Sr Acct Mgr)*
Carmen Marin *(Sr Acct Mgr)*
Carmen Bistrian *(Mgr-Creative & Creative PR)*
Tiberiu Munteanu *(Mgr-Audio & Video)*
Andreea Predescu *(Mgr-PR)*
Adina Cirstea *(Copywriter)*
Mihai Vasile *(Copywriter)*
Corina Ionita *(Sr Art Dir)*
Ioana Zamfir *(Grp Creative Dir)*

Accounts:
Allianz Tiriac Asigurari
Beau Monde Style
Beko Campaign: "Snooze for Coffee", Global Communications
Bihor Couture
Cif
Coca-Cola Campaign: "Let's Eat Together"
Fundatia Renasterea Campaign: "Brave Cut"
Kandia Dulce Campaign: "American Rom", Campaign: "Bucharest Not Budapest", Campaign: "Romanians are Smart", Chocolate Bar, ROM Campaign: "Romanians are smart" & ROM Chocolates, Snack
KFC
Kraft Foods
Mega Image
Paul Romania Bittersweet Pies
RADIO XXI
Renaestara Romania
ROM Chocolate Campaign: "Bucharest Not Budapest"
UniCredit Tiriac Bank
Unilever
Virgin Radio
Vodafone Romania Arpad, Sebastian, Salvamont App
WWF

Saudi Arabia

FP7 Jeddah
(Formerly Albert Promoseven-Jeddah)
4th Floor, Bin Hamran Tower, P.O. Box 17775, Office 409B, Al Tahlia Street, Jeddah, 21484 Saudi Arabia
Tel.: (966) 122614103
E-Mail: info@fp7.com
Web Site: www.fp7.com

Employees: 50
Year Founded: 1986

Agency Specializes In: Consumer Marketing, Public Relations

Marc Lawandos *(Mng Partner)*
Tahaab Rais *(Chm-MENA Strategic Council & Reg Head-Strategy & Truth Central)*
Dany Azzi *(Exec Creative Dir)*
Khalil Abouhamad *(Creative Dir)*
Firas Fares *(Acct Dir)*
Khalid Zahran *(Art Dir-Digital)*
Sanjay Kumar *(Dir-Strategic Plng-FP7 & KSA)*
Osama Barqawi *(Production Mgr-RUH)*
Jimmy Abboud *(Sr Art Dir-Fortune Promoseven)*

Accounts:
Al Rajhi Bank

Albert Promoseven-Riyadh
2nd FloorMawhid Center Olaya St N, PO Box 53034, Riyadh, 11583 Saudi Arabia
Mailing Address:
PO Box 53038, Riyadh, Saudi Arabia
Tel.: (966) 1 215 2211
E-Mail: aboulos@promoseven.com
Web Site: https://www.fp7.com/

Employees: 70
Year Founded: 1982

Agency Specializes In: Consumer Marketing, Event Planning & Marketing, Media Buying Services, Public Relations

Accounts:
NAQA

Serbia & Montenegro

McCann Erickson Group
Terazje 7-0, 11000 Belgrade, Serbia
Tel.: (381) 11 202 2200
Web Site: www.mccann.co.rs/

Employees: 50

Vlatko Dimovski *(CEO-Adriatic)*
Emina Azizi *(Reg Acct Dir-Beograd)*
Vladimir Cosic *(Creative Dir-Digital)*
Jelica Jaukovic *(Acct Dir-Beograd)*
Kristina Jovanovic *(Art Dir)*
Zdravko Kevreshan *(Art Dir-Innovation)*
Vladimir Popovic *(Acct Dir)*
Jana Savic Rastovac *(Creative Dir)*
Olivera Perkovic *(Dir-Client Svc-Belgrade)*
Katarina Pribicevic *(Dir-Strategic Plng-McCann Belgrade Agency)*
Marija Vicic *(Dir-Comm-Creative Excellence Adriatic & Nordic)*
Lidija Milovanovic *(Assoc Dir-Creative)*
Aleksandra Knezevic *(Acct Mgr)*
Igor Petrovic *(Acct Mgr)*
Milos Stankovic *(Mgr-New Bus)*
Dunja Soskic *(Acct Exec)*
Sasa Jovicevic *(Sr Graphic Designer)*
Milos Paunovic *(Copywriter)*
Divna Peskir *(Copywriter)*
Sandra Vujovic *(Copywriter)*
Vladimir Vukovic *(Copywriter)*
Jelena Grahovac *(Sr Art Dir)*

Accounts:
Carlsberg Serbia LAV
Coca Cola
FitCurves Gym
Maskot
MK Mountain Resort Campaign: "Cotton lungs"
Museum of Contemporary Art Belgrade
Museum of Science & Technology
White Cane NGO Campaign: "Web Blackout"
Women's Right Center
Yugoslav Drama Theatre

Singapore

McCann Erickson (Singapore) Private Limited

AGENCIES - JANUARY, 2019 — ADVERTISING AGENCIES

40A Orchard Road #06-00 the MacDonald House, Singapore, 238838 Singapore
Tel.: (65) 6737 9911
Fax: (65) 6737 1455
E-Mail: sorab.mistry@ap.mccann.com
Web Site: www.mccann.com

Employees: 50
Year Founded: 1965

Accounts:
FHM Calendar
GPS Bay
JA Henckels
KFC Singapore; 2007
Line Digital, Outdoor, Print, Social Media, TV
Nestle Confectionary Products, Milo
Oversea-Chinese Banking Corporation Limited (Creative Agency of Record)
Panasonic Singapore
Prudential Assurance The Face You Can Trust Campaign
REPELLA Insect Repellant
Selleys

McCann Healthcare Singapore
The MacDonald House, 40A Orchard Rd 05-01, Singapore, 238838 Singapore
Tel.: (65) 6739 3485
Fax: (65) 67393349
Web Site: www.mccannhealth.com

Employees: 15

Agency Specializes In: Advertising, Health Care Services, Pharmaceutical

Harshit Jain *(Chief Growth Officer)*
Liz Clark Martinez *(Head-Plng)*
Nicole Lade *(Gen Mgr)*
Sean Riley *(Exec Creative Dir)*
Alfred Wee *(Creative Dir)*
Asiah Hamzah *(Dir-Creative Svc-Singapore)*
Wati Mohd Taib *(Dir-Expert Mktg)*
Rebecca Murphy *(Dir-HCP Plng & Comm)*
Mellisa Go *(Copywriter)*
Weicong Lee *(Sr Designer-Singapore)*
Rodrigo Mitma *(Assoc Creative Dir)*
Emily Mok *(Jr Art Dir)*
Sham Nasaar *(Sr Art Dir)*
Yuan Ling Tan *(Jr Art Dir-Singapore)*

Accounts:
AstraZeneca
Bayer Schering
DEY
Eisai/PriCara
HealthCare atHOME
ICM Pharma Hexo-Dane Antiseptic Handrub
Impact Campaign: "Accelerated wound healing"
Mundipharma Pte Ltd
Roche-Foundation Medicine Strategic & Creative
Singapore Wellness Association
Smile Asia The Cleft Collection
USV Sebamed
Vusion

McCann Worldgroup (Singapore) Pte Ltd
40A Orchard Road, #06-01 The MacDonald House, Singapore, 238838 Singapore
Tel.: (65) 6737 9911
Fax: (65) 6737 1455
Web Site: www.mccannworldgroup.com

Employees: 128
Year Founded: 1965

Agency Specializes In: Communications

Nick Handel *(CEO)*
Jessica Davey *(CMO-Asia Pacific)*
Patrick Rona *(Chief Digital Officer-Asia Pacific)*
Charles Cadell *(Pres-Asia Pacific)*
Nadia Tuma-Weldon *(Sr VP & Dir-Truth Central)*
Richard McCabe *(Reg Dir-Strategic Plng-APAC)*
Angie Featherstone *(Grp Creative Dir)*
Adrian Loo *(Art Dir)*
Eirma Webster *(Grp Creative Dir)*
Alfred Wee *(Creative Dir)*
Cia Hatzi *(Reg Bus Dir-APAC)*
Luke Tucker *(Reg Grp Acct Dir)*
Mutch Wright *(Reg Sr Acct Dir)*

Accounts:
Dr Stretch
The Land Transport Authority Creative
L'Oreal Campaign: "Upside Down", Revitalift Laser X3
MasterCard Australia Ltd (Asia Pacific Agency of Record) Websites
Panasonic Singapore 3D TV, Viera 3D TV
Singapore Environment Council Environmental Awareness
Subway (Asia Pacific Agency of Record) Creative & Digital; 2017

Slovakia

Mayer/McCann-Erickson s.r.o.
Viedenska Cesta 5, 851 01 Bratislava, Slovakia
Tel.: (421) 2 6726 7101
Fax: (421) 2 62 24 04 18
E-Mail: mayer@mccann.sk
Web Site: www.mayer.sk

Employees: 43

Radovan Grohol *(Co-Owner & Mng Dir)*
Zuzana Kusova *(Co-Owner & Exec Dir)*

Accounts:
Coca-Cola Refreshments USA, Inc.
Miele Vacuum Cleaner
Open Society Foundation

Slovenia

Mayer-McCann
Dunajska cesta 163, 1000 Ljubljana, Slovenia
Tel.: (386) 1 563 65 50
Fax: (386) 1 563 6568
E-Mail: agency@mayermccann.com
Web Site: www.mayermccann.com/slo

Employees: 20

Marko Majer *(Founder, CEO & Partner)*

Accounts:
Hov-Hov Dog Bakery "Dog Pookies"
MasterCard
Post of Slovenia
Snaga
Summit motors Ljubljana d.o.o.

South Africa

McCann Erickson Africa
4 Kikuya Road South Sunninghill, PO Box 10663, 2000 Sandton, 2157 South Africa
Tel.: (27) 11 235 4600
Fax: (27) 11 803 4222
Web Site: www.mccann.co.za/

Employees: 125

Dallas Glover *(Dir-Strategic-Johannesburg)*
Fraser Lamb *(Exec Chm)*

Accounts:
Kyocera Mita South Africa
Merck Consumer Healthcare
Telkom 8.ta

McCann Worldgroup Johannesburg
4 Kikuyu Road, Sunninghill, Johannesburg, 2157 South Africa
Mailing Address:
PO Box 10663, Johannesburg, 2000 South Africa
Tel.: (27) 11 235 4600
Fax: (27) 11 803 7566
E-Mail: infosa@mccann.com
Web Site: www.mccann.co.za/

Employees: 125
Year Founded: 1934

Agency Specializes In: Communications

Clyde Mallon *(COO)*
Mick Blore *(Chief Creative Officer)*
Mike Muller *(Creative Dir & Art Dir)*
Hennie Stander *(Creative Dir & Copywriter)*
Paola Masullo *(Bus Dir)*
Carolyn White *(Dir-Shopper Mktg & Retail)*
Bonagani Ntombela *(Copywriter)*
Fraser Lamb *(Exec Chm)*

Accounts:
The Aids Foundation of South Africa
Coca-Cola Campaign: "Coca-Cola Happy Flag"
New-Diageo Johnnie Walker
General Motors
KAUAI Campaign: "Live The KAUAI Life", Digital
MasterCard
New-Reckitt Benckiser Nurofen Headache Tablets
The Tears Foundation
Telkom 8.ta Mobile Network, Emoticon Boy
Zurich Insurance Company "Gator Golf", Campaign: "Bicycle", Campaign: "Warmth"

Spain

McCann Erickson S.A.
Paseo de la Castellana 165, 28046 Madrid, Spain
Tel.: (34) 91 5679 000
Fax: (34) 91 571 2098
Web Site: www.mccann.com

Employees: 262
Year Founded: 1963

Agency Specializes In: Advertising

Monica Moro *(Chief Creative Officer & Copywriter)*
Gonzalo Sanchez-Taiz *(Gen Dir)*
Raquel Martinez Fernandez *(Exec Creative Dir)*
Matias Visciglia Canete *(Creative Dir & Art Dir)*
Fernando Cerezo *(Art Dir & Creative Dir)*
Eduard Cubel *(Creative Dir)*
David Fernandez *(Creative Dir)*
Ana Ganan *(Creative Dir)*
Victor Gomez *(Creative Dir)*
Javier Pascual *(Acct Dir-Integrated)*
Pedro Rego *(Creative Dir)*
Jaume Rufach *(Creative Dir)*
Miguel Moreno Corona *(Copywriter)*
Jon Lavin *(Copywriter)*
Rafael Quilez *(Sr Art Dir)*

Accounts:
AECC Campaign: "Fix You", Campaign: "Singer", Cancer Association; 2001
Afal
Aldi
Campofrio Food Groups Ashes, Comedians, Finissimas, Naturissimos Ham, Sausages, Toads
Compania Coca-Cola Espana, S.A. Aquabona, Burn Energy Drink, Campaign: "125th anniversary", Campaign: "Instant", Campaign: "Kiss Happiness", Campaign: "Reasons to

ADVERTISING AGENCIES

Believe", Coca Cola, Coca Cola Caffeine Free, Coca Cola Zero, Coca-Cola Light, Fanta, Nestea, Powerade, Soft Drinks, The Swap; 1977
Council of Brunete Campaign: "Poo Express"
General Motors Agila, Antara, Astra, Astra GTC, Astra SW, Astra Sedan, Astra Twin Top, Combo, Combo Tour, Corsa, Corsavan, Insignia, Meriva, Movano, Opel GT, Signum, Tigra Twin Top, Vectra, Vectra GTS, Vectra SW, Vivaro, Zafira
IB Women
Ikea International A/S "The Other Letter", Cookies
Inakadate Village
Jero Garcia Foundation
Syrmo Kickass Skateboarding
Nisa Hospitals
Save the Children Federation, Inc
Teatreneu
Telefonica

McCann Erickson S.A.
Plaza de America 2 piso 6, 46004 Valencia, Spain
Tel.: (34) 96 316 2990
Fax: (34) 96 395 0765
Web Site: www.mccann.com

Employees: 10

Agency Specializes In: Advertising, Hispanic Market

Luis Pardo *(Corp Dir-Strategy)*

Accounts:
Vueling

McCann Erickson S.A.
Josep Irla y Bosch 1 3, 08034 Barcelona, Spain
Tel.: (34) 93 252 0400
Fax: (34) 93 2520434
E-Mail: e.jove@mccann.es
Web Site: www.mccann.com

Employees: 55
Year Founded: 1963

National Agency Associations: IAA

Carla Tortosa *(Mng Dir)*
Enric Jove Bosch *(CEO-Barcelona & CIO-Spain)*
Ana Brossa *(Exec Creative Dir)*
Santiago Martinez Gonzalez de Ubieta *(Grp Acct Dir)*
Mathilde Paquereau *(Client Svcs Dir)*
Xavi gimeno ronda *(Creative Dir-Barcelona)*
Fernando Alcazar Zambrano *(Creative Dir)*
Ingo Kerstjens *(Dir-Strategic Plng)*
Javier Rodriguez Poveda *(Sr Art Dir)*

Accounts:
Alzheimer Foundation Spain
Beko Global Communications
Euskal Irrati Telebista
Fujitsu "THE MOST SILENCE FINAL"; 2005
Jagermeister
Spanish National Lottery Campaign: "Vineyards"

Sweden

McCann Stockholm
Grev Turegaton 11A, Box 5809, 102 48 Stockholm, Sweden
Tel.: (46) 8 506 50000
Fax: (46) 8 506 50010
Web Site: mccann.se/

Employees: 50

Agency Specializes In: Advertising

Johan Ostlund *(Grp CEO)*
Alan Emmins *(Mng Dir)*

Markus Forberg *(Head-Client-Nordic)*
Mikael Dahl *(Art Dir)*
Max Hansson *(Art Dir)*
Peter Kamstedt *(Acct Dir)*
Klaudia Klang *(Art Dir)*
Johan Eklund *(Dir-Digital)*
Annika Appeltofft *(Sr Acct Mgr)*
Ylva Pernebrink *(Sr Acct Mgr)*
Cajsa Correa *(Acct Mgr)*
Petra Kall *(Acct Mgr)*
Chris Lawrence *(Sr Strategist-Digital)*
David Drew *(Designer)*
Emil Esselin *(Planner-Digital)*
Noak Garberg *(Copywriter)*
Fredrik Sundqvist *(Copywriter)*

Accounts:
Amazing Brands AB Zlatan Ibrahimovic Parfums
Getinge
Houdini
Lenovo Moto
MasterCard
Subway

Switzerland

McCann Erickson Switzerland
15 Passage Malbuisson, 1211 Geneva, 11 Switzerland
Tel.: (41) 22 317 77 77
Fax: (41) 22 317 77 78
E-Mail: geneva.office@mccann.ch
Web Site: http://www.mccann.de/

Employees: 50
Year Founded: 1967

National Agency Associations: BSW

Olivier Renaud *(Art Dir)*

Taiwan

McCann Erickson Communications Group
11th Fl No 2 Lane 150 Section 5 Hsin Yi Rd, Taipei, 110 Taiwan
Tel.: (886) 2 2758 5000
Fax: (886) 2 2758 5690
E-Mail: shilyn@mccannerickson.com
Web Site: www.mccann.com

Employees: 100
Year Founded: 1981

Agency Specializes In: Advertising, Direct Response Marketing, Event Planning & Marketing, Sales Promotion

Eric Chang *(CEO)*

Accounts:
Coca Cola
Nestea

Thailand

McCann Worldgroup Thailand
555 Narathiwas Rd, Bangkok, 10120 Thailand
Tel.: (66) 2 343 6000
Fax: (66) 2 343 6001
Web Site: mccann.com

Employees: 125
Year Founded: 1965

Agency Specializes In: Communications

Yupin Muntzing *(CEO)*
Kittiwan Anuwatesakul *(Mng Dir)*

Varidda Voraakom *(Gen Mgr-Harrison)*

Accounts:
Cadbury Adams Thailand Campaign: "Downward", Car Freshener
Clorets BTS Skytrain
Dentyne Campaign: "Complete Every Meal"
Fong Hom
Hafele Thailand Limited Campaign: "Hafele Invitation Door"
Herton Company Limited
Kasikornbank Marketing
Line Campaign: "Code"
Prompong Ruangjui (Photographer) Campaign: "YEAH! It's You On My Business Card"
Siribuncha Company Limited Campaign: "Keep Your Moment Clean"
Verena International Co Ltd Verena Sure
SAND-M

Turkey

McCann Erickson WorldGroup Turkey
Buyukdere Caddesi Ecza Sokak No 6, Levent, 34330 Istanbul, Turkey
Tel.: (90) 212 317 5777
Fax: (90) 212 278 9769
Web Site: www.mccann.com

Employees: 150
Year Founded: 1976

Ugur Cakir *(Mng Partner & Chief Creative Officer)*
Ezgi Baripoglu *(Grp Acct Dir)*
Cenk Oztunali *(Creative Dir)*

Accounts:
Akbank Short Film Festival
Alzheimer Foundation Campaign: "Knitting"
Arcelik A.S. Beko, Consumer Public Relations
Aytac
Chicco
Dogus Otomotiv
Lezita Chicken Nugget
L'Oreal S.A.
Turkish Airlines Campaign: "Monna Lisa", Campaign: "QR flags"
Volkswagen Group of America, Inc. Amarok, Campaign: "Facebook Flipbook", Igloo

UM
Buyukdere Caddesi Ecza Sokak No 6, Levent, 34330 Istanbul, Turkey
Tel.: (90) 212 317 5656
Fax: (90) 212 321 1215
Web Site: www.umww.com

Employees: 65

United Arab Emirates

FP7
7th Floor MCN Hive Tecom Section C, PO Box 6834, Dubai, United Arab Emirates
Tel.: (971) 4 4454777
E-Mail: info@fp7.com
Web Site: https://www.fp7.com/

Employees: 300
Year Founded: 1975

Agency Specializes In: Public Relations

Jon Marchant *(Mng Dir)*
Tahaab Rais *(Chm-MENAT Strategic Council & Reg Head-Strategy & Truth Central)*
Paul Banham *(Pres-McCann Creative Council-MEA & Exec Creative Dir-Dubai)*
Tarek Miknas *(CEO-MENA)*
Tarek Ali Ahmad *(Gen Mgr-Bus Unit)*

AGENCIES - JANUARY, 2019 — ADVERTISING AGENCIES

Spiro Malak *(Gen Mgr-Bus Unit)*
Oliver Robinson *(Exec Creative Dir)*
Nadine Bikhazi *(Sr Acct Dir)*
Vicky Kriplani *(Sr Acct Dir)*
Yasmina Boustani *(Art Dir)*
Shelby Alexander Meale *(Creative Dir)*
Aunindo Anoop Sen *(Creative Dir)*
Karl Uhlemann *(Bus Dir-DXB)*
Mark Williams *(Creative Dir)*
Josephine Younes *(Creative Dir-McCann DXB)*
Erol Salcinovic *(Dir-Design)*
Moushami Dighe Bhattacharya *(Mgr-Strategic Plng)*
Khaled Hamza *(Mgr-Creative Svcs)*
Georges El Ten *(Strategist-Creative)*
Faissal Shaar *(Acct Exec)*
Sameer Ketkar *(Sr Designer)*
Wayne Esslemont *(Sr Art Dir-DXB)*

Accounts:
New-Al Rajhi Bank
Al Tayer Motors
Arla Foods Puck
Atlantis Advertising
New-Babyshop Creative Marketing & Strategy, Digital Planning, Experiential Activations, OOH, Print, Radio, Social, TV; 2018
The Coca-Cola Company Campaign: "Today I Will", Design
Daman
Dubai Foundation for Women & Children
Emirates NBD Campaign: "ATM: Awesome Traveling Machine", Campaign: "The A/C Vests", Campaign: "The Beautiful After", Campaign: "The Culture Dispensing Machine", Communications, Creative
Harvey Nichols Campaign: "Influenced by None"
New-Mashrou Leila
MasterCard
McDonald's
Renna Mobile
SmartLife Foundation Campaign: "Dream"
Sony Guld; Dubai Audio Products
Sony Campaign: "Big Day", Campaign: "Mean", Ericsson Xperia Arc, Handycam
Unilever Omo

United Kingdom

AllofUs
112-116 Old Street, London, EC1V 9BG United Kingdom
Tel.: (44) 20 7553 9250
Fax: (44) 20 7253 9648
E-Mail: studio@allofus.com
Web Site: www.allofus.com

Employees: 50

Agency Specializes In: Digital/Interactive

Orlando Mathias *(Co-Founder & Exec Creative Dir)*
Nick Cristea *(Co-Founder-San Francisco)*
Phil Gerrard *(Co-Founder)*
Ricardo Amorim *(Creative Dir)*
Gemma Lane *(Sr Designer)*

McCann Erickson Advertising Ltd.
7-11 Herbrand Street, London, WC1N 1EX United Kingdom
Tel.: (44) 20 7837 3737
Fax: (44) 20 7837 3773
Web Site: mccannlondon.co.uk

Employees: 265
Year Founded: 1927

Agency Specializes In: Advertising

Laurence Thomson *(Co-Pres, Co-Chief Creative Officer & Exec Creative Dir)*
Sailesh Jani *(Mng Partner)*
Jason McNamee *(Mng Partner)*
Nick Kavanagh *(Partner & Head-Comm Strategy)*
Matt Crabtree *(Partner & Creative Dir)*
Sheryl Marjoram *(Mng Dir)*
Theo Izzard-Brown *(Chief Strategy Officer)*
Vince McSweeney *(Chief Creative Officer-Birmingham, Bristol & Milton Keynes)*
Rob Smith *(Chief Client Officer)*
Samantha Giles *(Exec VP & Head-Bus)*
Lisa Conway *(Exec VP)*
Elizabeth Bernstein *(Head-New Bus)*
Karen Crum *(Head-Strategy)*
Katie Morris *(Head-Ops)*
Jamie Peate *(Head-Retail Strategy)*
Rob Brown *(Exec Creative Dir)*
Sanjiv Mistry *(Exec Creative Dir-munited//McCann London)*
Ross Neil *(Exec Creative Dir)*
Jacob Gjelstrup Bjordal *(Sr Dir-Art)*
Annabelle Black *(Sr Acct Dir)*
Dom Butler *(Creative Dir & Art Dir)*
Tom Adamson *(Bus Dir)*
Sebastien Boutebel *(Creative Dir)*
Melissa Cain *(Creative Dir)*
Mel Caplan *(Acct Dir)*
Christos Cardovillis *(Acct Dir)*
William Cottam *(Creative Dir)*
James Crosby *(Creative Dir)*
Francois d'Espagnac *(Acct Dir)*
Shaun Geary *(Acct Dir)*
Simon Hepton *(Creative Dir)*
Neil Lancaster *(Creative Dir)*
Jamie Mietz *(Creative Dir-EMEA)*
Georgie Rechner *(Bus Dir)*
Tommy Smith *(Bus Dir)*
Matteo Della Venezia *(Acct Dir)*
Rob Webster *(Creative Dir)*
Lydia Barklem *(Dir-Ops)*
Mike Oughton *(Dir-Copy)*
Jim Rothnie *(Dir-New Bus)*
Duncan Slater *(Dir-Bus Dev-McCann Central)*
Andy Tannock *(Dir-Design)*
Chad Warner *(Dir-Integrated Creative)*
Libby Conroy *(Sr Acct Mgr)*
Tom Oliver *(Sr Acct Mgr)*
Jenny Spindler *(Sr Acct Mgr)*
Robert Stockton *(Sr Acct Mgr)*
Tom Baines *(Acct Mgr)*
Lauren Watts *(Acct Mgr)*
James Appleby *(Strategist & Planner)*
Amy Doyle *(Acct Exec)*
Zoe Harris *(Acct Exec)*
Mark Fraser *(Sr Designer)*
Jaz Ghotora *(Designer)*
Harold Perrin *(Designer)*
Ross Seabury *(Copywriter)*
Matt Searle *(Copywriter)*
Sophie Chapman-Andrews *(Sr Exec Producer)*

Accounts:
The AA "Stop Jack Frost"
All England Lawn Tennis Club
Alzheimer's Society
American Airlines The Individual
Automobile Association
Bayer Alka Seltzer
Birmingham Tourism
Black & Decker Ltd. Consumer Power Tools, Household, Outdoor Products
BMW Bikes
British Airways
Cannes Lions (Lead Creative Agency) 2015 Festival, Lions Festival, Press
Cereal Partners Clusters, Coco Shreddies, Curiously Cinnamon, Frosted Shreddies, Golden Grahams, Lucky Charms, Shredded Wheat, Shreddies
Cheapflights
Coca-Cola
ComputerTan
Crackdown 2
Department of Health Creative
Doctors of The World
Ethos Travel Campaign: "The Calendar - Monday"
Evening Standard London Live TV
Fisher Price Mums & Dads, 1
Godiva Chocolatier, Inc. Global Creative; 2018
Harrods
Homepride
Honey Shreddies
Kaspersky Lab Digital, Outdoor, Print, Social Media
Kayak
Kraft Foods
LOCOG Campaign: "Oscar", Campaign: "Sport Like Never Before"
L'Oreal Campaign: "Go Louder", Campaign: "The Gold One", Casting, Catwalk to the Sidewalk, Cinema, Elnett Satin, Elseve, Freestyle, Glam Shine Reflexion., Maybelline, Online, Outdoor, Perfection, Print, Studio Line, TV
Maestro
Microsoft Corporation Bing, Campaign: "Destiny", Campaign: "Halo 5: Squadvertiser", Campaign: "Kinect Star Wars App", Campaign: "TombRaider: Survival Billboard", MSN, Online, Press, XBox 360, Xbox
Momondo
Moneycorp
Nestle Nesquik, Shreddies
Nespresso Campaign: "Nespresso. What Else?"
Pandora
Pernod Ricard UK Chivas Regal, Global Advertising; 2017
Peter Tatchell Foundation
Picturehouse Cinemas Creative
Premier Foods PLC Batchelors, Bisto, Campaign: "3 Little Pigs", Campaign: "Exceedingly Good Distraction", Campaign: "The Together Project", Creative, Loyd Grossman, Mr Kipling, Sharwood
Reckitt Benckiser Group plc Nurofen
Sported Campaign: "Sport Can Change Everything"
Subway Restaurants BBQ Chicken Temptation, Campaign: "Bruce", Campaign: "Janet", Campaign: "Keith", Campaign: "My Sub, My Way", Campaign: "Stay Picky", Digital, Outdoor, Print, Radio, Subcard Loyalty Communications, TV
Toshiba Encore Campaign: "Look Closer. See More"
Typhoo
Unilever I Can't Believe It's Not Butter
United Biscuits (Holdings) Limited McVitie's
Vauxhall Motors Limited
Wimbledon
New-Women To Look Up To
Zurich Insurance "Trolley"

McCann Erickson Bristol
125 Redcliff St, Bristol, BS1 6HU United Kingdom
Tel.: (44) 117 921 1764
Fax: (44) 117 929 0603
E-Mail: fraser.bradshaw@europe.mccann.com
Web Site: www.mccannbristol.co.uk

Employees: 34
Year Founded: 1978

National Agency Associations: IPA

Dean Lovett *(CEO)*
Claire Banks *(Mng Partner)*
Patrick Fraser *(Mng Partner)*
Sue Hendry *(Mng Partner-Universal McCann)*
Andy Reid *(Mng Dir)*
Amy Chadwick *(Acct Dir)*
Jake Pole *(Art Dir-Mid Weight)*
Jon Elsom *(Grp Creative Dir)*
Rob Wescott *(Client Svc Dir)*

Accounts:
Archery GB Media, National Series Finals, Performance Academies
Bristol Airport Advertising
Brut

ADVERTISING AGENCIES
AGENCIES - JANUARY, 2019

Cathay Pacific Airways Above the Line, Branding, Creative, Media Relations, Public Relations, Social Media Strategy
Crystal Ski Advertising
David Salisbury Brand Strategy, Integrated Marketing, Media Relations
Flybe Advertising, Creative, Media Buying, Production, Social Media, Trade Press Office, UK Public Relations; 2017
Goodyear
HiQ
Pink Lady Apples
SeaLife
Tenderstem
Visit Jersey Advertising
Wadworth
Woburn Estates Abbey, Golf Club, PR, Safari Park

McCann Erickson Central
McCann Erickson House Highlands Road, Shirley, Solihull, West Midlands B90 4WE United Kingdom
Tel.: (44) 121 713 3500
Fax: (44) 1217133509
E-Mail: dean.lovett@europe.mccann.com
Web Site: http://www.mccanncentral.co.uk

Employees: 250
Year Founded: 1986

Agency Specializes In: Advertising

Dean Lovett *(CEO)*
Alex Acosta *(Mng Partner-Creative)*
Paul Dean *(Mng Dir)*
John Sanders *(COO)*
Vince McSweeney *(Chief Creative Officer)*
Jon Carney *(Chief Digital Officer-EMEA)*
Jonathan Jesson *(Chief Growth Officer)*
Richard Bonner-Davies *(Pres-Central & Eastern Europe)*
Steve Hollyoak *(Mng Dir-Digital)*
Rob Mustoe *(Mng Dir-Birmingham)*
Jamie Buckingham *(Grp Head-Creative)*
Jo Jacques *(Assoc Dir)*
Harry Waine *(Sr Designer)*

Accounts:
Avis Europe
Casio
Chiltern Railway
Daikin
E-Lites Campaign: "Dancing Baby"
Experian
Fuji
General Motors UK Vauxhall, Saab & Chevrolet; 2009
Hardys Wine Campaign: "Boots"
Hitachi
Ideal
ING
Job.com B2B, B2C Advertising, CRM, Design & Creative
Mercedes Benz
Mitchells & Butlers
National Express Group PLC Creative
NHBC
Npower
OKI
Old Jamaica Ginger Beer
RWE Group
Siemens
Sunseeker Yachts
Vauxhall Motors Limited CRM, Point-of-sale, Print, Retail Marketing
Volvo
Wavin
Westley Richards
Whitbread PLC Costa Coffee
Wiltshire Farm Foods Media
Yorkshire Building Society

McCann-Erickson Communications House Ltd , Macclesfield
Bonis Hall, Bonis Hall Lane, Prestbury, Cheshire SK10 4EF United Kingdom
Tel.: (44) 1625 8222 00
Fax: (44) 1625 8295 67
E-Mail: jim.rothnie@europe.mccann.com
Web Site: www.mccannmanchester.com

Employees: 260
Year Founded: 1927

Agency Specializes In: Advertising, Brand Development & Integration, Digital/Interactive, Direct Response Marketing, Media Planning, New Product Development, Public Relations, Telemarketing

Sue Little *(CEO)*
Simon Buchanan *(Mng Partner-McCann Manchester)*
Graham Todd *(Mng Partner)*
Richard Aldiss *(Mng Dir)*
David Donaghue *(Head-Plng-McCann Manchester)*
Dave Price *(Exec Creative Dir)*
Laura McKinlay *(Sr Acct Dir-McCann Manchester)*
Carly Scott *(Sr Acct Dir-McCann Manchester)*
Laura Grainger *(Acct Dir)*
Neil Lancaster *(Creative Dir)*
James Mott *(Acct Dir)*
Brendan Shryane *(Art Dir)*
Jennie Wildig *(Acct Dir-PR & Social Media)*
Hana Gerrard *(Dir-Creative Svcs)*
Jamie Mitchell *(Dir-Client)*
Jenny O'Sullivan *(Dir-Digital Media)*
Claire Richardson-Critcher *(Dir-Digital Bus Dev-McCann Connected)*
Jane Colbeck *(Sr Acct Mgr-Aldi)*
Rohin Lalli *(Sr Acct Mgr)*
Kim Cleaver *(Acct Mgr)*
Charlotte Pearson *(Acct Mgr)*
Tracey Harman *(Mgr-Talent & Dev)*
Rob Gorton *(Copywriter)*
Michael Craven *(Deputy Creative Dir-McCann Manchester)*
Amy Mayers *(Jr Producer-TV)*
Adam Richardson *(Sr Art Dir)*

Accounts:
Aldi "Chocolate Bunnies", Advertising, Campaign: "Champagne", Campaign: "Endless Table", Campaign: "Gin", Campaign: "Like Brands", Low Fat Cereals, TV
American Airlines
Bargain Booze Campaign: "Doreen"
Britannia Sainsburys Bank
Co-operative Group Limited Co-op Funeralcare, Creative, Design, Digital, Social, Strategy
Farnell Element14, Pan-European Communications
Jura
Magnet Strategic & Creative; 2018
Peugeot Media Planning & Buying, Public Relations
Portland Holidays Direct
Premier Foods plc Integrated Strategic & Creative, Typhoo Tea (Lead Creative Agency)
Rugby League World Cup Sports Marketing
Sainsbury's Bank
Smyths
TotallyMoney National TV Advertising
Vauxhall Motors Media Planning & Buying; 2018

McCann Erickson Worldwide
7-11 Herbrand Street, London, WC1N 1EX United Kingdom
Tel.: (44) 207 837 3737
Fax: (44) 207 837 3773
Web Site: mccannlondon.co.uk

Employees: 400

Agency Specializes In: Advertising

Alex Hawke *(Mng Partner)*
James Latham *(Mng Partner)*
Rose Van Orden *(Partner-Plng)*
Harjot Singh *(Chief Strategy Officer-Europe)*
Stephen Guy *(Chief Integration Officer)*
Adrian Botan *(Pres-Creative Leadership Council)*
Jacob Dutton *(Mng Dir-Innovation)*
Cinnamon Darvall *(Head-Brdcst)*
Olly Wood *(Sr Dir-Creative & Art)*
Mel Caplan *(Acct Dir)*
Dan Caputo *(Acct Dir-Birmingham)*
Carl Dunbar *(Acct Dir)*
Martin Parkes *(Creative Dir)*
Tommy Smith *(Bus Dir)*
Melanie Vickers *(Acct Dir)*
Jonathan Brown *(Dir-Strategy)*
Zena Bruges *(Dir-Creative Svcs)*
Katya Escala *(Dir-Comm)*
Tom Oliver *(Sr Acct Mgr)*
Robert Stockton *(Sr Acct Mgr)*
Jon Leigh *(Copywriter)*
Harold Perrin *(Designer)*
Craig Wood *(Assoc Creative Dir)*

Accounts:
All England Tennis Club Ltd Digital, Social Media, Wimbledon
Alzheimer's Society Integrated
Cheerios
Godolphin Media
Heart Research UK
Innocence in Danger UK
MasterCard Incorporated
Microsoft
MysteryVibe
Nestle
PANDORA A/S Above-the-Line Advertising, Communication, Global Advertising
Paxo Online, The Turkey Whisperer
Premier Foods PLC Batchelors, Bisto, Campaign: "Fred About The House", Homepride, Loyd Grossman, Mr Kipling, Sharwood's, TV
Statoil Marketing
Subway
Tempur
Unilever

Venezuela

McCann Erickson Publicidad
Av Francisco Solano Lopez entre Calles Negrin y Apamates Pisos 18, 1062-A, Sabana Grande Apartado, 68152 Caracas, Venezuela
Tel.: (58) 212 7612464
Fax: (58) 212 7611843
Web Site: www.mccann.com

Employees: 55
Year Founded: 1946

Agency Specializes In: Communications

Norberto Esposito *(Pres)*

MCCANN CANADA
(Formerly MacLaren McCann Canada Inc.)
200 Wellington St W, Toronto, ON M5V 0N6 Canada
Tel.: (416) 594-6000
Fax: (416) 643-7030
E-Mail: david.leonard@mccann.com
Web Site: www.mccann.ca

Employees: 650
Year Founded: 1922

National Agency Associations: ABC-CBP-NYPAA

Agency Specializes In: Advertising

AGENCIES - JANUARY, 2019

ADVERTISING AGENCIES

Andy Langs *(CTO & Sr VP)*
Darren Clarke *(Chief Creative Officer)*
Lindsey Feasby *(Sr VP & Dir-HR)*
Brad Richardson *(VP & Grp Acct Dir)*
Tamara Dawson *(VP & Media Dir)*
Joshua Stein *(Exec Creative Dir)*
Jacqueline Bellmore *(Sr Producer-Brdcst)*
Li Cai *(Art Dir)*
Marissa Gladstone *(Acct Dir-Wendy's)*
Scott Johnson *(Creative Dir)*
Kit Kostandoff *(Acct Dir)*
Joe Piccolo *(Creative Dir)*
Mike Shuman *(Creative Dir)*
Keeley O'Hara *(Dir-Creative Svcs)*
Celane Chan *(Project Mgr-Digital)*
Carla Howden *(Acct Supvr)*
Michael Kates *(Strategist)*
Cordell Vos *(Strategist-Media)*
Palmer Wong *(Strategist)*
Taylor McCarthy *(Assoc Creative Dir)*
Chris Paleczny *(Assoc Creative Dir)*

Accounts:
AlarmForce
Andrew Murray Roofing
Angel Painting Co
Bayer
Canadian Film Centre
Carlson Wagonlit Travel (Media Only)
Coca-Cola Canada Ltd.
Dave Thomas Foundation Campaign: "The Story of I"
Developing World Connections Campaign: "Be More"
Earthbound Gardens
El Furniture Warehouse
Export Development Canada (Agency of Record) Brand Strategy, Creative Development, Digital, Direct Marketing, Event Marketing, Social Media; 2018
Fading Fast Campaign: "Peel-off Tattoo Installation"
Freedom to Thrive Campaign: "Rorschach"
General Motors Experiential, GMAC LLC, General Motors Acceptance Corp., General Motors Credit Card, General Motors Goodwrench Dealer Associations, General Motors Optimum Used Vehicles, General Motors Regional Marketing Advisory Board, General Motors of Canada
Johnson & Johnson Inc.
Lotto Max Campaign: "Helicopter", Campaign: "House", Campaign: "Yacht"
Mastercard Canada Campaign: "#internswanted", Campaign: "Accepted", Campaign: "MasterCard's Stylicity", Campaign: "Priceless Surprises", Online
Nestle
Novartis Pharmaceuticals Canada Inc.
PowerStream
Prostate Cancer Canada
RBC
Tourism Partnership of Niagara (Marketing Agency of Record) Advertising, Brand Strategy, Campaign: "Claimthe8th", Media Buying, Media Planning, Planning, Website
Trillium Gift of Life Network (Creative Agency of Record) Communications, Creative, Integrated Strategic
Vistakon
Wendy's Restaurants of Canada
Western Canada Lottery

Branches

McCann Calgary
(Formerly MacLaren McCann/Calgary)
238 11 Ave SE Ste 100, Calgary, AB D2G 0X8 Canada
Tel.: (403) 269-6120
Fax: (403) 263-4634
Web Site: mccann.ca

Employees: 30

Agency Specializes In: Advertising

Karen Pearce *(Pres-West)*
Ryan Timms *(Sr VP-Client Leadership)*
Sean Fero *(VP & Client Svcs Dir)*
Peter Vaz *(VP & Dir-Channel Engagement)*
Trent Burton *(Exec Creative Dir)*
Regan Fraser *(Art Dir)*
Brendan Marley *(Acct Dir-Digital Ops)*
Ed Anderson *(Sr Planner-Agriculture Media)*
Ally Dwyer-Joyce *(Strategist)*
Julie Evans *(Assoc Media Dir)*
Mark Lovely *(Assoc Creative Dir)*

Accounts:
Buick
Fotolia #1 in Europe
GMC
MasterCard

McCann Vancouver
(Formerly MacLaren McCann Vancouver)
100 W Pender St, Vancouver, BC V6B 1R8 Canada
(See Separate Listing)

McCann Montreal
(Formerly Marketel)
1100 Rene-Levesque Boulevard West 19th Floor, Montreal, QC H3B 4N4 Canada
(See Separate Listing)

MCCANN ECHO NORTH AMERICA
49 Bloomfield Ave, Mountain Lakes, NJ 07046
Tel.: (973) 257-3900
Web Site: www.mccannecho.com/

Employees: 101

Agency Specializes In: Advertising, Health Care Services, Pharmaceutical

Jesse Johanson *(Pres)*
Kristy Huszar Caraballo *(Mng Dir & Exec VP)*
Juan Ramos *(Exec VP & Exec Creative Dir)*
Rosanne Christie *(VP & Dir-Strategic Plng)*
Deborah Sobelman *(Assoc Dir-Strategic Plng)*
Michael Koch *(Acct Grp Supvr)*
Victoria Turso *(Sr Acct Exec)*
Heather Fibkins *(Acct Exec)*
Jordan Snyder *(Copywriter)*

Accounts:
Eisai/PriCara Aciphex
Galderma Differin, Epiduo, Metrogel, Oracea
GlaxoSmithKline/Human Genome Science Belimumab
GlaxoSmithKline Cervarix, Combivir, Epzicom, FluLaval, Fluarix, Lexiva, Relenza, Solzira, Trizivir; 2007
New Jersey Sharing Network
Oscient Antara, Factive

MCCANN ERICKSON WORLDWIDE
(Name Changed to McCann)

MCCANN HEALTH GLOBAL HQ
622 Third Ave, New York, NY 10017
Tel.: (646) 865-3908
Web Site: www.mccannhealth.com

Employees: 60

Agency Specializes In: Government/Political, Health Care Services, Pharmaceutical, Strategic Planning/Research

Jamie Avallone *(Mng Dir)*
Michael Lawlor *(CFO)*
Linda Szyper *(COO)*
Hilary Gentile *(Chief Strategy Officer-North America)*
June Laffey *(Chief Creative Officer)*
Charlie Buckwell *(Pres-Scientific Council & Medical Comm)*
John Cahill *(CEO-Global)*
Daryl Somma *(Exec VP & Exec Dir-Strategy)*
Joseph Speiser *(Exec VP & Exec Dir-Digital Leadership)*
Zulay Tomasiello *(Sr VP & Grp Dir-Strategy)*
Gladys Jeffrey *(Sr VP & Grp Acct Dir-McCann HumanCare)*
Tracy Kurczaba *(Sr VP & Grp Acct Dir)*
Daniel Mailliard *(Sr VP & Grp Creative Dir)*
Randy Goodman *(Mng Dir-Consulting)*
James Buonantuono *(VP & Creative Dir)*
Dawn Serra *(Reg Dir-Talent)*
Katherine Kuni *(Art Dir)*
Oliver Tower *(Creative Dir)*
Valeryn Vilchez *(Acct Supvr)*
Lauren Piccione *(Sr Acct Exec-McCANN Managed Markets)*
Bianca Rocco *(Acct Exec)*
Elena Wallin *(Acct Exec)*
Chris Ryan Cohen *(Assoc Creative Dir)*
Kaity Potak *(Assoc Creative Dir)*

Accounts:
Digestive Advantage

MCCANN MINNEAPOLIS
(Formerly Mithun)
510 Marquette Ave, Minneapolis, MN 55402
Tel.: (612) 347-1000
Fax: (612) 347-1515
Web Site: www.mccannmpls.com

Employees: 300
Year Founded: 1933

National Agency Associations: 4A's-AA-ADFED-DMA-PMA

Agency Specializes In: Advertising, Advertising Specialties, Agriculture, Brand Development & Integration, Broadcast, Business Publications, Business-To-Business, Cable T.V., Children's Market, Collateral, Communications, Consumer Goods, Consumer Marketing, Consumer Publications, Corporate Communications, Customer Relationship Management, Digital/Interactive, Direct Response Marketing, Direct-to-Consumer, Experience Design, Fashion/Apparel, Financial, Guerilla Marketing, Health Care Services, Hospitality, Household Goods, In-Store Advertising, Integrated Marketing, Internet/Web Design, Local Marketing, Logo & Package Design, Magazines, Market Research, Media Buying Services, Media Planning, Mobile Marketing, New Product Development, Newspaper, Newspapers & Magazines, Out-of-Home Media, Outdoor, Package Design, Paid Searches, Point of Purchase, Point of Sale, Print, Product Placement, Production (Print), Promotions, Radio, Restaurant, Retail, Search Engine Optimization, Social Marketing/Nonprofit, Social Media, Sponsorship, Strategic Planning/Research, T.V., Trade & Consumer Magazines, Viral/Buzz/Word of Mouth, Women's Market

Breakdown of Gross Billings by Media: Brdcst.: 64%; D.M.: 3%; Internet Adv.: 2%; Mags.: 11%; Newsp.: 5%; Out-of-Home Media: 2%; Radio: 13%

Scott Savarese *(CFO)*
Melissa Schoenke *(Mng Dir-Compass Point Media & Exec VP)*
Peg Sjolander *(Dir-Info Svcs-Campbell Mithun)*
Sarah Akin *(Assoc Dir-Connections Strategy)*
Jacqueline Grandstrand *(Project Mgr-Interactive)*
Jenny Saxon *(Supvr-Programmatic)*
Kirsten Erickson *(Strategist-Media)*
Jessica Risch *(Specialist-Connections Strategy)*

ADVERTISING AGENCIES
AGENCIES - JANUARY, 2019

Audrey Lanners *(Assoc Creative Dir)*
Katherine Schrack *(Assoc Media Dir)*

Accounts:
ACE Group Insurance; 2010
Airborne Health; 2009
Alvesco; 2010
Ashley Furniture Industries, Inc.
Best Western International Best Western Hotels; 2011
Betty Crocker
BizFillings; 2010
Chipotle; 2010
DOG for DOG
General Mills 8th Continent Soy Milk, Betty Crocker Cake Mix & Frosting, Betty Crocker Warm Delights, Bisquick, Caribou Coffee Bars, Chex Cereal, Chex Snack Mix, Cinnamon Toast Crunch Cereal, Curves Cereal, French Toast Crunch, Frosted Mini Chex, Gardettos Snack Mix, Golden Grahams, Hamburger Helper, Honey Nut Chex, Milk & Cereal Bars, Morning Mix, Nature Valley Granola Bars, Oatmeal Crisp Cereal, PopSecret, Specialty Potatoes; 1968
Johnsonville Sausage; 2007
J.R. Watkins Co. (Agency of Record) Creative Advertising
KeyBank; Cleveland, OH Advertising, Brand Planning, Creative, Hassle-Free Account, Local Market Events, Marketing, Media, Mobile, OOH, Print, Social, TV, Web
Minnesota Department of Public Safety Hefty, ZooPals; 2004
National City Bank of Indiana
Nestle - Purina PetCare Purina; 2010
Pandora
Popeyes Louisiana Kitchen "Red Stick Staredown", Campaign: "#LoveThatChicken", Campaign: "Chicken Waffle Tenders", Digital, Red Stick Chicken
Schwan Food Asian Sensations, Edwards Pies, Freschetta, Mrs. Smith Pies, Red B! aron, Tony's, Wolfgang Puck; 2000
Sonovian
SUPERVALU, Inc. Cub Foods
The Toro Company Campaign: "Count on It", Campaign: "Toro Treadmill", Lawn Boy, Snowblowers, TimeCutter Zero-Turn Riding Mower, Toro TimeMaster; 1962
United Way Twin Cities United Way - Twin Cities Chapter; 2005
Wellmark Blue Cross & Blue Shield "What Matters", Broadcast, Campaign: "Blood Pressure", Campaign: "Promises Matter", Campaign: "Reflex", Campaign: "Sample", Digital, Social Media, Website, myWellmark
Wells Fargo Yellow Pages; 1991

Branch

Compass Point Media
510 Marquette Ave, Minneapolis, MN 55402
(See Separate Listing)

MCCANN MONTREAL
(Formerly Marketel)
1100 Rene-Levesque Boulevard West 19th Floor, Montreal, QC H3B 4N4 Canada
Tel.: (514) 935-9445
Fax: (514) 935-5623
Web Site: mccann.ca

Employees: 131
Year Founded: 1977

National Agency Associations: ICA

Agency Specializes In: Advertising

Approx. Annual Billings: $89,000,000

Mylene Savoie *(Pres)*

Jacques L. Duval *(Pres-Council)*
Diane Ridgway-Cross *(Sr VP-Bus Strategy & Dev)*
Nadia D'Alessandro *(VP-Strategic Plng & Client Svcs)*
Thierry Gauthier *(VP-Client Svcs)*
Mourad Bouaziz *(Editor & Designer)*
Jo-Ann Munro *(Creative Dir)*

Accounts:
AB INBEV Alexander Keith's, Beck's, Brava, Budweiser, Labatt Blue, Michelobe, Rolling Rock, Stella Artois, Ultra
ACE Aviation Holdings Inc.
Air Canada
Bombardier Inc. Strategic Marketing & Communications; 2017
Canada Savings Bonds
Canadian Armed Forces (Agency of Record) Advertising, Integrated Creative Development, Social Media, Traditional & Digital Brand Strategy; 2018
Department of National Defence (Agency of Record) Advertising, Integrated Creative Development, Social Media, Traditional & Digital Brand Strategy; 2018
Domaine Pinnacle
Export Development Canada
FCA Canada Inc.
Fonds de Solidarite FTQ
L'Oreal Paris Creative Advertising
Maybelline New York
Reitmans Hyba, Marketing
Rogers Wireless
Rougier Pharma

MCCANN TORRE LAZUR
20 Waterview Blvd, Parsippany, NJ 07054-1295
Tel.: (973) 263-9100
Fax: (973) 263-4113
Web Site: www.mccanntorrelazur.com

Employees: 200

National Agency Associations: 4A's

Agency Specializes In: Advertising, Health Care Services, Pharmaceutical, Sponsorship

Marcia Goddard *(Pres)*
Lauren Lewis *(Mng Dir & Exec VP)*
Scott Sisti *(VP-Customer Experience Architecture)*
Deb Feath *(Creative Dir)*
Lisa Quitoni *(Assoc Dir-Creative & Art)*
Jennifer Birchby *(Supvr-Art)*
Christopher Hefferon *(Sr Strategist-Tech)*
Lisa Weisberg *(Assoc Creative Dir-Copy)*

Accounts:
Boehringer Ingelheim Diabetes Franchise
GlaxoSmithKline Advair, Arzerra, Avodart, Bexxar, Entereg, Hycamtin, Pazopanib, Rezonic, Tykerb, Veramyst
Novartis RAD, SBR759
Novartis Vaccines Aflunov, Agrippal, Begrivac, Fluad, Fluvirin, Optaflu
UCB Vimpat

Branches

McCann Echo North America
49 Bloomfield Ave, Mountain Lakes, NJ 07046
(See Separate Listing)

McCann Torre Lazur West
600 Battery St, San Francisco, CA 94111
(See Separate Listing)

MCCANN TORRE LAZUR WEST
600 Battery St, San Francisco, CA 94111
Tel.: (415) 262-5600

Web Site: www.mccanntorrelazur.com

Employees: 250

Agency Specializes In: Health Care Services, Pharmaceutical

Amy Lund *(Acct Grp Supvr)*
Stephen Busichio *(Supvr-Copy)*
Joseph Brown *(Assoc Creative Dir-Copy)*

MCCANN VANCOUVER
(Formerly MacLaren McCann Vancouver)
100 W Pender St, Vancouver, BC V6B 1R8 Canada
Tel.: (604) 689-1131
Fax: (604) 687-6955
Toll Free: (888) 330-1200
E-Mail: hagan.ainsworth@maclaren.com
Web Site: mccann.ca/en/

Employees: 27
Year Founded: 1925

Agency Specializes In: Advertising, Advertising Specialties, Asian Market, Automotive, Brand Development & Integration, Broadcast, Business-To-Business, Co-op Advertising, Collateral, Communications, Consulting, Consumer Marketing, Consumer Publications, Corporate Identity, Direct Response Marketing, Event Planning & Marketing, In-Store Advertising, Internet/Web Design, Local Marketing, Logo & Package Design, Magazines, Media Buying Services, Merchandising, Newspaper, Newspapers & Magazines, Out-of-Home Media, Outdoor, Planning & Consultation, Point of Purchase, Point of Sale, Print, Production, Radio, Retail, Sales Promotion, Sports Market, Strategic Planning/Research, T.V., Trade & Consumer Magazines

Karen Pearce *(Pres-West)*

Accounts:
BC Transplant Society
Calona Vineyards Artist Series, Heritage, Sandhill
Canuck Place
CDI College Campaign: "Set Change"
General Motors of Canada Ltd.; B.C. Zone
General Motors Regional Marketing Advertising Boards Buick, Cadillac, Chevrolet, GMC, Goodwrench, Oldsmobile, Pontiac
GM Telus Snowboard
The Greater Vancouver Convention & Visitor Bureau Creative, Global, Visual Identity; 2017
Hell Pizza Ouija
H.R. MacMillan Space Centre
Sevenoaks

MCCANN WORLDGROUP
622 3rd Ave, New York, NY 10017
Tel.: (646) 865-2000
Fax: (646) 487-9610
E-Mail: contact@mccann.com
Web Site: www.mccannworldgroup.com

Employees: 23,000
Year Founded: 1997

National Agency Associations: 4A's

Agency Specializes In: Above-the-Line

Approx. Annual Billings: $18,700,000,000

Harris Diamond *(Chm & CEO)*
Luca Lindner *(Pres)*
Hugo Rodrigues *(Chm/CEO-WMcCann)*
Bill Kolb *(Pres-Diversified Agencies)*
Nannette LaFond-Dufour *(Pres-Global Clients & Bus Leadership)*
Richard O'Leary *(Exec VP)*

714

AGENCIES - JANUARY, 2019 — ADVERTISING AGENCIES

Mark Reichard *(Sr VP & Creative Dir)*
India Wooldridge *(Sr VP & Dir-McCann Truth Central)*
Deborah Zdobinski *(Sr VP & Dir-Brand Comm)*
Matthew O'Rourke *(Sr VP & Grp Creative Dir)*
Austin Smith *(Sr VP-Talent)*
Chris McMurtrey *(VP, Creative Dir & Copywriter)*
Jessica Schaevitz Deacon *(VP & Acct Dir)*
Elyssa Nemetsky *(Acct Dir)*
Stewart Alter *(Dir-Editorial)*
Bruce Stockler *(Dir-Brand Community & Corp Social Media)*
Christine Pezza *(Acct Supvr)*
Sarah Watson *(Planner)*

Accounts:
Coca-Cola Refreshments USA, Inc.
Columbia Sportswear Company (Global Agency of Record) Marketing Services; 2018
General Mills, Inc. Campaign: "Amnesia", Campaign: "Inheritance", Campaign: "Murder", Campaign: "The Tiny & The Tasty", French Toast Crunch, Hello, Cereal Lovers, Pillsbury
MasterCard Digital, Social Media
Microsoft Microsoft Cloud
Nestle
New York Lottery IT Hammock
Pizza Hut, Inc. Advertising, Brand Identity, Creative, Digital Activations, Point of Sale, Strategy; 2018
Qualcomm Incorporated (Global Agency of Record)
Tommee Tippee Advice Wipes

Divisions

FutureBrand
909 3Rd Ave Fl 8, New York, NY 10022
(See Separate Listing)

Craft
622 Third Ave, New York, NY 10017
(See Separate Listing)

McCann Health Global HQ
622 Third Ave, New York, NY 10017
(See Separate Listing)

McCann Torre Lazur
20 Waterview Blvd, Parsippany, NJ 07054-1295
(See Separate Listing)

McCann
(Formerly McCann Erickson Worldwide)
622 3rd Ave, New York, NY 10017-6707
(See Separate Listing)

Momentum Worldwide
250 Hudson St, New York, NY 10013
(See Separate Listing)

MRM McCann
622 3rd Ave, New York, NY 10017-6707
(See Separate Listing)

UM NY
100 W 33rd St, New York, NY 10001
(See Separate Listing)

UM San Francisco
600 Battery St, San Francisco, CA 94111
(See Separate Listing)

Weber Shandwick
909 3rd Ave, New York, NY 10022
(See Separate Listing)

MCCANN WORLDGROUP S.R.L
Via Valtellena 15/17, 20159 Milan, Italy
Tel.: (39) 02 85 291
E-Mail: milan@mccann.com
Web Site: www.mccann.com

Employees: 100
Year Founded: 1959

Agency Specializes In: Brand Development & Integration, Customer Relationship Management, Digital/Interactive, Event Planning & Marketing, Public Relations

Daniele Cobianchi *(Chm & CEO)*
Alessandro Sabini *(Chief Creative Officer & Creative Dir-Nespresso)*
Alessio Bianconi *(Art Dir)*
Paolo Boccardi *(Creative Dir-Digital)*
Paolo Maccarini *(Creative Dir)*
Giorgia Raffaelli *(Art Dir-Digital)*
Alessandro M Sciortino *(Creative Dir)*
Eoin Sherry *(Creative Dir)*
Marina Tercelan *(Dir-Client Creative)*
Gaetano Del Pizzo *(Exec Head-Art & Mgr-Creative)*
Fabio Furnari *(Designer-Web)*

Accounts:
Centro Clinico Nemo Fondazione Serena Onlus
Coca-Cola "The Emotisongs", Campaign: "#ShareTheGood", Fair Play Machines
Fondazione Veronesi
Fondo Ambiente Italiano
Ubrew

Branch

McCann Erickson Italiana S.p.A.
Via Libano 68/74, 00144 Rome, Italy
Tel.: (39) 06 500 991
Fax: (39) 06 5728 9350
E-Mail: eleonora.cinelli@mccan.com
Web Site: www.mccann.com

Employees: 15
Year Founded: 1959

Agency Specializes In: Public Relations

Joyce King Thomas *(Chm & Chief Creative Officer-McCannXBC)*
Alessandro Sabini *(Chief Creative Officer & Creative Dir-Nespresso)*
Alessandro M. Sciortino *(Creative Dir)*
Gaetano Del Pizzo *(Exec Head-Art & Mgr-Creative)*
Diego Savalli *(Copywriter)*

Accounts:
Althea
FAO Global Petition Against Hunger, The 1 Billion Hungry Project
Gruppo Poste Italiane
Honda Europe SH 125 Mode DCT
L'Oreal
Menarini Youderm
Poste italiane S.P.A.
Telethon
Unipol Banca

MCCLAIN MARKETING GROUP
5 Fundy Rd Ste 24, Falmouth, ME 04105
Tel.: (207) 761-8372
Fax: (207) 780-0155
E-Mail: info@mcclainmarketing.com
Web Site: www.mcclainmarketing.com

Employees: 15

Agency Specializes In: Advertising

Approx. Annual Billings: $3,800,000

Sue-Ellen McClain *(Pres)*
Paul Engel *(Acct Mgr)*

Accounts:
Dead River Company
Flotation Technologies

MCDANIELS MARKETING COMMUNICATIONS
11 Olt Ave, Pekin, IL 61554
Mailing Address:
PO Box 729, Pekin, IL 61555-0729
Tel.: (309) 346-4230
Fax: (309) 346-2258
Toll Free: (866) 431-4230
E-Mail: info@mcdmarketing.com
Web Site: www.mcdanielsmarketing.com

E-Mail for Key Personnel:
Public Relations: bcalvin@mcdmarketing.com

Employees: 20
Year Founded: 1966

National Agency Associations: APA-MCA

Agency Specializes In: Advertising, Agriculture, Alternative Advertising, Brand Development & Integration, Business-To-Business, Corporate Communications, Corporate Identity, Education, Email, Event Planning & Marketing, Exhibit/Trade Shows, Financial, Health Care Services, Identity Marketing, Industrial, Internet/Web Design, Market Research, Media Relations, New Product Development, Public Relations, Publicity/Promotions, Retail, Strategic Planning/Research

Approx. Annual Billings: $7,000,000

Brenda Tomlinson *(Dir-PR)*
Rod Standley *(Artist)*

Accounts:
AgVenture; Kentland, IN; 2010
Illinois Soybean Association; Bloomington, IL; 1993
Innoquest; Woodstock, IL; 2009
Pekin Hospital; Pekin, IL; 1998
Rochelle Community Hospital; Rochelle, IL; 1998
Women's Center for Health; Pekin, IL; 1997
Lincoln Office
First Mid-Illinois Bank & Trust; Mattown, IL
Heritage Bank of Central Illinois
Preston-Hanley Funeral Homes; Pekin, IL
Ray Dennison Chevrolet; Pekin, IL; 1997

MCDONALD MARKETING
2700 Thomas Ave, Dallas, TX 75204-2641
Tel.: (214) 880-1717
Fax: (214) 880-7596
E-Mail: info@mcdonaldmarketing.com
Web Site: www.mcdonaldmarketing.com

Employees: 20

Kelly McDonald *(Owner)*

Accounts:
A-Affordable Insurance
InsureOne
Mattress Firm
Subaru

MCDOUGALL & DUVAL
26 Millyard Ste 7, Amesbury, MA 01913
Tel.: (978) 388-3100
Fax: (978) 388-6700
E-Mail: dduval@mcdougallduval.com

ADVERTISING AGENCIES
AGENCIES - JANUARY, 2019

Web Site: www.mcdougallduval.com

Employees: 12
Year Founded: 1995

Agency Specializes In: Trade & Consumer Magazines, Travel & Tourism, Yellow Pages Advertising

Dan Duval *(CEO)*
Patricia Kenny *(Controller)*
Mia Thurlow *(Creative Dir)*
Deb Valenti *(Designer)*

Accounts:
BankFive Media Planning & Buying; 2009
Brookline Bancorp Social Media; 2015
DoubleTree By Hilton Boston North Shore Event Collateral; 2013
Franklin Savings Bank; 2015
Premier Source Credit Union; 2014
RTN Federal Credit Union; 2012
South Shore Bank; 2010
Woodsville Guaranty Savings Bank Branding; 2016

MCFRANK & WILLIAMS ADVERTISING AGENCY, INC.
266 W 37th St, New York, NY 10018
Tel.: (212) 531-5700
E-Mail: info@mcfrank.com
Web Site: www.mcfrank.com

E-Mail for Key Personnel:
President: mbruce@mcfrank.com

Employees: 35
Year Founded: 1968

Agency Specializes In: Advertising, Advertising Specialties, African-American Market, Bilingual Market, Brand Development & Integration, Broadcast, Business Publications, Business-To-Business, Cable T.V., Collateral, College, Commercial Photography, Communications, Consulting, Consumer Publications, Corporate Identity, Digital/Interactive, Direct Response Marketing, E-Commerce, Education, Electronic Media, Email, Engineering, Exhibit/Trade Shows, Graphic Design, Health Care Services, In-Store Advertising, Infomercials, Information Technology, International, Legal Services, Magazines, Market Research, Media Buying Services, Media Planning, Medical Products, Mobile Marketing, Newspaper, Newspapers & Magazines, Out-of-Home Media, Outdoor, Pharmaceutical, Planning & Consultation, Print, Production, Production (Print), Public Relations, Publicity/Promotions, RSS (Really Simple Syndication), Radio, Real Estate, Recruitment, Strategic Planning/Research, T.V., Technical Advertising, Telemarketing, Trade & Consumer Magazines, Transportation, Web (Banner Ads, Pop-ups, etc.)

Approx. Annual Billings: $15,000,000

Michael Bruce *(CEO)*
Mike Persaud *(Dir-Fin & Ops)*

Accounts:
Beth Abraham Health Services
Coca-Cola Refreshments USA, Inc.
GAF Manufacturing; USA Recruitment; 2000
Leap
McGraw-Hill
Schindler
UNM Hospital
Wackenhut
WorleyParsons Engineering

MCGAFFIC ADVERTISING & MARKETING
433 State Ave, Beaver, PA 15009
Tel.: (724) 774-6341

Web Site: www.mcgafficadvertising.com

Employees: 1

Agency Specializes In: Advertising, Graphic Design, Internet/Web Design, Logo & Package Design, Print, Radio, Search Engine Optimization, Social Media, T.V.

David Stuber *(Acct Exec)*

Accounts:
Brighton Hot Dog Shoppe

MCGARRAH JESSEE
121 W 6th St, Austin, TX 78701-2913
Tel.: (512) 225-2000
Fax: (512) 225-2020
Web Site: www.mc-j.com

Employees: 70
Year Founded: 1996

National Agency Associations: 4A's-AAF

Agency Specializes In: Advertising, Catalogs, Experiential Marketing, Food Service, Internet/Web Design, Market Research, Package Design, Point of Purchase, Public Relations, Restaurant, Sponsorship

Approx. Annual Billings: $72,000,000

Breakdown of Gross Billings by Media: Cable T.V.: $592,553; Collateral: $9,237,429; Internet Adv.: $4,830,417; Newsp. & Mags.: $19,467,527; Other: $77,410; Out-of-Home Media: $11,968,809; Production: $884,895; Pub. Rels.: $904,585; Radio: $13,247,228; Spot T.V.: $6,792,139; Strategic Planning/Research: $2,535,438; Worldwide Web Sites: $663,008; Yellow Page Adv.: $798,562

Mark McGarrah *(Partner)*
Britton Upham *(COO)*
James Mikus *(Chief Creative Officer)*
Rod Martin *(Gen Mgr)*
Brett Eaton *(Grp Acct Dir)*
Taylor Lyman *(Grp Acct Dir)*
Chris Barnard *(Creative Dir-Digital)*
Michel Lozen *(Media Dir)*
Noelle Newby *(Media Dir)*
Tim Cole *(Dir-Creative & Art)*
Jeremy Cox *(Dir-Interactive)*
Melissa Fodo *(Dir-Engagement)*
David Kampa *(Dir-Design)*
Allie Robino *(Dir-Social Media)*
Ally Hugg *(Sr Strategist-Social)*
Lauren Markaverich *(Strategist-Media & Planner)*
Claire Brown *(Acct Exec)*
Avery Graham *(Acct Exec)*
Derek Bishop *(Copywriter)*
Kaitlin Oakerson *(Planner-Digital Media)*
Carlton Wilcoxson *(Jr Producer)*

Accounts:
BlueBonnet
Costa Sunglasses 580P Sunglasses, Website
Frost National Bank Campaign: "Campaign: "Frost Bank - Switch Flowchart Transit Board"
Job Propulsion Lab
Lemi Shine
SkinnyPop (Agency of Record) Digital, National Print, National TV, Online Video, Social Integration
Smokey Denmark
Spoetzl Brewery Campaign: "Bock Bock", Campaign: "Episode 1 Characteristics", Campaign: "Prickly Pear Outdoor Board", Shiner, Shiner Beer, Shiner Beers 101 Packaging
Whataburger, Inc. Creative, Media Planning & Buying
Yeti Coolers Bass, Bear, Boulder, Bow hunter, Campaign: "Sword for a Nose", Catfish, Duck, Flip, Luchadores, Musky, Offshore, Quail

MCGARRYBOWEN
601 W 26th St, New York, NY 10001
Tel.: (212) 598-2900
Fax: (212) 598-2996
E-Mail: info@mcgarrybowen.com
Web Site: www.mcgarrybowen.com

Employees: 800
Year Founded: 2002

National Agency Associations: 4A's

Agency Specializes In: Advertising, Sponsorship

Approx. Annual Billings: $250,000,000

Angela Johnson *(Pres)*
Marianne Besch *(Mng Dir & Exec Creative Dir-San Francisco)*
Steve Andercyk *(Grp Mng Dir)*
Ashley Brown *(Grp Mng Dir)*
Alex Ciociola *(Grp Mng Dir)*
Jon Dupuis *(Mng Dir)*
Andre Galan *(Grp Mng Dir)*
Peter Geary *(Mng Dir)*
Alaina Lovera *(Grp Mng Dir)*
Jamie Ross *(Grp Mng Dir)*
Lindsey Schmidt *(Mng Dir)*
Kristen Simon *(Mng Dir)*
Chree Taylor *(Mng Dir)*
Ned Crowley *(Chief Creative Officer-US)*
Conner Huber *(Chief Strategy Officer-New York)*
Matt Ian *(Chief Creative Officer-New York)*
Patrick Lafferty *(Pres-US)*
Jerry Krenach *(Mng Dir-Music Production)*
Dante Piacenza *(Mng Dir-Content Production)*
Rick Ardito *(Exec Creative Dir)*
Laura Chavoen *(Exec Dir-Strategy)*
Craig Cimmino *(Exec Creative Dir)*
Diane Epstein *(Exec Dir-Plng)*
Haydn Morris *(Exec Creative Dir)*
Michael Raso *(Exec Creative Dir)*
Michelle Roufa *(Exec Creative Dir)*
Pankaj Rawat *(Grp Dir-Strategy)*
Josh Rubin *(Grp Dir-Creative)*
Fred Sanicola *(Grp Dir-Creative)*
Monica Svatek *(Grp Dir-Strategy)*
Andrew Weiss *(Grp Dir-Plng)*
Trent Dunlop *(Acct Mng Dir)*
Nicole Elfstrom *(Acct Mng Dir)*
Dory Schoeck *(Acct Mng Dir)*
Joey Ziarko *(Acct Mng Dir)*
Andres Arlia *(Creative Dir)*
Steven Graziano *(Art Dir)*
Chris Park *(Art Dir)*
Michael Parrott *(Creative Dir)*
Allison Romeu *(Acct Dir)*
Bettina Stephenson *(Acct Dir)*
Chad Whatcott *(Acct Dir)*
Sue Ayson *(Dir-Talent Svcs)*
Anika Chowdhury *(Dir-Project Mgmt)*
Mallika Das *(Dir-Plng)*
Rebecca Ganswindt *(Dir-Bus Dev-NY)*
Joanne Garber *(Dir-Bus Affairs)*
Dan Lescarbeau *(Dir-Bus Dev)*
Paisley McCaffery *(Dir-Content-Emerging Platforms)*
Shen Fontaine *(Assoc Dir-Production & Digital)*
Travis Kinsella *(Assoc Dir-Art Production)*
Emilia Diaz *(Mgr-Talent)*
Hilary Olesen *(Mgr-Talent)*
Katie Coe *(Acct Supvr)*
Kayla Friedman *(Acct Supvr)*
Katie Pilot *(Acct Supvr)*
Kirstie Chapman *(Acct Exec)*
Alia Cohan *(Acct Exec)*
Jesse Custodio *(Copywriter)*
Anthony Pagaza *(Copywriter)*
Nikita Coelho *(Asst Acct Exec)*

AGENCIES - JANUARY, 2019 — ADVERTISING AGENCIES

Chance Bassett *(Assoc Producer)*
David DiRienz *(Grp Creative Dir-Copy)*
Erik Jansen *(Sr Art Dir)*
Mike Latshaw *(Assoc Creative Dir)*
Talia Marshall *(Assoc Creative Dir)*
Lee Remias *(Grp Creative Dir)*
Mike Rovner *(Grp Creative Dir)*
Marie Sawicki *(Sr Bus Mgr)*
Jessica Terlizzi *(Assoc Creative Dir)*
Kevin Thoem *(Grp Creative Dir)*

Accounts:
American Express Company Global Creative Brand BAM
Blue Cross Blue Shield Association (Agency of Record) Digital, Online Video, Paid Media Strategy, Social Media; 2012
Brand USA (Creative & Digital Agency of Record) Advertising, Creative, Marketing
Chevron (Agency of Record) Corporate Image Campaign; 2007
New-The Clorox Company (Agency of Record) Brita, Burt's Bees, Creative, Digital, Fresh Step, Hidden Valley Ranch, Kingsford, Social; 2015
Disney Campaign: "Ursula", Disney Cruise Lines, Disney Parks & Resorts, Disney Vacation Club; 2005
Drizly Digital, Outdoor, Print; 2016
E-LAND
Fiat Chrysler Automobiles Jeep
Fusion-io (Agency of Record)
New-Hallmark Creative, Digital, Holiday, Retail, Social; 2016
The Hershey Co. Creative, Hershey's Gold; 2018
Honda; 2012
Intel Corporation (Agency of Record) Creative, Experience Amazing, Online, Social Media, TV, Videos
JPMorgan Chase & Co. Chase Card Services, Cinema, Creative, Digital, Local, Online, Print, Social, Sweepstakes, Ultimate Rewards Loyalty Program; 2004
Kao Brands
The Kraft Heinz Company (Agency of Record) Athenos, Boca, Campaign: "Sophisticated Snacking with Malcolm McDowell", Cheeses, Country Time, Crystal Light, Kool-Aid, Lunchables, Maxwell House, Oscar Mayer, Singles; 2006
Marriott International (Agency of Record) Broadcast, Campaign: "Cattle Drive", Campaign: "It's Not A Room, It's A Residence", Campaign: "Make Room for a Little Fun", Campaign: "Take Residence", Campaign: "Vikings", Campaign: "Yukon", Courtyard, Digital, Fairfield Inn, Marriott Rewards, Marriott Vacation Clubs, Residence Inn, Social Content, SpringHill Suites, TownePlace Suites, Website; 2003
Mondelez International Chips Ahoy, Creative, Fig Newtons, Tassimo, Teddy Grahams, Toblerone, Triscuit, Vea; 2006
NEC
Nestle Purina Alpo, Mighty Dog; 2013
Northrop Grumman (Creative & Digital Agency of Record); 2010
New-Olive Garden (Agency of Record) Creative, Digital, Public Relations, Social; 2015
Procter & Gamble Aussie, Creative, Digital, Social; 2012
Rust-Oleum Brands; 2010
Subway Restaurants Creative; 2017
United Airlines (Creaticve Agency of Record) Campaign: "Athletes Aboard" Winter Olympics 2014, Campaign: "Built Around You", Campaign: "Fly the friendly skies", Campaign: "Getting Ready", Campaign: "Orchestra", Campaign: "Satellite", Campaign: "Taxi", Creative, Digital, Out-of-Home, Print, Radio; 2011
United States Tennis Association US Open; 2013
Verizon Communications Apophis 2029, Campaign: "48 Hours", Campaign: "A Lot Can Happen in 48 Hours", Campaign: "Catch Me If You Can", Campaign: "Football", Campaign: "Supercollider", Campaign: "The Fall with James Franco", Campaign: "Trick or Treat", Creative, Droid Razr, Droid Turbo, Innovation, NFL Mobile, Slice, Tablet, iPhone Trade-in Offer; 2009

Branches

Achtung
Prins Hendrikkade 20-11, 1012 Amsterdam, Netherlands
(See Separate Listing)

Happy mcgarrybowen
(Formerly Happy Creative Services (India) Pvt Ltd)
No 40 City Centre CMH Road, Indiranagar, Bengaluru, 560038 India
Tel.: (91) 80 4128 0225
Fax: (91) 98867 20590
E-Mail: hello@thinkhappy.biz
Web Site: www.happymgb.com/

Employees: 14
Year Founded: 2008

Agency Specializes In: Advertising, Brand Development & Integration, Guerilla Marketing, Identity Marketing, Package Design, Retail

Samarjit Choudhry *(COO-Adv)*
Ameya Lokhande *(VP)*
Ashwin Dravid *(Head-Digital)*
Richa Jain *(Controller-Creative-Copy)*
Sharik Syed *(Controller-Creative)*
Purva Ummat *(Controller-Copy)*
Aditya Kashyap M *(Assoc VP-Plng)*
Naren Kaushik *(Sr Dir-Creative)*
Athul Chathukutty *(Creative Dir)*
Rashmi Radhakrishnan *(Art Dir)*
Siddharth Sharma *(Acct Dir)*
Aditya Kashyap Mynepalli *(Dir-Strategic Plng)*
Phalgun Reddy *(Dir-Strategic Plng)*
Kanickraj Samuel *(Dir-Art & Creative)*
Swati Baweja *(Assoc Dir-Plng)*
Sabu C.V. *(Assoc Dir-Art & Creative)*
Vipul Mehra *(Assoc Dir-Creative Art)*
Bharat Shetty *(Assoc Dir-Creative Digital)*
Agnimita Rey *(Acct Supvr)*
Deepika V. R. *(Supvr-Creative)*
Meghna Majumdar *(Sr Acct Exec)*
Nakul Bhat *(Acct Exec)*
Katherine Thomas Manjooran *(Acct Exec)*
Sneha Chatterjee *(Copywriter)*
Vijay Joy *(Copywriter)*
Manali Balani *(Grp Acct Mgr)*
Pranav Karnad *(Assoc Creative Dir)*
Naren Kaushik Mudrakartha *(Sr Creative Dir)*
Vivek Ranganathan *(Grp Acct Mgr)*
Ganesan V. *(Assoc Creative Dir)*

Accounts:
Avakkai Films
Basicslife.com Campaign: "Shop Like a Man", Campaign: "THE 'MAN'TRA", Campaign: "The Gift", Campaign: "The Men Commandments"
Chai Point Creative, Digital
CredR Brand Communications, Creative, Marketing
Cure.Fit Cult.fit, Digital, Eat.fit, For The Love Of Fit, Mind.fit
Daimler AG BharatBenz, Integrated Mainline & Digital Communication, Media; 2018
Deepak Chopra Foundation Campaign: "Overweight and Undernourishment"
Dream11 Brand Identity, Communication, Iconography, Logo, Visual Imagery; 2018
Duroflex Communication, Creative, Energise
Flipkart.com Campaign: "Fashion Has a New Addres", Campaign: "Hospital", Campaign: "India Wants to Know", Campaign: "Kids as Adults", Campaign: "Replacement", Creative
Foodpanda Advertising, Brand Communications, Creative, Design; 2018
Fundsindia.com
Genesis
GoDaddy India Email Marketing, Integrated Marketing, Social Media Marketing
HolidayIQ Campaign: "Holiday Better", Communication, Creative, Print, TV
ICube
IndiaMART Communication; 2018
Jabong
Joy Cosmetics Creative
KamaSutra Condoms Campaign: "Socket Baby"
Lookup Campaign: "Ab Chat Se Karo Kuch Kaam Ki Baat", Creative
MobiKwik Creative
Mtv
Myntra Campaign: "#BestofFashion"
Nirvana Films Campaign: "Yoga"
Ola India Campaign: "Chalo Niklo", Marketing, Ola Auto, Ola Micro, Outdoor, Print, Radio, TV
Papa Johns Pizza
People
Planet Kids Campaign: "The Talking Invite"
Probase
Radio One
SABMiller Haywards 5000, Social Media
Sharadha Terry Products Ltd Brand Identity & Positioning, Logo Design, Micro Cotton, Packaging; 2018
Suzuki Motorcycle India Private Limited Advertising, Creative; 2017
Tally Solutions
Thermal and a Quarter
Titan International, Inc Campaign: "Nuts", Fastrack
Truecaller Creative; 2018
Wildcraft Brand, Creative; 2017
Wonderla Creative, Digital
XSEED Education Integrated Mainline & Digital Communications; 2018

mcgarrybowen
10 Hills Place, London, W1F 7SD United Kingdom
Tel.: (44) 0 20 3640 5592
Fax: (44) 2075299099
E-Mail: info@mcgarrybowen.com
Web Site: www.mcgarrybowen.com

Employees: 20
Year Founded: 2002

Agency Specializes In: Advertising, Brand Development & Integration, Customer Relationship Management, Digital/Interactive, Direct Response Marketing, Media Buying Services, Multicultural

Jason Gonsalves *(CEO)*
Charlie Hurrell *(Mng Dir)*
Louise Lang *(Head-Acct Mgmt)*
Chris McKibbin *(Head-Strategy)*
Alessia Small *(Head-Production)*
Angus Macadam *(Exec Creative Dir)*
Henry Carless *(Acct Dir)*
Dave Cornmell *(Creative Dir)*
Stephen Cross *(Creative Dir)*
Zara Gregory *(Bus Dir)*
Richard Holmes *(Creative Dir)*
Simon Lotze *(Creative Dir)*
Miguel Nunes *(Creative Dir)*
Brendan Taylor *(Bus Dir)*
Ellie Beecroft *(Dir-Plng)*
Chris Turner *(Dir-Strategy)*
Paul Bailey *(Mgr-Creative)*
Freya Bronwin *(Strategist)*
Luke Ridgway *(Sr Graphic Designer)*

Accounts:
Acura NSX Supercars
Anheuser-Busch InBev Boddingtons, Bud Light
Bridgestone
Canon Campaign: "Power to Your Next Step", PR, Social Media, Through-the-Line
Equality & Diversity Forum Advertising; 2018
Fujitsu Brand Marketing, Campaign: "Together We Can Make It Happen"
New-The Guardian Website

ADVERTISING AGENCIES

AGENCIES - JANUARY, 2019

Honda Motor Europe 2015 CR-V, CR-V 1.6 i-DTEC, Campaign: "An impossible, made possible", Campaign: "Endless Road", Campaign: "Illusions", Campaign: "Stepping", HR-V, NSX Supercar
HouseTrip Creative
Intel
Mizkan "Chutney Mountain", Branston Chutney, Branston Pickle, Campaign: "Make it Special", Campaign: "The Apologist", Campaign: "The Fish and Chip Campaign", Creative, Haywards, Print, Sarson's, TV
Mondelez International Advertising, Green & Black's, Tassimo
Mothercare plc Creative & Strategic; 2018
Pernod-Ricard
Premier Foods Plc Branston Pickle
Scotts Miracle-Gro Campaign: "Say it with Flower Magic", Campaign: "Weeding Right Now", Flower Magic, Online, Pathclear Weedkiller, Social Media, TV, Weedol
Western Union #ChainOfBetters, Digital, Social Media, Video on Demand

mcgarrybowen
No 44 Ln 1285 Middle Huaihai Rd, Xuhui District, Shanghai, China
Tel.: (86) 21 6433 5099
E-Mail: info@mcgarrybowen.com
Web Site: www.mcgarrybowen.com

Employees: 20

Jeffry Gamble *(Chief Creative Officer)*
Simone Tam *(CEO-China)*
Danny Li *(Exec Creative Dir)*
Lucky Guo *(Art Dir)*
Bingo Xu *(Art Dir)*
Adam Yang *(Art Dir)*
Edward Dai *(Dir-Plng)*
Huangzong Duan *(Designer)*
Sihan Jin *(Copywriter)*
Kristin Li *(Designer)*
Gem Xu *(Copywriter)*
Evan Zhao *(Copywriter)*
Shireen Zhou *(Copywriter)*
Mak Curry *(Assoc Creative Dir)*
Shengjie Huang *(Assoc Creative Dir)*
Huang Shengjie *(Assoc Creative Dir)*

Accounts:
Manulife Financial Corporation Creative
Mondelez International, Inc.
Playboy Enterprises, Inc.
SoupDaren Cup Noodles
Taobao
Uni-President Enterprises Corporation
Weight Watchers International, Inc.

mcgarrybowen
515 N State St 29th Fl, Chicago, IL 60654
Tel.: (312) 840-8300
Fax: (312) 840-8396
E-Mail: info@mcgarrybowen.com
Web Site: www.mcgarrybowen.com

Employees: 50

National Agency Associations: 4A's

Agency Specializes In: Advertising, Sponsorship

Andrea Bonney *(Grp Mng Dir)*
Cindy Hicks *(Grp Mng Dir)*
Alaina Lovera *(Grp Mng Dir)*
Erika Pflederer *(Grp Mng Dir-Digital Production, Print Production & Studio)*
Dave Reger *(Exec Creative Dir)*
Sally Cox *(Acct Mng Dir)*
Andres Arlia *(Creative Dir)*
Scott Balows *(Creative Dir)*
Matthew Doherty *(Creative Dir)*
Brian Eaton *(Art Dir)*
Alexandra Herold *(Acct Dir)*
Quentin Hirsley *(Assoc Creative Dir)*
E. B. Jackson *(Acct Dir)*
Andrew Jaz *(Creative Dir)*
Allison Miller *(Creative Dir)*
Scott Rench *(Assoc Creative Dir)*
Kristin Higgason *(Dir-Creative Svcs)*
Dan Lescarbeau *(Dir-Bus Dev)*
Zulema Orozco *(Dir-Design)*
Chris Robertson *(Dir-Plng)*
Alica Townsend *(Sr Bus Mgr)*
Susan Cartland *(Mgr-Art Production)*
Lauren Hurlburt *(Mgr-Community)*
Mary Sue Sue Somyak *(Mgr-Mktg Science)*
Cody Davidow *(Acct Supvr)*
Grant Lacey *(Supvr-Biddable)*
Lucy Bahler *(Acct Exec)*
Allison Helberg *(Assoc Strategist)*
Monica Makropoulos *(Strategist-Social & Digital Content)*
Sydney Paine *(Acct Exec-Clorox)*
Sydney Spreen *(Asst Acct Exec)*
Rachael Kusper *(Sr Art Dir)*
Nako Okubo *(Assoc Creative Dir)*
Stacy Randolph *(Sr Art Dir)*

Accounts:
Blue Cross & Blue Shield Association Consumer Brand Campaign, Creative
Cars.com Lead Creative
Century 21
Chase
Chevron
Clorox Co Brita, Burt's Bees, Creative, Digital, Fresh Step, Hidden Valley, KC Masterpiece, Kingsford, Scoop Away
Disney Campaign: "Together as One"
Emirates Airline U.S. Open Series of Tournaments
Hallmark
The Kraft Heinz Company Boca, Campaign: "Dairy", Campaign: "Made", Campaign: "Miracle Whip and proud of it", Campaign: "Why", Crystal Light, Deli Deluxe, Kraft Mayo, Kraft Natural Cheese, Kraft Singles, Lunchables, Miracle Whip, Mr.IPA-Nut, Oscar Mayer, P3, Planters (Creative Agency of Record)
Marriott International Courtyard, Fairfield, Four Points, SpringHill Suites; 2017
Mondelez International, Inc. "#Tweet2Lease.", Campaign: "Makers of More", Campaign: "Twisted Minds", Campaign: "Village", Chips Ahoy, Fig Newtons, Kraft Barbecue Sauce, Kraft Mayonnaise, Kraft Salad Dressings, Kraft Singles, Lunchables, Maxwell House, Miracle Whip, Miracle Whip Dipping Sauces, Nabisco 100-Calorie Packs, Online, Oscar Mayer, Print, R, Smokin' Bacon Ranch, Social Media, TV, Triscuit, Wienermobile
Olive Garden Italian Restaurant (Creative Agency of Record)
Pfizer
Reaction
Rust-Oleum Campaign: "Never Seen This"
Sharp
The United States Tennis Association Creative, Digital, Online Video, Print, Social Media, TV
Wall Street Journal

Swirl McGarryBowen
(Formerly Swirl Advertising)
101 Montgomery St, San Francisco, CA 94129
(See Separate Listing)

MCGILL BUCKLEY
2206 Anthony Avenue, Ottawa, ON K2B 6V2 Canada
Tel.: (613) 728-4199
Fax: (613) 728-6450
E-Mail: ideasmatter@mcgillbuckley.com
Web Site: www.mcgillbuckley.com

E-Mail for Key Personnel:
President: smcgill@mcgillbuckley.com
Creative Dir.: nbuckley@mcgillbuckley.com

Employees: 4
Year Founded: 1996

National Agency Associations: AMA-CMA

Agency Specializes In: Advertising, Bilingual Market, Brand Development & Integration, Business Publications, Business-To-Business, Collateral, Communications, Consulting, Consumer Marketing, Consumer Publications, Corporate Communications, Digital/Interactive, Direct Response Marketing, Education, Event Planning & Marketing, Financial, Food Service, Government/Political, Graphic Design, Health Care Services, High Technology, Industrial, LGBTQ Market, Legal Services, Leisure, Logo & Package Design, Magazines, Media Buying Services, New Product Development, Out-of-Home Media, Planning & Consultation, Public Relations, Recruitment, Retail, Sports Market, Travel & Tourism

Approx. Annual Billings: $3,000,000

Breakdown of Gross Billings by Media: Collateral: $900,000; Mags.: $900,000; Newsp.: $1,200,000

Stephen McGill *(Pres & Creative Dir)*
Nadine Buckley *(Dir-Creative Svcs)*

Accounts:
Atlific Hotels & Resorts; Montreal, Canada; 2001
Bruyere Continuing Care Healthcare; 2005
Canadian Centre on Substance Abuse; 2012
Holiday Inn Vancouver Downtown; Vancouver, British Columbia; 2003
Magnolia Hotel & Spa; Victoria, British Columbia; 2005
Marriott Chateau Champlain; Montreal, Quebec; 2003
Queensway Carleton Hospital; 2009
Saint John Ambulance Canada; 2004

MCGOLDRICK MARKETING
39 Metcalf St, Medford, MA 02155
Tel.: (781) 874-9553
E-Mail: newbusiness@mcgoldrickmarketing.com
Web Site: www.mcgoldrickmarketing.com

Employees: 2
Year Founded: 2011

Agency Specializes In: Advertising, Digital/Interactive, Graphic Design, Internet/Web Design, Print, Radio, Social Media, T.V.

Jack McGoldrick *(Pres & Chief Creative Officer)*

Accounts:
NAACP

MCKEE WALLWORK & COMPANY
1030 18th St NW, Albuquerque, NM 87104
Tel.: (505) 821-2999
Toll Free: (888) 821-2999
E-Mail: info@mwcmail.com
Web Site: www.mckeewallwork.com

E-Mail for Key Personnel:
President: smckee@mwcmail.com
Creative Dir.: bcleveland@mwcmail.com
Media Dir.: pwallwork@mwcmail.com
Public Relations: dfriedman@mwcmail.com

Employees: 25
Year Founded: 1997

Agency Specializes In: Advertising, Brand Development & Integration, Business-To-Business, Consumer Marketing, Health Care Services, Media

AGENCIES - JANUARY, 2019 — ADVERTISING AGENCIES

Buying Services, Planning & Consultation, Restaurant, Retail, Strategic Planning/Research, Travel & Tourism

Approx. Annual Billings: $19,000,000

Steve McKee *(Pres)*
Jonathan David Lewis *(Partner, VP & Dir-Strategy)*
Pat Wallwork *(Partner & Media Dir)*
Dayna Melvin *(Fin Dir)*
Dave Ortega *(Creative Dir)*
Maria Anderson *(Copywriter)*
Cara Garretson *(Assoc Media Dir)*

Accounts:
Cliff's Amusement Park
Dion's Campaign: "Street Team Car", Facebook App, Illustrations, Integrated Campaign, Posters, T-shirts, Website
Dwyer Group, Inc. Glass Doctor, Mr. Rooter
Food Packaging Institute
Fred Meyer Jewelers
International Paper Campaign: "Senseless Robot"
Kirtland Federal Credit Union
New Mexico Jiujitsu Academy Milton Poster, Poster Series
Porsche of Albuquerque Doll Poster, Porsche Bear Poster, Porsche Poster Series, Soldier Poster
St Louis Children's Hospital Campaign: "Heart Song Shoestring"
Tobacco Use Prevention Control
University of New Mexico
Visit Albuquerque
Wilderness Athlete Campaign: "Alien Yeti", Campaign: "Poster Series", Campaign: "Survival Kit", Campaign: "Wilderness Athlete Bear"

MCKENZIE WAGNER INC.
1702 Interstate Dr, Champaign, IL 61822
Tel.: (217) 355-9533
E-Mail: talk@mckenziewagner.com
Web Site: www.mckenziewagner.com

Employees: 5

Agency Specializes In: Advertising, Brand Development & Integration, Collateral, Digital/Interactive, Internet/Web Design, Media Planning, Public Relations

Jill Kemper *(Pres)*
Chad McKenzie *(Exec VP & Creative Dir)*

Accounts:
First Federal Savings Bank

MCKIM
5th Floor 211 Bannatyne Ave, Winnipeg, MB R3B 3P2 Canada
Tel.: (204) 284-2221
Fax: (204) 475-2469
E-Mail: info@mckimcg.ca
Web Site: www.mckimcg.ca

E-Mail for Key Personnel:
President: Peter.George@mckim.ca
Creative Dir.: Ron.Sawchuk@mckimcg.ca

Employees: 40
Year Founded: 1911

National Agency Associations:

Agency Specializes In: Advertising, Advertising Specialties, Agriculture, Automotive, Bilingual Market, Brand Development & Integration, Broadcast, Business Publications, Business-To-Business, Co-op Advertising, Collateral, Communications, Consulting, Consumer Marketing, Consumer Publications, Corporate Communications, Corporate Identity, Direct Response Marketing, E-Commerce, Electronic Media, Entertainment, Event Planning & Marketing, Exhibit/Trade Shows, Fashion/Apparel, Financial, Government/Political, Graphic Design, In-Store Advertising, Information Technology, Internet/Web Design, Local Marketing, Logo & Package Design, Magazines, Media Buying Services, New Product Development, Newspaper, Newspapers & Magazines, Out-of-Home Media, Outdoor, Pharmaceutical, Planning & Consultation, Point of Purchase, Point of Sale, Print, Production, Public Relations, Publicity/Promotions, Radio, Recruitment, Retail, Sales Promotion, Seniors' Market, Sports Market, Strategic Planning/Research, T.V., Teen Market, Trade & Consumer Magazines, Travel & Tourism, Yellow Pages Advertising

Approx. Annual Billings: $12,000,000

Breakdown of Gross Billings by Media: Collateral: 15%; D.M.: 5%; Event Mktg.: 5%; Internet Adv.: 5%; Logo & Package Design: 5%; Mags.: 5%; Newsp. & Mags.: 25%; Radio: 10%; Strategic Planning/Research: 10%; T.V.: 15%

Peter George *(Owner, Pres & CEO)*
Audra Lesosky *(Exec VP)*
Jesse Cringan *(VP-Client Svcs)*
Ron Sawchuk *(VP-Creative Svcs)*
Tracy Francis *(Sr Acct Dir-Bus Dev)*
Carey Pradinuk *(Creative Dir)*
Tamara Bodi *(Dir-PR & Social Media)*
Kathryn Sopuck *(Acct Mgr)*
Adam Speirs *(Acct Mgr)*
Andrea Baryliuk *(Acct Supvr)*

Accounts:
Federated Co-operatives Limited Media Only; 1991
Hudson Bay Mining & Smelting Co. Ltd.; 1994
Manitoba Club; 2003
Manitoba Floodway Authority; 2005
Manitoba Lotteries Corporation; 2005
Sport Manitoba; 2001
Travel Manitoba Tourism Marketing Campaign
University of Manitoba Asper School of Business, Department of Family Medicine, Faculty of Law; 2003
University of Winnipeg; 2004
Winnipeg Football Club; 2004

MCKINNEY
318 Blackwell St, Durham, NC 27701
Tel.: (919) 313-0802
Fax: (919) 313-0805
E-Mail: hello@mckinney.com
Web Site: mckinney.com/

Employees: 155
Year Founded: 1969

National Agency Associations: 4A's

Agency Specializes In: Advertising, Advertising Specialties, Alternative Advertising, Automotive, Brand Development & Integration, Broadcast, Business-To-Business, Cable T.V., Collateral, Communications, Consulting, Consumer Goods, Consumer Marketing, Content, Copywriting, Corporate Identity, Digital/Interactive, Education, Electronic Media, Electronics, Entertainment, Environmental, Exhibit/Trade Shows, Experience Design, Experiential Marketing, Fashion/Apparel, Game Integration, Graphic Design, Household Goods, Identity Marketing, In-Store Advertising, Integrated Marketing, Internet/Web Design, Leisure, Local Marketing, Magazines, Market Research, Media Buying Services, Media Planning, Multimedia, New Technologies, Newspaper, Newspapers & Magazines, Out-of-Home Media, Outdoor, Package Design, Point of Purchase, Point of Sale, Print, Production, Production (Print), Promotions, Radio, Regional, Restaurant, Retail, Social Marketing/Nonprofit, Social Media, Sponsorship, Sports Market, Strategic Planning/Research, T.V., Transportation, Travel & Tourism, Viral/Buzz/Word of Mouth, Web (Banner Ads, Pop-ups, etc.)

Brendan Kiernan *(Mng Dir)*
Josh Eggleston *(VP & Exec Producer-Brdcst)*
Brian LoPiccolo *(VP & Assoc Dir-Consumer & Bus Insights)*
Laura Gearino *(VP & Mgr-Brdcst Bus Affairs)*
Carolyn Petty *(Sr Producer-Print)*
Ryan Gardiner *(Acct Dir)*
Lindsley Laham *(Acct Dir)*
Eben Mears *(Creative Dir)*
Diane Myers *(Acct Dir)*
Kara O'Halloran *(Producer-Interactive)*
Lauren March *(Dir-Print Production)*
Kevin Murray *(Dir-Strategy)*
James Okumura *(Dir-Integrated Production)*
Sarah Williams *(Dir-Bus Mgmt-New York)*
Claudine K. Dusablon *(Assoc Dir-Talent Mgmt)*
Zach Kohn *(Acct Mgr)*
Maggie O'Donnell *(Acct Mgr)*
Miriam Hughes *(Mgr-Brdcst Bus Affairs)*
Wade Lewis *(Mgr-Studio Arts)*
Melanie Wallace *(Acct Supvr)*
Gregory Barnes *(Supvr-Media)*
Kelli Bingman *(Supvr-Art Production)*
Michelle Wilson *(Supvr-Media)*
Chase Condrone *(Copywriter)*
Robyn Gunn *(Copywriter)*
Dylan Meagher *(Copywriter)*
David Sloan *(Assoc Creative Dir & Copywriter)*
Jade Stoner *(Copywriter)*
Katie Thompson *(Planner-Media)*
Beau Scheier *(Coord-Production)*
Jordan Eakin *(Assoc Creative Dir)*

Accounts:
Ad Council Dollar General Literacy Foundation, High School EQuivalency; 2016
New-Blacture
CarMax; 2014
New-Change the Forecast
Corian
Crocs, Inc Media; 2014
DuPont Advertising, Corian (Global Agency of Record), Media, Public Relations, Social, Strategy
Equality NC
ESPN, Inc. SEC Network; 2013
Framepool; 2016
GNC Project-Based; 2016
Marpac Project-Based; 2016
Next Gen Personal Finance Payback
Norwegian Air Shuttle Project-Based; 2016
Samsung; 2012
Sennheiser; 2012
Sherwin-Williams Flagship Brands; 2008
New-Sterling Jewelers Inc. Jared The Galleria of Jewelry
Super Evil Megacorp Project-Based; 2016
TuneIn; 2016
Urban Ministries of Durham; 2008
World of Coca-Cola; 2013

Branch

McKinney New York
15 Watts St, New York, NY 10013
Tel.: (646) 380-5800
E-Mail: hello@mckinney.com
Web Site: mckinney.com

Employees: 40
Year Founded: 2013

National Agency Associations: 4A's

Agency Specializes In: Experiential Marketing, Sponsorship

Joe Maglio *(CEO)*
Jonathan Cude *(Partner & Chief Creative Officer)*

ADVERTISING AGENCIES

Jason Heller *(Partner & Head-Digital Mktg Ops)*
Bill Mattis *(Exec Dir-Bus Dev)*
Mike Pierantozzi *(Exec Creative Dir)*
Josh Bull *(Art Dir)*
Kathryn Moffitt *(Art Dir)*
Jasmine Dadlani *(Dir-Strategy)*
Olga Munoz *(Dir-Bus Ops)*
Kevin Murray *(Dir-Strategy)*
Michelle Son *(Dir-Experiential Mktg)*
Chris Walsh *(Dir-Consumer & Bus Insights)*
Zach Kohn *(Acct Mgr)*
Dylan Meagher *(Sr Writer)*

Accounts:
Blacture Creative
Samsung Electronics America, Inc. Activewash Top Load Washer, Campaign: "Crock", Campaign: "Crushing Dinner Parties with Samsung Home Appliances", Campaign: "Home for the Holidays", Campaign: "It Can Do That", Campaign: "Right at Home", Campaign: "The Next Big Thing Is Here", Galaxy Pro, Galaxy Tab S
Sennheiser Campaign: "Let Your Ears Be Loved", Urbanite Headphones
Sherwin-Williams Company Coastal Cool
ShredYourEx
New-Sterling Jewelers Inc. Jared The Galleria of Jewelry

MCLELLAN MARKETING GROUP
2330 Rocklyn Dr, Urbandale, IA 50322
Tel.: (515) 251-8400
Fax: (515) 251-3174
E-Mail: heyyou@mclellanmarketing.com
Web Site: www.mclellanmarketing.com

Employees: 4
Year Founded: 1995

Agency Specializes In: Advertising, Brand Development & Integration, Graphic Design, Identity Marketing, Media Planning, Print, Public Relations, Social Media

Karen Loehr *(Fin Dir)*
Robin Blake *(Art Dir)*

Accounts:
Woodard Hearing Centers

MCMAHON MARKETING
102 W Apache St, Norman, OK 73069
Tel.: (405) 928-3395
Web Site: www.mcmkt.com

Employees: 50
Year Founded: 2011

Agency Specializes In: Advertising, Crisis Communications, Event Planning & Marketing, Internet/Web Design, Logo & Package Design, Social Media

Korey McMahon *(Pres)*

Accounts:
First Oklahoma Construction Inc.

MCMILLAN GROUP
25 Otter Trail, Westport, CT 06880
Tel.: (203) 227-8696
Fax: (203) 227-2898
Web Site: www.mcmillangroup.com

Employees: 2

Agency Specializes In: Advertising, Communications, Exhibit/Trade Shows, Graphic Design, Media Relations

Charles McMillan *(Pres)*

Accounts:
GE Healthcare
Sikorsky Aerospace Services

MCQUEEN MARKETING
3616 Harden Blvd Ste 340, Lakeland, FL 33803
Tel.: (863) 660-0782
Web Site: www.mcqueenmarketingllc.com

Employees: 5

Agency Specializes In: Advertising, Media Planning, Media Relations, Print, Public Relations, Social Media

Mary Mcqueen *(CEO)*

Accounts:
Heacock Insurance Group, Inc.
Sessums Law

MCS ADVERTISING
4110 Progress Blvd Ste 1c, Peru, IL 61354
Tel.: (815) 224-3011
Fax: (815) 224-4627
E-Mail: info@mcsadv.com
Web Site: www.mcsadv.com

Employees: 15

National Agency Associations: 4A's

Agency Specializes In: Advertising, Graphic Design, Internet/Web Design

Mike Schmidt *(Pres & CEO)*
Jake Kowalczyk *(Mktg Mgr & Acct Exec)*
Andy Senica *(Designer)*

Accounts:
New-St. Margaret's Health Services

MDB COMMUNICATIONS, INC.
1634 Eye St NW, Washington, DC 20006
Tel.: (202) 835-0774
Fax: (202) 835-0656
E-Mail: info@mdbcomm.com
Web Site: www.mdbcomm.com

E-Mail for Key Personnel:
President: chatch@mdbcomm.com
Creative Dir.: rcoad@mdbcomm.com
Media Dir.: sniman@mdbcomm.com

Employees: 27
Year Founded: 1981

National Agency Associations: 4A's-AAF-PRSA

Agency Specializes In: Advertising, Brand Development & Integration, Broadcast, Business-To-Business, Cable T.V., Collateral, Communications, Consumer Goods, Corporate Communications, Digital/Interactive, Direct Response Marketing, Direct-to-Consumer, Education, Financial, Food Service, Graphic Design, High Technology, Hospitality, Information Technology, International, Internet/Web Design, Media Buying Services, New Product Development, Print, Production (Ad, Film, Broadcast), Production (Print), Public Relations, Publicity/Promotions, Radio, Real Estate, Restaurant, Sales Promotion, Strategic Planning/Research, T.V., Trade & Consumer Magazines, Travel & Tourism, Web (Banner Ads, Pop-ups, etc.)

Cary Hatch *(CEO)*
Richard M. Coad *(Chief Creative Officer)*
Carole Reuschle *(VP & Media Dir)*
Jodie Warren *(VP & Dir-Campaign Mgmt)*
Andre Rolle *(Art Dir)*
Clare Flannery *(Dir-PR & Media Strategy)*
Maria George *(Sr Acct Exec)*

Accounts:
Boston Market
DC Lottery (Agency of Record) Creative, DC Daily 6, Media Buying, Media Planning, Strategic; 2003
Fannie Mae (New Product Launches, Research & Branding); 1998
Hunter Douglas; 2006
Loral Skynet; 2003
National Geographic; 1998
Politico
Prudential
Rapid Advance
ZebraTechnologies

MDC PARTNERS
33 Draper St, Toronto, ON M5V 2M3 Canada
Tel.: (416) 960-9000
Web Site: www.mdc-partners.com

Employees: 12

Agency Specializes In: Health Care Services, Pharmaceutical, Retail

Steve Pustil *(Vice Chm & Dir)*
Stephanie Nerlich *(Exec VP-Partner Dev & Talent)*

Accounts:
Microsoft Xbox

MDC PARTNERS INC.
745 5th Avenue, New York, NY 10151
Tel.: (646) 429-1800
Web Site: www.mdc-partners.com

E-Mail for Key Personnel:
President: mnadal@mdccorp.com
Public Relations: wcampbell@mdccorp.com

Employees: 6,138
Year Founded: 1980

National Agency Associations: 4A's

Agency Specializes In: Advertising

Revenue: $1,385,785,000

Scott L. Kauffman *(Chm & CEO)*
Jessica Peltz-Zatulove *(Partner-MDC Ventures)*
Lotta Malm Hallqvist *(Mng Dir & CMO-Europe)*
David B. Doft *(CFO)*
Ryan Linder *(CMO & Exec VP)*
Alexandra Delanghe *(Chief Comm Officer)*
Stella Vousstina *(CTO-MDC Media Partners)*
Vincenzo DiMaggio *(Chief Acctg Officer & Sr VP)*
Mitchell S. Gendel *(Gen Counsel)*
Jenn Dahm *(Sr VP & Dir-Strategic Insights & Pub Affairs)*
Matt Chesler *(Sr VP-IR & Fin)*
Randy Duax *(Sr VP-Recruiting & Talent)*
Robyn Freye *(Sr VP-Strategic Growth-US)*
Jayme Frieder *(Sr VP-Strategic Growth)*
Raffi Grigorian *(Mng Dir-Experiential Mktg Grp)*
Ned Russell *(Mng Dir-Healthcare)*
Rachel Catalani *(Dir-Corp Brand Mgmt)*
Donald Lee *(Dir-Strategic Sourcing)*
Ashley Stewart *(Dir-Partner Comm)*
Patrick Calcagno *(Planner-Digital-E Trade)*

Accounts:
Bud Lite
Mini
TE Connectivity Campaign: "What A Sensor Sees"

Branches

AGENCIES - JANUARY, 2019 — ADVERTISING AGENCIES

6 Degrees Integrated Communications
1210 Sheppard Ave E Ste 700, Toronto, ON M2K 1E3 Canada
(See Separate Listing)

Allison & Partners
7135 E Camelback Rd, Scottsdale, AZ 85251
Tel.: (623) 201-5555
Fax: (480) 966-0111
E-Mail: sappel@allisonpr.com
Web Site: www.allisonpr.com

Employees: 12

Cathy Planchard *(Pres-All Told & Partner)*
Brent Diggins *(Partner & Mng Dir-Measurement & Analytics)*
Stacey Johnes *(Sr VP)*
Karyn Barr *(Mng Dir-Strategic Growth & Ops & Head-B2B Tech)*
Katie Malark *(VP-Res)*
Lisa Schmidtke *(Gen Mgr)*
Lauren Frank *(Dir)*
Laura Zilverberg *(Dir)*
Annie Carson *(Mgr-Measurement)*
Brian Feldman *(Sr Partner)*

Accounts:
Blue Cross Blue Shield of Arizona
Boost
GE Healthcare
The Greater Phoenix Economic Council (Public Relations Agency of Record) Conferences & Awards, Media Relations, Thought Leadership; 2018
Hasbro
International Game Technology; Las Vegas, NV Campaign: "Ghostbusters Slots Launch"
L'Oreal USA
Progressive
Samsung
Sony
UPMC Enterprises
YouTube

Allison & Partners
2750 Womble Rd Ste 104, San Diego, CA 92106
Tel.: (619) 533-7978
Fax: (619) 543-0030
E-Mail: timw@allisonpr.com
Web Site: www.allisonpr.com

Employees: 15

Jeannie Horner *(VP)*
Brian Brokowski *(Gen Mgr)*
Krystin Williamson *(Acct Dir)*
Julia Yuryev *(Acct Dir)*
Rebecca Buddingh *(Mgr-PR)*
Jessica Fix *(Mgr-Digital)*

Accounts:
ARAMARK Parks & Destinations
Dexcom Dexcom G5, Digital, Media, Online, Print, Social, Socila Media, TV
Envision Solar International, Inc. (Agency of Record)
Healthcare Leadership Council
KPMG Corporate Finance
SONY
The Vitamin Shoppe

Allison & Partners
11611 San Vicente Blvd Ste 910, Los Angeles, CA 90049-6510
Tel.: (310) 452-7540
Fax: (310) 452-9005
E-Mail: dawn@allisonpr.com
Web Site: www.allisonpr.com

Employees: 15

Agency Specializes In: Public Relations, Sponsorship

Emily Wilson-Sawyer *(Exec VP & Head-Hospitality Specialty Grp)*
Paul Breton *(Exec VP-Corp Comm)*
Demar Anderson *(VP-Mktg)*
Marilyn Finegold *(Office Mgr)*

Accounts:
ASICS America Corporation ASICS America Corporation
Thunder Studios
Twentieth Century Fox Home Entertainment North America Consumer Public Relations

Allison & Partners
40 Gold St Fl 1, San Francisco, CA 94133
(See Separate Listing)

Allison & Partners
71 5th Ave, New York, NY 10003
Tel.: (646) 428-0612
Fax: (212) 302-5464
E-Mail: info@allisonpr.com
Web Site: www.allisonpr.com

Employees: 15

Agency Specializes In: Advertising, Sponsorship

Lisa Rosenberg *(Chm-Consumer Mktg Practice, Partner & Chief Creative Officer)*
Matthew Della Croce *(Pres-Europe-Global & Partner)*
Jordan Fischler *(Partner, Exec VP & Head-Consumer Tech)*
Kevin Nabipour *(Partner & Mng Dir-Content Strategies)*
Jeremy Rosenberg *(Partner & Mng Dir-All Told-North America)*
Thomas Smith *(Partner & Mng Dir-Corp-North America)*
Todd Aydelotte *(Mng Dir)*
Julia Farrell *(CFO)*
Anne Colaiacovo *(Pres-North America)*
Jonathan Heit *(Pres-Global)*
Cathy Planchard *(Pres-All Told)*
Sherri Weiss Poall *(Exec VP & Head-Food & Beverage Practice)*
Jill Feldman *(Exec VP-Corp Comm)*
Linda Burns *(Sr VP-Media Rels)*
Melissa Kahaly Muskett *(Sr VP)*
Barbara Laidlaw *(Mng Dir-Reputation Risk & Advisory)*
Jen Stratton *(VP)*
Tracey Cassidy *(Gen Mgr-New York)*
Tracee Larson *(Acct Mgr)*
Jacques Couret *(Mgr-Editorial)*
H. Beecher DiNapoli *(Sr Acct Exec)*
Cat Forgione *(Sr Acct Exec)*

Accounts:
ADT (Public Relations Agency of Record) Marketing & Communications
Airbnb Media
Bulova Corporation Digital, Marketing Strategy
Coca-Cola Fairlife, Public Relations
Dannon (Agency of Reord)
Dignity Health Creative, Media
Ellie Mae, Inc.
Equity Residential
Financial Engines, Inc.
ForSaleByOwner.com Brand Awareness, Digital, Media, Social, Thought Leadership
Gowalla
PepsiCo
PKWARE
Progressive
RetailMeNot (Public Relations Agency of Record)
Seventh Generation Public Relations, Social Media
TiVo, Inc.

Allison+Partners
745 Atlantic Ave Fl 9, Boston, MA 02111
Tel.: (646) 428-0645
Web Site: www.allisonpr.com/offices/office_boston/

Employees: 500
Year Founded: 2015

Agency Specializes In: Public Relations

Lydia Caffery Wilbanks *(Sr VP-Bus Dev & Client Svcs)*
Alison Fichter *(VP)*
Kristen Kmetetz *(VP-Client Svc & Ops)*
Kali Pickens *(Acct Dir)*
Riley McBride Smith *(Acct Dir)*
Allison Klingsick *(Sr Acct Exec)*

Accounts:
JanSport Media Relations, Planning, Strategy; 2018
Naf Naf Asset Development, Brand Awareness, Brand Work, Creative, Media, Public Relations, SEO, Social & Digital Influencer; 2018
Viber

Anomaly
25 Charterhouse Square, London, EC1M 6AE United Kingdom
Tel.: (44) 207 843 0600
E-Mail: htrickey@anomaly.com
Web Site: www.anomaly.com/en/call

Employees: 60

Johnny Vulkan *(Founder & Partner)*
Camilla Harrisson *(CEO & Partner)*
Stuart Smith *(Partner & Chief Strategy Officer)*
Nicky Russell *(COO)*
Joe Corcoran *(Head-Creative)*
Simon Robertson *(Head-Comm Strategy)*
Oli Beale *(Exec Creative Dir)*
Craig Ainsley *(Creative Dir & Writer)*
Tim Boxall *(Bus Dir)*
Ben Carey *(Creative Dir)*
Josie Davis *(Acct Dir-Beats By Dre)*
Henrik Delehag *(Creative Dir)*
Maximilian Gebhardt *(Creative Dir)*
Vix Jagger *(Creative Dir)*
David Lawrie *(Creative Dir)*
Matt Roach *(Creative Dir)*
Luke Tipping *(Creative Dir)*
Tamsin Djaba *(Dir-Strategy-Unreasonable Equals)*
Anthony Harris *(Dir-Strategy)*
Max Ward *(Dir-Strategy)*
Rasmus Otto *(Strategist)*
Kerry Roper *(Designer)*

Accounts:
AB Electrolux Electrolux, Global Advertising
New-Ancestry AncestryDNA, International Strategic & Creative; 2018
Anheuser-Busch InBev N.V. Budweiser, Campaign: "Bud Light Beer: "Simply Put"
Anti Tobacco League
Bank of Scotland Creative Advertising, Digital
BBC Top Gear
Beats by Dre Creative
Cancer Research UK (Lead Creative Agency) Campaign: "Right Now", Digital Display, Outdoor Media, Radio, Social Media, Stand Up To Cancer, TV, Video on Demand
Captain Morgan Creative
Converse Desire, Made By Facebook App
Diageo plc Above-the-Line, Campaign: "Joy Will Take You Further", Gordon's Gin (Global Creative), Johnnie Walker
Diesel

ADVERTISING AGENCIES

Freeview Advertising, Creative
Gaydar Brand Identity
Lego
Lyst (Global Agency of Record) Communications Strategy, Creative, Media Planning; 2015
Sky Campaign: "Billy Bass", Fantasy Football
Umbro
The Vaccines
Veloretti
Virgin Trains Campaign: "Be Bound For Glory", Creative, East Coast & West Coast Services

Anomaly
46 Spadina, Toronto, ON M5V 2H8 Canada
Tel.: (647) 547-3440
E-Mail: catalent@anomaly.com
Web Site: www.anomaly.com

Employees: 120
Year Founded: 2004

Agency Specializes In: Advertising, Brand Development & Integration, Digital/Interactive, Graphic Design, Media Planning, Social Media

Franke Rodriguez *(CEO & Partner)*
Candace Borland *(Mng Dir)*
Greg Clark *(Fin Dir)*
Janice Bisson *(Head-Production)*
Pete Breton *(Exec Creative Dir)*
Dave Douglass *(Exec Creative Dir)*
Dion Aralihalli *(Grp Acct Dir)*
Max Bingham *(Art Dir)*
Neil Blewett *(Creative Dir)*
Crystal Brewis *(Art Dir)*
Jeff Thomas *(Acct Dir)*
Shelley Raymond *(Dir-Talent & Culture)*
Matt Baggley *(Acct Supvr)*
Angela Fee *(Acct Supvr)*
Brendan Scullion *(Copywriter)*
Jason Kerr *(Sr Art Dir)*
Max May *(Sr Writer)*

Accounts:
New-Ancestry Communications, Creative & Strategy; 2018
Belgian White
BMW Campaign: "MINI Roller Coaster", Campaign: "NOT NORMAL", Mini
FGL Sports Ltd Sport Chek
Kobo (Agency of Record) Creative, Strategic
Labatt Brewing Company Ltd.
Mexx Canada Inc
Nike Canada
Oh Henry
San Pellegrino
Spotify
Ultimate Fighting Championship Creative

Anomaly
536 Broadway 11th Fl, New York, NY 10012
(See Separate Listing)

Attention Global
160 Varick St 3rd Fl, New York, NY 10013
(See Separate Listing)

Born A.I.
711 3rd Ave, New York, NY 10017
(See Separate Listing)

Bruce Mau Design
469C King St W, Toronto, ON M5V 3M4 Canada
(See Separate Listing)

Bryan Mills Ltd.
(Formerly Bryan Mills Iradesso Corp.)
1129 Leslie St, Toronto, ON M3C 2K5 Canada
(See Separate Listing)

Civilian
444 N Michigan Ave 33rd Fl, Chicago, IL 60611-3905
(See Separate Listing)

Colle+McVoy
400 1st Ave N Ste 700, Minneapolis, MN 55401-1954
(See Separate Listing)

Concentric Health Experience
(Formerly Concentric Pharma Advertising)
330 Hudson St 5h Fl, New York, NY 10013
(See Separate Listing)

CP+B Boulder
6450 Gunpark Dr, Boulder, CO 80301
(See Separate Listing)

Doner, London
60 Charlotte St, London, W1T 2NU United Kingdom
Tel.: (44) 20 7632 7600
E-Mail: talk@doner.co.uk
Web Site: http://doner.com/

Employees: 45
Year Founded: 1995

Agency Specializes In: Advertising, Consumer Goods, Electronics, New Technologies

Nick Constantinou *(Mng Dir)*
Logan Wilmont *(Exec VP & Exec Creative Officer-UK)*
Stewart Wright *(Head-Creative Tech)*
Emma Bundock *(Acct Dir)*
Lucy Solomon *(Client Svcs Dir)*
Ian Cooper *(Sr Acct Mgr)*
Caroline Gorge *(Planner)*

Accounts:
Accor Content Creation, Creative, Digital & Experiential, Novotel & Mercure (UK Lead Creative Agency), Social, TV
Align Technology, Inc.
Discovery
FCA Europe Alfa Romeo, Campaign: "Made of Red", Chrysler, Digital, Giulietta, Jeep, MiTo, Online, Press, TV
Fuller's
Geox Campaign: "Start Breathing"
Huawei Creative, Digital, P9 Smartphone, Strategic
Nikon Corporation
QVC
Wiltshire Farm Foods Taking Care of Mealtimes

Forsman & Bodenfors
Kungsgatan 48, 111 35 Stockholm, Sweden
Tel.: (46) 8 411 77 11
Fax: (46) 3113 83 53
E-Mail: info@fb.se
Web Site: www.fb.se

Employees: 700
Year Founded: 1986

Agency Specializes In: Internet/Web Design, Web (Banner Ads, Pop-ups, etc.)

Anna Qvennerstedt *(Chm, Sr Partner & Copywriter)*
Silla Levin *(CEO)*
Olle Victorin *(Mng Partner)*
Martin Ringqvist *(Sr Partner-Creative & Copywriter)*
Tobias Nordstrom *(Partner-Plng)*
Susanna Fagring *(Mng Dir-Singapore)*
Sebastian Nowacki *(Head-PR & Activation)*
Anders Bothen *(Sr Acct Dir)*
Lena Olander *(Sr Acct Dir)*
My Troedsson *(Sr Acct Dir)*
Samuel Akesson *(Art Dir)*
John Bergdahl *(Art Dir)*
Anna Daniel *(Acct Dir)*
Lars Elfman *(Art Dir)*
Karin Frisell *(Art Dir)*
Tomas Granath *(Art Dir)*
Johanna Hofman-Bang *(Art Dir)*
Andreas Johansson *(Producer-Digital)*
Robert Johnsson *(Acct Dir)*
Sophia Lindholm *(Art Dir)*
Ted Harry Mellstrom *(Art Dir)*
Andreas Panagiotopoulos *(Art Dir)*
Evelina Ronnung *(Art Dir)*
Agnes Stenberg-Schentz *(Art Dir)*
Susanna Glenndahl Thorslund *(Acct Dir)*
Karina Ullensvang *(Art Dir)*
Alison Arnold *(Dir-Client Ops)*
Maria Fridman *(Dir-Creative & Art)*
Karin Jacobsson *(Dir-Art)*
Staffan Lamm *(Dir-Interactive)*
Agustin Soriano *(Dir-Strategy)*
Marie Sandberg Murphy *(Sr Acct Mgr)*
Martina Carlsson *(Acct Mgr & Production Mgr)*
Ewa Edlund *(Acct Mgr)*
Jenni Fuleki *(Acct Mgr)*
Helen Johansson *(Acct Mgr)*
Anneli Kjellander *(Acct Mgr)*
Helena Lignell *(Acct Mgr)*
Britta Malmberg *(Acct Mgr)*
Kenny Jakobsson *(Product Mgr)*
Cilla Pegelow *(Acct Supvr)*
Johan Nordqvist *(Supvr-Music)*
Maja Bredberg *(Strategist-PR)*
Bjarne Andersson *(Strategist-PR)*
Peter Gaudiano *(Strategist-Platform & Data)*
Martin Johansson *(Acct Exec)*
Kalle Akestam *(Copywriter)*
Leo Bovaller *(Planner)*
Pontus Caresten *(Copywriter)*
Michelle Christiansen *(Designer)*
Christopher Ek *(Designer)*
Jonas Enghage *(Copywriter)*
Bjorn Engstrom *(Copywriter)*
Johan Fredriksson *(Designer)*
Lars Friberg *(Planner)*
Marcus Hagglof *(Copywriter)*
Tove Eriksen Hillblom *(Copywriter)*
Maria Hilmersson *(Copywriter)*
Martin Joelsson *(Designer)*
Gustav Johansson *(Copywriter-Creative)*
Trine Keller-Andreasen *(Planner-Strategic)*
Joakim Labraaten *(Copywriter)*
Olle Langseth *(Copywriter)*
Sara Lemchen *(Designer)*
Emelie Lindquist *(Designer)*
Johan Olivero *(Copywriter)*
Christoffer Persson *(Designer)*
Daniel Sjostrand *(Planner)*
Christian Sunden *(Designer)*
Agnes Uggla *(Copywriter-Social Media)*
Jerry Wass *(Designer)*
Andreas Malm *(Sr Partner-Creative)*
Leif Sorte *(Sr Partner & Client Dir)*

Accounts:
A-Z
New-AB Volvo Volvo Construction Equipment
Ahlens
Airbnb
New-AMF
Apoteket Campaign: "Digestion", Campaign: "Stomach", SPEARMINT, Swedish Pharmacy
BITC
The Brady Campaign
Coop Campaign: "The Organic Effect"
Diageo
Dressmann
E.ON Campaign: "Swedens Largest Energy Experiment"
Faktum Campaign: "Hotel Rooms"

AGENCIES - JANUARY, 2019 — ADVERTISING AGENCIES

Ford Motor Company
New-Gen-Pep
Georg Jensen
Grandiosa PRODUCT DEVELOPMENT
H&M Campaign: "Close the Loop"
Honda UK
If Insurance Campaign: "Life on Tour", Campaign: "Send a Song", Campaign: "Toy Store", Slow Down GPS
IKEA "Where the Everyday Begins and Ends", Campaign: "Everyday Heroes", Campaign: "Time Travel Experiment", Campaign: "Uppleva", Catalog, Homemade is Best, Kitchens, Lullabies, Online, Orangeriet, campaign: "Catch the Swedish Light"
iZettle
Kalles Campaign: "Tokyo"
Klinsky Sausage
Monocle
Nokia Nokia 8 Sirocco
Oatly Rebranding- Packages
Opera Grand Rapids
PostNord TV & Digital
Preem Campaign: "Recycle", Campaign: "The Evolution Car"
Procter & Gamble Campaign: "changedestiny", Herbal Essences, SK-II
Reebok Campaign: "The Promise Keeper"
Semcon
Sleek MakeUP
Sveriges Radio Campaign: "SR Plus"
The Swedish Alcohol Retail Monopoly Level 0.6
Systembolaget Campaign: "Level .06"
TeliaSonera AB Telia
Uber; 2017
UN World Food Programme Public Relations
UNICEF Sweden Campaign: "Likes Don't Save Lives", Campaign: "The Good Guys", Campaign: "The Sound of Death", Campaign: "This Christmas", Online, Santa
Varner Ibrahimovic
Vastraffik Tram Sightseeing App
Veris Campaign: "Rabbit Party"
Visit Sweden
Volvo Car Corporation
Volvo Trucks North America Longhaul Truck, Video, Volvo VNL

Customer Relationship Management

Gale Partners
475 10th Ave 9th Fl, New York, NY 10018
(See Separate Listing)

Hello Design
10305 Jefferson Blvd, Culver City, CA 90232
(See Separate Listing)

HL Group
350 Madison Ave Fl 17, New York, NY 10017
(See Separate Listing)

Hudsun Media
200 Varick St Ste 611, New York, NY 10014
(See Separate Listing)

Hunter Public Relations
41 Madison Ave, New York, NY 10010-2202
(See Separate Listing)

Instrument
3529 North Williams Avenue, Portland, OR 97227
(See Separate Listing)

KWT Global
(Formerly Kwittken)
160 Varick St, New York, NY 10013
(See Separate Listing)

Laird+Partners
475 10th Ave 7th Fl, New York, NY 10018
(See Separate Listing)

Legend PR
373 Pk Ave S 3rd Flr, New York, NY 10016
(See Separate Listing)

Luntz Global
1401 K St NW, Washington, DC 20005
(See Separate Listing)

MDC Partners
33 Draper St, Toronto, ON M5V 2M3 Canada
(See Separate Listing)

Media Allegory
711 Third Ave, New York, NY 10017
(See Separate Listing)

mono
1350 Lagoon Ave, Minneapolis, MN 55408
(See Separate Listing)

Northstar Research Partners
18 King St E Ste 1500, M5C 1C4 Toronto, ON Canada
(See Separate Listing)

Redscout LLC
30 Cooper Sq Fl 10, New York, NY 10003
(See Separate Listing)

Relevent Partners LLC
170 Varick St 12th Flr, New York, NY 10013
(See Separate Listing)

Source Marketing LLC
761 Main Ave, Norwalk, CT 06851
(See Separate Listing)

Team Enterprises, Inc.
1 W Las Olas Blvd Ste 400, Fort Lauderdale, FL 33301
Tel.: (954) 862-2400
E-Mail: info@teamenterprises.com
Web Site: www.teamenterprises.com

Employees: 105
Year Founded: 1993

Agency Specializes In: Sponsorship

Alexander Maximo Gonzalez *(CFO)*
Paul Ramirez *(VP & Exec Creative Dir)*
John S. Cicero *(VP-Advocacy & Content)*
Frank Fanelli *(VP-Sls Dev)*
Pete Rodriguez *(VP-Production)*
Joanne Martin *(Grp Acct Dir)*
Lisa Rademacher *(Creative Dir)*
Brandi Fritsch *(Dir-Incubation Brands)*
Bonnie Knoth *(Dir-Field-Natl)*
Shannon Romano *(Dir-Natl Field-Bacardi USA)*
Michael Sheehan *(Dir-Field)*
Carlos Bacigalupo *(Mgr-Acctg)*
Amanda KellerWoods *(Mgr-Market-MillerCoors)*
Letty Vargas *(Mgr-Event Mktg)*
Stephanie Machalek *(Acct Supvr)*
Kayleigh Miller *(Acct Exec)*
Natalia Giraldo *(Sr Accountant)*
Ashley Wilson *(Sr Accountant)*

Accounts:
MillerCoors (Experiential Marketing & Retail Sampling Agency of Record) Miller Lite
Mondelez International, Inc.
U.S. Cellular Guerilla & Experiential AOR

Union
479 Wellington St W, Toronto, ON M5V 1E7 Canada
(See Separate Listing)

Unique Influence
1145 w 5th St Ste 300, Austin, TX 78703
(See Separate Listing)

Veritas Communications, Inc.
370 King St W Ste 800, PO Box 46, Toronto, ON M5V 1J9 Canada
Tel.: (416) 482-2248
Fax: (416) 482-2483
E-Mail: info@veritascanada.com
Web Site: www.veritasinc.com

Employees: 30

Krista Webster *(Pres & CEO)*
Ray Siu *(CFO)*
Kim Roman *(Grp VP)*
Debbie Boyce *(Acct Dir)*
Natasha Beynon *(Acct Mgr & Specialist-Influencer Rels)*

Accounts:
Art Gallery of Ontario Public Relations, Social Media
Best Buy Public Relations
Bristol-Myers Squibb
Canada Dry Mott's
CBC Creative Counsel, PR, Publicity & Promotions, Strategy
Coty Canada PR
Expedia.ca
Heart & Stroke; 2017
iShares
Labatt
Microsoft Cloud Technology, Media Relations, Office, Surface, Windows 8, Windows Azure, Windows Phone, Xbox
Ministry of Health
Pfizer
Sonnet (Agency of Record) Influencer Marketing, Public Relations; 2017
Subway Campaign: "Dog Sitter", Campaign: "Subway Commit to Fit", PublicRelations, Social Media
Target
Twentieth Century Fox Home Entertainment Public Relations
UNICEF Canada PR
Waze (Agency of Record) Consumer Awareness; 2017
Wind Mobile

VITRO
2305 Historic Decatur Rd Ste 205, San Diego, CA 92106
(See Separate Listing)

Y Media Labs
255 Shoreline Dr 6th Fl, Redwood City, CA 94065
(See Separate Listing)

Yamamoto
219 N 2Nd St Ste 200, Minneapolis, MN 55401
Tel.: (612) 375-0180
Fax: (612) 342-2424
E-Mail: sregan@go-yamamoto.com
Web Site: www.go-yamamoto.com

REDBOOKS — Brands. Marketers. Agencies. Search Less. Find More.
Try out the Online version at www.redbooks.com

ADVERTISING AGENCIES

Employees: 30
Year Founded: 2000

National Agency Associations: 4A's

Kathy McCuskey *(CEO)*
Andy Thieman *(Exec Creative Dir)*
Jon Trettel *(Exec Creative Dir-Digital)*
Shawn Pals *(Creative Dir)*
Lori Sharbono *(Dir-Bus Dev)*
Hillary Cohrs *(Ops Mgr & Acct Supvr)*
Ann Baxter *(Mgr-Bus Dev & Specialist-Presentation Design)*
Lauren Kuester Kerr *(Acct Supvr)*

Accounts:
Baylor Miraca
Berkley Advertising, Digital, Gulp! (Agency of Record), Marketing, Social Media
ENERGY FOCUS, INC. Branding Package
The J.G. Wentworth Company
Lenovo Creative, Digital, Marketing Communications, Strategic Development
Navvis
Vuzix
Xcel Energy Inc. (Advertising Agency of Record)
YP.com

U.S. Subsidiaries

72andSunny
12101 W Buffalo Creek Dr, Playa Vista, CA 90094
(See Separate Listing)

Assembly
711 3rd Ave, New York, NY 10017
(See Separate Listing)

Doner
5510 Lincoln Blvd Ste 220, Playa Vista, CA 90094
Tel.: (424) 220-7200
Web Site: www.doner.com

Employees: 25

National Agency Associations: 4A's-AAF-DMA-PRSA

Agency Specializes In: Advertising, Digital/Interactive

Lauren Prince *(Pres)*
Jason Gaboriau *(Chief Creative Officer & Exec VP)*
Anita Anderson *(Sr VP & Acct Dir)*
Perry Cottrell *(Sr VP & Dir-Client Svcs)*
Beth Hooper *(Sr VP-Strategy & Plng)*
Ann Antonini *(VP & Head-Brand)*
Sara Schwartz *(VP & Head-Brand)*
Kaan Atilla *(Creative Dir)*
Brynn Malek *(Art Dir & Assoc Creative Dir)*
Scott McDonald *(Producer-Digital & Content)*
Drew Brooks *(Dir-Design & Assoc Creative Dir)*
Adam J Fischbach *(Dir-Experience Design)*
Julian Smith *(Dir-Digital Production)*
Steev Szafranski *(Assoc Dir-Design)*
Kathryn Lyons-Urbanek *(Supvr-Art Production)*
Alex Gunderson *(Jr Art Dir & Designer)*
Mallory Hern *(Sr Designer)*
Alexander Drukas *(Assoc Creative Dir)*
Lauren Geschke *(Sr Art Dir)*
Sammy Glicker *(Assoc Creative Dir)*

Accounts:
AMC Networks WE tv
Arby's West
Avery Dennison Office Products Office & Consumer Products
Del Monte Foods, Inc (Agency of Record) CRM, Creative, Del Monte Vegetable & Contadina Brands, Digital, Shopper Marketing, Social, Strategy, Traditional, Web; 2018
Detroit Zoo
Fuhu, Inc. Advertising, Nabi Big Tab
Jafra International
Mattel, Inc
Menchies
Minute Maid
Neato Robotics
Neato Campaign: "Card", Campaign: "Hippie Pinata", Campaign: "House Sitter", Campaign: "Neato Knows Your Grandma Misses You", Campaign: "One Night Stand"
Netflix, Inc. Creative, House of Cards
Pac Sun
Secure Horizons
UPS Store

Doner
25900 Northwestern Hwy, Southfield, MI 48075
(See Separate Listing)

Doner
1001 Lakeside Ave E Ste 1010, Cleveland, OH 44114
Tel.: (216) 771-5700
Fax: (216) 771-1308
Web Site: doner.com/

Employees: 600
Year Founded: 1988

National Agency Associations: 4A's-AAF-DMA-PRSA

Agency Specializes In: Sponsorship

Craig Conrad *(CMO)*
Brian Barney *(VP & Head-Brand)*
Paul Forsyth *(VP & Creative Dir)*
Laura Owen *(VP & Creative Dir)*

Accounts:
Geisinger Health System & Health Plan
OhioHealth

Sloane & Company LLC
7 Times Sq Tower 17th Fl, New York, NY 10036
(See Separate Listing)

Varick Media Management
160 Varick St, New York, NY 10013
(See Separate Listing)

MDG
13 Water St, Holliston, MA 01746
Tel.: (508) 429-0755
Fax: (508) 429-0766
E-Mail: info@thinkmdg.com
Web Site: www.thinkmdg.com

Employees: 14

Agency Specializes In: Advertising

Tim Merry *(CEO)*
Ann Merry *(Acct Svcs Dir)*
Peyton Nichols *(Acct Mgr)*

Accounts:
Round Hill Hotel and Villas (Agency of Record)
Vita New York (Agency of Record)

MDVC CREATIVE INC.
121 Payne St, Dallas, TX 75207
Tel.: (214) 742-6382
Fax: (214) 742-6388
E-Mail: info@mdvccreative.com
Web Site: www.mdvccreative.com

Employees: 10

Agency Specializes In: Advertising, Internet/Web Design, Media Buying Services, Media Planning, Public Relations

Molly Devoss *(Pres)*

Accounts:
Saint Rocco

MDW ADVERTISING SOLUTIONS INC
800 Dobell Ter Nw, Pt Charlotte, FL 33948
Tel.: (941) 875-9268
Web Site: www.mdwadvertising.com

Employees: 2

Agency Specializes In: Advertising, Brand Development & Integration, Broadcast, Graphic Design, Internet/Web Design, Media Planning, Out-of-Home Media, Outdoor, Radio, Social Media

Maria Diaz-Williamson *(Owner)*
Joanne Donaldson *(Designer-Creative)*

Accounts:
Titanz Plumbing

ME CREATIVE AGENCY
287 Roosevelt Ave, Stratford, CT 06615
Tel.: (203) 572-1728
Fax: (256) 213-1975
E-Mail: info@mecreativeagency.com
Web Site: www.mecreativeagency.com

Employees: 8
Year Founded: 2013

Agency Specializes In: Advertising, Brand Development & Integration, Graphic Design, Internet/Web Design, Logo & Package Design, Media Buying Services, Social Media

Marck E. Estemil *(Founder & Chief Creative Officer)*

Accounts:
Via New Media Inc

MEADSDURKET
502 10th Ave, San Diego, CA 92101
Tel.: (619) 688-5204
Fax: (619) 574-1644
E-Mail: mail@meadsdurket.com
Web Site: www.meadsdurket.com

Employees: 14
Year Founded: 2004

National Agency Associations: 4A's

Agency Specializes In: Advertising

Tony Durket *(Founder)*
Gary Meads *(CEO)*
Erin Bailey *(VP-Client Svcs)*
Carrie Jones *(VP-PR & Social Media)*
Kimberly Cunningham *(Acct Supvr)*
Kristen Tobiason *(Supvr-Production)*
Tara Hicks *(Sr Media Planner & Buyer)*
Kevin Stout *(Assoc Creative Dir)*
Michelle Wall *(Assoc Media Dir)*

Accounts:
Del Mar Racetrack
Hoehn Motors; 1984
ISE
MacroAir
Overland Storage; San Diego, CA Data Storage; 2005

AGENCIES - JANUARY, 2019 — ADVERTISING AGENCIES

San Diego Symphony (Public Relations Agency of Record) Strategic

MEANS ADVERTISING
4320 Eagle Pt Pkwy, Birmingham, AL 35242
Tel.: (205) 271-9980
Fax: (205) 271-5396
E-Mail: info@meansadv.com
Web Site: www.meansadv.com

Employees: 10
Year Founded: 1993

Agency Specializes In: Advertising, Brand Development & Integration, Collateral, Digital/Interactive, Internet/Web Design, Logo & Package Design, Media Planning, Radio, Social Media, Strategic Planning/Research

Kevin Gustin *(VP & Creative Dir)*

Accounts:
Colonial Brookwood Village See you at the Village Campaign

MECHANICA
75 Water St Level 2, Newburyport, MA 01950
Tel.: (978) 499-7871
Fax: (978) 499-7876
E-Mail: hello@mechanicausa.com
Web Site: www.mechanicausa.com

Employees: 15

Agency Specializes In: Brand Development & Integration

Jim Garaventi *(Founder, Partner & Creative Dir)*
Libby DeLana *(Founder & Partner)*
Ted Nelson *(CEO & Dir-Strategy)*
Arabella Plum *(COO)*
Micah Donahue *(Head-Brand Engagement Strategy)*
Jim Amadeo *(Creative Dir)*
Julie Carney *(Brand Dir)*
Emily Grimes *(Brand Dir)*
Ted Jendrysik *(Creative Dir)*
Megan Ward *(Brand Dir)*
Laura Brockway *(Assoc Dir-Brand Strategy)*
Ashley McGilloway Campbell *(Brand Mgr)*
Michela Marsh *(Strategist-Brand Engagement)*
Nicole LeLacheur *(Copywriter)*
Samantha Golis *(Coord-Brand Svcs)*
Fernando Pino *(Sr Art Dir)*

Accounts:
Akamai
American Heritage Dictionary You Are Your Words
Boingo Wireless
Boston Beer Company
Brahmin Leatherworks
Bullhorn
Cheer Networks
Communispace
Fallon Community Health Plan
Forcepoint
Healthy Child Healthy World
High Liner Foods Digital Marketing, In-Store, Online Advertising, Print Advertising, Sea Cuisine (Branding Agency of Record)
Houghton Mifflin
Kronos Inc.
Living Proof Digital
LuckyVitamin
Neighborhood Health Plan Campaign: "Fear Out of Affordable", Marketing
Northeastern University
NPR
Nuance Communication Branding, Document Imaging Division
PATS Aircraft Systems
PBS
REM Technologies
Saucony (Agency of Record) Campaign: "Find Your Strong"
Schnucks
Seniorlink
Student/Defend
Symantec
T-2 Biosystems
Time Inc.

MEDDAUGH ADVERTISING INC.
12 Circuit St, Norwell, MA 02061
Tel.: (781) 659-9440
Fax: (877) 270-8856
Web Site: www.meddaugh.net

Employees: 5
Year Founded: 1989

Agency Specializes In: Advertising, Broadcast, Exhibit/Trade Shows, Internet/Web Design, Print, Public Relations

John Meddaugh *(Pres)*
Deborah Meddaugh *(CFO & Dir-Creative)*

Accounts:
Microcut Inc.
Tech-Etch Inc.

MEDERGY HEALTHGROUP INC.
(Name Changed to Cello Health Communications)

THE MEDIA ADVANTAGE
414 E Michigan Ave Ste 1A, Lansing, MI 48933
Tel.: (517) 913-0100
E-Mail: info@themediaadvantage.com
Web Site: www.themediaadvantage.com

Employees: 4

Agency Specializes In: Advertising, Brand Development & Integration, Graphic Design, Internet/Web Design, Print, Search Engine Optimization, Social Media

Scott VanGilder *(Creative Dir)*

Accounts:
Giggling Grizzly
Lansing Parks & Recreation

MEDIA ALLEGORY
711 Third Ave, New York, NY 10017
Tel.: (212) 373-9500
Web Site: www.media-allegory.com

Employees: 200
Year Founded: 2016

Agency Specializes In: Advertising, Brand Development & Integration, Digital/Interactive

Dave Leitner *(Pres)*
Denise Pizante *(Sr VP-Integrated Comm-AMC & BBCA)*
James O'Neill *(VP-Interactive Media)*
Sarah Davis *(Assoc Dir-Integrated Comm-AMC)*
Rachel Lebrun *(Assoc Dir-Integrated Media-AMC Networks)*
Leslie Smith *(Supvr-Integrated Comm)*
Michael Kuropatkin *(Assoc Media Dir)*

Accounts:
A24 Films LLC
AMC Networks Inc.
New Video Channel LLC BBC America

MEDIA ARCHITECTS ADVERTISING & DESIGN
11811 N Tatum Blvd Ste 3031, Phoenix, AZ 85028
Tel.: (602) 569-3435
Web Site: www.media-architects.com

Year Founded: 2001

Agency Specializes In: Advertising, Brand Development & Integration, Content, Digital/Interactive, Graphic Design, Internet/Web Design, Media Buying Services, Media Planning, Public Relations, Social Media

Accounts:
Alcor Life Extension Foundation

MEDIA BRIDGE ADVERTISING
212 3Rd Ave N Ste 140, MinneaPOlis, MN 55401
Tel.: (612) 353-6077
Web Site: www.mediabridgeadvertising.com

Employees: 11

Agency Specializes In: Advertising, Media Buying Services, Media Planning, Print, Radio, T.V.

Tracy Call *(Founder)*
Jenny Veldkamp *(CFO)*
Toni Dandrea *(VP-Mktg)*
Alex Rollins *(Sr Producer-Creative)*
Jessica Birkholz *(Media Dir)*
Maria Hileman *(Dir-Creative Svcs)*
Michael Libman *(Dir-Bus Dev)*
Giselle Ugarte *(Dir-Mktg)*

Accounts:
Renters Warehouse
Woodys Furniture

THE MEDIA CENTER
735 McArdle Dr Ste F, Crystal Lake, IL 60014
Tel.: (815) 455-3882
Fax: (815) 455-3904
E-Mail: bpintsak@themediactr.com
Web Site: www.themediactr.com

Employees: 20
Year Founded: 1981

Agency Specializes In: Internet/Web Design, Market Research, Planning & Consultation, Technical Advertising

Nancy Prioletti *(Sr Acct Exec)*

Accounts:
Air Products and Chemicals, Inc.
CCCR/CROWN
CENTA Corporation
Chicago Tag & Label
Coastal Hotel Group
Home State Bank
Lexington Healthcare, Inc.
The Lubrizol Corporation
Medtronic Corporation, Inc.
Motorola Solutions, Inc.
North Shore Trust and Savings
Viant, Inc.
Xpelair UK

MEDIA CONNECT PARTNERS LLC
(Acquired by BrandStar)

MEDIA ETC.
2222 Kalakaua Ave Ste 701, Honolulu, HI 96815-2516
Tel.: (808) 922-8974
Fax: (808) 922-8975
Web Site: www.mediaetc.net

ADVERTISING AGENCIES

Employees: 5
Year Founded: 1992

Agency Specializes In: Asian Market, Collateral, Commercial Photography, Communications, Direct Response Marketing, Media Buying Services, Planning & Consultation, Print, Production, Publicity/Promotions, Sales Promotion, Strategic Planning/Research

Kayo Watari *(Treas)*
Yuko Porter *(Production Mgr)*
Mutsumi Matsunobu *(Mgr-Coordination & Writer)*
Toshie Taniguchi *(Coord-Admin)*

Accounts:
Big Island Abalone Corp.
Canon USA
Hans Hedemann Surf School
Herb Ohta Jr.
Kaimana Kea
Koaloho Ukulele
Le Sportsac
Tanaka of Tokyo Restaurant

MEDIA HORIZONS, INC.
800 Connecticut Ave Ste 2, Norwalk, CT 06854
Tel.: (203) 857-0770
Fax: (203) 857-0296
E-Mail: info@mediapeople.com
Web Site: www.mediahorizons.com

Employees: 40

Agency Specializes In: Below-the-Line, Consumer Marketing, Consumer Publications, Customer Relationship Management, Direct Response Marketing, Direct-to-Consumer, Integrated Marketing, Magazines, Media Buying Services, Media Planning, Newspapers & Magazines, Over-50 Market, Print, Production (Print), Social Media, Strategic Planning/Research

Approx. Annual Billings: $6,490,000

James Kabakow *(CEO)*
Tom Reynolds *(Partner & Exec VP)*
Alan Kraft *(Chief Revenue Officer)*
Greg Pepe *(Pres-Media People)*
Rachel Mines Amori *(VP-Acct Mgmt)*
Jill Arvanitis *(VP-Acct Mgmt)*
Claire Carpenter *(VP-Acct Mgmt)*
Rick Child *(VP-Data, Analytics & Acct Mgmt)*
Erica DePalma *(VP-Digital Mktg)*
Cyrus Karimi *(VP-Search & Affiliate Mktg)*
Liz Russell *(VP-Ops)*
LuAnn Romanillo *(Sr Dir-Production)*
Tracy Egan *(Acct Dir)*
Michael Quirici *(Art Dir)*
Heather Fogarty *(Dir-Digital Mktg)*
Joanna Soulios *(Comm Mgr)*
Cheri Adami *(Mgr-HR)*
Caitlin Mulligan *(Mgr-Digital Mktg)*
Alison Stuart *(Sr Acct Exec)*
Kelsey Farquharson *(Strategist-Media)*
Catherine Korostensky *(Strategist-Media)*
Jeremy Kraft *(Strategist-Growth)*

Accounts:
Acco Brands
Bose
Columbia University
Graze.com
GreatCall
Highlights
Inogen
Jitterbug
Liberty Medical
Lifestyle Lift
Lightning Labels
Nestle Waters
Progressive
Schwan's Home Service
ServiceMaster
Sling TV
Yankee Candle

MEDIA II, INC.
7452 Millrace Ln, Northfield, OH 44067
Tel.: (440) 943-3600
Fax: (440) 943-3660
E-Mail: mediaii@mediaii.com
Web Site: www.mediaii.com

Employees: 7
Year Founded: 1974

National Agency Associations: BPA

Agency Specializes In: Advertising, Advertising Specialties, Automotive, Brand Development & Integration, Business Publications, Business-To-Business, Co-op Advertising, Collateral, Communications, Consulting, Corporate Communications, Corporate Identity, Digital/Interactive, Direct Response Marketing, E-Commerce, Education, Electronic Media, Engineering, Event Planning & Marketing, Exhibit/Trade Shows, Graphic Design, Health Care Services, High Technology, Industrial, Infomercials, Information Technology, Internet/Web Design, Local Marketing, Logo & Package Design, Magazines, Marine, Media Buying Services, Medical Products, Merchandising, Multimedia, New Product Development, Newspapers & Magazines, Planning & Consultation, Point of Purchase, Point of Sale, Print, Production, Public Relations, Publicity/Promotions, Sales Promotion, Strategic Planning/Research, T.V., Technical Advertising

Approx. Annual Billings: $1,000,000

Breakdown of Gross Billings by Media: Collateral: $500,000; Consulting: $500,000

Roy Harry *(CEO & Creative Dir)*

Accounts:
Automated Packaging Systems
Online Development; Knoxville, TN Automation Products; 2003
Ridge Tool
Rockwell Automation/Reliance Electric; Cleveland, OH Industrial Products; 1972
Siemens

MEDIA LOGIC
59 Wolf Rd, Albany, NY 12205
Tel.: (518) 456-3015
Fax: (518) 456-4279
E-Mail: mail@mlinc.com
Web Site: www.medialogic.com

Employees: 45
Year Founded: 1984

National Agency Associations: AAF-AMA-DMA-PRSA

Agency Specializes In: Advertising, Brand Development & Integration, Business Publications, Business-To-Business, Collateral, College, Communications, Consulting, Consumer Marketing, Corporate Communications, Corporate Identity, Digital/Interactive, Direct Response Marketing, Direct-to-Consumer, E-Commerce, Education, Electronic Media, Email, Event Planning & Marketing, Exhibit/Trade Shows, Financial, Graphic Design, Health Care Services, In-Store Advertising, Industrial, Integrated Marketing, Internet/Web Design, Logo & Package Design, Media Buying Services, Media Planning, Mobile Marketing, New Product Development, Out-of-Home Media, Outdoor, Over-50 Market, Planning & Consultation, Podcasting, Print, Public Relations, Publicity/Promotions, Radio, Recruitment, Sales Promotion, Search Engine Optimization, Sponsorship, Strategic Planning/Research, Sweepstakes, T.V., Technical Advertising

David Schultz *(Founder & Pres)*
Christina Smith *(Sr VP & Grp Dir)*
Jim Sciancalepore *(VP & Sr Creative Dir)*
Christian Salmonsen *(Art Dir)*
Denise Carney-Jones *(Mgmt Supvr)*
Nicole Johnson *(Mgmt Supvr)*
Carol Ainsburg *(Dir-Studio Svcs)*
Patrick Boegel *(Dir-Media Integration)*
Greg Johnson *(Sr Art Dir & Dir-Design)*
Jim McDonald *(Dir-Bus Dev)*
Carolee Bennett *(Sr Mgr-Social Content)*
Fred Ulrich *(Sr Acct Supvr)*
Brooke Gross *(Acct Supvr)*
Sheila Carroll *(Sr Acct Exec)*
Heidi Rodgers *(Sr Acct Exec)*
Vicki Venditti *(Sr Acct Exec)*
Silvy Lang *(Assoc Media Dir)*

Accounts:
Alloy Polymers
Barclay's
Bassett Healthcare; Cooperstown, NY
Cornell University-Johnson School
Harvard Drug Group
Hofstra
JPMorgan Chase
Landmark College
Microbia (Agency of Record)
Moraine Valley
MVP Health Care; Schenectady, NY Campaign: "Project Go"
Orange Regional Medical Center
Penn Mutual
Senior Services of Albany (Pro Bono)
SI Group
Visa; San Francisco, CA Credit Cards
Webster

MEDIA MATCHED INC
9798 Coors Blvd Nw Bldg C100, Albuquerque, NM 87114
Tel.: (505) 890-7755
Fax: (505) 890-0743
Web Site: www.mediamatched.com

Employees: 5

Agency Specializes In: Advertising, Graphic Design, Internet/Web Design, Media Buying Services, Public Relations, Social Media

Shelley Gregory *(Pres)*
Anthony Jio *(Mng Dir-Client Svcs)*
Angelique Felice Karnes *(Art Dir)*

Accounts:
Christus St. Vincent

THE MEDIA MATTERS INC
PO Box 1442, Lexington, NC 27293
Tel.: (336) 956-2488
Fax: (336) 956-3639
Web Site: https://www.tmm.agency/

Employees: 5
Year Founded: 2000

Agency Specializes In: Advertising, Media Relations, Print, Promotions, Public Relations, T.V.

Kathy D. Wall *(Pres)*
Dawn Brinson *(VP-Strategic Mktg)*
Amy Spaniardi *(Media Dir)*
Melissa Walter *(Office Mgr)*
Cathy Lloyd *(Specialist-PR)*

Accounts:
Hospice of Davidson County (Agency of Record)

AGENCIES - JANUARY, 2019 — ADVERTISING AGENCIES

Advertising Strategy, Media, Public Relations, Social Media
Woodard Furniture Communications Strategy, Public Relations

MEDIA MIX
9822 Tapestry Park Circle, Jacksonville, FL 32246
Tel.: (904) 294-6962
Fax: (904) 212-1227
Web Site: http://mediamixjax.com

Employees: 8

Agency Specializes In: Advertising, Brand Development & Integration, Media Planning, Social Media

Natalie Dunlap *(Pres & CEO)*
Kyle Brumbley *(Creative Dir)*
Lia Carlin *(Sr Acct Mgr)*

Accounts:
Key Auto Group
McCall Service

MEDIA ON THE GO LTD.
1088 Bedford Ave, Brooklyn, NY 11216
Tel.: (718) 875-1808
Fax: (718) 689-1375
E-Mail: info@mediaotg.com
Web Site: www.mediaotg.com

Employees: 20
Year Founded: 2006

Agency Specializes In: Advertising, Brand Development & Integration, Media Buying Services, Media Planning, Public Relations

Accounts:
RCCS Rofeh Cholim Cancer Society
Tuscanini Foods

MEDIA ONE ADVERTISING/MARKETING
3918 S Western Ave, Sioux Falls, SD 57105
Tel.: (605) 339-0000
Fax: (605) 332-8211
E-Mail: info@m-1.com
Web Site: www.mediaone.com

E-Mail for Key Personnel:
President: john@m-1.com
Creative Dir.: greg@m-1.com

Employees: 9
Year Founded: 1974

National Agency Associations: AAF

Agency Specializes In: Crisis Communications, Financial, Food Service, Industrial, Medical Products, Social Media, Travel & Tourism

Greg Blomberg *(Partner)*
Rebecca Goeden *(Controller)*
Eva Hofer *(Sr Dir-Art)*
Bryon Middleton *(Dir-Audio & Video Production)*
Jason Shea *(Dir-Web Dev)*
Brad Blomberg *(Acct Exec)*

Accounts:
Brown Clinic; Watertown, SD
Desco Industries; DeSmet, SD Building Components
Sioux Falls Area Chamber of Commerce
Sioux Falls Regional Airport

MEDIA PARTNERS, INC.
15 E Douglas Ave, Eastborough, KS 67207
Tel.: (316) 652-2210
Fax: (316) 652-2274

Web Site: www.mpiwichita.com

Employees: 3

Agency Specializes In: Advertising, Brand Development & Integration, Collateral, Graphic Design, Media Buying Services, Media Planning, Out-of-Home Media, Outdoor, Print

Susan Bowers *(Owner)*

Accounts:
Mid America Exteriors

MEDIA RESPONSE, INC.
2501 Hollywood Blvd Ste 210, Hollywood, FL 33020
Tel.: (954) 967-9899
Fax: (954) 967-9321
Toll Free: (888) 801-9899
E-Mail: info@media-response.com
Web Site: www.media-response.com

Employees: 6
Year Founded: 1989

Agency Specializes In: Business-To-Business, Financial

Ellis Kahn *(Founder & CEO)*
Bruce Halkin *(Media Dir)*

MEDIA RESULTS
10 Upton Dr, Wilmington, MA 01887
Tel.: (978) 658-4449
Web Site: www.mediaresults.com

Employees: 20
Year Founded: 1986

Agency Specializes In: Branded Entertainment, Broadcast, Cable T.V., Co-op Advertising, Collateral, Digital/Interactive, Direct Response Marketing, Email, Guerila Marketing, Infomercials, Local Marketing, Mobile Marketing, Multimedia, Newspaper, Newspapers & Magazines, Out-of-Home Media, Outdoor, Paid Searches, Point of Purchase, Print, Production, Production (Print), Promotions, Radio, Search Engine Optimization, Social Media, Sponsorship, T.V., Web (Banner Ads, Pop-ups, etc.)

Andy Vallario *(Pres & Chief Creative Officer)*
Daniel Milone *(Acct Mgr, Mgr-Digital Media & Media Buyer)*

Accounts:
Boch Automotive; 2006
Subaru of New England; 2006
Victory Automotive Group; 2009

MEDIA STRATEGIES & RESEARCH
8999 E Vassar Ave, Denver, CO 80231
Tel.: (303) 989-4700
Fax: (303) 989-1910
Web Site: www.mediastrategies.com

Employees: 10

Agency Specializes In: Media Buying Services

Jon Hutchens *(Pres)*

MEDIA TWO INTERACTIVE
111 E Hargett St Ste 200, Raleigh, NC 27601
Mailing Address:
PO Box 1119, Clayton, NC 27528-1119
Tel.: (919) 553-1246
Fax: (919) 882-9162
E-Mail: info@mediatwo.net

Web Site: www.mediatwo.net
E-Mail for Key Personnel:
President: mhubbard@mediatwo.net
Creative Dir.: rachel@mediatwo.net

Employees: 10
Year Founded: 1998

National Agency Associations: SEMPO

Agency Specializes In: Advertising, Affiliate Marketing, Brand Development & Integration, Broadcast, Business-To-Business, Cable T.V., Co-op Advertising, College, Consulting, Consumer Marketing, Corporate Identity, Customer Relationship Management, Digital/Interactive, Direct Response Marketing, Direct-to-Consumer, Education, Electronic Media, Email, Exhibit/Trade Shows, Financial, Graphic Design, Health Care Services, Integrated Marketing, Internet/Web Design, Investor Relations, Local Marketing, Logo & Package Design, Magazines, Media Buying Services, Media Planning, Medical Products, Mobile Marketing, Multimedia, Newspaper, Newspapers & Magazines, Paid Searches, Planning & Consultation, Print, Regional, Retail, Search Engine Optimization, Social Marketing/Nonprofit, Social Media, Strategic Planning/Research, T.V., Trade & Consumer Magazines, Web (Banner Ads, Pop-ups, etc.)

Breakdown of Gross Billings by Media: Consulting: 2%; Graphic Design: 8%; Internet Adv.: 90%

Michael Hubbard *(CEO)*
Heather Morrison *(Fin Dir)*
Seth Hargrave *(VP-Strategy & Ops)*
Trey Dickert *(Media Dir)*
Charlotte Mercer *(Assoc Dir-Strategy)*
Melissa Ilardi *(Sr Strategist-Digital)*
Megan Jimenez *(Sr Strategist-Media)*

Accounts:
3M DDS, Filtrete; 2009
D-Link Cloud Cameras & Routers; 2011
Glock Firearms; 2011
University of North Carolina Kenan-Flagler Business School; 2010
VectorVest Trading Software; 2010

MEDIA VISION ADVERTISING
25 Main St Ste 2, Goshen, NY 10924
Tel.: (845) 294-3228
Fax: (845) 294-3493
E-Mail: info@mediavisionadvertising.com
Web Site: www.mediavisionadvertising.com

Employees: 15
Year Founded: 2003

Agency Specializes In: Advertising, Brand Development & Integration, Event Planning & Marketing, Print, Radio, Strategic Planning/Research

James Danella *(Owner)*

Accounts:
Flannery Animal Hospital
Hudson Valley Kitchen Design & Remodeling
The Orange County Chamber of Commerce (Advertising & Public Relations Agency of Record)
Royal Pools & Spas

MEDIABOOM
73 Church St, Guilford, CT 06437
Tel.: (203) 453-3537
E-Mail: info@mediaboom.com
Web Site: www.mediaboom.com

Employees: 10

ADVERTISING AGENCIES — AGENCIES - JANUARY, 2019

Year Founded: 2002

Agency Specializes In: Digital/Interactive, Email, Local Marketing, Paid Searches, Print, Search Engine Optimization, Social Media, Web (Banner Ads, Pop-ups, etc.)

Frank DePino *(Founder & Pres)*
Matt Mizerek *(Dir-Interactive)*

Accounts:
Charter Communications; 2014

MEDIACROSS, INC.
2001 S Hanley Rd, Saint Louis, MO 63144
Tel.: (314) 646-1101
Fax: (314) 646-8795
E-Mail: mailbox@mediacross.com
Web Site: www.mediacross.com

E-Mail for Key Personnel:
President: markt@mediacross.com

Employees: 30
Year Founded: 1987

National Agency Associations: TAAN

Agency Specializes In: Advertising, Brand Development & Integration, Recruitment

Approx. Annual Billings: $6,000,000

Breakdown of Gross Billings by Media: Collateral: 25%; Consulting: 15%; D.M.: 15%; Event Mktg.: 15%; Fees: 10%; Print: 20%

Jennifer Umali *(CEO)*
Brian Roberts *(Strategist-Digital Mktg)*
Gretchen Borzillo *(Ops Dir)*

Accounts:
The Army Reserve
Military Sealift Command; Virginia Beach, VA; 2002
Sprint

MEDIAFUEL
12574 Promise Creek Ln Ste 138, Fishers, IN 46038
Tel.: (317) 578-3399
Web Site: www.mediafuel.net

Employees: 10
Year Founded: 2002

Agency Specializes In: Advertising, Brand Development & Integration, Digital/Interactive, Graphic Design, Internet/Web Design

Jeff Kivett *(Principal)*

Accounts:
James Dant

MEDIAGISTIC
8675 Hidden River Pkwy, Tampa, FL 33637
Tel.: (813) 563-7300
Toll Free: (800) 747-5601
Web Site: www.mediagistic.com

Employees: 120
Year Founded: 1999

Agency Specializes In: Advertising, Cable T.V., Co-op Advertising, Event Planning & Marketing, Internet/Web Design, Media Buying Services, Media Planning, Production (Print), Social Media, T.V.

Andre Carollo *(Founder & Pres)*
Jeffrey Pankey *(Founder/Pres-Figment Designs)*
Peter Guenther *(Sr VP-Bus Dev)*
Lisa Carollo *(VP-Media Ops)*
Randy Gailit *(VP-Client Relationship)*
Geri Persiano-Vukas *(VP-Sls & Svc)*
Brantley Smith *(VP-Digital Mktg & Product Dev)*

Accounts:
Saint Lucia Tourist Board

MEDIALINKS ADVERTISING
101 E Sandusky St Ste 322, Findlay, OH 45840
Tel.: (419) 422-7150
Fax: (419) 422-7520
Web Site: www.medialinksadv.com

Employees: 5
Year Founded: 2005

Agency Specializes In: Advertising, Brand Development & Integration, Graphic Design, Internet/Web Design, Media Buying Services, Media Planning, Package Design, Print, Radio, Social Media

Jim Barger *(Partner & Acct Exec)*
Justin Franks *(Partner)*
Jeff Zellner *(Creative Dir)*

Accounts:
Dicks Auto Supply

MEDIAMATH
415 Madison Ave 3rd Fl, New York, NY 10017
Tel.: (646) 840-4200
Web Site: www.mediamath.com

Employees: 500

Agency Specializes In: Integrated Marketing

Erich Wasserman *(Co-Founder & Chief Revenue Officer)*
Greg Williams *(Co-Founder & Sr VP-Bus Dev)*
Joe Zawadzki *(CEO)*
Wilfried Schobeiri *(CTO)*
Peter Piazza *(Gen Counsel)*
Jenna Griffith *(Sr VP & Head-Pro Svcs)*
Jeffrey Davis *(Sr VP-Corp Acctg)*
Fernando Juarez *(Mng Dir-LATAM)*
Dave Reed *(Mng Dir-Intl)*
Mike Fisher *(VP & Head-Advanced TV & Video)*
Elise James Decruise *(VP-New Mktg Institute)*
Christopher Victory *(VP-Strategic Alliances & Bus Dev)*
Lewis Rothkopf *(Gen Mgr-Media & Growth Channels)*
Anna Ferguson *(Comml Dir-Central)*
Robyn Marie Diamond *(Dir-Product Ops)*
Anna Hewitt *(Dir-Supply Partnerships)*
Adam Luther *(Dir-Programmatic Strategy & Optimization)*
Mey Marani *(Dir-Platform Solutions-Latin America)*
June Oh *(Dir-Platform Solutions-APAC)*
Victor Pena *(Dir-Engagement)*
Dora Hsu *(Sr Specialist-Programmatic Strategy & Optimization)*

Accounts:
American Express
General Mills
Prudential

MEDIAPLUS ADVERTISING
200-203 Catherine St, Ottawa, ON K2P 1C3
Canada
Tel.: (613) 230-3875
Fax: (613) 230-1458
E-Mail: info@mediaplusadvertising.com
Web Site: www.mediaplusadvertising.com

Employees: 23
Year Founded: 1984

Don Masters *(Pres & Creative Dir)*
Christine Kincaid *(COO & VP)*
Mark Skinner *(Sr Art Dir)*

Accounts:
Bluefest
Canada Post
CPAC
Glenn Briggs
Mermaid Pools
OCRI
Odutola
Rogers Television
Tartan
Tartan Homes
TIAC

MEDIATIVE
1620 Dickson Ave Ste 410, Kelowna, BC V1Y 9Y2
Canada
Tel.: (250) 861-5252
Fax: (250) 861-5235
Web Site: mediative.com/

Employees: 35
Year Founded: 1999

Agency Specializes In: Search Engine Optimization

Accounts:
1-800-Dentist
Academy 123
Business.com
CarCostCanada.com
Carson Dunlop
Dine.to
DS Waters
ID SuperShop
Kinaxis
Marketo
Siemens
SilkRoad Technology
ToutesAutosQuebec.com
VanillaSoft
YouSendIt

MEDIATREE ADVERTISING
PO Box 150069, Nashville, TN 37215
Tel.: (615) 496-7113
E-Mail: info@mediatreeadvertising.com
Web Site: www.mediatreeadvertising.com

Agency Specializes In: Advertising, Internet/Web Design, Media Buying Services, Print

Ryan Vinett *(Founder & Pres)*

Accounts:
Lindemann Chimney Service

MEDIAURA INC
360 Spring St, Jeffersonvlle, IN 47130
Tel.: (502) 554-9649
Web Site: www.mediaura.com

Employees: 25
Year Founded: 2003

Agency Specializes In: Advertising, Content, Digital/Interactive, Graphic Design, Internet/Web Design, Logo & Package Design, Print, Social Media

Andrew Aebersold *(CEO)*
Amy Aebersold *(COO)*
Ashley Blakemore *(Dir-Sls & Mktg)*
Melissa McCarty *(Acct Mgr)*
Mary Ragsdale *(Acct Exec)*

Accounts:

728

AGENCIES - JANUARY, 2019　　　　　　　　　　　　　　　　　　　　　　　ADVERTISING AGENCIES

The Meadows

MEDICUS LIFE BRANDS
1 Penn Plaza, New York, NY 10019
Tel.: (212) 771-5700
Fax: (212) 771-5705
Web Site: www.plbmedicus.com

Employees: 598
Year Founded: 1972

National Agency Associations: 4A's

Agency Specializes In: Communications, Health Care Services

Cheryl A. Abbott *(VP-Mktg & Comm)*

Accounts:
Bristol-Myers Squibb
Uroxatral

MEDTHINK COMMUNICATIONS
1001 Winstead Dr Ste 100, Cary, NC 27513
Tel.: (919) 786-4918
Fax: (919) 786-4926
E-Mail: info@medthink.com
Web Site: https://www.medthink.com/

Employees: 12
Year Founded: 2004

Agency Specializes In: Brand Development & Integration, Business-To-Business, Communications, Health Care Services, Logo & Package Design, Media Buying Services, Medical Products, Pharmaceutical, Print, Public Relations, Sales Promotion, Strategic Planning/Research

Scott Goudy *(Pres)*
Todd Parker *(Mng Dir & VP)*
Steven Palmisano *(Sr VP & Gen Mgr)*
Edward Leon *(VP-Client Svcs-MedThink SciCom)*
Susan Osterloh *(Exec Creative Dir)*
Cassie Stox *(Dir-Media Strategy)*
Victoria Bukowski *(Supvr-Copy)*
Ashlee Gerow *(Sr Mktg Mgr)*

Accounts:
Glenveigh
Inspire
Rosetta Genovics
Wilmington

MEERS ADVERTISING
(Acquired & Absorbed by Barkley)

MEGAN LICURSI MARKETING COMMUNICATION
6409 Grenada Island Ave, Apollo Beach, FL 33572
Tel.: (513) 404-2545
Web Site: www.licursi.net

Employees: 4

Agency Specializes In: Advertising, Brand Development & Integration, Event Planning & Marketing, Media Relations, Social Media

Megan Licursi *(Pres)*

Accounts:
CR Brands
FlexReceipts
Hamilton Beach
Robern

MEIER
278 Kent Cornwall Rd, Kent, CT 06757
Tel.: (212) 460-5655
Fax: (212) 460-5957
E-Mail: info@meierbrand.com
Web Site: http://www.meier.nyc/

Employees: 6
Year Founded: 1979

Agency Specializes In: Advertising, Consumer Goods, Retail

Approx. Annual Billings: $1,500,000

Diane Meier *(Owner)*

Accounts:
Chopard Watches and Fragrance
DeBeers
Elizabeth Arden
Georg Jensen
Kalkin & Co.
Neiman Marcus
Pierre Balmain
Willi Smith/WilliWear

MEKANISM
640 Second St 3rd Fl, San Francisco, CA 94107
Tel.: (415) 908-4000
Fax: (415) 908-3993
E-Mail: info@mekanism.com
Web Site: https://mekanism.com/

Employees: 71
Year Founded: 2000

National Agency Associations: 4A's

Agency Specializes In: Advertising, Alternative Advertising, Branded Entertainment, Broadcast, College, Computers & Software, Consumer Goods, Consumer Marketing, Content, Corporate Identity, Cosmetics, Digital/Interactive, Electronic Media, Electronics, Entertainment, Experience Design, Fashion/Apparel, Financial, Game Integration, Graphic Design, High Technology, Hispanic Market, Household Goods, Identity Marketing, In-Store Advertising, Industrial, Integrated Marketing, Internet/Web Design, Leisure, Local Marketing, Logo & Package Design, Magazines, Market Research, Media Buying Services, Media Planning, Men's Market, Mobile Marketing, Multicultural, Multimedia, New Product Development, New Technologies, Newspaper, Newspapers & Magazines, Out-of-Home Media, Outdoor, Package Design, Paid Searches, Podcasting, Point of Purchase, Point of Sale, Print, Production, Production (Ad, Film, Broadcast), Production (Print), Promotions, Public Relations, Publicity/Promotions, RSS (Really Simple Syndication), Radio, Regional, Restaurant, Retail, Sales Promotion, Search Engine Optimization, Sponsorship, Strategic Planning/Research, Sweepstakes, Syndication, T.V., Teen Market, Tween Market, Urban Market, Viral/Buzz/Word of Mouth, Web (Banner Ads, Pop-ups, etc.), Women's Market

Approx. Annual Billings: $26,000,000

Jason Harris *(Pres & CEO)*
Ian Kovalik *(Partner & Creative Dir)*
Tom Lyons *(Exec VP & Creative Dir)*
Lisa Townsend Zakroff *(Mng Dir-Seattle)*
Jeremy Daly *(Head-Plng-West)*
Kati Haberstock *(Head-Production)*
Shiva Majidi *(Sr Dir-Art)*
Daivd Horowitz *(Dir & Creative Dir)*
Alex Brubacher *(Art Dir)*
Eric Cosper *(Creative Dir)*
Jillian Goger *(Creative Dir)*
Stefanie Gomez *(Art Dir)*
Amy Henning *(Brand Dir)*
Grace Hwang *(Art Dir)*
Cassie Jackson *(Brand Dir)*
Hart Rusen *(Creative Dir)*
Luke Welch *(Brand Dir)*
Meagan Cotruvo *(Dir-Mktg & Comm)*
Ben Heller *(Assoc Dir-Creative)*
Dan Peterson *(Assoc Dir-Creative)*
Asher Stamell *(Assoc Dir-Strategy)*
McKenzie Badger *(Sr Brand Mgr)*
Myco Nguyen *(Sr Brand Mgr)*
Chris Remy *(Sr Brand Mgr)*
Danielle Sabalvaro *(Sr Brand Mgr)*
Charlotte Deavers *(Brand Mgr)*
Mariah Gill-Erhart *(Art Buyer & Jr Producer)*
Caroline Johnson *(Copywriter)*
Ana Sabarots *(Coord-Brand)*
Aaron Cathey *(Assoc Creative Dir)*
Bryan Davis *(Assoc Creative Dir)*
Jen Miller *(Sr Art Dir)*
Katrina Mustakas *(Sr Art Dir)*
Lissa Pinkas *(Sr Bus Mgr)*
Alexander Riezebeek *(Assoc Creative Dir)*

Accounts:
AB & Bev; 2013
Alaska Airlines (Lead Creative Agency) Brand Campaign
Art.Com; San Francisco, CA; 2011
Ben & Jerry's Brrr-ito, Campaign: "Democracy Is in Your Hands", Creative, Video
Charles Schwab; 2010
Comic Relief Red Nose Day
CytoSport Campaign: "Stronger Every Day", Creative, Muscle Milk; 2012
Fiverr, Inc.(Agency of Record); 2018
Fortune Brands
GE; 2011
Google; 2012
Home Box Office Brand Campaign
HotelTonight, Inc.
It'S On Us
LSI Inc. Broadcast, Campaign: "Wedding", Jack Link's
Method Products Inc. (Agency of Record)
MillerCoors Henry's Hard Soda (Agency of Record), Keystone Light, Redd's (Agency of Record), Smith & Forge (Agency of Record), Zima
Nordstrom Rack (Agency of Record) Campaign: "Youphoria"; 2013
The North Face, Inc. Advertising, Campaign: "I Train For", Campaign: "Your Land", Digital, Experiential Marketing, Mountain Athletics, OOH, Online, Social, TV
Papa Murphy's International, LLC (Agency of Record) Broadcast, Creative, Integrated, Local Activations, Radio, Social; 2018
Peloton Interactive, Inc Digital Video Advertising, Strategy
PepsiCo Inc. Aquafina, Campaign: "For Happy Bodies", Campaign: "Halftime Touches Down", Campaign: "Little Can. Epic Satisfaction", Campaign: "Matt Forte gets Hyped for Halftime", Campaign: "Mini Hollywood", Campaign: "Nick Mangold gets Hyped for Halftime", Campaign: "Soundcheck NYC", Lil' Pepsi, Pepsi (Agency of Record), TV; 2010
Prive Revaux
Quirky; 2013
Skinnygirl (Agency of Record)
TaylorMade; 2013
Trulia Campaign: "A Different Kind of Housewarming", Campaign: "Gingerbread House Day", Creative, Digital
United Nations Social Media
United States Government Campaign: "It's On Us", Creative, Design, PSA
Virgin Mobile USA, Inc.; 2011
White House Campaign: "It's on Us", Outdoor, Print
The Wine Group, Inc. Chloe Wine Collection, Cupcake Vineyards
World of Tanks

Branch

729

ADVERTISING AGENCIES

Mekanism
80 Broad St Fl 35, New York, NY 10004
Tel: (212) 226-2772
Web Site: https://mekanism.com/

Employees: 50

National Agency Associations: 4A's

Agency Specializes In: Advertising, Brand Development & Integration, Social Media, Sponsorship

Jason Harris *(Pres & CEO)*
Ian Kovalik *(Partner & Creative Dir)*
Rick Thornhill *(Mng Dir-Chicago)*
Todd Feitlin *(Creative Dir & Copywriter)*
Ashley Friedrich *(Brand Dir)*
Jillian Goger *(Creative Dir)*
Cassie Jackson *(Brand Dir)*
Ross Lawrie McLeod *(Brand Dir)*
Asher Stamell *(Assoc Dir-Brand Strategy)*
McKenzie Badger *(Sr Brand Mgr)*
Kyle Goethals *(Sr Brand Mgr)*
Mellie Lutz *(Sr Brand Mgr)*
Danielle Sabalvaro *(Sr Brand Mgr)*
Amanda Chandler *(Grp Brand Dir)*
Charlotte Deavers *(Brand Mgr)*
Austin McDonnell *(Brand Mgr)*
Emma Swanson *(Mgr-Mktg & Comm)*
Hunter Holbrook *(Media Planner)*
Cory McCollum *(Jr Copywriter)*
Philip Cheaney *(Sr Art Dir)*
Katrina Mustakas *(Sr Art Dir)*
Kat O'Meara *(Jr Producer)*
Amanda Speer *(Sr Recruiter-Creative)*

Accounts:
Civic Nation It's On Us
Home Box Office, Inc.
Jack Link's Campaign: "Hangry Hacks"
Jim Beam
Nordstrom Rack
Skinnygirl

MELON DESIGN AGENCY
2700 W 3rd CT, Miami, FL 33010
Tel: (786) 718-0912
E-Mail: info@designbymelon.com
Web Site: www.designbymelon.com

Employees: 10
Year Founded: 2007

Agency Specializes In: Advertising, Brand Development & Integration, Environmental, Event Planning & Marketing, Graphic Design, Print, Production, Production (Print), Publicity/Promotions, Retail, Strategic Planning/Research, Web (Banner Ads, Pop-ups, etc.)

Helga Tapias *(Founder & CEO)*
Erika Tapias *(COO)*

Accounts:
Ella's Boutique
Forever Flawless Skin Care & Cosmetics
Go Luggage Store
Mulco Watches
Sugar King LLC

MELT
3630 Peachtree Rd Ste 960, Atlanta, GA 30326
Tel: (404) 812-1957
Fax: (404) 812-7072
E-Mail: info@meltatl.com
Web Site: www.meltatl.com

Employees: 25
Year Founded: 2000

Agency Specializes In: Advertising, Brand Development & Integration, Mobile Marketing, Retail, Sponsorship, Sports Market

Vince Thompson *(Founder, Chm & CEO)*
Jeff Moore *(CFO)*
David Culbertson *(Sr VP & Creative Dir)*
Sarah Beth Davis *(Sr VP-Acct Svcs)*
Travis Rice *(VP-Acct Svcs)*
Susan Gout *(Controller)*
Travis Manint *(Grp Dir-Branded Content & Interactive Mktg)*
Lonnie Garner *(Art Dir)*
Mark Harmon *(Dir-PR & Community Affairs)*
Doug Kroll *(Dir-Digital & Social Media)*
Anna Watson *(Dir-Strategy)*
Jenna Cook *(Mgr-Digital & Social Media-Melt Sports & Entertainment)*
Eddie Martin *(Mgr-Event)*
Blake Spires *(Mgr-Event)*
Gigi Gonzalez *(Sr Acct Exec)*
David Pate *(Sr Acct Exec)*
Darbi Lou Todd *(Sr Acct Exec)*
Claire Ellender *(Acct Exec)*
Taryn Rudolph *(Acct Exec)*
Patrice Parker *(Designer-Graphic & Creative)*
Shannon MacLean *(Coord-Fin & Event)*
Marc Fisher *(Sr Art Dir)*
Chad Hangen *(Assoc Creative Dir)*

Accounts:
Coca-Cola Refreshments USA, Inc. Campaign: "It's Possible to Enjoy Everything", Coke Zero
Gold Peak
Maxim Magazine
Nissan
Roswell Food Group
Southern Creations Creative, Event Execution, Grit Chips, Packaging, Retail Promotions, Sampling, Social Media, Sponsorships
Thompson Tractor Company (Sports Marketing Agency of Record)

MENTUS
6755 Mira Mesa Blvd Ste 123, San Diego, CA 92121-4311
Tel: (858) 455-5500
Fax: (858) 455-6872
Web Site: www.mentus.com

Employees: 15
Year Founded: 1981

Agency Specializes In: Corporate Identity, Direct Response Marketing, Financial, Health Care Services, High Technology, Information Technology, Internet/Web Design, Logo & Package Design, Medical Products

Approx. Annual Billings: $5,000,000

Guy Iannuzzi *(Pres & CEO)*
Audrey Miranda *(CFO)*
Tracy K. Mitsunaga *(Sr VP & Creative Dir)*
Leasa Fisher *(Sr Acct Supvr)*
Janine Giambrone *(Acct Supvr)*

Accounts:
BioMed Realty Trust Inc.
Extra Space Storage Inc.

MEPLUSYOU
(Acquired & Absorbed by Moroch Holdings, Inc.)

MERCURY MAMBO
1107 S 8th St, Austin, TX 78704
Tel: (512) 447-4440
Fax: (512) 447-5787
E-Mail: info@mercurymambo.com
Web Site: www.mercurymambo.com

Employees: 40

Agency Specializes In: Advertising, Co-op Advertising, Event Planning & Marketing, Hispanic Market, Market Research, Out-of-Home Media, Outdoor, Promotions, Retail, Sales Promotion, Sponsorship, Strategic Planning/Research

Becky Arreaga *(Pres & Partner)*
Liz Arreaga *(Partner)*
Carmen Murcia *(Dir-Experiential Mktg)*
Stephanie Beard *(Sr Mgr-Event)*

Accounts:
7-Eleven Inc. Grassroots Marketing, Hispanic, Promotion Efforts
7up
Anheuser-Busch
AOL
Budweiser
Crisco
Crown Royal
Crown Royale
Dr Pepper
Gibsuniel
Grande
Hungry Jake
Mondelez
Nike
Smuckers

MERCURY MEDIA, INC.
11620 Wilshire Blvd Ste 600, Los Angeles, CA 90025
Tel: (310) 451-2900
Web Site: www.mercurymedia.com

Employees: 50
Year Founded: 1989

Agency Specializes In: Direct Response Marketing, Sponsorship

Approx. Annual Billings: $275,000,000

Breakdown of Gross Billings by Media: Brdcst.: $100,000,000; Cable T.V.: $175,000,000

John Cabrinha *(Co-Chm)*
Dan Danielson *(Co-Chm)*
Alison Monk *(Mng Dir & Exec VP)*
Beth Vendice *(Pres-Performance Div)*
Alex Sapoznikov *(Exec VP-Analytics & Data Strategy)*
Kristi Tropp *(Sr VP & Client Svcs Dir)*
Cheryl Green *(Sr VP-Media)*
Daniel McGillick *(Sr VP-Media)*
Joanna Ruttner *(Acct Dir)*
Ian Chin *(Dir-Media Res, Insights & Strategy)*
Dan Santa Lucia *(Acct Supvr)*
Alexis Macarchuk *(Supvr-Media)*
Judy del Castillo *(Media Buyer)*
Janice Gow *(Media Buyer)*
Angela Pupo *(Assoc Media Dir)*
Vanessa Rangel *(Sr Media Buyer-Hispanic)*

Accounts:
A Place For Mom, Inc. (Media Buying Agency of Record) TV Planning, Buying & Attribution; 2018
Hoveround Corp. Wheelchairs
RedBrick Health; Minneapolis, MN Corporate Communications, Online Marketing, Public Relations, Social Media

MERCURYCSC
22 S Grand Ave, Bozeman, MT 59715
Tel: (406) 586-2280
Fax: (406) 586-2685
E-Mail: jeff.welch@mercurycsc.com
Web Site: www.mercurycsc.com

AGENCIES - JANUARY, 2019 — ADVERTISING AGENCIES

Employees: 20

Agency Specializes In: Travel & Tourism

Cailley Tonn *(Media Dir)*
Ali Loman Randak *(Dir-Ops)*

Accounts:
First Interstate Bank
Great Falls Clinic
Mackenzie River Pizza Co.
Montana Office of Tourism and Business Development Campaign: "It's Time"
Montana Tourism

MEREDITH COMMUNICATIONS
8311 Brier Creek Pkwy Ste 105, Raleigh, NC 27617
Tel.: (866) 227-9769
Fax: (321) 226-0246
E-Mail: meredith@creatingwow.com
Web Site: www.meredithcommunications.com/

Employees: 5

Agency Specializes In: Email, Internet/Web Design, Search Engine Optimization, Strategic Planning/Research

Tom Harty *(Pres & CEO)*
Allen C. Oliver *(CFO)*
John Zieser *(Chief Dev Officer & Gen Counsel)*
Paul Karpowicz *(Pres-Meredith Local Media Grp)*
Meredith Oliver *(Creative Dir)*

Accounts:
Gallery Homes of Deland Inc Residential Construction Services
Red Door Homes Residential Construction Services
The Tribute Lakeside Golf & Resort Community Residential & Golf Development Services
Wynne Jackson Real Estate Development Services

MERGE BOSTON
(Formerly Partners & Simons)
23 Drydock Ave St 810W, Boston, MA 02210
Tel.: (617) 330-9393
Web Site: https://mergeboston.com/

Employees: 85
Year Founded: 1989

Agency Specializes In: Broadcast, Communications, Content, Digital/Interactive, Experiential Marketing, Financial, Health Care Services, Internet/Web Design, Media Planning, Mobile Marketing, Out-of-Home Media, Outdoor, Print, Social Media, Strategic Planning/Research

Andrew Pelosi *(Pres)*
Bob Minihan *(Chief Creative Officer & Exec VP)*
Anthony Henriques *(Exec VP & Creative Dir)*
Stephanie Rogers *(Exec VP-Contact Plng)*
Halbert Evans *(VP & Acct Dir)*
Dario Leone *(Supvr-Media)*
Lindsey Hagopian *(Assoc Media Dir)*

Accounts:
AIG
Blue Cross Blue Shield
HarborOne Bank (Agency of Record) Creative, Media
Roche
Select Health

Branch

MERGE Atlanta
(Formerly Dodge Communications, Inc.)
11675 Rainwater Dr Ste 300, Alpharetta, GA 30009-8685
Tel.: (770) 998-0500
Fax: (770) 998-0208
Web Site: mergeatlanta.com/

Employees: 18
Year Founded: 2001

National Agency Associations: COPF-PRSA

Agency Specializes In: Communications, Content, Digital/Interactive, Health Care Services, Public Relations, Strategic Planning/Research

Tom Brand *(Pres)*
Elisabeth Deckon *(Sr VP-Ops)*
Laura Larsen *(VP)*
Jenny Orr *(Creative Dir)*
Jill Gardner *(Dir-Copywriting)*
Dominique Lescalleet *(Sr Acct Mgr)*
Wyatt Avison *(Acct Mgr)*
Katelyn Lewis *(Assoc Acct Mgr)*
Kathryn-Amelia Simms *(Acct Mgr)*

Accounts:
Advanced ICU Care Public Relations
benefitexpress; 2018
CareSync Media Relations, Strategic Communications
Clinithink LLC Public Relations
Ensocare Content Creation, Media, Public Relations, Strategic Communications
The Garage; 2018
Holston Medical Group; 2018
InformedDNA; 2018
Kareo Public Relations
Liaison Technologies
Magellan Health Services, Inc.; 2018
NavCare; 2018
NexTech Systems Marketing, Public Relations
NextGen
Noom Inc
Pate Rehabilitation New Logo, PR, Rebranding Program, Website
Patientco Media, Public Relations
Predilytics, Inc. Brand Awareness, Strategic PR, Website Development
Rubbermaid Medical Solutions
SigmaCare Marketing, Messaging, Public Relations, Website
Telcare, Inc. B2B, Messaging, Strategic PR
Worldwide Clinical Trials; 2018
Wright Direct Strategic PR

THE MERIDIAN GROUP
575 Lynnhaven Pkwy 3rd Fl, Virginia Beach, VA 23452-7350
Tel.: (757) 340-7425
Fax: (757) 340-8379
Toll Free: (800) 294-3840
E-Mail: joe@themeridiangroup.com
Web Site: www.themeridiangroup.com

E-Mail for Key Personnel:
Public Relations: terry@themeridiangroup.com

Employees: 30
Year Founded: 1980

National Agency Associations: AAF

Agency Specializes In: Advertising, Affluent Market, Automotive, Aviation & Aerospace, Brand Development & Integration, Branded Entertainment, Broadcast, Business-To-Business, Co-op Advertising, Consumer Goods, Consumer Marketing, Corporate Communications, Corporate Identity, Crisis Communications, Digital/Interactive, E-Commerce, Email, Event Planning & Marketing, Exhibit/Trade Shows, Financial, Food Service, Health Care Services, Hospitality, Leisure, Logo & Package Design, Luxury Products, Marine, Market Research, Media Buying Services, Media Planning, Media Relations, Media Training, Medical Products, Mobile Marketing, Package Design, Paid Searches, Planning & Consultation, Podcasting, Print, Production (Ad, Film, Broadcast), Production (Print), Public Relations, Publicity/Promotions, Radio, Real Estate, Recruitment, Restaurant, Retail, Search Engine Optimization, Sports Market, Strategic Planning/Research, Trade & Consumer Magazines, Travel & Tourism

Approx. Annual Billings: $33,000,000

Breakdown of Gross Billings by Media: Brdcst.: $5,600,000; Bus. Publs.: $2,240,000; Collateral: $7,000,000; Consulting: $2,800,000; Mags.: $2,000,000; Newsp.: $5,600,000; Pub. Rels.: $2,000,000; Radio & T.V.: $2,800,000; Trade & Consumer Mags.: $1,960,000; Worldwide Web Sites: $1,000,000

Joseph Takach *(CEO)*
Terry Kelley *(VP)*
Erin Brothers *(Acct Svcs Dir)*
David Watson *(Creative Dir)*
Jeff White *(Creative Dir)*
Shane Webb *(Dir-Creative)*
Jordan Barnes *(Acct Mgr)*
Lindsay Browning *(Acct Mgr)*
Bill Brunelle *(Acct Mgr)*
Merrill Henderson *(Acct Mgr)*
Kerry Takach *(Specialist-Digital Mktg)*

Accounts:
The Reefs Resort & Club PR, Rebranding Campaign, Website Development
Stihl, Inc.; Virginia Beach, VA
Wounded Warrior Project; 2006

MERING & ASSOCIATES
1700 I St Ste 210, Sacramento, CA 95811
Tel.: (916) 441-0571
Fax: (916) 441-1370
E-Mail: info@mering.com
Web Site: www.meringcarson.com

Employees: 50

Agency Specializes In: Advertising, Public Relations

David Mering *(Founder & CEO)*
Lori Bartel *(Pres-Mering Carson)*
Tammy Haughey *(Acct Dir-MeringCarson)*
Chris Pagano *(Media Dir)*
Debi Huston *(Office Mgr-MeringCarson)*
Vanessa Labi *(Specialist-Social Media)*

Accounts:
California Raisins
California Tourism
Disneyland Meetings
Lake Tahoe Visitors Authority
NFL
Sierra at Tahoe Ski Resort
Thunder Valley Casino

Branches

emcee11d
(Formerly Elevendy)
1700 I St, Sacramento, CA 95811
(See Separate Listing)

MeringCarson
624 Broadway Ste 502, San Diego, CA 92101
Tel.: (760) 635-2100
Fax: (760) 635-2106
E-Mail: info@meringcarson.com
Web Site: www.meringcarson.com

Employees: 20

ADVERTISING AGENCIES

AGENCIES - JANUARY, 2019

Agency Specializes In: Sponsorship

Lori Bartle *(Pres)*
Greg Carson *(Partner & Chief Creative Officer)*
Lorie Brewster *(CFO)*
Tammy Haughey *(VP)*
Scott C. Conway *(Creative Dir)*
Kerry Krasts *(Creative Dir)*
Kyle Vicioso *(Producer-Digital)*
Casey Soulies *(Dir-Digital Media)*
Kristen Haro *(Project Mgr-Social & Digital)*
Cristie Muscavitch *(Brand Mgr)*
Courtney Pascual *(Brand Mgr)*
Catherine Sharp *(Brand Mgr)*
Deb Krigbaum *(Supvr-Media)*
Nate Leach *(Supvr-Connections)*
Jenine Vadillo *(Supvr-Integrated Media)*
Valerie Vento *(Strategist-Brand & Planner)*
Wade Bare *(Acct Exec)*
Jeff DePew *(Media Planner & Buyer)*
Emily Frei *(Copywriter)*
John Mergen *(Exec Media Dir)*
Kristil Nicholas *(Assoc Media Dir)*
John Risser *(Assoc Creative Dir)*

Accounts:
Balboa Park Cultural Partnership Media Planning
CA Speedway
California Community Colleges
California Raisins
California Travel & Tourism Commission
Central Garden & Pet Company AvoDerm, Media Planning & Buying
JetSuiteX (Media & Creative Agency of Record)
LDK Ventures (Agency of Record)
Major League Soccer MLSstore.com
Pebble Beach Resorts
Raley's
Red Lion Hotels Brand
San Diego Convention & Visitors Bureau; San Diego, CA (Agency of Record)
San Diego Tourism Authority
Squaw Valley Ski Resort
Stones Gambling Hall (Creative Agency of Record)
Tahiti Tourisme North America, Inc. Global Communications
Victorinox Swiss Army Marketing
Visit California (Advertising Agency of Record) Campaign: "Dreamers", Campaign: "Kids at Play"
Walt Disney Parks & Resorts

MERIT MILE COMMUNICATIONS
131 NE 1st Ave Ste 100, Boca Raton, FL 33432
Tel.: (561) 362-8888
E-Mail: info@meritmile.com
Web Site: www.meritmile.com

Employees: 15
Year Founded: 2007

Agency Specializes In: Advertising, Brand Development & Integration, Copywriting, Digital/Interactive, Public Relations, Social Media

Mark Reino *(CEO)*
Joseph Bayer *(Dir-Interactive)*
Scott Lindars *(Dir-Tech Markets-Bus Dev & Mktg Strategy)*
John Sternal *(Dir-PR & Social Media)*

Accounts:
Assurant Inc. B2C; 2014
Hearst Corp. B2B; 2012
Microsoft Corp B2B; 2007
Swapalease.com; Cincinnati, OH B2C; 2012

MERITDIRECT, LLC.
2 International Dr, Rye Brook, NY 10573
Tel.: (914) 368-1000
Fax: (914) 368-1150
E-Mail: hq@meritdirect.com
Web Site: https://www.meritdirect.com/

Employees: 98
Year Founded: 1999

Revenue: $5,000,000

Mark Zilling *(Owner & Exec VP)*
Ralph Drybrough *(Owner)*
Rob Sanchez *(CEO)*
Christine Greco *(Partner)*
Chris Blohm *(Sr VP-Data & Media Svcs)*
Frank Willey *(Sr VP-ABM & Demand Mgmt)*
Blair Barondes *(VP)*
Karie Burt *(VP-Intl Data & Media Svcs)*
Anthony Carraturo *(VP-Lead Generation & Data Svcs)*
Eric Newell *(VP-ABM & Demand Mgmt)*
Danielle Zaborski *(VP-Data, Digital & Omni-Solutions)*
Jeff Sandler *(Dir-Bus Solutions)*

Accounts:
Kiplinger
Microsoft
S&S Worldwide
Taylor Corporation
Uline
United Business Media
Wells Fargo

MERKLE INC.
7001 Columbia Gateway Dr, Columbia, MD 21046
Tel.: (443) 542-4000
Fax: (443) 542-4001
Web Site: www.merkleinc.com/

Employees: 1,000
Year Founded: 1977

Agency Specializes In: Advertising, Brand Development & Integration, Collateral, Communications, Consumer Marketing, Corporate Identity, Direct Response Marketing, Electronic Media, Event Planning & Marketing, Exhibit/Trade Shows, Internet/Web Design, Sponsorship

David Magrini *(Partner & Sr VP)*
Brian S. Morris *(Partner & Sr VP)*
Joyce Nichols *(Partner-Client & VP)*
Will Bordelon *(Chief Client Officer-Global)*
Harry Brakeley *(Chief Growth Officer)*
Adam Lavelle *(Chief Growth Officer-Agency Svcs)*
Craig Dempster *(Pres-Americas)*
Michael Komasinski *(Pres-Europe, Middle East & Africa)*
Zhengda Shen *(Pres-Asia Pacific)*
Paul Evers *(Exec VP & Head-Fin Svcs Vertical)*
Eugene Becker *(Chief Data Offier-M1 & Exec VP-Data Solutions)*
Neil Gissler *(Exec VP-Global Tech & Delivery)*
Michael McLaren *(Exec VP & Exec Grp Dir)*
Matthew Seeley *(Exec VP-Tech Svcs-Americas)*
Alex Yoder *(Exec VP-Analytics)*
Adam Audette *(Sr VP & Head-SEO)*
David Skinner *(Sr VP & Head-Strategic Alliances & Partnerships)*
Colin Stewart *(Sr VP-Nonprofit & Gen Mgr)*
Thomas Byrne *(Sr VP-Agency Svcs-EMEA)*
Jose Cebrian *(Sr VP-Digital Messaging)*
Serge Del Grosso *(Sr VP-Media Svcs)*
Mac Delaney *(Sr VP-Media Investment & Innovation)*
Ankur Jain *(Sr VP-Cloud Solutions)*
Larry Morris *(Sr VP)*
Ron Park *(Sr VP)*
Justin Stayrook *(Sr VP-Mktg Platforms)*
Don Sievert *(VP & Head-Bus Intelligence & Insights Platform)*
Seth Romanow *(Client Partner & VP)*
Claire Billings *(VP-Mktg-EMEA)*
Larry Blum *(VP-Bus Dev & Client Relationships)*
Mary Ann Buoncristiano *(VP-Data Solutions Grp)*
Brian Campbell *(VP)*
Jennifer Capistran *(VP-Analytics)*
Steven Gregg *(VP-Sls & Mktg)*
Karen Greinert-Pierce *(VP-Indus Exec)*
Mark Guenther *(VP-Bus Dev)*
Emily Yale Kramer *(VP-Media Investment & Strategy)*
Jessica Mainelli *(VP-Acct Mgmt)*
Matt Miller *(VP-Strategy-Data Solutions & M1)*
Beth Sanville *(VP-TME Analytics)*
Brendan Silver *(VP-Bus Dev)*
David Swezey *(VP-Mktg Solutions)*
Joe Tobey *(VP-Global Data Product Mgmt)*
Diana Tummillo *(VP & Practice Head-Fin Svcs Vertical)*
Tina Kerr *(Dir & Head-SOA Capability)*
Paul Walczyk *(Head-Client Svcs)*
Ted Stites *(Gen Mgr-Australia)*
Megan Cameron *(Sr Dir-Media Svcs)*
Jesse Markward *(Sr Dir)*
Jay Wells *(Sr Dir-Strategy & Plng)*
Kelly Stinson Brown *(Media Dir)*
Nicole Scott *(Media Dir)*
Amanda Day *(Dir)*
Jennifer DeGiovanni *(Dir-Agency Svcs)*
Zoe Fernandez *(Dir-Event Mktg)*
Patricia Kendall *(Dir-Analytics)*
Nick Kroehl *(Dir-Platform Svcs)*
Bethany Merchant *(Dir-Digital Media)*
Christopher Franceschina *(Assoc Dir-Digital Strategy)*
Kavita Gutteea *(Assoc Dir-Digital Mktg)*
Ray Leung *(Assoc Dir-Media Platforms & Ops)*
Jen Perry *(Assoc Dir-Analytics & Strategy)*
Christina Shields *(Assoc Dir-Media & Entertainment)*
Joseph Shoemaker *(Assoc Dir-Paid Search)*
Andrea Sundahl *(Assoc Dir-Digital Strategy)*
Alida Wu *(Assoc Dir-Media Platforms & Ops)*
Courtney Dalton *(Sr Mgr-Digital Media)*
Robyn Hoyle *(Sr Mgr-SEM & Data Feeds)*
Nathan Miller *(Sr Mgr-Analytics)*
Rodd Pribik *(Sr Mgr)*
Vicki Tague *(Sr Mgr-Digital Agency Grp)*
Natalie Emery *(Acct Mgr)*
Alex Kooluris *(Client Partner)*
Arianna Robert *(Mgr & Specialist-Data)*
Kaitlin Gross *(Mgr-Digital Media Svcs)*
Zachary Juneau *(Mgr-BI & Digital Media Analytics)*
Alejandro Machado *(Mgr-Analytics)*
Thrinadh Yalamanchili *(Mgr-Analytics)*
Caleb Fleming *(Assoc Mgr-Digital Analytics)*
Amber Mulle *(Sr Strategist-Media-Target Media Network)*
Chastity Lacy *(Specialist-Media)*
Kira Marles *(Strategist-Data)*
Ryan Ottino *(Sr Analyst-Digital Media Analytics)*
Suneet Pandare *(Sr Analyst-Digital Media Analytics)*
Anthony Fancher *(Analyst-Digital Media Analytics & Decision Support)*
Liz Yu *(Analyst-Mktg Intelligence & Digital Audience)*
Nicole Infante *(Assoc Acct Dir)*
Antoine Rigaut *(Sr Scientist-Data)*
Katie Sorota *(Sr Mktg Comm Mgr)*

Accounts:
21st Century
Adobe
Advanta
Aegon
Aetna
Ally Financial Inc.
Bank of America
Blockbuster
BMW of North America, LLC Analytics, Mini
Boys & Girls Clubs of America (Agency of Record) Creative Design, Digital, Direct Marketing, Online, Paid Social, Print Production
Bristol Myers Squibb
Care
Carestar Financial Group
Catholic Charities USA (Agency of Record)

AGENCIES - JANUARY, 2019 — ADVERTISING AGENCIES

Fundraising Strategy
Charles Schwab
Citizens Bank Marketing
Easter Seals (Agency of Record) Digital, Display Advertising, Email, Marketing Strategy, Production Management, Web, creative
EmblemHealth Customer Strategy
Fiat Chrysler Analytics
Global Fund For Women Creative, Digital, Email Marketing, Program Analysis, Strategy, Web Services
Habitat For Humanity International Account Management, Analytics, Design, Digital, Production, Strategy
KeyBank
Kimberly-Clark CRM
Mothers Against Drunk Driving (Direct Marketing Agency of Record) Creative, Print
National Jewish Medical & Research Center; 2007
National Multiple Sclerosis Society
Neos Therapeutics (Consumer Brand & Digital Agency of Record)
Oracle
Susan G. Komen for the Cure (Integrated Direct Response Agency of Record) Creative, Digital Media, Direct Mail, Direct Marketing, Print, Social Media, Strategy, Susan G. Komen Breast Cancer Foundation, Inc.
T-Mobile US
Under Armour
New-United Airlines Social Media & Targeted Marketing; 2018
The United States Navy Memorial Analytics, Caging, Campaign: "Blessing of the Fleets", Creative Design, Print Production, Program Management, Strategy
Warner Bros Digital, Marketing, Media

Branches

DWA, a Merkle Company
(Formerly DWA media)
1160 Battery St W, San Francisco, CA 94111
(See Separate Listing)

HelloWorld, A Merkle Company
(Formerly Helloworld)
300 Town Center Ste 2100, Southfield, MI 48075
(See Separate Listing)

Merkle Connect
1050 17th St Ste 2100, Denver, CO 80265
Tel.: (720) 836-2000
Web Site: www.merkleinc.com

Employees: 2,000

Agency Specializes In: Social Media

Zhengda Shen *(Pres-Asia Pacific)*
Dave Paulus *(Exec VP & Gen Mgr-High Tech)*
Jill Draper *(VP & Head-Enterprise Sls)*
Kristine Elliot *(VP-Client Svcs)*
Sara Roberts *(VP-Mktg Tech)*
Kerri Driscoll *(Sr Dir-Mktg Strategy)*
Zach Shaub *(Dir-Digital Media)*
Jessica Kelleher *(Assoc Dir)*
Stephanie Kronberg *(Assoc Dir-Email Ops)*
Jessica Bolton *(Sr Acct Mgr)*
Nathan Brandt *(Sr Acct Mgr)*
Lindsey Schneider *(Assoc Acct Dir)*

Accounts:
Samsung Telecommunications America, LLC

Merkle IMPAQT
(Formerly IMPAQT)
Foster Plaza 10 680 Andersen Dr, Pittsburgh, PA 15220
Tel.: (412) 733-7100
Fax: (412) 733-1010
Toll Free: (888) 949-4672
Web Site: http://www.merkleinc.com/what-we-do/digital-agency-services/media

Employees: 80

Agency Specializes In: Consulting, Digital/Interactive, Search Engine Optimization

Emily Pennypacker Gouwens *(Sr VP-Performance Media)*
Carissa Vega *(Sr Dir)*
Jennifer Kent *(Sr Acct Dir)*
Laura Hudson *(Acct Dir-Client Svcs)*
Philip Mecik *(Acct Dir)*
Chelsea Ashe *(Assoc Dir)*
Stephanie Kaschauer *(Assoc Dir-SEM)*
Dan Duffy *(Sr Mgr-Search Engine Mktg)*
Bridgette Gottron *(Acct Mgr-SEM)*
Adam Shaffer *(Mgr-Search Engine Mktg)*

Accounts:
Chase
Mercedes
Office Depot
Penske
Tiffany & Co

Merkle Inc.
900 E 8th Ave Ste 200, King of Prussia, PA 19406
Tel.: (610) 879-8000
Fax: (610) 879-8010
Web Site: www.merkleinc.com

Employees: 45

Agency Specializes In: Advertising, Brand Development & Integration, Business-To-Business, Collateral, Consulting, Consumer Marketing, Digital/Interactive, Direct Response Marketing, Electronic Media, Financial, Hispanic Market, Internet/Web Design, Planning & Consultation, Production, Telemarketing, Travel & Tourism

Amy Thorne *(Chief Creative Officer)*
Lung Huang *(Sr VP-Bus Dev)*
Anamitra Chaudhuri *(VP-Merkle Analytics-Insurance & Fin Svcs Practice)*
Ethan Hagerty *(VP)*
Gary Kagawa *(VP-Media Strategy)*
Sarah Kotlova *(VP-Global Adobe Alliance)*
Frank Faita *(Sr Dir)*
Scott Mills *(Sr Dir-Svcs)*
Ioannis Papadopoulos *(Sr Dir-Analytics & Strategy)*
Frank Tino *(Sr Dir-Production)*
Blais Hunter *(Creative Dir)*
Hope Morawski *(Creative Dir)*
Peggy Ritz *(Creative Dir)*
Andrea Litzau *(Dir-Digital Solution Mgmt)*
Bethany Merchant *(Dir-Digital Media)*
Daniel Parmar *(Dir)*
Anthony Altimari *(Assoc Dir)*
Tara DiFrancesco *(Assoc Dir)*
Angela Koopmans *(Assoc Dir)*
Ray Leung *(Assoc Dir-Media Platforms & Ops)*
Julia Brefere *(Sr Mgr)*
Gabriel Ho *(Mgr-Mktg Solutions & Digital Analytics)*
Chantal Lary *(Mgr-Platforms & Media Svcs)*
Kat Umali *(Mgr-Analytics)*
Jaynee Rogers *(Sr Strategist-Digital Media-Target Media Network)*
Briahna Holst *(Sr Analyst-Email Mktg)*
Danielle Omatto Carroll *(Assoc Acct Dir)*
Alyson DaPrile *(Assoc Acct Dir)*
Eryck Dzotsi *(Sr Client Svcs Dir)*
Erin McAllister *(Assoc Media Dir)*
Jillian Tate *(Sr Client Svcs Dir)*

Merkle
(Formerly RKG (The Rimm-Kaufman Group))
701 E Water St, Charlottesville, VA 22902
Tel.: (434) 970-1010
Fax: (434) 973-7765
Web Site: www.merkle.com

Employees: 170
Year Founded: 2003

Agency Specializes In: Advertising, Digital/Interactive, Paid Searches, Production (Ad, Film, Broadcast), Search Engine Optimization, Social Media

Matthew Mierzejewski *(Sr VP & Head-Search Capability)*
Adam Audette *(Sr VP-Organic Search)*
Seth Romanow *(Client Partner & VP)*
Rocco Albano *(VP-Experience Strategy-US)*
Mark Ballard *(VP-Res)*
Attila Szabo *(VP-Software Dev)*
Curtis Bahr *(Sr Dir-Digital Media Analytics)*
Ashley Burton Kennedy *(Sr Dir-SEM)*
Peter Colapietro *(Sr Acct Dir)*
Nicole Carrabus *(Dir-Media Svcs)*
Daniel Parness *(Dir-Media Svcs)*
Jennifer Hirst *(Assoc Dir-Media Svcs)*
Jaclyn Sass *(Assoc Dir-Event Mktg)*
Antonia Oakes *(Sr Mgr)*
Shahrukh Bari *(Ops Mgr-Media Platform)*
Allison Metzger *(Mgr-Digital Media Svcs)*
Ilon Weeldreyer *(Mgr-Media Svcs)*
Erin McAllister *(Assoc Media Dir)*

Accounts:
Beall's Department Stores, Inc.
CareerBuilder, LLC
Eddie Bauer, Inc.
Express
Herman Miller, Inc.
Jones New York
NutriSystem, Inc.
Zale Corporation

MERKLEY+PARTNERS
200 Varick St, New York, NY 10014-4810
Tel.: (212) 805-7500
Fax: (212) 805-7445
E-Mail: reception@merkleyandpartners.com
Web Site: www.merkleyandpartners.com

Employees: 208
Year Founded: 1993

National Agency Associations: 4A's-ADC

Agency Specializes In: Advertising

Approx. Annual Billings: $800,000,000

Cynthia Davis *(Chief Client Officer)*
Lisa Mannarelli Puleo *(Exec VP & Grp Acct Dir)*
Jennifer Cimmino *(Exec VP & Dir-Digital Integration)*
David Swezey *(VP-Mktg Solutions)*
Saks Afridi *(Head-Grp Creative & Art Dir)*
Mathilde Benington Hopkins *(Gen Mgr-Media & Interactive)*
Andy Hirsch *(Exec Creative Dir)*
Randy Saitta *(Exec Creative Dir)*
Francesco Deluca *(Grp Acct Dir-Mercedes-Benz Corp & RDA)*
Jacqui Bontke *(Art Dir)*
Beverly Don *(Art Dir-Production)*
Joe Rispoli *(Acct Dir-Mercedes-Benz)*
Jordan Sabourin *(Acct Dir)*
Melissa Whitcomb *(Media Dir)*
Pam Carden *(Dir-Bus Affairs)*
Gary Grossman *(Dir-Brdcst & Integrated Production)*
Sasha Kahn *(Dir-Social Strategy & Investment)*
Tara Nolan *(Dir-Bus Dev)*
Sabine Dorisme *(Sr Mgr-Traffic)*
Benjamin Delatte *(Mgr-Digital Content)*
Suzanne Glickstein *(Mgr-Presentations)*

ADVERTISING AGENCIES

Pat Milo *(Mgr-Bus)*
Katie Veenstra *(Asst Mgr-Digital-Mercedes-Benz)*
Lauren Gonzalez *(Acct Supvr)*
William Brzozowski *(Acct Exec)*
Lucy Carr *(Media Planner-Integrated)*
Michael Williams *(Copywriter)*
Hallie Bates *(Assoc Media Dir)*
Tara Keller *(Assoc Producer)*
Eddie Van Bloem *(Grp Creative Dir)*

Accounts:
Ad Council Amber Alerts, Buzzed Driving, Creative, Digital, Fair Housing, Gun Safety, H1N1, Lead Paint, Online Sexual Exploitation, Social Media; 2000
Allergan (Creative Agency of Record) Creative, Viibryd; 2015
Armored AutoGroup, Inc ArmorAll
BIC Corporation (US Media Agency of Record) Digital & Social Strategies, Media Buying & Planning; 2018
Credit One Bank (Agency of Record) Creative, Digital, Media Planning, Social Media; 2015
Ferrero U.S.A., Inc. (Agency of Record) Creative, Digital, Media Planning, Nutella, Social Media; 2004
Flexion Therapeutics (Agency of Record) Creative, Digital, Media Planning, Social Media, Zilretta; 2017
Florida's Natural Growers (Agency of Record) Creative, Digital, Fit & Delicious, Florida's Natural Orange Juice, Media Planning, Social Media; 2014
Johnny Mac Soldiers Fund (Agency of Record) Creative, Digital, Media Planning, Social Media; 2014
Land O'Frost Inc. (Media Agency of Record); 2018
Mercedes-Benz Vans (Agency of Record) Creative, Digital, Media Planning, Social Media; 2011
Mercedes-Benz USA (Agency of Record) Creative, Digital, Media Planning, Social Media; 1999
smart car (Agency of Record) Creative, Digital, Media Planning, Social Media; 2011
Spectrum Brands (Agency of Record) A/C Pro, Armor All, Creative, Digital, Media Planning, STP, Social Media; 2014
The Sun Products Corporation (Agency of Record) Digital, Media Planning, Snuggle, Social Media
Sundown Naturals Kids' Vitamins (Agency of Record) Creative, Digital, Disney, Marvel, Social Media, Star Wars; 2015
Teva Pharmaceuticals (Agency of Record) Creative, Digital, Media Planning, ProAir, QVAR, Social Media; 2012
Vanda Pharmaceuticals (Agency of Record) Creative, Digital, Fanapt, Hetlioz, Media Planning, Social Media; 2013
White Castle Management Co (Creative Agency of Record) Digital, Frozen Products, Media Planning, Retail, Social Media

MERLIN EDGE INC.
602-12th Ave SW Ste 100, Calgary, AB T2R 1J3 Canada
Tel.: (403) 237-7684
Fax: (403) 237-7745
E-Mail: info@merlinedge.com
Web Site: www.merlinedge.com

Employees: 20
Year Founded: 1993

Laurie Watson *(Pres)*
George Koch *(VP)*
Arvind Singh *(Art Dir & Sr Graphic Designer)*
Jennifer McDougall *(Acct Exec)*

MERLOT MARKETING
4430 Duckhorn Dr, Sacramento, CA 95834
Tel.: (916) 285-9835
Fax: (916) 285-9875
E-Mail: gr8mkting@merlotmarketing.com
Web Site: www.merlotmarketing.com

Employees: 15

Debi Hammond *(Founder, Pres & CEO)*
Brenda Forman *(VP-Client Svcs)*
Kym Preslar *(Office Mgr)*
Luis D. Sosa *(Mgr-PR.0)*
Brittany Hoime *(Assoc Acct Exec)*
Mary Merlot *(Asst-Social Media)*

Accounts:
American Marketing Association, Sacramento Valley
CalChamber
Dacor
Dimension 5 Construction
El Dorado Winery Association (Agency of Record) Branding, Messaging, Public Relations, Social Media, Strategy
INOX (Agency of Record) Custom Pitching, Marketing Consultation, National Trade Publications, Public Relations, Social Media News Releases, Third Party Award Submissions, Trend Articles, Wire Distributions; 2017
Madsen Roofing
O.C. Communications (Agency of Record) Content Creation, Coordination, Copy, Curation, Engagement, Execution, Graphics, Integrated Content Marketing, Management, Monitoring, Planning, Posting, Reporting, Social Media, Strategic Development; 2017
River City Bank
Thor Kitchen (Agency of Record) Brand Awareness, Branding, Design, Message Development, Public Relations, Social Media Strategy, Strategic Communications, Video Projects; 2018
Water, Inc.

MERRICK TOWLE COMMUNICATIONS
7474 Greenway Center Dr Ste 910, Greenbelt, MD 20770
Tel.: (301) 974-6000
Fax: (240) 264-1292
E-Mail: hello@agencymtc.com
Web Site: https://www.merricktowle.com/

Employees: 70
Year Founded: 1985

National Agency Associations: AAF-AMA

Agency Specializes In: Advertising, Collateral, Consulting, Digital/Interactive, Email, Event Planning & Marketing, Graphic Design, Integrated Marketing, Internet/Web Design, Local Marketing, Media Buying Services, Media Planning, Newspaper, Newspapers & Magazines, Out-of-Home Media, Outdoor, Planning & Consultation, Print, Production (Print), Real Estate, Regional, Search Engine Optimization, Urban Market, Web (Banner Ads, Pop-ups, etc.)

Breakdown of Gross Billings by Media: Adv. Specialities: 1%; Brdcst.: 1%; Collateral: 14%; D.M.: 4%; Graphic Design: 5%; Internet Adv.: 9%; Mags.: 16%; Mdsg./POP: 4%; Newsp.: 17%; Outdoor: 5%; Plng. & Consultation: 14%; Worldwide Web Sites: 10%

Harry Merrick, IV *(Pres)*
Amy Weedon *(Exec VP)*
Courtney Dietz *(Client Svcs Dir)*
Stacy Moses *(Art Dir)*
Robert Henninger *(Dir-IT)*
Donna McGee *(Dir-Production)*
Sean Ruberg *(Dir-Strategy)*
Tom Gilhuley *(Sr Acct Mgr-Mktg & Specialist-Digital Media)*

Accounts:
Beazer Homes; Atlanta, GA
JBG; Chevy Chase, MD
The Tower Companies The Blairs
Vornado

MESH DESIGN
7924 Wrenwood Blvd Ste C, Baton Rouge, LA 70809
Tel.: (225) 248-1111
Fax: (225) 248-1407
E-Mail: info@meshdesign.biz
Web Site: www.meshbr.com

Employees: 25
Year Founded: 2003

Agency Specializes In: Brand Development & Integration, Collateral, Corporate Identity, Direct Response Marketing, Graphic Design, Internet/Web Design, Package Design, Radio, Strategic Planning/Research, T.V.

Taylor Bennett *(CEO)*
Hector Gonzalez *(COO)*
Laurie Pierce *(Media Dir)*
Jacob Jolibois *(Dir-Digital Strategy)*
Christina Persaud *(Dir-Brand Mgmt)*
Brooke Dynes *(Mgr-Traffic-Acct Svcs)*
David Catoire *(Assoc Creative Dir)*
Amanda Kay *(Sr Media Planner & Buyer)*

Accounts:
Community Bank of Louisiana Advertising, Creative Execution, Media Placement, Public Relations, Strategic Marketing
Don's Seafood
Fleurish Productions
Louisiana Workers Compensation Corporation Advertising, Creative Execution, Media Placement, Public Relations, Strategic Marketing
Oldcastle (Agency of Record) Building Construction Products Mfr

MESH INTERACTIVE AGENCY
745 Atlantic Ave, Boston, MA 02111
Tel.: (617) 809-4164
E-Mail: billschick@meshagency.com
Web Site: www.meshagency.com/

Employees: 12
Year Founded: 2006

Agency Specializes In: Advertising, Advertising Specialties, Brand Development & Integration, Business Publications, Business-To-Business, Co-op Advertising, Collateral, Communications, Consulting, Consumer Marketing, Corporate Communications, Corporate Identity, Digital/Interactive, Direct Response Marketing, E-Commerce, Electronic Media, Exhibit/Trade Shows, Financial, Graphic Design, Health Care Services, High Technology, In-Store Advertising, Information Technology, Internet/Web Design, Investor Relations, Local Marketing, Logo & Package Design, Magazines, Medical Products, Multimedia, New Product Development, Newspaper, Newspapers & Magazines, Point of Purchase, Point of Sale, Print, Production, Sales Promotion, Sports Market, Strategic Planning/Research, Trade & Consumer Magazines, Travel & Tourism

Approx. Annual Billings: $700,000

Bill Schick *(Founder & Chief Digital Officer)*
Jennifer Kamerman *(Dir-Digital Mktg)*
Lisa Hardy *(Sr Designer)*

Accounts:
3D Exchange Application Development, Marketing, Social Media, Web
Avedro Web

RAMP Web
Sequans Social Media, Web Marketing
TheraFit Marketing, Social Media
Traceparts Web

MESSAGE FIRST
230 N 2nd St Ste 2C, Philadelphia, PA 19106
Tel.: (215) 825-7423
E-Mail: hello@messagefirst.com
Web Site: www.messagefirst.com

Agency Specializes In: Graphic Design, Internet/Web Design

Kim Goodwin *(VP-Design)*

Accounts:
AT&T Communications Corp. Telecommunication Network Service Providers
Bankrate Inc. Banking & Insurance Services
BMC Software Information Technology Services
Comcast Telecommunication & Television Network Services
Cornell University Educational Institution

MESSAGEGEARS LLC
191 Peachtree St NE Ste 900, Atlanta, GA 30303
Tel.: (404) 920-4609
Toll Free: (888) 352-0886
E-Mail: support@messagegears.com
Web Site: www.messagegears.com

Employees: 50

Agency Specializes In: Advertising, Email, Event Planning & Marketing, Social Media

Dan Roy *(Co-Founder & Chief Product Officer)*
Taylor Jones *(Co-Founder & Sr Dir-Solutions)*
Roger Barnette *(CEO)*
Chris Brown *(VP-Acct Mgmt)*
Will Devlin *(Sr Dir-Mktg)*

Accounts:
New-Expedia, Inc.
New-FitnessKeeper
New-The Priceline Group, Inc. Booking.com

MESSINA DESIGN
1425 University Ave Ste B, San Diego, CA 92103
Tel.: (858) 336-3493
Web Site: www.messinadesign.biz

Employees: 2
Year Founded: 2002

Agency Specializes In: Advertising, Brand Development & Integration, Collateral, Email, Internet/Web Design, Logo & Package Design, Print

Daniela Messina *(Creative Dir & Specialist-Mktg)*
Christine Virola *(Acct Dir & Strategist-Mktg)*

Accounts:
Cerner
Denver Learning Institute
Easyturf
Gordon-Weiss-Schanzlin Vision Institute
Hilton San Diego Bayfront
Innovacyn
Lars Remodeling & Design
OneRoof Energy
San Diego Jewish Academy
University of San Diego

METADESIGN INC.
2001 The Embarcadero, San Francisco, CA 94133
Tel.: (415) 627-0790
E-Mail: mail.sfo@metadesign.com
Web Site: en.metadesign.com

Employees: 500

Agency Specializes In: Advertising, Brand Development & Integration, Communications, Content, Environmental, Internet/Web Design

Rupali Steinmeyer *(Mng Dir)*
Pilar Manjarrez *(VP-Ops & HR)*

Accounts:
New-23andMe Inc
New-Automatic Labs
New-Celmatix Inc
New-Ekso Bionics
New-Embark Veterinary Inc

METAVISION MEDIA
498 7th Ave, New York, NY 10018
Tel.: (646) 746-6061
Web Site: www.metavisionmedia.com

Employees: 99
Year Founded: 2013

Agency Specializes In: Advertising, Brand Development & Integration, Digital/Interactive, Event Planning & Marketing, Social Media

Rob Reifenheiser *(CEO)*
Alice Dure *(Mng Partner & Head-Bus)*
Neil Sternberg *(CFO)*
Claudia G. Talledo *(Sr Partner & Dir-Media)*
Vanesa Aguilar *(Mgr-Media Plng)*
Arielle Cohen *(Supvr-Media Plng)*
Marisa Stark *(Supvr-Plng)*

Accounts:
New-Nestle

METHOD INC.
585 Howard St Fl 1, San Francisco, CA 94105
Tel.: (415) 901-6300
Fax: (415) 901-6310
E-Mail: inquiries@method.com
Web Site: www.method.com

Employees: 70

Agency Specializes In: Advertising, Advertising Specialties, Arts, Brand Development & Integration, Business-To-Business, Consumer Marketing, Corporate Identity, Digital/Interactive, Electronic Media, Entertainment, Identity Marketing, Internet/Web Design, Multimedia, New Product Development, New Technologies, Print, Production, Social Marketing/Nonprofit, T.V., Web (Banner Ads, Pop-ups, etc.)

Stuart George *(Exec Dir-Design Tech)*
Jon Karlin *(Exec Dir-Ops)*

Accounts:
AIGA Campaign: "AIGA Website"
AOL Corporate Site
Cisco
CNN
Fujitsu
Gucci
McDonald Design
MF Global
Microsoft
Promptu Spoken Search
Samsung CenterStage, Digital Installation, Home Appliance
Showtime
SoftKinetic
Sony

Branch

Method
585 Howard St Fl 1, San Francisco, CA 94105
Tel.: (415) 901-6300
Fax: (415) 901-6310
E-Mail: inquiries@method.com
Web Site: method.com

Employees: 35

Alicia Bergin *(Head-Bus Dev)*
Reema Pinto *(Exec Dir-Client Svcs)*
Meghan Bush *(Dir-Bus Dev)*

Accounts:
Adobe
AOL
CNN
Comcast
Fujitsu
Keihl's
Organic Motion
Sony
Visa

METHOD SAVVY
404 Hunt St Ste 500, Durham, NC 27701
Tel.: (919) 908-0864
E-Mail: engage@methodsavvy.com
Web Site: www.methodsavvy.com

Employees: 25

Agency Specializes In: Advertising, Content, Exhibit/Trade Shows, Media Buying Services, Media Planning, Paid Searches, Radio, Search Engine Optimization, Social Media, T.V.

Jake Finkelstein *(CEO)*
Devin Kelley *(VP-Client Svcs)*
Sam Poley *(VP-Mktg Ops)*
Jessica Sebbo *(Acct Mgmt Dir)*
Gwynne Barry *(Dir-Mktg Automation)*
Evan Levy *(Dir-Adv)*
Alyson Newby *(Assoc Creative Dir)*

Accounts:
New-Jerry's Artarama

METHODIKAL, INC.
77 College St Ste 3E, Burlington, VT 05401
Tel.: (802) 233-9127
Web Site: www.methodikal.net

Employees: 2

Agency Specializes In: Advertising, Graphic Design, Internet/Web Design

Seth Drury *(Co-Owner)*
Mike Hannigan *(Co-Owner)*

Accounts:
Vermont Ski Areas Association, Inc.

METRE LLC
116 5th Ave S, La Crosse, WI 54601
Tel.: (608) 782-5508
E-Mail: info@metreagency.com
Web Site: www.metreagency.com

Employees: 50

Agency Specializes In: Advertising, Brand Development & Integration, Content, Digital/Interactive, Media Buying Services, Media Planning, Print, Public Relations, Social Media, Strategic Planning/Research

Kerstin Boudreau *(Dir-Res & Comm)*

ADVERTISING AGENCIES

Justin Garvey *(Dir-Brand Strategy)*
Amber Schneider *(Coord-Media)*

Accounts:
La Crosse Regional Airport

METRICS MARKETING, INC.
(Formerly Lattimer Communications)
10 Marietta St Ste 2310, Atlanta, GA 30303
Tel.: (404) 526-9321
Fax: (404) 526-9324
Web Site: www.metricsmktg.com

Employees: 10
Year Founded: 1998

National Agency Associations: 4A's

Agency Specializes In: African-American Market, Experiential Marketing, Hispanic Market

Revenue: $5,000,000

Sarah Sanders Lattimer *(Pres)*
Gail Warren *(Media Dir-Lattimer Comm)*
Maya Fizer *(Asst Acct Exec)*

Accounts:
American Cancer Society
Atlanta History Center
Centene Corporation
Dallas Austin Foundation
Dekalb Hospital Hillandale
The Georgia Department of Labor
Georgia Power
Hoop City
John Wieland Homes & Neighborhoods
Marta
Morehouse College
Robert W. Woodruff Library
Southern Co.
SunTrust Bank

METROPOLIS ADVERTISING
719 Peachtree Rd Ste 210, Orlando, FL 32804
Tel.: (407) 835-8080
Fax: (407) 517-4419
E-Mail: agency@metropolisadvertising.com
Web Site: www.metropolisadvertising.com

Employees: 5
Year Founded: 1996

Agency Specializes In: Advertising, E-Commerce, Environmental, Exhibit/Trade Shows, Graphic Design, Package Design, Print, Public Relations, Search Engine Optimization, Web (Banner Ads, Pop-ups, etc.)

Kevin Kent *(Pres)*
Kevin Boynton *(VP & Creative Dir)*
Andrew Ontko *(Designer-Web)*

Accounts:
Edyth Bush Charitable Foundation 40th Anniversary Campaign, Website Redesign
Winderweedle, Haines, Ward & Woodman, P.A

MEYER BENNETT CREATIVE
4713 Shineystone Way, Hilliard, OH 43026
Tel.: (614) 485-9913
Web Site: www.meyerbennettcreative.com

Employees: 2
Year Founded: 2000

Agency Specializes In: Advertising, Brand Development & Integration, Broadcast, Corporate Identity, Graphic Design, Internet/Web Design, Logo & Package Design, Print, Social Media, Strategic Planning/Research

Bill Meyer *(Partner)*

Accounts:
Nationwide Insurance

MEYERS + PARTNERS
833 W Jackson Blvd Ste 600, Chicago, IL 60607
Tel.: (312) 733-9999
Fax: (312) 226-0526
Web Site: www.meyerspartners.com

E-Mail for Key Personnel:
President: msmeyers@mmeyers.com
Creative Dir.: jgasper@mmeyers.com

Employees: 11
Year Founded: 1983

Agency Specializes In: Advertising, Brand Development & Integration, Business-To-Business, Communications, Consumer Marketing, Corporate Identity, Direct Response Marketing, Health Care Services, High Technology, Internet/Web Design, Logo & Package Design, Media Buying Services, New Product Development, Public Relations, Publicity/Promotions, Strategic Planning/Research, Trade & Consumer Magazines

Approx. Annual Billings: $5,000,000

Breakdown of Gross Billings by Media: Bus. Publs.: 20%; Collateral: 5%; Internet Adv.: 5%; Newsp. & Mags.: 10%; Radio: 10%; Trade & Consumer Mags.: 40%; Worldwide Web Sites: 10%

Michael S. Meyers *(Founder & CEO)*
Jim Gasper *(Partner & Creative Dir)*
Amanda Blumeyer *(Acct Mgr)*

Accounts:
Chicago Cutting Die; Northbrook, IL
Encyclopedia Britannica
Entergy
Hitachi OMD; Norman, OK
MIB Group; Westwood, MA Medical
National Louis University
TeamQuest
Tecta America
Woodard
World Book
ZipDee

THE MEYOCKS GROUP
6800 Lake Dr Ste 150, West Des Moines, IA 50266-2544
Tel.: (515) 225-1200
Fax: (515) 225-6400
E-Mail: dougjeske@meyocks.com
Web Site: www.meyocks.com/

Employees: 30
Year Founded: 1989

National Agency Associations: AMIN

Agency Specializes In: Agriculture, Brand Development & Integration, Business-To-Business, Collateral, Communications, Consumer Marketing, Corporate Identity, Direct Response Marketing, Event Planning & Marketing, Exhibit/Trade Shows, Food Service, Internet/Web Design, Logo & Package Design, Point of Purchase, Point of Sale, Print, Production, Public Relations, Publicity/Promotions, Retail, Sales Promotion, Sponsorship, Strategic Planning/Research

Doug Jeske *(Pres)*
Chad Baker *(VP-Creative)*
Ali Kauffman *(Head-Acct Team-Hy-Vee Team)*
Rachel Allinson *(Art Dir & Designer)*
Deb Mitchell *(Acct Mgr)*
Katie Schetzsle *(Acct Mgr)*
Kristi Pauss *(Mgr-Media)*

Andrea Tagtow *(Sr Media Planner & Buyer)*

Accounts:
AgriLabs Branding, Integrated Marketing, Marketing Communications, Strategy
Delta Dental Plan of Iowa; Ankeny, IA
Dragotec USA (Advertising Agency of Record)
Farm Credit Services of America; Omaha, NE; 1998
Firestone Agricultural Tire Div.; Des Moines, IA
Harrisvaccines; Ames, IA
Hy-Vee Food Stores, Inc.; Des Moines, IA; 1994
Valent BioSciences Corporation; Libertyville, IL

MG LOMB ADVERTISING, INC.
1387 Fairport Rd Ste 700, Fairport, NY 14450
Tel.: (585) 388-5400
Toll Free: (888) 892-5402
Web Site: www.mglomb.com

Employees: 12
Year Founded: 1996

Agency Specializes In: Advertising, Brand Development & Integration, Collateral, Corporate Identity, Event Planning & Marketing, Internet/Web Design, Logo & Package Design, Print

Michael Lomb *(Mng Partner & Dir-Creative)*
Daniel Meiling *(Designer-Multimedia)*

Accounts:
Allen-Bailey Tag & Label Inc.

MGA MEDIA GROUP
1345 Ave of the Americas 2nd fl, New York, NY 10105
Tel.: (212) 251-1015
E-Mail: ask@mgamediagroup.com
Web Site: www.mgamediagroup.com

Employees: 5

Agency Specializes In: Advertising, Content, Event Planning & Marketing, Media Relations, Public Relations, Social Media

Maria Grazia Andriano *(Pres & Sr Strategist)*

Accounts:
Renaissance Hotels

MGH, INC.
100 Painters Mill Rd Ste 600, Owings Mills, MD 21117-7305
Tel.: (410) 902-5000
Fax: (410) 902-8712
Web Site: www.mghus.com

E-Mail for Key Personnel:
President: amalis@mghadvertising.com

Employees: 90
Year Founded: 1995

Agency Specializes In: Advertising, Alternative Advertising, Arts, Automotive, Bilingual Market, Brand Development & Integration, Broadcast, Business Publications, Business-To-Business, Cable T.V., Co-op Advertising, Collateral, College, Computers & Software, Consulting, Consumer Goods, Consumer Marketing, Consumer Publications, Corporate Communications, Corporate Identity, Crisis Communications, Customer Relationship Management, Digital/Interactive, Direct Response Marketing, Direct-to-Consumer, Education, Electronic Media, Email, Entertainment, Event Planning & Marketing, Exhibit/Trade Shows, Financial, Food Service, Government/Political, Graphic Design, Guerilla Marketing, Health Care Services, High Technology,

AGENCIES - JANUARY, 2019 — ADVERTISING AGENCIES

Hispanic Market, Hospitality, Identity Marketing, In-Store Advertising, Industrial, Integrated Marketing, Internet/Web Design, Leisure, Local Marketing, Logo & Package Design, Magazines, Market Research, Media Buying Services, Media Planning, Media Relations, Media Training, Men's Market, Merchandising, Mobile Marketing, Multimedia, New Technologies, Newspaper, Newspapers & Magazines, Out-of-Home Media, Outdoor, Over-50 Market, Package Design, Pharmaceutical, Planning & Consultation, Point of Purchase, Point of Sale, Print, Production, Public Relations, Publicity/Promotions, Radio, Real Estate, Restaurant, Retail, Sponsorship, Strategic Planning/Research, T.V., Trade & Consumer Magazines

Approx. Annual Billings: $65,000,000

Breakdown of Gross Billings by Media: Brdcst.: 30%; D.M.: 15%; Graphic Design: 5%; Out-of-Home Media: 5%; Print: 30%; Pub. Rels.: 15%

David Wassell *(Chief Creative Officer & Exec VP)*
John Patterson *(Exec VP & Exec Creative Dir)*
Michael Skandalis *(Exec VP)*
Cheryl Peluso *(Sr VP & Acct Svcs Dir)*
Edward Repasky *(Sr VP & Acct Dir)*
Ryan Goff *(Sr VP & Dir-Social Media Mktg)*
Chris McMurry *(Sr VP & Dir-PR & Damage Prevention Accts)*
Katie Cresswell *(VP & Dir-Interactive Ops)*
Daron Fisher *(VP & Sr Copywriter)*
Sherri Reynolds Broughton *(VP & Sr Art Dir)*
Melissa Gray *(VP-Integrated Media)*
Lisa Pennell *(Dir-Digital Strategy)*
Heather Douglas *(Acct Mgr-Social Media Mktg)*
Abigail Nowak *(Acct Mgr-Social Media Mktg)*
Kimberly Ritchie *(Mgr-Social Media Mktg)*
Emily Meier *(Sr Acct Exec-PR)*
Katie Grieco *(Acct Exec-PR)*
Matt Owings *(Acct Exec-Social Media Mktg)*
Christine Shake *(Media Planner & Media Buyer)*
Cayla Durrett *(Designer-Social Media Mktg)*
Paul Didwall *(Acct Coord-Social Media Mktg)*
Kojo Manu *(Coord-Mktg)*
Kelly Dorn *(Assoc Media Dir)*
Leighton Smith *(Sr Media Buyer)*

Accounts:
Adler Display
Alex Cooper Auctioneers, Inc.
American Psychological Association
Anthony & Sylvan Pools Creative, Digital Marketing, Media Planning & Buying
Benari Jewelers Advertising, Marketing
Bray & Scarff
California Tortilla
Capitol Vein & Laser Centers
Common Ground Alliance Call811.com; 2008
CoreLife (Agency of Record) Advertising, Marketing, Public Relations, Social Media, Strategic
DASH IN Food Stores Sales Marketing, Social Media
General Dynamics Information Technology
Global Franchise Group (Media Buying Agency of Record) Creative, Round Table Clubhouse, Round Table Pizza, Round Table Pizza Wings Brew, Social Media
Great American Cookies
The Greene Turtle Franchising Corporation
Hendrick Automotive Group (Agency of Record) Media Planning
Hot Dog on a Stick Website
Indiana 811
Laurel Springs School Website
Levenger Brand Awareness, Digital Marketing, E-Commerce
M&T Bank
M-Edge Logo, Research Study, Retail Package Design, Search Engine Marketing, Tagline, Website Redesign
Marble Slab Creamery
Marco's Pizza (Agency of Record)
Maryland Department of Tourism
McCormick & Company Campaign: "Baylieve", Campaign: "Baytriotism", Integrated Marketing Campaign, McCormick World of Flavors, OLD BAY Seasoning, Website
Medifast Weight Control Centers Advertising, Marketing
Mid-Atlantic Sports Network Digital, Media, Print, Radio, Television
Miss Shirley's
Miss Utility
National Aquarium; Baltimore, MD
National Consumers League Grassroots Marketing
Nobel Learning Communities
Ocean City Council Advertising, Marketing, Media Buying, Public Relations, Social Media
Ocean City Department of Tourism
Old Bay Campaign: "Baytriotism", Events, Marketing, Social Media Marketing
Paul Fredrick Brand Awareness, Retargeting & Display Ads, Search Engine Marketing, Social Media Advertising; 2018
Pretzelmaker
RoamRight Display Marketing, Email Marketing, Online, Search Engine Optimization, Strategic Marketing
Run for Your Lives
Snack Food Association Marketing, Public Relations
Soccer Shots
State Department Federal Credit Union
Sunshine State One Call of Florida (Agency of Record) Sunshine 811
TEDCO Public Relations
Thera Pearl Marketing, Public Relations
University of Maryland Medical System
Utz Quality Foods
Utz
Vein & Vascular Institute
Visit Baltimore
Wedding Day Diamonds
Wockenfuss Candies Creative, Media Planning & Buying, Social Media
ZIPS Dry Cleaners Creative, Media Planning & Buying, Social Media, Strategic Planning

MGI COMMUNICATIONS
(Name Changed to NAVEO)

MGM GOLD COMMUNICATIONS
28 W 27Th St Fl 2, New York, NY 10001
Tel.: (212) 645-7323
Fax: (631) 532-1351
E-Mail: adm@mgmgoldcommunications.com
Web Site: www.mgmgoldcommunications.com

Employees: 12
Year Founded: 1980

Agency Specializes In: Advertising, Bilingual Market, Brand Development & Integration, Broadcast, Business-To-Business, Cable T.V., Collateral, Communications, Consulting, Consumer Goods, Consumer Marketing, Consumer Publications, Corporate Identity, Digital/Interactive, Fashion/Apparel, Graphic Design, Health Care Services, Integrated Marketing, Local Marketing, Logo & Package Design, Luxury Products, Magazines, Market Research, Media Buying Services, Media Planning, Multicultural, Multimedia, Newspaper, Newspapers & Magazines, Out-of-Home Media, Outdoor, Over-50 Market, Package Design, Point of Purchase, Point of Sale, Production, Production (Ad, Film, Broadcast), Production (Print), Public Relations, Publicity/Promotions, Radio, Regional, Sales Promotion, Seniors' Market, Syndication, T.V., Trade & Consumer Magazines, Transportation, Travel & Tourism, Viral/Buzz/Word of Mouth, Web (Banner Ads, Pop-ups, etc.)

Approx. Annual Billings: $18,000,000

Breakdown of Gross Billings by Media: Other: 20%; Print: 50%; T.V.: 30%

Mario G. Messina *(Pres & Chief Creative Officer)*

MHA MEDIA
5150 Wilshire Blvd Ste 300, Los Angeles, CA 90036
Tel.: (323) 461-1100
E-Mail: info@mhamedia.com
Web Site: www.mhamedia.com

Employees: 15

Agency Specializes In: Advertising, Brand Development & Integration, Digital/Interactive, Event Planning & Marketing, Public Relations

Marilyn Heston *(Pres)*

Accounts:
Haney
The Seafarer Jeans
Via Spiga

MHZ DESIGN COMMUNICATIONS INC.
171 E Liberty St Ste 340, Toronto, ON M6K 3P6 Canada
Tel.: (416) 626-1777
Fax: (416) 626-7227
E-Mail: team@mhzdesign.com
Web Site: www.mhzdesign.com

Employees: 15
Year Founded: 1998

Agency Specializes In: Advertising

Angelo Perri *(Founder & CEO)*

Accounts:
GE Capital (Canada)
Hallmark (Canada)
Liquid Capital
Rogers Communications Inc

THE MICHAEL ALAN GROUP
22 W 38th St, New York, NY 10018
Tel.: (212) 563-7656
Fax: (212) 563-7657
Toll Free: (866) 395-7703
E-Mail: info@michael-alan.com
Web Site: www.michael-alan.com

Employees: 10
Year Founded: 2001

Agency Specializes In: Advertising, Advertising Specialties, Alternative Advertising, Branded Entertainment, Business-To-Business, Cable T.V., Consulting, Consumer Goods, Consumer Marketing, Consumer Publications, Entertainment, Event Planning & Marketing, Exhibit/Trade Shows, Experience Design, Fashion/Apparel, Guerilla Marketing, Local Marketing, Magazines, Mobile Marketing, Newspapers & Magazines, Out-of-Home Media, Outdoor, Production, Promotions, Publicity/Promotions, Search Engine Optimization, Strategic Planning/Research, T.V., Trade & Consumer Magazines, Viral/Buzz/Word of Mouth

Approx. Annual Billings: $3,000,000

Jonathan Margolis *(Pres)*
Erin Mills *(COO)*
Elizabeth Jones *(Sr VP)*
Lenetta Pesotini *(VP)*
David O'Neill *(Art Dir)*
Rachel Jenkins *(Acct Mgr)*

ADVERTISING AGENCIES

Accounts:
Bravo
MTV
NBC Universal Universal Pictures
Nickelodeon
People Magazine
Saks Fifth Avenue
WE TV

MICHAEL WALTERS ADVERTISING
444 N Wabash Ste 4W, Chicago, IL 60030
Tel.: (312) 467-5550
E-Mail: eschmidt@michaelwaltersadvertising.com
Web Site: www.michaelwaltersadvertising.com

Employees: 20
Year Founded: 1998

Agency Specializes In: Above-the-Line, Advertising, Advertising Specialties, Affiliate Marketing, Affluent Market, African-American Market, Agriculture, Alternative Advertising, Arts, Asian Market, Automotive, Aviation & Aerospace, Below-the-Line, Bilingual Market, Brand Development & Integration, Branded Entertainment, Broadcast, Business Publications, Business-To-Business, Cable T.V., Catalogs, Children's Market, Co-op Advertising, Collateral, College, Commercial Photography, Communications, Computers & Software, Consulting, Consumer Goods, Consumer Marketing, Consumer Publications, Content, Corporate Communications, Corporate Identity, Cosmetics, Crisis Communications, Custom Publishing, Customer Relationship Management, Digital/Interactive, Direct Response Marketing, Direct-to-Consumer, E-Commerce, Education, Electronic Media, Electronics, Email, Engineering, Entertainment, Environmental, Event Planning & Marketing, Exhibit/Trade Shows, Experience Design, Experiential Marketing, Fashion/Apparel, Financial, Food Service, Game Integration, Government/Political, Graphic Design, Guerilla Marketing, Health Care Services, High Technology, Hispanic Market, Hospitality, Household Goods, Identity Marketing, In-Store Advertising, Industrial, Infomercials, Information Technology, Integrated Marketing, International, Internet/Web Design, Investor Relations, LGBTQ Market, Legal Services, Leisure, Local Marketing, Logo & Package Design, Luxury Products, Magazines, Marine, Market Research, Media Buying Services, Media Planning, Media Relations, Media Training, Medical Products, Men's Market, Merchandising, Mobile Marketing, Multicultural, Multimedia, New Product Development, New Technologies, Newspaper, Newspapers & Magazines, Out-of-Home Media, Outdoor, Over-50 Market, Package Design, Paid Searches, Pharmaceutical, Planning & Consultation, Podcasting, Point of Purchase, Point of Sale, Print, Product Placement, Production, Production (Ad, Film, Broadcast), Production (Print), Promotions, Public Relations, Publicity/Promotions, Publishing, RSS (Really Simple Syndication), Radio, Real Estate, Recruitment, Regional, Restaurant, Retail, Sales Promotion, Search Engine Optimization, Seniors' Market, Social Marketing/Nonprofit, South Asian Market, Sponsorship, Sports Market, Stakeholders, Strategic Planning/Research, Sweepstakes, Syndication, T.V., Technical Advertising, Teen Market, Telemarketing, Trade & Consumer Magazines, Transportation, Travel & Tourism, Urban Market, Viral/Buzz/Word of Mouth, Web (Banner Ads, Pop-ups, etc.), Women's Market, Yellow Pages Advertising

Approx. Annual Billings: $25,000,000

Breakdown of Gross Billings by Media: Collateral: 6%; Internet Adv.: 10%; Logo & Package Design: 2%; Newsp. & Mags.: 20%; Outdoor: 7%; Radio & T.V.: 50%; Trade Shows: 5%

Jim Lake *(VP)*
Jay Gurel *(Acct Svcs Dir)*
Greg Kosinski *(Creative Dir)*
Meri Vassek *(Media Dir)*
Kimm Ladewski *(Acct Supvr)*

Accounts:
Adventist Health; 2002
Alaron; Chicago, IL; 2007
Argosy University
Auto-Owners Insurance
Blue Cross Blue Shield of Montana
Bryan College (Agency of Record) Brand Strategy, Creative
Chicago Cubs
College of Dupage; 2000
College of Lake County; Grayslake, IL; 2007
Comcast SportsNet; Chicago, IL; 2007
Coyne College
Ferris State University
Grand Canyon University; AZ; 2007
Hunter Douglas
Illinois State University
Indiana State University
MidAmerica Nazarene University
Morton's The Steakhouse
Northeastern University
Olivet Nazarene University Marketing
Paslode; Vernon Hills, IL; 2008
San Joaquin Community Hospital/Adventist Health (Agency of Record) Marketing Communications
Sears Commercial; Hoffman Estates, IL; 2007
St. George's University
Whitehall Jewelers; Chicago, IL; 2007
Woodfield Mall; Schaumburg, IL; 1998

MICHAELSWILDER
7773 W Golden Ln, Peoria, AZ 85345-7977
Tel.: (623) 334-0100
Fax: (623) 334-0200
Toll Free: (800) 423-6468
E-Mail: hcminfo@michaelswilder.com
Web Site: www.michaelswilder.com

Employees: 40
Year Founded: 1989

National Agency Associations: ADM-LSA

Agency Specializes In: Advertising Specialties, Internet/Web Design, Media Buying Services, Recruitment, Search Engine Optimization, Yellow Pages Advertising

Approx. Annual Billings: $17,000,000

Breakdown of Gross Billings by Media: Internet Adv.: 10%; Newsp.: 20%; Yellow Page Adv.: 70%

Shelly Anderson *(CEO)*
Paul Wills *(Sr VP & Gen Mgr-S2E Solutions)*
Stacey Shaw *(Sr VP-Client Svcs-S2E Solutions)*
Myles Bergh *(VP-Client Strategy)*
Ralph Knight *(VP-IT, Ops & Media)*
Rick Jorgensen *(Controller)*
Curtis Shaw *(Sr Dir-Mktg Strategy)*
Steve Nagle *(Dir-New Bus Dev)*
Laurel Winkelmann *(Sr Coord-Client)*

Accounts:
AAA-A Key Mini Storage
American Leak Detection
Arizona Public Service Company
Brundage Management Company, Inc.
City of Glendale
Gold's Gym
Jiffy Lube
Southwest Insurance Benefits
Storage Partners
Storage Solutions
The Tech Group
Western Career College
WesternTool Supply

MICHELSEN ADVERTISING
10855 NW 33rd St, Doral, FL 33172
Tel.: (305) 446-5211
Fax: (305) 446-5442
Web Site: www.michelsenadvertising.com

Employees: 20

Agency Specializes In: Advertising, Digital/Interactive, Event Planning & Marketing, Internet/Web Design, Media Buying Services, Media Planning, Print, Public Relations, Strategic Planning/Research

Natalie Baro *(Pres)*

Accounts:
Humana, Inc.

MICHIGAN CREATIVE
1149 S Washington Ave, Lansing, MI 48910
Tel.: (517) 489-4970
Web Site: www.michigancreative.com

Employees: 16

Agency Specializes In: Advertising, Brand Development & Integration, Graphic Design, Internet/Web Design, Print, Social Media

Brian Town *(Owner & CEO)*

Accounts:
Glazed & Confused

MICROARTS
655 Portsmouth Ave, Greenland, NH 03840-2246
Tel.: (603) 430-1110
Fax: (603) 431-5111
E-Mail: pgetman@microarts.com
Web Site: https://microarts.com/

E-Mail for Key Personnel:
President: pgetman@microarts.com

Employees: 18

Agency Specializes In: Advertising

Peter Getman *(Founder)*
Danielle O'Neil *(Pres)*
Ann Marie Niswender *(Controller)*
Geoff Cunningham, Jr. *(Creative Dir)*
Anna Baskin *(Copywriter & Comm Mgr)*
Blythe Langley *(Designer-Brand)*

Accounts:
Bamboo
Business Logic
Chartworth
Firebrand
Ignite
Mount Will- The Peaks

MICROMASS COMMUNICATIONS INC
100 Regency Forest Dr, Cary, NC 27518
Tel.: (919) 851-3162
E-Mail: mmc.engageus@micromass.com
Web Site: www.micromass.com

Employees: 50

Agency Specializes In: Event Planning & Marketing, Graphic Design, Strategic Planning/Research, Technical Advertising

Alyson Connor *(Pres & Partner)*

AGENCIES - JANUARY, 2019 ADVERTISING AGENCIES

Mark Rinehart *(CTO & Chief Privacy Officer)*
John Hamilton *(Exec VP & Dir-Client Svc)*
Rob Peters *(Exec VP-Strategy)*
Mike Bonavita *(Sr VP-Client Svcs)*
Jessica Brueggeman *(Sr VP-Health Behavior Grp)*
Philip Mann *(VP & Grp Acct Dir)*
Julie Jeleniewski *(Acct Dir)*
Jessica McClenney *(Acct Dir)*
Laura Slipsky *(Art Dir)*
Jude Kelly *(Dir-Bus Dev)*
Samantha Konkus *(Dir-Resourcing)*
Greg Dosmann *(Grp Assoc Creative Dir)*
Chad Benditz *(Mgr-Mktg & Promotional Content)*
Ethan Messier *(Mgr-Acctg)*
Kyle Davis *(Acct Supvr)*
Ashley Williams *(Sr Acct Exec)*
Diane Rahn *(Coord-Front Office)*
Eric Connor *(Assoc Creative Dir)*
Chris Libey *(Assoc Creative Dir)*
Chenoah Mickalites *(Assoc Creative Dir)*
Bonnie Overton *(Grp Assoc Creative Dir)*

Accounts:
Acremex Metabolic Space Services
Merck's Singulair Medical Services

MICSTURA
12955 Biscayne Blvd Ste 314, Miami, FL 33181
Tel.: (786) 239-7380
E-Mail: ehenriques@micstura.com
Web Site: www.micstura.com

Employees: 7
Year Founded: 2005

Agency Specializes In: Above-the-Line, Advertising, Advertising Specialties, Affiliate Marketing, Affluent Market, African-American Market, Agriculture, Alternative Advertising, Arts, Asian Market, Automotive, Aviation & Aerospace, Below-the-Line, Bilingual Market, Brand Development & Integration, Branded Entertainment, Broadcast, Business Publications, Business-To-Business, Cable T.V., Catalogs, Children's Market, Co-op Advertising, Collateral, College, Commercial Photography, Communications, Computers & Software, Consulting, Consumer Goods, Consumer Marketing, Consumer Publications, Content, Corporate Communications, Corporate Identity, Cosmetics, Crisis Communications, Custom Publishing, Customer Relationship Management, Digital/Interactive, Direct Response Marketing, Direct-to-Consumer, E-Commerce, Education, Electronic Media, Electronics, Email, Engineering, Entertainment, Environmental, Event Planning & Marketing, Exhibit/Trade Shows, Experience Design, Experiential Marketing, Fashion/Apparel, Financial, Food Service, Game Integration, Government/Political, Graphic Design, Guerilla Marketing, Health Care Services, High Technology, Hispanic Market, Hospitality, Household Goods, Identity Marketing, In-Store Advertising, Industrial, Infomercials, Information Technology, Integrated Marketing, International, Internet/Web Design, Investor Relations, LGBTQ Market, Legal Services, Leisure, Local Marketing, Logo & Package Design, Luxury Products, Magazines, Marine, Market Research, Media Buying Services, Media Planning, Media Relations, Media Training, Medical Products, Men's Market, Merchandising, Mobile Marketing, Multicultural, Multimedia, New Product Development, New Technologies, Newspaper, Newspapers & Magazines, Out-of-Home Media, Outdoor, Over-50 Market, Package Design, Paid Searches, Pharmaceutical, Planning & Consultation, Podcasting, Point of Purchase, Point of Sale, Print, Product Placement, Production, Production (Ad, Film, Broadcast), Production (Print), Promotions, Public Relations, Publicity/Promotions, Publishing, RSS (Really Simple Syndication), Radio, Real Estate, Recruitment, Regional, Restaurant, Retail, Sales Promotion, Search Engine Optimization, Seniors' Market, Social Marketing/Nonprofit, South Asian Market, Sponsorship, Sports Market, Stakeholders, Strategic Planning/Research, Sweepstakes, Syndication, T.V., Technical Advertising, Teen Market, Telemarketing, Trade & Consumer Magazines, Transportation, Travel & Tourism, Urban Market, Viral/Buzz/Word of Mouth, Web (Banner Ads, Pop-ups, etc.), Women's Market, Yellow Pages Advertising

Approx. Annual Billings: $250,000

Eduardo Henriques *(Mng Partner)*

MIDAS EXCHANGE
200 5th Ave 6th Fl, New York, NY 10010
Tel.: (212) 474-0439
Web Site: www.midas-exchange.com

Employees: 60
Year Founded: 2010

Agency Specializes In: Advertising, Content, Crisis Communications, Media Buying Services, Media Planning

Rino Scanzoni *(Chm & CEO)*
Kathy Kladopoulos *(Pres)*
Sarah Brasfield Gomez *(Mng Partner & Grp Dir)*
Neil Ascher *(Mng Partner & Client Svcs Dir)*
Christopher Mangan *(Mng Partner & Dir-Asset Acq)*
Barbara Langbecker *(Partner & Dir-Media Plng)*
Tom Dempsey *(Chief Investment Officer-Media Trade)*
Robert Balancia *(Sr Partner & Dir-Digital Investment)*
Jeffrey Bilotta *(Assoc Media Dir)*

Accounts:
Boston Market Media Buying
SOS Children's Villages

MIDDLEBERG COMMUNICATIONS, LLC
40 W. 25th St 4th Floor, New York, NY 10010
Tel.: (212) 812-5671
Fax: (212) 202-4118
E-Mail: info@middlebergcommunications.com
Web Site: www.middlebergcommunications.com

Employees: 20
Year Founded: 2006

Agency Specializes In: Public Relations, Sponsorship

Don Middleberg *(CEO)*
Roger Ardan *(Mng Dir)*
Jason Stein *(Pres-Laundry Svc)*

Accounts:
Amerifit Nutrition, Inc. AZO; 2007
Animal Planet
BigString Corporation Email Service; 2007
Connotate
Hollander Home Fashions Corporation
Knovation
Kodak Graphic Communications Group
Meredith
Playmaker Systems Branding, Digital, Media Relations, Positioning
Right Guard
Schedulicity
Van Wagner
The Weather Channel

MIDNIGHT OIL CREATIVE
3800 W Vanowen St, Burbank, CA 91505
Tel.: (818) 295-6300
Fax: (818) 847-9599
E-Mail: info@midnightoilcreative.com
Web Site: http://moagency.com/

Employees: 47

Denise Wong *(Pres)*
Zach Lenz *(Exec VP-IT & Security)*
Holly Gregg *(Sr VP-Talent & Culture)*
Scott M. Murray *(Sr VP-Creative Content)*
John Posta *(Exec Dir-Corp Strategy)*
Noah Witlin *(Exec Creative Dir)*
Kelly McCallion *(Sr Dir-Integrated Production)*
Christy Hayes *(Grp Acct Dir)*
Shawn Barnett *(Producer-Interactive)*
Peter Chan *(Art Dir)*
Anette Hughes *(Creative Dir)*
Dani Kollin *(Creative Dir)*
Sean Salter *(Creative Dir)*
Brooke Lawler *(Dir-New Bus)*
Nicole Fuhrman *(Sr Strategist-Social & Digital)*
Sam Contreras *(Sr Art Dir)*

Accounts:
ActiVision
Disney
Electronic Arts
Focus Features
Lenovo Yoga 720
Lucas Arts
Microsoft
NBC Universal
Netflix
Rockport
Softbank (Agency of Record) Activation, Pepper the Robot, Social Media, Video
Sony Pictures Television
Square Enix Initiative, Rise of the Tomb Raider: 20 Year Celebration, Rise of the Tomb Raider: Scavenger Hunt, Social
Universal Pictures
Verizon
Warner Bros Fantastic Beasts
XBOX 360

MIGHTY 8TH MEDIA, LLC
83 E Main St, Buford, GA 30518
Tel.: (770) 271-3001
Fax: (770) 271-3955
E-Mail: info@m8th.com
Web Site: www.m8th.com

Employees: 16
Year Founded: 2005

Agency Specializes In: Advertising, Brand Development & Integration, Collateral, Email, Environmental, Exhibit/Trade Shows, Internet/Web Design, Search Engine Optimization, Social Media

Bradley Sherwood *(Partner & Creative Dir)*
Jonathan Holmes *(Partner)*
Tammy Dock-Brown *(Acct Dir)*
Justin Gillispie *(Dir-Bus Dev)*
Ben Davis *(Sr Designer)*

Accounts:
Ray's Restaurants
SparkQuest

MIGHTY ENGINE
219 Cuthbert St Ste 600, Philadelphia, PA 19106
Tel.: (215) 384-1944
E-Mail: hello@themightyengine.com
Web Site: www.themightyengine.com

Employees: 50
Year Founded: 2000

Heseung Ann Song *(Pres & CEO)*
Jennifer Krout *(Dir-Ops)*
Steven Sonntag *(Dir-Content)*
Logan Eadon *(Sr Graphic Designer)*

ADVERTISING AGENCIES

Accounts:
Kolsby Gorden
Stockton & Partners

MILAGRO MARKETING
1141 Ringwood Ct Ste 20, San Jose, CA 95131
Tel.: (408) 324-0106
Fax: (408) 324-1712
E-Mail: info@milagromarketing.com
Web Site: www.milagromarketing.com

Employees: 4
Year Founded: 2001

Agency Specializes In: Advertising, Brand Development & Integration, Event Planning & Marketing, Internet/Web Design, Logo & Package Design, Media Planning, Print, Public Relations

David Ocampo *(Principal)*
Sergio Estrada *(Art Dir)*
Carol Ruvalcaba *(Dir-Social Media)*

Accounts:
Dia San Jose

MILE 9
23632 Calabasas Rd Ste 100, Calabasas, CA 91302
Tel.: (818) 876-7100
Fax: (818) 876-7101
E-Mail: info@mile9agency.com
Web Site: www.mile9agency.com

Employees: 15

Agency Specializes In: Advertising, Advertising Specialties, Brand Development & Integration, Broadcast, Cable T.V., Collateral, Corporate Identity, Direct Response Marketing, Experience Design, Experiential Marketing, Guerilla Marketing, Newspapers & Magazines, Out-of-Home Media, Package Design, Radio, Sales Promotion, Social Marketing/Nonprofit, T.V., Viral/Buzz/Word of Mouth

Jeff Smaul *(Pres & Creative Dir)*
Kathleen Gurarie *(Acct Exec)*

Accounts:
ABC
ABC Television Opportunity Knocks, Pushing Daisies
Atari
Chevy
ESPN Monday Night Football, SportsCenter
FCS
Fox
Fox Sports Network
FX Channel
K-Swiss Campaign: "Blade Max"
NBC
Nestle
NFL Network
Nike
Speed Channel
Sprint
TCM
Wells Fargo

MILESTONE BROADCAST
515 Madison Ave Rm 1600, New York, NY 10022
Tel.: (212) 647-1212
E-Mail: paul.sladkus@goodnewsbroadcast.com
Web Site: www.goodnewsplanet.com

Employees: 11
Year Founded: 1985

Agency Specializes In: African-American Market, Arts, Asian Market, Content, Electronic Media, Entertainment, Environmental, Event Planning & Marketing, Hispanic Market, Integrated Marketing, Internet/Web Design, Production, Social Media, T.V., Web (Banner Ads, Pop-ups, etc.)

Approx. Annual Billings: $900,000

Breakdown of Gross Billings by Media: Adv. Specialities: $900,000

Paul H. Sladkus *(Pres)*
Austin Guo-siang Tang *(VP & Dir-Productions & Ops)*
Jerry Alteri *(Dir-Fin)*
Vid Son Doz *(Dir-Art)*
Greg Sullivan *(Dir-Dev)*
Maryann Zimmer *(Counsel)*

Accounts:
IBM
Johnson & Johnson
MSI Computers
Senior Net

MILKSONO LLC
11 Day St, South Norwalk, CT 06854
Tel.: (203) 851-1100
Web Site: www.milksono.com

Employees: 34
Year Founded: 2001

Agency Specializes In: Advertising, Digital/Interactive, Out-of-Home Media, Outdoor, Print, Social Media, T.V.

Deborah Casey *(Partner & Client Svcs Dir)*
Kelly Coveny *(Chief Creative Officer)*
T. J. Garvin *(Dir-Strategy & Media)*

Accounts:
illycaffe S.p.A.
Liggett Vector Brands Inc. Zoom E-Cigs

MILLENNIUM 3 MANAGEMENT INC.
726 Market St Unit 805, Philadelphia, PA 19106
Tel.: (215) 751-0140
Fax: (215) 751-0149
E-Mail: info@millennium3management.com
Web Site: m3mpr.com

Employees: 8
Year Founded: 1989

Agency Specializes In: African-American Market, Collateral, Communications, Consulting, Consumer Goods, Consumer Marketing, Corporate Communications, Corporate Identity, Crisis Communications, Event Planning & Marketing, Government/Political, Graphic Design, Internet/Web Design, Media Buying Services, Multicultural, Newspaper, Newspapers & Magazines, Planning & Consultation, Print, Public Relations, Strategic Planning/Research, Travel & Tourism, Urban Market

A. Bruce Crawley *(Pres & CEO)*
Anthony Fullard *(Exec VP)*

Accounts:
African-American Chamber of Commerce
AmeriHealth Mercy Health Plan
Art Sanctuary
Barnes Foundation
Chester Community Charter School; Chester, PA Education
City of Philadelphia
Domus
Geri-Perk
Heublein
Independence Blue Cross
London Fog
Maramont Corp.
Philadelphia Tribune
School District of Philadelphia

MILLENNIUM AGENCY
(Formerly Millennium Integrated Marketing)
150 Dow St, 3rd Fl, Manchester, NH 03101
Tel.: (603) 792-2200
Fax: (603) 792-2201
Toll Free: (877) 873-7445
Web Site: www.mill.agency

Employees: 10

National Agency Associations: 4A's

Agency Specializes In: Advertising, Advertising Specialties, Affluent Market, Brand Development & Integration, Broadcast, Business Publications, Business-To-Business, Co-op Advertising, Collateral, College, Commercial Photography, Communications, Consumer Marketing, Content, Corporate Communications, Corporate Identity, Crisis Communications, Customer Relationship Management, Digital/Interactive, Education, Email, Event Planning & Marketing, Exhibit/Trade Shows, Experience Design, Graphic Design, Guerilla Marketing, Health Care Services, Identity Marketing, In-Store Advertising, Integrated Marketing, Internet/Web Design, Local Marketing, Magazines, Market Research, Media Buying Services, Media Planning, Media Relations, Mobile Marketing, New Product Development, Newspaper, Out-of-Home Media, Outdoor, Paid Searches, Podcasting, Production, Production (Print), Promotions, Public Relations, Publicity/Promotions, Radio, Sales Promotion, Search Engine Optimization, Social Marketing/Nonprofit, Social Media, Sponsorship, Strategic Planning/Research, T.V., Telemarketing, Viral/Buzz/Word of Mouth

Linda A. Fanaras *(Pres & Strategist)*
Mark Dingman *(Creative Dir-Digital)*
Travis Morin *(Mgr-Content & Social)*

Accounts:
NCS Regulatory Compliance Website Design & Development

Branch

Millennium Agency
(Formerly Millennium Integrated Marketing)
101 Federal St 19th Fl, Boston, MA 02110
(See Separate Listing)

MILLENNIUM BUSINESS COMMUNICATIONS LLC
136 Paddock Cir, Schenectady, NY 12306
Tel.: (518) 694-9935
Fax: (518) 694-9938
E-Mail: info@millenniumbc.net
Web Site: http://millenniumbc.net/

Employees: 10

Agency Specializes In: Advertising, Brand Development & Integration, Business Publications, Corporate Identity, Direct Response Marketing, Media Relations, Public Relations, Search Engine Optimization, Web (Banner Ads, Pop-ups, etc.)

Paul Madelone *(Principal)*

Accounts:
The Bette Companies
Embassy Designs Custom Millwork Creations Kitchen Bath & Custom Millwork Designer Services
Fidelis Care New York

AGENCIES - JANUARY, 2019 — ADVERTISING AGENCIES

Hill & Markes
Salad Creations
Saratoga Care
Silverman Law
Vinnick Construction Co. Inc

MILLENNIUM COMMUNICATIONS, INC.
6900 Jericho Tpke Ste 115W, Syosset, NY 11791
Tel.: (516) 682-8080
Fax: (516) 682-9090
Web Site: www.millenniumweb.com

Employees: 25

Agency Specializes In: Broadcast, Communications, Digital/Interactive, E-Commerce, Email, Integrated Marketing, Local Marketing, Logo & Package Design, Print, Promotions, Radio, Strategic Planning/Research, T.V., Web (Banner Ads, Pop-ups, etc.)

Revenue: $2,700,000

Patrick Macri *(Pres & CEO)*
Theresa Macri *(CFO)*
David Denara *(CTO)*
John Hollywood *(Sr VP-Client Svcs)*
Lisa D'Elia *(Art Dir & Dir-Design)*
Jeff Gaylord *(Acct Dir)*
Chuck Killorin *(Creative Dir-Interactive)*
J. J. Gembinski *(Project Mgr-Interactive)*
Kaitlin McKenna *(Mgr-Social Media)*
Todd Robertson *(Sr Designer)*

Accounts:
Bass
Bimbo Bakeries USA Inc.
Boboli
Cable Vision
Hyatt
JPMorgan Chase & Co.
Kraft
Microsoft
New World Pasta Company Advertising, Campaign: "There's No Yolks and No Other", Digital, No Yolks, Online
Ronzoni
Thomas
Wrigley

MILLENNIUM INTEGRATED MARKETING
(Name Changed to Millennium Agency)

MILLER AD AGENCY
2711 Valley View Ln, Dallas, TX 75234
Tel.: (972) 243-2211
E-Mail: admin@milleradagency.com
Web Site: www.milleradagency.com/

Employees: 25
Year Founded: 1985

Agency Specializes In: Above-the-Line, Affiliate Marketing, Alternative Advertising, Branded Entertainment, Broadcast, Business Publications, Cable T.V., Co-op Advertising, Digital/Interactive, Direct Response Marketing, Electronic Media, Email, Exhibit/Trade Shows, Experience Design, Guerilla Marketing, In-Store Advertising, Local Marketing, Magazines, Mobile Marketing, Multimedia, Newspaper, Newspapers & Magazines, Out-of-Home Media, Outdoor, Paid Searches, Print, Production, Production (Print), Promotions, Publishing, Radio, Search Engine Optimization, Social Media, Sponsorship, Sweepstakes, T.V., Trade & Consumer Magazines, Web (Banner Ads, Pop-ups, etc.)

Erik Radle *(CEO)*
Amanda Miller Radle *(COO)*
James K Lee *(VP & Creative Dir)*
Kirk Wooldridge *(VP-Acct Svcs)*
Sasha Gelemanovic *(Art Dir)*
Ben Ryan *(Creative Dir)*
Stuart Lang *(Sr Mgr-Media)*
Seth Wilson *(Acct Exec)*
Jenni Halamuda *(Sr Acct Spvr)*

Accounts:
5 Miles
Anita Realtors
Anthony Chevy
Apple Sport
Bellamy
Bill Utter Ford
Bird-Kultgen Ford
Bob Stallings
Capitol
Carlisle
Clearlake
Credit Union of Texas
D & D
ERIC
FairLease
Friendly
Goodwill
Hudiburg
John Roley
Kris Brown
Mission Chevy
Park Cities
Peters
Tom Light
ValMark Chevy

MILLER ADVERTISING AGENCY INC.
220 W 42Nd St Fl 12, New York, NY 10036
Tel.: (212) 929-2200
Fax: (212) 727-4734
Toll Free: (800) 229-6574
E-Mail: info@milleraa.com
Web Site: http://www.milleraa.com/

Employees: 125
Year Founded: 1919

Agency Specializes In: Automotive, Financial, Internet/Web Design, Legal Services, Real Estate, Recruitment, Travel & Tourism

Nicole Miller *(Principal)*
Andrew Miller *(VP)*
James T. Curry *(Head-Fin Dept & Controller)*
Tamir Bourla *(Sr Acct Dir)*
Ryan Cohen *(Acct Supvr)*
Peggy Robinson *(Acct Exec & Copywriter)*
Tina Dizenzo *(Acct Rep)*

Accounts:
Adelphi University Recruitment
Coach; New York, NY (Recruitment)
Cohen Brothers Realty; New York, NY Developers
Cohen Media Group Film Distribution
Coldwell Banker; Parsippany, NJ Residential Brokerage
Corvias Group Recruitment
Dunbar Armored Recruitment
F.D.I.C.
Federal Bureau of Investigation; Washington, DC
Fordham University Recruitment
Glenwood Management; New Hyde Park, NY
Google Recruitment
Henry Street Settlement; New York, NY
Lily Pulitzer Recruitment
Manfredi Auto Mall; Staten Island, NY
Manfredi Dodge; Brooklyn, NY Auto Dealer
March of Dimes Recruitment
Moran & Co., Chicago, IL Real Estate Development
Morgan Stanley & Co.; New York, NY
MTA; New York, NY Legal, Recruitment & Real Estate
New York City Transit Authority; New York, NY Legal Notices, Recruitment
New York Life
New York State Division of Housing & Urban Renewal; New York, NY
NY Power Authority; New York, NY
NY Public Library Connected Communities Special Program
NYC Commission on Human Rights
Princeton Regional School District; Princeton, NJ Recruitment
Queensboro Toyota; Woodside, NY
Sheldon Good & Co.; Chicago, IL Real Estate Auctions
Solow Building Corp.; New York, NY Developer
Starrett Housing Corp.; New York, NY Real Estate
Stribling & Associates; New York, NY Real Estate
United States Department of Justice Advertising for Seized and Forfeited Properties
U.S. Drug Enforcement Administration
Wakefern Food Corp. Recruitment

Branches

Miller Advertising Agency Inc.-Chicago
1 Northfield Plz Ste 300, Northfield, IL 60093-1214
Tel.: (847) 441-2618
Fax: (847) 441-2619
E-Mail: info_il@milleraa.com
Web Site: www.milleraa.com

Employees: 5

Agency Specializes In: Automotive, Real Estate, Recruitment

Scott Watson *(Owner & Principal)*
Steve Brown *(Mng Dir)*

Miller Advertising
84 Calvert St, Harrison, NY 10528-3213
Tel.: (914) 835-3111
Fax: (914) 835-3698
Toll Free: (800) 4ALLADS
E-Mail: info_wny@milleraa.com
Web Site: www.milleraa.com

Employees: 30
Year Founded: 1982

National Agency Associations: AAF-AD CLUB

Agency Specializes In: Advertising, Business-To-Business, Commercial Photography, Custom Publishing, Direct Response Marketing, Education, Graphic Design, Media Planning, Newspapers & Magazines, Out-of-Home Media, Outdoor, Print, Production, Public Relations, Radio, Real Estate, Recruitment, Retail, T.V., Travel & Tourism

Terri Wyker *(Acct Exec)*

Accounts:
Benson Commercial Realty
Bowtie Inc. Magazine Publishers (Recruitment)
Calix Network Inc.; Petaluma, CA Recruitment; 1999
Coach Realtors; LI Real Estate; 2007
Community National Bank; NY; 2007
Corcoran Wexlar; NY Real Estate; 1995
Dutchess Boces; NY Recruitment; 2009
Edward Lee Cave, Inc.
Essex Corporation; New York, NY Recruitment
First Realty Group, Inc.
Frances Billingsley Real Estate
Goodstein Realty; FL; NY; VA; 2000
Keller Williams; NY Real Estate; 2008
Kelly Associated; Darien, CT Real Estate
Prudential Affiliates; NY Real Estate; 1995
Prudential Connecticut Realty
Prudential Rand; New City, NY Real Estate; 2000
ReMax; NY Real Estate; 2006
Sotheby's Affiliates; NY; PA; VA Real Estate; 2005
Westchester Realty Affiliates Real Estate

ADVERTISING AGENCIES

Worcester Public Schools
Zierick Manufacturing

Miller Legal Services
2442 N Lincoln Ave, Chicago, IL 60614
Tel.: (773) 388-3393
Fax: (773) 290-2567
E-Mail: info_chicagolegal@milleraa.com
Web Site: www.levinadvertising.com

Employees: 5

Agency Specializes In: Legal Services

Adam Levin *(Acct Exec)*

MILLER BROOKS
11712 N Michigan St, Zionsville, IN 46077
Tel.: (317) 873-8100
E-Mail: contact@millerbrooks.com
Web Site: www.millerbrooks.com

Employees: 25

Agency Specializes In: Advertising, Brand Development & Integration, Collateral, Content, Logo & Package Design, Public Relations

Barbie Wentworth *(Pres & CEO)*
Rosie O'Hara *(Mng Dir & Dir-PR)*
Kurt Ashburn *(Acct Dir)*
Uriaha Foust *(Creative Dir)*
Michael Thaman *(Art Dir)*
Hollie Long *(Media Planner)*

Accounts:
D.L. Couch Wallcovering, Inc.

MILLER DAVIS INC
205 E Council St Ste C, Salisbury, NC 28144
Tel.: (704) 637-5363
Fax: (704) 637-5365
Toll Free: (866) 463-7883
E-Mail: info@millerdavisagency.com
Web Site: www.millerdavisagency.com

Employees: 50

Agency Specializes In: Advertising, Commercial Photography, Event Planning & Marketing, Internet/Web Design, Media Buying Services, Media Planning, Print, Production, Public Relations, Social Media

Mike Miller *(Pres)*
Mollie Ruf *(Mgr-Digital Mktg)*

Accounts:
New-Imperial Brown Inc
New-Rufty-Holmes Senior Center
New-Salisbury Eyecare & Eyewear OD PLLC
New-TKO Motorsports LLC (Agency of Record)

THE MILLER GROUP
1516 S Bundy Dr Ste 200, Los Angeles, CA 90025
Tel.: (310) 442-0101
Fax: (310) 442-0107
E-Mail: tmgconnect@millergroupmarketing.com
Web Site: www.millergroupmarketing.com/

Employees: 20
Year Founded: 1990

National Agency Associations: AAF-THINKLA

Agency Specializes In: Advertising, Advertising Specialties, Brand Development & Integration, Branded Entertainment, Business Publications, Co-op Advertising, Collateral, Communications, Consulting, Consumer Marketing,

Digital/Interactive, Direct Response Marketing, Direct-to-Consumer, Education, Integrated Marketing, Local Marketing, Luxury Products, Market Research, Media Planning, Media Relations, Medical Products, Multimedia, New Product Development, Planning & Consultation, Promotions, Public Relations, Strategic Planning/Research

Approx. Annual Billings: $10,000,000

Breakdown of Gross Billings by Media: Brdcst.: 15%; Collateral: 10%; D.M.: 15%; Internet Adv.: 10%; Newsp.: 20%; Outdoor: 15%; Pub. Rels.: 15%

Renee Miller *(Pres & Creative Dir)*
Saralyn Bass *(Chief Digital Officer-Miller Adv Company)*
Gary Bettman *(Sr VP & Producer-Brdcst)*
Scott Steer *(Dir-Branding & Promo)*
Kate Cochrane *(Assoc Dir-Creative)*
Mary-Kay Demetriou *(Strategist-Mktg)*
Bill Williams *(Planner-Strategic)*
Amelie Sebayashi *(Jr Art Dir)*

Accounts:
7-Eleven
First Federal Bank of California; Santa Monica, CA
  Financial Sevices
General Electric
Goodwill Industries
Greenlite
Kenwood
RE/MAX of California & Hawaii; Los Angeles, CA; 2004
SynerScope Website
Wolf Range Co

MILLER RADCLIFFE MARKETING, INC.
240 Tamal Vista Blvd Ste 190, Corte Madera, CA 94925
Tel.: (415) 927-0203
Fax: (415) 927-0717
Web Site: www.mrminc.net

Employees: 7

Agency Specializes In: Advertising, Brand Development & Integration, Print, Radio, Social Media, T.V.

Joni Miller *(Pres)*
Carol Radcliffe *(Partner)*

Accounts:
New-California Closets
New-Fairleigh Dickinson University
New-Indiana Wesleyan University
New-The Jewish Theological Seminary
New-Paul Davis Restoration, Inc
New-Pillar to Post Inc.
New-Point Park University
New-Saint Leo University
New-UC Davis Health System

MILLER-REID, INC.
1200 Mountain Creek Rd Ste 480, Chattanooga, TN 37405
Tel.: (423) 875-5868
Fax: (423) 875-6573
E-Mail: info@miller-reid.com
Web Site: www.miller-reid.com

Employees: 7
Year Founded: 1979

Agency Specializes In: Consumer Marketing

Kent Keasler *(Pres)*
Jeanie Camp *(Media Dir)*
Sam Turner *(Creative Dir)*

Accounts:
Citizens National Bank; Athens, TN

MILLWARD BROWN INC.
3333 Warrenville Rd, Lisle, IL 60532
Tel.: (630) 505-0066
Fax: (630) 505-0077
Toll Free: (800) 937-0099
E-Mail: info@us.millwardbrown.com
Web Site: www.millwardbrown.com

Employees: 300
Year Founded: 1974

Agency Specializes In: Advertising, African-American Market, Brand Development & Integration, Business-To-Business, Children's Market, Communications, Consumer Marketing, Digital/Interactive, E-Commerce, Entertainment, Fashion/Apparel, Financial, Health Care Services, High Technology, Hispanic Market, In-Store Advertising, Information Technology, Internet/Web Design, Logo & Package Design, New Product Development, Over-50 Market, Pharmaceutical, Point of Purchase, Point of Sale, Print, Public Relations, Retail, Sales Promotion, Seniors' Market, Strategic Planning/Research, T.V., Teen Market, Transportation, Travel & Tourism

Dave Sandberg *(CFO)*
Patty Currie *(Sr VP & Dir-Global Accts)*
Paul McClean *(Sr VP)*
Nigel Hollis *(Chief Analyst-Global)*

Accounts:
Barclays
Chrysler
Volvo

Branches

Millward Brown Australia
Level 11, 181 Miller St North, Sydney, 2060 Australia
Tel.: (61) 2 9927 1111
Fax: (61) 2 9953 1112
E-Mail: info@au.millwardbrown.com
Web Site: www.millwardbrown.com

Employees: 100

Shishir Varma *(Grp Acct Dir)*
Britt-Marie Malmberg *(Sr Mgr-ACE)*
Stephen Davies *(Sr Acct Mgr)*
Vineet Kelkar *(Acct Mgr-Digital Communities)*
David Cardenas *(Sr Acct Coord)*

Millward Brown Brazil
Al Santos 2101 - 7 Andar, Sao Paulo, 01419-002 Brazil
Tel.: (55) 11 3069 3601
Fax: (55) 11 3898 2730
E-Mail: valkiria.garre@millwardbrown.com
Web Site: www.millwardbrown.com

Employees: 100

Silvia Quintanilha *(VP-Client Svc)*
Valkiria Garre *(Exec Dir)*
Luis Bosisio *(Client Svcs Dir)*
Maria Silvia Muniz de Souza *(Acct Dir)*
Milton Souza *(Dir-Client Svc & Dir-Plng)*
Viviane Varandas *(Dir-Client Svc)*
Ricardo Barbosa *(Mgr-Client Svc)*
Francisco Bayeux de Araujo *(Mgr-Innovations)*

Millward Brown Canada
4950 Yonge Street Suite 600, Toronto, ON M2N

AGENCIES - JANUARY, 2019 — ADVERTISING AGENCIES

6K1 Canada
Tel.: (416) 221-9200
Fax: (416) 221-7681
E-Mail: info@us.millwardbrown.com
Web Site: www.millwardbrown.com

Employees: 55
Year Founded: 1985

Agency Specializes In: Brand Development & Integration, Consulting, Consumer Marketing, Planning & Consultation, Strategic Planning/Research

Paul Gareau *(Sr VP)*
Sandra Pinchak *(Reg VP-Res Design & Mgmt-North Reg)*
Aurelio Diluciano *(VP-Strategy)*
Cesar Zea *(VP-Client Mgmt)*
Andrea Cheng *(Dir-Client Svc)*
Ryan Crooker *(Dir-Client Mgmt)*
Rahim Premji *(Dir-Res Design & Mgmt)*
Carmela Liscio *(Sr Mgr-Res & Design Mgmt)*

Millward Brown/Centrum
Paulvan Vlissingen Scraac 10B, 1018 DH Amsterdam, Netherlands
Tel.: (31) 20 556 6666
Fax: (31) 20 556 6555
E-Mail: info@millwardbrown.nl
Web Site: www.millwardbrown.com

Employees: 20

Shobhana Ramachandran *(Grp Acct Dir)*
Marcel Spijkerman *(Acct Dir)*
Hugo Schurink *(Dir-Strategic Growth)*
Rob van Benthem *(Dir-Client)*

Millward Brown China
Fl 17 Golden Bridge Plz, No 585 Xizang Rd Middle, Shanghai, 200003 China
Tel.: (86) 21 6359 8622
Fax: (86) 21 6359 8682
E-Mail: info@cn.millwardbrown.com
Web Site: www.millwardbrown.com

Employees: 100

Adrian Gonzalez *(CEO-North Asia, South East Asia & Pacific)*
William Wei *(Head-Client Servicing)*
Maple Feng *(Grp Acct Dir)*
Sijia Lin *(Acct Dir)*
Lucia Su *(Acct Dir)*
Savvy Xie *(Acct Dir)*
Jie Yan *(Assoc Acct Mgr)*

Millward Brown Delfo
Via Guglielmo Silva 36, 20149 Milan, Italy
Tel.: (39) 02 4399 5861
Fax: (39) 02 4385 0520
Web Site: www.millwardbrown.com

Employees: 14

Agency Specializes In: Advertising

Fabio Da Col *(Sr Dir-Client)*
Matteo Beccarelli *(Dir-Client, Brand & Comm Practice)*
Barbara Rolandi *(Acct Mgr)*
Shiva Mohammadian *(Mgr)*

Millward Brown Denmark
Raadhuspladsen 45-47 5th Fl, 1550 Copenhagen, v Denmark
Tel.: (45) 33 77 10 40
Fax: (45) 33 77 10 50
E-Mail: mbdk@millwardbrown.dk

Web Site: www.millwardbrown.com/footer/contact/denmark

Employees: 30

Lars Kaa Andersen *(Mng Partner)*
Bjorn Soderin *(Partner-Nordic & Mng Dir-Sweden)*
Irene Iversen *(Partner & Head-Insights & Ops)*
Anja Vintrup Kristensen *(Coord-Project Team)*

Millward Brown Digital
11 Madison Ave 12th Flr, New York, NY 10010
(See Separate Listing)

Millward Brown, Inc.
401 Merritt 7 Ste 3, Norwalk, CT 06851
Tel.: (203) 335-5222
Fax: (203) 333-6307
E-Mail: info@us.millwardbrown.com
Web Site: www.millwardbrown.com

Employees: 200

Anne Hunter *(Exec VP-Strategy & Growth)*
David Kimmett *(VP-Brand Guidance Sys & Equity Solutions-North America)*

Millward Brown Lansdowne
Millbank House Arkle Road, Sandyford, 18 Dublin, Ireland
Tel.: (353) 1 676 1196
Fax: (353) 1 676 1196
Web Site: www.millwardbrown.com/

Employees: 90

Maureen Van Wijk *(Mng Dir)*
Sarah Hargaden *(Head-Firefly & Sr Client Dir)*
Sonya McGuirl *(Sr Dir-Client)*
Robin McGhee *(Dir-Plng)*
Olga Murphy *(Dir-Client Svc)*
Ailis Hickey *(Assoc Dir-Res Mgmt)*
Paul Moran *(Assoc Dir)*

Accounts:
Diageo
O2
Vodafone

Millward Brown Market Reseach Services
Mahalakshmi Chamber 3rd Fl Mahatma Gandhi Rd, Bengaluru, 560001 India
Tel.: (91) 80 42927000
Fax: (91) 80 42927070
E-Mail: praveen.ramachandra@in.millwardbrown.com
Web Site: www.millwardbrown.com

Employees: 45

Agency Specializes In: South Asian Market

Meheer Thakare *(Head-Digital Solutions-South Asia)*

Millward Brown Mexico
Avenida Tamaulipas 150-1202 Colonia Condesa, Mexico, DF 06140 Mexico
Tel.: (52) 55 3098 1000
Fax: (52) 55 3098 1090
E-Mail: ricardo.barrueta@mx.millwardbrown.com
Web Site: www.millwardbrown.com

Employees: 100

Francisco Javier Rodriguez *(Sr Acct Dir)*

Millward Brown Philippines

8/F Equitable Bank Tower 8751 Paseo De Roxas, Salcedo Village, Makati, 1226 Philippines
Tel.: (63) 2 368 5902
Fax: (63) 2 884 8564
E-Mail: info@ph.millwardbrown.com
Web Site: www.millwardbrown.com

Employees: 45

Marian Villanueva *(Sr Dir-Client Consulting)*
Athena Ariadne Ilagan *(Dir-Client Consulting)*
Threese Mariano *(Mgr-Qualitative Acct Res)*

Millward Brown Singapore
300 Beach Rd, #35-03 The Concourse, Singapore, 199555 Singapore
Tel.: (65) 6323 2273
Fax: (65) 6323 3182
E-Mail: info@sg.millwardbrown.com
Web Site: www.millwardbrown.com

Employees: 80

Richard Heath *(Exec Dir & Head-Millward Brown-Singapore)*
Jane Ng *(Exec Dir-Client Consulting-Philippines)*
Yee Mei Chan *(Reg Dir-Bus Transformation)*

Accounts:
Unilever

Millward Brown SMG/KRC
ul Nowoursynowska 154a, 02-797 Warsaw, Poland
Tel.: (48) 22 545 2000
Fax: (48) 22 545 2100
E-Mail: office@smgkrc.pl
Web Site: www.millwardbrown.com

Employees: 100

Krzysztof B. Kruszewski *(Pres)*
Katarzyna Jeczmyk *(Partner-HR Bus)*
Marek Biskup *(Client Svcs Dir)*
Kuba Antoszewski *(Mgr-PR)*
Pawel Clacek *(Mgr-Client Svc)*

Millward Brown South Africa
7 Mellis Rd, Bradenham Hall, Gauteng, South Africa
Tel.: (27) 11 202 7000
Fax: (27) 11 202 7032
Web Site: www.millwardbrown.com

Employees: 120

Erik Du Plessis *(Chm)*
Natalie Otte *(Grp Acct Dir)*
AJ Pienaar *(Acct Dir)*
Nadia Gaspari *(Dir-Mobile & Innovations Solutions-Africa Middle East)*

Millward Brown Spain
Alcala 474, 28027 Madrid, Spain
Tel.: (34) 91 325 4100
Fax: (34) 91 325 4101
E-Mail: juan.ferrer-vidal@millwardbrown.com
Web Site: www.millwardbrown.com

Employees: 165

Agency Specializes In: Advertising

Pepe Martinez *(Gen Dir)*
Naroa Marcos Larrinaga *(Head-Innovation Practice & Dir-Client)*
Elisabet Contijoch *(Acct Dir)*
Daniel Ferrara *(Acct Dir)*
Maria Granados *(Acct Dir)*
Lluis Casas Esterich *(Dir-Client)*
Borja Marcos *(Dir-Client)*

ADVERTISING AGENCIES

Ricardo Perez *(Dir-Client)*
Alejandro Turnes Gomez *(Acct Mgr)*

Millward Brown Taiwan
7F-1 No 37 Sec 3, Minsheng E Rd, Taipei, Taiwan
Tel.: (886) 2 7710 1200
Fax: (886) 2 7707 1201
E-Mail: info@tw.millwardbrown.com
Web Site: www.millwardbrown.com

Employees: 20

Grace Chang *(Acct Dir)*
Lung-An Kuo *(Acct Dir)*

Millward Brown Thailand
Level 14 Kamol Sukosol Bldg 317 Silom Road, Bangrak, Bangkok, 10500 Thailand
Tel.: (66) 2 686 6400
Fax: (66) 2 234 6541
E-Mail: info@th.millwardbrown.com
Web Site: www.millwardbrown.com

Employees: 60

Pannawat Sirisak *(Acct Dir)*

Millward Brown Ulster
Aisling House, 50 Stranmillis Embankment, Belfast, Northern Ireland BT9 5FL United Kingdom
Tel.: (44) 28 9023 1060
Fax: (44) 28 9024 3887
E-Mail: ctoner@ums-research.com
Web Site: www.millwardbrown.com

Employees: 160

Clare Moore *(Acct Dir)*
Glenn Hall *(Dir-Res)*
Alan Lobo *(Dir)*

Millward Brown UK Ltd.
Olympus Avenue Tachbrook Park, Warwick, CV34 6RJ United Kingdom
Tel.: (44) 1926 452233
Fax: (44) 1926 833600
E-Mail: info@uk.millwardbrown.com
Web Site: www.millwardbrown.com

Employees: 500

Agency Specializes In: Planning & Consultation, Strategic Planning/Research

Peter Walshe *(Acct Dir-Global)*

Millward Brown
24-48 Bloomsbury Way, Level 2, London, WC1A 2PX United Kingdom
Tel.: (44) 020 7126 5000
Fax: (44) 020 7126 5003
Web Site: www.millwardbrown.com/footer/contact/united-kingdom

Employees: 375

Tim Wragg *(CEO-North America)*
Nick Bull *(Sr Dir-Bus Dev)*
Chris Rose *(Sr Dir-Bus Dev)*
James Shepherd *(Sr Dir-Bus Dev-Media & Digital)*
Peter Walshe *(Acct Dir)*
Martin Guerrieria *(Dir-Global BrandZ Res)*
Gideon Wilkins *(Dir-Global Brand Guidance)*
Raam Tarat *(Project Mgr-Global Comm-BrandZ)*
Leonie Gates-Sumner *(Sr Client Dir-Media & Digital)*

Millward Brown
12180 Millennium Ste 380, Playa Vista, CA 90094
Tel.: (310) 309-3400
Fax: (310) 309-3401
E-Mail: info@us.millwardbrown.com
Web Site: www.millwardbrown.com

Employees: 25

Joline McGoldrick *(Sr VP-Mktg & Strategy-Media & Digital Practice)*

Millward Brown
303 2nd St N Tower 3rd Fl, San Francisco, CA 94107
Tel.: (415) 268-1650
Fax: (415) 268-1651
E-Mail: jasonl@millwardbrown.com
Web Site: www.millwardbrown.com

Employees: 22

Drew Lipner *(Chief Client Officer-Media & Agency)*
Judy Mahtaban *(Sr VP-Growth & Strategy)*
Tristan Gaiser *(VP & Head-West Coast Team-Advertiser Grp)*
Carla Anderson *(VP-Client & Market Dev)*
Rachelle Vangene *(VP)*
Alicia Elefter *(Dir-Media & Digital Practice)*
Leah Spalding *(Dir-Consulting Res)*
Beau Beyrle *(Supvr-Media & Content)*

Millward Brown
3333 Warrenville Rd Ste 400, Lisle, IL 60532
Tel.: (630) 505-0066
Fax: (630) 505-0077
Web Site: www.millwardbrown.com/footer/contact/united-states/illinois

Employees: 18

Dave Sandberg *(CFO)*
Chris Borchert *(Sr VP-Strategy & Innovation)*
Vlada Paykin *(Sr VP)*
Amanda Adams *(VP)*
David Friedman *(VP-Strategy & Insights)*
Annie Pecoraro *(VP)*
Jessica Sarkisian *(Sr Dir-Media & Content)*
Lauren Ariano *(Dir-Client Mgmt)*
Sarah Crisman *(Dir-Client Mgmt)*
Heather Khanna *(Dir-Program Leadership)*
Michael Pecoraro *(Dir-Digital & Media)*

Accounts:
Ford
Group M Agencies
P&G

Millward Brown
2 Towne Sq Ste 200, Southfield, MI 48076
Tel.: (248) 351-2888
Fax: (248) 351-2878
E-Mail: peter.teachman@millwardbrown.com
Web Site: www.millwardbrown.com

Employees: 50

Stephen DiMarco *(Pres)*
Dolly Denyse *(Sr VP-Client & Mktg Dev Team)*
Peter Brown *(VP)*
Kate Ginsburg *(VP-Product Mktg & Innovation)*
Amelia O'Connor *(VP)*

Millward Brown
11 Madison Ave 12th Fl, New York, NY 10010
Tel.: (203) 330-2581
Fax: (212) 548-7201
E-Mail: info@us.millwardbrown.com
Web Site: www.millwardbrown.com

Employees: 150

Agency Specializes In: Brand Development & Integration, Consumer Marketing, Planning & Consultation, Sponsorship

Ann Green *(Mng Partner-Creative Dev Practice)*
Mary Ann Packo *(CEO-Insights-North America)*
Michelle Eule *(COO-Media & Content)*
Susan Hickey *(Sr VP-Mktg & Comm)*
Marco Parente *(VP-Product Mgmt)*
Erin Harrison *(Sr Dir)*
Jamie Jones *(Dir-Mktg & Comm)*
Juan Lindstrom *(Dir-Implementation & Custom)*
Elias Nasser *(Dir)*
Gisele Agnelli *(Acct Mgr)*
Christine Nguyen *(Mgr-Effectiveness Learning & Performance)*

MIND ECOLOGY
107 Leland St Ste 3, Austin, TX 78704
Tel.: (512) 326-1300
Web Site: www.mindecology.com

Employees: 13

Agency Specializes In: Advertising, Content, Internet/Web Design, Media Buying Services, Search Engine Optimization, Social Media

Darren Drewitz *(Co-Founder & Dir-Mktg Svcs)*
Jed C. Jones *(Pres)*
David Drewitz *(Pres-Denver Office)*

Accounts:
Brinderson Holdings
City of Arlington
Harker Heights Medical Clinic

MINDENSEMBLE
909 Texas Ave Ste 1403, Houston, TX 77002
Tel.: (713) 824-8583
E-Mail: info@mindensemble.com
Web Site: www.mindensemble.com

Employees: 2
Year Founded: 2007

Agency Specializes In: Advertising, Brand Development & Integration, Communications, Digital/Interactive, Product Placement

Irwina Liaw *(Co-Founder & Creative Dir)*
Rory Doyal *(Co-Founder)*

Accounts:
The Inn At Dos Brisas

MINDFIRE COMMUNICATIONS INC
102 N Cody Rd, Le Claire, IA 52753
Tel.: (563) 265-5556
Web Site: www.mindfirecomm.com

Employees: 25
Year Founded: 2007

Agency Specializes In: Advertising, Brand Development & Integration, Digital/Interactive, Internet/Web Design, Logo & Package Design, Media Relations, Print, Public Relations, Social Media, Strategic Planning/Research

Lynn Manternach *(Co-Founder & Pres)*
Mike Smith *(Owner & Creative Dir)*
Erik Meade *(Owner)*
James Patrick Schmidt *(Media Planner & Buyer)*

Accounts:
Mississippi Valley Surgery Center

AGENCIES - JANUARY, 2019 — ADVERTISING AGENCIES

MINDFRAME, INC.
347 Kellogg Blvd E, Saint Paul, MN 55101-1411
Tel.: (612) 204-0320
E-Mail: info@mindframe.com
Web Site: https://www.mindframe.com/

Employees: 7
Year Founded: 1996

Agency Specializes In: Business-To-Business, Digital/Interactive, E-Commerce, Electronic Media, Graphic Design, High Technology, Internet/Web Design, RSS (Really Simple Syndication)

J.P. Doffing *(CEO)*

Accounts:
American Time and Signal Company
Brock White; Saint Paul, MN Construction Products; 2008
Continuing Ed Express; MN Online Continuing Education; 2006
Discount Steel; MN Metal; 2008
First State Bank of Wabasha
Gopher Sport; Owatonna, MN; 2005
Gopher Sport; Owatonna, MN; 2005
Larkin Hoffman; Bloomington, MN; 2002
Life Time Fitness; Eden Prairie, MN; 2001
National Business Institute; WI Online Learning; 2009
Schroeder Company; Maplewood, MN; 2001
Ultimate Events; MN Tent & Party Rental; 2010

MINDFUL KREATIVE
895 Graydon Dr, Pittsburgh, PA 15209
Tel.: (724) 591-5388
Web Site: www.mindfulkreative.com

Employees: 8

Agency Specializes In: Advertising, Brand Development & Integration

Melinda Kaiser *(Pres)*
Annie Lewis *(Client Svcs Dir)*

Accounts:
Gateway Health Plan, L.P.

MINDGRUVE, INC.
627 8th Ave, San Diego, CA 92101
Tel.: (619) 757-1325
Web Site: www.mindgruve.com

Employees: 45
Year Founded: 2001

Agency Specializes In: Advertising, Affiliate Marketing, Automotive, Brand Development & Integration, Consulting, Consumer Goods, Content, Copywriting, Digital/Interactive, E-Commerce, Email, Entertainment, Fashion/Apparel, Financial, Food Service, Graphic Design, Health Care Services, Hospitality, Household Goods, Identity Marketing, Information Technology, Integrated Marketing, Internet/Web Design, Legal Services, Leisure, Local Marketing, Logo & Package Design, Media Buying Services, Media Planning, Media Relations, Medical Products, New Technologies, Out-of-Home Media, Outdoor, Paid Searches, Planning & Consultation, Print, Production, Production (Ad, Film, Broadcast), Production (Print), Programmatic, Radio, Real Estate, Restaurant, Retail, Search Engine Optimization, Social Media, Strategic Planning/Research, T.V., Travel & Tourism, Web (Banner Ads, Pop-ups, etc.)

Chad Robley *(Founder & CEO)*
Daniel Hellbusch *(COO & Chief Strategy officer)*
Michael Garten *(CMO)*
Kevin Chevalier *(CTO)*
Steven Hellbusch *(VP-Media)*
Ellyn Savage *(VP-Media)*
Natalie Wayte *(VP-Project Mgmt)*
Clint Walden *(Exec Creative Dir)*
Haley Feazell *(Media Dir)*
Michelle Perrier *(Media Planner)*
Sara Torti *(Media Planner & Buyer-Digital)*
Hortense Soulier *(Assoc Media Dir)*

Accounts:
Agilent Technologies Life Sciences; 2014
Beverly Hills Convention & Visitors Bureau Tourism; 2013
Katzkin Automotive; 2016
MDVIP Healthcare; 2012
Opus Bank Financial Services; 2013
Procopio Legal Services; 2013
S. Martinelli & Company (Agency of Record) Brand Awareness & Sales, Creative, E-Commerce, Strategic; 2015
United Capital Financial Advisers (Agency of Record) Advertising, Branding, Business to Consumer, Business-to-Business, Communications Plans, Content Development, Research, Website & App Development; 2017
UnityPoint Health Healthcare; 2015

MINDSAILING
600 Highway 169 S Ste 1970, MinneaPOlis, MN 55426
Tel.: (612) 961-9625
E-Mail: info@mindsailing.com
Web Site: www.mindsailing.com

Employees: 6
Year Founded: 2011

Agency Specializes In: Advertising, Brand Development & Integration, Communications, Digital/Interactive, Social Media

Julie Mackenzie *(Pres & CEO)*
Heather Saucier *(Partner & Dir-Innovation)*

Accounts:
Kips Bay Medical, Inc.

MINDSHARE STRATEGIES
9382 Oak Ave, Waconia, MN 55387
Tel.: (952) 442-8850
E-Mail: info@mindshare.bz
Web Site: www.mindshare.bz

Employees: 20

Agency Specializes In: Advertising, Collateral, Crisis Communications, Digital/Interactive, Media Relations, Public Relations, Social Media, Strategic Planning/Research

Carleen Herndon *(VP-Bus Dev & Acct Exec)*
Karen Everett *(VP-Ops & Admin)*
Michele Wade *(Acct Dir)*
Nancy LaRoche *(Sr Graphic Designer)*

Accounts:
Satellite Logistics Group

MINDSMACK
311 W 43rd St, New York, NY 10036
Tel.: (732) 348-8785
E-Mail: sales@mindsmack.com
Web Site: www.mindsmack.com

Employees: 40
Year Founded: 1997

Agency Specializes In: Alternative Advertising, Aviation & Aerospace, College, Communications, Consulting, Consumer Marketing, Digital/Interactive, Education, Exhibit/Trade Shows, Fashion/Apparel, Game Integration, Graphic Design, High Technology, Internet/Web Design, Logo & Package Design, Mobile Marketing, Multimedia, New Technologies, Pharmaceutical, Production, Promotions, Public Relations, Real Estate, Restaurant, Search Engine Optimization, Technical Advertising, Teen Market

Marcelo Moyano *(Chief Experience Officer)*

Accounts:
CitiGroup
IBM
Pepsi
Yahoo

MINDSPACE
725 S Rural Rd Ste C207, Tempe, AZ 85281
Tel.: (480) 941-8497
E-Mail: info@mindspace.net
Web Site: www.mindspace.net

Employees: 35

Agency Specializes In: Brand Development & Integration, Digital/Interactive, Media Planning, Production, Social Media, Strategic Planning/Research

Brent Shetler *(Principal & Dir-Creative)*

Accounts:
GarageFly.com Consumer Services

MINDSPIKE DESIGN LLC
320 E Buffalo St Ste 606, Milwaukee, WI 53202
Tel.: (414) 765-2344
Web Site: https://mindspikedesign.com/

Employees: 5

Agency Specializes In: Advertising, Digital/Interactive, Event Planning & Marketing, Internet/Web Design, Logo & Package Design, Media Buying Services

Mike Magestro *(Owner & Creative Dir)*

Accounts:
Renovo Endodontic Studio
Wangard Partners, Inc.
WelcomeToGlendale.com

MINDSTORM COMMUNICATIONS GROUP, INC.
10316 Feld Farm Ln, Charlotte, NC 28210
Tel.: (704) 331-0870
Fax: (704) 331-0891
E-Mail: contact@gomindstorm.com
Web Site: www.gomindstorm.com

Employees: 3
Year Founded: 1999

Agency Specializes In: Advertising, Alternative Advertising, Arts, Automotive, Aviation & Aerospace, Brand Development & Integration, Business-To-Business, Catalogs, Collateral, College, Communications, Consulting, Consumer Goods, Consumer Marketing, Consumer Publications, Corporate Communications, Corporate Identity, Cosmetics, Digital/Interactive, Direct-to-Consumer, E-Commerce, Education, Electronics, Email, Entertainment, Exhibit/Trade Shows, Faith Based, Financial, Food Service, Government/Political, Graphic Design, Health Care Services, Hospitality, Identity Marketing, In-Store Advertising, Industrial, Information Technology, Integrated Marketing, Internet/Web Design, Legal

ADVERTISING AGENCIES

Services, Leisure, Local Marketing, Logo & Package Design, Luxury Products, Magazines, Marine, Market Research, Media Planning, Media Relations, Medical Products, Men's Market, Merchandising, Multimedia, New Product Development, New Technologies, Newspaper, Newspapers & Magazines, Out-of-Home Media, Outdoor, Package Design, Pets , Pharmaceutical, Planning & Consultation, Point of Purchase, Production, Production (Print), Public Relations, Publishing, Radio, Real Estate, Regional, Restaurant, Retail, Sales Promotion, Search Engine Optimization, Shopper Marketing, Social Marketing/Nonprofit, Social Media, Sports Market, Strategic Planning/Research, Technical Advertising, Transportation, Travel & Tourism, Web (Banner Ads, Pop-ups, etc.), Women's Market

Approx. Annual Billings: $350,000

Jeff Masilun *(Pres, COO & Creative Dir)*
Mitch Cudd *(Dir-New Bus)*

Accounts:
Husqvarna Outdoor Products; 2014

MINDVOLT
102 E Washington St, Athens, AL 35611
Tel.: (256) 233-8585
E-Mail: info@mindvolt.com
Web Site: www.mindvolt.com

Employees: 7

Agency Specializes In: Advertising, Brand Development & Integration, Collateral, Digital/Interactive, Internet/Web Design, Logo & Package Design, Print, Radio, Social Media

Chad Bottcher *(Pres & Dir-Creative)*
Cate Schilloff *(Art Dir)*
Julia Young *(Office Mgr)*

Accounts:
Alabama Boston Terrier Rescue
Altec Industries Inc.
An Original Velvet Elvis
Bone Collector Season 2
Chameleon 360 Sports Training Inc.
Equestrian Safety Products
Open Range Service Group
Time Domain, Corp.
Troy Landry's Choot Em
Wasp Archery

MINDWRITE COMMUNICATIONS, INC.
117 Bernal Rd Ste 70-126, San Jose, CA 95119
Tel.: (408) 224-4024
Web Site: www.mind-write.com

Employees: 5
Year Founded: 2005

Agency Specializes In: Brand Development & Integration, Digital/Interactive, Electronic Media, Email, Exhibit/Trade Shows, Graphic Design, Local Marketing, Media Relations, Podcasting, Publicity/Promotions, Strategic Planning/Research

Sandy Fewkes *(Founder & Principal)*
Robert Johnson *(Principal)*

Accounts:
Business Practicum
Hyphenated Systems
Rudolph Technologies, Inc
Semiconductor International Magazine

MINERVA DESIGN
94 Southern Pkwy, Rochester, NY 14618
Tel.: (585) 442-8800
E-Mail: hello@minervadesign.com
Web Site: www.minervadesign.com

Employees: 8
Year Founded: 1995

Agency Specializes In: Advertising, Brand Development & Integration, Digital/Interactive, Graphic Design, Social Media

Mike Minerva *(Owner & Dir-Design)*

Accounts:
DNA Imports
HBT Architects

MING UTILITY AND ENTERTAINMENT GROUP
25 Peck Slip, New York, NY 10038
Tel.: (646) 517-6600
E-Mail: dearming@mingcompany.com
Web Site: http://peckslip.mingcompany.com/

Employees: 60

Agency Specializes In: Advertising, Brand Development & Integration, Digital/Interactive, Event Planning & Marketing, Internet/Web Design, Logo & Package Design, Print, Social Media

Jeff Geisler *(Pres)*

Accounts:
Brickell City Centre (Agency of Record)

MINISTERS OF DESIGN
1610 20th St NW, Washington, DC 20009
Tel.: (202) 350-0070
Web Site: www.ministersofdesign.com

Employees: 13
Year Founded: 2012

Agency Specializes In: Advertising, Brand Development & Integration, Digital/Interactive, Graphic Design, Logo & Package Design, Print, Social Media

Russell Hirshon *(Pres & Dir-Digital Strategy)*
Sara Lin *(Dir-Design)*
Andrew Pascoe *(Dir-Tech)*
Andrew Reifman *(Designer)*

Accounts:
Fat Pete's Barbecue
Right Proper Brewing Company

MINT ADVERTISING
120 W Main St, Clinton, NJ 08809
Tel.: (908) 238-1500
Fax: (908) 238-1025
Web Site: www.mintadvertising.com

Employees: 20

Agency Specializes In: Advertising Specialties, Automotive, Financial, Integrated Marketing

Eric W. Schoenfeld *(CEO)*
Anne Armelino *(VP & Media Dir)*
Scott Robinson *(VP-Client Svcs)*
Jamie Volansky *(Art Dir)*
Darren Manship *(Acct Supvr)*
Caitlyn Harvey *(Sr Acct Exec)*
Sheri Wachenheim *(Specialist-PR)*
Laurie Richter *(Coord-Admin)*

Accounts:
Columbia Sportswear Company Gift Card Program
Dominos Pizza Fast Food Services
Honda Automobile Mfr
Hotels.com, L.P. B2B, B2C, Brand Development, Branding, Carriers, Creative Development, Creative Direction, Design, Email Communications, Gift Card Program, Messaging, Physical & Digital Card Designs; 2018
Valsoia Branding Development, Social Media, US Brand Awareness, Web Design

MINTZ & HOKE COMMUNICATIONS GROUP
40 Tower Ln, Avon, CT 06001-4222
Tel.: (860) 678-0473
Fax: (860) 679-9850
Web Site: www.mintz-hoke.com

Employees: 55
Year Founded: 1971

National Agency Associations: 4A's-PRSA

Agency Specializes In: Advertising, Aviation & Aerospace, Broadcast, Business-To-Business, Cable T.V., Collateral, Communications, Consumer Marketing, Corporate Identity, Digital/Interactive, Direct Response Marketing, Electronic Media, Event Planning & Marketing, Government/Political, Graphic Design, Health Care Services, Industrial, Information Technology, Internet/Web Design, Leisure, Logo & Package Design, Media Buying Services, Multimedia, Newspaper, Newspapers & Magazines, Out-of-Home Media, Outdoor, Print, Public Relations, Publicity/Promotions, Radio, Sponsorship, Strategic Planning/Research, Travel & Tourism

Approx. Annual Billings: $60,000,000

Breakdown of Gross Billings by Media: Other: 15%; Print: 25%; Radio & T.V.: 40%; Worldwide Web Sites: 20%

Ron Perine *(Pres)*
Sara-Beth Donovan *(Sr VP-Media)*
Andrew Wood *(Sr VP-Strategy & Plng)*
Grant Sanders *(VP & Creative Dir)*
Lynette McCarthy *(VP & Dir-Brdcst Buying)*
Kathleen Morelli *(Dir-Digital Tech)*
Maribeth Magiera *(Mgr-Brdcst Promo & Buyer)*
Christine Millette *(Mgr-HR)*
Heather Gillette *(Acct Supvr)*
Alyssa Cianciosi *(Acct Exec)*
Elise Baldenko *(Media Planner)*
Kolbe Fitzgerald *(Copywriter)*
Carla Preli *(Copywriter)*
Penny Turton *(Media Planner)*
Jacqueline Russillo *(Acct Coord)*
Trevor Dobrowsky *(Assoc Creative Dir)*
Kristen Forbes *(Asst-Media)*
Lisa Geissler *(Assoc Media Dir)*
Phil Guay *(Asst-Media)*
Michelle LaPoint *(Assoc Media Dir)*
Becca Sheehan *(Sr Media Planner)*
Kellie Tralli *(Asst Media Planner)*

Accounts:
American Arbitration Association; 2007
ArtSpace Connecticut
BMW
CertainTeed
CIGNA HealthCare
Connect-ability
Discover Re Reinsurance
DRS; 2007
Electric Boat; Groton, CT Submarines
General Dynamics/Electric Boat
Hartford HealthCare Media
Hartford Steam Boiler
Harvey Building Products
Ingersoll Rand
Legrand
Mohegan Sun Casino
Nielson Sessions Engineered Hardware

AGENCIES - JANUARY, 2019 — ADVERTISING AGENCIES

OFS Optical Fiber
Pexco
Praxair North American Industrial Gases Oxygen Tank
Prudential Financial
Prudential Retirement
Quinnipiac University
State of Connecticut
UTC Aerospace Systems

MIRABAL & ASSOCIATES
Doral Bank Plz Ste 801-802 101 W Mendez Vigo St, Mayaguez, PR 00680-3890
Tel.: (787) 831-3040
Fax: (787) 831-3045
E-Mail: info@mirabalpr.com
Web Site: www.mirabalpr.com

Employees: 3
Year Founded: 1986

Agency Specializes In: Advertising, Brand Development & Integration, Business-To-Business, Consumer Marketing, Direct Response Marketing, Education, Event Planning & Marketing, Fashion/Apparel, Financial, Food Service, Government/Political, Graphic Design, High Technology, Planning & Consultation, Public Relations, Real Estate, Retail, Strategic Planning/Research, Trade & Consumer Magazines, Travel & Tourism

Approx. Annual Billings: $750,000

Pura Ines Mirabal *(Pres)*

Accounts:
GlaxoSmithKline

MIRAGE ADVERTISING
206 Monroe St, Monroeville, PA 15146
Tel.: (412) 372-4181
Fax: (412) 372-4518
E-Mail: support@miragemarcom.com
Web Site: www.miragemarcom.com

Employees: 8
Year Founded: 1988

Agency Specializes In: Advertising, Brand Development & Integration, Corporate Communications, Digital/Interactive, Event Planning & Marketing, Graphic Design, Internet/Web Design, Newspapers & Magazines, Public Relations

Curt Brooks *(Pres)*
Dave Porter *(Creative Dir)*
James Schoaf *(Mgr-Web Sys)*

Accounts:
Belizean Dreams Tourism Services
Hopkins Bay Developments
InvestEdge, Inc Technical Services
LogiSync Embedded Hardware Design Provider
Target Drilling Drilling Services

MIRESBALL
2605 State St, San Diego, CA 92103-6419
Tel.: (619) 234-6631
Fax: (619) 234-1807
E-Mail: hello@miresball.com
Web Site: www.miresball.com

E-Mail for Key Personnel:
President: scott@miresbrands.com

Employees: 24
Year Founded: 1985

Agency Specializes In: Automotive, Brand Development & Integration, Collateral, Communications, Consulting, Consumer Marketing, Corporate Identity, Digital/Interactive, Electronic Media, Environmental, Exhibit/Trade Shows, Food Service, Graphic Design, Health Care Services, High Technology, Internet/Web Design, Investor Relations, Leisure, Logo & Package Design, New Product Development, Point of Purchase, Point of Sale, Print, Restaurant, Sports Market, Strategic Planning/Research, Transportation, Travel & Tourism

Approx. Annual Billings: $10,000,000

John Ball *(Partner & Creative Dir)*
Holly Houk *(Mng Dir)*
Katie Gray *(Project Mgr & Acct Mgr)*
Hillery Kemp *(Mktg Mgr)*
Johanna Baena *(Acct Coord)*

Accounts:
Ballast Point Brewing & Spirits
Behr
Best Western Hotels & Resorts
CND
Pebble Beach U.S. Open
PIRCH
Shure; 2005
Smithsonian
Taylor Guitars
WalMart

MIRRORBALL
134 W 25th St, New York, NY 10001
Tel.: (212) 604-9988
Fax: (212) 255-2665
E-Mail: info@mirrorball.com
Web Site: www.mirrorball.com

Employees: 50
Year Founded: 2003

Agency Specializes In: Advertising, Brand Development & Integration, Consumer Marketing, Content, Event Planning & Marketing, Experience Design, Experiential Marketing, Social Media

Michael Blatter *(Founder & CEO)*
Brian Orange *(Partner & COO)*
Stephen Papageorge *(Partner & Chief Creative Officer)*
Mandy Kalajian *(VP-Acct Svcs)*
Karma von Burg *(VP-Client Svcs)*
Katie Bowman *(Dir-Production)*
Brittany Liszewski *(Mgr-Creative Production)*
Sam Presperin *(Sr Program Mgr)*

Accounts:
Heineken Amstel Light, Consumer Engagement, Dos Equis
Pernod-Ricard
Perrier

MISSION MEDIA, LLC.
616 Water St Ste 225, Baltimore, MD 21202
Tel.: (410) 752-8950
Fax: (410) 752-8951
Toll Free: (800) 760-9008
E-Mail: info@missionmedia.net
Web Site: www.missionmedia.com

Employees: 30
Year Founded: 2000

Agency Specializes In: Advertising, Brand Development & Integration, Digital/Interactive, Environmental, Graphic Design, Internet/Web Design, Package Design, Production, Search Engine Optimization, Web (Banner Ads, Pop-ups, etc.)

Joe Loverde *(Owner)*
Todd Harvey *(Principal & Creative Dir)*
Michael Eger *(Principal & Dir-Digital)*
Nikki Lamond *(Principal & Dir-Ops)*
Suzanne Rothrock *(Principal & Dir-Accts & Strategy)*
Sean Brescia *(Mng Dir-Mission Experience & Dir-Bus Strategy & Dev)*
Luke Andersen *(Art Dir)*
Mark Kubat *(Dir-Design)*
Ashleigh Torchiana *(Assoc Dir-Digital Mktg)*
Eden Fitzkee *(Acct Mgr)*
Ashley Quang *(Acct Mgr)*
Kaylee Conley *(Specialist-Media)*
Emilee Beeson *(Sr Designer)*
Shaun Bingham *(Sr Designer)*
Patrick Lamond *(Assoc Creative Dir)*

Accounts:
Allergan

MISSY FARREN & ASSOCIATES LTD
(Acquired by Finn Partners & Name Changed to Mfa PR)

MISTRESS
2415 Michigan Ave, Santa Monica, CA 90404
Tel.: (310) 399-1515
Web Site: mistress.agency/

Employees: 51
Year Founded: 2010

Agency Specializes In: Above-the-Line, Advertising, Alternative Advertising, Below-the-Line, Branded Entertainment, Digital/Interactive, Direct Response Marketing, Electronic Media, Experience Design, Game Integration, Guerilla Marketing, In-Store Advertising, Magazines, Mobile Marketing, Multimedia, Out-of-Home Media, Outdoor, Print, Product Placement, Production, Social Media, Sponsorship, Strategic Planning/Research, Web (Banner Ads, Pop-ups, etc.)

Christian Jacobsen *(Founder & Partner)*
Amir Haque *(Partner)*
Vitaly Koshman *(Head-Production)*
Blake E. Marquis *(Exec Creative Dir)*
Allison Barnes *(Media Dir)*
Maggie Cadigan *(Brand Dir)*
Celine Faledam *(Art Dir)*
Austin Ho *(Art Dir)*
Laura Hoffman *(Brand Dir)*
Lixaida Lorenzo *(Creative Dir)*
Eric Privott *(Brand Dir)*
Jordan Lee Rich *(Art Dir)*
Michelle Sieg *(Art Dir)*
Tim Cyrol *(Dir-HR)*
Iman Forde *(Dir-Project Mgmt)*
Dave Horowitz *(Dir-Production)*
Starr Whitesides *(Dir-Photography)*
Kylie Wu *(Sr Brand Mgr)*
Bruno Guerra *(Brand Mgr-Social Media)*
Rose Chirillo *(Copywriter)*
Rachel Guest *(Copywriter)*
Hanna Koh *(Copywriter)*
Kristen Vallow *(Designer-Production)*
Kiley Denembo *(Coord-Creative Resource)*

Accounts:
Amazon
AT&T
Brown-Forman Chambord, Finlandia, Out-of-Home
Campbell Soup Company Bolthouse 1915, Campbell's Fresh
Coca-Cola Campaign: "Hiiire", Campaign: "You Only Live NOS", NOS Energy Drink
Discover Los Angeles OOH, TV
E! Online, Inc. The Royals
El Chapo (Creative Agency of Record)
ESPN Internet Ventures Sports Television Channel
Finlandia Vodka

ADVERTISING AGENCIES

Gildan Activewear Inc. American Apparel, B2B, Marketing, Traditional & Digital Media; 2017
Ibotta (Creative Agency of Record) Integrated Campaign, Media Planning & Buying, Social Media Strategy, Strategic; 2018
iFLY Indoor Skydiving Digital, In-Theater, Out-of-Home, Social Media; 2018
Level-5 Inc Layton's Mystery Journey
Levis Jeans & Authentic Clothing For Men & Women
Los Angeles Tourism
Mattel Inc. Campaign: "Double Loop Stunt", Campaign: "Hot Wheels For Real", Campaign: "Hot Wheels Test Facility", Campaign: "The World's Best Driver", Hot Wheels, Social Media, TV
National Nude Day
PayPal
Qdoba Restaurant Corporation (Lead Creative Agency) Advertising; 2017
Red Bull Soft Drink Mfr
Sambazon, Inc. (Creative Agency of Record) Acai, Brand Awareness, Digital, Experiential, Social; 2017
Sol Republic Campaign: "Music Made Me Do It"
Spinmaster Games
Take-Two Interactive Software Inc. Custom Computer Programming Services
Ubisoft Inc. Advertising, Assassin's Creed IV: Black Flag, Assassin's Creed Unity, Campaign: "Make History"
Univision Communications Inc.
VH1 "Hindsight", Campaign: "Love is in the Air", Campaign: "Missed Connection", Dating Naked
World Surf League Campaign: "You Can't Script This", Chaos Theory

MITCHELL COMMUNICATIONS GROUP
2 N College Ave, Fayetteville, AR 72701
Tel.: (479) 443-4673
Web Site: www.mitchcommgroup.com

Employees: 75

National Agency Associations: COPF

Agency Specializes In: Automotive, Communications, Digital/Interactive, Financial, Food Service, Hospitality, Retail, Social Media, Sponsorship, Strategic Planning/Research, Travel & Tourism

Elise Mitchell *(Chm)*
Sarah Clark *(Pres)*
Holly Gilbert *(VP)*
Gina Miller *(VP-Bus & Leadership)*
Sarah Uibel *(VP-Consumer Mktg)*
Gracie Ziegler *(Mktg Dir)*

Accounts:
Kraft
Procter & Gamble
Sam's Club
Walmart

Branch

Mitchell Communications Group
32 Ave of the Americas 25th Flr, New York, NY 10013
Tel.: (212) 829-5182
Web Site: www.mitchcommgroup.com

Employees: 15

National Agency Associations: 4A's

Agency Specializes In: Advertising, Brand Development & Integration, Crisis Communications, Event Planning & Marketing, Media Relations

John Gilboy *(Gen Mgr & Sr VP-Consumer)*
Anngelica Newland *(Sr VP-Digital)*

Accounts:
New-Aussie

MITCHELL, LINDBERG & TAYLOR, INC.
2730 Mountain Industrial Blvd Ste 107, Tucker, GA 30084
Tel.: (404) 292-4502
Fax: (404) 292-4480
Toll Free: (800) 265-1244
E-Mail: clindberg@mltcreative.com
Web Site: https://www.mltcreative.com/

Employees: 25
Year Founded: 1984

National Agency Associations: AMA

Agency Specializes In: Advertising Specialties, Business-To-Business, Consumer Marketing, Graphic Design, Internet/Web Design

William C. Mitchell *(Pres)*
Glenn Taylor *(Partner & Sr Creative Dir)*

Accounts:
Acuity Brands, Inc.
Auction Access
AutoTec, LLC
Manheim Auctions

MITHOFF BURTON PARTNERS
123 W Mills Ave Ste 500, El Paso, TX 79901
Tel.: (915) 544-9400
Fax: (915) 544-9426
Toll Free: (877) 335-2322
Web Site: www.mithoffburton.com

E-Mail for Key Personnel:
President: pfraire@mithoffburton.com
Creative Dir.: ccochran@mithoffburton.com
Production Mgr.: dbrooks@mithoffburton.com

Employees: 22
Year Founded: 1931

National Agency Associations: 4A's-AAF-MCA

Agency Specializes In: Advertising, Bilingual Market, Brand Development & Integration, Broadcast, Business-To-Business, Co-op Advertising, Collateral, Communications, Consulting, Consumer Marketing, Consumer Publications, Corporate Communications, Corporate Identity, Digital/Interactive, E-Commerce, Education, Electronic Media, Entertainment, Financial, Graphic Design, Health Care Services, Hispanic Market, Local Marketing, Logo & Package Design, Market Research, Media Buying Services, Media Planning, Media Relations, Medical Products, Newspaper, Newspapers & Magazines, Out-of-Home Media, Outdoor, Package Design, Planning & Consultation, Print, Production (Print), Promotions, Public Relations, Publicity/Promotions, Radio, Real Estate, Recruitment, Regional, Social Marketing/Nonprofit, Sports Market, Strategic Planning/Research, T.V., Transportation

Approx. Annual Billings: $65,000,000

Breakdown of Gross Billings by Media: Mags.: $2,600,000; Newsp.: $5,200,000; Other: $23,400,000; Outdoor: $4,550,000; Radio: $5,200,000; T.V.: $24,050,000

Peter Fraire *(Pres, COO & Creative Dir)*
Bill Burton, Jr. *(CEO)*
Chana Burton *(Exec VP-Client Svcs)*
Dana Guerra *(VP-Client Svcs & Project Mgmt)*
Steffen Poessiger *(VP & Sr Client Svcs Dir)*

Accounts:
Border Entertainment of Alaska; Anchorage, AK
  Blockbuster Video Rental Franchise
Border Entertainment of El Paso; El Paso, TX
  Blockbuster Video Rental Franchise
Braden Aboud Foundation; El Paso, TX
West Star Bank; El Paso, TX

MITRE AGENCY
328 E Market St Ste 201, Greensboro, NC 27401
Tel.: (336) 230-0575
Fax: (336) 230-0083
E-Mail: info@mitreagency.com
Web Site: www.mitreagency.com

Employees: 50

Troy Tyner *(Partner & Creative Dir)*

MITTCOM LTD.
300 1St Ave Ste 201, Needham, MA 02492
Tel.: (617) 614-0014
Fax: (617) 597-9996
E-Mail: emittman@mittcom.com
Web Site: www.mittcom.com

Employees: 8

Agency Specializes In: Advertising, Brand Development & Integration, Event Planning & Marketing, Market Research, Media Buying Services, Media Planning, Production, Production (Ad, Film, Broadcast), Production (Print), Promotions, Public Relations, Radio, Sponsorship, Strategic Planning/Research, T.V.

Bruce J. Mittman *(Pres & CEO)*
Scott Bernstein *(COO)*
Glenn Lucas *(Exec VP)*
Deborah Delany *(VP-Design)*
Aaron Watters *(VP)*
Jeff Billig *(Creative Dir)*

Accounts:
Boch Automotive Enterprises
Boston Militia
ERA Boston Real Estate
Free Masons
Metropolitan
The Phoenix
Simplex
TenXClub

MIXTAPE MARKETING
1509 W Koenig Ln, Austin, TX 78756
Tel.: (512) 981-7155
E-Mail: info@mixtapeagency.com
Web Site: www.mixtapeagency.com

Employees: 7

Agency Specializes In: Advertising, Brand Development & Integration, Internet/Web Design, Search Engine Optimization, Social Media, Strategic Planning/Research

Charlie Brown *(Principal & Strategist)*
Craig Steckbeck *(Creative Dir & Designer)*

Accounts:
Make Fuzzy Tracks

THE MIXX
350 7th Ave Ste 1403, New York, NY 10001
Tel.: (212) 695-6663
Fax: (212) 695-6664
E-Mail: contact@themixxnyc.com
Web Site: www.themixxnyc.com

Employees: 17
Year Founded: 1996

Agency Specializes In: Business-To-Business, Corporate Identity, Graphic Design, Internet/Web Design, Multimedia, Real Estate, Strategic Planning/Research, Travel & Tourism

Lisa Chernin *(Creative Dir)*
Angelo Alcasabas *(Sr Art Dir)*

Accounts:
Mercedes-Benz
VAL Floors Flooring Contractors

MJE MARKETING SERVICES
3111 Camino del Rio N Ste 100, San Diego, CA 92108
Tel.: (619) 682-3841
Fax: (619) 682-3844
E-Mail: info@mjemarketing.com
Web Site: http://migmje.com

Employees: 10
Year Founded: 1994

Agency Specializes In: Financial, Government/Political, High Technology, Travel & Tourism

Marlee J. Ehrenfeld *(Pres & Chief Creative Officer)*
Aaron Ishaeik *(Art Dir)*
Robb Henderson *(Client Svcs Mgr)*
Nancy Mumford *(Mktg Comm Mgr)*

Accounts:
Angels Foster Families
ASAP 21
Bank of Southern California
Borrego Springs Bank
The Port of San Diego Public Art Program
San Diego County Regional Airport Authority Commemorative Book
San Diego New Car Dealers Association
Think Blue, City of San Diego
UPS

MJR CREATIVE GROUP
1114 N Fulton St, Fresno, CA 93728
Tel.: (559) 499-1930
E-Mail: hello@mjrcg.com
Web Site: www.mjrcg.com

Employees: 11
Year Founded: 1995

Agency Specializes In: Advertising, Content, Corporate Identity, Internet/Web Design, Social Media

Revenue: $1,100,000

Michael Rolph *(Founder & CEO)*
Jana Bukilica *(CFO)*
Jason Bukilica *(Acct Dir)*
Geoff Johnston *(Acct Dir)*
Brian Moore *(Creative Dir)*
Frank Ruiz *(Art Dir)*
Bradley Fitzhenry *(Dir-Strategic Brand Plng)*
Nico Dondlinger *(Designer)*

Accounts:
California Association of Nurseries & Garden Centers Plantable
Front Door Farms

MKG
599 Broadway 4th Fl, New York, NY 10012
Tel.: (212) 620-7770
E-Mail: nyc@thisismkg.com
Web Site: www.thisismkg.com

Employees: 119
Year Founded: 2002

Agency Specializes In: Advertising, Digital/Interactive, Event Planning & Marketing, Social Media, Sponsorship

Tracy Bussan *(Pres)*
Jake Brooks-Harris *(Mng Dir-Mktg West)*
Lauren Austin *(Exec Creative Dir)*
Christine Capone *(Dir-Mktg & Strategic Partnerships)*
Lauren Valencia *(Sr Acct Mgr)*

Accounts:
ABC, Inc Activation
Audi
Delta Air Lines, Inc.
Evian Events & Promotions
J.P. Morgan Asset Management Holdings Inc.

MKTG INC.
343 W Erie St Ste 520, Chicago, IL 60654
Tel.: (312) 202-8901
E-Mail: info@mktg.com
Web Site: www.mktg.com

Employees: 57

Agency Specializes In: Advertising, Digital/Interactive, Print, Social Media, Sponsorship, Strategic Planning/Research

Kevin Collins *(Sr VP)*
Chuck Anderson *(VP & Grp Creative Dir)*
Jim Garofalo *(VP-Client Svcs)*
Lisa Marshall *(Creative Dir)*
Ryan Martin *(Dir-Sponsorship Strategies & Activations)*
Matt Stark *(Dir)*
Kate Fullam *(Sr Mgr-Hospitality & Events)*
Annie Ryan *(Sr Acct Mgr)*
Katie Donaldson *(Mgr-Event)*
Roxanne Valdez *(Mgr-Market)*
Travis Stanford *(Coord-Production)*

Accounts:
Dick's Sporting Goods (Event, Community & Experiential AOR)
The Gatorade Company

MKTWORKS, INC.
292 Main St, Cold Spring, NY 10516
Tel.: (845) 265-7000
Fax: (845) 231-4061
E-Mail: info@marketingworksnow.com
Web Site: www.marketingworksnow.com

Employees: 10
Year Founded: 2002

Agency Specializes In: Above-the-Line, Advertising, Advertising Specialties, Affiliate Marketing, Affluent Market, African-American Market, Agriculture, Alternative Advertising, Arts, Asian Market, Automotive, Aviation & Aerospace, Below-the-Line, Bilingual Market, Brand Development & Integration, Branded Entertainment, Broadcast, Business Publications, Business-To-Business, Cable T.V., Catalogs, Children's Market, Co-op Advertising, Collateral, College, Commercial Photography, Communications, Computers & Software, Consulting, Consumer Goods, Consumer Marketing, Consumer Publications, Content, Corporate Communications, Corporate Identity, Cosmetics, Crisis Communications, Custom Publishing, Customer Relationship Management, Digital/Interactive, Direct Response Marketing, Direct-to-Consumer, E-Commerce, Education, Electronic Media, Electronics, Email, Engineering, Entertainment, Environmental, Event Planning & Marketing, Exhibit/Trade Shows, Experience Design, Experiential Marketing, Fashion/Apparel, Financial, Food Service, Game Integration, Government/Political, Graphic Design, Guerilla Marketing, Health Care Services, High Technology, Hispanic Market, Hospitality, Household Goods, Identity Marketing, In-Store Advertising, Industrial, Infomercials, Information Technology, Integrated Marketing, International, Internet/Web Design, Investor Relations, LGBTQ Market, Legal Services, Leisure, Local Marketing, Logo & Package Design, Luxury Products, Magazines, Marine, Market Research, Media Buying Services, Media Planning, Media Relations, Media Training, Medical Products, Men's Market, Merchandising, Mobile Marketing, Multicultural, Multimedia, New Product Development, New Technologies, Newspaper, Newspapers & Magazines, Out-of-Home Media, Outdoor, Over-50 Market, Package Design, Paid Searches, Pharmaceutical, Planning & Consultation, Podcasting, Point of Purchase, Point of Sale, Print, Product Placement, Production, Production (Ad, Film, Broadcast), Production (Print), Promotions, Public Relations, Publicity/Promotions, Publishing, RSS (Really Simple Syndication), Radio, Real Estate, Recruitment, Regional, Restaurant, Retail, Sales Promotion, Search Engine Optimization, Seniors' Market, Social Marketing/Nonprofit, South Asian Market, Sponsorship, Sports Market, Stakeholders, Strategic Planning/Research, Sweepstakes, Syndication, T.V., Technical Advertising, Teen Market, Telemarketing, Trade & Consumer Magazines, Transportation, Travel & Tourism, Urban Market, Viral/Buzz/Word of Mouth, Web (Banner Ads, Pop-ups, etc.), Women's Market, Yellow Pages Advertising

Marc Sabin *(Exec VP)*
Ron K. Hill *(Dir-Media)*
Chris Nelson *(Dir-Creative)*

Accounts:
Hudson Highlands Green Way Triathalon
Hudson River Navigator

MKTX INC
1333 Ne Orenco Station Pkwy, Hillsboro, OR 97124
Tel.: (503) 646-6589
E-Mail: answers@mktx.com
Web Site: www.mktx.com

Employees: 10
Year Founded: 1998

Agency Specializes In: Advertising, Brand Development & Integration, Content, Internet/Web Design, Print, Public Relations, Search Engine Optimization, Social Media

Bob Patterson *(Pres)*
Joe Santana *(Creative Dir)*

Accounts:
Applicos

MLT CREATIVE
2730 Mountain Industrial Blvd Ste 107, Tucker, GA 30084
Tel.: (404) 292-4502
Fax: (404) 292-4480
E-Mail: info@mltcreative.com
Web Site: https://www.mltcreative.com/

Employees: 15

Agency Specializes In: Business-To-Business

Billy Mitchell *(Pres)*
Glenn Taylor *(Partner & Sr Creative Dir)*

ADVERTISING AGENCIES

Matt Albert *(Art Dir)*
Chris Davis *(Dir-Production, Web & Print Production Artist)*
Sonya Stoudemire *(Office Mgr)*

Accounts:
Airgas
Autotec AuctionACCESS (Web Site)
Manheim Manheim Specialty Auctions

MMB
580 Harrison Ave, Boston, MA 02118
Tel.: (617) 670-9700
Fax: (617) 670-9711
E-Mail: ccaufield@mmb580.com
Web Site: www.mmb580.com

Employees: 8,560
Year Founded: 2001

Agency Specializes In: Advertising, Automotive, Brand Development & Integration, Broadcast, Business-To-Business, Cable T.V., Collateral, College, Communications, Consumer Goods, Consumer Marketing, Consumer Publications, Content, Copywriting, Corporate Identity, Digital/Interactive, Direct Response Marketing, Electronic Media, Entertainment, Experience Design, Fashion/Apparel, Financial, Food Service, Graphic Design, Health Care Services, High Technology, Hispanic Market, In-Store Advertising, Information Technology, Integrated Marketing, Internet/Web Design, Investor Relations, Leisure, Local Marketing, Logo & Package Design, Magazines, Market Research, Merchandising, Newspaper, Newspapers & Magazines, Out-of-Home Media, Outdoor, Over-50 Market, Pharmaceutical, Planning & Consultation, Point of Purchase, Point of Sale, Print, Production, Production (Ad, Film, Broadcast), Programmatic, Radio, Regional, Restaurant, Retail, Social Marketing/Nonprofit, Social Media, Sponsorship, Sports Market, Strategic Planning/Research, Syndication, T.V., Teen Market, Trade & Consumer Magazines, Travel & Tourism, Web (Banner Ads, Pop-ups, etc.)

Fred Bertino *(Pres & Chief Creative Officer)*
Carrie Parks *(Partner & Mng Dir)*
Frank Orfanello *(CFO)*
Jonathan Balck *(Chief Strategy Officer)*
Travis Robertson *(Exec VP, Exec Creative Dir & Art Dir)*
Greg Almeida *(Exec VP, Exec Creative Dir & Copywriter)*
Matt Fallon *(Acct Dir)*
Jon Greeley *(Acct Dir)*
Brian Hayes *(Creative Dir)*
Neal Hughlett *(Creative Dir)*
Scott Lukas *(Acct Dir)*
Brian Ratner *(Art Dir)*
Leslie Intoppa *(Dir-HR)*
Sara Ventetuolo *(Dir-Production)*
Emily Quinn *(Comm Mgr)*
Mia Rizzo *(Mgr-Acctg)*
Kaitlin Sampson *(Mgr-Travel)*
Ali Coates *(Copywriter)*

Accounts:
The ALS Association; 2016
American Heart Association; 2016
Bob Evans Farms (Agency of Record); 2016
The Boston Beer Company, Inc. Sam Adams (Creative Agency of Record)
Boston Bruins (Agency of Record); 2016
Boston Children's Hospital Branding, Creative, Global Pediatric Summit; 2011
CoachUp; 2016
Foster Grant (Agency of Record); 2011
Gulf States Toyota (Agency of Record); 2011
Hannaford Supermarkets (Agency of Record); 2015
Ken's Dressings (Agency of Record); 2011
Lionel (Agency of Record); 2016
LogMeIn join.me; 2015
Sweet Baby Ray's B2B Food Services; 2011

MMGY GLOBAL
4601 Madison Ave, Kansas City, MO 64112
Tel.: (816) 472-5988
Fax: (816) 471-5395
E-Mail: creid@mmgyglobal.com
Web Site: www.mmgyglobal.com

E-Mail for Key Personnel:
President: creid@mmgyglobal.com
Creative Dir.: scolovin@mmgyglobal.com

Employees: 120
Year Founded: 1981

Agency Specializes In: Advertising, Affiliate Marketing, Brand Development & Integration, Broadcast, Consumer Marketing, Crisis Communications, Customer Relationship Management, Digital/Interactive, E-Commerce, Experiential Marketing, Graphic Design, Hospitality, Integrated Marketing, Internet/Web Design, Media Buying Services, Media Planning, Mobile Marketing, Multicultural, Newspaper, Newspapers & Magazines, Out-of-Home Media, Outdoor, Paid Searches, Podcasting, Public Relations, Radio, Restaurant, Search Engine Optimization, Strategic Planning/Research, T.V., Trade & Consumer Magazines, Travel & Tourism, Viral/Buzz/Word of Mouth, Web (Banner Ads, Pop-ups, etc.)

Approx. Annual Billings: $130,000,000

Breakdown of Gross Billings by Media: Bus. Publs.: 2%; Cable T.V.: 5%; Collateral: 8%; Consulting: 4%; Consumer Publs.: 9%; D.M.: 6%; E-Commerce: 11%; Fees: 11%; Internet Adv.: 19%; Logo & Package Design: 2%; Newsp.: 2%; Pub. Rels.: 8%; Spot Radio: 5%; Spot T.V.: 4%; Strategic Planning/Research: 4%

Hugh McConnell *(CFO & Exec VP-Ops)*
Calep Howard *(CIO)*
Stewart Colovin *(Exec VP-Creative & Brand Strategy)*
Doug Day *(VP-Field Mktg)*
Brent Anderson *(Creative Dir)*
Craig Paddock *(Dir-Search)*
Jessica Schultz *(Dir-Integrated Plng)*
Shannon Cummings *(Sr Acct Exec)*
Mackenzie Davidson *(Strategist-Social Media)*
Rachel Arthachinda *(Planner-Digital Media)*
Laura Kovacs *(Media Planner)*
Brett McAtee *(Media Buyer)*
Brittanie Nelson *(Media Planner)*
Amy Van Patten *(Copywriter)*
Maggie Edmondson *(Acct Coord)*
Erin Brockus *(Coord-HR)*
Justin Bell *(Sr Art Dir)*
Justin Farmer *(Grp Creative Dir)*
Kaylee Oberzan *(Sr Media Buyer)*
Bill Steinke *(Grp Media Dir)*

Accounts:
The Alexander Hotel
The Barbados Tourism Authority
Bermuda Tourism Authority (Advertising Agency of Record) Creative, Marketing, Media Planning, Strategy
Bloomington Minnesota CVB
Colorado Tourism Office
Costa Rican Institute of Tourism (Advertising & Creative Agency of Record) B2B Strategies, Content & Refine Channel Management, Integrated & Experimental Marketing; 2018
Destination Cleveland
Hospitality Sales & Marketing Association International Advertising, Digital Marketing, Public Relations
Kennedy Space Center Visitor Complex
Leading Hotels of the World (Integrated Marketing & Public Relations Agency of Record) Media Relations, Strategic Planning
Los Cabos Tourism Board (US Public Relations Agency of Record)
Lufthansa
Marriott Resorts
National Geographic Expeditions
NH Hotel Group Brand Strategy
Niagara Falls State Park
Occidental Hotels & Resorts (US Public Relations Agency of Record)
Philadelphia CVB
Silversea Cruise Lines
South Dakota Department of Tourism
Springfield Missouri CVB
Terranea Resort
Travel Guard North America
Tucson Visitors Bureau Brand Positioning Strategy
Visit KC (Marketing Agency of Record)
Visit Sarasota County
The WWI Museum

Branches

Hills Balfour
3rd Floor Colechurch House, 1 London Bridge Walk, London, SE1 2SX United Kingdom
Tel.: (44) 2073670900
Fax: (44) 2074073810
E-Mail: info@hillsbalfour.com
Web Site: www.hillsbalfour.com

Employees: 100

Agency Specializes In: Crisis Communications, Digital/Interactive, Public Relations

Amanda Hills *(Founder & CEO)*
Jonathan Sloan *(Mng Dir)*
Rhys Powell *(Sr Dir-Sls & Mktg Acct)*
Samuel Hancock *(Sr Acct Dir-Sls & Mktg)*
Jane Dawkins *(Acct Dir-Sls & Mktg)*
Charlotte Fox *(Acct Dir-PR)*
Kate O'Brien *(Acct Dir-PR)*
Daniela Resenterra *(Acct Dir-PR)*
Lindsey Thorpe *(Acct Dir-MICE)*
Rosina Williams *(Acct Dir-Sls & Mktg)*
Lucy Campbell *(Dir-Social Media)*
Jane Nicholson *(Dir-Tourism Queensland-Intl, UK, Ireland & Nordic Reg)*
Amy Scott *(Dir-PR)*
Jo Hartley *(Assoc Dir)*
Russell Meara *(Assoc Dir)*
Ruth Bennett *(Sr Acct Mgr-Europe)*
Freya Boucher *(Sr Acct Mgr)*
Josie Self *(Sr Acct Mgr-PR)*
Grace Armitage *(Acct Mgr-PR)*
Karis Masham *(Acct Mgr-Sls & Mktg)*
Rosanna North *(Acct Mgr-Sls & Mktg)*
Frederica Softley *(Acct Mgr-Sls & Mktg)*
Sola Thomson *(Acct Mgr-Sls & Mktg)*
Rachel Walker *(Acct Mgr-PR)*
Fiona Clarke *(Mgr-PR)*
Alex Perez *(Mgr-Sls & Mktg)*
Annabel Jenkins *(Sr Acct Exec-PR)*
Mark McCulloch *(Comm Dir)*

Accounts:
Alton Towers Resort Creative Strategy
Arizona Office of Tourism Public Relations; 2017
Avalon Waterways (Agency of Record); 2017
Bahrain Tourism & Exhibitions Authority Consumer Marketing, Creative Marketing, Public Relations, Strategy, UK Trade Relations
Brand USA (Agency of Record) Public Relations, UK Travel Marketing
Butlin's Limited
Cosmos (Agency of Record); 2017
Croatia National Tourist Board Europe-Wide Social Media, Online Communication; 2018
Cruise Lines International Association UK & Ireland

AGENCIES - JANUARY, 2019 — ADVERTISING AGENCIES

Consumer Public Relations
Destination Plymouth PR Strategy, Tourism
Evaneos Travel Consumer Media, Public Relations
The Hawaii Tourism Authority Consumer Public Relations
Hilton Dalaman Sarigerme Resort & Spa Digital, Media, Public Relations, Strategy
Illinois Office of Tourism Public Relations, Travel Marketing; 2018
Inghams Media, Public Relations, Strategy
Kingdom of Dreams PR
Kiwi Experience Creative PR Strategy, Print, Social Media
The Lithuania State Department of Tourism Consumer Marketing, Ireland, Public Relations, Trade Relations, UK
Malaga-Costa del Sol Tourist Board Marketing, Media, Press, Public Relations
Marketing Greece PR, Social Media
Mauritius Tourism Promotion Authority Consumer, Trade PR
Mayflower 400 Public Relations Strategy
Mercator Travel Belize Revealed, Central America Revealed, Costa Rica Revealed, El Salvador Revealed, Guatemala Revealed, Nicaragua Revealed, Panama Revealed, Public Relations, Social Media
Netflights.com (Agency of Record)
Nevada Division of Tourism
One Traveller Public Relations
Ontario Tourism Marketing Partnership Corporation Marketing, Public Relations
Powder Byrne Properties Chesa Araus, Public Relations
Riviera Travel Public Relation Strategy; 2018
RT Holidays Media, Public Relations, UK
Santa Monica Travel & Tourism Consumer Marketing, Public Relations, Strategy, Trade Relations, UK
Shangri-la's Villingili Resort & Spa PR
Thailand Convention and Exhibitions Bureau
Tourism and Events Queensland PR
Tourism Holdings Limited Britz, KEA, Maui, Mighty, Public Relations, Self-Drive Holiday, Social Media
Travel Manitoba Consumer Marketing, Public Relations, Trade Relations; 2018
Travelbag (Agency of Record)
Upper Street Events Media Relations, Press Office, Public Relations; 2017
Vienna Convention Bureau B2B, Marketing, Press
Visit Baltimore Consumer Marketing, Public Relations, Trade Relations; 2018
Visit Jersey
Zagreb Tourist Board Public Relations, Trade Strategy

MMG
919 Fish Hook Cove, Bradenton, FL 34212
Tel.: (941) 932-8599
E-Mail: mgoff@mmgworldwide.com
Web Site: www.mmgyglobal.com

Employees: 500

Agency Specializes In: Advertising

Hugh McConnell *(CFO & Exec VP-Ops)*
Calep Howard *(CIO)*
Stewart Colovin *(Chief Creative Officer & Exec VP)*
Chris Davidson *(Exec VP-Global Strategy & Client Leadership)*
Craig Compagnone *(Sr VP-Bus Strategy)*
Chris Pomeroy *(Dir-Global Strategies & Client Svcs-Spain)*

MMGY Global
301 E Pine St Ste 1150, Orlando, FL 32801
Tel.: (407) 875-1111
Fax: (407) 875-1115
E-Mail: pyesawich@mmgyglobal.com
Web Site: www.mmgyglobal.com

Employees: 75
Year Founded: 1983

National Agency Associations: AAF

Agency Specializes In: Advertising, Advertising Specialties, Affluent Market, Brand Development & Integration, Branded Entertainment, Broadcast, Cable T.V., Co-op Advertising, Collateral, Communications, Consumer Marketing, Corporate Identity, Crisis Communications, Digital/Interactive, Direct Response Marketing, Direct-to-Consumer, E-Commerce, Electronic Media, Email, Entertainment, Event Planning & Marketing, Exhibit/Trade Shows, Food Service, Government/Political, Graphic Design, Guerilla Marketing, Health Care Services, Hospitality, Integrated Marketing, Internet/Web Design, Leisure, Local Marketing, Logo & Package Design, Luxury Products, Magazines, Media Buying Services, Media Planning, Media Relations, Media Training, Mobile Marketing, Multicultural, Multimedia, New Product Development, Newspapers & Magazines, Out-of-Home Media, Outdoor, Paid Searches, Planning & Consultation, Podcasting, Point of Purchase, Point of Sale, Print, Production (Ad, Film, Broadcast), Production (Print), Promotions, Public Relations, Publicity/Promotions, Publishing, Radio, Real Estate, Regional, Restaurant, Retail, Sales Promotion, Search Engine Optimization, Seniors' Market, Social Media, Sports Market, Strategic Planning/Research, T.V., Trade & Consumer Magazines, Travel & Tourism, Viral/Buzz/Word of Mouth, Web (Banner Ads, Pop-ups, etc.), Women's Market

Chris Davidson *(Exec VP-Strategy & Client Leadership-Global)*
Steve Cohen *(Sr VP-Travel Insights)*
Kim Lenox *(VP & Grp Dir-Tourism Strategy)*
Chris Pomeroy *(Dir-Global Strategies & Client Svcs-Spain)*
Amanda Coleman *(Sr Art Dir)*

Accounts:
American Association of Nude Recreation
American Hotel & Lodging Association
Bermuda Tourism Authority (Agency of Record) Creative Strategy, Media Buying, Media Planning, Media Strategy, Mobile, Online, Print, Video
Cancun Convention & Visitors Bureau
Colonial Williamsburg Foundation
Grupo HIMA; Puerto Rico Healthcare, Public Relations; 2008
Grupo Posadas Hotels & Resorts; 2007
Honduras Institute of Tourism; 2007
Institute of Certified Travel Agents
Loreto Bay Company (Agency of Record) Resort Communities; 2008
Mexico Tourist Board; 2008
Mobil Travel Guide
Nassau/Paradise Island Promotion Board
Nuevo Leon Ministry of Tourism; Monterrey, Mexico
Saint John's Country Convention & Visitors Bureau
Travel Media Group (Agency of Record) Creative, Digital Media, Marketing, Public Relations
WMS Gaming; Chicago, IL
Wynn Resorts Las Vegas Le Reve

MMGY Global
245 5th Ave 9th Fl, New York, NY 10016
Tel.: (212) 219-7560
Fax: (212) 219-0759
E-Mail: cmardiks@mmgyglobal.com
Web Site: www.mmgyglobal.com

Employees: 12

Agency Specializes In: Leisure, Public Relations, Sponsorship, Travel & Tourism

Julie Freeman *(Mng Dir-PR, Social & Experiential Mktg & Exec VP)*
Lauren Kaufman *(Sr VP)*
David Perez *(VP & Strategist-Creative & PR)*

Accounts:
Bahia Principe Hotels & Resorts Content Development, Media, Press, Strategic
The Beaches of Fort Myers & Sanibel Community Relations, National Media Relations, Strategic Public Relations Counsel
Berkshire Hathaway Travel Protection Media Relations, Thought Leadership
Champagne Louis de Sacy Strategic Outreach Campaign
Radisson Edwardian
Red Lion Hotels Corporation Content Development, Media, Press, Strategic
ShermansTravel Media, LLC Travel Deals & Destination Advice; 2008
Travel Portland Media Relations

Nancy J. Friedman Public Relations, Inc.
360 Lexington Ave Fl 10, New York, NY 10017
(See Separate Listing)

MMI AGENCY
1712 Pease St, Houston, TX 77703
Tel.: (713) 929-6900
E-Mail: letstalk@mmiagency.com
Web Site: www.mmiagency.com

Employees: 80
Year Founded: 1986

Cindy Marion *(Pres)*
Benjamin Spiegel *(CEO)*
Jung Choi *(Sr VP-Creative)*
Maggie Malek *(VP-Product & Performance)*
Lee Tuttle *(VP-Delivery)*
Adrienne Adair *(Head-Creative)*
Daniel Chen *(Head-Media)*
Lorna Muniz-Paz *(Grp Acct Dir)*
Farid Dabaghi *(Acct Dir)*
Ashley Hess *(Media Dir)*
Jack DeManche *(Dir-Community Engagement)*
Jay Hickman *(Dir-PR)*
Lauren Sancton *(Dir-Digital PR)*
Kathleen Linton *(Supvr-Media Reconciliation)*
Caitlin Jeansonne *(Grp Media Dir)*

Accounts:
AIG; 2012
Air Liquide; 1999
Blue Line Rentals; 2015
Energy Ogre; 2015
Howard Hughes; 2015
MCFA; 2016
Nehemiah Manufacturing; 2015
NRG; 2013
P&G; 2016
Shell; 2004
University of Texas MD Anderson Cancer Center; 2008

MOB MEDIA
26632 Towne Centre Dr Ste 300, Foothill Rnch, CA 92610
Tel.: (949) 222-0220
Fax: (949) 222-0243
E-Mail: info@mobmedia.com
Web Site: www.mobmedia.com

Employees: 20
Year Founded: 1989

Agency Specializes In: Advertising, Advertising Specialties, Brand Development & Integration, Business-To-Business, Cable T.V., College,

ADVERTISING AGENCIES — AGENCIES - JANUARY, 2019

Consumer Publications, Direct Response Marketing, Direct-to-Consumer, Education, Electronic Media, Government/Political, Graphic Design, Guerilla Marketing, Local Marketing, Media Buying Services, Media Planning, Multimedia, Newspaper, Newspapers & Magazines, Out-of-Home Media, Outdoor, Print, Production (Ad, Film, Broadcast), Production (Print), Promotions, Public Relations, Radio, T.V., Technical Advertising, Trade & Consumer Magazines, Web (Banner Ads, Pop-ups, etc.).

Jeffrey Monroe *(Pres)*
Paul Otis *(CEO)*
Mitzi Perry *(Mng Dir & VP)*
Allan Whetzel *(Exec VP-Integrated Comm)*
Ivan Betancourt *(Sr Art Dir)*

Accounts:
Academy of Healing Arts
American Career College
Forefront Education Group
FOX Movie Channel
Inland Empire Auto Show
Scientific Telephone Systems
Scripps Networks
Show Biz Productions
Wes-Tec
Woodward Laboratories

MOBEXT
200 Hudson St, New York, NY 10013
Tel.: (646) 587-5000
Web Site: www.mobext.com

Employees: 106

Agency Specializes In: Advertising, Mobile Marketing, Technical Advertising

Nathan Joslin *(Supvr-Mobile)*

Accounts:
McDonald's Corporation
Shakey's Digital, Mobile, Online Media, Social Media

MOBILE POSSE, INC.
1010 N Glebe Rd Ste 200, Arlington, VA 22201
Tel.: (703) 348-4084
Fax: (703) 639-0662
E-Mail: info@mobileposse.com
Web Site: www.mobileposse.com

Employees: 20
Year Founded: 2005

Agency Specializes In: Advertising, Investor Relations, Mobile Marketing

Jon Jackson *(Founder & CEO)*
Steve Sincavage *(CFO)*
A. Brian Dengler *(Chief Compliance Officer & Gen Counsel)*
Steven McCord *(CTO)*
Kevin Grant *(Sr VP-Distr)*
Gregory Wester *(Sr VP-Mktg & Bus Dev)*
Eric Newman *(VP-R&D)*

Accounts:
STATS LLC; McLean, VA

MOBIUM INTEGRATED BRANDING
200 S Michigan Ave, Chicago, IL 60604
Tel.: (312) 422-8950
Fax: (312) 422-5901
E-Mail: info@mobium.com
Web Site: www.mobium.com

E-Mail for Key Personnel:
Creative Dir.: mmcintyre@mobium.com

Employees: 35
Year Founded: 1979

National Agency Associations: 4A's-BMA-TAAN

Agency Specializes In: Above-the-Line, Advertising, Advertising Specialties, Agriculture, Aviation & Aerospace, Below-the-Line, Brand Development & Integration, Business Publications, Business-To-Business, Cable T.V., Collateral, Communications, Computers & Software, Consulting, Content, Corporate Communications, Corporate Identity, Customer Relationship Management, Digital/Interactive, Direct Response Marketing, E-Commerce, Electronic Media, Electronics, Email, Engineering, Event Planning & Marketing, Exhibit/Trade Shows, Financial, Graphic Design, Guerilla Marketing, Health Care Services, High Technology, Industrial, Information Technology, Integrated Marketing, International, Internet/Web Design, Logo & Package Design, Magazines, Market Research, Media Buying Services, Media Planning, Media Relations, Medical Products, Multimedia, New Product Development, Newspaper, Newspapers & Magazines, Out-of-Home Media, Outdoor, Paid Searches, Pharmaceutical, Planning & Consultation, Print, Production, Promotions, Public Relations, Publicity/Promotions, Radio, Real Estate, Sales Promotion, Search Engine Optimization, Social Media, Sponsorship, Strategic Planning/Research, T.V., Technical Advertising, Trade & Consumer Magazines, Viral/Buzz/Word of Mouth, Web (Banner Ads, Pop-ups, etc.)

Approx. Annual Billings: $15,000,000

Paul Brienza *(CTO)*
Christopher DeYoung *(Creative Dir)*
Taylor Gray *(Project Mgr-Digital)*

Accounts:
Bemis North America Rigid & Flexible Packaging; 2014
Guest-tek, Ltd. Internet, Voice, WiFi & TV Solutions for Hotels; 2015
IFF Non-Profit Lending & Real Estate Consulting; 2012
Moog, Inc. Motion Control Solutions For Industrial Applications; 2004
National Restaurant Association Trade Show Branding & Communications; 2011
Smalley Steel Rings Industrial Fasteners & Springs; 2014
Teradata Marketing Automation Software; 2014

MOCEAN
2440 S Sepulveda Blvd, Los Angeles, CA 90064
Tel.: (310) 481-0808
E-Mail: info@moceanla.com
Web Site: www.moceanla.com

Employees: 50
Year Founded: 2004

Agency Specializes In: Advertising, Brand Development & Integration, Content

Revenue: $1,100,000

Michael Mcintyre *(Pres)*
Craig Murray *(CEO)*
Jeremy Keeler *(Sr VP-Creative Ops)*
Danielle LaFortune *(Sr VP-TV Streaming & Key Art)*
Pam Postrel *(VP & Creative Dir-Animation & Family)*
Roshone Harmon *(VP-Revenue Cycle)*
Douglas Salkin *(VP-Post Production)*
Greg Harrison *(Exec Creative Dir)*
Adam Rosenblatt *(Exec Creative Dir)*
Mitch Monson *(Client Partner & Creative Dir)*
Sherri Jacobsen *(Creative Dir)*

Accounts:
Discovery Campaign: "I Am"
Disney
EA
FX
Google
Hulu
Relativity
Screen Gems
Showtime
Warner Bros
YouTube

MOCK
247 14th St NW, Atlanta, GA 30318
Tel.: (470) 225-6819
E-Mail: hello@mocktheagency.com
Web Site: www.mocktheagency.com

Employees: 10
Year Founded: 2008

Agency Specializes In: Advertising, Digital/Interactive, Graphic Design, Out-of-Home Media, Outdoor, Radio, T.V.

Donald J. Mock *(Mng Partner & Creative Dir)*
Rob Broadfoot *(Partner & Creative Dir)*
Wendy Mixon *(Art Dir)*

Accounts:
Ruud

MOD & COMPANY
159 Dousman St, Saint Paul, MN 55102
Tel.: (612) 238-3930
E-Mail: info@modandco.com
Web Site: www.modandco.com

Employees: 20
Year Founded: 2001

Agency Specializes In: Advertising, Brand Development & Integration, Collateral, Internet/Web Design, Logo & Package Design, Print, Promotions

Jana Soiseth *(Owner)*
Luke Soiseth *(Owner)*

Accounts:
Black Gold Farms
Healthy Food Shelves
Minnesota Office of Higher Education
The Shops at West End
Woot Froot

MODASSIC GROUP
221 W Campbell Rd #123, Richardson, TX 75080
Tel.: (214) 295-5165
E-Mail: contact@modassicmarketing.com
Web Site: https://modassicmarketing.com/

Employees: 6

Agency Specializes In: Advertising, Brand Development & Integration, Customer Relationship Management, Internet/Web Design, Logo & Package Design, Paid Searches, Print, Search Engine Optimization, Social Media

Banner Short *(Owner)*

Accounts:
Peticolas Brewing Company

MODCO GROUP
(See Under MODCo Media)

AGENCIES - JANUARY, 2019 — ADVERTISING AGENCIES

MODCO MEDIA
(Formerly MODCo Group)
102 Madison Ave 10th Fl, New York, NY 10016
Tel.: (212) 686-0006
E-Mail: info@modcomedia.com
Web Site: modcomedia.com

Employees: 50
Year Founded: 1991

National Agency Associations: LAA

Agency Specializes In: Advertising, Advertising Specialties, Affluent Market, Arts, Aviation & Aerospace, Bilingual Market, Brand Development & Integration, Branded Entertainment, Broadcast, Business Publications, Business-To-Business, Cable T.V., Co-op Advertising, Collateral, College, Communications, Computers & Software, Consulting, Consumer Goods, Consumer Marketing, Consumer Publications, Content, Digital/Interactive, Direct Response Marketing, Direct-to-Consumer, E-Commerce, Education, Electronic Media, Electronics, Email, Entertainment, Event Planning & Marketing, Exhibit/Trade Shows, Fashion/Apparel, Financial, Game Integration, Guerilla Marketing, Health Care Services, High Technology, Hispanic Market, Hospitality, Household Goods, Identity Marketing, In-Store Advertising, Integrated Marketing, International, Internet/Web Design, Leisure, Local Marketing, Luxury Products, Magazines, Marine, Market Research, Media Buying Services, Media Planning, Medical Products, Men's Market, Mobile Marketing, Multimedia, New Product Development, New Technologies, Newspaper, Newspapers & Magazines, Out-of-Home Media, Outdoor, Over-50 Market, Paid Searches, Pharmaceutical, Planning & Consultation, Podcasting, Print, Production, Production (Ad, Film, Broadcast), Production (Print), Programmatic, Promotions, Public Relations, Publicity/Promotions, Radio, Restaurant, Retail, Search Engine Optimization, Seniors' Market, Social Marketing/Nonprofit, Social Media, Sponsorship, Sports Market, Strategic Planning/Research, Syndication, T.V., Teen Market, Trade & Consumer Magazines, Travel & Tourism, Urban Market, Web (Banner Ads, Pop-ups, etc.), Women's Market

Approx. Annual Billings: $100,000,000

Eileidh Bamford *(Pres)*
Erik Dochtermann *(CEO)*
Jodi Andrews *(Sr VP-Media)*
Joseph Jurkovic *(Media Dir)*
Hugh Prysten *(Dir-Media Insights)*
Stephanie Lee Finkelstein *(Assoc Dir-SEO)*
Tim Bowe *(Supvr-Media)*
Charlsie Gregory *(Supvr-Media)*
Amanda Willison *(Supvr-Media)*
Katerina Correa *(Media Planner)*
Victoria Martins *(Media Planner)*
Laura Persak *(Media Planner)*
Benjamin Walthall *(Media Planner)*
Daniel Cartwright *(Grp Media Dir)*
Katherine Emoff *(Sr Media Planner)*
Kristen Kelly *(Sr Media Planner)*
Jennifer Ma *(Assoc Media Dir)*

Accounts:
2K Games 2K Sports
Alex and Ani
Brighthouse Financial (Agency of Record) Digital, Media Buying, Media Planning, Social; 2016
CR7 Digital, Media Buying, Media Planning, Social; 2016
Fox News Media Buying, Media Planning; 2017
Harry Winston Creative, Digital, Production; 2010
Joe Fresh
Kendall & Kylie Digital, Media Buying, Media Planning; 2015
Kenneth Cole Digital, Media Buying, Media Planning, Social; 2015
Lagos Inc.
Metlife Digital, Media Buying, Media Planning, Social; 2016
Playa Resorts Media Buying, Media Planning; 2017
Take Two Interactive Playstation & Nintendo Titles; 1999
TAP Portugal (Agency of Record) Digital, Media Buying, Media Planning, Social; 2017
Tennis Channel Media Buying, Media Planning; 2017
True Religion Digital, Media Buying, Media Planning, Social; 2014
Univision Media Buying, Media Planning; 2017
Vera Wang
Via Spiga
Wacoal Digital, Media Buying, Media Planning, Social; 2017

MODEA
117 Washington St SW, Blacksburg, VA 24060
Tel.: (540) 552-3210
Fax: (540) 552-3223
E-Mail: info@modea.com
Web Site: www.modea.com

Employees: 40
Year Founded: 2006

Bryce Cannon *(Pres)*
Christopher Riegger *(COO)*

Accounts:
Chiquita
HTC

MODERN BRAND COMPANY
1826 3rd Ave N, Birmingham, AL 35203
Tel.: (205) 705-3777
Fax: (205) 705-3778
E-Mail: info@themodernbrand.com
Web Site: www.themodernbrand.com

Employees: 3
Year Founded: 2007

Agency Specializes In: Advertising, Brand Development & Integration, Business-To-Business, Collateral, Communications, Computers & Software, Corporate Identity, Graphic Design, Identity Marketing, Local Marketing, Logo & Package Design

Approx. Annual Billings: $1,000,000

Breakdown of Gross Billings by Media: Graphic Design: 100%

Michael Bell *(Founder, Partner & Strategist-Brand)*
Bradford Kachelhofer *(Principal & Dir-Creative Content)*
Liz Harris *(Dir-PR & New Media)*
Mackenzie Hagan *(Designer-Web)*

Accounts:
Media for Health BodyLove

MODERN CLIMATE
515 Washington Ave N Ste 300, MinneaPOlis, MN 55401
Tel.: (612) 343-8180
Fax: (612) 343-8178
E-Mail: info@modernclimate.com
Web Site: modernclimate.com/

Employees: 25
Year Founded: 1998

Agency Specializes In: Brand Development & Integration, Sponsorship

Keith Wolf *(Pres & Chief Creative Officer)*
Greg Engen *(Pres)*
Brant Haenel *(Chief Strategy Officer)*
Justin Campbell *(Grp Creative Dir)*
Jason Tell *(Chief User Experience Officer)*

Accounts:
Andersen Windows
Best Buy
Empi
Hearth & Home Technologies
Heggies Pizza Brand Identity, Communications, Digital, Strategic Planning
Intel Corporation
Jamba, Inc.
Post-it PopNotes
UnitedHealthcare

MODERN PROMOS
7400 Metro Blvd Ste 400, Minneapolis, MN 55439
Tel.: (651) 400-1644
Web Site: modernpromos.com/

Employees: 50
Year Founded: 2006

Agency Specializes In: Event Planning & Marketing, Guerilla Marketing, Public Relations, Publicity/Promotions, Retail, Sponsorship

Jonathon Nelson *(Pres)*
Dave Schiesser *(Mng Dir-West & VP-Growth Strategy)*
Bill Sluben *(Mng Dir-Atlanta & VP-Growth Strategy)*
Robert Job *(VP-Bus Dev)*
Tom Peters *(VP-Field Mktg & Franchise Rels)*
Karen Walne *(VP-Client Svcs)*
Alexandra Hammerstrom *(Sr Acct Mgr)*

Accounts:
Panda Express
Sprint
T Mobile
Xfinity

THE MODERNS
900 Broadway Ste 903, New York, NY 10003
Tel.: (212) 387-8852
Fax: (212) 387-8824
E-Mail: byu@themoderns.com
Web Site: modernsnyc.tumblr.com/

Employees: 9
Year Founded: 1992

Agency Specializes In: Advertising, Experiential Marketing

Janine James *(Pres & Chief Creative Officer)*

Accounts:
American Express
Harter; Middlebury, IN

MODUS OPERANDI
758 N Highland Ave, Los Angeles, CA 90038
Tel.: (323) 467-9600
Web Site: www.modop.com

Employees: 61
Year Founded: 2011

Agency Specializes In: Advertising, Content, Digital/Interactive, Social Media

Jeff Suhy *(Founder, Pres & Partner)*
Brian Kingston *(Founder, Partner & CFO)*
Aaron Sternlicht *(Founder, Partner & Exec Producer)*
Shannon Clune *(Partner-GM PDX)*
Miles Dinsmoor *(COO)*

ADVERTISING AGENCIES

Roy Martin *(CTO)*
Samantha Schalit *(Project Mgr-Digital)*

Accounts:
Belvedere Vodka Campaign: "Know the Difference", Campaign: "The First Lady of Vodka", Digital, Mobile, Social, Web Channels, Website
Electronic Arts Inc. FIFA 13
Golden Road Brewing (Agency of Record)
Nitro City Panama

MOIRE MARKETING PARTNERS
407 N Washington St, Falls Church, VA 22046
Tel.: (703) 237-0045
Fax: (202) 822-0199
E-Mail: info@moiremarketingpartners.com
Web Site: www.moiremarketing.com

Employees: 7
Year Founded: 2001

Agency Specializes In: Brand Development & Integration, Internet/Web Design, Logo & Package Design, Magazines, Media Buying Services, Print, Public Relations, Search Engine Optimization, Strategic Planning/Research, T.V.

Jeff Roberts *(Partner & Creative Dir)*
Jim Garzione *(Partner)*
Erin Conron Lum *(Acct Dir)*
Elizabeth Edelson *(Sr Designer)*
Margo Howard *(Sr Designer)*

Accounts:
Akin Gump Strauss Hauer & Feld Legal Services
Cushman & Wakefield Real Estate Services
Paul Weiss Legal Services

MOJO LAB
30 W 3rd Ave Ste 200, Spokane, WA 99201
Tel.: (509) 232-0803
Web Site: www.mojo-lab.com

Employees: 8
Year Founded: 2013

Agency Specializes In: Advertising, Digital/Interactive, Graphic Design, Internet/Web Design, Print

Clint Janson *(Principal)*
Kevin Graham *(Jr Partner)*

Accounts:
Churchills Steakhouse
The Spokane Tribe of Indians
Truckland

MOLIO, INC.
14850 S Pony Express Rd Ste 200, Bluffdale, UT 84065
Tel.: (385) 351-5165
E-Mail: general@molio.com
Web Site: www.molio.com

Employees: 50

Agency Specializes In: Advertising, Brand Development & Integration, Digital/Interactive

Jeff Davis *(Pres & CEO)*
Sam Cannon *(Partner-Strategy & Creative)*

Accounts:
Nehemiah Manufacturing Company Boogie Wipes

MOMENT STUDIO
229 W 43rd St 8th Flr, New York, NY 10036
Tel.: (212) 792-6800
E-Mail: info@momentstudio.com
Web Site: www.momentstudio.com

Employees: 50
Year Founded: 2012

Agency Specializes In: Advertising, Brand Development & Integration, Content, Digital/Interactive, Event Planning & Marketing, Publicity/Promotions, Social Media

Ron Lent *(Creative Dir)*

Accounts:
New-Chiquita Brands L.L.C.
New-Frito-Lay North America, Inc
New-Nestle S.A.
SlimFast
U.S. Bank

MOMENTUM MARKETING
295 Seven Farms Dr, Charleston, SC 29492
Tel.: (843) 377-8450
Fax: (843) 377-8451
E-Mail: info@momentumresults.com
Web Site: www.momentumresults.com

Employees: 50

Agency Specializes In: Advertising, Brand Development & Integration, Graphic Design, Internet/Web Design, Logo & Package Design, Market Research, Media Buying Services, Public Relations, Search Engine Optimization

Pam Hartley *(Principal)*
Lawrence Greenspon *(VP-Accts)*
Alex Kreitman *(VP-Digital Mktg)*
Gillian Mechling *(Mgr)*
Julia Melvin *(Mgr-Social Media)*
Spencer Willis *(Mgr-Digital Mktg)*
Melissa Caloca *(Designer-Creative)*
Charlotte Sparks *(Acct Coord)*
Kayla Duclos *(Asst-Mktg)*

Accounts:
The Coastal Cupboard
Cupcake DownSouth Campaign: "Sweet"
Indigo Auto Group Desert European Motorcars
Loeber Motors, Inc.
NeSmith Chevrolet 40th Anniversary, Online Promotion, Press, Print, Radio, Social Media
Palmetto Moon
Wonder Works, Inc.

MOMENTUM WORLDWIDE
250 Hudson St, New York, NY 10013
Tel.: (646) 638-5400
E-Mail: info@momentumww.com
Web Site: www.momentumww.com

E-Mail for Key Personnel:
President: chris.weil@momentumww.com

Employees: 2,000
Year Founded: 1987

National Agency Associations: 4A's-AMA-PMA-POPAI

Agency Specializes In: Above-the-Line, Advertising, Advertising Specialties, Affluent Market, African-American Market, Alternative Advertising, Automotive, Below-the-Line, Bilingual Market, Brand Development & Integration, Branded Entertainment, Broadcast, Business-To-Business, Collateral, College, Communications, Computers & Software, Consulting, Consumer Goods, Consumer Marketing, Corporate Communications, Corporate Identity, Cosmetics, Customer Relationship Management, Digital/Interactive, Electronic Media, Electronics, Entertainment, Event Planning & Marketing, Exhibit/Trade Shows, Experience Design, Experiential Marketing, Fashion/Apparel, Financial, Food Service, Game Integration, Government/Political, Graphic Design, Guerilla Marketing, Health Care Services, High Technology, Hispanic Market, Household Goods, Identity Marketing, In-Store Advertising, Integrated Marketing, International, Internet/Web Design, LGBTQ Market, Leisure, Local Marketing, Logo & Package Design, Luxury Products, Magazines, Media Relations, Media Training, Medical Products, Merchandising, Mobile Marketing, Multicultural, Multimedia, Newspaper, Newspapers & Magazines, Out-of-Home Media, Outdoor, Package Design, Pharmaceutical, Planning & Consultation, Podcasting, Point of Purchase, Point of Sale, Print, Product Placement, Production (Print), Promotions, Public Relations, Publicity/Promotions, Recruitment, Restaurant, Retail, Sales Promotion, Search Engine Optimization, Social Marketing/Nonprofit, Sponsorship, Sports Market, Strategic Planning/Research, Sweepstakes, Teen Market, Transportation, Travel & Tourism, Urban Market, Viral/Buzz/Word of Mouth, Women's Market

Elena Klau *(Chief Strategy Officer & Chief Analytics Officer-North America)*
Omid Farhang *(Chief Creative Officer)*
Jason Alan Snyder *(CTO)*
Luke D'Arcy *(Pres-UK)*
Donnalyn Smith *(Pres-North America)*
Christine Shoaf *(Exec VP & Acct Dir-Global)*
Joe Lampertius *(Exec VP-Strategic Partnerships & Growth)*
Abigail Baehr *(Sr VP & Dir-Strategy-North America)*
Spring Clinton *(Sr VP & Dir-Production)*
Jay Batavia *(VP-Sponsorship Consulting-Sports & Entertainment)*
Glen Peden *(VP & Grp Creative Dir)*
David Chamberlain *(Exec Creative Dir-North America)*
Dooner Smith *(Dir-Production)*
Robyn Tenholder *(Dir-Compliance)*
Jenn Federici *(Sr Mgr-Entertainment Partnerships)*
Hannah Miller *(Acct Mgr)*
Kate Barron *(Mgr-Bus Leadership)*
Hillary Daniel *(Mgr-Bus Leadership)*
Rochelle Dorset *(Mgr-Bus Leadership)*
Courtney Ridenhour *(Mgr-Bus Leadership)*
Tori Milenthal *(Sr Acct Exec)*
Catherine Clawson *(Acct Exec)*
Amanda Jones *(Assoc Producer)*

Accounts:
Advanced Micro Devices
Allstate Protect It or Lose It
American Express Campaign: "Unstaged"; 1997
Anheuser-Busch Inc. Budweiser, Campaign: "Drink Responsibly", Campaign: "Friends are Waiting", Creative, Media; 1998
Bentley
Chevron (Sponsorship & Experiential Agency of Record)
Chobani Yogurt (Experiential Agency of Record)
Comcast Corporation
General Motors Buick
Hyundai
Johnson & Johnson
KIA
KRAFT; Chicago, IL & NJ; 2004
Lg Electronics Mobile Campaign: "Jane's Addiction Comes Alive"
Microsoft; 2000
Mondelez International
Nestle
Office Depot; Chicago, IL; 2009
Porsche Cars North America, Inc.
SAP America, Inc.
SeaWorld Parks & Entertainment LLC Cove, Discover, KaTonga
Starwood Hotels & Resorts
United Airlines Global Sponsorship Portfolio
UPS; Atlanta, GA Sponsorship & Activation-Sports; 2010

AGENCIES - JANUARY, 2019 — ADVERTISING AGENCIES

Verizon Campaign: "Better Reality", Campaign: "BetterNetwork"

Branches

ChaseDesign, LLC
1326 New Seneca Tpk, Skaneateles, NY 13152
Tel.: (315) 685-1120
E-Mail: business@chasedesign.net
Web Site: www.chasedesign.net

Employees: 101

Agency Specializes In: Package Design

Amy Lee *(Mng Partner)*
Joe Lampertius *(Exec VP-Strategic Partnerships & Growth)*
Lindsay Pittard *(Head-Client)*
Sean McNaughton *(Sr Dir-Design)*
Ben Watkins *(Sr Dir-Strategy)*
Bill Assimon *(Dir-Client Dev)*
Eric Meier *(Dir-Design)*
Brad O'Connor *(Dir-Fin)*
Kelly Vann *(Acct Mgr)*
Philip Sears *(Production Mgr)*
Christopher P. Andrews *(Mgr-Design)*
Melissa E. Chapman *(Mgr-Large-Scale Retail Projects)*
Naomi Stockwell *(Strategist-Creative)*
Ronald J. Kingston *(Sr Designer)*
Lauren Ciereck *(Acct Coord)*
Karen M. Wicks *(Coord-Accts Payable)*
Tanner L. Gjersvig *(Project Specialist)*
Margaret Lee *(Sr Writer-Creative)*
Stefanie Stoddard *(Exec Sec)*

Accounts:
Procter & Gamble

Momentum
944 Brady Ave Nw, Atlanta, GA 30318
Tel.: (404) 954-8300
Fax: (404) 954-8399
E-Mail: momusat@momentumww.com
Web Site: www.momentumww.com

Employees: 25

National Agency Associations: 4A's

Agency Specializes In: Event Planning & Marketing, Sales Promotion

Omid Farhang *(Chief Creative Officer)*
Mike Wilhelm *(Sr VP-Sports Sponsorship)*
Jorge Hernandez *(VP-Integration)*
Sopho Chikvaidze *(Acct Dir)*
Cameron Templeton *(Creative Dir)*

Momentum
444 N Michigan Ave Ste 1700, Chicago, IL 60611
Tel.: (312) 245-3500
Fax: (312) 245-3550
Web Site: www.momentumww.com

Employees: 62
Year Founded: 2002

National Agency Associations: 4A's

Agency Specializes In: Event Planning & Marketing, Experiential Marketing, Sales Promotion, Sponsorship

Matthew Gidley *(Sr VP, Mng Dir & Head-Experiential Mktg-Live Events Grp-NA)*
Amy Barnard *(Sr VP & Grp Dir-Bus Leadership)*
Bruce Fougere *(Sr VP & Grp Creative Dir)*
Omari J. Miller *(VP & Creative Dir)*
Bethany Kay Barefoot *(VP-Bus Leadership)*

David Aureden *(Dir-Client Strategy)*
Andrew Stolp *(Dir-Bus Leadership)*
Sara Maccaferri *(Sr Acct Mgr-Bus Leadership)*
Kate Calille *(Mgr-Bus Leadership)*
Tiffany Moten *(Sr Acct Exec)*

Accounts:
Mondelez International, Inc. In-Store Marketing & Promotional, Salad Dressings

Momentum
1831 Chestnut St Fl 7, Saint Louis, MO 63103
Tel.: (314) 646-6200
Fax: (314) 646-6960
E-Mail: info@momentumww.com
Web Site: www.momentumww.com

Employees: 270
Year Founded: 1987

National Agency Associations: 4A's-AMA-PMA-POPAI

Agency Specializes In: Advertising, Consulting, Digital/Interactive, Entertainment, Event Planning & Marketing, Promotions, Retail, Sales Promotion, Sponsorship, Sports Market

Yoav Kfir *(Partner-VAR)*
David Bannecke *(Sr VP & Head-Creative & Co-Office-St Louis)*
Alison Sheehan *(Sr VP, Reg Dir-Growth & Grp Dir-Bus Leadership)*
Jeff Coburn *(Sr VP & Dir-Creative Strategy)*
Mike Sundet *(Sr VP & Dir-Sports & Entertainment-North America)*
Melissa Hamilton *(Sr VP-Integrated Production-North America)*
Doug Pierce *(VP & Dir-IT)*
Laurie Ahrens *(Creative Dir)*
Jennifer Teasdale *(Acct Dir)*

Accounts:
American Express; 1997
AMR Corporation American Airlines
Anheuser-Busch Inc. Budweiser Select 55; 1998
The Coca-Cola Company Dasani, My Coke Rewards, Sprite
Lg Electronics Mobile Campaign: "Jane's Addiction Comes Alive"
Lion Co.
Minute Maid Company
Nike, Inc.
The Procter & Gamble Company Crest, Fixodent, Scope
Seiyu
SSM Health Care Network Branding, Strategy

MONARCH COMMUNICATIONS INC.
343 Millburn Ave Ste 305, Millburn, NJ 07041
Tel.: (973) 912-9101
Fax: (973) 912-0875
E-Mail: ira@moncominc.com
Web Site: www.moncominc.com

Employees: 5

Agency Specializes In: Advertising, Graphic Design, Internet/Web Design, Print

Ron Ribaudo *(Dir-Creative)*

Accounts:
Advantage Lites & Louvers
Bongrain North America
Care Station Medical Group
Centenary College
Colavita Foods USA
Deidre's House
The Episcopal Church Foundation
Gotham Bank of New York
Hamburger Woolen Company

The Horizon Group
IND-EX Inc.
Landice Treadmills
Mount Pleasant Animal Shelter
New Jersey SEEDS
Pectus Services
Perugina Chocolates
Primary Case Company
Sports Care Services
The Urban Dove
The Valerie Fund
Zero International

MONDO ROBOT
5445 Conestoga Ct, Boulder, CO 80301
Tel.: (303) 800-2916
E-Mail: info@mondorobot.com
Web Site: www.mondorobot.com

Employees: 39

Agency Specializes In: Advertising, Digital/Interactive, Event Planning & Marketing, Logo & Package Design

Chris Hess *(Principal & Creative Dir)*
Kai Rader *(Creative Dir)*
Kelly Medema *(Office Mgr)*
Ben Frederick *(Sr Designer-Interaction)*
Garrett Wieronski *(Sr Art Dir)*

Accounts:
K2

MONIKER INC.
2169 Folsom St M101, San Francisco, CA 94110
Tel.: (415) 741-7006
E-Mail: hello@monikersf.com
Web Site: monikersf.com

Employees: 10
Year Founded: 2012

Agency Specializes In: Advertising, Brand Development & Integration, Package Design, Strategic Planning/Research

Lindsey Couchman *(Co-Founder)*
Brent Couchman *(Co-Founder & Creative Dir)*
Jay Jeon *(Designer)*
Nate Luetkehans *(Creative Dir)*

Accounts:
New-One Medical

MONO
1350 Lagoon Ave, Minneapolis, MN 55408
Tel.: (612) 454-4900
Fax: (612) 454-4950
E-Mail: info@mono-1.com
Web Site: www.mono-1.com

Employees: 40
Year Founded: 2004

Agency Specializes In: Automotive, High Technology, Information Technology, Pets, Retail, Sponsorship, Transportation

James Scott *(Co-Founder & Mng Partner)*
Michael Hart *(Co-Founder, Partner & Co-Chief Creative Officer)*
Chris Lange *(Co-Founder & Co-Chief Creative Officer)*
Jeffrey Gorder *(Chief Growth Officer)*
Vanessa Fortier *(Exec Creative Dir)*
Joe King *(Grp Acct Dir)*
Melissa Mathei *(Grp Acct Dir)*
Stephanie Schafer *(Grp Acct Dir)*
Dave Bullen *(Creative Dir)*
Christopher Howe *(Art Dir)*

ADVERTISING AGENCIES
AGENCIES - JANUARY, 2019

Molly Loken *(Acct Dir)*
Aaron O'Keefe *(Acct Dir)*
Brian Platt *(Creative Dir)*
Joel Stacy *(Creative Dir)*
Dan Sundquist *(Producer-Digital)*
Lauren Buckley *(Dir-Strategic Plng)*
Adam Crandall *(Dir-Strategy)*
Kathleen Flanders *(Dir-Production Resource)*
Jolene Lew *(Dir-Creative Resource)*
Steve Lynch *(Dir-Connections Strategy)*
Erika Schumacher *(Dir-Art Production)*
Heather Hint *(Mktg Mgr)*
Mariah Becchetti *(Mgr-Studio)*
Evan Entler *(Acct Supvr)*
Laila Stainbrook *(Acct Supvr)*
Lee Cerier *(Strategist)*
Nick Dmytrenko *(Strategist-Social Media)*

Accounts:
Advance Auto Parts (Creative Agency of Record) Brand Strategy, Campaign: "That Feeling", Marketing
Alfa Romeo
Animal Planet
Apple iPad
New-Bimbo Bakeries USA Inc. Bagels, Creative, Swirl Breads, Thomas' English Muffins; 2018
Blu Dot Real Good Experiment
Blue Cross and Blue Shield of Minnesota Campaign: "The Human Doing"
Breaking Bad Television Series
Children's Hospitals and Clinics of Minnesota
The Gatorade Company Digital, Print, Propel Water, Social, TV, Video
General Mills
Google, Inc; 2005
Harvard Business School
Honeywell Broadcast, Digital, Lyric Thermostat, OOH, Print, Social
Life Creative
Loews Hotels (Agency of Record) Creative, Integrated Campaign, Loews Hotels and Resorts, Loews Regency, OE Collection
Lucy Activewear Campaign: "#Childspose"
MillerCoors LLC Creative, Leinenkugel's; 2018
NHL & NBC
OfficeMax
Parsons The New School For Design Campaign: "Soundaffects"
PepsiCo Campaign: "Made to Move", Propel (Lead Creative Agency)
New-Peroni
Phillips Distilling Company; Minneapolis, MN (Agency of Record)
Quaker Life Cereal, Quaker Oats
New-Redbox Automated Retail, LLC
The Science Channel
Sesame Workshop; 2004
The Sherwin-Williams Company HGTV Home (Creative Agency of Record), Integrated Campaigns, Krylon (Creative Agency of Record), Valspar (Creative Agency of Record); 2018
Smashburger (Agency of Record) Creative, Experiential, Out-of-Home, Print, Radio
Sperry Top-Sider, Inc. Campaign: "Odysseys Await"
Target Corporation Campaign: "Cannonball", Campaign: "Everyday Collection", Campaign: "Field Trip", Campaign: "Scoot", Campaign: "Slide", Campaign: "Sunrise", Campaign: "Target Run", Campaign: "Tire Swing", Creative, Grocery & Food Business
Tillamook Cheese (Advertising Agency of Record)
TurboChef Technologies TurboChef Oven
USA Networks; 2005
The Valspar Corporation (Creative Agency of Record) Integrated Campaigns; 2018
Vera Bradley (Agency of Record) Creative
Virgin Mobile USA, Inc. Do Whatever It Takes, Virgin Unite
Wal-Mart Stores, Inc. Grocery (Agency of Record)

Branch

Mono
99 Osgood Place, San Francisco, CA 94133
Tel.: (415) 612-2325
Web Site: www.mono-1.com

Employees: 10
Year Founded: 2004

Agency Specializes In: Advertising, Brand Development & Integration, Content, Crisis Communications, Digital/Interactive, Event Planning & Marketing, Print, Public Relations, Social Media

Britta Savik *(Acct Dir-SF)*

Accounts:
New-Children's Network, LLC Sprout
New-Frito-Lay North America, Inc. Sun Chips
New-Google Inc.
New-Mozilla
New-The North Face, Inc.
New-Riot Games
Stanford Health Care (Agency of Record)

THE MONOGRAM GROUP
4001 N Ravenswood Ave Ste 501, Chicago, IL 60613
Tel.: (312) 726-4300
Fax: (312) 726-4300
Web Site: www.monogramgroup.com

Employees: 20
Year Founded: 1990

Agency Specializes In: Advertising, Brand Development & Integration, Digital/Interactive, Market Research

Scott Markman *(Pres)*
Jackie Short *(Partner)*
Chip Balch *(Creative Dir)*

Accounts:
Abbott Laboratories
American Hospital Association
Central Illinois Regional Museum
The Chicago Council on Global Affairs
Chicago Symphony Orchestra
Cole Taylor Bank
Kemper Investments
McDonald's Corporation
Wilson Sporting Goods Co.

MONOPOLIZE YOUR MARKETPLACE
2140 E Southlake Blvd #L812, Southlake, TX 76092
Tel.: (817) 416-4333
Fax: (817) 796-2967
E-Mail: info@mym-essentials.com
Web Site: https://www.mymonline.com/

Employees: 12
Year Founded: 1994

Agency Specializes In: Digital/Interactive, Internet/Web Design

Rich Harshaw *(CEO)*
Bryan Bauman *(COO)*

MONSTER MEDIA, LLC
(Name Changed to Monster XP)

MONSTER XP
(Formerly Monster Media, LLC)
555 S Lake Destiny Dr, Orlando, FL 32810
Tel.: (407) 478-8163
Web Site: monsterxp.net/

Employees: 60
Year Founded: 2006

Agency Specializes In: Sponsorship

Revenue: $2,600,000

Natalie Brokaw *(VP-Mktg & Client Svcs)*
Sloan Jenkins *(Dir-Ops)*
James Laurino *(Dir-R&D)*
Kristin McPheeters *(Dir-HR)*

Accounts:
AMC Campaign: "Humans Charging Stations"

THE MONTELLO AGENCY
1886 Melrose Plantation Dr, Jacksonville, FL 32223
Tel.: (904) 737-0012
Web Site: www.montelloagency.com

Employees: 20

Agency Specializes In: Advertising, Collateral, Corporate Identity, Graphic Design, Internet/Web Design, Logo & Package Design, Out-of-Home Media, Outdoor, Print, Public Relations, Social Media

Cynthia Montello *(Pres & CEO)*
Howard Montello *(Sls Dir)*

Accounts:
Durbin Crossing
Susan Carter CPA

MONTIETH & COMPANY LLC
12 E 49th St 11th Fl, New York, NY 10017
Tel.: (646) 864-3080
Fax: (718) 514-1383
E-Mail: hello@montiethco.com
Web Site: montiethco.com

Employees: 10

Agency Specializes In: Advertising, Collateral, Communications, Content, Digital/Interactive, Media Buying Services, Media Planning, Public Relations, Sponsorship, Strategic Planning/Research

Montieth M. Illingworth *(CEO & Mng Partner)*
Zarna Patel *(Dir-EMEA)*

Accounts:
New-Clear Blue Technologies International Inc
New-Guidepost Solutions LLC

MOONLIGHT CREATIVE GROUP, INC.
930 E Blvd Ste B, Charlotte, NC 28203
Tel.: (704) 358-3777
Web Site: www.moonlightcreative.com

Employees: 7
Year Founded: 1996

Agency Specializes In: Advertising, Brand Development & Integration, Digital/Interactive, Internet/Web Design, Logo & Package Design, Media Buying Services, Media Planning, Print

Dawn Newsome *(Partner)*

Accounts:
Charlotte Indoor Tennis Club

MOORE & ISHERWOOD COMMUNICATIONS, INC.
128 Union St Ste 1, New Bedford, MA 02740

AGENCIES - JANUARY, 2019 — ADVERTISING AGENCIES

Tel.: (508) 996-3946
Fax: (508) 997-2469
Web Site: www.micomm.com

E-Mail for Key Personnel:
President: eisherwood@micomm.com

Employees: 5
Year Founded: 1975

Agency Specializes In: Corporate Identity, Education, Environmental, Government/Political, Graphic Design, Health Care Services, Internet/Web Design, Logo & Package Design, Public Relations, Travel & Tourism

Approx. Annual Billings: $2,500,000

Breakdown of Gross Billings by Media: Bus. Publs.: $200,000; Collateral: $600,000; Mags.: $100,000; Newsp.: $100,000; Production: $500,000; Pub. Rels.: $500,000; Radio & T.V.: $500,000

Elizabeth Isherwood *(Pres)*

Accounts:
Fall River Office of Economic Development; Fall River, MA
Precix Inc.

MOORE & SCARRY ADVERTISING
(Name Changed to CK Advertising)

MOORE COMMUNICATIONS GROUP
2011 Delta Blvd, Tallahassee, FL 32303
Tel.: (850) 224-0174
Fax: (850) 224-9286
E-Mail: jimh@moorecommgroup.com
Web Site: www.moorecommgroup.com

Employees: 25

Agency Specializes In: Advertising, Brand Development & Integration, Communications, Event Planning & Marketing, Government/Political, Integrated Marketing, Internet/Web Design, Local Marketing, Media Relations, Public Relations

Karen B. Moore *(Founder & CEO)*
Richard Moore *(Owner)*
Jamie Fortune *(Mng Dir)*
Terrie Ard *(Principal)*
Darren Allen *(Mng Dir-UX)*
Jordan Jacobs *(VP-Acct Servicing)*
Audrey Morris *(VP)*
Nanette Schimpf *(VP)*
Ayla Anderson *(Sr Dir)*
Courtney Cox *(Assoc Dir)*
Adam Montgomery *(Acct Exec)*
Whitney Pickett *(Coord-Comm)*

Accounts:
American Lung Association of Florida
Florida Chamber of Commerce
Vote Smart Florida

MOORE, EPSTEIN, MOORE
273 Applewood Ctr Place Ste 342, Seneca, SC 29678
Tel.: (864) 719-0048
E-Mail: tmoore@mooreepsteinmoore.com
Web Site: www.mooreepsteinmoore.com

Employees: 15
Year Founded: 1983

Approx. Annual Billings: $21,000,000

Ted Moore *(Partner)*

Accounts:
Outback Bowl; Tampa, FL

Southeast Communities
Tampa Bay & Co
Tampa Convention Center

MOOSYLVANIA MARKETING
7303 Marietta, Saint Louis, MO 63143
Tel.: (314) 644-7900
Fax: (314) 533-8056
Web Site: www.moosylvania.com

Employees: 45

Agency Specializes In: Sponsorship

Revenue: $2,800,000

Norty Cohen *(CEO)*
Mary Delano *(CMO)*
Sharon Ayres *(VP-HR)*
Michael Harris *(VP-Media & Consumer Insights)*
Whitney Voigt *(VP-Acct Svcs)*
Meghan Boyle *(Acct Mgr)*
Patrick Olds *(Assoc Creative Dir)*

Accounts:
Capital One
K-Mart
Nestle Purina
Ocean Spray
Over The Moon
Purina
Sapporo USA
Sears Kmart
Solutia
Steaz (Social Agency of Record)
We Car
WOW Green

THE MORAN GROUP LLC
8900 Bluebonnet Blvd, Baton Rouge, LA 70810
Tel.: (225) 769-1059
Toll Free: (800) 375-9986
E-Mail: info@moranadvertising.com
Web Site: www.moranadvertising.com

Employees: 101

Agency Specializes In: Advertising, Digital/Interactive, Internet/Web Design, Media Buying Services, Media Planning, Print, Radio, Search Engine Optimization, Social Media, T.V.

Jim Moran *(Founder & COO)*
Pamela LeJeune *(VP)*
Kathryn Lemoine *(VP-Digital Strategies & Ops)*
Linda Dixon *(Media Dir)*
Mike Freyder *(Creative Dir)*
Robert Miketinas *(Acct Dir)*
Dana Duet *(Dir-Acctg)*
Stephanie Croteau *(Assoc Dir-Digital Media)*
Erica Lesaicherre *(Mgr-Digital Media)*
Patrick Box *(Acct Exec-Digital Media)*
Amie Chamberlain *(Sr Media Buyer)*

Accounts:
Fred Haas Toyota World

MORE ADVERTISING
50 Hunt St Ste 140, Watertown, MA 02472
Tel.: (617) 558-6850
Fax: (617) 558-6851
E-Mail: info@moreadvertising.com
Web Site: www.moreadvertising.com

Employees: 20

Agency Specializes In: Advertising, Brand Development & Integration, Digital/Interactive, Event Planning & Marketing, Media Buying Services, Media Planning, Media Relations, Print, Public Relations, Strategic Planning/Research

Donna Latson Gittens *(Founder & CEO)*
Judi Haber *(Principal)*
Meg Doucette *(Mgr-Acct Svcs & Office)*
Lisa Grace *(Acct Supvr)*
Megan Palame *(Acct Supvr)*
Angel Harris *(Sr Acct Exec)*
Julia Gould *(Acct Exec & Strategist-Digital Media)*
Anna Marie Finley *(Acct Exec)*
Brad Fritz *(Sr Graphic Designer)*

Accounts:
Boston Water & Sewer Commission
UMass Amherst

MORE MEDIA GROUP
1427 Goodman Ave, Redondo Beach, CA 90278
Tel.: (310) 937-9663
Fax: (310) 937-9759
E-Mail: billg@moremediagroup.com
Web Site: www.moremediagroup.com

Employees: 6
Year Founded: 2000

Agency Specializes In: Advertising, Advertising Specialties, Affluent Market, Alternative Advertising, Arts, Automotive, Brand Development & Integration, Branded Entertainment, Broadcast, Business Publications, Business-To-Business, Cable T.V., Catalogs, Co-op Advertising, Collateral, Communications, Computers & Software, Consulting, Consumer Goods, Consumer Marketing, Consumer Publications, Content, Corporate Communications, Corporate Identity, Custom Publishing, Customer Relationship Management, Digital/Interactive, Direct Response Marketing, Direct-to-Consumer, E-Commerce, Electronic Media, Electronics, Engineering, Entertainment, Event Planning & Marketing, Exhibit/Trade Shows, Fashion/Apparel, Financial, Graphic Design, Guerilla Marketing, High Technology, Hispanic Market, Identity Marketing, In-Store Advertising, Industrial, Integrated Marketing, International, Internet/Web Design, Investor Relations, Leisure, Local Marketing, Luxury Products, Magazines, Market Research, Media Buying Services, Media Planning, Media Relations, Media Training, Merchandising, Mobile Marketing, Multimedia, New Product Development, New Technologies, Newspaper, Newspapers & Magazines, Out-of-Home Media, Outdoor, Package Design, Paid Searches, Pharmaceutical, Planning & Consultation, Podcasting, Point of Purchase, Point of Sale, Print, Product Placement, Production, Production (Ad, Film, Broadcast), Production (Print), Promotions, Public Relations, Publicity/Promotions, Publishing, RSS (Really Simple Syndication), Radio, Real Estate, Retail, Sales Promotion, Social Marketing/Nonprofit, Sponsorship, Sports Market, Strategic Planning/Research, Syndication, T.V., Technical Advertising, Trade & Consumer Magazines, Transportation, Viral/Buzz/Word of Mouth, Web (Banner Ads, Pop-ups, etc.)

Approx. Annual Billings: $5,500,000

Breakdown of Gross Billings by Media:
Audio/Visual: $2,000,000; E-Commerce: $1,000,000; Exhibits/Trade Shows: $2,500,000

Bill Ganz *(Founder)*

Accounts:
Epson; Long Beach, CA
Fender

MOREHEAD DOTTS RYBAK
2767 Santa Fe St, Corpus Christi, TX 78404
Tel.: (361) 883-6327
E-Mail: info@mdradvertising.com

757

ADVERTISING AGENCIES

Web Site: www.mdradvertising.com

Employees: 50

Agency Specializes In: Advertising, Brand Development & Integration, Broadcast, Collateral, Digital/Interactive, Email, Event Planning & Marketing, Internet/Web Design, Logo & Package Design, Media Buying Services, Media Planning, Package Design, Print, Public Relations, Radio, Social Media, Strategic Planning/Research, T.V.

Fred Dotts *(Pres & CEO)*
Stephen Rybak *(Principal & Creative Dir)*
Mo Morehead *(Principal)*
Holly Osborn *(VP-Client Svcs)*
Debra Estrada *(Comptroller)*
Sara King *(Production Mgr)*
Paul Garcia *(Mgr-Web Svcs)*
Rebecca Childs *(Strategist-Acct)*
Lauren Clayton *(Acct Exec)*
Nancy Zuniga *(Acct Exec)*
Janet Wilems *(Sr Art Dir)*

Accounts:
Texas A&M International University

MORGAN + COMPANY
4407 Canal St, New Orleans, LA 70119
Tel.: (504) 523-7734
Fax: (504) 523-7737
E-Mail: info@morganandco.com
Web Site: www.morganandco.com

Employees: 10

National Agency Associations: 4A's

Agency Specializes In: Business-To-Business, Digital/Interactive, Education, Entertainment, Exhibit/Trade Shows, Financial, Health Care Services, Hospitality, Local Marketing, Media Relations, Mobile Marketing, Out-of-Home Media, Outdoor, Print, Radio, Retail, Social Marketing/Nonprofit, T.V., Travel & Tourism

Revenue: $120,000

Brenda Cole *(CFO)*
Renee Stuart *(Dir-Media Buying)*

Accounts:
Ballista
Cleco
New Orleans Police
Ochsner
Raised Floor Living

MORGAN & MYERS, INC.
N16 W23233 Stone Ridge Dr Ste 200, Waukesha, WI 53188
Tel.: (262) 650-7260
Fax: (262) 650-7261
Web Site: www.morganmyers.com

E-Mail for Key Personnel:
President: toliver@morganmyers.com

Employees: 25
Year Founded: 1982

Agency Specializes In: Advertising, Agriculture, Brand Development & Integration, Business-To-Business, Collateral, Communications, Consulting, Consumer Marketing, Corporate Identity, E-Commerce, Environmental, Financial, Food Service, Government/Political, Graphic Design, Health Care Services, Industrial, Information Technology, Internet/Web Design, Planning & Consultation, Print, Production, Public Relations, Publicity/Promotions, Restaurant, Retail, Sales Promotion, Sponsorship, Strategic Planning/Research, Technical Advertising

Breakdown of Gross Billings by Media: D.M.: 20%; Farm Publs.: 50%; Radio: 10%; Trade & Consumer Mags.: 20%

Tim Oliver *(Pres)*
Max Wenck *(Partner)*
Linda Basse Wenck *(Principal & Dir-Corp Affairs & Social Responsibility)*
Sherry Cerasoli *(Acct Coord)*
Tonia McBride *(Acct Coord)*
Amy Beck *(Coord-Mktg Svcs)*
Stacy Burmeister *(Coord-Mktg Svcs)*

Accounts:
Foremost Farms, USA , Dairy Cooperative; 2004
Foremost Farms, USA
Kraft Agriculture-Related PR, Oscar Mayer; 2007
McDonald's
Monsanto
NCSRP Coalition
Nestle Purina PetCare Company
Novartis
Progressive Agriculture Foundation Creative
West Nile Equine

Branches

Morgan & Myers, Inc.
1005 Stratford Ave, Waterloo, IA 50701-1952
Tel.: (319) 233-0502
Fax: (319) 233-8077
Web Site: www.morganmyers.com

Employees: 30
Year Founded: 1986

Agency Specializes In: Agriculture, Business-To-Business, Financial, Food Service, Pets

Max Wenck *(Partner)*
Jànine Stewart *(Principal & Dir-Integrated Comm)*
Kim Cooke *(Dir-Brand Strategy)*
Laurie Redman-Steen *(Copywriter)*
Sherry Cerasoli *(Acct Coord)*
Jill Kahn *(Sr Art Dir)*

Accounts:
Rabobank International

MORNINGSTAR MEDIA GROUP
240 Edward St, Sycamore, IL 60178
Tel.: (815) 899-0150
Web Site: www.morningstarmediagroup.com

Employees: 11

Agency Specializes In: Advertising, Brand Development & Integration, Graphic Design, Internet/Web Design, Social Media

Ryan Weckerly *(Pres & CEO)*

Accounts:
Lake Cook Orthopedics

MOROCH HOLDINGS, INC.
3625 N Hall St Ste 1100, Dallas, TX 75219-5122
Tel.: (214) 520-9700
Fax: (214) 252-1724
E-Mail: contact@moroch.com
Web Site: www.moroch.com

Employees: 430
Year Founded: 1981

National Agency Associations: 4A's

Agency Specializes In: Above-the-Line, Advertising, Advertising Specialties, Affiliate Marketing, African-American Market, Alternative Advertising, Arts, Asian Market, Automotive, Below-the-Line, Bilingual Market, Brand Development & Integration, Branded Entertainment, Broadcast, Business Publications, Cable T.V., Catalogs, Co-op Advertising, Collateral, College, Commercial Photography, Communications, Consulting, Consumer Goods, Consumer Marketing, Consumer Publications, Content, Copywriting, Corporate Communications, Corporate Identity, Cosmetics, Crisis Communications, Custom Publishing, Customer Relationship Management, Digital/Interactive, Direct Response Marketing, Direct-to-Consumer, E-Commerce, Education, Electronic Media, Electronics, Email, Engineering, Entertainment, Event Planning & Marketing, Exhibit/Trade Shows, Experience Design, Experiential Marketing, Faith Based, Fashion/Apparel, Financial, Food Service, Game Integration, Graphic Design, Guerilla Marketing, Health Care Services, High Technology, Hispanic Market, Hospitality, Household Goods, Identity Marketing, In-Store Advertising, Industrial, Infomercials, Information Technology, Integrated Marketing, Internet/Web Design, Investor Relations, LGBTQ Market, Legal Services, Leisure, Local Marketing, Logo & Package Design, Magazines, Marine, Market Research, Media Buying Services, Media Planning, Media Relations, Media Training, Medical Products, Men's Market, Merchandising, Mobile Marketing, Multicultural, Multimedia, New Product Development, New Technologies, Newspaper, Newspapers & Magazines, Out-of-Home Media, Outdoor, Package Design, Paid Searches, Pharmaceutical, Planning & Consultation, Podcasting, Point of Purchase, Point of Sale, Print, Product Placement, Production, Production (Ad, Film, Broadcast), Production (Print), Programmatic, Promotions, Public Relations, Publicity/Promotions, Publishing, RSS (Really Simple Syndication), Radio, Recruitment, Regional, Restaurant, Retail, Sales Promotion, Search Engine Optimization, Seniors' Market, Shopper Marketing, Social Marketing/Nonprofit, Social Media, Sponsorship, Sports Market, Stakeholders, Strategic Planning/Research, Sweepstakes, Syndication, T.V., Technical Advertising, Teen Market, Telemarketing, Trade & Consumer Magazines, Transportation, Travel & Tourism, Urban Market, Viral/Buzz/Word of Mouth, Web (Banner Ads, Pop-ups, etc.), Women's Market, Yellow Pages Advertising

Approx. Annual Billings: $500,000,000

Russell Parker *(Partner)*
Sally Smolenski *(Partner-Moroch Entertainment)*
Laura Keene *(CFO)*
Leeann Wells *(Sr Producer-Brdcst)*
Alyssa Alexandra Lowe *(Acct Dir)*
Julie Cazalas McBurnett *(Acct Dir-Moroch Partners)*
James Squires *(Creative Dir)*
Kelly Wilson *(Acct Dir)*
Pam Stutler *(Assoc Dir-Media Investment)*
Allicia Pappenfus *(Acct Supvr)*
Paula Grunow *(Supvr-Media Plng)*
Katelynn Martin *(Supvr-Media Plng)*
Lauren Young *(Supvr-Media Plng)*
Ben Rucker *(Copywriter)*
Cheryl Herrick *(Buyer-Print)*
Laura Lander *(Assoc Media Dir)*
Cristina Vilella *(Sr Partner-Moroch Partners)*

Accounts:
AdvoCare Foundation (Agency of Record) Creative, Digital; 2017
Apothecary Products
Baylor Scott & White Health (Agency of Record) Digital, Display, Media Buying, Media Planning, Mobile, Online, Video
Big Tex Trailers (Agency of Record) Brand Management, Strategy; 2017
Bleecker Street

AGENCIES - JANUARY, 2019 — ADVERTISING AGENCIES

Clarus Glassboards (Agency of Record); 2017
The Coca-Cola Company
Columbia Pictures
The Dallas Opera
Dickies (Media Agency of Record) Media Buying, Media Planning
FASTSIGNS International; 2004
FedEx Office
Focus Features
Fox Searchlight
Galvez Rum; 2017
The Grand Theatre
Haggar Clothing
Insperity
James Avery (Agency of Record) Creative, Digital, Media Buying, Media Planning, Public Relations, Social Media; 2016
Kia
Lampe Berger Paris Media Buying, Media Planning
LionsGate
LLANO (Creative Agency of Record) Creative
Make-A-Wish Foundation of America Creative, Public Relations
Marvel
McDonald's Co-Op
McDonald's Corporation Digital, Media Buying, Media Planning, Public Relations, Social Media; 1981
Midas, Inc. (Agency of Record) Digital, Media Buying, Media Planning; 2002
Movie Tavern
Namaste Laboratories LLC
Napcor (Agency of Record) Creative
NFP
Omni Hotels
Pixar
Planet Fitness Co-op, Digital, Media Buying, Media Planning
Pure Fishing, Inc. Berkley
Pure Fishing
Red River Tea Company (Agency of Record) Creative, Strategy; 2017
Roadside Attractions
Samsung HVAC (Creative Agency of Record) Creative
Six Flags Theme Park (Media Agency of Record) Digital, Media Buying, Media Planning, Social Media; 2017
Sky Zone Trampoline Park Digital, Social Media; 2016
Sony Pictures Entertainment, Inc. Columbia TriStar Motion Picture Group
Spring Bock Energy (Agency of Record) Creative, Digital; 2016
Taylor Hooten Foundation (Agency of Record) Creative, Strategy; 2017
Texas A&M Media Buying, Media Planning
Tri Star
Universal
Visionworks (Agency of Record) Creative, Digital, Media Buying, Media Planning, Public Relations
Walt Disney Pictures

Branches

Bond Moroch
(Formerly Bond Public Relations & Brand Strategy)
3308-B Magazine St, New Orleans, LA 70115
(See Separate Listing)

LimeGreen Moroch, LLC
150 N Michigan Ave Ste 1450, Chicago, IL 60601
(See Separate Listing)

Moroch
10809 Executive Ctr Dr Ste Plz 8, Little Rock, AR 72211
Tel.: (501) 225-9537
Fax: (501) 225-9541
E-Mail: info@moroch.com
Web Site: www.moroch.com

Employees: 2

Agency Specializes In: Consumer Marketing

Accounts:
Citracal
Midas
Sony Pictures Classic
Universal
Walt Disney Pictures

Moroch
2450 Venture Oaks Way, Sacramento, CA 95833
Tel.: (916) 929-9100
Fax: (916) 929-9108
E-Mail: info@moroch.com
Web Site: www.moroch.com

Employees: 10

Agency Specializes In: Consumer Marketing

Mike Henry (Acct Dir)

Moroch
590 Means St NW, Atlanta, GA 30318
Tel.: (404) 607-8822
Fax: (404) 724-0378
E-Mail: action@moroch.com
Web Site: www.moroch.com

Employees: 20

Agency Specializes In: Consumer Marketing

Pat Kempf (Vice Chm)
Courtney Standerfer (Acct Dir-McDonald's)
Cheri Rice (Media Supvr-Investment)

Accounts:
Bimbo Bakeries USA
Citracal
Johnson & Johnson
Lionsgate
Midas
Sony Pictures Classics
TriStar
Verizon

Moroch
135 N Meramec Ave Ste 405, Saint Louis, MO 63105
Tel.: (314) 878-8311
Fax: (314) 878-8344
Web Site: www.moroch.com

Employees: 6

Shelby Neuner (Acct Supvr)
Gray Stamulis (Acct Supvr)

Accounts:
Fertell
First Look Studios
Fox Walden
Gulp
Overture
Warner Independent Pictures

Moroch
5400 Glenwood Ave Ste G05, Raleigh, NC 27612
Tel.: (919) 881-7880
Fax: (919) 881-7859
E-Mail: action@moroch.com
Web Site: www.moroch.com

Employees: 4

Agency Specializes In: Consumer Marketing

Anne Hylton (Partner)
Andrea Jonas (Partner)
Allicia Pappenfus (Acct Supvr)
ZaVious Robbins (Acct Supvr)

Moroch
115 Gold Ave SW Ste 205, Albuquerque, NM 87102
Tel.: (505) 836-1823
Web Site: www.moroch.com

Employees: 500

Moroch
301 NW 63rd Ste 690, Oklahoma City, OK 73116
Tel.: (405) 848-6800
Fax: (405) 842-3607
E-Mail: action@moroch.com
Web Site: www.moroch.com

Employees: 11

Agency Specializes In: Consumer Marketing

Lisa Rooks (Sr Partner)

Accounts:
Gulp
Mattress Giant
Monster
MRS Bairds
Overhead Doors
Sathways
Tia Rosa

Moroch
3625 N Hall St Ste 1100, Dallas, TX 75219
Tel.: (585) 586-6320
Fax: (585) 586-6353
Web Site: www.moroch.com

Employees: 500

Agency Specializes In: Advertising

Cassidy Salomon (Dir-Media Plng)

Moroch
2100 Travis St Ste 200, Houston, TX 77002
Tel.: (713) 223-2788
Fax: (713) 223-2798
E-Mail: info@moroch.com
Web Site: www.moroch.com

Employees: 10

Agency Specializes In: Consumer Marketing

Shannon Morrison (Mgr-Ops & Talent)
Katherine Helbing (Asst Acct Exec)
Nancy Terrell (Sr Partner)
Keisha Williford (Sr Partner)

Accounts:
Midas International, Inc.

Moroch
901 NE Loop 410 Ste 826, San Antonio, TX 78209-1310
Tel.: (210) 822-4840
Fax: (210) 822-8092
E-Mail: sanantonio@moroch.com
Web Site: www.moroch.com

Employees: 8

Agency Specializes In: Consumer Marketing

ADVERTISING AGENCIES

Pat Kempf *(Vice Chm)*
Russell Parker *(Partner)*
Brad B. McCormick *(Chief Digital Officer)*
Angie Banks *(Acct Dir)*
Erica-Renee Contreras *(Acct Dir)*
Alex Archambault *(Mgr-Software Dev)*
Shannon Morrison *(Mgr-Ops & Talent)*
Jason Price *(Sr Acct Exec)*
Nancy Terrell *(Sr Partner)*
Cristina Vilella *(Sr Partner)*
Keisha Williford *(Sr Partner)*

Moroch
3101 American Legion Rd Ste 23, Chesapeake, VA 23321
Tel.: (804) 320-6376
Fax: (804) 320-6379
E-Mail: action@moroch.com
Web Site: www.moroch.com

Employees: 3

Agency Specializes In: Consumer Marketing

Courtney Standerfer *(Acct Dir-McDonald's)*

Moroch
3901 Brisco Rd Ste 12, Parkersburg, WV 26104
Tel.: (304) 424-7134
Fax: (304) 424-3609
E-Mail: action@moroch.com
Web Site: www.moroch.com

Employees: 5

Agency Specializes In: Consumer Marketing

Damon Ketchum *(Acct Dir)*
Andrew Renzi *(Sr Acct Supvr)*

Accounts:
Citracal
Focus
Mattress Giant
Midas
Travel Channel
Uniden
Verizon
Walt Disney

NEXTMedia Inc.
3625 N Hall St Ste 1100, Dallas, TX 75219
(See Separate Listing)

MORONEY & GILL, INC.
245 Park Ave 39th Fl, New York, NY 10167
Tel.: (212) 672-1675
Fax: (212) 792-4001
E-Mail: kmoroney@moroneyandgill.com
Web Site: www.moroneyandgill.com

Employees: 60
Year Founded: 1991

Agency Specializes In: Consulting, Health Care Services, Pharmaceutical

Approx. Annual Billings: $20,000,000

Breakdown of Gross Billings by Media: Adv. Specialities: $10,000,000; Collateral: $10,000,000

Kevin Moroney *(Pres & CEO)*
Victor Hewitt *(Exec VP & Creative Dir)*
Vasilio Pitsios *(Exec Dir-Medical & Regulatory Svcs)*

Accounts:
PuraCap Pharmaceutical LLC Advertising, EpiCeram

MORRIS & CASALE INC.
(d/b/a MM Media)
335 Parkway 575 Ste 310, Woodstock, GA 30188
Tel.: (805) 222-4860
Fax: (805) 480-3870
E-Mail: bill@morriscasale.com
Web Site: www.mmmediainc.com/

Employees: 10
Year Founded: 2004

Agency Specializes In: Above-the-Line, Advertising, Below-the-Line, Brand Development & Integration, Broadcast, Business Publications, Business-To-Business, Cable T.V., Catalogs, Children's Market, Collateral, College, Commercial Photography, Communications, Computers & Software, Consulting, Consumer Goods, Consumer Publications, Corporate Identity, Cosmetics, Customer Relationship Management, Digital/Interactive, Direct-to-Consumer, E-Commerce, Electronics, Email, Fashion/Apparel, Financial, Food Service, Graphic Design, Health Care Services, High Technology, Household Goods, In-Store Advertising, Infomercials, Integrated Marketing, Internet/Web Design, Logo & Package Design, Market Research, Media Buying Services, Multimedia, New Product Development, New Technologies, Newspaper, Out-of-Home Media, Outdoor, Package Design, Podcasting, Point of Purchase, Print, Production, Production (Ad, Film, Broadcast), Production (Print), Public Relations, Publicity/Promotions, Radio, Restaurant, Sales Promotion, Search Engine Optimization, T.V., Telemarketing, Trade & Consumer Magazines, Web (Banner Ads, Pop-ups, etc.)

Breakdown of Gross Billings by Media: Collateral: 10%; Graphic Design: 10%; Print: 15%; Production: 5%; Radio & T.V.: 15%; Strategic Planning/Research: 10%; Trade Shows: 5%; Worldwide Web Sites: 30%

Matthew Morris *(Bus Mgr-MM Media)*

MORRIS CREATIVE GROUP
555 W Jackson Ave Ste 301, Knoxville, TN 37902
Tel.: (865) 637-9869
Fax: (865) 637-9900
Toll Free: (866) 637-9869
E-Mail: info@morriscreative.com
Web Site: www.morriscreative.com

Employees: 10

Agency Specializes In: Advertising, Brand Development & Integration, Crisis Communications, Internet/Web Design, Media Relations, Out-of-Home Media, Outdoor, Print, Public Relations, Social Media, Strategic Planning/Research

Chuck Morris *(Founder & Principal)*
Sherrie DeMarcus *(Office Mgr)*

Accounts:
Trinity Health Foundation of East Tennessee

THE MORRISON AGENCY
3500 Piedmont Rd Ste 700, Atlanta, GA 30305
Tel.: (404) 233-3405
Fax: (404) 261-8384
Web Site: http://morrison.agency/
E-Mail for Key Personnel:
President: bob@morrisonagency.com
Creative Dir.: ron@morrisonagency.com

Employees: 30
Year Founded: 1986

National Agency Associations: 4A's-ICOM

Agency Specializes In: Above-the-Line, Advertising, Below-the-Line, Brand Development & Integration, Business-To-Business, Collateral, Communications, Computers & Software, Consulting, Corporate Communications, Corporate Identity, Crisis Communications, Customer Relationship Management, Digital/Interactive, Education, Engineering, Environmental, Financial, Food Service, Graphic Design, Health Care Services, High Technology, Industrial, Information Technology, Integrated Marketing, International, Internet/Web Design, Investor Relations, Legal Services, Logo & Package Design, Marine, Market Research, Media Planning, Medical Products, Mobile Marketing, Multimedia, New Product Development, New Technologies, Package Design, Production, Real Estate, Restaurant, Social Marketing/Nonprofit, Strategic Planning/Research, Technical Advertising, Travel & Tourism

Approx. Annual Billings: $30,000,000

Bob Morrison *(CEO)*
Kyle Lewis *(Chief Creative Officer & Sr VP)*
Jared Degnan *(Chief Strategy Officer)*
Amanda Forgione *(VP & Grp Brand Dir)*
Jennifer Keough Raj *(VP & Grp Brand Dir)*
Richard W Evelyn *(Grp Acct Dir)*
Claire McQuithy *(Assoc Dir-Media)*
Rebecca Lathem *(Assoc Acct Dir)*

Accounts:
Aquilex; Atlanta GA Energy Industry Maintenance, Repair & Revitalization
Aviva Health; Atlanta, GA Disease Management & Wellness Programs
CNL; Orlando, FL REITs & Alternative Investments Company
Mitsubishi Electric; Lawrenceville, GA Cooling & Heating Solutions
Movius; Atlanta, GA Mobile Media Solutions
Palmetto Dunes Oceanfront Resort; Hilton Head Island, SC Resort Accomodations & Amenities
New-Sealed Air Corporation B2B, Content Development, Creative, Cryovac, Media Planning & Buying, Media Relations, Sealed Air Food Care (Global Agency of Record), Strategy, Thought Leadership; 2018
Triad Advisors; Atlanta, GA Registered Investment Advisor & Insurance Agency

MORRISON CREATIVE COMPANY INC
1625 Cedar View Dr, Cody, WY 82414
Tel.: (307) 527-4144
Web Site: www.morrisoncreative.com

Agency Specializes In: Advertising, Corporate Identity, Internet/Web Design, Out-of-Home Media, Outdoor, Package Design

Scott Morrison *(Pres-Canada)*

Accounts:
Hiviz Shooting Systems Creative Agency of Record

MORROW LANE
120 E 23rd St, New York, NY 10010
Tel.: (203) 605-2997
Web Site: www.morrowlane.com

Employees: 15
Year Founded: 2014

Agency Specializes In: Brand Development & Integration, Communications, Content, Digital/Interactive, Direct Response Marketing, E-Commerce, Email, Event Planning & Marketing, Integrated Marketing, Paid Searches, Planning & Consultation, Search Engine Optimization, Social Marketing/Nonprofit, Social Media, Strategic Planning/Research, Viral/Buzz/Word of Mouth,

AGENCIES - JANUARY, 2019 — ADVERTISING AGENCIES

Web (Banner Ads, Pop-ups, etc.)

Jennifer Eident *(Co-Founder & CEO)*

Accounts:
LSTN Headphones

MORSEKODE
333 S 7Th St Ste 100, Minneapolis, MN 55402
Tel.: (952) 853-9555
Fax: (952) 853-2250
E-Mail: mark@morsekode.com
Web Site: www.morsekode.com

Employees: 12

Agency Specializes In: Advertising, Brand Development & Integration, Digital/Interactive, Entertainment, Graphic Design, Health Care Services, High Technology, Internet/Web Design, Retail, Strategic Planning/Research

Mark Morse *(CEO & Chief Creative Officer)*
Dain Larson *(Creative Dir)*
Kate Caverno *(Acct Supvr)*

Accounts:
Colder Products Company (Agency of Record) Brand, Content Strategy, Creative, Digital, Marketing, Videos
Polaris Industries Inc. Off-Road Vehicles; 2018
Salvation Army

MORTAR ADVERTISING
415 Stockton St Fl 3, San Francisco, CA 94108
Tel.: (415) 772-9907
Fax: (415) 772-9952
E-Mail: heythere@mortaragency.com
Web Site: www.mortaragency.com

Employees: 20
Year Founded: 2002

Agency Specializes In: Advertising, Advertising Specialties, Affluent Market, Alternative Advertising, Brand Development & Integration, Broadcast, Business-To-Business, Collateral, College, Communications, Consulting, Content, Corporate Communications, Digital/Interactive, Direct Response Marketing, Education, Email, Financial, Graphic Design, Guerilla Marketing, Health Care Services, Identity Marketing, Integrated Marketing, Internet/Web Design, Leisure, Market Research, Media Buying Services, Media Planning, Media Relations, Mobile Marketing, Multicultural, New Product Development, Newspapers & Magazines, Out-of-Home Media, Outdoor, Planning & Consultation, Print, Production (Ad, Film, Broadcast), Public Relations, Publicity/Promotions, Radio, Real Estate, Social Marketing/Nonprofit, Social Media, Strategic Planning/Research, Travel & Tourism, Viral/Buzz/Word of Mouth, Web (Banner Ads, Pop-ups, etc.)

Approx. Annual Billings: $22,000,000

Mark Williams *(Founder, CEO & Mng Partner)*
Brian Scheyer *(Partner & Exec Creative Dir)*
Ben Klau *(COO)*

Accounts:
AdBrite Digital Ad Exchange
Antenna Software Mobile Applications
Avinger Medical Devices
Bain Capital Ventures Venture Capital
Big Blue Bus Public Transportation
Budda Amplifiers Music & Entertainment
Carondelet Health Network Campaign: "Be well"
Coast Casinos Entertainment
FrontRow Active Learning Systems Voice Clarification Products
Golden Gate University Education
Isilon Systems Scale-out Storage
Jigsaw Business Contact Directory
Matrix Partners Venture Capital
Mohr Davidow Ventures Venture Capital
Oneshare.com Gift of Stock Ownership
Rydex Investments Asset Management
Samuel Merritt University Education
San Francisco AIDS Foundation Non-Profit

MORTENSON SAFAR KIM
6334 E Westfield Blvd, Indianapolis, IN 46220
Tel.: (317) 955-9414
Web Site: http://mortensonkim.com/

Employees: 39

National Agency Associations: 4A's

Agency Specializes In: Advertising, Collateral, Corporate Identity, Digital/Interactive, Internet/Web Design, Media Buying Services, Media Planning, Production, Promotions, Social Media, Sponsorship

Peter Kim *(Partner & Exec Creative Dir)*
Gina August *(VP & Media Dir)*
Aimee DePaulo Coulter *(Acct Svcs Dir)*
James Harter *(Acct Dir)*
Rebecca Peters *(Sr Media Planner & Media Buyer)*

Accounts:
Hoosier Lottery (Advertising Agency of Record)
Wisconsin State Fair (Agency of Record) Advertising, Creative, Media Buying, Media Planning

Branch

Mortenson Safar Kim
117 N Jefferson St Ste 204, Milwaukee, WI 53202-4615
Tel.: (414) 224-0212
Fax: (414) 224-0420
Web Site: http://mortensonkim.com/

Employees: 25
Year Founded: 1967

National Agency Associations: 4A's-AAF-MCA

Agency Specializes In: Advertising, Brand Development & Integration, Broadcast, Business-To-Business, Collateral, Consumer Marketing, Education, Entertainment, Financial, Health Care Services, Magazines, Media Buying Services, Newspaper, Newspapers & Magazines, Out-of-Home Media, Outdoor, Print, Production, Radio, Real Estate, Retail, Sponsorship, Strategic Planning/Research, T.V.

Chris Mortenson *(Owner & CEO)*
Peter Kim *(Partner & Exec Creative Dir)*
Bob Bourgeois *(Chief Client Officer & Exec VP)*
Gina August *(VP & Media Dir)*
Sarah Pittner *(Acct Dir & Planner)*
Julie Rasmussen *(Media Dir)*
Kirk Ruhnke *(Creative Dir-Veteran)*
Jacqueline Janz *(Dir-Comm)*
Ryan Prom *(Mgr-Acctg)*
Stephanie Winter *(Supvr-Media Buying)*
Calli Karter *(Asst Acct Exec)*

Accounts:
Anheuser-Busch Creative, Digital Advertising, Michelob Golden Light (Agency of Record), OOH, Point-of-sale Marketing, Social Media, TV
Boy Scouts of America
Horizon Homecare & Hospice
Palermo's Pizza; Milwaukee Frozen Pizza; 2005
QPS Employment Group Branding, Marketing, Strategic Planning, Web Development
Sentry Foods (SuperValu)

MORTON ADVERTISING INC.
3 Cranbury Ct, Edison, NJ 08820
Tel.: (212) 465-2250
Fax: (212) 465-1575
E-Mail: info@mortonad.com
Web Site: www.mortonad.com

E-Mail for Key Personnel:
President: don@mortonad.com

Employees: 4
Year Founded: 1961

National Agency Associations: MAAN-MCA

Agency Specializes In: Advertising, Business Publications, Business-To-Business, Collateral, Consumer Publications, Direct Response Marketing, Graphic Design, Industrial, Internet/Web Design, Logo & Package Design, Magazines, Print, Publicity/Promotions

Approx. Annual Billings: $800,000

Donald Reisfeld *(Owner)*

Accounts:
Cotronics Corp.; Brooklyn, NY Hi-Temp Industrial Adhesives; 2007
Dreidels Unlimited; Edison, NJ; 1987
E.S. Nacht Co. Inc.; New York, NY Diamond & Estate Jewelry; 1990
Edmund Scientific; Tonawanda, NY Scientific, Educational & Optical Products; 2001
Elective Benefits; Morristown, NJ Insurance
Halcraft USA, Inc.; Mount Vernon, NY Craft Products, Kit & Costume Jewelry Components & Findings; 1976
Historic Newspaper Archives; Rahway, NJ Mail Order; 1990
ID Solutions a Div. of Arch Crown, Inc.; Hillside, NJ RFID Labels; 1998
Infosys Consulting; Fremont, CA Consulting Services; 2005
LaserMetrics a Div. of FastPulse Technology, Inc.; Saddle Brook, NJ Optical Testing Equipment; 2006
Neve Shalom; Metuchen, NJ Conservative Synagogue; 1990
New York Sewing Machine Inc.; North Bergen, NJ Sewing Machines, Parts & Attachments; 1992
Record Press, Inc.; New York, NY Digital Appellate Printers; 2000
Shogun Trading Co., Inc.; New York, NY Pearl Importers & Wholesalers; 1980
Superior Sewing Machine & Supply LLC; New York, NY; 1992
Tri-State Kitchen & Bath, LLC; North Bergen, NJ Kitchen & Bathroom Cabinets; 2006
Westchester & Rockland Society of Pharmacists; White Plains, NY; 2009

MORTON VARDEMAN & CARLSON
200 Broad St Ste 203, Gainesville, GA 30503
Tel.: (770) 536-8921
Fax: (770) 535-2753
Web Site: www.vardeman.com

Employees: 12
Year Founded: 1973

National Agency Associations: Second Wind Limited

Agency Specializes In: Advertising

John Vardeman *(Pres)*
Patrick Ceska *(Partner & Sr Acct Exec)*
Tina Carlson *(Exec VP & Creative Dir)*
Diane Speight *(Art Dir)*
Bryan Nicoll *(Mgr-Internet Programming)*
Jeff Butler *(Acct Exec-PR)*

ADVERTISING AGENCIES

Accounts:
American Cool Air

MORVIL ADVERTISING & DESIGN GROUP
1409 Audubon Blvd Ste B3, Wilmington, NC 28403
Tel.: (910) 342-0100
Fax: (910) 342-0167
E-Mail: getcreative@morvil.com
Web Site: www.morvil.com

Employees: 13

Agency Specializes In: Advertising, Brand Development & Integration, Collateral, Corporate Identity, Digital/Interactive, Graphic Design, Internet/Web Design, Logo & Package Design, Media Buying Services, Media Planning

Jeff Morvil *(Pres & Dir-Creative)*
Kimberly Bardill *(Art Dir & Sr Graphic Designer)*
Tim Jones *(Creative Dir)*
Joy Hall *(Project Mgr & Mgr-Mktg)*
David Southerland *(Production Mgr)*

Accounts:
OrthoWilmington
Wilmington Plastic Surgery

MOSES INC.
PO Box 20248, Phoenix, AZ 85036
Tel.: (602) 254-7312
Fax: (602) 324-1222
E-Mail: hello@mosesinc.com
Web Site: www.mosesinc.com

Employees: 35
Year Founded: 1981

Agency Specializes In: Sponsorship

Louie S. Moses *(Pres & Creative Dir)*
Jodi Elle *(Partner & CMO)*
Matt Fischer *(VP & Creative Dir)*
Kristin Altman *(Dir-Res & Brand Strategy)*
Albert Barroso *(Assoc Creative Dir)*
Diane Goldstein *(Sr Media Planner & Buyer)*

Accounts:
ADA
Arizona Department of Health Services
The Arizona Humane Society; Phoenix, AZ Non-Profit Animal Shelter
Arizona Ready
Arizona Wine Growers Association
BDA Inc.
Bonded Logic
Cenpatico of Arizona
Citizens' Clean Elections Commission
Dos Cabezas WineWorks; Sonoita, AZ
First Things First
The GRAMMY Museum
Grand Canyon University; AZ "Find Your Purpose" Campaign, Ken Blanchard College of Business, Light Rail Train Wrap, Local Television, Outdoor, Radio
Maricopa County WIC
Nintendo
Olympian Labs Branding
Roger Clyne and The Peacemakers
Shutters on the Beach Hotel
Ubisoft
Ultimate Gaming
U.S. Airways

MOST BRAND DEVELOPMENT + ADVERTISING
25 Enterprise Ste 250, Aliso Viejo, CA 92656
Tel.: (949) 475-4050
Fax: (949) 475-4051
E-Mail: john@mostagency.com
Web Site: www.mostagency.com

Employees: 15
Year Founded: 2005

Agency Specializes In: Advertising, Advertising Specialties, Affluent Market, Alternative Advertising, Automotive, Bilingual Market, Brand Development & Integration, Broadcast, Cable T.V., Co-op Advertising, Communications, Consulting, Consumer Goods, Consumer Marketing, Consumer Publications, Corporate Communications, Corporate Identity, Custom Publishing, Customer Relationship Management, Digital/Interactive, Direct Response Marketing, Direct-to-Consumer, E-Commerce, Electronic Media, Email, Financial, Food Service, Graphic Design, Guerilla Marketing, Hispanic Market, Hospitality, Household Goods, Identity Marketing, Information Technology, Integrated Marketing, Internet/Web Design, Leisure, Local Marketing, Logo & Package Design, Magazines, Market Research, Media Buying Services, Media Planning, Media Relations, Mobile Marketing, Multicultural, Multimedia, New Product Development, New Technologies, Newspaper, Out-of-Home Media, Over-50 Market, Package Design, Paid Searches, Planning & Consultation, Podcasting, Point of Sale, Print, Production, Production (Ad, Film, Broadcast), Production (Print), Public Relations, Publicity/Promotions, RSS (Really Simple Syndication), Radio, Real Estate, Regional, Retail, Sales Promotion, Search Engine Optimization, Seniors' Market, Social Marketing/Nonprofit, Social Media, Strategic Planning/Research, T.V., Teen Market, Trade & Consumer Magazines, Travel & Tourism, Viral/Buzz/Word of Mouth, Web (Banner Ads, Pop-ups, etc.)

Approx. Annual Billings: $69,000,000

Breakdown of Gross Billings by Media: Cable T.V.: 10%; Consulting: 12%; Internet Adv.: 3%; Network Radio: 35%; Network T.V.: 27%; Production: 13%

John G. Most *(Pres & Strategist-Certified Brand)*
Jodi Most *(VP-Mktg)*
Marci Grzelecki *(Dir-Bus Dev)*

Accounts:
Move, Inc.; Westlake Village, CA; 2007
National Association of REALTORS; Chicago, IL & Washington, DC Public Awareness Campaign; 1998
National Multiple Sclerosis Society Pacific South Coast Chapter; Carlsbad, CA MS 150 Bike Event; 2005
Pacific West Association of REALTORS; Anaheim, CA Charity Foundation, Member Branding, Public Awareness; 2006
REALTOR.COM; Chicago, IL Website Brand Awareness; 2004
Vroom Foods; Santa Ana, CA Foosh Energy Mints; 2004

MOTHER LTD.
Biscuit Bldg 10 Redchurch St, London, E2 7DD
United Kingdom
Tel.: (44) 20 7012 1999
Fax: (44) 20 7012 1989
E-Mail: info@motherlondon.com
Web Site: www.motherlondon.com

Employees: 120
Year Founded: 1996

Mark Waites *(Founder)*
Michael Wall *(CEO & Partner)*
Ana Balarin *(Partner, Chief Creative Officer & Exec Creative Dir)*
Matthew Clark *(Partner)*
Katie Mackay-Sinclair *(Partner)*
Andy Medd *(Partner-Strategy)*
Robert Saville *(Partner-Creative)*
James Sorton *(Mng Dir)*
Ben Heap *(Head-Creative Resource)*
Hermeti Balarin *(Exec Creative Dir)*
Anthony Montagne *(Art Dir & Copywriter)*
Oli Rimoldi *(Art Dir & Copywriter)*
Kyle Harman-Turner *(Creative Dir)*
Danielle Outhwaite-Noel *(Creative Dir)*
Pilar Peace *(Creative Dir)*
Peter Robertson *(Creative Dir)*
Martin Rose *(Creative Dir)*
Miguel Sousa *(Art Dir & Sr Designer)*
Richard Tahmasebi *(Creative Dir)*
Matthew Taylor *(Acct Dir)*
Thom Whitaker *(Creative Dir)*
Joe Burns *(Dir-Strategy)*
Emma Hodson *(Dir-Production)*
Pippa Morris *(Dir-Strategy)*
Mark Waring *(Dir-Animation)*
Jess Bird *(Strategist)*
Imogen Carter *(Strategist)*
Jack Farrelly *(Strategist)*
Leoni Simon *(Strategist)*
Jon Gregory *(Designer)*
Jason Heppenstall *(Designer)*
Marcos Gemal *(Sr Art Dir)*

Accounts:
Acer Aspire S5 Ultrabook, Aspire T3 Ultrabook, Campaign: "Bake it", Campaign: "Cupcakes"
Anheuser-Busch InBev Beck's Sapphire, Campaign: "Le President", Campaign: "Serenade", Campaign: "The Simple Life", Cidre, Green Box Project, Stella Artois
Arla Foods Limited Above-the-Line, Castello
The Boots Company PLC No7 (Agency of Record)
Cancer Research UK Cinema, Creative, Direct Mail, Events, Fundraising Campaign, National PR, Press Digital, Race For Life, Radio, Social Media
Cereal Partners Cheerios, Global Advertising, Lion Cereal, Marketing
Chipotle Campaign: "Delicious However You Say It"
Comic Relief
Debenhams plc Brand Identity; 2017
Diageo plc J&B, Pimm's, Quinns, Smirnoff Apple Bite
New-Dune London Creative; 2018
Elle Magazine Campaign: "Make Them Pay", Campaign: "Rebranding Feminism"
Elvie Elvie Pump
Fox
Foyle Campaign: "It's The Thought That Counts", Retail
Greenpeace
HMD Global Creative, Nokia (Lead Global Agency), Nokia 3310
Hovis Advertising, Campaign: "Boy on a Bike", Digital, In-Store, Public Relations, Radio, TV, Video-On-Demand
New-Iceland Foods
IKEA International A/S "T-Shirts", Beds, Campaign: "Rediscover the Joy of the Kitchen", Campaign: "The Joy of Storage", Campaign: "The Kitchen", Campaign: "The Wonderful Everyday", Campaign: "There's No Bed Like Home", Campaign: "Wonderful Life", Digital, IKEA, OOH, Online, Outdoor, Print, Social Media, TV
Innocent Advertising, Communications
Jesus (Global Agency of Record) Campaign: "IfoundJesusinLondon", Marketing, Musician
The Kaleidoscope Trust Campaign: "Russian Dolls"
KFC Editorial, Outdoor, Radio, Social Media, TV
Match.com Campaign: "Ukulele", TV
The Ministry of Letters The Singing Alphabet
Mobile first bank Atom Bank Brand Strategy, Creative, Marketing, Strategic
Mondelez International Advertising, Campaign: "Putting on the Ritz", Campaign: "This is not a Chocolate Bar", Digital, In-Store, Jacobs Coffee, Marketing Campaign, OOH, Out-of-Home, Press, Print, Public Relations, Ritz Crisp & Thin,

AGENCIES - JANUARY, 2019 ADVERTISING AGENCIES

Sampling, TV, Video
Nokia Creative, Nokia (Lead Global Agency), Nokia 3310
Not on the High Street
New-Samaritans
Save the Children International (Lead Creative & Strategic Agency) 100th Anniversary; 2017
New-Sky Sky TV; 2018
SunLife
TED
TMZ
United Nations Communications
Vauxhall Motors Crossland X
Water.org Campaign "Buy a Lady a Drink", Creative

Branches

Mother LA
5290 Washington Blvd, Los Angeles, CA 90016
E-Mail: info@motherusa.com
Web Site: www.motherusa.com

Agency Specializes In: Advertising, Content, Digital/Interactive, Experiential Marketing, Internet/Web Design, Out-of-Home Media, Package Design, Print, Social Media, T.V.

Romain Naegelen *(Mng Dir)*
Katy Alonzo *(Head-Strategy)*
Joe Staples *(Exec Creative Dir)*
John Meagher *(Grp Acct Dir & Bus Dir)*
Clelia Hernandez *(Art Dir)*
Matt Garcia *(Copywriter)*
Taylor Black *(Sr Writer)*

Accounts:
Driver (Lead Strategic & Creative Agency) The Cure for Cancer Treatment; 2018
New-Rapha Racing Limited

Mother New York
595 11th Ave, New York, NY 10036
Tel.: (212) 254-2800
Fax: (212) 254-6121
E-Mail: press@mothernewyork.com
Web Site: https://www.motherusa.com/

Employees: 150

National Agency Associations: 4A's

Agency Specializes In: Advertising, Sponsorship

Peter Ravailhe *(CEO & Partner-USA)*
Corinna Falusi *(Partner & Chief Creative Officer)*
Aarti Thiagarajan *(Mng Dir)*
Charlie McKittrick *(Chief Strategy Officer)*
Jasmine Clark *(Head-Strategy)*
James Fraser *(Head-Strategy)*
Alex Budenberg *(Grp Acct Dir)*
Abe Baginsky *(Creative Dir)*
Rachel Ellam *(Art Dir)*
Jose Funegra *(Creative Dir)*
Trevor Gilley *(Art Dir)*
Craig Love *(Creative Dir)*
Claire Manganiello *(Art Dir)*
Jason Miller *(Creative Dir-Design)*
Catalina Monsalve *(Art Dir)*
Alex Nassour *(Art Dir)*
Erik Norin *(Creative Dir)*
Lisa Roytman *(Acct Dir)*
Julian Katz *(Dir-Production)*
Britney Krupa *(Dir-Talent)*
Marissa Shrum *(Dir-Strategy)*
Matthijs van Leeuwen *(Dir-Design)*
Paul Malmstrom *(Mgr-Creative Direction & Mgmt)*
Elle Bass *(Strategist)*
Spencer Gervasoni *(Strategist-Brand)*
Ross Gendels *(Sr Designer)*
Alex Maleski *(Copywriter)*
Sarah Sharp *(Copywriter)*
Emily Sheehan *(Copywriter)*
Valentina Sulbaran *(Copywriter-Creative)*
Mike Vitiello *(Copywriter)*
Jessica Yan *(Designer)*
Michael Rose *(Chief of Staff)*

Accounts:
Anheuser-Busch Companies, LLC Beck's, Oculto, Online, Outdoor Advertising, Print, Sapphire, Social, Stella Artois, Super Bowl 2018 Campaign: "Taps"
Arla
Blue Q
Boots No7
Cablevision Brand Campaign, Campaign: "Bolton", Campaign: "MIDWULS", Optimum, Re-Branding
Calvin Klein Inc. "The Full Story", Campaign: "Meet Us", Campaign: "MyCalvins", Campaign: "Raw Texts, Real Stories", Digital
CK One
CNN
Coca-Cola Refreshments USA, Inc. Full Throttle, Powerade
Dell Dell XPS One; 2007
Diageo Tanqueray Gin
Diamond Producers Association Global Strategic Marketing
Dogmatic
Emusic Campaign: "Araabmuzik - Dooms Day"
Frank
General Motors Chevrolet, The Road We're On
Halfords
Headspace Social Media
IKEA Campaign: "One Room Paradise"
Illuminati
James Patterson "Private Vegas" Book, Self Destructing Book
JCPenney
LVMH 10 Cane Rum
Maison Gerard
Microsoft
MillerCoors Beer, Miller Lite Brewers Collection, Milwaukee Best
Mitchum Campaign: "Lies"
NBC
New Balance
New Balance Life Style Products
The New York Public Library.
Newton Vineyard
Organize Online
Philadelphia 76ers, L.P.
Pike Whiskey Campaign: "White Pike Whiskey"
Proust.com Campaign: "It's Fun To Judge"
Reading is Fundamental Campaign: "Book People Unite"
Red Bull
Snapbac Brand, Business Strategy, Creative, Design, Market Research
Spike TV
T-Mobile US, Inc Creative Brand; 2017
Target 3.1 Phillip Lim, Campaign: "Little Marina", Kaleidoscopic Fashion Spectacular
TBS; Atlanta, GA
Ten Cane LVMH
Virgin Broadcast, Communications Campaign Strategy, Digital, OOH, Print, Virgin Voyages (Agency of Record); 2018
Westfield World Trade Center
Zeebox Campaign: "Ship In A Bottle"

The Romans
10 Redchurch Street, London, E2 7DD United Kingdom
Tel.: (44) 02070121995
E-Mail: hello@wearetheromans.com
Web Site: www.wearetheromans.com

Employees: 50
Year Founded: 2015

Agency Specializes In: Advertising, Experiential Marketing, Internet/Web Design, Media Planning, Media Relations, Production (Ad, Film, Broadcast), Public Relations, Social Media

Misha Dhanak *(Founder & CEO)*
Joe Sinclair *(Founder & Chief Creative Officer)*
Ottilie Ratcliffe *(Acct Dir)*
Ellie Vasili *(Acct Dir)*
Lucy McGettigan *(Assoc Dir)*
Tom Winterton *(Assoc Dir)*
Rebecca Smail *(Acct Mgr)*
Viola Hazlerigg *(Strategist)*

Accounts:
DIAGEO plc Gordon's Gin, Public Relations
Innocent Ltd
Itsu Limited
The Macallan Distillers Limited
Movember Foundation
Pure Milk Vodka Ltd Black Cow Vodka
Samsung Group
Sony (U.K.) Ltd. Content, Influencer Relations, PlayStation, Press
Spotify
Twitter, Inc Consumer Media Relations, Content, Creative, Events, Influencer Work, Marketing Media, Trade
New-Virgin Rail Group Online, Virgin Trains

MOTHER SAUCE
906 N Kings Road #1, West Hollywood, CA 90069
E-Mail: hello@mother-sauce.com
Web Site: www.mother-sauce.com

Employees: 2

Agency Specializes In: Advertising, Brand Development & Integration, Content, Digital/Interactive, Food Service, Graphic Design, Print, Social Media, T.V.

Alex Kakoyiannis *(CEO)*
Andrew Rohrlich *(Strategist-Digital & Social)*

Accounts:
Aryzta LLC
General Mills Inc.
Time Inc. Food & Wine

MOTIV
(Formerly Phillips Design Group)
25 Drydock Ave, Boston, MA 02210
Tel.: (617) 263-2211
E-Mail: contact@the-motiv.com
Web Site: www.the-motiv.com

Employees: 8

Agency Specializes In: Brand Development & Integration

Glenn Sundin *(Sr Dir-Strategic Mktg)*
Brandon Bird *(Creative Dir-Environmental Design)*
Ryan Frease *(Creative Dir)*
Kyle Marcella *(Creative Dir)*
Angela Kowalczyk *(Sr Designer)*

MOTIVATE, INC.
(Formerly Ethnic Print Media Group)
PO Box 178410, San Diego, CA 92177
Tel.: (866) 664-4432
Fax: (858) 272-7275
E-Mail: hello@MotivateROI.com
Web Site: motivateroi.com/

Employees: 25
Year Founded: 1977

Agency Specializes In: Advertising, Affluent Market, African-American Market, Asian Market, Automotive, Bilingual Market, Business-To-Business, College, Consumer Goods, Consumer Marketing, Digital/Interactive, Direct-to-Consumer,

ADVERTISING AGENCIES

Electronics, Entertainment, Faith Based, Fashion/Apparel, Food Service, Government/Political, Health Care Services, Hispanic Market, Hospitality, Household Goods, Leisure, Local Marketing, Media Buying Services, Media Planning, Men's Market, Mobile Marketing, Multicultural, Newspapers & Magazines, Over-50 Market, Pharmaceutical, Print, Restaurant, Retail, Shopper Marketing, Social Media, South Asian Market, Sports Market, Teen Market, Transportation, Travel & Tourism, Tween Market, Urban Market, Viral/Buzz/Word of Mouth, Web (Banner Ads, Pop-ups, etc.), Women's Market

Trevor Hansen *(CEO)*
Marcia Hansen *(Partner & Principal)*
Gregg L. Witt *(Exec VP-Youth Mktg)*
Kathy Souza *(Sr VP-Finance & HR)*
Randy Gudiel *(VP-Media Strategy)*
Joel Shoemaker *(VP-Strategy, Insights & Partnerships-LGBTQ)*
Hatsuko Ohnuma *(Mktg Dir)*
Denise Lun *(Mgr-Billing)*
Sherie Hodges *(Sr Media Planner-Digital)*
Emmanuel Lemas *(Sr Media Buyer)*
Javier Osorio *(Jr Acct Mgr)*
Yilin Peng *(Sr Media Planner)*

MOTIVATED MARKETING
7091 Rivers Ave, North Charleston, SC 29406
Tel.: (843) 856-7322
E-Mail: info@motivatedmarketing.com
Web Site: www.motivatedmarketing.com

Employees: 24

Agency Specializes In: Advertising, Brand Development & Integration, Collateral, Digital/Interactive, Graphic Design, Internet/Web Design, Logo & Package Design, Media Buying Services, Search Engine Optimization, Social Media

Ben Gilbert *(Dir-Digital)*
Kristin Smith *(Dir-Ops)*
Catherine Ramos *(Acct Mgr)*
Braden Bellack *(Supvr-Automotive Accts)*
Laura Mckinnon *(Supvr-Media Buying)*
Anna Shillman *(Supvr-Media Buying)*
Stefani Pappert *(Media Buyer)*

Accounts:
Coastal Kids Dental

MOTIVE
2901 Blake St Ste 180, Denver, CO 80205
Tel.: (303) 302-2100
Web Site: www.thinkmotive.com

Employees: 60
Year Founded: 2002

National Agency Associations: 4A's

Agency Specializes In: Advertising, Experiential Marketing

Matt Statman *(CEO & Creative Dir)*
Krista Nicholson *(Exec VP)*
Hillary Miller *(VP & Grp Acct Dir)*
Mike Cole *(VP-Experiential)*
Taylor Woodard *(Sr Acct Dir)*
Kohl Norville *(Dir-Content)*
Eric Ronshaugen *(Dir-Concept)*
Laura Graham *(Acct Supvr-Digital)*
Erin Chaiken *(Acct Exec)*
Montanna Card *(Assoc Acct Mgr-Digital)*
Spencer Trierweiler *(Grp Creative Dir)*
Drew Wallace *(Assoc Creative Dir)*

Accounts:
Boingo Wireless, Inc.

Native Eyewear
PepsiCo Inc Baja Blast, Campaign: "But Only with Pepsi", Campaign: "Get Hyped for Halftime.", Campaign: "Rebel Spirit", Creative, DewShine, Mountain Dew, Pepsi Pass, SoBe
True Food Kitchen (Creative Agency of Record) Digital & Social; 2018

MOTTIS
1111 Haynes St, Sanford, NC 27604
Tel.: (919) 718-6506
Fax: (919) 718-6607
E-Mail: contact@mottis.com
Web Site: mottis.com

Employees: 10
Year Founded: 1996

Agency Specializes In: Advertising, Brand Development & Integration, Broadcast, Collateral, Commercial Photography, Communications, Consulting, Corporate Communications, Crisis Communications, Direct Response Marketing, E-Commerce, Email, Event Planning & Marketing, Exhibit/Trade Shows, Experience Design, Experiential Marketing, Identity Marketing, International, Internet/Web Design, Local Marketing, Logo & Package Design, Media Relations, Media Training, Out-of-Home Media, Outdoor, Print, Promotions, Public Relations, Radio, Regional, Sponsorship, Sports Market, Strategic Planning/Research, T.V., Telemarketing, Trade & Consumer Magazines

Melinda Walker *(Acct Dir-Propel Mktg Grp)*

Accounts:
3M
Butterball, LLC
Chevrolet
CitiFinancial
FedEx
Oracle
Precision Pharma Services
Subaru

MOTUM B2B
376 Wellington St W, Toronto, ON M5V 1E3 Canada
Tel.: (416) 598-2225
Fax: (416) 598-5611
Toll Free: (866) MOTUM-B2B
E-Mail: hwb@hwbinc.com
Web Site: www.motumb2b.com

E-Mail for Key Personnel:
President: rwillingham@motumb2b.com

Employees: 12
Year Founded: 1993

Agency Specializes In: Advertising, Advertising Specialties, Brand Development & Integration, Business-To-Business, Collateral, Communications, Corporate Communications, Corporate Identity, Direct Response Marketing, Electronic Media, Engineering, Graphic Design, Industrial, Information Technology, Internet/Web Design, Logo & Package Design, Magazines, Media Buying Services, New Product Development, Newspapers & Magazines, Planning & Consultation, Print, Production, Public Relations, Strategic Planning/Research, Technical Advertising, Trade & Consumer Magazines, Transportation

Approx. Annual Billings: $3,000,000

Lisa Kemerer *(Pres)*
Mark Whiting *(VP-Tech)*
Cheryl Gill *(Controller)*
Steve Lendt *(Dir-Analytics & Media)*

Natasha Shekhar *(Coord-Mktg, Engagement & Analytics)*

Accounts:
Alpha Controls & Instrumentation
BASF Spray Polyurethanes; Wyandotte, MI Chemicals
Toyota Industrial Equipment; Scarborough, ON Fork Lift Trucks; 1999

MOVEMENT PUBLIC RELATIONS
4277 SW COUNCIL CREST DR, Portland, OR 97239
Tel.: (310) 272-5200
Web Site: www.movementpublicrelations.com

Employees: 1
Year Founded: 2004

Agency Specializes In: Advertising, Brand Development & Integration, Communications, Public Relations, Strategic Planning/Research

Adam Mischlich *(Pres & CEO)*

Accounts:
LJL Designs (Agency of Record)
Proof of Concept Event Branding, Marketing, Strategic Public Relations
Willow Restaurant Branding, Marketing, Public Relations

MOVEO
190 S La Salle St Ste 2010, Chicago, IL 60603
Tel.: (630) 570-4800
Fax: (630) 571-3031
E-Mail: info@moveo.com
Web Site: www.moveo.com

Employees: 40
Year Founded: 1987

National Agency Associations: BMA

Agency Specializes In: Advertising, Brand Development & Integration, Business-To-Business, Collateral, Commercial Photography, Communications, Consulting, Consumer Marketing, Consumer Publications, Corporate Identity, Digital/Interactive, Direct Response Marketing, E-Commerce, Electronic Media, Entertainment, Event Planning & Marketing, Exhibit/Trade Shows, Graphic Design, Health Care Services, High Technology, Infomercials, Internet/Web Design, Logo & Package Design, Medical Products, Multimedia, Newspapers & Magazines, Pharmaceutical, Planning & Consultation, Print, Production, Radio, Sales Promotion, Sponsorship, Strategic Planning/Research, T.V., Technical Advertising, Trade & Consumer Magazines

Brian Davies *(Mng Partner)*
Bob Murphy *(Mng Partner)*
Dave Cannon *(Sr VP-Digital Svcs & Creative Tech)*
Angela Costanzi *(Sr VP-Creative Tech)*
Sheri Granholm *(Sr VP-Consulting & Engagement)*
Katie Gurney *(Supvr-Media)*

Accounts:
CareerBuilder
Lincoln Partners; Chicago, IL Investment Banking Firm; 2001
Littelfuse; Des Plaines, IL Circuit Protection, Overcurrent, Overvoltage Protection & Fuses; 2001
Loyola
Mercy Health Partners
Molex; Lisle, IL Electrical Interconnection Devices; 1988
Motorola Solutions, Inc.
OSM Worldwide (Agency of Record)

AGENCIES - JANUARY, 2019 — ADVERTISING AGENCIES

Plexus; Appleton, WI Design & Build Firm; 2000
Resurrection Center for Integrative Medicine
Resurrection Health Care
RUSH-Riverside Hospital
Saint James Hospital; Chicago Heights, IL Healthcare
Siemens Building Technologies; Buffalo Grove, IL Building Automation, Fire Safety, HVAC, Security
U.S. Robotics
Wellgroup

MOXE
(Formerly Massey Communications)
1201 S Orlando Ave, Winter Park, FL 32789
Tel.: (407) 581-4222
Fax: (407) 581-4226
Web Site: http://getmoxe.com/

Employees: 20
Year Founded: 1985

National Agency Associations: LSA

Agency Specializes In: Advertising, Graphic Design, Logo & Package Design, Public Relations, Social Media

Kim Sachse *(Pres & CEO)*
Jaylen Christie *(Dir-PR)*
Matt Masterson *(Dir-Brand Dev)*
Jose Miguel Pajares *(Dir-Media Strategy)*

Accounts:
4C
Bags
Central Florida Women's League
Florida High School Athletic Association
Howard Fertilizer & Chemical
Jewish Family Services of Greater Orlando; 2013
Massey Services; 1985
Orlando Ballet
Seminole State College of Florida
Ulster Group of Companies
United States Tennis Association

MOXIE COMMUNICATIONS GROUP
27W 24th St Ste 305, New York, NY 10010
E-Mail: info@moxiegrouppr.com
Web Site: moxiecommunicationsgroup.com

Employees: 50
Year Founded: 2011

Agency Specializes In: Brand Development & Integration, Content, Media Relations, Public Relations

Taryn Langer *(Founder & Pres)*
Corinna Pieloch *(Partner)*
Lindsey Boyle *(Acct Dir)*
Jenny Chao *(Acct Mgr)*
Abigail Jaffe *(Acct Mgr)*
Maria Kennedy *(Acct Mgr)*
Rebecca Lew *(Acct Mgr)*

Accounts:
Casper
College Humor
Daily Harvest
Dollar Shave Club
Forerunner Ventures
Hourglass Cosmetics
Stadium Goods (Agency of Record) Media Relations, Public Relations; 2017
Trivago

MOXIE SOZO
1140 Pearl St, Boulder, CO 80302-5253
Tel.: (720) 304-7210
Fax: (720) 304-7219
E-Mail: info@moxiesozo.com
Web Site: www.moxiesozo.com

Employees: 30

Agency Specializes In: Advertising, Advertising Specialties, Affluent Market, Alternative Advertising, Arts, Automotive, Brand Development & Integration, Branded Entertainment, Broadcast, Business Publications, Business-To-Business, Cable T.V., Catalogs, Children's Market, Co-op Advertising, Collateral, College, Commercial Photography, Communications, Consulting, Consumer Goods, Consumer Marketing, Consumer Publications, Corporate Identity, Cosmetics, Custom Publishing, Direct Response Marketing, Direct-to-Consumer, Education, Electronic Media, Email, Entertainment, Environmental, Event Planning & Marketing, Exhibit/Trade Shows, Fashion/Apparel, Financial, Food Service, Government/Political, Graphic Design, Guerilla Marketing, Health Care Services, Hospitality, Identity Marketing, In-Store Advertising, Integrated Marketing, Internet/Web Design, Investor Relations, Leisure, Local Marketing, Logo & Package Design, Luxury Products, Magazines, Market Research, Media Buying Services, Media Planning, Media Relations, Men's Market, Merchandising, Mobile Marketing, Multicultural, Multimedia, New Product Development, Newspaper, Newspapers & Magazines, Out-of-Home Media, Outdoor, Package Design, Planning & Consultation, Point of Sale, Print, Production (Print), Promotions, Publicity/Promotions, Publishing, Radio, Real Estate, Restaurant, Sales Promotion, Search Engine Optimization, Social Marketing/Nonprofit, Sponsorship, Sports Market, Strategic Planning/Research, T.V., Teen Market, Trade & Consumer Magazines, Transportation, Travel & Tourism, Urban Market, Viral/Buzz/Word of Mouth, Web (Banner Ads, Pop-ups, etc.), Women's Market

Leif Steiner *(Founder & Creative Dir)*
Eric Nowels *(Dir-Interactive)*
Tyler Beckwith *(Designer)*
Roxanne Ferguson *(Designer)*
Andrea C. Oropeza *(Sr Designer)*
Ivan Rocha *(Sr Designer)*

Accounts:
LEAP Organics
Left Hand Brewery
Mountain High Ski Resorts
ProBar
Running Times
Smartwool
Stanford University

MOXLEY CARMICHAEL
800 S Gay St Ste 1105, Knoxville, TN 37929
Tel.: (865) 544-0088
Fax: (865) 544-1865
E-Mail: cmmoxley@moxleycarmichael.com
Web Site: www.moxleycarmichael.com

Employees: 16
Year Founded: 1992

Agency Specializes In: Advertising, Crisis Communications, Graphic Design, Integrated Marketing, Internet/Web Design, Media Relations, New Technologies, Public Relations, Strategic Planning/Research

Alan Carmichael *(Pres)*
Cynthia Moxley *(CEO)*
Shaun Fulco *(CFO)*
Scott Bird *(VP)*
Lauren Miller *(Client Svcs Dir)*
Charley Sexton *(Creative Dir)*
Savanna Howie *(Acct Exec)*

Accounts:
Animal Center
Cherokee
Covenant Health
Gerdau
Home Federal Bank
Joseph Construction Marketing, Public Relations
Knoxville Area Urban League
Knoxville Convention Center
Knoxville Symphony Orchestra
Knoxville Utilities Board
Knoxville Zoo
Knoxville's Community Development Corporation
MEDIC Regional Blood Center Blood & Blood Products Provider
Pilot Flying J Travel Services
Premier Surgical Associates
Priority Ambulance
South College Educational Services
Summit Medical Group
Sweet P's Barbeque
Tennessee Theatre
U.S. Cellular Cellular Battery Providing Services
US Nitrogen

MOXXY MARKETING
380 Main St, Salinas, CA 93901
Tel.: (831) 975-5002
Fax: (831) 975-5054
Web Site: www.getmoxxy.com

Employees: 10
Year Founded: 2009

Agency Specializes In: Advertising, Logo & Package Design, Print, Social Media, Strategic Planning/Research

Karen Nardozza *(Pres & CEO)*
Molly Briseno *(Dir-Key Accts)*
Roger Smith *(Dir-Digital Media)*
Debbie Cintora *(Acct Mgr)*
Meagan Edwards *(Acct Mgr)*
Megan Murphy *(Coord-Bus)*

Accounts:
Chicago Vegan Foods
S. B. Nutrition

MOXY OX LLC
PO Box 846, Tontitown, AR 72770
Tel.: (479) 419-5879
Web Site: moxyox.com

Employees: 7
Year Founded: 2011

Agency Specializes In: Advertising, Brand Development & Integration, Content, Digital/Interactive, Event Planning & Marketing, Public Relations

Matthew Huber *(Pres & COO)*
Steve McBee *(Partner)*
Larry Netherton *(Dir-Print Ops)*

Accounts:
Allergy & Stress Relief Center of Arkansas
Evolved Mommy
K+K Veterinary Supply
Paramount Plumbing, Inc.
Specialized Real Estate Group
Sterling Frisco

MOZAIC MEDIA + COMMUNICATIONS
611 Wilshire Boulevard Ste 913, Los Angeles, CA 90017
Tel.: (213) 373-1662
E-Mail: info@mozaicmc.com
Web Site: www.mozaicmc.com

Employees: 10

ADVERTISING AGENCIES

Year Founded: 2007

Agency Specializes In: Brand Development & Integration, Business-To-Business, Content, Crisis Communications, Digital/Interactive, Event Planning & Marketing, Internet/Web Design, Media Relations, Public Relations, Social Media

Aram Nadjarian *(Mng Partner)*

Accounts:
New-Saxony Design Build

MP AGENCY, LLC
(d/b/a BIG YAM The Parsons Agency)
7077 E Marilyn Rd Bldg 5, Scottsdale, AZ 85254
Tel.: (480) 998-3154
Fax: (480) 998-7985
Toll Free: (800) 426-3663
Web Site: bigyam.com/contact

Employees: 12
Year Founded: 1980

National Agency Associations: TAAN

Agency Specializes In: Advertising, Advertising Specialties, Automotive, Brand Development & Integration, Broadcast, Business Publications, Business-To-Business, Collateral, Consumer Marketing, Consumer Publications, Corporate Identity, Digital/Interactive, Electronic Media, Engineering, Event Planning & Marketing, Financial, Graphic Design, Health Care Services, High Technology, Internet/Web Design, Logo & Package Design, Magazines, Media Buying Services, Medical Products, New Product Development, Newspaper, Newspapers & Magazines, Out-of-Home Media, Outdoor, Pharmaceutical, Point of Purchase, Print, Production, Public Relations, Publicity/Promotions, Radio, Real Estate, Restaurant, Retail, Sales Promotion, Sports Market, Strategic Planning/Research, T.V., Trade & Consumer Magazines, Travel & Tourism

Revenue: $10,000,000 Fees Capitalized

Accounts:
Alaska Trust Company
Arizona Commerce Authority
Blues City Harley-Davidson
The Bob & Renee Parsons Foundation
Estrella
Fennemore Craig
Fort McDowell
Gallagher and Kennedy, P.A
Go AZ Motorcycles
Harley-Davidson of Scottsdale
Inov8 Golf (Marketing & Public Relations Agency of Record)
Intercontinental Montelucia Resort & Spa
Mirabel
Montelucia
Ninety Degrees Gray Development
Olympia Group
One Neck
Pacific Links International
Parsons Xtreme Golf
Phoenix Children's Hospital
The Reef Residences at Atlantis
RLC Labs
Scottsdale National Golf Club
Southern Highlands Golf Club
Southern Highlands Master-Planned Community; 1998
Southern Thunder Harley-Davidson
Spooky Fast Custom Finishing
Valley of the Sun YMCA
YAM Capital
YAM Properties
Yurbuds Campaign: "The Infinite Loop"

MP&A DIGITAL & ADVERTISING
4804 Courthouse St Ste 3B, Williamsburg, VA 23188
Tel.: (757) 645-3113
Web Site: www.madiganpratt.com

Employees: 10

Agency Specializes In: Advertising, Brand Development & Integration, Digital/Interactive, Internet/Web Design, Logo & Package Design, Media Buying Services, Media Planning, Print, Public Relations, Social Media

Madigan Pratt *(Pres)*
Ann Hughes *(Exec VP)*
Harshad Methrath *(Creative Dir)*
Amy Kerr *(Dir-PR)*
Matt Roche *(Dir-Search Mktg)*
Catherine Smagala *(Acct Supvr)*

Accounts:
Bucuti & Tara Beach Resorts (Agency of Record)
Dream Catchers of Williamsburg
The Somerset on Grace Bay
The Tides Inn (Regional Public Agency of Record)
Young Island Resort (Agency of Record) Customer Relationship Marketing

MQ&C ADVERTISING & MARKETING
1417 W 10Th St, Austin, TX 78703
Tel.: (512) 499-0660
Fax: (512) 469-0803
E-Mail: ck@mq-c.com
Web Site: www.mq-c.com

Employees: 6
Year Founded: 1981

National Agency Associations: AFA

Agency Specializes In: Automotive, Entertainment, Government/Political, Pets, Real Estate, Restaurant, Retail

Cindy C. K. Carman *(Owner)*

Accounts:
Cafe Serranos
Grape Vine Market
Nightmare Factory
The Salvation Army - Austin Area

M.R. DANIELSON ADVERTISING LLC
1464 Summit Ave, Saint Paul, MN 55105
Tel.: (651) 324-5078
Fax: (651) 698-0104
E-Mail: mike@mrdan.com
Web Site: www.mrdan.com

Employees: 8
Year Founded: 1988

Agency Specializes In: Agriculture, Business-To-Business, Consumer Marketing, High Technology, Medical Products

Michael Danielson *(CEO & Creative Dir)*
Alexandra Danielson *(Dir-Art & Acct Exec)*
Kris Kobe *(Dir-Art & Designer)*
Jenna Dominik *(Dir-Mktg & Sls)*
Julianna Danielson *(Designer)*

Accounts:
3M Space
Ace Engineering; Minneapolis, MN; 2006
AEC Engineering
Armac Computer
Brainerd Technical
Cannon Equipment; Rosemont, MN; 2006
Ecolab; Saint Paul, MN; 2001
Minnesota Wire & Cable; Saint Paul, MN; 2006

MR. SMITH AGENCY LLC
465 Washington St B01, Buffalo, NY 14203
Toll Free: (888) 506-6123
E-Mail: hello@mrsmith.agency
Web Site: mrsmith.agency

Employees: 10
Year Founded: 2013

Agency Specializes In: Advertising, Brand Development & Integration, Collateral, Content, Digital/Interactive, Internet/Web Design, Media Buying Services, Media Planning, Social Media, Strategic Planning/Research

Robert Dimmer *(Founder & Principal)*
Chrissy Pyne *(Partner & Creative Dir)*
Collin Wittman *(Partner & Dir-Mktg)*
Renee Helda *(Art Dir)*
Jared Threat *(Dir-Client Svcs)*
Caleb Houseknecht *(Mgr-Digital Mktg)*
Devin Jeffery *(Designer-UX & UI)*
Katie McGarrity *(Copywriter)*

Accounts:
New-Fresh Catch Poke Co
New-North American Breweries Inc.
New-The North Face Inc.

MR. TECHNIQUE, INC.
1040 West Marietta St NW, Atlanta, GA 30318
Tel.: (404) 419-6730
Web Site: www.mrtechnique.com/

Employees: 10
Year Founded: 2007

Agency Specializes In: Copywriting, Internet/Web Design, Paid Searches, Search Engine Optimization, Social Media

Tom Nguyen *(President)*

MRC MEDICAL COMMUNICATIONS
12 Lincoln Blvd Ste 201, Emerson, NJ 07630
Tel.: (201) 986-0251
Fax: (201) 986-0361
E-Mail: info@mrcmedical.net
Web Site: www.mrcmedical.net

Employees: 10
Year Founded: 1978

Agency Specializes In: Education, Exhibit/Trade Shows, Graphic Design, Internet/Web Design, Medical Products, Multimedia, Production

David Rector *(Creative Dir & Sr Strategist-Mktg)*
Susan Rector *(Dir-New Bus Dev)*

Accounts:
FujiFilm
Healthcare Software Solutions
Merck Pharmaceutical; White House Station, NJ; 1997
Proximity
Sony; Park Ridge, NJ; 1988
Stryker; Kalamazoo, MI; 1998

MRM MCCANN
622 3rd Ave, New York, NY 10017-6707
Tel.: (646) 865-6230
Fax: (646) 865-6264
E-Mail: info@mrm.com
Web Site: mrm-mccann.com

Employees: 2,000
Year Founded: 1985

AGENCIES - JANUARY, 2019 — ADVERTISING AGENCIES

Agency Specializes In: Above-the-Line, Advertising, Below-the-Line, Broadcast, Business-To-Business, Consulting, Consumer Marketing, Digital/Interactive, Direct Response Marketing, E-Commerce, Electronic Media, Event Planning & Marketing, Health Care Services, Magazines, Pharmaceutical, Telemarketing

Approx. Annual Billings: $1,800,000,000

Joyce Karel *(Pres-US East)*
Subu Desaraju *(Exec VP-Performance Mktg Strategy & Analytics-North America)*
David Azulay *(Sr VP & Head-Global Bus)*
Simon Foster *(Sr VP & Exec Creative Dir)*
Jan Lemke *(Sr VP & Grp Acct Dir)*
Maria DePanfilis *(Sr VP & Dir-Performance Analytics)*
Peter Gallo *(Sr VP & Dir-UX)*
Nadia Kamran *(Sr VP & Grp Creative Dir)*
Alex Bartumeus *(Mng Dir-Spain)*
Melissa Blomquist *(VP & Acct Dir)*
Roxanne Tyler *(VP & Dir-Bus Dev)*
Michele Fitzpatrick *(VP & Assoc Dir-Customer Experience Strategy)*
Carl Ceo *(VP-Creative)*
Mary Kathryn Daugherty *(Sr Acct Dir)*
Maria Coyle *(Acct Dir)*
Sara Gallinat *(Acct Dir)*
Beatrix Kirwin *(Acct Dir)*
Valerie Kurtz *(Acct Dir-Chevrolet CLM)*
Amanda Pearson *(Acct Dir)*
Jarett LaTour *(Mgmt Supvr)*
Abigail Reyes *(Acct Mgr-Philippines)*
Nathan Kugel *(Mgr-Search)*
Ryan Shields *(Acct Supvr)*
Rochel Hecht *(Supvr-Media)*
Katerina Ikonomou *(Sr Acct Exec)*
Lauren Koslosky *(Acct Exec)*
Jordyn Rudolf *(Strategist-Social Media)*
Anne Mader *(Assoc Creative Dir)*
Erick Stossel *(Assoc Creative Dir)*

Accounts:
Applebee's
BASF North American Agricultural Products (Customer Experience Agency of Record); 2017
Bristol-Myers Squibb
Cathay Pacific Airways Limited
Choice Hotels International Digital, Marketing
Dell
Diageo Bulleit, Captain Morgan, Crown Royal, Jose Cuervo, Smirnoff, Zacapa
Ecco Digital
ExxonMobil
General Mills
International House of Pancakes, Inc. Digital, Media, Social
Johnson & Johnson
L'Oreal
Microsoft
Mondelez International, Inc. Philadelphia Brand
Nestle Purina Chef Michael's
New York State Lottery Creative, Digital
OppenheimerFunds, Inc. (Agency of Record) Campaign: "Invest in a Beautiful World"
Purina
Staples, Inc
Unilever
United States Postal Service
Verizon Fios

North America

McCann Canada
(Formerly MacLaren McCann Canada Inc.)
200 Wellington St W, Toronto, ON M5V 0N6 Canada
(See Separate Listing)

MRM Princeton
105 Carnegie Ctr, Princeton, NJ 08540
(See Separate Listing)

MRM Worldwide New York
622 3rd Ave, New York, NY 10017
Tel.: (646) 865-6230
Fax: (646) 865-6264
E-Mail: info@mrmworldwide.com
Web Site: mrm-mccann.com

Employees: 180

National Agency Associations: 4A's

Agency Specializes In: Above-the-Line, Advertising, Branded Entertainment, Consumer Marketing, Corporate Identity, Customer Relationship Management, Digital/Interactive, Direct Response Marketing, E-Commerce, Sponsorship

Rob Rothschild *(Sr VP & Grp Dir-Strategy)*
Tony Jones *(VP & Creative Dir)*
Jason Cohen *(Mgmt Supvr)*
Linda Sorbera *(Dir-HR-Global)*
Roland Ferrao *(Mgr-Data & Analytics)*

Accounts:
Applebee's
Bristol-Myers Squibb
Dell
ExxonMobil
General Mills
GM
L'Oreal
MasterCard
Microsoft
Nestle

MRM Worldwide
600 Battery St, San Francisco, CA 94111
Tel.: (415) 262-5600
Fax: (415) 262-5400
E-Mail: david.shearer@mrmworldwide.com
Web Site: mrm-mccann.com

Employees: 125

National Agency Associations: 4A's

Agency Specializes In: Above-the-Line, Below-the-Line, Digital/Interactive, Direct Response Marketing, Email, Planning & Consultation, Production, Sponsorship

Katie Cockrell *(Acct Supvr)*
Rebecca Leondi *(Media Planner)*

Accounts:
Microsoft; Redmond, WA Software; 1999

MRM Worldwide
360 W Maple Rd, Birmingham, MI 48009
Tel.: (248) 203-8000
Fax: (248) 203-8010
E-Mail: info@mrmworldwide.com
Web Site: mrm-mccann.com

Employees: 15

National Agency Associations: 4A's

Agency Specializes In: Above-the-Line, Below-the-Line, Digital/Interactive, Mobile Marketing

Marcy Quinn Samet *(CMO-Global)*
Jeff Cruz *(Chief Creative Officer & Exec VP)*
Fred Seidelman *(CTO & Exec VP)*
Tamy Harms *(Pres-Detroit)*
Jill Cooley *(Exec VP & Acct Dir)*
Teresa Nord *(Sr VP & Grp Acct Dir-Customer Experience Strategy)*
Lori Sullivan *(Sr VP & Grp Acct Dir-CRM)*
Shekhar Gowda *(Sr VP & Dir-Tech)*
Beau Hebert *(Sr VP & Dir-Ops & PMO)*
Matt Jenson *(Sr VP & Dir-Bus Strategy & CX Measurement)*
Michael Matos *(VP & Dir-IT)*
Nicole Wrobel *(VP & Dir-Performance & Analytics)*
Cathy Szalewicz *(Gen Mgr-CRM & Program Mgr-Digital)*
Steve Banner *(Dir-Tech Platform Svcs)*
Mariann Gojcaj *(Dir-Tech)*
Justine Dearth *(Sr Project Mgr-Digital)*
Jennifer Rock-Mitchick *(Sr Project Mgr-Digital & Offshore Ops)*
Lauren Jakubik *(Assoc Analyst)*

Accounts:
Carrera
Dell
General Motors Corporate, Customer Experience Strategy & Planning, Customer Relationship Management, Digital Production, GM Fleet, Web Development
Intel
Microsoft
Nestle

MRM London
76-80 Southwark Street, London, SE1 0PN United Kingdom
Tel.: (44) 20 7837 3737
Fax: (44) 207 153 8153
Web Site: www.mrm-meteorite.com/

Employees: 275
Year Founded: 1983

Agency Specializes In: Above-the-Line, Advertising, Below-the-Line, Consumer Marketing, Customer Relationship Management, Digital/Interactive, Direct Response Marketing, E-Commerce, Email, Identity Marketing

Andrew Appleyard *(Co-Owner & Dir)*
Richard Wheat *(Owner)*
Nicky Bullard *(Chm & Chief Creative Officer)*
Claire Frankling *(Head-Inside & Bus Dir-MRM Meteorite)*
Paul White *(Art Dir)*
Sophie Mcgovern *(Jr Copywriter-MRM Meteorite)*
John Peacock *(Copywriter)*
Peter West *(Copywriter)*
Jon Wells *(Assoc Creative Dir)*

Accounts:
Adviser Home PR
Aegon Ireland Digital, Media Relations, Social Media, Traditional Media
Ashcourt Rowan Plc PR
Banque Havilland S.A. PR
Cantor Fitzgerald
Caracalla 1947 Digital, Social Media PR
Carrera
Diageo
Direct Line Group Below-the-Line, Churchill, Direct Line, Green Flag, Privilege Brands
EasyJet European CRM
eVestor Digital Marketing, Media Relations, Public Affairs, Public Relations, Social
eye2eye Marketing Strategy, Online
Flagstone Investment Management (Lead Public Relations Agency)
Floreat Media; 2018
General Mills
GenLife Digital Media Strategy, Media Relations, Public Affairs, Social Media Strategy
GlaxoSmithKline (Global Digital & Multichannel Marketing Agency of Record) Creative; 2017
Goddard Perry online
Hometrack Media Relations, Public & Regulatory Affairs
Hornbuckle Mitchell Media Relations, PR
John Lewis Partnership plc
Kames Capital
MasterCard

ADVERTISING AGENCIES

Microsoft
Nava Finance Brand Awareness, Communications
Nestle
Nucleus Financial
The Open University
Philadelphia
Positive Solutions PR
Psion
Redington Growth Plans, Media
River & Mercantile Grp Mercantile Derivatives, P-Solve & River, River & Mercantile Asset Mgmt, Traditional & Media; 2017
RWC Partners External Communications, Media, Traditional
Scottish Friendly Digital Communications, Media Relations
SEI
Shawbrook Bank Limited Personal Loans Proposition; 2018
Sunovion Pharmaceuticals Inc.
Target Group Corporate Communications, Public Relations
Thesis Asset Management Plc PR
Vauxhall
VocaLink PR
World Vision

MRM Paris
69 Blvd du General Leclerc, 92583 Clichy, France
Tel.: (33) 1 47 59 41 00
Fax: (33) 1 47 59 41 02
E-Mail: contact@mrmworldwide.fr
Web Site: www.mrm-mccann.fr

Employees: 200
Year Founded: 1981

Agency Specializes In: Above-the-Line, Below-the-Line, Consumer Marketing, Digital/Interactive, Direct-to-Consumer

Agnes Puig *(Deputy Dir Gen)*
Dragan Kontic *(CTO, Deputy Gen Mgr & Dir-Customer Mgmt Interaction)*
Sandrine Sainson *(Deputy Mng Dir-CRM & Data)*

MRM Worldwide
Via Valtellina 15/17, 20159 Milan, Italy
Tel.: (39) 02 854 2111
Fax: (39) 02 869 0527
E-Mail: michele.sternai@mrmitaly.it
Web Site: mrm-mccann.com

Employees: 28
Year Founded: 1993

Agency Specializes In: Above-the-Line, Below-the-Line, Consumer Marketing, Digital/Interactive, Direct Response Marketing

Giuliano Bellini *(Creative Dir)*
Loredana Calo *(Dir-Digital Client Grp)*
Benedetta Virga *(Dir-Acct, Mktg & Adv)*

MRM Worldwide
Grosser Hasenpfad 44, 60598 Frankfurt, Germany
Tel.: (49) 69 605 070
Fax: (49) 69 605 07 112
E-Mail: christoph.stadeler@mccann.de
Web Site: mrm-mccann.com

E-Mail for Key Personnel:
President: christoph.stadeler@mccann.de

Employees: 60
Year Founded: 1999

Agency Specializes In: Above-the-Line, Automotive, Brand Development & Integration, Consumer Publications, Corporate Communications, Corporate Identity, Digital/Interactive, Direct Response Marketing, Direct-to-Consumer, E-Commerce, Internet/Web Design

Martin Biela *(Exec Creative Dir)*
Nic Metz *(Mktg Dir-Automation-Salt Lake)*
Suzana Mitrasinovic *(Acct Dir)*

Accounts:
BalticMiles Campaign: "Burn the Miles"
GranataPet #SnackBall

Latin America

Dittborn & Unzueta MRM
Avenida Ezdora Goyenechea 3477 8th Fl, Las Condes, Santiago, Chile
Tel.: (56) 2 337 6991
Fax: (56) 2 338 9555
E-Mail: tdittborn@mrm.cl
Web Site: www.mrm-mccann.com

Employees: 40
Year Founded: 1997

Agency Specializes In: Above-the-Line, Advertising, Below-the-Line, Consumer Marketing, Customer Relationship Management, Digital/Interactive, Direct-to-Consumer, E-Commerce

Marcy Q. Samet *(Chief Growth Officer)*
Cristian Leon *(Gen Dir-Creative)*
Carlos Marcelo Ojeda Harvez *(Editor-Creative)*
Isabel Espinoza *(Acct Dir)*
Tomas Cabrera Ferralis *(Creative Dir)*
Lorena Hola *(Creative Dir)*

Accounts:
Mobil1
Mutual de Seguridad

Asia Pacific

MRM Worldwide Hong Kong
14 Fl Sunning Plaza 10 Hysan Avenue, Causeway Bay, China (Hong Kong)
Tel.: (852) 2808 7888
Fax: (852) 2881 6590
E-Mail: jason.chau@mrmworldwide.com
Web Site: mrm-mccann.com

Employees: 40
Year Founded: 1996

Agency Specializes In: Above-the-Line, Advertising, Below-the-Line, Consumer Marketing, Customer Relationship Management, Direct Response Marketing, E-Commerce

Jonathan Liu *(Mng Dir & Sr VP)*
Mark Woodcock *(Reg Dir-Data & Analytics)*
Clara Tam *(Client Svcs Dir)*

Accounts:
Dell
Intel
Mastercard

MRM Worldwide India
8 Balaji Estate Guru Ravi Dass Marg, Kalkaji, New Delhi, 110019 India
Tel.: (91) 11 2600 2600
Fax: (91) 11 2628 1034
E-Mail: india@mrmworldwide.com
Web Site: mrm-mccann.com

Employees: 50
Year Founded: 1993

Agency Specializes In: Above-the-Line, Advertising, Below-the-Line, Consumer Marketing, Customer Relationship Management, Digital/Interactive, Direct Response Marketing, Direct-to-Consumer, E-Commerce

Manish Sharma *(Mgr-Media Ops, Plng & Buying)*

MRM Worldwide
Shin-Aoyama Building E 1-1-1 Minami-Aoyama, Minato-ku, Tokyo, 107-8679 Japan
Tel.: (81) 3 3746 8900
Fax: (81) 3 3746 8901
Web Site: https://www.mrmjapan.co.jp/

Employees: 50
Year Founded: 1987

Agency Specializes In: Above-the-Line, Advertising, Below-the-Line, Consumer Marketing, Customer Relationship Management, Digital/Interactive

Caspar Ouvaroff *(Pres)*
Kaori Taguchi *(Grp Acct Dir)*
Rie Otsuka *(Bus Dir-Bus Leadership Grp)*
Mamoru Kotani *(Sr Mgr-Plng-Comm Design)*
Ryo Murai *(Sr Comm Mgr)*

Accounts:
Google Japan Campaign: "AdWords Puzzle", Campaign: "Find the Key to Business Success"
Mitsubishi Electric Brand Strategy; 2017

MRM Worldwide
F-Block Voltas House, TB Hadam Marg Chinchpokli, Mumbai, 400033 India
Tel.: (91) 22 6668 7777
Fax: (91) 22 2300 3147
E-Mail: india@mrmworldwide.com
Web Site: www.mrm-mccann.com

Employees: 22
Year Founded: 1998

Agency Specializes In: Above-the-Line, Advertising, Consumer Marketing, Customer Relationship Management, Digital/Interactive, Direct-to-Consumer

Swapnil Tilak *(Acct Dir)*

MRM PRINCETON
105 Carnegie Ctr, Princeton, NJ 08540
Tel.: (609) 895-0200
Fax: (609) 895-0222
Web Site: mrm-mccann.com

E-Mail for Key Personnel:
Production Mgr.: sdenooyer@gillespie.com

Employees: 175
Year Founded: 1973

National Agency Associations: 4A's-BPA-DMA

Agency Specializes In: Above-the-Line, Advertising, Bilingual Market, Brand Development & Integration, Broadcast, Business Publications, Business-To-Business, Cable T.V., Collateral, Communications, Consulting, Consumer Marketing, Consumer Publications, Corporate Identity, Digital/Interactive, Direct Response Marketing, E-Commerce, Education, Electronic Media, Exhibit/Trade Shows, Financial, Government/Political, Graphic Design, Health Care Services, High Technology, Hispanic Market, Industrial, Infomercials, Information Technology, Internet/Web Design, Legal Services, Logo & Package Design, Magazines, Media Buying Services, Medical Products, New Product Development, Newspaper, Newspapers &

AGENCIES - JANUARY, 2019 — ADVERTISING AGENCIES

Magazines, Out-of-Home Media, Outdoor, Pharmaceutical, Planning & Consultation, Point of Purchase, Point of Sale, Print, Production, Radio, Real Estate, Retail, Sponsorship, Sports Market, Trade & Consumer Magazines, Transportation

Sue DeNooyer *(Sr VP-Ops)*
Gina Fortune *(Acct Supvr)*
Marc DeNatale *(Supvr-Digital Media)*
Chelsea French *(Strategist-Social Media)*
Courtney Holliday *(Copywriter)*

Accounts:
Benjamin Moore Color & Coating Search Marketing Business, Paid & Organic Search Marketing, Paint; 2017
Dell
General Mills
GlaxoSmithKline; 2017
GM
McNeil Consumer Products Flexeril
Microsoft
Sunovion Parkinson (Digital Agency of Record); 2017

MRP MARKETING CLOUD
1880 JFK Blvd 19th Fl, Philadelphia, PA 19103
Tel.: (215) 587-8800
Fax: (215) 557-1575
E-Mail: info@mrpfd.com
Web Site: www.mrpfd.com/

Employees: 100

Agency Specializes In: Collateral, Email, Event Planning & Marketing, Exhibit/Trade Shows, High Technology, Market Research, Web (Banner Ads, Pop-ups, etc.)

Revenue: $6,600,000

James Regan *(Pres)*
Romano DiToro *(CIO)*
Kristin Carey *(VP-Acct Dev)*

Accounts:
Cisco

MRW COMMUNICATIONS LLC
6 Barker Square Dr # 1, Pembroke, MA 02359-2225
Tel.: (781) 924-5282
Fax: (781) 926-0371
E-Mail: jim@mrwinc.com
Web Site: www.mrwinc.com

E-Mail for Key Personnel:
President: tom@mrwinc.com

Employees: 10
Year Founded: 2003

Agency Specializes In: Advertising, Brand Development & Integration, Business Publications, Business-To-Business, Collateral, Communications, Consumer Marketing, Corporate Identity, Direct Response Marketing, Electronic Media, Exhibit/Trade Shows, Financial, Graphic Design, Health Care Services, High Technology, Industrial, Information Technology, Internet/Web Design, Logo & Package Design, Magazines, Media Buying Services, Medical Products, Newspaper, Newspapers & Magazines, Out-of-Home Media, Outdoor, Planning & Consultation, Print, Production, Radio, Retail, Sales Promotion, Strategic Planning/Research, T.V., Technical Advertising, Trade & Consumer Magazines

Approx. Annual Billings: $8,000,000

James J. Watts *(Owner & Mng Partner)*
Thomas Matzell *(Principal & Creative Dir)*

Accounts:
Bank Five
The Gemini Group
Keurig Coffee Systems
Kronos
Lab Corp; 2005
Lexington Furniture
MSI
Nelco; Woburn, MA Medical Radiation Shielding
Pyramid Hotel Group
Q1 Labs; Waltham, MA Network Security Products
Schwartz Law Offices
StonecroftCapital
United Capital Financial Advisers
Viisage Identity Software Products

MRY
299 W Houston St Fl 12, New York, NY 10014
Tel.: (212) 274-0470
Fax: (888) 847-5321
Web Site: https://mry.com/

Employees: 500

National Agency Associations: 4A's

Agency Specializes In: Digital/Interactive, Social Media, Sponsorship, Viral/Buzz/Word of Mouth

Erin Boyer *(Sr VP-Client Svcs)*
Phillip S. Pessaro *(VP-Project Mgmt & Production)*
Marnie McLagan *(Acct Dir)*
Elizabeth Bruner *(Dir-Intelligence)*
Abagael Salembier *(Acct Supvr)*
Emily Bress *(Copywriter)*
Chris Cino *(Sr Art Dir)*
Anna Haczkiewicz *(Assoc Creative Dir)*

Accounts:
Adobe Campaign: "Make It With Creative Cloud", Creative
AT&T Campaign: "It Can Wait"
Bayer
Coca Cola
Gillette
JetBlue
Johnson & Johnson
Moleskine Website Redesign
National Grid Digital
New York City Drone Film Festival
Pizza Hut Digital
Reckitt Benckiser Cepacol, Delsym, Digital Marketing, Mucinex
Sidney Frank Importing Company "JagerBonds", Jagermeister
Skype
Spotify
Symantec
Visa Campaign: "Everywhere Initiative", Campaign: "GoInSix", Digital

MSA ADVERTISING & PUBLIC RELATIONS
325 West 38th St, New York, NY 10018
Tel.: (212) 532-5151
Fax: (212) 532-5499
Web Site: www.msanewyork.com

Employees: 30
Year Founded: 1951

National Agency Associations: APA

Agency Specializes In: Collateral, Consumer Marketing, Direct Response Marketing, Event Planning & Marketing, High Technology, Logo & Package Design, Newspaper, Out-of-Home Media, Outdoor, Print, Public Relations, Radio, Sales Promotion, T.V., Transportation

Approx. Annual Billings: $30,000,000

Paul Greenberg *(Mng Partner-MSA Mktg)*
Keith Klein *(Chief Creative Officer)*
Ron Spivak *(Sr Art Dir)*

Accounts:
The All Company
Bristol-Myers Squibb Company
Gamla Digital Imaging
Parliament Wine Company
Sandoz Pharmaceuticals Corporation
TUVRheinland

MSA MARKETING
612 Wade Ave # 101, Raleigh, NC 27605
Tel.: (919) 463-9680
Web Site: www.thinkmsa.com

Employees: 16
Year Founded: 1991

Agency Specializes In: Advertising, Event Planning & Marketing, Internet/Web Design, Market Research, Media Relations, Multimedia, Production, Social Media, Sponsorship

Jan Johnson *(Pres & CEO)*
Tyrese Howard *(Copywriter)*

Accounts:
Meredith College

MSA: THE THINK AGENCY
2530 Meridian Pkwy Ste 200, Durham, NC 27713
Tel.: (919) 463-9680
Fax: (919) 463-9722
Toll Free: (800) 849-2118
Web Site: www.thinkmsa.com

Employees: 55
Year Founded: 1991

Approx. Annual Billings: $12,000,000

Kate Geisler *(Acct Exec)*

Accounts:
Inuvo, Inc.
Meredith College Media Planning & Buying
NC Aquariums
NC Public Power
North Carolina Division of Parks & Recreation
North Carolina State Board of Elections
Rex Healthcare
State Fair; Raleigh, NC
The Umstead Hotel and Spa
UNC Healthcare

MSI
233 N Michigan Ave Ste 3000, Chicago, IL 60601
Tel.: (312) 565-0044
Fax: (312) 946-6100
E-Mail: info@agencymsi.com
Web Site: agencymsi.com

Employees: 90
Year Founded: 1962

Agency Specializes In: Advertising, Brand Development & Integration, Broadcast, Business-To-Business, Cable T.V., Catalogs, Co-op Advertising, Collateral, Communications,

ADVERTISING AGENCIES

Consulting, Consumer Goods, Consumer Marketing, Consumer Publications, Corporate Communications, Corporate Identity, Digital/Interactive, Direct Response Marketing, Direct-to-Consumer, E-Commerce, Electronic Media, Event Planning & Marketing, Graphic Design, Guerilla Marketing, Household Goods, Identity Marketing, In-Store Advertising, Industrial, Integrated Marketing, Internet/Web Design, Local Marketing, Logo & Package Design, Luxury Products, Magazines, Market Research, Media Buying Services, Media Planning, Media Relations, Media Training, Men's Market, Merchandising, Mobile Marketing, New Product Development, Newspaper, Newspapers & Magazines, Out-of-Home Media, Outdoor, Package Design, Paid Searches, Pets, Planning & Consultation, Point of Purchase, Point of Sale, Print, Production, Production (Print), Promotions, Public Relations, Publicity/Promotions, Radio, Retail, Sales Promotion, Search Engine Optimization, Social Media, Strategic Planning/Research, Sweepstakes, T.V., Teen Market, Trade & Consumer Magazines, Women's Market

Approx. Annual Billings: $25,000,000

David Weiner *(CEO)*
Stacy Gelman *(Exec VP-Ops)*
Gaelen Bell *(VP-Social Mktg & PR)*
Maureen Brennan *(VP-PR & Social Media)*
Molly Dineen *(Media Dir)*
Kevin J. Frank *(Dir-Production & Creative Mgmt)*

Accounts:
ACE Hardware; Oakbrook, IL
Adobe; San Francisco, CA
American Marketing Association; Chicago, IL
Big Apple Bagels; Deerfield, IL
Briggs & Stratton; Milwaukee, WI
Cabela's; Sydney, NE
Fluidmaster; San Juan, CA Repair Parts
The Home Depot; Atlanta, GA Retail Chain
Lochinvar; Lebanon, TN
MB Financial Bank; Rosemont, IL
Sears-KMart; Hoffman Estates, IL Retail Chain
Serta; Hoffman Estates, IL
Tractor Supply Co. Inc.; Brentwood, TN
White-Rodgers Division; Saint Louis, MO Heating & AC Controls

MSM DESIGNZ INC
505 White Plains Rd 2nd Fl Ste 204, Tarrytown, NY 10591
Tel.: (914) 909-5900
Fax: (775) 317-5196
Web Site: www.msmdesignz.com

Employees: 13

Agency Specializes In: Advertising, Brand Development & Integration, Internet/Web Design, Print, Social Media

Mario S. Mirabella *(Owner & Creative Dir)*
Anthony Terlizzi *(Mgr-SEO & Specialist-PPC)*

Accounts:
White Plains Downtown BID

MSTONER, INC.
4809 N Ravenswood Ave Ste 415, Chicago, IL 60640
Tel.: (773) 305-0537
E-Mail: hello@mstoner.com
Web Site: www.mstoner.com

Employees: 50
Year Founded: 2001

Agency Specializes In: Arts, Brand Development & Integration, Communications, Content, Customer Relationship Management, Digital/Interactive, Education, Event Planning & Marketing, Integrated Marketing, Internet/Web Design, Print, Search Engine Optimization, Social Media

Rob Cima *(Founder & Owner)*
Voltaire Santos Miran *(Foudner & Owner)*
Michael Stoner *(Founder & Owner)*
Bill McLaughlin *(Owner)*
Ben Bilow *(Sr Dir-Creative)*
Kate Smith *(Dir-Fin & Admin)*
Mallory Willsea *(Dir-Mktg & Sls)*
Greg Zguta *(Dir-Web Dev)*
Lauren Anderson *(Office Mgr)*
Shannon Lanus *(Strategist-Content)*
Nicole Lentine *(Specialist-Bus Dev)*
Bianca Tomlin *(Specialist-Digital Mktg)*
Ben Conley *(Designer-UX & Visual)*
Abby McLean *(Designer-UX & Visual)*

Accounts:
Elmhurst College
Heartland Community College
Hope College
Johnson & Wales University
Medill School of Journalism, Media, Integrated Marketing Communications
Mills College
North Central University
Rush University
Saint Louis University
St. John Fisher College
Tulane University
University of Rochester School of Nursing
Wheaton College

MUCHO
466 Geary St Ste 500, San Francisco, CA 94102
Tel.: (415) 546-1399
E-Mail: sanfrancisco@wearemucho.com
Web Site: www.wearemucho.com

Agency Specializes In: Advertising, Brand Development & Integration, Broadcast, Communications, Content, Experience Design, Graphic Design, Internet/Web Design, Logo & Package Design, Print, Public Relations, Social Media

Rob Duncan *(Partner & Creative Dir)*
Luke Robertson *(Art Dir)*
Cody Maemori *(Sr Designer)*
Cherish Chang Prieditis *(Designer)*

Accounts:
New-Balenciaga Loeuvre Au Noir
New-Casa Bonay
New-Coblentz Patch Duffy & Bass LLP
New-Florian Mueck
New-The Force
New-Frameline
New-Josep Maria Raventos i Blanc SA
New-Marinavela
New-Sonar+D
New-Telemadrid

MUDD ADVERTISING
915 Technology Pkwy, Cedar Falls, IA 50613
Tel.: (319) 277-2003
Fax: (319) 277-8176
Toll Free: (800) 367-6833
E-Mail: info@mudd.com
Web Site: www.mudd.com

Employees: 144

National Agency Associations: Second Wind Limited

Agency Specializes In: Automotive

Chris Mudd *(Pres & COO)*
Jim Mudd, Jr. *(CEO)*
Frank Seng *(CFO)*
Jim Sartorius *(CIO)*
Bryan Brooks *(Dir-Digital Mktg)*
Wendy Jermier *(Dir-HR)*
Vern Kalkbrenner *(Dir-Integrated Comm)*
Ryan Thacher *(Dir-Ops)*
Tim Brenden *(Brand Mgr)*
Jason Cashman *(Gen Sls Mgr)*
Ryan Regenold *(Brand Mgr-Natl)*
Mike Carlo *(Mgr-Production Svcs)*
Rachel Johnson *(Mgr-Brand Sls-Kia & Hyundai)*
Emmalee Albers *(Analyst-Mktg)*
Gabby Barnett *(Media Buyer)*

MUH-TAY-ZIK HOF-FER
(Name Changed to M/H VCCP)

MULLENLOWE GROUP
40 Broad St, Boston, MA 02109
Tel.: (617) 226-9000
Fax: (617) 226-9100
Web Site: www.mullenlowegroup.com

Employees: 10,000
Year Founded: 1970

National Agency Associations: 4A's

Agency Specializes In: Above-the-Line, Advertising, Advertising Specialties, Automotive, Aviation & Aerospace, Below-the-Line, Broadcast, Business-To-Business, Cable T.V., Communications, Consumer Goods, Consumer Marketing, Content, Copywriting, Corporate Communications, Corporate Identity, Cosmetics, Crisis Communications, Customer Relationship Management, Digital/Interactive, Direct Response Marketing, Direct-to-Consumer, E-Commerce, Entertainment, Event Planning & Marketing, Experiential Marketing, Fashion/Apparel, Financial, Food Service, Government/Political, Graphic Design, Guerilla Marketing, High Technology, Hospitality, Leisure, Luxury Products, Magazines, Media Buying Services, Media Planning, Media Relations, Newspapers & Magazines, Out-of-Home Media, Point of Sale, Print, Public Relations, Radio, Recruitment, Restaurant, Retail, Search Engine Optimization, Shopper Marketing, Social Media, Strategic Planning/Research, T.V., Trade & Consumer Magazines, Transportation, Travel & Tourism

Kelly Fredrickson *(Pres)*
Emily Brooks *(Sr VP & Grp Acct Dir)*
Aaron Clinger *(Sr VP, Creative Dir & Dir-Digital)*
Enrique Camacho *(Sr VP & Creative Dir)*
Brian Smith *(VP & Exec Producer)*
Adam Calvert *(VP & Creative Dir)*
Keith Gordon *(VP & Acct Dir)*
Yelan Tong *(VP & Creative Dir)*
Bob Hunter *(VP & Dir-Studio)*
Jamie Dorfman *(VP & Grp Media Dir)*
Alexandra Gordon *(VP & Grp Media Dir)*
Annie Carney *(Sr Producer-Digital)*
Courtney Calvert *(Acct Dir)*
Matthew Duerr *(Acct Dir)*
Ian Todd *(Art Dir)*
Lindsay Cardinale *(Dir-Strategy)*
Michael Cassell *(Dir-Strategy)*
Suzanne McGee *(Dir-Agency Comm)*
Sean O'Brien *(Dir-Design)*
Kristine Ring-Janicki *(Assoc Dir-Print Production & Experiential)*
Amy Keddy *(Sr Mgr-Bus Affairs)*
Kylie Kendall *(Acct Supvr)*
Emily Schmitt *(Acct Supvr)*
Brittany Zahoruiko *(Acct Supvr-PR & Social Influence)*
Riali Austin *(Supvr-Media)*
Molly Lashner *(Supvr-Media)*
Edelisse Nelson *(Supvr-Digital Media)*
Charlie Doyle *(Sr Acct Exec)*

AGENCIES - JANUARY, 2019 — ADVERTISING AGENCIES

Krystle Lischwe *(Sr Acct Exec-PR & Social Influence)*
Alexa Gedies *(Acct Exec)*
Timanni Walker *(Strategist-Brand)*
Meg Weldon *(Acct Exec)*
Kathryn Cucuzza *(Media Planner-Integrated)*
Jessica Gelbwaks *(Jr Copywriter)*
Eddy Cao *(Asst Acct Exec)*
Chris Cavalieri *(Assoc Creative Dir)*
Streadbeck Daniel *(Assoc Creative Dir)*
Jennifer Dwyer *(Asst Producer-Brdcst)*
Allison Hughes *(Assoc Creative Dir)*
Persephone Kazl *(Assoc Media Dir)*
Cecily Myers *(Jr Art Dir)*
Christina Pappas *(Asst Project Mgr)*

Accounts:
ADP Creative, Media Buying, Media Planning; 2014
American Greetings (Agency of Record) Creative, Digital, Media Buying, Media Planning, Papyrus, Public Relations, Social; 2013
American Honda Motor Co., Inc. Acura (Creative Agency of Record), Creative, Digital, Social; 2013
Barclaycard (Agency of Record) Creative, JetBlue Card, Media Buying, Media Planning; 2015
BET (Media Agency of Record) A Viacom Network, Media Buying, Media Planning; 2016
Bose Corporation (North American Media Agency of Record) Media Buying, Media Planning; 2007
Burger King Corporation
California Avocado Comission (Agency of Record) Creative, Digital, Media Buying, Media Planning, Social; 2015
Capital One Creative, Public Relations; 2012
Century 21 Real Estate LLC (Agency of Record) Campaign: "A Flamingo", Campaign: "Built-Ins", Campaign: "Frog Fountain", Campaign: "Garden Gnome", Campaign: "Lawn Invasion", Campaign: "Master Suite", Campaign: "Playroom", Campaign: "Slightly Haunted", Campaign: "Smarter. Bolder. Faster.", Campaign: "Tryptophan Slow Jam", Campaign: "Vaulted Ceilings", Social Creative, Social Media; 2010
CenturyLink Media Buying, Media Planning; 2007
Chipotle (Media Agency of Record) Media Buying, Media Planning; 2017
Constant Contact (Media Agency of Record) Media Buying, Media Planning; 2013
CSX (Agency of Record) Creative, Media Buying, Media Planning; 2007
Diageo CRM, Captain Morgan, Gordon's Gin, Haig Club, LoveScotch, Malts
Dulux (Creative Agency of Record) An AkzoNobel Brand, Creative; 2016
E-Trade (Creative & Strategic Agency of Record) Brand Campaign, Super Bowl 2018: "Don't Get Mad"
Edgewell Personal Care Advertising, Community Management, Creative Development, Digital & Social Media Content, Global Brand Strategy, Global Creative, Integrated Campaigns, Schick Hydro; 2018
Etihad CRM; 2016
EVA Air (North America Agency of Record) Creative, Media Buying, Media Planning; 2017
FAGE USA Dairy Industry Fage Yogurt
Google Beat Box, Campaign: "Gomo", Campaign: "New Baby", Galaxy Nexus, Google Play, Nexus 10
Hanes Social; 2010
Harley Davidson (Agency of Record) Creative, Digital, Media Buying, Media Planning, Social; 2016
HSBC APAC, Digital
Hunter Digital, Media Buying, Media Planning
JetBlue Advertising, Campaign: "A Better Wingman", Campaign: "Air on the Side of Humanity", Campaign: "Celebrity Baggage", Campaign: "Fly It Forward", Campaign: "Getaways Granter", Campaign: "HumanKinda", Campaign: "Never Ending", Campaign: "You Above All", Creative, Digital, JETBLUE, JetBlue Credit Card (Lead creative Agency), Media, Media Buying, Media Planning, Non-Traditional Advertising, Online, Outdoor, Print, Public Relations, Radio, Social, Television, Video, i-people; 2010
Lenovo Creative, Media Buying, Media Planning; 2012
L.L. Bean (Media Agency of Record) Media Buying, Media Planning; 2014
Match.com (Media Agency of Record) Media Buying, Media Planning; 2004
Nerium APAC, Digital
Netflix Media Buying, Media Planning; 2015
New Holland Creative, Media Buying, Media Planning; 2014
North Carolina Education Lottery Creative, Media Buying, Media Planning; 2015
Nuveen (Creative & Media Agency of Record) Brand Strategy, Creative Development; 2017
Olympus Public Relations; 2002
Patron (Agency of Record) Creative, Media Buying, Media Planning; 2014
PBS (Media Agency of Record) Media Buying, Media Planning; 2013
PepsiCo Izze, Naked, Public Relations, Tropicana; 2014
PODS (Media Agency of Record) Media Buying, Media Planning; 2017
Remy Cointreau Creative, Media Buying, Media Planning, Mount Gay, Remy Martin; 2017
Royal Caribbean (Agency of Record) Creative, Media Buying, Media Planning, Social; 2015
Serta, Inc.
Shinola (Media Agency of Record) Media Buying, Media Planning; 2014
Sloggi (Creative Agency of Record) Creative; 2017
Staples Media Buying, Media Planning; 2017
Talbots Creative, Media Buying, Media Planning; 2017
TV Land (Media Agency of Record) A Viacom Network, Media Buying, Media Planning; 2014
TXU Energy Media Buying, Media Planning; 2015
Unilever United States, Inc. Axe, Clear, Country Crock, Creative, Fruttare, Heartbrand, Knorr, Magnum, Pond's, Rexona, Tresemme, Vaseline
U.S. Cellular (Agency of Record) Creative, Digital, Social; 2012
U.S. Department of Defense CRM, Creative, Digital, JAMRS Program, Media Buying, Media Planning, Public Relations, Social; 2002
Vh1 (Media Agency of Record) A Viacom Network, Media Buying, Media Planning; 2013
Western Union Digital, Media Buying, Media Planning; 2016
Xylem Creative, Media Buying, Media Planning; 2011

Branches

Mediahub New York
386 Park Ave S 13th Fl, New York, NY 10016
Tel.: (212) 633-0440
E-Mail: newbiz@mullenlowemediahub.com
Web Site: www.mullenlowemediahub.com

Agency Specializes In: Advertising, Brand Development & Integration, Communications, Media Buying Services, Media Planning, Outdoor, Strategic Planning/Research

Jamie Dorfman *(Grp Dir-Media)*
Louise Rapley *(Grp Dir-Media)*
Ed Mcelvain *(Head-Ad Tech)*
Michael Piner *(Sr VP-Video & Data Driven Investments)*
Shamsul Chowdhury *(VP-Paid Search & Social)*
Dan Hicks *(Asst Planner-Media)*
Sanna Chen *(Strategist-SEO)*
Alexis Chavez *(Sr Strategist-Paid Search & Social)*
Anna Guastello *(Sr Strategist-Paid Search & Social)*
April Meng *(Asst Strategist-Paid Search & Social)*
Gregory Cavaluzzo *(Assoc Dir-Media)*
Parker Eng *(Assoc Dir-Search)*
Jean Paul Ciaramella *(Assoc Dir-Media)*

Accounts:
New-Dropbox Inc. (Media Agency of Record)

MullenLowe Mediahub
40 Broad St, Boston, MA 02109
Tel.: (617) 226-9000
Fax: (617) 226-9100
Web Site: www.mullenlowemediahub.com

Employees: 500

National Agency Associations: 4A's

Agency Specializes In: Media Buying Services, Media Planning, Media Relations

Michael Piner *(Sr VP-Video & Data Driven Investments)*
Allan Apjohn *(VP & Assoc Media Dir)*
Shamsul Chowdhury *(VP-Paid Search & Social)*
Kelly McGowan *(VP & Assoc Media Dir)*
Femaris Pena *(VP & Grp Media Dir)*
William Saw *(Assoc Dir-Search)*
Lauren Buscone *(Supvr-Media)*
Lauren Cipressi *(Supvr-Digital Media)*
Hayley Gilbert *(Supvr-Media)*
Tate Gillman *(Supvr-Media)*
Emily Faherty *(Sr Planner-Digital Media)*
Emily Hoffend *(Sr Planner-Digital Media)*
Daniel Colantonio *(Planner-Digital Media)*
Nicole Dolan *(Media Planner-Programmatic)*
Jessica Fuchs *(Media Planner)*
Cassie Gigliotti *(Media Planner)*
Jane Naugler *(Media Planner-Integrated)*
Olivia Pettenati *(Media Planner-Integrated)*
Thays Tejeda *(Media Planner)*
Scott Wilkins *(Sr Media Buyer & Planner)*
Kelsey Wrick *(Media Planner)*
Sydney Bernardo *(Sr Media Planner)*
Nicollette Bevec *(Sr Media Planner)*
Marissa Borselli *(Sr Media Planner)*
Candace Hollar *(Assoc Media Dir)*
Thomas Morningstar *(Assoc Media Dir-Trading)*
Kathleen O'Roark *(Buyer-Video Investments)*
Katharine Torrisi *(Sr Media Planner)*
Kaitlin Weeks *(Assoc Media Dir)*
Andrew Wolin *(Assoc Media Dir)*

Accounts:
Artsana USA Chicco, Media, Social
BET Networks (Media Agency of Record) A Viacom Network, Media Buying, Media Planning; 2016
New-Bloomin' Brands, Inc. (US Agency of Record) Media; 2018
California Avocado Commission (Media Agency of Record) Media Buying, Media Planning; 2015
CenturyLink Media Buying, Media Planning; 2007
Chipotle Mexican Grill, Inc. (Media Agency of Record) Media Buying, Media Planning; 2017
Constant Contact Media Buying, Media Planning; 2013
Global Road Entertainment (Media Agency of Record) Media Planning & Buying, Midnight Sun, Show Dogs, The Silence; 2018
JetBlue (Media Agency of Record) Media Buying, Media Planning; 2010
Lenovo
L.L. Bean (Media Agency of Record) Media Buying, Media Planning; 2014
Match.com (Media Agency of Record) Media Buying, Media Planning; 2004
MTV Networks Company Traditional, Digital Media Planning & Buying; 2017
Netflix Media Buying, Media Planning; 2015
New Balance Athletic Shoe, Inc. (US Media Agency of Record) Media Buying, Strategic Communications Planning; 2018

ADVERTISING AGENCIES
AGENCIES - JANUARY, 2019

Nuveen Media Buying, Media Planning; 2017
Patron Spirits (Media Agency of Record) Media Buying, Media Planning; 2014
PBS (Media Agency of Record) Media Buying, Media Planning; 2013
PODS (Media Agency of Record) Media Buying, Media Planning; 2017
Remy Cointreau
Royal Caribbean (Media Agency of Record) Media Buying, Media Planning; 2015
Scotts Miracle-Gro Media
Shinola (Media Agency of Record) Media Buying, Media Planning; 2014
Staples, Inc. Media Buying, Media Planning; 2017
TV Land (Media Agency of Record) A Viacom Network, Media Buying, Media Planning; 2014
TXU Energy Media Buying, Media Planning; 2015
Ulta Salon, Cosmetics & Fragrance, Inc. Media; 2017
Viacom Inc. Logo, Traditional, Digital Media Planning & Buying, Vh1 (Media Agency of Record); 2013
Wyndham Worldwide Corporation (North American Media Agency of Record) Branded Credit Card, Media Strategy, US Media Planning & Buying, Wyndham Rewards Loyalty Program; 2018

MullenLowe
999 N Sepulveda Blvd, El Segundo, CA 90245
Tel.: (617) 226-9932
Fax: (617) 226-9000
Web Site: www.mullenlowegroup.com

Employees: 120

National Agency Associations: 4A's

Agency Specializes In: Advertising, Collateral, Graphic Design, Logo & Package Design, Print, Strategic Planning/Research

Cameron McNaughton *(Mng Dir)*
Mollie B. Partesotti *(Sr VP & Head-Strategy)*
Gustavo Sarkis *(Sr VP & Exec Creative Dir)*
Yvonne Abt *(Sr VP-Media-Mediahub)*
Tiffany Jackson *(Sr VP & Grp Media Dir-Mediahub)*
David Swaebe *(Sr VP-Agency Comm & Bus Dev)*
Rebecca Wojcicki *(VP & Acct Dir)*
Meaghan Diamond *(VP & Recruiter-Creative)*
Alli Blender *(VP & Assoc Media Dir-Mediahub)*
Jan DeLyser *(VP-Mktg)*
Margaret Keene *(Exec Creative Dir)*
Jeff Beberman *(Grp Dir-Creative)*
Allison Draskovich *(Acct Dir)*
Scott Model *(Creative Dir)*
Patrick Simkins *(Creative Dir)*
Caroline Hanley *(Acct Supvr)*
Nancy Ramirez *(Supvr-AS & Mgmt-Acura)*
Lauren Kelley *(Sr Acct Exec)*
Hillary Brandaw *(Sr Planner-Integrated Media)*
Andrea V Lewis *(Strategist-Ad Ops)*
Shannon Lee *(Media Planner-Integrated)*
Madison Kimura *(Sr Media Planner)*
Sean Stell *(Assoc Creative Dir)*

Accounts:
American Honda Motor Co., Inc. "My Way", Acura (Agency of Record), Acura MDX, Acura NSX, Campaign: "Bottle", Campaign: "Catch It If You Can", Campaign: "It's That Kind of Thrill", Campaign: "Let the Race Begin", Campaign: "Made for Mankind", Creative, Digital, Marketing, Online, RDX, Social Media, TLX, TV
California Avocado Commission Campaign: "Hand Grown in California", Creative
E-Trade (Creative & Strategic Agency of Record)
EVA Air (North America Creative Agency of Record)
Global Road Entertainment (Media Agency of Record) Media Planning & Buying
Hyatt Hotels Corp. Andaz (Global Creative Agency of Record), Grand Hyatt (Global Creative Agency of Record), Hyatt (Global Creative Agency of Record), Hyatt Centric (Global Creative Agency of Record), Hyatt House (Global Creative Agency of Record), Hyatt Place (Global Creative Agency of Record), Hyatt Regency (Global Creative Agency of Record), Hyatt Residences (Global Creative Agency of Record), Hyatt Zilara (Global Creative Agency of Record), Hyatt Ziva (Global Creative Agency of Record), Park Hyatt (Global Creative Agency of Record), The Unbound Collection (Global Creative Agency of Record)
The Patron Spirits Company Campaign: "It Doesn't Have to Make Sense to Be Perfect", Global Creative, Out of Home Media, TV
Whole Foods Market, Inc (Creative Agency of Record); 2017

MullenLowe
600 Battery St, San Francisco, CA 94111
Tel.: (617) 226-9000
Fax: (617) 226-9100
Web Site: www.mullenlowegroup.com

Employees: 10

Agency Specializes In: Advertising, Experiential Marketing

Erin Swenson Gorrall *(Sr VP & Head-Comm Plng-Media Hub)*
Ina Watkins *(Sr VP & Dir-Engagement Plng)*
Anna Vlajkovic *(VP & Grp Dir-Strategy)*
Nicole Neopolitan *(VP & Grp Acct Dir)*
Matt Mullen *(VP & Dir-Strategy)*
Davina Turnbull *(VP & Dir-Bus Affairs)*
Maria Rougvie *(VP & Mgr-Bus Affairs)*
Courtney Calvert *(Acct Dir)*
Kate Hildebrant *(Dir-Integrated Production)*
Curtis Millward *(Dir-Product Knowledge)*
Nickie Kolb *(Mgr-Bus Affairs)*
Kylie Kendall *(Acct Supvr)*
Lisl Magboo *(Sr Acct Exec)*
Rebecca Nesi *(Sr Acct Exec)*
Karla Burgos *(Sr Strategist-Social Media)*
Ian Archer Donnelly *(Assoc Producer)*
Sean Wright *(Sr Art Dir)*

Accounts:
Airbnb Campaign: "Hollywood and Vines"
Google Inc. Google Play

MullenLowe
525 Vine St Ste 340, Winston Salem, NC 27101
Mailing Address:
PO Box 5627, Winston Salem, NC 27113-5627
Tel.: (336) 765-3630
Fax: (336) 774-9550
Web Site: us.mullenlowe.com

Employees: 165
Year Founded: 1949

National Agency Associations: 4A's-DMA

Agency Specializes In: Above-the-Line, Advertising, Advertising Specialties, Affiliate Marketing, Affluent Market, Agriculture, Automotive, Aviation & Aerospace, Brand Development & Integration, Broadcast, Business Publications, Business-To-Business, Cable T.V., Children's Market, Co-op Advertising, Collateral, Communications, Computers & Software, Consulting, Consumer Goods, Consumer Marketing, Consumer Publications, Content, Copywriting, Corporate Communications, Corporate Identity, Cosmetics, Customer Relationship Management, Digital/Interactive, Direct Response Marketing, Direct-to-Consumer, E-Commerce, Education, Electronic Media, Email, Engineering, Environmental, Event Planning & Marketing, Exhibit/Trade Shows, Fashion/Apparel, Financial, Food Service, Government/Political, Graphic Design, Guerilla Marketing, Health Care Services, High Technology, Hospitality, Household Goods, Identity Marketing, In-Store Advertising, Industrial, Information Technology, Integrated Marketing, International, Internet/Web Design, Investor Relations, Legal Services, Leisure, Local Marketing, Logo & Package Design, Luxury Products, Magazines, Marine, Market Research, Media Buying Services, Media Planning, Media Relations, Medical Products, Men's Market, Mobile Marketing, Multimedia, New Product Development, Newspaper, Newspapers & Magazines, Out-of-Home Media, Outdoor, Over-50 Market, Package Design, Paid Searches, Pharmaceutical, Planning & Consultation, Point of Purchase, Point of Sale, Print, Production, Production (Ad, Film, Broadcast), Production (Print), Programmatic, Promotions, Public Relations, Publicity/Promotions, Radio, Recruitment, Regional, Retail, Sales Promotion, Search Engine Optimization, Seniors' Market, Shopper Marketing, Social Marketing/Nonprofit, Social Media, Sponsorship, Sports Market, Stakeholders, Strategic Planning/Research, Sweepstakes, T.V., Trade & Consumer Magazines, Transportation, Travel & Tourism, Viral/Buzz/Word of Mouth, Web (Banner Ads, Pop-ups, etc.), Women's Market

Christy Blain *(Sr VP & Grp Creative Dir)*
Jennifer Cross *(VP & Acct Dir)*
Seton McGowan *(VP & Acct Dir)*
Steve Haroutunian *(VP & Dir-Digital Creative Production)*
Davina Turnbull *(VP & Dir-Bus Affairs)*
Kathryn McLean *(VP & Assoc Dir-Audio & Video Investment)*
Joshua Taguiam *(Art Dir)*
Paul Watson *(Producer-Brdcst)*
Suzanne McGee *(Dir-Comm)*
Nickie Kolb *(Mgr-Bus Affairs)*
Stacey Layne Cain *(Supvr-Project Mgmt)*
Megan Handerhan *(Supvr-Media, Audio & Video Investment)*
Katie Tammaro *(Sr Comm Mgr)*
Gerald Troutman *(Assoc Media Dir)*

Accounts:
ADP (Agency of Record) Creative, Digital, Media Buying, Media Planning, Social Media; 2015
Alzheimer's Association
BET (Media Agency of Record) Media Buying, Media Planning; 2016
CenturyLink; 2007
CSX Transportation
CSX Transportation (Agency of Record); 2007
Duke Energy (Agency of Record) Digital, Media Buying, Media Planning; 2016
Hanes Hosiery (Agency of Record); 2010
Hanesbrands
Lenovo Group Ltd (Agency of Record); 2012
McGraw Hill Financial; 2012
N.C. Education Lottery (Agency of Record) Creative, Digital, Event Marketing, Media Buying, Media Planning, Public Relations, Social Media, Web Development
New Holland (Agency of Record) Agriculture, Construction, Creative, Direct Marketing, Marketing Communications, Media Buying, Media Planning, Social Media
Pep Boys (Agency of Record) Digital, Direct Mail, Media Buying, Media Planning, Radio, Social Media; 2012
TXU Energy (Media Agency of Record) Media Buying, Media Planning; 2015
Ulta Salon, Cosmetics & Fragrance, Inc. Strategy, Ulta Beauty; 2014
United Concordia Dental (Agency of Record) Creative, Digital, Media Buying, Media Planning; 2015

MullenLowe
386 Park Ave S, New York, NY 10016
Tel.: (646) 870-4500

AGENCIES - JANUARY, 2019 — ADVERTISING AGENCIES

Web Site: www.mullenlowegroup.com

Employees: 75

National Agency Associations: 4A's

Angela Kosniewski *(Sr VP & Head-Acct Mgmt)*
Emily Brooks *(Sr VP & Grp Acct Dir)*
Michael Piner *(Sr VP-Video & Data Driven Investments)*
Alex Booker *(VP & Creative Dir)*
Suzi Jump *(VP & Acct Dir)*
Greg Masiakos *(VP & Acct Dir)*
Mark Williams *(VP & Acct Dir)*
Denise Zurilgen *(VP & Creative Dir)*
Ellery Luse *(VP & Dir-Strategy)*
Alan Fox *(VP & Assoc Dir-Comm Plng)*
Shamsul Chowdhury *(VP-Paid Search & Social)*
Jonathan Gadd *(Head-Strategy)*
Laura Kavanagh *(Exec Dir-Mediahub NY)*
Andrew Bouchie *(Creative Dir)*
Matthew Duerr *(Acct Dir)*
Jordan Russo *(Acct Dir)*
Evan Giordano *(Dir-Strategy)*
Rachel Musolf *(Acct Supvr)*
Nicolas Fierro *(Supvr-SEO)*
Lauren Zinn *(Sr Acct Exec-PR & Social Influence)*
Matteo Catanese *(Sr Art Dir)*
Jean Paul Ciaramella *(Assoc Media Dir)*
Persephone Kazl *(Assoc Media Dir-Mediahub)*
Evan Ortolani *(Sr Art Dir)*
Chantily Tan *(Sr Art Dir)*

Accounts:
CFA Institute
JetBlue Airways Corporation
Milk
Remy Cointreau Mount Gay Rum (Global Creative Agency of Record)
Unilever Knorr
Western Union

Branches

303 MullenLowe
(Formerly 303LOWE)
Level 2 33 Playfair Street, The Rocks, Sydney, NSW 2000 Australia
Mailing Address:
GPO Box 2005, Sydney, 2000 Australia
Tel.: (61) 2 9006 7000
Fax: (61) 2 9006 7070
Web Site: http://303mullenlowe.com.au/

Employees: 140
Year Founded: 1931

Agency Specializes In: Consumer Marketing, Digital/Interactive, Direct Response Marketing, Publicity/Promotions

Brad Morris *(Mng Partner & Exec Dir)*
Derry Simpson *(Grp Mng Dir)*
Ferdinand Haratua *(Head-Tech)*
Todd Baker *(Gen Mgr)*
Richard Morgan *(Exec Creative Dir)*
Krista Song *(Sr Acct Dir)*
Jason Ah Tow *(Art Dir)*
Leila Cranswick *(Art Dir)*
Bianca Galan-Dwyer *(Art Dir)*
Jenna Hardie *(Bus Dir)*
Sean Larkin *(Creative Dir)*
Catherine Sumner *(Acct Dir-PR)*
Adam Whitehead *(Creative Dir)*
Jess Witt *(Art Dir)*
Olivia Maguire *(Dir-Bus)*
Sasha Neame *(Dir-Digital Media)*
Charles Rallings *(Dir-Customer Experience)*
Brigitte Harbrow *(Acct Mgr)*
Anne-Sophie Mazurek *(Specialist-Mktg Automation & CRM)*
Molly Cathcart *(Copywriter)*
Sophie de Flamingh *(Planner-Digital & CRM)*
Melita Masters *(Copywriter)*
Davina Milne *(Sr Designer)*
Jackie Craig *(Sr Bus Dir-Digital-Audi Acct)*

Accounts:
The Art Gallery of Western Australia
Ascot Racecourse
Audi Campaign: "Greatness Never Rests", Campaign: "luxury in perfect symmetry", Creative, Digital, OOH, Online, Press, Print, Q7, TV
Aussie Home Loans Campaign: "Smart to Ask"
The Australian Museum Advertising, Brand Strategy
Australian Rugby Foundation Campaign: "Rugby Made"
Braintree
Budget Direct
Cancer Institute NSW Creative; 2017
Challenger Campaign: "Balloon", Campaign: "Challenger Consumer"
The City of Karratha (Agency of Record) Design, Integrated Advertising, Media Planning & Buying, Public Relations, Social Media, Web Development; 2018
Crust Pizza Creative; 2018
CV Check
eBay Inc
Edith Cowen University Creative
Enjo Campaign: "Domestic Goddess"
Fujitsu Australia Air Conditioner, Fujitsu General Australia
Harley-Davidson Campaign: "Big Bag of Peanuts", Campaign: "Book Club", Campaign: "Test Ride Your New Life", Campaign: "The Road of Imagination - When hunger calls", Social Media
IKEA Campaign: "Ouija", Campaign: "Rent"
IMB Building Society
Indeed Communications Strategy, Creative
Lendlease Public Relations
Magellan Financial Group Communications
New-Mental Health Commission WA
National Art School #SeeInspiration
NSW Fair Trading Digital, Outdoor Channels, Radio, Social, TV
NSW Police
P&N Bank
Pernod Ricard S.A.
Qantas Airways Limited
Red Rock Deli Campaign: "Siren"
Red Rooster Campaign: "Heroes of Hunger", Campaign: "RoosterRaps"
Road Safety Commission of Western Australia Campaign: "Time With Mum", Campaign: "Zero Heroes - Mr Mack"
Royal Life Saving Society Campaign: "The Submerged Studio"
Southern Cross Care Branding, Communications Strategy, Digital, News Print, Out of Home, Radio, Southern Plus, TV, Website
TK Maxx Creative, Digital, Media, Public Relations
Transperth
Unilever Cup-A-Soup, Digital Communication, Food, Household Products, Male Body Spray
Western Power

Adventa Lowe
13 Pymonenka Str., Building 5A, 5th Floor, Kiev, 04050 Ukraine
Tel.: (380) 44 495 2860
Fax: (380) 44 495 2863
Web Site: http://adventa.mullenlowe.com/

Employees: 50

Svetlana Shynkarenko *(CEO)*
Oksana Osadchuk *(Acct Dir)*
Olga Mamaeva *(Dir-Bus Dev)*

Lowe Ginkgo
Joaquin Nunes 3082, Montevideo, Uruguay
Tel.: (598) 2 771 61 61

Web Site: www.ginkgomullenlowe.com

Employees: 15

Gabriel Roman *(Pres)*
Diego Roman Pollio *(Mng Dir)*

Accounts:
Amnesty International Campaign: "Roberto", Omar

Lowe MENA
11th Fl Shatha Tower, PO Box 500242, Dubai Media City, Dubai, United Arab Emirates
Tel.: (971) 4 445 4141
Fax: (971) 4 368 8257
E-Mail: info@lowemena.com
Web Site: mena.mullenlowe.com/

Employees: 100

Mounir Harfouche *(CEO)*
Matthew Butterworth *(Mng Dir)*
Seif Kandil *(Bus Dir)*
Mark Lewis *(Creative Dir)*
Alfonso Arbos *(Assoc Creative Dir)*
Khaled Farid *(Reg Gen Mgr-Client Svcs)*

Accounts:
38smiles
Abu Dhabi Media Creative, Strategic
Al Rawabi Dairy Company Advertising, Creative, Strategic
BKP Music Campaign: "Testimonial"
Dubai Multi Commodities Centre (DMCC) Creative, Strategy
Ferrero Nutella, Tic Tac
HUL Campaign: "She was - He was"
Masafi
Papers Worldwide
Pizza Hut Brand & Tactical Communicatios
Roads & Transport Authority of Dubai
Timberland
Unilever Campaign: "Show them the Way"

Lowe
6th Floor Oxford House tai Koo Place 979 Kings Road, Quarry Bay, China (Hong Kong)
Tel.: (852) 2895 0669
Fax: (852) 2895 2897
Web Site: http://china.mullenlowe.com/

Employees: 10

Richard K. Tan *(CEO-China)*
Fanny Yum *(Gen Mgr)*
Anna Sin *(Grp Acct Dir)*
Dixi Chern *(Dir-Media Strategy)*
Emma Chan *(Grp Creative Dir)*

Accounts:
999 Creative
China Telekom
Deutsche Lufthansa AG Austrian Airlines, Digital Marketing, Influencer Marketing, Lufthansa German Airlines, Owned & Third Party Platform Management, Social, Social CRM, Social Content, Social Media Solution, Swiss International Air Lines; 2018
EPS
Unilever

MullenLowe Age
(Formerly Lowe Age)
Suvalku Str 2a, LT 03106 Vilnius, Lithuania
Tel.: (370) 5 231 0630
Fax: (370) 5 231 0600
Web Site: http://www.mullenlowe.lt/

Employees: 10

Laura Bautrenaite *(Acct Mgr)*

ADVERTISING AGENCIES

MullenLowe Asia-Pacific
150 Cantonment Road 03 01 03 Cantonment Centre Blk A, Singapore, 089762 Singapore
Tel.: (65) 6849 4888
Web Site: http://mullenlowegroup.com/

Employees: 30

Agency Specializes In: Advertising, Brand Development & Integration

Jonny Stark *(Chief Strategy Officer-Asia Pacific)*
Vincent Dignonnet *(CEO-Asia Pacific)*
Paul Soon *(CEO-MullenLowe Grp-Southeast Asia)*
Kanika Mathur *(COO-Unilever Brands-Asia Pacific & Exec VP-Client Partnerships)*
Sheng Jin Ang *(Creative Dir & Art Dir)*
Josephine Lim *(Reg Acct Mgr-Lowe & Partners-Asia Pacific)*
Neo Shiyi *(Sr Art Dir)*
Will Waddington *(Reg CFO-Asia Pacific)*

Accounts:
Clear Eyes Eye Gel Supplier
The Coca-Cola Company Soft Drink & Beverage Mfr & Distr
PETA
UnionPay International Advertising, Creative, Digital Marketing, Media Planning & Buying; 2018

MullenLowe Athens
(Formerly Lowe Athens)
54 Kapodistriou, Filothei, 15123 Athens, Greece
Tel.: (30) 210 68 77 500
Fax: (30) 210 68 77 599
Web Site: athens.mullenlowe.com

Employees: 50

James Nass *(CEO)*
Thanos Vlachopoulos *(CFO & Dir Gen)*
Panagiotis Tzempelikos *(Creative Dir)*

MullenLowe Brindfors
(Formerly Lowe Brindfors)
Birger Jarlsgatan 57C, Box 6518, 113 83 Stockholm, Sweden
Tel.: (46) 8 566 255 00
Fax: (46) 8 566 25 700
E-Mail: info@mullenlowebrindfors.se
Web Site: http://www.brindfors.se/

Employees: 50

Johan Ohlin *(Acct Dir)*

Accounts:
BMW
Friends Anti-Bullying, Campaign: "The Bullying Simulator"
Magnum "The Pleasure Shaker" iAD, Campaign: "Pleasure Hunt 2", Campaign: "Pleasure Hunt 3"
Mini Cooper
Swedbank Campaign: "Credit Stress"
Unilever Campaign: "Magnum Pleasure Hunt Across Amsterdam", Campaign: "Pleasure Hunt 2", Magnum Ice Cream
Vattenfall Campaign: "King of the Slope"

MullenLowe GGK
(Formerly Lowe GGK)
Mariahilfer Strasse 17, A-1060 Vienna, Austria
Tel.: (43) 1 910 10 0
Fax: (43) 1 910 10 480
Web Site: http://www.ggk-mullenlowe.com/

Employees: 40
Year Founded: 1972

Michael Kapfer *(CEO)*
Dieter Pivrnec *(Chief Creative Officer)*

MullenLowe GGK
(Formerly Lowe GGK)
Mlynske Luhy 88, 821 05 Bratislava, Slovakia
Tel.: (421) 2 592 07611
Fax: (421) 2 592 07677
E-Mail: kontakt@loweggk.sk
Web Site: http://www.mulleloweggk.sk/

Employees: 10

Marek Pajtas *(CEO)*
Ondrej Korinek *(Exec Creative Dir)*
Marta Sekerkova *(Acct Mgr)*

Accounts:
Audi

MullenLowe Group
40 Broad St, Boston, MA 02109
(See Separate Listing)

MullenLowe Indonesia
(Formerly Lowe)
4th - 6th Floors Victoria Building Jl Sultan Hasanuddin kav No 47-51, Jakarta, 12160 Indonesia
Tel.: (62) 21 29279279
Fax: (62) 21 725 4850
Web Site: http://indonesia.mullenlowe.com/

Employees: 50

Joseph Tan *(CEO)*
Roy Wisnu *(Chief Creative Officer)*
Raufi Khaerunnisa *(Chief Client Officer)*
Tubagus Putera *(Grp Head-Creative)*
Afianto Makmun *(Exec Creative Dir)*
Firman Halim *(Creative Dir)*
Andra Miyanka *(Art Dir)*
Fanny Pardiansyah *(Assoc Creative Dir & Copywriter)*
Faisal Rangga *(Sr Graphic Designer)*
Wiwid Kuntjoro *(Sr Art Dir)*
Daniel B. Siswandi *(Grp COO)*

Accounts:
Garuda Airlines Creative, Digital Campaign
PT Indofood Sukses Makmur Indomie
Pt. Unilever Indonesia Campaign: "Chocolatier", Campaign: "Paddle Pop Max Adventures", Campaign: "Video Game", Cornetto, Lifebuoy, Magnum, Pepsodent Torsion Toothbrush, Vaseline, Wall's
QM Financial Campaign: "Stop the Debt Starter Pack"
Rinso Campaign: "Zoo, Farm"
Sale Stock Branding, E-Commerce, Online
Unilever Indonesia "Rural", Bango, Paddle Pop, Pureit

MullenLowe Istanbul
(Formerly Lowe)
Macka Residences B2, Sehit Mehmet Sok No. 9, Besiktas, Istanbul, Turkey
Tel.: (90) 212 977 7700
Fax: (90) 212 285 0184
Web Site: http://istanbul.mullenlowe.com/

Employees: 70
Year Founded: 1944

Ela Gokkan Savci *(Chm & CEO)*
Serife Kirimli *(Exec VP)*
Tugrul Demirhan Karadeniz *(Head-Production)*
Bozkurt Belibag *(Art Dir)*
Erdem Suyolcu *(Creative Dir)*
Mustafa Can Demir *(Copywriter)*

Accounts:
BSH Home Appliances Corporation Siemens
OMO Detergent
SEAT
Turk Kizilay
Turkish Airlines
Unilever Axe Effect Project, Campaign: "Dirt Makes Good Stories", Campaign: "The White Castle", Rexona Man, Rinso Detergent, Sunlight
Volkswagen Group

MullenLowe Lintas Group
Express Towers 15th Floor, Nariman Point, Mumbai, 400021 India
Tel.: (91) 22 3988 1577
E-Mail: Krishna.Iyer@mullenlowelintas.in
Web Site: www.mullenlowelintas.in

Employees: 500
Year Founded: 1939

Hari Krishnan *(Pres)*
Fali Vakeel *(COO)*
Syed Amjadi Ali *(Pres-Mullen Lintas)*
Madhu Noorani *(Pres-Creative)*
Sharmine Panthaky *(Sr VP)*
Vivek Parasuraman *(Sr VP)*
Pooja Mehta *(VP-Lowe Lintas)*
Pushkaar Kshirsagar *(Assoc VP)*
Jay Ladhani *(Assoc VP)*
Sneha Nair *(Assoc VP)*
Abhijith Shetty *(Assoc VP)*
Saji Abraham *(Exec Dir)*
Carlos Pereira *(Exec Creative Dir)*
Shantanu Sapre *(Exec Dir-Lowe lintas)*
Sairam Vijayan *(Exec Creative Dir)*
Heather Gupta *(Grp Dir-HR)*
Shweta Iyer *(Sr Dir-Brand Svcs)*
Ahsan Khan *(Sr Dir-Brand Svcs)*
Bhakti More *(Sr Dir-Brand Svcs)*
Vivek Bhambhani *(Creative Dir)*
Sanjay Ramanathan *(Creative Dir)*
Priyam Katakia *(Sr Mgr-Brand Svcs)*
Vedansh Kumar *(Assoc Creative Dir)*
Raman R.S Minhas *(Grp Creative Dir)*
A. P. Zeth *(Grp Creative Dir)*

Accounts:
3M India Creative, Scotch-Brite, Scotchgard; 2017
ABP News Campaign: "Sab Suntein Hain"
Aero Group
Apollo Hospitals Creative
Arvind Limited Campaign: "Hip Hop Party", Campaign: "Messed up Look", Flying Machine
Axis Bank Campaign: "Always On", Campaign: "Priority Banking", Campaign: "Progress on", Home Loan
Bajaj Group "Feel Like God", Almond Drops Hair Oil, Amla Oil, Bajaj Avenger, Brahmi Amla Oil, Creative, Jasmine Oil, Kailash Parbat Oil, No Marks
Bharat Matrimony Campaign: "Career"
Bharti SoftBank
Bigtree Entertainment Pvt Ltd
Book My Show
Burger King Brand & Communication, Creative
Cardekho.com
Dabur India Limited Campaign: "Ajay Devgan Chatpatae", Campaign: "Happy Face", Hajmola Mint, Real Juice, Vatika-Root Strengthening & Henna Cream Conditioning Shampoos; 2009
Dollar Industries Limited Dollar Bigboss
Dr. Reddy's Laboratories Ltd. Nise
The Economic Times Creative
ET Now Campaign: "Half Knowledge"
Foodpanda
FreeCharge Campaign: "#ReverseTheCharge", Creative, Digital, Radio, TV
GarudaFood
Gionee
Go Air Creative
Godrej HIT Campaign: "Kill it Before it Kills You",

AGENCIES - JANUARY, 2019 — ADVERTISING AGENCIES

Hit Anti Roach Gel
Google India
Grofers Brand Campaign
Guiltfree Industries Ltd Creative, Strategic, Too Yumm
Havells India Ltd Air Fryer, Cables, Campaign: "Bijli Baba", Campaign: "Court Marriage", Campaign: "Fans Forever - Rajesh Khanna", Campaign: "Gym", Campaign: "Old Age Home", Campaign: "Respect Women", Campaign: "Wires That Don't Catch Fire", Coffee Maker, Havells Modular Switches, Online & Offline
Hector Beverages Paper Boat
The Hindu Creative
Hindustan Times Campaign: "You Read They Learn - Text book"
Hindustan Unilever Ltd Campaign: "Help a Child Reach 5", Campaign: "Real Joy of Togetherness", Campaign: "Saving Lives", Kissan, Lifebuoy, Surf Excel
ICICI Prudential Life Insurance Company Ltd. Bluechip Fund
Indian Premier League
Lifebuoy Talc
Lohiya Group Gold Drop
LT Foods Ltd Campaign: "Pyaar ki Special Bhasha"
Luxor Group Campaign: "Terrorists", Luxor Marker Pens
Maruti Suzuki India Ltd Campaign: "Go Get the Music", Campaign: "Lost Friends", Campaign: "This Diwali ", Creative, Ertiga, Maruti Alto
Max Bupa Campaign: "Family"
Media Content & Communication Services India Pvt Ltd
Micromax Creative, Cyanogen Inc, Micromax Informatics' Yu Televentures
Motilal Oswal Financial Services Creative, Digital, OOH, Print, Radio, Social, Strategic, TV
Mumbai Indians Digital, Outdoor, Print
Myntra.com Creative
OLX Campaign: "Bech De", Creative, Is-B2c & Online Shopping, Unclutter
One Touch
Paeon Wellness & Nutrition Ltd Communications, Creative, Digital, Setu; 2018
Pernod Ricard Blender's Pride, Seagram
PharmEasy India Creative; 2018
Policybazaar
Practo
Quikr
RedBus.in Campaign: "Red Bus Baby"
Remit2India Creative; 2018
SBI Life Insurance Creative
Starsports.com Campaign: "Carry the World Cup", Creative
Sun Pharma Consumer Healthcare Revital H, Volini
Tanishq Campaign: "A Wedding To Remember", Campaign: "Accessible Tanishq'", Campaign: "Differentiated Wedding Jeweller", Campaign: "Festive Gold Collection", CaratLane
Tata Global Beverages Campaign: "Jaago Re - Politician ", Campaign: "Power of 49", Campaign: "Shahrukh on Women's Day", Creative, Tata Tea
Tata Group Campaign: "Affordable Diamonds", Campaign: "As Beautiful As Your Work", Campaign: "Crafted to Inspire", Tanishq - Mia, Zoya
Titan Industries Ltd Advertising, Campaign: "Eye Sport", Campaign: "First Diamond Ring", Campaign: "Girls Bag", Campaign: "Mature is in", Campaign: "Move On", Campaign: "Move Your Ass", Fastrack, Sunglass, Watch
TVS Motor TVS Sport
Urban Ladder Campaign: "Your Furniture Knows"
U.S. POLO ASSN
Vaya Life Creative
Videocon Campaign: "Pollution Free", Direct-to-Home
Vistara
Voonik Campaign: "Har Din Fashion Karo"
Woodland Campaign: "Adventure Never Stops",
Campaign: "No Ticket to Travel", Campaign: "Tough Naturally"
Zee Entertainment Enterprises Ltd &Pictures, &TV, Creative, Planning, South Cluster Regional Channels, Zee Action, Zee Cinema, Zee Classic; 2017
Zivame
Zopper Creative

MullenLowe London
(Formerly DLKW Lowe)
C-Space, 37-45 City Road, London, EC1Y 1AT
United Kingdom
Tel.: (44) 207 584 5033
Fax: (44) 20 7240 8739
Web Site: www.mullenlowelondon.com

Employees: 75
Year Founded: 2000

National Agency Associations: IPA

Agency Specializes In: Advertising, Automotive, Food Service, Production (Ad, Film, Broadcast), Social Marketing/Nonprofit, T.V.

Jeremy Hine *(CEO)*
Rebecca Morgan *(Mng Partner-Strategy)*
Kirsteen Scoble-Morton *(Mng Partner)*
Tom Knox *(Exec Partner)*
Phil Rumbol *(Exec Partner)*
Dino Myers-Lamptey *(Mng Dir)*
Helen Bell *(COO)*
Jo Arden *(Chief Strategy Officer)*
Jose Miguel Sokoloff *(Chief Creative Officer)*
Mark Elwood *(Exec Creative Dir)*
Sophia Arnett *(Grp Acct Dir)*
Lisa Tuck *(Sr Producer-Creative)*
Lee Allen *(Acct Dir)*
Samantha Dixon *(Acct Dir)*
Tony Hardcastle *(Creative Dir)*
Tom Hudson *(Creative Dir-Global)*
Gary Marjoram *(Art Dir)*
Alexandre Alex Okada *(Creative Dir-Omo, Persil, Breeze & Dulux)*
Bruno Ribeiro *(Creative Dir)*
Hettie Rifkin *(Producer-Creative)*
Lovisa Silburn *(Creative Dir)*
Augusto Sola *(Creative Dir)*
Emma Batho *(Dir-Strategy)*
Richard Kelly *(Dir-Global Strategic Plng)*
Ryan Self *(Dir-Design)*
Ayesha Walawalkar *(Dir-Global Plng)*
Stephen Webley *(Dir-Digital Creative-DLKW Lowe)*
Tegwen Tucker *(Acct Mgr)*
Dom Scriven *(Mgr-Studio-DLKW Lowe)*
John Dean *(Copywriter)*
Augusta Lindquist *(Designer)*
Jack Patrick *(Copywriter)*
William Dixon *(Category Dir)*
Natalie Miller *(Jr Producer)*
Phoebe Robertson *(Jr Producer)*

Accounts:
AkzoNobel professional; 2018
Art Fund Print & Digital
Audemars Piguet Campaign: "Royal Oak Concept Supersonnerie", Rules
Bahlsen (Agency of Record) Brand Advertising, Communications, Creative, International Business, Strategy; 2018
The British Heart Foundation Advertising, Integrated Marketing, Online, Retail, Social Media
Calor Gas Brand Strategy, Communications, Creative, Digital, Mail Channels, Print, TV
Child Sexual Abuse; 2017
Cif Campaign: "Burglary"
New-co-operative Group Limited Brand Campaign, The Co-operative Bank (Creative Agency of Record); 2018
Coral Campaign: "Cornerman", Campaign: "Raising the Game", Football Jackpot
Diageo plc Brand Respositioning, Singleton; 2018
Domestos
Eurosport Digital (European Media Agency of Record) CRM, Creative, Media; 2017
Financial Services Compensation Advertising
GeoLotto Creative, Online, Print, TV
Inspiring Girls
Legoland Windsor Campaign: "Darth", Campaign: "Mini Breaks", Theme Park
Lenovo Group Ltd. (Lead Creative Agency) Advertising, Broadcast, Campaign: "Goodweird", Digital, OOH, Print, TV, Yoga Tablet, Yoga Tablet 2 Pro
Marie Curie Cancer Care Campaign: "Symmetry", Campaign: "The Great Daffodil Appeal "
Microloan Foundation Campaign: "Big Five Christmas", Campaign: "Live Donation Billboard", Campaign: "Pennies for Life", Pennies For Life
NHS Blood & Transplant Campaign: "This Years Must Have Gift"
Post Office Campaign: "Christmas. Sorted", Campaign: "Holiday", Campaign: "Magic money", Creative, Digital, Experiential, Online, Outdoor, Press, TV
Samaritans Campaign: "I'm So Alone", Campaign: "Lost, Single, Desperate, Alone", Creative
SEAT Campaign: "Extreme Simulator"
Stroke Awareness
Subaru Corporation Subaru XV
Sudocrem Creative
New-Uber UK; 2018
UN Unstereotype Alliance
Unilever PLC "Thank you Jean", Adventures, Advertising, Bravery, Broadcast, Cafe Zero, Campaign: "Burglary", Campaign: "Dirt is good", Campaign: "Flavor of Home", Campaign: "For Whatever Life Throws", Campaign: "Free the Kids", Campaign: "Get rich quick", Campaign: "Love at First Taste", Campaign: "Set Them Free", Campaign: "Teachers", Campaign: "TubeStrike", Cif, Continental, Domestos, Flora, Knorr, Magnum, Mud, OMO, Online, Outdoor, Persil, Persil Dual Capsules, Sure
The Winston Fletcher Fiction Prize

MullenLowe Malaysia
(Formerly Lowe Malaysia)
2A 2nd Fl Ikano Huset 2 Jalan PJU, 7/2 Mutiara Damansara, 47800 Petaling Jaya, Selangor Malaysia
Tel.: (60) 37 801 6000
Fax: (60) 3 7494 1311
Web Site: http://malaysia.mullenlowe.com/

Employees: 30

Adrian Sng *(Mng Dir)*
Eddy Nazarullah *(Head-Creative)*
Gavin Teoh *(Dir-Bus Unit)*

Accounts:
Bank Simpanan Nasional Campaign: "Savings Through Responsible Spending", Press
Domino's Pizza, Inc Domino's Malaysia, Mainstream Media, Online Media, Social Media; 2018
Malaysia Airports Niaga (Creative & Digital Communications Agency of Record) Duty-Free, Travel Retail; 2018
Schneider Electric Malaysia Creative; 2017
Tesco plc Communication, Creative; 2018
Themed Attractions Resorts & Hotels Branding, Desaru Coast Adventure Waterpark; 2017
Timeless Commitment Creative, Yogen Fruz
Toyo Tire & Rubber Co., Ltd. Strategic
Unilever Breeze

MullenLowe Moscow
(Formerly Lowe Adventa)
Kutuzovsky prospect 12/5, 121248 Moscow, Russia

ADVERTISING AGENCIES

Tel.: (7) 495 221 72 32
Web Site: moscow.mullenlowe.com/

Employees: 10

Nigina Abidova *(CFO-Lowe Adventa & Fin Dir)*
Eugene Radewych *(Gen Dir-Creative)*
Maksym Artemenko *(Grp Head-Creative)*
Mikhail Panteleev *(Creative Dir)*
Tatiana Porvatova *(Acct Dir-Lowe Adventa)*
Artiom Gelvez Kostenko *(Grp Creative Dir)*

Accounts:
Detsky Mir
Lukoil Campaign: "Predators"
Volkswagen Volkswagen Amarok

MullenLowe Paris
(Formerly Lowe Strateus)
Square d'Orleans 80 rue Taitbout, 75439 Paris, Cedex 9 France
Tel.: (33) 1 40 41 56 00
Fax: (33) 1 40 41 56 56
Web Site: http://paris.mullenlowe.com/

Employees: 130
Year Founded: 1989

Agency Specializes In: Advertising, Business Publications, Business-To-Business, Communications, Consulting, Consumer Marketing, Consumer Publications, Corporate Communications, Corporate Identity, Electronic Media, Environmental, Event Planning & Marketing, Financial, Government/Political, Industrial, Information Technology, Internet/Web Design, Legal Services, Media Training, Planning & Consultation, Public Relations, Publicity/Promotions, Strategic Planning/Research

Philippe Adenot *(Pres)*
Laurent Ponce *(Mng Dir)*
Gilbert Ballester *(CFO & Dir-Admin & Fin)*
Nicolas Moniaux *(VP-Ops)*
Florent Kervot *(Gen Mgr)*
Nicolas Boudeau *(Art Dir)*
Elisabeth Donetti *(Dir-Customer)*
Gregory Eggermont *(Dir-Digital Creative)*

Accounts:
Audi Audi Quattro
Binck.fr Communications
KFC France Advertising

MullenLowe Philippines
(Formerly Lowe)
Rufino Pacific Towers 6784 Ayala Avenue, Makati City, Manila, 1200 Philippines
Tel.: (63) 2 811 1111
Fax: (63) 2 811 0130
Web Site: http://philippines.mullenlowe.com/

Employees: 100

Leigh Reyes *(Pres & Chief Creative Officer)*
Alan Fontanilla *(Mng Dir)*
Mila Sy *(CFO)*
Shiela Tiongco *(Head-Tech & Platforms Svcs)*
Abi Aquino *(Exec Creative Dir)*
Mel Jimenez *(Acct Dir & Bus Dir)*
Joel Banzil *(Creative Dir)*
Jhon Louie Cruz *(Producer-Digital)*
Rene Dominguez *(Creative Dir)*
Marge Galvez *(Producer-Digital)*
Bjay Gomez *(Art Dir)*
Regine Mercado *(Acct Dir)*
Roman Carlo Olivarez *(Creative Dir)*
Iya Parungao *(Art Dir)*
Joel Quizon *(Bus Dir)*
Raffy Bariso *(Dir-Social Media)*
Viboy Palillo *(Dir-Brand Plng)*
Aimee Sarmiento *(Dir-Client Svcs)*

Pat Juat *(Sr Acct Mgr)*
Josh Walo *(Acct Mgr)*
Celine Tila *(Mgr-Content)*
Gerald Lim *(Acct Mgmt Supvr)*
Ernest Jean Angeles *(Copywriter)*
Tina Araneta *(Copywriter & Assoc Creative Dir)*
Colleen Legaspi *(Copywriter)*

Accounts:
7-Eleven
AB Foods
New-Alaska Milk Corporation
ARC Refreshments Corp. Advertising, Arcy's Rootbeer, Digital Marketing, Digital Media Placement, Fruit Soda Orange, Juicy Lemon, Rite 'n Lite, Seetrus, Social Media Management; 2018
Asia Brewery, Inc Cobra (Agency of Record)
Casamia Furniture Center Inc.
The Doughnut People Campaign: "Weigh While You Pay"
Filinvest Creative, Timberland Heights
Fita Biscuits
Hit Productions Campaign: "Lorem Ipsum"
Isuzu Philippines Creative, D-Max, Isuzu Crosswind, Light Commercial Vehicle, Mu-X
Johnson & Johnson
Mr. Quickie Shoe Repair
Plana Forma
Red Cross Philippines Campaign: "Red Cross Sos to Sms"
Red Ransom Campaign: "Billy"
Sky Flakes Cereal
SM Eco Bag
SM Prime Holdings Inc
TBA Studios Smaller & Smaller Circles
Unilab Active Health Creative
Unilever Campaign: "Face The Day", Eskinol, Magnum
The United Nations High Commissioner for Refugees
Weeds Season 3 DVD
Wendy's

MullenLowe Pirella
(Formerly Lowe Pirella Fronzoni)
Viale Lancetti 43, 20158 Milan, Italy
Tel.: (39) 02 85 721
Fax: (39) 02 85 72 410
Web Site: mullenlowegroup.com

Employees: 60
Year Founded: 1981

National Agency Associations: ASSAP

Agency Specializes In: Advertising

Accounts:
Bahlsen (Agency of Record) Brand Advertising, Communications, Creative, International Business, Strategy; 2018
Co.re.pla
Foxy Asso Ultra
Levissima Campaign: "Wild Purity Button"
Lindt & Sprungli Lindt
Maxmara
Nestle Waters
SEAT Altea
Unilever

MullenLowe Profero Ltd.
(Formerly Lowe Profero China)
36/F Huai Hai Plaza, 1045 Huai Hai Zhong Road, Shanghai, 200023 China
Tel.: (86) 21 3331 5198
Fax: (86) 21 2411 0661
Web Site: shanghai.mullenloweprofero.com

Employees: 500

Brian Leong *(Mng Dir)*
Fanny Yum *(Mng Dir)*

Eddie Wong *(Chief Creative Officer)*
Radhe Vaswani *(Mng Dir-SEA & HK)*
YP Chen *(Grp Head-Creative)*
Iris Liu *(Creative Dir & Copywriter)*
Diana Tan *(Creative Dir)*

Accounts:
Alipay "Zheng Bang Bang", Creative
The Coca-Cola Company Minute Maid
The Founder Group
General Motors Company Buick Velite 5, Campaign: "Signs Are There For A Reason"
Plan International Campaign: "Because I am a Girl"
Shanghai General Motors Buick Verano, Campaign: "HUMAN TRAFFIC SIGN"
Unilever Clear, Cornetto, Knorr, Magnum, Rexona, Solero

MullenLowe Profero
(Formerly Lowe Profero)
C-Space, 37-45 City Rd, London, EC1Y 1AT United Kingdom
Tel.: (44) 20 7894 5800
E-Mail: wayne.arnold@mullenloweprofero.com
Web Site: http://www.mullenloweprofero.com/

Employees: 250
Year Founded: 1998

National Agency Associations: IAB-IPA

Agency Specializes In: Advertising, Brand Development & Integration, Communications, Digital/Interactive, Internet/Web Design, Media Buying Services, Strategic Planning/Research

Peter Moody *(Mng Dir)*
Tymon Broadhead *(CFO)*
Philippa Norridge *(Fin Dir)*
Wayne Arnold *(Chm-Mktg Society Southeast Asia & CEO-Global)*
Ross Jenkins *(Exec Dir-Mediahub Global-EMEA & APAC)*
Bradley Nicholls *(Designer-Middleweight)*

Accounts:
Amazon
ASOS
Bayer Schering Pharma
BBC Radio One
BMW (UK) Ltd. Mini; 2008
Chartered Financial Association
COI UK
Diageo Global Digital, Smirnoff
HTC 25 Steps to Being a Music Legend, Social Media Strategy
Hunter
Johnson's Baby
Kia Motors Europe Digital; 2017
Marks & Spencer AOL One Day Advent Calendar, Campaign: "Pass the Parcel"
Money Dashboard
Pepsi Europe
Pizza Hut Campaign: "Feed A Friend"
Revlon Digital
Seiko
Unilever Cornetto, Digital, Persil
Western Union

MullenLowe Rauf
(Formerly Lowe Rauf)
159 Bangalore Town, Shahrah-e-faisal, Karachi, Pakistan
Tel.: (92) 21 34539901 8
Web Site: http://www.mullenlowerauf.com/

Employees: 100

Khalid Rauf *(Chm & CEO)*
Shahkar Sayied *(CFO)*
Aamir Khwaja *(COO)*
Abbas Alam *(Chief Strategy Officer)*
Aamir Rauf *(Chief Digital Officer)*

Mehnaz Ahmed *(Media Dir)*
Hunaina Akhai *(Grp Mgr-HR)*
Kiran Murad *(Assoc Creative Dir)*

MullenLowe Romania
(Formerly Lowe & Partners)
Metropolis Bravo 89-97, Grigore Alexandrescu, Bucharest, 010627 Romania
Tel.: (40) 21 301 0000
Fax: (40) 21 301 00 99
Web Site: romania.mullenlowe.com/

Employees: 30

Veronica Savanciuc *(CEO)*
Gabriela Alexandrescu *(Deputy Mng Dir)*
Hortensia Nastase *(VP-Creative Svcs)*
Manuela Gogu *(Creative Dir-Integration)*
Valentin Ionescu *(Art Dir)*
Damian Nunez *(Creative Dir)*
Andra Panaitescu *(Acct Dir)*
Oana Alina Balan *(Dir-Client Svc)*
Alexandra Todirica *(Acct Mgr)*
Cristina David *(Acct Exec)*
Raul Gheba *(Copywriter)*
Radu Nantu *(Copywriter)*
Alina Nechita *(Sr Art Dir)*
Victor Oprisan *(Grp Creative Dir)*

Accounts:
Red Cross Romania
Zizin

MullenLowe Salt
(Formerly Salt London)
Cramer House 39 Brixton Rd, London, SW9 6DZ United Kingdom
Tel.: (44) 208 870 6777
Fax: (44) 2088706837
E-Mail: hellolondon@mullenlowesalt.com
Web Site: mullenlowesalt.com/contact

Employees: 50
Year Founded: 2000

Agency Specializes In: Brand Development & Integration, Communications, Media Relations, Public Relations, Social Media

Richard Cox *(Chm)*
Andrew Last *(CEO)*
Nicky Young *(Grp Mng Dir)*
Caroline Taylor *(Dir-Bus Dev)*

Accounts:
Hunter Boots
Kimberly-Clark Andrex, Depend (Lead UK Communications Agency), UK Communications
ManpowerGroup
Tesco plc
Unilever PLC Bubble Saga, Impulse, Lifebuoy, Lipton, Sunsilk, Surf, Sustainability Communications
William Grant & Sons UK Communications, Glenfiddich, Grant's, Hendrick's, Sailor Jerry

MullenLowe Singapore
(Formerly Lowe Singapore)
150 Cantonment Road #03-01/03 Cantonment Centre Blk A, Singapore, 089762 Singapore
Tel.: (65) 6849 4888
Web Site: http://singapore.mullenlowe.com/

Employees: 50
Year Founded: 1978

Alex Tan *(Head-Art & Art Dir)*
Sheng Jin Ang *(Exec Creative Dir)*
Daniel Kee *(Exec Creative Dir)*
Samuel Christian *(Grp Acct Dir)*
Sergey Mastobaev *(Art Dir & Assoc Creative Dir)*

Meryke Naude *(Creative Dir)*
Subarna Prabhakar *(Bus Dir-Global)*
Ateet Shroff *(Creative Dir)*
Vinay Vinayak *(Bus Dir)*
Kunal Joshi *(Dir-Global Strategy Plng)*
Jonathan Nienaber *(Dir-Strategy)*
Gonzalo Olivera *(Dir-Growth)*
Meredith Quah *(Acct Mgr)*
Andrew Ho *(Sr Art Dir)*

Accounts:
3M Singapore Scotchgard: Dressing, Soup, Sangria
Asian Advertising Festival Campaign: "Tattoo Artist"
Association of Women for Action & Research
Children's Society Singapore
Electrolux
Gender Equality Advocacy Group Campaign: "STOP THE CYCLE"
Kirin Holdings Singapore Pte Ltd
Knorr
Ministry of Community Development, Youth & Sports of Public Guardian Creative, Mental Capacity Act, Social Media Campaign, Strategic Planning
National University Hospital
Peta
Rinso Liquid
Samroc Colour Mixing
Save The Children Campaign: "Donate Volume"
Shazam Entertainment Limited Digital
The Singapore Red Cross
Sure Deodorant
Tupperware Brands Corporation Campaign: "Organise Chaos"
Unilever Singapore Pvt. Ltd. Breeze Excel, Campaign: "Dirt is good", Campaign: "Evolution", Campaign: "Lifebuoy Help a Child Reach 5", Campaign: "Stains Have Evolved", Campaign: "Whiskey", Clear, Lifebuoy Hand Wash, OMO, Oral Care, Persil, Rexona, Rinso, Signal, Surf

MullenLowe South Africa
(Formerly Lowe Bull)
Block 2 Strathavon Pinmill Office Park, 164 Katherine St, 2196 Johannesburg, South Africa
Tel.: (27) 11 780 6100
Fax: (27) 11 780 6154
Web Site: http://southafrica.mullenlowe.com/

Employees: 50

Sarah Dexter *(CEO)*
Kirk Gainsford *(Chief Creative Officer)*
Nethaam Abrahams *(Art Dir)*
Keshia Osmond *(Art Dir)*
Janine Caboz *(Copywriter)*
Jeanine Gomes *(Copywriter)*

Accounts:
Association for Responsible Alcohol Use Breakfast
Axe; 2007
Bibo
Blank Books
Bostik
Cape Times Biko, Campaign: "Illustrated Newspaper", Campaign: "You can't get any closer to the news"
Cape Town Fish Market Campaign: "Anchor"
Career Times
Castle Milk Stout
Coca-Cola Refreshments USA, Inc. Coke Light
Dulux
Edward Snell & Co Bruichladdich, Cointreau, Firstwatch, Integrated Communications, Mount Gay, Promotion & Social Media, Remy Martin (Agency of Record), Russian Bear (Agency of Record), Single Batch, Stretton's (Agency of Record), The Botanist, Traditional & Digital Advertising, Web Management & Public Relations; 2018
English Word Power

Food & Trees for Africa
Fromageries Bel
Good Fellas
GPS Creative Campaign: "Ozzy", Malema
GWK
Johnson & Johnson
Men's Health
Organ Donor Foundation Campaign: "Leila", Campaign: "Surfer"
Pentel
Pepkor Africa (Lead Creative Agency) Communication, Communication Strategy, Consumer Experience, Creative, In-Store Activations & Sales Driving Communication, Insights, Strategic
Prudential
Pulp Books
Purdue Pharma Slow-Mag
SAB Miller
Spekko
Stop Rhino Poaching Campaign: "your hair and nails can save the rhino"
Sunlight Anti-bacterial Dishwashing Liquid
Tetrapak
TracTec
Unilever Campaign: "Think Red", Flora Margarine, Sunlight
Universal Music
Wesbank
Wonder Bra
YOU Magazine Consumer Research

MullenLowe Sri Lanka
(Formerly Lowe LDB)
66/15 Ananda Coomaraswamy Mawatha (Green Path), Colombo, 3 Sri Lanka
Tel.: (94) 11 584 1741
Fax: (94) 11 268 5218
Web Site: http://srilanka.mullenlowe.com/

Employees: 53

Thayalan Bartlett *(CEO)*
Dilshara Jayamanna *(Sr VP & Exec Creative Dir)*

MullenLowe SSP3
(Formerly Lowe SSP3)
Carrera 9, 79A - 19 Piso 6, Bogota, Colombia
Tel.: (57) 1 605 8000
Fax: (57) 1 317 2591
Web Site: http://www.mullenlowessp3.com/

Employees: 150

Agency Specializes In: Advertising, Automotive, Consumer Goods, Pharmaceutical

Juan Pablo Garcia Munevar *(COO & Gen Mgr)*
Camilo Jimenez *(Art Dir & Creative Dir)*
Silvia Julieta Rodriguez Serra *(Creative Dir & Art Dir)*
Javier Aparicio *(Art Dir)*
Felipe Escobar *(Art Dir)*
Camilo Londono *(Art Dir)*
Andrew Lopez *(Art Dir)*
Diego Lopez *(Art Dir)*
Juan Pablo Maldonado *(Creative Dir)*
Juan David Monroy *(Art Dir)*
Juan Moreno *(Art Dir)*
Diego Munoz *(Creative Dir)*
Alejandra Patino *(Art Dir)*
Oscar Pena *(Art Dir)*
Jhon Byron Poveda *(Art Dir)*
Jonathan Quimbay *(Creative Dir)*
Duvan Villegas *(Creative Dir)*
Adrian Bravo *(Designer-Digital)*
Alejandro Chavez *(Copywriter)*
Paola Falero *(Copywriter)*
Luisito Giraldo *(Copywriter)*
Abel Antonio Gomez Moreno *(Copywriter-Adv)*
Mayra Granados *(Copywriter)*
David Meneses *(Copywriter-Adv)*

ADVERTISING AGENCIES

Jorge Pinto *(Copywriter-Creative)*
Javier Pinzon *(Designer-Digital)*
Andres Villalobos *(Designer-Digital)*
Miguel Angel Grillo *(Gen Creative Dir-Dominican Republic)*
Camilo Londono Siatova *(Sr Art Dir)*

Accounts:
Archdiocese of Bogota
Arturo Calle Jeans
Aruba Tourism Authority
Childfund Alliance
Colombian National Ministry of Defence Campaign: "Operation Bethlehem", Campaign: "Operation Christmas", Campaign: "Rivers of Light", Campaign: "Sokoloff", Poster, Radio, TV
Colsubsidio Book Exchange Campaign: "Bounty", Campaign: "Colsubsidio Book Exchange", Campaign: "Come with a story and leave with another."
Colsubsidio English Courses Campaign: "Bang", Campaign: "Beep", Campaign: "Meow", Campaign: "Moo", Campaign: "Ouch", Campaign: "Woof", campaign: "haha"
Colsubsidio Campaign: "Little Red riding hood & Tom Sawyer", Night Safari Jaguar
Conservation International
El Tiempo
ETB
JPGC Foundation
March For Our Lives
Ministry of Communications & Technology
Ministry of Defense Campaign: "You Are My Son"
MTV
Nopikex Campaign: "Mosquito", Campaign: "Spring"
OMO
PRESIDENCY OF COLOMBIA
Unilever Axe, Campaign: "Let Me In", Campaign: "The Anti Dandruff Calendar", Dry Soups, Knorr Soups

MullenLowe Swing
(Formerly Lowe Swing Communications)
92-94 Tzar Assen St, 1463 Sofia, Bulgaria
Tel.: (359) 2 951 58 50
Fax: (359) 2 954 1154
Web Site: www.mullenloweswing.com/

Employees: 25

Jana Sarandeva *(Owner)*
Hariton Dimitrov *(Mng Dir)*
Radostin Hristov *(Art Dir)*
Stanimira S. Irobalieva *(Acct Dir)*
Martin Markov *(Creative Dir)*
Valentina Zrancheva *(Copywriter)*

Accounts:
Flirt Vodka
Mall of Sofia
Tymbark Bulgaria Creative, Digital, Queen's, Velingrad Mineral Water; 2018

MullenLowe Thailand
(Formerly Lowe)
1 Empire Tower 27-28th Fl, South Sathorn Rd, Bangkok, Yamawa Sathorn 10120 Thailand
Tel.: (66) 2 627 7000
Fax: (66) 2670 1061
Web Site: http://thailand.mullenlowe.com/

Employees: 277
Year Founded: 1968

Neil Holt *(CEO-Greater Mekong)*
Cholathis Luengamornchai *(Copywriter-Creative)*

Accounts:
Grab Thailand
Heineken Thailand
Sun Products Canada Corporation Sunlight Liquid Detergent
Thai Asia Pacific Brewery Co Ltd Digital, Tiger Beer
Unilever Thai Holding Co., Ltd.; Bangkok Campaign: "100% Lucky Horoscope", Campaign: "Worst Love 1", Campaign: "Worst Love 5", Citra, Close Up, Pepsodent, Sunlight, Surf, Wall's; 1973

MullenLowe Tokyo
Aoyama Plaza Bldg., 2-11-3, Kita-Aoyama, Minato-Ku, Tokyo, 107-0061 Japan
Tel.: (81) 3 6439 8560
Fax: (81) 3 5475 8551
Web Site: www.standard.co.jp

Employees: 100
Year Founded: 1958

National Agency Associations: IAA-JAAA

James Hollow *(CEO-Japan)*
Richard Nabata *(CEO-Tokyo)*
Masayo Sugimoto *(Dir-Plng)*

MullenLowe Vietnam
(Formerly Lowe)
Level 47 Bitexco Financial Tower, 02 Hai Trieu Street, Ho Chi Minh City, Vietnam
Tel.: (84) 8 391 41765
Fax: (84) 8 914 1773
Web Site: http://vietnam.mullenlowe.com/

Employees: 50

Maryzyle Galinato *(Assoc Creative Dir)*

Accounts:
5giay.vn
Aim Academy
Castrol BP "Castrol Drive On", Castrol CRB+ Turbo
Dutch Lady Campaign: "Our Milk Is Made With Love"
Masan Consumer Corp. Bottled Beverages Portfolio, Integrated Communications, Vinh Hao Mineral Water, WakeUp 247 Energy Drink
Sunlight
Nhat Nguyet Trading
Unilever Axe, Campaign: "Dirt is Good", Campaign: "Let Love Rule", Closeup, Creative, OMO, Personal Care, Home Care & Foods

MullenLowe Warsaw
(Formerly Lowe Poland)
ul Domaniewska 39, NEFRYT Building, 02-672 Warsaw, Poland
Tel.: (48) 22 312 01 00
Fax: (48) 22 848 8155
Web Site: http://warsaw.mullenlowe.com/

Employees: 100

Kinga Grzelewska *(Mng Dir & Creative Dir)*
Marcin Nowak *(Creative Dir)*
Aleksandra Wisniewska *(Dir-Client Svc & Bus Dev)*

Accounts:
Kino Praha Cinema Campaign: "Erotic Film Festival"
Nidecker SA Nideccy Handmade Umbrellas
Robertkupisz.com

MULLER BRESSLER BROWN
11610 Ash St Ste 200, Leawood, KS 66211
Tel.: (816) 531-1992
Fax: (816) 531-6692
E-Mail: info@mbbagency.com
Web Site: https://mbbagency.com/

E-Mail for Key Personnel:
Media Dir.: Jennifer_Nugent@mbbagency.com
Production Mgr.: scott_chapman@mbbagency.com

Employees: 33
Year Founded: 1982

National Agency Associations: 4A's

Agency Specializes In: Advertising, Affluent Market, Automotive, Brand Development & Integration, Collateral, Consumer Goods, Consumer Marketing, Corporate Identity, Digital/Interactive, Financial, Food Service, Graphic Design, Health Care Services, Media Buying Services, Media Planning, Media Relations, Men's Market, Paid Searches, Point of Sale, Print, Production, Production (Ad, Film, Broadcast), Production (Print), Public Relations, Radio, Recruitment, Restaurant, Retail, Search Engine Optimization, Sponsorship, Sports Market, Travel & Tourism, Web (Banner Ads, Pop-ups, etc.).

Jim Brown *(Partner)*
Denny Meier *(CFO)*
Garrett Street *(VP & Creative Dir)*
Steven Burnett *(VP-Consumer Engagement)*
Leah Mountain *(VP-MBB)*
Shan Neely *(Creative Dir)*
Karen Hamilton *(Dir-Creative Svcs)*
Sarah Grace Nicholson *(Acct Mgr)*
Lydia Young *(Mgr-Earned Media)*
Erin Jurado *(Acct Supvr)*
Lindsay Martin *(Acct Supvr)*
Bob Waddell *(Acct Supvr)*

Accounts:
Children's Hospital of Illinois
Consumer Reports
eBay
Hallmark Hallmark Hall of Fame Division
The Heartland Coca-Cola Bottling Company Creative, Point of Sale Displays; 2017
Huhtamaki Oyj Chinet
Kansas Department of Agriculture Creative, Digital, eCommerce
The Mutual Fund Store (Agency of Record) Creative, Marketing, Strategic Direction
OSF Healthcare System; Peoria, IL Home Health, International HR, Operational HQ, Practice Groups Domestic
SFP Database Management, Digital, Digital Analytics, E-mail Marketing, Mobile/Tablet Development, Website Development
St. Teresa's Academy
University of Kansas School of Business (Agency of Record) Campaign: "It's Where Business is Going"

THE MULLIKIN AGENCY
1391 Plz Pl Ste A, Springdale, AR 72764
Tel.: (479) 750-0871
Fax: (479) 750-2685
Web Site: www.mullikinad.com

Employees: 7

Agency Specializes In: Advertising, Internet/Web Design, Logo & Package Design, Print, Public Relations, Radio, T.V.

Randy Mullikin *(Owner & Pres)*
Julie Magnuson *(VP)*

Accounts:
The Eye Center
Pristine Blue

MULLIN/ASHLEY ASSOCIATES, INC.
332 Cannon St, Chestertown, MD 21620
Tel.: (410) 778-2184
Fax: (410) 778-6640

AGENCIES - JANUARY, 2019 — ADVERTISING AGENCIES

Toll Free: (888) 662-4558
E-Mail: info@mullinashley.com
Web Site: https://mullinashley.com/

Employees: 15
Year Founded: 1978

National Agency Associations: AANI-Second Wind Limited

Agency Specializes In: Business-To-Business, Health Care Services

Phillip L. Nones *(Pres)*
Marlayn King *(Creative Dir)*
Tyler E. Willis *(Mgr-Digital Media)*
Stephanie Edwards *(Acct Exec-New Bus Dev)*

Accounts:
Benchworks
The Benedictine School for Exceptional Children
Cambridge International
Celeste Industries
Chestertown Foods
Choptank Transport
CPFilms
Eagle Foodservice Equipment; Smyrna, DE; 1992
Fusion UV Systems
Gainco, Inc.; Gainesville, GA Poultry Processing Equipment; 1999
Historical Society of Kent County
Hughes Associates
KRM Development Corporation
National Fire Protection Association
New Hanover Regional Medical Center
University of Maryland Shore Regional Health
W.L. Gore & Associates, Sealant Technologies Group; Elkton, MD Industrial Sealing Products; 1981
YourScan

MULTICULTURAL MARKETING RESOURCES
720 Greenwich St Apt 7T, New York, NY 10014
Tel.: (212) 242-3351
Web Site: www.multicultural.com

Employees: 5
Year Founded: 1994

Agency Specializes In: Advertising, Public Relations

Lisa Skriloff *(Pres)*

Accounts:
Leo Olper

MUNGO CREATIVE GROUP
1201 Broadway Ste 801, New York, NY 10001
Tel.: (646) 649-4771
E-Mail: info@mungocreativegroup.com
Web Site: www.mungocreativegroup.com

Employees: 50
Year Founded: 2014

Agency Specializes In: Advertising, Brand Development & Integration, Exhibit/Trade Shows, Graphic Design, Internet/Web Design, Logo & Package Design, Media Planning, Production, Public Relations, Social Media

Glenn Mungo *(CEO)*
Maja Stevanovich *(Exec VP-Strategy & Client Svc)*
Marty Ellery *(Sr VP-Strategic Comm)*
Jason Glover *(Sr VP-Bus Dev)*
Kelly Groglio *(Creative Dir)*

Accounts:
Body Count Here I Go Again
Doyle Bramhall II
Outside The Box Boston
Paper & Packaging Board
Pop Evil In Disarray
Quicken Inc
Right Management
Sons of Texas
Starset

MUNN RABOT LLC
33 W 17th St Fl 3, New York, NY 10011-5511
Tel.: (212) 727-3900
Fax: (212) 604-9804
Toll Free: (888) 847-0290
Web Site: www.munnrabot.com

E-Mail for Key Personnel:
Creative Dir.: peter@munnrabot.com
Media Dir.: john@munnrabot.com

Employees: 15
Year Founded: 1995

National Agency Associations: 4A's

Agency Specializes In: Advertising, Brand Development & Integration, Broadcast, Business Publications, Cable T.V., Collateral, Consulting, Consumer Marketing, Consumer Publications, Corporate Identity, Digital/Interactive, E-Commerce, Education, Electronic Media, Financial, Health Care Services, Internet/Web Design, Magazines, Media Buying Services, Medical Products, Newspaper, Newspapers & Magazines, Out-of-Home Media, Outdoor, Print, Production, Radio, Social Media, Strategic Planning/Research, T.V., Trade & Consumer Magazines, Travel & Tourism

Approx. Annual Billings: $20,000,000

Breakdown of Gross Billings by Media: Bus. Publs.: 2%; Cable T.V.: 15%; Collateral: 5%; Consumer Publs.: 3%; Internet Adv.: 8%; Mags.: 5%; Newsp.: 20%; Outdoor: 10%; Radio: 15%; T.V.: 15%; Trade & Consumer Mags.: 2%

Orson Munn *(CEO & Partner)*
Rachel Lubertine *(Partner & COO)*
Peter Rabot *(Partner & Exec Creative Dir)*
Meghan Miloradovic *(VP & Grp Acct Dir)*
Danielle Dilorenzo *(Mgmt Supvr)*

Accounts:
Bessemer Trust; New York, NY; 2007
Brigham & Women's Hospital; Boston, MA; 2009
Morgan Stanley Children's Hospital; New York, NY; 1999
New York Institute of Technology; Westbury, NY; New York, NY; 2002
NYU Langone Medical Center Campaign: "Made for New York", Campaign: "Melting Pot", Campaign: "Winter Athletes", Digital, Langone Orthopedics Program, NYU Langone Orthopedics, Outdoor, Print
Weill Cornell Physicians Organization; New York, NY; 2005

MUNROE CREATIVE PARTNERS
121 S Broad St Ste 1900, Philadelphia, PA 19107
Tel.: (215) 563-8080
Fax: (215) 563-1270
E-Mail: jmunroe@munroe.com
Web Site: www.munroe.com

E-Mail for Key Personnel:
President: jmunroe@munroe.com

Employees: 28
Year Founded: 1989

Agency Specializes In: Advertising, Collateral, Digital/Interactive, Graphic Design, Production

Approx. Annual Billings: $10,000,000

Sara McMillan *(Pres & Chief Strategy Officer)*
Michael Licata *(Partner & Chief Creative Officer)*
Frank V. Pileggi *(Partner & Exec VP)*
Earl Gansky *(CFO)*
Michael Cavallaro *(Art Dir)*
Sarah Trussell-Scheppach *(Acct Mgr)*
Harry Volpe *(Production Mgr)*
Kathy Valusek *(Mgr-Creative Svcs)*

Accounts:
Allen & Company
Avon
CETEC
Concord Watches
Cushman & Wakefield
Hill International
JP Morgan Chase
Met Life
Moinian Group
Pennsylvania Business Bank
PJM
SEI Corp.
Strohl Systems
Sunoco
Swiss Army Brands
Turano Baking Company
United Way

Branch

Munroe Creative Partners
711 3rd Ave 16th Fl, New York, NY 10017
Tel.: (212) 284-7683
Fax: (212) 284-7684
E-Mail: jmunroe@munroe.com
Web Site: www.munroe.com

Employees: 15

Agency Specializes In: Advertising, Sponsorship

Earl Gansky *(CFO)*
Melisa Polazzi *(Sr Dir-Art)*
Emily Blumette *(Art Dir)*
Lauren Ciallella Gonzalez *(Acct Exec)*
Darren Stueber *(Sr Art Dir)*

Accounts:
Campbell Soup Company
Clemens Construction Company
ESPN
Furr's Buffet & Furr's Fresh Buffet
Hill International
LibertyPointe Bank
Mercedes Benz of Greenwich
NBC Universal
Pennsylvania Academy of the Fine Arts
The Switzer Group

MURDOCH MARKETING
217 E 24th St Baker Lofts Ste 220, Holland, MI 49423
Tel.: (616) 392-4893
E-Mail: results@murdochmarketing.com
Web Site: www.murdochmarketing.com

Employees: 7

Agency Specializes In: Advertising, Brand Development & Integration, Broadcast, Corporate Identity, Internet/Web Design, Media Planning, Out-of-Home Media, Outdoor, Print, Strategic Planning/Research

Tom Murdoch *(Partner & Creative Dir)*
Nancy Murdoch *(Partner)*

Accounts:
Cottage Home

ADVERTISING AGENCIES

MURPHYEPSON, INC.
1650 Watermark Dr Fl 2, Columbus, OH 43215
Tel.: (614) 221-2885
E-Mail: mail@murphyepson.com
Web Site: www.murphyepson.com

Employees: 20
Year Founded: 1989

Agency Specializes In: Advertising, Crisis Communications, Media Relations, Print, Public Relations, Social Media

Leah Salyers *(Art Dir)*
Cindy Byington *(Acct Mgr)*
Stephanie Tresso *(Acct Mgr)*
Nick Hoffman *(Project Mgr & Planner)*
Angela Del Brocco *(Strategist-Social Media & Acct Exec)*

Accounts:
City of Columbus
Finance Fund
Ohio SADD
Southern Gateway

MUSE COMMUNICATIONS
2001 Wilshire Blvd Ste 600, Santa Monica, CA 90403
Tel.: (310) 945-4100
Fax: (310) 945-4110
E-Mail: info@museusa.com
Web Site: www.museusa.com

E-Mail for Key Personnel:
President: shelley@museusa.com

Employees: 27
Year Founded: 1986

National Agency Associations: 4A's-THINKLA

Agency Specializes In: Advertising, African-American Market, Asian Market, Automotive, Bilingual Market, Brand Development & Integration, Broadcast, Business Publications, Business-To-Business, Cable T.V., Collateral, Communications, Consulting, Consumer Marketing, Corporate Identity, Direct Response Marketing, E-Commerce, Education, Electronic Media, Entertainment, Environmental, Event Planning & Marketing, Financial, Food Service, Government/Political, Graphic Design, Health Care Services, High Technology, Hispanic Market, Internet/Web Design, Leisure, Logo & Package Design, Magazines, Media Buying Services, Merchandising, New Product Development, Newspaper, Newspapers & Magazines, Out-of-Home Media, Outdoor, Over-50 Market, Planning & Consultation, Point of Purchase, Point of Sale, Print, Production, Public Relations, Publicity/Promotions, Recruitment, Restaurant, Retail, Seniors' Market, Sponsorship, Sports Market, Strategic Planning/Research, Syndication, T.V., Teen Market, Travel & Tourism

Shelley Yamane *(Pres & Chief Strategic Officer)*
Jo Muse *(CEO)*
Benton Wong *(Principal)*
Michael James McCallum *(VP & Creative Dir)*
Malika Jones *(Copywriter)*

Accounts:
American Honda Motor Co., Inc. Honda Automobiles
California Lottery African-American Consumer Marketing
The City of Hope
Spectrum

MUST BE SOMETHING INC
412 NW Couch St Ste 410, Portland, OR 97209
Tel.: (503) 260-9634
Web Site: mustbesomethingstudio.com

Agency Specializes In: Advertising, Brand Development & Integration, Event Planning & Marketing, Internet/Web Design, Out-of-Home Media, Print, T.V.

Jed Alger *(Co-Founder, Creative Dir & Copywriter)*
Martin Grasser *(Creative Dir)*
Andrew Schafer *(Acct Dir)*
Anna Gatewood *(Dir-Production)*
Bex Karnofski *(Sr Designer)*

Accounts:
New-NIKE Inc.

MUSTACHE AGENCY
20 Jay St, Brooklyn, NY 11201
Tel.: (212) 226-3493
E-Mail: info@mustacheagency.com
Web Site: www.mustacheagency.com

Employees: 74
Year Founded: 2010

Agency Specializes In: Advertising, Content, Digital/Interactive, Social Media

John Limotte *(CEO & Exec Creative Dir)*
Jeff Cambron *(Partner & Head-Digital)*
Will Bystrov *(Partner & Sr Creative Dir)*
Todd Griffin *(Principal & Head-Accts & New Bus Dev)*
Roomie Huh *(Sr Acct Exec)*

Accounts:
AMResorts Secrets Resorts & Spas
Climate Reality Project Campaign: "World's Easiest Decision"
Ellevest
Expedia Advertising, Mobile, Social Media
Koninklijke Luchtvaart Maatschappij
Skinceuticals
Visit Holland

MUTT INDUSTRIES
431 Nw Flanders St Ste 202, POrtland, OR 97209
Tel.: (503) 841-5427
E-Mail: info@muttindustries.com
Web Site: www.muttindustries.com

Employees: 18

Agency Specializes In: Advertising, Sponsorship

Steve Luker *(Partner & Creative Dir)*
Scott Cromer *(Partner)*
Cindy Wade *(Mng Dir)*

Accounts:
Adidas
Ford Motor Company Ford Fiesta, Ford Explorer
GAP 1969 Jeans
Gerber
L.A. Dodgers
NIKE
Paciugo
Tampa Bay Buccaneers

MVC
14724 Ventura Blvd Ste 505, Ventura, CA 91403
Tel.: (818) 282-2698
E-Mail: info@mvcagency.com
Web Site: www.mvcagency.com

E-Mail for Key Personnel:
President: jason@mvcagency.com

Employees: 7

Year Founded: 2000

Agency Specializes In: Advertising, Arts, Bilingual Market, Brand Development & Integration, Broadcast, Business-To-Business, Cable T.V., Catalogs, Collateral, Communications, Consumer Marketing, Consumer Publications, Corporate Communications, Corporate Identity, Cosmetics, Digital/Interactive, Direct-to-Consumer, E-Commerce, Education, Electronic Media, Email, Entertainment, Environmental, Exhibit/Trade Shows, Experience Design, Fashion/Apparel, Food Service, Graphic Design, Health Care Services, Hispanic Market, Identity Marketing, In-Store Advertising, Information Technology, Integrated Marketing, Internet/Web Design, Logo & Package Design, Luxury Products, Magazines, Media Planning, Medical Products, Merchandising, Multicultural, Multimedia, New Technologies, Newspaper, Newspapers & Magazines, Out-of-Home Media, Outdoor, Package Design, Planning & Consultation, Podcasting, Point of Purchase, Point of Sale, Print, Production, Production (Ad, Film, Broadcast), Production (Print), Promotions, Publishing, Search Engine Optimization, Social Marketing/Nonprofit, Strategic Planning/Research, T.V., Trade & Consumer Magazines, Transportation, Urban Market, Viral/Buzz/Word of Mouth, Web (Banner Ads, Pop-ups, etc.)

Approx. Annual Billings: $1,000,000

Breakdown of Gross Billings by Media: Collateral: $250,000; Graphic Design: $250,000; Logo & Package Design: $250,000; Video Brochures: $250,000

Marioly Molina *(Art Dir)*
Nicholas Castelli *(Dir-Mktg & Strategy)*

Accounts:
Coda Electric
Computer Sciences Corporation; Los Angeles, CA IT
Diesel
Jessica Cosmetics; Los Angeles, CA Cosmetics
Westcoast Ear Nose Throat Medical

MVNP
745 Fort Street Mall Ste 900, Honolulu, HI 96813
Tel.: (808) 536-0881
Fax: (808) 529-6208
E-Mail: ideas@mvnp.com
Web Site: www.mvnp.com

E-Mail for Key Personnel:
Media Dir.: lkimura@mvnp.com
Production Mgr.: bsoares@mvnp.com

Employees: 92
Year Founded: 1946

National Agency Associations: 4A's

Agency Specializes In: Advertising, Broadcast, Collateral, Direct Response Marketing, Event Planning & Marketing, Internet/Web Design, Multimedia, Public Relations, Publicity/Promotions

Approx. Annual Billings: $28,000,000

Breakdown of Gross Billings by Media: Brdcst.: $1,120,000; D.M.: $840,000; Fees: $5,320,000; Internet Adv.: $1,680,000; Mags.: $3,920,000; Newsp.: $4,480,000; Print: $2,240,000; Production: $1,400,000; Radio: $1,680,000; T.V.: $5,320,000

Nick Ng Pack *(Owner)*
Vince Soliven *(Exec Creative Dir)*
Lori Kimura *(Media Dir)*
Susan Moss *(Dir-HR)*
Kris Tanahara *(Dir-PR)*
Stephan Ford *(Assoc Dir-Digital Solutions)*
Malcolm Bailey *(Copywriter)*

AGENCIES - JANUARY, 2019 — ADVERTISING AGENCIES

Faith Kosaki *(Planner)*
Elaine Kami *(Assoc Media Dir)*
Jo Anne Oride *(Sr Media Planner)*
Juju Ranches *(Sr Art Dir)*
Michael Wagner *(Assoc Creative Dir)*

Accounts:
Ala Moana Center; Honolulu, HI; 2001
Alexander & Baldwin; Honolulu, HI; 1971
First Hawaiian Bank
First Insurance Company of Hawaii, Ltd
General Growth Properties
Hawaii Tourism Authority Campaign: "The Hawaiian Islands"; 2003
Hawaii Visitors & Convention Bureau; 2000
Hawaiian Telcom
Ke Kailani; 2004
Matson Navigation; 1998
McDonald's of Hawaii; Honolulu, HI Quick Service Restaurant; 1997
Starwood Hotels & Resorts French Polynesia; 2000
Starwood Hotels & Resorts Hawaii; Honolulu, HI; 1995

MVP COLLABORATIVE
1751 E Lincoln Ave, Madison Heights, MI 48071
Tel.: (248) 591-5100
Fax: (248) 591-5199
E-Mail: info@mvpcollaborative.com
Web Site: www.mvpcollaborative.com

Employees: 25
Year Founded: 1980

Agency Specializes In: Business-To-Business, Event Planning & Marketing, Planning & Consultation, Public Relations, Publicity/Promotions, Strategic Planning/Research

Karl Siegert *(COO)*
Jeff Kirk *(VP & Grp Dir)*
Crystal Alexander *(Controller)*
Anne Mantha *(Acct Dir)*

Accounts:
Audi of America, Inc. Experiential Marketing
Pfizer

MW MARKETING GROUP
7831 Meadowood Dr, Hudsonville, MI 49426
Tel.: (616) 308-1572
Fax: (616) 669-0613
E-Mail: info@mw-mg.com
Web Site: www.mwmarketinggroup.com

Employees: 4
Year Founded: 2003

Agency Specializes In: Advertising, Brand Development & Integration, Business Publications, Communications, Consulting, Corporate Communications, Corporate Identity, Direct Response Marketing, Electronic Media, Event Planning & Marketing, Graphic Design, Industrial, Internet/Web Design, Logo & Package Design, Magazines, Media Buying Services, Multimedia, Newspapers & Magazines, Planning & Consultation, Print, Public Relations, Publicity/Promotions, Radio, Sales Promotion, Strategic Planning/Research, T.V., Trade & Consumer Magazines

Mark Weber *(Owner)*

Accounts:
RoMan Manufacturing; Grand Rapids, MI; 2004

MWH ADVERTISING, INC.
1101 Brickell Ave Ste 800S, Miami, FL 33131
Tel.: (609) 430-9925
Fax: (609) 945-2298
E-Mail: martin@mwhads.com
Web Site: www.mwhads.com

Employees: 6
Year Founded: 1997

Agency Specializes In: Advertising, Business Publications, Business-To-Business, Collateral, Corporate Communications, Corporate Identity, Digital/Interactive, E-Commerce, Financial, Graphic Design, Internet/Web Design, Logo & Package Design, Media Buying Services, Media Planning, Multimedia, Print, Production, Real Estate, Retail, Strategic Planning/Research, Trade & Consumer Magazines, Web (Banner Ads, Pop-ups, etc.)

Approx. Annual Billings: $2,250,000

Martin Hilson *(Owner)*

Accounts:
XL Capital
XL Insurance
XL RE

THE MX GROUP
7020 High Grove Blvd, Burr Ridge, IL 60527-7599
Tel.: (630) 654-0170
Toll Free: (800) 827-0170
E-Mail: sales@themxgroup.com
Web Site: www.themxgroup.com

E-Mail for Key Personnel:
President: amahler@themxgroup.com

Employees: 100
Year Founded: 1988

National Agency Associations: BMA-DMA

Agency Specializes In: Advertising, Below-the-Line, Brand Development & Integration, Business Publications, Business-To-Business, Collateral, Communications, Consulting, Content, Corporate Communications, Corporate Identity, Customer Relationship Management, Digital/Interactive, Direct Response Marketing, Direct-to-Consumer, E-Commerce, Electronic Media, Electronics, Email, Event Planning & Marketing, Exhibit/Trade Shows, Graphic Design, High Technology, Hospitality, Industrial, Information Technology, Integrated Marketing, Internet/Web Design, Logo & Package Design, Market Research, Media Buying Services, Media Planning, Media Relations, Multimedia, Paid Searches, Pharmaceutical, Planning & Consultation, Podcasting, Print, Production, Production (Print), Promotions, Public Relations, Publicity/Promotions, Sales Promotion, Search Engine Optimization, Strategic Planning/Research, Technical Advertising, Telemarketing, Viral/Buzz/Word of Mouth, Web (Banner Ads, Pop-ups, etc.)

Approx. Annual Billings: $13,000,000

Andrew S. Mahler *(CEO)*
Kevin Coe *(VP-Digital Dev)*
Kellie de Leon *(Acct Dir)*
Lisa Everett *(Acct Dir)*
Kate Fishburne *(Dir-Organizational Dev)*
Samantha Kevorkian *(Sr Acct Mgr)*
Megan Ryan *(Acct Mgr)*
Randall Von Zee *(Mgr-Data & Analytics)*
Kelly Olson *(Acct Supvr)*

Accounts:
Abbott Laboratories; 2006
Anvil International; 2003
Bosch-Rexroth Drives & Controls; 1998
Catamaran; 2011
Cision; 2007
Cox Automotive AutoTrader Group, DealShield, VinSolutions, vAuto; 2006
Dyson Airblade; 2012
GE Intelligent Platforms; 2010
JMC Steel; 2011
MAVERICK Technologies; 2000
Siemens; 2009
Tempur & Sealy Corporation Posturepedic, Stearns & Foster, Tempur-pedic; 2002

MXM
(Formerly Meredith Xcelerated Marketing)
805 3rd Ave, New York, NY 10022
Tel.: (212) 499-2000
Web Site: www.mxm.com

Employees: 409

Agency Specializes In: Advertising, Content, Digital/Interactive, Social Media, Strategic Planning/Research

Mark Bieschke *(CTO)*
Steve Kerho *(Chief Strategy Officer)*
Roald Van Wyk *(Chief Creative Officer)*
Tom Sebok *(Chief Client Officer)*
Georgine Anton *(Exec VP & Gen Mgr)*
Doug Stark *(Sr VP & Exec Grp Dir)*
Brett Gilman *(Mng Dir-Bus Dev)*
Christina Kozen *(Mng Dir-Bus Dev)*
Patricia Lyle *(Gen Mgr & Exec Dir-Advanced Analytics)*
Jeff Anulewicz *(Exec Dir-Digital Strategy)*
George DiGuido *(Exec Dir-Email)*
Joe Gizzi *(Grp Dir-Strategy)*
Michael Snead *(Sr Dir-Digital, Social Mktg Strategy & Insights)*
Bill Hughes *(Creative Dir-Ops)*
Lisa Schwartz *(Acct Dir)*
Jordan Spiro *(Mgmt Supvr)*
Cree Flournoy *(Assoc Mgr-Mktg & Bus Dev)*
Julia Corbett *(Sr Acct Exec)*
Rick Doerr *(Exec Grp Dir)*

Accounts:
Aetna
AMC
American Honda Motor Co Acura, Digital Marketing
Barilla
Bob Evans Farms (Digital Agency of Record) Social Media
Chrysler
FDA
GlaxoSmithKline
Kia Motors
Kraft Heinz
Kraft Heinz
Lowe's
NBC Universal
Taubman Properties
T.G.I. Friday's Inc. (Consumer Engagement Agency of Record) E-Mail & Mobile Communications
Trojan Mobile
Unilever
Volkswagen Group of America, Inc.
WebMD

Branches

MXM
800 Corporate Pointe Ste 100, Culver City, CA 90230
Tel.: (424) 672-9500
Fax: (310) 736-2001
E-Mail: kristi.vandenbosch@mxm.com
Web Site: meredithxceleratedmarketing.com/

Employees: 150
Year Founded: 1995

Agency Specializes In: Automotive, Business-To-Business, Consulting, Consumer Marketing, Digital/Interactive, E-Commerce, Electronic Media, Entertainment, Experiential Marketing, Financial,

ADVERTISING AGENCIES

Food Service, Graphic Design, Health Care Services, High Technology, Information Technology, Sponsorship

Katie Townsley *(VP & Exec Dir-Social)*
Jeff Anulewicz *(Exec Dir-Digital Strategy)*
Eva Neveau *(Exec Creative Dir)*
Veronica Orzech *(Sr Acct Dir-Client Svc)*
Jayme Millhollin *(Acct Dir)*
Maggie Wehmer *(Dir-Engagement & Insights)*
Sandra Matty *(Mgr-Strategy)*
Alison Barendse *(Acct Supvr)*

Accounts:
Kimberly-Clark
Lexus
Mamco
Mondelez International, Inc.
Nestle Purina PetCare Digital
Toyota

MXM
(Formerly Meredith Xcelerated Marketing)
1100 Wilson Blvd Ste 1400, Arlington, VA 22209
Tel.: (703) 253-0050
Fax: (703) 253-0065
Web Site: www.mxm.com

Employees: 120
Year Founded: 1999

Agency Specializes In: Advertising, Automotive, Bilingual Market, Branded Entertainment, Communications, Consumer Goods, Consumer Marketing, Consumer Publications, Cosmetics, Crisis Communications, Digital/Interactive, Electronic Media, Electronics, Entertainment, Event Planning & Marketing, Experience Design, Fashion/Apparel, Food Service, Government/Political, Guerilla Marketing, Hispanic Market, Hospitality, Integrated Marketing, Internet/Web Design, Media Relations, Mobile Marketing, Multicultural, Multimedia, Newspapers & Magazines, Paid Searches, Public Relations, Publicity/Promotions, Social Marketing/Nonprofit, Social Media, Sponsorship, Sports Market, Strategic Planning/Research, T.V., Travel & Tourism, Viral/Buzz/Word of Mouth, Women's Market

Doug Stark *(Sr VP & Exec Grp Dir)*
Edwin W Holmquist *(Dir-Analytics)*

Accounts:
ABC
Ann Taylor Loft
BBC America
Chico's
Ford
Intel
NBC Universal; Los Angeles, CA
Sony Pictures; Los Angeles, CA
Syfy

MY BLUE ROBOT
310 10th Ave N, Safety Harbor, FL 34695
Tel.: (727) 249-2576
E-Mail: hello@mybluerobot.com
Web Site: www.mybluerobot.com

Employees: 6

Agency Specializes In: Advertising, Brand Development & Integration, Digital/Interactive, Graphic Design, Internet/Web Design

Chris Nesci *(Pres & Exec Creative Dir)*
Rob Stainback *(Dir-Interactive Creative)*
Brook Eschenroeder *(Assoc Producer)*

Accounts:
Olian Technologies

Palm Ceia Village Health Market & Cafe
Roy & Shannon Burnett

MY FRIEND'S NEPHEW
1000 Marietta St NW Ste 234, Atlanta, GA 30318
Tel.: (678) 507-1010
E-Mail: info@myfriendsnephew.com
Web Site: myfriendsnephew.is

Employees: 50
Year Founded: 2015

Agency Specializes In: Advertising, Brand Development & Integration, Digital/Interactive, Retail, Social Media, Strategic Planning/Research

Ben Wallis *(Assoc Dir-Creative)*
Melissa Withorn *(Art Dir & Sr Designer)*
Allison Brennan *(Dir-Insights & Strategy)*
Josh Robinson *(Principal & Exec Creative Dir)*
Lauren Farmer *(Designer)*

Accounts:
New-General Mills Inc.
New-Thrive Senior Living
New-Zaxby's Franchising Inc.

MYERSBIZNET, INC.
PO Box 4757, New York, NY 10185
Tel.: (201) 572-8675
Fax: (973) 267-1514
Web Site: https://www.mediavillage.com/

E-Mail for Key Personnel:
President: jack@jackmyers.com

Employees: 2
Year Founded: 1981

Agency Specializes In: Business-To-Business, Cable T.V., Consulting, Entertainment, Planning & Consultation, Strategic Planning/Research, T.V.

Jack Myers *(Chm)*
Maryann Teller *(Chief Admin Officer)*
Ed Martin *(Dir-Editorial)*

Accounts:
ABC Cable Networks
AOL, LLC
CBS Television
Disney On Line
Hallmark
McCann Erickson
MTV Networks Comedy Central
Rainbow Media
Scripps Networks
Turner Broadcasting
The Weather Channel
Zenith

MYJIVE INC
1000 NC Music Factory Blvd Ste C7, Charlotte, NC 28206
Tel.: (704) 334-4615
Fax: (888) 726-5909
E-Mail: charlotte@myjive.com
Web Site: www.myjive.com

Employees: 3

Agency Specializes In: Advertising, Brand Development & Integration, Content, Digital/Interactive, Internet/Web Design, Media Buying Services, Print, Search Engine Optimization, Social Media, Strategic Planning/Research

Accounts:
Project L.I.F.T Digital, Social Media, Traditional
Regal Marine Industries, Inc.

MYRIAD TRAVEL MARKETING
6033 W Century, Manhattan Beach, CA 90045
Tel.: (310) 649-7700
E-Mail: lax@myriadmarketing.com
Web Site: www.myriaddestinations.com

Employees: 30
Year Founded: 1987

Agency Specializes In: Advertising, Event Planning & Marketing, Exhibit/Trade Shows, Public Relations, Sales Promotion, Travel & Tourism

Revenue: $25,000,000

Al Merschen *(Partner)*
Michael Price *(Exec VP)*
Julie Averay *(VP-Representation)*
Yalun Ho *(Acct Dir)*
Stephanie Morrow *(Sr Acct Exec)*
Fu-Hua Yang *(Sr Acct Exec)*
Leah Swofford *(Acct Exec)*
Jennifer Goger *(Sr Client Svcs Mgr)*

Accounts:
Australia's Northern Territory Tourist Office
British Virgin Islands
Costa Mesa CVB
Cunard
EVA Air
Fiji Airways
German National Tourist Office
Hawaii CVB
INTUR Public Relations, Tourism Marketing, Trade Promotion
The Kenya Tourism Board
Kyoto
Macau Government Tourist Organization
Melbourne CVB
Papua New Guinea Tourism
Rio CVB
Samoa Tourism Authority
Seawings UAE
Signature Travel Network
Taiwan Tourism
Tourism Australia Creative, Marketing

Branches

Myriad Travel Marketing
501 5th Ave Ste 1101, New York, NY 10017-7805
Tel.: (646) 366-8162
Fax: (646) 366-8170
E-Mail: nyc@myriadmarketing.com
Web Site: www.myriaddestinations.com

Employees: 20

Agency Specializes In: Advertising, Travel & Tourism

Al Merschen *(Partner)*
Michael Price *(Exec VP)*
Julie Averay *(VP-Representation)*
Teresa Michel *(Art Dir)*
Laura Matar *(Dir-Mktg Svcs)*
Annalie Baltazar-Rau *(Office Mgr & Mgr-Acctg)*
Chris Achacoso *(Acct Mgr)*
Carman Chan *(Acct Supvr)*
Jennifer Goger Eun *(Sr Client Svcs Mgr)*

Accounts:
Eagle Creek
Signature Travel Network
Voyages

MYTHIC
200 S Tryon St 9th Fl, Charlotte, NC 28202
Tel.: (704) 227-0700
Web Site: www.bemythic.com

AGENCIES - JANUARY, 2019 — ADVERTISING AGENCIES

Employees: 40

Agency Specializes In: Advertising, Brand Development & Integration, Broadcast, Content, Digital/Interactive, Media Buying Services, Print, Social Media

Lee James *(Pres & Chief Creative Officer)*
David Soliday *(CEO)*
Taylor Bryant *(CMO)*
Beth Doty Prus *(Sr VP-Acct Svcs)*
Wendy Parker *(VP & Grp Acct Dir)*
Joel Dinkel *(Creative Dir)*
Teddy Shipley *(Creative Dir)*
Geoff Parish *(Dir-Tech)*
Benjamin Granger *(Sr Acct Exec)*

Accounts:
CARSTAR North America Billboard, Digital, Integrated Campaign, Print Advertising, Radio, Social Media
New-Crescent Communities, LLC
New-MAACO Franchising, Inc.
New-Meineke Car Care Centers, Inc.

MZ GROUP
1001 Ave of the Americas Ste 411, New York, NY 10018
Tel.: (212) 813-2975
Web Site: www.mzgroup.com

Employees: 10

Agency Specializes In: Investor Relations

Derek Gradwell *(Sr VP-Natural Resources)*
Greg Falesnik *(Mng Dir-North America)*
Debra Juhl *(Dir-Ops)*
Pam Smith *(Sr Mgr-Acctg)*

Accounts:
China Green Agriculture Inc.
China Integrated Energy Inc.
Himax Technologies Communications, Investor Relations
Sino Clean Energy Inc.
Xspand Products Lab, Inc. Financial Communications Program, Investor Relations; 2018

THE N GROUP
160 North Forgeus Ave, Tucson, AZ 85716
Tel.: (520) 325-7700
Fax: (520) 322-0123
E-Mail: jnordensson@thengroup.com
Web Site: www.thengroup.com

E-Mail for Key Personnel:
President: jnordensson@thengroup.com

Employees: 5
Year Founded: 2005

Agency Specializes In: Financial, Health Care Services, High Technology, Public Relations, Travel & Tourism

Approx. Annual Billings: $2,500,000

Accounts:
Adobe Plastic Surgery
American Heart Association
American Red Cross
Arizona Arthritis Center
Bank of Tucson
The Janzen Wahl Group
Pima County Board of Supervisors
Sand & Sea Capital
Sunrise Bank of Albuquerque
Tucson Electric Power
UApresents
Yuma Community Bank

NA COLLECTIVE
147 W 25th St 4th Fl, New York, NY 10001
Tel.: (212) 858-9405
E-Mail: info@na-collective.com
Web Site: www.na-collective.com

Employees: 50
Year Founded: 2014

Agency Specializes In: Advertising, Brand Development & Integration, Event Planning & Marketing, Exhibit/Trade Shows, Experiential Marketing, Production, Sponsorship, Web (Banner Ads, Pop-ups, etc.)

Aaron Mason *(Founder & Partner)*
Chiara Adin *(Co-Founder & Chief Creative Officer)*
Kevin Starkes *(Partner & Head-Production)*
Maya Halbert *(Art Dir)*
Ariana Shapiro *(Jr Producer)*
Benjamin Porter *(Dir-Strategy)*
Benson Wink *(Office Mgr)*
Drew Kaufman *(Sr Designer-Experiential)*
Sofia Sarubbi *(Coord-Production)*
Julia Borowski *(Jr Producer)*

Accounts:
New-Netflix Inc.
New-SoundCloud
New-Tommy Hilfiger USA
New-Twitter Inc.

NAARTJIE MULTIMEDIA
1300 6th Ave, Columbus, GA 31901-2275
Tel.: (706) 327-0763
Fax: (706) 323-1147
E-Mail: someone@beginswithN.com
Web Site: https://www.beginswithn.com/

Employees: 10
Year Founded: 1986

Agency Specializes In: Business-To-Business, Exhibit/Trade Shows, Government/Political, Graphic Design, Internet/Web Design, Media Buying Services, Multimedia, Restaurant, Sales Promotion, Travel & Tourism

Approx. Annual Billings: $4,000,000

Breakdown of Gross Billings by Media: Bus. Publs.: $200,000; Cable T.V.: $50,000; Mags.: $50,000; Newsp.: $550,000; Other: $150,000; Outdoor: $125,000; Production: $450,000; Pub. Rels.: $20,000; Radio: $125,000; T.V.: $800,000

George Adkins *(Creative Dir)*

Accounts:
City of Columbus
Columbus Bank & Trust Company; Columbus, GA
Columbus Carpet Mills Store
Columbus Convention & Visitors Bureau; Columbus, GA
Columbus State University
Columbus Technical Institute
Country's Barbeque
McMullen Funeral Home
Part IV Restaurants
Phenix Food Service
Presidential Pathways Travel Assoc.
Ronald McDonald House of West Georgia
Synovus Financial Corp.; Columbus, GA
Valley Hospitality
W.C. Bradley Real Estate; Columbus, GA

NADA GLOBAL
931 S Coast Hwy, Laguna Beach, CA 92651
Tel.: (949) 485-6575
E-Mail: hello@nadaglobal.com
Web Site: www.nadaglobal.com

Employees: 8
Year Founded: 2004

Agency Specializes In: Advertising, Brand Development & Integration, Internet/Web Design, Print

Daniel Williams-Goldberg *(Founder & CEO)*
Guady Pleskacz *(Dir-Client Rels)*
Stefanie Williams-Goldberg *(Dir-Strategic Mktg)*
Claire DeBerg *(Mgr-Relationship, Sr Editor & Writer)*
Jason Sem *(Strategist-Digital Mktg)*

Accounts:
Great Lakes Educational Consulting
Green Apple Lunchbox
HarrisKramer Associates
NTS, Inc.
SB Electrical Services, Inc.

NADI LLC
406 E State St, Rockford, IL 61104
Tel.: (815) 962-7090
E-Mail: contact@nadicreative.com
Web Site: www.nadicreative.com

Employees: 1
Year Founded: 2009

Agency Specializes In: Advertising, Brand Development & Integration, Collateral, Corporate Identity, Digital/Interactive, Graphic Design, Internet/Web Design, Package Design, Search Engine Optimization, Social Media

Aaron Hotlen *(Owner)*

Accounts:
City of Rockford
Custom Gear & Machine Inc
Knife-Xpress

NAIL COMMUNICATIONS
63 Eddy St, Providence, RI 02903
Tel.: (401) 331-6245
Fax: (401) 331-2987
E-Mail: jcrisp@nail.cc
Web Site: www.nail.cc

E-Mail for Key Personnel:
Creative Dir.: bgross@nail.cc

Employees: 22
Year Founded: 1998

National Agency Associations: 4A's

Agency Specializes In: Advertising, Automotive, Brand Development & Integration, Broadcast, Business-To-Business, Children's Market, Collateral, Commercial Photography, Communications, Consumer Marketing, Consumer Publications, Corporate Communications, Corporate Identity, Digital/Interactive, Direct Response Marketing, E-Commerce, Electronic Media, Entertainment, Fashion/Apparel, Graphic Design, Health Care Services, High Technology, In-Store Advertising, Industrial, Internet/Web Design, Logo & Package Design, Point of Sale, Production, Public Relations, Radio, Strategic Planning/Research, Teen Market, Travel & Tourism

Approx. Annual Billings: $20,000,000

Brian Gross *(Owner)*
Jeremy Crisp *(Mng Partner)*
Alec Beckett *(Partner-Creative)*
Jeanette Palmer *(Head-Client Svcs)*
Lizzi Weinberg *(Head-Production)*

783

ADVERTISING AGENCIES — AGENCIES - JANUARY, 2019

Myles Dumas *(Art Dir & Sr Designer)*
Colin Gillespie *(Art Dir & Sr Designer)*
Dana Haddad *(Art Dir)*
Niki Brazier *(Acct Mgr)*
Rebecca Donovan *(Acct Mgr)*
Stephen Fitch *(Acct Mgr)*
Mary Kate Byrne *(Acct Exec)*

Accounts:
Aryzta (Agency of Record) Creative, Digital, Otis Spunkmeyer, Outdoor, Print, Social, TV
Floating Hospital for Children
Gore Tex
Just Born Mike & Ike, Website
Lifespan Campaign: "15,000" Winter Olympics 2014, Ddigital, Radio, Social, TV
Lightlife Foods Digital, Social Media
Mystic Aquarium Creative
New Balance Campaign: "Nobody Runs Like Boston", Fresh Foam Zante, Online, Out-of-Home Advertising, Social Media
Popcorn, Indiana (Agency of Record) Marketing, Out-of-Home
Rhode Island Community Food Bank
RISPCA
Sea Research Foundation Creative
Spray Cake
Stonyfield Campaign: "#CheatOnGreek", Campaign: "Confessions", Creative, Digital, Marketing, Petite Creme Yogurt, Social
Vibram FiveFingers, YouAreTheTechnology.com

NANCY J. FRIEDMAN PUBLIC RELATIONS, INC.
(Acquired by MMGY Global)

NANCY J. FRIEDMAN PUBLIC RELATIONS, INC.
360 Lexington Ave Fl 10, New York, NY 10017
Tel.: (212) 228-1500
Fax: (212) 228-1517
E-Mail: mail@njfpr.com
Web Site: www.njfpr.com

Employees: 15
Year Founded: 1987

Agency Specializes In: Brand Development & Integration, Crisis Communications, Event Planning & Marketing, Media Relations, Planning & Consultation, Recruitment

Nancy Friedman *(Pres)*
Lorraine Rios *(Partner-HR-NY, DC & Orlando & VP-HR & Office Admin-MMGY Global)*
Julie Freeman *(Mng Dir-PR, Social & Experiential Mktg)*
Courtney Long *(VP)*
Gizem Ozcelik *(VP)*

Accounts:
The Allegria Hotel
Apple Core Hotels
BD Hotels
Borgata Hotel, Casino & Spa; Atlantic City, NJ
The Bowery Hotel
Canoe Bay, Relais & Chateaux; Chetek, WI
Canyon Ranch Management, LLC (Agency of Record)
The Charles Hotel
The Colony Hotel Strategic Media Relations; 2017
Condado Palm Inn & Suites
Condado Vanderbilt
Conrad Fort Lauderdale Beach Marketing Communications
The Dermot Company Integrated Marketing
Destination D.C Campaign: "DC Cool", Media
Elysian Hotel
Gansevoort; Las Vegas, NV
Gansevoort Park
Gemma at The Bowery Hotel
Generator Hostels Generator Paris

Grand Hyatt New York
New-Hamilton Princess & Beach Club Strategic Media; 2018
The Hanover Inn
Holland America Line (Agency of Record)
Hotel Gansevoort South Condo Hotel Units
Hotel Saranac Strategic Media Relations; 2017
Hyatt Key West, Florida (Agency of Record)
Hyatt Regency Aruba Resort & Casino
The Inn at Little Washington Suites, Restaurant & Cookbooks
iStar (Agency of Record) Marketing Communications, Social Media Strategy
The Jade Hotel; New York, NY Marketing Communications
JW Marriott Desert Springs; Palm Desert, CA
Kimpton Taconic Hotel Integrated Marketing Communications
Li-Lac Chocolates Integrated Marketing Communications
The Liberty Hotel
London & Partners Campaign: "Autumn Season of Culture", Integrated Marketing Communications
The Los Cabos Tourism Board (Agency of Record) Consumer Media Engagement
Mah-Ze-Dahr, New York (Agency of Record)
The Marlton
Marmara Collection Marketing Communications, Marmara Park Avenue
Murphy Arts District Strategic Media Relations; 2017
Nakkas Marketing Communications
New-The National WWII Museum National Media, Programming & New Developments; 2018
The New York Palace Hotel Strategy
Oasis Collections (Agency of Record) Marketing Communications
One Aldwych, London (Agency of Record) US Public Relations
Organic Spa Magazine Brand Awareness, Digital Strategy, Media
The Orient Jerusalem Strategic Media Relations; 2017
The Out NYC (Agency of Record) XL Nightclub
Pier A Harbor House
The Plymouth Hotel (Agency of Record)
Pod 39
Pod BK, Brooklyn (Agency of Record)
The Pod Hotel
Proper Hotels (Agency of Record)
The Quin Integrated Marketing Communications
Rhode Island Commerce Corporation Media, Public Relations
Riff Hotels Marketing Communications
The Ritz-Carlton South Beach
Sheraton Hotels & Resorts Worldwide Brand Public Relations
SIXTY SoHo Marketing Communications
Spring Creek Ranch; Jackson Hole, WY
STA Travel Strategic Media Relations; 2017
Sunswept Resorts
TASTE Williamsburg Greenpoint
Tribeca Grand (Agency of Record) Integrated Marketing Communications
New-Visit California (Public Relations Agency of Record) Communications, Experiential Activations, Influencer Outreach; 2018
Visit Savannah Integrated Marketing Communications, Media
Visit St. Pete Clearwater Dali Museum, Domestic Public Relations, Integrated Marketing Communications
The Water Club Hotel
Westin Hotels & Resorts
Wild Walk Marketing Communications
Wilderness Adventure Spa at Spring Creek Ranch; Jackson Hole, WY

NANSEN INC
(See Under Making Waves)

NARRATIVE
19 W 21st St Ste 601, New York, NY 10010
Tel.: (646) 435-9810
Web Site: www.narrativemediagroup.com

Employees: 50
Year Founded: 2009

Agency Specializes In: Advertising, Brand Development & Integration, Communications, Digital/Interactive, Event Planning & Marketing, Experiential Marketing, Hospitality, Media Relations, Public Relations

Jackie Lann Brockman *(Principal)*
Erika Williams *(Sr VP-Accts)*
Jamie Hess *(Sr VP)*
Rachel Wachtel *(Mgr-Event Production)*
Lindsay Shedlin *(Acct Exec)*
Ashley Sanchez *(Sr Acct Mgr-Mktg)*
Alexander Masel *(Dir-Mktg)*

Accounts:
New-Brew Dr. Kombucha
New-General Motors Company
New-McDonald's Corporation
New-Pernod Ricard USA Inc.

Branch

Narrative
1640 Wilcox Ave, Los Angeles, CA 90028
Tel.: (323) 843-4294
Web Site: www.narrativemediagroup.com

Agency Specializes In: Advertising, Brand Development & Integration, Communications, Digital/Interactive, Event Planning & Marketing, Experiential Marketing, Hospitality, Media Relations, Public Relations

Stacey Heuser *(Principal)*
Amanda Mondre *(Acct Supvr)*
Ashly Brown *(Coord-Talent)*
Isabella Haddad *(Coord-Talent)*
Cate Hemingway *(Acct Supvr)*
Jillian Eldredge *(Acct Supvr)*
Kelsey Spencer *(Jr Acct Exec)*
Jaci Nerenberg *(Acct Dir)*
Lindsey Rathjen *(Acct Dir)*
Jody Sowa *(Sr VP-Media)*
Laide Akao *(Sr Acct Exec)*
Eve Eden *(Sr Acct Exec)*

Accounts:
New-Wynn Resorts Limited Wynn Nightlife

NAS RECRUITMENT INNOVATION
9700 Rockside Rd Ste 170, Cleveland, OH 44125
Fax: (216) 468-8115
Toll Free: (866) 627-7327
E-Mail: info@nasrecruitment.com
Web Site: www.nasrecruitment.com

Employees: 300
Year Founded: 1947

National Agency Associations: 4A's

Agency Specializes In: Advertising Specialties, Communications, Exhibit/Trade Shows, Recruitment, Trade & Consumer Magazines

Approx. Annual Billings: $25,000,000

Breakdown of Gross Billings by Media: Newsp. & Mags.: $20,000,000; Other: $5,000,000

Phil Ridolfi *(CEO)*
Matthew Adam *(Exec VP & Chief Strategist-Talent)*
Joanna Meis *(Reg VP)*
Jennifer R. Henley *(VP-Client Svcs)*
Nancy Caputo *(Acct Dir-Media)*

AGENCIES - JANUARY, 2019 — ADVERTISING AGENCIES

Charles Kapec *(Creative Dir)*
Ashley Kauffman *(Client Svcs Dir)*
Suzanne Torres *(Acct Dir)*
Patty Deeds *(Specialist-Media Ops)*
Steven McGowan *(Asst Creative Dir)*
Lori Vrcan *(Sr Writer)*

Accounts:
Christus Santa Rosa
Mt. Washington Pediatric Hospital
United States Army
U.S. Cellular
Wendy's

California

NAS Recruitment Communications
2580 Bonita St, Lemon Grove, CA 91945
Tel.: (216) 468-8151
E-Mail: nas.sd@nasrecruitment.com
Web Site: www.nasrecruitment.com

Employees: 3

Agency Specializes In: Recruitment

NAS Recruitment Communications
11620 Wilshire Blvd., 9th Fl, Los Angeles, CA 90025
Tel.: (323) 930-3580
Fax: (323) 930-3590
Web Site: www.nasrecruitment.com

Employees: 5

Agency Specializes In: Recruitment

Haley Cherba *(Acct Dir)*
Kristin Cooper *(Strategist-Acct & Specialist-Media Ops)*

Georgia

NAS Recruitment Communications
4462 Bretton Ct, Acworth, GA 30101
Tel.: (770) 425-0887
Fax: (770) 974-8807
E-Mail: info@nasrecruitment.com
Web Site: www.nasrecruitment.com

Employees: 4

National Agency Associations: 4A's

Agency Specializes In: Recruitment

Katie Gallagher *(Acct Dir)*
Debbie Smith *(Sr Acct Mgr)*
Michael Warner *(Production Mgr & Project Mgr)*

Illinois

NAS Recruitment Communications
101 E Erie St, Chicago, IL 60611
Tel.: (312) 587-1795
Fax: (312) 425-6785
E-Mail: nas.ch@nasrecruitment.com
Web Site: www.nasrecruitment.com

Employees: 1

National Agency Associations: 4A's

Agency Specializes In: Recruitment

Jason Weinhaus *(Reg VP-NAS Recruitment Innovation)*

Missouri

NAS Recruitment Communications
7930 Clayton Rd, Saint Louis, MO 63117
Tel.: (314) 646-6950
E-Mail: nas.st@nasrecruitment.com
Web Site: www.nasrecruitment.com

Employees: 2

National Agency Associations: 4A's

Agency Specializes In: Recruitment

Sean Bain *(Acct Dir-Strategic)*

Canada

NAS Recruitment Communications
1665 W Broadway Ste 670, Vancouver, BC V6J 1X1 Canada
Tel.: (604) 683-4461
Fax: (604) 689-5886
E-Mail: nas.vc@nasrecruitment.com
Web Site: www.nasrecruitment.com

Employees: 3

Agency Specializes In: Communications, Recruitment

Maureen Laventure *(Dir-NW Reg & Canada)*

NASUTI + HINKLE CREATIVE THINKING
5812 Walton Rd, Bethesda, MD 20817
Tel.: (301) 222-0010
E-Mail: mail@nasuti.com
Web Site: www.nasuti.com

Employees: 9

National Agency Associations: Second Wind Limited

Agency Specializes In: Fashion/Apparel, Real Estate

Karen Nasuti *(Pres, Partner & Strategist-Brand)*
Woody Hinkle *(Principal & Copywriter)*

Accounts:
American Red Cross
Happy Tails Dog Spa
Hershey Lodge
La Ferme Restaurant
The Madison Hotel
Now Resorts & Spa
One Duval
Pier House Resorts & Spa
Urban Country

NATCOM MARKETING
318 Nw 23Rd St, Miami, FL 33127
Tel.: (786) 425-0028
Fax: (786) 425-0067
E-Mail: Info@natcom-marketing.com
Web Site: www.natcomglobal.com

E-Mail for Key Personnel:
President: bob@natcom-marketing.com

Employees: 10
Year Founded: 1982

National Agency Associations: IAA

Agency Specializes In: Advertising, Advertising Specialties, African-American Market, Aviation & Aerospace, Bilingual Market, Brand Development & Integration, Business Publications, Business-To-Business, Cable T.V., Catalogs, Co-op Advertising, Collateral, Communications, Consulting, Consumer Marketing, Consumer Publications, Corporate Communications, Corporate Identity, Digital/Interactive, Direct Response Marketing, E-Commerce, Email, Event Planning & Marketing, Exhibit/Trade Shows, Financial, Government/Political, Graphic Design, Health Care Services, Hispanic Market, In-Store Advertising, Integrated Marketing, International, Internet/Web Design, Leisure, Local Marketing, Magazines, Market Research, Media Buying Services, Media Planning, Medical Products, Merchandising, Multicultural, Multimedia, New Product Development, New Technologies, Newspaper, Newspapers & Magazines, Out-of-Home Media, Outdoor, Over-50 Market, Pharmaceutical, Point of Purchase, Point of Sale, Print, Production, Production (Ad, Film, Broadcast), Production (Print), Promotions, Public Relations, Publicity/Promotions, Publishing, Radio, Real Estate, Recruitment, Regional, Retail, Sales Promotion, Seniors' Market, Sponsorship, Sports Market, Strategic Planning/Research, Sweepstakes, T.V., Telemarketing, Trade & Consumer Magazines, Travel & Tourism, Web (Banner Ads, Pop-ups, etc.)

Approx. Annual Billings: $15,200,000

Breakdown of Gross Billings by Media:
Audio/Visual: $304,000; Brdcst.: $760,000; Bus. Publs.: $760,000; Cable T.V.: $760,000; Collateral: $760,000; Comml. Photography: $152,000; Consulting: $1,520,000; Consumer Publs.: $1,520,000; Corp. Communications: $1,520,000; D.M.: $760,000; E-Commerce: $760,000; Fees: $1,520,000; Graphic Design: $760,000; Internet Adv.: $760,000; Mags.: $760,000; Newsp.: $760,000; Newsp. & Mags.: $760,000; Other: $304,000

Susan Krivelow *(Mng Dir-Content)*
Marion Marvil *(Mng Dir-Mktg & Strategic Dev)*
Daniel Batlle *(Creative Dir)*
Robert Bauer *(Dir-Sls & Acct Mgmt)*
Sallie Anne Marvil Rodriguez *(Client Svcs & Special Projects)*

Accounts:
American Airlines
Andalucia Tourist Board; Spain
Burger King
Chevron
Citibank International; Fort Lauderdale, FL
Department of Homeland Security
Frito Lay; San Juan, PR; 1994

NATIONAL MEDIA SERVICES, INC.
91 Summit Dr, Huntington Bay, NY 11743
Tel.: (646) 216-9867
Fax: (646) 758-8172
E-Mail: eric@nmsooh.com
Web Site: www.nmsooh.com

Employees: 10

Agency Specializes In: African-American Market, Branded Entertainment, Children's Market, College, Exhibit/Trade Shows, Fashion/Apparel, Financial, High Technology, Hispanic Market, Identity Marketing, In-Store Advertising, Integrated Marketing, Media Planning, Mobile Marketing, Multicultural, Multimedia, New Product Development, New Technologies, Out-of-Home Media, Promotions, Publicity/Promotions, Social Marketing/Nonprofit, Social Media, Tween Market, Urban Market, Viral/Buzz/Word of Mouth

Eric Davis *(COO)*
Dean Corbo *(VP-Sls & Mktg)*

NATIONAL PROMOTIONS & ADVERTISING INC.

ADVERTISING AGENCIES

(Name Changed to Alchemy Media Holdings, LLC)

NATREL COMMUNICATIONS
119 Cherry Hill Rd, Parsippany, NJ 07054
Tel.: (973) 292-8400
Fax: (973) 292-9101
Web Site: http://natrelhealth.com/

Employees: 40
Year Founded: 1999

Agency Specializes In: Brand Development & Integration, Direct Response Marketing, Health Care Services, Logo & Package Design, Medical Products, Pharmaceutical

David Nakamura *(Founder)*
Sean Conciatore *(Exec VP & Creative Dir)*
Dave Scott *(Sr VP & Creative Dir)*
Meghan Frisch *(VP & Acct Grp Supvr)*
Nicole Hyland *(Gen Mgr)*
Tamra Micco *(Exec Dir-Client Svcs)*

Accounts:
Aptalis Pharma
Corcept Therapeutics
CSL Behring
Entera Health
Essential Pharmaceuticals
icon
Impax Pharmaceuticals
JHP Pharmaceuticals
Pfizer Injectables
PharmaDerm
Sanofi-Aventis
Spiritus
Terumo Medical Corporation

NAVAJO COMPANY
2676 Greenrock Rd, Milpitas, CA 95035
Tel.: (408) 957-3800
Fax: (408) 957-3809
E-Mail: thetribe@navajoco.com
Web Site: navajocompany.com

E-Mail for Key Personnel:
President: wayne@navajoco.com

Employees: 25
Year Founded: 1989

Agency Specializes In: Advertising, Advertising Specialties, Brand Development & Integration, Business Publications, Business-To-Business, Co-op Advertising, Collateral, Communications, Consulting, Corporate Identity, Digital/Interactive, Direct Response Marketing, E-Commerce, Education, Electronic Media, Event Planning & Marketing, Exhibit/Trade Shows, Graphic Design, High Technology, Information Technology, Internet/Web Design, Logo & Package Design, Merchandising, Multimedia, Point of Purchase, Point of Sale, Production, Public Relations, Publicity/Promotions, Sales Promotion, Strategic Planning/Research, Technical Advertising

Wayne Martinez *(Founder & Principal)*
Michael Scadden *(Acct Exec)*
Gerry Goldschmidt *(Sr Writer)*

Accounts:
Dell Computers
Hewlett Packard
Hitachi
IBM
Netapp
Symantec

NAVEO
(Formerly MGI Communications)
N56 W13585 Silver Spring Dr., Menomonee Falls, WI 53051
Tel.: (262) 703-0800
Fax: (262) 703-0900
Web Site: www.naveomarketing.com

Employees: 10
Year Founded: 1980

Agency Specializes In: Agriculture, Automotive, Broadcast, Business Publications, Business-To-Business, Co-op Advertising, Collateral, Consumer Marketing, Corporate Identity, Exhibit/Trade Shows, Food Service, Graphic Design, Health Care Services, Industrial, Internet/Web Design, Logo & Package Design, Media Planning, Medical Products, Newspaper, Newspapers & Magazines, Out-of-Home Media, Outdoor, Planning & Consultation, Print, Production, Publicity/Promotions, Radio, Sales Promotion, T.V., Trade & Consumer Magazines

Approx. Annual Billings: $9,375,000

Pierre Payne *(Pres)*
Trish Hastings *(Mgr-Bus Dev)*

Accounts:
Hammond Valve; Milwaukee, WI Commercial & Plumbing Valves; 1990
Milwaukee Valve Company; Milwaukee, WI Industrial & Commercial Valves; 1985
Spargo Spa & Salon
Victory Homes (Agency of Record)
Ward Manufacturing; Blossburg, PA WardFlex; 2002

NAVIGANT MARKETING / KSR
2103 Coral Way Ste 724, Miami, FL 33145
Tel.: (305) 445-9020
Fax: (305) 444-9057
Toll Free: (800) 537-5565
E-Mail: info@navigantmarketing.com
Web Site: navigantmarketing.com

Employees: 12
Year Founded: 1983

National Agency Associations: ADFED-IAA

Agency Specializes In: Advertising, Aviation & Aerospace, Bilingual Market, Brand Development & Integration, Broadcast, Business Publications, Business-To-Business, Cable T.V., Co-op Advertising, Collateral, Communications, Consulting, Consumer Marketing, Consumer Publications, Corporate Communications, Corporate Identity, Direct Response Marketing, E-Commerce, Education, Electronic Media, Event Planning & Marketing, Exhibit/Trade Shows, Financial, Government/Political, Graphic Design, High Technology, Hispanic Market, Internet/Web Design, Legal Services, Leisure, Local Marketing, Logo & Package Design, Magazines, Marine, Media Buying Services, New Product Development, Newspaper, Newspapers & Magazines, Out-of-Home Media, Outdoor, Planning & Consultation, Point of Purchase, Point of Sale, Print, Production, Public Relations, Publicity/Promotions, Radio, Real Estate, Sales Promotion, Strategic Planning/Research, T.V., Trade & Consumer Magazines, Transportation, Travel & Tourism

Approx. Annual Billings: $18,800,000

Breakdown of Gross Billings by Media: Collateral: $3,400,000; D.M.: $1,250,000; Internet Adv.: $1,000,000; Newsp. & Mags.: $1,420,000; Pub. Rels.: $3,000,000; Radio & T.V.: $4,500,000; Strategic Planning/Research: $2,200,000; Trade & Consumer Mags.: $1,280,000; Worldwide Web Sites: $750,000

William Roy *(Partner-Kelley Roy Gallery)*

Accounts:
Charlotte County Visitor's Bureau
The Charlotte Harbor Visitor & Convention Bureau (Social Media Agency of Record) Marketing
Community Partnership for Homeless, Inc.
Firenze Inc.
Florida Department of Transportation; Miami, FL Community Outreach: Highway Transportation; 2002
Jackson Memorial Hospital
MDX - Miami-Dade Expressway Authority
Miami-Dade Mayor's Office of Film & Entertainment
Miami-Dade Transit; Miami, FL Bus Transportation; 2003
Royal Caribbean Cruise Lines
SONY - Latin America

NAVIGATION ADVERTISING LLC
416-B Medical Ctr Pkwy, Murfreesboro, TN 37129
Tel.: (615) 898-1496
Fax: (615) 217-4826
Web Site: www.navigationadvertising.com

Agency Specializes In: Advertising, Digital/Interactive, Graphic Design, Internet/Web Design, Media Buying Services, Media Relations, Print, Public Relations, Social Media, Strategic Planning/Research

Christian Hidalgo *(Owner)*

Accounts:
4X4 Nation
Bill Taylor Bushido School of Karate
Elite Energy Gymnastics & Cheer
Rutherfords Best Doctors
The Sport Source
Stones River Dermatology
Walcom USA

NAYLOR, LLC
(Owned by RLJ Equity Partners, LLC)
5950 NW 1st Place, Gainesville, FL 32607
Tel.: (352) 332-1252
Toll Free: (800) 369-6220
Web Site: www.naylor.com

Employees: 500

Alexander DeBarr *(Pres & CEO)*
Dave Bornmann *(CMO)*
Robert Ingraham *(Exec VP-Global Exchange Events)*
Tara Ericson *(Grp VP)*
Jon Meurlott *(Grp VP)*
Craig Judt *(VP-Tech & Production)*

Accounts:
IBEW 2085
Plumbing, Heating, Cooling Contractors National Association

NCI CONSULTING LLC
820 Matlack Dr Ste 101, Moorestown, NJ 08057
Tel.: (856) 866-1133
Fax: (856) 866-1135
E-Mail: info@nciconsulting.com
Web Site: www.nciconsulting.com

Employees: 11

Agency Specializes In: Health Care Services

Susan Lavine Coleman *(Pres)*
John M. Coleman *(COO)*

NCLUD
1424 K St NW 3rd Fl, Washington, DC 20005
Tel.: (202) 684-8984
Web Site: nclud.com

AGENCIES - JANUARY, 2019 — ADVERTISING AGENCIES

Employees: 10
Year Founded: 1998

Agency Specializes In: Advertising, Brand Development & Integration, Content, Digital/Interactive, Event Planning & Marketing, Experiential Marketing, Internet/Web Design, Market Research, Search Engine Optimization

Kerry Gunther *(Owner & CEO)*
Alfonso Bravo *(Mng Dir)*
Tatiana Bodnya *(CTO)*

Accounts:
Discovery Education
Google
Marine Corps
NBC Sports
Renaissance Hotels
Rosetta Stone
Telsa Motors
The Washington Post

NCOMPASS INTERNATIONAL
8223 Santa Monica Blvd, West Hollywood, CA 90064
Tel.: (323) 785-1700
E-Mail: info@ncompassonline.com
Web Site: www.ncompassonline.com

Employees: 93
Year Founded: 2003

Agency Specializes In: Advertising, Brand Development & Integration, Environmental, Event Planning & Marketing

Donna DiRenzo Graves *(Co-Founder, Pres & CEO)*
Matt Mayer *(Sr VP-Strategic Mktg)*
Michaela Keller McCoy *(VP-Client Svcs)*
Atara Oven *(Acct Dir)*
Michelle Poran *(Acct Svcs Dir)*
Andrew Kloack *(Dir-Production)*
Deanne Saffren *(Dir-Experiential Mktg)*
Adi Wilk *(Dir-Production)*
Amber Feinstein *(Acct Mgr & Specialist-Media)*

Accounts:
Activision Publishing, Inc. Call of Duty: XP 2011

NEATHAWK DUBUQUE & PACKETT
2912 W Leigh St, Richmond, VA 23230
Tel.: (804) 783-8140
Fax: (804) 783-0098
Toll Free: (800) 847-2674
E-Mail: mail@ndp-agency.com
Web Site: ndp.agency

E-Mail for Key Personnel:
President: sdubuque@ndp-agency.com
Creative Dir.: mdavis@ndp-agency.com

Employees: 43
Year Founded: 1984

National Agency Associations: Second Wind Limited

Agency Specializes In: Advertising, Brand Development & Integration, Business-To-Business, Collateral, Communications, Consulting, Corporate Identity, Education, Food Service, Government/Political, Graphic Design, Health Care Services, High Technology, Information Technology, Logo & Package Design, Media Buying Services, Medical Products, Newspaper, Newspapers & Magazines, Out-of-Home Media, Outdoor, Over-50 Market, Point of Purchase, Point of Sale, Print, Production, Public Relations, Publicity/Promotions, Radio, Seniors' Market, T.V., Trade & Consumer Magazines, Transportation, Travel & Tourism

Approx. Annual Billings: $47,000,000 Capitalized

Danny Fell *(Pres)*
Susan E. Dubuque *(Principal)*
Todd Foutz *(Exec VP)*
Brent Morris *(VP-Media Svcs)*
Michelle Ward *(VP-Fin)*
Jimmy Ashworth *(Exec Creative Dir)*
Jason Anderson *(Creative Dir)*
Shaun Amanda Herrmann *(Sr Acct Exec)*

Accounts:
Advance Auto Parts
American Health Care Association
Big River Grill
Carolinas Health Care System
College of William & Mary-Mason School of Business
Hollins University
HomeTown Bank (Agency of Record)
Hotel Roanoke
The Jefferson Hotel
Kennewick General Hospital, Kennewick, WA Print Advertising
Kindred Healthcare
Levine Children's Hospital
Lifestyle Spirits
Merge Computer Group; Richmond, VA; 1998
Metal Systems Inc (Agency of Record)
The Perfect Fix
Tandus
VCU Health System; Richmond, VA
Virginia Museum of Fine Arts Advertising, Media
Virginia State Police; Richmond, VA Auto Theft Prevention; 1992
Virginians for the Arts; Richmond, VA; 1992
Walden Security
Washington Hospital Center; Washington, DC; 1998

Branches

Neathawk Dubuque & Packett
417 Market St, Chattanooga, TN 37402
Tel.: (423) 752-4687
Fax: (423) 752-3697
Toll Free: (888) 619-8697
E-Mail: maupin@ndpagency.com
Web Site: ndp.agency

Employees: 14

Daniel Fell *(Pres)*
Brent Morris *(VP-Media Svcs)*
Denise Rushing *(VP-Acct Mgmt)*
Jonathan Ariail *(Project Mgr-Digital)*

Accounts:
Harvest Foundation
Kindred Healthcare
Museum of the Confederacy
Roanoke Regional Airport
University System of Georgia
Virginians for the Arts

Neathawk Dubuque & Packett
410 S Jefferson St, Roanoke, VA 24011
Tel.: (540) 345-5403
Fax: (540) 345-5414
Web Site: ndp.agency

E-Mail for Key Personnel:
Creative Dir.: jgriessmayer@ndp-agency.com

Employees: 10

Agency Specializes In: Communications, Education, Financial, Health Care Services, Travel & Tourism

Jimmy Ashworth *(Exec VP-Creative)*
Todd Foutz *(Exec VP)*
Thomas Becher *(Sr VP)*
Jason Anderson *(Creative Dir)*
Stefanie Brown *(Acct Exec-Strategic Comm)*

Accounts:
The Economic Development Partnership
ITT Nightvision
Lectrus
New VaConnects
Patcraft Commercial Carpet
Virginia Tech

NEBO AGENCY LLC
1000 Marietta St NW, Atlanta, GA 30318
Tel.: (800) 908-6326
Web Site: www.neboagency.com

Employees: 92
Year Founded: 2004

Agency Specializes In: Advertising, Digital/Interactive, Internet/Web Design

Brian Easter *(Co-Founder)*
Adam Harrell *(Co-Founder)*
Kimm Lincoln *(Pres)*
Jennifer Vickery *(Sr VP-Digital Strategy)*
Sarah Christiansen *(VP-Project Mgmt)*
Stephanie Benhart Wallace *(VP-Owned Media)*
Kelly Sullivan Mancuso *(Sr Dir-Paid Media)*
Jenna Thomas *(Sr Dir-PR & Social Media Mktg)*
Pete Lawton *(Creative Dir)*
Damon Borozny *(Dir-Project Mgmt)*
Alice Jaitla *(Dir-Bus Dev)*
Artur Kim *(Dir-Front-End Dev)*
Sarah Lively *(Dir-Social Media Mktg)*
Cael Olsen *(Dir-User Experience)*
Emily Winck *(Dir-Web & Application Dev)*
Christy Williams *(Sr Project Mgr-Digital)*
Alyssa Armstrong *(Project Mgr-Digital Mktg)*
Erin Barrett *(Project Mgr-Interactive)*
Abby Hutchinson *(Specialist-Paid Media)*
Kevin Schroeder *(Specialist-Paid Media)*
Donovan Shuman *(Specialist-Digital Mktg)*
Kaitlin Randolph *(Coord-Traffic)*
Jake Burk *(Assoc Creative Dir)*

Accounts:
Baynote
Goody
Mage Solar
Second Wind Dream
TAG Think
WalmartLabs

NEEDLE INC.
14864 S Pony Express Rd, Bluffdale, UT 84065
Tel.: (801) 858-0868
E-Mail: info@needle.com
Web Site: https://www.needle.com/

Employees: 100
Year Founded: 2009

Agency Specializes In: Advertising, E-Commerce, Social Media

Morgan Lynch *(Founder, Chm & CEO)*

Accounts:
Axl's Closet Men's & Women's Fashion Material Clothes Mfr
Creminelli Fine Meats Meat Retailer
Moving Comfort Inc Women's Sports Clothes & Accessories Mfr & Distr
Skullcandy Headphones Earbuds & Gaming Headsets Mfr & Distr
Timex
Urban Outfitters Direct Clothes & Accessories Retailers

ADVERTISING AGENCIES
AGENCIES - JANUARY, 2019

NEEDLEMAN DROSSMAN & PARTNERS
902 Broadway 15th Fl, New York, NY 10010
Tel.: (212) 506-0770
Fax: (212) 506-0778
E-Mail: info@needlemandrossman.com
Web Site: needlemandrossman.com

E-Mail for Key Personnel:
Chairman: ndrossman@ndpadvertising.com
President: bneedleman@ndpadvertising.com

Employees: 2

National Agency Associations: 4A's

Agency Specializes In: Advertising

Neil Drossman *(Creative Dir)*

NEFF + ASSOCIATES, INC.
13 S Third St, Philadelphia, PA 19106
Tel.: (215) 987-5500
Fax: (215) 923-6333
E-Mail: dn@neffassociates.com
Web Site: www.neffassociates.com

E-Mail for Key Personnel:
President: dn@neffassociates.com

Employees: 12
Year Founded: 1984

Agency Specializes In: Advertising, Brand Development & Integration, Business-To-Business, Cable T.V., Communications, Consumer Goods, Consumer Marketing, Direct Response Marketing, Entertainment, Event Planning & Marketing, Fashion/Apparel, Hospitality, Internet/Web Design, Leisure, Local Marketing, Luxury Products, Media Buying Services, Media Planning, Multimedia, Newspaper, Newspapers & Magazines, Out-of-Home Media, Outdoor, Package Design, Print, Public Relations, Radio, Real Estate, Restaurant, Retail, Sports Market, T.V.

Approx. Annual Billings: $18,500,000

Kelly Wolf Baldwin *(Exec Dir-PR & Social Media)*
Adam Englehart *(Creative Dir)*
Jessica Olenik *(Sr Acct Exec-PR)*
Ryan Mohl *(Sr Graphic Designer)*

Accounts:
The Calamari Sisters
East River Bank
Geno's Steaks
Sullivan's Steakhouse
Sweat Fitness
United Tire + Service

NEHMEN-KODNER
431 N Polo Dr, Saint Louis, MO 63105
Tel.: (314) 721-1404
Fax: (314) 721-1404
Web Site: www.n-kcreative.com

E-Mail for Key Personnel:
President: pnehmen@n-kcreative.com
Creative Dir.: gkodner@n-kcreative.com

Employees: 2
Year Founded: 1987

Agency Specializes In: Business Publications, Business-To-Business, Collateral, Consumer Publications, Corporate Identity, Exhibit/Trade Shows, Graphic Design, Internet/Web Design, Logo & Package Design, Point of Purchase, Point of Sale, Print

Peggy S. Nehmen *(Owner, Art Dir & Graphic Designer)*

Accounts:
Anheuser-Busch
Asthma & Allergy Foundation of St. Louis
Bond Wolfe Architects
BSI Constructors
CAJE Central Agency for Jewish Education
Capaha Bank
Centene
CFK Creative
Clayton School District
Cultural Leadership
Darryl Strawberry Foundation
Eleanor Sullivan
Enterprise Bank
Gateway to Hope
Herzog Crebs LLC
Society of Sacred Heart

NELSON & GILMORE
1604 Aviation Blvd, Redondo Beach, CA 90278
Tel.: (310) 376-0296
Fax: (310) 374-8995
E-Mail: pnelson@nelsongilmore.com
Web Site: www.nelsongilmore.com

Employees: 11
Year Founded: 1978

Agency Specializes In: Business-To-Business, Corporate Identity, Financial, Real Estate

Wayne Nelson *(CEO)*

Accounts:
AMCAL Multi-Housing
Anastasi Development
The Carlyle
CenterPoint
Century Housing
Flamingo Lakes
Hollywood
Los Suenos
MBK Real Estate Ltd.
The Planning Center
The Ring Group
Rutter Development
Watkoloa

NELSON CREATIVE
10290 Kinross Rd, Roswell, GA 30076
Tel.: (404) 606-3877
Web Site: nelsoncreative.net

Employees: 10

Scott Nelson *(Exec Creative Dir)*

NELSON SCHMIDT
600 E Wisconsin Ave, Milwaukee, WI 53202
Tel.: (414) 224-0210
Fax: (414) 224-9463
E-Mail: marketing411@n-s.com
Web Site: www.nelsonschmidt.com

Employees: 50
Year Founded: 1971

National Agency Associations: AAF-BMA-MAGNET

Agency Specializes In: Advertising, Advertising Specialties, Aviation & Aerospace, Brand Development & Integration, Business-To-Business, Co-op Advertising, Collateral, Communications, Consumer Marketing, Corporate Communications, Corporate Identity, Crisis Communications, Custom Publishing, Digital/Interactive, Direct Response Marketing, Direct-to-Consumer, E-Commerce, Email, Event Planning & Marketing, Exhibit/Trade Shows, Experience Design, Financial, Graphic Design, Health Care Services, High Technology, Identity Marketing, In-Store Advertising, Industrial, Integrated Marketing, International, Internet/Web Design, Legal Services, Local Marketing, Logo & Package Design, Marine, Market Research, Media Buying Services, Media Planning, Media Relations, Medical Products, Multimedia, Out-of-Home Media, Outdoor, Paid Searches, Pharmaceutical, Point of Purchase, Point of Sale, Print, Production, Production (Print), Promotions, Public Relations, Publicity/Promotions, RSS (Really Simple Syndication), Radio, Recruitment, Sales Promotion, Search Engine Optimization, Social Media, Sponsorship, Sports Market, Strategic Planning/Research, T.V., Technical Advertising, Telemarketing, Viral/Buzz/Word of Mouth, Web (Banner Ads, Pop-ups, etc.)

Approx. Annual Billings: $12,968,151

Daniel Nelson, Sr. *(Owner)*
Cody Pearce *(COO)*
Christopher Vitrano *(CMO)*
Mike Fredrick *(Chief Creative Officer)*
Daniel Nelson, Jr. *(Pres/CEO-Mktg & Comm)*
Brooke Etzel *(Project Mgr & Producer-Digital)*
Becky Davidson *(Acct Dir)*
Amy Nunnemacher *(Dir-PR)*
Jeff Ericksen *(Grp Creative Dir)*
Clay Konnor *(Grp Creative Dir)*

Accounts:
Alliance Laundry Systems Agency of Record, Full-Service
Alliant Energy Integrated Marketing
Elite Team Integrated Marketing
Embraco Americas Integrated Marketing
Fund for Lake Michigan Integrated Marketing
Honeywell Automated Sensing & Controls
LiuGong North America
McKesson Medical Imaging
Motivo Inc (Agency of Record) Brand Strategy, Creative Development, Marketing Communications, Media, Strategic Planning
PIC Integrated Marketing
Quintiles North America
Regal Integrated Marketing
The Water Council Integrated Marketing
Wisconsin Economic Development Corp. Agency of Record, Full-Service

NEMER FIEGER
6250 Excelsior Blvd, Minneapolis, MN 55416
Tel.: (952) 925-4848
Fax: (952) 925-1907
E-Mail: jmarie@nemerfieger.com
Web Site: www.nemerfieger.com

E-Mail for Key Personnel:
President: jmarie@nemerfieger.com
Creative Dir.: eloeffler@nemerfieger.com

Employees: 30
Year Founded: 1957

National Agency Associations: ADFED-PRSA-Second Wind Limited

Agency Specializes In: Advertising, Arts, Automotive, Brand Development & Integration, Broadcast, Business Publications, Cable T.V., Co-op Advertising, Collateral, Consulting, Consumer Goods, Consumer Publications, Content, Digital/Interactive, Direct Response Marketing, Electronic Media, Entertainment, Event Planning & Marketing, Food Service, Graphic Design, Guerilla Marketing, Hospitality, In-Store Advertising, Integrated Marketing, Internet/Web Design, Leisure, Local Marketing, Logo & Package Design, Media Buying Services, Media Planning, Media Relations, Multicultural, Multimedia, Newspaper, Newspapers & Magazines, Out-of-Home Media, Outdoor, Planning & Consultation, Point of Purchase, Point of Sale, Print, Production (Print),

AGENCIES - JANUARY, 2019 — ADVERTISING AGENCIES

Promotions, Public Relations, Publicity/Promotions, Radio, Regional, Restaurant, Sales Promotion, Social Media, Sponsorship, Strategic Planning/Research, T.V., Trade & Consumer Magazines, Travel & Tourism, Web (Banner Ads, Pop-ups, etc.), Women's Market

Approx. Annual Billings: $24,000,000

Breakdown of Gross Billings by Media: Bus. Publs.: 2%; Cable T.V.: 3%; Collateral: 3%; Consumer Publs.: 3%; D.M.: 3%; Event Mktg.: 7%; Graphic Design: 7%; Newsp. & Mags.: 15%; Out-of-Home Media: 3%; Outdoor: 2%; Plng. & Consultation: 5%; Point of Purchase: 3%; Pub. Rels.: 15%; Spot Radio: 7%; Spot T.V.: 20%; Worldwide Web Sites: 2%

J. Marie Fieger *(CEO)*
Barbara Hamilton-Sustad *(CMO)*
Chad Olson *(Sr VP-Mktg)*
Peter Quayle *(VP & Media Dir)*
Paul Spicer *(Controller)*
Les Hazelton *(Creative Dir)*
Molly Mulvehill Steinke *(Dir-Media Rels)*
Peggy Hayes *(Mgr-Fin Svcs)*
Amy Severson *(Sr Acct Exec)*
Ben Aldritt *(Acct Exec-Subway Restaurants)*
Thomas Anderson *(Acct Exec)*
Abigail Brownell *(Acct Exec)*
Tom Messina *(Specialist-Ops)*
Alyssa Kringen *(Acct Coord-Subway)*
Kristin Laursen *(Sr Media Buyer)*

Accounts:
AIA-Minnesota
Bridging, Inc.
Championship Auto Shows; Duluth & Minneapolis, MN
Fine Line Features; Los Angeles, CA Motion Picture Distribution
IMAX MNZoo
Ispiri
Kinetico Minnesota Dealers Association
Loffler Cos
Midtown Global Market; Minneapolis, MN
Minneapolis Aquatennial
Minnesota Street Rod Association
Richfield Visitors Association
Rogue Pictures
Subway Restaurants Des Moines IA, Duluth & Superior MN, Eau Claire & La Crosse WI, Green Bay WI, Marquette MI, Minneapolis & Saint Paul MN, Peoria & Bloomington IL, Rochester MN, Sioux City IA, Sioux Falls SD, Springfield-Champaign IL, Wausau WI
Universal Pictures; Universal City, CA Motion Picture Distribution
Warner's Stellian
White Bear Superstore; White Bear Lake, MN Automotive Sales Services

NEMO DESIGN
1875 SE Belmont St, Portland, OR 97214
Tel.: (503) 872-9631
Fax: (503) 872-9641
E-Mail: info@nemodesign.com
Web Site: www.nemodesign.com

Employees: 70
Year Founded: 1999

Agency Specializes In: Advertising, Alternative Advertising, Brand Development & Integration, Branded Entertainment, Broadcast, Catalogs, Environmental, Experience Design, Experiential Marketing, Graphic Design, Guerilla Marketing, In-Store Advertising, Logo & Package Design, Magazines, Men's Market, New Product Development, Production, Production (Ad, Film, Broadcast), Production (Print), Retail, Teen Market, Viral/Buzz/Word of Mouth, Web (Banner Ads, Pop-ups, etc.)

Revenue: $60,000,000

Mark Lewman *(Partner & Creative Dir)*
Trevor Graves *(Principal & Dir-Bus Dev)*
Jeff Bartel *(Principal)*
John Stierwalt *(Sr Acct Dir)*
Jay Floyd *(Dir-Art & Designer)*
Chris Hotz *(Dir-Design)*
Courtney Lovell *(Sr Acct Mgr)*
Dave Wray *(Mgr-Bus Dev)*
Harriet Riley *(Strategist-Digital Content)*
Ryan Barrett *(Acct Coord)*

Accounts:
Bell Helmets
Hewlett-Packard Blackbird; 2006
Hotel Deluxe
Hotel Max
Lumberjax
Mammoth Mountain Ski Area
MasterCraft Boats
Nike; Beaverton, OR 6.0; 2005
Nike Converse, North American Retail
Oakley
Smith Sport Optic; Ketchum, ID Sunglasses; 2003
Tillamook Country Smoker Design
Voodoo PC

NEO@OGILVY
636 11th Ave, New York, NY 10036
Tel.: (212) 259-5477
Web Site: https://www.neoogilvy.com/

Employees: 275
Year Founded: 2006

National Agency Associations: 4A's

Agency Specializes In: Digital/Interactive, Planning & Consultation, Social Media, Sponsorship

Nasreen Madhany *(CEO)*
Sholien Babalis *(Partner & Grp Dir-Programmatic-Biddable Media)*
Caitlyn Irwin *(Sr Partner & Mng Dir)*
Monica Dang *(Grp Dir-Plng)*
Catherine Keenan *(Grp Dir-Plng)*
Jennifer Parbus *(Grp Dir-Plng)*
Pamela Russo *(Dir-Strategic Investment)*
Eric Ricafrente *(Assoc Dir)*
Paul LaRusso *(Mgr-Media)*
Elena Ash *(Supvr)*
Bridget Beatty *(Supvr-Programmatic Media)*
Allison Calvelli *(Supvr-Search)*
Caitlyn Fuoco *(Supvr-Media)*
Alexis Kuennen *(Supvr-Media)*
Katharine Levins *(Supvr-Paid Social)*
Alessandra Mazzella *(Supvr-Media)*
Alyssa Piantadosi *(Supvr-Media)*
Rachel Bonomo *(Planner-Search)*
Becky Kramer *(Media Planner)*
Claire O'Brien *(Planner-Programmatic)*
Paula Tsvayg *(Media Planner)*
Jenna Hirsch *(Assoc Media Dir)*
Kealin Maloney *(Assoc Media Dir)*

Accounts:
Aetna (Media Agency of Record)
British Airways
Caesars Entertainment Corp. Campaign: "The Winning Hand", Digital
Drinkaware Media Planning & Buying
Eastman Kodak Company
International Business Machines Corporation Campaign: "Mobile World Congress", ibm.com
Morton Salt Video
QUALCOMM Incorporated Digital Media
TD Ameritrade Holding Corporation Digital Media, Tdameritrade.com
Tourism Fiji Media Planning & Buying
UPS

Subsidiary

Neo@Ogilvy Los Angeles
12180 Millennium Dr Ste 440, Playa Vista, CA 90094
(See Separate Listing)

NEO@OGILVY LOS ANGELES
12180 Millennium Dr Ste 440, Playa Vista, CA 90094
Tel.: (310) 280-2200
Web Site: www.neoogilvy.com

Employees: 25

Agency Specializes In: Advertising, Affiliate Marketing, Business-To-Business, Digital/Interactive, Education, Electronics, Financial, Information Technology, Media Buying Services, Media Planning, Strategic Planning/Research

Emily Redding *(Grp Dir-Plng)*
Michael Bruckstein *(Sr Partner & Media Dir)*
Brooke Ford *(Media Dir)*
Nick Goodman *(Acct Dir)*
Patricia Marange *(Acct Dir-Affiliate Mktg)*
Paola Chang *(Assoc Dir-Paid Social Media)*
Jamie Cohen *(Assoc Dir)*
Vanessa Ezeta *(Assoc Dir)*
Maya Kramer *(Assoc Dir-Digital Media Insights & Analytics)*
Matthew Rolin *(Assoc Dir-Search)*
Elias Mussi *(Acct Mgr)*
Yulin Chicco Chou *(Supvr-Paid Search)*
Lyssa Goodrich *(Supvr-Search)*
Alfonso Alan II Agbayani *(Supvr-Media)*
Tim Niehoff *(Supvr-Search)*
Weiwei Yu *(Supvr-Media)*
Lauren Trainer *(Sr Acct Exec)*
Christian Trujillo *(Sr Acct Exec-Apple Music Affiliate)*
Guilherme Andrade *(Acct Exec)*
Shelby Blankenship *(Planner-Search)*
Jin Sung *(Planner-Programmatic)*
Nicky Yang *(Media Planner)*
Laney Deckrow *(Asst Media Planner)*

Accounts:
Apple Affiliate Marketing, Apple Music, iTunes
Qualcomm
Sage Software

NEO-PANGEA, LLC
215 S 5th Ave West, Reading, PA 19611
Tel.: (866) 514-9141
Fax: (610) 879-4863
E-Mail: info@neo-pangea.com
Web Site: www.neo-pangea.com

Employees: 15
Year Founded: 1999

Agency Specializes In: Advertising, Digital/Interactive, Local Marketing, Mobile Marketing

Brett Bagenstose *(Owner)*

Accounts:
Bell Tower Salon & Spa
Francis Cauffman
Samsung America, Inc.
Vaughan Mills
West Reading Borough

NEPTUNE ADVERTISING
3003 SW College Rd Ste 1071, Ocala, FL 34474
Tel.: (352) 286-7534
Web Site: www.neptuneadvertising.com

ADVERTISING AGENCIES

Employees: 1

Agency Specializes In: Advertising, Brand Development & Integration, Collateral, Email, Graphic Design, Internet/Web Design, Logo & Package Design, Media Planning, Out-of-Home Media, Outdoor, Print

John Tripodi *(Creative Dir)*

Accounts:
Surgical Specialists of Ocala
Zone Health & Fitness

NERLAND CO
(Name Changed to Edition Studios, LLC)

NETPLUS MARKETING, INC.
718 Arch St Ste 400S, Philadelphia, PA 19106
Tel.: (610) 897-2380
Fax: (610) 897-2381
Web Site: http://netplus.agency

Employees: 37
Year Founded: 1996

Agency Specializes In: Advertising, Brand Development & Integration, Business-To-Business, Communications, Consulting, Consumer Marketing, Digital/Interactive, Direct Response Marketing, E-Commerce, Electronic Media, Fashion/Apparel, Information Technology, Internet/Web Design, Legal Services, Media Buying Services, Medical Products, Pharmaceutical, Planning & Consultation, Publicity/Promotions, Real Estate, Retail, Sponsorship, Strategic Planning/Research, Technical Advertising, Travel & Tourism

Approx. Annual Billings: $10,000,000

Breakdown of Gross Billings by Media: E-Commerce: 100%

Denise Zimmerman *(Pres & Chief Strategy Officer)*
Robin Neifield *(CEO)*
Anna Vaughan *(Dir-Admin)*
Darren Taylor *(Assoc Creative Dir)*

Accounts:
Alfred Angelo Bridal
Aramark
Armstrong World Industries, Inc
Friendly's Ice Cream, LLC (Digital Agency of Record) Display Advertising, Email Marketing, Social Media, Website
Hanover Direct, Inc.
Harriet Carter
Independence Blue Cross
Phillips Foods, Inc. Interactive Marketing; 2008
Phillips Seafood
Rita's Water Ice Franchise Company
Universal Studios

NETREACH
124 S Maple St 2nd Fl, Ambler, PA 19002
Tel.: (215) 283-2300
Fax: (215) 283-2335
E-Mail: sales@netreach.com
Web Site: www.netreach.com

Employees: 20
Year Founded: 1994

Agency Specializes In: Internet/Web Design

William Bast *(CEO)*

Accounts:
American Collectors Insurance
Binswanger International
Blue Star Marketing
Drexel University
Firstrust Bank
Germantown Academy
The Global Consulting Partnership
Guideposts, Inc.
HealthForumOnline
National Foundation for Celiac Awareness
Pennypack Farm and Education Center
Sunoco Logistics
TMC Corp
Wellness Coaches

NETSERTIVE, INC
2400 Perimeter Pk Dr Ste 100 Research Triangle Region, Morrisville, NC 27560
Toll Free: (800) 940-4351
Web Site: www.netsertive.com

Employees: 500
Year Founded: 2009

Agency Specializes In: Advertising, Automotive, Brand Development & Integration, Communications, Content, Health Care Services, High Technology, Household Goods, Local Marketing, Retail, Social Media

Brendan Morrissey *(Co-Founder & CEO)*
Bill Nagel *(Co-Founder)*
Mark Van Osdell *(CFO)*
Jim Doherty *(Exec VP-Sls & Mktg)*
Debbie Edmondson *(VP-Team Dev)*
Andrew Penchuk *(VP-Client Success)*
Bob Seaton *(VP-Engrg)*
Allison Ferguson *(Corp Mktg Mgr)*

Accounts:
American Honda Motor Co., Inc. Acura
La-Z-Boy Incorporated
RowOne
Whirlpool Corporation
White River Marine Group

NETWAVE INTERACTIVE MARKETING, INC.
600 Bay Ave, Point Pleasant, NJ 08742
Tel.: (732) 701-9797
Fax: (732) 701-9798
E-Mail: info@netwaveinteractive.com
Web Site: www.netwaveinteractive.com

Employees: 20

Agency Specializes In: Advertising, Brand Development & Integration, Internet/Web Design, Logo & Package Design, Out-of-Home Media, Outdoor, Print, Public Relations, Radio, Social Media

Dave McIndoe *(Owner)*
Nick Kiefer *(Creative Dir)*
Amanda Kerekes *(Dir-Production)*
Amy Lucantoni *(Acct Mgr)*
Adam McIndoe *(Exec Acct Mgr)*

Accounts:
Ocean County Long Term Recovery Group
Toms River Country Club

NETWORK AFFILIATES INC.
940 Wadsworth Blvd Ste 300, Lakewood, CO 80214
Tel.: (303) 232-2707
Fax: (303) 232-2241
E-Mail: mikeg@netaff.com
Web Site: www.netaff.com

Employees: 70

Agency Specializes In: Legal Services, T.V.

Sales: $28,943,916

Norton C. Frickey *(Pres & CEO)*
Tammy Kehe *(VP)*
Alex Dodge *(Acct Dir)*
Emily Frickey *(Dir-Digital Ops)*
Brian Hutchin *(Sr Acct Mgr)*

Accounts:
Brown & Crouppen, P.C.

NEUGER COMMUNICATIONS GROUP
25 Bridge Sq, Northfield, MN 55057
Tel.: (507) 664-0700
Toll Free: (888) 761-3400
E-Mail: info@neuger.com
Web Site: www.neuger.com

Employees: 20
Year Founded: 2002

Agency Specializes In: Advertising, Brand Development & Integration, Crisis Communications, Digital/Interactive, Graphic Design, Internet/Web Design, Media Relations, Print, Public Relations, Strategic Planning/Research

David Neuger *(Pres & CEO)*
Joanne B. Henry *(Exec VP)*
Richard E. Esse *(VP)*

Accounts:
InnerCity Tennis
Mill City Summer Opera
Minnesota Dental Association
Valley View Farms

NEURON SYNDICATE
1016 Pico Blvd, Santa Monica, CA 90405
Tel.: (310) 584-9446
Web Site: neuron.la

Employees: 40
Year Founded: 2001

Agency Specializes In: Advertising, Advertising Specialties, Affluent Market, African-American Market, Arts, Asian Market, Automotive, Bilingual Market, Brand Development & Integration, Branded Entertainment, Broadcast, Business-To-Business, Cable T.V., Children's Market, Co-op Advertising, Collateral, College, Consumer Goods, Consumer Marketing, Corporate Identity, Cosmetics, Digital/Interactive, Direct-to-Consumer, Entertainment, Experience Design, Fashion/Apparel, Game Integration, Guerilla Marketing, Health Care Services, High Technology, Hispanic Market, Hospitality, Identity Marketing, In-Store Advertising, Integrated Marketing, International, Internet/Web Design, LGBTQ Market, Leisure, Local Marketing, Logo & Package Design, Luxury Products, Men's Market, Merchandising, Mobile Marketing, Multicultural, Multimedia, New Product Development, Newspaper, Newspapers & Magazines, Out-of-Home Media, Outdoor, Over-50 Market, Package Design, Pets , Pharmaceutical, Point of Purchase, Point of Sale, Print, Production, Production (Ad, Film, Broadcast), Production (Print), Radio, Real Estate, Restaurant, Retail, Seniors' Market, Social Media, South Asian Market, Sports Market, T.V., Teen Market, Trade & Consumer Magazines, Transportation, Tween Market, Urban Market, Viral/Buzz/Word of Mouth, Web (Banner Ads, Pop-ups, etc.)

Approx. Annual Billings: $68,400,000

Ryan Cramer *(CEO, Partner & Creative Dir)*
Sean Alatorre *(Partner, VP & Creative Dir)*

AGENCIES - JANUARY, 2019 — ADVERTISING AGENCIES

Accounts:
20th Century Fox Film Promotion & Key Art; 2005
Paramount Pictures Point of Purchase Standees, Point of Sale; 2008
Redbox On-line Banners, POS Graphics; 2014
Warner Brothers Home Entertainment On-line Banners & Film Advertising; 2005

NEVER WITHOUT, LLC
1731 Ted Turner Dr NW, Atlanta, GA 30303
Tel.: (404) 577-3515
Fax: (404) 577-3514
Web Site: www.neverwithout.net

Employees: 7
Year Founded: 2006

Agency Specializes In: Advertising, Brand Development & Integration, Email, Media Buying Services, Media Planning

Mickey Cohen *(Mng Partner)*
Naoya Wada *(Mng Partner-Creative)*
Caroline Johnson *(Sr Acct Mgr)*
Stephanie Melstrom *(Acct Mgr)*

Accounts:
Alzheimer's Association
AT&T Communications Corp.
Emory University
Kudzu.com
Lancome Paris
Marriott Hotels & Resorts
Moe's Southwest Grill, LLC
Simmons Bedding Company
Toyota Motor Sales, U.S.A., Inc.

NEW AGE MEDIA
pob 245456, Brooklyn, NY 11224
Tel.: (718) 368-9292
Web Site: www.newagemediany.com

Employees: 4
Year Founded: 1998

Agency Specializes In: Branded Entertainment, Cable T.V., Magazines, Multimedia, Newspaper, Newspapers & Magazines, Out-of-Home Media, Outdoor, Promotions, Radio, Shopper Marketing, Social Media, T.V., Yellow Pages Advertising

Oleg Frish *(Pres)*

Accounts:
Range Rover USA; 2009

NEW BOSTON CREATIVE GROUP
315 Houston St Ste E, Manhattan, KS 66502
Tel.: (785) 587-8185
Fax: (866) 385-5004
Toll Free: (877) 315-8185
E-Mail: info@newbostoncreative.com
Web Site: www.newbostoncreative.com

Employees: 19
Year Founded: 2006

Agency Specializes In: Advertising, Consulting, Environmental, Internet/Web Design, Print, Search Engine Optimization, Social Media

Kristin Brighton *(Principal)*
Susan Religa *(Principal)*
Lisa Sisley *(Principal)*
Paige Burton-Argo *(Dir-Ops)*
Shawn Dryden *(Dir-Web Dev)*
Julie Fiedler *(Strategist-Content)*
Andi Washburn *(Specialist-Digital Mktg)*

Accounts:
The Biosecurity Research Institute
Capstone3D Development Group
K-State College of Arts & Sciences
Kansas Press Association Keep Reading! Campaign
Steve's Floral

THE NEW GROUP
(See Under TNG)

NEW HEARTLAND GROUP
8115 Isabella Ln Ste 11, Brentwood, TN 37027
Tel.: (615) 620-4710
E-Mail: info@newheartlandgroup.com
Web Site: newheartlandgroup.com

Agency Specializes In: Advertising, Brand Development & Integration, Branded Entertainment, Content, Digital/Interactive, Event Planning & Marketing, Social Media

Paul Jankowski *(Founder & Strategist)*
Paul Hickey *(Strategist-Digital)*
Allie Petko *(Coord-Social media)*

Accounts:
New-The George Jones
New-Stages West

NEW HONOR SOCIETY
555 Washington Ave Ste 200, Saint Louis, MO 63101
Tel.: (314) 231-2400
Fax: (314) 231-1498
Web Site: www.newhonorsociety.com

Employees: 43
National Agency Associations: 4A's

Agency Specializes In: Advertising, Brand Development & Integration, Content, Digital/Interactive

Holly Aguirre *(Pres)*
Heidi Singleton *(Chief Creative Officer)*
Tracee Champa *(VP & Acct Dir)*
Matt Glarner *(Creative Dir)*
Tom Nations *(Creative Dir)*
Amanda Burch *(Supvr-Copy)*
Brenna Hansen *(Designer)*

Accounts:
New-Egglist
Heluva Good
New-Logitech Logitech G
Veru Healthcare

NEW MEDIA AGENCY
4870 W Adams Blvd, Los Angeles, CA 90016
Tel.: (310) 272-9213
E-Mail: hi@newmedia.agency
Web Site: www.newmedia.agency

Employees: 11
Year Founded: 2010

Agency Specializes In: Advertising, Advertising Specialties, Affluent Market, Agriculture, Bilingual Market, Brand Development & Integration, Branded Entertainment, Business Publications, Communications, Consulting, Consumer Marketing, Content, Copywriting, E-Commerce, Electronic Media, Entertainment, Experience Design, Fashion/Apparel, Financial, Food Service, Graphic Design, Hispanic Market, International, Internet/Web Design, Leisure, Local Marketing, Logo & Package Design, Luxury Products, Market Research, Media Buying Services, Media Planning, Men's Market, Mobile Marketing, Multimedia, New Product Development, New Technologies, Paid Searches, Production, Programmatic, Real Estate, Restaurant, Retail, Sales Promotion, Search Engine Optimization, Social Marketing/Nonprofit, Sports Market, Technical Advertising, Trade & Consumer Magazines, Travel & Tourism

Accounts:
Commerzbank
LB Swiss
Loacker USA
Payoff
Sentifi.com
Vintage Bazaar

NEW MEDIA SOLUTIONS, INC.
3343 Hwy 190 Ste 333, Mandeville, LA 70471
Tel.: (504) 723-4334
Fax: (800) 537-0141
E-Mail: andy@neworleansadvertising.com
Web Site: www.neworleansadvertising.com

E-Mail for Key Personnel:
President: andy@neworleansadvertising.com

Employees: 2
Year Founded: 1996

Agency Specializes In: Advertising, Co-op Advertising, Consulting, Digital/Interactive, Electronic Media, Graphic Design, Internet/Web Design, Media Buying Services, Print, Travel & Tourism

Approx. Annual Billings: $800,000

Breakdown of Gross Billings by Media: Internet Adv.: $800,000

Accounts:
Astor Crown Plaza; New Orleans, LA Hotels; 2010
Aventura Mexicana; Mexico Hotels; 1996
The Cove Eleuthera Hotels; 2013
Hotel Elements; Mexico Hotels; 2007
Hotel Monteleone Hotels; 2010
New Orleans Top Hotels Hotels; 1996
Omni Royal Orleans Hotels; 2010
Royal Sonesta Hotels; 2010

NEW RIVER COMMUNICATIONS, INC.
1819 SE 17th St, Fort Lauderdale, FL 33316
Tel.: (954) 535-0644
Fax: (954) 535-0664
Toll Free: (888) 524-2808
E-Mail: info@newrivercommunications.com
Web Site: www.newrivercommunications.com

Employees: 9
Year Founded: 2000

Agency Specializes In: Advertising, Advertising Specialties, Brand Development & Integration, Business-To-Business, Collateral, Communications, Consumer Marketing, Consumer Publications, Corporate Communications, Corporate Identity, Direct Response Marketing, Faith Based, Graphic Design, Internet/Web Design, Investor Relations, Local Marketing, Logo & Package Design, Media Buying Services, Newspapers & Magazines, Planning & Consultation, Print, Production, Strategic Planning/Research, Telemarketing, Yellow Pages Advertising

Breakdown of Gross Billings by Media: Corp. Communications: 10%; D.M.: 50%; Fees: 10%; Graphic Design: 30%

Larry Montali *(Owner)*
Rod Taylor *(Pres)*
Sean O'Neil *(Sr VP)*
Margaret Randall *(Art Dir & Graphic Designer)*
Scott Allbee *(Art Dir)*
Shaun Petersen *(Acct Supvr)*

ADVERTISING AGENCIES

Accounts:
Catholic Charities; New York, NY Humanitarian Aid
Cross International; Pompano Beach, FL International Humanitarian Aid
Goodwill Industries of Detroit
National Parkinson Foundation; Miami, FL Parkinson's Disease Research & Aid
The Salvation Army Disaster Relief, Domestic & Foreign Aid

NEW RULES ADVERTISING
3956 W Poplar Point Ct, Trafalgar, IN 46181
Tel.: (317) 878-9516
Web Site: www.newrulesadvertising.com

Employees: 2

Agency Specializes In: Advertising, Internet/Web Design, Print, Radio, Social Media, T.V.

Jim Bullock *(Dir)*

Accounts:
Furniture For Less, Inc.

NEW WEST LLC
9630 Ormsby Station Rd, Louisville, KY 40223
Tel.: (502) 891-2500
Fax: (502) 891-2514
E-Mail: info@newwestagency.com
Web Site: www.newwestagency.com

Employees: 13
Year Founded: 2004

Agency Specializes In: Advertising, Public Relations

Becky Simpson *(CEO)*
Bruce Huninghake *(VP-Graphic & Environmental Design)*
Maria Ladd *(VP)*
Mike Duck *(Creative Dir)*
Caleb Wilson *(Art Dir-Digital)*
Greg Mauldin *(Acct Mgr)*
Donna Wade *(Coord-Mktg)*

Accounts:
African American Forum
American Consulting Engineers
American Eagle Outfitters
APS
Blue Equity
DD Williamson
Dow Corning Carrollton
Elations
GE Appliances
GE Consumer & Industrial
Kentucky Department of Tourism
Lincoln Bicentennial Commission
Louisville International Airport
Louisville Slugger Museum
Louisville Urban League
Papa John's
Rogers Group Investments
San Diego International Airport
UK Healthcare
University of Kentucky Healthcare
University of Louisville Health Care
Women 4 Women

NEWFIRE MEDIA
43 Crystal Lk Dr Ste 200, North Augusta, SC 29841
Tel.: (844) 639-3473
E-Mail: info@newfiremedia.com
Web Site: www.newfiremedia.com

Employees: 8

Agency Specializes In: Advertising, Digital/Interactive, Internet/Web Design, Media Buying Services, Social Media

Jeremy Mace *(Pres)*
Chris Hitchcock *(Partner & COO)*
Turner Simkin *(Partner)*
Josh Whiting *(Creative Dir & Mgr-Production)*
Susie Adamson *(Dir-Sls & Customer Rels)*
Ross McDaniel *(Dir-Strategy & Accts)*

Accounts:
The Krystal Company (Digital Agency of Record)
On The Border
Realtree
TaxSlayer

NEWKIRK COMMUNICATIONS, INC.
832 N Newkirk St, Philadelphia, PA 19130
Tel.: (215) 735-8150
Fax: (215) 735-8157
Web Site: www.facebook.com/newkirkinc

E-Mail for Key Personnel:
President: ssegal@newkirkinc.com
Creative Dir.: ecohen@newkirkinc.com

Employees: 4
Year Founded: 1968

Agency Specializes In: Advertising, Arts, Brand Development & Integration, Broadcast, Business Publications, Business-To-Business, Collateral, Communications, Consumer Marketing, Corporate Communications, Corporate Identity, Digital/Interactive, Direct Response Marketing, Direct-to-Consumer, E-Commerce, Email, Exhibit/Trade Shows, Fashion/Apparel, Financial, Graphic Design, Identity Marketing, Internet/Web Design, Legal Services, Local Marketing, Logo & Package Design, Magazines, Media Planning, Medical Products, Mobile Marketing, Newspaper, Newspapers & Magazines, Over-50 Market, Pharmaceutical, Print, Production, Production (Print), Promotions, Radio, Real Estate, Retail, Seniors' Market, Social Marketing/Nonprofit, T.V., Trade & Consumer Magazines, Viral/Buzz/Word of Mouth, Web (Banner Ads, Pop-ups, etc.)

Approx. Annual Billings: $1,000,000

Breakdown of Gross Billings by Media: Brdcst.: $50,000; Bus. Publs.: $500,000; Consumer Publs.: $400,000; Internet Adv.: $50,000

Susan Cohen Segal *(Pres)*
Jennifer Morris *(Mng Dir & VP)*
Edmond Cohen *(Creative Dir)*

Accounts:
Choral Arts Society of Philadelphia; Philadelphia, PA Professional Concerts; 1998
Core Insurance
The MCS Group
New York Zoological Society; New York, NY Wildlife Conservation Magazine; 1989
Roosevelt Paper Co; Mount Laurel, NJ Distributors & Converters of Printing Papers; 1975
Shelter Structures

NEWLINK GROUP
1111 Brickell Ave Ste 1350, Miami, FL 33131
Tel.: (305) 532-7950
Fax: (305) 532-1845
Web Site: www.newlink-group.com

Employees: 500
Year Founded: 1996

Agency Specializes In: Advertising, Communications, Public Relations, Social Media

Sergio Roitberg *(Pres & CEO)*
Rafael Ramirez *(Mng Partner & Chief Creative Officer)*
Rafael Mora *(Mng Partner)*
Eduardo Del Rivero *(Partner)*
Nerea Alvarez *(Sr VP-Organizational Dev & HR)*
Jorge Ramirez Diaz *(Sr VP-Latam)*
Maria Pis-Dudot *(Sr VP)*
Teresa Villarreal *(Sr VP)*
Miguel Lande *(Mng Dir-North & CCA Reg)*
Angela Camacho *(VP-Reputation Mgmt & Public Affairs)*
Sabrina Lacle *(Dir-Tourism)*
Maria Abarca *(Analyst-Fin)*

Accounts:
Amadeus Media, Public Relations, Strategic Communications
Bahia Principe
Coca-Cola
Expedia Group, Inc.
Kunachia Chia+Probiotics (Agency of Record), Communications
LATAM Airlines Group S.A.
Palace Resorts
Quito Tourism (Agency of Record) Communications, Marketing, Media Relations, Strategic Counsel
Riviera Nayarit Convention & Visitors Bureau (Agency of Record) Public Relations; 2018
Solmar Hotels & Resorts (Agency of Record) Integrated Communications Program, Strategic Counsel; 2017
Uber (Latin America Agency of Record) Strategic Communications

NEWMAN GRACE INC.
6133 Fallbrook Ave, Woodland Hills, CA 91367
Tel.: (818) 713-1678
Fax: (818) 999-6314
E-Mail: bhemsworth@newmangrace.com
Web Site: www.newmangrace.com

Employees: 6
Year Founded: 1995

Agency Specializes In: Advertising, Brand Development & Integration, Business Publications, Business-To-Business, Cable T.V., Catalogs, Consulting, Consumer Marketing, Corporate Communications, Corporate Identity, Cosmetics, Custom Publishing, Direct Response Marketing, Graphic Design, Health Care Services, Integrated Marketing, Internet/Web Design, Legal Services, Logo & Package Design, Market Research, Media Planning, Newspaper, Newspapers & Magazines, Over-50 Market, Package Design, Print, Production, Production (Print), Publishing, Radio, Social Marketing/Nonprofit, Sports Market, Strategic Planning/Research, T.V., Technical Advertising, Trade & Consumer Magazines, Travel & Tourism, Web (Banner Ads, Pop-ups, etc.)

Approx. Annual Billings: $3,000,000

Breakdown of Gross Billings by Media: Brdcst.: 10%; Bus. Publs.: 15%; Collateral: 20%; Consulting: 25%; Consumer Publs.: 20%; Internet Adv.: 10%

Brian Hemsworth *(Pres)*
Steven Higginson *(Art Dir)*

Accounts:
The Campbell Center Non-Profit; 2013
Free Agent BMX Action Sports Equipment; 2003
KHS Bicycles; Rancho Dominguez, CA Bicycles; 1999
Long Valley Media Media & Custom Publishing; 2014
Maria's Italian Kitchen Restaurants; 2003
Mentor Group Investment Bankers; 2012
PayQwick Banking/Pay Systems; 2015

AGENCIES - JANUARY, 2019 — ADVERTISING AGENCIES

QuoteHero.com Insurance; 2014
SRG CPAs Accountants & Business Consultants; 2013
Vendor Direct Solutions Law Firm Management Services; 2013

NEWMARK ADVERTISING, INC.
21550 Oxnard St Ste 460, Woodland Hls, CA 91367
Tel.: (818) 461-0300
Fax: (818) 530-4394
E-Mail: agencyinfo@newmarkad.com
Web Site: www.newmarkad.com

Employees: 30
Year Founded: 1968

Agency Specializes In: Broadcast, Business Publications, Business-To-Business, Cable T.V., Collateral, Consumer Marketing, Consumer Publications, Cosmetics, Direct Response Marketing, E-Commerce, Financial, Food Service, Graphic Design, Health Care Services, Hispanic Market, Leisure, Magazines, Medical Products, Newspaper, Newspapers & Magazines, Print, Production, Radio, Retail, Trade & Consumer Magazines, Travel & Tourism

Approx. Annual Billings: $25,000,000

Breakdown of Gross Billings by Media: D.M.: $1,250,000; Fees: $2,500,000; Mags.: $2,500,000; Newsp.: $3,750,000; Production: $3,750,000; Radio & T.V.: $11,250,000

Patty Newmark *(Pres & CEO)*
Virginia Dooley *(Acct Supvr)*
Melissa White *(Acct Supvr)*

Accounts:
Citrix Online Division; Santa Barbara, CA GoToMeeting, GoToMyPC; 2003
Executive Car Leasing; Los Angeles, CA Car & Truck Leasing; 1990
Procter & Gamble; Cincinnati, OH Cover Girl, Crest Whitestrips, Folgers, Iams, Max Factor, Nyquil, Olay; 1998
Stamps.com; Los Angeles, CA Custom Photo Mail Stamps; 2007

THE NEWSMARKET, INC.
708 3rd Ave, New York, NY 10017
Tel.: (212) 497-9022
Fax: (212) 682-5260
Toll Free: (888) 887-0886
E-Mail: info@SynapticDigital.com
Web Site: www.thenewsmarket.com

Employees: 200
Year Founded: 2002

Agency Specializes In: Broadcast, Digital/Interactive, Local Marketing, New Technologies

Tina Chopra *(Acct Mgr-Asia)*
Cleon Grey *(Sr Designer-UI & UX)*

Accounts:
GlaxoSmithKline
GM
Google
IBM
Intel
Kia
Panasonic
UNICEF

Subsidiary

Medialink Worldwide Incorporated
1155 Ave of the Americas, New York, NY 10036
Tel.: (646) 259-3001
Fax: (646) 259-3012
E-Mail: info@medialink.com
Web Site: www.medialink.com

Employees: 77
Year Founded: 1986

Agency Specializes In: Digital/Interactive, Viral/Buzz/Word of Mouth

Michael E. Kassan *(Chm & CEO)*
Wenda Harris Millard *(Vice Chm)*
Lesley Klein *(Mng Dir)*
Cleary Simpson *(Mng Dir)*
Glenn Briffa *(CFO & Exec VP-Fin & Ops)*
Dana Anderson *(CMO)*
Lena Petersen *(Chief Brand Officer)*
Daryl Evans *(Sr VP-Mobile, Media & Adv Strategy)*
Howard B Homonoff *(Sr VP)*
Nick Manning *(Sr VP-UK)*
Jessica Sachs *(Sr VP)*
Dee Salomon *(Sr VP)*
Donna Sharp *(Sr VP)*
Karl Spangenberg *(Sr VP)*
Catherine Waller *(Sr VP)*
Trish Shortell *(Mng Dir-Exec Search)*
Kate Black *(VP)*
Heather Dumford *(VP)*
Diana Naguib *(VP)*
Grant Gittlin *(Strategist)*
Vickey White *(Sr Accountant)*

Accounts:
Vibrant Media Media, Strategic Communications

NEWTON ASSOCIATES MARKETING COMMUNICATIONS, INC.
527 Plymouth Rd, Plymouth Meeting, PA 19462
Tel.: (610) 964-9300
Fax: (610) 964-9306
E-Mail: info@newtonassociates.com
Web Site: www.newtonassociates.com

E-Mail for Key Personnel:
President: dand@newtonassociates.com

Employees: 5
Year Founded: 1973

Agency Specializes In: Advertising, Aviation & Aerospace, Brand Development & Integration, Broadcast, Business Publications, Business-To-Business, Cable T.V., Catalogs, Collateral, College, Communications, Consulting, Consumer Goods, Consumer Marketing, Consumer Publications, Corporate Communications, Corporate Identity, Education, Electronics, Email, Engineering, Environmental, Event Planning & Marketing, Exhibit/Trade Shows, Financial, Food Service, Graphic Design, High Technology, Hospitality, Household Goods, Industrial, Integrated Marketing, Internet/Web Design, Local Marketing, Logo & Package Design, Magazines, Marine, Market Research, Media Buying Services, Media Planning, Media Relations, Medical Products, Men's Market, Multimedia, New Product Development, New Technologies, Newspaper, Newspapers & Magazines, Out-of-Home Media, Outdoor, Over-50 Market, Package Design, Pharmaceutical, Point of Purchase, Point of Sale, Print, Product Placement, Production, Production (Print), Public Relations, Publicity/Promotions, Radio, Real Estate, Regional, Retail, Sales Promotion, Search Engine Optimization, Seniors' Market, Social Media, Sports Market, Strategic Planning/Research, T.V., Technical Advertising, Trade & Consumer Magazines, Web (Banner Ads, Pop-ups, etc.)

Approx. Annual Billings: $4,500,000

Breakdown of Gross Billings by Media:
Audio/Visual: 2%; Bus. Publs.: 15%; Co-op Adv.: 2%; Collateral: 15%; Comml. Photography: 5%; Consulting: 5%; D.M.: 5%; Exhibits/Trade Shows: 2%; Foreign: 5%; Graphic Design: 5%; Internet Adv.: 2%; Logo & Package Design: 10%; Point of Purchase: 5%; Pub. Rels.: 15%; Strategic Planning/Research: 2%; Worldwide Web Sites: 5%

Daniel Ditzler *(Pres & Creative Dir)*
Gerry Giambattista *(VP & Art Dir)*
Kathy Foran *(Dir-Media)*

Accounts:
Artisan Door; Lancaster, PA Garage Doors; 2010
Crown Beverage Packaging North America Beverage Packaging; 2015
Earthres
General Doors; Bristol, PA Garage Doors; 2010
Graham Engineering Corp.; York, PA Manufacturer of Blow Molding Machines; 1998
HLP/Klearfold; New York, NY Visual Packaging; 2009
JL Packaging; Pennington, NJ Packaging; 2010
Jomar; Pleasantville, NJ Blow Molding Machinery
Levelese; Denver, CO Level Instrumentation; 2009
Plastrac Blending Systems; 2015
Teal Electronics Corp.; San Diego, CA Power Quality Solutions; 1997
Time & Parking Controls; Upper Darby, PA Systems Integration; 2010
Tinius Olsen Testing Machine Company, Inc.; Horsham, PA Materials Testing Machinery; 2001

NEXT STEP COMMUNICATIONS INC.
40 Goodwin Rd, Kittery Point, ME 03905-5220
Tel.: (207) 703-0343
Web Site: www.next-step.com

Employees: 4
Year Founded: 1996

Agency Specializes In: Advertising, Collateral, Exhibit/Trade Shows, Public Relations

Greg Hannoosh *(Founder & Pres)*

Accounts:
Gloucester Engineering, Co.

NEXUS DIRECT
101 W Main St Ste 400, Norfolk, VA 23510
Tel.: (757) 340-5960
Fax: (757) 340-5980
E-Mail: info@nexusdirect.com
Web Site: www.nexusdirect.com

Employees: 30
Year Founded: 2004

Agency Specializes In: Direct Response Marketing, Government/Political, Graphic Design, Package Design

Ashley Gundlach *(Partner & VP-Client Svcs)*
Meg Dawes *(VP-Strategic Svcs)*
Kristi Rinck *(VP-Agency Ops)*
Steve Spencer *(Art Dir)*
Katie Foster *(Mgr-Production Svcs)*
Kara Stolpinski *(Mgr-Interactive Mktg)*

Accounts:
Democratic Senatorial Campaign Committee
K9s For Warriors (Direct Marketing Agency of Record)
Rescue Mission (Agency of Record) Direct Marketing, Strategic

NFM GROUP
(See Under NFM+Dyumn)

ADVERTISING AGENCIES

NFM+DYUMN
(Formerly NFM Group)
200 First Ave Ste 400, Pittsburgh, PA 15222
Tel.: (412) 325-6400
Fax: (412) 394-6411
Web Site: nfmdymun.com/

E-Mail for Key Personnel:
President: jafoley@nfmgroup.com

Employees: 10
Year Founded: 1987

Agency Specializes In: Advertising, Automotive, Brand Development & Integration, Branded Entertainment, Cable T.V., Co-op Advertising, Consumer Goods, Corporate Communications, Direct-to-Consumer, Event Planning & Marketing, Guerilla Marketing, Hospitality, In-Store Advertising, Market Research, Media Buying Services, Media Planning, Mobile Marketing, Multimedia, Newspaper, Out-of-Home Media, Outdoor, Print, Production, Production (Ad, Film, Broadcast), Promotions, Recruitment, Retail, Sales Promotion, Sponsorship, Sports Market, Strategic Planning/Research, T.V.

Approx. Annual Billings: $10,000,000

Rachel Vigliotti *(Acct Mgr)*
Emily Mendoza *(Acct Coord-Svcs)*

Accounts:
Canon; New York, NY (Sports Marketing) Cameras; 2000
Giant Eagle; Pittsburgh, PA (Event Marketing); 2000
Lennox Industries
Sports Marketing Consultants; Pittsburgh, PA; 1987

NFUSION GROUP LLC
(Acquired & Absorbed by Springbox, Ltd.)

NGL COLLECTIVE
(Formerly NGL Media)
1345 Ave of the Americas 2nd Flr, New York, NY 10015
Tel.: (646) 455-1381
E-Mail: contact@nglmedia.com
Web Site: www.nglmedia.com

Employees: 5
Year Founded: 2010

Agency Specializes In: Advertising, Brand Development & Integration, Content, T.V.

David Chitel *(Founder & CEO)*
Ben Leff *(Partner & COO)*
Ben DeJesus *(Partner & Chief Creative Officer)*
John Leguizamo *(Partner)*

Accounts:
New-Amtrak
New-Ford Motor Company
New-Procter & Gamble

NICE SHOES, LLC
352 Park Ave S 16th Fl, New York, NY 10010
Tel.: (212) 683-1704
Fax: (212) 683-9233
E-Mail: info@niceshoes.com
Web Site: www.niceshoes.com

Employees: 50
Year Founded: 1996

Revenue: $1,400,000

Dominic Pandolfino *(Owner & CEO)*
Justin Pandolfino *(Mng Dir)*
Robert Keske *(CIO)*
Andy Zazzera *(Dir-CG)*
Paul DeKams *(Mktg Mgr)*

Accounts:
Calvin Klein Jeans
Dusty Festival

NICHOLAS & LENCE COMMUNICATIONS LLC
25 W 43Rd St Ste 301, New York, NY 10036
Tel.: (212) 938-0001
Fax: (212) 938-0837
Web Site: www.nicholaslence.com

Employees: 50

Agency Specializes In: Advertising, Corporate Identity, Media Relations, Promotions, Public Relations, Strategic Planning/Research

Cristyne Nicholas *(CEO)*
Larry Gottlieb *(Chief Strategy Officer & Sr VP-Bus Dev)*
Shin-Jung Hong *(Sr VP)*
Laura Rothrock *(VP-Govt & Community Affairs)*
Justine DiGiglio *(Acct Mgr)*
Joshua Knoller *(Acct Mgr)*

Accounts:
The Central Park Horse Show
Feld Entertainment, Inc. DreamWorks Trolls The Experience
Grand Ole Opry Opry City Stage; 2018
Mamaroneck Coastal Environment Coalition
Marine Park Golf Course
New Balance Track & Field Armory Center
The Russian Tea Room Restaurant Services
Sleepy Hollow Local Development Corporation Employment Opportunities & Economic Development; 2018
Trump Golf Links at Ferry Point (Public Relations Agency of Record)

NICKELODEON CREATIVE ADVERTISING
1515 Broadway, New York, NY 10036
Tel.: (212) 258-7500
Web Site: www.nickcreativeadvertising.com

Employees: 20

Agency Specializes In: Advertising, Brand Development & Integration

Anne Mullen *(Exec VP-Preschool Brand Creative & Mktg, Global Experience Design)*
Doug Cohn *(Sr VP-Music & Talent)*
Claire Curley *(Sr VP-Franchise Animation)*
Jaime Dictenberg *(Sr VP-Consumer Mktg)*
Andrea Fasulo *(Sr VP-Retail Mktg & CP Plng-Nickelodeon Consumer Products)*
Ron Hines *(Sr VP-Creative Dev & Global Experience Design)*
Tony Maxwell *(Sr VP-Promotional Creative & Strategy)*
Reena Mehta *(Sr VP-Digital Programming Strategy & Content Plng)*
Juan Carlos Gutierrez *(VP, Head-Design & Grp Creative Dir)*
Brian Chiger *(VP-Consumer Mktg)*
Amy Hyland *(VP-Adv Sls)*
Courtney Litvack *(VP-Partner Mktg)*
Adam Weiner *(VP-Project Mgmt)*
Pete Johnson *(Exec Creative Dir)*
Yolanda Johnson *(Sr Dir-CPG, Food & Beverage)*
Rachel Hertz Licht *(Sr Dir-Partner Mktg)*
Eric Van Skyhawk *(Art Dir & Assoc Creative Dir)*
Jordan Cardinale *(Dir-Audience Dev & Paid Social)*
Jaime Coast *(Dir-Partner Mktg)*
Jonathan Frederick *(Dir-Social Media)*
Jessica Lettieri *(Sr Mgr-Partner Mktg)*
Jonathan Main *(Copywriter)*

Accounts:
American Legacy Foundation
Energizer Holdings, Inc.
Frito-Lay Cheetos
Nationwide Campaign: "Collision"
Nick at Nite
Popeyes
Seven & I Holdings Co Ltd
Target Campaign: "Ballet"
TracFone

NIFTIC AGENCY
1342 Florida Ave NW, Washington, DC 20009
Tel.: (801) 839-5537
E-Mail: cheers@niftic.agency
Web Site: niftic.agency

Year Founded: 2015

Agency Specializes In: Brand Development & Integration, Digital/Interactive, Experience Design, Graphic Design, Internet/Web Design, Social Media

Chris Fowles *(Partner & Dir-Technical)*
David Herzog *(Creative Dir & Graphic Designer)*

Accounts:
Lexus
The North Face
Wyoming Office of Tourism

NIGHT AFTER NIGHT
(Formerly Phear Creative)
135 W 29th St Ste 902, New York, NY 10001
Tel.: (646) 649-3001
Web Site: wearenightafternight.com

Employees: 50
Year Founded: 2005

Agency Specializes In: Advertising, Brand Development & Integration, Content, Entertainment, Public Relations, Social Media

Elliott Phear *(CEO)*
Casey McGrath *(Chief Creative Officer)*
Julia Ruzyllo *(Sr Acct Dir)*
Haley Cimillo *(Jr Art Dir)*
Ashley Purdum *(Dir-PR & Mktg)*
Rebecca Lysen *(Sr Creative Dir)*

Accounts:
Billion Oyster Project
Jameson Irish Whiskey

NIKI JONES AGENCY
39 Front St, Port Jervis, NY 12771
Tel.: (845) 856-1266
Fax: (845) 856-1268
E-Mail: info@nikijones.com
Web Site: www.nikijones.com

Employees: 5

Agency Specializes In: Advertising, Brand Development & Integration, Collateral, Internet/Web Design, Print, Public Relations

Niki Jones *(CEO)*
David Stone *(VP-Ops)*
Olga M Zernhelt *(Acct Exec)*

Accounts:
Greene-Dreher Sterling Fair
Lackawaxen Township

NIMBLE WORLDWIDE

AGENCIES - JANUARY, 2019 — ADVERTISING AGENCIES

12801 N Central Expy N Central Plz 3, Dallas, TX 75243-1727
Tel.: (972) 788-7600
Fax: (972) 788-7680
E-Mail: bwagner@nimbleworldwide.com
Web Site: www.nimbleworldwide.com

Employees: 10
Year Founded: 1955

Agency Specializes In: Advertising, Advertising Specialties, Brand Development & Integration, Broadcast, Business Publications, Business-To-Business, Cable T.V., Co-op Advertising, Collateral, Communications, Consulting, Consumer Marketing, Consumer Publications, Corporate Identity, Cosmetics, Digital/Interactive, Direct Response Marketing, Education, Electronic Media, Entertainment, Event Planning & Marketing, Fashion/Apparel, Financial, Food Service, Graphic Design, Health Care Services, Hispanic Market, Internet/Web Design, Investor Relations, Leisure, Logo & Package Design, Magazines, Media Buying Services, New Product Development, Newspaper, Newspapers & Magazines, Out-of-Home Media, Outdoor, Planning & Consultation, Point of Purchase, Point of Sale, Print, Production, Public Relations, Publicity/Promotions, Radio, Real Estate, Recruitment, Restaurant, Retail, Sales Promotion, Sponsorship, Sports Market, Strategic Planning/Research, Sweepstakes, Syndication, T.V., Teen Market, Trade & Consumer Magazines, Travel & Tourism

Kary Nowlin (Acct Exec-Social Media)

Accounts:
Cole and Company
The Finer Touch
Hawaiian Falls
Humco
Hyatt Regency Dallas
Luxe Home Interiors
Manek Energy
Peterbilt
Richardson Bike Mart
Safety-Kleen Holdco, Inc.
Westfield

THE NISSEN GROUP
150 Third St SW, Winter Haven, FL 33880
Tel.: (863) 294-2812
Fax: (863) 299-3909
E-Mail: rpalfrey@reni.net
Web Site: thenissengroup.com

E-Mail for Key Personnel:
President: nis@nissenadv.com

Employees: 4
Year Founded: 1971

National Agency Associations: AAF

Agency Specializes In: Advertising, Agriculture, Brand Development & Integration, Broadcast, Business Publications, Business-To-Business, Cable T.V., Collateral, Commercial Photography, Communications, Consulting, Consumer Marketing, Consumer Publications, Corporate Identity, Digital/Interactive, Direct Response Marketing, E-Commerce, Education, Electronic Media, Engineering, Environmental, Event Planning & Marketing, Exhibit/Trade Shows, Financial, Food Service, Government/Political, Graphic Design, Health Care Services, High Technology, Industrial, Information Technology, Internet/Web Design, Legal Services, Leisure, Logo & Package Design, Magazines, Marine, Media Buying Services, Medical Products, Merchandising, Multimedia, New Product Development, Newspaper, Newspapers & Magazines, Out-of-Home Media, Outdoor, Over-50 Market, Pharmaceutical, Planning & Consultation, Point of Purchase, Point of Sale, Print, Production, Public Relations, Publicity/Promotions, Radio, Real Estate, Recruitment, Restaurant, Retail, Sales Promotion, Seniors' Market, Sports Market, Strategic Planning/Research, T.V., Technical Advertising, Trade & Consumer Magazines, Transportation, Travel & Tourism

Approx. Annual Billings: $8,204,000

Breakdown of Gross Billings by Media: Bus. Publs.: $840,000; Cable T.V.: $490,000; Collateral: $850,000; Consumer Publs.: $240,000; D.M.: $250,000; Farm Publs.: $60,000; Newsp.: $1,250,000; Other: $60,000; Outdoor: $220,000; Point of Sale: $149,000; Pub. Rels.: $875,000; Radio: $1,120,000; Syndication: $1,800,000

Joe Jensen (Owner)
Jay Hook (Client Svcs Dir)

NL PARTNERS
188 State St, Portland, ME 04101
Tel.: (207) 775-5251
Fax: (207) 775-3389
E-Mail: cnichols@nlpartners.com
Web Site: www.nlpartners.com

Employees: 12

Russell Leonard (Pres)
Jenna Eagleton (VP & Mgmt Supvr)
Dan McMillen (Media Dir)
Christopher Nichols (Creative Dir)

Accounts:
Kennebunk Savings Bank

NMV STRATEGIES
7336 W Cross Creek Trl, Cleveland, OH 44141
Tel.: (216) 513-8740
E-Mail: info@nmvstrategies.com
Web Site: www.nmvstrategies.com

Employees: 10

Agency Specializes In: Advertising, Brand Development & Integration, Collateral, Corporate Communications, Crisis Communications, Direct Response Marketing, Event Planning & Marketing, Exhibit/Trade Shows, Public Relations, Social Media

Nancy Valent (Pres)

Accounts:
New-Enterprise Community Partners Inc

NO FIXED ADDRESS, INC.
50 Carroll St, M4M 3G3 Toronto, ON Canada
Tel.: (416) 947-8584
E-Mail: hello@nofixedaddressinc.com
Web Site: nofixedaddressinc.com/

Employees: 50

Agency Specializes In: Advertising, Brand Development & Integration, Digital/Interactive, Public Relations, Social Media, Strategic Planning/Research, T.V.

Dave Lafond (Co-Founder & Pres)
Serge Rancourt (Founder)
Mark Carpenter (CMO)
Josh Budd (Chief Creative Officer)
David Federico (Chief Creative Officer)
Sarah Crabbe (Head-PR)
Sabrina Kandasamy (Head-Strategy)
Jennifer Siripong (Head-Digital)
Randy De Melo (Assoc Creative Dir)
Julia Rajic (Lead-Digital Ops)

Accounts:
Boom 97.3
Canadian Centre for Child Protection
Emblem Corp (Agency of Record) Brand Initiatives, Marketing Communication; 2018
GE Appliances Canadian Digital Agency of Record, GE Cafe; 2018
J.P. Wiser's
Make A Wish Foundation Canada
Mattamy Homes
MLSE
Questrade
RioCan
Ryerson University
Sunnybrook Health Sciences Centre
The Walt Disney Company

NO LIMIT AGENCY
1 Prudential Plaza 130 E Randolph St, Chicago, IL 60601
Tel.: (312) 526-3996
Web Site: www.nolimitagency.com

Employees: 30
Year Founded: 2008

Agency Specializes In: Advertising, Brand Development & Integration, Digital/Interactive, Print, Public Relations, Social Media

Nick Powills (Founder & CEO)
Bryan Van Dyke (Pres)
Sharon Powills (CFO)
Lauren Moorman (VP-Client Svcs)
Lauren Turner (Client Svcs Dir)
Brian Jaeger (Dir-Media Rels)
Lois Coker (Acct Mgr)
Alison Hoesli (Acct Exec-Client Svcs)
Lynn Rossi (Acct Exec)
Andrew Sroka (Acct Exec)

Accounts:
Dairy Queen
Papa Murphy's
Pita Pit
Ruby Tuesday
Smoothie King Franchises, Inc.
Sport Clips
Sylvan Learning

NO LIMIT MARKETING & ADVERTISING, INC.
2789 Wrights Rd, Oviedo, FL 32765
Tel.: (407) 928-3412
Web Site: www.nolimitma.com

Employees: 5

Agency Specializes In: Advertising, Event Planning & Marketing, Media Buying Services, Production, Public Relations, Social Media

Eric Barber (Co-Founder & Pres)
Yvonne Coleman (Mgr-Internet Mktg)
Pete Amedure (Sr Acct Exec)

Accounts:
Adora Clinic
AgeLess MediSpa
Ampli5's Health
Sanchez Law Group
Triquest Clinical Research

NOBLE
2215 W Chesterfield Blvd, Springfield, MO 65807-8650
Tel.: (417) 875-5000
Fax: (417) 875-5051
Toll Free: (800) 662-5390
Web Site: http://excite.noble.net/

ADVERTISING AGENCIES

Employees: 200
Year Founded: 1969

National Agency Associations: AMIN-PMA

Agency Specializes In: Advertising, Brand Development & Integration, Broadcast, Business Publications, Business-To-Business, Children's Market, Collateral, Communications, Consulting, Consumer Goods, Consumer Marketing, Corporate Communications, Corporate Identity, Digital/Interactive, Electronic Media, Email, Event Planning & Marketing, Exhibit/Trade Shows, Food Service, Health Care Services, Hospitality, In-Store Advertising, Integrated Marketing, Internet/Web Design, Logo & Package Design, Market Research, Media Buying Services, Media Planning, Media Relations, New Product Development, Point of Purchase, Point of Sale, Print, Production (Ad, Film, Broadcast), Production (Print), Public Relations, Publicity/Promotions, Radio, Restaurant, Sales Promotion, Search Engine Optimization, Sponsorship, Strategic Planning/Research, Technical Advertising, Trade & Consumer Magazines, Travel & Tourism, Web (Banner Ads, Pop-ups, etc.)

Approx. Annual Billings: $260,000,000

Bob Noble *(Owner)*
David Nehmer *(Pres-CultureWaves)*
Joe Langford *(Sr VP-Tech)*

Accounts:
Garland; Freeland, PA; 2006
Grande Cheese; Brownsville, WI; 2004
Hickory Farms; Maumee, OH; 2000
Ice-O-Matic; Denver, CO; 2006
ITW Brands, Glenview, IL
JM Smucker Company; Orrville, OH; 1996
Manitowoc Foodservice USA; Port Richey, FL; 2004
MasterFoodServices; Vernon, CA; 2000
McCormick; Hunt Valley, MD; 2001
MDC Wallcoverings, Elk Grove Village, IL
Otis Spunkmeyer; San Leandro, CA; 2004
Reckitt Benckiser; Parsippany, NJ; 1994
Scotsman Ice Systems; Vernon Hills, IL; 2004
TAMKO Building Products; Joplin, MO; 1978
U.S. Foodservice, Rosemont, IL

Branch

Noble
200 E Randolph St, Chicago, IL 60601
(See Separate Listing)

NOBLE PACIFIC SEA TO SEA, INC.
19916 Old Owen Rd Ste 229 PMB 229, Monroe, WA 98272-9778
Tel.: (360) 568-5314
Fax: (360) 568-5186
E-Mail: sales@noblepacific.com
Web Site: www.noblepacific.com

Employees: 2
Year Founded: 1993

Agency Specializes In: Advertising, Business-To-Business, Media Buying Services, Newspaper, Newspapers & Magazines, Print, Recruitment

Approx. Annual Billings: $2,000,000

Breakdown of Gross Billings by Media: Newsp.: $2,000,000

Nancy Noble *(Owner)*

Accounts:
The Dwyer Group; Waco, TX Franchise Sales; 1994
IAF Beverage; Dallas, TX Franchise; 2003

NOBLE PEOPLE
13 Crosby St Ste 402, New York, NY 10013
Tel.: (646) 664-1470
Web Site: noblepeople.co/

Employees: 34
Year Founded: 2010

Agency Specializes In: Advertising, Communications, Digital/Interactive, Experiential Marketing, Media Buying Services, Media Planning, Search Engine Optimization, Social Media, Strategic Planning/Research

Greg March *(Co-Founder & CEO)*
Gary Hardwick *(Chm)*
Tom Morrissy *(Pres)*
Lindsay Lustberg *(Partner & COO)*
Todd Alchin *(Partner & Sr Strategist-Creative)*
Arielle Chavkin *(Media Dir)*
Lisa Frangella *(Media Dir)*
Scott C. Konopasek *(Media Dir)*
Christine Krausman *(Media Dir-Intl)*
Rebecca Sharon *(Media Dir)*
Hillary Wirth *(Media Dir)*
Mariana Skeadas *(Dir-Local Activation)*
Caitlin Tateishi *(Dir-Comm Strategy)*
Joshua Hardy *(Supvr-Media)*
Megan Hennelly *(Supvr-Media)*
Deyna Jeckell *(Supvr-Media)*
Jasmine Wang *(Supvr-Digital Media)*
Tiffany Jaquins *(Media Planner)*
Matthew Borchard *(Grp Media Dir)*
Barry Dan *(Grp Media Dir)*
Robyn Edwards *(Grp Media Dir)*
Olivia Young *(Grp Media Dir)*

Accounts:
Annie's Inc. Media
Crown Media Family Networks (Media Agency of Record) Digital, National Print, Out-of-Home Advertising, Radio, Social, Strategic Media Planning & Buying, Video; 2018
FreshDirect Media Buying and Planning
The Hallmark Channel Digital, National Print, Out-of-Home Advertising, Radio, Social, Strategic Media Planning & Buying, Video; 2018
Hallmark Movies & Mysteries Digital, National Print, Out-of-Home Advertising, Radio, Social, Strategic Media Planning & Buying, Video; 2018
Harry's
Honest Tea
Lonely Planet Publications Pty Limited
PayPal Braintree
USA Today
Venmo Media
Viceland Media

Branch

Noble People
312 Arizona Ave, Santa Monica, CA 90401
Tel.: (310) 907-9217
E-Mail: hello@noblepeople.co
Web Site: www.noblepeople.co

Employees: 50

Agency Specializes In: Advertising, Brand Development & Integration, Broadcast, Communications, Digital/Interactive, Media Buying Services, Media Planning, Paid Searches, Production, Strategic Planning/Research

Jason Clement *(Pres)*

Accounts:
New-Slack

NOBOX MARKETING GROUP, INC.
3390 Mary St Ste 310, Miami, FL 33133
Tel.: (305) 571-2008
Fax: (305) 520-2001
Web Site: nobox.com/

Employees: 12

Jayson Fittipaldi *(Pres & Chief Creative Officer)*
Margarita Irizarry *(Partner)*
Catalina Aristizabal *(Head-Production)*
Norma Alvarez *(Acct Dir)*
Sarah Daoudi *(Art Dir)*
Norma Graham *(Acct Dir)*
Carlos Rangel *(Dir-Bus Ops)*
Rosely Del Castillo *(Sr Project Mgr-Acct)*
Peter Mueller *(Mgr-Social Media)*

Accounts:
AAV4
Discovery Communications, Inc.
Download Day
Golden Ticket
Lexus & USTA
Marriott International, Inc.
Redesign Mozilla.com
Samsung Electronics America, Inc.
Scion Art
Sony Computer Entertainment America LLC Playstation
Verizon

Branch

Nobox Marketing Group, Inc.
Metro Parque #7 1st St Ste 303, Guaynabo, PR 00968
Tel.: (787) 792-7070
Fax: (787) 792-5454
E-Mail: info@nobox.com
Web Site: https://nobox.com/

Employees: 22
Year Founded: 2002

National Agency Associations: AHAA

Agency Specializes In: E-Commerce, Electronic Media, Hispanic Market, Internet/Web Design

Jayson Fittipaldi *(Pres & Chief Creative Officer)*
Michelle Juarbe *(Acct Exec)*

Accounts:
Banco Popular Premia Loyalty & Rewards
Copa Airlines
Mozilla Firefox
Toyota Lexus
Verizon

NOISE, INC.
4702 Rue Belle Mer, Sanibel, FL 33957
Tel.: (239) 395-9555
E-Mail: JohnS@Make-Noise.com
Web Site: www.make-noise.com

Employees: 20
Year Founded: 1986

Agency Specializes In: Advertising, Advertising Specialties, Brand Development & Integration, Broadcast, Business Publications, Business-To-Business, Cable T.V., Co-op Advertising, Collateral, Commercial Photography, Communications, Consumer Marketing, Consumer Publications, Corporate Communications, Corporate Identity, Crisis Communications, Digital/Interactive, Direct Response Marketing, Direct-to-Consumer, E-Commerce, Education, Electronic Media, Email, Entertainment, Event

AGENCIES - JANUARY, 2019 — ADVERTISING AGENCIES

Planning & Marketing, Exhibit/Trade Shows, Financial, Food Service, Graphic Design, Health Care Services, Hispanic Market, Hospitality, Identity Marketing, In-Store Advertising, Integrated Marketing, Internet/Web Design, Investor Relations, Leisure, Local Marketing, Logo & Package Design, Luxury Products, Magazines, Marine, Market Research, Media Buying Services, Media Planning, Media Relations, Medical Products, Merchandising, Multimedia, New Product Development, Newspaper, Newspapers & Magazines, Out-of-Home Media, Outdoor, Planning & Consultation, Point of Purchase, Point of Sale, Print, Production, Production (Ad, Film, Broadcast), Production (Print), Public Relations, Publicity/Promotions, Radio, Real Estate, Recruitment, Regional, Restaurant, Retail, Sales Promotion, Social Marketing/Nonprofit, Strategic Planning/Research, T.V., Telemarketing, Trade & Consumer Magazines, Travel & Tourism, Web (Banner Ads, Pop-ups, etc.), Yellow Pages Advertising

Approx. Annual Billings: $7,000,000

Breakdown of Gross Billings by Media: Brdcst.: $1,750,000; Print: $5,250,000

John Sprecher *(Pres & Creative Dir)*
Emily Przybylo *(Sr VP)*
Amanda Clements *(VP & Dir-Strategic Branding)*

Accounts:
Local Roots Farmers Markets (Advertising Agency of Record) Branding, Marketing, Multi-Media Advertising, Promotion, Social Media; 2017
Trident Vitality Campaign: "Falling Stars"
Visit Milwaukee Campaign: "MKE FUN", Out-Of-Home

Branch

Noise, Inc.
PO Box 869, Sanibel, FL 33957
Tel.: (239) 395-9555
Fax: (239) 395-0876
E-Mail: info@make-noise.com
Web Site: www.make-noise.com

Employees: 15

Agency Specializes In: Advertising, Digital/Interactive, Public Relations, Strategic Planning/Research

John Sprecher *(Pres & Creative Dir)*
Emily Przybylo *(Sr VP)*
Sonny Mares *(VP & Dir-Hospitality Mktg)*

Accounts:
Florida Repertory Theatre

NOMADIC AGENCY
7702 E Doubletree Ranch Rd Ste 200, Scottsdale, AZ 85258
Tel.: (480) 270-3000
Web Site: www.nomadicagency.com

Employees: 35
Year Founded: 1998

Agency Specializes In: Advertising, Brand Development & Integration, Digital/Interactive, Mobile Marketing, Social Media, Web (Banner Ads, Pop-ups, etc.)

Tim Washburn *(Mng Partner & Exec Creative Dir)*
Dawn Bates *(VP-Strategy)*
Karen Cahn *(VP-Travel & Tourism)*
Elisabeth McMenamy *(Acct Mgr)*

Accounts:
Disney Cruise Line Inc Campaign: "Magical Cruise Adventure Sweepstakes"

NON-LINEAR CREATIONS INC.
888 3rd St SW Suite 1000, Calgary, AB T2P 5C5 Canada
Tel.: (403) 351-0173
Fax: (403) 263-7624
Toll Free: (866) 915-2997
E-Mail: info@nonlinear.ca
Web Site: https://www.valtech.com

Employees: 50
Year Founded: 1994

Agency Specializes In: Advertising, Graphic Design, Information Technology, Internet/Web Design, Multimedia, Social Media, Strategic Planning/Research, Web (Banner Ads, Pop-ups, etc.)

Daniel Roberge *(Pres-Nonlinear Enterprise)*
Allison Simpkins *(Pres-Digital)*
Shannon Ryan *(Exec VP-North America)*
Amanda Shiga *(VP-Mktg Science)*

Accounts:
Stratos Global Satellite Phones & Internet Service Provider

NONBOX
5307 S 92nd St, Hales Corners, WI 53130-1677
Tel.: (414) 425-8800
Fax: (414) 425-0021
E-Mail: info@nonbox.com
Web Site: www.nonbox.com

Employees: 25
Year Founded: 1959

National Agency Associations: BPA-IAN-MCA

Agency Specializes In: Brand Development & Integration, Strategic Planning/Research

Bill Eisner *(Partner)*
Greg Bell *(VP-Client Svcs)*
Kevin Brown *(Creative Dir & Writer)*
Jon Grider *(Creative Dir)*
Billy Cannestra *(Dir-Tech)*
Jose Coronado *(Dir-Web Dev)*
Emilie Vick Kassa *(Media Planner & Media Buyer)*

Accounts:
Saint Pauli Girl Beer
Seymour Duncan (Agency of Record)
Steinhafels Furniture

Branches

Nonbox
319 SW Washington St Mezzanine Level, Portland, OR 97204
Tel.: (503) 227-1638
Fax: (503) 417-8613
E-Mail: info@nonbox.com
Web Site: www.nonbox.com

Employees: 12
Year Founded: 1999

Agency Specializes In: Brand Development & Integration, Strategic Planning/Research

Steve Karakas *(Partner)*
Judy Mann Jensen *(VP-Media)*

Accounts:
Adidas
Peter Jacobsen Sports

Nonbox
1970 E Osceola Pkwy Ste 47, Orlando, FL 34743
Tel.: (321) 287-4919
Fax: (584) 376-7
E-Mail: scott@nonboxconsulting.com
Web Site: www.nonbox.com/

Employees: 10

BJ Bueno *(Mng Partner)*

NORMAN DIEGNAN & ASSOCIATES
PO Box 298, Oldwick, NJ 08858
Tel.: (908) 832-7951
Fax: (908) 832-9650
E-Mail: n.diegnan@comcast.net
Web Site: www.diegnan-associates.com

Employees: 5
Year Founded: 1977

National Agency Associations: PRSA

Agency Specializes In: Advertising, Business Publications, Communications, Environmental, Event Planning & Marketing, Exhibit/Trade Shows, Industrial, New Product Development, Newspaper, Public Relations, Publicity/Promotions, Radio, Sales Promotion, T.V., Technical Advertising

Approx. Annual Billings: $1,000,000

Norman Diegnan *(VP)*

Accounts:
Hamon Research-Cottrell
ISHA
Net Talon; Fredericksburg, PA Security Products
Newark Wire Cloth; Newark, NJ
NJ League of Community Bankers; Cranford, NJ

NORTH
1515 NW 19th Ave, Portland, OR 97209
Tel.: (503) 222-4117
Fax: (503) 222-4118
E-Mail: hello@north.com
Web Site: www.north.com

Employees: 24
Year Founded: 1991

Agency Specializes In: Brand Development & Integration, Sponsorship

Approx. Annual Billings: $20,000,000

Steve Rauner *(Partner & Exec Producer)*
Rebecca Armstrong *(Mng Dir & Principal)*
Mark Ray *(Chief Creative Officer & Principal)*
Kaleen Anderson *(Art Dir)*
Ashod Simonian *(Creative Dir)*
Dave Allen *(Dir-Artist Advocacy-North Music)*
Jordan Delapoer *(Dir-Brand Strategy)*
Caroline Desmond *(Dir-Media Strategy)*
Alex Gatewood *(Sr Brand Mgr)*
Devon Brown *(Mgr-Performance Mktg)*
Sarah Macgillivray *(Mgr-Acctg)*

Accounts:
Anchor Brewing Co.
Ann Sacks Tile & Stone Fixtures, Stone, Tile
CLIF Bar
Columbia Sportswear Company Campaign: "Tested Tough"
Cover Oregon Branding, Communications Campaign
Deschutes Brewery; Bend, OR Landmarks
Downtown Marketing Initiative
Focus Features
Kallista

ADVERTISING AGENCIES

AGENCIES - JANUARY, 2019

Keen Footwear
New Zealand Jerky
Peet's Coffee & Tea, Inc.
Portland General Electric Power
Right Brain Initiative
Subaru of America
Tillamook
Umqua Bank
Yakima Products
Zuke's Natural Pet Treats

NORTH 6TH AGENCY, INC.
50 Greene St 3rd Fl, New York, NY 10013
Tel.: (212) 334-9753
Fax: (212) 334-9760
E-Mail: media@n6a.com
Web Site: www.n6a.com

Employees: 36
Year Founded: 2010

Agency Specializes In: Advertising, Communications, Crisis Communications, Event Planning & Marketing, Internet/Web Design, Investor Relations, Media Buying Services, Media Relations

Matt Rizzetta *(CEO)*
Daniela Mancinelli *(COO)*
John Hannaway *(Sr VP-Ops)*
Karen Mateo *(Sr VP)*
James Morris *(Sr VP-Fin)*
Adam North *(Sr VP-Global Sls)*
Lori Ruggiero *(Sr VP)*
Nina Velasquez *(Sr VP-Talent Dev)*
Jacqueline Agudelo *(Acct Dir)*
Florence Lousqui Bogitsh *(Dir-PR)*
Joshua Kail *(Dir-Tech Grp)*
Lindsey Salas *(Dir-Comm)*
Cristina Colossi *(Sr Acct Exec-Cybersecurity Grp)*
Michaela Foti *(Sr Acct Exec-Canada)*
Lexie Gracey *(Sr Acct Exec)*
Danielle Montana *(Sr Acct Exec)*
Shayla Ridore *(Sr Acct Exec)*
Ariel Radow *(Acct Exec-PR)*
Ali Shapiro *(Acct Exec)*

Accounts:
Allied Fiber Assessment Reports, Awareness, Content Development, Events, Marketing, Public Relations Agency of Record, Social Media, Speaking Engagements, Tradeshows
American Guardian Warranty Services, Inc (Social Media Agency of Record) Custom Strategies, Daily Content Development, Engagement Outreach, Online, Social Media; 2017
America's Test Kitchen (Public Relations Agency of Record) Media Relations
APTelecom
BDS Analytics (Public Relations Agency of Record); 2017
Canopy (Public Relations Agency of Record) Investment, Media Awareness
Concierge Choice Physicians (Public Relations Agency of Record) Media Relations
CredSimple (Public Relations Agency of Record)
Fluent
Front Range Biosciences (Public Relations Agency of Record); 2017
Green Flower
Handshake (Public Relations Agency of Record) Media Relations, Print, Radio, TV
HempStaff (Public Relations Agency of Record) Broadcast Networks, Consumer & Mainstream Publications, Content, Writing & Editorial, Employment & Recruiting Trade Publications, Media Relations, Messaging Development, National, Local & Trade Media, Strategic Communications; 2017
iAnthus Capital Holdings, Inc. (Public Relations Agency of Record) Investor Community, Press; 2017
ImagineAir (Public Relations Agency of Record)
Isodiol International Inc (Public Relations & Social Media Agency of Record); 2017
Kii Public Relations
The Ladders.com, Inc. Media Relations
Liveco Boxing (Public Relations & Social Media Agency of Record) Broadcast Networks, Channel Management, Content Development, Entertainment Trade Publications, Lifestyles, Media Relations, Promotional Campaigns, Sports, Strategic Communications, Writing & Editorial; 2017
Next Glass Media Relations, Messaging Initiatives, Public Relations Agency of Record
Parent Society
Poseidon Asset Management (Public relations Agency of Record) Corporate Communications, Marketing, Media Relations
ResQwalk (Agency of Record) Content Development, Creative, Media Relations, Outreach
Tom Coughlin Jay Fund Foundation "Champions for Children", Counsel, Media Relations, Public Relations Agency of Record, Strategy, Writing & Editorial
Tradiv (Public Relations Agency of Record) B2B, Media Relations
WhoSay (Public Relations Agency of Record)

NORTH CHARLES STREET DESIGN ORGANIZATION
222 W Saratoga St, Baltimore, MD 21201
Tel.: (410) 539-4040
Fax: (410) 685-0961
E-Mail: info@ncsdo.com
Web Site: www.ncsdo.com

Employees: 10
Year Founded: 1972

Agency Specializes In: Advertising, Brand Development & Integration, Communications, Graphic Design, Print

Clifford Lull *(Pres)*
Amanda Shepherd *(Art Dir)*
Judy O'Brien *(Acct Mgr)*
Ulfras Floyd *(Mgr-Production)*
Andrew Dixon *(Designer)*

Accounts:
Barnard College
Bridgewater College
Case Western Reserve University
Connections Academy
The George Washington University Law School
Gettysburg College
Hobart & William Smith Colleges
Lebanon Valley College
Manhattanville College
Mills College
New Jersey Institute of Technology
Rutgers University
Sarah Lawrence College
St. Catherine University
St. John Fisher College
St. John's College
St. Paul's School for Girls
Stanford University
University of Pennsylvania
University of Richmond
University of the South
University of Virginia's College at Wise
Whitman College
Yeshiva University

NORTH FORTY
1501 Boyson Sq Dr Ste 201, Hiawatha, IA 52233
Tel.: (319) 261-1040
Fax: (319) 261-1041
E-Mail: info@nforty.com
Web Site: www.nforty.com

Employees: 14

Agency Specializes In: Advertising, Brand Development & Integration, Digital/Interactive, Internet/Web Design, Logo & Package Design, Print, Promotions, Radio, Social Media, T.V.

Jake Van De Weerd *(Pres, Partner & Dir-Creative)*
Gerard Estella *(Dir-Creative Experience)*
Muna Matthews *(Dir-Creative Content)*

Accounts:
LG Electronics U.S.A., Inc.

NORTH OF NINE COMMUNICATIONS
303 2nd St S Tower Ste 800, San Francisco, CA 94107
Tel.: (415) 268-4800
E-Mail: info@nof9.com
Web Site: www.nof9.com

Employees: 27
Year Founded: 2011

Agency Specializes In: Advertising, Brand Development & Integration, Crisis Communications, Media Relations, Social Media

Josh Lefkowitz *(VP)*
Cristina Thai *(Mng Supvr)*

Accounts:
DataSift B-to-B, Business Media, Public Relations, Technology, Thought Leadership

NORTH STAR MARKETING
245 Butler Ave, Lancaster, PA 17601
Tel.: (717) 392-6982
Fax: (717) 392-7463
E-Mail: bsmith@northstar-m.com
Web Site: www.northstar-m.com

Employees: 7
Year Founded: 1989

Agency Specializes In: Advertising, Affiliate Marketing, Affluent Market, Brand Development & Integration, Business-To-Business, Collateral, Communications, Consumer Goods, Consumer Marketing, Consumer Publications, Corporate Communications, Corporate Identity, Crisis Communications, Customer Relationship Management, Digital/Interactive, Direct-to-Consumer, E-Commerce, Electronics, Email, Engineering, Event Planning & Marketing, Exhibit/Trade Shows, Food Service, Game Integration, Graphic Design, Household Goods, Identity Marketing, In-Store Advertising, Industrial, Integrated Marketing, Internet/Web Design, Logo & Package Design, Luxury Products, Market Research, Media Relations, New Product Development, Out-of-Home Media, Outdoor, Package Design, Paid Searches, Podcasting, Point of Purchase, Point of Sale, Print, Promotions, Public Relations, Publicity/Promotions, RSS (Really Simple Syndication), Radio, Sales Promotion, Search Engine Optimization, Social Marketing/Nonprofit, Strategic Planning/Research, Trade & Consumer Magazines, Viral/Buzz/Word of Mouth, Web (Banner Ads, Pop-ups, etc.)

Approx. Annual Billings: $3,500,000

Kae Groshong Wagner *(Pres & CEO)*

Accounts:
Lancaster County

NORTH STAR MARKETING, INC.
1130 10 Rod Rd Ste A205, North Kingstown, RI 02852

798

AGENCIES - JANUARY, 2019 — ADVERTISING AGENCIES

Tel.: (401) 294-0133
Fax: (888) 561-2814
E-Mail: northstar@fortheloveofmarketing.com
Web Site: www.fortheloveofmarketing.com

Employees: 11

Agency Specializes In: Advertising, Brand Development & Integration, Collateral, Corporate Identity, Digital/Interactive, Email, Event Planning & Marketing, Internet/Web Design, Logo & Package Design, Media Relations, Media Training, Podcasting, Print, Public Relations, Sales Promotion, Search Engine Optimization, Strategic Planning/Research

April Williams *(Pres)*
Peter Seronick *(Dir-Bus Dev)*

Accounts:
BankNewport
Beyond Grace Salon
Current Carrier
Dr. Robert Leonard
The Employers Association, Inc.
GEM Plumbing
LogicBay
New Territories
Pilgrim Screw
RI Flowers
Tameracq Partners
YWCA of Northern RI

NORTH WOODS ADVERTISING
402 Cedar Lake Rd S Apt 1, Minneapolis, MN 55405
Tel.: (612) 340-9999
Fax: (612) 340-0857
E-Mail: info@northwoodsadv.com
Web Site: www.northwoodsadvertising.com

Employees: 10

Agency Specializes In: Food Service, Government/Political

Bill Hillsman *(Pres & Chief Creative Officer)*
Jill Harrison *(Fin Dir & Bus Mgr)*

Accounts:
Malt-O-Meal Breakfast Cereals

NORTHCUTT CONSULTING GROUP, LLC.
5106 N Lincoln Ave 2S, Chicago, IL 60625
Tel.: (888) 908-6272
Web Site: https://northcutt.com/

Employees: 5

Agency Specializes In: Advertising, Brand Development & Integration, Content, Public Relations, Search Engine Optimization, Social Media

Corey Northcutt *(CEO)*
Carter Bowles *(Strategist)*

Accounts:
Atlantic.net
Cartika
Nexcess
WiredTree

NORTHERN LIGHTS DIRECT
314 West Superior St, Chicago, IL 60654
Tel.: (312) 263-8686
Fax: (312) 624-7701
E-Mail: contact@northernlightsdirect.com
Web Site: northernlightsdirect.com/

Employees: 10

Agency Specializes In: Media Buying Services, Media Planning, Production, Search Engine Optimization, T.V.

Vincent Heney *(Partner, VP & Sr Creative Dir-Canada)*
Pippa Nutt *(Chief Digital Officer)*
Ian French *(Pres-Canada)*
Sandy French *(CEO-Canada)*
Rebecca Barr *(Exec VP)*
Marlene Dey *(VP-Fin-Canada)*
Anna V Fowles *(VP-Client Svcs)*
Jason Bohrer *(Assoc Media Dir-US)*

Accounts:
SickKids Foundation Children Charity Services

NORTHLICH
Sawyer Point Bldg 720 E Pete Rose Way, Cincinnati, OH 45202
Tel.: (513) 421-8840
Fax: (513) 455-4749
E-Mail: info@northlich.com
Web Site: https://www.northlich.com/

E-Mail for Key Personnel:
Creative Dir.: JWarman@northlich.com
Public Relations: rmiller@northlich.com

Employees: 100
Year Founded: 1949

National Agency Associations: 4A's-AMA-ICOM-PRSA

Agency Specializes In: Advertising, Brand Development & Integration, Collateral, Consulting, Consumer Marketing, Corporate Communications, Corporate Identity, Crisis Communications, Education, Financial, Food Service, Government/Political, Graphic Design, Health Care Services, Internet/Web Design, Investor Relations, Medical Products, New Product Development, Pharmaceutical, Planning & Consultation, Production, Public Relations, Publicity/Promotions, Restaurant, Retail, Social Media, Sponsorship, Strategic Planning/Research

Kathy Selker *(Pres & CEO)*
Kerry Broderick *(VP & Dir-Ideation)*
Kurt Allen *(VP-Mktg)*
Dan Whitmyer *(VP-Strategy)*
Tawn Graham *(Acct Dir)*
Kelly Cooper *(Assoc Controller)*

Accounts:
American Greetings
Ashland, Inc. Ashland Distribution Company, Ashland Specialty Chemical Company, Valvoline, Valvoline Instant Oil Change
Birds Eye Foods
Buffalo Wings & Rings; Cincinnati, OH Public Relations
Cardinal Health
Cincinnati Bell Inc.
Frisch's Big Boy (Agency of Record) Creative Content, Public Relations, Social Media
GiveThemTen.org Campaign: "Scooter"
Jefferson's Bourbon Branding, Digital, Print, Social Media
Kahiki Foods
Macy's
Nestle's
Ohio Department of Health
Ohio Lottery Commission Campaign: "Just Right"
Ohio State University Medical Center (Agency of Record)
Procter & Gamble Company
TriHealth
Western & Southern Financial Group Western & Southern Strength
White Castle System, Inc.
Yum Brands A&W, Long John Silver's; 2005

Branches

Northlich Public Relations
720 E Pete Rose Way Ste 120, Cincinnati, OH 45202-3579
(See Separate Listing)

NORTHLICH PUBLIC RELATIONS
720 E Pete Rose Way Ste 120, Cincinnati, OH 45202-3579
Tel.: (513) 421-8840
Fax: (513) 287-1858
E-Mail: info@northlich.com
Web Site: https://www.northlich.com/

E-Mail for Key Personnel:
President: rmiller@northlich.com

Employees: 25
Year Founded: 1956

National Agency Associations: AMA-PRSA

Agency Specializes In: E-Commerce, Environmental, Financial, Food Service, Government/Political, Health Care Services, High Technology, Internet/Web Design, Investor Relations, Public Relations, Publicity/Promotions, Retail, Teen Market, Viral/Buzz/Word of Mouth

Approx. Annual Billings: $5,400,000

Teresa Martinez *(Acct Dir)*
Pat Pujolas *(Creative Dir)*

Accounts:
American Greetings Music and Sound Envelopes
Ashland Inc.; Covington, KY; 2000
Birds Eye Foods
Children's Hunger Alliance
Cincinnati Reds
Cincinnati USA Partnership
Hillenbrand; Batesville, IN; 1997
Long John Silver's / Crispy Breaded Microsite
Ohio Lottery Commission
Ohio State Medical Association
The Ohio State University Medical Center Ross Heart Hospital
Ohio Tobacco Prevention Foundation / Debunkify
Procter & Gamble; Cincinnati, OH
Sona Medspa
TriHealth
United Way
Western & Southern Financial Group Seasoned & Stable, Strength Campaign
White Castle System, Inc. Web Site Redesign

Branch

Northlich-Columbus
720 E Pete Rose Way, Cincinnati, OH 45202
Tel.: (614) 573-0910
Fax: (614) 573-0909
Web Site: https://www.northlich.com/

Employees: 10

National Agency Associations: 4A's

Agency Specializes In: Public Relations

Kerry Broderick *(VP & Dir-Ideation)*
Sandy Sullivan *(Dir-HR)*

Accounts:
American Greetings
Birds Eye
Iams
Kentucky Lottery
Macy's
Ohio Lottery

ADVERTISING AGENCIES

Ohio Tobacco Prevention Foundation

NORTHLIGHT ADVERTISING
1208 Kimberton Rd, Chester Springs, PA 19425
Tel.: (484) 202-8506
Fax: (484) 202-8510
E-Mail: info@northlightadvertising.com
Web Site: www.northlightadv.com

Employees: 4
Year Founded: 1992

Agency Specializes In: Advertising, Advertising Specialties, Cable T.V., Collateral, Corporate Communications, Corporate Identity, Direct Response Marketing, Exhibit/Trade Shows, Graphic Design, In-Store Advertising, Logo & Package Design, Media Buying Services, Newspaper, Newspapers & Magazines, Out-of-Home Media, Outdoor, Planning & Consultation, Point of Sale, Print, Production, Public Relations, Publicity/Promotions, Sales Promotion, Strategic Planning/Research, T.V.

Rick Miller *(Pres & Creative Dir)*
Max Morresi *(CTO)*
Linda Smith *(VP)*

Accounts:
The Desmond Hotel and Conference Center
Dranoff Properties
Elliott Lewis; Philadelphia, PA
First Priority Bank
The General Warren
Harry's Savoy Grill; Wilmington, DE
McKenzie Brew House
The Ronto Group
Shannondell at Valley Forge
Vaughan & Sautter Builders; Wayne, PA

NORTHSHORE DESIGNERS
3655 Torrance Blvd Ste 361, Torrance, CA 90503
Tel.: (424) 247-1143
Fax: (424) 247-1144
E-Mail: n-shore@pacbell.net
Web Site: www.nshoredesign.com

Employees: 1
Year Founded: 1997

Agency Specializes In: Consumer Marketing, Graphic Design, Retail, Seniors' Market

Approx. Annual Billings: $1,000,000

Breakdown of Gross Billings by Media: Mags.: $250,000; Newsp.: $500,000; Worldwide Web Sites: $250,000

Richard Goldstein *(Pres)*

Accounts:
AC Nielsen
Advanced Assets, Inc.
Boys & Girls Clubs of Conejo & Las Virgenes
Brian Testo Associates, LLC
Children's Hospital of Los Angeles
City of Los Angeles
City of Torrance
Crimestopper Security Products; Simi Valley, CA Vehicle Security Systems; 1997
Health Quality Management Co.
Manhattan Beach Education Foundation
Northrop Grumman
Paramount Studios
Planned Parenthood
Rehabilitation Center of Beverly Hills; Beverly Hills, CA; 1997
Rouse Asset Services
Tranzon Asset Strategies
University of Southern California; Los Angeles, CA; 1999

NORTHSTAR DESTINATION STRATEGIES
220 Danyacrest Dr, Nashville, TN 37214
Tel.: (615) 232-2103, ext. 24
Fax: (615) 523-1146
Toll Free: (888) 260-7827
E-Mail: info@northstarideas.com
Web Site: www.northstarideas.com

Employees: 15
Year Founded: 2000

Agency Specializes In: Advertising, Travel & Tourism

Approx. Annual Billings: $8,498,000 Capitalized

Don McEachern *(Pres & CEO)*
Christi McEachern *(Partner)*
Ed Barlow *(VP & Dir-Plng)*
Ted Nelson *(Creative Dir)*
Andy Gosendi *(Assoc Creative Dir)*

Accounts:
Brookings
Fort Kollins
Jackson
McKinney
Moose Jaw
Spanish Fork
Victoria TX
Yarmouth

NORTHSTAR RESEARCH PARTNERS
18 King St E Ste 1500, M5C 1C4 Toronto, ON Canada
Tel.: (416) 907-7100
E-Mail: toronto@northstarhub.com
Web Site: www.northstarhub.com/

Employees: 50
Year Founded: 1998

Agency Specializes In: Brand Development & Integration, Market Research, Strategic Planning/Research

Jeffrey Histed *(Founder, Partner & Chief Res Officer)*
Matthew Denomme *(Mng Dir & Sr VP)*
Glenn Gibson *(CFO & Exec VP)*
Mark Clipsham *(VP-Mktg Science & Analytics)*
Jeffrey Davey *(Sr Assoc-Res)*

Accounts:
Citibank
Delta
Ford
Grupo Campari
Land Rover
Levi's
LG
Tumi

NORTON CREATIVE
9434 Old Katy Rd Ste 400, Houston, TX 77055
Tel.: (713) 691-6400
E-Mail: howdy@norton-creative.com
Web Site: www.norton-creative.com

Employees: 50

Agency Specializes In: Advertising, Broadcast, Content, Copywriting, Email, Internet/Web Design, Print, Production, Social Media, T.V.

Robin Blanchette *(Founder, Pres & CEO)*
Deanna Parr *(CO-Founder & COO)*
Erin DuBois *(Creative Dir)*
Ashley Nuchia *(Creative Dir)*

Accounts:
New-Beavers Houston Westheimer
New-Bob Evans Farms LLC
New-Crest Foods Co Inc Nestle Toll House
New-Fat Biscuit Southern Table Taps
New-Tavistock Restaurants LLC Joes American Grill

NORTON NORRIS
55 E Jackson Blvd Ste 950, Chicago, IL 60604-4800
Tel.: (312) 262-7400
Fax: (708) 478-1199
E-Mail: vince@nortonnorris.com
Web Site: www.nortonnorris.com

Employees: 12

Agency Specializes In: Advertising, Advertising Specialties, Bilingual Market, Brand Development & Integration, Broadcast, Cable T.V., Collateral, Communications, Consulting, Email, Graphic Design, Guerilla Marketing, Hispanic Market, Identity Marketing, Infomercials, Integrated Marketing, Internet/Web Design, Local Marketing, Market Research, Media Buying Services, Media Planning, Media Relations, Newspaper, Newspapers & Magazines, Out-of-Home Media, Outdoor, Paid Searches, Planning & Consultation, Production, Production (Ad, Film, Broadcast), Production (Print), Radio, Recruitment, Search Engine Optimization, Strategic Planning/Research, Syndication, T.V.

Approx. Annual Billings: $3,000,000

Vince Norton *(Owner)*
Jean Norris *(Mng Partner-Trng & Assessment)*
Shannon Gormley *(Dir-Trng)*

Accounts:
Aakers College
Remington College
San Diego Golf Academy
University of Chicago

NORTON RUBBLE & MERTZ ADVERTISING
549 W Randolph St, Chicago, IL 60661
Tel.: (312) 470-6117
Fax: (630) 954-0501
E-Mail: mlopiano@nrmadv.com
Web Site: www.nortonadvertising.com

E-Mail for Key Personnel:
President: sueg@nrmadv.com
Creative Dir.: CKlonowski@nrmadv.com

Employees: 19
Year Founded: 1985

Agency Specializes In: Communications, Consumer Marketing

Approx. Annual Billings: $4,200,000

Susan I. Gehrke *(Partner)*
Kirsten Chiopelas *(VP & Grp Acct Dir)*
Julie Giesen *(Sr Acct Supvr & Producer-Content)*
Paul Bjorneberg *(Dir-Quality Assurance)*
Brian Quinn *(Assoc Dir-Creative)*
Pj Jones *(Sr Mgr-Production)*
Megan Fricke *(Sr Acct Exec)*
Justin McLeod *(Copywriter)*
Allie Dvorchak *(Asst Acct Exec)*
Dave Kasey *(Assoc Creative Dir)*

NOSTRUM INC.
555 E Ocean Blvd Ste 468, Long Beach, CA 90802

AGENCIES - JANUARY, 2019   ADVERTISING AGENCIES

Tel.: (562) 437-2200
Fax: (800) 684-0424
Toll Free: (800) 540-7414
E-Mail: scollida@nostruminc.com
Web Site: www.nostruminc.com

E-Mail for Key Personnel:
President: scollida@nostruminc.com

Employees: 5
Year Founded: 1981

National Agency Associations: 4A's-AMA-DMA

Agency Specializes In: Advertising Specialties, Business Publications, Business-To-Business, Cable T.V., Catalogs, Co-op Advertising, Collateral, Communications, Consulting, Consumer Marketing, Corporate Communications, Corporate Identity, Digital/Interactive, Direct Response Marketing, Direct-to-Consumer, E-Commerce, Email, Event Planning & Marketing, Exhibit/Trade Shows, Government/Political, Graphic Design, Health Care Services, Hospitality, In-Store Advertising, International, Internet/Web Design, Local Marketing, Logo & Package Design, Magazines, Media Buying Services, Media Planning, Media Relations, Mobile Marketing, Multimedia, New Technologies, Newspaper, Newspapers & Magazines, Out-of-Home Media, Outdoor, Point of Purchase, Point of Sale, Print, Production, Production (Ad, Film, Broadcast), Public Relations, Publicity/Promotions, Radio, Real Estate, Restaurant, Sales Promotion, Seniors' Market, Social Marketing/Nonprofit, Stakeholders, T.V., Trade & Consumer Magazines, Urban Market

Approx. Annual Billings: $1,500,000

Susan Collida *(Pres & CEO)*

Accounts:
Long Beach Airport
Long Beach Convention Center
Long Beach Transit
Long Beach Visitors and Convention Bureau

NOT MAURICE
524 Sunset Ave, Venice, CA 90291
Tel.: (310) 356-6177
Fax: (310) 857-6452
E-Mail: contact@notmaurice.com
Web Site: www.notmaurice.com

Employees: 1
Year Founded: 2004

Agency Specializes In: Advertising, Content, Email, Graphic Design, Internet/Web Design

Patrick Chevalier *(Creative Dir)*

Accounts:
Marathon Power
SOS-GAL

NOVA ADVERTISING
3917 Old Lee Hwy Ste 13C, Fairfax, VA 22030
Tel.: (703) 855-9641
E-Mail: askus@novaadvertising.com
Web Site: www.novaadvertising.com

Employees: 17
Year Founded: 2009

Agency Specializes In: Advertising, Brand Development & Integration, Internet/Web Design, Search Engine Optimization

Behzad Riazi *(Pres)*
Safa Damouzehtash *(Mng Partner)*
Fred Ostovar *(Mng Partner)*

Accounts:
Allergy & Asthma Care Centers
Floor & Beyond
Pop-A-Lock
Smileville Kids

NOVA CREATIVE GROUP, INC.
7812 Mcewen Rd Ste 300, Dayton, OH 45459
Tel.: (937) 434-9200
Fax: (937) 434-0400
Toll Free: (800) 726-1713
Web Site: www.novacreative.com

Employees: 20
Year Founded: 1980

Agency Specializes In: Advertising, Brand Development & Integration, Business-To-Business, Catalogs, Collateral, Corporate Communications, Corporate Identity, Digital/Interactive, Electronic Media, Email, Environmental, Event Planning & Marketing, Graphic Design, In-Store Advertising, Integrated Marketing, Internet/Web Design, Logo & Package Design, Media Planning, Multimedia, Out-of-Home Media, Package Design, Planning & Consultation, Production (Print), Strategic Planning/Research, Web (Banner Ads, Pop-ups, etc.)

Approx. Annual Billings: $2,000,000

Breakdown of Gross Billings by Media: Collateral: 25%; D.M.: 5%; Graphic Design: 35%; Internet Adv.: 5%; Worldwide Web Sites: 30%

Amy Niswonger *(Creative Dir)*
Marilyn Shields *(Office Mgr)*
Larry Knapp *(Mgr-Relationship)*
Sue Christen *(Sr Designer)*

Accounts:
Dayton International Airport
Deceuninck North America
Ferrari North America
Greater Dayton Regional Transit Authority
LexisNexis
Miller-Valentine Group
Ohio Head Start Association, Inc.
University of Dayton
Wright State University

NOVA MARKETING
51 Melcher St Fl 1, Boston, MA 02210
Tel.: (617) 770-0304
Fax: (617) 770-1821
E-Mail: info@novainc.com
Web Site: www.novainc.com

Employees: 15

Agency Specializes In: Consulting, In-Store Advertising, Media Buying Services, Newspaper, Newspapers & Magazines, Point of Purchase, Point of Sale, Retail, Sales Promotion, Strategic Planning/Research

Ken Villanova *(Pres & CEO)*
Pat Iamele *(VP & Creative Dir)*
Kiersten Pedersen *(Media Planner & Acct Coord)*

Accounts:
AstraZeneca
CapeCod Healthcare
CVS Pharmacy
Foot Action
John Deere
Lightolier
Lowe's
Novartis
Staples
WestingHouse

NOVITA COMMUNICATIONS
277 Broadway Ste 201, New York, NY 10007
Tel.: (212) 528-3160
Fax: (917) 591-7292
Web Site: www.novitapr.com

Employees: 50

Agency Specializes In: Advertising, Brand Development & Integration, Digital/Interactive, Graphic Design, Public Relations, Social Media, Strategic Planning/Research

Christine Abbate *(Pres)*
Danielle McWilliams *(VP)*
Alexandra Zwicky *(Sr Acct Dir)*
Katie Bone *(Acct Dir)*
Kristin Coleman *(Acct Dir)*
Lucy Mathias *(Acct Exec)*
Rebecca Sass *(Acct Exec)*
Katherine Smythe *(Acct Exec)*
Melissa Weisberg *(Acct Exec)*

Accounts:
BKLYN Designs

NOW COMMUNICATIONS
750 W Pender St Ste 710, Vancouver, BC V6C 2T7 Canada
Tel.: (604) 682-5441
Fax: (604) 681-4834
Toll Free: (877) 682-5441
E-Mail: team@nowgroup.com
Web Site: www.nowgroup.com

Employees: 10
Year Founded: 1992

Agency Specializes In: Advertising

Revenue: $25,000,000

Joanne Deer *(VP-Strategic & Creative)*
Wendy Snowdon *(VP-Fin)*
Christina Day *(Production Mgr)*
Ellaine C. Quiambao *(Coord-Media & Production)*
Jean-Claude Surprenant *(Assoc-Creative)*

NOWAK ASSOCIATES, INC
6075 E Molloy Bldg 7, Syracuse, NY 13211
Tel.: (315) 463-1001
Fax: (315) 463-7933
Web Site: www.nowakagency.com

Employees: 10
Year Founded: 1951

Agency Specializes In: Digital/Interactive, Market Research, Out-of-Home Media, Outdoor, Print, Promotions, Public Relations, Social Media, Strategic Planning/Research, T.V.

Donna Nowak-Hughes *(Exec VP)*

Accounts:
Catholic Funeral & Cemetery Services
Graceland Cemetery
Mental Health Foundation Of West Michigan, Inc.
Nigro Companies
Omni Development Company, Inc.
Omni Housing Development LLC
Onondaga Community College
Rose Dental Association
Sony Corporation of America

Branch

Nowak Associates, Inc
6 Wembley Ct, Albany, NY 12205

ADVERTISING AGENCIES — AGENCIES - JANUARY, 2019

Tel.: (518) 452-4200
Fax: (518) 452-4204
Web Site: www.nowakagency.com

Employees: 5
Year Founded: 1951

Agency Specializes In: Market Research, Out-of-Home Media, Outdoor, Print, Promotions, Public Relations, Social Media, Strategic Planning/Research

Donna Nowak-Hughes *(Exec VP)*

Accounts:
Graceland Cemetery
Nigro Companies
Omni Development Company, Inc.
Sony Corporation of America

NPJ ADVERTISING & PUBLIC RELATIONS, INC.
100 M St Se Ste 600, Washington, DC 20003
Tel.: (202) 338-4200
Fax: (202) 338-7077
E-Mail: info@npjadvertising.com
Web Site: www.npjadvertising.com

Employees: 5
Year Founded: 2001

Agency Specializes In: Advertising, African-American Market, Brand Development & Integration, Broadcast, Business-To-Business, Cable T.V., Co-op Advertising, Collateral, Communications, Consulting, Consumer Marketing, Corporate Identity, Cosmetics, Education, Electronic Media, Event Planning & Marketing, Government/Political, Logo & Package Design, Media Buying Services, Multimedia, New Product Development, Newspaper, Out-of-Home Media, Outdoor, Planning & Consultation, Point of Sale, Print, Public Relations, Radio, Retail, T.V.

Approx. Annual Billings: $1,667,500

Breakdown of Gross Billings by Media: Cable T.V.: $55,150; Collateral: $1,107,220; Pub. Rels.: $260,130; Radio: $50,000; T.V.: $195,000

Andre Carley *(Exec Dir-Art)*

Accounts:
Architect of the Capitol; Washington, DC The United States Capitol Complex; 2004
DC Department of Health; Washington, DC Addiction Prevention; 2005
Flagstar Bank Fort Washington Home Loan Center; Fort Washington, MD Mortgages; 2005
Gallaudet University; Washington, DC CAPSS; 2004
Impact Jacket, LLC; Largo, MD Protective Gear for Motorcycle Riders; 2006
Marlborough Country Club; Upper Marlborough, MD Golf & Country Club; 2008
Mercedes-Benz of Annapolis; Annapolis, MD Retail Sales; 2004
National Center for Fathering, Inc.; Kansas City, MO Non-Profit; 2006
National Organization of Concerned Black Men, Inc.; Philadelphia, PA Non-Profit; 2001
Prince George's Country Government; Upper Marlboro, MD Livable Communities; 2005
Serve DC; Washington, DC Service; 2006

NSG/SWAT
299 Broadway Ste 920, New York, NY 10007
Tel.: (212) 513-1155
E-Mail: info@nsgswat.com
Web Site: www.nsgswat.com

Employees: 8

Year Founded: 2011

Agency Specializes In: Advertising, Brand Development & Integration, Graphic Design, Internet/Web Design

Brian S. Riordan *(Pres & Partner)*
Richard Kirshenbaum *(CEO)*
Woody Wright *(Partner & Dir-Acct Mgmt)*

Accounts:
EleVen by Venus Strategy
H&M Digital
Master & Dynamic Luxury Headphones
Morgans Hotel Group
Starwood Capital Group 1 Hotel Group, Baccarat Hotel, Branding & Advertising
Wheels Up

NSPHERE INC.
51 Melcher St Bsmt 1, Boston, MA 02210
Tel.: (617) 933-7500
Fax: (617) 344-8363
Web Site: nsphere.net

Employees: 100
Year Founded: 2002

Agency Specializes In: Electronic Media, Internet/Web Design, Web (Banner Ads, Pop-ups, etc.), Yellow Pages Advertising

Revenue: $17,000,000

Accounts:
LimoRes.net Limousine Rental Business

NTHREEQ MEDIA LLC
2999 North 44th St, Phoenix, AZ 85018
Tel.: (602) 456-9637
E-Mail: info@n3qmedia.com
Web Site: http://www.nthreeq.com/

Employees: 3

Agency Specializes In: Advertising, Brand Development & Integration, Collateral, Graphic Design, Internet/Web Design, Logo & Package Design, Print, Promotions

Accounts:
Elizabeths Moments of Joy
New Frontier Imaging
Roka Akor

NUCLEUS WORLDWIDE
212 Eucalyptus Dr, El Segundo, CA 90245
Tel.: (424) 256-0290
E-Mail: contact@nucleusworldwide.com
Web Site: www.nucleusworldwide.com

Employees: 4
Year Founded: 2009

Agency Specializes In: Advertising, Digital/Interactive, Media Planning, Social Media, Strategic Planning/Research

Accounts:
Association of Volleyball Professionals Brand Strategy, Campaign: "Dig Deep", Creative Development, Graphics, Marketing Agency of Record, Media

NUEVO ADVERTISING GROUP, INC.
1990 Main St Ste 750, Sarasota, FL 34236
Tel.: (941) 752-4433
Fax: (941) 752-1114
E-Mail: hola@nuevoadvertising.com
Web Site: www.nuevoadvertising.com

Employees: 6
Year Founded: 2004

Agency Specializes In: Advertising, Advertising Specialties, Affluent Market, African-American Market, Alternative Advertising, Arts, Automotive, Bilingual Market, Brand Development & Integration, Branded Entertainment, Broadcast, Business Publications, Business-To-Business, Cable T.V., Catalogs, Children's Market, Co-op Advertising, Collateral, College, Commercial Photography, Communications, Computers & Software, Consulting, Consumer Goods, Consumer Marketing, Consumer Publications, Content, Corporate Communications, Corporate Identity, Cosmetics, Crisis Communications, Custom Publishing, Customer Relationship Management, Digital/Interactive, Direct Response Marketing, Direct-to-Consumer, E-Commerce, Education, Electronic Media, Electronics, Email, Engineering, Entertainment, Environmental, Event Planning & Marketing, Exhibit/Trade Shows, Experience Design, Fashion/Apparel, Financial, Food Service, Game Integration, Government/Political, Graphic Design, Guerilla Marketing, Health Care Services, High Technology, Hispanic Market, Hospitality, Household Goods, Identity Marketing, In-Store Advertising, Industrial, Infomercials, Information Technology, Integrated Marketing, International, Internet/Web Design, Investor Relations, LGBTQ Market, Legal Services, Leisure, Local Marketing, Logo & Package Design, Luxury Products, Magazines, Marine, Market Research, Media Buying Services, Media Planning, Media Relations, Media Training, Medical Products, Men's Market, Merchandising, Mobile Marketing, Multicultural, Multimedia, New Product Development, New Technologies, Newspaper, Newspapers & Magazines, Out-of-Home Media, Outdoor, Over-50 Market, Package Design, Paid Searches, Planning & Consultation, Podcasting, Point of Purchase, Point of Sale, Print, Production, Production (Print), Promotions, Public Relations, Publicity/Promotions, Publishing, Radio, Real Estate, Regional, Restaurant, Sales Promotion, Search Engine Optimization, Seniors' Market, Social Marketing/Nonprofit, Sponsorship, Sports Market, Strategic Planning/Research, Sweepstakes, Syndication, T.V., Technical Advertising, Teen Market, Trade & Consumer Magazines, Travel & Tourism, Urban Market, Viral/Buzz/Word of Mouth, Women's Market, Yellow Pages Advertising

Roseanne Avella-Perez *(Pres)*

Accounts:
Bradenton Beauty and Barber Academy (Agency of Record)
Fertility Center & Applied Genetics of Florida, Inc.; Sarasota, FL Branding, Online Marketing, Search Engine Optimization, Website
Florida State Fair; Tampa, FL
Manatee Community College; Bradenton, FL
MiCash; Washington, DC
Owen Motors, Inc
The Playful Parrot
South West Water Management; Brooksville, FL
State College of Florida
Tampa Bay Storm AFL; Tampa, FL
Vera International Group
Waste Management Southwest Florida
WellSpring Pharmaceutical Corporation; Sarasota, FL Package Design; 2010

NUF SAID ADVERTISING
3000 Airport Drive, Erie, CO 80516
Tel.: (303) 665-8188
Fax: (303) 665-8288
E-Mail: firstname@nufsaid.com
Web Site: www.nufsaid.com

Employees: 2

AGENCIES - JANUARY, 2019 — ADVERTISING AGENCIES

Agency Specializes In: Advertising, Internet/Web Design, Logo & Package Design, Print, Promotions

Rick Chadwick *(Owner)*
Travis Ravsten *(Dir-Creativity)*

Accounts:
The Humane Society of Boulder Valley

NURUN INC.
740 Notre Dame West Street, Suite 600, Montreal, QC H3C 3X6 Canada
Tel.: (514) 392-1900
Fax: (514) 392-0911
Toll Free: (877) 696-1292
E-Mail: montreal@nurun.com
Web Site: www.nurun.com

Employees: 100

Agency Specializes In: Brand Development & Integration, Communications, Digital/Interactive

Dawn Winchester *(Chief Digital Officer-PWW-North America)*
Christian Ayotte *(Gen Mgr)*
Steve Tremblay *(Gen Mgr-Quebec)*
Carlos Batista *(Dir-Tech)*
Jimmy Fecteau *(Dir-Creation & Design)*
Maelle Bussmann *(Acct Mgr)*

Accounts:
Hydro-Quebec Apps, Digital, Online & Mobile Communications, Websites

NVS DESIGN INC.
8888 Keystone Crossing Ste 1300, Indianapolis, IN 46220
Tel.: (317) 437-4417
Web Site: https://www.2nvs.com/

Employees: 5

Agency Specializes In: Affiliate Marketing, Alternative Advertising, Branded Entertainment, Catalogs, Co-op Advertising, Consumer Publications, Custom Publishing, Digital/Interactive, Direct Response Marketing, Electronic Media, Email, Experience Design, In-Store Advertising, Local Marketing, Magazines, Mobile Marketing, Multimedia, Newspaper, Newspapers & Magazines, Out-of-Home Media, Outdoor, Print, Production, Production (Print), Promotions, RSS (Really Simple Syndication), Radio, Search Engine Optimization, Social Media, T.V., Viral/Buzz/Word of Mouth, Web (Banner Ads, Pop-ups, etc.), Yellow Pages Advertising

Chad Brittian *(Pres)*

Accounts:
G&P Machinery; 2014
Yasmin Stump Law Group P.C.; 2010

NYE & ASSOCIATES
428 Pattie, Wichita, KS 67211
Tel.: (316) 263-5878
Fax: (316) 263-6017
Web Site: www.nyeandassociates.com

Employees: 5

Agency Specializes In: Advertising, Event Planning & Marketing, Public Relations, Social Media, Strategic Planning/Research

Ruth Johnson *(Pres & CEO)*
Jennifer Strong McConachie *(Acct Svcs Dir)*

Accounts:
The Derby Recreation Center
TCG Services

NYLON TECHNOLOGY
350 7th Ave 10th Fl, New York, NY 10001-5013
Tel.: (212) 691-1134
Fax: (212) 691-3477
Web Site: www.nylontechnology.com

Employees: 20
Year Founded: 1997

Agency Specializes In: Digital/Interactive, E-Commerce, Electronic Media, High Technology, Information Technology, Internet/Web Design

James Curran *(Co-Founder & Partner)*
Steve Grushcow *(Co-Founder & Partner)*

Accounts:
Arnold & Porter; Washington, DC
Doctors Without Borders USA
Insurance Information Institute
Sutherland Asbill & Brennan
TV Insider

O2IDEAS, INC.
505 20Th St N Ste 1500, Birmingham, AL 35203
Tel.: (205) 949-9494
Fax: (205) 949-9449
E-Mail: bill.todd@o2ideas.com
Web Site: www.o2ideas.com

Employees: 68
Year Founded: 1967

Agency Specializes In: Advertising, African-American Market, Brand Development & Integration, Broadcast, Business-To-Business, Cable T.V., Collateral, College, Consulting, Consumer Goods, Consumer Marketing, Consumer Publications, Corporate Communications, Corporate Identity, Crisis Communications, Customer Relationship Management, Digital/Interactive, Direct Response Marketing, Direct-to-Consumer, Education, Electronic Media, Electronics, Email, Event Planning & Marketing, Exhibit/Trade Shows, Experience Design, Faith Based, Financial, Food Service, Guerilla Marketing, Health Care Services, In-Store Advertising, Infomercials, Integrated Marketing, Internet/Web Design, Local Marketing, Logo & Package Design, Magazines, Market Research, Media Relations, Media Training, Medical Products, Merchandising, Mobile Marketing, Multicultural, Multimedia, New Product Development, Newspaper, Newspapers & Magazines, Out-of-Home Media, Outdoor, Package Design, Pets , Planning & Consultation, Point of Purchase, Point of Sale, Print, Production (Print), Promotions, Public Relations, Publicity/Promotions, Radio, Real Estate, Recruitment, Regional, Restaurant, Retail, Sales Promotion, Social Marketing/Nonprofit, Social Media, Sponsorship, Strategic Planning/Research, T.V., Telemarketing, Transportation, Travel & Tourism

Approx. Annual Billings: $81,260,340

Bill Todd *(Pres & Partner)*
Giselle Bravo *(Acct Supvr)*
Sadie Wootten *(Acct Supvr)*
Jennie Sun *(Acct Exec)*
Yvonne Camille Taunton *(Acct Exec)*
Rob Hardison *(Sr Art Dir)*
Cleve Smith *(Assoc Creative Dir)*

Accounts:
Alabama State University; Montgomery, AL Enrollment
Bewhoyouwannabe; Birmingham, AL
Birmingham Zoo; Birmingham, AL Attraction
Books-A-Million Bookseller
Brookwood Medical Center; Birmingham, AL Health Care
Buffalo Rock Bottling; Birmingham, AL Beverage
Carolina Canners; Cheraw, SC Beverage
Dunkin Donuts;Canton, MA Franchise Recruitment
Electrosteel; Birmingham, AL;Mumbai, India Manufacturing
Gateway Social Services
Hoar Construction Commercial Construction
Hoar Program Management
Honda Manufacturing of Alabama; Lincoln, AL Internal Communications & Public, Community Relations
Honda Manufacturing of Indiana; Greensburg, IN Internal Communications & Public, Community Relations
Joe Muggs Restaurant
Mars Petcare; Franklin, TN Employer Branding
The Mattie C. Stewart Foundation; Birmingham, AL
NaphCare
The Nutro Company; Franklin, TN Employer Branding
Pedorthic Care
Pinnacle Data Systems Data Processing
Protective Life
Real Estate Matrix Real Estate Appraisal
Regions Bank
Samford University; Birmingham, AL Education
ServisFirst Bank; Birmingham, AL Financial
Taylor Morrison; Scottsdale, AZ Employer Branding, Internal Communications
Toys"R"Us Internal Communication
Verizon Wireless; Chicago, IL Wireless

O2KL
3 W 18th St, New York, NY 10011
Tel.: (646) 839-6239
Fax: (646) 839-6254
E-Mail: info@o2kl.com
Web Site: www.o2kl.com

Employees: 18
Year Founded: 2004

Agency Specializes In: Advertising, Advertising Specialties, Affiliate Marketing, Affluent Market, Automotive, Aviation & Aerospace, Below-the-Line, Brand Development & Integration, Broadcast, Business Publications, Business-To-Business, Cable T.V., Children's Market, Collateral, Computers & Software, Consumer Marketing, Consumer Publications, Corporate Communications, Digital/Interactive, Direct Response Marketing, Direct-to-Consumer, E-Commerce, Education, Electronic Media, Email, Environmental, Exhibit/Trade Shows, Health Care Services, High Technology, Hospitality, Industrial, Infomercials, Integrated Marketing, Internet/Web Design, Leisure, Luxury Products, Multimedia, New Technologies, Newspaper, Out-of-Home Media, Outdoor, Over-50 Market, Print, Production, Production (Print), Radio, Real Estate, Sales Promotion, Seniors' Market, Social Marketing/Nonprofit, Social Media, Sweepstakes, T.V., Technical Advertising, Telemarketing, Trade & Consumer Magazines, Transportation, Travel & Tourism, Web (Banner Ads, Pop-ups, etc.)

Approx. Annual Billings: $10,000,000

Breakdown of Gross Billings by Media: Collateral: $1,500,000; D.M.: $3,500,000; E-Commerce: $3,000,000; T.V.: $2,000,000

Tracey Owens *(Pres)*
Jim Lurie *(Partner & Gen Mgr)*
Bill Bonomo *(Art Dir)*
Nancy Keiter *(Art Dir)*
Danny Klein *(Creative Dir)*
John Kopilak *(Creative Dir)*
Frank Massenzio *(Dir-Ops)*
Jennifer Vale *(Dir-Client Svc)*

ADVERTISING AGENCIES

Accounts:
AARP; Washington, DC; 2007
Disney
ESPN

O3 WORLD, LLC
1339 Frankford Ave Ste 3, Philadelphia, PA 19125
Tel.: (215) 592-4739
Fax: (215) 592-4610
E-Mail: info@o3world.com
Web Site: www.o3world.com

Employees: 10
Year Founded: 2005

Agency Specializes In: Above-the-Line, Advertising, Advertising Specialties, Affiliate Marketing, Affluent Market, African-American Market, Alternative Advertising, Arts, Automotive, Aviation & Aerospace, Brand Development & Integration, Branded Entertainment, Broadcast, Business Publications, Business-To-Business, Cable T.V., Catalogs, Co-op Advertising, Collateral, College, Commercial Photography, Communications, Computers & Software, Consumer Goods, Consumer Marketing, Content, Corporate Communications, Corporate Identity, Cosmetics, Customer Relationship Management, Digital/Interactive, Direct Response Marketing, Direct-to-Consumer, E-Commerce, Education, Electronic Media, Electronics, Email, Entertainment, Environmental, Event Planning & Marketing, Experience Design, Fashion/Apparel, Food Service, Game Integration, Graphic Design, Health Care Services, High Technology, Hospitality, Household Goods, Identity Marketing, Industrial, Integrated Marketing, International, Internet/Web Design, LGBTQ Market, Leisure, Local Marketing, Logo & Package Design, Luxury Products, Magazines, Media Relations, Medical Products, Men's Market, Mobile Marketing, Multicultural, Multimedia, New Product Development, New Technologies, Newspaper, Newspapers & Magazines, Package Design, Paid Searches, Pharmaceutical, Planning & Consultation, Podcasting, Point of Purchase, Point of Sale, Print, Product Placement, Production, Production (Ad, Film, Broadcast), Production (Print), Promotions, Public Relations, Publicity/Promotions, Publishing, RSS (Really Simple Syndication), Radio, Real Estate, Recruitment, Regional, Restaurant, Retail, Sales Promotion, Search Engine Optimization, Seniors' Market, Social Marketing/Nonprofit, Sponsorship, Sports Market, Stakeholders, Strategic Planning/Research, Sweepstakes, Syndication, T.V., Technical Advertising, Teen Market, Telemarketing, Trade & Consumer Magazines, Transportation, Travel & Tourism, Urban Market, Viral/Buzz/Word of Mouth, Web (Banner Ads, Pop-ups, etc.), Women's Market, Yellow Pages Advertising

Breakdown of Gross Billings by Media: Worldwide Web Sites: 100%

Keith Scandone *(Partner & CEO)*
Michael Gadsby *(Partner & Dir-Creative)*
Joan McManus *(Fin Dir)*
Lauren Slattery *(Head-UX Strategy)*
Joshua Buckwalter *(Sr Designer-UX & UI)*

Accounts:
Addis Group Brand Positioning
Banyan Productions; Philadelphia, PA Film Production Company; 2005
Breslow Partners; Philadelphia, PA Full Service Public Relations Firm; 2005
Cooper Spirits International Pravda Vodka, Saint Germain
The Fruit Flowers Franchise
Michael Salove Company, Philadelphia, PA Retail Real Estate Advisor; 2005
Michael Spain-Smith Studio; Philadelphia, PA Photography; 2005
The New York Times Travel Show
Philadelphia Weekly; Philadelphia, PA; 2008
Sage Financial Group; West Conshohocken, PA Wealth Management Firm; 2006
Wireless Philadelphia; Philadelphia, PA Wireless Internet Digital Inclusion Program; 2006
Wyatt Zier, LLC; New York, NY
Zygo Vodka; Rigby, ID Peach Flavored Vodka; 2005

OBERHAUSEN MARKETING & PUBLIC RELATIONS
1000 Lincoln Rd Ste 206, Miami Beach, FL 33139
Tel.: (305) 532-1212
E-Mail: info@obrmarketing.com
Web Site: www.obrmarketing.com

Employees: 20

Agency Specializes In: Collateral, Communications, Internet/Web Design, Media Planning, Media Relations, Print, Production, Public Relations, Search Engine Optimization, Social Media

Josh Oberhausen *(Pres)*
Aimet Arill Oberhausen *(Partner)*

Accounts:
Add Inc
Brodson Construction
Clinton Hotel
Couples Resorts
Four Seasons Resort Estates Nevis (Agency of Record) Marketing, Public Relations
Hotel Esencia
Pediatric Critical Care of South Florida Marketing Counsel, Pediatric Intensive Care Unit, Public Relations
The Perry South Beach
Skin Type Solutions
South Beach Group Hotels
Velas Resorts
Wynwood Central Marketing, Public Relations

OBERLAND
254 Canal St Rm 5000, New York, NY 10013
Tel.: (212) 920-4701
E-Mail: info@thisisoberland.com
Web Site: www.thisisoberland.com

Employees: 20

Agency Specializes In: Advertising, Brand Development & Integration, Consulting, Content, Email, Event Planning & Marketing, Internet/Web Design, Media Buying Services, Media Planning, Production (Ad, Film, Broadcast), Public Relations, Social Media, Sponsorship, Strategic Planning/Research

Drew Train *(Co-Founder & Pres)*
Bill Oberlander *(Co-Founder & Exec Creative Dir)*
Elizabeth Bradley *(Mng Dir & Exec VP)*
Erin Bishop *(Art Dir)*
Kaitlyn Kelly *(Acct Dir)*
Trevor Mundt *(Acct Dir)*
Kelby Mae Schmidt *(Acct Dir)*
Sonya Spann *(Product Mgr-Digital)*
Devon DeSanna *(Copywriter)*
Drew Mitchell *(Planner-Strategic)*
Dhruv Nanda *(Assoc Creative Dir & Writer)*

Accounts:
Air NYC
American Friends of the Hebrew University
Blue Man Productions, Inc
Fund for Public Health New York
Greyston Social Enterprises
Hadassah; 2018
Juice Press
Keep America Beautiful
The Leukemia & Lymphoma Society
The Life is Priceless Foundation
Luck Companies
The National Alliance on Mental Illness
The Nature Conservancy Broadcast, Out-of-Home, Print, Radio
New York Institute of Technology
No Kid Hungry
PropelNext; 2018
The Robin Hood Foundation
Scattergood Foundation
The St Baldrick's Foundation
The Women's Zionist Organization of America, Inc
World Stroke Organization

OBERLANDER GROUP
143 Remsen St, Cohoes, NY 12047
Tel.: (518) 720-0050
E-Mail: jober@oberlandergroup.com
Web Site: www.oberlandergroup.com

Employees: 5

Agency Specializes In: Advertising, Brand Development & Integration, Corporate Identity, Strategic Planning/Research

Mel Quinlan *(Owner)*
John Oberlander *(Creative Dir)*
Karen Paul *(Sr Graphic Designer)*
Flo Luckey *(Sr Art Dir)*

Accounts:
Alvin Ailey American Dance Theater
Balanchine 100
Jose Limon Dance Company Dance Training Institution
Miami City Ballet (Agency of Record)
NY Business Development Corp. Banking & Financial Services
Saratoga Performing Arts Center Entertainment
Tiashoke Farm Dairy Farming Services
Union/Mount Sinai Educational Services

O'BERRY CAVANAUGH
20 E Main St, Bozeman, MT 59715
Tel.: (406) 522-8075
Fax: (406) 522-8076
E-Mail: upstairs@ocbrand.com
Web Site: www.ocbrand.com

Employees: 9
Year Founded: 2004

Agency Specializes In: Advertising, Business Publications, Business-To-Business, Consumer Marketing, Consumer Publications, Corporate Identity, Digital/Interactive, Direct Response Marketing, E-Commerce, Electronic Media, Event Planning & Marketing, Exhibit/Trade Shows, Graphic Design, Information Technology, Internet/Web Design, Logo & Package Design, Magazines, Media Buying Services, Newspaper, Newspapers & Magazines, Point of Sale, Print, Production, Public Relations, Sports Market, Strategic Planning/Research, Trade & Consumer Magazines, Travel & Tourism, Yellow Pages Advertising

Toni O'Berry *(Principal)*
Cary Silberman *(Creative Dir)*

Accounts:
Einstein Wireless
Gallatin Valley Food Bank
IMDS
Opal
PureWest
Sun West Ranch

AGENCIES - JANUARY, 2019 — ADVERTISING AGENCIES

Western Transportation Institute

OBI CREATIVE
2920 Farnam St, Omaha, NE 68131
Tel.: (402) 493-7999
E-Mail: info@obicreative.com
Web Site: www.obicreative.com

Employees: 40
Year Founded: 2002

Agency Specializes In: Advertising, Brand Development & Integration, Digital/Interactive, Internet/Web Design, Logo & Package Design, Media Buying Services, Out-of-Home Media, Outdoor, Print, Public Relations, Social Media

Mary Ann O'Brien *(Founder & CEO)*
Kevin Hutchison *(VP-Client Rels & Bus Dev)*
Lana LeGrand *(VP-Ops)*
Paul Berger *(Acct Dir)*
Erica Rowe *(Creative Dir)*
Sarah Whipkey *(Creative Dir-Copy)*
Ann Pedersen *(Dir-Mktg & Strategic Comm)*
Tj Johnson *(Acct Mgr)*

Accounts:
Lenovo Group Ltd

OBJECT9
1145 Zonolite Rd Ne Ste 2, Atlanta, GA 30306
Tel.: (225) 368-9899
Fax: (225) 368-9898
E-Mail: info@object9.com
Web Site: https://object9.com/

Employees: 20
Year Founded: 2000

Agency Specializes In: Advertising

Jon Cato *(Partner & Strategist-Creative AF)*
Branden Lisi *(Partner & Strategist-Brand)*

Accounts:
DOW LOUISIANA
ENTERGY
EXASERV
Fire & Flavor
Kris Wine
LSU CONTINUING EDUCATION
Realtree Camouflage
Red Stripe
SMIRNOFF
SMIRNOFF ICE
Sunshine Pages

OBJECTDC
8212-A, Vienna, VA 22182
Tel.: (703) 917-0023
E-Mail: Vandana@ObjectDC.com
Web Site: objectdc.com

Employees: 6
Year Founded: 1995

Agency Specializes In: Above-the-Line, Below-the-Line, Collateral, Digital/Interactive, Mobile Marketing, Multimedia, Newspapers & Magazines, Out-of-Home Media, Outdoor, Print, Radio, Social Media, T.V., Web (Banner Ads, Pop-ups, etc.)

Approx. Annual Billings: $2,000,000

Nawaf Soliman *(CEO)*

Accounts:
Dish Network
Georgetown University
World Bank
Ziyad

OBLIQUE DESIGN
2088 Broadway, Boulder, CO 80302
Tel.: (303) 449-8100
E-Mail: info@obliquedesign.com
Web Site: www.obliquedesign.com

Employees: 9

Agency Specializes In: Advertising, Brand Development & Integration, Internet/Web Design, Print, Social Media

Janice Ferrante *(Owner)*

Accounts:
A Basic Cremation
Farmacopia
Livewell Longmont
Trip30

O'BRIEN ET AL. ADVERTISING
3113 Pacific Ave, Virginia Beach, VA 23451
Tel.: (757) 422-3231
Fax: (757) 422-3439
Web Site: www.obrienetal.com/

Employees: 50
Year Founded: 1998

Agency Specializes In: Digital/Interactive, Graphic Design, Media Buying Services, Media Planning, Production, Promotions, Public Relations, Social Media, Strategic Planning/Research

Kevin O'Brien *(Pres)*
Brian Woolard *(CFO)*
Billy Foglia *(Creative Dir)*
Price Harmon *(Art Dir)*
Brandi Bashford Jackson *(Media Dir)*
Kevin Gaydosh *(Dir-PR & Planner-Strategic)*
Aleks Abad *(Dir-Photography)*
Naomi Vargas *(Production Mgr)*
Erin Barclay *(Mgr-Digital Mktg)*
Stacy Bundy *(Acct Exec)*
Jeff Doy *(Acct Exec)*
Kristy Gibson *(Acct Exec)*
Britt E. Swan *(Acct Exec)*
Alicia Cacace *(Media Planner & Buyer)*
Michele Jerome *(Copywriter)*

Accounts:
Liberty Tax Service Media Buying, Media Planning

OBSIDIAN PUBLIC RELATIONS
493 S Main St Ste 101, Memphis, TN 38103-6406
Tel.: (901) 572-1042
Fax: (901) 544-7163
E-Mail: insight@obsidianpr.com
Web Site: www.obsidianpr.com

Employees: 10

Agency Specializes In: Crisis Communications, Media Relations, Media Training, Newspapers & Magazines, Strategic Planning/Research

Courtney Ellett *(Owner)*
Lauren Hannaford *(Client Svcs Dir)*
Kelli Eason Brignac *(Sr Acct Mgr)*
Whitney Albert *(Acct Mgr)*
Christina Babu *(Acct Exec)*
Mesha Crump *(Acct Exec)*
Taylor Jolley *(Specialist-Acct)*
Murray Lace *(Acct Exec)*

Accounts:
Architecture Incorporated Architecture & Planning Firms
The Barnett Group
Madison Hotel

THE O'CARROLL GROUP
125 Jefferson Dr, Lake Charles, LA 70605
Tel.: (337) 478-7396
Fax: (337) 478-0503
E-Mail: pocarroll@ocarroll.com
Web Site: www.ocarroll.com

Employees: 4
Year Founded: 1978

Agency Specializes In: Advertising, Brand Development & Integration, Consulting, Consumer Publications, Corporate Identity, Financial, Graphic Design, Internet/Web Design, Local Marketing, Logo & Package Design, Medical Products, Newspaper, Out-of-Home Media, Outdoor, Public Relations, Publicity/Promotions, Radio, Social Media, T.V., Travel & Tourism, Web (Banner Ads, Pop-ups, etc.)

Peter O'Carroll, Jr. *(Pres)*
Pam Doucet *(Acct Rep)*

Accounts:
ASI Office Systems; Lake Charles, LA Office Equipment & Sales
City Savings Bank; Deridder, LA Bank
Port of Lake Charles; Lake Charles, LA Port & Transportation
Southwest Louisiana Convention & Visitors Bureau; Lake Charles, LA Conventions, Tourism

OCD MEDIA
347 W 36Th St Rm 905, New York, NY 10018
Tel.: (212) 213-6904
Fax: (212) 594-4042
E-Mail: Dadelman@ocdmedia.com
Web Site: ocdmedia.com

Employees: 18
Year Founded: 2003

Agency Specializes In: Advertising, Financial, Food Service, Health Care Services, Media Buying Services, Media Planning, Package Design, Pharmaceutical, Retail, Strategic Planning/Research

David Adelman *(Mng Dir)*
Thomas Stolfi *(Sr VP & Dir-Mgmt)*
Christine Lyons *(VP & Dir-Acct Svcs)*
Alexa Paradis *(Media Planner)*

Accounts:
Alger Mutual Funds B2B Digital Campaign; 2014
Alibaba.com; 2011
Aquavault; 2013
Douglas Elliman Real Estate NY Based Luxury Real Estate; 2014
Globe Equipment ecommerce; 2012
Gutsy Products Gutsy Chewy, Gutsy GoGo; 2014
Independence Care System; 2012
Jackson Hewitt Tax Prep; 2013
The Michael J Fox Foundation Event Promotion; 2014
Municipal Credit Union; 2012
NY Kosher Steak NYkoshersteak.com; 2012
Paradigm Spine Coflex Medical Device; 2014
Reboot; 2012
The Ride The Ride Entertainment Bus; 2014
Synergistic Marketing Thecouponbooksavings.com; 2014
Takeda Pharmaceuticals Amitiza; 2006
Tata Global Beverages Eight O'Clock Coffee, Good Earth Tea, Tetley Tea; 2006
Techsmart Scholarship Sweepstakes; 2014
Warner-Chilcott Atelvia, Femcon, Loestrin; 2006

OCEAN BRIDGE GROUP
2032 Armacost Ave, Los Angeles, CA 90025

ADVERTISING AGENCIES

Tel.: (310) 392-3200
E-Mail: cherrman@oceanbridgegroup.com
Web Site: http://www.oceanbridgemedia.com/

Employees: 20
Year Founded: 2002

Agency Specializes In: Above-the-Line, Advertising, Advertising Specialties, Affiliate Marketing, Affluent Market, African-American Market, Agriculture, Alternative Advertising, Arts, Asian Market, Automotive, Aviation & Aerospace, Below-the-Line, Bilingual Market, Brand Development & Integration, Branded Entertainment, Broadcast, Business Publications, Business-To-Business, Cable T.V., Catalogs, Children's Market, Co-op Advertising, Collateral, College, Commercial Photography, Communications, Computers & Software, Consulting, Consumer Goods, Consumer Marketing, Consumer Publications, Content, Corporate Communications, Corporate Identity, Cosmetics, Crisis Communications, Custom Publishing, Customer Relationship Management, Digital/Interactive, Direct Response Marketing, Direct-to-Consumer, E-Commerce, Education, Electronic Media, Electronics, Email, Engineering, Entertainment, Environmental, Event Planning & Marketing, Exhibit/Trade Shows, Experience Design, Experiential Marketing, Fashion/Apparel, Financial, Food Service, Game Integration, Government/Political, Graphic Design, Guerilla Marketing, Health Care Services, High Technology, Hispanic Market, Hospitality, Household Goods, Identity Marketing, In-Store Advertising, Industrial, Infomercials, Information Technology, Integrated Marketing, International, Internet/Web Design, Investor Relations, Legal Services, Leisure, Local Marketing, Logo & Package Design, Luxury Products, Magazines, Marine, Market Research, Media Buying Services, Media Planning, Media Relations, Media Training, Medical Products, Men's Market, Merchandising, Mobile Marketing, Multicultural, Multimedia, New Product Development, New Technologies, Newspaper, Newspapers & Magazines, Out-of-Home Media, Outdoor, Over-50 Market, Package Design, Paid Searches, Pharmaceutical, Planning & Consultation, Podcasting, Point of Purchase, Point of Sale, Print, Product Placement, Production, Production (Ad, Film, Broadcast), Production (Print), Promotions, Public Relations, Publicity/Promotions, Publishing, RSS (Really Simple Syndication), Radio, Real Estate, Recruitment, Regional, Restaurant, Retail, Sales Promotion, Search Engine Optimization, Seniors' Market, Social Marketing/Nonprofit, Sponsorship, Sports Market, Stakeholders, Strategic Planning/Research, Sweepstakes, Syndication, T.V., Technical Advertising, Teen Market, Trade & Consumer Magazines, Transportation, Travel & Tourism, Urban Market, Viral/Buzz/Word of Mouth, Web (Banner Ads, Pop-ups, etc.), Women's Market

Approx. Annual Billings: $265,000,000

Breakdown of Gross Billings by Media: Corp. Communications: 23%; Internet Adv.: 14%; Network Radio: 15%; Point of Purchase: 2%; Production: 5%; Strategic Planning/Research: 4%; T.V.: 37%

Cary Herrman *(Co-Founder & Pres)*
Ramie Ostrovsky *(Co-Founder & CEO)*
Randi Cooley Wilson *(Acct Dir)*

Accounts:
Blue Cow Relaxation Drink; 2008
Bonne Bell; Cleveland, OH Bonne Bell Cosmetics, Lip Smackers
Bruce Foods; New Iberia, LA Bruce's Yams, Cajun Injector, Louisiana Hot Sauce
DenMat; Santa Maria, CA Rembrandt Toothpaste & Oral Care
Donald Trump Organization; New York, NY Trump National Golf Club
French Transit, Ltd.; Burlingame, CA Crystal Body Deodorant
Human Touch, LLC; Long Beach, CA Human Touch
Hyland's Inc.; Los Angeles, CA Hyland's Homeopathic Brands
Ingenuity Products, LLC; Cincinnati, OH Repelle
Merz; Greensboro, NC Mederma
MGM; Santa Monica, CA MGM Television
Sunshine Makers, Inc.; Huntington Harbor, CA Simple Green
Union-Swiss Bio-Oil
University Games; San Francisco, CA Various Games & Toys
Waltman Pharmaceuticals, Inc.; Jackson, MS Zapzyt Acne Treatments
Watkins Manufacturing Corp.; Vista, CA Hot Springs Portable Spas
Woodridge Labs, Inc.; Panorama City, CA Anti-Aging

THE O'CONNOR GROUP
1007 1st St, Roanoke, VA 24016
Tel.: (540) 342-1889
Fax: (540) 342-2059
E-Mail: info@adoconnor.com
Web Site: www.adoconnor.com

Employees: 5
Year Founded: 1993

Agency Specializes In: Advertising

Bill O'Connor *(Pres)*
Brandon O'Connor *(Exec VP)*

Accounts:
Global Metal Finishing
Roanoke County
Woods Rogers

OCREATIVE DESIGN STUDIO
PO Box 46, Oconomowoc, WI 53066
Tel.: (262) 567-1164
Fax: (866) 695-9731
E-Mail: contact@ocreativedesign.com
Web Site: www.ocreativedesign.com

Employees: 5
Year Founded: 2003

Agency Specializes In: Advertising, Brand Development & Integration, Graphic Design, Internet/Web Design, Logo & Package Design, Print, Social Media

Andrea Koeppel *(Principal & Chief Creative Officer)*
Matt Koeppel *(Chief Bus Dev Officer)*
Teresa Carlson *(Designer-Multimedia)*

OCTAGON
800 Connecticut Ave 2nd Fl, Norwalk, CT 06854
Tel.: (203) 354-7400
Fax: (203) 354-7401
E-Mail: pressinquires@octagon.com
Web Site: www.octagon.com

E-Mail for Key Personnel:
President: jeff.shifrin@octagon.com

Employees: 825
Year Founded: 1983

National Agency Associations: 4A's

Agency Specializes In: Advertising Specialties, African-American Market, Arts, Below-the-Line, Brand Development & Integration, Branded Entertainment, Business-To-Business, College, Consulting, Consumer Goods, Consumer Marketing, Digital/Interactive, Direct-to-Consumer, Entertainment, Event Planning & Marketing, Experience Design, Experiential Marketing, Graphic Design, Hispanic Market, Hospitality, Identity Marketing, Integrated Marketing, International, Local Marketing, Market Research, Merchandising, Mobile Marketing, Multicultural, Promotions, Sales Promotion, Sponsorship, Sports Market, Strategic Planning/Research, Sweepstakes, Viral/Buzz/Word of Mouth

Andre Schunk *(Exec VP)*
David Schwab *(Sr VP & Mng Dir-Octagon First Call)*
Brian Smith *(Sr VP-HR)*
Matthew Ferguson *(VP-Insights & Strategy)*

Accounts:
Ace Group Classic Champions Tour
Allstate
Anheuser-Busch InBev N.V./S.A.
Arsenio Hall
Bank of America
BMW of North America (Sports Sponsorship & Experiential Marketing Agency of Record)
Castrol
Cisco
Coca-Cola Company
Course of the Force Light Saber Relay
DIRECTV
Emmitt Smith
Erin Burnett
The Home Depot
Jimmie Johnson
Johnson & Johnson
Lion Nathan
Mark Webber
MasterCard International
Michael Phelps
Nancy O'Dell
North Face 100 Endurance Race
The North Face
Novartis
Piers Morgan
SAS Championship Presented by Bloomberg Businessweek
Siemens
Sprint
Sybase Match Play Championship (LPGA)
Walmart NW Arkansas Championship Presented by P&G

Branches:

Octagon
919 3rd Ave 18th Fl, New York, NY 10022
Tel.: (212) 546-7300
Fax: (212) 546-7325
E-Mail: info@octagon.com
Web Site: www.octagon.com

Employees: 15
Year Founded: 1983

National Agency Associations: 4A's

Agency Specializes In: Event Planning & Marketing, Sponsorship, Sports Market

Phil de Picciotto *(Founder & Pres)*
Rick Dudley *(Chm & CEO)*
Lou Kovacs *(CMO-North America & Exec VP)*
Lisa Murray *(CMO & Exec VP)*
Simon Wardle *(Chief Strategy Officer)*
John Shea *(Pres-Mktg & Events)*
Derek Aframe *(Exec VP & Co-Head-Consulting)*
Woody Thompson *(Exec VP)*
Arnold Wright *(Exec VP)*
Daniel Cohen *(Sr VP-Media Rights Consulting)*
Jeff Meeson *(Sr VP)*
Mandisa Diggs *(VP-Diversity & Inclusion)*
Aldo Kafie *(VP)*
William Mao *(VP-Media Rights Consulting)*

AGENCIES - JANUARY, 2019 — ADVERTISING AGENCIES

Lauren Tietjen *(VP-Comm)*
Jennifer Particelli *(Acct Dir-BMW)*
Katie Thompson *(Acct Dir)*
Sarah Brokenshire *(Acct Mgr)*
Bridget Cordero *(Acct Mgr-Lifestyle)*
Taylor King *(Acct Mgr)*

Accounts:
Master Card

Octagon
7950 Jones Branch Dr, McLean, VA 22107
Tel.: (703) 905-3300
Fax: (703) 905-4495
Web Site: www.octagon.com

Employees: 60

National Agency Associations: 4A's

Agency Specializes In: Event Planning & Marketing, Sports Market

Phil de Picciotto *(Founder & Pres)*
Nancy Morton *(CFO)*
David Schwab *(Pres-First Call & Exec VP)*
Tom George *(Sr VP)*
Scott Horner *(Sr Dir-Sls & Mktg Grp-North America)*

Octagon
9115 Harris Corners Pkwy Ste 550, Charlotte, NC 28269
Tel.: (704) 632-7900
Fax: (704) 632-7901
E-Mail: jim.vergata@octagon.com
Web Site: octagon.com

Employees: 80

National Agency Associations: 4A's

Agency Specializes In: Sponsorship, Sports Market

David Schwab *(Pres & Exec VP)*
Jeff Austin *(Mng Dir)*
Michael Liut *(Mng Dir)*
Chris Higgs *(Exec VP-Events & Hospitality)*
Jeff Kleiber *(Sr VP-Events & Hospitality)*
Kami Taylor *(Sr VP)*
David Yates *(Mng Dir-Football)*
Paul Campion *(Sr Sls Dir-Octagon Global Events)*

Accounts:
Sprint Cup Series; 2000

Octagon
1375 Peachtree St Ne Ste 175, Atlanta, GA 30309
Tel.: (678) 587-4940
Fax: (678) 587-4941
Web Site: www.octagon.com

Employees: 7

National Agency Associations: 4A's

Agency Specializes In: Sponsorship, Sports Market

Phil de Picciotto *(Founder & Pres)*
Matthew Chelap *(VP-Sony PlayStation)*
Arlette Fernandez *(Sr Acct Dir)*

Accounts:
Home Depot

Octagon
510 Marquette Ave Fl 13, MinneaPOlis, MN 55402
Tel.: (952) 841-9100
Fax: (952) 831-8241
E-Mail: info@octagon.com
Web Site: www.octagon.com

Employees: 4

National Agency Associations: 4A's

Agency Specializes In: Sports Market

Michael Liut *(Mng Dir)*
Peter Carlisle *(Mng Dir-Olympics & Action Sports)*
Ben Hankinson *(Dir-Player Representation-USA)*

Octagon
7231 Forest Ave Ste 103, Richmond, VA 23226
Tel.: (804) 285-4200
Fax: (804) 285-4224
Web Site: www.octagon.com

Employees: 7

Agency Specializes In: Sports Market

Phil de Picciotto *(Founder & Pres)*
Jeremy Aisenberg *(VP-Strategic Initiatives)*
Julie Kennedy *(VP-Talent)*

Accounts:
LPGA

Octagon
560 Pacific Ave, San Francisco, CA 94133
Tel.: (415) 318-4311
Web Site: www.octagon.com

Employees: 10

Agency Specializes In: Sports Market

Peter Carlisle *(Mng Dir-Olympics & Action Sports)*
Cheryl Herbert *(Mktg Dir-Olympics & Action Sports)*
Michaella Karl *(Client Svcs Dir)*
Ken Landphere *(Dir-Coaches & Team Sports)*

Octagon
8687 Melrose Ave 7th Fl, Los Angeles, CA 90069
Tel.: (310) 854-8100
Fax: (310) 854-8372
E-Mail: alan.walsh@octagon.com
Web Site: www.octagon.com

Employees: 50

National Agency Associations: 4A's

Agency Specializes In: Advertising, Entertainment, Sports Market

Phil de Picciott *(Founder & Pres)*
Michael Jacobson *(VP-Octagon First Call-Los Angeles)*
Alexa Levy *(Acct Dir-Integrated Mktg)*
Kyra Joiner *(Acct Mgr-Integrated Mktg)*

Accounts:
Allyson Felix

Octagon
Octagon House 47 Wierda Road West, Wierda Valley, Sandton, 2146 South Africa
Tel.: (27) 11 506 4400
Fax: (27) 11 883 3011
Web Site: www.octagon.com/global

Employees: 30

Agency Specializes In: Entertainment, Sports Market

Qondisa Ngwenya *(Owner)*

Accounts:
Carlsberg
Coni
HSBC
MasterCard
NBA
Nivea
Siemens
Speedo
Tesco
Vodafone

Octagon
Octagon House 81-83 Fullham High St, London, SW6 3JW United Kingdom
Tel.: (44) 207 862 0000
Fax: (44) 207 862 0001
Web Site: www.octagon.com/global

Employees: 50

Agency Specializes In: Sports Market

Jeff Ehrenkranz *(Pres-Mktg-Intl)*
Sebastian Smith *(Exec VP-Mktg-Europe)*
Phil Carling *(Mng Dir-Football-Worldwide)*
Philip Patterson *(VP-Mktg & Reg Head-Bus)*
Liza Durge *(Client Svcs Dir)*
Josh Green *(Creative Dir)*
Tassilo von Hanau *(Acct Dir)*

Accounts:
All England Lawn Tennis Club Wimbledon
American International Group, Inc. Haka 360
Budweiser "Coaches Initiative"
Cisco
Gazprom Brand's Activations, Experience Marketing, Management & Production; 2018
Hublot Brand's Activations, Experience Marketing, Management & Production; 2018
Kia Motors Brand's Activations, Experience Marketing, Management & Production; 2018
Mars, Inc
MasterCard
NBA
NFL
Nivea
Shell Global Motorsport Hospitality (Agency of Record)
Siemens
Sony Corporation
Speedo
Tesco
Vodafone

Octagon
Opernplatz 2, 60313 Frankfurt, Germany
Tel.: (49) 69-1504-1210
E-Mail: info@octagongermany.com
Web Site: octagon.com

Employees: 50

Agency Specializes In: Sports Market

Alexander Hermesdorf *(CEO-Middle East)*
Dennis Trautwein *(VP)*

Octagon Sydney
166 William St, Woolloomooloo, Sydney, NSW 2011 Australia
Tel.: (61) 2 9994 4340
Fax: (61) 2 9994 4027
E-Mail: sean.nicholls@octagon.com
Web Site: www.octagon.com

Employees: 20

Agency Specializes In: Sports Market

Ben Hartman *(Mng Dir-APAC)*
Simone Errey *(Head-Ops)*
Lizi Hamer *(Reg Dir-Creative)*

ADVERTISING AGENCIES
AGENCIES - JANUARY, 2019

John Weir *(Creative Dir-Australia)*
Rene Wright *(Client Svcs Dir-Athletes & Personalities)*

Accounts:
Hyundai Motor Company Australia (Lead Agency)
QBE Insurance Group Limited Swans360; 2018

OCTANE VTM
3650 Washington Blvd, Indianapolis, IN 46205
Tel.: (317) 920-6105
E-Mail: questions@octanevtm.com
Web Site: www.octanevtm.com

Employees: 5

Rick Ashley *(Pres & Sr Strategist)*
David Zaritz *(Pres-Publicity Solutions)*
Steve James *(Creative Dir)*
Bryan Spear *(Creative Dir)*
Meredith Ingram *(Dir-Channel Mktg)*
Susan Dillman *(Strategist-PR)*
Robert Stahlke *(Strategist-New Bus)*
Lisa Stewart-Johnson *(Strategist-Project)*
Randy Stone *(Strategist-Res)*
Karen Neligh *(Project Strategist)*

ODATO MARKETING GROUP INC.
330 S Pineapple Ave Ste 203, Sarasota, FL 34236
Tel.: (941) 954-0345
E-Mail: info@odatomarketing.com
Web Site: www.odatomarketing.com

Employees: 20
Year Founded: 2004

Agency Specializes In: Advertising, Brand Development & Integration, Public Relations, Social Media

Rich Odato *(Pres)*
Bruce Downing *(VP & Gen Mgr)*

Accounts:
Noble Tangerines

ODEN MARKETING AND DESIGN
119 S Main St Ste 300, Memphis, TN 38103
Tel.: (901) 578-8055
Fax: (901) 578-1911
Toll Free: (800) 371-6233
E-Mail: vision@oden.com
Web Site: www.oden.com

Employees: 60
Year Founded: 1971

Agency Specializes In: Consulting, Consumer Marketing, Graphic Design, Internet/Web Design

William F. Carkeet, Jr. *(CEO & Principal)*
Todd Strickland *(CFO)*
Tina Lazarini Niclosi *(Principal & Exec VP)*
Ashley Livingston *(VP-Digital Mktg)*
Bret A. Terwilleger *(Creative Dir-Principle ODEN & Strategist)*
Jerry Plunk *(Sr Mgr-Still & Motion Media)*
Eric Wade *(Production Mgr)*
Jaime Schwartz *(Acct Supvr-Brand Stewardship)*
Jaimie Fotopoulos *(Sr Designer-Production Art)*
Laurie Pommer *(Sr Program Dir)*

ODNEY
117 W Front Ave, Bismarck, ND 58504
Tel.: (701) 222-8721
Fax: (701) 222-8172
Toll Free: (888) 500-8721
E-Mail: odney@odney.com
Web Site: www.odney.com

E-Mail for Key Personnel:
President: pfinken@odney.com
Creative Dir.: mbruner@odney.com
Media Dir.: cdupaul@odney.com
Production Mgr.: smoser@odney.com
Public Relations: mpiehl@odney.com

Employees: 44
Year Founded: 1985

Agency Specializes In: Advertising, Agriculture, Automotive, Brand Development & Integration, Broadcast, Business-To-Business, Cable T.V., Co-op Advertising, Collateral, College, Communications, Consulting, Consumer Goods, Consumer Marketing, Consumer Publications, Corporate Communications, Corporate Identity, Crisis Communications, Digital/Interactive, Direct Response Marketing, Direct-to-Consumer, E-Commerce, Electronic Media, Engineering, Financial, Food Service, Government/Political, Graphic Design, Health Care Services, High Technology, Hospitality, Industrial, Information Technology, Internet/Web Design, Local Marketing, Logo & Package Design, Market Research, Media Buying Services, Media Planning, Media Relations, Medical Products, Newspaper, Newspapers & Magazines, Out-of-Home Media, Outdoor, Over-50 Market, Package Design, Planning & Consultation, Point of Purchase, Point of Sale, Print, Public Relations, Publicity/Promotions, Radio, Restaurant, Retail, Seniors' Market, Social Marketing/Nonprofit, Social Media, Strategic Planning/Research, T.V., Trade & Consumer Magazines, Transportation, Travel & Tourism, Viral/Buzz/Word of Mouth, Web (Banner Ads, Pop-ups, etc.), Women's Market

Approx. Annual Billings: $15,000,000

Breakdown of Gross Billings by Media: Other: 40%; Print: 10%; Radio: 10%; T.V.: 40%

Patrick Finken *(Pres)*
Michael Pierce *(Chief Digital Officer)*
Brekka Kramer *(Gen Mgr)*
Cindy DuPaul-Vogelsang *(Media Dir)*
Erin Schwengler *(Mgr-IT)*
Michael Bruner *(Sr Creative Dir)*

Accounts:
Bobcat Tractors
NDBreathe
North Dakota Tourism Department

Branches

Odney Advertising-Minot
2400 Burdick Expy E, Minot, ND 58701
Tel.: (701) 857-7205
Fax: (701) 837-0955
E-Mail: pfinken@odney.com
Web Site: www.odney.com

Employees: 10
Year Founded: 1988

Agency Specializes In: Brand Development & Integration, Internet/Web Design, Planning & Consultation, Strategic Planning/Research

Michael Pierce *(Chief Digital Officer)*
Brekka Kramer *(Gen Mgr)*
Cindy DuPaul-Vogelsang *(Media Dir)*
Shane Goettle *(Dir-Pub Affairs)*
Mike Bruner *(Sr Creative Dir)*

Odney Advertising-Fargo
102 Broadway, Fargo, ND 58102
Tel.: (701) 451-9028
Fax: (701) 235-9483
E-Mail: pfinken@odney.com

Web Site: www.odney.com

Employees: 50
Year Founded: 1989

Agency Specializes In: Brand Development & Integration, Internet/Web Design, Local Marketing, Planning & Consultation, Strategic Planning/Research

Brekka Kramer *(Gen Mgr)*
Shane Goettle *(Dir-Pub Affairs)*
Katie Hogfoss *(Media Buyer)*

Accounts:
Relco

O'DONNELL AGENCY
303 Banyan Blvd Ste 101, West Palm Beach, FL 33401
Tel.: (561) 832-3231
Fax: (561) 659-1309
E-Mail: hello@odonnell.agency
Web Site: www.odonnell.agency

Employees: 20
Year Founded: 1995

Agency Specializes In: Brand Development & Integration, Digital/Interactive, Media Buying Services, Media Planning, Package Design, Print, Public Relations, Radio, Social Media, T.V.

Carey O'Donnell *(Pres & Creative Dir)*
Irene Carvalho *(Dir-Media & Client Svcs)*
Tony Theissen *(Sr Brand Mgr & Strategist-Media)*
Amanda Rier *(Sr Graphic Designer)*

Accounts:
New-Broad and Cassel
New-Historical Society of Palm Beach County
New-J&J Family of Farms
New-Kings Point
New-Lake Worth CRA
New-Palm Beach County Parks & Recreation Department

ODONNELL COMPANY
59 Elm St Ste 402, New Haven, CT 06510
Tel.: (203) 764-1000
E-Mail: info@odonnellco.com
Web Site: www.odonnellco.com

Employees: 10

Agency Specializes In: Advertising, Brand Development & Integration, Digital/Interactive, Event Planning & Marketing, Media Buying Services, Media Relations, Print, Public Relations, Search Engine Optimization, T.V.

Eileen Odonnell *(Creative Dir)*

Accounts:
Somewhat off the Wall

ODYSSEUS ARMS
8 California St, San Francisco, CA 94111
Tel.: (415) 466-8990
E-Mail: odysseus@o-arms.com
Web Site: www.o-arms.com

Employees: 4
Year Founded: 2011

Agency Specializes In: Advertising, Brand Development & Integration, Digital/Interactive, Social Media, Sponsorship

Libby Brockhoff *(Founder, CEO & Creative Dir)*
Franklin Tipton *(Partner & Exec Creative Dir)*

AGENCIES - JANUARY, 2019 — ADVERTISING AGENCIES

Madeline Lambie *(Partner & Assoc Dir-Creative)*
Eric Dunn *(Partner)*
Kelly Kruse *(Acct Dir)*
Jarrod Gustin *(Assoc Dir-Creative)*
Caroline Sinclair *(Strategist-Creative)*

Accounts:
Amnesty International USA
Capital One
E&J Gallo Winery Andre Champagne, Carlo Rossi
E! network
Facebook
Foster Farms Corn Dogs, Media
HotelTonight, Inc. Out-of-Home
NBC Universal

ODYSSEY
(Formerly Aria Agency)
302 N Market St Ste 200, Dallas, TX 75202
Tel.: (214) 347-7123
Web Site: makestorieshuman.com

Employees: 50
Year Founded: 2000

Agency Specializes In: Advertising, Digital/Interactive

Ryan Thompson *(CEO)*

Accounts:
Baylor Health Care System
Dahlgren Duck & Associates, Inc.

ODYSSEY NETWORKS
The Interchurch Ctr 475 Riverside Dr, New York, NY 10115
Tel.: (212) 870-1030
Fax: (212) 870-1040
E-Mail: info@odysseynetworks.org
Web Site: www.odysseynetworks.org

Employees: 26
Year Founded: 1987

Agency Specializes In: Advertising, Print, T.V.

Nick Stuart *(Pres & CEO)*
Deb Mathews *(Dir-Faith Community Rels)*

Accounts:
Tony Blair Faith Foundation Religions Organization

OFF MADISON AVE
5555 E Van Buren St Ste 215, Phoenix, AZ 85008
Tel.: (480) 505-4500
Fax: (480) 505-4501
E-Mail: info@offmadisonave.com
Web Site: www.offmadisonave.com

Employees: 30
Year Founded: 1998

Agency Specializes In: Advertising, Automotive, Broadcast, Business-To-Business, Cable T.V., Children's Market, Collateral, Commercial Photography, Communications, Consulting, Consumer Goods, Consumer Marketing, Corporate Communications, Corporate Identity, Cosmetics, Customer Relationship Management, Digital/Interactive, E-Commerce, Education, Electronic Media, Entertainment, Event Planning & Marketing, Financial, Food Service, Government/Political, Graphic Design, Hospitality, In-Store Advertising, Integrated Marketing, Internet/Web Design, Local Marketing, Logo & Package Design, Market Research, Media Buying Services, Media Planning, Media Relations, Multimedia, New Product Development, Newspaper, Newspapers & Magazines, Out-of-Home Media, Outdoor, Package Design, Paid Searches, Planning & Consultation, Point of Sale, Print, Production, Production (Ad, Film, Broadcast), Promotions, Public Relations, Publicity/Promotions, Radio, Real Estate, Recruitment, Restaurant, Retail, Search Engine Optimization, Seniors' Market, Social Marketing/Nonprofit, Strategic Planning/Research, T.V., Technical Advertising, Trade & Consumer Magazines, Travel & Tourism, Web (Banner Ads, Pop-ups, etc.), Women's Market

Jacqueline Martinez *(Sr Acct Exec-PR & Social Media)*

Accounts:
The Arizona Game and Fish Department
Arizona Indian Gaming Association
Arizona Office of Tourism (Agency of Record) Local Public Relations
The Arizona Organizing Committee
DMS Health Technologies
Fraud Posse
GlobalTranz
Harkins Theatres
Mobillogix
Nike
Scottsdale Public Art
SkyMall
Tabarka Studio

Branches

Off Madison Ave
604 Arizona Ave Ste 261, Santa Monica, CA 90401
Tel.: (310) 752-9031
Web Site: www.offmadisonave.com

Employees: 40

Agency Specializes In: Advertising, Brand Development & Integration, Content, Digital/Interactive, Public Relations, Social Media

Patrick Murphy *(Media Dir & Mgr-Market-LA)*

Accounts:
The Arizona Office of Tourism
Chipotle Mexican Grill
Cox Media
Harkins Theatres
The National Academy of Sports Medicine

OFFICE
(Formerly Jason Schulte Design, Inc.)
1060 Capp St, San Francisco, CA 94110
Tel.: (415) 447-9850
E-Mail: hello@visitoffice.com
Web Site: www.visitoffice.com

Employees: 12
Year Founded: 2003

Agency Specializes In: Advertising, Brand Development & Integration, Digital/Interactive, Package Design, Strategic Planning/Research

Jason Schulte *(Founder & Creative Dir)*
Jill Robertson *(Pres)*
Rob Alexander *(Creative Dir)*
Emily Bolls *(Acct Dir)*
Reva Parness *(Acct Dir)*
Cindy Wu *(Acct Dir)*
Will Ecke *(Dir-Design)*

Accounts:
Bigfoot Art Show
Wee Society

OFFICE OF BABY
(Name Changed to Interesting Development)

OGILVY
(Formerly Ogilvy & Mather)
636 11th Ave, New York, NY 10036
Tel.: (212) 237-4000
Fax: (212) 237-5123
E-Mail: emily.ward@ogilvy.com
Web Site: www.ogilvy.com

Employees: 18,000
Year Founded: 1948

National Agency Associations: 4A's-AAF-ABC-ADMA-APA-BPA-DMA-MCA-NYPAA-TAB-THINKLA

Agency Specializes In: Above-the-Line, Advertising, Advertising Specialties, Affiliate Marketing, Affluent Market, African-American Market, Agriculture, Alternative Advertising, Arts, Asian Market, Automotive, Aviation & Aerospace, Below-the-Line, Bilingual Market, Brand Development & Integration, Branded Entertainment, Broadcast, Business Publications, Business-To-Business, Cable T.V., Catalogs, Children's Market, Co-op Advertising, Collateral, Commercial Photography, Communications, Computers & Software, Consulting, Consumer Goods, Consumer Marketing, Consumer Publications, Content, Corporate Communications, Corporate Identity, Cosmetics, Crisis Communications, Customer Relationship Management, Digital/Interactive, Direct Response Marketing, Direct-to-Consumer, E-Commerce, Education, Electronic Media, Electronics, Email, Engineering, Entertainment, Environmental, Event Planning & Marketing, Exhibit/Trade Shows, Experience Design, Experiential Marketing, Fashion/Apparel, Financial, Food Service, Game Integration, Government/Political, Graphic Design, Guerilla Marketing, Health Care Services, High Technology, Hispanic Market, Hospitality, Household Goods, Identity Marketing, In-Store Advertising, Industrial, Infomercials, Information Technology, Integrated Marketing, International, Internet/Web Design, Investor Relations, LGBTQ Market, Legal Services, Leisure, Local Marketing, Logo & Package Design, Luxury Products, Magazines, Marine, Market Research, Media Buying Services, Media Planning, Media Relations, Media Training, Medical Products, Men's Market, Merchandising, Mobile Marketing, Multicultural, Multimedia, New Product Development, New Technologies, Newspaper, Newspapers & Magazines, Out-of-Home Media, Outdoor, Over-50 Market, Package Design, Paid Searches, Pets, Pharmaceutical, Planning & Consultation, Podcasting, Point of Purchase, Point of Sale, Print, Product Placement, Production, Production (Ad, Film, Broadcast), Production (Print), Promotions, Public Relations, Publicity/Promotions, RSS (Really Simple Syndication), Radio, Real Estate, Recruitment, Regional, Restaurant, Retail, Sales Promotion, Search Engine Optimization, Seniors' Market, Social Marketing/Nonprofit, Social Media, Sponsorship, Sports Market, Stakeholders, Strategic Planning/Research, Sweepstakes, Syndication, T.V., Technical Advertising, Teen Market, Telemarketing, Trade & Consumer Magazines, Transportation, Travel & Tourism, Tween Market, Urban Market, Viral/Buzz/Word of Mouth, Web (Banner Ads, Pop-ups, etc.), Women's Market, Yellow Pages Advertising

Alda Abbracciamento *(Mng Dir)*
Kathy Baird *(Grp Mng Dir)*
Corinne Kerns Lowry *(Sr Partner, Mng Dir & Joint Head-Client Svcs)*
Terry Martin *(Mng Dir)*
Jeff Traverso *(Sr Partner & Mng Dir)*
Sandeep Vasudevan *(Mng Dir)*
Jay Winn *(Mng Dir)*
Steve Goldstein *(CFO)*
Lauren Crampsie *(Sr Partner & CMO-Global-Worldwide)*

ADVERTISING AGENCIES

Alfonso Marian *(Chief Creative Officer)*
Eric Wegerbauer *(Chief Creative Officer)*
Steve Zaroff *(Chief Strategy Officer-USA)*
Lauren Pedro *(Sr Partner & Chief Diversity Officer)*
John Seifert *(Chm-Worldwide & CEO-Global)*
Susan Machtiger *(Pres-B2B & Consumer Mktg & Principal-Global Consulting)*
John Dunleavy *(Pres-IBM Team)*
Joanna Seddon *(Pres-Brand Consulting)*
Lou Aversano *(CEO-US)*
Pam Alvord *(Sr VP & Exec Grp Dir, Client Svcs Dir & Dir-Brand Activation)*
Liz O'Neil *(Sr VP-Channel Strategy & Res)*
Nikolaj Birjukow *(Mng Dir-Content)*
Lyndon Cao *(Mng Dir-Global China Practice)*
Jeremy Kuhn *(Mng Dir-Markets-Intl)*
Adam Kornblum *(Head-Social Media & Content Distr)*
Adam Tucker *(Exec Partner & Head-Brand Strategy & Adv)*
Keith Anderson *(Exec Creative Dir)*
David Fowler *(Exec Creative Dir)*
Angela Fung *(Sr Partner & Exec Dir-Digital Production)*
Vincent Geraghty *(Exec Dir-Integrated Production-USA)*
Michael Paterson *(Exec Creative Dir)*
Rafael Reina *(Exec Creative Dir)*
George Tanenbaum *(Exec Creative Dir)*
Eva Augustyn *(Grp Dir-Plng)*
Joan Dufresne *(Sr Partner & Grp Dir-Plng)*
Debra Fried *(Sr Partner & Grp Acct Dir)*
Alicia Zuluaga *(Sr Producer-Brdcst & Content)*
Julian Ham *(Sr Partner, Art Dir & Designer)*
Gabbi Baker *(Acct Dir)*
Kat Brown *(Acct Dir)*
Christine Caridi *(Acct Dir-IBM)*
Juliane Hadem *(Creative Dir)*
Nancy Hughes *(Creative Dir)*
Brian Lee *(Acct Dir)*
Della Mathew *(Creative Dir)*
Erica Ortmann *(Acct Dir)*
Andrew Reed *(Creative Dir)*
Dave Skinner *(Creative Dir)*
Kari Steele *(Sr Partner & Acct Dir)*
Peggy Tan *(Sr Partner & Mktg Dir)*
Jesselle Valdes *(Art Dir)*
Ricard Valero *(Creative Dir)*
Rich Wallace *(Creative Dir)*
Nick Robbins *(Mgmt Supvr-IBM)*
Sebastian Aresco *(Dir-Project Mgmt)*
Leigha Baugham *(Dir-Social Strategy)*
Cathy Borzon *(Dir-Fin & Ops)*
Peter Fedlman *(Dir-Bus Affairs)*
Andy Jones *(Sr Partner & Dir-Worldwide Plng-Siemens)*
Jeremy Katz *(Dir-Editorial)*
Emily Martin *(Dir-Brand Mktg)*
Margaret Rimsky Richards *(Sr Partner & Dir-Grp Plng)*
Lynn Roer *(Dir-Event Mgmt & Experiential Design)*
Kaare Wesnaes *(Dir-Creative Tech)*
Rachel Krebsbach *(Mgr-Social Data & Analytics)*
Melanie Greenblatt *(Acct Supvr)*
Patrick Jagielski *(Acct Supvr)*
Carter Pearson *(Acct Supvr)*
Horacio Rivera *(Acct Supvr)*
Brandon Carril *(Supvr-Social Media)*
Alyssa Palermo *(Sr Strategist-Social)*
Tereza Kucerova *(Acct Exec)*
Becca Marshall *(Strategist-Digital)*
Ashley Cee Domers *(Copywriter-Content & Social)*
Loipa Ramos *(Copywriter)*
Ken Meyer *(Engr-Digital Audio)*
Sean Tuccillo *(Coord-Music Production)*
Baumann Bastien *(Grp Creative Dir)*
Eduardo de la Herran *(Grp Creative Dir)*
Juan Dominguez *(Assoc Creative Dir)*
Kimberly Duffy *(Sr Partner & Exec Mktg Dir)*
Doreen Fox *(Sr Partner & Grp Creative Dir)*
Gregory Kissler *(Assoc Creative Dir)*
Ben Levine *(Exec Grp Dir)*
Artur Lipori *(Assoc Creative Dir)*
Nicky Lorenzo *(Assoc Creative Dir)*
Kaleen Mayhew *(Sr Art Dir)*
Andrew Miller *(Assoc Creative Dir)*
Kevin Reilly *(Assoc Creative Dir)*
Aaron Ricchio *(Sr Art Dir)*
Andrea Scotting *(Sr Partner & Grp Creative Dir)*
John Ta *(Sr Art Dir)*
Charlotte Tansill *(Exec Bus Dir-Social)*
Joan Voltz *(Sr Partner & Exec Grp Dir)*
Simon Woodham *(Sr Art Dir)*

Accounts:
Aetna B2B Marketing, CRM, Collateral, Consumer Marketing, Digital Marketing, Email Marketing, Newsletters, Trade Shows
American Chemistry Council, Inc.
American Express Company American Express Card, BLUE Card, Campaign: "Retrospective", Campaign: "Talking Tags", Campaign: "The Journey Never Stops", Campaign: "The Membership Effect", Campaign: "Tina Fey's Guide To Workout Gear", Centurion Services, Corporate Card, Creative, Delta SkyMiles, Express, Gold Card, Green Card, Membership Rewards, OPEN: Small Business Services, Platinum Card, Travelers Cheques, Tribeca Film Festival (Sponsorship), US Open (Sponsorship); 1963
Amnesty International
BlackRock Creative; 2006
BP
British Airways Campaign: "A Ticket To Visit Mum", Campaign: "Discover yourope"
Cabela's Inc. Creative, Strategy
CDW Corporation Campaign: "Client Golf", Campaign: "People Who Get IT", Elves
Centrica Connected Home Hive, Media
CFA Institute Digital, Event Activations, Out-of-Home, Print, Public Relations, Social Media, TV, Website; 2016
The Chemours Company
Cisco Systems, Inc. Creative; 2002
Citizens Bank (Agency of Record) Campaign: "Janitor", Strategy
The Coca-Cola Company Anthem, Campaign: "'Put a Smile", Campaign: "Drinkable Billboard", Campaign: "Drinkable Commercial", Coke Zero, Diet Coke, Fanta, Media, PlantBottle, Print, Slender Vender, Sprite Zero, The Wearable Movie
Coca-Cola Refreshments USA, Inc. Campaign: "Big Santa", Campaign: "Bottle Bat", Campaign: "Lost In Timeline", Campaign: "Play Fanta", Campaign: "Share a Coke", Coca-Cola Zero, Diet Coke, Fanta, Georgia Coffee, Global Graphic-Novel Campaign, Minute Maid, Package Design, Powerade, Sprite, Vitaminwater; 2009
Comcast Corp Creative
Depend
DuPont Campaign: "Horizons", Campaign: "Stories of Inclusive Innovation"
ESPN "The Chase", Campaign: "Battle of Nations", Campaign: "The Hype", Digital, Print, Radio, Social, Sprint Cup
Express Scripts
Ford Motor Co.; 1975
GE Capital
Heineken Creative, Marketing, Red Stripe
Hellmann's Campaign: "1 800-Sandwich"
Holiday Inn
IBM (Agency of Record) "IBMblr", A Boy & His Atom, Campaign: "Made With IBM", Campaign: "Sessions", Campaign: "Smarter Cities", Campaign: "Split Second", Campaign: "The World's Smallest Movie", Consulting Services, Digital, IBM LOTUS, Linux, Network Servers, Online, Out-of-Home, Print, Social Outdoor, TV, Watson; 1994
Ikea North America Services LLC "Morning Anthem", Campaign: "First :59", Campaign: "Together We Eat", General Market, Hispanic Market; 2010
InterContinental Hotels Group Campaign: "But I Did Stay at a Holiday Inn Express Hotel Last Night", Campaign: "Journey to Extraordinary", Campaign: "Stay Smart", Crowne Plaza, Holiday Inn Express (Agency of Record), Holiday Inn Hotels & Resorts, InterContinental Hotels Group, Priority Club Rewards
Kimberly-Clark Adult & Feminine Care, Baby, Campaign: "Drop Your Pants City", Campaign: "Generation Know", Campaign: "Great American Try-On", Campaign: "Guard Your Manhood", Campaign: "I have SAM in My Pants", Campaign: "Underwareness", Child Care, Depend Silhouette Active Fit, Depends, Huggies, Kleenex, Kotex, Lead Creative, Poise Hourglass, Poise Microliners, Social Media, U by Kotex
La Jugueteria
Lenovo Group Campaign: "PC Does What", Lenovo.com, ThinkCenter Desktop Computers, ThinkPad; 2005
LVMH, Inc. Louis Vuitton
MillerCoors, LLC "Catfight", Miller Genuine Draft, Miller Lite
Mondelez Green & Black's; 2016
Morton Salt Video
Motorola Mobility LLC Moto Z
Nascar (Creative Agency of Record) Campaign: "#whatdriversneed", Campaign: "Battle of Nations", Campaign: "Change", Campaign: "Heroes", Campaign: "Machine", Campaign: "Race to Green", Campaign: "The Chase", Campaign: "The Hype", Campaign: "Twist", Chase for the Nascar Sprint Cup, Digital, Online, Print, Radio, Social, Social Media, Sprint Cup
National Breast Cancer Foundation
Nationwide Insurance (Creative Agency of Record) Campaign: "Jingle", Campaign: "Make Safe Happen", Campaign: "Nationwide Is On Your Side", Digital, Logo, Out of Home, Print, TV
Nestle USA, Inc. Acqua Penna, Calistoga, Campaign: "Break out the Bunny", Campaign: "National Bunny Ears Day", Campaign: "Robot in Italy", Campaign: "The Life Deliziosa", Campaign: "Wrapper", Ice Mountain, Nesquik, Perrier, San Pellegrino; 1999
NewFest
NYC Pride
Philips Campaign: "I'd FAQ Me", Campaign: "Like You've Never Felt Before", Campaign: "Odyssey", Campaign: "Stick with Technology", Global Creative, Norelco, Philips Sonicare, SimplyGo Mini
Pitney Bowes Campaign: "Craftsmen of Commerce"; 2002
Qualcomm Snapdragon
Rekrei
SAP Campaign: "Run Like Never Before", Print, SAP HANA, mysap.com; 1999
S.C. Johnson & Son, Inc. Broadcast, Campaign: "Feel Anticipation", Creative, Glade, Home Cleaning, Home Fragrance, Sparkling Spruce
Shout
Siemens Campaign: "Answers", Campaign: "Blue Danube", Campaign: "Ingenuity for Life", Campaign: "Santa's Factory", Digital, North Pole, Social Media, TV; 2007
Southwest Airlines Digital Agency of Record; 2016
Spotify Campaign: "#thatsongwhen", Marketing, Online, Social Media
Synchrony Financial (Agency of Record) Advertising, Broadcast, Campaign: "Engage With Us", Digital, Media, Out-of-Home, Print
Tiffany & Co. (Agency of Record) Advertising, Brand Positioning, CT60 Watch, Campaign: "A New York Minute", Campaign: "Will You?", Digital, Global Creative, Out of Home, Print, Strategic, Video
Tourneau, Inc. Tourneau
Tribeca Film Festival
UNESCO "ReclaimHistory.org"
Unilever Baby Dove, Carb Options, Dove, Hellmann's Real Mayonnaise, Home Basics, Ponds, Ponds Institute, Project Sunlight, Q Tips, Slim-Fast, Suave, TV; 1952
United Way
The UPS Store Campaign: ""What's Your Story?"
The Webbys

AGENCIES - JANUARY, 2019 — ADVERTISING AGENCIES

United States:

A. Eicoff & Co.
401 N Michigan Ave 4th Fl, Chicago, IL 60611-4212
(See Separate Listing)

de la Cruz & Associates
Metro Office Park St 1 No 9 Ste 201, Guaynabo, PR 00968-1705
(See Separate Listing)

The Lacek Group
900 2nd Ave S Ste 1800, Minneapolis, MN 55402
(See Separate Listing)

Maxx Marketing
222 W Merchandise Mart Plz Ste 250, Chicago, IL 60654
(See Separate Listing)

Neo@Ogilvy
636 11th Ave, New York, NY 10036
(See Separate Listing)

Ogilvy New York
(Formerly Ogilvy & Mather New York)
636 11th Ave, New York, NY 10036
Tel.: (212) 237-4000
Fax: (212) 237-5123
Web Site: www.ogilvy.com

Employees: 1,100
Year Founded: 1948

National Agency Associations: 4A's

Agency Specializes In: Sponsorship

Antonis Kocheilas *(Mng Partner-Client Strategy)*
Keith Turco *(Mng Dir & Exec VP)*
Liam Parker *(Sr Partner & Mng Dir)*
Kim Slicklein *(Pres-Ogilvy Earth)*
Adam Tucker *(Exec Partner & Head-Brand Strategy & Adv-WPP Team)*
George Tannenbaum *(Exec Creative Dir & Chief-Copy)*
Eva Augustyn *(Grp Dir-Plng)*
KJ Bowen *(Sr Partner & Creative Dir)*
Kara Coyle *(Creative Dir)*
Emily Nussbaum *(Producer-Digital)*
Eleanor Solomon *(Acct Dir)*
Rich Wallace *(Creative Dir)*
Sara Smoler *(Supvr-Bus Dev)*
Mimi Gendreau Kigawa *(Strategist)*
Ashley Veltre *(Assoc Creative Dir)*

Accounts:
The Advertising Council Global Warming
Castrol Media
The Coca-Cola Company Vitaminwater
Dove Men+Care
Motorola Solutions Inc Creative
Environmental Defense Fund Global Warming
Holiday Inn
International Business Machines "The Martian"
Synchrony Financial
Tiffany & Co

Ogilvy
(Formerly Ogilvy & Mather)
12180 Millennium Ste 440, Playa Vista, CA 90094
Tel.: (310) 280-2200
Fax: (310) 280-9473
Web Site: www.ogilvy.com

Employees: 100
Year Founded: 1971

National Agency Associations: 4A's

Agency Specializes In: Children's Market, Entertainment, High Technology

Heather Macpherson *(Mng Dir)*
Pam Alvord *(Sr VP, Exec Grp Dir, Client Svcs Dir & Dir-Brand Activation)*
Sarah Howell *(Mng Dir-H&O)*
Lori Proctor *(Mgmt Supvr)*
Garrett Clum *(Dir-Design & Art)*
Rhonda Mitchell *(Dir-Creative Svcs)*
Richard Murphy *(Dir-Strategic Analytics & Bus Intelligence)*
Heidi Williams *(Dir-HR-West)*
Nicholas Costarides *(Assoc Creative Dir)*
Luis M. Rodriguez *(Assoc Creative Dir)*

Accounts:
BP America, Inc. AM/PM Mini Markets
Mattel Barbie
McIlhenny Co. Tabasco
Scotch Brite

Ogilvy
(Formerly Ogilvy & Mather)
350 W Mart Ctr Dr Ste 1100, Chicago, IL 60654-1866
Tel.: (312) 856-8200
Fax: (312) 856-8207
Web Site: www.ogilvy.com

Employees: 1,800
Year Founded: 1976

National Agency Associations: 4A's

Agency Specializes In: Sponsorship

David Hernandez *(Mng Dir & Exec Creative Dir-OgilvyOne Chicago)*
Cathy Francque *(Grp Mng Dir)*
Lisa Middleton *(VP-Mktg & Comm)*
Dave Loew *(Exec Creative Dir)*
Jon Wyville *(Exec Creative Dir)*
Tracy C. Galligher Young *(Sr Dir-Mktg & Audience)*
Holly H. Gilson *(Sr Dir-Comm)*
Chris Carraway *(Art Dir & Creative Dir)*
Kelsy Zemanski *(Acct Supvr & Assoc Producer)*
Mark Bruker *(Creative Dir)*
Michael Franklin *(Creative Dir)*
Steve Hahn *(Creative Dir)*
Erica Lachat *(Acct Dir)*
Stirling McLaughlin *(Creative Dir)*
Amy Medellin *(Acct Dir)*
Hital Pandya *(Creative Dir)*
Luis Gabriel Ramirez Arias *(Creative Dir)*
Jilian Oxler *(Mgmt Supvr)*
Kathy Galli *(Dir-Creative Svcs)*
Nicole Wright *(Dir-HR & Talent Mgmt)*
Justin Arvidson *(Acct Supvr)*
Molly Gilles *(Acct Supvr)*
Lauren Klein *(Acct Supvr-SC Johnson Glade Acct)*
Rob Jamieson *(Grp Creative Dir)*
Gonzalo Palavecino Moreno *(Assoc Creative Dir)*
Patrick Seidel *(Assoc Creative Dir)*

Accounts:
ACT
Allstate
American Bar Association; Chicago, IL (Agency of Record)
Americans for Responsible Solutions
Apes Campaign: "A Project of The Conservation Trust"
Arrow Electronics
Ashford University
Beam Inc Creative, Digital, Pinnacle Vodka, Print, Television
Blackhawks Campaign: "Own The Ice"
BP
The Brady Foundation Campaign: "Zero minutes of fame"
British Airways Campaign: "Visit Mum"
Cargill, Inc. Truvia
CDW Corporation Broadcast, Campaign: "Charles Barkley", Campaign: "Futuristic", Campaign: "Orchestration by CDW", Campaign: "People Who Get It", Campaign: "Smart Growth", Campaign: "Teammates", Digital, Online, Print, Radio, Social Media, TV, The Dome
Chicago Blackhawks Hockey Team (Agency of Record)
Chicago Sun-Times
Cintas Campaign: "Ready for the Workday", Online, Print, Radio, TV
City of Chicago
Constellation Brands, Inc. Advertising, Corona Light, Modelo Especial
Cook County Hospital
DHL DHL Holdings, Inc.
The Ernest Hemingway Foundation of Oak Park A Farewell To Arms, For Whom The Bell Tolls, The Old Man and the Sea, Videos
Grainger Branding, Creative
Grant Thornton International
Jimmy Dean Campaign: "Sausage Yule Log"
Kimberly-Clark Corp. "Huggies Baby-Making Station", Campaign: "Daddy Test", Campaign: "Little Squirmers", Customer Relationship Management, Goodnites, Huggies, Kotex, Loyalty, Mobile, Print, Pull-Ups, Social, Social Media, Television
KISS FM Radio
Lyric Opera of Chicago
Morton Salt (Creative Agency of Record) Digital, Public Relations, Social
Sargento Foods Inc. (Creative & Public Relations Agency of Record) CEO Positioning, Corporate & Influencer Marketing, Digital, Employee Engagement, Issue & Crisis Management, Media Relations, Stakeholder Communications
S.C. Johnson & Son, Inc. Glade, Kiwi, Shout Color Catcher
The Steppenwolf Theatre Campaign: "Clyborne Park", Campaign: "Man In Love", Campaign: "The March", Campaign: "Thirty Year History", Campaign: "Time Stands Still"
Team Gleason
Tyson Foods, Inc. Campaign: "Shine It Forward", Jimmy Dean (Creative Agency of Record), Print, Strategy, TV
Unilever Campaign: "Choose Beautiful", Campaign: "Real Beauty", Dove, Dove Men+Care, Suave
UPS (Agency of Record) Campaign: "Guitar", Campaign: "Mailbox Confessions", TV
Whirlpool Corporation Gladiator

Ogilvy North America
636 11th Ave, New York, NY 10036
Tel.: (212) 237-4000
Fax: (212) 237-5123
Web Site: www.ogilvy.com

Employees: 10,000

National Agency Associations: 4A's

Kathy Baird *(Grp Mng Dir)*
Steve Simpson *(Chief Creative Officer)*
Jissette Lopez *(VP)*
Marc Stolove *(Creative Dir & Writer)*
Whitney Keenan *(Mgmt Supvr)*
Athena Lynn *(Dir-Project Mgmt)*

Accounts:
American Express
Barclays
Blackrock
CDW
Lenovo ThinkPad
Motorola Solutions, Inc.; 2007
Siemens
Wachovia Creative; 2008

ADVERTISING AGENCIES

Ogilvy
(Formerly Ogilvy Public Relations Worldwide)
636 11th Ave, New York, NY 10036
(See Separate Listing)

OgilvyInteractive
636 11th Ave, New York, NY 10036
(See Separate Listing)

OgilvyOne Worldwide New York
636 11th Ave, New York, NY 10036
Tel.: (212) 237-4000
Fax: (212) 237-5123
Web Site: https://www.ogilvyone.com/

Employees: 5,000
Year Founded: 1972

National Agency Associations: 4A's

Agency Specializes In: Direct Response Marketing

Rebecca Barnard *(Partner & Exec Grp Dir-Aetna, Southwest Airlines & Synchrony Fin)*
Nelly Andersen *(Exec Partner & Chief Client Officer)*
Nelson Figueiredo *(VP & Dir-Tech)*
Robert John Davis *(Head-Digital-USA)*
Catherine Keenan *(Grp Dir-Plng)*
Melissa Scott *(Grp Dir-Plng)*
Gabbi Baker *(Acct Dir)*
Lisa Midgley *(Mktg Dir-Tech Svcs)*
Olivier Sentucq *(Acct Dir)*
Rachel Serton *(Dir-Mktg & Comm)*
Jonathan Stern *(Dir-Digital Strategy & Ops-IBM)*
Julia Maria Bayona *(Assoc Dir-Learning & Dev)*
Gunther Schumacher *(Chief Delivery Officer-Worldwide)*
Rachel Wolak-Frank *(Assoc Creative Dir)*

Accounts:
Aetna
American Express
BlackRock
Coca-Cola
DuPont
IBM IBM Watson, Social Content, TV; 2004
IHG
Ikea
Nestle USA (Confections & Snacks) Confections & Snacks
Southwest Airlines Digital
Unilever
UPS Your Wishes Delivered: Driver Training Camp

OgilvyOne Worldwide
350 W Mart Ctr Dr Ste 1100, Chicago, IL 60654-1866
Tel.: (312) 856-8200
Fax: (312) 856-8420
E-Mail: info@ogilvy.com
Web Site: www.ogilvy.com

Employees: 150
Year Founded: 1976

National Agency Associations: 4A's

Maureen Galloway *(Acct Dir)*
Debbie Feldman *(Acct Supvr)*
Natalie Broler *(Assoc Media Dir)*

Accounts:
Cannes Cyber & Design
Comfort
Dove
Ford
IBM
Nestle
Ou Pont
Tourism NSW

OgilvyOne
111 Sutter St 10th Fl, San Francisco, CA 94104
Tel.: (415) 782-4700
Web Site: www.ogilvy.com

Employees: 85

National Agency Associations: 4A's

Dave Mackay *(Dir-Engagement Plng)*
Dan Forsberg *(Sr Partner & Exec Mktg Dir)*

Accounts:
InterContinental Hotels Group (Agency of Record)
iShares Brand Advertising
Mobixell

Canada

Brad
3451 Blvd Saint-Laurent 2nd Fl, Montreal, QC H2X 2T6 Canada
Tel.: (514) 871-1616
Web Site: www.brad.ca

Employees: 100
Year Founded: 1994

Agency Specializes In: Advertising

Dany Renauld *(Co-Chm)*
Mathieu Lacombe *(Art Dir)*
Hugues Morin *(Creative Dir)*

Accounts:
Ataxia
Disney
Expedia
Friends of Canadian Films
Glenisson
Hopper
Irving
Labatt Breweries of Canada Budweiser 4
LEGO
Pendopharm Lax-A-Day
Pizza Hut, Inc.
The Residence Funeraire de Lanaudiere Funeral Home
Siaya
SOS Domestic Violence
Together Against Bullying

Ogilvy
(Formerly Ogilvy & Mather)
33 Yonge St, Toronto, ON M5E 1X6 Canada
Tel.: (416) 367-3573
Fax: (416) 363-2088
E-Mail: laurie.young@ogilvy.com
Web Site: https://ogilvycanada.com/

Employees: 148
Year Founded: 1961

Agency Specializes In: Direct Response Marketing, Multimedia, Public Relations, Sales Promotion

Martin Bernier *(Pres)*
Aviva Groll *(Sr Partner & Grp Acct Dir)*
Brian Murray *(Chief Creative Officer)*
Laurie Young *(CEO-Canada)*
Andre Laurentino *(Exec Creative Dir)*
Charline Fauche-Simon *(Art Dir)*
Amy Fernandes *(Art Dir)*
Michelle Lee *(Dir-Strategic Plng)*
Kennedy Crawford *(Acct Supvr)*
Samantha Weisbarth *(Acct Supvr)*
Robyn Hutman *(Strategist-Digital)*
Serra Tokat *(Acct Exec)*
Samantha Ramsay *(Copywriter)*
Chris Dacyshyn *(Grp Creative Dir)*
Julie Markle *(Grp Creative Dir)*

Accounts:
Carlsberg (Agency of Record) Advertising, Brooklyn Lager, Community Outreach, Kronenbourg 1664, Kronenbourg Blanc, Not Your Father's Root, Somersby Cider
Delta Waterfowl
Destination Canada Content, Social, Strategic Marketing, Strategic Planning
Heart and Stroke Foundation Campaign: "We Create Survivors", Creative, Print
Kimberly-Clark Inc. Broadcast, Campaign: "Share The Care", Experiment, Huggies, Kleenex, OOH, Online, Print, Social, U by Kotex, Video Rashers
Unilever Canada Inc. Baby Dove, Body Wash, Campaign: "Bye-Bye Deep Fryer", Campaign: "Real Beauty", Campaign: "Scratch Card", Dove, Hellmann's, The Dove Self Esteem Fund

Ogilvy Montreal
(Formerly Terrain Ogilvy)
215 Rue St-Jaccques Ste 333, Montreal, QC H2Y 1M6 Canada
Tel.: (514) 861-1811
Fax: (514) 861-0439
E-Mail: information.montreal@ogilvy.com
Web Site: www.ogilvy-montreal.ca

Employees: 175
Year Founded: 1982

Agency Specializes In: Advertising Specialties

Etienne Bastien *(Sr VP & Chief Creative Officer)*
Marc Gagnier *(Exec VP-Strategic Plng)*
Caroline M. Gauthier *(Exec VP-Advisory Svcs & Global Integration)*
Linda Perez *(Sr VP-Client Svcs)*
Francine Stockli *(VP-Production)*
Lina Castrechini *(Grp Acct Dir)*
Vlada Zaitzev *(Acct Exec & Producer)*
Antoine Dasseville *(Art Dir)*
Abdoul Diallo *(Art Dir)*
Alexandre Emond-Turcotte *(Creative Dir)*
David Tremblay *(Media Dir)*
Maria Tripodi *(Supvr-HR)*
Simon Blaquiere *(Copywriter)*

Accounts:
Armoires Cuisines Actions; 2017
Belron Canada (Agency of Record) Creative, Lebeau Vitres D'Auto, Speedy Glass; 2017
Canadian Armed Forces (Lead Creative Agency)
Colorectal Cancer Association of Canada
Health Canada
Infopresse
Mercier Wood Flooring; 2017
Mont Tremblant Resort Creative, Tremblant
Parks Canada Advertising, Strategy & Creative Development; 2017

OgilvyOne Worldwide
33 Yonge St, Toronto, ON M5E 1X6 Canada
Tel.: (416) 363-9514
Fax: (416) 36-3 2088
E-Mail: guy.stevenson@ogilvy.com
Web Site: www.ogilvy.com

Employees: 52
Year Founded: 1978

Agency Specializes In: Direct Response Marketing

David Tremblay *(VP-Media)*
Crystal Sales *(Strategist-Digital)*
Maximiliano Oss Rech *(Copywriter)*

Accounts:
Cisco
DHL
IBM Canada Limited
MX

AGENCIES - JANUARY, 2019 — ADVERTISING AGENCIES

Tim Hortons, Inc. Campaign: "The Warmest Tim Hortons in Canada", Online
Unilever United States, Inc. Campaign: "Thought Before Action", Dove

Austria:

Ogilvy Ges m.b.H.
(Formerly Ogilvy & Mather Ges m.b.H.)
Bachofengasse 8, 1190 Vienna, Austria
Tel.: (43) 1 90100 0
Fax: (43) 1 901 100 300
E-Mail: florian.krenkel@ogilvy.com
Web Site: www.ogilvy.at

Employees: 60
Year Founded: 1961

Accounts:
Kleine Zeitung
Reed Exhibition Companies
Reed Messe Wien Campaign: "Stratos Jump Successful", Model Maker Fair

Belgium:

Ogilvy NV/SA
(Formerly Ogilvy & Mather NV/SA)
Cantersteen 47, 1000 Brussels, Belgium
Tel.: (32) 25456500
E-Mail: info@ogilvy.be
Web Site: https://ogilvy-sociallab.be/

Employees: 60
Year Founded: 1969

Gabriel Araujo *(Chief Creative Officer)*
Jakub Hodbod *(Dir-Strategy-New York)*

Accounts:
Amnesty International Belgium Campaign: "#tramnesty"
Beefeater
De Zelfmoordlijn
The European Commission's Directorate For The Environment Biodiversity Awareness, DG Environment
European Parliament Campaign: "Act. React. Impact."
Flemish Pork Syndicate
Ford Motor Company Ford Econetic Range, Ford S-Max, Ford Transit

OgilvyOne Worldwide
Blvd de l'Imperatrice 13 Keizerinlaan, 1000 Brussels, Belgium
Tel.: (32) 2 545 6500
Fax: (32) 2 545 6599
E-Mail: koen.vanimpe@ogilvy.com
Web Site: https://ogilvy-sociallab.be/

Employees: 80
Year Founded: 1968

National Agency Associations: DMA-EDMA

Agency Specializes In: Advertising

An Vande Velde *(COO)*

Accounts:
Zelfmoord 1813

Cyprus:

Pandora/Ogilvy
(Formerly Pandora/Ogilvy & Mather)
Kennedy Business Center 12-14 Kennedy Ave 1st Fl Ofc 101, Nicosia, Cyprus

Mailing Address:
PO Box 23683, Nicosia, Cyprus
Tel.: (357) 22 767374
Fax: (357) 22 767388
E-Mail: pandora@ogilvy.com.cy
Web Site: www.ogilvy.com.cy

Employees: 30

Agency Specializes In: Strategic Planning/Research

Andreas Mishellis *(Mng Dir)*
Elias Arvanitis *(Head-Acct Mgmt)*

Czech Republic:

Ogilvy Czech
(Formerly Mather Communications s.r.o.)
Prohunu 13, 170 00 Prague, 7 Czech Republic
Tel.: (420) 221 998 555
Fax: (420) 221 998 590
E-Mail: mather@mather.cz
Web Site: https://www.ogilvy.cz/cs/

Employees: 10
Year Founded: 1991

Agency Specializes In: Corporate Identity, Digital/Interactive, Graphic Design, Out-of-Home Media, Public Relations, Publicity/Promotions, Radio, Sales Promotion, T.V.

Tomas Belko *(Exec Creative Dir)*
Tereza Kucerova *(Acct Exec)*

Accounts:
Mondelez International, Inc.

Ogilvy
(Formerly Ogilvy & Mather)
Hybesova 18, 602 00 Brno, Czech Republic
Tel.: (420) 543 247 192
Fax: (420) 543 247 188
Web Site: www.ogilvymorava.cz

Employees: 11

Tomas Kadlec *(Acct Mgr-Morava)*
Marek Turon *(Mgr-PR)*
Roman Valla *(Mgr)*

Ogilvy
(Formerly Ogilvy & Mather)
Privozni 2A, 170 00 Prague, 7 Czech Republic
Tel.: (420) 2 2199 8111
Fax: (420) 2 2199 8888
E-Mail: boris.stepanovic@ogilvy.com
Web Site: https://www.ogilvy.cz/cs/

Employees: 200
Year Founded: 1992

Agency Specializes In: Direct Response Marketing

Ondrej Obluk *(Grp Mng Dir)*
Michaela Prochazkova *(CFO)*
Tomas Belko *(Exec Creative Dir)*
Jitka Galuskova *(Art Dir)*
Katerina Rauschertova *(Acct Dir)*
Veronika Brumlichova *(Sr Acct Mgr)*
Aneta Zahorikova *(Acct Mgr)*
Milada Holanova *(Mgr-Traffic)*
Petra Matuskova *(Mgr-Traffic)*
Lucie Kantorikova *(Acct Exec)*
Tereza Kucerova *(Acct Exec)*
Jindrich Kaplan *(Reg Jr Acct Mgr)*
Pavlina Paulova *(Reg Acct Mgr)*

Accounts:
Clavin Campaign: "Erectile dysfunction remedy", Campaign: "Erection Blister", Ultra
Czech Radio
Mondelez International, Inc.
Prague City Gallery Campaign: "The Dying Poster"
Prague Pride

OgilvyOne Worldwide
Privozni 2A Grounds, 170 00 Prague, 7 Czech Republic
Tel.: (420) 221 998 777
Fax: (420) 221 998 788
E-Mail: info@ogilvyone.cz
Web Site: https://www.ogilvy.cz/cs/

Employees: 50

Agency Specializes In: Direct Response Marketing

Denmark:

OgilvyOne Worldwide
Toldbodgade 55, K-1253 Copenhagen, Denmark
Tel.: (45) 3917 8888
Fax: (45) 3917 8801
Web Site: www.ogilvy.dk/

Employees: 60
Year Founded: 1983

Agency Specializes In: Direct Response Marketing

Accounts:
Branca International S.p.A. Fernet
IBM
Kjaer Kobenhavn Campaign: "Dawn of Woman"
Mellemfolkeligt Samvirke Campaign: "We will not accept it"
The Undo-It Laser Tattoo Removal Campaign: "Butterfly", Campaign: "Skull"
World Wide Fund For Nature

Finland:

Taivas
Unioninkatu 13, 00130 Helsinki, Finland
Tel.: (358) 9 618 420
Fax: (358) 9 666 326
E-Mail: info@taivas.fi
Web Site: www.taivas.fi/

Employees: 20
Year Founded: 1999

Agency Specializes In: Out-of-Home Media, Outdoor

Mikko Helme *(Dir-Strategy)*
Nina Myllyharju *(Dir-Client Svc)*
Ilpo Bergstrom *(Sr Graphic Designer)*

France:

cba BE
96 rue Edouard Vaillant, Levallois-Perret, 92300 Paris, France
Tel.: (33) 1 40 54 09 00
Fax: (33) 1 47 64 95 75
E-Mail: info@cba-design.com
Web Site: www.cba-design.com/fr

Employees: 185
Year Founded: 1982

Agency Specializes In: Advertising, Brand Development & Integration, Communications, Consumer Marketing, Cosmetics, Food Service, Graphic Design, Internet/Web Design, Logo & Package Design, Publicity/Promotions

ADVERTISING AGENCIES

Louis Collinet *(CEO)*
Anne Malberti *(Gen Mgr-CBA Paris)*

Ogilvy
(Formerly Ogilvy & Mather)
40 Ave George V, 75008 Paris, France
Tel.: (33) 1 5323 3000
Fax: (33) 1 5323 3030
Web Site: ogilvyparis.fr/

Employees: 280
Year Founded: 1972

Pauline-Victoire d'Albis Desforges *(Partner-Plng)*
Pierre-Hubert Meilhac *(Mng Dir & Head-PR & Influence)*
Lisa Mcleod *(Head-Creative)*
Pablo Cachon *(Creative Dir-Spain)*
Juliette Courty *(Art Dir)*
Beatrice Lassailly-Ramel *(Creative Dir)*
Frederic Siebert *(Art Dir)*
Manon Tardif *(Art Dir)*
Mathilde Champeaux *(Dir-Artistic)*
France De-Saint-Steban *(Dir-Artistic)*
Juliette Duc *(Dir-Artistic)*
Maxime Gallet *(Dir-Production)*
Victoria Job *(Dir-Artistic)*
Jane Crobeddu *(Acct Mgr)*
Geoffrey Pouget *(Acct Mgr)*
Clara Bascoul-Gauthier *(Comm Mgr)*
Kim Ball *(Mgr-PR)*
Astrid Aude *(Acct Supvr)*
Brune Sabran *(Acct Exec)*
Quentin Lohr *(Designer-Video)*
Martha Murphy *(Copywriter)*
Robyn Makinson *(Asst Art Dir)*
Guillaume Mary *(Sr Art Dir)*
Fergus O'Hare *(Assoc Creative Dir)*

Accounts:
Allianz
Babolat
Beaute Prestige International Campaign: "On The Docks"
Bertelsmann AG
Coca-Cola Campaign: "3/37 Degrees", Campaign: "A Step From Zero", Campaign: "Balloons", Campaign: "Curves", Campaign: "Do the Toe Tappy", Campaign: "Tale of Contour", Campaign: "Zero Clue", Coke Zero, Creative, Diet Coke, Slender Vender, TV
Etat libre d'Orange Grasse
Europcar Autoliberte, Campaign: "Crush Hour"
Ferrero Campaign: "The Worst Breath in the World", Tic Tac
Fisher Price Camera Campaign: "Bed"
Ford France Campaign: "For those moments you go a little bit off track. Lane departure warning system.", Campaign: "Keyfree Login", Campaign: "OFF-TRACK"
Google Campaign: "First Social Same-Sex Marriage", Google+
Grey Goose Campaign: "Fly Beyond"
Gumlink Stimorol Gum
IBM Buildings Energy, Campaign: "Smart Cities Art Gallery", Campaign: "Smarter Ideas For Smarter Cities", Food Supply, Food Traceability, Outcomes, Tie, Traffic
Jean Paul Gaultier Perfumes Campaign: "On The Docks"
Lenovo
LVMH Moet Hennessy Louis Vuitton SA Campaign: "Angelina Jolie's Journey to Cambodia", Campaign: "Louis Vuitton Perspectives", Moet & Chandon, Spring Summer Fashion Show
Mattel Hot Wheels, Scrabble
Mondelez International Prince, Stimorol
Motorola Mobility LLC Motorola
Neste
Nestle Waters France S.A.S. Campaign: "Le Club Perrier", Campaign: "Perrier Secret Place", Campaign: "The Drop", Nestle Waters, Perrier, Perrier Fines Bulles, The Perrier Mansion

Netflix Campaign: "The Friendly Preroll Campaign", Digital, Outdoor
Rocky Mountain Equipment
The Rocky Mountain Multiple Sclerosis Center
Tic Tac France Campaign: "Worst Breath in the World"
Tiffany & Co. Creative, Strategic
Unilever Campaign: "Dove Hair: Love Your Curls", Campaign: "Inner Thoughts", Campaign: "Kate's Colour", Campaign: "Legacy", Dove, Dove Men + Care
Vittel
Water for Africa Campaign: "The Marathon Walker"

OgilvyHealthcare
44 avenue George V, 75008 Paris, France
Tel.: (33) 1 53 53 12 30
Fax: (33) 1 53 53 12 31
E-Mail: jeanmarc.mosselmans@ogilvy.com
Web Site: ogilvyparis.fr

Employees: 10
Year Founded: 1981

Agency Specializes In: Health Care Services

Benoit De Fleurian *(Chief Strategy Officer-Ogilvy France & Pres-Ogilvy Change)*
Chistian Foulon *(Creative Dir)*

OgilvyOne
136 Avenue des Champs Elysees, 75008 Paris, France
Tel.: (33) 1 40 76 23 30
Fax: (33) 1 4076 2425
E-Mail: violaine.germain@ogilvy.com
Web Site: ogilvyparis.fr

Employees: 118

Gilles Bordure *(CFO & COO)*
Benoit De Fleurian *(Chief Strategy Officer-France & Pres-Ogilvy Change)*
David Raichman *(Exec Creative Dir)*
Christian Foulon *(Creative Dir)*

Germany:

Ogilvy Frankfurt
(Formerly Ogilvy & Mather Frankfurt)
Darmstadter Landstrasse 112, D-60598 Frankfurt, Germany
Tel.: (49) 69 962250
E-Mail: info@ogilvy.de
Web Site: www.ogilvy.de

Employees: 200
Year Founded: 1950

Agency Specializes In: Business-To-Business, Direct Response Marketing, Public Relations, Sales Promotion, Telemarketing

Bjorn Bremer *(Chief Creative Officer)*
Stephan Vogel *(Chief Creative Officer-Europe, Middle East & Africa)*
Peter Roemmelt *(Exec Creative Dir)*
Carola Romanus *(Exec Dir-Client Svc)*
Christian Kuzman *(Art Dir & Copywriter)*
Lothar Muller *(Creative Dir)*
Peter Strauss *(Creative Dir)*
Egbert Melten *(Mgmt Supvr)*
Roland Stauber *(Dir-Client Svcs)*
Jens Steffen *(Dir-Technical)*
Maximilian Weiss *(Supvr-Mgmt)*
Sergej Chursyn *(Sr Art Dir)*
Klaus-Martin Michaelis *(Sr Art Dir)*

Accounts:
Amnesty International
Coca-Cola Germany Campaign: "Make Someone Happy", Campaign: "Mini World", TV
Dunkelziffer E.V.
European Anti-Bullying Network
Fleurop Campaign: "Make Her See It in a Different Way", Campaign: "Sister"
Foundation for Life Organ Donation Extreme Waiting
The Franciscans Duesseldorf Campaign: "Surviving is an Art"
Fujifilm Chicken, X-S1
Furs Leben Campaign: "Waiting For Seven Years"
Gesicht Zeigen
Media Markt Campaign: "Banner Shake", Campaign: "Mall of Madness"
Mondelez International, Inc. Campaign: "Help Helmut"
MTV Campaign: "Download Bar"
Oroverde Campaign: "The Donation Army"
Schoeffel Campaign: "Windstopper"
New-Sea Shepherd
Spielzeux
Triumph Adler Campaign: "Copies Faster."
Unilever Rama Butter
New-Werz Innovations GmbH
ZMG Newspaper Marketing Association Campaign: "Lilliputian", Campaign: "Mariachi", Press, The Newspaper Effect

Ogilvy
(Formerly Ogilvy & Mather)
Am Handelshafen 2-4, Postfach 19 00 21, 40221 Dusseldorf, Germany
Mailing Address:
Postfach 19 00 21, 40110 Dusseldorf, Germany
Tel.: (49) 211 497 00 0
Fax: (49) 211 497 00 110
E-Mail: ogilvyddf@ogilvy.com
Web Site: www.ogilvy.de

Employees: 220
Year Founded: 1981

Ulrich Tillmanns *(Chm)*
Tim Stuebane *(Mng Dir & Exec Creative Dir)*
Lukasz Brzozowski *(Mng Dir-Creation & Creative)*
Max Brunner *(Acct Dir)*
Moritz Ebeling *(Art Dir)*
Martin Mazcurek *(Art Dir)*
Christopher Nothegger *(Creative Dir)*
Andreas Steinkemper *(Creative Dir)*
Katharina Schramm *(Acct Mgr)*
Franka Mai *(Sr Planner-Creative)*
Philipp Ries *(Copywriter)*
Lars-Erik Schutz *(Copywriter)*
Nataliia Benivska *(Jr Art Dir)*
Charles Dennewald *(Jr Art Dir)*
Yves Harmgart *(Sr Art Dir)*
Serdar Kantekin *(Grp Creative Dir)*
Simon Usifo *(Chief Delivery Officer)*

Accounts:
Allianz Life Insurance
Civil Sector Of Euromaidan Campaign: "Silent Scream"
The Coca-Cola Company Powerade
Dusseldorfer Tafel Campaign: "All You Can't Eat", Campaign: "The World's Largest Advent Calendar"
International Society for Human Rights
KFC
Mondelez International, Inc. Campaign: "Help Helmut"
Oro Verde Campaign: "Every Tree Has A Story"
Philips "Designed to Play", Campaign: "Philips Click & Style", Click & Style, Creative, Mobile
Raum D Campaign: "Vivid Memories"
New-Spielzeux

Ogilvy Healthworld GmbH
Am Handelshafen 2-4, 40221 Dusseldorf, Germany
Mailing Address:
Postfach 190024, 40110 Dusseldorf, Germany

AGENCIES - JANUARY, 2019 — ADVERTISING AGENCIES

Tel.: (49) 211-49700701
Web Site: www.ogilvy.de

Employees: 20
Year Founded: 1986

Agency Specializes In: Advertising, Advertising Specialties, Alternative Advertising, Below-the-Line, Brand Development & Integration, Branded Entertainment, Broadcast, Business Publications, Business-To-Business, Catalogs, Co-op Advertising, Communications, Consulting, Consumer Goods, Consumer Publications, Content, Corporate Communications, Corporate Identity, Cosmetics, Crisis Communications, Custom Publishing, Customer Relationship Management, Direct Response Marketing, Direct-to-Consumer, E-Commerce, Education, Email, Entertainment, Environmental, Event Planning & Marketing, Exhibit/Trade Shows, Food Service, Graphic Design, Guerila Marketing, Health Care Services, Hospitality, Identity Marketing, In-Store Advertising, Integrated Marketing, International, Internet/Web Design, LGBTQ Market, Local Marketing, Logo & Package Design, Market Research, Media Relations, Medical Products, Men's Market, Merchandising, Mobile Marketing, New Product Development, Out-of-Home Media, Outdoor, Over-50 Market, Package Design, Pets, Pharmaceutical, Planning & Consultation, Podcasting, Point of Purchase, Point of Sale, Print, Product Placement, Production (Ad, Film, Broadcast), Promotions, Public Relations, Publicity/Promotions, Radio, Sales Promotion, Seniors' Market, Social Marketing/Nonprofit, Social Media, Sponsorship, Technical Advertising, Teen Market, Telemarketing, Web (Banner Ads, Pop-ups, etc.), Women's Market, Yellow Pages Advertising

Helmut Hechler *(CFO)*
Mona Tillinger *(Head-HR)*

OgilvyOne GmbH
Darmstadter Landstrasse 112, 60598 Frankfurt, Germany
Tel.: (49) 69 609150
Fax: (49) 69 618031
E-Mail: info@ogilvy.de
Web Site: www.ogilvy.de

Employees: 600
Year Founded: 1977

Agency Specializes In: Direct Response Marketing

Tim Stuebane *(Mng Dir & Exec Creative Dir)*
Helmut Hechler *(Mng Dir)*
Tanja Albert *(Fin Dir)*
Michael Kutschinski *(Chief Creative Officer-Germany & Head-Creative-UX & Commerce)*
Stephan Vogel *(Chief Creative Officer-EMEA)*
Felix Nathanael Rompis *(Dir-Client Svc)*
Hayley Chappell *(Copywriter)*
Garth Gericke *(Sr Art Dir)*
Klaus-Martin Michaelis *(Sr Art Dir-Germany)*

Accounts:
Gesicht Zeigen
Kontor Records Campaign: "Back to Vinyl"
Nescafé

Greece:

Bold Ogilvy Greece
10 Imathias Str, Gerakas, 15344 Athens, Greece
Tel.: (30) 210 6660000
Fax: (30) 210 61 99486
E-Mail: boldogilvy@ogilvy.com
Web Site: ogilvy.gr/bold-ogilvy

Employees: 106
Year Founded: 1977

Theodore Cotionis *(Mng Dir)*
Kostas Bakoulas *(CFO)*
George Kotionis *(Mng Dir-Asset Ogilvy)*
Gregory Partalis *(Controller-Treasury)*
Maria Tzelepi *(Gen Mgr)*
Daphni Lokoviti *(Exec Dir-Team OTE)*
Yannis Sideris *(Exec Creative Dir)*
Christina Alifakioti *(Acct Dir)*
Anna Chalari *(Art Dir)*
Vicky Fili *(Acct Dir-Asset Ogilvy)*
Angeliki Kornelatou *(Creative Dir)*
Christos Koumantos *(Creative Dir)*
Panagiotis Pagonis *(Art Dir)*
Alexandros Papatsonis *(Creative Dir)*
Theodore Politis *(Bus Dir)*
Despina Stathopoulou *(Bus Dir)*
Matina Trigkidou *(Bus Dir)*
Elena Vlagouli *(Acct Dir)*
Kelly Ioakimidou *(Sr Acct Mgr-Asset Ogilvy)*
Lydia Papantonopoulou *(Acct Exec)*

Accounts:
Dupont Coragen Pesticide Campaign: "Green Worm"
Hellenic Republic
Panhellenic Lifeguard School

OgilvyOne Worldwide
10 Imathias Street, 15 344 Athens, Greece
Tel.: (30) 210 6660 300
Fax: (30) 210 610 6903
E-Mail: ogilvyone@ogilvyone.gr
Web Site: www.ogilvyone.gr

Employees: 29
Year Founded: 1987

Agency Specializes In: Direct Response Marketing

Manolis Mavrikakis *(CTO)*
Christos Latos *(Gen Mgr-Athens)*
Panos Sambrakos *(Exec Creative Dir)*
Marianna Gkitsaki *(Grp Acct Dir)*
Christina Alifakioti *(Acct Dir)*
George Argyrakis *(Acct Dir-Digital)*
Christina Koundouri *(Art Dir)*
Mirella Moissi *(Acct Dir)*
Theodore Tsecouras *(Creative Dir)*
Gert Tzafa *(Art Dir)*
Athanasia Lykoudi *(Dir-Motion Design)*
Clio Glykofridi *(Sr Acct Mgr)*
Irini Romanidou *(Acct Mgr-Digital)*
Tania Myririoti *(Mgr-Social Media)*
Antonis Roussos *(Assoc Creative Dir)*
Dimitris Savvakos *(Grp Creative Dir)*
George Theodorakopoulos *(Assoc Creative Dir)*

Accounts:
Aegean Airlines
Mondelez International, Inc. Campaign: "Lacta Mobile App", Campaign: "Lacta Surprises", Campaign: "Love in the end", Lacta Chocolate Bar, Transmedia Campaign
Nestle Campaign:"#Tweetingbra", Fitness
Unilever Dove

Ireland:

Ogilvy
(Formerly Ogilvy & Mather)
6 Ely Place, Dublin, 2 Ireland
Tel.: (353) 1 669 0010
Fax: (353) 1 669 0019
Web Site: www.ogilvy.com

Employees: 50
Year Founded: 1974

Agency Specializes In: Sponsorship

J.P. Donnelly *(CEO)*
Emma Fielding *(Mng Partner-Creative)*
Jane Gregory *(Mng Dir)*
Mike Garner *(Head-Creative Strategy)*
Aoife Manahan *(Acct Mgr)*

Accounts:
First Active
Ford Campaign: "8 Minutes"
Heineken International Campaign: "Golden Explosion"
Irish Life
The Irish Society for the Prevention of Cruelty to Children
ISPCC Campaign: "Confidential", Campaign: "Heart Broken Santa", Campaign: "I can't wait", Campaign: "Missing Children Hotline 116 000", Campaign: "Thank You, Please", Campaign: "The Worst Calls"
Kellogg's
Kraft Foods
Kraft Suchard, Toblerone
Littlewoods Ireland
Lucozade
Peter Mark
Pfizer
Strongbow Campaign: "Golden Explosion"
Style Club
Trocaire

OgilvyOne Worldwide
6 Ely Place, Dublin, 2 Ireland
Tel.: (353) 1 669 0020
Fax: (353) 1 669 0029
E-Mail: info@ogilvy.ie
Web Site: www.ogilvy.com

Employees: 90
Year Founded: 1993

Agency Specializes In: Direct Response Marketing

Jim Condren *(Fin Dir)*

Italy:

Ogilvy
(Formerly Ogilvy & Mather)
V Pio Emanuelli 1, 00143 Rome, Italy
Tel.: (39) 06 51 8371
Fax: (39) 06 51 9144
E-Mail: guerino.delfino@ogilvy.com
Web Site: www.ogilvy.it

Employees: 23
Year Founded: 1985

Ogilvy
(Formerly Ogilvy & Mather)
Viale Lancetti 29, 20158 Milan, Italy
Tel.: (39) 02 60 78 91
Fax: (39) 69018107
E-Mail: guerino.delfino@ogilvy.com
Web Site: www.ogilvy.com

Employees: 50
Year Founded: 1962

Agency Specializes In: Advertising

Paolo Iabichino *(Chief Creative Officer)*
Giuseppe Mastromatteo *(Chief Creative Officer)*
Matteo Pelo *(Head-Creative)*
Daniela Morone *(Gen Mgr)*
Simone Zanelli *(Acct Dir)*
Daniele Bacigalupi *(Dir-Client Svc)*
Giordano Curreri *(Dir-Client Creative)*
Lavinia Francia *(Dir-Client Creative)*
Marco Geranzani *(Dir-Client Creative)*
Giulia Calderoni *(Acct Supvr)*

ADVERTISING AGENCIES

Michael Berger *(Grp Chief Digital Officer)*
Gigi Pasquinelli *(Sr Art Dir)*
Andrea Pioppi *(Sr Art Dir)*
Andrea Sghedoni *(Sr Art Dir)*

Accounts:
Emergency
Ferrero Nutella
Merck Consumer Health
Nestle Campaign: "The Life Deliziosa", San Pellegrino
Tinaba
Urban Vision
Wind Tre S.p.A "Wind Christmas"

Lithuania:

Adell Taivas Ogilvy
J Jasinskio Street 16A, 2001 Vilnius, Lithuania
Tel.: (370) 5 252 65 22
Fax: (370) 5 252 65 23
E-Mail: david@ogilvy.lt
Web Site: www.ogilvy.lt

Employees: 90

Simas Baciulis *(Acct Dir)*
Tomas Karpavicius *(Creative Dir)*
Giedrius Kumetaitis *(Art Dir)*
Saida Sniegane *(Art Dir)*
Dominykas Zilenas *(Creative Dir)*
Akvile Navickiene *(Sr Acct Mgr)*
Lukas Sidlauskas *(Copywriter)*

Accounts:
AB Lietuvos Draudimas
Baltic Management Institute Campaign: "Before you get one, become one."
Lithuanian Bank Association
Lithuanian National Drama Theatre
Lithuanian National Zoo Snake
Lithuanian Vodka Campaign: "Cheers To What's Lithuanian"
Palink IKI
SEB Bank
Svyturys-Utenos Alus Campaign: "Utenos Speechless"
Tele2
Veloklinika Bicycle Repair School
Vilnius Birdie

Netherlands:

Ogilvy (Amsterdam) B.V.
(Formerly Ogilvy & Mather (Amsterdam) B.V.)
Pilotenstraat 41, 1059 CH Amsterdam, Netherlands
Tel.: (31) 20 7963300
Fax: (31) 20 7963399
E-Mail: info.amsterdam@ogilvy.com
Web Site: www.ogilvy.nl

Employees: 80
Year Founded: 1921

Edgar Molenaars *(CEO)*
Peter Van Rij *(Chief Creative Officer)*
Martijn Van Marle *(Exec Creative Dir)*
Ross Fowler *(Creative Dir)*
Mariette Hamer *(Bus Dir)*
Anouk Marx *(Acct Dir)*
Jacques Massardo *(Creative Dir)*
Henk Nieuwenhuis *(Creative Dir)*
Gijs Sluijters *(Creative Dir)*
Joris Tol *(Creative Dir)*
Ellen Suy *(Dir-Mktg & Ops)*
Rizka Amalia Soetjoko *(Mgr-PR & Social Media)*
Paul Duijser *(Designer-Digital)*

Accounts:
American Express Campaign: "Extra Card Gold DM"
Amnesty International
BP Campaign: "Bingo at the Pump", Campaign: "Jackpot Fill-Up A04"
Coca-Cola Campaign: "Choose to Smile", Campaign:"Choose Happiness", Fanta
Ford
Koninklijke Philips N.V. Philips Lighting Hue
North Sea Jazz Festival
Pathe Cinemas Message, Video
Philips International B.V.

Portugal:

Ogilvy Portugal
(Formerly Ogilvy & Mather Portugal)
Edificio Atrium Saldanha Praa Duque de Saldanha Number 1-4E, Lisbon, 1050 Portugal
Tel.: (351) 21 321 8000
Fax: (351) 213218015
E-Mail: ogilvy.portugal@ogilvy.com
Web Site: www.ogilvy.pt

Employees: 50
Year Founded: 1986

Agency Specializes In: Advertising Specialties, Communications, Consumer Marketing

Jorge Coelho *(Exec Creative Dir)*
Nuno Gomes *(Art Dir)*
Fernando Costa *(Supvr-Creative)*
Pedro Santos *(Acct Exec)*
Tiago Pereira *(Copywriter-BAR Ogilvy)*
Edgar Sousa *(Copywriter-Pervasive)*
Miguel Core *(Sr Art Dir)*
Joao Marta *(Sr Art Dir)*

Accounts:
Biokill
Cais
Cofina
Correio da Manha Release your English
Fino Trato Campaign: "Only For Brave Man", Clube Barba Rija
Public Security Police Being a policeman
Radio Renascenca
Record
Super Bock
TMN St Valentine's Day
UNITEL T+

Romania:

Ogilvy
(Formerly Ogilvy & Mather)
86 Grigore Alexandrescu Street, 010627 Bucharest, Romania
Tel.: (40) 21 20 10 100
Fax: (40) 21 20 10 109
E-Mail: manuela.necula@ogilvy.com
Web Site: www.ogilvy.com

Employees: 100
Year Founded: 1994

Manuela Necula *(Country Head)*

Accounts:
Anim'Est

Russia:

SPN Ogilvy Communications Agency
4a Novodanilovskya emb, Moscow, 117105 Russia
Tel.: (7) 812 380 00 07
Fax: (7) 813 380 00 7
E-Mail: info@spnogilvy.ru
Web Site: www.spncomms.com

Employees: 100

Agency Specializes In: Advertising, Alternative Advertising, Automotive, Bilingual Market, Brand Development & Integration, Business Publications, Business-To-Business, Catalogs, Communications, Consulting, Consumer Goods, Consumer Marketing, Consumer Publications, Content, Corporate Communications, Corporate Identity, Cosmetics, Crisis Communications, Digital/Interactive, Electronic Media, Entertainment, Environmental, Event Planning & Marketing, Exhibit/Trade Shows, Financial, Graphic Design, Health Care Services, Hospitality, Identity Marketing, Integrated Marketing, International, Investor Relations, Legal Services, Local Marketing, Logo & Package Design, Luxury Products, Market Research, Media Buying Services, Media Planning, Media Relations, Media Training, Medical Products, Men's Market, Multimedia, Newspaper, Out-of-Home Media, Outdoor, Package Design, Planning & Consultation, Point of Purchase, Point of Sale, Print, Product Placement, Production, Promotions, Public Relations, Publicity/Promotions, Radio, Regional, Sales Promotion, Social Marketing/Nonprofit, Social Media, Sponsorship, Stakeholders, Strategic Planning/Research, T.V., Teen Market, Trade & Consumer Magazines, Travel & Tourism, Urban Market, Viral/Buzz/Word of Mouth, Web (Banner Ads, Pop-ups, etc.), Women's Market

Ksenia Ivanova *(Head-Pub Affairs)*
Leonid Kolodkin *(Head-Corp Affairs-SPN Ogilvy PR)*
Tatyana Perelman *(Deputy Dir-Moscow & Head-Corp & Pub Affairs)*
Andrey Barannikov *(Gen Mgr)*
Anastasya Bondarenko *(Acct Dir)*
Anastasiya Grigoryeva *(Acct Dir)*
Ksenia Maiboroda *(Acct Dir)*
Svetlana Rytsarskaya *(Acct Dir)*
Natalia Vyatkina *(Acct Dir)*
Ekaterina Boglaeva *(Dir-Bus Intelligence)*
Andrew Priima *(Dir-Bus Dev)*
Ilya Kuznetsov *(Acct Mgr)*

Accounts:
Mondelez International, Inc.

Slovakia:

Istropolitana Ogilvy
Martincekova 17, 821 01 Bratislava, 2 Slovakia
Tel.: (421) 2 582 55 441
Fax: (421) 2 582 441 54
Web Site: www.istropolitana.sk

Employees: 50
Year Founded: 1996

Radoslav Olos *(Head-Creative Team)*
Peter Darovec *(Creative Dir)*
Diana Stern *(Art Dir)*
Brano Bezak *(Dir-Creative Team)*

Accounts:
ETP Slovensko
Heineken Campaign: "Congratulations, Nairo"
Magna

Spain:

Bassat, Ogilvy Comunicacion
(Formerly Bassat, Ogilvy & Mather Comunicacion)
Josep Tarradellas 123-2nd Fl, 08029 Barcelona, Spain
Tel.: (34) 93 495 9444
Fax: (34) 93 495 9445
E-Mail: salvador.aumedes@ogilvy.com

Web Site: www.ogilvy.es

Employees: 50
Year Founded: 1991

Agency Specializes In: Advertising, Communications, Digital/Interactive, Health Care Services, Publicity/Promotions, Sales Promotion

Camil Roca *(Exec Creative Dir)*
Sergio Eransus Araiz *(Creative Dir & Art Dir)*
German Milanesi *(Creative Dir)*
Boris Puyana Pla *(Art Dir)*
Francesc Talamino *(Creative Dir)*
Jose Luis Salazar *(Mgr-Customer Svc)*
Paulo Areas *(Gen Creative Dir)*

Accounts:
Channel 3 Telethon Campaign: "Death should be the end of life. Not cancer"
Iberia
International Saeta Travelling

Grupo Bassat, Ogilvy
Maria de Molina 39, 28006 Madrid, Spain
Tel.: (34) 91 451 20 00
Fax: (34) 91 451 21 51
Web Site: www.ogilvy.es

Employees: 400
Year Founded: 1981

National Agency Associations: AEAP

Agency Specializes In: Publicity/Promotions

Gemma Junca *(Head-Mktg Comm, Brand & Sponsorship)*
Jaime Arostegui Garaizabal *(Acct Dir)*
Jose Luis Salazar *(Mgr-Customer Svc)*
Sophie Deslandes *(Coord-Mktg)*

Accounts:
Iberia Lineas Aereas de Espana, S.A. Iberia, TV

OgilvyInteractive
Maria Molina 39, 28006 Madrid, Spain
Tel.: (34) 91 451 20 00
Fax: (34) 91 451 21 51
Web Site: www.ogilvy.com

Employees: 25

Agency Specializes In: Digital/Interactive, Internet/Web Design

Jordi Urbea *(Gen Mgr)*

OgilvyInteractive
Avda-Josep Tarradellas 123-6, 08029 Barcelona, Spain
Tel.: (34) 93 366 6000
Fax: (34) 93 366 6001
E-Mail: oscar.prats@ogilvy.com
Web Site: ogilvy.es

Employees: 50
Year Founded: 1998

Agency Specializes In: Digital/Interactive

Jordi Urbea *(Gen Mgr)*

OgilvyOne Worldwide
Maria de Molina 39, 28006 Madrid, Spain
Tel.: (34) 91 451 20 00
Fax: (34) 91 451 21 51
E-Mail: jesus.valderrabano@ogilvy.com
Web Site: www.ogilvy.es

Employees: 150

Agency Specializes In: Direct Response Marketing

Mamen Lucio Lopez *(Co-CEO)*
Jesus Valderrabano *(Co-CEO)*
Jesus Luque Gamez *(Exec Creative Dir)*
Jorge Antelo *(Dir-Customer Svcs)*
Andrew Barratt *(Acct Exec)*
Maria Tormo Rodriguez *(Copywriter)*

Accounts:
General Traffic Department of Spain
Generali Home Insurance
ING Direct Campaign: "Take them to School"

OgilvyOne Worldwide
Bolivia 68-70, 08018 Barcelona, Spain
Tel.: (34) 93 495 55 55
Fax: (34) 93 366 60 01
E-Mail: jordi.urbea@ogilvy.com
Web Site: www.ogilvy.es

Employees: 50
Year Founded: 1981

Agency Specializes In: Consumer Marketing, Direct Response Marketing, Magazines, Print

Jordi Urbea *(Gen Mgr)*
Christian Espinosa *(Art Dir)*

Switzerland:

Grendene Ogilvy AG
(Formerly Grendene Ogilvy & Mather AG)
Bergstrasse 50, 8032 Zurich, Switzerland
Tel.: (41) 44 268 6363
Fax: (41) 44 252 7942
E-Mail: info@ogilvy.ch
Web Site: www.ogilvy.ch

Employees: 25
Year Founded: 1959

Agency Specializes In: Advertising

Jonathan Schipper *(CEO)*
Barbara Duerst *(Mng Dir)*
Gaby Zimmerli *(Mng Dir)*
Markus Sidler *(Dir-Copy)*

OgilvyHealthcare
Bergstrasse 50, 8032 Zurich, Switzerland
Tel.: (41) 44 268 63 23
Fax: (41) 44 252 79 42
E-Mail: info@ogilvy.ch
Web Site: www.ogilvy.ch

Employees: 26

Agency Specializes In: Business-To-Business, Direct Response Marketing, Health Care Services

Jonathan Schipper *(CEO)*
Barbara Duerst *(Mng Dir-OgilvyOne & OgilvyInteractive)*

OgilvyOne AG
Weberstrasse 21, 8036 Zurich, Switzerland
Tel.: (41) 44 295 9400
Fax: (41) 44 295 9401
E-Mail: info@ogilvyone.ch
Web Site: www.ogilvy.ch/

Employees: 16
Year Founded: 1995

Barbara Duerst *(Mng Dir)*
Gaby Zimmerli *(Mng Dir)*
Toula Stoffel *(Chief Strategy Officer & Chief Growth Officer)*
Jonathan Schipper *(Sr Acct Dir)*
Thomas Bolliger *(Dir-Creative)*

Turkey:

Ogilvy
(Formerly Ogilvy & Mather)
Harmancy Giz Plaza Harman Sokak M1-2 Levant, 80640 Istanbul, Turkey
Tel.: (90) 212 3398 360
Fax: (90) 212 33 98 300
Web Site: www.ogilvy.com

Employees: 100
Year Founded: 1952

Agency Specializes In: Direct Response Marketing, Media Buying Services, Publicity/Promotions

Emine Cubukcu *(CEO)*
Selim Unlusoy *(Exec Creative Dir)*
Onder Bayraktar *(Creative Dir)*
Mehmet Demirel *(Art Dir)*
Murat Derman *(Bus Dir)*
Bahad?rhan Peksen *(Creative Dir)*
Ali Serhat Unal *(Acct Dir)*
Berfu Aktas *(Acct Mgr)*
Ihya Selim *(Acct Mgr)*
Alara Urul *(Acct Exec)*
Eren Altunis *(Copywriter)*

Accounts:
Arcelik Beko, Corporate Public Relations
Coca Cola Sprite Zero
Ford Motor Company
InterContinental Hotels Group PLC
KFC
Lider Removals
Maru Archi.Technology
Philips
Post-it Brand
Sedventure
Turkish Traffic Safety Association
United Parcel Service, Inc.
Yum! Brands Pizza Hut

Ukraine:

Ogilvy
(Formerly Ogilvy & Mather)
4a Verkhnii Val str., 04071 Kiev, Ukraine
Tel.: (380) 442202920
Web Site: http://www.ogilvy.com

Employees: 75
Year Founded: 1997

Oleksandra Doroguntsova *(Creative Dir)*
Zoriana Kachurak *(Dir-Client Svc)*

Accounts:
Chumak Apple
Hercules Campaign: "Tongues"
Philips Campaign: "Closer"

United Kingdom:

Coley Porter Bell
18 Grosvenor Gardens, London, SW1W 0DH United Kingdom
Tel.: (44) 207 824 7700
Fax: (44) 207 824 7701
E-Mail: beautiful@cpb.co.uk
Web Site: https://www.coleyporterbell.com/

Employees: 45
Year Founded: 1979

ADVERTISING AGENCIES

Agency Specializes In: Consulting, Graphic Design

Jennifer Ives *(Mng Partner-Client Svcs)*
Rachel Fullerton *(Fin Dir)*
James Ramsden *(Exec Creative Dir)*
Steve Irvine *(Creative Dir)*
Cathy Madoc Jones *(Acct Dir)*
Julie Petard *(Bus Dir)*
Sarah Cameron *(Dir-Client)*
John Clark *(Dir-Plng)*
Peter Cottington *(Dir-Production)*

Accounts:
Chivas Brothers Chivas Regal
Co-operative Food "Loved By Us"
Fresh Pak Chilled Foods Campaign: "Gourmet Street Tucker You Can Enjoy at Home'", Packaging, The Hungry Wolf Deli Fillers Branding
Kimberly-Clark Kotex
Lifeplus Campaign: "Lifeplus Range"
Monier
Morrisons Campaign: "Morrisons Savers Foods"
Muller Corner Consumer Awareness, Dessert Inspired, Point Of Sale, Voted By You
Nescafe
Pernod Ricard Brand Strategy, Martell, Packaging Design
Premier Foods Loyd Grossman
TUI Travel Brand Development, Marine Division
Unilever Hellmans
White Knight Laundry Company Campaign: "Laundry your Way", Corporate Identity, Logo, knight's Helmet

Ogilvy EMEA
(Formerly Ogilvy & Mather EMEA)
10 Cabot Square Canary Wharf, London, E14 4QB United Kingdom
Tel.: (44) 207 345 3000
Fax: (44) 207 345 9000
Web Site: www.ogilvy.com

Employees: 500

Jai Kotecha *(Mng Partner & Head-Global WPP)*
Elinor Jones *(Mng Partner)*
M-L Robinson *(Mng Partner)*
Sam Pierce *(Partner-Bus)*
Andre Laurentino *(Chief Creative Officer)*
Clare Lawson *(Chief Customer Officer)*
Michael Frohlich *(CEO-UK)*
Sasha Orr *(Mng Dir-Mondelez)*
Brian McCarter *(Head-Plng-EMEA)*
Jules Chalkley *(Exec Creative Dir)*
Gerald Lewis *(Exec Creative Dir)*
Charlie Wilson *(Exec Creative Dir)*
Chris Chance *(Creative Dir & Art Dir)*
Angus George *(Creative Dir)*
Martha Riley *(Creative Dir)*
Johnny Watters *(Creative Dir)*
Marina Hui *(Acct Mgr)*
Siobhan Kelly *(Acct Mgr)*
Carmen Vicente Soto *(Acct Mgr-Global Integrated)*
Jane Fearnley *(Client Partner)*
Victoria Hart *(Copywriter)*
Joao Paulo Cesar Manzano *(Jr Art Dir)*

Accounts:
Boots UK
British Airways PLC Consumer Public Relations
Bulmers
Carlsberg Group
The Coca-Cola Company Vitaminwater
DIAGEO plc Baileys
Grant Thornton International Brand Campaign
Harveys Furniture Retail
Hot Wheels Campaign: "Polka Dot"
International Airlines Group Advertising, Customer Loyalty, Design, Digital Transformation, Media, Production
Mondelez International Advertising, Creative, Halls, Trebor
NABS
Optegra Advertising, Digital, Global Brand, Strategic Brand Development, Website
Public Health England Creative, Digital
New-Sony (U.K.) Ltd. Creative, Delivery, Public Relations, Sony PlayStation, Strategy
Unilever Campaign: "Monster Stains", Dove, Hellmann's, Persil
VisitBritain Videos

Ogilvy, Ltd.
(Formerly Ogilvy & Mather, Ltd.)
18 Upper Ground, Sea Containers, London, SE1 9RQ United Kingdom
Tel.: (44) 203 193 3000
Web Site: ogilvy.co.uk/

Employees: 500
Year Founded: 1850

Victoria Day *(Mng Partner)*
Ben Skelsey *(Mng Partner)*
Alessandra Cotugno *(Partner-Strategy)*
Sandie Dilger *(Partner-Strategy)*
Paul Kenny *(Partner-Plng)*
Sophie Hoffstetter *(Mng Dir)*
Gen Kobayashi *(Head-Strategy & Comm)*
Gerry Human *(Exec Creative Dir-GBM)*
Ilka F Mourao *(Sr Dir-Creative & Art & Designer)*
Mike Welsford *(Reg Dir-GBM & Nordics-EMEA & Brand Dir)*
Jordi Bares *(Creative Dir)*
Richard Barrett *(Creative Dir)*
Andy Forrest *(Creative Dir)*
Chloe Jahanshahi *(Producer-Print)*
Joao Linneu *(Creative Dir)*
Terrence Maharaj *(Comml Dir)*
James Manning *(Creative Dir)*
Natalie Reed *(Acct Dir)*
Dom Sweeney *(Art Dir)*
Nicola Wood *(Creative Dir)*
Tania K Zorrilla *(Acct Dir)*
Sasha Dunn *(Dir-Digital Production)*
Nicole Frost *(Dir-Strategy)*
Stuart Lundy *(Dir-Client)*
Polly Harris Saunders *(Acct Exec)*
Emma Banks *(Planner)*
Sarah Duggan *(Copywriter-Creative-OgilvyOne UK)*
Sam Cartmell *(Deputy Exec Creative Dir)*
Andy Lennard *(Sr Art Dir-OgilvyOne UK)*
Paul Smith *(Reg Creative Dir)*

Accounts:
28 Too Many Scotland
Allianz Group Global Advertising
American Express Campaign: "Birds on a Wire"
Amnesty International Campaign: "Fan the Flame", Campaign: "Freedom Candles", Campaign: "TakeAction", Social Media
Associated British Foods Silver Spoon, Truvia
Bite-Back Shark & Marine Conservation Campaign: "Sharkfin"
BP
Burma Campaign UK
Carlsberg A/S Kronenbourg 1664
New-Coca-Cola Great Britain Costa Coffee; 2018
Department for International Trade Above-the-Line Advertising, Media; 2017
Department of Health Creative
Ford Motor Company of Europe C-Max, Campaign: "Good Reviews", Campaign: "Magazines", Campaign: "Unlearn", Campaign: "Vincent", Consumer Communications, Focus, Kuga
Freedom From Torture Campaign: "Recruitment For Torturers"
Greenpeace International
Heineken Advertising Strategy, Bulmers, Campaign: "A Taste Supreme", Campaign: "Le Big Swim", UK
IBM Campaign: "Smarter Cities", Email Program, Email System, Phone App
International Cricket Council 2019 Cricket World Cup, Public Relations; 2018
Kazam
Kodak Graphic Communications Group Campaign: "Football Stadium", Campaign: "Turtle"
Koninklijke Philips Sonicare
Mattel
Motorola Solutions, Inc.
Mtv Staying Alive Campaign: "Being With You"
Munch Bunch
Nestle Nescafe
Perrier
PETA Campaign: "Runway Reversal"
Philips 'You Need to Hear This' Pop-up Store, Campaign: "Cop", Campaign: "Tables You Need To Hear", Campaign: "You Need to Hear This", Carolyn, Citiscape Headphones, Swiss Lips
Rethink Mental Illness Creative, Time to Change
Rolls-Royce plc Advertising, Creative Content, Digital-First Strategy, Social Media; 2018
Royal Borough of Greenwich Campaign: "The Power of Small"
Sipsmith Gin Creative, Strategic
Ski
Slimfast
The Talent Business
Toblerone
The Ucl Centre For The Forensic Sciences
Unilever Burgers, Campaign: "A Mother's Body", Campaign: "Auto Tune", Campaign: "Camera Shy", Campaign: "Dana", Campaign: "Hellmann's Summer Hacks", Campaign: "Legacy", Campaign: "Real Beauty Sketches", Campaign: "Smile", Digital, Dove, Hand and Body Lotion, Hellmann's Mayonnaise, Radio, Social Media
Vodafone Group Plc Advertising, Creative, Public Relations
Walgreens Boots Alliance Inc. Boots, Creative
The Wildlife Trust
World Wildlife Fund, Inc. Campaign: "Side by Side", Campaign: "Stop Criminals Making A Killing"
Worn All Over Online Fashion Store

Ogilvy Pride
10 Cabot Square, Canary Wharf, London, E14 4QB United Kingdom
Tel.: (44) 207 345 3000
Web Site: www.ogilvy.com/tag/ogilvy-pride/

Agency Specializes In: Advertising, Communications, LGBTQ Market, Public Relations

Alex Canthal *(Partner-Bus)*
Sam Pierce *(Partner-Bus)*

Accounts:
Airbnb
Aviva plc
The Glass Closet

Ogilvy
(Formerly Ogilvy Public Relations Worldwide)
10 Cabot Square Canary Wharf, London, E14 4QB United Kingdom
Tel.: (44) 20 7345 3000
Fax: (44) 20 7345 9000
Web Site: https://ogilvy.co.uk/

Employees: 100
Year Founded: 1982

National Agency Associations: IAA

Agency Specializes In: Business-To-Business, Consumer Marketing, Financial, Government/Political

Rory Sutherland *(Vice Chm)*
Marshall Manson *(CEO-UK)*
Ryan Rabinowitz *(Bus Dir)*
Briony Chappell *(Acct Mgr)*
Emma Banks *(Strategist)*
Steve Williams *(Sr Art Dir)*

AGENCIES - JANUARY, 2019 — ADVERTISING AGENCIES

Accounts:
2ergo
Ford
IBM
Princess Cruises Press, Royal Princess
Samsung

OgilvyInteractive
10 Cabot Square Canary Wharf, London, E14 4QB United Kingdom
Tel.: (44) 207 345 3000
Fax: (44) 20 7345 3888
Web Site: https://ogilvy.co.uk/

Employees: 10
Year Founded: 2000

Agency Specializes In: Digital/Interactive

Paul O'Donnell *(Chm & CEO)*
Ann Higgins *(Mng Dir & Principal-Consulting)*

Accounts:
BP
Kodak Graphic Communications Group

OgilvyOne Business
121-141 Westbourne Ter, London, W2 6JR United Kingdom
Tel.: (44) 01483202949
E-Mail: gareth.richards@ogilvy.com
Web Site: www.ogilvyonebusiness.com/

E-Mail for Key Personnel:
President: gareth.richards@primary.co.uk

Employees: 40
Year Founded: 1970

Agency Specializes In: Advertising, Business-To-Business, Corporate Identity, Direct Response Marketing, E-Commerce, Electronic Media, Financial, Graphic Design, High Technology, Information Technology, Internet/Web Design, Media Buying Services

Sarah Duggan *(Copywriter-Creative)*

Accounts:
Air Products
BT
Cyngenta
DuPont
FM Global
Monier
SDL
Tetrapak
UPS

OgilvyOne Worldwide Ltd.
10 Cabot Square Canary Wharf, London, E14 4GB United Kingdom
Tel.: (44) 20 7566 7000
Fax: (44) 20 7345 9000
Web Site: https://ogilvy.co.uk/

Employees: 500
Year Founded: 1976

Agency Specializes In: Communications, Consumer Marketing

Katherine Francis *(Mng Partner & Head-Ford Advanced Customer Experience-WPP)*
Tracey Barber *(Mng Partner-Mktg & New Bus)*
Alan Makepeace *(Mng Partner)*
Lindsay Landy *(Partner-Plng)*
Clare Lawson *(Mng Dir)*
Michael Kutschinski *(Chief Creative Officer-Germany)*
Charlie Wilson *(Chief Creative Officer)*
Oscar Prats *(CEO-Europe, Middle-East & Africa)*
Martin Delamere *(Head-Content Strategy)*
Brian McCarter *(Head-Plng-EMEA)*
Darren Bolton *(Exec Creative Dir)*
Eve Bulley *(Sr Acct Dir)*
Lawrence Ball Ball-Piatti *(Bus Dir)*
Andy Davis *(Creative Dir)*
Nicholas Midworth *(Comml Dir)*
Frances Jenkins *(Dir-Program & Delivery)*
Bizhan Govindji *(Sr Strategist-Digital)*
Martin Duckworth *(Assoc Creative Dir & Sr Copywriter)*
Brooke Cutmore *(Copywriter-Creative)*
David Bradbury *(Assoc Creative Dir)*
Rebecca Dennis *(Client Dir)*
Gareth Richards *(Grp Partner)*

Accounts:
American Express International Campaign: "Thinking Ahead Retail"
Bakers
Battersea Dogs and Cats Home Campaign: "Looking for You", Outdoor
British Airways Loyalty, Social Media; 2008
British Gas Services Ltd. Content
Bupa Campaign: "Bupa By You"
Co-operative Group Digital, Direct Marketing
Department of Health Digital
Dishoom Vintage Bombay
Fanta
Formula 1 CRM, Customer Marketing & Eengagement, F1 TV; 2018
IBM LOTUS T5, Predictions
Inter IKEA Systems B.V. Communications Strategy, Website
InterContinental Hotels Group CRM, Global Media
Kern & Sohn Campaign: "The Gnome Experiment"
Louis Vuitton
Milka
Nestle Consumer Engagement, Digital
News International Creative
Philips
Reckitt Benckiser, Inc. Clearasil
Regus Marketing
Unilever Campaign: "Liptagram", Dove, Flora, Hellman's, Lipton Tea, LiptonBrightness, Persil, Vaseline
Vodafone
Volvo
Yahoo!

Argentina:

Ogilvy Argentina
(Formerly Ogilvy & Mather Argentina)
Arevalo 1880, C1414CQL Buenos Aires, Argentina
Tel.: (54) 11 4779 4300
Fax: (54) 11 4323 7001
Web Site: www.ogilvy.com

Employees: 500
Year Founded: 2001

Agency Specializes In: Advertising, Below-the-Line, Children's Market

Alejandro Blanc *(Exec Creative Dir)*
Sebastian Graccioli *(Exec Creative Dir)*
Maximiliano Maddalena *(Exec Creative Dir)*
Maximiliano Ballarini *(Creative Dir)*
Nicolas Herrasti *(Acct Dir)*
Natalia Noya *(Acct Dir)*
Sebastian Regiani *(Creative Dir)*
Nicolas Corvino Rius *(Art Dir)*
Alan Wesley *(Sr Art Dir)*

Accounts:
20th Century Fox
AFS Campaign: "More Than One World To Know"
AMIA Campaign: "Attack against oblivion", Campaign: "Mourning Tweet", Campaign: "The Bread of Memory", Jewish Community Centre
Ammar Campaign: "Corner 1", Campaign: "Mom Calling Cards"
Blem
Casey Neistat
CCU Campaign: "Rugbeer", Coke Zero, Schneider Beer, Sprite
Noblex
Cerveza Salta
Colegio Las Lomas Oral
Danelectro
DirecTV
Kimberly-Clark Advertising, Belt, Campaign: "Dad's Pregnant", Campaign: "Family Boss", Digital, Huggies, Pull-Ups
Kraft Campaign: "Lucas' Table"
La Voz del Interior Campaign: "'Life Signs"
Salta
Tang Campaign: "Lucas' Table", Campaign: "Shaker Roller Coaster", Campaign: "Tang Shaker"
Ted Campaign: "Ideas Change This World Spread Them", Campaign: "Spread the Tedx", Campaign: "Tedx Hairdressers"
Tedx Buenos Aires Campaign: "Grupo TEDx"
New-Toyota Lexus RX

OgilvyOne Worldwide
Arevalo 1880, C1414CQL Buenos Aires, Argentina
Tel.: (54) 11 4779 4300
Fax: (54) 11 4323 7003
E-Mail: paula.bernasconi@ogilvy.com
Web Site: www.ogilvy.com

Employees: 10
Year Founded: 2000

Agency Specializes In: Direct Response Marketing

Gabriela Macche *(Gen Mgr-Argentina)*
Victoria Sanchez *(Acct Exec)*

Brazil:

Ogilvy
(Formerly Ogilvy & Mather)
SCN Q 1 Bloco F Salas 811 a 880, 70711-905 Brasilia, DF Brazil
Tel.: (55) 6111 3024 9000
Fax: (55) 61 327 1374
Web Site: www.ogilvy.com.br

Employees: 500

Sergio Amado *(Chm)*
Toni Ferreira *(Dir Gen-Digital Strategy)*
Daniel De Tomazo *(Head-Plng)*
Patricia Fuzzo *(Dir-HR)*

Accounts:
Coca-Cola Refreshments USA, Inc. Campaign: "Gold", Fanta
Mondelez International, Inc.
Sport Club do Recife Campaign: "Immortal Fans"

Ogilvy
(Formerly Ogilvy & Mather)
Av Nacoes Unidas 5777, 05477-900 Sao Paulo, SP Brazil
Tel.: (55) 11 3024 9000
Fax: (55) 11 3023 0444
E-Mail: fernando.musa@ogilvy.com
Web Site: www.ogilvy.com.br

Employees: 500
Year Founded: 1933

Thais Frazao *(Head-Brand Strategy)*
Marcio Fritzen *(Exec Creative Dir)*
Sandra Alves *(Art Dir)*
Felipe Antonioli *(Art Dir)*
John Bogea *(Art Dir)*

ADVERTISING AGENCIES

Ben Brazier *(Art Dir)*
Edu Cesar *(Art Dir)*
Stefano Chiabrando *(Art Dir)*
Eduardo Doss *(Creative Dir)*
Juliana Fernandes *(Acct Dir)*
Larissa Ferrari *(Client Svcs Dir)*
Daniel Martins *(Dir-Ops)*
Juliete Petri *(Acct Mgr)*
Maria Clara Cardao *(Copywriter)*
Francini Santiago *(Art Buyer)*
Frederico Teixeira *(Copywriter)*
Teco Cipriano *(Assoc Creative Dir)*
Guilherme Moreira *(Assoc Creative Dir)*

Accounts:
BandSports
Billboard Campaign: "Fan Check Machine", Campaign: "The End of the Silent Magazine", Campaign: "The Number One Hits Everyone"
Brand Sports
Claro Campaign: "Road Letters", Campaign: "Share the Best of Rock at the Speed of Punk Rock.", Campaign: "Unlimited Plans For Endless Conversations"
Coca-Cola Refreshments USA, Inc. Beverages, Campaign: "Crazy Acts of Kindnes", Campaign: "Gold feelings", Campaign: "Happiness Refill", Campaign: "Sprite Shower", Christmas Message, Fanta, Schweppes, Sprite
Coniacc
Doctors Without Borders Campaign: "Credits Without Borders"
Durex Campaign: "Gulliver"
Fender Musical Instruments Corporation "Lucky, 1", Multi Lotto, Mega Millions, Flash Cash, Big Fortune
Flying Horse Campaign: "Infinite energy"
Forbes Campaign: "Billionaire Stickers", Campaign: "Dalai Lama & Warren Buffett", Campaign: "Money makes you look younger.", Campaign: "The World Without Billionaires", Magazine
GIV
Globalbev Campaign: "Catoast", Campaign: "Gif Guy"
GRAACC Campaign: "Bald Cartoons", Campaign: "Donate Your Fame"
Hellmann's Campaign: "Food Slot", Campaign: "Recipe Receipt", Hellmann's Mayonnaise
Hermes Pardini
IBM Campaign: "The Beauty Of Real Time Data", Campaign: "Unboring Tips ", Ei, IBM Watson
Johnson & Johnson Baby Antibacterial Hand Soap, Campaign: "Palm"
Magazine Luiza Campaign: "Magazineyou", Campaign: "Nespresso. When you need to be awake. From R$ 490,00.", Retail Store, Sofa's Week
Miami Ad School ESPM Campaign: "Let him/her Rest In Peace", Campaign: "Student Saver"
Mondelez International, Inc. Mini Bis Snacks
Nestle Nescau
NGO Life Support Group (GIV) Campaign: "If Prejudice is an Illness, Information is the Cure", Print
Petz
Philips Blenders, Campaign: "Fruit Mashup", Walita Avance Blender
Red Balloon English School Campaign: "Celeb Grammar Cops", Campaign: "Go, conquer the world.", Campaign: "Kid's Flight Announcement"
Rio 2016
S.C. Johnson & Son, Inc. Kiwi
Sol De Janeiro Campaign: "Tattoo Skin Cancer Check"
Sport Club Recife Campaign: "Immortal Fans"
UNICEF
Unilever Campaign: "Patches", Campaign: "Real Beauty Sketches", Campaign: "Recipe Receipt", Dove, Men Care

Ogilvy
(Formerly Ogilvy & Mather)
Praia do Botafogo 228 18th Floor, 22359-900 Rio de Janeiro, RJ Brazil
Tel.: (55) 21 2141 2500
Fax: (55) 21 2551 5449
E-Mail: info@ogilvy.com
Web Site: www.ogilvy.com.br

Employees: 50

Accounts:
Air France Advertising
Claro
Sport Club Recife Campaign: "Immortal fans"
Unilever Campaign: "Beauty Patches", Dove

OgilvyOne Worldwide
Praia do Botafogo 228 18th Floor, 22250-040 Rio de Janeiro, RJ Brazil
Tel.: (55) 21 3024 9000
Fax: (55) 21 2551 5449
E-Mail: luiscarlos.franco@ogilvy.com
Web Site: www.ogilvy.com.br

Employees: 100
Year Founded: 1985

Agency Specializes In: Advertising

Colombia:

Ogilvy
(Formerly Ogilvy & Mather)
Calle 64 Norte 5BN 146 of 315, Centro Empresa, Cali, Valle del Cauca Colombia
Tel.: (57) 2 664 6694
Fax: (57) 2 664 6695
Web Site: www.ogilvy.com

Employees: 200
Year Founded: 1971

Agency Specializes In: Direct Response Marketing

Julio Herazo *(Creative Dir)*
Fernando Parra Sanchez *(Creative Dir-Coca-Cola)*
Miguel Alonso *(Reg Acct Dir-LAO)*

Accounts:
Carulla Supermarkets
Neurobix Campaign: "Remember me"

Ogilvy
(Formerly Ogilvy & Mather)
Carrera 13 No 94A-26, Bogota, Colombia
Tel.: (57) 1 651 6363
Fax: (57) 1 651 6363
Web Site: www.ogilvy.com

Employees: 100

Juan Pablo Alvarez *(VP-Creative)*
Mauricio Guerrero *(Exec Creative Dir)*
Jhon Chacon *(Creative Dir)*
Mario Virguez Cifuentes *(Art Dir)*
Alejandro Cusso *(Art Dir)*
Gabriel Escobar *(Art Dir)*
Diego Forero *(Art Dir)*
Hugo Mario Garcia Moya *(Creative Dir)*
Julio Herazo *(Creative Dir)*
Cristhian Camilo Hurtado Hurtado *(Art Dir)*
Armando Nino *(Art Dir)*
David Correa Ramirez *(Creative Dir)*
Ivan Rivera *(Creative Dir)*
Camilo Ruano *(Creative Dir)*
Fernando Parra Sanchez *(Creative Dir-Coca-Cola)*
Mauricio Sanchez *(Creative Dir)*
Jairo Andres Valencia Rios *(Graphic Designer & Designer-Web)*
James Champ *(Copywriter)*

Accounts:
Arcadia
Carulla Campaign: "Slice a Recipe", Criterion Knives, Kiwi
The Coca-Cola Company Campaign: "Botella de Hielo", Campaign: "Double Ball", Campaign: "Download Concert", Packaging, Rush Hour Cinema
Colombian Ministry of Environment & Natural Resources
Daimler Colombia Campaign: "Faces Men", Mercedes Benz Campaign: "Attention Assist", Mercedes Benz Campaign: "Blind Spot Assist" & Mercedes Benz Campaign: "Man"
Snacky Spicy Snacks
DD Espress
Dunkin' Brands Group, Inc Baskin Robbins
Ecofill
Ecuador Ministry of Public health
KIA Motors Campaign: "Rearview Camera Race", Campaign: "Top Models", Home Makeover, Vacations, Son's Party
Kingo
Serta
Sovip HD Security Cams

Ecuador:

Saltiveri Ogilvy Guayaquil
(Formerly Saltiveri Ogilvy & Mather Guayaquil)
Av Amazonas y calle UN de Periodistas Edificio Puerta del Sol, Torre Este Piso 7, Quito, Ecuador
Tel.: (593) 2 226 1220
E-Mail: ricardo.sarmiento@ogilvy.com
Web Site: www.ogilvy.com

Employees: 50

Agency Specializes In: Direct Response Marketing

Hugo Saltiveri *(Pres)*
Fernando Franco *(Gen Dir-Creative)*
Maximiliano Krause *(Gen Mgr)*
Sebastian Villagomez *(Art Dir)*
Juan Carlos Franco *(Copywriter)*
Manuel Martin *(Gen Creative Dir)*

Accounts:
Colineal Sofas
Libreria Edimaster Audio Books for Kids: Fairy Tales

Saltiveri Ogilvy
(Formerly Saltiveri Ogilvy & Mather)
Avenida Francisco de Orellana Edificio World Trade Center, Torre A Oficina 1105, Guayaquil, Ecuador
Tel.: (593) 4510 6633
Fax: (593) 42630595
Web Site: www.ogilvy.com

Employees: 2

Hugo Saltiveri *(Pres)*
Fernando Franco *(Gen Dir-Creative)*
Maria Gracia Lotuffo *(Head-Digital)*
Diozen Racines *(Art Dir)*

Accounts:
Colineal

El Salvador:

Ogilvy El Salvador
(Formerly Ogilvy & Mather El Salvador)
550 Avenida La Capilla No, Col San Benito, San Salvador, El Salvador
Tel.: (503) 2275 3777
Fax: (503) 2275 3784
Web Site: http://www.ogilvy.com/

AGENCIES - JANUARY, 2019 — ADVERTISING AGENCIES

Employees: 57
Year Founded: 1995

Enzo Bianchi *(Pres & Mng Dir)*
Enzo Paolo Bianchi Gallegos *(Head-Digital & Delivery)*
Xiomara Herrera *(Dir-PR & Consumer Engagement)*
Jaime Gonzalez *(Acct Mgr)*

Mexico:

Ogilvy
(Formerly Ogilvy & Mather)
Montes Urales 505 5th Fl Col Lomas de Chapultepec, 11000 Mexico, DF Mexico
Tel.: (52) 55 5350 1800
Fax: (52) 55 5201 6501
E-Mail: recepcion.mexico@ogilvy.com
Web Site: www.ogilvy.com.mx

Employees: 100
Year Founded: 1956

Cesar Agost Carreno *(CEO & Chief Creative Officer-Mexico & Miami)*
Horacio A. Genolet *(CEO-Latina)*
Jessica Apellaniz *(VP-Creative Svcs)*
Ivan Carrasco *(VP-Creative Svcs)*
Jose Manuel Montalvo *(VP-Creative Svcs)*
Maximiliano Preciado *(Editor-Creative)*
Laura Alcala *(Art Dir)*
Alejandro Beltran *(Creative Dir)*
Jimena Delgadillo *(Acct Dir)*
Sergio Diaz Infante *(Art Dir)*
Rodrigo Oso *(Creative Dir)*
Gonzalo Villegas *(Art Dir)*
David Sanchez Zacarias *(Creative Dir)*

Accounts:
Aeromexico
Alberto Achar Campaign: "Gandhi TV"
American Express Company
Coca-Cola Campaign: "Drink Happiness", Campaign: "Open Your Heart"
Conapred Campaign: "The Hairfest", Casa de la Amistad, Psychological Abuse, tv
Gandhi Bookstores Campaign: "Executed", Campaign: "Keep Reading", Campaign: "Love", Campaign: "Politicians", Campaign: "Testimony", Hidden Prize, Metrobook
Glaxosmithkline Campaign: "Lamb", Campaign: "Pizza", Eye-Mo Eye Drops, Tums
Heineken Red Stripe
Ilusion
Maxim Men's Magazine
Mexican Insurance Institution Association Anti-Drunk Driving, Campaign: "Cross Street"
Museo De Memoria Y Tolerancia Campaign: "Tweetbullets"
Rewedding Nights

OgilvyOne Worldwide
Montes Urales 505 5th Fl, Col Lomas de Chapultepec, 11000 Mexico, DF Mexico
Tel.: (52) 55 5350 1800
Web Site: www.ogilvy.com

Employees: 300
Year Founded: 1986

Agency Specializes In: Direct Response Marketing

Horacio Genolet *(CEO)*
Diego Del Villar Acebal *(Acct Dir)*
Nora Larios *(Chief Delivery Officer)*

Uruguay:

Punto Ogilvy
(Formerly Punto Ogilvy & Mather)
Plaza Independencia, 831 PH Montevideo, 11100 Uruguay
Tel.: (598) 2 900 6070
Fax: (598) 2 903 0690
E-Mail: punto@punto.com.uy
Web Site: www.puntoogilvy.com.uy

Employees: 25
Year Founded: 1964

Agency Specializes In: Advertising, Production (Print), Public Relations

Eddy Fernandez *(Creative Dir)*
Jorge Manzano *(Media Dir)*
Sebastian Mosquera *(Art Dir)*
Victoria Paradela *(Copywriter-Creative)*

Accounts:
EL PARIS El Escolar Educational Magazine
Hyundai Motor Company
Web.C

Venezuela:

Ogilvy
(Formerly Ogilvy & Mather)
Av La Estancia Centro Banaven Torre D Piso 3, Chuao, Caracas, 1080 Venezuela
Tel.: (58) 212 959 0902
Fax: (58) 212 959 6806
Web Site: www.ogilvy.com

Employees: 27

Agency Specializes In: Advertising

Bobby Coimbra *(Pres & Creative Dir)*
Luis Aponte *(Gen Mgr)*
Ingrid Ribeiro *(Dir-PR & Corp Comm)*

Accounts:
Clight Campaign: "Liquid Fruit"
Mattel Campaign: "Do you want to go faster?", Campaign: "Polisher", Hot Wheels
Mondelez International, Inc. Campaign: "Orange"

Australia:

BADJAR Ogilvy
Level 12, Royal Domain Centre, 380 St Kilda Road, Melbourne, VIC 3004 Australia
Tel.: (61) 3 9690 1477
Fax: (61) 3 9690 4658
E-Mail: info@badjar.com.au
Web Site: www.ogilvy.com.au/

Employees: 300
Year Founded: 1984

Agency Specializes In: Advertising, Consumer Marketing, Digital/Interactive, Financial, Public Relations

Virginia Pracht *(Head-Strategy)*
Danielle Chapman *(Grp Acct Dir)*
Milly Scott *(Grp Acct Dir)*
Jessica Graham *(Acct Dir-Ogilvy Australia)*
Suraiya Lorenz *(Art Dir)*
Josh Murrell *(Creative Dir)*
Jessica McColl *(Sr Acct Mgr)*
Julia Stretch *(Mgr-Social Media)*
Dominic Counahan *(Planner-Strategy)*
Carly Dallwitz *(Jr Copywriter)*
Rebecca Heard *(Planner)*
Ryan Clayton *(Sr Art Dir)*
Afrim Memed *(Jr Producer)*
Tom Russell *(Assoc Creative Dir)*

Accounts:
AAMI (Creative Agency of Record) Applause, Campaign: "Drive Happily Ever After: Rhonda decides!", Campaign: "Gravitron", Campaign: "Not Very Insurancey", Campaign: "Safe Driver Rewards", Campaign: "Who's right for Rhonda?", Claim Assist, Digital, Life & Income Protection Insurance
AMI
BP Australia
FireReady
Fletcher Building Group
Foster's Australia Crown Lager
Hooroo Campaign: "That Place"
Hostplus (Creative Agency of Record)
Laminex Australia (Creative Agency of Record) Campaign: "Peacock & Diamond", Essastone
Lion
Melbourne Convention and Exhibition Centre Campaign: "Break Conventions"
Melbourne Food & Wine Festival Creative, Strategy
MINI Campaign: "Ain't Nuthin Country Bout a Countryman", Campaign: "Throw Another Door on the Mini", Creative, Mini Hatch
Mondelez Cadbury, Peter Rabbit Milk Chocolate Egg
Myer Campaign: "Colours of Summer", Campaign: "The Power of Give"
Peet Vision360; 2018
Priceline Pharmacy Creative
Puma Campaign: "PUMA Big Shot", Campaign: "PUMA LOVE RUN", Sporting Event
Swinburne Online
Victorian Government Summer Fire Campaign
Vintage Cellars
Where Is Maps
Yarra Valley Water
Yellow Pages Campaign: "A Few Stray Hairs"

Ogilvy Sydney
72 Thristia Street, Saint Leonards, NSW 2065 Australia
Tel.: (61) 2 9373 6333
Fax: (61) 2 9373 6399
Web Site: www.ogilvy.com.au

Employees: 500

Agency Specializes In: Direct Response Marketing

Sally Kissane *(Mng Dir)*
Ryan O'Connell *(Head-Strategy)*
Rob Spencer *(Head-Brdcst & Video)*
Jason Westerman *(Sr Dir-Strategy)*
Ben Frost *(Grp Acct Dir-Lion)*
Tom Churchill-Brown *(Art Dir)*
Andy Cooke *(Art Dir)*
Fred Corazza *(Art Dir)*
Felix Ettelson *(Art Dir)*
Luke Hawkins *(Creative Dir)*
Leisa Ilander *(Art Dir)*
Renee Nadin *(Producer-Brdcst)*
Simon Dalla Pozza *(Art Dir)*
Ben Smith *(Creative Dir)*
Brian Corrigan *(Dir-Content)*
Ellen Corr *(Sr Acct Mgr)*
Nick Foxcroft *(Sr Acct Mgr)*
Lewis Aramayo *(Copywriter)*
Ava Frawley *(Copywriter)*
Julie Poulter *(Copywriter)*
Jasmine Subrata *(Copywriter)*
Raphael Valenti *(Copywriter)*
Georgie Waters *(Copywriter)*
Andrew Hankin *(Assoc Creative Dir)*
Kate Smith *(Assoc Media Dir-Paid Social-Neo@Ogilvy)*

Accounts:
AAMI Flexi-Premiums AAMI L-Plate Logbook
Amazon.com, Inc (Creative Agency of Record); 2017
American Express Campaign: "Talking Tags"
Bankwest; 2017
Blackmores

ADVERTISING AGENCIES

Coca-Cola Australia Experiential, Integrated Marketing Campaign, Online Video, Out-of-Home, Public Relations, Social Media, TV
Dove Campaign: "The Ad Makeover"
Holiday Inn Hotels & Resorts
IBM Australia
KFC Corporation (Creative Agency of Record) Bacon Lovers Burger, Campaign: "Finger Lickin' Good Cutlery", Campaign: "Stop & Smell the Chicken ", Freeze Drink, Ginger Fish, Life should always be finger lickin' good, Online Ordering, Tastes So Good, The One Box, Zinger Mozzarella Burger
Kimberly Clark Campaign: "Perfecting the Hug", Huggies Nappies
Kirin Brewery Company, Ltd Hahn
Lion Co Campaign: "Experience Collectors", Digital, Hahn Super Dry, Iron Jack, OOH, Outdoor, Radio, Social, Summer Bright Lager
Melbourne Food & Wine
MINI Countryman
Museum of Contemporary Art Australia
Myer.
Nestle Australia Ltd. Soothers
NSW Government Campaign: "The Mobile Drug Testing"
Optus Mobile Pty. Ltd. Media Business; 2018
Primo Smallgoods Advertising, Digital, Out-of-Home, Social; 2018
Purina
Rabobank
Seafolly Creative, Digital, OOH, Social
Suncorp insurance GIO, Print, TV
Supercars Australia, Digital, New Zealand, Out of Home, Press, Radio, Retail, TVC, Website
Supercoat
Tourism NSW
Uncle Tobys The Simple Life
Victorian Responsible Gambling Foundation
Vodafone Campaign: "Discover the New", Creative
Wotif Brand, Content, Creative, Public Relations, Social Media, Strategy; 2018

China:

Ogilvy Advertising Beijing
(Formerly Ogilvy & Mather Advertising Beijing)
9th Floor Huali Building 58 Jinbao Street, Beijing, 100005 China
Tel.: (86) 10 8520 6688
Fax: (86) 10 8520 6060
Web Site: www.ogilvy.com.cn

Employees: 50
Year Founded: 1986

Selina Teng (Pres)
Joe Zhou (Mng Partner)
Mickey Chak (Chief Strategy Officer-China)
Scott Kronick (Pres/CEO-PR-Asia Pacific)
Cecilia Zhou (Head-Strategy-Ogilvy Discovery & Dir-Consulting)
Andrew Low (Exec Creative Dir)
Xinglun Liu (Grp Acct Dir)
Adrian Zhu (Grp Exec Creative Dir)

Accounts:
Audi AG
Center For Psychological Research Campaign: "Words can be Weapons"
China Foundation for Poverty Alleviation
Coca-Cola
DALIAN WANDA GROUP CO.,LTD
Huawei Technologies Co., Ltd.
Lining
Nanjing Youth Olympics
Nestle China
NetEase Lottery NetEase Lottery Branding
PETA Campaign: "Peta Skin"
Siemens Campaign: "Keep Your Kitchen Fresh 1", Campaign: "Keep Your Kitchen Fresh"
Tsingtao Alcohol, Anti-Drunk Driving
VisitBritain Campaign: "Great Names for Great Britain", Online Videos, Social Media
Volkswagen Group of America, Inc. Campaign: "Electric Cafe", Campaign: "Eyes on the road"
Xi'an Branding & Integrated Market Planning, Public Relations; 2018
Yili "Attitude Determines Quality" Winter Olympics 2014

Ogilvy (China) Ltd.
(Formerly Ogilvy & Mather (China) Ltd.)
25F The Center 989 Changle Road, Shanghai, 200031 China
Tel.: (86) 21 2405 1888
Fax: (86) 21 2405 1880
E-Mail: michael.lee@ogilvy.com
Web Site: www.ogilvy.com.cn

Employees: 50
Year Founded: 1992

Shenan Chuang (Vice Chm)
Annie Su (Mng Partner-Global Brand Mgmt)
Frangelica Liang (Mng Dir)
Chris Reitermann (CEO-Asia & China)
Zizi Shi (Grp Head-Creative)
Darren Crawforth (Exec Creative Dir)
Circle Lee (Sr Acct Dir)
Beryl Chung (Art Dir)
Karen Ding (Assoc Dir-Digital Strategy)
Julie Keying Jiang (Sr Acct Mgr)
Xiulu Chua (Sr Art Dir)
Liwen Fan (Sr Art Dir-UX)
Kelly Woh (Grp Creative Dir)
Chee-Guan Yue (Grp Exec Creative Dir)
Manly Zhang (Sr Art Dir)
Thomas Zhu (Grp Exec Creative Dir)

Accounts:
Agoda Campaign: "LandDiving"
Aldi (Agency of Record) Brand Strategy, Communications
The Coca-Cola Company Bottles, Campaign: "2nd Lives", Campaign: "What if empty Coke bottles were never thrown away?", Caps, Sprite
Columbia Sportswear Brand Strategy, Communications Services, Content Solutions, Creative, Digital, Marketing Strategy
Day of Peace
H&M Fashion Mixer
HTC Campaign: "HTC One-Subway"
InterContinental Hotels Group Digital Advertising, Holiday Inn
KFC Digital, Mobile App, TV, Traditional Media
Kimberly-Clark Kotex
Nestle Nescafe
Saky Dental Floss Rod
Unilever China Ltd Dove Hair
WWF/Traffic China

OgilvyOne Worldwide
9th Floor Huali Building 58 Jinbao Street, Beijing, 100005 China
Tel.: (86) 10 8520 6880
Fax: (86) 10 8520 6666
E-Mail: chris.reitermann@ogilvy.com
Web Site: www.ogilvy.com

Employees: 500

Agency Specializes In: Direct Response Marketing

Veronica Kuo (Mng Partner)

Accounts:
GM Encore Campaign: "Hide 'n' Seek "
PETA Campaign: "Fur Hurts"
Volkswagen Campaign: "Eyes on the Road"
WildAid Campaign: "Nail Biters"

OgilvyOne
26F The Center 989 Changle Road, Shanghai, 200031 China
Tel.: (86) 21 2405 1993
Fax: (86) 21 2405 1880
Web Site: www.ogilvy.com.cn

Employees: 300

Agency Specializes In: Direct Response Marketing

Claudia Ma (VP & Head-Consulting Svc-China)
Tina Chou (Bus Dir)
Alicia Yap (Bus Dir)
Vivian Lan (Dir-Consulting)
Virginia Tang (Dir-Bus Consulting)
Daqing Wang (Exec Partner-Creative)

Accounts:
Budweiser Anheuser-Busch, Campaign: "Budweiser 3D Selfie", Campaign: "Unleash the True You", Social Media
InterContinental Hotels Group Campaign: "Moments of Joy", Holiday Inn, Hualuxe
Lincoln Motor Company Online
Philips
Xing Wei College Marketing Campaigns, Online & Offline Promotions

Hong Kong:

Maxx Marketing Ltd.
7/F Manley Tower, 828 Cheung Sha Wan Road, Hong Kong, China (Hong Kong)
Tel.: (852) 2523 2093
Fax: (852) 2977 5794
Web Site: www.maxx-marketing.com

Employees: 25

Agency Specializes In: Advertising

Michael Kwan (CEO)
Andrew Kwan (Exec VP)
Ann Wong (Exec VP)
Steven Tam (Asst Mgr-Mdsg)

Accounts:
Coca-Cola
Dannon
Hardee's
Kellogg's
KFC
Nestle
P&G
Pizza Hut
Puma

Ogilvy Advertising
(Formerly Ogilvy & Mather Advertising)
23rd Floor The Center 99 Queen's Road, Central, China (Hong Kong)
Tel.: (852) 2568 0161
Fax: (852) 2885 3215
Web Site: www.ogilvy.com.cn

Employees: 50

Agency Specializes In: Advertising

Katryna Mojica (CEO)
Jennifer Risi (Chief Comm Officer & Mng Dir-Ogilvy Media Influence)
Reed Collins (Chief Creative Officer)
Manolis Perrakis (Head-Creative Tech)
John Koay (Co-Exec Creative Dir)
Matthew Nisbet (Co-Exec Creative Dir)
Jim Fong (Creative Dir)
Buji Ng (Creative Dir)
Helen Sham (Creative Dir)
Kerwin Choy (Copywriter)
Gianluca Crudele (Sr Designer)
Alan Couldrey (Grp Chm)
Stratos Efstathiou (Sr Art Dir)

Stella Fung *(Assoc Acct Dir)*
Vivian Lam *(Jr Art Dir)*
Kitty Tang *(Assoc Creative Dir)*
Jeff Vitkun *(Assoc Creative Dir)*
Huey Wong *(Sr Art Dir)*

Accounts:
AIAIAI Headphones Campaign: "Get Inside Your Music", Campaign: "Seven Nation Army", Radiohead
Allied Pickfords Campaign: "Guido Moretti", Campaign: "Roger Penrose"
Amnesty International
Beijing Sports Radio Campaign: "Hear it live", Soccer
Capella Niseko; Japan Resort; 2008
Carlsberg Group Campaign: "Anyhour Happy Hour", Kronenbourg 1664
China Environmental Protection Foundation Campaign: "Rabbit"
CompareAsia Group
Faber Castell Campaign: "Boat", Campaign: "Duck", Campaign: "Iceberg", Campaign: "Just Add Water"
Genki Sushi Hong Kong
Hong Kong CleanUp
Hong Kong Disneyland Campaign: "Lose Your Head at the Dark Side of Disney"
Hong Kong Shark Foundation Campaign: "Bloody Wedding Invitation"
Huggies Campaign: "Babies on the Go"
Jeep
KFC Corporation Campaign: "Finger Lickin' Good", Campaign: "Indescribable Taste", Creative
Lucozade Alert
Marriott International, Inc.
Maxis Campaign: "Maxis S.O.S."
Medecins Sans Frontieres
Mercedes-Benz
Midea Campaign: "Choir"
MTV Digital, Staying Alive Foundation, TV
Nestle Hong Kong Acti-V Yogurt, Digital, Dreyer's, Drumstick, Frutips, Nescafe
Orbis HK Campaign: "Don't Look Away", Campaign: "Old Parts For New", Campaign: "Strokes", Campaign: "Trade Away Darkness", Chaotic, Experience Blindness, Knots
Pizza Hut Hong Kong Brand Equity Building, Campaign Execution, Creative, Integrated Marketing Communications Strategy
Samaritans
Shop ElseWhere
Shutterstock
Smart Car
Synergy Distribution Ltd Campaign: "Surprisingly Burgundy", Rio Mints
Volkswagen Campaign: "A Phaeton Journey", Phaeton
WWF Campaign: "Vote Ruby"

Ogilvy Asia/Pacific
(Formerly Ogilvy & Mather Asia/Pacific)
23rd Floor The Center 99 Queen's Road, Central, China (Hong Kong)
Tel.: (852) 2568 0161
Fax: (852) 2535 9920
E-Mail: tim.isaac@ogilvy.com
Web Site: www.ogilvy.com

Employees: 500
Year Founded: 1962

Kent Wertime *(CEO)*
Sandy Ling *(Mng Partner)*
Paul Cocks *(CFO)*
Jerry Smith *(COO)*
Eugene Cheong *(Chief Creative Officer-Asia Pacific)*
Huw Gildon *(Chief Strategy Officer-Hong Kong)*
Tham Khai Meng *(Chief Creative Officer)*
Benoitc Wiesser *(Chief Strategy Officer-Asia)*
Paul Matheson *(Pres-Strategy & Plng-Asia Pacific)*
Chris Reitermann *(CEO-Asia & China)*
Soames Hines *(Reg VP-Client Growth)*
Stanley Tao *(Creative Dir)*
Christopher Brewer *(Sr Partner)*

Accounts:
Beijing Sports Radio Campaign: "Tennis"
BRAC
Coca Cola
MTR Corporation; Hong Kong
Orbis Hong Kong Campaign: "Trade Away Darkness"
Shangri-La Hotels Weibo
Unilever Asia Dove Hair

OgilvyOne Worldwide
23rd Floor The Center, 99 Queen's Road, Central, China (Hong Kong)
Tel.: (852) 2568 1177
Fax: (852) 2884 1381
E-Mail: sean.rach@ogilvy.com
Web Site: www.facebook.com/OgilvyHK

Employees: 300
Year Founded: 1980

Agency Specializes In: Communications

Sheilen Rathod *(Pres-Customer Engagement & Commerce-China)*
Jim Fong *(Creative Dir)*

Accounts:
American Express
Hong Kong Jockey Club
IBM Campaign: "Your Storage Riddles Solved"
Indigo Living Digital
Mercedes-Benz Campaign: "New Showroom Locator"
Smartone Campaign: "Call Guard Social Movement"
Studio City Macau Digital

India

Ogilvy India
(Formerly Ogilvy & Mather India)
139/140 Rukmani Lakshmipathy Salia Marshalls Road, Egmore, Chennai, 600 008 India
Tel.: (91) 44 4436 0360
Fax: (91) 44 4434 4370
Web Site: www.ogilvy.com

Employees: 100
Year Founded: 1939

Mridula Joseph *(Controller-Creative)*
Kiran Anthony *(Exec Creative Dir)*
Piyush Pandey *(Exec Chm & Creative Dir-South Asia)*
Binu Varghese *(Creative Dir)*
Srikant Behera *(Assoc Creative Dir)*
Mahantesh Harti *(Assoc Creative Dir)*
Saurabh Kulkarni *(Sr Creative Dir)*

Accounts:
AICMED
Cadburys India Ltd 5 Star, Campaign: "No Hard Fillings-Toaster & Toast", Campaign: "O Key & Volume Key"
Deccan Odyssey
Donateeyes.org Campaign: "Invisible Beggar"
Family Book Shop
Federal Bank Advertising, Campaign: "Saathi sahi ho, toh kismat khul jaati hai"
Friendsofbooks.com Campaign: "Dog-Ear"
The Hindu Business Line, Campaign: "Cerebration: Test", Campaign: "It's Time To Test Your Business Quotient", Campaign: "Where Every Story has its Song", Creative, Frontline, November Fest, Sportstar, Stay Ahead of The Times
ITC- Agarwathi
L&T Finance
Lenovo
Ma Foi Randstad Creative
Optic Gallery Campaign: "The Card With A Vision"
Parry Ware
Pernod Ricard India Pvt. Ltd. Campaign: "Anniversary", Campaign: "The King's Life"
Spice Mobile Campaign: "Popkorn Mobile"
Style Spa Creative
Sundaram Finance
TTK Health care Creative, Eva, Woodward's Gripe Water
VGN Developers Creative
Vodafone India Limited
WWF India Campaign: "Looks Can Kill"
Yahoo India Campaign: "Carry Heavy Attachments"
Yum Restaurants Campaign: "Beatbox", Campaign: "Meeting"

Ogilvy
(Formerly Ogilvy & Mather)
Level 06 5th Fl Bagmane Laurel Bagmane Techpark, C V Raman Nagar, Bengaluru, 560 093 India
Tel.: (91) 80 4436 0360
E-Mail: prateek.srivastava@ogilvy.com
Web Site: www.ogilvy.com

Employees: 500
Year Founded: 1981

Mahesh Gharat *(Chief Creative Officer & Copywriter)*
N. Ramamoorthi *(Pres-South)*
Tithi Ghosh *(Exec VP)*
Kiran Ramamurthy *(Exec VP)*
Rajnandini Ghosh *(Head-Digital)*
Anirban Roy *(Head-Plng-South)*
Adwait Kulkarni *(Controller-Copy)*
Azazul Haque *(Grp Dir-Creative)*
Nilay Moonje *(Grp Dir-Creative)*
Varun Katyal *(Sr Dir-Creative)*
Swapna Divekar *(Acct Dir)*
Vivek Dubey *(Art Dir)*
Geetanjali Jaiswal *(Creative Dir)*
Yamini Nair *(Creative Dir)*
Shamik Sen Gupta *(Creative Dir)*
Harshada Shinde *(Art Dir)*
Nikhil Waradkar *(Creative Dir)*
Sai Sunil *(Dir-Client Servicing)*
Meghna Joseph *(Grp Acct Mgr)*
Garima Pugalia *(Supvr-Creative)*
Bhumika Udernani *(Supvr-Copy)*
Sushma Jayaram *(Sr Acct Exec)*
Faraz Alam *(Sr Creative Dir)*
Pramod Chavan *(Assoc Creative Dir)*
Talha Bin Mohsin *(Grp Creative Dir)*
Mahesh Parab *(Sr Creative Dir)*
Kunal Sawant *(Sr Creative Dir)*

Accounts:
Adani Wilmar Fortune Oils
Aditya Birla Group Campaign: "Hello Friday Dressing"
Allen Solly
Amazon India Campaign: "Kya Pehnu", campaign: "Citizens of fashion"
Anouk
Asian Paints Apex Ultima
Bangalore Traffic Police Campaign: "Angry Husband"
Beyond Carlton
Bingo's Red Chilli Bijli
Breathe Easy
British Nutritions Creative, Slimlife, X-tra Gainer, X-tra Mass, X-tra Whey
Cadbury Dairy Milk Silk Oreo
CarWale Campaign: "Ask the Experts", Media
Chumbak Creative; 2018
HIL Ltd.
IBM
IDBI Bank Campaign: "Everyone", Creative

ADVERTISING AGENCIES

Indus Pride
International Business Machines Campaign: "IBM Opens in Qatar"
ITC Limited Bingo Tangles, Bingo Yumitos, Brand Proposition, Campaign: "Bomb", Campaign: "If you eat it, you will share it", Campaign: "Train", Sunfeast Mom's Magic
Kohler Creative
Lenovo Group Limited
Mani Bhavan Gandhi Museum
MTR Foods Advertising, Campaign: "Onion", Communications, Digital, Masalas, Mobile, Print, TV
Once Again Campaign: "The Tagging Drive"
SABMiller Fosters
Skoll Breweries Haywards 5000 Soda
Taj Mahal
Titan Company Limited 'Raga Pearls', Amalfi Bleu, Campaign: "#SmartIsStunning", Campaign: "Bad Eyes - Auto", Campaign: "Bad Eyes - Lorry", Campaign: "Farewell", Campaign: "Flair", Campaign: "Gift of Time", Campaign: "Look Young", Campaign: "Tagging", Campaign: "The Bet", Juxt, Skinn, Titan Eye+, Titan Watches
World For All "Building, Noose, Train"
New-Zoomcar (Agency of Record) Creative; 2018

Ogilvy
(Formerly Ogilvy & Mather)
Mahavir House 303-304 3rd Floor Mahavir House, Basheer Bagh Cross Roads, Hyderabad, 500 029 India
Tel.: (91) 40 4436 0360
Web Site: www.ogilvy.com

Employees: 100

Hufrish Birdy *(CFO)*
Asif Syed *(CFO)*
Kapil Arora *(Pres-Ogilvy Grp Companies-North)*
Kunal Jeswani *(CEO-India)*
Antara Suri *(Sr VP)*
Sarang Wahal *(Sr VP)*
Ramesh Keshavan *(VP)*
Prakash Nair *(VP)*
Sangita Dev *(Creative Dir)*
Suketu Gohel *(Creative Dir)*

Accounts:
Shakhi Newspaper & Television
Vodafone

Ogilvy India
14th Floor Commerz International Business Park Oberoi Garden City, off Western Express Highway, Goregaon, Mumbai, 400 063 India
Tel.: (91) 22 4434 4074
Fax: (91) 22 5034 4370
Web Site: www.ogilvy.com

Employees: 650
Year Founded: 1928

Mridula Joseph *(Controller-Creative)*
Hari Rawat *(Controller-Creative)*
Eugene Rebell *(Controller-Creative)*
Chhavi Saini *(Controller-Creative)*
Kiran Anthony *(Exec Creative Dir)*
Nishigandh Dhende *(Creative Dir)*
Ajit Kumar Sahoo *(Creative Dir)*
Kanika Sethi *(Creative Dir)*
Karunasagar Sridharan *(Creative Dir)*
Nikhil Waradkar *(Creative Dir)*
Mayuri Shukla *(Mgmt Supvr)*
Riti Hamlai *(Copywriter)*
Rohit Dubey *(Grp Creative Dir)*
Shahvan Kaikobad *(Assoc Creative Dir)*
Abhijit Karandikar *(Grp Creative Dir)*
Mahesh Parab *(Sr Creative Dir)*
Akshay Seth *(Sr Creative Dir)*
Neville Shah *(Grp Creative Dir)*
Mangesh Someshwar *(Sr Creative Dir)*
Sohil Wadhwania *(Assoc Creative Dir)*
Harshal Walawalkar *(Creative Team)*

Accounts:
A Fidilife Initiative
Adani Wilmar Limited Campaign: "Clap"
The Akanksha Foundation
Amazon.com, Inc Amazon Seller Services
Asian Paints Ltd Campaign: "Aapka Hunar Aapki Pehchaan", Campaign: "Guide Book", Campaign: "Har Ghar Kuch Kehta Hai", Ezycolour Home Solutions, UltimaProtek
Bajaj Auto Ltd. Bajaj Platina, Campaign: "Precision Performance", Campaign: "PulsarMania2", Campaign: "Speedlines", Creative, Dominar 400, Pulsar, Pulsar 200NS
Bajaj Finserv Ltd
New-Bandhan Bank Home & Business Loan; 2017
Binani Cement Campaign: "Memories", Campaign: "Parental Love"
Blue Star
Board of Control for Cricket in India Campaign: "No One will Escape the Excitement", Carnival, OOH, Radio
Breakthrough India Campaign: "Share Your Story", Digital
Brooke Bond BRU, Brooke Bond Bru Gold, Campaign: "Imran Wears Saree", Red Label
Cadbury India Ltd 5Star, Cadbury Bournville, Cadbury Dairy Milk Silk, Cadbury Gems, Cadbury Perk Glucose, Campaign: "Basket ball", Campaign: "Cadbury 5 Star Chomp", Campaign: "Cadbury 5 Star", Campaign: "Condition Serious Hai", Campaign: "Jogging", Campaign: "Joy in Snow", Campaign: "Kuch Meetha Ho Jaye", Campaign: "No Hard Fillings", Campaign: "Not So Sweet", Campaign: "Raho Umarless", Campaign: "Runaway Wedding", Campaign: "Softer, Smoother & Silkier", Perk Double, TV
Carwale.com
Castrol India Advertising, Castrol Activ, Castrol Turbo, Digital Media, Television
Ceat Tyres Campaign: "For All Season", Campaign: "Ladoo", Suv Tyres
Channel V Campaign: "The Seatbelt Crew", VithU
Coca-Cola Refreshments USA, Inc. Campaign: "Hill station", Campaign: "Rasta Clear Hai", Campaign: "Snack time, Fanta time", Campaign: "Valet", Fanta, Sprite
Dainik Bhaskar Campaign: "Zidd Karo. Duniya Badlo"
Diu Tourism Campaign: "Welcome to Ilha de Calma"
Dixcy Textiles Dixcy Scott
English Biscuit Manufacturers Peek Freans
The Federal Bank
Fiat India Automobiles Ltd Campaign: "An Ode to Driving"
Fortune Oil
Future Group Easyday
GlaxoSmithKline Consumer Healthcare Ltd
Google Campaign: "Mom and Daughter, Dress", Campaign: "PledgeToVote", Campaign: "Reunion", Campaign: "Sugar Free"
Government of Gujarat Tourism
Greenply Industries Campaign: "Magician", Plywood
Hamilton Housewares Milton
HCG Campaign: "Put Out The Fire"
Helpchat Brand Marketing, Digital, Outdoor, Print, TV
Hero Indian Super League Campaign: "Come on India, Let's Football"
The Hindu Campaign: "The Hindu", Print, Social Media, TV
Hindustan Pencils Campaign: "Playway", Magician, Wrecking Ball, Cage, Nataraj Pencils
Hindustan Unilever Brooke Bond, Brooke Bond Red Label, Brooke Bond Sehatmand, Bru Gold, Campaign: "Bru Exotica Brazil", Campaign: "Nutrilock", Campaign: "Roti Reminder", Cold Coffee, Comfort Fabric Conditioners, Dove, Fast Moving Consumer Goods, Hamam, Lifebuoy Handwash, Pond's Age Miracle, Pond's Cold Cream, TVC
Hotwheels Campaign: "Carpet", Campaign: "Drawer", Campaign: "Star Treck", Campaign: "Vintage Collection", Safari
HT Media Fever 104 FM (Agency of Record)
IBM Campaign: "Ahead of Demand"
ICICI Lombard
IDBI Federal Life Insurance Childsurance
Indian Head Injury Foundation
Indian Premier League
Investica Advertising, Brand Identity, Colour, Guidelines, Strategy & Creative, Voice; 2018
ITC Limited Bingo Tangles, Creative, Savlon
JG Hosiery Private Limited Campaign: "ATM", Campaign: "Egg"
JSW Steel
Kalyan Jewellers Anokhi, Antara, Candere, Creative, Glo, Mudhra, Nimah, Rang, Tejasvi, Ziah
Kasturi & Sons Ltd
Kraft India Bournvita, Campaign: "Playing with cheeks", Tang
Kurl-On Mattresses
Landmark Group Creative, Home Centre, Shukran
Lenovo India (Agency of Record) Campaign: "Hands", Campaign: "The Fly", Creative, Ultrabook
Madura Garments Campaign: "Catch a Colour"
Make Love Not Scars
Marico
Max Life Insurance Campaign: "Aapke Sachche Advisors", Campaign: "Couple", Campaign: "House", Max Life Forever Young Pension Plan, Max Life Guaranteed Life Time Income Plan
Mbl Campaign: "Colour Change"
McNroe Consumer Products Pvt. Ltd. Campaign: "Gift", Secret Temptation
Mondelez International, Inc Bournville - Sob, Bournvita Li'l Champs, Brand Proposition, Cadbury, Campaign: "Not So Sweet", Campaign: "Traffic", Creative, Gems Surprise Packs With Toys Inside
Mother Dairy Campaign: "Awesome", Campaign: "Maa Jaisa Koi Nahi", Campaign: "That Lifts You", Campaign: "Today", Campaign: "Trophy, Sorry Mom", Real Good, Classics Range
MP Tourism
MT Educare Creative, Robomate+
Mumbai Indians
Mumbai Police Campaign: "Mumbai Ke Liye 1 Minute"
National Skill Development Corporation
Natraj Pencils
Nazraana Jewellery
Operation Smile India Campaign: "Clefttosmile"
Parle Products Campaign: "Kal ke genius", Campaign: "The Power of Milk", Painting Teaser, Parle-G
Perfetti Van Melle, India Campaign: "Archimedes", Campaign: "Center fruit Endless", Campaign: "Colour Your Tongue", Campaign: "Dhoka Kisne Diya?", Campaign: "Ja Pani La", Campaign: "Riddle", Campaign: "Yeh Wala", Center Fresh Actisport, Center Fruit, Mentos, Mentos Sour Marbles, Television Campaign, The Candy Tree, Xplode
Philips Electronics India Ltd Air Fryer, Campaign: "1 Light, 2 Colours", Led Lights
Philips
Pidilite Industries Limited Campaign: "'Judh Jayein Tyohaar Pe", Campaign: "Crazy Chairs", Campaign: "Poshan wala Lotion", Campaign: "Raksha Bandhan", Fevicol, Fevicol Runners, Fevikwik, Fevistik, Terminator, White Glue Adhesive
PostPickle
Rajasthan Royals
Rajasthan Tourism Campaign: "Jaane Kya Dikh Jaaye"
Religare Enterprises Campaign: "Parrot", Mutual Fund
Republic Creative
RNW Media
Rohan Avriti Campaign: "Surprisingly Private

AGENCIES - JANUARY, 2019 — ADVERTISING AGENCIES

Property"
Sabin Vaccine Institute
SBI Life Insurance Campaign: "Shaving Blade"
Seagrams 100 Pipers, Campaign: "Lift", Campaign: "Live Concert", Campaign: "Remembered for Good", Imperial Blue
SEBI Campaign: "Regidter your Complaint", Creative
Shan Foods
Shemaroo Entertainment; 2018
Skill Development and Entrepreneurship Campaign: "I Support Skill India"
Spice Mobile Campaign: "Hit Me", Smartphones
Spotlight
Star India Campaign: "The Photographs Case", Creative, STAR Gold, STAR Jalsha, Star Plus
Star Sports Campaign: "Star Power"
Tata Chemicals Limited Tata Salt
Tata Motors Campaign: "In Everything It's Gold", Campaign: "The Beast Redifned", Jaguar, Tata Sumo Gold, Tata Tiago
Tata Sky Ltd Campaign: "Boutique", Campaign: "Karoke", Campaign: "Missed Call", Campaign: "Prison Break", Campaign: "Score", Campaign: "TV is Good", Campaign: "Tata Sky Mobile: Ab TV aap ki pocket main", Campaign: "jhingalala", Everywhere TV, Media, Print, Radio, TV, Tata Sky Plus
Tata Teleservices Limited Campaign: "Package Advisor"
Titan Industries Ltd. (Creative Agency of Record) Campaign: "Katrina Kaif"
Uber India
UN Environment India
Vodafone India Campaign: "Because Fun has No Limit", Campaign: "Blackberry Boys", Campaign: "Blue", Campaign: "Celebrate Bandra", Campaign: "Get Ready for Click", Campaign: "Headquarters", Campaign: "Made For Sharing", Campaign: "Made for You", Campaign: "Secure Connectivity", Campaign: "Win A Place", Crazy Feet, Digital, IPL Campaign, International Calling, M-Pesa, On-Ground, Online, Outdoor, POS, Print, Radio, TV, Unlimited Internet Packs, Zoozoos
World For All Campaign: "Train"
WWF India Campaign: "Panda"
YouTube, LLC
Yum Restaurant Marketing Pvt. Ltd. Campaign: "College Friends Reunion", Campaign: "KFC Paneer Zinger", Campaign: "So Cheesy, Mouse"

Ogilvy
Tower A 6th to 8th Floor Global Business Park Mehrauli Gurgaon Road, Gurgaon Haryana, 122 002 New Delhi, India
Tel.: (91) 124 4760760
E-Mail: sanjay.thapar@ogilvy.com
Web Site: www.ogilvy.com

Employees: 500
Year Founded: 1956

Chandana Agarwal (Mng Partner & Head-GBM)
Sidharth Shukla (Chief Digital Officer-North & India)
Kapil Arora (Pres-Ogilvy Grp Companies-North)
Disha Dhami Chopra (Acct Dir)
Anuj Kala (Creative Dir)
Musfar Khan (Art Dir)
Tito Majumdar (Creative Dir)
Jossy Raphael (Dir-Creative)
Rajat Agarwal (Assoc Creative Dir)
Srikant Behera (Assoc Creative Dir)
Divya Bhatia (Sr Creative Dir)
Avik Bose (Assoc Creative Dir)
Kainaz Karmakar (Grp Creative Dir)
Shailender Mahajan (Sr Creative Dir)
Krishna Mani (Sr Creative Dir)
Shubha Menon (Sr Creative Dir)
Gaurav Nautiyal (Sr Creative Dir)
Madhukar Sabnavis (Country Head-Plng & Discovery)
Nitin Srivastava (Sr Creative Dir)

Accounts:
Asian Paints Creative
BMW India Creative
Cadburys India Ltd
Campus Shoes Advertisement & Branding; 2018
Coca-Cola India Campaign: "Boond Boond Mein Sacchai", Campaign: "Snack-time Fanta-Time", Fanta, Kinley, Sprite
Dabur India Campaign: "new and young avatar", Cinema, Dabur Amla Hair Oil, Print, Sanifresh, Television
Fevicol
GlaxoSmithKline Campaign: "Rishta Pakka"
Greenply Industries Campaign: "Forever New", Plywood
Hindustan Unilever Limited Lifebuoy
KFC Campaign: "Dips Bucket-Weekend Plan", Campaign: "So Veg So Good", Campaign: "You eat. They eat", Creative, Curry Crunch, Paneer Zinger, Super Charger, TVC, Veg Twister
Kohler
Kraft Foods Cadbury 5 Star
Mattel Toys Hot Wheels
Ministry of Tourism Creative, Incredible India
OM Book Shop
Pernod Ricard
Philips Lighting LED
Pizza Hut Campaign: " Double Date", Campaign: "Size Matters"
Somany Ceramics Advertising, Creative
New-Swachh Bharat Mission Communication
Taco Bell Digital
Titan Industries Ltd
Vodafone India Ltd Vodafone 3g Cellular Phone Service
Wild Stone India Wild Stone Red
Yahoo

OgilvyOne Worldwide
12 Floor Commerz International Business Park Oberoi Garden City, Off Western Express Highway, Goregaon (East), Mumbai, 400 063 India
Tel.: (91) 22 5034 4600
Fax: (91) 22 4434 4370
Web Site: www.ogilvy.com

Employees: 500
Year Founded: 2000

Agency Specializes In: Direct Response Marketing

Sonia Khurana (Sr VP & Head-Customer Engagement-OgilvyRED India)
Namrata Keswani (VP & Head-Office-Mumbai)
George Kovoor (Head-Creative)
Aarti Madan (Acct Dir)
Pooja Pandya (Creative Dir)
Sanjana Shirke (Client Svcs Dir)
Sheekha Khan (Mgmt Supvr)
Hetal Nathwani (Mgmt Supvr)
Savita Rijhwani (Mgmt Supvr)
Burzin Mehta (Grp Creative Dir)
Rakesh Nair (Grp Acct Mgr)

Accounts:
American Express Banking Corp
Child Rights Campaign: "DONTEMPLOYLITTLEONES"
DHL
E.I. DuPont India Pvt.Ltd Campaign: "The Power of Shunya"
Godrej Household Products Limited Hit
Piaggio Digital, Vespa LX 125
Reliance Campaign: "DONTEMPLOYLITTLEONES", Digital Advertising, Reliance General Insurance
Star India campaign: "Photographs Case"

OgilvyOne Worldwide
Ogilvy Centre 1 Okhla Industrial Estate Phase III, New Delhi, 11 0020 India
Tel.: (91) 11 513 44600
Web Site: www.ogilvy.com

Employees: 50
Year Founded: 2000

Agency Specializes In: Direct Response Marketing

Sidharth Shukla (Chief Digital Officer)
Namita Liz Koshy (Assoc VP)
Abhishek Gupta (Sr Creative Dir)
Abhishek Shrivastava (Assoc Creative Dir)

Accounts:
British Airways
Sony Campaign: "We All Fall"

Indonesia:

Ogilvy
(Formerly Ogilvy & Mather)
Sentral Senayan III 11th Fl, Jl Asia Afrika No. 8, Gelora Bung Kamo - Senayan, Jakarta, 10270 Indonesia
Tel.: (62) 21 2924 3000
Fax: (62) 21 526 626 3
Web Site: www.ogilvy.com

Employees: 100
Year Founded: 1971

Agency Specializes In: Direct Response Marketing, Public Relations

Anne Mutia Ridwan (CEO)
Misty Maitimoe (Deputy Mng Dir)
Yuliani Setiadi (Head-Customer Experience & Gen Mgr)
Dianne Goette (Reg Dir-Talent Acq)
Niken Hapsari (Grp Acct Dir)
Lydia Tarigan (Creative Dir)
Adam Pamungkas (Grp Creative Dir)

Accounts:
Konimex Pharmaceutical Laboratories Paramex
LINE Communications, Social Media
Match Group, Inc. Creative, Tinder; 2018
Ministry of Tourism Strategic Communications
Unilever Creative, Digital Marketing, Molto Ultra One Rinse, Pond's Age Miracle, Pond's Oil Control, Vaseline Women
World Economic Forum Communications, East Asia Forum, Public Relations

OgilvyInteractive
Bapindo Plaza Bank Mandiri Tower 25th Floor Jalan Jendral, Sudirman Kav 54-55, Jakarta, 12190 Indonesia
Tel.: (62) 2 1526 6261
Fax: (62) 2 1526 6263
Web Site: www.ogilvy.com

Employees: 200

Agency Specializes In: Digital/Interactive

Gretchen Largoza (Mng Dir)
Lydia Tarigan (Creative Dir)

Japan:

Ogilvy Japan K.K.
(Formerly Ogilvy & Mather Japan K.K.)
Yebisu Garden Place Tower 25F 4-20-3 Ebisu, Tokyo, Shibuya-ku 150-6025 Japan
Tel.: (81) 3 5791 8888
Fax: (81) 357918887
E-Mail: info@ogilvy.com

ADVERTISING AGENCIES

Web Site: www.ogilvy.co.jp

Employees: 300
Year Founded: 1995

Jack Mickle *(CEO)*
Doug Schiff *(Chief Creative Officer)*
Mike Busby *(Mng Dir-Geometry Global & Japan GK-North Asia)*
Atsuko Keino *(Head-Traffic & Project Mgr-Creative)*
Natsuki Tosa *(Head-Production)*
Ricardo Adolfo *(Exec Creative Dir)*
Kensui Arao *(Creative Dir)*
Paul Kemp *(Creative Dir)*
Sean Palmer *(Bus Dir)*
Maiya Wiester *(Art Dir)*
Yohei Kawakami *(Acct Mgr)*
Chie Sato *(Mgr-Traffic)*
Naoko Ito *(Planner)*
Naoya Kataoka *(Copywriter)*
Junkichi Tatsuki *(Assoc Creative Dir)*

Accounts:
Adot ADOT.COM Lights, Campaign: "Words Kill Wars"
Canon
Condomania
Dazn.com
Estetica Brasil Beauty
Eyes, JAPAN Co. Ltd.
Kirschel Foundation
Konica Minolta Campaign: "Dream Printer"
Moyai Support Centre for Independent Living Campaign: "Homeless Bed Collection"
Refugees International Japan
Sagawa Shoyu Inc.
Sony Music Japan Crossfaith
Suntory
TELL
The University Of Tokyo
Vixen Optics
World Wide Fund for Nature
Yaocho Bar Group

OgilvyOne Worldwide
Yebisu Garden Place Tower 25F 4-20-3 Ebisu, Shibuya-ku, Tokyo, 150-6025 Japan
Tel.: (81) 3 5791 8700
Fax: (81) 3 5791 8701
E-Mail: info@ogilvy.com
Web Site: www.ogilvy.co.jp

Employees: 300
Year Founded: 1998

Agency Specializes In: Direct Response Marketing

Ichiro Ota *(CEO & Exec Mgr)*
Kent Wertime *(Co-CEO-Asia Pacific)*
Mike Busby *(Mng Dir-North Asia)*
Masahiro Saito *(Exec Dir-Ogilvy & Mather Japan GK)*

Korea:

Ogilvy
(Formerly Ogilvy & Mather)
27-8 Chamwon-Dong, Seocho-Ku, Seoul, 137-903 Korea (South)
Tel.: (82) 2 513 1400
Web Site: www.ogilvy.co.kr

Employees: 200
Year Founded: 1999

Min Ho Ju *(Art Dir)*

Malaysia:

Ogilvy Advertising
(Formerly Ogilvy & Mather Advertising)
Level 11 Menara Milenium 8 Jalan Damanlela, Bukit Damansara, 50490 Kuala Lumpur, Malaysia
Tel.: (60) 3 2718 8888
Fax: (60) 3 2710 6983
Web Site: http://www.ogilvy.com

Employees: 270

Campbell Cannon *(Mng Partner)*
Nizwani Shahar *(Mng Partner)*
Jacey Lee *(COO)*
James Gaubert *(Head-Digital & Social)*
Jingwei Wong *(Grp Head-Creative)*
Arindam Chatterjee *(Reg Dir-Plng)*
Melanie Mei *(Grp Acct Dir)*
Jarrod Reginald *(Creative Dir)*
Dane Barr *(Dir-PR & Influence)*
Christopher Knight *(Planner-Integrated Strategic)*
Nikken Chong *(Sr Art Dir)*

Accounts:
Ash Be Nimble Video
Barbie
Canon Marketing (Malaysia) Sdn Bhd Influence, Public Relations, Strategic Communications Planning; 2018
CIMB Consumer Bank Malaysia Communication, Digital, Outdoor, Print, Social Media
Coca-Cola
GlaxoSmithKline Campaign: "Settle Disagreements", Campaign: "Traffic Blues", Eno
Guinness
Kimberly Clark Huggies, Kotex
Mattel Campaign: "Jet Fighter", Campaign: "Quick Draw Battleship", Campaign: "Quick Draw Bear", Campaign: "Quick Draw Fencing", Campaign: "Quick Draw Wins", Nascar, Pictionary
Mondelez International Cadbury
Nestle Campaign: "Next Games", Milo, The Energy Within
Pizza Hut Campaign: "Cook Out", Campaign: "Defrost"
Tiger Beer
UBS

New Zealand:

Ogilvy New Zealand
22 Stanley St, PO Box 4567, Parnell, Auckland, 1140 New Zealand
Tel.: (64) 9 358 5752
Fax: (64) 9 358 5762
E-Mail: greg.partington@ogilvy.co.nz
Web Site: www.ogilvy.co.nz

Employees: 200

Jules Calnan *(Head-Print Production)*
Emma Cockburn *(Head-Data & Tech-Media)*
Greg Rogan *(Head-Tech)*
Clare Warne *(Head-Digital)*
Lisa Fedyszyn *(Co-Exec Creative Dir)*
Jonathan McMahon *(Co-Exec Creative Dir)*
Gerard Duignan *(Grp Dir-Media)*
Chris Hotchin *(Sr Acct Dir)*
Gaelyn Churchill *(Creative Dir)*
Michael Dorsey *(Grp Bus Dir)*
Josh Foley *(Art Dir)*
Rupert Hancock *(Creative Dir)*
Sam Henderson *(Art Dir)*
Jerome Mika *(Bus Dir)*
Huia Ngapo *(Mktg Dir)*
Christina Opferkuch *(Acct Dir)*
Tim Thach *(Art Dir)*
Ben Fielding *(Dir-Strategy & Plng)*
Stephen May *(Mgr-Media)*
Angela Monaghan *(Mgr-Social Media)*
Nick Pickering *(Mgr-Digital Media)*
Angela Burnell *(Designer)*
Kieran Savage *(Designer-UX)*
William Sidnam *(Copywriter)*
Julie Spedding *(Sr Art Dir)*

Accounts:
AA Insurance Campaign: "Comprehensive Cover"
Alcoholics Anonymous Campaign: "Get Back - Family"
Auckland Council Group Auckland Council, Auckland Events & Economic Development, Auckland Transport & Auckland Tourism, Auckland Transport Special Events, Creative & Media
New-Auckland Transport
BP Campaign: "My BP Story"
Britomart Hospitality Group
Brothers In Arms Youth Mentoring Campaign: "Just Like Your Dad", Campaign: "Listen"
Castrol
Chapel Bar
Church Road Winery
The Coca-Cola Company Campaign: "Coke Come Alive ", Campaign: "Train Like You're in the Game", Keri Fruit Blast, Powerade, Powerade Campaign: "Train Like You're in the Game"
Countdown Media Strategy & Buying
The Department of Internal Affairs Te Tari Taiwhenua
Energy Efficiency & Conservation Authority
Environmental Protection Authority Campaign: "Handguns, Grenades, Assault Rifles"
Forest & Bird
General Motors Company
Holden Campaign: "'Quartet"
IBM
KFC
Kimberly-Clark Huggies, Kleenex Cottonelle
MyRepublic Limited
National Building Financial Capability Charitable Trust Phone
Nestle Purina Campaign: "Fetch", Campaign: "Mighty Dog: Shiny Coat"
New Zealand Police Campaign: "Hungry Boy", ChatCops
New Zealand Public Service Association
New Zealand Rugby Union
NZPork Jack
Papakura District Council
Pernod Ricard
Public Trust
Purina
Rebel Sport Campaign: "Flight"
Sanitarium
Sealord
Sprite
World Masters Games 2017
Wotif Brand, Content, Creative, Public Relations, Social Media, Strategy; 2018
WWF

Philippines:

BCD Pinpoint Direct Marketing Inc.
4th Floor Bloomingdale Bldg 205 Salcedo St, Legaspi Village, Manila, 1227 Philippines
Tel.: (63) 2 795 5999
E-Mail: maxine.bahatan@bcdpinpoint.com
Web Site: www.bcdpinpoint.com

Employees: 30

Louie Yu *(Acct Dir)*

Accounts:
Biomedis
BMW
James Hardie
The Philippine Daily Inquirer
Shopwise

Ogilvy (Philippines) Inc.
(Formerly Ogilvy & Mather (Philippines) Inc.)
24 & 25 F Picadilly Star Building, Fort Bonifacio

AGENCIES - JANUARY, 2019 — ADVERTISING AGENCIES

Global City, Taguig City, Manila, Philippines
Mailing Address:
PO Box 1401, Makati, Metro Manila, Philippines
Tel.: (63) 2 238 7000
Fax: (63) 2 885 0026
Web Site: www.ogilvy.com/

Employees: 200
Year Founded: 1991

Elly Puyat *(CEO)*
Leah Huang *(Mng Dir-Corp Branding)*
Antonio Miguel Mercado *(Mng Dir-Adv)*
Mona Nazario-Garcia *(Gen Mgr)*
Carla Laus *(Grp Acct Dir)*
Shen Acosta *(Dir-Engagement Strategy)*
Toni Tiu *(Dir-Brand Strategy)*

Accounts:
BP
KFC Philippines (Agency of Record) Advertising, Digital Communications
Mondelez Philippines Inc Campaign: "TANG RECYCLASS"
Nestle
Nike Campaign: "The Upper Hand"
Ponds
New-Royal
Unilever All Things Hair, Best Foods, Block & White, Campaign: "Real Men Surprise their Dates", Clear, Creative, Digital, Dove Hair, Dove Masterbrand, Eskinol, Knorr, Lady's Choice, Lux, Manifesto, Master, Ponds, Skin Matters, Sunsilk, Toni & Guy, Tresemme, Vaseline
United Laboratories, Inc. Biogesic (Agency of Record), Creative, Digital; 2018

OgilvyOne Worldwide
15th Floor Philamlife Tower 8767 Paseo de Roxas, Makati City Metro, Manila, 1200 Philippines
Tel.: (63) 2 238 7000
Web Site: www.ogilvy.com

Employees: 50
Year Founded: 1993

Agency Specializes In: Direct Response Marketing

Isa Sicam *(Mng Dir)*
Mike Sicam *(Creative Dir)*
Ow Fajardo *(Sr Art Dir)*

Accounts:
Johnson & Johnson BONAMINE, Campaign: "Anne", PR & Digital Campaign

Singapore:

Ogilvy Advertising
(Formerly Ogilvy & Mather Advertising)
35 Robinson Road 03-01 The Ogilvy Centre, Singapore, 068876 Singapore
Tel.: (65) 6213 7899
Fax: (65) 6213 7760
E-Mail: steven.mangham@ogilvy.com
Web Site: www.ogilvy.com

Employees: 500
Year Founded: 1958

Ee Rong Chong *(Grp Mng Dir)*
Eugene Cheong *(Chief Creative Officer-Asia Pacific)*
Jason Hill *(Chief Strategy Officer)*
Chandra Barathi *(Reg VP-Tech)*
Gwen Raillard *(Exec Dir-Plng)*
Mervyn Rey *(Creative Dir)*
Aritra Dutta *(Assoc Creative Dir)*
Chris Riley *(Grp Chm-Singapore)*

Accounts:
Acres Campaign: "Wedding Cards"
ActionAid Campaign: "Be Positive"
New-Agoda Public Relations
Ajmal Perfumes
Allianz
Amazon Public Relations
American Express Company
Ben & Jerry's
Big Orange Campaign: "Free Sample"
The Coca-Cola Company #CokeDrones, Campaign: "The Coke Hug Machine"
Comfort
DHL
Dyson
Empire Shopping Gallery
Faber-Castell Campaign: "Don't Miss A Word", Campaign: "The Scream, Terrace Cafe at Night"
French Film Festival
Google Campaign: "Chrome Experiment Ramayana"
Green Volunteers Campaign: "Generation Fight Back"
Greenpeace Australia Display
IBM Campaign: "60/60 Exhibit"
International Coastal Cleanup Campaign: "Seafood Tanks"
Mattel Matchbox
The Ministry of Culture Community & Youth (Agency of Record)
Nestle Campaign: "Less Planning, More Playing"
Nhip Cau Dau Tu Campaign: "Box Cutters"
Otsuka Pharmaceutical SOYJOY; 2008
Otterbox
Philips Air Fryer
Prudential
Sea Shepherd Campaign: "Tuna"
Shell Global Solutions
SilkAir (Singapore) Pte. Ltd. Creative, Media Buying
Singtel
Toys "R" Us Tasks for Toys
Yum Foods Campaign: "Flame Grilled"

Ogilvy (Singapore) Pvt. Ltd.
(Formerly Ogilvy & Mather (Singapore) Pvt. Ltd.)
The Ogilvy Centre 35 Robinson Rd 03-01, Singapore, 068876 Singapore
Tel.: (65) 6213 7899
Fax: (65) 6213 7980
E-Mail: andrew.thomas@ogilvy.com
Web Site: www.ogilvy.com

Employees: 500

Lucy McCabe *(Mng Partner & Principal-Consulting)*
Matt Collette *(Mng Partner-Social)*
Brenda Han *(Mng Partner)*
David Dahan *(Mng Dir)*
Chong Ee Rong *(Grp Mng Dir)*
Jason Hill *(Chief Strategy Officer)*
Melvyn Lim *(Chief Creative Officer)*
Benoit Wiesser *(Chief Strategy Officer-Asia)*
Tom Voirol *(Head-Customer Experience & Commerce)*
Nicolas Courant *(Exec Creative Dir)*
Shayne Pooley *(Exec Creative Dir-Ogilvy Redworks)*
Francis Wee *(Exec Creative Dir)*
Ali Loveday-Herzinger *(Art Buyer & Exec Producer)*
Vinicius Cunha *(Assoc Creative Dir & Art Dir)*
Alessandro Agnellini *(Assoc Creative Dir & Art Dir)*
Guilherme Camargos *(Creative Dir)*
Uma Rudd Chia *(Creative Dir)*
Axel Grimald *(Creative Dir)*
Shawnn Lai *(Creative Dir)*
Cilla Peitzsch *(Acct Dir)*
Loo Yong Ping *(Creative Dir)*
Benjamin Tan *(Art Dir)*
Joschka Wolf *(Creative Dir-Customer Experience)*
Ashwath Ganesan *(Dir-Digital Plng)*
Sarah Guldin *(Dir-Corp Comm)*
Siti Khalid *(Copywriter)*
Jonathan Ollivier *(Assoc Creative Dir & Copywriter)*
T. J. Sie *(Copywriter)*
William Adeney *(Sr Partner)*
Nico Rahardian Tangara *(Sr Art Dir)*

Accounts:
Alliance Francaise de Singapour
BMW Asia Advertising, Digital Communication
Castrol Castrol Magnatec, Digital, OOH, Print
Changi Airport Group (Creative & Digital Agency of Record) Luck is in The Air, Strategic Planning; 2018
Coca-Cola Campaign: "Hug Machine", Campaign: "Taste the Feeling", Hacked Coke Bottle, Happiness From the Skies
Desaru Coast E-Commerce; 2018
Early Childhood Development Agency Advertising, Digital, Integrated Communications, Marketing Events, Public Relations, Social Media; 2018
The Economist
Electrolux S.E.A
Eu Yan Sang
Faber Castell Artist's Pen, The Thank You Project
Global Alliance Awareness, Donation Appeal
Global Retweet
Heineken Asia Pacific Tiger Beer
KFC Corporation Campaign: "Heat-Seekers", Communications, KFC Singapore (Agency of Record), Online, Print, Red Hot chicken
Land Transport Authority Integrated Communications & Development
Ministry of Manpower Advertising, Events Management, Integrated Branding & Marketing Campaign, Public Relations
National Arts Council Driving Communications, Public Relations, Publicity; 2018
National Council of Social Service Media Management & Social Listening, Public Relations; 2018
National Productivity Council Creative
Nike Brand Promotion
Photolibrary
Pizza Hut
Prudential
Sea Shepherd
New-Singapore's Ministry of Culture, Community & Youth Creative, Integrated Communications
SkillsFuture Singapore
Unilever Singapore Pvt. Ltd. One Unilever Worldwide, Pond's Worldwide
WWF
YUM! Brands, Inc. Campaign Execution, Creative, Global Brand Positioning, Integrated Marketing Communications, Pizza Hut Singapore, Social Media, Strategic; 2018

OgilvyOne Worldwide
35 Robinson Road #03-01, The Ogilvy Centre, Singapore, 068876 Singapore
Tel.: (65) 6213 7899
Fax: (65) 6213 7980
Web Site: www.ogilvyone.com

Employees: 100
Year Founded: 1985

Agency Specializes In: Direct Response Marketing

Ee Rong Chong *(Grp Mng Dir)*
Shawnn Lai *(Creative Dir)*

Accounts:
Cisco Systems Lifestyle Marketing
Levi's Asia Pacific Copper Jeans
Singapore Telecommunications Limited B2B
Verticurl

Taiwan:

Ogilvy Advertising
(Formerly Ogilvy & Mather Advertising)

ADVERTISING AGENCIES

90 Song Ren Rd, 110 Taipei, Taiwan
Tel.: (886) 2 2758 8686
Fax: (886) 2 2758 6363
E-Mail: danielgh.lee@ogilvy.com
Web Site: www.ogilvy.com.tw

E-Mail for Key Personnel:
President: danielgh.lee@ogilvy.com

Employees: 100

Kate Lee *(Grp Acct Dir)*
Winnie Lee *(Dir-Plng)*

Accounts:
Far East Tone
NIKE, Inc.
PX Mart Campaign: "Pic Your Food"

Ogilvy
(Formerly Ogilvy Public Relations)
90 Song Ren Road, Hsin Yi Dist, Taipei, 110 ROC Taiwan
Tel.: (886) 2 2758 8686
Fax: (886) 2 2758 8144
E-Mail: fupei.wang@ogilvy.com
Web Site: www.ogilvy.com

Employees: 50

Wei Hsiang *(Mng Dir)*
Abby Hsieh *(Mng Dir)*
Zoe Chuang *(VP)*
Giant Kung *(Exec Creative Dir)*
Janette Sung-En Huang *(Acct Dir)*
Teresahl Liu *(Dir-Plng)*
Kelly Chen *(Acct Mgr-Era Ogilvy)*
Calvin Yung *(Sr Acct Exec)*
Angela Yeh *(Acct Exec)*
Madeline Chen *(Copywriter)*
Grace Lin *(Assoc Acct Dir)*

Accounts:
New-Nike

OgilvyOne Worldwide
3F 89 Song Ren Road, Taipei, 110 ROC Taiwan
Tel.: (886) 2 7745 1688
Web Site: www.ogilvy.com

Employees: 100
Year Founded: 1989

Agency Specializes In: Direct Response Marketing

Joyce Shih *(Grp Acct Dir)*

Thailand:

Ogilvy Advertising
(Formerly Ogilvy & Mather Advertising)
14th Flr The Offices at Centralworld 999/9 Rama 1 Rd, Patumwan, Bangkok, 10330 Thailand
Tel.: (66) 2 205 6000
Fax: (66) 2 205 6007
Web Site: www.ogilvy.com

Employees: 100

Punnee Chaiyakul *(Chm)*
Nopadol Srikieatikajohn *(Co-Chm)*
Kent Wertime *(Co-CEO-Asia-Pacific)*
Peerawat Temsomboon *(Grp Head-Creative & Art Dir)*
Wisit Lumsiricharoenchoke *(Art Dir & Exec Creative Dir)*
Gumpon Laksanajinda *(Art Dir & Creative Dir)*
Denchai Kheereerak *(Creative Dir & Copywriter)*
Supaset Intamas *(Art Dir)*
Krai Kittikorn *(Creative Dir)*
Puripong Limwanatipong *(Creative Dir)*

Panu Meepaibul *(Creative Dir)*
Atltaya Promsuwan *(Art Dir)*
Asawin Tejasakulsin *(Art Dir)*
Nopparat Wattanawaraporn *(Creative Dir)*
Varunorn Suphannanont *(Dir-Comm)*
Wasin Siriamornsook *(Acct Exec)*
Ittikron Kananont *(Copywriter)*
Littichai Panitjaroen *(Copywriter)*
Supalerk Silarangsri *(Copywriter)*
Kris Garfold Spindler *(Copywriter)*

Accounts:
3M Nexcare Water Proof Bandages
Accident Prevention Network Campaign: "Speed Kills"
The Charoen Pokphand Group
DKSH
Focus
Freeland Foundation Print
HHK Intertrade
The J.C.C. Campaign: "Cut to Build"
KFC Campaign: "We Hear Every Dream"
Kiatnakin Bank
Lego
Oakley, Inc.
Olfa Cutter Campaign: "Cut to Build"
People for the Ethical Treatment of Animals
Real Move Co Ltd
Seiko
Seub Nakhasathien Foundation
Thai Health Promotion Foundation Campaign: "Smoking Kid"
Thai Life Insurance Co Campaign: "Garbage Man", Campaign: "Silence of Love", Campaign: "Street Concert", Campaign: "Unsung Hero"
Thai Lion Air
New-Thermos (singapore) Ptc Ltd.
TrueMove Campaign: "Giving"
Voiz Mini Cookies, Waffle Chocolate
World Wide Fund - Thailand

Vietnam:

Ogilvy (Vietnam) Ltd.
(Formerly Ogilvy & Mather (Vietnam) Ltd.)
Centec Tower 12th Floor 72-74 Nguyen Thi Minh Khai Street, District 3, Ho Chi Minh City, Vietnam
Tel.: (84) 8 3821 9529
Fax: (84) 8 821 9549
E-Mail: trongduc.nguyen@ogilvy.com
Web Site: www.ogilvy.com

Employees: 50

Duc Nguyen *(CEO)*
Tue T. Nguyen *(Mng Partner)*
Tien Bac *(Creative Dir)*
San Vu *(Dir-Plng)*
Hoang Nguyen *(Developer)*

Accounts:
Castrol Campaign: "Ferrari"
The Economist Campaign: "Signs"
Global Alliance Asia-Pacific
The Lien Foundation
The Life Foundation campaign: "Stop The Gendercide"
Megastar Cineplex Campaign: "King Kong"
Nestle Vietnam MILO
The Samaritans

Cote d'Ivoire

Ocean Ogilvy
Avenue C16 Jean Mermoz Villa n66, 01 BP 7759, Abidjan, 01 Cote d'Ivoire
Tel.: (225) 22 40 41 70
Fax: (225) 22 48 78 60
Web Site: www.oceanogilvy.com

Employees: 50
Year Founded: 2000

Egypt:

MEMAC Ogilvy
4 Abdel Rahman El Rafei St Mohandessin, Cairo, Egypt
Tel.: (20) 2 748 0202
Fax: (20) 2 748 7236
Web Site: www.memacogilvy.com

Employees: 10
Year Founded: 1983

Georges Aoun *(Mng Dir)*

Accounts:
Tavegyl Campaign: "Sleeping with Allergy"

Kenya:

Ogilvy (Eastern Africa) Ltd.
(Formerly Ogilvy & Mather (Eastern Africa) Ltd.)
3rd Fl CVS Plaza Kasuku Road Lenana Road, PO Box 30280, Nairobi, 00100 Kenya
Tel.: (254) 20 271 7750
E-Mail: info@ogilvy.co.ke
Web Site: www.ogilvy.com

Employees: 50
Year Founded: 1971

Agency Specializes In: Direct Response Marketing, Publicity/Promotions

Mathieu Plassard *(CEO-Africa)*
Tico Moraes *(Creative Dir)*
Studio Nuts *(Creative Dir)*
Heeral Gandhi *(Production Mgr)*
Shashank Jha *(Grp Creative Dir)*
Akua Owusu-Nartey *(Reg Mng Dir)*
Joao Espirito Santo *(Reg Creative Dir-Africa)*
Michael Wanjohi *(Sr Art Dir)*

Accounts:
Airtel
Bajaj Auto
Coca-Cola Refreshments USA, Inc. Sprite
East African Wildlife Society
King Condoms
Ol Pejeta Conservancy

Mauritius:

Maurice Publicite Ltd.
5th Fl Cerne House Chaussee St, Port Louis, Mauritius
Tel.: (230) 249 0101
Fax: (230) 212 6276
E-Mail: maupub@intnet.mu
Web Site: www.maupub.com

Employees: 32

Geraldine Neubert *(Mng Dir)*

Mozambique:

Ogilvy Mozambique
17 Avenue Agostinho Neto, Maputo, Mozambique
Tel.: (258) 21 490 674
Fax: (258) 21 492 493
E-Mail: ogilvy@ogilvy.co.mz
Web Site: http://www.ogilvy.com/

Employees: 17

Fernanda Barrento *(Mng Dir)*
Miguel Rego *(Exec Creative Dir)*

South Africa:

Gloo Design Agency
30 Chiappini Street 3rd Floor, Cape Town,
    Waterkant 8001 South Africa
Tel.: (27) 214800633
Fax: (27) 214800685
Web Site: www.gloo.co.za

Employees: 50
Year Founded: 2005

Agency Specializes In: Digital/Interactive, Internet/Web Design, Media Relations, Public Relations, Strategic Planning/Research

Malinge Dyasi *(Designer-Digital)*
Neill Pretorius *(Designer-Motion)*

Accounts:
AFB Online Communications
Allan Gray Limited Financial Service Providers
Castle Lager Beer Mfr
Mini Car Dealers
On Digital Media Television Network Services
PUMA Sportswear & Lifestyle Products Mfr & Retailer
SABMiller Africa Castle Milk Stout (Digital Agency of Record)
SAMSUNG Computers & Electronics Mfr
South African Tourism Tour & Travel Agency Services
Virgin Active Online
Yum Brands, Inc.

Ogilvy South Africa (Pty.) Ltd.
(Formerly Ogilvy & Mather South Africa (Pty.) Ltd.)
The Brand Building 15 Sloane Street, Bryanston, Johannesburg, South Africa
Mailing Address:
Private Bag x33, Bryanston, 2021 South Africa
Tel.: (27) 11 709 6600
Fax: (27) 11 700 3049
Web Site: www.ogilvy.co.za

E-Mail for Key Personnel:
Creative Dir.: mark.fisher@ogilvy.co.za

Employees: 350
Year Founded: 2000

Elouise Kelly *(Mng Dir)*
Tracey Edwards *(Deputy Mng Dir)*
Mariana OKelly *(Exec Creative Dir)*
Marion Brian *(Art Dir)*
Kean Hartnady *(Creative Dir)*
Melanie Moore *(Art Dir)*
Charles Pantland *(Creative Dir)*
Clayton Swartz *(Art Dir)*
Molefi Thulo *(Creative Dir)*
Mantwa Toka *(Art Dir)*
Lizandri van de Merwe *(Art Dir)*
Emma Hurley *(Mgr-Production & Art Buyer)*
Antoinette Fourie Johnson *(Copywriter)*
David Krueger *(Copywriter)*
Lufuno Mavhungu *(Copywriter)*
Palesa Plez Motiki *(Copywriter)*
Ntando Msibi *(Copywriter)*
Justin Oswald *(Copywriter)*
Lizell van der Westhuizen *(Copywriter-Digital)*
Alex Goldberg *(Assoc Creative Dir)*
Taryn Scher *(Assoc Creative Dir)*
Riaan van Wyk *(Assoc Creative Dir)*
Michael Zulu *(Sr Art Dir)*

Accounts:
Allan Gray
Castle Lager
DSTV (Nat Geo Wild) Camera, Purse, Shoes
East African Wildlife Society
Facebook
Kentucky Fried Chicken
Kimberly-Clark Corporation Huggies
Mondelez Cadbury Pre-Joy, Peter Rabbit Milk Chocolate Egg
Nelson Mandela Foundation
Philips Campaign: "It Looks Bigger", Philips Bodygroom for Men
SAB Castle Lite
Suntory Lucozade
T. Santamaria
Viacom
Vodacom NXT LVL
Volkswagen AG Touareg
Yum Brands

Ogilvy Cape Town
41 Sir Lowry Road, Woodstock, Cape Town, 8000 South Africa
Tel.: (27) 21 467 1000
Fax: (27) 21 467 1001
E-Mail: capetown@ogilvy.co.za
Web Site: www.ogilvy.co.za

Employees: 208
Year Founded: 1976

Agency Specializes In: Consumer Marketing, Direct Response Marketing, Retail

Ryan Barkhuizen *(Grp Head-Creative & Art Dir)*
Karen Vermeulen *(Grp Head-Creative & Art Dir)*
Jess Webb *(Head-PR & Bus Dir)*
Cathy Day *(Head-Brdcst Production)*
Oskar Petty *(Grp Head-Creative)*
Safaraaz Sindhi *(Grp Head-Creative)*
Lauren Baker *(Sr Acct Dir)*
Nicole Williams *(Sr Acct Dir)*
Ayoob Ebrahim *(Grp Acct Dir)*
Nabeelah Sayed *(Grp Acct Dir)*
Tariq Bailey *(Art Dir)*
Katie Barkhuizen *(Art Dir)*
Jean-Pierre de Villiers *(Art Dir)*
Wendy Fredriksson *(Art Dir)*
Alexis Leih *(Bus Dir)*
Michael Ilias Linders *(Art Dir)*
Mike Martin *(Creative Dir)*
Tom Prentice *(Bus Dir)*
Troy Squires *(Acct Dir)*
Gavin Wood *(Creative Dir)*
Sibulele Zihle *(Art Dir)*
Kristel van der Vliet *(Dir-Strategy-O&M Cape Town)*
Emma Fairlie *(Acct Mgr)*
Sinovuyo Ngcwama *(Mgr-Traffic)*
Logan Broadley *(Copywriter)*
Steven Lipschitz *(Copywriter-OgilvyOne)*
Romi Stoch *(Copywriter)*
Andrew Van Der Walt *(Designer)*
Dale Winton *(Copywriter)*
Alex Goldberg *(Assoc Creative Dir)*
Katie Mylrea *(Sr Art Dir)*
Jenna Smith *(Assoc Creative Dir)*
Riaan van Wyk *(Assoc Creative Dir)*

Accounts:
24.com
Allan Gray Campaign: "The Letter", Television Commercial
American Swiss
Anheuser-Busch InBev N.V./S.A. Castle Lite
Appletiser
AUDI AG Campaign: "#AudiA3Exchange"
BATSA
BP Southern Africa
Cadbury Stimorol Infinity
Cape Town Tourism
Car Magazine
Careers 24.com Hospital
Castrol
Choice
Clorets
Coca-Cola
Dentyne
District Six Museum
Halls Campaign: "Wire Car"
Heinz South Africa Campaign: "Coming of Age", Heinz Crispy Pocketz, Todays Brands, Wellington Sauce Brands
Jeweller American Swiss
KFC Africa (Lead Agency)
Metropolitan
Molson Coors Brewing Company Carling
Mondelez International, Inc. Campaign: "Face off", Campaign: "Stimorol Mega Mystery", Stimorol Infinity Gum, Stimorol Sensations
MWEB
National Sea Rescue Institute Campaign: "Names", Campaign: "Sea Fever", Campaign: "We can't do it alone"
Ol Pejeta Conservancy
Omnico
PBN Campaign: "Rehabilitation is Possible"
Sea Rescue
South African Breweries Campaign: "Be the Coach", Carling Black Label, Castle Lite
Stimorol Air Rush Campaign: "Gum", Campaign: "I believe I can fly"
Sun International
Sunday Times The Times
Tracker South Africa (Lead Agency)
Unilever
Virgin Active
Volkswagen AG "Volkswagen Golf R: Terminal Velocity", Amarok, Bluemotion, Campaign: "Amarok Social Test Drive", Campaign: "Eat the Road", Campaign: "Fire Truck", Campaign: "Glass-half-full", Campaign: "Just Because it Works Doesn't Mean it's Fixed", Campaign: "Moments", Campaign: "New Tiguan Explorer Tab", Campaign: "Polo GTI: Date Drive", Campaign: "Turns Post Box Into Recycling Bin", Citi Golf, Crafter, Edible Print, Golf, Golf R, Jetta, Polo, Print Ad, Street Quest, Vivo Launch, Volkswagen Genuine Parts, Volkswagen Touareg
WWF

Ogilvy Healthworld
The Brand Building 15 Sloane Street, Bryanston, Johannesburg, 2152 South Africa
Mailing Address:
The Brand Building 15 Sloane Street, Private Bag x33, Bryanston, 2021 South Africa
Tel.: (27) 11 709 9600
Fax: (27) 11 700 3009
E-Mail: gillian.bridger@ogilvy.co.za
Web Site: www.ogilvy.co.za

Employees: 18
Year Founded: 2000

Agency Specializes In: Advertising, Health Care Services, Pharmaceutical

Gillian Bridger *(Mng Dir)*

Accounts:
Bayer
Janssen-Cilag
Johnson & Johnson
Nestle
Novartis
Nycomed
Pfizer
Reckitt Benckiser
Roche
Sanofi-Synthelabo

Ogilvy Johannesburg (Pty.) Ltd.
The Brand Building 15 Sloane Street, Bryanston, 2152 Johannesburg, 2021 South Africa
Mailing Address:

ADVERTISING AGENCIES

Private Bag x33, Bryanston, 2021 South Africa
Tel.: (27) 11 709 66 00
Fax: (27) 21 700 3000
E-Mail: julian.ribiero@ogilvy.co.za
Web Site: www.ogilvy.co.za

Employees: 200
Year Founded: 1976

Agency Specializes In: Above-the-Line, Advertising, Advertising Specialties, Affluent Market, Alternative Advertising, Below-the-Line, Bilingual Market, Brand Development & Integration, Branded Entertainment, Business-To-Business, Children's Market, Co-op Advertising, Communications, Corporate Communications, Crisis Communications, Customer Relationship Management, Digital/Interactive, Direct Response Marketing, E-Commerce, Event Planning & Marketing, Identity Marketing, Infomercials, Integrated Marketing, Local Marketing, Mobile Marketing, Point of Purchase, Point of Sale, Print, Promotions, Public Relations, Publicity/Promotions, Social Marketing/Nonprofit, Strategic Planning/Research, Technical Advertising, Viral/Buzz/Word of Mouth

Firdous Osman *(Mng Partner)*
Pete Case *(Chief Creative Officer & Creative Dir)*
Stacey Kenward *(VP)*
Robyn Bergmann *(Grp Head-Creative & Creative Dir)*
Tammy Retter *(Grp Head-Creative & Art Dir)*
Mark Haefele *(Head-Creative Grp)*
Nhlanhla Ngcobo *(Grp Head-Creative)*
Tseliso Rangaka *(Exec Creative Dir)*
Neo Makhele *(Grp Dir-Strategy)*
Danike de Jager *(Art Dir & Designer)*
Carina Bonse *(Art Dir)*
Marion Bryan *(Art Dir)*
Kamohelo Chakela *(Art Dir)*
Suzanne Jenner *(Art Dir)*
Angela Kwamongwe *(Art Dir)*
Graham Lamont *(Creative Dir)*
Peter Little *(Creative Dir)*
Agisanang Masekela *(Creative Dir)*
Terry McKenna *(Creative Dir)*
Modieyi Motholo *(Acct Dir-Digital & ATL)*
Mariana O'kelly *(Creative Dir)*
Thando Silimela *(Art Dir)*
Saf Sindhi *(Creative Dir)*
Molefi Thulo *(Creative Dir)*
Mike Martin *(Dir-Creative)*
Neil White *(Assoc Dir-Creative & Copywriter)*
Romney Fortescue *(Acct Mgr)*
Helga Loser *(Mgr-Traffic)*
Refilwe Mashatole *(Mgr-Traffic)*
Tana Goot *(Jr Copywriter-Concept Dev)*
Andile Khambule *(Copywriter)*
David Kruegerc *(Copywriter)*
Irene Styger *(Copywriter)*
Stephanie Van Niekerk *(Copywriter)*
Matthew Barnes *(Joint Exec Creative Dir)*
Taryn Scher *(Assoc Creative Dir)*
Nicholas Wittenberg *(Assoc Exec Creative Dir)*

Accounts:
AB InBev Castle Lager
Bose
Kentucky Fried Chicken Campaign: "Add Hope", Campaign: "Man 1 Rest of the World 0", Campaign: "Old Couple", Campaign: "So Good"
Mag Instrument, Inc.
Mondelez International, Inc.
Cadbury South Africa Bournville, Dairy Milk, Lunch Bar
Philips The Nelson Mandela Foundation
POWA Neighbours
The Topsy Foundation Selinah

OgilvyInteractive
41 Sir Lowry Road, PO Box 1142, Woodstock, Cape Town, 8000 South Africa
Tel.: (27) 21 467 1000
Fax: (27) 21 467 1401
E-Mail: ogilvy@ogilvy.co.za
Web Site: www.ogilvy.com

Employees: 500
Year Founded: 1997

Agency Specializes In: Digital/Interactive, E-Commerce, Internet/Web Design, Web (Banner Ads, Pop-ups, etc.)

Chris Gotz *(Chief Creative Officer-Ogilvy & Mather South Africa)*

Accounts:
Stimorol Sensations
Volkswagen Golf Campaign: "The Answer", Polo Vivo

OgilvyOne Worldwide-Cape Town
41 Sir Lowry Road, Woodstock, Cape Town, 8000 South Africa
Mailing Address:
PO Box 2653, Cape Town, 8000 South Africa
Tel.: (27) 21 467 1000
Fax: (27) 21 467 1101
Web Site: www.ogilvy.co.za

Employees: 220
Year Founded: 1985

Agency Specializes In: Consumer Marketing, Customer Relationship Management, Digital/Interactive, Direct Response Marketing

Mia Dommisse *(Mng Dir)*
Sibulele Zihle *(Art Dir)*
Taryn Coetzee *(Grp Exec Dir-Program Mgmt)*

Accounts:
AVIS
Castrol
DStv
KFC
Sprite Zero

Bahrain:

MEMAC Ogilvy W.L.L.
(Formerly MEMAC Ogilvy & Mather W.L.L.)
Offices 3501 3502 3503 3504 Almoayyed Tower Building 2504, Road 2382 Al Seef District, Manama, 428 Bahrain
Mailing Address:
PO Box 2140, Manama, Bahrain
Tel.: (973) 17 561756
Fax: (973) 17 578757
E-Mail: memacbh@batelco.com.bh
Web Site: www.memacogilvy.com

Employees: 40
Year Founded: 1984

Samar Abdelhuq *(Sr Acct Dir)*
Simon Impey *(Creative Dir)*
Pooja Rekhi-Sharma *(Acct Dir-PR)*

Accounts:
American Express
Bahrain Shopping Festival
Coca-Cola Sprite
Grohe
Sawa Mninjah
UN Women Campaign: "#Womenshould"
VIVA Media

Kuwait:

MEMAC Ogilvy

Future Trade Zone Shuwaikh Al Argan Building Block A 1st Floor, Safat, Kuwait, Kuwait
Mailing Address:
PO Box 27216, Safat, Kuwait, 13133 Kuwait
Tel.: (965) 461 0371
Fax: (965) 4610 376
E-Mail: nabil.touma@ogilvy.com
Web Site: www.memacogilvy.com

Employees: 50
Year Founded: 1991

Patou Nuytemans *(CEO-Middle East)*
Abdullah AlRodhan *(CEO)*
Paul Shearer *(Chief Creative Officer)*
Stephan Voegel *(Chief Creative Officer)*
Nabil Touma *(Mng Dir-Kuwait)*
Ben Knight *(Exec Dir-Creative)*
Marianne Bechara *(Grp Acct Dir)*
Momen Ayad *(Art Dir)*
Mario Daou *(Creative Dir)*
Juliana Paracencio *(Reg Creative Dir & Art Dir)*
Bhaskar Bateja *(Dir-Strategy & Plng)*
Alba Xhixha *(Dir-PR)*
Nidal Howil *(Acct Mgr)*
Mimi Alexander *(Mgr-PR)*
Eric Sarkis *(Sr Acct Exec)*
Salam Alaqel *(Copywriter)*
Anil Joy *(Designer)*
Karim Sherif *(Copywriter)*
Luiz Vicente Simoes *(Reg Creative Dir & Copywriter)*
Sajjad Waliya *(Copywriter)*
Hyunseo Yoo *(Designer)*
George Laham *(Reg Mng Dir-Levant & North Africa)*

Accounts:
Burger King
New-VIVA Telecom

Lebanon:

MEMAC Ogilvy
Rizkallah & Boutrous Centre Futuroscope Roundabout 8th Floor, Sin-El-Fil, Beirut, Lebanon
Tel.: (961) 1 486 065
Fax: (961) 1 486 064
Web Site: www.memacogilvy.com

Employees: 45
Year Founded: 1994

Naji Boulos *(Mng Dir)*
Nadim Ghobril *(Grp Dir-IT)*
Christian Safi *(Assoc Creative Dir)*

Accounts:
Caritas Lebanon Migrants Center Price
Lebanese Autism Society Campaign: "Read Autism From A Different Angle"
Nissan Campaign: "Suggest an Arrest"
Zain Iraq Activation, Advertising, Communication Strategy, Corporate Reputation Management, Creative, Marketing, Public Relations, Social Media, Strategic; 2017

Pakistan:

Ogilvy
(Formerly Ogilvy & Mather)
94 Jinnah Cooperative Housing Society, Block 7/8 Tipu Sultan Rd, Karachi, 75350 Pakistan
Tel.: (92) 21 438 9054
Fax: (92) 21 438 9051
Web Site: www.ogilvy.com

Employees: 100

Asim Naqvi *(CEO)*

Muzakir Ijaz *(Gen Mgr)*
Naved Qureshi *(Gen Mgr)*
Arshad Aslam *(Exec Creative Dir)*
Zehra Zaidi *(Exec Creative Dir-Coca-Cola Brands)*
Mohammad Zeban *(Bus Dir-Nestle)*
Zahra Ali *(Dir-Plng)*

Accounts:
Dunkin' Brands Group, Inc. Baskin Robbins, Brand Awareness, Creative, Digital Strategy, Event, Market Strategy, Outdoor Media, Social Media; 2017
English Biscuit Manufacturers Peek Freans
Shan Foods
Telenor Pakistan Creative, Strategic

United Arab Emirates:

MEMAC Ogilvy
Al-Attar Business Tower 24th Fl Sheikh Zayed Rd, PO Box 74170, Dubai, United Arab Emirates
Tel.: (971) 4 3050 200
Fax: (971) 4 3320 003
E-Mail: ronald.howes@ogilvy.com
Web Site: www.memacogilvy.com

Employees: 180
Year Founded: 1987

Mohammad Kamal *(Mng Partner-Jordan)*
Philippe Berthelot *(Mng Dir)*
Bernard Abou Nader *(Grp Acct Dir)*
Mirko Arico-Torreno *(Art Dir & Copywriter)*
Maram Ashour *(Art Dir)*
Hugo Rochette *(Art Dir)*
Atul Shenoy *(Client Svcs Dir)*
Irfan Ghani *(Dir-Design)*
HyunSeo Yoo *(Dir-Creative & Art)*
Amy El Askary *(Sr Acct Mgr)*
Ashfana Abdul Hameed *(Sr Acct Mgr)*
Diana Al-Zubeidi *(Acct Mgr)*
Effie Kontopoulou *(Mktg Mgr)*
Eslam ElDessouky *(Mgr-IMC)*
Sherif Ghanem *(Mgr-Media & Connections)*
Maha Najem *(Sr Acct Exec-Ogilvy & Mather)*
Maya El Kai *(Copywriter-Arabic)*
Aditya Hariharan *(Copywriter)*
Aliza Siddiqi *(Jr Copywriter)*
Juliana Paracencio *(Reg Creative Dir)*

Accounts:
Arab Bank
BP Visco
The Coca-Cola Company Campaign "Cricket Stars", Campaign: "Social Media Guard", Open Up, It's Ramadan, Sprite
Flydubai Creative
Huawei Technologies
IKEA International Group Campaign: "The Smallest Ikea Store"
KAFA Campaign: "Driving Change"
The King Khalid Foundation
Nestle United For Healthier Kids
Property Finder Outdoor, Print, Social Media
Royal Jordanian
Saudi Heroines Empowering a nation
Sawamninjah Campaign: "Rescue Radio"
New-Tummyfish
UN Women Campaign: "Auto-Complete Truth"
UNHCR
Unilever Lifebuoy, Outdoor
Volkswagen AG Beetle, Calendar, Campaign: "Hijacked Rear View Camera", Polo, Touareg

OgilvyOne Middle East
Al Attar Business Tower 24th Floor, PO Box 14854, Sheikh Zayed Road, Dubai, United Arab Emirates
Tel.: (971) 4 3320002
Fax: (971) 4 332 8666
E-Mail: nabil.moutran@ogilvy.com

Web Site: www.memacogilvy.com

Employees: 150

Agency Specializes In: Direct Response Marketing

Mustafa Ozkaya *(Head-Reg Performance Mktg-Team IBM & Grp Acct Dir)*
Saada Hammad *(Reg Dir-MENA Reg)*
Nabil Moutran *(Bus Dir)*

Accounts:
The Coca-Cola Company Campaign: "Fanta: World's First Tastable Print Ad", Edible Advertising, Fanta, Minalakhir, Print, Sprite
KAFA
RSA Car Insurance Interactive Print Ad
Unilever N.V.

OGILVY & MATHER
(Name Changed to Ogilvy)

OGILVY COMMONHEALTH INSIGHTS & ANALYTICS
440 Interpace Pkwy, Parsippany, NJ 07054
Tel.: (973) 352-3800
Fax: (973) 352-1190
Web Site: https://ogilvychww.com/

Employees: 450
Year Founded: 2000

Agency Specializes In: Advertising

Anne Squadrito *(Sr VP & Creative Dir)*
Martha Maranzani *(Sr VP-Digital Engagement Strategy)*
Rohit Sahgal *(Mng Dir-Singapore & Reg Dir-Asia Pacific)*
Skot Kremen *(VP & Dir-User Experience)*
Melissa Smith *(VP & Dir-Project Mgmt)*
Kerianne Slattery *(Mgr-Comm & PR)*

Accounts:
Amagen
AstraZeneca
BMS
Boehringer-Ingelheim
Genentech
GSK
J&J
Janssen Biotech, Inc.
MBS/Vox
Merck
Novartis
Ortho Biotech
Ortho Derm
Ortho-McNeil
Pfizer
Procter & Gamble
Roche
Sanofi-Aventis
Schering-Plough
Shire Pharmaceutical
UCB

OGILVY COMMONHEALTH INTERACTIVE MARKETING
430 Interpace Pkwy, Parsippany, NJ 07054
Tel.: (973) 352-1400
Fax: (973) 352-1210
Web Site: https://ogilvychww.com/

Employees: 450
Year Founded: 2004

Agency Specializes In: Advertising

Nelson Figueiredo *(VP & Dir-Tech)*

Accounts:
Ariad
Bristol-Myers Squibb
Novartis
Ortho Biotech
Ortho-McNeil
Pfizer

OGILVY COMMONHEALTH MEDICAL EDUCATION
402 Interpace Pkwy Bldg B, Parsippany, NJ 07054
Tel.: (973) 352-2000
Fax: (973) 352-1160
Web Site: https://ogilvychww.com/

Employees: 450
Year Founded: 1971

National Agency Associations: 4A's

Agency Specializes In: Advertising, Education

Craig Gelband *(Sr VP & Grp Dir-Medical)*
Danielle Sidawi *(Sr VP & Grp Dir-Medical)*
Karen L Campbell *(Sr VP-Acct Mgmt)*
Dan Knudsen *(Mng Dir-Client Svcs)*
Beth Brenner *(VP & Acct Dir)*
Cristina Mayer *(VP & Dir-Medical)*
Jocelyn Masin *(VP-Acct Mgmt)*
Marshall Rovner *(Dir-Medical)*
Melissa Wang *(Assoc Dir-Medical)*
Tom Gregory *(Sr Acct Supvr)*
Jessica Remo *(Acct Supvr)*
Jessica Hill *(Sr Acct Exec)*
Hannah Reed *(Coord-Program)*
Michael Driesse *(Sr Art Dir)*

Accounts:
Allergan
LifeScan
Ortho-McNeil
Ortho-McNeil Neurologics
PriCara
Shire Pharmaceuticals

OGILVY COMMONHEALTH PAYER MARKETING
422 Interpace Pkwy, Parsippany, NJ 07054
Tel.: (973) 352-1800
Fax: (973) 352-1220
Web Site: https://ogilvychww.com/

Employees: 32

Agency Specializes In: Advertising

Allison Farese *(Acct Grp Supvr)*
Jessica Remo *(Acct Supvr)*

Accounts:
AstraZeneca
Genentech
Novartis
Novartis Consumer Health
Reckitt Benckiser

OGILVY COMMONHEALTH SPECIALTY MARKETING
444 Interpace Pkwy Bld B, Parsippany, NJ 07054
Tel.: (973) 352-4100
Fax: (973) 352-1500
Web Site: https://ogilvychww.com/

Employees: 450
Year Founded: 2005

Agency Specializes In: Advertising

Amy Graham *(Gen Mgr & Head-Bus)*

Accounts:
Antigenics

ADVERTISING AGENCIES

AGENCIES - JANUARY, 2019

Ariad Pharmaceuticals
AstraZeneca
Bayer
Genta Corporation
Johnson & Johnson Vision Care
Ortho Biotech Products, LP
PGSM

OGILVY COMMONHEALTH WELLNESS MARKETING
424 Interpace Pkwy, Parsippany, NJ 07054
Tel.: (973) 352-1000
Fax: (973) 352-1270
Web Site: https://ogilvychww.com/

Employees: 450
Year Founded: 1993

Agency Specializes In: Advertising, Pharmaceutical

Darlene Depalma Dobry *(Mng Partner)*
Marc Weiner *(Mng Partner)*
Catherine Goss *(Mng Dir & Exec VP)*
Michael Melucci *(Exec VP)*
Jane Richter *(Exec VP-Ogilvy CommonHealth Medical Education)*
Beth Goozman Elkis *(Sr VP & Creative Dir)*
Michele Moss *(Sr VP & Creative Dir)*
Clare Litz *(VP & Creative Dir)*
Chandani Rao *(VP & Acct Grp Supvr-Digital)*
Peter Von Bartheld *(VP-Customer Experience)*
J. P. Maranzani *(Acct Grp Supvr)*

Accounts:
AstraZeneca
Genentech

OGILVY COMMONHEALTH WORLDWIDE
400 Interpace Pkwy, Parsippany, NJ 07054
Tel.: (973) 352-1000
Fax: (973) 884-2487
Web Site: https://ogilvychww.com/

Employees: 500
Year Founded: 1992

National Agency Associations: 4A's

Agency Specializes In: Advertising, Alternative Advertising, Brand Development & Integration, Business-To-Business, Collateral, Communications, Consumer Marketing, Corporate Identity, Customer Relationship Management, Digital/Interactive, Direct Response Marketing, Direct-to-Consumer, Electronic Media, Environmental, Health Care Services, Identity Marketing, Integrated Marketing, Market Research, Media Buying Services, Media Planning, Medical Products, New Product Development, Pharmaceutical, Planning & Consultation, Publicity/Promotions, Sponsorship, Strategic Planning/Research, Sweepstakes, Web (Banner Ads, Pop-ups, etc.)

Nadine Oweis *(Mng Partner & Bus Dir)*
Robert Saporito *(CFO & Exec VP-Severn Bank)*
Scott Watson *(Chief Creative Officer & Exec VP)*
Christopher Andrews *(CTO)*
Samantha Dolin *(Chief Creative Officer-North America)*
Ritesh Patel *(Chief Digital Officer-Health & Wellness)*
Katie Piette *(CEO-Paris & Dir-Brand Mgmt)*
Andrew Schirmer *(CEO-North America)*
Mike Brune *(Exec VP & Creative Dir)*
Gordon Olsen *(Exec VP & Strategist-Brand)*
Catherine Goss *(Exec VP-Client Engagement)*
Ross Thomson *(Exec VP & Grp Creative Dir)*
Deborah Ciauro *(Sr VP & Creative Dir)*
Brenda Rebilas *(Sr VP & Creative Dir)*
Leanne Lake *(Sr VP & Mgmt Supvr)*
Elizabeth Paulino *(Sr VP & Dir-Comm & PR)*

Rebecca Lowry *(Sr VP)*
Judy Accardi *(VP & Sr Dir-Ops)*
George Giunta *(VP & Creative Dir)*
Jill Lesiak *(VP & Creative Dir)*
Brenda Molloy *(VP & Creative Dir)*
Christine Cutri *(VP & Acct Grp Supvr)*
Chandani Rao *(VP & Acct Grp Supvr-Digital)*
Holly Blum *(VP & Assoc Creative Dir)*
Rico Cipriaso *(VP-Engagement Strategy)*
Teresa Kyle *(VP & Assoc Creative Dir)*
Steve Oliver *(VP-Bus Solutions)*
Christopher Cullmann *(Head-Digital)*
Amanda Love *(Sr Acct Dir-Medical Education)*
Karen Kinnealy *(Mgr-Creative)*
Jessica Remo *(Acct Supvr)*
Tom Febick *(Supvr-Digital Media)*
Jessica Hill *(Sr Acct Exec)*
Adam Veenstra *(Sr Acct Exec)*
Kenzie Kline *(Planner-Strategic)*
Janine Salerno *(Assoc Creative Dir-Digital)*
Thomas Visicaro *(Sr Bus Mgr)*

Accounts:
AstraZeneca Recentin, Symbicort, Zactima
Pfizer Viagra Connect
Rx Club

Units

Ogilvy CommonHealth Insights & Analytics
440 Interpace Pkwy, Parsippany, NJ 07054
(See Separate Listing)

Ogilvy CommonHealth Interactive Marketing
430 Interpace Pkwy, Parsippany, NJ 07054
(See Separate Listing)

Ogilvy CommonHealth Medical Education
402 Interpace Pkwy Bldg B, Parsippany, NJ 07054
(See Separate Listing)

Ogilvy CommonHealth Payer Marketing
422 Interpace Pkwy, Parsippany, NJ 07054
(See Separate Listing)

Ogilvy CommonHealth Specialty Marketing
444 Interpace Pkwy Bld B, Parsippany, NJ 07054
(See Separate Listing)

Ogilvy CommonHealth Wellness Marketing
424 Interpace Pkwy, Parsippany, NJ 07054
(See Separate Listing)

OGILVY HEALTHWORLD
636 11th Ave, New York, NY 10036
Tel.: (212) 237-4405
Web Site: www.ogilvy.com

Employees: 66
Year Founded: 1999

Agency Specializes In: Advertising, Health Care Services

Christopher Cooper *(Sr VP-Ping)*
Toula Stoffel *(Mng Dir-D-A-CH Healthworld-Switzerland)*
Robert Ross *(VP & Assoc Creative Dir)*
Raghu Desikan *(Creative Dir)*
Fran Davi *(Dir-HR)*

Accounts:
GlaxoSmithKline, Inc.

Pfizer

Branches

BPG LLC
Level 6 MAF Tower, PO Box 3294, Dubai, United Arab Emirates
Tel.: (971) 4 295 3456
Fax: (971) 4 295 8066
E-Mail: bizdev@batespangulf.com
Web Site: www.batespangulf.com

Employees: 100

Satish Mayya *(CEO-BPG Maxus)*
Suneesh Menon *(Mng Dir-BPG Grp-Bates)*
Taghreed Oraibi *(Grp Acct Dir)*
Tamara Salman *(Assoc Dir-PR-BPG Cohn & Wolfe)*
Leena Z. Al Faris *(Sr Specialist-Social Media)*

OgilvyHealthcare
V le V Lancetti 29, 20158 Milan, Italy
(See Separate Listing)

Ogilvy Healthworld UK
121-141 Westbourne Terrace, London, W2 6JR United Kingdom
Tel.: (44) 20 7108 6000
Fax: (44) 20 7108 6001
Web Site: www.ogilvy.com

Employees: 25
Year Founded: 1982

Agency Specializes In: Advertising, Communications, Consulting, Content, Customer Relationship Management, Digital/Interactive, Direct-to-Consumer, Health Care Services, International, Internet/Web Design, Media Relations, Medical Products, Pharmaceutical, Public Relations, Social Media, Stakeholders, Strategic Planning/Research, Viral/Buzz/Word of Mouth, Web (Banner Ads, Pop-ups, etc.)

Paul O'Donnell *(Chm/CEO-EMEA)*
Suzanne Lee *(Sr Acct Dir)*

Accounts:
MANFLU LOZZERS, Rebranding

Ogilvy Healthworld-Toronto
33 Yonge St, Toronto, ON M5E 1X6 Canada
(See Separate Listing)

Ogilvy Healthworld
72 Christie St, St Leonards, Sydney, NSW 2065 Australia
Tel.: (61) 2 9492 8000
Fax: (61) 2 9955 9494
Web Site: www.ogilvy.com

Employees: 500

Gavin MacMillan *(Mng Partner)*
Rob Morrison *(Exec Creative Dir)*
Arianne Catacutan *(Acct Dir-Digital)*
Zach Audsley *(Sr Acct Mgr)*
Fiona Berry *(Sr Acct Mgr)*
Scott Lambert *(Grp Creative Dir)*
Peter Smith *(Reg Exec Creative Dir-Asia Pacific)*

Ogilvy Healthworld Barcelona
Avda Josef Tarradellas 123 2, Barcelona, Spain
Tel.: (34) 934955555
Fax: (34) 933666006
Web Site: http://www.ogilvy.es/agencia/ogilvy-healthworld/

AGENCIES - JANUARY, 2019 — ADVERTISING AGENCIES

Employees: 50
Year Founded: 1992

Agency Specializes In: Health Care Services

Enric Gomez *(Dir Gen-Barcelona)*
Silvia Amodeo *(Head-Digital Project & Acct Dir)*
Joan Mane Godina *(Dir-Medical-Ogilvy CommonHealth)*
Laura Mesa Salvany *(Acct Exec)*

Ogilvy Healthworld/Copenhagen
Toltbodsgade 55, 1253 Copenhagen, K Denmark
Tel.: (45) 3 917 8812
Fax: (45) 3 917 8811
E-Mail: christine.enemark@ogilvy.dk
Web Site: www.ogilvy.com

Employees: 50

Morten Vestergren Frederiksen *(Mng Dir-Brand Promo & Digital-UK)*
Will Rust *(Exec Creative Dir)*

Ogilvy Healthworld India
Trade World 2nd Floor C Wing, Senapati Bapat Marg, Mumbai, 400013 India
Tel.: (91) 22 4434 4600
Fax: (91) 22 4341 4610
E-Mail: vaishali.iyeri@ogilvy.com
Web Site: www.ogilvy.com

Employees: 10

Kunal Jeswani *(CEO-India)*

Ogilvy CommonHealth Madrid
Maria de Molina 39, 28006 Madrid, Spain
Tel.: (34) 91 451 2000
Fax: (34) 91 451 24 01
Web Site: http://www.ogilvy.es/agencia/ogilvy-commonhealth/
E-Mail for Key Personnel:
President: enrique.alda@healthworld.es

Employees: 40
Year Founded: 1992

Agency Specializes In: Health Care Services

Enric Gomez *(Gen Dir-Barcelona)*
Ana Garcia-Abad *(Bus Dir-Madrid)*
Joan Mane Godina *(Dir-Medical-Ogilvy Healthworld-Barcelona)*

Ogilvy Healthworld EAME
121-141 Westbourne Terrace, London, W2 6JR United Kingdom
Tel.: (44) 20 7108 6500
Fax: (44) 20 7108 6501
Web Site: www.ogilvy.com

Employees: 500
Year Founded: 1986

Agency Specializes In: Communications, Health Care Services

Caroline Howe *(Grp Mng Dir)*
Tracey Wood *(Mng Dir-Medical Education)*
Liz Baker *(Dir-Editorial)*
Nick Gibbs *(Dir-Editorial)*

Accounts:
Pfizer Dynastat

Ogilvy Healthworld Payer Marketing
343 Interspace Pkwy, Parsippany, NJ 07054
Tel.: (973) 352-2400
Fax: (973) 352-1290
Web Site: https://ogilvychww.com/

Employees: 450

Agency Specializes In: Advertising

Laura Kohler *(Sr VP & Mgmt Supvr)*

OGILVY HEALTHWORLD-TORONTO
33 Yonge St, Toronto, ON M5E 1X6 Canada
Tel.: (416) 945-2127
Fax: (416) 920-8487
E-Mail: terry.cully@ogilvyhealthworld.ca
Web Site: www.ogilvy.com

Employees: 20
Year Founded: 1985

Agency Specializes In: Advertising, Advertising Specialties, Alternative Advertising, Bilingual Market, Brand Development & Integration, Broadcast, Business-To-Business, Cable T.V., Collateral, Communications, Consulting, Consumer Goods, Consumer Marketing, Corporate Communications, Corporate Identity, Customer Relationship Management, Digital/Interactive, Direct Response Marketing, Direct-to-Consumer, Electronic Media, Email, Exhibit/Trade Shows, Financial, Graphic Design, Health Care Services, High Technology, In-Store Advertising, Information Technology, Integrated Marketing, Internet/Web Design, Local Marketing, Logo & Package Design, Market Research, Media Buying Services, Media Planning, Medical Products, Mobile Marketing, Multimedia, Newspaper, Newspapers & Magazines, Out-of-Home Media, Outdoor, Over-50 Market, Package Design, Paid Searches, Pharmaceutical, Planning & Consultation, Point of Purchase, Point of Sale, Print, Production, Production (Print), Radio, Sales Promotion, Search Engine Optimization, Seniors' Market, Social Marketing/Nonprofit, Social Media, Strategic Planning/Research, T.V., Teen Market, Women's Market

Breakdown of Gross Billings by Media: Adv. Specialities: 80%; Consulting: 5%; Internet Adv.: 15%

Nadine Lafond *(Mng Dir)*
Terry Cully *(Mng Dir-Ogilvy CommonHealth-Worldwide)*
Lisa Bezzant *(Acct Dir)*

Accounts:
Amgen; Toronto, Canada Aranesp, Neulasta, Neupogen, Vectibix, Xvega; 2001
GSK; Toronto, Canada Advair, Avamys, Avodart, Twinrix, Malarone, Cervarix; 1985
King Pharma; Toronto, Canada EpiPen; 2008
Unilever; Toronto, Canada Dove Sensitive Skin Bar; 2001

OGILVYHEALTHCARE
V le V Lancetti 29, 20158 Milan, Italy
Tel.: (39) 02 60789 1
Fax: (39) 02 832 41057
Web Site: www.ogilvy.com

Employees: 15
Year Founded: 2003

Agency Specializes In: Above-the-Line, Advertising Specialties, Below-the-Line, Brand Development & Integration, Children's Market, Collateral, Consulting, Cosmetics, Digital/Interactive, Direct-to-Consumer, Education, Food Service, Health Care Services, Medical Products, Multimedia, Pharmaceutical, Women's Market

Approx. Annual Billings: $3,700,000

Breakdown of Gross Billings by Media: Adv. Specialities: 100%

Giorgio Pasqual *(Mng Dir)*

THE OH GROUP, LLC
2633 McKinney Ave Ste 130-113, Dallas, TX 75204
Tel.: (214) 405-5597
Web Site: www.theohgroup.us

Employees: 4

Agency Specializes In: Advertising, Brand Development & Integration, Content, Internet/Web Design, Logo & Package Design, Search Engine Optimization, Social Media

Rosa Oh *(VP-Mktg & Strategy)*

Accounts:
Texas A&M Commerce

OH PARTNERS
(Formerly Owens, Harkey & Associates, LLC)
3550 N Central Ave Ste 1900, Phoenix, AZ 85012
Tel.: (602) 254-5159
Fax: (602) 253-9380
Web Site: ohpartners.com/

Employees: 52
Year Founded: 1960

Agency Specializes In: Advertising, Brand Development & Integration, Collateral, Crisis Communications, Market Research, Media Buying Services, Media Planning, Search Engine Optimization, Social Media, T.V.

Scott Harkey *(Co-Founder & Mng Partner)*
Matt Owens *(Co-Founder & Mng Partner)*
Brad Casper *(CEO)*
Matt Moore *(Partner & Chief Creative Officer)*
Dawn Webley *(Sr Dir-Media Svcs)*
Ivan Galaz *(Art Dir)*
Dawn Kemmer *(Acct Dir)*
Ken Phox *(Creative Dir)*
Brandon Barnard *(Dir-Film & Content)*
Kyle Gilbert *(Production Mgr)*
Hillary Houghton *(Mgr-Social Media Svcs)*
Chelsea Smeland *(Sr Acct Exec)*
Carter Donaldson *(Acct Exec)*
Samantha Fink *(Acct Exec-PR)*
Lynn Costello *(Media Buyer)*
Sam Lowy *(Copywriter)*
Lia Fondrisi *(Acct Coord)*
Noelle Hobaica *(Acct Coord)*
Felix Armenta *(Asst Creative Dir)*
Adam Garcia *(Sr Art Dir)*
Cristian Hernandez *(Jr Graphic Designer)*
Angie Vollmers *(Assoc Media Dir)*

Accounts:
American Diabetes Association
Arizona Coyotes
Arizona Department of Health Services
Arizona Lottery
Dole Packaged Foods
Eat Smart
Fiesta Bowl
Gila River Hotels & Casinos
Independent Bank Corporation
Mix1 Life, Inc. (Agency of Record)
Nawgan Products Nawgan Beverages (Agency of Record), Power On Beverages (Agency of Record)
No Fear Energy Branding Strategy
Offerpad
PepsiCo Inc.

ADVERTISING AGENCIES

Phoenix Convention Center
Pita Pit Usa, Inc.
Salt River Project
Turn 4 Wines
USA Triathlon
Verra Mobility
WheyUp Branding Strategy
Xango, LLC

THE O'HARA PROJECT
9 Washington St 2nd Fl, Morristown, NJ 07960
Tel.: (973) 975-0531
E-Mail: info@oharaproject.com
Web Site: www.oharaproject.com

Employees: 5
Year Founded: 2011

Agency Specializes In: Advertising, Brand Development & Integration, Collateral, Digital/Interactive, Event Planning & Marketing, Internet/Web Design, Media Buying Services, Media Planning, Public Relations, Social Media

Katherine O'Hara *(Founder & Pres)*

Accounts:
The Adventure Project Public Relations
Hoboken Farms (Public Relations Agency of Record) Awareness, Media
Mason Jar Cookie Company
Network Solutions Company
Solo Technology Holdings iKeyp (Agency of Record); 2017

THE OHLMANN GROUP
1605 N Main St, Dayton, OH 45405-4141
Tel.: (937) 278-0681
Fax: (937) 277-1723
E-Mail: info@ohlmanngroup.com
Web Site: www.ohlmanngroup.com

E-Mail for Key Personnel:
President: walter@ohlmanngroup.com
Media Dir.: linda@ohlmanngroup.com

Employees: 20
Year Founded: 1949

National Agency Associations: IAN

Agency Specializes In: Advertising, Alternative Advertising, Arts, Broadcast, Business Publications, Business-To-Business, Cable T.V., Catalogs, Co-op Advertising, Collateral, Communications, Consulting, Consumer Goods, Consumer Marketing, Content, Corporate Communications, Corporate Identity, Crisis Communications, Digital/Interactive, Direct Response Marketing, Direct-to-Consumer, E-Commerce, Education, Electronic Media, Email, Event Planning & Marketing, Exhibit/Trade Shows, Food Service, Government/Political, Graphic Design, Health Care Services, High Technology, Identity Marketing, In-Store Advertising, Industrial, Integrated Marketing, Internet/Web Design, Local Marketing, Logo & Package Design, Media Buying Services, Media Planning, Media Relations, Media Training, Medical Products, Merchandising, Multimedia, New Product Development, Newspaper, Newspapers & Magazines, Out-of-Home Media, Outdoor, Over-50 Market, Package Design, Paid Searches, Point of Purchase, Point of Sale, Print, Production, Production (Print), Promotions, Public Relations, Publicity/Promotions, Radio, Real Estate, Regional, Restaurant, Retail, Sales Promotion, Search Engine Optimization, Seniors' Market, Social Marketing/Nonprofit, Sponsorship, Strategic Planning/Research, T.V., Teen Market, Trade & Consumer Magazines, Transportation, Viral/Buzz/Word of Mouth, Women's Market

Approx. Annual Billings: $10,000,000

Walter Ohlmann *(Pres & CEO)*
David Bowman *(Pres)*
Linda Kahn *(CEO & Dir-Media Svcs)*
Lori Ohlmann *(Sr VP-Acct Svcs)*
Jim Hausfeld *(VP & Creative Dir)*
Mike Blackney *(VP-Digital Mktg)*
Kim Gros *(Controller)*
Gary Haschart *(Dir-Production)*
Mary Ann Wootton *(Mgr-Media)*
Andrea Hubler *(Acct Exec)*
Kirsten Marshall *(Specialist-Digital Media)*
Evelyn Ritzi *(Specialist-Comm)*
Helen Mumaw *(Media Buyer)*
Melina Perez *(Designer-Motion)*
Pam Fister *(Asst-Media)*
Jason Hart *(Sr Art Dir)*

Accounts:
Graceworks Lutheran Services Creative Design, PR, Social Media, Strategic Marketing

OIA MARKETING COMMUNICATIONS
4240 Wagner Rd, Dayton, OH 45440
Tel.: (937) 222-6421
Fax: (937) 222-1642
E-Mail: oia@oia-inc.com
Web Site: www.oia-inc.com

E-Mail for Key Personnel:
President: rick@oia-inc.com

Employees: 5
Year Founded: 1949

Agency Specializes In: Advertising, Automotive, Business Publications, Business-To-Business, Co-op Advertising, Collateral, Communications, Consulting, Consumer Marketing, Consumer Publications, Corporate Identity, Digital/Interactive, Direct Response Marketing, E-Commerce, Education, Electronic Media, Environmental, Exhibit/Trade Shows, Fashion/Apparel, Financial, Government/Political, Graphic Design, Health Care Services, High Technology, Industrial, Information Technology, Internet/Web Design, Logo & Package Design, Media Buying Services, Medical Products, Merchandising, Multimedia, New Product Development, Newspaper, Newspapers & Magazines, Out-of-Home Media, Outdoor, Planning & Consultation, Point of Purchase, Point of Sale, Print, Production, Public Relations, Publicity/Promotions, Radio, Sales Promotion, Strategic Planning/Research, Technical Advertising, Trade & Consumer Magazines, Transportation, Yellow Pages Advertising

Approx. Annual Billings: $3,500,000

Richard D. Bloomingdale *(Pres & Gen Mgr)*
Beverly A. Trollinger *(VP-Ops)*
Holly McDonald *(Mgr-Production & Media)*

OISHII CREATIVE
645 Westbridge Pl, Pasadena, CA 91105
Tel.: (323) 932-1626
E-Mail: contact@oishiicreative.com
Web Site: www.oishiicreative.com

Employees: 13

Agency Specializes In: Advertising, Brand Development & Integration, Digital/Interactive, Entertainment, Strategic Planning/Research

Ismael Obregon *(Pres)*
Kate Obregon *(Head-Strategy)*

Accounts:
E! Entertainment Campaign: "Botched"
EA Sports
NFL Network
Nicktoons
Ovation
The Walt Disney Company

O'KEEFE REINHARD & PAUL
328 S Jefferson St Ste 850, Chicago, IL 60661
Tel.: (312) 226-6144
E-Mail: info@okrp.com
Web Site: https://okrp.com/

Employees: 38
Year Founded: 2013

National Agency Associations: 4A's

Agency Specializes In: Advertising, Sponsorship

Nick Paul *(Founder & Pres)*
Tom O'Keefe *(CEO)*
Matt Reinhard *(Chief Creative Officer)*
Rahul Roy *(Head-Client Bus)*
Scott Mitchell *(Exec Producer)*
Carolyn Bergen *(Creative Dir)*
Jennifer Bills *(Creative Dir)*
Pat Durkin *(Creative Dir)*
Paul Feldmann *(Art Dir)*
Bob Jensen *(Creative Dir)*
Natasha Kesaji *(Acct Svcs Dir)*
Miku Kinnear *(Assoc Creative Dir-Juice Interactive)*
Michelle Litos *(Creative Dir)*
Addie Palin *(Acct Dir)*
Nate Swift *(Dir-Strategy)*
Layne Steele Paddon *(Acct Supvr)*
Ciana Bell *(Sr Acct Exec)*
Kirby Summers *(Acct Exec)*
William Carter *(Designer)*
Noel Margonza *(Designer-Visual-Juice Interactive)*
Dana Quercioli *(Copywriter)*
Tanner Uselmann *(Copywriter)*
Molly McCloskey *(Coord-Production)*
Danae Belanger *(Assoc Creative Dir)*
Will Bright *(Grp Creative Dir)*
Madison Jackson *(Assoc Creative Dir)*
Andrea Knowles *(Sr Art Dir)*
Joe Wangler *(Assoc Creative Dir)*
Marian Williams *(Grp Creative Dir)*

Accounts:
Ace Hardware Corporation (Agency of Record) Creative
American Marketing Association
Big Lots (Agency of Record) "Nailing It", Advertising, Broadcast, Campaign: "Black Friday Woman", Campaign: "Cats Only", Campaign: "Pet Focus Group", Campaign: "Pets with Style", Social
Brinker International, Inc. Chili's Grill & Bar (Creative & Strategic Agency of Record), Marketing
Gildan (Agency of Record)
Groupon (Creative Agency of Record) Super Bowl 2018 Campaign: "Who Wouldn't"
The Orwells
Taco Bell (Creative Agency of Record) Content

O'LEARY AND PARTNERS
(Acquired by The Shipyard)

OLIVE INTERACTIVE DESIGN & MARKETING INC.
401 Congress Ave Ste 1540, Austin, TX 78701-3637
Tel.: (512) 415-5879
Fax: (512) 457-0208
E-Mail: nb@olivedesign.com
Web Site: www.olivedesign.com

Employees: 11
Year Founded: 1997

AGENCIES - JANUARY, 2019 — ADVERTISING AGENCIES

Agency Specializes In: Advertising, Advertising Specialties, Communications, Consulting, Consumer Marketing, E-Commerce, Electronic Media, Entertainment, Graphic Design, High Technology, Internet/Web Design, Logo & Package Design, Print, Publicity/Promotions, Strategic Planning/Research, Travel & Tourism

Approx. Annual Billings: $1,000,000

Breakdown of Gross Billings by Media: Graphic Design: 10%; Internet Adv.: 90%

Kyla Kanz *(CEO & Strategist-Interactive Mktg & Bus Dev)*

Accounts:
Blue Fish Development Group
Capitol Metro
Conformative Systems
DMX Music
Farouk Systems
Hewlett-Packard
KLRU
KnowledgeBeam
LifeSize Communications
Permeo Technologies
Primus Networks
Technopolis Xchange
Texas Department of Travel & Tourism; 2000
University of Texas

OLIVE PR SOLUTIONS INC
401 W A St, San Diego, CA 92101
Tel.: (619) 955-5285
E-Mail: info@oliveprsolutions.com
Web Site: https://www.olivecreativestrategies.com/

Employees: 17

Agency Specializes In: Advertising, Brand Development & Integration, Event Planning & Marketing, Media Relations, Media Training, Social Media, Strategic Planning/Research

Jennifer Borba von Stauffenberg *(Pres)*
Jaclyn Walian *(Acct Supvr)*

Accounts:
Adelman Fine Art
UVA Mobile

OLIVER RUSSELL
217 S 11th St, Boise, ID 83702
Tel.: (208) 344-1734
Fax: (208) 344-1211
E-Mail: info@oliverrussell.com
Web Site: www.oliverrussell.com

Employees: 14
Year Founded: 1991

National Agency Associations: Second Wind Limited

Agency Specializes In: Sponsorship

Russ Stoddard *(Founder & Pres)*
Shawna Samuelson *(Acct Svcs Dir)*
Mike Stevens *(Art Dir)*
Jay Saenz *(Mgr-Digital Mktg)*
Adie Bartron *(Acct Exec)*

Accounts:
Hewlett Packard
Simplot Co.
YMCA

OLOGIE
447 E Main St, Columbus, OH 43215
Tel.: (614) 221-1107
Fax: (614) 221-1108
Toll Free: (800) 962-1107
E-Mail: bfaust@ologie.com
Web Site: www.ologie.com

Employees: 85
Year Founded: 1987

Agency Specializes In: Advertising, Brand Development & Integration, Business-To-Business, Consulting, Corporate Communications, Corporate Identity, Financial, Multimedia, Print, Retail, Sponsorship

Kelly Ruoff *(Partner & Chief Creative Officer)*
Beverly Ryan *(Partner)*
William Faust *(Sr Partner & Chief Strategy Officer)*
Paul Davis *(Exec Creative Dir)*
Amy Ireland *(Exec Acct Dir)*
Nathan Thornton *(Exec Creative Dir)*
Sarah Cygan *(Acct Dir)*
Kyle Kastranec *(Creative Dir)*
Dawn Marinacci *(Mktg Dir)*
Jill Neely *(Creative Dir-Digital)*
Scott Smallwood *(Acct Dir-Client Svc)*
Mark Love *(Dir-Video)*
Patrick Locy *(Sr Acct Mgr)*
Kim McCanney *(Office Mgr)*
Chelsea Castle *(Mktg Mgr)*
Lindsey Sherwood *(Assoc Acct Dir)*

Accounts:
Auburn
Belk
Berkeley
Big Lots, Inc.
Dave Thomas Foundation of Adoption
Elon
Gonzaga University
Hartwick College
Northwestern University
PNC
Pratt
University of Arizona
West Virginia University
Xavier University

OLOMANA LOOMIS ISC
900 Fort St Mall, Honolulu, HI 96813
Tel.: (808) 469-3250
Fax: (808) 532-8808
Web Site: olomanaloomisisc.com

Employees: 25

Agency Specializes In: Advertising, Graphic Design, Internet/Web Design, Media Relations, Print

Carole Tang *(Chm, Pres & CEO)*
Liane Hu *(Sr Project Mgr-Comm)*
Daniel Guthmiller *(Project Mgr-Mktg)*

OLSON
(See Under ICF Olson)

OMAC ADVERTISING
PO Box 3994, Salem, OR 97302
Tel.: (503) 364-3340
Fax: (503) 364-1870
E-Mail: design@omacadvertising.com
Web Site: www.omacadvertising.com

Employees: 7

Agency Specializes In: Advertising, Brand Development & Integration, Collateral, Corporate Identity, Graphic Design, Internet/Web Design, Logo & Package Design, Print, Radio, Social Media

Bill Lovato *(Pres)*
Doris Lovato *(Office Mgr)*
Lynn LaClef *(Designer-Web)*

Accounts:
Stutzmen Environmental

OMELET LLC
3540 Hayden Ave, Culver City, CA 90232
Tel.: (213) 427-6400
Fax: (213) 427-6401
E-Mail: info@omeletla.com
Web Site: www.omeletla.com

Employees: 61
Year Founded: 2004

Agency Specializes In: Advertising, Brand Development & Integration, Corporate Communications, Experiential Marketing, Graphic Design, Identity Marketing, Market Research, Planning & Consultation, Production (Ad, Film, Broadcast), Social Marketing/Nonprofit

Donald A. Kurz *(Chm & CEO)*
Thas Naseemuddeen *(Partner, Mng Dir & Chief Strategy Officer)*
Sarah Ceglarski *(Partner & CMO)*
Michael Wallen *(Partner & Chief Content Officer-Omelet Studio)*
Dena Gonzalez *(Partner & Head-Bus Plng & Delivery)*
Ricardo Diaz *(Partner & Exec Dir-Digital)*
Andrew Krensky *(Partner & Exec Dir-Brand Mgmt)*
Florian Bodet *(Creative Dir)*
Liz Heard *(Brand Dir)*
John Moloney *(Brand Dir)*
Raul Montes *(Assoc Creative Dir & Art Dir)*
Chelsea O'Brien *(Creative Dir)*
Alexandra Heide *(Assoc Dir-Comm Strategy)*
Danielle Devera *(Mgr-Bus Dev)*
Jimmy Barker *(Assoc Creative Dir)*
Tiffany Lam *(Sr Art Dir)*
Joshua Smutko *(Assoc Creative Dir)*

Accounts:
American Cancer Society
Annenberg Foundation Advertising, Marketing, Messaging, Wallis Annenberg PetSpace (Agency of Record)
AT&T
Axon
Bravo
DTS
The Guardian Life Insurance Company of America
HauteLook Campaign: "Hot Look"
HBO
L.A. Mayor's Office Campaign: "Save the Drop"
Microsoft Campaign: "Honestly", Campaign: "Smoked By Windows"
Mitsubishi Motors North America Activation, Eclipse Cross CUV
Nickelodeon
Nintendo Pokemon
Paramount Pictures
Pocket Gems
Princess Cruise Lines Ltd. (Creative Agency of Record) Digital, Integrated Marketing; 2017
Red Bull North America
Salk Institute
SoFi Campaign: "Get There Sooner"
Square Enix Campaign: "Choose Your Hit", Campaign: "Sarif Industries", Campaign: "The Wolfshark"
Ubisoft
Walmart

OMNI DIRECT INC.
10800 Biscayne Blvd Ste 510, Miami, FL 33161
Tel.: (800) 459-4034
Web Site: www.omnidirect.tv

Employees: 10

ADVERTISING AGENCIES

Year Founded: 1999

Agency Specializes In: Advertising, Media Buying Services, Media Planning, Print, Radio, Strategic Planning/Research, T.V.

Alex Agurcia *(Pres)*
Denira Borrero *(COO)*
Daniela Agurcia *(Acct Exec)*
Emely C Alvarez Garcia *(Analyst-Media)*

Accounts:
New-Church & Dwight Co.Inc. Oxiclean
New-Copper Fit Step FX
New-The Idea Village
New-Yes TV

OMNICOM GROUP INC.
437 Madison Ave, New York, NY 10022
Tel.: (212) 415-3600
Fax: (212) 415-3530
E-Mail: publicaffairs@omnicomgroup.com
Web Site: www.omnicomgroup.com

Employees: 77,300
Year Founded: 1986

National Agency Associations: 4A's-MCA

Agency Specializes In: Above-the-Line, Advertising, Advertising Specialties, African-American Market, Automotive, Bilingual Market, Brand Development & Integration, Broadcast, Business Publications, Business-To-Business, Cable T.V., Children's Market, Co-op Advertising, Collateral, Communications, Consulting, Consumer Marketing, Consumer Publications, Corporate Communications, Corporate Identity, Crisis Communications, Custom Publishing, Customer Relationship Management, Digital/Interactive, Direct Response Marketing, Direct-to-Consumer, E-Commerce, Electronic Media, Email, Entertainment, Environmental, Event Planning & Marketing, Exhibit/Trade Shows, Experience Design, Financial, Food Service, Government/Political, Graphic Design, Health Care Services, High Technology, Hispanic Market, In-Store Advertising, Information Technology, Integrated Marketing, Internet/Web Design, Investor Relations, Logo & Package Design, Market Research, Media Buying Services, Media Planning, Media Relations, Medical Products, Merchandising, Mobile Marketing, Multicultural, Multimedia, New Product Development, Newspaper, Out-of-Home Media, Package Design, Pharmaceutical, Point of Purchase, Point of Sale, Print, Product Placement, Production (Ad, Film, Broadcast), Promotions, Public Relations, Publicity/Promotions, Radio, Recruitment, Retail, Sales Promotion, Search Engine Optimization, Social Marketing/Nonprofit, Social Media, Sponsorship, Sports Market, Strategic Planning/Research, Sweepstakes, Syndication, T.V., Telemarketing, Trade & Consumer Magazines, Tween Market, Viral/Buzz/Word of Mouth, Web (Banner Ads, Pop-ups, etc.), Women's Market

Revenue: $15,273,600,000

John Wren *(Chm & CEO)*
Emma Sergeant *(Pres-DAS Grp of Companies-Europe & Mng Partner-ONE HUNDRED-Europe)*
Gerhard Remlein *(Mng Dir & Exec Head-Client-SAP)*
Matthew Hafkin *(CFO & COO)*
Paolo Yuvienco *(CTO & Exec VP)*
Kevin McShane *(Chief Creative Officer)*
Philippa Brown *(CEO-Omnicom Media Grp-UK)*
Higinio Martinez Gracia *(CEO-Omnicom PR Grp-Iberia)*
Stacey Hightower *(CEO-Specialty Mktg Grp)*
Sunee Paripunna *(CEO-Thailand)*

Karen van Bergen *(CEO-Omnicom PR Grp)*
Joseph Russo *(COO-Omnicom PR Grp)*
Janet Riccio *(Exec VP)*
Peter Swiecicki *(Sr VP-Fin & Controller)*
Clemens Brandt *(VP & Dir-Digital Production)*
Leslie Chiocco *(VP-HR & Retirement Benefits)*
Tricia Whittemore *(Dir-Comm)*
Vicente Azarcon *(Mgr-IT Strategic Sourcing)*
Troyekia Wynn *(Specialist-Media Reconciliation)*
Andrew Castellaneta *(Asst Controller)*
Caseena Nehaul *(Coord-Billing)*
Jonathan Steuer *(Chief Res Officer)*

Accounts:
Hewlett-Packard Company Hewlett-Packard Company, ePrint
Johnson & Johnson Creative
Kraft Foods Group Planters Lovers' Mix
McDonald's Corporation Advertising, Creative Marketing
The MTN Group Integrated Global Agency
Nissan
Philips Electronics North America Corporation
Porsche Cars North America, Inc. Boxster, Cayenne, Cayman, Panamera, Porsche 911, Porsche Cars North America, Inc.
SAP India Marketing Service

Parent Company of:

Accuen
225 N Michigan Ave 21st Fl, Chicago, IL 60602
Tel.: (312) 324-7000
E-Mail: info@accuenmedia.com
Web Site: www.accuenmedia.com

Employees: 130

Art Schram *(VP-Supply Platforms)*
Ryan Pittrich *(Dir-Programmatic Solutions)*
Koushalya Subramanian *(Dir-Insights)*
Laura Walker *(Dir-Programmatic Plng & Optimization)*
Lea Zarytsky *(Dir-Programmatic Media)*
Brenda Chan *(Assoc Dir-Mktg Sciences)*
Karina Martirossian *(Assoc Dir-Insights)*
Mark Oster *(Assoc Dir-Programmatic Media)*
Georgina Thomson *(Assoc Dir)*
Jessica Whelton *(Assoc Dir-Plng & Optimizations)*
Candice Kenny *(Sr Mgr-Plng & Optimization)*
Chelsea Bosi *(Mgr-Plng & Optimization)*
Raymond Canaria *(Mgr-Programmatic, Plng & Optimization)*
Marina Cho *(Mgr-Plng & Optimization)*
Anna Marken *(Sr Analyst-Plng & Optimization)*
Jorge Lopez *(Analyst-Ops)*
Liam Murray *(Analyst-Plng & Optimization)*
Qingqing Li *(Sr Campaign Mgr-Analytics)*

Agency 720
500 Woodward Ave Ste 2100, Detroit, MI 48226
(See Separate Listing)

Alma
2601 S Bayshore Dr 4th Fl, Coconut Grove, FL 33133
(See Separate Listing)

BBDO Worldwide Inc.
1285 Ave of the Americas, New York, NY 10019-6028
(See Separate Listing)

DDB Worldwide Communications Group Inc.
437 Madison Ave, New York, NY 10022-7001
(See Separate Listing)

Diversified Agency Services
437 Madison Ave, New York, NY 10022-7001
(See Separate Listing)

Downtown Partners Chicago
200 E Randolph St 34th Fl, Chicago, IL 60601
(See Separate Listing)

FAME
527 Marquette Ave Ste 2400, Minneapolis, MN 55402
(See Separate Listing)

Fathom Communications
437 Madison Ave, New York, NY 10022
(See Separate Listing)

GSD&M
828 W 6th St, Austin, TX 78703
(See Separate Listing)

ICON International Inc.
107 Elm St, Stamford, CT 06902
(See Separate Listing)

Interbrand & CEE
Weinsbergstrasse 118a, Cologne, Germany
Tel.: (49) 44 388 7878
Fax: (49) 44 388 7790
Web Site: http://interbrand.com/

Employees: 120
Year Founded: 1972

Agency Specializes In: Brand Development & Integration, Consulting, Corporate Identity, Digital/Interactive, Environmental, Graphic Design, Internet/Web Design, Package Design, Retail

Simon Thun *(CEO)*
Manfredi Ricca *(Chief Strategy Officer-EMEA & LatAm)*
Elizabeth Moe *(Dir-Mktg & Comm-EMEA & LatAm)*

Interbrand B.V.
Prof WH Keesomlaan 4, 1183 DJ Amstelveen, Netherlands
Tel.: (31) 20 406 5750
Fax: (31) 20 520 5760
E-Mail: amsterdam@interbrand.com
Web Site: www.interbrand.com

Employees: 10

Agency Specializes In: Advertising

Interbrand
Zirkusweg 1, D-20359 Hamburg, Germany
Tel.: (49) 40 355 366 0
Fax: (49) 40 355 366 66
E-Mail: info@interbrand.com
Web Site: www.interbrand.com

Employees: 20

Agency Specializes In: Advertising

Nina Oswald *(Mng Dir-CEE & Head-Mktg Capabilities Practice-EMEA)*
Jens Grefen *(Exec Dir-Creation)*
Maresa Lund *(Assoc Dir-Bus Dev)*
Maria Jakobs *(Sr Designer)*
Jorg Schmitt *(Assoc Creative Dir)*

Interbrand
700 W Pete Rose Way Ste 460, Cincinnati, OH

AGENCIES - JANUARY, 2019 — ADVERTISING AGENCIES

45203
(See Separate Listing)

Martin Williams Advertising Inc.
150 S 5th St, Minneapolis, MN 55402-4428
(See Separate Listing)

Novus Media Inc
2 Carlson Pkwy Ste 400, Plymouth, MN 55447
(See Separate Listing)

OMD Worldwide
195 Broadway, New York, NY 10007
(See Separate Listing)

Omnicom Media Group
195 Broadway, New York, NY 10007
(See Separate Listing)

PHD Media UK
The Telephone Exchange 5 N Crescent, Chenies St, London, WC1E 7PH United Kingdom
(See Separate Listing)

PHD
220 E 42nd 7th Fl, New York, NY 10017
(See Separate Listing)

Resolution Media
225 N Michigan Ave, Chicago, IL 60601
(See Separate Listing)

Rodgers Townsend, LLC
200 N Broadway Ste 1200, Saint Louis, MO 63102
(See Separate Listing)

TBWA/Worldwide
488 Madison Ave, New York, NY 10022
(See Separate Listing)

TRACK
(Formerly Rapp New Zealand)
80 Greys Ave Level 2, Auckland, 1010 New Zealand
Mailing Address:
PO Box 1872, Auckland, New Zealand
Tel.: (64) 274 790 040
Web Site: www.track-nz.com

Employees: 45

Agency Specializes In: Consumer Marketing, Direct Response Marketing, Sales Promotion

Marty O'Halloran *(Chm & CEO)*
Andy Bell *(Mng Dir)*
Robert Limb *(CEO-ANZ)*
Sophie Taylor *(Sr Acct Dir)*
Jeff Harris *(Creative Dir)*
Marissa Schmidt *(Art Dir)*
Kirsty Shepherdson *(Acct Dir)*
Michael Tomich *(Art Dir)*
Jodie Armstrong-Downes *(Dir-Plng)*
Sarndra Bell *(Dir-Client Svc)*
Harriet Arbuckle *(Acct Mgr)*

Accounts:
AMI Insurance
Auckland City Mission
Bendon Lingerie
Fairfax Sundays Newspapers
Freedom Air
Hasbro
Hutchwilco
HWI
Kraft Foods Chocolates
Lion Nathan Wines
Mother Earth Foods
New World
Nokia
Phillips Electronics
Sky TV
Stihl
Vocus Group Flip, Slingshot, Switch
Wattie's
New-Westpac New Zealand

Tribal Worldwide
437 Madison Ave 8th Fl, New York, NY 10022
(See Separate Listing)

Branding Consultants

BrandWizard
130 Fifth Ave, New York, NY 10011
(See Separate Listing)

Interbrand Corporation
130 5th Ave, New York, NY 10011-4306
(See Separate Listing)

Custom Publishing

Specialist
Clifton Heights, Triangle W, Bristol, BS8 1EJ United Kingdom
Tel.: (44) 1 179 25 1696
Fax: (44) 1 179 25 1808
E-Mail: info@specialistuk.com
Web Site: https://www.specialistuk.com/

Employees: 30

National Agency Associations: APA-PPA

Agency Specializes In: Magazines, Pets

Niki Webb *(CEO)*
Ross Wilkinson *(Deputy CEO)*
Jo Howell *(Grp Head-Creative)*
Peter Wilson *(Dir & Producer)*
Philippe Crump *(Comml Dir)*
A.J. Howe *(Creative Dir)*
Nigel Morrison *(Mgr-Creative & IT)*
Sharon Eves *(Accountant-Fin)*

Accounts:
The Co-operative Group
Defra
KwikFit Insurance
Npower
Peugeot
Quick Fit
Sage
Specsavers

Design

The Designory
211 E Ocean Blvd Ste 100, Long Beach, CA 90802-4850
(See Separate Listing)

Interbrand Design Forum
700 W Pete Rose Way Ste 460, Cincinnati, OH 45203
(See Separate Listing)

Entertainment, Event & Sports Marketing

Harrison & Shriftman LLC
141 W 36th St 12th Fl, New York, NY 10018
(See Separate Listing)

Pierce Promotions
178 Middle St Ste 200, POrtland, ME 04101
(See Separate Listing)

Health Care

DDB Health
(Formerly AgencyRx)
200 Varick St 3rd Fl, New York, NY 10014
(See Separate Listing)

MMG
700 King Farm Blvd Ste 500, Rockville, MD 20850
Tel.: (301) 984-7191
Fax: (301) 921-4405
Web Site: www.mmgct.com

Employees: 165
Year Founded: 1987

Agency Specializes In: Communications, Health Care Services, Medical Products, Pharmaceutical

Helen West *(Pres)*
Ann Kottcamp *(COO)*
Kate Clarke *(VP-Fin)*
Michael Rosenberg *(Sr Dir-Strategic Dev)*
Chuck Johnson *(Dir-IT)*
Carrie Swallow *(Dir-Strategic Dev)*
Tiffany Groller *(Sr Project Dir)*

Interactive Services

Organic, Inc.
600 California St, San Francisco, CA 94108
(See Separate Listing)

Multicultural Marketing

Dieste
1999 Bryan St Ste 2700, Dallas, TX 75201
(See Separate Listing)

Public Relations

Brodeur Partners
535 Boylston St Fl 10, Boston, MA 02116
(See Separate Listing)

Kreab
Scandinavian House 2-6 Cannon Street, London, EC4M 6XJ United Kingdom
(See Separate Listing)

Retail/Promotional Marketing

The Integer Group, LLC
7245 W Alaska Dr, Lakewood, CO 80226
(See Separate Listing)

TracyLocke
1999 Bryan St Ste 2800, Dallas, TX 75201
(See Separate Listing)

Specialty Unit

We Are Unlimited
225 N Michigan Ave Fl 21, Chicago, IL 60601-6515

ADVERTISING AGENCIES

(See Separate Listing)

ON IDEAS, INC.
6 E Bay St Ste 100, Jacksonville, FL 32202-5422
Tel.: (904) 354-2600
Fax: (904) 354-7226
E-Mail: info@onideas.com
Web Site: www.onideas.com

Employees: 45
Year Founded: 1983

National Agency Associations: 4A's-PRSA

Agency Specializes In: Advertising, Arts, Brand Development & Integration, Broadcast, Business-To-Business, Cable T.V., Catalogs, Collateral, Communications, Consulting, Consumer Goods, Consumer Marketing, Corporate Communications, Corporate Identity, Crisis Communications, Customer Relationship Management, Digital/Interactive, Direct Response Marketing, Direct-to-Consumer, E-Commerce, Education, Electronic Media, Email, Environmental, Event Planning & Marketing, Exhibit/Trade Shows, Financial, Health Care Services, Household Goods, Identity Marketing, In-Store Advertising, Infomercials, Integrated Marketing, Internet/Web Design, Leisure, Local Marketing, Logo & Package Design, Luxury Products, Market Research, Media Buying Services, Media Planning, Media Relations, Medical Products, Men's Market, Mobile Marketing, Multimedia, Newspaper, Newspapers & Magazines, Out-of-Home Media, Outdoor, Over-50 Market, Package Design, Pets , Planning & Consultation, Point of Purchase, Point of Sale, Print, Production, Production (Print), Promotions, Public Relations, Publicity/Promotions, Radio, Regional, Restaurant, Retail, Search Engine Optimization, Seniors' Market, Social Marketing/Nonprofit, Social Media, Sponsorship, Strategic Planning/Research, T.V., Travel & Tourism, Viral/Buzz/Word of Mouth, Web (Banner Ads, Pop-ups, etc.), Women's Market

Approx. Annual Billings: $33,000,000

West Herford *(Pres & CEO)*
Thomas J. Bolling *(Partner & COO)*
Deonna Carver *(CFO)*
David Bonner *(Chief Creative Officer)*
Patricia Courtois *(Chief Client Officer & Exec VP)*
Heather McLain *(VP & Dir-PR)*
Denise Graham *(VP)*
Jared Rypkema *(Copywriter)*

Accounts:
Advanced BioHealing; LaJolla, CA; 2010
Bi-Lo Winn-Dixie (Agency of Record) Commercial, Grocery Retailer, Holiday Storybook; 2005
California Pizza Kitchen Inc.
Catlin Insurance
Catlin; UK Specialty Insurance; 2007
Charlestowne Hotels
Chuy's
EnMarket
Enterprise Florida
Epstein & Robbins
EverBank
First Federal Bank; Charleston, SC Financial Services; 2005
The Fresh Market, Inc (Agency of Record) Corporate Communications, Media Relations, Public Relations; 2018
Halifax Health; Daytona, FL Health Organization; 2007
Jacksonville Jaguars (Agency Of Record) Creative Services, Marketing Strategy, PR/Community Relations Support
O.Z. Tyler Distillery
Robert Boissoneault Oncology Institute
Tropicana
Veolia Environmental Services North America; Chicago, IL Environmental Services; 2002

Winn Dixie Stores, Inc Campaign: "Stadium Tri-Panel"
Yo! Sushi

Branch

C Suite Communications
401 N Cattlemen Rd Ste 308, Sarasota, FL 34232
(See Separate Listing)

ON-TARGET GRAPHICS
PO Box 943, Oceano, CA 93475
Tel.: (805) 564-2324
Fax: (805) 564-8074
E-Mail: jona@on-targetgraphics.com
Web Site: www.on-targetgraphics.com

E-Mail for Key Personnel:
Creative Dir.: jona@on-targetgraphics.com

Employees: 3
Year Founded: 1994

Agency Specializes In: Corporate Identity, Direct Response Marketing, Exhibit/Trade Shows, Graphic Design, Internet/Web Design, Logo & Package Design, Media Buying Services, Newspapers & Magazines, Pets , Print, Production

Approx. Annual Billings: $1,035,000

Jona Cole Monaghan *(Owner & Creative Dir)*

Accounts:
Applebees; FL
Channel Islands National Marine Sanctuary
Four Seasons Biltmore
Perrier; 1999
Santa Barbara Eyeglass Factory; Santa Barbara, CA; 1994
Santa Barbara Maritime Museum
Video Journal of Orthopaedics
Wendy's; 1998

ON-TARGET MARKETING & ADVERTISING
7915 Cypress Creek Pkwy Ste 310, Houston, TX 77070
Tel.: (281) 444-4777
E-Mail: info@ontargetagency.com
Web Site: www.ontargetagency.com

Employees: 17

Agency Specializes In: Advertising, Brand Development & Integration, Graphic Design, Internet/Web Design

Scott Steiner *(Pres & CEO)*
Tasha Steiner *(COO)*
Marlene Migl Satterwhite *(Sr Graphic Designer)*

Accounts:
The Falls at Imperial Oaks

ONBEYOND LLC
237 Cascade Dr, Fairfax, CA 94930
Tel.: (415) 453-9369
Fax: (415) 453-9042
E-Mail: info@onbeyond.com
Web Site: www.onbeyond.com

Employees: 1
Year Founded: 2003

Agency Specializes In: Advertising, Communications, Consulting, Government/Political, Social Marketing/Nonprofit, Strategic Planning/Research

Revenue: $4,000,000

Breakdown of Gross Billings by Media: Newsp. & Mags.: 100%

Jonathan Polansky *(Principal)*
Sijay James *(Creative Dir-Canada)*

Accounts:
New York State Department of Health
University of California, San Francisco

ONE & ALL
(Formerly Russ Reid Company, Inc.)
2 N Lake Ave Ste 600, Pasadena, CA 91101-1868
Tel.: (626) 449-6100
Fax: (626) 449-6190
Toll Free: (800) 275-0430
E-Mail: Steve.Harrison@oneandall.com
Web Site: oneandall.com

E-Mail for Key Personnel:
President: tharrison@russreid.com
Creative Dir.: rgehrke@russreid.com

Employees: 220
Year Founded: 1964

Agency Specializes In: Direct Response Marketing, Government/Political, Hispanic Market, Public Relations, Social Marketing/Nonprofit

Approx. Annual Billings: $112,990,000 (Fees Capitalized)

Breakdown of Gross Billings by Media: Cable T.V.: $1,274,000; D.M.: $71,090,000; Fees: $27,400,000; Internet Adv.: $462,000; Newsp. & Mags.: $3,701,000; Radio: $1,033,000; T.V.: $8,030,000

Don Haggstrom *(COO & Sr VP)*
Steve Harrison *(Chief Client Officer)*
Lori Burns *(Sr VP)*
Robbin Gehrke *(Sr VP-Creative Strategy & Integration)*
Kevin White *(Sr VP-Media, Res & Analytics)*
John Wilkinson *(VP)*
Denise Diamond *(Acct Dir)*
Kerri Bormacoff *(Dir-HRIS & Payroll Svcs)*
Rachel Feinberg *(Mgr-Email Mktg)*
Karin Haag *(Supvr-Merge)*
Maggie Takei *(Supvr-Media Brdcst)*
Jenna Weir *(Asst Acct Exec)*

Accounts:
American Cancer Society
American Red Cross
Feed The Children
Food For the Poor
Goodwill Industries
Habitat for Humanity International
Hospital for Sick Children Foundation
Mercy Ships
Operation Smile
Paralyzed Veterans of America
Ronald McDonald House
Saint Jude Children's Research Hospital
St. Joseph's Indian School
Starlight Starbright Children's Foundation
Women for Women International
World Vision Canada Campaign: "Back to School Appeal"
World Vision

Branch

One & All
(Formerly Grizzard Communications)
3500 Lenox Rd Ne Ste 1900, Atlanta, GA 30326
Tel.: (404) 522-8330
Fax: (404) 335-0313

Toll Free: (800) 241-9351
Web Site: oneandall.com

Employees: 100
Year Founded: 1919

National Agency Associations: ADMA-AMA-DMA

Agency Specializes In: Direct Response Marketing, Pets, Social Marketing/Nonprofit, Sponsorship

Chip Grizzard *(CEO)*
Douglas Wilson *(CFO & COO)*
Gary Jones *(Chief HR Officer)*
Perry Moore *(Exec VP)*
Phil Stolberg *(Sr VP & Gen Mgr)*
Tonie Howard *(Sr VP-Animal Care)*
Clifford Marshall *(Sr VP)*
Todd Bemis *(VP-Digital Creative)*
Lori Connolly *(VP-Res & Analytics)*
Dustin Riddle *(Head-Digital & Acct Dir)*

Accounts:
AARP Foundation
ALS Association (Agency of Record)
American Red Cross
Duke Medicine
Food Banks
Fred Hutchinson Cancer Research Center; Seattle, WA Brand Awareness, Direct Response
Habitat for Humanity
Leader Dogs for the Blind Fundraising Campaigns
National Cancer Institute
Parents Television Council Digital Fundraising Programs, Direct Mail, Telemarketing
Prostate Cancer Foundation
The Salvation Army Nashville Area Command Campaign: "Chinese Radio Show", Direct Response Fundraising, Fundraising, Integrated Marketing
State Sheriffs Associations
Union Rescue Mission; Los Angeles, CA (Agency of Record) Campaign: "Pops-The Story of Transformation", Direct Mail, Newsletters, Social Media, eNewsletters
University of Pittsburgh Cancer Institute

ONE EIGHTEEN ADVERTISING
12400 Wilshire Blvd Ste 540, Los Angeles, CA 90025
Tel.: (310) 442-0118
Fax: (310) 442-0141
E-Mail: joinus@oneeighteen.com
Web Site: www.oneeighteen.com

Employees: 20
Year Founded: 2003

National Agency Associations: HSMAI-THINKLA

Agency Specializes In: Advertising, Alternative Advertising, Brand Development & Integration, Business-To-Business, Catalogs, Collateral, Consumer Goods, Corporate Identity, Customer Relationship Management, Direct Response Marketing, Exhibit/Trade Shows, Experience Design, Experiential Marketing, Graphic Design, Guerilla Marketing, Hospitality, Identity Marketing, Internet/Web Design, LGBTQ Market, Local Marketing, Logo & Package Design, Luxury Products, Magazines, Market Research, Newspaper, Newspapers & Magazines, Out-of-Home Media, Outdoor, Package Design, Paid Searches, Planning & Consultation, Print, Production, Production (Print), Radio, Real Estate, Seniors' Market, Strategic Planning/Research, Travel & Tourism, Urban Market, Viral/Buzz/Word of Mouth, Web (Banner Ads, Pop-ups, etc.)

Michael Larson *(Pres)*

Accounts:
Audi Pacific
The Counter
Gavina Coffee; Los Angeles, CA; 2003
Martin Resorts
Pacific Porsche
Subaru Pacific
Westfield Shopping Centers
Wood Smith Henning & Berman
Woodside Homes

ONE NET MARKETING INC.
Ste 301-733 Johnson St, Victoria, BC V8W0A4 Canada
Tel.: (250) 483-7411
Web Site: www.onenetmarketing.com

Employees: 15
Year Founded: 2006

Agency Specializes In: Advertising, Brand Development & Integration, E-Commerce, Email, Internet/Web Design, Search Engine Optimization, Social Media

Dylan Touhey *(CMO & Principal)*
Michael Tension *(Dir-Art)*
Trenton Crawford *(Mgr-Search Engine Mktg)*
Corbin Ching *(Sr Designer)*

Accounts:
FreeMonee Network Inc.
Spirent Axon

ONE SIMPLE PLAN
509 1st Ave NE Ste 2A, Minneapolis, MN 55413
Tel.: (612) 767-2403
E-Mail: info@onesimpleplan.com
Web Site: www.onesimpleplan.com

Employees: 5
Year Founded: 2007

Agency Specializes In: Advertising, Brand Development & Integration, Corporate Communications, Event Planning & Marketing, Internet/Web Design, Media Relations, Public Relations, Social Media, Strategic Planning/Research

Accounts:
Dunn Bros Coffee
Lumber Liquidators, Inc.
News America Marketing
Surly Brewing Company

ONE TRIBE CREATIVE LLC
200 S College Ave Ste 140, Fort Collins, CO 80524
Tel.: (970) 221-4254
Web Site: www.onetribecreative.com

Employees: 5

Agency Specializes In: Advertising, Brand Development & Integration, Collateral, Package Design, Search Engine Optimization, Social Media

Revenue: $1,000,000

Paul Jensen *(Founder, Creative Dir & Copywriter)*
Jon Aguilera *(Dir-Design)*

Accounts:
Denver AntiTrafficking Alliance

ONE TWELFTH INC.
7251 Ne 2Nd Ave Ste 201, Miami, FL 33138
Tel.: (786) 615-3051
E-Mail: ask@1twelfth.com
Web Site: 1twelfth.com/

Employees: 9
Year Founded: 2012

Agency Specializes In: Advertising, Affluent Market, African-American Market, Asian Market, Automotive, Bilingual Market, Business-To-Business, Children's Market, College, Consulting, Consumer Goods, Consumer Marketing, Content, Digital/Interactive, Direct-to-Consumer, E-Commerce, Education, Electronic Media, Electronics, Email, Experience Design, Fashion/Apparel, Food Service, Graphic Design, Health Care Services, High Technology, Hispanic Market, Hospitality, Industrial, Information Technology, International, Internet/Web Design, Investor Relations, LGBTQ Market, Leisure, Local Marketing, Luxury Products, Market Research, Media Buying Services, Media Planning, Media Relations, Medical Products, Men's Market, Mobile Marketing, Multicultural, New Technologies, Over-50 Market, Paid Searches, Pharmaceutical, Planning & Consultation, Real Estate, Regional, Restaurant, Retail, Search Engine Optimization, Seniors' Market, Social Marketing/Nonprofit, Social Media, Sports Market, Strategic Planning/Research, Technical Advertising, Teen Market, Travel & Tourism, Tween Market, Urban Market, Web (Banner Ads, Pop-ups, etc.), Women's Market

Approx. Annual Billings: $1,000,000

Alejandro Jaegerman *(Dir)*
Andres Szkolnik *(Dir)*

Accounts:
Arden Reed Custom Tailored Suits; 2016
Care Club Adult Incontinence Products; 2016
Lennar International Nationwide U.S. Communities; 2016
Zumba Zumba.com; 2016

ONEIGHTY
Ave. Alejandrino C-5, Guaynabo, PR 00969
Tel.: (787) 565-8349
Web Site: www.180agency.com

Employees: 50
Year Founded: 2014

Agency Specializes In: Advertising, Digital/Interactive, Event Planning & Marketing, Media Buying Services, Media Planning, Out-of-Home Media, Print, Public Relations, Publicity/Promotions, Strategic Planning/Research

Javier Tirado *(CEO & Partner)*
Ricky Soler *(Partner & Chief Creative Officer)*

Accounts:
New-Abbott Laboratories Ensure
New-American Honda Motor Co. Inc.
New-The Clorox Company
New-General Mills, Inc. Cheerios
New-Heineken USA Inc.
New-Nestle Purina PetCare Company
New-Wyndham Worldwide Corporation
New-Yoplait USA Inc.

O'NEILL COMMUNICATIONS
1355 Terrell Mill Rd SE, Marietta, GA 30067
Tel.: (770) 578-9765
Fax: (770) 509-0027
Web Site: www.oneillcommunications.com

Employees: 7

Agency Specializes In: Advertising, Brand Development & Integration, Business-To-Business, College, Communications, Consulting, Consumer Marketing, Corporate Communications, Customer Relationship Management, Digital/Interactive, Event Planning & Marketing, Food Service,

ADVERTISING AGENCIES

AGENCIES - JANUARY, 2019

Graphic Design, In-Store Advertising, Internet/Web Design, Local Marketing, Magazines, Media Buying Services, Media Relations, Newspaper, Out-of-Home Media, Outdoor, Print, Production, Promotions, Public Relations, Publicity/Promotions, Publishing, Search Engine Optimization, Social Media, Strategic Planning/Research

Gordon O'Neill *(Pres)*
Devika Rao *(VP-Acct Svcs)*

Accounts:
American Fence Association; Glen Ellyn, IL
Association of Family Practice Physician Assistants; Roswell, GA
Georgia Association of Physician Assistants; Roswell, GA
Southern Museum of Civil War & Locomotive History; Kennesaw, GA

ONEMAGNIFY
(Formerly Koncordia Group)
777 Woodward Ave Ste 500, Detroit, MI 48226
Tel.: (313) 965-3000
Web Site: onemagnify.com/

Employees: 400

Agency Specializes In: Advertising Specialties, Brand Development & Integration

Lisa Scott *(Mng Dir)*
Rachel Campbell *(Art Dir)*
Paul DiCampli *(Creative Dir)*
Rowan Downs *(Client Svcs Dir)*
Pamela Taylor *(Acct Dir)*
Jeff Hupp *(Dir-Social Media)*
Gary Watson *(Dir-Strategic Plng)*
Fred Freestone *(Sr Strategist-Digital Mktg)*
Jennifer McDonell *(Media Planner)*
Michael Merring *(Sr Media Planner)*
Matt Schetter *(Sr Art Dir)*

Accounts:
Accent Energy
AT&T Communications Corp.
Chrysler
Comcast
Con Edison
Ford
GE Healthcare
JPMorgan Chase
Miller Coors

ONEMETHOD INC
445 King Street West Suite 201, Toronto, ON M5V 1K4 Canada
Tel.: (416) 649-0180
E-Mail: ideas@onemethod.com
Web Site: www.onemethod.com

Employees: 50
Year Founded: 2001

Agency Specializes In: Advertising, Brand Development & Integration, Digital/Interactive, Mobile Marketing, Social Media, Strategic Planning/Research

Amin Todai *(Pres & Chief Creative Officer)*
James Grant *(Sr VP & Mng Dir)*
Steve Miller *(Sr VP & Creative Dir)*
Lisa Good *(VP & Grp Acct Dir)*
Steve Shaddick *(Head-Technical)*
Daniella Perruccio *(Dir-Social Media)*
Jonathan Hotts *(Assoc Creative Dir)*
Patrice Pollack *(Assoc Creative Dir)*

Accounts:
Biore
Constellation Brands Svedka
Fortress Real Capital Real Estate Investment Service Providers
Freshii (Digital & Social Agency of Record) Brand Strategy
Intuit
Nestle
Nokia Mobile Phones & Accessories Mfr & Distr
ONEMETH Goods
Quiznos
Sony
Toronto Raptors
W3 Awards Awards Provider
The Young Onez Raptors Supporters

ONEUPWEB
1371 Gray Dr, Traverse City, MI 49684
Tel.: (231) 922-9977
Fax: (231) 922-9966
Toll Free: (877) 568-7477
E-Mail: info@oneupweb.com
Web Site: www.oneupweb.com

Employees: 35
Year Founded: 2000

National Agency Associations: AMA-DMA

Agency Specializes In: Digital/Interactive, Internet/Web Design, Media Planning, Mobile Marketing, Paid Searches, Podcasting, RSS (Really Simple Syndication), Search Engine Optimization, Web (Banner Ads, Pop-ups, etc.)

Sara Ariza *(Client Svcs Dir)*
Shawn Finn *(Dir-Paid Strategy)*
Frederic Hunt *(Dir-SEO & Content Mktg)*

Accounts:
Artnet Worldwide Online Auctions, Pay-Per-Click Campaign; 2007
Brooks Running
Maritz
Muzak, LLC
SHUTTERFLY, INC
Symantec
ThinkGeek
TracFone
Unisys
Victory Motorcycles

ONEWORLD COMMUNICATIONS, INC.
2001 Harrison St, San Francisco, CA 94110
Tel.: (415) 355-1935
Fax: (415) 355-0295
E-Mail: oneworld@owcom.com
Web Site: www.oneworldsf.com

Employees: 20
Year Founded: 1994

Agency Specializes In: Above-the-Line, Advertising, Affluent Market, African-American Market, Agriculture, Alternative Advertising, Arts, Asian Market, Automotive, Below-the-Line, Bilingual Market, Brand Development & Integration, Branded Entertainment, Broadcast, Business Publications, Business-To-Business, Cable T.V., Children's Market, Co-op Advertising, Collateral, College, Commercial Photography, Communications, Computers & Software, Consulting, Consumer Goods, Consumer Marketing, Consumer Publications, Content, Corporate Communications, Corporate Identity, Crisis Communications, Custom Publishing, Digital/Interactive, Direct Response Marketing, Direct-to-Consumer, E-Commerce, Education, Electronic Media, Electronics, Email, Engineering, Entertainment, Environmental, Exhibit/Trade Shows, Experience Design, Fashion/Apparel, Financial, Government/Political, Graphic Design, Guerilla Marketing, Health Care Services, High Technology, Hispanic Market, Hospitality, Household Goods, Identity Marketing, Industrial, Infomercials, Information Technology, Integrated Marketing, International, Internet/Web Design, Investor Relations, LGBTQ Market, Leisure, Local Marketing, Logo & Package Design, Luxury Products, Magazines, Marine, Market Research, Media Buying Services, Media Planning, Media Relations, Media Training, Medical Products, Men's Market, Merchandising, Mobile Marketing, Multicultural, Multimedia, New Product Development, New Technologies, Newspaper, Newspapers & Magazines, Out-of-Home Media, Outdoor, Over-50 Market, Package Design, Paid Searches, Planning & Consultation, Podcasting, Print, Production, Production (Ad, Film, Broadcast), Production (Print), Promotions, Public Relations, Publicity/Promotions, Publishing, Radio, Real Estate, Recruitment, Regional, Restaurant, Retail, Sales Promotion, Search Engine Optimization, Seniors' Market, Social Marketing/Nonprofit, Social Media, South Asian Market, Sponsorship, Sports Market, Stakeholders, Strategic Planning/Research, Syndication, T.V., Technical Advertising, Teen Market, Trade & Consumer Magazines, Transportation, Travel & Tourism, Urban Market, Viral/Buzz/Word of Mouth, Web (Banner Ads, Pop-ups, etc.), Women's Market

Breakdown of Gross Billings by Media: Adv. Specialities: 4%; Comml. Photography: 3%; Exhibits/Trade Shows: 2%; Graphic Design: 6%; Newsp. & Mags.: 10%; Outdoor: 5%; Print: 5%; Pub. Rels.: 5%; Radio: 35%; Strategic Planning/Research: 10%; Worldwide Web Sites: 15%

Jonathan Villet *(Pres & Dir-Strategic Svcs)*
Norman Buten *(Dir-Creative & Copywriter)*
Fiona McDougall *(Dir-Creative Production)*
Roger Burgner *(Production Mgr)*
Marguerite Cueto *(Mgr & Strategist-Mktg Comm)*
David Wren *(Strategist-MarCom & Copywriter)*
Digna Roque *(Copywriter-Hispanic Mktg)*

Accounts:
California Coastal Commission Environmental Protection
California Department of Consumers Affairs; 2008
California Relay Service Telephone 711; 2010
Sandia Laboratories Energy Research; 2009
State of California Deaf & Disabled Telecommunications Program; 2010
U.S. Department of Agriculture Food Safety; 2006

ONION LABS
730 N Franklin Ave Ste 700, Chicago, IL 60654
Tel.: (504) 913-0068
Web Site: https://onionlabs.theonion.com/

Employees: 126
Year Founded: 2015

Agency Specializes In: Above-the-Line, Advertising, Advertising Specialties, African-American Market, Agriculture, Alternative Advertising, Asian Market, Automotive, Bilingual Market, Branded Entertainment, Broadcast, Business Publications, Cable T.V., College, Communications, Computers & Software, Consulting, Consumer Goods, Consumer Marketing, Consumer Publications, Content, Copywriting, Corporate Identity, Cosmetics, Custom Publishing, Customer Relationship Management, Digital/Interactive, Direct-to-Consumer, Electronic Media, Electronics, Entertainment, Event Planning & Marketing, Exhibit/Trade Shows, Experiential Marketing, Fashion/Apparel, Financial, Food Service, Game Integration, Guerilla Marketing, Health Care Services, High Technology, Hispanic Market, Hospitality, Household Goods, Identity Marketing, Industrial, Information Technology, Integrated Marketing, Internet/Web Design, LGBTQ Market, Leisure, Local Marketing, Luxury Products,

AGENCIES - JANUARY, 2019 — ADVERTISING AGENCIES

Magazines, Market Research, Media Buying Services, Media Planning, Media Relations, Media Training, Men's Market, Merchandising, Mobile Marketing, Multicultural, Multimedia, New Product Development, New Technologies, Newspaper, Newspapers & Magazines, Out-of-Home Media, Over-50 Market, Paid Searches, Pets, Pharmaceutical, Planning & Consultation, Podcasting, Print, Product Placement, Production, Production (Ad, Film, Broadcast), Promotions, Publicity/Promotions, Radio, Real Estate, Recruitment, Regional, Restaurant, Retail, Sales Promotion, Search Engine Optimization, Social Marketing/Nonprofit, Social Media, South Asian Market, Sponsorship, Sports Market, Stakeholders, Strategic Planning/Research, T.V., Teen Market, Transportation, Tween Market, Urban Market, Viral/Buzz/Word of Mouth, Web (Banner Ads, Pop-ups, etc.), Women's Market

Mike McAvoy *(CEO)*
Kurt Mueller *(COO)*
Julie Scott *(VP & Gen Mgr)*
Joe Fullman *(VP-Mktg)*
MaryBeth Searls *(VP-Production)*
Eric Flinn *(Creative Dir)*

Accounts:
Blue Apron Holdings Blue Apron; 2017
Blue Nile; 2017
Bumble; 2016
Car2Go; 2016
Cars.com; 2017
Comcast Xfinity; 2016
Diet Dr Peppe
Fairlife Milk Yup! Chocolate Milk; 2015
GoDaddy; 2016
Hacker-Pschorr; 2016
KIND Snacks KIND Bars; 2017
Kmart; 2016
Learn Library; 2016
ManpowerGroup; 2015
MyBookie; 2017
Perio, Inc. Barbasol (Creative Agency of Record); 2018
Sling TV; 2017
Sprint; 2016
Supercell Clash Royale; 2016
Tire Rack; 2017
Williamson-Dickie Manufacturing Company Dickies; 2016
Yum! Brands; 2017

ONIRACOM CORP
216 E Gutierrez St, Santa Barbara, CA 93101
Tel.: (805) 695-8200
E-Mail: hello@oniracom.com
Web Site: oniracom.com

Employees: 50

Agency Specializes In: Advertising, Consumer Goods, Copywriting, Digital/Interactive, E-Commerce, Entertainment, Internet/Web Design, Print, Production, Public Relations, Search Engine Optimization, Social Media

Sean Campos *(Co-Founder & CTO)*
Jacob Tell *(CEO & Head-Creative)*
Mike Wald *(Partner & CMO)*
John Lucchetti *(VP-Client Partnerships)*
Mick Mankowski *(VP-Licensing)*
Noah Barron *(Creative Dir)*
Will Mankowski *(Strategist)*
Davis Regan *(Strategist-Production)*
Nicole Wald *(Strategist-Content)*

Accounts:
New-Adam Zelkind
New-Animal Liberation Orchestra
New-Chefletics
New-Glenn Phillips
New-Jack Johnson
New-ProYo (Agency of Record)
New-RD Jones + Associates

ONLINE CORPORATION OF AMERICA
2 Fielding Ln, Palm Coast, FL 32137
Tel.: (570) 686-2300
Fax: (570) 686-9090
Toll Free: (888) 250-8100
E-Mail: sales@onlinecorp.com
Web Site: www.onlinecorp.com

E-Mail for Key Personnel:
President: ek@onlinecorp.com
Creative Dir.: ecronin@onlinecorp.com

Employees: 30
Year Founded: 1993

Agency Specializes In: Consulting, Electronic Media, Information Technology, Internet/Web Design

Approx. Annual Billings: $3,500,000

Elliott Kayne *(CEO)*

ONPOINT IMAGE & DESIGN INC
525 5th Ave, Pelham, NY 10803
Tel.: (914) 738-6066
Fax: (914) 738-6073
Web Site: www.oidny.com

Employees: 2
Year Founded: 1997

Agency Specializes In: Advertising, Digital/Interactive, Print, Promotions

Richard Sohanchyk *(Founder & CEO)*

Accounts:
Harrison High School
Pelham Children's Theater
Port Chester High School
Stepinac High School

ONTOGENY ADVERTISING & DESIGN LLC
PO Box 221, Mosinee, WI 54455
Tel.: (715) 570-0181
Fax: (715) 457-2209
Web Site: www.ontogenyadvertising.com

Employees: 10
Year Founded: 2009

Agency Specializes In: Advertising, Broadcast, Event Planning & Marketing, Graphic Design, Internet/Web Design, Media Buying Services, Media Planning, Out-of-Home Media, Outdoor, Print, Public Relations

Erin Crawford *(Co-Founder & Creative Dir)*
Leslie Brown *(Co-Founder & Bus Mgr)*

Accounts:
Cedar Creek Mall
Idea Charter School
The Patriot Center

ONTRACK COMMUNICATIONS
68 Broadview Ave Ste 407, Toronto, ON M4M 2E6 Canada
Tel.: (416) 304-0449
Fax: (416) 304-0473
E-Mail: info@ontrackcommunications.ca
Web Site: www.ontrackcommunications.ca

Employees: 3
Year Founded: 1998

Agency Specializes In: Advertising

Tim Mclarty *(Pres & Creative Dir)*

Accounts:
TV Listings

OOHOLOGY
908 S 8th St, Louisville, KY 40203
Tel.: (502) 416-0143
E-Mail: hello@oohology.com
Web Site: www.oohology.com/

Employees: 38
Year Founded: 2006

Agency Specializes In: Advertising, Brand Development & Integration, Digital/Interactive, Internet/Web Design, Print

Rob Miles *(Founder & Designer)*
Sean Breslin *(Pres & CEO)*
Chuck Burke *(Partner & COO)*
Kate Morrison *(CMO)*
David Woodmansee *(CTO)*
Trent DeHate *(Mgr-Paid Media)*

Accounts:
Collidea
Dr. T. Gerald ODaniel
Louisville Slugger Museum & Factory (Agency of Record) Creative Campaigns, Digital, Exhibit Design, Placement, Traditional Media Planning
OpenRange Gun Range
The Parklands of Floyds Fork
Tim Lange

OOTEM, INC.
180 Carnelian Way, San Francisco, CA 94131
Tel.: (415) 655-1327
Fax: (415) 520-6922
E-Mail: letschat@ootem.com
Web Site: www.ootem.com

Employees: 7
Year Founded: 2009

Agency Specializes In: Advertising

Jason Kelley *(Founder & Pres)*
Andrew Davis *(Creative Dir)*

Accounts:
Eventbrite
The Pkware Solution
Viivo

OOYALA, INC.
2099 Gateway Pl Ste 600, San Jose, CA 95110
Tel.: (650) 961-3400
E-Mail: info@ooyala.com
Web Site: www.ooyala.com

Employees: 534
Year Founded: 2007

Agency Specializes In: Advertising, Digital/Interactive, T.V.

Belsasar Lepe *(Founder & Sr VP-Products & Solutions)*
Stephen Elop *(Chm)*
Jonathan Huberman *(CEO)*
Mike Nikzad *(COO)*
Mike Petro *(VP-Customer Success & Accts)*
Scott Braley *(Gen Mgr-Adv Platforms)*
Colleen Nichols *(Sr Dir-Mktg Comm)*

Accounts:
Comedy.com

ADVERTISING AGENCIES

Dell
Electronic Arts
Endemol
Esurance
Fremantle
General Mills
The Glam Network
Glam
IMG
Red Bull
SAP
Telegraph Media Group
Telegraph
Vans
Voig
Warner Brothers

OPAD MEDIA SOLUTIONS, LLC
(Formerly HN Media & Marketing)
275 Madison Ave Ste 2200, New York, NY 10016
Tel.: (212) 490-1300
Fax: (212) 490-0777
E-Mail: info@opadmedia.com
Web Site: www.opadmedia.com

Employees: 9

Rich Golden *(Pres)*
Chelsea Derrico *(Sr VP & Dir-Acct Plng & Investments)*
Marla Arum *(VP & Dir-Media Buying)*
Elizabeth Gore *(Sr Acct Dir & Strategist-Media)*
Christina Riccitelli *(Sr Acct Dir & Strategist-Cross-Media)*
Paige McGovern *(Acct Dir & Strategist-Cross Media)*
Tonya Nelson *(Mgr-Fin Svcs)*
Bethany Tyrrell *(Suprv-Accts Payable & Receivable-Billing)*

OPEN. A CREATIVE COMPANY
850 Adelaide St W, Toronto, ON M6J 1B6 Canada
Tel.: (647) 478-6603
E-Mail: hello@openacreativecompany.com
Web Site: www.openacreativecompany.com

Employees: 50

Agency Specializes In: Advertising, Digital/Interactive, Strategic Planning/Research

Martin Beauvais *(Partner)*
Christian Mathieu *(Partner)*
Anne Ngo *(Client Svcs Dir)*

Accounts:
Bier Markt Abbey Bier Fest, Campaign: "Bier is Beautiful"
Casey's
Cineplex
ComFree
Damiva Campaign: "Drier Than A British Comedy", Campaign: "Enough Beating Around The Bush"
Environmental Defence
Evergreen Campaign: "Get Dirty", Repositioning
FB Avocat
Food Basics (Agency of Record) Marketing
Frontier Networks
Kamik (Agency of Record) Branding, Messaging
Microsoft
Xbox Campaign: "The Marketers' Anthem"
Okanagan Spring Brewery Campaign: "Stay Pure"
OMAC
Sleeman Breweries Media Campaign, Okanagan Spring, Old Milwaukee, Retail
Smythe Les Vestes

OPENFIELD CREATIVE
1 W 4th St 25th Fl, Cincinnati, OH 45202
Tel.: (513) 621-6736
E-Mail: opendialogue@openfieldcreative.com
Web Site: www.openfieldcreative.com

Employees: 15
Year Founded: 2006

Agency Specializes In: Brand Development & Integration, Collateral, Digital/Interactive, Internet/Web Design, Social Media

Brandon Blangger *(Co-Founder)*
Brian Keenan *(Co-Founder)*
Josh Barnes *(Pres-Ops)*
Trevor Minton *(VP-Creative)*
Adam Sonnett *(VP-UX)*
Chris Albert *(Dir-Design)*

Accounts:
AssetLogic Group, LLC
Detroit Economic Growth, Corp.
Enercrest, Inc.
Fosdick & Hilmer
KC Harvey Environmental, LLC
Okland Construction
Process Plus LLC
Skanska AB

OPFER COMMUNICATIONS INC.
2861 S Meadowbrook Ave, Springfield, MO 65807
Tel.: (800) 966-2400
Fax: (417) 885-0199
Web Site: www.opfer.com

Employees: 20
Year Founded: 1988

Agency Specializes In: Advertising, Direct Response Marketing, Direct-to-Consumer, T.V.

Scott Opfer *(Founder & CEO)*
Robert White *(VP & Dir-Creative)*
Scott Reich *(Dir-Photography)*
Natalie Stewart *(Dir-Ops)*

Accounts:
Amazing Inventions
Bushnell Outdoor Products, Inc.
Forever Lazy
Generac Power Systems Inc.
Huffy Bicycle Company
Paint Zoom, LLC
Patch Perfect
PitchMen
Stamina Products, Inc.

OPPERMAN WEISS
55-59 Chrystie Ste 500, New York, NY 10002
Tel.: (212) 226-2324
E-Mail: hello@oppermanweiss.com
Web Site: www.oppermanweiss.com

Employees: 18

Agency Specializes In: Advertising, Brand Development & Integration

Julian Shiff *(Partner & Mng Dir)*
Antonio Navas *(Partner & Creative Dir)*
Conor Firth *(CFO)*
Jamie Daigle *(Acct Dir)*
Elyse Juliano *(Dir-Project & Resource Mgmt)*

Accounts:
Chobani LLC Simply 100
La Colombe Coffee
Sidney Frank Importing Co., Inc. (Media Agency of Record) Brand Identity, Creative, Jagermeister (Lead Global Creative Agency), Marketing
Tequila Avion
William Grant & Sons Drambuie, Social Media, Tullamore Dew

OPTFIRST INC.
168 NE 96th St, Miami Beach, FL 33138
Tel.: (305) 428-2539
Web Site: www.optfirst.com/

Employees: 10
Year Founded: 2001

Agency Specializes In: Search Engine Optimization

John Vincent Kriney *(Pres)*

Accounts:
AAA Miami Locksmiths

OPTIC NERVE DIRECT MARKETING
457 30th St Ste A WWing, San Francisco, CA 94131
Tel.: (415) 647-9462
Fax: (415) 647-1616
E-Mail: james@opticnervedirect.com
Web Site: www.opticnervedirect.com

Employees: 5
Year Founded: 2001

National Agency Associations: DMA

Agency Specializes In: Advertising, Advertising Specialties, African-American Market, Arts, Bilingual Market, Brand Development & Integration, Business Publications, Business-To-Business, Collateral, Communications, Consulting, Consumer Marketing, Consumer Publications, Corporate Communications, Corporate Identity, Direct Response Marketing, Email, Engineering, Exhibit/Trade Shows, Faith Based, Financial, Graphic Design, Health Care Services, Hispanic Market, Integrated Marketing, International, LGBTQ Market, Logo & Package Design, Magazines, Medical Products, Multicultural, New Product Development, Out-of-Home Media, Outdoor, Pets, Pharmaceutical, Point of Purchase, Print, Production (Print), Public Relations, Real Estate, Recruitment, Social Marketing/Nonprofit, Strategic Planning/Research, Transportation, Travel & Tourism

Approx. Annual Billings: $1,000,000

Breakdown of Gross Billings by Media: D.M.: 100%

Accounts:
Bohannon Holman; Atlanta, GA Financial Services; 2003
Boys Hope Girls Hope; San Francisco, CA; 2006
Cyclades; Fremont, CA
Exploratorium
Gentiae; San Francisco, CA Pharmaceuticals
Jewish Family & Children's Services
Karikter; San Francisco, CA
Platinum Financial Group
Rotaplast International; San Francisco, CA
SHANTI; San Francisco, CA; 2004
Wells Fargo; San Francisco, CA

OPTIMUM SPORTS
195 Broadway 17th Fl, New York, NY 10007
Tel.: (212) 590-7100
Web Site: www.optimumsports.com

Employees: 50

National Agency Associations: 4A's

Agency Specializes In: Media Planning, Media Relations, Sports Market

Jared Merrell *(Grp Acct Dir)*
Kristen Gray *(Acct Dir)*
Dan Young *(Acct Dir)*
Steve McNelley *(Dir-Apple)*
William Wollert *(Dir-Digital Media)*

AGENCIES - JANUARY, 2019 — ADVERTISING AGENCIES

Caitlin Craumer *(Assoc Dir)*
Victoria Koutris *(Assoc Dir-Sports Strategy)*
Sam Levy *(Assoc Dir)*
Neil Messing *(Assoc Dir)*
Elliot S. Rifkin *(Assoc Dir)*
Matthew Sonkin *(Assoc Dir)*
Andrew Young *(Assoc Dir)*
Meghan Barron *(Supvr)*
Sam Rosin *(Supvr)*
Benjamin Rutchik *(Supvr-Sports Investment)*
Morgan Webb *(Supvr)*
Alex Scott *(Sr Acct Exec)*
Ryan Cioppa *(Acct Exec-Sports Strategy)*
Genevieve Ruddy *(Acct Exec)*
Danielle Wirtshafter *(Acct Exec)*
Amy Adelbush *(Assoc Acct Dir)*
Vanessa Berrios *(Assoc Acct Dir)*

Accounts:
Callaway Golf
Dicks Sporting Goods "Hell Week"
Diet Mountain Dew
Gatorade
Infiniti
Kobalt
Lowe's
Nissan
Reeses
State Farm
Tostitos
Under Armour

OPTO DESIGN
150 W 28Th St Ste 704, New York, NY 10001
Tel.: (212) 254-4470
Fax: (212) 254-5266
E-Mail: hello@optodesign.com
Web Site: optodesign.com

Employees: 7

Agency Specializes In: Advertising, Arts, Collateral, Communications, Corporate Identity, Custom Publishing, Digital/Interactive, Electronic Media, Industrial, Internet/Web Design, Multimedia, Newspaper, Newspapers & Magazines, Print, Publishing, Real Estate, Sports Market

Ron Louie *(Owner)*
John Klotnia *(Partner)*

Accounts:
Aperture Foundation
Business Week
Executive Council
Insight Out of Chaos
The New York Times Company
New York Times Digital
NYU Alumni Magazine
Universe Publishing

OPTS IDEAS
1 Gate Six Rd Ste B203, Sausalito, CA 94965
Tel.: (415) 339-2020
Fax: (208) 342-8482
E-Mail: info@optsideas.com
Web Site: www.optsideas.com

Employees: 15
Year Founded: 1982

Agency Specializes In: Experiential Marketing

Revenue: $2,600,000

Accounts:
AOL Time Warner
Apple
Ariba
Asera
BarnesAndNoble.com
Hyperion Solutions
Intel
LPL Financial
Microsoft Corporation

OPUS 59 CREATIVE GROUP
250 N Trade St Ste 209, Matthews, NC 28105
Tel.: (704) 847-4959
Web Site: www.opus59.com

Employees: 4
Year Founded: 2007

Agency Specializes In: Advertising, Brand Development & Integration, Business-To-Business, Content, Internet/Web Design, Print, Public Relations, Social Media

Derick Wells *(Partner & Creative Dir)*
Mark Harrison *(Head-Client Engagement, Chief Strategist-Mktg & Planner)*

Accounts:
Cargill Dow, llc
OrthoCarolina
Premier, Inc.

ORAIKO
11 Broadway, New York, NY 10004
Tel.: (212) 483-1000
Web Site: www.oraiko.com/

Employees: 10
Year Founded: 2005

Agency Specializes In: Agriculture, Arts, Automotive, Aviation & Aerospace, Business-To-Business, Commercial Photography, Computers & Software, Consumer Goods, Cosmetics, Customer Relationship Management, Digital/Interactive, Education, Electronics, Engineering, Entertainment, Environmental, Fashion/Apparel, Financial, Food Service, Government/Political, Health Care Services, Hospitality, Household Goods, Industrial, Information Technology, Investor Relations, Legal Services, Leisure, Local Marketing, Marine, Medical Products, Merchandising, Mobile Marketing, New Technologies, Pharmaceutical, Real Estate, Recruitment, Restaurant, Retail, Sports Market, Stakeholders, Transportation, Travel & Tourism, Web (Banner Ads, Pop-ups, etc.)

Sophia Barnea *(Owner & Pres)*

Accounts:
Car Keys Chicago Web Design & Development

ORANGE BARREL
250 North Hartford Ave, Columbus, OH 43222
Tel.: (614) 294-4898
Fax: (614) 875-1175
Web Site: www.orangebarrelmedia.com

Employees: 23

Agency Specializes In: Advertising, Brand Development & Integration

Peter Scantland *(CEO)*
Danielle Williamson *(VP-Sls)*
Jay Harris *(Art Dir)*
Aaron Conroy *(Mgr-Dev & Real Estate)*
Lorin Wolf *(Acct Exec)*
Toi Vivo *(Reg Sls Mgr)*

Accounts:
Riverside Methodist Hospital

ORANGE ELEMENT
509 S Exeter St Ste 300, Baltimore, MD 21202
Tel.: (410) 244-7221
E-Mail: info@orange-element.com
Web Site: www.orange-element.com

Employees: 50

Agency Specializes In: Advertising, Brand Development & Integration, Broadcast, Collateral, Digital/Interactive, Environmental, Event Planning & Marketing, Magazines, Media Buying Services, Public Relations

Aaron Moore *(Principal & Creative Dir)*
Caroline Torba *(Dir-Ops)*
Nicolette Cornelius *(Assoc Dir-Design)*
Kendall Kiernan *(Designer)*
Kuoting Lian *(Sr Designer)*

Accounts:
New-AIGA
New-The AES Corporation
New-Evergreen Health (Agency of Record)
New-The Johns Hopkins University School of Nursing
New-Medstar Health Medstar Franklin Square Medical Center
New-Monument City Brewing Company
New-ONE
New-OneMain Consumer Loan Inc
New-Parks & People Foundation
New-Results for Development Institute

ORANGE LABEL ART & ADVERTISING
4000 MacArthur Blvd, Newport Beach, CA 92660
Tel.: (949) 631-9900
Fax: (949) 631-8800
E-Mail: info@orangelabeladvertising.com
Web Site: www.orangelabeladvertising.com

Employees: 15
Year Founded: 1972

Agency Specializes In: Advertising Specialties, Business-To-Business, Co-op Advertising, Direct Response Marketing, Hispanic Market, Information Technology, Media Buying Services, New Technologies, Radio, Retail, Strategic Planning/Research, Teen Market

Revenue: $5,000,000

Rochelle Reiter *(Co-Owner & Principal)*
Wesley Phillips *(CEO)*
Debbie Nagel *(Principal)*
Colleen Haberman *(Dir-Special Projects)*
Kaleigh Teskey *(Acct Mgr)*
Michelle Torr *(Acct Supvr)*
Chelsea Ragland *(Specialist-Social Media)*
Michelle Regrut *(Strategist-Acct)*
Alyse Stranberg *(Strategist-Acct)*
Gina Magnuson *(Copywriter)*
Annie Woodward *(Designer)*
Brittany Zuloaga *(Sr Accountant)*

Accounts:
Allfax
Chapman University
Coordinated Business Systems
Dameron Hospital
Friar Tux Shop
Greenwell Farms
Hawaii Forest & Trail
Irvine Company
James Imaging Systems
Kahoots Feed & Pet Stores
National Merchants Association
Pacific Architectural Millwork
Seattle Talent
Sharp Electronic Corporation
Tulsa Rib Company

ORANGESEED, INC.

ADVERTISING AGENCIES

AGENCIES - JANUARY, 2019

901 N 3rd St Ste 305, Minneapolis, MN 55401
Tel.: (612) 252-9757
E-Mail: info@orangeseed.com
Web Site: www.orangeseed.com

Employees: 6
Year Founded: 1996

Agency Specializes In: Advertising, Brand Development & Integration, Digital/Interactive, Event Planning & Marketing, Internet/Web Design

Accounts:
The Chest Foundation
KDV
Twin Cities In Motion
Washburn Center for Children

ORANGESQUARE
1 S Orange Ave Ste 306, Orlando, FL 32801
Tel.: (407) 494-4022
Web Site: www.orangesquare.net

Employees: 4
Year Founded: 2007

Agency Specializes In: Advertising, Brand Development & Integration, Collateral, Graphic Design, Internet/Web Design, Logo & Package Design, Media Buying Services, Media Planning, Print, Social Media

Matt Phillips *(Creative Dir)*

Accounts:
TeamGina

ORANGEYOUGLAD
423 Smith St, Brooklyn, NY 11231
Tel.: (718) 596-9415
E-Mail: hello@orangeyouglad.com
Web Site: orangeyouglad.com

Employees: 10
Year Founded: 2002

Agency Specializes In: Advertising, Brand Development & Integration, Event Planning & Marketing, Experience Design, In-Store Advertising, Internet/Web Design, Logo & Package Design, Print, Production (Print), Social Media, Strategic Planning/Research, Web (Banner Ads, Pop-ups, etc.)

Mary DeMichele *(Founder)*
Tammy Duncan *(Founder)*
Monica Hsu *(Founder)*
Constance Leonard *(Art Dir)*
Kelli Matheny *(Sr Designer)*

Accounts:
New-Pentair Inc.
New-Pop Culture Collaborative
New-Property Rights & Pipeline Center
New-Wonder the Book

ORBIT MEDIA STUDIOS
4043 N Ravenswood Ave Ste 316, Chicago, IL 60613
Tel.: (773) 348-4581
Fax: (773) 353-8314
Web Site: www.orbitmedia.com

Employees: 50
Year Founded: 2001

Agency Specializes In: Advertising, Content, Digital/Interactive, E-Commerce, Internet/Web Design, Search Engine Optimization, Strategic Planning/Research

Barrett Lombardo *(Co-Founder & COO)*
Todd Gettelfinger *(CEO)*
Kurt Cruse *(Creative Dir)*
Amanda Gant *(Mktg Dir)*
Joe Daleo *(Dir-Web Dev)*
Sarah McCabe *(Dir-Web Strategy)*
Anand Shukla *(Dir-Project Mgmt)*
Kari Carollo *(Project Mgr-Digital)*
Ben Steinbuhler *(Project Mgr-Technical)*
Cheryl McIntosh-Lombardo *(Mgr-Support)*
Rene Fiel *(Strategist-Web & Analyst-Bus)*
Ryan Erwin *(Strategist-Web)*
Jason Gocek *(Designer-Web)*
Jantzen Loza *(Designer-Web)*
James Morvay *(Designer-Web)*
Brian O'Neill *(Copywriter-Conversion)*
Sean Packard *(Designer-Web)*
Chris Poynton *(Designer-UX)*
Mari Osten *(Coord-Content)*

Accounts:
Jody Michael Associates
La Preferida
Seedhouse, Inc.
Swift Passport Serices
Vienna Beef LTD.

ORLOFF WILLIAMS
18406 Ruby Ln, Morgan Hill, CA 95037
Tel.: (408) 293-1791
Web Site: www.orloffwilliams.com

Employees: 5

Agency Specializes In: Advertising, Brand Development & Integration, Government/Political, Media Buying Services, Media Relations, Print, Public Relations

Accounts:
Insight Realty Co.

OSBORN & BARR COMMUNICATIONS
Cupples Sta 914 Spruce St, Saint Louis, MO 63102
Tel.: (314) 726-5511
Fax: (314) 726-6350
Toll Free: (888) BELIEF-2
E-Mail: dillons@osborn-barr.com
Web Site: http://osbornbarr.com/

E-Mail for Key Personnel:
Creative Dir: chechikm@osborn-barr.com
Public Relations: mcdowallc@osborn-barr.com

Employees: 140
Year Founded: 1988

National Agency Associations: 4A's-AAF-AD CLUB-PRSA

Agency Specializes In: Advertising, Agriculture, Brand Development & Integration, Broadcast, Business Publications, Business-To-Business, Co-op Advertising, Collateral, Communications, Consulting, Corporate Identity, Crisis Communications, Digital/Interactive, Direct Response Marketing, E-Commerce, Electronic Media, Event Planning & Marketing, Exhibit/Trade Shows, Financial, Government/Political, High Technology, Internet/Web Design, Media Buying Services, Media Training, Newspaper, Newspapers & Magazines, Out-of-Home Media, Outdoor, Planning & Consultation, Point of Purchase, Print, Production, Public Relations, Publicity/Promotions, Radio, Recruitment, Search Engine Optimization, Sponsorship, Strategic Planning/Research, T.V., Technical Advertising

Approx. Annual Billings: $68,000,000

Breakdown of Gross Billings by Media: Internet Adv.: 1%; Mags.: 46%; Network Radio: 3%; Network T.V.: 5%; Newsp.: 29%; Outdoor: 1%; Spot Radio: 15%

Stephen Barr *(Chm)*
Rhonda Ries *(Pres)*
Suzan Noel-Knese *(COO)*
Neil Caskey *(Exec VP)*
Nicole Phillips *(Sr VP & Dir-Acct Mgmt)*
Dan Brindley *(Creative Dir)*
Cordell Jeffries *(Creative Dir)*
Lydia Mattler *(Art Dir)*
Jeff Batte *(Dir-Digital Experience)*
Traci Bertz *(Dir-Creative Svcs)*
Steve Kozel *(Dir-Insights)*
Briana Gilomen *(Assoc Dir)*
Paige Gruber *(Acct Mgr)*
Sierra Thompson *(Mktg Mgr)*
Erin Boedeker *(Mgr-PR & Content)*
Erin Sullentrup *(Mgr-Insights)*
Fred Thacker *(Mgr-IT & Facilities)*
Kelcie Schreiber *(Acct Supvr)*
Susan Hokanson *(Supvr-Media)*
Jen Remspecher *(Supvr)*
Mckenzie Francis *(Assoc Media Buyer)*
Laurel Kasten *(Assoc Art Dir)*
Tommy Kircher *(Assoc Media Dir)*
Bob Wells *(Grp Creative Dir)*

Accounts:
Kinze Manufacturing, Inc (Public Relations Agency of Record) Communications Strategy, Creative
Merck Animal Health Equine, Cattle, & Swine
Michelin North America; Greenville, SC Agriculture & Compact Line Tires; 2003
Monsanto Co.; Saint Lous, MO; 1988
Monsanto Dairy; Saint Louis, MO; 2006
National Cattlemen's Beef Association
Nutrien Ltd. Rebranding & Digital; 2018
Solutia Inc. Vydyne
Specialty Fertilizer Products; 2005
United Soybean Board; Saint Louis, MO

Branches

Osborn & Barr
1911 Baltimore Ave Ste A, Kansas City, MO 64108
Tel.: (816) 471-2255
Fax: (816) 471-7477
Toll Free: (888) 235-4332
Web Site: http://osbornbarr.com/

Employees: 32
Year Founded: 1999

National Agency Associations: 4A's

Agency Specializes In: Advertising, Advertising Specialties, Agriculture, Brand Development & Integration, Broadcast, Business Publications, Business-To-Business, Co-op Advertising, Collateral, Communications, Consulting, Consumer Marketing, Consumer Publications, Corporate Identity, Direct Response Marketing, Electronic Media, Environmental, Event Planning & Marketing, Exhibit/Trade Shows, Financial, Government/Political, Graphic Design, Internet/Web Design, Logo & Package Design, Magazines, Media Buying Services, New Product Development, Newspapers & Magazines, Out-of-Home Media, Outdoor, Pets , Planning & Consultation, Point of Purchase, Print, Production, Public Relations, Publicity/Promotions, Radio, Recruitment, Sales Promotion, Sports Market, Strategic Planning/Research, T.V., Technical Advertising, Trade & Consumer Magazines

Colleen Church *(VP & Dir-PR)*
Amy Kaczynski *(Dir-Integrated Media)*
Courtney Floresca *(Assoc Dir-Integrated Media)*
Katelyn Ifft *(Acct Mgr)*

Accounts:

AGENCIES - JANUARY, 2019 — ADVERTISING AGENCIES

Asgrow
Intervet Animal Health
Michelin Ag Tires
Round Up Ready Canola
Specialty Fertilizer Products
USB Check Off
Yield Guard Plus

OSTER & ASSOCIATES, INC.
3525 5th Ave 2nd Fl, San Diego, CA 92103
Tel.: (619) 906-5540
Fax: (619) 906-5541
E-Mail: info@osterads.com
Web Site: https://www.osterads.com/

E-Mail for Key Personnel:
President: bevo@osterads.com
Creative Dir.: bevo@osterads.com
Media Dir.: karino@osterads.com
Production Mgr.: karino@osterads.com
Public Relations: toddl@osterads.com

Employees: 7
Year Founded: 1986

National Agency Associations: AAF-Second Wind Limited

Agency Specializes In: Advertising, Agriculture, Brand Development & Integration, Business Publications, Business-To-Business, Cable T.V., Catalogs, Collateral, Consulting, Consumer Marketing, Consumer Publications, Environmental, Identity Marketing, Local Marketing, Media Buying Services, Media Planning, Media Relations, Media Training, Out-of-Home Media, Outdoor, Package Design, Planning & Consultation, Print, Production, Production (Print), Public Relations, Publicity/Promotions, Search Engine Optimization, T.V., Technical Advertising, Trade & Consumer Magazines, Web (Banner Ads, Pop-ups, etc.)

Approx. Annual Billings: $4,000,000

Breakdown of Gross Billings by Media: Bus. Publs.: 10%; Farm Publs.: 15%; Fees: 10%; Mags.: 5%; Production: 30%; Pub. Rels.: 10%; Radio: 10%; T.V.: 10%

Patrick Pierce *(Dir-PR)*

Accounts:
Big Bear Mountain
BigBear Mountain Resorts; 2005
Latitude 33 (Agency of Record)
Organics Unlimited; San Diego, CA

O'SULLIVAN COMMUNICATIONS
42 Davis Rd Ste 1, Acton, MA 01720
Tel.: (978) 264-0707
E-Mail: info@ocmarketing.com
Web Site: www.ocmarketing.com

Employees: 5
Year Founded: 1991

Agency Specializes In: Public Relations

Joseph Bonis *(CFO, COO & Exec VP)*
Alison Fischer *(Sr VP-Acct Mgmt, Client Svcs & Ops)*
Paul Fuzzi *(VP-Mfg & Production)*
Martin Yeager *(VP-Publ Tech)*
Steve Mruskovic *(Dir-Creative Svcs)*

Accounts:
The City of Lowell
MassTrack
Town of Falmouth

OTEY WHITE & ASSOCIATES
8146 One Calais Ave, Baton Rouge, LA 70808-3155
Tel.: (225) 201-0032
Fax: (225) 761-9000
E-Mail: oteyw@oteywhite.com
Web Site: www.oteywhite.com

Employees: 6
Year Founded: 1981

Agency Specializes In: Automotive, Retail, Sponsorship, Sports Market

Otey L. White, III *(Pres)*
Piper Wilson *(Fin Dir)*
Melanie Cassidy *(VP-Acct Svcs)*
Kylie Collins *(VP-Acct Svcs)*
Jennifer Gordon *(Sr Acct Dir)*
Blake Breaux *(Art Dir)*
Trent Bland *(Dir-Creative & Copywriter)*
Jack K. White *(Mgr-Brdcst Production)*
Haleigh Pope *(Acct Coord)*

Accounts:
Cox Sports
Genuine Parts Company
Junior League of Baton Rouge
Marucci Bat Company
NAPA Auto Parts National Spectrum
Stonehenge Capital Company
Tiger Athletic Foundation

OTHERWISE INC
900 N Western Ave, Chicago, IL 60622
Tel.: (312) 226-1144
Fax: (312) 226-3836
E-Mail: info@otherwiseinc.com
Web Site: www.otherwiseinc.com

Employees: 53

Agency Specializes In: Advertising, Brand Development & Integration, Corporate Identity, Digital/Interactive, Graphic Design, Internet/Web Design, Package Design, Print, Social Media

Nancy Lerner *(Pres & Chief Strategy Officer)*
David Frej *(Chief Creative Officer & VP)*

Accounts:
Baird & Warner Campaign: "Begin A Whole New Chapter", Campaign: "Grab Life & Get Going", Campaign: "Live On Bank Street", Campaign: "Move In Move Up", Campaign: "Take Care Of Your Heart", Campaign: "Unwrap The Present"

OTTAWAY COMMUNICATIONS, INC.
3250 W Big Beaver Rd Ste 230, Troy, MI 48084
Tel.: (248) 637-4600
Web Site: www.ottaway.net

Employees: 20

Agency Specializes In: Advertising, Brand Development & Integration, Event Planning & Marketing, Graphic Design, Logo & Package Design, Media Buying Services, Media Planning, Print, Public Relations, Strategic Planning/Research

Bob Ottaway *(Owner)*
Loraleah Wild *(Graphic Designer & Designer-Web)*

Accounts:
ABC Warehouse
Ann Arbor Automotive Group
Auto Week Magazine
Botsford Hospital
Celani Family Vineyard
Complete Battery Source
Crain Communications, Inc.
Diamond Jacks Riverboat Tours
Farmer Johns Greenhouse
Gorno Ford & Gorno Mazda

OTTO
1611 Colley Ave, Norfolk, VA 23517
Tel.: (757) 622-4050
Fax: (757) 623-4824
E-Mail: info@thinkotto.com
Web Site: http://new.thinkotto.com/

Employees: 30
Year Founded: 2000

National Agency Associations: Second Wind Limited

Mark Edward Atkinson *(Owner)*
Pete Leddy *(Pres)*
Sherri Priester *(Media Dir)*
Hunter Spencer *(Creative Dir)*
Diane Lingoni *(Production Mgr)*
Joe Mishkofski *(Mgr-Studio)*
Kim Gudusky *(Acct Supvr)*
Jenna Lambert *(Acct Supvr)*

Accounts:
Kingston Plantation
Virginia Beach Economic Development

Branch

Otto
217 77th St, Virginia Beach, VA 23451
Tel.: (757) 622-4050
Fax: (757) 422-8853
E-Mail: info@thinkotto.com
Web Site: http://new.thinkotto.com/

Employees: 17

Pete Leddy *(Partner & Pres)*
Sherri Priester *(Media Dir)*
Diane Lingoni *(Production Mgr)*
Joey Mishkofski *(Mgr-Studio)*

Accounts:
Calvin & Lloyd
Calyber Boatworks
Hilton Virginia Beach
Hope House Foundation
Kingston Plantation
Ocean Beach Club
Tymoff Moss Architects
Virginia Beach

OUR MAN IN HAVANA
55 Washington St Ste 400, Brooklyn, NY 11201
Tel.: (212) 505-3533
Fax: (212) 868-1955
Web Site: http://omihnyc.com/

Employees: 5

Agency Specializes In: Advertising, Print, Production, Production (Print)

Andrew Golomb *(Founder & Exec Dir-Creative)*
Aisling Bodkin *(Strategist-Creative)*
Sylve Rosen-Bernstein *(Assoc Creative Dir & Copywriter)*

Accounts:
Bear Boat
Cointreau
Global Crossing; 2006
Jewish Museum; New York, NY
Nando's Creative
Renaissance
Univision

ADVERTISING AGENCIES
AGENCIES - JANUARY, 2019

THE OUSSET AGENCY, INC.
20475 Hwy 46 W Ste 180-602, Spring Branch, TX 78070
Tel.: (830) 885-5130
Fax: (830) 885-5140
Toll Free: (866) 268-7738
E-Mail: info@getousset.com
Web Site: www.getousset.com

Employees: 6
Year Founded: 1982

Agency Specializes In: Business-To-Business, Industrial

Revenue: $1,000,000

John Ousset *(Owner)*
Margaret A. Ousset *(VP & Mktg Dir)*

OUT THERE
157 Columbus Ave Fl 4, New York, NY 10023
Tel.: (646) 790-1456
E-Mail: info@outthereww.com
Web Site: www.outthereww.com

Employees: 3

Agency Specializes In: Advertising, Brand Development & Integration, Content, Corporate Identity, Digital/Interactive, Internet/Web Design, Media Buying Services, Media Planning, Search Engine Optimization, Social Media

Accounts:
Farfetch (Media Agency of Record)
Roberto Cavalli (Media Agency of Record)

OUT THERE ADVERTISING
22 E 2nd St, Duluth, MN 55802
Tel.: (218) 720-6002
Fax: (218) 720-5828
Web Site: https://www.outthereadvertising.com/

Employees: 15
Year Founded: 1997

Agency Specializes In: Advertising, Digital/Interactive, Logo & Package Design, Print, Public Relations, Social Media

Kimberly Carlson Keuning *(Pres)*
Daniel Litman *(Art Dir)*
David Lee Minix *(Dir-Art)*
Darlene M. Olby *(Dir-Media)*
Andy Schwantes *(Acct Exec & Strategist-Social Media)*

Accounts:
Duluth Childrens Museum
Orthopaedic Associates
Roberto Cavalli (Media Agency of Record)

OUTCOLD LLC
2848 W Chicago Ave Unit B, Chicago, IL 60622
Tel.: (312) 768-8253
E-Mail: hello@outcold.com
Web Site: www.outcold.com

Year Founded: 2010

Agency Specializes In: Advertising, Content, Event Planning & Marketing, Experiential Marketing, Guerilla Marketing, Internet/Web Design, Mobile Marketing, Production, Social Media, Sponsorship, Viral/Buzz/Word of Mouth

Holly Heffinger *(Co-Founder & COO)*
Fritz Heffinger *(Pres)*
Chris Werner *(CFO & Gen Counsel)*
Liam M. Boyle *(CMO)*

Hannah Hoggatt *(Head-Creative Svcs)*
Cliff Ewert *(Dir-Production)*
Chris Miller *(Dir-Content)*

Accounts:
New-Amazon.com Inc.
New-Graduate Hotels
New-Nordstrom Inc.
New-Topshop
New-Toyota Motor North America Inc.
Wilson Sporting Goods Co.

OUTER BANKS MEDIA
102 Old Tom St Ste 205, Manteo, NC 27954
Tel.: (252) 256-7116
E-Mail: info@outerbanksmedia.com
Web Site: www.outerbanksmedia.com

Employees: 5

Agency Specializes In: Advertising, Brand Development & Integration, Search Engine Optimization, Social Media, Strategic Planning/Research

C. K. Evans *(Dir-Search)*

Accounts:
Outer Banks Brewing Station

OUTERNATIONAL INC
49 W 27th St 6th Fl, New York, NY 10001
Tel.: (212) 722-5000
E-Mail: info@outernational360.com
Web Site: www.outernational360.com

Employees: 5
Year Founded: 2007

Agency Specializes In: Above-the-Line, Advertising, Advertising Specialties, Affluent Market, African-American Market, Alternative Advertising, Arts, Automotive, Aviation & Aerospace, Below-the-Line, Bilingual Market, Brand Development & Integration, Broadcast, Business Publications, Business-To-Business, Cable T.V., Catalogs, Co-op Advertising, Collateral, Communications, Consulting, Consumer Goods, Consumer Marketing, Content, Corporate Communications, Corporate Identity, Digital/Interactive, Direct Response Marketing, E-Commerce, Electronic Media, Electronics, Engineering, Entertainment, Environmental, Event Planning & Marketing, Exhibit/Trade Shows, Experience Design, Fashion/Apparel, Financial, Food Service, Game Integration, Government/Political, Graphic Design, Guerilla Marketing, High Technology, Hospitality, Household Goods, Identity Marketing, In-Store Advertising, Industrial, Information Technology, Integrated Marketing, International, Internet/Web Design, Investor Relations, LGBTQ Market, Leisure, Local Marketing, Logo & Package Design, Luxury Products, Magazines, Marine, Market Research, Media Buying Services, Media Planning, Men's Market, Merchandising, Mobile Marketing, Multicultural, Multimedia, New Product Development, New Technologies, Newspaper, Out-of-Home Media, Outdoor, Package Design, Pets , Podcasting, Point of Purchase, Point of Sale, Print, Production, Production (Print), Promotions, Radio, Real Estate, Regional, Restaurant, Retail, Sales Promotion, Social Marketing/Nonprofit, Social Media, Sponsorship, Sports Market, Stakeholders, Strategic Planning/Research, Sweepstakes, T.V., Technical Advertising, Teen Market, Trade & Consumer Magazines, Transportation, Travel & Tourism, Tween Market, Urban Market, Viral/Buzz/Word of Mouth, Web (Banner Ads, Pop-ups, etc.), Women's Market

Approx. Annual Billings: $2,000,000

Breakdown of Gross Billings by Media: Foreign: 10%; Graphic Design: 5%; Internet Adv.: 5%; Logo & Package Design: 10%; Mags.: 10%; Out-of-Home Media: 5%; Point of Sale: 10%; Print: 15%; Strategic Planning/Research: 10%; T.V.: 15%; Worldwide Web Sites: 5%

Victor Mazzeo *(Pres)*

Accounts:
The Enhance Group; 2008
Melitta Coffee Melitta Cafe Collection Coffee; 2008
Remy Cointreau USA Inc.; 2008
Russian Standard Vodka Imperia Vodka, Russian Standard Platinum Vodka; 2008

OUTLET TAGS COMPANY
16 Unit, 390 Progressive Ave, Toronto, ON M1R 4H9 Canada
Tel.: (416) 716-9814
E-Mail: outlettags@gmail.com
Web Site: outlettags.com

Employees: 15
Year Founded: 2010

Agency Specializes In: Affiliate Marketing, Alternative Advertising, Exhibit/Trade Shows, Out-of-Home Media, Outdoor, Production, Production (Print), Promotions

Approx. Annual Billings: $1,000,000

Accounts:
Canadian Tire Corp; 2014

OUTLIER SOLUTIONS
213 SW Ash St Ste 205, Portland, OR 97204
Tel.: (971) 533-7223
E-Mail: hello@outlier.com
Web Site: www.outlier.com

Employees: 7
Year Founded: 2005

Agency Specializes In: Advertising, Brand Development & Integration, Graphic Design, Internet/Web Design, Public Relations, Social Media

Kathleen Martin *(Mgr-Mktg & Comm)*

Accounts:
Adidas North America Inc

OUTLOOK MARKETING SERVICES, INC.
221 N La Salle St Ste 635, Chicago, IL 60601
Tel.: (312) 873-3424
Fax: (312) 873-3500
E-Mail: info@outlookmarketingsrv.com
Web Site: www.outlookmarketingsrv.com

Employees: 20

Agency Specializes In: Advertising, Media Relations, Public Relations, Social Media

Jeff Rappaport *(CEO)*
Kristin Fayer *(Sr VP)*
Suzette Sexton *(Sr VP)*
Andrea Davis *(VP)*
Stephanie Manola *(Acct Dir)*
Stephen Dye *(Sr Acct Mgr)*
Abbey Hogan *(Sr Acct Mgr)*
Erin McMahon *(Sr Acct Mgr)*
Heidi Murphy *(Sr Acct Mgr)*
Jodi Perkins *(Sr Acct Mgr)*
Stacy Greenberg *(Acct Mgr & Copywriter)*
Veronica Chaidez *(Acct Mgr)*
Audrey Pennisi *(Acct Mgr)*

AGENCIES - JANUARY, 2019 — ADVERTISING AGENCIES

Victoria Walden *(Acct Mgr)*

Accounts:
Blue Spark Technologies, Inc
Safco Dental Supply Company; Chicago, IL

OUTOFTHEBLUE ADVERTISING
355 Alhambra Cir Ste 800, Coral Gables, FL 33134
Tel.: (305) 442-2431
Fax: (305) 442-4815
Web Site: www.3outoftheblue.com

Employees: 1

Agency Specializes In: Advertising, Brand Development & Integration, Broadcast, Internet/Web Design, Out-of-Home Media, Outdoor, Print

Renny Tirador *(CEO & Chief Creative Officer)*
Beni Mendez *(Creative Dir)*
Carolyn Wasserstrom *(Media Dir)*
Claudia Cardenal *(Sr Acct Exec)*

Accounts:
Business Improvement District Downtown Coral Campaign: "Only Coral Gables"
Celebrity Cruises, Inc.
Medica HealthCare Plans
Pacific National Bank

OUTSIDE THE BOX INTERACTIVE LLC
150 Bay St Ste 706, Jersey City, NJ 07302
Tel.: (201) 610-0625
Fax: (201) 610-0627
E-Mail: theoffice@outboxin.com
Web Site: www.outboxin.com

Employees: 8
Year Founded: 1995

Agency Specializes In: Advertising, Alternative Advertising, Brand Development & Integration, Branded Entertainment, Business-To-Business, Collateral, Communications, Consulting, Consumer Marketing, Corporate Communications, Corporate Identity, Cosmetics, Customer Relationship Management, Digital/Interactive, Direct Response Marketing, Direct-to-Consumer, E-Commerce, Education, Email, Fashion/Apparel, Graphic Design, Identity Marketing, Industrial, Integrated Marketing, Internet/Web Design, Local Marketing, Marine, Multimedia, New Product Development, Pharmaceutical, Planning & Consultation, Print, Production, Production (Print), Retail, Sales Promotion, Search Engine Optimization, Social Marketing/Nonprofit, Social Media, Web (Banner Ads, Pop-ups, etc.)

Frank DeMarco *(Founder & Mng Partner)*
Lauren Schwartz *(Partner)*

Accounts:
Archdiocese of New York Champions for Quality Education; 2016
Hobey Baker Memorial Award Foundation; 2013
Society of Illustrators; New York, NY SOI Organization; 2007

OVATION PR & ADVERTISING
840 1st St NE, Washington, DC 20002
Tel.: (202) 248-5003
Web Site: www.ovationpr.net

Employees: 10

Agency Specializes In: Advertising, Media Relations, Public Relations, Social Media, Strategic Planning/Research

Tracie Hovey *(CEO)*
Anna Compton *(Strategist-PR & Social Media)*

Accounts:
Ann Mahoney
Maryland International Film Festival

OVERGROUND INC
1713 Cleveland Ave, Charlotte, NC 28203
Tel.: (888) 901-7434
E-Mail: media@overground.com
Web Site: www.overground.com

Employees: 15
Year Founded: 1997

Agency Specializes In: Advertising, Brand Development & Integration, Business-To-Business, Content, Event Planning & Marketing, Search Engine Optimization, Social Media

Eric Dudley *(Founder & CEO)*
Dave McDaniel *(Partner & Exec VP)*
Chad Lasure *(Acct Dir)*

Accounts:
New-Classroom Central
New-NewDominion Bank

OVERIT
435 New Scotland Ave, Albany, NY 12208
Tel.: (888) 978-8147
E-Mail: info@overit.com
Web Site: www.overit.com

Employees: 50
Year Founded: 1993

Agency Specializes In: Advertising, Brand Development & Integration, Content, Graphic Design, Internet/Web Design, Media Relations, Media Training, Paid Searches, Public Relations, Search Engine Optimization

Dan Dinsmore *(Owner)*
Paul Fahey *(COO)*
Lisa Barone *(CMO)*
Paul Hook *(VP-Mktg & Bus Dev)*
Joe Arcuri *(Dir-Design & UX)*
Anna Varney *(Acct Exec)*
Alex Tancredi *(Assoc-Bus Dev)*

Accounts:
Doane Stuart

THE OWEN GROUP
1502 Texas Ave, Lubbock, TX 79401
Tel.: (806) 788-2291
Web Site: www.owengrp.com

Employees: 10

Agency Specializes In: Advertising, Event Planning & Marketing, Graphic Design, Logo & Package Design, Media Planning, Print, Public Relations, Radio, T.V.

Mack Owen *(Pres & Dir-Creative)*
Rebecca Owen *(CFO)*
Barry Helms *(Art Dir)*
Teague Dill *(Dir-Digital Media)*

Accounts:
Cardinals Sport Center, Inc.
Truck Town Dodge

OWEN MEDIA
4111 E Madison St Ste 39, Seattle, WA 98112
Tel.: (206) 322-1167
E-Mail: info@owenmedia.com
Web Site: www.owenmedia.com

Employees: 10
Year Founded: 1997

Agency Specializes In: Advertising, Digital/Interactive, Event Planning & Marketing, Graphic Design, Public Relations

Paul Owen *(Pres)*

Accounts:
Climate Savers Computing
IBM
InfiniBand Trade Association
Transaction Processing Performance Council

OWENS, HARKEY & ASSOCIATES, LLC
(See Under OH Partners)

OXFORD COMMUNICATIONS, INC.
11 Music Mtn Blvd, Lambertville, NJ 08530
Tel.: (609) 397-4242
Fax: (609) 397-8863
E-Mail: solutions@oxfordcommunications.com
Web Site: www.oxfordcommunications.com

E-Mail for Key Personnel:
President:
jmartorana@oxfordcommunications.com
Creative Dir.:
cwhitmore@oxfordcommunications.com
Media Dir.:
ksuttermann@oxfordcommunications.com

Employees: 50
Year Founded: 1986

National Agency Associations: NJ Ad Club

Agency Specializes In: Advertising, Brand Development & Integration, Consumer Marketing, Direct-to-Consumer, Event Planning & Marketing, Exhibit/Trade Shows, Logo & Package Design, Media Buying Services, Media Planning, Public Relations, Real Estate, Strategic Planning/Research, Travel & Tourism

Approx. Annual Billings: $38,000,000

Breakdown of Gross Billings by Media: Event Mktg.: 5%; Print: 65%; Production: 20%; Strategic Planning/Research: 10%

Charles Whitmore *(Owner)*
John Martorana *(Pres)*
Chris Ledford *(Sr VP)*
Tim McAuliffe *(VP-Digital Integration)*
Guita Martorana *(Gen Mgr)*
Stefanie Rumpf *(Dir-Comm)*
Davelle Allende *(Sr Mgr-Digital Media)*
Ashley Wood *(Sr Mgr-Social Adv)*
Cayla Osborn *(Sr Acct Mgr)*
Sherry L. Smith *(Sr Acct Mgr)*
Sue Ryba *(Mgr-Billing)*
Erin Phillips Ranjo *(Acct Supvr)*
Lindsay Fish *(Media Planner & Buyer-Integrated)*
Miriam Dubin *(Sr Media Planner & Buyer)*
Adam Ruth *(Assoc Creative Dir)*

Accounts:
Brookfield Homes; Vienna, VA Builder; 1996
Bucks County Conference & Visitors Bureau; Bensalem, PA; 1996
Bucks County, PA (Agency of Record) Media Planning & Buying, Strategy
CareOne Integrated Marketing Campaign; 2017
Children's Home Society
Kaplan
L'Oreal USA Corporate Communications; 2017
Mignatti Companies Creative, PR, Waterside Project, Website Development
New Jersey Manufacturers Insurance Company;

ADVERTISING AGENCIES

Ewing, NJ Marketing Campaign
The New Jersey Motor Vehicle Commission Outreach Programs
Quick Chek Food Stores; 2007
The Residences at Two Liberty
Sesame Place; Langhorne, PA Family Oriented Theme Park; 1995
VOXX International
Audiovox Electronics Corp
Young Audiences New Jersey & Eastern Pennsylvania Brand Position & Strategy; 2017

OXFORD ROAD
6430 Sunset Blvd, Hollywood, CA 90028
Tel.: (323) 212-6002
Web Site: www.oxfordroad.com

Employees: 70
Year Founded: 2013

Agency Specializes In: Branded Entertainment, Broadcast, Business Publications, Cable T.V., Direct Response Marketing, Infomercials, Local Marketing, Out-of-Home Media, Podcasting, Production, Radio, Syndication, T.V.

Daniel Granger *(Founder & CEO)*
Ricardo Martinez Simental *(Dir-Client Strategy)*

Accounts:
Beepi
Blinds.com
Boll & Branch
Dermstore
Headspace
Helix Sleep
Ipsy
JibJab
MeUndies
NatureBox
ring
ScoreBig
SpareFoot
Texture
TrackR
Trunk Club
Winc

P & M ADVERTISING
89 Silver Birch Rd, Longmeadow, MA 01106
Tel.: (413) 530-6572
E-Mail: mike@pmadvertising.net
Web Site: www.pmadvertising.net

E-Mail for Key Personnel:
President: mike@pmadvertising.net

Employees: 4
Year Founded: 1978

Agency Specializes In: Automotive, Broadcast, Cable T.V., Co-op Advertising, Fashion/Apparel, Food Service, Graphic Design, Infomercials, Legal Services, Media Buying Services, Newspaper, Out-of-Home Media, Outdoor, Planning & Consultation, Print, Production, Radio, Restaurant, Retail, Strategic Planning/Research, T.V.

Michael Kessler *(Mng Partner)*

Accounts:
Frigo's
Manny's TV & Appliance; Springfield, MA Home Appliance Stores; 1990
Ochoa Day Spa; South Hadley, MA; 1998
Rocky's Ace Hardware Stores; Springfield, MA Hardware Stores; 1997

P2R ASSOCIATES
39201 Schoolcraft Rd Ste B-15, Livonia, MI 48150
Tel.: (248) 348-2464
Fax: (248) 348-2465
E-Mail: contact@p2rassociates.com
Web Site: www.p2rassociates.com

Employees: 50

Agency Specializes In: Business-To-Business, Communications, Corporate Communications, Crisis Communications, Event Planning & Marketing, Media Relations, Strategic Planning/Research

Revenue: $5,000,000

Gordon Cole *(Pres)*

Accounts:
Alderney Advisors LLC
China Bridge
Process Development Corp (Agency of Record) Marketing Communications, Media Outreach, Public Relations
Rent-A-Center's
Toyota

PACE ADVERTISING
200 5Th Ave Fl 6, New York, NY 10010
Tel.: (212) 331-8825
Fax: (212) 885-0570
E-Mail: info@paceadvertising.com
Web Site: www.paceadv.com

Employees: 30
Year Founded: 1949

Agency Specializes In: Advertising, Collateral, Digital/Interactive, Direct Response Marketing, Electronic Media, Email, Health Care Services, Internet/Web Design, Local Marketing, Logo & Package Design, Media Buying Services, Media Planning, Mobile Marketing, Newspaper, Newspapers & Magazines, Out-of-Home Media, Outdoor, Paid Searches, Point of Purchase, Point of Sale, Print, Production, Production (Print), Public Relations, Publishing, RSS (Really Simple Syndication), Real Estate, Social Media, Travel & Tourism, Web (Banner Ads, Pop-ups, etc.)

Cara Faske *(Pres)*
Holly Kingsley *(COO)*
Julie Bricker *(VP-Media)*
Tony Pineda *(Art Dir)*
Kerry Anderson *(Strategist-Media Investment)*
Erika Cubano *(Acct Exec)*
Randy Kershner *(Assoc Creative Dir & Sr Copywriter)*

Accounts:
Dockside
K. Hovnanian Companies
Kohls Partners
Orleans Homebuilders
Pulte Homes
The Setai Group
The Trump Organization; New York, NY Trump International Hotel and Tower Condominiums

PACIFIC COMMUNICATIONS
18581 Teller Ave, Irvine, CA 92612
Tel.: (714) 427-1900
Fax: (714) 796-3039
Web Site: www.pacificcommunications.com

Employees: 130
Year Founded: 1992

Agency Specializes In: Advertising, Advertising Specialties, Brand Development & Integration, Co-op Advertising, Communications, Consumer Marketing, Consumer Publications, Corporate Identity, Direct Response Marketing, E-Commerce, Education, Graphic Design, Health Care Services, Internet/Web Design, Logo & Package Design, Magazines, Media Buying Services, Medical Products, Multimedia, New Product Development, Pharmaceutical, Print, Production, Seniors' Market, Strategic Planning/Research

Approx. Annual Billings: $18,000,000

Breakdown of Gross Billings by Media: Bus. Publs.: $3,600,000; Collateral: $3,600,000; D.M.: $900,000; Mags.: $900,000; Newsp.: $1,800,000; Outdoor: $2,700,000; Pub. Rels.: $1,800,000; Radio: $1,800,000; T.V.: $900,000

Craig Sullivan *(Pres)*
Peter Siegel *(Exec VP & Exec Creative Dir)*
Henry Lee *(Sr VP & Exec Dir)*
Karen Melanson *(Sr VP & Client Svcs Dir)*
Scott Gandy *(VP & Mgmt Supvr)*
James Marlin *(VP-Agency Svcs)*
Brad Townend *(Creative Dir-Interactive)*
Kayla Bebek *(Mgr-Insights & Media)*
Taylor Dirks *(Mgr-Media)*
Amanda Feaser *(Acct Grp Supvr)*
Mark Wagner *(Supvr-Art)*
Matthew Tonick *(Acct Exec)*
Zena Alam *(Sr Art Dir)*
Mark Gilmour *(Sr Art Dir)*
Marlene Magila *(Grp Assoc Creative Dir)*

Accounts:
Allergan, Inc.; Irvine, CA (Agency of Record) Acular, Acular PF, Alocril, Alphagan, Botox, Branded & Unbranded Patient & Professional Communications, Complete, Event Management, Field Training, Global External Disease & Oncology Franchises, Juvederm, Latisse, Lumigan, Managed Care, Ocuflox, Refresh, Restasis, Sales Tools, Sanctura XR, Strategic Dvelopment, Web Site Development; 1995
Allergan Skin Care; Irvine, CA Azelex & Elimite; 1995
Bausch + Lomb Surgical EnVista Intraocular Lens, Victus Femtosecond Laser Platform
I-Flow Corporation ON-Q Product Line
MAP Pharmaceuticals Levadex, Medical Communications
Prometheus Laboratories Oncology
SkinMedica, Inc. Latisse, Skin Care, Strategy Spasticity Answers
Thoratec Corp.; Pleasanton, CA Concept Development, Corporate Branding, Promotions, Strategy

PACIFIC COMMUNICATIONS GROUP
21605 Hawthorne Blvd Ste 100, Torrance, CA 90503
Tel.: (424) 903-3600
Fax: (310) 732-7328
E-Mail: info@pacificcommunicationsgroup.com
Web Site: www.pacificcommunicationsgroup.com

Employees: 50
Year Founded: 1995

Agency Specializes In: Advertising, Brand Development & Integration, Commercial Photography, Communications, Digital/Interactive, Graphic Design, Media Relations, Print, Publicity/Promotions, Social Media

Kyle Reuter *(VP)*
Michelle LeBlanc *(Exec Dir-Consumer Engagement)*
Rosanna Dimson-Weish *(Project Mgr-Interactive)*
Wendi Sheridan *(Acct Supvr)*

Accounts:
New-Actev Motors
New-America's Car Museum
New-American Honda Motor Co Inc
New-DR Media Holdings LLC

AGENCIES - JANUARY, 2019 — ADVERTISING AGENCIES

New-JD Power Automative Communication (Agency of Record)
New-LA Auto Show
New-NHRA Motorsports Museum
New-Pebble Beach Company
New-Tesla Inc
New-TrueCar Inc

PACIFICCOAST ADVERTISING INC.
2516 Via Tejon Ste 207, Palos Verdes Estates, CA 90274
Tel.: (310) 697-3706
Fax: (310) 697-3711
E-Mail: info@pacificcoastadvertising.com
Web Site: www.pacificcoastadvertising.com

Employees: 4
Year Founded: 2005

Agency Specializes In: Advertising, Digital/Interactive, Logo & Package Design, Media Buying Services, Media Planning, Out-of-Home Media, Outdoor, Print, Radio, Social Media, T.V.

Tracy Bracken *(Pres)*

Accounts:
Cormier Hyundai
Gardena Nissan

PACIFICO INC.
1953 Otoole Way, San Jose, CA 95131
Tel.: (408) 327-8888
Fax: (408) 559-8883
E-Mail: mcurtis@pacifico.com
Web Site: www.pacifico.com

E-Mail for Key Personnel:
Chairman: mcurtis@pacifico.com

Employees: 7
Year Founded: 1977

National Agency Associations: BMA-BPA-PRSA

Agency Specializes In: Advertising, Brand Development & Integration, Broadcast, Business Publications, Business-To-Business, Cable T.V., Collateral, Communications, Consulting, Consumer Marketing, Consumer Publications, Corporate Identity, Digital/Interactive, Direct Response Marketing, E-Commerce, Electronic Media, Engineering, Exhibit/Trade Shows, Financial, Health Care Services, High Technology, Information Technology, Internet/Web Design, Investor Relations, Logo & Package Design, Magazines, Marine, Media Buying Services, Medical Products, Newspaper, Newspapers & Magazines, Out-of-Home Media, Outdoor, Point of Purchase, Point of Sale, Print, Production, Public Relations, Publicity/Promotions, Radio, Real Estate, Strategic Planning/Research, T.V., Technical Advertising, Trade & Consumer Magazines, Transportation

Accounts:
Planet Magpie
TSMC

PACO COMMUNICATIONS, INC
(d/b/a PACO Collective)
400 S Green St, Chicago, IL 60607
Tel.: (312) 281-2040
Fax: (312) 971-5991
E-Mail: ozzie@pacocollective.com
Web Site: www.pacocollective.com

Employees: 40
Year Founded: 2006

Agency Specializes In: Above-the-Line, Advertising, Advertising Specialties, Arts, Automotive, Below-the-Line, Bilingual Market, Brand Development & Integration, Branded Entertainment, Broadcast, Business-To-Business, Cable T.V., Collateral, Communications, Consulting, Consumer Goods, Consumer Marketing, Consumer Publications, Content, Corporate Communications, Corporate Identity, Crisis Communications, Digital/Interactive, Direct Response Marketing, Direct-to-Consumer, Electronic Media, Event Planning & Marketing, Exhibit/Trade Shows, Experience Design, Financial, Graphic Design, Guerilla Marketing, Health Care Services, Hispanic Market, Household Goods, In-Store Advertising, Internet/Web Design, Local Marketing, Logo & Package Design, Media Buying Services, Media Planning, Media Relations, Media Training, Medical Products, Mobile Marketing, Multicultural, Multimedia, New Product Development, Newspapers & Magazines, Out-of-Home Media, Outdoor, Package Design, Pharmaceutical, Planning & Consultation, Print, Production, Production (Print), Promotions, Public Relations, Publicity/Promotions, Publishing, Radio, Regional, Restaurant, Retail, Sales Promotion, Search Engine Optimization, Social Marketing/Nonprofit, Sports Market, Strategic Planning/Research, T.V., Trade & Consumer Magazines, Travel & Tourism

Approx. Annual Billings: $9,500,000

Ozzie Godinez *(Co-Founder & CEO)*
Veronica Villalon Pinela *(VP-Client Svcs)*
Alejandra Chavez *(Sr Acct Dir)*
Janet Dominguez *(Dir-PR)*
Jonathan Moreno *(Acct Supvr)*

Accounts:
Amway
Blue Cross Blue Shield (HCSC) Hispanic Agency of Record
Cacique
Carl Buddig & Company (Agency of Record); 2017
Chicago Bears Content Development, Cross-Cultural Marketing, Hispanic, Public Relations, Strategy
Chicago White Sox
ComEd
Flawless Beauty, LLC (Social Media Agency of Record) Blogger Management, Content Management, Social Engagement, Social Strategy
Gift of Hope Total Market Agency of Record
Jackson Park Hospital
Pork & Mindy's (Agency Of Record) Creative Advertising, Creative BBQ, Digital, Promotional & Experiential Efforts, Public Relations, Social, Strategy; 2018
RX Outreach Total Market Agency of Record
White Sox Hispanic Agency of Record

PADILLA
(Formerly Padilla/CRT)
1101 W River Pkwy Ste 400, Minneapolis, MN 55415-1241
Tel.: (612) 455-1700
Fax: (612) 455-1060
Web Site: www.padillaco.com

Employees: 210
Year Founded: 1961

National Agency Associations: COPF-PRSA

Agency Specializes In: Advertising, Agriculture, Brand Development & Integration, Business-To-Business, Collateral, Communications, Consulting, Consumer Goods, Consumer Marketing, Consumer Publications, Corporate Communications, Corporate Identity, Crisis Communications, Digital/Interactive, Direct Response Marketing, Electronic Media, Environmental, Event Planning & Marketing, Exhibit/Trade Shows, Financial, Government/Political, Graphic Design, Health Care Services, High Technology, Industrial, Information Technology, Internet/Web Design, Investor Relations, Local Marketing, Logo & Package Design, Magazines, Media Relations, Media Training, Medical Products, Newspapers & Magazines, Planning & Consultation, Point of Purchase, Real Estate, Retail, Sponsorship, Strategic Planning/Research, Viral/Buzz/Word of Mouth

Revenue: $40,000,000

Susan Pitman *(Exec VP)*
Dan Reilly *(Sr VP & Head-SMS Res Advisors)*
Tina Charpentier *(Sr VP-Environmental Sciences & Agriculture)*
Bob McNaney *(Sr VP-Crisis & Critical Issues-Media Coaching)*
Brian Prentice *(VP & Creative Dir)*
Jennifer Beres *(VP-Creative Ops & Production)*
Danielle Engholm *(VP-Mfg Practice)*
Al Galgano *(VP-Investor & Corp Rels)*
Mike Garrison *(VP-Insights & Strategy)*
David Heinsch *(VP-Corp & IR Practice)*
Pablo Olay *(VP)*
Carrie Young *(VP-Corp Brand Identity, Design, Mktg & Comm)*
Stacy Moskowitz *(Sr Dir-Food & Beverage)*
Margo O'Hara *(Sr Dir)*
Kris Patrow *(Sr Dir-Corp Practice)*
Shawn Brumbaugh *(Dir-IR & Corp Comm)*
Julie Behr *(Mktg Mgr)*
Leanne Hanson *(Acct Supvr)*
Amanda Abell *(Sr Acct Exec)*
Leonard Pollard *(Sr Acct Exec)*
Megan Skauge Schulz *(Sr Acct Exec)*
Dana Bossen *(Acct Exec)*
Kenny Devine *(Acct Exec)*
Kyle Kapustka *(Acct Exec)*

Accounts:
3M
Allianz Life
The Almond Board of California Industry Communications
The American Dairy Products Institute Multiyear Campaign; 2018
Barnes & Noble College
BASF
Beam Global Spirits (Agency of Record)
Blue Cross Blue Shield of Minnesota
Bordeaux Wines (US Public Relations Agency of Record)
Cargill Animal Nutrition
Charles Schwab
Cognate Nutritionals (Agency of Record) Fuel For Thought, Marketing, Public Relations
Deluxe Corp
Ditch Witch
The Federation of Quebec Maple Syrup Producers
General Mills
Girl Scouts of the USA
Greater Houston Convention and Visitors Bureau Public Relations
Hass Avocado Board
New-The Hilb Group
New-The International Sommelier Association
Land O'Lakes
Les Vins Georges Duboeuf
Mayo Clinic
Merck
Midwest & Mountain Dental Creative Development, Direct Marketing
Midwest Dental Creative Development, Direct Marketing, PR
National Marrow Donor Association
North Carolina Sweet Potato Commission
Patterson Companies, Inc. Crisis & Issues Management
Produce for Better Health Foundation (Agency of Record) Brand Positioning, Digital Ecosystem Strategy & Activation, Industry Outreach & Consumer Influencer Engagement, Stakeholder

ADVERTISING AGENCIES
AGENCIES - JANUARY, 2019

& Consumer Research; 2018
Prosciutto di Parma
Proto Labs
Qumu Go-to-Market Strategy, Marketing Communications, Media Relations
Ribera del Duero (US Communications & Marketing Agency of Record) Advertising, Awareness, B2B Communications, Consumer Media Relations, Database Management, Digital Advertising, Influencer Marketing, Marketing, Point of Sale Activation, Public Relations, Social, US Trade Marketing, Website Design
Rockwell Automation
RTI Surgical
Rueda (US Communications & Marketing Agency of Record) Advertising, Awareness, B2B Communications, Consumer Media Relations, Database Management, Digital Advertising, Influencer Marketing, Marketing, Point of Sale Activation, Public Relations, Social, US Trade Marketing, Website Design
Sanofi Pasteur
SAP; Newton Square, PA Media Relations, SAP Consumer Package Goods, SAP Retail, Thought Leadership
Smart Beer (Agency of Record) Marketing, Organic Golden Ale, Public Relations
Surmodics, Inc. Investor Relations
UnitedHealth Group
University Of Alabama At Birmingham Digital Marketing
US Highbush Blueberry Council
Van Gogh Imports Tap Whisky, Van Gogh Vodka
Virginia Lottery
New- Virginia Wine Board (Agency of Record) Consumer & Media Relations, Integrated Marketing & Communications, Public Relations Strategies; 2018
Welch's International 100% Grape Juices, Consumer Public Relations, Media Relations
Yanmar America Corporation (Agency of Record) Integrated Marketing Communications

Branches

FoodMinds LLC
328 S Jefferson St Ste 750, Chicago, IL 60661
(See Separate Listing)

Padilla
(Formerly Padilla/CRT)
617 W 7th St, Los Angeles, CA 90017
Tel.: (310) 659-5380
Fax: (310) 659-5257
Web Site: www.padillaco.com

Employees: 7

National Agency Associations: COPF

Agency Specializes In: Public Relations

Veronica Hunt *(Mgr-Media Rels)*

Accounts:
Altria
Amadeus North America
Better Business Bureau
Del Monte
HoMedics
Longwood University
Original Farmers Market (Public Relations Agency of Record)
Satmetrix
Virgin Mobile USA, Inc.
Viviscal
ZeroWater

Padilla
(Formerly Padilla/CRT)
150 Greenwich St Fl 48, New York, NY 10007

Tel.: (212) 229-0500
Fax: (212) 229-0523
Web Site: www.padillaco.com

Employees: 20

National Agency Associations: COPF

Agency Specializes In: Public Relations, Sponsorship

Lynn Casey *(Chm)*
Fred Lake *(Sr VP & Head-Health Sector)*
Edward Hoffman *(Sr VP-Food & Beverage Mktg)*
Sarah Fox *(VP-Health Practice)*
Katie Myers *(VP-Food, Beverage & Consumer Grp)*
Jason Stemm *(VP)*
Peter Vigliarolo *(VP)*
Michelle Amoroso *(Sr Dir)*
Brandon Skop *(Sr Dir)*
Danielle Pesce *(Dir-Food Beverage Practice)*
Emily Valentine *(Dir-Insights & Strategy)*
Nicole Fischer *(Acct Supvr)*
Julie LePere *(Acct Supvr)*
Kirsten Lesak-Greenberg *(Acct Supvr)*
Rachel McPherson *(Acct Supvr)*

Accounts:
Cambria Suites
Conseil Interprofessionnel du Vin de Bordeaux (Public Relations Agency of Record) Consumer, Influencer Public Relations, Trade
Death Wish Coffee Marketing Communications, Media Relations; 2018
Drugfree.org Medicine Abuse Project
Florida Tomato Committee
Hass Avocado Board Media Relations, Strategic PR
Longwood University
North Carolina Sweet Potato Commission
Rioja

Padilla
(Formerly Padilla/CRT)
440 Monticello Ave, Norfolk, VA 23510
Tel.: (757) 640-1982
Fax: (757) 640-1984
Web Site: www.padillaco.com

Employees: 15

National Agency Associations: COPF

Agency Specializes In: Public Relations

Kim Blake *(Dir)*

Accounts:
American Physical Therapy Association
Federation of Quebec Maple Syrup Producers
Sage

Padilla
(Formerly Padilla/CRT)
101 W Commerce Rd, Richmond, VA 23224
Tel.: (804) 675-8100
Fax: (804) 675-8183
Web Site: www.padillaco.com

Employees: 35
Year Founded: 1996

National Agency Associations: COPF

Agency Specializes In: Agriculture, Automotive, Aviation & Aerospace, Brand Development & Integration, Business-To-Business, Collateral, Communications, Consulting, Consumer Marketing, Consumer Publications, Corporate Identity, Direct Response Marketing, E-Commerce, Education, Electronic Media, Environmental, Event Planning & Marketing, Fashion/Apparel, Financial, Government/Political, Graphic Design, Health Care Services, Industrial, Information Technology, Investor Relations, Leisure, Logo & Package Design, Medical Products, Multimedia, New Product Development, Newspapers & Magazines, Over-50 Market, Pharmaceutical, Planning & Consultation, Point of Purchase, Public Relations, Publicity/Promotions, Recruitment, Sales Promotion, Sponsorship, Sports Market, Strategic Planning/Research, Teen Market, Trade & Consumer Magazines, Transportation, Travel & Tourism

Michael Whitlow *(Chief Growth Officer)*
Brian Ellis *(Exec VP)*
Scott Davila *(Sr VP)*
Jeff Wilson *(VP-Mktg & Promo)*
Julie McCracken *(Sr Dir)*
Christian Munson *(Sr Dir)*
Maliya Rooney *(Mgr-Creative Resource & Sr Producer)*
Neil Cox *(Dir-Digital Production)*
Rosalie Morton *(Dir)*
Lauren Llewellyn *(Acct Supvr)*
Samantha Strader *(Acct Supvr-Corp Responsibility)*
Kathryn Glushefski Canning *(Sr Acct Exec)*
Jenna Cocchiola Green *(Sr Acct Exec)*
Nichole Gill *(Designer)*
Jennifer Lucado *(Sr Writer)*

Accounts:
Abbott Laboratories
Afton Chemicals
Agility Healthcare Solutions Public Relations; 2008
Air New Zealand
Allianz
Amadeus GTD
Arctic Cat
Barnes & Noble College
BASF
Be The Match
Bissell Homecare
Bissell
Blueberries
BlueCross BlueShield Minnesota
Bon Secours Health Systems
Bow Tie Cinemas
Bridgestone Americas
Cambria Suites
Cargill
Carmax
Charles Schwab & Co.; San Francisco, CA
Cherry, Bekaert & Holland, LLP
Cheyenne Regional Medical Center
Children's Hospital of Richmond at Virginia Commonwealth University
Coppertone
Council for Responsible Nutrition National Lifestyle Campaign; 2007
Discovery Channel Stores; Silver Spring, MD
Ditch Witch
DrugFree.org
Federation of Quebec Maple Syrup Producers
Four Winns
General Mills Cheerios
Girl Scouts of the United States of America Crisis Counsel
Glastron
Hass Avocado Board
HoMedics
HTC
KitchenAid
Land O' Lakes Inc
Longwood University
Memorex
Merck
Mosaic
Network Solutions Public Relations
Northern Virginia Hospital Alliance Crisis Communications Training, Crisis Management Counsel
The Partnership at DrugFree.org
Performance Food Group
Philip Morris USA

AGENCIES - JANUARY, 2019 — ADVERTISING AGENCIES

Rioja
Rockwell Automation
Sage Products
Sands Anderson
SAP
Satmetrix Systems, Inc.
Starbucks
SunTrust Mortgage
Target Stores; Minneapolis, MN; 2000
TIAA-CREF
UnitedHealthcare
VHA, Inc
The Virginia Foundation for Community College Education (VFCCE) Great Expectations
Virginia Lottery
Wilsonart International Digital Marketing, Influencer Outreach, PR, Social & Traditional Media, Trade & Consumer Events, Website, Wilsonart HD

PADILLA/CRT
(Name Changed to Padilla)

PADULO INTEGRATED INC.
The Padulo Building Suite 10, St Clair Ave W, Toronto, ON M4V 1K7 Canada
Tel.: (416) 966-4000
Fax: (416) 966-4012
E-Mail: info@padulo.ca
Web Site: www.padulo.ca

Employees: 40
Year Founded: 1985

Agency Specializes In: Broadcast, Collateral, Communications, Direct Response Marketing, Point of Purchase, Print, Publicity/Promotions

Richard Padulo *(Chm & CEO)*
Naz Jiwa *(VP & Dir-Media)*

Accounts:
Brascan
Citi Cards Canada
First Choice Haircutters
Freefone
George
Katz Group Rexall
Retail Council of Canada Campaign: "Voice of Retail", Multimedia
Royal LePage
Simmons
Ten Second Tan
Walmart Project

PAGANO MEDIA
11 Millbrook St, Worcester, MA 01606
Tel.: (508) 595-9200
Fax: (508) 595-9299
E-Mail: kathleen@paganomedia.com
Web Site: paganomedia.com

Employees: 6
Year Founded: 1980

Agency Specializes In: Multimedia, Production, Sponsorship

Joe Pagano *(Pres)*
Kathleen Pagano *(CEO & Dir-Strategic)*
Jae Hahn *(Dir-Design)*

Accounts:
Chadwick Medical Associates
Coolidge Corner Imaging
New Balance, Inc.
Timber Trading Group
University of Massachusetts Memorial Foundation Emergency Care Campaign

PAGE AGENCY
5612 Richmond Ave, Dallas, TX 75206
Tel.: (214) 453-0081
Web Site: page.agency

Employees: 8
Year Founded: 2009

Agency Specializes In: Above-the-Line, Below-the-Line, Branded Entertainment, Cable T.V., Collateral, Digital/Interactive, In-Store Advertising, Local Marketing, Out-of-Home Media, Outdoor, Point of Purchase, Point of Sale, Print, Promotions, Publishing, Radio, Search Engine Optimization, Social Media, Sweepstakes, T.V., Web (Banner Ads, Pop-ups, etc.)

Approx. Annual Billings: $450,000

Aaron Page *(Pres)*
Tania Lazarus *(Dir-Digital Strategy)*
Kathryn Wilson *(Sr Planner-Media)*

Accounts:
Garza & Harris; 2008
Gruma Corp Creative, Mission Foods Guerrero; 2013

THE PAIGE GROUP
258 Genesee St Ste 204, Utica, NY 13502
Tel.: (315) 733-2313
Fax: (315) 733-1901
E-Mail: info@paigegroup.com
Web Site: www.paigegroup.com

Employees: 13
Year Founded: 1967

National Agency Associations: PRSA

Agency Specializes In: Advertising, Business-To-Business, Consulting, Consumer Marketing, Media Buying Services, Planning & Consultation, Public Relations

Nancy Pattarini *(Pres & CEO)*
Christine Shields *(VP & Media Dir)*
Allison Damiano-DeTraglia *(VP-Acct Svcs)*
Carrie McMurray *(VP-Plng)*
Claude Schuyler *(VP & Sr Creative Dir)*
Catherine Manion *(Mgr-Pub & Media Rels)*

Accounts:
Indium Corp. of America
Mohawk Valley Water Authority
Oneida-Herkimer Solid Waste Authority

PAIGE HENDRICKS PUBLIC RELATIONS INC
201 S Calhoun St, Fort Worth, TX 76104
Tel.: (817) 924-2300
Fax: (817) 924-2312
E-Mail: pkhendricks@phprinc.com
Web Site: www.phprinc.com

Employees: 4

Agency Specializes In: Advertising, Brand Development & Integration, Communications, Corporate Communications, Crisis Communications, Education, Media Relations, Planning & Consultation, Public Relations, Strategic Planning/Research

PALLEY ADVERTISING INC.
100 Grove St Ste 403, Worcester, MA 01605-2627
Tel.: (508) 792-6655
Fax: (508) 792-6626
E-Mail: info@palleyad.com
Web Site: www.palleyad.com

E-Mail for Key Personnel:
President: warren@palleyad.com
Public Relations: bonnie@palleyad.com

Employees: 20
Year Founded: 1982

Agency Specializes In: Advertising, Advertising Specialties, Automotive, Brand Development & Integration, Broadcast, Business Publications, Cable T.V., Co-op Advertising, Collateral, Communications, Consulting, Corporate Identity, Direct Response Marketing, Electronic Media, Exhibit/Trade Shows, Financial, Food Service, Graphic Design, Health Care Services, Industrial, Internet/Web Design, Logo & Package Design, Magazines, Media Buying Services, Merchandising, Multimedia, New Product Development, Newspaper, Newspapers & Magazines, Out-of-Home Media, Outdoor, Planning & Consultation, Print, Production, Public Relations, Radio, Recruitment, Restaurant, Retail, Sales Promotion, Sports Market, Strategic Planning/Research, T.V., Trade & Consumer Magazines, Yellow Pages Advertising

Breakdown of Gross Billings by Media: Bus. Publs.: 5%; Collateral: 15%; D.M.: 10%; Mags.: 5%; Newsp.: 20%; Radio: 30%; T.V.: 15%

Warren Palley *(Owner)*
Joseph Giacobbe *(Gen Mgr)*

Accounts:
Adcare Hospital
Peppercorns Grille & Tavern
Picadilly Pub Restaurant Chain

PALM TREE CREATIVE LLC
210 S Main St, Middletown, CT 06457
Tel.: (888) 830-4769
Web Site: www.palmtreecreative.com

Employees: 5
Year Founded: 2004

Agency Specializes In: Advertising, Brand Development & Integration, Digital/Interactive, Graphic Design, Print, Search Engine Optimization

Chris Pritchard *(VP-Accts)*

Accounts:
Computer Tune & Lube
Gro Landscape Inc.

PALMER AD AGENCY
466 Geary St Ste 301, San Francisco, CA 94102
Tel.: (415) 771-2327
Fax: (415) 771-1832
Web Site: www.palmeradagency.com

Employees: 12

Agency Specializes In: Advertising, Brand Development & Integration, Digital/Interactive, Media Planning, Print, Radio, Social Media, Sponsorship, Strategic Planning/Research

Lois Palmer *(CFO)*
Drew Palmer *(Principal)*
Kristin Amador *(Dir-Media)*
Steven Anacker *(Dir-Creative)*
Tyler Palmer *(Sr Acct Mgr)*
John Runk *(Copywriter)*

Accounts:
Boviet Solar USA Advertising, Branding, Digital Marketing, Marketing Campaign, Media Relations, Online, Print, Public Relations, Social Media, Website Development
HubSpot
SouthFace Solar Electric

ADVERTISING AGENCIES — AGENCIES - JANUARY, 2019

PANCOM INTERNATIONAL, INC.
924 Calle Canta, Glendale, CA 91208
Tel.: (213) 427-1371
Fax: (213) 383-6729
Toll Free: (877) YPanCom
E-Mail: pci@pancom.com
Web Site: www.pancom.com

E-Mail for Key Personnel:
President: youngkim@pancom.com

Employees: 25
Year Founded: 1981

Agency Specializes In: Advertising, Asian Market, Brand Development & Integration, Broadcast, Direct Response Marketing, Event Planning & Marketing, Graphic Design, Media Buying Services, Newspapers & Magazines, Print, Production, Radio, Sponsorship, Strategic Planning/Research, T.V.

Young Min Kim *(Chm & CEO)*
Joseph S. Choi *(CFO & VP)*
Peter Byun *(Creative Dir)*

Accounts:
AT&T Communications Corp.
AXA Advisors
Ford Motor Co.; Los Angeles, CA Automobiles; 1998
Lincoln
The Salvation Army Campaign: "Goods For Us"
Volvo Cars of North America

PANNOS MARKETING
116 S River Rd, Bedford, NH 03110
Tel.: (603) 625-2443
Fax: (877) 630-6115
Web Site: http://www.pannosmarketing.com/

Employees: 25

Agency Specializes In: Advertising, Brand Development & Integration, Digital/Interactive, Public Relations, Social Media

James Pannos *(Pres & Principal)*
Jay Bellemare *(Creative Dir)*
Cindy Gonya *(Acct Exec)*
Greg Keegan *(Coord-Digital Media)*

PANORAMA PUBLIC RELATIONS
1500 1st Ave N, Birmingham, AL 35203
Tel.: (205) 531-5181
Fax: (205) 323-0897
E-Mail: info@prview.com
Web Site: www.prview.com

Employees: 6
Year Founded: 1997

Agency Specializes In: Collateral, Crisis Communications, Exhibit/Trade Shows, Graphic Design, Internet/Web Design, Media Training, Multimedia, Print, Production, Sales Promotion

Accounts:
Belk, Inc.

PANTHER MARKETING INC.
16641 N 91st St, Scottsdale, AZ 85260
Tel.: (480) 419-1600
E-Mail: info@panthermarketing.com
Web Site: www.panthermarketing.com

Employees: 7

Agency Specializes In: Advertising, Brand Development & Integration, Content, Digital/Interactive, Graphic Design, Internet/Web Design, Public Relations, Search Engine Optimization, Social Media

Accounts:
Jeremy Roenick

PAPA ADVERTISING INC
1673 W 8th St, Erie, PA 16505
Tel.: (814) 454-6236
Fax: (814) 464-0796
Web Site: www.papaadvertising.com

Employees: 10

Agency Specializes In: Advertising, Brand Development & Integration, Broadcast, Internet/Web Design, Logo & Package Design, Media Buying Services, Media Planning, Public Relations, Social Media

Elizabeth Sisinni *(Mng Partner)*
Jason Keller *(Dir-Interactive Media)*
Doug Vizinni *(Sr Art Dir)*

Accounts:
Clarion County Community Bank
EmergyCare, Inc.
Erie Regional Chamber & Growth Partnership
Family Services
Presbyterian Homes Inc.
Reed Manufacturing Company Inc.
Tri State Pain Institute

PAPAGALOS STRATEGIC COMMUNICATIONS
(Acquired & Absorbed by Davidson & Belluso)

PAPPAS GROUP
4100 Fairfax Dr Ste 400, Arlington, VA 22203
Tel.: (703) 349-7221
Fax: (703) 349-7253
E-Mail: info@pappasgroup.com
Web Site: dminc.com/integrated-approach/brand-marketing/?redirect=pappasgroup

Employees: 22

Agency Specializes In: Advertising, Education, High Technology, Sponsorship

Allison Lee *(Grp Acct Dir)*
Patricia Rodriguez *(Acct Dir-DMI)*
Yooyung Kim Imsland *(Dir-Media Plng Strategy & Buying)*
Paul McNally *(Sr Mgr-Digital Project-Digital Mgmt, LLC)*
Steve Lipenta *(Sr Media Planner)*
Nicole Stahlecker *(Sr Media Planner-DMI)*

Accounts:
American University
Blackboard, Inc.; Washington, DC
City Shop Girl
Corcoran College of Art + Design; Washington, DC
Discovery Channel Future Weapons
Georgetown University School of Continuing Studies
Georgetown University
International Spy Museum (Agency of Record) Brand Development, Brand Strategy, Media Buying, Media Planning, Social Media
Mazda
Toyota
Volkswagen Credit & Audi Financial Services (Agency of Record)
Voxtec International Inc.

PAPRIKA COMMUNICATIONS
400 Laurier St W Ste 610, Montreal, QC H2V 2K7 Canada
Tel.: (514) 276-6000
Web Site: www.paprika.com

Employees: 10
Year Founded: 1991

Agency Specializes In: Advertising, Brand Development & Integration, Environmental, Graphic Design, Package Design, Strategic Planning/Research

Joanne Lefebvre *(Owner)*
Julien Hebert *(Art Dir & Graphic Designer)*
Louis Gagnon *(Dir-Creative)*

Accounts:
Mission Design

PAPROCKI & CO.
865 Adair Ave, Atlanta, GA 30306
Tel.: (404) 308-0019
Fax: (404) 607-1317
E-Mail: joe@paprockiandco.com
Web Site: www.paprockiandco.com

Employees: 6
Year Founded: 2005

Agency Specializes In: Advertising, Agriculture, Automotive, Brand Development & Integration, Broadcast, Business Publications, Business-To-Business, Cable T.V., Co-op Advertising, Collateral, Consulting, Consumer Marketing, Consumer Publications, Electronic Media, Entertainment, Fashion/Apparel, Food Service, Graphic Design, High Technology, Industrial, Information Technology, Leisure, Magazines, Media Buying Services, Merchandising, Newspaper, Newspapers & Magazines, Out-of-Home Media, Outdoor, Point of Sale, Print, Production, Radio, Real Estate, Restaurant, Retail, Sports Market, Strategic Planning/Research, T.V., Travel & Tourism

Approx. Annual Billings: $3,500,000

Breakdown of Gross Billings by Media: Newsp. & Mags.: $3,500,000

Joe Paprocki *(Owner & Creative Dir)*

Accounts:
American Express
AT&T Broadband
Atlanta Community Food Bank
Atlanta History Center
BlueLinx
Cheap Lubes
ING Financial
Kodak Graphic Communications Group
Lee Jeans
Nikon
Northside Hospital
Sierra Club; Atlanta, GA (Cause Marketing); 1999
Village Real Estate
The Weather Channel
World Wildlife Fund
Zifty.com

PARADIGM MARKETING & CREATIVE
89 N Cooper St, Memphis, TN 38104
Tel.: (901) 685-7703
Fax: (901) 531-8513
E-Mail: info@2dimes.com
Web Site: www.2dimes.com

Employees: 9
Year Founded: 1992

Agency Specializes In: Advertising, Brand Development & Integration, Collateral,

AGENCIES - JANUARY, 2019 — ADVERTISING AGENCIES

Digital/Interactive, Graphic Design, Internet/Web Design, Logo & Package Design, Out-of-Home Media, Outdoor, Print

Charles Gaushell *(Founder & Pres)*
Becca Hand *(Creative Dir)*
Hope Dalton *(Acct Mgr-Digital)*
Lexie Shaunak *(Acct Mgr)*
Allie Mounce *(Sr Art Dir)*

Accounts:
Adventia Wellness
Aerial Innovations
Alyzen Medical Physics
AOC Resins
APS Pharmacy
Artisan on 18th
Atlantic Pacific
Boyle Investment
Cypress Realty
EdR-Education Realty Trust
Fogelman Properties
Greenbox Memphis
Highwoods Properties
Holiday Deli
Jesus is the Sweetest
Linkous Construction
Matrix Achievement Solutions
Old Venice
Opus 29
Poag Lifestyle Centers
Pyros Fire Fresh Pizza
RVC Outdoor Destinations
Semmes Murphey
St. Jude Children's Research Hospital
Stonehenge Residential
West 46th
White Oak Development

PARADIGM MEDIA CONSULTANTS, INC.
PO Box 6213, Fishers, IN 46038
Tel.: (317) 436-4801
Fax: (317) 577-0120
E-Mail: deb@paradigmmedia.com
Web Site: https://www.paradigmmedia.com/

Employees: 5
Year Founded: 2002

Agency Specializes In: Broadcast, Cable T.V., Collateral, Consulting, Direct Response Marketing, Education, Infomercials, Media Buying Services, Newspaper, Newspapers & Magazines, Print, Production, Radio, Recruitment, T.V., Transportation

Approx. Annual Billings: $7,000,000

Breakdown of Gross Billings by Media: Brdcst.: $5,000,000; Newsp.: $1,500,000; Production: $500,000

Deb Rishel *(Owner & Pres)*
Bob Newman *(Owner)*

Accounts:
Advanced Career Institute; Visalia, CA Truck Driver Training
Allied Health; Phoenix, AZ; Rialto, CA; Colorado Springs & Denver, CO & Portland, OR Automotive Services, Culinary Arts, Electrician Services, HVAC Services
Ayers Institute; Shreveport, LA HVAC Training, Medical Assistant Training, Pharmacy Tech Training
Career Education Institute; Boston, MA; Henderson, NV Electronic Systems Technician Training, Massage Therapy Training, Medical Assistant Training, Medical Billing & Coding Training, Network Systems Administrator Training, Pharmacy Tech Training
Diesel Driving Academy; Shreveport, LA; Baton Rouge, LA; New Orleans, LA; Lafayette, LA Truck Driver Training
DriverTrak; Denver, CO Driver Recruiting & Placement
Future Truckers of America; Asheboro, NC Truck Driver Training
Georgia Driving Academy; Conyers, GA Truck Driver Training
Napier Truck Driver Training; Middletown, OH Truck Driver Training
New England Technical Institute; Cromwell, Hamden, New Britain & Shelton, CT
New Prime, Inc.; Springfield, MO Truck Transportation
Nu-Way Truck Driver Training Centers; Pontiac, MI; Saint Louis, MO Truck Driver Training
United States Truck Driving School Truck Driver Training
Vertical Alliance Group; Texarkana, AR Internet Company

PARADISE ADVERTISING & MARKETING
150 2nd Ave N Ste 800, Saint Petersburg, FL 33701
Tel.: (727) 821-5155
Fax: (727) 822-3722
E-Mail: info@paradiseadv.com
Web Site: www.paradiseadv.com

E-Mail for Key Personnel:
President: cedar@paradiseadv.com
Creative Dir.: dave@paradiseadv.como
Media Dir.: media@paradiseadv.com

Employees: 15
Year Founded: 2002

Agency Specializes In: Advertising

Approx. Annual Billings: $9,000,000

Cedar Hames *(Pres & Chief Strategy Officer)*
Barbara Emener Karasek *(CEO)*
Tom Merrick *(Chief Creative Officer & Copywriter)*
Tony Karasek *(Exec VP)*
Shirley Pekarek *(VP-Fin)*
Rudy Webb *(VP-Client Svcs)*
Glenn Bowman *(Art Dir, Creative Dir & Designer)*
Nicole Delaney *(Acct Dir)*
Mary Jane Kolassa *(Acct Dir-PR)*
Kristen Murphy *(Acct Dir)*
Lorin Augeri *(Asst Dir)*
Danielle Ackerman *(Acct Mgr)*
Tara Tufo *(Corp Dir-Comm)*

Accounts:
Daytona Beach Area Convention & Visitors Bureau (Advertising Agency of Record)
Everglades
Halifax Area Advertising Authority Board Advertising Agency of Record
JW Marriott Marco Island Beach Resort
Marco Island Marriott Beach Resort, Golf Club & Spa Public Relations
Marco Island
Naples
Saint Petersburg-Clearwater International Airport
Salvador Dali Museum
Sawgrass Marriott Golf Resort & Spa Public Relations
Space Florida Space Travel
Vinoy Renaissance Resort & Golf Club (Public Relations Agency of Record) Social Media
Visit Savannah Brand Identity & Advertising, Logo; 2017
We Are Go FL

Branch

Paradise Advertising & Marketing-Naples
5660 Stand Ct, Naples, FL 34110
Tel.: (239) 682-4896
E-Mail: naples@paradiseadv.com
Web Site: www.paradiseadv.com

Employees: 25

Agency Specializes In: Advertising, Brand Development & Integration, Public Relations, Travel & Tourism

Cedar Hames *(Pres & Chief Strategy Officer)*
Rudy Webb *(VP-Acct Svcs)*
Kristen Murphy *(Grp Dir-Acct Plng)*
Glenn Bowman *(Creative Dir)*
Nicole Delaney *(Acct Dir)*
Brittany Weissler Einsmann *(Sr Writer)*

Accounts:
St. Pete/Clearwater International Airport

PARADOWSKI CREATIVE
349 Marshall Ave Ste 200, Saint Louis, MO 63119
Tel.: (314) 241-2150
E-Mail: info@paradowski.com
Web Site: www.paradowski.com

Employees: 70
Year Founded: 1977

Agency Specializes In: Advertising, Digital/Interactive, Social Media

Gus Hattrich *(Pres)*
Tony McAley *(Art Dir)*
Dan Rayfield *(Creative Dir)*
Terry Stewart *(Creative Dir)*
Pat Rosner *(Dir-Insights & Plng)*
Lauren Ungerott *(Acct Mgr)*
Kelly Guerra *(Acct Supvr)*

Accounts:
Cutex Nails
Monsanto Campaign: "America's Farmers Advocacy"
State of Missouri

PARADUX MEDIA GROUP
121 W Main St, Eagle Point, OR 97524
Tel.: (541) 727-0627
E-Mail: contact@paraduxmedia.com
Web Site: www.paraduxmedia.com

Employees: 10
Year Founded: 2008

Agency Specializes In: Advertising, Corporate Identity, Graphic Design, Internet/Web Design, Logo & Package Design, Print, Public Relations, Radio, Social Media, T.V.

Tisha Oehmen *(COO & Strategist-Brand)*
Kurt DeWitt *(Producer-Digital Media)*
Kelly Congleton *(Sr Graphic Designer)*
Mike Frey *(Chief Visionary Officer)*

Accounts:
Network Time Foundation

PARADYSZ
(Merged with PM Digital to form PMX Agency)

PARAGRAPH
1429 Walnut St Ste 500, Philadelphia, PA 19102
Tel.: (215) 629-3550
Fax: (215) 629-2897
E-Mail: info@paragraphinc.com
Web Site: www.paragraphinc.com

Employees: 15

Bob Aretz *(Pres)*

ADVERTISING AGENCIES

Accounts:
ARAMARK Campus Dining Services
Bayard's Chocolates
Citation Technologies
Dixon Environmental
Interior Management, Inc.
Jevs Human Services
Larsen MacColl Partners
Liquent
Millmar Paper
NFL Films
Reading Terminal Market

PARAMORE THE DIGITAL AGENCY
500 Church Street, Nashville, TN 37219
Tel.: (615) 386-9012
Web Site: paramoredigital.com

Employees: 26
Year Founded: 2002

Agency Specializes In: Email, Internet/Web Design, Social Media, Strategic Planning/Research, Viral/Buzz/Word of Mouth, Web (Banner Ads, Pop-ups, etc.)

Revenue: $3,800,000

Hannah Paramore *(Pres)*
Matt Burch *(VP-Strategy)*
Dena Livingston *(Acct Dir)*
Rebecca Brown *(Project Mgr-The Media)*
Stephanie Friedlander *(Mgr-Bus Dev)*
Amanda Twitty *(Mgr-Media)*
Emily Crye *(Acct Supvr)*
Meghan Litsinger *(Acct Supvr)*
Jenni Williams *(Supvr-The Project Mgmt)*
Crystal Hubbard *(Copywriter)*
Cassandra L. Erdmier *(Assoc Media Dir)*

Accounts:
Cracker Barrel
Cumberland University
The Gwinnett Convention and Visitors Bureau, Georgia Digital Strategy, Media, Website
Historic Lexington, Va., Content Development, Digital, Media Strategy, Social Media, Traditional
The Morris County Tourism Bureau, New Jersey Digital Media, Website
Pedestal Foods
Polk County
TBHC Delivers
Tennessee Department of Tourist Development
Winterplace Ski Resort

PARANOID US
(Acquired & Absorbed by Humble)

PARDES COMMUNICATIONS, INC.
17 Shattuck St, Natick, MA 01760
Tel.: (781) 652-8059
E-Mail: info@pardescommunications.com
Web Site: www.pardescommunications.com

Agency Specializes In: Business-To-Business, Customer Relationship Management, Public Relations, Retail, Social Marketing/Nonprofit

Diane Pardes *(Pres)*

PARK&CO
4144 N 44th St Ste A-2, Phoenix, AZ 85018
Tel.: (602) 957-7323
Web Site: www.parkandco.com

Employees: 5

Agency Specializes In: Advertising, Brand Development & Integration, Event Planning & Marketing, Media Planning, Media Relations, Public Relations, Social Media, Strategic Planning/Research

Accounts:
Podius

THE PARK GROUP
(Formerly Spark Media)
153 Gateway Dr Ste A, Macon, GA 31210
Tel.: (478) 254-2264
E-Mail: info@theparkgroup.net
Web Site: theparkgroup.net/

Employees: 23

Agency Specializes In: Advertising, Content, Digital/Interactive, Internet/Web Design, Local Marketing, Media Buying Services, Print, Search Engine Optimization, Social Media, Yellow Pages Advertising

Scott Park *(Principal & Creative Dir)*
Diana Moss *(Sr Producer-Spark Media, Inc)*
James Mirabello *(Producer-Spark Media)*

Accounts:
Galles Chevrolet
Moultrie Technical College This Changes Everything

PARKER ADVERTISING SERVICE, INC.
101 N Pointe Blvd 2nd Fl, Lancaster, PA 17601
Tel.: (717) 581-1966
Fax: (717) 581-1566
Toll Free: (800) 396-3306
E-Mail: laura@parkerad.com
Web Site: www.parkerad.com

E-Mail for Key Personnel:
President: laura@parkerad.com
Creative Dir.: jaca@parkerad.com
Production Mgr.: nathan@parkerad.com

Employees: 2
Year Founded: 1991

Agency Specializes In: Advertising, Advertising Specialties, African-American Market, Alternative Advertising, Aviation & Aerospace, Bilingual Market, Brand Development & Integration, Broadcast, Business Publications, Business-To-Business, Cable T.V., Co-op Advertising, College, Corporate Communications, Direct Response Marketing, Direct-to-Consumer, Electronic Media, Email, Event Planning & Marketing, Exhibit/Trade Shows, Financial, Graphic Design, Health Care Services, High Technology, Hispanic Market, In-Store Advertising, Internet/Web Design, Magazines, Market Research, Media Buying Services, Media Planning, Media Relations, Medical Products, Mobile Marketing, Multicultural, Multimedia, Newspaper, Newspapers & Magazines, Out-of-Home Media, Outdoor, Point of Purchase, Point of Sale, Print, Production (Print), Public Relations, Radio, Recruitment, Social Marketing/Nonprofit, Transportation, Web (Banner Ads, Pop-ups, etc.), Women's Market

Approx. Annual Billings: $1,100,000

Jaca White *(VP)*

Accounts:
Alcon Manufacturing; Sinking Spring, PA; 1990
Capital BlueCross; Harrisburg, PA; 1986
Constellation Power; Baltimore, MD; 2001
ManTech International Corporation; Fairfax, VA; 2002
Mercy Medical System; Baltimore, MD; 2000
NRG Energy, Inc.
NRG Energy, Inc.; 2002
Prime Retail; Baltimore, MD; 1997
Rite Aid Corporation; Camp Hill, PA; 2005

PARKER AVENUE
205 E Third Ave Ste 303, San Mateo, CA 94401
Tel.: (650) 348-9889
Fax: (650) 532-0519
E-Mail: adrienne@parkeravenue.biz
Web Site: www.parkeravenue.biz

Employees: 1
Year Founded: 1998

Agency Specializes In: Advertising, Alternative Advertising, Brand Development & Integration, Broadcast, Business Publications, Business-To-Business, Cable T.V., Collateral, Communications, Computers & Software, Consulting, Consumer Goods, Consumer Marketing, Consumer Publications, Content, Corporate Communications, Corporate Identity, Direct Response Marketing, Direct-to-Consumer, Electronic Media, Electronics, Email, Environmental, Event Planning & Marketing, Exhibit/Trade Shows, Financial, Food Service, Graphic Design, Guerilla Marketing, Health Care Services, High Technology, Hospitality, Identity Marketing, In-Store Advertising, Industrial, Information Technology, Integrated Marketing, Internet/Web Design, Leisure, Local Marketing, Logo & Package Design, Magazines, Market Research, Media Buying Services, Media Planning, Medical Products, Multimedia, Newspaper, Newspapers & Magazines, Out-of-Home Media, Outdoor, Over-50 Market, Package Design, Paid Searches, Planning & Consultation, Point of Purchase, Point of Sale, Print, Production, Production (Print), Promotions, Radio, Regional, Restaurant, Sales Promotion, Seniors' Market, Strategic Planning/Research, T.V., Technical Advertising, Trade & Consumer Magazines, Transportation, Travel & Tourism, Urban Market, Web (Banner Ads, Pop-ups, etc.)

Adrienne Parker *(Principal & Head-Strategy & Creative)*

Accounts:
Santa Maria Medical Center
Silicon Valley Forum

PARKER BRAND CREATIVE SERVICES
2412 Maplewood Dr Ste 1, Sulphur, LA 70663
Tel.: (337) 214-1119
Fax: (225) 208-1707
E-Mail: info@parkerbrandcreative.com
Web Site: http://www.parkerbrandup.com/

Employees: 5

Agency Specializes In: Advertising, Brand Development & Integration, Broadcast, Digital/Interactive, Event Planning & Marketing, Graphic Design, Logo & Package Design, Media Planning, Out-of-Home Media, Outdoor, Print

Michelle Parker *(Owner & Art Dir)*
Oran Parker *(Co-Owner)*

Accounts:
Infinite Health

PARKER MADISON DIALOG MARKETING
80 E Rio Salado Pkwy Ste 101, Tempe, AZ 85281
Tel.: (602) 254-2440
Fax: (602) 258-9261
Web Site: www.parkermadison.com

Employees: 1

Agency Specializes In: Brand Development & Integration, Consumer Marketing

Mark Godfrey *(Owner)*

AGENCIES - JANUARY, 2019 — ADVERTISING AGENCIES

Accounts:
Trillium Investment Services
Velo Vie LLC Bicycles Mfr

PARKERWHITE INC.
230 Birmingham Dr, Encinitas, CA 92007
Tel.: (760) 783-2020
Web Site: www.parkerwhite.com

Employees: 11

Agency Specializes In: Advertising, Brand Development & Integration, Collateral, Email, Exhibit/Trade Shows, Internet/Web Design, Media Planning, Package Design, Search Engine Optimization, Social Media

Cindy White *(CEO & Creative Dir)*
Eric Ng *(Dir-Digital Svcs)*
Ryan Parker *(Mgr-Digital Mktg)*
Keith S. White *(Strategist-Brand)*

Accounts:
Aperio, Inc.
Zest Anchors, Inc.

PARKWAY DIGITAL
(Formerly Reilley Design Studio)
19 Limestone Dr Ste 4, Williamsville, NY 14221
Tel.: (716) 633-4097
E-Mail: hello@reilleydesignstudio.com
Web Site: https://www.pkwydigital.com

Employees: 1

Agency Specializes In: Advertising, Computers & Software, Content, Digital/Interactive, Internet/Web Design, Search Engine Optimization, Social Media

Chris Reilley *(Owner & Head-Creative)*

Accounts:
Villa Maria College

PARLEESTUMPF INC
628 Highland Dr, Perkasie, PA 18944
Tel.: (215) 345-7040
Fax: (215) 345-7042
Web Site: parleeco.com

Employees: 6

Agency Specializes In: Advertising, Brand Development & Integration, Corporate Identity, Digital/Interactive, Internet/Web Design, Package Design, Print, Radio, Social Media, T.V.

Todd Parlee *(Pres)*
Cheryl Anne Castro *(VP)*
Blair Johnson *(Mgr-Bus Dev & Specialist-Media)*
Diane Jaynes *(Mgr-Office & Coord-Client Svcs)*

Accounts:
Dranoff Properties, Inc.
PrintMail Systems, Inc
Richard Green & Son

PARTNERCENTRIC
2028 E Ben White Blvd Ste 240-1144, Austin, TX 78741
Tel.: (512) 537-0913
Web Site: partnercentric.com

Employees: 50
Year Founded: 2004

Agency Specializes In: Advertising, Brand Development & Integration, Content, Social Media, Strategic Planning/Research

Stephanie Harris *(Owner & CEO)*
Julie Avila *(COO)*
Tom Rathbone *(VP-Strategic Initiatives)*
Lisette Howard *(Dir-Client Svcs)*
Craig McGlynn *(Dir-Client Svcs)*
Tracie Gross *(Assoc Dir-Publ Success)*
Veronica Brown *(Sr Mgr-Affiliate Program)*
Julie Stepkowski *(Sr Mgr-Affiliate Program)*
Lisa Hein *(Acct Mgr)*
Daniel Bryant *(Mgr-Affiliate Program)*
Alisa Crowley *(Mgr-Mktg)*
Erinn Groh *(Mgr-Affiliate Program)*
Megan Sabo *(Mgr-Affiliate Program)*

Accounts:
New-Cookie's Kids
New-Credit.com
New-Journelle
New-Motiv Inc.
New-SureFit Inc
New-Teddy the Dog
New-ThriveHive
New-Vision Service Plan
New-Wolverine World Wide Inc.

PARTNERS & SIMONS
(Name Changed to MERGE Boston)

PARTNERS & SPADE
324 Lafayette St 2nd Fl, New York, NY 10012
Tel.: (646) 861-2827
E-Mail: info@partnersandspade.com
Web Site: www.partnersandspade.com

Employees: 90
Year Founded: 2008

Agency Specializes In: Advertising, Brand Development & Integration, Graphic Design, Production (Ad, Film, Broadcast), Publishing

Anthony Sperduti *(Founder)*
Fernando Music *(Mng Dir)*
John Baker *(Acct Dir)*
Jonathan Mackler *(Creative Dir)*
Elizabeth Dilk *(Dir-Design)*

Accounts:
Book of the Month
The Coca-Cola Company Creative
Harry's, Inc Creative, TV
J. Crew Group, Inc.
Nordstrom, Inc Campaign: "See Anew", Men's Store, Online, Out-of-Home, Print, Social, Television
Normal Campaign: "Ear Tailor", Earphones
Quirky Campaign: "The World's Least Important CEO"
Shinola (Agency of Record) Campaign: "The Runwell. It's Just Smart Enough", Creative
Target Campaign: "Party Entertaining With Threshold"
Warby Parker Campaign: "Eyeballs Looking For Glasses", Campaign: "The Literary Life"
Whole Foods Market, Inc. "Beef", "Produce", Advertising, Broadcast, Campaign: "America's Healthiest Grocery Store", Campaign: "Values Matter", Creative

PARTNERS CREATIVE
603 Woody St, Missoula, MT 59802
Tel.: (406) 541-2263
Web Site: www.partnerscreative.com

Employees: 25
Year Founded: 2000

Agency Specializes In: Advertising, Brand Development & Integration, Media Buying Services, Media Planning, Public Relations, Search Engine Optimization, Social Media, Strategic Planning/Research

Susan Ash *(Pres)*
Sean Benton *(VP & Creative Dir)*
Steve Falen *(VP & Creative Dir)*
Tony Ferrini *(Dir-Digital)*
Lori Warden *(Acct Exec-PR)*

PARTNERS+NAPIER
192 Mill St Ste 600, Rochester, NY 14614-1022
Tel.: (585) 454-1010
Fax: (585) 454-1575
Toll Free: (800) 274-4954
E-Mail: info@partnersandnapier.com
Web Site: www.partnersandnapier.com

E-Mail for Key Personnel:
President: snapier@partnersandnapier.com
Creative Dir.: jgabel@partnersandnapier.com

Employees: 89
Year Founded: 1972

National Agency Associations: 4A's-AMA

Agency Specializes In: Advertising, Education, Health Care Services, Media Buying Services, Media Planning, New Technologies, Planning & Consultation, Sponsorship, Strategic Planning/Research

Courtney Cotrupe *(Pres)*
Sharon Napier *(CEO)*
Jeffery Gabel *(Chief Creative Officer & Mng Partner)*
Elaine Naum *(Sr VP & Grp Acct Dir)*
Julie DeRoller *(Sr VP & Dir-Vine Creative Studios)*
Mike Baron *(Sr VP & Grp Creative Dir)*
Scott Chapman *(Exec Dir-Fin)*
Pete VonDerLinn *(Exec Creative Dir)*
Dan O'Donnell *(Grp Dir-Creative)*
Kelly Chapman *(Grp Acct Dir)*
Matt Palmer *(Creative Dir & Copywriter)*
Kristen Bridenbaugh *(Acct Dir)*
Marco Fesyuk *(Art Dir)*
Cara Civiletti Mittler *(Acct Dir)*
Lia Abbott *(Dir-Dev)*
Stephanie Bane *(Dir-Plng)*
Gregg Dinino *(Dir-PR)*
Cj Gaffney *(Dir-Strategy & Engagement)*
Andy Rose *(Dir-Digital Experience)*
Greg Smith *(Dir-Retail Mktg)*
Chelsea Wagner *(Assoc Mgr-PR)*
Lisa Baumgartner *(Acct Supvr)*
Rick Cieply *(Acct Supvr)*
Rebekah Mulcahey *(Acct Supvr)*
Kory Andrieu *(Supvr-Creative)*
Justin Lahue *(Copywriter)*
Rick Calzi *(Sr Art Dir)*

Accounts:
Bausch + Lomb
BMW Financial Services BMW, MINI; 2014
BurgerFi Creative.
ConAgra Foods Chef Boyardee, PAM, Ro-Tel; 2014
Conduent; 2017
Constellation Brands
Delta Vacations; 2014
Economic Development Board of Singapore; 2015
Excellus BlueCross BlueShield; 2003
Gannett
Highmark Health Inc.
INVISTA Creative, Design, Marketing, TECGEN
Keurig Green Mountain, Inc.; 2010
Kodak; 1996
Lufthansa Airlines; 2012
Marlow's Tavern; 2008
Mederma (Agency of Record) Advertising, Campaign: "One Word", Digital, Marketing, Online, Print, TV
Merz Pharmaceuticals; 2012
O'Brien & Gere
The Players' Tribune; 2014

ADVERTISING AGENCIES

Rochester Regional Health System; 2001
Sanmina; 2010
Saputo Dairy Foods USA Friendship Dairies; 2009
Schuman Cheese (Advertising Agency of Record) Activations, Brand Strategy, Business-to-Business Marketing; 2018
ShopKeep; 2015
Univera Health Care
The Vote Needs U
WEX; 2014
Wiley Publishing; 2014
Xerox

Branches

Partners+Napier
11 E 26th St 6th Fl, New York, NY 10010
Tel.: (212) 401-7799
E-Mail: hello@partnersandnapier.com
Web Site: www.partnersandnapier.com

Employees: 5

National Agency Associations: 4A's

Agency Specializes In: Advertising, Brand Development & Integration, Digital/Interactive, Media Buying Services, Media Planning, Strategic Planning/Research

Katrina Busch *(Sr VP & Grp Acct Dir)*
Jessica DeMinco *(Acct Supvr)*
Traci Togias *(Acct Supvr)*
Ashley Slaby *(Assoc Art Dir & Designer)*

Accounts:
The Players Tribune (Agency of Record)
ShopKeep (Agency of Record) Brand Strategy, Creative
Singapore Economic Development Board Advertising, Creative

THE PARTNERSHIP
3500 Piedmont Rd Ne, Atlanta, GA 30305
Tel.: (404) 880-0080
Fax: (404) 880-0270
Web Site: www.thepartnership.com

Employees: 40
Year Founded: 1983

Agency Specializes In: Advertising, Email, Media Buying Services, Media Planning, Mobile Marketing, Print, Radio, Social Media, Sponsorship, T.V.

David Arnold *(Founder & Pres)*
Lisa Stover *(Mgr-Fin)*

Accounts:
ATC Financial, LLC.
ATC Income Tax
Carhartt, Inc.
Crowne Plaza Hotels & Resorts
The Dairy Alliance Communications, Rebranding, Social Media; 2017
The FDIC
Ferrari Maserati of Atlanta
GS Battery
Holiday Inn
InterContinental Hotels & Resorts
Jeremy Clements Racing
Old Fourth Distillery
SkyView Atlanta
Southeastern United Dairy Industry Association
TEDxPeachtree
UHS-Pruitt Healthcare
Whynatte Latte Digital, Traditional Media

PARTNERSHIP ADVERTISING
11 Pinchot Ct Ste 100, Amherst, NY 14228

Tel.: (716) 689-2222
Fax: (716) 689-2468
E-Mail: info@thepartnershipltd.com
Web Site: www.thepartnershipltd.com

E-Mail for Key Personnel:
President: davis@thepartnershipltd.com
Media Dir.: cappellino@thepartnershipltd.com

Employees: 9
Year Founded: 1987

Agency Specializes In: Advertising, Affiliate Marketing, Alternative Advertising, Brand Development & Integration, Broadcast, Business Publications, Cable T.V., Co-op Advertising, Collateral, Communications, Digital/Interactive, Direct Response Marketing, Direct-to-Consumer, E-Commerce, Electronic Media, Event Planning & Marketing, Food Service, Government/Political, Graphic Design, Infomercials, Integrated Marketing, Local Marketing, Logo & Package Design, Marine, Market Research, Media Buying Services, Media Planning, Media Relations, Newspaper, Newspapers & Magazines, Out-of-Home Media, Outdoor, Package Design, Planning & Consultation, Point of Purchase, Point of Sale, Print, Production, Production (Print), Promotions, Public Relations, Publicity/Promotions, Radio, Restaurant, Retail, Sales Promotion, Seniors' Market, Social Marketing/Nonprofit, Sponsorship, Sports Market, Strategic Planning/Research, Sweepstakes, T.V., Telemarketing, Trade & Consumer Magazines, Yellow Pages Advertising

Approx. Annual Billings: $6,000,000

Robert Davis *(Pres & CEO)*

Accounts:
Atlantic Enterprises; Erie, PA Pizza Hut Franchise
Buffalo Home Show; Buffalo, NY Home Decor, Products & Services
Buffalo/Niagara Golf Show; Buffalo, NY Golf Products & Services
Coca Cola Bottling Company; Buffalo, NY Soft Drinks/Coca Cola Field
Consumer Credit Counseling; Buffalo, NY Finance Counseling
The Daland Corporation; Wichita, KS Pizza Hut Franchise
Dave's Christmas Store; Buffalo, NY Christmas/Holiday Decor
Dave's Deli; Buffalo, NY Fresh Produce & Meats
Five Guys Burgers & Fries; PA Restaurant
Hospitality West; Traverse City, MI Pizza Hut Franchise; 1998
Jones Lang LaSalle
Kenmore Mercy Foundation; Kenmore, NY Fundraising Development
Kosmart Enterprises; Hazleton, PA Pizza Hut Franchise
Lily of France
M&M Mars
Maryland Pizza Hut; Upper Marlboro, MO Pizza Hut Franchise
MBMS; Amherst, NY Banking Management Systems Maintenance
Niagara Frontier Auto Dealers; Buffalo, NY Auto Show
Park School of Buffalo; Snyder, NY College Prep School
Senior Associates; Buffalo, NY Senior Advocacy
The St. Joe Company
Stamm; Buffalo, NY Legal
Staybridge Suites
Tanning Bed; Buffalo, NY Tanning Salon
Vonner Insurance Group; Amherst;, NY Insurance Products
Weinberg Campus; Buffalo, NY Adult Residential Housing
Western New York Dental; Buffalo, NY Dentistry Service Provider

PARTNERSHIP OF PACKER, OESTERLING & SMITH (PPO&S)
513 N 2Nd St Ste 1, Harrisburg, PA 17101
Tel.: (717) 232-1898
Fax: (717) 236-6793
E-Mail: contact@pposinc.com
Web Site: www.pposinc.com

E-Mail for Key Personnel:
President: csmith@pposinc.com

Employees: 25
Year Founded: 1980

Agency Specializes In: African-American Market, Agriculture, Bilingual Market, Brand Development & Integration, Broadcast, Business-To-Business, Co-op Advertising, Communications, Consulting, Consumer Marketing, Environmental, Financial, Food Service, Government/Political, Health Care Services, Hispanic Market, Media Buying Services, Medical Products, Multimedia, Pharmaceutical, Planning & Consultation, Public Relations, Publicity/Promotions, Radio, Seniors' Market, Strategic Planning/Research, T.V., Trade & Consumer Magazines

Approx. Annual Billings: $15,000,000

Virginia Roth *(Pres)*
Jennifer Andren *(VP & Media Dir)*
Yvonne Evans *(VP-Fin & Ops)*
Karen M. Gray *(Assoc Creative Dir)*
Beth Shanabrough *(Assoc Coord-Media)*

Accounts:
Bank of Lancaster County
Feld Entertainment
Graham Packaging Company, L.P.
Pennsylvania Apple Marketing Board; Harrisburg, PA; 1984
Pennsylvania Association of Colleges & Universities; Harrisburg, PA; 2000
Pennsylvania Housing Finance Agency; Harrisburg, PA; 2003
Pennsylvania Library Association; Harrisburg, PA; 2003
Pennsylvania Waste Industry Association; 2001
Statewide Adoption Network; Harrisburg, PA; 1996

PARTNERSRILEY
468 Lake Forest Dr, Bay Village, OH 44140
Tel.: (216) 241-2141
Fax: (216) 479-2429
Toll Free: (800) 222-4045
E-Mail: info@partnersriley.com
Web Site: www.partnersriley.com

E-Mail for Key Personnel:
Creative Dir.: rriley@mradvertising.com
Media Dir.: ddackiewicz@mradvertising.com

Employees: 25
Year Founded: 1930

Agency Specializes In: Advertising, Brand Development & Integration, Broadcast, Business-To-Business, Collateral, Consumer Marketing, Consumer Publications, Corporate Identity, Electronic Media, Graphic Design, Internet/Web Design, Logo & Package Design, Magazines, Media Buying Services, Multimedia, Newspaper, Newspapers & Magazines, Out-of-Home Media, Outdoor, Point of Purchase, Point of Sale, Print, Production, Radio, Strategic Planning/Research, T.V., Trade & Consumer Magazines

Rick Riley *(Partner & Creative Dir)*

Accounts:
FMC
Miratec

AGENCIES - JANUARY, 2019 — ADVERTISING AGENCIES

PARTY LAND
7930 Campion Dr, Los Angeles, CA 90045
E-Mail: info@partyland.co
Web Site: www.partyland.co

Employees: 10
Year Founded: 2017

Agency Specializes In: Advertising

Matt Heath *(Co-Founder, CEO, Chief Creative Officer & Copywriter)*
Matt Rogers *(Co-Founder, Art Dir & Creative Dir)*
Haley Hunter-Heath *(Acct Exec)*

Accounts:
New-Erbert & Gerbert's
New-PHE Inc Adam & Eve

PASADENA ADVERTISING
117 E Colorado Blvd, Pasadena, CA 91105
Tel.: (626) 584-0011
Fax: (626) 584-0907
E-Mail: accts@pasadenaadv.com
Web Site: www.pasadenaadv.com

E-Mail for Key Personnel:
President: suzanne@pasadenaadv.com
Creative Dir.: tony@pasadenaadv.com
Media Dir.: lori@pasadenaadv.com

Employees: 8
Year Founded: 1986

Agency Specializes In: Advertising, Brand Development & Integration, Broadcast, Collateral, Corporate Identity, Entertainment, Environmental, Fashion/Apparel, Graphic Design, Internet/Web Design, Logo & Package Design, Newspaper, Out-of-Home Media, Outdoor, Point of Sale, Print, Production, Radio, Real Estate, Restaurant, Retail, T.V.

Approx. Annual Billings: $6,900,000

Breakdown of Gross Billings by Media: Collateral: 25%; Logo & Package Design: 5%; Newsp. & Mags.: 10%; Outdoor: 5%; Point of Purchase: 5%; Print: 15%; Radio & T.V.: 25%; Trade & Consumer Mags.: 5%; Worldwide Web Sites: 5%

Suzanne Marks *(Co-Owner)*
J. Anthony Nino *(Co-Owner)*
Kelly La Croix *(Acct Mgr)*

Accounts:
Bob Hope Burbank Airport
Castro Convertibles
Catholic Charities
Delacey Green
FastFrame; Newbury Park, CA Custom Frames; 2005
Hills Department Stores
Hyde Park Entertainment; Santa Monica, CA
Intracorp; Newport Beach, CA (Logo, Brochures & Corporate Identity) Delacey at Green & Waterstone Project; 2004
LifeForm; Calgary, Canada (Packaging Design); 2003
Mayfield Senior High School; Pasadena, CA (Website)
Old Pasadena Management District
Pacific Coast Feather Cushion
Pasadena Unified School District
The Roho Group
TCW
Trust Company of the West (TCW)
West Basin Municipal Water District

PASKILL STAPLETON & LORD
1 Roberts Ave, Glenside, PA 19038-3497
Tel.: (215) 572-7938
Fax: (215) 572-7937
E-Mail: info@psandl.com
Web Site: www.psandl.com

E-Mail for Key Personnel:
Media Dir.: Kristin@psandl.com

Employees: 30
Year Founded: 1988

Agency Specializes In: Education

Approx. Annual Billings: $6,000,000

Jim Paskill *(Pres)*
Robert Oxman *(VP & Dir-Creative Svcs)*
David Black *(VP-Market Res & Consulting)*
Kristin Convery *(Mgr-Adv Media)*

Accounts:
Drexel University
Embry Riddle Aeronautical University
Emporia State University
Holy Family University
LaSalle University
Malone University
Monmouth University
Neumann College
NJCU
Oakland University
Pennsylvania Institute of Technology
Saint Leo University
Seton Hall University
University of North Carolina School of the Arts

PASSENGER
5900 Wilshire Blvd 28th Fl, Los Angeles, CA 90036
Tel.: (323) 556-5400
Fax: (323) 556-5490
E-Mail: info@thinkpassenger.com
Web Site: http://www.fuelcycle.com/

Employees: 40

Agency Specializes In: Business-To-Business, Strategic Planning/Research

Marc Macellaio *(VP-Sls)*
Matt Worden *(Sls Dir)*

Accounts:
ABC, Inc.
Adidas
Coca-Cola Refreshments USA, Inc.
FOX
GE
Mercedes-Benz

PASSEY ADVERTISING INC
1124 W Main St, Medford, OR 97501
Tel.: (541) 779-5455
Toll Free: (800) 460-9762
Web Site: www.passeyadvertising.com

Employees: 4

Agency Specializes In: Advertising, Digital/Interactive, Internet/Web Design, Logo & Package Design, Out-of-Home Media, Outdoor, Print, Radio, T.V.

Randy Passey *(CEO)*

Accounts:
Black Chapman Webber & Stevens

PATHFINDERS ADVERTISING & MARKETING GROUP
1250 Park Pl, Mishawaka, IN 46545
Tel.: (574) 259-5908
Fax: (574) 259-5978
E-Mail: info@pathfind.com
Web Site: www.pathfind.com

E-Mail for Key Personnel:
President: sball@pathfind.com
Creative Dir.: JBasker@pathfind.com

Employees: 22
Year Founded: 1979

National Agency Associations: AAF-AMA

Agency Specializes In: Advertising, Automotive, Brand Development & Integration, Broadcast, Business-To-Business, Cable T.V., Co-op Advertising, Collateral, Communications, Consulting, Consumer Marketing, Consumer Publications, Corporate Communications, Corporate Identity, Direct Response Marketing, Electronic Media, Event Planning & Marketing, Exhibit/Trade Shows, Financial, Food Service, Graphic Design, Health Care Services, High Technology, In-Store Advertising, Industrial, Internet/Web Design, Logo & Package Design, Magazines, Media Buying Services, Multimedia, New Product Development, Newspaper, Newspapers & Magazines, Out-of-Home Media, Outdoor, Over-50 Market, Pharmaceutical, Planning & Consultation, Point of Purchase, Point of Sale, Print, Production, Public Relations, Publicity/Promotions, Radio, Real Estate, Retail, Sales Promotion, Seniors' Market, Sponsorship, Strategic Planning/Research, Sweepstakes, T.V., Technical Advertising, Trade & Consumer Magazines, Transportation, Travel & Tourism, Yellow Pages Advertising

Vicky Holland *(Pres)*
Stephen Ball *(CEO)*
Stacey Harris *(Acct Dir)*
Danny Miller *(Producer-Video Creative)*
Jeff Staley *(Dir-Art)*
Nancy Ball *(Office Mgr)*
Lori Stickler *(Office Mgr)*
Ryan Bonnell *(Mktg Mgr)*
Jane Basker *(Mgr-Scheduling & Traffic)*
Anneliese Woolford *(Sr Acct Exec)*
Colin Burns *(Acct Exec)*
Emily Jensen *(Acct Exec)*
Patti Kloss *(Acct Exec)*
Hannah Turner *(Acct Exec)*
Laura Drew *(Acct Coord)*
James Jursinic *(Assoc Creative Dir)*
Drew Turner *(Assoc Creative Dir)*

Accounts:
Crown International
Fifth Third Bank
GC America
Royal Outdoor Products
Supreme

PATHWAY GROUP
437 Madison Ave 7th FL, New York, NY 10022
Tel.: (212) 590-7043
E-Mail: info@omgPathway.com
Web Site: www.pathwayomg.com

Employees: 50

Agency Specializes In: Advertising, Brand Development & Integration, Digital/Interactive, Print, Radio, Social Media, Strategic Planning/Research, T.V.

Wendy Arnon *(Pres & CEO)*
Sheri Rothblatt *(Mng Dir)*
Dale Travis *(Mng Dir)*
Anna Klayman *(Head-Digital)*
Janet Barnard *(Grp Acct Dir)*
Brian Sypniewski *(Grp Acct Dir)*
Simmy Owens *(Dir-Bus Dev & Mktg)*
Franchesca Silvestre *(Assoc Dir-Digital)*

ADVERTISING AGENCIES — AGENCIES - JANUARY, 2019

Greg Richards *(Assoc Media Dir)*

Accounts:
Astellas Pharma US, Inc
Synchrony Bank

THE PATIENT RECRUITING AGENCY
6207 Bee Caves Rd Ste 288, Austin, TX 78746
Tel.: (512) 345-7788
Fax: (775) 258-0231
Toll Free: (888) 899-7788
E-Mail: lance@tprausa.com
Web Site: www.tprausa.com

Employees: 30
Year Founded: 1999

Agency Specializes In: Advertising, African-American Market, Bilingual Market, Brand Development & Integration, Broadcast, Cable T.V., Communications, Consumer Marketing, Digital/Interactive, Direct Response Marketing, Direct-to-Consumer, Education, Electronic Media, Graphic Design, Health Care Services, Hispanic Market, Integrated Marketing, Internet/Web Design, Local Marketing, Logo & Package Design, Magazines, Market Research, Media Buying Services, Media Planning, Media Relations, Multimedia, New Technologies, Newspaper, Out-of-Home Media, Outdoor, Pharmaceutical, Print, Production, Production (Ad, Film, Broadcast), Production (Print), Radio, Recruitment, Regional, Search Engine Optimization, Seniors' Market, Strategic Planning/Research, T.V., Teen Market, Urban Market, Women's Market

Approx. Annual Billings: $12,000,000

Breakdown of Gross Billings by Media: Network Radio: $1,080,000; Network T.V.: $7,920,000; Print: $600,000; Production: $2,400,000

Lance Nickens *(Pres)*
Carl T. Wibbenmeyer *(COO)*
Todd B. Sanders *(CTO)*

PATRIOT ADVERTISING INC.
1801 East Ave, Katy, TX 77493
Tel.: (832) 437-1477
Fax: (832) 553-2599
E-Mail: info@patriotadvertising.com
Web Site: www.patriotadvertising.com

Employees: 15
Year Founded: 2005

Agency Specializes In: Advertising, Affiliate Marketing, Affluent Market, African-American Market, Agriculture, Alternative Advertising, Asian Market, Automotive, Aviation & Aerospace, Bilingual Market, Brand Development & Integration, Broadcast, Business Publications, Business-To-Business, Cable T.V., Collateral, College, Commercial Photography, Communications, Consulting, Consumer Goods, Consumer Marketing, Consumer Publications, Corporate Communications, Corporate Identity, Custom Publishing, Digital/Interactive, Direct-to-Consumer, E-Commerce, Electronic Media, Electronics, Email, Engineering, Entertainment, Event Planning & Marketing, Exhibit/Trade Shows, Experience Design, Fashion/Apparel, Financial, Food Service, Government/Political, Graphic Design, Health Care Services, High Technology, Hispanic Market, Hospitality, Identity Marketing, In-Store Advertising, Industrial, Information Technology, Integrated Marketing, International, Internet/Web Design, Legal Services, Local Marketing, Logo & Package Design, Magazines, Marine, Market Research, Media Buying Services, Media Planning, Media Relations, Media Training, Medical Products, Men's Market, Mobile Marketing, Multicultural, Multimedia, New Product Development, New Technologies, Newspaper, Newspapers & Magazines, Out-of-Home Media, Outdoor, Over-50 Market, Package Design, Pharmaceutical, Planning & Consultation, Point of Purchase, Point of Sale, Print, Product Placement, Production, Production (Ad, Film, Broadcast), Production (Print), Promotions, Public Relations, Publicity/Promotions, Publishing, Radio, Real Estate, Recruitment, Regional, Restaurant, Retail, Sales Promotion, Search Engine Optimization, Seniors' Market, Social Marketing/Nonprofit, Sports Market, Strategic Planning/Research, T.V., Technical Advertising, Teen Market, Trade & Consumer Magazines, Transportation, Urban Market, Viral/Buzz/Word of Mouth, Web (Banner Ads, Pop-ups, etc.), Women's Market

Tim Runge *(Owner, Pres & CEO)*
Phil Pool *(Dir-New Bus)*

Accounts:
Kroger; Houston, TX (Recruitment); 2005
Tyco; Houston, TX

PATTERSON RIEGEL ADVERTISING
200 E Main St Ste 710, Fort Wayne, IN 46802
Tel.: (260) 422-5614
Fax: (260) 422-5875
Web Site: www.pattersonriegel.com

Agency Specializes In: Advertising, Collateral, Corporate Identity, Internet/Web Design, Logo & Package Design, Media Relations, Promotions, Public Relations, Social Media, Strategic Planning/Research

Matthew Henry *(Pres & CEO)*
Emilie Henry *(Mgr-Media)*

Accounts:
Beers Mallers Backs & Salin LLP

PATTISON OUTDOOR ADVERTISING
2285 Wyecroft Rd, Oakville, ON L6L 5L7 Canada
Tel.: (905) 465-0114
Fax: (905) 465-0633
Toll Free: (800) 363-1675
E-Mail: info@pattisonoutdoor.com
Web Site: www.pattisonoutdoor.com

Employees: 350

Bob Leroux *(VP & Gen Mgr-Sls-Natl)*
Kathy Cormier *(VP-Client Svcs)*
Marilyn King *(VP-Production & Creative Svcs)*
Mary Ventresca *(VP-Mktg & Bus Dev)*
Herman Bekkering *(Creative Dir-Natl)*
Scott Gibb *(Sls Dir-Edmonton & Northern Alberta)*
Nicoletta McDonald *(Sls Dir-Calgary & Southern Alberta)*
Andrew Hnatuk *(Mgr-Leasing)*
Phillip Grosse *(Acct Exec)*
Amanda Headon *(Acct Exec-Sls-Natl)*
James Lewis *(Acct Exec)*

Accounts:
Toronto Transit Commission Advertising

PAUL GREGORY MEDIA
200 E 5th Ave Ste 105, Naperville, IL 60563
Tel.: (630) 686-2600
E-Mail: info@paulgregorymedia.com
Web Site: www.paulgregorymedia.com

Employees: 10
Year Founded: 2006

Agency Specializes In: Brand Development & Integration, Collateral, Copywriting, Digital/Interactive, E-Commerce, Event Planning & Marketing, Internet/Web Design, Print, Production, Social Media

Paul Feith *(Pres)*

Accounts:
New-Bark in Style
New-Diamond Head Productions
New-Edge Wood Clinical Service
New-The Indian Prairie Educational Foundation
New-Naperville Area Chamber of Commerce
New-Northern Illinois University
New-Reveal

PAUL MILES ADVERTISING
1345 Monroe Ave Nw Ste 257, Grand Rapids, MI 49505
Tel.: (616) 459-6692
Fax: (616) 459-5522
E-Mail: ideas@paulmilesadvertising.com
Web Site: www.paulmilesadvertising.com

Employees: 1

Agency Specializes In: Advertising, Media Buying Services, Out-of-Home Media, Outdoor, Print, Radio, T.V.

Paul H. Miles *(Pres & Creative Dir)*
Valerie Knapp *(Office Mgr)*
Heather Baumgartner *(Sr Acct Exec)*

Accounts:
Gezon Motors

PAUL WERTH ASSOCIATES, INC.
10 N High St Ste 300, Columbus, OH 43215-3552
Tel.: (614) 224-8114
Fax: (614) 224-8509
E-Mail: contact@paulwerth.com
Web Site: www.paulwerth.com

E-Mail for Key Personnel:
President: swh@paulwerth.com

Employees: 20
Year Founded: 1963

National Agency Associations: COPF

Agency Specializes In: Advertising, Agriculture, Arts, Brand Development & Integration, Business-To-Business, Collateral, College, Commercial Photography, Communications, Consulting, Consumer Goods, Consumer Marketing, Corporate Communications, Corporate Identity, Crisis Communications, Digital/Interactive, Direct Response Marketing, Direct-to-Consumer, Education, Electronic Media, Email, Environmental, Event Planning & Marketing, Exhibit/Trade Shows, Financial, Food Service, Government/Political, Graphic Design, Health Care Services, High Technology, Hispanic Market, Identity Marketing, In-Store Advertising, Integrated Marketing, Internet/Web Design, Local Marketing, Logo & Package Design, Luxury Products, Market Research, Media Relations, Media Training, Multicultural, Multimedia, Pharmaceutical, Planning & Consultation, Podcasting, Print, Promotions, Public Relations, Publicity/Promotions, Publishing, Radio, Real Estate, Restaurant, Retail, Search Engine Optimization, Social Marketing/Nonprofit, Social Media, Strategic Planning/Research

Sandra W. Harbrecht *(Owner)*
Mac Joseph *(Sr VP-Mktg)*
Jaya Yoo *(Sr VP)*
Beth Hillis *(VP)*
Wendy Schwantes *(Acct Supvr)*

Accounts:
Advancement Courses Education
Dave Thomas Foundation for Adoption

Findley Davies Human Resources
Huntington National Bank
Innovation Generation Education
Insurance Industry Resource Council
Moody Nolan Architecture
National Safe Boating Council
The Ohio State University Wexner Medical Center
The Ohio State University Education
Orthopaedic Associates of Zanesville Education
White Castle System, Inc.; Columbus, OH

PAULSEN MARKETING COMMUNICATIONS, INC.
(d/b/a Paulsen AgriBranding)
3510 S 1st Ave Cir, Sioux Falls, SD 57105-5807
Tel.: (605) 336-1745
Fax: (605) 336-2305
E-Mail: hello@paulsen.ag
Web Site: www.paulsen.ag/

E-Mail for Key Personnel:
Creative Dir.: msmither@paulsenmarketing.com
Media Dir.: kmoss@paulsenmarketing.com

Employees: 33
Year Founded: 1951

National Agency Associations: NAMA

Agency Specializes In: Agriculture, Brand Development & Integration, Business-To-Business, Collateral, Communications, Corporate Communications, Corporate Identity, Crisis Communications, Digital/Interactive, E-Commerce, Email, Environmental, Exhibit/Trade Shows, Financial, Graphic Design, Health Care Services, Industrial, Integrated Marketing, Internet/Web Design, Logo & Package Design, Media Buying Services, Media Planning, Medical Products, Mobile Marketing, Package Design, Pets, Pharmaceutical, Print, Production, Public Relations, Publicity/Promotions, Radio, Sales Promotion, Search Engine Optimization, Social Media, Strategic Planning/Research, T.V., Yellow Pages Advertising

Approx. Annual Billings: $10,000,000

Breakdown of Gross Billings by Media:
Audio/Visual: $500,000; Bus. Publs.: $100,000; Collateral: $250,000; Comml. Photography: $250,000; Consumer Publs.: $100,000; Corp. Communications: $250,000; D.M.: $350,000; E-Commerce: $500,000; Farm Publs.: $1,000,000; Graphic Design: $500,000; Internet Adv.: $750,000; Logo & Package Design: $250,000; Newsp. & Mags.: $250,000; Point of Purchase: $250,000; Point of Sale: $250,000; Print: $700,000; Production: $250,000; Pub. Rels.: $1,000,000; Radio & T.V.: $500,000; Strategic Planning/Research: $1,000,000; Worldwide Web Sites: $1,000,000

Sara Steever *(Pres)*
Thane E. Paulsen *(CEO)*
Greg Guse *(Exec VP-Bus Dev)*
Mark Smither *(VP & Dir-Strategic)*
Mike Dowling *(VP-Creative Svcs)*
Jane Harms *(VP-Fin)*
Marcus Squier *(VP-Client Svcs)*
Clara Jacob *(Creative Dir)*
Jon Marohl *(Art Dir)*
Kristi Moss *(Media Dir)*
Danita Tegethoff *(Client Svcs Mgr)*
Thomas Kamnikar *(Project Mgr-Digital)*
Sarah Wolfswinkel *(Mgr-Acct Activity & Buyer-Print)*
Hannah Gebauer *(Specialist-Acct)*
Joanie Hess *(Strategist-Media)*
Thomas Koeller *(Specialist-Digital Media)*
Tara Young *(Specialist-Mktg)*
Lee Larson *(Assoc Media Dir)*

Accounts:
AgStar Financial Services
AgUnited for South Dakota
East River Electric Power Cooperative (Agency of Record)
Ecolab, Inc.
E.I. Medical Imaging
Grain States Soya
Kubota Tractor; Torrance, CA Tractors; 1999
Raven Industries
South Dakota Corn

PAULSONDANIELS
15 N Main St, Chester, CT 06412
Tel.: (860) 322-4593
E-Mail: hello@paulsondaniels.com
Web Site: www.paulsondaniels.com

Employees: 5
Year Founded: 2013

Agency Specializes In: Advertising, Corporate Identity, Graphic Design, Internet/Web Design, Public Relations, Strategic Planning/Research

Susan Daniels *(Partner)*

Accounts:
Simply Sharing

PAUSBACK ADVERTISING
3711 Medford Rd, Durham, NC 27705
Tel.: (919) 656-0727
Web Site: www.pausback.com

Employees: 1

Agency Specializes In: Advertising

Don Pausback *(Creative Dir)*

Accounts:
Ace Hardware Corporation
National Pawn

PAVLOV
3017 W 7Th St, Fort Worth, TX 76107
Tel.: (817) 336-6824
Fax: (817) 336-6823
Web Site: www.pavlovagency.com

Employees: 30
Year Founded: 2001

National Agency Associations: AAF

Agency Specializes In: Advertising, Bilingual Market, Broadcast, Business-To-Business, Cable T.V., Collateral, Consumer Goods, Consumer Marketing, Corporate Identity, Direct Response Marketing, Email, Entertainment, Graphic Design, Health Care Services, Hispanic Market, Hospitality, Identity Marketing, In-Store Advertising, Integrated Marketing, Internet/Web Design, Leisure, Local Marketing, Logo & Package Design, Media Buying Services, Media Planning, Media Relations, Mobile Marketing, Multicultural, Newspaper, Newspapers & Magazines, Out-of-Home Media, Outdoor, Package Design, Paid Searches, Print, Promotions, Public Relations, Publicity/Promotions, Radio, Real Estate, Search Engine Optimization, T.V., Transportation, Travel & Tourism, Web (Banner Ads, Pop-ups, etc.)

Approx. Annual Billings: $17,000,000

Allen Wallach *(CEO)*
Parks Blackwell *(COO, Sr VP & Head-Digital Practice)*
Morgan Godby *(Art Dir)*
Khris Kesling *(Creative Dir)*
Richard Maxwell *(Acct Dir-Transit)*
Claire Bloxom Armstrong *(Dir-PR)*
Allan Cardozo *(Dir-Interactive & Ops)*
Amanda Gibson *(Dir-Acct Svc)*
Scott Kirk *(Dir-Brand Strategy)*
Kasie Mallory *(Sr Acct Exec)*
Ali Baer *(Acct Exec)*
Brenna Jefferies *(Specialist-PR)*

Accounts:
Dallas Fort Worth International Airport B-to-C Marketing, Public Relations
Fort Worth Convention & Visitors Bureau City Tourism
FranFund Franchise Financial Services
San Antonio Airport System Advertising Creative, Graphic Design, Marketing Services, Public Relations, San Antonio International Airport (Agency of Record), Traditional & Digital Media Planning & Placement; 2018
St. Louis Metro Transit Mass Transit Services
TCU Athletics Basketball, Football
TCU University National Brand Campaign

PAVONE
1006 Market St, Harrisburg, PA 17101-2811
Tel.: (717) 234-8886
Fax: (717) 234-8940
E-Mail: mlorson@pavone.net
Web Site: www.pavone.net

E-Mail for Key Personnel:
President: mpavone@pavone.net

Employees: 70
Year Founded: 1991

National Agency Associations: 4A's-AMA-APC-PRSA

Agency Specializes In: Advertising, Advertising Specialties, Affiliate Marketing, Agriculture, Alternative Advertising, Brand Development & Integration, Broadcast, Business Publications, Business-To-Business, Cable T.V., Collateral, Communications, Consulting, Consumer Goods, Consumer Marketing, Consumer Publications, Corporate Communications, Corporate Identity, Crisis Communications, Custom Publishing, Customer Relationship Management, Digital/Interactive, Direct-to-Consumer, Electronic Media, Event Planning & Marketing, Exhibit/Trade Shows, Experience Design, Food Service, Graphic Design, Guerilla Marketing, Identity Marketing, In-Store Advertising, Integrated Marketing, Internet/Web Design, Local Marketing, Logo & Package Design, Magazines, Market Research, Media Buying Services, Media Planning, Media Relations, Media Training, Mobile Marketing, Multimedia, New Product Development, Newspaper, Newspapers & Magazines, Out-of-Home Media, Outdoor, Package Design, Point of Purchase, Point of Sale, Print, Production, Production (Ad, Film, Broadcast), Production (Print), Promotions, Public Relations, Publicity/Promotions, RSS (Really Simple Syndication), Radio, Restaurant, Retail, Sales Promotion, Search Engine Optimization, Social Marketing/Nonprofit, Social Media, Sponsorship, Sports Market, Strategic Planning/Research, Sweepstakes, T.V., Trade & Consumer Magazines, Viral/Buzz/Word of Mouth, Web (Banner Ads, Pop-ups, etc.)

Approx. Annual Billings: $8,000,000

Michael R. Pavone *(Pres & CEO)*
Joe Barry *(Sr Dir-Art)*
Jonathan Cooper *(Dir-Comm)*
Ian Hutchison *(Dir-Client Ops)*
Megan George *(Mgr-Interactive Resource)*
Dave Pender *(Mgr-Tech)*
Jenny Wuerstle *(Mgr-Resource)*
Gabrielle DeNofrio *(Sr Designer)*
Meredith Shewell *(Coord-Media)*

ADVERTISING AGENCIES
AGENCIES - JANUARY, 2019

Keith Seaman *(Assoc Creative Dir)*

Accounts:
Campbell's North America Food Service; NJ
 Campbell's Soup, Pace; 2009
D.G. Yuengling & Son; PA Yuengling Lager,
 Yuengling Light Lager, Yuengling Lord
 Chesterfield, Yuengling Porter
Donate Life Pennsylvania
New-The Habit Burger Grill
The Hershey Company; PA Design; 1995
New-Insulet Corporation Omnipod
Mid-Atlantic Dairy Association "Your Milk Comes
 from a Good Place" Campaign
Pennsylvania Winery Association; PA; 2001
Ram Trucks
Turkey Hill Dairy; PA Campaign: "The Turkey Hill
 Experience", Turkey Hill Ice Cream, Turkey Hill
 Iced Tea; 2006

Branch

Varsity
532 N Front St, Wormleysburg, PA 17043
Tel.: (717) 652-1277
Fax: (717) 652-1477
E-Mail: info@varsitybranding.com
Web Site: www.varsitybranding.com

Employees: 52
Year Founded: 2006

National Agency Associations: 4A's

Agency Specializes In: Advertising, Brand
Development & Integration, Business-To-Business,
Consumer Goods, Consumer Marketing, Corporate
Communications, Digital/Interactive, Direct
Response Marketing, Faith Based, Financial,
Graphic Design, Health Care Services, Logo &
Package Design, Market Research, Media Buying
Services, Over-50 Market, Real Estate, Seniors'
Market, Strategic Planning/Research

Wayne Langley *(Pres)*
Derek Dunham *(VP-Client Svcs)*
Jackie Stone *(VP-Sls Consulting)*
Robinson Smith *(Creative Dir)*
Jenn Kehler *(Dir-Media)*
James Schorn *(Mgr-Resource)*

Accounts:
Army Distaff Foundation
Asbury
Chapel Pointe
Delta Health Technologies
Friendly Senior Living
Homeland Hospice
Homestead Village
Meadowood
Our Lady of Fatima Village
Shannondoah Village Westminster Canterbury
WellSpan
Westminster Ingleside
Westminster Village Muncie

Subsidiary

Quench
1006 Market St, Harrisburg, PA 17101
(See Separate Listing)

PAYNE, ROSS & ASSOCIATES ADVERTISING, INC.
206 E Jefferson St, Charlottesville, VA 22902-5105
Tel.: (434) 977-7607
Fax: (434) 977-7610
E-Mail: info@payneross.com
Web Site: www.payneross.com

E-Mail for Key Personnel:
Creative Dir.: jamie@payneross.com
Public Relations: Anne@payneross.com

Employees: 12
Year Founded: 1981

Agency Specializes In: Advertising, Brand
Development & Integration, Business-To-Business,
Corporate Identity, Event Planning & Marketing,
Graphic Design, Internet/Web Design, Logo &
Package Design, New Product Development,
Planning & Consultation, Public Relations,
Publicity/Promotions, Radio, T.V., Web (Banner
Ads, Pop-ups, etc.)

Breakdown of Gross Billings by Media: Adv.
Specialities: 5%; Exhibits/Trade Shows: 3%;
Graphic Design: 20%; Logo & Package Design:
10%; Newsp. & Mags.: 20%; Print: 25%; Pub.
Rels.: 10%; Radio & T.V.: 4%; Spot Radio: 1%;
Spot T.V.: 2%

Susan Payne *(Owner)*
Jamie Howard *(Dir-Creative)*

Accounts:
Charlottesville & University Symphony Orchestra
Charlottesville Area Community Foundation Donor
 Funds; 2001
The Charlottesville Free Clinic
City of Charlottesville Convention & Visitors Bureau
Downtown Business Association of Charlottesville
Klockner Pentaplast of America; Gordonsville, VA
 Industrial/Plastics; 1996
Meridian Air Group
Piedmont VA Community College
The Virginia Discovery Museum
Virginia Mennonite Retirement Community
Virginia National Bank; 1997

PB&
107 Spring St, Seattle, WA 98104
E-Mail: info@pbandseattle.com
Web Site: www.pbandseattle.com

Employees: 10
Year Founded: 2016

Agency Specializes In: Advertising, Strategic
Planning/Research

Britt Peterson Fero *(Founder & Principal)*
Ben Salaman *(Strategist)*

Accounts:
New-Anheuser-Busch Companies LLC Budweiser
New-Providence St. Joseph Health
New-Visit Seattle

PBN HILL + KNOWLTON STRATEGIES
607 14th ST NW, Washington, DC 20005
Tel.: (202) 333-7400
E-Mail: blake.marshall@hkstrategies.com
Web Site: www.pbn-hkstrategies.com

Employees: 10

Peter B. Necarsulmer *(Chm)*
Susan A. Thurman *(Pres)*
Olga Vorobieva *(CFO)*
Oksana Monastyrska *(Mng Dir-Ukraine)*

Accounts:
Abbott International
Bank of America
Coalition for Intellectual Property Rights
Dell
Enel
Ferrero
Nord Stream
Statoil

Statoil PR
Western NIS Fund
Xerox

PEAK CREATIVE MEDIA
1801 Boulder St Ste 200, Denver, CO 80202-2658
Tel.: (303) 295-3373
Fax: (303) 455-3363
E-Mail: info@peakcreativemedia.com
Web Site: www.peak-creative.com

Employees: 14
Year Founded: 1992

Approx. Annual Billings: $5,000,000

Steve Fitzrandolph *(Owner)*
Wallace Logie *(CFO)*
Mary Kate Dick *(Art Dir)*
Andrew Nolte *(Art Dir)*
Kristin Vanderloos *(Art Dir)*
Jennifer Collins *(Dir-New Bus)*

Accounts:
Accanto Systems
AuditWatch
Colorado Association of Home Builders
Denver Botanic Gardens
Denver Zoo
Dex One Corporation
Pinnacol Assurance
Qwest Communications
UDALL
The University of Denver

PEAK SEVEN ADVERTISING
40 SE 5th St Ste 402, Boca Raton, FL 33432
Tel.: (866) 971-4348
Fax: (561) 465-3176
E-Mail: hello@peakseven.com
Web Site: https://peakseven.com/

Employees: 19

Agency Specializes In: Advertising, Brand
Development & Integration, Digital/Interactive,
Internet/Web Design, Logo & Package Design,
Print, Search Engine Optimization, Social Media

Darren Seys *(CEO)*
Jeannie Schnurr *(Acct Dir)*
Kata Breman *(Dir-Ops & Key Accts)*
Felix Chi *(Dir-Digital)*
Kason Headley *(Designer-Web)*

Accounts:
iScrap

PEAKBIETY, BRANDING + ADVERTISING
2901 W Busch Blvd Ste 309, Tampa, FL 33618
Tel.: (813) 227-8006
Fax: (813) 228-7898
E-Mail: darcos@peakbiety.com
Web Site: www.peakbiety.com

E-Mail for Key Personnel:
President: gpeak@peakbiety.com

Employees: 10
Year Founded: 1990

National Agency Associations: 4A's-AMA

Agency Specializes In: Advertising, Affluent
Market, Brand Development & Integration,
Broadcast, Business Publications, Business-To-
Business, Cable T.V., Co-op Advertising,
Collateral, Communications, Computers &
Software, Consumer Marketing, Consumer
Publications, Corporate Communications,
Corporate Identity, Direct Response Marketing,
Education, Electronic Media, Environmental, Event

AGENCIES - JANUARY, 2019 — ADVERTISING AGENCIES

Planning & Marketing, Exhibit/Trade Shows, Financial, Graphic Design, Health Care Services, High Technology, Identity Marketing, In-Store Advertising, Industrial, Information Technology, Integrated Marketing, Internet/Web Design, Leisure, Local Marketing, Logo & Package Design, Magazines, Market Research, Media Buying Services, Media Planning, Medical Products, Merchandising, Newspaper, Newspapers & Magazines, Out-of-Home Media, Outdoor, Over-50 Market, Package Design, Planning & Consultation, Point of Purchase, Point of Sale, Print, Production, Production (Print), Radio, Real Estate, Regional, Restaurant, Sales Promotion, Seniors' Market, Social Marketing/Nonprofit, Sponsorship, Strategic Planning/Research, T.V., Trade & Consumer Magazines, Transportation, Web (Banner Ads, Pop-ups, etc.), Yellow Pages Advertising

Approx. Annual Billings: $5,000,000

Glen Peak *(Pres)*
Donette Arcos *(Media Dir)*
Amy Phillips *(Creative Dir)*

Accounts:
Eckerd Youth Alternatives; Clearwater, FL
Florida Hospital Waterman; Tavares, FL
Tampa Bay Water
Tampa Electric Company; Tampa, FL Utility; 2009
Thomas & LoCicero; Tampa, FL Attorneys; 2009

PEAR ADVERTISING
108 27th Ave E, Moline, IL 61244
Tel.: (309) 373-1266
Web Site: www.pearad.com

Employees: 3
Year Founded: 2008

Agency Specializes In: Advertising, Brand Development & Integration, Event Planning & Marketing, Internet/Web Design, Logo & Package Design, Media Planning, Public Relations, Radio, Social Media, Strategic Planning/Research

Melanie Shields *(Dir-Sls & Mktg)*

Accounts:
Estes Construction
Mel Foster Co
Niabi Zoo
Point Builders, LLC
Ragan Mechanical Contractors, Inc.

PEARL BRANDS
2233 Second St, Fort Myers, FL 33901
Tel.: (239) 313-6059
E-Mail: info@pearlbrands.com
Web Site: www.pearlbrands.com

Employees: 2

Agency Specializes In: Advertising, Brand Development & Integration, Digital/Interactive, Internet/Web Design, Logo & Package Design, Print

Scott Qurollo *(Pres)*
Mike Girard *(Creative Dir)*
Lindsay Yager *(Creative Dir)*

Accounts:
Bayliner Boats Brand Management, International Advertising
University of Florida Alumni Association

PEARL MEDIA LLC
363 Rt 46 W, Fairfield, NJ 07004
Tel.: (973) 492-2300
Web Site: pearlmedia.com/

Employees: 39

Agency Specializes In: Advertising

Joshua Cohen *(Pres & CEO)*
Jen Lee Almeida *(COO)*
Anthony Petrillo *(Chief Revenue Officer)*
Brian Cohen *(Sr VP-Acq)*
Daniel Odham *(Sr VP-Production)*
Jesse Sugarman *(Sr VP-Bus Dev)*
Mike Christensen *(Dir-Bus Dev)*

Accounts:
Chevrolet Campaign: "World's Biggest Arcade Claw Game"
JetBlue Airways Corporation; 2017
Kumho Tire "Pop-A-Shot"
Lexus Division Lexus CT 200h Hybrid
NBC

PEDERSEN DESIGN LLC
121 Flinn St, Batavia, IL 60510
Tel.: (630) 482-3514
E-Mail: pdd@pedersendesign.com
Web Site: www.pedersendesign.com

Employees: 5

Agency Specializes In: Advertising, Brand Development & Integration, Graphic Design, Internet/Web Design, Print

David L. Pedersen *(Owner)*

Accounts:
Music Matters

THE PEDOWITZ GROUP
810 Mayfield Rd, Milton, GA 30009
Tel.: (856) 782-9859
Toll Free: (888) 459-8622
Web Site: www.pedowitzgroup.com

Employees: 60

Agency Specializes In: Business-To-Business, Consulting, Direct-to-Consumer, Information Technology, Podcasting, Sales Promotion, Strategic Planning/Research

Jeff Pedowitz *(Pres & CEO)*
Kevin Joyce *(CMO)*
Debbie Qaqish *(Chief Strategy Officer & Principal)*
Scott Benedetti *(VP-Sls)*
Cherie Pedowitz *(VP-HR)*
Bill Hooven *(Acct Dir-Technical)*
Caitlin Culbert *(Mgr-Market Practice)*
Bruce Culbert *(Chief Svc Officer)*

Accounts:
Deutsche Bank Banking & Financial Services

PEEBLES CREATIVE GROUP
4260 Tuller Rd Ste 200, Dublin, OH 43017
Tel.: (614) 487-2011
Web Site: www.peeblescreativegroup.com

Employees: 17
Year Founded: 1997

Agency Specializes In: Advertising, Brand Development & Integration, Digital/Interactive, Graphic Design, Internet/Web Design, Social Media

Doug Peebles *(Pres & CEO)*
Heather Stoller *(Art Dir)*
Curt Besser *(Dir-Design)*
Chrissy Payne *(Dir-Creative Svcs)*
Elizabeth Lauer *(Acct Mgr)*

Accounts:
Grow Licking County CIC

THE PEKOE GROUP
1460 Broadway # 8, New York, NY 10036
Tel.: (212) 764-0890
Web Site: www.thepekoegroup.com

Employees: 16
Year Founded: 2009

Agency Specializes In: Advertising, Brand Development & Integration, Collateral, Digital/Interactive, Internet/Web Design, Media Buying Services, Media Planning, Print, Promotions, Social Media

Amanda Pekoe *(Pres)*
Christopher Lueck *(Creative Dir)*
Jennifer Dorso *(Dir-Digital Strategy)*
Jessica Ferreira *(Mktg Mgr)*
Jason K. Murray *(Mgr-Design)*

Accounts:
Potomac Theatre Project

PENINSULA AGENCY
170 Meeting St Ste 110, Charleston, SC 29401
Tel.: (843) 606-0730
Web Site: www.peninsulaagency.com

Employees: 3
Year Founded: 2013

Agency Specializes In: Advertising, Digital/Interactive, Internet/Web Design, Media Buying Services

Charles Blake Weisel *(Dir-Partner Rels)*

Accounts:
Juicer Joe
Multiplastics
People Against Rape

PENNA POWERS
1706 S Major St, Salt Lake City, UT 84115
Tel.: (801) 487-4800
Fax: (801) 487-0707
Toll Free: (800) 409-9346
E-Mail: cpenna@pennapowers.com
Web Site: www.pennapowers.com

Employees: 40
Year Founded: 1984

Agency Specializes In: Advertising

Revenue: $8,000,000

David Lloyd Smith *(Mng Partner)*
Michael Brian *(Partner & COO)*
Traci Houghton *(VP-Fin & Ops)*
Stephanie Miller *(VP-Acct Plng & Mgmt)*
Marc Stryker *(VP-Channel & Content Mgmt)*
Erico Bisquera *(Creative Dir)*
Wendy Hansen *(Dir-Acct Plng)*
Christine Menges *(Dir-Adv)*
Patty Halabuk *(Sr Acct Mgr)*

Accounts:
Nevada's Department of Transportation Zero Fatalities Marketing
Utah Clean Air
Utah Department of Health Digital, Social, Utah Cancer Control Program (Agency of Record)
Utah Department of Highway Safety
Utah Dept. of Transportation

ADVERTISING AGENCIES

AGENCIES - JANUARY, 2019

PENNEBAKER
1100 W 23rd St Ste 200, Houston, TX 77008
Tel.: (713) 963-8607
Fax: (713) 960-9680
Web Site: www.pennebaker.com

Employees: 30
Year Founded: 1984

Agency Specializes In: Advertising, Corporate Communications, Graphic Design, Logo & Package Design, Market Research, Public Relations, Search Engine Optimization, Web (Banner Ads, Pop-ups, etc.)

Jeffrey McKay *(Owner)*
Susan Pennebaker *(Principal)*
Ward Pennebaker *(Principal)*
Katie Gray *(VP-Ops)*
Ian Deranieri *(Head-UX & Assoc Dir)*
Richard Byrd *(Dir-Content Strategy)*
Robert Legaspi *(Dir-Trial Svcs)*
Amol Sardesai *(Assoc Dir-Creative)*
Carrie Cash *(Designer)*

Accounts:
Tidel Technologies

PENTAGRAM DESIGN, INC.
250 Park Ave S Fl 12, New York, NY 10003
Tel.: (212) 683-7000
Web Site: www.pentagram.com

Employees: 50
Year Founded: 1986

Agency Specializes In: Advertising, Brand Development & Integration, Print, Sponsorship

Revenue: $3,400,000

Eddie Opara *(Partner)*

Accounts:
American Express Logo
MasterCard Incorporated
Verizon

Branch

Pentagram
1508 W Fifth St, Austin, TX 78703
Tel.: (512) 476-3076
E-Mail: austin@pentagram.com
Web Site: www.pentagram.com

Agency Specializes In: Advertising, Brand Development & Integration, Communications, Digital/Interactive, Environmental, Exhibit/Trade Shows, Graphic Design, Internet/Web Design, Package Design

DJ Stout *(Partner)*

Accounts:
New-Amherst College
New-Pecha Kucha
New-University of Southern California
New-Variations on a Rectangle

PENVINE
200 Broadhollow Rd Ste 20, Melville, NY 11747
Tel.: (917) 445-4454
E-Mail: info@penvine.com
Web Site: www.penvine.com

Employees: 5

Agency Specializes In: Brand Development & Integration, Communications, Event Planning & Marketing, Local Marketing, Market Research, Media Relations, Media Training, Public Relations, Travel & Tourism

Ilona Mohacsi *(Sr VP & Analyst-Indus & Media Rels)*

Accounts:
Convedia
DataMotion; Morristown, NJ PR & Analyst Relations
Dynamax Technologies, Ltd. Public Relations
Ecological
Google
Hook Mobile
Mobile Content Networks, Inc. Public Relations
Mobilians International, Inc.
Msearch Groove
Project Maintenance Institute
Zemoga

PEOPLE IDEAS & CULTURE
68 Jay St Ste 203, Brooklyn, NY 11201
Tel.: (646) 392-9230
Fax: (646) 392-9240
E-Mail: tellmemore@pic-nyc.com
Web Site: www.pic-nyc.com

Employees: 32
Year Founded: 2009

National Agency Associations: 4A's

Agency Specializes In: Advertising, Digital/Interactive, Sponsorship

Domenico Vitale *(Founder & Co-Chief Creative Officer)*
Stefania Sessa *(Creative Dir-Milano)*
Alessandro Bolla *(Copywriter)*

Accounts:
AOL
Ask.com Campaign: "Sixty Million Questions"
Fazland
Match
Pasta Garofalo
Wyndham Hotel Group Campaign: "Wyndham Rewards Wizard - Crystal Ball, Family & Honeymoon", Digital, Radio

PEOPLE WHO THINK
4250 Hwy 22, Mandeville, LA 70471
Tel.: (985) 809-1975
E-Mail: info@peoplewhothink.com
Web Site: peoplewhothink.com

Employees: 25

Lena Liller *(COO)*
Gordon Reese *(VP-Political Affairs)*
Meredith Nolan *(Head-Acct)*
Kathleen Bethay *(Dir-Corp Bus Dev)*
Nicole Wetwiski *(Dir-Digital Mktg)*
Beth Harris *(Asst Creative Dir)*

Accounts:
Abita Beer
Painting with a Twist (Advertising Agency of Record)

PEOPLESCOUT
860 W Evergreen, Chicago, IL 60642
Tel.: (312) 915-0505
Fax: (312) 915-0873
E-Mail: info@peoplescout.com
Web Site: www.peoplescout.com

Employees: 100
Year Founded: 1992

Agency Specializes In: Advertising, Internet/Web Design, Newspaper, Out-of-Home Media, Outdoor, Print, Radio, Recruitment

Approx. Annual Billings: $6,000,000

Breakdown of Gross Billings by Media: Internet Adv.: 12%; Newsp.: 75%; Other: 10%; Radio: 3%

Taryn Owen *(Pres)*
Ridge Harrison *(Sr VP-Client Delivery)*
Gerry Sullivan *(Sr VP-Sls, Solutions & Mktg)*
Jessie McGowan *(VP-Bus Dev-North America)*
Sarah Murphy *(VP-Global Client Delivery)*
Heidi Rebilas *(VP-Ops)*
Rebecca Howell *(Dir-Ops)*
Thavone Khounthikoumane *(Dir-Ops)*
David Ludolph *(Exec Head-Client Delivery)*

THE PEPPER GROUP
220 N Smith St Ste 406, Palatine, IL 60067
Tel.: (847) 963-0333
Fax: (847) 963-0888
E-Mail: pepper@peppergroup.com
Web Site: www.peppergroup.com

Employees: 12

National Agency Associations: Second Wind Limited

Agency Specializes In: Advertising, Graphic Design, Integrated Marketing

Tim Padgett *(Founder & CEO)*
George Couris *(Pres)*
Denise O'Neil *(VP & Fin Dir)*
Cindy Wojdyla *(VP & Creative Dir)*
Jessie Atchison *(Dir-Client Strategy)*
Todd Underwood *(Dir-Interactive)*
Lynn Ankele *(Coord-Production)*

Accounts:
Challenger Lighting Brand Messaging, Website
Hewlett Packard
Mandell Plumbing
PAMCANI

PEPPERSHOCK MEDIA PRODUCTIONS, LLC.
1215 3Rd St S, Nampa, ID 83651
Tel.: (208) 461-5070
E-Mail: info@peppershock.com
Web Site: www.peppershock.com

Employees: 5
Year Founded: 2003

Agency Specializes In: Advertising, Digital/Interactive, Graphic Design, Internet/Web Design, Logo & Package Design, Market Research, Media Buying Services, Podcasting, Production, Radio

Rhea Allen *(Pres & CEO)*
Drew Allen *(Principal & Creative Dir)*
Angie Scobby *(Art Dir & Graphic Designer)*
Brandon Coates *(Acct Mgr)*

Accounts:
Idaho Fraud Awareness Coalition

PEPPERTREE MARKETING
10565 E Blanche Dr, Scottsdale, AZ 85258
Tel.: (480) 216-1214
Fax: (480) 718-7625
E-Mail: info@peppertreemarketing.com
Web Site: http://peppertreemarketing.com/

Agency Specializes In: Advertising, Internet/Web Design, Media Buying Services, Media Planning,

AGENCIES - JANUARY, 2019 — ADVERTISING AGENCIES

Print, Public Relations, Radio, Social Media, Strategic Planning/Research

Sharon Villegas *(Pres)*

Accounts:
Best Western International, Inc.
Harmon Electric, Inc.
Verde Canyon Railroad

PERCEPTURE
3322 US 22 W Ste 411, Branchburg, NJ 08876
Tel.: (800) 707-9190
Fax: (800) 465-3164
Toll Free: (800) 707-9190
Web Site: www.percepture.com

Employees: 20

Agency Specializes In: Broadcast, Business-To-Business, Communications, Consumer Publications, Digital/Interactive, Internet/Web Design, Local Marketing, Magazines, Media Relations, Multimedia, Newspaper, Newspapers & Magazines, Paid Searches, Print, Product Placement, Promotions, Public Relations, Search Engine Optimization, Strategic Planning/Research, Syndication, Trade & Consumer Magazines

Rene Mack *(Pres)*
Thor Harris *(CEO)*
Colleen Conover *(COO)*
Robert Generale *(VP-Digital Mktg)*
Rachel Schmucker *(Exec Coord)*

Accounts:
AERCO
ChevronTexaco
Daimler-Chrysler
Foot Locker
Halocarbon
Ingersoll-Rand Company
Konica Minolta
LG Electronics
Marotta Controls
Skift Public Relations
Wham-O (Public Relations Agency of Record) Business-to-Business, Business-to-Consumer Communications; 2018
Williamsburg Area Destination Marketing Committee Public Relations

PEREIRA & O'DELL
215 2nd St, San Francisco, CA 94105
Tel.: (415) 284-9916
Fax: (415) 284-9926
E-Mail: info@pereiraodell.com
Web Site: www.pereiraodell.com

Employees: 100

Agency Specializes In: Digital/Interactive, Integrated Marketing

Robert Lambrechts *(Chief Creative Officer)*
Jason Apaliski *(Exec Creative Dir)*
Katie Coward *(Art Dir)*
Aaron Dietz *(Creative Dir)*
Mandy Dietz *(Creative Dir)*
Estefanio Holtz *(Creative Dir)*
Maura Mattoon *(Brand Dir)*
Rafaela Teixeira *(Art Dir)*
Camara Price *(Dir-Bus Affairs)*
Alan Stout *(Dir-Strategy)*
Ryan Toland *(Co-Dir-Client Svcs)*
Moses Kelany *(Assoc Dir-Design)*
Natalie Nymark *(Grp Brand Dir)*
Sebastian Chandler *(Acct Supvr)*
Kevin John *(Supvr-Brand)*
Haley Carter *(Strategist-Social)*
Anna Raynor *(Acct Exec)*
Jonathan Carl *(Copywriter)*

Lenny Karpel *(Grp Brand Dir-Strategy)*

Accounts:
1-800 CONTACTS, INC. 3 Steps, Campaign: "Pirate's Plank"
21st Century Fox Fox Sports 1
A Place For Rover, Inc. Digital, Rover.com, Social Videos, TV
The Ad Council Campaign: "I Want To Be Recycled", PR, Social Media Programme
Adobe Systems Incorporated
B Honey Cachaca Campaign: "Bee Sutra", Campaign: "Beejob"
BMW of North America, LLC Mini
Carrots
The Cheesecake Factory
Coca-Cola Broadcast, Campaign: "Crossroads", Campaign: "Something Unexpected", Campaign: "The Rumor", Online
Corona Campaign: "Corona Extra Unapp", Campaign: "Grab the Beach Bottle", Corona Beach Break
Creative Circus
Dell, Inc.
eBay TV
Fifth Third Bank (Creative Agency of Record)
Fosters Group
General Mills Annie's Homegrown
Guitar Center
HBO Campaign: "Battle for the Iron Throne"
Henkel Campaign: "Choose Them All", Campaign: "Romancing the Joan", Creative, Digital, Mobile, Out of Home, Print, Purex, Renuzit, Social, Soft Scrub, TV
IGNITE
Intel Corporation Campaign: "The Beauty Inside", Campaign: "The Inside Experience", Campaign: "The Power Inside"
Intuit
Kashi
Keep America Beautiful Campaign: "Give your garbage another life", Campaign: "I Want to Be Recycled", Campaign: "Smile", Campaign: "Superhero"
Mattel, Inc. Campaign: "Letters In Their Own Words", Scrabble
Mixi Inc Campaign: "Locker Room", Campaign: "Monster Strike"
Muscle Milk
MySpace Web Site Redesign
New-National Highway Traffic Safety Administration
New Era Campaign: "First Changes Everything"
Procter & Gamble Pantene
Realtor.com
Snoop Dogg Rolling Words
Terra
Toshiba America, Inc. Campaign: "The Beauty Inside", Campaign: "The Power Inside"
Ubisoft
Women's Professional Soccer

Branch

Pereira & O'Dell
5 Crosby St, New York, NY 10013
Tel.: (212) 897-1000
Web Site: www.pereiraodell.com

Employees: 101

Agency Specializes In: Advertising, Brand Development & Integration, Broadcast, Digital/Interactive, Social Media, Sponsorship

Andrew O'Dell *(CEO)*
Cory Berger *(Mng Dir)*
Nancy Ruggiero Daum *(CFO & COO)*
Rob Lambrechts *(Chief Creative Officer)*
Tom Naughton *(Head-Strategy)*
Tennille Teague *(Head-Production)*
Dave Arnold *(Exec Creative Dir)*

Mona Gonzalez *(Grp Acct Dir)*
Jon Serna *(Sr Producer-Digital)*
Cristina Barna *(Art Dir)*
William Campbell *(Creative Dir)*
Jake Dubs *(Creative Dir)*
Bo Han *(Art Dir)*
Chace Hartman *(Creative Dir)*
Macaulay Johnson *(Art Dir)*
Will Johnson *(Creative Dir)*
Suzanne Keen *(Creative Dir-New York)*
Gary Lee *(Art Dir)*
Nick Sonderup *(Creative Dir)*
Emanuel Vinkler *(Art Dir)*
Camara Price *(Dir-Bus Affairs)*
John Redmond *(Dir-Brand Strategy)*
Adam Weiner *(Acct Supvr)*
David Mattera *(Copywriter)*
Jay Zschunke *(Copywriter)*
Erynn Mattera *(Assoc Creative Dir)*

Accounts:
American Museum of Natural History
Blue Apron
BMW of North America, LLC Creative, Mini USA; 2017
Charter Communications, Inc.
Ebay
European Wax Center (Creative Agency of Record) Brand Communications Strategy, Digital, In-store, Print, TV
Fox Sports 1 Campaign: "Honor Thy Saturday", Campaign: "Sorry for All the Football", Creative, Online, Print, Social Media, TV
General Mills, Inc. Annie, Chex, Online video, Social, TV; 2018
Los Angeles Times
Memorial Sloan Kettering Cancer Center Campaign: "More Science. Less Fear", Creative, Online, Outdoor, Print, Radio, TV
National Geographic Channel
Netscout Systems, Inc. "Beauty Inside.", "The Inside Experience", Grand Clio
The New Era Cap Company (Lead Creative Agency)
Realtor.com Audio, Brand, Broadcast, Campaign: "Accuracy Matters", Campaign: "Constant Change", Campaign: "Jim", Campaign: "Real Estate in Real Time", Digital, Doghouse, Mom, Out-of-Home Content
Skype
The Timberland Company (Creative Agency of Record) Digital, Outdoor, Print

PERENNIAL INC.
15 Waulron St, Toronto, ON M9C 1B4 Canada
Tel.: (416) 251-2180
Fax: (416) 251-3560
Toll Free: (877) 617-8315
E-Mail: thinkingretail@perennialinc.com
Web Site: www.perennialinc.com

Employees: 65
Year Founded: 1990

Agency Specializes In: Advertising

Approx. Annual Billings: $9,123,393

Chris Lund *(CEO)*
Kevin Lund *(Mng Dir-Global Retail Programs)*
Derrick Francis *(VP-Design)*
Danny Kyriazis *(VP-Global Retail Programs)*
Alex Schnobb *(Creative Dir-Environments)*
Sam Chan *(Sr Designer-Environments)*
Matt DeAbreu *(Sr Designer-Environments)*
Maxine Dion *(Sr Designer-Environmental)*

Accounts:
Acklands Grainger
Blockbuster
Canadian Tire
Flexsigns
Home Depot

ADVERTISING AGENCIES

Pep Boys
Purolator
Spencer's
Sunoco Communications
Sunoco Retail

PERFORMANCE MARKETING
1501 42nd St Ste 550, West Des Moines, IA 50266
Tel.: (515) 440-3550
Fax: (515) 440-3561
E-Mail: info@performancemarketing.com
Web Site: www.performancemarketing.com

Employees: 25

Agency Specializes In: Advertising, Brand Development & Integration, Digital/Interactive, Exhibit/Trade Shows, Logo & Package Design, Media Relations, Product Placement, Production, Promotions, Public Relations, Strategic Planning/Research

Kevin Lentz *(Founder, Pres & CEO)*
Jim Swanson *(Partner-Creative)*
Bill Bissmeyer *(VP-Bus Dev & Ops)*
Angie Evans *(Exec Dir-Corp Dev)*
Rob Murray *(Sr Dir-Tour Plng & Launch)*
Jeffrey Romack *(Specialist-Mktg & Comm)*
Kristine White *(Acct Exec)*

PERICH ADVERTISING + DESIGN
117 N 1st St Ste 100, Ann Arbor, MI 48104-1354
Tel.: (734) 769-2215
Fax: (734) 769-2322
E-Mail: periche@perich.com
Web Site: www.perich.com

E-Mail for Key Personnel:
Public Relations: dunawayc@perich.com

Employees: 30
Year Founded: 1987

Agency Specializes In: Advertising, Automotive, Brand Development & Integration, Broadcast, Business Publications, Business-To-Business, Cable T.V., Collateral, Consumer Marketing, Consumer Publications, Corporate Communications, Corporate Identity, Digital/Interactive, Direct Response Marketing, E-Commerce, Electronic Media, Environmental, Event Planning & Marketing, Exhibit/Trade Shows, Fashion/Apparel, Financial, Graphic Design, Health Care Services, High Technology, In-Store Advertising, Internet/Web Design, Leisure, Local Marketing, Logo & Package Design, Magazines, Medical Products, Newspaper, Newspapers & Magazines, Out-of-Home Media, Outdoor, Planning & Consultation, Point of Purchase, Point of Sale, Print, Production, Publicity/Promotions, Radio, Retail, Sales Promotion, Sports Market, Strategic Planning/Research, T.V., Technical Advertising, Trade & Consumer Magazines, Travel & Tourism

Approx. Annual Billings: $30,000,000

Breakdown of Gross Billings by Media: Bus. Publs.: 20%; Collateral: 15%; D.M.: 5%; Fees: 15%; Internet Adv.: 20%; Logo & Package Design: 5%; Newsp. & Mags.: 5%; Production: 5%; Radio & T.V.: 10%

Ernie Perich *(Pres & Creative Dir)*
Craig Dunaway *(VP & Client Svcs Dir)*
Carol Mooradian *(VP & Dir-Design)*
Brad Jurgensen *(VP-Media & Strategic Plng)*
Shirley Perich *(VP)*
Dan Sygar *(VP & Assoc Creative Dir)*
Matt Mordarski *(Sr Specialist-Digital Media)*
Natasha Keasey *(Media Planner)*

Accounts:
Altair Engineering & Design Software & Services; 2012
Bank of Ann Arbor Financial Services; 2006
Continental Automotive Automotive Parts & Components; 2012
Eagle Ottawa Automotive Leather; 2014
Fuel Leadership Corporate Leadership Events; 2014
Greektown Casino-Hotel Casino & Hotel; 2014
HCR Manorcare Hospice & Home Health Services; 2006
Learning Care Group Child Care & Early Education; 2013
Meritor Auto Industry Supplier; 2014
Mitsubishi Electric; Cypress, CA (Corporate Branding) Corporate Branding; 2004
MTU Diesel Engines; 2009
NuStep Exercise Equipment; 2014
Oakwood Health Foundation Healthcare Services; 2014
Plex ERP for Manufacturing; 2013
St Joseph Mercy Health System Healthcare Services; 2014

PERISCOPE
921 Washington Ave S, Minneapolis, MN 55415
Tel.: (612) 399-0500
Fax: (612) 399-0601
Toll Free: (800) 339-2103
E-Mail: info@periscope.com
Web Site: www.periscope.com

E-Mail for Key Personnel:
President: gkurowski@periscope.com
Creative Dir.: mhaumersen@periscope.com

Employees: 532
Year Founded: 1994

National Agency Associations: 4A's

Agency Specializes In: Advertising, Alternative Advertising, Automotive, Below-the-Line, Brand Development & Integration, Branded Entertainment, Broadcast, Business Publications, Business-To-Business, Cable T.V., Catalogs, Co-op Advertising, Collateral, Commercial Photography, Communications, Consulting, Consumer Goods, Consumer Marketing, Consumer Publications, Corporate Communications, Corporate Identity, Crisis Communications, Digital/Interactive, Direct Response Marketing, Direct-to-Consumer, Electronic Media, Email, Entertainment, Environmental, Event Planning & Marketing, Exhibit/Trade Shows, Experience Design, Experiential Marketing, Financial, Food Service, Government/Political, Graphic Design, Health Care Services, High Technology, Hospitality, Household Goods, Identity Marketing, In-Store Advertising, Industrial, Integrated Marketing, International, Internet/Web Design, Local Marketing, Logo & Package Design, Luxury Products, Magazines, Market Research, Media Buying Services, Media Planning, Media Relations, Medical Products, Men's Market, Mobile Marketing, Multimedia, Newspaper, Newspapers & Magazines, Out-of-Home Media, Outdoor, Over-50 Market, Package Design, Pharmaceutical, Planning & Consultation, Podcasting, Point of Purchase, Point of Sale, Print, Production, Production (Ad, Film, Broadcast), Production (Print), Promotions, Public Relations, Publicity/Promotions, RSS (Really Simple Syndication), Radio, Regional, Restaurant, Retail, Sales Promotion, Search Engine Optimization, Seniors' Market, South Asian Market, Sponsorship, Sports Market, Strategic Planning/Research, T.V., Technical Advertising, Teen Market, Trade & Consumer Magazines, Transportation, Travel & Tourism, Urban Market, Viral/Buzz/Word of Mouth, Web (Banner Ads, Pop-ups, etc.), Women's Market

Breakdown of Gross Billings by Media: D.M.: 8%; Internet Adv.: 14%; Newsp. & Mags.: 12%; Out-of-Home Media: 8%; Radio: 10%; T.V.: 28%; Trade & Consumer Mags.: 20%

Kristy Badger *(VP & Grp Acct Dir)*
Sarah Gonsior *(VP & Grp Acct Dir)*
Joe Harrington *(VP & Grp Acct Dir)*
Katie Kelly-Landberg *(VP & Supvr-Mgmt)*
Brian Boord *(VP & Grp Creative Dir)*
Scott Dahl *(VP & Grp Creative Dir)*
Jim Jackson *(VP & Grp Creative Dir-Brand Mktg & Pkg)*
Jason Bottenus *(Exec Creative Dir)*
Heath Pochucha *(Exec Creative Dir)*
Greg Beaupre *(Creative Dir)*
Bill Brozak *(Acct Dir-PR)*
Nick Coldagelli *(Creative Dir)*
Katie Derheim *(Producer-Brdcst)*
Danny Dobrin *(Acct Dir)*
Lindsay Fischer *(Creative Dir)*
Mark Hellevik *(Creative Dir)*
Trip Johnson *(Creative Dir)*
Erik Jacobs *(Dir-Creative Studio)*
Bridget Jewell *(Dir-Social Creative)*
Maggie Summers *(Dir-Strategy)*
Chantal O'Connell *(Sr Acct Mgr)*
Eliza Casper *(Acct Supvr-PR)*
Amy Supalla *(Supvr-Media)*
Nicole Meyer *(Assoc Creative Dir)*

Accounts:
Andersen Windows & Doors; Bayport, NY (Agency of Record); 2009
Arctic Cat; Three River Falls, MN ATV, PG&A, Snowmobiles; 1982
AutoTrader, Inc.
BASF Corporation (Agency of Record); 2014
Basilica Block Party
Best Buy
Brach's Candy (Agency of Record); 2014
Bridgestone Americas, Inc. Commercial Tire Group; 2002
Brown Forman Finlandia, Jack Daniel, Retail Activation, Woodford Reserve
Buffalo Wild Wings (Social Media Agency of Record); 2013
Cargill Animal Nutrition
Cargill Animal Nutrition, Nutrena Division; 2010
Cox Communications; Atlanta, GA Business, Contour, Retail; 2002
Del Monte Fresh Creative, Events, Promotions, Social Media; 2012
Exxon Mobil Corporation (Digital Agency of Record); 2011
Ferrara Candy Co. Campaign: "Bio Class", Campaign: "Cat Condo", Campaign: "Dino", Campaign: "Sour Tooth", Campaign: "Weirdly Awesome", Digital, Social Media, TV, Trolli (Agency of Record)
Gillette Children's Specialty Healthcare (Agency of Record) Brand Awareness, Campaign: "Moving Forward"; 2013
New-Google Inc.
Hearth & Home Technologies (Digital Agency of Record); 2009
Intuit Inc. Creative, Engagement Strategies, Large Activations, QuickBooks (Creative Agency of Record), Reaching Accountants, Redesign
Jack's Links Beef Jerky Digital, Social Media
Kemps Foods (Creative Agency of Record); 1999
Kohl's Corporation
Link Snacks, Inc Jack Link's Beef Jerky (Digital & Packaging Agency of Record), Lorissa's Kitchen, Matador, SEO, Social Media, Squatch
Minnesota State Lottery (Agency of Record) Creative, Digital Marketing, Social Media
PEMCO Insurance (Agency of Record) Creative, Digital, Media Planning, Strategy, Website Development; 2018
PETCO Animal Supplies, Inc.
Phillips Distilling Company Campaign: "'Be UV", Creative, Online, Photo Sharing Tool, Prairie Organic Vodka, Print, Revel Stoke Spiced Whisky, UV Vodka, Website

AGENCIES - JANUARY, 2019   ADVERTISING AGENCIES

Sportsman's Guide (Agency of Record); 2013
Target Corporation Disocunt Retailer, Gingerbread House; 1996
TCF Bank (Agency of Record); 2013
The Toro Company (Creative & Advertising Agency of Record) Digital, Integrated Marketing, Media Buying, Media Planning
Treasure Island; Hastings, MN Resort & Casino; 1997
Truvia Digital, Social Media; 2008
Valspar Industrial Paint & Coatings; 2011
Walgreens Boots Alliance, Inc. Package Design, Retail Architecture; 2012
Woodford Reserve Bourbon (Agency of Record)

PERQ LLC
7225 Georgetown Rd, Indianapolis, IN 46268
Tel.: (317) 644-5700
Fax: (305) 723-2215
Toll Free: (800) 873-3117
E-Mail: info@perq.com
Web Site: perq.com

Employees: 59
Year Founded: 2001

Agency Specializes In: Automotive, Direct Response Marketing, Newspaper

Andy Medley *(Co-Founder & CEO)*
Scott Hill *(Co-Founder & Exec Chm)*
Jacob Bracken *(Exec VP-Fin)*
Paul Champion *(Exec VP-Ops)*
Stephanie Ragozzino *(Exec VP-Product)*
Patricia Crawford *(VP-Multifamily Sls)*
Curt Knapp *(VP-Engrg)*
Stephanie Thompson *(VP-Client Success)*
Muhammad Yasin *(VP-Mktg)*
Ashley Beck Cuellar *(Sr Acct Mgr)*
Rachel Kilroy *(Sr Product Mgr)*
Skip Lyford *(Mktg Mgr-Salesforce Admin)*
Josh Medley *(Sr Product Mgr)*
Caitlin Berger *(Mgr-Client Success)*
Jenna Haring *(Mgr-Client Success)*
Kelly Olsen *(Sr Acct Exec)*
Matthew Douglas *(Sr Engr-Software)*

Accounts:
Automotive Dealers

PERRONE GROUP
140 Wood Rd Ste 201, Braintree, MA 02184
Tel.: (781) 848-2070
Fax: (781) 741-2300
Web Site: www.perronegrp.com

Employees: 120
Year Founded: 1981

Agency Specializes In: Advertising, Business-To-Business, Collateral, Communications, Consulting, Consumer Marketing, Direct Response Marketing, E-Commerce, Education, Graphic Design, Print, Production, Retail, Strategic Planning/Research

Approx. Annual Billings: $18,000,000

Breakdown of Gross Billings by Media: D.M.: 100%

Kelly Minichello *(Dir-Bus Ops)*
Kristen Palmer *(Dir-Creative)*

Accounts:
Tufts University
University of Portland

PERRY COMMUNICATIONS GROUP, INC.
980 9th St, Sacramento, CA 95814
Tel.: (916) 658-0144
Fax: (916) 658-0155
E-Mail: info@perrycom.com

Web Site: www.perrycom.com

Employees: 17

Agency Specializes In: Communications, Event Planning & Marketing, Government/Political, Media Relations, Social Marketing/Nonprofit

Revenue: $2,100,000

Kassy Perry *(Pres & CEO)*
Julia Spiess Lewis *(Sr VP)*
Jennifer Zins *(VP)*
Katelyn Downey *(Sr Acct Mgr)*
Angela Elpers Barnes *(Acct Mgr)*
Marna Davis *(Acct Mgr)*
Kaitlin Perry *(Sr Acct Exec)*
Allison Grayson *(Acct Exec)*

Accounts:
Aetna U.S. Healthcare
Alzheimer's Association, California Chapter
Automotive Aftermarket Industry Association Government Affairs, Grassroots Consulting Services, Public Affairs
Bonnie J. Addario Lung Cancer Foundation
California Pharmacists Association
California Rice Commission
CAWA Government Affairs, Grassroots Consulting Services, Public Affairs
Children Now
G.E. Healthcare
Mental Health Association in California
National Homebuyers Fund
REACH Air Medical Services
Sims Recycling Solutions
SMART Coalition
TMJ Society

PERRY DESIGN & ADVERTISING
206 W. Bonita Ave, K2, Claremont, CA 91711
Tel.: (909) 626-8083
Fax: (909) 980-6398
Web Site: perryadvertising.com

Employees: 2
Year Founded: 1997

Agency Specializes In: Advertising, Brand Development & Integration, Broadcast, Cable T.V., Co-op Advertising, Communications, Local Marketing, Logo & Package Design, Magazines, Media Buying Services, Media Planning, Newspaper, Newspapers & Magazines, Out-of-Home Media, Outdoor, Print, Production (Ad, Film, Broadcast), Production (Print), Public Relations, Radio, T.V.

Breakdown of Gross Billings by Media: Adv. Specialities: 100%

Accounts:
The Shoppes at Chino Hills; Chino Hills, CA

PERRY PRODUCTIONS
41 Edgewood Ave Ne, Concord, NC 28025
Tel.: (704) 788-2949
E-Mail: design@perryproductions.com
Web Site: perryproductions.com/

Employees: 5
Year Founded: 1994

Agency Specializes In: Internet/Web Design

Lisa Perry *(Owner)*
Kimberly Strong *(Exec Dir)*
Rachel Wilkes *(Exec Dir)*
Natasha Suber *(Dir-Mktg & Comm)*

Accounts:
Isaacs Group

Kannapolis Construction
LEI Systems
Pfeiffer University
Protec

PERSUASION ARTS & SCIENCES
4600 Vincent Ave S, Minneapolis, MN 55410
Tel.: (612) 928-0626
Web Site: www.persuasionism.com

Employees: 2

National Agency Associations: 4A's

Agency Specializes In: Advertising

Dion Hughes *(Founder & Chief Creative Officer)*
Mark Johnson *(Founder & Chief Innovation Officer)*
Mary Haugh *(Dir-Strategy)*

Accounts:
Best Buy Mobile
Nice Ride Minnesota

PERSUASION MARKETING & MEDIA
13400 Providence Lake Dr, Milton, GA 30004
Tel.: (770) 343-8326
E-Mail: info@persuasionmarketingandmedia.com
Web Site: www.persuasionmarketingandmedia.com

Employees: 3
Year Founded: 2011

Agency Specializes In: Advertising, Brand Development & Integration, Content, Email, Graphic Design, Internet/Web Design, Logo & Package Design, Print, Social Media

Leisa Odom-Kurtz *(Dir-Strategic & Creative)*

Accounts:
Alpine Bakery & Trattoria
Nancy Anderson

PERSUASIVE BRANDS
301 Central Ave, Hilton Head Island, SC 29926
Tel.: (843) 564-8001
Fax: (888) 788-0409
E-Mail: info@persuasivebrands.com
Web Site: www.persuasivebrands.com

Employees: 5
Year Founded: 2006

National Agency Associations: AMA

Agency Specializes In: Advertising, Brand Development & Integration, Business-To-Business, Collateral, Computers & Software, Digital/Interactive, Direct Response Marketing, Direct-to-Consumer, E-Commerce, Email, Integrated Marketing, Internet/Web Design, Market Research

Approx. Annual Billings: $1,000,000

Breakdown of Gross Billings by Media: Adv. Specialities: $1,000,000

Lee Smith *(Pres & CEO)*

Accounts:
IDClothing
Team Gear, Inc.

PERSUASIVE COMMUNICATIONS
141 Sullys Trl Ste 9, Pittsford, NY 14534
Tel.: (585) 264-1170
Fax: (585) 264-1177
E-Mail: info@persuasivewebsite.com

ADVERTISING AGENCIES
AGENCIES - JANUARY, 2019

Web Site: www.persuasivewebsite.com

Employees: 5
Year Founded: 2004

Agency Specializes In: Advertising, Graphic Design, Internet/Web Design, Public Relations

Michelle Mastrosimone *(Mng Dir)*

Accounts:
Nathaniel General Contractors
PathStone Corporation
Pierrepont Visual Graphics, Inc.

PETER HILL DESIGN
222 N 2nd St Ste 220, Minneapolis, MN 55401
Tel.: (612) 925-1927
Fax: (612) 925-2179
Web Site: www.peterhilldesign.com

Employees: 7

Agency Specializes In: Advertising, Brand Development & Integration, Collateral, Internet/Web Design, Logo & Package Design, Media Relations, Print, Public Relations, Social Media, Strategic Planning/Research

Megan Junius *(Pres & Creative Dir)*

Accounts:
Barker Hedges
Gruppo Marcucci
Lateralus
Park Dental
Unesco

PETER MAYER ADVERTISING, INC.
318 Camp St, New Orleans, LA 70130-2804
Tel.: (504) 581-7191
Fax: (504) 581-3009
E-Mail: contact@peteramayer.com
Web Site: www.peteramayer.com

E-Mail for Key Personnel:
President: mayerm@peteramayer.com
Creative Dir.: MayerJ@peteramayer.com
Production Mgr.: browns@peteramayer.com

Employees: 200
Year Founded: 1967

National Agency Associations: 4A's-AMIN

Agency Specializes In: Advertising, Advertising Specialties, Broadcast, Commercial Photography, Communications, Consulting, Consumer Marketing, Consumer Publications, Direct Response Marketing, Electronic Media, Event Planning & Marketing, Graphic Design, Industrial, Internet/Web Design, LGBTQ Market, Medical Products, Newspaper, Planning & Consultation, Print, Production, Public Relations, Publicity/Promotions, Radio, Sponsorship, Sports Market, Strategic Planning/Research, T.V., Trade & Consumer Magazines, Travel & Tourism

Approx. Annual Billings: $150,000,000

Mark A. Mayer *(Pres)*
Michelle Edelman *(Chief Strategy Officer)*
Josh Mayer *(Chief Creative Officer)*
Desmond LaVelle *(VP & Exec Creative Dir)*
David Crane *(VP & Dir-Acct Svcs)*
Candace Graham *(VP & Dir-Mktg)*
Alexis B. Vicknair *(Producer-Brdcst)*
Jeremy Braud *(Dir-Media & Connections Plng)*
Andrea Labbe *(Dir-HR)*
Neil Landry *(Dir-Design)*
Larry Lovell *(Dir-PR)*
Jennifer Rockvoan *(Dir-Web Dev)*
Miranda Smith *(Mgr-Digital Campaign)*

Christopher Arcuri *(Assoc Mgr-Print Production)*
Anna Plaisance *(Assoc Mgr-Social Media)*
Kacey Hill *(Acct Supvr-PR)*
Arianne White *(Sr Strategist-Social Media)*
Eric Camardelle *(Assoc Strategist)*
Alissa Dunbar *(Sr Media Planner)*
Sara Johnson *(Sr Media Planner & Buyer)*
Lynne McMillen *(Assoc Media Dir)*

Accounts:
Arlington Tourism
Asheville Convention and Visitors Bureau (Agency of Record)
French Market Coffee
GE Capital
Globalstar, Inc.
GNO, Inc.
Hancock Holding Corporation
Kennedy Space Center
Louisiana Department of Economic Development
Mellow Mushroom Bacon, Bootleg Bacon Fest
Mississippi Gulf Coast Tourism (Agency of Record) Creative, Digital Marketing, Media Planning & Buying, Strategy; 2018
The National World War II Museum
New Orleans Jazz & Heritage Festival
New Orleans Tourism Marketing Corporation
North Carolina Tourism
Okaloosa County Tourism Development Council
Piccadilly Restaurant
Sanderson Farms, Inc.
Sazerac
Scott Equipment
Texas Tourism
Zatarain's Brands, Inc.

THE PETERMANN AGENCY
22 Sherwood Dr, Shalimar, FL 32579
Tel.: (850) 243-5315
E-Mail: info@petermann.com
Web Site: www.petermann.com

Employees: 5

Agency Specializes In: Advertising, Collateral, Corporate Identity, Graphic Design, Internet/Web Design, Media Buying Services, Media Planning, Media Relations, Public Relations, Social Media

Richard Petermann *(Production Mgr)*
Stephen Smith *(Sr Acct Exec)*

Accounts:
Building Homes for Heroes

PETERSGROUP PUBLIC RELATIONS
7800 Shoal Creek Blvd, Austin, TX 78757
Tel.: (512) 794-8600
Fax: (512) 794-8622
E-Mail: info@petersgrouppr.com
Web Site: www.petersgrouppr.com

Employees: 17
Year Founded: 1997

Agency Specializes In: Corporate Communications, Crisis Communications, Customer Relationship Management, Exhibit/Trade Shows, Investor Relations, Media Training, Newspaper, Planning & Consultation

Lauren Peters *(Founder & CEO)*
Valorie Lyng *(VP-Bus Ops)*

Accounts:
Dell
Encirq
GE Security
HigherOut Consulting, Recruiting
Hoovers
IBM
Metrowerks
Motorola Solutions, Inc.
Sony Ericsson
Tivoli
Vignette

PETERSON MILLA HOOKS
1315 Harmon Pl, Minneapolis, MN 55403-1926
Tel.: (612) 349-9116
Fax: (612) 349-9141
E-Mail: cryan@pmhadv.com
Web Site: https://pmhadv.com/

E-Mail for Key Personnel:
Creative Dir.: dpeterson@pmhadv.com

Employees: 48
Year Founded: 1990

National Agency Associations: 4A's-AAF-AMA

Agency Specializes In: Advertising, Advertising Specialties, Brand Development & Integration, Broadcast, Consumer Marketing, Cosmetics, Fashion/Apparel, Newspapers & Magazines, Out-of-Home Media, Outdoor, Print, Real Estate, Retail, Sponsorship, Strategic Planning/Research, T.V.

Approx. Annual Billings: $60,000,000

Breakdown of Gross Billings by Media: Mags.: 30%; Newsp.: 10%; Out-of-Home Media: 10%; Point of Sale: 10%; T.V.: 40%

David Peterson *(Founder & Exec Creative Dir)*
Andrea Hyde *(Art Dir & Assoc Dir-Creative)*
Courtney Vincent *(Creative Dir)*
Kennedy Zakeer *(Acct Dir)*
Keith Bracknell *(Dir-Tech)*
Madeline Harkness *(Copywriter)*
Daniel Lurvey *(Designer)*

Accounts:
Childrens Hospital of Minnesota We Speak Kid
Council of Contributors
J.C. Penney Campaign: "It's May at JCPenney", General Market Creative
Kmart Campaign: "Chopped", Money Can't Buy Style
Kohl's Corporation Advertising, Campaign: "Find Your Yes", Creative, Marketing, TV
Masco Corporation Behr, Broadcast, Campaign: "True to Hue"
OshKosh B'Gosh, Inc.
Rhino Reserves
Sephora; San Francisco, CA
Sleep Number

PETRIE CREATIVE
715 W Johnson St Ste 101, Raleigh, NC 27603
Tel.: (919) 607-1902
Web Site: www.petriecreative.com

Employees: 3

Agency Specializes In: Advertising, Brand Development & Integration, Corporate Communications, Graphic Design, Print

Michelle Petrie *(Principal & Dir-Creative)*

Accounts:
NCSU Poole College of Management Global Luxury Management

PETROL ADVERTISING
443 N Varney St, Burbank, CA 91502
Tel.: (323) 644-3720
Fax: (323) 644-3730
E-Mail: info@petrolad.com
Web Site: www.petrolad.com

Employees: 150

AGENCIES - JANUARY, 2019 — ADVERTISING AGENCIES

Year Founded: 2003

Agency Specializes In: Advertising, Brand Development & Integration, Digital/Interactive, Graphic Design, Social Media

Alan Hunter *(Owner, Pres & Chief Creative Officer)*
Ben Granados *(Chief Strategic Officer & Exec VP)*
Art Babayan *(VP-Visual Dev)*
Chris Bayaca *(VP-Media)*
Wendy Hsu *(Sr Acct Dir)*
Alen Petkovic *(Creative Dir)*
Jack Appleby *(Dir-Creative Strategy)*
Samuel Clarke *(Dir-Strategic Brand Dev)*
Joe Granados *(Jr VP & Dir-Audio Visual)*
Joshua Alvarado *(Sr Art Dir)*
Mark Baham *(Sr Art Dir)*
Patrick H. Cervantes *(Jr VP-Comm)*
Patrick Herrin *(Sr Media Planner)*
Andrea Voskanian *(Assoc Creative Dir)*
Karl Zurfluh *(Sr Assoc Creative Dir)*

Accounts:
Irrational Games
Turtle Beach

PETRYNA ADVERTISING
487 Bouchard St, Sudbury, ON P3E2K8 Canada
Tel.: (705) 522-5455
Fax: (705) 522-8753
Toll Free: (416) 628-1438
Web Site: http://www.petrynagroup.com/

Employees: 10
Year Founded: 1983

Agency Specializes In: Advertising, E-Commerce, Graphic Design, Internet/Web Design, Market Research, Multimedia, Production, Promotions

David Petryna *(Pres)*
Lori Beaudry *(Sr Art Dir)*

Accounts:
Sudbury Symphony Orchestra Entertainment Services

PETTUS ADVERTISING, INC.
101 N Shoreline Blvd Ste 200, Corpus Christi, TX 78401-2824
Tel.: (361) 851-2793
Fax: (361) 851-2796
E-Mail: art@pettusadvertising.com
Web Site: www.pettusadvertising.com

Employees: 5
Year Founded: 1934

Agency Specializes In: Advertising

Approx. Annual Billings: $6,000,000

William Pettus *(CEO)*

Accounts:
American Bank
The Corpus Christi Convention & Visitors Bureau

PG CREATIVE
14 Ne 1St Ave Ste 706, Miami, FL 33132
Tel.: (305) 350-7995
Fax: (305) 350-0946
E-Mail: info@pgcreative.com
Web Site: www.pgcreative.com

Employees: 4
Year Founded: 2002

Agency Specializes In: Advertising, Bilingual Market, Brand Development & Integration, Broadcast, Business Publications, Business-To-Business, Cable T.V., Collateral, Communications, Consumer Marketing, Consumer Publications, Corporate Identity, Direct Response Marketing, Electronic Media, Entertainment, Event Planning & Marketing, Financial, Food Service, Graphic Design, Health Care Services, Hispanic Market, Internet/Web Design, Logo & Package Design, Magazines, Medical Products, Multimedia, Newspaper, Newspapers & Magazines, Out-of-Home Media, Outdoor, Point of Purchase, Point of Sale, Print, Public Relations, Radio, Real Estate, Restaurant, Retail, Sports Market, T.V., Trade & Consumer Magazines, Yellow Pages Advertising

Yvi Garcia *(Partner)*
Maritza Pensado *(Partner)*

Accounts:
Allegrini Amenities
Black & Decker Latin America
CPC Medical Centers
Drug Free Charlotte County
Easy Scripts
Florida Department of Health
Florida Office of Drug Control
Healthsun Health Plans
Imperial County Office of Education
Matusalem & Co.

PGN AGENCY
1504 E 11 Mile Rd, Royal Oak, MI 48067
Tel.: (248) 414-6860
Fax: (248) 414-6868
E-Mail: info@pgnagency.com
Web Site: www.pgnagency.com

Employees: 11

Agency Specializes In: Advertising, Corporate Identity, Internet/Web Design, Out-of-Home Media, Outdoor, Package Design, Print, Social Media

Pete Doanato *(Pres)*

Accounts:
Belle Isle Awning Co, Inc.
Pierino Frozen Foods, Inc.
Royal Oak Heating & Cooling, Inc.

PGR MEDIA, LLC.
34 Farnsworth St 2nd Fl, Boston, MA 02210
Tel.: (617) 502-8400
Fax: (617) 451-0451
E-Mail: info@pgrmedia.com
Web Site: www.pgrmedia.com

Employees: 20

Agency Specializes In: Advertising, Brand Development & Integration, Direct Response Marketing, Fashion/Apparel, Health Care Services, Magazines, Media Buying Services, Media Planning, Newspaper, Print, Radio, Sponsorship, T.V., Trade & Consumer Magazines, Viral/Buzz/Word of Mouth

Jane Deery *(Pres)*
Dennis Santos *(Mng Dir-NYC & Exec VP)*
Regina Tarquinio *(Mng Dir-Boston & Exec VP)*
Sonny Kim *(Exec VP-Strategy & Digital)*
Jennifer Callahan *(VP & Media Dir)*
McKenzie Larkin *(VP & Media Dir)*
Shey O'Grady *(VP-Digital Strategy & Measurement)*
Christin DiPisa *(Media Dir)*
Jaclyn Gary *(Dir-Interactive Media)*
Alisha Hicks *(Assoc Dir-Media)*
Diana Mormann *(Supvr-Media)*
Shoshana Przybylinski *(Supvr-Media)*
Callagy Ross *(Asst Planner-Digital)*
Desiree Dileso *(Assoc Media Dir)*
Emily Ford *(Assoc Media Dir)*
Breanne Loso *(Assoc Media Dir)*
Alison Vendetta *(Asst Media Planner)*

Accounts:
Celebrity & Azamara Cruises
Harry Winston Inc
Horizon Blue Cross Blue Shield of New Jersey
Juicy Couture, Inc.; Arleta
Santander Bank US
Westin Hotels & Resorts Media

PHASE 3 MARKETING & COMMUNICATIONS
60 Walton St NW, Atlanta, GA 30303
Tel.: (404) 367-9898
Fax: (404) 367-9868
Web Site: www.phase3mc.com/

Employees: 42
Year Founded: 2001

Agency Specializes In: Advertising, Digital/Interactive, Graphic Design, Internet/Web Design, Print

Revenue: $4,100,000

Jim Cannata *(Exec VP-Agency Svcs)*
Jenny Harris *(Exec VP)*
Susan Frost *(Sr VP-Mktg & Client Svcs)*
Victoria Jones *(Sr VP-Brand Strategy)*
Mary Reynolds *(Sr VP-PR)*
Sherri Jones *(VP & Gen Mgr-Nashville)*
Julia Baker *(VP-PR)*
Greg Faulkner *(VP-Digital Programming & Dev)*
Robin S. Konieczny *(VP-Strategy)*
Hollie Hagedorn Quinn *(VP-Sls)*
Aji Abraham *(Controller)*
Kathryn Ruland *(Sr Acct Dir)*
Rich Guglielmo *(Creative Dir-Nashville)*
Justin Smith *(Art Dir)*
Jennifer Buchach *(Dir-Natl & Strategic Accts)*
Christina Gonzalez *(Dir-Natl & Strategic Accts)*
Caroline Haye *(Dir-PR)*
Kimberly Weatherly *(Dir-Natl & Strategic Accts)*
Kelly Bourbonnais *(Sls Mgr)*
Kim Dalrymple *(Mktg Mgr)*

Accounts:
Radiator Specialty Company

Branches

The Reynolds Group
60 Walton St Nw Ste 200, Atlanta, GA 30303
(See Separate Listing)

PHEAR CREATIVE
(Name Changed to Night After Night)

PHELPS
(Acquired by The Company)

PHELPS
12121 Bluff Creek Dr, Playa Vista, CA 90094
Tel.: (310) 752-4400
Fax: (310) 752-4444
E-Mail: jp@phelpsagency.com
Web Site: phelpsagency.com

E-Mail for Key Personnel:
President: jp@phelpsagency.com

Employees: 70
Year Founded: 1981

National Agency Associations: 4A's-ICOM

Agency Specializes In: Above-the-Line, Advertising, Affiliate Marketing, Arts, Automotive,

ADVERTISING AGENCIES

Below-the-Line, Bilingual Market, Brand Development & Integration, Broadcast, Business Publications, Business-To-Business, Cable T.V., Catalogs, Co-op Advertising, Collateral, College, Commercial Photography, Communications, Computers & Software, Consulting, Consumer Goods, Consumer Marketing, Consumer Publications, Corporate Communications, Corporate Identity, Cosmetics, Crisis Communications, Custom Publishing, Customer Relationship Management, Digital/Interactive, Direct Response Marketing, Direct-to-Consumer, E-Commerce, Education, Electronic Media, Electronics, Email, Entertainment, Environmental, Event Planning & Marketing, Exhibit/Trade Shows, Experience Design, Fashion/Apparel, Financial, Food Service, Government/Political, Graphic Design, Guerilla Marketing, Health Care Services, High Technology, Hispanic Market, Hospitality, Household Goods, Identity Marketing, In-Store Advertising, Industrial, Information Technology, Integrated Marketing, International, Internet/Web Design, Leisure, Local Marketing, Logo & Package Design, Luxury Products, Magazines, Market Research, Media Buying Services, Media Planning, Media Relations, Media Training, Medical Products, Men's Market, Merchandising, Mobile Marketing, Multicultural, Multimedia, New Product Development, New Technologies, Newspaper, Newspapers & Magazines, Out-of-Home Media, Outdoor, Over-50 Market, Package Design, Paid Searches, Pets , Pharmaceutical, Planning & Consultation, Podcasting, Point of Purchase, Point of Sale, Print, Production, Production (Print), Promotions, Public Relations, Publicity/Promotions, Publishing, RSS (Really Simple Syndication), Radio, Real Estate, Recruitment, Restaurant, Retail, Sales Promotion, Search Engine Optimization, Seniors' Market, Social Marketing/Nonprofit, Social Media, Sponsorship, Strategic Planning/Research, Sweepstakes, T.V., Technical Advertising, Teen Market, Trade & Consumer Magazines, Transportation, Travel & Tourism, Viral/Buzz/Word of Mouth, Women's Market

Approx. Annual Billings: $65,000,000

Joe Phelps *(Founder)*
Ed Chambliss *(CEO)*
Tony Stern *(Chief Creative Officer)*
Francisco Letelier *(VP & Creative Dir)*
Kristen Bergevin *(VP-PR)*
Laura Bernier *(VP-Acct Plng)*
Randy Brodeur *(VP-Mktg)*
Aaron Dubois *(VP-Digital)*
Tori Young *(VP-Res & Strategy)*
Mary Jo Sobotka *(Chief Integrated Media Officer)*

Accounts:
American Licorice Company
Bosley
City of Hope National Medical Center Cancer Treatment & Research; 2000
Dunn-Edwards Corporation Commercial & Retail Paints & Supplies; 2002
El Segundo (Tourism Agency of Record) Content, Marketing, Media Relations, Online Advertising, Public Relations, Search, Social Media; 2018
Hong Kong Tourism Board U.S. (Social Media Marketing Agency of Record)
Junior Blind of America; Los Angeles, CA Non-profit; 1997
Learn4Life Schools Brand Strategy, Content Development, Public Relations
Los Angeles World Airports
Luxury Link Travel Group (Agency of Record) Branding, Media Relations, Strategic Marketing Planning & Execution
Monrovia Growers Plants, Flowers, Shrubs & Other Landscaping Supplies; 1997
Monrovia Nursery Co
Natrol, Inc Brand Strategy, Broadcast, Cognium, Digital, Media Buying, Media Planning, Merchandising, Natrol, OOH, Print, Public Relations, Radio, Social Media
Panasonic Broadcast & Television Systems; Cypress, CA Computers, Plasma TV, Pro-Audio, TV Systems; 1986
Panasonic Corporation of North America Panasonic
Public Storage Storage Facilities & Management; 2007
Ryze Capital Partners Brand Strategy, Content Strategy, Website Development
Santa Monica Place
SoCal Gas
Susquehanna Health (Agency of Record) Brand & Digital Strategy, Brand Development, Media Planning & Buying, Production
Tahiti Tourisme North America; El Segundo, CA Travel & Tourism; 1992
Tetra Pak Campaign: "Milk Unleashed"
Toco Warranty Digital
Valvoline Instant Oil Change

PHENOMBLUE
2111 S 67Th St Ste 300, Omaha, NE 68106
Tel.: (402) 933-4050
E-Mail: connect@phenomblue.com
Web Site: https://phenomblue.com/

Employees: 10

Agency Specializes In: Alternative Advertising, Education, Financial, High Technology, Social Media, Strategic Planning/Research

Accounts:
Bellevue University; Bellevue, NE Higher Ed; 2012
BillingTree
CareerBuilder
Ebay, Inc.
GoGo
Hayneedle Home Decor
HDR
Newegg
Omaha Children's Museum; Omaha, NE; 2012
Thrasher

PHENOMENON
5900 Wilshire Blvd 28th Fl, Los Angeles, CA 90036
Tel.: (323) 648-4000
E-Mail: communicate@phenomenon.com
Web Site: www.phenomenon.com/

Employees: 165

Agency Specializes In: Advertising, Brand Development & Integration, Digital/Interactive, Integrated Marketing, Strategic Planning/Research

Matt Lee *(CMO)*
Amy Panzarasa *(Chief Talent & Culture Officer)*
Adam Stone *(Pres-Entertainment)*
Meghan Dougherty *(Sr Brand Dir)*
Ebony McCauley *(Sr Brand Dir)*
Jay Gelardi *(Exec Creative Dir)*
Kyla Elliott *(Grp Dir-Creative)*
Ryan Stoner *(Grp Dir-Strategy)*
Tim Bateman *(Creative Dir)*
Ted Kapusta *(Creative Dir)*
Chase Madrid *(Creative Dir)*
Jonathon Runkle *(Creative Dir)*
Brandon Sides *(Creative Dir)*
Simrit Brar *(Dir-Design)*
Martin Heaton *(Dir-Strategy)*
Natalie Prout *(Dir-Strategy)*
Nathalie Ilaria Bianchi *(Brand Mgr)*
Jenn Cook *(Grp Brand Dir)*
Mary Beth Zima *(Mgr-Talent & Culture)*
Adam Fishbein *(Supvr-Brand)*
Allison Landrum *(Supvr-Brand)*
Amanda Tutora *(Supvr-Brand)*
Nic Brenden *(Sr Designer)*
Spencer Cook *(Assoc Creative Dir & Copywriter)*
Seth Stephan *(Designer-UI)*
Annie Johnston *(Assoc Creative Dir)*
Jessica Lasher *(Assoc Creative Dir)*

Accounts:
Aetna
New-Civic Nation
Crate & Barrel
Flywheel
Intuit Inc. (Brand & Marketing Agency of Record) Super Bowl 2018
Nationstar Mortgage Holdings Inc. Digital Advertising, Logo, Mobile Application, Mr. Cooper, Videos, Website
Wilson Sporting Goods Co. Brand Campaign, Campaign: "All Day", Campaign: "My Wilson", X Connected Basketball

PHIL & CO.
33 Irving Pl Fl 3, New York, NY 10003
Tel.: (646) 490-6446
E-Mail: info@philandcompany.com
Web Site: www.philandcompany.com

Employees: 50
Year Founded: 2008

Agency Specializes In: Advertising, Brand Development & Integration, Graphic Design, Internet/Web Design, Public Relations, Social Media, Strategic Planning/Research

Cliff Sloan *(Founder & CEO)*
Rex Unger *(Client Svcs Dir)*

Accounts:
The International Baccalaureate
United Nations Foundation Advertising, Marketing, Public Relations, Social Media, Strategy, Video, Website

PHILIPS HEALTHCARE COMMUNICATIONS, INC.
3000 Minuteman Rd, Andover, MA 01810-1099
Tel.: (978) 659-3000
Toll Free: (800) 229-6417
Web Site: www.usa.philips.com

Employees: 3
Year Founded: 1989

Agency Specializes In: Experiential Marketing, Medical Products

Approx. Annual Billings: $5,250,000

Breakdown of Gross Billings by Media: Fees: $5,000,000; Production: $250,000

Dorothy Philips *(Owner)*
Mel Allen *(Principal & Head-Practice Ops)*
Richard Crane *(Sr VP & Head-Commodity Mgmt-Royal Philips)*
Laura J. Costello *(Reg VP-Healthcare)*
Ed Gala *(VP-Brand, Comm, Digital & Events Mktg-North America)*
Leigh White *(Sr Dir-Mktg Comm & Digital)*
Donald Enoch *(Mktg Dir)*
Greg Eckstein *(Dir-Solutions Mktg)*
Georg Kornweibel *(Dir-Field Mktg)*
Jim Moran *(Dir-Equipment Remarketing)*
Maureen Santangelo *(Dir-Sls Trng & Enablement-North America)*
Donna Breault *(Sr Mgr-Event Content & Program Dev)*
Anne Graham *(Sr Mgr-Mktg Comm & Digital)*
Brandon M. Judd *(Sr Mgr-Sls Ops, Market Support & IGT-Devices Electrophysiology)*
Laura McNally *(Sr Mgr-Mktg Comm & Healthcare Transformation Svcs)*
Abbie Jones Pauley *(Sr Mgr-Marcom)*

AGENCIES - JANUARY, 2019 — ADVERTISING AGENCIES

Lonnie Plenert *(Sr Mgr-Current Product Engrg-Philips Medical Sys AED)*
Stephanie Fox *(Acct Mgr-Imaging Sys)*
Andrea Ryter *(Sr Product Mgr)*
Bethany Gates *(Mgr-Solution Delivery Bus Process)*
Jim Orzech *(Mgr-Value Added Svcs Mktg)*
Cindy Morton *(Sr Mktg Mgr)*

Accounts:
Preventive Cardiovascular Nurse Association; Middleton, WI; 2000

PHILOSOPHY COMMUNICATION
209 Kalamath St Ste 2, Denver, CO 80223
Tel.: (303) 394-2366
Fax: (601) 767-0682
E-Mail: info@philosophycommunication.com
Web Site: www.philosophycommunication.com

Employees: 20
Year Founded: 2001

Agency Specializes In: Advertising, Brand Development & Integration, Digital/Interactive, Event Planning & Marketing, Public Relations, Search Engine Optimization, Social Media

Jennifer Lester *(Founder)*
Connie Tran *(Art Dir)*
Jordan Alvillar *(Acct Mgr)*

Accounts:
CD Specialty Contractors
Coloradans for Responsible Energy Development
Colorado Cattlemen's Agricultural Land Trust
Colorado Department of Agriculture
Jefferson County
John Austin Cheley Foundation
Littleton
Pour Kids
RO Innovation
Sub-Zero Group, Inc.
ZT Amplifiers

PHINNEY BISCHOFF
(Formerly TRAY Creative)
614 Boylston Ave E, Seattle, WA 98102
Tel.: (206) 322-3483
Web Site: phinneybischoff.com

Employees: 21
Year Founded: 2009

Agency Specializes In: Advertising, Brand Development & Integration, Content, Digital/Interactive, Event Planning & Marketing, Internet/Web Design, Logo & Package Design, Media Buying Services, Print

Karl Bischoff *(Chm & COO)*
Holly Keenan *(Pres)*
Leslie Phinney *(CEO & Creative Dir)*
Ann Janikowski *(Acct Dir & Strategist)*
Bridget Perez *(Acct Dir & Strategist)*
Annett Kohlmann *(Mktg Dir)*
Kerry Dorado *(Acct Mgr)*

Accounts:
Caffe Vita
MarketLinc
Urbanadd

PHIRE GROUP
111 Miller Ave, Ann Arbor, MI 48104
Tel.: (734) 332-4200
Fax: (734) 332-4300
E-Mail: info@phiregroup.com
Web Site: thephiregroup.com

Employees: 17

Agency Specializes In: Advertising, Business-To-Business, Internet/Web Design, Media Planning, Strategic Planning/Research

Jim Hume *(Owner & Principal)*
Mike Rouech *(VP-Brand Strategy & Acct Dir)*
Michael Gatto *(Creative Dir-Digital)*
Tony Godzik *(Creative Dir)*
Kurt Keller *(Creative Dir)*
Alex Schillinger *(Media Dir)*
Matthew Crigger *(Dir-Interactive Media)*
Andrea Nank *(Dir-PR)*
Kyle Stuef *(Dir-Plng & Engagement)*

PHOENIX GROUP
195-1621 Albert St, Regina, SK S4P 2S5 Canada
Tel.: (306) 585-9500
Fax: (306) 352-8240
E-Mail: powersthatbe@thephoenixgroup.ca
Web Site: www.thephoenixgroup.ca

Employees: 50

Agency Specializes In: Advertising, Brand Development & Integration, Corporate Communications, Event Planning & Marketing, Graphic Design, Internet/Web Design, Media Buying Services, Media Planning, Social Media, Strategic Planning/Research

Pam Klein *(Pres)*
Judd Van Slyck *(CFO)*
Penny Logan *(Fin Dir)*
David Bellerive *(VP-Creative & Interactive)*
Karissa Hanson *(VP-Corp Affairs)*
Darren Mitchell *(VP-Strategic Dev)*
J. J. Ellams *(Art Dir)*
Laila Haus *(Creative Dir)*
Gillian Meyer *(Art Dir)*
Lorna Martin *(Mgr-Traffic & Production)*
Michelle Fritzler *(Specialist-Media & Fin)*
Elaine Nyhus *(Acct Planner)*
Sara Tetreault *(Media Planner & Buyer)*
Ryan Dowdeswell *(Assoc Creative Dir)*
Kirsten McLean *(Team Head-Interactive)*

Accounts:
The Great Western Brewing Company

PHOENIX MARKETING ASSOCIATES
8101 E McDowell Rd, Scottsdale, AZ 85257
Tel.: (602) 282-0202
E-Mail: info@phoenixmarketingassociates.com
Web Site: www.phoenixmarketingassociates.com

Employees: 5

Agency Specializes In: Advertising, Brand Development & Integration, Collateral, Public Relations, Social Media

Jason Jantzen *(Pres)*

Accounts:
10Zig
Ahi Mahi Fish Grill Branding, Online Marketing, Public Relations, Social Media, Website
Ahipoki Bowl Advertising, Public Relations, Social Media, Website
American Academy of Pediatrics
Arizona Ballroom Champions Advertising, Branding, Event Planning, Marketing, Online Marketing, Public Relations, SEO, Social Media, Website Creation
Boys & Girls Clubs Of Greater Scottsdale
Brian Ronalds
DB Schenker USA
Define Yourself Clothing Branding
Dignity Health Foundation East Valley (Marketing & Public Relations Agency of Record) Dancing for Stroke Gala
Dignity Health Branding, Public Relations, Social Media, Website Improvements
Duck and Decanter Social Media
El Sol Foods
The Great Australian Bakery
Hillside Sedona Public Relations, SEO, Social Media
ICG Consulting
Jdrf Public Relations
Ling & Louie's Asian Bar & Grill
Moonshine Whiskey Bar Ad Placement, Graphic Design, Public Relations, Television
Pieology Pizza Restaurant
Poke Restaurant Advertising, Public Relations, Social Media, Website
Sanfratello's Pizza Public Relations, Social Media
Shari Rowe Public Relations
Shona Salon & Spa
UltraStar Multi-tainment Center

PHOENIX MARKETING INTERNATIONAL
6750 Maple Terr, Milwaukee, WI 53213
Tel.: (414) 531-3187
E-Mail: jradtke@phoenixmgi.com
Web Site: https://www.phoenixmi.com

Employees: 4
Year Founded: 1979

Agency Specializes In: Advertising, Advertising Specialties, Brand Development & Integration, Broadcast, Business Publications, Business-To-Business, Collateral, Corporate Identity, Direct Response Marketing, Electronic Media, Financial, Graphic Design, Health Care Services, Information Technology, Internet/Web Design, Logo & Package Design, Media Buying Services, Medical Products, Pharmaceutical, Production, Public Relations, Strategic Planning/Research, Trade & Consumer Magazines

Approx. Annual Billings: $3,000,000

Breakdown of Gross Billings by Media: Bus. Publs.: $900,000; Collateral: $600,000; D.M.: $300,000; Logo & Package Design: $240,000; Print: $300,000; Pub. Rels.: $300,000; Strategic Planning/Research: $150,000; Worldwide Web Sites: $210,000

Steve Wolf *(CMO & Chief Client Officer)*
Charlie Radtke *(VP & Dir-Creative)*

Accounts:
Cardinal Capital Management; Milwaukee, WI; 2003
Generac Power Systems; Waukesha, WI; 1999
Johnson Controls, Inc.; Milwaukee, WI; 1998
P&H Mining Equipment; Milwaukee, WI; 2000
Perlick
Vestica Healthcare; Milwaukee, WI; 2003
Wonderbox Technologies; Milwaukee, WI; 2003

PHOENIX MEDIA GROUP INC.
375 Greenwich St, New York, NY 10013
Tel.: (212) 965-4720
E-Mail: info@phoenixnyc.tv
Web Site: www.phoenixnyc.tv

Employees: 6
Year Founded: 2007

Agency Specializes In: Advertising, Brand Development & Integration, Collateral, Multimedia, Print, Production, Search Engine Optimization, Social Media

Chris Phoenix *(Founder & CEO)*
Mike Miller *(Gen Mgr)*
Jeffrey Man *(Creative Dir)*

Accounts:

ADVERTISING AGENCIES — AGENCIES - JANUARY, 2019

Cctv There is Only We
CLIO Image Awards & WWD

PIA AGENCY
(Formerly Pia Communications)
5930 Priestly Dr, Carlsbad, CA 92008
Tel.: (760) 930-9244
Toll Free: (888) 396-6975
Web Site: www.thepiaagency.com/

Employees: 15
Year Founded: 2002

Agency Specializes In: Branded Entertainment, Broadcast, Cable T.V., Communications, Consumer Goods, Content, Digital/Interactive, Electronics, Entertainment, Household Goods, Medical Products, Production, Production (Ad, Film, Broadcast), Social Media

Cliff Pia *(Pres & Chief Creative Officer)*
Cheryl Pia *(CEO)*
David Clark *(Exec Creative Dir)*
Gabrielle Motto *(Acct Mgr)*
Alexandra Medjid *(Strategist-Brand Engagement)*

Accounts:
Hewlett-Packard Company Computer Products

PIA COMMUNICATIONS
(See Under PIA Agency)

PICCIRILLI DORSEY, INC.
502 Rock Spring Rd, Bel Air, MD 21014
Tel.: (410) 879-6780
Fax: (410) 879-6602
E-Mail: hello@picdorsey.com
Web Site: www.picdorsey.com

Employees: 10
Year Founded: 2011

Agency Specializes In: Advertising, Graphic Design, Internet/Web Design, Print

Micah Piccirilli *(Partner & Creative Dir)*
Kristi Miller *(Sr Acct Exec)*

Accounts:
Chas Spa and Salon
Reynolds Dentistry
Ritz-Carlton Residences

PICO+
2716 Ocean Park Blvd Unit 1020, Santa Monica, CA 90405
Tel.: (310) 450-1028
Web Site: www.picoplus.us

Employees: 50
Year Founded: 1969

Agency Specializes In: Above-the-Line, Advertising, Arts, Automotive, Aviation & Aerospace, Below-the-Line, Brand Development & Integration, Communications, Consumer Goods, Consumer Marketing, Content, Digital/Interactive, Entertainment, Event Planning & Marketing, Exhibit/Trade Shows, Experience Design, Experiential Marketing, Fashion/Apparel, Identity Marketing, Integrated Marketing, International, Internet/Web Design, Local Marketing, Market Research, Mobile Marketing, Retail, Social Media, Strategic Planning/Research

Jiggs Ibarrola *(VP-Accounts-Global)*
Lee R. Roth *(Gen Mgr)*
Russell Heubach *(Exec Creative Dir)*
Michelle Carpenter *(Mktg Mgr)*

Accounts:
Land Rover
Nissan Infiniti
Smirnoff

PIEHEAD PRODUCTIONS LLC
73 Ct St, Portsmouth, NH 03801
Tel.: (603) 431-5983
Fax: (603) 929-9700
E-Mail: engage@piehead.com
Web Site: www.piehead.com

Employees: 15
Year Founded: 2001

Agency Specializes In: Advertising, Content, Digital/Interactive, Search Engine Optimization, Social Media

Accounts:
Community Coffee Company LLC

PIER 8 GROUP
605 James St N 4th Fl, Hamilton, ON L8L 1J9 Canada
Tel.: (905) 529-7312
Fax: (905) 572-6844
Toll Free: (877) 529-7312
E-Mail: bob@pier8group.com
Web Site: www.pier8group.com

Employees: 5
Year Founded: 2004

Bob Mills *(Pres)*
Paul Seccaspina *(CEO-Oraclepoll Research Ltd.)*
Peter Stevens *(Mgr-Brand Design)*
Judy Mair *(Webmaster & Designer)*

Accounts:
Niagara Smart Gardening
Ontario Works Hamilton
Tourism Hamilton

Subsidiary

Wordsmith Design & Advertising
605 James Street N 4th Floor, Hamilton, ON L8L 1J9 Canada
Tel.: (905) 529-7312
Fax: (905) 572-6844
E-Mail: info@pier8group.com
Web Site: www.pier8group.com

Employees: 10

Bob Mills *(Pres & CEO)*

PIERCE COMMUNICATIONS, INC.
208 E State St, Columbus, OH 43215-4311
Tel.: (614) 365-9494
Fax: (614) 365-9564
E-Mail: gene@piercecomm.com
Web Site: www.piercecomm.com

E-Mail for Key Personnel:
President: gene@piercecomm.com

Employees: 5
Year Founded: 1985

Agency Specializes In: Advertising, African-American Market, Education, Environmental, Government/Political, Public Relations

Approx. Annual Billings: $1,500,000

Gene Pierce *(Pres)*

Accounts:
Columbus Public Schools
Ohio Council of Retail Merchants

PIERCE-COTE ADVERTISING
683 Main St Unit C, Osterville, MA 02655
Tel.: (508) 420-5566
Fax: (508) 420-3314
E-Mail: info@pierce-cote.com
Web Site: www.pierce-cote.com

Employees: 7
Year Founded: 1988

Approx. Annual Billings: $3,000,000

Bradford Schiff *(Pres)*
Diane McPherson *(VP)*
John Migliaccio *(Exec Creative Dir)*
Lynn O'Brien *(Dir-Art & Designer)*
Pam Shapiro *(Acct Exec)*

Accounts:
Atlantic White Shark Conservancy; 2018
Cape Cod Child Development; 2018
Cape Cod Museum of Art (Agency of Record)
Cape Playhouse; 2018
Corjen Construction, Boston
Eastern Bank
Heritage Museums & Gardens; Sandwich, MA
  Creative, Media Planning, Public Relations, Strategic Marketing
Hospice & Palliative Care of Cape Cod
The Mayfair Hotel, New York
NYLO Hotel, Providence/Warwick
Pairpoint Glass Company; 2018
Plimoth Plantation, Plymouth
Rockland Trust Company
Savings Bank Life Insurance (SBLI)

PIERCE CREATIVE
1228 University Ave # 200, San Diego, CA 92103
Tel.: (619) 356-0164
E-Mail: hello@piercesd.com
Web Site: http://piercephx.com/

Employees: 3
Year Founded: 2008

Agency Specializes In: Advertising, Brand Development & Integration, Email, Event Planning & Marketing, Graphic Design, Internet/Web Design, Logo & Package Design, Print

Wade McDonald *(Co-Owner)*
Jonathan Youngberg *(Owner)*

Accounts:
Allure Restaurant
Balboa Park
Escape Fish Bar

PIERSON GRANT PUBLIC RELATIONS
6301 NW 5th Way Ste 2600, Fort Lauderdale, FL 33309
Tel.: (954) 776-1999
Fax: (954) 776-0290
E-Mail: info@piersongrant.com
Web Site: www.piersongrant.com

Employees: 15
Year Founded: 1995

Agency Specializes In: Advertising, Arts, Communications, Consumer Goods, Crisis Communications, Education, Event Planning & Marketing, Financial, Government/Political, Graphic Design, Health Care Services, Hospitality, Internet/Web Design, Media Relations, Newspaper, Public Relations, Publicity/Promotions, Real Estate, Restaurant, Sponsorship, Strategic Planning/Research, Travel & Tourism

AGENCIES - JANUARY, 2019 — ADVERTISING AGENCIES

Revenue: $1,400,000

Jane Grant (Pres)
Maria Pierson (CEO)
Marielle Sologuren (VP)
Diana Hanford (Acct Dir)
Amy Hoffman (Acct Supvr)
Carlos Goycochea (Specialist-Hispanic Media)

Accounts:
CNL Bank
Consert
GL Homes
Holy Cross management
Olive Garden
WM

PIL CREATIVE GROUP, INC
2030 Douglas Rd Ste 211, Coral Gables, FL 33134
Tel.: (305) 442-1990
E-Mail: info@pilcreativegroup.com
Web Site: www.pilcreativegroup.com

Employees: 50

Agency Specializes In: Advertising, Brand Development & Integration, Content, Digital/Interactive, Graphic Design, Internet/Web Design, Production, Search Engine Optimization, Social Media, Strategic Planning/Research

Patsy I. Linares (Pres , Principal & Creative Dir)
Lourdes Fernandez (Dir-Acct & Creative Svcs)
Annabelle Reyes (Dir-Acct Client Svcs)
Gretel Rojas (Assoc Dir-Creative)
Guissel Fernandez (Sr Graphic Designer)
Maria Hernandez (Assoc Creative Dir)

Accounts:
New-The 55th Annual Coconut Grove Arts Festival (Advertising Agency of Record)
New-Casa de Campo
New-Miami Open
New-Regent Seven Seas Cruises Inc
New-Seabourn Cruise Line Limited

PILCHER CREATIVE AGENCY
8704 W 49th St, Shawnee, KS 66203
Tel.: (913) 396-9962
Web Site: www.pilchermedia.com

Employees: 1
Year Founded: 2008

Agency Specializes In: Advertising, Logo & Package Design, Print, Search Engine Optimization, Social Media

Laura Pilcher (Owner)

Accounts:
Forward Edge Marketing
Learning2Fly

PILGRIM
477 Locust St, Denver, CO 80220
Tel.: (303) 531-7180
Fax: (303) 531-7181
E-Mail: info@thinkpilgrim.com
Web Site: www.thinkpilgrim.com/

Employees: 3

Agency Specializes In: Advertising, Sponsorship

Chris Clemens (Pres)

Accounts:
AAA Colorado

Albany County Tourism Board
Colorado Wildlife Council
Grand Junction Visitor & Convention Bureau

PILOT
25 W 36Th St Fl 4, New York, NY 10018
Tel.: (212) 500-6072
E-Mail: sayhi@pilotnyc.com
Web Site: www.pilotnyc.com

Employees: 29

Agency Specializes In: Advertising, Brand Development & Integration, Broadcast, Graphic Design, Print

Louis Venezia (Owner & Chief Creative Officer)
Marybeth Benivegna (Editor & Sr Creative Dir)
Courtney Cosentino (Exec Creative Dir)
Mike Budney (Creative Dir)
Kyle Orlowicz (Creative Dir)
Rebecca Ritchie Brower (Sr Exec Producer)
Linda Danner (Sr Creative Dir)

Accounts:
FXX Network Simpsons Marathon
Hasbro
Turner Broadcasting System, Inc.

Branch

Pilot
4551 Glencoe Ave Ste 255, Marina Del Rey, CA 90292
Tel.: (424) 208-5900
E-Mail: sayhi@pilotnyc.com
Web Site: www.pilotnyc.com

Employees: 50

Agency Specializes In: Advertising, Digital/Interactive, Graphic Design, Print, Production

Renee Amber (Sr Creative Dir)

Accounts:
New-Mercedes-Benz USA LLC

PINCKNEY HUGO GROUP
760 W Genesee St, Syracuse, NY 13204-2306
Tel.: (315) 478-6700
Fax: (315) 426-1392
E-Mail: marketing@pinckneyhugo.com
Web Site: www.pinckneyhugo.com

E-Mail for Key Personnel:
President: doug@pinckneyhugo.com
Media Dir.: kathleen@pinckneyhugo.com

Employees: 20
Year Founded: 1940

Agency Specializes In: Advertising, Agriculture, Automotive, Brand Development & Integration, Broadcast, Business Publications, Business-To-Business, Consumer Marketing, Corporate Identity, Direct Response Marketing, Education, Environmental, Fashion/Apparel, Financial, Graphic Design, Health Care Services, Industrial, Internet/Web Design, Logo & Package Design, Medical Products, Multimedia, Newspaper, Newspapers & Magazines, Out-of-Home Media, Outdoor, Print, Production, Public Relations, Radio, Real Estate, Restaurant, Retail, Strategic Planning/Research, T.V.

Aaron Hugo (Owner & Exec VP)
Douglas Pinckney (Pres)
Kathleen Brogan (VP-Media Svcs)
Christopher Pinckney (Exec Creative Dir)
Adam Jwaskiewicz (Dir-Interactive Svcs)
Colleen Kernan (Dir-PR)
Cathy Van Order (Dir-Production Svcs)
Maggie Gotch (Sr Acct Mgr)
Bryan Weinsztok (Sr Acct Mgr)
Lindsey Smith (Acct Mgr-PR)
Alexandra Gilmore (Sr Strategist-Digital Media)
Scott Herron (Acct Exec-Creative)
Susan Muench (Media Buyer)
Scott McNany (Assoc Creative Dir)

Accounts:
Alliance Bank
Bush Brothers; Chestnut Hill, TN Beans
Commonfund Mortgage; Syracuse, NY
Fuccillo Automotive Group; Syracuse, NY
Fuccillo Hyundai; Syracuse, NY
Madison County Tourism
MDR Magnetic Resonance Imaging Technology
Metro Mattress (Agency of Record)
Oncenter Complex
Onondaga Community College; Syracuse, NY
Redco Foods Public Relations, Salada Green Tea
Tylenol

PINCKNEY MARKETING, INC.
800 W Hill St # 402, Charlotte, NC 28208
Tel.: (704) 496-7900
E-Mail: info@pinckneymarketing.com
Web Site: www.pinckneymarketing.com

Employees: 19

Agency Specializes In: Advertising, Brand Development & Integration, Digital/Interactive, Graphic Design, Internet/Web Design, Logo & Package Design, Media Buying Services, Print, Radio, Strategic Planning/Research

Mike Pinckney (Pres)

Accounts:
Byrum Heating & AC, Inc.
Dine Out Charlotte
Lettuce Carry
Nissan of Chesapeake

PINDOT MEDIA
620 Colonial Park Dr, Roswell, GA 30075-3746
Tel.: (770) 640-5225
Fax: (866) 591-7389
Toll Free: (800) 707-0570
E-Mail: info@pindotmedia.com
Web Site: www.pindotmedia.com

E-Mail for Key Personnel:
President: dcogdell@pindotmedia.com

Employees: 13
Year Founded: 1992

National Agency Associations: LSA

Agency Specializes In: Advertising, Business Publications, Business-To-Business, Consumer Marketing, Local Marketing, Mobile Marketing, Newspaper, Print, Social Media, Yellow Pages Advertising

Approx. Annual Billings: $15,000,000

Breakdown of Gross Billings by Media: Internet Adv.: $2,000,000; Print: $13,000,000

Michael Erich (Dir-Strategy & Bus Dev)
Stephanie Tucker (Sr Acct Mgr)
Charlotte Wilborn (Mgr-Bus Analysis & Product Dev)
Joyce Decker (Sr Specialist-Acct)

PINEROCK
12 W 21st St 9th Fl, New York, NY 10010

ADVERTISING AGENCIES

Tel.: (212) 414-8300
Fax: (212) 929-6169
E-Mail: contact@pinerock.com
Web Site: www.pinerock.com

Employees: 50
Year Founded: 1996

Agency Specializes In: Advertising, Brand Development & Integration, Communications, Digital/Interactive, Event Planning & Marketing, Exhibit/Trade Shows, Investor Relations, Production

Ed Romanoff *(CEO)*
Deb Talley *(CFO)*
Mac McNally *(Exec VP & Gen Mgr)*
Ray Simon *(Exec VP)*
Shelley Tupper *(Sr VP & Acct Dir)*
Abby Gold *(VP & Dir-Video Production)*
Ed Hennemann *(VP)*
Sally Montgomery *(VP-Production)*
Stephanie Quinn *(VP-Client Svcs)*
Rich Warwinsky *(Sr Dir-Technical)*
Amy Jones *(Acct Dir)*
Lauren Weiss *(Mgr-Office Ops)*
Naphtali Mckenly *(Specialist-Video & Digital Media)*

Accounts:
New-Liberty Travel

THE PINK COLLECTIVE
1932 Tyler St, Hollywood, FL 33020
Tel.: (954) 241-1400
Web Site: www.thepinkcollective.com

Employees: 4
Year Founded: 2009

Agency Specializes In: Advertising, Brand Development & Integration, Event Planning & Marketing, Internet/Web Design, Print, Radio, Social Media, T.V.

Roly Rodriguez *(Principal & Creative Dir)*

Accounts:
Baptist Health South Florida

PINNACLE ADVERTISING
1435 Plum Grove Rd, Schaumburg, IL 60173
Tel.: (847) 255-0000
E-Mail: info@pinnacleadvertising.com
Web Site: www.pinnacle-advertising.com

Employees: 119

Agency Specializes In: Advertising, Broadcast, Digital/Interactive, Internet/Web Design, Media Buying Services, Media Planning, Print, Strategic Planning/Research

Michael Magnusson *(Pres & CEO)*
Jac Mansour *(Chief Creative Officer)*
Jacob Rostollan *(Exec VP & Grp Acct Dir)*
Michael Gerardi *(VP & Grp Acct Dir)*
Catie Holoubek *(VP-Digital)*
Julie Drinane *(Controller)*
Kevin Micklo *(Media Dir)*
Teresa Ybarra *(Art Dir)*
Brian Brennan *(Dir-Integrated Media)*
Kristen Paris *(Dir-Ops)*
Kate Diehl *(Assoc Dir-Integrated Media)*
Melissa Cacciabondo *(Sr Acct Mgr)*
Tighe Shaffer *(Acct Mgr)*
Jenny Didier *(Mgr-Media Ops)*
Andrea Moore *(Supvr-Brdcst)*
Mary Brey *(Acct Exec)*
Dave Everson *(Grp Creative Dir)*
Edward Kahn *(Reg Acct Dir)*
Stephanie Meehan *(Sr Media Buyer)*

Accounts:
MacNeil Automotive Products Media, Super Bowl 2018, WeatherTech

PINNACLE ADVERTISING & MARKETING GROUP
1515 S Federal Hwy Ste 406, Boca Raton, FL 33432
Tel.: (561) 338-3940
E-Mail: info@pinnacleadgroup.com
Web Site: www.pinnacleadvertising.net/

Employees: 25
Year Founded: 2011

Agency Specializes In: Advertising, Digital/Interactive, Media Buying Services, Media Planning, Public Relations, Search Engine Optimization, Social Media

Peter Gary *(Founder & CEO)*
Evelyn Lopez *(CFO)*
Michael Cassini *(VP-Creative)*
Glen Calder *(Dir-PR)*

Accounts:
Florida Atlantic University
Florida Panthers Hockey Club, Ltd. IceDen
JM Lexus
Revitamal (Agency of Record) Advertising, Digital Marketing, Public Relations, SEO, Social Media
Waldan International Public Relations

PINNACLE DIRECT
4700 rue de la Savane Ste 102, Montreal, QC H4P 1T7 Canada
Tel.: (514) 344-3382
Fax: (514) 344-5394
Toll Free: (800) 388-0669
E-Mail: pinnacle@pinnacle-direct.com
Web Site: www.pinnacle-direct.com

Employees: 12
Year Founded: 1984

Agency Specializes In: Bilingual Market, Direct Response Marketing

Approx. Annual Billings: $5,000,000

Breakdown of Gross Billings by Media: Collateral: $500,000; D.M.: $4,250,000; Mags.: $250,000

Howard Golberg *(Owner & Pres)*
Patricia Reuter *(VP)*

Accounts:
Quebec Foundation for the Blind

PINTA
60 E 42nd St Ste 5310, New York, NY 10165
Tel.: (212) 367-9800
Web Site: www.PintaUSA.com

Employees: 40
Year Founded: 2013

Agency Specializes In: Above-the-Line, Advertising, Advertising Specialties, Affiliate Marketing, Affluent Market, African-American Market, Agriculture, Alternative Advertising, Arts, Asian Market, Automotive, Aviation & Aerospace, Below-the-Line, Bilingual Market, Brand Development & Integration, Branded Entertainment, Broadcast, Business Publications, Business-To-Business, Cable T.V., Catalogs, Children's Market, Co-op Advertising, Collateral, College, Commercial Photography, Communications, Computers & Software, Consulting, Consumer Goods, Consumer Marketing, Consumer Publications, Content, Corporate Communications, Corporate Identity, Cosmetics, Crisis Communications, Custom Publishing, Customer Relationship Management, Digital/Interactive, Direct Response Marketing, Direct-to-Consumer, E-Commerce, Education, Electronic Media, Electronics, Email, Engineering, Entertainment, Environmental, Event Planning & Marketing, Exhibit/Trade Shows, Experience Design, Faith Based, Fashion/Apparel, Financial, Food Service, Game Integration, Government/Political, Graphic Design, Guerilla Marketing, Health Care Services, High Technology, Hispanic Market, Hospitality, Household Goods, Identity Marketing, In-Store Advertising, Industrial, Infomercials, Information Technology, Integrated Marketing, International, Internet/Web Design, Investor Relations, LGBTQ Market, Legal Services, Leisure, Local Marketing, Logo & Package Design, Luxury Products, Magazines, Marine, Market Research, Media Buying Services, Media Planning, Media Relations, Media Training, Medical Products, Men's Market, Merchandising, Mobile Marketing, Multicultural, Multimedia, New Product Development, New Technologies, Newspaper, Newspapers & Magazines, Out-of-Home Media, Outdoor, Over-50 Market, Package Design, Paid Searches, Pets , Pharmaceutical, Planning & Consultation, Podcasting, Point of Purchase, Point of Sale, Print, Product Placement, Production, Production (Ad, Film, Broadcast), Production (Print), Promotions, Public Relations, Publicity/Promotions, Publishing, RSS (Really Simple Syndication), Radio, Real Estate, Recruitment, Regional, Restaurant, Retail, Sales Promotion, Search Engine Optimization, Seniors' Market, Shopper Marketing, Social Marketing/Nonprofit, Social Media, South Asian Market, Sponsorship, Sports Market, Stakeholders, Strategic Planning/Research, Sweepstakes, Syndication, T.V., Technical Advertising, Teen Market, Telemarketing, Trade & Consumer Magazines, Transportation, Travel & Tourism, Tween Market, Urban Market, Viral/Buzz/Word of Mouth, Web (Banner Ads, Pop-ups, etc.), Women's Market, Yellow Pages Advertising

Mike Valdes-Fauli *(Pres & CEO)*
Alejandro Barreras *(Creative Dir)*
Giancarlo Russo *(Dir-Creative Svcs)*

Accounts:
American Express
beIN Sports
Facebook
Flipboard
Florida Marlins
Fox
Pfizer
Spotify
T-Mobile
TD Bank
UFC (Hispanic Agency of Record) Creative Public Relations, Marketing, Social Media

PINTA USA LLC
1111 Lincoln Rd Ste 800, Miami Beach, FL 33139
Tel.: (305) 615-1111
Web Site: www.pintausa.com

Employees: 25

Agency Specializes In: Advertising, Communications, Digital/Interactive, Media Buying Services, Media Planning, Promotions, Public Relations, Social Media, Strategic Planning/Research

Michael Valdes-Fauli *(Pres & CEO)*
Lauren Cortinas *(Mng Dir)*
Krysten de Quesada *(Acct Dir)*

Accounts:
CenturyLink, Inc. (Hispanic Market Agency of

Record) Advertising, Digital Content Creation, Media Buying, Public Relations, Social Media; 2017
UFC (Hispanic Agency of Record)

PIPITONE GROUP
3933 Perrysville Ave., Pittsburgh, PA 15214
Tel.: (412) 321-0879
Fax: (412) 321-2217
E-Mail: info@pipitonegroup.com
Web Site: www.pipitonegroup.com

Employees: 32

Agency Specializes In: Advertising, Brand Development & Integration, Communications, Digital/Interactive, Strategic Planning/Research

Revenue: $2,000,000

Scott Pipitone *(CEO)*
Arnie Begler *(Principal-Strategic Integration)*
Jeff Piatt *(Principal)*
Nancy Banasik *(VP & Planner-Strategic Acct)*
Augie Aggazio *(VP-Interactive Tech)*
Kim Tarquinio *(Mgr-Acct Svcs)*
Grace Calland *(Acct Supvr)*

Accounts:
Campos Inc
CENTRIA
Northside Leadership Conference

PISTON AGENCY
530 B St, San Diego, CA 92101
Tel.: (619) 308-5266
Fax: (619) 238-8923
Web Site: www.pistonagency.com

Employees: 50
Year Founded: 2001

Agency Specializes In: Advertising, Sponsorship

Louisa McCauley *(VP & Client Svc Dir)*

Accounts:
AAA
AARP
Astro Gaming
Avoya Travel Creative, Digital, Media, Print
Bare Escentuals, Inc.
BareMinerals
Cars.com Digital
Exclusive Resorts, LLC
The General
H-E-B
Hugo Boss
Inspirato
Intuit
The Irvine Company
Mitsubishi
Mophie
PCA Skin
San Diego Chargers Creative Services, Digital Media, In-Stadium Signage, TV Spot, Tickets; 2015
Shiseido
SkullCandy
Stanford Health
Sunglass Hut
TVG
Yakult

PITA COMMUNICATIONS LLC
40 Cold Spring Rd, Rocky Hill, CT 06067
Tel.: (860) 293-0157
Fax: (860) 241-1066
Web Site: thepitagroup.com
E-Mail for Key Personnel:
President: kim@pitacomm.com
Creative Dir.: paul@pitacomm.com
Media Dir.: keith@pitacomm.com
Production Mgr.: darci@pitacomm.com
Public Relations: jenny@pitacomm.com

Employees: 20
Year Founded: 1996

National Agency Associations: AMA-PRSA

Agency Specializes In: Advertising, African-American Market, Bilingual Market, Brand Development & Integration, Broadcast, Business Publications, Business-To-Business, Collateral, Communications, Consulting, Consumer Marketing, Corporate Communications, Corporate Identity, Digital/Interactive, Direct Response Marketing, E-Commerce, Electronic Media, Event Planning & Marketing, Exhibit/Trade Shows, Financial, Graphic Design, Health Care Services, High Technology, Hispanic Market, Internet/Web Design, Logo & Package Design, Magazines, Media Buying Services, Out-of-Home Media, Outdoor, Over-50 Market, Planning & Consultation, Print, Production, Public Relations, Publicity/Promotions, Radio, Real Estate, Recruitment, Seniors' Market, Sports Market, Strategic Planning/Research, Travel & Tourism

Approx. Annual Billings: $1,650,000

Accounts:
Aetna

PITBULL CREATIVE
1983 Woodsdale Rd, Atlanta, GA 30324
Tel.: (404) 403-2201
Web Site: www.pitbullcreative.net

Employees: 1
Year Founded: 2001

Agency Specializes In: Advertising, Digital/Interactive, Graphic Design, Internet/Web Design, Logo & Package Design, Print, Radio

Constantine Pitsikoulis *(Chief Creative Officer)*

Accounts:
Georgia State University
L-3 Communications Holdings Inc.

THE PITCH AGENCY
8825 National Blvd, Culver City, CA 90232
Tel.: (424) 603-6000
E-Mail: contact@thepitchagency.com
Web Site: www.thepitchagency.com

Employees: 28
Year Founded: 2007

National Agency Associations: 4A's

Jon Banks *(Chm)*
Sara Bamossy *(Co-CEO)*
Marisstella Marinkovic *(Co-CEO)*
Pej Sabet *(CFO & COO)*
Galen Graham *(Chief Creative Officer)*
Evelyn Borgatta *(VP-Acct)*
YeJoon Hwang *(Art Dir)*
Carissa Levine *(Creative Dir)*
Dina Biblarz *(Dir-Integrated Strategy)*
Kyle Anthony Hopkins *(Acct Supvr)*
David Dubois *(Assoc Creative Dir)*
Jennifer Ho *(Sr Art Dir)*

Accounts:
Asics
Blizzard Digital, Hearthstone, Paid Search, Social Media
Bonefish Grill (Agency of Record) Marketing
Burger King (Lead Creative Agency) "Watch Like A King", Broadcast, Campaign: "Bringing Back The Yumbo", Campaign: "NCAA March Madness", Campaign: "Smile", Kids Meal Box, Social Media, Television
Citrix Campaign: "Dr. Looselips", Campaign: "High Stakes", Campaign: "The Tactless Attorney", GoToMeeting, Sharefile
Closet Factory
The Coffee Bean & Tea Leaf (Creative Agency of Record)
Genentech Creative
Goliath
Haggen, Inc. (Agency of Record) Digital, Experiential, In-Store, Media, Outdoor, Print, Radio, Social, Strategic Positioning, Television
Konami Corporation of America Inc. (Agency of Record) Creative
Living Spaces Furniture Brand Identity, Logo Redesign
Maaco; Charlotte, NC Campaign: "Twestimate", Digital, Experiential, Print, Radio
Meineke Car Care Centers, Inc. "Brakes/:10", "Fluids/:10", "General Car Care/:30", "Oil/:30", "Transmissions/:10", Brand Awareness, Broadcast, Campaign: "Drive A Little Smarter", Customer Experience, Digital, Print, Radio, Social Media
Microsoft Corporation
Netflix
Pepsi Campaign: "Soda Sommelier", Wild Cherry Pepsi
Pinkberry
Public Storage Creative
Quicken Loans
Roche Creative
San Manuel Indian Bingo and Casino (Agency of Record) Campaign: "All Thrill", Strategic Brand Repositioning
Santa Barbara Museum of Natural History
SunPower Campaign: "Demand Better Solar"
Tabanero Digital, OOH, Social Media, Video Content, Web
Tim Hortons, Inc. Creative
Weingart Center
Westfield Creative

PIVOT COMMUNICATION
4760 Walnut St Ste 108, Boulder, CO 80301
Tel.: (303) 499-9291
Fax: (303) 474-3025
E-Mail: info@pivotcomm.com
Web Site: www.pivotcomm.com

Employees: 12
Year Founded: 1998

Agency Specializes In: Advertising, Email, Event Planning & Marketing, Internet/Web Design, Media Relations, Media Training, Multimedia, Newspapers & Magazines, Planning & Consultation, Public Relations

Patrick Hyde *(Owner)*
Laura Holloway *(Partner)*
Lily Duffy *(Acct Mgr)*

Accounts:
BI Inc
The Boomer Group Employment Services
Castle Country Assisted Living Senior Home Care Services
Correctional Counseling, Inc.
EPOCH
Experience Factor
Peak PACE Soultions
Pedal to Properties License Designation Real Estate Services

PIVOT DESIGN INC
450 Geary Ste 501, San Francisco, CA 94102
Tel.: (415) 362-3620
Toll Free: (855) 447-4868

ADVERTISING AGENCIES

E-Mail: getstarted@pivotdesign.com
Web Site: www.pivotdesign.com

Employees: 50

Agency Specializes In: Advertising, Brand Development & Integration, Broadcast, Collateral, Event Planning & Marketing, Exhibit/Trade Shows, Internet/Web Design, Promotions, Social Media, Trade & Consumer Magazines

Brock Haldeman *(Founder & Exec Creative Dir)*
Liz Kanter *(Pres & Exec Creative Dir)*
Maggie Traidman *(VP & Creative Dir)*
Becky Gilligan *(VP-Accts)*
Kat Liepins *(Acct Dir)*
Ajay Puri *(Mktg Dir)*
Victoria Thomas *(Acct Dir)*
Sylvie Burstein *(Dir-Digital Strategy)*
Kate Karas *(Dir-Creative & Client Engagement)*
Brett Tabolt *(Dir-Design)*

Accounts:
New-Activcore
New-American Library Association
New-Baxalta US Inc
New-Beacon Capital Partners LLC
New-Kelley Drye & Warren LLP
New-Public Policy Institute of California
New-San Mateo County Libraries
New-Sterling Bay
New-Telos Corporation
New-The Western 1920

PIVOT MARKETING
646 Virginia Ave, Indianapolis, IN 46203
Tel.: (317) 536-0047
Web Site: www.pivotmarketing.com

Employees: 25

Agency Specializes In: Advertising, Brand Development & Integration, Internet/Web Design, Public Relations, Social Media

Jenn Hoffman *(Pres)*
Keri Toler Kirschner *(Partner)*
Ryan Abegglen *(Creative Dir)*
Josh Taylor *(Art Dir)*
Jordan Hunt *(Brand Mgr)*
Jonathan Allinson *(Strategist)*
Union Williams *(Acct Exec)*

Accounts:
Bosma Enterprises
Curran Architecture
Hooverwood
Muegge
Newfangled Confections
The Skillman Corporation

PIVOT+LEVY
1505 Westlake Ave N 4th Fl Ste 495, Seattle, WA 98109
Tel.: (206) 285-6191
Fax: (206) 285-6130
E-Mail: info@pivotandlevy.com
Web Site: www.pivotandlevy.com

Employees: 5
Year Founded: 1977

Revenue: $2,000,000

Terry Stoeser *(Founder & Principal)*
Laura Blue *(Dir-Bus Solutions)*

Accounts:
Benefit IQ
BW Container Systems
CKC
Columbia Hospitality

PIXACORE
15 W 39th St 13th Fl, New York, NY 10018
Tel.: (646) 688-2782
E-Mail: info@pixacore.com
Web Site: pixacore.com

Year Founded: 2007

Agency Specializes In: Advertising, Brand Development & Integration, Broadcast, Customer Relationship Management, Digital/Interactive, Health Care Services, Sales Promotion, Search Engine Optimization, Social Media, Strategic Planning/Research

Sanjiv Mody *(Founder & CEO)*
Dhaval Parikh *(Pres & Mng Dir)*
Ben Voss *(CTO)*
Valerie Shane *(Exec VP-Brand Strategy)*
Andy Bond *(Exec VP-Multichannel Strategy)*
Thom Graves *(Sr VP & Creative Dir)*
Anisha Mody *(Sr VP-Fin)*
Carrie Potter *(Sr VP & Creative Dir)*
Rachel Jablon *(VP & Grp Supvr-Copy)*
Elizabeth Cummings *(Assoc Dir-Media)*
David Garson *(Exec Creative Dir)*
Kelly Gallagher *(VP & Grp Acct Supvr)*

Accounts:
New-Amgen Inc. Enbrel
New-Bayer Corporation (Agency of Record) Anetumab
New-Celgene Corporation Revlimid
New-DS3 LLC
New-First National Bankers Bankshares Inc.
New-Rebirth Cryotherapy
New-Standard Glass
New-Value Storage

PIXEL LOGIC, INC.
Pixelogic Bldg 283 Matadero Rd, San Juan, PR 00920
Tel.: (787) 200-6914
E-Mail: info@pixelogicpr.com
Web Site: www.pixelogicpr.com

Employees: 19
Year Founded: 2008

Agency Specializes In: Advertising, Digital/Interactive, Email, Social Media

Josvan Perez *(Partner & Chief Interactive Officer)*
Juan C. Sanchez *(Partner-Client Svc & Strategies)*
Melvin Espinal *(Creative Dir-Digital)*

Accounts:
Toyota Motor North America, Inc. Scion

PIXEL PROSE MEDIA LLC
(See Under Human Impact Solutions)

PIXELETTE STUDIOS
PO Box 2315, Berkeley, CA 94702
Tel.: (510) 649-0934
Fax: (510) 649-0979
Web Site: www.pixelettestudios.com

Employees: 5
Year Founded: 2007

Agency Specializes In: Advertising, Digital/Interactive, Internet/Web Design

Kelley Barry *(Creative Dir)*

Accounts:
The Cheese Board Collective

PIXELS & DOTS LLC
3181 Linwood Ave, Cincinnati, OH 45208
Tel.: (513) 405-3687
E-Mail: info@pixelsanddots.com
Web Site: www.pixelsanddots.com

Employees: 4
Year Founded: 2001

Agency Specializes In: Advertising, Brand Development & Integration, Digital/Interactive, Internet/Web Design, Logo & Package Design, Paid Searches, Print, Search Engine Optimization, Social Media

Angela Davis *(CFO & COO)*
Monte Davis *(VP-Sls)*

Accounts:
Incite!

PJA
12 Arrow St, Cambridge, MA 02138-5105
Tel.: (617) 492-5899
Fax: (617) 661-1530
E-Mail: gstraface@agencypja.com
Web Site: www.agencypja.com

Employees: 50
Year Founded: 1988

Agency Specializes In: Business-To-Business, Health Care Services, High Technology, Sponsorship

Michael O'Toole *(Pres & Partner)*
Philip Johnson *(CEO)*
Hugh Kennedy *(Partner-Acct Plng)*
Janet Carlisle *(Exec VP-Client Svcs)*
Robert Davis *(Exec VP-Strategy)*
Nicole Ciacciarelli *(Sr VP-Fin & Admin)*
Christopher Frame *(VP & Creative Dir)*
Aaron DaSilva *(Exec Creative Dir)*
Victoria Kelman *(Supvr-Integrated Media)*
Brian Bernier *(Assoc Creative Dir)*

Accounts:
Agilysys, Inc Campaign: "Hollywood Premiere", Social Media, rGuest
Boston Scientific
Brother International Corporation
Chase Sapphire
EMC
GE healthcare
Infor; Alpharetta, GA Business Software
Juniper Networks, Inc.
Novell
TE Connectivity Campaign: "How Fiber Comes Alive"
Trend Micro
Westlake Ace Hardware
Yahoo

Branches

PJA Advertising + Marketing
214 Grant Ave Ste 450, San Francisco, CA 94108
Tel.: (415) 200-0800
Fax: (415) 200-0801
Web Site: www.agencypja.com

Employees: 8
Year Founded: 1988

Agency Specializes In: Business-To-Business, Health Care Services, High Technology

Michael O'Toole *(Pres & Partner)*
Phil Johnson *(CEO)*
Hugh Kennedy *(Partner-Acct Plng)*
Greg Straface *(Sr VP-Bus Dev)*

AGENCIES - JANUARY, 2019 — ADVERTISING AGENCIES

Tammy Bondanza *(VP & Media Dir-Integrated)*
Christopher Frame *(VP & Creative Dir)*
Jeffrey Porzio *(Sr Dir-Integrated Digital Ops)*
Christina Donohue *(Acct Dir)*
Meaghan Taft *(Acct Dir)*
Bill Fusco *(Dir-Accountability)*
Kim Rochette *(Assoc Dir-Integrated Media)*
Dylan Crawford *(Copywriter)*

Accounts:
Brother International; Bridgewater, NJ (Agency of Record) All-in-Ones, Marketing, Media Strategy, Planning & Buying, On & Offline Advertising, Printers
Corning Life Sciences Campaign: "Every Lab Needs a Falcon", Digital
Limelight Networks, Inc.
Yahoo

Philip Johnson Associates
214 Grant Ave Ste 450, San Francisco, CA 94108-4628
Tel.: (415) 200-0800
Fax: (415) 200-0801
E-Mail: mlong@agencypja.com
Web Site: www.agencypja.com

Employees: 25

Michael O'Toole *(Pres)*
Nicole Ciacciarelli *(Sr VP-Fin & Admin)*
Greg Straface *(Sr VP-Bus Dev)*
Christopher Frame *(VP & Creative Dir)*
Matt Magee *(VP-Strategy)*
Tessa Sandler *(Acct Dir)*

PK NETWORK COMMUNICATIONS
11 E 47th St 4th Fl, New York, NY 10017-7915
Tel.: (212) 888-4700
Fax: (212) 688-8832
E-Mail: pat@pknetwork.com
Web Site: www.pknetwork.com

E-Mail for Key Personnel:
President: pat@pknetwork.com
Creative Dir.: matt@pknetwork.com
Media Dir.: tara@pknetwork.com
Production Mgr.: maura@pknetwork.com

Employees: 12
Year Founded: 1989

Agency Specializes In: Advertising, Advertising Specialties, Brand Development & Integration, Broadcast, Business Publications, Business-To-Business, Cable T.V., Collateral, Communications, Consulting, Consumer Publications, Corporate Identity, Digital/Interactive, Entertainment, Event Planning & Marketing, Exhibit/Trade Shows, Graphic Design, High Technology, Information Technology, Internet/Web Design, Logo & Package Design, Media Buying Services, Merchandising, Multimedia, New Product Development, Newspaper, Newspapers & Magazines, Planning & Consultation, Print, Production, Public Relations, Publicity/Promotions, Radio, Restaurant, Sales Promotion, Sports Market, Strategic Planning/Research, Sweepstakes, T.V., Technical Advertising, Trade & Consumer Magazines

Approx. Annual Billings: $2,000,000

Patricia Kehoe *(Founder & Pres)*
Maura Kehoe *(VP)*
Tara Kehoe *(VP-Media)*
Matt Collins *(Creative Dir)*

Accounts:
Bottlerocket
Cancer Research & Treatment Fund
ESPN
Expo TV
MediaCom Communication Corp.; 1999
Time Warner
YES Networks

PL COMMUNICATIONS
417 Victor St, Scotch Plains, NJ 07076
Tel.: (908) 889-8884
Fax: (908) 889-8886
Toll Free: (800) 569-8882
E-Mail: paul@plcommunications.com
Web Site: www.plcommunications.com

Employees: 6

Agency Specializes In: Advertising, Collateral, Communications, Corporate Identity, Digital/Interactive, Event Planning & Marketing, Exhibit/Trade Shows, Internet/Web Design, Multimedia, Public Relations, Publicity/Promotions, Web (Banner Ads, Pop-ups, etc.)

Paul Lavenhar *(Principal)*
Mary Jean Murphy *(Mktg Dir)*

Accounts:
Admiral Insurance
Alta Services
Capacity Coverage of NJ
Garden State Surgical Center
General Office Interiors
Selective Insurance

PLACE CREATIVE COMPANY
187 S Winooski Ave, Burlington, VT 05401
Tel.: (802) 660-2051
Web Site: www.placecreativecompany.com

Employees: 9
Year Founded: 2001

Agency Specializes In: Advertising, Brand Development & Integration, Collateral, Internet/Web Design, Package Design

Keri Piatek *(Owner & Dir-Design)*
David Speidel *(Partner)*
Brianne Lucas *(Acct Dir)*
Ann Kiley *(Sr Designer)*
Nick Lamper *(Designer)*
Jordan Meserole *(Sr Designer)*
Michael Niggel *(Designer-Web)*

Accounts:
Hotel Vermont
Vermont Smoke & Cure

THE PLACEMAKING GROUP
505 14th St 5th Fl, Oakland, CA 94612
Tel.: (510) 835-7900
Fax: (510) 768-0044
E-Mail: info@placemakinggroup.com
Web Site: www.placemakinggroup.com

Employees: 12

Agency Specializes In: Advertising, Brand Development & Integration, Corporate Communications, Corporate Identity, Crisis Communications, Digital/Interactive, Direct Response Marketing, Direct-to-Consumer, Email, Event Planning & Marketing, Identity Marketing, Integrated Marketing, Internet/Web Design, Logo & Package Design, Media Relations, Media Training, Multimedia, Podcasting, Production (Ad, Film, Broadcast), Production (Print), Public Relations, Publicity/Promotions, Search Engine Optimization, Strategic Planning/Research, Viral/Buzz/Word of Mouth

Irvin Hamilton *(Sr VP)*
Dianne Newton-Shaw *(Acct Mgr-Wipfli Web Mktg)*

Accounts:
1-800-Radiator
Alameda Landing
American Iron & Steel Institute (AISI)
Claremont Rug Company
Emeryville Redevelopment
FloorTec Inc.
HFS Consultants
Michael Coleman Film
Napa Downtown Association
Scott Cole & Associates
SportStars Magazine
Thornton Group
WebSat

PLACEMENT LABS
140 South Beach St Ste 203, Daytona Beach, FL 32114
Tel.: (386) 312-7777
E-Mail: help@placementlabs.com
Web Site: placementlabs.com

Employees: 10
Year Founded: 2015

Agency Specializes In: Affiliate Marketing, Digital/Interactive, Guerilla Marketing, Local Marketing, Publishing

James McCarthy *(Mgr-SEO)*

Accounts:
Create Brief Design Briefs; 2016

PLAID SWAN
PO Box 1623, Dubuque, IA 52004
Tel.: (563) 556-1633
Web Site: www.plaidswan.com

Employees: 10

Agency Specializes In: Advertising, Internet/Web Design, Media Planning, Public Relations, Strategic Planning/Research

Vicki Dirksen *(Partner & Principal)*
Betsy McCloskey *(Principal)*

Accounts:
Council Bluffs Convention & Visitors Bureau
Eberhardt Villages Inc
Mystique Casino

PLAN A ADVERTISING
3710 Shipyard Blvd Ste B, Wilmington, NC 28403
Tel.: (910) 769-1730
Fax: (910) 769-1732
E-Mail: info@planaad.com
Web Site: www.planaad.com

Employees: 9
Year Founded: 2013

Agency Specializes In: Advertising, Broadcast, Collateral, Digital/Interactive, Internet/Web Design, Logo & Package Design, Media Planning, Print, Radio, Social Media

Angi Israel *(Mng Partner)*
Max Gamble *(Creative Dir)*
Chelsea Besecker *(Bus Mgr & Acct Coord)*
Sarah Conrad *(Acct Mgr)*
Amy Dresky *(Acct Mgr)*
Laura Kinkead *(Acct Mgr)*
Joel White *(Acct Mgr)*

Accounts:
Orange Leaf

ADVERTISING AGENCIES
AGENCIES - JANUARY, 2019

PLAN B (THE AGENCY ALTERNATIVE)
116 W Illinois St 2W, Chicago, IL 60654
Tel.: (312) 222-0303
Fax: (312) 222-0305
Toll Free: (866) 317-5262
E-Mail: justask@thisisplanb.com
Web Site: http://www.planbadvertising.com/

Employees: 20
Year Founded: 1998

National Agency Associations: AMA

Agency Specializes In: Advertising, Advertising Specialties, Automotive, Brand Development & Integration, Business Publications, Business-To-Business, Communications, Consumer Goods, Corporate Identity, Digital/Interactive, Direct Response Marketing, Direct-to-Consumer, Email, Experiential Marketing, Food Service, Graphic Design, Health Care Services, Identity Marketing, In-Store Advertising, Integrated Marketing, Logo & Package Design, Men's Market, Multimedia, Paid Searches, Pharmaceutical, Point of Purchase, Print, Product Placement, Production (Print), Regional, Restaurant, Retail, Sales Promotion, Search Engine Optimization, Social Marketing/Nonprofit, Social Media, T.V.

Approx. Annual Billings: $14,000,000

Breakdown of Gross Billings by Media: Adv. Specialities: $500,000; Corp. Communications: $1,000,000; Event Mktg.: $250,000; Internet Adv.: $3,000,000; Logo & Package Design: $500,000; Other: $250,000; Print: $3,000,000; Strategic Planning/Research: $2,000,000; T.V.: $1,500,000; Worldwide Web Sites: $2,000,000

Ric Van Sickle *(Partner & COO)*
Clay Cooper *(Partner & Client Svcs Dir)*
Don Weaver *(Partner)*
Jackie Wishau *(Acct Dir)*
Edith Willoughby *(Acct Exec)*
Amanda Zindel *(Acct Exec)*
Terry Mertens *(Grp Creative Dir)*

Accounts:
Azteca Foods, Incorporated
Butterball, LLC New Product Development; 2006
Gerber Collision & Glass
Jaguar Land Rover North America CRM; 2010
Keiser Corporation (Advertising Agency of Record) Digital, Print, Social
Northern Trust Bank Interactive Branding; 2010
Papermate Pens; 2009
TITLE Boxing Club
Virgin Healthcare Individual Healthcare Products, Virgin/Humana One
Volvo Cars of North America Volvo XC60; 2008
Wilson Tennis Wilson Tennis Equipment

PLAN C AGENCY
120 E 8Th St Ste 912, Los Angeles, CA 90014
Tel.: (877) 234-6700
Fax: (213) 628-3116
E-Mail: info@plancagency.com
Web Site: www.plancagency.com

Employees: 20
Year Founded: 1995

Agency Specializes In: Above-the-Line, Advertising, Advertising Specialties, Affluent Market, Alternative Advertising, Asian Market, Automotive, Below-the-Line, Brand Development & Integration, Branded Entertainment, Broadcast, Business Publications, Business-To-Business, Cable T.V., Collateral, Communications, Consulting, Consumer Goods, Consumer Marketing, Consumer Publications, Corporate Communications, Corporate Identity, Cosmetics, Crisis Communications, Digital/Interactive, Direct Response Marketing, Direct-to-Consumer, E-Commerce, Electronics, Entertainment, Event Planning & Marketing, Experience Design, Fashion/Apparel, Financial, Food Service, Government/Political, Graphic Design, Guerilla Marketing, Health Care Services, Hospitality, In-Store Advertising, Integrated Marketing, Internet/Web Design, Leisure, Local Marketing, Logo & Package Design, Luxury Products, Magazines, Market Research, Media Buying Services, Media Planning, Media Relations, Media Training, Medical Products, Mobile Marketing, Multicultural, Newspaper, Newspapers & Magazines, Out-of-Home Media, Outdoor, Package Design, Paid Searches, Pharmaceutical, Planning & Consultation, Point of Purchase, Point of Sale, Print, Product Placement, Production, Production (Ad, Film, Broadcast), Production (Print), Promotions, Public Relations, Publicity/Promotions, Radio, Real Estate, Recruitment, Regional, Restaurant, Retail, Sales Promotion, Shopper Marketing, Social Marketing/Nonprofit, Social Media, South Asian Market, Sponsorship, Strategic Planning/Research, Sweepstakes, T.V., Technical Advertising, Trade & Consumer Magazines, Travel & Tourism, Viral/Buzz/Word of Mouth, Web (Banner Ads, Pop-ups, etc.)

Approx. Annual Billings: $3,000,000

Giancarlo A. Pacheco *(Co-Founder & CEO)*
Eddy Thai *(VP-Fin)*
Darren Wong *(Grp Dir-Multicultural Mktg & Comm)*

Accounts:
AARP Membership; 2014
Ajinomoto CPG; 2014
New-Beverly Center Creative; 2012
BMW; 2016
Frontier Communications FiOS; 2016
Lucky Dragon Hotel & Casino (Agency of Record); 2016
New-Penn Mutual Insurance; 2015
Pernod Ricard Royal Salute; 2014
Procter & Gamble SKII; 2016
Ultra Mobile (Agency of Record); 2015

PLAN LEFT LLC
615 Main Street, Nashville, TN 37206
Tel.: (615) 649-0690
Fax: (615) 649-0667
Web Site: planleft.com/

Employees: 50
Year Founded: 2012

Agency Specializes In: Advertising, Brand Development & Integration, Digital/Interactive, Graphic Design, Logo & Package Design, Media Buying Services, Print, Social Media

Matthew Smith *(Pres & CEO)*
Michael Bailey *(Creative Dir)*

Accounts:
Hillhouse Naturals

PLANET CENTRAL
16740 Birkdale Commons Pkwy Ste 210, Huntersville, NC 28078
Tel.: (704) 875-9028
Fax: (704) 875-9763
E-Mail: barry.wilson@planetcentral.com
Web Site: www.planetcentral.com

Employees: 23

Agency Specializes In: Advertising

Barry Wilson *(Pres & Partner)*
Jennifer Lawrence *(VP & Acct Dir)*

Accounts:
The French Culinary Institute

Branch

Planet Central
9 S 5th St, Richmond, VA 23219
Tel.: (704) 875-9749
Fax: (804) 726-9438
E-Mail: terry.fink@planetcentral.com
Web Site: www.planetcentral.com

Employees: 25
Year Founded: 1999

Agency Specializes In: Above-the-Line, Advertising, Below-the-Line, Broadcast, Business Publications, Cable T.V., Collateral, Consumer Publications, Digital/Interactive, Direct Response Marketing, Electronic Media, Email, Guerilla Marketing, In-Store Advertising, Local Marketing, Magazines, Mobile Marketing, Multimedia, Newspapers & Magazines, Out-of-Home Media, Outdoor, Paid Searches, Point of Purchase, Point of Sale, Print, Production, Production (Print), Promotions, Radio, Search Engine Optimization, Social Media, Sponsorship, Sweepstakes, T.V., Trade & Consumer Magazines, Web (Banner Ads, Pop-ups, etc.)

Barry Wilson *(Pres & Partner)*
Terry Fink *(CEO)*
John Hoar *(VP-Creative)*
Deirdre Kielty Hughes *(VP-Fin)*
Kosal Soth *(Art Dir)*

Accounts:
Atley Pharmaceuticals
Dominion Resources
ES Foods Pre-Packaged Kids Meals; 2010
Gold's Gym Fitness Centers; 2013
Park Sterling Bank Financial Services; 2012
Portrait Innovations Retail Portrait Studios; 2002
Raycom Sports
Tilson Home Corp. New Home Construction; 2000
Uno Chicago Grill
Wilmington Trust

PLANET MEDIA, LLC
2100 16th St, Denver, CO 80202
Tel.: (720) 279-1289
Web Site: http://www.ecoplanetmedia.com/

Employees: 3
Year Founded: 1999

Agency Specializes In: Advertising, Brand Development & Integration, Digital/Interactive, Internet/Web Design, Programmatic

Kurt Whitt *(Founder & CEO)*

Accounts:
Oskar Blues Fooderies

PLANET PROPAGANDA, INC.
605 Williamson St, Madison, WI 53703
Tel.: (608) 256-0000
Fax: (608) 256-1975
E-Mail: info@planetpropaganda.com
Web Site: www.planetpropaganda.com

Employees: 25
Year Founded: 1989

Agency Specializes In: Advertising, Communications, Digital/Interactive, Graphic Design, Media Relations, Print

Revenue: $1,700,000

AGENCIES - JANUARY, 2019 — ADVERTISING AGENCIES

Ben Hirby *(Partner & Creative Dir-Digital)*
Jayne Perrin *(Fin Dir)*
John Besmer *(CMO & Principal)*
Dana Lytle *(Principal & Creative Dir)*
Brian Hucek *(Creative Dir)*
Emily Steele *(Acct Dir)*
Jeremy Cesarec *(Dir-Strategy)*
Andrea Eilers Slotten *(Production Mgr)*

Accounts:
Duluth Trading Company
Grammicci Spring
Organic Valley
Replogle Globes Website

PLANIT
1414 Key Highway, Baltimore, MD 21230
Tel.: (410) 962-8500
Fax: (410) 962-8508
E-Mail: info@planitagency.com
Web Site: www.planitagency.com

Employees: 100

National Agency Associations: AMIN

Agency Specializes In: Advertising, Public Relations, Sponsorship

Matthew J. Doud *(Co-Founder & Pres)*
Edward Callahan *(Co-founder & Strategist-Creative)*
Jack Spaulding *(Exec Dir-Strategy)*
Trish McClean *(Grp Dir-Strategy)*
Ryan Smith *(Grp Dir-Strategy)*
Adam Aud *(Art Dir)*
Kristin Schields *(Acct Dir)*
Brenda Showell *(Acct Dir)*
Rich Fulks *(Dir-Ops)*
Laura Hager *(Mgr-PR)*
Erinn Hesse *(Acct Supvr)*
Andy Abbot *(Supvr-Project Mgmt)*
Nikki Bracy *(Supvr-Social Media)*
Bill Coveney *(Supvr-Project Mgmt)*
TJ Sanders *(Supvr-Digital Strategy)*
Kacey Bidnick *(Sr Acct Exec)*
Lauren Barnaba *(Sr Planner-Digital Media)*
Emma Bauer *(Acct Exec)*
Casey Engel *(Designer-Digital)*
Sarah Wilson *(Media Buyer)*
Jess Brown *(Grp Creative Dir)*
Phil Reisinger *(Assoc Creative Dir)*

Accounts:
Advertising Association of Baltimore AIGA
AGCO
The AMES Companies, Inc (Agency of Record) Build Awareness, Digital Media, Integrated Marketing, Public Relations, Social Media, TV
Association of Pool & Spa Professionals (Agency of Record) Campaign: "Escape", Consumer Awareness, Consumer Campaign, Digital Media, Marketing, Microsite, Print Advertisements, Public Relations
Baltimore Area Acura Dealers Association Tier 2 Strategic Marketing
Baltimore Office of Promotion & The Arts
Barclays Bank
Chevy Chase Bank
CitiFinancial
CollabraSpace
DeWalt
DICK'S Sporting Goods
Dr. Brandt Skincare Content Strategy, Digital Brand Evolution, E-Commerce, Photography, Website Redesign & Development
FILA
Four Seasons Hotel
Heavy Seas
Hofmann (Public Relations Agency of Record) Creative, Syracuse
Island Def Jam Records
Kiddie Academy Print, TV
M-Edge Accessories
Marriott International
Maryland Automobile Insurance Fund
McCormick Foods
Merritt Properties Interactive, Public Relations; 2008
Order & Chaos Branding, Logo, Public Relations, Social Media
Remedi SeniorCare Name Change/Website
Royal Building Products' Exteriors & Distribution division
Sheetz (Public Relations Agency of Record) Brand Awareness, Communications, Creative, Media Relations, Public Relations
Susan G. Komen Maryland Campaign: "Onestepcloser", Digital Advertising, Public Relations, Race for the Cure, Radio, Social Media, Strategy, TV, Theme, Website
Tessemae's All Natural
Under Armour
Universal Music Group
Venable LLP
XL Health

PLASTIC MOBILE
171 E Liberty St Ste 204, Toronto, ON M6K 3P6 Canada
Tel.: (416) 538-8880
E-Mail: contact@plasticmobile.com
Web Site: www.plasticmobile.com

Employees: 100
Year Founded: 2007

Agency Specializes In: Advertising, Mobile Marketing, Social Media, Technical Advertising

Maggie Adhami-Boynton *(VP-Ops & Client Svcs)*
Jason Hyde *(VP-Creative & User Experience)*
Elle Collins *(Dir-Ops)*

Accounts:
Air Miles Air Miles Goes The Extra Mile

PLATFORM MEDIA GROUP
6767 Forest Lawn Dr Ste 211, Los Angeles, CA 90068
Tel.: (323) 337-9042
E-Mail: heshelman@platformgrp.com
Web Site: www.platformgrp.com

Employees: 3
Year Founded: 2006

Agency Specializes In: Advertising

Margot Lewis *(Pres & Dir-Creative)*
Henry Eshelman *(Mng Dir)*

Accounts:
Marriott International, Inc. Hospitality Services; 2014

PLATYPUS ADVERTISING + DESIGN
N29 W23810 Woodgate Ct W Ste 100, Pewaukee, WI 53072
Tel.: (262) 522-8181
Fax: (262) 522-8180
E-Mail: dan@platypus-ad.com
Web Site: www.platypus-ad.com

Employees: 17
Year Founded: 1987

Agency Specializes In: Automotive, Brand Development & Integration, Broadcast, Business-To-Business, Collateral, Corporate Identity, Direct Response Marketing, Exhibit/Trade Shows, Graphic Design, Health Care Services, Industrial, Internet/Web Design, Media Buying Services, Out-of-Home Media, Outdoor, Print, Production, Radio, Retail, Sports Market, Strategic Planning/Research, T.V., Travel & Tourism

Approx. Annual Billings: $18,000,000

Dan Trzinski *(Pres)*
Gary Haas *(Assoc Partner & Creative Dir)*
Kathy Sorcan *(Media Dir)*
Nancy Wilkes *(Dir-PR)*
Danielle Veitch *(Mgr-Acctg)*
Greg Hendricks *(Designer)*
Mary Adamczak *(Sr Art Dir)*
Tim Chiappetta *(Sr Art Dir-Motion Graphics)*
Walter Grace *(Sr Art Dir)*

Accounts:
A&A Manufacturing Cable & Hose Carriers & Bellows; 2001
Noah's Ark
Pneumatech/ConservAir Compressed Air Equipment; 1997
WISN Television Station Promotion; 1988
Zebra Technologies; 2005

PLAY ADVERTISING
1455 Lakeshore Rd Ste 208 S, Burlington, ON L7S 2J1 Canada
Tel.: (905) 631-8299
Fax: (905) 631-8335
Toll Free: (800) 360-2355
E-Mail: info@playadvertising.com
Web Site: www.playadvertising.com

Employees: 10
Year Founded: 1997

Agency Specializes In: Advertising

Shaun Waterman *(Pres & Partner)*
Jason Goncalves *(Art Dir)*
Donna Sampson *(Specialist-Media)*
Carm Cicconi *(Sr Graphic Designer)*

Accounts:
Dundas Valley Golf Club
Execulink Telecom
FirstOntario Credit Union
Mackesy Smye Lawyers
Turkstra Lumber

PLAYWIRE MEDIA
1000 E Hillsboro Blvd Ste 201, Deerfield Beach, FL 33441
Tel.: (954) 418-0779
Fax: (954) 252-2561
Web Site: https://www.playwire.com/

Employees: 20
Year Founded: 2007

Agency Specializes In: Advertising, Entertainment, Game Integration, Publishing, Web (Banner Ads, Pop-ups, etc.)

Jayson Dubin *(Pres & CEO)*
Steven Berger *(Pres)*
Chris Giomblanco *(COO)*
Tanya Brown *(VP-Revenue)*
Jared Fox *(VP-Publr Rels)*
Caroline Whelan *(Coord-Ad Ops)*

Accounts:
Sony Online Entertainment Online Entertainment Services
World Of Warcraft

PLETH
2010 Reynolds St, Batesville, AR 72501
Tel.: (888) 276-0848
Web Site: www.pleth.com

ADVERTISING AGENCIES

Employees: 10
Year Founded: 2004

Agency Specializes In: Advertising, Brand Development & Integration, Digital/Interactive, Graphic Design, Internet/Web Design, Media Buying Services, Media Planning, Print, Social Media, Strategic Planning/Research

Gregory Smart *(Founder & Owner)*
Stephen Smart *(Owner)*
Natalie Black *(Acct Coord)*

Accounts:
3D Precision Enterprises
Davis Dubose Knight Forestry & Real Estate
Natalies Cafe
Volt Industrial Plastics, Inc.
Wilson Gardens

PLONTA CREATIVE, LLC
255 E Fireweed Ln Ste 109, Anchorage, AK 99503
Tel.: (907) 263-9327
Web Site: www.plontacreative.com

Employees: 6
Year Founded: 2011

Agency Specializes In: Advertising, Event Planning & Marketing, Internet/Web Design, Social Media

Accounts:
Skinny Raven Sports

PLOWSHARE GROUP, INC.
One Dock St, Stamford, CT 06902
Tel.: (203) 425-3949
Fax: (203) 425-3950
Web Site: www.plowsharegroup.com

Employees: 16
Year Founded: 1994

Agency Specializes In: Advertising, Broadcast, Logo & Package Design, Media Buying Services, Media Planning, Print, Radio, T.V.

Jeff Boal *(Founder & Partner)*
Wendy Moniz *(Exec VP-Campaign Mgmt & Bus Dev)*
S. Tom Derreaux *(Sr VP-Campaign Mgmt & Media Monitoring)*
Mark Pajewski *(VP & Media Dir)*
Josh Millman *(VP & Dir-Digital Media)*
Catherine Jones *(VP-Fin)*
Carole Van Almelo *(VP-Digital Creative)*
Dan Higgins *(Dir-Social & Content Mktg)*
Katie Kellogg *(Sr Campaign Mgr-Media Outreach)*

PLUME21
375 Nautilus St, La Jolla, CA 92037
Tel.: (206) 805-8821
Web Site: www.plume21.com

Employees: 4
Year Founded: 2009

Agency Specializes In: Advertising, Brand Development & Integration, Communications, Digital/Interactive, Environmental, Graphic Design, Media Relations, Public Relations, Social Media, Strategic Planning/Research

Thomas Lamprecht *(Chief Creative Officer)*
Kristina Muller-Eberhard *(Exec Creative Dir)*

Accounts:
T-Mobile US Telecommunication Services

PLUS
162 W 21 St 4th Fl, New York, NY 10011
Tel.: (212) 473-3800
Web Site: www.weareplus.com

Employees: 20
Year Founded: 2001

Agency Specializes In: Above-the-Line, Below-the-Line, Branded Entertainment, Digital/Interactive, In-Store Advertising, Mobile Marketing, Production, Social Media, T.V., Web (Banner Ads, Pop-ups, etc.)

Jeremy Hollister *(Co-Founder & Exec Creative Dir)*
Judy Wellfare *(Co-Founder & Exec Creative Dir)*

Accounts:
Bastille 1789 Campaign: "A Strange Adventure"
Kiehl's
MAC Cosmetics MAC
Starwood Hotels & Resorts Worldwide, Inc. "Keyless Key", SPG, St Regis, Starwood; 2011

PLUS ULTRA ADVERTISING
355 E Manchester Blvd, Inglewood, CA 90301
Tel.: (310) 672-7587
E-Mail: info@pultrae.com
Web Site: www.pultrae.com

Employees: 8
Year Founded: 2015

Agency Specializes In: Cable T.V., Digital/Interactive, Guerilla Marketing, Local Marketing, Production, Social Media, T.V., Telemarketing, Web (Banner Ads, Pop-ups, etc.)

Lakpathy Wijesekara *(Partner)*

Accounts:
Boyd Funeral Homes; 2015
Indo Hair Human Hair Wigs; 2015

PLUSMEDIA, LLC
100 Mill Plain Rd 4th Fl, Danbury, CT 06811
Tel.: (203) 748-6500
E-Mail: contact@plusme.com
Web Site: www.plusme.com

Employees: 50
Year Founded: 1998

Agency Specializes In: Digital/Interactive, Direct Response Marketing, Media Buying Services, Strategic Planning/Research

Sherry Scapperotti *(Pres & CEO)*
Robert J. Fiore *(CFO & COO)*
Sandra Roscoe *(Exec VP-Strategy & Dev)*
Michelle Syme *(Exec VP-Strategy & Planning)*
Julie LeBeau *(VP-Media)*
Michelle Cruz *(Media Dir)*
Marissa Meredith *(Media Dir)*
Chatty Teirstein *(Dir-Media & Acct Mgmt)*
Adam Walker *(Dir-Media & Acct Mgmt)*
Mike Natoli *(Sr Acct Exec)*
Tanya Brogan *(Acct Exec)*
Karen Tanico *(Acct Exec)*

Accounts:
Barnes & Noble
The Children's Place
Colonial Penn
Dow Jones
The Economist
Feeding America
Hayneedle.com
Hello Fresh
Jet.com
Shutterfly
Staples
ZipRecruiter

PM PUBLICIDAD
1776 Peachtree St NW, Atlanta, GA 30309
Tel.: (404) 870-0099
Fax: (404) 870-0321
E-Mail: eperez@pmpublicidad.com
Web Site: www.pm3.agency

Employees: 26
Year Founded: 2003

National Agency Associations: AHAA

Agency Specializes In: Advertising, Automotive, Bilingual Market, Brand Development & Integration, Cable T.V., Consulting, Consumer Goods, Direct Response Marketing, Experience Design, Experiential Marketing, Hispanic Market, International, Mobile Marketing, Multicultural, New Product Development, Podcasting, Point of Sale, Promotions, Sponsorship, Sports Market, Strategic Planning/Research, Viral/Buzz/Word of Mouth

Approx. Annual Billings: $15,000,000

Breakdown of Gross Billings by Media: Adv. Specialities: $3,000,000; D.M.: $1,000,000; Event Mktg.: $2,500,000; Fees: $1,500,000; Plng. & Consultation: $500,000; Radio: $1,000,000; Sports Mktg.: $2,000,000; T.V.: $3,500,000

Eduardo Perez *(Mng Partner)*
Hernan Feuermann *(Exec VP & Gen Mgr)*
Patricia Ramon *(Controller)*
Adrian Cano *(Creative Dir)*
Freddy Fajardo *(Sr Art Dir)*

Accounts:
Cox Communications; Atlanta, GA Cable TV, Digital Phone Services, High Speed Internet; 2007
Cox Communications; Las Vegas, NV Cable TV, Digital Phone Services, High Speed Internet; 2011
Cox Communications; Phoenix, AZ Cable TV, Digital Phone Services, High Speed Internet; 2008
Cox Communications; San Diego, CA Cable TV, Digital Phone Services, High Speed Internet; 2008
Getloaded; Richmond, VA Online Freight Matching Service; 2011
NAPA Auto Parts; Atlanta, GA Aftermarket Automotive Parts & Accessories
NAPA Auto Parts; Atlanta, GA Automotive Aftermarket Parts & Accessories; 2003

PMA INC.
550 S Oleander Dr, Palm Springs, CA 92264
Tel.: (760) 778-1313
Web Site: www.pmaadvertising.com

Employees: 8

Agency Specializes In: Advertising, Digital/Interactive, Event Planning & Marketing, Print, Public Relations, Social Media

Paul Mahoney *(Pres)*

Accounts:
Crystal Ridge

PMG WORLDWIDE, LLC
2821 W 7th St 270, Fort Worth, TX 76107
Tel.: (817) 420-9970
E-Mail: info@pmg.com
Web Site: https://www.pmg.com/

Employees: 112

Agency Specializes In: Advertising, Brand Development & Integration, Search Engine Optimization, Social Media, Sponsorship

George Popstefanov *(Founder & CEO)*
Price Glomski *(Exec VP-Digital Strategy)*
Lora Parker *(VP-Media Svcs)*
Nick Drabicky *(Head-Strategy)*
Dustin Engel *(Head-Product Strategy & New Ventures)*
David Gong *(Head-Mktg)*
Maddie McGraw *(Head-Media Svcs)*
Natalee Cecil *(Dir-Brand Media)*
Clay Schulenburg *(Dir-Search Engine Mktg)*
Angela Seits *(Dir-Influencer & Branded Content)*
Ashley McMahan *(Sr Mgr-Programmatic Media-PMG Adv Agency)*
Lauren Quiroz *(Sr Mgr-Social Media)*
Christian Buckler *(Acct Mgr)*
Austin Denny *(Product Mgr)*
Carly Carson *(Acct Supvr)*
Hayley Rhodes *(Designer)*
Jonathan Hunt *(Sr Head-Acct & SEO)*

Accounts:
Abercrombie & Fitch
Beats Electronics LLC
J. Crew
Madewell
OpenTable
Puppet Brand Strategy, Creative, Digital Media Strategy, Planning & Buying, Social
Sephora

PMS ADVERTISING, INC.
1814 Grandstand Pl Ste 5, Elgin, IL 60123
Tel.: (847) 426-6900
Web Site: www.pmsadv.com

Agency Specializes In: Advertising, Graphic Design, Media Planning, Public Relations, Radio

Pat Szpekowski *(Pres-PR Strategies & Comm)*
Dan Szpekowski *(VP)*

Accounts:
EAC Shuttle

PMX AGENCY
(Formerly Paradysz)
1 World Trade Ctr Fl 63, New York, NY 10007
Tel.: (212) 387-0300
Fax: (212) 387-7647
Toll Free: (800) 254-0330
E-Mail: info@pmxagency.com
Web Site: www.pmxagency.com

Employees: 300
Year Founded: 2001

Agency Specializes In: Advertising, Customer Relationship Management, Direct-to-Consumer, Media Buying Services, Search Engine Optimization

Michael Cousineau *(Co-CEO)*
Chris Paradysz *(Co-CEO)*
Keisha Brescia *(COO)*
Mary Beth Keelty *(CMO)*
Charles Hu *(CTO)*
Richard Wulwick *(Gen Counsel)*
Sloan Seymour *(Exec VP-Corp Dev)*
Diana DiGuido *(Sr VP-Paid Media)*
Nicole Jennings *(Sr VP-Media Solutions)*
Andrea Timmerman *(Sr VP-Acct Mgmt)*
Clay Cazier *(VP-Search Strategy)*
Glenn Lalich *(VP-Res)*
Angelo Licursi *(VP-Res, Data & Insights)*
Tim Lippa *(VP-Paid Digital Media)*
Bethany Maki *(VP-Nonprofit Strategy)*
Michael McVeigh *(VP-Performance Mgmt)*
Tiffany Quast *(VP-Acct Mgmt)*
Corey Kahn *(Sr Dir-Media Strategy Dev)*
Joseph Bologna *(Dir)*
Shannon Green *(Assoc Dir-Paid Media)*
Christine Touma *(Sr Mgr-Acct Mgmt)*
Michelle Sanchez *(Acct Mgr)*
Alana Cukierwar *(Supvr-Programmatic Media)*

Accounts:
AARP
Aerosoles
AIG
American Girl
American Heart Association
Arvest
Boston Proper
Boys & Girls Clubs of America
Eileen Fisher
Entertainment Benefits Group
Feeding America
Forbes
Harvard Business Review
Lee
Marc Fisher Footwear Easy Spirit, Performance Marketing
Mattel
MoMA Design Store
The North Face
Paul Fredrick
Ross Simons
Sierra Club
Steve Madden
Union Bank
Vineyard Vines
Vonage
The Wall Street Journal
Wrangler
WWF

PNEUMA33
1001 Sw Emkay Dr Ste 130, Bend, OR 97702
Tel.: (888) 608-3878
E-Mail: connect@pneuma33.com
Web Site: www.pneuma33.com

Employees: 18
Year Founded: 2011

Agency Specializes In: Advertising, Brand Development & Integration, Graphic Design, Internet/Web Design, Print

Anna Kramer *(Chief Creative Officer & Principal)*
Nathan Wright *(Art Dir)*

Accounts:
Summers Wood Floor Co

POCKET HERCULES
510 1St Ave N Ste 550, Minneapolis, MN 55403
Tel.: (612) 435-8313
Fax: (612) 435-8318
E-Mail: jack@pockethercules.com
Web Site: www.pockethercules.com

Employees: 16

Agency Specializes In: Brand Development & Integration

Tom Camp *(Co-Founder)*
Jason Smith *(Partner)*
Jack Supple *(Chief Creative Officer)*
Stephen Dupont *(VP-PR & Branded Content)*
Aaron Emery *(Art Dir & Designer)*
Curtis Aj Ward *(Art Dir)*
Chue Zeng Yang *(Art Dir)*

Accounts:
Key Surgical
Lakemaid Beer
Pearl Izumi
The Prairie Club
Rapala
Shimano Fishing
Sufix
Tiny Footprint Coffee
Vedalo HD

THE POD ADVERTISING
502 E Pk Ave, Tallahassee, FL 32301
Tel.: (850) 597-8374
E-Mail: ideasbloomcreative@thepodadvertising.com
Web Site: www.thepodadvertising.com

Employees: 13
Year Founded: 2011

Agency Specializes In: Advertising, Brand Development & Integration, Event Planning & Marketing, Graphic Design, Internet/Web Design, Media Buying Services, Print, Social Media

Samantha Strickland *(CEO)*
Kristin Bass-Petersen *(VP-Digital Media Svcs)*
Jeremy Lawrence *(Sr Graphic Designer)*

Accounts:
TLFCU Youth Accounts
United Solutions Company

THE PODESTA GROUP
1001 G St NW Ste 900 E, Washington, DC 20001
Tel.: (202) 393-1010
Fax: (202) 393-5510
E-Mail: mail@podesta.com
Web Site: www.podesta.com

Employees: 75
Year Founded: 1988

Agency Specializes In: Crisis Communications, Government/Political, Media Relations, Media Training, Public Relations

Elizabeth Morra *(Principal)*
Katie Beck *(Sr VP-Brand Strategy)*
Elizabeth Sage *(VP)*
Heather Feinstein *(Dir-Special Projects)*

Accounts:
AMBER Ready Inc Public Safety Services
American Health Care Association
Coalition For Competitive Insurance Rates Insurance Services
New-CrossFit Government Issues, Lobbying
General Nutrition Corporation
Hawker Britton
Kreab Gavin Anderson
Novartis
PLM Group
Refugee Council USA Capitol Hill

POINT A MEDIA INC.
2908 Westward Dr, Nacogdoches, TX 75964
Tel.: (936) 568-9200
Fax: (936) 568-9230
Web Site: www.pointamedia.com

Employees: 5

Agency Specializes In: Advertising, Brand Development & Integration, Internet/Web Design, Media Planning, Out-of-Home Media, Outdoor, Print, Radio, Social Media, T.V.

Angela Wiederhold *(Co-Owner)*
Dana Britton *(Designer)*

Accounts:
Axley & Rode LLP
Silver Spring
Wingate Architectural Millwork, Co.

ADVERTISING AGENCIES

POINT B
1001 Euclid Ave, Atlanta, GA 30307
Tel.: (404) 888-1700
Fax: (404) 888-1704
E-Mail: babuka@pointbagency.com
Web Site: www.pointbagency.com

Employees: 12
Year Founded: 1988

Agency Specializes In: Advertising, Broadcast, Collateral, Communications, Corporate Communications, Digital/Interactive, Email, Identity Marketing, Local Marketing, Media Relations, Multimedia, Out-of-Home Media, Outdoor, Print, Product Placement, Promotions, Public Relations, Publishing, Radio, Recruitment, Strategic Planning/Research, T.V.

Chuck Ritter *(Pres)*
Brian Armstrong *(Mng Dir)*
Joseph Piper *(Mng Dir)*
Jeff Hazeltine *(Fin Dir)*
Annalisa Johnson *(Fin Dir)*
David Wu *(CIO)*
Peggy Brown *(CMO)*
Angie Bruemmer *(Sr Dir)*
Ben Burke *(Dir-Industries)*
Patrick McCauley *(Dir-Real Estate Solutions & Svcs)*
Maridelle Morrison *(Dir-Comm)*
Leslie Gilbert *(Chief of Staff)*

Accounts:
Best Gloves
Jenkins Clinic

POINT B COMMUNICATIONS
600 W Fulton St Ste 710, Chicago, IL 60661
Tel.: (312) 867-7750
Fax: (312) 867-7751
E-Mail: info@pointbcommunications.com
Web Site: www.pointbcommunications.com

E-Mail for Key Personnel:
President: rgrusin@pointbcommunications.com
Media Dir.: jkallen@pointbcommunications.com
Production Mgr.: clahucik@pointbcommunications.com

Employees: 15
Year Founded: 1974

Agency Specializes In: Advertising, Arts, Business-To-Business, Catalogs, Co-op Advertising, Collateral, Communications, Consumer Goods, Corporate Identity, Digital/Interactive, Direct-to-Consumer, Email, Entertainment, Exhibit/Trade Shows, Graphic Design, Hospitality, Household Goods, Identity Marketing, Industrial, Integrated Marketing, Internet/Web Design, LGBTQ Market, Leisure, Logo & Package Design, Luxury Products, Media Buying Services, Media Planning, Multimedia, New Product Development, Newspaper, Newspapers & Magazines, Out-of-Home Media, Outdoor, Package Design, Point of Purchase, Print, Production, Production (Ad, Film, Broadcast), Production (Print), Radio, Regional, Restaurant, Social Marketing/Nonprofit, Strategic Planning/Research, Travel & Tourism

Approx. Annual Billings: $18,000,000

Breakdown of Gross Billings by Media: Cable T.V.: 1%; Collateral: 20%; D.M.: 20%; In-Store Adv.: 1%; Internet Adv.: 15%; Logo & Package Design: 5%; Mags.: 20%; Mdsg./POP: 1%; Newsp.: 5%; Outdoor: 3%; Point of Sale: 1%; Radio: 5%; Sls. Promo.: 3%

Robert Grusin *(Pres)*

Jim Kearney *(Principal-Fin Svcs-Natl)*
Jessica Stone Grusin *(VP)*
Cary Lahucik *(VP-Ops)*
Tim Grob *(Controller)*
John Novak *(Mgr-Media)*
Chris Yuzeitis *(Supvr-Media)*
Stephanie Fallara *(Acct Exec)*
Liz-Marie Micula *(Acct Exec)*
Carol Holderfield *(Sr Art Dir)*
Michael Lalagos *(Sr Art Dir)*

Accounts:
The Drake Hotel; Chicago, IL
Grand Traverse Resort & Spa; Traverse City, MI
Hotel Orrington; Evanston, IL
Lake Geneva Convention and Visitors Bureau
Nara Restaurant; Chicago, IL
Noble Fool Theatricals; Saint Charles, IL
Pheasant Run Resort; Saint Charles, IL
Scudder Financial
Sonesta Hotels & Resorts; Boston, MA Creative
Umstead Resort; NC
Whirlyball; IL

THE POINT GROUP
5949 Sherry Ln Ste 1800, Dallas, TX 75225-8084
Tel.: (214) 378-7970
Fax: (214) 378-7967
E-Mail: mail@thepointgroup.com
Web Site: www.thepointgroup.com

Employees: 40
Year Founded: 1996

Agency Specializes In: Advertising, Brand Development & Integration, Business-To-Business, Collateral, Communications, Consulting, Corporate Identity, Direct Response Marketing, Electronic Media, Exhibit/Trade Shows, Financial, Food Service, Graphic Design, High Technology, Information Technology, Internet/Web Design, Media Buying Services, Newspaper, Newspapers & Magazines, Out-of-Home Media, Outdoor, Planning & Consultation, Point of Purchase, Print, Production, Public Relations, Publicity/Promotions, Real Estate, Restaurant, Retail, Strategic Planning/Research, T.V., Trade & Consumer Magazines

Approx. Annual Billings: $69,000,000 Capitalized

Brenda Hurtado *(Pres & COO)*
Heidi McKinley *(Pres-PR)*
Ruth Baron *(Sr VP)*
Martha Cook *(VP)*
Ann Rimkus *(VP-Strategy)*
Mitch Friedman *(Creative Dir)*
Billy Hayes *(Dir-IT)*
Crethann Hickman *(Dir-Design)*
Rachel Stewart *(Sr Acct Exec)*

Accounts:
St Luke's Hospitals

Branch

The Point Group
1990 Post Oak Blvd Ste 240, Houston, TX 77056
Tel.: (713) 622-7174
Fax: (713) 622-0579
E-Mail: marketing@thepointgroup.com
Web Site: www.thepointgroup.com

Employees: 7

Brenda Hurtado *(Pres & COO)*
David Kniffen *(Pres)*
Donna Lassen *(CFO)*
Jennifer Duhon *(Mgr-Mktg & Brand)*
Scott Tims *(Acct Supvr)*

Accounts:
Accure
Accuro Healthcare Solutions
The Jones Company
Snelling
Victory Park
W Hotels & Residences

POINT TO POINT INC.
23240 Chagrin Blvd Ste 200, Beachwood, OH 44122
Tel.: (216) 831-4421
Fax: (216) 831-3099
E-Mail: mgoren@pointtopoint.com
Web Site: www.pointtopoint.com

E-Mail for Key Personnel:
President: mgoren@p2pcom.com

Employees: 21
Year Founded: 1981

Agency Specializes In: Above-the-Line, Advertising, Affluent Market, Below-the-Line, Brand Development & Integration, Broadcast, Business Publications, Business-To-Business, Collateral, Communications, Consulting, Consumer Marketing, Corporate Communications, Corporate Identity, Digital/Interactive, Direct Response Marketing, E-Commerce, Electronic Media, Game Integration, Graphic Design, Guerilla Marketing, Health Care Services, High Technology, Hospitality, Industrial, Integrated Marketing, International, Internet/Web Design, Local Marketing, Logo & Package Design, Market Research, Media Buying Services, Media Planning, Medical Products, Merchandising, Mobile Marketing, Newspaper, Out-of-Home Media, Outdoor, Over-50 Market, Paid Searches, Planning & Consultation, Print, Publicity/Promotions, Radio, Retail, Seniors' Market, Sponsorship, Strategic Planning/Research, T.V., Technical Advertising, Trade & Consumer Magazines, Web (Banner Ads, Pop-ups, etc.)

Approx. Annual Billings: $15,000,000

Mark Goren *(CEO)*
Ken Holmes *(Sr Dir-Interactions)*
Kevin Morton *(Acct Mgr)*
Jason Craig *(Mgr-SEO)*

Accounts:
American Architectural Manufacturers Association; Schaumburg, IL
Schindler Elevator
Sherwin-Williams

POINTER ADVERTISING LLC
204 Longneedle Ct, Raleigh, NC 27603
Tel.: (919) 250-8321
Fax: (919) 661-8065
Web Site: www.pointeradvertising.com

Employees: 1
Year Founded: 2006

Agency Specializes In: Advertising, Digital/Interactive, Graphic Design, Internet/Web Design, Logo & Package Design, Print, Public Relations, Search Engine Optimization, Social Media

Lindsay Michael *(Owner)*

Accounts:
Artsplosure
Baubles-n-Bling
Bell Howell
Casteel Chiropractic
ConsumerDNA

AGENCIES - JANUARY, 2019 — ADVERTISING AGENCIES

POINTROLL INC.
(Acquired by Sizmek)

POLARIS FINANCIAL TECHNOLOGY LIMITED
Polaris House 244 Anna Salai, 600 006 Chennai, India
Tel.: (91) 44 3987 4000
Fax: (91) 44 2852 3280
Web Site: www.polarisft.com

Employees: 10,974

Revenue: $359,355,557

Rama Sivaraman *(COO & Exec Dir)*

Accounts:
Enterprise Content Management
IBM Mainframe
Oracle
PACE

U.S. Subsidiaries

Intellect Design Arena Inc
20 CorPOrate Pl S, Piscataway, NJ 08854
Tel.: (412) 297-0050
Fax: (412) 297-0052
Toll Free: (800) 682-7332
Web Site: www.intellectseec.com/

Employees: 130
Year Founded: 1988

Pranav Pasricha *(CEO)*
Lakshan De Silva *(Partner & CTO)*
S. Swaminathan *(Partner-Intellect Design Arena & Grp CFO-India)*
Laila Beane *(CMO & Head-Consulting-Insurance Products)*
Manish Maakan *(CEO-iGTB-UK)*
Bharath Venkatachari *(Sr VP & Head-India Dev Centers)*
Sriram Narasimhan *(Head-HR)*
Venkatesh Srinivasan *(Head-Strategy, Advisory, Treasury & Capital Markets)*
Ron Steiger *(Product Mgr-Life Claims in the Cloud)*

Accounts:
Bankers Life & Casualty Company
ICICI Prudential Life Insurance

Polaris Software Lab India Limited
Woodbridge Pl 517 Rte 1 S Ste 2103, Iselin, NJ 08830
Tel.: (732) 590-8100
Fax: (732) 404-1188
Web Site: polarisft.com

Employees: 2,000

Rama Sivaraman *(COO & Exec Dir-Polaris Consulting & Svcs Ltd-India)*
B Suresh Kamath *(Pres-India)*

Accounts:
HP
IBM
Microsoft
Oracle

POLARIS PUBLIC RELATIONS, INC.
One Yonge St, S-1801, Toronto, ON M5E 1W7 Canada
Tel.: (416) 597-1518
Fax: (416) 597-9127
E-Mail: info@polarisprinc.com
Web Site: www.polarisprinc.com

Employees: 1

Agency Specializes In: Collateral, Communications, Corporate Communications, Event Planning & Marketing, Internet/Web Design, Media Relations, Newspaper, Product Placement, Public Relations, Social Marketing/Nonprofit, Strategic Planning/Research

Shelley Pringle *(Principal)*
Denny Allen *(Specialist-Media Trng)*
Chris Atkinson *(Strategist-Digital)*
Randy Milanovic *(Specialist-Online Mktg)*

Accounts:
Active International Canada Content Marketing, Inbound Marketing, Media Relations, PR, Strategy
Bay Shore Home Health
CIBC
Ericsson
Hallmark Canada
JAN Kelley Marketing
Nestle Canada

POLARIS RECRUITMENT COMMUNICATIONS
13 E Central Ave Ste 100, Miamisburg, OH 45342
Tel.: (937) 847-1100
Fax: (937) 847-1101
E-Mail: info@polarisrc.com
Web Site: www.polarisrc.com

E-Mail for Key Personnel:
President: danprice@polarisrc.com

Employees: 7
Year Founded: 2001

Agency Specializes In: Advertising, Advertising Specialties, Cable T.V., Collateral, Direct Response Marketing, Electronic Media, Health Care Services, Internet/Web Design, Magazines, Newspaper, Newspapers & Magazines, Out-of-Home Media, Outdoor, Radio, Recruitment

Approx. Annual Billings: $4,000,000

Breakdown of Gross Billings by Media: Adv. Specialities: $200,000; Cable T.V.: $80,000; Collateral: $400,000; Consulting: $200,000; E-Commerce: $200,000; Exhibits/Trade Shows: $80,000; Newsp. & Mags.: $2,640,000; Radio: $200,000

Michael Langham *(Dir-Creative Svcs)*
Gina Wolfe *(Acct Mgr)*

Accounts:
Ivy Tech State College
Marian General Hosptial
Masonic Health Care

POLLER & JORDAN ADVERTISING AGENCY, INC.
PO Box 166249, Miami, FL 33116-6249
Tel.: (305) 992-0705
Fax: (305) 598-9078
E-Mail: info@advertisingmiami.com
Web Site: www.advertisingmiami.com

Employees: 6
Year Founded: 1972

Agency Specializes In: Advertising, Advertising Specialties, African-American Market, Automotive, Aviation & Aerospace, Bilingual Market, Brand Development & Integration, Business Publications, Business-To-Business, Children's Market, Co-op Advertising, Collateral, Consulting, Consumer Marketing, Consumer Publications, Direct Response Marketing, E-Commerce, Education, Electronic Media, Financial, Graphic Design, Health Care Services, High Technology, Hispanic Market, Internet/Web Design, Legal Services, Logo & Package Design, Magazines, Marine, New Product Development, Newspaper, Newspapers & Magazines, Out-of-Home Media, Outdoor, Point of Purchase, Print, Production, Public Relations, Publicity/Promotions, Radio, Retail, Sales Promotion, Seniors' Market, T.V., Trade & Consumer Magazines

Breakdown of Gross Billings by Media: Bus. Publs.: 10.11%; D.M.: 8.89%; Internet Adv.: 23.44%; Mags.: 4.44%; Newsp.: 13.34%; Other: 11.11%; Pub. Rels.: 2%; Radio: 10%; Spot T.V.: 16.67%

Robert Poller *(Co-Owner)*
Kelly Williams *(Dir-Art)*

Accounts:
Arthur Murray; Miami, FL; 1989
Kelly Tractor Co.; FL Machinery

POLLINATE
315 SW 11th Ave, Portland, OR 97205
Tel.: (800) 679-9720
E-Mail: luckyday@pollinate.com
Web Site: www.pollinate.com

Employees: 40
Year Founded: 2008

Agency Specializes In: Advertising, Brand Development & Integration, Broadcast, Digital/Interactive, E-Commerce, Graphic Design, Media Planning, Package Design, Social Media, Strategic Planning/Research

Rob Rosenthal *(Creative Dir)*
Bob Vandehey *(Creative Dir)*
Ann Kaleshnik *(Mng Supvr-Media)*
Megan Leineberg *(Assoc Media Planner)*
Nicole Yates *(Sr Art Dir)*

Accounts:
Byron Winery
Eddie Bauer
First Republic Bank
Louis Vuitton Moet Hennessy Group
New Seasons Markets
Newton Vineyard
Oregon Lottery
Sur La Table, Inc.
Wilson Sporting Goods Co.

POLYCREATIVE
2308 E 10th Ave B, Tampa, FL 33605
Tel.: (727) 518-4397
E-Mail: info@polycreative.com
Web Site: www.polycreative.com

Agency Specializes In: Cable T.V., Content, Digital/Interactive, E-Commerce, Internet/Web Design, Media Buying Services

Erik Cattelle *(Owner)*

Accounts:
Headshot Days Web Designing Services
The Inventors Business Center Marketing Services
Meadows Medical Solutions & Physical Therapy Healthcare Services

POMEGRANATE, INC
228 Park Ave S Ste 38570, New York, NY 10003
Tel.: (212) 520-1911
E-Mail: east@pom8.com
Web Site: www.pom8.com

Employees: 8
Year Founded: 2008

ADVERTISING AGENCIES

Agency Specializes In: Advertising, Digital/Interactive

Sarah Douglass *(Product Mgr & Acct Exec)*

Accounts:
Canon Inc.
Engagement Media Technologies Digital
Google Inc.
Nestle USA, Inc.
Porsche Cars North America, Inc.
Robert Bosch GmbH
Toyota Motor Corporation

THE POMERANTZ AGENCY LLC
175 Admiral Cochrane Dr Ste 104, AnnaPOlis, MD 21401
Tel.: (410) 216-9447
E-Mail: info@pomagency.com
Web Site: www.pomagency.com

Employees: 4

Agency Specializes In: Advertising, Brand Development & Integration, Content, Internet/Web Design, Print, Social Media, Strategic Planning/Research

Kathy Greenspan *(Pres & Dir-Strategy)*
Leslie Brady *(Sr Acct Dir)*

Accounts:
DP Solutions
Integrated Security Technologies

PONDELWILKINSON INC.
21700 Oxnard St Ste 1840, Woodland Hls, CA 91367
Tel.: (310) 279-5980
Fax: (310) 279-5988
E-Mail: investor@pondel.com
Web Site: www.pondel.com

Employees: 15
Year Founded: 1981

Agency Specializes In: Financial, Health Care Services, High Technology, Industrial, Information Technology, Investor Relations, Public Relations, Sponsorship

Evan Pondel *(Pres)*
Roger Pondel *(CEO)*
Laurie Berman *(Mng Dir)*
George Medici *(Exec VP)*
Judy Lin Sfetcu *(VP-Fin, Admin & IR)*
Caroline Dillingham *(Mgr-Social Media & Digital Strategy)*

Accounts:
Advanced Refining Concepts
APP Pharmaceuticals, Inc.; Schaumburg, IL
Autobytel
Corinthian Colleges
Electro Rent Corporation
FEI Corporation
First California Financial Group, Inc.
Hardesty, LLC
Monster Beverage Corporation
NetSol Technologies, Inc. Investor Relations
QAD
Somaxon Pharmaceuticals, Inc.
Superior Industries International, Inc.
UTI

PONDER IDEAWORKS
20291 Ravenwood Ln, Huntington Beach, CA 92646
Tel.: (714) 801-4113
Fax: (714) 968-3327
E-Mail: claudia@ponderideaworks.com
Web Site: www.ponderideaworks.com

Employees: 3
Year Founded: 1991
National Agency Associations: THINKLA

Agency Specializes In: Advertising, Advertising Specialties, African-American Market, Agriculture, Asian Market, Bilingual Market, Brand Development & Integration, Broadcast, Business Publications, Business-To-Business, Cable T.V., Children's Market, Collateral, Communications, Consulting, Consumer Marketing, Consumer Publications, Corporate Identity, Digital/Interactive, Direct Response Marketing, E-Commerce, Education, Electronic Media, Entertainment, Event Planning & Marketing, Exhibit/Trade Shows, Fashion/Apparel, Food Service, Government/Political, Graphic Design, Health Care Services, High Technology, Hispanic Market, Information Technology, Internet/Web Design, Legal Services, Leisure, Logo & Package Design, Magazines, Media Buying Services, Medical Products, Merchandising, Multimedia, New Product Development, Newspaper, Newspapers & Magazines, Out-of-Home Media, Outdoor, Planning & Consultation, Point of Purchase, Point of Sale, Print, Production, Public Relations, Publicity/Promotions, Radio, Restaurant, Retail, Sales Promotion, Strategic Planning/Research, T.V., Technical Advertising, Teen Market, Trade & Consumer Magazines, Travel & Tourism

Approx. Annual Billings: $3,200,000

Breakdown of Gross Billings by Media: Brdcst.: 40%; Collateral: 10%; Consulting: 20%; Other: 5%; Print: 15%; Worldwide Web Sites: 10%

Claudia Ponder *(CEO)*

Accounts:
Adult Day Services of Orange County; Huntington Beach, CA
Department of Alcohol and Drug Prevention (State of Calif); Sacramento, CA Drug Prevention; 2002
Experian; Orange, CA Credit Information; 1997
Literacy in the Media; Los Angeles, CA; 2002
New Horizons
PeopleSoft
Sonoma State University CHIIP; Sacramento, CA
State of California EDD; Sacramento, CA

POOLE COMMUNICATIONS
108 N 3rd St Ste 100, Hannibal, MO 63401
Tel.: (573) 221-3635
Toll Free: (800) 900-3635
Web Site: www.poolecommunications.com

Employees: 5
Year Founded: 1984

Agency Specializes In: Advertising, Internet/Web Design, Print, Public Relations, Radio

Sally Kintz *(Pres & CEO)*

Accounts:
Cason, Huff & Schlueter Insurance

POOLHOUSE
23 W Broad St Ste 404, Richmond, VA 23220
Tel.: (804) 876-0335
E-Mail: info@poolhouse.co
Web Site: poolhouse.co/

Employees: 5

Agency Specializes In: Advertising, Digital/Interactive, Media Buying Services, T.V.

Tim O'Toole *(Co-Founder)*
Will Ritter *(Founder)*
Kayla Alderson *(Brand Mgr)*

Accounts:
Joni Ernst

POP
1326 5th Ave Ste 800, Seattle, WA 98101
Tel.: (206) 728-7997
Fax: (206) 728-1144
E-Mail: pr@pop.us
Web Site: http://www.wearepop.com/

Employees: 130

Agency Specializes In: Digital/Interactive

Tony Hoskins *(Founder & Partner)*
RJ Hilgers *(CEO)*
Jake Bennett *(CTO)*
James Wilkinson *(Chief Creative Officer)*
Kaci Clot *(Sr VP-Ops)*
Erin West *(Sr VP-Client Svcs)*
Elaine Colenbrander *(Creative Dir)*
Patrick English *(Dir-Connections Strategy)*
Stacey LeBlanc *(Dir-Analytics)*
Jeremiah Murlless *(Client Partner)*

Accounts:
Adobe
Amazon.com
Brown-Forman
EA Games
Epson
F5 Networks
Google
Microsoft
National Geographic
Nintendo
Target
Ubisoft

POP-DOT MARKETING
122 W Washington Ave, Madison, WI 53703
Tel.: (608) 571-0771
E-Mail: info@popdotmarketing.com
Web Site: www.popdotmarketing.com

Employees: 50
Year Founded: 2013

Agency Specializes In: Advertising, Brand Development & Integration, Digital/Interactive, Logo & Package Design, Media Planning, Out-of-Home Media, Outdoor, Print, Public Relations, Social Media, Strategic Planning/Research

Jason Fish *(Pres)*
Kate Ewings *(Partner & Dir-Brand Dev)*
Ray Andrew *(Creative Dir)*
Kylie Noell *(Acct Mgr)*
Allison Kattreh *(Specialist-Digital & Acct Planner)*

Accounts:
New-Angus-Young Associates (Agency of Record); 2018
Beaulieu America Creative Services, Marketing, Strategy
Cadence Cold Brew (Marketing Agency of Record) Brand Development & Consumer Packaged Goods, Retail & Restaurant Products
Catalent
The City of Madison
Colony Brands Inc. Ginny's (Marketing Agency of Record)
Dentistry for Madison (Agency of Record)
Erdman
Fit Moms Transformation Center
Garden of Flavor (Agency of Record)
Glue Dots International (Agency of Record)

AGENCIES - JANUARY, 2019 — ADVERTISING AGENCIES

Grande Cheese Company
Greenway Station (Marketing Agency of Record)
HotelRED (Agency of Record)
Johnsonville Sausage, LLC
Madison & Rayne (Marketing Agency of Record) Brand Strategy, Creative
Madison Womens Expo
Meloz (Brand & Marketing Agency of Record) Distribution, Marketing Strategies; 2017
Metso Minerals Messaging Strategy Development; 2018
Nonn's
Renaissance Learning Brand Strategy, Marketing Sound Devices
Spectra Baby USA (Marketing Agency of Record)
True Studio (Agency of Record) Branding, Marketing
The Wise (Marketing Agency of Record)
New-Woodland Foods
Yelp
New-Zander Solutions (Agency of Record) Advertising, Creative Production, Marketing Strategy, Planning; 2018

POP LABS, INC
PO Box 79214, Houston, TX 77279
Toll Free: (877) 500-1399
E-Mail: gene@poplabs.com
Web Site: www.poplabs.com

Employees: 40
Year Founded: 2001

Agency Specializes In: Digital/Interactive, Graphic Design, High Technology, Internet/Web Design, Media Buying Services, Media Relations, Multimedia, Paid Searches, RSS (Really Simple Syndication), Search Engine Optimization, Web (Banner Ads, Pop-ups, etc.)

Approx. Annual Billings: $5,000,000

Gene McCubbin *(Founder & Pres)*
Erin Womack *(Dir-Ops)*
Anthony Shields *(Team Head-New Bus Dev)*

Accounts:
iEnergy Branding, Integrated Marketing, Print & Collateral Materials, Web Design; 2010
Jack's Carpet Social Media, Web Site, email; 2007
Pisco Porton Brand Development; 2011
South Texas Dental PPC, Social Media, Web Site, email; 2008

PORCARO COMMUNICATIONS
433 W 9th Ave, Anchorage, AK 99501-3519
Tel.: (907) 276-4262
Fax: (907) 276-7280
E-Mail: porcaro@gci.net
Web Site: www.porcarocommunications.com

E-Mail for Key Personnel:
President: mikep@gci.net

Employees: 15
Year Founded: 1982

Agency Specializes In: Advertising, Communications

Approx. Annual Billings: $10,000,000

Mark Hopkin *(Pres)*
Michael F. Porcaro *(CEO)*
John Hume *(Sr Dir-Art)*
Daryl Hoflich *(Creative Dir)*

Accounts:
Alaska Railroad
Alaska Railroad Corp.
ASRC Energy Services
Bidsync
The Endurance
GCI; Anchorage, AK Local Service, Long Distance, Cellular, Internet & Cable Communications; 1997
Lite Speed
Panoramas
Petro Marine; Seward, AK Maritime Fuel Service
Shell Oil Company
Tech Head

Branches

Wian
504-221 West Esplanade, Vancouver, BC V7M 3J3 Canada
Tel.: (604) 985-2400
Fax: (604) 986-8166
E-Mail: hello@wianbranding.com
Web Site: wianbranding.com/

Employees: 7

Agency Specializes In: Advertising

Sandra Fong *(Mng Partner)*
Coromoto Diaz *(Sr Dir-Art & Designer)*

Accounts:
Alaska Railroad Corporation
Baywest Management
BC Ferries
Finning
HSBC
Kodak Graphic Communications Group
New Gold

PORETTA & ORR, INC.
450 East St, Doylestown, PA 18901
Tel.: (215) 345-1515
Fax: (215) 345-6459
E-Mail: brudnokb@porettaorr.com
Web Site: www.porettaorr.com

Employees: 40
Year Founded: 1989

Agency Specializes In: Direct Response Marketing, Event Planning & Marketing, Exhibit/Trade Shows, Health Care Services, Medical Products, Pharmaceutical

Barbara Orr *(Owner & Exec VP)*
Richard Orr *(Fin Dir)*
Rick Counihan *(VP-Client Svcs & Ops)*
Ryan Scaletti *(Acct Dir)*
Carol Greenberger *(Dir-Creative Svcs & Ops)*
Beverly Brudnok *(Mgr-Bus Dev & Acct Exec)*
Daniel Young *(Mgr-Field Svcs)*
John McKeon *(Sr Designer)*
Joseph Poretta *(Bus Dev)*

Accounts:
Abbott
AstraZeneca
Gate Pharmaceutical
Johnson & Johnson
Merck & Co. (International)
MSD Pharmaceuticals Private Limited
Reliance
Sanofi-Aventis Research & Development
Shire Vyvanse
TAP

PORTE ADVERTISING, INC.
462 7th Ave 6th Fl, New York, NY 10018
Tel.: (212) 354-6906
Fax: (212) 354-5727
E-Mail: jayheyman@porteadvertising.com
Web Site: porteadvertising.com

Employees: 2
Year Founded: 1993

Agency Specializes In: Brand Development & Integration, Collateral, Direct Response Marketing, Public Relations

Jay H. Heyman *(Owner)*
Paul Mesches *(Owner)*

Accounts:
Bankruptcy Services
Energetics Unlimited Personal & Corporate Exercise Programs; 1996
Paradigm Vision Video Conferencing
Wetson Restaurant Group; New York, NY Dallas BBQ, Tony's Di Napoli Restaurant; 1998

PORTSIDE ADVERTISING
(Formerly Joseph Brown & Associates Inc.)
26211 Equity Dr Ste C, Daphne, AL 36526
Tel.: (251) 445-5370
E-Mail: info@portsideadvertising.com
Web Site: portsideadvertising.com/

Employees: 7
Year Founded: 2006

Agency Specializes In: Advertising, Graphic Design, Internet/Web Design, Print, Social Media

Joe Brown *(CEO)*
Bryan Smith *(Dir-Studio)*

Accounts:
Advanced Dermatology & Skin Care Centre

POSNER MILLER ADVERTISING
71 5th Ave, New York, NY 10003
Tel.: (212) 727-4790
Fax: (212) 480-3440
Toll Free: (800) 664-3817
E-Mail: info@posnermiller.com
Web Site: www.posnermiller.com/

E-Mail for Key Personnel:
President: pposner@posneradv.com

Employees: 30
Year Founded: 1959

Agency Specializes In: Advertising, Brand Development & Integration, Business-To-Business, Collateral, Communications, Consulting, Consumer Marketing, Corporate Communications, Corporate Identity, Digital/Interactive, Direct Response Marketing, E-Commerce, Education, Electronic Media, Electronics, Email, Exhibit/Trade Shows, Graphic Design, Health Care Services, Identity Marketing, Integrated Marketing, Internet/Web Design, LGBTQ Market, Logo & Package Design, Magazines, Media Buying Services, Media Planning, Media Relations, Medical Products, Mobile Marketing, Out-of-Home Media, Outdoor, Over-50 Market, Package Design, Print, Production, Promotions, Public Relations, Publicity/Promotions, Real Estate, Recruitment, Sales Promotion, Search Engine Optimization, Seniors' Market, Strategic Planning/Research, T.V., Transportation, Travel & Tourism, Urban Market, Viral/Buzz/Word of Mouth

Approx. Annual Billings: $35,000,000

Breakdown of Gross Billings by Media: Brdcst.: $1,050,000; Bus. Publs.: $1,150,000; Fees: $3,600,000; Internet Adv.: $10,600,000; Mags.: $1,220,000; Newsp.: $14,800,000; Outdoor: $1,010,000; Production: $1,570,000

Peter Posner *(Pres)*
Bob Posner *(Principal)*
Harry Tropp *(Media Dir)*

ADVERTISING AGENCIES
AGENCIES - JANUARY, 2019

Accounts:
Bays Water Development
Capella Hotels and Resorts
Fisher Brothers
LG
LG Commercial
Mandl Schools
Prudential Douglas Elliman

POSTERSCOPE
2 Park Ave., 24th Fl, New York, NY 10016
Tel.: (917) 621-3250
Fax: (562) 695-1310
E-Mail: connie.garrido@posterscope.com
Web Site: www.posterscopeusa.com

Employees: 50
Year Founded: 1982

National Agency Associations: 4A's

Agency Specializes In: Media Buying Services, Sponsorship

Christian Vollerslev *(Pres)*
Jessica Freely *(VP & Grp Dir)*
Jessica Aaronson *(VP)*
Ahmad Sayar *(VP-Strategy & Innovation)*
Craig Barber *(Dir-California)*
Nicole Campana *(Dir)*
Mindy Zonis *(Dir)*
David Gladding *(Assoc Dir-Digital Creative)*
Gianine Hall *(Assoc Dir)*
Mark Hymanson *(Assoc Dir)*
Shari Kram *(Assoc Dir-Consumer Insights)*
Lauren Doyle *(Supvr-Production)*
Gregory Pinkus *(Supvr)*
Winnie Weir-Johnson *(Supvr-Client Delivery)*
Melissa Ali *(Media Planner)*
Sara Almira-Cruz *(Assoc Media Dir)*
Maisie Wong *(Assoc Media Dir)*

Accounts:
Adidas
Coca-Cola
Disney
General Motors Chevy Colorado; Chevy Malibu
Gett
The Home Depot
Mastercard
New Belgium Brewing Company, Inc. Digital, Out-of-Home
Red Bull
VisitScotland

POTRATZ PARTNERS ADVERTISING INC.
31 Lafayette St, Schenectady, NY 12305
Tel.: (518) 631-5505
Toll Free: (866) 840-5714
Web Site: https://www.potratzny.com/

Employees: 13
Year Founded: 2001

Agency Specializes In: Advertising, Automotive, Digital/Interactive, Media Buying Services, Production

Approx. Annual Billings: $8,518,000

Breakdown of Gross Billings by Media: Brdcst.: $600,000; Cable T.V.: $1,000,000; Comml. Photography: $138,000; Consulting: $200,000; D.M.: $600,000; Event Mktg.: $200,000; Fees: $2,000,000; Graphic Design: $180,000; Internet Adv.: $300,000; Newsp.: $2,000,000; Radio: $1,300,000

Paul D. Potratz, Jr. *(Owner)*
Samantha Cunningham Zawilinski *(VP-Acct Svcs)*
Ally Shivka *(Art Dir)*
Stefanie Markiewicz *(Sr Mgr-Performance)*
Ashley Quimby Simoni *(Sr Acct Mgr)*
Juliana Warren *(Mgr-Digital Performance)*
Patrick Thomas *(Sr Graphic Designer)*
Erin McNamara *(Assoc Strategist-Client)*

POTTS MARKETING GROUP LLC
1115 Leighton Ave Ste 1-B, Anniston, AL 36207
Tel.: (256) 237-7788
Fax: (256) 237-8818
Web Site: www.pottsmarketing.com

Employees: 1

Agency Specializes In: Advertising, Brand Development & Integration, Graphic Design, Internet/Web Design, Public Relations

Tom Potts *(Pres)*
Bill Adams *(Creative Dir)*

Accounts:
Foothills Community Partnership

POUTRAY PEKAR ASSOCIATES
PO Box 392, Milford, CT 06460
Tel.: (203) 283-9511
Fax: (203) 283-9514
Web Site: ingredientmarketingsolutions.com/

Employees: 8
Year Founded: 1963

Agency Specializes In: Business-To-Business, Communications, Cosmetics, Food Service, Pharmaceutical

Approx. Annual Billings: $2,700,000

William Poutray *(Owner)*
Carol Pekar *(Partner & Creative Dir)*

Accounts:
Accurate Ingredients; NY Food Ingredients; 2004
Advanced Food Systems
Beudemheim Inc.; Plainview, NY
CNI
Kemira Specialty Inc.; Northvale, NJ
Land O' Lakes Ingredients Solutions Ingredient Solutions
Virginia Dare Extracts; Brooklyn, NY; 1997

POWELL CREATIVE
1801 West End Ave Ste 800, Nashville, TN 37203
Tel.: (615) 385-7736
E-Mail: info@powellcreative.com
Web Site: www.powellcreative.com

Employees: 10

Agency Specializes In: Advertising, Brand Development & Integration, Collateral, Graphic Design, Internet/Web Design, Logo & Package Design

Wayne Powell *(Pres & Partner)*
Scott Spencer *(Partner & Creative Dir)*
Rose Wilson *(Office Mgr)*
Stephen Lackey *(Acct Coord & Strategist-Digital)*

Accounts:
The Governors Golf Club

POWER CREATIVE
11701 Commonwealth Dr, Louisville, KY 40299-2358
Tel.: (502) 267-0772
Fax: (502) 267-1727
Web Site: https://www.poweragency.com/

E-Mail for Key Personnel:
President: dpower@powercreative.com
Creative Dir.: vholcomb@powercreative.com
Media Dir.: tlucas@powercreative.com

Employees: 130
Year Founded: 1976

National Agency Associations: PRSA-Second Wind Limited

Agency Specializes In: Advertising, Brand Development & Integration, Business-To-Business, Catalogs, Co-op Advertising, Collateral, Commercial Photography, Consumer Publications, Corporate Identity, Digital/Interactive, E-Commerce, Email, Exhibit/Trade Shows, Graphic Design, High Technology, In-Store Advertising, Industrial, Internet/Web Design, Logo & Package Design, Magazines, Media Buying Services, Media Planning, Merchandising, Multimedia, Newspapers & Magazines, Out-of-Home Media, Outdoor, Point of Purchase, Point of Sale, Print, Production, Production (Print), Promotions, Public Relations, Radio, Sales Promotion, Sponsorship, Strategic Planning/Research, T.V., Trade & Consumer Magazines, Web (Banner Ads, Pop-ups, etc.)

Approx. Annual Billings: $92,000,000

Breakdown of Gross Billings by Media: Collateral: 18%; Comml. Photography: 24%; Internet Adv.: 5%; Logo & Package Design: 8%; Point of Purchase: 7%; Point of Sale: 4%; Print: 2%; Pub. Rels.: 2%; Radio & T.V.: 2%; Sls. Promo.: 18%; Trade & Consumer Mags.: 9%; Worldwide Web Sites: 1%

Debra Cooley *(CFO)*
Andy Stillwagon *(CMO)*
Laura Robinson *(Chief Creative Officer)*
Tim Lucas *(Sr VP & Media Dir)*
Tracey Jones *(Sr VP-HR)*
Mark Bird *(VP-Architectural Mktg)*
Zachary Selter *(Art Dir)*
Adam Loewy *(Dir-Client Engagement)*
Allison Motley Purcell *(Asst Mgr-Production)*
Leah Mattingly *(Supvr-Media)*
Elizabeth Kitterman *(Media Planner & Media Buyer)*
Jennifer Baker Hughes *(Buyer-Print)*

Accounts:
Bentwood Kitchens; Lancaster, TX; 2008
Churchill Downs Inc.
Commonwealth Bank & Trust; Louisville, KY; 2005
CRS Processing; Louisville, KY; 2009
Fluid Management; Wheeling, IL; 2009
GE Appliances
GE Aviation; Cincinnati, OH; 2005
General Electric Consumer Products; Louisville, KY Appliances, Lighting; 1976
Lennox International Heating & Air Conditioning; 1999
Lexmark; Lexington, KY Printers; 2000
UTC Fire & Security; Bradenton, FL Security and Fire Systems
Zeon Chemicals, LP; Louisville, KY Raw Materials; 2002

THE POWER GROUP
3131 McKinney Ave, Dallas, TX 75204
Tel.: (214) 693-2146
Web Site: www.thepowergroup.com

Employees: 14

Agency Specializes In: Advertising, Crisis Communications, Event Planning & Marketing, Media Training, Social Media

Amy Power *(Pres & CEO)*

Accounts:

Cotton Patch Cafe
Dive Coastal Cuisine
Promised Land Dairy
Stream
The Texas FFA (Public Relations Agency of Records); 2018

POWERHOUSE FACTORIES
1111 St Gregory St, Cincinnati, OH 45202
Tel.: (513) 719-6417
Web Site: www.powerhousefactories.com

Employees: 7
Year Founded: 2004

Agency Specializes In: Advertising, Brand Development & Integration, Experiential Marketing, Social Media

Ben Nunery *(Co-Founder & Principal)*

Accounts:
Land O'Frost Content Strategy, Media Planning & Buying, Social Media Marketing
Tire Discounters, Inc.
WhiteWave Foods Company

POWERPACT, LLC
450 Lexington Ave Fl 4, New York, NY 10017
Tel.: (877) 361-5700
Web Site: www.powerpact.com

Employees: 29

Agency Specializes In: Advertising, Experiential Marketing

Amanda Martin *(Assoc Art Dir)*

Accounts:
American Diabetes Association
Betty Crocker Products
Capital One Bank (Europe) PLC
Gift Card Hall
Green Giant
Ikea North America Services LLC
Land O'Lakes, Inc.
LG Electronics USA Inc Digital Marketing
Mott's Holdings, Inc.
The Procter & Gamble Company
Sempra Energy
Virgin Vines
Yoplait USA, Inc.

POWERS AGENCY
1 W 4th St 5th Fl, Cincinnati, OH 45202-3623
Tel.: (513) 721-5353
Fax: (513) 721-0086
E-Mail: info@powersagency.com
Web Site: www.powersagency.com

E-Mail for Key Personnel:
President: cpowers@powersagency.com
Creative Dir.: lgraf@powersagency.com
Media Dir.: jbking@powersagency.com
Public Relations: dlally@powersagency.com

Employees: 35
Year Founded: 1986

National Agency Associations: PRSA

Agency Specializes In: Advertising, Advertising Specialties, Automotive, Brand Development & Integration, Broadcast, Business Publications, Business-To-Business, Cable T.V., Children's Market, Consumer Marketing, Consumer Publications, Corporate Identity, Digital/Interactive, Direct Response Marketing, E-Commerce, Electronic Media, Entertainment, Event Planning & Marketing, Exhibit/Trade Shows, Financial, Graphic Design, Health Care Services, Information Technology, Internet/Web Design, Magazines, Media Buying Services, Medical Products, New Product Development, Newspapers & Magazines, Out-of-Home Media, Outdoor, Pharmaceutical, Print, Public Relations, Restaurant, Retail, Strategic Planning/Research, T.V., Telemarketing, Yellow Pages Advertising

Lori Powers *(Pres, CEO & Chief Creative Officer)*
Krista Taylor *(CMO)*
Terry Dillon *(VP & Creative Dir)*
Dan Pinger *(Dir-Consulting)*

Accounts:
AssureRx
Biggs
Castellini Group of Companies; 2005
Check n Go
The Clovernook Center for the Blind; Fairfield, OH Opportunities for the Blind; 1997
Drees Homes; Cincinnati, OH Real Estate Development; 1998
Frisch's Restaurants; Cincinnati, OH Big Boy Restaurants; 1997
Mercedes Benz of West Chester; 2005
Mercedes-Benz of Cincinnati; Cincinnati, OH Car Dealer; 1992
Mercy Health Partners; Cincinnati, OH Health Care System; 1997
Penn Station East Coast Subs
Pfizer Pharmaceuticals; 2001
Western & Southern Financial Group Masters & Women's Open
YMCA of Greater Cincinnati; 2001

Branch

Pinger PR at Powers
1 W 4th St 5th Fl, Cincinnati, OH 45202-3623
(See Separate Listing)

POZA CONSULTING SERVICES
2425 Olympic Blvd Ste 4000W, Santa Monica, CA 90404
Tel.: (310) 458-4637
Fax: (310) 264-0850
E-Mail: info@pozaconsulting.com
Web Site: www.pozaconsulting.com

Employees: 2
Year Founded: 1990

Agency Specializes In: Bilingual Market, Brand Development & Integration, Children's Market, Consulting, Consumer Marketing, Hispanic Market, Strategic Planning/Research

Approx. Annual Billings: $400,000

Ines Poza *(Owner)*

PP+K
1102 N Florida Ave, Tampa, FL 33602
Tel.: (813) 496-7000
Fax: (813) 496-7003
E-Mail: hr@uniteppk.com
Web Site: www.uniteppk.com/

Employees: 55
Year Founded: 2004

Agency Specializes In: Above-the-Line, Advertising, Advertising Specialties, Affluent Market, African-American Market, Agriculture, Alternative Advertising, Arts, Automotive, Below-the-Line, Bilingual Market, Brand Development & Integration, Branded Entertainment, Broadcast, Business Publications, Business-To-Business, Cable T.V., Children's Market, Co-op Advertising, Collateral, College, Commercial Photography, Communications, Computers & Software, Consulting, Consumer Goods, Consumer Marketing, Consumer Publications, Content, Copywriting, Corporate Communications, Corporate Identity, Customer Relationship Management, Digital/Interactive, Direct Response Marketing, Direct-to-Consumer, E-Commerce, Education, Electronic Media, Email, Entertainment, Event Planning & Marketing, Exhibit/Trade Shows, Experience Design, Experiential Marketing, Faith Based, Fashion/Apparel, Financial, Food Service, Government/Political, Graphic Design, Guerilla Marketing, Health Care Services, High Technology, Hispanic Market, Hospitality, Household Goods, Identity Marketing, In-Store Advertising, Industrial, Infomercials, Integrated Marketing, International, Internet/Web Design, LGBTQ Market, Legal Services, Leisure, Local Marketing, Logo & Package Design, Luxury Products, Magazines, Marine, Market Research, Media Buying Services, Media Planning, Media Relations, Men's Market, Merchandising, Mobile Marketing, Multicultural, Multimedia, New Product Development, New Technologies, Newspaper, Newspapers & Magazines, Out-of-Home Media, Outdoor, Over-50 Market, Package Design, Paid Searches, Pets, Planning & Consultation, Point of Purchase, Point of Sale, Print, Production, Production (Ad, Film, Broadcast), Production (Print), Programmatic, Promotions, Public Relations, Publicity/Promotions, Radio, Real Estate, Recruitment, Regional, Restaurant, Retail, Sales Promotion, Search Engine Optimization, Seniors' Market, Social Marketing/Nonprofit, Social Media, Sponsorship, Sports Market, Strategic Planning/Research, Sweepstakes, T.V., Technical Advertising, Teen Market, Trade & Consumer Magazines, Transportation, Travel & Tourism, Urban Market, Viral/Buzz/Word of Mouth, Web (Banner Ads, Pop-ups, etc.), Women's Market

Revenue: $60,000,000

Tom Kenney *(Principal)*
Elizabeth Phelps *(Mng Dir-Integrated Media)*
Garrett Garcia *(VP-Bus Insights)*
Chanse Chanthalansy *(Exec Dir-Brdcst Production)*
Dustin Tamilio *(Exec Creative Dir)*
Kyle Matos *(Grp Acct Dir)*
Jesse Vahsholtz *(Grp Acct Dir)*
Nick McMurdy *(Creative Dir)*
Megan Phelan *(Dir-Digital Media)*
Nicholas Stoeckle *(Dir-Digital)*
Andi Krenitsky *(Supvr-Integrated Media)*
Kristin Pirkola *(Supvr-Brdcst Buying)*
Sonali Sodhi-Sharma *(Supvr-Media)*
Kendra Mahon *(Sr Acct Exec)*
Carly Earnest *(Acct Exec)*
Catherine Hippelheuser *(Media Planner)*
Sarah Morris *(Media Planner & Buyer-Digital)*
Nick Smart *(Media Planner-Integrated)*
Christy Beegle *(Assoc Creative Dir)*
Kevin McDade *(Sr Media Buyer)*
Trushar Patel *(Sr Art Dir)*
Paul Prato *(Grp Creative Dir)*

Accounts:
Big Cat Rescue (Creative Agency of Record) Awareness, General Market Advertising, Government Officials Advertising; 2007
Big Dog Mower Co Brand Awareness, Creative; 2014
Florida Aquarium (Agency of Record) Creative, General Market Advertising, Media, Production, Strategy; 2006
New-Florida Lottery (Agency of Record) Creative, General Market Advertising, Hispanic, Media, Production, Social Media, Strategy; 2016
Frontier Communications Communications Planning, Creative, Strategy; 2016
GTE Financial (Agency of Record) Creative, General Market Advertising, Media, Paid Search, Production, Social Media, Strategy; 2012
Huddle House Inc. (Creative Agency of Record)

ADVERTISING AGENCIES

Advertising, Brand Strategy, Creative, Digital, Social Media; 2015
LEGOLAND Florida Resort (Media Agency of Record) Digital Media, Strategic Media, Traditional Media; 2013
Lennar Homes Tampa (Creative Agency of Record) Brand Strategy, Communications, Creative, Digital, Marketing; 2015
Masonite Doors Creative, Video Production; 2016
Metropolitan Ministries (Agency of Record) Creative, General Market Advertising, Media, Production, Social Media, Strategy; 2007
National Pediatric Cancer Foundation (Agency of Record) Brand Strategy, Creative, Production; 2016
Pinch-a-Penny Pool Supplies & Services (Agency of Record) Creative, General Market Advertising, Media, Paid Search, Production, Social Media, Strategy, Website; 2915
Tires Plus (Creative Agency of Record) Brand Strategy, Broadcast Production, Creative Strategy & Execution; 2006
TIVA Healthcare (Agency of Record) Paid Search, Social Media, Website; 2016

PR 20/20
812 Huron Rd Ste 80, Cleveland, OH 44115
Tel.: (800) 920-1623
Web Site: www.pr2020.com

Employees: 15
Year Founded: 2005

Agency Specializes In: Advertising, Brand Development & Integration, Content, Crisis Communications, Graphic Design, Internet/Web Design, Media Relations, Paid Searches, Public Relations, Search Engine Optimization

Paul Roetzer (CEO)
Tracy Lewis (VP-Talent)
Jessica Miller (VP-Svcs)
Keith Moehring (Mgr-Bus Dev)

Accounts:
New-StreamLink Software Inc

PR-BS
9735 Tavernier Dr, Boca Raton, FL 33496
Tel.: (561) 756-4298
Fax: (561) 883-3867
E-Mail: gary@pr-bs.net
Web Site: www.pr-bs.net

Employees: 1

Agency Specializes In: Broadcast, Corporate Communications, Crisis Communications, Event Planning & Marketing, Investor Relations, Media Buying Services, Media Planning, Print, Production (Print), Public Relations

Gary Schweikhart (Owner)

Accounts:
Cranes BeachHouse Hotel Hotels/Tourism Services

PR CAFFEINE
2438 E 117th St Ste 100, Burnsville, MN 55337
Tel.: (612) 254-6300
E-Mail: info@prcaffeine.com
Web Site: https://prcaffeine.com/

Employees: 3

Agency Specializes In: Advertising, Digital/Interactive, Search Engine Optimization, Social Media

Ryan Berkness (Founder & CEO)

Accounts:
Berkness Swiss
Car Buyer's Advocate
KSI Swiss
PetTronix
Titus Contracting

PR MAGIC
3622 Reposo Way, Belmont, CA 94002
Tel.: (650) 548-6700
Fax: (650) 540-0770
E-Mail: info@prmagic.com
Web Site: www.prmagic.com

Employees: 6

Agency Specializes In: Advertising, Digital/Interactive, Internet/Web Design, Media Planning, Media Relations, Media Training, Social Media

Frances Larose (CEO)

Accounts:
LOCZIdesign

PRAGER CREATIVE
25 Broadway, New York, NY 10004
Tel.: (917) 714-9293
Web Site: pragercreative.com/

Employees: 2
Year Founded: 2012

Agency Specializes In: Above-the-Line, Below-the-Line, Broadcast, Collateral, Digital/Interactive, Direct Response Marketing, Email, Guerilla Marketing, Local Marketing, Mobile Marketing, Multimedia, Newspapers & Magazines, Out-of-Home Media, Outdoor, Print, Production, Production (Print), Promotions, Radio, Social Media, Web (Banner Ads, Pop-ups, etc.)

Ben Prager (Founder & Creative Dir)

Accounts:
Alma Bank Branding, Financial Services, Marketing; 2013
FCL Graphics Branding, Financial Services, Marketing, Printing; 2013
Garden Savings Federal Credit Union Branding, Financial Services, Marketing; 2015
Liberty Savings Federal Credit Union Branding, Financial Services, Marketing; 2012
SBR Branding, Financial Services, Marketing, Printing, Small Business Resources; 2012
SuperStock Digital Marketing, Social Media, Stock Photography; 2015
Tony n' Tina's Wedding Rebranding, Social Strategy & Implementation, Website Development; 2013

PRAIRIE DOG/TCG
811 Wyandotte St, Kansas City, MO 64105-1608
Tel.: (816) 822-3636
Fax: (816) 842-8188
E-Mail: jhobbs@pdog.com
Web Site: www.pdog.com

Employees: 45

Agency Specializes In: Advertising, Health Care Services

Phil Smith (Owner)
Jerry Hobbs (Pres)
Rachel Lupardus (CFO & COO)
Marie Baldwin (Art Dir-Digital)
Jamie Keith (Art Dir)
Shelley Porter (Media Dir)

Corey Shulda (Dir-Art)
Vicki Elliott Stofer (Dir-HR & Agency Svcs)
David Hejduk (Mgr-Digital Mktg)
Tracy Humphreys (Sr Acct Supvr)
Andrea Olsen (Media Planner & Media Buyer)
Brad Hamilton (Grp Creative Dir)
Amy McNeall (Sr Media Planner & Buyer)
Ross Wuetherich (Grp Creative Dir)

PRAXIS COMMUNICATIONS, INC.
2600 Philmont Ave Ste 111, Huntingdon Valley, PA 19006-5307
Tel.: (215) 947-2080
Fax: (215) 947-2256
E-Mail: advice@praxisagency.com
Web Site: www.praxisagency.com

E-Mail for Key Personnel:
President: agladish@praxcom.com
Creative Dir.: jlofurno@praxcom.com

Employees: 5
Year Founded: 1979

Agency Specializes In: Advertising, Brand Development & Integration, Business-To-Business, Collateral, Communications, Consulting, Corporate Identity, Direct Response Marketing, Exhibit/Trade Shows, High Technology, Industrial, Internet/Web Design, Newspapers & Magazines, Planning & Consultation, Print, Production, Public Relations, Strategic Planning/Research, Technical Advertising, Trade & Consumer Magazines, Travel & Tourism

Approx. Annual Billings: $5,000,000

Breakdown of Gross Billings by Media: Collateral: 15%; D.M.: 10%; Other: 5%; Plng. & Consultation: 10%; Print: 15%; Pub. Rels.: 15%; Strategic Planning/Research: 10%; Trade Shows: 5%; Worldwide Web Sites: 15%

Alan Gladish (Owner)
Tricia Barrett (Mng Dir & Sr VP)
Robert Loll (VP-Bus Dev & Strategic Plng)
Janet LoFurno (Creative Dir)
James E Blair (Dir-Internet Mktg)
Colleen Hatcher (Dir-Bus Dev)
Sara Root (Acct Supvr)

Accounts:
Brooks Instrument, LLC; Hatfield, PA Flow Control Instrumentation; 1994
Extreme Broadband Engineering; Englishtown, NJ Cable Components; 2004
Financial Group Plus, LLC; PA Accounting Services; 1987
Kingsbury, Inc.; Philadelphia, PA Bearing & Lubrication Systems; 1992
Printers Trade; Philadelphia, PA Trade Printing; 1999
Vacuum Furnace Systems, Corp.; Souderton, PA Vacuum Furnaces for Commercial Heat Treating; 1997

PRAYTELL
(Acquired by Project)

PREACHER
119 W 8th St, Austin, TX 78701
Tel.: (512) 489-0200
E-Mail: info@preacher.co
Web Site: www.preacher.co

Employees: 80
Year Founded: 2014

National Agency Associations: 4A's

Agency Specializes In: Advertising, Brand Development & Integration, Digital/Interactive,

AGENCIES - JANUARY, 2019 — ADVERTISING AGENCIES

Event Planning & Marketing

Krystle Loyland *(Founder & CEO)*
Seth Gaffney *(Founder, Co-Chief Creative Officer & Chief Strategy Officer)*
Rob Baird *(Founder & Co-Chief Creative Officer)*
Sally Franckowiak *(Art Dir & Designer)*
Taryn Kealani *(Art Dir & Designer)*
Jessica Baker *(Brand Dir)*
Marcus Brown *(Creative Dir)*
Greg Hunter *(Creative Dir)*
Josh Stolz *(Art Dir)*
Heath Tavrides *(Brand Dir)*
Ashley Shaffer *(Dir-Res & Brand Strategy)*
Amanda VanAntwerp *(Dir-Ops)*
Stephanie Smith *(Sr Brand Mgr)*
Kristen L. Meade *(Brand Mgr)*
Ashley Barefoot *(Mgr-Creative Resource)*
Joseph Hartley *(Copywriter)*
Nathan James *(Designer)*
Anna McCaleb *(Designer)*
Jimmie Blount *(Sr Art Dir)*
Kellyn Blount *(Assoc Creative Dir)*
Carson Mobley *(Strategy)*
Nicholas Troop *(Sr Art Dir)*

Accounts:
Beam Suntory Basil Hayden's (Creative Agency of Record), Creative, Kilbeggan, Knob Creek (Creative Agency of Record), Strategic, Tyrconnell
Bonobos
Bumble Activation
The Container Store Group, Inc. (Agency of Record); 2018
Crate & Barrel, Inc. (Agency of Record) Digital, TV
Golfsmith International Campaign: "Anything for golf"
New-International Rescue Committee
New-MillerCoors LLC Digital, Out-of-Home, Saint Archer Gold, TV; 2018
Saatva Inc.
Samsung
Squarespace Leon's Journey
Tommy John (Agency of Record)
Venmo Creative
Vimeo
Vital Farms Online

PRECISION ADVERTISING
5530 Pare St Ste 201, Montreal, Quebec H4P 2M1 Canada
Tel.: (514) 343-4949
Fax: (877) 743-4949
E-Mail: info@precisioncg.com
Web Site: www.precisioncg.com

Employees: 12
Year Founded: 1997

Agency Specializes In: Advertising, Brand Development & Integration, Digital/Interactive, Event Planning & Marketing, Exhibit/Trade Shows, Graphic Design, Internet/Web Design, Print, Public Relations, Social Media

Glen Eisenberg *(Pres)*
Jake Jones *(Art Dir)*
Yves Sauriol *(Designer)*
Catherine Lemay *(Acct Coord)*
Robyn Kessler Pollack *(Acct Coord)*

Accounts:
ASM
Conrad C
Essilor
Neostrata
WestGroupe

PRECISIONEFFECT
(Formerly LehmanMillet)
101 Tremont St, Boston, MA 02108
Tel.: (800) 634-5315
Fax: (617) 722-6099
Web Site: http://www.precisioneffect.com/

Employees: 84
Year Founded: 1978

Agency Specializes In: Advertising, Communications, Consumer Marketing, Corporate Identity, Direct Response Marketing, Education, Event Planning & Marketing, Exhibit/Trade Shows, Graphic Design, Health Care Services, Internet/Web Design, Logo & Package Design, Newspapers & Magazines, Point of Purchase, Point of Sale, Print, Production, Public Relations, Publicity/Promotions, Radio, Sales Promotion, Strategic Planning/Research, Trade & Consumer Magazines

Approx. Annual Billings: $66,396,000

Carolyn Morgan *(Pres)*
Deborah Lotterman *(Chief Creative Officer)*
Laurence Richards *(Exec VP-Client Svcs & Strategy)*
Doug Chapman *(Sr VP & Creative Dir)*
Kunsan Kim *(Sr VP-Brand Strategy & Plng)*
Kathleen Gehring Carino *(VP & Grp Acct Dir)*
Amy Cypres *(VP & Grp Acct Dir)*
Erica Berger *(VP-Ops)*
John Fitzpatrick *(VP-Interactive)*
Heather O'Handley *(Assoc VP-Bus Dev)*
Serena Mistry Faria *(Grp Acct Dir)*
Devon Dawson *(Dir-Brand Strategy)*
Pam Caputo *(Assoc Dir-Media & Engagement)*
Kathryn Murphy *(Acct Coord)*
Maeden Anda *(Assoc Creative Dir)*
Bob Shiffrar *(Assoc Creative Dir-Copy)*

Accounts:
Abbott Diagnostics
Amedica Innovative Spine Surgery Products
Ariad Pharmaceuticals Novel Cancer Therapeutics
Auxilium Pharmaceuticals Novel Biologic for Dupytren's Contracture
Bausch & Lomb
Biotronic Cardiac Rhythm Management
CardioDx Novel Cardiovascular Molecular Diagnostics
Conceptus Non-Surgical Permanent Birth Control
Edwards Life Sciences Critical Care
EMD Serono Oncology Franchise
Exact Sciences Novel Cancer Diagnostics
Focus Diagnostics Novel Infectious Disease Diagnostics
Genomic Health Novel Cancer Diagnostics
Genzyme BioSurgery
Glaukos Novel Glaucoma Products
Infinity Pharmaceuticals Novel Cancer Therapeutics
Intuitive Surgical Robotic Surgical Products
Life Technologies Novel Cancer Diagnostics
Medtronic Sofamor Danek
Multiple Myeloma Research Foundation
OvaScience Novel Treatment Products for Infertility
Zimmer Dental

Branch

precisioneffect
(Formerly LehmanMillet)
3 MacArthur Pl Ste 700, Santa Ana, CA 92707
Fax: (949) 851-5091
Toll Free: (866) 762-1507
Web Site: http://www.precisioneffect.com/

Employees: 20
Year Founded: 1981

Agency Specializes In: Business-To-Business, Electronic Media, Health Care Services, Internet/Web Design, Medical Products, Pharmaceutical, Public Relations, Publicity/Promotions, Sales Promotion, Strategic Planning/Research

Lauren Westberg *(Mng Dir & Exec VP)*
Dina Oberweger *(Mgr-Acctg)*
Nicole Stark *(Mgr-Talent Acq)*
Mary Anne Bishop *(Strategist-Brand)*
Maeden Anda *(Assoc Creative Dir)*
Paul Balagot *(Chief Experience Officer)*

PREDIQ MEDIA
7000 W Palmetto Park Rd Ste 210, Boca Raton, FL 33433
Tel.: (561) 807-7663
Toll Free: (800) 796-0201
E-Mail: info@prediqmedia.com
Web Site: www.prediqmedia.com

Employees: 12
Year Founded: 2011

Agency Specializes In: Affiliate Marketing, Digital/Interactive, Email, Mobile Marketing, Podcasting, Search Engine Optimization, Web (Banner Ads, Pop-ups, etc.)

Alex Oliveira *(Founder & CEO)*
Petro Andreadis *(Chief Growth Officer)*
Adri Oliveira *(Dir-Ops)*

Accounts:
AIG Life Insurance; 2015

PREJEAN CREATIVE, INC.
216 La Rue France, Lafayette, LA 70508
Tel.: (337) 593-9051
Web Site: www.prejeancreative.com

Employees: 5
Year Founded: 1997

Agency Specializes In: Advertising, Collateral, Corporate Identity, Digital/Interactive, Logo & Package Design, Package Design

Kevin Prejean *(Owner)*

PREMIUM RETAIL SERVICES
618 Spirit Dr, Chesterfield, MO 63005
Tel.: (636) 728-0592
Fax: (636) 536-1740
Toll Free: (800) 800-7318
Web Site: premiumretail.com

Year Founded: 1985

Agency Specializes In: Advertising, Brand Development & Integration, Consulting, Experiential Marketing, In-Store Advertising, Merchandising, Production, Retail, Social Media, Strategic Planning/Research

Brian Travers *(Co-CEO)*
Kevin Travers *(Co-CEO)*
Jeff Schremp *(CFO)*
Bill Campbell *(COO)*
David Yenzer *(Co-Pres)*
Dick Doyle *(Co-Pres)*
John Maciag *(Pres-Strategic Accts)*
Olaf Strom *(Pres-Canada)*
Michael Shehadeh *(Exec VP)*
Pat Balkenbush *(Exec VP-HR)*
Dan Meehan *(VP-IT)*
Melissa Raethka *(VP-Field Ops)*
John Steinhubl *(VP-Bus Dev)*
Kevin Werner *(VP-Sls & Ops)*

Accounts:
New-Best Buy Co. Inc.
New-The Home Depot Inc.
New-Lenovo Group Ltd

ADVERTISING AGENCIES

New-Microsoft Corporation
New-Rite Aid Corporation
New-Samsung Electronics America Inc.
New-Walgreens Boots Alliance Inc.

Branch

Premium Retail Services
2000 Promenade Blvd Ste 201, Rogers, AR 72758
Tel.: (479) 845-2843
Web Site: premiumretail.com

Agency Specializes In: Advertising, Brand Development & Integration, Consulting, Experiential Marketing, In-Store Advertising, Merchandising, Production, Retail, Social Media, Strategic Planning/Research

Angie Morrison *(Dir-Bus Dev)*
Paul DeCarlo *(Exec VP & Gen Mgr)*

Accounts:
New-Walmart Inc.

PRESIDIO STUDIOS
100 Railroad Avenue, Alderson, WV 24910
Tel.: (304) 647-5656
Fax: (530) 451-9716
Toll Free: (888) 308-9650
E-Mail: info@presidiostudios.com
Web Site: www.presidiostudios.com

Employees: 10

Agency Specializes In: Advertising, Broadcast, Content, Graphic Design, Internet/Web Design, Print

Timothy Luce *(Owner)*

Accounts:
Pocahontas County CVB

PRESTON KELLY
222 First Ave NE, Minneapolis, MN 55413
Tel.: (612) 843-4000
Fax: (612) 843-3900
E-Mail: iconicideas@prestonkelly.com
Web Site: https://prestonkelly.com/

E-Mail for Key Personnel:
President: ckelly@prestonkelly.com

Employees: 45
Year Founded: 1950

National Agency Associations: 4A's-WORLDWIDE PARTNERS

Agency Specializes In: Advertising, Below-the-Line, Brand Development & Integration, Broadcast, Business Publications, Business-To-Business, Cable T.V., Children's Market, Collateral, Communications, Consumer Goods, Consumer Marketing, Consumer Publications, Digital/Interactive, Direct Response Marketing, Electronic Media, Fashion/Apparel, Financial, Graphic Design, Guerilla Marketing, Health Care Services, Household Goods, Integrated Marketing, International, Internet/Web Design, Legal Services, Leisure, Local Marketing, Luxury Products, Magazines, Market Research, Media Planning, Media Relations, Medical Products, Men's Market, Mobile Marketing, Newspaper, Newspapers & Magazines, Out-of-Home Media, Outdoor, Paid Searches, Planning & Consultation, Point of Purchase, Point of Sale, Print, Production, Production (Ad, Film, Broadcast), Production (Print), Public Relations, Publicity/Promotions, Radio, Regional, Restaurant, Retail, Search Engine Optimization, Social Marketing/Nonprofit, Social Media, Sponsorship, Sports Market, Strategic Planning/Research, T.V., Trade & Consumer Magazines, Travel & Tourism, Viral/Buzz/Word of Mouth, Women's Market

Ionic Ideas: An Iconic Idea is a meaningful symbol or concept consumers adopt to instantly identify and share your brand. Imagine the competitive advantage you'd have if every time a consumer saw or heard a message from you: Click! They connected your brand with a distinctive emotion or idea. An iconic idea is an instant embodiment of your brand's DNA. Honest and authentic. Differentiating and clear. An iconic idea not only connects consumers with brands and product lines, it engages, focuses and inspires entire organizations. This can accelerate your marketplace momentum. Increase your service performance. And put internal staff and external partners on the same page. Iconic ideas work.

Approx. Annual Billings: $58,000,000

Breakdown of Gross Billings by Media:
Digital/Interactive: 26%; Out-of-Home Media: 9%; Print: 7%; Radio: 22%; Strategic Planning/Research: 14%; T.V.: 22%

Jennifer Spire *(Pres)*
Chuck Kelly *(CEO)*
Chris Preston *(Principal, Exec VP & Creative Dir)*
Peter Tressel *(VP & Dir-Creative & Digital)*
Melissa Tresidder *(Creative Dir)*
Yuliya Crevier *(Dir-Digital)*
Scott Dahlgren *(Dir-Media & Connections)*
Beth Elmore *(Dir-Production Svcs)*
Anne Swarts *(Mgr-Brdcst Production)*

Accounts:
Baker Tilly; Minneapolis, MN Accounting & Business Services; 2009
Catholic Health Initiatives Marketing; 2016
New-CHI Franciscan Health Digital Advertising, Out-of-Home, Print, Radio, TV
Doran Real Estate; 2016
Edina Realty; Edina, MN Billboard, Online; 2012
Elkay Manufacturing Company Agency of Record, Sinks; 2014
Fraser Non-Profit; 2014
Gundersen Health System Campaign: "Baby", Campaign: "Camping", Campaign: "Love + Medicine", Campaign: "Therapy Dog"
HealthPartners; Bloomington, MN Group Health Insurance; 2007
InSinkErator; Racine, WI Campaign: "Stop the Raccoons", Digital Display Advertising, Social Media, Television; 2013
Lil' Drug Store Products Brand & Digital Strategy, Creative, NoDoz (Agency of Record), Production, Promotions, Social, Web Design; 2018
Loon Juice Hard Cider Beverages; 2016
MakeItOk.org Healthcare; 2015
Mall of America; Bloomington, MN Entertainment, Fashion, Travel & Tourism, Retail; 2004
Margaret A Cargill Philanthropies Non-Profit; 2016
Medtronic, Moundsview, MN Cardiac Rhythm Disease Management, Neuro; 2011
National Marrow Donor Program; Minneapolis, MN Non-profit Bone Marrow Resource; 2008
Nickelodeon Universe
Northstar Canoes Canoes; 2015
New-Par Aide Agency of Record, Creative, Digital, Strategy, Web
WEA Trust of Madison Strategic Marketing; 2016
New-Weather Shield Agency of Record, Marketing; 2016
Young Men's Christian Association Campaign: "Another Reason Y", Campaign: "Cement Shoes", Health & Wellness; 2001

THE PRICE GROUP, INC.
1801 Broadway, Lubbock, TX 79401-3015
Tel.: (806) 763-5033
Fax: (806) 763-8030
E-Mail: phil.price@pricegroupinc.com
Web Site: www.pricegroupinc.com

E-Mail for Key Personnel:
President: phil.price@pricegroupinc.com
Creative Dir.: scott.zajicek@pricegroupinc.com
Media Dir.: pam.sharpe@pricegroupinc.com
Production Mgr.: mike.meister@pricegroupinc.com

Employees: 23
Year Founded: 1972

National Agency Associations: AAF

Agency Specializes In: Advertising, Agriculture, Arts, Automotive, Brand Development & Integration, Broadcast, Business Publications, Business-To-Business, Cable T.V., Co-op Advertising, Collateral, College, Consulting, Consumer Publications, Corporate Communications, Corporate Identity, Crisis Communications, Direct Response Marketing, Education, Electronic Media, Engineering, Entertainment, Environmental, Event Planning & Marketing, Exhibit/Trade Shows, Financial, Food Service, Government/Political, Graphic Design, Health Care Services, High Technology, Hospitality, Identity Marketing, In-Store Advertising, Industrial, Information Technology, Internet/Web Design, Legal Services, Local Marketing, Logo & Package Design, Media Buying Services, Media Planning, Media Relations, Medical Products, Multimedia, Newspaper, Newspapers & Magazines, Out-of-Home Media, Outdoor, Over-50 Market, Package Design, Planning & Consultation, Point of Purchase, Point of Sale, Print, Production, Promotions, Public Relations, Publicity/Promotions, Radio, Real Estate, Recruitment, Regional, Restaurant, Seniors' Market, Social Marketing/Nonprofit, Sponsorship, Strategic Planning/Research, Technical Advertising, Trade & Consumer Magazines, Transportation, Travel & Tourism, Web (Banner Ads, Pop-ups, etc.), Women's Market

Approx. Annual Billings: $13,000,000

Amanda Patterson *(VP & Controller)*
Pam Sharpe *(VP & Media Dir)*
David Barnett *(Dir-Tech)*
Natalia Lawson *(Sr Acct Mgr)*
Rebecca Fuller *(Sr Designer)*

Accounts:
All Saints Episcopal School
American Cancer Society; Lubbock
American State Bank
Ballet Lubbock
Lubbock Chamber of Commerce
Lubbock Club
Lubbock Economic Development Association
Lubbock Power & Light
Lubbock Symphony Orchestra
Orlando's Italian Restaurant
Plains Cotton Coop Association
Raider Ranch
Rentrak Media Planning & Buying
Scoggin Dickey Buick, Chevrolet, Hummer, Saab
Sears Methodist Retirement System; Abilene, TX
Silent Wings Museum Foundation
Texas Tech Alumni Association
Texas Tech University College of Visual &

AGENCIES - JANUARY, 2019 — ADVERTISING AGENCIES

Performing Arts
Tom Martin
Watson; Hobbs, NM Buick, Chevrolet, Hyundai, Pontiac
Zia Park & Black Gold Casino

PRICEWEBER MARKETING COMMUNICATIONS, INC.
10701 Shelbyville Rd, Louisville, KY 40243
Tel.: (502) 499-9220
Fax: (502) 491-5593
Web Site: www.priceweber.com

Employees: 60
Year Founded: 1968

National Agency Associations: 4A's-CSPA-DMA-PRSA-Second Wind Limited

Agency Specializes In: Advertising, Advertising Specialties, Alternative Advertising, Automotive, Brand Development & Integration, Branded Entertainment, Broadcast, Business Publications, Business-To-Business, Cable T.V., Co-op Advertising, Collateral, Commercial Photography, Communications, Consumer Marketing, Consumer Publications, Corporate Communications, Corporate Identity, Crisis Communications, Digital/Interactive, Direct Response Marketing, E-Commerce, Electronic Media, Email, Event Planning & Marketing, Exhibit/Trade Shows, Financial, Graphic Design, Guerilla Marketing, Health Care Services, High Technology, In-Store Advertising, Industrial, Integrated Marketing, International, Internet/Web Design, Local Marketing, Logo & Package Design, Luxury Products, Magazines, Marine, Media Buying Services, Media Planning, Media Relations, Medical Products, Merchandising, New Product Development, New Technologies, Newspaper, Newspapers & Magazines, Out-of-Home Media, Outdoor, Over-50 Market, Pharmaceutical, Planning & Consultation, Point of Purchase, Point of Sale, Print, Promotions, Public Relations, Publicity/Promotions, Radio, Real Estate, Retail, Sales Promotion, Search Engine Optimization, Sponsorship, Sports Market, Strategic Planning/Research, Sweepstakes, T.V., Technical Advertising, Trade & Consumer Magazines, Transportation, Travel & Tourism, Web (Banner Ads, Pop-ups, etc.)

Approx. Annual Billings: $52,000,000

Tony Beard (Pres & Chief Creative Officer)
Fred Davis (CEO)
Mike Nickerson (CMO)
Richard Johnson (Chief Creative Officer & VP)
Clinton Hunter (Exec VP & Grp Dir)
Dan Dry (Mng Dir-Content Creation Studio)
Robert Trinkle (VP & Acct Dir)
David Lowe (Head-Digital Analytics)
Lynne Bowen-Lowe (Acct Dir)
Steve Kozarovich (Acct Dir)
Clint Martin (Creative Dir)
Mary Kate Reed (Media Dir)
John Thorpe (Creative Dir)
Joel Villaflor (Creative Dir)
Shawn Wilkie (Acct Dir)
Susan Hovekamp (Dir-HR)
Charissa Acree (Mgr-PR)
Laurabeth Schmidt (Mgr-Pur)
Chris Johnson (Acct Supvr)
Kristen Davis Ungru (Acct Supvr)
Brooke Edge (Planner-Strategic)
Mel Bryant (Grp Creative Dir-Writing & Strategy)

Accounts:
Alec Bradley Cigars
American Trucking Associations; Alexandria, VA Trucking Associations; 2003
Brown-Forman Corp. (Agency of Record) Bolla Wines, Campaign: "Climber", Canadian Mist Whisky, Collingwood Blended Canadian Whisky, Early Times Kentucky Whisky, Fontana Candida Wines, Korbel California Champagne, Korbel Champagne & Brandy, Michel Picard Wines, Old Forester Bourbon, Pepe Lopez Tequila; 1968
Cummins Inc. Diesel Engines; 1968
Dagoba Organic Chocolate
F. Korbel Bros Inc
Godiva Chocolatier; New York, NY; 2006
The Hershey Co.
Kentucky Science Center (Agency of Record) Creative, Media Buying, Media Planning, Website
Louisville Zoo
Meritor
Norton Children's Hospital
RJ Reynolds Tobacco; Winston-Salem, NC Tobacco Products; 1983
The Valvoline Co., Industrial Division; Lexington, KY Lubricants; 1995
Wabash National Trailer; Lafayette, IN; 2006

PRIMACY
157 New Britain Ave, Farmington, CT 06032
Tel.: (860) 679-9332
Web Site: www.theprimacy.com

Employees: 117
Year Founded: 1994

Agency Specializes In: Advertising, Digital/Interactive, Mobile Marketing, Social Media

Stan Valencis (Pres)
Jeff Johnson (Mng Dir & Sr VP-Strategic Practices)
Melissa Tait (Mng Dir-CT & Sr VP-Tech & Project Mgmt)
Patrick Phalon (Sr VP & Creative Dir)
Richard Giannicchi (Sr VP-Mktg)
Deb Peterson (Sr VP-HR & Organizational Dev)
Michael Stutman (Sr VP-Strategy)
Lino Ribolla (Mng Dir-NY & Exec Creative Dir)
Kurt Gannon (VP & Dir-Experience)
Andy Berling (VP-Bus Dev)
Matt Cyr (VP-Strategic Practices)
Jeremy Walker (VP-Mktg)
Caroline Allie (Mktg Dir)
Wendy Hensel (Acct Dir)
Michelle Lentz (Acct Dir)
Julie Williams (Mktg Dir)
Liam Walsh (Dir-Digital Mktg)
Gail Zaharek (Dir-Bus Dev)
Max Shtefan (Mktg Mgr)
Alec Lawson (Assoc Creative Dir)

Accounts:
Amica Life Insurance Company
The Hartford
Mass Mutual
Otis Elevator Company
Saint Michael's College
Sikorsky
Timex
Yale-New Haven Hospital

PRIMARY DESIGN INC
57 Wingate St 4th Fl, Haverhill, MA 01832
Tel.: (978) 373-1565
Web Site: www.primarydesign.com

Employees: 5

Agency Specializes In: Advertising, Brand Development & Integration, Digital/Interactive, Email, Event Planning & Marketing, Logo & Package Design, Media Buying Services, Media Planning, Print

Revenue: $1,200,000

John Schroeder (Pres & CEO)
Michael Hinde (Art Dir)
David Vadala (Art Dir)
Christine Hardiman (Dir-Projects)
Anastasia Gallardo (Acct Supvr)
Olivia Cimeno (Specialist-Digital Media)
Annmarie Guerriero-Lamy (Acct Exec)
Victoria Tran (Specialist-Digital Media)
Gina Lane (Media Planner & Media Buyer)
Lynne Rempelakis (Designer-Production)
Erin Connolly (Asst-Media)

Accounts:
Bluewater Farms Brand Design, Branding, Packaging
HomeStart Inc

PRIME ADVERTISING
111 Gordon Baker Rd Ste 428, North York, ON M2H 3R1 Canada
Tel.: (416) 591-7331
Fax: (416) 591-7342
Web Site: www.primead.com

Employees: 20
Year Founded: 1988

Agency Specializes In: Advertising

John Leung (Pres)

Accounts:
Telus

PRIME L.A
6525 Sunset Blvd Ste G2, Hollywood, CA 90028
Tel.: (323) 962-9207
Fax: (323) 962-7647
E-Mail: info@primela.com
Web Site: www.primela.com

Employees: 50

Agency Specializes In: Advertising, Entertainment, Event Planning & Marketing, Financial, Infomercials, Merchandising, Public Relations

Suzi Bruno (Founder & Pres)

Accounts:
Adler Leather Furniture Rental Services
Boston Scientific Corporation
Broadway Jewelry Plaza
Crystal Promotions
Life Link International
North American Products
Xenon Entertainment

THE PRIME TIME AGENCY
1313 25th Ave, Gulfport, MS 39501
Tel.: (228) 863-8892
Fax: (228) 863-0236
E-Mail: primetime@theprimetimeagency.com
Web Site: www.theprimetimeagency.com

Employees: 5

Agency Specializes In: Advertising, Brand Development & Integration, Broadcast, Collateral, Internet/Web Design, Logo & Package Design, Media Planning, Print, Public Relations, Social Media

Ted Riemann (Owner & Creative Dir)
Shannon Bickett (Office Mgr)
Kerry Stoddard (Acct Exec)

Accounts:
Center for Health Management
Charter Bank
Harrison County Development Commission
Harrison County Tourism Commission
Haynes Electric, Inc.

ADVERTISING AGENCIES

AGENCIES - JANUARY, 2019

Memorial Hospital at Gulfport
Mississippi Development Authority
Palace Casino Resort
Riemann Family Funeral Homes

PRIMEDIA, INC.
350 5th Ave 59th Fl, New York, NY 10119
Tel.: (212) 601-1960
Fax: (212) 222-2357
Toll Free: (800) 796-3342
Web Site: www.primediany.com/

Employees: 25
Year Founded: 1993

Richard Rutigliano *(Pres)*
Mike Barber *(Chief Acctg Officer & Sr VP)*

Accounts:
Amex
Benchmark Hospitality
CDC
Fortis
Inmarkets

THE PRIMM COMPANY
112 College Pl, Norfolk, VA 23510-1992
Tel.: (757) 623-6234
Fax: (757) 622-9647
Toll Free: (800) 292-0299
E-Mail: office@primmco.com
Web Site: https://theprimmcompany.com/

E-Mail for Key Personnel:
President: ron@primmco.com

Employees: 9
Year Founded: 1974

National Agency Associations: AAF

Agency Specializes In: Advertising, Automotive, Broadcast, Business-To-Business, Cable T.V., Co-op Advertising, Corporate Identity, Direct Response Marketing, Education, Electronic Media, Financial, Food Service, Government/Political, Graphic Design, Industrial, Internet/Web Design, Legal Services, Media Buying Services, Multimedia, Out-of-Home Media, Outdoor, Print, Production, Public Relations, Publicity/Promotions, Radio, Restaurant, Retail, Sales Promotion, Strategic Planning/Research, T.V., Yellow Pages Advertising

Approx. Annual Billings: $6,000,000

Breakdown of Gross Billings by Media: Cable T.V.: $400,000; Collateral: $110,000; D.M.: $70,000; Graphic Design: $75,000; Logo & Package Design: $35,000; Newsp.: $400,000; Out-of-Home Media: $400,000; Outdoor: $110,000; Production: $1,210,000; Radio: $800,000; Spot T.V.: $2,390,000

Tiffany Curran *(Pres)*
Emily Primm *(CFO & VP)*
Sean Burke *(Specialist-Social Media)*

Accounts:
Eggleston Service

PRINCETON MARKETECH
2 Alice Rd, Princeton Junction, NJ 08550
Tel.: (609) 936-0021
Fax: (609) 936-0015
Web Site: princetonmarketech.com/

E-Mail for Key Personnel:
President: bzyontz@princetonmarketech.com
Creative Dir.: renee@princetonmarketech.com

Employees: 4
Year Founded: 1987

Agency Specializes In: Business-To-Business, Collateral, Communications, Consulting, Consumer Marketing, Corporate Communications, Corporate Identity, Direct Response Marketing, E-Commerce, Electronic Media, Event Planning & Marketing, Financial, Graphic Design, High Technology, Internet/Web Design, Logo & Package Design, New Product Development, Planning & Consultation, Point of Purchase, Point of Sale, Production, Sales Promotion

Bob Zyontz *(Pres)*

Accounts:
Chase Business Banking; Columbus, OH Direct Mail & Marketing Communications for Customers & Prospects; 2008
Chase Commercial Bank Marketing; Chicago, IL Executive White Papers for C-Level Executives; 2006
Chase Commercial Bank Marketing; Chicago, IL Executive White Papers for C-Level Executives; 2006
Harleysville National Bank; Harleysville, PA Commercial, Private Banking Solutions, Retail; 2006

PRINCETON PARTNERS, INC.
205 Rockingham Row, Princeton, NJ 08540
Tel.: (609) 452-8500
Fax: (609) 452-7212
E-Mail: webmaster@princetonpartners.com
Web Site: www.princetonpartners.com

E-Mail for Key Personnel:
President: tsullivan@princetonpartners.com
Public Relations: rmanno@princetonpartners.com

Employees: 50
Year Founded: 1965

National Agency Associations: MAGNET

Agency Specializes In: Advertising, Advertising Specialties, African-American Market, Agriculture, Asian Market, Automotive, Aviation & Aerospace, Bilingual Market, Brand Development & Integration, Broadcast, Business Publications, Business-To-Business, Cable T.V., Children's Market, Collateral, Communications, Consulting, Consumer Marketing, Consumer Publications, Corporate Communications, Corporate Identity, Cosmetics, Digital/Interactive, Direct Response Marketing, E-Commerce, Education, Electronic Media, Engineering, Entertainment, Environmental, Event Planning & Marketing, Exhibit/Trade Shows, Fashion/Apparel, Financial, Food Service, Government/Political, Health Care Services, High Technology, Hispanic Market, In-Store Advertising, Industrial, Information Technology, Internet/Web Design, Investor Relations, Leisure, Local Marketing, Marine, Medical Products, Merchandising, Multimedia, New Product Development, Newspapers & Magazines, Out-of-Home Media, Outdoor, Over-50 Market, Pharmaceutical, Planning & Consultation, Point of Purchase, Point of Sale, Production, Public Relations, Real Estate, Recruitment, Restaurant, Retail, Sales Promotion, Seniors' Market, Sports Market, Strategic Planning/Research, Technical Advertising, Teen Market, Transportation, Travel & Tourism

Approx. Annual Billings: $12,000,000

Jeff Chesebro *(Pres)*
Thomas Sullivan *(CEO)*
Sheila Smith *(VP & Media Dir)*
Giselle Herrera *(Controller)*
Paul Federico *(Creative Dir)*
Jan Sullivan *(Mgr-HR)*

Accounts:
Activity Works
Adva
America Living Well
Capital Health
Directravel
Dome-Tech Solar
FMC Biopolymer
Greenwich Exterminating
Integrity Health
JLG
Pacer
PNC Bank
Sherwin Williams
Sun National Bank
Western Industries; Parsippany, NJ Residential & Commercial Pest Control
Yale Materials Handling Corporation; Greenville, NC International Lift Truck Marketer

PRISM DIGITAL MEDIA
535 5th Ave, New York, NY 10017
Tel.: (646) 863-7994
Web Site: www.prismdigitalmedia.com

Employees: 2

Agency Specializes In: Advertising, Content, Digital/Interactive, Internet/Web Design, Social Media

AJ Ramson *(Mgr-Digital Media)*

Accounts:
New-International Western Petroleum

PRISMATIC
745 N Magnolia Ave #301, Orlando, FL 32803
Tel.: (407) 895-0029
Fax: (407) 895-0017
Web Site: helloprismatic.com

Employees: 7

Agency Specializes In: Advertising, Brand Development & Integration, Catalogs, Collateral, College, Consulting, Direct-to-Consumer, Education, Environmental, Exhibit/Trade Shows, Graphic Design, Integrated Marketing, Internet/Web Design, Local Marketing, Logo & Package Design, Multimedia, Package Design, Print, Publishing, Social Marketing/Nonprofit

Approx. Annual Billings: $660,000

Breakdown of Gross Billings by Media: Adv. Specialities: $30,000; Collateral: $100,000; Graphic Design: $300,000; Logo & Package Design: $30,000; Worldwide Web Sites: $200,000

Stephanie Darden Bennett *(Pres)*
Susan Campos *(Dir-Ops)*

PRODIGAL MEDIA COMPANY
42 Mcclurg Rd, Boardman, OH 44512
Tel.: (330) 707-2088
Fax: (330) 707-2089
Toll Free: (877) 776-3442
E-Mail: inquiries@prodigalmedia.com
Web Site: prodigalcompany.com

Employees: 15
Year Founded: 1994

Agency Specializes In: Advertising, Brand Development & Integration, Business-To-Business, Cable T.V., Collateral, Commercial Photography, Communications, Consumer Marketing, Corporate Communications, Corporate Identity, Digital/Interactive, Direct Response Marketing, E-Commerce, Email, Exhibit/Trade Shows, Graphic Design, Health Care Services, Identity Marketing,

Industrial, Integrated Marketing, Internet/Web Design, Investor Relations, Local Marketing, Logo & Package Design, Market Research, Media Buying Services, Media Planning, Media Relations, Medical Products, Multimedia, Newspaper, Newspapers & Magazines, Package Design, Paid Searches, Planning & Consultation, Point of Sale, Print, Production, Production (Print), Promotions, Public Relations, Publicity/Promotions, Radio, Regional, Retail, Sales Promotion, Search Engine Optimization, Social Marketing/Nonprofit, Strategic Planning/Research, T.V., Trade & Consumer Magazines, Viral/Buzz/Word of Mouth, Women's Market, Yellow Pages Advertising

Approx. Annual Billings: $10,000,000

Jeff Hedrich *(Pres & Strategist-Brand)*
Maggie Courtney-Hedrich *(VP-Bus Dev)*
Adrienne Sabo *(Creative Dir)*
Tony Marr *(Sr Acct Mgr)*
Shari Pritchard *(Production Mgr & Sr Graphic Designer)*
Jill Jenkins *(Acct Exec)*

Accounts:
Sheely
Sony Campaign: "Sony In Voice Of Poland"

PRODUCE RESULTS, LLC
2220 San Jacinto Blvd Ste, Denton, TX 76205
Tel.: (940) 239-7564
E-Mail: info@produceresults.com
Web Site: www.produceresults.com

Employees: 11

Agency Specializes In: Advertising, Brand Development & Integration, Internet/Web Design, Logo & Package Design, Media Buying Services, Paid Searches, Search Engine Optimization, Social Media

Scott Poliseno *(Owner)*

Accounts:
MooCow Meadows

PRODUCT MARKETING GROUP, INC.
PO Box 160430, Altamonte Spg, FL 32716
Tel.: (407) 774-6363
Fax: (407) 774-6548
E-Mail: bwine@productmarketingfl.com
Web Site: www.productmarketingfl.com

Employees: 5
Year Founded: 1985

Agency Specializes In: Advertising, Advertising Specialties, Aviation & Aerospace, Collateral, Corporate Communications, Education, Engineering, Event Planning & Marketing, Financial, Food Service, Government/Political, Health Care Services, In-Store Advertising, Internet/Web Design, Local Marketing, Medical Products, Point of Purchase, Point of Sale, Public Relations, Real Estate, Restaurant, Travel & Tourism

Approx. Annual Billings: $1,500,000

Breakdown of Gross Billings by Media: Adv. Specialities: $100,000; Brdcst.: $50,000; Bus. Publs.: $100,000; Collateral: $500,000; Consulting: $50,000; D.M.: $100,000; E-Commerce: $100,000; Event Mktg.: $50,000; Exhibits/Trade Shows: $50,000; Fees: $100,000; Newsp.: $50,000; Outdoor: $50,000; Point of Purchase: $100,000; Radio: $50,000; T.V.: $50,000

Beverly B. Winesburgh *(Pres)*

Accounts:
Gerard J. Pendergast Architect
Orlando Sanford International Airport; Sanford, FL; 2004
Sanford Economic Development Council
Seminole County Medical Society
Seminole County Property Appraiser; Sanford, FL; 1998
Universal Energy Corp.

PROFILES, INC.
3000 Chestnut Ave Ste 201, Baltimore, MD 21211
Tel.: (410) 243-3790
Fax: (410) 243-3792
E-Mail: info@profilespr.com
Web Site: www.profilespr.com

Employees: 15

Agency Specializes In: Advertising, Crisis Communications, Event Planning & Marketing, Media Relations, Strategic Planning/Research

Amy Burke Friedman *(Pres)*
Jamie Watt Arnold *(Sr VP)*
Bridget M. Forney *(VP)*

Accounts:
The National Aquarium
RA Sushi; Los Angeles, CA
Zuckerman Spaeder LLP; Washington, DC

PROGRESSIVE MARKETING DYNAMICS, LLC
611 Main St, Boonton, NJ 07005
Tel.: (973) 334-3450
E-Mail: info@pmdusa.com
Web Site: www.pmdusa.com

Employees: 50
Year Founded: 2003

Agency Specializes In: Advertising, Automotive, Brand Development & Integration, Broadcast, Collateral, Digital/Interactive, Event Planning & Marketing, Print, Radio, T.V.

Joe Levine *(Pres & CEO)*
Tim Boyd *(VP)*
Dee Levine *(Comptroller)*
Josh Bross *(Dir-Audio & Video Production)*
Steve Dallicardillo *(Mgr-Social Media Traffic)*
Julia Hecht *(Mgr-Brdcst Traffic)*
Karen Pazik *(Mgr-Graphic Assets Traffic)*
Eric Schmitt *(Mgr-Digital Assets Traffic)*

Accounts:
Autosport Acura of Denville
Autosport Chevrolet
Autosport Honda
Bell Mitsubishi
Kia of Sussex
L.J. Marchese Chevrolet
Pine Belt Chrysler Jeep
Taconic Kia

PROJECT
(Formerly Project: WorldWide)
3600 Giddings Rd, Auburn Hills, MI 48326
Tel.: (248) 475-2500
Web Site: www.project.com

Employees: 2,000
Year Founded: 2012

National Agency Associations: 4A's

Agency Specializes In: Above-the-Line, Advertising, Advertising Specialties, Affluent Market, African-American Market, Arts, Asian Market, Automotive, Aviation & Aerospace, Below-the-Line, Bilingual Market, Brand Development & Integration, Branded Entertainment, Broadcast, Business-To-Business, Cable T.V., Children's Market, Collateral, College, Communications, Computers & Software, Consulting, Consumer Goods, Consumer Marketing, Consumer Publications, Content, Copywriting, Corporate Communications, Corporate Identity, Cosmetics, Crisis Communications, Digital/Interactive, Direct Response Marketing, Direct-to-Consumer, E-Commerce, Electronic Media, Electronics, Email, Entertainment, Event Planning & Marketing, Exhibit/Trade Shows, Experience Design, Experiential Marketing, Faith Based, Fashion/Apparel, Financial, Food Service, Graphic Design, Guerilla Marketing, Health Care Services, High Technology, Hispanic Market, Hospitality, Household Goods, Identity Marketing, In-Store Advertising, Industrial, Information Technology, Integrated Marketing, International, Internet/Web Design, LGBTQ Market, Leisure, Local Marketing, Logo & Package Design, Luxury Products, Magazines, Market Research, Media Planning, Media Relations, Medical Products, Men's Market, Merchandising, Mobile Marketing, Multicultural, Multimedia, New Product Development, New Technologies, Newspaper, Newspapers & Magazines, Out-of-Home Media, Outdoor, Over-50 Market, Package Design, Paid Searches, Pets, Planning & Consultation, Podcasting, Point of Purchase, Point of Sale, Print, Production, Production (Ad, Film, Broadcast), Production (Print), Promotions, Public Relations, Publicity/Promotions, Radio, Real Estate, Regional, Restaurant, Retail, Sales Promotion, Search Engine Optimization, Seniors' Market, Shopper Marketing, Social Marketing/Nonprofit, Social Media, South Asian Market, Sponsorship, Sports Market, Stakeholders, Strategic Planning/Research, Syndication, T.V., Technical Advertising, Teen Market, Trade & Consumer Magazines, Transportation, Travel & Tourism, Tween Market, Urban Market, Viral/Buzz/Word of Mouth, Web (Banner Ads, Pop-ups, etc.), Women's Market

Revenue: $369,500,000

Robert G. Vallee, Jr. *(Chm & CEO)*
Laurence Vallee *(Pres)*
Richard Bradley *(Chief Creative Officer-APAC)*
Joost Dop *(CEO-EMEA)*
Ben Taylor *(CEO-Asia Pacific)*
Peter Lambousis *(Sr VP-Corp Strategy)*
Brian Martin *(Sr VP-Mktg & Comm)*
Ben Casey *(VP-Digital Engagement Mktg)*

Accounts:
AB InBev
Activision Blizzard
American Express
AT&T
BMW Group
Constellation Brands
Fiat Chrysler Automobiles
Fitbit
Google
Hershey
Honda
IBM
Mattel
Netflix
Nissan
PepsiCo
Procter & Gamble
Quicken Loans
Toyota
Under Armour
Walmart

Holdings

Argonaut Inc.

ADVERTISING AGENCIES

1268 Sutter St, San Francisco, CA 94109
(See Separate Listing)

G7 Entertainment Marketing
801 18th Ave S, Nashville, TN 37203
(See Separate Listing)

George P. Johnson Company, Inc.
3600 Giddings Rd, Auburn Hills, MI 48326-1515
(See Separate Listing)

Juxt
Unit 706, SK Tower, 6A Jianguomenwai Street, Beijing, Chaoyang District 100022 China
(See Separate Listing)

Motive
2901 Blake St Ste 180, Denver, CO 80205
(See Separate Listing)

Partners+Napier
192 Mill St Ste 600, Rochester, NY 14614-1022
(See Separate Listing)

The Pitch Agency
8825 National Blvd, Culver City, CA 90232
(See Separate Listing)

Praytell
1000 Dean St, Brooklyn, NY 11238
(See Separate Listing)

Raumtechnick
Plieninger Strasse 54, 73760 Ostfildern, Germany
Tel.: (49) 7158 98740
Web Site: raumtechnik.com/

Employees: 50

Accounts:
Audi
BMW
Maquet Getinge Group
Mercedes-Benz
Siemens
WMF

School
1711 Pearl St, Boulder, CO 80304
Tel.: (720) 390-6000
Web Site: www.schoolhelps.com

Employees: 25
Year Founded: 2013

National Agency Associations: 4A's

Max Lenderman (CEO)
Jim Moscou (Chief Strategy Officer)
Jenny Max (Dir-Strategy)

Accounts:
Bolthouse Farms
Nike
TiVo 500GB Bolt DVR
United Nations
Vail Film Festival (Agency of Record) Digital, Print, Radio, Sponsorship Activation

Shoptology Inc
7800 N Dallas Pkwy Ste 160, Plano, TX 75024
(See Separate Listing)

Spinifex Group
14/32 Ralph Street, Alexandria, NSW 2015 Australia
Tel.: (61) 283321300
Fax: (61) 293192232
Web Site: www.spinifexgroup.com

Employees: 15

Agency Specializes In: Advertising, Digital/Interactive

Glen Joseph (CEO)

Accounts:
Acura Automobile Mfr
CISCO Hardware & Software Development Services
Elton John
Events NSW Campaign: "VIVID MCA - Painting the Building"
IBM Australasia Information Technology Services
Nissan Ellure Automobile Mfr
QAFCO Fertiliser Mfr
Streets Campaign: "Magnum Infinity"
Unilever Magnum
Vodafone Telecommunications Services

Wondersauce
41 W 25th St 6th Fl, New York, NY 10010
(See Separate Listing)

PROJECT 2050
54 Thompson St, New York, NY 10010
Tel.: (646) 290-8700
Fax: (646) 336-6220
E-Mail: fearless@p2050.com
Web Site: www.p2050.com

Employees: 20

Agency Specializes In: African-American Market, Asian Market, Bilingual Market, Hispanic Market, Teen Market

Angela Arambulo (Creative Dir)

Accounts:
Boost Mobile
Ea Sports
Jarritos
Latina
New Era
Nike
Target
Timberland
Vibe
Virgin Entertainment Group
Voto Latino

PROJECT: WORLDWIDE
(Name Changed to Project)

PROJECT X
247 Centre St Fl 6, New York, NY 10013
Tel.: (917) 536-7452
Web Site: www.pjxmedia.com/

Employees: 20

Jennifer Dumas (Assoc Dir)
Jacqueline Kimball (Sr Acct Mgr)

PROJECT6 DESIGN, INC.
4071 Emery St, Emeryville, CA 94608
Tel.: (510) 540-8005
E-Mail: info@project6.com
Web Site: www.project6.com

Employees: 50
Year Founded: 2001

Agency Specializes In: Advertising, Brand Development & Integration, Collateral, Content, E-Commerce, Exhibit/Trade Shows, Graphic Design, Logo & Package Design, Production (Print), Web (Banner Ads, Pop-ups, etc.)

Esten Sesto (Pres-UI & UX)
Edina Tanovic (VP)
Christine McGuinness (Dir-Strategy)
Marion Riggs (Designer)
Azra Zabic (Designer)

Accounts:
New-Core Brands SpeakerCraft
New-Lotus Bakeries North America Biscoff Cookies
New-Union Square

THE PROJECTS
8680 Melrose Ave, West Hollywood, CA 90069
Tel.: (424) 285-5055
E-Mail: info@liveintheprojects.com
Web Site: liveintheprojects.com

Employees: 10

Agency Specializes In: Advertising, Brand Development & Integration, Content, Event Planning & Marketing, Experience Design, Internet/Web Design, Package Design, Paid Searches, Social Media, Strategic Planning/Research

Nicholas Ingate (Partner)
Nic Allum (Sr VP-Culture, Strategy & Influence)

Accounts:
Conde Nast Publications, Inc.
Equinox Fitness Clubs
Fairfax Media Limited
Meat & Livestock Australia Limited
Mercedes-Benz USA, LLC
Pernod Ricard USA, Inc.
Qantas Airways ? USA
Samsung Electronics America, Inc.
V Energy

PROM KROG ALTSTIEL INC.
(d/b/a PKA Marketing)
1009 W Glen Oaks Ln Ste 107, Mequon, WI 53092-3382
Tel.: (262) 241-9414
Fax: (262) 241-9454
E-Mail: info@pkamar.com
Web Site: pkamar.publishpath.com

E-Mail for Key Personnel:
President: bruce@pkamar.com

Employees: 12
Year Founded: 1986

Agency Specializes In: Advertising, Advertising Specialties, Agriculture, Automotive, Aviation & Aerospace, Brand Development & Integration, Broadcast, Business Publications, Business-To-Business, Cable T.V., Co-op Advertising, Collateral, Commercial Photography, Communications, Consulting, Consumer Marketing, Consumer Publications, Corporate Identity, Digital/Interactive, Direct Response Marketing, E-Commerce, Education, Electronic Media, Engineering, Event Planning & Marketing, Exhibit/Trade Shows, Fashion/Apparel, Financial, Food Service, Graphic Design, Health Care Services, High Technology, Industrial, Information Technology, Internet/Web Design, Investor Relations, Leisure, Logo & Package Design, Magazines, Marine, Media Buying Services, Medical Products, Merchandising, Multimedia, New Product Development, Newspaper, Newspapers & Magazines, Out-of-Home Media, Outdoor,

AGENCIES - JANUARY, 2019 — ADVERTISING AGENCIES

Pharmaceutical, Planning & Consultation, Point of Purchase, Point of Sale, Print, Production, Public Relations, Publicity/Promotions, Radio, Recruitment, Restaurant, Retail, Sales Promotion, Sports Market, Strategic Planning/Research, Sweepstakes, T.V., Technical Advertising, Trade & Consumer Magazines, Transportation, Travel & Tourism

Approx. Annual Billings: $21,000,000

Breakdown of Gross Billings by Media: Adv. Specialities: 3%; Audio/Visual: 5%; Bus. Publs.: 5%; Co-op Adv.: 2%; Collateral: 8%; Consulting: 2%; D.M.: 5%; E-Commerce: 2%; Exhibits/Trade Shows: 5%; Farm Publs.: 5%; Fees: 8%; Graphic Design: 3%; Internet Adv.: 5%; Logo & Package Design: 2%; Mdsg./POP: 2%; Other: 2%; Plng. & Consultation: 5%; Point of Purchase: 2%; Print: 5%; Production: 2%; Promos.: 2%; Pub. Rels.: 5%; Sls. Promo.: 2%; Strategic Planning/Research: 2%; Trade & Consumer Mags.: 3%; Trade Shows: 3%; Video Brochures: 2%; Worldwide Web Sites: 3%

Bruce Prom *(Pres-Mktg)*
Bill Elverman *(Dir-PR)*
George Wamser *(Production Mgr-Art)*
Sandy Mercier *(Acct Exec)*

Accounts:
Caleffi North America; Milwaukee, WI Solar Water Heating; 2006
Cartridge World Refillable ink cartridges; 2012
Mels Pig Roast; Cedarburg WI Annual Charity Event; 2012
Richard Wolf Endoscopic devices; 2012
ROYDAN; Manitowoc, WI Software; 2012
Viega North America; Bedford, MA Radiant Hydronic Heating Systems; 2001
Waymar Orthopedic Technologies, Inc; Mequon, WI Orthopedic Surgery & Rehab Equipment; 2005
Yacht Club at Sister Bay; Sister Bay, WI Luxury Resort; 2009

PROMEDIA GROUP
4106 Reas Ln, New Albany, IN 47150
Tel.: (812) 948-6214
E-Mail: info@promediagroup.com
Web Site: www.promediagroup.com

Employees: 12

Agency Specializes In: Advertising, Brand Development & Integration, Internet/Web Design, Print

Revenue: $2,000,000

Dan Williamson *(Pres & CEO)*
Christin Higgins *(VP-Media)*
Vicki Williamson *(Controller)*
Mitch Gregory *(Creative Dir)*

Accounts:
City of Jefferson Indiana
ERL Marine

THE PROMOTION FACTORY
5 E 19th St 6th Fl, New York, NY 10003
Tel.: (212) 217-9065
E-Mail: info@thepromofact.com
Web Site: www.thepromofact.com

Employees: 10

Agency Specializes In: Advertising, Entertainment, Event Planning & Marketing, Fashion/Apparel, Luxury Products, Media Buying Services, Media Planning, Media Relations, Public Relations, Social Media, Sponsorship, Strategic Planning/Research

Venanzio Ciampa *(Pres)*
Kaitlin Derkach *(VP-Integrated Mktg Comm)*

Accounts:
Buccellati
Girard-Perregaux
JeanRichard

PROOF ADVERTISING
114 W 7th St Ste 500, Austin, TX 78701
Tel.: (512) 345-6658
Fax: (512) 345-6227
Web Site: www.proof-advertising.com

Employees: 70
Year Founded: 1989

National Agency Associations: 4A's

Agency Specializes In: Advertising, Brand Development & Integration, Business-To-Business, Co-op Advertising, Collateral, College, Computers & Software, Digital/Interactive, Hospitality, In-Store Advertising, Leisure, Local Marketing, Logo & Package Design, Media Buying Services, Point of Purchase, Point of Sale, Real Estate, Restaurant, Sales Promotion, Sponsorship, Trade & Consumer Magazines, Travel & Tourism

Approx. Annual Billings: $60,000,000

Craig Mikes *(Co-Owner & Dir-Creative)*
Jocelyn Friedman *(Assoc Partner & Mng Dir)*
Jessica Bush *(Media Dir)*
Emily Wannarka Gary *(Acct Dir)*
James Hill *(Media Dir)*
Elissa Von Czoernig *(Assoc Partner & Acct Dir)*
Kristin Knight *(Dir-Culture)*
Trish Malatesta *(Dir-Sls & Mktg-Natl)*
Elaine Petralli *(Dir-Talent)*
Emily Scruggs *(Mgr-Social Media)*
Krystal Grayson *(Supvr-Media)*
David Neilson *(Supvr-Media)*
Roy Eagan *(Sr Acct Exec)*
Katherine Bianco *(Acct Exec)*
Annie Breihan *(Acct Exec)*
Roberto Rodriguez *(Media Planner & Media Buyer)*
Kiely Dowling *(Jr Media Planner & Buyer)*
Mathieu Gregoire *(Asst Media Planner & Buyer)*
Tiffany Han *(Sr Media Planner & Buyer-Digital)*

Accounts:
3M Company Electrical Products, Visual, Fiber Optics & Telecom; 1989
American Heart Association
BancVue B2B Media, Consumer-Driven Digital, Grassroots Media Strategy, Kasasa, Partnerships, Planning & Buying, Sponsorships, Traditional
Baylor University; 2003
Del Frisco's Restaurant Group (Creative Agency of Record) Brand Strategy, Broadcast, Digital, Print, Social Media
E&J Gallo Apothic Wines
ERA Real Estate Business-to-Business, Consumer Marketing
Extraco Banks; Waco, TX Financial Services; 2008
Honeywell Aerospace
Huawei Device USA
Hyatt Hotels Corporation
Hyatt Resorts
San Antonio Convention & Visitors Bureau
SkinnyPop Popcorn
Stubb's Bar-B-Q (Agency of Record) Anytime Sauces, Cooking Sauces, Creative, Digital, Media Buying, Media Planning, Print, Social
Subway Restaurants Creative, Marketing, Quick Service Restaurants, Strategy; 2005
Texas Tourism Marketing; 2017
United States Army; 2006

PROOF EXPERIENCES
(Formerly Free For All Marketing Inc)
33 Bloor Street East Suite 802, Toronto, ON M4W 3H1 Canada
Tel.: (416) 969-2753
E-Mail: info@proofexperiences.com
Web Site: www.proofexperiences.com/

Employees: 110
Year Founded: 1999

Agency Specializes In: Retail, Social Media, Sponsorship, Strategic Planning/Research, Trade & Consumer Magazines

Mary Beth Denomy *(Chm)*
Lisa Barrans *(Pres)*
Christine Ross *(Sr VP)*
Lorne Cooperberg *(VP-Strategy & Bus Dev)*
Rob Finkelstein *(VP-Western Canada)*
Kelly Power *(VP)*
Jodi Spitzer *(VP)*
Shannon Blackman *(Dir-People & Culture)*
Bibianna Poon *(Dir-Conferences & Events)*
Laura Rashid *(Dir-Client Svc)*
Jordan Shawaga *(Mgr-Client Svcs)*
Leslie Wilson *(Supvr-Client Svc)*
Leslie Bothwell *(Sr Coord)*
Nadia Dzula *(Sr Coord-Bilingual-Conferences & Event)*

Accounts:
Johnson & Johnson Services Inc. Health Care Products Mfr & Distr
Kijiji International Limited Local Classifieds Service Providers
MasterCard Financial Transaction Payment Card Providers

PROPAC
6300 Communications Pkwy Ste 100, Plano, TX 75024
Tel.: (972) 733-3199
Fax: (972) 733-3790
E-Mail: hello@propac.agency
Web Site: propac.agency

Employees: 100

Agency Specializes In: Advertising, Brand Development & Integration, Content, Digital/Interactive, Experiential Marketing, Point of Sale, Promotions, Shopper Marketing, Strategic Planning/Research

Colby Graff *(Gen Mgr-Strategy & Digital)*
Julie Beall *(Creative Dir)*
Glenn Geller *(Dir-Plng & Insights)*
Melissa Maher *(Dir-Concept)*
Kelly Welch Farquhar *(Grp Creative Dir)*
Chris Varughese *(Assoc Creative Dir)*

Accounts:
New-PepsiCo, Inc. Frito Lay, Stacy's, Sun Chips
Simply Brands

PROPAGANDA GLOBAL ENTERTAINMENT MARKETING
2 Bis Rue De La Maison Rouge, 1207 Geneva, Switzerland
Tel.: (41) 22 339 90 80
Fax: (41) 22 339 90 89
E-Mail: info@propagandagem.com
Web Site: www.propagandagem.com

Employees: 12
Year Founded: 1991

Agency Specializes In: Advertising Specialties, Brand Development & Integration, Branded Entertainment, Event Planning & Marketing, Exhibit/Trade Shows, Integrated Marketing, Media Planning, Media Relations, Product Placement, Publicity/Promotions, T.V.

ADVERTISING AGENCIES

Branches

Propaganda Americas
11264 Playa Ct, Culver City, CA 90230
Tel.: (310) 202-2300
Fax: (310) 397-2310
E-Mail: usa@propagandagem.com
Web Site: www.propagandagem.com

Employees: 15

Agency Specializes In: Sponsorship

Daphne Briggs *(VP)*
Brett Newman *(Dir-Production)*
Ruben Igielko-Herrlich *(Exec Pres)*

PROPANE STUDIO
1160 Battery St Ste 350, San Francisco, CA 94111
Tel.: (415) 550-8692
E-Mail: newbusiness@propanestudio.com
Web Site: www.propanestudio.com

Employees: 11
Year Founded: 2003

Agency Specializes In: Advertising, Brand Development & Integration, Digital/Interactive, Integrated Marketing, Mobile Marketing, Planning & Consultation, Social Media

Joe Meanor *(Head-Client Partnership)*
Neil Chaudhari *(Chief Experience Officer)*

Accounts:
Charles Schwab
Ghiradelli
Hitachi
Kaiser Permanente
Macy's, Inc.
VW / AUDI

PROPELLER
207 E Buffalo St Ste 643, Milwaukee, WI 53202
Tel.: (414) 277-7743
Fax: (414) 277-7784
Web Site: www.ideasthatpropel.com

Employees: 10
Year Founded: 2011

Agency Specializes In: Advertising, Brand Development & Integration, Collateral, Digital/Interactive, Graphic Design, Integrated Marketing, Media Relations, Public Relations

Laura Marx *(Owner)*
Rick Thrun *(Co-Owner)*

Accounts:
Johnson Controls, Inc. Absorbent Glass Mat Battery

PROPERVILLAINS
45 Bromfield St Fl 11, Boston, MA 02108
Tel.: (617) 721-7749
Web Site: https://propervillains.agency/

Employees: 2
Year Founded: 2012

National Agency Associations: 4A's

Agency Specializes In: Advertising, Brand Development & Integration, Crisis Communications, Digital/Interactive, Out-of-Home Media, Outdoor, Package Design, Print, Public Relations, Radio, Social Media

Jeff Monahan *(Mng Partner & Creative Dir)*

Accounts:
Wovenware (Public Relations Agency of Record)

PROPHET
3475 Piedmont Rd Ne Ste 1650, Atlanta, GA 30305
Tel.: (404) 812-4130
Web Site: https://www.prophet.com/home

Employees: 468

Agency Specializes In: Advertising, Brand Development & Integration, Graphic Design, Strategic Planning/Research

Alan Casey *(Partner-Hong Kong)*
Jan Doring *(Partner-Switzerland)*
Mike Fleming *(Partner)*
Jeff Gourdji *(Partner)*
Paul Cyril Schrimpf *(Partner)*
Mat Zucker *(Partner-Digital)*
John Baglivo *(CMO)*
Andres Nicholls *(Exec Creative Dir-Global)*
Craig Stout *(Assoc Partner & Creative Dir)*
Laurie Santos *(Dir-Ops)*
Jill Steele *(Dir-Corp Strategy)*
Andrew Dubois *(Sr Mgr-Engagement)*
Ramya Moothathu *(Sr Mgr-Engagement)*
David Brabbins *(Assoc Partner-Hong Kong)*
Jessica Everett *(Assoc Partner)*
Joanne McDonough *(Assoc Partner)*

Accounts:
Bayerische Motoren Werke Aktiengesellschaft
Cisco Systems, Inc.
GE Healthcare
Johnson & Johnson
McDonald's Corporation
Zurich Financial Services AG

Branch

Prophet
One Bush St 7th Fl, San Francisco, CA 94104
Tel.: (415) 363-0004
Web Site: www.prophet.com

Employees: 500
Year Founded: 1992

Agency Specializes In: Advertising, Brand Development & Integration, Communications, Content, Digital/Interactive, Event Planning & Marketing, Experience Design, Health Care Services, New Product Development, Strategic Planning/Research

Michael Dunn *(Chm & CEO)*
David Aaker *(Vice Chm)*
Tali Krakowsky *(Partner & Exec Creative Dir)*
Jorge Aguilar *(Partner)*
Jonathan Chajet *(Partner)*
Scott Davis *(Chief Growth Officer)*
Amy Maselli *(Controller)*
Darcy Newell *(Sr Dir-Verbal Branding)*
Jill Steele *(Dir-Corp Strategy)*
Jase Wells *(Dir-Applications Dev)*
Ted Moser *(Sr Partner)*
Jesse Purewal *(Assoc Partner)*

Accounts:
New-Electrolux Home Products North America
New-The Gatorade Company
New-Keurig Green Mountain Inc.
New-T-Mobile US Inc.
New-Target Corporation
New-Television Centre
New-ThyssenKrupp AG
New-UBS Financial Services Inc.

PROPHIT MARKETING
154 N Broadway St, Green Bay, WI 54303
Tel.: (920) 435-4878
E-Mail: info@prophitmarketing.com
Web Site: https://www.prophit.com/

Employees: 17

Agency Specializes In: Advertising, Digital/Interactive, Graphic Design, Internet/Web Design, Print

Lisa Pritzl *(Dir-Process Mgmt & Art Dir)*
Emily Katers *(Dir-Project Mgmt)*
Sara Zelewske *(Acct Mgr)*
Sam Scott *(Specialist-Media Mktg)*
Meredith Bartos *(Coord-Events)*

Accounts:
Festival Foods

PROTAGONIST LLC
360 W 31st St Ste 1000, New York, NY 10001
Tel.: (212) 677-7450
Fax: (212) 253-8265
E-Mail: info@beaprotagonist.com
Web Site: www.beaprotagonist.com

Employees: 13
Year Founded: 2008

Agency Specializes In: Advertising, Brand Development & Integration, Digital/Interactive, Print, Sponsorship, T.V.

Tom Cotton *(Partner)*
Jordan Rednor *(Partner)*
Wyndham Stopford *(Creative Dir)*

Accounts:
Zicam LLC (Advertising Agency of Record) Digital, Social Marketing, Traditional

PROTERRA ADVERTISING
16415 Addison Rd Ste 250, Addison, TX 75001
Tel.: (972) 732-9211
Fax: (972) 732-7687
E-Mail: sandyr@proterraadvertising.com
Web Site: http://proterrausa.com/

Employees: 8
Year Founded: 1993

Agency Specializes In: Above-the-Line, Advertising, Advertising Specialties, African-American Market, Alternative Advertising, Below-the-Line, Bilingual Market, Brand Development & Integration, Branded Entertainment, Broadcast, Business-To-Business, Cable T.V., Collateral, College, Commercial Photography, Communications, Consulting, Consumer Goods, Consumer Marketing, Content, Corporate Communications, Corporate Identity, Cosmetics, Customer Relationship Management, Digital/Interactive, Direct Response Marketing, Direct-to-Consumer, E-Commerce, Education, Electronic Media, Electronics, Email, Entertainment, Environmental, Event Planning & Marketing, Exhibit/Trade Shows, Experience Design, Financial, Food Service, Graphic Design, Guerilla Marketing, Health Care Services, Hispanic Market, Hospitality, Household Goods, In-Store Advertising, Infomercials, Information Technology, Integrated Marketing, Internet/Web Design, Leisure, Local Marketing, Logo & Package Design, Magazines, Market Research, Media Buying Services, Media Planning, Media Relations, Medical Products, Mobile Marketing, Multicultural, Multimedia, New Product Development, New

Technologies, Newspaper, Newspapers & Magazines, Out-of-Home Media, Outdoor, Package Design, Planning & Consultation, Point of Purchase, Point of Sale, Print, Product Placement, Production, Promotions, Public Relations, Publicity/Promotions, Radio, Regional, Restaurant, Retail, Sales Promotion, Search Engine Optimization, Seniors' Market, Social Marketing/Nonprofit, Sponsorship, Sports Market, Strategic Planning/Research, Sweepstakes, T.V., Teen Market, Trade & Consumer Magazines, Transportation, Travel & Tourism, Urban Market, Viral/Buzz/Word of Mouth, Web (Banner Ads, Pop-ups, etc.)

Approx. Annual Billings: $29,500,000

Breakdown of Gross Billings by Media: Brdcst.: $4,500,000; D.M.: $10,000,000; Print: $15,000,000

Danny Sanchez *(Pres & CEO)*
Lisa deLeon *(Chief Strategy Officer)*
Larry Sanchez *(Dir-Small Bus Mktg & Production)*
Sandy Rivera *(Office Mgr)*

Accounts:
The Adolphus; Dallas, TX
American Airlines Center; Dallas, TX; 2000
AT&T Communications Corp.; Dallas, TX; 1995
CHUBB Insurance; Chicago, IL; 2005
GE Financial; Schaumburg, IL; 2005
Hit Entertainment (Barney); Dallas, TX; 2003
LA Fitness; Irvine, CA
Mattress Firm
State Farm Auto Insurance; Bloomington, IL; 1995
Visionworks of America, Inc.

PROTOBRAND
1818 Pine St 4th Fl, Philadelphia, PA 19103
Tel.: (215) 735-6621
E-Mail: k2k@comcat.com
Web Site: www.protobrand.com

Employees: 50

Agency Specializes In: Market Research

Accounts:
3M
AT&T Communications Corp.
Bristol Myers-Squibb
Coca-Cola Refreshments USA, Inc.
General Mills
Helene Curtis
IBM
Johnson & Johnson
Kelloggs
Nabisco Foods
Pfizer
Procter & Gamble
Quaker Oats
Schering-Plough
United States Army

PROTOTYPE ADVERTISING, INC
1035 Avalon Dr, Forest, VA 24551
Tel.: (434) 846-2333
Fax: (434) 846-2339
Web Site: www.prototypeadvertising.com

Employees: 50
Year Founded: 2002

Agency Specializes In: Advertising, Email, Graphic Design, Print

Todd Allen *(Owner)*
Josh Oppenheimer *(Pres & Principal)*
Todd Hacker *(Dir-Virtual Reality Dev)*

Accounts:
Banker Steel Company, LLC.

Delta Power Equipment Corp.
Famous Footwear
Jacobsen Ltd.
Tech Global Inc.
University of Pittsburgh

PROVE AGENCY
12910 Culver Blvd Ste D, Los Angeles, CA 90066
Tel.: (310) 737-8600
Web Site: prove.it/

Employees: 30
Year Founded: 2010

Agency Specializes In: Advertising, Brand Development & Integration, Digital/Interactive, Direct Response Marketing, Electronic Media, High Technology, Internet/Web Design, Planning & Consultation, Strategic Planning/Research

Approx. Annual Billings: $5,000,000

Dede Shor *(CEO)*
Jamie Stevenson *(VP-Ops)*
Vincent Cevalte *(Grp Acct Dir & Client Svcs Dir)*
Matthew Poldberg *(Mgr-SEM)*
Steve Smythe *(Acct Exec & Strategist-Digital Media)*

Accounts:
GE GE Lightening

PROVERB
195 W Springfield St, Boston, MA 02118-3406
Tel.: (617) 266-0965
Web Site: http://proverbagency.com/

Employees: 15

Agency Specializes In: Brand Development & Integration, Communications, Digital/Interactive, Product Placement, Strategic Planning/Research

Daren Bascome *(Owner)*
Christine Needham *(Partner)*
Alisa Blanter *(Sr Art Dir)*

Accounts:
Boston Public Schools Awareness Campaign, BPS Arts Expansion Initiative
Bump Water Brand-Building

PROVIDENCE MARKETING GROUP
9151 Lerum Ln, Pepin, WI 54759
Tel.: (715) 442-2078
Web Site: www.providencemarketinggroup.net

Employees: 10

Agency Specializes In: Advertising, Media Buying Services, Public Relations, Social Media, Strategic Planning/Research

Jeff Bergmann *(Pres)*
Glenn Walker *(VP-Ops)*
Zach Rinn *(Acct Mgr & Graphic Designer)*

Accounts:
Guidefitter (Public Relations Agency of Record) Content, Marketing, Social Media Communications
Heartland Wildlife Institute
Mystery Ranch (Marketing Agency of Record) Media Planning, Public Relations
Pradco Outdoor Brands
Siberian Coolers (Marketing Agency of Record) Public Relations

PROXIMITY CHICAGO
410 N Michigan Ave, Chicago, IL 60611

Tel.: (312) 595-2779
Fax: (312) 595-2682
Web Site: proximityworld.com

Employees: 25
Year Founded: 2008

Agency Specializes In: Advertising, Digital/Interactive, Graphic Design, Internet/Web Design, Social Media, Technical Advertising

Nick Williams *(Mng Dir-Client)*
Patrick Blauner *(Acct Supvr)*

Accounts:
Blackberry CRM
Hewlett-Packard Company
Johnson & Johnson
Marriott International, Inc.
Mercedes-Benz USA Inc.
Mondelez International, Inc.
PepsiCo Inc.
The Procter & Gamble Company
Volkswagen Group of America, Inc.
WBEZ Campaign: "2032 Membership Drive", Campaign: "Do It. For Chicago", Campaign: "Interesting People Make Interesting People", Campaign: "We Want Listeners Tomorrow. Go Make Babies Today"

PROXIMO MARKETING STRATEGIES
4102 George Washington Mem Hwy Ste 204, Yorktown, VA 23692
Tel.: (757) 741-8098
Toll Free: (888) 325-8159
Web Site: www.proximomarketing.com

Employees: 3
Year Founded: 2012

Agency Specializes In: Advertising, Brand Development & Integration, Digital/Interactive, Graphic Design, Internet/Web Design, Social Media

Accounts:
DXV American Standard
Guardian Point
Natasha House
Norfolk Plumbing

PRR INC
1501 4th Ave Ste 550, Seattle, WA 98101
Tel.: (206) 623-0735
E-Mail: prr@prrbiz.com
Web Site: www.prrbiz.com

Employees: 500
Year Founded: 1981

Agency Specializes In: Advertising, Communications, Content, Digital/Interactive, Health Care Services, Internet/Web Design, Media Buying Services, Public Relations, Social Media, Strategic Planning/Research

Denise Walz *(Chm & Co-Pres)*
Colleen Gants *(Co-Pres)*
Keri Shoemaker *(Co-Pres)*
BJ Foster *(CFO)*
Malika Klingler *(Principal-HR)*
Diana Steeble *(Principal)*
Amy Danberg *(Grp Acct Dir)*
Bruce Brown *(Dir-Res)*
Joe Martin *(Dir-Creative Studio)*
Susan Bjork *(Mgr-Acctg)*
Mike Rosen *(Mng Principal)*

Accounts:
New-American Society of Civil Engineers
New-City of Seattle
New-City of Shoreline

ADVERTISING AGENCIES

AGENCIES - JANUARY, 2019

New-DC Streetcar
New-Economic Development Council of Seattle & King County
New-Kaiser Foundation Health Plan of the Mid-Atlantic States, Inc.
King County Metro Web & TV
King County Solid Waste Division King County Compost More, Video
New-Local Hazardous Waste Management Program in King County
New-MomsRising
New-Seattle Seahawks
New-Skanska
Virginia Department of the Aging TV & Web

PS
36 Cooper Sq, New York, NY 10003
Tel.: (212) 367-0908
Fax: (212) 202-5450
E-Mail: info@psnewyork.com
Web Site: www.insideps.com/

Employees: 2

Agency Specializes In: Advertising, Brand Development & Integration, Corporate Identity, Digital/Interactive, Internet/Web Design, Logo & Package Design, Web (Banner Ads, Pop-ups, etc.)

Penny Hardy *(Partner & Dir-Creative)*

Accounts:
Ecotones
Elysian Landscapes
H3
Steven Harris Architects
Taisoo Kim Partners

PSYNCHRONOUS COMMUNICATIONS, INC.
300 TradeCtr Ste 1530, Woburn, MA 01801
Tel.: (781) 937-0667
E-Mail: info@psynchronous.com
Web Site: www.psynchronous.com

Employees: 5

Agency Specializes In: Advertising, Brand Development & Integration, Media Relations, Print, Public Relations

Kris Washington *(Co-Owner)*
Kevin Zundl *(Owner)*
Annmarie Seldon *(Mgr-Media Rels)*

Accounts:
Lakeview Health

PSYOP
523 Victoria Ave, Venice, CA 90291
Tel.: (310) 577-9100
Web Site: www.psyop.com

Employees: 100

Agency Specializes In: Electronic Media, Game Integration, Mobile Marketing, Production (Ad, Film, Broadcast), Web (Banner Ads, Pop-ups, etc.)

Hunt Ramsbottom *(CEO)*
Neysa Horsburgh *(Mng Dir)*
Justin Booth-Clibborn *(CMO)*
Alexei Bochenek *(Designer-Narrative)*

Accounts:
New-The Coca-Cola Company
Microsoft Corporation Xbox
New-The Sherwin-Williams Company
Supercell Clash of Clans, Production, TV
New-Travel Oregon

Subsidiary

Psyop, Inc.
(d/b/a Mass Market)
(Private-Parent-Headquarters)
45 Howard St Fl 5, New York, NY 10013
(See Separate Listing)

PSYOP, INC.
(d/b/a Mass Market)
(Private-Parent-Headquarters)
45 Howard St Fl 5, New York, NY 10013
Tel.: (212) 533-9055
Web Site: www.psyop.com

Employees: 90
Year Founded: 2000

Agency Specializes In: Game Integration, Graphic Design, Production (Ad, Film, Broadcast), T.V.

Thomas Boyle *(CFO)*
Dan Gregoras *(Dir & Designer-Live Action & CG)*

Accounts:
Supercell Clash of Clans, Production, TV

PUBLIC COMMUNICATIONS, INC.
1 E Wacker Dr Ste 2400, Chicago, IL 60601
Tel.: (312) 558-1770
Fax: (312) 558-5425
E-Mail: ideas@pcipr.com
Web Site: www.pcipr.com

Employees: 45
Year Founded: 1963

Agency Specializes In: Public Relations, Publicity/Promotions

Craig Pugh *(Pres)*
Jill Allread *(CEO)*
Pamela Oettel *(CFO & COO)*
Johnathon Briggs *(Sr VP-Digital)*
Remi Gonzalez *(Sr VP)*
Wendi Koziol *(Sr VP)*
Leigh Wagner *(Sr VP)*
Sara Conley *(VP)*
Sharon Dewar *(VP)*
Ruth Mugalian *(VP)*
Charlie Rice-Minoso *(Acct Exec)*

Accounts:
Adler School of Professional Psychology
AIDS Foundation of Chicago (Agency of Record)
American Board of Medical Specialties
American Society for Clinical Pathology
British School of Chicago
ProCure Treatment Centers, Inc; Bloomington, IN

THE PUBLIC RELATIONS & MARKETING GROUP
156 N Ocean Ave, Patchogue, NY 11772
Tel.: (631) 207-1057
Fax: (631) 337-4190
Web Site: www.theprmg.com

Employees: 50
Year Founded: 2002

Agency Specializes In: Advertising, Brand Development & Integration, Event Planning & Marketing, Government/Political, Graphic Design, Internet/Web Design, Media Relations, Public Relations, Social Media

John C. Zaher *(Founder)*
Laura Larson *(Creative Dir)*
Candice Votke *(Sr Acct Exec)*

Accounts:
Ben's Kosher Delicatessen Restaurant & Caterers
New-Gershow Recycling
New-The Long Island Game Farm
New-McPeak's Assisted Living
New-The School-Business Partnerships of Long Island, Inc.
New-The Village of Islandia

PUBLIC WORKS
211 N 1st St Ste 300, Minneapolis, MN 55401
E-Mail: info@publicworks.agency
Web Site: www.publicworks.agency

Employees: 50
Year Founded: 2016

Agency Specializes In: Advertising, Brand Development & Integration, Content, Copywriting, Digital/Interactive, Event Planning & Marketing, Promotions, Public Relations, Social Media, Strategic Planning/Research

Accounts:
New-E.A. Sween Company
New-Post Holdings Inc. Broadcast, Creative, Digital, General Market, Honey Bunches of Oats (Agency of Record), Honeycomb, Malt-O-Meal, Pebbles, Social, Strategy
New-State of Hockey

PUBLICIS EXPERIENCES
424 2nd W 4th Fl, Seattle, WA 98119
Tel.: (206) 694-6000
E-Mail: inquiries@publicisxp.com
Web Site: www.publicisxp.com/

Employees: 26
Year Founded: 2003

Agency Specializes In: Digital/Interactive, Sponsorship

Peter Gaucys *(Chief Creative Officer)*
Mackenzie Burnham *(Deputy Mng Dir & Sr Producer)*
Lindsay Rowe *(Sr VP-Strategy & Mng Dir-New York)*
Heather Casteel *(VP-Production)*
Anna Dahlquist *(VP-Production)*
Patrick Cockburn *(Dir-Events & Media)*
Liz Urbaniak *(Acct Exec)*
Marty Cole *(Sr Creative Dir)*
Lee Ann Holt *(Sr Art Dir-Motion Graphics)*
Kim McNichol *(Sr Accountant)*

Accounts:
AT&T Communications Corp.
Boulder Brands Inc.
Center for Information Work
Cranium
Davos
Digital Art Suite
Future of Flight
Microsoft
Thomas Friedman
Wacap

Branches

Publicis Experiences
35 W Wacker Dr 14th Fl, Chicago, IL 60601
Tel.: (312) 297-1428
Web Site: www.publicisxp.com/

Employees: 15

Don Lee *(CEO)*
John Gilson *(COO & Exec Dir-Production)*
Mark Pavia *(Exec VP & Mng Dir-North America)*

AGENCIES - JANUARY, 2019 — ADVERTISING AGENCIES

Whitney Beatty *(VP-Creative-Experiential)*
Anna Beckett *(Acct Supvr)*

Accounts:
General Motors Experiential Marketing
Procter & Gamble

PUBLICIS GROUPE S.A.
133 Ave des Champs-Elysee, 75008 Paris, France
Tel.: (33) 1 44 43 70 00
Fax: (33) 1 44 43 75 25
E-Mail: contact@publicisgroupe.com
Web Site: www.publicisgroupe.com

Employees: 45,001
Year Founded: 1926

National Agency Associations: EAAA

Agency Specializes In: Advertising

Revenue: $7,670,804,400

Arthur Sadoun *(Chm & CEO)*
Agathe Bousquet *(Pres)*
Jean-Michel Etienne *(CFO & Exec VP)*
Laurence Koenig *(Fin Dir)*
Ian Liddicoat *(CIO-UK & Head-Data Sciences)*
Nick Law *(Pres-Comm & Chief Creative Officer-Global)*
Toni Tomasek *(Chief Creative Officer & Dir-Slovenia)*
Sophie Martin Chantepie *(Chief Talent Officer-Publicis Comm)*
Sandra Sims-Williams *(Chief Diversity Officer-US)*
Rishad Tobaccowala *(Chief Growth Officer)*
Alex Saber *(Chm-Publicis Media-MENA)*
Laurent Ezekiel *(Pres-Digitas-North America & Intl)*
Steve Simpson *(Pres-PeopleCloud)*
Lisa Donohue *(CEO-Publicis Spine)*
Monica Gadsby *(CEO-Publicis One-Latin America)*
Valerie Henaff *(CEO-Publicis Conseil)*
Loris Nold *(CEO-APAC & MEA)*
Jarek Ziebinski *(CEO-Publicis One-Global)*
Alexandre Collomb *(Deputy Mng Dir-Publicis LMA)*
Olivier Fleurot *(Sr VP)*
Peggy Nahmany *(VP & Dir-Comm)*
Jean-Michel Bonamy *(VP-IR & Strategic Fin Plng)*
Jean Paul Brunier *(Head-Client)*
Isabelle Gelinet Vidal *(Head-L'Oreal Global Client)*
Jamie Brownlee *(Dir-Client Strategy & Bus-Publicis Media)*
Stephane Estryn *(Dir-Mergers & Acq)*
Sophie Thevenet *(Mgr-Admin & Fin)*
Antoine Colin *(Copywriter)*
Sabrina Pittea *(Coord-Comm)*
Celine Fronval *(Grp Gen Counsel)*
Lea Rissling *(Sr Art Dir-Publicis 133)*
Luc Wise *(Chief Strategic Transformation Officer)*

Accounts:
AXA
Campbell Soup Company Campbell Fresh, Campbell's Soup, Canadian & Asia Pacific Creative, Chunky Soup, Consumer Promotion, Digital, Global Media Planning & Buying, Pace Salsa, Prego Sauces, Spaghetti-O's Pasta, Swanson Broth, Technology, US Retail, V8 Beverages, Well Yes! Soup
CitiGroup, Inc. Global Media
Coca-Cola Great Britain
Del Monte
GlaxoSmithKline
Heineken (Lead Global Agency)
Kraft Foods
Lancome
L'Oreal S.A. Creative, Digital, Media Buying
Marriott International, Inc. Global Media Buying & Planning
McDonald's Corporation Creative, Digital Marketing, Gulf Cooperation Council, Media, Public Relations, Strategic Planning
Mercedes-Benz USA, LLC Creative, International Network & Digital; 2018
Mondelez International, Inc. North America Media Buying; 2018
Nobel Peace Price
Orange Poland Smart Offer
Pepperidge Farm, Inc. Media; 2018
Procter & Gamble Coty, Crest, Media Planning & Buying, Oral B, Tampax
Sears Holdings Corp. Digital, Sears (Agency of Record)
Telefonica
United Services Automobile Association Communications, Marketing
Walmart (Agency of Record) Advertising, Creative

Austria

Publicis
Kettenbruckengasse 16, A-1040 Vienna, Austria
Tel.: (43) 1 588 09 0
Fax: (43) 1 588 09 111
E-Mail: office@publicis.at
Web Site: http://www.publicis.com

Employees: 80

Agency Specializes In: Advertising, Automotive, Consumer Goods, Consumer Marketing, Consumer Publications

Accounts:
General Motors Company Campaign: "Zafira Echoes", Chevrolet

Belgium

Duval Guillaume
Uitbreidingstraat 2-8, B-2600 Antwerp, Belgium
Tel.: (32) 3 609 09 00
Fax: (32) 3 609 09 19
E-Mail: info@duvalguillaume.com
Web Site: www.duvalguillaume.com

Employees: 200

Agency Specializes In: Advertising, Communications, Digital/Interactive, Financial, Recruitment

Jessica Danese *(Mng Dir)*
Koenraad Lefever *(Creative Dir)*
Diane De Herdt *(Office Mgr)*
Dries de Wilde *(Assoc Creative Dir)*
James Gambrill *(Sr Art Dir)*

Accounts:
Arla Foods Apetina (Global Lead Agency)
British Broadcasting Corporation Save The Hoff
Bundesliga
Carlsberg Breweries
Castello
Coca-Cola Campaign: "Fishing & Knitting", Campaign: "Hypnosis", Campaign: "Petanque", Campaign: "Taste the Feeling", Campaign: "You have 70 seconds", Coke Zero
De Opvoedingslijn Childrens' Choir
Febelfin
Flair Magazine
Newspaperswork
Organ Donor Foundation
Plan Belgium
Reborn Heartbeat Radio Reborn to Be Alive
Red Cross
Smirnoff
TNT A Dramatic Surprise on a Quiet Square, Campaign: "Belgian Arrival", Campaign: "Push to add drama", Campaign: "TNT: A dramatic surprise on an ice-cold day", Campaign: "We Know Drama"
Vallformosa

Publicis
Koolmijnenkaai 62 Quai Des Charbonnages, 1080 Brussels, Belgium
Tel.: (32) 2 645 3511
Fax: (32) 2 646 3456
E-Mail: info@publicis.be
Web Site: publicis-brussels.tumblr.com

Employees: 47
Year Founded: 1953

Alain Janssens *(Mng Partner & Creative Dir)*
Jeannette Westerhout *(Mng Partner & Dir-Client Svc)*
Annemie Goegebuer *(Co-Mng Dir & Head-Strategy)*
Aurelie Tournay *(Designer-Creative)*
Johan Parmentier *(Reg CEO)*

Accounts:
BNP Paribas Fortis Campaign: "Life Moves Forward"
Croix-Rouge francaise
Mobistar
Orange
Reporters Without Borders Talking Ad
Responsible Young Drivers Campaign: "Driving Test", Campaign: "Texting & driving test"

Bosnia & Herzegovina

M.I.T.A.
Trg Solidarnofpi 2A, 71000 Sarajevo, Bosnia & Herzegovina
Tel.: (387) 33 768 895
Fax: (387) 33 768 875
E-Mail: alna@mita.ba
Web Site: www.mita.ba

Employees: 20

Agency Specializes In: Media Buying Services

Azra PilaV *(Media Dir)*

Bulgaria

Publicis Marc
Abacus Business Center, 118 Bulgaria Blvd., 1618 Sofia, Bulgaria
Tel.: (359) 24340710
Fax: (359) 29159015
E-Mail: contacts@publicis-marc.bg
Web Site: www.publicis.bg

Employees: 50

Agency Specializes In: Advertising, Brand Development & Integration

Nikolai Nedelchev *(CEO)*
Sergei Georgiev *(Art Dir)*
Anna Georgieva *(Art Dir)*

Accounts:
Olineza Olineza Chili Sauce, Sweating Dog
Renault
Tema

Croatia

Publicis d.o.o.
Heinzelova 33, 10000 Zagreb, Croatia
Tel.: (385) 1 23 09 100
Fax: (385) 1 23 09 101
E-Mail: office@publicis.hr
Web Site: www.publicis.com

ADVERTISING AGENCIES

Employees: 40

Accounts:
T-Mobile US

Czech Republic

Publicis
Jankovcova 1114-1123, 170 00 Prague, 7 Czech Republic
Tel.: (420) 234 711 111
Fax: (420) 234 711 199
E-Mail: publicis@publicis.cz
Web Site: www.publicis.cz

Employees: 60

Denmark

Reputation
Bredgade 15, DK-1260 Copenhagen, Denmark
Tel.: (45) 3338 5070
Fax: (45) 3338 5071
E-Mail: info@reputationcph.com
Web Site: www.reputationcph.com

Employees: 36

Mikkel Jonsson *(Owner)*
Christian Madsen *(Partner & CEO)*
Peter Rude Torp *(Office Mgr-Reputation)*

France

Carre Noir
24 rue Salmon de Rothschild, 92288 Suresnes, Cedex France
Tel.: (33) 1 57 32 85 00
Fax: (33) 1 42 94 06 78
E-Mail: main02@carre-noir.fr
Web Site: www.carrenoir.com

Employees: 150

Agency Specializes In: Advertising

Christophe Fillatre *(Pres)*
Clementine Segard *(Partner)*
Beatrice Mariotti *(Chief Creative Officer & VP)*
Reza Bassiri *(Chief Creative Officer & Creative Dir)*
Gregoire Betoulaud *(Creative Dir)*
Jean-christophe Cribelier *(Creative Dir)*
David Hausman *(Creative Dir)*

Leo Burnett France
(Formerly Publicis Dialog)
133 Avenue des Champs Elysees, CEDEX, 75008 Paris, France
Tel.: (33) 1 44 43 78 00
Fax: (33) 1 44 43 78 77
Web Site: www.leoburnett.fr/

Employees: 150
Year Founded: 1998

Agency Specializes In: Direct Response Marketing, Event Planning & Marketing, Sales Promotion

Helene Meinerad *(VP)*
Mohamed Bareche *(Creative Dir)*
Benjamin Bigay *(Art Dir)*
Montassar Chlaika *(Creative Dir)*
Odile Ienne *(Dir-Strategic)*
Cyril de Couet *(Copywriter)*
Jean-Marie Gateau *(Copywriter)*
Laetitia Chretien *(Sr Art Dir)*
Matthieu Droulez *(Sr Art Dir)*

Accounts:
Amgen Inc
AXA Group
National Museum of Natural History Musee de l'Homme
Sofidel Le Trefle
Tunisian National Tourist Office

Phonevalley
131 Ave Charles de Gaulle, Neuilly, 92200 Paris, France
Tel.: (33) 1 42 80 57 22
Fax: (33) 1 42 80 60 48
E-Mail: contact@phonevalley.com
Web Site: www.phonevalley.com

Employees: 60

Agency Specializes In: Mobile Marketing

Franck Corcuff *(Dir-Production)*

Publicis Activ Annecy
Park Nord Les Pleiades no26, BP 434, 74370 Metz-Tessy, France
Tel.: (33) 4 50 52 64 94
Fax: (33) 4 50 52 65 91
E-Mail: agence@publicisactive-alpes.fr
Web Site: http://www.publicis-lma.fr/

Employees: 9

Geraldine Audibert *(Acct Dir)*
Yves Dauteuille *(Creative Dir)*
Christoph Gros *(Art Dir)*

Publicis Activ Strasbourg
1 rue du Dome, 67000 Strasbourg, France
Tel.: (33) 3 88 14 35 36
Fax: (33) 3 88 14 35 00
E-Mail: franck.barennes@publicisactiv.com
Web Site: www.publicisactiv-bordeaux.fr

Employees: 25

Viviane Beoletto *(Assoc Dir)*

Publicis Communications
133 Ave des Champs-Elysee, 75008 Paris, France
Tel.: (33) 1 44 43 70 00
Web Site: www.publicis.com

Employees: 100

Agency Specializes In: Communications, Strategic Planning/Research

Jerome Martel *(CMO-Intl)*
Carla Serrano *(Co-Chief Strategy Officer)*
Michael Lee *(CEO-Saatchi & Saatchi-China)*
Alexander Peitersen *(CEO-Nordics)*
Michael Rebelo *(CEO-Australia & New Zealand)*
Fabrice De Lacourt *(Creative Dir)*
Kate Smither *(Chief Strategy Integration Officer-Australia)*

Accounts:
Old Mutual (Lead Marketing Agency) Above-the-Line, Below-the-Line, Brand Strategy, Digital Creative, Production

Publicis Conseil
133 Champs-Elysees, 75008 Paris, 08 France
Tel.: (33) 1 444 37000
Fax: (33) 1 4443 7525
Web Site: www.publicisgroupe.com

Employees: 100

Valerie Henaff *(CEO)*
Laurent Enet *(Head-Adv)*
Guillaume Foskolos *(Head-Client-Renault France)*
Marie-Claude Mayer *(Head-Global Client-L'Oreal Grp)*
Barberine Reyners *(Head-360 Comm Strategies-L'Oreal CPD Brands)*
Silvia Stahlie *(Head-Global Client)*
Patrick Lara *(Gen Mgr & Acct Mgr)*
Loic Andria *(Editor & Designer)*
Simon Dhamelincourt *(Editor & Designer)*
Johan Tchang-Minh *(Editor & Designer)*
Olivier Desmettre *(Exec Creative Dir)*
Olga Papikian *(Exec Dir)*
Samira Maarouf *(Sr Acct Dir-Intl)*
Thomas Marion *(Sr Acct Dir-Intl)*
Rob Goodwin *(Reg Dir-Bus)*
Antoine Querolle *(Art Dir & Copywriter)*
Franck Agnel *(Acct Dir)*
Cedric Auzannet *(Art Dir)*
Mohamed Bareche *(Creative Dir)*
Thomas Bernard *(Art Dir)*
Matthieu Berthault *(Art Dir)*
Benjamin Bigay *(Art Dir)*
Julien Boissinot *(Art Dir)*
Emmanuelle Bougueret *(Art Dir)*
Fabien Chiaffrino *(Art Dir)*
Montassar Chlaika *(Creative Dir)*
Lea De Angeli *(Art Dir)*
Yves-Eric Deboey *(Creative Dir)*
Francois Drouvin *(Art Dir)*
Laurent Duvuvier *(Acct Dir-Nescafe)*
Olivier Gamblin *(Creative Dir)*
Raphael Halin *(Art Dir-Creation)*
Melanie Hughes *(Acct Dir)*
Arnaud Jolivel *(Creative Dir)*
Sophie Larrieu *(Acct Dir)*
Jordan Lemarchand *(Art Dir)*
Eleonore Mabille *(Comml Dir-Guigoz & Maggi Mousline)*
Steve O'Leary *(Creative Dir)*
Alexandre Perdereau *(Art Dir)*
Christophe Peyraque *(Creative Dir)*
Herve Riffault *(Creative Dir)*
Thomas Roques *(Art Dir)*
Marc Rosier *(Art Dir)*
Annabel Salesa *(Creative Dir)*
Yves Sarhadian *(Art Dir)*
Jean-Marc Tramoni *(Art Dir)*
Kevin Ulve *(Creative Dir)*
Lucie Vallotton *(Art Dir)*
Christian Vouhe *(Creative Dir)*
Bastien Wojciechowski *(Acct Dir-Renault Intl)*
Clemence Ballu *(Dir-Digital)*
Caroline Darmon *(Dir-CSR)*
Filippo Dell'Osso *(Dir-Strategy)*
Shannon Eddy *(Dir-Client Svc)*
Stephane Gaillard *(Dir-World Adv-Carrefour)*
Carine Gailliez *(Dir-Global Content & Media)*
Debora Guarachi *(Dir-Customer)*
Annabelle Legrand-Lippens *(Dir-Client Svc-Intl)*
Francois Lelong *(Dir-Artistic)*
Lou Leproux *(Dir-Customer)*
Libby Little *(Dir-Intl Plng-Orange Brand)*
Frederic Moussairoux *(Dir-Digital Projects)*
Elodie Orosco *(Dir-Customer)*
Christine Pumain *(Dir-Customer)*
Cristina Rusen *(Dir-Customer)*
Quentin Schweitzer *(Dir-Artistic)*
Didier Tavares *(Dir-Plng-Renault-France & Europe)*
Camille Ternet *(Dir-Customer-Orange)*
Jean Philippe Vasseur *(Dir-Artistic)*
Gregoire Verdet *(Dir-Renault & Dacia Intl)*
Lucie Calligaris *(Acct Mgr-Orange-Intl)*
Damien Charuel *(Sr Project Mgr-Digital)*
Cecile Cuzin *(Acct Mgr)*
Jeanne Lemarchand *(Acct Mgr)*
Steven Roue *(Acct Mgr)*
Camille Serrand *(Acct Mgr)*
Guilhem Touya *(Acct Mgr)*
Gwladys Woimant *(Sr Project Mgr-Digital)*
Anis C. Bouzitouna *(Project Mgr-Intl)*
Vincent Jegu *(Project Mgr-Digital)*
Nathalie Bousquet *(Production Mgr)*
Imene Sellaoui *(Production Mgr-Tous Media)*

Jean-Frederic Bloy *(Mgr-Digital)*
Camille Boijibault *(Mgr-Digital)*
Morgane Collet *(Mgr-Adv)*
Giovanni Costa *(Mgr-Brand & Adv)*
Matthieu Etienne *(Mgr-Social Media)*
Gaelle Le Vu *(Mgr-Adv)*
Stephanie Naudin *(Mgr-Process)*
Geraldine Sorhaitz *(Mgr-Process)*
Jean-Laurent Py *(Supvr-Creative)*
Thibaud Muratyan *(Acct Exec)*
Sherelle Ramire *(Acct Exec)*
Damien Sabatier *(Sr Planner-Strategic-Intl)*
Elsa Stern *(Acct Exec-Intl)*
Corinne Assuerus *(Copywriter)*
Alexandre Boucher *(Designer-Motion)*
Damien Calla *(Copywriter)*
Antoine Colin *(Copywriter)*
Justine Dupont *(Copywriter)*
Jean-Marie Gateau *(Copywriter)*
Luc Gesell *(Copywriter)*
Antoine Giraud *(Copywriter)*
Juliette Joel *(Copywriter)*
Benjamin Karsenti *(Copywriter)*
Kim Levy *(Copywriter-Creative)*
Nicolas Levy *(Planner-Strategic)*
Laetitia Mulinazzi *(Planner-Strategic-Intl)*
Kevin Salembier *(Copywriter)*
Cecilia Astengo *(Sr Art Dir)*
Kamal Bhatnagar *(Sr Art Dir-Intl)*
Yann Gobert *(Sr Art Dir)*
Charles Guillemant *(Sr Art Dir)*
Anne Traonouil *(Sr Art Buyer)*

Accounts:
Action Against Hunger The Feast
Action Froid
AIVI MERRY CHRISTMAS
AXA AXA Insurance, Campaign: "Don't wait til it's too late", Campaign: "Protection is my calling", Campaign: "The Car"
Badabulle Campaign: "No One Should Suffer From Smelly Diapers", Campaign: "Teddy's Nightmare", Scented Diaper Bags
BNP Paribas Campaign: "Hello Bank!", Campaign: Sance Radio"
Brain & Spinal Cord Institute
Calor Campaign: "Sourires de Femmes"
Cardiovascular Research Foundation
Citroen Campaign: "DS3"
Coca-Cola Company Campaign: "Unlock The 007 In You", Coke Zero
Coca-Cola Great Britain
Delamaison
Depaul International Dog, Rabbit
Engie
Envol Vert Organisation Campaign: "Tree In Pieces"
New-Fnac
France Televisions Domestic Violence, France 3, France 5
Francois-Xavier Bagnoud Association
New-French National Maritime Rescue Organization
Groupe SEB
ICM "The Strip-Tease", Campaign: "Lost in the Metro"
Innocence En Danger
Institut de France
Le Monde
LensCrafters
Les Sauveteurs En Mer
Loreal Garnier
Luxottica Group S.p.A. Persol
MUSEE NATIONAL D'HISTOIRE NATURELLE OPERA 2/2
Nestle S.A. Nescafe Gold Blend
Orange SA "NEIGHBORS", BEAUTIFUL IS BETTER 2/2, Campaign: "Emotion Capture Box", Campaign: "Future Self", Campaign: "Hussars", Campaign: "Long live Christmas", Campaign: "Mega Mixum", Campaign: "Opening Night", Campaign: "The High Speed Walkway", Campaign: "The Wow Effect", Campaign: "Two Brothers", Campaign: "Wisemen", Campaign: "Wonderlove", Dazzled, Orange Livebox Play OVEO & Stop VEO
Parc Zoologique de Paris Observatory
Petite Maman Campaign: "Give Them A Second Chance"
Procter & Gamble France S.A.S.
Puma
Purina The grandmother and the boar
RATP Campaign: "Buffalo"
Renault Campaign: "Catch Me If You Can", Campaign: "Meerkats", Campaign: "Red is Dead", Campaign: "Restart Your Heart", Campaign: "The Portraits", Clio, Dacia, Dacia Dokker Van, Espace Ipad, Koleos, Megane, Renault Kangoo, Renault Master, Renault ZE, Twingo, Twizy, Vans
Samsonite
Samusocial de Paris Campaign: "A Woman's Nightmare"
Sooruz Campaign: "3/2Mm", Campaign: "Flexible Wetsuits", Campaign: "SOORUZ JUMP", Campaign: "Wake'N'Country", Campaign: "Warmer in than out"
Stihl Campaign: "Greeting Card", Campaign: "Polar station", Campaign: "Stihl Box: The gardener"
Tissons la Solidarite
New-Tunisian Ministry of National Tourism
Ulule "Live many lives - fashion", 1/2 Cinema
Unicef Campaign: "H2O Filter"
United Nations
Viking Lawnmower

Publicis Et Nous
33 rue des Jeuneurs, 75012 Paris, France
Tel.: (33) 1 55 35 90 90
Fax: (33) 1 55 35 90 91
Web Site: www.publicisgroupe.com

Employees: 35

Jean-michel Etienne *(CFO & Exec VP-Publicis Groupe)*
Alice McCreath *(CFO)*
Eve Magnant *(VP & Dir-Corp Social Responsibility-Publicis Grp)*
Peggy Nahmany *(VP & Dir-Comm)*
Dominique Le Bourhis *(Grp Treas & VP)*
Marco Gennari *(Controller-Fin-North America)*
Thomas Barbusse *(Dir-Fin Plng & Analysis)*
Sabrina Pittea *(Coord-Comm)*

Germany

Pixelpark AG
Bergmannstrasse 72, 10961 Berlin, Germany
Tel.: (49) 3050580
Fax: (49) 3050581400
E-Mail: info@pixelpark.com
Web Site: www.publicispixelpark.de

Employees: 377
Year Founded: 1991

Ralf Niemann *(CTO)*
Christian Jungbluth *(Gen Mng Dir-Fin)*
Gotz Teege *(Gen Mng Dir-Strategy)*

Subsidiaries

Publicis Pixelpark
Walther-Rathenau-Strasse 33, D-33602 Bielefeld, Germany
Tel.: (49) 521 98780 0
Fax: (49) 521 98780 49
E-Mail: presse@pixelpark.com
Web Site: www.publicispixelpark.de

Employees: 52

Agency Specializes In: Communications, E-Commerce

Olav A. Waschkies *(Mng Dir & Head-Bus-Reg West)*
Joerg Puphal *(Mng Dir & Exec Creative Dir)*
Stefan Schopp *(Mng Dir)*
Nicolas Chemin *(CFO)*
Ralf Niemann *(CTO-Germany)*
Horst Wagner *(CEO-Deutschland)*
Matthias Berndt *(Mng Dir-Hamburg)*
Ute Poprawe *(Mng Dir-Frankfurt)*
Anna Hoehn *(Head-Strategy)*
Gotz Teege *(Gen Mgr)*
Timm Weber *(Exec Dir-Creative-Hamburg)*
Charlotte Lippert *(Art Dir)*
Katharina Lohse *(Bus Dir)*

Publicis Pixelpark
Implerstr 11, 81371 Munich, Germany
Tel.: (49) 899040070
Fax: (49) 4.99E+11
E-Mail: kontakt.muenchen@publicis.de
Web Site: www.publicispixelpark.de

Employees: 500

Agency Specializes In: Advertising, Corporate Communications, Digital/Interactive, Event Planning & Marketing, Public Relations

Mathias Wundisch *(Mng Dir-Munich)*
Niklas Paul *(Jr Art Dir)*
Olaf Wolff *(Exec Partner-Client)*

Accounts:
European Aeronautic Defence & Space Company EADS N.V.
Friends for Life
Lupine Lighting Systems
One Earth - One Ocean
Siemens Aktiengesellschaft

Greece

Publicis Hellas
3-5 Menandrou Street, Kifissia, 14561 Athens, Greece
Tel.: (30) 210 628 1000
Fax: (30) 210 628 1009
E-Mail: info@publicis.gr
Web Site: www.publicis.com

Employees: 50

Andonis Passas *(Chm)*
Nicky Acrioti *(CEO)*
Angelina Desilla *(Client Svc Dir)*

Italy

Carmi & Ubertis Design S.R.L.
2 Via Savio Alessandro, 15033 Casale Monferrato, Italy
Tel.: (39) 014271686
Fax: (39) 014 276 444
Web Site: www.carmiubertis.it

Employees: 21

Agency Specializes In: Advertising

Alessandro Ubertis *(Owner)*
Elio Carmi *(Creative Dir)*

Publicis Italia
Via A Riva Villasanta 3, 20145 Milan, Italy
Tel.: (39) 02310371
E-Mail: publicis@publicis.it
Web Site: www.publicis.it

ADVERTISING AGENCIES

AGENCIES - JANUARY, 2019

Employees: 140
Year Founded: 1986

Agency Specializes In: Advertising, Communications, Print, Production, Production (Ad, Film, Broadcast), Production (Print), Radio, T.V.

Emanuele Saffirio *(Pres)*
Louis Tohme *(CFO)*
Dario Gargiulo *(CMO)*
Cristiana Boccassini *(Chief Creative Officer & Exec Creative Dir)*
Ceo Publicis *(Chief Creative Officer)*
Giada Gheno *(Head-Adv, Media & Product Mktg)*
Stefano Perazzo *(Head-Social)*
Pierluigi Roselli *(Head-Digital Production)*
Deborah Salbego *(Head-Production)*
Bela Ziemann *(Head-Plng)*
Bruno Bertelli *(Exec Creative Dir)*
Davide Boscacci *(Exec Creative Dir)*
Luca Cinquepalmi *(Exec Creative Dir)*
Claudia Brambilla *(Grp Acct Dir)*
Simona Coletta *(Grp Acct Dir)*
Sara Rosset *(Art Dir & Sr Copywriter)*
Francesco Martini *(Creative Dir & Copywriter)*
Azeglio Bozzardi *(Creative Dir-Digital)*
Gabriele Ciregia *(Art Dir)*
Dario Citriniti *(Art Dir-Digital)*
Tommy Cottam *(Acct Dir-Heineken-Global)*
Thiago Cruz *(Creative Dir)*
Florence de Lophem *(Acct Dir)*
Giulia di Filippo *(Art Dir)*
Emanuela Dionisi *(Acct Dir)*
Mihnea Gheorghiu *(Creative Dir)*
Lacopo Gioffre *(Art Dir-Digital)*
Giovanni Greco *(Art Dir)*
Massimo Guerci *(Creative Dir-Digital)*
Picci Michele *(Creative Dir-Digital)*
Cecilia Moro *(Art Dir)*
Tiziana Paduanelli *(Acct Dir)*
David Pagnoni *(Acct Dir-Worldwide)*
Michele Picci *(Creative Dir-Digital)*
Barbara Pusca *(Acct Dir)*
Andrea Raia *(Art Dir)*
Giada Salerno *(Acct Dir)*
Andrea Savelloni *(Art Dir)*
Alice Teruzzi *(Art Dir)*
Eleni Charakleia *(Dir-Client Svc)*
Noa Dekel *(Dir-Global Plng)*
Lorenza Montorfano *(Dir-Client Svc)*
Alessandra Montresor *(Dir-Comm & External Rels)*
Aureliano Fontana *(Assoc Dir-Creative)*
Bruno Vohwinkel *(Assoc Dir-Creative)*
Filippo Festuccia *(Mgr-Social Media)*
Doina Tatu *(Mgr-Social Media)*
Filippo D'Andrea *(Acct Supvr)*
Fabiola Miccone *(Acct Supvr)*
Costanza Rossi *(Supvr-Creative-Diesel)*
Fabrizio Tamagni *(Supvr-Creative)*
Giuseppe Esposito *(Acct Exec)*
Monica Radulescu *(Sr Planner-Creative)*
Lina Akbarzadeh *(Copywriter)*
Mattia Bellomo *(Planner-Strategic)*
Giulia Brugnoli *(Copywriter)*
Fabio Caputi *(Copywriter)*
Caterina Collesano *(Art Buyer)*
Michele Dell'Anna *(Copywriter)*
Francesca Ferracini *(Copywriter)*
Matteo Gatto *(Copywriter)*
Claudia Illan *(Copywriter)*
Caterina Marascio *(Copywriter)*
Beatrice Mari *(Copywriter)*
James Moore *(Planner-Strategic-Intl)*
Enrico Pasquino *(Copywriter)*
Roberto Rosi *(Copywriter)*
Giulia Rendo *(Jr Acct Exec)*
Paolo Bartalucci *(Assoc Creative Dir)*
Francesco Basile *(Assoc Creative Dir)*
Vinicius De Menezes *(Assoc Creative Dir)*
Simone Di Laus *(Assoc Creative Dir)*
Francesco Epifani *(Assoc Creative Dir)*
Eddy Guimaraes *(Assoc Creative Dir)*
Nicolas Larroquet *(Assoc Creative Dir)*
Renzo Mati *(Assoc Creative Dir)*
Vinicius Dalvi Norbim *(Assoc Creative Dir)*
Hugo Wahledow *(Jr Art Dir)*

Accounts:
Adidas
Avantgarde
Belgian Advertising School Campaign: "Don't donate your sperm"
Bolton
Burn Campaign: "Visions"
Campari Jagermeister
City Council of Fucecchio, Tuscany, Italy
Coca-Cola Burn Energy Drink, Campaign: "Never Extinguish"
Diesel SpA Global Advertising, Global Creative; 2017
Fater S.p.A
F.lli Carli
Garnier
Hasbro
Heineken Campaign: "Listening to My Sunrise", Campaign: "Reach The Sunrise", Campaign: "The Candidate", Campaign: "The Real Master of Intuition", Heineken 0.0, MacFarland, Sponsorship, Sunrise
Helena Rubinstein Cosmetics & Beauty Aids, Make-Up, Sun Products
Hewlett-Packard
Leroy Merlin Italy Campaign: "It's more than a garden when it's made by you"
L'Oreal
McFarland
Microsoft
Nestle Buitoni
Nestle Nescafe
Novartis
Orphea Billboard, Campaign: "Keep Ants and Cockroaches Outside", Outdoor
Rado Television
Renault S.A. Campaign: "Dacia Sponsor Day", Dacia, Renault Sponsor Day The Split
Sanofi Donnamag Campaign: "Sos Pms"
Save the Children International
Security Service Campaign: "Following Eyes"
Sisal
Sky plc Sky TV
Subito.it
Tempo
Unicredit
Whirlpool Italia

Publicis Networks
Via Riva Villa Santa 3, 20145 Milan, Italy
Tel.: (39) 02 310 37 1
Fax: (39) 02 349349 00
E-Mail: publicis@publicis.it
Web Site: www.publicis.it

Employees: 100

Bruno Bertelli *(Exec Creative Dir)*
Cristiana Boccassini *(Exec Creative Dir)*
Luca Cinquepalmi *(Exec Creative Dir-Publicis Milan Italy)*
Boccassini Cristiana *(Exec Creative Dir)*
Cinquepalmi Luca *(Exec Creative Dir)*
Marco Venturelli *(Exec Creative Dir)*
Enrico Bellini *(Art Dir & Supvr-Creative)*
Simone Di Laus *(Art Dir)*
Massimo Guerci *(Creative Dir-Digital)*
Barbara Pusca *(Acct Dir)*
Andrea Raia *(Art Dir)*
Giada Salerno *(Acct Dir)*
Mattia Bellomo *(Sr Planner-Strategic)*
Filippo D'Andrea *(Acct Exec)*
Matteo Gatto *(Copywriter)*
Guglielmo Pezzino *(Planner-Strategic)*
Paolo Bartalucci *(Assoc Creative Dir)*
Francesco Epifani *(Assoc Creative Dir)*

Accounts:
Campari Group
Jagermeister Campaign: "#BETHENIGHTMEISTER"
City Council of Fucecchio
Coca-Cola Campaign: "Never Extinguish", Campaign: "Visions"
Dacia
Heineken
Leroy Merlin Household, Garden and Pets
Nestle Nescafe
Yovis Viaggio Campaign: "The Great Escape"

Publicis S.R.L.
Via A Riva di Villasanta 3, 20145 Milan, Italy
Tel.: (39) 02 31037 1
Fax: (39) 02 3493 4898 (Mgmt)
E-Mail: publicis@publicis.it
Web Site: www.publicis.it

Employees: 115

Agency Specializes In: Advertising

Bruno Bertelli *(Exec Creative Dir)*
Claudia Brambilla *(Grp Acct Dir)*
David Pagnoni *(Acct Dir-Worldwide)*
Barbara Pusca *(Acct Dir)*
Francesco Epifani *(Assoc Creative Dir)*
Renzo Mati *(Assoc Creative Dir)*

Publicis
Via Tata Giovanni 8, 00154 Rome, Italy
Tel.: (39) 06 570201
Fax: (39) 06 5745 708
E-Mail: publicis@publicis.it
Web Site: www.publicis.it

Employees: 40

Agency Specializes In: Advertising

Bruno Bertelli *(CEO-Italy & Chief Creative Officer-Publicis Worldwide)*
Cristiana Boccassini *(Chief Creative Officer)*
Emmanuele Saffirio *(Pres-Italy)*
Mariella Maiorano *(Head-TV Production)*
Luca Cinquepalmi *(Exec Creative Dir)*
Marco Venturelli *(Exec Creative Dir)*
Tommy Cottam *(Acct Dir)*
David Pagnoni *(Acct Dir-Worldwide)*
Giada Salerno *(Acct Dir)*
Davide Gonzato *(Dir-Client Svc-Intl)*
Vinicius Dalvi *(Assoc Dir-Creative)*
Eddy Guimaraes *(Assoc Dir-Creative)*
Michela Talamona *(Assoc Dir-Creative)*
Fabrizio Tamagni *(Assoc Dir-Creative)*
Derek Muller *(Acct Mgr-Intl)*
Dalila Salhi *(Acct Mgr-Intl)*
Silvia Ghiretti *(Acct Supvr)*
Barbara Ruscio Levi *(Acct Supvr)*
Ilaria Lorenzetti *(Acct Supvr)*
Lischa Steiper *(Acct Exec)*
Carlotta Tamassia *(Acct Exec)*
James Moore *(Planner-Strategic-Intl)*
Luca Boncompagni *(Assoc Creative Dir)*
Azeglio Bozzardi *(Assoc Creative Dir)*
Martino Lapini *(Assoc Creative Dir)*

Accounts:
Heineken Holding N.V.

Luxembourg

Mikado S.A.
38 route d'Esch, 1470 Luxembourg, Luxembourg
Tel.: (352) 45 75 45 1
Fax: (352) 45 75 45 75
E-Mail: contact@mikado.lu
Web Site: www.mikado.lu

AGENCIES - JANUARY, 2019 — ADVERTISING AGENCIES

Employees: 15

Jean-Luc Mines *(Owner)*
Patrick Bertrand *(Art Dir)*
Aurelie Bertrand *(Sr Acct Mgr)*

Publicis
Prof WH Keesomlaan 12, 1183 DJ Amstelveen, Netherlands
Mailing Address:
PO Box 205, 1180 AE Amstelveen, Netherlands
Tel.: (31) 020 406 12 00
Fax: (31) 20 406 1300
E-Mail: info@publicis.nl
Web Site: www.publicis.nl

Employees: 65
Year Founded: 1996

David Pagnoni *(Acct Dir)*
Steef Nijhof *(Dir-Creative & Art)*

Accounts:
ALS Foundation Netherlands Campaign: "ALS", Campaign: "I Have Already Died.", Campaign: "Theodoor"
Bloemen.nl Campaign: "Screwed"
Dutch Heart Foundation
Mauritshuis
T-Mobile US

Portugal

Publicis Publicidade Lda.
Rua Goncalves Zarco 14, 1449-013 Lisbon, Portugal
Tel.: (351) 21 303 5100
Fax: (351) 21 303 5200
E-Mail: publicidade@publicis.pt
Web Site: www.publicis.com

Employees: 20
Year Founded: 1959

Tiago Strecht *(Chief Innovation Officer & Mng Dir-Publicis & Digitas)*
Antonio Junior *(Head-Print Production-Publicis One Portugal)*
Antonio Alves da Silva *(Controller-Media & Coord)*
Joana Arez *(Exec Creative Dir)*
Steve Colmar *(Exec Creative Dir)*
Nuno Salvaterra *(Exec Creative Dir-Publicis Grp)*
Rudolfo Gonsalves *(Client Svcs Dir)*
Edgar Meira *(Dir-Digital Production-Publicis Grp)*
Freddie Brando *(Copywriter-Creative)*
Joana Carvalho *(Designer)*
Rui Lousao *(Designer)*
Patricia Mariano *(Copywriter)*
Robert Paulo *(Intern Copywriter)*

Accounts:
Dacia
Procter & Gamble Campaign: "Snoring Playback", Vicks
Renault Campaign: "'Don't Dream And Drive", Campaign: "Real Life Doubles", Campaign: "Silence Drive"

Romania

Publicis
8 Luminei Street, Bucharest, 2 Romania
Tel.: (40) 21 407 5600
Fax: (40) 21 407 5649
E-Mail: front.desk@publicis.ro
Web Site: www.publicis.com

Employees: 50

Alex Badila *(Mng Dir)*

Adina Albu *(Grp Acct Dir-Publicis One)*
Cristian Anton *(Art Dir)*
Ana Chreih *(Acct Dir)*
Mihnea Gheorghiu *(Creative Dir-Digital)*
Oana Radu *(Acct Dir)*
Miruna Sandulescu *(Acct Dir)*
Alexandra Murray *(Dir-Client Svc)*
Emanuela Ionescu *(Sr Acct Mgr)*
Anca Catarambol *(Mgr-HR)*
Ioana Mihai *(Planner-Strategic)*
Andreea Popa *(Copywriter)*
Laur Raboj *(Copywriter)*
Jorg Carlo Nicolo Riommi *(Coord-Creative-CEE)*

Accounts:
AdPrint Festival by Luerzer's Campaign: "Fly Pack, Plan, Burger, Bang"
Anheuser-Busch InBev N.V./S.A.
Art Safari
The Automobile Club of Romania
Carrefour SA Campaign: "Shop like a Jedi", Campaign: "broccoli", Carrefour
Dacia
National Library of Romania
Nestle S.A.
New Zealand Rugby House All Blacks: Jonah Lomu
Nutrivet
P&G Campaign: "Dinner"
Pegas Bicycles Campaign: "The Internet Of The People"
Renault
Romanian Traffic Police Campaign: "Your Last Journey", Campaign: "seatbelt song"
Whirlpool Campaign: "Bring back your sportswear with the Whirlpool Sports Washer."

Slovenia

MMS Marketinske Komunikacije, D.O.O.
Ameriska ulica 8, 1000 Ljubljana, Slovenia
Tel.: (386) 12343500
Fax: (386) 12343501
E-Mail: info@publicis.si
Web Site: www.publicis.si

Employees: 42

Accounts:
Hempel
Jazz Kamp Kranj
Mercator
Mobitel
Nova KBM
Renault
Sberbank
Si.mobil

Spain

Carre Noir Barcelona
Duana 3-2, Barcelona, 08003 Spain
Tel.: (34) 933 016 500
Fax: (34) 933 020 323
Web Site: www.carrenoir.es

Employees: 6

Agency Specializes In: Brand Development & Integration, Branded Entertainment, Consulting, Consumer Goods, Corporate Identity, Package Design, Retail

Els Neirinckx *(Art Dir)*
Joan Ricart *(Mgr-Gral)*

Publicis
C/ Ramirez De Arellano 21, 28043 Madrid, Spain
Tel.: (34) 91 555 84 11
Fax: (34) 91 556 16 37 (Mgmt)

E-Mail: info@publicis.es
Web Site: www.publicis.es

Employees: 123
Year Founded: 1992

Ricardo del Campo Donovan *(Mng Dir)*
Ana Simoes *(CFO)*
Beatriz Fernandez de Bordons *(Head-Bus Dev & Comm)*
Eduardo Gomez-Escolar *(Head-Acct Mgmt)*
Bitan Franco *(Exec Creative Dir)*
Arturo Lopez *(Exec Creative Dir)*
Sito Morillo *(Exec Creative Dir)*
Mauricio Duque *(Creative Dir)*
Nuria Pradera *(Acct Dir)*
Gustavo Samaniego *(Dir-Production)*
Fernando L Payero Guinea *(Mgr-Trade)*
Fatih Duzyol *(Copywriter-Turkey)*
Pablo Murube Martin *(Copywriter)*

Accounts:
BIC Campaign: "BIC Idea"
Carrefour
Dacia
FAD Campaign: "Dance Music Not For Dancing", Campaign: "The Big Waiting Room"
Loterias y Apuestas del Estado La Primitiva Lottery
Talleres Motrio Tac Tac
Telefonica Movistar+

Switzerland

Publicis Dialog Zurich
Stradelhofer Strasse 25, CH-8001 Zurich, Switzerland
Tel.: (41) 44 711 7211
Fax: (41) 44 711 7272
Web Site: www.publicis.ch

Employees: 50

Edgar Edgar Magyar *(CFO)*
Regine Cavicchioli *(Art Dir)*
Lorenz Clormann *(Creative Dir)*

Publicis
Stadelhofer Strasse 25, 8001 Zurich, Switzerland
Tel.: (41) 44 711 7211
Fax: (41) 44 711 7272
E-Mail: management@publicis.ch
Web Site: www.publicis.ch

Employees: 110

Matthias Koller *(Mng Dir)*
Thomas Wildberger *(Chief Creative Officer)*
Andrea Pedrazzini *(CEO-Publicis Comm Switzerland)*
Melanie Bisseret-Foucher *(Head-New Bus & Acct Dir)*
Lucas Conte *(Head-Strategy-Publicis Comm Schweiz)*
Peter Bronnimann *(Creative Dir)*
Regine Cavicchioli *(Art Dir)*
Lorenz Clormann *(Creative Dir)*
Marvin Hugentobler *(Art Dir)*
Andrea Klainguti *(Art Dir)*
Sandy Pfuhl *(Art Dir)*
Urs Schrepfer *(Creative Dir)*
Jan Kempter *(Copywriter)*
Lucas Montalva *(Designer-Conceptual)*

Accounts:
Calanda
Energie Experten Campaign: "Finger Hero"
Equal Pay Day
Frauenzentrale Zurich Center of Women / Frauenzentrale: Domestic Violence, Live billboard, Toasterin
Ittinger

ADVERTISING AGENCIES

L'Oreal Campaign: "Black", Campaign: "Hide Yesterday", Garnier Fructis, Meet the Parents
Orange Communications Campaign: "Orange Me Groom", Campaign: "Orange Young: Freedom Colors"
Pink Ribbon
Renault Nissan Suisse SA; Urdorf Corner Poster, Kaleos
Ricola USA, Inc. Advertising, Global Creative & Digital, Integrated Content; 2018
Sanofi
UBS AG
Youcinema Snackbar
Zurich Women's Center

United Kingdom

August Media
Zetland House, Scrutton Street, London, EC2A 4HJ United Kingdom
Tel.: (44) 2077493300
E-Mail: hello@augustmedia.com
Web Site: www.augustmedia.com

Employees: 50
Year Founded: 2005

Agency Specializes In: Advertising, Brand Development & Integration, Magazines, Social Media

Sarah Bravo *(Co-Owner & Dir-Editorial)*
Steven Hunter *(CEO)*
Jules Rogers *(Creative Dir)*

Accounts:
Golfbreaks.com Digital, E-Commerce

Bartle Bogle Hegarty Limited
60 Kingly Street, London, W1B 5DS United Kingdom
(See Separate Listing)

Freud Communications
55 Newman St, London, W1T 3EG United Kingdom
Tel.: (44) 20 3003 6300
Fax: (44) 20 3003 6303
Web Site: www.freuds.com

Employees: 300

Matthew Freud *(Chm)*
Arlo Brady *(CEO)*
Caroline Wray *(Mng Dir-Consumer)*
Chris Bamford *(Dir-Strategy & Creative)*
Ben Brooks-Dutton *(Dir-Creative Plng)*
Giles Pocock *(Dir)*

Accounts:
Change4Life Public Relations
COI
Comic Relief
Comparethemarket.com PR
Danone Evian
The Department of Energy & Climate Change Campaign: "Change-4Life", PR
Department of Health Public Health Campaigns
Diageo
The Dubai Department of Tourism & Commerce Marketing
Food Network Consumer PR
Harrods
Iglo Group Consumer
J. Sainsbury plc Brand Proposition, Consumer Public Relations, Food & Drink Divisions; 2018
Kerry Foods
KFC Corporation Corporate Communication
Mars, Inc Consumer Public Relations, Digital, Galaxy, M&Ms, Seeds of Change
nike
Pizza Hut
Public Health England Consumer Engagement, Public Relations
Sadiq Khan
SKY
Toyota
Universal
Visa
Walkers
Warburtons

Poke
5th Floor 82 Baker Street, London, W1U 6AE United Kingdom
Tel.: (44) 20 7830 3030
Fax: (44) 0207 749 5383
E-Mail: hello@pokelondon.com
Web Site: www.pokelondon.com

Employees: 60
Year Founded: 2001

Agency Specializes In: Advertising, Advertising Specialties, Arts, Automotive, Content, Cosmetics, Digital/Interactive, Electronics, Internet/Web Design, RSS (Really Simple Syndication)

Nick Farnhill *(CEO)*
Tom Bayliss *(Mng Dir)*
Ben Joyce *(Head-Delivery & Ops)*
Christina Marks *(Head-Client Svcs)*
Luca Cinquepalmi *(Exec Creative Dir)*
Venturelli Marco *(Exec Creative Dir)*
Sophie Rivet *(Acct Dir)*
Hugo Wahledow *(Art Dir)*
Vinicius Dalvi *(Copywriter)*
Claudia Illan *(Copywriter)*
Colin Byrne *(Grp Creative Dir)*
Angus Mackinnon *(Grp Creative Dir)*

Accounts:
Albion Bakery
BakerTweet
Diesel Campaign: "DIESEL EYEWEAR SS12", Campaign: "Fit Your Attitude"
French Connection UK
Heineken Media
International Olympic Committee 2018 Winter Games, Broadcast, Digital Activations
Manchester City
Manifesto
Oasis
Orange Gold Spots
Orange RockCorps
Orange Campaign: "Phone Fund", GlastoTag, Mobile Phones, Spot the Bull Campaign, talkingpoint.orange.co.uk, www.mobmates.co.uk
Outfittery Digital, Global Creative; 2018
Peoples Policies
Ricola USA, Inc Advertising, Digital Communications, Integrated Content; 2018
Skype Outside
Ted Baker
Turnbull & Asser Creative, Design, Global Digital Communications, Strategy
Yahoo!

Prodigious
2627 Castlereagh Street, London, W1H 5DL United Kingdom
Tel.: (44) 207 255 5100
Web Site: www.prodigious.com

Employees: 200

Agency Specializes In: Brand Development & Integration, Content, Production, Production (Ad, Film, Broadcast), Production (Print)

Morgan Cox *(CEO-UK)*
Steve Clay *(Dir-Client Solutions)*
Paul Jackson *(Dir-Ops)*
Emma Vale *(Sr Acct Mgr)*

Accounts:
GSK
HPE
L'Oreal
Nestle
P&G
Renault
Sanofi
Toyota

Publicis UK
82 Baker St, London, W1U 6AE United Kingdom
Tel.: (44) 20 7935 4426
Fax: (44) 20 7487 5351
E-Mail: will.hamilton@publicis.co.uk
Web Site: publicis.london/

Employees: 500
Year Founded: 1972

National Agency Associations: IPA

Agency Specializes In: Advertising, Consumer Marketing, Direct Response Marketing, Electronic Media, Print

Annette King *(CEO)*
Trent Patterson *(Mng Dir)*
James Barnes-Austin *(CFO)*
Jo Coombs *(COO)*
Dom Boyd *(Chief Strategy Officer)*
Anna Campbell *(Chief Growth Officer)*
Nigel Vaz *(CEO-Publicis Sapient Intl & Head-Bus Transformation)*
Justin Billingsley *(CEO-Publicis Emil)*
Sue Frogley *(CEO-Publicis Media)*
Karl Weaver *(CEO-Spine)*
Mark Howley *(COO-Publicis Media-UK)*
Philip Dowgierd *(Mng Dir-Digital)*
Scott Needham *(Head-Dept & Acct Mgmt & Bus Dir)*
Matt Blackborn *(Head-Global Client)*
Kari Marubbio Freeburn *(Head-Strategy)*
Adam Hancox *(Head-Programmatic-Publicis Media)*
Karl Newman *(Head-Sponsorship & Partnerships-Publicis Media)*
Kike Gutierrez *(Exec Creative Dir)*
Sol Ghafoor *(Grp Dir-Strategy)*
Joshua Norbury *(Sr Dir-Creative & Art)*
Steve Moss *(Creative Dir-Sr Copywriter)*
Andrea Bedoya *(Acct Dir)*
Roxanne Courtman *(Acct Dir)*
Amber Faulkner *(Bus Dir)*
Jolyon Finch *(Creative Dir)*
Stephen Glenn *(Creative Dir)*
Karolina Gogarowska *(Acct Dir)*
Benjamin McKee *(Acct Dir)*
Troy Parsonson *(Bus Dir)*
Stuart Pond *(Bus Dir)*
Ed Robinson *(Creative Dir)*
Polina Zabrodskaya *(Art Dir)*
Tara Austin *(Dir-Behavioral Strategy)*
Tim Bath *(Dir-Creative Ops)*
Paulina Goodwin *(Dir-Strategy)*
Alex Augustyn *(Sr Acct Mgr)*
Luke Johnson *(Sr Acct Mgr)*
Elzabe Buys *(Acct Mgr)*
Joy Desseign *(Acct Mgr)*
Caroline Pollard *(Acct Mgr)*
Tom Froggett *(Acct Exec)*
Stephen Beverly *(Copywriter)*
Sandra Bold *(Copywriter)*
Joshua Cunningham *(Copywriter)*
Pannie Hopper *(Grp Bus Dir-OOH)*
Dan Kennard *(Sr Art Dir)*

Accounts:
Airbus
Asda Group Creative, Media
Barratt Developments

AGENCIES - JANUARY, 2019 — ADVERTISING AGENCIES

BHS
Bongrain
Circle Sports
Circle
Coca-Cola Campaign: "Coming Together", Campaign: "Taste The Possibilities", Coke Zero, Digital, In-Store, Outdoor, Print, TV
Coffee Mate
Confused.com Brian, Brian the Robot, Campaign: "shoelace", Creative, Digital, PR, Radio, Rebrand Campaign
Debra Brand Relaunch
Depaul UK "Struggle to Sleep", Campaign: "Don't Let Their Stories End On The Streets", Campaign: "Ihobo 1.1", Campaign: "There's Another Side to the Story", Cardboard Box Business, Outdoor, The Depaul Box Company
Electronic Arts EA Sports, Global Media
New-Essity Zewa
Ferrero Advertising, Ferrero Rocher
Heineken UK Limited Creative, Global Digital, Sponsorship
International Olympic Committee 2018 Winter Games, Broadcast, Digital Activations
JLL Communications
Lastminute.com Advertising, Creative, Print, Social Activity, TV, VOD; 2017
Nestle UK Ltd. Coffee-Mate, Green Blend, Maggi, Nescafe Gold blend, Nestle Waters, Nesvita, Original 3 in 1, Purina
Oral-B
P&O Ferries Creative & Media; 2018
PayPal Campaign: "Easy as Pie", Campaign: "Options", Outdoor, TV
Phileas Fogg Campaign: "They're not Crisps They're Phileas Fogg"
The Pilion Trust
Playful Promises Playful Promises - Elizabeth Gaskell
Plenty Kitchen Roll Campaign: "Nonna Knows Best"
Procter & Gamble Bounty, Campaign: "At Least You Don't Have to Worry About Your Smile", Campaign: "Merry Beeping Christmas from Oral-B", Charmin, Media Buying & Planning, Oral-B, Pepto Bismol, Puffs, Tempo, Vicks
Renault Advertising, Avantime, CRM, Campaign: "Fate", Campaign: "Rabbits", Campaign: "Rain, Kiss My Glass", Campaign: "What Is Va Va Voom?", Campaign: "You Do the Maths", Clio, Dacia, Digital, Espace, Kangoo, Laguna, Marketing, Marque, Megane, Press, Renault 4+, Renault to Go, Scenic, TV, Through the Line, Twizy, Vel Satis, Wind Roadster, Windows, ZE Range
Reubens
Ricola USA, Inc (Global Lead Agency) Advertising, Digital Activations, Integrated Content, Strategy; 2018
SCA Campaign: "Apartment", Campaign: "As Life Unfolds", Campaign: "Plenty the Big One Launch", Drypers, Libero, Lotus, Plenty
T-Mobile US
Tourism Ireland Campaign: "Jump into Ireland", Global Creative
Troicare
UBS Campaign: "Braille"
WM Morrison Supermarkets PLC (Creative Agency of Record)
Yopa Brand Awareness, Creative, Digital

Turner Duckworth Design
Voysey House Barley Mow Passage, W4 4PH London, United Kingdom
(See Separate Listing)

U.S. Branch

Turner Duckworth
831 Montgomery St, San Francisco, CA 94133
Tel.: (415) 675-7777
Fax: (415) 675-7778
E-Mail: info@turnerduckworth.com
Web Site: www.turnerduckworth.com/

Employees: 15

Agency Specializes In: Sponsorship

David Turner *(Partner)*
Joanne Chan *(COO)*
Janice McManemy *(Sr Acct Dir)*
John Winkleman *(Sr Acct Dir)*
Chris Garvey *(Creative Dir)*
Jamie McCathie *(Creative Dir)*
Sarah Moffat *(Creative Dir)*
Carolyn Ashburn *(Dir-Design)*
Tyler Brooks *(Dir-Design)*
Rebecca Williams *(Dir-Design)*
Kate Monahan *(Sr Acct Mgr)*
Michelle Farhang *(Acct Mgr)*
Melissa Chavez *(Sr Designer)*
Nicole Jordan *(Sr Designer)*
Hannah Steinberg *(Sr Designer)*

Accounts:
New-Burger King Corporation
The Coca-Cola Company "Birthday Candles", Coca-Cola, Diet Coke
Coca-Cola Refreshments USA, Inc. Campaign: "Coca-Cola Arctic Home", Diet Coke Crop Packaging, Diet Coke logo
D&AD
Levi Strauss & Co. Campaign: "Levi's Visual Identity System"
New-MillerCoors
Samsung
New-Subway Restaurants

South Africa

Arc South Africa
Dunkley House 32 Barnet Street Gardens, Cape Town, South Africa
Tel.: (27) 214684000
Fax: (27) 214684010
E-Mail: info@arcww.co.za
Web Site: www.arcww.co.za

Employees: 50
Year Founded: 1996

Agency Specializes In: Advertising, Customer Relationship Management, Digital/Interactive, E-Commerce, Internet/Web Design, Mobile Marketing, Production, Search Engine Optimization, Social Media, Strategic Planning/Research

Peter Farrell *(Mng Dir-Prima Integrated Mktg)*
Estelle Du Toit *(Acct Dir)*
Annatjie Du Plessis *(Dir-Ops)*
Keith Lindsay *(Dir-Bus Dev)*
Jane Muggleston *(Sr Acct Mgr)*
Dale Lawrence *(Mgr-Print Production)*
Bridgette Hamburg *(Accountant-Fin)*
Bronwyn Murray *(Accountant-Fin)*
Amelia Hill *(Campaign Mgr)*
Agafar Mabie *(Campaign Mgr)*
Gavin Schilder *(Sr Art Dir)*
Driekie van Biljon *(Sr Art Dir)*

Accounts:
Adidas
BMW
DirectAxis. Insurance & Financial Service Providers
MINI
Shell Energy & Petrochemicals Mfr
Virgin Active

Publicis Johannesburg Pty. Ltd.
5th Fl Eklay House 186 Loop St, Cape Town, 2000 South Africa
Tel.: (27) 21 487 9100
Fax: (27) 11 519 1900
E-Mail: tyoung@publicis.co.za
Web Site: www.publicisgroupe.com

Employees: 60
Year Founded: 1997

National Agency Associations: ACA

John Dixon *(CEO-Africa)*

Accounts:
Hewlett-Packard
L'Oreal Ambre Solaire, Cacharel, Lancome, Plenitude, Polo, Ralph Lauren; 1993
Nestle Cremora, Klim, Maggi, Make-A-Litre, Nescafe, Ricoffy; 1993
Purina
Renault South Africa Campaign: "Numbers 28's", Laguna, Megane, Passenger Cars, Safrange; 1996
The Salvation Army Campaign: "Blankets for the Living"
Sanofi
Softsheen Carson
Whirlpool & KIC South Africa Major Domestic Appliances; 1996

Canada

Nurun Inc.
740 Notre Dame West Street, Suite 600, Montreal, QC H3C 3X6 Canada
(See Separate Listing)

Branches

Nurun/China Interactive
162 Yong Nian Rd, 3rd Fl, Shanghai, 200025 China
Tel.: (86) 21 5383 4038
Fax: (86) 21 5383 4050
E-Mail: china@nurun.com
Web Site: www.nurun.com

Employees: 60

Annabella Yang *(VP-Asia Pacific)*
Foye Deng *(Sr Designer-Web)*
Dami Hu *(Sr Designer-Web)*
Fennie Zhu *(Planner-Digital Strategy)*
Eyrie Yang *(Assoc Creative Dir)*

Nurun Inc.
96 Spadina Ave 9th Fl, Toronto, ON M5V 2J6 Canada
Tel.: (416) 591-6000
Fax: (416) 591-6100
E-Mail: toronto@nurun.com
Web Site: www.nurun.com

Employees: 50

Agency Specializes In: Advertising, Digital/Interactive

Jim Yang *(Chief Strategy Officer)*
Marieta Shanouda *(Copywriter)*

Accounts:
AGF
Bolton Services
Home Depot Canada
IMAX Corporation
Lancaster
Michelin North America
Nestle Italia
Snickers
Wisk

ADVERTISING AGENCIES

Nurun Inc.
18 E 16th St 7th Fl, New York, NY 10003
Tel.: (212) 524-8100
Fax: (212) 524-8101
Web Site: www.nurun.com

Employees: 20

Agency Specializes In: Brand Development & Integration, Communications, Internet/Web Design

Jon Hackett *(Sr VP & Dir-Emerging Tech)*

Accounts:
Kerastase US
Matrix
MedPointe Pharma

Nurun Spain
Entenza 94 Office 1, 08015 Barcelona, Spain
Tel.: (34) 93 238 8110
Fax: (34) 93 415 3048
E-Mail: barcelona@nurun.com
Web Site: www.nurun.com

Employees: 6
Year Founded: 2001

Agency Specializes In: Advertising, Consumer Marketing, Food Service, International, Multicultural

Nicolas Roope *(Exec Creative Dir)*
Gonzalo Corchon Duaygues *(Dir-Dev)*
Camino Martinez *(Specialist-Digital Mktg)*

Ove Design & Communications Ltd.
111 Queen Street East, Suite 555, Toronto, ON M5C 1S2 Canada
Tel.: (416) 423-6228
Fax: (416) 423-2940
E-Mail: start@ovedesign.com
Web Site: www.ovedesign.com

Employees: 25

Agency Specializes In: Internet/Web Design

Michel Viau *(Pres & CEO)*
Admira Nezirevic *(Mng Dir-Client Svc)*
Lisa Burtt *(Acct Dir)*
Melissa Westerby *(Acct Dir)*
Peter Baker *(Dir-Design)*
Derek Wessinger *(Dir-Design)*

Accounts:
Bank of Montreal
Body & Soul Fitness Corp.
CSI Global Education
Dundee Realty Corp.
George Weston Limited
Harris Bank
Hospitals of Ontario Pension Plan
Loblaw Companies Ltd.
Onex Corporation
Sun Life Financial
Sunoco Inc

Publicis Brand/Design
111 Queen St E Ste 200, Toronto, ON M5C 1S2 Canada
Tel.: (416) 925-7733
Fax: (416) 925-7341
Web Site: www.publicis.ca

Employees: 200

Agency Specializes In: Advertising

Duncan Bruce *(Pres & CEO)*
Tracey Tobin *(Sr VP & Head-Client)*
Bobby Malhotra *(VP & Brand Dir)*
Leonard Wise *(VP & Brand Dir)*
Lukasz Dolowy *(Grp Acct Dir)*
Rachel Levman *(Acct Dir)*
Lindsey Ash *(Dir-HR & Admin)*

Publicis Dialog & Interactive-Montreal
3530 Boulvard Saint-Laurent Bureau 400, Montreal, QC H2X 2V1 Canada
Tel.: (514) 285-1414
Fax: (514) 842-5907
E-Mail: infomtl@publicis.ca
Web Site: www.publicis.ca

Employees: 100

Agency Specializes In: Digital/Interactive

Accounts:
Napa Autopro

Publicis Dialog
111 Queen St E Ste 200, Toronto, ON M5C 1S2 Canada
Tel.: (416) 925-5260
Fax: (416) 925-7341
Web Site: www.publicis.ca

Employees: 300

Jessica Balter *(VP-Client Solutions)*
Lukasz Dolowy *(Grp Acct Dir)*
Charlotte DiLecce *(Acct Dir)*

Publicis Montreal
3530 Blvd St- Laurent St 400, Montreal, QC H2X 2V1 Canada
Tel.: (514) 285-1414
Fax: (514) 842-5907
E-Mail: info@publicis.ca
Web Site: www.publicis.ca

Employees: 115
Year Founded: 1996

Yves Gougoux *(Chm)*
Rachelle Claveau *(Pres)*
Thomas Lecordier *(Exec VP-Integration)*
Bryn Gallagher *(Creative Dir)*
Felix-Antoine Grenier *(Acct Dir)*
Mario Laberge *(Creative Dir)*
Karl Ouellette *(Art Dir)*
Anne-Marie Paradis *(Acct Exec & Project Mgr)*
Eric Bouchard *(Artistic Dir-Digital)*

Accounts:
Belron Canada Campaign: "Mafioso"
Brault & Martineau
Brunet Campaign: "Myriam", TV
Centraide of Greater Montreal Campaign: "Alcoholic", Campaign: "Giving Brightens lives", Campaign: "Thug"
Chrysler Campaign: "Bear", Campaign: "The Rock", RAM Trucks
Coca Cola Campaign: "Enjoy Every Minute", Minute Maid
Hewlett Packard
Jeep Campaign: "Legendary Fun.", Wrangler
Kia Canada; 2002
Labatt USA LLC Alexander Keiths, Bud Light, Labatt's Blue
L'Oreal Garnier; 1996
Metro Advertising, Online, Television
Mira Foundation Campaign: "Work-Home Maze"; 1997
Mira Guide Dog Association Campaign: "Colours"
Musee des Beaux-arts de Montreal
National Defense
Nestle Campaign: "The Dog"
Purina
Rogers Communications
Societe de transport de Montreal Branding & Positioning, Experience, Planning & Communications; 2017
Subway Restaurants

Publicis NetWorks
111 Queen Street East Ste 200, Toronto, ON M5C 1S2 Canada
Tel.: (416) 925-7733
Fax: (416) 925-7341
E-Mail: andrew.bruce@publicis.ca
Web Site: www.publicis.ca

Employees: 300

Brett McIntosh *(CMO)*
Bobby Malhotra *(VP & Brand Dir)*
Alister Adams *(VP-Digital)*
Lindsey Ash *(Dir-HR & Admin)*
Liz Barros *(Mgr-HR)*
Ariane Gauthier-Roy *(Acct Supvr)*

Accounts:
Rogers

Publicis Toronto
111 Queen St E Ste 200, Toronto, ON M5C 1S2 Canada
Tel.: (416) 925-7733
Fax: (416) 925-7341
E-Mail: email@publicis.ca
Web Site: www.publicis.ca

E-Mail for Key Personnel:
President: srancourt@publicis.ca
Creative Dir.: dbruce@publicis.ca

Employees: 300
Year Founded: 1975

Bryan Kane *(Pres)*
Tim Kavander *(Exec VP & Creative Dir)*
Tracey Tobin *(Sr VP & Head-Client)*
Max Valiquette *(VP & Head-Plng)*
Scott Pinkney *(VP & Exec Creative Dir)*
Chris Hunter *(VP & Brand Dir)*
Catherine Dawid *(Head-Production Design & Art Dir)*
Jed Churcher *(Creative Dir)*
Meagan Eveleigh *(Art Dir)*
Nolan Kennelly *(Art Dir)*
Robert Cappuccitti *(Copywriter)*
Egin Kongoli *(Copywriter)*
Timothy Lui *(Designer)*
Richard Boehnke *(Assoc Creative Dir)*
Raven Daly *(Assoc Creative Dir)*
Susan Hung *(Assoc Creative Dir-Publicis Modem)*
Jon Lane *(Sr Art Dir)*
Christian Martinez *(Assoc Creative Dir)*
Maggie Pycherek *(Assoc Creative Dir-Publicis Hawkeye)*
Tyler Schell *(Assoc Creative Dir)*
Judy Timms *(Assoc Creative Dir)*

Accounts:
Campbell Company of Canada Ltd; 2018
Canada Post
City of Toronto
HP
Kia Canada Inc.; 2002
Lennox
LG
Livegreen
Nestle Canada Campaign: "Strange Animal", Nescafe; 1997
Purina
Rogers Communications Inc. Campaign: "The Movies"
Toronto Blue Jays
TTC
Union Pearson Express

AGENCIES - JANUARY, 2019
ADVERTISING AGENCIES

United States

Big Fuel Communications LLC
299 W Houston 14th Fl, New York, NY 10014
(See Separate Listing)

Burrell
233 N Michigan Ave, Chicago, IL 60601
(See Separate Listing)

Digitas
(Formerly DigitasLBi)
33 Arch St, Boston, MA 02110
(See Separate Listing)

Discovery USA
Merchandise Mart Plz Ste 550, Chicago, IL 60654
Tel.: (312) 220-1500
Fax: (312) 222-2530
E-Mail: info@discoverychicago.com
Web Site: www.discoveryworldwide.com

Employees: 65
Year Founded: 1990

National Agency Associations: 4A's

Agency Specializes In: Health Care Services, Medical Products

Suzanne Richards *(VP & Grp Creative Dir)*

Accounts:
Abbott Medical Optics, Inc.; Santa Ana, CA
Astellas Pharma USA
Oscient
Oscient Pharmaceuticals
Prometheus
Prometheus Laboratories
SciClone Pharmaceuticals
Smith & Nephew AMO, NPWT

Discovery USA
100 E Penn Square 4th Flr, Philadelphia, PA 19107
Tel.: (267) 765-8500
Web Site: www.discoveryworldwide.com

Employees: 500
Year Founded: 1990

National Agency Associations: 4A's

Agency Specializes In: Advertising

Accounts:
New-Rare Disease Day

Fallon Worldwide
901 Marquette Ave Ste 2400, Minneapolis, MN 55402
(See Separate Listing)

Kekst CNC
(Formerly Kekst & Co.)
437 Madison Ave 37th Fl, New York, NY 10022
(See Separate Listing)

Leo Burnett Worldwide, Inc.
35 W Wacker Dr, Chicago, IL 60601-1723
(See Separate Listing)

Medicus Life Brands
1 Penn Plaza, New York, NY 10019
(See Separate Listing)

MetaDesign Inc.
2001 The Embarcadero, San Francisco, CA 94133
(See Separate Listing)

MRY
299 W Houston St Fl 12, New York, NY 10014
(See Separate Listing)

MSLGROUP
375 Hudson St, New York, NY 10014
(See Separate Listing)

Publicis Dialog Boise
168 N 9th St Ste 250, Boise, ID 83702
Tel.: (208) 395-8300
Fax: (208) 395-8333
E-Mail: lynda.bruns@publicis-usa.com
Web Site: www.publicisna.com

Employees: 15
Year Founded: 1985

National Agency Associations: 4A's

Agency Specializes In: Digital/Interactive, Sponsorship

Christal Gammill *(Acct Dir)*
Kurt Olson *(Creative Dir)*
Lindsey Ash *(Dir-HR & Admin-Canada)*

Publicis Experiences
424 2nd W 4th Fl, Seattle, WA 98119
(See Separate Listing)

Publicis Healthcare Communications Group
One Penn Plz 5th Fl, New York, NY 10019
(See Separate Listing)

Publicis Indianapolis
200 S Meridian St Ste 500, Indianapolis, IN 46225-1076
Tel.: (317) 639-5135
Fax: (317) 639-5134
E-Mail: tom.hirschauer@publicis-usa.com
Web Site: http://www.publicisna.com

Employees: 50

National Agency Associations: 4A's

Agency Specializes In: Advertising, Brand Development & Integration, Broadcast, Business-To-Business, Collateral, Consumer Marketing, Electronic Media, Financial, Graphic Design, Health Care Services, Magazines, Newspaper, Out-of-Home Media, Outdoor, Print, Public Relations, Sponsorship, T.V., Travel & Tourism

Jeff Huser *(Creative Dir)*

Publicis Media
1675 Broadway, New York, NY 10019
(See Separate Listing)

Publicis New York
1675 Broadway, New York, NY 10019
(See Separate Listing)

Publicis Seattle
424 2nd Ave W, Seattle, WA 98119-4013
Tel.: (206) 285-2222
Fax: (206) 273-4219
Web Site: publicisseattle.com

Employees: 200

National Agency Associations: 4A's

Agency Specializes In: Advertising, Sponsorship

Melissa Nelson *(Pres)*
David Halleran *(CFO & Sr VP)*
Jason Lucas *(Exec VP & Exec Creative Dir)*
Adam Oliver *(Head-Production)*
Adam Thomason *(Grp Acct Dir)*
Matt Trego *(Creative Dir & Art Dir)*
Adam Deer *(Art Dir & Assoc Creative Dir)*
Rob Kleckner *(Creative Dir)*
Garth Knutson *(Acct Dir)*
Christina Mattern *(Acct Dir)*
Earl Wallace *(Creative Dir)*
Nicole McKeown *(Dir-Strategy-HPE & Micron)*
Taylor Tsuji *(Mgr-Bus Affairs)*
Beau Bernstein *(Copywriter)*
Kyle Cavanaugh *(Assoc Creative Dir)*
Jason Fong *(Sr Art Dir)*
Chad Ford *(Sr Art Dir)*

Accounts:
Aflac Incorporated (Creative Agency of Record) DuckChat, TV
American Girl LLC Campaign: "Together We Make the Holidays"
Brand Drops
Bridgestone Corporation
Bumbershoot Creative
Cinerama
Citibank
Coca-Cola Refreshments USA, Inc.
Coinstar
Deutsche Telekom T-Mobile
Dish Network; Englewood, CO
Eddie Bauer Lead Creative
Garnier
Hewlett-Packard
KinderCare
Knowledge Universe (Agency of Record) Before- and After- School Programs, Champions, KinderCare Learning Centers
Kraft Heinz
Les Schwab Campaign: "RV Weekend", Campaign: "Stranded Nanny", Television
Nestle
NYC Bicycle Safety Coalition
P & G
Power Bar
Sara Lee Ball Park, Creative
T-Mobile US, Inc (Creative Agency of Record) Campaign: "#KimsDataStash", Campaign: "One-Up", Campaign: "Pets Unleashed", Campaign: "The Simple Choice", My Faves, T-Mobile@Home, TV, Whenever Minutes
UBS
UNICEF
United Way
Visit Seattle (Advertising Agency of Record) Creative Development, Marketing Strategy, Media Buying, Media Planning
Zurich

Publicis USA
4 Herald Sq 950 6th Ave, New York, NY 10001
(See Separate Listing)

Publicis.Sapient
(Formerly Sapient Corporation)
131 Dartmouth St, Boston, MA 02116
(See Separate Listing)

Resultrix
424 2nd Ave W, Seattle, WA 98119
(See Separate Listing)

Riney
2001 The Embarcadero, San Francisco, CA 94133-5200

ADVERTISING AGENCIES

(See Separate Listing)

Rokkan
375 Hudson St, New York, NY 10014
(See Separate Listing)

Saatchi & Saatchi
355 Park Ave S, New York, NY 10010
(See Separate Listing)

SapientRazorfish New York
(Formerly Razorfish New York)
375 Hudson St, New York, NY 10014
(See Separate Listing)

Argentina

Publicis Graffiti
Azopardo 1315, C1107 ADW Buenos Aires, Argentina
Tel.: (54) 11 5556 3500
Web Site: www.publicis.com

E-Mail for Key Personnel:
President: ebaca@grafitti.com.ar

Employees: 50
Year Founded: 1985

Agency Specializes In: Advertising, Automotive, Consumer Goods, Financial, Food Service, Graphic Design, Household Goods, Multimedia, Pharmaceutical, Production, Production (Ad, Film, Broadcast), Production (Print), T.V., Travel & Tourism

Andrea Noto *(Controller)*
Fabio Mazia *(Exec Creative Dir)*
Javier Agena Goya *(Sr Dir-Art & Creative)*
Bruno de Carvalho Barbosa *(Creative Dir)*
Francisco Bledel *(Creative Dir)*
Mariana Lares *(Mgr-Svc)*

Accounts:
Renault Campaign: "Stupid Art"

Brazil

DPZ-Duailibi, Petit, Zaragoza, Propaganda S.A.
Cidade Jardim Ave 280, Sao Paulo, SP 01454-900 Brazil
Tel.: (55) 11 4935 6000
Fax: (55) 11 3085 4298
E-Mail: mail@dpz.com.br
Web Site: dpzt.com.br/

Employees: 230
Year Founded: 1968

Agency Specializes In: Graphic Design

Rafael Urenha *(Chief Creative Officer)*
Elvio Tieppo *(VP-Ops)*
Marcello Barcelos *(Exec Creative Dir)*
Sergio Mugnaini *(Exec Creative Dir)*
Carlos Schleder *(Exec Creative Dir)*
Silvio Amorim *(Creative Dir)*
Bruno Brazao *(Art Dir)*
Raphael Lucone *(Art Dir-DPZ&T)*
Daniel Motta *(Creative Dir)*
Rodrigo Vezza *(Creative Dir)*
Diego Zaragoza *(Creative Dir)*
Cristina Haynes *(Dir-Attendance)*

Accounts:
Arcos Dorados Holdings Inc
BMW Mini
Itau Unibanco Itaucard Credit Card
McDonald's Corporation
SOS Mata Atlantica Foundation

Publicis Brasil Communicao
Av Juscelino Kubitschek 1909, 12th Floor N Tower, Sao Paulo, 04551060 Brazil
Tel.: (55) 11 4560 9000
Fax: (55) 11 4560 9001
Web Site: www.publicis.com.br/

Employees: 390
Year Founded: 2003

National Agency Associations: ABAP (Brazil)

Agency Specializes In: Brand Development & Integration, New Product Development, Sales Promotion

Miriam Shirley *(Co-Pres)*
Eduardo Lorenzi *(Partner-Plng)*
Jerome Martel *(CMO-Publicis Worldwide-Intl)*
Domenico Massareto *(Chief Creative Officer)*
Alexandra Varassin *(Head-Strategy)*
Kevin Zung *(Exec Creative Dir)*
Lucas Cordeiro *(Creative Dir & Art Dir)*
Luiz Tosi *(Acct Dir & Client Svcs Dir)*
Edgard Vidal *(Creative Dir & Art Dir)*
Paulo Aguiar *(Creative Dir)*
Gabriela Borges *(Acct Dir-Sanofi Grp)*
Marcelo D'Elboux *(Creative Dir)*
Fernando Drudi *(Art Dir)*
Diogo Dutra *(Art Dir)*
Alexandre Fernandes *(Creative Dir)*
Luis Felipe Figueiredo *(Creative Dir-Publicis Salles Chemistri)*
Alexandre Goncalves *(Art Dir)*
Vitor Hildebrand *(Art Dir)*
Giuliana Macedo *(Acct Dir)*
Joao Henrique Morgan de Aguiar *(Art Dir)*
Luiz Alexandre Musa *(Creative Dir)*
Cicero Souza *(Art Dir)*
Mayra Carbone *(Dir-Strategic Plng)*
Silvia Mello *(Dir-Strategic Plng)*
Rita Vilarim *(Dir-Production)*
Daniel Batista *(Acct Mgr)*
Maria Carolina Camargo *(Acct Mgr)*
Flavia Cortes *(Acct Mgr)*
Marcos Vinicio *(Acct Mgr)*
Rafael Fiorito *(Mgr-Strategic Plng)*
Heitor Kohatsu *(Mgr-Content)*
Mariana Teixeira *(Mgr-Strategic Plng)*
Elis Adami *(Acct Supvr)*
Danilo Ken *(Acct Supvr)*
Kamila Miyazato *(Acct Supvr)*
Macarena Silva Coz *(Acct Exec)*
Leonardo Andrade *(Planner-Creative)*
Arturo Marenda *(Copywriter)*
Rodolfo Monteiro *(Copywriter)*
Mauricio Mariano Jacoby Muniz *(Copywriter-Creative)*
Jaqueline Pineda Biondo *(Asst-Digital Strategy)*
Samuel Normando *(Assoc Creative Dir)*
Rodrigo Panachao *(Sr Art Dir)*
Leonardo Rotundo *(Sr Art Dir)*

Accounts:
Arno Campaign: "Save your patterns.", Campaign: "Ugly Parents"
Bradesco Creative, Strategic
Centauro "Twittenis"
CVC
Discovery Channel Manda Nudes
Dorflex
Fundacao Pro-Sangue Campaign: "Your Donation Can Save Lives"
General Motors
Groupe Seb Arno Turbo Silence Fan, Campaign: "Bandits", Campaign: "Maximum Wind Power", Campaign: "Ugly Parents, Beautiful Kids 1", Fan
Habib Moto-Reindeer
Heineken
Institute Alzheimer Brazil
L'officiel III Campaign: "Blurred Eyes - Birthday"
L'Oreal
Nestle Campaign: "Getting Home", Campaign: "Only a Dog", Maggi, Purina
The Noite
Procter & Gamble Campaign: "Green", Campaign: "Post-It Notes", Campaign: "Search / Ribs", Oral-B, Toothpaste, Vick Inhaler, Vick Pyrena, Vick Syrup
Sangue Corinthiano
Sanofi Aventis Campaign: "Dermacyd Teen Code", Targifor Batt, Targifor: Old car
Santa Cruz Wine Store
SBT Campaign: "Troll ad button", Campaign: "What Not to Wear TV Show: Bad Choices / Earrings"
Sony AXN, Campaign: "CSI Clues/Kiss Mark", Campaign: "Homework", TV Channel
TVSBT

Publicis Brasil Communicao
Praca X 15 fl 8, 20040 020 Rio de Janeiro, Brazil
Tel.: (55) 21 3981 0300
Fax: (55) 21 2558 3100
Web Site: www.publicis.com.br

Employees: 55
Year Founded: 2003

Agency Specializes In: Brand Development & Integration, Consumer Marketing, New Product Development, Sales Promotion

Andrea Veronezi *(Media Dir)*

Accounts:
Oral-B Essential Floss Campaign: "Don't let it escape"

Chile

Publicis Chile SA
Apoquindo 3000 Piso 8, 755-0306 Santiago, Chile
Tel.: (56) 2 757 3000
Fax: (56) 2 208 6727
E-Mail: agencia@publicis.cl
Web Site: www.publicis.cl

Employees: 90

Marcelo Oclander *(Gen Dir-Creative)*
Rodrigo Almonacid *(Bus Dir)*
Felipe Araya *(Creative Dir)*
Madjorie Tapia Bravo *(Dir-Content)*
Nestor Cifuentes Romero *(Sr Art Dir)*

Accounts:
Elly Lilly Cialis
Favorita Tissues
Garnier Garnier Hair Dye
GMO
Japi Jane Campaign: "Sauna"
L'Oreal Campaign: "Tetris Baby", Campaign: "Tetris Party", Garnier Anti dark Circle
MAGGI
Mckay Campaign: "Gift Machine"
MOVISTAR
NESCAFE
Nestle
SURA
Volkswagen Amarok

Colombia

Publicis-CB
Calle 82 No 6-51, 11001 Bogota, Colombia
Tel.: (57) 1 634 1810
Fax: (57) 1 611 5187
E-Mail: publiciscb@publiciscb.com.co
Web Site: http://www.publicis.com/

Employees: 97

Camilo Carvajal *(Gen Dir-Creative-Publcis Colombia)*
Paula Duque *(Dir-Plng)*

Accounts:
Nestle Campaign: "The 9,242 Km Direct Mail"
Purina Pet Care De Colombia Purina Dog Chow
Renault

Mexico

Publicis Arredondo de Haro
Prolongacion Paseo de la Reforma, 1015 5 piso Col Desarrollo, Mexico, DF CP 01310 Mexico
Tel.: (52) 55 9177 5600
Fax: (52) 55 91775603
E-Mail: lillian.mezher@publicisah.com
Web Site: www.publicis.com

Employees: 500

Juan Carlos Tapia *(CEO)*
Alejandro Cardoso *(Pres/CEO-Latin America)*
Marta Ruiz-Cuevas *(CEO-Publicis Media-Mexico)*
Diego Wallach *(VP-Creative)*
Alejandro Gama Camarena *(Head-Creative)*
Brenda Carrasco *(Acct Dir)*
Atria Medina Giordano *(Acct Dir)*
Lenin Valencia *(Art Dir)*
Karla Alvarez Carrillo *(Dir-Customer Svc)*
Julio Ceron *(Assoc Creative Dir)*
Dario Rodriguez *(Grp Creative Dir)*

Accounts:
Banamex
BMW Bike, Campaign: "Injured Letters", Mini, The Word Blocker
CEMDA Mexican Environmental-Law Center Campaign: "Help Save Us"
Consejo de Promocion Turistica de Mexico
DIF Zapopan
Grupo Reforma
Heineken
Home Depot
L'Oreal Campaign: "Fructis Fall Fight: Your hair stays", Garnier
Mexican Transplant Association
MINI Park Assist
Nestle Campaign: "Eye", Maggi, Nescafe
P&G Magistral

Panama

Publicis Panama
Calle 50 y Calle 67 San Francisco Building 3rd Fl, Panama, Panama
Mailing Address:
PO Box 0832-2490 WTC, Panama, Panama
Tel.: (507) 270 44 00
Fax: (507) 270 88 92
Web Site: www.publicisgroupe.com/

Employees: 51
Year Founded: 1960

Agency Specializes In: Consumer Marketing, Event Planning & Marketing, Exhibit/Trade Shows, Public Relations

Fabian Bonelli *(Chief Creative Officer)*

Accounts:
Nestle Central America Region & Panama Biscuits, Cereal Partners Worldwide, Cooking time, Sixth sense, Maggi, Purina Pet Care

Trinidad & Tobago

Publicis Caribbean
Albion Court 61 Dundonald Street, Port of Spain, Trinidad & Tobago
Tel.: (868) 627 4040
Fax: (868) 624 9529
E-Mail: patrick@publiciscaribbean.com
Web Site: www.publiciscaribbean.com/

Employees: 26

Patrick Johnstone *(CEO)*
James Amow *(Creative Dir)*
Keisha Sirjuesingh-Salandy *(Acct Mgr)*
Charisse Thavenot *(Reg Acct Dir)*

Uruguay

Publicis Impetu
Colonia 922 Piso 8, 11100 Montevideo, Uruguay
Tel.: (598) 26054799
Fax: (598) 2 902 19 42
E-Mail: publicisimpetu@publicisimpetu.com.uy
Web Site: www.publicisimpetu.com.uy

Employees: 30

Agency Specializes In: Advertising, Cosmetics, Financial, Food Service, Production (Print)

Diego Besenzoni *(Art Dir)*
Mauricio Minchilli *(Planner-Strategic)*

Accounts:
Alejandra Forlan Foundation
Nike 10K, Free 5.0 Shoe

Venezuela

Publicis 67
Av Casanova Centro Comercial, Torre Norte Piso 11, Plaza Venezuela, Caracas, 1060 Venezuela
Tel.: (58) 212 400 4500
Fax: (58) 212 400 4580
E-Mail: antonio.betancourt@publicis.com.ve
Web Site: www.publicis.com

Employees: 100
Year Founded: 1967

Agency Specializes In: Advertising

Accounts:
Accion Solidaria Aids Fundations
Black&Decker
Civil Association Volunteers for animals
Firestone
Fundaseno Campaign: "Doctor's Appointment", Campaign: "Letters"
Getty Images
The History Channel
Renault

Asia/Pacific

Publicis Asia/Pacific Pte. Ltd.
80 Anson Road #33-00, Fuji Xerox Twrs, Singapore, 079907 Singapore
Tel.: (65) 6 836 3488
Fax: (65) 6836 3588
E-Mail: angel.cruz@publicis.com.sg
Web Site: www.publicis.com

Employees: 100

Joanne Theseira *(Mng Dir)*
Ed Booty *(Chief Strategy Officer)*
Ajay Thrivikraman *(Chief Creative Officer-Global Clients)*
Gerry Boyle *(CEO-APAC & EMEA)*
Gareth Mulryan *(CEO-Media)*
Pearlyn Ong *(Grp Head-Creative)*
Pawan Bahuguna *(Reg Dir-Citi PublicisOne Team)*
Dione Mayuko Harrison *(Reg Acct Dir)*
Prachi Partagalkar *(Reg Grp Acct Dir)*
Pankaj Vasani *(Exec Pres & Grp CFO-South Asia)*

Accounts:
Burger King Singapore Campaign: "Bk Coupon Generator"
Crisis Relief
Excelcom Indonesia
Korea Telecom
MiniNurse
Procter & Gamble Vicks Cough Drops
Purefoods
Vicks Campaign: "Bring Voice Back"

Australia

Publicis Australia
Bond Store 3 30 Windmill St, Walsh Bay, Sydney, NSW 2000 Australia
Tel.: (61) 2 9258 9000
Fax: (61) 2 9258 9001
Web Site: www.publicis.com.au

Employees: 300

Matt Cooney *(Chief Growth Officer)*
Helge Gruettke *(Chief Client Officer)*
John Preston *(Chm-Publicis Media-Australia)*
Matt James *(CEO-Publicis Media-Australia & New Zealand)*
Rebecca Carrasco *(Head-Creative-The Publicis Neighbourhood)*
Tina Gavros *(Comml Dir)*
Sev Griffiths *(Client Svcs Dir)*
Rebecca Drakoulis *(Mgr-Inside Sls-Qantas Airways)*
Sabine Schusser *(Grp Bus Dir-Leo Burnett Sydney)*

Accounts:
Axa
Burn Energy Drink
Campbell Arnott's Creative, Media, Public Relations; 2018
The Coca-Cola Company Ride; 2008
Hahn
J. Boag & Son James Boag's Pure
James Boag's Draught
LG
Lion Co. Campaign: "Spill Proof Beer", Campaign: "Super In. Super Out.", Campaign: "The Sirens of Bass Strait", James Boag's Premium
Mercedes-Benz Global Creative; 2018
Nestle Australia Ltd. Campaign: "Caution", Campaign: "Maxibon bumps Magnum off its royal pedestal", Drumsticks, Maggi Fusian, Nescafe; 2007
Qantas
Suncorp Creative
Tourism NT Campaign: "Do the NT", Digital, Print, TV Commercials
Toyota Campaign: "Thermo"
Virgin Group Ltd

Publicis Australia
Level 3 164 Grey Street, PO Box 3204, South, Brisbane, QLD 4101 Australia
Tel.: (61) 73121 6666
Fax: (61) 73121 6777
Web Site: www.publicis.com.au

Employees: 75

David Nobay *(Founder-Marcel Sydney & Chm-Creative)*
Simone Waugh *(Mng Dir)*
Vicki Lee *(Head-Brdcst & Content)*

ADVERTISING AGENCIES
AGENCIES - JANUARY, 2019

Jane Young *(Gen Mgr)*
Ryan Petie *(Exec Creative Dir)*
Aldo Ferretto *(Creative Dir)*
Kale McRedmond *(Art Dir)*
Harleigh Reimer *(Acct Dir)*
Emma Salmon *(Bus Dir)*
David Smerdon *(Dir-Strategy)*
Alexandra Sundqvist *(Dir-Digital Project)*
Sarah-Jane Ewing *(Sr Acct Mgr)*
Linh Diep *(Acct Mgr)*
Jake Donaghey *(Acct Mgr)*
Shayne Rase *(Acct Mgr)*
Georgia Crawford *(Mgr-Social Media)*
Damien Doonan *(Mgr-Project)*
Laura Walkley *(Mgr-Content)*
Scott Isaac *(Strategist-Social Media)*
Helene Thorsen *(Strategist)*
Shaun McMahon *(Copywriter)*
Anais Read *(Copywriter)*
Ian de Raat *(Assoc Creative Dir)*
Christian McKechnie *(Assoc Creative Dir)*

Accounts:
Act for Kids Campaign: "Twinkle Twinkle"
Air Asia Print
Bio-Organics
Footlocker
Golden Casket Lottery Instant Scratch-its
Griffith University
Nature's Own
Powerball
Queensland Government Campaign: "Crosses", Events Queensland, TattsBet, Tourism Queensland
Queensland Health Creative, Integrated Strategic, Technology Thinking
RID Campaign: "The RID Amazon DT Challenge"
Sanofi
Subway Campaign: "I got it made"
Suncorp Apia, Bespoke Model, Bingle, GIO, Shannons, Vero
Sunshine Coast
UNiTAB
VW

Publicis Australia
Level 6 Freshwater place, Melbourne, VIC 3006 Australia
Tel.: (61) 3 9685 3444
Fax: (61) 3 9685 3434
E-Mail: mrelbourne.reception@publicis.com.au
Web Site: www.publicis.com.au

Employees: 60

Emma Salmon *(Grp Acct Dir)*

Accounts:
Bulla Dairy Foods Communications, Digital Display Advertising, Jelly Splits, Jelly Tops, Out-of-Home
Bupa Campaign: "Bupa's Health & Caring"
The Cheesecake Shop Brand Positioning, Creative
Darrell Lea Campaign: "Everyone's Darrell Lea"
Monde Nissin Corporation
Mondelez Cadbury, Caramello Nibbles
Nestle Connoisseur Ice Cream
Nike
Peters Campaign: "Maxiblokes", Maxibon
Table of Plenty Strategic & Creative
Tourism Victoria Campaign: "Play Melbourne"
Toyota Campaign: "Legendary Moments"

China

Publicis (Beijing)
Rm 1510 15/F Zhuzong Tower No 25 Dong San Huan Zhong Rd, Chaoyang District, Beijing, 100020 China
Tel.: (86) 10 6594 5180
Fax: (86) 10 6594 5168
Web Site: www.publicis.com

Employees: 104
Year Founded: 1996

Oliver Xu *(CEO)*
Zhao Fei *(Partner-Creative)*
Ken Fang *(Mng Dir)*
Janice Foo *(Chief Talent Officer-Publicis Media-China)*
Nuno Wu *(Exec Officer-Creative)*

Publicis Guangzhou
Publicis House Guangdong Guest House, 603 JieFang BeiRd, 510180 Guangzhou, China
Tel.: (86) 20 8310 0500
Fax: (86) 20 8310 0502
Web Site: www.publicisgroupe.com

Employees: 30

Bill Wang *(Mng Dir)*
Heidi Zhang Min *(Dir-Plng-Natl)*

Accounts:
Wechat
Xihan Action & Tencent

Publicis Shanghai
6/F Building A 98 Yan Ping Road, Shanghai, 200042 China
Tel.: (86) 21 2208 3888
Fax: (86) 21 540 33903
Web Site: www.publicisgroupe.com

Employees: 120

Chenghua Yang *(CEO)*
Jane Lin-Baden *(Mng Partner-Asia Pacific)*
Percy Yin *(Partner-Integrated Creative-Shanghai Yangshi Adv)*
Chris Yueh *(Partner-Creative)*
Johan Vakidis *(Chief Creative Officer)*
Julie Marchesseault *(Chief Client Officer-China)*
Michael Lee *(CEO-China)*
Bertilla Teo *(CEO-Publicis Media-China)*
Jean-Baptiste Comte-Liniere *(Exec Creative Dir)*
Anthony Tham *(Exec Creative Dir)*
Roc Zhao *(Exec Creative Dir)*
Will Tao *(Art Dir & Creative Dir)*
T. T. Zhou *(Art Dir & Creative Dir)*
Leo Lee *(Creative Dir)*
Aly Wang *(Art Dir)*
Jared Yang *(Art Dir)*
Kimi Shi *(Dir-Digital Plng)*
Zoe Zhao *(Dir-Creative & Art)*
Carrie Tu *(Mgr-Network Coordination-China)*
Jacky Zhang *(Sr Analyst-Procurement & Insurance)*
Emen Chong *(Reg Bus Dir-P&G Oral Care, Feminine Care & Personal Health Care)*
Kenny J. Huang *(Assoc Creative Dir)*
Sapna Nemani *(Chief Intelligence Officer-China)*

Accounts:
3M 3M Lint Roller
Greenpeace
Haier Co., Ltd
Heineken
Huawei Technologies Co., Ltd.
L'Oreal
Milkana Polar Bear
Pernod Ricard Ballantine's, Creative, TVC; 2007
Procter & Gamble Co
Taipei Women's Rescue Foundation Charity Campaign: "Rescue child prostitute"
Tencent Holdings Limited
Xiaomi Mi Kids GPS Smart Watch Print

Publicis Hong Kong
23/F 1063 Kings Road, Quarry Bay, Hong Kong, China (Hong Kong)
Tel.: (852) 2590 5888
Fax: (852) 2856 9905
E-Mail: Laurie.kwong@publicis-asia.com
Web Site: www.publicis.com

Employees: 98

David Chan *(Mng Dir)*
Tom Kao *(CEO-Hong Kong)*
Michael Lee *(CEO-Comm-Saatchi & Saatchi-China)*
Jacqueline Lam *(Client Svcs Dir)*
Steve O'Leary *(Creative Dir)*
Victor Lam *(Dir-Client Svc)*
Kerwin Kawing Choy *(Copywriter)*
Richard Tunbridge *(Grp Creative Dir)*

Accounts:
Anthisan
Axa Critical Illness Plan
Brand Golden Bird's Nest, In-Store, Print, Television
Casablanca
Cathay Pacific Airways Limited Creative, Media, Social; 2018
Citibank
CLP
Duracell Creative
L'Oreal
Marriott International
MGM Grand Macau
Nestle Creative, Nescafe Ready to Drink, Nestle Carnation
Pacsafe Campaign: "Pacsafe Wire Mesh"
Sadia
Sca Tissue Campaign: "Boxer", Citrus Blossom Tissue, Tempo Citrus Blossom "Relaxing Crabby Claw"
Society for Community Organization
Tefal
Tempo Creative
Tena Creative, Public Relations
UBS
Western Union Asia Pacific, Branding

India

MSL Group India
Urmi Estate 14th Floor Tower A, 95 Ganpatrao Kadam Marg, Lower Parel (W), Mumbai, 400 013 India
Tel.: (91) 22 3368 0301
Fax: (91) 22 6633 5979
Web Site: india.mslgroup.com/contact-us

Employees: 150

Amit Misra *(CEO)*
Viju George *(Mng Dir-Publicis Consultants Asia)*
Glen Charles D'Souza *(Exec Dir-Natl Media & Network-Crisis Comm)*
N. Dhanshekar Iyer *(Exec Dir-Fin & HR)*
Parveez Modak *(Exec Dir-Strategy & Insights)*
Aziz Khan *(Assoc Dir)*
Tanaya Misra *(Assoc Dir)*
Sanoj Ramakrishnan *(Mgr-HR-India)*
Ashish Mehrotra *(Chief Video Officer)*

Accounts:
ABB Brand Building, Corporate Reputation Management, Crisis & Issues Management, Strategic Communications
Big Bazaar Creative, Engagement Solutions, Strategy
Biocon Public Relations, Strategic Communications
Changi Airport Group
Coca-Cola India Communications
Courtyard by Marriott Brand Building, Corporate Reputation Management, Crisis & Issues Management, Strategic Communications
CREDAI Bengaluru Public Relations, Strategic Communications

AGENCIES - JANUARY, 2019 — ADVERTISING AGENCIES

eBay India Social Media Engagement Campaign
FINO Brand Building, Corporate Reputation Management, Crisis & Issues Management, Strategic Communications
GM India
History channel Public Relations, Strategic Communications
HTC Public Relations, Strategic Communications
ING Vysya Life Insurance
The Institute of Neurosciences - Kolkata Creative, Engagement Solutions, Strategy
Investors' Clinic Creative, Engagement Solutions, Strategy
J & K Bank Brand Building, Corporate Reputation Management, Crisis & Issues Management, Strategic Communications
JM Financial
JW Marriott Bengaluru Creative, Engagement Solutions, Strategy
Kinetic Group
Lenovo Smart Phones Computer, Film, Mobile, Tv
LG Electronics
MCX
Monster Energy Drink
Neo Sports Neo Cricket, Public Relations, Strategic Communications
Ola Brand & Product Communications Strategy, Communications, Corporate Reputation Management, Outreach Programs, Public Relations; 2017
ParentCircle Brand Awareness, Communication Strategy
PC Chandra Jewellers Experiential, PR, Social Media
PNB Metlife Insurance
Raymond Group Creative Communications, Engagement Solutions, Strategic Advisory
Sheth Developers & Realtors Strategic Counsel
Singapore Tourism Board PR, Social Media
Sobha Developers
Sony India Campaign: "The Rise of Mobile Photography", Sony Xperia Z1
STAR Movies Campaign: "Bringing Bond Back"
Steelcase
Suzuki Motorcycle India Private Limited Public Relations; 2017
Tata Motors
United Technologies
Usha International Corporate Reputation, Product Communications
V-Guard Industries Core Communications
Videocon D2H
Volkswagen
Whirlpool Creative, Engagement Solutions, Strategy
World Gold Council
Zoom; 2008
Zydus Wellness Corporate Communications, Product & Brand Communications Strategy, Sugar Free

Publicis Ambience Mumbai
Viva Ctr 126 Mathuradas Mills Compound, N M Joshi Marg Lower Parel (W), Mumbai, 400 013 India
Tel.: (91) 22 2482 9000
Fax: (91) 22-2660 3292
E-Mail: Nakul.Chopra@publiciindia.com
Web Site: www.publicis.com/

Employees: 100

Bobby Pawar (Mng Dir & Chief Creative Officer- South Asia-Publicis Worldwide)
Paritosh Srivastava (COO)
Anupriya Acharya (CEO-India)
Rohan D'Souza (Head-Creative)

Accounts:
Adam Extra Long Condoms
Autocop
Bharti Axa Bharti Axa General Insurance, Bharti Axa Life Insurance, Campaign: "Dedicated Claims Handler", Creative
Brand Factory (Creative Agency of Record) Advertising & Marketing Solutions, Branding, Integrated Communications, Raksha Bandhan; 2018
BrandSTIK Campaign: "Giant Storage", USB Flash Drives
Citi Bank Campaign: "200 Years", Campaign: "Diwali Happier", Campaign: "Holidays"
Gokuldas Intimatewear Pvt Ltd Campaign: "Fabulous, As I Am"
Golden Mikes
Goomo
HDFC Mutual Fund TVC
HUL Campaign: "Reinvent", Lakme Poptints
JK Helene Curtis Park Avenue Beer Shampoo
Jyothy Laboratories Ltd. Campaign: "Sad Faces", Creative, Henko
Kansai Nerolac Paints Ltd Digital, High-Definition
Libero Babycare Range
L'oreal Garnier Color Naturals, Garnier Men
Micromax
Musafir.com Campaign: "Mela", Creative
Nerolac Campaign: "Umbrella", Excel
Nestle India
Procter & Gamble Campaign: "Thorn", Creative, Oral B, Vicks
Rajhans Nutriments Creative
Raymond Group Beer Shampoo, Campaign: " Beer Head", Campaign: "A cooling effect", Campaign: "Cheers to strong hair!", Campaign: "Man Hair"
Renault Creative, Duster
Rhythm House
Rotaract Club of Mumbai Shivaji Park
Schmitten Campaign: "What's Theirs is Theirs'
Shop CJ Advertising
Skoda Auto India Peace of Mind
Sony Pictures Entertainment Inc. SonyLIV
Sun Pharma Digital
Tata AIG
TBZ Creative
Tempo Hand Sanitizer
Tencent Inc. Campaign: "3 Idiots", Campaign: "Ajeeb Shajeeb Morning"
Uber Digital
United Biscuits McVitie
UrbanClap Creative
V-Guard Industries Ltd
Videocon D2H Creative Duties
VIP Luggage Creative Duties; 2010
Vu Technologies Campaign: "Theatre of Sound"
World Gold Council & Reliance Money Campaign: "My Gold Plan"
Zee Cafe

Publicis Beehive
701-A Poonam Chambers Dr Annie Besant Road, Worli, Mumbai, 400 018 India
Tel.: (91) 22 660 86800
Fax: (91) 22 666 11337
Web Site: www.beehivecommunications.com

Employees: 130

Agency Specializes In: Brand Development & Integration, Digital/Interactive, Media Buying Services, Media Planning

Bobby Pawar (Mng Dir & Chief Creative Officer)
Srija Chatterjee (Mng Dir)
Shyamashree D'Mello (Exec Creative Dir)

Accounts:
Aptech Ltd
CCNG
Centuary Mattresses Campaign: "Party Blower"
Chambor Campaign: "Rouge Plump", Cosmetics
Club Factory Creative; 2018
DSK Benelli
e-Seva (MoPNG)
Enkay Telecom
Everest Roofing Systems
Food Express
Games24x7
General Motors
Genting Hong Kong Limited
Gujarat Tourism
Hard Rock Cafe
Himachal Tourism
India Bulls Finance
Indscot Beverages
Intercraft Trading Campaign: "Chambor of Secrets"
Jubilant Retail
Kesari Travel Company
Korea Tourism
Krispy Kreme Doughnuts
MAAC
Mahesh Tutorials
Malaysia Tourism
Mantri Developers
MT Educare Ltd.
Nilgai Foods Cocofly, Media, Pico
Pitaara Namkeen
Resort World Sentosa
Royal Palms Leisure
Sangeetha Mobiles
Shiro
Stovekraft
Survana TV
Taurus Mutual Fund
Thai Airways
Total Mall
Tourism Malaysia World Music Festival
UBS
UIDAI
VCI Hospitality
Venus Drugs & Cosmetics Campaign: "Spike Hold Calendar"
Vijay Sales Campaign: "Generations"
Xseed Education

Publicis India Communications Pvt. Ltd.
126 Mathuradas Mills Compound N M Joshi Marg, Off Senapati Bapat Marg Lower, 400 013 Mumbai, India
Tel.: (91) 22 2482 9000
Fax: (91) 22 2482 9096
E-Mail: publicis@publicisindia.com
Web Site: www.publicis.com

Employees: 160

Saurabh Varma (CEO)
Sejal Shah (Mng Partner & Head-Publicis Media Exchange)
Bobby Pawar (Chief Creative Officer-India & Mng Dir-India)
Srija Chatterjee (Mng Dir-India)
Nikhil Kumar (VP & Head-Bus)
Russell John (VP-Strategy)
Gursimran Singh (VP-Strategy)
Amitabh Sreedharan (VP-Acct Mgmt)
Sirish Suveer (VP)
Ramakrishnan Hariharan (Head-Creative)
Siddharth Joglekar (Grp Head-Creative)
Hannah Rohini Joseph (Head-Creative & Copy)
Punit Bhatt (Gen Mgr)
Nishant Jethi (Exec Creative Dir)
Shahrukh Irani (Creative Dir)
Roshni Kavina (Creative Dir)
Abhishek Redkar (Art Dir)
Nisha Ganneri (Dir-Strategy-Group M)
Urvashi Khanna (Dir-Content)
Trisha Satra (Dir-Brand Svcs)

Accounts:
Aditya Birla Group Creative, Linen Club
Apollo Tyres Ltd
Asbah
Beam Inc
Citigroup Inc. Campaign: "Qrossword", Citibank
Enamor Campaign: "Fabulous, as I am"
HDFC Mutual Fund Campaign: "Dear Dad", HDFC Debt Fund for Cancer Cure
Heineken
Kansai Nerolac Paints Nerolac - Healthy Home

ADVERTISING AGENCIES — AGENCIES - JANUARY, 2019

Paints, Nerolac Beauty Emulsion, Nerolac HD Impression
Lakme Cosmetics
L'Oreal Garnier
Malaysia Tourism
Maruti Suzuki India Ltd. Campaign: "Festival", Campaign: "Made All Distances Smaller", Campaign: "Make Bonds Stronger"
Movie Junction Campaign: "Eyes"
Nestle India Advertisement, Campaign: "Gifts", Campaign: "Rich and Creamy", Creative, Everyday, Foods & Dairy Business, Maggi, Nescafe, Nescafe Sunrise, Nestea, Print, Radio, Ready-To-Cook, TVC
Premier Roadstar
Rajkot Traffic Police Campaign: "Prison"
SH Kelkar & Company Creative
Viacom18 Colors
New-Vivo India Digital & In-Store
Volkswagen AG Campaign: "Think Blue Beetle", Creative Communication Solution, Karoq, Mainline Strategy, Octavia, Rapid Onyx, Skoda (Creative Agency of Record), Skoda Kodiaq, Superb
VU Television Campaign: "Bravery-Stupidity", Campaign: "Speaker"
WeChat Marketing
Zee Entertainment Enterprises Ltd Creative, Sarthak, ZEE Anmol, ZEE Cafe, ZEE Studio, ZEE TV, ZETC, Zee Bangla, Zee Bangla Cinema, Zee Marathi, Zee Media, Zee Talkies, Zee Yuva, Zee5, Zing; 2017

Publicis India Communications Pvt. Ltd.
Vatika Triangle 6th Fl Sushant Lok, Phase I Block A, Gurgaon, 122 002 India
Tel.: (91) 124 412 1000
Fax: (91) 124 412 1020
Web Site: www.publicis.com

Employees: 75

Neeraj Bassi *(Chief Strategy Officer & Mng Partner)*
Srija Chatterjee *(Mng Dir)*
Sreekumar Balasubramanian *(Sr VP)*
Ravpreet Ganesh *(Exec Dir)*
Amit Shankar *(Creative Dir-Natl)*
Sunny Johnny Kundukulam *(Assoc Creative Dir)*

Accounts:
Alba Smart Security Solution
BIG FM Creative; 2017
Cera Creative, Digital; 2017
New-Dr. Oetker India Branding & Communication, Creative; 2018
GLOW Fabric Softner
JSL Group Arttd'inox, Creative & Communication Strategy; 2018
Monte Carlo Fashions Ltd. Creative; 2018
Mrs Bectors Foods Specialities Cremica Golden Bytes
Nestle Campaign: "Project Cradle", Maggi Hungrooo, Sauce
Pearl Academy Brand & Marketing Communication, Creative; 2018
Procter & Gamble Co
Ralson Tyres Brand & Marketing Communications, Creative, Ralco Tyres; 2018
SpiceJet Creative

Indonesia

Publicis Indonesia
Samudera Indonesia Building 5th Floor Jl Jend S Parman Kav 35, Slipi, Jakarta, 11480 Indonesia
Tel.: (62) 21 548 0719
Fax: (62) 21 548 0870
Web Site: http://www.publicis.com

E-Mail for Key Personnel:
President: henry.saputra@publicis-metro.com

Employees: 90
Year Founded: 1972
National Agency Associations: PPPI

Andruya Andrus *(Creative Dir)*
Kike Gutierrez *(Creative Dir)*
Nethie Herawati *(Mgr-Traffic)*
Iim Rajab *(Mgr-Studio)*

Accounts:
BMW
Campbell Arnott; 2018
Change.org
Indy Gym
L'Oreal Campaign: "Urban Hero", Garnier
Neo Rheumacyl
Neril Sticks in Your Head
Periplus Bookshops Digital, In-Store
World Wide Fund for Nature Elephant, Orangutan

Japan

Beacon Communications K.K.
JR Tokyo Maguro Building 3-1-1 Kami-Osaki, Shinagawa-ku, Tokyo, 141-0021 Japan
Tel.: (81) 3 5437 7200
Fax: (81) 3 5437 7211
E-Mail: tokyo.prbeacon@beaconcom.co.jp
Web Site: www.beaconcom.co.jp

Employees: 350
Year Founded: 2001

National Agency Associations: ABC-IAA-JAAA-JMAA

Sayuri Kato *(Exec Dir-HR)*
Mikiko Hisamichi *(Art Dir)*
Uno Kunimoto *(Art Dir)*
Kyoko Mitsui *(Acct Dir)*
Naoki Nishimura *(Creative Dir)*
Kohei Ochiai *(Art Dir)*
Yukichi Shikata *(Art Dir)*
Yoshishige Takei *(Creative Dir)*
Marie Kobayashi *(Acct Supvr)*
Kaoru Saito *(Acct Supvr)*
Yongbom Seo *(Acct Planner)*
Taketo Igarashi *(Assoc Creative Dir)*
Norihiro Sasa *(Sr Art Dir)*

Accounts:
AXA Life Insurance Japan
BMW Japan
East Japan Railway Company
Ebara Foods Industry, Inc. Campaign: "Funfair in Your Mouth"
Japan Railway Company
MINI Apartment Flyer
Mondelez
Nikon Corporation Campaign: "Tears"
One Eight Promotion Campaign: "Pinch Pinup"
Procter & Gamble Far East Ltd. Ariel, Attento, Braun Oral-B, Campaign: "International Flight Mouth", Campaign: "Life & Dirt", Campaign: "Mom's First Birthday", Campaign: "Transform Audition", Crest Spin Brush, Eukanuba, Herbal Essences, Iams, Joy, Pampers, Rejoy, Whisper; 1983
Puma
Tefal
UNESCO NGO Japan
Wada Elementary School Campaign: "Ribbond Birds"

Malaysia

Publicis (Malaysia) Sdn. Bhd.
M1 Mezanine Fl Wisme LYL, 46100 Petaling Jaya, Selangor Malaysia
Tel.: (60) 3 7952 2222

Fax: (60) 3 7952 2220
E-Mail: dean.branhan@publicis.com.my
Web Site: www.publicis.com

Employees: 80

Dean Bramham *(CEO-Malaysia)*
Angeline Tung *(Gen Mgr)*
Lee Tak Shune *(Exec Creative Dir)*
Adeline Quek *(Sr Acct Mgr)*

Accounts:
Campbell Arnott; 2018
Sanofi Aventis Campaign: "Change for Life", Campaign: "It's Time to Love Your V", Digital, Essentiale, Lactacyd, POSM, Print
Svenska Cellulosa Aktiebolaget SCA
Tourism Malaysia Campaign: "More to celebrate everyday"

Philippines

Publicis JimenezBasic
14/F Solaris One Bldg 130 Dela Rosa St, Legaspi Village, Makati, Philippines
Tel.: (63) 2 812 54 66
Fax: (63) 2 325 0291
E-Mail: ask@publicisjimenezbasic.com.ph
Web Site: www.publicis.com

Employees: 500

Tats Cruz *(Mng Dir)*
Trixie Diyco *(Exec Creative Dir)*
Chelo Bacarro *(Grp Acct Dir)*
Lianne Salcedo *(Grp Acct Dir)*
Rizza Garcia *(Art Dir & Assoc Creative Dir)*
Jao Bautista *(Creative Dir & Copywriter)*
Paw Berroya *(Creative Dir)*
Bia Fernandez-Famularcano *(Creative Dir)*
Nichi Gatdula *(Art Dir)*
Alnair Langkay *(Creative Dir)*
Tin Reyes *(Acct Dir)*
Jeff Thomas *(Art Dir)*
Christine Zapanta *(Acct Dir)*
Carol Fadri *(Dir-Client Svcs)*
C. J. Jimenez *(Dir-Brand Strategy & Plng)*
Raffy Parcon *(Exec Officer & Dir-Client Svc)*
Katie Santos *(Dir-Client Svc)*
Ish Abat *(Acct Mgr)*
Aleli Espiritu *(Acct Mgr)*
Ana Alcala *(Copywriter)*
Isha Ancheta *(Planner)*
Leslie Cua *(Copywriter)*
Stephan Domingo *(Copywriter)*
Xanti Gonzalez *(Copywriter)*
Francis Inton *(Assoc Creative Dir)*
Lowell San Jose *(Assoc Creative Dir)*
Marielle Nones *(Assoc Creative Dir)*
Nikki Paqueo *(Assoc Creative Dir)*
Marvin Ramos *(Sr Art Dir)*

Accounts:
Cebu Pacific
E. Zobel Foundation Campaign: "#ArtLotto"
Globe Telecom, Inc.
Greenwich Pizza Campaign: "Tavola"
Innovetelle
New-Islander
Jollibee Foods Corporation
New-Lazada
Manila Bulletin Binatilyo
Monde Nissin Corp Lucky Me
Nutriasia UFC Banana Catsup
Summit Publication
This Is My Philippines
Unilab Alaxan, Allerts, Solmux

Publicis Manila
4F Herco Center 114 Benavides Street Legaspi Village, Makati, 1229 Philippines

AGENCIES - JANUARY, 2019 — ADVERTISING AGENCIES

Tel.: (63) 28 12 54 66
Fax: (63) 2810 5784
Web Site: www.publicis.com
E-Mail for Key Personnel:
Chairman: Matec.Villanueva@publicis-manila.com

Employees: 105
Year Founded: 2003

Carla Bianca Dado *(Bus Dir)*
Bia Fernandez-Famularcano *(Creative Dir)*
Jessica Geli *(Acct Dir-Singapore)*
Jeff Thomas *(Art Dir)*
Cara Soto *(Dir-Strategic Plng)*
Joseph Carlo Ramos *(Sr Acct Mgr)*
Stephanie Mangalindan *(Assoc Creative Dir)*
Marielle Nones *(Assoc Creative Dir)*

Accounts:
ABS-CBN Mobile
Animal Welfare Coalition
Asia Brewery Inc. Creative, Tanduay Black
Maxi-Peel
Nestle Philippines Campaign: "Youmeoke", Milo Powdered Drink, NesCafe, Nido Milk

Singapore

Publicis Singapore
80 Anson Road, #33-00 Fuji Xerox Twrs, Singapore, 079907 Singapore
Tel.: (65) 6836 3488
Fax: (65) 6836 2588
Web Site: www.publicis.com

Employees: 100

Joanne Theseira *(Mng Dir)*
Ajay Thrivikraman *(Chief Creative Officer-Global Clients)*
Lou Dela Pena *(CEO-Publicis Communications)*
Navaneeta Das *(Head-Product & Client Dev-APAC)*
Benjamin Yeow *(Head-Tech & Activation Grp)*
Jeremy Chia *(Exec Creative Dir)*
Axel Grimald *(Exec Creative Dir)*
Fajar Kurnia *(Exec Creative Dir)*
Joyce Wong *(Grp Acct Dir)*
Jia Ying Goh *(Creative Dir)*
Sharim Gubbels *(Creative Dir-Social)*
Pei Ling Ho *(Creative Dir)*
Mark Ibaviosa *(Creative Dir)*
Noel Orosa *(Dir-Reg Grp Creative)*
Ivan Loos *(Assoc Creative Dir)*
Jordan Price *(Reg Head-Plng-One P&G Singapore)*
Henrique Zirpoli *(Assoc Creative Dir)*

Accounts:
100 Plus Campaign: "Outdo yourself"
AAAA Singapore
Audi Brand & Product Communications, Creative, Digital & Experiential Marketing, Social Media
AXA Animations, Awareness, Innovations, Interactive, Message, Out-of-Home
Beyond Social Services Campaign: "Rearranging Lives"
Bitexco Financial Centre
BMW Group
CDL Group
Citibank
New-Emirates Creative, Southeast Asia & Greater China; 2018
Expedia Branding, Creative
Fraser & Neave Campaign: "Singapore to Istanbul"
Garnier Skincare
Health Promotion Board Creative, Social Media Marketing & Community Management
Heineken Asia Pacific Tiger Beer
L'Oreal Garnier Men
Love & Co. Campaign: "True love wins"
Microsoft Content, Digital Merchandising, E-Commerce, E-Retail, Office, Surface, Windows, Xbox; 2017
Ministry of Manpower Creative
Nestle Singapore Pte. Ltd. Media
Procter & Gamble Campaign: "Vicks Voice of Indonesia", Oral-B, Vicks
Ricola USA, Inc Advertising, Digital Activations, Integrated Content; 2018
Sadia Content Marketing, Social Media
Samaritans of Singapore Campaign: "Hidden Pain"
Samsung Electronics America, Inc.
Singapore Airlines Ltd. Media
Wink Hostel Campaign: "Don't Waste it. Share it at Wink"

Thailand

Publicis (Thailand) Ltd.
130-132 Singhorn Building, Tower 3 Wireless Road, Lumpini, 10330 Bangkok, Thailand
Tel.: (66) 2 6852777
Fax: (66) 2 659 5968
Web Site: www.publicis.com

Employees: 70

Bruno Biondi *(Bus Dir)*
Louis-Sebastien Ohl *(Dir-Bus & Transformation)*
Manop Janwantanagul *(Mgr-Fee & Compensation)*

Accounts:
Airbus Group Communication, Creative, Marketing
Mentos

PUBLICIS HEALTHCARE COMMUNICATIONS GROUP
One Penn Plz 5th Fl, New York, NY 10019
Tel.: (212) 771-5500
Fax: (212) 468-4021
E-Mail: info@publicishealthcare.com
Web Site: www.publicishealthcare.com

Employees: 25
Year Founded: 2003

National Agency Associations: 4A's

Agency Specializes In: Health Care Services, Medical Products

Nicholas Colucci *(Chm & COO-North America-Publicis Communications)*
Alexandra von Plato *(CEO)*
Nathalie Le Bos *(CFO)*
Lyn Falconio *(CMO)*
Kipp Jarecke-Cheng *(Chief Comm Officer)*
Andrea Palmer *(Chief Strategy Officer)*
Michael du Toit *(Chief Growth Officer-Comm & Media)*
David Corr *(Exec VP & Exec Creative Dir)*
Brion M Brandes *(Exec VP-Bus Dev)*
Catherine Mayone *(Exec VP)*
Nikki Muntz *(Exec VP-Bus Dev)*
Liz Ryan *(Sr VP & Head-Client-Publicis Health Media)*
Eric Celerier *(Sr VP & Dir-Client Fin)*
Thomas J Clark *(Sr VP-Bus Dev)*
Gene Fischer *(Sr VP-Media Innovation)*
Nobelle de la Rosa *(Grp VP)*
Alex Goldman *(Grp VP)*
Carly Fisher *(VP-Media)*
Michael Goodman *(VP-Media)*
Amanda Lawson *(VP-Media)*
Clare Johnston *(Grp Acct Dir)*
Matthew Overton *(Art Dir)*
Jaclyn Stark *(Media Dir)*
Stacey L Richter-Levy *(Dir-Learning & Dev)*
Samantha Luton *(Acct Supvr)*
Ash Kuchel *(Grp Pres-Global)*
Marianne McGowan Nugent *(Chief Innovation Ops Officer)*

Accounts:
AstraZeneca

Branches

Langland
Quadrant 55-57 High St, Windsor, England SL41LP United Kingdom
Tel.: (44) 1753833348
Fax: (44) 1753833115
E-Mail: us@langland.co.uk
Web Site: https://www.langland.co.uk/

Employees: 60

Agency Specializes In: Advertising, Brand Development & Integration, Hospitality

Philip Chin *(CEO)*
Alison Ferrucci *(Mng Partner)*
Kate Spencer *(Mng Partner)*
Andrew Morley *(Head-Art & Art Dir)*
Andrew Spurgeon *(Exec Creative Dir)*
Sarah Spain *(Grp Acct Dir)*
Dennis Field *(Creative Dir)*
Harry Yeates *(Creative Dir)*
Graham Robinson *(Dir-Client Solutions)*
Adrian Zambardino *(Dir-Plng)*
Pieter de Groot *(Sr Graphic Designer)*
Lee Walsh *(Sr Designer-PAR)*
Guy Bricio *(Sr Art Dir)*
Michael Pogson *(Assoc Creative Dir)*

Accounts:
Abbott
AstraZeneca
Bayer Healthcare
Diabetes UK
Easyhaler
Eisai
Genzyme
Gilead
Humira Campaign: "Shoelace mailer"
Kendle
Kentera
Lantheus Medical Imaging
Lilly
Novartis
Randox Laboratories Campaign: "Sniffers", Confidante, Online
Sativex Campaign: "True Cost"
Shire

Publicis PDI
100 American Metro Blvd, Hamilton, NJ 08619
Tel.: (215) 525-5207
Toll Free: (800) 242-7494
E-Mail: impact@ph-pdi.com
Web Site: www.ph-pdi.com/

Employees: 775
Year Founded: 1988

Jack E. Stover *(Pres & CEO)*
Frank Arena *(Sr VP-Comml Ops & Sls Svcs)*
Kathy Marsico *(Sr VP-HR)*
Patrick Kane *(VP & Controller)*

Publicis Life Brands
(Formerly Publicis Life Brands Resolute)
Pembroke Building Kensington Village, Avonmore Road, London, W14 8DG United Kingdom
Tel.: (44) 20 7173 4042
Fax: (44) 20 7173 4101
Web Site: www.publicislifebrands.com

Employees: 80

National Agency Associations: IAA

Agency Specializes In: Health Care Services

ADVERTISING AGENCIES

Victoria Wright *(Mng Dir)*
Emma Knott *(Assoc Dir & Head-Social Media)*
Martin Fell *(Dir-Creative Svcs)*
Glen Halliwell *(Dir-Medical Education Bus Unit)*
Ann Hughes *(Dir-Bus Unit)*
Camilla Ross *(Assoc Dir)*

Accounts:
Malaria No More UK
Takeda Campaign: "The Boy I Used to Know"

Publicis Touchpoint Solutions
1000 Floral Vale Blvd Ste 400, Yardley, PA 19067-5570
Tel.: (215) 525-9800
Fax: (609) 219-0118
Toll Free: (800) 672-0676
Web Site: www.touchpointsolutions.com

Employees: 50
Year Founded: 1995

National Agency Associations: 4A's

Agency Specializes In: Health Care Services, Pharmaceutical

Andrew Adams *(Exec VP-HR-Global & Chief Talent Officer)*
Mark Stevens *(Chief Strategy Officer & Exec VP)*
Kathy Delaney *(Chief Creative Officer-Global-Publicis Healthcare Comm Group)*
Archie Robinson *(Sr VP & Gen Mgr)*
Thomas J. Clark *(Sr VP-Bus Dev)*
George Loche *(Dir-Comml Bus)*
Michelle Keefe *(Grp Pres)*
Olivia Noble *(Rep-Pharmaceutical Inside Sls)*

Accounts:
Orexo AB Zubsolv
Reckitt Benckiser Pharmaceuticals

PUBLICIS NEW YORK
1675 Broadway, New York, NY 10019
Tel.: (212) 474-5000
Fax: (212) 474-5702
Web Site: www.publicisna.com

Employees: 800
Year Founded: 1997

National Agency Associations: 4A's

Agency Specializes In: Advertising, Branded Entertainment, Children's Market, Corporate Identity, Cosmetics, Entertainment, Faith Based, Financial, Health Care Services, Integrated Marketing, Pharmaceutical, Promotions, Real Estate, Retail, Sponsorship, Viral/Buzz/Word of Mouth

Breakdown of Gross Billings by Media: E-Commerce: 2%; Newsp. & Mags.: 20%; Other: 10%; Outdoor: 5%; Radio: 8%; T.V.: 55%

Carla Serrano *(CEO)*
Jamie Rosen *(CMO)*
Jay Zasa *(CMO-Marcel)*
Andy Bird *(Chief Creative Officer)*
Scott Herring *(Exec VP & Chief Client Officer)*
Michael Wood *(CEO-PG2-Publicis Grp)*
Gerry Killeen *(Exec VP & Mng Dir-Creative Svcs)*
Laurie Garnier *(Exec VP & Exec Creative Dir-Healthcare)*
Matt McKay *(Exec VP & Exec Creative Dir)*
Jay Williams *(Exec VP & Exec Creative Dir)*
Eric Green *(Exec VP & Dir-Experience Design)*
Cheryl DiMartino *(Exec VP & Mng Dir US-Publicis OneTeam)*
Tom Boisvert *(Sr VP & Head-Solutions-Spine)*
Nancy Shamberg *(Sr VP & Grp Dir-Commerce)*
Gina Leone *(Sr VP & Grp Acct Dir)*

Malaika Danovitz *(Sr VP, Creative Dir & Copywriter)*
Shannon Davis *(Sr VP & Dir-Resource Mgmt-Comm East)*
Michelle Encizo *(VP & Grp Dir-Integrated Production)*
Brandon Owens *(VP & Grp Acct Dir)*
Tim Legallo *(VP & Exec Producer)*
Lauren Schneidmuller *(VP & Exec Producer)*
Christa Felice *(VP & Acct Dir)*
Rebecca Leach *(VP & Acct Dir)*
Lea Mastroberti *(VP & Acct Dir)*
Chuck Heckman *(VP & Dir-Strategy)*
Trac Nguyen *(VP & Dir-Integrated Production)*
Robert Camilleri *(VP-Talent Engagement & Inclusion)*
Joseph Johnson *(Exec Creative Dir)*
John Kenney *(Exec Creative Dir)*
Erica Roberts *(Exec Creative Dir)*
Jake Blumenau *(Creative Dir)*
Dennis DeYonker *(Acct Dir-Nestle)*
Eduardo Gomes *(Art Dir)*
M K Kim *(Art Dir)*
Jennifer Kluzek *(Acct Dir)*
Erik Vervroegen *(Creative Dir-Worldwide)*
Carlee Feinland *(Assoc Dir-Connections)*
Dhanesh Shelat *(Assoc Dir-Organic Search)*
Bill Grant *(Production Mgr)*
Brittany Dursi *(Mgr-Bus Affairs)*
Mike Brokamp *(Acct Supvr)*
Leanna Criddle *(Acct Supvr)*
Claudia Devitt *(Acct Supvr)*
David Jacks *(Acct Supvr)*
Tre Jordan *(Acct Supvr)*
Mara Spece *(Acct Supvr)*
Laura Traflet *(Acct Supvr)*
Emily Charlton *(Acct Exec)*
Alexandre Abrantes *(Assoc Creative Dir & Copywriter)*
Deirdre Hering *(Copywriter)*
Bryce Hooton *(Assoc Creative Dir & Copywriter)*
Halli Rosin *(Designer)*
Salina Cole *(Assoc Creative Dir)*
Nigel Gross *(Assoc Creative Dir)*
Kristen Koop *(Assoc Creative Dir)*
Rodrigo Panucci *(Assoc Creative Dir)*
Tim Scales *(Sr Art Dir)*
Abigail Terry *(Assoc Mktg Dir)*

Accounts:
Abbott Laboratories Campaign: "The Mother 'Hood", Digital, Online, Similac
Advertising Council BoostUp.org, PSA, Print, Understood.org, stopalcoholabuse.gov; 2007
Aflac Incorporated (Lead Creative Agency) Aflac Duck, Boat, Campaign: "Eureka! One Day Pay", Campaign: "Physical Therapy", Campaign: "Rounds", Insurance; 1998
Animal New York
Anti-Defamation League Campaign: "Imagine a World Without Hate", Campaign: "Imagine"; 2012
AXA; 2011
Bristol-Myers Squibb Eliquis; 2003
California Pizza Kitchen Inc.; 2018
Cartier; 2009
Citigroup CITI CARDS, CITIBANK, CITIMORTGAGE; 2007
CoorDown
Creative Spirit US
Diesel SpA Creative
Doctors of the World More Than A Costume
Dow Jones Wall Street Journal; 2011
Edmunds.com , Inc Campaign: "Ask the Car People", TV; 2011
General Motors Company Buick, Cadillac (Creative Agency of Record), Marketing Campaign, Social Media
Hanesbrands Champion; 2007
Heineken Heineken Light
Hewlett Packard Enterprise B2B, Creative
International Olympic Committee 2018 Winter Games, Broadcast, Digital Activations
Loreal Paris Garnier, Lancome, L'Oreal, Blotherm, SoftSheen-Carson, Matrix; 1981
L'Oreal USA, Inc.
Merck Miralax, Dr. Scholl's, Gardasil, Pneumovax, Suvorexant, Zostavax; 2011
Nestle USA, Inc. Buitoni, Campaign: "Pocket Like It's Hot", Coffee-Mate, DiGiorno's, Dolce Gusto, Hot Pockets, Jack's, Lean Pockets, Nescafe Gold Blend, Tombstone; 2007
New-Nissan North America, Inc. Creative
Outdoor Advertising Association of America (Agency of Record) Out-of-Home Media; 2018
Pfizer Celebrex, Lyrica; 2003
Procter & Gamble Align, Bounty, Campaign: "Halloween Treats Gone Wrong", Campaign: "Keep It Clean", Campaign: "ScopeBacon", Campaign: "Thanks to Crest Their Teeth Are Covered", Campaign: "The Effects of Halloween Candy", Campaign: "The Power of Dad", Cascade, Charmin, Crest, Crest Pro-Health, Dawn, Dayquil, Fibersure, Glide, Metamucil, Nyquil, Oral-B, Pepto, Pepto-Bismol, PlusC, Prilosec OTC, Puffs, Scope, Scope Mouthwash, Swiffer, Tampax, VapoRub, Vicks, Vicks DayQuil, Vicks Nyquil, Vicks ZQuil; 1964
Red Lobster (Lead Creative Agency)
Rosetta Stone; 2011
Scope
Shire Intuniv; 2006
Sleepy's Campaign: "Making the world a better place to sleep", Campaign: "Our First Place", Campaign: "Welcome Home", Creative, Digital, OOH, Radio, TV
UBS Global Financial Services, Wealth Management, Investment Banking; 1998
War Child
YouTube, LLC
Zurich Financial; 2008

PUBLICIS USA
4 Herald Sq 950 6th Ave, New York, NY 10001
Tel.: (212) 279-5550
Fax: (212) 279-5560
Web Site: www.publicisna.com

Employees: 950
Year Founded: 1952

National Agency Associations: 4A's

Agency Specializes In: Advertising, Advertising Specialties, Communications, Digital/Interactive, Direct Response Marketing, Event Planning & Marketing, Hispanic Market, Investor Relations, Public Relations, Sales Promotion, Sponsorship

Carla Serrano *(CEO)*
Mark Himelfarb *(CFO)*
Andy Bird *(Chief Creative Officer)*
Monica Gadsby *(CEO-Publicis Grp-Latin America)*
Ellen Reifenberger Brown *(Exec VP & Head-Strategy & Strategic Plng)*
Kathryn Harvey *(Exec VP & Grp Head-Client)*
Gail Hollander *(Exec VP & Head-Brand Agency)*
David Corr *(Exec VP & Exec Creative Dir)*
Mark Ronquillo *(Exec VP & Exec Creative Dir)*
Mark Hider *(Exec VP)*
Steve Shames *(Exec VP-Brand & Bus Strategy)*
Kate Sirkin *(Exec VP-Data Partnerships)*
Jeremy Filgate *(Sr VP & Exec Creative Dir)*
Eric Moncaleano *(Sr VP & Exec Creative Dir)*
Bindu Bacarella *(Sr VP & Grp Acct Dir)*
Lisa Hersh *(Sr VP & Grp Acct Dir)*
Alex Mailman *(Sr VP & Grp Acct Dir)*
Michael Reilly *(Sr VP & Grp Acct Dir)*
Susan Scott *(Sr VP & Grp Acct Dir-New Bus Dev)*
Emily Shahady *(Sr VP & Grp Acct Dir-Walmart)*
Brian Truss *(Sr VP & Grp Acct Dir-P&G Oral Care Digital Strategy)*
Victor Basile *(Sr VP & Dir-Print & Art Production)*
Danielle Brecker *(VP & Acct Dir)*
Christa Felice *(VP & Acct Dir)*
Bibi Lotter *(VP & Creative Dir)*
Lauren Pulwer *(VP & Acct Dir)*

AGENCIES - JANUARY, 2019   ADVERTISING AGENCIES

Jason Velliquette *(VP & Dir-Digital & Strategy)*
Chris Rayner *(Head-Client)*
Joe Johnson *(Exec Creative Dir)*
Mark Sweeney *(Creative Dir)*
Tamiaya Baker *(Dir-Digital Plng & Strategy)*
Jody Thomas *(Assoc Dir-Talent)*
Robert Robbins *(Mgr-Print Production)*
Cori Schwabe *(Acct Supvr)*
Stephanie Yoon *(Acct Supvr)*
Kevin F. Condon *(Supvr-Media)*
Ann Quinn *(Strategist-Digital)*
Jeremy Bowles *(Chief Transformation Officer)*
Renetta McCann *(Chief Inclusion Experiences Officer)*
Patrick Merritt *(Assoc Creative Dir)*
Fabio Ozorio *(Assoc Creative Dir-Copy)*
Mary Zazzi *(Sr Art Dir)*

Accounts:
Ad Council (Pro Bono)
Anheuser-Busch InBev Beck's
Bridgestone tires co
Campbell Soup Company Campbell's Flagship Soup, Chunky Soup, Creative, Digital, Global Media Planning & Buying, Pace Salsa, Prego Sauces, Spaghetti-O's Pasta, Swanson Broth, Technology & Consumer Promotion, US Retail, V8 Beverages, Well Yes! Soup; 2018
CitiGroup; 2007
The Coca-Cola Company Coca-Cola, Vault
Coinstar
Crest Sensitivity
General Mills campaign: "Magic Brownies"
General Motors Company Cadillac (Global Creative Agency of Record), Cadillac CT6, Campaign: "Arena", Campaign: "Dare Greatly", Campaign: "The Daring: No Regrets"
Heineken USA Inc Campaign: " Famous", Campaign: "#DMDS", Campaign: "Cities", Campaign: "The Experiment", Creative Brand Globally
Hewlett Packard
New-The J.M. Smucker Company Folgers, Millstone Coffees, US Creative & Media; 2018
L'Oreal U.S.A. Biolage, Garnier Fructis, Garnier Lumia, Garnier Nutrisse, Lancome, Matrix, Professional Division, SoftSheen-Carson
Merck Miralax, OTC Brands
Nestle Waters North America Inc. Pure Life, TV
Pfizer, Inc. Celebrex
Procter & Gamble Bounty, Campaign: "Oath of Office", Campaign: "Waitress", Charmin, Creative, Crest, DayQuil, Intrinsa, Metamucil, NyQuil, Oral-B Pulsonic, Pepto Bismol, Prilosec, Puffs, Tampax, ThermaCare, VapoRub, ZzzQuil
Ray-Ban
Sanofi SA
T-Mobile USA (Agency of Record) Creative
TruGreen
UBS Campaign: "Everywhere is Art", Stephen Wiltshire Billboard
UNICEF
New-United Network for Organ Sharing
Wal-Mart Stores, Inc
Walt Disney Company The Walt Disney Company
Whirlpool Corp

Branches

MSL Seattle
424 2nd Ave W, Seattle, WA 98119-4013
Tel.: (206) 285-5522
Fax: (206) 272-2497
Web Site: northamerica.mslgroup.com

Employees: 239

National Agency Associations: COPF

Agency Specializes In: Business-To-Business, Children's Market, Event Planning & Marketing, Exhibit/Trade Shows, Food Service, Health Care Services, Pharmaceutical, Public Relations, Publicity/Promotions, Restaurant, Teen Market

Greg Eppich *(Sr VP)*
Vicki Nesper *(Sr VP)*
Jennifer Egurrola Leggett *(Sr Acct Exec)*

Accounts:
DuPont Crop Protection
Mori Building Company
T-Mobile US Campaign: "Alter Ego"

Publicis Dialog Boise
168 N 9th St Ste 250, Boise, ID 83702
Tel.: (208) 395-8300
Fax: (208) 395-8333
E-Mail: lynda.bruns@publicis-usa.com
Web Site: www.publicisna.com

Employees: 15
Year Founded: 1985

National Agency Associations: 4A's

Agency Specializes In: Digital/Interactive, Sponsorship

Christal Gammill *(Acct Dir)*
Kurt Olson *(Creative Dir)*
Lindsey Ash *(Dir-HR & Admin-Canada)*

Publicis Hawkeye
2828 Routh St Ste 300, Dallas, TX 75201
(See Separate Listing)

Publicis Indianapolis
200 S Meridian St Ste 500, Indianapolis, IN 46225-1076
Tel.: (317) 639-5135
Fax: (317) 639-5134
E-Mail: tom.hirschauer@publicis-usa.com
Web Site: http://www.publicisna.com

Employees: 50

National Agency Associations: 4A's

Agency Specializes In: Advertising, Brand Development & Integration, Broadcast, Business-To-Business, Collateral, Consumer Marketing, Electronic Media, Financial, Graphic Design, Health Care Services, Magazines, Newspaper, Out-of-Home Media, Outdoor, Print, Public Relations, Sponsorship, T.V., Travel & Tourism

Jeff Huser *(Creative Dir)*

Publicis Seattle
424 2nd Ave W, Seattle, WA 98119-4013
Tel.: (206) 285-2222
Fax: (206) 273-4219
Web Site: publicisseattle.com

Employees: 200

National Agency Associations: 4A's

Agency Specializes In: Advertising, Sponsorship

Melissa Nelson *(Pres)*
David Halleran *(CFO & Sr VP)*
Jason Lucas *(Exec VP & Exec Creative Dir)*
Adam Oliver *(Head-Production)*
Adam Thomason *(Grp Acct Dir)*
Matt Trego *(Creative Dir & Art Dir)*
Adam Deer *(Art Dir & Assoc Creative Dir)*
Rob Kleckner *(Creative Dir)*
Garth Knutson *(Acct Dir)*
Christina Mattern *(Acct Dir)*
Earl Wallace *(Creative Dir)*
Nicole McKeown *(Dir-Strategy-HPE & Micron)*
Taylor Tsuji *(Mgr-Bus Affairs)*
Beau Bernstein *(Copywriter)*

Kyle Cavanaugh *(Assoc Creative Dir)*
Jason Fong *(Sr Art Dir)*
Chad Ford *(Sr Art Dir)*

Accounts:
Aflac Incorporated (Creative Agency of Record) DuckChat, TV
American Girl LLC Campaign: "Together We Make the Holidays"
Brand Drops
Bridgestone Corporation
Bumbershoot Creative
Cinerama
Citibank
Coca-Cola Refreshments USA, Inc.
Coinstar
Deutsche Telekom T-Mobile
Dish Network; Englewood, CO
Eddie Bauer Lead Creative
Garnier
Hewlett-Packard
KinderCare
Knowledge Universe (Agency of Record) Before- and After- School Programs, Champions, KinderCare Learning Centers
Kraft Heinz
Les Schwab Campaign: "RV Weekend", Campaign: "Stranded Nanny", Television
Nestle
NYC Bicycle Safety Coalition
P & G
Power Bar
Sara Lee Ball Park, Creative
T-Mobile US, Inc (Creative Agency of Record) Campaign: "#KimsDataStash", Campaign: "One-Up", Campaign: "Pets Unleashed", Campaign: "The Simple Choice", My Faves, T-Mobile@Home, TV, Whenever Minutes
UBS
UNICEF
United Way
Visit Seattle (Advertising Agency of Record) Creative Development, Marketing Strategy, Media Buying, Media Planning
Zurich

PUBLICIS.SAPIENT
(Formerly Sapient Corporation)
131 Dartmouth St, Boston, MA 02116
Tel.: (617) 621-0200
Fax: (617) 621-1300
E-Mail: info@sapient.com
Web Site: http://www.publicis.sapient.com/en-us/index.html

Employees: 13,000
Year Founded: 1991

Agency Specializes In: Information Technology

Revenue: $1,305,232,000

Alan J. Herrick *(Chm)*
Alan M. Wexler *(CEO)*
Virginie Pontruche *(Partner-Client-Singapore)*
Teresa Barreira *(CMO & Sr VP)*
William Kanarick *(Chief Strategy Officer)*
Gaston Legorburu *(Chief Strategy Officer)*
Rajdeep Endow *(Exec VP & Mng Dir-APAC)*
Shiva Bharadwaj *(Exec VP-Sapient Consulting)*
Mudit Kapur *(Sr VP & Head-Bus-North America)*
Sooho Choi *(Sr VP-Travel & Hospitality Lead)*
Frank Schettino *(Sr VP)*
Tod Rathbone *(Grp VP & Head-Strategy & Consulting-North America)*
Chirag Shah *(Grp VP & Head-Fin Tech Practice)*
Nick Hahn *(Sr Partner & Mng Dir-Mgmt Consulting)*
Kareem Monem *(Mng Dir-MENA)*
Boris Stojanovic *(VP, Head-Content Mktg & Grp Creative Dir-FCA)*
Lauren Nguyen Cohen *(Dir & Head-Employer Branding)*
Ashish Prashar *(Sr Dir-Global Media & Analyst

ADVERTISING AGENCIES
AGENCIES - JANUARY, 2019

Rels)
Apurva Rupwate *(Assoc Dir-Product Mgmt)*
Amit Rai *(Mgr-Data Engrg)*
Paul Amelchenko *(Grp Creative Dir)*

Accounts:
Bertucci's Corporation Bertucci's Brick Oven Pizzeria, Bertucci's Corporation
BP
Carrefour SA Digital & Technology Solutions, Global E-Commerce; 2018
Chrysler Group; Auburn Hills, MI Digital
Cisco
Coca-Cola Refreshments USA, Inc. Powerade
Hawaiian Airlines
Hilton Worldwide
Honda Jet
Honda Jet
Intuit
Kaiser Permanente
KeyCorp
Library of Congress
Logan's Roadhouse Creative, Digital, Social
Luigi Lavazza
McDonald's Corporation Digital, Global IT; 2017
Public Storage
Sony Electronics
Star Alliance
Sunglass Hut
Times Online
UK Department of Health
Verizon
VisitBritain
Webster Bank Brand Communications, Marketing, Media Planning & Buying, Online Creative, Print, Research, Strategy Development, Website Development

Branches

Sapient Atlanta
3630 Peachtree Rd NE, Atlanta, GA 30326
Tel.: (770) 407-3400
Fax: (770) 407-3401
E-Mail: info@sapient.com
Web Site: http://www.publicis.sapient.com/en-us/index.html

Employees: 103

National Agency Associations: 4A's

Frank Schettino *(Sr VP)*
Melissa Read *(Head-Global Social Insights)*
Sean Carnahan *(Mgr-Interactive Dev)*

Sapient Chicago
30 W Monroe 12th Fl, Chicago, IL 60603
Tel.: (312) 458-1800
Fax: (312) 696-0325
E-Mail: info@sapient.com
Web Site: http://www.publicis.sapient.com/en-us/index.html

Employees: 10

National Agency Associations: 4A's

Raju Patel *(Grp VP)*
Daniel Knauf *(VP-Tech)*
Andrew Schultz *(Sr Partner-Client)*

Accounts:
FatWire Software
Google
HP
Oracle America, Inc.
SAP

Sapient Houston
1111 Bagby St Ste 1950, Houston, TX 77002

Tel.: (713) 493-6880
Fax: (617) 621-1300
E-Mail: info@sapient.com
Web Site: http://www.publicis.sapient.com/en-us/index.html

Employees: 7,000

National Agency Associations: 4A's

Masud Haq *(Sr VP)*
Arun Karur *(Grp VP & Head-Product Solutions & Microsoft Alliance Partner)*
Siddharth Bahl *(VP)*

Accounts:
The Premise
VisitBritain.com
Yahoo

Sapient Washington DC
1515 N Courthouse Rd, Arlington, VA 22201
Tel.: (703) 908-2400
Fax: (703) 908-2401
E-Mail: info@sapient.com
Web Site: http://www.publicis.sapient.com/en-us/index.html

Employees: 400

National Agency Associations: 4A's

Ravee Kurian *(Grp VP)*
Steve Heinzman *(Sr Dir-Bus Ops)*
Jason Chong Lee *(Assoc Creative Dir)*

Accounts:
Compuware
Demandware
Google
HP
Oracle America, Inc.
redhat
SAP
UNICA

Sapient
40 Fulton St 2nd Fl, New York, NY 10138
Tel.: (212) 206-1005
Fax: (212) 206-8510
E-Mail: info@sapient.com
Web Site: http://www.publicis.sapient.com/en-us/index.html

Employees: 200

National Agency Associations: 4A's

Rina S. Pandalai *(Partner-Digital Mgmt Consulting-Fin Svcs & Consumer Banking)*
Steven White *(VP, Head-West Retail Bus & Strategist-Commerce)*
Hilding Anderson *(Sr Dir-Strategy & Consulting)*
Emilie Berenguer *(Sr Acct Dir-France)*
Pete Michaud *(Mgr & Producer-Digital)*
Feven Yemane *(Acct Dir)*
Ryan Jones *(Dir-SEO)*
Nova Halliwell *(Sr Mgr-Content Dev-Germany)*
Christian de Luna *(Product Mgr)*
Ally Montemurro *(Mgr-Creative Project)*

Accounts:
The Coca-Cola Company
McDonald

SapientRazorfish Boston
(Formerly Sapient Boston)
131 Dartmouth St 3rd Fl, Boston, MA 02116
Tel.: (617) 621-0200
Fax: (617) 621-1300
E-Mail: info@sapient.com
Web Site: http://www.publicis.sapient.com/en-us/index.html

Employees: 300

National Agency Associations: 4A's

William Kanarick *(Chief Strategy Officer)*
Michael Maione *(VP-Group Acct Dir)*
David Depew *(VP)*
Giancarlo Pisani *(Creative Dir)*
Dave Theran *(Client Partner)*
Zack Yeremian *(Sr Assoc-Mktg Strategy & Analysis)*

Accounts:
Coca-Cola Refreshments USA, Inc.
Foot Locker
Powerade
Unilever

SapientRazorfish Miami
(Formerly Sapient Corporation)
2911 Grand Ave, Miami, FL 33133
Tel.: (305) 253-0100
Fax: (305) 253-0013
E-Mail: info@sapient.com
Web Site: http://www.publicis.sapient.com/en-us/index.html

Employees: 200

National Agency Associations: 4A's

Agency Specializes In: Advertising, Digital/Interactive, Financial, Food Service

Darren McColl *(Chief Brand Officer & Chief Mktg Strategy Officer)*
Joey Wilson *(Pres-South Reg)*
Chiny Chewning *(VP & Exec Creative Dir)*
Allison Bistrong *(Creative Dir & Head-Brand & Mktg)*
Chanel Abislaiman *(Sr Acct Dir)*
Malissa Martin *(Acct Dir-Digital)*
Jessica Smoller *(Acct Dir)*
Andrew Choban *(Assoc Dir-Content Svcs)*
Stacey Ramia *(Mgr-Plng & Media)*
Alexander Elliott *(Sr Engr-Bridgetrack Data Svcs)*
Andrew Goldstein *(Grp Creative Dir)*

Accounts:
American Cancer Society
BP
Carnival Cruise Lines Digital Strategy
Citi Credit Cards
Citibank
CitiFinancial
Coca-Cola Refreshments USA, Inc.
CVS Health
Dow Jones
Healthy Choice
Hilton Worldwide
Janus
Joe's Stone Crab
JP Morgan
Mars
NBC
Nissan USA
PepsiCo, Inc. Gatorade / Gatorade G
Rock & Roll Hall of Fame
Sony Electronics
Verizon Terremark
Verizon
Viacom
Wall Street Journal
Webster Bank

Subsidiaries

Sapient Consulting
(Formerly SapientNitro USA, Inc.)
375 Hudson St Fl 6, New York, NY 10014
(See Separate Listing)

AGENCIES - JANUARY, 2019 — ADVERTISING AGENCIES

Sapient Securities Corporation
131 Tartmouth 3rd Fl, Boston, MA 02116
Tel.: (617) 621-0200
Fax: (617) 621-1300
E-Mail: info@sapient.com
Web Site: http://www.publicis.sapient.com/en-us/index.html

Employees: 300

Non-U.S. Subsidiaries

Publicis.Sapient
(d/b/a Sapient London)
Eden House 8 Spital Square, London, E1 6DU United Kingdom
Tel.: (44) 2077864500
Fax: (44) 2077864600
E-Mail: info@sapient.com
Web Site: http://www.publicis.sapient.com/en-us/index.html#/contact

Employees: 400

Rakesh Ravuri *(CTO & Sr VP-Engrg)*
Lorenzo Wood *(Chief Innovation Officer)*
Tilak Doddapaneni *(Exec VP & Head-Engrg)*
Fura Johannesdottir *(VP & Exec Creative Dir)*
Andrew Lam-Po-Tang *(VP-Strategy)*
Maggie Lonergan *(VP-Power of One Lead EMEA)*
Scott Ross *(Exec Partner-Client & VP)*
Ramiro Amaral *(Dir-Strategy & Consulting)*
Will Garwood *(Mgr-Program Mgmt)*
Estefania Landaluce *(Sr Assoc-Design Strategy & Consulting)*

Accounts:
Britain's Beer Alliance Advertising, Campaign: "There's a Beer for That", Marketing, TV
British Airways Creative Technology
GlaxoSmithKline
Global Brewers Initiative Advertising, Let There Be Beer
Hugo Boss (Lead Digital Agency)
INVISTA Digital, Global Brand Strategy, LYCRA(R), Print, Social
Ladbrokes Creative
Save the Children Digital Transformation
Tesco Mobile

Sapient Canada Inc.
(d/b/a Sapient Toronto)
129 Spadina Ave Ste 500, Toronto, ON M5V 2L3 Canada
Tel.: (416) 645-1500
Fax: (416) 645-1501
E-Mail: info@sapient.com
Web Site: http://www.publicis.sapient.com/en-us/index.html

Employees: 250

Sapient Corporation Private Limited
(d/b/a Sapient Delhi)
The Presidency Mehrauli-Gurgaon Road Sector 14, Gurgaon, Haryana 122 001 India
Tel.: (91) 124 4999 670
Fax: (91) 124 2808 015
Web Site: http://www.publicis.sapient.com/en-us/index.html#/contact

Employees: 5,000

Sanjay Menon *(Mng Dir)*
Manu Vaish *(Grp VP)*
Ravi Shankar *(VP-Tech)*
Neha Pathak *(Head-External Comm-India)*
Gaurav Maheshwari *(Sr Partner-Client)*
Sandeep Tripathi *(Assoc Strategist-CMS Developer Content)*

Branch

Sapient Corporation Pte. Ltd. - Noida
(d/b/a Sapient Noida)
Green Blvd Tower C 3rd & 4th Fl, Plot No B 9A Sector 62, Noida, 201 301 India
Tel.: (91) 120 479 5000
Fax: (91) 120 479 5001
E-Mail: info@sapient.com
Web Site: http://www.publicis.sapient.com/en-us/index.html

Employees: 500

Sanjay Menon *(Mng Dir)*
Rajdeep Endow *(Exec VP & Mng Dir-Asia Pacific)*
Sumit Sharma *(Grp VP-Tech)*
Salil Swarup *(Sr Dir & Head-Delivery-Mktg & Experience Platforms-APAC)*

Accounts:
Yahoo

Sapient
161 Fitzroy Street, Saint Kilda, Melbourne, VIC 3182 Australia
Tel.: (61) 3 9537 0488
Fax: (61) 3 9537 0866
Web Site: http://www.publicis.sapient.com/en-us/index.html

Employees: 200
Year Founded: 1991

Sarah Adam-Gedge *(Mng Dir-Australia)*
Melissa Ashman *(Mgr-Program & Creative Ops)*

Accounts:
AEIOU Autism Therapy
Australian Grown
BCF Campaign: "Scared Fish"
Betstar
Cenovis Campaign: "Get On With the Good Stuff", Digital, In-Store, Media Integration, Monster Girl, Ninja Boy, TV
Chum
Comvita
Earphone Bully
Foot Locker Campaign: "Foot Locker Art Prize"
G6 Hospitality LLC
Hush Puppies
Kmart
Nikon
Primus Telecom
Tourism Queensland 1 Day in Paradise - Trailer
Velocity
Virgin Blue Airlines

SapientRazorfish Munich
(Formerly Sapient Munich)
Arnulfstrasse 60, 80335 Munich, Germany
Tel.: (49) 89 552 987 0
Fax: (49) 89 552 987 100
E-Mail: info.de@sapient.com
Web Site: http://www.publicis.sapient.com/en-us/index.html

Employees: 150

Christian Waitzinger *(VP & Exec Creative Dir-Continental Europe)*

Branch

Sapient GmbH - Dusseldorf
(d/b/a Sapient Dusseldorf)
Hammer St 19, D 40219 Dusseldorf, Germany
Tel.: (49) 211540340
Fax: (49) 21154034600
E-Mail: info@sapient.com
Web Site: http://www.publicis.sapient.com/en-us/index.html#contact

Employees: 100

PUBLICITY MATTERS
14644 McKnew Rd, Burtonsville, MD 20866
Tel.: (301) 385-2090
E-Mail: matt@publicitymatters.net
Web Site: www.publicitymatters.net

Agency Specializes In: Internet/Web Design, Media Relations, Print, Public Relations, Publicity/Promotions

Matt Amodeo *(Pres)*

Accounts:
Active Duty Fitness for Women
Andrea Kirby's Sports Media Group
Big Apple Circus
Dreyer's (Edy's) Grand Ice Cream
Fresco Designs
Gold's Gym International
McDonald's
Old Hickory Grille
One To One Fitness Centers
Silver Eagle Group Media Relations
SMG Worldwide

PULSAR ADVERTISING, INC.
8383 Wilshire Blvd Ste 334, Beverly Hills, CA 90211
Tel.: (323) 302-5110
Fax: (323) 966-4907
E-Mail: agonzalez@pulsaradvertising.com
Web Site: www.pulsaradvertising.com

E-Mail for Key Personnel:
President: agonzalez@pulsaradvertising.com

Employees: 35
Year Founded: 1992

Agency Specializes In: Advertising, Bilingual Market, Brand Development & Integration, Consumer Marketing, Corporate Identity, Digital/Interactive, E-Commerce, Event Planning & Marketing, Internet/Web Design, Logo & Package Design, Planning & Consultation, Public Relations

Approx. Annual Billings: $17,000,000

Alberto Gonzalez *(Founder, Pres & Exec Creative Dir)*
James Wright *(Partner)*
Peter Kavelin *(Art Dir)*
Raymond Shea *(Dir-Acct Plng)*
Alex Herrmann *(Mgr-Creative Studio)*
Andy Ankowski *(Assoc Creative Dir)*
Morgan Daniels *(Assoc Creative Dir)*

Accounts:
Arlington County Commuter Assistance
Foothill Transit
LAX
Metra (Advertising Agency of Record) Branding, Marketing
Metrolink
The Metropolitan Transportation Authority
San Francisco HealthPlan
Virginia Department of Transportation

Branches

Pulsar Advertising, Inc.
1023 15th St NW Ste 800, Washington, DC 20005
Tel.: (202) 775-7456
Fax: (202) 775-7459

ADVERTISING AGENCIES

E-Mail: kcarlson@pulsaradvertising.com
Web Site: www.pulsaradvertising.com

Employees: 5

Agency Specializes In: Advertising, Transportation

Katherine Carlson *(Mng Dir)*
Nichelle Broner *(Acct Supvr)*

Accounts:
Arlington Metro
Bart
Green Earth Technologies
Summer Winds
Virginia Department of Taxation
Virginia Department of Transportation

Pulsar Advertising, Inc.
830 E Main St Ste 2310, Richmond, VA 23219
Tel.: (804) 225-8300
Fax: (804) 225-8347
E-Mail: info@pulsaradvertising.com
Web Site: www.pulsaradvertising.com

Employees: 8

Agency Specializes In: Advertising, Transportation

Jim Wright *(Partner)*

Accounts:
Virginia Department of Transportation

PULSE CREATIVE LONDON
The News UK Blvd 1 London Bridge St, London, SE1 9GF United Kingdom
Tel.: (44) 2077826000
Web Site: www.pulsecreativelondon.com

Employees: 50

Agency Specializes In: Advertising, Brand Development & Integration, Content, Digital/Interactive, Media Buying Services, Media Planning, Print, Social Media, T.V.

James Relf-Dyer *(Mng Dir)*
Oliver Egan *(Chief Strategy Officer)*
Georgie Ambrose *(Sr Acct Dir)*
Danny Rogers *(Art Dir)*
Matthew Thomas *(Bus Dir)*
Rob Welch *(Creative Dir)*
Thomas Atkinson *(Copywriter)*
James Poostchi *(Sr Designer)*
Christian Timmermans *(Designer)*
Mark Wake *(Designer)*

Accounts:
News UK
Sun Bingo
The Sun
The Times & The Sunday Times

PULSE MARKETING & ADVERTISING LLC
3344 W 143rd Terr, Leawood, KS 66224
Tel.: (913) 205-9958
E-Mail: info@pulsemarketing.biz
Web Site: www.pulsemarketing.biz

Employees: 2
Year Founded: 2005

Agency Specializes In: Advertising, Broadcast, Collateral, Corporate Identity, Logo & Package Design, Media Buying Services, Out-of-Home Media, Outdoor, Public Relations, Social Media, Strategic Planning/Research

David O'Brien *(Principal & Creative Dir)*

Accounts:
American Fallen Warriors Memorial Foundation

PULSECX
211B Progress Dr, Montgomeryville, PA 18936-9618
Tel.: (215) 699-9200
Fax: (215) 699-9240
Web Site: www.pulsecx.com/

Employees: 45
Year Founded: 1981

National Agency Associations: DMA

Agency Specializes In: Advertising, Advertising Specialties, Brand Development & Integration, Business Publications, Business-To-Business, Consumer Marketing, Digital/Interactive, Direct Response Marketing, E-Commerce, Electronic Media, Financial, Graphic Design, Health Care Services, High Technology, Industrial, Information Technology, Internet/Web Design, Logo & Package Design, Media Buying Services, Medical Products, New Product Development, Newspapers & Magazines, Out-of-Home Media, Pharmaceutical, Print, Strategic Planning/Research

Approx. Annual Billings: $41,000,000

David Zaritsky *(CEO)*
Kurt Mueller *(Chief Innovation Officer)*
Brian Phillips *(VP-Creative)*
Mary Rose Rogowski *(Creative Dir)*
Julia DeLuca *(Dir-Project Mgmt)*
Bridget Sullivan *(Acct Supvr)*
Dan Gleason *(Assoc Creative Dir-Copy)*

Accounts:
Astellas Creative, Myrbetriq

PULSEPOINT
20 Broad St Fl 6, New York, NY 10005
Tel.: (212) 706-9781
Fax: (212) 706-9758
Web Site: www.pulsepoint.com

Employees: 148
Year Founded: 2001

Agency Specializes In: Advertising, Email, Local Marketing

Sloan Gaon *(CEO)*
Chris Neuner *(Chief Revenue Officer)*
Mitchell Eisenberg *(Gen Counsel & Sr VP-Corp Dev)*
Andrew J. Stark *(Exec VP-Revenue & Mktg Tech)*
Elizabeth Pardieu *(VP-Health Mktg Tech)*
Garrett Ryan Taylor *(Dir-Programmatic Partnerships)*

Accounts:
BabytoBee Health Care Centers
Beltone Hearing Health Services
eDiets Health & Fitness Centers
eHarmony Social Media
NASCAR.COM Races & Track Events
Only Nature Pet Store Pet Food Supplier
PGATOUR.com News & Entertainment Services
PulsePoint, Inc.
Sony Electronic Products Mfr & Distr
TaxBrain Online Income Tax Preparation Services

PUMPED INC
95 Merrick Way Fl 3, Coral Gables, FL 33134
Tel.: (305) 371-3955
E-Mail: hello@pumpedinc.com
Web Site: www.pumpedinc.com

Employees: 6
Year Founded: 2005

Agency Specializes In: Advertising, Brand Development & Integration, Digital/Interactive, Search Engine Optimization, Social Media, Sponsorship

Carlos F. Pena *(Chief Brand Officer-Brand Dev, Digital Mktg & Social Media)*
Cynthia Lagos *(Art Dir)*

Accounts:
Liberty Extraction & Drying

PURDIE ROGERS, INC.
2288 W Commodore Way Ste 200, Seattle, WA 98199
Tel.: (206) 628-7700
Fax: (206) 628-2818
Web Site: www.purdierogers.com

Employees: 50
Year Founded: 1990

Agency Specializes In: Advertising, Broadcast, Cable T.V., Collateral, Digital/Interactive, Direct Response Marketing, Electronic Media, Email, Exhibit/Trade Shows, In-Store Advertising, Media Buying Services, Mobile Marketing, Multimedia, Newspapers & Magazines, Out-of-Home Media, Outdoor, Paid Searches, Planning & Consultation, Point of Purchase, Point of Sale, Print, Production (Print), Promotions, Public Relations, Radio, Search Engine Optimization, Social Media, T.V., Trade & Consumer Magazines, Viral/Buzz/Word of Mouth, Web (Banner Ads, Pop-ups, etc.)

Approx. Annual Billings: $8,000,000

George Purdie *(Principal)*
Andrew Rogers *(Principal)*
Marybeth Turk *(Sr Acct Dir)*
Barnett Turk *(Creative Dir)*
Ben Morris *(Dir-Data Analytics)*
Scott Rockwell *(Dir-Interactive Media)*

Accounts:
Caldera Spas; 2010
Corona Clipper; 2008
Fiberon Decking; 2010
Hanwha Solar Hanwha SolarOne; 2010
Parex USA Parex, TEIFS, LaHabra, El Rey; 2004

PURE BRAND COMMUNICATIONS, LLC
621 Kalamath St, Denver, CO 80204
Tel.: (303) 297-0170
Fax: (303) 845-9588
E-Mail: info@pure-brand.com
Web Site: www.pure-brand.com

Employees: 18
Year Founded: 2003

Agency Specializes In: Advertising

Revenue: $4,600,000

Gregg Bergan *(Owner & Chief Creative Officer)*
Dan Igoe *(Co-Owner & Brand Dir)*
Stacey Rose Knox *(Acct Dir)*
Jerry Stafford *(Art Dir)*
Alisa Anderson *(Project Mgr-Mktg & PR)*

Accounts:
NCM Fathom
Special Olympics

Branches

AGENCIES - JANUARY, 2019 — ADVERTISING AGENCIES

Pure Brand Communications
PO Box 225, Cheyenne, WY 82003
Tel.: (307) 634-5871
Fax: (307) 634-5873
Web Site: www.pure-brand.com

Employees: 3

National Agency Associations: 4A's

Janis Tharp *(Sr Acct Mgr-PR)*

PURE COMMUNICATIONS
(Formerly BrewLife)
50 Francisco St Ste 103, San Francisco, CA 94133
Tel.: (415) 362-5018
Web Site: www.purecommunications.com

Employees: 21
Year Founded: 2012

Agency Specializes In: Advertising, Brand Development & Integration, Digital/Interactive, Investor Relations, Media Relations

Accounts:
AccessClosure
ApniCure
Coravin
Cytori Therapeutics Inc
FoxHollow
Intuity Medical
Kelmeg, Inc.
MAP Pharmaceuticals, Inc.
Patheon Inc.
Seattle Genetics, Inc.
Topica
XOMA Corporation

PURE COMMUNICATIONS, INC.
(Acquired by W2O Group)

PURE GROWTH
680 5th Ave 8th Fl, New York, NY 10019
Tel.: (212) 400-2200
E-Mail: info@puregrowth.com
Web Site: www.puregrowth.com

Employees: 50
Year Founded: 2011

Agency Specializes In: Advertising, Brand Development & Integration, Communications, Content, Digital/Interactive, Event Planning & Marketing, In-Store Advertising, Media Buying Services, Media Planning, Print, Public Relations, Social Media, T.V.

Dani Simpson *(Co-Founder & Pres)*
Chris Clarke *(Co-Founder & CEO)*
Sabrina Mallick Peterson *(Co-Founder & Pres-Pure Ventures)*
Paul S. Michaels *(Exec Chm)*
James Chan *(CFO)*
Alison Feigen *(Chief Strategy Officer-Consulting & Chief Growth Officer)*
Madeline LaRocca *(Mgmt Supvr)*
Cassandra Elisabeth *(Acct Exec)*
Jennifer Cheng *(Assoc-Fin Ops)*

Accounts:
Hanover Company Store, LLC
HelloFresh TV
Jockey International, Inc. Media

PURE MATTER
PO Box 36147, San Jose, CA 95158
Tel.: (408) 297-7800
Fax: (408) 297-7055
E-Mail: info@purematter.com

Web Site: www.purematter.com

Employees: 10

Courtney Smith *(Co-Founder & Exec Creative Dir)*
Bryan Kramer *(CEO)*
Ryan Campbell *(Client Svcs Dir)*

Accounts:
American Cancer Society
Blach Construction
Cisco Systems
Commonwealth Central Credit Union
Coremetrics Inc
Filice Insurance
Ireland San Filippo
Real Tie Innovations
San Vitum Health
Satelitte Healthcare
Stone Publishing

PURE MOXIE
340 Fremont St Apt 4101, San Francisco, CA 94105
Tel.: (707) 439-3478
E-Mail: contact@pure-moxie.com
Web Site: www.pure-moxie.com

Employees: 10

Agency Specializes In: Advertising, Brand Development & Integration, Digital/Interactive, Event Planning & Marketing, Experience Design, Media Planning, Out-of-Home Media, Outdoor, Print, Social Media, T.V.

Paris Hinson *(Co-Founder & Chief Creative Officer)*
Antonio Patric Buchanan *(Co-Founder & Chief Strategic Officer)*
Paul Cragin *(Sr VP-Data Analytics)*
Andres Matute *(Creative Dir)*

Accounts:
New-Evolve BioSystems

PUREI
12 E Wilson St, Batavia, IL 60510
Tel.: (630) 406-7990
Fax: (630) 406-7993
Web Site: www.purei.com

Employees: 10
Year Founded: 2000

Agency Specializes In: Advertising, Agriculture, Alternative Advertising, Arts, Automotive, Aviation & Aerospace, Brand Development & Integration, Broadcast, Cable T.V., Catalogs, Collateral, Commercial Photography, Communications, Computers & Software, Consulting, Consumer Goods, Consumer Publications, Corporate Communications, Corporate Identity, Cosmetics, Customer Relationship Management, Digital/Interactive, Direct Response Marketing, E-Commerce, Education, Electronic Media, Electronics, Email, Engineering, Entertainment, Environmental, Exhibit/Trade Shows, Experience Design, Fashion/Apparel, Financial, Food Service, Government/Political, Graphic Design, Health Care Services, Hospitality, Household Goods, Identity Marketing, In-Store Advertising, Industrial, Infomercials, Information Technology, Integrated Marketing, Internet/Web Design, Investor Relations, Legal Services, Leisure, Logo & Package Design, Magazines, Marine, Media Planning, Medical Products, Merchandising, Mobile Marketing, Multimedia, New Technologies, Newspaper, Newspapers & Magazines, Out-of-Home Media, Outdoor, Package Design, Paid Searches, Planning & Consultation, Point of Purchase, Print, Production, Production (Ad, Film, Broadcast), Production (Print), Public Relations, Radio, Recruitment, Restaurant, Retail, Sales Promotion, Search Engine Optimization, Social Marketing/Nonprofit, Social Media, Sports Market, Stakeholders, Strategic Planning/Research, T.V., Trade & Consumer Magazines, Transportation, Travel & Tourism, Web (Banner Ads, Pop-ups, etc.)

Approx. Annual Billings: $2,000,000

Len Davis *(Pres)*
Kelly Yee *(Mgr-Ops)*

Accounts:
Bison Gear & Engineering Corporation
Seattle's Best Coffee; 2014

PUREMOXIE
1 Hbr Center Dr, Suisun City, CA 94585
Tel.: (707) 297-6360
E-Mail: contact@pure-moxie.com
Web Site: www.pure-moxie.com

Employees: 15

Agency Specializes In: Advertising, Brand Development & Integration, Digital/Interactive, Media Planning, Out-of-Home Media, Outdoor, Print, Radio, Social Media, Sponsorship, T.V.

Antonio Patric Buchanan *(Co-CEO)*
Paris Mitzi Hinson *(Co-CEO & Chief Creative Dir)*
Andres Matute *(Creative Dir)*

Accounts:
Spicy Vines

PURERED
(Acquired Ferrara & Name Changed to PureRED/Ferrara)

PURERED/FERRARA
(Formerly PureRED)
2196 W Park Ct, Stone Mountain, GA 30087
Tel.: (770) 498-4091
Fax: (770) 498-0691
Toll Free: (800) 562-4091
Web Site: www.purered.net

Employees: 200
Year Founded: 1968

Agency Specializes In: Advertising, Advertising Specialties, Broadcast, Business-To-Business, Collateral, Commercial Photography, Consulting, E-Commerce, Internet/Web Design, Media Buying Services, Point of Sale, Print, Production, Retail, Sponsorship

Approx. Annual Billings: $24,000,000

George Russell *(CEO)*
Rachael Boone *(Chief Strategy Officer)*
John McHale *(Chief Creative Officer)*
Andy Sung *(Chief Digital Officer)*
Ken Bash *(Pres-Northern Ops)*
Kim Eichenlaub *(Sr VP)*
Kevin Kincaid *(Sr Partner-Client & Sr VP)*
Todd Dexter *(VP & Grp Creative Dir)*
David Mimbs *(VP)*
Kurt Nebiker *(Assoc Creative Dir-Digital Mktg)*
Amy L. Reach *(Chief Creative Ops Officer)*

Accounts:
Arm & Hammer
Dollar General
Heinz
Johnson & Johnson
Kimberly-Clark Corporation
Lowe's
Rite Aid Corporation Circular Design, Production

917

ADVERTISING AGENCIES
AGENCIES - JANUARY, 2019

Safeway Inc.
SP Richards
SuperValu

Branches

PureRED
(Formerly Ferrara & Company)
301C College Rd E, Princeton, NJ 08540
Tel.: (609) 945-8700
Fax: (609) 945-8700
E-Mail: newbusiness@purered.net
Web Site: www.PureRED.net

Employees: 40
Year Founded: 1986

Agency Specializes In: Advertising, Digital/Interactive, Event Planning & Marketing, Exhibit/Trade Shows, Hospitality, Internet/Web Design, Local Marketing, New Product Development, Print, Promotions, Radio, Sales Promotion, Sponsorship, Strategic Planning/Research, T.V.

Benjamin Weisman *(VP, Exec Creative Dir & Designer)*
Courtney Fagan *(Dir-Plng)*
Deborah LaPlante *(Dir-Recruiting)*
Martin O'Brien *(Dir-Strategy & Plng)*
Colleen Easley-Wolf *(Sr Project Mgr-Digital)*
Chris Gebhard *(Strategist-Digital & Social)*
Megan Barlow *(Designer)*
Aaron Brown *(Grp Creative Dir)*

Accounts:
ACT
Arm & Hammer Creative
Magni Vision
New Jersey Lottery Advertising, Creative
Orajel
Oxi Clean
Trojan
Unisom

PureRED/Ferrara
(Formerly PureRED Creative)
2038 Weems Rd, Tucker, GA 30084
Tel.: (770) 491-3353
Fax: (770) 491-6614
Web Site: www.purered.net

Employees: 25

Agency Specializes In: Internet/Web Design, Production, Strategic Planning/Research

David Arney *(CFO)*
Shaun Francis *(Chief HR Officer & Chief Talent Officer)*
Amy L. Reach *(Chief Creative Officer)*
Andy Sung *(Chief Digital Officer)*
Lisa Lucas *(Sr VP & Head-Multi-Site)*
Tom Bosch *(VP & Creative Dir)*
Perry Hunter *(VP & Grp Creative Dir)*
Sonny Thomas *(VP & Grp Creative Dir)*
Mike Halvorsen *(Creative Dir)*
Alexander Santiago *(Creative Dir)*
Kent Fleming *(Dir-Media Svcs)*
Daniela Roldan *(Acct Exec-Special Projects)*
Shannon Stallone *(Acct Exec-Digital Mktg)*
Stephanie Arnemann *(Copywriter-Integrated Mktg)*
Wes Lyman *(Assoc Creative Dir)*

Accounts:
Russell Brands LLC
Safeway Inc.
Wal-Mart

PUROHIT NAVIGATION
233 S Wacker Dr Ste 6220, Chicago, IL 60606
Tel.: (312) 341-8100
Fax: (312) 341-8119
E-Mail: purohit@purohitnavigation.com
Web Site: www.purohitnavigation.com/

Employees: 50
Year Founded: 1985

Agency Specializes In: Advertising, Brand Development & Integration, Business-To-Business, Collateral, Communications, Consumer Marketing, Corporate Identity, Education, Graphic Design, Health Care Services, Internet/Web Design, Logo & Package Design, Medical Products, Pharmaceutical, Planning & Consultation, Print, Production, Recruitment, Sales Promotion, Strategic Planning/Research

Approx. Annual Billings: $85,000,000 Capitalized

Anshal Purohit *(Pres)*
Kim Hogen *(Exec VP & Controller)*
Monica Noce Kanarek *(Exec VP-Creative)*
Jen Scattereggia *(Sr Acct Dir)*
Todd Treleven *(Art Dir & Designer)*
Jim Cherrier *(Dir-HR)*
Melanie Fiacchino *(Sr Art Dir)*
Joseph Riley *(Assoc Acct Dir)*

Accounts:
Abbott Laboratories
Allergan Inc.
American Orthopaedic Association
APP Pharmaceuticals, Inc.; Schaumburg, IL
Eisai
Eloquest
Ferndale Laboratories, Inc.
Galderma
Monogram Biosciences, Inc.
Phenogen
US Oncology, Inc.
WaferGen

PURPLE DIAMOND
32 Jordan St, Beverly, MA 01915
Tel.: (978) 927-0626
Web Site: www.purplediamondmarketing.com

Employees: 1

Agency Specializes In: Advertising, Brand Development & Integration, Collateral, Internet/Web Design, Media Buying Services, Radio, Social Media, T.V.

Charlene St. Jean *(Owner)*

Accounts:
Womens Toolbox

PURPLE DOOR COMMUNICATIONS
305 Montecito Dr Ste A, Corte Madera, CA 94925
Tel.: (415) 413-3082
E-Mail: hello@pdcpr.net
Web Site: www.pdcpr.net

Employees: 10

Agency Specializes In: Brand Development & Integration, Consumer Marketing, Customer Relationship Management, Digital/Interactive, Exhibit/Trade Shows, Media Relations, Media Training, Public Relations, Social Media, Strategic Planning/Research

Sam Kennedy *(Founder & Pres)*
Angie Block *(Exec VP)*
Ellen Lynch *(Sr VP)*

Accounts:
New-Fresh Step

PURPLE GROUP
2845 N. Kedzie Ave., Chicago, IL 60618
Tel.: (773) 394-9660
Web Site: www.purplegrp.com

Employees: 5

Agency Specializes In: Advertising, Communications, Digital/Interactive, Event Planning & Marketing, Internet/Web Design, Promotions, Public Relations, Search Engine Optimization, Social Media, Strategic Planning/Research

Laritza Lopez *(Pres)*
Paul Corzo *(Creative Dir)*
Annet Miranda *(Mgr-Client Rels)*

Accounts:
Gear Up Get Ready

PURPOSE ADVERTISING
79 S Main St, Barnegat, NJ 08005
Tel.: (609) 312-7922
E-Mail: info@purposeadvertising.com
Web Site: www.purposeadvertising.com

Employees: 3
Year Founded: 2010

Agency Specializes In: Advertising, Content, Internet/Web Design, Out-of-Home Media, Outdoor, Print, Radio, Search Engine Optimization, Social Media, Strategic Planning/Research, T.V.

Accounts:
AIGA San Francisco
Contemporary Closets
Dr Young Orthodontic & Cosmetic Services
Encore Garage
The Jeep Store
L&M Contractors
Sea Breeze Ford
Seaview Auto
Sinfonia d'Amici
The Tokyo Ballet

PUSH
101 Ernestine St, Orlando, FL 32801-2317
Tel.: (407) 841-2299
Fax: (407) 841-0999
E-Mail: frontdesk@pushhere.com
Web Site: www.pushhere.com

Employees: 35
Year Founded: 1996

National Agency Associations: AAF-PRSA-TAAN

Agency Specializes In: Advertising, Advertising Specialties, Arts, Brand Development & Integration, Broadcast, Business Publications, Business-To-Business, Cable T.V., Collateral, Communications, Consulting, Consumer Marketing, Consumer Publications, Corporate Communications, Corporate Identity, Digital/Interactive, Direct Response Marketing, Electronic Media, Entertainment, Event Planning & Marketing, Exhibit/Trade Shows, Graphic Design, Guerilla Marketing, Health Care Services, Hospitality, In-Store Advertising, Integrated Marketing, Internet/Web Design, Leisure, Local Marketing, Logo & Package Design, Magazines, Market Research, Media Buying Services, Media Planning, Media Relations, Men's Market, Mobile Marketing, Multimedia, Newspaper, Newspapers & Magazines, Out-of-Home Media, Outdoor, Paid Searches, Planning & Consultation, Point of Purchase, Point of Sale, Print, Production, Production (Ad, Film, Broadcast), Production (Print), Public Relations, Publicity/Promotions,

Radio, Real Estate, Recruitment, Restaurant, Retail, Sales Promotion, Search Engine Optimization, Sports Market, Strategic Planning/Research, T.V., Trade & Consumer Magazines, Travel & Tourism, Viral/Buzz/Word of Mouth, Web (Banner Ads, Pop-ups, etc.), Women's Market

Breakdown of Gross Billings by Media: Fees: 62%; Other: 28%; Production: 10%

John Ludwig *(CEO)*
Mark Unger *(Partner & Chief Creative Officer)*
Kerri Nagy Byrd *(Media Dir)*
Jim Brothers *(Mgr-Studio)*
Jason Pennypacker *(Acct Supvr)*
Helenn Bustillo *(Acct Exec)*
Megan Glaser *(Acct Exec)*

Accounts:
Orlando Regional Healthcare; Orlando, FL Arnold Palmer Hospital For Children, Orlando Regional Medical Center, Winnie Palmer Hospital For Women; 2003
Tavistock Property
Visit Florida

PUSH CRANK PRESS
131 N Foster, Dothan, AL 36302
Tel.: (334) 790-9785
Web Site: www.pushcrankpress.com

Employees: 4

Agency Specializes In: Advertising, Brand Development & Integration, Collateral, Corporate Identity, Logo & Package Design, Print, Social Media, Strategic Planning/Research

Michael Riddle *(Partner)*

Accounts:
Wiregrass Museum of Art
WoodStrong

PUSH10, INC.
123 N 3rd St 2nd Fl, Philadelphia, PA 19106
Tel.: (215) 375-7735
E-Mail: info@push10.com
Web Site: www.push10.com

Employees: 14
Year Founded: 2006

Agency Specializes In: Advertising, Brand Development & Integration, Graphic Design, Logo & Package Design, Print, Social Media

Sabrina Pfautz *(Partner & Creative Dir)*
Gregory Henry *(Pres-Push10 Design Studios)*
Ken Beasley *(Dir-Mktg & Bus Strategy)*
Emily Schilling *(Designer)*

Accounts:
Blaschak Coal Corp.
Manifesta

PUSH22
30300 Telegraph Rd Ste 410, Bingham Farms, MI 48025
Tel.: (248) 335-9500
Fax: (248) 335-7848
E-Mail: info@push22.com
Web Site: www.push22.com

Employees: 23
Year Founded: 2004

Agency Specializes In: Advertising, Brand Development & Integration, Broadcast, Digital/Interactive, Media Planning, Media Relations, Print, Social Media

Dave Sarris *(Partner)*
Michael Verville *(Partner)*
Amanda Dziak *(Acct Dir)*
Daniel Rioux *(Media Dir)*
Rob Wilkie *(Creative Dir)*
Paul Ryder *(Dir-Bus Dev)*
Christine Spahr *(Acct Exec)*

Accounts:
Faurecia USA Holdings, Inc.

PUSHTWENTYTWO
22 W Huron St, Pontiac, MI 48342
Tel.: (248) 335-9500
Fax: (248) 335-7848
E-Mail: info@push22.com
Web Site: push22.com/

Employees: 15

Agency Specializes In: Advertising, Automotive, Brand Development & Integration, Broadcast, Business Publications, Business-To-Business, Cable T.V., Communications, Corporate Communications, Corporate Identity, Digital/Interactive, Email, Engineering, Health Care Services, Hospitality, Integrated Marketing, Internet/Web Design, Media Buying Services, Multimedia, Newspaper, Newspapers & Magazines, Out-of-Home Media, Outdoor, Podcasting, Point of Sale, Print, Radio, Search Engine Optimization, Social Media, Trade & Consumer Magazines, Web (Banner Ads, Pop-ups, etc.)

David Sarris *(Partner)*
Michael Verville *(Partner)*
Amanda Dziak *(Acct Dir)*
Rob Wilkie *(Creative Dir)*
Paul Ryder *(Dir-Bus Dev)*
Christine Spahr *(Acct Exec)*
Sarah Guzzardo *(Coord-Production)*

Accounts:
Champion Homes; Troy, MI Factory Build Homes; 2005
Key Global Automotive; MI; 2009
Lafayette Place Lofts
OSRAM
RE FormsNet; 2008
Walbridge

PWB MARKETING COMMUNICATIONS
2750 South State St, Ann Arbor, MI 48104
Tel.: (734) 995-5000
E-Mail: dialogue@pwb.com
Web Site: www.pwb.com

Employees: 6

Agency Specializes In: Advertising, Brand Development & Integration, Logo & Package Design, Media Planning, Print, Social Media, Strategic Planning/Research

Steve Peterson *(Chm)*
Sean Hickey *(COO)*
Ron Bizer *(Dir-Design)*
Marcy Jennings *(Dir-Acct Strategy)*
Keith Kopinski *(Sr Art Dir)*

Accounts:
Maya Heat Transfer Technologies

PYPER YOUNG
235 Central Ave, Saint Petersburg, FL 33701
Tel.: (727) 873-1210
Web Site: www.pyperyoung.com

Employees: 10
Year Founded: 2012

Agency Specializes In: Advertising, Brand Development & Integration, Broadcast, Collateral, Digital/Interactive, Internet/Web Design, Media Planning, Package Design, Print, Social Media

Kelly Pyper *(Co-Founder)*

PYRO BRAND DEVELOPMENT
2801 N Central Expressway, Dallas, TX 75204
Tel.: (214) 891-7600
Fax: (214) 891-5055
E-Mail: info@pyrobranddevelopment.com
Web Site: www.pyroagency.com

Employees: 5
Year Founded: 1994

Agency Specializes In: Advertising, Automotive, Brand Development & Integration, Logo & Package Design, New Product Development, Newspapers & Magazines, Point of Sale, Print, Restaurant

John Beitter *(Founder & Principal)*

Accounts:
American Heritage Billiards
Business First Bank (Agency of Record) Advertising, Rebranding
Dallas CVB
Great Gatherings
Home Interiors & Gifts
The National Association of Mortgage Brokers
WFAA TV

PYTCHBLACK
707 W Magnolia Ave, Fort Worth, TX 76104
Tel.: (817) 570-0915
Web Site: www.pytchblack.com

Employees: 4
Year Founded: 2013

Agency Specializes In: Advertising, Brand Development & Integration, Digital/Interactive, Graphic Design, Logo & Package Design, Out-of-Home Media, Outdoor, Radio, Social Media, T.V.

Andrew Yanez *(Owner & Head-Creative)*
Amy Yanez *(Media Dir)*

Accounts:
Righteous Foods
WilliamsTrew Sothebys

PYXL, INC.
625 S Gay St Ste 450, Knoxville, TN 37902
Tel.: (865) 690-5551
Web Site: www.thinkpyxl.com

Employees: 50
Year Founded: 2000

Agency Specializes In: Advertising, Digital/Interactive, Graphic Design, Public Relations, Social Media

Brian Winter *(Founder)*
Josh Phillips *(Pres & COO)*
Kervie Mata *(Dir-Multimedia)*
Brenna Szul *(Dir-Employee Experience)*
Peggy Parks *(Sr Acct Mgr)*

Accounts:
Carpathia Hosting, Inc.

Branches

ADVERTISING AGENCIES

Pyxl
1365 N. Scottsdale Rd Ste 140, Scottsdale, AZ 85257
Tel.: (480) 745-2575
Web Site: www.thinkpyxl.com

Employees: 60
Year Founded: 2000

Agency Specializes In: Advertising, Brand Development & Integration, Content, Graphic Design, Internet/Web Design, Public Relations, Search Engine Optimization, Social Media

Accounts:
New-Avella Specialty Pharmacy

Pyxl
939 Pearl St Ste 205, Boulder, CO 80302
Tel.: (720) 408-1515
Web Site: www.thinkpyxl.com

Employees: 51
Year Founded: 2000

Agency Specializes In: Advertising, Brand Development & Integration, Content, Graphic Design, Internet/Web Design, Public Relations, Search Engine Optimization, Social Media

Tracey Suhr *(Head-Comm & Strategist-Digital Content)*
Jared Mauldin *(Strategist-Social Media)*

Accounts:
New-Bhakti Chai

Q LTD.
109 Catherine St, Ann Arbor, MI 48104
Tel.: (734) 668-1695
Fax: (734) 668-1817
E-Mail: info@qltd.com
Web Site: www.qltd.com

Employees: 13
Year Founded: 1981

Agency Specializes In: Advertising, Brand Development & Integration, Collateral, Communications, Corporate Identity, Education, Event Planning & Marketing, Exhibit/Trade Shows, Internet/Web Design, Logo & Package Design, Print, Transportation

Christine Golus *(Mng Dir)*
Patricia Greve *(Office Mgr)*
Paul Koch *(Strategist-Brand & Writer)*
Katie Chang *(Designer)*

Accounts:
SIGGRAPH

Q STRATEGIES
832 Georgia Ave Ste 300, Chattanooga, TN 37402
Tel.: (423) 602-9645
Fax: (423) 486-9402
Web Site: www.qstrategies.com

Employees: 3
Year Founded: 2013

Agency Specializes In: Advertising, Communications, Content, Crisis Communications, Media Relations, Public Relations, Social Media, Strategic Planning/Research

Tom Griscom *(Partner & Sr Strategist)*
Christina Siebold *(Partner)*
Kelly Allen *(Dir-Strategic Comm)*
Cynthia Fagan *(Acct Exec)*

Accounts:
TechTown

Q4LAUNCH
498 Wando Pk Blvd Ste 100, Mount Pleasant, SC 29464
Tel.: (843) 475-2962
E-Mail: info@q4launch.com
Web Site: q4launch.com

Employees: 50
Year Founded: 2008

Agency Specializes In: Brand Development & Integration, Content, Copywriting, Digital/Interactive, Email, Event Planning & Marketing, Hospitality, Logo & Package Design, Search Engine Optimization, Social Media, Travel & Tourism

Matt Bare *(Founder)*
Scott Rodgers *(Head-SEO Product)*
Ann Marie Houlihan Walker *(Mktg Dir)*
Colin Pearson *(Dir-Mktg Svcs)*
Richard Strucke *(Dir-Web Svcs)*
Keegan Robbins *(Sr Mgr-Customer Experience)*
Lauren Lewitt Balmer *(Mgr-Customer Experience)*
Sarah Church *(Mgr-Customer Experience)*
Bryan Jayne *(Mgr-Customer Experience)*
Kelly Phillips *(Mgr-Customer Experience)*
Taylor Shifflett *(Mgr-Customer Experience)*
Catherine Spain *(Mgr-Customer Experience)*

Accounts:
New-Beaver Lake Cottages
New-El Farolito Bed & Breakfast
New-Fort Lauderdale Stays Inc
New-Four Kachinas Inn
New-Hawaii Beach Homes
New-The Old Wailuku Inn at Ulupono
New-Pilgrims Inn
New-Railroad Park Resort
New-Settlers Hospitality Group (Digital Marketing Agency of Record) The Settlers Inn
New-Triangle C Cabins

QD SOLUTIONS, INC.
4801 Southwest Pkwy, Austin, TX 78735
Tel.: (512) 892-7690
Fax: (512) 892-7695
E-Mail: results@qdsglobal.com
Web Site: www.qdsglobal.com

Employees: 8
Year Founded: 1998

Agency Specializes In: Brand Development & Integration, Broadcast, Cable T.V., Collateral, Consulting, Consumer Marketing, Consumer Publications, Corporate Identity, Graphic Design, Health Care Services, Logo & Package Design, Magazines, Media Buying Services, Medical Products, Newspaper, Newspapers & Magazines, Pharmaceutical, Planning & Consultation, Print, Production, Radio, Strategic Planning/Research, T.V.

Approx. Annual Billings: $3,000,000

James Dodson *(Pres)*
Alexandra Tirado *(VP-Project Mgmt)*

Accounts:
Amgen; Thousand Oaks, CA
INC Research; Raleigh, NC
PPD, Inc; Morrisville, NC
Quintiles, Inc; Morrisville, NC
Shire-Movetis

QOOQOO
14988 Sand Canyon Ave Studio 5, Irvine, CA 92618
Tel.: (714) 329-7771
Web Site: www.itsqooqoo.com

Agency Specializes In: Advertising, Health Care Services, Medical Products

Clay Daniells *(Pres & CEO)*
Gala Struthers *(CMO)*
Tara Gurlides *(Acct Exec)*
Zach Guarino *(Strategist-Digital)*
Brian Daniells *(CFO)*
Carly Engel *(Acct Exec)*
Bob Comoglio *(Sr Art Dir)*
Heather McCaffrey *(Dir-Agency Project Mgmt)*
Dawn Hylton *(Copywriter)*
Lauren DeVincentis *(Sr Acct Exec)*

Accounts:
New-Access Dental
New-Edwards Lifesciences Corporation
New-MicroVention Inc

QUAINTISE, LLC
4400 N Scottsdale Rd Ste 9567, Scottsdale, AZ 85251
Tel.: (602) 910-4112
Fax: (480) 773-7516
E-Mail: info@quaintise.com
Web Site: www.quaintise.com

Employees: 7
Year Founded: 2002

Agency Specializes In: Advertising, Public Relations

Raquel Baldelomar *(Founder & Pres)*
Matthew Dinnerman *(Partner & Sr Creative Dir)*
Jill Bernstein *(Dir-Content Mktg)*
Cortney Tucker *(Dir-Art)*
Courtney Kolling *(Sr Acct Exec)*

Accounts:
Arizona Heart Institute
CBD College (Agency of Record); 2018
Cedars-Sinai Medical Center
DFW Capital Partners
Laser Nail Center
Luxury Travel Magazine
Susan G. Komen
TMS Neuro Institute (Agency of Record); 2018

Branch

Quaintise, LLC
127 Broadway Ste 208, Santa Monica, CA 90401
Tel.: (310) 331-8085
E-Mail: info@quaintise.com
Web Site: www.quaintise.com

Year Founded: 2003

Agency Specializes In: Advertising, Brand Development & Integration, Communications, Content, Digital/Interactive, Event Planning & Marketing, Health Care Services, Public Relations, Social Media, Strategic Planning/Research

Amy Prenner *(Dir-Media Rels)*

Accounts:
New-CBD College (Agency of Record)

QUAKER CITY MERCANTILE
114-120 S 13th St, Philadelphia, PA 19107
Tel.: (215) 922-5220
Fax: (215) 922-5228
Web Site: quakercitymercantile.com/

AGENCIES - JANUARY, 2019 — ADVERTISING AGENCIES

Employees: 60
Year Founded: 1988

Agency Specializes In: Advertising, Brand Development & Integration, Consumer Marketing, Corporate Identity, Direct Response Marketing, Entertainment, Event Planning & Marketing, Fashion/Apparel, Graphic Design, Logo & Package Design, New Product Development, Point of Purchase, Print, Publicity/Promotions, Retail, Sponsorship, T.V.

Steven Grasse *(Founder)*
Joe Conti *(Sr Acct Dir)*
Bernadette Potts-Semel *(Sr Acct Dir)*
Stephanie Marie Aviles *(Acct Dir)*
Ketura Tone *(Acct Dir)*
Ron Short *(Dir-Art & Designer)*
Olivia Carb *(Dir-Events)*
Courtney Norton *(Acct Mgr)*
Sarah Howells *(Production Mgr)*
Breanne Furlong *(Mgr-Social Media)*
Dayna Levin *(Coord)*

Accounts:
Diageo Plc
Evil Empire
Guinness Broadcast, Campaign: "In Pursuit of More", Online
Lilly Pulitzer
MillerCoors Creative, Digital Strategy, Miller High Life
Narragansett Brewing Company Design
Prince
Sailor Jerry
William Grant & Sons Hendrick's Gin, Milagro Tequila

QUALLSBENSON LLC
272 Water St Ste 3F, New York, NY 10038
Tel.: (212) 810-6998
Web Site: www.quallsbenson.com

Employees: 8
Year Founded: 2010

Agency Specializes In: Advertising, Graphic Design, Internet/Web Design, Logo & Package Design, Social Media

Troy Benson *(CEO)*
Joe Qualls *(Partner)*

Accounts:
AST Group
Time Equities, Inc Creative

QUALLY & COMPANY, INC.
1187 Wilmette Ave, Ste 160, Wilmette, IL 60091-2719
Tel.: (847) 975-8247
E-Mail: iva@quallycompany.com
Web Site: www.quallycompany.com

Employees: 18
Year Founded: 1979

Agency Specializes In: Advertising, Brand Development & Integration, Consulting, Corporate Identity, Graphic Design, Integrated Marketing, New Product Development, Point of Purchase

Approx. Annual Billings: $11,800,000

Michael Iva *(Owner)*

QUANGO
4380 SW Mcadam Ave Ste 380, Portland, OR 97239
Tel.: (503) 968-0825
E-Mail: info@quangoinc.com
Web Site: quangoinc.com

Employees: 28

Agency Specializes In: Advertising, Brand Development & Integration, Graphic Design, Identity Marketing, Logo & Package Design, Multimedia, Print, Search Engine Optimization, Social Media

Sean Henderson *(Pres)*
Xochitl Ocampo *(Controller)*
Doug Daniels *(Art Dir)*
Trisha Lester *(Client Svcs Dir)*
Tobias Sugar *(Creative Dir)*

Accounts:
Adobe
Dell Ultrabook
Intel

QUANTASY, INC.
9543 Culver Blvd, Culver City, CA 90232
Tel.: (310) 945-4100
E-Mail: info@quantasy.com
Web Site: www.quantasy.com

Employees: 24
Year Founded: 2011

Agency Specializes In: Advertising, Brand Development & Integration, Social Media

Hong Le *(Exec VP)*
Danilo Roque *(Producer-Interactive)*
Julius Difuntorum *(Sr Mgr-Digital Brand & Project Mgmt)*

Accounts:
American Honda Motor Co., Inc. CR-V Moments Campaign
Li-Ning Content, Online, Social, WayofWade.com
Wells Fargo & Company

QUANTUM COMMUNICATIONS
1201 Story Ave Ste 123, Louisville, KY 40206
Tel.: (502) 568-6633
Fax: (502) 568-2722
E-Mail: hello@qtheagency.com
Web Site: www.qtheagency.com

Employees: 15

Agency Specializes In: Advertising, Brand Development & Integration, Collateral, Content, Digital/Interactive, Internet/Web Design, Public Relations, Radio, Social Media, Sponsorship, T.V.

Patty Marguet *(Co-Owner & Corp VP)*
Jim Miller *(Owner)*
Linda Schuster *(Pres & CEO)*
Josh Hampton *(Assoc Creative Dir & Writer-Creative)*
Patrick Quirke *(Designer-Interactive)*
Jeff Franklin *(Acct Coord)*

Accounts:
CoachSource LLC
Highland Cleaners
MedAssist, Inc.

QUARRY INTEGRATED COMMUNICATIONS
1440 King Street North, Saint Jacobs, ON N0B 2N0 Canada
Tel.: (519) 664-2999
Web Site: https://www.quarry.com/

Employees: 100
Year Founded: 1973

National Agency Associations: ICA

Agency Specializes In: Advertising, Agriculture, Brand Development & Integration, Business-To-Business, Communications, Corporate Identity, Digital/Interactive, Graphic Design, Health Care Services, High Technology, Integrated Marketing, Internet/Web Design, Out-of-Home Media, Outdoor, Pharmaceutical, Public Relations, Radio, Search Engine Optimization, Social Media, Strategic Planning/Research

Ken Whyte *(Pres)*
Mandey Moote *(Mng Dir-Client Results)*
Maurice Allin *(VP)*
Norm Clare *(VP-Mktg Tech Strategy)*
Sarah Harwood *(VP-Strategy)*
Justin Wong *(Head-Technical & Specialist-Mktg Automation)*
David Whyte *(Team Head-Media)*

Accounts:
BlackBerry; 1998
Windstream Enterprise Business (B2B Agency of Record)

U.S. Branch

Quarry Integrated Communications USA
4819 Emperor Blvd Ste 400, Durham, NC 27703-5420
Tel.: (919) 941-2020
Fax: (919) 941-2021
E-Mail: rferguson@quarry.com
Web Site: https://www.quarry.com/

Employees: 101

Agency Specializes In: Advertising, Brand Development & Integration, Business-To-Business, Digital/Interactive, Health Care Services, Integrated Marketing, Internet/Web Design, Pharmaceutical, Public Relations, Search Engine Optimization, Social Media, Sponsorship

Accounts:
FedEx
Nortel
Novartis

QUATTRO DIRECT LLC
920 Cassatt Rd Ste 310, Berwyn, PA 19312
Tel.: (610) 993-0070
Fax: (610) 993-0057
E-Mail: scohen@quattrodirect.com
Web Site: www.quattrodirect.com

Employees: 100

Agency Specializes In: Direct Response Marketing, Email

Dan Boerger *(Partner & Mng Dir)*
Scott Cohen *(Partner & Mng Dir)*
Thomas McNamara *(Partner & Mng Dir)*
Dan Lawler *(Sr VP & Grp Acct Dir)*
Lynda Taylor *(VP & Grp Acct Dir)*
Stacey Greiner *(VP-Healthcare Mktg)*
Eric Hellberg *(VP-Production)*
Jason Koscho *(VP-Creative Svcs)*
Julie Herbster Leighton *(VP-Strategy)*
John Siemienski *(VP-Digital Svcs)*
Mary Edwards *(Sr Acct Dir)*
Rebecca Ficca *(Acct Dir)*
Amy McDonald *(Acct Dir)*
Randy Phillips *(Acct Dir)*
Ed Rooney *(Acct Dir)*

Accounts:
AARP
Cor Cell

ADVERTISING AGENCIES

GMAC Mortgage
The Hartford / AARP Automobile Insurance
Verizon Telecommunications

THE QUELL GROUP
2282 Livernois Rd, Troy, MI 48083
Tel.: (248) 649-8900
Fax: (248) 649-8988
E-Mail: info@quell.com
Web Site: www.quell.com

Employees: 15

National Agency Associations: APRC-IABC-PRSA

Agency Specializes In: Advertising, Automotive, Brand Development & Integration, Business-To-Business, Collateral, Communications, Consulting, Consumer Marketing, Consumer Publications, Content, Corporate Communications, Corporate Identity, Crisis Communications, Customer Relationship Management, Digital/Interactive, Electronic Media, Email, Environmental, Event Planning & Marketing, Exhibit/Trade Shows, Financial, Food Service, Government/Political, Graphic Design, Health Care Services, Identity Marketing, Integrated Marketing, International, Internet/Web Design, Local Marketing, Logo & Package Design, Magazines, Market Research, Media Buying Services, Media Planning, Media Relations, Media Training, Medical Products, Mobile Marketing, New Product Development, Newspaper, Newspapers & Magazines, Out-of-Home Media, Outdoor, Package Design, Paid Searches, Pharmaceutical, Planning & Consultation, Podcasting, Print, Promotions, Public Relations, Publicity/Promotions, RSS (Really Simple Syndication), Restaurant, Strategic Planning/Research, Trade & Consumer Magazines, Viral/Buzz/Word of Mouth, Web (Banner Ads, Pop-ups, etc.)

Michael Niederquell *(Pres & CEO)*
John J. Fitzgerald *(Sr Dir-Digital Svcs)*

Accounts:
On-Site Specialty Cleaning & Restoration; Fraser, MI
Schuler Incorporated
Studio 2 Dental Design; Kentwood, MI
Voith Industrial Services (Agency of Record)

QUENCH
1006 Market St, Harrisburg, PA 17101
Tel.: (717) 909-9524
E-Mail: cheers@quenchagency.com
Web Site: www.quenchagency.com

Employees: 100
Year Founded: 2014

Agency Specializes In: Advertising, Brand Development & Integration, Digital/Interactive, Event Planning & Marketing, Media Buying Services, Media Planning, Package Design, Public Relations, Search Engine Optimization, Shopper Marketing, Social Media, Strategic Planning/Research

Michael Pavone *(Pres & CEO)*
Amy Murray *(Partner & COO)*
James Madsen *(Chief Creative Officer)*
Jared Scott *(Gen Mgr & Dir-Brand Mgmt)*
Greg Carney *(Dir-Activation)*
Darby Hughes *(Dir-Brand Strategy)*
Laura Osmolinski *(Brand Mgr)*
John Gilbert *(Group Creative Dir)*

Accounts:
Hershey
StarKist
Sun-Maid Growers of California Agency of Record,

Creative, Digital; 2018

QUENZEL & ASSOCIATES
12801 University Dr Ste 1 - 4, Fort Myers, FL 33907
Tel.: (239) 226-0040
Web Site: www.quenzel.com

Employees: 6

Agency Specializes In: Advertising, Internet/Web Design

Earl Quenzel *(Partner)*
Sean Breckley *(Acct Dir)*

Accounts:
Best Trip Choices Tour & Travel Management Services
Denmark Interiors Furniture & Accessories
John R Woods Realtor Branding & Advertising
Lighthouse Waterfront Restaurant Seafood & Steak Restaurant
Pink Shell Beach Resort & Spa
TriMix Gell Health Care Services

QUEST GROUP
1012 N Jackson St, Starkville, MS 39759
Tel.: (662) 494-0244
E-Mail: info@getquest.com
Web Site: www.getquest.com

Employees: 5

Agency Specializes In: Advertising, Digital/Interactive, Event Planning & Marketing, Logo & Package Design, Media Relations, Media Training, Print, Public Relations, Social Media, Strategic Planning/Research

Cierra Hodo *(Partner)*
Max Reed *(Producer-Creative)*
Crystal Storey *(Specialist-PR)*

Accounts:
Emerson Animal Clinic
Jamison, Money, Farmer & Co.
Sally Kate Winters
Superior Catfish

QUESTUS
675 Davis St, San Francisco, CA 94111
Tel.: (415) 677-5700
Fax: (415) 677-9517
E-Mail: sales@questus.com
Web Site: www.questus.com

Employees: 70
Year Founded: 1998

Agency Specializes In: Advertising, Digital/Interactive, Experiential Marketing, Internet/Web Design, Web (Banner Ads, Pop-ups, etc.)

Approx. Annual Billings: $13,000,000

Jordan Berg *(Co-Founder & Co-Pres)*
Jeff Rosenblum *(Co-Pres)*
Debbie Dumont *(Exec VP-Client Svcs)*
Matthew Hussey *(VP & Grp Acct Dir)*
Garrett Kai *(VP & Acct Dir)*
Jeff Wagener *(VP & Creative Dir)*
Alyce Strapp *(Media Dir)*
Jason Kramer *(Sr Media Planner, Coord-Ad Ops & Analyst)*
Dan Thiry *(Recruiter-Technical)*

Accounts:
Almay
American Suzuki Motor Corporation Hayabusa

Avery - Martha Stewart Home Office
BET
Capital One
Discovery Communications
ESPN
Expedia
Fox Digital
General Mills Gold Medal Flour, Total Cereal, Yoplait Smoothie
Hubzu
The New York Times
News Corporation
Target
United Healthcare
Universal Orlando
Verizon
VEVO

Branch

Questus
250 Hudson St, New York, NY 10013
Tel.: (646) 442-5755
Fax: (212) 533-3210
E-Mail: sales@questus.com
Web Site: www.questus.com

Employees: 50
Year Founded: 1998

Agency Specializes In: Advertising, Sponsorship

Jordan Berg *(Co-Founder & Co-Pres)*
Jeff Rosenblum *(Co-Pres)*
Debbie Dumont *(Exec VP-Client Svcs)*
Edward Lu *(VP-Fin)*

Accounts:
Avery Martha Stewart Home Office
Capital One
Expedia
Flyover
General Mills Gold Medal Flour, Total Cereal, Yoplait Smoothie
Holt Renfrew
Marriot Inc.
Pernod Ricard
Starbucks
Suzuki Motorcycles
Universal Orlando
Verizon NFL

QUEUE CREATIVE
410 S Cedar St Ste F, Lansing, MI 48912
Tel.: (517) 374-6600
Fax: (517) 374-4215
E-Mail: lori@queueadvertising.com
Web Site: www.queueadvertising.com

Employees: 5
Year Founded: 2004

Agency Specializes In: Advertising, Advertising Specialties, Arts, Automotive, Brand Development & Integration, Broadcast, Business Publications, Business-To-Business, Cable T.V., Co-op Advertising, Collateral, College, Commercial Photography, Communications, Consulting, Consumer Goods, Corporate Communications, Corporate Identity, Direct Response Marketing, Education, Electronic Media, Email, Event Planning & Marketing, Exhibit/Trade Shows, Financial, Government/Political, Graphic Design, Health Care Services, Hospitality, Identity Marketing, Industrial, Infomercials, Integrated Marketing, Internet/Web Design, Local Marketing, Logo & Package Design, Market Research, Media Planning, Media Relations, Media Training, Medical Products, Men's Market, Multimedia, Newspaper, Newspapers & Magazines, Out-of-Home Media, Outdoor, Package Design, Planning & Consultation, Point of

AGENCIES - JANUARY, 2019 — ADVERTISING AGENCIES

Purchase, Print, Production, Production (Ad, Film, Broadcast), Production (Print), Public Relations, Publicity/Promotions, Radio, Regional, Retail, Sales Promotion, Seniors' Market, Social Marketing/Nonprofit, Sponsorship, Strategic Planning/Research, T.V., Technical Advertising, Trade & Consumer Magazines, Women's Market

Breakdown of Gross Billings by Media: Brdcst.: 50%; Consulting: 10%; Graphic Design: 30%; Outdoor: 10%

Lori Cunningham *(Mng Partner)*
Annette Louise *(Office Mgr)*

Accounts:
Paramount Coffee Company; Lansing, MI; 2005

QUEUE CREATIVE MARKETING GROUP LLC
820 W Jackson, Chicago, IL 60607
Tel.: (312) 564-6000
Fax: (847) 364-0270
Toll Free: (800) 935-1073
Web Site: www.in-queue.com
E-Mail for Key Personnel:
President: rvangalis@in-queue.com

Employees: 30
Year Founded: 1983
National Agency Associations: NAMA

Agency Specializes In: Advertising, Advertising Specialties, Agriculture, Automotive, Brand Development & Integration, Broadcast, Business Publications, Business-To-Business, Cable T.V., Children's Market, Collateral, Communications, Consulting, Consumer Marketing, Consumer Publications, Corporate Communications, Corporate Identity, Digital/Interactive, Direct Response Marketing, E-Commerce, Food Service, Graphic Design, High Technology, Hispanic Market, In-Store Advertising, Industrial, Internet/Web Design, Local Marketing, Logo & Package Design, Magazines, Media Buying Services, Merchandising, Multimedia, New Product Development, Newspaper, Newspapers & Magazines, Out-of-Home Media, Outdoor, Over-50 Market, Pharmaceutical, Point of Purchase, Point of Sale, Print, Production, Publicity/Promotions, Radio, Restaurant, Retail, Sales Promotion, Strategic Planning/Research, Sweepstakes, T.V., Teen Market, Trade & Consumer Magazines

Approx. Annual Billings: $2,500,000

Jen Rumbaugh *(Acct Supvr)*
Claire Mykrantz *(Jr Acct Exec)*

Accounts:
La Belle Vie
Mrs. Field's Cookies
North American Salt
Prairie Hills Motorsport Club
YoCrunch Yogurt
Zoo Atlanta

QUICKLIGHT MEDIA
3100 Scott Dr Ste 301, Austin, TX 78734
Tel.: (512) 637-4224
E-Mail: hello@quicklightmedia.com
Web Site: www.quicklightmedia.com

Employees: 6
Year Founded: 2012

Agency Specializes In: Advertising, Digital/Interactive, Internet/Web Design, Production, Public Relations, Radio, Search Engine Optimization, T.V.

Glenn Martin *(Dir)*
Erin Moore *(Dir-Mktg Comm)*

Accounts:
New-Karl Schumacher Dental Instruments
New-Pest Management Inc
New-SynLawn

QUIET LIGHT COMMUNICATIONS
220 E State St, Rockford, IL 61104
Tel.: (815) 398-6860
Web Site: www.quietlightcom.com

Employees: 25

Agency Specializes In: Advertising, Brand Development & Integration, Corporate Identity, Event Planning & Marketing, Internet/Web Design, Media Buying Services, Media Planning, Public Relations, Social Media, Strategic Planning/Research

Don Peach *(Pres)*
Terry Schroff *(CEO)*
Vinnie Caiozzo *(Art Dir)*
Diana Hamblock *(Art Dir)*
Patrick McDonough *(Creative Dir)*
Ellen Grall *(Acct Exec)*

Accounts:
Puratos

QUIGLEY-SIMPSON
11601 Wilshire Blvd 7th Fl, Los Angeles, CA 90025
Tel.: (310) 996-5800
Fax: (310) 943-1414
E-Mail: info@quigleysimpson.com
Web Site: www.quigleysimpson.com

Employees: 98
Year Founded: 2002

National Agency Associations: DMA-ERA

Agency Specializes In: Advertising, African-American Market, Automotive, Bilingual Market, Brand Development & Integration, Broadcast, Cable T.V., Children's Market, Communications, Consulting, Consumer Marketing, Cosmetics, Digital/Interactive, Direct Response Marketing, Education, Electronic Media, Entertainment, Financial, Government/Political, High Technology, Hispanic Market, Infomercials, Leisure, Media Buying Services, Media Planning, Mobile Marketing, Multicultural, Multimedia, New Product Development, New Technologies, Pets, Pharmaceutical, Planning & Consultation, Podcasting, Production, Radio, Seniors' Market, Sponsorship, Strategic Planning/Research, T.V., Travel & Tourism

Gerald Bagg *(Co-Chm)*
Renee Hill Young *(Co-Chm)*
Duryea Ruffins *(Pres-Cross-Screen Engagement)*
Alissa Stakgold *(Pres-Strategy & Creative Svcs)*
Harpreet Ahuja *(Exec VP-Integrated Media)*
Sariah Dorbin *(VP & Creative Dir)*
Christina Schrenk *(Grp Dir-Integrated Media)*
Sie Ung *(Media Dir)*
Natalie Silvagni *(Dir-Digital Media & Innovation)*
Deniz Kahriman *(Assoc Dir-Digital Media)*
Jason Little *(Assoc Dir-Brdcst)*
Taryn Nagata *(Assoc Dir-Digital Media)*
Dyan Ullman *(Mgr-HR & Talent)*
Elaine Chow *(Planner-Integrated Media & Cross Engagement)*
Gary Buttice *(Assoc Media Planner & Buyer-Digital)*
Nicole Ellingson *(Assoc Creative Dir)*
Breanna Stout *(Sr Media Buyer)*

Accounts:
Breville
Chase Card Services Credit Card
ChildFund International
Gillette
JP Morgan Chase Amazon.com Credit Card, British Airways Credit Card, Chase Sapphire Card, Continental Airlines World Card, Continental Airlines Presidential Plus Card, Freedom Card, United Mileage Plus Card
Magic Jack
Magic Jack
Mars Dove Ice Cream, M&Ms, Snickers Ice Cream, Uncle Ben's Rice
National Domestic Violence Awareness
Pinnacle Foods Duncan Hines, Mrs. Paul's, Van De Kamps, Vlasic
Procter & Gamble Actonel, Always, Bella & Birch, Bounce, Bounty, Braun, Cascade, Charmin, Cheer, Crest, Dawn, Downy, Enablex, Eukanuba, Febreze, Folgers, Gain, Head & Shoulders, Herbal Essences, Iams Cat & Dog, Luvs, Mr. Clean, Olay, Oral-B, Pampers, Pantene, Parent's Choice, Pepto-Bismol, Prilosec, PuR, Puffs, Secret, Swiffer, Tampax, Thermacare, Tide, Vicks
RetailMeNot, Inc Campaign: "Spend Less. Shop More", Campaign: "We're Out to Save the World (Some Money)", Creative, Media Planning & Buying, RetailMeNot.com
Shutterfly, Inc.
Warner Brothers

QUILLIN ADVERTISING
8080 W Sahara Ave Ste A, Las Vegas, NV 89117
Tel.: (702) 256-5511
Fax: (702) 838-9899
E-Mail: info@quillinlv.com
Web Site: www.quillinlv.com

Employees: 5
Year Founded: 2002

Agency Specializes In: Advertising, Public Relations, Social Media

Sharry Quillin *(Partner)*
Tim Quillin *(Partner)*
Benjamin Burns *(Dir-Creative Strategy)*
Estie MacAlister *(Office Mgr & Coord-Media)*
Melanie Devries *(Acct Exec-PR)*
Julia Gilmour *(Strategist-Social Media)*
Michael Speciale *(Media Planner & Media Buyer)*

Accounts:
Drivers Talk Radio

QUINLAN & COMPANY
726 Exchange St Ste 612, Buffalo, NY 14210
Tel.: (716) 691-6200
Fax: (716) 691-2898
E-Mail: info@quinlanco.com
Web Site: www.quinlanco.com

Employees: 18
Year Founded: 1987

Agency Specializes In: Advertising, Broadcast, Business Publications, Business-To-Business, Cable T.V., Collateral, Communications, Consulting, Consumer Goods, Consumer Marketing, Consumer Publications, Corporate Communications, Direct Response Marketing, Direct-to-Consumer, E-Commerce, Electronic Media, Exhibit/Trade Shows, Graphic Design, Industrial, Internet/Web Design, Investor Relations, Logo & Package Design, Magazines, Media Buying Services, Media Planning, Newspaper, Newspapers & Magazines, Out-of-Home Media, Outdoor, Planning & Consultation, Point of Purchase, Print, Production, Public Relations, Publicity/Promotions, Radio, Social

ADVERTISING AGENCIES

Marketing/Nonprofit, Social Media, T.V., Technical Advertising, Transportation, Yellow Pages Advertising

Gary W. Miller *(Pres & CEO)*
Malorie Benjamin *(VP & Media Dir)*
Jessica Bielmann *(VP & Acct Dir)*
Julia Vona *(VP)*
Frank Conjerti *(Creative Dir)*
Krista Roberts *(Art Dir)*
Grace Gerass *(Coord-Digital Content)*

Accounts:
Apple Rubber Products Inc.
Northwest Savings Bank
Sahlen Packing Company
Trocaire College

QUINLAN MARKETING COMMUNICATIONS
704 Adams St Ste A, Carmel, IN 46032
Tel.: (317) 573-5080
Fax: (317) 573-5088
E-Mail: info@quinlanmarketing.com
Web Site: www.quinlanmarketing.com

E-Mail for Key Personnel:
President: johnm@quinlanmktg.com
Media Dir.: phyllisw@quinlanmktg.com
Production Mgr.: amyd@quinlanmktg.com

Employees: 22
Year Founded: 1937

National Agency Associations: BPA

Agency Specializes In: Advertising, Business-To-Business, Consumer Marketing, Corporate Identity, Event Planning & Marketing, Exhibit/Trade Shows, Graphic Design, Industrial, Internet/Web Design, Market Research, Media Planning

Breakdown of Gross Billings by Media: Collateral: 60%; Event Mktg.: 25%; Mags.: 15%

John McCaig *(Pres & Creative Dir)*
Jason Lester *(Art Dir)*
Linda Fosnight *(Dir-Admin)*
Jackie Donaldson *(Acct Exec)*

Accounts:
Aces Power Marketing; Carmel, IN Energy Risk Management; 2007
Allison Transmission Holdings, Inc.; Indianapolis, IN Automatic Transmissions; 1993
Kiwi Tek; Carmel, IN Medical Coding Software; 2002
Townsend; Parker City, IN Wind Energy, Vegetation Management; 2009
Twin Disc Inc.; Racine, WI Power Transmission Equipment
Umbaugh & Associates; Indianapolis, IN; 2006

QUINN & HARY MARKETING
PO Box 456, New London, CT 06320
Tel.: (860) 444-0448
Fax: (860) 447-9419
E-Mail: results@quinnandhary.com
Web Site: www.quinnandhary.com

Employees: 9
Year Founded: 2002

Agency Specializes In: Advertising, Brand Development & Integration, Communications, Event Planning & Marketing, Integrated Marketing, Internet/Web Design, Strategic Planning/Research

David J. Quinn *(Pres)*
Peter Hary *(VP & Creative Dir)*
Jay Stapleton *(VP-PR-Regan Comm)*

Accounts:
City of New London PR
L&M Physicians Physician Practice Services
Smith Insurance Insurance Services
St. Thomas More School Educational Services
triVIN Inc. Motor Vehicle Processing Services

QUINN FABLE ADVERTISING
131 W 35Th St Fl 9, New York, NY 10001
Tel.: (212) 974-8700
Fax: (212) 974-0554
E-Mail: info@quinnfable.com
Web Site: www.quinnfable.com

Employees: 40
Year Founded: 1988

Approx. Annual Billings: $55,000,000

Kathy Fable *(Pres & CEO)*
Julie Curtis *(Exec VP-Tech Svcs)*
Tim Shaw *(Creative Dir)*

Accounts:
AT&T Communications Corp.
Church & Dwight
Daily News
Dapper Baby
Harvard Maintenance
Microsoft
MIO TV
Mondelez International, Inc.
Next Decade Entertainment

QUINN GROUP
727 W Garland, Spokane, WA 99205
Tel.: (509) 327-6688
Web Site: http://quinn.agency/

Employees: 50
Year Founded: 1969

Agency Specializes In: Advertising, Internet/Web Design, Media Buying Services, Media Planning, Promotions, Public Relations, Radio, T.V.

Bonnie Quinn *(Owner & Principal)*
Jerry Quinn *(VP-Media & Strategy)*
Kathi Kull *(Controller & Bus Mgr)*
Vic Holman *(Creative Dir)*
Sean Lumsden *(Acct Mgr & Copywriter)*
Trevor Sullivan *(Sr Designer)*

Accounts:
Gus Johnson Ford

QUINTESSENTIAL PR
8913 W Olympic Blvd 104, Beverly Hills, CA 90211
Tel.: (310) 770-4764
Fax: (310) 657-3245
E-Mail: info@quintessentialpr.com
Web Site: www.quintessentialpr.com

Agency Specializes In: Advertising, Brand Development & Integration, Public Relations

Allyona Sevanesian *(Partner)*

Accounts:
InSite Properties

QUISENBERRY
700 S Dishman Rd, SPOkane Vly, WA 99206
Tel.: (509) 325-0701
Web Site: www.quisenberry.net

Employees: 12

Agency Specializes In: Advertising, Brand Development & Integration, Digital/Interactive, Graphic Design, Internet/Web Design, Media Buying Services, Media Planning, Out-of-Home Media, Outdoor, Print, Radio

Monte Mindt *(Creative Dir)*
Patty Kilcup *(Mgr-PR)*

Accounts:
Washington State University Athletics

R&R PARTNERS
900 S Pavilion Center Dr, Las Vegas, NV 89144
Tel.: (702) 228-0222
Fax: (702) 939-4383
E-Mail: info@rrpartners.com
Web Site: www.rrpartners.com

E-Mail for Key Personnel:
Media Dir.: FWhitwell@rrpartners.com
Public Relations: derquiaga@rrpartners.com

Employees: 200
Year Founded: 1974

National Agency Associations: 4A's

Agency Specializes In: Brand Development & Integration, Broadcast, Communications, Event Planning & Marketing, Government/Political, Health Care Services, Internet/Web Design, Media Buying Services, Production, Public Relations, Publicity/Promotions, Sponsorship, Strategic Planning/Research, Travel & Tourism

Ron Eagle *(Sr VP-PR)*
Cyler Pennington *(Sr Dir-Digital Brand Engagement)*
Jennifer Francis *(Grp Acct Dir)*
Ron Lopez *(Creative Dir)*
Jessica Murray *(Acct Dir-PR)*
Kameron Paries *(Art Dir)*
Lindsey Hill Patterson *(Media Dir)*
Melissa Pena *(Acct Dir)*
Emmarose Villanueva Terry *(Media Dir)*
Jim Terry *(Creative Dir)*
David Morrison *(Dir-Photography)*
Cassidy Francois *(Sr Brand Mgr)*
Thomas Atkins *(Supvr-Channel & Digital Strategy)*
Jill Blanchette *(Supvr-Bus Dev)*
Mandi Enger *(Supvr-Media)*
Marc Malloy *(Media Planner & Media Buyer)*
Aaron Cunningham *(Copywriter)*
Mellissa Deang *(Sr Media Planner & Media Buyer)*
Michael Catalano *(Assoc Media Dir)*
Kyle Curtis *(Grp Creative Dir)*
Amberlee Engle *(Corp Dir-Client Partnerships)*
Jessica Hazen *(Assoc Creative Dir)*

Accounts:
American Coalition for Clean Coal Electricity
The Animal Foundation, Las Vegas "Pet Cat", "Pet Dog"
Beggars banquet
Boeing
Caesars Entertainment Corporation Bally's Las Vegas, Flamingo Las Vegas, Harrah's Entertainment, Inc.
Colorado Wildlife Council (Agency of Record)
Excalibur
Intermountain Healthcare, Inc.
The Krewellavator
Las Vegas Convention & Visitors Authority Campaign: "Cee Lo's Escape", Campaign: "How to Vegas", Campaign: "Protect the Moment", Campaign: "Transformation", Campaign: "What Happens Here, Stays Here", Digital, Las Vegas Tourism, LasVegas.com, Newspaper Advertising, Outdoor, Rebranding, Social Media, TV, WHHSH, What Happens Here, Stays Here Campaign
MGM Resorts International Aria, MGM Resorts International
Nevada Power Company; Las Vegas, NV Power Services; 1998

AGENCIES - JANUARY, 2019 — ADVERTISING AGENCIES

Nevada Resort Association; Las Vegas, NV
  Consolidated Lobbying Efforts, Public Realtors
Nevada Tourism (Public Relations)
Norwegian Cruise Line
NV Energy Inc.
RE/MAX International, Inc. RE/MAX International, Inc., Remax.com
Southern Nevada Water Authority; 2007
Springs Preserve Campaign: "Around The Corner"
Topgolf Media Buying, Media Planning
Utah Department of Health
Utah Department Of Highway Safety
Utah Transit Authority
Western Digital
Western Union
Wynn Resorts

Branches

R&R Partners
6160 Plumas St Ste 200, Reno, NV 89519
Tel.: (775) 323-1611
Fax: (775) 323-9021
E-Mail: vendors@rrpartners.com
Web Site: www.rrpartners.com

Employees: 25
Year Founded: 1982

National Agency Associations: 4A's

Agency Specializes In: Public Relations, Strategic Planning/Research, Travel & Tourism

Bob Henrie *(Partner & Principal)*
Morgan Baumgartner *(Gen Counsel & Exec VP)*
Sarah Catletti *(Acct Supvr)*

Accounts:
Nevada Commission On Tourism; Carson City, NV

R&R Partners
1700 E Walnut Ave, El Segundo, CA 90245
Tel.: (310) 321-3900
Web Site: www.rrpartners.com

Employees: 400

National Agency Associations: 4A's

Agency Specializes In: Sponsorship

Erin McCleskey *(Grp Acct Dir-PR)*
Alyssa Cohen *(Supvr-Media)*
Katie Fischer *(Sr Strategist-Channel, Media Planner-Digital & Buyer)*
Ben Zoldan *(Sr Media Planner & Media Buyer)*
Michael Catalano *(Assoc Media Dir)*
Trisha Stecker *(Corp Dir-Channel Strategy & Digital Media)*

R&R Partners
837 E S Temple, Salt Lake City, UT 84102-1304
Tel.: (801) 531-6877
Fax: (801) 531-6880
E-Mail: info@rrpartners.com
Web Site: www.rrpartners.com

Employees: 20
Year Founded: 1987

National Agency Associations: 4A's

Agency Specializes In: Public Relations

Bob Henrie *(Partner & Principal)*
Shannon Bukovinsky *(Media Dir)*
Catherine DeNaughel *(Dir-Healthcare Mktg)*
Mike Zuhl *(Dir-Govt & Pub Affairs)*
Taner Pasamehmetoglu *(Sr Brand Mgr)*
Braden Rindlisbacher *(Supvr-Brand)*
Tiffeny Yen-Louie *(Supvr-Ops)*

Patrick Buller *(Assoc Creative Dir)*

Accounts:
Intermountain Health Care Health Plans
OCTA Orange County Transit Authority
Utah Transit Authority

R&R Partners
121 E Buchanan St, Phoenix, AZ 85004
Tel.: (480) 317-6040
Fax: (480) 804-0033
E-Mail: info@rrpartners.com
Web Site: www.rrpartners.com

Employees: 15
Year Founded: 1987

National Agency Associations: 4A's

Agency Specializes In: Public Relations, Strategic Planning/Research

Billy Vassiliadis *(CEO)*
Nicole Rose *(Mng Dir & VP)*
Jim King *(CFO & Principal)*
Erik Sandhu *(CFO)*
Arnie DiGeorge *(Exec Creative Dir)*
Karen Rulapaugh *(Media Dir)*
Miriam Swofford *(Acct Dir)*
Jeremy Fishman *(Dir-Experiential Design)*
Ben Ursu *(Dir-Digital Tech)*
Mallory Miranda *(Supvr-Brand)*
Trisha Stecker *(Corp Dir-Channel Strategy & Digital Media)*

Accounts:
CIGNA
COX Cable
Cox Communications
The Landmark at Cirrolin
National Bank of Arizona
Rio Salado Town Lake Foundation
Valley Metro Regional Public Transit Authority; Phoenix, AZ Campaign: "Valley Metro Notes"

R&R Partners
101 Constitution Ave NW Ste L110, Washington, DC 20001
Tel.: (202) 289-5356
Fax: (202) 289-3792
Web Site: www.rrpartners.com

Employees: 500

National Agency Associations: 4A's

Agency Specializes In: Advertising

Bob Henrie *(Partner & Principal)*
Yanick Dalhouse *(Grp Acct Dir)*

R/GA
450 W 33rd St, New York, NY 10001
Tel.: (212) 946-4000
Fax: (212) 946-4010
E-Mail: web@rga.com
Web Site: www.rga.com

Employees: 1,000
Year Founded: 1977

Agency Specializes In: Brand Development & Integration, Digital/Interactive, E-Commerce, Electronic Media, Internet/Web Design

Tuomas Peltoniemi *(Mng Dir & Exec VP-Asia Pacific)*
Nicky Bell *(Mng Dir & Sr VP)*
Ryan Parkhurst *(Mng Dir)*
Michael Stoopack *(Mng Dir)*
Joseph Tomasulo *(CFO & Exec VP)*
Tiffany Rolfe *(Co-Chief Creative Officer-US)*

Preeti Patel *(Sr VP-Tech)*
Russell Parrish *(Mng Dir-Acct Mgmt)*
William Esparza *(VP & Exec Creative Dir)*
Nick Pringle *(VP & Grp Exec Creative Dir)*
David DeCheser *(VP & Grp Exec Creative Dir)*
Andy Fackrell *(Exec Creative Dir)*
Genevieve George *(Exec Dir-Mktg Ops)*
Ciaran McCarthy *(Exec Creative Dir)*
Rachel Mercer *(Exec Dir-Strategy)*
Lindsey Walsh *(Grp Dir-Strategy)*
Jackson Harper *(Sr Dir-Art)*
Lizzy Bourke *(Grp Acct Dir)*
Nicolina Jennings *(Grp Acct Dir)*
Christine Claxton *(Acct Dir)*
Amie Diamond *(Acct Producer)*
Katherine Elizabeth Kahn *(Acct Dir)*
Natalie Rose *(Creative Dir)*
Emily Stetzer *(Art Dir)*
Megan Trinidad *(Creative Dir-Copy)*
Arya Boghraty *(Mgmt Supvr)*
Carly Milden *(Mgmt Supvr)*
Stephen Bernstein *(Dir-Bus Affairs)*
Carl Desir *(Dir-Diversity & Inclusion)*
Natalie Webb *(Dir-Strategy-Content)*
Magdalena Wiater *(Sr Mgr-Bus)*
Mister Brumfield *(Mgr-Bus Affairs)*
Ben Kravitz *(Acct Supvr)*
Madeleine Rogers *(Acct Coord)*
Erin Evon *(Sr Art Dir)*
Simon Gibson *(Assoc Creative Dir)*
Rodrigo Guaxupe *(Sr Art Dir)*
James Schumacher *(Sr Art Dir)*
Isaac Silverglate *(Grp Exec Creative Dir)*

Accounts:
Adam Tensta Campaign: "One Copy Song"
The Advertising Council, Inc. Campaign: "Horn of Africa Relief", Campaign: "Love Has No Labels", Creative
AICP
Ally Financial Inc. Digital; 2018
American Eagle
Aston Martin Campaign: "Aston Martin"
Audible, Inc. Branding, Creative
Avaya
Barnes & Noble
Chapstick Campaign: "On Everyone's Lips"
Chobani
Converse
Coty, Inc Brand Strategy, Clairol, Creative Marketing, Wella
E-Trade Financial Corporation Broadcast, Campaign: "Beards", Campaign: "Fast Food", Campaign: "Opportunity Is Everywhere", Digital, Television
Equinox Campaign: "The Pursuit"
ESPN
Giorgio Armani Campaign: "Drops for Life Mobile App", Campaign: "Drops for Life"
The Goldman Sachs Group, Inc.
Google Campaign: "Google Wallet"
Hewlett-Packard
Home Box Office, Inc
IBM
Jet.com, Inc. TV
Johnson & Johnson Donate a Photo
Keemotion
Kinduct
Ladies Get Paid
LEGO A/S Shopper Marketing
Lincoln Center for the Performing Arts
The Los Angeles Lakers
McCormick & Company Campaign: "Dinnertising", Creative, Grill Mates, Lawry's, Media Planning, Old Bay, Platform Development, US Digital
Mercedes-Benz USA, LLC AMG, Digital, Marketing, Social Media
MLB Advanced Media, LP. Los Angeles Dodgers
The Muse
National Football League NFL Media
New York Red Bulls
Newcastle Brown Ale
Nike, Inc Campaign: "Black Mamba", Campaign: "Nike+ Fuelband", Campaign: "OneNike",

ADVERTISING AGENCIES
AGENCIES - JANUARY, 2019

Campaign: "Social Response Lab", EPIC, Jordan Brand, Kyrie II, Nike Basketball, Nike Plus, Nike Running, Nike SB App, Nike Women, Nike iD, Nike+ GPS, Nike.com, The Film Room, Zoom
Nokia Campaign: "Success Redefined"
Owlet Care
PayScale
Pepsico Bubly
Perfetti Van Melle Mentos
Pfizer Advil, Digital Creative
Plated
PwC Creative, Global Consultancy Strategy
Qol Devices Alvio
Reply.ai
Rip Curl Campaign: "Mirage"
New-The Rocket Science Group, LLC Mailchimp
Royal Caribbean
Samsung Electronics America (Global Social Media Agency of Record) A Series, Campaign: "Life of the Extreme", Campaign: "TextsFromMom", Campaign: "The Match Part 1?, Campaign: "The Match Part 2?, Campaign: "The Match", Campaign: "Why?", Campaign: "WinnerTakesEarth", Galaxy 11, Galaxy Note 9, Galaxy Note Edge, Gear S2, Samsung Smart Home
ShotTracker
Subaru Digital
Sunglass Hut
Target
Unilever Rexona 36 Day Challenge
Upworthy/Ad Council Campaign: "Love Has No Labels"
Varsity Games
Verizon Campaign: "Thanksgetting", Digital, Fios, Venture Studio
Volvo Digital, Global Strategy
YouTube LLC

Branches

R/GA London
15 Rosebery Ave, London, EC1R 4AB United Kingdom
Tel.: (44) 2070713330
Fax: (44) 2070713310
E-Mail: web@rga.com
Web Site: www.rga.com

Employees: 48

Agency Specializes In: Advertising, Digital/Interactive

Jim Moffat *(Exec VP-Asia Pacific)*
Rob Kent *(Head-Acct-Nike & Exec Producer)*
Nick Paget *(Head-Campaigns & Creative Dir)*
Rob Campbell *(Exec Dir-Strategy-EMEA)*
Lucio Rufo *(Exec Creative Dir-Design)*
Ilia Uvarov *(Exec Creative Dir-Experience Design)*
Pete Munro *(Sr Acct Dir)*
Charlie James Smith *(Grp Acct Dir)*
Paris Lawrence *(Creative Dir)*
Kristin Agnarsdottir *(Dir-Design)*
Emma Yarwood *(Dir-Ops)*
Matias Alvarez *(Assoc Dir-Design)*
Stephanie Walton *(Assoc Dir-Strategy & Connections)*
Ruth Dwyer *(Office Mgr-Svcs)*
Mark Fairbanks *(Grp Creative Dir)*

Accounts:
BBC Digital Strategy
Beats Electronics Campaign: "Beats by Dre x Cesc Fabregas: Hear What You Want", Campaign: "Hear What You Want - Cesc Fabregas", Campaign: "Meet The Pills", Campaign: "The Game Before The Game"
New-British Land Design & Innovation, Digital; 2018
Diageo Guinness (Digital Agency of Record),
Johnnie Walker (Global Digital Advertising)
Dyson (Digital Agency of Record)
Emirates NBD
ghd Community for Stylists
Google, Inc
Guinness
Heineken
Hyundai Motor U.K. Ltd Brand Design & Positioning, Creative, Global Brand Experience, Integrated Communications, N Range
Magic Leap
Malaria No More UK (Global Creative Agency of Record) Integrated Communications; 2017
McDonald's
Nike, Inc Digital, European Football, Pro-Direct Soccer Zone App
Nokia Nokia Digital Retail
O2 Priority Moments
Siemens AG (Agency of Record) Brand Strategy
Snaptivity
Unilever Axe, Campaign: "Do:More", Citra, Dawn, Digital Campaign, Magnum, Rexona, Signal (Global Digital), Signal Pepsodent, Simple, St Ives, Sunsilk, Sure
Virgin Atlantic In Flight Entertainment System

R/GA Los Angeles
5636 Tujunga Ave, North Hollywood, CA 91601
Tel.: (818) 623-2062
Fax: (818) 623-2063
Web Site: www.rga.com

Employees: 60

National Agency Associations: 4A's

Agency Specializes In: Advertising, Sponsorship

Geoff Edwards *(VP & Exec Creative Dir)*
William Esparza *(VP & Exec Creative Dir)*
Ben Williams *(VP & Exec Creative Dir)*
Adrian Barrow *(Exec Dir-Strategy)*
Andy Fackrell *(Exec Creative Dir)*
Stephen Larkin *(Exec Dir-Growth)*
Jai Tedeschi *(Exec Dir-Ops & Production)*
Chris Einhauser *(Grp Acct Dir)*
Sarah Lamberson *(Grp Acct Dir)*
Dylan Berg *(Creative Dir)*
Gabriel Cheung *(Creative Dir)*
Cyrus Coulter *(Creative Dir)*
Ashley Heltne *(Acct Dir)*
David Hsia *(Creative Dir)*
Lauren Bondell *(Mgmt Supvr)*
Albert Kim *(Dir-Connections)*
Jeanne Marie Nicastro *(Dir-Recruiting-West Coast)*

Accounts:
Avaya
Hollywood Foreign Press
Loreal Paris
Los Angeles Dodgers Inc.
Netflix, Inc. Campaign: "Watch Together", Online
NIKE, Inc. Jordan, Nike, Nike Basketball
Nokia
PepsiCo, Inc. Quaker
SanDisk Corporation
Western Digital Corporation

R/GA San Francisco
35 S Park, San Francisco, CA 94107
Tel.: (415) 624-2000
Fax: (415) 624-2010
Web Site: www.rga.com

Employees: 55
Year Founded: 2008

National Agency Associations: 4A's

Agency Specializes In: Advertising, Digital/Interactive, Sponsorship

Bob Greenberg *(Founder)*
David Corns *(Mng Dir)*
Paola Colombo *(Sr VP & Mng Dir-San Francisco)*
Kelli Robertson *(Mng Dir-Strategy)*
Noel Franus *(Exec Creative Dir)*
Ellie Hardy *(Exec Dir-Production)*
Stephen Larkin *(Exec Dir-Growth)*
John Tubert *(Exec Dir-Tech)*
Brian Vandeputte *(Sr Dir-Art)*
Jessica Sugg *(Sr Acct Dir)*
Rus Chao *(Creative Dir)*
Bob Cohen *(Creative Dir)*
Kevin Koller *(Creative Dir)*
Divya Reddy *(Mgmt Supvr)*
Dylan Boyd *(Dir-New Programs Dev-R/GA Ventures)*
Fernando Salvador *(Assoc Dir-Creative)*
Paige Poulsen *(Acct Mgr)*
Calli Howard *(Mgr-Bus Affairs)*
Lisa Li *(Mgr-Mktg Sciences)*
Lana Olmer *(Acct Supvr)*
Nicole King *(Sr Analyst-Fin)*
Anderson Leite *(Team Head-Technical-Google)*
Chris Polychronopoulos *(Grp Creative Dir)*

Accounts:
eBay
Golden State Warriors
Google, Inc
Reply.ai

R/GA Sao Paulo
Av. Nacoes Unidas 12.551 - 12 andar, Brooklin Novo, Sao Paulo, Brazil
Tel.: (55) 11 4503 9862
Web Site: www.rga.com

Employees: 500

Fabiano Coura *(Sr VP & Mng Dir)*
Edson Sueyoshi *(VP-Tech & Production)*
Gabriel Berta *(Art Dir)*
Marcio Garcia *(Dir-Tech)*
Juliana Amorim *(Sr Mgr-HR)*
Ilan Orengel *(Assoc Creative Dir)*

Accounts:
Banco Bradesco
Google

R/GA
The MacDonald House, 40A Orchard Rd, #05-01, Singapore, 238838 Singapore
Tel.: (65) 6737 7472
Web Site: www.rga.com

Employees: 50

Dorothy Peng *(Mng Dir)*
Iestyn Keyes *(VP & Mng Dir-Singapore)*
Bob Mackintosh *(VP & Exec Creative Dir-Asia Pacific)*
Jehan Leanage *(Exec Dir-Bus Transformation APAC)*
Calvin Soh *(Exec Dir-Growth-APAC)*
Laurent Thevenet *(Sr Dir-Tech)*
Lynette Chua *(Sr Acct Dir)*
Pimwadee Lai *(Creative Dir)*
Cyril Louis *(Creative Dir)*

Accounts:
Nikon Content, Digital Strategy, Integrated Campaign, Online, Z 7
Uber
Unilever Close-up

R/GA
217 N Jefferson 5th Fl, Chicago, IL 60661
Tel.: (312) 276-5300
Web Site: www.rga.com

Employees: 100

AGENCIES - JANUARY, 2019   ADVERTISING AGENCIES

National Agency Associations: 4A's

Agency Specializes In: Advertising, Brand Development & Integration, Digital/Interactive, Social Media, Sponsorship

Todd Sullivan *(Mng Dir-Client Svcs)*
Kathryn Worthington *(Mng Dir-Strategy)*
Eric Jannon *(VP & Exec Creative Dir-NY)*
Charles Chung *(Exec Dir-Production)*
Sue Broverman *(Grp Dir-Strategy)*
Nathan Kraft *(Grp Dir-Strategy & Connections Plng)*
Eric King *(Creative Dir)*
Sue Kohm *(Creative Dir)*
Lizette Morazzani *(Creative Dir)*
Stephen Bernstein *(Dir-Bus Affairs)*
Paulo Netto *(Dir-Content Creation)*
Justin Hancock *(Assoc Dir-Strategy & Social)*
Tyler Moore *(Assoc Dir-Strategy)*
Lynda Blaney-Smith *(Sr Mgr-Bus Affairs)*
Mara Bey *(Strategist-Social Media)*
Maria Siemann *(Media Planner & Media Buyer)*
Dmytri Gouba *(Sr Designer)*
Derek Heinze *(Assoc Creative Dir)*
Matt Mortimer *(Assoc Creative Dir)*

Accounts:
Abercrombie & Fitch Co.
The Beef Council Creative, Media Planning & Buying
Capital One Financial Corporation
Chicago Beyond
Constellation Brands, Inc. Campaign: "#LimeDrop", Corona Extra, Digital Ads, Social Media Content, Svedka Vodka (Creative Agency of Record), TV
The Cosmopolitan of Las Vegas
PepsiCo LifeWTR, Pepsi Water+
Quaker Oats Company
UFC

R/GA
423 NW 13th Ave, Portland, OR 97209
Tel.: (503) 734-2320
Web Site: www.rga.com

Agency Specializes In: Advertising, Brand Development & Integration, Communications, Consulting, Digital/Interactive, E-Commerce, Internet/Web Design, Retail

Tara Moss *(Mng Dir)*
Brian Matakis *(Mng Dir-Client Svcs)*
Sammi Needham *(VP & Exec Creative Dir)*
Ben Williams *(VP & Exec Creative Dir-Products & Svcs)*
Patricia Choi *(VP-Tech)*
Zack McDonald *(Creative Dir)*

Accounts:
The Gap, Inc. Banana Republic
New-NIKE Inc. Jordan

R/GA
405 N Lamar Blvd, Austin, TX 78703
Tel.: (512) 322-3968
Web Site: www.rga.com

Employees: 5,000

National Agency Associations: 4A's

Agency Specializes In: Advertising, Brand Development & Integration, Digital/Interactive, Internet/Web Design, Social Media, Sponsorship

Candice Hahn *(Mng Dir & Sr VP)*
Daniel Diez *(CMO-Global & Exec VP)*
Kyle Bunch *(Mng Dir-Social)*
Adrienne Walpole *(Mng Dir-Client Svcs)*
Jason Ambrose *(Exec Creative Dir)*
Katrina Bekessy *(Exec Dir-Tech)*

Jess Jabbar *(Grp Dir-Production)*
Brian Nguyen *(Grp Dir-Connections Strategy-Austin)*
Kate Rush Sheehy *(Grp Dir-Strategy)*
Miles Gilbert *(Sr Dir-Art)*
Jake Coutino *(Art Dir)*
Keli Hogsett *(Creative Dir)*
Megan Mills *(Acct Dir)*
Carlos Orozco *(Acct Dir)*
T. J. Walthall *(Creative Dir)*
Erica Wilson *(Acct Dir)*
Charlotte Robertson *(Mgmt Supvr)*
Stephen Bernstein *(Dir-Bus Affairs)*
Juan Pedro Gonzalez *(Dir-Design)*
Kate Gunning *(Assoc Dir-Strategy)*
Liz Walthall Tavera *(Assoc Dir-Strategy)*
Andrea Solomon *(Strategist-Insights & Plng)*
Eli Perez *(Copywriter)*
Fernando Suarez *(Sr Art Dir)*
Murray Wyse *(Grp Creative Dir)*

Accounts:
Crocs, Inc Creative, Social Media Strategy
Fossil, Inc.
Mercedes-Benz USA, LLC
RaceTrac Petroleum, Inc. Brand Awareness, Brand Campaign, Digital, Media, OOH, Radio, Social

R/WEST
1430 SE 3rd Ave 3rd Fl, Portland, OR 97214
Tel.: (503) 223-5443
Fax: (503) 223-5805
E-Mail: info@r-west.com
Web Site: http://www.rwest.com

Employees: 100

Agency Specializes In: Advertising, Brand Development & Integration, Public Relations, Social Media, Strategic Planning/Research

Sarah Simmons *(Partner & Pres-Portland)*
Beth Cotenoff *(Sr VP & Dir-Campaign)*
Heather Villanueva *(Sr VP & Dir-Integrated Comm)*
Pia Mara Finkell *(VP & Dir-Integrated Comm)*
Christa Arriaga-Volker *(Sr Producer-Interactive)*
Anna Mae Naef *(Art Dir)*
Danielle Perez *(Media Dir)*
Taylor Siolka *(Creative Dir)*
Ashley Heinonen *(Strategist-Social Media)*
Brian Hildenbrand *(Assoc Media Dir)*
Ian Johnson *(Assoc Creative Dir)*

Accounts:
BridgePort Brewing Company
DeMarini Sports, Inc
First Tech Federal Credit Union
FLIR Systems Campaign: "Meet The Heat"
Franciscan Estate
OHSU Knight Cancer Institute
New-Regulatory Wine Council of DOCa Rioja Consumers, Digital, Integrated Marketing, Paid Media, Public Relations, Rioja Wines (North America Agency of Record), Social Media; 2018
Sorel
Trumer Pils
WebMD Health Services

R+M
15100 Weston Pkwy, Cary, NC 27513
Tel.: (919) 677-9555
Fax: (919) 677-9511
E-Mail: info@rmagency.com
Web Site: www.rmagency.com

Employees: 8
Year Founded: 1992

Agency Specializes In: Brand Development & Integration, Experiential Marketing

Beverly Murray *(Founder & CEO)*

Greg Norton *(Pres)*
Susan M. Nettles *(VP-Brand Culture)*
Chris Holleman *(Exec Dir-Interactive)*
Brett Hartsfield *(Art Dir)*
Deb Roper *(Mgr-Ops & Production)*
Lauren Brown *(Sr Strategist-Brand & PR)*

Accounts:
Art of Safety
Camp Kanata
CareAnyware Creative, Market Planning, Strategic Brand Counsel
SoliClassica

R2C GROUP
207 NW Park Ave, Portland, OR 97209
Tel.: (503) 222-0025
Fax: (503) 573-1941
E-Mail: info@r2cgroup.com
Web Site: www.r2cgroup.com

Employees: 135
Year Founded: 1998

Agency Specializes In: Advertising, Consumer Marketing, Digital/Interactive, Direct Response Marketing, Infomercials, Internet/Web Design, Media Buying Services, T.V.

Approx. Annual Billings: $225,000,000

Breakdown of Gross Billings by Media: D.M.: $210,000,000; Production: $10,000,000; Worldwide Web Sites: $5,000,000

Erik Stachurski *(Fin Dir)*
Mark Toner *(CMO)*
Lester McCord *(VP & Grp Dir)*
Karen Egan *(Grp Dir-Media Plng)*
Scott McClure *(Creative Dir)*
Steve Miller *(Acct Dir)*
Christian Kamper *(Dir-Media Plng)*
Brian Wensel *(Dir-Digital Media)*
Allie Priar *(Assoc Dir-Media Plng)*
Hanna Herrin *(Acct Supvr)*
Shasta Gibson *(Supvr-Media)*
Alice Li *(Supvr-Media)*
Jennifer Tuska *(Sr Analyst-Mktg Analytics)*
Amanda Keithley *(Asst Media Planner)*
Alison Sproul Martin *(Assoc Media Dir)*
Lacy Steffens *(Sr Media Planner)*
Tonya Walshe *(Sr Media Buyer)*
Ray Widjaja *(Sr Art Dir)*

Accounts:
23andMe
Aaptiv (Media Agency of Record); 2018
Adobe
AdoreMe.com
Bare Escentuals
Bare Minerals
Bissell
Blinds.com Broadcast, Marketing Campaign, Media, Media Buying, TV Brand Strategy, TV Creative, TV Production
Blockbuster Online
Chewy.com
ChristianMingle.com Campaign: "The Power of Two, United in Faith"
Columbia House
Consumer Cellular
Direct Response TV
Estee Lauder
General Mills
Google
Home Depot
Humana Healthcare
johnnycarson.com
JPMorgan Chase
Leesa Analytics, Brand Strategy, Creative, Media Buying, Media Planning, Production
LendingTree, LLC Media Planning, Buying & Analytics, Radio, TV; 2018

ADVERTISING AGENCIES

Microsoft
Nautilus Bowflex
Philips
Procter & Gamble
Provide Commerce (TV Agency of Record)
 Analytics, Brand Strategy, Creative, Media Buying, Media Planning, ProFlowers, Shari's Berries
Public Storage
Redfin
SoFi
TaxACT (Agency of Record) Campaign: "DIY America", Creative, Media
Texture
Total Gym
Vonage
Wayfair.com
Web.com

Branches

Marketing & Media Services, LLC
(d/b/a MMSI)
931 Jefferson Blvd Ste 1001, Warwick, RI 02886
Tel.: (401) 737-7730
Fax: (401) 737-6465
Toll Free: (888) 298-7730
Web Site: www.mmsipi.com

E-Mail for Key Personnel:
President: sally@mmsipitv.com

Employees: 25
Year Founded: 1985

National Agency Associations: DMA

Agency Specializes In: Advertising, Advertising Specialties, Affiliate Marketing, Alternative Advertising, Bilingual Market, Broadcast, Cable T.V., Co-op Advertising, Digital/Interactive, Direct Response Marketing, Hispanic Market, Integrated Marketing, Internet/Web Design, Media Buying Services, Out-of-Home Media, Outdoor, Over-50 Market, Seniors' Market, Syndication, T.V., Travel & Tourism, Web (Banner Ads, Pop-ups, etc.)

Anthony Ferranti *(Pres)*
Brian Norris *(VP-Dish Media Sls)*
Kaila Vallee *(Client Svcs Dir)*
Janelle Kreider *(Dir-Strategy & Plng)*
Nick Bucci *(Client Svcs Mgr)*
Sarah Brennan *(Sr Acct Exec)*
Talia Wheeler *(Sr Acct Exec)*

Accounts:
Colonial Penn Life Insurance Co.
Sunsetter

R2C Group
727 Sansome St Ste 200, San Francisco, CA 94111
Tel.: (866) 402-1124
E-Mail: getintouch@r2cgroup.com
Web Site: www.r2cgroup.com

Employees: 51
Year Founded: 1998

Agency Specializes In: Advertising, Digital/Interactive, Media Buying Services, Media Planning, Newspaper, Production, Radio, Social Media, Strategic Planning/Research, T.V.

Chris Peterson *(Mng Partner)*
Mark Yesayian *(Mng Dir-Digital & CRM)*
Allison Marquardt *(Acct Dir-Client Svc)*

R2INTEGRATED
(Formerly CatapultWorks)
300 Orchard City Dr Ste 131, Campbell, CA 95008
Tel.: (408) 369-8111

Web Site: www.r2integrated.com

Employees: 80
Year Founded: 1992

Agency Specializes In: Advertising, Business-To-Business, Collateral, Consulting, Digital/Interactive, Direct Response Marketing, Electronic Media, Event Planning & Marketing, High Technology, Information Technology, Internet/Web Design, Print, Recruitment, Sales Promotion, Telemarketing

Approx. Annual Billings: $4,000,000

Breakdown of Gross Billings by Media: Consulting: 5%; D.M.: 40%; Event Mktg.: 10%; Internet Adv.: 20%; Print: 15%; Strategic Planning/Research: 5%; Worldwide Web Sites: 5%

Mary Gilbert *(Sr VP-Strategy & Acct Svcs)*
Bill Carino *(VP-Bus Dev)*
Todd Diamond *(Exec Creative Dir)*
Erin Iversen *(Sr Mgr-Client Svcs & Bus Growth)*

Accounts:
Fujitsu PC

Branches

R2integrated
(Formerly CatapultWorks)
300 Orchard City Dr Ste 131, Campbell, CA 95008
(See Separate Listing)

RABINOVICI & ASSOCIATES
800 Silks Run Unit 2320, Hallandle Beach, FL 33009
Tel.: (305) 655-0021
Fax: (305) 655-0811
E-Mail: mail@rabinovicionline.com
Web Site: www.rabinovicionline.com

Employees: 10
Year Founded: 2000

National Agency Associations: AHAA

Agency Specializes In: Hispanic Market, Sponsorship

Ester Rabinovici *(Chief Creative Officer)*
Dominik Niceva *(VP & Creative Dir-Branding)*
Felipe Restrepo *(Art Dir)*
Oddo Rodriguez *(Creative Dir-Multimedia)*
Alexandra Roux *(Acct Dir)*
Andy Sikorski *(Acct Dir)*
Marcio J. Barros *(Dir-Digital Media)*
Miguel Angel Chala *(Dir-Strategy & Bus Dev)*
Vincent Wongvalle *(Sr Acct Mgr)*
Jose Ayala *(Sr Acct Exec-Mktg)*

Accounts:
Accord Flooring
American Pipe and Tank
Bancafe
Bancoldex
Cremalleras Rey
Dow
Eastman Kodak
Ernst & Julio Gallo
Grupo Bimbo
Hill & Knowlton
Jarden
Laboratorios Roche
Mazda
Microsoft
Motorola Solutions, Inc. Latin American Interactive Initiatives, NPI
Occidental Resorts
RSA
Segurexpo de Colombia S.A.
Sony Music

Sunbeam Corp.
Unilever
Wacom

RADAR STUDIOS
401 W Ontario St Ste 300, Chicago, IL 60654
Tel.: (312) 266-2900
Fax: (312) 266-2960
Web Site: www.radarstudios.com

Employees: 26

Agency Specializes In: Advertising, Digital/Interactive, Production

Don Hoeg *(Founder)*
Eve Cross *(Head-Production)*
Matthew Nowak *(Designer)*

Accounts:
Ferrara Candy Company, Inc.

THE RADIO AGENCY
15 Reese Ave Ste 200, Newtown Sq, PA 19073
Tel.: (610) 892-7300
Fax: (610) 892-1899
Toll Free: (800) 969-AMFM
E-Mail: info@radiodirect.com
Web Site: www.radiodirect.com

Employees: 10
Year Founded: 1993

National Agency Associations: DMA

Agency Specializes In: Advertising, Broadcast, Consulting, Consumer Marketing, Corporate Identity, Direct Response Marketing, Electronic Media, Infomercials, Integrated Marketing, Media Buying Services, Podcasting, Production (Ad, Film, Broadcast), Promotions, Radio, Sales Promotion

Breakdown of Gross Billings by Media: Radio: 100%

Barbra Tabnick *(Pres)*
Mark Lipsky *(CEO & Creative Dir)*
Greg McGlone *(Media Dir)*

RADIO LOUNGE - RADIO ADVERTISING AGENCY
12926 Dairy Ashford Ste 120, Sugar Land, TX 77478
Tel.: (281) 494-4680
E-Mail: babbott@radioloungeusa.com
Web Site: www.radioloungeusa.com

Employees: 2

Agency Specializes In: Advertising, African-American Market, Alternative Advertising, Brand Development & Integration, Business Publications, Communications, Consumer Marketing, Digital/Interactive, Direct Response Marketing, Electronic Media, Hispanic Market, Media Buying Services, Media Planning, Media Relations, Men's Market, Production (Ad, Film, Broadcast), RSS (Really Simple Syndication), Radio, Strategic Planning/Research, Syndication, Urban Market, Viral/Buzz/Word of Mouth, Women's Market

Approx. Annual Billings: $400,000

Ray Schilens *(Pres & CEO)*

RADIOVISION LP
531 W Main St, Denison, TX 75020
Tel.: (903) 337-4200
Fax: (903) 337-4296
Toll Free: (800) 326-3198

AGENCIES - JANUARY, 2019 — ADVERTISING AGENCIES

Web Site: www.radiovisioninc.com

Employees: 35

Agency Specializes In: Automotive, Brand Development & Integration, Digital/Interactive, Electronic Media, Internet/Web Design, Media Buying Services, Media Planning, Out-of-Home Media, Outdoor, Print, Production, Production (Ad, Film, Broadcast), Promotions, Radio, Sales Promotion, Search Engine Optimization, Social Media, Strategic Planning/Research, T.V.

Shelley McBride *(Owner & Mng Partner)*
Joe Pollaro *(Owner)*
Lisa Melvin *(CFO)*
H. Lee Fuqua *(Mktg Dir & Acct Exec)*

Accounts:
Randall Reed Planet Ford

RADIUS ADVERTISING
10883 Pearl Rd Ste 100, Strongsville, OH 44136
Tel.: (440) 638-3800
Fax: (440) 638-3109
E-Mail: info@radiuscleveland.com
Web Site: www.radiuscleveland.com

Employees: 10
Year Founded: 2003

Agency Specializes In: Advertising, Brand Development & Integration, Broadcast, Collateral, Corporate Identity, Digital/Interactive, Internet/Web Design, Promotions, Public Relations, Social Media

Marty Allen *(Dir-Studio Production)*
Matthew Bender *(Dir-Client Accts)*
William Bender *(Dir-Media Mktg)*
Russ Hirth *(Dir-Creative)*
Anna Matisak *(Sr Mgr-Creative Mktg)*

Accounts:
Bike Brite

RADONICRODGERS COMMUNICATIONS INC.
418 Hanlan Road Building B Unit 19, Vaughan, ON L4L4Z1 Canada
Tel.: (416) 695-0575
Fax: (416) 695-0576
Toll Free: (800) 585-3029
E-Mail: info@radonicrodgers.com
Web Site: www.radonicrodgers.com

Employees: 10

Agency Specializes In: Catalogs, Exhibit/Trade Shows, Guerilla Marketing, Internet/Web Design, Media Buying Services, Media Planning, Strategic Planning/Research

Ross Rodgers *(Co-Founder & Partner)*
Edward Radonic *(Mng Partner & Dir-Mktg)*

Accounts:
Attractions Ontario Association (Advertising Agency of Record) Social Media, Website
CIT Tours Travel & Tour Agencies
Ethiopian Airlines Canada (Agency of Record) Events, Public Relations Marketing, Social Media, Trade & Consumer Media Planning

RAGAN CREATIVE STRATEGY & DESIGN
261B Victoria St, Kamloops, BC V2C 2A1 Canada
Tel.: (250) 851-0229
Fax: (250) 851-9840
E-Mail: info@ragan.ca
Web Site: www.ragan.ca

Employees: 6

Year Founded: 1993

Agency Specializes In: Advertising, Brand Development & Integration, Consulting, Corporate Identity, Graphic Design, Integrated Marketing, Internet/Web Design, Local Marketing, Logo & Package Design, Magazines, Media Buying Services, Media Planning, Newspaper, Out-of-Home Media, Outdoor, Package Design, Paid Searches, Planning & Consultation, Point of Purchase, Point of Sale, Print, Production, Production (Print), Publishing, Radio, Search Engine Optimization, Social Media, Strategic Planning/Research, T.V., Web (Banner Ads, Pop-ups, etc.)

Ralph Ragan *(Owner)*

Accounts:
Cahilty Lodge
Fire Place Centre
Four Points Sheraton; Kamloops, BC
Kamloops Golf Consortium; 2007
MJB Lawyers
Sun Rivers Resort
Talking Rock Golf Resort

RAIN43
445 King Street W Ste 301, Toronto, ON M5V 1K4 Canada
Tel.: (416) 361-1804
Fax: (416) 203-8002
E-Mail: info@rain43.com
Web Site: http://rainbow43.com/

Employees: 24

Agency Specializes In: Advertising

Camielle Clark *(VP, Head-Production & Producer-TV)*
Jane Murray *(VP & Exec Creative Dir)*
Dave Stubbs *(VP & Exec Creative Dir)*
Laura Davis-Saville *(VP-Strategy)*
Liam Brown *(Head-Comm Plng)*
Edge Watson *(Controller)*
Christine McNab *(Gen Mgr)*
Duncan Porter *(Exec Creative Dir)*
Chris Barrett *(Art Dir)*
Jaimie Brunton *(Producer-Digital)*
Elizabeth Delost *(Acct Dir)*
Mario Gelleny *(Art Dir)*
Richard Lantz *(Art Dir)*
Natasha Wittke *(Art Dir)*
Nadia Nauth *(Sr Acct Supvr)*
Mai Sivakumar *(Acct Supvr)*
Amanda Tucci *(Acct Supvr)*
Tammy Gardner *(Strategist-Media)*
Steven Gural *(Strategist-Media)*
Vanessa Herz *(Strategist-Media)*
Linsey Kampf *(Acct Exec)*
Mackenzie Lyster *(Acct Exec)*
Neha Verma Nargas *(Strategist-Media)*
Andrea Parnel *(Strategist-Media)*
Jason Ip *(Copywriter)*
Megha Kumar *(Copywriter)*
Letty Castillo *(Acct Coord)*
Annabel Harding *(Acct Coord)*

Accounts:
Bridgepoint Health
Castrol
Freedom Mobile Inc.
Hado Labo
Ontario Toyota Dealer Advertising Association
Toyota

RAINMAKER ADVERTISING
7237 Tangleglen Dr, Dallas, TX 75248
Tel.: (214) 827-0770
Fax: (972) 992-3934
E-Mail: talk2us@rainmakeradv.com

Web Site: www.rainmakeradv.com

Employees: 5

Agency Specializes In: Advertising, Brand Development & Integration, Content, Internet/Web Design, Logo & Package Design, Search Engine Optimization

Christopher J. Miller *(Pres)*

Accounts:
Dallas Medical Center
Town of Addison

RAINMAKER COMMUNICATIONS
650 Castro St Ste 120 220, Mountain View, CA 94041
Tel.: (925) 296-6104
E-Mail: info@rainmakercommunications.com
Web Site: www.rainmakercommunications.com

Employees: 5

Agency Specializes In: Corporate Communications, Local Marketing, Public Relations, Strategic Planning/Research

Molly Davis *(Co-Founder & Partner)*
Stacy Pena *(Owner)*

Accounts:
Cisco
Devine Capital Partners
Girls Leadership Institute
Opus Capital
Oracle
SAP
Symantec
Vontu
WAVC
Workday
Zendesk

RAINS BIRCHARD MARKETING
1001 SE Water Ave Ste 420, Portland, OR 97214
Tel.: (503) 297-1791
Fax: (503) 297-2282
Web Site: www.rainsbirchardmarketing.com

E-Mail for Key Personnel:
Creative Dir.: jon@rainsbirchard.com

Employees: 8
Year Founded: 1987

National Agency Associations: PRSA

Agency Specializes In: Business-To-Business, Collateral, Commercial Photography, Consulting, Corporate Identity, E-Commerce, Exhibit/Trade Shows, Financial, Graphic Design, High Technology, Industrial, Internet/Web Design, Logo & Package Design, Media Buying Services, Planning & Consultation, Print, Public Relations, Strategic Planning/Research, Technical Advertising, Transportation

Approx. Annual Billings: $2,600,000 Capitalized

Breakdown of Gross Billings by Media: Consulting: 11%; Graphic Design: 24%; Print: 35%; Pub. Rels.: 15%; Worldwide Web Sites: 15%

Jon Rains *(Principal & Creative Dir)*
Justin Mitchel *(Designer)*

Accounts:
ConMet; Portland, OR Brake Drums; 2003
High Purity Standards; Charleston, SC Analytical Standards; 2005

ADVERTISING AGENCIES

RAKA
33 Penhallow St., Portsmouth, NH 03801
Tel.: (603) 436-7770, ext. 122
E-Mail: kmorales@rakacreative.com
Web Site: www.rakacreative.com

Employees: 36
Year Founded: 2004

Agency Specializes In: Advertising, Alternative Advertising, Arts, Brand Development & Integration, Business-To-Business, Children's Market, Collateral, College, Communications, Computers & Software, Consumer Goods, Consumer Marketing, Corporate Communications, Corporate Identity, Digital/Interactive, E-Commerce, Electronic Media, Environmental, Financial, Food Service, Graphic Design, Health Care Services, Hospitality, Household Goods, Identity Marketing, Information Technology, Integrated Marketing, Internet/Web Design, Leisure, Logo & Package Design, Luxury Products, Medical Products, Men's Market, Mobile Marketing, Multimedia, New Technologies, Print, Restaurant, Retail, Search Engine Optimization, Social Marketing/Nonprofit, Social Media, Viral/Buzz/Word of Mouth, Web (Banner Ads, Pop-ups, etc.), Women's Market

Breakdown of Gross Billings by Media:
Audio/Visual: 10%; E-Commerce: 10%; Internet Adv.: 20%; Logo & Package Design: 5%; Print: 5%; Worldwide Web Sites: 50%

Daniel Marino *(Partner & Creative Dir)*
Duncan Craig *(Partner)*
Brian DeKoning *(Partner)*
Zang Garside *(Partner)*
Leigh Pazolt *(Art Dir)*
Ryan Durling *(Dir-Adv)*
Amahl Majack *(Dir-Inbound Mktg)*

RALLY
1218 3rd Ave Ste 300 Seattle Twr, Seattle, WA 98101
Tel.: (206) 219-0029
Web Site: www.rallygroup.com

Employees: 14

Agency Specializes In: Advertising, Brand Development & Integration, Digital/Interactive, Social Media, Strategic Planning/Research

Latia Curry *(Principal)*
Jim Baer *(VP-Data & Analytics)*

Accounts:
Cracker JackD
Speakman (Advertising & Digital Agency of Record)

RALSTON & ANTHONY ADVERTISING
875 N Michigan Ave, Chicago, IL 60611
Tel.: (800) 520-8760
Fax: (800) 510-8760
E-Mail: info@ralstonandanthony.com
Web Site: www.ralstonandanthony.com

Employees: 2

Agency Specializes In: Advertising, Broadcast, Digital/Interactive, Event Planning & Marketing, Internet/Web Design, Media Relations, Media Training, Print, Promotions, Social Media

Christopher Skraba *(Pres)*

Accounts:
CheckGear

THE RAMEY AGENCY LLC
3100 N State St Ste 300, Jackson, MS 39216
Tel.: (601) 898-8900
Fax: (601) 898-8999
Toll Free: (800) 594-0754
E-Mail: cray@tra.net
Web Site: www.rameyagency.com

E-Mail for Key Personnel:
President: jgarner@tra.net
Creative Dir.: BPotesky@tra.net
Media Dir.: ttanner@tra.net

Employees: 38
Year Founded: 1985

Agency Specializes In: Advertising, Brand Development & Integration, Broadcast, Business Publications, Business-To-Business, Collateral, Communications, Consulting, Consumer Marketing, Consumer Publications, Corporate Communications, Corporate Identity, Direct Response Marketing, E-Commerce, Event Planning & Marketing, Exhibit/Trade Shows, Financial, Graphic Design, In-Store Advertising, Investor Relations, Leisure, Local Marketing, Logo & Package Design, Magazines, Media Buying Services, Newspaper, Newspapers & Magazines, Out-of-Home Media, Outdoor, Planning & Consultation, Point of Purchase, Point of Sale, Print, Production, Public Relations, Publicity/Promotions, Radio, Retail, Sales Promotion, Sponsorship, Strategic Planning/Research, Trade & Consumer Magazines, Travel & Tourism

Approx. Annual Billings: $32,000,000

Breakdown of Gross Billings by Media: Bus. Publs.: $3,200,000; Collateral: $8,000,000; Consumer Publs.: $6,400,000; Foreign: $1,600,000; Logo & Package Design: $1,600,000; Plng. & Consultation: $3,200,000; Pub. Rels.: $3,200,000; Radio & T.V.: $4,800,000

Jack Garner *(Pres)*
Chris Ray *(CEO)*
Bob Potesky *(Partner & Exec Creative Dir)*
Jim Garrison *(COO & Exec VP)*
Wynn Saggus *(Sr VP & Grp Acct Dir)*
Eddie Woods *(Sr VP & Dir-Integrated Mktg)*
Erick Evans *(VP & Grp Acct Dir)*
Michelle Hill *(VP & Grp Acct Dir)*
Wes Williams *(VP & Dir-Creative)*
Josh Schooler *(Creative Dir)*
Sherry Spille *(Fin Mgr)*
Anne-Lauren Fratesi *(Mgr-Consumer Engagement & Social Media)*
Swayze Pentecost *(Mgr-Mktg Solutions)*
Jana Brady *(Acct Supvr)*
Amanda Hall *(Sr Media Planner)*
Julie Staires *(Sr Media Buyer)*

Accounts:
The Alluvian
Bank of the Ozarks
BankPlus Financial Services
C Spire Creative Agency of Record
The Catfish Institute
ClimateMaster Geothermal,
Culinary Institute of America
Dassault Systems
Entergy Corp
Hestan
Meyer Corporation
Mississippi Tourism
Saint Charles Cabinetry
Stephens Inc.; Little Rock, AR Investment Bankers
Viking Range Corp.; Greenwood, MS High-End Residential Kitchen Equipment

RAMSEY MEDIAWORKS LLC
PO Box 279, Joplin, MO 64802
Tel.: (417) 782-3694
Fax: (417) 781-1968
Toll Free: (800) 209-8536
Web Site: www.ramseymediaworks.com

Employees: 17
Year Founded: 2002

Agency Specializes In: Advertising, Email, Exhibit/Trade Shows, Internet/Web Design, Logo & Package Design, Out-of-Home Media, Outdoor, Print

Julie Ramsey *(Pres)*
Todd Ramsey *(Principal)*
Nathan Horton *(Creative Dir)*
Jimi Adams *(Designer)*

Accounts:
Andrus Transportation
The Empire District Electric Company
I3 Tech Group

RANCH7 CREATIVE, LLC
6 W 9Th St, Santa Rosa, CA 95401
Tel.: (707) 526-1080
Web Site: www.ranch7.com

Employees: 5
Year Founded: 2002

Agency Specializes In: Advertising, Brand Development & Integration, Graphic Design, Internet/Web Design, Logo & Package Design, Social Media

Accounts:
City of Santa Rosa
James Randi Educational Foundation

RAND ADVERTISING
6 Tibbetts Dr, Lincoln, ME 04457
Mailing Address:
PO Box 505, Lincoln, ME 04457
Tel.: (207) 794-8071
E-Mail: info@randadvertising.com
Web Site: www.randadvertising.com

Employees: 2
Year Founded: 1988

Agency Specializes In: Advertising Specialties, Business-To-Business, Commercial Photography, Event Planning & Marketing, Graphic Design, Internet/Web Design, Local Marketing, Logo & Package Design, Point of Sale, Print, Public Relations, Publicity/Promotions, Travel & Tourism

Connie Rand *(Owner)*
Lee Rand *(Co-Owner)*

Accounts:
C.B. Kenworth
Clay Funeral Home
Eagle Lodge & Camps
Thornton Brothers

THE RANDALL BRANDING
1329 E Cary St Ste 200, Richmond, VA 23219
Tel.: (804) 767-4979
Web Site: www.randallbranding.com

Employees: 7

Agency Specializes In: Advertising, Brand Development & Integration, Internet/Web Design, Logo & Package Design, Print, Radio, Social Media

Jesse Randall *(Pres & Chief Creative Officer)*
Katelyn Stutterheim *(Acct Mgr-Strategic)*
Brent McCormick *(Sr Graphic Designer)*

AGENCIES - JANUARY, 2019   ADVERTISING AGENCIES

Accounts:
Atlantic Constructors
B&B Printing
The Baby Jogger Company
Childrens Home Society of Virginia
Dominion Riverrock
e2 Events
Early Mountain Vineyards
Good Run Research
The Growers Exchange
Harman Eye Center
Lifestyle Home Builders
Linda Nash Ventures LLC
MicroAire Surgical Instruments Inc.
PartnerMD
Rountrey & Collington
RTS Labs
Scribekick
TechTrader
Three One One Productions
Timmons Group
TMI Consulting Marketing
VCU
Virginia Museum of Fine Arts
Virginia Physicians for Women
Work & Think

THE RANKIN GROUP, LTD.
17821 E 17th St Ste 270, Tustin, CA 92780-2137
Tel.: (714) 832-4100
Fax: (714) 282-8825
E-Mail: rankin@rankin-group.com
Web Site: www.rankin-group.com

Employees: 4
Year Founded: 1983

National Agency Associations: BMA-PRSA

Agency Specializes In: Advertising, Advertising Specialties, Automotive, Aviation & Aerospace, Brand Development & Integration, Business-To-Business, Co-op Advertising, Collateral, Commercial Photography, Communications, Consulting, Consumer Marketing, Digital/Interactive, Direct Response Marketing, E-Commerce, Electronic Media, Engineering, Environmental, Exhibit/Trade Shows, Graphic Design, High Technology, Industrial, Information Technology, Internet/Web Design, Logo & Package Design, Medical Products, Multimedia, New Product Development, Pharmaceutical, Planning & Consultation, Point of Purchase, Point of Sale, Public Relations, Publicity/Promotions, Sales Promotion, Strategic Planning/Research, Technical Advertising, Telemarketing

Ernest Rankin *(Pres)*

Accounts:
TEAC

RAPP
437 Madison Ave 3rd Fl, New York, NY 10022
Tel.: (212) 817-6800
Fax: (212) 590-8400
Web Site: www.rapp.com

Employees: 2,000
Year Founded: 1965

Agency Specializes In: Automotive, Broadcast, Business-To-Business, Consumer Marketing, Digital/Interactive, Direct Response Marketing, Electronic Media, Financial, Health Care Services, High Technology, Infomercials, Internet/Web Design, Media Buying Services, Pharmaceutical, Planning & Consultation, Print, Production, Sponsorship, Strategic Planning/Research, T.V., Telemarketing

Approx. Annual Billings: $2,411,800,000
Capitalized

Justin Thomas-Copeland *(Pres)*
Marco Scognamiglio *(CEO)*
Nicholas Climer *(Mng Partner & Exec Creative Dir)*
Steve Takla *(CFO)*
Moacyr Netto *(Chief Creative Officer)*
Addison Deitz *(Exec VP & Dir-Global Ops & Client Support)*
Paul Blockey *(Sr VP & Dir-Experience Strategy & Design)*
Mark Weidner *(Sr VP-Tech)*
David Debetta *(VP-Media)*
Diana Bell *(Acct Dir)*
Lucas Zaiden *(Creative Dir)*
Maximo Beras-Goico *(Sr Strategist-Mktg)*
Max Braun *(Planner)*

Accounts:
AMC Entertainment Direct Marketing & CRM
Bacardi
Barnes & Noble
Best Buy
Coty Sally Hansen & Licensed Guess, Halle Berry, Beckham & Playboy
DirecTV
Disney
DSG International
Express Scripts Direct Marketing, Interactive, Public Relations; 2008
Exxon/Mobil
GlaxoSmithKline Plc
The Guide Dogs for the Blind Association
Humana, Inc. Health Insurance
Hyatt Hotels
Johnson & Johnson
Kaiser Permanente
Mercedes-Benz
Merck
National Football League
Nestle Digital, Gerber
Novartis
Pepsi
Pfizer Campaign: "Anti-Counterfeit"
Royal Caribbean Cruises
Time Warner Cable
Toyota Campaign: "Handraiser"
Toys R Us
Travelocity
Viagra Campaign: "Exhibit I: A Couterfeit Epidemic"
Wm. Wrigley Jr. Company 5 Gum
XM Satellite Radio

North America

Critical Mass Inc.
402 11th Ave SE, Calgary, AB T2G 0Y4 Canada
(See Separate Listing)

Kern
20955 Warner Center Ln, Woodland Hills, CA 91367-6511
(See Separate Listing)

Rapp Dallas
7850 N Belt Line Rd, Irving, TX 75063
Tel.: (972) 409-5400
Web Site: www.rapp.com

Employees: 110

Agency Specializes In: Sponsorship

Nicholas Climer *(Mng Partner & Exec Creative Dir)*
Addison Deitz *(Exec VP & Dir-Global Ops & Client Support)*
Mark Miller *(VP & Grp Acct Dir)*
Greg Brent *(VP-Tech)*
Jackie Kaufman *(Head-Print Production)*
Suellen Anderson *(Dir-Program Mgmt)*

Heather Mathews *(Supvr-Client Svcs)*

Accounts:
Bank of America
McDonald's Corporation Customer Relationship Management, Marketing; 2017

Rapp Los Angeles
12777 W Jefferson Blvd Ste 100, Los Angeles, CA 90066
Tel.: (310) 563-7200
Fax: (310) 563-7297
E-Mail: hello@rappusa.com
Web Site: www.rapp.com

Employees: 100

Agency Specializes In: Consumer Marketing, Direct Response Marketing, Sponsorship

Anne Marie Neal *(CMO-Global)*
John Wells *(Pres-Los Angeles & Dallas)*
Jessica Kernan *(Exec VP-Applied Data & Strategy)*
Ludovic Gougat *(Sr VP-Experience Strategy)*
Hamish McCollester *(Sr VP & Grp Creative Dir)*
Robert Boucher *(VP-Integrated Production)*
Alango J Otieno *(VP-Digital & Media Analytics)*
Jed Donohoe *(Creative Dir)*
Mindy Sears *(Creative Dir)*
Laura Orsini *(Mgmt Supvr)*
Esther Sullivan *(Mgmt Supvr)*
Leyla Fletcher *(Dir-Brdcst Media)*
Daniel Vai *(Dir-Strategic Plng)*
Stephanie Dunstan *(Supvr-Media)*
Steven Lau *(Assoc Creative Dir-Production)*

Accounts:
Hasbro, Inc.
Mattel

TrackDDB
33 Bloor Street 17th Fl, Toronto, ON M4W 3H1 Canada
Tel.: (416) 972-7700
Fax: (416) 972-7701
Web Site: trackddb.com

Employees: 15

Paul Tedesco *(Mng Dir)*
Jeremy Ages *(VP-Strategy)*
Italo Siciliano *(Grp Head-Creative)*
Barb Williams *(Exec Creative Dir)*

Accounts:
Canadian Blood Services
Marrow Network
OneMatch Stem Cell
Samsung Electronics Canada (Customer Relationship Management Agency of Record) Communication Strategies
Volkswagen Canada, Inc.

United Kingdom

Haygarth Group
28-31 High Street, Wimbledon Village, London, SW19 5BY United Kingdom
Tel.: (44) 20 8971 3300
Fax: (44) 20 8947 3700
Web Site: www.haygarth.co.uk

Employees: 102
Year Founded: 1984

National Agency Associations: DMA

Agency Specializes In: Direct Response Marketing, Event Planning & Marketing, Exhibit/Trade Shows, Planning & Consultation, Public Relations, Publicity/Promotions

ADVERTISING AGENCIES

Marcus Sandwith *(CEO)*
Tim Clark *(Fin Dir)*
Steve Rogers *(Exec Creative Dir)*
Joanna Lawlor *(Sr Acct Dir)*
Bob Blandford *(Creative Dir)*
Paul Gygi *(Creative Dir)*
Laura Izzard *(Mktg Dir)*

Accounts:
Beefeater Digital Campaign
Budgens Brand Marketing, Strategic Brand Development
Dairy Crest
Filofax
Gillette
Johnson & Johnson Campaign: "Apply Within", K-Y Jelly
Londis Brand Marketing, Strategic Brand Development
London Designer Outlet Experiential, PR
Mywalit Events, Public Relations
Organic UK Campaign: "Organic. Naturally different"
Palm Inc. Palm Pre
Premier Foods PLC Lloyd Grossman, Sharwood's
Rachel's Dairy
SCA Bodyform, Velvet
Sony Mobile
Vodafone Freebees, Pay As You Go handsets, Retail Campaign

RAPP CDS EMEA LIMITED
1 Riverside Manbre Road, London, W6 9WA United Kingdom
Tel.: (44) 20 8735 7350
Fax: (44) 20 8735 7351
E-Mail: infohlb@wwavrc.co.uk
Web Site: www.rapp.com/

Employees: 350

Agency Specializes In: Direct Response Marketing

Rapp London
1 Riverside Manbre Road, London, W6 9WA United Kingdom
Tel.: (44) 208 735 8000
Fax: (44) 208 735 7501
Web Site: rapp.com/

Employees: 400
Year Founded: 1976

Agency Specializes In: Automotive, Consumer Marketing, Corporate Identity, Cosmetics, Direct Response Marketing, Event Planning & Marketing, Exhibit/Trade Shows, Financial, Government/Political, Pets, Public Relations, Publicity/Promotions

Chris Freeland *(CEO)*
Shiona McDougall *(Chief Strategy Officer & Sr VP-Strategy)*
Al Mackie *(Chief Creative Officer)*
Simon Cheshire *(Head-Digital Design-WWAV Rapp Collins)*
Joe Hopper *(Head-Content Strategy)*
Hiten Bhatt *(Creative Dir-Design)*
Stephen Gordon *(Creative Dir)*
Adam Rolfe *(Creative Dir)*
Katrina Bain *(Dir-Digital Bus)*
Jennifer Musgreave *(Dir-Strategic Insight)*
Simon Kavanagh *(Copywriter)*
Benjamin Golik *(Grp Exec Creative Dir-UK)*

Accounts:
Abbott
AkzoNobel Business-to-Business, Cuprinol, Customer Relationship Marketing, Dulux Trade, Global Digital Strategy, Hammerite, Polycell
AstraZeneca
Bayer
Cancer Research UK Charities, Direct Mail Campaign; 1998
The Co-operative Bank
Comparethemarket.com
Google
GSK
Habitat
Hastings Direct Direct Marketing, Media Planning & Buying
Heist Studios Limited Outdoor, Rebrand
Hertz
International Fund for Animal Welfare Turtle Survival Awareness
Ladbrooks
L'Oreal
Marketing Manchester Creative, Digital, Media, Outdoor, Public Relation
Mercedes-Benz UK Limited
Merck
Mothercare CRM Advertising
Nestle Waters
Niagara Healthcare Media
Otsuka
PayPal Digital
Pfizer Pharmaceutical; 2001
Procter & Gamble UK; 2002
SCA Hygiene
Scottish & Newcastle
Scottish Power Creative, Direct Marketing, Strategic
Sony Small Electrical Goods; 1996
Specialist Holidays Group Media Planning & Buying
UNICEF Campaign: "Any Reason"
Virgin Media
Wanadoo
World Wildlife Fund Charities; 2003

Rapp UK
Olympic House The Birches, East Grinstead, West Sussex RH19 1EH United Kingdom
Tel.: (44) 1342 33 6300
Fax: (44) 1342 33 6301
E-Mail: hello@uk.rapp.com
Web Site: www.rapp.com

Employees: 400

Agency Specializes In: Consumer Marketing, Information Technology

Paul Tomlinson *(Grp Fin Dir-UK)*
Suzanne Hillier *(Head-HR & People Dev)*
Elena Morgan *(Sr Acct Dir)*

Accounts:
AIG
AOL
Bacardi-Martini
BBC Worldwide
Best Western
British Airways
Diageo
John Lewis Partnership
Orange
Pfizer
Virgin Media Digital, Direct Customer Marketing, Direct Response Acquisition, Radio, TV
Yell.com

Latin America

Rapp Argentina
Reconquista 723 2 Piso, 1003 Buenos Aires, Argentina
Tel.: (54) 11 5554 7277
Fax: (54) 11 5554 7299
E-Mail: info@rappcollins.com.ar
Web Site: www.rappargentina.com.ar

E-Mail for Key Personnel:
President: mrainuzzo@rappcollins.com.ar

Employees: 15
Year Founded: 1986

Agency Specializes In: Consumer Marketing, Direct Response Marketing

Pedro Morrone *(Partner)*
Connie Demuru *(Mng Dir-Argentina)*
Jeremias Buchelli *(Copywriter)*
Matias Sinay *(Copywriter-Creative)*
Quino Oneto Gaona *(Exec Gen Dir-Creative)*
Manuel Ricardo Rey *(Sr Art Dir)*

Accounts:
Haciendo Lio

Rapp Brazil
Av Juscelino Kubetischek 1726, 4 e 5 andares Itam Bibi, CEP 04543-00 Sao Paulo, SP Brazil
Tel.: (55) 11 3077 1300
Fax: (55) 11 3077 1333
E-Mail: sofia.tost@rappbrasil.com.br
Web Site: www.rapp.com

Employees: 100
Year Founded: 1987

Agency Specializes In: Consumer Marketing, Direct Response Marketing, Sales Promotion

Abaete Azevedo *(CEO)*
Tatiana Pacheco *(Mng Dir)*
Andre Pasquali *(VP-Creative)*
Alfredo Goncalves Mariano *(Creative Dir & Art Dir)*
Andre Bercelli *(Art Dir)*
Fernanda Moraes *(Dir-Attendance)*
Felipe Andrade *(Grp Creative Dir)*
Eto Bastos *(Sr Art Dir)*

Accounts:
SuperGasbras

RappDigital Brazil
Av Juscelino Kubitschek, CEP 01453-000 Sao Paulo, SP Brazil
Tel.: (55) 11 3077 1300
Fax: (55) 11 3077 1333
E-Mail: rh@rappdigital.com.br
Web Site: www.rapp.com

Employees: 35
Year Founded: 2000

Agency Specializes In: Digital/Interactive, Direct Response Marketing, Planning & Consultation

Leticia Maciel *(Acct Mgr)*
Andre Monteiro *(Mgr-IT)*

Accounts:
Pepsi

Asia Pacific

Rapp Malaysia
D601-D605 6th Floor Block D Kelana Square 17 Jalan SS7/26, 47301 Petaling Jaya, Malaysia
Tel.: (60) 3 7806 5799
Fax: (60) 3 7806 3489
E-Mail: yewaiye.lim@rapp.com.my
Web Site: www.rapp.com.my

Employees: 70

Lim Wai Yee *(COO)*

Accounts:
Merican Muay Thai Gym

AGENCIES - JANUARY, 2019 — ADVERTISING AGENCIES

Rapp Melbourne
7 Electric Street, Richmond, VIC 3121 Australia
Tel.: (61) 3 9429 4766
Fax: (61) 3 9254 3640
Web Site: www.rapp.com

Employees: 10

Agency Specializes In: Consumer Marketing, Direct Response Marketing, Sales Promotion

Tess Doughty *(Mng Dir)*
Steve Crawford *(Exec Creative Dir)*

Accounts:
Australian Red Cross Blood Service
Australian Unity
PZ Cussons

Rapp Tokyo
3-1-1 Higashi-Ikebukuro, Tokyo, 150-0012 Japan
Tel.: (81) 3-5789-6060
Web Site: www.rapp.com

Employees: 5

Agency Specializes In: Direct Response Marketing

Marc Kremer *(Gen Mgr)*

Europe

AID-Analyse Informatique de Donnees
4 Rue Henri le Sidamer, 78000 Versailles, France
Tel.: (33) 1 3923 9300
Fax: (33) 1 3923 9301
E-Mail: info@aid.fr
Web Site: www.aid.fr

Employees: 40
Year Founded: 1972

Agency Specializes In: Consumer Marketing, Direct Response Marketing

Anne Gayet *(Partner-AID Academy)*

Rapp Amsterdam
Prof WH Keesomlaan 4, 1183 DJ Amstelveen, Netherlands
Mailing Address:
PO Box 373, 1180 AJ Amstelveen, Netherlands
Tel.: (31) 20 406 5858
Fax: (31) 20 406 5850
E-Mail: info@rapp.nl
Web Site: www.rapp.com

E-Mail for Key Personnel:
Creative Dir.: gerard.teuben@rappcollins.nl

Employees: 35

Rapp Paris
55 Rue de Amsterdam, 75008 Paris, Cedex 08 France
Tel.: (33) 1 533 257 57
Fax: (33) 1 53 32 63 55
E-Mail: info@ddblive.com
Web Site: www.rapp.com

Employees: 100
Year Founded: 1972

Agency Specializes In: Direct Response Marketing

WWAV
Stationsweg 2, Postbus 2024, 3445 AA Woerden, Netherlands
Tel.: (31) 348 435 930
Fax: (31) 348 435 939
E-Mail: info@wwav.nl
Web Site: www.wwav.nl

Employees: 35

Agency Specializes In: Consumer Marketing, Direct Response Marketing

Angelique Verkleij *(Partner & Fin Dir)*
Marie-Claire de Waal *(Partner)*
Ard Lok *(Partner)*
Martijn De Groot *(Art Dir)*
Guido Liebregts *(Art Dir)*
Wike van Dieen *(Acct Dir)*
Erik van Benten *(Dir-Procurement & Quality)*
Heidi Marchal *(Sr Acct Mgr)*
Peter Heinen *(Copywriter)*

RATTLE ADVERTISING
16 Broadway, Beverly, MA 01915-4457
Tel.: (978) 998-7890
Fax: (978) 998-7880
E-Mail: info@rattlethemarket.com
Web Site: www.rattlethemarket.com

Employees: 10
Year Founded: 2001

Agency Specializes In: Bilingual Market, Brand Development & Integration, Broadcast, Business-To-Business, Cable T.V., Children's Market, Co-op Advertising, Collateral, Communications, Consulting, Consumer Marketing, Consumer Publications, Corporate Communications, Corporate Identity, Digital/Interactive, Direct Response Marketing, E-Commerce, Education, Electronic Media, Entertainment, Exhibit/Trade Shows, Fashion/Apparel, Financial, Food Service, Government/Political, Graphic Design, Health Care Services, High Technology, In-Store Advertising, Information Technology, Internet/Web Design, Leisure, Local Marketing, Logo & Package Design, Magazines, Media Buying Services, Medical Products, New Product Development, Newspaper, Newspapers & Magazines, Out-of-Home Media, Outdoor, Planning & Consultation, Point of Purchase, Point of Sale, Print, Production, Public Relations, Publicity/Promotions, Radio, Real Estate, Restaurant, Retail, Sales Promotion, Strategic Planning/Research, T.V., Technical Advertising, Trade & Consumer Magazines, Transportation, Travel & Tourism

Sally Murphy *(Owner & Dir-Strategic)*
Peter Pappas *(Copywriter)*

Accounts:
Boston Harbor Cruises; Boston, MA Codzilla Thrill Boat Ride; 2007
Boston Main Streets Foundation
BTS Asset Management; Lexington, MA (Agency of Record) Corporate Identity, Marketing, Rebranding
Enterprise Bancorp Rewards Checking
Fairmont Copley Plaza Hotel; 2003
Giant Screen Cinema Association
Giant Screen Films
The Kittery Outlets
Kittery Trading Post
LEGO KidsFest
Peabody Essex Museum
Samuels & Associates; Boston, MA Real Estate; 2005
Signature Healthcare Beth Israel Deaconess Medical Center, Broadcast, Lead Agency, Media Buying, Media Planning, Online, Outdoor, Print
Wise Construction
York Hospital; ME; 2003

RAUXA
(Formerly Rauxa Direct)
275 A McCormick Ave, Costa Mesa, CA 92626
Tel.: (714) 427-1271
E-Mail: rauxaoc@rauxa.com
Web Site: www.rauxa.com

Employees: 263
Year Founded: 1999

Agency Specializes In: Advertising, Brand Development & Integration, Business-To-Business, Content, Internet/Web Design, Media Buying Services, Media Planning, Print, Search Engine Optimization, Social Media

Gina Alshuler *(Pres & CEO)*
H. Lan Nguyen *(CFO)*
Corinne Bellville *(VP-Strategic Partnerships & New Bus)*
Georgia Galanoudis *(VP-Strategic Plng)*
Adan Romero *(Exec Creative Dir)*
Lee Margolis *(Creative Dir)*
Jamison Gee *(Assoc Acct Dir)*
Rita Ku *(Chief Intelligence Officer)*
Abby Salgado *(Assoc Acct Dir)*

Accounts:
Alaska Airlines (Loyalty Marketing Agency of Record)
Amazon Audible
DocuSign
Farmers Group, Inc
Frontpoint Security (Agency of Record); 2017
Gap Inc
Keep America Beautiful (Agency of Record) Public Service, visual Identity; 2017
Piedmont Healthcare; 2017
SteelHouse
TGI Fridays
Vans
Verizon Wireless Direct Marketing, FiOS
WellCare

Branch

Rauxa
225 Liberty St Ste 4301, New York, NY 10281
Tel.: (212) 219-2490
E-Mail: rauxany@rauxa.com
Web Site: www.rauxa.com

Year Founded: 1999

Agency Specializes In: Above-the-Line, Advertising, Brand Development & Integration, Broadcast, Cable T.V., Content, Digital/Interactive, Direct Response Marketing, Electronic Media, Email, Event Planning & Marketing, Internet/Web Design, Multimedia, Out-of-Home Media, Paid Searches, Print, Production, Production (Print), Promotions, Radio, Search Engine Optimization, Social Media, Sponsorship, Strategic Planning/Research, Sweepstakes, Viral/Buzz/Word of Mouth, Web (Banner Ads, Pop-ups, etc.)

Jill Gwaltney *(Founder)*
Ian Baer *(Chief Strategy Officer)*
Lincoln Bjorkman *(Chief Creative Officer)*
Arthur Fullerton *(CTO)*
Meredith Hultman *(VP-Talent Mgmt)*
Kevin O'Connor *(VP-Strategic Partnerships)*
Stephanie Almeida *(Acct Dir)*
Becky Kitlan *(Creative Dir)*
Jessica Lee *(Creative Dir)*
Devon Trout-Keiderling *(Creative Dir)*

Accounts:
New-Bahlsen Gmbh & Co Kg (Social Media Agency of Record)
New-Frontpoint Security Solutions
New-Lansinoh Laboratories Inc.
New-Van's International Foods Inc.

ADVERTISING AGENCIES
AGENCIES - JANUARY, 2019

RAWLE MURDY ASSOCIATES, INC.
960 Morrison Dr Ste 300, Charleston, SC 29403
Mailing Address:
PO Box 1117, Charleston, SC 29402-1117
Tel.: (843) 577-7327
E-Mail: contact@rawlemurdy.com
Web Site: www.rawlemurdy.com

Employees: 22
Year Founded: 1975

National Agency Associations: Second Wind Limited

Agency Specializes In: Above-the-Line, Advertising, Advertising Specialties, Affiliate Marketing, Affluent Market, African-American Market, Agriculture, Alternative Advertising, Arts, Asian Market, Automotive, Aviation & Aerospace, Below-the-Line, Bilingual Market, Brand Development & Integration, Branded Entertainment, Broadcast, Business Publications, Business-To-Business, Cable T.V., Catalogs, Children's Market, Co-op Advertising, Collateral, College, Commercial Photography, Communications, Computers & Software, Consulting, Consumer Goods, Consumer Marketing, Consumer Publications, Content, Corporate Communications, Corporate Identity, Cosmetics, Crisis Communications, Custom Publishing, Customer Relationship Management, Digital/Interactive, Direct Response Marketing, Direct-to-Consumer, E-Commerce, Education, Electronic Media, Electronics, Email, Engineering, Entertainment, Environmental, Event Planning & Marketing, Exhibit/Trade Shows, Experience Design, Faith Based, Fashion/Apparel, Financial, Food Service, Game Integration, Government/Political, Graphic Design, Guerilla Marketing, Health Care Services, High Technology, Hispanic Market, Hospitality, Household Goods, Identity Marketing, In-Store Advertising, Industrial, Infomercials, Information Technology, Integrated Marketing, International, Internet/Web Design, Investor Relations, LGBTQ Market, Legal Services, Leisure, Local Marketing, Logo & Package Design, Luxury Products, Magazines, Marine, Market Research, Media Buying Services, Media Planning, Media Relations, Media Training, Medical Products, Men's Market, Merchandising, Mobile Marketing, Multicultural, Multimedia, New Product Development, New Technologies, Newspaper, Newspapers & Magazines, Out-of-Home Media, Outdoor, Over-50 Market, Package Design, Paid Searches, Pets, Pharmaceutical, Planning & Consultation, Podcasting, Point of Purchase, Point of Sale, Print, Product Placement, Production, Production (Ad, Film, Broadcast), Production (Print), Promotions, Public Relations, Publicity/Promotions, Publishing, RSS (Really Simple Syndication), Radio, Real Estate, Recruitment, Regional, Restaurant, Retail, Sales Promotion, Search Engine Optimization, Seniors' Market, Social Marketing/Nonprofit, Social Media, South Asian Market, Sponsorship, Sports Market, Stakeholders, Strategic Planning/Research, Sweepstakes, Syndication, T.V., Technical Advertising, Teen Market, Telemarketing, Trade & Consumer Magazines, Transportation, Travel & Tourism, Tween Market, Urban Market, Viral/Buzz/Word of Mouth, Web (Banner Ads, Pop-ups, etc.), Women's Market, Yellow Pages Advertising

Bruce D. Murdy *(Pres)*
Sandy Corson *(VP & Dir-Fin & Admin)*
Michele D. Crull *(VP & Dir-Mktg & Ops)*
John Kautz *(VP & Dir-Brand Leadership)*
Kate Daughtry *(Creative Dir)*
Tyler Stokes *(Art Dir)*
Connie Miller *(Dir-Creative Svcs)*
Teresa Waters Raynor *(Mgr-Acctg)*

Devon Gage *(Acct Supvr)*
Lauren Holloway *(Acct Supvr)*
Ethan Linen *(Acct Supvr)*
Susannah Runkle *(Acct Supvr-Social Media & Digital Content)*
Daniel Brock *(Sr Acct Exec)*
Rosalyn Caudle *(Acct Exec)*
Lauren Creel *(Specialist-Digital Mktg)*
Sebastian Hale *(Acct Exec)*

Accounts:
Big Canoe
CARTA (Charleston Area Regional Transportation Authority); 1999
The Ford Plantation
Lennar Charleston
Lennar Charlotte
Melrose Resort
Patriot's Point Development Authority; Mt. Pleasant, SC; 2005
Questis Portfolio Partners, LLC
The Reserve at Lake Keowee
South Carolina State Ports Authority; Charleston, SC Container & Break Bulk Port Services
Terminix Services
The Virginian

RAZR
10590 Wayzata Boulevard, Minneapolis, MN 55305
Tel.: (763) 404-6100
E-Mail: info@razrhq.com
Web Site: www.razrhq.com

Employees: 54

Agency Specializes In: Advertising, Brand Development & Integration, Content, Digital/Interactive

Darren Nauss *(Chm & CEO)*
Paul Kelzer *(COO)*
Dan Johnson *(VP-Fin)*
Kevin M. Walsh *(VP-Mktg & Design Strategy)*

Accounts:
U.S. Bank National Association FlexPerks

RB OPPENHEIM ASSOCIATES + DIGITAL OPPS
2040 Delta Way, Tallahassee, FL 32303
Tel.: (850) 386-9100
Fax: (850) 386-4396
Web Site: www.rboa.com

Employees: 5

Agency Specializes In: Advertising, Brand Development & Integration, Digital/Interactive, Graphic Design, Media Buying Services, Media Relations, Print, Public Relations, Search Engine Optimization

Rick Oppenheim *(CEO)*
Michael D. Winn *(Chief Digital Officer)*
Jessie Johnson *(VP & Acct Supvr)*
Holly Brooks *(Acct Mgr)*

Accounts:
Smashburger

RBMM
7007 Twin Hills Ave Ste 200, Dallas, TX 75231
Tel.: (214) 987-6500
Fax: (214) 987-3662
Web Site: rbmm.com

Employees: 25
Year Founded: 1979

Agency Specializes In: Advertising, Arts, Brand Development & Integration, Business Publications, Business-To-Business, Catalogs, Collateral, College, Commercial Photography, Computers & Software, Consumer Goods, Consumer Marketing, Corporate Communications, Corporate Identity, Cosmetics, Digital/Interactive, Direct Response Marketing, Direct-to-Consumer, Education, Electronic Media, Email, Entertainment, Environmental, Exhibit/Trade Shows, Food Service, Graphic Design, Health Care Services, Hospitality, Identity Marketing, In-Store Advertising, Information Technology, Integrated Marketing, Logo & Package Design, Luxury Products, Medical Products, New Product Development, Package Design, Planning & Consultation, Point of Purchase, Point of Sale, Print, Production (Print), Real Estate, Restaurant, Retail

Approx. Annual Billings: $20,000,000

Stan Richards *(Founder & CEO)*
Brian Boyd *(Principal)*
Yvette Wheeler *(Principal)*
Jeff Barfoot *(Mng Principal & Creative Dir)*
Geoff German *(Dir-Design)*
Philip Smith *(Sr Designer)*

Accounts:
Atmos Energy Corporation; Dallas, TX; 2002
Auntie Annes
Austin College; Sherman, TX; 2008
Baylor Health Care System; Dallas, TX; 2003
Dr. Pepper Bottling; Irving, TX; 2001
Dresser Incorporated; Addison, TX; 2008
ExxonMobil; Dallas, TX; 2004
Freddy's Frozen Custard; Wichita, KS; 2009
G.P. Putnam Sons; New York, NY Publisher; 1992
Greyhound
The Home Depot; Atlanta, GA; 1994
Nokia; Irving, TX; 1997
NRG Energy, Inc.; 2001
Texas A&M; Bryan, TX; 2006
Wake Forest University; Winston-Salem, NC; 2008
Zeno

RCI
112 Intracoastal Pointe Drive, Jupiter, FL 33458
Tel.: (561) 686-6800
Fax: (561) 686-8043
Web Site: http://www.rciars.com/

Employees: 90
Year Founded: 1985

Agency Specializes In: Communications, Publicity/Promotions, Recruitment

Approx. Annual Billings: $11,700,000

Michael C. Moore *(Pres & CEO)*
Pat Matarese *(Pres & CFO)*
Aaron Greider *(VP-Sls)*
Samantha Moore *(VP-Client Svcs)*
Melody Storms *(Dir-Strategic Accts & Client Dev)*
Maryanna Choinski *(Production Mgr)*
Ashleigh Roth *(Mgr-Direct Sourcing)*

Accounts:
Adidas Group
Daiichi Sankyo
EMBARQ
The Fresh Market
NSK Steering Systems
Sprint
University of Massachusetts Lowell; Lowell, MA Continuing Education
Verizon
ZEP Industries

RCP MARKETING
(d/b/a Rc Video And Audio;Source One Signs)
1756 Lakeshore Dr, Muskegon, MI 49441

AGENCIES - JANUARY, 2019 — ADVERTISING AGENCIES

Tel.: (231) 759-3160
Fax: (231) 755-5569
Web Site: www.rcpmarketing.com

Employees: 30
Year Founded: 1981

Agency Specializes In: Advertising, Logo & Package Design, Media Planning, Social Media

Revenue: $6,400,000

Amy Atkinson *(Pres)*
Randy Crow *(CEO)*
Tim Achterhoff *(VP)*
Michael Davis *(VP-Tech)*
Jane Savidge *(VP)*
Nicole Oquist *(Dir-Design)*
Jon Baarda *(Sr Acct Mgr)*
Melissa Blackmer *(Acct Mgr)*
Austin Pierce *(Acct Mgr)*

Accounts:
MS Metal Solutions

RDA INTERNATIONAL
100 Vandam St 1st Fl, New York, NY 10013
Tel.: (212) 255-7700
E-Mail: info@rdai.com
Web Site: www.rdai.com

Employees: 64

Agency Specializes In: Advertising, Brand Development & Integration, Communications, Consumer Goods, Cosmetics, Customer Relationship Management, Digital/Interactive, Entertainment, Hospitality, Integrated Marketing, Internet/Web Design, Leisure, Logo & Package Design, Luxury Products, Media Planning, Multimedia, New Technologies, Print, Production, Sponsorship, Strategic Planning/Research, Viral/Buzz/Word of Mouth

Approx. Annual Billings: $80,000,000

Michael Racz *(CEO & Principal)*
Anthony Bagliani *(Creative Dir)*
Joshua Borden *(Art Dir)*
Kate List *(Client Svcs Dir)*
Jennifer Murphy *(Acct Dir)*
Mara Erickson *(Acct Supvr)*
Andres Foldvari *(Copywriter)*

Accounts:
Sony Electronics; 1999

RDG ADVERTISING
6675 S Tenaya Way Ste 160, Las Vegas, NV 89113
Tel.: (702) 367-3649
E-Mail: info@rdglv.com
Web Site: www.rdglv.com

Employees: 5

Agency Specializes In: Advertising, Brand Development & Integration, Event Planning & Marketing, Graphic Design, Internet/Web Design, Media Training, Public Relations

Angelo Ramirez *(Pres)*

Accounts:
MGM Grand Hotel, LLC

RDW GROUP INC.
125 Holden St, Providence, RI 02908-4919
Tel.: (401) 521-2700
Fax: (401) 521-0014
E-Mail: info@rdwgroup.com
Web Site: www.rdwgroup.com
E-Mail for Key Personnel:
President: jpontarelli@rdwgroup.com
Creative Dir.: jpatch@rdwgroup.com
Media Dir.: mpinto@rdwgroup.com

Employees: 140
Year Founded: 1986

Agency Specializes In: Advertising, Advertising Specialties, Aviation & Aerospace, Brand Development & Integration, Broadcast, Business Publications, Business-To-Business, Cable T.V., Collateral, Commercial Photography, Communications, Consulting, Consumer Marketing, Consumer Publications, Corporate Identity, Digital/Interactive, Direct Response Marketing, E-Commerce, Environmental, Event Planning & Marketing, Exhibit/Trade Shows, Food Service, Government/Political, Graphic Design, Health Care Services, High Technology, Industrial, Internet/Web Design, Logo & Package Design, Magazines, Media Buying Services, Medical Products, Multimedia, New Product Development, Newspaper, Newspapers & Magazines, Out-of-Home Media, Outdoor, Pharmaceutical, Planning & Consultation, Print, Production, Public Relations, Publicity/Promotions, Radio, Real Estate, Recruitment, Sales Promotion, Sports Market, Strategic Planning/Research, Sweepstakes, T.V., Technical Advertising, Trade & Consumer Magazines, Travel & Tourism

Approx. Annual Billings: $117,000,000 Capitalized

Breakdown of Gross Billings by Media: Brdcst.: $1,170,000; Cable T.V.: $2,340,000; Collateral: $17,550,000; Fees: $10,530,000; Network T.V.: $8,190,000; Newsp.: $18,720,000; Outdoor: $2,340,000; Production: $19,890,000; Pub. Rels.: $8,190,000; Spot Radio: $9,360,000; Spot T.V.: $4,680,000; Trade & Consumer Mags.: $11,700,000; Trade Shows: $1,170,000; Worldwide Web Sites: $1,170,000

James Pontarelli *(Pres)*
Jay G. Conway *(Partner & Sr VP)*
Philip Loscoe, Jr. *(Partner & Sr VP)*
Martha Lindman *(Partner & Art Dir)*
Dante Bellini, Jr. *(Exec VP)*
Sanford Fern *(Sr VP)*
Jeffrey Patch *(Exec Creative Dir)*
Marla Pinto *(Media Dir)*
Michael Masseur *(Dir-PR)*
Ray Corsini *(Production Mgr)*
Joe Handly *(Sr Strategist-Media)*
Will Andersen *(Acct Mgmt)*
Claudette Coyne *(Assoc Media Dir)*

Accounts:
Blue Cross/Blue Shield of Rhode Island; 1998
Cornell University Johnson School
DarrowEverett LLP
Eversource
Harvard University MBA Program
Honeywell Safety Products
The International Monetary Fund
Oxford University Press
The World Bank

Branches

RDW Group, Inc.
32 Franklin St, Worcester, MA 01608-1900
Tel.: (401) 521-2700
Fax: (508) 755-3059
E-Mail: info@rdwgroup.com
Web Site: www.rdwgroup.com

Employees: 10
Year Founded: 1986

Agency Specializes In: Advertising, Advertising Specialties, Aviation & Aerospace, Brand Development & Integration, Broadcast, Business Publications, Business-To-Business, Cable T.V., Collateral, Commercial Photography, Communications, Consulting, Consumer Marketing, Corporate Identity, Digital/Interactive, Direct Response Marketing, E-Commerce, Environmental, Event Planning & Marketing, Exhibit/Trade Shows, Food Service, Government/Political, Graphic Design, Health Care Services, High Technology, Industrial, Internet/Web Design, Logo & Package Design, Magazines, Media Buying Services, Medical Products, Multimedia, New Product Development, Newspaper, Newspapers & Magazines, Out-of-Home Media, Outdoor, Pharmaceutical, Planning & Consultation, Print, Production, Public Relations, Publicity/Promotions, Radio, Real Estate, Recruitment, Sales Promotion, Sports Market, Strategic Planning/Research, Sweepstakes, T.V., Technical Advertising, Trade & Consumer Magazines, Travel & Tourism

Alen Yen *(Partner, Pres-IFactory & Creative Dir)*
Jay Conway *(Partner & Sr VP)*
Phil Loscoe *(Partner & Sr VP)*

Accounts:
The Colleges of Worcester Consortium
MCLE (Massachusetts Continuing Legal Education Assoc.)
Old Sturbridge Village
Rhode Island Builders Assoc

REA MEDIA GROUP
423 E 9th St, Tucson, AZ 85705
Tel.: (520) 622-2190
Web Site: www.reamediagroup.com

Agency Specializes In: Advertising, Brand Development & Integration, Internet/Web Design, Media Buying Services, Media Planning, Out-of-Home Media, Outdoor, Print, Public Relations, Radio

Raul Aguirre *(Pres & CEO)*

Accounts:
Donate Life

REACH ABOVE MEDIA
103-20 117 St S Richmond Hill, New York, NY 11419
Tel.: (347) 996-6555
Toll Free: (800) 675-9553
E-Mail: info@reachabovemedia.com
Web Site: www.reachabovemedia.com

Agency Specializes In: Advertising, Brand Development & Integration, Content, Digital/Interactive, E-Commerce, Email, Internet/Web Design, Search Engine Optimization, Social Media, Strategic Planning/Research

Ryan Rambajohn *(Founder)*

Accounts:
New-The Diamond Source
New-Dj's Lobster Shack
New-Elite Personal Trainers NYC
New-Harder Cycling
New-The National Investor Group
New-Regency Party Hall
New-Ria Bella Pizza
New-Sewer Technologies Inc
New-Southeastern New Mexico Economic Development District
New-Synchronize Realty

REACH AGENCY

ADVERTISING AGENCIES
AGENCIES - JANUARY, 2019

2920 Nebraska Ave, Santa Monica, CA 90404
Tel.: (310) 405-0883
E-Mail: hello@reach.agency
Web Site: www.reach.agency

Employees: 50
Year Founded: 2012

Agency Specializes In: Digital/Interactive, Production

Frank Catapano *(Mng Partner)*
Gabe Gordon *(Mng Partner)*
Jimmy Holleran *(Exec VP-Reach Entertainment)*
Karen Hart *(VP-Creative Strategy)*
Amanda Jason *(VP-Brand)*
Rebecca Harris *(Brand Dir)*
Brad May *(Brand Dir)*
Michael H. Curtis *(Dir-Influencer Strategy & Content)*
Holly Joel *(Acct Mgr)*
Emily Wang *(Sr Strategist-Creative)*
Lauren Gardiner *(Assoc Strategist-Creative)*

Accounts:
DiGiorno
Nestle USA, Inc Butterfinger (Creative Agency of Record), Crunch (Creative Agency of Record), Digital, Social
Panda Restaurant Group, Inc. Panda Express

READY SET ROCKET
636 Broadway Ste 1200, New York, NY 10012
Tel.: (212) 260-2636
E-Mail: info@readysetrocket.com
Web Site: www.readysetrocket.com

Employees: 30
Year Founded: 2009

Agency Specializes In: Advertising, Digital/Interactive, Electronic Media, Email, Experience Design, Internet/Web Design, Mobile Marketing, Multimedia, Paid Searches, Point of Purchase, Point of Sale, Production, Search Engine Optimization, Social Media, Strategic Planning/Research

Approx. Annual Billings: $5,000,000

Aaron Harvey *(Founder, Partner & Exec Creative Dir)*
Alex Lirtsman *(Founder, Partner & Sr Strategist)*
Lauren Nutt Bello *(Partner & Mng Dir)*
Amanda Ford *(Creative Dir)*
Kitty Tsang *(Dir-Digital Mktg)*
Austin Ros *(Mgr-Paid Media)*

Accounts:
Accion
Ann Taylor
Carnegie Hall
Deutsche Bank Deutsche Asset & Wealth Management
Diesel
Edison Properties Manhattan Mini Storage
Hugo Neu Flex Spaces at Kearny Point
Johnson & Johnson Tylenol
J.P. Morgan
Kearny Point
Kenneth Cole Productions, Inc. Banner, Campaign: "Man Up for Mankind", Mankind, Media, Strategy
Live Nation
Marriott
Meredith Corporation
Michael Kors
Parlux Jay Z Gold, Nude by Rihanna
Perfumania
Seagram's Gin
Sweetgreen
Univision

READY STATE LLC
524 Union St, San Francisco, CA 94133
Tel.: (650) 396-2557
Web Site: www.readystate.com

Employees: 25
Year Founded: 2013

Agency Specializes In: Advertising, Brand Development & Integration, Content, Digital/Interactive, Direct Response Marketing, Email, Experience Design, Internet/Web Design, Logo & Package Design, Print, Shopper Marketing, Social Media, Strategic Planning/Research

Kabeer Mamnoon *(Co-Founder & CEO)*
Steven Wong *(Co-Founder & CMO)*
Ian Clazie *(Co-Founder & Chief Creative Officer)*
Elaine Choi *(Partner-Mktg)*
Katherine Ogburn *(Dir-Strategy)*
Drew Saucedo *(Dir-Production)*
Derek Slater *(Dir-Content)*
Jodi Wing *(Dir-Design)*
Tyler Anderson *(Assoc Dir-Strategy)*

Accounts:
Airbnb, Inc.
Google Inc.
HP Enterprise Services, LLC
Torani (Agency of Record) Communications Strategy, Shopper Marketing, Social Media, Traditional
VMware, Inc.

READY366
33 E 17th St Union Sq, New York, NY 10003
Tel.: (212) 488-5366
Fax: (212) 228-2474
E-Mail: newday@ready366.com
Web Site: www.ready366.com

Employees: 20

Agency Specializes In: Brand Development & Integration, Environmental, Graphic Design, Industrial, Package Design, Strategic Planning/Research

Susan Palombo *(Founder & Pres)*
Justin Gamero *(Sr Strategist-Client)*

Accounts:
Cegadim Dendrite
Coca-Cola Refreshments USA, Inc.
Diageo
Frito Lay
Hershey's; Hershey, PA
Intel
LEE
Novartis; Basel, Switzerland
Pfizer
Zyrtec

REAL FRESH CREATIVE
6320 Victorious Song Lane, Clarksville, MD 21029
Tel.: (401) 419-9119
E-Mail: projects@realfreshcreative.com
Web Site: www.realfreshcreative.com

Employees: 1

Agency Specializes In: Advertising, Graphic Design, Internet/Web Design, Logo & Package Design, Print

Kayle Tucker Simon *(Owner)*

Accounts:
Conscious Corner
Home Box Office, Inc. Treme
Roots Market

REAL INTEGRATED
888 W Big Beaver Rd Ste 501, Troy, MI 48084
Tel.: (248) 540-0660
Fax: (248) 540-2124
Web Site: realintegrated.com/

E-Mail for Key Personnel:
Media Dir.: susanne@realintegrated.com

Employees: 45
Year Founded: 1954

Agency Specializes In: African-American Market, Automotive, Business-To-Business, Cable T.V., Co-op Advertising, Collateral, Consulting, Consumer Marketing, Consumer Publications, Corporate Identity, Entertainment, Financial, Food Service, Internet/Web Design, Logo & Package Design, Magazines, Media Buying Services, Newspaper, Out-of-Home Media, Outdoor, Point of Purchase, Point of Sale, Print, Public Relations, Publicity/Promotions, Radio, Retail, Sales Promotion, Sports Market, Strategic Planning/Research, T.V., Telemarketing, Transportation

Approx. Annual Billings: $33,270,000

Breakdown of Gross Billings by Media: Mags.: $332,700; Newsp.: $20,295,800; Other: $997,000; Radio: $5,655,900; T.V.: $5,988,600

Lisa Anderson *(CFO)*
John Ozdych *(COO & Exec Creative Dir)*
Jill Sundberg *(Controller)*
Connor Artman *(Dir-Digital Production)*
Susanne Schumacher *(Dir-Integrated Media)*
Amy Thompson *(Dir-Production)*
Amanda Thielen *(Acct Supvr)*
Adam Flor *(Sr Art Dir & Supvr-Design)*

Accounts:
The Henry Ford
KFC Dealer Groups 13 Co-Ops
MGM Grand Detroit
Michigan Opera Theatre
North American Bancard
University of Michigan - Dearborn

REAL PIE MEDIA
PO Box 990, Georgetown, CT 06829
Tel.: (310) 385-0500
Web Site: www.realpie.com

Employees: 9

Agency Specializes In: Advertising, Brand Development & Integration, Digital/Interactive, Internet/Web Design, Social Media

Kirk Skodis *(Founder & Creative Dir)*
Rob Flemming *(Exec VP-Production & Tech)*

REALITY2 LLC
11661 San Vicente Blvd Ste 802, Los Angeles, CA 90049
Tel.: (310) 826-5662
Fax: (310) 826-5606
E-Mail: farida@reality2.com
Web Site: www.reality2.com

E-Mail for Key Personnel:
President: farida@reality2.com
Creative Dir.: jorge@reality2.com

Employees: 10
Year Founded: 1976

National Agency Associations: THINKLA

Agency Specializes In: Brand Development & Integration, Business-To-Business, Collateral,

AGENCIES - JANUARY, 2019 — ADVERTISING AGENCIES

Communications, Consumer Marketing, Direct Response Marketing, E-Commerce, Entertainment, Hispanic Market, Internet/Web Design, Logo & Package Design, Point of Purchase, Strategic Planning/Research

Approx. Annual Billings: $5,000,000

Breakdown of Gross Billings by Media: Collateral: $1,500,000; Print: $2,000,000; Radio & T.V.: $500,000; Worldwide Web Sites: $1,000,000

Farida Fotouhi *(Pres)*
Jorge Alonso *(Partner)*
Greg Steele *(Exec VP-Daylight Transport)*
Cesar Martin *(Dir-Digital & Print Production)*

Accounts:
AccessIT Digital Cinema; 2005
First Federal Bank
Gerawan Farms
iDcentrix; El Segundo, CA Security Technology; 2006
Jarrin Printing
Larta; Los Angeles, CA Technology Services; 2003
Pavement Recycling Systems; Riverside, CA; 2007
Peninsula Hotel
Point Research Corporation
SNL Financial

REALM ADVERTISING
5901 Peachtree Dunwoody Rd, Atlanta, GA 30328
Tel.: (404) 255-5811
Fax: (404) 255-5828
E-Mail: info@realmco.com
Web Site: realmco.com

Employees: 20

Agency Specializes In: Advertising, Brand Development & Integration, Event Planning & Marketing, Strategic Planning/Research

Jeff Chasten *(Pres & Mng Partner)*
Jeff Gray *(Partner-Client Svcs)*
Linda Ross *(Partner)*
Eric Berrios *(VP-Client Svcs)*
Gregg Khedouri *(Strategist-Mktg & Brand)*
Jim Marion *(Copywriter)*
Jenny Dougherty *(Sr Art Dir)*

Accounts:
Chick-fil-A
Cox Enterprises
Fiesta Gas Grills
Georgia Ports Authority
Novelis
UPS

REALTIME MARKETING GROUP
61 SE 4th Ave, Delray Beach, FL 33483
Tel.: (561) 450-6966
Web Site: www.realtimemg.com

Employees: 4
Year Founded: 2009

Agency Specializes In: Advertising, Search Engine Optimization, Social Media, Technical Advertising

Tom Spero *(Co-Founder)*
Terra Spero *(Mng Partner)*

Accounts:
Core Institute
Cut 432
Frankel & Cohen, LLC
JCD Sports Group
Lavish Nail Spa; Wilton Manors, FL
Pompano Beach CRA Digital Branding, Social Strategy
Rosin Eyecare
Zavee

REALTIME MEDIA, INC.
200 Four Falls Corporate Center, West Conshohocken, PA 19428
Tel.: (484) 385-2900
Fax: (610) 337-2300
E-Mail: rtmcontact@rtm.com
Web Site: www.rtm.com

Employees: 30
Year Founded: 1993

Agency Specializes In: Advertising, Business-To-Business, Consumer Marketing, Digital/Interactive, Direct Response Marketing, Internet/Web Design, Publicity/Promotions, Sales Promotion, Sweepstakes

Approx. Annual Billings: $7,500,000

Jodi Kerr *(Sr VP-Strategy & Bus Dev)*
Saf Dogan *(Sr Acct Mgr)*

Accounts:
Allergan
AOL, LLC
AstraZeneca
AT&T Communications Corp.
Casio
Circuit City
ESPN
Garnier
GlaxoSmithKline
Harper Collins
Lipton
MasterCard
Maybelline
National Geographic
NBA
Old Navy
Philadelphia Eagles
Smirnoff
Sony
United States Postal Service

REALWORLD MARKETING
8098 N Via De Nogocio, Scottsdale, AZ 85258
Tel.: (480) 296-0160
Web Site: realworldinc.com

Employees: 40

Agency Specializes In: Automotive, Brand Development & Integration, Broadcast, Digital/Interactive, Media Buying Services, Print, Production (Ad, Film, Broadcast)

Leah Wilson *(Owner)*
Jay Wilson *(Chm & CEO)*
Jenny Lang *(Mng Dir)*
Syringa Ortega *(VP-Client Svcs)*
Matt Page *(Editor-Video & Designer-Motion)*
Ginny Michaelson *(Media Dir & Acct Exec)*
Traci Engels *(Media Dir-Western Reg Div)*
Jeni Goodenow *(Media Dir)*
Emilie Felt *(Media Buyer)*
Jackie Fitzgerald *(Media Buyer)*
Jenna Marin *(Media Buyer)*
Tiffany Kelly *(Sr Media Buyer-Digital)*
Nina Sparrazza *(Asst-Media)*

Accounts:
Honda

REARVIEW
PO Box 440518, Kennesaw, GA 30160
Tel.: (678) 574-7261
Fax: (678) 574-7258
E-Mail: contact@rvadv.com
Web Site: www.rvadv.com

Employees: 10
Year Founded: 1998

Agency Specializes In: Advertising, Affluent Market, Arts, Brand Development & Integration, Broadcast, Business-To-Business, Collateral, Consumer Marketing, Corporate Communications, Cosmetics, Customer Relationship Management, Digital/Interactive, E-Commerce, Email, Environmental, Event Planning & Marketing, Exhibit/Trade Shows, Graphic Design, High Technology, In-Store Advertising, Integrated Marketing, Internet/Web Design, LGBTQ Market, Leisure, Local Marketing, Logo & Package Design, Luxury Products, Magazines, Media Planning, Multimedia, Newspaper, Newspapers & Magazines, Out-of-Home Media, Outdoor, Over-50 Market, Package Design, Paid Searches, Point of Purchase, Print, Production (Ad, Film, Broadcast), Real Estate, Regional, Restaurant, Sales Promotion, Search Engine Optimization, Seniors' Market, Trade & Consumer Magazines, Travel & Tourism, Web (Banner Ads, Pop-ups, etc.), Women's Market, Yellow Pages Advertising

Approx. Annual Billings: $1,750,000

Breakdown of Gross Billings by Media: Graphic Design: 20%; Local Mktg.: 20%; Logo & Package Design: 20%; Print: 20%; Worldwide Web Sites: 20%

Alex Danaila *(Mng Partner)*
Jennifer Papadatos *(Mng Partner)*
Nick Mracek *(Mktg Mgr)*
Elyssa Reed *(Specialist-Digital Mktg)*

Accounts:
Ashton Woods Homes; 2006
HomeAid Atlanta; Atlanta, GA Charity; 2006
Manheim Drive

REASON PARTNERS, INC.
2 Berkeley St Ste 304, Toronto, ON M5A 4J5 Canada
Tel.: (416) 929-9190
Fax: (415) 929-7923
Web Site: reasonpartners.com/

Employees: 10
Year Founded: 1987

Accounts:
Canada Trust
Credit Canada Campaign: "Get Out From Under", Print Ads
George Richards
Krinos Foods
Nettlemax
Second Cup Coffee Co.
The Weather Network

REBEL INDUSTRIES
10573 Pico Blvd #290, Los Angeles, CA 90064
Tel.: (323) 833-8378
Fax: (509) 692-1523
E-Mail: info@rebelindustries.com
Web Site: www.rebelindustries.com

Employees: 7
Year Founded: 1999

Agency Specializes In: Affluent Market, Alternative Advertising, Automotive, Below-the-Line, Brand Development & Integration, Branded Entertainment, Collateral, College, Consulting, Consumer Marketing, Content, Corporate Identity, Custom Publishing, Digital/Interactive, Entertainment, Event Planning & Marketing, Experience Design, Experiential Marketing, Fashion/Apparel, Food Service, Graphic Design,

ADVERTISING AGENCIES
AGENCIES - JANUARY, 2019

Guerilla Marketing, Integrated Marketing, Internet/Web Design, Local Marketing, Luxury Products, Men's Market, Mobile Marketing, Multicultural, New Technologies, Promotions, Publishing, Sponsorship, Teen Market, Urban Market, Viral/Buzz/Word of Mouth

Revenue: $5,000,000

Cassandra Santana *(Mgr-Social Media)*

Accounts:
Absolut
Dr. Pepper
E. & J. Gallo Winery Experiential, Shellback Rum
EA Sports
ESPN The Magazine
FIJI Water
MGM Studios
Piedmont Distillers Experiential, Junior Johnson's Midnight Moon Moonshine
Reebok
Warner Bros

REBRANDERY
100 Hope St, Stamford, CT 06906
Tel.: (203) 633-4444
Fax: (203) 633-4444
E-Mail: hello@rebrandery.com
Web Site: www.rebrandery.com

Employees: 1
Year Founded: 2013

Agency Specializes In: Advertising, Brand Development & Integration, Content, Digital/Interactive, Internet/Web Design, Search Engine Optimization, Strategic Planning/Research, T.V.

Timothy Berger *(Dir-Internet Mktg)*
Benjamin C. Flynn *(Dir-Social Media Mktg)*
E. Seth Panman *(Dir-Video Production)*
Laurence Sheinman *(Dir-Digital Mktg)*

Accounts:
Adam Colberg

REBUILD GROUP
(Formerly Rebuild Nation)
2990 W Grand Blvd Ste 408, Detroit, MI 48202
Tel.: (855) 725-3628
E-Mail: info@rebuild.group
Web Site: www.rebuild.group

Employees: 15
Year Founded: 2012

National Agency Associations: 4A's

Agency Specializes In: Advertising, Content, Event Planning & Marketing, Internet/Web Design, Media Buying Services, Search Engine Optimization

Joshua Gershonowicz *(Founder, Pres & CEO)*
Steve DeAngelis *(Partner & VP-Strategy)*
Joyce Hayek *(Creative Dir)*
Kobie Solomon *(Creative Dir)*
Shawna Cermak Ramsey *(Dir-Client Solutions)*
Stephanie Ekelmann *(Assoc Dir-Client Solutions)*
Daniel Cleary *(Mgr-PPC)*
Steve St. Germain *(Mgr-Social Media)*
Amber Deedler *(Sr Strategist-Digital Media)*
Noah Bakst *(Strategist-Digital & Analyst)*

Accounts:
Downtown Royal Oak

REBUILD NATION
(See Under Rebuild Group)

RECESS CREATIVE LLC
635 W Lakeside Ave Ste 101, Cleveland, OH 44113
Tel.: (216) 400-7187
Fax: (216) 274-9196
Web Site: www.recesscreative.com

Employees: 18

Agency Specializes In: Advertising, Brand Development & Integration, Content, Digital/Interactive, E-Commerce, Internet/Web Design, Media Buying Services, Media Planning, Search Engine Optimization, Social Media

Chris Jungjohann *(Mng Partner & COO)*
Tim Zeller *(Partner & Creative Dir)*
Arnaldo Jimenez *(Art Dir)*
William Karbler *(Dir-Acct & Project)*
Chad Milburn *(Sr Technologist-Creative)*

Accounts:
Cub Cadet

RECRUITSAVVY
330 Franklin Tpke, Mahwah, NJ 07430
Tel.: (201) 529-2270
Fax: (201) 684-1156
E-Mail: inquires@recruitsavvy.com
Web Site: www.recruitsavvy.com

Employees: 16
Year Founded: 1996

Agency Specializes In: Advertising, Collateral, Consulting, Electronic Media, Newspaper, Recruitment

Approx. Annual Billings: $1,000,000

Breakdown of Gross Billings by Media: Internet Adv.: $200,000; Print: $800,000

Michael Wilder *(Pres)*
Devra Gardner *(Client Svcs Dir)*
Kyle Bednarski *(Acct Mgr)*
Cindy Pierce *(Sr Acct Exec)*
Deborah DeVries *(Acct Exec)*
Helene Garland *(Acct Exec)*
Katherine Bizub *(Exec Recruiter)*
Cindy Frankel *(Exec Recruiter)*
Donna Halvorsen *(Exec Recruiter)*
Suzanne Marotti *(Exec Recruiter)*

Accounts:
AXA Advisors
Boston Generating
Comprehensive Behavioral Healthcare
Eisai, Inc.
Geneva
Konica Minolta Business Solutions
State Farm Insurance Group
Teledyne LeCroy
United Rentals, Inc.

RED ANTLER
20 Jay St, Brooklyn, NY 11201
Tel.: (212) 677-5690
E-Mail: info@redantler.com
Web Site: redantler.com

Employees: 65
Year Founded: 2007

Agency Specializes In: Advertising, Brand Development & Integration, Internet/Web Design, Logo & Package Design, Package Design

Simon Endres *(Co-Founder & Chief Creative Officer)*
Emily Heyward *(Partner)*
Jb Osborne *(Partner)*

Jonah Fay-Hurvitz *(Head-Strategy)*
Lindsay Brillson *(Creative Dir)*
Haynes David *(Dir-Client)*
Nathan Moser *(Designer-Digital)*

Accounts:
Betterment
Boxed.com Advertising, Digital, Identity, Out-of-Home, Packaging; 2015
Casper Sleep Branding, Out-of-Home, TV, Website
Clover Health Branding
Hinge
Mighty Branding, Website
New-Movado Movado Face Collection, Social

RED APPLES MEDIA
734 N 3rd St Ste 119, Leesburg, FL 34748
Tel.: (352) 801-7106
Web Site: www.redapplesmedia.com

Employees: 20
Year Founded: 1960

Agency Specializes In: Advertising, Digital/Interactive, Internet/Web Design, Logo & Package Design, Media Relations, Out-of-Home Media, Outdoor, Print, Public Relations, Radio

Marc R. Schwartz *(Pres, Gen Mgr & Exec Producer)*
Kris Poliquin *(Coord-Studio)*

Accounts:
New-Hometown Health TV, LLC
New-KEVCO Builders, Inc
New-Wee Ones Club

RED BROWN KLE
840 N Old World Third St Ste 401, Milwaukee, WI 53203
Tel.: (414) 272-2600
Fax: (414) 272-2690
Toll Free: (888) 725-2041
E-Mail: brown@redbrownkle.com
Web Site: www.redbrownkle.com

Employees: 7
Year Founded: 2000

National Agency Associations: 4A's

Agency Specializes In: Advertising, Business-To-Business, Consumer Marketing, Hospitality, Integrated Marketing, Leisure, Medical Products, Multicultural

Carl Brown *(Owner & Pres)*
Elizabeth Ruby *(Owner & Partner)*
Wade Kohlmann *(VP-Strategy & Client Svc)*
Carrie Drzadinski *(Acct Dir-Healthcare Mktg)*
Kurt Kleman *(Creative Dir)*
Lynn Schoenecker *(Sr Art Dir)*

Accounts:
Harley-Davidson; Milwaukee, WI

RED CIRCLE AGENCY
420 North 5th St, Minneapolis, MN 55401
Tel.: (612) 372-4612
E-Mail: info@redcircleagency.com
Web Site: www.redcircleagency.com

Employees: 50

Agency Specializes In: Strategic Planning/Research

Chad Germann *(Founder, Pres & CEO)*
Angel Suarez *(Exec VP)*
Tara Ezzell *(VP-Casino Svcs & Recon Sys)*
Bonn Banwell *(Creative Dir)*

AGENCIES - JANUARY, 2019 — ADVERTISING AGENCIES

Christy Kendall *(Creative Dir)*
Barbara Allen *(Mgr-Media Investments Strategy)*
Matt Stengel *(Acct Supvr)*
Bret Spottke *(Sr Strategist-Digital)*
Erica Engh *(Acct Exec)*
Jessica Krasin *(Specialist-Digital Mktg)*

Accounts:
Chicken Ranch Casino
Fortune Bay Resort Casino
Grand Casino
Ho-Chunk Casinos
Kentucky Downs
Meskwaki Bingo Casino Hotel
Mille Lacs Band of Ojibwe
Red Lake Indian Tribe
Seven Clans Casino
Shoshone Rose Casino

RED CROW MARKETING INC.
1320 N Stewart, Springfield, MO 65802
Tel.: (417) 889-1658
Web Site: www.redcrowmarketing.com

Employees: 9
Year Founded: 2004

Agency Specializes In: Advertising, Graphic Design, Internet/Web Design, Production (Ad, Film, Broadcast), Strategic Planning/Research

Ron Marshall *(Pres)*
Erin Goodman *(Media Buyer)*

Accounts:
Branson Creek Sports
Chesterfield Eye Works
Christian Health Care
Core
DOE Eat Place
Houlihans
Turner Reid
Tuscany

RED DOOR INTERACTIVE, INC.
350 10th Ave Set 1100, San Diego, CA 92101
Tel.: (619) 398-2670
Fax: (619) 398-2671
E-Mail: dobiz@reddoor.biz
Web Site: www.reddoor.biz

E-Mail for Key Personnel:
President: rcarr@reddoor.biz

Employees: 60
Year Founded: 2002

National Agency Associations: PRSA

Agency Specializes In: Advertising, Business-To-Business, Communications, Consulting, Consumer Marketing, Cosmetics, Customer Relationship Management, Digital/Interactive, Direct Response Marketing, Direct-to-Consumer, E-Commerce, Electronic Media, Email, Information Technology, Internet/Web Design, Media Buying Services, Out-of-Home Media, Social Media, Strategic Planning/Research, Teen Market, Web (Banner Ads, Pop-ups, etc.)

Approx. Annual Billings: $14,000,000

Breakdown of Gross Billings by Media: Consulting: $1,000,000; Digital/Interactive: $2,000,000; E-Commerce: $1,000,000; Internet Adv.: $5,000,000; Plng. & Consultation: $1,000,000; Strategic Planning/Research: $1,000,000; Worldwide Web Sites: $3,000,000

Reid Carr *(Founder & CEO)*
John Faris *(Pres)*
Dennis Gonzales *(COO)*
Erika Werner *(CMO)*

Amy Carr *(Exec VP-HR)*
Andrew Batten *(Mng Dir-Denver)*
Heather Molina *(VP-Paid Media & Earned Media)*
Charles Wiedenhoft *(VP-Strategic Plng)*
Patrick Cinco *(Creative Dir)*
Justin Gabbert *(Dir-Mktg Strategy & Optimization)*
Emily Spears *(Sr Mgr-Paid Media)*
Maggie Francisco *(Coord-Ops)*

Accounts:
Asics Global Social Media, SEO
Astroglide (Agency of Record) Creative, Offline, Online, Paid Media
Caldera Spas Email Marketing, Search Engine Optimization, Search Engine Marketing, Social Commerce
Charlotte Russe; San Diego, CA Charlotte Russe Social Media; 2009
CND Shellac
Cox Communications; San Diego, CA Broadband Cable Services; 2009
NuVasive (Agency of Record) Content Strategy, Strategic Planning, Website
OneRoof Energy (Digital Agency of Record) Online Marketing, Strategic Planning
Overstock; Salt Lake City, UT e-tailer; 2008
Paychex Benefit Technologies; San Diego, CA Benetrac; 2003
Rubio's; San Diego, CA Fast-Casual Restaurant; 2005
Shea Homes; Walnut, CA New Homes; 2010
Souplantation & Sweet Tomatoes Restaurants
Sutter Home Winery
Zodiac Pool Care; Vista, CA Baracuda, Nature2, Polaris, Zodiac

RED DOT DESIGN, LLC
112 5th St W, Des Moines, IA 50265
Tel.: (515) 279-0712
E-Mail: info@reddotad.com
Web Site: www.reddotad.com

Employees: 5

Agency Specializes In: Advertising, Brand Development & Integration, Collateral, Digital/Interactive, Graphic Design, Internet/Web Design, Print, Public Relations, Radio, Social Media, T.V.

Jason Ploog *(Principal)*
Todd Schatzberg *(Principal)*
Pam Gillaspey *(Dir-Strategy)*

Accounts:
CoOpportunity Health
Splashlight

RED FUSE COMMUNICATIONS, INC.
3 Columbus Cir, New York, NY 10019
Tel.: (212) 210-3873
Web Site: www.redfuse.com

Employees: 500

Agency Specializes In: Advertising, Brand Development & Integration, Digital/Interactive, Public Relations, Sponsorship

Stephen Forcione *(CEO)*
Carl Hartman *(CEO)*
Shen Guan Tan *(Chief Creative Officer & Chm-ASIA)*
James Atherton *(Chief Strategy Officer)*
Leslie Sims *(Chief Creative Officer)*
Ranjana Choudhry *(Chief Client Officer)*
John Dietz *(Exec VP & Dir-Brand Strategy)*
Renato de Paula *(Mng Dir-Global Media)*
Betty del Valle *(Mng Dir-Production Solutions)*
Roger DiPasca *(Mng Dir-Shopper)*
Adam Konowitz *(Mng Dir-KC, Prague & Tokyo)*
Sean de Cuirteis *(Head-Digital Media-Global)*
Greg Lotus *(Head-Production)*
Ellen Hyde Pace *(Head-Global Client)*
Sean Burns *(Exec Creative Dir-North America)*
Joao Coutinho *(Exec Creative Dir)*
Gloria De LaGuardia *(Exec Creative Dir-Global)*
Fernanda Almeida Giacomelli *(Grp Acct Dir)*
Jennifer Mitchell *(Grp Acct Dir)*
Gerard Garolera *(Creative Dir)*
Helen Apostolidis *(Dir-HR-Global)*
Cat Patterson *(Dir-Experiential)*
Michael Poerio *(Dir-Digital & Integrated Media-North America)*
Lucia Moreno *(Acct Mgr)*
Allison Pearce *(Mgr-Creatives)*
Paul Schulman *(Mgr-Creatives)*
David Dominguez *(Copywriter)*
Zabrina Papacharalambous *(Planner-Integrated)*
Kevin Wright *(Copywriter)*
Jason Oke *(Reg Mng Dir-EMEA)*

Accounts:
Climate Reality Group
Colgate Palmolive Campaign: "The water you waste, is the water they need", Campaign: "Turning Packaging into Education", Colgate Total
Hill's Pet Nutrition, Inc. Hill's Science Diet
The Speed Stick Handle It

RED HOT JOE
15455 Dallas Pkwy, Addison, TX 75001
Tel.: (214) 403-9412
E-Mail: info@redhotjoe.com
Web Site: http://adcircus.agency/

Employees: 5
Year Founded: 2008

Agency Specializes In: Advertising, Digital/Interactive, Internet/Web Design, Radio, T.V.

RED HOUSE ATLANTA LLC
10 Roswell St Ste 200, Alpharetta, GA 30009
Tel.: (770) 475-2103
E-Mail: assistance@redhouseusa.com
Web Site: www.redhouseb2b.com

Employees: 50
Year Founded: 2001

Agency Specializes In: Advertising, Brand Development & Integration, Business-To-Business, Communications, Content, Email, Event Planning & Marketing, Production, Social Media, Strategic Planning/Research

Joe Youngs *(Sr VP & Head-Consulting Svcs)*
Rob Wade *(Dir-Content Dev Solutions)*
Julie Wright *(Sr Mgr-Client Svcs)*
Dan Hansen *(Sr Partner)*

Accounts:
New-Bayer Corporation
New-Elsevier BV
New-Gilbarco Inc
New-IHS Inc
New-McKesson Corporation
New-Medtronic Inc
New-TransUnion Corp

RED HOUSE MEDIA LLC
1001 Kingwood St Studio 218, Brainerd, MN 56401
Tel.: (218) 454-3210
Web Site: www.redhousemedia.com

Employees: 6
Year Founded: 2004

Agency Specializes In: Advertising, Brand

ADVERTISING AGENCIES

Development & Integration, Internet/Web Design, Out-of-Home Media, Outdoor, Print, Public Relations, Radio, Social Media

Aaron Hautala *(Pres)*
Dain Erickson *(Creative Dir)*
Heidi Lake *(Media Dir)*

Accounts:
Lexington Manufacturing

RED ID AGENCY
1717 McKinney Ave Ste 700, Dallas, TX 75202
Tel.: (877) 954-9907
Web Site: www.redidagency.com

Employees: 10
Year Founded: 2008

Agency Specializes In: Advertising, Collateral, Graphic Design, Internet/Web Design, Logo & Package Design, Media Buying Services, Media Planning, Print, Public Relations, Radio

Teresa Nguyen *(Founder & Pres)*

Accounts:
RoboKind Robotics

RED LION
111 Queen St E Ste 400, Toronto, Ontario M5C 1S2 Canada
Tel.: (416) 603-6500
Web Site: www.redlioncanada.com

Employees: 20

Agency Specializes In: Advertising, Digital/Interactive, Social Media, Strategic Planning/Research

Matthew Litzinger *(Pres & Chief Creative Officer)*
Kaitlin Doherty *(Dir-Client Svc)*
Christopher McCluskey *(Designer)*

Accounts:
Babsocks (Agency of Record) Advertising, Branding, Product Design
Baycrest Health Services Advertising, Marketing, Strategic Development, The Brain Project
Drake General Store Creative
General Motors of Canada Ltd. Cadillac Canada (Canadian Agency of Record), Marketing, Strategy
Havergal College (Advertising Agency of Record) Campaign: "RealGirlThings", Marketing, Social Media
itravel2000.com (Agency of Record) Creative Development, Digital, Out of Home, Print, Radio, Strategic
Paymi (Agency of Record) Brand Positioning
Responsible Gambling Council
Tbooth (Agency of Record) Creative, Strategic Planning
The Toronto Silent Film Festival

RED MARKETING COMMUNICATIONS
3832 Mtn Shadows Rd, Calabasas, CA 91301
Tel.: (818) 599-5448
Web Site: www.redminds.com

Employees: 4
Year Founded: 2004

Agency Specializes In: Advertising

Mira Kaddoura *(Founder & Exec Creative Dir)*
Ed Ball *(Mng Partner)*
Art Nagano *(Mng Partner)*
Linda Jackson *(Sr VP)*

Accounts:
Abbott Medical Optics, Inc.
The CDM Company, Inc.
Jemma Wynne Jewelers
Royal Household Products, Inc
Staar Surgical Company
Triage Entertainment

RED MOON MARKETING
4100 Coca-Cola Plz Ste 215, Charlotte, NC 28211
Tel.: (704) 366-1147
Fax: (704) 366-2283
E-Mail: jim.bailey@redmoonmkt.com
Web Site: www.redmoonmkt.com

E-Mail for Key Personnel:
President: jim.bailey@redmoonmkt.com

Employees: 25
Year Founded: 1988

Agency Specializes In: Advertising, Advertising Specialties, African-American Market, Automotive, Brand Development & Integration, Broadcast, Business-To-Business, Cable T.V., Children's Market, Co-op Advertising, Collateral, Commercial Photography, Communications, Consulting, Consumer Marketing, Corporate Communications, Corporate Identity, Crisis Communications, Digital/Interactive, Direct Response Marketing, E-Commerce, Education, Electronic Media, Entertainment, Event Planning & Marketing, Exhibit/Trade Shows, Food Service, Graphic Design, Guerilla Marketing, Hispanic Market, Hospitality, Identity Marketing, In-Store Advertising, Internet/Web Design, Leisure, Local Marketing, Logo & Package Design, Luxury Products, Media Buying Services, Merchandising, Mobile Marketing, Multimedia, New Product Development, Out-of-Home Media, Outdoor, Planning & Consultation, Point of Purchase, Point of Sale, Print, Production, Promotions, Public Relations, Publicity/Promotions, Radio, Restaurant, Retail, Sales Promotion, Social Marketing/Nonprofit, Sponsorship, Sports Market, Strategic Planning/Research, Sweepstakes, T.V., Teen Market, Telemarketing, Trade & Consumer Magazines, Transportation, Travel & Tourism, Viral/Buzz/Word of Mouth

Approx. Annual Billings: $15,000,000

Breakdown of Gross Billings by Media: Bus. Publs.: $650,000; Event Mktg.: $1,950,000; Graphic Design: $2,600,000; Logo & Package Design: $650,000; Mdsg./POP: $650,000; Sls. Promo.: $1,300,000; Sports Mktg.: $5,900,000; Strategic Planning/Research: $1,300,000

James Bailey *(Pres & CEO)*
Eddie Burklin *(CFO)*
Jim Duncan *(Exec VP-Sls & Mktg)*
Jimmy Harte *(Sr VP)*
Shyloe Luehrs *(Sr VP)*
Tyler Sigmon *(Sr VP)*
Mike Adams *(VP)*
Amanda Maness *(Acct Dir)*
Krista Nuzum *(Acct Dir)*
Patrick Rineman *(Acct Dir)*
Glenn Wilga *(Acct Dir)*
Caitie Bailey *(Mgr-Graphic & Social Media)*
Chase Gregory *(Acct Supvr)*
Addison Haines *(Acct Supvr)*
Ethan Turner *(Acct Supvr)*
Will Brooks *(Acct Exec)*
Kelley Flynn *(Acct Exec)*
Katie Nix *(Acct Exec)*
Ridge Read *(Acct Exec)*
Michael Skipper *(Acct Exec)*

Accounts:
Better Bakery, LLC; Valencia, CA Gourmet Pretzels, Marketing Communication, Public Relations, Retail Packaging, Sales, Trade Promotions
Brown Forman; Louisville, KY Spirits; 2004
Charlotte Bobcats; Charlotte, NC NBA Team; 2003
Cinnabon; Atlanta, GA Cinnamon Pretzels; 2004
Circle K; Charlotte, NC Retail; 2005
Coca-Cola Experimental; 2002
Consolidated Theatres; Charlotte, NC Movies; 2005
Harris-Teeter Stores; Charlotte, NC Hunter Dairy, Rancher Meat, VIC Card; 2002
Jack Daniels Experiential; 2004
Mello Yello NHRA Sponsorship; 2011
Merita Promotional; 2003
MolliCoolz; Sacramento, CA Ice Cream; 2006
Powerade FIFA; 2004
YMCA of Greater Charlotte; Charlotte, NC Health & Wellness; 2002

THE RED PEAK GROUP
560 Broadway Ste 506, New York, NY 10012
Tel.: (212) 792-8930
Fax: (212) 792-8931
Web Site: www.redpeakgroup.com

Employees: 42
Year Founded: 1983

Agency Specializes In: Advertising, Event Planning & Marketing, Hospitality, Internet/Web Design, Promotions, Recruitment, Sponsorship, Strategic Planning/Research, Travel & Tourism

Susan Cantor *(CEO)*
John Breen *(Exec Dir-Health Strategy & Analytics)*
Michelle Caganap *(Grp Acct Dir)*
Steve Lipman *(Dir-Production)*

Accounts:
Acer Marketing
The City of Santa Clara, California Brand Identity, Brand Positioning, Marketing
HUB Campaign: "LifeCycle"
Intel Campaign: "Intel Clear", Microprocessor Design & Mfr
MetLife Brand Identity, Brighthouse Financial, Logo Nuts.com

RED PEG MARKETING
727 N Washington St, Alexandria, VA 22314
Tel.: (703) 519-9000
Fax: (703) 519-9290
E-Mail: info@redpegmarketing.com
Web Site: www.redpegmarketing.com

Employees: 40

Agency Specializes In: Experiential Marketing, Sponsorship

Approx. Annual Billings: $20,000,000

Brad Nierenberg *(CEO)*
Martin Codd *(VP-Ops & Production)*
Marc McEwen *(VP-Client Svcs)*
Matt Sincaglia *(Sr Dir-Strategy)*
Ali McEwen *(Client Svcs Dir-Mktg, Adv, Travel & Tourism)*
Matt Suttmiller *(Client Svcs Dir)*
Alexis Buchanan *(Mgr-Talent-Natl)*
Michael McCanna *(Sr Art Dir)*

Accounts:
Chevrolet
Geico
National Guard
Texas On Tour

RED PEPPER, INC.
305 Jefferson St, Nashville, TN 37208
Tel.: (615) 320-9335
Fax: (615) 320-3890

AGENCIES - JANUARY, 2019 ADVERTISING AGENCIES

Toll Free: (800) 490-9335
Web Site: redpepper.land/

Employees: 20

Agency Specializes In: Advertising

Tim McMullen *(Founder & Head-Innovation Practice)*
Lauren Dickson Reese *(Acct Dir)*
Catherine Garnett *(Dir-Comm & Res)*
Levi Brandenburg *(Acct Supvr)*
Erin Sephel *(Copywriter & Strategist-Content)*
Allie Shanahan *(Acct Exec)*

Accounts:
Averitt
John Deere Boots
Kirkland's Inc Pinning Parlor
Magnolia
Music City Moves
Slack Campaign: "Euphoria", Digital, Outdoor
Trevecca Nazarene University

Branch

Red Pepper, Inc
3423 Piedmont Rd NE, Atlanta, GA 30305
Tel.: (678) 749-7483
Toll Free: (800) 490-9335
E-Mail: joni@redpepperland.com
Web Site: redpepper.land/

Employees: 5

David McMullen *(Principal)*

Accounts:
Brand Vaughn Lumber
Gwinnet Convention & Visitors Bureau

RED RACER ADVERTISING
5646 Milton St Ste 800, Dallas, TX 75206
Tel.: (214) 494-8400
Fax: (214) 494-8410
E-Mail: info@redraceradv.com
Web Site: www.redraceradv.com

Employees: 4
Year Founded: 2009

Agency Specializes In: Advertising, Brand Development & Integration, Broadcast, Content, Digital/Interactive, Media Planning, Print, Promotions, Social Media, Strategic Planning/Research

Amy Crowell *(Mng Partner)*
Scott Crowell *(Partner & Creative Dir)*

Accounts:
Specialty Blends

RED ROCK STRATEGIES
9500 W Flamingo Rd Ste 203, Las Vegas, NV 89147
Tel.: (702) 240-2001
E-Mail: info@redrockstrategies.com
Web Site: www.redrockstrategies.com

Employees: 10

Agency Specializes In: Advertising, Consulting, Corporate Identity, Digital/Interactive, Government/Political, Internet/Web Design, Strategic Planning/Research

Ryan Erwin *(Founder & Pres)*
Dana Walch *(CEO)*
Joseph J. Heck *(Pres-Govt Rels)*

Scott Scheid *(VP)*

Accounts:
New-PETA

RED ROCKET MEDIA GROUP
9351 Eastman Park Dr, Windsor, CO 80550
Tel.: (970) 674-0079
Fax: (970) 237-3412
Toll Free: (888) 674-0079
E-Mail: jennifer@redrocketmg.com
Web Site: www.redrocketmg.com

Employees: 10
Year Founded: 2001

Agency Specializes In: Advertising, Advertising Specialties, Brand Development & Integration, Business Publications, Business-To-Business, Catalogs, Collateral, Commercial Photography, Communications, Consulting, Consumer Goods, Consumer Marketing, Consumer Publications, Content, Corporate Communications, Corporate Identity, Digital/Interactive, Direct-to-Consumer, E-Commerce, Electronic Media, Email, Exhibit/Trade Shows, Experience Design, Experiential Marketing, Graphic Design, Identity Marketing, Internet/Web Design, Local Marketing, Logo & Package Design, Market Research, Media Buying Services, Media Planning, Media Relations, Multimedia, Newspapers & Magazines, Package Design, Paid Searches, Planning & Consultation, Point of Sale, Print, Production, Production (Print), Public Relations, RSS (Really Simple Syndication), Radio, Search Engine Optimization, Strategic Planning/Research, Trade & Consumer Magazines, Transportation, Viral/Buzz/Word of Mouth, Web (Banner Ads, Pop-ups, etc.), Yellow Pages Advertising

Approx. Annual Billings: $300,000

Breakdown of Gross Billings by Media: Collateral: 30%; Consulting: 10%; Exhibits/Trade Shows: 10%; Logo & Package Design: 15%; Worldwide Web Sites: 35%

Chadd Bryant *(CEO)*
Eric Spikes *(Partner)*
Kengi Her *(Sr Designer)*

RED ROCKET STUDIOS
1405 West Colonial Dr, Orlando, FL 32804
Tel.: (407) 895-9358
Fax: (407) 895-9468
Web Site: www.redrocketstudios.com

Employees: 20

Agency Specializes In: Advertising, Brand Development & Integration, Collateral, Internet/Web Design, Media Planning, Print, Promotions, Public Relations

David Reagan *(Co-Founder)*
Tim Lauterbach *(Partner & Exec Producer)*
Jeff Campese *(Partner & Creative Dir)*
John Hubbard *(Sr Partner & Dir-Launch)*

Accounts:
Movember Foundation
Nautique Boats
Orlando, Inc.

RED ROOK ROYAL
4149 W Bradstreet Ln, Fayetteville, AR 72704
Tel.: (479) 301-1972
Web Site: www.redrookroyal.com

Year Founded: 2008

Agency Specializes In: Advertising, Brand Development & Integration, Graphic Design, Internet/Web Design, Print, Public Relations

Will Dockery *(Founder & Dir-Creative)*

Accounts:
Decatur Medi Clinic
Deeper Youth Conference
Farmington Church of Christ
Howlers

RED SIX MEDIA
319 3rd St, Baton Rouge, LA 70801
Tel.: (225) 615-8836
E-Mail: info@redsixmedia.net
Web Site: www.redsixmedia.com

Employees: 5

Agency Specializes In: Advertising, Brand Development & Integration, Graphic Design, Internet/Web Design, Logo & Package Design

Matt Dardenne *(Owner & Creative Dir)*
Kristen Morrison *(Owner & Acct Mgr)*
Joe Martin *(Creative Dir)*
Hannah Cousins *(Strategist-Media)*
Ian Hanlon *(Acct Exec)*

Accounts:
Cancer Services of Greater Baton Rouge

RED SPOT INTERACTIVE
1001 Jupiter Park Dr. #124, Jupiter, FL 33458
Tel.: (800) 401-7931
Web Site: www.redspotinteractive.com

Employees: 50
Year Founded: 2010

Agency Specializes In: Collateral, Digital/Interactive, Email, Local Marketing, Print, Search Engine Optimization, Web (Banner Ads, Pop-ups, etc.)

Approx. Annual Billings: $5,000,000

Jimmy Rhoades *(CTO)*
Ryan Lehrl *(Sls Dir)*

RED SQUARE GAMING
54 Saint Emanuel St, Mobile, AL 36602
Tel.: (251) 476-1283
E-Mail: hello@redsquaregaming.com
Web Site: https://www.redsquareagency.com/

Year Founded: 2013

Agency Specializes In: Advertising, Brand Development & Integration, Content, Digital/Interactive, Email, Internet/Web Design, Media Buying Services, Media Planning, Sponsorship, Strategic Planning/Research

Rich Sullivan *(CEO)*
Andy Layton *(Head-Copy & Assoc Creative Dir)*
Katherine Gelineau *(Sr Media Planner & Buyer)*

Accounts:
Foxwoods Resort Casino (Creative Agency of Record) Advertising, Digital Marketing, Direct Marketing, Media, Onsite Creative, Outdoor; 2018
Hard Rock Hotel & Casino Las Vegas

RED TETTEMER O'CONNELL & PARTNERS
1 S Broad St 24th Fl, Philadelphia, PA 19107
Tel.: (267) 402-1410

ADVERTISING AGENCIES

Fax: (267) 402-1458
E-Mail: ranchforeman@redtettemer.com
Web Site: rtop.com

Employees: 96

Agency Specializes In: Entertainment, Logo & Package Design, Retail, Sponsorship, Travel & Tourism

Steve Red *(Founder, Pres & Chief Creative Officer)*
Carla Mote *(Mng Partner & Acct Exec)*
Todd Taylor *(VP, Art Dir & Creative Dir)*
Jacqui Abel *(Grp Acct Dir)*
Frances Beuche *(Creative Dir)*
Mariesa Greenholt *(Art Dir)*
Michelle Maben *(Art Dir)*
Chris Plehal *(Creative Dir)*
Vann Madison *(Dir-Strategy)*
Alex Cabrera *(Sr Acct Mgr)*
Bergan Foley *(Sr Acct Mgr)*
Alexis Papazian *(Sr Acct Mgr)*
Jane Han *(Acct Mgr)*
Andrew Collins *(Acct Exec)*
Lauren Meehan *(Specialist-Media)*
Rachel Timmerman *(Strategist-Creative Media)*
Meghan Burns *(Copywriter)*
Justin Ebert *(Copywriter)*
David Valento *(Copywriter)*
Dave Wiest *(Sr Designer)*
Justin Rentzel *(Sr Art Dir)*

Accounts:
Airheads Campaign: "The World Needs More Airheads"
Big Ten Network Campaign: "Big Ten Mini-Mascots"
New-Bring Change to Mind
California Association of REALTORS (Agency of Record) Campaign: "Biker", Campaign: "Champions of Home & Ripple", Campaign: "Cool Shirt", Campaign: "Long Story", Digital & Social, Media Planning & Buying
Century 21 Real Estate LLC Campaign: "Smarter. Bolder. Faster.", Campaign: "Wedding", Digital, OOH, Print, TV
Chronic Tacos (Creative Agency of Record) Brand Strategy, Social Media
Citadel "truth tube"
Dial Corporation "Gorgeous Man", Camp Dirt, Dial For Men, Digital, Renuzit, Right Guard, TV, In Store & Event Marketing
Dietz & Watson Inc. (Agency of Record) Advertising, Broadcast, Digital, Media Buying & Planning, OOH, Out-of-Home, Print, Radio, Social Media, TV Spots; 2018
Dockers (Social Agency of Record) Campaign: "Dad Jam", Campaign: "Stop Dad Pants", Digital, Social Media
Eden Creamery LLC Creative, Halo Top
Fox Networks Group Social & Digital
Front Burner Brands (Agency of Record) GrillSmith, Melting Pot
GOOD Magazine
Henkel Consumer Goods Dial for Men, Right Guard
The Honest Kitchen
Kellogg Company Morningstar Farms
Keurig Green Mountain, Inc.
Mitchell & Ness Nostalgia Co. "Gentlemen of Streetwear", Hi Crown Fitted Cap, Hi Crown Fitted Line
Nature's Bakery
NBC Universal Social
Peach Street Distillers Campaign: "Tub Six-Shooter"
Renuzit Air Fresheners Campaign: "Gorgeous Man"
Rival Bros Branding, OOH, Packaging
SEPTA Transit Authority
Speck
Sprout Channel Social
Swarovski North America Limited Inc. Advertising, Social/Digital
T. Rowe Price Group Inc.
TuB Gin Consumer Activations, Digital, Experiential, OOH, Social, Video
Under Armour Campaign: "What's Beautiful", Finding Undeniable, Social Media, Ultimate Intern, Under Armour Women
Visit Philadelphia Campaign: "Philazillas", Digital, OOH, Print, Video
William Grant & Sons, Inc. "A Celebration of Summer Solstice", Ancho Reyes Liquer (Agency of Record), Balvenie, Global Creative, Rekya Vodka, Social, Videos

RED THE AGENCY
10235 111th St Ste 6, Edmonton, AB T5K 2V5 Canada
Tel.: (780) 426-3627
Fax: (780) 426-3620
E-Mail: ddarwent@redtheagency.com
Web Site: www.redtheagency.com

Employees: 19
Year Founded: 2001

Lori Billey *(Founder, CEO & Partner)*
Randy Cronin *(Partner & Dir-Strategy)*

Accounts:
Airco Charters
Alberta Symphony Orchestra
Edmonton Airports
Edmonton Oil Kings Hockey Team; 2007
Goodwill Industries
Government of Alberta
Greenboro Homes
Hinton Wood Products
The Mongolie Grill
Natural Health Practitioners
Northlands
OK Tire
Red Deer River Watershed Alliance
RED: RED Bi-Annual Report
Servus Place
Telkomsel
Thor Insurance & Registries
University of Calgary - EVDS

RED URBAN
1100 33 Bloor Street East, Toronto, ON M4W3H1 Canada
Tel.: (416) 324-6330
E-Mail: hello@redurban.ca
Web Site: www.redurban.ca

Employees: 50

Agency Specializes In: Advertising, Digital/Interactive, Graphic Design, Market Research, Planning & Consultation

Steve Carli *(Pres)*
Christina Yu *(Exec VP & Creative Dir)*
Trevor Byrne *(Grp Acct Dir)*
Mary Armstrong *(Acct Supvr)*

Accounts:
Heineken USA Inc. Tecate
Hudson's Bay Company (HBC) Campaign: "Country of Adventurers"
Subaru
Volkswagen Canada Campaign: "Butcher", Campaign: "Drive Until", Campaign: "Golf GTD", Campaign: "Somebody That I Used to Know", Car Dealers, Jetta, Passat, Volkswagen Golf

RED212
5509 Fair Lane, Cincinnati, OH 45227
Tel.: (513) 772-1020
Fax: (513) 772-6849
E-Mail: annechambers@red212.com
Web Site: www.red212.com/

Employees: 18
Year Founded: 2001

Agency Specializes In: Advertising

Kristin Schwandner *(Creative Dir)*

Accounts:
Chiquita Fresh Express
Olay
Prilosec OTC
Procter & Gamble Febreze, Olay Skincare Products, Swiffer
Scotts Ortho

RED7 AGENCY
219 Safety Ave, Andrews, SC 29510
Tel.: (844) 733-7337
E-Mail: hello@red7agency.com
Web Site: red7.agency/

Employees: 16
Year Founded: 2015

Agency Specializes In: Broadcast, Business Publications, Cable T.V., Catalogs, Co-op Advertising, Collateral, Custom Publishing, Digital/Interactive, Direct Response Marketing, Electronic Media, Email, Exhibit/Trade Shows, Experience Design, Game Integration, Guerilla Marketing, In-Store Advertising, Infomercials, Local Marketing, Magazines, Mobile Marketing, Multimedia, Newspaper, Newspapers & Magazines, Out-of-Home Media, Outdoor, Paid Searches, Podcasting, Point of Purchase, Point of Sale, Print, Product Placement, Production, Production (Print), Promotions, Publishing, RSS (Really Simple Syndication), Radio, Search Engine Optimization, Shopper Marketing, Social Media, Sponsorship, Sweepstakes, Syndication, T.V., Trade & Consumer Magazines, Viral/Buzz/Word of Mouth, Web (Banner Ads, Pop-ups, etc.), Yellow Pages Advertising

Red7 is a strategic, analytics driven, creative agency that builds global brands and rich customer experiences using a method called measurable marketing. The agency partners with both Business-to-Consumer and Business-to-Busiess clients to create smarter marketing solutions that drive measurable success in all digital and traditional channels.

Jason Wilder *(Pres & Exec Creative Dir)*
Rob Honeycutt *(CEO)*
JoDee Anderson *(Pres-Red7 Live)*
Jason Corn *(Sr Dir-Art)*
Tracy Mikulec *(Dir-Digital Mktg)*

Accounts:
Agit Global
The DarkRoom
Honeywell Fire Protection, Industrial Safety; 2008
Intova Waterproof Cameras; 2010
Ntt Data IT Systems; 2010
SixAxis ErectaStep, RollaStep, SafeRack, YellowGate; 2012

RED7E
637 W Main St, Louisville, KY 40202-2987
Tel.: (502) 585-3403
Fax: (502) 582-2043
Toll Free: (800) 656-7272
Web Site: www.red7e.com

E-Mail for Key Personnel:
President: danb@red7e.com
Production Mgr.: laurab@red7e.com

Employees: 20

AGENCIES - JANUARY, 2019 — ADVERTISING AGENCIES

Year Founded: 1974

Agency Specializes In: Brand Development & Integration, Consumer Marketing, Education, Entertainment, Faith Based, Financial, Health Care Services, Strategic Planning/Research

Dan Barbercheck *(Pres & Exec Creative Dir)*
Jim Hoyland *(COO & VP)*
David Higdon *(Creative Dir)*
Brittany Neu *(Media Dir)*
Meredith Snook Wilkins *(Acct Dir)*
James Williamson *(Creative Dir)*

Accounts:
Baptist Hospital Northeast; Lagrange, KY Health Care; 2000
Hillerich & Bradsby Co.; Louisville, KY Sports Equipment; 2001
Hilliard Lyons Brokerage; Louisville, KY Investment Managers; 1994
Jefferson County Public Schools; Louisville, KY; 1999
Kentucky Farm Bureau; Louisville, KY Property & Casualty Insurance; 2003
Western Baptist Hospital; Paducah, KY; 2001

REDBEAN SOCIETY
44 W 28th St 8th Fl, New York, NY 10001
Tel.: (646) 794-4130
Fax: (646) 219-2248
E-Mail: jbird@redbeansociety.com
Web Site: www.redbeansociety.com

Employees: 5

Agency Specializes In: Brand Development & Integration, Hispanic Market, Media Planning

Accounts:
American Express
Chocolate Cortez Chocolate Mfr
MTV
Sony
Tavern Direct Food Products Producer
Wrigleys

REDBEARD
378 5th St, Hollister, CA 95023
Tel.: (831) 634-4633
Fax: (831) 634-4626
E-Mail: info@redbeard.com
Web Site: www.redbeard.com

Employees: 12
Year Founded: 1990

Agency Specializes In: Advertising

Accounts:
The Aimbridge Group
Justice Federal Credit Union

REDBIRD COMMUNICATIONS
201-4489 Viewmont Ave, Victoria, BC V8Z 5K8 Canada
Tel.: (250) 479-3806
Fax: (250) 479-3896
E-Mail: info@redbirdonline.com
Web Site: www.redbirdonline.com

Employees: 8
Year Founded: 2001

Agency Specializes In: Advertising

Carol Vincent *(Pres)*
Carolyn Walker *(Mgr-Acct, Project & Production)*

Accounts:
Merridale Cider

REDDING COMMUNICATIONS LLC
1325 N Main St, High Point, NC 27262
Tel.: (336) 887-3090
Web Site: www.reddingcom.com

Employees: 3
Year Founded: 2003

Agency Specializes In: Advertising, Brand Development & Integration, Collateral, Graphic Design, Internet/Web Design, Logo & Package Design, Out-of-Home Media, Outdoor, Print, Radio, Strategic Planning/Research

Don Redding *(Owner)*
Geary Potter *(VP-New Bus Dev)*
Heather Redding *(VP-Fin)*

Accounts:
Alight Foundation
Columbia Forest Products
Cone Health Network
Cornerstone HR Group
Costco

REDENGINE DIGITAL
(Merged with Beaconfire to form Beaconfire RED)

REDFONT MARKETING GROUP
8410 Pit Stop Ct Ste 142, Concord, NC 28027
Tel.: (704) 707-0577
E-Mail: info@redfontmarketing.com
Web Site: www.redfontmarketing.com

Employees: 5

Agency Specializes In: Advertising, Event Planning & Marketing, Faith Based, Internet/Web Design, Print, Public Relations, Social Media

Jim Quick *(Pres & Creative Dir)*
Melody Quick *(Mgmt Asst)*

Accounts:
ABBA
St Joseph Pregnancy Resource Clinic

REDHEAD MARKETING & PR
PO Box 3522, Park City, UT 84060
Tel.: (435) 901-2071
Web Site: www.redheadmarketingpr.com

Employees: 10
Year Founded: 2010

Agency Specializes In: Advertising, Brand Development & Integration, Collateral, Content, Email, Event Planning & Marketing, Internet/Web Design, Media Training, Public Relations

Hilary Reiter *(Owner)*
Tracie Heffernan *(Acct Dir-New York Office)*

Accounts:
Destination PC
Flower Studio on Main
Glenn Wright for House District 54
InteliCon
Sage Mountain Animal Rescue
Summit County Attorney David Brickey
Summit County Treasurer Corrie Forsling
Terahertz Device Corporation
Wasatch & Wool

REDHYPE
248 N Laurens St, Greenville, SC 29601
Tel.: (864) 232-2000
Web Site: www.redhype.com

Employees: 16
Year Founded: 2009

Agency Specializes In: Advertising, Brand Development & Integration, Collateral, Digital/Interactive, Email, Graphic Design, Internet/Web Design, Logo & Package Design, Print, Social Media

Marie Blough *(Pres)*
Michael Smith *(Art Dir)*
Jeremy Washington *(Dir-Social Media & Graphic Designer)*
Lindsey Hayes *(Dir-Multimedia)*
Mika Hearn *(Coord-Graphic)*

Accounts:
Bringfido.com
Carolina Ballet Theatre
Highland Homes Inc.
Institute for Integrated Healthcare
Maxim Medical
Miracle Hill Ministries
SureTek Medical

REDINGTON INC.
49 Richmondville Ave Ste 108, Westport, CT 06880
Tel.: (203) 222-7399
Fax: (203) 222-1819
E-Mail: info@redingtoninc.com
Web Site: www.redingtoninc.com

Employees: 7

Agency Specializes In: Investor Relations

Thomas Redington *(Pres)*
Deirdre Abbotts *(Mgr-Ops)*

Accounts:
Adeona
Alexza
Carrington Laboratories
ContraFect Corporation
Crucell N.V. Protein Manufacturing
Digital Angel
Dynavax
Elan
Galapagos
Lpath
Pipex Pharma
TG Therapeutics, Inc.
Tonix Pharmaceuticals Holding Corp.
XTL Bio
Ziopharm Oncology

REDMOND DESIGN
1460 Madison Ave, Memphis, TN 38104
Tel.: (901) 728-5464
Web Site: www.redmonddesign.com

Employees: 10

Agency Specializes In: Advertising, E-Commerce, Email, Logo & Package Design, Out-of-Home Media, Outdoor, Print, Promotions, Radio, T.V., Web (Banner Ads, Pop-ups, etc.)

Phalange Calvin *(VP-Jackson Ops)*
David Veal *(Acct Exec)*

Accounts:
Byas Funeral Home, Inc.
M. J. Edwards Funeral Home
Memphis City Schools

REDROC AUSTIN
11044 Research Blvd A-525, Austin, TX 78759
Tel.: (512) 506-8808

ADVERTISING AGENCIES
AGENCIES - JANUARY, 2019

Fax: (512) 506-9229
E-Mail: getreal@redrocaustin.com
Web Site: redrocadvertising.com

Employees: 10
Year Founded: 1997

Agency Specializes In: Advertising, Event Planning & Marketing, Graphic Design, Internet/Web Design

Ernest Corder *(Pres & Chief Creative Officer)*
David W. Ciccocioppo *(Creative Dir)*
Shelly Wright *(Media Dir)*
Elizabeth McDermott *(Sr Acct Mgr)*
Kim Corder *(Mgr-Acctg)*
Molly Crum *(Acct Supvr)*

Accounts:
Armadillo Christmas Bazaar
Texas School of Bartenders

REDROCKET CONNECT LLC
6632 Blue Church Rd, Sunbury, OH 43074
Tel.: (317) 294-9869
Web Site: www.redrocketconnect.com

Employees: 10

Agency Specializes In: Advertising, Brand Development & Integration, Internet/Web Design, Media Buying Services, Print, Promotions, Public Relations, Search Engine Optimization

Greg Henderson *(Pres)*

Accounts:
VineBrook Homes
The WaterWorks

REDSCOUT LLC
30 Cooper Sq Fl 10, New York, NY 10003
Tel.: (646) 336-6028
Fax: (646) 336-6122
E-Mail: will@redscout.com
Web Site: www.redscout.com

Employees: 50

Agency Specializes In: Brand Development & Integration, Social Media

Jonah Disend *(Founder & Chm)*
Colin Chow *(CEO)*
Ivan Kayser *(Chief Strategy Officer)*
Marina Ammirato *(Deputy Head-Client Svcs-Global)*
Natalie Smith *(Gen Mgr)*

Accounts:
ABC Family
Activision Publishing
American Express
Best Buy Co., Inc.
Diageo
Domino's
Frito-Lay, Inc. Lay's
Gawker Media LLC
General Mills Cheerios, Creative, Nature Valley, Yoplait
Google
Hyatt
Kate Spade
Kenneth Cole Productions, Inc. Campaign: "The Courageous Class"
LinkedIn
PepsiCo Inc. Pepsi
Petco Campaign: "The Power of Together"
Quaker
Sony Music

Branch

Redscout LLC
99 Osgood Pl 2nd Fl, San Francisco, CA 94133
Tel.: (415) 644-5278
Web Site: www.redscout.com

Employees: 10

REDSTONE COMMUNICATIONS INC.
10031 Maple St, Omaha, NE 68134
Tel.: (402) 393-5435
Fax: (402) 393-2139
E-Mail: info@redstonespark.com
Web Site: www.redstoneweb.com

E-Mail for Key Personnel:
President: pwebb@redstonespark.com

Employees: 25
Year Founded: 1983

National Agency Associations: AAF-AMA-DMA-PRSA

Agency Specializes In: Advertising, Agriculture, Automotive, Brand Development & Integration, Broadcast, Business Publications, Business-To-Business, Cable T.V., Co-op Advertising, Collateral, Communications, Consumer Marketing, Corporate Identity, Direct Response Marketing, Electronic Media, Entertainment, Financial, Food Service, Government/Political, Graphic Design, Health Care Services, High Technology, Information Technology, Internet/Web Design, Logo & Package Design, Media Buying Services, Multimedia, Newspapers & Magazines, Out-of-Home Media, Outdoor, Production, Public Relations, Radio, Restaurant, Retail, Seniors' Market, T.V., Trade & Consumer Magazines

Stacy Vance *(Owner & CFO)*
Claudia Martin *(Chm & Partner)*
Jim Svoboda *(Pres, CEO & Partner)*
Steven Armbruster *(Partner & Creative Dir)*
Gail Seaton *(Partner & Dir-Acct Svc)*
Amanda Peterson *(Media Dir)*
Morgan Westenburg Mendez *(Acct Coord & Specialist-Digital)*
Rod Szwanek *(Assoc Creative Dir-Electronic Media)*

Accounts:
College of Saint Mary
Cox Communications; Omaha, NE Cable Television Services
Metropolitan Utilities District

REED & ASSOCIATES MARKETING
253 W Bute St, Norfolk, VA 23510
Tel.: (757) 962-7375
Fax: (757) 962-3364
E-Mail: info@reedandassociatesmarketing.com
Web Site: www.reedandassociatesmarketing.com

Employees: 50
Year Founded: 2007

Agency Specializes In: Advertising, Media Buying Services, Media Planning, Out-of-Home Media, Outdoor, Production, Public Relations, Radio, T.V.

Ashley N. Knepper *(Owner & Pres)*
Dave Reed *(Owner)*
Mike Reed *(Partner)*
Jessica Dahl Miller *(Acct Exec)*
Anna Butler *(Media Buyer)*
Allison Haberkorn *(Coord-Mktg)*

Accounts:
Window World, Inc

REED SENDECKE KREBSBACH
(d/b/a RS+K)
701 Deming Way, Madison, WI 53717-1937
Tel.: (608) 827-0701
Fax: (608) 827-0702
E-Mail: info@rsandk.com
Web Site: www.rsandk.com

Employees: 17

Agency Specializes In: Advertising

Kay Krebsbach *(Pres & Principal)*
Laurie Wilkinson *(CFO)*
Nan Disalvo *(Exec VP)*
Jim Thackray *(VP)*
Patricia Kessler *(Media Planner & Media Buyer)*
Kay Sakiya *(Graphic Designer & Designer-Motion)*
Gregory Parker *(Designer)*

Accounts:
Blain Supply
Gilson Inc
MGE
Thermo Fisher Scientific
Thermo Scientific Instruments

THE REFINERY
14455 Ventura Blvd, Sherman Oaks, CA 91423
Tel.: (818) 843-0004
E-Mail: outreach@therefinerycreative.com
Web Site: www.therefinerycreative.com

Employees: 90

Agency Specializes In: Advertising, Brand Development & Integration, Digital/Interactive, Print

Adam Waldman *(Owner)*
Brett Winn *(Partner & Creative Dir-The Refinery AV)*
Nancy Julson *(Acct Exec-The Refinery Creative)*
Rowena Rosenberg *(Acct Exec)*

Accounts:
20th Century Fox
ABC
CBS
Fox Broadcasting
Screen Gems
Sony Pictures Entertainment
Universal
Walt Disney Studios
Warner Bros
The Weinstein Company

REFLECTIVE DIGITAL SOLUTIONS
2755 DARRELL NEWTON DR, Graham, NC 27253
Tel.: (919) 913-5806
E-Mail: eboyer@reflectivedigital.com
Web Site: www.reflectivedigital.com

Employees: 1
Year Founded: 2007

Agency Specializes In: Advertising, Alternative Advertising, Business Publications, Cable T.V., Collateral, Graphic Design, Internet/Web Design, Logo & Package Design, Print, Real Estate, Web (Banner Ads, Pop-ups, etc.)

Eric Boyer *(Coord-Mktg & Graphic Designer)*

RE:FUEL
1350 Broadway Ste 830, New York, NY 10018
Tel.: (609) 655-8878
Toll Free: (866) 360-9688
E-Mail: info@refuelnow.com
Web Site: www.refuelagency.com

AGENCIES - JANUARY, 2019 — ADVERTISING AGENCIES

Employees: 203
Year Founded: 2000

Agency Specializes In: Broadcast, Direct Response Marketing, Internet/Web Design, Newspaper, Newspapers & Magazines, Out-of-Home Media, Promotions

Approx. Annual Billings: $105,000,000

Timothy Gerstmyer *(Chief Dev Officer & Chief Digital Officer)*
David Silver *(Chief Revenue Officer)*
Greg Anthony *(Sr VP-Sls)*
Liz Carmo *(VP-Military Market)*
Alison Holmes *(VP-Mktg & Comm)*
Mallory Hatcher *(Sr Acct Dir)*
Anna Partin *(Sr Acct Dir)*
Roxanne Moore *(Acct Mgmt Dir)*
Philip Carroll *(Dir-Creative Svcs)*
Alyssa Meschewski *(Acct Mgr)*
Madison Price *(Acct Mgr)*
Taissa Bokalo *(Mgr-Tracking)*
Jan Dorrance *(Sr Acct Exec)*
Justin Horn *(Specialist-Media)*
Karen Koonce *(Acct Exec)*
Juan Ortiz *(Acct Coord)*
Rosalyn Williams *(Coord-Accts Payable)*

Accounts:
Amazon
Kimberly-Clark
Pinacle Foods
Procter & Gamble
Spin Master

Branches

re:fuel
68 Culver Rd Ste 110, Monmouth Jct, NJ 08852
Tel.: (609) 655-8878
Toll Free: (800) 849-0998
Web Site: refuelagency.com

Employees: 51

Agency Specializes In: Experiential Marketing, Out-of-Home Media, Outdoor, Promotions, Social Media, Sponsorship

Derek S. White *(CEO)*
Chris Cassino *(COO)*
Liz Carmo *(VP-Military Market)*
John Weipz *(VP-Media & Promos)*
Mallory Hatcher *(Sr Acct Dir)*
Philip Carroll *(Dir-Creative Svcs)*
Kerry Locklear *(Dir-Sampling)*
Jill Reichard *(Dir-Ops)*
Gregory Schober *(Mgr-Military Programs)*
Megan Lee *(Supvr-Ops)*
Edward Preissler *(Specialist-Media)*
Marisa Montani *(Coord-Social Media)*

Accounts:
Amazon.com
Bad Panda Entertainment

THE REGAN GROUP
360 W 132nd St, Los Angeles, CA 90061
Tel.: (310) 935-0327
Fax: (310) 327-7336
E-Mail: info@theregangroup.com
Web Site: www.theregangroup.com

Employees: 20

Agency Specializes In: Advertising, Event Planning & Marketing, Exhibit/Trade Shows, Experiential Marketing, In-Store Advertising, Internet/Web Design, Production (Ad, Film, Broadcast), Retail, Shopper Marketing, Social Media, Sweepstakes, Web (Banner Ads, Pop-ups, etc.)

Patti Regan *(CEO & Strategist)*
Karlina van Adelsberg *(Exec VP-Ops & Fin)*
David Pelayo *(VP-Fulfillment)*
Patrick Pharris *(Sr Dir-New Bus Dev)*
Robert Manke *(Dir-Print Production)*
Denise Paulson *(Acct Coord)*

Accounts:
Barbara's
California Public Utilities Commission & California Energy Commission Energy Upgrade California
DreamWorks Animation SKG, Inc
Electronic Arts Inc
Ford Motor Company Fusion
The Hallmark Channel Cedar Cove
Kilo E-Liquids Black Series
My Saint My Hero
Porsche Cars North America, Inc
Rent the Runway
Sun-Maid Growers of California

RE:GROUP, INC.
213 W Liberty St, Ann Arbor, MI 48104-1398
Tel.: (734) 213-0200
Fax: (734) 327-6636
E-Mail: regroup@regroup.us
Web Site: www.regroup.us

Employees: 38
Year Founded: 1996

National Agency Associations: 4A's-IFAA-MMA-WOMMA

Agency Specializes In: Above-the-Line, Advertising, Alternative Advertising, Automotive, Aviation & Aerospace, Below-the-Line, Bilingual Market, Brand Development & Integration, Broadcast, Business-To-Business, Cable T.V., Co-op Advertising, Collateral, Communications, Consulting, Consumer Marketing, Consumer Publications, Corporate Communications, Corporate Identity, Digital/Interactive, Direct Response Marketing, Direct-to-Consumer, Education, Electronic Media, Email, Exhibit/Trade Shows, Fashion/Apparel, Financial, Food Service, Graphic Design, Health Care Services, High Technology, Identity Marketing, In-Store Advertising, Integrated Marketing, International, Internet/Web Design, Local Marketing, Logo & Package Design, Market Research, Media Buying Services, Media Planning, Medical Products, Merchandising, Mobile Marketing, New Technologies, Newspapers & Magazines, Out-of-Home Media, Outdoor, Over-50 Market, Package Design, Paid Searches, Pharmaceutical, Point of Purchase, Point of Sale, Print, Production, Production (Print), Promotions, Public Relations, Publicity/Promotions, RSS (Really Simple Syndication), Radio, Real Estate, Regional, Restaurant, Retail, Sales Promotion, Search Engine Optimization, Seniors' Market, Social Marketing/Nonprofit, Sponsorship, Strategic Planning/Research, T.V., Trade & Consumer Magazines, Transportation, Travel & Tourism, Viral/Buzz/Word of Mouth, Women's Market

Approx. Annual Billings: $23,000,000

Janet Muhleman *(Pres)*
Cheryl Mrakitsch *(Fin Dir)*
Elizabeth Conlin *(Sr VP & Acct Dir)*
Lisa Richardson *(Sr VP-Strategy & Bus Dev)*
Karyn Kozo *(VP & Client Svcs Dir)*
Carey Jernigan *(VP-Bus Dev)*
Julie Kapnick *(VP-Ops)*
Rhonda Huie *(Creative Dir)*
Karry Oleszkiewicz *(Media Dir)*
Emily Rupert *(Acct Dir)*
Cory Oslin *(Supvr-Integrated Media)*
Asia Griffin *(Sr Acct Exec)*
Kara Rita *(Planner & Assoc Media Buyer-Integrated)*
Pat Cuda *(Sr Partner-Media)*
Ryan Swartz *(Assoc Creative Dir)*

Accounts:
DTE Energy Gas & Electric Utilities; 2012
G.J. Garner Home Builder; 2014
Goodwave FAVE: Fruit and Vegetable Juice; 2013
Millicare Franchise; 2014
Molly Maid Franchise; 2014
Osram Opto Semiconductors; 2012
Pet Supplies Plus Franchise; 2013
Right at Home In-home Care; 2012
Taubman Malls; 2014
Tilted Kilt (Agency of Record) Restaurant; 2015

REILLEY DESIGN STUDIO
(See Under Parkway Digital)

RELEVANT 24
46 Plympton St, Boston, MA 02118
Tel.: (978) 943-1603
Web Site: www.relevant24.com

Employees: 25

Agency Specializes In: Advertising, Brand Development & Integration, Content, Public Relations

Lane Murphy *(Founder & Pres)*
Marci Gallucci *(CEO)*
Jordi Chapdelaine *(Exec VP-Bus Dev)*

Accounts:
Bud Light
National Geographic Channel

RELEVENT PARTNERS LLC
170 Varick St 12th Flr, New York, NY 10013
Tel.: (212) 206-0600
E-Mail: info@relevent.com
Web Site: www.relevent.com

Employees: 38
Year Founded: 2005

Agency Specializes In: Advertising, Brand Development & Integration, Content, Experience Design

Tony H. Berger *(Founder & CEO)*
Claire Annas Keaveney *(Pres)*
Chelsea Wilson *(Mng Dir-Relevent West)*
Ian Cleary *(VP-Innovation & Ideation)*
Cara Feldman *(VP-Special Projects & Client Relationships)*
Mark Thanas *(VP)*
Naomi Ratner *(Acct Dir)*
Danielle Zeiter *(Art Dir-Experiential)*
Sutherland Jones *(Sr Mgr-Production)*

Accounts:
New-Victoria's Secret Stores, LLC Victoria's Secret Pink

RELIC ADVERTISING
(Formerly Sorenson Advertising)
290 N University Ave, Provo, UT 84601
Tel.: (801) 692-7345
Web Site: relicagency.com/

Employees: 50

Agency Specializes In: Advertising, Brand Development & Integration, Digital/Interactive, Media Buying Services, Out-of-Home Media, Outdoor, T.V.

ADVERTISING AGENCIES
AGENCIES - JANUARY, 2019

Adam Stoker *(Pres & CEO)*
Colby Remund *(Chief Creative Officer)*
Jordan Barker *(Chief Digital Officer)*
Chelsea Oldroyd *(Mgr-PR)*

Accounts:
Baja Broadband

REMEDY
121 W Wacker Dr Ste 2250, Chicago, IL 60601
Tel.: (312) 377-3410
Fax: (312) 377-3420
E-Mail: info@remedychicago.com
Web Site: www.remedychicago.com

Employees: 20

Agency Specializes In: Brand Development & Integration

Carol McCarthy *(Owner & Pres)*
Deanna Stallsmith *(Chief Creative Officer)*
Donna Schatz *(VP-Ops & Talent)*
Scott Gundersen *(Dir-Design)*

Accounts:
Edward Hospital & Health Services
Herman Miller Healthcare (Agency of Record)
Swedish Covenant Hospital

REMER INC. CREATIVE MARKETING
205 Marion St, Seattle, WA 98104
Tel.: (206) 624-1010
Fax: (206) 467-2890
E-Mail: info@remerinc.com
Web Site: www.remerinc.com

Employees: 12
Year Founded: 1993

Agency Specializes In: Advertising, Alternative Advertising, Brand Development & Integration, Broadcast, Business-To-Business, Co-op Advertising, Collateral, Communications, Consumer Marketing, Corporate Communications, Corporate Identity, Direct Response Marketing, Event Planning & Marketing, Exhibit/Trade Shows, Identity Marketing, In-Store Advertising, Integrated Marketing, Internet/Web Design, Media Buying Services, Media Planning, Mobile Marketing, Multimedia, Newspapers & Magazines, Out-of-Home Media, Outdoor, Package Design, Paid Searches, Planning & Consultation, Production, Production (Ad, Film, Broadcast), Production (Print), Promotions, Public Relations, Publicity/Promotions, Radio, Retail, Sales Promotion, Search Engine Optimization, Sponsorship, Sports Market, Strategic Planning/Research, T.V., Trade & Consumer Magazines, Viral/Buzz/Word of Mouth, Web (Banner Ads, Pop-ups, etc.)

Approx. Annual Billings: $6,600,000

David Remer *(CEO & Creative Dir)*
Andrea Gordon *(Sr VP-Brand Strategy & Client Svcs)*
Christopher Harwood *(Assoc Creative Dir & Copywriter)*

Accounts:
Fastrax
Getty Images
Little League International
Lucid Systems
McKinstry

REMERINC
205 Marion St, Seattle, WA 98104
Tel.: (206) 624-1010
Fax: (206) 467-2890
E-Mail: info@remerinc.com
Web Site: www.remerinc.com

Employees: 15
Year Founded: 1993

Agency Specializes In: Advertising, Digital/Interactive, Internet/Web Design, Media Relations, Mobile Marketing, Strategic Planning/Research

Approx. Annual Billings: $7,900,200

Dave Remer *(CEO & Creative Dir)*
Andrea Gordon *(Sr VP-Brand Strategy & Client Svcs)*
Chris Harwood *(Assoc Creative Dir & Copywriter)*

Accounts:
ABC Video Broadcasting Services
Alaska USA Federal Credit Union
Back to Basics
Boys & Girls Clubs of King County
ESPN Video Broadcasting Services
Getty Images Entertainment Services
iWitness
Rover.com
Starbucks Coffee Products Retailer

REMEZCLA LLC
101 N 3rd St Ste 113, Brooklyn, NY 11249
Tel.: (718) 388-6262
E-Mail: info@remezcla.com
Web Site: www.remezcla.com

Employees: 50

Agency Specializes In: Advertising

Andrew Herrera *(CEO)*
Neylu Longoria *(Acct Dir)*

Accounts:
Heineken USA

REMIXED
37 N Orange Ave Ste 1050, Orlando, FL 32801
Tel.: (407) 283-7369
E-Mail: info@r3mx.com
Web Site: www.r3mx.com

Employees: 6

Agency Specializes In: Advertising, Brand Development & Integration, Collateral, Digital/Interactive, Internet/Web Design, Logo & Package Design, Print, Social Media

Douglas Berger *(Partner)*
Simon Jacobsohn *(Partner)*

Accounts:
Unified Sounds

RENEGADE COMMUNICATIONS
10950 Gilroy Rd Ste J, Hunt Valley, MD 21031
Tel.: (410) 667-1400
Fax: (410) 667-1482
E-Mail: info@renegadecommunications.com
Web Site: https://www.renegadecommunications.com/

Employees: 50
Year Founded: 1988

Agency Specializes In: Advertising, Brand Development & Integration, Business-To-Business, Cable T.V., Collateral, College, Communications, Consulting, Consumer Goods, Consumer Marketing, Corporate Communications, Corporate Identity, Digital/Interactive, Direct Response Marketing, E-Commerce, Email, Faith Based, Fashion/Apparel, Financial, Government/Political, Infomercials, Integrated Marketing, Internet/Web Design, Logo & Package Design, Planning & Consultation, Podcasting, Print, Production, Production (Print), Public Relations, Radio, Search Engine Optimization, Seniors' Market, Social Marketing/Nonprofit, Social Media, Sports Market, Strategic Planning/Research, T.V., Viral/Buzz/Word of Mouth

Approx. Annual Billings: $62,000,000 Capitalized

Brian Stetson *(CIO, CTO & Exec Dir-Production)*
Chris Beutler *(Chief Bus Dev Officer)*
Marie Gooch *(VP-Trng & Dev)*
Kory John McCann *(VP-Strategic Partnerships)*
Ken Hall *(Dir-Creative & Digital)*
Chris Roederer *(Dir-Production)*

Accounts:
Black & Decker
Comcast Corporation
Cox Communications, Inc.
McCormick & Company, Incorporated
Motorola Solutions, Inc.
Rommel Ace Hardware Stores, Brand Awareness, Harley-Davidson Dealerships
Time Warner Cable

RENEGADE, LLC
437 5th Ave, New York, NY 10016
Tel.: (646) 838-9000
Fax: (646) 486-7800
Web Site: www.renegade.com

E-Mail for Key Personnel:
Creative Dir.: JVinick@renegademarketing.com

Employees: 60
Year Founded: 1994

National Agency Associations: WOMMA

Agency Specializes In: Advertising, Advertising Specialties, Asian Market, Broadcast, Business-To-Business, Collateral, Consumer Marketing, Corporate Identity, Digital/Interactive, Direct Response Marketing, Electronic Media, Event Planning & Marketing, Exhibit/Trade Shows, Food Service, High Technology, Hispanic Market, Information Technology, Internet/Web Design, Logo & Package Design, Media Buying Services, Merchandising, Newspapers & Magazines, Out-of-Home Media, Pharmaceutical, Print, Production, Public Relations, Publicity/Promotions, Radio, Sales Promotion, Strategic Planning/Research, Technical Advertising, Teen Market

Drew Neisser *(Founder & CEO)*
Linda Cornelius *(COO)*
Anne Rothschild *(Creative Dir)*
Stephanie Isaacs *(Acct Svc Dir)*

Accounts:
HSBC; New York, NY; 2003
Jenny Craig
NCAA
RR Donnelley
Time Warner Business Class PerkZone

RENMARK FINANCIAL COMMUNICATIONS, INC.
1550 Metcalfe Ste 502, Montreal, QC H3A 1X6 Canada
Tel.: (514) 939-3989
Fax: (514) 939-3717
E-Mail: info@renmarkfinancial.com
Web Site: www.renmarkfinancial.com

Employees: 25
Year Founded: 1999

AGENCIES - JANUARY, 2019 — ADVERTISING AGENCIES

Agency Specializes In: Corporate Communications, Exhibit/Trade Shows, Financial, Internet/Web Design, Investor Relations, Media Planning, Media Relations, Radio, T.V.

Henri Perron *(Pres)*
John Boidman *(VP)*
Barry Mire *(VP)*
Bettina Filippone *(Sr Acct Mgr)*

Accounts:
Agnico-Eagle Mines Limited; Toronto, Canada
Enerplus Corporation Road Show
First Quantum Minerals Ltd
Fura Gems Inc. Communications Strategy, Financial Public Relations, Investor Relations, Shareholder Enquiries; 2018
Noranda Income Fund
Owens Realty Mortgage, Inc Outreach
Thompson Creek Metals Company Inc.; Toronto, Canada Road Show
TomaGold Corporation Investor Relations, Media

REPUBLICA
(Acquired by Havas & Name Changed to Republica Havas)

REPUBLICA HAVAS
(Formerly Republica)
2153 Coral Way, Miami, FL 33145
Tel.: (786) 347-4700
Fax: (305) 443-1631
E-Mail: info@republicahavas.com
Web Site: republicahavas.com/

Employees: 120
Year Founded: 2006

Agency Specializes In: Advertising Specialties, African-American Market, Brand Development & Integration, Hispanic Market, Media Buying Services, Media Relations, Media Training, Multicultural, Public Relations, Publicity/Promotions, Sponsorship

Approx. Annual Billings: $14,500,000

Luis Casamayor *(Pres)*
Jorge A. Plasencia *(CEO)*
Anthony Bianco *(Exec VP & Gen Mgr)*
Bianca Ruiz *(VP & Grp Acct Dir)*
Gus Fernandez *(Sr Dir-Production)*
Andrea Quagliato Lebron *(Grp Acct Dir)*
Ana Echenique *(Dir-Comm)*
Christine Jacobus *(Dir-Studio)*
Tania Echevarria *(Sr Mgr-Creative Ops)*
Natalie Sardinas *(Sr Acct Mgr)*
Benito Diaz *(Assoc Acct Mgr)*
Annie Garcia-Tunon *(Acct Mgr)*
Robert Escandon *(Project Mgr-Production)*
Tatiana Romero Dana *(Acct Supvr)*
Alexis Regalado *(Acct Supvr)*
Anna C. del Rio Chong *(Supvr-Comm Acct)*
Eric Alvarez *(Specialist-Digital Media Performance)*
Melissa Cortina *(Specialist-Social Media)*
Stefan Hunter *(Specialist-Traffic & Implementation)*
Karen Acevedo *(Assoc Media Dir)*

Accounts:
Adrienne Arsht Philanthropy/Arts; 2008
Alliance International; 2014
Amigos For Kids
BankUnited; 2011
Baptist Health Healthcare; 2010
Bill & Melinda Gates Foundation; 2010
Boehringer Ingelheim Pharmaceuticals Inc.; 2013
Codina Partners Real Estate; 2013
Dyson Ltd
Emerge Americas (Digital Marketing & Social Media Agency of Record)
Four Seasons Hotels & Resorts
Freixenet USA Segura Viudas (Agency of Record)
Google, Inc Technology; 2012
Goya Foods Latin Foods; 2010
Hispanic Association on Corporate Responsibility - HACR; 2009
Miami Super Bowl 2020
National Museum of the American Latino Commission Government; 2011
The National Pork Board (Agency of Record) Community Relations, Media, National Multicultural Marketing, Public Relations, Research, Social Media, Strategy
NBCUniversal Advertising, Brand Strategy, Broadcast, Community Relations, Consumer, Creative, Digital, Marketing, Promotions
Nielsen Research Services; 2007
Pernod Ricard Americas Travel Retail - PRATR (Agency of Record) Spirits; 2008
Royal Caribbean Cruises, Ltd Azamara Club Cruises, Azamara Pursuit, Creative, Digital, Global Strategic, Media, Social, Strategy; 2017
Sedano's Supermarkets Communications, Community Relations, Consumer Research, Creative Public Relations, Event Management, Marketing, Media Planning & Buying, Social Media, Sponsorships, Web; 2008
Square; 2014
Strong Women Strong Girls Nonprofit; 2012
Target Retail; 2013
Telemundo Network Inc. Creative
TOUS; 2014
Toyota
Universal Parks & Resorts
Walmart, Inc
World Fuel Services

THE REPUBLIK
520 S Harrington St, Raleigh, NC 27601
Tel.: (919) 956-9400
Fax: (919) 956-9402
E-Mail: inquiries@therepublik.net
Web Site: www.therepublik.net

E-Mail for Key Personnel:
President: rswest@therepublik.net
Creative Dir.: dsmith@therepublik.net
Media Dir.: dfry@therepublik.net
Production Mgr.: dbrightwell@therepublik.net

Employees: 15
Year Founded: 2001

National Agency Associations: AAF

Agency Specializes In: Advertising, Advertising Specialties, Automotive, Bilingual Market, Brand Development & Integration, Broadcast, Business Publications, Business-To-Business, Cable T.V., Co-op Advertising, Collateral, Commercial Photography, Communications, Consulting, Consumer Marketing, Consumer Publications, Corporate Communications, Corporate Identity, Digital/Interactive, Direct Response Marketing, E-Commerce, Education, Electronic Media, Entertainment, Environmental, Event Planning & Marketing, Exhibit/Trade Shows, Fashion/Apparel, Financial, Food Service, Government/Political, Graphic Design, Health Care Services, High Technology, In-Store Advertising, Industrial, Information Technology, Internet/Web Design, Investor Relations, Legal Services, Leisure, Logo & Package Design, Magazines, Marine, Media Buying Services, Medical Products, Merchandising, Multimedia, New Product Development, Newspaper, Newspapers & Magazines, Out-of-Home Media, Outdoor, Planning & Consultation, Point of Purchase, Point of Sale, Print, Production, Public Relations, Publicity/Promotions, Radio, Real Estate, Recruitment, Restaurant, Retail, Sales Promotion, Strategic Planning/Research, T.V., Technical Advertising, Trade & Consumer Magazines, Travel & Tourism, Yellow Pages Advertising

Approx. Annual Billings: $5,000,000

Robert Shaw West *(Chm, CEO & Exec Creative Dir)*
Rachel Wells *(Mng Dir)*
Dwayne Fry *(Chief Strategy Officer)*
Michael Bustin *(Specialist-Mktg Comm & Leadership)*
Jason Evans *(Copywriter)*
Luke Modesto Rayson *(Sr Art Dir)*
Matt Shapiro *(Assoc Creative Dir)*

Accounts:
21c Museum Hotels
Alliance Architecture
The Army's Army; Fayetteville, NC The Army's Army; 2008
Dixie Bones; Woodbridge, VA BBQ Post 401, Dixie Bones; 2009
DunnWell Dunwell; 2008
Fayetteville Area Convention & Visitors Bureau
First Flight Venture Center
Freight Handlers, Inc. (Agency of Record) Advertising, Branding & Identity, Online, Print, Public Relations, Social Media, Website Development
Giorgios Hospitality Group City Kitchen, Kalamaki, Kipos, Parizade, Village Burger
Graybeard Distillery (Agency of Record) Bedlam Vodka, Bottle Design, Consumer Advertising, Direct Mail, Label, National Print, Package, Social, Trade Advertising, Video
Hanwha L&C Surfaces (Agency of Record) Advertising, Content Development, Digital, Marketing, Packaging, Planning, Public Relations, Social Media
I-95 Cooperative
The International Zinc Association
LexisNexis LexisNexis Practice Management, Firm Manager, PC Law, Time Matters; 2009
Open Library Environment (Agency of Record) Brand Positioning, Messaging, Name Development, Public Relations, Website Development; 2017
Organic Transit (Digital Agency of Record) Digital, Marketing, Website Development
POM Sonamba; 2010
PrivatizeMe
Rec Boat Holdings 'Scarab Power Boats', Digital, Print, Radio
Red Door Company Marketing Strategy, Sales
Seagrove Area Potters Association; Seagrove, NC Logo, Seagrove, Website; 2010
Spiffy

REPUBLIK PUBLICITE + DESIGN INC.
1435 St-Alexandre Ste 220, H3A 2G4 Montreal, QC Canada
Tel.: (514) 390-8844
Fax: (514) 390-8848
E-Mail: info@republik.ca
Web Site: www.republik.ca

Employees: 7
Year Founded: 1998

Agency Specializes In: Above-the-Line, Advertising, Advertising Specialties, Affluent Market, Alternative Advertising, Arts, Automotive, Aviation & Aerospace, Below-the-Line, Bilingual Market, Brand Development & Integration, Broadcast, Business Publications, Children's Market, Co-op Advertising, Collateral, Communications, Consulting, Consumer Goods, Consumer Marketing, Consumer Publications, Corporate Communications, Corporate Identity, Digital/Interactive, Direct Response Marketing, Direct-to-Consumer, E-Commerce, Electronic Media, Email, Entertainment, Environmental, Event Planning & Marketing, Financial, Food Service, Government/Political, Graphic Design, Guerilla Marketing, Health Care Services, Hospitality,

ADVERTISING AGENCIES

Household Goods, In-Store Advertising, Integrated Marketing, International, Internet/Web Design, Leisure, Local Marketing, Logo & Package Design, Luxury Products, Magazines, Market Research, Media Buying Services, Media Planning, Medical Products, Men's Market, Merchandising, Mobile Marketing, Multicultural, Multimedia, New Product Development, Newspaper, Newspapers & Magazines, Out-of-Home Media, Outdoor, Over-50 Market, Package Design, Paid Searches, Pharmaceutical, Planning & Consultation, Podcasting, Point of Purchase, Point of Sale, Print, Product Placement, Production, Production (Ad, Film, Broadcast), Production (Print), Promotions, Publicity/Promotions, Radio, Real Estate, Regional, Restaurant, Retail, Sales Promotion, Search Engine Optimization, Social Marketing/Nonprofit, Social Media, Strategic Planning/Research, T.V., Teen Market, Telemarketing, Trade & Consumer Magazines, Transportation, Travel & Tourism, Tween Market, Urban Market, Viral/Buzz/Word of Mouth, Web (Banner Ads, Pop-ups, etc.), Women's Market

Approx. Annual Billings: $1,000,000

Vincent Fortin-Laurin *(Pres, CEO & Partner)*
Jean-Philippe Shoiry *(Partner & Chief-Strategy)*

Accounts:
AMQ/CMA Quebec Medical Association; 2011
Blakes; Montreal, QC & Toronto, ON Lawyers; 2005
Campagna Motors TRX & V13R Vehicles; 2011
Children's Wish Foundation; 2012
GARDA Security; 2008
Glutenberg/BSG Gluten-free Beers; 2012
Hennessy Canada Campaign: "#ArtOfTheChase"
Hydro-Quebec; Montreal, QC Hydro; 2000
Integrim; Montreal, QC Digital Information; 2009
Lassonde Allen's, Canton, Content & Influencer Marketing, Del Monte, Development, Distribution of content, Fruite, Oasis, Production, Rougemont, Strategy; 2018
Loranger Marcoux; Montreal, QC Lawyers; 2008
LUSH
MD Physician Services Financial & Administrative Services; 2011
Moet Hennessy (Creative Digital Agency of Record) Belvedere, Glenmorangie, Hennessy, Social Media, Veuve Clicquot
Orchestre Symphonique de Longueuil; Longueuil Symphony Orchestra; 2007
Ordre des Pharmaciens du Quebec; 2012
Regie du Cinema Cinema Quebec Government Agency; 2010
Reves d'enfants Foundation; 2012
Sani Marc Sanitizing Product Distributor; 2012

REPUTATION INK
1710 N Main St, Jacksonville, FL 32206
Tel.: (904) 374-5733
E-Mail: info@rep-ink.com
Web Site: www.rep-ink.com

Employees: 7

Agency Specializes In: Advertising, Public Relations, Strategic Planning/Research

Michelle King *(Pres & Principal)*
Steven Gallo *(Mgr-Content Mktg)*

Accounts:
Nocatee Community
The PARC Group
Stellar

REPUTATION PARTNERS LLC
30 West Monroe St, Chicago, IL 60603
Tel.: (312) 222-9887
Fax: (312) 222-9755
E-Mail: info@reputationpartners.com
Web Site: www.reputationpartners.com

Employees: 12

National Agency Associations: COPF

Agency Specializes In: Communications, Crisis Communications, Media Relations, Media Training, Strategic Planning/Research

Revenue: $1,500,000

Nicholas Kalm *(Founder, Pres & CEO)*
Jane G. Devron *(Co-Founder & Sr VP)*
Michael McGrath *(Exec VP)*
Courtney Cherry *(Sr VP & Dir-Digital Strategies)*
Brendan Griffith *(VP)*
Jamie Younger *(VP)*

Accounts:
Klein Tools Inc.
PulteGroup
WPS Health Insurance

REQ
(Formerly RepEquity)
1211 Connecticut Ave NW Ste 250, Washington, DC 20036
Tel.: (202) 654-0800
Fax: (202) 654-0839
Web Site: req.co/

Employees: 101
Year Founded: 1997

Agency Specializes In: Children's Market, Computers & Software, Digital/Interactive, Electronic Media, Game Integration, Government/Political, Internet/Web Design, Web (Banner Ads, Pop-ups, etc.)

Tripp Donnelly *(Founder & CEO)*
Robert Fardi *(Partner-Equity & Exec VP)*
Kyong Choe *(CFO & COO)*
Eric Gilbertsen *(Exec VP-Digital Strategy & Client Svc)*
Kenny Rufino *(Sr VP & Creative Dir)*
Tedi Konda *(Sr VP-Engrg & Tech)*
Stephen Wanczyk *(Sr VP-Search & Digital Mktg)*
Avelyn Austin *(VP-Bus Dev & Mktg)*
Ashley Barna *(VP-Digital Adv & Search Engine Optimization)*
Katie Garrett *(VP-Client Svc)*
Dan Katz *(VP-Strategy & Analytics)*
Kat Kuhl *(VP-Tech & Engrg)*
Katherine Ann *(Sr Acct Dir)*
Tiffany Crockett *(Sr Acct Dir)*
Erica Stoltz *(Mgr-Search Engine Mktg)*

Accounts:
American Chemical Society
Auto Alliance www.DiscoverAlternatives.com
Business Software Alliance Cyber Tree House
Cava Grill Brand Strategy
CJ Group Bibigo, Brand Positioning, Strategy & Design, Values & Narrative; 2018
Ebay Government Relations
Georgetown University McDonough School of Business
HSBC
PAE Brand & Marketing Research; 2018
Phrma
Pulp Business
Unicef
US Fund for UNICEF www.unicefusa.org
WEEI
Wine & Spirits Wholesalers of America; 2018

RESEARCH DEVELOPMENT & PROMOTIONS
(d/b/a RDP)
360 Menores Ave, Coral Gables, FL 33134
Tel.: (305) 445-4997
Fax: (305) 445-4221
E-Mail: info@rdppromotions.com
Web Site: www.rdppromotions.com

Employees: 6

Agency Specializes In: Advertising, Food Service

Robert N. Del Pozo *(Owner & Pres)*
Richard G. Amundsen *(Exec VP)*
Victoria Goldstein-Macadar *(VP-PR)*
Mary Keel *(Supvr-Bus Dev & Acct Supvr)*

Accounts:
American Airlines
Bacardi USA
CBS/Telemundo
Coca-Cola Refreshments USA, Inc.
Conrad Hilton Hotel
J. Schlitz Brewing
Merrick Festival
Pfizer
Unilever

RESERVOIR
5721 Monkland, Montreal, QC H4A 1E7 Canada
Tel.: (514) 489-1534
Fax: (514) 483-6692
E-Mail: production@reservoirmontreal.com
Web Site: www.reservoir.ca

Employees: 10

Agency Specializes In: Graphic Design, Integrated Marketing, Publicity/Promotions, Strategic Planning/Research

Simon Boulanger *(Partner)*
Renee Hudon *(Art Dir)*

RESH MARKETING CONSULTANTS, INC.
22 Surrey Ct, Columbia, SC 29212-3140
Tel.: (803) 798-0009
Fax: (803) 798-3413
E-Mail: info@resh.com
Web Site: www.resh.com

Employees: 5
Year Founded: 1979

Agency Specializes In: Broadcast, Cable T.V., Co-op Advertising, Communications, Consulting, Consumer Marketing, Consumer Publications, Direct Response Marketing, E-Commerce, Electronic Media, Exhibit/Trade Shows, Graphic Design, Industrial, Infomercials, Internet/Web Design, Magazines, Media Buying Services, Newspaper, Newspapers & Magazines, Out-of-Home Media, Outdoor, Planning & Consultation, Point of Purchase, Print, Production, Public Relations, Publicity/Promotions, Radio, Real Estate, T.V., Travel & Tourism

Hal Von Nessen *(Principal)*

Accounts:
Colony Builders
Keystone Homes
Rymarc Homes

RESOLUTION MEDIA
225 N Michigan Ave, Chicago, IL 60601
Tel.: (312) 980-1600
Fax: (312) 980-1699
Web Site: www.resolutionmedia.com

Employees: 85

National Agency Associations: 4A's

AGENCIES - JANUARY, 2019 — ADVERTISING AGENCIES

Agency Specializes In: Search Engine Optimization, Sponsorship

Jonavan Smith *(Fin Dir)*
Darrell Jursa *(Mng Dir-Commerce & Content)*
Brooke Horowitz Handwerker *(Grp Dir-Digital)*
Kieran Dunn *(Sr Dir-Bus Dev)*
Rachel Aguiar *(Mktg Dir)*
Lindsey Nelson *(Acct Dir)*
Alicia Carroll *(Dir-Mktg Science Capabilities)*
Meaghan Murphy *(Dir-Performance Media)*
Chelsea Neuman *(Dir)*
Karen Ram *(Dir-Social Media-OMD & Media Arts Lab)*
Will Longhini *(Assoc Dir-ECommerce)*
Jillian Murphy *(Assoc Dir)*
Alex Schrieber *(Assoc Dir-Acct)*
Alexandra Stolarski *(Assoc Dir)*
Gina Adduci *(Supvr)*
Courtney Christ *(Supvr-Adv & Paid Social)*
Megan Lohuis *(Supvr-Social Media)*
Katie DeRose *(Sr Strategist-Adv)*
Ariel Wainer *(Strategist-Digital)*
Ellen David *(Assoc Acct Dir)*

Accounts:
The Gatorade Company
The Hertz Corporation
Hewlett-Packard
HTC Corporation
Levi's
Lowe's
Pepsi
State Farm
Unilever Search Engine Marketing, Search Engine Optimization
Visa

Branches

Resolution Media
195 Broadway 20th Fl, New York, NY 10017
Tel.: (312) 980-1600
E-Mail: Info@ResolutionMedia.com
Web Site: www.resolutionmedia.com

Employees: 31

Tara Nofziger *(Mng Dir-Bus Ops)*
Rachel Baumann *(Grp Acct Dir)*
Andrea Freeman *(Dir-Product Strategy, BI & Offshore Solutions)*
Maria Hakimi *(Dir)*
Ashley Harris *(Dir-Mktg Science Capabilities)*
Julie Lubin *(Dir-Digital)*
Taylor Shannon *(Dir)*
Adam Young *(Dir-Digital Media)*
Tom Gatenby *(Assoc Dir)*
Kristin McLoughlin *(Assoc Dir-Digital Media)*
Caryn Savitz *(Assoc Dir-Adv)*
Alexandra Zheng *(Mgr-Mktg Sciences)*
Ethan H. Bailey *(Supvr-Digital Adv)*
Mason Burril *(Supvr-Adv)*
Timothy Fitzgerald *(Supvr)*
Cynthia Ruiz *(Supvr-Paid Social)*
Danielle Wharton *(Supvr-Adv)*
James Markowitz *(Sr Strategist-Social Adv)*
Guisou Akhavan *(Coord-Social Media)*
Michelle Zhao *(Coord-Adv)*

Accounts:
Briggs & Stratton
FedEx
Hertz
HP
Lowe's
McDonald's
Pier 1imports
State Farm Insurance

RESOUND CREATIVE
1430 W Broadway Road, Tempe, AZ 85282
Tel.: (480) 351-4857
E-Mail: gimme@resoundcreative.com
Web Site: www.resoundcreative.com

Employees: 12

Agency Specializes In: Advertising, Brand Development & Integration, Content, Graphic Design, Internet/Web Design

Mike Jones *(Mng Partner & Chief Brand Officer)*
Jeff Watson *(Dir-Content Strategy)*

Accounts:
DollarDays International, LLC

RESOURCE COMMUNICATIONS GROUP
6401 Twin Oaks Dr, Plano, TX 75024
Tel.: (972) 447-9000
Fax: (972) 447-9002
E-Mail: rcg@rescomm.com
Web Site: www.rescomm.com
E-Mail for Key Personnel:
President: tgold@rescomm.com
Production Mgr.: jgold@rescomm.com

Employees: 7
Year Founded: 1990

Agency Specializes In: Advertising, Business-To-Business, Collateral, Education, Health Care Services, Internet/Web Design, Newspapers & Magazines, Out-of-Home Media, Outdoor, Production (Print), Real Estate, Recruitment, Seniors' Market, Web (Banner Ads, Pop-ups, etc.)

Approx. Annual Billings: $4,000,000

Breakdown of Gross Billings by Media: Bus. Publs.: $200,000; Collateral: $80,000; D.M.: $40,000; Internet Adv.: $200,000; Newsp.: $3,400,000; Outdoor: $40,000; Radio & T.V.: $40,000

Accounts:
Center For Advanced Legal Studies
First National Bank; Omaha, NE
Pinnacle Partners in Medicine
SKIFE Medical Center

RESPONSE LLC
100 Crown St, New Haven, CT 06510
Tel.: (203) 776-2400
E-Mail: hello@response.agency
Web Site: response.agency

Employees: 31

Agency Specializes In: Advertising, Brand Development & Integration, Content, Digital/Interactive, Print, Social Marketing/Nonprofit

Carolyn Walker *(CEO & Mng Partner)*
Kim DeMartino *(Client Svcs Dir)*
Julia Nuara *(Sr Acct Exec)*

Accounts:
Stony Creek Brewery

RESPONSE MARKETING GROUP LLC
1145 Gaskins Rd, Richmond, VA 23238
Tel.: (804) 747-3711
Fax: (804) 225-0500
E-Mail: mail@rmg-usa.com
Web Site: www.rmg-usa.com

Employees: 15
Year Founded: 1993

Agency Specializes In: Advertising, Brand Development & Integration, Business-To-Business, Corporate Communications, Internet/Web Design, Logo & Package Design, Media Buying Services, Merchandising, New Product Development, Pharmaceutical, Print, Production, Public Relations, Publicity/Promotions, Sales Promotion, Strategic Planning/Research, Trade & Consumer Magazines

Approx. Annual Billings: $10,400,000

Breakdown of Gross Billings by Media: Adv. Specialities: $920,000; Audio/Visual: $460,000; Consulting: $460,000; E-Commerce: $460,000; Event Mktg.: $460,000; Graphic Design: $460,000; Logo & Package Design: $1,288,000; Print: $1,196,000; Production: $1,288,000; Radio & T.V.: $920,000; Trade & Consumer Mags.: $2,488,000

David Klineberg *(Pres & Partner)*

Accounts:
Carpenter
Stainmaster

RESPONSE MEDIA, INC.
3155 Medlock Bridge Rd, Norcross, GA 30071-1423
Tel.: (770) 451-5478
Fax: (770) 451-4929
E-Mail: postmaster@responsemedia.com
Web Site: www.responsemedia.com

Employees: 30
Year Founded: 1979

National Agency Associations: DMA

Agency Specializes In: Bilingual Market, Business-To-Business, Direct Response Marketing, Electronic Media, Fashion/Apparel, Financial, High Technology, Hispanic Market, New Product Development, Out-of-Home Media, Pharmaceutical, Sales Promotion, Strategic Planning/Research

Approx. Annual Billings: $18,000,000

Josh Perlstein *(CEO)*
Keith Perlstein *(CTO)*
Michael McMackin *(VP-Fin & HR & Controller)*
Hector Pages *(VP-Client Solutions)*
Michelle Rainbow *(VP-Media & Campaign Mgmt)*
Diane Widerstrom *(VP-Integrated Svcs)*
Jennifer Stewart *(Sr Acct Dir-CPG)*
Vencilla Ejaz *(Sr Acct Mgr)*

Accounts:
84 Lumber Email, Website
AIG
Alaska Tourism
Anheuser Busch Budweiser
Audi
Bank of America
ConAgra Foods
Defender Direct
Disney
Express
Floor & Decor
General Motors Buick, Digital
Ipsos
Kids II
Marriott Hotels
Norwegian Cruise Lines
Procter & Gamble Digital Media Buying, Tide
Shutterfly
Southstar Energy
Synovus Bank

RESPONSE MINE INTERACTIVE
3390 Peachtree Rd Ste 800, Atlanta, GA 30326
Tel.: (404) 233-0370

ADVERTISING AGENCIES

Fax: (404) 233-0302
E-Mail: contact@responsemine.com
Web Site: www.responsemine.com

Employees: 70
Year Founded: 2001

Agency Specializes In: Advertising, Advertising Specialties, Consumer Marketing, Digital/Interactive, Graphic Design, Internet/Web Design

Ken Robbins *(Founder & CEO)*
Richard Skaggs *(Owner)*
Maribett Varner *(Partner)*
David Secrest *(Sr VP-Ops)*
Andrew Baum *(VP-Partner Mktg)*
Mark Hamilton *(VP-Fin)*
Virginia Lynn Lewis *(VP-Client Svcs)*
Eric Rehm *(VP-Ops)*
Grace Shim *(VP-Media & Emerging Accts)*
Corey Spraggins *(Supvr-Paid Media)*
Connie Peacock *(Assoc Media Dir)*

Accounts:
American Home Shield
Carter's/Osh Kosh B'Gosh Digital Marketing; 2010
Laser Spine Institute Digital Marketing
LD Products
Liberty Medical
Navy Federal Credit Union
Rooms To Go Digital Marketing; 2004
The Scooter Store
Terminex
TryuGreen

THE RESPONSE SHOP, INC.
7486 La Jolla Blvd Ste 164, La Jolla, CA 92037
Tel.: (858) 735-7646
Fax: (858) 777-5418
E-Mail: marla@responseshop.com
Web Site: www.responseshop.com

Employees: 12
Year Founded: 2000

National Agency Associations: DMA

Agency Specializes In: Advertising, African-American Market, Bilingual Market, Broadcast, Business-To-Business, Cable T.V., Consulting, Consumer Marketing, Consumer Publications, Direct Response Marketing, Electronic Media, Entertainment, Financial, Hispanic Market, Infomercials, Internet/Web Design, Media Buying Services, Newspaper, Over-50 Market, Pets, Pharmaceutical, Print, Radio, Seniors' Market, T.V., Teen Market, Telemarketing, Trade & Consumer Magazines, Travel & Tourism

Marla Hoskins *(Pres)*

Accounts:
1-800 Pet Meds
1800Medicine; Irvine, CA Diabetes Supplies
AARP; Washington, DC Membership
AOL, LLC; Dulles, VA Internet Service; 2003
Cheapoair.com; New York, NY
The Chicago Tribune Daily Newspaper; 2002
eFax.com
eHealthInsurance, Inc.
FreeCreditReport.com; Irvine, CA Credit Monitoring Service; 2002
The Hacker Group; Bellevue, WA; 2005
IntuitWebsites.com; Mountainview, CA
JustListed.com
Real Health Laboratories; 2001
Reynolds Handi-Vac
Time-Life Music; Alexandria, VA Music Compilations; 2004
Trendwest Resorts; Redmond, WA Time Share Sales; 2002
TurboTax; San Diego, CA TurboTax Federal Free Edition
Unitrin Direct; Vista, CA Auto Insurance; 2004
Wyndham Vacation Ownership; Orlando, FL Time-Share Sales; 2003

RESPONSORY
250 Bishops Way, Brookfield, WI 53005
Tel.: (262) 782-2750
Toll Free: (800) 710-2750
E-Mail: info@responsory.com
Web Site: www.responsory.com

Employees: 13
Year Founded: 1999

National Agency Associations: DMA

Agency Specializes In: Advertising, Automotive, Brand Development & Integration, Business Publications, Business-To-Business, Collateral, Communications, Consulting, Consumer Marketing, Corporate Identity, Cosmetics, Direct Response Marketing, Education, Financial, Graphic Design, Health Care Services, High Technology, Industrial, Information Technology, Internet/Web Design, Medical Products, Over-50 Market, Pharmaceutical, Point of Sale, Public Relations, Seniors' Market, Trade & Consumer Magazines, Travel & Tourism, Yellow Pages Advertising

Approx. Annual Billings: $21,000,000

Breakdown of Gross Billings by Media: D.M.: $21,000,000

Grant A. Johnson *(Pres & CEO)*
Mara J Frier *(COO)*
Denise B. Hearden *(VP-Digital)*
Maria Johnson *(VP-Johnson Direct)*
Lisa Robbins *(VP-Client Svcs)*
Robert Trecek *(Dir-Bus Dev)*

Accounts:
ASQ Quality-Association
Blue Cross Blue Shield of Kansas Health Insurance
BMO Harris Banking
Kleen Test Products Contract Manufacturing
Security Health Plan Health Insurance

RESULTS DIRECT MARKETING
555 N Woodlawn Ste 300, Wichita, KS 67208-3683
Tel.: (316) 689-8555
Fax: (316) 689-8111
Toll Free: (877) 689-8555
Web Site: www.resultsdm.com

Employees: 15
Year Founded: 1998

National Agency Associations: DMA-Second Wind Limited

Agency Specializes In: Automotive, Direct Response Marketing, Print, Production, Retail

Buddy Kuhn *(Pres)*
Peter Janssen *(VP)*
Matt Weber *(VP)*
Maia Briggs *(Mgr-Email Mktg)*
Jennifer Joy *(Acct Exec)*
Carmen Riggle *(Acct Exec)*

Accounts:
BG Boltons Restaurant
Citibank
Color Tyme
Corporate Lodging
Jiffy Lube International
Kansas Aviation Museum
Plains Captial McAfee Mortgage
Rainbow Rentals
Rapid Rentals
Rent-A-Center
Reserve National Insurance Company
Shell Oil

RESULTS, INC., ADVERTISING AGENCY
777 Terrace Ave, Hasbrouck Heights, NJ 07604-0822
Tel.: (201) 288-7888
Fax: (201) 288-5112
E-Mail: info@resultsinc.com
Web Site: www.resultsinc.com

Employees: 10
Year Founded: 1954

Agency Specializes In: Advertising, Brand Development & Integration, Broadcast, Business Publications, Business-To-Business, Cable T.V., Collateral, Commercial Photography, Communications, Consulting, Consumer Marketing, Consumer Publications, Corporate Identity, Digital/Interactive, Direct Response Marketing, Direct-to-Consumer, E-Commerce, Event Planning & Marketing, Financial, Infomercials, Internet/Web Design, Logo & Package Design, Media Buying Services, New Product Development, Newspaper, Newspapers & Magazines, Out-of-Home Media, Outdoor, Pharmaceutical, Point of Purchase, Point of Sale, Print, Production, Public Relations, Publicity/Promotions, Radio, Real Estate, Recruitment, Retail, Seniors' Market, T.V., Trade & Consumer Magazines

Approx. Annual Billings: $9,200,000

Breakdown of Gross Billings by Media: Brdcst.: 10%; Cable T.V.: 5%; Collateral: 5%; Internet Adv.: 25%; Newsp. & Mags.: 40%; Outdoor: 5%; Pub. Rels.: 5%; Spot Radio: 5%

David I. Green *(Pres & CEO)*

Accounts:
Advanced Realty Group
Bergman
Builder Marketing Services
Hovnanian Industries; Tinton Falls, NJ Real Estate
Kennedy Funding; Hackensack, NJ Private Lender
Mack Cali Realty Corp
NJ Retina
Silver Arches Capitol Partners

RETELE COMPANY
15 Division St, Greenwich, CT 06830
Tel.: (203) 629-1261
Web Site: www.reteleco.com

Employees: 3
Year Founded: 1986

Agency Specializes In: Advertising, Brand Development & Integration, Business-To-Business, Communications, Consumer Publications, Exhibit/Trade Shows, Food Service, Internet/Web Design, Local Marketing, Logo & Package Design, Magazines, Media Buying Services, Medical Products, New Product Development, Newspaper, Newspapers & Magazines, Out-of-Home Media, Outdoor, Planning & Consultation, Print, Production, Publicity/Promotions, Radio, Real Estate, Restaurant, Retail, Sales Promotion, T.V., Transportation, Travel & Tourism

Gamanos Dean *(Pres)*

Accounts:
Ayhans Mediterranean Brands; Long Island, NY Salad Dressings
Carousel: Stamford, CT Balloons, Propane
Greenwich Wine Society Wine Club
Just Bulbs; New York, NY Lighting

AGENCIES - JANUARY, 2019 — ADVERTISING AGENCIES

Kellari Taverna; New York, NY Restaurant
Rick's Fix-It Home Repairs
Rosie O'Grady; New York, NY Food Services
Thatcher Courier Systems; New York, NY Business Services
Westchester Wine School; NY Wine Education
Wine Wise Beverage Retailer
Yates Scapes Landscape Design

RETHINC ADVERTISING
4714 N 44th St, Phoenix, AZ 85018
Tel.: (480) 268-9588
Fax: (480) 268-9877
Web Site: www.rethincadvertising.com

Employees: 7

Agency Specializes In: Advertising, Brand Development & Integration, Digital/Interactive, Graphic Design, Media Buying Services, Out-of-Home Media, Outdoor, Print, Promotions, Radio, Social Media

Stephanie Olsen *(Principal)*
Andrew Gibson *(Dir-Digital Mktg)*

Accounts:
Fort McDowell Casino

RETHINK
700-470 Granvill St, Vancouver, BC V6C 1V5 Canada
Tel.: (604) 685-8911
Fax: (604) 685-9004
E-Mail: tomshepansky@rethinkcanada.com
Web Site: www.rethinkcanada.com

Employees: 60
Year Founded: 1999

Sean McDonald *(Mng Partner & Head-Strategy)*
Laura Rioux *(Partner & Head-Brdcst Production)*
Chelsea Stoelting *(Mng Dir-Client Svcs)*
Mitch McKamey *(Grp Acct Dir)*
Tony Woods *(Art Dir & Designer)*
Vic Bath *(Art Dir)*
Heather Blom *(Producer-Brdcst)*
Dan Culic *(Acct Dir-Digital)*
Mike Dubrick *(Creative Dir)*
Jacob Gauthier *(Art Dir)*
Hayley Hinkley *(Art Dir)*
Joel Holtby *(Creative Dir)*
Jake Hope *(Art Dir)*
Lindsay Magrane *(Acct Dir)*
Liana Mascagni *(Art Dir)*
Nick Noh *(Art Dir)*
Dosh Osholowu *(Art Dir)*
Carrie Panio *(Acct Dir)*
Irene Pau *(Art Dir)*
Nicolas Quintal *(Creative Dir)*
Leia Rogers *(Creative Dir)*
Maxime Saute *(Art Dir)*
Chris Staples *(Creative Dir)*
Rob Tarry *(Creative Dir)*
Seth Waterman *(Acct Dir)*
Bob Simpson *(Dir-Creative & Writer)*
Leah Gregg *(Dir-Amplification)*
Darren Yada *(Dir-Amplification)*
Stephanie Hurl *(Acct Mgr)*
Aliz Tennant *(Strategist)*
Gordon Zhang *(Strategist)*
Andrew Chhour *(Copywriter)*
John Eresman *(Copywriter)*
Greg Kieltyka *(Copywriter)*
Jordon Lawson *(Copywriter)*
Jake Lim *(Assoc Creative Dir & Designer)*
Jacquelyn Parent *(Copywriter)*
Pascal Routhier *(Planner-Strategic)*

Accounts:
A&W Campaign: "Better Beef", Creative, TV
Arrive Alive
BC Centre for Disease Control
New-Berlitz Corporation
Branch Out Neurological Foundation
Bulk Cat Litter Warehouse
The Canadian Fairtrade Network
Canadian Institute of Diversity & Inclusion "Hello, My Name is Vladimir", "Luge" Winter Olympics 2014, #NotForGay
Canadian Men's Health Foundation Advertising, Brand Strategy, Campaign: "Hunting Season", Creative, The Pledge Fall Off
Carex Mini-Storage
Costi Immigration Services
The Dogwood Initative "Oil Spill Virtual Reality", Campaign: "Oil Poster"
The Drive Skate Shop
Fondation Emergence
ImmunizeBC
Molson Coors Canada (Lead Agency) Campaign: "Guyet", Campaign: "I Am Canadian", Campaign: "Seed Coaster", Campaign: "The Beer Fridge: Project Indonesia", Coors Light, Molson Canadian, Rickards, Social, TV
Mr. Lube
The One Show Video
The Ontario Science Centre (Creative Agency of Record) Creative & Design, Strategy; 2018
Orkin PCO Services
Ottawa Tourism
Playland Campaign: "Fear Made Fun", Campaign: "Pigeon", Campaign: "Seeing Cars"
Registered Graphic Designers
Science World "Science of Sports", Campaign: "Apparitions", Campaign: "Now You Know", Campaign: "Positively Painful", Creative, Online, Print, TV
Scotts Miracle-Gro Company (Agency of Record) Advertising, Brand Strategy, Miracle-Gro, Ortho, Scotts
Slack Display, Print
Splashdown Waterpark Campaign: "Woman"
Sport Experts
Uniqlo USA
Vancouver Orphan Kitten Rescue Association
Variety
WestJet Video
Yadle
YWCA Canada

Branch

Rethink
110 Spadina Ave Ste 200, Toronto, ON M5V 2K4 Canada
Tel.: (416) 583-2178
Web Site: www.rethinkcanada.com

Employees: 20

Ian Grais *(Founder & Creative Dir-Natl)*
Sean McDonald *(Mng Partner & Head-Strategy)*
Caleb Goodman *(Mng Partner)*
Andy Macaulay *(Mng Partner)*
Aaron Starkman *(Partner & Creative Dir)*
Andrew Alblas *(Art Dir)*
Skye Deluz *(Art Dir)*
Joel Holtby *(Art Dir)*
Scott Lyons *(Acct Dir)*
Rebecca May *(Art Dir)*
Leia Rogers *(Creative Dir)*
Rob Tarry *(Creative Dir)*
Hans Thiessen *(Creative Dir-Design)*
Todd Harrison *(Dir-Integrated Content)*
Shelby Spigelman *(Dir-Brdcst Production)*
Kai De Bruyn Kops *(Acct Mgr)*
Stephanie Hurl *(Acct Mgr)*
Stacy Ross *(Strategist)*
Jordan Darnbrough *(Copywriter)*
Gabrielle Elliott *(Copywriter)*
Hannah Newport *(Planner-Comm)*
Sean O'Connor *(Copywriter)*
Alex Fleming *(Assoc Creative Dir)*
Loretta Lau *(Sr Art Dir)*

Accounts:
The American Association of University Women
Branch Out Neurological Foundation
Canadian Cancer Society
Canadian Fair Trade Network
The Dogwood Initative "Oil Spill Virtual Reality"
Greenpeace Canada
Historica Canada
Ikea Canada
Justin Poulsen
Kraft Canada Inc. Kraft Peanut Butter (Agency of Record); 2017
Lens and Shutter Campaign: "Shot on a phone"
Metro Canada Campaign: "Available anywhere. Download the Metro app today.", Campaign: "Pocket Sized"
Molson Coors Canada (Agency of Record) Beer Fridge, Campaign: "Wake Up", Canadian & Rickard's Brands (Agency of Record), Coors Light, Creative
Parissa
Science World
Scotts Canada Weed B Gon
Sheridan College
Starlight Children's Foundation Canada Campaign: "Ward + Robes"
Toronto Star (Agency of Record)
Uber
WestJet Airlines Ltd (Lead Strategic & Creative Agency); 2018
Weston Bakeries Brand Strategy, Creative, Wonder Bread (Agency of Record)
WhiteWave Foods Brand Strategy, Creative, Silk, Strategic
YWCA

RETHINK CREATIVE GROUP
401 Pebble Way, Arlington, TX 76006
Tel.: (571) 264-0522
Web Site: https://www.rethink.agency

Year Founded: 2013

Agency Specializes In: Advertising, Affluent Market, Brand Development & Integration, Business-To-Business, College, Consulting, Content, Corporate Identity, Digital/Interactive, Direct-to-Consumer, E-Commerce, Electronic Media, Email, Event Planning & Marketing, Faith Based, Graphic Design, Guerilla Marketing, Identity Marketing, Integrated Marketing, Internet/Web Design, Logo & Package Design, Media Buying Services, Men's Market, Package Design, Planning & Consultation, Print, Production (Ad, Film, Broadcast), Promotions, Public Relations, Publicity/Promotions, RSS (Really Simple Syndication), Radio, Regional, Sales Promotion, Social Marketing/Nonprofit, Social Media, Strategic Planning/Research, T.V., Teen Market, Web (Banner Ads, Pop-ups, etc.), Women's Market

Accounts:
Adelbert's Brewery
jobipedia; 2015
Veritas Life Adventures; 2015

RETHINK MEDIA GROUP
729 Monroe St, Quincy, IL 62301
Tel.: (217) 222-2288
Fax: (217) 222-2286
Web Site: www.rethinkmediagroup.net

Employees: 3

Agency Specializes In: Advertising, Internet/Web Design, Media Planning, Print, Radio, Strategic Planning/Research, T.V.

Corie Royer *(Co-Owner)*
Susan Till *(Co-Owner)*

ADVERTISING AGENCIES
AGENCIES - JANUARY, 2019

Accounts:
Merkel Metal Recycling & Container Service

RETNA MEDIA INC.
2100 W Loop S Ste 900, Houston, TX 77027
Tel.: (917) 727-1540
E-Mail: info@retnamedia.com
Web Site: www.retnamedia.com

Employees: 5

Agency Specializes In: Advertising, Brand Development & Integration, Broadcast, Digital/Interactive, Direct Response Marketing, Email, Logo & Package Design, Package Design, Web (Banner Ads, Pop-ups, etc.)

Fritz Colinet *(Exec Creative Dir)*

Accounts:
Cafe Centosette Food Services
The Latino Click LLC. Entertainment Services

REUBEN RINK
939 Burke St Ste A, Winston Salem, NC 27101
Tel.: (336) 724-1766
E-Mail: info@reubenrink.com
Web Site: www.reubenrink.com

Employees: 13

Agency Specializes In: Advertising, Broadcast, Digital/Interactive, Print, Social Media, Strategic Planning/Research

J. G. Wolfe *(Owner & Pres)*
Penny Booze *(Controller)*
Randy Jones *(Dir-Content Dev)*
Martha Murphy *(Dir-PR)*
Amanda Marshall *(Acct Mgr-Relationship)*
Michelle Samuel *(Acct Coord)*
Keith Hutchens *(Sr Art Dir)*

Accounts:
Piedmont Wind Symphony

REVEL
1651 N Collins Blvd, Richardson, TX 75080
Tel.: (214) 396-6405
Fax: (214) 397-0203
E-Mail: info@revelunited.com
Web Site: www.revelunited.com

Employees: 3
Year Founded: 2006

Agency Specializes In: Advertising, Affluent Market, Brand Development & Integration, Broadcast, Business Publications, Business-To-Business, Children's Market, Collateral, Commercial Photography, Consulting, Consumer Marketing, Corporate Identity, Graphic Design, Health Care Services, Hispanic Market, Identity Marketing, Integrated Marketing, International, Internet/Web Design, LGBTQ Market, Logo & Package Design, Luxury Products, Magazines, Medical Products, Multimedia, Newspaper, Newspapers & Magazines, Out-of-Home Media, Outdoor, Package Design, Paid Searches, Planning & Consultation, Point of Purchase, Point of Sale, Print, Production (Print), Radio, Regional, Restaurant, Retail, Strategic Planning/Research, T.V., Technical Advertising, Trade & Consumer Magazines, Transportation, Women's Market

Approx. Annual Billings: $8,600,000

Breakdown of Gross Billings by Media: Consulting: 20%; Radio & T.V.: 80%

Horacio Cobos *(Owner & Creative Dir)*

Accounts:
Baylor Health Care System; Dallas, Texas; 2006
deBoulle; Dallas, TX Jewelry; 2006
Global Smoothie Supply Inc; Dallas, Texas Frutissimo Brand; 2008
Maggie Moo's Ice Cream & Treatery Creative
Marble Slab Creamer Creative
Morrison & Cox
Sound Isolation Company: Charlotte NC; 2007

REVEL ADVERTISING
429 N Boonville, Springfield, MO 65806
Tel.: (417) 368-6966
E-Mail: howdy@reveladvertising.com
Web Site: www.reveladvertising.com

Employees: 9
Year Founded: 2010

Agency Specializes In: Advertising, Brand Development & Integration, Internet/Web Design, Print

Chris Jarratt *(Partner & Creative Dir)*
Amanda Day *(Art Dir)*
Megan Buchbinder *(Dir-Mktg & Accts)*
Shelby Greninger *(Acct Exec & Media Planner)*

Accounts:
Missouri State Bears

REVEL INTERACTIVE
2190 W Morrison Ct, Grand Junction, CO 81501
Tel.: (970) 444-2084
E-Mail: info@revelinteractive.com
Web Site: www.revelinteractive.com

Employees: 14

Agency Specializes In: Advertising, Email, Search Engine Optimization, Social Media

Kayla Faires *(Founder & Pres)*
Paige Hall *(Acct Dir)*
Chelsea Rae Maxwell *(Dir-Client Strategy)*
Stephen Wang *(Dir-Mktg & Ops)*
Rachel Meyer *(Mgr-Digital Mktg)*
Lindsey Tannenbaum *(Mgr-Digital Mktg)*

Accounts:
Nicole Miller

REVEL UNITED
1651 N Collins Blvd, Richardson, TX 75080
Tel.: (214) 396-6405
Web Site: http://www.revelunited.com/

Employees: 6
Year Founded: 2006

Agency Specializes In: Advertising, Brand Development & Integration

Horacio Cobos *(Owner & Creative Dir)*

Accounts:
Baylor Scott & White Health Campaign: "Changing Health Care. For Life"
Great American Cookies
MaggieMoo's Ice Cream & Treatery
Marble Slab Creamery

REVERB COMMUNICATIONS INC.
18711 Tiffeni Dr Ste K, Twain Harte, CA 95383
Tel.: (209) 586-1495
Fax: (209) 586-1855
E-Mail: info@reverbinc.com
Web Site: www.reverbinc.com

Employees: 15

Agency Specializes In: Brand Development & Integration, Collateral, Hospitality, Market Research, Media Buying Services, Package Design, Public Relations, Recruitment, Sales Promotion, Sponsorship

Tracie Snitker Kennedy *(Pres)*
Abby Oliva *(Dir-PR)*
Danitra Alomia *(Sr Mgr-PR)*

Accounts:
3D Chat
Artfire Films
Frima
Harmonix
Majesco Entertainment Company
Pangea Software
Playlogic Entertainment Inc Video Game Publisher
Playlogic Entertainment Inc Entertainment Software Publisher
ZEN Studios Online Gaming Services

REVHEALTH
55 Bank St, Morristown, NJ 07960
Tel.: (973) 867-6500
Web Site: www.revhealth.com

Employees: 101

Agency Specializes In: Advertising, Brand Development & Integration

Bruce Medd *(Mng Partner)*
Helen Boak *(Sr VP & Creative Dir)*
Rich Adams *(VP-Client Svcs)*
Bethany Tanno *(VP-Client Svcs)*
Lauren Marchitelli *(Acct Supvr)*

Accounts:
ADARE Pharmaceuticals
Alere
Alkermes
Allergan
Amarin
Essilor
Exeltis
Ferring Pharmaceuticals
Genentech
Impax
Lannett
Merck
New-Novartis
Olympus
Orexo
Pacira
Pfizer
Regeneron
Sanofi
Stryker
SUN Pharma
Valeant

REVIVEHEALTH
Ste 214, Nashville, TN 37203
Tel.: (615) 742-7242
Web Site: www.webershandwick.com

Employees: 50

Agency Specializes In: Advertising, Brand Development & Integration, Digital/Interactive, Internet/Web Design, Public Relations, Search Engine Optimization, Social Media

Brandon Edwards *(CEO)*
Nick Litwinko *(Mng Dir)*
Chris Bevolo *(Exec VP)*
Chris Bearg *(Sr VP & Head-Strategic Plng)*
Paul Ratzky *(Sr VP-Brand Engagement)*

AGENCIES - JANUARY, 2019 — ADVERTISING AGENCIES

Danielle Tyburski *(Sr VP-Digital)*
Katherine Brick *(VP)*
Sara Iversen *(VP-Bus Dev)*
Ashley Merchant *(VP)*
Joshua Schoonover *(VP-Content Strategy)*
Camille Strickland *(VP-Health Sys Mktg)*
Kris Wickline *(VP-Weber Shandwick)*
Paul Hackett *(Creative Dir)*
Jim Huie *(Dir-Production)*
Erica Freckelton *(Mgr-Digital Engagement)*
Skye McIntyre-Bolen *(Sr Acct Supvr)*
Spencer Turney *(Sr Acct Exec)*
Luke Farkas *(Sr Specialist-Bus Strategy & Growth)*

Accounts:
Accumen
Arcadia Healthcare Solutions (Agency of Record)
Athenahealth Inc
The Christ Hospital
Connecture
HealthPort
Kyruus
Livongo Health
Lucro
mPulse Mobile
Oregon Health & Science University
Pamplona Capital Partners (Strategic Marketing Communication Agency of Record)
Salem Health
T-System, Inc.
Vanderbilt University Medical Center (Agency of Record) Advertising, Branding, Digital, Marketing, Public Relations, Social

REVLOCAL
4009 Columbus Rd SW Ste 222, Granville, OH 43023
Tel.: (740) 281-5016
E-Mail: info@revlocal.com
Web Site: www.revlocal.com

Employees: 245
Year Founded: 2011

National Agency Associations: LSA

Agency Specializes In: Advertising, Content, Digital/Interactive, Graphic Design, Paid Searches, Search Engine Optimization

Aaron Boggs *(Pres)*
Marc Hawk *(CEO)*
RJ Nicolosi *(Chief Digital Officer)*
Leslie Yurocko *(Dir-Learning & Dev)*

Accounts:
The Golf Depot

REVOLUTION MARKETING, LLC
600 W Chicago Ave Ste 220, Chicago, IL 60654
Tel.: (312) 529-5850
Fax: (312) 529-5851
E-Mail: info@revolutionworld.com
Web Site: www.revolutionworld.com

Employees: 65
Year Founded: 2001

National Agency Associations: PMA

Agency Specializes In: Above-the-Line, Advertising, Affluent Market, Automotive, Below-the-Line, Brand Development & Integration, Broadcast, Business-To-Business, College, Communications, Consulting, Consumer Goods, Consumer Marketing, Content, Copywriting, Corporate Communications, Corporate Identity, Digital/Interactive, Entertainment, Event Planning & Marketing, Exhibit/Trade Shows, Experience Design, Experiential Marketing, Fashion/Apparel, Financial, Food Service, Graphic Design, Guerilla Marketing, Hispanic Market, Hospitality, Identity Marketing, In-Store Advertising, Integrated Marketing, International, Internet/Web Design, Leisure, Local Marketing, Luxury Products, Market Research, Media Buying Services, Media Planning, Media Relations, Men's Market, Mobile Marketing, Out-of-Home Media, Outdoor, Planning & Consultation, Point of Purchase, Point of Sale, Production, Programmatic, Promotions, Public Relations, Publicity/Promotions, Radio, Social Marketing/Nonprofit, Social Media, Sponsorship, Sports Market, Strategic Planning/Research, Teen Market, Transportation, Travel & Tourism, Urban Market, Viral/Buzz/Word of Mouth, Web (Banner Ads, Pop-ups, etc.).

John Rowady *(Pres)*
Darren Marshall *(Partner & Exec VP)*
Christopher Sonntag *(Mng Dir & Head-Global Consulting)*
Larry Mann *(Exec VP)*
Brian Quarles *(Sr VP & Exec Creative Dir)*
Dave Mullins *(Sr VP)*
Terry Moon *(Mng Dir-Acctg & Fin)*
Dan Lobring *(VP-Mktg Comm)*
Mike Hormuth *(Sr Dir-Mktg Comm Grp)*
Kate Brady *(Media Dir)*
Michael Flood *(Dir-Strategy)*
Bill Lea *(Assoc Dir-Media Svcs)*
Katie Kester *(Mgr-Media Buying & Activation)*
David Hood *(Supvr-Client Svcs)*
Sean MacDuff *(Assoc-Media Plng & Buying)*
Douglas Tolish *(Assoc-Media)*

Accounts:
Chipotle (Sports Marketing Agency of Record)
Continental Tire (Sponsorship Marketing Agency of Record)
Delta Faucet
ESPN
General Tire (Sports Marketing Agency of Record)
Goose Island
Louis Vuitton America's Cup World Series Chicago (Sports Marketing Agency of Record)
Northwestern Mutual (Sports Marketing Agency of Record)
Polaris Industries Inc. Off-Road Vehicles (Media Agency of Record)
Red Bull
Samsung
Travelers

REVOLVE
Suite 225 200 Waterfront Drive, Bedford, NS B4A 4J4 Canada
Tel.: (902) 835-3559
Fax: (902) 835-6971
E-Mail: info@revolve.ca
Web Site: www.revolve.ca

Employees: 40

Agency Specializes In: Digital/Interactive, Internet/Web Design, Mobile Marketing, Print, Radio, Social Marketing/Nonprofit, Social Media, Strategic Planning/Research, T.V., Web (Banner Ads, Pop-ups, etc.)

Phil Otto *(CEO & Sr Strategist-Brand)*
Matthew Allen *(Partner & Creative Dir)*
Sam Archibald *(Art Dir)*
Robin Cook *(Dir-Media & Sr Brand Strategist)*
Mike Bardsley *(Strategist-Brand)*
Nicola Hancock *(Strategist-Media)*
Alyson Sanders *(Strategist-Brand)*

Accounts:
Ace Hardware
Atlantic Lottery Lottery Service Providers
Brain Candy Toys
Tour For Kids Bicycle Camp

REVSHARE
32836 Wolf Store Rd, Temecula, CA 92592
Tel.: (951) 302-2091
Fax: (951) 302-0579
E-Mail: info@revshare.com
Web Site: www.revshare.com

Employees: 60
Year Founded: 1989

Kristen Held *(Sr VP-Performance Media-Admore)*
Alan Levien *(VP-IT)*
Sonia Martinez *(Dir-IS & Project Mgmt)*
Joseph Spillman *(Dir-Media Ops)*
Sarah Beecher *(Mgr-Multimedia Production)*
Angela Healey *(Coord-Direct Response Sls)*

Accounts:
Ebay

REX DIRECT NET, INC.
100 Springdale Rd A3 Ste 253, Cherry Hill, NJ 08003
Tel.: (856) 489-9581
Fax: (201) 221-7733
Toll Free: (888) 572-3244
E-Mail: contactus@rexdirectnet.com
Web Site: http://rexdirect.com/

Employees: 20
Year Founded: 2001

Agency Specializes In: Affiliate Marketing, Affluent Market, African-American Market, Business-To-Business, Children's Market, College, Consumer Goods, Cosmetics, Digital/Interactive, Direct-to-Consumer, E-Commerce, International, Internet/Web Design, Market Research, Men's Market, Planning & Consultation, Teen Market, Web (Banner Ads, Pop-ups, etc.), Women's Market

Jennine T. Rexon *(Pres)*
Vito Tonkonog *(VP & Head-Generation & Pay-Per-Call)*

REYNOLDS & ASSOCIATES
2041 Rosecrans Ave, El Segundo, CA 90245
Tel.: (310) 324-9155
Fax: (310) 324-9186
E-Mail: info@reynoldsand.com
Web Site: www.reynoldsla.com

E-Mail for Key Personnel:
President: cwreynolds@reynoldsand.com
Creative Dir.: rross@reynoldsand.com
Production Mgr.: kshaver@reynoldsand.com

Employees: 13
Year Founded: 1991

National Agency Associations: THINKLA

Agency Specializes In: Advertising, Bilingual Market, Brand Development & Integration, Broadcast, Business Publications, Business-To-Business, Children's Market, Co-op Advertising, Collateral, Communications, Consulting, Consumer Marketing, Corporate Identity, Digital/Interactive, Direct Response Marketing, E-Commerce, Event Planning & Marketing, Exhibit/Trade Shows, Financial, Graphic Design, High Technology, Hispanic Market, Industrial, Information Technology, Internet/Web Design, Leisure, Logo & Package Design, Magazines, Media Buying Services, New Product Development, Newspaper, Newspapers & Magazines, Out-of-Home Media, Outdoor, Point of Purchase, Point of Sale, Print, Production, Public Relations, Publicity/Promotions, Radio, Restaurant, Retail, Sales Promotion, Seniors' Market, Strategic Planning/Research, Sweepstakes, T.V., Trade & Consumer Magazines, Transportation, Travel & Tourism

Charles W. Reynolds, Jr. *(Pres & CEO)*
Margie Gostyla *(Exec VP)*

ADVERTISING AGENCIES

Catherine Braybrooke *(Acct Dir)*
Leticia Brunner *(Media Dir)*
Kat Shaver *(Dir-Production Svcs)*

THE REYNOLDS GROUP
(Acquired by Phase 3 Marketing & Communications)

THE REYNOLDS GROUP
60 Walton St Nw Ste 200, Atlanta, GA 30303
Tel.: (404) 888-9348
Fax: (404) 888-9349
E-Mail: info@thereynoldsgroupinc.com
Web Site: http://www.phase3mc.com/pr/

Employees: 14

Kendra Lively *(VP-Creative)*
Michelle Flood *(Mktg Dir-Tableware-Walmart)*
Rich Guglielmo *(Creative Dir)*
Jennifer Buchach *(Dir-Natl & Strategic Accts)*
Christina Gonzalez *(Dir-Natl & Strategic Accts)*

Accounts:
Abattoir
Open Hand
Podponics
Sage & Swift Gourmet Catering
Serpas True Food
Spa Sydell
Star Provisions
Troubadour

REZONATE MEDIA INC.
228 E Broadway, Long Beach, CA 90802
Tel.: (626) 382-2288
Fax: (626) 382-2289
E-Mail: info@rezonatemedia.com
Web Site: www.rezonatemedia.com

Employees: 17

Agency Specializes In: Advertising, Media Buying Services

Imelda Cruz *(Media Buyer)*

RFB COMMUNICATIONS GROUP
750 S Hanley Rd Apt 190, Saint Louis, MO 63105
Tel.: (813) 259-0345
Fax: (813) 250-2816
E-Mail: info@rfbcommunications.com
Web Site: www.rfbcommunications.com

Employees: 6

Agency Specializes In: Crisis Communications, Media Relations, Public Relations

Suzie Boland *(Founder & Pres)*

Accounts:
STAR Technology Enterprise Technology & Manufacturing Services

R.H. BLAKE, INC.
26600 Renaissance Pkwy, Cleveland, OH 44128-5773
Tel.: (216) 595-2400
Fax: (216) 595-2410
Web Site: www.rhblake.com

E-Mail for Key Personnel:
President: brb@rhblake.com

Employees: 6
Year Founded: 1984

Agency Specializes In: Business-To-Business, Environmental, Industrial, Medical Products, Pharmaceutical, Technical Advertising

Approx. Annual Billings: $2,000,000

Breakdown of Gross Billings by Media: Bus. Publs.: $400,000; Collateral: $900,000; D.M.: $100,000; Production: $300,000; Pub. Rels.: $100,000; Sls. Promo.: $200,000

Bruce Blake *(Pres)*
Dan Konstantinovsky *(Head-Bus Dev)*
Bradley Urbon *(Sr Acct Mgr)*
Colleen McKenna *(Production Mgr)*

Accounts:
Sly, Inc.; Strongsville, OH

RHEA + KAISER
400 E Diehl Rd, Naperville, IL 60563
Tel.: (630) 505-1100
Fax: (630) 505-1109
E-Mail: info@rkconnect.com
Web Site: www.rkconnect.com

E-Mail for Key Personnel:
President: dmartin@rkconnect.com
Creative Dir.: rlanda@rkconnect.com

Employees: 60
Year Founded: 1978

National Agency Associations: AMA-NAMA-PRSA

Agency Specializes In: Advertising, Agriculture, Brand Development & Integration, Business-To-Business, College, Communications, Consulting, Consumer Marketing, Digital/Interactive, Direct Response Marketing, Event Planning & Marketing, Health Care Services, Internet/Web Design, Media Buying Services, Media Planning, Pets, Public Relations, Publicity/Promotions, Social Media, Sponsorship, Strategic Planning/Research

Breakdown of Gross Billings by Media: Collateral: 4.8%; D.M.: 1.5%; Fees: 23.1%; Other: 5.2%; Out-of-Home Media: 1.2%; Print: 19.2%; Pub. Rels.: 6.9%; Radio: 24%; T.V.: 14.1%

Diane Martin *(Pres & CEO)*
Martha Porter Fiszer *(Sr VP & Exec Creative Dir)*
Jeff Walter *(Sr VP & Exec Dir-Acct Mgmt & Plng)*
Jack Vos *(VP & Creative Dir)*
Amy McEvoy *(Acct Dir & Assoc Dir-PR)*
Susie White *(Acct Dir-Acct Mgmt & Plng)*
Paul MacNerland *(Assoc Dir-Creative)*
Jason Fuerst *(Mgr-Creative Svcs)*
Dustin Gerdes *(Mgr-Analytics & Customer Engagement)*
Jim Holstine *(Mgr-Studio)*
Laura Findling *(Sr Acct Supvr)*
Greg Lammert *(Sr Acct Supvr-PR)*
Pam Caraway *(Acct Supvr-PR)*
Kelsey Hart *(Acct Supvr)*
Katie Kaiser *(Acct Supvr)*
Denise Leach *(Acct Supvr-PR)*
Mary Hull *(Supvr-Production)*
Cindy Sanders *(Media Buyer)*
Erinmarie Petty *(Coord-Client Acctg)*
Sarah Sikorski *(Coord-Digital Media)*
Michelle Nickrent *(Asst Acct Mgr-PR)*

Accounts:
Bayer CropScience BIO Brands, Crop Protection Products, Fungicide, Herbicide, Insecticide; 1985
Cotton Council International Commodity Promotion; 2011
FFA Student Organization; 2001
GROWMARK, Inc. Ag Services & Supplies Cooperative, FS; 1981
Northwestern Memorial Hospital
Sandvik Mining & Construction Mining & Construction Equipment; 2007
University of Illinois at Urbana Agricultural Communications Program, Digital, Social

Valley Irrigation Agricultural Irrigation Systems; 2007

RHINO MARKETING WORLDWIDE
550 Post Oak Blvd Ste 450, Houston, TX 77027
Tel.: (713) 681-6711
Fax: (713) 681-5220
Web Site: www.rhinoworldwide.com

Employees: 1
Year Founded: 1994

Agency Specializes In: Advertising, Brand Development & Integration, Market Research, Media Planning, Sponsorship, Strategic Planning/Research

Thomas Hensey *(Mng Partner)*
Brian Dubiski *(Partner-Strategic Bus Dev)*

Accounts:
Keller Williams Realty

RHOADS CREATIVE, INC.
600 Willowbrook Ln Ste 601, West Chester, PA 19382
Tel.: (610) 430-8141
Web Site: www.rdgcreative.com

Employees: 6

Agency Specializes In: Advertising, Brand Development & Integration, Content, Internet/Web Design, Print, Search Engine Optimization, Social Media

Accounts:
Environmental Strategy Consultants, Inc.

RHYCOM STRATEGIC ADVERTISING
Corporate Woods, Bldg 27, Overland Park, KS 66210
Tel.: (913) 451-9102
Fax: (913) 451-9106
E-Mail: info@rhycom.com
Web Site: www.rhycom.com

E-Mail for Key Personnel:
President: rrhyner@rhycom.com

Employees: 10
Year Founded: 1999

Agency Specializes In: Advertising, Brand Development & Integration, Business Publications, Business-To-Business, Collateral, Communications, Consulting, Consumer Marketing, Consumer Publications, Corporate Identity, Direct Response Marketing, E-Commerce, Event Planning & Marketing, Graphic Design, Information Technology, Logo & Package Design, Magazines, Media Buying Services, Merchandising, New Product Development, Out-of-Home Media, Outdoor, Pharmaceutical, Planning & Consultation, Point of Purchase, Point of Sale, Print, Production, Public Relations, Publicity/Promotions, Radio, Sales Promotion, Strategic Planning/Research, Technical Advertising, Trade & Consumer Magazines

Approx. Annual Billings: $3,000,000

Breakdown of Gross Billings by Media: Bus. Publs.: 10%; Collateral: 20%; Exhibits/Trade Shows: 5%; Fees: 5%; Graphic Design: 10%; Radio: 20%; Strategic Planning/Research: 10%; Trade & Consumer Mags.: 20%

Rick Rhyner *(Pres)*
Pam Williams *(Dir-Media & Client Svcs)*

AGENCIES - JANUARY, 2019 — ADVERTISING AGENCIES

Accounts:
7th Street Casino Digital, Print, Radio Creative Development, Social Media, Traditional Media Planning & Buying
Sheridans Frozen Custard Corp
Toner Jewelers Broadcast Advertising, Interactive, Website
Vince & Associates Clinical Research
Xenotech

RHYMES ADVERTISING & MARKETING
4516 Larch Ln, Bellaire, TX 77401
Tel.: (713) 871-8980
Fax: (713) 871-0855
E-Mail: felix@rhymes.com
Web Site: www.rhymes.com

Employees: 4
Year Founded: 1981

National Agency Associations: AAF

Agency Specializes In: Advertising, Affluent Market, Alternative Advertising, Arts, Automotive, Brand Development & Integration, Broadcast, Business Publications, Business-To-Business, Cable T.V., Catalogs, Children's Market, Co-op Advertising, Collateral, Communications, Computers & Software, Consumer Goods, Consumer Marketing, Consumer Publications, Corporate Identity, Digital/Interactive, Direct Response Marketing, Direct-to-Consumer, Electronic Media, Electronics, Entertainment, Event Planning & Marketing, Fashion/Apparel, Financial, Food Service, Government/Political, Graphic Design, Guerilla Marketing, Health Care Services, High Technology, Hospitality, Identity Marketing, In-Store Advertising, Industrial, Infomercials, Integrated Marketing, Internet/Web Design, Legal Services, Leisure, Local Marketing, Logo & Package Design, Luxury Products, Magazines, Market Research, Media Buying Services, Media Planning, Medical Products, Men's Market, Merchandising, Multimedia, New Technologies, Newspaper, Newspapers & Magazines, Out-of-Home Media, Outdoor, Over-50 Market, Package Design, Point of Purchase, Point of Sale, Print, Product Placement, Production, Production (Print), Promotions, Public Relations, Publicity/Promotions, Radio, Real Estate, Recruitment, Regional, Restaurant, Retail, Sales Promotion, Seniors' Market, Social Marketing/Nonprofit, South Asian Market, Sponsorship, Stakeholders, Strategic Planning/Research, T.V., Telemarketing, Trade & Consumer Magazines, Transportation, Travel & Tourism, Viral/Buzz/Word of Mouth, Women's Market

Felix Rhymes *(Pres)*

RHYTHMONE
8 New England Executive Pk, Burlington, MA 01803
Tel.: (781) 272-5544
Fax: (781) 852-5163
Web Site: https://www.rhythmone.com/

Employees: 150

Eric Singer *(Chm)*
Mark Bonney *(Pres & CEO)*
John Babcock *(VP-Influencer Sls)*
Amy MacKinnon-Guenel *(VP-Product)*
Chuck Moran *(VP-Mktg)*
Caitlin Quaranto *(Sr Dir-Influencer Mktg)*
Russell Redard *(Sr Dir-IT)*
Melody Agnew Brunell *(Dir-Influencer Activations)*
Jenny Caleo *(Dir-Programmatic Supply)*
Nilesh Dhawale *(Dir-Products)*
Emmy Kishida *(Dir-Sls Ops)*
Caroline Pacl *(Sr Acct Mgr-Influencer Activations)*
Chelsea Beyerman *(Acct Mgr-Influencer Activations)*
Scott Kerr *(Sr Acct Exec)*
Joe Souza *(Sr Engr-Software)*

Accounts:
RedOrbit

Branches

RhythmOne
1156 Ave Of The Americas Ste 301, New York, NY 10168
Tel.: (917) 621-8618
Fax: (212) 759-8334
Web Site: https://www.rhythmone.com/

Employees: 85

Agency Specializes In: Advertising, Digital/Interactive, Internet/Web Design, New Technologies

Chuck Moran *(VP-Mktg)*
Katie Paulsen *(VP-Influencer Mktg)*
Catharine Anderson Dyer *(Sr Dir-Influencer Sls)*
Chris Ryan *(Sls Dir-Influencer Mktg)*
David Neuman *(Dir-Sls Strategy)*
Madison Etheridge *(Acct Mgr)*
Suzie Zevallos *(Acct Mgr)*
Liz Gaydos *(Mktg Mgr-Media Solutions)*
Brittany Dickson *(Mgr-Media Partnerships)*

Accounts:
EveryZing
Pawspot

YuMe
1204 Middlefield Rd, Redwood City, CA 94063
(See Separate Listing)

THE RIBAUDO GROUP
59 Bay 38Th St, Brooklyn, NY 11214
Tel.: (212) 465-2496
Fax: (212) 465-2497
E-Mail: victor@theribaudogroup.com
Web Site: www.theribaudogroup.com

Employees: 15

Agency Specializes In: Advertising, Advertising Specialties, Brand Development & Integration, Catalogs, Co-op Advertising, Collateral, Commercial Photography, Communications, Consulting, Consumer Goods, Consumer Publications, Corporate Identity, Custom Publishing, Direct Response Marketing, Email, Fashion/Apparel, Food Service, Graphic Design, In-Store Advertising, Internet/Web Design, Logo & Package Design, Magazines, Merchandising, New Product Development, Newspaper, Newspapers & Magazines, Out-of-Home Media, Outdoor, Point of Purchase, Point of Sale, Print, Production, Production (Ad, Film, Broadcast), Production (Print), Publishing, Radio, Real Estate, Restaurant, Retail, Trade & Consumer Magazines, Transportation, Web (Banner Ads, Pop-ups, etc.)

Approx. Annual Billings: $8,000,000

Victor Ribaudo *(Owner)*

Accounts:
American Manufacturers Mall
Davinci Imported Pasta
The Food Emporium; Montvale, NJ Supermarket
The Great Atlantic & Pacific Tea Co., Inc.; Montvale, NJ Supermarkets
World Finer Foods; Bloomfield, NJ DaVinci & Reese

RIBBOW MEDIA GROUP, INC.
251 2nd Ave S Ste 102, Franklin, TN 37064
Tel.: (615) 400-7300
E-Mail: hello@ribbowmediaclients.com
Web Site: www.ribbowmediagroup.com/

Employees: 15
Year Founded: 2014

Agency Specializes In: Content, Digital/Interactive, Experiential Marketing, Faith Based, Social Media, Strategic Planning/Research

Ash Greyson *(Founder)*
Barry Landis *(Pres & CEO)*
Jon Schroeder *(COO)*
Evan Derrick *(Sr VP-Mktg & Dev)*
Kristen Evans *(Acct Dir)*

Accounts:
CBN
Echolight Studios
Focus Features
Lionsgate
Provident Films
Pure Flix
SONY/AFFIRM Films
Thomas Nelson

RICHARDS
8350 Whispering Pines Dr, Russell, OH 44072-9591
Tel.: (216) 514-7800
E-Mail: jrichards@richardsgo.com
Web Site: www.richardsgo.com

Employees: 6
Year Founded: 1981

Agency Specializes In: Advertising Specialties, Asian Market, Automotive, Bilingual Market, Brand Development & Integration, Broadcast, Business Publications, Business-To-Business, Cable T.V., Catalogs, Co-op Advertising, Collateral, Communications, Consulting, Consumer Goods, Consumer Marketing, Consumer Publications, Content, Corporate Communications, Corporate Identity, Custom Publishing, Customer Relationship Management, Digital/Interactive, Direct Response Marketing, Direct-to-Consumer, E-Commerce, Electronic Media, Electronics, Email, Engineering, Environmental, Event Planning & Marketing, Exhibit/Trade Shows, Graphic Design, Guerilla Marketing, Health Care Services, Identity Marketing, In-Store Advertising, Industrial, Infomercials, Integrated Marketing, International, Internet/Web Design, Investor Relations, Local Marketing, Logo & Package Design, Magazines, Market Research, Media Buying Services, Media Planning, Media Relations, Media Training, Medical Products, Merchandising, Mobile Marketing, Multicultural, Multimedia, New Product Development, New Technologies, Newspaper, Newspapers & Magazines, Out-of-Home Media, Outdoor, Over-50 Market, Package Design, Paid Searches, Pharmaceutical, Planning & Consultation, Podcasting, Point of Purchase, Point of Sale, Print, Product Placement, Production, Production (Print), Promotions, Public Relations, Publicity/Promotions, Radio, Retail, Sales Promotion, Search Engine Optimization, Seniors' Market, Social Marketing/Nonprofit, South Asian Market, Strategic Planning/Research, Sweepstakes, T.V., Trade & Consumer Magazines, Yellow Pages Advertising

John Richards *(Pres & CEO)*

Accounts:
ABB Inc.
Honeywell International; Morristown, NJ
MetroHealth Hospital Systems; Cleveland, OH
Spectrum Orthopaedics

ADVERTISING AGENCIES
AGENCIES - JANUARY, 2019

University Hospitals

RICHARDS/CARLBERG
1900 W Loop S Ste 1100, Houston, TX 77027
Tel.: (713) 965-0764
Fax: (713) 965-0135
E-Mail: chuck_carlberg@richardscarlberg.com
Web Site: www.richardscarlberg.com

Employees: 25
Year Founded: 1948

National Agency Associations: 4A's-AAF

Agency Specializes In: Advertising, African-American Market, Asian Market, Automotive, Bilingual Market, Brand Development & Integration, Broadcast, Business-To-Business, Cable T.V., Co-op Advertising, Collateral, Communications, Consumer Marketing, Consumer Publications, Corporate Communications, Corporate Identity, Digital/Interactive, Direct Response Marketing, Electronic Media, Event Planning & Marketing, Exhibit/Trade Shows, Financial, High Technology, Hispanic Market, In-Store Advertising, Industrial, Internet/Web Design, Local Marketing, Logo & Package Design, Media Buying Services, Merchandising, Multimedia, New Product Development, Newspaper, Newspapers & Magazines, Out-of-Home Media, Outdoor, Point of Purchase, Point of Sale, Print, Production, Public Relations, Publicity/Promotions, Radio, Restaurant, Retail, Sales Promotion, Sponsorship, Strategic Planning/Research, Sweepstakes, T.V., Trade & Consumer Magazines, Yellow Pages Advertising

Approx. Annual Billings: $45,000,000

Gayl Carlberg *(Co-Principal & Creative Dir)*
Chuck Carlberg *(Principal-Brand Creative)*
Mike Malone *(Grp Head-Creative)*
Karen Holland *(Brand Dir-Creative & Art)*
Nick Munoz *(Art Dir)*
Norma Bolton *(Office Mgr)*
Sydney Bailey *(Brand Mgr)*
Brittany Guerra *(Brand Mgr)*
Audrey Henderson *(Brand Mgr)*

Accounts:
Aggreko LLC
Blue Bell Creameries (Agency of Record) Creative, OOH, Print, Radio, Social Media, Strategy
Buffalo Bayou Partnership
Darden Restaurants Olive Garden
End Hunger Network
HomeVestors of America; Dallas, TX Home Buying Services, Reselling Services; 2005
Houston Airport Systems
Houston Chronicle Newspaper & Interactive Online Services
Mahindra
People's Trust Federal Credit Union
RiceTec Rice Select
The Rose
Signature Home Theater
Snelson Oilfield Lighting
The Sterling Group
Stop Trashing Houston
University of Saint Thomas

THE RICHARDS GROUP, INC.
2801 N Central Expwy, Dallas, TX 75204
Tel.: (214) 891-5700
Fax: (214) 265-2933
E-Mail: diane_fannon@richards.com
Web Site: www.richards.com

Employees: 734
Year Founded: 1976

National Agency Associations: 4A's-ABC

Agency Specializes In: Advertising, Advertising Specialties, Affluent Market, African-American Market, Automotive, Aviation & Aerospace, Bilingual Market, Brand Development & Integration, Branded Entertainment, Broadcast, Business Publications, Business-To-Business, Cable T.V., Children's Market, Co-op Advertising, Collateral, College, Communications, Consulting, Consumer Goods, Consumer Marketing, Consumer Publications, Corporate Communications, Corporate Identity, Cosmetics, Crisis Communications, Customer Relationship Management, Digital/Interactive, Direct Response Marketing, Direct-to-Consumer, E-Commerce, Education, Electronic Media, Electronics, Email, Entertainment, Event Planning & Marketing, Exhibit/Trade Shows, Experience Design, Fashion/Apparel, Financial, Food Service, Game Integration, Government/Political, Graphic Design, Guerilla Marketing, Health Care Services, Hispanic Market, Hospitality, Household Goods, In-Store Advertising, Integrated Marketing, Internet/Web Design, Investor Relations, Leisure, Local Marketing, Logo & Package Design, Luxury Products, Magazines, Marine, Market Research, Media Buying Services, Media Planning, Media Relations, Media Training, Medical Products, Men's Market, Mobile Marketing, Multicultural, Multimedia, New Product Development, New Technologies, Newspaper, Newspapers & Magazines, Out-of-Home Media, Outdoor, Over-50 Market, Package Design, Paid Searches, Planning & Consultation, Point of Purchase, Point of Sale, Print, Product Placement, Production, Production (Print), Promotions, Public Relations, Publicity/Promotions, Radio, Real Estate, Recruitment, Regional, Restaurant, Retail, Sales Promotion, Search Engine Optimization, Seniors' Market, Social Marketing/Nonprofit, Social Media, Sponsorship, Sports Market, Strategic Planning/Research, Sweepstakes, Syndication, T.V., Trade & Consumer Magazines, Transportation, Travel & Tourism, Urban Market, Viral/Buzz/Word of Mouth, Women's Market

Approx. Annual Billings: $1,390,000,000

Todd McArtor *(Grp Head-Creative & Art Dir)*
David Crawford *(Head-Brand Grp Creative)*
Ryan Beals *(Art Dir)*
Nick Denman *(Art Dir)*
Bridget Fontenot *(Producer-Brdcst)*
Kyle Kelley *(Brand Dir-Creative & Art)*
Lynn Louria *(Producer-Brdcst)*
Arthur Stewart *(Art Dir)*
Aaron Thornton *(Creative Dir)*
Rachel Migliore Tubbs *(Art Dir)*
Greg Gibson *(Dir-Brdcst Production)*
Jonathan Jeter *(Dir-Tech)*
Michelle Solomon McLeod *(Sr Brand Mgr)*
Ann Bills *(Brand Mgr)*
Jenny Dillon *(Brand Mgr)*
Zach Behr *(Supvr-Media Plng)*
Taylor McKee *(Supvr-Media Plng)*
Julia Viti *(Supvr-Programmatic Media)*
Kayla Dietz *(Media Planner)*
Bonner LaBarba *(Planner-Brand)*
Myia Thompkins *(Planner-Brand)*
Connie Andrews *(Coord-Creative & Brand Mgmt)*
Elena Dennis *(Coord)*
Amanda Neace *(Coord-Brand PR)*
Stuart Hill *(Sr Writer)*
Mike LaTour *(Sr Art Dir)*
Trevor Monteiro *(Grp Media Dir-Brand Media)*
Chuck Schiller *(Grp Creative Dir)*

Accounts:
ABERCROMBIE & FITCH CO. (Agency of Record)
New-Adeptus Health (Agency of Record); 2012
Advance Auto Parts, Inc. Brand, Creative; 2018
Aircraft Owners and Pilots Association (Agency of Record); 2014
New-American Bible Society (Agency of Record); 2016
American Cancer Society, Inc.; 2016
American Signature Inc. (Agency of Record) Branding Strategy, Creative, Digital, Social Media
Andersen Windows & Doors (Agency of Record); 2015
Anderson Erickson Dairy (Agency of Record) Independent Dairy; 2006
AssetBuilder (Agency of Record); 2014
Biltmore Estate (Agency of Record) Vanderbilt 8,000 Acre Estate; 2010
Boston Market (Agency of Record) Brand & Creative Strategy, Creative, Media Planning, Messaging; 2016
CAE Inc.; 2013
CAE Inc. (Agency of Record); 2013
Cardinal Health (Agency of Record); 2015
The Cayman Islands Department of Tourism Advertising, Branding, Creative, US Market; 2018
Central Market; San Antonio, TX Gourmet Grocery Chain; 2009
Charles Schwab Corporation (Agency of Record); 2014
New-Choctaw Nation of Oklahoma Division of Commerce (Agency of Record); 2016
Choctaw Nation of Oklahoma Casino Business (Agency of Record)
Dallas Symphony Orchestra (Agency of Record) Orchestra; 2010
Destination XL Group (Agency of Record); 2013
DISH Network Corporation (Creative Agency of Record); 2018
Dr Pepper Snapple Group, Inc 7UP, A&W Root Beer, Canada Dry, Digital, Social; 2015
Earthbound Trading Co. (Agency of Record); 2014
Famous Footwear (Agency of Record) Brand Strategy, Creative, Digital, Social Strategy
New-Farm Bureau Financial Services (Agency of Record); 2006
Fiat Chrysler Group Alfa Romeo, Broadcast, Campaign: "Courage Is Already Inside", Campaign: "Guts. Glory. Ram", Campaign: "Roots and Wings", Campaign: "The Pack", Commercial Vehicles, Dakota, Digital, Dodge, Print, Ram, Ram Light & Heavy Duty Truck, Ram Trucks (Agency of Record), Social Media, TV; 2009
Firehouse Subs (Agency of Record) Creative, Digital & Media Planning, Media Buying, Strategy
First Choice Emergency Room (Agency of Record); 2012
Fleet Laboratories (Agency of Record) Boudreaux's Butt Paste, Pedia-Lax, Personal Care & Health Care, Summer's Eve; 2010
FN America (Agency of Record); 2015
GameStop Corp. (Agency of Record) Assassin's Creed, Campaign: "Going To Gamestock", Campaign: "We're All Players", Halo, Video Game Retailer; 2006
Go RVing (Agency of Record) RV Travel Coalition; 2002
New-Grady Health System (Agency of Record); 2015
Grocery Outlet; 2008
H-E-B (Agency of Record) "Barbie", "Slogans", "Toga", "Wise", Advertising, Food Retailer; 1998
New-Hobby Lobby
The Home Depot (Agency of Record) Campaign: "Home Depot is More Than a Store. You Can Do it. We Can Help", Home Improvement Retailer, Magazine Ads, Newspaper, Radio, TV; 1993
New-Invitation Homes (Agency of Record); 2017
KeyBank (Agency of Record) Creative, Digital, Media
The Maids (Agency of Record) Residential Cleaning Company; 2002
MD Anderson Cancer Center (Agency of Record) Cancer Treatment & Research Center; 1996
MetroPCS (Agency of Record) Telecommunications Network; 2001
Mondelez International Canada Dry Ginger Ale
Motel 6 (Agency of Record) Budget Motel Chain; 1986

956

AGENCIES - JANUARY, 2019 — ADVERTISING AGENCIES

National Vision, Inc. (Agency of Record) Campaign: "Owl", Creative, Digital, Media Buying, Media Planning, Public Relations, Strategy Development
New-Nature's Variety (Agency of Record); 2017
New-Nautilus Hyosung (Agency of Record); 2016
New-NS Brands (Agency of Record) Brighthouse Organics, NatureSweet Tomatoes; 1998
New-NTT DATA (Agency of Record); 2016
Omni Hotels & Resorts (Agency of Record); 2015
Orkin Campaign: "Blind Date", Campaign: "Bug Wisdom", Campaign: "Fact or Fake", Campaign: "Pest Control Down to a Science", Pest Control Services, Residential & Commercial Pest Control Services; 2007
Overstock.com Commercial, Social, TV
Pier 1 Imports (Agency of Record) Home Furnishing & Accessories Retailer; 2010
New-Prestige Brands (Agency of Record) Boudreaux's Butt Paste, Fleet, Pedia-Lax, Phazyme, Summer's Eve; 2010
Propane Education Research Council (Agency of Record); 2015
PulteGroup (Agency of Record) Centex, Creative, Del Webb, DiVosta, Digital, John Wieland, Pulte Homes; 2015
New-Reily Foods Company (Agency of Record) Blue Plate Mayonnaise, Carroll Shelby's Chili Kit, French Market Coffee, Luzianne Tea, Swans Down Cake Flour; 2010
RiceSelect/Riviana Foods (Agency of Record) Specialty Rice & Pasta Products; 2010
Ruth's Chris Steak House (Agency of Record); 2013
SAIC (Agency of Record); 2008
The Salvation Army; 2006
Sea Island (Agency of Record) Resort; 2011
Sewell Automotive Group (Agency of Record) Automotive Dealer; 2002
Shamrock Farms (Agency of Record) Dairy; 2005
The Southeastern Conference (Agency of Record) Digital, Out-of-Home, Print, Radio, Television
Southeastern Conference (SEC) (Agency of Record); 2016
Southern Methodist University (Agency of Record); 2002
Sub-Zero (Agency of Record) Luxury Refrigeration; 2001
TGI Friday's (Agency of Record); 2017
Tire Rack (Agency of Record) Automotive Products Distributor; 2007
Tolleson Wealth Management; 2009
TXU Energy/Vistra Energy (Agency of Record) Electricity; 2011
TXU Energy; 2011
UCHealth (Agency of Record); 2016
University of Texas
Volunteers of America; 2011
Volunteers of America (Agency of Record) Social Service Provider; 2011
Wolf (Agency of Record) Campaign: "Reclaim the Kitchen", Luxury Cooking Appliances, Online; 2001
YouTube, LLC

Branches

Click Here Labs
2801 N Central Expy Ste 100, Dallas, TX 75231-6430
(See Separate Listing)

Latitude
2801 North Central Expressway, Dallas, TX 75204-3663
(See Separate Listing)

RBMM
7007 Twin Hills Ave Ste 200, Dallas, TX 75231
(See Separate Listing)

Richards/Lerma
7007 Twin Hills Ste 300, Dallas, TX 75231-6437
(See Separate Listing)

Richards Partners
2801 North Central Expressway, Dallas, TX 75204-3663
(See Separate Listing)

RICHARDS/LERMA
7007 Twin Hills Ste 300, Dallas, TX 75231-6437
Tel.: (214) 891-4100
Web Site: www.richardslerma.com

Employees: 70
Year Founded: 2008

Agency Specializes In: Above-the-Line, Advertising, Below-the-Line, Bilingual Market, Brand Development & Integration, Broadcast, Cable T.V., Collateral, Communications, Consulting, Consumer Goods, Custom Publishing, Digital/Interactive, Direct Response Marketing, Electronic Media, Email, Event Planning & Marketing, Hispanic Market, In-Store Advertising, Integrated Marketing, Internet/Web Design, Local Marketing, Magazines, Market Research, Media Buying Services, Media Planning, Mobile Marketing, Multimedia, Newspaper, Newspapers & Magazines, Out-of-Home Media, Outdoor, Paid Searches, Planning & Consultation, Point of Purchase, Point of Sale, Print, Production, Production (Ad, Film, Broadcast), Promotions, Public Relations, Publicity/Promotions, Radio, Regional, Social Media, Sponsorship, Sweepstakes, Syndication, T.V., Technical Advertising, Trade & Consumer Magazines, Viral/Buzz/Word of Mouth, Web (Banner Ads, Pop-ups, etc.)

Approx. Annual Billings: $75,000,000

Aldo Quevedo *(Principal & Creative Dir)*
Salma Gottfried *(Principal-Brand Mgmt)*
Pete Lerma *(Principal)*
Stan Richards *(Principal)*
Miguel Moreno *(Brand Dir-Creative)*
Francisco Cardenas *(Dir-Digital Strategy)*
Ovidio Hinojosa *(Strategist-Digital Strategy & Social Media)*
Matt Villanueva *(Writer-Brand Creative)*

Accounts:
Advance Auto Parts Hispanic Advertising; 2009
Avocados From Mexico Digital, Social Media, Super Bowl 2018
Chrysler Dodge Jeep, Hispanic Advertising & Marketing, RAM Trucks; 2010
Encanto Popsicles Campaign: "Enchanted to meet you, 1"
FRAM Hispanic Advertising; 2008
The Home Depot Hispanic Advertising & Marketing; 2010
MetroPCS Brand & Social
Pizza Patron Creative, Digital, Product Development, Public Relations, Social Media
Prestone Hispanic Advertising; 2009
Salvation Army Hispanic Advertising; 2011
T-Mobile US, Inc Hispanic Advertising; 2009
United Way Hispanic Advertising; 2012

RICHTER7
150 S State St Ste 400, Salt Lake City, UT 84111
Tel.: (801) 521-2903
Fax: (801) 359-2420
E-Mail: email@richter7.com
Web Site: www.richter7.com

E-Mail for Key Personnel:
President: dnewbold@richter7.com
Public Relations: tbrown@richter7.com

Employees: 37
Year Founded: 1971

National Agency Associations: AMIN

Agency Specializes In: Advertising, Advertising Specialties, Brand Development & Integration, Broadcast, Business-To-Business, Collateral, Communications, Consumer Marketing, Consumer Publications, Corporate Identity, Digital/Interactive, Direct Response Marketing, Financial, Graphic Design, Health Care Services, Internet/Web Design, Leisure, Media Buying Services, Medical Products, Merchandising, New Product Development, Newspaper, Out-of-Home Media, Outdoor, Package Design, Point of Sale, Print, Public Relations, Radio, Social Media, Strategic Planning/Research, T.V., Transportation, Travel & Tourism, Web (Banner Ads, Pop-ups, etc.)

Approx. Annual Billings: $42,000,000

Breakdown of Gross Billings by Media: Brdcst.: $10,000,000; Collateral: $5,000,000; D.M.: $1,000,000; Internet Adv.: $1,000,000; Other: $23,000,000; Outdoor: $2,000,000

Tal Harry *(CEO & Partner)*
Walt McRoberts *(Partner & Exec VP-Media Strategy)*
Dave Newbold *(Partner & Exec Creative Dir)*
Tim Brown *(Partner)*
Joni Carrillo-Harry *(Media Planner & Buyer-Integrated)*

Accounts:
Apple Beer
BD Medical; Salt Lake City, UT Health Technology; 2007
Cocoa Metro Campaign: "Bunker", Campaign: "Flask"
Hogle Zoo; Salt Lake City, UT Entertainment, Zoorassic Park Campaign; 2002
Jackson Hole Resort Lodging; Jackson, WY Property Management; 1998
Questar
Salt Lake Community College; Salt Lake City, UT; 2007
Salt Lake County
Siemens Hearing Instruments
Utah Aikikai
Utah Commission on Marriage
Utah Highway Safety Office Campaign: "Eye Chart"
Utah's Hogle Zoo Campaign: "Hogle Zoo Zoorassic Park"
Workers Compensation Fund of Utah; Salt Lake City, UT Insurance; 1994
Zions Bancorporation; Salt Lake City, UT Financial Institution; 1997

RICOCHET PARTNERS, INC.
521 SW 11th Ave Ste 400, Portland, OR 97205
Tel.: (503) 220-0212
Fax: (503) 220-0213
Web Site: www.ricochetpartners.com

Employees: 10

Agency Specializes In: Brand Development & Integration, Consulting, Integrated Marketing, Local Marketing, Media Relations, New Product Development, Sponsorship

Peter Charlton *(Co-Founder & Chief Creative Officer)*
Jeanne McKirchy-Spencer *(Chm & Chief Strategy Officer)*
Kevin Chase *(Sr Dir-Art & Technical)*
Ron Spencer *(Dir-Digital Media Production)*
Alice Thornton Wright *(Sr Mgr-Mktg & Corp Learning)*

ADVERTISING AGENCIES
AGENCIES - JANUARY, 2019

Accounts:
eb5
Holcim US; 2008

RIDGE MARKETING & DESIGN LLC
91 S Maple Ave, Basking Ridge, NJ 07920
Tel.: (908) 340-4480
E-Mail: info@ridgemarketing.com
Web Site: www.ridgemarketing.com

Employees: 20
Year Founded: 2004

Agency Specializes In: Advertising, Brand Development & Integration, Collateral, Corporate Identity, Digital/Interactive, Internet/Web Design, Public Relations, Search Engine Optimization, Social Media

Rob Quincy *(Pres)*
Andrea Quincy *(Partner & Strategist-Mktg)*
Jim Lodise *(Creative Dir)*
Tracy Grace *(Acct Mgr)*

Accounts:
Hiperos

RIEGNER & ASSOCIATES, INC.
1200 Rochester Rd, Troy, MI 48083
Tel.: (248) 569-4242
Fax: (248) 443-0690
Web Site: www.riegner.com/

Employees: 15

Bernie Riegner *(CEO)*
Bryan Riegner *(Mng Dir)*
Jay Ragsdale *(Mgr-Digital Media)*

Accounts:
Detroit Diesel Corp.

RIESTER
3344 E Camelback Rd, Phoenix, AZ 85018
Tel.: (602) 462-2200
Fax: (602) 307-5811
E-Mail: astiles@riester.com
Web Site: www.riester.com

E-Mail for Key Personnel:
President: triester@riester.com

Employees: 70
Year Founded: 1989

Agency Specializes In: Advertising, Bilingual Market, Brand Development & Integration, Broadcast, Business-To-Business, Cable T.V., Children's Market, Communications, Consumer Marketing, Corporate Identity, Cosmetics, Digital/Interactive, Direct Response Marketing, E-Commerce, Education, Electronic Media, Entertainment, Environmental, Event Planning & Marketing, Fashion/Apparel, Financial, Food Service, Government/Political, Graphic Design, Health Care Services, High Technology, Hispanic Market, Information Technology, Internet/Web Design, Investor Relations, Marine, Media Buying Services, Medical Products, New Product Development, Newspaper, Newspapers & Magazines, Out-of-Home Media, Pets, Pharmaceutical, Planning & Consultation, Print, Production, Public Relations, Publicity/Promotions, Radio, Real Estate, Restaurant, Retail, Sales Promotion, Seniors' Market, Sponsorship, Sports Market, Strategic Planning/Research, T.V., Technical Advertising, Trade & Consumer Magazines, Transportation, Travel & Tourism

Breakdown of Gross Billings by Media: Cable T.V.: 20%; Outdoor: 8%; Print: 12%; Pub. Rels.: 9%; Radio: 12%; Spot T.V.: 35%; Trade Shows: 1%; Worldwide Web Sites: 3%

Timothy W. Riester *(Pres & CEO)*
Alan Perkel *(Partner & Chief Digital Officer)*
Tom Ortega *(Chief Creative Officer)*
Kurt Krake *(Exec Dir-Analytics & Innovation)*
Tricia Kashima *(Media Dir)*
Troy Pottgen *(Creative Dir)*
Christina Borrego *(Dir-PR)*
Stevie Lobosco *(Media Planner & Media Buyer)*
Anna Garza *(Sr Media Buyer & Planner)*
Kari Brill-Torrez *(Assoc Media Dir)*
Lindsay Cheatham *(Assoc Acct Dir)*
Ben Dveirin *(Assoc Creative Dir)*
Mike Ross *(Assoc Creative Dir)*

Accounts:
Arizona Department of Commerce
California Department of Conservation Division of Recycling; 2001
FDA Anti-Smoking Campaign
Fiora
Gilead Sciences
Hormel Foods Herdez
Idahoan Foods Campaign: "Idahoan On Your Table"
La Victoria (Agency of Record) peppers, salsa, taco sauce
McDonald's; 1991
Medicis Pharmaceutical Company
MidFirst Bank of Oklahoma & Arizona
MidFirst Bank
PacifiCorp
Pfizer
Scottsdale Convention & Visitor's Bureau
Sun Valley Dairy Campaign: "Happiness", Digital, Mobile Advertising, Social, Television, VOSKOS
The Thunderbird Graduate School of International Management
Veterinary Pet Insurance
Voskos Greek Yogurt Campaign: "Farm"
Zeltiq Coolsculpting

Branches

Riester
1441 Ute Blvd Ste 360, Park City, UT 84098
Tel.: (435) 647-2100
E-Mail: info@riester.com
Web Site: www.riester.com

Employees: 25
Year Founded: 1938

National Agency Associations: AMIN

Agency Specializes In: Advertising

Skip Branch *(Partner)*
Jeff Bagley *(Creative Dir)*
David J. Kovacs *(Assoc Dir-Content Strategy)*
Bernadette Smith *(Strategist-Content & User Experience)*
Lindsay Cheatham *(Assoc Acct Dir)*
Ben Dveirin *(Assoc Creative Dir)*
Mike Ross *(Assoc Creative Dir)*

Accounts:
Park City Chamber of Commerce/Convention & Visitors Bureau (Advertising Agency of Record)

Riester
1960 E Grand Ave # 320, El Segundo, CA 90245
(See Separate Listing)

RIGER ADVERTISING AGENCY, INC.
53 Chenango St, Binghamton, NY 13902
Tel.: (607) 723-7441
Fax: (607) 723-7623
E-Mail: agency@riger.com
Web Site: www.riger.com

E-Mail for Key Personnel:
Creative Dir.: rstiene@riger.com
Media Dir.: lvankuren@riger.com
Production Mgr.: pcronk@riger.com

Employees: 12
Year Founded: 1950

National Agency Associations: 4A's-AAF-BPA-MCA

Agency Specializes In: Advertising, Brand Development & Integration, Broadcast, Business Publications, Business-To-Business, Cable T.V., Co-op Advertising, Collateral, Communications, Consumer Marketing, Consumer Publications, Corporate Identity, Direct Response Marketing, E-Commerce, Education, Electronic Media, Engineering, Exhibit/Trade Shows, Financial, Food Service, Graphic Design, Health Care Services, High Technology, Industrial, Internet/Web Design, Investor Relations, Legal Services, Leisure, Logo & Package Design, Magazines, Marine, Media Buying Services, Medical Products, Merchandising, Multimedia, New Product Development, Newspaper, Newspapers & Magazines, Out-of-Home Media, Outdoor, Point of Purchase, Point of Sale, Print, Production, Public Relations, Publicity/Promotions, Radio, Recruitment, Restaurant, Retail, Sales Promotion, Strategic Planning/Research, T.V., Trade & Consumer Magazines, Travel & Tourism, Yellow Pages Advertising

Mark Bandurchin *(Mng Partner)*
Steve Johnson *(Mng Partner)*
Jamie Jacobs *(Partner)*
Laurie Van Kuren *(Mgr-Media & Acct Svcs)*

Accounts:
Binghamton University; Binghamton, NY
Board of Cooperative Educational Services (BOCES); Binghamton, NY
CFCU Community Credit Union; Ithaca, NY
East Stroudsburg University
Economic Development Alliance of Broome County; Johnson City, NY
ESSA Bank & Trust; Stroudsburg, PA
First Heritage Federal Credit Union; Painted Post, NY
GHS Federal Credit Union
Sanofi Pasteur
Sanofi Pasteur
Tioga State Bank
United Health Services; Binghamton, NY

RIGHT ANGLE
119 E Main St, Lafayette, LA 70501
Tel.: (337) 235-2416
Fax: (337) 237-5445
E-Mail: info@rightangleadv.com
Web Site: www.rightangleadv.com

Employees: 5
Year Founded: 1987

Agency Specializes In: Advertising, Advertising Specialties, Alternative Advertising, Brand Development & Integration, Broadcast, Business Publications, Cable T.V., Catalogs, Co-op Advertising, Collateral, Communications, Consulting, Consumer Publications, Content, Corporate Communications, Corporate Identity, Crisis Communications, Custom Publishing, Digital/Interactive, Direct Response Marketing, Electronic Media, Email, Event Planning & Marketing, Exhibit/Trade Shows, Graphic Design, Identity Marketing, In-Store Advertising, Infomercials, Integrated Marketing, Internet/Web Design, Local Marketing, Logo & Package Design, Magazines, Market Research, Media Buying Services, Media Planning, Media Relations, Media

AGENCIES - JANUARY, 2019

ADVERTISING AGENCIES

Training, Mobile Marketing, Multimedia, New Product Development, Newspaper, Newspapers & Magazines, Out-of-Home Media, Outdoor, Package Design, Paid Searches, Planning & Consultation, Print, Production, Production (Ad, Film, Broadcast), Production (Print), Promotions, Public Relations, Publicity/Promotions, Publishing, Radio, Regional, Sales Promotion, Search Engine Optimization, Social Marketing/Nonprofit, Social Media, Strategic Planning/Research, T.V., Technical Advertising, Trade & Consumer Magazines, Viral/Buzz/Word of Mouth, Web (Banner Ads, Pop-ups, etc.)

Cheryl Taylor Bowie *(Pres)*
Naomi Dupre *(Art Dir & Designer)*
Donna LeJeune *(Office Mgr)*

Accounts:
Camp Bon Coeur

THE RIGHT LIST
20a North West Blvd Ste 290, Nashua, NH 03053
Toll Free: (800) 697-5977
Web Site: www.therightlist.com

Employees: 52

Agency Specializes In: Alternative Advertising, Broadcast, Digital/Interactive, Direct Response Marketing, Electronic Media, Email, Exhibit/Trade Shows, Local Marketing, Mobile Marketing, Multimedia, Print, Promotions, Search Engine Optimization, Social Media, Telemarketing, Trade & Consumer Magazines, Viral/Buzz/Word of Mouth, Web (Banner Ads, Pop-ups, etc.)

Approx. Annual Billings: $4,000,000

John Foster *(Sr VP-Mktg)*

Accounts:
InfoUSA
Norwegian Cruise Line

RILEY HAYES ADVERTISING
333 S First St, Minneapolis, MN 55401
Tel.: (612) 338-7161
Fax: (612) 338-7344
E-Mail: info@rileyhayes.com
Web Site: www.rileyhayes.com

Employees: 45
Year Founded: 1991

Agency Specializes In: Above-the-Line, Advertising, Affluent Market, Below-the-Line, Brand Development & Integration, Business Publications, Business-To-Business, Cable T.V., Collateral, College, Communications, Consumer Goods, Consumer Marketing, Consumer Publications, Content, Copywriting, Corporate Identity, Customer Relationship Management, Digital/Interactive, Direct Response Marketing, Direct-to-Consumer, Education, Email, Experiential Marketing, Fashion/Apparel, Financial, Graphic Design, Health Care Services, Identity Marketing, Integrated Marketing, Internet/Web Design, Local Marketing, Logo & Package Design, Magazines, Market Research, Media Buying Services, Media Planning, Medical Products, Men's Market, Mobile Marketing, Newspaper, Newspapers & Magazines, Out-of-Home Media, Outdoor, Over-50 Market, Package Design, Print, Radio, Retail, Social Marketing/Nonprofit, Social Media, Strategic Planning/Research, T.V., Trade & Consumer Magazines, Web (Banner Ads, Pop-ups, etc.), Women's Market

Tom Hayes *(Founder & CEO)*
Dave Plamann *(VP & Fin Dir)*
Jason Langer *(VP & Exec Creative Dir)*
Dan Hoedeman *(VP-Engagement)*

Anthony Ticknor *(VP-Software Engrg)*
Nichole Kmiec *(Sr Acct Dir-Digital)*
Nikki Buffington *(Acct Dir)*
Karen Schultz *(Mktg Dir)*
Wendy Mills *(Dir-Admin)*
Jennifer Zandlo *(Acct Exec)*

Accounts:
3M Business-To-Business (Various Brands); 1991
Alerus Financial; 2013
Allen Edmonds; 2010
Blue & White Taxi Rainbow Taxi; 2013
Coloplast EasiCleanse; 2018
Delta Air Lines In-Flight Services, SkyMiles American Express Credit Card; 2008
Dunwoody College of Technology; 2014
Gap Inc Banana Republic, Gap, Old Navy; 2015
HealthEast Care System; 2016
Insight Brewing Insight Craft Beer; 2015
KIPP Public Charter Schools KIPP Minnesota, Non-Profit; 2014
Nuvectra Medical; 2016
Tactile Medical; 2016
Three Rivers Park District; 2016
Thrivent Financial; 2014
Urban Growler Brewing Company; 2016
Walgreens; 2015
Wilderness Inquiry Non-Profit; 2015
Wilson & Willy's Neighbor Goods; 2015
Wit & Delight; 2016

RINEY
2001 The Embarcadero, San Francisco, CA 94133-5200
Tel.: (415) 293-2001
Fax: (415) 293-2620
Web Site: www.riney.com

Employees: 253
Year Founded: 1986

National Agency Associations: 4A's-AAF

Agency Specializes In: Advertising, Brand Development & Integration, Sponsorship, T.V.

Approx. Annual Billings: $821,200,000

Breakdown of Gross Billings by Media: Cable T.V.: $35,000,000; Fees: $71,300,000; Internet Adv.: $3,700,000; Network T.V.: $188,900,000; Newsp.: $164,200,000; Out-of-Home Media: $6,500,000; Production: $43,800,000; Radio: $63,700,000; Sports Mktg.: $6,000,000; Spot T.V.: $131,600,000; Trade & Consumer Mags.: $106,500,000

Kevin Roddy *(Chief Creative Officer)*

Accounts:
24-Hour Fitness
AAA of Northern California, Nevada & Utah
Beam Global Spirits
Beneful
Hewlett-Packard; Cupertino, CA; 1998
Office of National Drug Control Policy Partnership for a Drug-Free America

RIOT
126 2nd Ave 3rd Fl, New York, NY 10003
Tel.: (212) 475-8376
Web Site: riot.nyc

Employees: 10
Year Founded: 2012

Agency Specializes In: Advertising, Advertising Specialties, Affluent Market, Arts, Asian Market, Aviation & Aerospace, Brand Development & Integration, Branded Entertainment, Broadcast, Business-To-Business, Commercial Photography, Computers & Software, Consulting, Consumer

Goods, Consumer Marketing, Copywriting, Corporate Identity, Cosmetics, Digital/Interactive, Education, Electronics, Engineering, Entertainment, Environmental, Fashion/Apparel, Financial, Food Service, Graphic Design, High Technology, Household Goods, In-Store Advertising, Infomercials, Information Technology, Integrated Marketing, International, Internet/Web Design, LGBTQ Market, Leisure, Logo & Package Design, Magazines, Market Research, Media Planning, Men's Market, Merchandising, Multimedia, New Technologies, Newspaper, Newspapers & Magazines, Out-of-Home Media, Outdoor, Package Design, Production, Production (Ad, Film, Broadcast), Production (Print), Programmatic, Retail, Social Marketing/Nonprofit, Sports Market, T.V., Technical Advertising, Teen Market, Transportation, Travel & Tourism, Tween Market, Urban Market

Approx. Annual Billings: $1,000,000

Chris Maguire *(Founder-Film & Creative Direction)*

Accounts:
Coach; 2012

RISDALL MARKETING GROUP
2685 Long Lake Rd Ste 100, Roseville, MN 55113
Tel.: (651) 286-6700
Fax: (651) 631-2561
Toll Free: (888) RISDALL
E-Mail: info@risdall.com
Web Site: www.risdall.com

E-Mail for Key Personnel:
President: ted@risdall.com
Creative Dir.: kevin@risdall.com
Production Mgr.: kelly@risdall.com

Employees: 60
Year Founded: 1972

National Agency Associations: IAN

Agency Specializes In: Brand Development & Integration, Business Publications, Business-To-Business, Collateral, Corporate Identity, Direct Response Marketing, E-Commerce, Education, Environmental, Exhibit/Trade Shows, Financial, Food Service, Graphic Design, Health Care Services, High Technology, Industrial, Internet/Web Design, Legal Services, Leisure, Logo & Package Design, Medical Products, New Product Development, Pharmaceutical, Point of Purchase, Print, Public Relations, Publicity/Promotions, Real Estate, Sports Market, Strategic Planning/Research, Technical Advertising

Approx. Annual Billings: $200,000,000

Breakdown of Gross Billings by Media: Brdcst.: 1%; Bus. Publs.: 22%; Cable T.V.: 1%; Collateral: 10%; Consumer Publs.: 8%; D.M.: 7%; Graphic Design: 4%; Internet Adv.: 6%; Logo & Package Design: 4%; Newsp.: 2%; Pub. Rels.: 2%; Sls. Promo.: 2%; Worldwide Web Sites: 31%

John Risdall *(Founder & Chm)*
Ted Risdall *(Chm & Pres)*
Shelly Hauge *(CFO)*
Joel Koenigs *(CTO)*
Dave Schad *(Exec VP & Gen Mgr)*
Mahmood Khan *(Sr VP-Digital Media & Analytics)*
Tina Karelson *(Exec Creative Dir)*
Jim Sanstrom *(Media Dir)*
Rick Johnson *(Dir-Web Dev)*
Kelly Mapes *(Mgr-Acctg)*
Maggie Tompkins *(Acct Exec)*
Kristen Nottingham *(Planner-Digital Media)*

Accounts:
Abe Tech Website
The Ackerberg Group Branding & Website Design

ADVERTISING AGENCIES

AGENCIES - JANUARY, 2019

Affinity Plus Federal Credit Union Outdoor, Radio, TV, Website
Airborne Athletics Media Relations
Allina Health Screen To Prevent, Website
Amazing Cosmetics Brand Management
API Outsourcing
Assurity River Group Digital Marketing
Be a Bombshell Cosmetics Branding & Marketing
Beisswenger Hardware
Bella Semplice Brand Management
Bentinho Massaro Strategy & Branding
Buerkle Automotive Branding, Positioning, Strategy
Carlson Wagonlit Travel
Cherry Blooms
CieloStar
Citizens' Council for Health Freedom Creative services
Colorado Symphony Website Development & Design
Condre Storage Marketing, Sales
CVS Flags Website
Delkor Systems Inc. Print Advertising
Dental Services Group Marketing Strategy, Online Visibility Analysis
Destiny Candle Investment Branding & Marketing
Distinctive Orthodontics
Donatelle
Eemax University Website
The Energy Conservatory Public Relations
Event Sales
Farmington Area Public Schools
FasTest SEO, Website Redesign
First Advisors Financial Planning
Flexo Impressions Website Development
FloatPro LLC Packaging, Web
Good Look Ink Public Relations, Strategic Marketing
Groveland Capital Creative, Website Design
Healthways Walkadoo Digital Marketing, Print
Help Me Grow
Holly Mordini Beauty Marketing
Innovative Tools & Technologies Inc Digital Marketing
JAIN Dental Direct Mail Advertising, Outdoor
Khuraira Cosmetics
Labels 2 Learn (Agency of Record) Public Relations
Leadership Catalysts SEO, Social Media
Liberty Diversified Brand Strategy, Marketing
Medspira (Agency of Record) Strategic Public Relations & Communications
Meridian Behavioral Health Marketing, Website
Metropolitan State University Public Relations, Website Redesign
Midwest Dental Online Marketing Services
Mikki Williams Online Marketing, Website Development
Miltona Turf Tool Specialists, Website
Minnesota Inventors Congress Public Relations
Minnesota Youth Soccer Association
Mounds View Public Schools Mobile, Website
New Mountain Learning Marketing Collateral
Northwest Graphic Supply
Pathway Health Services Website & Application Development, Website Redesign
P.H.T. Systems Inc
Pur Minerals
QBF Website Redesign
Ramsey County Residential Media Planning, Strategy
Renaissance Learning DNN Consulting
Rice Lake Weighing Systems SEO, Website Redesign
Robert Hill Law Marketing, Website Development & Design
Ron Clark Construction & Design
SafeNet Consulting Brand Strategy & Positioning
Safety Call Online Marketing, Website Development
Sanimax
Schussler Creative Event Management
Sealed Mindset Digital Marketing, Video Production, Website Redesign
Senior Abilities Unlimited LLC Market Research
Shoreview Area Housing Initiative Print Collateral, Website Redesign
Shriners Public Relations, Social Media
SkyWater Search Partners Marketing
Smith System Manufacturing, Inc.; Plano, TX Office & School Furniture
SpectraCell Laboratories Inc PR
Tech Logic Print
TopLine Federal Credit Union
Transport Distribution Services Inc Marketing Evaluation & Strategy
True Capitalism
Trust Point Website Development
Turck (Agency of Record) Digital Marketing, Print Advertising, Public Relations, Strategy, Trade Show Support
Twin City Fan
UniPunch
United Scientific Digital Marketing, Print
University of Minnesota College of Science and Engineering Technological Leadership Institute, Website
University of Minnesota Neurology Department
The University of Texas at Tyler Email Marketing Campaign
UpSize Magazine; 2008
Vertical Storage Inc. Marketing Strategy, Online Visibility
Vision-Ease Lens Design, Production, Public Relations, Strategy
Wayne D. Jorgenson PR
Wheelhouse Logo
White Bear Lake Area Schools
Winthrop & Weinstine
Work Effects Brand Strategy
World Youth Orchestra & Choir
Zinpro

RISE INTERACTIVE
1 S Wacker Dr Ste 300, Chicago, IL 60606
Tel.: (312) 281-9933
E-Mail: info@riseinteractive.com
Web Site: www.riseinteractive.com

Employees: 150
Year Founded: 2004

National Agency Associations: AMA-BMA

Agency Specializes In: Advertising, Affiliate Marketing, Business-To-Business, College, Computers & Software, Consulting, Consumer Goods, Consumer Marketing, Content, Copywriting, Cosmetics, Customer Relationship Management, Digital/Interactive, Direct Response Marketing, Direct-to-Consumer, E-Commerce, Education, Electronic Media, Electronics, Email, Entertainment, Fashion/Apparel, Financial, Food Service, Graphic Design, Health Care Services, High Technology, Household Goods, Industrial, Integrated Marketing, Internet/Web Design, Leisure, Local Marketing, Luxury Products, Market Research, Media Buying Services, Media Planning, Medical Products, Men's Market, Mobile Marketing, Multimedia, New Technologies, Over-50 Market, Paid Searches, Planning & Consultation, Print, Programmatic, Real Estate, Regional, Retail, Search Engine Optimization, Seniors' Market, Shopper Marketing, Social Marketing/Nonprofit, Social Media, Strategic Planning/Research, Travel & Tourism, Urban Market, Web (Banner Ads, Pop-ups, etc.), Women's Market

Approx. Annual Billings: $69,500,000

Lou Amodeo *(VP-Creative, UX & Design)*
Amy Bottorff *(VP-Acct Mgmt)*
Douglas Durkalski *(VP-Acct Mgmt)*
Justin Garvin *(VP-Media)*
Adam Haberman *(VP-Fin)*
Chris Kimbrell *(VP-Acct Mgmt)*
Mitch Perkal *(VP-Digital Strategy)*
Daniel Ripes *(VP-Acct Mgmt & Partnerships)*
Brian Speck *(VP-Acctg & Fin)*
Robert Sauter *(Head-Acct Strategy & Dir)*
Jennifer Pino *(Mktg Dir)*
Jean Zhang *(Creative Dir)*
Alison Golin *(Assoc Dir-Project Mgmt)*
Natalia Horst *(Assoc Dir-Paid Search)*
Cori Pivar *(Assoc Dir)*
Martin Diaz *(Acct Mgr)*
Brian Martin *(Acct Mgr)*
Elizabeth Lang *(Mgr-SEO)*

Accounts:
Atkins Nutritionals (Digital Agency of Record) Analytics, Attribution, Creative, Digital Media; 2014
Gap, Inc. Athleta, Banana Republic, Media Analytics, Old Navy, Paid Search, The Gap; 2017
Kaplan Education Creative, Web Development; 2016
Mass Mutual Analytics, Conversion Rate Optimization, Paid Search; 2016
Salesforce Conversion Rate Optimmization, Creative, Web Analytics, Web Development; 2015
Ulta Cosmetics Affiliate Media, Media Analytics, Social Media; 2008

RITCHEY ASSOCIATES, INC.
(Name Changed to Blue Dimension)

RITTA
45 Eisenhower Dr Ste 510, Paramus, NJ 07652
Tel.: (201) 567-4400
Fax: (201) 567-7330
E-Mail: info@ritta.com
Web Site: www.ritta.com

E-Mail for Key Personnel:
President: kay@ritta.com

Employees: 20
Year Founded: 1978

Agency Specializes In: Advertising, Advertising Specialties, Affluent Market, African-American Market, Alternative Advertising, Arts, Automotive, Bilingual Market, Brand Development & Integration, Broadcast, Business Publications, Business-To-Business, Cable T.V., Catalogs, Collateral, Communications, Consulting, Consumer Goods, Consumer Marketing, Consumer Publications, Corporate Communications, Corporate Identity, Cosmetics, Custom Publishing, Customer Relationship Management, Direct Response Marketing, Direct-to-Consumer, E-Commerce, Education, Electronic Media, Electronics, Email, Entertainment, Event Planning & Marketing, Exhibit/Trade Shows, Experience Design, Fashion/Apparel, Financial, Graphic Design, Guerilla Marketing, Health Care Services, High Technology, Hispanic Market, Household Goods, Identity Marketing, In-Store Advertising, Infomercials, Integrated Marketing, Internet/Web Design, Legal Services, Leisure, Local Marketing, Logo & Package Design, Luxury Products, Magazines, Media Planning, Medical Products, Mobile Marketing, Multicultural, Multimedia, New Product Development, New Technologies, Newspaper, Newspapers & Magazines, Out-of-Home Media, Outdoor, Over-50 Market, Package Design, Pharmaceutical, Planning & Consultation, Point of Purchase, Point of Sale, Print, Production, Production (Ad, Film, Broadcast), Production (Print), Promotions, Publicity/Promotions, Radio, Regional, Retail, Sales Promotion, Social Marketing/Nonprofit, Sports Market, Strategic Planning/Research, T.V., Trade & Consumer Magazines, Transportation, Travel & Tourism, Viral/Buzz/Word of Mouth, Web (Banner Ads, Pop-ups, etc.), Women's Market

Approx. Annual Billings: $3,200,000

960

AGENCIES - JANUARY, 2019 — ADVERTISING AGENCIES

Koryn Schermer *(CEO)*
Kevin Janosz *(COO)*
Jacqueline Millstein *(Chief Creative Officer & Creative Dir)*
Nicholas Gelens *(Mgr-Publ)*
Steve Scheiner *(Mgr-Print Production)*
Paula Silva Kull *(Acct Supvr)*
Victoria List *(Copywriter)*

Accounts:
Bergen Performing Arts Center; Englewood, NJ; 2004
BMW of North America; Woodcliff Lake, NJ Luxury Automobiles; 1986
Englewood Hospital & Medical Center; Englewood, NJ Medical Center; 1999
Rider Insurance; Springfield, NJ Motorcycle Insurance; 2004
Samsung Electronics; Ridgefield Park, NJ; 1999

RIVER COMMUNICATIONS, INC.
711 Westchester Ave, White Plains, NY 10604
Tel.: (914) 686-5599
Fax: (914) 686-5558
E-Mail: ideas@riverinc.com
Web Site: www.riverinc.com

Employees: 12
Year Founded: 1988

Agency Specializes In: Communications, Corporate Communications, Internet/Web Design, Local Marketing, Media Relations, Public Relations

Revenue: $2,600,000

James F. Tobin *(Pres)*
Troy Mayclim *(Partner)*
Susan Sugg-Nuccio *(Partner)*
Maureen Richardson *(Sr VP)*

Accounts:
Incapital LLC
Ritchie Capital Management
State Street Global Advisors

RIVERS AGENCY
601 W Rosemary St Unit 108, Chapel Hill, NC 27516
Tel.: (919) 932-9985
Fax: (919) 932-1413
Toll Free: (888) 784-8477
Web Site: https://www.riversagency.com/

Employees: 25

Agency Specializes In: Advertising, Email, Graphic Design, Internet/Web Design, Logo & Package Design, Public Relations, Search Engine Optimization, T.V.

Lauren Rivers *(CEO)*
Ian Anderson *(CTO)*
Claire Blevins *(Art Dir)*
Sarah Owens *(Art Dir)*
Jessie Magee *(Dir-Copy)*
Lauren Lawson *(Acct Supvr)*
Mary Gunn *(Sr Art Dir)*

Accounts:
Cree Bulbs
Smarties Candy Company

RIZEN CREATIVE
314 S 9th St Ste 200, Boise, ID 83702
Tel.: (208) 938-5583
Fax: (208) 939-5162
E-Mail: hello@rizencreative.com
Web Site: www.rizencreative.com

Employees: 5
Year Founded: 2002

Agency Specializes In: Advertising, Digital/Interactive, Internet/Web Design, Logo & Package Design, Media Buying Services, Media Planning, Media Relations, Public Relations, Social Media, Strategic Planning/Research

Accounts:
Boise Convention & Visitors Bureau

RIZK ADVERTISING
11410 S Harlem Ave, Worth, IL 60482
Tel.: (708) 357-1717
E-Mail: info@rizkadvertising.com
Web Site: http://rizkad.com/

Employees: 3

Agency Specializes In: Advertising, Digital/Interactive, Graphic Design, Internet/Web Design, Logo & Package Design, Print, Social Media, T.V.

Rob Rizk *(Mgr-Digital Mktg)*

Accounts:
Country Squire Foods

R.J. DALE ADVERTISING & PUBLIC RELATIONS
211 E Ontario St Ste 200, Chicago, IL 60611
Tel.: (312) 644-2316
E-Mail: rjdale@rjdale.com
Web Site: www.rjdale.com

Employees: 10

Agency Specializes In: Advertising, Crisis Communications, Government/Political, Media Buying Services, Media Planning, Media Relations, Outdoor, Print, Public Relations, Radio, Strategic Planning/Research, T.V., Web (Banner Ads, Pop-ups, etc.)

Robert J. Dale *(Pres & CEO)*

Accounts:
Coca-Cola
Illinois Lottery
Jewel-Osco
Nielsen
Nike
TWP

RK VENTURE
120 Morningside SE, Albuquerque, NM 87108
Tel.: (505) 243-4000
Fax: (505) 247-9856
Web Site: www.rkventure.com

Employees: 15
Year Founded: 1982

Agency Specializes In: Advertising, Pets

Richard Kuhn *(Owner & Exec Creative Dir)*
Nick Tauro, Jr. *(Creative Dir-Brdcst & Writer)*
Rebecca Hahs *(Art Dir & Sr Designer)*
Pablo Garcia *(Office Mgr)*
Dianne De Leon *(Mgr-Accts & Client Svcs)*
Mario Moreno *(Specialist-Production)*
Lee Gallegos *(Coord-Social Media)*

Accounts:
ABQ Uptown
Arch of Leadership
AT&T Broadband
Atkinson & Company
Avalon Trust Company
Bresnan Communications
Citi
Comcast
Cox Communications
Cystic Fibrosis Foundation
The Daniels Company
Denish, Kline & Associates
LA Metro Website
Mesa Del Sol
New Mexico Department of Transportation "ENDWI" App, Campaign: "Aftermath", Campaign: "BKLUP", Campaign: "DNTXT", Campaign: "Medical Evidence", Campaign: "The Things I've Seen", DWI Campaign
New Mexico State Fair Campaign: "Lynette At The Fair"
RCN Telecom Services, LLC Broadcast, Direct Mail, Marketing, Mobile, Online, Outdoor, Print, Social Media
Santa Fe Baby Fund
Santa Fe CVB
Ultramain Systems, Inc.

RKD GROUP
(Formerly Robbins Kersten Direct)
3400 Waterview Pkwy Ste 220, Richardson, TX 75080
Tel.: (972) 664-1115
Fax: (972) 664-1120
Toll Free: (800) 222-6070
E-Mail: connect@rkdgroup.com
Web Site: rkdgroup.com/

Employees: 94
Year Founded: 1978

Agency Specializes In: Affiliate Marketing, Bilingual Market, Communications, Customer Relationship Management, Digital/Interactive, Direct Response Marketing, Faith Based, Internet/Web Design, Media Planning, Newspapers & Magazines, Print, Search Engine Optimization, Social Marketing/Nonprofit, Strategic Planning/Research, Telemarketing

Timothy Kersten *(CEO)*
Kristina DeGregorio *(Mng Partner)*
Robin Riggs *(Chief Creative Officer)*
Max Bunch *(Sr VP-Consulting & Client Svc)*
Ann Dunn *(Sr VP)*
Andrew Laudano *(Sr VP-Client Svcs)*
David Miller *(Sr VP)*
Billy Vaudry *(Sr VP-Creative Svcs)*
Amanda Wasson *(Sr VP-Digital)*
Mike Brophy *(VP)*
Eddy Camas *(VP-Client Svcs)*
Alex Edwards *(VP)*
Kristen McCool *(VP-Client Svcs)*
Lisa Jones Rossi *(VP)*
Kim Takkunen *(VP)*

Accounts:
American Bible Society Fundraising
Braille Institute of America Fundraising
National Ovarian Cancer Coalition Fundraising
National Park Foundation Digital Fundraising
Ronald Reagan Presidential Foundation Fundraising
Speroway (Agency of Record)
Susan G. Komen For The Cure Digital Fundraising

RLS GROUP
5 W Forsyth St, Jacksonville, FL 32202
Tel.: (904) 342-6479
Web Site: www.rls-group.com

Employees: 5

Agency Specializes In: Advertising, Brand Development & Integration, Event Planning & Marketing, Graphic Design, Internet/Web Design, Logo & Package Design, Public Relations, Radio,

ADVERTISING AGENCIES
AGENCIES - JANUARY, 2019

T.V.

Jill Storey *(Co-Owner)*
Rob Storey *(Pres)*

Accounts:
Two Smart Cookies

R.M. BARROWS, INC. ADVERTISING & PUBLIC RELATIONS
847 N. Humboldt St #207, San Mateo, CA 94401
Tel.: (650) 344-4405
E-Mail: barrows@barrows.com
Web Site: www.barrows.com

Employees: 1
Year Founded: 1980

Agency Specializes In: Automotive, Bilingual Market, Broadcast, Business Publications, Business-To-Business, Cable T.V., Collateral, Consulting, Consumer Marketing, Consumer Publications, Corporate Identity, Cosmetics, Digital/Interactive, Direct Response Marketing, E-Commerce, Education, Electronic Media, Entertainment, Event Planning & Marketing, Financial, Food Service, Government/Political, Graphic Design, Health Care Services, High Technology, Hispanic Market, Industrial, Infomercials, Information Technology, Internet/Web Design, Logo & Package Design, Magazines, Media Buying Services, Medical Products, New Product Development, Newspaper, Newspapers & Magazines, Out-of-Home Media, Outdoor, Pharmaceutical, Planning & Consultation, Print, Production, Public Relations, Publicity/Promotions, Radio, Real Estate, Recruitment, Restaurant, Retail, Strategic Planning/Research, T.V., Trade & Consumer Magazines, Travel & Tourism, Yellow Pages Advertising

Robert Barrows *(Pres)*

Accounts:
Cyber Sizzle USA
Paladin Medical; San Carlos, CA; 2006
Publicitytour.info
searchingforbigfoot.com; Redwood City, CA Bigfoot Expedition, Bigfoot TV Projects, Books, Movies; 2006
The Video Enhanced Grave Marker; Burlingame, CA; 2006

RMD ADVERTISING
6116 Cleveland Ave, Columbus, OH 43231
Tel.: (614) 794-2008
Fax: (614) 794-0476
E-Mail: ditzhazy@rmdadvertising.com
Web Site: www.rmdadvertising.com

Employees: 15
Year Founded: 1992

Agency Specializes In: Advertising, Brand Development & Integration, Broadcast, Business Publications, Cable T.V., Co-op Advertising, Collateral, Consulting, Consumer Goods, Consumer Marketing, Consumer Publications, Corporate Communications, Corporate Identity, Crisis Communications, Customer Relationship Management, Digital/Interactive, Direct Response Marketing, Direct-to-Consumer, Email, Experience Design, Food Service, Guerilla Marketing, Household Goods, Identity Marketing, In-Store Advertising, Industrial, Integrated Marketing, Internet/Web Design, Logo & Package Design, Media Buying Services, Media Planning, Media Relations, Media Training, Merchandising, Multimedia, Newspaper, Point of Purchase, Point of Sale, Print, Production (Print), Promotions, Public Relations, Publicity/Promotions, Radio, Retail, Sales Promotion, Strategic Planning/Research, T.V., Trade & Consumer Magazines, Viral/Buzz/Word of Mouth

Approx. Annual Billings: $2,100,000

Donn Ditzhazy *(Mng Partner)*
Sue Reninger *(Mng Partner-Client Brand Strategy)*

Accounts:
Better Than Coffee Brand Strategy, Public Relations; 2018
Bil-Jac Foods
Bravo I Brio Restaurant BRAVO! Cucina Italiana, BRIO Tuscan Grille
Bueno Foods (Agency of Record) Digital, Public Relations, Social Media, Strategic Counsel; 2017
Champion Foods
CHOP5 Public Relations, Social Media
Crunchtables
Cucina Antica (Agency of Record) Public Relations, Strategic; 2017
Dei Fratelli Canned Tomato Products; 2008
Expresco Foods Digital, Prosticks, Public Relations, Social Media; 2017
Graeter's Ice Cream; Cincinnati, OH; 2015
Joel Silverman Public Relations, Social Media
Keystone Meats
Klosterman Baking Company
Le Tour de France Bicycle Brand Strategy, Public Relations
Lilly's Hummus Awareness, Brand Strategy, Digital Advertising & Public Relations, Social Media, Vegan Hummus; 2018
Little Caesars Pizza Kit
Mcclure's Pickles, Inc. Brand Strategy, Digital, Public Relations, Social Media; 2018
Panera Bread; Columbus, OH; 1999
Real Food Real Kitchens Advertising, Integrated Strategies, Marketing, Public Relations; 2018
Rudolph Foods Company Pork Rinds; 2008
S&F Foods
Saffron Road
Sam's Natural
Tandoor Chef
T.G.I. Friday's
Watershed Distillery; Columbus, OH BtoB Awareness, PR, Social Media
Whirlybird Granola Advertising, Integrated Strategies, Marketing, Public Relations; 2018

RMI MARKETING & ADVERTISING
436 Old Hook Rd 2nd Fl, Emerson, NJ 07631
Tel.: (201) 261-7000
Fax: (201) 261-4970
Web Site: www.rmi-inc.com

Employees: 20
Year Founded: 1973

National Agency Associations: AD CLUB

Agency Specializes In: Advertising, Advertising Specialties, Automotive, Aviation & Aerospace, Brand Development & Integration, Business-To-Business, Co-op Advertising, Collateral, Consumer Marketing, Corporate Identity, Cosmetics, Direct Response Marketing, E-Commerce, Education, Entertainment, Environmental, Event Planning & Marketing, Exhibit/Trade Shows, Fashion/Apparel, Financial, Food Service, Graphic Design, Health Care Services, High Technology, In-Store Advertising, Industrial, Internet/Web Design, Investor Relations, Local Marketing, Logo & Package Design, Magazines, Marine, Merchandising, Multimedia, New Product Development, Newspaper, Newspapers & Magazines, Pharmaceutical, Point of Purchase, Point of Sale, Print, Production, Publicity/Promotions, Real Estate, Restaurant, Retail, Sales Promotion, Trade & Consumer Magazines, Transportation, Travel & Tourism

Approx. Annual Billings: $17,000,000

Breakdown of Gross Billings by Media: Adv. Specialities: 10%; Corp. Communications: 10%; E-Commerce: 10%; Exhibits/Trade Shows: 10%; Graphic Design: 10%; Internet Adv.: 10%; Point of Purchase: 10%; Point of Sale: 10%; Print: 10%; Sls. Promo.: 10%

Jonathan Morgan *(VP)*

Accounts:
Adidas
Barnes & Noble; New York, NY
Bowker
Carrera
CellularOne
Citibank; New York, NY
CMP; Manhasset, NY
DSTi; New York, NY
Jaguar Cars
Kaman Music Corporation; Bloomfield, CT
Liberty Helicopters; Linden, NJ Charter Services & Scenic Tours; 1998
Mercedes-Benz
Monari Federzoni
New Jersey Foster Parents
OR-Live
Ovation Guitars
Ricoh Corporation; West Caldwell, NJ
SGS Testing; Fairfield, NJ
SLP3D; New Hartford, CT
Volvo Cars of North America
Yamaha Corporation
Yamaha Music Corp.; CA

RMR & ASSOCIATES, INC.
5870 Hubbard Dr, Rockville, MD 20852-6425
Tel.: (301) 230-0045
Fax: (301) 230-0046
E-Mail: rsachs@rmr.com
Web Site: www.rmr.com

E-Mail for Key Personnel:
President: rsachs@rmr.com

Employees: 10
Year Founded: 1987

Agency Specializes In: Advertising, Brand Development & Integration, Business-To-Business, Collateral, Consumer Marketing, Corporate Identity, Direct Response Marketing, Event Planning & Marketing, Exhibit/Trade Shows, Graphic Design, High Technology, Information Technology, Internet/Web Design, Logo & Package Design, Media Buying Services, Print, Production, Public Relations, Publicity/Promotions, Strategic Planning/Research, Technical Advertising

Robyn M. Sachs *(Pres)*
Guy Shields *(Sr VP)*
Jim Cavender *(Art Dir)*

Accounts:
Digital Intelligence Systems Corporation
iCore Networks

RNO1, LLC
274 Redwood Shores Pkwy, Redwood City, CA 94065
Tel.: (650) 268-9783
E-Mail: letschat@rno1.com
Web Site: www.rno1.com

Employees: 3
Year Founded: 2008

Agency Specializes In: Advertising, Brand Development & Integration, Digital/Interactive, Logo & Package Design, Print, Social Media

Michael Gaizutis *(Principal)*

AGENCIES - JANUARY, 2019 — ADVERTISING AGENCIES

Accounts:
G-Form, LLC
JJ law

ROBERT FLEEGE & PARTNERS
340 Howland Dr, Columbus, OH 43230
Tel.: (614) 270-9043
Fax: (614) 478-9734
E-Mail: robban@fleege.com
Web Site: www.fleege.com

Employees: 1
Year Founded: 2000

Agency Specializes In: Advertising, Automotive, Business-To-Business, Cable T.V., Entertainment, Event Planning & Marketing, Exhibit/Trade Shows, Graphic Design, High Technology, Magazines, Media Buying Services, Newspaper, Newspapers & Magazines, Out-of-Home Media, Outdoor, Print, Production, Technical Advertising, Trade & Consumer Magazines, Transportation, Yellow Pages Advertising

Approx. Annual Billings: $250,000

Breakdown of Gross Billings by Media: Cable T.V.: 15%; Collateral: 10%; Outdoor: 60%; Print: 15%

Robert Robban Fleege *(Dir-Art, Copywriter & Graphic Designer)*

Accounts:
Adams Suzuki
Columbus Funnybone
San Francisco International Auto Show; Sausalito, CA SF Auto show; 1996
Seattle Sutton
Veale Properties; Santa Rosa, CA Outdoor Media; 1998
Zephyr Ventilation; San Francisco, CA Range Hoods & Appliances; 1997

ROBERT J. BERNS ADVERTISING LTD.
920 S Seminary Ave, Park Ridge, IL 60068
Tel.: (847) 699-9527
Fax: (847) 296-8678
E-Mail: robertjbernsadvertising@comcast.net
Web Site: robertjbernsadvertising.com/

E-Mail for Key Personnel:
President: mberns8861@aol.com

Employees: 2
Year Founded: 1968

Agency Specializes In: Direct Response Marketing, Newspapers & Magazines, Publicity/Promotions

Approx. Annual Billings: $5,000,000

Mark Berns *(Art Dir)*

Accounts:
Cummins Allison Corp.; Mt. Prospect, IL; 1975
Marketing Resource Group

ROBERT MARSTON & ASSOCIATES, INC.
555 Madison Ave, New York, NY 10022
Tel.: (917) 472-0600
E-Mail: mars@marstonpr.com
Web Site: marstonsc.com

Employees: 35

Agency Specializes In: Communications, Crisis Communications, Health Care Services, Internet/Web Design, Local Marketing, Media Relations, Media Training, Medical Products, Public Relations, Publicity/Promotions

Revenue: $2,900,000

Lori M. Gosset *(Principal)*

Accounts:
Abbott Laboratories
American Textile Manufacturers
Anheuser-Busch Companies, Inc
ConAgra
Control Data Corporation
Eastman Kodak
Genworth Financial
The Interactive Advertising Bureau

ROBERT SHARP & ASSOCIATES
3615 Canyon Lake Dr Ste 1, Rapid City, SD 57702
Tel.: (605) 341-5226
Fax: (605) 341-7390
E-Mail: info@thesharpagency.com
Web Site: www.robertsharpassociates.com

Employees: 20

Agency Specializes In: Advertising, Event Planning & Marketing, Internet/Web Design, Logo & Package Design, Media Buying Services, Media Planning, Print, Public Relations, Social Media, Strategic Planning/Research

Robert Sharp *(Pres & CEO)*
Tony Dodd *(VP & Dir-Web Dev)*
Stacey Sharp *(VP)*
Ian Sharp *(Project Mgr & Acct Exec)*
Mary Beth Crowe *(Specialist-Internet Mktg)*

Accounts:
Sturgis Motorcycle Rally

ROBERTS + LANGER DDB
437 Madison Ave 8th Fl, New York, NY 10022
Tel.: (646) 289-7300
Fax: (212) 593-1286
Web Site: www.robertsandlanger.com

E-Mail for Key Personnel:
President: stone@robertsntarlow.com

Employees: 50
Year Founded: 2004

National Agency Associations: 4A's

Agency Specializes In: Above-the-Line, Advertising, Affluent Market, Collateral, Consumer Goods, Consumer Marketing, Cosmetics, Digital/Interactive, Fashion/Apparel, Hispanic Market, Newspapers & Magazines, Out-of-Home Media, Outdoor, Point of Purchase, Print, Production, Production (Ad, Film, Broadcast), Production (Print), Radio, Social Media, Sponsorship, Strategic Planning/Research, Web (Banner Ads, Pop-ups, etc.)

Approx. Annual Billings: $175,000,000

Stone Roberts *(CEO)*
Andy Langer *(Chief Creative Officer)*
Tanya English *(Exec VP & Dir-Brdcst)*
Torrey Plank *(Sr VP & Acct Dir)*
Stacey Parkes *(VP & Assoc Creative Dir)*
Laura Maher *(Acct Dir)*

Accounts:
Aveeno
Barnes & Noble, Inc. 4 NOOK, Advertising, Campaign: "A Book Is A Gift Like No Other", Campaign: "You Never Know Who You'll Meet at Barnes & Noble", TV
Hunter Douglas Blinds & Shades
Johnson & Johnson Corporate
The Kraft Heinz Company Advertising, Creative
Neutrogena Corporation
Polo/Ralph Lauren; New York, NY Accessories, Eyewear, Footwear, Men's, Women's, & Children's Apparel, Polo.com, TV Production

ROBERTS COMMUNICATIONS INC.
64 Commercial St, Rochester, NY 14614-1010
Tel.: (585) 325-6000
Fax: (585) 325-6001
E-Mail: criby@robertscomm.com
Web Site: www.robertscomm.com

E-Mail for Key Personnel:
President: bmurtha@robertscomm.com
Creative Dir.: bkielar@robertscomm.com

Employees: 65
Year Founded: 1971

National Agency Associations: 4A's-DMA-PRSA

Agency Specializes In: Advertising, Business Publications, Business-To-Business, Co-op Advertising, Collateral, Consulting, Corporate Identity, Direct Response Marketing, Financial, Graphic Design, Health Care Services, High Technology, Industrial, Information Technology, Internet/Web Design, Investor Relations, Logo & Package Design, Newspaper, Newspapers & Magazines, Out-of-Home Media, Outdoor, Planning & Consultation, Point of Purchase, Point of Sale, Print, Production, Public Relations, Publicity/Promotions, Sales Promotion, Sponsorship, Strategic Planning/Research, Trade & Consumer Magazines

Approx. Annual Billings: $60,000,000

Stuart P. Norris *(COO & Exec VP)*
Bill Blume *(Media Dir)*

Accounts:
Blue Cross Blue Shield of Minnesota
Council Rock Wealth Advisory Group (Agency of Record) Advertising, Public Relations
CricKet
The Deaf Wellness Center
Dorschel Automotive Group; Rochester, NY (Agency of Record) Digital, Marketing, Merchandising, Online Advertising, Print, Public Relations, Radio, Social Media, Television
eHealth Global
ESL Federal Credit Union; Rochester, NY; 2000
Finger Lakes Health Systems Agency
Freshop, Inc. (Agency of Record) Digital Advertising, Public Relations
Heritage Christian Services Advertising, Direct Marketing, Social Media
ITT Enidine Digital, Public Relations
The Lifetime Healthcare Companies
MasterCard International; New York, NY Employee Communications; 1997
Nixon Peabody LLP
Paychex
Red Cross of Western New York
Xerox Corporation; Rochester, NY Campaign: "Jazz Festival"

ROBERTS CREATIVE GROUP
107 S Magnolia St, Laurel, MI 39440
Tel.: (601) 425-0054
Web Site: www.robertscreative.com

Employees: 20

Agency Specializes In: Advertising, Brand Development & Integration, Collateral, Digital/Interactive, Event Planning & Marketing, Out-of-Home Media, Outdoor, Public Relations, Radio, Social Media

Eric Roberts *(CEO)*
Crystal Gordon *(Head-Designer)*

Accounts:

ADVERTISING AGENCIES

Magnolia Wireless

ROBERTSON & MARKOWITZ ADVERTISING & PR
108 E Montgomery Crossroads, Savannah, GA 31406
Tel.: (912) 921-1040
Fax: (912) 921-0333
Web Site: www.robmark.com

Employees: 5

Agency Specializes In: Advertising, Event Planning & Marketing, Graphic Design, Internet/Web Design, Logo & Package Design, Media Planning, Media Relations, Public Relations, Radio, Strategic Planning/Research

Lisa Markowitz-Kitchens *(Pres)*
Ted Robertson *(CEO)*
Mandy Bradshaw *(Dir-Digital Media)*
Diane Butler *(Office Mgr & Media Buyer)*
Katey LeZotte *(Acct Exec)*

Accounts:
Chatham Orthopaedic Associates

ROBERTSON & PARTNERS
6061 S Fort Apachee Rd Ste 100, Las Vegas, NV 89148
Tel.: (702) 947-7777
Fax: (702) 262-9037
E-Mail: info@rw-west.com
Web Site: robertson.partners/

Employees: 20
Year Founded: 1977

National Agency Associations: AAF

Agency Specializes In: Advertising, Brand Development & Integration, Broadcast, Business Publications, Business-To-Business, Cable T.V., Co-op Advertising, Collateral, Consumer Marketing, Consumer Publications, Corporate Identity, Direct Response Marketing, Electronic Media, Entertainment, Exhibit/Trade Shows, Food Service, Graphic Design, Health Care Services, High Technology, Hispanic Market, Internet/Web Design, Logo & Package Design, Media Buying Services, Newspaper, Newspapers & Magazines, Out-of-Home Media, Outdoor, Planning & Consultation, Point of Purchase, Point of Sale, Print, Production, Public Relations, Publicity/Promotions, Radio, Real Estate, Restaurant, Retail, T.V., Travel & Tourism

Approx. Annual Billings: $21,000,000

Scott Robertson *(Chm, CEO & Dir-Creative)*
Jeremy Thompson *(Pres)*
Paul Fitzgerald *(Partner-East Coast Accts)*
George Davey *(CFO)*
Loralee Lago *(Controller & Dir-HR)*
Janine Marshall *(Acct Exec)*

Accounts:
Summerlin THHC; Las Vegas, NV

ROBINSON & ASSOCIATES INC
640 W Jefferson St, Tupelo, MS 38804
Tel.: (662) 844-2654
Fax: (662) 841-5627
Web Site: www.robinson-advertising.com

Employees: 5

Agency Specializes In: Advertising, Brand Development & Integration, Event Planning & Marketing, Logo & Package Design, Media Buying Services, Media Planning, Out-of-Home Media, Outdoor, Promotions, Public Relations, Radio

Tom Robinson *(Chm & CEO)*
Ty Robinson *(Pres & COO)*
Sally Kepple *(VP)*
Lacy Luckett *(VP-Client Svcs)*
Donna Shelton *(Dir-Admin)*

Accounts:
BancorpSouth, Inc.
Franks Franks Jarrell & Wilemon
Tommy Morgan Realtors

ROBINSON CREATIVE INC.
930 S Kimball Ave, Southlake, TX 76092
Tel.: (817) 748-5057
Fax: (817) 416-7833
E-Mail: info@robinsoncreativeinc.com
Web Site: www.robinsoncreativeinc.com

Employees: 10
Year Founded: 1998

Agency Specializes In: Collateral, Identity Marketing, Multimedia, Print, Production (Print), Promotions

Ben Robinson *(Pres)*
Kat Hood *(Art Dir)*
Esther Lee *(Art Dir)*
Terri J. Cooper *(Dir-Interior Design)*
Donna Bradle *(Coord-Mktg)*
Julie Rodriguez *(Assoc-Sls)*

ROBOLIZARD
8723 E Via De Commercio B101, Scottsdale, AZ 85258
Tel.: (480) 939-3201
E-Mail: support@robolizard.com
Web Site: www.robolizard.com

Employees: 2
Year Founded: 2009

Agency Specializes In: Advertising, Internet/Web Design, Paid Searches, Search Engine Optimization, Social Media

Thomas J. Kane *(Founder)*

Accounts:
Men's Vitality Center

ROBOT HOUSE CREATIVE
24 W Park Place Ste B, Oklahoma City, OK 73103
Tel.: (405) 202-1268
E-Mail: info@robothousecreative.com
Web Site: www.robothousecreative.com

Employees: 10
Year Founded: 2003

Agency Specializes In: Advertising, Brand Development & Integration, Broadcast, Collateral, Digital/Interactive, Internet/Web Design, Print, Social Media, T.V., Viral/Buzz/Word of Mouth

Brian Winkeler *(Partner)*
Adam LeNaire *(Partner)*
Brett Grimes *(Partner)*

Accounts:
New-Coop Ale Works
New-Hideaway Pizza (Creative Agency of Record)
New-KOSU
New-Rockford Cocktail Den
New-Sunnyside Diner
New-Viking Minerals

ROCK CANDY MEDIA
5900 Balcones Dr Ste 205, Austin, TX 78731
Tel.: (512) 291-7626
Fax: (512) 233-5193
E-Mail: info@rockcandymedia.com
Web Site: www.rockcandymedia.com

Employees: 12
Year Founded: 2009

Agency Specializes In: Advertising, Brand Development & Integration, Internet/Web Design, Media Buying Services, Media Planning, Print

Annie Liao Jones *(CEO)*
Jake Beam *(Mng Partner & Creative Dir)*
Kelsie Singleton *(Mng Partner & Art Dir-Digital & UX)*
Scott Mise *(Partner)*
Stefanie McBride *(Art Dir)*

Accounts:
Algebraix Data
AmbitIT
Austin Urology Institute
Austin Wine and Cider Website, logo
DigitHaus
Infinite Recovery
National Instruments
ShoreTel Sky Offline, Online, Strategic Marketing
Texas Disposal Systems Garden-Ville, Marketing, Social Media

ROCKET 55
807 Broadway St NE, Minneapolis, MN 55413
Tel.: (612) 315-2399
Web Site: www.rocket55.com

Employees: 15
Year Founded: 2007

Agency Specializes In: Advertising, Affluent Market, African-American Market, Agriculture, Arts, Asian Market, Automotive, Aviation & Aerospace, Bilingual Market, Business-To-Business, Children's Market, College, Commercial Photography, Computers & Software, Consumer Goods, Consumer Marketing, Content, Cosmetics, Customer Relationship Management, Digital/Interactive, Direct-to-Consumer, Education, Electronics, Engineering, Entertainment, Environmental, Faith Based, Fashion/Apparel, Financial, Food Service, Government/Political, Health Care Services, High Technology, Hispanic Market, Hospitality, Household Goods, Industrial, Information Technology, International, Internet/Web Design, Investor Relations, LGBTQ Market, Legal Services, Leisure, Local Marketing, Luxury Products, Marine, Medical Products, Men's Market, Merchandising, Multicultural, New Technologies, Over-50 Market, Pets , Pharmaceutical, Planning & Consultation, Real Estate, Recruitment, Restaurant, Retail, Search Engine Optimization, Seniors' Market, Social Media, South Asian Market, Sports Market, Stakeholders, Teen Market, Transportation, Travel & Tourism, Tween Market, Urban Market, Web (Banner Ads, Pop-ups, etc.), Women's Market

Steve Ayres *(Founder & CEO)*
Jake Butzer *(Partner)*
Reed Langton-Yanowitz *(VP-Paid Digital)*
Jeannie Ayres *(Controller)*
Olivia Allen *(Sr Acct Mgr)*
Alexandra Messerli *(Acct Mgr)*
Paige Craig *(Mgr-Social Media)*
Jared Townsend *(Copywriter & Specialist-Digital Mktg)*

Accounts:
Hearth & Home Technologies; 2012
Schneiderman's Furniture; 2012

AGENCIES - JANUARY, 2019 — ADVERTISING AGENCIES

ROCKET POP MEDIA
2530 W Main ST, Richmond, VA 23220
Tel.: (804) 644-2525
Web Site: www.rocketpopmedia.com

Employees: 9
Year Founded: 2001

Agency Specializes In: Advertising, Digital/Interactive, Internet/Web Design, Social Media

Scott Dickens *(Pres & Exec Producer)*
Cara Dickens *(VP & Producer)*
Chris Crews *(Copywriter)*

Accounts:
Carter & Spence

ROCKET RED
PO Box 600156, Dallas, TX 75360
Tel.: (972) 776-0022
Fax: (972) 776-0023
E-Mail: gayden@gorocketred.com
Web Site: www.gorocketred.com

Employees: 10
Year Founded: 1995

National Agency Associations: AMA

Agency Specializes In: Above-the-Line, Advertising, Advertising Specialties, Affiliate Marketing, Alternative Advertising, Aviation & Aerospace, Brand Development & Integration, Branded Entertainment, Business-To-Business, Co-op Advertising, Collateral, Communications, Consumer Goods, Consumer Marketing, Corporate Communications, Corporate Identity, Digital/Interactive, Direct Response Marketing, Direct-to-Consumer, Email, Entertainment, Environmental, Event Planning & Marketing, Exhibit/Trade Shows, Experience Design, Experiential Marketing, Game Integration, Government/Political, Graphic Design, Guerilla Marketing, Health Care Services, High Technology, Hospitality, In-Store Advertising, Integrated Marketing, Internet/Web Design, Local Marketing, Logo & Package Design, Market Research, Media Planning, Media Relations, Merchandising, Mobile Marketing, Multicultural, Multimedia, New Product Development, New Technologies, Newspaper, Out-of-Home Media, Outdoor, Planning & Consultation, Print, Production (Ad, Film, Broadcast), Production (Print), Promotions, Public Relations, Publicity/Promotions, RSS (Really Simple Syndication), Real Estate, Retail, Sales Promotion, Search Engine Optimization, Social Marketing/Nonprofit, Sports Market, Strategic Planning/Research, Sweepstakes, Viral/Buzz/Word of Mouth, Web (Banner Ads, Pop-ups, etc.)

Approx. Annual Billings: $4,000,000

Breakdown of Gross Billings by Media: Audio/Visual: 5%; Consulting: 35%; Corp. Communications: 25%; D.M.: 10%; Exhibits/Trade Shows: 25%

Gayden Day *(Principal & Exec Creative Dir)*

Accounts:
Dallas Executive Airport
Lund International
North Texas Tollway Authority
Technollo

ROCKET SCIENCE
700 Larkspur Landing Cir Ste 199, Larkspur, CA 94939
Tel.: (415) 464-8110
Fax: (415) 464-8114
E-Mail: request@rocketscience.com
Web Site: www.rocketscience.com

Employees: 11
Year Founded: 1996

Agency Specializes In: Consulting, Exhibit/Trade Shows, Media Relations, Product Placement, Public Relations, Strategic Planning/Research

Revenue: $5,000,000

Accounts:
Avira Gmbh
Ekahau, Inc.

ROCKETCREATIVE
762 Brighton Cir, Pt Barrington, IL 60010
Tel.: (847) 387-8088
Fax: (602) 795-7715
E-Mail: info@rocketcreative.com
Web Site: www.rocketcreative.com

Employees: 2
Year Founded: 2004

Agency Specializes In: Advertising, Business-To-Business, Commercial Photography, Corporate Communications, Event Planning & Marketing, Exhibit/Trade Shows, Graphic Design, International, Internet/Web Design, Print, Public Relations, Publicity/Promotions

ROCKETLAWNCHAIR
205 W Highland Ave Ste 400, Milwaukee, WI 53203
Tel.: (262) 544-8800
Fax: (262) 544-8801
E-Mail: juliec@rocketlc.com
Web Site: rocketlawnchair.com/

Employees: 15

Dean Bressler *(Partner & Creative Dir)*
Julie Cosich *(Dir-Client Integration)*
Wendy Westadt *(Mgr-Traffic & Production)*
Amy Soleimani-Mafi *(Acct Exec)*

Accounts:
GE Healthcare
Rite-Hite
Spacesaver Corporation

THE ROCKFORD GROUP
216 Congers Rd Bldg 2, New City, NY 10956
Tel.: (845) 624-1322
Fax: (845) 624-1435
E-Mail: michael@rockfordgroup.com
Web Site: www.rockfordgroup.com

Employees: 4

Agency Specializes In: Advertising, Advertising Specialties, Alternative Advertising, Automotive, Brand Development & Integration, Broadcast, Business Publications, Business-To-Business, Cable T.V., Catalogs, Collateral, Communications, Consumer Goods, Consumer Marketing, Corporate Communications, Corporate Identity, Cosmetics, Digital/Interactive, Direct Response Marketing, Direct-to-Consumer, Electronic Media, Email, Event Planning & Marketing, Government/Political, Guerilla Marketing, Health Care Services, Identity Marketing, Infomercials, Integrated Marketing, Internet/Web Design, Leisure, Local Marketing, Logo & Package Design, Luxury Products, Magazines, Marine, Market Research, Media Buying Services, Media Planning, Media Relations, Medical Products, Men's Market, Mobile Marketing, Multimedia, New Product Development, New Technologies, Newspaper, Newspapers & Magazines, Out-of-Home Media, Outdoor, Over-50 Market, Paid Searches, Pets, Planning & Consultation, Print, Product Placement, Production, Production (Ad, Film, Broadcast), Production (Print), Public Relations, Publicity/Promotions, Radio, Regional, Retail, Sales Promotion, Social Marketing/Nonprofit, Social Media, Sponsorship, T.V., Trade & Consumer Magazines, Tween Market, Viral/Buzz/Word of Mouth, Web (Banner Ads, Pop-ups, etc.)

Breakdown of Gross Billings by Media: Graphic Design: 10%; Internet Adv.: 20%; Radio: 60%; Worldwide Web Sites: 10%

Michael Zack *(Pres)*

Accounts:
Nissan
Paul Conte Cadillac
United House Wrecking

ROCKIT SCIENCE AGENCY
7520 Perkins Rd Ste 330, Baton Rouge, LA 70808
Tel.: (225) 615-8895
E-Mail: info@rockitscienceagency.com
Web Site: www.rockitscienceagency.com

Employees: 50
Year Founded: 2000

Agency Specializes In: Advertising, Brand Development & Integration, Business-To-Business, Digital/Interactive, Direct Response Marketing, Graphic Design, Media Planning, Out-of-Home Media, Outdoor, Print, Public Relations

Brad Bongiovanni *(Pres & Chief Creative Officer)*
Brent Sims *(Principal)*
Amy Crawford *(VP & Acct Dir)*
Grant Hurlbert *(Creative Dir)*
Theresa Thao Nguyen *(Acct Exec)*

Accounts:
A.R.E. POPAI Rebranding
Baton Rouge General Medical Center
Blue Cross & Blue Shield
Bruce Foods Corporation
Franciscan Missionaries of Our Lady University (Agency of Record) Advertising, Strategies
H&E Equipment Services
Luba Workers Comp
National Aeronautics & Space Administration
National Wildlife Federation
Northwest Energy Efficiency Alliance
Pernix Therapeutics Holdings, Inc.
Rave Cinemas, LLC
Ritter Maher Architects
St.Elizabeth's Medical Center
Tipton Associates
United States NAVY

RODGERS TOWNSEND, LLC
200 N Broadway Ste 1200, Saint Louis, MO 63102
Tel.: (314) 436-9960
Fax: (314) 436-9961
Web Site: www.rodgerstownsend.com

Employees: 118
Year Founded: 1996

National Agency Associations: 4A's

Agency Specializes In: Advertising, Digital/Interactive, Direct Response Marketing, Sponsorship

Andrew Dauska *(CEO)*
Michael McCormick *(Chief Creative Officer)*
Crystal Merritt *(VP & Acct Plng Dir)*
Jeremy Cockrell *(VP & Dir-Digital Solutions)*
Laura Duplain *(VP & Dir-Acct Mgmt)*

REDBOOKS — Brands. Marketers. Agencies. Search Less. Find More. Try out the Online version at www.redbooks.com

ADVERTISING AGENCIES

Carrie Muehlemann *(VP & Dir-Talent & Agency Rels)*
J. Chambers *(Creative Dir)*
Cheryl Sparks *(Dir-Production)*
Annie Diefenbach *(Acct Supvr)*
Bronwyn Ritchie *(Strategist-Digital)*
Jonathan Hansen *(Assoc Creative Dir)*

Accounts:
AB InBev
Ardent Outdoors Creative, Fishing Reels & Accessories, Media Buying
AT&T Campaign: "Smart Grid Holiday Dimensional"
Circus Flora
Con-Way
Enterprise Holdings
Humane Society
LouFest LouFest Poster Series
Magic House Campaign: "Born"
Maritz, Inc.; Saint Louis, MO Corporate Branding, Travel, eMaritz; 2001
Mayflower Print Campaign
Missouri Baptist
Nature's Miracle
Nawgan; Saint Louis, MO Campaign: "One Brainy Beverage", Creative
Outreach International Campaign: "Outreach Box Labels"
Paycor
PBS
pearlvodka
Pleats Cleaners
The Saint Louis Arts & Education Council
Saint Louis Children's Hospital; Saint Louis, MO; 2000
Saint Louis Post Dispatch; Saint Louis, MO; 2002
Saint Louis Rams; Saint Louis, MO Football; 1999
Smoothie King Franchises, Inc.(Creative Agency of Record); 2018
Spectrum Brands AccuShot Sprayer, Campaign: "Tame the Wild", Cutter, Hot Shot, Peters, Spectracide, Terminate; 1999
WhiteWave Foods Products

THE ROGERS AGENCY
117 Coastal Way, Chesapeake, VA 23320
Tel.: (757) 546-8288
Web Site: www.therogersagency.com

Employees: 4
Year Founded: 2004

Agency Specializes In: Advertising, Affluent Market, African-American Market, Automotive, Brand Development & Integration, Broadcast, Cable T.V., Co-op Advertising, Communications, Consulting, Consumer Goods, Consumer Marketing, Digital/Interactive, Electronic Media, Graphic Design, Hispanic Market, Household Goods, Infomercials, Internet/Web Design, Legal Services, Local Marketing, Logo & Package Design, Market Research, Media Buying Services, Media Planning, Media Relations, Media Training, Mobile Marketing, Multimedia, Out-of-Home Media, Outdoor, Over-50 Market, Paid Searches, Planning & Consultation, Production, Production (Ad, Film, Broadcast), Radio, Regional, Search Engine Optimization, Seniors' Market, Social Media, Strategic Planning/Research, T.V., Urban Market, Web (Banner Ads, Pop-ups, etc.), Women's Market

David Rogers *(Pres)*
Mitzi Andrews *(Dir-Creative)*

Accounts:
Tysinger Automotive Audi, Hyundai, Mercedes Benz, Smart; 2008

ROKKAN
375 Hudson St, New York, NY 10014
Tel.: (212) 835-9300
Fax: (212) 251-9393
E-Mail: info@rokkan.com
Web Site: www.rokkan.com

Employees: 100
Year Founded: 2000

Agency Specializes In: Advertising, Advertising Specialties, Brand Development & Integration, Communications, Content, Digital/Interactive, Email, Internet/Web Design, Mobile Marketing, New Product Development, Out-of-Home Media, Package Design, Planning & Consultation, Production, Production (Ad, Film, Broadcast), Public Relations, Social Media, Sponsorship, Strategic Planning/Research, Web (Banner Ads, Pop-ups, etc.)

Chung Ng *(Co-Founder)*
John Noe *(CEO)*
Brian Carley *(Mng Partner & Chief Creative Officer)*
Jim Blackwelder *(CTO & Exec VP)*
James Cockerille *(Chief Strategy Officer)*
Matthew Garcia *(Exec VP & Chief Client Officer)*
Lindsay Williams *(Chief Connections Officer)*
Bruce Andreini *(Sr VP & Head-Integrated Production)*
Vincent Au *(Sr VP-Experience Design)*
Justin Costa *(Sr VP-Client Partnership)*
Joe Tao *(Sr VP & Chief Delivery Officer)*
Anthony DiPaula *(VP & Creative Dir)*
Kevin Keehn *(VP & Creative Dir)*
Austin Muncy *(VP & Creative Dir)*
Jeff Samson *(VP & Creative Dir)*
Darielle Smolian *(VP & Sr Art Producer)*
Alex Lea *(Exec Creative Dir)*
Michael Ma *(Exec Creative Dir)*
Didima Arrieta-Martinez *(Sr Dir-Art)*
Barney Baxter *(Grp Acct Dir)*
Nicole Herman *(Acct Dir)*
Matthew Porter *(Acct Dir)*
Rob Rooney *(Creative Dir)*
Bill Veasey *(Creative Dir)*
Tammy Hwang *(Dir-Strategy)*
Joseph Panzarella *(Dir-Analytics)*
Joon Suh *(Dir-Analytics)*
Diana M. Heald *(Assoc Dir-Strategy)*
Susan Spight *(Sr Mgr-Bus Affairs)*
Ellissa Corwin *(Acct Supvr)*
Justin West *(Acct Supvr)*
Caelin Cacciatore *(Sr Designer)*
Tommy Dudley *(Copywriter)*
Ben Kraft *(Copywriter)*
Doug Loffredo *(Sr Designer)*
Bill Carlson *(Grp Creative Dir)*
Steffany Wilson *(Assoc Creative Dir)*

Accounts:
2K Games 2kgames.com
Aer Lingus
American Express
Anthem Inc Campaign: "ABCs of Disease", Digital, Social Media
Bethesda
Dishonored Campaign: "Part"
Cafe de Colombia (Creative Agency of Record) Campaign: "Greatness is Brewing", Digital, Media Buying, Media Planning, Social
Canyon Creek Ranch
Chipotle
Citi
The Coca-Cola Company Campaign: "Share a Coke with Humanity"
Eyeconic
General Mills
General Motors Company Broadcast, Cadillac, Digital & Social, Interactive Content, OOH, Strategic, Videos
Hallmark
Hum
The Humane Society of the United States (Creative & Media Agency of Record) Campaign: "Same Day Pups: Puppy Drone Delivery", Creative, Media, Video
Hyatt
Hyundai
JetBlue Campaign: "Jetblue.com", Campaign: "Share a Coke with Humanity", Digital
Longhorn Steakhouse Campaign: "Winter Wondersteak", Online, Social Media
Mikimoto Digital, Paid Media
NestlePurina Pet Care Fancy Feast
Pantone
Princess Cruises
Samsung
Tag Heuer Content Online, Social Media
Tough Mudder (Creative Agency of Record) Campaign: "It's All Been Training", Digital
Verizon Communications Inc. Hum by Verizon
Veuve Clicquot (Creative Agency of Record) Digital
William Grant & Sons (Agency of Record) Bourbon Barrel, Creative, Glenfiddich Single Malt, Hendrick's Gin, Milagro Tequila, Sailor Jerry Spiced Rum, Scotch, The Balvenie, Tullamore D.E.W. Irish Whiskey, Whisky

ROMADS
712 Keene Ave, Oswego, IL 60543
Tel.: (312) 587-7919
Fax: (312) 643-1846
Web Site: www.romads.com

Employees: 1
Year Founded: 2005

Agency Specializes In: Recruitment

Approx. Annual Billings: $700,000

John M. Romanyak *(Pres)*
Angela Phillips *(Acct Mgr)*

ROME & COMPANY
7325 Janes Ave Ste 100, Woodridge, IL 60517
Tel.: (312) 938-1013
Fax: (312) 938-1081
E-Mail: mail@romecreative.com
Web Site: www.romecreative.com

E-Mail for Key Personnel:
President: jerry@romecreative.com
Public Relations: mail@romecreative.com

Employees: 8
Year Founded: 1984

Agency Specializes In: Advertising, Automotive, Brand Development & Integration, Business-To-Business, Collateral, Communications, Consulting, Consumer Marketing, Consumer Publications, Corporate Communications, Corporate Identity, Direct Response Marketing, E-Commerce, Exhibit/Trade Shows, Graphic Design, Health Care Services, Information Technology, Internet/Web Design, Leisure, Local Marketing, Logo & Package Design, Magazines, Multimedia, New Product Development, Newspaper, Newspapers & Magazines, Out-of-Home Media, Over-50 Market, Package Design, Planning & Consultation, Point of Purchase, Point of Sale, Print, Sales Promotion, Seniors' Market, Strategic Planning/Research, Trade & Consumer Magazines, Transportation, Travel & Tourism, Web (Banner Ads, Pop-ups, etc.)

Breakdown of Gross Billings by Media: Collateral: 15%; Graphic Design: 30%; Newsp. & Mags.: 20%; Print: 5%; Worldwide Web Sites: 30%

Jerry Roman *(Pres)*

Accounts:
Cars.com; Chicago, IL (Affilate Marketing, Newspaper, Website & Collateral); 2003
Joseph Henry Jeweler; Chicago, IL (Print); 2005

The Lodging Unlimited; Chicago, IL (Brochures & Collateral); 2000
See More Shopping; Chicago, IL

ROMJUE ADVERTISING & CO
913 Gulf Breeze Pkwy Ste 40, Gulf Breeze, FL 32561
Tel.: (850) 916-2822
Fax: (850) 916-2829
Web Site: www.romjueadvertising.com

Employees: 4

Agency Specializes In: Advertising, Internet/Web Design, Media Buying Services, Media Planning, Out-of-Home Media, Outdoor, Radio, Social Media, Strategic Planning/Research, T.V.

Trudy Romjue *(Pres & CEO)*

Accounts:
Northwest Florida Regional Airport

ROMPH & POU AGENCY
(Formerly Gremillion & Pou)
7225 Fern Ave Ste 100, Shreveport, LA 71105
Tel.: (318) 424-2676
Fax: (318) 221-3442
E-Mail: info@rpagency.com
Web Site: rpagency.com/

Employees: 35
Year Founded: 1981

Agency Specializes In: Advertising, Automotive, Brand Development & Integration, Broadcast, Business-To-Business, Communications, Consumer Marketing, Digital/Interactive, Direct Response Marketing, Direct-to-Consumer, E-Commerce, Electronic Media, Email, Graphic Design, Integrated Marketing, Internet/Web Design, Media Buying Services, Media Planning, Media Relations, Newspaper, Out-of-Home Media, Outdoor, Planning & Consultation, Print, Publicity/Promotions, Radio, Strategic Planning/Research, T.V., Travel & Tourism

Approx. Annual Billings: $15,000,000

Breakdown of Gross Billings by Media: Internet Adv.: 5%; Outdoor: 5%; Print: 5%; Radio: 35%; T.V.: 50%

Anne Gremillion *(Co-Owner)*
Robert Pou *(Pres)*
Jeffrey Romph *(Mng Partner)*
Robin Hines *(Creative Dir)*

RON FOTH ADVERTISING
8100 N High St, Columbus, OH 43235-6400
Tel.: (614) 888-7771
Fax: (614) 888-5933
E-Mail: ronfothsr@ronfoth.com
Web Site: www.ronfoth.com

Employees: 35
Year Founded: 1975

Agency Specializes In: Advertising, Affluent Market, African-American Market, Arts, Asian Market, Automotive, Brand Development & Integration, Broadcast, Business-To-Business, Cable T.V., Children's Market, Co-op Advertising, Collateral, College, Communications, Consumer Goods, Consumer Marketing, Consumer Publications, Content, Copywriting, Corporate Communications, Corporate Identity, Digital/Interactive, Direct Response Marketing, Direct-to-Consumer, Electronic Media, Email, Entertainment, Event Planning & Marketing, Exhibit/Trade Shows, Experiential Marketing, Fashion/Apparel, Financial, Food Service, Graphic Design, Guerilla Marketing, Health Care Services, Hispanic Market, Hospitality, Household Goods, Identity Marketing, In-Store Advertising, Integrated Marketing, International, Internet/Web Design, LGBTQ Market, Leisure, Local Marketing, Logo & Package Design, Magazines, Market Research, Media Buying Services, Media Planning, Men's Market, Merchandising, Mobile Marketing, Multicultural, Multimedia, Newspaper, Newspapers & Magazines, Out-of-Home Media, Over-50 Market, Package Design, Pets , Point of Purchase, Point of Sale, Print, Production, Production (Ad, Film, Broadcast), Production (Print), Programmatic, Promotions, Radio, Regional, Restaurant, Retail, Sales Promotion, Search Engine Optimization, Seniors' Market, Social Marketing/Nonprofit, Social Media, Sponsorship, Sports Market, Strategic Planning/Research, T.V., Travel & Tourism, Urban Market, Web (Banner Ads, Pop-ups, etc.), Women's Market

Breakdown of Gross Billings by Media: Bus. Publs.: 3%; Collateral: 6%; D.M.: 2%; Mags.: 5%; Newsp.: 7%; Outdoor: 1%; Point of Purchase: 3%; Radio: 30%; T.V.: 43%

David Henthorne *(Sr VP & Creative Dir)*
Larry Row *(Sr VP & Media Dir)*
Ron Foth *(Sr VP-Creative)*
Ron Foth, Jr. *(Sr VP-Creative)*
Kim Wojta Moore *(Sr VP-Client Svcs)*
Laura O'Mery *(Sr VP-Fin & Ops)*
Martin Nowak *(VP-Production)*
Milissa Weiss *(VP-Acct Svcs)*
Julie Low *(Supvr-Brdcst Media)*
Justin Hage *(Sr Planner-Integrated Media)*
Debbie Fradette *(Sr Media Planner & Media Buyer)*
Beth Pannier *(Coord-Media)*
Lisa Bauer *(Assoc Producer)*
Ashton Caldwell *(Asst-Media)*
Nikki Murray *(Sr Art Dir)*
Grant Roby *(Sr Media Planner)*
Gene Roy *(Sr Art Dir-Brdcst)*
Mike Wilson *(Assoc Creative Dir)*

Accounts:
The California Academy of Sciences Campaign: "Bees"
Columbus Zoo & Aquarium Campaign: "Baby Babble", Campaign: "Carnivores vs. Herbivores", Polar Friend
Lake Erie
MGM Resorts International (Agency of Record) Beau Rivage Resort & Casino, Digital, Gold Strike Casino Resort, Outdoor, Print, Radio, Social Media, Television
Nutramax Laboratories
Oak Street Mortgage; Indianapolis, IN; 2003
Ohio Travel & Tourism
Rusty Bucket Restaurant & Tavern (Agency of Record) Creative Development, Design, Production & Media Services, Strategic Insights
Safelite AutoGlass (Creative Agency of Record) Creative, Social
Safeway
Santa Monica Travel & Tourism (Agency of Record) Brand Refresh, Brand Strategy, Brand direction, Integrated Marketing, International Advertising, Logo, Media Buying, Media Planning
The Wendy's Company Fast Food; 1999
WP Glimcher Inc. (Media Agency of Record)

THE RON TANSKY ADVERTISING & PUBLIC RELATIONS
3140 Woodgreen Ct, Thousand Oaks, CA 91362
Tel.: (805) 241-8688
E-Mail: rtansky@aol.com
Web Site: rontansky.com

E-Mail for Key Personnel:
President: rtansky@aol.com

Employees: 2
Year Founded: 1976

Agency Specializes In: Advertising, Alternative Advertising, Brand Development & Integration, Business Publications, Business-To-Business, Co-op Advertising, Collateral, Communications, Consulting, Consumer Marketing, Cosmetics, Electronics, Environmental, High Technology, Household Goods, Industrial, Leisure, Magazines, Marine, Media Relations, New Product Development, Newspaper, Pharmaceutical, Point of Purchase, Public Relations, Publicity/Promotions, Radio, Sales Promotion, Technical Advertising, Trade & Consumer Magazines

Approx. Annual Billings: $1,000,000

Ron Tansky *(Dir-Creative)*

RONI HICKS & ASSOCIATES
11682 El Camino Real Ste 200, San Diego, CA 92130
Tel.: (858) 947-2700
Fax: (858) 947-2701
E-Mail: jwheeler@ronihicks.com
Web Site: www.ronihicks.com

E-Mail for Key Personnel:
President: jwheeler@ronihicks.com

Employees: 22
Year Founded: 1979

Agency Specializes In: Advertising, Brand Development & Integration, Business-To-Business, Collateral, Communications, Consumer Marketing, Corporate Communications, Corporate Identity, Direct Response Marketing, Electronic Media, Event Planning & Marketing, Graphic Design, Integrated Marketing, Internet/Web Design, Logo & Package Design, Media Buying Services, Media Planning, Media Relations, Mobile Marketing, Production (Ad, Film, Broadcast), Public Relations, Real Estate, Sales Promotion, Search Engine Optimization, Social Media, Strategic Planning/Research, Web (Banner Ads, Pop-ups, etc.)

Approx. Annual Billings: $6,000,000

Diane Gaynor *(Partner & Exec VP)*
Ellen Wong *(Sr Acct Mgr & Mgr-Digital Svcs)*
Jennifer Pellegrini *(Sr Acct Mgr)*
Jo DePiano *(Office Mgr)*
Lauren Prescott *(Acct Mgr)*
Arlene Tendick *(Mgr-Pub Affairs)*
Tina Stephanos *(Coord-Media)*
Alyssa Forse *(Sr Media Planner)*

Accounts:
Black Mountain Ranch Real Estate Developments; 2010
Brehm Communities Real Estate Developments; 1993
JMI Properties Real Estate Developments; 2009
Newland Communities Real Estate Developments; 1997
Rancho Mission Viejo Real Estate Developments; 1998

RONIN ADVERTISING GROUP
400 University Dr Ste 200, Miami, FL 33134
Tel.: (305) 444-6868
Fax: (305) 859-9776
Web Site: www.roninadv.com

Employees: 55

National Agency Associations: AFA

ADVERTISING AGENCIES

Agency Specializes In: Advertising, Food Service, Health Care Services, Hospitality, Real Estate, Retail, Sports Market

Karen Ableman *(Pres)*
John Swisher *(Partner & Exec Creative Dir)*
Tuesday Saumell *(CFO)*
Maria Venegas *(Creative Dir)*
Bianca Zeiler *(Creative Dir)*
Yessenia Alonso *(Mgmt Supvr)*
Jason Balla *(Dir-Digital & Social Engagement)*
GiGi Difazio *(Mgr-Print Production)*

Accounts:
Millennium Place Boston Brochure, Website
Millennium Tower San Francisco

ROOFTOP COMMUNICATIONS
PO Box 435, Brooklandvl, MD 21022
Tel.: (410) 243-5550
Fax: (410) 243-5569
E-Mail: billh@rooftopcommunications.com
Web Site: www.rooftopcommunications.com

Employees: 11
Year Founded: 2004

Agency Specializes In: Brand Development & Integration, Direct Response Marketing, Internet/Web Design, Public Relations

Accounts:
Ashford Kent
Baldwin & Co.
Delsey Luggage
Priority Partners
Pure Face
Spring Swing

ROOKS ADVERTISING LLC
6170 State Road 70 E Ste 108, Bradenton, FL 34203
Tel.: (941) 747-2021
Fax: (941) 747-2629
E-Mail: contact@rooksadvertising.com
Web Site: https://rooksagency.com/

Employees: 10

Agency Specializes In: Advertising, Brand Development & Integration, Graphic Design, Internet/Web Design, Logo & Package Design, Media Buying Services, Print, Public Relations, Radio, Social Media

David Rooks *(Pres)*

Accounts:
Your Trainers Group

ROOM 214, INC.
3340 Mitchell Ln, Boulder, CO 80301
Tel.: (866) 624-1851
Fax: (303) 865-3759
E-Mail: info@room214.com
Web Site: www.room214.com

Employees: 39
Year Founded: 2004

Agency Specializes In: Advertising, Brand Development & Integration, Content, Digital/Interactive, Internet/Web Design, Social Media

Jason Cormier *(Co-Founder)*
Jen Casson *(Mng Dir)*
Chris Dowling *(Chief Creative Officer)*
Erica Griffiths *(Producer-Digital)*
Caitlin Sherwood *(Acct Dir)*
Libby Turner *(Client Svcs Dir)*

Ben Castelli *(Dir)*
Michael Kwolek *(Dir-Strategic Insights)*
Maya Shaff *(Dir-Content Mktg)*
Jill Mailander *(Acct Mgr)*
Laura Oxler *(Analyst-Mktg)*
Brent Walker *(Designer-Motion)*

Accounts:
HARIBO of America Inc. (Social Media Agency of Record)
Verizon Wireless

ROOSTER
200 Hudson St Fl 4, New York, NY 10013
Tel.: (212) 380-3284
E-Mail: info@roosternewyork.com
Web Site: www.roosternewyork.com

Employees: 226
Year Founded: 2010

Agency Specializes In: Advertising, Internet/Web Design, T.V.

Eric Duncan *(Mktg Dir)*

Accounts:
Vans, Inc.

ROSBERG FOZMAN ROLANDELLI ADVERTISING
4745 Sutton Park Ct Ste 804, Jacksonville, FL 32224
Tel.: (904) 329-3797
Fax: (904) 329-1207
E-Mail: mike@rfrad.com
Web Site: www.rfrad.com

Employees: 5

Agency Specializes In: Advertising, Affluent Market, Collateral, Corporate Identity, Leisure, Luxury Products, Real Estate

Richard Rosberg *(Pres & Partner)*
Mike Fozman *(Partner & Creative Dir)*

Accounts:
East West Communities
Universal Health Systems
VyStar Credit Union

ROSEN
1631 NE Broadway Ste 615, Portland, OR 97232
Tel.: (503) 224-9811
E-Mail: info@rgrosen.com
Web Site: rosenconvergence.com

E-Mail for Key Personnel:
President: richard@rgrosen.como

Employees: 1
Year Founded: 1990

National Agency Associations: AMA-DMA

Agency Specializes In: Brand Development & Integration, Consulting, Direct Response Marketing, Identity Marketing

Approx. Annual Billings: $1,200,000

Breakdown of Gross Billings by Media: Collateral: 5%; Consulting: 5%; D.M.: 40%; E-Commerce: 15%; Mags.: 20%; Newsp.: 5%; Plng. & Consultation: 8%; Radio: 2%

Richard Rosen *(CEO)*
Jane C. Rosen *(Partner & Chief Creative Officer)*
Erin Hoover Garcia *(Mgr-New Bus Roll-out)*

ROSENBERG ADVERTISING
12613 Detroit Ave, Lakewood, OH 44107
Tel.: (216) 529-7910
Fax: (216) 529-7915
Web Site: www.rosenbergadv.com

Employees: 15

Agency Specializes In: Advertising, Corporate Identity, Digital/Interactive, Internet/Web Design, Logo & Package Design, Media Planning, Out-of-Home Media, Outdoor, Print, Radio, Social Media

Austin Rosenberg *(Partner)*
Melissa Sattler *(Partner)*
Dave Simon *(Creative Dir)*
Marisa Himes *(Dir-Ops)*
Connie Ramser *(Sr Acct Mgr)*
Nellie Calanni *(Strategist-Social Media)*
Kara McKenna *(Sr Art Dir)*

Accounts:
MacroPoint
NFP Structured Settlements

ROSS ADVERTISING, INC.
60 E Magnolia Blvd, Burbank, CA 91502
Tel.: (818) 955-5155
Fax: (818) 955-9944
Web Site: rossadvertisinginc.com

E-Mail for Key Personnel:
President: dross@rossadv.com
Media Dir.: vhenderson@rossadv.com

Employees: 7
Year Founded: 1986

Agency Specializes In: Broadcast, Direct Response Marketing, Education, Entertainment, Food Service, Media Buying Services, Medical Products, Production, Radio, Restaurant, Retail, T.V.

Approx. Annual Billings: $12,500,000

Breakdown of Gross Billings by Media: Cable T.V.: $50,000; Newsp.: $60,000; Radio: $480,000; Spot T.V.: $11,910,000

Rick Perry *(VP)*

Accounts:
Celibre Medical
Danmer Custom Shutters
Hollywood Piano
Law Offices of J. Russell Brown; Los Angeles, CA
    Motorcycle Injury Law; 1988
Lotus Clinical Research
Othro Mattress
Spotloan

THE ROSS GROUP
6511 Hayes Dr, Los Angeles, CA 90048
Tel.: (323) 935-7600
Fax: (323) 935-7603
E-Mail: mary@thereelroosgroup.com
Web Site: www.thereelrossgroup.com

Employees: 7
Year Founded: 1988

Agency Specializes In: Arts, Brand Development & Integration, Branded Entertainment, Business-To-Business, Communications, Consulting, Consumer Marketing, Consumer Publications, Corporate Communications, Corporate Identity, Cosmetics, Crisis Communications, Customer Relationship Management, Email, Entertainment, Event Planning & Marketing, Fashion/Apparel, Identity Marketing, Integrated Marketing, Leisure, Local Marketing, Luxury Products, Magazines, Media Buying Services, Media Planning, Media Relations,

AGENCIES - JANUARY, 2019 — ADVERTISING AGENCIES

Multimedia, New Product Development, Newspaper, Newspapers & Magazines, Package Design, Planning & Consultation, Product Placement, Production (Ad, Film, Broadcast), Production (Print), Promotions, Public Relations, Publicity/Promotions, Retail, Sales Promotion, Sponsorship, Strategic Planning/Research, T.V., Travel & Tourism, Women's Market

Approx. Annual Billings: $1,600,000

Breakdown of Gross Billings by Media: Local Mktg.: $500,000; Pub. Rels.: $1,100,000

Mary Hall Ross *(Owner)*
Andrea Romero *(VP)*

Accounts:
Blanton's Bourbon
Buffalo Trace
Christopher Guy
Jean Fares Couture

ROTH ADVERTISING, INC.
PO Box 96, Sea Cliff, NY 11579-0096
Tel.: (516) 674-8603
Fax: (516) 674-8606
E-Mail: charles@rothadvertising.com
Web Site: www.rothadvertising.com

Employees: 2
Year Founded: 1971

Agency Specializes In: Advertising, Business-To-Business, Catalogs, Consulting, Consumer Marketing, Consumer Publications, Direct Response Marketing, Direct-to-Consumer, Education, Email, Exhibit/Trade Shows, Faith Based, Graphic Design, Internet/Web Design, Media Buying Services, Media Planning, Media Relations, Newspapers & Magazines, Planning & Consultation, Print, Production, Public Relations, Publicity/Promotions, Publishing, Social Marketing/Nonprofit, Strategic Planning/Research, Trade & Consumer Magazines

Approx. Annual Billings: $908,000

Breakdown of Gross Billings by Media: Adv. Specialities: $5,000; Bus. Publs.: $75,000; Consumer Publs.: $458,000; Exhibits/Trade Shows: $5,000; Print: $365,000

Daniel Roth *(Owner)*

Accounts:
American Mental Health Foundation; New York, NY Books; 1999
Baylor University Press; Waco, TX Books; 2009
Cardinal Cooke Guild; New York, NY Newsletter; 1988
Catholic Book Publishers Association; Rockford, IL "Spirit of Books" Catalog, Catholic Bestseller List; 1990
Catholic Media Publishers Association; San Antonio, TX "Spirit of Books" Catalog, Catholic Bestseller List; 1990
Catholic Press Association; Chicago, IL CPA Book Awards; 2009
Knights of the Holy Sepulchre; New York, NY Newsletter; 2004
Nassau County Psychological Association; Merrick, NY Newsletter; 1974
New City Press; Hyde Park, NY Books; 1998
Paulist Press; Mahwah, NJ Direct Mail List Management; 2004
Templeton Press; West Conshohocken, PA Books; 2008
Westminster John Knox Press; Louisville, KY Books; 2002

ROTTER GROUP INC.
256 Main St 2nd Fl, Huntington, NY 11743
Tel.: (631) 470-7803
Fax: (631) 420-7807
E-Mail: srotter@rottergroup.com
Web Site: rottercreativegroup.com

E-Mail for Key Personnel:
President: srotter@rotterkantor.com

Employees: 22
Year Founded: 1965

National Agency Associations: THINKLA

Agency Specializes In: Advertising, Broadcast, Cable T.V., Children's Market, Consulting, Consumer Marketing, Consumer Publications, Digital/Interactive, Electronics, Entertainment, Fashion/Apparel, Internet/Web Design, Leisure, Magazines, Media Buying Services, Newspapers & Magazines, Print, Production, Production (Print), Public Relations, Radio, Restaurant, Strategic Planning/Research, T.V., Teen Market, Trade & Consumer Magazines, Tween Market

Breakdown of Gross Billings by Media: Cable T.V.: 55%; Consulting: 10%; Internet Adv.: 10%; Mags.: 5%; Network T.V.: 20%

Steve H. Rotter *(Chm & Chief Creative Officer)*
Steve Stetzer *(Pres)*

Accounts:
Blip Toys
Disney
Giochi Preziosi Toys
jakks pacific
University Games

Branch

Rotter Group Inc.
2670 Solana Way, Laguna Beach, CA 92651
Tel.: (949) 715-3814
Fax: (949) 715-3814
E-Mail: srotter@rottergroup.com
Web Site: rottercreativegroup.com

Employees: 5

Agency Specializes In: Advertising

Steve Rotter *(Owner)*

Accounts:
Blip
Chaotic
Disney
Estes/Cox
Giochi Preziosi
Playmates Toys; Costa Mesa, CA Disney Princess, Teenage Mutant Ninja Turtles; 2000
Smith Tinker
Toy Island
UniversityGames
Wham-O!

ROUNDHOUSE
537 SE Ash St Ste 401, Portland, OR 97214
Tel.: (503) 287-0398
E-Mail: info@roundhouseagency.com
Web Site: www.roundhouseagency.com

Employees: 119
Year Founded: 2001

Agency Specializes In: Advertising, Digital/Interactive, Print, Radio, Sponsorship, Strategic Planning/Research

Joe Sundby *(Founder & Chm-Creative)*
Jennifer Crotteau *(Mng Dir-Ops)*

Matthew Moss *(Mng Dir-Client Svcs)*
Lani Reichenbach *(Grp Acct Dir-Reebok & Adidas)*
Stacy Garnand *(Acct Dir)*
Liz Khan *(Art Dir)*
Mako Miyamoto *(Creative Dir)*
Justin Smitty *(Art Dir)*
Mike Torretta *(Art Dir)*
Megan Amberson *(Dir-Brand Strategy)*
Sarah Biedak *(Sr Strategist-Interactive)*
Jenya Andreev *(Sr Designer-3D)*
Alice Baldwin *(Sr Designer)*
Christian Hannig *(Sr Designer)*
Jessica Jones *(Sr Designer)*
R. Kyle Everett *(Assoc Creative Dir)*
Ian MacGillivray *(Sr Art Dir)*

Accounts:
Adidas
Leatherman Tool Group, Inc. Online Video
Microsoft
Pluralsight
Red Bull
Redington
Reebok International Ltd Creative Development, Reebok Classic (Global Agency of Record)

ROUNDHOUSE MARKETING & PROMOTION, INC.
560 E Verona Ave, Verona, WI 53593
Tel.: (608) 497-2550
Fax: (608) 497-2598
E-Mail: info@roundhouse-marketing.com
Web Site: https://roundhouse-marketing.com/

Employees: 20

Agency Specializes In: Brand Development & Integration, Graphic Design, Point of Sale, Print, Promotions

Casey Moen *(Co-Owner & Sr Acct Mgr)*
Robert Carr *(Owner)*
Mike Mahnke *(Sr Acct Mgr)*
Christina Steel *(Acct Exec)*

Accounts:
Batteries Plus
Boca
Claussen
Kohler
Kraft
Lunchables
Microsoft Xbox (Social Media)
Smucker's
Springs
Sterling
Verizon

ROUNDPEG
1003 E 106th St, Indianapolis, IN 46280
Tel.: (317) 569-1396
Fax: (317) 569-1389
Web Site: www.roundpeg.biz

Employees: 5
Year Founded: 2002

Agency Specializes In: Logo & Package Design, Public Relations, Web (Banner Ads, Pop-ups, etc.)

Lorraine Ball *(Owner)*
Lisa Paschke *(CEO & Partner)*
Eric Heinemann *(Sr Partner)*

ROUTE 1A ADVERTISING
5507 W Ridge Rd, Erie, PA 16506
Tel.: (814) 461-9820
Fax: (814) 461-0594
E-Mail: info@route1a.com
Web Site: www.route1a.com

ADVERTISING AGENCIES — AGENCIES - JANUARY, 2019

Employees: 2
Year Founded: 2002

Agency Specializes In: Advertising, Internet/Web Design, Print, T.V.

Jamie Potosnak *(Owner, Pres & Creative Dir)*
Damon Kleps *(Art Dir)*

Accounts:
Rocky Boots
Saint Vincent Health Center

ROUTE2 ADVERTISING
112 E Line St Ste 312, Tyler, TX 75702
Tel.: (903) 504-5921
Web Site: www.route2advertising.com

Employees: 2
Year Founded: 2011

Agency Specializes In: Advertising, Brand Development & Integration, Graphic Design, Internet/Web Design, Logo & Package Design, Radio

Mike Hill *(Owner)*

Accounts:
Bronco Oilfield Services
Centaur Arabian Farms
Cork Food & Drink
Green Bug
Karis Resources
Mann Tindel & Thompson
Matt Begley & Bitter Whiskey
Mentoring Minds, Lp.
Pure Relaxation
Ricks On the Square
Stillbent
Texas Rose Festival

THE ROXBURGH AGENCY INC
4300 Campus Dr Ste 100, Newport Beach, CA 92660
Tel.: (714) 556-4365
E-Mail: hello@roxburgh.com
Web Site: www.roxburgh.com

Employees: 10

Agency Specializes In: Advertising, Brand Development & Integration, Event Planning & Marketing, Internet/Web Design, Out-of-Home Media, Outdoor, Print, Social Media, Strategic Planning/Research

Claudia Roxburgh *(Pres)*
Tami Newcomb *(VP)*

Accounts:
Woodbridge Pacific Group

ROYALL MEDIA, INC.
801 N Magnolia Ave Ste 210, Orlando, FL 32803
Tel.: (407) 401-7479
E-Mail: info@royalladv.com
Web Site: https://www.liquidreach.com/

Employees: 29

Agency Specializes In: Advertising, Brand Development & Integration, Print, Strategic Planning/Research

Jillian Major *(Dir-Ops)*

Accounts:
Florida Hospital
Rockefeller Business Group Centers

RP3 AGENCY
7316 Wisconsin Ave Ste 450, Bethesda, MD 20814
Tel.: (301) 718-0333
Fax: (301) 718-9333
E-Mail: info@rp3agency.com
Web Site: https://rp3agency.com/

Employees: 31
Year Founded: 2009

National Agency Associations: 4A's

Agency Specializes In: Advertising, Brand Development & Integration, Digital/Interactive, Internet/Web Design, Print, Sponsorship

Beth Johnson *(Founder & CEO)*
Jim Lansbury *(Founder & Chief Creative Officer)*
Maggie Bergin *(Exec Dir-Acct Leadership)*
Christina Pantelias Raia *(Dir-Strategic Plng)*
Dan Sweet *(Dir-PR)*
Evelyn Quinn *(Assoc Dir-Strategic Plng)*
Rachel Breslin *(Acct Supvr)*
Kyle Knauff *(Acct Supvr)*
Chris Finnegan *(Exec Media Dir)*

Accounts:
Children's National Health System
Darcars
Giant Food, LLC Advertising, Creative, Integrated Marketing Campaign; 2018
National Harbor
National Law Enforcement Museum Integrated Marketing Campaign
Norfolk Southern Corporation Integrated Marketing Campaign
Washington Area Women's Foundation Website

RPA
2525 Colorado Ave, Santa Monica, CA 90404
Tel.: (310) 394-4000
Fax: (310) 633-7099
E-Mail: info@rpa.com
Web Site: www.rpa.com

Employees: 500
Year Founded: 1986

National Agency Associations: 4A's-THINKLA

Agency Specializes In: Advertising, Advertising Specialties, Affluent Market, Arts, Automotive, Brand Development & Integration, Broadcast, Business-To-Business, Cable T.V., Co-op Advertising, Collateral, Consumer Goods, Consumer Marketing, Corporate Communications, Corporate Identity, Customer Relationship Management, Digital/Interactive, Direct Response Marketing, E-Commerce, Electronic Media, Electronics, Email, Entertainment, Event Planning & Marketing, Financial, Food Service, Game Integration, Graphic Design, Health Care Services, High Technology, Household Goods, Integrated Marketing, Internet/Web Design, Leisure, Luxury Products, Magazines, Market Research, Media Buying Services, Mobile Marketing, New Technologies, Newspaper, Newspapers & Magazines, Out-of-Home Media, Outdoor, Point of Purchase, Point of Sale, Print, Product Placement, Production, Radio, Restaurant, Retail, Sales Promotion, Search Engine Optimization, Social Media, Sponsorship, Sports Market, Strategic Planning/Research, T.V., Trade & Consumer Magazines, Transportation, Travel & Tourism, Viral/Buzz/Word of Mouth

RPA is a leading independent advertising agency. The agency builds momentum for brands by offering clients truly integrated campaigns that resonate throughout its disciplines, which include traditional advertising, interactive, and direct and event marketing.

Approx. Annual Billings: $1,200,000,000

Christine Rhee *(Exec Producer-Digital)*
Adrianne Benzion *(Art Dir)*
Davide Bianca *(Creative Dir)*
Fabiano de Queiroz Tatu *(Creative Dir)*
Adrienne Feldman *(Mgmt Supvr-Integrated)*
Helen Pai *(Dir-Search)*
Brittney Jorgensen *(Production Mgr)*
Birgitta Johnson *(Acct Supvr)*
Catharina Koh *(Acct Supvr-Digital)*
Megan Trout *(Acct Supvr)*
Mitchell Gilbert *(Supvr-Media)*
Elaine Kao *(Supvr-Media)*
Richard Thai *(Supvr-Media)*
Matthew Bower *(Sr Acct Exec)*
Julia Nass *(Sr Acct Exec)*
Christina Winsor *(Sr Acct Exec)*
Marcos Botelho *(Sr Copywriter-Creative)*
Jackie Rose *(Acct Exec-Digital)*
Erna Adelson *(Copywriter)*
John Bajet *(Designer)*
Courtney Hertenstein *(Planner-Digital Media)*
Katherine Lai *(Planner-Digital Media)*
Rwanda Bernardino *(Asst Acct Exec)*
Joanna Cordero *(Assoc Media Dir)*
Erin Costello *(Assoc Creative Dir)*
Aja Wall *(Sr Assoc-Traffic Ops)*

Accounts:
AMPM (Agency of Record) Brand Awareness, Creative, Digital, Social Media, Strategic
Apartments.com (Agency of Record) Campaign: "Change your apartment. Change the world.", Campaign: "Contest", Campaign: "Rentless Future"
ARCO; La Palma, CA (Agency of Record) "TOP TIER", Brand Positioning, Campaign: "Embarassing", Campaign: "Mishap", Campaign: "Treat", Campaign: "Try It", Gasoline, Online, Outdoor, Radio, ampm Convenience Stores; 2005
BP ARCO
CoStar Group, Inc. Campaign: Apartments.com: "Movin' On Up"
Delano Las Vegas campaign: "Defiantly Inspired"
End Kids' Cancer
Farmers Insurance Group, Inc. Campaign "University of Farmers", Campaign: "15 Seconds of Smart", Campaign: "We Know From Experience", Creative, Digital, Multimedia, TV; 2010
Halo
Honda Motor Company (US Media Agency of Record) #hugfest, Accord, Acura (US Media Agency of Record), Acura TSX, Advertising, Automotive, Broadcast, CR-V, Campaign: "Million Mile Joe's Surprise Parade", Campaign: "Re-re-routed", Civic, Corporate, Creative, Digital Marketing, Element, Fit, HR-V SLF, Honda (US Media Agency of Record), Honda Summer Clearance, HondaHAIR, Insight, Leap Lists, Media, Odyssey, Online, Pilot, Print, Radio, Ridgeline, Social Media, Terii; 2009
La-Z-Boy (Agency of Record) Campaign: "As the Room Turns", Campaign: "Live Life Comfortably", Campaign: "Movie Set", Campaign: "Photo Shoot"; 2007
Lifetime
Los Angeles Clippers Branded Entertainment, Campaign: "Be Relentless", Campaign: "Together We Will", Creative, Digital & Social

AGENCIES - JANUARY, 2019 — ADVERTISING AGENCIES

Marketing, Media Buying, Media Planning, OOH, Print, Strategy
Mandalay Bay Resort & Casino Campaign: "Resortist", Outdoor, Print; 2008
Newport Beach Film Festival Campaign: "5 Years Under the Influence", Campaign: "Bedtime Story", Campaign: "Mandible", Campaign: "We're Being Watched"; 2009
Paediatric Brain Tumor Foundation
Southwest Airlines Digital
Tempur Sealy (Agency of Record) Campaign: "Moms: You're Important", Creative, Digital, Social Marketing, Strategy, Tempur-Pedic
XO Mints Campaign: "The Ugly Couple Song", Online

RPM
1501 Broadway, New York, NY 10036
Tel.: (646) 358-4141
E-Mail: say@hellorpm.com
Web Site: hellorpm.com

Employees: 50
Year Founded: 2017

Agency Specializes In: Advertising, Brand Development & Integration, Communications, Event Planning & Marketing, Media Planning, Promotions, Social Media, Sponsorship.

Pete Milano *(Mng Parnter)*
Nick Pramik *(Mng Parnter)*
Ilehe Rosen *(Mng Parnter)*
Steven Tartick *(Exec Creative Dir)*
Cher Nobles *(Dir-Mktg Insights & Analytics)*
Ryan Zatcoff *(Dir-Client)*
Samantha Bussell *(Mgr-Media)*
Kyle Carter *(Mgr-Media)*
Lisa Euker *(Mgr-Creative)*
Bethany Nothstein *(Mgr-Promos & Partnerships)*
Ben Skinner *(Mgr-Client)*
Hilary Sutton *(Mgr-Community)*
Diane Vadnal *(Mgr-Social Media)*
Laura Ellis *(Client Dir)*
Julian Guzman *(Jr Designer)*

Accounts:
New-Ballet Theatre Foundation, Inc American Ballet Theatre
New-Chicago The Musical
New-Hamilton The Musical
New-Second Stage Theater
New-Waitress A New Musical

RPM ADVERTISING
222 S Morgan St, Chicago, IL 60607
Tel.: (312) 455-8600
Fax: (312) 455-8617
Toll Free: (800) 475-2000
Web Site: www.rpmadv.com

Employees: 94
Year Founded: 1994

Agency Specializes In: Advertising, Advertising Specialties, Agriculture, Automotive, Aviation & Aerospace, Brand Development & Integration, Broadcast, Business Publications, Business-To-Business, Cable T.V., Children's Market, Co-op Advertising, Collateral, Commercial Photography, Communications, Consulting, Consumer Marketing, Consumer Publications, Corporate Identity, Cosmetics, Digital/Interactive, Direct Response Marketing, E-Commerce, Education, Electronic Media, Engineering, Entertainment, Environmental, Event Planning & Marketing, Exhibit/Trade Shows, Fashion/Apparel, Financial, Food Service, Government/Political, Graphic Design, Health Care Services, High Technology, Hispanic Market, Industrial, Infomercials, Information Technology, Internet/Web Design, Investor Relations, LGBTQ Market, Legal Services, Leisure, Logo & Package Design, Magazines, Marine, Media Buying Services, Medical Products, Merchandising, Multimedia, New Product Development, Newspaper, Newspapers & Magazines, Out-of-Home Media, Outdoor, Pharmaceutical, Planning & Consultation, Point of Purchase, Point of Sale, Print, Production, Public Relations, Publicity/Promotions, Radio, Real Estate, Recruitment, Restaurant, Retail, Sales Promotion, Seniors' Market, Sports Market, Strategic Planning/Research, Sweepstakes, Syndication, T.V., Technical Advertising, Teen Market, Telemarketing, Trade & Consumer Magazines, Transportation, Travel & Tourism, Yellow Pages Advertising

Approx. Annual Billings: $42,000,000

Breakdown of Gross Billings by Media: Collateral: 2%; D.M.: 5%; Mags.: 5%; Newsp.: 30%; Outdoor: 5%; Point of Purchase: 3%; Radio: 20%; T.V.: 30%

Mark Malin *(Pres)*
Stephen Platcow *(CEO)*
Larry Bessler *(Chief Creative Officer)*
Jennifer Wiza *(VP-Strategy & Plng)*
Sarah Russell *(Grp Acct Dir)*
Adam Rasmussen *(Supvr-Media Plng)*
Bob McCartney *(Assoc Creative Dir)*

Accounts:
Fields Auto Group Advertising
Harrah's Entertainment
Hollywood Casinos
Horseshoe Casinos
Percipia (Agency of Record) Advertising, Digital, Print, Video
Sheraton Casino & Hotel
Stafford Air & Space Museum (Agency of Record)
Terlato Wines Marketing, Riondo Prosecco
Volvo Cars of North America, Inc.- Central Region; Chicago, IL Automotive
Wyndham Worldwide

RPM/Las Vegas
7251 W Lake Mead Blvd Ste 300, Las Vegas, NV 89128
Tel.: (702) 562-4060
Fax: (702) 562-4001
E-Mail: platzow@rpmadv.com
Web Site: www.rpmadv.com

Employees: 101

Larry Bessler *(Chief Creative Officer)*
Sarah Russell *(Grp Acct Dir)*
Timothy A. Jones *(Sr Art Dir)*

RSQ
54 Saint Emanuel St, Mobile, AL 36602
Tel.: (251) 650-0118
Fax: (251) 476-1582
E-Mail: wave@rsq.com
Web Site: https://www.redsquareagency.com/

Employees: 77
Year Founded: 1977

National Agency Associations: 4A's-MCA

Agency Specializes In: Advertising, Automotive, College, Education, Financial, Health Care Services, Public Relations, Restaurant

Breakdown of Gross Billings by Media: Brdcst.: 40%; Internet Adv.: 10%; Outdoor: 10%; Print: 20%; Production: 20%

Sarah Jones *(Pres)*
Elena Freed *(COO & Exec VP)*
Caleb Moore *(Dir-Production)*

Accounts:
Bertram Yachts Sport Fishing Yachts
Bienville Capital Management Financial Services
FIN Branding Group, LLC E-Cigarettes
First Community Bank; Mobile, AL Financial Services
Foosackly's Chicken Fingers; Mobile, AL Quick Serve Restaurants
Full Sail University Education
Hibbett Sports Retail
Hilton Hotels & Resorts Hospitality
Kent State University
Mobile Bay CVB Campaign: "Mobile Bay-Secretly Awesome"
PCI Gaming; Atmore, AL Gaming
Shoe Station; Mobile, AL Retail
Shrimp Baskets Restaurants (Agency of Record) Creative, Digital, Media Planning & Buying, Strategy & Analytics
U-J Chevrolet; Mobile, AL Retail
University of Alabama Education

Branch

Red Square Gaming
54 Saint Emanuel St, Mobile, AL 36602
(See Separate Listing)

RT&E INTEGRATED COMMUNICATIONS
768 Mount Moro Rd Ste 27, Villanova, PA 19085-2007
Tel.: (484) 380-3541
Web Site: www.rteideas.com
E-Mail for Key Personnel:
President: chousam@rteideas.com

Employees: 33
Year Founded: 1957

National Agency Associations: AMIN

Agency Specializes In: Advertising, Brand Development & Integration, Broadcast, Business-To-Business, Collateral, Communications, Consulting, Consumer Marketing, Corporate Identity, Digital/Interactive, Direct Response Marketing, Financial, Graphic Design, Health Care Services, High Technology, Internet/Web Design, Media Buying Services, Medical Products, New Product Development, Out-of-Home Media, Outdoor, Point of Purchase, Print, Public Relations, Publicity/Promotions, Sales Promotion, Strategic Planning/Research, Transportation, Travel & Tourism, Viral/Buzz/Word of Mouth

Approx. Annual Billings: $35,000,000

Breakdown of Gross Billings by Media: Cable T.V.: $1,750,000; Collateral: $3,500,000; D.M.: $3,500,000; E-Commerce: $1,400,000; Internet Adv.: $1,750,000; Newsp.: $1,400,000; Other: $1,400,000; Out-of-Home Media: $1,750,000; Promos.: $3,150,000; Pub. Rels.: $3,500,000; Radio: $1,400,000; Trade & Consumer Mags.: $7,000,000; Worldwide Web Sites: $3,500,000

David Meredith *(Mgr-Interactive)*

Accounts:
AGS Chemicals
AstraZeneca
DuPont; Wilmington, DE; 1987
GE Asset Intelligence; Devon, PA; 1999
GE Trailer Fleet Services; Devon, PA; 2000
Invista
Overture Ultimate Home Electronics
Southco, Inc.; Concordville, PA; 2003
Surveillance Data Inc
W.L. Gore & Associates; Newark, DE; 2002
WHYY Inc.; Wilmington, DE; Philadelphia, PA; 2000
YMCA of Delaware-Central Branch; Wilmington,

ADVERTISING AGENCIES

AGENCIES - JANUARY, 2019

DE; 2002

RUBY PORTER MARKETING & DESIGN
2504 Oakmont Way Ste A, Eugene, OR 97401
Tel.: (541) 683-3064
Fax: (541) 255-4970
Web Site: www.rubyporter.com

Employees: 5
Year Founded: 2008

Agency Specializes In: Advertising, Brand Development & Integration, Collateral, Digital/Interactive, Internet/Web Design, Logo & Package Design, Print, Search Engine Optimization, Social Media

Christopher Hayes *(Chief Strategy Officer)*
Charles LaBorn *(CTO)*
Lee Bliven *(Dir-Managed Svcs)*

Accounts:
Echo Electuary

RUCKUS MARKETING, LLC
261 West 35th St, New York, NY 10001
Tel.: (646) 564-3880
E-Mail: info@ruckusco.com
Web Site: www.ruckusmarketing.com/

Employees: 20
Year Founded: 2005

Agency Specializes In: Above-the-Line, Below-the-Line, Digital/Interactive, Email, Social Media

Alex Friedman *(Pres)*
Josh Wood *(CEO)*

Accounts:
Lydell NYC Jewelry; 2015
NYC Ferry Operated by Hornblower Creative, Strategic, www.ferry.nyc
WePower Shop eCommerce; 2015

RUECKERT ADVERTISING
638 Albany Shaker Rd, Albany, NY 12211
Tel.: (518) 446-1091
Fax: (518) 446-1094
Toll Free: (800) 200-5336
E-Mail: info@rueckertadvertising.com
Web Site: www.rueckertadvertising.com

Employees: 6

Dean Rueckert *(Pres-PR)*
Edward S.G. Parham *(VP-PR)*
Steven Cass *(Comptroller)*
Linda Mather *(Mktg Dir)*
Jason Rueckert *(Art Dir)*
Chris Rueckert *(Acct Exec)*

Accounts:
Cillis Builders
State Telephone Company Website
Sylvan Learning Centers

RUMBLETREE
216 Lafayette Rd, North Hampton, NH 03862
Tel.: (603) 433-6214
Fax: (603) 433-6269
E-Mail: info@rumbletree.com
Web Site: www.rumbletree.com

Employees: 10

Agency Specializes In: Advertising, Brand Development & Integration, Collateral, Corporate Communications, Email, Internet/Web Design, Media Buying Services, Media Planning, Public Relations, Social Media, Strategic Planning/Research

Charlie Yeaton *(Pres & Creative Dir)*
Jessica Dufoe Kellogg *(Partner & Mng Dir)*
Kelley Angulo *(Client Svcs Dir)*
Jessica K. Stack *(Producer-Digital Web)*
Brian Beaulieu *(Assoc Creative Dir)*

Accounts:
Etchex Laser Engraving
First Colebrook Bank
Frisbie Memorial Hospital
Les Fleurs
New Hampshire Lodging & Restaurant Association (Agency of Record)

RUMOR ADVERTISING
807 East South Temple, Salt Lake City, UT 84102
Tel.: (801) 355-5510
Fax: (801) 355-0603
Web Site: www.rumoradvertising.com

Employees: 50

Agency Specializes In: Advertising, Brand Development & Integration, Broadcast, Internet/Web Design, Logo & Package Design, Package Design

Shane OToole *(Founder & CEO)*
Tyler Sohm *(VP-Creative & Brand Experience)*
Julie Wilder *(VP-Media)*

Accounts:
Brighton Ski Resort

RUNWAY 21 STUDIOS INC.
6501 E Greenway Pkwy, Scottsdale, AZ 85254
Tel.: (480) 998-2195
Fax: (480) 348-8508
Web Site: www.runway21studios.com

Employees: 6
Year Founded: 2002

Agency Specializes In: Advertising, Brand Development & Integration, Digital/Interactive, Graphic Design, Logo & Package Design, Print, Radio, Social Media, T.V.

Brad Michaelson *(Pres)*
Julie Schilly *(Graphic Designer & Designer-Web)*

Accounts:
Arizona State University Arizona Ready for Rigor
Kassman Orthopedics
Phoenix Suns

RUNYON SALTZMAN & EINHORN
2020 L St Ste 100, Sacramento, CA 95811
Tel.: (916) 446-9900
Fax: (916) 446-3619
E-Mail: contact@rs-e.com
Web Site: www.rs-e.com

E-Mail for Key Personnel:
Creative Dir.: pnorris@rs-e.com
Media Dir.: smcmenamy@rs-e.com
Production Mgr.: ttafoya@rs-e.com
Public Relations: cholben@rs-e.com

Employees: 56
Year Founded: 1960

Agency Specializes In: Advertising, African-American Market, Alternative Advertising, Asian Market, Bilingual Market, Brand Development & Integration, Consumer Marketing, Corporate Communications, Corporate Identity, Crisis Communications, Government/Political, Graphic Design, Hispanic Market, Internet/Web Design, Local Marketing, Logo & Package Design, Market Research, Media Buying Services, Media Planning, Media Relations, Media Training, Multimedia, Point of Purchase, Point of Sale, Production, Production (Ad, Film, Broadcast), Production (Print), Promotions, Public Relations, Publicity/Promotions, Strategic Planning/Research

Revenue: $5,000,000

Estelle Saltzman *(Chm)*
Christopher Holben *(Pres)*
Michael Rhee *(CFO)*
Paul McClure *(Principal & Dir-Adv)*
Scott Rose *(Principal & Dir-Pub Affairs)*
Kelley Kent *(Media Dir)*
Harriet Saks *(Dir-Info Sys)*
Darcey Self *(Assoc Dir-Creative)*
Cathy Grewing *(Office Mgr)*
Cathy Nanadiego *(Acct Mgr-Client Svcs & Social Mktg)*
Meredith Reilly *(Acct Mgr)*
Alicia Leupp *(Acct Supvr-Social Mktg)*
Katelyn Gagne *(Media Buyer & Planner)*
Stephanie Holzman *(Media Planner & Media Buyer)*
Joshua Chilton *(Copywriter-Creative Svcs)*
Toni Cooke *(Planner-Digital-Media Svcs)*
Maria Palacios *(Copywriter)*
Kathy Brady *(Sr Media Buyer)*
Vicki Mattocks *(Sr Media Buyer)*

Accounts:
Best Foundation Tunnel Tail Web
California Department Of Public Health
JACO Environmental
WHA Television

RUPERT
3668 Albion Pl N, Seattle, WA 98103
Tel.: (206) 420-8696
Web Site: http://rupert.studio

Employees: 5
Year Founded: 2010

Agency Specializes In: Advertising, Graphic Design, Internet/Web Design

Noah Tannen *(Founder & Pres)*
Jesselle Benson *(Sr Acct Mgr)*
Jamie Azimova *(Designer-Visual)*

Accounts:
Seattle's Best Coffee

RUSHTON GREGORY COMMUNICATIONS
40 Snell Road, Lee, NH 03861
Tel.: (617) 413-6521
E-Mail: info@rushtongregory.com
Web Site: rushtongregory.com

Employees: 7

Agency Specializes In: Advertising, Brand Development & Integration, Media Relations

Jordan Balbresky *(Acct Exec)*

Accounts:
Bombardier Recreational Products

RUSS REID COMPANY, INC.
(Merged with Grizzard Communications to form One & All)

RUSSELL HERDER
275 Market St, Minneapolis, MN 55405

AGENCIES - JANUARY, 2019 — ADVERTISING AGENCIES

Tel.: (612) 455-2360
Fax: (612) 333-7636
Toll Free: (800) 450-3055
E-Mail: info@russellherder.com
Web Site: www.russellherder.com

E-Mail for Key Personnel:
President: ddomagala@russellherder.com

Employees: 30
Year Founded: 1984

National Agency Associations: 4A's

Agency Specializes In: Brand Development & Integration, Business-To-Business, Consumer Marketing, Digital/Interactive, Education, Exhibit/Trade Shows, Financial, Government/Political, Health Care Services, Internet/Web Design, Leisure, Logo & Package Design, Marine, Media Buying Services, New Product Development, Planning & Consultation, Print, Production, Publicity/Promotions, Radio, Strategic Planning/Research, Travel & Tourism

Brian Herder *(Owner)*
Carol Russell *(CEO)*
Danielle Fischer *(VP-Ops)*
Traci Holbrook *(Office Mgr, Mgr-Admin Support & Coord-Res)*
Jodie Oliver *(Copywriter)*
Jessica Tijerina *(Sr Media Buyer & Planner)*
Molly Gobler *(Sr Accountant)*

Accounts:
American Association of Medical Colleges; Washington, D.C. Creative, Digital, PR, Strategic Planning
Association of American Colleges
East Africa Medical Foundation Creative, Digital, PR, Strategic Planning
Roy O. Martin Lumber Company, LLC (Agency of Record) Media Relations, Optimization, RoyOMartin, Social Media, Strategic Communications, Website Development

RUSSO PARTNERS LLC
12 W 27th St 4th Fl, New York, NY 10001
Tel.: (212) 845-4200
Fax: (212) 845-4260
E-Mail: tony.russo@russopartnersllc.com
Web Site: www.russopartnersllc.com

Employees: 20

Accounts:
Advanced Cell Technology, Inc.
Allakos, Inc
Arena Pharmaceuticals
Medovex Corp DenerveX, Public Relations, Social & Traditional Media; 2017

RUSTMEDIA
307 Broadway, Cape Girardeau, MO 63701
Tel.: (573) 388-3460
E-Mail: info@rustmedia.com
Web Site: www.rustmedia.com

Employees: 11

Agency Specializes In: Advertising, Brand Development & Integration, Digital/Interactive, Graphic Design, Search Engine Optimization, Social Media

Jean Hampton *(Designer)*

Accounts:
Chateau Girardeau

RUSTY GEORGE CREATIVE
732 Broadway Ste 302, Tacoma, WA 98402
Tel.: (253) 284-2140
Fax: (253) 284-2142
E-Mail: info@rustygeorge.com
Web Site: www.rustygeorge.com

Employees: 10
Year Founded: 2001

Agency Specializes In: Advertising, Brand Development & Integration, Digital/Interactive, Logo & Package Design

Rusty George *(Principal)*
Crissy Pagulayan *(Acct Dir)*
Jennifer Carr *(Acct Mgr)*
Kitura George *(Ops)*

Accounts:
MC Delivery

RUXLY CREATIVE
1019 Kane Concourse, Miami Beach, FL 33152
Tel.: (305) 397-8065
E-Mail: info@ruxly.com
Web Site: www.ruxly.com

Employees: 11
Year Founded: 2006

Agency Specializes In: Advertising

Accounts:
Bacardi
Columbia University School of International Public Affairs
E-ZPass
Latam Airlines
The New York Wheel
The Windsor

RX COMMUNICATIONS GROUP LLC
555 Madison Ave Fl 5, New York, NY 10022
Tel.: (917) 322-2568
Web Site: www.rxir.com

Employees: 10

Melody Carey *(Pres & CEO)*
Paula Schwartz *(Mng Dir)*
Lisa Janicki *(CFO)*

Accounts:
Bio-Path Holdings, Inc.
Catalyst Pharmaceutical Partners, Inc.
TetraLogic Pharmaceuticals

RXM CREATIVE
5 Crosby St, New York, NY 10013
Tel.: (212) 256-1216
E-Mail: HELLO@RXMCREATIVE.COM
Web Site: www.rxmcreative.com

Employees: 10
Year Founded: 2013

Agency Specializes In: Digital/Interactive, Direct Response Marketing, Email, Experience Design, Guerilla Marketing, In-Store Advertising, Out-of-Home Media, Point of Sale, Print, Production, Radio, Social Media, T.V., Viral/Buzz/Word of Mouth, Web (Banner Ads, Pop-ups, etc.)

Mihai Botarel *(Partner & Creative Dir)*
Raul Mandru *(Partner & Creative Dir)*
Andrea Erali *(Art Dir)*

Accounts:
New-Christian Louboutin
Diesel SpA
Harper's Bazaar
LensCrafters, Inc
Lokai
Ray-Ban Remix Digital Social; 2015
Reebok International Ltd
Sunglass Hut Content, Global Social; 2013
Tabasco
Under Armour, Inc

RXMOSAIC
830 3rd Ave, New York, NY 10022
Tel.: (212) 336-7536
E-Mail: info@rxmosaic.com
Web Site: www.rxmosaic.com

Employees: 50
Year Founded: 2006

Agency Specializes In: Advertising, Communications, Health Care Services, Social Media

Jane Petrino *(Mng Dir)*
Michele Schimmel *(Mng Dir)*
Lisa Talbot *(Mng Dir)*
Erica Nadboy *(Sr VP)*
Tessie Clevy *(VP)*
Dana Geller *(VP-Digital & Social)*
Lisa M Becker *(Grp Sr VP)*
Kathryn Ritzinger *(Grp Sr VP)*

Accounts:
New-Teva Pharmaceutical Industries Ltd.

RYAN JAMES AGENCY
3687 Nottingham Way # A, Trenton, NJ 08690
Tel.: (609) 587-0525
E-Mail: info@ryanjamesagency.com
Web Site: www.ryanjamesagency.com

Employees: 4
Year Founded: 2008

Agency Specializes In: Advertising, Brand Development & Integration, Internet/Web Design, Media Planning, Social Media

Ryan Csolak *(Pres)*
Chrissy Volk *(Acct Coord)*

Accounts:
Blue Raccoon Home Furnishings
Heartland Payment Systems, Inc.
Millennium Broadway Hotel
Thinkform Architects
Tommy Hilfiger USA

RYAN MARKETING PARTNERS, LLC
270 Farmington Ave Ste 171 The Exchange, Farmington, CT 06032
Tel.: (860) 678-0078
Fax: (860) 678-0220
E-Mail: patr@ryanmarketing.com
Web Site: www.ryanmarketing.com

Employees: 10
Year Founded: 1996

Agency Specializes In: Advertising, Brand Development & Integration, Collateral, Communications, Consumer Publications, Corporate Identity, Direct Response Marketing, E-Commerce, Electronic Media, Event Planning & Marketing, Graphic Design, Internet/Web Design, Logo & Package Design, Magazines, Media Buying Services, Merchandising, Multimedia, Newspapers & Magazines, Point of Purchase, Point of Sale, Print, Production, Public Relations, Publicity/Promotions, Radio, Strategic Planning/Research, Technical Advertising

Approx. Annual Billings: $2,500,000

ADVERTISING AGENCIES

AGENCIES - JANUARY, 2019

Lindsay Ryan *(Mng Partner)*
Ben Roberts *(Creative Dir)*

Accounts:
Arrow Pharmacy
Centennial Inn
Deer Valley
ESPN
Herbasway
Mohegan Sun; CT
Northeast Energy Partners; CT; 2008
Shelco Filters; Middletown, CT; 2008
Stanley

RYGR
818 Industry Way Ste B, Carbondale, CO 81623
Tel.: (970) 924-0704
E-Mail: yorygr@rygr.us
Web Site: www.rygr.us

Employees: 10
Year Founded: 2016

Agency Specializes In: Advertising, Brand Development & Integration, Consulting, Content, Event Planning & Marketing, Exhibit/Trade Shows, Media Relations, Paid Searches, Social Media, Viral/Buzz/Word of Mouth

Greg Williams *(Partner & Media Dir-Backbone Grp)*
Brian Holcombe *(Principal)*
Greg Fitzsimmons *(Sr Acct Mgr)*
Massimo Alpian *(Acct Mgr)*
Emily Banks *(Acct Mgr)*
Brian Smith *(Acct Mgr)*
Maddy Fones *(Acct Coord)*

Accounts:
New-Amer Sports Corporation Suunto
Black Ember (United States Public Relations Agency of Record); 2018
Fenix Outdoor International AG Primus & Brunton (U.S. Public Relations Agency of Record); 2018
New-Fjallraven Online (Agency of Record)
New-KEEN Inc
New-Salomon North America Inc
New-Strafe Outerwear

S&A COMMUNICATIONS
301 Cascade Pointe Ln, Cary, NC 27513
Tel.: (919) 674-6020
Fax: (919) 674-6027
Toll Free: (800) 608-7500
E-Mail: sayhey@sacommunications.com
Web Site: www.sacommunications.com/

Employees: 25

Agency Specializes In: Crisis Communications, Digital/Interactive, Event Planning & Marketing, Market Research, Media Relations, Public Relations, Publishing, Search Engine Optimization

Chuck Norman *(Owner & Principal)*
Mike Trainor *(VP-PR)*
Michael Colborn *(Controller)*
Deneen Winters Bloom *(Client Svcs Dir)*
Teresa Kriegsman *(Creative Dir)*
Leah Brown *(Acct Exec)*
Jennifer Casey *(Sr Graphic Designer)*
Michael McDaniel *(Developer-Web)*

Accounts:
Atiz Innovation; Los Angeles, CA PR, Scandock - Scans from smartphones
Brunswick County; 2018
Commercial Finance Association
DealersLink (Public Relations Agency of Record) Content Marketing, Media Relations, Social Media
First Tennessee Bank (Agency of Record) Content Marketing, First Tennessee Triangle, Media Relations, Public Relations, Social Media
Kriegsman Luxury Outerwear (Agency of Record) Creative, Digital, Marketing, Promotions, Public Relations, Social Media, Web Design
Marcey Rader Coaching (Agency of Record) Media Appearances, Speaking Engagements; 2018
MerchLogix
MetroGistics Vehicle Transportation Services
Mid-South Engineering Creative Strategy, Marketing, Website
The National Ataxia Foundation (Agency of Record) Creative, Marketing, Public Relations
North Carolina Licensing Board for General Contractors Communication; 2018
Precision Tune Auto Care Communication, Digital Strategies, Marketing
Pyramid Resource Group (Agency Of Record) Communications, Digital, Marketing, Team Advantage
RallyPoint Sport Grill Creative Services, Digital, Marketing, Public Relations
Servicing Solutions (Strategic Communications Agency of Record) Content Marketing, Digital Marketing, Marketing Communications, Media Relations, Trade Show Strategy; 2018
The Sunrock Group (Agency of Record) Advertising, Community Relations, Integrated Marketing, Public Relations, Social Media Training & Management
TribeSpring Design & Marketing Communications, PR

S&D MARKETING ADVERTISING
1873 S Bellaire St Ste 1600, Denver, CO 80222
Tel.: (303) 785-3220
E-Mail: info@sd-advertising.com
Web Site: www.sd-advertising.com

Employees: 13

Agency Specializes In: Advertising, Brand Development & Integration, Digital/Interactive, Social Media

Ronda Dorchester *(Pres)*
Lorie Sadler *(Pres)*
Anne Marie Hukriede *(VP-Client Svcs)*
Wade Blacketor *(Controller)*
Ann Mathews *(Sr Dir-Integrated Svcs)*
Bruce Holmes *(Sr Mgr-Production)*
Kathleen Berry *(Sr Client Svcs Dir)*

Accounts:
Adaptive Spirit

S+L COMMUNICATIONS
(Formerly Schneider+Levine PR+Communications)
1700 Sawtelle Blvd Ste 111, Los Angeles, CA 90025
Tel.: (310) 996-0239
Fax: (310) 996-0249
Web Site: www.slpr.co

Employees: 10
Year Founded: 1988

Agency Specializes In: Advertising, Promotions, Public Relations

Staci Levine *(Partner)*

Accounts:
Blundstone
Cienta
Ezaki Glico USA Communications, Experiential, Media, Pocky (US Agency of Record)
K. Bell Socks
MEK Denim Fitting Hand-Crafted
Pavepara

S2 ADVERTISING
PO Box 4264, Ormond Beach, FL 32175
Tel.: (386) 254-6898
Fax: (386) 672-3304
E-Mail: graphics@s2advertising.com
Web Site: www.s2advertising.com

Employees: 5
Year Founded: 1992

National Agency Associations: AAF

Agency Specializes In: Advertising, Affluent Market, Arts, Business-To-Business, Co-op Advertising, Collateral, Communications, Consulting, Custom Publishing, Exhibit/Trade Shows, Fashion/Apparel, Graphic Design, High Technology, In-Store Advertising, Industrial, Integrated Marketing, Internet/Web Design, Legal Services, Leisure, Logo & Package Design, Luxury Products, Magazines, Marine, Market Research, Media Buying Services, Media Planning, Medical Products, Newspaper, Out-of-Home Media, Package Design, Print, Production, Production (Ad, Film, Broadcast), Production (Print), Restaurant, Social Marketing/Nonprofit, Sports Market, Trade & Consumer Magazines, Travel & Tourism, Web (Banner Ads, Pop-ups, etc.)

Approx. Annual Billings: $1,500,000

Breakdown of Gross Billings by Media: Bus. Publs.: 35%; Consumer Publs.: 40%; Fees: 20%; Other: 5%

Chris Scali *(Owner)*

S2K GRAPHICS
9255 Deering Ave, Chatsworth, CA 91311
Tel.: (818) 885-3900
Web Site: www.s2kgraphics.com

Employees: 25
Year Founded: 1989

Agency Specializes In: In-Store Advertising, Local Marketing, Logo & Package Design, Merchandising, Package Design, Web (Banner Ads, Pop-ups, etc.)

Dan Pulos *(Pres)*
Philip Garcia *(VP-Ops)*
Jane Dretzka *(Acct Mgr)*
Araksia Baregamian *(Mgr-Order Processing)*
Eddie Garcia *(Supvr-Shipping)*
Leslie Malo *(Supvr-Art Dept)*
Kim Castano *(Specialist-Mktg)*

Accounts:
McDonalds Point-of-Purchase, Signage

S3
718 Main St, Boonton, NJ 07005
Tel.: (973) 257-5533
Fax: (973) 257-5543
E-Mail: info@theS3agency.com
Web Site: thes3agency.com/home

Employees: 25
Year Founded: 2001

Agency Specializes In: Above-the-Line, Advertising, Advertising Specialties, Affiliate Marketing, Affluent Market, African-American Market, Agriculture, Alternative Advertising, Arts, Asian Market, Automotive, Aviation & Aerospace, Below-the-Line, Bilingual Market, Brand Development & Integration, Branded Entertainment, Broadcast, Business Publications, Business-To-Business, Cable T.V., Catalogs, Children's Market, Co-op Advertising, Collateral, College, Commercial Photography, Communications, Computers & Software,

AGENCIES - JANUARY, 2019 — ADVERTISING AGENCIES

Consulting, Consumer Goods, Consumer Marketing, Consumer Publications, Content, Corporate Communications, Corporate Identity, Cosmetics, Crisis Communications, Custom Publishing, Customer Relationship Management, Digital/Interactive, Direct Response Marketing, Direct-to-Consumer, E-Commerce, Education, Electronic Media, Electronics, Email, Engineering, Entertainment, Environmental, Event Planning & Marketing, Exhibit/Trade Shows, Experience Design, Experiential Marketing, Fashion/Apparel, Financial, Food Service, Game Integration, Government/Political, Graphic Design, Guerilla Marketing, Health Care Services, High Technology, Hispanic Market, Hospitality, Household Goods, Identity Marketing, In-Store Advertising, Industrial, Infomercials, Information Technology, Integrated Marketing, International, Internet/Web Design, Investor Relations, LGBTQ Market, Legal Services, Leisure, Local Marketing, Logo & Package Design, Luxury Products, Magazines, Marine, Market Research, Media Buying Services, Media Planning, Media Relations, Media Training, Medical Products, Men's Market, Merchandising, Mobile Marketing, Multicultural, Multimedia, New Product Development, New Technologies, Newspaper, Newspapers & Magazines, Out-of-Home Media, Outdoor, Over-50 Market, Package Design, Paid Searches, Pharmaceutical, Planning & Consultation, Podcasting, Point of Purchase, Point of Sale, Print, Product Placement, Production, Production (Ad, Film, Broadcast), Production (Print), Promotions, Public Relations, Publicity/Promotions, Publishing, RSS (Really Simple Syndication), Radio, Real Estate, Recruitment, Regional, Restaurant, Retail, Sales Promotion, Search Engine Optimization, Seniors' Market, Social Marketing/Nonprofit, Sponsorship, Sports Market, Stakeholders, Strategic Planning/Research, Sweepstakes, Syndication, T.V., Technical Advertising, Teen Market, Telemarketing, Trade & Consumer Magazines, Transportation, Travel & Tourism, Urban Market, Viral/Buzz/Word of Mouth, Web (Banner Ads, Pop-ups, etc.), Women's Market, Yellow Pages Advertising

Denise Blasevick *(Co-Founder & CEO)*
Adam Schnitzler *(Co-Founder & Chief Creative Officer)*
Philip S. Brojan *(Pres)*
Stefanie Fernandez *(VP-Client Svcs)*
Tracey Jeffas *(Acct Supvr)*
Samantha Banner *(Copywriter)*
Michael Kolatac *(Assoc Creative Dir)*

Accounts:
New-AUTEC (US Public Relations Agency of Record) Sushi Robots; 2018
BMW of North America, LLC
Designs By Lolita
Eight O'Clock Coffee Design, Public Relations, Social Media
Emmi Cheeses, Fondues, Yogurts
ERA Franchise Systems
Good Earth Tea
Liberty Humane Society Creative
Mediflow Inc.(USA & Canada Public Relations Agency of Record); 2017
National Kitchen & Bath Association
RCI
Safilo USA
Sanofi
Spyker PR, Spyker B6 Concept
SRSsoft Digital
Tetley USA Inc. Tetley Tea
Trenton Children's Chorus Pro Bono, Public Relations, Social Media Services; 2018
Turtle Back Zoo
Wyndham Worldwide Corporation

SAATCHI & SAATCHI
355 Park Ave S, New York, NY 10010
Tel.: (212) 463-2000
Fax: (212) 463-2367
Web Site: www.saatchi.com

Employees: 6,709
Year Founded: 1970

National Agency Associations: 4A's-AAF-ABC-APA-BPA-MCA-TAB-THINKLA

Agency Specializes In: Sponsorship

Andrea Diquez *(CEO)*
Radu Florescu *(Mng Dir)*
Christine Prins *(CMO-NY)*
Jason Schragger *(Chief Creative Officer)*
Taras Wayner *(Chief Creative Officer)*
Bill Cochrane *(Pres-Retail Div)*
Cheryl Loo *(Sr VP & Grp Acct Dir-Tide & & Draft)*
David Kang *(Sr VP & Dir-Digital Strategy)*
Jaclyn Krongold *(VP & Acct Dir)*
Robert Fortunate *(VP-Office Svcs)*
Mark Reichard *(Exec Creative Dir)*
Carolyn Dateo *(Grp Dir-Plng)*
Gregg Levy *(Sr Dir-Digital Production & Tech)*
Angela Brown *(Sr Acct Dir)*
Atalie Hafez Bartolomeo *(Acct Dir)*
Wayne Best *(Creative Dir)*
Alex Braxton *(Creative Dir)*
Slade Gill *(Creative Dir)*
Gabriel Hayes *(Producer-Digital)*
Matthew Libbey *(Acct Dir)*
Daniel Lobaton *(Creative Dir)*
Kate Owens *(Acct Dir-Digital)*
Kira Shalom *(Creative Dir)*
Meredith Wheelis *(Media Dir)*
Elaine Barker *(Dir-Ops)*
Lauren Curtis *(Dir-Strategy)*
Amanda Guerra *(Dir-Connections & Insight Strategy)*
Jana Hartline *(Dir-PR)*
Nayantara Mukherji *(Dir-Plng)*
Claribel Cardenas *(Assoc Dir-Project Mgmt)*
Carole Del Mul *(Assoc Dir-Digital Production & Tech)*
Lauren Herrmann *(Assoc Dir-Project Mgmt)*
Lisa Rimmer *(Sr Mgr-Bus Affairs)*
Anna Binninger *(Fin Mgr)*
Jennifer Brotman *(Sr Acct Supvr)*
Brooke Boston *(Acct Supvr)*
Danielle Weiner *(Acct Supvr)*
Sara Murali *(Sr Strategist-Digital)*
Ryan Belisario *(Acct Exec)*
Audrey Thorn *(Acct Exec)*
Michael Craven *(Copywriter)*
Julie Dombreval *(Planner-Strategic)*
Catherine Eccardt *(Assoc Creative Dir & Copywriter)*
Stephanie Yee Loong *(Planner-Strategic)*
Blake Morris *(Jr Copywriter)*
Ingeborg Ransom-Becker *(Media Planner)*
Alex Ratcliff *(Planner-Strategic)*
Ryan Richmond *(Media Planner)*
Adam Litzer *(Coord-Earned Media)*
Jacopo Biorcio *(Sr Art Dir)*
Leandro Bordoni *(Sr Art Dir-Spain)*
Jennifer Fukui *(Sr Media Planner)*
Luis Paulo Gatti *(Assoc Creative Dir-Dubai)*
Amelia Kwok *(Asst Media Planner)*
Frederico Mattoso *(Assoc Creative Dir)*
Kiko Mattoso *(Assoc Creative Dir)*
Jared Orth *(Reg Media Dir)*
Justin Prichard *(Assoc Creative Dir)*
Andrew Reizuch *(Assoc Creative Dir)*
Susan Schaefer *(Sr Bus Mgr)*
Rafael Segri *(Assoc Creative Dir)*
Vincent Straszewski *(Assoc Creative Dir)*
Jessie Swain *(Assoc Media Dir)*

Accounts:
New-Atlantis Paradise Island (Agency of Record) Advertising, Communications; 2018
The Brother/Sister Sol
Charter Communications Campaign: "Camping", Campaign: "Game Night", Campaign: "Kid", Campaign: "Mom", Campaign: "Sunday Football", Campaign: "Tweens", Spectrum Network
Chase Freedom Cards (Creative Agency of Record), Sapphire Credit Card (Creative Agency of Record), TV
New-The Cove Print & Digital Campaign
Fruit Gushers
Goodwill Campaign: "Donate Stuff. Create Jobs", Digital, Outdoor, Print, Radio
Harlem School of the Arts
HSBC; 2017
Intel Campaign: "Anthem"
International Multifoods Corporation Pillsbury
Kraft Foods Capri Sun, Kool-Aid
Lenovo Campaign: "Do Devil - Your Sketch", Campaign: "Seize the Night", Day in the Life: Band, Digital Marketing, Do Devil: Demolition Derby, Ray Li, TV Advertising, ThinkPad, YOGA 2 Pro, Yoga Tablet; 2011
Luvs Campaign: "Car Simulator", Campaign: "Music Lesson", Campaign: "Pacifier", Campaign: "Sanitize", Campaign: "Storytime"
Martin Luther King Jr. National Memorial Project Foundation (Ad Council)
Mead Johnson Enfamil
Mended Little Hearts
MGD 64
Mondelez International, Inc. Campaign: "Bear", Campaign: "Fun Audit", Campaign: "Smile. It's Kool-Aid", Capri Sun, Digital, Print, TV
Netflix, Inc
Novartis Campaign: "Embers", Campaign: "You Look Dumber When Your Mouth's Open - Classroom Craft", Theraflu, Triaminic
Pfizer, Inc. Chantix
The Procter & Gamble Company Ariel Actilift, Campaign: "Ariel Fashion Shoot - Blogger Outreach", Campaign: "Breastfeeding", Campaign: "Car Simulator", Campaign: "Miracle Stain", Campaign: "Music Lesson", Campaign: "Pacifier", Campaign: "Pop of Fresh/Blue Yellow", Campaign: "Power Your Game", Campaign: "Sanitize", Campaign: "Save it? Or wash it in Tide?", Campaign: "Season of the Whiff", Campaign: "Storytime", Campaign: "The Beautymonsters", Campaign: "Tide Pods - Pop", Campaign: "Troy's Hair", Campaign: "Trust Your Power", Campaign: "Trust the Power Within", Creative, Dawn, Digital, Fashion Shoot, Head & Shoulders, Luvs, Olay (Agency of Record), Old Spice, Pampers, Tide, Tide Stain Savers, Tide Total Care, Tide to go
Prop 8
Reynolds Packaging Group; TX
Rockefeller Center
T-Mobile US
Toyota Motor North America, Inc. (Agency of Record) Campaign: "Connections", Campaign: "Good Move", Toyota Camry, Yaris
United Services Automobile Association Creative
Wal-Mart Stores, Inc. Campaign: "Greenlight a Vet", Campaign: "I Am a Factory", Campaign: "Lights On" Winter Olympics 2014, Campaign: "Love", Campaign: "Work is a Beautiful Thing", Creative, Holiday Advertising, To Give or to Get
Wendy's International; Dublin, OH; 2007

United States

Saatchi & Saatchi Latin America
800 Brickell Ave Ste 400, Miami, FL 33131
Tel.: (305) 351-2900
Fax: (305) 351-2899
E-Mail: jac@nazca.com
Web Site: www.saatchi.com

Employees: 40

Saatchi & Saatchi Los Angeles

ADVERTISING AGENCIES

AGENCIES - JANUARY, 2019

3501 Sepulveda Blvd, Torrance, CA 90505
Tel.: (310) 214-6000
Fax: (310) 214-6160
Web Site: http://www.wearesaatchi.com/

Employees: 342
Year Founded: 1975

National Agency Associations: 4A's-THINKLA

Agency Specializes In: Above-the-Line, Advertising, Alternative Advertising, Below-the-Line, Brand Development & Integration, Broadcast, Collateral, Communications, Consulting, Consumer Marketing, Content, Digital/Interactive, Event Planning & Marketing, Experiential Marketing, Graphic Design, Guerilla Marketing, Integrated Marketing, Internet/Web Design, Logo & Package Design, Media Buying Services, Media Planning, Mobile Marketing, New Technologies, Newspapers & Magazines, Out-of-Home Media, Outdoor, Planning & Consultation, Print, Production, Production (Print), Public Relations, Publicity/Promotions, Radio, Retail, Sales Promotion, Sponsorship, Strategic Planning/Research, T.V., Web (Banner Ads, Pop-ups, etc.)

Phil Hinch *(Exec Producer-Digital)*
Kevin Alford *(Producer-Digital)*
Matt Davis *(Creative Dir)*
Marco Koenig *(Acct Dir-Integrated)*
Sandra Luciano *(Creative Dir)*
Kenji Shimomura *(Creative Dir)*
Joe Conill *(Dir-Comm Strategy)*
Ryan Kitagawa *(Dir-Production & PMO Platform)*
Benjamin Larkin *(Dir-Media Analytics)*
Justin Prichard *(Assoc Dir-Creative)*
Lori Wittig *(Assoc Dir-Creative)*
Karen Mahoney *(Sr Mgr-Brdcst Bus)*
Andrew Huynh *(Mgr-Central Agency Analytics)*
Helen Burdett *(Supvr-Comm)*
Gus Hernandez *(Supvr-Digital Media Ops)*
Lizbeth Cua *(Specialist-TDA Digital Ops)*
Anthony Hwang *(Specialist-Digital Media Ops)*
Gustavo Vargas *(Acct Exec-Integrated)*
Spencer Isaac *(Planner-Strategic)*
Jennifer Malech *(Planner-Ad Ops)*
Jeff Vargas *(Media Planner-Sports)*
Mark Fiorello *(Assoc Media Dir)*
Brian A. Jones *(Assoc Creative Dir)*
Kevin Schroeder *(Assoc Creative Dir)*

Accounts:
Amanda Foundation Campaign: "Digital Pawprint"
ASICS America Corporation Asics (Global Creative Agency of Record); 2017
Duracell
Expedia, Inc. Brand Advertising, Brand Strategy & Execution, Creative Development, Global; 2018
General Mills, Inc. Total
Getty Images, Inc.
Kraft Foods Group Capri Sun, Kool-Aid
Los Angeles Chargers
Mondelez International Trident, Trident Layers
Operation Hope (Pro Bono)
Procter & Gamble PUR Water Filters, Tide
Square Enix
Surfrider Foundation Ocean Armor
Toyota Motor Sales, U.S.A., Inc. 4Runner, Avalon, Camry, Corolla, FJ Cruiser, Highlander, Land Cruiser, Lexus ES Series, Lexus GS Series, Matrix, Media Planning & Creative Advertising, Online, Prius/HSD, RAV4, Sequoia, Shareathon, Sienna, Super Bowl 2018 Campaign: "Start Your Impossible", Swagger Wagon, TV, Tacoma, Toyota Camry Solara, Toyota Sienna, Toyota.com, Trojan Horse, Tundra, Tundra Endeavour, Venza, Yaris
YMCA

Saatchi & Saatchi New York
375 Hudson St, New York, NY 10014-3660
Tel.: (212) 463-2000
Fax: (212) 463-9855
Web Site: www.saatchiny.com

Employees: 515
Year Founded: 1980

Agency Specializes In: Above-the-Line, Advertising, Affluent Market, Alternative Advertising, Automotive, Brand Development & Integration, Business-To-Business, Cable T.V., Children's Market, Co-op Advertising, Consumer Goods, Consumer Marketing, Digital/Interactive, Direct-to-Consumer, E-Commerce, Environmental, Fashion/Apparel, Government/Political, Guerilla Marketing, Health Care Services, Hispanic Market, Household Goods, In-Store Advertising, Internet/Web Design, Investor Relations, Leisure, Luxury Products, Magazines, Men's Market, Mobile Marketing, Multicultural, New Technologies, Over-50 Market, Pets , Pharmaceutical, Point of Purchase, Print, Product Placement, Public Relations, Restaurant, Sponsorship, T.V., Teen Market, Travel & Tourism, Urban Market, Viral/Buzz/Word of Mouth, Women's Market, Yellow Pages Advertising

Preeya Vyas *(Mng Partner-Digital)*
Christine Prins *(CMO)*
Lynn Rossi *(Exec VP-Acct Svcs)*
Katherine Jaris *(Sr VP & Dir-Media Comm)*
Caitlin Reynolds *(VP & Sr Acct Dir)*
Ryan Martin *(VP & Acct Dir)*
Paul Bichler *(Exec Creative Dir)*
Michele Kunken *(Exec Creative Dir)*
Angela Brown *(Sr Acct Dir)*
Sarah Mannion *(Acct Dir)*
Daniel Lobaton Morey *(Creative Dir)*
Ciara Siegel *(Acct Dir)*
Federico Evangelista *(Dir-Brand Plng)*
Melissa Hochman *(Dir-Digital)*
Christina Mattson *(Bus Mgr-Brdcst)*
Christian Ewing *(Acct Mgr)*
Jennifer Brotman *(Sr Acct Supvr)*
Derek Peet *(Jr Copywriter)*
Jacopo Biorcio *(Sr Art Dir)*
Adam Kline *(Assoc Creative Dir)*

Accounts:
Brotherhood/Sister Sol "Talk About The Talk"
Charter Communications Spectrum Network CoorDown
Evolve Campaign: "The Bill of Rights for Dumbasses"
Gay Men's Health Crisis "Celibacy Challenge"
General Mills, Inc. Betty Crocker/Snacks Div., Big G Cereal Div., Cheerios, Chew Treats, Frozen Baked Goods, Go-Gurt, Haagen-Dazs, Healthy Weight Commitment Foundation, Home Baked Classics, Honey Nut Cheerios, Lucky Charms Marshmallow Only, Meals Division, Pancakes, Pillsbury, Pillsbury USA Division Refrigerated Dough, Progresso Light Soups, Toaster Scrambles, Toaster Strudel, Totinos Pizza Rolls, Waffle Sticks, Waffles, Wheaties, Yoplait; 1923
GLAAD "Celibacy Challenge"
Harlem School of the Arts
Martin Luther King, Jr. National Memorial Foundation Project (Pro Bono); 2002
Mead Johnson
National Down Syndrome Society
Novartis Buckley's, Lamisil/Lamasilk, TheraFlu, Triaminic
NYS Department of Economic Development; New York, NY "I Love NY" Campaign; 2007
Overturn Prop 8
The Procter & Gamble Co (Agency of Record) Beauty Care Division, Creative, Eukanuba, Fabric & Home Care Division, Fixodent, Iams, Luvs, Scope, Super Bowl 2018, Tide; 1921
Reynolds Packaging Group; Richmond, VA Reynolds Bake Cups, Reynolds Bright Ideas, Reynolds Freezer Paper, Reynolds Handi-Vac, Reynolds Hot Bags, Reynolds Oven Bags, Reynolds Parchment Paper, Reynolds Pot Lux, Reynolds Wrap, Reynolds Wrap Release Non-Stick Foil; 1996
St. George's Common Table
Toyota Dealers Association; CT; NJ; NY; PA; 1978
VocaliD
New-Wal-Mart Stores, Inc Campaign: "More American Jobs"

Saatchi & Saatchi Wellness
355 Park Ave S, New York, NY 10010
(See Separate Listing)

Saatchi & Saatchi X
605 Lakeview Dr, Springdale, AR 72764
Tel.: (479) 575-0200
Fax: (479) 725-1136
Web Site: http://saatchix.net/

Employees: 250
Year Founded: 1997

Agency Specializes In: Advertising, Consumer Goods, Digital/Interactive, Experience Design, Food Service, In-Store Advertising, International, Package Design, Point of Purchase, Regional, Retail, Shopper Marketing

Jessica Hendrix *(Pres)*
Jim Cartwright *(Mng Dir & Exec VP)*
Mauriahh Beezley *(VP & Grp Creative Dir)*
Erin Campbell *(VP-Strategy)*
Frank Flurry *(VP-Production Svcs)*
Will Trapp *(Head-Mktg Tech)*
Bryan Alexander *(Producer-Digital & Media)*
Casey Lissau *(Creative Dir)*
Brandon Viveiros *(Dir-Digital & Media Production)*
Jaime Steele *(Acct Mgr)*
Janam Anand *(Strategist-ECommerce Digital)*
Sydney Soster *(Strategist-ECommerce)*
Alana Valentine *(Acct Planner)*
Scott Strickland *(Sr Art Dir)*

Accounts:
P&G
Sam's Club
Tracfone
Wal-Mart Stores, Inc.; Bentonville, AR
Wendy's

Saatchi & Saatchi X
222 Merchandise Mart Plz, Chicago, IL 60654
Tel.: (312) 977-4900
Web Site: http://saatchix.net/

Employees: 30
Year Founded: 1998

National Agency Associations: 4A's

Agency Specializes In: Advertising, Consumer Goods, Digital/Interactive, Experience Design, Food Service, In-Store Advertising, International, Package Design, Point of Purchase, Regional, Retail, Shopper Marketing, Sponsorship

Mick Suh *(Sr VP-Commerce & Bus Dev)*
Kimberly Wagner *(Mgmt Supvr)*
Amanda Danish *(Dir-Shopper Strategy)*
Jonathan Nicholson *(Sr Art Dir)*
James Westbrooks *(Assoc Creative Dir)*
Katie Winkler *(Assoc Acct Dir)*

Accounts:
Mead Johnson
P&G
Pepsico

Team One USA
13031 W Jefferson Blvd, Los Angeles, CA 90094-7039

AGENCIES - JANUARY, 2019 — ADVERTISING AGENCIES

(See Separate Listing)

Saatchi & Saatchi
2021 McKinney Ave, Dallas, TX 75201
Tel.: (469) 357-2080
E-Mail: pr@saatchi.com
Web Site: www.wearesaatchi.com

Agency Specializes In: Advertising, Digital/Interactive, Internet/Web Design, Social Media

Al Reid *(Mng Dir)*
Bryan DeSena *(Grp Acct Dir)*
Meredith Wheelis *(Dir-Media)*
Phil Teeple *(Grp Dir-Sponsorship & Experiential Mktg)*
Matt Davis *(Creative Dir)*
Jamie Schneider *(Assoc Dir-Sponsorship & Experiential Mktg)*
Benjamin Larkin *(Dir-Media Analytics)*
Wilson Holm *(Acct Supvr)*
Presley Hall *(Sr Planner-Media)*
Daniel Rauth *(Assoc Dir-Media)*
Mark Fiorello *(Assoc Dir-Media)*
Ingeborg Ransom-Becker *(Planner-Media)*
Ermin M. *(Acct Exec)*
Alison Dunn *(Supvr-Sponsorship & Experiential)*
Paulina Davila *(Analyst-Media)*

Accounts:
New-Dallas Pets Alive
New-Toyota Motor Sales, U.S.A., Inc.

Canada

Saatchi & Saatchi
2 Bloor St E Ste 600, Toronto, ON M4W 1A8 Canada
(See Separate Listing)

Czech Republic

Saatchi & Saatchi
Jankovcova 23, 170 00 Prague, 7 Czech Republic
Tel.: (420) 234 721 222
Fax: (420) 234 721 234
E-Mail: michaela.gillova@saatchi.cz
Web Site: saatchi.com/cs-cz

Employees: 30

Agency Specializes In: Advertising

Tomas Lobel *(Mng Dir)*
Ondrej Hubl *(Creative Dir)*
Katerina Kovarovicova *(Mgr-Traffic)*

Accounts:
Procter & Gamble
T-Mobile US Campaign: "Christmas With T-Mobile - Baloon"

Denmark

Saatchi & Saatchi
Esplanaden 34A 1 sal, 1263 Copenhagen, K Denmark
Tel.: (45) 33 937980
Fax: (45) 33 938180
E-Mail: saatchi@saatchi.dk
Web Site: saatchi.com/da-dk

Employees: 40
Year Founded: 1987

Agency Specializes In: Advertising

Annette Piilgaard *(Mng Dir)*

Diana Wellendorf *(Acct Mgr)*

Accounts:
Coca-Cola Refreshments USA, Inc. Campaign: "Gangster", Campaign: "Stableboy"
Teamwork Family
Toyota
United Nations

Egypt

Saatchi & Saatchi
19 Soliman Abaza Street, Mohandesseen, Cairo, Egypt
Tel.: (20) 23 335 3205
Fax: (20) 23 761 3618
E-Mail: wael.hussein@saatchieg.com
Web Site: www.saatchi.com

Employees: 30
Year Founded: 1990

Agency Specializes In: Advertising

Wael Hussein *(Mng Dir)*
Ahmed Bahaa *(Art Dir)*
Naila Fateen *(Art Dir)*
Wael Nazeem *(Dir-Client Svc)*
Hanaa Messiha *(Office Mgr)*

Accounts:
Kraft Cadbury Campaign: "Bear & Gorilla", Creative, MORO
Nissan Nissan Patrol: Nissan Patrol-BOW &ARROW
Procter & Gamble
Toyota

France

Saatchi & Saatchi
26 Rue Salomon de Rothschild, 92150 Suresnes, France
Tel.: (33) 1 58 47 77 00
E-Mail: info@saatchi.fr
Web Site: saatchi.com/en-us/

Employees: 100
Year Founded: 1928

National Agency Associations: AACC-IAA

Agency Specializes In: Consumer Marketing

Nicolas Zunz *(CEO)*
Philippe Merillon *(Mng Dir)*
Olivier Despres *(Gen Mgr)*
Olivier Porte *(Art Dir)*
Roxane Roullier *(Acct Dir)*
Yaniv Abittan *(Dir-Ops)*
Alix Calonne *(Dir-Customer)*
Chloe Oxane *(Acct Mgr)*
Nicolas Hamou *(Production Mgr)*
Adrien Lo *(Mgr-Floor)*
Emmanuelle Cabrera *(Strategist-Social Media)*
Jessica Xavier-Cochelin *(Acct Exec)*

Accounts:
Fixodent
HomeAway
Lexus
Toyota Avensis, Campaign: "Averages", Campaign: "My Dad My Hero", GT86, Yaris
Volkswagen Campaign: "Fluffy"

Germany

Saatchi & Saatchi
Uhlandstrasse 2, 60314 Frankfurt am Main, 60038 Germany

Tel.: (49) 302408990
Fax: (49) 30240899130
E-Mail: info@saatchi.de
Web Site: www.saatchi.de

Employees: 100
Year Founded: 1970

Agency Specializes In: Advertising

Alexander Reiss *(Exec Creative Dir)*
Jean-Pierre Gregor *(Creative Dir-Integrated)*
Fabiano Oliveira *(Creative Dir)*
Benjamin Gebien *(Dir-Client Svc)*
Oliver Gelbrich *(Dir-Creative & Digital)*
Nils Giese *(Dir-Plng)*
Daniel Grether *(Grp Creative Dir)*

Accounts:
Ariel
Avis Autovermietung
Deutsche Telekom AG Campaign: "Share 2014", T-COM
Diakonie Frankfurt
Dinosaur Museum Senckenberg Campaign: "Big Bone"
EE
Elanco
Kobold
Novartis
Pampers Cruisers
Toyota Campaign: "AYGO. Pissing around", Campaign: "Four Passengers", Campaign: "The World's Smallest Newspaper", Campaign: "Tight Curve"
The United Nations Food and Agriculture Organization
Visa International
Volvo Car Germany
Vorwerk Campaign: "Vacuum Love"
Your's Irish Bar Campaign: "Karaoke S.O.S."

Hungary

Saatchi & Saatchi
Alvinci Ut 16, 1022 Budapest, Hungary
Tel.: (36) 1 345 9300
Fax: (36) 1 345 9399
E-Mail: Kinga.Meszaros@saatchi.hu
Web Site: www.saatchi.com

E-Mail for Key Personnel:
President: zoltan.paksy@saatchi.hu
Creative Dir.: janos.debreceni@saatchi.hu

Employees: 50
Year Founded: 1990

Agency Specializes In: Advertising

Klaudia Rosenkranz *(Co-Creative Dir)*
Armand Versace *(Creative Dir)*
Tunde Egrine Matisz *(Dir-Internal Ops)*

Accounts:
Mupa Budapest The World's Largest Interactive Music Box

Israel

BBR Saatchi & Saatchi
6 Hachilason Street, Ramat Gan, 52522 Israel
Tel.: (972) 3 755 2626
Fax: (972) 3 755 2727
E-Mail: info@bbr.co.il
Web Site: www.saatchi.com

Employees: 50

Agency Specializes In: Advertising

ADVERTISING AGENCIES

Dorit Gvili *(COO)*
Idan Regev *(Chief Creative Officer)*
Joe Baruch *(VP-Strategy & Plng)*
Kobi Cohen *(Creative Dir)*
Shiran Damari *(Art Dir)*
Carmel Gilan *(Art Dir)*
Idan Kligerman *(Creative Dir-Digital)*
Noa Navot *(Art Dir)*
Yaron Perel *(Creative Dir)*
Anahi Raveh *(Art Dir)*
Noa Sharf *(Dir-Clients)*
Lora Goichman *(Mgr-Strategic Plng)*
Michael Shely *(Mgr-Digital Studio)*
Iris Yisraeli *(Mgr-Production)*
Aviv Benzikri *(Acct Supvr)*
Reni Bracha-Landau *(Acct Supvr)*
Lee Bryn *(Acct Supvr)*
Ronny Chaikin *(Acct Supvr)*
Tom Dvir *(Acct Supvr)*
Shirley Tamar Konka *(Supvr-Accts)*
Moran Nurok *(Supvr-Plng)*
Nitzan Cohen Fingerov *(Acct Exec)*
Hadar Goren *(Acct Exec)*
Michal Kadosh *(Acct Exec)*
Hila Kirma *(Acct Exec)*
Mor Lewit *(Acct Exec)*
Rotem Mizrachi Yoshia *(Acct Exec)*
Michal Zilberberg *(Strategist)*
Niv Herzberg *(Copywriter)*
Tal Hirschberg *(Copywriter)*
Kobi Lavi *(Copywriter)*
Avner Ressel *(Copywriter)*
Ronit Shekel *(Planner-Media)*
Omri Tzidon *(Copywriter)*

Accounts:
Aguda Proud Strikers
American Express Campaign: "The Young Professionals Project"
Ariel Campaign: "Banana Pudding", Campaign: "Dolce De Leche"
Bekol Campaign: "Fading Music", Campaign: "Sonar Invasion"
Carlsberg Campaign: "Uncompromising Quality"
Carmel Wine
CMYK Magazine Campaign: "Advertising magazine in Israel: Big Idea"
Coca Cola Company Campaign: "Refresh It", Sprite
Coffee Shot
Delek Motors "Your feet have got more potential than you think", Campaign: "Speaks for Itself", Ford Transit
Direct Insurance
Elite Coffee Campaiagn: "Sweetening The News", Campaign: "The Personal Billboard", Elite Turkish Coffee: Saving The Proposal
New-eToro
Ford Campaign: "Don't Be The Minivan Guy", Campaign: "Magazine", Campaign: "Mirror", Ford Explorer, Ford Focus, Ford Kuga, Print Ad, S-Max, Video
Free Pollard
The Impossible Brief Campaign: "Blood Relations"
Kosovo Government
Latet
Life Dental Floss
Masenko Campaign: "The Trail of Perfume"
Mazda Motor Corporation
The Men's Helpline for Domestic Violence
New-Meuhedet Health Fund
Must Gum
Or Yarok - Association for Safer Driving
Orange
Pampers & Magisto
The Parents Circle Families Forum (PCFF) Campaign: "Taking Steps", Campaign: "We Don't Want You Here"
Shazam
Shvurim
Strauss Group Achla, Campaign: "75 Years Old and Still Hip", Elite Cow Chocolate, Splendid, Yotvata
Super-Pharm Campaign: "Colors of Passion",
Campaign: "The Touch Counter"

Italy

Saatchi & Saatchi Healthcare
Corso Monforte 52, 20122 Milan, Italy
Tel.: (39) 02 77012
Fax: (39) 02 7701 3420
E-Mail: info@saatchi.it
Web Site: www.saatchi.com

Employees: 26

Agency Specializes In: Health Care Services

Camilla Pollice *(Gen Mgr-Rome)*
Antonio Gigliotti *(Creative Dir-Global Fixodent P&G)*
Alessandro Orlandi *(Creative Dir)*

Accounts:
T-Mobile US

Saatchi & Saatchi
Via Nazionale 75, 00187 Rome, Italy
Tel.: (39) 06 362 201
Fax: (39) 06 324 0254
E-Mail: info@saatchi.it
Web Site: www.saatchi.com

Employees: 55
Year Founded: 1988

Agency Specializes In: Advertising

Simone Mase *(CEO)*
Agostino Toscana *(Exec Creative Dir)*
Manuel Musilli *(Creative Dir)*
Alessandro Orlandi *(Creative Dir)*
Ignazio Morello *(Dir-Client Creative)*
Veronica Costantino *(Acct Mgr)*
Vincenzo Pascale *(Project Mgr-Digital)*
Simone Roca *(Project Mgr-Digital)*
Carolina Cenci *(Acct Supvr)*
Alice Scornajenghi *(Supvr-Creative & Sr Copywriter)*

Accounts:
CoorDown Campaign: "DammiPiuVoce", Campaign: "How Do You See Me?", Down Syndrome
Groupama
Luxotica
Procter & Gamble Fixodent
Toyota (GB) PLC

Saatchi & Saatchi
Corso Monforte 52, 20122 Milan, Italy
Tel.: (39) 02 77011
Fax: (39) 02 781196
E-Mail: fabrizio.caprara@saatchi.it
Web Site: www.saatchi.com

Employees: 70
Year Founded: 1988

Agency Specializes In: Consumer Marketing

Simona Boraccchia *(Acct Dir)*
Alessandro Dante *(Art Dir-Rome)*
Manuel Musilli *(Creative Dir)*
Alessandro Orlandi *(Creative Dir)*
Leonardo Cotti *(Dir-Client Creative)*
Emanuela Goretti *(Sr Acct Exec)*
Massimo Paternoster *(Copywriter)*
Alice Scornajenghi *(Copywriter)*
Paola Rolli *(Deputy Creative Dir-Milan)*

Accounts:
Acqua Vitasnella
Alternative Europee
Club Med; 2013
Coor Down Campaign: "Dear Future Mom", Campaign: "Integration Day"
Dompe Campaign: "The Rarest Ones"
Enel Campaign: "Hammer"
Lexus Campaign: "120 Heartbeats", Campaign: "Trace Your Road", GS Hybrid, IS Hybrid
Procter & Gamble Italia Ariel, Campaign: "Saving Aslan", Campaign: "The Best Italian Recipe", Demak'Up, Fixodent, Head & Shoulders, Kukident, Oil of Olay, Pampers, Spic & Span
Renault Italia Cefe, Clio, Dealers, Laguna, Safrane
Toyota (GB) PLC Auris, Auris Hybrid, Campaign: "Advanced World", Campaign: "Ananchronis", Campaign: "Shopping", Campaign: "The Alternative", Campaign: "The Station Wagon ", Campaign: "What target Wants", Toyota IQ

Latvia

Adell Saatchi & Saatchi
15 Elizabetes Street, Riga, 1010 Latvia
Tel.: (371) 67 320 263
Fax: (371) 67 830 507
E-Mail: varis.l@saatchi.lv
Web Site: www.saatchi.com

Employees: 24

Agency Specializes In: Advertising

Varis Lazo *(Partner)*

Lebanon

Saatchi & Saatchi
Quantum Tower 9th Floor Charles Malek Avenue Saint Nicolas St, 20714714 Beirut, Achrafieh Lebanon
Tel.: (961) 1 204 060
Fax: (961) 1 202 157
E-Mail: eli_khoury@saatchi.com.lb
Web Site: www.saatchi.com

E-Mail for Key Personnel:
Creative Dir.: creative@saatchi.com.lb
Media Dir.: media_planning@saatchi.com.lb

Employees: 50

Agency Specializes In: Advertising

Shadi Kaddoum *(Creative Dir-MENA)*

Nigeria

SO&U Saatchi & Saatchi
2 Oyetula Street Off Ajanaku Street via Thomas Ajufo Street Opebi, Ikeja, Lagos, Nigeria
Mailing Address:
PO Box 14376, Opebi Ikeja, Lagos, Nigeria
Tel.: (234) 01 8153333
Fax: (234) 1 554 6334
Web Site: www.sou.com.ng

E-Mail for Key Personnel:
President: utchayanoruo@sousaatchi.com
Creative Dir.: utchayanoruo@sousaatchi.com

Employees: 15
Year Founded: 1990

Agency Specializes In: Communications

Udeme Ufot *(Mng Dir)*
Anthony Ekun *(Exec Creative Dir)*
Chris Ogunlowo *(Creative Dir)*
Olalekan Oladunwo *(Art Dir)*
Biodun Adefila *(Dir-Client Svc)*

Olisa Nwizu *(Copywriter)*
Abraham Cole *(Deputy Creative Dir)*

Accounts:
Guaranty Trust Bank
Guinness Nigeria
Happy Workers' Day, 2
Mitsubishi Motors Corporation Pajero, Reposition; 2018
Orijin Beer
Procter & Gamble

Norway

Saatchi & Saatchi A/S
Storgata 33, 0184 Oslo, Norway
Tel.: (47) 23 32 70 00
Fax: (47) 23 32 70 01
E-Mail: jorgen@saatchi.no
Web Site: www.saatchi.no

E-Mail for Key Personnel:
President: jon@saatchi.no
Creative Dir.: jorgen@saatchi.no

Employees: 16
Year Founded: 1987

Agency Specializes In: Advertising

Jon Fredrik Sandengen *(CEO)*
Ola Bagge Skar *(Art Dir-Production)*
Eiliv Gunleiksrud *(Dir-Creative, Design & Digital)*

Accounts:
Department Of Renovation, Oslo
Nidar AS Smash
Ovingshotellet
Toyota Campaign: "Toyota Yaris Launch", Campaign: "Try My Hybrid"

Poland

Saatchi & Saatchi
Ul Domaniewska 42, 02-672 Warsaw, Poland
Tel.: (48) 22 345 21 00
Fax: (48) 22 345 21 01
E-Mail: marek.zoledziowski@saatchi.pl
Web Site: http://saatchiis.pl

Employees: 100
Year Founded: 1990

Agency Specializes In: Graphic Design, Print, T.V.

Blanka Lipinska *(Creative Dir)*
Bartek Macias *(Creative Dir)*
Kamil Majewski *(Creative Dir)*
Johan Pasternak *(Art Dir)*
Michal Pawlowski *(Creative Dir-Digital-Singapore)*
Mateusz Wisznicki *(Art Dir)*
Rafal Bauer *(Dir-ECommerce Design)*
Kamil Bugno *(Dir-Concept & Digital Design)*
Anna Kwiecinska *(Sr Acct Mgr)*
Anna Zuzanna Borysewicz *(Acct Supvr)*
Anna Caban-Szypenbeil *(Designer-Concept)*
Alicja Taboryska *(Copywriter-Creative)*
Frederic Doms *(Sr Art Dir-Switzerland)*
Marta Fraczek *(Assoc Creative Dir)*
Patrycja Lukjanow *(Deputy Creative Dir)*
Piotr Osinski *(Assoc Creative Dir)*
Rafal Rys *(Assoc Creative Dir)*
Michal Sek *(Sr Art Dir)*
Izabela Siek *(Reg Acct Supvr)*

Accounts:
Alivia Foundation
Amnesty International
City Bees
GlaxoSmithKline
Nobile
Novartis Campaign: "Hachoo!", Campaign: "Thermoscanner", Theraflu
Procter & Gamble ARIEL, Ambi Pur, BLEND-A-MED, Campaign: "Unleash it on stain", Crocodile, GILLETTE, GILLETTE VENUS, HEAD & SHOULDERS, OLAY, OLD SPICE, ORAL-B, PAMPERS, Shark
Rodzice Display
Run With Heart Foundation
Toyota Campaign: "Lamp", Campaign: "The 4x4 you can always count on", Land Cruiser
Voltaren Campaign: "For Freedom Of Movement, Ball"

Romania

Saatchi & Saatchi
Central Business Park Cladirea D+E Parter Calea Serban Voda nr 133, Sector 4, 040205 Bucharest, Romania
Tel.: (40) 21 407 5600
Fax: (40) 31 7300 601
E-Mail: saatchi@saatchi.ro
Web Site: www.saatchi.com

Employees: 100

Liliana Voinescu *(Sr Mgr-Pub Projects)*

Accounts:
United Way

Russia

Saatchi & Saatchi Russia
Bolshoy Levshinky 6/2 bld 1, 119034 Moscow, Russia
Tel.: (7) 4956638777
Fax: (7) 495 739 8778
Web Site: www.saatchi.com

Employees: 50

Oksana Mosokha *(Art Dir)*
Oleg Panov *(Sr Art Dir)*

Accounts:
Ariel
Novartis International AG
Vibrocil Campaign: "Horror"

Slovenia

Saatchi & Saatchi
Poslovna Stavba Slovenijales III Nadstopje, Dunajska Cesta 22, 1000 Ljubljana, Slovenia
Tel.: (386) 1 23 43 550
Fax: (386) 1 23 43 551
E-Mail: mitja.petrovic@saatchi.si
Web Site: www.saatchi.si

Employees: 30

South Africa

Saatchi & Saatchi
The Foundry Ebenezer Road, Greenpoint, Cape Town, 8001 South Africa
Mailing Address:
PO 694, Cape Town, 8000 South Africa
Tel.: (27) 21 413 7500
Fax: (27) 21 425 7550
E-Mail: ian.young@saatchi.co.za
Web Site: www.saatchi.com

Employees: 100

Agency Specializes In: Advertising

Ian Young *(Mng Dir)*
Jonathan Beggs *(Chief Creative Officer)*
Tyrone Beck *(Creative Dir)*
Andre Duarte Coelho *(Assoc Creative Dir)*

Accounts:
Community Action for a Safer Environment (CASE) "Break the Cycle of Violence"
Dynafi
Eskom Campaign: "15 Watts"
Kalahari Ads Digital, Through the Line
KWV
Momentum
Novartis Excedrin, Fenivir, Lamisil, Mebucaine, Theraflu, Voltaren
Operation Smile Campaign: "Art of Distraction", Campaign: "Fix A Smile Birthday Calendar"
Osram Energy Saving Light Bulbs
PharmaDynamics Campaign: "Phil", Campaign: "Sneezing Sucks"
Pioneer Foods Campaign: "Recipe Book"
Sasko Flour
Sports Illustrated
Tuffy Campaign: "Garbage Truck", Campaign: "Landfill Monster", Campaign: "The Lazy Man's Guide to Saving the World"
The Volunteer Wildfire Service Campaign: "Hedgehog"
Wordsworth Bookstore Campaign: "20,000 Leagues Under the Sea", Campaign: "Lord of the Flies", Campaign: "Words Worth Reading"
Young Designer's Emporium

Saatchi & Saatchi
28 Roos Street ext 29, Fourways, Johannesburg, 2195 South Africa
Mailing Address:
PO Box 650831, Benmore, Johannesburg 2010 South Africa
Tel.: (27) 11 548 6000
Fax: (27) 11 548 6001
Web Site: www.saatchi.com

Employees: 50
Year Founded: 1975

National Agency Associations: ACA

Jonathan Beggs *(Chief Creative Officer)*
Grant Meldrum *(Mng Dir-Network-Johannesburg & Africa)*
Tyrone Beck *(Creative Dir)*

Accounts:
49M Above-the-Line, National Energy Efficiency Initiative
Community Action for a Safer Environment "Break the cycle"
Eskom
Mondelez Cadbury
Novartis Otrivin Nasal Spray, Voltaren
PharmaDynamics
Procter & Gamble Ariel
Red Pepper Audio Books Campaign: "Gulliver"
Tuffy

Spain

Saatchi & Saatchi
Calle Goya 24 4a Planta, 28001 Madrid, Spain
Tel.: (34) 91 151 20 00
Fax: (34) 91 151 20 01
E-Mail: miguel.roig@saatchi.es
Web Site: www.saatchi.com

Employees: 60
Year Founded: 1978

National Agency Associations: AEAP

Agency Specializes In: Direct Response Marketing,

ADVERTISING AGENCIES

Public Relations

Mariano Serkin *(Chief Creative Officer-Europe)*
Oscar Martinez *(Gen Dir-Creative)*
Maria Rosa Nunez *(Gen Dir-Clients)*
Lucas Cambiano *(Exec Creative Dir)*
Tomas Castro *(Art Dir)*
Miriam Gutierrez *(Creative Dir)*
Fernando Dominguez *(Copywriter)*
Mikel San Juan *(Copywriter-Creative)*

Accounts:
INC
Mars, Incorporated

Sweden

Saatchi & Saatchi
Drukningtatam 95A, 11360 Stockholm, Sweden
Tel.: (46) 8 5057 1700
Fax: (46) 8 5057 1750
E-Mail: jd@saatchi.se
Web Site: www.saatchi.se

Employees: 23

Agency Specializes In: Advertising

Jonas Bjorlin *(CEO-Sweden & Denmark)*
Gustav Egerstedt *(Creative Dir & Art Dir)*
Erik Hiort af Ornas *(Art Dir)*
Alexander Rehnby *(Art Dir)*
Marie Nodbrink *(Acct Mgr)*
Katja Janford *(Copywriter)*
Amalia Pitsiava *(Copywriter)*
Erik Wingfors *(Copywriter)*

Accounts:
Australian Koala Foundation
Boxer
Carlsberg
E. ON Climate and Renewables North America
ELMSTA 3000 Horror Fest Campaign: "Hillbilly Horror"
The Gillette Company
Lambi
LG Sweden Door-in-Door, OLED-TV, Online, Social Media
Norwegian
Orkla
Popaganda Music Festival Campaign: "The Live Quiz Release"
Procter & Gamble Nordic Ariel Actilift Detergent, Campaign: "Ariel Fashion Shoot", Gillette
SPP
Stockholm Art Week Campaign: "Stockholm is your Canvas"
Stockholm Pride
Svenska Dagbladet
Toyota Campaign: "An ordinary car"
Verum
Viasat Campaign: "Speed"

Switzerland

Saatchi & Saatchi Zurich
Raffelstrasse 32, CH-8045 Zurich, Switzerland
Tel.: (41) 442981818
Fax: (41) 442400344
Web Site: www.saatchi-ch.com

Employees: 50

Agency Specializes In: Advertising

Jan Teulingkx *(Creative Dir)*
Jooske Welten *(Acct Dir)*
Magdalena Kubacka *(Dir-Digital)*
Matthieu Lespes *(Acct Mgr)*
Fred Doms *(Sr Art Dir)*

Accounts:
GlaxoSmithKline Lamisil
Seat Campaign: "End of the World", Seat Leon Formula Racing
United Nations Children's Fund Stop Violence against Girls

Saatchi & Saatchi
Place du Temple 15, 1227 Carouge, Switzerland
Tel.: (41) 22 307 2727
Fax: (41) 22 307 2770
Web Site: www.saatchi-ch.com

Employees: 50

Agency Specializes In: Advertising

Felix Freese *(Creative Dir)*
Lucia Lafuenti *(Acct Dir)*
Jooske Welten *(Acct Dir)*
Rita Dembovska *(Jr Accountant-Fin)*

Accounts:
Association of Swiss Pay Card Providers
Novartis Anti Inflammatory Pills, Campaign: "Transformers", Fenistil Skin Care Gel, Fenistil: Mosquito, Lamisil, Otrivin Nasal Spray, Theraflu, Voltaflex, Voltaren
Swisscom

Turkey

Saatchi & Saatchi Istanbul
Adnan Saygun Cad Kelaynak Sok No 1/1, Ulus Besiktas, 34340 Istanbul, Turkey
Tel.: (90) 212 336 8686
Fax: (90) 212 280 16 52
E-Mail: info@saatchiistanbul.com
Web Site: saatchiistanbul.com/tr-tr

Employees: 60

Agency Specializes In: Advertising

Bora Adali *(Art Dir)*

Accounts:
House of Austen
jGrundig
Procter & Gamble Head & Shoulders
Volkswagen Group Skoda Auto

United Arab Emirates

Saatchi & Saatchi
40th Fl Business Central Towers, Tower B Dubai Media City, Dubai, United Arab Emirates
Mailing Address:
PO Box 23252, Dubai, United Arab Emirates
Tel.: (971) 4 454 7500
Fax: (971) 4 344 1477
E-Mail: info@saatchime.com
Web Site: saatchi.com

Employees: 50

Agency Specializes In: Advertising

Adil Khan *(CEO)*
Komal Bedi Sohal *(Chief Creative Officer)*
Dario Albuquerque *(Exec Creative Dir)*
Ion Cojocaru *(Creative Dir)*
William Mathovani *(Creative Dir)*
Hema Patel *(Acct Dir-UK)*
Raja Rizkallah *(Creative Dir)*
Anika Marya *(Sr Art Dir)*
Samer Zouehid *(Assoc Creative Dir)*

Accounts:
ADCB
Anais Association
Ariel Campaign: "White Singlet Vs Red Tights"
Arla Campaign: "Betty Botter"
Cadbury In-Store, Online
General Mills
Good Night
Huawei
Isuzu Motors Ltd. TIMELESS
K9 Friends "Tail, Nose, Eyes, Ear"
Kaya
Mondelez International, Inc. Campaign: "Inspiring Swiss", Toblerone
P&G
Red Bull
Roads & Transport Authority (RTA) Campaign: "Test Ride The Bus", Creative, Dubai Metro Marketing Campaign; 2009
SAMBA

Saatchi & Saatchi EMEA Region Headquarters
80 Charlotte Street, London, W1A 1AQ United Kingdom
Tel.: (44) 207 636 5060
Fax: (44) 207 462 7896
Web Site: www.saatchi.co.uk

Employees: 500

Agency Specializes In: Advertising

Richard Huntington *(Chm & Chief Strategy Officer)*
Emily Bennett *(Acct Dir)*
Katharine O'Donnell *(Acct Dir)*
Clare Ruck *(Comml Dir)*
Julia Franks *(Dir-New Bus)*
Maisie Willis *(Copywriter-Creative)*

Accounts:
Mattessons
Olay

Saatchi & Saatchi London
80 Charlotte Street, London, W1A 1AQ United Kingdom
Tel.: (44) 2076365060
Fax: (44) 2076378489
Web Site: www.saatchi.co.uk

Employees: 500
Year Founded: 1970

National Agency Associations: IAA

Agency Specializes In: Advertising

Guillermo Vega *(Chief Creative Officer)*
Caroline Gammage *(Exec VP & Brand Dir-Head & Shoulders)*
Alexandra Webb *(Sr Acct Dir)*
Sophie Browness *(Art Dir & Copywriter)*
Emily Bennett *(Acct Dir)*
Adam Chiappe *(Creative Dir)*
Ally Dean *(Producer-Brdcst)*
Laura Etherington *(Bus Dir)*
Dana Lim *(Art Dir-Singapore)*
Mia Silverman *(Art Dir)*
Mark Slack *(Creative Dir)*
Fergus Waddel *(Acct Dir)*
Wenya Wong *(Art Dir)*
Bia Bonani *(Dir-Strategy)*
Jane Cantellow *(Dir-Plng)*
Lex Robinson *(Dir-Global Plng)*
Kris Miklos *(Assoc Dir-Design)*
Michael Ferdenzi *(Sr Acct Mgr)*
Theo Moran *(Acct Mgr)*
Paola Motka *(Mgr-Creative Connection)*
Iona Murray *(Acct Exec-Brand-HSBC)*
Craig Adams *(Planner)*
Jahmin Assa *(Designer-Production)*
Dan Caven *(Media Planner)*
Jon Cook *(Media Planner)*

Victoria Draisey *(Designer)*
Doug Foreman *(Designer)*
Teresa Goncalves *(Sr Designer)*
Paul Hackett *(Planner-Strategy)*
James Mitchell *(Planner)*
Daniel Reeve *(Designer)*
Patrick Schofield *(Sr Designer)*
Steven Tinkler *(Designer)*
Talveer Uppal *(Designer)*

Accounts:
Amigo Campaign: "Sausages & Chip", Richmond, TV, Video-on-Demand
Bathstore Campaign: "Bathrooms Matter", Campaign: "Silent Loo", Creative
Betway (Lead Creative Agency) Advertising; 2018
The Big Issue Brand
Britvic Soft Drinks Ltd. Robinsons
Carlsberg Campaign: "A Life Well Lived", San Miguel
Chelsea F.C. Chelsea Football Club Get me a Sponsor
Deutsche Telekom Brand, Campaign: "Sea Hero Quest", EE, T-Mobile
Diageo Campaign: "Paint it Black"
Direct Line Group Advertising, Campaign: "Break In", Campaign: "Roger", Creative, Digital, Print, Social Media, TV
European Youth Campaign
Everything Everywhere Campaign: "Bufferface", Campaign: "Bus", Campaign: "Conga", Campaign: "It's a No Brainer", Campaign: "Numa", Social Media, Video-on-Demand
Expedia, Inc Brand Advertising, Brand Strategy & Execution, Creative Development, Global; 2018
General Mills Global Creative, Haagen-Dazs, Lucky Charms
GlaxoSmithKline Advertising
H. J. Heinz Company
Hindquarters
HomeAway, Inc. Advertising, Campaign: "It's Your Vacation, Why Share It?", TV
HSBC Holdings plc Campaign: "Anyone's Game", Campaign: "Life Writes the Best Stories", Campaign: "Rugby Sevens", Campaign: "The Descent", Premier & Wealth Proposition, Sponsorship
Kerry Foods Campaign: "peacekeeper", Digital, Fridge Raiders, Mattessons, Richmond, Wall's Sausages
Kidscape
Luminous Campaign: "Work Smart, Not Hard"
Marie Curie Creative, Digital Communications
Mondelez International, Inc. Creative
Nike Foundation Aisha's Story, Girl Hub
OK Go I'm Not Through
Olay Campaign: "Childs VIew"
Operation Black Vote
Premier Foods Ambrosia, Batchelors, Bisto, Campaign: "power brands", Hovis, Loyd Grossman, Mr Kipling, Oxo, Sharwood
Procter & Gamble "Poo Face ", Campaign "Love, Sleep & Play", Campaign: "Dressing Gown", Campaign: "Scalp Brave", Head & Shoulders, Pampers
T-Mobile US Campaign: "Giving Britain what Britain loves", PAYG, T-Mobile G1, The T-Mobile Parking Ticket, Wedding, Welcome Back
Toyota Europe Campaign: "Gadget Guy", Campaign: "The Real Deal", Creative, Toyota GT86, Yaris
The United Nations Children's Fund
Uservoice Campaign: "Similar Stories"
Vaillant GmbH
Visa Campaign: "Grandad Tourismo", Campaign: "Ready", Campaign: "The Heart", Creative
Volkswagen Group of America, Inc. A Christmas Miracle
Weight watchers Broadcast, Campaign: "Helping Men Lose Weight", Campaign: "Here to Help", Campaign: "Losing Weight For Parents", Campaign: "Weight Loss For Busy People", Digital Creative

Saatchi & Saatchi Pro
(Formerly Saatchi Masius)
40 Chancery Ln, London, WC2A 1JA United Kingdom
Tel.: (44) 207 4627600
Web Site: saatchipro.co.uk

Employees: 18

Agency Specializes In: Advertising, Digital/Interactive

Julian Borra *(Exec Creative Dir-Saatchi Sustainability)*
Jamie Webb *(Acct Dir)*
Joanna Phillips *(Office Mgr)*
Ian Otway *(Assoc Creative Dir)*

Accounts:
Edwardian Group London
The May Fair Hotel Campaign: "May Fair Affair", Online, Print
Olympus
Scoff & Banter

Argentina

Del Campo Nazca Saatchi & Saatchi
Bogota 973, Martinez, CP 1640 Buenos Aires, Argentina
Tel.: (54) 11 4836 0800
Fax: (54) 11 4836 0800
E-Mail: pdelcampo@dcnazca.com.ar
Web Site: www.delcamposaatchi.com/

Employees: 100

Agency Specializes In: Advertising, Automotive, Aviation & Aerospace, Food Service, Multimedia, Print, Production (Print)

Mariano Serkin *(Chief Creative Officer-Europe)*
Matias Lafalla *(Exec Creative Dir)*
Rafael Santamarina *(Exec Creative Dir)*
Mariano Cafarelli *(Acct Dir)*
Matias Corbelle *(Creative Dir)*
Maximiliano Beltran *(Acct Supvr-Digital)*
Juan Manuel Seillant *(Copywriter)*

Accounts:
Anheuser-Busch Inbev Alcohol, Campaign: "Hagglers", Campaign: "Message in a Bottle", Campaign: "Miraculous Hen", Campaign: "Norte Photoblocker", Campaign: "The Fairest Night of All", Campaign: "The Great Escape", Cerveza Andes, Norte Beer
Beldent Gum Campaign: "Almost Identical"
BGH Air Conditioners, Big Noses, Campaign: "Big Steal", Campaign: "Dads in Briefs", Campaign: "Mr. Miyagi" / "Julia" / "Keanu", Campaign: "Musical Microwaves", Campaign: "My Home is an Oven", Quick Chef Music, Silent Air Changyou
Dr Pepper Snapple Group Schweppes
Islazul Campaign: "Back to Happy Shopping"
Kraft Foods
Leica Campaign: "Leica No Instagram"
Milka
Procter & Gamble Ariel, Gillette, Olay, Pampers, Razor, Tide
Sony Corporation
Toyota Aygo X-Cite, Digital, Outdoor, Print, TV
VH1 Campaign: "I Will Survive"

Bermuda

AAC Saatchi & Saatchi
29 Front Street, Hamilton, HM 11 Bermuda
Mailing Address:
PO Box HM 1188, Hamilton, HM EX Bermuda
Tel.: (441) 295 2626
Fax: (441) 292 0473
E-Mail: info@aac.bm
Web Site: www.aac.bm

E-Mail for Key Personnel:
President: remmerson@aac.bm
Media Dir.: steven@aac.bm

Employees: 17
Year Founded: 1961

Agency Specializes In: Collateral, Corporate Identity, Direct Response Marketing, Event Planning & Marketing, Media Buying Services, Public Relations, Strategic Planning/Research

Peter Hebberd *(VP & Gen Mgr)*
Corinne Frith *(Sr Acct Dir)*
Sandy Salinda Smith *(Sr Acct Dir)*
Donna Mingledorff *(Mgr-Creative Svcs)*
Peter O'Flaherty *(Sr Graphic Designer)*
Lisza Rawlins *(Sr Graphic Designer)*

Accounts:
Applied Computer Technologies
Corrado Benu Interior Design
Endurance Specialty Insurance
Furniture Flair
The Harbourmaster Fine Luggage, Leather Goods
IAC Marketing Committee RIMS Conference Coordination
International Bonded Courier
OIL Insurance
Pembroke Tile & Stone
Renaissance Re
Saltus Grammar School
Tokyo Millenium Re

Brazil

F/Nazca Saatchi & Saatchi
Av Republica do Libano, 253 Ibirapuera, Sao Paulo, 04501-000 Brazil
Tel.: (55) 11 3059 4800
Fax: (55) 11 3059 4948
E-Mail: ffernandes@fnazca.com.br
Web Site: www.fnazca.com.br

Employees: 253

Fabio Fernandes *(CEO, Chief Creative Officer & Exec Creative Dir)*
Rita Almeida *(Dir Gen-Plng)*
Rafael Cappelli *(Grp Acct Dir)*
Mariana Silveira de Almeida Bottura *(Acct Dir)*
Fabiano Hikaru Higashi *(Art Dir)*
Eduardo Lima *(Creative Dir)*
Juliana Hasegawa *(Dir-Integrated Production & Project)*
Quentin Mahe *(Dir-Plng)*
Joao Viegas *(Dir-Creative & Art)*
Ricardo Forli *(Acct Supvr)*
Luiz Gama *(Acct Supvr)*
Julianna Carvalho *(Acct Exec)*
Andre Brandao *(Copywriter)*
Igor Cabo *(Copywriter)*
Rodrigo Adam *(Sr Art Dir)*

Accounts:
ActionAid Campaign: "Calendar"
Alpargatas Broadcast, Campaign: "Baby Carriage", Campaign: "It's Runderful", Campaign: "Signs", Campaign: "Skate", Digital, Mizuno, OOH, Point-of-Sale, Print, TV
Ambev Campaign: "Carnival Website", Campaign: "Morcegos", Campaign: "Mountain", Campaign: "Poltrona Skol Design", Campaign: "Prepare for the War", Campaign: "Roundy", Campaign: "Underwater", Guarana Antarctica, Skol, Skol Beats, Skol Beats Senses, Skol Beer, Skol Folia
Anheuser-Busch InBev N.V.
Apex-Brasil e APRO FilmBrazil

ADVERTISING AGENCIES
AGENCIES - JANUARY, 2019

BITC
BR Foods Campaign: "Medieval Battle"
D&AD Guinness Surfer
Electrolux Campaign: "Best Mother's Day present", Campaign: "Explosion", Electrolux DT52X
Honda Motor Company Campaign: "Drivemixer", Campaign: "Flipbook", Campaign: "Urban Species", Fit Twist, Honda City 2015, Honda HR-V, POS, Radio
HSBC Bank Brasil SA
Leica Gallery Sao Paulo Campaign: "100", Campaign: "Legend Leica II 1932", Campaign: "Reincarnated", Campaign: "Soul", Leica Institucional, Leica camera
Lenovo Group Limited
London Film Academy
Mead Johnson Nutrition Company
Mizuno
Mondelez International, Inc.
Mondelez International
Nissin Campaign: "Miojo Day Project"
NYC Ballet
Operacao Sorriso Campaign: "Stay Apes"
Operation Smile
Pan-American Association of Eye Banks Campaign: "Eyes"
Pinacoteca Art Museum of Sao Paulo
The Procter & Gamble Company Olay
T-Mobile US
Unicef
YouTube, LLC

F/Nazca Saatchi & Saatchi
Praia de Flamengo 200 19th Floor, Rio de Janeiro, RJ 22210-030 Brazil
Tel.: (55) 21 3284 3700
Fax: (55) 21 2205 1148
Web Site: www.fnazca.com.br

Employees: 500

Fabio Fernandes *(CEO & Dir-Creative)*

Honduras

Mass Nazca Saatchi & Saatchi
Colonia Palmira Avenue Republica de Venezuela 2130, 1396, Tegucigalpa, Honduras
Tel.: (504) 238 2000
Fax: (504) 2238-2100
E-Mail: fernando@mass.hn
Web Site: www.saatchi.com

Employees: 60
Year Founded: 1986

Agency Specializes In: Above-the-Line, Advertising, Advertising Specialties, Alternative Advertising, Below-the-Line, Business Publications, Co-op Advertising, Communications, Computers & Software, Consumer Marketing, Corporate Communications, Corporate Identity, Crisis Communications, Digital/Interactive, Direct-to-Consumer, Graphic Design, Hispanic Market, In-Store Advertising, Integrated Marketing, Internet/Web Design, Local Marketing, Logo & Package Design, Media Buying Services, Media Planning, Media Training, Men's Market, Multimedia, Out-of-Home Media, Outdoor, Package Design, Point of Purchase, Point of Sale, Production, Promotions, Public Relations, Publishing, Social Marketing/Nonprofit, Social Media, Strategic Planning/Research, Teen Market, Urban Market, Women's Market

Harold Rodriguez *(Creative Dir)*

Peru

Quorum Nazca Saatchi & Saatchi
Av Benavides 1551-1558 Piso 8, Miraflores, Lima, 18 Peru
Tel.: (51) 1 627 5531
Fax: (51) 1 441 4893
E-Mail: rrachi@quorum1.com.pe
Web Site: www.saatchi.com

Employees: 40
Year Founded: 1984

National Agency Associations: APAP (Portugal)

Mauricio Paez *(CEO-Peru)*
Evin Vigo Infantas *(Art Dir)*

Accounts:
Brahma
Fenix Led Flashlight
Nissan Frontier Campaign: "Just like your Frontier", Fish, Elephant, Tiger
Tatoo Adventure Gear

Puerto Rico

Badillo Nazca Saatchi & Saatchi
A-16 Calle Genova, Guaynabo, PR 00966-1729
Mailing Address:
PO Box 11905 Caparra Heights Station, San Juan, PR 00922-1905
Tel.: (787) 622-1000
Fax: (787) 793-0307
E-Mail: julio.semidei@badillopr.com
Web Site: www.saatchi.com

E-Mail for Key Personnel:
President: erastof@badillo-pr.com

Employees: 25

National Agency Associations: 4A's

Agency Specializes In: Advertising, Hispanic Market

Juan Carlos *(Chief Creative Officer)*
Rodriguez Pizzorno *(Chief Creative Officer)*
Veronica Berta *(Head-Production)*
Christian Juarbe *(Art Dir)*
Lorena Berges *(Copywriter)*
Christian Ibarra Delgado *(Copywriter)*
Candida Asencio *(Sr Art Dir)*
Diego Suarez *(Assoc Creative Dir)*

Accounts:
Bel
Claro
Diageo/Guinness
Emirates Airline
FreshMart Campaign: "Backwards", Campaign: "Jalapea'o"
General Mills
Head & Shoulders
Mead Johnson
Novartis
Ofi Arte Store
Peurto Rico United Way Campaign: "Children Against Bullets"
Procter & Gamble Campaign: "33", Olay
Puerto Rico Horror Film Fest
Staedtler / OFI Arte Store
Toyota Campaign: "Friends", Campaign: "Letter", Campaign: "Mob Guy", Rav 4, Tacoma
Whirlpool ECO-Fridge
Yaris Campaign: "Creature"

Trinidad

Lonsdale Saatchi & Saatchi
8 & 10 Herbert Street, St Clair, Port of Spain, Trinidad & Tobago
Mailing Address:
PO Box 1251, Port of Spain, Trinidad & Tobago
Tel.: (868) 622 6480
Fax: (868) 628 0210
E-Mail: info@lonsdalesaatchi.com
Web Site: www.lonsdalesaatchi.com

E-Mail for Key Personnel:
President: Kenrick@lonsaatch.com

Employees: 75
Year Founded: 1953

Agency Specializes In: Communications, Consumer Marketing, Internet/Web Design, Public Relations

Kenrick Attale *(Owner)*
Julie Harris *(Head-Creative Svcs & Dir-Strategic Plng)*
Paul Benson *(Art Dir)*
Malcolm-Guy Kernahan *(Art Dir)*
Nicole Noel *(Art Dir)*
Julien Greenidge *(Mgr-Traffic)*
Gina Jardim *(Mgr-Fin Production)*
Marilyn Morrison *(Sr Graphic Designer)*
Hemma Ramphal *(Graphic Designer-Creative)*
Reina Rodriguez-Cupid *(Copywriter)*
Sophie Charles *(Assoc Creative Dir)*
Kevin Reis *(Assoc Creative Dir)*

Accounts:
3M
Absolut Vodka
Blue Waters
BrydenPi
Carib Brewery
Carreras
City Motors
Hi Lo Food Stores
Kitchen Aid
LIAT
Marketing & Distribution
Nipdec
Parts World
Payless Shoe Stores
Tracmac
Whirlpool

Venezuela

AW Oveja Negra Saatchi & Saatchi
Edificio ABA 4th Fl, Las Mercedes, Caracas, Venezuela
Tel.: (58) 212 400 4430
Fax: (58) 212 400 4486
E-Mail: info@saatchi-ve.com
Web Site: www.saatchi.com

Employees: 40
Year Founded: 1976

Eduardo Chibas *(Owner)*
Lenin Perez *(Chief Creative Officer)*

Accounts:
Cerveceria Regional Cerveza Zulia
Digitel Telecommunications
Excelsior Gama
General Mills Venezuela Diablitos Underwood, Rica-Deli, Underwood Pasta Sauce
Kraft Foods Trident
Leones de Caracas Baseball Club
Procter & Gamble Ariel, Pampers

Indonesia

Perwanal Saatchi & Saatchi
Menara Jamsostek South Tower 22nd Fl, JL Jend Gatot Subroto Kav 38, Jakarta, 12930 Indonesia
Tel.: (62) 21 5297 1500
Fax: (62) 21 5297 1501
Web Site: www.saatchi.com

AGENCIES - JANUARY, 2019 — ADVERTISING AGENCIES

Employees: 50

Eddu Enoary Eigven *(Grp Head-Creative)*

Accounts:
AirAsia
Toyota Indonesia
Virgin Group Ltd

Australia

Saatchi & Saatchi Australia
70 George Street, The Rocks, Sydney, NSW 2000 Australia
Tel.: (61) 2 8264 1111
Fax: (61) 2 9235 0617
E-Mail: corrina.bartley@saatchi.com.au
Web Site: www.saatchi.com

Employees: 180

National Agency Associations: AFA

Agency Specializes In: Advertising, Brand Development & Integration, Communications, Consumer Marketing, Direct Response Marketing, E-Commerce, Internet/Web Design, Logo & Package Design, Print, Production, Retail, Sales Promotion, Sports Market, Strategic Planning/Research

Anthony Gregorio *(CEO)*
Iona Macgregor *(Chief Strategy Officer)*
Toby Aldred *(Gen Mgr)*
Sesh Moodley *(Deputy Exec Creative Dir)*
Damiano Di Pietro *(Grp Acct Dir)*
Suzanne Leddin *(Grp Acct Dir)*
Helena Colin *(Art Dir-Mid)*
Phillip Brendon Harkness *(Art Dir)*
Steve Thurlby *(Art Dir)*
Joe Heath *(Dir-Plng)*
Piero Ruzzene *(Assoc Dir-Creative)*
Joel Kaas *(Acct Mgr)*
Caitlin O'Connor *(Acct Mgr)*
Ernie Ciaschetti *(Copywriter)*
Juan Maciel *(Designer)*
Jack Wall *(Copywriter)*
Sam Chappell *(Assoc Creative Dir)*
Ben Court *(Grp Bus Dir)*
Tim Yates *(Sr Art Dir)*

Accounts:
Aerius
Air Tahiti Nui
Autotrader Branding, Creative; 2018
Award Advertising School Campaign: "Prepare Yourself"
Bank of Melbourne (Lead Creative Agency)
Beam Suntory Creative, Jim Beam (Local Agency of Record)
Betfair Australia
Caltex (Creative Agency of Record)
Capi Campaign: "Hard to Make. Easy to Drink", Creative
DB Breweries Orchard Thieves
DiDi
Electric Art
Emirates Airlines
Football Federation of Australia Creative; 2018
Fox Sports
General Mills
New-George & Matilda Eyecare Creative
H&R Block Inc. (Creative Agency of Record) Content, Strategy
Iams Dog Food
Jim Beam
Ladbrokes Creative
Lexus Campaign: "Brand", Campaign: "Drive By - Downtown"
Mead Johnson
Mondelez International, Inc. Marvellous Creations, Oreo, Sour Patch, The Natural Confectionery Company
Monteith's Cider
New South Wales Department of Premier & Cabinet Campaign: "Stoner Sloth"
NIB Health Insurance (Creative Agency of Record) Campaign: "Do It For Them", Campaign: "Roadtrip", Creative, Online Media, Print, TV
Novartis
NRMA Group Creative Thinking, Customer Relationship Marketing, NRMA Blue, Strategic Brand Capability; 2018
OPSM Campaign: "Penny The Pirate", Prescription Sun
Panasonic Campaign: "Enjoy Fresher Air", Nanoe Automotive Air Conditioning
Pitzy Folk CAPI Sparkling, Campaign: "Natural"
Procter & Gamble Olay
RSPCA Pro Bono Advertising
Service NSW
Sony Sony Alpha A-55 Camera, Sony Cyber-Shot, Sony Nex-5 Camera
St George Bank (Agency of Record) Aussies Homebuying, Campaign: "Power of Thumbs", Campaign: "Start Something", Creative
Sydney Writers Festival
Toyota Motor Corporation Australia 4WD Range, Campaign: "A Great Way To Raise A Family", Campaign: "Bad in Dad", Campaign: "Calling All The Heroes", Campaign: "Eco Friendly Billboards", Campaign: "FJ Napkins", Campaign: "Superhero dads", Campaign: "Unbreakable Drivers", Camry Atara, Camry RZ, Corolla, Country Border Security, Creative, Fortuna, HiLux, Landcruiser, Nothing Soft Gets In, TV, Toyota Prado
Westpac Banking Corporation
Woolworth Campaign: "Joyville"

Team Saatchi/Saatchi & Saatchi Healthcare
70 George Street, The Rocks, Sydney, NSW 2000 Australia
Tel.: (61) 2 8264 1111
Fax: (61) 2 9235 0617
Web Site: www.saatchi.com.au

Employees: 160

Agency Specializes In: Health Care Services

Craig Chester *(Exec Creative Dir)*
Rowan Foxcroft *(Sr Dir-Art)*
Charmaine Andrew *(Dir-New Bus & Comm)*
Samantha Stuart *(Dir-Client Svcs)*
Ben Court *(Grp Bus Dir)*

Accounts:
Boxer Gold
Emarald
Merck Sharp & Dohme Campaign: "Topsy Turvy", Demazin
Sanofi-Aventis
Soni
Toohays New
Toyota

Greater China

Saatchi & Saatchi
36/F Central International Trade Centre Tower C, 6A Jianguomen Wai Avenue, Beijing, 100022 China
Tel.: (86) 10 6563 3600
Fax: (86) 10 6563 3601
E-Mail: charles_sampson@saatchi.com.cn
Web Site: www.saatchi.com

Employees: 500

Agency Specializes In: Advertising

Zhao Fei *(Partner-Creative)*
Ken Fang *(Mng Dir)*
Yuki Qi *(Chief Talent Officer & VP-Ops-China)*
Alexis Chiu *(Mng Dir-South China)*
Kevin Chiu *(Exec Creative Dir)*
Wong Wai *(Exec Creative Dir-South China)*
Sharrow Lam *(Grp Creative Dir)*
Zimo Li *(Grp Creative Dir)*

Accounts:
CCTV
Greenpeace
Mazda ATL, BTL, CX-7, Digital, Mazda 6
New-The Ritz-Carlton Global
Sands Resorts Macao Creative

Saatchi & Saatchi
29 F Lippo Plaza, 222 Huai Hai Zhong Road, Shanghai, 200021 China
Tel.: (86) 21 6193 1366
Fax: (86) 21 5396 6196
E-Mail: justin.billingsley@saatchi.com.cn
Web Site: www.saatchi.com/

Employees: 500

Irene Shum *(Mng Dir)*
Kenny Choo *(Chief Creative Officer-Beauty, Oral Care, P&G)*
Rebecca Liu *(Gen Mgr-China)*
Paul Copeland *(Exec Creative Dir-APAC & China)*

Accounts:
CCTV
Greenpeace Campaign: "Paper Cuts Life"
Kraft Heinz China Creative; 2018
Mondelez International, Inc. Brand Strategy, Creative, Gum & Candy
New-Porsche Creative, Digital, Marketing
Robam Home Appliances Brand Strategy, Creative
Safeguard
New-SAIC Volkswagen Phideon, Reform & Opening, Teramont, Tiguan L

Saatchi & Saatchi
2-5F Gold Sun Building 109 Ti Yu Xi Road, Guangzhou, 510620 China
Tel.: (86) 20 3879 1228
Fax: (86) 20 3879 2430
E-Mail: polly_chu@saatchi.com.cn
Web Site: www.saatchi.com

Employees: 202

Agency Specializes In: Advertising

Fan Ng *(Chief Creative Officer)*
Ran Yin *(Head-Production)*
Genevieve Lim *(Bus Dir)*
Richard Tong *(Grp Creative Dir)*

Accounts:
ChangYou "Mother"
Ping Concert Of The Wind
Sands Resorts Macao
Tencent Holdings Limited WeChat

Hong Kong

Saatchi & Saatchi
27/F Tai Tung Building Fleming Road, Wanchai, China (Hong Kong)
Tel.: (852) 2 582 3333
Fax: (852) 2511 2246
Web Site: www.saatchi.com

Employees: 30
Year Founded: 1982

Kelsey Wong *(Acct Mgr)*

ADVERTISING AGENCIES

Kristie Ma *(Copywriter)*
Irene Wu *(Jr Planner)*

Accounts:
Green Peace Campaign: "Water Purifier Kid"
Paul & Shark
Ritz-Carlton

India

Saatchi & Saatchi Direct
37/6 Aga Abbas Ali Road off Ulsoor Road, Bengaluru, 560 042 India
Tel.: (91) 80 4149 9181
Fax: (91) 80 4149 9181
Web Site: www.saatchi.com

Employees: 200

Agency Specializes In: Direct Response Marketing

Malavika Harita *(CEO)*
Devraj Basu *(Exec VP-North & East)*
Michell Anthony *(Mgr-HR)*

Accounts:
Procter & Gamble Ariel, Campaign: "Colour & Style"

Saatchi & Saatchi
Urmi Estate Tower A 15th Floor 95 Ganpatrao Kadam Marg, Lower Parel, Mumbai, 400 013 India
Tel.: (91) 22 6146 0000
Fax: (91) 22 6666 2057
Web Site: www.saatchi.com

Employees: 200

Anil Nair *(CEO & Mng Partner)*
Delna Sethna *(Chief Creative Officer-Law & Kenneth)*
Malavika Harita *(CEO-Focus Network-India)*
Sandeep Poyekar *(Creative Dir)*
Ankita Pandit *(Sr Mgr-Brand Svcs)*

Accounts:
Cairn
Carlsberg Creative
Eko
Exide Life Insurance Company Limited Campaign: "Lamba saath, bharose Ki baat"
General Mills Betty Crocker Dessert Mixes, Green Giant frozen vegetables, Haagen Dazs Ice Cream, Multigrain & Gold Atta, Nature Valley granola bars, Parampara, Pillsbury Cake Mixes, Pillsbury Chakki Fresh
HCL Campaign: "Carpet Seller", Campaign: "Change", ME Tablets
Hero Motocorp
IndiaFirst Life Insurance
Jockey Campaign: "Feels Like Jockey"
Lenovo
Mead Johnson
Mondelez (Lead Creative Agency) Candy, Gum, Strategy
Novartis Otrivin Cold Tab
Pepperfry.com Feel the happiness!
Pillsbury Mass Foods Campaign: "Soft Khao, Soft Raho"
Procter & Gamble Ariel, Campaign: "Cricketer's Wife", Campaign: "Good Morning Baby", Campaign: "Precious Saree", Campaign: "Punch", Head & Shoulders, Olay, T-Shirt
Reliance
Renault India
Shamiana
Springwel Mattresses Campaign: "Sleep Exchange"
Vedanta
Vip Industries Ltd

Wave Infratech Marketing

Japan

Saatchi & Saatchi Fallon Tokyo
4-9-3 Jingumae, Shibuya-ku, Tokyo, 150-0001 Japan
Tel.: (81) 3 6438 1255
Fax: (81) 3 6438 1223
Web Site: www.ssftokyo.co.jp

Employees: 40

Gavin Cranston *(Gen Mgr)*

Accounts:
ASICS Global Creative; 2017
Godiva Japan
Toot
Toyota Motor Campaign: "Dream Car of the Day"

Malaysia

Saatchi & Saatchi Arachnid
A-16-1 Tower A Northpoint Offices Midvalley City, 1 Medan Syed Putra Utara, 59200 Kuala Lumpur, Malaysia
Tel.: (60) 322878831
Fax: (60) 322878932
Web Site: www.arachnid.com.my

Employees: 10

Agency Specializes In: Advertising

Accounts:
Durex Malaysia 360-Degree Integrated Campaigns, Creative
PETRONAS Dagangan Berhad
Petronas Lubricants International Digital, Web

Saatchi & Saatchi Malaysia
A-16-2, Tower A, Northpoint Offices, MidValley City, 1 Medan Syed Putra Utara, 59200 Kuala Lumpur, Malaysia
Tel.: (60) 322872200
Fax: (60) 322876831
Web Site: www.saatchi.com

Employees: 75
Year Founded: 1989

Agency Specializes In: Advertising

Accounts:
Bank Simpanan Nasional
KDU
Paramount Corporation Berhad

Mauritius

P&P Link Saatchi & Saatchi
D Seetulsingh St, Port Louis, Mauritius
Tel.: (230) 211 4429
Fax: (230) 211 4428
E-Mail: pnplink@intnet.mu
Web Site: www.saatchi.com

Employees: 20

Agency Specializes In: Advertising

Pria Thacoor *(Mng Dir)*

New Zealand

Saatchi & Saatchi
Level 3 123-125 The Strand Parnell, Auckland, 1010 New Zealand
Mailing Address:
PO Box 801, Auckland, 1140 New Zealand
Tel.: (64) 9 3555 000
Fax: (64) 9 3796 149
Web Site: www.saatchi.com

Employees: 100
Year Founded: 1984

National Agency Associations: IAA

Agency Specializes In: Advertising

Paul Wilson *(Mng Dir)*
Toby Talbot *(Chief Creative Officer)*
Susie Darling *(Head-Acct Mgmt & Bus Dir)*
Cory Bellringer *(Grp Head-Creative)*
Amanda Chambers *(Head-Content & Digital)*
David McIndoe *(Head-Plng)*
Corey Chalmers *(Exec Creative Dir & Copywriter)*
Guy Roberts *(Exec Creative Dir)*
Jessica Reihana *(Art Dir & Mgr-Social Media)*
Jake Blood *(Art Dir)*
Nick Bulmer *(Bus Dir)*
Jill Chestnut *(Bus Dir)*
Kristal Knight *(Creative Dir)*
Jordan Sky *(Creative Dir)*
Sam Schrey *(Dir-Creative & Art)*
Becky Kusel *(Sr Acct Mgr)*
Claire Belford *(Acct Mgr)*
Kristine Green *(Acct Mgr)*
Georgia Woodbridge *(Acct Mgr)*
Guillaume Calmelet *(Copywriter)*
Kim Fraser *(Copywriter)*
Abi Skelton *(Planner)*
Josh Thompson *(Copywriter)*
Anthony Wilson *(Copywriter)*

Accounts:
Amplifon
Atamira Dance Company
Australia & New Zealand Banking Group Creative, Sponsorship; 2017
Bay Audiology; 2018
Breast Cancer Research Trust
Chorus (Creative Agency of Record) Creative, Digital, Driving Strategy, Marketing Communications, Public Relations
Coca-Cola Amatil Baker Halls, Campaign: "Grab Life by the Bottle", Campaign: "L&P Live", Deep Spring, L&P, Pump
The Commission for Financial Capability Website
DB Breweries Amstel, Campaign: "TUI 11-11-11", Heineken, Monteith's, Orchard Thieves Cider (Lead Creative Agency), SOL Beer, Tiger Beer; 2007
Tui Brewery Limited Campaign: "Always Something Brewing", Campaign: "Catch A Million", Campaign: "Half Time Distractions", Campaign: "TUI - Planking", TUI Cricket Box
The Electoral Commission
KiwiPlates
L&P Sour Campaign : "Hold onto Summer"
Light 'n' Tasty
New-Maritime New Zealand Creative
Ministry of Justice (Agency of Record) Anti-Money Laundering, Initiative; 2018
Mount Franklin In-Store, Outdoor Advertising, Radio, Social
My Food Bag (Agency of Record) Bargain Box, Brand Campaign
New Zealand Defence Force - NZ Navy
New Zealand Olympic Committee Out of Home, Social Content
NZ Electoral Commission
Procter and Gamble
Rodney District Council
Royal New Zealand Air Force Campaign: "NZ Air Force - Step Up", Step Up
Sanitarium Health Food Company Campaign: "Dream Day"
Sealord Group Limited Campaign: "Smoked

AGENCIES - JANUARY, 2019

ADVERTISING AGENCIES

salmon billboard", Campaign: "Smoked: Just Like Our New Manuka Salmon"
The Shielded Site
Telecom Mobile
Telecom New Zealand Campaign: "Telecom Prepaid 'Snap'", Campaign: "Waiting is Over", Ultra Mobile
Tourism Fiji (Global Creative & Brand Agency of Record); 2018
Toyota New Zealand Campaign: "Call of the Wild", Campaign: "FJ Cruiser - Top to Bottom", Campaign: "FJ Top to Bottom", Campaign: "Feels Good Inside", Campaign: "Hilux - Roadkill", Campaign: "Hilux - Tougher Than You Can Imagine", Campaign: "Impossibly Tough", Camry, Corolla, Creative, Lexus, Meet The Road Experts, Television & Cinema, Tougher Than You Can Imagine, Toyota Corolla, Toyota Hilux, iQ
Tui Beer Campaign: "Catch A Million"
Unilever Campaign: "Don't freak. It'll be back", Marmite
Women's Refuge Campaign: "An Auction to Remember", Campaign: "Valentine's Day"

Saatchi & Saatchi
101-103 Courtenay Pl, Te Aro, Wellington, 6011 New Zealand
Mailing Address:
PO Box 6540, Wellington, New Zealand
Tel.: (64) 4 385 6524
Fax: (64) 4 385 9678
E-Mail: toby.talbot@saatchi.com
Web Site: www.saatchi.com

Employees: 22

Agency Specializes In: Advertising

Corey Chalmers *(Exec Creative Dir-New Zealand)*
Jordan Sky *(Creative Dir)*

Accounts:
ASB Bank
DB Breweries Heineken, Tui
Toyota
Wellington Zoo

Philippines

Ace Saatchi & Saatchi
Saatchi House 2296 Don Chino Roces Avenue Parso Tamo Extension, Kayamanan C, Makati, Philippines
Tel.: (63) 2 857 4900
Fax: (63) 2 814 2100
E-Mail: rey_icasas@acesaatchi.com.ph
Web Site: www.acesaatchi.com.ph

Employees: 160
Year Founded: 1949

Agency Specializes In: Advertising

Arthur J. Young, Jr. *(Chm & CEO)*
Mio Chongson *(Pres & COO)*
Gigi Garcia *(VP & Client Svcs Dir)*
Greg Martin, III *(Exec Creative Dir)*
Andrew Petch *(Exec Creative Dir)*
Keith Comez *(Art Dir)*
Barbara Escueta *(Acct Dir)*
Rose Adella Javier-Legaspi *(Client Svcs Dir)*
Reg Lota *(Creative Dir)*
Mylene Rayala *(Client Svcs Dir)*
Carmen Antunez *(Dir-Strategic Plng)*
Gino Caoile *(Sr Art Dir)*

Accounts:
2211 Works
Cebuana Lhuillier
Eagle Cement Campaign: "Construction Reinforcements"
Kraft Cadbury Philippines Campaign: "Sing for Joy", Campaign: "Tiger Energy Playground", Tiger Biscuits
Lucerne Campaign: "Newspaper Wristwatch"
Mead Johnson Nutrition
The North Face
Pampers Diapers Campaign: "ZZZ Radio"
PJ Lhuillier Campaign: "Sisters Remeet"
PLDT Gabay Guro Campaign: "Anna Banana", Surveillance Camera
Procter & Gamble #FlakerDate, Antibacterial Soap, Ariel Detergent, Campaign: "Fashion Laundry", Campaign: "ZZZ Radio - Pampers", Head & Shoulders, Olay Campaign: "Reverse Ageing Compacts", Safeguard Soap, Soap
Toyota Anti Drink Driving, Campaign: "Text ECG", Land Cruiser
Vespa

Singapore

Saatchi & Saatchi Asia Pacific
3D River Valley Road #03-01, Clarke Quay, 179023 Singapore, Singapore
Tel.: (65) 6339 4733
Fax: (65) 6339 3916
Web Site: www.saatchi.com

Employees: 100

Agency Specializes In: Recruitment

Ajay Vikram *(Chief Creative Officer-Clients)*
Natalie Vander Vorst *(Exec VP-Clients)*
Rosalind Lee *(Gen Mgr)*
Clinton Manson *(Exec Creative Dir)*
Charlene Wee *(Sr Acct Dir)*
Dana Lim *(Art Dir)*
Stella Pok *(Brand Dir)*
I-van Policarpo *(Creative Dir)*
Ruchir Sachdev *(Creative Dir)*
Rajnish Suneja *(Bus Dir)*
Run Run Teng *(Creative Dir)*
Daniel Hejl *(Acct Mgr)*
Valerie Ho *(Acct Mgr)*
Maninder Bali *(Reg Bus Dir)*
Khatkhanang Chavalitsakulchai *(Reg Acct Dir)*
Sharmista Nagarkatti *(Reg Bus Dir)*
Theresa Ong *(Reg Creative Dir)*
Noel Orosa *(Reg Grp Dir-Creative)*
Jordan Price *(Reg Head-Plng)*
Josh Roth *(Reg Sr Planner)*

Accounts:
Acer Global Creative
Agoda Creative, Display Ads, KOL Engagement, Social Content, Social Content Strategy, TV Advertising, TVC, Tactical Digital Banners, Thematic
ASICS Creative, Influencer Marketing, Public Relations, Social Media; 2018
Central Provident Fund Board Creative, Integrated Marketing; 2018
Diageo Guinness, Social Activation
Doctor's Associates, Inc.
HSBC
Lenovo
Lexus
Pampers Worldwide Digital
The Procter & Gamble Company Ariel, Video Safeguard
Singapore Airlines Creative, Scoot
Thai Health Promotion Foundation
The World Toilet Organization Campaign: "Brown Friday"

Thailand

Saatchi & Saatchi
25/F Sathorn City Tower 175 S Sathorn Rd Khwaeng Thungmahamek, Khet Sathorn, Bangkok, 10120 Thailand
Tel.: (66) 2 640 4700
Fax: (66) 2 679 5210
E-Mail: oranat_asanasen@saatchith.com
Web Site: www.saatchi.com

Employees: 80
Year Founded: 1988

Mark Cochrane *(Mng Dir-Australia)*
Chavanon Tantisiriseranee *(Copywriter-Creative)*

Accounts:
AJE Group Big Cola, Campaign: "Think Big", Global Brand Campaign
Electrolux Campaign: "Power"
Garena Campaign: "I Am the One", Campaign: "Messi's Arrival", Content, FIFA Online 3, Website
GrabTaxi Campaign: "Super Easy Life", Super Sweet Dream
Huawei Technologies Co., Ltd. Honor 3C, Marketing
PTT Retail Management Creative, Jiffy Stores, Jiffy Super Fresh Markets, Pearly Tea
Thanachart Bank Creative, Digital, In-Store, Outdoor, Print, Social Media, TV
Virgin Active

SAATCHI & SAATCHI WELLNESS
355 Park Ave S, New York, NY 10010
Tel.: (646) 746-5000
Web Site: www.saatchiwellness.com

Employees: 500

National Agency Associations: 4A's

Agency Specializes In: Brand Development & Integration, Communications, Local Marketing, Sponsorship, Web (Banner Ads, Pop-ups, etc.)

JD Cassidy *(Mng Dir)*
Kathy Delaney *(Chief Creative Officer)*
Tina Fisher *(Sr VP & Grp Acct Dir)*
Steve Pytko *(Sr VP & Dir-Brdcst Production)*
Scott Carlton *(VP & Assoc Creative Dir-Digital & 360)*
Walker Davis *(VP-Strategy)*
Linda Ellis *(Producer-Print)*
Carol Fiorino *(Creative Dir)*
Maurizio Grammatico *(Art Dir & Assoc Creative Dir)*
Nell McGuire *(Art Dir)*
Ali Cohen *(Dir-Art Buying)*
Hiddai Paran *(Dir-Project Mgmt)*
Kristian Sumners *(Assoc Dir-Creative & Writer)*
Adam Springer *(Assoc Dir-Creative)*
Kristen Haun *(Acct Supvr)*
Samantha Emmerling *(Sr Acct Exec)*
Karinna Schultz *(Sr Acct Exec)*
Emily Sheehan *(Sr Strategist-Digital & Social Engagement)*
Amy Lord *(Designer)*
Angela T. Dawson *(Grp Acct Supvr)*
Bridget Kelly *(Assoc Creative Dir)*

Accounts:
Abbott Laboratories Humira
Allegra
Allergan
Ambien CR
Amitiza
AstraZeneca
Coalition to Stop Gun Violence Advertising
Crossroads Community Campaign: "Street Fare"
New-The Davenport Theatre
Eli Lilly
Frontline
NexGard Chewables
Nexium
NuvaRing
Plavix

ADVERTISING AGENCIES
AGENCIES - JANUARY, 2019

St George's Common Table St George's Church
Viramune

SABA AGENCY
(d/b/a Creative Concepts)
5329 Office Ctr Ct Ste 220, Bakersfield, CA 93309
Tel.: (661) 326-0393
Fax: (661) 326-0398
Toll Free: (877) 742-8023
Web Site: www.sabaagency.com

Employees: 12
Year Founded: 1989

Agency Specializes In: Advertising, Internet/Web Design, Logo & Package Design, Print

Revenue: $1,400,000

Tom Saba *(Pres & CFO-Ops)*
Cathy Berthiaume *(Creative Dir)*
Ian Perry *(Dir)*
Jeri Merlo Schueler *(Sr Acct Exec-Media)*
Tom Thompson *(Sr Acct Exec)*
Debbe Haley *(Acct Exec)*

Accounts:
Commute Kern

SACHS MEDIA GROUP
114 S Duval St, Tallahassee, FL 32301
Tel.: (850) 222-1996
Fax: (850) 224-2882
E-Mail: contact@sachsmedia.com
Web Site: https://sachsmedia.com/

Employees: 20
Year Founded: 1996

National Agency Associations: COPF

Agency Specializes In: Advertising, Digital/Interactive, Government/Political, Local Marketing, Media Relations, Public Relations, Social Marketing/Nonprofit, Web (Banner Ads, Pop-ups, etc.)

Revenue: $1,900,000

Ronald Sachs *(Founder & CEO)*
Michelle Lagos Ubben *(Pres & Partner)*
Drew Piers *(Partner & Dir-Campaigns)*
Ryan Cohn *(Partner)*
Karen Cyphers *(Partner)*
Lisa Garcia *(Partner)*
Cheryl Stopnick *(Sr VP-PR & Dir-Ops-South Florida)*
Vicki Johnson *(Sr VP)*
Herbie Thiele *(VP & Dir-Pub Affairs)*
Jon Peck *(VP-PR)*
Marilyn Siets *(Deputy Sr Mgr-Fin)*

Accounts:
Automated Healthcare Solutions
Florida Chamber Foundation FLORIDA 2030, Media, Public Relations, Thought Leadership; 2018
The James Madison Institute (Agency of Record) Digital Media, Public Affairs, Public Relations, Strategic Communications, Targeted Advertising
National Hurricane Center Campaign: "Get Ready, America!"
National League of Cities
National Safe Driving Initiative Campaign: "Drive for Life"
Nestle Waters of North America
Sonny's BBQ (National Agency of Record) Public Relations
Support Our Troops, Inc. Influencer & Earned Media Outreach, Public Relations Strategies, Social Media; 2018

SACUNAS
2201 N Front St, Harrisburg, PA 17110
Tel.: (717) 652-0100
E-Mail: info@sacunas.net
Web Site: https://madewithmerit.com

E-Mail for Key Personnel:
President: nsacunas@sacunas.net
Creative Dir.: dbarbush@sacunas.net

Employees: 12
Year Founded: 1990

National Agency Associations: AMA-PRSA

Agency Specializes In: Brand Development & Integration, Business-To-Business, Collateral, Communications, Corporate Communications, Corporate Identity, Electronic Media, Email, Engineering, Graphic Design, Health Care Services, Identity Marketing, Industrial, Integrated Marketing, Market Research, Newspapers & Magazines, Public Relations, Strategic Planning/Research, Transportation

David Kimmick *(Designer)*

Accounts:
AudaExplore Insurance Industry Data Services; 2014
CoventryCares from Health America Health Insurance; 2012
Lane Corrugated & Plastic Steel Pipe; 2011
Michael Baker International Engineering Services; 2011
PennDOT Transportation Services; 2000
TE Connectivity - AD&M Division Electronics; 2009
TE Connectivity - Industrial Division Electronics; 2012
URS Commuter Services; 2010

SAESHE ADVERTISING
1055 W Seventh St Ste 2150, Los Angeles, CA 90017-2577
Tel.: (213) 683-2100
Fax: (213) 683-2103
E-Mail: info@saeshe.com
Web Site: www.saeshe.com

E-Mail for Key Personnel:
President: lkwon@saeshe.com

Employees: 20
Year Founded: 1992

Agency Specializes In: Advertising, Advertising Specialties, Asian Market, Bilingual Market, Brand Development & Integration, Business Publications, Business-To-Business, Cable T.V., Children's Market, Co-op Advertising, Collateral, Commercial Photography, Communications, Consulting, Consumer Marketing, Consumer Publications, Digital/Interactive, Direct Response Marketing, E-Commerce, Education, Electronic Media, Engineering, Entertainment, Event Planning & Marketing, Exhibit/Trade Shows, Food Service, Government/Political, Graphic Design, Health Care Services, Industrial, Internet/Web Design, Magazines, Media Buying Services, Multimedia, Newspaper, Newspapers & Magazines, Out-of-Home Media, Outdoor, Planning & Consultation, Print, Production, Public Relations, Publicity/Promotions, Radio, Sales Promotion, Seniors' Market, Sports Market, Strategic Planning/Research, T.V., Technical Advertising, Teen Market, Telemarketing, Trade & Consumer Magazines, Travel & Tourism, Yellow Pages Advertising

Approx. Annual Billings: $6,000,000

Kiyoshi Morihara *(VP)*
Roy Seow *(Exec Creative Dir)*
Lauren Halley *(Acct Supvr)*

Tess Tan *(Media Planner & Media Buyer)*

Accounts:
Blue Cross of California
CalRecycle Campaign: "Check Your Number"
Los Angeles County Dept. of Health Services
Los Angeles World Airports
Macy's
Malaysia Tourism Board
Netscreen
Thai Airways International; El Segundo, CA; 1994
US Bank

SAGE
1525 Locust St, Kansas City, MO 64108
Tel.: (816) 474-3166
Web Site: www.sagebrandkc.com

Year Founded: 2015

Agency Specializes In: Advertising, Brand Development & Integration, Event Planning & Marketing, Exhibit/Trade Shows, Public Relations

Leigh Ann Cleaver *(Owner)*
Bridget Szuminsky *(Dir-Social Media)*

Accounts:
Ceva Animal Health
Deere & Company
Kansas City Parks & Recreation (Agency of Record) Branding, Marketing, Public Relations

SAGE COMMUNICATIONS
1651 Old Meadow Rd Ste 500, McLean, VA 22102-4321
Tel.: (703) 748-0300
Fax: (703) 564-0101
E-Mail: info@aboutsage.com
Web Site: www.aboutsage.com

Employees: 35

Agency Specializes In: Advertising, Digital/Interactive, Event Planning & Marketing, Public Relations, Sports Market

Revenue: $5,000,000

David Gorodetski *(Co-Founder, COO & Exec Creative Dir)*
Larry Rosenfeld *(CEO)*
Julie Murphy *(Partner & Sr VP-PR)*
Pava Cohen *(Sr VP-Govt Grp)*
Karen O'Shaughnessy *(VP & Media Dir)*
Bayard Brewin *(VP-Strategic Svcs)*
Brian Kelley *(VP-PR)*
Duyen Truong *(VP-PR)*
Ruth Song *(Dir-Bus Dev & Client Svcs)*
Paige Strott *(Sr Acct Exec)*

Accounts:
Accelera Solutions
Access Youth
Alarm.com
American Systems
AT&T Communications Corp.
The Children's Inn at NIH
D.C. Children & Youth Investment Trust
DC Jazz Festival
Discover.com
Dynamics Research Corporation
Excella Consulting; 2017
Faces of our Children
Federal Trade Commission
Foundation for Women's Cancer
H3 Solutions Marketing Strategy, Media Relations, Messaging, PR, Social Media
Halcyon Integrated Marketing, Social Media
Hortonworks; 2017
HyTrust Marketing Materials, Media & Social Outreach, Public Relations Messaging, Public

AGENCIES - JANUARY, 2019 — ADVERTISING AGENCIES

Sector Markets; 2018
LaserLock Technologies Integrated Marketing, Public Relations
Leadership Greater Washington
ManTech International
The National Cherry Blossom Festival FestivALE
National Institutes of Health
Nuxeo Integrated Communications Strategy; 2018
Overseas Private Investment Corporation
Population Association of America; 2018
S&R Foundation
ScienceLogic (Agency of Record) Public Relations, Social Strategy, Thought Leadership; 2018
Sepio Systems; 2017
Splunk Public Sector Communications; 2017
St. Jude Research Hospital
Talent Curve Brand Awareness, Social Media
Theatre Washington
ThirdEye Gen Inc Media Relations, Trade Show; 2018
Triumph Enterprises; 2017
Vertex Inc Media; 2017

Branches

Brotman Winter Fried Communications
1651 Old Meadow Rd Ste 500, McLean, VA 22102
(See Separate Listing)

Longbottom Communications
1651 Old Meadow Road, McLean, VA 22102
Tel.: (703) 533-1963
E-Mail: penelope@aboutlongbottom.com
Web Site: longbottomcommunications.com

Agency Specializes In: Brand Development & Integration, Collateral, Communications, Corporate Communications, Corporate Identity, Event Planning & Marketing, Internet/Web Design, Magazines, Media Relations, Newspaper, Newspapers & Magazines, Social Media, Web (Banner Ads, Pop-ups, etc.)

Patrick Boyle *(Mng Partner)*
Steven Sands *(Assoc Dir-Creative)*

SAGE COMMUNICATIONS PARTNERS, LLP.
30 S 15th St, Philadelphia, PA 19102
Tel.: (215) 209-3037
Fax: (215) 209-3078
Web Site: www.sage-communications.com

Employees: 10

Agency Specializes In: Social Marketing/Nonprofit

Sharon Gallagher *(Co-Founder & Partner)*
Barbara Beck *(Principal)*
Bridget Kulik *(Sr Strategist-Comm)*

Accounts:
Commerce Bank
The John Templeton Foundation
The National Philanthropic Trust

THE SAGE GROUP
33 Falmouth St, San Francisco, CA 94107
Tel.: (415) 512-8200
E-Mail: info@thesagegroup.com
Web Site: www.thesagegroup.com

Employees: 200
Year Founded: 2003

Agency Specializes In: Advertising, Brand Development & Integration, Content, Copywriting, Digital/Interactive, Email, Event Planning & Marketing, Internet/Web Design, Recruitment, Search Engine Optimization, Social Media

Cara France *(Founder & CEO)*
Chris Yelton *(Pres)*
Alex Grossman *(VP-Brand Mktg & Creative Dir)*
Barbara Caylor *(VP-Bus Dev & Client Mgmt)*
Sandy Minella *(VP-Bus Dev & Client Mgmt)*
Melanie Vest *(VP-Bus Dev & Client Mgmt)*
Kathryn De La Hoya *(Mgr-Partner Mktg-Google Asst)*
Samantha Langlie *(Coord-Creative Project)*

SAGE ISLAND
1638 Military Cutoff Rd, Wilmington, NC 28403
Tel.: (910) 509-7475
Fax: (910) 509-3181
Web Site: https://www.sageisland.com/

Employees: 21

Agency Specializes In: Advertising, Collateral, Email, Graphic Design, Internet/Web Design, Logo & Package Design, Print, Search Engine Optimization, Social Media

Mike Duncan *(CEO & Dir-Creative)*
Kim Lannou *(Production Mgr)*
Matthew Miller *(Sr Designer)*

Accounts:
Dolphin Shores
Fundamentec
Landfall Realty
PolyQuest
SnowSports Industries America
The Surfboard Warehouse
Warehouse Skateboards
Wilmington Dermatology Center

SAGEFROG MARKETING GROUP, LLC
62 E Oakland Ave, Doylestown, PA 18901
Tel.: (215) 230-9024
Fax: (215) 230-9039
E-Mail: info@sagefrog.com
Web Site: www.sagefrog.com

Employees: 50

Agency Specializes In: Advertising, Brand Development & Integration, Collateral, Consulting, Direct Response Marketing, Event Planning & Marketing, Exhibit/Trade Shows, Identity Marketing, Internet/Web Design, Local Marketing, Public Relations, Sales Promotion, Search Engine Optimization, Strategic Planning/Research

Suzanne Morris *(Mng Partner & Head-Creative)*
Mark Schmukler *(Mng Partner)*
Kevin Schluth *(Acct Mgr)*
Matthew Engelson *(Mgr-Digital Mktg)*

Accounts:
Amphibian Ark
Bristol-Myers Squibb
Cornerstone Dental Labs
Dermaviduals USA
Healogix
Novo Nordisk
Particle Sciences Discovery
Penn Pharma Americas; South Wales, UK (Agency of Record)
Penn Pharma CDMO
Pine Run Health Center

SAGEPATH INC.
3500 Lenox Rd Ne Ste 1200, Atlanta, GA 30326
Tel.: (404) 926-0078
Fax: (404) 631-6407
E-Mail: contact@sagepath.com
Web Site: www.sagepath.com

Employees: 72

Year Founded: 1999

Agency Specializes In: Advertising, Media Relations, Mobile Marketing, Social Media

Stan Thompson *(VP-Ops)*
Mike Warin *(Sr Dir-Engagement)*
Bret Gunter *(Dir-Copy)*
Meredith Neel *(Mgr-Engagement)*
Paul Collins *(Chief Experience Officer)*

Accounts:
The Home Depot, Inc.
RaceTrac Petroleum, Inc.
The World of Coca-Cola

SAGMEISTER & WALSH
900 Broadway, New York, NY 10003
Tel.: (212) 647-1789
Fax: (212) 647-1788
E-Mail: info@sagmeister.com
Web Site: www.sagmeisterwalsh.com/

Employees: 20

Agency Specializes In: Advertising, Graphic Design

Jessica Walsh *(Creative Dir)*
Stefan Sagmeister *(Designer)*

Accounts:
EDP Renovaveis S.A.
Institute of Contemporary Art in Philadelphia Campaign: "Now is better"
Parle Agro Appy Fizz, Campaign: "FeelTheFizz", Campaign: "TheFrootiLife", Frooti, Strategic

SAHARA COMMUNICATIONS, INC.
1607 Saint Paul St, Baltimore, MD 21202
Tel.: (410) 576-7245
Fax: (410) 547-8322
E-Mail: info@saharainc.net
Web Site: www.saharainc.net

Employees: 5
Year Founded: 2002

Agency Specializes In: Advertising, E-Commerce, Email, Internet/Web Design, Public Relations

Sandra L. Harley *(Pres & CEO)*

Accounts:
The Journey Home

SAIBOT MEDIA INC.
5455 N Federal Hwy, Boca Raton, FL 33487
Tel.: (877) 724-2686
Toll Free: (877) 724-2686
E-Mail: adam@saibotny.com
Web Site: https://www.saibotmedia.com/

Employees: 12
Year Founded: 1999

Agency Specializes In: Advertising, Advertising Specialties, Affiliate Marketing, Affluent Market, Alternative Advertising, Arts, Automotive, Brand Development & Integration, Business-To-Business, College, Commercial Photography, Computers & Software, Consulting, Consumer Goods, Consumer Marketing, Content, Corporate Communications, Corporate Identity, Cosmetics, Customer Relationship Management, Digital/Interactive, Direct-to-Consumer, E-Commerce, Education, Electronic Media, Electronics, Email, Engineering, Entertainment, Environmental, Fashion/Apparel, Financial, Food Service, Government/Political, Health Care Services, Hospitality, Household Goods, Identity Marketing, Industrial, Integrated Marketing, Internet/Web Design, Legal Services,

ADVERTISING AGENCIES

Leisure, Local Marketing, Luxury Products, Marine, Market Research, Media Buying Services, Media Planning, Media Relations, Media Training, Medical Products, Men's Market, Mobile Marketing, New Product Development, New Technologies, Over-50 Market, Paid Searches, Pets, Pharmaceutical, Planning & Consultation, Public Relations, RSS (Really Simple Syndication), Real Estate, Regional, Restaurant, Retail, Search Engine Optimization, Social Media, Strategic Planning/Research, Syndication, Technical Advertising, Transportation, Travel & Tourism, Tween Market, Urban Market, Viral/Buzz/Word of Mouth, Women's Market, Yellow Pages Advertising

Breakdown of Gross Billings by Media: Internet Adv.: 70%; Worldwide Web Sites: 30%

Accounts:
AtakTrucking.com; NJ Construction Materials; 2007
DiamondBladeDealer.com; NY Concrete Blades, Core Bits, Diamond Blades; 2007
WhichDraft; Montclair, NJ; 2009

SAINT BERNADINE MISSION COMMUNICATIONS INC
228 E Georgia Main Fl, Vancouver, British Columbia V6A 1Z7 Canada
Tel.: (604) 646-0001
E-Mail: info@stbernadine.com
Web Site: www.stbernadine.com

Employees: 50
Year Founded: 2004

Agency Specializes In: Advertising, Broadcast, Corporate Identity, Digital/Interactive, Graphic Design, Internet/Web Design, Package Design, Strategic Planning/Research

David Walker *(Partner & Co-Creative Dir)*
Mike Krafczyk *(Partner)*

Accounts:
Cori Creed
Famoso

SAINT-JACQUES VALLEE TACTIK
1600 boul Rene-Levesque W 10th Fl, Montreal, QC H3H 1P9 Canada
Tel.: (514) 935-6375
Fax: (514) 935-9479
E-Mail: info.svyr@svyr.ca
Web Site: www.yr.com

E-Mail for Key Personnel:
President: louis-eric_vallee@svyr.ca

Employees: 50
Year Founded: 1934

Agency Specializes In: Advertising

Accounts:
Colgate Palmolive; 1993
Danone Inc. Activia, DanActive, Oikos Creations; 1994
Le Club des Petits Dejeuners du Quebec; 1996
LG Electronics
Loto Quebec Campaign: "Anamorphosis"
Molson Canada; 2000
Reno Depto

SALES DEVELOPMENT ASSOCIATES, INC.
1617 Locust St, Saint Louis, MO 63103
Tel.: (314) 862-8828
Fax: (314) 862-8829
Toll Free: (800) 462-6866
E-Mail: patb@sdastl.com
Web Site: www.sdastl.com

Employees: 14
Year Founded: 1989

Agency Specializes In: Advertising, Business-To-Business, Direct Response Marketing, Telemarketing

Patricia Biggerstaff *(Pres)*

Accounts:
ISK BioTech; Memphis, TN; 1990
Varco Pruden Buildings, Inc.; Memphis, TN; 1998

SALESFUEL, INC.
(Formerly Audience Scan)
600 N Cleveland Ave Ste 260, Westerville, OH 43082
Tel.: (614) 794-0500
Fax: (614) 961-3268
Web Site: salesfuel.com

Employees: 25
Year Founded: 2005

Agency Specializes In: Broadcast, Business Publications, Cable T.V., Digital/Interactive, Electronic Media, Local Marketing, Magazines, Mobile Marketing, Newspaper, Newspapers & Magazines, Out-of-Home Media, Outdoor, Radio, Shopper Marketing, Social Media, Sponsorship, T.V., Trade & Consumer Magazines, Web (Banner Ads, Pop-ups, etc.)

C. Lee Smith *(CEO)*
Barry Shawgo *(Sr VP-S/s)*
Beth Frederick *(Mktg Dir)*

Accounts:
AdMall Media Sales Development Application; 2005

SALLY JOHNS DESIGN
1040 Washington St, Raleigh, NC 27605
Tel.: (919) 828-3997
Fax: (919) 828-4999
Toll Free: (866) 501-7957
Web Site: https://www.sallyjohnsdesign.com/

Employees: 5

Agency Specializes In: Advertising, Brand Development & Integration, Broadcast, Digital/Interactive, Graphic Design, Internet/Web Design, Media Planning, Print, Public Relations, Strategic Planning/Research

Sally Johns *(Founder & Creative Dir)*

Accounts:
Rex Healthcare Foundation

SALT LONDON
(Acquired by MullenLowe Group & Name Changed to MullenLowe Salt)

SALTWORKS
PO Box 522023, Salt Lake City, UT 84152
Tel.: (801) 879-4928
Web Site: www.saltworksdigital.com

Year Founded: 2004

Agency Specializes In: Advertising, Brand Development & Integration, Content, Digital/Interactive, Graphic Design, Internet/Web Design, Print, Radio, Search Engine Optimization, Social Media

Doug Burton *(Founder & Exec Creative Dir)*
Sheila Burton *(Partner)*

Accounts:
Granger School of Music

SAM BROWN INC.
303 W Lancaster Ave, Wayne, PA 19087
Tel.: (484) 380-2787
E-Mail: laura@sambrown.com
Web Site: www.sambrown.com

Employees: 15

Agency Specializes In: Advertising, Pharmaceutical

Laura Liotta *(Pres)*
Darrel Kachan *(Sr Writer)*
Jamie Lacey-Moreira *(Team Head-Corp Biotech)*
Kristin Paulina *(Team Head-Healthcare)*

Accounts:
Ascenta Therapeutics
Ception
EnteroMedics Inc
GlaxoSmithKline
MEDA
Together RX Access

SAMANTHA SLAVEN PUBLICITY
8285 W Sunset Blvd 10, West Hollywood, CA 90046-2419
Tel.: (323) 650-5155
Fax: (323) 927-1738
E-Mail: samantha@samanthaslaven.com
Web Site: www.samanthaslaven.com

Employees: 2

Agency Specializes In: Brand Development & Integration, Fashion/Apparel, Media Relations, Product Placement, Production, Public Relations, Strategic Planning/Research

Samantha Slaven *(Owner)*

Accounts:
ABS by Allen Schwartz watches
CannaSmack; 2018
Tsubo Footwear Designers
Valley High; 2018

SAMBA ROCK
1691 Michigan Ave, Miami Beach, FL 33139
Tel.: (305) 672-2436
Web Site: www.sambarockad.com/

Employees: 2
Year Founded: 2015

Agency Specializes In: Above-the-Line, Advertising, Advertising Specialties, Affluent Market, Agriculture, Alternative Advertising, Arts, Automotive, Aviation & Aerospace, Below-the-Line, Bilingual Market, Brand Development & Integration, Branded Entertainment, Business-To-Business, Children's Market, Collateral, College, Commercial Photography, Communications, Computers & Software, Consulting, Consumer Goods, Consumer Marketing, Consumer Publications, Content, Corporate Communications, Corporate Identity, Cosmetics, Custom Publishing, Customer Relationship Management, Digital/Interactive, Direct Response Marketing, Direct-to-Consumer, E-Commerce, Education, Electronic Media, Electronics, Email, Engineering, Entertainment, Environmental, Experience Design, Fashion/Apparel, Financial, Game Integration, Government/Political, Graphic Design, Guerilla Marketing, Health Care Services, High Technology, Hispanic Market, Hospitality, Household Goods, Identity Marketing, In-Store Advertising, Industrial, Infomercials, Integrated Marketing, International,

AGENCIES - JANUARY, 2019 — ADVERTISING AGENCIES

Internet/Web Design, Investor Relations, Legal Services, Leisure, Local Marketing, Logo & Package Design, Magazines, Marine, Market Research, Media Buying Services, Media Planning, Medical Products, Men's Market, Merchandising, Mobile Marketing, Multicultural, Multimedia, New Product Development, New Technologies, Newspaper, Newspapers & Magazines, Out-of-Home Media, Outdoor, Over-50 Market, Package Design, Paid Searches, Pharmaceutical, Planning & Consultation, Point of Purchase, Point of Sale, Print, Production, Production (Ad, Film, Broadcast), Production (Print), Publishing, Real Estate, Recruitment, Regional, Restaurant, Retail, Sales Promotion, Search Engine Optimization, Seniors' Market, Shopper Marketing, Social Marketing/Nonprofit, Sports Market, Stakeholders, Strategic Planning/Research, T.V., Technical Advertising, Teen Market, Trade & Consumer Magazines, Transportation, Travel & Tourism, Tween Market, Urban Market, Viral/Buzz/Word of Mouth, Web (Banner Ads, Pop-ups, etc.), Women's Market

Valter Klug *(Founder & Chief Creative Officer)*

Accounts:
The Little Chalet Restaurant; 2015
Medical App; 2015

SAMPSON/CARNEGIE, CO., INC.
(See Under Creative House Studios)

THE SAN JOSE GROUP
320 Woodley Rd, Winnetka, IL 60093
Tel.: (312) 565-7000
Fax: (312) 565-7500
E-Mail: sanjose@sjadv.com
Web Site: www.thesanjosegroup.com

Employees: 57
Year Founded: 1981

Agency Specializes In: Advertising, Bilingual Market, Brand Development & Integration, Broadcast, Collateral, Communications, Consulting, Consumer Marketing, Corporate Identity, Direct Response Marketing, E-Commerce, Electronic Media, Event Planning & Marketing, Hispanic Market, Internet/Web Design, Logo & Package Design, Planning & Consultation, Public Relations, Retail, Sponsorship, Strategic Planning/Research, Travel & Tourism

Approx. Annual Billings: $58,000,000

George L. San Jose *(Pres & Chief Creative Officer)*
Adriana Escarcega *(Sr Acct Dir)*
Nancy Casales *(Sr Acct Exec-PR)*
Angelica Martinez *(Acct Exec-PR)*

Accounts:
Abbott Laboratories
Abbott Nutrition Glucerna
American Cancer Society
Echo, Inc
Exelon
H&R Block Inc.
Hispanic Christian Churches Association
Hormel Foods Corp. SPAM, Buffalo Salsa Picante, Hormel, Dona Maria Mole, Herdez
HyCite Corporation Royal Prestige
Illinois Bureau of Tourism
MGM Grand
Shire U.S. Intuniv, Vyvanse
Sunovion Pharmaceuticals, Inc Xopenex, Alvesco
Tribeca Flashpoint Media Arts Academy (Agency of Record) Media
United States Cellular Corporation

SANDBOX CHICAGO
(Formerly GA Healthcare Communication)
1 E Wacker Dr 32nd Fl, Chicago, IL 60601-2002
Tel.: (312) 803-1900
Fax: (312) 803-1999
Web Site: www.sandbox.com

Employees: 500
Year Founded: 1982

Agency Specializes In: Health Care Services

Chad Smith *(Mng Dir)*
Ethan Whitehill *(Mng Dir)*
Geoff Melick *(Chief Innovation Officer & Exec VP)*
Mark Goble *(Principal)*
Joseph Kuchta *(Principal)*
Ryan Van Pelt *(Exec VP-Client Svc)*
Chris Gavazzoni *(VP-Creative Svcs)*
Lori Kruger *(Sr Acct Dir)*
Andrea Corless *(Art Dir)*
James Holden *(Creative Dir)*
Nancy Finigan *(Dir)*
Martine Padilla *(Dir-Production)*
Rachel Stelmach *(Assoc Dir-Social Engagement)*
Laura Waters *(Sr Acct Supvr)*
Nicole Brodie *(Acct Supvr)*
Levi Kuhn *(Acct Supvr)*
Sharla Gabriel *(Grp Exec Producer)*
Wendy Hubbert *(Assoc Creative Dir)*
Elizabeth Limeri *(Assoc Creative Dir)*
Brenda Reagan *(Assoc Creative Dir)*
Jason Thompson *(Assoc Creative Dir)*

Accounts:
Baxter
Biomarin
Hospira
iBIO
Merz Pharma
Mylan
Obagi Medical Products
Sakura
Shire HGT
Shire Regenerative Medicine
Upsher-Smith
Valeritas
Vidara

Branches

Sandbox
70 Richmond Street East Main Floor, Toronto, ON M5C 1N8 Canada
Tel.: (416) 862-8181
Fax: (416) 862-9553
Web Site: https://www.sandboxww.com/

Employees: 25
Year Founded: 1993

Agency Specializes In: Advertising

Michel Lang *(VP & Creative Dir)*
Liam Steuart *(Gen Mgr)*

Accounts:
3M
American Express
BSH Home Appliances
Dairy Farmers of Canada
LCBO
Milk
Ministry of Small Business & Entrepreneurship
Molson Coors Canada Campaign: "The Most Interesting Man In The World", Creative, Dos Equis, Heineken, Newcastle Brown, OOH, Radio, Strongbow
Ontario Government
Owens Corning Digital, Social Media
Second Cup (Agency of Record) Retail & Branding
Union Gas
Workopolis

Sandbox
300 Wyandotte 3rd Fl, Kansas City, MO 64105
Tel.: (816) 584-8444
E-Mail: info@sandboxww.com
Web Site: www.sandboxww.com

Agency Specializes In: Advertising, Communications, Event Planning & Marketing, Strategic Planning/Research

Ethan Whitehill *(Mng Dir & Principal)*
Chad Smith *(Mng Dir)*
Steve Spencer *(Sr VP & Exec Creative Dir)*
Angela Potts *(Sr VP & Grp Dir-Client Svc)*
Nicole Turner *(Sr VP & Grp Dir-Client Svcs)*
Sharon Polk *(Sr VP-Acct Svcs)*
Darren Brickel *(Creative Dir)*
Kelly Loganbill *(Acct Dir)*
George Bird *(Dir-In-Store Experience)*
Tim KC Canton *(Dir-Brand Activations & Experiences)*
Kim Praechter *(Dir-Fin Ops)*
Robben Roesler *(Dir-Creative & Design)*
Jessee Swezey *(Asst Mgr-Print Production)*
Nicole Brodie *(Acct Supvr)*
Leah Zlatnik *(Acct Supvr)*
Daniel Cady *(Assoc Creative Dir)*
Amy Dunning *(Assoc Creative Dir)*

Accounts:
New-Elanco Animal Health
New-Monsanto Company

SANDERSWINGO

SANDERSWINGO ADVERTISING, INC.
221 N Kansas Ste 900, El Paso, TX 79901
Tel.: (915) 533-9583
Fax: (915) 533-3601
E-Mail: swresults@sanderswingo.com
Web Site: www.sanderswingo.com

Employees: 38
Year Founded: 1958

National Agency Associations: 4A's-Second Wind Limited

Agency Specializes In: African-American Market, Branded Entertainment, Broadcast, Cable T.V., Collateral, Email, Exhibit/Trade Shows, In-Store Advertising, Local Marketing, Magazines, Mobile Marketing, Multimedia, Newspaper, Newspapers & Magazines, Out-of-Home Media, Outdoor, Point of Purchase, Point of Sale, Print, Production, Production (Print), Radio, Social Media, Sponsorship, T.V., Trade & Consumer Magazines, Web (Banner Ads, Pop-ups, etc.), Yellow Pages Advertising

SandersWingo Advertising, Inc. has built a national reputation for strategic insight and exceptional solutions. Their purpose: unconventional ideas that turn brands into cultural icons. Today's new reality changes every day. Mainstream has become multicultural. Urban culture drives trends and transcends old boundaries of color and geography. They have produced high-resonance campaigns for clients in diverse categories and business sectors. Combining real-world insight with global-caliber business practices, they turn brands into institutions and short-term objectives into long-term accomplishment.

ADVERTISING AGENCIES

Leslie Wingo *(Pres & CEO)*
Robert V. Wingo *(Pres & CEO)*
Kerry Jackson *(Partner & Exec VP)*
Trenzio Turner *(Partner & Exec VP)*
Memo Correa *(Creative Dir)*
Jay Kleine *(Acct Dir)*
Annette Palomino *(Acct Mgr)*

Accounts:
AT&T Communications Corp. Campaign: "Our Song", Campaign: "Stronger"
CINTRA US
El Paso Convention & Visitors Bureau
GECU
KFC
Ocean Alexander

Subsidiary

SANDERSWINGO

SandersWingo
101 W 6Th St, Austin, TX 78701
Tel.: (512) 476-7949
Fax: (512) 476-7950
Web Site: www.sanderswingo.com

Employees: 50
Year Founded: 2001

National Agency Associations: 4A's

Agency Specializes In: Advertising, Sponsorship

Their purpose: Unconventional ideas that turn brands into cultural icons. SandersWingo has built a national reputation for strategic insight and exceptional solutions. Today's new reality changes every day. Mainstream has become multicultural. Urban culture drives trends and transcends old boundaries of color and geography. Sanders/Wingo has produced high-resonance campaigns for clients in diverse categories and business sectors. Combining real-world insight with global-caliber business practices, Sanders/Wingo turns brands into institutions and short-term objectives into long-term accomplishment.

Bob Wingo *(Co-Pres & Co-CEO)*
Leslie Wingo *(Co-Pres & Co-CEO)*
Trenzio Turner *(Partner & Exec VP)*
Scott McAfee *(Partner)*
Daphne Restovic *(Partner)*
Rodney Northern *(Sr VP & Client Svcs Dir)*
DeeDee Camozzi *(VP & Dir-Project Mgmt)*
Rob Story *(Creative Dir)*
Jonathan Overton *(Acct Mgr)*
Loretta Kilby *(Coord-Accts Payable)*

Accounts:
AISD
AT&T Campaign: "Our Song"
GECU
KFC Corporation
Las Palmas Del Sol
Ocean Alexander

SANDIA ADVERTISING
510 N Tejon St, Colorado Springs, CO 80903
Tel.: (719) 473-8900
Web Site: www.sandiaadvertising.com

Employees: 5

Agency Specializes In: Advertising, Collateral, Digital/Interactive, Print, Public Relations, Social Media

Bernard Sandoval *(Pres)*
Stacey Long *(Sr Designer-Creative)*

Accounts:
Flying Horse
Johannes Hunter Jewelers
La Casita Mexican Grill
Lazer TroKar
PepsiCo Inc.
United States Olympic Committee
Wright & McGill Co.

SANDWICH VIDEO
923 E 3rd St Ste 304, Los Angeles, CA 90013
Tel.: (323) 776-9351
E-Mail: inquire@sandwich.co
Web Site: sandwichvideo.com

Agency Specializes In: Advertising, Brand Development & Integration, Broadcast, Digital/Interactive, Graphic Design, Media Buying Services, Production, Search Engine Optimization, Strategic Planning/Research

Adam Lisagor *(Founder)*
Dave Beglin *(Head-Production)*
JP Bolles *(Creative Dir)*
Claude Zeins *(Creative Dir)*
Roxana Altamirano *(Dir-Casting)*
Benjamin Lebeau *(Dir-Crypto)*

Accounts:
New-Briteside
New-Hewlett-Packard Company
New-Stitch Fix
TrueCar

SANDY HULL & ASSOCIATES
1143 Cedar View Dr, Minneapolis, MN 55405
Tel.: (612) 605-3966
Fax: (612) 605-0603
Toll Free: (866) 656-8103
Web Site: www.sandyhull.com

Employees: 10

Agency Specializes In: Advertising, Business-To-Business, Computers & Software, Consumer Marketing, Corporate Identity, Digital/Interactive, Direct Response Marketing, Direct-to-Consumer, E-Commerce, Education, Email, Engineering, Environmental, Faith Based, Graphic Design, Guerilla Marketing, Health Care Services, Identity Marketing, Industrial, Information Technology, Integrated Marketing, Internet/Web Design, Local Marketing, Logo & Package Design, Marine, Market Research, Medical Products, Mobile Marketing, Over-50 Market, Paid Searches, Print, Production (Print), RSS (Really Simple Syndication), Regional, Seniors' Market, Social Marketing/Nonprofit, Social Media, Sponsorship, Web (Banner Ads, Pop-ups, etc.), Women's Market, Yellow Pages Advertising

Approx. Annual Billings: $250,000

Breakdown of Gross Billings by Media: Collateral: 50%; Fees: 50%

Sandra Hull *(Principal & Strategist-Mktg)*

Accounts:
Dolphin Journeys; Kona, HI Tourism
Foundation of International Freedom; Houston, TX Educational Services
Teleprovision; Minneapolis, MN Telecommunications

SANGAM & ASSOCIATES
3435 Wilshire Blvd Ste 2880, Los Angeles, CA 90010
Tel.: (213) 252-6320
Fax: (213) 252-9055
E-Mail: info@sang-am.com
Web Site: www.sang-am.com

Employees: 15
Year Founded: 1995

Agency Specializes In: Asian Market

Jamie Lee *(VP)*

Accounts:
Asiana Airlines; Seoul, Korea Airlines Travel; 1994
DAE SANG; Seoul, Korea Food Products
Hanmi Bank

SANGER & EBY
501 Chestnut St, Cincinnati, OH 45203
Tel.: (513) 784-9046
Web Site: www.sangereby.com

Employees: 16
Year Founded: 1988

Agency Specializes In: Advertising, Brand Development & Integration, Consulting, Content, Corporate Identity, Digital/Interactive, Graphic Design, Identity Marketing, Internet/Web Design, Logo & Package Design, Print, Social Media, Strategic Planning/Research

Kat Jenkins *(VP-Strategic Plng)*

Accounts:
21st Century Fox App Development, Employer Branding, Mobile, Recruiting
Clark State Community College Brand Positioning, Education Marketing, Enrollment Campaign
Macy's Inc. App Development, Mobile, Recruitment

SANITAS INTERNATIONAL INC
1629 K St NW Ste 300, Washington, DC 20006
Tel.: (202) 446-1650
E-Mail: info@sanitasint.com
Web Site: www.sanitasint.com

Employees: 10

Agency Specializes In: Communications, Digital/Interactive, Government/Political, International, Social Media, Strategic Planning/Research

Christopher Harvin *(Partner)*

Accounts:
New-Ministry of Tourism of The Republic of Bulgaria

SANTY INTEGRATED
8370 E Via de Ventura Ste K-100, Scottsdale, AZ 85258
Toll Free: (888) 679-3685
E-Mail: dsanty@santy.com
Web Site: www.santy.com

Employees: 50

Agency Specializes In: Brand Development & Integration, Sponsorship

Dan Santy *(Pres & CEO)*
Adam Pierno *(Chief Strategy Officer)*
Sagar Patel *(Chief Digital Officer)*

AGENCIES - JANUARY, 2019 — ADVERTISING AGENCIES

Maria Dillon *(Client Svcs Dir)*
Kati Spencer *(Dir-Bus Dev)*
Hallie Wright *(Assoc Dir-Strategy)*
Amanda Hausman *(Acct Supvr)*
Greg Sexton *(Acct Supvr-PR)*
Sara Sturges *(Acct Exec-PR)*

Accounts:
Cactus Bowl Media Buying, Media Planning, Planning, Strategic Consultation
Calbee North America Harvest Snaps
Carefree RV Resorts
Catholic Education Arizona
China Mist Iced Tea (Agency of Record) Content Strategy, Creative, Digital Marketing, Public Relations, Social Media
Delta Air Lines, Inc. Social Listening
Ezaki Glico Campaign: "Share to Care Challenge", Pocky
Fiesta Bowl Media Buying, Media Planning, Planning, Strategic Consultation
Health Guard
Hospice of the Valley
Northrop Grumman
Paradise Bakery & Cafe
Pei Wei Asian Dinner
Peter Piper, Inc.
Philosophy
Pizza Properties
Real Mex Restaurants, Inc. Brand Strategy, Chevy's Fresh Mex (Agency of Record), Digital, El Torito (Agency of Record), Media Buying, Media Planning, Mobile Media, Social Media Advertising, TV, Traditional Print Media
Southwest Pizza

S+L Communications
(Formerly Schneider+Levine PR+Communications)
1700 Sawtelle Blvd Ste 111, Los Angeles, CA 90025
(See Separate Listing)

SAPIENT CONSULTING
(Formerly SapientNitro USA, Inc.)
375 Hudson St Fl 6, New York, NY 10014
Tel.: (212) 560-5700
Fax: (212) 560-5701
E-Mail: info@sapient.com
Web Site: www.sapientconsulting.com

E-Mail for Key Personnel:
Creative Dir.: douglas.spitzer@sapientnitro.com

Employees: 300
Year Founded: 1998

National Agency Associations: 4A's

Agency Specializes In: Advertising Specialties, Broadcast, Cable T.V., Children's Market, Co-op Advertising, Consumer Marketing, Consumer Publications, Event Planning & Marketing, Fashion/Apparel, Leisure, Logo & Package Design, Magazines, Media Buying Services, Merchandising, Newspaper, Newspapers & Magazines, Out-of-Home Media, Outdoor, Planning & Consultation, Print, Production, Radio, Retail, Sponsorship, Sports Market, T.V.

Tony Terranova *(Dir-Partner & Product Mktg)*
Neil Dawson *(Chief Strategy Officer-Europe)*
Arun Karur *(Grp VP & Head-Product Solutions & Microsoft Alliance Partner)*
Zachary Jean Paradis *(Grp VP & Head-Experience Strategy & Customer Experience Practice)*
Stevie Dove *(VP-Social & Content Mktg)*
Laura McDaniel *(VP-Mktg Strategy & Analysis)*
Ivette Alonso *(Sr Dir-Strategy & Analysis)*
Philip Scali *(Mgr-Digital Bus Consulting)*
Jenny Garcia *(Sr Assoc-Interactive Program Mgmt)*
Maria Molina *(Sr Assoc-Media)*
Scott Wolinsky *(Assoc Media Dir)*

Accounts:
Activision Publishing, Inc.; Santa Monica, CA Call of Duty, Digital Marketing Strategy, Modern Warfare 3, Skylanders Spyro's Adventure
ADT Digital Marketing, online
Bacardi Limited Broadcast, Campaign: "Fly Beyond", Digital, Grey Goose (Social Agency of Record), Print
Bertucci's Corporation Bertucci's Brick Oven Pizzeria
Borgata Hotel Casino & Spa
Box Brew Kits
Burger King Holdings Inc.
Chrysler Group LLC (Agency of Record) Chrysler, Dodge, Interactive Duties, Jeep, Online Advertising, Ram Truck, Site Design & Development
Citigroup Inc.
Citizens Bank Online
Coca-Cola Refreshments USA, Inc. 2012 London Olympics Sponsorship, Campaign: "Vitaminwater Uncapped", Powerade
Conagra
Dove
Dunkin' Donuts "Digital Menu Board"
Fiat Chrysler Automobiles
Foot Locker, Inc. Campaign: "Foot Locker Art Prize"
Halo, Purely for Pets
Hyatt
Invista Lycra
Kids Foot Locker; New York, NY Active Wear; 1998
Lady Foot Locker; New York, NY Active Wear; 1998
LeBron James
Mars, Inc. Interactive, Internet
Metlife Campaign: "MetLife Central"
Metropolitan Life Metlifecentral
New Balance Campaign: "In-store Digital Sales Experience"
Nike
Project Rockit Campaign: "Earphone Bully"
Rolling Stone
Singapore Airlines
Sprint Sprint.com
Sunglass Hut
Tiny Docs
Unilever
Vail Resorts Epic Discovery, EpicMix 2011, EpicMix Season 2
Vodafone

Branches

Campfire
40 Fulton St Fl 2, New York, NY 10038
(See Separate Listing)

The Community
6400 Biscayne Blvd, Miami, FL 33138
(See Separate Listing)

Sapient Consulting
(Formerly SapientNitro Atlanta)
500 North Park Town Center 1100 AbernathyRd NE, Atlanta, GA 30328
Tel.: (770) 407-3400
Fax: (770) 407-3401
Web Site: www.sapientconsulting.com

Employees: 120

Bill Pauls *(Grp VP & Exec Creative Dir)*
David Hewitt *(Grp VP)*
Katherine Parsons *(Sr Mgr-Global Mktg & Consumer Strategy)*

Accounts:
Coca-Cola
The End It Movement Campaign: "Trafficking In Traffic"
First Data Corporation (Agency of Record) Brand Identity
Fisher Island Campaign: "The Island Immersion Room ", Campaign: "The Palazzo del Sol Experience"
Whole Foods

Sapient Consulting
(Formerly SapientNitro)
158 Cecil St 03-01, Singapore, 069545 Singapore
Tel.: (65) 6671 4933
Fax: (65) 6225 7025
Web Site: www.sapientconsulting.com

Employees: 50

Agency Specializes In: Advertising, Digital/Interactive

Accounts:
Asia Pacific Breweries Singapore Desperados
GlaxoSmithKline Panadol-Global Digital Agency of Record
Paddle Pop Ice Cream

Second Story, Inc.
1330 Nw 14Th Ave, POrtland, OR 97209
Tel.: (503) 827-7155
E-Mail: info@secondstory.com
Web Site: www.secondstory.com

Employees: 30

Agency Specializes In: Advertising, Internet/Web Design

Keri Elmsly *(Chief Creative Officer)*
Emily Fridman *(VP & Head-Bus)*
Chris DeWan *(Dir-Design)*
Benjamin Gray *(Sr Designer-Environmental)*

Accounts:
AIGA
Occidental College
Whole Foods Digital

SAPUTO DESIGN, INC.
870 Hampshire Rd Ste D, Westlake Village, CA 91361
Tel.: (805) 494-1847
Fax: (805) 777-9101
E-Mail: info@saputodesign.com
Web Site: www.saputodesign.com

Employees: 10
Year Founded: 1998

Agency Specializes In: Automotive, Catalogs, Corporate Communications, Graphic Design, Health Care Services, Hospitality, In-Store Advertising, Logo & Package Design, Medical Products, Package Design, Point of Purchase, Point of Sale, Print, Travel & Tourism

Thomas Saputo *(Pres & Exec Creative Dir)*

Accounts:
Amgen, Inc.; Thousand Oaks, CA
Pleasant Holidays, LLC; Thousand Oaks, CA

SARKISSIAN PARTNERS
110 E 25th St, New York, NY 10010
Tel.: (917) 432-4078
Fax: (212) 625-8211
E-Mail: info@sarkissianpartners.com
Web Site: www.sarkissianpartners.com

Employees: 20
Year Founded: 1999

ADVERTISING AGENCIES

Agency Specializes In: Branded Entertainment, Digital/Interactive, E-Commerce, Electronic Media, Game Integration, Graphic Design, Internet/Web Design, Print, Production (Ad, Film, Broadcast), Strategic Planning/Research, T.V.

Approx. Annual Billings: $3,000,000

Rachael Pierson *(Acct Exec & Producer)*
Alex Shrage *(Sr Counsel)*

Accounts:
Boeing
Bose
Champion Enterprises Holdings, LLC
Classic BMW
Dedon Blades of Grass
Ferragamo
HBO
Lego
Lexus
Mazda
Mazda Interactive Tours
Mazda6
Nike Mash Up
Revlon
Target
Venetian Hotels

SASQUATCH
911 NE Davis St, Portland, OR 97232
Tel.: (503) 222-2346
Fax: (503) 222-2492
E-Mail: kenc@sasquatchagency.com
Web Site: www.sasquatchagency.com

Employees: 12
Year Founded: 1996

National Agency Associations: AMIN

Agency Specializes In: Above-the-Line, Advertising, Affluent Market, Alternative Advertising, Brand Development & Integration, Broadcast, Business-To-Business, Cable T.V., Catalogs, Collateral, Communications, Consulting, Consumer Goods, Consumer Marketing, Consumer Publications, Corporate Identity, Crisis Communications, Digital/Interactive, Electronic Media, Entertainment, Environmental, Fashion/Apparel, Financial, Graphic Design, Guerilla Marketing, Hospitality, Identity Marketing, Integrated Marketing, International, Internet/Web Design, Legal Services, Leisure, Logo & Package Design, Luxury Products, Magazines, Media Buying Services, Media Planning, Media Relations, Men's Market, Multimedia, Newspaper, Newspapers & Magazines, Out-of-Home Media, Outdoor, Package Design, Paid Searches, Planning & Consultation, Point of Purchase, Point of Sale, Print, Production, Production (Print), Public Relations, Radio, Real Estate, Social Marketing/Nonprofit, Social Media, Sports Market, Strategic Planning/Research, Trade & Consumer Magazines, Transportation, Travel & Tourism, Viral/Buzz/Word of Mouth, Web (Banner Ads, Pop-ups, etc.), Women's Market

Approx. Annual Billings: $6,500,000

Breakdown of Gross Billings by Media: Brdcst.: 12%; Cable T.V.: 15%; Collateral: 10%; Graphic Design: 10%; Internet Adv.: 8%; Logo & Package Design: 5%; Mags.: 25%; Newsp.: 10%; Outdoor: 5%

Ken Chitwood *(CEO)*
Mike Smith *(Partner)*
Wes Barnhart *(Grp Acct Dir)*
Nick Greener *(Grp Acct Dir)*
Jack Chitwood *(Dir-Tech)*
Danny Pettey *(Dir-PR)*
Katie Grimshaw Jagla *(Acct Exec)*

Sandi McGrogan *(Designer)*
Sean Haggerty *(Grp Creative Dir)*

Accounts:
Gerber Legendary Blades; Portland, OR Outdoor Gear; 2008
GSI Outdoors; Spokane, WA Sporting Goods; 2008
Heathman Lodge; Vancouver, WA Hotel; 1997
Original S.W.A.T. Footwear; Modesto, CA Law Enforcement/Military Footwear; 2005
River Rock Casino; Geyserville, CA Resort & Casino; 2007
Skammania Lodge; Stevenson, WA Resort; 2005
White Sierra; San Jose, CA Outerwear, Clothing; 2009
Wiley X Sunglasses; Livermore, CA Eyewear; 2006

SATO CONSULTANTS
27 Old Gloucester St, London, WC1N 3AX United Kingdom
Tel.: (44) 2071938870
E-Mail: info@satoconsultants.com
Web Site: http://1-connect.wixsite.com/sato

Employees: 20
Year Founded: 2011

Agency Specializes In: Business Publications, Consumer Publications, Custom Publishing, Email, Exhibit/Trade Shows, Magazines, Newspaper, Newspapers & Magazines, Publishing, T.V., Trade & Consumer Magazines

Accounts:
ING Bank
Ritz Carlton

SATURDAY BRAND COMMUNICATIONS
1310 S Tryon St Ste 110, Charlotte, NC 28203
Tel.: (704) 919-0034
E-Mail: info@heysaturday.com
Web Site: www.heysaturday.com

Employees: 15

Agency Specializes In: Advertising, Brand Development & Integration, Digital/Interactive, Internet/Web Design, Media Buying Services, Public Relations, Publicity/Promotions, Search Engine Optimization, Social Media, Strategic Planning/Research

Lauren Supron *(Jr Copywriter)*

Accounts:
NoDa Brewing Company

SATURDAY MFG INC.
1717 Ingersoll Ave Bay 121, Des Moines, IA 50309
Tel.: (515) 440-0014
Web Site: www.saturdaymfg.com

Employees: 3
Year Founded: 2009

Agency Specializes In: Advertising, Brand Development & Integration, Collateral, Corporate Identity, Print

Brian Sauer *(Owner)*

Accounts:
Thelmas Treats

SAVAGE INITIATIVE
3502 Windsor Rd, Wall Township, NJ 07719
Tel.: (732) 280-6912
Fax: (732) 280-6913
E-Mail: info@savageinitiative.com

Web Site: www.savageinitiative.com

Employees: 1
Year Founded: 1997

Agency Specializes In: Advertising

Approx. Annual Billings: $150,000

Accounts:
CoilWorld Magazine
The Lifestyle Company
Permeable Technologies Inc.

SAVAGE SOLUTIONS, LLC
4118 W Minnesota Ct, Franklin, WI 53132
Tel.: (414) 732-4946
Fax: (414) 423-0678
E-Mail: csavage@savage-solutions.com
Web Site: www.savagesolutionsllc.com

E-Mail for Key Personnel:
President: csavage@savage-solutions.com
Creative Dir.: jhiggins@savage-solutions.com
Public Relations: ksavage@savage-solutions.com

Employees: 6
Year Founded: 2005

National Agency Associations: PRSA

Agency Specializes In: Advertising, Brand Development & Integration, Co-op Advertising, Collateral, Computers & Software, Consulting, Consumer Goods, Consumer Marketing, Corporate Communications, Crisis Communications, Custom Publishing, Digital/Interactive, Direct Response Marketing, Direct-to-Consumer, E-Commerce, Electronic Media, Email, Graphic Design, Guerilla Marketing, Health Care Services, In-Store Advertising, Integrated Marketing, Local Marketing, Magazines, Media Buying Services, Media Planning, Media Relations, Media Training, Mobile Marketing, Multimedia, New Product Development, New Technologies, Newspaper, Newspapers & Magazines, Out-of-Home Media, Outdoor, Package Design, Point of Purchase, Point of Sale, Print, Product Placement, Production, Production (Ad, Film, Broadcast), Production (Print), Promotions, Public Relations, Publicity/Promotions, Publishing, Radio, Retail, Sports Market, T.V., Transportation, Web (Banner Ads, Pop-ups, etc.)

Approx. Annual Billings: $500,000

Cory C. Savage *(Partner & CEO)*
Michael Farrell *(Designer-Web)*
Mark Hungsberg *(Sr Art Dir)*

Accounts:
RipRoad; New York, NY; 2008

THE SAWTOOTH GROUP
25 Bridge Ave Ste 203, Red Bank, NJ 07701
Tel.: (732) 945-1004
E-Mail: info@sawtoothgroup.com
Web Site: https://www.sawtoothgroup.com/

E-Mail for Key Personnel:
Creative Dir.: kbridges@sawtoothgroup.com

Employees: 75
Year Founded: 1988

Agency Specializes In: Advertising, Brand Development & Integration, Broadcast, Cable T.V., College, Consumer Goods, Consumer Marketing, Consumer Publications, Digital/Interactive, Education, Experience Design, Financial, Food Service, Health Care Services, Hospitality, Integrated Marketing, Leisure, Magazines, Media Planning, Newspaper, Newspapers & Magazines, Out-of-Home Media, Outdoor, Pets , Planning & Consultation, Print, Production, Production (Ad, Film, Broadcast), Production (Print), Radio, Real Estate, Search Engine Optimization, Social Marketing/Nonprofit, Social Media, Sponsorship, Strategic Planning/Research, T.V., Trade & Consumer Magazines, Travel & Tourism, Women's Market

Sawtooth Group believes that to discover the truth and genuinely connect with consumers, they must literally become the consumers. That's why they immerse themselves in your brand. It's the Sawtooth Way.

Approx. Annual Billings: $150,000,000

Kristi Bridges *(Pres & Chief Creative Officer)*
Jay Quilty *(Partner-Client Svc)*
Anne-Marie Connors *(Controller)*
Rebecca Mencel *(Dir-Digital Media)*
Arlene Decker *(Mgr-A&P)*
Lauren Mondoro *(Supvr-Media)*
Jamie Baldanza *(Assoc Creative Dir)*
Jennifer Mulligan *(Assoc Media Dir)*

Accounts:
Beech-Nut
Continuum Cancer Centers of New York
The Dwelling Place of New York
Freixenet
Lawry's
Lunch Break (Agency of Record) Digital, Social Media, Video
McCormick & Company, Inc
Old Bay
PNC
Potatopia (Agency of Record) Creative, Media Buying
Rewind
Sands Casino Resort (Agency of Record) Creative
Signature Brands
Thai Kitchen

Division

Sawtooth Health
100 Woodbridge Ctr Dr Ste 102, Woodbridge, NJ 07095
Tel.: (732) 636-6600
Fax: (732) 602-4212
Web Site: https://www.sawtoothgroup.com/

Employees: 51
Year Founded: 2007

Kristi Bridges *(Pres & Chief Creative Officer)*
Allison Gibbons *(Mgr)*

Accounts:
1-800-DOCTORS
Beach Nut
Coldwell Banker
Horizon
Lawrys
McCormick
PNC
Willow Stream

SAWYER STUDIOS INC.
36 W 25th St 12th Fl, New York, NY 10010
Tel.: (212) 645-4455
E-Mail: info@asawyer.com
Web Site: https://sawyer-studios.com

Employees: 50

Agency Specializes In: Advertising, Digital/Interactive, Internet/Web Design, Media Planning, Print, Public Relations, Social Media

Zachary Soreff *(Pres)*
Adam Paulen *(Acct Supvr)*

Accounts:
Drafthouse Films
Focus Features
HBO
Magnolia Pictures
Vimeo

SAY IT LOUD
1121 N Mills Ave, Orlando, FL 32803
Tel.: (407) 898-7299
E-Mail: 411@sayitloud.us
Web Site: www.sayitloud.us

Employees: 10

Agency Specializes In: Advertising, Brand Development & Integration

Troy Branson *(Acct Svcs Dir)*
Cortney Smith *(Acct Exec)*

Accounts:
UCF Tv

SAYLES & WINNIKOFF COMMUNICATIONS
1201 Broadway Ste 904, New York, NY 10001
Tel.: (212) 725-5200
Fax: (212) 679-7368
E-Mail: info@sayleswinnikoff.com
Web Site: www.sayleswinnikoff.com

Employees: 10
Year Founded: 2003

Agency Specializes In: Advertising, Public Relations

Carina Sayles *(Co-Founder & CEO)*
Alan Winnikoff *(Owner)*
Lulu Cohen *(VP)*

Accounts:
Dimensional Branding Group
Glynwood Center
Igloo Diamonds
Koobli
Mental Health Association of NYC
National Engineer's Week Foundation
RIOT Media
Sonar Entertainment Television Programming; 2008

SBC
333 W Nationwide Blvd, Columbus, OH 43215
Tel.: (614) 255-6522
Fax: (614) 255-2600
Web Site: www.sbcadvertising.com

E-Mail for Key Personnel:
President: ddennis@sbcadvertising.com
Creative Dir.: nwiderschein@sbcadvertising.com
Media Dir.: phnidka@sbcadvertising.com

Employees: 130
Year Founded: 1969

National Agency Associations: PRSA

Agency Specializes In: Advertising, Advertising Specialties, African-American Market, Automotive, Bilingual Market, Brand Development & Integration, Broadcast, Business Publications, Business-To-Business, Cable T.V., Catalogs, Children's Market, Co-op Advertising, Collateral, College, Communications, Computers & Software, Consulting, Consumer Goods, Consumer Marketing, Consumer Publications, Corporate Communications, Corporate Identity, Digital/Interactive, Direct Response Marketing, Direct-to-Consumer, E-Commerce, Education, Electronic Media, Electronics, Email, Event Planning & Marketing, Exhibit/Trade Shows, Experience Design, Experiential Marketing, Fashion/Apparel, Financial, Food Service, Game Integration, Graphic Design, Health Care Services, High Technology, Hispanic Market, Household Goods, In-Store Advertising, Industrial, Information Technology, Integrated Marketing, Internet/Web Design, Investor Relations, Local Marketing, Logo & Package Design, Magazines, Media Buying Services, Media Planning, Medical Products, Men's Market, Merchandising, Mobile Marketing, Multicultural, Multimedia, New Product Development, New Technologies, Newspaper, Newspapers & Magazines, Out-of-Home Media, Outdoor, Over-50 Market, Paid Searches, Pets , Planning & Consultation, Point of Purchase, Point of Sale, Print, Product Placement, Production, Production (Ad, Film, Broadcast), Production (Print), Programmatic, Promotions, Public Relations, Radio, Restaurant, Retail, Sales Promotion, Search Engine Optimization, Seniors' Market, Shopper Marketing, Social Marketing/Nonprofit, Social Media, Sponsorship, Strategic Planning/Research, Sweepstakes, T.V., Trade & Consumer Magazines, Viral/Buzz/Word of Mouth, Web (Banner Ads, Pop-ups, etc.), Women's Market

Approx. Annual Billings: $100,000,000

Jim Livecchi *(Chief Strategy Officer & Exec VP)*
Jim White *(Sr VP & Media Dir)*
Andy Knight *(Creative Dir)*
Jessica Rowland *(Acct Supvr)*
Kelly DeNiro *(Sr Acct Exec)*

Accounts:
AAA (Agency of Record) AAA Ohio, Creative, Digital, Media Buying, Media Planning; 2005
Abrasive Technology (Agency of Record) B2B, Creative, Print; 2009
Bed, Bath & Beyond (Agency of Record) Creative, Digital, Media Buying, Media Planning, Print; 2006
Bruegger's Bagels (Agency of Record) Creative, Digital, Media Buying, Media Planning, Merchandising, Social Media; 2013
BuyBuy Baby (Agency of Record) Creative, Digital, Print; 2009
Christmas Tree Shops and That! Creative, Digital, Print; 2012
Face Values (Agency of Record) Creative, Digital, Print; 2012
Fazoli's (Agency of Record) Creative, Digital, Media Buying, Media Planning, Public Relations, Social Media; 2015
FirstEnergy B2B, Creative, Digital, Print; 2015
For Eyes (Agency of Record) Creative, Digital, Media Buying, Media Planning, Social Media; 2016
Fred's Pharmacy (Agency of Record) Creative, Digital, Media Buying, Media Planning; 2016
Georgia Boots Digital, Media Buying, Media Planning; 2016
Hondros College (Agency of Record) Creative, Digital, Media Buying, Media Planning, School of Nursing; 2014
The Melting Pot (Agency of Record) Creative, Digital, Media Buying, Media Planning; 2015
North American B2B, Creative, Print; 2002
Ohio Tuition Trust Authority (Agency of Record) College Advantage 529 Plan, Creative, Digital, Media Buying, Media Planning, Public Relations,

ADVERTISING AGENCIES

Soical Media; 2010
Sleep Outifters (Agency of Record) Creative, Digital, Grand Openings, Media Buying, Media Planning; 2017
Sysmex (Agency of Record) B2B, Branding, Creative, Digital, Media Buying, Media Planning; 2013
Tyco Fire & Building Products Public Relations; 2006
Ultimate Software (Agency of Record) B2B, Creative, Digital, Media Buying, Media Planning; 2001

SCALES ADVERTISING
2303 Wycliff St, Saint Paul, MN 55114
Tel.: (651) 641-0226
Fax: (651) 641-1031
E-Mail: general@scalesadvertising.com
Web Site: www.scalesadvertising.com

Employees: 63
Year Founded: 1972

Agency Specializes In: Advertising, Catalogs, Corporate Identity, Direct Response Marketing, Package Design, Point of Purchase, Trade & Consumer Magazines

Megan Reiner *(Creative Dir & Art Dir)*
Duane Dickhaus *(Creative Dir)*
Anna Carruthers *(Dir-HR)*
John Dyrhaug *(Dir-Creative)*
Jill Gapinski *(Dir-HR & Acctg Mgr)*

Accounts:
3M Fire Protection
Capital Safety
C.H. Robinson
Cuddeback
EcoXpress Couriers Courier Services
Hayward Pool Products
KettlePizza, LLC (Advertising & Branding Agency of Record)
Rage Broadheads Archery & Hunting Broadheads Mfr
Wagner SprayTech
Yeti Coolers

SCARECROW COMMUNICATIONS LTD
(Acquired by M&C Saatchi plc & Name Changed to Scarecrow M&C Saatchi)

SCARLETT
575 Lexington Ave Fl 22, New York, NY 10022
Tel.: (212) 371-5333
Web Site: www.scarlettny.tv/

Employees: 10
Year Founded: 2010

Agency Specializes In: Brand Development & Integration, Luxury Products

Wendy Brovetto *(Mng Dir & Exec Producer)*

Accounts:
Arm & Hammer
Johny Walker
La Perla
L'Oreal Garnier Whole Blends
Pantene
Siemens
Tag Heuer

SCATENA DANIELS COMMUNICATIONS, INC.
2165 San Diego Ave, San Diego, CA 92110
Tel.: (619) 232-0222
Fax: (619) 501-9758
E-Mail: info@scatenadaniels.com

Web Site: www.scatenadaniels.com

Employees: 7

Agency Specializes In: Advertising, Communications, Event Planning & Marketing, Media Relations, Public Relations, Social Media

Arika Daniels *(Co-Founder & Partner)*
Denise Scatena *(Co-Founder & Partner)*
Suzy Garcia *(Dir-PR)*
Ann Marie Price *(Acct Exec)*

Accounts:
Biocom Institute Festival of Science & Engineering
Braille Institute
Coastal Animal Hospital Advanced Veterinary Technology, House Call Services, Modern Medicine
Community HousingWorks Brand Message Development, Media Outreach
Cranial Technologies Medical Services
Elizabethan Desserts; Encinitas, CA Media Relations, Social Media
Home of Guiding Hands (Public Relations Agency of Record) Community Outreach, Media Relations
Home Start, Inc.
I Love A Clean San Diego
Mama's Kitchen Charitable Organization, Strategy
Marshall Faulk Foundation Training Services
National Comedy Theatre Media Relations, Social Media Outreach Strategy
Old Town Chamber of Commerce
Planned Parenthood of the Pacific Southwest Strategic Leadership
Promises2Kids (Public Relations Agency of Record) Community Outreach, Media Relations
San Diego Festival of Science & Engineering (Public Relations Agency of Record) BIOCOM, Community Outreach, Media Relations
The San Diego REPertory Theatre Entertainment Services
San Diego State University School of Journalism & Media Studies
The School for Entrepreneurship & Technology
SecondWave Recycling
Susan G. Komen San Diego (Public Relations Agency of Record) Media Relations
Terranodo
West Health

SCENARIODNA
41 E 11th St, New York, NY 10003
Tel.: (917) 364-9742
E-Mail: marielena@scenariodna.com
Web Site: www.scenariodna.com

Employees: 15
Year Founded: 2001

Agency Specializes In: Brand Development & Integration, Branded Entertainment, College, Communications, Consulting, Consumer Goods, Consumer Marketing, Fashion/Apparel, Integrated Marketing, Leisure, Luxury Products, Market Research, New Technologies, Planning & Consultation, Strategic Planning/Research

Tim Stock *(Co-Founder & Mng Partner)*
Marie Lena Tupot *(Partner)*

Accounts:
American Greetings; 2006
Mercedes Benz
MillerCoors
Nestle
Toyota
Unilever

SCG ADVERTISING & PUBLIC RELATIONS
(Formerly Success Communications Group)
131 Kings Hwy E Fl 2, Haddonfield, NJ 08033
Tel.: (856) 795-7391
Fax: (856) 795-7397
Web Site: scgadv.com/

Employees: 40
Year Founded: 1990

Agency Specializes In: Recruitment

Approx. Annual Billings: $30,000,000

Breakdown of Gross Billings by Media: Internet Adv.: 35%; Newsp.: 60%; Other: 5%

Tom Marguccio *(VP & Creative Dir-Success Adv & SL3 Grp)*
Kurt Praschak *(VP-PR)*
Donna Zolla *(Acct Dir)*
Mike Mangan *(Dir-Bus Dev)*
Regina Liu *(Sr Acct Mgr & Strategist-Digital)*
Pietrina Girimonte *(Sr Acct Mgr)*
Chris Krautheim *(Acct Mgr)*
Russ Zaborowski *(Assoc Creative Dir)*

Accounts:
AstraZeneca
Deloitte
Pizza Hut

Branches

SCG Advertising & Public Relations
(Formerly Success Communications Group)
1545 Hotel Circle S Ste 145, San Diego, CA 92108
Tel.: (619) 299-3858
Fax: (619) 299-3118
Toll Free: (800) 557-8904
E-Mail: mbeere@scgadv.com
Web Site: http://scgadv.com/

Employees: 75

Michele Beere *(VP)*

SCG Advertising & Public Relations
(Formerly Success Advertising)
575 8th Ave, New York, NY 10018
Tel.: (212) 244-8811
Fax: (973) 597-5125
E-Mail: jdiamant@successcomgroup.com
Web Site: http://scgadv.com/

Employees: 7

Agency Specializes In: Recruitment

Michael Cherenson *(Exec VP)*
Joe Diamant *(VP)*
Donna Zolla *(Acct Dir)*

SCHAEFER ADVERTISING CO.
1228 S Adams St, Fort Worth, TX 76104
Tel.: (817) 226-4332
Fax: (817) 860-2004
E-Mail: info@schaeferadvertising.com
Web Site: www.schaeferadvertising.com

Employees: 11
Year Founded: 1985

National Agency Associations: AAF-AMA-PRSA

Agency Specializes In: Advertising, Brand Development & Integration, Broadcast, Business-To-Business, Cable T.V., Co-op Advertising, Collateral, Commercial Photography, Consumer Marketing, Consumer Publications, Corporate Identity, Cosmetics, Direct Response Marketing,

AGENCIES - JANUARY, 2019 — ADVERTISING AGENCIES

Electronic Media, Exhibit/Trade Shows, Health Care Services, Internet/Web Design, Legal Services, Logo & Package Design, Magazines, Medical Products, Newspaper, Newspapers & Magazines, Out-of-Home Media, Outdoor, Pharmaceutical, Planning & Consultation, Point of Purchase, Point of Sale, Print, Production, Public Relations, Publicity/Promotions, Radio, Recruitment, Restaurant, Retail, Sales Promotion, Strategic Planning/Research, T.V., Teen Market, Trade & Consumer Magazines, Transportation

Approx. Annual Billings: $11,000,000

Ken Schaefer *(Owner & Pres)*
Sara Hull *(Exec VP-Acct Strategy & Client Dev)*
Kim McRee *(VP-Acct Svc)*
Blair Babineaux *(Art Dir)*
Charlie Howlett *(Creative Dir)*
Katherine Garner *(Acct Mgr)*
Jackie Medling *(Production Mgr)*
Debbie Carrell *(Mgr-Acctg)*
Morgan Staral *(Coord-Digital)*

Accounts:
The Coffee Bean & Tea Leaf
Emcare
Frame Saver
JPS Health Network Health System; 2003
Lone Star Film Society (Agency of Record)
Pegasus Logistics
Rental One
Supply Depot

SCHAEFER MEDIA & MARKETING
1659 Central Ave Ste 201, Albany, NY 12205
Tel.: (518) 533-9870
Fax: (518) 514-1383
Web Site: www.schaefer-media.com

Employees: 2

Agency Specializes In: Advertising, Brand Development & Integration, Corporate Identity, Graphic Design, Media Buying Services, Out-of-Home Media, Outdoor, Print, Radio, T.V.

John Schaefer *(Principal)*
Derek Rogers *(Art Dir)*

Accounts:
Exit 9 Wine & Liquor Warehouse
Mayfair Jewelers
Security Plumbing & Heating Supply

SCHAFER CONDON CARTER
1029 W Madison, Chicago, IL 60607
Tel.: (312) 464-1666
Fax: (312) 464-0628
E-Mail: gen@schafercondoncarter.com
Web Site: www.schafercondoncarter.com

E-Mail for Key Personnel:
Creative Dir.: tim@sccadv.com
Production Mgr.: Scott@sccadv.com

Employees: 60
Year Founded: 1989

Agency Specializes In: Advertising, Brand Development & Integration, Business-To-Business, Collateral, Communications, Consulting, Food Service, Logo & Package Design, New Product Development, Planning & Consultation, Print, Public Relations, Restaurant, Sponsorship, Trade & Consumer Magazines

Approx. Annual Billings: $50,000,000

Gail Carter *(Pres & Chief Client Leadership Officer)*
Mike Grossman *(Mng Partner)*
Gwen Friedow *(Chief Strategy Officer)*
Dennis Bannon *(Exec Dir-Production)*
Leroy Koetz *(Exec Dir)*
Rebecca Arnal *(Acct Dir)*
Mike Brownell *(Creative Dir)*
Megan Coughlin *(Creative Dir)*
Bob Healy *(Art Dir)*
Erin Kana *(Art Dir)*
Mike Maloney *(Art Dir)*
Eric Nally *(Acct Dir)*
Ron Sone *(Creative Dir)*
Veronica Stump *(Acct Dir)*
Melissa d'Ouville *(Dir-Design Svcs)*
Lauren Sanborn *(Dir-Social Media)*
Laura Colar *(Assoc Dir-PR & Influencer Strategy)*
Paige Robinson *(Assoc Dir-PR & Influencer Strategy)*
Lexi Gojdics *(Mgr-Social Media)*
Eric Brauneis *(Acct Supvr)*
Hannah Qualley *(Acct Supvr-IDEAL Electrical)*
Jackie Smith *(Acct Supvr)*
Sarah Tropp *(Acct Supvr)*
Laura Koziel *(Supvr-Media)*
Stacey Bailey *(Sr Acct Exec)*
Sarah Corapi *(Acct Exec)*
Katelyn Cottrell *(Acct Exec)*
Matthew Vaske *(Acct Exec)*
Hayes Casia *(Copywriter)*
Jennifer Luker *(Media Planner)*
Anastasia Shiriyazdanova *(Coord-Traffic)*
Suzanne Martineau *(Chief Human Insights Officer)*

Accounts:
Advocate Health Care (Agency of Record) Messaging, Strategy & Planning
Allen Edmonds
Campbell Soup Co
Chicago National League Ball Club, LLC (Agency of Record)
ConAgra Foodservice; 2007
Eastman Chemical Company Digital Advertising, Influencer Marketing, LLumar, Public Relation Programming, Social Media, Website
The Federalist
First Midwest Bancorp Inc. First Midwest Bank
Fresh Thyme Farmers Market; 2018
Friendly's Ice Cream (Creative Agency of Record)
Fusion Academy
Ideal Electrical
Ideal Industries, Inc (Agency of Record)
Johnson & Johnson (Agency of Record)
Lamb Weston
Land O'Lakes (Agency of Record)
LifeStorage
National Pork Board (Agency of Record)
Nuveen Investments
PepsiCo (Agency of Record) Mist Twst
Portillo's
Procter & Gamble (Agency of Record) New Chapter
Rich's
Rotary International
Solo Cup Company (Agency of Record) Disposable Tableware
Stetson Dress Hats Brand Strategy, Content Development, Media Outreach, Public Relations
Terlato Wines International; Lake Bluff, IL Seven Daughters
Winona Capital Management Brand Planning, Marketing Creative Services

SCHEFFEY INC
350 New Holland Ave, Lancaster, PA 17602
Tel.: (717) 569-8274
Fax: (717) 569-8276
E-Mail: info@scheffey.com
Web Site: www.scheffey.com

Employees: 50

Agency Specializes In: Advertising, Brand Development & Integration, Broadcast, Corporate Identity, Email, Graphic Design, Internet/Web Design, Media Buying Services, Media Planning, Media Relations, Media Training, Out-of-Home Media, Outdoor, Print, Public Relations, Social Media, Strategic Planning/Research

Scott Scheffey *(Pres & Dir-Strategic)*
Douglas Hershey *(Creative Dir)*
Hope Graby *(Dir-PR & Mgr-Client)*
Joy Beachy *(Mgr-Digital Mktg)*
Kathleen Smith *(Specialist-Digital Mktg)*
Lisa Lysle *(Media Buyer)*

Accounts:
Avant Garden Decor

SCHERMER, INC.
12 N 12th St Ste 400, Minneapolis, MN 55403
Tel.: (612) 375-9999
E-Mail: info@schermer.co
Web Site: www.schermer.co

Employees: 25
Year Founded: 1997

Agency Specializes In: Advertising, Brand Development & Integration, Business-To-Business, Content, Email, Event Planning & Marketing, Internet/Web Design, Print, Public Relations, Search Engine Optimization

Chris Schermer *(Pres & CEO)*
Jennifer Alstead *(VP-Ops)*
Mariann Hohe *(VP-Strategy & Plng)*
Siri Prax *(Acct Dir)*
Matt Mudra *(Dir-Digital Strategy)*
Jill Howard *(Acct Mgr)*
Sarah Whitcomb *(Sr Project Mgr-Digital)*
Alyenna Kelly *(Sr Acct Exec)*
Joanna Zuidema *(Sr Graphic Designer)*
Shannon Daugherty *(Assoc Creative Dir)*
Miranda Durrant *(Assoc Creative Dir)*

Accounts:
Capella Education Company
Cargill, Inc.
MN Tech Diversity Pledge
U.S. Bancorp

SCHIEFER CHOPSHOP
(Formerly Schiefer Media Inc)
17922 Fitch, Irvine, CA 92614
Tel.: (949) 838-0355
Fax: (949) 335-4601
Web Site: www.schieferchopshop.com/

Employees: 200

Agency Specializes In: Advertising, Brand Development & Integration, Content, International, Media Buying Services, Media Planning, Print, Public Relations, Social Media

Jeff Roach *(Pres & Chief Strategy Officer)*
James Schiefer *(CEO)*
Brandon Bailey *(COO)*
Anthony Licon *(Chief Digital Officer)*
Andy Wing *(Chief Innovation Officer)*
Elissa Solomon *(Media Dir)*
Paul Schiefer *(Sr Acct Exec)*

Accounts:
Blizzard Entertainment
Boost Mobile
Carnival Cruise Lines
Falken Tires
John Deere
Mothers Polish
NASCAR
Prestone
Sylvania
Warner Bros

ADVERTISING AGENCIES

Branch

Fuel Youth Engagement
7 Hinton Ave N Ste 100, Ottawa, ON K1Y 4P1 Canada
(See Separate Listing)

SCHIEFER MEDIA INC
(Merged with Chopshop to form Schiefer ChopShop)

SCHIFINO LEE ADVERTISING
511 W Bay St Ste 400, Tampa, FL 33606
Tel.: (813) 258-5858
Fax: (813) 254-1146
E-Mail: info@schifinolee.com
Web Site: www.schifinolee.com

Employees: 20
Year Founded: 1993

Agency Specializes In: Digital/Interactive, Graphic Design, Media Buying Services, Public Relations

Ben Lee (Co-Founder & Principal)
Dan Stevenson (Exec Creative Dir)
Kevin Byrd (Creative Dir)
Amanda Koenn (Acct Dir)
Ann Sinclair (Art Dir)
Harra Little (Mgr-Media)

Accounts:
AT&T Business
Catalina Marketing
DeBartolo Holdings LLC
Elder Automotive Group
elogic
Eva Dry
Gasparilla Interactive Festival (Agency of Record)
Greyster
Jaguar
Lazydays RV Supercenter
Tampa Bay Sports Commission Campaign: "New Now"
Tampa Maid (Advertising Agency of Record) Digital, Outreach, Social Media
TMA
Vigo Alessi Alessi Labels
WellCare Health Plans Lead Generation, Medicare Advantage Plans, Online Enrollment

SCHNEIDER+LEVINE PR+COMMUNICATIONS
(Acquired by Santy Integrated & Name Changed to S+L Communications)

SCHOLLNICK ADVERTISING
2828 Metairie Ct, Metairie, LA 70002
Tel.: (504) 838-9615
Fax: (504) 833-8638
E-Mail: info@schollnickadvertising.com
Web Site: www.schollnickadvertising.com

Employees: 5
Year Founded: 1981

Steven Schollnick (Owner)

Accounts:
Pizza Hut

SCHOOL HOUSE NYC
20 W 22nd St Ste 511, New York, NY 10010
E-Mail: express@weareschoolhouse.com
Web Site: www.weareschoolhouse.com

Employees: 50
Year Founded: 2015

Agency Specializes In: Advertising, Brand Development & Integration, Collateral, Content, Digital/Interactive, Event Planning & Marketing, New Product Development, Package Design, Social Media, Web (Banner Ads, Pop-ups, etc.)

Christopher Skinner (Founder)
Armando Maldonado (Head-Production & Assoc Dir-Art)
Irmand Trujillo (Sr Designer)
Mozh Matin (Dir-Design)

Accounts:
New-Eve Lom
New-L'Occitane (Lead Design Agency)

SCHOOL OF THOUGHT
544 Pacific Ave 3rd Fl, San Francisco, CA 94133
Tel.: (415) 433-4033
E-Mail: admissions@schoolofthought.com
Web Site: www.schoolofthought.com

Employees: 18
Year Founded: 2008

Agency Specializes In: Advertising, Digital/Interactive, Media Buying Services, Media Planning, Print, Radio, Social Media

Tom Geary (Partner & Exec Creative Dir)

Accounts:
Intrepid Travel Creative
LeapMotion
Meyenberg Goat Milk
Milliman
Naked Energy Bars
North Lake Tahoe
Red Bull North America, Inc.
Rumble Entertainment
San Francisco Department of the Environment (Agency of Record) Experiential, Out-of-Home, SEO, Social Advertising
The Walt Disney Company
WebEx

SCHRAMM MARKETING GROUP
11 Penn Plz 5th Fl, New York, NY 10001-2003
Tel.: (212) 983-0219
Fax: (212) 983-0524
Web Site: www.schrammnyc.com/

Employees: 2

Joseph Schramm (Pres)
Rafael Eli (Partner)

Accounts:
The Hispanic Television Summit
Soccer United Marketing

SCHROEDER ADVERTISING, INC.
412 Tenafly Rd, Englewood, NJ 07631-1733
Tel.: (201) 568-4500
Fax: (201) 568-3028
E-Mail: lyn@schroederinc.net
Web Site: www.schroederinc.net

Employees: 5
Year Founded: 1978

Agency Specializes In: Advertising, Brand Development & Integration, Collateral, Consumer Marketing, Consumer Publications, Corporate Identity, Graphic Design, Internet/Web Design, Logo & Package Design, Print, Production, Public Relations, Trade & Consumer Magazines

Approx. Annual Billings: $1,775,000

Breakdown of Gross Billings by Media: Collateral: $100,000; Fees: $75,000; Logo & Package Design: $50,000; Mags.: $1,050,000; Pub. Rels.: $50,000; Worldwide Web Sites: $450,000

Lyn Schroeder (Pres)

Accounts:
Cross River Design; Annandale, NJ Landscape Architects; 2004
Delia Inc.; Wallingford, CT High-End Kitchen Appliances; 1989
Diverscity.net Web Entertainment Site; 2000
etable.net; New York, NY Online Food Magazine; 2000
Greystone & Company; New York, NY Mortgage Banking; 2003
Greystone Healthcare Corp.; Tampa, FL Nursing Homes & Rehab Centers; 2004
Greystone Home Collection; New York, NY & Los Angeles, CA Accessories, Antiques, Furniture, Textiles; 2002
Jim Thompson Thai Silk Co.; Atlanta, GA; Bangkok, Thailand Thai Silk Fabric; 1996
Paul Mathieu
Roche Bobois

SCHUBERT COMMUNICATIONS, INC.
112 Schubert Dr, Downingtown, PA 19335-3382
Tel.: (610) 269-2100
Fax: (610) 269-2275
Web Site: https://www.schubertb2b.com/

E-Mail for Key Personnel:
President: jschubert@schubert.com
Creative Dir.: rcarango@schubert.com
Public Relations: chenneghan@schubert.com

Employees: 18
Year Founded: 1978

National Agency Associations: PRSA

Agency Specializes In: Advertising, Brand Development & Integration, Business-To-Business, Communications, Consulting, Industrial, Internet/Web Design, Logo & Package Design, Print, Public Relations, Publicity/Promotions, Strategic Planning/Research, Technical Advertising

Approx. Annual Billings: $5,000,000

Breakdown of Gross Billings by Media: Bus. Publs.: $1,250,000; Collateral: $750,000; D.M.: $500,000; Internet Adv.: $500,000; Pub. Rels.: $1,250,000; Worldwide Web Sites: $750,000

Rich Carango (Pres)
Christopher D. Raymond (Dir-Digital Experience)
Peggy Schubert (Mgr-Fin)
Chris Henneghan (Strategist-Brand)
Eileen Haines (Coord-Media)

Accounts:
Avanti Markets, Inc Interactive Marketing, Strategic Marketing
Datastrip
Hale Products; Conshohocken, PA; 1997
Houghton International Inc.
Sensaphone Email Marketing, Public Relations, Strategic Marketing Services

SCHUM & ASSOCIATES
1438 Cedar Ave, McLean, VA 22101-3514
Tel.: (703) 448-8150
Fax: (703) 448-8479
E-Mail: schum@schum.com
Web Site:
www.schum.com/contact/contact_index.htm

Employees: 6
Year Founded: 1981

Agency Specializes In: Advertising

AGENCIES - JANUARY, 2019 **ADVERTISING AGENCIES**

Guy Schum *(Pres & Creative Dir)*
Diane L. Schum *(Acct Exec)*

Accounts:
AGC (Associated General Contractors Association of America)
American Institutes for Research
Art Directors Club of Metropolitan Washington
Barbara Maude's Bakery
Clark Construction
The College of William & Mary
Focus Technologies, Inc.
George Washington University
GridWise Alliance
ILEX Construction & Woodworking
The John Akridge Company
Medical Research Laboratories (MRL)
Patrick Henry College
Rudd, Inc.
Urban Land Institute
The Washington Post

SCOPE CREATIVE AGENCY
3401 Chester Ave Ste G, Bakersfield, CA 93301
Tel.: (661) 412-2265
Web Site: www.wearescope.com

Employees: 3

Agency Specializes In: Advertising, Broadcast, Corporate Identity, Digital/Interactive, Graphic Design, Print

Jean-Luc Slagle *(Creative Dir)*

Accounts:
Barber Honda
Chain Cohn Stiles
IES Electrical Construction
Taft College

SCOPPECHIO
400 W Market St Ste 1400, Louisville, KY 40202
Tel.: (502) 584-8787
Fax: (502) 589-9900
Toll Free: (800) 525-0294
E-Mail: Toni.Clem@Scoppechio.com
Web Site: www.scoppechio.com/home

Employees: 150
Year Founded: 1987

Agency Specializes In: Advertising, Brand Development & Integration, Broadcast, Content, Copywriting, Corporate Communications, Corporate Identity, Digital/Interactive, Education, Email, Entertainment, Event Planning & Marketing, Exhibit/Trade Shows, Experience Design, Experiential Marketing, Government/Political, Graphic Design, Guerilla Marketing, Health Care Services, In-Store Advertising, Integrated Marketing, Internet/Web Design, Local Marketing, Logo & Package Design, Media Buying Services, Merchandising, Mobile Marketing, New Product Development, Out-of-Home Media, Outdoor, Package Design, Paid Searches, Point of Purchase, Print, Production, Public Relations, Publicity/Promotions, Radio, Regional, Restaurant, Search Engine Optimization, Shopper Marketing, Sponsorship, Strategic Planning/Research, Sweepstakes, Travel & Tourism

Approx. Annual Billings: $185,776,910

Jerry Preyss *(Chm & CEO)*
Toni Clem *(Pres & COO)*
Steve Leder *(Chief Creative Officer)*
Nick Johnson *(Sr VP-Strategic Svcs)*
Matthew Wolford *(Head-Interactive Design)*
Jennie Jenkins *(Media Dir)*
Steve Stockbauer *(Acct Dir)*
Holly Wood *(Media Dir)*
Sheila Saltsman *(Dir-Production)*
Hannah Chandler *(Mgr-Traffic)*
Chassity Cunningham *(Supvr-Media)*
Amy Kastan *(Supvr-Retail Media)*
Kirsten Wohadlo Nash *(Supvr-Digital Media)*
Peggy Shackelford *(Supvr-Media)*
Shelby Harris *(Sr Acct Exec)*
Katie Madison *(Sr Acct Exec)*
Ben Williamson *(Sr Acct Exec)*
Lili Kinman *(Acct Exec)*
Hayley Renneker *(Acct Exec)*
Adam McCord *(Media Buyer)*
Natalie Ruark *(Media Buyer)*
Kaitlin Richter *(Asst Acct Exec)*
Callie Craycroft *(Asst-Media)*

Accounts:
Baptist Health System (Agency of Record) Creative, Digital, Media, Public Relations, Strategic Planning
Brown-Forman Corporation el Jimador Tequila (Agency of Record)
Churchill Downs, Inc.; Louisville, KY (Agency of Record) Account Planning, Creative, Digital, Media Planning & Placement, Strategic Planning; 2011
Community Health Systems; 2006
Coney Island
Crunch Fitness, Inc. (Media Agency of Record)
Darden Restaurants
Einstein Noah Restaurant Group, Inc.
Environmental Laboratories Inc. Brand Strategy, Communications, Digital, EnviroTestKits (Agency of Record), Media, Safe Home (Agency of Record), Shopper Marketing
Fazoli's Management Inc (Agency of Record) CRM, Creative, Strategy; 2018
Galen College of Nursing
General Electric Company GE Appliances
Gold Star Chili
Humana
KCTCS; Lousiville, KY
Kentucky Department of Tourism
KFC Corporation (Hispanic Agency of Record) Broadcast, Campaign: "Finger Lickin' Good", Campaign: "Para Chuparse Los Dedos", Digital, OOH, Radio
LG&E & KU Energy LLC
Long Horn Steakhouse
Louisville City Football Club (Advertising Agency of Record)
Mortenson Dental Group
NPC International, Inc.
Ohio Travel & Tourism
Pizza Hut, Inc. Account Planning, Creative Services, Digital, Local Restaurant Marketing, Merchandising, Print Media Planning & Placement; 2011
Thorntons Inc. (Agency of Record)
TourismOhio (Lead Creative Agency); 2018
Yum! Brands; 1989

SCORCH AGENCY
3010 Locust St Ste 102, Saint Louis, MO 63103
Tel.: (314) 827-6360
Fax: (314) 667-3367
Web Site: www.scorchagency.com

Employees: 33
Year Founded: 2009

Agency Specializes In: Advertising, Digital/Interactive, Email, Environmental, Experiential Marketing, Graphic Design, Internet/Web Design, Out-of-Home Media, Outdoor, Package Design, Search Engine Optimization, Social Media

Bryan Roach *(Chief Creative Officer)*
Sarah Hamilton *(Art Dir)*
Scott Locker *(Dir-Bus Dev)*
Andy Beyer *(Sr Designer)*
Mindy Bollegar *(Designer-Interactive)*

Accounts:
Axius Financial
Dos Lunas Tequila
HiGear Innovations
Hotel Maison DeVille
The Shell Building

THE SCOTT & MILLER GROUP
816 S Hamilton St, Saginaw, MI 48602-1516
Tel.: (989) 799-1877
Fax: (989) 799-6115
Toll Free: (888) 791-1876
E-Mail: smg@scottandmiller.com
Web Site: www.scottandmiller.com

Employees: 14
Year Founded: 1964

National Agency Associations: BMA

Agency Specializes In: Advertising, Advertising Specialties, Brand Development & Integration, Broadcast, Business-To-Business, Collateral, Communications, Corporate Communications, Corporate Identity, Direct Response Marketing, Electronic Media, Event Planning & Marketing, Exhibit/Trade Shows, Graphic Design, Identity Marketing, Internet/Web Design, Logo & Package Design, Media Buying Services, Newspaper, Newspapers & Magazines, Out-of-Home Media, Outdoor, Package Design, Planning & Consultation, Point of Purchase, Print, Production, Production (Print), Promotions, Public Relations, Sales Promotion, Strategic Planning/Research, Trade & Consumer Magazines

Approx. Annual Billings: $2,800,000

Breakdown of Gross Billings by Media: Adv. Specialities: 2%; Audio/Visual: 3%; Bus. Publs.: 5%; Collateral: 70%; D.M.: 8%; Graphic Design: 5%; Logo & Package Design: 3%; Other: 2%; Point of Purchase: 2%

Rusty Beckham *(Pres)*
Vogue Nowels *(Creative Dir)*
David Dutton *(Acct Mgr & Sr Copywriter)*
Gale Schrotenboer *(Office Mgr)*

Accounts:
The Dow Chemical Company; Midland, MI Internal & External Communications, Products & Services; 1964
Flexible Packaging Association; Linthicum, MD Collateral Literature, Advertising, Corporate Branding; 2006
Innotek; Houston, TX Trade Publication Advertising; 2007
Johnson Carbide Products; Saginaw, MI Catalogs, Ads, Web Site Development; 1971
Legend Valve; Shelby Township, MI Trade Publication Advertising, Collateral Materials; 2004

SCOTT COOPER ASSOCIATES, LTD.
474 Links Dr S, Roslyn, NY 11576
Tel.: (631) 249-9700
E-Mail: info@scottcooper.com
Web Site: www.scottcooper.com

Employees: 11
Year Founded: 1990

National Agency Associations: Second Wind Limited

Agency Specializes In: Brand Development & Integration, Business-To-Business, Collateral, Communications, Consumer Marketing, Corporate Identity, Digital/Interactive, Direct Response Marketing, Event Planning & Marketing, Graphic

ADVERTISING AGENCIES
AGENCIES - JANUARY, 2019

Design, High Technology, Internet/Web Design, Logo & Package Design, Medical Products, New Product Development, Print, Public Relations, Strategic Planning/Research, Trade & Consumer Magazines

Approx. Annual Billings: $5,000,000

Breakdown of Gross Billings by Media: Bus. Publs.: $500,000; Collateral: $1,700,000; D.M.: $1,000,000; Pub. Rels.: $1,000,000; Trade & Consumer Mags.: $500,000; Worldwide Web Sites: $300,000

Scott Cooper *(Owner)*

Accounts:
Canon USA; Lake Success, NY
Samsung
Viridian Energy
Windstream

SCOTT DESIGN INC
PO Box 758, Capitola, CA 95010
Tel.: (831) 531-7722
E-Mail: info@hotdesign.com
Web Site: www.hotdesign.com

Employees: 11
Year Founded: 1993

Agency Specializes In: Advertising, Brand Development & Integration, Business-To-Business, Internet/Web Design, Search Engine Optimization

Matt Scott *(Pres)*
Bill Merikallio *(Art Dir)*
Kirsti Scott *(Creative Dir)*
Rhonda van Dyk *(Production Mgr)*

Accounts:
Kay Heizman Design

SCOTT, INC. OF MILWAUKEE
(d/b/a Scott Advertising)
1031 N Astor St, Milwaukee, WI 53202-3324
Tel.: (414) 276-1080
Fax: (414) 276-3327
Web Site: www.scottadv.com

E-Mail for Key Personnel:
President: chuck@scottadv.com
Creative Dir.: chris@scottadv.com
Media Dir.: jane@scottadv.com
Production Mgr.: lynda@scottadv.com

Employees: 32
Year Founded: 1961

National Agency Associations: MCA

Agency Specializes In: Advertising, Brand Development & Integration, Business Publications, Business-To-Business, Catalogs, Corporate Communications, Corporate Identity, Customer Relationship Management, Direct Response Marketing, Electronic Media, Email, Event Planning & Marketing, Exhibit/Trade Shows, Food Service, Graphic Design, Hospitality, In-Store Advertising, Industrial, Integrated Marketing, Internet/Web Design, Leisure, Logo & Package Design, Market Research, Media Buying Services, Media Planning, Media Relations, Merchandising, New Product Development, Package Design, Planning & Consultation, Point of Purchase, Point of Sale, Promotions, Public Relations, Publicity/Promotions, Restaurant, Sales Promotion, Social Media, Sponsorship, Strategic Planning/Research, Trade & Consumer Magazines, Web (Banner Ads, Pop-ups, etc.)

Approx. Annual Billings: $6,785,785

Breakdown of Gross Billings by Media: D.M.: 4%; E-Commerce: 1%; Event Mktg.: 1%; Exhibits/Trade Shows: 5%; Graphic Design: 15%; Internet Adv.: 12%; Logo & Package Design: 7%; Plng. & Consultation: 4%; Point of Sale: 9%; Pub. Rels.: 1%; Sls. Promo.: 11%; Strategic Planning/Research: 8%; Trade & Consumer Mags.: 13%; Worldwide Web Sites: 9%

Charles Reynolds *(Chm-Adv)*
Christopher Conway *(Art Dir)*

Accounts:
Clear Springs Foods, Inc.; ID Fish, Trout, Specialty Seafood; 2004
Custom Culinary; Lombard, IL Bases, Sauces & Gravies, 2009
Hillshire Brands
J.R. Simplot Co.; Boise, ID Foodservice; 2010
JM Smucker's
Kureha America Inc.-Seaguar; New York, NY Fishing Line; 2005
Sara Lee Food Services; Cincinnati, OH Premium Meats & Bakery; 2002
Server Products, Inc.; Menomonee Falls, WI Food Service Equipment

SCOTT PHILLIPS & ASSOCIATES
101 W Grand Ave Ste 405, Chicago, IL 60610
Tel.: (312) 943-9100
Web Site: www.sphillips.com

Employees: 2

Agency Specializes In: Public Relations, Sponsorship

Scott Phillips *(Founder & Pres)*

Accounts:
Adolph Coors Company
American Osteopathic Association
Baskin-Robbins Ice Cream
Bekins Van Lines, LLC
Citicorp Diners Club Inc
Cragin Federal Bank for Savings
Gateway, Inc.
Mesirow Financial Holdings, Inc.
Oracle America, Inc.
SkyTel Communications, Inc.
Telular Corporation

SCOTT THORNLEY + COMPANY
384 Adelaide St W 1st Fl, Toronto, ON M5V 1R7 Canada
Tel.: (416) 360-5783
Fax: (416) 360-4040
E-Mail: info@stcstorytellers.com
Web Site: www.stcstorytellers.com/

Employees: 20

Agency Specializes In: Direct Response Marketing, Graphic Design, Internet/Web Design, Sales Promotion, Strategic Planning/Research

Rocky Manserra *(Production Mgr)*
Henry Zaluski *(Assoc Creative Dir)*

Accounts:
Canadian Council for the Arts
CBC's The Hour
Malivoire Wine
MTI
Ontorio Innovation Trust
Qnx Software Systems Campaign: "Seamless Connectivity"
Raywal
Rogers Wireless
Zerofootprint

SCOUT BRANDING CO.
1616 2nd Ave, Birmingham, AL 35233
Tel.: (205) 324-3107
Fax: (205) 324-1994
Web Site: www.scoutbrand.com

Employees: 11
Year Founded: 2006

Agency Specializes In: Advertising, Brand Development & Integration, Graphic Design, Social Media

Paul Crawford *(Owner)*
Karen Gathany *(Sr Designer)*
Betsy Weldy *(Sr Designer)*

Accounts:
Alabama Gas Corporation
America's First Federal Credit Union
Balch & Bingham
Baptist Health Systems, Inc
Blowout Boutique
Bridgeworth Financial, LLC.
Britt Little Horn
Children's Health System
Christian & Small LLP
Clarus Consulting Group
Hare, Wynn, Newell & Newton
Harp Law
J&J Industries
Jay Electric
Kansas Child & Family Services
League of Southeastern Credit Unions
Mannington Residential
Marketry
Navigate Affordable Housing Partners
Oasis Women's & Children's Counseling Center
Ollie Irene
Physician Strategy Group
Princeton Baptist Medical Center
Regions
Southeastern Environmental Center
St. John & Associates
United States Postal Service
Westervelt Communities
Women's Fund

SCOUT MARKETING
3391 Peachtree Rd Ste 105, Atlanta, GA 30326
Tel.: (404) 917-2688
Web Site: findscout.com

Employees: 140
Year Founded: 1999

Agency Specializes In: Advertising, Advertising Specialties, Brand Development & Integration, Business-To-Business, Collateral, Communications, Consumer Goods, Consumer Marketing, Consumer Publications, Corporate Identity, Cosmetics, Customer Relationship Management, Direct Response Marketing, Direct-to-Consumer, Electronic Media, Email, Exhibit/Trade Shows, Health Care Services, Household Goods, Identity Marketing, In-Store Advertising, Infomercials, Integrated Marketing, Internet/Web Design, Leisure, Luxury Products, Market Research, Media Buying Services, Media Relations, Medical Products, Pharmaceutical, Point of Purchase, Point of Sale, Print, Promotions, Strategic Planning/Research, T.V., Trade & Consumer Magazines, Web (Banner Ads, Pop-ups, etc.), Women's Market

Mark Goldman *(Pres & Chief Strategy Officer-Consumer & B2B Div)*
Jennifer Brekke *(CEO & Partner)*
Bob Costanza *(Chief Creative Officer & Principal)*
Cheryl Maher *(Chief Client Officer & Sr VP)*
Raffi Siyahian *(Pres-Healthcare & Principal)*
Allen Stegall *(Principal & Gen Mgr-Healthcare)*
Zebbie Gillispie *(VP & Creative Dir-Digital)*

AGENCIES - JANUARY, 2019 — ADVERTISING AGENCIES

Michelle Tucker *(VP & Creative Dir-Mgmt)*
Dana Callow *(Exec Creative Dir)*
Betsy Morrison *(Creative Dir)*
Molly Wright *(Acct Supvr)*

Accounts:
Advanced Biohealing
Alimera Sciences
Astra Tech
Azur Pharma
Campbell Soup Company
Carvel
The Coca-Cola Company
Elan
Farm Rich
Flowers Foods, Inc. Cobblestone Bread Co. (Agency of Record), Marketing, Nature's Own (Agency of Record), Wonder (Agency of Record)
INVISTA B.V. Antron (Global Agency of Record), Brand Strategy, Creative, StainMaster (Agency of Record)
SeaPak (Agency of Record) Brand Campaign
STAINMASTER
Teva Pharmaceuticals
Tolmar Inc
Uncle Maddio's Pizza Joint (Advertising & Marketing Agency of Record) Advertising, Marketing, Strategic Planning

SCOUTCOMMS
521 Sophia St, Fredericksburg, VA 22401
Tel.: (540) 208-2950
Web Site: scoutcommsusa.com

Employees: 50
Year Founded: 2010

Agency Specializes In: Advertising, Communications, Digital/Interactive, Event Planning & Marketing, Government/Political, Media Relations, Public Relations, Social Marketing/Nonprofit, Social Media, Strategic Planning/Research

Frederick Wellman *(Founder & CEO)*
Brian Wagner *(COO & VP)*
Lauren Jenkins *(Mng Dir-Scout Insight & VP)*
Chance Browning *(Assoc VP)*
Allison Borthwick *(Acct Mgr)*
Kait Gillen *(Acct Mgr)*
Shannon McMurray *(Acct Exec)*

Accounts:
New-The Elizabeth Dole Foundation
New-GORUCK (Public Relations Agency of Record)
New-Give an Hour
New-Home Depot Product Authority LLC
New-Missouri's National Veterans Memorial
New-National Geographic India
New-Student Veterans of America
New-Veteran Tickets Foundation
New-Vets4Warriors
New-Women Veterans Interactive

SCPF
1674 Meridian Ave Ste 500, Miami Beach, FL 33139
Tel.: (305) 674-3222
Fax: (305) 695-2777
E-Mail: scpf.admin@scpf.com
Web Site: www.scpf.com

Employees: 20
Year Founded: 1996

National Agency Associations: 4A's

Agency Specializes In: Sponsorship

Ignasi Puig *(Partner)*

Accounts:
Banco Santander Internacional; 2011
IKEA Hispanic Market; 2009
Olympus Campaign: "Stunt Man"; 2012
Pull & Bear

SCRATCH
67 Mowat Ave Ste 240, Toronto, ON M6K 3E3 Canada
Tel.: (416) 535-0636
Fax: (416) 535-1431
E-Mail: itch@scratchmarketing.com
Web Site: www.scratchmarketing.com

Employees: 50
Year Founded: 2004

Agency Specializes In: Advertising, Brand Development & Integration, Digital/Interactive, Event Planning & Marketing, Media Planning, Print, Public Relations, Radio, Social Media, Web (Banner Ads, Pop-ups, etc.)

David Riabov *(Mng Partner & Partner-Creative)*
Elan Packer *(Partner)*
Robert Wise *(Partner)*
Kevin Manklow *(Creative Dir)*
Razi Saju *(Dir-Digital)*

Accounts:
Beam (Agency of Record) Communication, Content Development, Digital Communications, Media, Social Marketing, Strategy
Jinko Solar Branding Assignment
Sherwood Windows Group Rebranding

SCRATCH MARKETING + MEDIA
84 Sherman St 3rd Fl, Cambridge, MA 02140
Tel.: (617) 945-9296
E-Mail: contact@scratchmm.com
Web Site: www.scratchmm.com

Employees: 50
Year Founded: 2009

Agency Specializes In: Advertising, Brand Development & Integration, Business-To-Business, Communications, Content, Digital/Interactive, Graphic Design, Media Relations, Public Relations, Social Media

Lora Kratchounova *(Founder & Principal)*
Peter Atanasoff *(VP)*
Alyssa Prettyman *(Sr Acct Dir & Creative Dir)*
John Saxe *(Sr Acct Dir)*

Accounts:
New-Kitewheel
New-Masabi Ltd
New-Scribe Software Corporation
New-TUV Rheinland of North America Inc.

SCREAM AGENCY
1501 Wazee St Unit 1B, Denver, CO 80202
Tel.: (303) 893-8608
E-Mail: info@screamagency.com
Web Site: www.screamagency.com

Employees: 10

Agency Specializes In: Advertising, Brand Development & Integration, Public Relations

Lora Ledermann *(Owner)*
Amy Mikkola *(Acct Exec)*

Accounts:
Colorado Ballet (Agency of Record) Creative Strategy, Marketing Communications
Dot-Ski
ReCORK (Agency of Record) Public Relations, Social Media
Sole (Agency of Record)

SCREAMER CO.
419 W Johanna St, Austin, TX 78704
Tel.: (512) 691-7894
Fax: (512) 691-7895
E-Mail: info@screamerco.com
Web Site: screamerco.com

Employees: 10
Year Founded: 2006

Agency Specializes In: Advertising, Brand Development & Integration, Graphic Design, Media Buying Services, Media Planning, Public Relations

Scott Creamer *(Founder & Creative Dir)*

Accounts:
Dell Children's Medical Center of Central Texas
ORF Brewing

SCREEN STRATEGIES MEDIA
11150 Fairfax Blvd Ste 505, Fairfax, VA 22030
Tel.: (703) 272-7300
E-Mail: screenstrategiesmedia@gmail.com
Web Site: www.screenstrategiesmedia.com

Agency Specializes In: Consulting, Media Buying Services, Media Planning, Strategic Planning/Research

Rachael Jones *(Owner & Media Dir)*
Kyle Osterhout *(Owner)*
Caroline Bahng *(Media Dir)*

Accounts:
Planned Parenthood

SCRIBBLERS' CLUB
288 Frederick St, Kitchener, ON N2H 2N5 Canada
Tel.: (519) 570-9402
Fax: (519) 570-3849
E-Mail: info@scribblersclub.com
Web Site: http://www.scribblersclub.com/

Employees: 6
Year Founded: 1990

Agency Specializes In: Brand Development & Integration, Business Publications, Business-To-Business, Exhibit/Trade Shows, Graphic Design, Internet/Web Design, Logo & Package Design, Market Research, New Product Development, Print

Accounts:
Arriscraft International
Cascades Paper
CKE Restaurants
Dianolite
Intelligent Air
Just Fix It
Kalaya
MetsaBoard
Mod Pod
Montclair
Mudd Puppy Chase
Reaud Technologies
Snapple
Spatique
Wedding Path

SCRIPT TO SCREEN LLC
200 N Tustin Ave Ste 200, Santa Ana, CA 92705
Toll Free: (855) 853-8910
E-Mail: newbusiness@scripttoscreen.com
Web Site: www.scripttoscreen.com

Employees: 20

ADVERTISING AGENCIES

Year Founded: 1986

Agency Specializes In: Digital/Interactive, Media Relations, Production (Ad, Film, Broadcast), Strategic Planning/Research

Ken Kerry *(Co-Founder & Exec Creative Dir)*
Barbara Kerry *(Pres)*
Mick Koontz *(COO & Mgr-LLC)*
Alex Dinsmoor *(Chief Strategy Officer & Exec VP)*
Joanie Laxson *(VP & Exec Producer)*

Accounts:
Tracy Anderson's Metamorphosis
Trainer Headphones

SDB CREATIVE
3000 N Garfield Ste 185, Midland, TX 79705
Tel.: (432) 218-6736
E-Mail: info@sdbcreativegroup.com
Web Site: www.sdbcreativegroup.com

Employees: 9
Year Founded: 2005

Agency Specializes In: Advertising, Content, Email, Graphic Design, Internet/Web Design, Radio, Search Engine Optimization, Social Media, T.V.

Shane Boring *(Owner)*
Dedee Boring *(VP)*

Accounts:
Medical Center Pharmacy

SDI MARKETING
200-65 International Blvd Ste, Toronto, ON M9W 6L9 Canada
Tel.: (416) 674-9010
Fax: (416) 674-9011
E-Mail: info@sdimarketing.com
Web Site: www.sdimarketing.com

Employees: 50

Agency Specializes In: Advertising

Roy Roedger *(Owner)*
Geoff Conant *(Partner & Sr VP)*
Andy Harkness *(Partner & Sr VP-Sports Mktg)*
Alexandra DiGravino *(Mgr-HR)*
Erin McClean *(Acct Supvr)*
Rachel Ring *(Reg Acct Mgr-Denver)*

Accounts:
Procter & Gamble

SEAN TRACEY ASSOCIATES
401 State St Ste 3, Portsmouth, NH 03801-4030
Tel.: (603) 427-2800
E-Mail: info@seantracey.com
Web Site: www.seantracey.com

Employees: 8
Year Founded: 1985

Agency Specializes In: Advertising, Brand Development & Integration, Branded Entertainment, Broadcast, Direct Response Marketing, Fashion/Apparel, Financial, Health Care Services, Hispanic Market, In-Store Advertising, Infomercials, Market Research, Men's Market, Multimedia, Newspapers & Magazines, Print, Production, Production (Ad, Film, Broadcast), Production (Print), Radio, Retail, Sports Market, T.V., Trade & Consumer Magazines, Women's Market

Approx. Annual Billings: $25,000,000

Sean Tracey *(Dir-Creative & Brand Strategist)*

Laura McBrien *(Media Planner)*

Accounts:
BayCoast Bank Financial; 2010
R.C. Bigelow Company; Fairfield, CT Beverage; 2002
Sugar Hill Retirement Community Real Estate; 2010
Town & Country Federal Credit Union; Portland, ME Financial; 2007
Wentworth-Douglass Hospital Healthcare; 2009
Woodsville Guaranty Savings Bank; 2012

THE SEARCH AGENCY
801 N Brand Blvd Ste 1020, Glendale, CA 91203
Tel.: (310) 582-5700
Fax: (310) 452-2422
E-Mail: info@thesearchagency.com
Web Site: https://www.thesearchagency.com/

Employees: 90

Agency Specializes In: Search Engine Optimization

David Hughes *(CEO)*
Peter Harrington *(CFO)*
Jessie Mamey *(VP-Programmatic & Social)*
Delia Perez *(VP-Mktg Strategy)*
Digant Savalia *(Sr Dir-Paid Media)*
Brandon Schakola *(Sr Dir-Earned Media)*
David Waterman *(Sr Dir-Digital Mktg & SEO Strategy)*
Ami Grant *(Dir-Search Mktg)*
Chris Radich *(Dir-Paid Media)*
Amanda Brown *(Mgr-Paid Search)*
Ryan Maloney *(Mgr-Paid Search)*
David Rahmel *(Chief Res Officer)*

Accounts:
Microsoft
Yahoo!

SECRET LOCATION
777 Richmond St W Unit 102, Toronto, ON M6J OC2 Canada
Tel.: (416) 545-0800
E-Mail: contact@thesecretlocation.com
Web Site: secretlocation.com/

Employees: 100
Year Founded: 2007

Agency Specializes In: Advertising, Digital/Interactive, Integrated Marketing, Multimedia, Strategic Planning/Research, Technical Advertising

Ryan Andal *(Co-Founder & Pres)*
Andrew Garcia *(Sr Dir-Design)*

Accounts:
ACE Aviation Holdings Inc. Tour & Travel Agency Services
CrowdRise
Dodge Car Dealers
Infiniti Car Dealers
Kraft Foods Soft Drink & Beverage Mfr
LOS ANGELES PHILHARMONIC ASSOCIATION
Nissan Car Dealers
The Sevens What are the sevens.com
TeenNick Entertainment Service Providers
Teletoon Campaign: "Humans Vs Vampires"
Trend Hunter Inc Trend Spotting & Cool Hunting Community Services

SECRET WEAPON MARKETING
5870 W Jefferson Blvd, Los Angeles, CA 90016
Tel.: (310) 656-5999
Fax: (310) 656-6999
E-Mail: pat@secretweapon.net
Web Site: www.secretweapon.net

Employees: 25
Year Founded: 1997

Agency Specializes In: Advertising Specialties, Brand Development & Integration, Broadcast, Cable T.V., Newspaper, Out-of-Home Media, Outdoor, Print, Production, Radio, Sponsorship, Strategic Planning/Research, T.V.

Approx. Annual Billings: $200,000,000

Breakdown of Gross Billings by Media: Cable T.V.: $30,000,000; Network T.V.: $60,000,000; Radio: $30,000,000; Spot T.V.: $80,000,000

Patrick Adams *(Mng Dir)*
Brock Anderson *(Grp Acct Dir)*
Noah Meadors *(Art Dir)*
Saro Karagueuzian *(Mgmt Supvr)*

Accounts:
Honda Campaign: "Happy Honda Days"
North Texas Honda Dealers Association (Agency of Record); 2017
Southern California Honda Dealers Broadcast, Campaign: "All Dressed In Blue", Campaign: "Sleigh Wash", Creative, Digital, Social Media
Valley Honda Dealer Association Creative

SEE YA GROUP
275 Ne 18Th St Apt 406, Miami, FL 33132
Tel.: (786) 708-1792
E-Mail: info@seeyagroup.com
Web Site: www.seeyapr.com

Employees: 1

Agency Specializes In: Advertising, Brand Development & Integration, Digital/Interactive, Graphic Design, Logo & Package Design, Print, Social Media

Nathalie Maass *(CEO)*

Accounts:
Lifestyle Miami

SEED FACTORY MARKETING
692 10th St NW 2nd Fl, Atlanta, GA 30318
Tel.: (404) 996-4041
Web Site: http://seedatl.com/

Employees: 10
Year Founded: 2012

Agency Specializes In: Alternative Advertising, Broadcast, Digital/Interactive, Guerilla Marketing, Infomercials, Mobile Marketing, Multimedia, Out-of-Home Media, Outdoor, Print, Product Placement, Social Media, Trade & Consumer Magazines, Viral/Buzz/Word of Mouth

Mark Sorensen *(Partner & Creative Dir)*
Angie Maddox *(Partner & Dir-PR)*

Accounts:
ArborGuard
Atlanta Humane Society
High Museum of Art Atlanta
Moda Aids Awareness Campaign; 2013
Navicent Health Campaign: "Everything About Us Is All About You", Campaign: "Kindness"
Werner Co

SEED STRATEGY, INC.
740 Ctr View Blvd, Crestview Hills, KY 41017
Tel.: (859) 594-4769
Fax: (859) 594-4767
E-Mail: contact@seedstrategy.com
Web Site: www.seedstrategy.com

AGENCIES - JANUARY, 2019 — ADVERTISING AGENCIES

Employees: 50

Agency Specializes In: Advertising, Brand Development & Integration, Branded Entertainment, Communications, New Product Development, Strategic Planning/Research

Susan Jones *(Founder & CEO)*
Chad Buecker *(Pres & COO)*
Robert Cherry *(Chief Creative Officer)*
Radleigh Wakefield *(Sr VP & Strategist)*
Kevin Brummer *(Sr VP-Creative)*
Jeff Johns *(Sr VP-Creative)*
Tracy Kelly *(Sr VP-Ops)*
John McSherry *(Sr VP-Ops)*
Eric Scheer *(Sr VP-Creative)*
David Hayes *(VP-Ops, R&D)*
Tom Kisker *(VP-Creative)*
Jed Golden *(Sr Dir-Copy)*
Angela Jones *(Creative Dir)*
John Kitzmiller *(Creative Dir)*
Jamie Schleicher *(Creative Dir)*
Adam Siegel *(Creative Dir)*

Accounts:
Sara Lee Corporation
Silk Soymilk
Wrigley Eclipse Gum

SEER INTERACTIVE
1033 N 2Nd St Fl 2, Philadelphia, PA 19123
Tel.: (215) 967-4461
Fax: (215) 873-0744
Web Site: www.seerinteractive.com

Employees: 134
Year Founded: 2002

Agency Specializes In: Advertising, Search Engine Optimization

Wil Reynolds *(Founder)*
Crystal O'Neill *(Pres)*
Brett Fratzke *(Head-Paid Media Team)*
Francis Shovlin *(Dir-PPC)*
Alisa Scharf *(Assoc Dir-SEO)*
Jordan Frank *(Sr Mgr-SEO)*
Gil Hong *(Sr Acct Mgr-PPC)*
Amanda McGowan *(Sr Acct Mgr-SEO & Analytics)*
Jessica Bader *(Acct Mgr)*
Daniel Pugh *(Acct Mgr-PPC)*
Kristin Bigness *(Sr Creative Mgr)*
Audrey Bloemer *(Sr Head-Paid Media Team)*
Ryan Fontana *(Sr Team Head-SEO)*
Peter Lijoi *(Assoc-PPC)*
Ally Malick *(Team Head-PPC)*
Adam Melson *(Team Head-SEO)*
Tim Moorhead *(Sr Assoc-PPC)*

Accounts:
AWeber Communications Email Marketing Software Providers
The University of Pennsylvania Educational Institution
Wine Enthusiast Companies Wine Mfr & Distr

THE SEIDEN GROUP
708 3rd Ave 13th Fl, New York, NY 10017
Tel.: (212) 223-8700
Fax: (212) 223-1188
E-Mail: mseiden@seidenadvertising.com
Web Site: www.seidenadvertising.com

Employees: 43
Year Founded: 1995

Agency Specializes In: Advertising, Brand Development & Integration, Consulting, New Product Development, Planning & Consultation, Sponsorship

Approx. Annual Billings: $90,000,000

Stephen Feinberg *(Chief Creative Officer)*
Eva Ng *(Controller)*
Eric Houseknecht *(Exec Creative Dir)*
Kati Schultheis *(Acct Dir)*
Meredith Cohen *(Dir-Print Production)*
Alaina Paciulli *(Dir-Integrated Media & New Bus)*
Ray Vargas *(Dir-Client Dev)*
Eric Johnson *(Acct Svc Dir)*
Dana Buttenbaum *(Sr Acct Exec)*
Liza Seiden *(Acct Exec & Strategist-Brand)*
Robert Shiers *(Sr Planner-Integrated Media)*
Haley Maroon *(Media Planner-Integrated)*
Alyssa Torrisi *(Asst Media Planner-Integrated)*

Accounts:
BD Medical Diabetes Care
New York-Presbyterian Healthcare System
Polytechnic University
RediClinic
Shire
Weight Watchers
YMCA, New York

SELECT WORLD
401 Broadway, New York, NY 10013
Tel.: (212) 367-5600
Fax: (212) 929-5678
E-Mail: info.newyork@selectny.com
Web Site: http://selectworld.com/

Employees: 260
Year Founded: 1993

National Agency Associations: 4A's

Agency Specializes In: Advertising, Brand Development & Integration, Communications, Cosmetics, Sponsorship

Tami Evioni *(Mng Dir)*
Sabrina Yu *(Mng Dir)*
Hans Dorsinville *(Chief Creative Officer-North America)*
Wolfgang Schaefer *(Chief Strategy Officer)*
Fabrice Policella *(Exec Creative Dir-Los Angeles)*
Anita Asante *(Dir-Bus Dev)*

Accounts:
Artistry
Balenciaga
Boghossian Brand Identity, Media, Print, Social Media
Davidoff Cool Water, Fragrances
Elie Tahari
Fredrick Fekkai Campaign: "Most Privileged Hair in the World"
Glow By JLo Fragrance
J.Lo
Joop Fragrance & Fashion
Just Cavalli Women's Fragrance
Miss Sixty
Nautica
Nine West
Project Glimmer Social, Video
Sebastian Professional
Seiko
St. John Knits International, Inc. (Agency of Record) Brand Positioning, Campaign: "Golden Coast Glamour", Creative, Social Media
Stetson Fragrance Shania Twain Fragrance
Still by Jennifer Lopez
Swarovski Jewelry
Taylor Swift (Elizabeth Arden) Taylor Swift Incredible Things Fragrance; 2014
Timex

Branches

SelectNY.Paris
94 Rue Saint Lazare, Esc A 7eme etage, 75009 Paris, France
Tel.: (33) 1 53 01 95 00
Fax: (33) 1 53 01 95 15
E-Mail: info.paris@selectny.com
Web Site: http://selectworld.com/

Employees: 16
Year Founded: 1996

Agency Specializes In: Communications

April Alegre *(Art Dir-Select World)*
Caroline Le Hir *(Art Dir)*
Julian Bowyer *(Dir-Strategic Plng)*
Chloe Le Blainvaux *(Acct Exec-Select World)*

SelectNY.Koblenz GmbH
Schlossstrasse 1, Koblenz, 56068 Germany
Tel.: (49) 261 972 610
Fax: (49) 261 972 6111
E-Mail: info.koblenz@selectny.com
Web Site: www.selectlp.com

Employees: 45
Year Founded: 1991

Agency Specializes In: Communications, Trade & Consumer Magazines

Gerhard Aretz *(Gen Mgr)*

SelectNY.Hamburg GmbH
Hohelustchaussee 18, Hamburg, 20253 Germany
Tel.: (49) 40 45 02 19 0
Fax: (49) 40 45 02 19 10
E-Mail: info.hamburg@selectNY.com
Web Site: www.selectlp.com

Employees: 65
Year Founded: 1992

Agency Specializes In: Communications, Cosmetics, Fashion/Apparel

Susanne Deobald *(Brand Dir)*
Natasha Haack *(Acct Dir)*
Nora Nabel *(Sr Acct Mgr-Select World)*
Rike Kaufmann *(Sr Art Dir)*

SelectNY.Berlin GmbH
Chaussee Strasse 123, Berlin, 10115 Germany
Tel.: (49) 30 34 34 630
Fax: (49) 30 34 34 63 63
E-Mail: info.berlin@selectny.com
Web Site: selectworld.com

Employees: 45
Year Founded: 2000

Agency Specializes In: Communications

Alexandra Mittag *(Dir-Client Svc)*

SELLIGENT, INC.
(Formerly StrongView Systems, Inc.)
(d/b/a Selligent Marketing Cloud)
1300 Island Dr Ste 200, Redwood City, CA 94065
Tel.: (650) 421-4200
Fax: (650) 421-4201
Web Site: www.selligent.com

Employees: 25

Agency Specializes In: Brand Development & Integration, Consumer Publications, Email, Local Marketing, Social Marketing/Nonprofit

Revenue: $1,900,000

John Hernandez *(CEO)*

ADVERTISING AGENCIES

Kevin Thompson *(CFO)*
Chris Botting *(COO)*
John Cadigan *(VP-Ops)*
Sylvie Tongco *(Dir-Corp Comm)*

Accounts:
IHG
KIDBOX Marketing; 2018
McAfee
T. Rowe Price
Viacom
Zecco Holdings, Inc.

THE SELLS AGENCY, INC.
401 W Capitol Ave Ste 400, Little Rock, AR 72201-3414
Tel.: (501) 666-8926
Fax: (501) 663-0329
E-Mail: info@sellsagency.com
Web Site: www.sellsagency.com

Employees: 20

Agency Specializes In: Advertising, Financial, Health Care Services

Revenue: $5,000,000

Mike Sells *(Owner)*
Rachel Arnold *(Fin Dir)*
Gaea Miller *(Fin Dir)*
Jon Hodges *(VP & Exec Creative Dir)*
Drew Finkbeiner *(VP & Dir-Acct Svcs)*
Amber Coldicott *(Office Mgr)*
Ginger Daril *(Sr Acct Exec-PR)*
Lauren Bradbury *(Acct Exec)*
Kristen Burgeis *(Acct Exec)*
Charlie Gocio *(Acct Exec)*
Matt Ramsey *(Acct Exec-PR)*
Thad James *(Designer-Interactive)*
Megan Williams *(Coord-Traffic & Asst-Media)*
Heather Meek *(Sr Media Planner & Buyer)*
Joel Richardson *(Sr Art Dir)*

Accounts:
ARVEST Bank Group
Carlton-Bates
Conway Regional Health System
Fayetteville, AR Tourism
TAC Air

Branch

The Sells Agency, Inc.
112 W Center St, Fayetteville, AR 72701
Tel.: (479) 695-1760
Fax: (479) 695-2428
E-Mail: info@sellsagency.com
Web Site: sellsagency.com

Employees: 3

National Agency Associations: AAF-APA-BMA

Agency Specializes In: Advertising, Aviation & Aerospace, Brand Development & Integration, Broadcast, Business-To-Business, Cable T.V., Consulting, Corporate Communications, Corporate Identity, Customer Relationship Management, Digital/Interactive, Direct-to-Consumer, Electronic Media, Email, Financial, Health Care Services, Hospitality, Information Technology, Integrated Marketing, Leisure, Local Marketing, Logo & Package Design, Magazines, Media Buying Services, Media Planning, Media Training, Mobile Marketing, Multimedia, Newspaper, Newspapers & Magazines, Out-of-Home Media, Outdoor, Paid Searches, Planning & Consultation, Print, Production (Ad, Film, Broadcast), Production (Print), Promotions, Public Relations, Publicity/Promotions, Radio, Recruitment, Strategic Planning/Research, T.V., Travel & Tourism, Web

(Banner Ads, Pop-ups, etc.)

Mike Sells *(Owner)*
Jon Hodges *(VP & Exec Creative Dir)*
Drew Finkbeiner *(Dir-Northwest Arkansas)*
Amber Coldicott *(Office Mgr)*
Kristen Burgeis *(Acct Exec)*
Emily Canada *(Acct Exec-PR)*
Thad James *(Designer-Interactive)*

Accounts:
Acxiom
ArCom Systems
Arkansas Tech University
Arvest Bank Group
Carlton-Bates
First State Bank
Mercy Medical Center; Rogers, AR
TAC Air

SELMARQ
2435 Merrywood Rd, Charlotte, NC 28210
Tel.: (704) 365-1455
Fax: (704) 365-1458
E-Mail: info@selmarq.com
Web Site: www.selmarq.com

Employees: 3
Year Founded: 1983

National Agency Associations: BMA

Agency Specializes In: Advertising, Advertising Specialties, Automotive, Bilingual Market, Brand Development & Integration, Business Publications, Business-To-Business, Collateral, Communications, Consulting, Corporate Communications, Corporate Identity, Direct Response Marketing, E-Commerce, Engineering, Event Planning & Marketing, Food Service, Graphic Design, Industrial, Internet/Web Design, Logo & Package Design, Magazines, Media Buying Services, New Product Development, Planning & Consultation, Print, Public Relations, Publicity/Promotions, Recruitment, Restaurant, Sales Promotion, Strategic Planning/Research, Technical Advertising, Trade & Consumer Magazines

Jeff Rothe *(Principal)*
Andrea Miller *(Mgr-Accts)*

Accounts:
Brixx
Hersey Meters
Sonoco
World Affairs Council of Charlotte

THE SELTZER LICENSING GROUP
1180 Ave of the Americas 3rd Fl, New York, NY 10036
Tel.: (212) 244-5548
Web Site: www.seltzerlicensing.com

Employees: 25
Year Founded: 1998

Agency Specializes In: Advertising, Brand Development & Integration

Stu Seltzer *(Pres)*
Sherry Mandelbaum Halperin *(Exec VP)*
Cheryl Rubin *(Exec VP-Brand Licensing)*
Ricardo Yoselevitz *(VP-Sls Bus Dev)*
Charles Africa *(Dir-Market Insights-Brand Mktg Consulting)*

Accounts:
Bertolli
Cheer's
Fox Studios
Good Humor

Klondike
Nautilus, Inc
Popsicle Playwear Ltd.
Safeway, Inc.
Star Trek
Unilever United States, Inc. Skippy, Breyer's, Suave

SENSIS
818 S Broadway Ste 1100, Los Angeles, CA 90014
Tel.: (213) 341-0171
Fax: (323) 861-7436
Toll Free: (866) 434-2443
E-Mail: info@sensisagency.com
Web Site: www.sensisagency.com

Employees: 80
Year Founded: 1998

Agency Specializes In: Above-the-Line, Advertising, African-American Market, Asian Market, Below-the-Line, Bilingual Market, Brand Development & Integration, Broadcast, Business Publications, Business-To-Business, Cable T.V., Collateral, Communications, Consulting, Consumer Marketing, Content, Copywriting, Corporate Identity, Digital/Interactive, Direct Response Marketing, Direct-to-Consumer, Email, Experience Design, Graphic Design, Hispanic Market, Identity Marketing, In-Store Advertising, Integrated Marketing, Internet/Web Design, LGBTQ Market, Local Marketing, Logo & Package Design, Magazines, Market Research, Media Buying Services, Media Planning, Media Relations, Mobile Marketing, Multimedia, Newspaper, Newspapers & Magazines, Out-of-Home Media, Outdoor, Over-50 Market, Paid Searches, Planning & Consultation, Print, Production, Production (Ad, Film, Broadcast), Production (Print), Promotions, Public Relations, Publicity/Promotions, Radio, Search Engine Optimization, Seniors' Market, Shopper Marketing, Social Marketing/Nonprofit, Social Media, Sponsorship, Strategic Planning/Research, T.V., Teen Market, Trade & Consumer Magazines, Tween Market, Urban Market, Viral/Buzz/Word of Mouth, Web (Banner Ads, Pop-ups, etc.)

Approx. Annual Billings: $26,000,000

Jose Villa *(Pres)*
Robyn Loube *(Mng Dir)*
Abdi Zadeh *(Mng Dir)*
Karla Fernandez Parker *(Mng Dir-Texas)*
Ken Deutsch *(Media Dir)*
Daniel Peralta *(Producer-Creative)*
Eloisa Hubilla-Reus *(Dir-Strategic Plng)*
Daniel De La Torre *(Acct Supvr)*
Renzo Garcia *(Sr Acct Exec)*
Emily High *(Media Planner & Media Buyer)*
Sheriden Dyer *(Asst-Media)*
David Galvan *(Assoc Creative Dir)*
Javier San Miguel *(Grp Creative Dir)*

Accounts:
AltaMed Health Services
Auto Club Speedway (Agency of Record) Brand Strategy, Collateral Design, Creative, Digital, Digital Display, Media Planning & Buying, Radio, TV, Website; 2017
The CDC; 2014
Cochlear Hispanic Marketing; 2015
E-Verify; 2012
Rio Grande LNG; 2014
San Diego Gas & Electric; 2008
WorldRemit

SEO INC.
5841 Edison Place, Carlsbad, CA 92008
Tel.: (760) 929-0039
Fax: (760) 929-8002
E-Mail: info@seoinc.com

Web Site: www.seoinc.com/

Employees: 65

Agency Specializes In: Search Engine Optimization

Garry Grant *(CEO)*
James Baker *(CTO)*

Accounts:
AT&T Communications Corp.
Avalon Communities
Camp Bow Wow
Microsoft

SEQUEL RESPONSE, LLC
7480 Flying Cloud Dr # 100, Eden Prairie, MN 55344
Tel.: (952) 564-6930
Fax: (952) 944-4028
Web Site: http://sequeldm.com/

Employees: 31

Agency Specializes In: Advertising

Jay Carroll *(Co-Founder & CEO)*
Tom Rothstein *(Pres)*
Kevin Voigt *(VP-Bus Dev & Specialist-Growth)*
Vicki Erickson *(VP-Client Svcs)*
Chris Hofmann *(VP-Digital Svcs)*
Jody Johnson *(VP-Fin)*
Collin Carroll *(Dir-Mktg)*
James Fussy *(Dir-Database Mktg & Analytics)*
Carrie Dunn *(Acct Mgr)*
Erik Koenig *(Sr Strategist-Mktg)*
Charlie Kojis *(Analyst-Digital Media)*

Accounts:
LifeLock Inc.
Specialty Insurance Agency, Inc.
Springs Window Fashions LLC
WPS Health Insurance

SERENDIPIT
4450 N 12th St Ste 238, Phoenix, AZ 85014
Tel.: (602) 283-5209
E-Mail: info@serendipitconsulting.com
Web Site: www.serendipitconsulting.com

Employees: 25

Agency Specializes In: Advertising, Brand Development & Integration, Digital/Interactive, Event Planning & Marketing, Internet/Web Design, Public Relations, Social Media

Melissa DiGianfilippo *(Owner, Partner & Pres-PR)*
Alexis Krisay *(Owner)*
Wes Krisay *(Owner)*
Rachel Brockway *(Acct Supvr-PR)*

Accounts:
Amazingmail
B3 Strategies
Blue Door Treatment Center Brand Creation, Public Relations
Boys & Girls Clubs of Metro Phoenix
Buzzies National Public Relations, Social Media
Caliente Construction Website Development
Campus Living Villages Marketing & Reputation Management
Crave
Donley Service Center
DryBar
FastMed Urgent Care
Fuchsia Spa
Galicia Fine Jewelers
Intelligent Technical Solutions Public Relations
Land Advisors
Merge Architectural Group
Miller Russell Associates
Modern Acupuncture (Agency of Record) Design, Digital, Public Relations, Traditional Marketing
Orangetheory Fitness East Bay
Pacific Retail Capital Partners
Phoenix Spine Surgery Center
Robbins Brothers
Safeguard Security and Communications, Inc.
Stonemont Financial
Strong Tower Real Estate Group
Sublime
Taylor Morrison
Twenty Four Seven Hotels Social Media

SERIF GROUP
2309 Old Keene Pl, Lexington, KY 40515
Tel.: (859) 271-0701
E-Mail: info@serifgroup.com
Web Site: www.serifgroup.com

Employees: 4
Year Founded: 1999

Agency Specializes In: Advertising, Graphic Design, Internet/Web Design, Logo & Package Design, Print, Social Media

Jackie Powell *(Owner & Partner)*
Bill Powell *(Owner)*

Accounts:
Shaun Ring
Shield Works

SERINO COYNE LLC
437 Madison Ave, New York, NY 10022
Tel.: (212) 626-2700
Fax: (212) 626-2799
E-Mail: info@serinocoyne.com
Web Site: www.serinocoyne.com

Employees: 95
Year Founded: 1977

Agency Specializes In: Advertising, Broadcast, Collateral, Consumer Marketing, Direct Response Marketing, Entertainment, Event Planning & Marketing, Graphic Design, Integrated Marketing, Internet/Web Design, Logo & Package Design, Magazines, Media Planning, Newspaper, Newspapers & Magazines, Out-of-Home Media, Outdoor, Print, Production, Production (Print), Radio, Retail, Sponsorship, Strategic Planning/Research, T.V.

Nancy Coyne *(Chm)*
Angelo Desimini *(CEO)*
Kim Hewski *(VP-Res)*
Scott Yambor *(VP-Media Svcs)*
Suzanne Tobak *(Sr Dir-Events)*
Jay Cooper *(Creative Dir-Design Lab)*
Leslie Barrett *(Dir-Integrated Mktg)*
Hailey Barton *(Dir-Digital Media)*
Laurie Connor *(Dir-Editorial-Interactive)*
Christopher J. Martin *(Dir-HR)*
Grace Zoleta *(Dir-Acctg)*
Kevin Hirst *(Acct Supvr)*
Drew Nebrig *(Acct Supvr)*
Anna Pitera *(Acct Supvr)*
Zhanna Kirtsman *(Supvr-Accts Payable)*
Shih-Jie Li *(Supvr-Acctg)*
Melissa Altman *(Media Planner & Buyer-Digital)*
Kailey Smith *(Media Planner & Buyer-Digital)*

Accounts:
Jersey Boys
The Walt Disney Company Aladdin
Wicked

SEROKA
N17 W24222 Riverwood Dr, Waukesha, WI 53188
Tel.: (262) 523-3740
Fax: (262) 523-3760
E-Mail: information@seroka.com
Web Site: www.seroka.com

Employees: 15
Year Founded: 1981

Agency Specializes In: Advertising, Affluent Market, Brand Development & Integration, Catalogs, Collateral, Communications, Computers & Software, Consulting, Consumer Marketing, Consumer Publications, Corporate Communications, Corporate Identity, Crisis Communications, Customer Relationship Management, Digital/Interactive, Direct Response Marketing, Direct-to-Consumer, Email, Event Planning & Marketing, Exhibit/Trade Shows, Faith Based, Financial, Graphic Design, Health Care Services, High Technology, Identity Marketing, Industrial, Information Technology, Internet/Web Design, Leisure, Logo & Package Design, Luxury Products, Market Research, Media Relations, Medical Products, New Technologies, Newspapers & Magazines, Out-of-Home Media, Outdoor, Pharmaceutical, Podcasting, Point of Sale, Production, Production (Ad, Film, Broadcast), Promotions, Public Relations, Radio, Sales Promotion, Search Engine Optimization, Seniors' Market, Strategic Planning/Research, T.V., Technical Advertising, Transportation, Travel & Tourism, Web (Banner Ads, Pop-ups, etc.)

Revenue: $1,300,000

Patrick H. Seroka *(CEO & Principal)*
Scott Serok *(Principal & Strategist-Certified Brand)*
John Seroka *(Principal)*
Amy Hansen *(Dir-Client Svc & PR)*

Accounts:
Parkside Lending (Agency of Record) Marketing, Public Relations

SERUM
1215 4th Ave Ste 2100, Seattle, WA 98161
Tel.: (206) 805-1500
Web Site: www.serumagency.com

Employees: 5
Year Founded: 2015

Agency Specializes In: Advertising, Customer Relationship Management, Digital/Interactive, Direct Response Marketing, Market Research, Media Buying Services, Media Planning, Mobile Marketing, Radio, Strategic Planning/Research

Accounts:
New-AARP
New-Affinity Health Plan
New-Health Care Service Corporation
New-My Elder Advocate, LLC
New-eHealthInsurance Services, Inc.

SET CREATIVE
12 W 27th St Fl 6, New York, NY 10001
Tel.: (646) 738-7000
Fax: (212) 213-9431
E-Mail: hello@setcreative.com
Web Site: www.setcreative.com

Employees: 120
Year Founded: 2009

Agency Specializes In: Advertising, Digital/Interactive, Event Planning & Marketing, Exhibit/Trade Shows

Sabina Teshler *(Chm)*
Kurt Kujovich *(Pres)*
Alasdair Lloyd-Jones *(CEO)*
Israel Kandarian *(Exec Creative Dir-North America)*

ADVERTISING AGENCIES

Michael Johansen *(Acct Dir)*
Guy Tremlett *(Creative Dir)*
Emilie Vasu *(Client Svcs Dir)*
Krystal Chellis *(Dir-HR & Talent)*
Graham Kelman *(Dir-Design)*
Tatom Masagatani *(Dir-Resourcing)*

Accounts:
Arc'teryx
BMW
Google Glass
Jordan
Nike, Inc.
Red Bull
Sonos, Inc. (Lead Retail Strategy & Design Agency); 2017
Sprite
Uniqlo
Verizon

SEVELL+SEVELL, INC.
939 N High St, Columbus, OH 43201
Tel.: (614) 341-9700
Fax: (614) 341-9701
E-Mail: sevell@sevell.com
Web Site: www.sevell.com

Employees: 15

Agency Specializes In: Advertising, Logo & Package Design, Multimedia, Print, Web (Banner Ads, Pop-ups, etc.)

Beverly Sevell *(Owner)*
Steve Sevell *(Owner)*
Steven Kropp *(Designer-Web)*

Accounts:
1 Source, Inc.
American Eagle Fulfillment, Inc.
American Heritage Home Renovations
Floyd Browne Group
Geneflow, Inc.
SMPS Columbus
Strategic Health Resources

THE SEVENTH ART, LLC
900 Broadway, New York, NY 10003
Tel.: (212) 431-8289
Fax: (212) 431-8492
E-Mail: info@the7thart.com
Web Site: www.theseventhart.com

Employees: 20

Agency Specializes In: Advertising

Michel Mein *(Founder & CEO)*
Mar I. Reeser del Rio *(Mng Dir)*
Rebecca van de Sande *(Brand Dir)*
Brian Watson *(Art Dir)*
Lindsey Stein *(Coord-Mktg)*

Accounts:
The Charles
Exteel
Isla Moda
The Mandarin Oriental
Plaza Hotel
Riverhouse
St. Regis
Time Warner Center
Trump Chicago
The W Hotel
White Elephant

SEVENTH POINT
4752 Euclid Rd, Virginia Beach, VA 23462-3823
Tel.: (757) 473-8152
Fax: (757) 473-9825
Toll Free: (800) 951-6226
E-Mail: info@seventhpoint.com
Web Site: www.seventhpoint.com

Employees: 28

Agency Specializes In: Advertising, Automotive, Brand Development & Integration, Broadcast, Business-To-Business, Cable T.V., Co-op Advertising, Communications, Consulting, Consumer Marketing, Corporate Communications, Corporate Identity, Digital/Interactive, Direct Response Marketing, Electronic Media, Entertainment, Event Planning & Marketing, Graphic Design, Health Care Services, Industrial, Information Technology, Internet/Web Design, Logo & Package Design, Magazines, Media Buying Services, New Product Development, Newspaper, Out-of-Home Media, Point of Sale, Print, Production, Public Relations, Publicity/Promotions, Strategic Planning/Research, T.V., Transportation, Travel & Tourism

Approx. Annual Billings: $27,500,000

Breakdown of Gross Billings by Media: Brdcst.: 53%; Internet Adv.: 10%; Other: 18%; Print: 19%

Chris Calcagno *(Pres, Principal & Creative Dir)*
Mike Carosi *(Pres)*
Doreen Collins *(VP-Fin)*
Ted Rooke *(VP-Media Svcs)*
Lesli Lemons *(Media Dir)*
Rick Mytych *(Creative Dir)*
Crystal Henderson *(Mgr-Acctg)*
Jeremy Fern *(Acct Exec & Specialist-Higher Ed)*
Jackie Bowers *(Assoc Media Dir)*

Accounts:
Amerigroup Corporation; Virginia Beach, VA Healthcare Services; 2002
Building Beyond Boundaries
Checkered Flag Motorcar Company
TowneBank; Portsmouth, VA Banking & Financial Services; 1998
Troy University; Troy, AL Higher Education Services; 2002
Wheeler Interests Logo & Tagline

SEXTON & CO.
4429 South Atchison Circle, Aurora, CO 80015
Tel.: (303) 246-0366
Fax: (303) 997-7330
E-Mail: jerry@sextonandcompany.com
Web Site: www.sextonandcompany.com

Employees: 5
Year Founded: 1996

National Agency Associations: BMA

Agency Specializes In: Advertising, Brand Development & Integration, Business-To-Business, Consulting, Consumer Marketing, Corporate Communications, Corporate Identity, Digital/Interactive, E-Commerce, Electronic Media, Event Planning & Marketing, Exhibit/Trade Shows, Government/Political, Graphic Design, Health Care Services, High Technology, Infomercials, Integrated Marketing, Internet/Web Design, Local Marketing, Logo & Package Design, Media Buying Services, Medical Products, Multimedia, New Technologies, Planning & Consultation, Production, Public Relations, Publicity/Promotions, Sales Promotion, Search Engine Optimization, Social Marketing/Nonprofit, Social Media, Strategic Planning/Research, T.V., Travel & Tourism

Jerry Sexton *(Owner)*

Accounts:
DI Graphics; Denver, CO Online Marketing
Farm Mart; Englewood, CO Farm Supplies; 1992
Grease Monkey; Greenwood Village, CO Auto Services, Website, Video; 2009
PRO Hardware; Denver, CO; 1953
Vac-Tron Online Marketing

SFW AGENCY
210 S Cherry St, Winston Salem, NC 27101-5231
Tel.: (336) 333-0007
Fax: (336) 333-9177
Web Site: www.sfwresults.com

Employees: 20
Year Founded: 1985

National Agency Associations: 4A's-Second Wind Limited

Agency Specializes In: Brand Development & Integration, Broadcast, Business-To-Business, Collateral, Consumer Marketing, Corporate Identity, Education, Event Planning & Marketing, Fashion/Apparel, Graphic Design, Health Care Services, Logo & Package Design, Magazines, Newspaper, Out-of-Home Media, Planning & Consultation, Point of Purchase, Point of Sale, Radio, Retail, Sponsorship, Strategic Planning/Research, T.V.

Ged King *(CEO)*
Matt King *(CMO)*
David Geren *(VP-Acct Mgmt)*
Maury Kennedy *(Gen Mgr-Social Media)*
Vickie Canada *(Creative Dir-Brand)*
Ashley Dillon *(Mktg Dir)*
Evan Weinstein *(Art Dir)*
Megan Cleworth *(Dir-Digital Strategy)*
Rick McCarthy *(Dir-Res & Strategy)*
Gray Robinson *(Dir-Strategy)*
Brittany Matters *(Mgr-PR Project)*
Chelsea Higgins *(Acct Supvr)*
Shayla Stockton *(Sr Acct Exec)*
Jonathan Davis *(Strategist-Mktg)*
Thomas Donahue *(Copywriter)*
Renee Owens *(Assoc Creative Dir)*
Linda Rosa *(Sr Production Mgr)*

Accounts:
Anthos Flowering Bulbs Campaign: "Dig, Drop, Done. Identity"
Carolina Bank
Channellock, Inc (Marketing Agency of Record) Audio Media, Digital, Print
Coastal Shower Doors
Corona Tools
Ekornes Home Furnishings
First Community Bancshares Inc.; Bluefield, VA (Agency of Record)
Fruit of the Loom
Grandover Resort
High Point Convention & Visitors Bureau Brand Identity, Marketing
High Point Regional Health System
iBulb Marketing Programs
Kindermusik International Inc (Marketing Agency of Record) Advertising, Design Strategies, Digital, Public Relations, Research, Social Media
Lowe's Home Improvement
Palm Harbor Homes
Primo Water
Tanglewood Park Campaign: "Tree"
Trek Bicycle Store

SGW
219 Changebridge Rd, Montville, NJ 07045-9514
Tel.: (973) 299-8000
Fax: (973) 299-7937
Toll Free: (800) SSDWIMC
Web Site: www.sgw.com

Employees: 45
Year Founded: 1979

National Agency Associations: BPA-PRSA

Agency Specializes In: Advertising, Brand Development & Integration, Digital/Interactive, Graphic Design, Media Buying Services, Public Relations

Frank Giarratano *(Pres, Partner & COO)*
Cesare Pari *(Exec VP & Creative Dir)*
Ken Lombardo *(VP & Assoc Creative Dir)*
William Ward *(VP-Automotive Div)*
Debbie Carrillo *(Mgr-Billing)*

Accounts:
Delta Dental of New Jersey
Enritsu
Muscle Maker Grill
Saint Peter's University Hospital
Signature Information Solutions
Teledyne LeCroy
University of Medicine & Dentistry of NJ

SHADOW PR
30 W 21St St, New York, NY 10010
Tel.: (212) 972-0277
Fax: (212) 918-9296
E-Mail: info@shadowpr.com
Web Site: http://www.weareshadow.com/

Employees: 20
Year Founded: 2007

Agency Specializes In: Entertainment, Fashion/Apparel, Media Relations, Social Media

Lisette Sand-Freedman *(CEO)*
Brad Zeifman *(Co-CEO)*
Liza Bychkov-Suloti *(Partner)*
Michelle Sokoloff *(Partner)*
Jamie D'Attoma *(VP)*
Brian Vaughan *(Creative Dir)*
Danielle Marmel *(Acct Mgr)*
Isabella Palmer *(Acct Mgr)*
Jennifer Laski *(Sr Acct Exec)*
Brittany Banion *(Acct Exec)*
Sara Lieberman *(Acct Exec)*

Accounts:
Butter
DKNY Hosiery
Donna Karan
The Estate
Hollywood Roosevelt
The Light Group
Nylon Magazine
Pottery Barn
Rent the Runway Brand's Celebrity Outreach, Broadcast Media, Event Activations, Online, Print
Tenjune
Thompson Beverly Hills
Windmark Recording

SHAKER RECRUITMENT ADVERTISING & COMMUNICATIONS, INC.
The Shaker Bldg 1100 Lk St, Oak Park, IL 60301
Tel.: (708) 383-5320
Fax: (800) 848-3297
Toll Free: (800) 323-5170
E-Mail: info@shaker.com
Web Site: www.shaker.com

Employees: 203
Year Founded: 1951

Agency Specializes In: Advertising, Communications, Recruitment, Sponsorship

Approx. Annual Billings: $69,000,000

Breakdown of Gross Billings by Media: Collateral: 7%; Internet Adv.: 25%; Other: 3%; Out-of-Home Media: 1%; Print: 60%; Radio & T.V.: 4%

Joe Shaker *(Pres)*
Joe Shaker, Jr. *(Pres)*
Derek Briggs *(COO)*
Catherine Shaker Breit *(Principal)*
Cathy Shaker *(Principal)*
Peter Carr *(VP-Client Svcs)*
Gerald Digani *(VP-Health Care)*
Ellen Paige *(VP-Client Svcs)*
Daniel Shaker *(VP-Creative)*
Mike Temkin *(VP-Strategic Plng & Dev)*
Tracy Wascoe Noer *(Acct Dir)*
Denise Polanski *(Creative Dir)*
Tony Lepore *(Dir-Brand Strategy)*
Sharon Lynch *(Acct Exec)*
Gina Prestifilippo *(Acct Exec)*

Branches

Shaker Recruitment Advertising & Communications, Inc.
1408 N Westshore Blvd Ste 508, Tampa, FL 33607-3844
Tel.: (813) 704-2988
Toll Free: (888) 323-1170
E-Mail: south@shaker.com
Web Site: www.shaker.com

Employees: 7

Agency Specializes In: Advertising, Advertising Specialties, Recruitment

Joseph G. Shaker *(Pres)*
Jerry Digani *(VP-Health Care)*
Ginger Dodds *(Acct Dir)*

Accounts:
Coca-Cola Refreshments USA, Inc.
Cognos ERP
Morton's ERP

SHAMIN ABAS PUBLIC RELATIONS
222 Clematis St Ste 204, West Palm Beach, FL 33401
Tel.: (561) 366-1226
Fax: (561) 366-4015
E-Mail: info@shaminabaspr.com
Web Site: www.shaminabaspr.com

Employees: 5

Agency Specializes In: Advertising, Entertainment, Fashion/Apparel, Financial, Local Marketing, Public Relations, Technical Advertising

Shamin Abas *(Pres)*
Kelly Downey *(Dir-Media Rels)*

SHAMLIAN CREATIVE
105 W 3rd St, Media, PA 19063
Tel.: (610) 892-0570
E-Mail: info@open-inc.com
Web Site: www.shamliancreative.com

Employees: 7

Agency Specializes In: Advertising, Brand Development & Integration, Content, Corporate Identity, Graphic Design, Internet/Web Design, Media Planning, Print, Social Media, Sponsorship, Strategic Planning/Research

Fred Shamlian *(Founder & Creative Dir)*
Joshua Phillips *(Sr Designer)*

Accounts:
Tuckers Tavern

SHARAVSKY COMMUNICATIONS
4128 Dana Ln, Lafayette Hill, PA 19444-1320
Tel.: (610) 834-5499
E-Mail: alans@sharavsky.com
Web Site: www.sharavsky.com

E-Mail for Key Personnel:
President: alans@sharavsky.com

Employees: 7
Year Founded: 1993

Agency Specializes In: Advertising, Brand Development & Integration, Business-To-Business, Collateral, Consumer Marketing, Education, Entertainment, Health Care Services, Internet/Web Design, Newspaper, Out-of-Home Media, Pharmaceutical, Print, Radio, T.V.

Alan Sharavsky *(Pres)*
Elizabeth Hanson *(Acct Supvr)*

Accounts:
Broderville Pictures
Frontline Technologies
Lippincott Publishing
McNeil Consumer Healthcare; Fort Washington, PA Over-the-Counter Supplements & Medications; 2001
Mercy Health System
Nickelodeon
Philadelphia Industrial Development Corporation: Philadelphia, PA Portfol Loan Tracking Software; 2005
Temple University Health Systems

SHARK COMMUNICATIONS
255 S Champlain Ste 7, Burlington, VT 05401-5261
Tel.: (802) 658-5440
Fax: (802) 658-0113
E-Mail: info@sharkcomm.com
Web Site: www.sharkcomm.com

E-Mail for Key Personnel:
President: pete@sharkcomm.com
Production Mgr.: rick@sharkcomm.com

Employees: 10
Year Founded: 1986

Agency Specializes In: Advertising, Bilingual Market, Brand Development & Integration, Business Publications, Business-To-Business, Catalogs, Collateral, Communications, Consulting, Consumer Marketing, Consumer Publications, Corporate Communications, Corporate Identity, Digital/Interactive, Direct-to-Consumer, E-Commerce, Graphic Design, Guerilla Marketing, High Technology, In-Store Advertising, Information Technology, Integrated Marketing, Internet/Web Design, Leisure, Logo & Package Design, Magazines, Medical Products, Newspaper, Newspapers & Magazines, Out-of-Home Media, Outdoor, Point of Purchase, Print, Public Relations, Radio, Search Engine Optimization, Strategic Planning/Research, T.V., Trade & Consumer Magazines, Travel & Tourism, Web (Banner Ads, Pop-ups, etc.)

Approx. Annual Billings: $3,500,000

Breakdown of Gross Billings by Media: Collateral: $1,050,000; D.M.: $175,000; Mags.: $350,000; Newsp.: $1,050,000; Point of Purchase: $175,000; Radio: $350,000; T.V.: $350,000

Peter Jacobs *(Pres & Creative Dir)*

Accounts:
Brookline Bank; Boston, MA Energy Systems, Marketing
Dinse Knapp & McAndrew
Eastern Funding NYC
First Ipswich Bank

ADVERTISING AGENCIES
AGENCIES - JANUARY, 2019

Green Mountain College
Shearer Chevrolet
State of Vermont; Montpelier, VT Captive Insurance, Department of Economic Development, Global Trade Office

SHARP COMMUNICATIONS
415 Madison Ave 24th Fl, New York, NY 10017
Tel.: (212) 829-0002
E-Mail: info@sharpthink.com
Web Site: www.sharpthink.com

E-Mail for Key Personnel:
President: jb@sharpthink.com

Employees: 20
Year Founded: 2001

National Agency Associations: 4A's-AMA-COPF

Agency Specializes In: Advertising, Brand Development & Integration, Broadcast, Collateral, Corporate Identity, Digital/Interactive, Direct Response Marketing, Event Planning & Marketing, Exhibit/Trade Shows, Internet/Web Design, Logo & Package Design, Out-of-Home Media, Outdoor, Print, Public Relations

Approx. Annual Billings: $3,000,000

James Sharp Brodsky (Founder & CEO)
Laura Mortensen (Pres)
Robert L. Ireland, Jr. (Partner & Mng Dir-Creative)
Gina DeCandia (Sr VP & Grp Dir-PR)
Anri Seki (VP & Sr Dir-Design)
Maggie Holmes (VP-Social Media & Digital Strategy)
Jessica Ventura (Acct Dir)
Jaimie Caiazzo (Sr Acct Exec)
Danielle Quintero (Sr Acct Exec-PR)

Accounts:
1stdibs (Public Relations Agency of Record); 2018
BASF
Benjamin Moore (PR, Social Media & Event Services Agency of Record) Campaign: "Annual Color of the Year", Digital Media
Bertazzoni (US & Canada Public Relations & Social Media Agency of Record)
Cosentino
The European Fine Art Foundation (Public Relations & Social Media Agency of Record in North America)
Legrand North America Adorne Collection, Corporate Communications
Pret A Manger Brand Marketing, Media Relations, PR, Pret Foundation, Special Events & Support
Simon Pearce
Sotheby's
Tourneau PR

SHASHO JONES DIRECT INC.
145 W 67Th St Apt 4D, New York, NY 10023
Tel.: (212) 929-2300
Fax: (212) 929-5630
E-Mail: glenda@sjdirect.com
Web Site: www.sjdirect.com

E-Mail for Key Personnel:
President: glenda@sjdirect.com

Employees: 3
Year Founded: 1991

National Agency Associations: DMA

Agency Specializes In: Advertising, Advertising Specialties, Brand Development & Integration, Consumer Marketing, Cosmetics, Direct Response Marketing, Fashion/Apparel, Graphic Design, Health Care Services, Internet/Web Design, Merchandising, Planning & Consultation, Production, Retail, Strategic Planning/Research

Approx. Annual Billings: $1,000,000

Glenda Shasho Jones (Pres & CEO)

Accounts:
AT&T Communications Corp.
Barrie Pace
Casual Living
Chadwicks, Clifford & Wills
Columbia House
The Discovery Channel
Discovery Kids
Disney
FootSmart
Garnet Hill
Jos. A. Bank
SellSmart; AZ Real Estate

SHAW & TODD, INC.
PO Box 7197, Freehold, NJ 07728
Tel.: (609) 436-0251
E-Mail: mmelia@shawtodd.com
Web Site: www.shawtodd.com

E-Mail for Key Personnel:
President: mmelia@shawtodd.com
Creative Dir.: jpropper@shawtodd.com

Employees: 6
Year Founded: 1980

National Agency Associations: BMA-NJ Ad Club

Agency Specializes In: Advertising, Brand Development & Integration, Business Publications, Business-To-Business, Collateral, Communications, Corporate Identity, Digital/Interactive, Education, Electronic Media, Engineering, Exhibit/Trade Shows, Graphic Design, High Technology, Industrial, Internet/Web Design, Logo & Package Design, Magazines, Market Research, Media Buying Services, Media Planning, Multimedia, New Product Development, New Technologies, Newspapers & Magazines, Print, Production, Production (Print), Promotions, Public Relations, Search Engine Optimization, Technical Advertising, Trade & Consumer Magazines

Approx. Annual Billings: $5,500,000

Mary Melia (Owner)
Keith Todd (VP-Acct Svc & Media)

Accounts:
BioTek; Winooski, VT Microplate Instrumentation
Diagnostica Stago; Parsippany, NJ Laboratory Equipment
Enterix; Edison, NJ Cancer Screening Products
ITC; Edison, NJ Advance Diagnostic Solutions
Tamron; Commack, NY Optical Lenses

SHAZAAAM LLC
PO Box 250784, West Bloomfield, MI 48325
Tel.: (248) 366-0388
E-Mail: getpr@shazaaam.com
Web Site: www.shazaaam.com

Employees: 20

Agency Specializes In: Advertising, Brand Development & Integration, Crisis Communications, Media Relations, Media Training, Public Relations, Social Media

Karen Spica (VP)
Jeffrey Cymerint (Dir-New Bus Dev)

Accounts:
Annette Ferber Collections

SHEEHY & ASSOCIATES
2297 Lexington Rd, Louisville, KY 40206-2818
Tel.: (502) 456-9007
Fax: (502) 456-1895
E-Mail: info@sheehy1.com
Web Site: www.sheehy1.com

E-Mail for Key Personnel:
President: davec@sheehy1.com
Media Dir.: kristyc@sheehy1.com
Production Mgr.: bobi@sheehy1.com

Employees: 50
Year Founded: 1957

Agency Specializes In: Financial, Health Care Services, Media Buying Services, Restaurant, Retail, Travel & Tourism

Approx. Annual Billings: $50,000,000

Breakdown of Gross Billings by Media: Mags.: 5%; Newsp.: 9%; Radio: 28%; T.V.: 58%

Scott Kuhn (CEO)
Martha Greenwell (CFO & Exec VP-Fin & Admin)
Robert Iler (Exec VP & Sr Producer)
Debra Timmons (Exec VP & Dir-Agency Resources)
Megan Hurt (Media Planner & Media Buyer)
Lauren Cox (Assoc Strategist-Digital)
Leslie Kill (Assoc Media Dir)

Accounts:
Arby's Cooperatives; Charlotte, Lexington, Greenville, KY Fast Food
Kroger Supermarkets
Omaha Woodmen Life Insurance Society Woodmen of the World

SHEEPSCOT CREATIVE
SE Hawthorne Blvd, Portland, OR 97214
Tel.: (503) 310-3745
E-Mail: info@sheepscotcreative.com
Web Site: www.sheepscotcreative.com

Employees: 2
Year Founded: 2010

Agency Specializes In: Advertising, Brand Development & Integration, Communications, Event Planning & Marketing, Graphic Design, Print, Social Media

Dave Weich (Pres)
Leah Bobalova (Mktg Mgr)

Accounts:
Josephine Community Libraries, Inc.
Oregon Cultural Trust

SHEILA DONNELLY & ASSOCIATES
1600 Kapiolani Blvd Ste 800, Honolulu, HI 96814
Tel.: (808) 949-4131
Fax: (212) 851-8425
E-Mail: info@sheiladonnelly.com
Web Site: www.sheiladonnelly.com

Employees: 10
Year Founded: 1987

Agency Specializes In: Brand Development & Integration, Consulting, Customer Relationship Management, Event Planning & Marketing, Hospitality, Local Marketing, Media Relations, New Product Development, Promotions, Publicity/Promotions, Real Estate, Sales Promotion, Travel & Tourism

Revenue: $1,100,000

Sheila Donnelly Theroux (Founder & Pres)
Kathy Ho (Acct Exec)

AGENCIES - JANUARY, 2019 — ADVERTISING AGENCIES

Accounts:
51 Buckingham Gate
Montage Beverly Hills
Montage Hotels & Resorts
The Opposite House
The Pierre
The Residences At W Hollywood The Penthouses
Swire Hotels

SHELTON GROUP
12400 Coit Rd Ste 650, Dallas, TX 75251
Tel.: (972) 239-5119
Fax: (972) 239-2292
E-Mail: koliver@sheltongroup.com
Web Site: www.sheltongroup.com

Employees: 40

Agency Specializes In: Advertising, Investor Relations

Jodi Shelton *(Founder, Pres & CEO)*
Suzanne Shelton *(Mng Partner-Strategic Comm)*
Leanne K. Sievers *(Pres-IR)*
Brett L. Perry *(Mng Dir-IR)*
Beverly Twing *(Sr Acct Mgr)*

Accounts:
Diodes Inc.; 2008
Inphi Corporation
Lots of Little Accessories; Dallas, TX; 2008
Multiquip EZ Grout Hog Crusher
NTRglobal North American Division; 2007
Oscar Fierro Designs; 2008
Pixelworks, Inc.; San Jose, CA
Reflex Photonics (Agency of Record)
Stone Core Films; Dallas, TX; 2008
Vimicro International Corporation
Wasting Water Is Weird Campaign: "Bathroom", Campaign: "Car Wash", Campaign: "Dishwasher"
WJ Communications

SHEPHERD
1301 Riverplace Blvd Ste 1100, Jacksonville, FL 32207
Tel.: (877) 896-8774
Web Site: https://www.shepherdagency.com/

Employees: 50
Year Founded: 1984

Agency Specializes In: Advertising, Brand Development & Integration, Digital/Interactive, Out-of-Home Media, Outdoor, Print, Public Relations

Robin Shepherd *(Founder & Pres)*
Jeff Hite *(CFO)*
Janis Hewlett *(Exec VP-Client Svcs)*
Michael Guiry *(VP-Creative Svcs)*
Kendrick Kidd *(Creative Dir)*
Keith Lowe *(Art Dir)*
Damon Williams *(Art Dir & Assoc Creative Dir)*
Lindsey Scott Goodman *(Dir-PR-Animal Health)*
BeckyLynn Schroeder *(Acct Mgr)*
Lauren Banks *(Mgr-Social Media)*
Mackenzie Law *(Copywriter)*
Caty Cambron *(Sr Mktg Mgr)*
Amanda Langenbach *(Jr Designer)*

Accounts:
CSX Corporation
Hoptinger Pub
Merial

THE SHEPHERD GROUP
4695 MacArthur Court Ste #1100, Newport Beach, CA 92660
Tel.: (949) 798-5595
Web Site: www.theshepherdgroup.com

Employees: 2
Year Founded: 1992

Agency Specializes In: Advertising, Content, Crisis Communications, Digital/Interactive, Public Relations, Social Media

Michael Shepherd *(Mng Dir)*

Accounts:
New-Brewer Direct
The Pun Group (Agency of Record)
    Communications, Creative, Digital, Marketing Strategy, Media

THE SHEPPARD
201 N Westmoreland Ave Ste 130, Los Angeles, CA 90004
Tel.: (323) 200-2164
Toll Free: (877) 572-3561
E-Mail: info@thesheppard.com
Web Site: www.thesheppard.com

Employees: 16

Agency Specializes In: Advertising

Matthew Sheppard *(CEO)*
Suzanne Lynch *(Partner & Client Svcs Dir)*
Heather Spilsbury *(VP-Mktg & Strategy)*
Suzanne Sheppard *(Client Svcs Dir)*
Ashley Canovas *(Acct Mgr)*

SHEPPARD LEGER NOWAK INC.
400 Massasiot Ave, East Providence, RI 02914
Tel.: (401) 276-0233
Fax: (401) 276-0230
E-Mail: sln@slnadv.com
Web Site: www.slnadv.com

E-Mail for Key Personnel:
President: nowak@slnadv.com
Creative Dir.: sheppard@slnadv.com
Media Dir.: leger@slnadv.com
Public Relations: mayoh@slnadv.com

Employees: 6
Year Founded: 1997

Agency Specializes In: Advertising, Brand Development & Integration, Business Publications, Business-To-Business, Collateral, Communications, Corporate Identity, E-Commerce, Electronic Media, Engineering, Exhibit/Trade Shows, Graphic Design, High Technology, Industrial, Information Technology, Internet/Web Design, New Product Development, Print, Public Relations, Publicity/Promotions, Retail, Sales Promotion, Strategic Planning/Research, Technical Advertising, Trade & Consumer Magazines

Approx. Annual Billings: $6,000,000

Breakdown of Gross Billings by Media: Collateral: $600,000; Fees: $4,800,000; Pub. Rels.: $600,000

Daniel Sheppard *(Partner & Creative Dir)*
Edward G. Nowak, Jr. *(Partner)*
Marina Dippel *(Dir-Social Media Svcs)*
Robert Mayoh *(Sr Acct Mgr)*
Michelle Aguiar *(Office Mgr)*

Accounts:
Accu-Time Systems
Matco-Norca
Rogers Corporation

SHERMAN COMMUNICATIONS & MARKETING
200 E Randolph, Chicago, IL 60601
Tel.: (312) 577-7655
E-Mail: jason@shermancm.com
Web Site: www.shermancm.com

Employees: 4

Agency Specializes In: Arts, Automotive, Brand Development & Integration, Broadcast, Business-To-Business, Collateral, Communications, Computers & Software, Consulting, Consumer Marketing, Consumer Publications, Content, Corporate Communications, Corporate Identity, Crisis Communications, Customer Relationship Management, Digital/Interactive, Direct-to-Consumer, Education, Electronics, Email, Environmental, Exhibit/Trade Shows, Food Service, Government/Political, Health Care Services, High Technology, Hospitality, Household Goods, Information Technology, Integrated Marketing, International, Legal Services, Local Marketing, Magazines, Market Research, Media Relations, Media Training, Medical Products, Multimedia, New Product Development, New Technologies, Newspaper, Newspapers & Magazines, Over-50 Market, Planning & Consultation, Public Relations, Publicity/Promotions, Radio, Real Estate, Seniors' Market, Social Marketing/Nonprofit, Social Media, Sports Market, Stakeholders, Strategic Planning/Research, Syndication, T.V., Transportation, Travel & Tourism

Jason Sherman *(Founder & Pres)*

Accounts:
The American Academy of Art Educational Services
Attorneys' Title Guaranty Fund Insurance Services
Neighborhood Housing Services of Chicago
RE/MAX International
Rowntree Gardens Senior Living
Seko
University of Chicago Children's Hospital

SHERRY MATTHEWS ADVOCACY MARKETING
200 S Congress Ave, Austin, TX 78704-1219
Tel.: (512) 478-4397
Fax: (512) 478-4978
Toll Free: (877) 478-4397
E-Mail: somebody@sherrymatthews.com
Web Site: www.sherrymatthews.com

Employees: 50
Year Founded: 1983

Agency Specializes In: African-American Market, Asian Market, Broadcast, Children's Market, Communications, Corporate Identity, Direct Response Marketing, Education, Environmental, Event Planning & Marketing, Exhibit/Trade Shows, Government/Political, Graphic Design, Health Care Services, Hispanic Market, Internet/Web Design, Media Buying Services, Medical Products, Newspaper, Newspapers & Magazines, Out-of-Home Media, Outdoor, Print, Production, Public Relations, Radio, Real Estate, Strategic Planning/Research, T.V., Transportation, Travel & Tourism

Approx. Annual Billings: $20,000,000

Bill Oberlander *(Founder & Exec Creative Dir)*
Charles Webre *(Partner-Creative)*
Wardaleen Belvin *(CFO)*
Rex Peteet *(Exec VP & Creative Dir-Design)*
Karen Purcell *(Sr VP & Media Dir)*
Dandi Wright *(Sr VP & Acct Dir)*
Jose Marrero *(Sr VP & Planner-Multicultural Mktg)*
Janet Lea *(Sr VP)*
Kenna Swift *(VP & Acct Dir)*
Gretchen Hicks *(VP & Dir-Design)*
Tom Grodek *(Art Dir)*
Rob Buck *(Dir-Creative)*

ADVERTISING AGENCIES

Marilyn Carter *(Dir-Creative Svcs)*
Paula Mayberry *(Dir-Acctg, HR & Ops)*
Wally Williams *(Dir-Creative)*
Susan Sullivan *(Office Mgr)*
Hillary Jenson *(Acct Supvr)*
Sarah Muyskens *(Acct Supvr)*
Liz Wilde *(Sr Acct Exec)*
Elizabeth McBride *(Acct Exec & Copywriter)*
Beau Leboeuf *(Acct Exec)*
Erin Shilgalis *(Sr Media Buyer)*

Accounts:
Capital Metropolitan Transportation Authority
Childrens Health Insurance Program
Medair
Partnership For A Drug Free Texas; Austin, TX; 1997
Street Smart Campaign: "Pedestrian Faces"
Texas Department of Health; Austin, TX Abstinence Education, Diabetes, Immunizations, Toxic Substances; 1993
Texas Department of Transportation; Austin, TX Campaign: "Don't Mess With Texas", Happy Hour FAIL, Traffic Safety; 1997
Texas Health & Human Services Commission Children's Health Insurance Program; 1999

SHIFT CREATIVE GROUP
PO Box 49654, Cookeville, TN 38506
Tel.: (931) 303-4605
E-Mail: info@shiftcreativegroup.com
Web Site: www.shiftcreativegroup.com

Employees: 10

Agency Specializes In: Advertising, Brand Development & Integration, Digital/Interactive, Graphic Design, Print, Social Media

Accounts:
Blue Tiger USA
Fitzgerald Glider Kits

SHIFT, INC.
24 Vardy St Ste 202, Greenville, SC 29601
Tel.: (864) 235-8821
E-Mail: info@shiftisgood.com
Web Site: www.shiftisgood.com

Employees: 6
Year Founded: 2005

Agency Specializes In: Advertising, Internet/Web Design, Search Engine Optimization, Social Media

Mike Harrison *(Pres)*

Accounts:
Automation Engineering Corporation
U by Kotex

SHINE UNITED
612 W Main St Ste 105, Madison, WI 53703
Tel.: (608) 442-7373
Fax: (608) 442-7374
E-Mail: hello@shinenorth.com
Web Site: shineunited.com

E-Mail for Key Personnel:
President: chanke@shinenorth.com
Creative Dir.: mkriefski@shinenorth.com

Employees: 34
Year Founded: 2001

Agency Specializes In: Above-the-Line, Advertising, Affiliate Marketing, Below-the-Line, Brand Development & Integration, Broadcast, Children's Market, Collateral, College, Consulting, Consumer Goods, Consumer Marketing, Consumer Publications, Content, Digital/Interactive, Direct Response Marketing, Direct-to-Consumer, E-Commerce, Education, Electronic Media, Electronics, Email, Entertainment, Graphic Design, Household Goods, Identity Marketing, Integrated Marketing, International, Internet/Web Design, Leisure, Logo & Package Design, Luxury Products, Magazines, Market Research, Men's Market, Newspapers & Magazines, Out-of-Home Media, Outdoor, Package Design, Planning & Consultation, Print, Promotions, Regional, Restaurant, Retail, Sales Promotion, Search Engine Optimization, Strategic Planning/Research, Sweepstakes, T.V., Trade & Consumer Magazines, Urban Market, Viral/Buzz/Word of Mouth, Web (Banner Ads, Pop-ups, etc.), Women's Market

Revenue: $3,000,000

Curt Hanke *(Founder, CEO & Sr Strategist)*
Mike Kriefski *(Co-Founder & Exec Creative Dir)*
Kelly Mlsna *(Partner & Acct Supvr)*
Megan Ciurczak *(Partner & Supvr-Acct Plng)*
John Krull *(Principal, VP & Creative Dir)*
Nick VanEgeren *(Editor & Designer-Motion)*
Ginny Bronesky Stuesser *(Media Dir)*
Nick Newlin *(Dir-Digital)*
Scott Welter *(Sr Designer)*
Audelino Moreno *(Sr Art Dir)*

Accounts:
O.F. Mossberg & Sons, Inc Advertising, Brand Planning, Communications, Content Development, Digital, Marketing, Mossberg (Agency of Record), Print, Quantitative Research

SHINE UNITED LLC
202 N Henry St, Madison, WI 53703
Tel.: (608) 442-7373
E-Mail: hello@shineunited.com
Web Site: www.shineunited.com

Employees: 50
Year Founded: 2001

Agency Specializes In: Advertising, Brand Development & Integration, Digital/Interactive, Graphic Design, Media Relations, Package Design, Print, Public Relations, Social Media, T.V.

Curt Hanke *(Founder, CEO & Sr Strategist)*
Emily Bohochik *(Partner & Acct Supvr)*
Corrisa Bielefeldt *(Sr Acct Exec)*
Audelino Moreno *(Sr Art Dir)*

Accounts:
Aguila Ammunition (US Agency of Record) Marketing Communications
Amazon.com
Carver Yachts
Descente Athletic Americas Inc (North America Agency of Record) Brand Campaign, Brand Positioning, Digital Marketing Activities, Extensive Content Marketing, Marketing Communications Planning, Paid, Owned & Earned Channels, Website Design; 2018
Erbert & Gerbert's Sandwich Shops (Agency of Record) Digital, Radio, Social, Television
Harley-Davidson
HuHot Mongolian Grill (Agency of Record) Brand Positioning, Digital, In-store, Marketing Communications Planning, Radio, Social
Kohler Co
LaCrosse Footwear, Inc. (Lead Creative Agency) Advertising, Digital, Marketing, Print, TV
Mizuno Running & Golf
Moxie Cycling Co. Brand Strategy, Marketing
Nordic Consulting
Park Bank Brand Strategy, Digital, Marketing, Media Planning & Buying, PR, Promotion, Social Media, Traditional Media
Somna Therapeutics LLC Brand Identity, Content Marketing, Digital Marketing, Marketing Communications Planning, REZA BAND UES (Agency of Record), Website Redesign; 2017
UW Health
W. L. Gore & Associates, Inc. Digital Advertising, GORE-TEX, Print Advertising, Social Media
Wente Family Estates & Food Network Brand Strategy, Creative, Digital, Entwine, Social Media
Winston Fly Rods
Wisconsin Cheese Group
Wisconsin Milk Marketing Board, Inc. Print

SHINY ADVERTISING
1800 Wawaset St, Wilmington, DE 19806
Tel.: (302) 384-6494
Fax: (302) 384-7645
E-Mail: connect@shiny.agency
Web Site: shiny.agency

Employees: 9
Year Founded: 2005

Agency Specializes In: Advertising, Brand Development & Integration, Digital/Interactive, Print, Social Media

Katy Thorbahn *(Partner & Mng Dir)*
Shannon Stevens *(Partner & Creative Dir)*
John Avondolio *(Partner & Dir-Client Engagement)*
Joe Johnson *(Acct Dir)*

Accounts:
SIG Combibloc

THE SHIPYARD
580 North 4th St Ste 500, Columbus, OH 43215
Tel.: (800) 295-4519
E-Mail: info@theshipyard.com
Web Site: www.theshipyard.com

Employees: 100
Year Founded: 2013

National Agency Associations: 4A's

Agency Specializes In: Consulting, Content, Digital/Interactive, Financial, Household Goods, Local Marketing, Media Buying Services, Media Planning, Mobile Marketing, Paid Searches, Programmatic, Promotions, Restaurant, Retail, Search Engine Optimization, Social Media, Strategic Planning/Research

Rick Milenthal *(Chm & CEO)*
Todd Cameron *(COO)*
David Sonderman *(Chief Creative Officer)*
Tiffanie Hiibner *(Chief Client Officer)*
Julia Sebastian *(Acct Mgmt Dir)*
Jared McKinley *(Dir-Paid Media)*
Joel Acheson *(Chief Mktg Tech Officer)*
Megan Dunick *(Sr Media Planner)*

Accounts:
Alger
Apio
Arnold
CO-OP Financial Services
Donatos
Fantastic Sams
Frigidaire
In-N-Out Burger
Nature's Harvest
The Scotts Company Scotts Lawn Service, Scotts Miracle-Gro
Sears
Virgin Casino.com
WD-40

Branch

The Shipyard

AGENCIES - JANUARY, 2019 — ADVERTISING AGENCIES

(Formerly O'Leary and Partners)
5000 Birch St Ste 9000, Newport Beach, CA 92660
(See Separate Listing)

SHIRLEY/HUTCHINSON CREATIVE WORKS
707 N Franklin Ste 100, Tampa, FL 33602
Tel.: (813) 229-6162
Fax: (813) 229-6262
Toll Free: (866) 479-1548
E-Mail: john@shirleyhutchinson.com
Web Site: www.shirleyhutchinson.com

E-Mail for Key Personnel:
President: john@shirleyhutchinson.com
Creative Dir.: jim@shirleyhutchinson.com

Employees: 5
Year Founded: 1988

Agency Specializes In: Advertising, Advertising Specialties, Brand Development & Integration, Business-To-Business, Collateral, Consumer Marketing, Corporate Identity, Direct Response Marketing, Financial, Food Service, Graphic Design, Internet/Web Design, Leisure, Logo & Package Design, Media Buying Services, Out-of-Home Media, Outdoor, Point of Purchase, Point of Sale, Print, Public Relations, Radio, Restaurant, Sales Promotion, Strategic Planning/Research, Sweepstakes, T.V., Yellow Pages Advertising

Approx. Annual Billings: $1,500,000

John Shirley *(Principal)*

SHOESTRING
PO Box 616, Gardiner, ME 04345
Toll Free: (888) 835-6236
E-Mail: heroes@shoestringagency.org
Web Site: shoestring.agency

Employees: 5
Year Founded: 2001

Agency Specializes In: Advertising, Brand Development & Integration, Graphic Design, Internet/Web Design, Media Relations, Strategic Planning/Research

Hannah Brazee Gregory *(Founder & Chief Creative Officer)*
Kyle-Morris Gregory *(Mng Dir & Sr Strategist-Client)*
Eric Hoffsten *(Sr Art Dir & Designer)*

Accounts:
Lincoln Crossing Recreational Foundation
The National Board of Legal Specialty
Yad Chessed

THE SHOP AGENCY
2919 Commerce St Ste 547, Dallas, TX 75226
Tel.: (469) 759-0211
E-Mail: pr@theshopagency.com
Web Site: www.theshopagency.com

Employees: 10
Year Founded: 2016

Agency Specializes In: Advertising, Brand Development & Integration, Experiential Marketing, Logo & Package Design, Outdoor, Print, Radio, Social Media, T.V., Web (Banner Ads, Pop-ups, etc.)

Matt Sitser *(Partner & Acct Dir)*
David Soames *(Partner & Creative Dir)*
Dustin Taylor *(Partner & Creative Dir)*

Accounts:
New-Boomerangs
New-DGSE Companies Inc
New-FLEk
Garrison Brothers Distillery (Creative Agency of Record); 2018
New-ParkDIA
New-Tiff's Treats (Agency of Record)

SHOPPER MARKETING GROUP ADVERTISING INC.
11611 Tampa Ave Unit 185, Porter Ranch, CA 91326
Tel.: (661) 295-5704
Fax: (661) 295-5771
Web Site: www.smg-roi.com/

Employees: 17
Year Founded: 1991

National Agency Associations: AHAA

Agency Specializes In: Above-the-Line, Advertising, Automotive, Below-the-Line, Bilingual Market, Brand Development & Integration, Branded Entertainment, Broadcast, Business-To-Business, Cable T.V., Catalogs, Children's Market, Co-op Advertising, Collateral, Communications, Consumer Goods, Consumer Marketing, Corporate Identity, Customer Relationship Management, Direct Response Marketing, Direct-to-Consumer, Entertainment, Experience Design, Financial, Guerilla Marketing, Health Care Services, Hispanic Market, In-Store Advertising, Infomercials, Internet/Web Design, Local Marketing, Logo & Package Design, Magazines, Market Research, Media Buying Services, Media Planning, Media Relations, Media Training, Men's Market, Mobile Marketing, Multicultural, New Product Development, Newspaper, Newspapers & Magazines, Out-of-Home Media, Outdoor, Over-50 Market, Package Design, Point of Sale, Print, Product Placement, Production, Production (Ad, Film, Broadcast), Production (Print), Promotions, Public Relations, Publicity/Promotions, Radio, Restaurant, Sales Promotion, Sponsorship, Sports Market, Sweepstakes, T.V., Teen Market, Trade & Consumer Magazines, Women's Market

Mario Echevarria *(CEO & Mng Partner)*

Accounts:
Boar's Head
Foresters; Canada Insurance; 2008
Ocean Spray
Shasta
Tupperware Brands Corporation; Orlando, FL; 1992
Weber Stephen Products Co.; Chicago, IL Weber BBQ Grills; 2000

SHOPTOLOGY INC
7800 N Dallas Pkwy Ste 160, Plano, TX 75024
Tel.: (469) 287-1200
E-Mail: info@goshoptology.com
Web Site: www.goshoptology.com

Employees: 24
Year Founded: 2013

National Agency Associations: 4A's

Agency Specializes In: Advertising, Digital/Interactive, Shopper Marketing

Charlie Anderson *(CEO)*
Julie Quick *(Head-Insights & Strategy)*
Ryan Karlstrom *(Grp Acct Dir)*
Stacy Schrack *(Creative Dir)*

Accounts:
Dean Foods Shopper Marketing
Mozido
Ubisoft Inc (Shopper Marketing Agency of Record); 2017

SHORE CREATIVE GROUP
176 Broadway Ste B, Long Branch, NJ 07740
Tel.: (732) 229-7100
E-Mail: info@shorecreativegroup.com
Web Site: www.shorecreativegroup.com

Employees: 5
Year Founded: 2008

Agency Specializes In: Advertising, Brand Development & Integration, Content, Email, Internet/Web Design, Print, Radio, Search Engine Optimization, Social Media

Mike Ciavolino *(Owner)*
Lucille DaCosta *(Art Dir & Creative Dir)*
Naomi Norman *(Creative Dir-Copy)*
Eric Richardson *(Art Dir)*

Accounts:
New-Nyack Hospital
New-Two River Community Bank

SHOREPOINT COMMUNICATIONS, LLC
2604 Atlantic Ave, Wall, NJ 07719
Tel.: (732) 961-7936
Fax: (732) 961-7939
Web Site: www.shorepointcomm.com

Employees: 4

Agency Specializes In: Advertising, Brand Development & Integration, Content, Digital/Interactive, Graphic Design, Internet/Web Design, Logo & Package Design, Media Buying Services, Print, Social Media

David Francis *(Pres, CEO, Creative Dir & Dir-SEO, Paid Search & Social Mktg)*
Jon Weiss *(Dir-Mktg & Bus Dev)*

Accounts:
Hippocratic Solutions
Manahawkin Urgent Care

SHOTWELL DIGITAL
1042 S Olive St, Los Angeles, CA 90015
Tel.: (831) 325-6250
Web Site: www.shotwelldigital.com

Employees: 2

Agency Specializes In: Advertising, Brand Development & Integration, Digital/Interactive, Graphic Design, Search Engine Optimization

Matt Finelli *(Creative Dir)*
Scott Wilson *(Dir-Creative)*

Accounts:
Purps

SHOUT OUT LLC
PO Box 50552, Knoxville, TN 37950
Tel.: (865) 219-3564
E-Mail: info@shoutoutllc.com
Web Site: www.shoutoutllc.com

Employees: 10
Year Founded: 2008

Agency Specializes In: Advertising, Brand Development & Integration, Corporate Identity, Internet/Web Design, Logo & Package Design, Media Relations, Out-of-Home Media, Outdoor, Print, Public Relations, Radio

Brooks A. Brown *(Founder & Principal)*

ADVERTISING AGENCIES

Accounts:
Debbie Lambert Real Estate Sales
FedSavvy Educational Solutions

SHOW MEDIA, LLC
116 W 23Rd St Fl 5, New York, NY 10011
Tel.: (212) 883-8783
Fax: (212) 883-0959
E-Mail: info@showmedia.com
Web Site: www.showmedia.com

Employees: 22

Agency Specializes In: Advertising, Event Planning & Marketing, Out-of-Home Media

Laurence Hallier *(Pres & CEO)*
Stanley Cheng *(Acct Mgr)*
Fion Lam *(Acct Mgr)*

Accounts:
Nestle S.A. Purina

SID LEE
75 Queen Street Ofc 1400, Montreal, QC H3C 2N6 Canada
Tel.: (514) 282-2200
Fax: (514) 282-0499
E-Mail: info@sidlee.com
Web Site: www.sidlee.com

Employees: 550
Year Founded: 1993

Agency Specializes In: Advertising, Bilingual Market, Brand Development & Integration, Communications, Digital/Interactive, Direct Response Marketing, Graphic Design, In-Store Advertising, Internet/Web Design, Logo & Package Design, Out-of-Home Media, Outdoor, Print, Publicity/Promotions, T.V.

Martin Gauthier *(Pres)*
Bertrand Cesvet *(CEO)*
Julie Provencal *(Partner & Exec VP)*
Francois Lacoursiere *(Sr Partner & CMO)*
Jean-Bernard Bastien *(Editor & Designer)*
Marc Lessard *(Editor & Designer)*
Julien B Remillard *(Editor & Designer)*
Etienne Theberge *(Editor & Designer)*
Isabelle Brosseau *(Exec Dir-Creative Svcs-Montreal)*
Alex Beland *(Art Dir)*
Alex Bernier *(Creative Dir)*
Brian Gill *(Creative Dir)*
Etienne Goulet *(Art Dir)*
Julien Herisson *(Art Dir)*
Romain Joveneau *(Art Dir)*
Myriam Veilleux *(Acct Dir)*
Emilie Thibault *(Mgr-Studio Ops)*
Arianne Goulet *(Acct Exec)*
Alexis Caron-Cote *(Copywriter)*

Accounts:
Adidas Adidas F50, Campaign: "All in for #MyGirls", Campaign: "The Cautionary Tale of Ebenezer Snoop", Campaign: "Unite All Originals", Originals
Aeroplan
AFC Ajax NV Campaign: "The Ajax Experience"
Air Transat (Agency of Record) Digital, OOH, Print, Radio, Social Media, TV
Art Directors Club
BelairDirect
Bombardier Business Aircraft Challenger, Learjet
Burger King Canada Campaign: "Fries King"
Cirque du Soleil
Club Med (Agency of Record) Creative, Strategic
Danone
Dentyne Campaign: "Diner"
Dom Perignon Campaign: "Foldout"
Enercare Brand Awareness, Digital, Radio, TV
Gaz Metro
Italian Trade Commission (Agency of Record) Branding, Campaign: "Made in Italy", Consumer, Content, Creative, Digital, Social Media
Keurig Canada Campaign: "Brewhaha", Keurig 2.0 System
Le Chateau TV
Loto-Quebec Lotto 6/49
Maison Birks Branding
MGM Resorts International
Molson Export
National Bank of Canada
The North Face, Inc. (Agency of Record)
PC Financial Campaign: " That's Just Good Banking"
Postmedia (Agency of Record) Campaign: "Postmedia Reimagined", Digital, Print
Red Bull
Reno Depot Mireille Arteau
RONA Inc. Campaign: "A Win For Us", Campaign: "Customize Your Holidays", Creative, Marketing
Samsung Electronics Digital
Sobey's (IGA)
Sommet Place Ville-Marie
Suzuki
Tourism Montreal Campaign: "MTLMOMENTS"
Ubisoft
Uniprix
Videotron Campaign: "Pineapple Juice", Campaign: "Vidaotron Flagship"
Warner Bros Games Campaign: "Batman Arkham City"
Wines from France
WSP Global

Branches

SID LEE
12, rue du Sentier, 75002 Paris, France
Tel.: (33) 1 44 88 83 90
E-Mail: jdelpuech@sidlee.com
Web Site: www.sidlee.com

Employees: 50

Mehdi Benali *(Mng Dir)*
Bruno Lee *(Mng Dir-Strategy)*
Gullit Baku *(Head-Creative)*
Pablo Vio *(Exec Creative Dir)*
Greg Bolton *(Creative Dir)*
Fabien Buferne *(Acct Dir)*
Sophie Dherbecourt *(Art Dir)*
Thomas Lec'hvien *(Acct Dir-Creative Agency)*
Celine Mornet-Landa *(Creative Dir)*
Clement Mornet-Landa *(Creative Dir)*
Amelie Pichon *(Art Dir)*
Yoann Plard *(Art Dir)*
Francis Pluntz *(Art Dir)*
Stephane Soussan *(Creative Dir)*
Antoin Ferrari *(Dir-Comml & Bus)*
Nicolas Boivin *(Acct Mgr)*
Camille Caucat *(Acct Mgr)*
Patrice Habib Zamy *(Strategist)*
Alina Kulesh *(Copywriter)*
Simon Lamasa *(Copywriter)*
Chloe Lefour *(Copywriter)*
Hugo Demaziere *(Sr Art Dir)*

Accounts:
Ansell Limited Skyn
BNP Paribas
Coca-Cola Refreshments USA, Inc. Vitamin Water
Gaite Lyrique
Honda Motor Company
INQ
KFC Corporation Brand Communications
Klepierre Digital, Outdoor, Press, Social Network
Kronenbourg Campaign: "The French Blah Blah"
Love2recycle
LVMH Moet Hennessy Louis Vuitton SA Moet & Chandon
Pages Jaunes
Simmons
Tourisme Montreal
Ubisoft Entertainment Assassin's Creed 3, Assassin's Creed IV: Black Flag, Campaign: "Defy History", Campaign: "Rise"
Warner Brothers

SID LEE
36 Distillery Lane, Suite 500, Toronto, ON M5A 3C4 Canada
Tel.: (416) 421-4200
Web Site: www.sidlee.com

Employees: 100

Jared Stein *(Partner & VP-Bus Growth & Dev)*
Richard Jean-Baptiste *(Partner & Head-Sid Lee Studio)*
Claudia Roy *(Partner & Head-Production)*
Jeffrey Da Silva *(Partner & Exec Creative Dir)*
Tom Koukodimos *(Exec Creative Dir)*
Steve Mottershead *(Exec Creative Dir)*
Masha Bogdanova *(Grp Acct Dir)*
Alec Carluen *(Art Dir)*
Katherine Craig *(Acct Dir)*
Anna Cumyn *(Art Dir)*
Matt Fraracci *(Creative Dir)*
Tyler Mckissick *(Art Dir)*
Jennifer Rossini *(Creative Dir)*
Laura Stein *(Creative Dir)*
Tim Zimmerman *(Art Dir)*
J. J. Sullivan *(Dir-Strategy)*
Justin Hewitt *(Mgr-Creative Svcs)*
Lance Kowlessar *(Acct Supvr)*
Maegan Thomas *(Acct Supvr)*
Coleman Mallery *(Copywriter)*
Christian Buer *(Assoc Creative Dir)*
Andrea Romanelli *(Sr Art Dir)*

Accounts:
Birks & Mayors Strategic Development
Black Lives Matter
Blue Goose
Canadian Olympic Committee (Creative Agency of Record) Marketing
Coca Cola Canada Campaign: "Taste"
DAZN
Fuel Transport
Google Canada
H&R Block
Italian Trade Commission
Maple Leafs Foods
Marks
Mars, Inc
Molson
MyPakage
Netflix
The North Face (Global Agency of Record)
PC Financial
Post Media
President's Choice Financial
Rethink Breast Cancer
Samsung
Subway Restaurants Canada (Creative Agency of Record) Advertising, Campaign: "Dog Sitter", Digital, In-Store, Strategy
TJX Canada
Toronto FC Campaign: "It's a Bloody Big Deal"
Toronto Maple Leafs
Toronto Raptors Campaign: "#WeTheNorth"
Unilever Canada Axe Canada (Agency of Record), Campaign: "#Selfmaker", Creative
Windsor Star
World Wildlife Fund Video

Sid Lee
12-16 Vestry St, New York, NY 10013
(See Separate Listing)

SIDDALL, INC.

AGENCIES - JANUARY, 2019 — ADVERTISING AGENCIES

715 East 4th St, Richmond, VA 23224
Tel.: (804) 788-8011
Fax: (804) 782-9792
E-Mail: contactus@siddall.com
Web Site: www.siddall.com

E-Mail for Key Personnel:
Creative Dir.: shindman@siddall.com
Media Dir.: lthompson@siddall.com

Employees: 15
Year Founded: 1975

Agency Specializes In: Advertising, Brand Development & Integration, Broadcast, Business-To-Business, Collateral, Communications, Consumer Publications, Corporate Communications, Corporate Identity, Crisis Communications, Direct Response Marketing, E-Commerce, Environmental, Event Planning & Marketing, Financial, Government/Political, Graphic Design, Guerilla Marketing, Health Care Services, Leisure, Market Research, Media Buying Services, Media Planning, Media Relations, Newspapers & Magazines, Out-of-Home Media, Outdoor, Pharmaceutical, Planning & Consultation, Production (Print), Promotions, Public Relations, Radio, Real Estate, Retail, Social Marketing/Nonprofit, Strategic Planning/Research, T.V., Trade & Consumer Magazines, Transportation, Travel & Tourism

Approx. Annual Billings: $18,250,196

Breakdown of Gross Billings by Media: Fees: $13,624,000; Internet Adv.: $497,758; Newsp.: $530,181; Outdoor: $320,215; Production: $1,173,000; Radio: $1,149,669; T.V.: $258,863; Trade & Consumer Mags.: $696,510

John N. Siddall *(Chm-Siddall Comm)*
Roberta McDonnell *(Dir-Production)*
Kira Siddall *(Dir-Digital)*
Katie Reaves *(Sr Acct Exec)*

Accounts:
Children's Hospital; Richmond, VA
Claris Financial
Fairfax County Economic Development Authority; 1978
Rocketts Landing; Richmond, VA; 2006
State Fair of Virginia
Virginia Department of Transportation
Virginia Eye Institute
Whitman, Requardt & Associates

SIDES & ASSOCIATES, INC.
222 Jefferson St Ste B, Lafayette, LA 70501-3267
Tel.: (337) 233-6473
Fax: (337) 233-6485
Toll Free: (800) 393-6473
E-Mail: media@sides.com
Web Site: www.sides.com

Employees: 20
Year Founded: 1976

National Agency Associations: 4A's

Agency Specializes In: Consumer Marketing, Government/Political

Approx. Annual Billings: $6,980,000

Larry Sides *(Pres)*
Bridget Mires *(VP-Media)*

Accounts:
Department of Health & Hospitals
The Emerald Companies
FEMA
McDonald's

SIEGEL+GALE
625 Ave of the Americas 4th Fl, New York, NY 10011
Tel.: (212) 453-0400
Fax: (212) 453-0401
E-Mail: newyork@siegelgale.com
Web Site: www.siegelgale.com

Employees: 175
Year Founded: 1969

Agency Specializes In: Advertising, Brand Development & Integration, Business-To-Business, Communications, Consulting, Corporate Identity, Financial, Graphic Design, Internet/Web Design, Sponsorship, Strategic Planning/Research

Approx. Annual Billings: $50,000,000

David Srere *(Co-Pres, CEO & Chief Strategy Officer)*
Howard Belk *(Co-CEO & Chief Creative Officer)*
Thom Wyatt *(Mng Dir)*
Noel Casem *(Fin Dir)*
Margaret Molloy *(CMO & Head-New Dev)*
Anne Swan *(Exec Creative Dir)*
Daniel Katz Golden *(Grp Dir-Strategy)*
Britt Bulla *(Sr Dir-Strategy)*
Leesa Wytock *(Sr Dir)*
Austyn Stevens *(Creative Dir)*
Nancy Hansell *(Dir-Brand Strategy)*
Kerry Held *(Dir-Strategy-Employee Engagement)*
Brian Rafferty *(Dir-Bus Analytics & Insights-Global)*
Casey Seijas *(Dir-Brand Comm)*
Rolf M. Wulfsberg *(Dir-Quantitative Insights-Global)*
Trey Armstrong *(Strategist)*

Accounts:
3M
AARP
Adecco Group Campaign: "Accounting Principals"
Agility
American Express
Ameya Preserve
Anthem
AT&T Communications Corp.
Bayor
Berklee College of Music
Boise
Buena Vista Home Entertainment
Caterpillar
Chubb
Citicorp
CNBC
Comcast
CooperVision, Inc.
Dell
Disney
Dolce
Dow Chemical
DuPont
Eaton Corporation
ESPN
Eurotel
The Four Seasons Hotel Group
Free Library of Philadelphia
General Electric
Genworth
GroundTruth Brand Positioning, Digital, Messaging, Rebranding
Harley Davidson
Hewlett Packard Enterprise Brand Identity, Brand Strategy, Campaign: "Accelerating Next"
IBM
Independence Blue Cross Logo Redesign
Ingersoll-Rand
Internal Revenue Service
ITFC
Johnson & Johnson
The Legal Aid Society
Manhattan Transit Authority
Mastercard
McAfee
Microsoft
The National Basketball Association
Neustar
Novartis
Robert Wood Johnson Foundation
SAP
Saudi Aramco
Sony Playstation
United Health Group
Verizon Wireless
YMCA of the USA

Branch

Siegel+Gale
12777 Jefferson Blvd, Los Angeles, CA 90066
Tel.: (310) 312-2200
Fax: (310) 312-2202
E-Mail: losangeles@siegelgale.com
Web Site: www.siegelgale.com

Employees: 25

Agency Specializes In: Advertising, Automotive, Brand Development & Integration, Broadcast, Business-To-Business, Collateral, Communications, Consulting, Corporate Communications, Corporate Identity, Digital/Interactive, E-Commerce, Entertainment, Financial, Graphic Design, Health Care Services, High Technology, Industrial, Information Technology, Internet/Web Design, Logo & Package Design, Medical Products, Pharmaceutical, Planning & Consultation, Strategic Planning/Research

Jason Cieslak *(Pres-Pacific Rim)*
Christine Lehtonen *(VP-Bus Dev)*
Jason Hall *(Head-Creative-Naming)*
Lisa Kane *(Grp Dir-Strategy)*
Matthias Mencke *(Grp Dir-Creative)*
Kristen Berry-Owen *(Dir-Res)*
Molly Muldoon *(Dir-PR)*
David Pulaski *(Dir-Res)*

Accounts:
3M
American Express
Clean Energy Fuels Corp Logo, Strategy, Visual Identity
Dell
GRAMMY; 2018
McAfee
Pulse
Yahoo

SIGMA GROUP
10 Mountainview Road, Upper Saddle River, NJ 07458-1933
Tel.: (201) 261-1123
Fax: (201) 261-0399
E-Mail: media@sigmagroup.com
Web Site: www.sigmagroup.com

E-Mail for Key Personnel:
President: vchronis@sigmagroup.com
Media Dir.: jkim@sigmagroup.com
Production Mgr.: ACosta@sigmagroup.com

Employees: 60
Year Founded: 1986

National Agency Associations: Second Wind Limited

Agency Specializes In: Brand Development & Integration, Cable T.V., Consumer Marketing, Corporate Identity, Cosmetics, Digital/Interactive, Direct Response Marketing, Electronic Media, Entertainment, Event Planning & Marketing, Exhibit/Trade Shows, Graphic Design, Health Care Services, High Technology, Industrial, Infomercials,

ADVERTISING AGENCIES

AGENCIES - JANUARY, 2019

Internet/Web Design, Logo & Package Design, Media Buying Services, New Product Development, Newspapers & Magazines, Out-of-Home Media, Outdoor, Pharmaceutical, Point of Purchase, Point of Sale, Print, Production, Public Relations, Radio, Sales Promotion, Sponsorship, Sports Market, Strategic Planning/Research, T.V., Technical Advertising, Trade & Consumer Magazines, Travel & Tourism, Yellow Pages Advertising

Tiffany Farhat *(Acct Dir)*
Kerri Levine Koppel *(Media Dir)*
Greg Roman *(Sr Art Dir-Interactive)*

Accounts:
Famous Footwear
Helen of Troy Limited Brut, Infusium 23, Pert Plus
Hunter Douglas
Huntington Learning Center Customer Engagement, Digital Strategy, Direct Marketing, Media Planning and Buying
I&R Ultra Service
Mastercard
Nielsen Bainbridge
Panasonic Core Trainer
Panasonic Corporation of North America Handheld PCs, Toughbook Computers; 2001
Panasonic Massage Chair
Panasonic Projector
PR Newswire
Rita's Italian Ice Creative Development, Media Planning & Buying, Strategy
Siemens
Terramar

SIGMA MARKETING GROUP LLC
1 Cambridge Pl 1850 Winton Rd S, Rochester, NY 14618-3923
Tel.: (585) 473-7300
Fax: (585) 473-0300
E-Mail: mshann@sigmamarketing.com
Web Site: www.sigmamarketing.com

Employees: 76
Year Founded: 1985

National Agency Associations: DMA

Agency Specializes In: Automotive, Business-To-Business, Co-op Advertising, College, Consulting, Consumer Marketing, Customer Relationship Management, Digital/Interactive, Direct Response Marketing, Direct-to-Consumer, E-Commerce, Education, Financial, Graphic Design, Health Care Services, High Technology, Hospitality, Information Technology, Integrated Marketing, Internet/Web Design, Market Research, New Product Development, Pharmaceutical, Planning & Consultation, Print, Production, Retail, Strategic Planning/Research, Telemarketing, Viral/Buzz/Word of Mouth

Approx. Annual Billings: $11,000,000

Stefan Willimann *(CEO)*
Michelle Tahara *(Fin Mgr)*

Accounts:
AAA; 2008
Assurant; 2005
Avaya; 2003
Citizens Bank; 1995
Dollar/Thrifty Auto Group
Eastman Kodak; 2003
Key Bank; 1997
MetLife
Monro Muffler; 2005
MVP; 2008
Nationwide; 2004
Shredit; 2007
Xerox; 1995

SIGNA MARKETING
7030 E Fifth Ave Ste 2B, Scottsdale, AZ 85251
Tel.: (602) 456-2906
E-Mail: info@signamarketing.com
Web Site: www.signamarketing.com

Employees: 5
Year Founded: 2013

Agency Specializes In: Digital/Interactive, Email, Local Marketing, Mobile Marketing, Paid Searches, Print, Search Engine Optimization, Shopper Marketing, Social Media, Web (Banner Ads, Pop-ups, etc.)

Bobby Machado *(CEO)*

Accounts:
Align Medical & Chiropractic
Men's Ultimate Grooming
Woodlee's

SIGNAL GROUP CONSULTING, LLC
(Formerly McBee Gibraltar)
455 Massachusetts Avenue, NW, Washington, DC 20004
Tel.: (202) 234-1224
Web Site: www.signalgroupdc.com

Employees: 15
Year Founded: 2007

Agency Specializes In: Brand Development & Integration, Communications, Crisis Communications, Financial, Government/Political, Strategic Planning/Research

Robert Chamberlin *(Mng Dir)*
Sam Whitehorn *(Mng Dir)*
Paul Anderson *(Exec VP)*
Michelle Baker *(Exec VP)*
Charles Cooper *(Exec VP)*
Noe Garcia *(Exec VP)*
Chelsea Koski *(Exec VP)*
Elizabeth Northrup *(Exec VP)*
Eric M. Bovim *(Mng Dir-Comm Bus)*
Julie Bertoson *(VP)*
Bruce Holmes *(VP)*
Brad Wolters *(VP-Comm)*
Ryan Hubbard *(Dir-Ops)*
Garth Moore *(Dir-Digital)*
Lauren French *(Sr Mgr-Policy Comm)*

Accounts:
Beltone
Slovak Embassy Communications Strategy, Digital, Media Relations, Outreach
Virgin Galactic Capitol Hill

SIGNAL INC.
7780 Brier Creek Pkwy Ste 415, Raleigh, NC 27617
Tel.: (919) 474-0330
Fax: (919) 474-0440
Toll Free: (877) 404-0330
E-Mail: info@signalinc.com
Web Site: www.signalinc.com

Employees: 11

Agency Specializes In: Advertising, Content, Digital/Interactive, Graphic Design, Internet/Web Design, Package Design

Revenue: $4,572,175

Jim Ellis *(Partner, VP & Acct Dir)*
Dave Grinnell *(Partner)*
Phil Stephens *(VP-Client Svcs)*
John Gibson *(Creative Dir)*
Patrick Jones *(Art Dir)*
April Kilpatrick *(Art Dir)*
Adam Howard *(Dir-Interactive)*
Robert Locklear *(Dir-IT-Germany)*
Meghann Porter *(Dir-Digital Mktg)*
Chris Robinson *(Dir-Web Dev)*
Donald Trull *(Dir-Copy)*
Ashley S. Hunter *(Acct Mgr)*
Ryan Pogue *(Sr Acct Exec)*
Kelly Borberg *(Copywriter)*
Pam Brennan *(Sr Graphic Designer)*
Greg Galloway *(Sr Art Dir)*

Accounts:
Wake Audubon Society

SIGNAL OUTDOOR ADVERTISING
101 Sunnytown Rd, Orlando, FL 32707
Tel.: (407) 856-7079
Fax: (407) 856-7039
E-Mail: rickn@signaloutdoor.com
Web Site: www.signaloutdoor.com

Employees: 24
Year Founded: 1998

Agency Specializes In: Advertising, Out-of-Home Media, Outdoor

Approx. Annual Billings: $25,000,000

Breakdown of Gross Billings by Media: Out-of-Home Media: 100%

Ray Moyers *(CEO)*
Toni Short *(Dir-New Bus Initiatives)*
Mary Pozzi *(Sls Mgr)*

Accounts:
HART; Tampa, FL Bus Advertising Shelters
LYNX; Orlando, FL Bus Advertising Shelters
Miami Dade Transit; Miami, FL Bus Bench Advertising

Branches

Signal Outdoor Advertising
200 Mansell Court East, Roswell, GA 30076
Tel.: (678) 906-2960
Fax: (678) 906-2958
Web Site: www.signaloutdoor.com

Employees: 51

Rick Newcomer *(Exec VP-Sls)*
Maritza Rodriguez *(Sls Mgr)*
Patrick Schmith *(Mgr-Market)*
Kathy D'Errico *(Acct Exec)*
Jessica King *(Acct Exec)*
Valencia Walton *(Acct Exec)*
Kirk Watters *(Acct Exec)*

Signal Outdoor Advertising
6011 Benjamin Rd Ste 104, Tampa, FL 33634
Tel.: (813) 249-6309
Fax: (813) 249-6340
Web Site: www.signaloutdoor.com

Employees: 20

Katie Nickerson Cullen *(Gen Mgr)*
Judi Hughes *(Mgr-Market-Tampa Florida)*

Accounts:
Bluecross Blueshield Insurance
Dunkin Donuts
Krispy Kreme
Mastercard
Moe's
Target
Weather Express

AGENCIES - JANUARY, 2019 — ADVERTISING AGENCIES

SIGNAL POINT MARKETING+DESIGN
607 E 6th Ave, Post Falls, ID 83854
Tel.: (208) 777-8942
E-Mail: tom@signalpt.com
Web Site: http://signalpt.com

Employees: 5
Year Founded: 1997

Agency Specializes In: Advertising, Agriculture, Brand Development & Integration, Business Publications, Catalogs, Consumer Goods, Corporate Identity, Cosmetics, Graphic Design, Identity Marketing, Logo & Package Design, Magazines, New Product Development, Newspaper, Newspapers & Magazines, Package Design, Pharmaceutical, Point of Purchase, Point of Sale, Print, Production, Restaurant, Trade & Consumer Magazines, Travel & Tourism

Approx. Annual Billings: $850,000

Breakdown of Gross Billings by Media: Collateral: 10%; Consumer Publs.: 5%; Graphic Design: 30%; Logo & Package Design: 10%; Mags.: 10%; Plng. & Consultation: 20%; Print: 15%

Thomas Latham *(Principal)*

Accounts:
Coeur d 'Alene Cellars
Herbal Fortress
LifeStream
Timber Rock Wine

SIGNALFIRE, LCC
1711 Woolsey St, Delavan, WI 53115
Tel.: (262) 725-4500
Fax: (262) 725-4499
Web Site: www.signalfire.us

Employees: 10
Year Founded: 2002

Agency Specializes In: Advertising, Brand Development & Integration, Content, Graphic Design, Internet/Web Design, Media Relations, Print, Public Relations, Search Engine Optimization, Social Media

Chris Farmer *(Founder & CEO)*
Matthew Olson *(Pres)*
Jodi Heisz *(Art Dir)*

Accounts:
Continental Plastic, Corp
Door County Coffee & Tea Company
DP Electronic Recycling
Franklin Development Trust, Inc.
The Martin Group Inc
Voyager Capital Management, LLC

SIGNATURE ADVERTISING
1755 Kirby Pkwy Ste 200, Memphis, TN 38120
Tel.: (901) 754-2200
Fax: (901) 754-9118
E-Mail: info@signatureadvertising.com
Web Site: www.signatureadvertising.com

Employees: 50
Year Founded: 1994

Agency Specializes In: Advertising

Mark Henry *(CEO)*
Charles Marshall *(Chief Innovation Officer)*
Leslie Northam *(Controller & Mgr-HR)*
John Mooney *(Dir-Digital Media)*
Lindsey Capooth *(Acct Mgr)*
Jocelyn Cunningham *(Acct Mgr)*
Karen Parks *(Sr Acct Supvr-Creative)*

Curt Crocker *(Sr Art Dir)*

Accounts:
Fed Ex
HomeWood Suites
Landau
Tru Green ChemLawn

THE SIGNATURE AGENCY
1784 Heritage Center Dr, Wake Forest, NC 27587
Tel.: (919) 878-8989
Fax: (919) 878-3939
Toll Free: (800) 870-8700
E-Mail: info@signatureagency.com
Web Site: www.signatureagency.com

Employees: 10
Year Founded: 1987

Agency Specializes In: Advertising, Agriculture, Brand Development & Integration, Business Publications, Business-To-Business, Collateral, Communications, Consulting, Corporate Communications, Corporate Identity, Custom Publishing, Direct Response Marketing, Education, Electronic Media, Environmental, Exhibit/Trade Shows, Graphic Design, Health Care Services, Industrial, Integrated Marketing, Internet/Web Design, Logo & Package Design, Medical Products, Package Design, Pharmaceutical, Planning & Consultation, Production (Print), Public Relations, Publicity/Promotions, Sales Promotion, Strategic Planning/Research

Sidney Reynolds *(Owner)*

Accounts:
614 Dental Spa Dentistry Services
AgCarolina Financial Financial Services
AgRenaissance Field Management Software
nContact Medical Devices
ONUG Communications Engineering
Witherspoon Rose Culture Nursery

SIGNATURE BRAND FACTORY
409 Canal St, Milldale, CT 06467-0698
Tel.: (860) 426-2144
Fax: (860) 426-2149
E-Mail: Todd@sig-brand.com
Web Site: www.signaturebrandfactory.com/

Employees: 35
Year Founded: 1990

National Agency Associations: Second Wind Limited

Agency Specializes In: Advertising, Aviation & Aerospace, Brand Development & Integration, Corporate Identity, Medical Products, Strategic Planning/Research, Technical Advertising

Bruce Staebler *(Chief Creative Officer & Principal)*
Roger Chiocchi *(VP-Mktg)*
Raphael Coto *(VP-Creative Svcs)*
Steve Whinfield *(Sr Production Mgr)*

Accounts:
Disney
Time Warner

SIGNATURE COMMUNICATIONS
417 N 8th St Ste 401, Philadelphia, PA 19123
Tel.: (215) 922-3022
Fax: (215) 922-3033
E-Mail: ideas@signatureteam.com
Web Site: www.signatureteam.com

Employees: 12

Agency Specializes In: Brand Development & Integration, Broadcast, Collateral, Corporate Communications, Corporate Identity, Digital/Interactive, Direct Response Marketing, Exhibit/Trade Shows, Internet/Web Design, Media Buying Services, Out-of-Home Media, Outdoor, Point of Purchase, Point of Sale, Print, Production, Radio, Sales Promotion, Strategic Planning/Research

Bob Brown *(Owner)*
Tony DeMarco *(CEO & Creative Dir)*
Anthony Rosowski *(VP)*
Leslie Hamada *(Mktg Dir)*
Amy Merola *(Art Dir)*
Marissa O'Hara *(Dir-Media Plng & Placement)*
Peter Schmitz *(Sr Art Dir)*

Accounts:
Banom
Crozer-Keystone Health System
Greater Wildwoods Tourism Improvement & Development Authority (GWTIDA)
Motorola Solutions, Inc.
Sirius
StonCor Group, Inc.
Voxx International

SIGNATURE CREATIVE, INC.
1513 N Gardner St, Los Angeles, CA 90046
Tel.: (323) 850-1162
E-Mail: hello@signaturecreative.com
Web Site: www.signaturecreative.com

Employees: 15
Year Founded: 2005

Agency Specializes In: Advertising, Brand Development & Integration, Broadcast, Digital/Interactive, Package Design, Print, Social Media, Strategic Planning/Research

Revenue: $3,600,000

Olivier Courbet *(Sr Art Dir-Interactive)*

Accounts:
The Sunset Strip

SILTANEN & PARTNERS
353 Coral Cir, El Segundo, CA 90245
Tel.: (310) 986-6200
Fax: (310) 986-6214
E-Mail: newbusiness@siltanenpartners.com
Web Site: www.siltanen.com

Employees: 60
Year Founded: 1999

National Agency Associations:

Agency Specializes In: Automotive, Children's Market, Consumer Marketing, Electronics, Entertainment, Fashion/Apparel, Game Integration, Real Estate, Restaurant, Retail, Sponsorship, Technical Advertising

Rob Siltanen *(Owner)*
Tim Murphy *(Pres & Partner)*
Ruth Amir *(CMO & Dir-New Bus)*
Kelly Saffrey *(Grp Acct Dir)*
Rex Fish *(Creative Dir & Writer)*
Scott Bremner *(Creative Dir)*
Christina Lee Sherrill *(Dir-Project Mgmt & Mgr-Creative Resources)*
Joe Hemp *(Dir-Creative)*
Isabelle Stehley *(Dir-Print Svcs)*
Ashley Munoz *(Acct Supvr)*
Alec Hodgman *(Acct Exec)*
Becca Rosen *(Accountant-Media)*

Accounts:
Amazon Fire smartphone, Kindle Fire

ADVERTISING AGENCIES

Coldwell Banker Campaign: "Catch", Campaign: "Home's Best Friend", Campaign: "Your Home", Creative; 2011
Epson America, Inc. Creative; 2011
Pei Wei Asian Diner Inc. (Creative Agency of Record) Advertising, Branding, Logo; 2017
Skechers Campaign: "Man Vs.Cheetah", Campaign: "Mr. Quiggly", Campaign: "The Hall", Fitness/Performance Lines, GOrun 2, Relaxed Fit; 2011
VTech Electronics Creative, VTech Kids (Agency of Record)
YMCA; Los Angeles, CA Advertising/Promotions, Pro Bono

SILVER COMMUNICATIONS, INC.
35 E 21st St 7th Fl, New York, NY 10010
Tel.: (203) 445-6329
Fax: (212) 387-7875
E-Mail: info@silvercomm.com
Web Site: www.silvercomm.com

Employees: 10
Year Founded: 1956

National Agency Associations: DMA-MCA

Agency Specializes In: Business-To-Business, Consumer Marketing, Graphic Design

Approx. Annual Billings: $3,000,000

Gregg Sibert *(Owner & Creative Dir)*

Accounts:
The Bank of New York BNY ConvergEX Group
Baron Capital Management
Baron Funds
Clearbrook Financial
Forest Laboratories, Inc.
ING Barings
Loeb & Troper
Multex.com
Nielsen Media Research
Prime Charter Ltd.
Townsend Analytics
UBS

SILVER CREATIVE GROUP
50 Water St Ste 1, Norwalk, CT 06854
Tel.: (203) 855-7705
Web Site: www.silvercreativegroup.com

Employees: 12
Year Founded: 2004

Agency Specializes In: Advertising, Brand Development & Integration, Corporate Identity, Exhibit/Trade Shows, Internet/Web Design, Logo & Package Design, Print

Paul Zullo *(Mng Dir)*
Donna Bonato *(Principal & Creative Dir)*
Kendall Karm Egan *(Acct Exec & Strategist-Brand)*

Accounts:
Heavenly Bites

SILVERBACK ADVERTISING
10538 Kentshire Ct, Baton Rouge, LA 70810
Toll Free: (866) 406-9295
Web Site: www.silverbackadvertising.com

Employees: 50

Agency Specializes In: Advertising, Digital/Interactive, Email, Event Planning & Marketing, Paid Searches, Radio, Search Engine Optimization, Social Media, T.V.

Jeff Cossar *(Pres)*

Shane Stender *(Mng Partner)*
Esther Menard *(Dir-Acct Svc)*

Accounts:
Greater Charlotte Hyundai Dealers

SILVERCREST ADVERTISING
6818 Chisholm Ave, Van Nuys, CA 91406
Tel.: (818) 336-4800
Fax: (818) 804-3473
E-Mail: info@sca-mail.com
Web Site: http://lmap.com/

Employees: 4
Year Founded: 2011

Agency Specializes In: Advertising, Media Planning

William Rodriguez *(Founder & Pres)*
Ryan Gesler *(CTO)*

Accounts:
House Doctors & House Medic Marketing
The Johnny Rockets Group, Inc.
Valassis Communications Creative, Media, Online

SILVERMAN MEDIA & MARKETING GROUP, INC.
2829 Merrick Rd Ste 115, Woodbury, NY 11710
Tel.: (516) 781-1668
Fax: (516) 679-1614
E-Mail: smmgsports@aol.com
Web Site: www.silverman-media.com

Employees: 1
Year Founded: 1996

Agency Specializes In: Advertising

Revenue: $1,600,000

Ira H. Silverman *(Pres)*

Accounts:
Ann Liguori Productions, Inc.
Grandstand Sports & Memorabilia; New York, NY
H & K Steel Sculptures
Huntington Hospital
Karp Auto Group
Major League Lacrosse (MLL)
MetroStar Music
Miggle Toys; Chicago, IL
Sound and Video Creations, Inc.
StarGames

SIMANTEL
321 SW Water St, Peoria, IL 61602
Tel.: (309) 674-7747
Web Site: www.simantel.com/

Employees: 100
Year Founded: 1980

National Agency Associations: AMIN

Agency Specializes In: Advertising, Advertising Specialties, Agriculture, Arts, Brand Development & Integration, Broadcast, Business-To-Business, Cable T.V., Collateral, Communications, Corporate Communications, Corporate Identity, Digital/Interactive, Direct Response Marketing, Engineering, Event Planning & Marketing, Exhibit/Trade Shows, Financial, Graphic Design, Health Care Services, Identity Marketing, Industrial, Integrated Marketing, International, Internet/Web Design, Local Marketing, Logo & Package Design, Magazines, Market Research, Media Buying Services, Media Relations, Newspaper, Newspapers & Magazines, Out-of-Home Media, Outdoor, Paid Searches, Planning & Consultation, Print, Production, Production (Ad, Film, Broadcast), Production (Print), Public Relations, Publicity/Promotions, Sales Promotion, Search Engine Optimization, Social Marketing/Nonprofit, Social Media, Strategic Planning/Research, Trade & Consumer Magazines, Transportation, Travel & Tourism, Web (Banner Ads, Pop-ups, etc.)

Kevin McConaghy *(Principal)*
Maggie Whalen Misselhorn *(VP & Exec Creative Dir)*
Tim Leesman *(VP & Client Svcs Dir)*
Misty Dykema *(VP-Strategic Svcs)*
Jake Beyhl *(Creative Dir)*
Annette Jones *(Acct Dir)*
Barry Littlejohn *(Acct Dir)*
Chris Moehn *(Creative Dir)*
Abby Bell *(Dir-Mktg Automation)*
Jason Brown *(Dir-Insights)*
Travis McGlasson *(Dir-Mktg Tech)*
Erin Kennedy *(Sr Acct Mgr)*
Richole Ogburn *(Sr Acct Mgr)*
Nicki Urban *(Sr Acct Mgr)*
Alicia Ruemelin *(Brand Mgr-Digital)*

Accounts:
AFB International; St. Charles, MO Branding, Creative Print, Electronic Advertising, Website
Ameren; 2007
Caterpillar Media Buying
EGLI; 2011
Illinois Mutual; 1997
LG Seeds; 2002
National Precast Concrete Association; 2012

SIMMER MEDIA GROUP
38 W 28Th St Fl 5, New York, NY 10001
Tel.: (646) 847-8832
E-Mail: info@simmergroup.com
Web Site: www.simmergroup.com

Employees: 13
Year Founded: 2013

Agency Specializes In: Advertising, Brand Development & Integration, Internet/Web Design, Print, Social Media

Matthew H. Smith *(Partner)*
Megan Wiseman *(Art Dir)*

Accounts:
New-fresh&co

THE SIMON GROUP, INC.
1506 Old Bethlehem Pike, Sellersville, PA 18960-1427
Tel.: (215) 453-8700
Fax: (215) 453-1670
E-Mail: marcom@simongroup.com
Web Site: www.simongroup.com

E-Mail for Key Personnel:
President: msimon@simongroup.com
Production Mgr.: dbrennan@simongroup.com
Public Relations: bsmith@simongroup.com

Employees: 14
Year Founded: 1986

National Agency Associations: PRSA

Agency Specializes In: Advertising, Aviation & Aerospace, Brand Development & Integration, Business-To-Business, Catalogs, Collateral, Communications, Computers & Software, Consulting, Corporate Identity, Digital/Interactive, Direct Response Marketing, E-Commerce, Electronic Media, Electronics, Email, Engineering, Environmental, Exhibit/Trade Shows, Graphic Design, Health Care Services, High Technology, Industrial, Information Technology, Internet/Web Design, Logo & Package Design, Magazines, Media Buying Services, Media Planning, Media

AGENCIES - JANUARY, 2019 — ADVERTISING AGENCIES

Relations, Medical Products, New Product Development, New Technologies, Paid Searches, Pharmaceutical, Planning & Consultation, Point of Purchase, Point of Sale, Print, Product Placement, Production, Production (Print), Public Relations, Publicity/Promotions, Sales Promotion, Search Engine Optimization, Strategic Planning/Research, Technical Advertising, Trade & Consumer Magazines

Dave Lesser *(Pres)*
Marty Simon *(CEO)*
Karen Burke *(VP-Fin)*
Elizabeth Smith *(VP)*
Mark Matyas *(Creative Dir)*
Jena Warren *(Acct Mgr & Strategist-Digital Mktg)*
Joanna Puglisi-Barley *(Mgr-PR)*
Karen Stayer *(Specialist-Mktg)*
Christina Sanchez *(Coord-PR & Special Projects)*

Accounts:
Aitech Defense Systems; Chatsworth, CA Embedded Systems; 2005
Amphenol Industrial; Sidney, NY Interconnect Components & Systems; 2001
Applied Energy Systems
DELO Industrial Adhesives Public Relations
Elma Electronic; Ivyland, PA Integrated Real-Time & Embedded Systems; 2004
Elsys Instruments (Agency of Record) Public Relations, Social Media Presence
Enersys, Inc.; Reading, PA DC Power Solutions; 1995
Fox Electronics; Fort Myers, FL Crystals, Oscillators; 1995
IEE (Agency of Record) Marketing Communications Campaign
Ingersoll Rand Industrial Technology; Davidson, NC Air Solutions, Campaign: "It's in the Air"; 2005
LCR Electronics; Norristown, PA Filters/Motion Control; 2008
Measurement Specialties
Megger Creative Development, Online Advertising
Men Micro
Metabo Corp.; West Chester, PA Power Tools; 2001
Woodstream Corporation (Agency of Record) Creative, FiShock, Marketing Communications, Zareba

SIMON GROUP MARKETING COMMUNICATIONS, INC.
2121A Dewey Ave, Evanston, IL 60201
Tel.: (847) 424-9910
Fax: (847) 424-9918
E-Mail: mail@simongroup.biz
Web Site: www.simongroup.biz

Employees: 5
Year Founded: 1980

Agency Specializes In: Advertising, Brand Development & Integration, Business Publications, Business-To-Business, Catalogs, Collateral, Communications, Consulting, Consumer Goods, Consumer Marketing, Corporate Communications, Corporate Identity, Cosmetics, Customer Relationship Management, Direct Response Marketing, Direct-to-Consumer, E-Commerce, Email, Engineering, Entertainment, Exhibit/Trade Shows, Financial, Food Service, Graphic Design, High Technology, Identity Marketing, In-Store Advertising, Industrial, Integrated Marketing, Internet/Web Design, Legal Services, Logo & Package Design, Media Buying Services, Media Relations, New Product Development, Newspaper, Newspapers & Magazines, Out-of-Home Media, Outdoor, Package Design, Planning & Consultation, Point of Purchase, Point of Sale, Print, Production, Public Relations, Publicity/Promotions, Restaurant, Sales Promotion, Search Engine Optimization, Social Media, Strategic Planning/Research, Technical Advertising, Trade & Consumer Magazines

Approx. Annual Billings: $500,000

THE SIMONS GROUP
303 E Wacker Dr #1109, Chicago, IL 60601
Tel.: (312) 252-8900
Web Site: www.thesimonsgroup.com

Employees: 25

Agency Specializes In: Affiliate Marketing, Business Publications, Digital/Interactive, Direct Response Marketing, Electronic Media, Exhibit/Trade Shows, Experience Design, Local Marketing, Magazines, Mobile Marketing, Newspaper, Newspapers & Magazines, Print, Search Engine Optimization

SIMONS MICHELSON ZIEVE, INC.
1200 Kirts Blvd Ste 100, Troy, MI 48084
Tel.: (248) 362-4242
Fax: (248) 362-2014
Web Site: www.smz.com

E-Mail for Key Personnel:
Creative Dir.: jklayman@smz.com
Media Dir.: aklein@smz.com
Production Mgr.: kfinley@smz.com
Public Relations: ngrandberry@smz.com

Employees: 49
Year Founded: 1929

National Agency Associations: ADCRAFT-DMA

Agency Specializes In: Advertising, Arts, Brand Development & Integration, Broadcast, Business-To-Business, Cable T.V., Collateral, Communications, Consumer Marketing, Corporate Communications, Corporate Identity, Entertainment, Event Planning & Marketing, Experiential Marketing, Fashion/Apparel, Financial, Food Service, Graphic Design, In-Store Advertising, Infomercials, Integrated Marketing, Internet/Web Design, Leisure, Local Marketing, Market Research, Media Buying Services, Media Planning, Media Relations, Medical Products, New Product Development, Newspaper, Newspapers & Magazines, Out-of-Home Media, Outdoor, Point of Purchase, Point of Sale, Print, Production, Production (Print), Promotions, Public Relations, Publicity/Promotions, Radio, Restaurant, Retail, Search Engine Optimization, Sponsorship, Sports Market, Strategic Planning/Research, T.V., Trade & Consumer Magazines, Yellow Pages Advertising

Approx. Annual Billings: $52,000,000

Breakdown of Gross Billings by Media: Bus. Publs.: 2%; Cable T.V.: 3%; Collateral: 5%; Consumer Publs.: 3%; Fees: 10%; Mdsg./POP: 10%; Newsp.: 5%; Outdoor: 5%; Production: 10%; Spot Radio: 17%; Spot T.V.: 20%; Yellow Page Adv.: 10%

Jamie Michelson *(Pres & CEO)*
Michael Corbeille *(Exec VP & Exec Creative Dir)*
Debbie Michelson *(Exec VP & Grp Acct Dir)*
Pam Renusch *(Exec VP & Grp Acct Dir)*
William Muir *(Exec VP)*
Ann McGee *(Sr VP & Gen Mgr)*
Kathleen Finley *(Sr VP & Dir-Print Production)*
Lisa Sabo *(VP & Creative Dir)*
Mary Bridget Gielow *(VP & Mgmt Supvr)*
Joel Bienenfeld *(VP & Dir-Production)*
Ashley Rooney *(Acct Dir)*
Victor Spieles *(Creative Dir)*
Amy Klein *(Dir-Media)*
Nicci Lymburner *(Dir-Performance Mktg)*
Terri Peirce *(Dir-Media Buying)*
Aleena Bobich *(Sr Acct Mgr)*
Juanita Hursey *(Mgr-Traffic)*
Steven Klein *(Mgr-IT)*
Karen Martinez *(Acct Coord)*
Velia Hicks *(Coord-Creative)*
Barb Campagna *(Sr Supvr-Graphics)*
Brianna Wilkinson *(Assoc Media Dir)*

Accounts:
Beaumont Hospital Health Care System; 2016
CBS Detroit/CW 50 Television Stations; 2011
Cleary University Higher Education; 2015
Comerica Business Banking; 2016
Community Choice Credit Union Financial Services; 2012
Detroit Metro Convention & Visitors Bureau (Agency of Record) Tourism & Travel; 2013
Detroit Red Wings NHL Hockey; 2009
Detroit Tigers; Detroit, MI Major League Baseball Team; 2004
Fisher Theatre/Netherlander Company LLC; Detroit, MI Entertainment; 1990
General RV (Media Agency of Record) RV Sales & Service; 2016
Grand Hotel (Agency of Record) Creative Strategy, Integrated Marketing; 2013
Great Lakes Crossing Outlets Regional Shopping Malls; 2006
Group 10 Management (Agency of Record) Airlines Parking, Digital Advertising, Qwik Park, Traditional, U.S. Park; 2014
Michigan Bureau of State Lottery; Detroit, MI Lottery Games; 1996
Planet Fitness (Media Agency of Record) Health Club; 2016
SVS Vision Retail Optical Centers; 2008
Taubman Centers Regional Shopping Malls; 2007
Together Health Network Narrow Network Health Plan; 2015
Woodward Dream Cruise Classic Cars; 2008

SIMPLE TRUTH COMMUNICATION PARTNERS
314 W Superior St Ste 300, Chicago, IL 60654
Tel.: (312) 376-0360
Fax: (312) 376-0366
Web Site: www.yoursimpletruth.com/

Employees: 35
Year Founded: 1996

Agency Specializes In: Advertising Specialties, Brand Development & Integration, Business-To-Business, Collateral, Communications, Consulting, Corporate Identity, Education, Financial, Graphic Design, Health Care Services, Logo & Package Design

Approx. Annual Billings: $6,000,000

Breakdown of Gross Billings by Media: Collateral: 40%; Graphic Design: 20%; Logo & Package Design: 10%; Print: 10%; Promos.: 10%; Strategic Planning/Research: 10%

Rhonda Kokot *(Mng Partner)*
Susan Bennett *(Partner & Exec Creative Dir)*
Jonah Doftert *(Acct Dir)*
Sharon Heil *(Creative Dir)*
James Maule *(Acct Dir)*
Mande Mischler *(Acct Dir)*
Kimberley Terzis *(Creative Dir)*
Steve Batterson *(Assoc Dir-Brand Strategy)*
Brea Malloy *(Assoc Dir-Brand Strategy)*
Cathy Fields *(Acct Supvr)*
Tiffany Goebel *(Acct Supvr)*
Elizabeth Meisner *(Supvr-Bus Dev)*
Claudine Guertin Ceric *(Assoc Creative Dir)*
Claudine Guertin *(Assoc Creative Dir)*
Drew Larson *(Assoc Creative Dir)*
Mick Pavlik *(Assoc Creative Dir)*
Anthony Zinni *(Assoc Creative Dir-Brand Expression)*

Accounts:

ADVERTISING AGENCIES
AGENCIES - JANUARY, 2019

Allstate Insurance; Northbrook, IL Casualty, Property; 1999
Chicago History Museum; Chicago, IL; 2006
Sunrise Senior Living; McLean, VA Senior Living Services; 2003
United Airlines; Elk Grove Village, IL; 1997

SINGLE THROW INTERNET MARKETING
1800 Route 34, Wall Township, NJ 07719
Tel.: (866) 233-4810
Fax: (732) 612-1072
Web Site: www.singlethrow.com

Employees: 25

Agency Specializes In: Email, Search Engine Optimization, Social Media, Viral/Buzz/Word of Mouth, Web (Banner Ads, Pop-ups, etc.)

Larry Bailin *(CEO)*
Jim Farrell *(CFO)*
Scott Dailey *(VP-Sls & Mktg)*
Jennifer Patterson *(VP-Ops)*
Chelsea Sullivan *(Head-Paid Media Grp)*
Nicole Stryker *(Acct Dir)*
Megan Baker *(Sr Client Svcs Dir)*

Accounts:
Acer Computers
Bel Brands USA Babybel, Laughing Cow
Hillshire Brands
Kiwi Shoe Care
Kozy Schack Enterprises LLC
Nakoma Products LLC Endust
Scholastic

SINGLETON & PARTNERS, LTD.
740 W Superior Ave, Cleveland, OH 44113
Tel.: (216) 344-9966
Fax: (216) 344-9921
E-Mail: singletonpartners@adelphia.net
Web Site: www.singletonpartners.com

Employees: 20

Agency Specializes In: Broadcast, Communications, Education, Event Planning & Marketing, Government/Political, Local Marketing, Media Planning, Multicultural, Multimedia, Planning & Consultation, Production, Public Relations

Renee Singleton *(Pres & CEO)*
Joyce Brown *(VP & Dir-Corp Mktg Div)*

Accounts:
Adoption Network Cleveland
Cuyahoga County Library
Greater Cleveland Partnership
Greater Heights Academy
Karamu House
Ohio Tourism Division
Popeyes Chicken & Biscuits

SINUATE MEDIA, LLC.
2001 E Lohman Ave Ste 110-323, Las Cruces, NM 88001
Tel.: (443) 992-4691
E-Mail: hello@sinuatemedia.com
Web Site: www.sinuatemedia.com

Employees: 6

Agency Specializes In: Corporate Communications, Event Planning & Marketing, Exhibit/Trade Shows, Guerilla Marketing, Internet/Web Design, Mobile Marketing, Podcasting, Social Marketing/Nonprofit, Viral/Buzz/Word of Mouth

Leah Messina *(Founder & CEO)*

Accounts:
Baltimore Book Festival
Bandon
BioSecurity Technologies
DeWalt
Doncaster Salli Ward
Harp
Heather Fulkoski Acupuncture
Horizon Media
Jolles
KidsPeace
Meyer Jabara Hotels
Posh Restaurant & Supper Club
Washington Hospital Center

SIQUIS, LTD.
PO Box 6382, Baltimore, MD 21230
Tel.: (410) 323-4800
Fax: (410) 323-4113
E-Mail: info@siquis.com
Web Site: www.siquis.com

Employees: 50
Year Founded: 1986

National Agency Associations: AMA-Second Wind Limited

Agency Specializes In: Advertising, Affluent Market, Brand Development & Integration, Broadcast, Business-To-Business, Cable T.V., Catalogs, Children's Market, Co-op Advertising, Collateral, College, Commercial Photography, Communications, Computers & Software, Consumer Marketing, Consumer Publications, Corporate Communications, Corporate Identity, Cosmetics, Direct Response Marketing, Education, Email, Exhibit/Trade Shows, Fashion/Apparel, Financial, Graphic Design, High Technology, Internet/Web Design, Logo & Package Design, Magazines, Media Buying Services, Media Planning, Men's Market, Newspaper, Newspapers & Magazines, Out-of-Home Media, Outdoor, Point of Purchase, Point of Sale, Production, Production (Ad, Film, Broadcast), Production (Print), Publishing, Radio, Social Marketing/Nonprofit, Sports Market, Strategic Planning/Research, T.V., Trade & Consumer Magazines, Transportation, Web (Banner Ads, Pop-ups, etc.), Women's Market

Approx. Annual Billings: $56,000,000

Breakdown of Gross Billings by Media: Collateral: 6%; D.M.: 25%; Internet Adv.: 2%; Logo & Package Design: 7%; Newsp. & Mags.: 24%; Out-of-Home Media: 3%; Point of Sale: 2%; Production: 1%; Radio: 30%

Anita Kaplan *(CEO)*

Accounts:
Ankota
Curve Appeal Jeans
Dolfin Swimwear; Sinking Spring, PA
E-Z Pass
Goldwell; Linthicum, MD
Gorilla Glue
Green Bull Ladders
The Greene Turtle
Grinnell Paving Stones
Isis
Isis Outdoorwear
Montgomery Parks
Postal Outfitters; Metarie, LA
Renfro Legwear
Samuel Parker Clothiers
Simpson Race Products; New Braunfels, TX

SIR ISAAC
81 Washington St Ste 203, Salem, MA 01970
Tel.: (978) 594-8023
E-Mail: info@sirisaac.com
Web Site: www.sirisaac.com

Employees: 12
Year Founded: 2008

Agency Specializes In: Advertising, Collateral, Corporate Identity, Internet/Web Design, Package Design, Print, Radio, T.V.

Ross Dobson *(Founder & Pres)*

Accounts:
Champion Seed
HarborOne Bank
MedSentry
Mission of Hope International

SIRE ADVERTISING
24 N Market St Ste A, Selinsgrove, PA 17870
Tel.: (570) 743-3900
Fax: (570) 743-3901
E-Mail: info@sireadvertising.com
Web Site: www.sireadvertising.com

Employees: 10
Year Founded: 2002

Agency Specializes In: Advertising, Broadcast, Collateral, Internet/Web Design, Logo & Package Design, Print, Public Relations

Accounts:
JD Feaster Earthworks
Lycoming Bakery

SIRIUS STUDIOS
3805 H St, Eureka, CA 95503
Tel.: (707) 443-9836
Web Site: www.sirius-studios.com

Employees: 2

Agency Specializes In: Advertising, Graphic Design, Radio, T.V.

Alan Olmstead *(Owner)*

Accounts:
Almquist Lumber Co.
Amulet Manufacturing Co, Inc.
Arcata Recycling Center
Dalianes Worldwide Travel Service
Eureka Brake & Automotive
Eureka Glass Company, Inc.
Humboldt County Environmental Health
Humboldt Finest
Low's Furniture Co, Inc.
Nelson Floor Company
North Coast Bakery
North Coast Co-op
Northern Mountain Supply
Northern Redwood Federal Credit Union
Philips Camera & Studio

SITEWIRE
740 S Mill Ave Ste 210, Tempe, AZ 85281
Tel.: (480) 731-4884
Fax: (480) 731-4822
E-Mail: info@sitewire.net
Web Site: www.sitewire.com

Employees: 60
Year Founded: 1999

National Agency Associations: AMA-SEMPO

Agency Specializes In: Advertising, Affiliate Marketing, Below-the-Line, Consulting, Digital/Interactive, Direct Response Marketing, E-Commerce, Electronic Media, Internet/Web Design, Media Planning, Paid Searches, Search Engine Optimization, Strategic Planning/Research, Web (Banner Ads, Pop-ups, etc.)

AGENCIES - JANUARY, 2019 — ADVERTISING AGENCIES

Approx. Annual Billings: $14,000,000

Bret Giles *(Co-Founder)*
Margie Traylor *(Co-Founder)*
Joyce Clark *(Controller)*
Mike Marti *(Acct Dir)*
Rick Snailum *(Creative Dir)*
Kimberley Hand *(Dir-Social Media)*

Accounts:
Avnet
Flight Centre
Golf Channel / Golf Now
The Irvine Company; Irvine, CA Fashion Island, Irvine Apartment Communities
Loctite
PGI
Sophos
Thrive Foods

SITUATIO NORMAL
7 N Willow St Ste 8A, Montclair, NJ 07042
Tel.: (763) 300-1132
E-Mail: info@situationormal.com
Web Site: www.situationormal.com

Employees: 5
Year Founded: 2010

Agency Specializes In: Advertising, Brand Development & Integration, Graphic Design, Media Buying Services, Media Planning, Print, Social Media, Sponsorship

Accounts:
Fresh Neck
Papi Wine

SITUATION INTERACTIVE
469 Fashion Ave Rm 1300, New York, NY 10018
Tel.: (212) 982-3192
Web Site: http://www.situationinteractive.com/

Employees: 13
Year Founded: 2004

Agency Specializes In: Advertising, Brand Development & Integration, Communications, Digital/Interactive, E-Commerce, Email, Entertainment, Internet/Web Design, Promotions, Search Engine Optimization

Revenue: $1,500,000

Damian Bazadona *(Founder & Pres)*
Lisa Cecchini *(VP-Media & Analytics)*
Jeremy Kraus *(VP-Client Svcs)*
Chris Powers *(Exec Creative Dir-Arts & Culture)*
Christina Ferrara *(Art Dir)*
Katryn Geane *(Client Svcs Dir)*
John Howells *(Creative Dir)*
Tom Lorenzo *(Creative Dir)*
Arlene Ulibas *(Dir-Search & Analytics)*
Peter Yagecic *(Dir-Technical Projects)*
Mollie Shapiro *(Acct Supvr)*
Rachel Harpham *(Supvr-Media)*
Mara Winkler *(Supvr-Media)*
Carly Michaels *(Strategist-Creative)*
Katherine Flowers *(Media Planner)*

Accounts:
The Advertising Council (Social Agency of Record) Community Engagement, Influencer Marketing, Social Content Creation; 2018
Brooklyn Academy of Music
Dear Evan Hansen
DreamWorks Animation SKG, Inc.
The Madison Square Garden Company
Mean Girls
The Metropolitan Opera
The New York Philharmonic
NewYork.com
One World Observatory
Radio City Entertainment
Stoli Group USA LLC Website
Universal Studios, Inc.
The Walt Disney Company

SIX DEGREES
1217B N Orange Ave, Orlando, FL 32804
Tel.: (407) 730-3178
Web Site: www.sixdegreeshigher.com

Employees: 1
Year Founded: 2007

Agency Specializes In: Advertising, Brand Development & Integration, Communications, Digital/Interactive

Jason Kucharski *(Partner & Creative Dir)*
Michael Young *(Pres-Mktg Insights & Creative)*
Elizabeth Buccianti *(Dir-PR)*

Accounts:
Farina & Sons
Slocum Platts Architects

SIX POINT CREATIVE WORKS
9 Hampden St, Springfield, MA 01103
Tel.: (413) 746-0016
E-Mail: hello@sixpointcreative.com
Web Site: www.sixpointcreative.com

Employees: 5

Agency Specializes In: Advertising, Brand Development & Integration, Event Planning & Marketing, Logo & Package Design, Media Buying Services, Out-of-Home Media, Outdoor, Print, Public Relations, Social Media, Strategic Planning/Research

Marsha Montori *(Owner & CMO)*
Meghan Lynch *(Pres & CEO)*
David Wicks *(Chief Creative Officer)*

Accounts:
Bay Path University Womens Leadership Conference
CHD
Community Foundaion of Western Massachusetts
Detector Technology
Farm Credit East
Hot Table
Hyde Group
Incom
Ingersoll Products of Ontario, Canada
Springfield Public Forum
United Personnel

SIXSPEED
4828 W 35Th St, Minneapolis, MN 55416
Tel.: (952) 767-3464
Web Site: www.sixspeed.com/

Employees: 47
Year Founded: 2009

Agency Specializes In: Advertising, Digital/Interactive, Event Planning & Marketing, Experiential Marketing

Thomas Cusciotta *(Founder & Chief Creative Officer)*
Joe Hurd *(CEO)*
Bob Molhoek *(CMO)*
Grant Johnson *(Principal & Dir-Creative)*
Andi Dickson *(Principal)*
Tara Meyers *(Exec Dir-Experiential Content)*
Anthony DiNicola *(Creative Dir)*
Becky Holten *(Acct Svcs Dir)*
Victoria Bartz *(Dir-Project Mgmt)*
Chris Hergott *(Dir-Connection Strategy)*
Andrew Ellingson *(Acct Mgr)*
Chris Thorson *(Mgr-Studio & Creative Ops)*
Mike Anderson *(Designer)*
Julie Galicia *(Assoc Producer-Events)*
Ethan Lindeman *(Jr Project Mgr)*
Erik Oelke *(Assoc Creative Dir)*
Nick Rudie *(Assoc Creative Dir)*

Accounts:
Acushnet Company FootJoy
Bushnell Outdoor Products, Inc. (Agency of Record) Content, Digital, Strategic Services
Crestliner Boats
Major League Soccer 2017 MLS All-Star Game, 2017 MLS Cup, Design
Michelin North America BFGoodrich (Agency of Record), Brand, Connection, Content, Digital, Experiential Capabilities, KM3 Mud-Terrain Tire, Strategic; 2018
Moomba Boats
Polaris Industries Inc
Red Bull Crashed Ice
Red Bull Mississippi Grind
Red Bull Night of the Taurus
Red Wing Creative, Marketing, Production, Strategy, Vasque (Agency of Record)
Skier's Choice Moomba (Agency of Record), Supra (Agency of Record)
Supra

SIZMEK
750 W John Carpenter Fwy Ste 400 & 700, Irving, TX 75039
Tel.: (972) 581-2000
E-Mail: info@sizmek.com
Web Site: www.sizmek.com

Employees: 379
Year Founded: 1999

Agency Specializes In: Digital/Interactive, Internet/Web Design

Revenue: $63,775,000

Mark Grether *(CEO)*
Nikos Acuna *(Mng Dir-Sizmek Innovation Lab)*
Gabrielle Heller *(VP-UX & UI)*
Kristin Cammarota *(Sls Dir)*
Joe Castro *(Sls Dir-Natl)*
Richard van den Berg *(Client Svcs Mgr)*

Accounts:
Siemens AG

SJ COMMUNICATIONS
25251 Paseo De Alicia Ste 200, Los Angeles, CA 92653
Tel.: (818) 881-3889
Fax: (818) 332-4212
E-Mail: info@sjcommunications.com
Web Site: www.sjcommunications.com

Employees: 1

Agency Specializes In: Brand Development & Integration, Business-To-Business, Entertainment, Event Planning & Marketing, Government/Political, Media Relations, Production, Public Relations, Strategic Planning/Research, Travel & Tourism

Krysty O'Quinn Ronchetti *(Owner)*

Accounts:
Angel Fire Resort
Ski New Mexico
Sunset Strip Business Association
Universal Music Publishing Group
Virgin Entertainment Group

ADVERTISING AGENCIES
AGENCIES - JANUARY, 2019

SJI ASSOCIATES, INC.
1001 6th Ave 23rd Fl, New York, NY 10018
Tel.: (212) 391-7770
Fax: (212) 391-1717
E-Mail: suzy@sjiassociates.com
Web Site: www.sjiassociates.com

Employees: 20

Agency Specializes In: Collateral, Digital/Interactive, In-Store Advertising, Internet/Web Design, Logo & Package Design, Out-of-Home Media, Outdoor, Point of Purchase, Print, Publicity/Promotions

Suzy Jurist *(Pres)*
Dan O'Shea *(Partner)*
David O'Hanlon *(Art Dir)*
Matthew Birdoff *(Dir-Brand Strategy)*
Dave Brubaker *(Dir-On-Air Creative)*
Anthony K. Guardiola *(Mgr-PrePress Production)*
Carole Mayer *(Sr Copywriter & Designer)*
Adrienne Yesner *(Sr Graphic Designer)*
Andrew Zimmerman *(Sr Designer)*

Accounts:
DC Comics
HBO Go
Nikon
PBS Kids
Univision

SK+G ADVERTISING LLC
8912 Spanish Ridge Ave, Las Vegas, NV 89148
Tel.: (702) 478-4000
Fax: (702) 478-4001
E-Mail: contactus@skg.global
Web Site: skg.global/

Employees: 120
Year Founded: 1999

Agency Specializes In: Advertising, Alternative Advertising, Brand Development & Integration, Broadcast, Business Publications, Business-To-Business, Cable T.V., Collateral, Communications, Consumer Marketing, Consumer Publications, Corporate Communications, Corporate Identity, Customer Relationship Management, Digital/Interactive, Direct Response Marketing, Direct-to-Consumer, Electronic Media, Entertainment, Event Planning & Marketing, Experience Design, Fashion/Apparel, Food Service, Government/Political, Graphic Design, Guerilla Marketing, Hospitality, Identity Marketing, Integrated Marketing, Internet/Web Design, Leisure, Logo & Package Design, Luxury Products, Magazines, Media Buying Services, Media Planning, Media Relations, Media Training, Mobile Marketing, Multimedia, Newspaper, Newspapers & Magazines, Out-of-Home Media, Outdoor, Package Design, Paid Searches, Planning & Consultation, Point of Purchase, Point of Sale, Print, Production, Production (Ad, Film, Broadcast), Production (Print), Public Relations, Publicity/Promotions, Radio, Real Estate, Restaurant, Retail, Search Engine Optimization, Social Marketing/Nonprofit, Social Media, Sponsorship, Strategic Planning/Research, T.V., Trade & Consumer Magazines, Transportation, Travel & Tourism, Viral/Buzz/Word of Mouth, Web (Banner Ads, Pop-ups, etc.)

Approx. Annual Billings: $95,000,000

Jerry Kramer *(Mng Partner)*
John Schadler *(Mng Dir)*
Jim Gentleman *(Chief Strategy Officer)*
Norm Craft *(Sr VP-Acct Mgmt)*
Kim Perrin Bender *(VP-Media)*
Erik Drake *(Acct Dir)*
Patricia Goode *(Acct Exec-Digital)*

Sloane Katz *(Media Planner & Media Buyer)*
Laura Benavides *(Sr Media Planner & Buyer)*
Debbie Bien *(Sr Media Planner & Sr Media Buyer)*
Anne Genseal *(Grp Media Dir)*
Kayee Tam *(Assoc Media Dir)*

Accounts:
ABA Interior Design; Las Vegas, NV Interior Design Services; 2001
Agassi Graf Holdings; Las Vegas, NV; 2009
Allegiant Media Buying & Planning
Andre Agassi Foundation
Baha-Mar Brand Strategy, Creative, Media Planning & Buying, Web Development; 2005
Belterra Resort Casino; Vevay, IN; 2002
Borgata Hotel Casino & Spa Borgata; 2002
Cirque de Soleil
Lumiere Place; Saint Louis, MO Casino, Hotel & Spa; 2007
Mandarin Oriental; Las Vegas, NV
MGM Resorts International; Las Vegas, NV; 2002
National Hockey League Vegas Golden Knights (Agency of Record); 2017
Nevada Cancer Institute; Las Vegas, NV; 2002
Orient-Express properties
Planet Hollywood Resort & Casino; Las Vegas, NV Casino, Entertainment, Food & Beverage; 2004
River City Casino; Saint Louis, MO; 2008
Silverton Casino Lodge Hotel; Las Vegas, NV; 2008
SLS Las Vegas (Advertising Agency of Record)
Solaire Resort & Casino Manila Creative Development
Tropicana Las Vegas; Las Vegas, NV Casino Hotel; 2011
Waldorf Astoria Philadelphia - Hotel & Residences; Philadelphia, PA; 2008
Wolfgang Puck Fine Dining Group; Las Vegas, NV Chinois, Lupo, Postrio, Spago Las Vegas, Spago Palo Alto; 2001

SKADADDLE MEDIA
17 Alta Vista Ave, Mill Valley, CA 94941
Tel.: (415) 332-5577
Fax: (415) 332-5544
E-Mail: info@skadaddlemedia.com
Web Site: www.skadaddlemedia.com

Employees: 5

Agency Specializes In: Advertising, Experiential Marketing

Todd Lieman *(Chief Creative Officer)*

Accounts:
Airstream Campaign: "Live Riveted"
MBT Footwear
Mutual of Omaha; Omaha, NE
Wherever The Need

SKAGGS CREATIVE
414 Broadway, New York, NY 10013
Tel.: (212) 966-1603
Fax: (212) 966-1604
Web Site: www.skaggscreative.com

Employees: 15
Year Founded: 1998

Agency Specializes In: Advertising, Digital/Interactive

Bradley Skaggs *(Creative Dir)*
Jonina Skaggs *(Art Dir)*

SKAR ADVERTISING
111 S 108th Ave, Omaha, NE 68154-2699
Tel.: (402) 330-0110
Fax: (402) 330-8791
Toll Free: (866) 330-0112

E-Mail: skar@skar.com
Web Site: www.skar.com

Employees: 36
Year Founded: 1949

National Agency Associations: APA

Agency Specializes In: Advertising

Approx. Annual Billings: $25,000,000

Breakdown of Gross Billings by Media: Bus. Publs.: $500,000; Mags.: $4,500,000; Newsp.: $2,500,000; Other: $5,000,000; Outdoor: $1,000,000; Radio: $4,500,000; T.V.: $7,000,000

Joleen David *(Owner & Pres)*
Mark Carpenter *(Partner & Exec VP-Creative Strategy & Production Svcs)*
Michael Duman *(Partner & Co-Creative Dir)*
Mike Collins *(Exec VP-Client Svcs)*
Lavon Eby *(Exec VP)*
Greg Ahrens *(VP & Co-Creative Dir)*
Karin Salas *(Media Dir)*
Lauren Taylor Anderson *(Media Planner & Media Buyer)*

Accounts:
Butterball, LLC Chef Boyardee, Gulden's Mustard, Hunts Ketchup
ETMC Regional Healthcare System
League of Letters
Metropolitan Plastic & Reconstructive Surgery
Nebraska Lottery (Agency of Record) Brand Awareness, Campaign: "Find Your Game. Find Your Fun.", Campaign: "Millionaire Tips", Campaign: "Pick 5 Aliens", Strategic Marketing
The Salvation Army
Sue Bee Honey

SKDKNICKERBOCKER
1150 18Th St Nw Ste 800, Washington, DC 20036
Tel.: (202) 464-6900
Fax: (202) 464-4798
Web Site: www.skdknick.com

Employees: 101

Agency Specializes In: Email, Market Research, Publicity/Promotions, Strategic Planning/Research

Hilary B. Rosen *(Partner & Mng Dir)*
Bill Knapp *(Partner & Strategist-Media)*
Stephen Krupin *(Mng Dir & Dir-Exec Comm Practice)*
Nell Callahan *(Mng Dir & Chief of Staff-DC Pub Affairs)*
Stefan Friedman *(Mng Dir)*
Greg Minoff *(Mng Dir)*
Jim Mulhall *(Mng Dir)*
Karen Olick *(Mng Dir)*
Cecelia Prewett *(Mng Dir)*
Jill Zuckman *(Pres-Pub affairs)*
Anita Dunn *(Principal)*
Oren Shur *(Sr VP & Dir-Political)*
Amy Brundage *(Sr VP)*
Josh Dorner *(Sr VP)*
Bianca Prade *(Sr VP)*
Marcela Salazar *(Sr VP)*
Andrew Shipley *(Sr VP)*
Michael Czin *(VP)*
Sally Francis *(VP)*
Cameron French *(VP-Pub Affairs)*
Adam Hodge *(VP-Pub Affairs)*
Charles Meisch *(Counsel-Tech & VP)*

Accounts:
Association of American Railroads Line-Haul Railroad Provider & Maintenance
Ontario, Canada Ministry of Intergovernmental Affairs, Trade; 2017
Planned Parenthood Crisis

1018

AGENCIES - JANUARY, 2019 — ADVERTISING AGENCIES

Respect for Marriage Coalition DOMA, PR
Sean Eldridge
New-The Southern Poverty Law Center
Time's Up Communications; 2018
The Vistria Group

Branch

SKDKnickerbocker
1 World Trade Ctr Fl 63, New York, NY 10007
Tel.: (212) 561-8730
Web Site: www.skdknick.com

Employees: 101

Agency Specializes In: Advertising, Brand Development & Integration, Content, Crisis Communications, Digital/Interactive, Media Buying Services, Media Training, Public Relations, Social Media

Jennifer Cunningham *(Mng Dir)*
Josh Isay *(Mng Dir)*
Mike Morey *(Mng Dir)*
Loren Riegelhaupt *(Mng Dir)*
Alex DeVincenzo *(CFO)*
Kerri Lyon *(Pres-Pub Affairs)*
Stephanie Reichin *(Sr VP)*
Michelle Peters Wellington *(Sr VP)*
Morgan Hook *(Mng Dir-Albany)*
Elizabeth Kenigsberg *(VP)*
Devon Puglia *(VP)*
Jon Reinish *(VP)*

Accounts:
International Business Machines Corporation
   Narrative, Strategy Development; 2018
New-The Rockefeller Foundation

SKIVER
3434 Via Lido 2nd Fl, Newport Beach, CA 92663
Tel.: (949) 450-9998
Web Site: www.skiver.com

Employees: 17
Year Founded: 2001

Agency Specializes In: Advertising, Broadcast, Collateral, Digital/Interactive, Graphic Design, Media Buying Services, Media Planning, Print, Social Media, Sponsorship, Strategic Planning/Research

Jeremy Skiver *(CEO)*
Rob Pettis *(Exec Creative Dir)*
Derek Hall *(Acct Dir)*
Robert Gembarski *(Acct Exec-Digital)*

Accounts:
4 Copas Tequila
Boy Scouts of America
Electra
Hooters of America Branding, Campaign: "Step Into Awesome"
Infinium Spirits
Kangaroo Express
Landmark
Mercedes Benz Laguna Niguel & Foothill Ranch
Oakley Elements
One Hope Wines
Pau Maui Vodka
Puerto Los Cabos
T-Mobile
Targus Protect What's Inside
Viewsonic
Western Digital

Branch

Skiver
11 Piedmont Ctr 7th Fl, Atlanta, GA 30305
Tel.: (678) 920-1268
Web Site: www.skiver.com

Employees: 17
Year Founded: 2001

Agency Specializes In: Advertising, Broadcast, Collateral, Digital/Interactive, Graphic Design, Media Buying Services, Print, Social Media, Strategic Planning/Research

Rob Pettis *(Exec Creative Dir)*

Accounts:
4 Copas Tequila
Boy Scouts of America
Electra
Hooters Step Into Awesome Campaign
Infinium Spirits
Kangaroo Express
Landmark
Mercedes-Benz Laguna Niguel & Foothill Ranch
Oakley Elements
One Hope Wines
Pau Maui Vodka
Puerto Los Cabos
T-Mobile
Targus Protect What's Inside
Viewsonic
Western Digital

SKM GROUP
(Name Changed to FARM)

SKY ADVERTISING, INC.
14 E 33 St 8th Fl, New York, NY 10016
Tel.: (212) 677-2500
Fax: (212) 677-2791
Toll Free: (888) 752-9664
E-Mail: info@skyad.com
Web Site: www.skyad.com

E-Mail for Key Personnel:
President: info@skyad.com

Employees: 15
Year Founded: 1989

Agency Specializes In: Internet/Web Design, Newspaper, Newspapers & Magazines, Real Estate, Recruitment, Sponsorship, Trade & Consumer Magazines

Approx. Annual Billings: $10,000,000

Janine Jones *(CFO)*
Mike Tedesco *(COO & Exec VP)*
Phil Kaminowitz *(Sr VP)*
Marcia Leventhal *(Sr VP)*
Roberta Schreiner *(Sr VP)*
Ivy Ching *(VP & Sr Acct Dir)*
Jimmy Cintron *(VP-Ops)*
Giovanni Escot *(Art Dir-Interactive)*
Emily Brock *(Dir-Digital Strategy)*
Amelia Guarneri *(Dir-Interactive Svcs)*
Melissa Trout *(Acct Mgr)*
Vincent Morgan, Jr. *(Mgr-Bus Dev)*
Jamie Davids *(Sr Acct Exec)*
Sara Heleni *(Acct Exec)*
Martin Castro *(Sr Art Dir)*

Accounts:
The Brooklyn Hospital Center
Century 21 Real Estate LLC
Columbia University; 1990
Louis Vuitton N.A.
Metropolitan Museum of Art
The Rockefeller University

Branches:

Sky Advertising-Chicago
159 N Marion St Ste 292, Oak Park, IL 60301-1032
Tel.: (708) 707-2070
E-Mail: perry@skyad.com
Web Site: www.skyad.com

Employees: 100

Agency Specializes In: Advertising

Bill Steely *(Pres)*
Janine Jones *(CFO)*
Mike Tedesco *(COO & Exec VP)*
Susan Ginsberg *(Sr VP)*
Roberta Schreiner *(Sr VP)*
Jimmy Cintron *(VP-Ops)*
Giovanni Escot *(Art Dir-Interactive)*
Jamie Davids *(Sr Acct Exec)*

Accounts:
Better Homes
Century 21
Coldwell Bankers
Columbia University
Housing Works
Kaplan University
Lisi
P&G
Presbyterian Homes
Solo
Sotheby's

SKY ALPHABET
1005 Beach Ave Ste 603, Vancouver, BC V6E3W2 Canada
Tel.: (604) 710-1105
E-Mail: alpha@skyalphabet.com
Web Site: www.skyalphabet.com

Year Founded: 2016

Agency Specializes In: Broadcast, Co-op Advertising, Digital/Interactive, Electronic Media, Email, Out-of-Home Media, Outdoor, Paid Searches, Point of Sale, Production, Production (Print), Radio, Search Engine Optimization, Social Media, T.V., Web (Banner Ads, Pop-ups, etc.)

Steve Yanor *(Mng Dir)*

Accounts:
Western Media Group Media; 2016

SKYCASTLE MEDIA, LLC
3701 Sacramento St, San Francisco, CA 94118
Tel.: (888) 776-3893
E-Mail: info@skycastlemedia.com
Web Site: https://skycastlemedia.com/

Employees: 1
Year Founded: 2005

Agency Specializes In: Advertising, Brand Development & Integration, Content, Digital/Interactive, Public Relations, Social Media

Tracy Oliver *(Principal)*

Accounts:
Crystal Mountain Therapies

SKYLINE MEDIA GROUP
5823 Mosteller Dr, Oklahoma City, OK 73112
Tel.: (405) 286-0000
Fax: (405) 286-3086
E-Mail: info@skylinemediainc.com
Web Site: www.skylinemediainc.com

Employees: 15

ADVERTISING AGENCIES

Agency Specializes In: Direct Response Marketing, Out-of-Home Media, Outdoor, Point of Purchase, Print, T.V., Web (Banner Ads, Pop-ups, etc.)

Chad Stalcup *(Principal & Creative Dir)*
Gloria S. Hart *(Media Dir)*
Kevin M. Nichols *(Acct Supvr)*
Todd Clark *(Assoc Creative Dir)*

SKYWORLD INTERACTIVE
444 Washington St, Woburn, MA 02180
Tel.: (781) 438-7300
Fax: (781) 569-1401
E-Mail: seminars@skyworld.com
Web Site: https://www.skyworld.com/

Employees: 20
Year Founded: 1995

Agency Specializes In: Digital/Interactive, Internet/Web Design

Michael Ratner *(Pres & CEO)*

Accounts:
Acuvue
AOL
ESPN
HBO
National Geographic
One Beacon Insurance

SKYYA COMMUNICATIONS
12100 Singletree Ln, Minneapolis, MN 55344
Tel.: (952) 746-1312
E-Mail: skyya@skyya.com
Web Site: www.skyya.com

Employees: 20

Agency Specializes In: Advertising, Business-To-Business, Communications, Corporate Communications, Entertainment, Mobile Marketing, Planning & Consultation, Public Relations, Strategic Planning/Research

Derek Peterson *(CEO & Mng Partner)*
Susan Donahue *(Mng Partner)*
Megan Jean Kathman *(Acct Mgr)*
Jeremy Ertl *(Sr Acct Exec)*
Rebecca Kufrin *(Sr Acct Exec)*

Accounts:
Bluelounge
CycleBoard (Agency of Record) Awards, Brand Strategy, Consumer Events & Activations, Events, Influencer Relations, Marketing, Media Strategy, Public Relations, Social Media
Dotcom-Monitor Network & Website Monitoring Services Provider
ET Water
Globalstar Mobile Satellite Voice & Data Services Provider
iCentera
PangeaBed (Agency of Record) Awards, Brand Strategy, Consumer Events & Activations, Events, Influencer Relations, Marketing, Media Strategy, Public Relations, Social Media
Rad Power Bikes (Agency of Record) Awards, Brand Strategy, Consumer Events & Activations, Events, Influencer Relations, Marketing, Media Strategy, Public Relations, Social Media
Speaklike
Vaportronix (Agency of Record) Awards, Brand Strategy, Consumer Events & Activations, Events, Influencer Relations, Marketing, Media Strategy, Public Relations, Social Media

SLACK AND COMPANY
233 N Michigan Ave Ste 3050, Chicago, IL 60601
Tel.: (312) 970-5800
Fax: (312) 970-5850
Toll Free: (800) 888-6197
E-Mail: info@slackandcompany.com
Web Site: www.slackandcompany.com

Employees: 55
Year Founded: 1988

National Agency Associations: AMA-BMA-DMA-PRSA-WOMMA

Agency Specializes In: Advertising, Brand Development & Integration, Business Publications, Business-To-Business, Co-op Advertising, Collateral, Communications, Consulting, Corporate Communications, Corporate Identity, Digital/Interactive, Direct Response Marketing, E-Commerce, Electronic Media, Electronics, Event Planning & Marketing, Exhibit/Trade Shows, Financial, Food Service, Government/Political, Graphic Design, High Technology, Industrial, Information Technology, Internet/Web Design, Investor Relations, Logo & Package Design, Media Buying Services, Multimedia, New Product Development, Newspaper, Newspapers & Magazines, Out-of-Home Media, Outdoor, Planning & Consultation, Point of Purchase, Point of Sale, Print, Production, Public Relations, Publicity/Promotions, Radio, Sales Promotion, Sponsorship, Strategic Planning/Research, Technical Advertising, Trade & Consumer Magazines

Gary Slack *(Founder & Chief Experience Officer)*
Rich Dettmer *(Partner, Chief Digital Officer & Exec VP)*
Kelley Fead *(Partner, Exec VP & Head-Brand Practice)*
Gayle Novak *(Partner, Exec Acct Dir & Client Svcs Dir)*
Ron Klingensmith *(Chief Creative Officer & Exec VP)*
Terrance McDermott *(VP & Media Dir)*
Michael Lopp *(VP-Engrg)*
Mike Ritt *(VP & Assoc Creative Dir)*
Noah Weiss *(Sr Dir)*
Kristen Lacy *(Creative Dir & Strategist-Content)*
Jacob Butko *(Acct Dir)*
Matt Finizio *(Creative Dir)*
Paul Rosania *(Product Dir)*
Theresa Farrell *(Dir-IT)*
Beth Lube *(Sr Acct Mgr)*
Nicholas Lahay *(Acct Mgr)*
Matt Pudnos *(Asst Strategist-Content Mktg)*
Chelsea Chamberlain *(Asst Acct Mgr)*
Joyce Smith *(Assoc Creative Dir)*

Accounts:
AEM
ArcelorMittal Steel USA Inc.
BAI
Cascades
Case Construction Equipment
Dow Corning
Elevance Renewable Sciences
Gates Corporation
General Electric Company
Ingredion
Institute of Food Technologists
Jones Lang LaSalle
Kaufman Hall
Navman Wireless
Scot Forge
Society of Actuaries
Spraying Systems Co.

SLANT MEDIA LLC
PO Box 8797, Greenville, SC 29604
Tel.: (843) 722-2221
E-Mail: info@slantmedia.net
Web Site: http://slantastic.com/

Employees: 4
Year Founded: 2004

Agency Specializes In: Advertising, Brand Development & Integration, Digital/Interactive, Graphic Design, Multimedia

Christopher Cecil *(Founder & Creative Dir)*
Esme Melchior *(Mktg Mgr)*

Accounts:
Rush 3 Studio

SLAUGHTER GROUP
(Merged with Odie+Partners to form Devote)

SLEEK MACHINE, LLC
1 State St Ste 750, Boston, MA 02109
Tel.: (857) 991-1214
E-Mail: hello@sleekmachine.com
Web Site: www.sleekmachine.com

Employees: 25

Agency Specializes In: Advertising, Brand Development & Integration, Digital/Interactive, Public Relations, Social Media

Eric Montague *(Founder & Pres)*
Tim Cawley *(Co-Founder & Chief Creative Officer)*
Eric Freedman *(Chief Strategy Officer)*
Danielle Allwein *(Acct Dir)*
Lisa Gapinske *(Acct Supvr)*
Kristin Foley *(Sr Acct Exec)*
Mike Heid *(Assoc Creative Dir & Copywriter)*
Jeff Marois *(Assoc Creative Dir & Writer)*
Alan Duda *(Sr Art Dir)*
Kyle Jones *(Asst Producer)*

Accounts:
B.GOOD LLC
New-Connecticut Association of Realtors, Inc
Empower Retirement
Lawn Doctor
NBA Media Ventures, LLC Celtics
SimpliSafe Home Security

SLEIGHT ADVERTISING INC
15405 Weir St, Omaha, NE 68154
Tel.: (402) 334-3530
Fax: (402) 334-3447
E-Mail: info@sleightadvertising.com
Web Site: www.sleightadvertising.com

Employees: 20

Agency Specializes In: Advertising, Graphic Design, Internet/Web Design, Media Buying Services, Media Planning, Print, Public Relations, Radio, Social Media, T.V.

Revenue: $6,000,000

Iris Sleight *(Pres)*
Andrew Sleight *(CEO)*
Jeff Armstrong *(Creative Dir)*
Taylor Siedlik *(Acct Exec)*
Stephanie Bowling *(Graphic Designer & Designer-Web)*
Debra Smith *(Media Buyer)*
Rachel Williams *(Media Buyer)*
Wendy Goodman *(Asst-Media)*

Accounts:
Assure Womens Center
Centris Federal Credit Union Campaign: "Mortgage of Bliss"
DSS Coin & Bullion
Kristin's Kids
New Midland Marble & Granite
Zio's Pizzeria Campaign: "Man on the Street",

Campaign: "Worth The Trip"

SLIGHTLY MAD
81 Scudder Ave, Northport, NY 11768
Mailing Address:
P.O. Box 711, Northport, NY 11768
Tel.: (631) 271-2971
Web Site: www.weareslightlymad.com

Employees: 10
Year Founded: 2008

Agency Specializes In: Advertising, Alternative Advertising, Broadcast, Corporate Communications, Corporate Identity, Digital/Interactive, Environmental, Logo & Package Design, Mobile Marketing, Print, Radio, Strategic Planning/Research, T.V.

Approx. Annual Billings: $3,000,000

Dawn Amato *(Chief Creative Officer)*
Ezekiel Arrington *(Mgr-Res)*

Accounts:
Boston Classical Orchestra; Boston, MA; 2011
Catholic Health Services; New York, NY Health Care; 2011
CCI; NY; 2008
CWP; NY Financial Services; 2009
E-Z SAVE; NY Shopping Club; 2010
Grecian Corner Cafe; NY Restaurant; 2008
LAB-AIDS; NY Education; 2010
LIVS; NY Veterinary Specialty Hospital; 2008
Longislandbiz2biz; NY Business Networking Community Services; 2008
North Fork Potato Chips; NY; 2011
NYVF; NY Non Profit; 2008
Shadowbox Design Management Events & A/V installation; 2013
St. Charles Hospital; NY Healthcare; 2009
Staller Associates; New York, NY Real Estate; 2011
Taylor Mason; Philadelphia, PA Entertainment Services; 2008

SLINGSHOT INC.
161 Liberty St Ste LL1, Toronto, ON M6K 3G3 Canada
Tel.: (416) 598-5321
Web Site: www.slingshotinc.ca

Year Founded: 1999

Agency Specializes In: Advertising, Brand Development & Integration, Digital/Interactive, Internet/Web Design

Ava Abbott *(Mng Dir)*
Maggie Little *(Creative Dir)*
Heather Wimmi *(Jr Graphic Designer)*

Accounts:
New-Wildly Delicious Fine Foods

SLINGSHOT, LLC
208 N Market St Ste 500, Dallas, TX 75202
Tel.: (214) 634-4411
Fax: (214) 634-5511
Web Site: www.slingshot.com
E-Mail for Key Personnel:
President: owenh@davidandgoliath.com
Creative Dir.: DavidC@davidandgoliath.com

Employees: 100
Year Founded: 1995

National Agency Associations: AMIN

Agency Specializes In: Advertising, African-American Market, Aviation & Aerospace, Bilingual Market, Brand Development & Integration, Broadcast, Business Publications, Business-To-Business, Co-op Advertising, Collateral, Communications, Consulting, Consumer Marketing, Consumer Publications, Corporate Identity, Digital/Interactive, E-Commerce, Electronic Media, Engineering, Entertainment, Exhibit/Trade Shows, Financial, Food Service, Health Care Services, High Technology, Hispanic Market, Information Technology, Internet/Web Design, Leisure, Logo & Package Design, Magazines, Marine, Media Buying Services, Medical Products, Merchandising, New Product Development, Newspaper, Newspapers & Magazines, Out-of-Home Media, Outdoor, Planning & Consultation, Point of Purchase, Point of Sale, Print, Production, Radio, Restaurant, Retail, Sales Promotion, Sponsorship, Sweepstakes, Syndication, T.V., Technical Advertising, Teen Market, Trade & Consumer Magazines, Transportation, Travel & Tourism

Approx. Annual Billings: $80,000,000

Owen Hannay *(Chm & CEO)*
Karen Stanton *(CFO)*
David Young *(COO)*
Paul W. Flowers *(Pres-CIRCA 46)*
David Coats *(VP & Exec Creative Dir)*
Tony Balmer *(VP & Dir-Acct Mgmt)*
Charlotte Carter *(VP-Media & Comm Plng)*
Katy Goodman *(Supvr-Media)*
Amanda Brauer *(Media Planner)*
Jordan Dontos *(Assoc Creative Dir & Writer)*
Kelly Krumholz *(Acct Planner)*
Clay Coleman *(Assoc Creative Dir)*
Paige Lawson *(Sr Media Planner)*
Lindsay London *(Assoc Media Dir)*
Tori Martinez *(Jr Accountant)*

Accounts:
American Heart Association
American Home Shield
bUnited
Dallas Museum of Art
Ebby
Farm Bureau Financial Services
Freeman
Frymire Services
MoneyGram
Petco Foundation
ServiceMASTER
Southern Methodist University
Verizon
Weir's Furniture
White Cloud

SLOT RIGHT MARKETING
533 2nd St, Encinitas, CA 92024
Tel.: (760) 798-2899
E-Mail: info@slotright.com
Web Site: www.slotright.com

Employees: 2
Year Founded: 2010

Agency Specializes In: Advertising, Digital/Interactive, Media Buying Services, Media Planning, Social Media

Quinn Pham *(Mng Partner)*

Accounts:
Aston Martin
Dearfoams
Focus Features
Freestyle Digital Media
Infiniti Global
Splendid Soho

SLS ADVERTISING CO
1453 3rd St 320, Santa Monica, CA 90401
Tel.: (323) 362-6757
E-Mail: hello@slsadco.com
Web Site: www.slsadco.com

Employees: 2
Year Founded: 2013

Agency Specializes In: Advertising, Brand Development & Integration, Graphic Design, Print

Joe Simpson *(Principal)*

Accounts:
Nurse Jamie

SMA NYC
121 E 24th St 9th Fl, New York, NY 10010
Tel.: (212) 843-9900
Fax: (212) 843-9901
Web Site: www.smanyc.com/

Employees: 25
Year Founded: 1990

National Agency Associations: 4A's-AD CLUB-AWNY-BMA

Agency Specializes In: Aviation & Aerospace, Education, Financial, Health Care Services, High Technology, Restaurant, Technical Advertising

Approx. Annual Billings: $50,000,000

Breakdown of Gross Billings by Media: Brdcst.: 20%; Cable T.V.: 20%; Consumer Publs.: 15%; Internet Adv.: 20%; Newsp.: 10%; Out-of-Home Media: 5%; Radio: 10%

Bob Rose *(Pres)*
Stefan Danielski *(Principal & Creative Dir)*
Martin Schneider *(Principal & Creative Dir)*
William Tong *(Acct Dir)*
Ellen McKnight *(Dir-Media Plng)*
Phil Sievers *(Dir-Bus Dev)*

Accounts:
Almac Clinical Services
BDO Accounting Firm; 2010
Kyocera Document Solutions

SMACK MEDIA
4913 Smith Canyon Ct, San Diego, CA 92130
Tel.: (858) 735-2711
Web Site: www.smackmedia.com

Employees: 7

Agency Specializes In: Advertising, Brand Development & Integration, Media Buying Services, Media Planning, Media Relations, Public Relations, Social Media, Strategic Planning/Research

Elisette Carlson *(Founder)*
Natasha LaBeaud *(Sr Acct Mgr)*
Nicole Valentine *(Sr Acct Mgr)*
Stephanie Schappert *(Account Manager)*

Accounts:
Alpha Warrior
currexSole Public Relations
Trigger Point
University of San Diego

SMACKET CREATIVE
63 Missouri Valley Rd, Shoshoni, WY 82649
Tel.: (847) 665-9540
Web Site: www.smacket.com

Employees: 1
Year Founded: 2012

ADVERTISING AGENCIES

Agency Specializes In: Advertising, Brand Development & Integration, Internet/Web Design, Search Engine Optimization, Social Media

Don Petsche *(Pres)*

Accounts:
Divorce Financial Experts
Partners in Development

SMAK
326 W Cordova St, Vancouver, BC V6B 1E8 Canada
Tel.: (604) 343-1364
E-Mail: letschat@smak.ca
Web Site: www.smak.ca

Employees: 12
Year Founded: 2003

Agency Specializes In: Guerilla Marketing, Internet/Web Design, Media Relations

Nikki Hedstrom *(Pres)*
Clay Dube *(Acct Dir-Natl)*

Accounts:
BC Hydro
Dairy Farmers of Canada
TELUS

SMAK STRATEGIES
3840 Broadway St Apt 27, Boulder, CO 80304
Tel.: (303) 859-3317
Web Site: www.smakstrategies.com

Employees: 5

Agency Specializes In: Advertising, Digital/Interactive, Graphic Design, Print, Public Relations, Search Engine Optimization, Social Media

Maria Hennessey *(Owner)*

Accounts:
Allied Feather & Down Media Relations, Public Relations, Strategic Communications
Armpocket
BackJoy Orthotics, LLC
EvoFit
Harbinger
HumanX
Kari Traa
Katabatic Gear (Public Relations Agency of Record) Media Relations, Strategic Communications
Kid Robot
North American Handmade Bicycle Show (PR Agency of Record) Communications, Marketing, Media, Social Media
Nova Cycles
Potable Aqua
Public News Service
Redhed (Public Relations Agency of Record)
Sweet Protection
Ultimate Direction (Public Relations Agency of Record) Media Relations, Strategic Communications

SMALL ARMY
300 Massachusetts Ave, Boston, MA 02115
Tel.: (617) 450-0000
Fax: (617) 450-0010
E-Mail: info@smallarmy.net
Web Site: www.smallarmy.net

Employees: 20
Year Founded: 2002

Agency Specializes In: Advertising, Brand Development & Integration, Collateral, Direct Response Marketing, Email, Graphic Design, Local Marketing, Media Buying Services, Media Planning, New Technologies, Strategic Planning/Research

Jeff Freedman *(CEO)*
Sam Pitino *(VP & Creative Dir)*
Aurelio D'Amico *(Sr Dir-Digital Svcs)*
Elizabeth Barrett *(Mgr-Digital Mktg)*
Emmy Brosnan *(Mgr-Strategy)*
Jennifer Giampaolo *(Mgr-Relationship)*
Lisa Johnson *(Acct Supvr)*
Brandon Brown *(Sr Art Dir)*
Joe Krikava *(Assoc Creative Dir)*
Brendan O'Brien *(Assoc Creative Dir)*

Accounts:
Boston Body Worker
Boston Globe
OneBeacon Insurance Group New Jersey Skylands Insurance
Wonder Bar

S.MARK GRAPHICS FLORIDA INC.
500 NE 9th Ave, Fort Lauderdale, FL 33301
Tel.: (954) 523-1980
Fax: (954) 523-1986
E-Mail: design@smark.com
Web Site: www.smark.com

Employees: 2
Year Founded: 1984

Agency Specializes In: Collateral, Corporate Identity, Direct Response Marketing, Graphic Design, Internet/Web Design, Logo & Package Design

Nick Scalzo *(VP & Creative Dir)*

SMART MARKETING ADVERTISING AGENCY
100 Old Smith Mill Rd, Anderson, SC 29625
Tel.: (864) 224-6002
Fax: (864) 751-4183
Web Site: www.thinksmartmarketing.net

Employees: 5

Agency Specializes In: Advertising, Email, Internet/Web Design, Logo & Package Design, Out-of-Home Media, Outdoor, Print, Radio, Search Engine Optimization, Social Media

Tonya Childs *(Mgr-Client Rels)*

Accounts:
Med Central Health Resource
Trinity Dental Center

SMARTLITE
4800 N Federal Hwy Ste 200A, Boca Raton, FL 33431
Tel.: (561) 416-0220
Fax: (561) 416-0260
Toll Free: (877) 768-5483
E-Mail: efernon@smartliteusa.com
Web Site: www.smartliteusa.com

Employees: 18
Year Founded: 2000

Agency Specializes In: Advertising, Alternative Advertising, Collateral, Consumer Goods, Consumer Marketing, Graphic Design, Identity Marketing, In-Store Advertising, Local Marketing, Logo & Package Design, Out-of-Home Media, Outdoor, Print, Production (Print), Retail, Transportation

Paul Lauro *(CEO)*
Mayra Lugo *(COO)*
Eric Fernon *(VP-Mall Dev & Mktg)*
Andrew Bassage *(Sls Dir)*
Jonathan Berenson *(Sls Dir)*
Scott Bloom *(Sls Dir)*
Ed Conyers *(Sls Dir)*
Ron Dunton *(Sls Dir)*
Gary Piazza *(Sls Dir)*
Kim Salandra *(Sls Dir)*
Lawrence Silver *(Sls Dir)*
Melanie VanOpdorp *(Sls Dir)*
Don Woolery *(Sls Dir)*
Susan Blodgett *(Dir-Natl Sls & Coord-Mktg)*
Joseph Crable *(Sls Dir)*
Kathy Elias *(Dir-Sls)*
Michalitsa Moshos *(Dir-Sls)*
Angelika Vanopdorp *(Fin Mgr)*
Kristine Forgione *(Mgr-Production & Project Coord)*
Shoshana Bahar *(Asst-Sls)*

Accounts:
Warner Brothers

SMITH
518 W Riverside Ave, Spokane, WA 99201-0504
Tel.: (509) 455-4300
Fax: (509) 747-9211
Toll Free: (800) 242-2330
E-Mail: contact@smith.co
Web Site: www.smith.co

Employees: 42
Year Founded: 1980

Agency Specializes In: Advertising, Collateral, Communications, Digital/Interactive, High Technology, Sponsorship, Strategic Planning/Research

Approx. Annual Billings: $33,000,000 Capitalized

Tony Steel *(Pres & CEO)*
Colleen Lillie *(CFO)*
Stephanie Crabtree *(VP & Grp Acct Dir)*
Mark Cavanaugh *(Acct Dir)*
Sarah Sposari *(Sr Program Mgr)*

Accounts:
AT&T Mobility
Electronic Arts
Henry Weinhards Organic
Microsoft
T-Mobile US
Windows

SMITH ADVERTISING AND DESIGN
23 Collingwood Cres, Winnipeg, MB R2J 3L3 Canada
Tel.: (613) 231-7123
Fax: (613) 231-5828
E-Mail: dave@getsmith.com
Web Site: http://getsmith.ca/

Employees: 1
Year Founded: 1993

David Smith *(Art Dir & Specialist-Adv)*

SMITH & DRESS LTD.
432 W Main St, Huntington, NY 11743
Tel.: (631) 427-9333
Fax: (631) 427-9334
E-Mail: dress2@att.net
Web Site: www.smithanddress.com

Abby Dress *(Pres)*

SMITH & HARROFF, INC.

AGENCIES - JANUARY, 2019 — ADVERTISING AGENCIES

300 N Washington St Ste 405, Alexandria, VA 22314
Tel.: (703) 683-8512
E-Mail: info@smithharroff.com
Web Site: www.smithharroff.com

Employees: 5
Year Founded: 1973

Agency Specializes In: Advertising, Content, Digital/Interactive, Media Relations, Search Engine Optimization, Social Media

Rick Morris *(Pres & CEO)*
Carina May *(Exec VP)*

Accounts:
New-Nuclear Energy Institute

SMITH & JONES
297 River St, Troy, NY 12180
Tel.: (518) 272-2400
Web Site: www.smithandjones.com

Employees: 32

Agency Specializes In: Advertising, Brand Development & Integration, Internet/Web Design, Print

Mark Shipley *(CEO & Dir-Strategy)*
Rachel Digman *(Controller)*
Mia Barbera *(Acct Svcs Dir)*
Sara Tack *(Creative Dir)*
Sharon Lawless *(Dir-Print Production)*
Kayla Germain *(Acct Mgr)*
Lynn White *(Production Mgr)*
Braden Russom *(Acct Planner)*
Dave Mercier *(Sr Art Dir)*

Accounts:
Columbia Memorial Hospital
DataGen Healthcare Analytics Public Relations
Ellis Medicine Advertising, Cardiology, Digital Marketing Program
Portneuf Medical Center (Agency of Record) Creative, Strategic Marketing
Womens Care Florida Brand Awareness, Increase Patient Engagement, Website

SMITH ASBURY INC
5605 Summit St, West Linn, OR 97068
Tel.: (626) 836-3300
Fax: (626) 836-5500
E-Mail: info@smithasbury.com
Web Site: www.smithasbury.com

Employees: 2

Agency Specializes In: Advertising, Advertising Specialties, Affluent Market, Alternative Advertising, Arts, Bilingual Market, Brand Development & Integration, Broadcast, Business Publications, Business-To-Business, Catalogs, Collateral, Communications, Consulting, Consumer Goods, Consumer Marketing, Consumer Publications, Content, Corporate Communications, Corporate Identity, Crisis Communications, Custom Publishing, Digital/Interactive, Direct Response Marketing, E-Commerce, Electronic Media, Electronics, Email, Engineering, Environmental, Exhibit/Trade Shows, Experience Design, Experiential Marketing, Financial, Food Service, Government/Political, Graphic Design, Health Care Services, Household Goods, Identity Marketing, Industrial, Information Technology, Integrated Marketing, International, Internet/Web Design, Legal Services, Local Marketing, Logo & Package Design, Magazines, Media Planning, Media Relations, Medical Products, Mobile Marketing, Multicultural, Multimedia, New Product Development, Newspaper, Newspapers & Magazines, Planning & Consultation, Podcasting, Production (Ad, Film, Broadcast), Production (Print), Promotions, Public Relations, Publicity/Promotions, Publishing, RSS (Really Simple Syndication), Regional, Restaurant, Retail, Social Marketing/Nonprofit, Sports Market, Strategic Planning/Research, Sweepstakes, Technical Advertising, Teen Market, Trade & Consumer Magazines, Urban Market, Viral/Buzz/Word of Mouth, Web (Banner Ads, Pop-ups, etc.)

Approx. Annual Billings: $520,000

Breakdown of Gross Billings by Media: Bus. Publs.: $20,000; Collateral: $100,000; Consulting: $100,000; Exhibits/Trade Shows: $70,000; Graphic Design: $50,000; Newsp. & Mags.: $20,000; Pub. Rels.: $80,000; Worldwide Web Sites: $80,000

Accounts:
Clifford Swan Investment Counsel
Merrill Lynch Global Wealth Management

SMITH BROTHERS AGENCY, LP
116 Federal St, Pittsburgh, PA 15212
Tel.: (412) 359-7200
Fax: (412) 391-3562
E-Mail: michael.b@smithbrosagency.com
Web Site: www.smithbrosagency.com

Employees: 70
Year Founded: 2001

National Agency Associations: 4A's-AMA-ANA

Agency Specializes In: Above-the-Line, Advertising, Advertising Specialties, Affluent Market, Alternative Advertising, Automotive, Below-the-Line, Brand Development & Integration, Branded Entertainment, Broadcast, Business Publications, Business-To-Business, Children's Market, Collateral, College, Communications, Consumer Goods, Consumer Marketing, Consumer Publications, Content, Corporate Communications, Corporate Identity, Cosmetics, Digital/Interactive, Direct Response Marketing, Direct-to-Consumer, E-Commerce, Education, Electronic Media, Email, Entertainment, Event Planning & Marketing, Experience Design, Fashion/Apparel, Financial, Food Service, Graphic Design, Guerilla Marketing, Health Care Services, High Technology, Household Goods, Identity Marketing, In-Store Advertising, Infomercials, Integrated Marketing, Internet/Web Design, Local Marketing, Logo & Package Design, Luxury Products, Market Research, Media Buying Services, Media Planning, Men's Market, Mobile Marketing, Multimedia, New Product Development, New Technologies, Newspaper, Newspapers & Magazines, Out-of-Home Media, Outdoor, Package Design, Paid Searches, Pets, Pharmaceutical, Planning & Consultation, Point of Purchase, Point of Sale, Print, Product Placement, Production (Ad, Film, Broadcast), Promotions, Public Relations, Publicity/Promotions, Radio, Real Estate, Regional, Restaurant, Retail, Sales Promotion, Search Engine Optimization, Shopper Marketing, Social Marketing/Nonprofit, Social Media, Sponsorship, Sports Market, Strategic Planning/Research, Sweepstakes, T.V., Technical Advertising, Trade & Consumer Magazines, Travel & Tourism, Tween Market, Viral/Buzz/Word of Mouth, Web (Banner Ads, Pop-ups, etc.), Women's Market

Breakdown of Gross Billings by Media: Adv. Specialities: 5%; Brdcst.: 5%; Bus. Publs.: 5%; Collateral: 5%; D.M.: 5%; Event Mktg.: 5%; Graphic Design: 5%; Internet Adv.: 15%; Logo & Package Design: 5%; Newsp. & Mags.: 10%; Outdoor: 10%; Pub. Rels.: 10%; Radio & T.V.: 15%

Lindsey Smith *(Founder & Co-Chief Creative Officer)*
Bronson Smith *(Owner)*
Michael Bollinger *(Pres)*
Steve Hay *(VP-Client Svcs)*
Dan Monarko *(Head-Channel Strategy & Analytics)*
Milla Stolte *(Head-Strategy)*
Craig Seder *(Exec Creative Dir)*
Amanda Surratt *(Grp Acct Dir)*
Nora DiNuzzo *(Dir-Bus Dev)*
Alex Davis *(Assoc Dir-Media & Analytics)*
G. Jason Head *(Mgr-Digital Dev)*
Olivia D'Amato *(Media Buyer & Analyst)*
Rob Doerzbacher *(Assoc Creative Dir)*
Shawn Smith *(Assoc Creative Dir)*

Accounts:
The Art Institutes (Agency of Record) National Marketing, Print, Social, Television, Video
Baskin-Robbins Creative, Digital, Marketing, Social Media
Bigelow Tea
Central Garden & Pet Company Analytics, AvoDerm Natural, Creative, Digital Banners, Media Planning & Buying, Online Video, Point-of-sale, Search Display, Social Media
Del Monte 9 Lives; 2005
Dick's Sporting Goods Sporting Goods; 2005
First National Bank
Heinz; 2006
Iron Hill Brewery & Restaurant LLC (Agency of Record) Advertising, Design, In-Store, Promotional Programs, Website
Jamba Energy Drink Display, Outdoor, PR, Social Media, Television, Traditional & Online Creative
The J.M. Smucker Company Creative, Sahale Snacks, Social
Nestle USA, Inc. Creative, Digital, Drumstick, Frosty Paws, Nescafe Dolce Gusto, Skinny Cow, Social Media, Strategy, Wonka Ice Cream (Digital Agency of Record); 2009
PPG Industries Inc. Creative, Digital, Olympic Paints & Stains (Agency of Record), Print, Social Media, Television
Putney Vet
Red Bull Red Bull Editions
Sister Schubert's
Skinny Cow Ice Cream
Spangler Candy Company (Agency of Record) Dum-Dums Lollipops, Saf-T-Pops, Spangler Circus Peanuts; 2018
STOUFFER'S Digital, Display, New Product Introductions, Online Marketing Creative and Development, Social Media Initiatives, Strategic Planning, Web Site Updates
UPMC
Wonka Ice Cream (Digital Agency of Record)

SMITH MILLER MOORE, INC.
6219 Balcom Ave Ste 101, Encino, CA 91316-7209
Tel.: (818) 708-1704
Fax: (818) 344-7179
E-Mail: info@smithmillermoore.com
Web Site: www.smithmillermoore.com

E-Mail for Key Personnel:
President: patti@smithmillermoore.com

Employees: 6
Year Founded: 1978

Agency Specializes In: High Technology

Approx. Annual Billings: $2,000,000

Patti Smith *(Pres & CEO)*
Marlene Moore *(VP)*

Accounts:
Deposition Sciences Optical Coatings
Hood Tech Vision UAV Payloads
L-3 Applied Optics Center Optics

ADVERTISING AGENCIES

Opto Diode Corp. Photodetectors from UV to IR
OSI OptoElectronics Photodiodes, LEDS, Optical Assemblies
Photron Inc. High Speed Cameras
Precision Glass & Optics Complete Optical Solutions
Sensors Unlimited - UTC Aerospace Systems Shortwave Infrared Cameras & Systems
Sierra-Olympic infrared Cameras & Systems
Spectra Physics Lasers
Toshiba Imaging Systems High Def and UltraHD Cameras
Wilco Imaging, Inc.; San Diego, CA

SMITH, PHILLIPS & DI PIETRO
1440 N 16th Ave, Yakima, WA 98902
Tel.: (509) 248-1760
Fax: (509) 575-7895
E-Mail: rwphillips@spdadvertising.com
Web Site: http://spdandg.com/

Employees: 6
Year Founded: 1932

Agency Specializes In: Broadcast, Business Publications, Collateral, Consumer Publications, Financial, Food Service, Graphic Design, Health Care Services, Logo & Package Design, Media Buying Services, Newspaper, Out-of-Home Media, Outdoor, Public Relations, T.V., Trade & Consumer Magazines, Travel & Tourism

Approx. Annual Billings: $3,600,000

Breakdown of Gross Billings by Media: Brdcst.: 30%; Event Mktg.: 5%; Graphic Design: 10%; Logo & Package Design: 5%; Mdsg./POP: 10%; Newsp.: 25%; Radio: 15%

Robert Phillips *(Partner, Acct Mgr & Dir-Creative)*
Robert DiPietro *(Partner)*
Trina Nixon *(Dir-Art & Designer)*
Rhonda Karnitz *(Office Mgr)*
Darcie Hanratty *(Acct Coord)*

Accounts:
Central Washington Sportsmen Show; 1990
Central Washington State Fair; 1965
Columbia River Circuit Finals Rodeo; 1998
Comprehensive Mental Health; 2013
Snipes Mountain; 1995
Tri-Cities Sportsman Show; Tri-Cities, WA; 1992
United Way Central Washington
Yakima Bait Co.; Yakima, WA Fishing Lures; 1984
Yakima Federal Savings & Loan; 1986

SMITH WALKER DESIGN
6700 S Glacier St, Tukwila, WA 98188
Tel.: (253) 872-2111
Fax: (253) 872-2140
Toll Free: (866) 542-4198
E-Mail: jeff@smithwalkerdesign.com
Web Site: www.smithwalkerdesign.com

E-Mail for Key Personnel:
Creative Dir.: robin@smithwalkerdesign.com

Employees: 6

Agency Specializes In: Advertising, Business-To-Business, Catalogs, Collateral, Commercial Photography, Content, Corporate Communications, Corporate Identity, Direct-to-Consumer, Electronic Media, Engineering, Exhibit/Trade Shows, Graphic Design, High Technology, Industrial, Internet/Web Design, Logo & Package Design, Marine, Multimedia, New Product Development, Package Design, Point of Purchase, Point of Sale, Print, Production, Production (Print), Technical Advertising, Web (Banner Ads, Pop-ups, etc.)

Robin Walker *(Partner-Photography & Art Dir)*

Accounts:
Fatigue Technology Inc
Samson Rope Technologies; Ferndale, WA
SeaMetrics

SMITHGIFFORD
106 W Jefferson St, Falls Church, VA 22046
Tel.: (703) 532-5992
Fax: (703) 532-8011
E-Mail: msmith@smithgifford.com
Web Site: www.smithgifford.com

Employees: 10
Year Founded: 2002

Agency Specializes In: Advertising, Automotive, Brand Development & Integration, Broadcast, Cable T.V., Children's Market, Collateral, Consumer Marketing, Corporate Identity, Education, Electronic Media, Entertainment, Financial, Food Service, Graphic Design, Health Care Services, High Technology, Industrial, Information Technology, Internet/Web Design, Logo & Package Design, Magazines, Medical Products, Newspaper, Newspapers & Magazines, Out-of-Home Media, Outdoor, Pharmaceutical, Planning & Consultation, Print, Radio, Real Estate, Restaurant, Retail, Strategic Planning/Research, T.V., Technical Advertising, Transportation, Travel & Tourism

Approx. Annual Billings: $20,000,000

Breakdown of Gross Billings by Media: Brdcst.: $9,000,000; Cable T.V.: $5,400,000; Graphic Design: $900,000; Logo & Package Design: $900,000; Newsp. & Mags.: $1,800,000; Production: $2,000,000

Trisha Pierce *(Pres)*
Matt Smith *(CEO & Sr Partner)*
Suzanne Smith *(Partner)*
Lisa Biskin *(Creative Dir)*
Fred Krazeise *(Dir-Social Media & Inbound Mktg)*
Caitlin Scott *(Sr Acct Mgr)*

Accounts:
American Trucking Association; Washington, DC; 2006
Browns Car Stores; Washington, DC Auto Dealers
Falls Church News Press; Falls Church, VA; 2004
Inova Health System Campaign: "Join the Future of Health", Campaign: "Thank You Flowers"
Roy Rogers Restaurant; Frederick, MD
Voxeant

SMITHSOLVE LLC
16 Washington St Ste 204, Morristown, NJ 07960
Tel.: (973) 442-1555
E-Mail: info@smithsolve.com
Web Site: www.smithsolve.com

Employees: 50
Year Founded: 2006

Agency Specializes In: Advertising, Communications, Corporate Communications, Digital/Interactive, Health Care Services, Investor Relations, Media Relations, New Product Development, Public Relations, Social Media

Chris Smith *(Pres)*
Tina Okun *(COO)*
Katie Burns *(VP)*
Robert Murphy *(VP)*
Alex Van Rees *(Acct Dir)*
Peter Steinberg *(Dir-Scientific Content)*
Lisa Calabrese *(Office Mgr)*

Accounts:
New-Dicerna Pharmaceuticals, Inc

New-Endece
New-Gene's Big Dumb Kidneys
New-Leadiant Biosciences, Inc
New-Ophthotech Corporation

SMIZER PERRY
34 Essex Heights Dr, Weymouth, MA 02188
Tel.: (860) 437-8877
Fax: (860) 437-8407
E-Mail: info@smizerperry.com
Web Site: www.smizerperry.com

Employees: 6

Karl Smizer *(Owner & Creative Dir-Smizer Design)*

Accounts:
Forrester Research
GDEB
Guthrie
Life
MMS
NLMS
Pfizer
Saybrook
Starbak
TBH
This & That
WinZip Computing

SMM ADVERTISING
811 W Jericho Tpke, Smithtown, NY 11787
Tel.: (631) 265-5160
Fax: (631) 265-5185
Toll Free: (800) 223-9227
E-Mail: info@smmadvertising.com
Web Site: www.smmadvertising.com

Employees: 25
Year Founded: 1973

National Agency Associations: 4A's-AMA

Agency Specializes In: Advertising, Aviation & Aerospace, Brand Development & Integration, Business-To-Business, Cable T.V., Collateral, Commercial Photography, Consumer Goods, Consumer Marketing, Corporate Communications, Digital/Interactive, Direct Response Marketing, E-Commerce, Education, Electronics, Exhibit/Trade Shows, Financial, Graphic Design, Industrial, Integrated Marketing, Internet/Web Design, Local Marketing, Logo & Package Design, Market Research, Media Buying Services, Media Planning, Media Relations, Media Training, Medical Products, New Product Development, Package Design, Paid Searches, Pets , Production, Production (Ad, Film, Broadcast), Production (Print), Public Relations, Radio, Real Estate, Recruitment, Retail, Sales Promotion, Social Marketing/Nonprofit, Sports Market, Strategic Planning/Research, Sweepstakes, Technical Advertising, Teen Market, Transportation, Travel & Tourism, Web (Banner Ads, Pop-ups, etc.)

Approx. Annual Billings: $10,000,000

Charlie MacLeod *(CEO)*
Judith Bellem *(Principal & Dir-Key Accts)*
Judy DeBiase *(VP-Creative Tech)*
Jennifer Schmitt *(Media Dir & Acct Exec)*
Bill Blaney *(Creative Dir)*
Jan Krsanac *(Mktg Dir)*

Accounts:
Bystronic NA (Agency of Record) Creative, Digital, Media Buying, Media Planning, Public Relations, Social
Climatronics Corporation (Agency of Record)
MAKO (Agency of Record) Creative, Digital, Media Buying, Media Planning, Public Relations, Social
Metro Solar (Agency of Record)

AGENCIES - JANUARY, 2019 — ADVERTISING AGENCIES

Star CNC Machine Tool Corporation (Agency of Record) Advertising, Digital, Marketing, Media Buying, Media Planning, Print, Social
Stony Brook University (Agency of Record) Advanced Energy Center, Corporate Center for Eduction, Creative, Digital, Media Buying, Media Planning, Social
Town of Islip (Agency of Reocrd) Creative, Digital, Media Buying, Media Planning
Winters Bros (Agency of Record) Advertising, Executing Strategic & Tactical Projects, Marketing, Planning, Social Media, Website; 2017

SMS
Weymouth Rd., Landisville, NJ 08326
Mailing Address:
P.O. Box 600, Minotola, NJ 08341
Tel.: (856) 697-1257
Web Site: www.smsmktg.com

Employees: 9

Agency Specializes In: Advertising

Robert Norton *(Founder & Pres)*
Nora Bush *(CFO)*
Bruce Sherman *(CTO)*
Joanne Adams *(Exec VP-Data Solutions)*
Susan Giampietro *(Exec VP)*
Randi Morris *(Exec VP)*
Robin Neal *(Exec VP-List Mgmt & Insert Media)*
Monique Adams *(Sr VP)*
Cyndi Lee *(Sr VP-List Mgmt Sls & Strategic Dev)*
Nicole Jason *(VP-HR & Corp Admin)*
James Orleman *(VP-IT)*

Accounts:
Shimadzu Scientific Instruments, Inc.; Columbia, MD

SMUGGLER
38 W 21st St 12th Fl, New York, NY 10010
Tel.: (212) 337-3327
Fax: (212) 337-9686
Web Site: www.smugglersite.com

Employees: 100

Agency Specializes In: Commercial Photography, Entertainment, T.V.

Fergus Brown *(Mng Partner-UK)*
Lisa Rich *(COO)*
Heather Rabbatts *(Mng Dir-Cove Pictures)*
Andrew Colon *(Head-Production)*
Allison Kunzman *(Head-Production)*
Jimmy Waldron *(Sls Dir-Midwest)*
Brent Novick *(Dir-Sls West Coast)*
Euan Rabbatts *(Counsel-In House)*

Accounts:
Coco Cola Campaign: "Future Flame", Soft Drink Supplier
Converse Apparel & Other Purchasing Store, Campaign: "History Made in the Making"
Daimler Vehicle Innovations Campaign: "Unbig", Smart Car
ESPN Media Services
Ford New & Used Car Dealers
Honda Campaign: "Woodsman"
LG Home Appliances & Electronic Products Retailer
Nike Airborne, Jordan Brand
Prey 2
Prudential "Sunrise"
Puma Shoe Purchasing Store
Rocnation
Smirnoff "Crazy Nights"
Southwest Airlines Co
Squarespace
Toyota "Connections"
Xbox Campaign: "Dust to Dust", Gears of War 3

Branch

Smuggler
823 Seward St Hollywood, Los Angeles, CA 90038
Tel.: (323) 817-3333
Fax: (323) 817-3300
Web Site: www.smugglersite.com

Employees: 40
Year Founded: 2001

Agency Specializes In: Advertising, Commercial Photography, T.V.

Andrew Colon *(Head-Production)*
Brent Novick *(Dir-Sls & Mgmt-West Coast)*

Accounts:
New-American Family Insurance
Apple Inc.
Beats By Dre
Burger King
Geico
Sandy Hook Promise
Squarespace, Inc.
Tile, Inc.
Toyota Motor North America, Inc.

SNAP AGENCY
725 Florida Ave S, MinneaPOlis, MN 55426
Tel.: (763) 548-2297
E-Mail: go@snapagency.com
Web Site: www.snapagency.com/

Employees: 33
Year Founded: 2010

Agency Specializes In: Advertising, Email, Internet/Web Design, Search Engine Optimization, Social Media

George Lee *(Pres & CEO)*
Spenser Baldwin *(Partner & Gen Mgr)*
Abby Olson *(Dir-SEO)*

Accounts:
Nordic Ware Creative, Digital, Social
Pet Place Creative, Digital, Media Buying, Media Planning, Public Relations, Social
Ryan Companies Creative, Diigtal, Media Planning, Public Relations, Social
Tria Orthopedic Hospital Creative, Digital, Media Planning, Social

SNAPPCONNER PR
1258 W 104th S Ste 301, South Jordan, UT 84095
Tel.: (801) 994-9625
Fax: (801) 456-7893
Web Site: www.snappconner.com

Employees: 15

Agency Specializes In: Product Placement, Public Relations, Publicity/Promotions, Strategic Planning/Research, Technical Advertising

Cheryl Snapp Conner *(Founder)*
Mark Fredrickson *(COO)*
Thomas Post *(Sr VP-Content Strategy)*
Amy Osmond Cook *(Mgr-Content)*

Accounts:
Accend Group Financial Services
Acentra
Advent Systems Technological Development Services
AxisPointe
Broadcast International
CenturyLink Utah
Eleventh Avenue
EnerBank USA
Fishbowl
Footnote
Forte
Franchise Foundry
I-O Corporation Technological Services
Interbank FX Brokerage & Online Trading Services
Leading2Lean
Legend Solar
Lighthouse Resources Inc
Manhattan Street Capital
Mountain West Venture Capital Network
MountainWest Capital Network
NaviTrust
NCSI Educational Services
Neutron Interactive
Red Sky Solutions
SageCreek Partners Marketing Services
Salt Lake Broadway Entertainment Services
Sendside Communication Services
Shout TV
Silver Fern
Spera
Studies Weekly
Tempus Global Data (Public Relations Agency of Record)
Tree House Interactive
Utah Technology Council
Veriato Inc
Vucci Technology Solutions Provider
Wendia

THE SNYDER GROUP
9255 Doheny Rd, Los Angeles, CA 90069
Tel.: (310) 858-0444
Fax: (310) 858-6999
E-Mail: art@snyder-group.com
Web Site: www.snyder-group.com

Employees: 2
Year Founded: 1990

Art Snyder *(Owner)*

Accounts:
ABS
Meridith Baer & Associates
Patron

SO CREATIVE
1610 Silber Rd, Houston, TX 77055
Tel.: (713) 863-7330
Fax: (713) 880-4676
E-Mail: inquiry@socreatives.com
Web Site: www.socreatives.com

Employees: 10

Agency Specializes In: Advertising, Brand Development & Integration, Digital/Interactive, Media Buying Services, Media Planning, Out-of-Home Media, Outdoor, Print, Public Relations, Social Media, Strategic Planning/Research

Sherri Oldham *(Pres & Creative Dir)*

Accounts:
Avondale
Evolve Data Center Solutions LLC

THE SOAP GROUP
24 Bedell St, Portland, ME 04103
Tel.: (207) 712-7498
E-Mail: advocate@thesoapgroup.com
Web Site: www.thesoapgroup.com

Agency Specializes In: Advertising, Broadcast, Business-To-Business, Environmental, Internet/Web Design, New Technologies, Print,

ADVERTISING AGENCIES

Public Relations

John Rooks *(Founder)*

Accounts:
Brighter Planet
Carbon Canopy
Mines Action Canada
Mwobs
NativeEnergy
Nelma
Reverb Gaming
White Lotus Home Chemical-Free Mattresses & Furniture

SOAR COMMUNICATIONS
PO Box 581138, Salt Lake City, UT 84158
Tel.: (801) 656-0472
E-Mail: info@soarcomm.com
Web Site: www.soarcomm.com

Employees: 3
Year Founded: 2004

Agency Specializes In: Collateral, Communications, Financial, Graphic Design, Local Marketing, Media Relations, Out-of-Home Media, Outdoor, Sales Promotion, Sports Market, Strategic Planning/Research

Chip Smith *(Pres & CEO)*
Maura Lansford *(Acct Exec)*

Accounts:
ACT Lab (Public Relations Agency of Record) Corporate Communications, E-newsletter, Media Relations; 2017
Bergans of Norway Public Relations
Bikes 4 Kids Utah
Focus Bicycles USA Electric Mountain Bikes, Public Relations
Outdoor Retailer (Agency of Record)
Precision Travel Werx
Primawear
Road Warrior Sports Public Relations
RockyMounts (Public Relations Agency of Record) Brand Communications
Trips for Kids

SOCIAL CONTROL
5655 Lindero Canyon Rd Ste 425, Westlake Village, CA 91362
Tel.: (747) 222-7123
Web Site: https://socialcontrol.com/

Employees: 16
Year Founded: 2009

Agency Specializes In: Alternative Advertising, Digital/Interactive, Electronic Media, Experience Design, Game Integration, Mobile Marketing, Production, Social Media, Sponsorship, Sweepstakes, T.V., Viral/Buzz/Word of Mouth, Web (Banner Ads, Pop-ups, etc.)

Approx. Annual Billings: $20,000,000

Seth Silver *(CEO)*

Accounts:
MedPost Urgent Cares Health Care; 2014
Western Union Financial Services; 2014

SOCIAL DISTILLERY
421 E 6Th St Ste A, Austin, TX 78701
Tel.: (512) 401-3172
E-Mail: info@socialdistillery.com
Web Site: www.socialdistillery.com

Employees: 11
Year Founded: 2011

Agency Specializes In: Advertising, Content, Market Research, Social Media

Kristen Sussman *(Founder & Pres)*

Accounts:
Jive Software, Inc. Office Hero Campaign

SOCIAL FORCES, LLC
1001 E Columbus Dr, Tampa, FL 33605
Tel.: (813) 775-2282
Web Site: www.socialforces.com

Employees: 15
Year Founded: 2009

Agency Specializes In: Advertising, Brand Development & Integration, Consumer Goods, Consumer Marketing, Content, Cosmetics, Digital/Interactive, Food Service, Household Goods, In-Store Advertising, Internet/Web Design, Media Buying Services, Merchandising, Mobile Marketing, Promotions, Retail, Sales Promotion, Shopper Marketing, Social Media, Sweepstakes, Viral/Buzz/Word of Mouth, Web (Banner Ads, Pop-ups, etc.)

Revenue: $1,000,000

Carl Vervisch *(Pres & Creative Dir)*
Kate Whatley *(CEO)*

Accounts:
Passport Bodyworks

SOCIAL HOUSE INC
27525 Puerta Real Ste 100, Mission Viejo, CA 92691
Tel.: (213) 935-8050
E-Mail: hello@socialhouseinc.com
Web Site: www.socialhouseinc.com

Employees: 15
Year Founded: 2010

Agency Specializes In: Advertising, Content, Social Media, Strategic Planning/Research

Norel Mancuso *(Pres & CEO)*
Jocelyn Chou *(Mgr-Paid Media)*

Accounts:
PepsiCo Inc.

SOCIALDEVIANT
1143 W Rundell Pl Ste 201, Chicago, IL 60607
Tel.: (312) 593-4984
E-Mail: work@socialdeviant.com
Web Site: socialdeviant.com

Employees: 50
Year Founded: 2012

Agency Specializes In: Advertising, Brand Development & Integration, Content, Digital/Interactive, Event Planning & Marketing, Social Media

Marc Landsberg *(Founder & CEO)*
Linda Johnson *(Pres)*
David Shuck *(COO)*
Leonard Hunt *(Analyst-Social Media)*
Stephen Mariani *(Sr Head-Acct & Strategy)*

Accounts:
Red Wing Shoe Company, Inc Creative

SOCIALFLY, LLC
231 W 29Th St Rm 702, New York, NY 10001
Tel.: (917) 300-8298
E-Mail: info@socialflyny.com
Web Site: www.socialflyny.com

Employees: 25

Agency Specializes In: Advertising, Media Relations, Public Relations, Social Media

Courtney Spritzer *(Co-Founder & Co-CEO)*
Stephanie Cartin *(CEO)*
Kaitlyn Gallagher *(Mgr-Bus Dev)*
Megan Toscano *(Mgr-Strategy & Accts)*
Emily Gettings *(Sr Acct Exec)*
Jamie Silver *(Assoc Creative Dir)*

Accounts:
Treat House
Wala Swim

SOCIALITY SQUARED LLC
110 E 25th St, New York, NY 10010
Tel.: (646) 783-1114
E-Mail: rockout@socialitysquared.com
Web Site: www.socialitysquared.com

Employees: 10
Year Founded: 2010

Agency Specializes In: Advertising, Brand Development & Integration, Content, Corporate Communications, Event Planning & Marketing, Search Engine Optimization, Social Media

Helen Todd *(CEO)*

Accounts:
New-DeNA Co., Ltd.
New-Leica Camera AG
New-RevTrax
New-Wild Tomorrow Fund

SOCIALLY PRESENT
(Formerly 1187 Creative)
800 E Walnut St, Carbondale, IL 62901
Tel.: (618) 457-1187
Web Site: http://sociallypresent.com/

Employees: 12
Year Founded: 2007

Agency Specializes In: Advertising, Advertising Specialties, Affiliate Marketing, Alternative Advertising, Brand Development & Integration, Branded Entertainment, Broadcast, Business Publications, Business-To-Business, Cable T.V., Catalogs, Children's Market, Co-op Advertising, Collateral, College, Commercial Photography, Communications, Computers & Software, Consulting, Consumer Goods, Consumer Marketing, Consumer Publications, Content, Corporate Communications, Corporate Identity, Cosmetics, Crisis Communications, Custom Publishing, Customer Relationship Management, Digital/Interactive, Direct Response Marketing, Direct-to-Consumer, E-Commerce, Education, Electronic Media, Electronics, Email, Engineering, Entertainment, Environmental, Event Planning & Marketing, Exhibit/Trade Shows, Experience Design, Fashion/Apparel, Financial, Food Service, Game Integration, Government/Political, Graphic Design, Guerilla Marketing, Health Care Services, High Technology, Hispanic Market, Hospitality, Household Goods, Identity Marketing, In-Store Advertising, Industrial, Infomercials, Information Technology, Integrated Marketing, International, Internet/Web Design, Investor Relations, LGBTQ Market, Legal Services, Leisure, Local Marketing, Logo & Package Design, Luxury Products, Magazines, Marine, Market Research, Media Buying Services, Media Planning, Media Relations, Media Training, Medical Products, Men's Market,

ADVERTISING AGENCIES

Merchandising, Mobile Marketing, Multicultural, Multimedia, New Product Development, New Technologies, Newspaper, Newspapers & Magazines, Out-of-Home Media, Outdoor, Over-50 Market, Package Design, Paid Searches, Pharmaceutical, Planning & Consultation, Podcasting, Point of Purchase, Point of Sale, Print, Product Placement, Production, Production (Ad, Film, Broadcast), Production (Print), Promotions, Public Relations, Publicity/Promotions, Publishing, RSS (Really Simple Syndication), Radio, Real Estate, Recruitment, Regional, Restaurant, Retail, Sales Promotion, Search Engine Optimization, Seniors' Market, Social Marketing/Nonprofit, South Asian Market, Sponsorship, Sports Market, Stakeholders, Strategic Planning/Research, Sweepstakes, Syndication, T.V., Technical Advertising, Teen Market, Telemarketing, Trade & Consumer Magazines, Transportation, Travel & Tourism, Urban Market, Viral/Buzz/Word of Mouth, Web (Banner Ads, Pop-ups, etc.), Women's Market, Yellow Pages Advertising

Approx. Annual Billings: $1,000,000

Breakdown of Gross Billings by Media: Adv. Specialities: $100,000; Consulting: $100,000; Event Mktg.: $100,000; Exhibits/Trade Shows: $50,000; Graphic Design: $200,000; Logo & Package Design: $100,000; Other: $300,000; Radio: $50,000

Accounts:
Merz Salsa; Saint Louis, MO

SOCIEDAD
386 Park Ave S 15th Flr, New York, NY 10016
Tel.: (646) 762-6734
Web Site: www.sociedad.com

Employees: 50

Agency Specializes In: Advertising

Carla Trum Mercado *(Mng Dir)*
Jorge R. Moya *(Chief Creative Officer)*

Accounts:
New-HBO Latino
IHOP
New-ITT Technical Institute
New-MilkPEP

SOCKEYE CREATIVE
240 N Broadway Ste 301, Portland, OR 97209
Tel.: (503) 226-3843
Fax: (503) 227-1135
E-Mail: hello@sockeyecreative.com
Web Site: sockeye.tv

Employees: 12

Agency Specializes In: Digital/Interactive, Identity Marketing, Print, Sponsorship

Andy Fraser *(Co-Founder & CEO)*
Peter Metz *(Co-Founder & Creative Dir)*
Shelley Stevens *(Mng Dir)*
Tim Sproul *(Exec Creative Dir)*
Guy Seese *(Creative Dir-Adidas)*
Jason Maurer *(Writer & Strategist)*
Lauren French *(Sr Designer)*

Accounts:
Adidas
Columbia Sportswear Company
Keen
Mirth Provisions
The Oregonian Newspaper
Port of Portland

SODA & LIME LLC
6515 W Sunset Blvd Ste 300, Los Angeles, CA 90028
Tel.: (323) 875-3820
E-Mail: info@sodaandlime.com
Web Site: www.sodaandlime.com

Employees: 12
Year Founded: 2014

Agency Specializes In: Advertising, Brand Development & Integration, Content, Digital/Interactive, Social Media

Bonner Bellew *(Chief Creative Officer)*
Phil Gonzales *(Exec VP-Brand, Media Strategy & Ops)*
Ben Richards *(VP-Acctg)*
Liza Lopez *(Media Dir)*
Mandi Gum *(Sr Art Dir)*

Accounts:
Breakout Gaming
Koral
Lootsie
Matuse
Study Buddy
World Wrestling Entertainment, Inc.

SODAPOP MEDIA LLC
808 Office Park Cir Ste 400, Lewisville, TX 75057
Tel.: (214) 390-3700
E-Mail: info@sodapopmedia.com
Web Site: www.sodapopmedia.com

Employees: 5
Year Founded: 2004

Agency Specializes In: Advertising, Corporate Identity, Digital/Interactive, Graphic Design, Internet/Web Design, Logo & Package Design, Social Media

James Faulkner *(Principal & Creative Dir)*

Accounts:
American Heart Association
Frito-Lay
Orthofix
Retirement Advisors Of America, Inc.
Special Delivery

SOKAL MEDIA GROUP
11550 Common Oaks Dr Ste 200, Raleigh, NC 27614
Tel.: (919) 872-9410
Fax: (919) 872-9415
Web Site: www.sokalmediagroup.com

Employees: 55
Year Founded: 2010

Agency Specializes In: Advertising, Email, Internet/Web Design, Mobile Marketing, Print, Public Relations, Radio, Search Engine Optimization, Social Media, T.V.

Mark Sokal *(CEO)*
April Safar *(CFO)*
Todd Malhoit *(Creative Dir)*
Erin Dehart Burroughs *(Dir-Launch Team)*
Michael Ransom *(Dir-Bus Dev)*
Emily Simpson Sabol *(Dir-Creative Svcs)*
Mitchell Smith *(Dir-Digital Media)*
Justin Harvey *(Acct Mgr & Sls Mgr)*
Lindsey Michael-Longo *(Gen Sls Mgr)*
Derek Thompson *(Mgr-Internet Mktg)*
Andrew Davis *(Acct Exec)*
Emily Gerringer *(Acct Exec)*
Bret Johnson *(Acct Exec)*
Brian Morgan *(Acct Exec)*
Rachel Nevil *(Acct Exec)*
Taylor Riggsbee *(Acct Exec)*
Jessica Sokal *(Acct Exec)*
Courtney Canosa *(Jr Acct Exec)*
Brad Blanchard *(Acct Coord)*
Phillip Caldwell *(Acct Coord)*
Kendra Williams-Evans *(Acct Coord)*
Heather Thornton *(Coord-Media)*

Accounts:
Alfa Romeo Fiat of Manhattan (Agency of Record) Advertising
Capital Chrysler Dodge Jeep Ram of Indian (Agency of Record) Advertising; 2018
Cheraw Chevrolet Buick (Agency of Record) Advertising, Website; 2018
Crystal Auto Mall (Agency of Record) Advertising, Creative, Digital, Marketing, Media, Strategic Planning
New-Dan Cava's Toyota World (Agency of Record) Advertising, Digital & Traditional Media, Websites; 2018
New-Dan's Car World (Agency of Record) Advertising, Digital & Traditional Media, Websites; 2018
The Faulkner Organization (Agency of Record) Creative, Digital, Media, Strategic Planning
Ford Motor Company Advertising, Faith's Ford (Agency of Record), Website; 2017
New-Freehold Nissan (Agency of Record) Advertising, Digital & Traditional, Websites; 2018
General Motors Company Marketing, Victory Chevrolet (Advertising Agency of Record); 2017
Georgia Auto Group (Agency of Record) Kia of Auburn, Kia of LaGrange, Parkway Mitsubishi, Tallassee Automotive Group
Hendrick Toyota
Hill-Kelly Dodge Chrysler Jeep Ram (Agency of Record) Advertising, Marketing
Hudson Nissan (Agency of Record) Advertising, Website; 2018
Island Chrysler Dodge Jeep Ram (Agency of Record) Advertising Campaigns, Websites; 2018
Koeppel Auto Group (Agency of Record) Advertising, Website; 2017
Magic City Chevrolet Buick GMC (Agency of Record) Digital Advertising, Direct Mail, TV; 2018
Magic City Chrysler Jeep Dodge RAM (Agency of Record) Digital Advertising, TV & Direct Mail; 2018
Maguire Family of Dealerships (Agency of Record) Advertising, Websites; 2018
Manhattan Jeep Chrysler Dodge (Agency of Record) Advertising
Midstate Toyota
Myrtle Beach Mitsubishi (Agency of Record); 2018
Stevenson Kia of Jacksonville (Agency of Record) Brand, Digital & Traditional Media, Websites; 2018
Toyota Motor North America, Inc Advertising, Marketing, Public Image, Toyota of Dartmouth (Agency of Record); 2017
Vehicles Direct North Charleston (Agency of Record) Advertising, Website; 2017

SOLSTICE ADVERTISING LLC
5015 Business Park Blvd Ste 3000, Anchorage, AK 99503
Tel.: (907) 258-5411
Fax: (907) 258-5412
E-Mail: info@solsticeadvertising.com
Web Site: www.solsticeadvertising.com

Employees: 5
Year Founded: 2005

Agency Specializes In: Advertising, Graphic Design, Internet/Web Design, Media Planning, Public Relations

THE SOLUTIONS GROUP INC.
161 Washington Valley Rd Ste 205, Warren, NJ

ADVERTISING AGENCIES
AGENCIES - JANUARY, 2019

07059-7121
Tel.: (732) 302-1223
Fax: (732) 356-9574
E-Mail: info@thesolutionsgroupinc.com
Web Site: www.thesolutionsgroupinc.com

Employees: 20
Year Founded: 1985

Agency Specializes In: Advertising

Peter Ferrigno *(CEO)*
Bill Gordy *(Partner & Chief Strategy Officer)*
KyleAnn Ledebuhr *(Creative Dir)*
Jacqueline Zeiman *(Dir-Mktg Strategy)*
Greg Farmer *(Acct Mgr)*

Accounts:
AAI Development Services
Accutest Laboratories
Amersham Biosciences
Coldwell Banker
MetLife
Somerset Hills YMCA

SOLVE
9 S 12Th St # 2, Minneapolis, MN 55403
Tel.: (612) 677-2500
E-Mail: info@solve-ideas.com
Web Site: www.solve-ideas.com

Employees: 44

Agency Specializes In: Advertising, Brand Development & Integration, Media Planning, Social Media, Sponsorship

Hans Hansen *(Founder & Creative Dir)*
Eric Sorensen *(Founder & Creative Dir)*
Corey Johnson *(Pres)*
John Colasanti *(CEO)*
Sean Smith *(Partner & Exec Creative Dir)*
Ryan Murray *(Partner & Acct Dir)*
Roman Paluta *(Partner & Dir-Bus Dev)*
Kara Brower *(Partner)*
Shawn Hansen *(Acct Dir)*
Shannon Murphy *(Art Dir)*
Andrew Pautz *(Acct Dir)*
Hope Mueller *(Acct Mgr)*
Sarah Hennen *(Mgr-Social Media)*
Neil James *(Sr Strategist-Digital)*
Claire Bramel *(Specialist-Social Media)*
Molly Dukich *(Strategist-Connection)*
Alex Frecon *(Copywriter)*
Mackenzie Heide *(Designer-Studio Production)*
Maureen Clark *(Assoc Media Dir)*
Erin Colasacco *(Sr Art Dir)*

Accounts:
Abu Dhabi Commercial Bank Out of Home, Print, Videos
American Standard (Agency of Record) Faucets, Fixtures
Annie's Homegrown
Applegate
Bentley Motors (Agency of Record) Communications Strategy
Bernatello's Foods
Best Buy
Cascadian Farm Campaign: "Bee Friendlier"
Circuit Global Sports Rally Cycling
New-Driscoll Strawberry Associates Inc. Experiential, OOH, Social Media; 2018
The Epilepsy Foundation Of Minnesota
Founders Brewing Company (Agency of Record)
General Mills Bee Friendlier, Cascadian Farm (Agency of Record), Marketing
GiveBack.org
Greg LeMond Bicycles, Brand Positioning, Digital, Social
Honest Tea
Indian Motorcycle International, LLC Creative, Digital, FTR 1200, Print, TV; 2017

Inspired Closets
Lactalis Group (North American Agency of Record) Black Diamond, Consumer Communications, Creative, Design, Galbani, Strategic Positioning Medifast, Inc.
Optum Pro Cyling
Orbea Bicycles
Organic Valley Campaign: "Bringing The Good", Campaign: "Mud Pie"
Polaris Industries Inc Creative, Slingshot; 2017
Porsche Cars North America Bentley, Catalogs, Consumer Engagement
President Campaign: "Life Well Paired", President Butter, President Cheese
Raymond James Financial, Inc (US Agency of Record) Brand Strategy, Creative, Digital, Media, National Advertising, Research; 2018
Rudi's Organic Bakery
Shopko (Agency of Record)
True Value Company Media Planning, Media Strategy
The V Foundation for Cancer Research (Agency of Record) Digital, Strategy

SOLVE AGENCY, INC.
(Formerly FreshBuzz Media, Inc.)
263 Harloe Ave Ste 100, Pismo Beach, CA 93449
Tel.: (805) 242-2618
Fax: (805) 244-9292
Toll Free: (877) 285-0857
E-Mail: discover@solveagency.com
Web Site: solveagency.com

Employees: 12
Year Founded: 2010

Agency Specializes In: Content, Graphic Design, Social Marketing/Nonprofit, Social Media, Strategic Planning/Research

Judith L. Cohen *(Founder & CEO)*
Pacha Hornaday *(Chief Creative Officer)*

Accounts:
Aveda, Inc. (Agency of Record) Digital/Social & Community Engagement; 2014
Domaine Porto Carras (Greece) (Agency of Record) Digital/Social & Community Engagement; 2015
Educational Employees Credit Union (EECU) Social Promotional Application Design & Campaign; 2014
Graco Baby Products; 2014
Grand Millennium Hotel Group Social Applications & Campaign; 2013
Habitat Home and Garden (Agency of Record) Digital/Social & Community Engagement; 2014
Sotheby's International Realty (Agency of Record) Digital/Social & Community Engagement; 2014
Starwood Hotels and Resorts Agency AOR, Digital/Social & Community Engagement; 2014
Sunset Magazine and SAVOR the Central Coast (Agency of Record) Digital/Social & Community Engagement; 2014
Wines of Naoussa (Greece) (Agency of Record) Digital/Social & Community Engagement; 2015

SOMETHING DIFFERENT
37 Greenpoint Ave #4a, Brooklyn, NY 11222
Tel.: (929) 324-3030
Web Site: www.itssomethingdifferent.com

Employees: 2

Agency Specializes In: Advertising

Tommy Henvey *(Founder & Chief Creative Officer)*
Patti McConnell *(Mng Partner & Exec Producer)*
Meghan Linehan *(Acct Dir)*
Richard Ryan *(Creative Dir)*

Accounts:

Charter Communications, Inc. Spectrum
New-National Association for Stock Car Auto Racing
New-Time Warner Cable

SONICBIDS
500 Harrison Ave Fl 4 Ste 404R, Boston, MA 02118
Tel.: (617) 502-1300
Fax: (617) 482-0516
E-Mail: sales@sonicbids.com
Web Site: https://www.sonicbids.com/

Employees: 40
Year Founded: 2002

Agency Specializes In: Internet/Web Design, Promotions

Revenue: $8,000,000

Accounts:
BMI
Converse
Diesel Gap
Filter Magazine
Guitar Hero
Harpoon
Jansport

SONNHALTER
1320 Summer Ave, Cleveland, OH 44115-2851
Tel.: (216) 242-0420
Fax: (216) 242-0414
Web Site: www.sonnhalter.com

E-Mail for Key Personnel:
President: jsonnhalter@sonnhalter.com
Creative Dir.: sbessell@sonnhalter.com

Employees: 9
Year Founded: 1976

National Agency Associations: BMA-PRSA

Agency Specializes In: Advertising, Business Publications, Business-To-Business, Collateral, Corporate Identity, Direct Response Marketing, E-Commerce, Event Planning & Marketing, Graphic Design, Industrial, Internet/Web Design, Logo & Package Design, Media Buying Services, New Product Development, Print, Production, Public Relations, Publicity/Promotions, Sales Promotion

Approx. Annual Billings: $7,000,000

C. John Sonnhalter *(Founder)*
Terri Sonnhalter *(VP-Fin)*
Scott Bessell *(Creative Dir)*
Robin Heike *(Production Mgr)*
Sandra Bucher *(Mgr-Media)*
Matt Sonnhalter *(Architect-Vision)*

Accounts:
Brennan Industries; Solon, OH Hydraulic & Pneumatic Fittings; 1986
Buyers Products Snow & Ice Control Products, Truck Accessories; 2002
Council Tool; Lake Waccamaw, SC Striking Tools; 1998
General Pipe Cleaners Drain Cleaning Equipment; 2014
Gerber Plumbing Fixtures: Toilets, Faucets, Drains; 2012
Kapro Tools Influencer Relations, North American Public Relations, Video Promotions; 2017
KNIPEX; Chicago, IL Hand Tools; 2011
Nook Industries Linear Motion Solutions; 2014
Osborn Metal Finishing: Brushes, Buffs & Abrasives; 2012
Precision Machined Products Association Trade Association for Precision Machine Companies; 2002

AGENCIES - JANUARY, 2019 — ADVERTISING AGENCIES

Presrite Corporation Forging; 1979
Protection Services Inc. Traffic Control Products; 2004
UniCarriers Americas; 2011
United Conveyor Corporation Ash Handling Solutions; 2008
VIEGA; Wichita, KS Plumbing, Heating & Pipe Joining Products; 2011

SONSHINE COMMUNICATIONS
152 NE 167th St, Miami, FL 33162
Tel.: (305) 948-8063
Fax: (305) 948-8074
E-Mail: info@sonshine.com
Web Site: www.sonshine.com

Employees: 12
Year Founded: 1993

Agency Specializes In: Advertising, Graphic Design, Internet/Web Design, Media Relations, Strategic Planning/Research

Bernadette Morris *(Pres & CEO)*
Colin Morris *(Mng Dir & COO)*
Ricardo Reyes *(Assoc VP & Creative Dir)*

Accounts:
The City of Miami Gardens
Community Health of South Florida Inc
Florida Department of Transportation Marketing, Media
Jacq's Organics
Kaiser Family Foundation
Neighborhood Housing Services of South Florida
US Marshals Service

SOPEXA USA
250 Hudson St Ste 703, New York, NY 10013-1437
Tel.: (212) 477-9800
Fax: (212) 473-4315
E-Mail: contact@sopexa.com
Web Site: www.sopexa.com

Employees: 24
Year Founded: 1964

Agency Specializes In: Bilingual Market, Brand Development & Integration, Co-op Advertising, Collateral, Communications, Consulting, Consumer Marketing, Corporate Identity, Direct Response Marketing, E-Commerce, Event Planning & Marketing, Exhibit/Trade Shows, Graphic Design, Internet/Web Design, Logo & Package Design, Merchandising, New Product Development, Planning & Consultation, Point of Purchase, Point of Sale, Public Relations, Publicity/Promotions, Restaurant, Sales Promotion, Strategic Planning/Research, Travel & Tourism

Approx. Annual Billings: $11,000,000 (US, Canada, Mexico)

Breakdown of Gross Billings by Media: D.M.: 5%; Internet Adv.: 10%; Other: 5%; Pub. Rels.: 25%; Radio: 2%; Sls. Promo.: 25%; T.V.: 10%; Trade & Consumer Mags.: 13%; Trade Shows: 5%

Thomas Minc *(Mng Dir)*
Olivier Moreaux *(Mng Dir-Americas)*
Valerie Gerard-Matsuura *(Dir-Trade Rels)*
Alice Loubaton *(Sr Mgr-Trade Rels)*

Accounts:
Avocados from Mexico Digital-Canada, PR & Brand Content-Canada
BNIC PR, Social Media Strategy
Bordeaux Wine Bureau; Bordeaux, France; 1993
Cafe de Costa Rica Public Relations
New-The Cheeses of Europe Marketing Council Mobile, Social Media
Cognac
European Union; Brussels, Belgium European Authentic Foods (EAT), Rhone/Alsace/Jerez; 2004
Fancy Food Show (French Pavillion); New York, NY; 1996
French Cocktail Hour; Paris, France; 2004
French Ministry of Agriculture; Paris, France; 2001
French National Wine Council/ONIVINS ("Wines From France"); Paris, France; 1989
Provence Wine Council; Les Arcs sur Argens, France; 1999
Saint James Rum Global Public Relations
Southwest Wines
Wines of France

Branch

Sopexa
Trident House, 46-48 Webber Street, London, SE1 8QW United Kingdom
Tel.: (44) 207 312 3600
Fax: (44) 207 312 3636
Web Site: http://www.sopexa.com/en/agency/uk

Employees: 20

Gersende Pommery *(Acct Dir)*

Accounts:
Nicolas Feuillatte UK Public Relations
Sogevinus Barros, Burmester, Calem, Kopke, Public Relations

SORENSON ADVERTISING
(See Under Relic Advertising)

SORENTO HEALTHCARE COMMUNICATIONS PVT LTD
(Acquired by Havas & Name Changed to Havas Life Sorento)

SOUBRIET & BYRNE
45 West 21th St. Ste 3A, New York, NY 10018
Tel.: (212) 929-3734
Fax: (212) 391-6491
Web Site: www.sba-nyc.com

Employees: 6

Agency Specializes In: Advertising, Graphic Design, Production, Promotions

Philip Byrne *(Pres & Creative Dir)*
Carmen Soubriet *(Partner & Creative Dir)*

Accounts:
EL AL Campaign: "Vacations"
Finnair
Guardian Investments
KLM
Morphoses
Sector Spider SPDR

SOURCE COMMUNICATIONS
433 Hackensack Ave 8th Fl, Hackensack, NJ 07601-6319
Tel.: (201) 343-5222
Fax: (201) 343-5710
E-Mail: info@sourcead.com
Web Site: www.sourcead.com

E-Mail for Key Personnel:
President: lrothstein@sourcead.com
Creative Dir.: dkoye@sourcead.com

Employees: 50
Year Founded: 1984

National Agency Associations: AMA-DMA

Agency Specializes In: Advertising, Broadcast, Business-To-Business, Cable T.V., Co-op Advertising, Collateral, Communications, Consumer Marketing, Consumer Publications, Direct Response Marketing, Electronics, Event Planning & Marketing, High Technology, In-Store Advertising, Internet/Web Design, Local Marketing, Media Buying Services, Newspaper, Newspapers & Magazines, Out-of-Home Media, Outdoor, Point of Purchase, Point of Sale, Print, Production, Radio, Restaurant, Retail, Sales Promotion, Social Marketing/Nonprofit, Sponsorship, Sports Market, Strategic Planning/Research, T.V., Trade & Consumer Magazines, Transportation, Travel & Tourism

Lawrence Rothstein *(Pres)*
Barry Bluestein *(Mng Partner & COO)*
Marcia Zaiac Wasser *(CMO & Exec VP)*
Dennis Koye *(Sr VP & Exec Creative Dir)*
Rich Degni *(VP & Creative Dir)*
Amy Ehrlich *(VP & Acct Dir)*
Erica Hayman *(VP & Acct Dir)*
Jason Bacharach *(Acct Dir)*
Linda Frankel *(Media Dir)*
Gregg Spiegel *(Dir-Strategic Plng)*
Kerrie Scofield *(Acct Mgr)*
Tony Maffei *(Mgr-Media)*
Ashley Tenbekjian *(Sr Acct Exec)*
Karyn Schachman *(Sr Media Buyer & Planner)*
William Zamlong *(Grp Supvr-Creative)*

Accounts:
Amtrak; Washington D.C. Acela Express, Metroliner, Passenger Railroad; 2000
Sony; San Diego, CA; 2009
Subway Sandwich Shops; NY Sandwiches; 2005
Subway Sandwich Shops; Philadelphia, PA Sandwiches; 2008
Wise; Atlanta, GA Snack Foods; 2004

Branch

Source Communications
2592 Coronado Pl, Vista, CA 92081
Tel.: (858) 655-7465
Web Site: www.sourcead.com

Employees: 5

Agency Specializes In: Advertising

Janine Perkal *(VP, Acct Dir & Strategist-Mktg & Adv-Branding Steward)*
Anne Battistoni *(Acct Dir)*
Barbara Urban *(Acct Dir)*
Wendy Becker Schuler *(Sr Acct Exec-Subway Restaurants)*
Angel Ramos *(Sr Media Buyer)*

SOURCE OUTDOOR GROUP
210 Washington St NW, Gainesville, GA 30501
Tel.: (770) 535-6028
Web Site: www.sourceoutdoorgroup.com

Employees: 4

Agency Specializes In: Advertising, Communications, Media Relations, Out-of-Home Media, Outdoor

Aaron McCaleb *(Owner)*

Accounts:
Cuddeback Marketing
New-HatsanUSA, Inc (Agency of Record) Communications, Content Placement, Digital Publicity Tactics, Escort Shotgun, Hatsan Airgun, Media Outreach, Strategic Marketing; 2018

ADVERTISING AGENCIES
AGENCIES - JANUARY, 2019

iEntertainment Network, Inc.

SOURCELINK
500 Pk Blvd Ste 415, Itasca, IL 60143
Tel.: (847) 238-5400
Fax: (847) 238-0216
Toll Free: (866) 947-6872
Web Site: www.sourcelink.com

Employees: 600
Year Founded: 1999

Agency Specializes In: Advertising

Approx. Annual Billings: $110,000,000

Hans Helmers *(Pres)*
Don Landrum *(CEO)*
Don Lewis *(CFO)*
Keith Chadwell *(COO)*
Cindy Randazzo *(Chief Strategy Officer & VP)*
Robert Nesbit *(Exec VP-Operational)*
David Funsten *(VP-Fin Svcs Strategy)*
Jay Blumberg *(Creative Dir)*
Rick Berman *(Dir-Bus Dev)*
Dan Browne *(Product Mgr-MultiTrac)*
Maria Dennis *(Mgr-Strategic Relationship)*
Marek Goczal *(Mgr-Dev)*
Kathrine Wells *(Mgr-Strategic Relationship)*
Matthew Haskell *(Corp Mktg Mgr)*
Jim Wisnionski *(Div Pres & Corp CIO)*

Accounts:
Blood Bank Acquisition, Retention Efforts

Branches

SourceLink
3303 W Tech Rd, Miamisburg, OH 45342
Tel.: (937) 885-8000
Fax: (937) 885-8010
Toll Free: (800) 305-9414
Web Site: www.sourcelink.com

Employees: 120
Year Founded: 1998

Agency Specializes In: Direct Response Marketing

Don Landrum *(Pres & CEO)*
Brent Tartar *(Exec VP-Sls & Mktg)*
Judith Hemmel *(VP-Customer Intelligence)*
Lois Laubach *(Acct Mgr)*
Pam Weese *(Acct Mgr-Client Svcs)*
Jennifer Earley *(Production Mgr)*
Andy Gradolph *(Mgr-Strategic Relationship)*
Tammy Dixon *(Sr Acct Exec)*

SourceLink
10866 Wilshire Blvd Ste 700, Los Angeles, CA 90024-4354
Tel.: (310) 208-2024
Fax: (310) 208-5681
E-Mail: productdevelopment@msdbm.com
Web Site: www.sourcelink.com

E-Mail for Key Personnel:
President: ESchlaphoff@msdbm.com

Employees: 25
Year Founded: 1991

National Agency Associations: DMA

Agency Specializes In: Automotive, Business-To-Business, Consulting, Consumer Marketing, Direct Response Marketing, E-Commerce, Financial, Health Care Services, High Technology, Information Technology, Internet/Web Design, Strategic Planning/Research, Travel & Tourism

Beth Ward *(VP-Healthcare Strategy)*
Rick Berman *(Dir-Bus Dev)*
Tom Crusham *(Assoc Creative Dir)*

SourceLink
1224 Poinsett Hwy, Greenville, SC 29609
Tel.: (864) 233-2519
Fax: (864) 678-2146
Web Site: www.sourcelink.com

Employees: 100

Agency Specializes In: Advertising

Cathy Heckman *(Mktg Dir)*
Cindy Miller *(Dir-Bus Dev)*
Rick Norman *(Dir-Data Svcs)*
Harrison Finney *(Mgr-Strategic Relationship)*
Amy Moore *(Mgr-Strategic Relationship)*

SourceLink
5 Olympic Way, Madison, MS 39110
Tel.: (601) 898-8700
Fax: (601) 898-8724
Web Site: www.sourcelink.com

Employees: 125

Agency Specializes In: Advertising

Phil Graben *(COO)*
Craig Blake *(Dir-Bus Dev)*
John Salerno *(Dir-Bus Dev)*
Mike Wilkins *(Dir-Bus Dev)*
Tracey Miller *(Mgr-Strategic Relationship)*

SOUTH END MEDIA
PO Box 286, Concord, NH 03302
Tel.: (603) 228-4243
E-Mail: info@southendmedia.com
Web Site: www.southendmedia.com

Employees: 1

Agency Specializes In: Advertising, Internet/Web Design, Media Planning, Print, Radio, T.V.

Kurt Muhlfelder *(Owner)*

Accounts:
Capital Well Co, Inc.

SOUTHWARD & ASSOCIATES, INC.
10 S Riverside Plz Ste 1950, Chicago, IL 60606-3801
Tel.: (312) 207-0600
Fax: (312) 207-6940
Web Site: www.southward.com

E-Mail for Key Personnel:
President: fsouthward@southward.com
Production Mgr.: rmoffit@southward.com

Employees: 7
Year Founded: 1961

National Agency Associations: NARB-Second Wind Limited

Agency Specializes In: Brand Development & Integration, Business-To-Business, Collateral, Communications, Corporate Identity, E-Commerce, Electronic Media, Exhibit/Trade Shows, Financial, Graphic Design, Industrial, Internet/Web Design, Travel & Tourism

Approx. Annual Billings: $4,600,000

Fred Southward *(Owner)*
Merry K. Elrick *(VP)*
Peggy M. O'Brien *(Sr Graphic Designer)*

Accounts:
American Osteopathic Association
American Society of Home Inspectors
Community Savings Bank; Chicago, IL
DH Thompson
Howard Johnson's; Skokie, IL
Unique Indoor Comfort; Elmhurst, IL
William T. Glasgow, Inc.; Orland Park, IL

SOUTHWEST STRATEGIES LLC
401 B St Ste 150, San Diego, CA 92101
Tel.: (858) 541-7800
Fax: (858) 541-7863
Web Site: www.swspr.com

Employees: 44

Agency Specializes In: Advertising, Crisis Communications, Event Planning & Marketing, Graphic Design, Media Relations, Media Training, Social Media, Strategic Planning/Research

Alan Ziegaus *(Chm)*
Chris Wahl *(Pres)*
Jennifer Ziegaus Wahl *(COO)*
Elizabeth A. Hansen *(Exec VP)*
Jessica Luternauer *(VP)*
Kimberly Olive Colla *(Dir-Pub Affairs)*

Accounts:
Coast Income Properties
General Dynamics/NASSCO
H. G. Fenton Company

THE SOUZA AGENCY
2543 Housley Rd, Annapolis, MD 21401
Tel.: (410) 573-1300
Fax: (410) 573-1305
E-Mail: clients@souza.com
Web Site: www.souza.com

Year Founded: 1983

Agency Specializes In: Advertising, Advertising Specialties, African-American Market, Brand Development & Integration, Business Publications, Business-To-Business, Collateral, Communications, Consulting, Consumer Marketing, Corporate Identity, Digital/Interactive, Direct Response Marketing, E-Commerce, Entertainment, Event Planning & Marketing, Exhibit/Trade Shows, Graphic Design, Internet/Web Design, Local Marketing, Logo & Package Design, New Product Development, Newspapers & Magazines, Out-of-Home Media, Outdoor, Print, Public Relations, Real Estate, Restaurant, Sports Market, Strategic Planning/Research, Travel & Tourism, Yellow Pages Advertising

Anthony Souza *(Founder)*
Roseanne Souza *(Mng Dir)*

Accounts:
Aramark Corporation
Chesapeake Beach Resort & Spa; Chesapeake Beach, MD; 2005
Planet Five, LLC.

SOVRN
1101 W Grove St 201, Boise, ID 83702
Tel.: (208) 345-6064
E-Mail: contact@thesovrn.com
Web Site: thesovrn.com/

Employees: 5
Year Founded: 2008

Agency Specializes In: Advertising, Corporate Identity, Graphic Design, Multimedia

AGENCIES - JANUARY, 2019

ADVERTISING AGENCIES

Philip McLain *(Partner & Brand Dir)*
Brian Cottier *(Partner, Dir-Creative & Designer)*
Joe Rice *(Exec Dir)*
Nicole Keisel *(Art Dir)*
Tom Jensen *(Dir-Technical)*
Chris Beaudoin *(Designer-Motion)*

Accounts:
Bill Coffey Musician
Mettle for Men Beauty Care Products Mfr
Populas Furniture & Appliances Store

SPACE150
212 3rd Ave N Ste 150, Minneapolis, MN 55401
Tel.: (612) 332-6458
E-Mail: space@space150.com
Web Site: www.space150.com

Employees: 112
Year Founded: 2000

Agency Specializes In: Brand Development & Integration, Content, E-Commerce, Graphic Design, Media Buying Services, Media Planning, New Product Development, Sponsorship, Strategic Planning/Research

William Jurewicz *(Founder & CEO)*
Dutch Thalhuber *(Pres)*
Marc Jensen *(Mng Partner & CTO)*
Dawn Lamm *(CFO)*
Stan Fiorito *(CMO)*
Char Roseblade *(Sr VP-Acct Mgmt)*
Ned Lampert *(Exec Creative Dir)*
Brian Ritchie *(Exec Creative Dir)*
Chris Cobb *(Creative Dir)*
Rebecca Schwitzer *(Acct Dir)*
Carly Beetsch *(Assoc Dir-Strategy)*
Parker Mullins *(Supvr-Media)*
Malia Cone *(Acct Exec)*
Haley Finch *(Assoc Copywriter)*
Alyssa Rupp *(Designer)*
Ollie Bauer *(Assoc Creative Dir)*
Casse Langford *(Assoc Media Dir)*
Alyssa Raiola *(Sr Media Planner)*

Accounts:
3M Company
Activision Blizzard, Inc (Social Media Agency of Record) Activation, Call of Duty: Black Ops 4, Crash Bandicoot, Destiny, Social Strategy, Spyro; 2018
American Eagle 77kids, Campaign: "Rock to School"
American Express
Be The Match (Agency of Record)
Best Buy
Buffalo Wild Wings Inc. Digital Strategy
Cakes.Com
Cambria campaign: "Every Dream Leads you Somewhere"
Cascadian Farm
The Coca-Cola Company
Dairy Queen Orange Julius
Discovery
Forever21 (Agency of Record) Digital Billboard, Holographic Runway
General Mills
Imation Corp Imation, Memorex, XtremeMac
Land Securities
Link Snacks, Inc. Campaign: "Is Space Beast?", Jack Link's
Nike, Inc Digital, Vapormax
Quiksilver/ROXY
RuMe Brand Strategy, Media, PR
Schwan's Consumer Brands (Agency of Record) Bon Appetit (Agency of Record), Brand Strategy, Broadcast, Campaign: "Timeless", Content Strategy, Creative, Digital Advertising, Edwards (Agency of Record), Freschetta, Media Buying, Mrs. Smith's (Agency of Record), Pagoda (Agency of Record), Red Baron (Agency of Record), Social Media, Tony's, Freschetta (Agency of Record)
Starz Entertainment
Style Caster
Target Corp
TDK
Xcel Energy Inc Brand Strategy, Content Strategy, Creative Design, User-experience

SPARK
2309 W Platt St, Tampa, FL 33609
Tel.: (813) 253-0300
E-Mail: miller@spark.us
Web Site: www.spark.us

Employees: 39
Year Founded: 2001

Agency Specializes In: Advertising, Brand Development & Integration

Shaun Killeen *(CFO)*
Michael Peters *(Chief Creative Officer)*
Dulani Porter *(Exec VP)*
Elliott Bedinghaus *(VP-Creative)*
Nashira Babooram *(Media Dir)*
Matt Boswell *(Creative Dir)*
Alex Coyle *(Art Dir)*
Tiffany Ballas *(Sr Brand Mgr)*
Nicole Luistro *(Sr Mgr-Community)*
David Gonzalez *(Designer)*
Emily Seitz *(Copywriter)*
Tessa Whitmore *(Coord-Production)*
Jessica Wyatt *(Assoc Creative Dir)*

Accounts:
All Children's Hospital
AVI-SPL
Coppertail Brewing Co.
Daisy Brand Media
The Dali Museum
The Epicurean Hotel
HARLEY-DAVIDSON Automobiles
Helicon Foundation Repair Services
MarineMax
Reeves Import Motorcars
Sweetbay Supermarket
Visit Florida

SPARK STRATEGIC IDEAS
6230 Fairview Rd Ste 430, Charlotte, NC 28210
Tel.: (704) 995-1787
E-Mail: ignite@sparksi.com
Web Site: www.sparksi.com

Employees: 12

Agency Specializes In: Advertising

Anne Marie Marie Holder *(CEO)*
Kim Cunningham *(Art Dir)*
Robin Foster *(Dir-Strategy & Bus Dev)*
Jacki Keating *(Mgr-PR)*
Julie Parrotta *(Mgr-PR)*
Pollyanna Falk *(Acct Supvr)*
Christopher Suozzo *(Acct Exec)*
Michaela Haven *(Acct Coord)*

Accounts:
Girl Scouts, Hornets' Nest Council
Smashburger

SPARKABLE INC.
1616 Pacific Ave Ste 307, Atlantic City, NJ 08401
Tel.: (609) 541-2244
E-Mail: collaborate@sparkable.com
Web Site: www.sparkable.com

Employees: 10
Year Founded: 2006

Agency Specializes In: Advertising, Brand Development & Integration, Content, Digital/Interactive, Graphic Design, Internet/Web Design, Logo & Package Design, Media Planning, Public Relations, Search Engine Optimization

Shaun Smith *(Dir-Content)*

Accounts:
Dean Randazzo Cancer Foundation

SPARKFACTOR
1644 N Honore St Ste 200, Chicago, IL 60622
Tel.: (773) 292-8000
Fax: (773) 486-7037
E-Mail: info@sparkfactor.com
Web Site: www.sparkfactor.com

Employees: 8

Agency Specializes In: Advertising, Brand Development & Integration, Corporate Identity, Digital/Interactive, Graphic Design, Internet/Web Design, Logo & Package Design, Out-of-Home Media, Outdoor, Print, Social Media

George Lowe *(Pres)*
Andrea Garcia *(Mgr-Digital Engagement)*
Vishnu Boray *(Designer)*

Accounts:
Howard Street
Mayne Stage

SPARKLOFT MEDIA
601 SW Oak St, Portland, OR 97205
Tel.: (503) 610-6113
E-Mail: contact@sparkloftmedia.com
Web Site: www.sparkloftmedia.com

Employees: 44

Agency Specializes In: Advertising, Affluent Market, Aviation & Aerospace, Brand Development & Integration, Consumer Marketing, Content, Crisis Communications, Digital/Interactive, Direct-to-Consumer, Entertainment, Event Planning & Marketing, Hospitality, International, Leisure, Luxury Products, Media Buying Services, Retail, Social Media, Transportation, Travel & Tourism, Viral/Buzz/Word of Mouth

Mandi Cox *(Acct Dir)*
Jurek Lipski *(Acct Dir)*
Elizabeth Piper *(Strategist-Social Media)*

Accounts:
Brand USA (Digital Content Creation & Social Community Management Agency of Record)

SPARKPLUG MARKETING & COMMUNICATIONS INC.
57 Lascelles Blvd, M5P 2C9 Toronto, ON Canada
Tel.: (416) 488-8867
E-Mail: gayle@sparkplug.ca
Web Site: www.sparkplug.ca

Employees: 10
Year Founded: 1995

Agency Specializes In: Above-the-Line, Advertising, Brand Development & Integration, Business-To-Business, Catalogs, Children's Market, College, Communications, Computers & Software, Consumer Goods, Consumer Marketing, Corporate Communications, Corporate Identity, Digital/Interactive, Direct Response Marketing, Direct-to-Consumer, Email, Market Research, Media Planning, New Product Development, Out-of-Home Media, Print, Production (Print), Radio, Social Marketing/Nonprofit, Strategic

ADVERTISING AGENCIES

Planning/Research, T.V., Teen Market, Women's Market

Gayle Akler *(Pres & Principal)*
Stuart Solway *(Creative Dir & Writer)*

SPARKS & HONEY
437 Madison Ave 3rd Fl, New York, NY 10022
Tel.: (212) 894-5100
Fax: (212) 590-8100
E-Mail: info@sparksandhoney.com
Web Site: www.sparksandhoney.com

Employees: 101
Year Founded: 2012

Agency Specializes In: Advertising, Brand Development & Integration, Content, Social Media

Terry Young *(Founder & CEO)*
Paul Butler *(COO)*
Camilo La Cruz *(Chief Strategy Officer)*
Robb Henzi *(VP & Head-Growth Strategy)*
Emily Leonard Viola *(Head-Cultural Strategy)*
Eric Kwan Tai Lau *(Creative Dir & Dir-Visual Intelligence)*
Merlin U Ward *(Dir-Culture Sys)*
Mary Klindworth *(Sr Acct Exec)*

Accounts:
AT&T
Department of Defense Online, Strategy
Humana
Hyatt Hotels Corporation
Jarden Corp.
Life is Good
PepsiCo
Stephen David Entertainment; 2018
Unilever
Visa

SPARKS GROVE
3333 Piedmont Rd NE Ste 800, Atlanta, GA 30305-1811
Tel.: (404) 961-9900
Fax: (404) 961-9890
Web Site: www.sparksgrove.com

Employees: 27

Agency Specializes In: Alternative Advertising, Brand Development & Integration, Branded Entertainment, Consulting, Consumer Goods, Corporate Identity, Custom Publishing, Digital/Interactive, Direct Response Marketing, Direct-to-Consumer, E-Commerce, Email, Entertainment, Environmental, Experience Design, Experiential Marketing, Game Integration, Graphic Design, Guerilla Marketing, Health Care Services, Hospitality, Identity Marketing, Internet/Web Design, Leisure, Logo & Package Design, Luxury Products, New Product Development, Podcasting, Production (Print), RSS (Really Simple Syndication), Search Engine Optimization, Sponsorship, Strategic Planning/Research, Travel & Tourism, Viral/Buzz/Word of Mouth, Web (Banner Ads, Pop-ups, etc.)

Approx. Annual Billings: $4,000,000

Anja Huebler *(VP-Design)*
Todd Ervin *(Assoc VP)*
Heather Balkema *(Exec Dir-Client Svcs)*
Chris Tschantz *(Creative Dir)*
Anne Shoulders *(Dir)*
Tricia Gillentine *(Assoc Creative Dir)*

Accounts:
AT&T Communications Corp.
BMW Car Club of America
Coca-Cola Refreshments USA, Inc.
Delta Air Lines (Business to Business Agency of Record) Business-to-Business
Premiere Global Services

SPARKS MARKETING CORP
(Formerly Sparks Exhibits & Environments)
2828 Charter Rd, Philadelphia, PA 19154-2111
Tel.: (215) 676-1100
Fax: (215) 676-1991
Toll Free: (800) 925-7727
E-Mail: info@sparksonline.com
Web Site: https://wearesparks.com

Employees: 313
Year Founded: 1966

Agency Specializes In: Event Planning & Marketing, Exhibit/Trade Shows, Retail

Approx. Annual Billings: $20,300,000

Jeffrey K. Harrow *(Chm)*
Robert Ginsburg *(CFO)*
Michael Ellery *(Sr VP-Creative)*
Jane Hawley *(Sr VP)*
David Lentz *(Sr VP-Creative Strategy)*
Geoff Albro *(VP-Creative)*
Jamie Barlow *(VP-Creative Tech)*
Cynthia McArthur *(VP-Strategic Accts)*
Elena Nicolaidis *(VP-Events)*
David Smiertka *(VP-Creative)*
Erik Weber *(VP-Experiential Creative)*
Noelle Frey *(Sr Program Mgr-Events)*

Accounts:
Boston Scientific
GE
Google I/O
HP Discover
JC Penney
Juicy Couture
LG Electronics
McKesson
Neutrogena
Owens Corning
Safilo
Sampan
SAP
Splendid
Stride Rite
Verizon Wireless
Villanova University

SPARXOO
450 Knights Run Ave Unit 1, Tampa, FL 33602
Tel.: (813) 402-0208
E-Mail: info@sparxoo.com
Web Site: www.sparxoo.com

Employees: 4
Year Founded: 2007

National Agency Associations: AMA

Agency Specializes In: Advertising, Consulting, Consumer Marketing, Digital/Interactive, E-Commerce, Electronic Media, Entertainment, Event Planning & Marketing, Guerilla Marketing, Identity Marketing, Internet/Web Design, LGBTQ Market, Logo & Package Design, Luxury Products, Magazines, Paid Searches, Planning & Consultation, Publicity/Promotions, Publishing, Search Engine Optimization, Social Marketing/Nonprofit, Social Media, Sports Market, Strategic Planning/Research, Viral/Buzz/Word of Mouth

Approx. Annual Billings: $500,000

Breakdown of Gross Billings by Media: Graphic Design: 17%; In-Store Adv.: 33%; Strategic Planning/Research: 50%

David Capece *(Founder, Partner & CEO)*

Rob Kane *(VP-Client Dev)*
Amber Kukulya *(VP-People Ops)*
Nicholas Ferry *(Sr Dir-Digital Strategy)*
Erin O'Donnell *(Sr Dir-Digital Experience)*
Erika Levy *(Mgr-Digital Mktg)*

Accounts:
Chase Bank; Wilmington, DE Market Research
Clean Plates; New York, NY Clean Plates Guide
Do Good Real Estate; Wilmington, NC Local Marketing
Fox Sports; Los Angeles, CA Web Development
Habitat for Humanity; Atlanta, GA Brand Development
Turner Broadcasting; Atlanta, GA

SPAULDING COMMUNICATIONS, INC.
One West Court Square, Decatur, GA 30030
Tel.: (404) 270-1010
Fax: (404) 270-1020
E-Mail: info@spauldingcommunications.com
Web Site: www.spauldingcommunications.com

Employees: 5
Year Founded: 2002

Agency Specializes In: Collateral, Email, Internet/Web Design, Logo & Package Design, Media Relations, Production, Sales Promotion, Strategic Planning/Research, T.V.

Matt Spaulding *(Pres)*
Reyes Rosheuvel *(Sr Dir-Art)*
Alice Murray *(Sr Strategist-Media Rels)*

Accounts:
American Seating
Cifial
Intercontinental
Rheem
Zeftron

SPAWN IDEAS
510 L St, Anchorage, AK 99501-3532
Tel.: (907) 274-9553
Fax: (907) 274-9990
Web Site: http://www.spawnideas.com

Employees: 40
Year Founded: 1975

National Agency Associations: 4A's-AAF-AMA-PRSA

Agency Specializes In: Advertising, Alternative Advertising, Brand Development & Integration, Broadcast, Collateral, Communications, Consumer Marketing, Corporate Communications, Corporate Identity, Crisis Communications, Digital/Interactive, Direct Response Marketing, Electronic Media, Health Care Services, In-Store Advertising, Integrated Marketing, Internet/Web Design, Local Marketing, Logo & Package Design, Media Buying Services, Media Planning, Media Relations, Media Training, Multimedia, Newspaper, Newspapers & Magazines, Out-of-Home Media, Outdoor, Planning & Consultation, Point of Purchase, Point of Sale, Print, Production, Production (Ad, Film, Broadcast), Production (Print), Promotions, Public Relations, Publicity/Promotions, Radio, Recruitment, Retail, Sales Promotion, Social Marketing/Nonprofit, Sports Market, Strategic Planning/Research, T.V., Web (Banner Ads, Pop-ups, etc.), Yellow Pages Advertising

Karen King *(Pres & CEO)*
Lisa King *(CFO & Exec VP)*
Kathy Norford *(VP & Media Dir)*
Mike Weed *(VP & Creative Dir)*
Graham Biddle *(Creative Dir)*
Julie Hirt *(Acct Mgmt Dir)*
Charles Leshan *(Dir-Production)*

AGENCIES - JANUARY, 2019 — ADVERTISING AGENCIES

Andy Zanto *(Dir-Brdcst Production)*
April Cook *(Assoc Dir-Acct Svc)*
Alonna Brorson *(Acct Supvr)*
Kaylee Vrem Devine *(Acct Supvr)*
Leslie Stocker *(Supvr-Media)*
Geneva Turrini *(Acct Exec)*
Elyse Delaney *(Copywriter)*

Accounts:
The Alaska Club Health Club Network; 1994
Alaska KMcDonalds
Alaska Railroad
Alaska Travel Industry Association
Alyeska Pipeline Service Company
BP Exploration; AK Oil Industry
City of Anchorage
Fairbanks Memorial Hospital Healthcare
Midas Alaska Automotive; 2000
Ocean Beauty Seafoods; Seattle, WA Seafood
Rasmuson Foundation
State of Alaska DOT & PF; Anchorage, AK Transportation; 1999
Ted Stevens International Airport Transportation

SPEAK
205 E Main St, Hillsboro, OR 97123
Tel.: (503) 946-6463
Fax: (866) 774-9578
E-Mail: info@speakagency.com
Web Site: speakagency.com/

Employees: 22
Year Founded: 2007

Agency Specializes In: Advertising, Brand Development & Integration, Content, Event Planning & Marketing, Internet/Web Design, Logo & Package Design, Print, Social Media

Jason Anthony *(Principal)*
Brad Grace *(Creative Dir)*
Paul Sandy *(Creative Dir)*

Accounts:
Clarks Bistro & Pub

SPEARHALL ADVERTISING & PUBLIC RELATIONS
2150 West Washington St Ste 402, San Diego, CA 92110
Tel.: (619) 683-3700
Fax: (858) 586-7009
E-Mail: shelly@spearhall.com
Web Site: www.spearhall.com

Employees: 2
Year Founded: 1980

Shelly Hall *(Pres)*

Accounts:
Golf Fest New York
Golf Fest San Diego
Golf Fest Vegas
Mammoth Mountain Chalets
Montesoro
Panera Bread
San Diego Arts Festival
Village Pines

SPECK COMMUNICATIONS
3200 Main St Ste 1,2, Dallas, TX 75226
Tel.: (214) 370-9927
Web Site: www.speckcommunications.com

Employees: 6
Year Founded: 2008

Agency Specializes In: Advertising, Brand Development & Integration, Collateral, Corporate Identity, Digital/Interactive, Internet/Web Design, Logo & Package Design, Media Buying Services, Media Planning, Print

Dan Curtis *(Pres)*
Rebekkah French *(Creative Dir)*

Accounts:
The Witte Museum

SPECTRUM
108 S 12th St, Tampa, FL 33602
Tel.: (813) 229-1212
Web Site: wearespectrum.tv

Year Founded: 1989

Guy Nickerson *(CEO & Exec Producer)*

SPECTRUM INTERACTIVE MEDIA LLC
419 Lafayette St 2nd Fl, New York, NY 10003
Tel.: (888) 234-0118
Fax: (212) 228-6139
E-Mail: info@spectrumim.com
Web Site: www.spectrumim.com

Employees: 5

Agency Specializes In: Digital/Interactive, Email, Internet/Web Design, Market Research, Media Buying Services, Media Planning, Mobile Marketing, Search Engine Optimization

Nigel Milne *(Mng Dir)*
Mary Conway *(Exec VP-Media Strategy)*
Sara Siskin *(Mgr-Social Media)*

Accounts:
Rock Sake Alcoholic Beverage Mfr

SPENCER ADVERTISING AND MARKETING
3708 Hempland Rd, Mountville, PA 17554
Tel.: (717) 509-9356
Fax: (717) 569-5244
Web Site: www.thinkspencer.com

Employees: 15

Daniel Hooven *(Sr VP & Creative Dir)*
Clayton Margerum *(Copywriter)*

Accounts:
Mannington Resilient Floors
Pennsylvania Turnpike Commission Communications, Marketing, PR

SPERO MEDIA
295 Madison Ste 1808, New York, NY 10017
Tel.: (212) 688-8999
Web Site: www.speromedia.com

Employees: 9

Agency Specializes In: Advertising, Direct Response Marketing, Education, Entertainment, Internet/Web Design, Local Marketing, Media Relations, Out-of-Home Media, Outdoor, Print, Production, Radio, Retail, Sponsorship, Sports Market, T.V.

Harry Spero *(Pres)*
Brittany Cole *(Acct Dir-Integrated)*
April Cotton *(Dir-Integrated Strategy)*

Accounts:
Crazy Eddie
Emerald Funding
Goen Seminars
Liberty Funding
New York Mets
The United States Tennis Association Out-of-Home US Open Series

SPHERE ADVERTISING
940 Tate Blvd SE Ste 107, Hickory, NC 28602
Tel.: (828) 855-3288
Web Site: www.sphereadv.com

Employees: 9
Year Founded: 2009

Agency Specializes In: Advertising, Brand Development & Integration, Graphic Design, Internet/Web Design, Logo & Package Design, Media Buying Services, Print, Promotions, Radio, T.V.

Chad Shehan *(Co-Owner)*
Jeff Sigmon *(Co-Owner)*

Accounts:
Bumgarner Camping

SPHERICAL
(Formerly Spherical Communications)
200 Centre St Ste 3N, New York, NY 10013
Tel.: (917) 558-7396
E-Mail: hello@spherical.co
Web Site: spherical.co/

Employees: 20
Year Founded: 2011

Agency Specializes In: Advertising, Brand Development & Integration, Digital/Interactive, Internet/Web Design, Social Media

Adam Wallace *(Founder & CEO)*

Accounts:
Travel Tripper

SPHERICAL COMMUNICATIONS
(See Under Spherical)

SPIKER COMMUNICATIONS, INC.
PO Box 8567, Missoula, MT 59807
Tel.: (406) 721-0785
Fax: (406) 728-8915
E-Mail: spikers@spikercomm.com
Web Site: www.spikercomm.com

E-Mail for Key Personnel:
President: wspiker@spikercomm.com
Production Mgr.: aceland@spikercomm.com

Employees: 10
Year Founded: 1983

Agency Specializes In: Advertising, Aviation & Aerospace, Brand Development & Integration, Broadcast, Business Publications, Business-To-Business, Cable T.V., Collateral, Commercial Photography, Communications, Consulting, Consumer Marketing, Consumer Publications, Corporate Communications, Corporate Identity, Direct Response Marketing, Education, Electronic Media, Entertainment, Environmental, Event Planning & Marketing, Exhibit/Trade Shows, Financial, Food Service, Government/Political, Graphic Design, Health Care Services, Internet/Web Design, Leisure, Local Marketing, Logo & Package Design, Magazines, Media Buying Services, Medical Products, New Product Development, Newspaper, Newspapers & Magazines, Out-of-Home Media, Outdoor, Over-50 Market, Planning & Consultation, Point of Sale, Print, Production, Public Relations, Publicity/Promotions, Radio, Real Estate, Recruitment, Restaurant, Seniors' Market, Sports Market, Strategic Planning/Research, T.V., Teen

ADVERTISING AGENCIES
AGENCIES - JANUARY, 2019

Market, Trade & Consumer Magazines, Transportation, Travel & Tourism

Chris Spiker *(Owner & Partner)*
Wes Spiker *(Pres & Creative Dir)*
Heather Phillips *(Art Dir)*
Anita Cleland *(Acct Mgr & Strategist)*

Accounts:
Clearcreek Tahoe
First Security Bank; Missoula, MT Financial Services; 1989
Rocky Mountain Log Homes; Hamilton, MT; 1983
SnowBowl; Missoula, MT Ski Resort; 1983
Stock Farm; Hamilton, MT Development; 1995

SPIN ADVERTISING
2008 E Stadium Blvd, Ann Arbor, MI 48104
Tel.: (734) 213-5326
Fax: (888) 334-6485
E-Mail: info@spin-advertising.com
Web Site: www.spin-advertising.com

Employees: 3

Agency Specializes In: Advertising, Brand Development & Integration, Digital/Interactive, Internet/Web Design, Logo & Package Design, Media Planning, Out-of-Home Media, Outdoor, Print, Search Engine Optimization

Adrienne Cormie *(Partner & Exec Dir-Creative)*
Thomas Cormie *(Partner-Mktg & Media)*

Accounts:
Bennett Optometry

SPIN CREATIVE STUDIO
7906 County Road 117, Glenwood Spgs, CO 81601
Tel.: (303) 534-5244
E-Mail: info@spincreativestudio.com
Web Site: http://www.spindenver.com/

Employees: 5

Agency Specializes In: Advertising, Brand Development & Integration, Digital/Interactive, Media Buying Services, Media Planning, Out-of-Home Media, Outdoor, Print, Radio, Strategic Planning/Research, T.V.

Brigette Schabdach *(CEO)*

Accounts:
ANSR Group
Green Apple Supply
The USA Pro Challenge (Advertising Agency of Record) Creative Development, Strategy

SPIN RECRUITMENT ADVERTISING
712 Bancroft Rd Ste 521, Walnut Creek, CA 94598
Tel.: (925) 944-6060
Fax: (925) 944-6063
E-Mail: info@spinrecruitment.com
Web Site: www.spinrecruitment.com

Employees: 8

Agency Specializes In: Advertising, Brand Development & Integration, Collateral, Communications, Exhibit/Trade Shows, Newspapers & Magazines, Print, Recruitment

Traci Dondanville *(Owner)*
Stephanie Fong *(VP)*

Accounts:
City of Oakland; Oakland, CA
Dignity Health Medical Foundation
Kaiser Permanente
Oroweat; South San Francisco, CA

SPIRE AGENCY
15950 N Dallas Pkwy Ste 400, Dallas, TX 75248
Tel.: (214) 393-5200
E-Mail: info@spireagency.com
Web Site: www.spireagency.com

Employees: 9
Year Founded: 2008

Agency Specializes In: Advertising, Collateral, Digital/Interactive, Event Planning & Marketing, Exhibit/Trade Shows, Logo & Package Design, Social Media

Steve Gray *(Co-Owner & Partner)*
Kimberly Tyner *(Owner & Partner)*
Craig Atkinson *(VP-Client Svcs)*
David Richardson *(Dir-Strategic Mktg)*
Jonathan Armstead *(Acct Supvr)*
Rebekah Ellis *(Sr Acct Exec)*

Accounts:
Texas Capital Bank

SPIRO & ASSOCIATES MARKETING, ADVERTISING & PUBLIC RELATIONS
2286 W First St, Fort Myers, FL 33901
Tel.: (239) 481-5511
Fax: (239) 481-5852
Web Site: www.spiroandassociates.com

E-Mail for Key Personnel:
President: cspiro@spiroandassociates.com

Employees: 12
Year Founded: 1988

National Agency Associations: AAF

Agency Specializes In: Advertising, Automotive, Brand Development & Integration, Broadcast, Business Publications, Business-To-Business, Cable T.V., Children's Market, Co-op Advertising, Collateral, Consulting, Consumer Publications, Corporate Identity, Direct Response Marketing, E-Commerce, Event Planning & Marketing, Financial, Government/Political, Graphic Design, Health Care Services, Internet/Web Design, Leisure, Logo & Package Design, Magazines, Marine, Media Buying Services, Medical Products, Multimedia, New Product Development, Newspaper, Newspapers & Magazines, Out-of-Home Media, Outdoor, Point of Purchase, Point of Sale, Print, Production, Public Relations, Publicity/Promotions, Radio, Real Estate, Retail, Seniors' Market, Strategic Planning/Research, T.V., Trade & Consumer Magazines, Travel & Tourism, Yellow Pages Advertising

Breakdown of Gross Billings by Media: Co-op Adv.: 7%; Internet Adv.: 5%; Mags.: 21%; Newsp.: 37%; Out-of-Home Media: 5%; Radio: 10%; T.V.: 15%

Christopher Spiro *(CEO)*
Rachel Martin Spiro *(VP)*
Robert Armstrong *(Creative Dir)*
Amy Court *(Media Dir)*
Don Gross *(Media Dir)*
Lynsey Yuknus *(Sr Art Dir & Dir-Ops)*

Accounts:
BlackHawk
Blind Pass Condominiums; Sanibel, FL Vacation Rentals; 2000
Levitt and Sons
The Oaks
Raso Realty, Inc
Royal Shell Vacations; Captiva & Sanibel, FL Condominium & Private Home Vacation Rentals; 1998
Seasons
Spiro Associates
Tradition

SPITBALL LLC
60 Broad St, Red Bank, NJ 07701
Tel.: (732) 345-9200
E-Mail: ideas@spit-ball.com
Web Site: www.spit-ball.com

Employees: 8

Agency Specializes In: Advertising, Brand Development & Integration, Graphic Design, Internet/Web Design, Logo & Package Design, Media Planning, Package Design

Anthony Torre *(Partner & CMO)*
Steve Bailey *(Partner & Creative Dir)*
Dana DelVecchio *(Acct Exec & Media Planner)*

Accounts:
Affordable Housing Alliance
Downtown Somerville Alliance
Engineering & Land Planning Associates
Lil Cutie Pops
Morph Wheels
Reproductive Medicine Associates of New Jersey

SPLASH MEDIA GROUP
5040 Addison Cir Ste 400, Addison, TX 75001
Tel.: (972) 392-6700
Web Site: https://splashmedia.com/

Employees: 130

Agency Specializes In: Advertising, Content, Digital/Interactive, Media Buying Services, Search Engine Optimization, Social Media

John Dankovchik *(CEO)*

Accounts:
Autobytel Inc.
ZTE USA

THE SPLINTER GROUP
605 W Main St 201, Carrboro, NC 27510
Tel.: (919) 969-0979
Fax: (919) 969-0971
E-Mail: hello@thesplintergroup.net
Web Site: www.thesplintergroup.net

Employees: 5
Year Founded: 2000

Agency Specializes In: Advertising, Graphic Design, Public Relations, Social Media

Lane Wurster *(Partner & Creative Dir)*
Steve Balcom *(Gen Mgr)*

Accounts:
Buns
Burlington Aviation
Carolina Brewery
Daisy Cakes
Etix

SPM COMMUNICATIONS
2030 Main St Ste 325, Dallas, TX 75201
Tel.: (214) 379-7000
Fax: (214) 379-7007
E-Mail: info@spmcommunications.com
Web Site: www.spmcommunications.com

Employees: 20
Year Founded: 1999

Agency Specializes In: Public Relations

Suzanne Miller *(Founder & Pres)*
Mary Kate Jeffries *(VP)*
Kristen Kauffman *(VP-Editorial)*
Loren Rutledge *(VP)*
Sara Hundley *(Sr Acct Supvr)*
Jennifer Penn *(Acct Supvr)*
Alvin Jordan *(Supvr)*

Accounts:
Austin Footwear Labs (Public Relations Agency of Record)
Boulder Organic Foods (Public Relations Agency of Record)
Bruegger's Bagels
Cafe Mimi's
Chipotle Mexican Grill
Eraclea
Gold's Gym
Haggar Clothing Co
I and love and you (Public Relations Agency of Record) Media
Joe's Crab Shack
Kirkland's Inc. (Agency of Record) Media & Influencer Relations, National Brand Awareness; 2018
Lantana Hummus
Main Event Entertainment
Michaels Stores, Inc
Newk's Eatery
Nothing Bundt Cakes (Public Relations Agency of Record); 2018
Petmate
Pollo Tropical
Romano's Macaroni Grill
Salata
Stubb's Legendary Bar
Taco Cabana
Van's International Foods

SPM MARKETING & COMMUNICATIONS
15 W Harris Ave Ste 300, La Grange, IL 60525-2498
Tel.: (708) 246-7700
Fax: (708) 246-5184
E-Mail: harken@spmadvertising.com
Web Site: http://www.spmmarketing.com/

Employees: 45
Year Founded: 1983

Agency Specializes In: Advertising, Brand Development & Integration, Broadcast, Cable T.V., Collateral, Communications, Consumer Marketing, Corporate Communications, Corporate Identity, Electronic Media, Health Care Services, Internet/Web Design, Media Buying Services, Newspapers & Magazines, Out-of-Home Media, Outdoor, Over-50 Market, Print, Production, Public Relations, Radio, Strategic Planning/Research

Approx. Annual Billings: $63,000,000

Lawrence W. Margolis *(Mng Partner)*
Patti Winegar *(Mng Partner)*
Nancy Miller *(CFO)*
Dan Miers *(Chief Strategy Officer)*
Shannon Curran *(Sr VP & Grp Acct Dir)*
Robert A. Konold *(Sr VP & Grp Creative Dir)*
Bill Tourlas *(Sr VP-Innovation & Engagement)*
Cori Ahrens *(VP & Acct Dir)*
Donna L. Greene *(VP & Acct Dir)*
Laura Roberts *(VP & Acct Dir)*
Rick Korzeniowski *(Exec Creative Dir)*
Jim Larmon *(Exec Creative Dir)*
Cathy Felter *(Acct Dir)*
Maggie Checinski *(Dir-Integrated Media)*
Amy Ralston *(Dir-Integrated Media)*
Kara Rozek *(Grp Media Dir)*

Accounts:
Emory Healthcare
Meridian Health; Wall, NJ
National Cancer Institute Designated Cancer Care Centers Online, TV
Rush University Medical Center & Affiliates; Chicago, IL
University of Kansas Hospital; Kansas City, KS

SPOKE AGENCY
32 Britain St Ste 400, Toronto, ON M5A 1R6 Canada
Tel.: (416) 646-2340
Fax: (416) 646-2344
E-Mail: talktous@spokeagency.com
Web Site: www.spokeagency.com

Employees: 10
Year Founded: 2009

Agency Specializes In: Advertising, Digital/Interactive, Experiential Marketing, Media Buying Services, Public Relations, Social Media

Accounts:
FanXchange
ING Direct
Nickelodeon/Nick

SPOKE LLC
3304 9th St NE Ste1, Washington, DC 20017
E-Mail: hi@spoke.co
Web Site: www.spoke.co

Employees: 5
Year Founded: 2014

Agency Specializes In: Advertising, Brand Development & Integration, Content, Digital/Interactive, Internet/Web Design

Sam Bays *(Partner & CEO)*

Accounts:
New-Electric Power Supply Association
New-Holland & Knight
New-Marriott International Inc
New-The Shameless Chef

SPOKE MARKETING
3145 Locust St, Saint Louis, MO 63103
Tel.: (314) 827-0600
Toll Free: (866) 925-5719
E-Mail: info@wearespoke.com
Web Site: spokemarketing.com

Employees: 16
Year Founded: 2008

Agency Specializes In: Advertising, Brand Development & Integration, Digital/Interactive

Dan Klein *(Partner)*
Angie Lawing *(Mng Dir-St Louis)*
Ali Tucker *(Dir-Ops & Mktg)*
Alana Rosenfeld *(Coord-Sls & Mktg)*

Accounts:
Lashly & Baer, P.C.
The Omni Club

SPONGE, LLC
2519 Orrington Ave, Evanston, IL 60201
Tel.: (312) 397-8828
E-Mail: info@spongechicago.com
Web Site: www.spongechicago.com

Employees: 5
Year Founded: 2007

Agency Specializes In: Brand Development & Integration, Identity Marketing, Strategic Planning/Research

Paul Brourman *(CEO & Chief Creative Officer)*

Accounts:
Grazie, Inc. App Development, Branding, Marketing, Software Product Launch; 2013
McDonald's Digital Experience Development/Content; 2014
The PrivateBank B2B, Consumer Marketing/Campaigns; 2012

SPONTANEOUS
(d/b/a Spontaneous)
(Private-Parent-Single Location)
575 Lexington Ave Fl 25, New York, NY 10022
Tel.: (212) 317-0077
Web Site: www.spon.com

Employees: 50
Year Founded: 1996

Cara Cutrone *(EVP & Mng Dir)*
Darryl Mascarenhas *(Exec Creative Dir)*
Irene Feleo *(Art Dir)*

Accounts:
AT&T
GNC
Go Daddy
Maybelline
Stella Artois

SPOON+FORK
419 Lafayette St, New York, NY 10003
Tel.: (646) 723-3324
E-Mail: hungry@spoonandforkstudio.com
Web Site: www.spoonandforkstudio.com

Employees: 4
Year Founded: 2003

Agency Specializes In: Brand Development & Integration, Corporate Identity, Package Design

Pritsana Kootint-Hadiatmodjo *(Founder & Creative Dir)*

Accounts:
Heathcliff (Creative Agency) Web Site; 2009

SPORTSBRANDEDMEDIA INC.
8 Rockwin Rd, Rockville Centre, NY 11570
Tel.: (516) 705-4366
Fax: (516) 377-1243
Web Site: www.sportsbrandedmedia.com

Employees: 8

Agency Specializes In: Brand Development & Integration, Branded Entertainment, Consulting, Entertainment, Event Planning & Marketing, Game Integration, Integrated Marketing, Market Research, Media Relations, Product Placement, Production, Social Media, Sponsorship, Sports Market

Approx. Annual Billings: $1,000,000

Breakdown of Gross Billings by Media: Production: $300,000; Sports Mktg.: $600,000; Strategic Planning/Research: $100,000

John Meindl *(Founder & CEO)*
Sarah Thomas *(Sr Acct Mgr)*

Accounts:
H2H
Sky Race World Cup
The World Cup Project

ADVERTISING AGENCIES
AGENCIES - JANUARY, 2019

THE SPOT MEDIA GROUP
600 N Hartley St Ste 140, York, PA 17404
Tel.: (717) 852-7768
Fax: (717) 718-3762
E-Mail: info@thespotmediagroup.com
Web Site: www.thespotmediagroup.com

Employees: 14

Agency Specializes In: Advertising, Collateral, Graphic Design, Internet/Web Design, Media Buying Services, Print

Dave Maday *(Owner & Pres)*

Accounts:
Industrial & Commercial Electrical Contractor

SPOT ON
213 Fordham St, City Island, NY 10464
Tel.: (718) 885-3434
Web Site: www.spotonny.com

Employees: 1

Agency Specializes In: Advertising, African-American Market, Alternative Advertising, Bilingual Market, Broadcast, Cable T.V., Co-op Advertising, Direct-to-Consumer, Electronic Media, Entertainment, Graphic Design, Hispanic Market, Infomercials, Internet/Web Design, Logo & Package Design, Media Buying Services, Multimedia, Package Design, Production, Production (Ad, Film, Broadcast), Social Media, Teen Market, Urban Market, Women's Market

Approx. Annual Billings: $300,000

Jarett Bellucci *(Dir)*
John Morena *(Dir)*
Christopher Walters *(Dir)*
Rebecca Rosado *(Production Mgr)*
Alex Tavis *(Acct Exec)*

Accounts:
Special Olympics Campaign: "R Word"

SPOT SAVVY, LLC
235 E 22nd St Ste 15J, New York, NY 10010
Tel.: (347) 689-3340
Fax: (347) 599-2941
Toll Free: (888) 447-2889
E-Mail: e.stephenson@spotsavvy.com
Web Site: www.spotsavvy.com

Employees: 4
Year Founded: 2006

Agency Specializes In: Advertising, Affiliate Marketing, African-American Market, Alternative Advertising, Brand Development & Integration, Broadcast, Business-To-Business, Cable T.V., Commercial Photography, Consumer Goods, Consumer Marketing, Corporate Communications, Digital/Interactive, Direct Response Marketing, Exhibit/Trade Shows, Hispanic Market, Household Goods, Industrial, Integrated Marketing, Investor Relations, Local Marketing, Media Buying Services, Mobile Marketing, Over-50 Market, Pharmaceutical, Production, T.V.

Approx. Annual Billings: $1,000,000

Breakdown of Gross Billings by Media: Brdcst.: 80%; Comml. Photography: 20%

Edward Stephenson *(Pres)*

Accounts:
Occulus Innovative Sciences; Petaluma, Ca Microcyn; 2009
Virtela; Greenwood Village, Co Network Solutions;

2009

SPOTCO
114 W 41st St 18th Fl, New York, NY 10036
Tel.: (212) 262-3355
Fax: (212) 399-0563
E-Mail: spot@spotnyc.com
Web Site: www.spotnyc.com

Employees: 70
Year Founded: 1996

Agency Specializes In: Advertising, Environmental, Graphic Design, Print, Radio, T.V., Web (Banner Ads, Pop-ups, etc.)

Jim Edwards *(Co-Founder)*
Drew Hodges *(Owner)*
Stephen Santore *(Mng Dir)*
Tom Greenwald *(Chief Creative Officer)*
Scott Johnson *(VP & Acct Dir)*
Beth Watson *(VP & Acct Dir)*
Stephen Sosnowski *(VP-Bus Dev)*
Darren Cox *(Creative Dir)*
Sarah Marcus Hansen *(Acct Dir)*
Brian Dratch *(Assoc Dir-Social Media)*
Julie Wechsler *(Assoc Dir-Partnerships)*
Alexis Wilcock *(Acct Mgr)*
Benjamin J. Halstead *(Mgr-Social Community)*
Brittany Jansen *(Mgr-Acct & Media)*
Denise Preston *(Mgr-Fin)*
Christopher Helyer *(Designer-Digital Content)*
Chris Scherer *(Assoc Acct Dir-Live Entertainment)*
Louis Schermerhorn *(Assoc Acct Dir)*

Accounts:
The Accidental Wolf
Actors Equity Association
American Ballet Theatre
The Book of Mormon
Broadway Cares & Equity Fights AIDS
Carousel
Cats
Chicago
Children of a Lesser God
Cirque du Soleil-Wintuk
Cirque du Soleil Zumanity
Crazy For You
Farinelli & The King
The Ferryman
Finding Neverland
FOX-TV
Gentleman's Guide
Guthrie Theater
Hadestown
Hello Dolly
The Iceman Cometh
The Just Dance Live U.S. Tour
Kaufman Music Center
King Kong
Kinky Boots
The Last Ship
Lincoln Center Theater
Little Rock
Mean Girls
NBC-TV
New York City Opera
Park Avenue Armory
The Perelman Center
The Play That Goes Wrong
Plus The Tours of Bright Star
Pretty Woman
Roundabout Theatre Company
School of Rock
Sight & Sound Theatres
Something Rotten
Three Tall Women
To Kill A Mockingbird
The Weinstein Company Nine

SPOTLIGHT MARKETING COMMUNICATIONS

265 S Anita Dr Ste 250, Orange, CA 92868
Tel.: (949) 427-5172
E-Mail: info@spotlightmarcom.com
Web Site: spotlightmarcom.com

Employees: 50
Year Founded: 2011

Agency Specializes In: Advertising, Brand Development & Integration, Collateral, Communications, Event Planning & Marketing, Government/Political, Media Relations, Media Training, Public Relations, Social Media

Jill Swartz *(Co-Founder, CEO & Partner)*
Damon Elder *(Co-Founder & Pres)*
Rebecca Cleary *(Mng Dir)*
Lauren Burgos *(Acct Exec)*
Julie Leber *(Acct Supvr)*
Jessica Kodrich *(Art Dir)*

Accounts:
New-American Healthcare Investors
New-Bear Real Estate Advisors
New-Capital Square 1031
New-Shopoff Realty Investments
New-Strategic Storage Trust Inc.
New-WNC

SPRAGUE NELSON, LLC.
28 Sherricks Farm Rd, Weymouth, MA 02188
Tel.: (617) 782-6300
E-Mail: tim@spraguenelson.com
Web Site: www.spraguenelson.com

Employees: 5
Year Founded: 2005

Agency Specializes In: Advertising, Brand Development & Integration, Collateral, Content, Corporate Identity, Digital/Interactive, Direct Response Marketing, Email, Exhibit/Trade Shows, Internet/Web Design, Local Marketing, Logo & Package Design, Media Buying Services, Media Planning, Print, Radio, Sales Promotion, Search Engine Optimization, Social Media, Sports Market, Strategic Planning/Research, T.V., Trade & Consumer Magazines, Web (Banner Ads, Pop-ups, etc.)

Approx. Annual Billings: $1,500,000

Tim Sprague *(Art Dir, Creative Dir & Designer)*

Accounts:
Atari
Battleship Cove
Bay State College
Central Bank
Emmanuel College
Lawyers Concerned for Lawyers
Mac-Gray

SPRING ADVERTISING
301-1250 Homer St, Vancouver, BC V6B 1C6 Canada
Tel.: (604) 683-0167
Fax: (888) 607-8264
E-Mail: grow@springadvertising.com
Web Site: www.springadvertising.com

Employees: 20

Agency Specializes In: Digital/Interactive, Print, Radio, T.V.

Rob Schlyecher *(Partner, Creative Dir & Writer)*
Richard Bergin *(Partner & Client Svcs Dir)*
James Filbry *(Art Dir)*
Albane Rousselot *(Acct Mgr)*
Jeremy Grice *(Assoc Partner & Assoc Creative Dir)*

Accounts:
1010 Tires
Backbeat Studio Campaign: "Guerilla kick"
Brothers Landscaping Campaign: "Turf Business cards"
Capilano
Cat Therapy and Rescue Society
The Comic Shop Campaign: "Sounds"
Four Seasons Campaign: "This Is Your Time"
Happy Planet
John Casablancas Institute
Lakota Campaign: "Back Pain"
Make Vancouver Campaign: "Scribble Slate"
NAL Sound
RainCity Housing Campaign: "Bench"
Rock 101
Seven & I Holdings Co. 7-Eleven
Tease Hair Salon
Tourism Burnaby Social Media Campaign
Urban Barn Campaign: "Lift", No Assembly Required 1
Vinyl Records Campaign: "Nirvana, Beatles, Bob Marley, Michael Jackson"
Xdress.com

SPRING, O'BRIEN & CO. INC.
(Acquired & Absorbed by Nancy J. Friedman Public Relations, Inc.)

SPRINGBOX, LTD.
706 Congress Ave Ste A, Austin, TX 78701
Tel.: (512) 391-0065
Fax: (512) 391-0064
E-Mail: info@springbox.com
Web Site: www.springbox.com

E-Mail for Key Personnel:
President: adam@getspringbox.com
Public Relations: press@getspringbox.com

Employees: 60
Year Founded: 2004

Agency Specializes In: Advertising, Business-To-Business, Digital/Interactive, E-Commerce, Electronic Media, High Technology, Internet/Web Design, Media Buying Services

Approx. Annual Billings: $1,000,000

Breakdown of Gross Billings by Media: E-Commerce: 10%; Internet Adv.: 40%; Worldwide Web Sites: 50%

Tom West *(Owner & Chm)*
John Ellett *(CEO)*
Maria Seaver *(COO)*
Megan Coffey *(Chief Creative Officer)*
Angie Gette *(VP-Strategy & Insights)*
Dustin Hall *(VP)*
Michael Swail *(VP-Fin & Ops)*
Kimberly Castelluccio *(Media Planner)*

Accounts:
ClearCube; Austin, TX Blade PCs; 2004
Dell, Inc.
Lantana Foods Lantana Hummus, Website

SPROKKIT
818 W 7th St, Los Angeles, CA 90017
Tel.: (213) 626-2076
Fax: (231) 232-3739
E-Mail: info@sprokkit.com
Web Site: www.sprokkit.com

Employees: 11
Year Founded: 2003

Agency Specializes In: Business Publications, Business-To-Business, Communications, Digital/Interactive, E-Commerce, Exhibit/Trade Shows, Financial, Graphic Design, Integrated Marketing, International, Internet/Web Design, Multimedia, Print, Real Estate, Restaurant, Social Media, Web (Banner Ads, Pop-ups, etc.)

Breakdown of Gross Billings by Media:
Audio/Visual: 10%; Collateral: 15%; Consulting: 10%; E-Commerce: 10%; Event Mktg.: 5%; Exhibits/Trade Shows: 10%; Graphic Design: 10%; Other: 5%; Print: 15%; Worldwide Web Sites: 10%

Lexie Rhodes *(COO)*

Accounts:
Captain D's
Carl's Jr.; Carpinteria, CA
Champion Broadband
CKE Restaurants Inc.
Del Taco LLC; Lake Forest, CA
Denny's
Dunkin' Donuts
Fox Digital Media
Hardee's
Mathnasium; Los Angeles, CA Math Tutoring
Mimi's Cafe LLC; Tustin, CA
Pacific National Group Inc.; Irwindale, CA

SPRY GROUP
189 S Orange Ave Ste 1530B, Orlando, FL 32801
Tel.: (407) 982-3051
E-Mail: hello@wearespry.com
Web Site: www.wearespry.com

Employees: 50
Year Founded: 2011

Agency Specializes In: Advertising, Content, Digital/Interactive, Production, Production (Ad, Film, Broadcast), Social Media, Strategic Planning/Research, Web (Banner Ads, Pop-ups, etc.)

Chris Kruse *(Co-Founder & Dir-Technical)*
Derek Miller *(Creative Dir)*
Matt Gallant *(Dir-Technical)*

Accounts:
New-Alex Dileo
New-Anthonys Coal Fired Pizza
New-Bottled Ocean Inc
New-Coates Golf
New-Fairwinds
New-Harbor House of Central Florida
New-Montce Swim
New-Newsome Law

SPYGLASS BRAND MARKETING
1639 Hennepin Ave S, Minneapolis, MN 55403
Tel.: (612) 486-5959
E-Mail: info@spyglasscreative.com
Web Site: www.spyglasscreative.com

Employees: 42
Year Founded: 2001

Agency Specializes In: Advertising, Brand Development & Integration, Experiential Marketing, Graphic Design, Logo & Package Design

Molly Rice *(Founder, Pres, CEO & Partner-Brand Strategy, Mktg & Corp Identity)*
Andy Slothower *(Founder & Partner-Brand Strategy, Mktg & Corp Identity)*
Ben Lang *(Creative Dir-Digital)*
Tim Palm *(Creative Dir)*

Accounts:
eLumen
Minnetronix Brand Positioning, Go-to-Market; 2017

SQ1

209 SW Oak St Ste 201, Portland, OR 97204
Tel.: (503) 227-7200
E-Mail: pdxinfo@sq1.com
Web Site: www.sq1.com

Employees: 120

Agency Specializes In: Advertising, Brand Development & Integration, Content, Digital/Interactive, Email, Internet/Web Design, Search Engine Optimization, Social Media, Strategic Planning/Research

John Holmes *(Partner)*
Steve Griffiths *(VP-Mktg & Product Strategy)*
Tim Lombardi *(VP-Media Strategy)*
Keith Caswell *(Asst VP)*
Noah Carbone *(Art Dir)*
Paul Natta *(Media Dir)*
Loren Shaw *(Mktg Dir)*
Andi Karnes *(Dir-Print Production)*
Deb Houston *(Mgr-Acctg)*
Scott Slicho *(Sr Acct Exec)*
Hannah Peterson *(Media Planner)*
Jackie Hensel *(Sr Media Buyer)*

Accounts:
KinderCare Learning Centers (Media Agency of Record)

SQUARE ONE MARKETING
1993 Albany Ave, West Hartford, CT 06117
Tel.: (860) 232-7300
Fax: (860) 232-7303
E-Mail: driley@squareone-marketing.com
Web Site: www.squareone-marketing.com

E-Mail for Key Personnel:
President: driley@squareone-marketing.com

Employees: 2
Year Founded: 2003

Agency Specializes In: Advertising, Arts, Brand Development & Integration, Broadcast, Business Publications, Business-To-Business, Cable T.V., Catalogs, Co-op Advertising, Collateral, College, Commercial Photography, Communications, Computers & Software, Consulting, Consumer Goods, Consumer Marketing, Consumer Publications, Content, Corporate Communications, Corporate Identity, Digital/Interactive, Direct Response Marketing, Direct-to-Consumer, E-Commerce, Education, Electronic Media, Email, Event Planning & Marketing, Exhibit/Trade Shows, Fashion/Apparel, Financial, Graphic Design, Health Care Services, High Technology, Hospitality, Household Goods, Identity Marketing, In-Store Advertising, Industrial, Information Technology, Integrated Marketing, Internet/Web Design, Investor Relations, LGBTQ Market, Leisure, Local Marketing, Logo & Package Design, Magazines, Media Buying Services, Media Planning, Medical Products, Merchandising, Mobile Marketing, Multimedia, New Product Development, Newspaper, Newspapers & Magazines, Out-of-Home Media, Outdoor, Over-50 Market, Package Design, Pharmaceutical, Planning & Consultation, Point of Purchase, Point of Sale, Print, Production, Production (Ad, Film, Broadcast), Production (Print), Promotions, Public Relations, Publicity/Promotions, Radio, Real Estate, Recruitment, Restaurant, Retail, Sales Promotion, Search Engine Optimization, Social Media, Sports Market, Strategic Planning/Research, T.V., Technical Advertising, Trade & Consumer Magazines, Transportation, Travel & Tourism, Web (Banner Ads, Pop-ups, etc.), Yellow Pages Advertising

Approx. Annual Billings: $2,000,000

David Riley *(Pres & Creative Dir)*

ADVERTISING AGENCIES

Accounts:
City of Meriden, CT
Colony Tools & Safety Products for Contractors

SQUARE TOMATO
900 1st Ave South Ste 411, Seattle, WA 98134
Tel.: (206) 264-0644
E-Mail: info@sqtomato.com
Web Site: www.sqtomato.com
E-Mail for Key Personnel:
Creative Dir.: frank@sqtomato.com

Employees: 12

Agency Specializes In: Advertising, Advertising Specialties, Agriculture, Asian Market, Bilingual Market, Brand Development & Integration, Broadcast, Business Publications, Business-To-Business, Cable T.V., Co-op Advertising, College, Computers & Software, Consumer Marketing, Corporate Communications, Corporate Identity, Cosmetics, Digital/Interactive, Electronics, Email, Engineering, Entertainment, Exhibit/Trade Shows, Fashion/Apparel, Financial, Food Service, Game Integration, Graphic Design, Guerilla Marketing, Health Care Services, High Technology, Hospitality, Identity Marketing, In-Store Advertising, Industrial, Integrated Marketing, International, Internet/Web Design, Leisure, Local Marketing, Luxury Products, Magazines, Market Research, Media Buying Services, Medical Products, Men's Market, Newspapers & Magazines, Out-of-Home Media, Outdoor, Print, Production, Production (Print), Promotions, Publishing, Radio, Recruitment, Restaurant, Retail, Social Marketing/Nonprofit, Sports Market, Strategic Planning/Research, T.V., Technical Advertising, Trade & Consumer Magazines, Transportation, Travel & Tourism, Viral/Buzz/Word of Mouth

Approx. Annual Billings: $1,600,000

Breakdown of Gross Billings by Media: Fees: $400,000; Graphic Design: $200,000; Print: $500,000; Worldwide Web Sites: $500,000

Frank Clark *(Dir-Creative)*

Accounts:
AllSports
The Bravern
Corbis Corbis, Veer, Greenlight, Corbis Entertainment
Healthy Paws Pet Insurance
Kari Gran
Mrs. Cook's Gene Juarez

SQUAT NEW YORK
85 Broad St Fl 7, New York, NY 10004
Tel.: (917) 551-6777
E-Mail: info@squatdesign.com
Web Site: www.squatny.com

Employees: 9

Agency Specializes In: Advertising, Brand Development & Integration, Graphic Design, Internet/Web Design, Logo & Package Design, Print, Social Media

Shiri Kornowski *(Creative Dir)*
Cheungyoon Kim *(Sr Designer)*

Accounts:
Pereg Gourmet Quinoa

SQUEAKY WHEEL MEDIA
640 W 28th St, New York, NY 10001
Tel.: (212) 994-5270
Fax: (212) 994-5271
E-Mail: info@squeaky.com
Web Site: www.squeaky.com

Employees: 20
Year Founded: 2001

National Agency Associations: AAF-AD CLUB-AMA-AWNY

Agency Specializes In: Advertising, Brand Development & Integration, Business-To-Business, Catalogs, Collateral, Communications, Consulting, Content, Corporate Communications, Corporate Identity, Digital/Interactive, Direct-to-Consumer, E-Commerce, Email, Fashion/Apparel, Financial, Graphic Design, Guerilla Marketing, Identity Marketing, International, Internet/Web Design, Logo & Package Design, Luxury Products, Mobile Marketing, Multicultural, Multimedia, Paid Searches, Podcasting, Print, Promotions, Publicity/Promotions, Recruitment, Sales Promotion, Search Engine Optimization, Social Marketing/Nonprofit, Sponsorship, Urban Market, Viral/Buzz/Word of Mouth, Web (Banner Ads, Pop-ups, etc.), Women's Market

Approx. Annual Billings: $3,000,000

Breakdown of Gross Billings by Media: E-Commerce: $400,000; Graphic Design: $600,000; Worldwide Web Sites: $2,000,000

Anthony Del Monte *(Founder)*
Mailet Lopez *(Co-Founder)*
Olivia Olszewski *(Art Dir & Sr Designer)*
Drake Yang *(Creative Dir)*
Mahmud Ferdous *(Dir-Tech)*
Dana Festejo *(Sr Designer)*

Accounts:
Chelsea Premium Outlets; Roseland, NJ
DKNY/Estee Lauder; New York, NY Delicious Night, Uncoverthecity.com; 2007
Elizabeth Arden; New York, NY www.elizabetharden.com; 2007
I Had Cancer Campaign: "A Support Community"
Lexus; New York, NY Campaign: "Lexus CT 200h", Microsite; 2007
New York Live Arts

SQUEAKYWHEEL PROMOTIONS
75 S Broadway Ste 400, White Plains, NY 10601
Tel.: (914) 304-4277
E-Mail: info@squeakywheelpromotions.com
Web Site: www.squeakywheelpromotions.com

Employees: 10

Agency Specializes In: Promotions, Public Relations

Jackie Saril *(Principal)*

Accounts:
Black Bird
Celebrifantasy
Gold Flakes Supreme
Monticello Motor Club
Morpheus Media
Ronco
Singha Beer
The Snocone Stand Inc
Social Diva
Swing Juice
UpTown Magazine

SQUID INK CREATIVE
200 W Douglas Ave Ste 230, Wichita, KS 67202
Tel.: (316) 260-3805
Web Site: www.squidinkcreative.com

Employees: 5

Year Founded: 2009

Agency Specializes In: Advertising, Graphic Design, Internet/Web Design, Logo & Package Design

Mark Karlin *(Partner & CFO)*
Michael Costello *(Dir-Digital Svcs)*
Brad Painchaud *(Dir-Bus Dev)*
Shelly Whitfield *(Dir)*
Mark Maack *(Mgr-Web Svcs)*

Accounts:
Wichita Force Football
Wichita Thunder

SQUIRES & COMPANY
3624 Oak Lawn Ave Ste 200, Dallas, TX 75219
Tel.: (214) 939-9194
E-Mail: info@squirescompany.com
Web Site: https://www.squirescompany.com/

Employees: 13

Agency Specializes In: Advertising, Brand Development & Integration, Corporate Identity, Digital/Interactive, Internet/Web Design, Print, Promotions

Jimmy Squires *(Pres)*
Michael Beukema *(Creative Dir)*
Jamie Lucas *(Acct Dir)*
John Richardson *(Dir-Tech)*
Mike Williams *(Production Mgr)*

Accounts:
Concho Resources Interactive, Print
Dallas Stars Interactive, Print
Domtar Paper Interactive, Print
Jones Energy, Ltd
Klyde Warren Park Interactive, Print
Permian Basin Petroleum Association

S.R. VIDEO PICTURES, LTD.
23 S Route 9W, Haverstraw, NY 10927
Tel.: (845) 429-1116
Fax: (845) 429-1117
E-Mail: mks1000@aol.com
Web Site: www.sr-video.com

Employees: 12
Year Founded: 1989

Agency Specializes In: Advertising, Advertising Specialties, Automotive, Bilingual Market, Broadcast, Business-To-Business, Cable T.V., Children's Market, Co-op Advertising, Commercial Photography, Consulting, Consumer Marketing, Corporate Identity, Digital/Interactive, Entertainment, Event Planning & Marketing, Food Service, Health Care Services, High Technology, In-Store Advertising, Industrial, Infomercials, Local Marketing, Logo & Package Design, Media Buying Services, Medical Products, Multimedia, New Product Development, Out-of-Home Media, Outdoor, Point of Purchase, Point of Sale, Production, Real Estate, Recruitment, Restaurant, Retail, Sales Promotion, Sports Market, T.V., Telemarketing

Approx. Annual Billings: $5,500,000

Breakdown of Gross Billings by Media: Adv. Specialities: $250,000; Brdcst.: $2,750,000; Cable T.V.: $1,750,000; T.V.: $750,000

Mitch Saul *(Owner)*

Accounts:
Atlantic Cooling Systems
Dagastino Irrigation
Davis Sport Shop

Debany Financial Group
Fellows, Hymowitz Law Firm
The Media Group; Long Island City, NY Color Match, Dura Lube
Nanuet Diamond Exchange Diamonds & Gold; 1996
Ocean Properties, Ltd.; Delray Beach, FL Hotel; 1992

SRB COMMUNICATIONS
1020 16Th St Nw Ste 400, Washington, DC 20036
Tel.: (202) 775-7721
Fax: (202) 777-7421
Web Site: www.srbcommunications.com

Employees: 10

Agency Specializes In: Advertising, Brand Development & Integration, Event Planning & Marketing, Multimedia, Production (Print), Publicity/Promotions, Social Media, Strategic Planning/Research

Sheila Brooks *(Founder, Pres & CEO)*

Accounts:
Washington Suburban Sanitary Commission

SRCPMEDIA
201 N Union St Ste 200, Alexandria, VA 22314
Tel.: (703) 683-8326
Fax: (703) 683-8826
E-Mail: srcpmedia@srcpmedia.com
Web Site: www.srcpmedia.com

Agency Specializes In: Consulting, Digital/Interactive, Media Planning, Media Training

Greg Stevens *(Founder)*
Ben Burger *(Partner)*
Paul Curcio *(Partner)*
Erik Potholm *(Partner)*
Charlie Liebschutz *(VP)*
Jay Payne *(VP-Creative Svcs)*
Betsy Von Der Heid *(Media Dir)*
Julie Bayley *(Media Buyer)*
Cheryl Mulhall *(Media Buyer)*
Kathryn Noyes *(Media Buyer)*
Emily Roberson *(Asst-Media)*

Accounts:
Wal-Mart

SRH MARKETING
1818 N Hubbard St Fl 2, Milwaukee, WI 53212
E-Mail: info@srhmarketing.com
Web Site: srhmarketing.com

Employees: 50
Year Founded: 2014

Agency Specializes In: Advertising, Brand Development & Integration, Content, Digital/Interactive, Event Planning & Marketing, Planning & Consultation, Production, Public Relations, Social Media, Strategic Planning/Research

Kurt Raether *(Founder & Partner)*
Sam Hogerton *(Founder & VP-Creative)*
Matt Sabljak *(Pres)*
Jonathan Gundlach *(Head-Project Mgmt & Ops)*
Chris Beanan *(Art Dir)*
Betsy Rowbottom *(Dir-Bus Dev)*
Natasa Milisav *(Acct Exec)*
Zach Tranchita *(Coord-Digital)*

Accounts:
New-The Ability Center Ramp Up MKE
New-Direct Supply Inc
New-Integrative Wisdom

New-Omnigo Software
New-Palermo Villa, Inc.
New-Urban Pie Pizza Co

SRI ADVERTISING
16200 Ventura Blvd, Encino, CA 91436
Tel.: (323) 851-2008
Fax: (818) 793-0351
E-Mail: susan@sriadvertising.com
Web Site: www.sriadvertising.com

Employees: 3
Year Founded: 1994

Agency Specializes In: Industrial, Newspaper, Newspapers & Magazines

Approx. Annual Billings: $750,000

Breakdown of Gross Billings by Media: Bus. Publs.: 25%; D.M.: 25%; Newsp.: 50%

Susan Isaacs *(Pres)*
Gary Terarutyunyan *(Dir-Art)*
Lisa Isaacs *(Acct Mgr)*

SRJ MARKETING COMMUNICATIONS, LLC
3131 McKinney Ave Ste 600, Dallas, TX 75204
Tel.: (214) 528-5775
Fax: (214) 599-0775
Web Site: www.srj.net

Employees: 10

Agency Specializes In: Advertising, Brand Development & Integration, Digital/Interactive, Graphic Design, Internet/Web Design, Logo & Package Design, Public Relations

Steven R. Jolly *(Founder & CEO)*

Accounts:
Aircraft Engine & Accessory Company, Inc.
Southwest Medical Associates, Inc.

SRPR, INC.
2858 Griffith Park Blvd, Los Angeles, CA 90039
Tel.: (323) 638-9725
Fax: (760) 567-4321
E-Mail: inquiries@shevrushpr.com
Web Site: www.shevrushpr.com

Employees: 7
Year Founded: 2005

Agency Specializes In: Advertising, Communications, Consumer Goods, Direct Response Marketing, Financial, Health Care Services, Internet/Web Design, Legal Services, Local Marketing, Media Relations, New Technologies, Pharmaceutical, Product Placement, Public Relations, Retail, Trade & Consumer Magazines

Shev Rush *(Founder & CEO)*
Brenda Patterson *(Mng Dir)*

Accounts:
Bellatore, LLC.
Brulant
Estancia
Hoge, Fenton Jones & Appel, Inc.
Nixon Peabody, LLP
PW Johnson Wealth Management

SRW
220 N Green St, Chicago, IL 60607
Tel.: (312) 399-4555
Web Site: www.SRW.agency

Employees: 20
Year Founded: 2015

Agency Specializes In: Branded Entertainment, Broadcast, Digital/Interactive, Electronic Media, Email, Exhibit/Trade Shows, Experience Design, Paid Searches, Production, Production (Print), Search Engine Optimization, Social Media, Sponsorship, Web (Banner Ads, Pop-ups, etc.)

Approx. Annual Billings: $10,000,000

Kate Weidner *(Founder & Owner)*
Charlie Stone *(Founder & CEO)*
Brian Rolling *(Founder & Chief Creative Officer)*
Lauren Hayes *(Art Dir)*
Christopher Brady *(Specialist-Paid Media)*
Nicole Teeters *(Strategist)*

Accounts:
Fonterra Anchor, Packaging & Logo Redesign
Kitchfix
Kite Hill
Natural Prairie Dairy Content, Social Media, Strategy
Phyter bar
Portland Pet Food (Digital Agency of Record) Digital Media, Ecommerce Sales, Online Awareness; 2018
Simple Mills

SS+K AGENCY
88 Pine St 30th Fl, New York, NY 10005
Tel.: (212) 274-9500
E-Mail: contact@ssk.com
Web Site: https://www.ssk.com/

Employees: 101

National Agency Associations: 4A's

Agency Specializes In: Brand Development & Integration, Market Research, Social Media, Sponsorship

Rob Shepardson *(Co-Founder, Co-CEO & Partner)*
Lenny Stern *(Co-Founder, Co-CEO & Partner)*
Kate Rothen *(Partner & COO)*
Mark Kaminsky *(Partner)*
Andrew Acampora *(CFO & COO)*
Feh Tarty *(Chief Creative Officer)*
Elisa Silva *(Sr VP & Client Svcs Dir)*
John Swartz *(Sr VP & Dir-Production & Innovation)*
Kevin Skobac *(Sr VP-Digital Strategy & Innovation)*
Katie Dahill *(VP & Acct Dir)*
Wei Wong *(VP & Dir-Strategy)*
Armando Flores *(Creative Dir)*
Sarah Giarraffa *(Mgr-Bus Affairs)*
Claudia Cukrov *(Sr Strategist-Digital)*
Nicholas Petrillo *(Acct Exec)*
Francesca Chabrier *(Copywriter)*

Accounts:
AFL-CIO Work Connects Us All
American Student Assistance Advertising, Campaign: "20SomethingProblems", Digital Strategy, PR, Production, Social Media
Comcast Corporation Internet Essentials, Marketing
Creative Artists Agency, Inc.
Delta Airlines, Inc
Dexter
E*Trade Social Media
Fairlife Digital, Social Media
FreshDirect (Advertising Agency of Record) Creative, Digital, Experiential, Outdoor, Social
Fusion Media Group OOH
FWD.US Campaign: "The New Colossus"
HBO "Awkward Family Viewing", Campaign: "Appreciation", Campaign: "Faithful Dad", Campaign: "Unconditional Love", Campaign:

ADVERTISING AGENCIES
AGENCIES - JANUARY, 2019

"What's He In", Campaign: "Your Body, Your Choice", HBO Go
Honest Tea The Honest Store
Jackson Hewitt (Creative Agency of Record) Brand Positioning, Branding, Campaign: "Cashier", Campaign: "Waitress", Campaign: "Working Hard for the Hardest Working", Customer Engagement, Direct Mail, Public Relations, Radio, Tax Preparation Service, Television Advertisements
Jet.com, Inc. #JetSpree, Social
JW Marriott (Lead Creative Agency)
Kraft Campaign: "Mio Speakers"
Massachusetts Teachers Assn
Match.com
Mr. Pizza Campaign: "True Origins of Pizza"
National Collegiate Athletic Association
The New Yorker Campaign: "Train", Marketing
Pfizer
Samsung Group
Share Our Strength, Inc.
Smile Train Campaign: "Dreaming of Midnight", Campaign: "Power of a Smile", Campaign: "Serious Baby"
Starbucks Corporation
U.S. Chamber of Commerce
Wells Fargo

SSCG MEDIA GROUP
220 E 42nd St, New York, NY 10017
Tel.: (212) 907-4314
Web Site: www.sscgmedia.com

Employees: 80

National Agency Associations: 4A's

Agency Specializes In: Customer Relationship Management, Digital/Interactive, Media Buying Services, Multimedia, Strategic Planning/Research

Debbie Renner *(Pres)*
Juliet Lee *(Sr VP & Dir-Multichannel Media)*
Kerrie Sovelove *(Sr VP & Dir-Multichannel Media & Ops)*
Gwen Canter *(VP & Dir-Multichannel Media)*
Sara Loughran *(VP & Dir-Multichannel Media)*
Trish Natale *(VP & Dir-Multichannel Media)*
Ashley Disanto *(VP & Grp Supvr-Multichannel Media)*
Ivette McFarland *(VP & Grp Supvr-Multichannel Media)*
Jennifer Tesoroni *(VP & Grp Supvr-Multichannel Media)*
Julianne Valle *(VP & Grp Supvr-Multichannel Media)*
Amy Chan *(Dir-Digital Media Analytics)*
Johanna Jarvis *(Assoc Partner & Dir-Multichannel Media)*
Angela Wang *(Mgr-Digital Media Analytics)*
Elizabeth Milic *(Supvr-Multichannel Media Plng)*
Alyssa Untracht *(Supvr-Multichannel Media)*
Ashley Brunner *(Sr Planner-Multichannel Media)*
Heather Klose *(Sr Planner-Multichannel Media)*
Dayna Roomey *(Asst Planner-Multichannel Media)*
Alexis Belote *(Sr Media Planner)*
Mallory Bugowski *(Sr Media Planner)*
Sara Castronova *(Grp Supvr)*
Lindsay Schubert *(Grp Supvr-Multichannel Media)*

Accounts:
Acorda
Alcon
Amgen Inc. Media
Bayer
Celgene
EMD Serono
Genentech
Gilead
Greenstone LLC
Incyte
Mallinckrodt
MedImmune
Noven
Novo Nordisk
Otsuka
Pfizer
Quest Diagnostics
Roche
Salix
Shire
Takeda
Teva
Watson Pharmaceuticals

THE ST. GREGORY GROUP, INC.
9435 Waterstone Blvd, Cincinnati, OH 45249
Tel.: (513) 769-8440
Fax: (513) 769-1640
E-Mail: pmartin@stgregory.com
Web Site: www.stgregory.com

E-Mail for Key Personnel:
President: pmartin@stgregory.com
Creative Dir.: rfaust@stgregory.com
Media Dir.: mbauer@stgregory.com
Production Mgr.: bill@stgregory.com

Employees: 19
Year Founded: 1982

Agency Specializes In: Advertising, Automotive, Bilingual Market, Broadcast, Business-To-Business, Cable T.V., Co-op Advertising, Collateral, Communications, Consumer Goods, Consumer Marketing, Consumer Publications, Corporate Identity, Direct Response Marketing, Direct-to-Consumer, Electronic Media, Exhibit/Trade Shows, Fashion/Apparel, Financial, Government/Political, Graphic Design, Health Care Services, High Technology, Hispanic Market, In-Store Advertising, Industrial, Internet/Web Design, Leisure, Local Marketing, Logo & Package Design, Magazines, Media Buying Services, Media Planning, Medical Products, Multimedia, Newspaper, Newspapers & Magazines, Out-of-Home Media, Outdoor, Package Design, Point of Purchase, Point of Sale, Print, Production, Production (Ad, Film, Broadcast), Production (Print), Publicity/Promotions, Radio, Real Estate, Regional, Retail, Sales Promotion, Social Marketing/Nonprofit, Sports Market, Strategic Planning/Research, T.V., Trade & Consumer Magazines, Transportation

Patrick Martin *(Pres)*
Martin Bauer *(VP)*
Russell Faust *(VP-Creative Svcs)*
Lori Martin *(Creative Dir)*
Janet Slaughter *(Media Dir)*

Accounts:
Audi Cincinnati East
Borcherding Buick GMC
Busam Subaru
Busan Nissan
Central Indiana Honda Dealers
Cincinnati-Northern Kentucky Honda Dealers
DiaPharma
Fenton
Great Traditions Land Development Corp.
Greater Michiana Honda Dealers
Hart Productions; Cincinnati, OH Consumer Show Producer
Indianapolis Acura Dealers
Jack's Glass
K-Cor
Kentuckiana Honda Dealers
Maserati of Cincinnati
Merchant's Bank
Northwest Ohio Honda Dealers
Porsche of the Village
Stafford Jewelers
TD Retail Card Services
Tri-State Sight
Volvo of the Village/Volvo of Cincinnati

ST. JACQUES MARKETING
PO Box 366, Morristown, NJ 07963
Tel.: (973) 829-0858
Fax: (973) 624-3836
Toll Free: (800) 708-9467
E-Mail: philip@stjacques.com
Web Site: www.stjacques.com

Employees: 25
Year Founded: 1991

Agency Specializes In: Advertising, Business-To-Business, Co-op Advertising, Collateral, Communications, Consumer Marketing, Corporate Communications, Corporate Identity, Digital/Interactive, Direct Response Marketing, In-Store Advertising, Integrated Marketing, Internet/Web Design, Local Marketing, Logo & Package Design, Market Research, Media Buying Services, Media Planning, Mobile Marketing, Multimedia, Newspapers & Magazines, Package Design, Paid Searches, Print, Promotions, Real Estate, Search Engine Optimization, Social Marketing/Nonprofit, Social Media, Trade & Consumer Magazines, Web (Banner Ads, Pop-ups, etc.)

Michael St. Jacques *(CEO)*

Accounts:
7-Eleven Convenience Stores; 2009
Boys & Girls Club Charitable Services
Century 21 Residential Real Estate
Coldwell Banker Commercial Commercial Real Estate
Jack in the Box Hamburger Restaurants; 2008
Kiddie Academy Educational Child Care
Supercuts Salon; 2008
T-Mobile US; 2007
Yum Brands! Restaurant Group

ST. JOHN & PARTNERS
1301 Riverplace Blvd Ste 200, Jacksonville, FL 32207
Tel.: (904) 281-2500
Fax: (904) 281-0030
E-Mail: sjp@sjp.com
Web Site: www.sjp.com

Employees: 85
Year Founded: 1984

National Agency Associations: 4A's

Agency Specializes In: Advertising, Arts, Automotive, Brand Development & Integration, Branded Entertainment, Broadcast, Business-To-Business, Cable T.V., Co-op Advertising, Collateral, Consulting, Consumer Goods, Consumer Publications, Corporate Communications, Corporate Identity, Crisis Communications, Digital/Interactive, Direct Response Marketing, Direct-to-Consumer, Electronic Media, Email, Environmental, Event Planning & Marketing, Food Service, Government/Political, Graphic Design, Guerilla Marketing, Health Care Services, High Technology, Identity Marketing, In-Store Advertising, Information Technology, Integrated Marketing, Internet/Web Design, Legal Services, Leisure, Local Marketing, Logo & Package Design, Magazines, Market Research, Media Buying Services, Media Planning, Media Relations, Media Training, Mobile Marketing, New Product Development, New Technologies, Newspaper, Newspapers & Magazines, Out-of-Home Media, Outdoor, Package Design, Paid Searches, Planning & Consultation, Point of Purchase, Point of Sale, Print, Product Placement, Production, Promotions, Public Relations, Publicity/Promotions, Radio, Real Estate, Recruitment, Regional, Restaurant, Retail, Sales Promotion, Search Engine Optimization, Social

AGENCIES - JANUARY, 2019 — ADVERTISING AGENCIES

Marketing/Nonprofit, Social Media, Sponsorship, Sports Market, Stakeholders, Strategic Planning/Research, Sweepstakes, T.V., Trade & Consumer Magazines, Travel & Tourism, Viral/Buzz/Word of Mouth, Women's Market

Approx. Annual Billings: $120,000,000 Fees Capitalized

Breakdown of Gross Billings by Media: Internet Adv.: 6%; Mags.: 1%; Newsp.: 6%; Outdoor: 2%; Radio: 10%; T.V.: 75%

Jeff McCurry *(Pres & COO)*
Laurie Sullivan *(VP & Fin Dir)*
Lisa Gearhart *(VP & Dir-Customer & Content Strategy)*
Justin Mace *(Head-Creative)*
Jorge Rodriguez *(Assoc VP-Student Fin Svcs-St. John's University)*
Caroline Eddings *(Acct Dir-Florida Lottery, Florida Prepaid & TABS)*
Courtney Reames *(Acct Dir)*
Jennifer Hettler *(Dir-Integrated Media Strategy)*
Laura Hite *(Dir-Tactile Production)*
Gary Lockwood *(Dir-IT)*
Jamey Ivey *(Sr Acct Mgr)*
Catherine Nilon *(Sr Acct Mgr)*
Jennifer Edenfield *(Project Mgr-Digital Field)*
Lauren Collie *(Supvr-Media)*
Casey Cowart *(Sr Strategist-Media)*
Sarah Farland *(Strategist-Media)*
Megan Salah *(Strategist-Consumer & Content)*
Kaitlyn Sullivan *(Strategist-Social Media)*
Kristen Bankert *(Copywriter)*
Josh Poag *(Copywriter)*
Mark Judson *(Acct Coord-PR)*
David Paprocki *(Sr Art Dir)*
Kevin Rhodes *(Assoc Creative Dir)*

Accounts:
American Health Care Association Care Conversations Mobile Site
Daytona International Speedway
Florida Prepaid College Board (Agency of Record) Creative Advertising, Digital, Social Media
Ford
Jacksonville Chamber of Commerce (Cornerstone); Jacksonville, FL Economic Development; 2001
Marriott
National BasketBall Association
PARC Management, LLC; Jacksonville, FL Amusement Parks; 2007
Richmond International Raceway (Creative & Media Buying Agency of Record)
Terrell Hogan; Jacksonville, FL Law Firm; 2001
Under Armour
US Forest Service & National Association of State Foresters Smokey Bear, Website
Wounded Warrior Project Helicopters Poster, Rocket Launcher Poster
Zaxby's Franchising, Inc Campaign: "Zaxby's TV - Hotness", Restaurant Chain; 2002

ST8MNT INC.
822 3Rd Ave S, Nashville, TN 37210
Tel.: (615) 818-0329
Fax: (615) 818-0347
E-Mail: info@st8mnt.com
Web Site: www.st8mnt.com

Employees: 50

Agency Specializes In: Advertising, Brand Development & Integration, Broadcast, Collateral, Digital/Interactive, Environmental, Internet/Web Design, Package Design, Print

Bethany Newman *(Founder & Principal)*
Josh Newman *(Principal & Creative Dir)*
Alex Pavkov *(Dir-Ops)*

Accounts:
Randa Solutions

THE STABLE
923 Nicollet Mall Ste 300, Minneapolis, MN 55402
Tel.: (612) 400-1597
Web Site: thestable.com

Employees: 50
Year Founded: 2015

Agency Specializes In: Advertising, Brand Development & Integration, Business-To-Business, E-Commerce, Event Planning & Marketing, Integrated Marketing, Internet/Web Design, Promotions, Retail, Sales Promotion

Chad Hetherington *(CEO)*
Mark Tonsoni *(Co-Founder & Sr VP-Retail)*
Kate Hetherington *(Co-Founder)*
Nik Larsen *(Pres)*
Lindsey Powell *(VP-Ops)*
Jessica Robinson *(VP-Fin)*
Catherine Engel *(Head-Social)*
Mike Sullivan *(Head-Bus Dev)*
Mark B. *(Controller)*
Valerie Carpender *(Art Dir)*
Rebecca Sloat *(Creative Dir)*
Patricio Harrington *(Dir-Client Mktg)*
Jeff Pouliot *(Dir-Bus Dev)*
Nita Tandon *(Strategist-Mktg)*
Kathryn Waymire *(Coord-Mktg)*

Accounts:
New-Bot Home Automation Inc.
New-Califia Farms LLC
New-Gorilla Glue Co.
New-La Colombe Torrefaction Inc.
New-Rendersi LLC
New-Specdrums

STACKPOLE & PARTNERS ADVERTISING
222 Merrimac St, Newburyport, MA 01950
Tel.: (978) 463-6600
Fax: (978) 463-6610
E-Mail: contact@stackpolepartners.com
Web Site: www.stackpolepartners.com

E-Mail for Key Personnel:
Creative Dir.: creative@stackpolepartners.com
Media Dir.: media@stackpolepartners.com

Employees: 15
Year Founded: 1984

Agency Specializes In: Above-the-Line, Advertising, Alternative Advertising, Automotive, Below-the-Line, Brand Development & Integration, Broadcast, Business Publications, Business-To-Business, Cable T.V., Co-op Advertising, Commercial Photography, Communications, Consulting, Consumer Publications, Corporate Communications, Corporate Identity, Custom Publishing, Customer Relationship Management, Digital/Interactive, Direct Response Marketing, Direct-to-Consumer, Education, Electronic Media, Email, Engineering, Environmental, Event Planning & Marketing, Exhibit/Trade Shows, Financial, Graphic Design, Guerilla Marketing, High Technology, Industrial, Internet/Web Design, Legal Services, Local Marketing, Logo & Package Design, Magazines, Market Research, Media Buying Services, Media Planning, Medical Products, Multimedia, New Technologies, Newspaper, Newspapers & Magazines, Out-of-Home Media, Outdoor, Package Design, Planning & Consultation, Podcasting, Point of Purchase, Point of Sale, Print, Production, Production (Ad, Film, Broadcast), Production (Print), Promotions, Public Relations, Publicity/Promotions, Publishing, RSS (Really Simple Syndication), Radio, Retail, Sales Promotion, Search Engine Optimization, T.V., Transportation, Viral/Buzz/Word of Mouth, Web (Banner Ads, Pop-ups, etc.)

Approx. Annual Billings: $8,400,000

Peter Stackpole *(Pres)*
Erin Bilenchi *(Media Dir)*
Nicole Bless *(Art Dir)*
Ashley Costello *(Acct Dir)*
Trev Stair *(Creative Dir)*

Accounts:
Agenta Consulting
Andover Bank
Beacon Recovery Group; Boston, MA; 2000
Bridgewater Savings Bank; Bridgewater, MA; 2005
Coady Law; Boston, MA; 1999
DOAR Litigation Consulting; Lynnbrook, NY; 2004
Fiduciary Trust
First & Ocean Bank
First Trade Union Bank
Georgetown Savings Bank; Georgetown, MA; 2005
Holland & Knight
HUB Technologies
LexisNexis; Dayton, OH; 1996
Llesiant; Austin, TX; 2005
Lowell General Hospital
Matthew Bender; New York, NY; 1995
Merchants Leasing; Hooksett, NH; 2003
North American Systems
Nutter McClennen & Fish; Boston, MA; 2004
Riker, Danzig, Hyland, Perretti; Morristown, NJ; 2002
Rudman Winchell; Bangor, ME Corporate Identity System, Marketing Communications Strategy, New Brand Architecture, New Logo Design, Web Site
Shephard's; Colorado Springs, CO; 1995
Skinder-Strauss Associates
St. Marys Credit Union
Thomson Interactive Media
UFP Technologies; Georgetown, MA; 1999
Watertown Savings Bank; Watertown, MA; 2002
Wolters Kluwer; Chicago, IL; 2006

STAFFORD CREATIVE INC.
110 James Building, Edmonds, WA 98020
Tel.: (425) 412-1550
E-Mail: inquire@staffordcreative.com
Web Site: staffordcreative.com/index.html

Employees: 2

Agency Specializes In: Advertising, Brand Development & Integration, Direct Response Marketing, Media Buying Services, Media Planning, Mobile Marketing, Out-of-Home Media, Package Design, Promotions, Radio, Search Engine Optimization, Strategic Planning/Research, T.V., Web (Banner Ads, Pop-ups, etc.)

Tina Stafford *(Principal-Client Svcs)*

Accounts:
Leisure Care Creative

STAKE
22 W 23rd St, New York, NY 10010
Tel.: (914) 764-1020
Web Site: www.stake.us

Employees: 12
Year Founded: 2015

Agency Specializes In: Business-To-Business, Consumer Marketing, High Technology, LGBTQ Market, Luxury Products, Men's Market, Urban Market

Approx. Annual Billings: $1,000,000

Accounts:

ADVERTISING AGENCIES

BMW; 2016

STALKER ADVERTISING & PUBLIC RELATIONS LLC
24853 S 194th St, Queen Creek, AZ 85142
Tel.: (419) 340-2977
E-Mail: info@stalkeradvertising.com
Web Site: www.stalkeradvertising.com

Employees: 1

Agency Specializes In: Advertising, Brand Development & Integration, Corporate Identity, Digital/Interactive, Internet/Web Design, Out-of-Home Media, Outdoor, Print, Public Relations, Search Engine Optimization, T.V.

Sharon Kalinowski *(Dir-Comm)*

Accounts:
Golden Retriever Rescue Resource

STAMATS
615 5th St SE, Cedar Rapids, IA 52406-1888
Tel.: (319) 364-6167
Fax: (319) 365-5421
Toll Free: (800) 553-8878
E-Mail: info@stamats.com
Web Site: www.stamatscommunications.com

Employees: 51
Year Founded: 1923

National Agency Associations: AMA-DMA

Agency Specializes In: Brand Development & Integration, Communications, Consulting, Direct Response Marketing, Faith Based, Internet/Web Design, Planning & Consultation, Production, Strategic Planning/Research

Peter Stamats *(Pres, CEO & Dir)*
Tony Dellamaria *(Chief S/s Officer & Exec VP)*
Marilyn Osweiler *(Sr VP)*
Robert Sevier *(Sr VP-Strategy)*
William Stamats *(Sr VP)*
Kim Leonard *(VP-Info Svcs)*
Tom Rodenberg *(VP-Mktg Res)*

Accounts:
California State Polytechnic University
Florida International University
Physicians' Clinics of Iowa, P.C.
Saint Anthony Hospital; Chicago, IL
Seimens

STAMEN DESIGN
2017 Mission St Ste 300, San Francisco, CA 94110
Tel.: (415) 558-1610
Fax: (415) 651-9485
E-Mail: info@stamen.com
Web Site: www.stamen.com

Employees: 12
Year Founded: 2001

Agency Specializes In: Digital/Interactive, Internet/Web Design

Eric Rodenbeck *(Founder, CEO & Creative Dir)*

Accounts:
Adobe Kuler Application Software Development Services
Global Business Network Business Consulting Services
INdigital Telecommunication Services
Quokka Sports Sports Entertainment Services
Yahoo! Nikon Stunning Gallery Online Photo Management Services

STAMP IDEA GROUP, LLC
111 Washington Ave, Montgomery, AL 36104
Tel.: (334) 244-9933
Fax: (334) 244-7713
Toll Free: (888) 244-9933
E-Mail: stamp@stampideas.com
Web Site: stampideas.com

E-Mail for Key Personnel:
President: david@stampideas.com

Employees: 29
Year Founded: 1959

National Agency Associations: AAF

Agency Specializes In: Education, Real Estate, Retail, Travel & Tourism

Approx. Annual Billings: $16,000,000

Bruce Reid *(Partner & Dir-New Bus Dev)*
David Allred *(Partner)*
James Leonard *(Partner)*
Susan Bryan *(Acct Dir)*
Roberta Pinkston *(Supvr-Media)*
Victoria L Belton *(Acct Exec)*
Beth Bushman *(Acct Exec)*

Accounts:
Abec Resorts
AIM: Abstinence in Motion Project
Alabama River Clean Water Partnership
Aronov Marketing Cooperative
Columbus Cultural Arts Alliance
Kaufman Gilpin McKenzie Thomas Weiss, P.C.
Kelley Bartlett Conservancy
Knud Nielsen
The Locker Room
Tuskegee Airmen Memorial Fund

STAN ADLER ASSOCIATES
575 8Th Ave Fl 11R, New York, NY 10018
Tel.: (212) 863-4100
Fax: (212) 863-4141
E-Mail: stan@stanadler.com
Web Site: www.stanadler.com

Employees: 35
Year Founded: 1980

Approx. Annual Billings: $5,000,000

Stan Adler *(Creative Dir)*
Maura Ryan *(Dir-Bus Dev & Fin Svcs)*
Claudia Meyers *(Mgr-Prepress)*
Laura Samet *(Mgr-Print Production)*
Amanda Boulton *(Sr Designer)*
Betty Hinchman *(Sr Writer)*
Andrew Lin *(Sr Designer-Production)*

Accounts:
Acadia Realty Trust
Davis
Deutsche Asset Management
Dreyfus; New York, NY Financial Services; 1993
Farm Family
Melanoma Research Foundation
Morgan Stanley; New York, NY Financial Services; 2001
UBS
Wells Fargo

STANDARD BLACK
(Formerly Standard Time)
163 S La Brea Ave, Los Angeles, CA 90036
Tel.: (310) 822-7200
Web Site: http://standardblack.com/

Employees: 16
Year Founded: 2009

Agency Specializes In: Advertising, Brand Development & Integration, Broadcast, Digital/Interactive, Social Media

Michael Sharp *(Founder & CEO)*
Spencer Somers *(Creative Dir)*
Danielle Rivera *(Sr Brand Mgr)*

Accounts:
CVS Health CVS Pharmacy
Ole Smoky Moonshine (Agency of Record)
   Campaign: "C'mon Live a Little"
Olloclip

STANTON
(Formerly Stanton Public Relations & Marketing)
880 3rd Ave, New York, NY 10022
Tel.: (212) 366-5300
Fax: (212) 366-5301
E-Mail: info@stantonprm.com
Web Site: www.stantonprm.com

Employees: 20
Year Founded: 1995

Agency Specializes In: Business-To-Business, Communications, Crisis Communications, Media Relations, Public Relations, Sponsorship

Alex Stanton *(CEO)*
Thomas Faust *(Mng Dir)*
Charlyn Lusk *(Mng Dir)*
Scott Lessne *(VP)*
Katrin Carola Lieberwirth *(VP)*
George Sopko *(VP)*
Douglas Allen *(Acct Supvr)*
Kerri Donner *(Sr Mktg Mgr)*

Accounts:
Bain Capital Private Equity Communications
Berkline (Agency of Record)
Carl Marks Advisory Group Public Relations
Conning & Company Communications, Media Relations, Public Relations
Delos Insurance Company Insurance Services
Drexel University External Communications
Pine Brook Road Partners (Agency of Record)
Seedko Financial
Sun Capital Partners Inc
Wall Street Access

STANTON & EVERYBODY
(See Under Stanton & Nobody)

STANTON & NOBODY
(Formerly Stanton & Everybody)
15326 Euclid Ave Ne, Bainbridge Island, WA 98110
Tel.: (206) 224-4242
Web Site: stantonandnobody.com/

Agency Specializes In: Advertising, Brand Development & Integration, Copywriting

STANTON PUBLIC RELATIONS & MARKETING
(Name Changed to Stanton)

STAPLEGUN
204 N Robinson Ste 2000, Oklahoma City, OK 73102
Tel.: (405) 601-9430
Fax: (405) 708-6349
Web Site: www.staplegun.us

Employees: 50

Agency Specializes In: Advertising, Media Planning, Social Media

AGENCIES - JANUARY, 2019 — ADVERTISING AGENCIES

Brent McCutchen *(Pres & Creative Dir)*
Philip Baker *(CEO-Creative)*
Matthew Grice *(Sr VP)*
Brandon Inda *(Creative Dir)*
Jeanette Schreiber *(Writer-Technical)*

Accounts:
A+ Oklahoma Schools
CJ Dental
Griffin's Foods Ltd.
SandRidge Energy, Inc.

STAR MARKETING INC
3291 Yellowtail Dr, Los Alamitos, CA 90720
Tel.: (562) 799-1555
Web Site: www.starmarketing.com

Employees: 2
Year Founded: 1987

Agency Specializes In: Advertising, Brand Development & Integration, Collateral, Print, Public Relations, Strategic Planning/Research

Chris Sandberg *(Pres)*
Eleanor Morrison *(Planner-Adv Acct)*

Accounts:
ABS Auto Auctions
Active Sales Co. Inc.
Amsino
Design Guild Moulding
Lakin Tire
Norfox
Norman Fox & Co
Rent What Inc.
Sew What, Inc.
Volcanic Red Coffees

STAR POWER LLC
915 Broadway Ste 1109, New York, NY 10010
Tel.: (212) 792-5705
E-Mail: media@starpowerllc.com
Web Site: starpowerllc.com

Employees: 50
Year Founded: 2007

Agency Specializes In: Advertising, Brand Development & Integration, Branded Entertainment, Content, Entertainment, Fashion/Apparel, Sports Market

Matthew Lalin *(Co-Founder)*
Jared Weiss *(Co-Founder)*

Accounts:
American Express Company
Boehringer Ingelheim Pharmaceuticals, Inc.
Celebrity Cruises, Inc
Colgate-Palmolive Company
Delta Air Lines, Inc. Delta Amex Perks
Diageo North America, Inc. Baile, Buchanan's, Crown Royal, Don Julio, Guinness, Lagavulin, Smirnoff
Drew Brees
The Folger Coffee Company
Johnson & Johnson Band-Aid
La Prairie, Inc.
National Association Of Basketball Coaches Allstate NABC Good Works
Tempur-Pedic North America, LLC

STAR7
289 Pilot Rd Ste B, Las Vegas, NV 89119
Tel.: (702) 253-1551
Fax: (702) 253-7993
E-Mail: info@star7vegas.com

Employees: 7
Year Founded: 1993

Agency Specializes In: Advertising, Brand Development & Integration, Business-To-Business, Collateral, Direct Response Marketing, Entertainment, Graphic Design, Local Marketing, Media Buying Services, Out-of-Home Media, Outdoor, Public Relations, Social Marketing/Nonprofit

Approx. Annual Billings: $2,500,000

Breakdown of Gross Billings by Media: Brdcst.: $250,000; Bus. Publs.: $750,000; Collateral: $875,000; Consumer Pubs.: $250,000; Other: $125,000; Pub. Rels.: $250,000

Cary Duckworth *(Owner)*

Accounts:
The Alexander Dawson School at Rainbow Mountain; Las Vegas, NV Private Schooling; 2008
Audi Henderson; Henderson, NV Automobiles; 2007
Bank of Nevada
Epicurean Charitable Foundation
Findlay Chevrolet; Las Vegas, NV Automobiles; 2006
Findlay Volkswagen; Henderson, NV Automobiles; 2006
Lamborghini Las Vegas
The Smith Center for Performing Arts; Las Vegas, NV Performing Arts Center; 2006
Supreme Court of Nevada
The Village at Lake Las Vegas

STARCOM
(Formerly Starcom MediaVest Group)
1675 Broadway, New York, NY 10019
Tel.: (212) 468-4000
Web Site: http://starcomww.com/

Employees: 200

National Agency Associations: 4A's

Agency Specializes In: Advertising, Sponsorship

Approx. Annual Billings: $1,000,000,001

Robert Davis *(Pres)*
Darilyn Stratton *(Mng Dir & Exec VP)*
Scott Rohrer *(Sr VP & Mng Dir)*
Chris Harder *(Exec VP)*
Robert Harwood-Matthews *(Exec VP-Samsung USA)*
Stephen Blumberg *(Sr VP & Grp Dir)*
Anthony Cheng *(Sr VP & Dir-Strategy)*
Katie Koval *(Sr VP & Dir)*
Jennifer Lewis *(Sr VP & Dir)*
Britt Riedler *(Sr VP)*
Hayley Diamond *(VP & Head-Digital Strategy & Marketplace Solutions)*
Sara Ford *(VP & Media Dir)*
Jaclyn Darvas *(VP & Dir)*
Megan Fediuk *(VP, Dir & Architect-Solutions)*
Klim Kavall *(VP & Dir-Precision Mktg)*
Kristin Marquart *(VP & Dir-Connections)*
Jaime Millman *(VP & Dir-Video Activation)*
Jessica Towl *(VP & Dir)*
Mandy Murawsky *(Media Dir)*
Carolyn Benacci *(Dir)*
Christopher Dino *(Dir-Strategy & Investment)*
DeAnna Davies *(Assoc Dir-Media & Digital)*
Kevyn Kurata *(Assoc Dir-Strategy)*
Veronica Lincoln *(Assoc Dir-Media Strategy & Investment)*
Sasha Wiedinger *(Assoc Dir-Strategy)*
Kay Ashley Manuel *(Supvr-Media Strategy)*
Alene Quinn *(Supvr-Media)*
Ashley Waller *(Supvr & Assoc-Media)*
Devin Whitaker *(Supvr-Strategy)*
Alicia Zhou *(Supvr-Media)*

Accounts:
Airbnb Media Buying, Media Planning; 2014
Allstate Media Buying, Media Planning; 1957
Altria Media Buying, Media Planning; 1990
American Egg Board Media Buying, Media Planning; 2010
Anthem Media Buying, Media Planning; 2015
Bank of America Corporation Media Buying, Media Planning; 2008
Beam Suntory Media Buying, Media Planning; 2008
Best Buy Media Buying, Media Planning; 2001
Broad Green Studio Media Buying, Media Planning; 2015
Center Parcs (UK) Group plc Forest Park, Media Buying; 2018
Chick-fil-A Media Buying, Media Planning; 2016
The Cradle Media Buying, Media Planning; 2008
Crayola Media Buying, Media Planning; 2000
CustomInk Media Buying, Media Planning; 2016
Darden Restaurants Media Buying, Media Planning, Olive Garden; 2015
Dave & Buster's Media Buying, Media Planning; 2015
Del Monte Foods Media Buying, Media Planning; 2003
Earth Hour Media Buying, Media Planning; 1954
Electronic Arts Media Buying, Media Planning; 2014
ESPN, Inc.
Esurance, Inc. Media Buying, Media Planning; 2013
Etihad Airways Media Buying, Media Planning; 2015
Feeding America Media Buying, Media Planning; 2010
Gander Mountain Media Buying, Media Planning; 2016
Grupo Bimbo Media Buying, Media Planning; 2015
Hallmark Media Buying, Media Planning; 1988
Henkel Media Buying, Media Planning; 2016
Houzz Media Buying, Media Planning; 2015
KB Home Media Buying, Media Planning; 2013
Kellogg Company Media Buying, Media Planning; 1949
The Kraft Heinz Company Media Buying, Media Planning; 2015
Lastpass Media Buying, Media Planning; 2016
The Lego Group Media Buying, Media Planning; 2007
Lowe's Media Buying, Media Planning; 2017
Novartis Corporation Media Buying, Media Planning; 2005
OMEGA Media Buying, Media Planning; 2016
The Procter & Gamble Company Always, Communications Planning, Media Buying
Samsung Media Buying, Media Planning; 2008
StubHub Media Buying, Media Planning; 2016
thinkThin Media Buying, Media Planning; 2008
Twitter Media Buying, Media Planning; 2015
Un World Humanitarian Day Media Buying, Media Planning; 2013
U.S. Cellular Media Buying, Media Planning; 2007
V.F. Corporation Media Buying, Media Planning; 2015
Vi Living Media Buying, Media Planning; 2013
Visa Media Buying, Media Planning; 2015
Wingstop Media Buying, Media Planning; 2016
Wm. Wrigley Jr. Company

STARCOM MEDIAVEST GROUP
(See Under Starcom)

STARMARK INTERNATIONAL, INC.
210 S. Andrews Ave., Fort Lauderdale, FL 33301
Tel.: (954) 874-9000
Fax: (954) 874-9010
Toll Free: (888) 280-9630
E-Mail: ideas@starmark.com
Web Site: https://www.starmark.com/

ADVERTISING AGENCIES

Employees: 30
Year Founded: 1978

National Agency Associations: 4A's-DMA

Agency Specializes In: Brand Development & Integration, Business-To-Business, Collateral, Communications, Consulting, Consumer Marketing, Corporate Communications, Direct Response Marketing, E-Commerce, Electronic Media, Environmental, Exhibit/Trade Shows, Financial, Government/Political, Health Care Services, High Technology, Information Technology, Internet/Web Design, Logo & Package Design, Marine, New Product Development, Point of Purchase, Print, Public Relations, Sales Promotion, Strategic Planning/Research, Telemarketing, Trade & Consumer Magazines, Travel & Tourism

Approx. Annual Billings: $43,000,000

Breakdown of Gross Billings by Media: Brdcst.: $1,720,000; D.M.: $10,320,000; Graphic Design: $4,730,000; Mags.: $4,300,000; Newsp.: $860,000; Other: $6,450,000; Outdoor: $860,000; Pub. Rels.: $3,440,000; Video Brochures: $1,720,000; Worldwide Web Sites: $8,600,000

Jacqui Hartnett *(Pres)*
Sean McManamy *(Pres)*
Peggy Nordeen *(CEO)*
Sue Kane *(Controller)*
Jeff Titelius *(Mgr-Digital Svcs)*
Diana Hernandez *(Acct Supvr)*

Accounts:
Boca Resort & Club
Broward Center
Greater Fort Lauderdale Convention & Visitors Bureau Advertising, Campaign: "Defrost Your Swimsuit", Campaign: "Hello Sunny", Marketing
New-Karisma Hotels & Resorts Advertising, Azul Beach Resort Negril, Collateral, Creative, Digital Banner, Social Media, Trade & Consumer, Website
Nova Southeastern University

STARMEDIA GROUP
1285 Rue Hodge, Montreal, QC H4N 2B6 Canada
Tel.: (514) 447-4873
E-Mail: request@starmedia.ca
Web Site: www.starmedia.ca

Employees: 9
Year Founded: 2001

Agency Specializes In: Advertising, Advertising Specialties, Alternative Advertising, Aviation & Aerospace, Brand Development & Integration, Branded Entertainment, Business-To-Business, Catalogs, Collateral, Communications, Consumer Goods, Corporate Communications, Digital/Interactive, E-Commerce, Entertainment, Event Planning & Marketing, Graphic Design, Logo & Package Design, Media Buying Services, Media Planning, Multimedia, Planning & Consultation, Print, Production, Production (Ad, Film, Broadcast), Promotions, Public Relations, Publishing, RSS (Really Simple Syndication), T.V., Web (Banner Ads, Pop-ups, etc.)

Approx. Annual Billings: $800,000

Accounts:
Bodog
Cosmoprof North America
Moroccan Oil
Scharf Group

THE STARR CONSPIRACY
122 S Main St, Fort Worth, TX 76104
Tel.: (817) 204-0400
Fax: (817) 878-4347
Web Site: thestarrconspiracy.com/

Employees: 17

Agency Specializes In: Advertising, Affiliate Marketing, Brand Development & Integration, Business-To-Business, Communications, Consulting, Consumer Marketing, Content, Corporate Communications, Corporate Identity, Digital/Interactive, Graphic Design, Identity Marketing, International, Internet/Web Design, Local Marketing, Logo & Package Design, Market Research, Media Buying Services, Media Planning, Planning & Consultation, Production (Ad, Film, Broadcast), Promotions, Social Marketing/Nonprofit, Social Media, Web (Banner Ads, Pop-ups, etc.)

Approx. Annual Billings: $12,000,000

Breakdown of Gross Billings by Media: D.M.: $8,000,000; Print: $3,000,000; Production: $1,000,000

Kevin Mangum *(Partner)*
Mark Mitchell *(Partner)*
Steve Smith *(Partner)*
Haley McBride *(VP-Client Delivery)*
Jonathan Goodman *(Gen Mgr-San Francisco Bay)*
Ashley Bernard *(Acct Svcs Dir)*
Jonathan Irwin *(Art Dir)*
Nancy Crabb *(Dir-Creative Svcs)*
Matt Tatum *(Dir-Bus Dev)*
Racheal Bates *(Acct Mgr)*
Craig Calloway *(Acct Supvr)*

STARWORKS GROUP
5 Crosby St 6th Fl, New York, NY 10013
Tel.: (646) 336-5920
E-Mail: newyork@starworksny.com
Web Site: www.starworksgroup.com

Employees: 101
Year Founded: 2000

Agency Specializes In: Advertising, Brand Development & Integration, Content, Digital/Interactive, Event Planning & Marketing, Graphic Design, Internet/Web Design, Public Relations

Patrick Butler *(CFO)*

Accounts:
AllSaints

STATION FOUR
100 N Laura St Ste 602, Jacksonville, FL 32202
Tel.: (904) 399-3219
E-Mail: info@stationfour.com
Web Site: www.stationfour.com

Employees: 16
Year Founded: 2007

Agency Specializes In: Advertising, Content, Digital/Interactive, Internet/Web Design, Logo & Package Design, Print, Social Media

Chris Lahey *(Owner & CTO)*
Chris Olberding *(CEO & Partner-Creative)*
Stephanie Ward *(Creative Dir)*
Sabreena Katz *(Sr Designer)*

Accounts:
Jacksonville Downtown Art Walk
Safariland Campaign: "Safariland Patrol Bikes"

STATION8 BRANDING
1400 S Trenton, Tulsa, OK 74120
Tel.: (918) 295-0044
Web Site: station8branding.com

Employees: 10
Year Founded: 2012

Agency Specializes In: Advertising, Brand Development & Integration, Digital/Interactive, Graphic Design, Internet/Web Design, Logo & Package Design, Market Research, Print, Production, Production (Ad, Film, Broadcast), Production (Print), Search Engine Optimization, Strategic Planning/Research

David Clark *(Principal & Creative Dir)*
Laura Crouch *(Principal & Writer)*
Lindsay McClain *(Art Dir)*
Trevor Killblane *(Acct Supvr)*
Morgan Middleton *(Assoc Creative Dir)*

Accounts:
New-Omni Air International Inc.
New-Selser Schaefer Architects

STATTNER COMMUNICATIONS INC.
3001 Sherbrooke St W Ste 102, Montreal, QC H3Z 2X8 Canada
Tel.: (514) 747-5536
Fax: (514) 747-5584
E-Mail: ilene@stattner.com
Web Site: www.stattner.com

Employees: 2
Year Founded: 1993

Agency Specializes In: Advertising

Ilene Stattner *(VP)*

Accounts:
BCP
Canada Direct
Dairy Farmers of Canada
Dascal Group
KBSP
OSL

STEADYRAIN, INC.
716 Geyer Ave Ste 400, Saint Louis, MO 63104-4073
Tel.: (314) 446-0733
Fax: (314) 446-0734
E-Mail: info@steadyrain.com
Web Site: https://www.steadyrain.com/

Employees: 50
Year Founded: 1999

Agency Specializes In: Advertising, E-Commerce, Internet/Web Design, Social Marketing/Nonprofit, Social Media, Technical Advertising

Thompson Knox *(Partner)*
Joe Marcallini *(Partner)*
David Kidd *(Dir-Digital Mktg)*
Kirstie Hamel *(Strategist-Digital Mktg)*

Accounts:
FTL Finance
Kaldi's Coffee Roasting Company
McDonald's Corporation

STEALTH CREATIVE
1617 Locust St, Saint Louis, MO 63103
Tel.: (314) 480-3606
Fax: (314) 361-2086
E-Mail: info@stealthcreative.com
Web Site: www.stealthcreative.com

Employees: 34

AGENCIES - JANUARY, 2019 — ADVERTISING AGENCIES

Agency Specializes In: Advertising, Digital/Interactive, Internet/Web Design, Search Engine Optimization

Mindy Jeffries *(Pres & CEO)*
Dirk Corsus *(Sr VP-Engrg)*
Marie Schmich *(VP & Media Dir)*
David Nimock *(VP-Acct Svcs)*
George A. Ross *(Dir-Sys Program Mgmt)*
Caitlin Oppland *(Project Mgr-Digital)*
Melissa Chambers *(Acct Exec)*

STEARNS 208 MARKETING LLC
PO Box 2221, Saint Cloud, MN 56302
Tel.: (218) 321-4175
Web Site: www.stearns208.com

Employees: 5

Agency Specializes In: Digital/Interactive, Electronic Media, Email, Local Marketing, Mobile Marketing, Paid Searches, Print, Search Engine Optimization, Social Media, Viral/Buzz/Word of Mouth, Web (Banner Ads, Pop-ups, etc.)

Accounts:
Share Memories, LLC; 2014

STEBBINGS PARTNERS
427 John L Dietsch Blvd, Attleboro Falls, MA 02763-1000
Tel.: (508) 699-7899
Fax: (508) 699-7897
E-Mail: info@stebbings.com
Web Site: www.stebbings.com

Employees: 10
Year Founded: 1970

National Agency Associations: BPA

Agency Specializes In: Advertising, Brand Development & Integration, Business Publications, Business-To-Business, Commercial Photography, Consumer Marketing, Consumer Publications, Corporate Identity, Electronic Media, Graphic Design, High Technology, Internet/Web Design, Logo & Package Design, Media Buying Services, Newspaper, Newspapers & Magazines, Planning & Consultation, Print, Production, Public Relations, Publicity/Promotions

David Stebbings *(CEO & Partner)*
Dawn S. Lunn *(Partner & CFO)*
Terrence Joyce *(Dir-Client Engagement)*
Paul Shelasky *(Dir-CVS Studio)*

Accounts:
A.T. Cross
Brookfield Engineering
E. A. Dion
Euro-Pro
Samsonite

STEEL ADVERTISING & INTERACTIVE
6414 Bee Cave Rd, Austin, TX 78746
Tel.: (866) 783-3564
Toll Free: (800) 681-8809
E-Mail: ideas@steelbranding.com
Web Site: www.steelbranding.com

Employees: 62
Year Founded: 2000

Agency Specializes In: Advertising, Internet/Web Design, Medical Products, Pharmaceutical, Web (Banner Ads, Pop-ups, etc.)

Denise Waid *(Partner & Creative Dir)*
Cheryl Ann Habbe *(Partner)*

Samantha McCanless Dettmer *(COO)*
Deanna Krischke *(VP-Bus Dev)*

Accounts:
ACS Learning
Advanced Micro Devices
AMD
Amelia Bullock Realtors
Convio
Dell
The Greensheet
Siemens

STEELE & ASSOCIATES, INC.
125 N Garfield, Pocatello, ID 83204
Tel.: (208) 233-7206
Fax: (208) 233-7384
Web Site: steelebranding.com/

E-Mail for Key Personnel:
President: jsteele@steele-associates.com

Employees: 7
Year Founded: 1979

National Agency Associations: AAF-Second Wind Limited

Agency Specializes In: Advertising, Agriculture, Automotive, Brand Development & Integration, Co-op Advertising, Collateral, Communications, Consulting, Consumer Marketing, Corporate Identity, Direct Response Marketing, Event Planning & Marketing, Exhibit/Trade Shows, Financial, Graphic Design, Health Care Services, High Technology, Industrial, Internet/Web Design, Logo & Package Design, Magazines, Media Buying Services, Medical Products, Merchandising, New Product Development, Newspaper, Newspapers & Magazines, Out-of-Home Media, Outdoor, Point of Purchase, Point of Sale, Print, Production, Public Relations, Publicity/Promotions, Radio, Real Estate, Restaurant, Retail, Sales Promotion, Strategic Planning/Research, T.V., Trade & Consumer Magazines, Travel & Tourism, Yellow Pages Advertising

Approx. Annual Billings: $2,300,000

James Steele *(CEO)*
Mike Lyon *(Art Dir)*
Amy Cordell *(Coord-Production & Media Buyer)*

Accounts:
AMI Semiconductors; 1988
Farm Bureau Insurance Company of Idaho; 1998
FMC Corporation; 1998
Idaho State University; 1994
J.R. Simplot Co.; Pocatello, ID Minerals & Chemicals; 1981
Regional Development Alliance; 2000

STEELE+
2500 Northwinds Pkwy Ste 190, Atlanta, GA 30009
Tel.: (770) 772-3600
Fax: (770) 772-3601
Web Site: www.steeleplus.com

Employees: 9
Year Founded: 2003

Agency Specializes In: Advertising

Christopher Steele *(Owner)*
Scott Coleman *(Pres)*
Scott Estep *(Exec VP & Media Dir)*
Donna B. McKinley *(Exec VP & Dir-Production)*

Accounts:
Environmental Stoneworks
Georgia Pacific
Lexmark

STEELHOUSE
3644 Eastham Dr, Culver City, CA 90232
Tel.: (888) 978-3354
E-Mail: info@steelhouse.com
Web Site: www.steelhouse.com

Employees: 225

Agency Specializes In: Advertising, Brand Development & Integration

Mark Douglas *(Pres & CEO)*
Chris Innes *(COO)*
David Simon *(CMO)*
Marwan Soghaier *(Chief Product Officer)*
Rory Mitchell *(Chief Customer Officer)*
Dan Weiner *(Sr VP-Enterprise Sls & Connected TV)*
Natalie Serota *(VP & Head-Bus Dev & Innovation)*
Christopher Chen *(VP-Enterprise Sls)*

Accounts:
Beachbody
JibJab Media, Inc.
Oakley, Inc.
Reinvent Digital Advertising
Staples
TUMI
UGGS
Virgin America

STEENMAN ASSOCIATES
2811 245th Pl SE Sammamish, Seattle, WA 98075
Tel.: (425) 427-9692
Fax: (425) 427-9693
E-Mail: info@steenmanassociates.com
Web Site: www.steenmanassociates.com

Employees: 10

Ed Steenman *(Owner)*

Accounts:
Auburn Volkswagen

STEIN IAS
432 Park Ave S, New York, NY 10016-8013
Tel.: (212) 213-1112
Fax: (212) 779-7305
Web Site: www.steinias.com

Employees: 100
Year Founded: 1984

Agency Specializes In: Advertising, Brand Development & Integration, Broadcast, Business-To-Business, Cable T.V., Collateral, Computers & Software, Consumer Marketing, Content, Corporate Identity, Customer Relationship Management, Digital/Interactive, Direct Response Marketing, E-Commerce, Education, Electronic Media, Email, Entertainment, Event Planning & Marketing, Financial, High Technology, Industrial, Information Technology, Integrated Marketing, Internet/Web Design, Magazines, Market Research, Media Planning, Multimedia, New Product Development, New Technologies, Newspaper, Newspapers & Magazines, Out-of-Home Media, Outdoor, Paid Searches, Planning & Consultation, Point of Sale, Print, Production, Production (Print), Promotions, Publicity/Promotions, Publishing, Radio, Real Estate, Sales Promotion, Search Engine Optimization, Social Marketing/Nonprofit, Social Media, Sponsorship, Strategic Planning/Research, T.V., Trade & Consumer Magazines, Travel & Tourism, Web (Banner Ads, Pop-ups, etc.)

Approx. Annual Billings: $25,000,000

ADVERTISING AGENCIES
AGENCIES - JANUARY, 2019

Tom Stein *(Chm & Chief Client Officer)*
Rob Morrice *(CEO)*
Susan Guerrero *(VP & Dir-Acct Svcs)*
Jason Abbate *(Dir-Interactions)*
Daniel Santos *(Dir-Creative Svcs)*
Marc Keating *(Chief Innovations Officer)*
Reuben Webb *(Chief Creative & Values Officer)*

Accounts:
1010data
ADP
ASME
Atos
BP Castrol
CenturyLink
Chicago Board Options Exchange (Agency of Record) Campaign: "Execute success", Campaign: "Faces", Online, Outdoor, Print, Radio
Chief Executive Group Brand Strategy, Creative, Digital Services, Go-To-Market Planning, Marketing Communications Services, Positioning
Crisp Media Campaign: "Certifiably Better"
Curiosityville
Fly a Kite Foundation (Agency of Record)
KPMG
Nespresso
Pearsons
Wolters Kluwer

Branch

Stein IAS
149 Natoma St, San Francisco, CA 94105
Tel.: (415) 277-5921
Web Site: www.steinias.com

Employees: 50

Agency Specializes In: Advertising, Brand Development & Integration, Business-To-Business, Content, Digital/Interactive, Media Relations, Public Relations, Social Media

Rebecca Falk *(Acct Dir)*

Accounts:
New-Juniper Networks, Inc.
New-Merck Animal Health Bravecto

STEINER SPORTS MARKETING
145 Huguenot St, New Rochelle, NY 10801-6454
Tel.: (914) 307-1000
Fax: (914) 632-1102
E-Mail: generalinfo@steinersports.com
Web Site: https://www.steinersports.com/

Employees: 100

Agency Specializes In: Sports Market

Brandon Steiner *(Founder & CEO)*
Mara Steiner *(VP-HR)*
Tina Cancellieri *(Dir-Ops & Strategic Procurement)*
Brooks Cowan *(Corp Sls Dir)*

Accounts:
Citibank
Mastercard
New York Yankees Memorabilia

STELLAR DIGITAL DESIGN AGENCY
21515 Hawthorne Blvd Ste 850, Torrance, CA 90503
Tel.: (310) 316-2754
Web Site: stellaragency.com

Employees: 10
Year Founded: 2003

Agency Specializes In: Brand Development & Integration, Digital/Interactive, Email, Experience Design, Graphic Design, Internet/Web Design, Mobile Marketing

Martin Pedersen *(CEO)*
Miguel Echegaray *(Mng Dir)*
Jason Widmann *(Dir-Digital Strategy & User Experience)*

Accounts:
Ensology
Gemalto
HPE
Paychex
Redaptive

STELLAR ENGINE
67 W St Ste 401, Brooklyn, NY 11222
Tel.: (718) 541-6658
E-Mail: hello@stellar-engine.com
Web Site: www.stellar-engine.com

Employees: 3
Year Founded: 2011

Agency Specializes In: Advertising, Brand Development & Integration, Content, Social Media

Tammy Oler *(Founder & Dir-Strategy)*

Accounts:
Skittles

STELLARHEAD
45 Main St Ste 1010, Brooklyn, NY 11201
Tel.: (646) 374-4984
E-Mail: info@stellarhead.com
Web Site: www.stellarhead.com

Employees: 50
Year Founded: 2010

Agency Specializes In: Advertising, Brand Development & Integration, Consulting, Content, Digital/Interactive, Event Planning & Marketing, Mobile Marketing, Production, Public Relations, Social Media

Laurel Harris *(Founder, Exec Producer & Creative Dir)*
Doris Fayez *(Controller)*
Joe Feinstein *(Dir-Bus Dev)*
Beth Gibeley *(Dir-Bus Dev)*

Accounts:
Terex Corporation

STEP ONE CREATIVE
317 W 1st St Ste 101, Oswego, NY 13126
Tel.: (315) 342-2554
Fax: (315) 216-4652
E-Mail: info@steponecreative.com
Web Site: www.steponecreative.com

Employees: 10
Year Founded: 1996

Agency Specializes In: Advertising, Brand Development & Integration, Collateral, Event Planning & Marketing, Logo & Package Design, Media Planning, Print, Public Relations, Social Media

Mark Proud *(Creative Dir)*
Shelby Stepien *(Specialist-Design & Plng)*

Accounts:
Eagle Beverage Co, Inc.
Heritage Gunworks
Oswego County Opportunities Inc.
Oswego law firm Amdursky, Pelky, Fennell & Wallen
Oswego's Sports Photography
Pathfinder Bank's Oswego Hockey Classic
Tri-Oswego
US Naval Sea Cadets - Rochester Division

STEPHAN & BRADY, INC.
1850 Hoffman St, Madison, WI 53704-2541
Tel.: (608) 241-4141
Fax: (608) 241-4246
E-Mail: gwhitely@stephanbrady.com
Web Site: www.stephanbrady.com

Employees: 45
Year Founded: 1952

Agency Specializes In: Advertising, Brand Development & Integration, Business-To-Business, Collateral, Consumer Marketing, Corporate Identity, Digital/Interactive, Direct Response Marketing, E-Commerce, Event Planning & Marketing, Food Service, Integrated Marketing, Internet/Web Design, Logo & Package Design, Market Research, Media Buying Services, Media Planning, Media Relations, Media Training, Package Design, Point of Purchase, Point of Sale, Print, Promotions, Public Relations, Sales Promotion, Strategic Planning/Research, Web (Banner Ads, Pop-ups, etc.)

Breakdown of Gross Billings by Media: Brdcst.: 9%; Consumer Publs.: 10%; Fees: 19%; Mags.: 10%; Newsp.: 8%; Other: 2%; Outdoor: 1%; Production: 16%; Pub. Rels.: 22%; Worldwide Web Sites: 3%

George Whitely *(Pres & CEO)*
Marki Landerud *(Partner, VP & Dir-Acct & Bus Dev)*
Emily Shea *(Exec Creative Dir)*
Laura Krogstad *(Media Dir)*
Sue Moss *(Dir-HR)*
Ryan Werner *(Media Planner & Media Buyer)*
Kate Salkin *(Sr Designer-Interactive)*

Accounts:
Archer Daniels Midland (ADM)
Badgerland Farm Credit Services; Baraboo, WI
Church Mutual Insurance Co.; Merrill, WI
Emmi-Roth Kase USA, Ltd.
Gordon Flesch Co.; Madison, WI Office Equipment & Supplies
Jones Dairy Farm
Newry Capital Group, LLC
Research Products
Virchow, Krause & Co.; Madison, WI
Wisconsin Milk Marketing Board; Madison, WI Consumer, Trade Relations, Food Service & Dairy Research Public Relations
Wisconsin Public Service; Green Bay, WI
Wisconsin Special Olympics; Madison, WI

STEPHAN PARTNERS, INC.
30 Lincoln Ave, Hastings Hdsn, NY 10706
Tel.: (212) 524-8583
Fax: (212) 524-8501
E-Mail: info@stephanpartners.com
Web Site: www.stephanpartners.com

E-Mail for Key Personnel:
President: george@stephanpartners.com
Creative Dir.: carol@stephanpartners.com

Employees: 7
Year Founded: 1995

Agency Specializes In: Advertising, Affiliate Marketing, Business-To-Business, Collateral, Communications, Consulting, Consumer Goods, Corporate Identity, Digital/Interactive, Direct Response Marketing, E-Commerce, Email, Event Planning & Marketing, Exhibit/Trade Shows,

Financial, Graphic Design, Internet/Web Design, Magazines, Media Buying Services, New Product Development, Out-of-Home Media, Print, Production, Public Relations, Publicity/Promotions, Sales Promotion, Search Engine Optimization, Stakeholders, Strategic Planning/Research, Telemarketing

Breakdown of Gross Billings by Media: Bus. Publs.: $4,560,000; Mags.: $120,000; Newsp.: $120,000; Other: $1,900,000; T.V.: $3,000,000

George N. Stephan *(Mng Partner)*
Carolyne Berkeley *(Dir-Customer Insights)*
Carol Bokuniewicz *(Dir-Creative & Branding)*
Bob Feinberg *(Dir-Creative & Direct Mktg)*
Steve Meltzer *(Dir-Creative-Integrated Comm)*
Jim Parry *(Dir-Creative-Adv)*

Accounts:
Clinique
Financial Times
Maggie Maternity
MCEnergy
MTV Networks
Orlando CVB
Rodale
Spectrum Resorts
Time Warner
Wall Street Journal
Wenner Media

STEPHEN HALES CREATIVE INC
2230 N University Pkwy Ste 7D, Provo, UT 84604
Tel.: (801) 373-8888
E-Mail: info@halescreative.com
Web Site: www.halescreative.com

Employees: 4

Agency Specializes In: Advertising, Brand Development & Integration, Collateral, Corporate Identity, Digital/Interactive, Graphic Design, Internet/Web Design, Logo & Package Design, Print

Stephen A. Hales *(CEO & Creative Dir)*
Kelly Nield *(Principal & Creative Dir)*
Spencer Hales *(Designer)*

Accounts:
Americas Freedom Festival
Brigham Young University
Deseret Book Co.
Excel Eye Center
HyClone
LDS Living
Nuestra Gente
ProSteel
Selnate International
Tahitian Noni International

STEPHENS & ASSOCIATES ADVERTISING, INC.
14720 Metcalf Ave, Overland Park, KS 66223
Tel.: (913) 661-0910
Fax: (913) 661-0967
Toll Free: (800) 466-0910
Web Site: http://thebrandwhisperers.com/

E-Mail for Key Personnel:
President: chuck@stephens-adv.com

Employees: 30
Year Founded: 1980

National Agency Associations: DMA

Agency Specializes In: Agriculture, Business-To-Business, Collateral, Pets, Pharmaceutical, Point of Purchase, Trade & Consumer Magazines

Chuck Stephens *(Pres & CEO)*
Patrick Sweet *(CFO)*
Jennifer Brocker *(Chief Creative Officer)*
Cathy McCormick *(Chief Strategy Officer)*
Adam Castro *(Acct Dir)*
Peter Corcoran *(Creative Dir)*
Tara Stewart *(Acct Dir)*
Patrick Stephens *(Dir-Bus Dev)*
Patricia Thomblison *(Dir-Medical)*
Susan Wright *(Dir-PR)*
Zach Plost *(Acct Mgr)*
Carol Stuart *(Production Mgr)*
Melissa DePratt *(Mgr-Acctg)*
Lori Sirotiak *(Mgr-Traffic)*
Lisa Siebert *(Acct Supvr-PR)*
Michelle Armbruster *(Strategist-Digital)*
Aimee Furrell *(Acct Exec)*
Jason Landrum *(Acct Exec)*

Accounts:
Capitol Resources
Care Credit; Anaheim, CA
Summit VetPharm

STEPHENS DIRECT
417 E Stroop Rd, Kettering, OH 45429
Tel.: (937) 299-4993
Fax: (937) 299-9355
E-Mail: info@stephensdirect.com
Web Site: www.stephensdirect.com

Employees: 22
Year Founded: 1981

Agency Specializes In: Business-To-Business, Collateral, Consumer Marketing, Direct Response Marketing, Event Planning & Marketing, Financial, Media Buying Services, Merchandising, Point of Sale, Print, Production, Retail, Sales Promotion, Sweepstakes

Phillip Stephens, II *(Pres & COO)*
Jennifer Ball *(VP)*
Sharon Doty *(Dir-Project Mgmt)*
Amanda Brown *(Acct Exec)*

Accounts:
GE Capital
Right State

THE STEPHENZ GROUP, INC.
505 S Market St, San Jose, CA 95113
Tel.: (408) 286-9899
Fax: (408) 286-9866
Toll Free: (800) 535-1055
E-Mail: info@stephenz.com
Web Site: www.stephenz.com

E-Mail for Key Personnel:
President: bzenz@stephenz.com
Creative Dir.: spaulson@stephenz.com
Production Mgr.: lchau@stephenz.com

Employees: 28
Year Founded: 1981

Agency Specializes In: Advertising, Brand Development & Integration, Business-To-Business, Collateral, Corporate Communications, Digital/Interactive, Direct Response Marketing, Electronic Media, Exhibit/Trade Shows, Graphic Design, Guerilla Marketing, High Technology, Identity Marketing, Integrated Marketing, Internet/Web Design, Logo & Package Design, Media Buying Services, Media Planning, Media Relations, Mobile Marketing, Multimedia, Point of Sale, Public Relations, Strategic Planning/Research, Web (Banner Ads, Pop-ups, etc.)

Approx. Annual Billings: $68,000,000

Barbara E. Zenz *(Pres & CEO)*
Stephanie Paulson *(Exec Creative Dir)*
Phillip Kim *(Assoc Dir-Creative-Design)*
Scott Brendel *(Sr Acct Exec)*

Accounts:
Applied Materials
ATI; 2006
ELO Touchsystems; 2007
Gilead Sciences; 1999
Hewlett Packard, Home Products Div
Hitachi
IBM
Intermec
Neterion
NuGen Technologies Inc. (Agency of Record)
Samsung Semiconductor
Samsung; 2000
San Jose State University
Shore Tel; 2007
Symmetricom Inc. (Agency of Record)

STERLING CROSS COMMUNICATIONS
12416 90th Pl N, Maple Grove, MN 55369
Tel.: (763) 496-1499
Web Site: www.sterlingcrossgroup.com

Employees: 5

Agency Specializes In: Brand Development & Integration, Communications, Digital/Interactive, Direct-to-Consumer, Electronic Media, Email, Internet/Web Design, Media Relations, Media Training, New Product Development, Podcasting, Public Relations, RSS (Really Simple Syndication), Strategic Planning/Research, Viral/Buzz/Word of Mouth

Mary Lower *(Pres)*

Accounts:
BajaSol
Curry Up
Dakota
DuraTech Industries (Haybuster) GP-50 Grain Processor
Tripl3Caff
Truffles
Twin Cities Community Gospel Choir

STERLING RICE GROUP
1801 13th St Ste 400, Boulder, CO 80302
Tel.: (303) 381-6400
Fax: (303) 444-6637
E-Mail: email@srg.com
Web Site: https://www.srg.com/

Employees: 110
Year Founded: 1984

Agency Specializes In: Advertising, Agriculture, Brand Development & Integration, Broadcast, Business-To-Business, Cable T.V., Children's Market, Communications, Consulting, Consumer Goods, Consumer Marketing, Corporate Identity, Cosmetics, Digital/Interactive, Direct-to-Consumer, Education, Financial, Food Service, Graphic Design, Health Care Services, Household Goods, Identity Marketing, Integrated Marketing, Internet/Web Design, Local Marketing, Logo & Package Design, Magazines, Media Buying Services, Media Planning, Medical Products, New Product Development, Newspaper, Newspapers & Magazines, Out-of-Home Media, Outdoor, Over-50 Market, Package Design, Planning & Consultation, Print, Production (Ad, Film, Broadcast), Production (Print), Radio, Regional, Restaurant, Retail, Seniors' Market, Social Marketing/Nonprofit, Sponsorship, Strategic Planning/Research, T.V., Teen Market, Trade & Consumer Magazines, Transportation, Travel & Tourism, Web (Banner Ads, Pop-ups, etc.), Women's Market

ADVERTISING AGENCIES

Cindy Judge *(Pres)*
Jennifer Jones *(Partner & Dir-Design Strategy)*
Susan Peck *(Partner & Grp Media Dir)*
Eric Friedman *(Grp Acct Dir)*
Laura Morin *(Grp Acct Dir)*
Mickey Citarella *(Acct Dir)*
Kelli Goodwin *(Acct Dir)*
Tim O'Malley *(Art Dir)*
Jillian Holmstrom *(Dir-Innovation)*
Jessica Morrison *(Assoc Dir-Production)*
Marissa Spainhour *(Assoc Dir-Digital Media)*
Phil Henderson *(Sr Acct Mgr)*
Sally Rosen *(Sr Acct Mgr)*
Megan Whelan *(Sr Acct Mgr)*
Nancy Hohenstein *(Mgr-Acctg & Payroll)*
Marius Biesterfeld *(Strategist)*
Paris Hogan *(Specialist-Mktg)*
Lillian Robinson *(Specialist-Mktg)*
Christine Coe *(Copywriter)*
Anna Hedlund *(Media Planner)*
Rachael Thompson *(Asst Acct Mgr & Jr Producer)*
Robyn Zimmer *(Assoc Media Dir)*

Accounts:
Almond Board of California California Almonds
Anheuser-Busch InBev
Avocados From Mexico
Bar-S
Brewers Association Broadcast, Digital Video
Bush Brothers Baked Beans
ConAgra
Culture of Giving
Freddy's Frozen Custard & Steakburgers
 (Advertising Agency of Record); 2017
Frito-Lay, Inc.
Hershey's
Home Instead Senior Care
Kellogg's
Mondelez International, Inc.
The National Honey Board
Nestle Purina Purina Beyond
PepsiCo
Potatoes USA
White Wave Foods So Delicious Dairy Free

STERN ADVERTISING, INC.
950 Main Ave, Cleveland, OH 44113
Tel.: (216) 464-4850
Fax: (216) 464-7859
E-Mail: billstern@Sternadvertising.com
Web Site: www.sternadvertising.com

Employees: 78
Year Founded: 1954

Agency Specializes In: Advertising, African-American Market, Brand Development & Integration, Broadcast, Cable T.V., Co-op Advertising, Collateral, Consumer Marketing, Fashion/Apparel, Graphic Design, Health Care Services, Newspaper, Out-of-Home Media, Outdoor, Point of Purchase, Point of Sale, Print, Radio, Restaurant, Retail

William J. Stern *(Pres & CEO)*
Doug Cohen *(Pres)*
Stephen Romanenghi *(Exec VP & Exec Creative Dir)*
Rick Defaut *(Sr VP-Media Svcs)*
Joe Hicks *(Sr VP)*
Lynne Trivelli *(Dir-Brdcst Media)*

Accounts:
Cleveland Museum of Art; 2012
Jared the Galleria of Jewelry Jewelry Retailer; 1988
Kay Jewelers Jewelry Retailer; 1988
McDonald's Co-Op
McDonald's Corporation; 1981
Southwest General Health Center Hospital; 2008
Sterling Jewelers, Inc.
Third Federal Savings & Loan; Cleveland, OH Banking Services; 2003

STERN PR MARKETING
16508 Taylor St, Omaha, NE 68116
Tel.: (402) 212-7489
Web Site: http://www.sternprmarketing.com/

Employees: 5
Year Founded: 2004

Agency Specializes In: Advertising, Corporate Communications, Email, Graphic Design, Internet/Web Design, Media Relations, Public Relations, Search Engine Optimization, Social Media

Accounts:
Beef Additive Alert
Resurrection Evangelical Lutheran Church

STEVE CHIRELLO ADVERTISING
121 S 1st St, Fulton, NY 13069
Tel.: (315) 592-9778
Fax: (315) 598-2474
Web Site: www.chirello.com

Employees: 10
Year Founded: 1996

Agency Specializes In: Advertising, Internet/Web Design, Logo & Package Design, Media Planning, Public Relations

Steve Chirello *(Owner)*

Accounts:
Foster Funeral Home

STEVENS ADVERTISING
190 Monroe Ave NW Ste 200, Grand Rapids, MI 49503
Tel.: (616) 942-2801
Fax: (616) 942-2804
E-Mail: creative@stevensinc.com
Web Site: www.stevensinc.com

Employees: 10
Year Founded: 1921

Agency Specializes In: Advertising, Brand Development & Integration, Broadcast, Business-To-Business, Cable T.V., Co-op Advertising, Collateral, Communications, Consulting, Consumer Marketing, Consumer Publications, Corporate Identity, Direct Response Marketing, Education, Electronic Media, Entertainment, Exhibit/Trade Shows, Fashion/Apparel, Financial, Food Service, Graphic Design, Internet/Web Design, Logo & Package Design, Magazines, Media Buying Services, Medical Products, Multimedia, Newspaper, Newspapers & Magazines, Out-of-Home Media, Outdoor, Planning & Consultation, Point of Purchase, Point of Sale, Print, Production, Radio, Restaurant, Retail, Strategic Planning/Research, T.V., Trade & Consumer Magazines, Travel & Tourism, Yellow Pages Advertising

Allen Crater *(Pres)*
Mike Muller *(Exec VP)*
Meagan Williams *(Head-Production & Acct Exec)*
Christopher Conran *(Head-Creative)*
Nick Nawrocki *(Art Dir)*
Charla Proctor *(Art Dir)*
Diane Rivard *(Media Dir)*
Lisa Decker *(Acct Exec)*

Accounts:
Advantage Health
American Education Group Fusion Academy Brochure
Bill & Paul's Sporthaus; Grand Rapids, MI
CLC Network
Crystal Mountain Resort; Thompsonville, MI
Elite Plastic Surgery
Exempla Healthcare
Maple Island Log Homes
The Sharpe Collection

STEVENS & TATE MARKETING
1900 S Highland Ave Ste 200, Lombard, IL 60148
Tel.: (630) 627-5200
Fax: (630) 627-5255
E-Mail: info@stevens-tate.com
Web Site: www.stevens-tate.com

Employees: 20
Year Founded: 1992

Agency Specializes In: Advertising, Arts, Brand Development & Integration, Business-To-Business, Collateral, Communications, Consumer Goods, Consumer Marketing, Content, Copywriting, Corporate Identity, Digital/Interactive, Direct Response Marketing, Education, Email, Entertainment, Event Planning & Marketing, Experience Design, Financial, Food Service, Graphic Design, Health Care Services, Hospitality, Integrated Marketing, Internet/Web Design, Leisure, Logo & Package Design, Marine, Market Research, Media Buying Services, Media Planning, Medical Products, Mobile Marketing, Out-of-Home Media, Package Design, Paid Searches, Point of Sale, Print, Production (Ad, Film, Broadcast), Production (Print), Public Relations, Radio, Real Estate, Restaurant, Retail, Search Engine Optimization, Seniors' Market, Shopper Marketing, Social Marketing/Nonprofit, Social Media, Sponsorship, Strategic Planning/Research, Syndication, Travel & Tourism, Web (Banner Ads, Pop-ups, etc.)

Mark Beebe *(Owner & Partner)*
Dan Gartlan *(Pres)*
Debbie Szwast *(Acct Svcs Dir)*
Terry Becker *(Dir-Integrated Digital Media)*
Tom Furie *(Dir-Fin, Acctg & Bus)*
Nicole Wagner *(Dir-Internet Mktg)*

Accounts:
Bob Ward Companies Media
Carstens, Inc. Campaign: "A Roo For You", WALKAroo, WALLAroo(C)
Eastern Star Masonic Home Digital, SEM, SEO; Senior Living Facility
Foxford Communities Digital, Marketing
Genieco, Inc. (Agency of Record) Gonesh Incense, Marketing, Online, Social Media
Habitat For Humanity ReStores Broadcast, Digital, Integrated Media, Website Development
Illinois Food Retailers Association Campaign: "Connect, Learn, Advance", Logo Design
K. Hovnanian Homes Digital, Email Marketing, Print
McAnnish Arts Center at College of DuPage Website Development
Plote Homes Digital, Print

STEVENS STRATEGIC COMMUNICATIONS, INC.
Gemini Towers, Ste 500, Westlake, OH 44115
Tel.: (440) 617-0100
Fax: (440) 614-0529
E-Mail: estevens@stevensstrategic.com
Web Site: www.stevensstrategic.com

E-Mail for Key Personnel:
President: estevens@stevensstrategic.com

Employees: 12
Year Founded: 1973

National Agency Associations: AAF-MCA

Agency Specializes In: Advertising, Automotive,

Aviation & Aerospace, Brand Development & Integration, Broadcast, Business Publications, Business-To-Business, Co-op Advertising, Collateral, Communications, Consulting, Consumer Marketing, Corporate Communications, Corporate Identity, Direct Response Marketing, Education, Engineering, Environmental, Event Planning & Marketing, Exhibit/Trade Shows, Financial, Food Service, Graphic Design, Health Care Services, High Technology, In-Store Advertising, Industrial, Internet/Web Design, Investor Relations, Local Marketing, Logo & Package Design, Magazines, Media Buying Services, Medical Products, Merchandising, New Product Development, Planning & Consultation, Point of Purchase, Point of Sale, Print, Production, Public Relations, Publicity/Promotions, Real Estate, Restaurant, Retail, Sales Promotion, Seniors' Market, Social Media, Sports Market, Strategic Planning/Research, Sweepstakes, Telemarketing, Trade & Consumer Magazines, Transportation, Travel & Tourism

Edward Stevens *(Owner, Chm & CEO)*
Julie Osborne *(VP)*
Meredith Rodriguez *(Client Svcs Mgr)*
Grant Coyle *(Mgr-Tech)*
Jim DiFrangia *(Acct Exec)*
Steve Toth *(Sr Art Dir)*

Accounts:
American Association of Automatic Door Manufacturing
American Greetings
Ametek
AmTrust
Council of Smaller Enterprises (COSE)
Cuyahoga Community College
Cuyahoga County Public Library
Eriez
FII
Ghent Manufacturing
Ingenuity Cleveland
Lancaster Colony
Materion
Medical Mutual of Ohio
National Safety Apparel
Neighborhood Centers Association
Ohio Semitronics
Ross Enviornmental

STEVENSON ADVERTISING
19231 36Th Ave W Ste B202, Lynnwood, WA 98036
Tel.: (425) 787-9686
Fax: (425) 787-9702
E-Mail: brett@stevensonadvertising.com
Web Site: www.stevensonadvertising.com

Employees: 17
Year Founded: 1990

Agency Specializes In: Advertising, Automotive, Broadcast, Business-To-Business, Cable T.V., Co-op Advertising, Consumer Publications, Corporate Identity, Custom Publishing, Direct Response Marketing, Graphic Design, Guerilla Marketing, Internet/Web Design, Logo & Package Design, Magazines, Market Research, Media Buying Services, Media Planning, Multimedia, Newspaper, Newspapers & Magazines, Production, Production (Print), Public Relations, Publicity/Promotions, Publishing, Radio, Seniors' Market, Strategic Planning/Research, T.V., Trade & Consumer Magazines

Approx. Annual Billings: $4,000,000

Breakdown of Gross Billings by Media: Bus. Publs.: $1,000,000; Radio & T.V.: $3,000,000

Brett Stevenson *(Pres & CEO)*
Kathy Balcom *(VP-Sls-Eastern WA)*

Tim Grand *(VP-Sls & Media)*
Laura Miranda *(Controller)*
Shawn Sergev *(Mgr-Video Production)*

Accounts:
Campbell & Company
Cascade Natural Gas
Larson Automotive Group
The Rock Wood Fired Kitchen
Senior Housing Assistance Group (SHAG)
Vern Fonk Insurance

STEWARD MARKETING, LLC
9595 Six Pines Ste 8210, The Woodlands, TX 77380
Tel.: (832) 955-1056
Fax: (832) 442-5842
Toll Free: (877) 541-2718
E-Mail: info@stewardmarketing.com
Web Site: www.stewardmarketing.com

Employees: 11
Year Founded: 2002

National Agency Associations: AMA

Agency Specializes In: Advertising, Advertising Specialties, Bilingual Market, Brand Development & Integration, Broadcast, Business Publications, Business-To-Business, Cable T.V., Collateral, Communications, Consulting, Consumer Marketing, Consumer Publications, Corporate Identity, Digital/Interactive, Direct Response Marketing, E-Commerce, Electronic Media, Engineering, Event Planning & Marketing, Graphic Design, Health Care Services, High Technology, Hispanic Market, Industrial, Information Technology, Internet/Web Design, Logo & Package Design, Magazines, Medical Products, Multimedia, Newspaper, Newspapers & Magazines, Out-of-Home Media, Outdoor, Over-50 Market, Planning & Consultation, Print, Public Relations, Radio, Real Estate, Seniors' Market, Strategic Planning/Research, Technical Advertising, Trade & Consumer Magazines, Travel & Tourism

Approx. Annual Billings: $10,000,000

James P. Alexander *(CEO)*

STICKYEYES
(Acquired by IPG Mediabrands)

STILLWATER AGENCY
1919 Williams St Ste 201, Simi Valley, CA 93065
Tel.: (888) 519-5149
Web Site: www.stillwateragency.com

Employees: 19
Year Founded: 2013

Agency Specializes In: Advertising, Email, Media Buying Services, Print, Radio, Search Engine Optimization, Social Media, T.V.

Lance Wilson *(Pres)*
Sophia Wilson *(COO)*

Accounts:
Brake Performance

STILT MEDIA
250 Catalonia Ste 805, Miami, FL 33134
Tel.: (305) 230-4827
Web Site: www.stiltmedia.com

Employees: 12
Year Founded: 2013

Agency Specializes In: Advertising, Brand Development & Integration, Collateral, Email, Graphic Design, Internet/Web Design, Logo & Package Design, Print, Search Engine Optimization

Guigo Simoes *(Founder & COO)*
Giorgio Caniggia *(Mgr-Social Media)*

Accounts:
Anatomy at 1220

STIMULUS ADVERTISING & WEB DESIGN
1000 Jefferson St Unit 2B, Lynchburg, VA 24502
Tel.: (434) 455-7188
Web Site: www.stimulusadvertising.com

Employees: 7
Year Founded: 2008

Agency Specializes In: Advertising, Brand Development & Integration, Corporate Communications, E-Commerce, Internet/Web Design, Logo & Package Design, Print, Public Relations, Search Engine Optimization, Social Media

Lynn Kirby *(Owner & Principal)*
Mark Davis *(Assoc Project Mgr & Copywriter)*
Banner Kidd *(Assoc Producer-Adv)*

Accounts:
Bedford Tourism
Benchmark ProTech
Dominion Seven Architects, PLC

STIMULUS BRAND COMMUNICATIONS
1 Currier Way, Ewing, NJ 08628
Tel.: (609) 538-1126
Web Site: www.stimulusbrand.com

Employees: 5
Year Founded: 2002

Agency Specializes In: Advertising, Brand Development & Integration, Broadcast, Event Planning & Marketing, Graphic Design, Media Buying Services, Media Planning, Public Relations, Radio, Social Media

Tom McManimon *(Pres)*

Accounts:
Inglis
Smug Brewing Company Logo Identity, Website Design; 2018

STINK STUDIOS
(Formerly Stinkdigital)
20 Jay St Ste 404, Brooklyn, NY 11201
Tel.: (212) 633-9600
Web Site: www.stinkstudios.com

Employees: 102
Year Founded: 2009

Agency Specializes In: Advertising, Internet/Web Design, Production (Ad, Film, Broadcast)

Duncan McVerry *(Fin Dir)*
Ben Hughes *(Exec Creative Dir)*
Tim Blount *(Creative Dir)*
Yego Moravia *(Creative Dir)*
Satu Pelkonen *(Art Dir)*
Alex Sturtevant *(Brand Dir)*

Accounts:
Diesel SpA
Google
Luxottica
Miu Miu
Pitchfork
Red Bull

ADVERTISING AGENCIES

Sony "Move", Sony Action Cam
Spotify Campaign: "Year in Music"
Twitter

Branch

Stink Studios
(Formerly Stinkdigital)
5-23 Old St, 2nd Fl, Morelands Building, London, EC1V 9HL United Kingdom
Tel.: (44) 207 462 4050
Web Site: http://www.stinkstudios.com/

Employees: 50

Jax Ostle Evans *(Mng Dir)*
James Morris *(CEO-Global-Stink Group)*
James Britton *(Mng Dir-Global)*
Andrew Levene *(Head-Production)*
Cameron Temple *(Exec Creative Dir)*
Nick Cline *(Creative Dir)*
Jon Lawton *(Creative Dir)*
L. A. Ronayne *(Creative Dir)*
Matt Greenhalgh *(Dir-Technical)*
Jim Hunt *(Dir-Technical)*
James Vorley *(Supvr-Post Production)*
Robin Barnes *(Designer-Visual Effects)*
Tim Gardiner *(Sr Designer-Visual Effects)*

Accounts:
adidas (UK) Ltd. Adidas
Pinterest TV Campaign, UK
Save the Children
Uniqlo
Yoox

STINKDIGITAL
(Name Changed to Stink Studios)

STIR ADVERTISING & INTEGRATED MARKETING
252 E Highland Ave, Milwaukee, WI 53202
Tel.: (414) 278-0040
Fax: (414) 278-0390
E-Mail: brianb@stirstuff.com
Web Site: www.stirstuff.com

E-Mail for Key Personnel:
President: brianb@stirmarketing.com
Creative Dir.: stevek@stirmarketing.com
Media Dir.: SuzieL@stirmarketing.com

Employees: 8
Year Founded: 2000

National Agency Associations: PRSA-Second Wind Limited

Agency Specializes In: Advertising, Automotive, Brand Development & Integration, Broadcast, Business Publications, Business-To-Business, Cable T.V., Collateral, Communications, Consulting, Consumer Marketing, Consumer Publications, Corporate Communications, Corporate Identity, Direct Response Marketing, Electronic Media, Event Planning & Marketing, Financial, Government/Political, Graphic Design, Health Care Services, In-Store Advertising, Internet/Web Design, Leisure, Local Marketing, Logo & Package Design, Magazines, Marine, Media Buying Services, Medical Products, New Product Development, Newspaper, Newspapers & Magazines, Out-of-Home Media, Outdoor, Planning & Consultation, Point of Purchase, Point of Sale, Print, Production, Public Relations, Publicity/Promotions, Radio, Recruitment, Retail, Sales Promotion, Strategic Planning/Research, Sweepstakes, T.V., Trade & Consumer Magazines, Travel & Tourism

Approx. Annual Billings: $5,000,000

Brian Bennett *(Pres-Strategic Planner)*
Scott Shalles *(Creative Dir-Integrated)*
Jeff Jasinowski *(Assoc Creative Dir)*

Accounts:
APU Group (Agency of Record) Creative, Digital, Media, Social
Associated Bank Print, Rebranding
AXIS Automation PR
Bank Mutual Corp (Advertising & Marketing Agency of Record) Creative Services, Media Buying, Public Relations, Web Development
Blue Co Brands Rebranding, Website Design
Bubon Orthodontics (Agency of Record) Creative, Digital, Media, Social
Cousins Subs Campaign: "Bait", PR, Rebranding, Web Design
Dr. Comfort (Agency of Record) Creative, Media Buying, Public Relations
GE Healthcare
Halloin Murdock Designing, PR, Website
Holz Motors (Agency of Record) Creative, Digital, Inbound, Media, Social
Milwaukee Area Technical College Digital, Direct Marketing, Social Media
Milwaukee Bucks
Milwaukee/NARI Design, Website
Odyssey Greek Yogurt
Rural Mutual Insurance Company (Agency of Record)
Sargento Cheese Branding Development
Titus Talent (Agency of Record) Creative, Digital, Media, Social
United Performing Arts Fund Branding, Collateral Design
WISPARK Brand Development, Drexel Town Square, Website

STOCKHOLM DESIGN
11846 Ventura Blvd Ste 202, Studio City, CA 91604
Tel.: (310) 454-0004
Fax: (310) 943-1484
E-Mail: agency@stockholmdesign.com
Web Site: www.stockholmdesign.com

Employees: 10
Year Founded: 1997

Agency Specializes In: Automotive, Communications, Consulting, Digital/Interactive, Fashion/Apparel, Financial, Government/Political, Health Care Services, In-Store Advertising, Legal Services, Production, Retail

Markus Hammarberg *(Partner & Creative Dir)*
Joakim Olsson *(Partner & Creative Dir)*

Accounts:
FOX
HBO
Lionsgate Films
Millennium
Warner Bros

STOLTZ MARKETING GROUP
101 S Capitol Blvd Ste 900, Boise, ID 83702
Tel.: (208) 388-0766
Fax: (208) 388-0764
E-Mail: kens@stoltzgroup.com
Web Site: www.stoltzgroup.com

E-Mail for Key Personnel:
President: kens@stoltzgroup.com
Creative Dir.: davec@stoltzgroup.com

Employees: 15
Year Founded: 1996

Agency Specializes In: Advertising, Affluent Market, Agriculture, Aviation & Aerospace, Brand Development & Integration, Broadcast, Business Publications, Business-To-Business, Cable T.V., Catalogs, Collateral, Communications, Consulting, Consumer Marketing, Corporate Identity, Digital/Interactive, Direct Response Marketing, E-Commerce, Electronic Media, Email, Environmental, Exhibit/Trade Shows, Food Service, Graphic Design, In-Store Advertising, Information Technology, Integrated Marketing, Internet/Web Design, Leisure, Logo & Package Design, Luxury Products, Magazines, Multimedia, Newspaper, Newspapers & Magazines, Out-of-Home Media, Outdoor, Package Design, Planning & Consultation, Point of Purchase, Point of Sale, Print, Production, Public Relations, Publicity/Promotions, Radio, Real Estate, Regional, Retail, Sales Promotion, Search Engine Optimization, Social Marketing/Nonprofit, Social Media, Strategic Planning/Research, T.V., Trade & Consumer Magazines, Web (Banner Ads, Pop-ups, etc.)

Approx. Annual Billings: $15,000,000

Breakdown of Gross Billings by Media: Brdcst.: $2,250,000; Bus. Publs.: $1,500,000; Collateral: $5,250,000; Consulting: $3,750,000; Fees: $2,250,000

Ken Stoltz *(Pres)*
Julie Stevens *(CFO)*
Jill Watterson *(COO)*
Kate Holgate *(VP & Assoc Creative Dir)*
Bill Doty *(Producer-Digital)*

Accounts:
AIRE; Boise, ID Boats, Rafts; 2005
Atlas Holdings LLC Private Equity; 2009
Blue Cross of Idaho Health Insurance; 2011
Castor & Pollux Organix Brand Pet Food; 2011
Fresh Betty Spaghetti QSR; 2010
Idaho Wheat Commission; 2002
Idahoan Foods; Lewiston, ID Potato Products; 1996
The Pacific Companies Multifamily Housing Development; 2013
RedBuilt Engineered Wood Products; 2009
Soundview Paper Paper Products; 2011

THE STONE AGENCY
3906 Wake First Rd, Raleigh, NC 27609
Tel.: (919) 645-0799
E-Mail: jennym@thestoneagency.com
Web Site: thestoneagency.com

Employees: 25

Chris Stone *(Founder, CEO & Partner)*
Michele Stone *(Pres)*
Walter Peel *(CFO)*
Jackie D'Antonio *(VP-Strategy)*
Jodi Kleiber *(VP-Acct Leadership)*
Billy Barnes *(Creative Dir & Copywriter)*
Luis Garcia Gadea *(Art Dir)*
Farah Nisler *(Acct Dir)*
Liza Deckelbaum *(Dir-Earned & Owned Engagement)*
Ben Webb *(Dir-Comm Plng)*
Carri Bojara *(Acct Supvr)*
Michelle Faison *(Acct Supvr)*
Kelli Lynch *(Acct Supvr)*
Stephanie Nielsen *(Acct Exec)*

STONE WARD
225 E Markham St Ste 450, Little Rock, AR 72201-1629
Tel.: (501) 375-3003
Fax: (501) 375-8314
E-Mail: info@stoneward.com
Web Site: www.stoneward.com

E-Mail for Key Personnel:
President: mward@stoneward.com

AGENCIES - JANUARY, 2019 — ADVERTISING AGENCIES

Creative Dir.: lstone@stoneward.com
Media Dir.: dreid@stoneward.com
Production Mgr.: bfowler@stoneward.com
Public Relations: bscisson@stoneward.com

Employees: 45
Year Founded: 1984

National Agency Associations: AMIN

Agency Specializes In: Brand Development & Integration, Broadcast, Business-To-Business, Co-op Advertising, Collateral, Consumer Marketing, Corporate Identity, Digital/Interactive, Exhibit/Trade Shows, Food Service, Graphic Design, Health Care Services, Information Technology, Internet/Web Design, Logo & Package Design, Media Buying Services, Planning & Consultation, Point of Purchase, Print, Production, Public Relations, Publicity/Promotions, Radio, Restaurant, Sponsorship, T.V., Transportation, Travel & Tourism

Approx. Annual Billings: $19,000,000

Breakdown of Gross Billings by Media: Fees: $6,460,000; Production: $7,030,000; Pub. Rels.: $2,090,000; Radio & T.V.: $950,000; Worldwide Web Sites: $2,470,000

Millie Ward *(Pres)*
Larry Stone *(CEO & Exec Creative Dir)*
John Rogers *(CFO & Treas)*
Tom Lillig *(Pres-No Barriers USA & Dir-Brand Mgmt)*
Jordon Addison *(Art Dir)*
Kyle Floyd *(Creative Dir)*
Danny Koteras *(Creative Dir)*
Brett Parker *(Media Dir)*
Bruce Wallace *(Art Dir)*
Brenda Fowler *(Dir-Print Production)*
Lucie Pathmann *(Dir-Brand Mgmt & Comm)*
Tommy Walker *(Dir-Brdcst Production)*
Dana Dussing Berry *(Sr Acct Mgr-Pub Comm)*
Lauren Griffin Curtis *(Brand Mgr)*
Spencer Griffith *(Brand Mgr)*
Caroline Reddish *(Brand Mgr)*
Chris Earls *(Mgr-Tech)*
Liz Hamilton *(Mgr-Brand & Project)*
Becky Gordy *(Acct Exec)*
Samantha Butler *(Media Planner & Media Buyer)*
Anna Pearson *(Media Planner & Media Buyer)*
Mandy Wilkinson *(Media Planner & Buyer)*

Accounts:
Arkansas BlueCross BlueShield
Arkansas Department of Economic Development; Little Rock, AR; 1995
Arkansas Electric Cooperative Corp. Branding, Marketing
BancorpSouth
Baptist Health; Little Rock, AR Health Care System; 1998
Blue Cross and Blue Shield of Arkansas
Bridge2Rwanda
Energy Efficiency Arkansas
No Barriers (Agency of Record) Creative, Marketing Strategy, Public Relations, Social Media
Simmons First National Bank
SnapOn
SportClips
Terminix; Memphis, TN Termite & Pest Control; 1997
U.S. Soccer Federation

STONEARCH
710 S 2nd St 7th Fl, Minneapolis, MN 55401
Tel.: (612) 200-5000
E-Mail: info@stonearchcreative.com
Web Site: www.stonearchcreative.com

Employees: 48

Agency Specializes In: Advertising, Brand Development & Integration, Content, Digital/Interactive, Education, Social Media, Strategic Planning/Research

Judy Kessel *(Owner)*
Marcia Miller *(Pres)*
Jerrold Gershone *(CEO)*
Stew Johnson *(Sr Acct Exec & Producer)*
Sue Katula *(Mktg Dir)*
Jen Mugnaini *(Acct Dir)*
Allison Shulow *(Creative Dir)*
Amy Asbury *(Dir-Partnerships)*
Kiki Romsaas *(Assoc Dir-Production)*

Accounts:
ImpediMed Limited (Healthcare Marketing Agency of Record) Creative, Social Media
LifeScience Alley
Medela Inc Medela Breastfeeding (Agency of Record)
NuVasive Branding, Marketing
Step One Foods Marketing
Vital Images Brand Awareness

STONER BUNTING ADVERTISING
322 N Arch St Fl 1, Lancaster, PA 17603-2991
Tel.: (717) 291-1491
Fax: (717) 399-8197
E-Mail: info@stonerbunting.com
Web Site: www.stonerbunting.com

Employees: 30
Year Founded: 1984

Agency Specializes In: Advertising, Automotive, Brand Development & Integration, Broadcast, Business Publications, Business-To-Business, Cable T.V., Co-op Advertising, Collateral, Communications, Consulting, Consumer Marketing, Consumer Publications, Corporate Identity, Electronic Media, Exhibit/Trade Shows, Graphic Design, Leisure, Logo & Package Design, Magazines, Multimedia, New Product Development, Newspaper, Newspapers & Magazines, Out-of-Home Media, Outdoor, Planning & Consultation, Point of Purchase, Point of Sale, Print, Production, Radio, Retail, Sales Promotion, Strategic Planning/Research, T.V., Trade & Consumer Magazines, Travel & Tourism

Approx. Annual Billings: $35,000,000

Breakdown of Gross Billings by Media: Collateral: 10%; D.M.: 10%; Mags.: 25%; Newsp.: 10%; Outdoor: 5%; Point of Purchase: 10%; Radio: 10%; T.V.: 20%

Dan Nguyen *(Owner & Pres)*
Jim Roosa *(Mng Dir & VP)*
Christine Vulgaris *(CFO)*
Allison Schiding *(Strategist-Creative)*

Accounts:
Armstrong Flooring (Public Relations Agency of Record) Content Development, Media
Bonton
Brooks Brothers
The Container Store
CornellCookson (Agency of Record) Brand, Public Relations
GKD Metal Fabrics (Agency of Record) Brand, GKD Metal Mesh, Public Relations
Harry & David
HDI Railing Systems
Install
Invista; Wilmington, DE
Jiffy Lube
The Lancaster Chamber of Commerce & Industry
Landry's Restaurants Inc.
Royal China
Stainmaster
Sunglass Hut
Talbots
Wood-Mode, Inc Consumer Awareness, PR, Social Media Strategy

STOREBOARD MEDIA
360 Lexington Ave Fl 19, New York, NY 10017
Tel.: (212) 682-3300
E-Mail: sales@storeboards.net
Web Site: www.storeboards.net

Employees: 10
Year Founded: 1982

Agency Specializes In: Graphic Design, Media Buying Services, Print, Retail, Strategic Planning/Research

Revenue: $4,000,007

Charlie Williams *(Exec VP)*
Melissa Gerard *(Sr Acct Dir)*
Jim McDonald *(Acct Dir)*
Caroline Kelso *(Dir-Ops)*

Accounts:
Alberto Culver
Kerr Drug; 2008
Kraft Foods

STOREYMANSEAU, LLC
603 Upper Straw Rd, Hopkinton, NH 03229
Tel.: (603) 856-7647
E-Mail: info@storeymanseau.com
Web Site: www.storeymanseau.com

Employees: 1
Year Founded: 2000

Agency Specializes In: Advertising, Brand Development & Integration, Collateral, Graphic Design, Internet/Web Design, Media Buying Services, Media Relations

Laurie Storey-Manseau *(Owner)*

Accounts:
Sanel Auto Parts Co.

STORY WORLDWIDE
48 W 25th St, New York, NY 10010
Tel.: (212) 481-3452
E-Mail: josh.golden@storyworldwide.com
Web Site: www.storyworldwide.com

Employees: 160
Year Founded: 2005

Agency Specializes In: Advertising, Business Publications, Digital/Interactive, Internet/Web Design, Production (Ad, Film, Broadcast), Viral/Buzz/Word of Mouth, Web (Banner Ads, Pop-ups, etc.)

Approx. Annual Billings: $45,000,000

Jacqueline Brini-Lieberman *(Mng Partner & Chief Strategy Officer)*

Accounts:
Blue Man Group E-commerce, Entertainment; 2011
Brown-Forman Finlandia, Maximus; 2011
Cisco Technology; 2011
Folio Society Campaign: "Beautiful Books"
General Mills Green Giant, Hamburger Helper, Total; 2010
Jaeger Fashion; 2011
Johnson & Johnson One Touch; 2007
Lexus Automotive; 2005
Medtronic; 2010
SEI Financial Services & Technology; 2011

ADVERTISING AGENCIES
AGENCIES - JANUARY, 2019

Starz Entertainment, Original Programming; 2012
Unilever Bertolli, I Can't Believe It's Not Butter, Knorr; 2006

Branches

Story Worldwide
87 Wall St, Seattle, WA 98121
Tel.: (206) 336-3001
Fax: (206) 336-3030
Web Site: www.storyworldwide.com

Employees: 15

Simon Kelly *(CEO)*
Danielle Lamp *(Dir-Photography)*

Accounts:
Empire Cinemas
Harvest Direct Enterprises (Cannabis Agency of Record) Design, Digital, Event Marketing, Video; 2018
The Independent
Lexus

STRADA ADVERTISING, LLC.
604 West 6th Ave, Denver, CO 80204
Tel.: (303) 407-1976
E-Mail: hello@stradaadvertising.com
Web Site: www.stradamade.com/

Employees: 12
Year Founded: 2001

Agency Specializes In: Advertising, Brand Development & Integration, Broadcast, Collateral, Digital/Interactive, Internet/Web Design, Print

Revenue: $2,300,000

Amy Levi *(Pres & Creative Dir)*
Alyssa Strazza *(Sr Acct Mgr)*

Accounts:
MeadWestvaco
Mesa del Sol

STRADEGY ADVERTISING
(See Under Fieldtrip)

STRAHAN ADVERTISING
1940 Old Tustin Ave, Santa Ana, CA 92705
Tel.: (714) 547-6383
Fax: (714) 547-5463
E-Mail: info@strahanad.com
Web Site: www.strahanad.com

Employees: 7
Year Founded: 1979

Agency Specializes In: Advertising, Business-To-Business, Food Service

Timothy Strahan *(Pres)*
Paula Williams *(Sr Acct Supvr)*

Accounts:
Fisher Manufacturing
Montague
World-Wide Advantage

STRAIGHT NORTH
211 W Upper Wacker Dr, Downers Grove, IL 60606
Tel.: (312) 724-5220
E-Mail: sn@straightnorth.com
Web Site: www.straightnorth.com/locations/chicago-il/seo/

Employees: 65
Year Founded: 1997

Agency Specializes In: Brand Development & Integration, Collateral, Commercial Photography, Consulting, Graphic Design, Multimedia, Print, Strategic Planning/Research, Web (Banner Ads, Pop-ups, etc.)

David M. Duerr *(Chm & CEO)*
Kevin Duffy *(Pres & Chief Creative Officer)*
Ian Stevenson *(VP-Sls)*
Scott Hepburn *(Gen Mgr-Charlotte Office)*
Joshua Schmidt *(Client Svcs Dir)*
Jess Stewart *(Client Svcs Dir)*
Brett Sawicki *(Dir-Internet Mktg)*
Katie Kinlaw *(Acct Mgr)*
Thomas M. Ploch *(Sls Mgr-Inbound Mktg, SEO, PPC, Custom Website Design & Dev)*
Sara Rowles *(Mgr-Mktg Campaign)*
Brian Bicek *(Sr Acct Exec)*

Accounts:
Amdocs
Bank Consulting Group
CookTek
Dremel
Edward Hospital
Flexible Benefit Services Corporation
IPC International
JSH&A / Starbucks
Millennium Trust Company
Officite
Segall Bryant & Hamill
Tennex
Tensor Group

STRATA-MEDIA, INC.
PO Box 1689, Laguna Beach, CA 92652
Tel.: (714) 771-0667
Fax: (714) 538-6127
E-Mail: info@strata-media.com
Web Site: www.strata-media.com

Employees: 5
Year Founded: 1995

Agency Specializes In: Collateral, Corporate Identity, Event Planning & Marketing, Exhibit/Trade Shows, Financial, Graphic Design, Print, Production

Kimberly Hansen *(Art Dir)*

Accounts:
Greater New Port Physicians
Heritage Point Financial
Idev
Kerr Sybron Dental
Micro Vention
Nobel Biocare
Optivest
Quality Systems, Inc.
Think Mortgage
WealthPointe

STRATACOMM, LLC
1156 15Th St Nw Ste 800, Washington, DC 20005
Tel.: (202) 289-2001
Fax: (202) 289-1327
Web Site: www.stratacomm.net

Employees: 25
Year Founded: 1995

Agency Specializes In: Communications, Digital/Interactive, Event Planning & Marketing, Public Relations, Sponsorship

Bill Buff *(Mng Partner)*
John F. Fitzpatrick *(Mng Partner)*
Kristin Calandro Tyll *(Partner & Sr VP)*

Sharon Hegarty *(Mng Dir)*
Karyn Le Blanc *(Sr VP-Infrastructure)*
Charlotte Seigler *(Sr VP)*
Shannon Hartnett *(VP-Admin)*
Jennifer Heilman *(VP)*
Jacqueline Wilson *(VP)*
Kristin Gregory *(Acct Dir)*
Nicole Golvala *(Sr Acct Exec)*
Amber Garnett *(Acct Exec)*
Travis Austin *(Sr Partner)*
Marcia Wilson *(Asst Office Mgr)*

Accounts:
Federal Motor Carrier Safety Administration
Nissan North America, Inc. Public Relations
Norfolk Southern

STRATEGIC
177 Mott St, New York, NY 10012
Tel.: (212) 869-3003
Fax: (212) 204-1200
E-Mail: info@strategicagency.com
Web Site: thestrategicagency.com

Employees: 50

Agency Specializes In: Advertising

Peter Stern *(Pres)*

Accounts:
Capital One Bank
Capital One Bank (USA), N.A.
GlaxoSmithKline
Hershey's
The History Channel
Labatt Blue
Labatt USA LLC
Lipton
OfficeMax
Stella Artois

STRATEGIC AMERICA
6600 Westown Pkwy Ste 100, West Des Moines, IA 50266-7708
Tel.: (888) 898-6400
Fax: (515) 224-4181
E-Mail: mschreurs@strategicamerica.com
Web Site: www.strategicamerica.com

E-Mail for Key Personnel:
President: jschreurs@strategicamerica.com
Creative Dir.: GElkin@strategicamerica.com
Media Dir.: jstuber@strategicamerica.com
Public Relations: lmsolo@strategicamerica.com

Employees: 90
Year Founded: 1980

National Agency Associations: 4A's

Agency Specializes In: Advertising, Brand Development & Integration, Broadcast, Business Publications, Business-To-Business, Cable T.V., Co-op Advertising, Collateral, Commercial Photography, Communications, Consulting, Consumer Marketing, Consumer Publications, Corporate Identity, Digital/Interactive, Direct Response Marketing, E-Commerce, Education, Electronic Media, Entertainment, Event Planning & Marketing, Exhibit/Trade Shows, Financial, Food Service, Government/Political, Graphic Design, Health Care Services, High Technology, Industrial, Information Technology, Internet/Web Design, Leisure, Logo & Package Design, Magazines, Media Buying Services, Merchandising, Newspaper, Newspapers & Magazines, Out-of-Home Media, Outdoor, Planning & Consultation, Point of Purchase, Point of Sale, Print, Production, Public Relations, Publicity/Promotions, Radio, Restaurant, Retail, Sales Promotion, Sponsorship, Sports Market, Strategic Planning/Research, T.V., Trade & Consumer Magazines, Travel & Tourism

Approx. Annual Billings: $51,100,000

Michael R. Schreurs *(Chm & CEO)*
Troy Wells *(CFO)*
Carrie Thomson *(Media Dir)*
Carol Van Der Hart *(Media Dir)*
Carole Curtis *(Acct Mgr-Media)*
Jessica Keller *(Acct Mgr)*
Jen Leto *(Acct Mgr-Media)*
Heather Weaverling *(Acct Mgr-Media)*
Patti Barbalato *(Sr Acct Supvr)*
Sheryl Rinker *(Sr Acct Supvr)*
Michelle Thornton *(Sr Acct Supvr)*
Randy Driesen *(Acct Supvr)*
Mindy Efobi *(Supvr-Production Acctg)*
Holly Pratt *(Sr Buyer-Media & Planner)*
Emily Bussiere *(Strategist-Mktg)*
Brett Elliott *(Planner-Website & SEO & Analyst)*
Glenda Lynch *(Media Planner & Buyer)*
Maddie McLaughlin *(Coord-Interactive Svcs)*
Lisa Boden *(Sr Media Planner & Buyer)*
Tracey Schwarz *(Sr Media Planner & Buyer)*
Kelcey Stoehr *(Sr Art Dir)*
Gregory Welch *(Assoc Creative Dir)*

Accounts:
Department of Natural Resources; Des Moines, IA
Farm Bureau Financial Services
Hunter Douglas
The Iowa Lottery (Agency of Record) Media Buying; 1983
Kohler
Marsh & McLennan
Service Experts, Inc.
The Wendy's Company

STRATEGIC DOMAIN, INC.
347 W 36Th St Rm 1101, New York, NY 10018
Tel.: (212) 812-1900
Fax: (212) 924-4393
E-Mail: info@strategicdomain.com
Web Site: www.strategicdomain.com

E-Mail for Key Personnel:
President: mperoff@strategicdomain.com

Employees: 18
Year Founded: 1998

Agency Specializes In: Advertising, Business-To-Business, Consulting, Consumer Goods, Consumer Marketing, Corporate Communications, Corporate Identity, Digital/Interactive, Direct-to-Consumer, E-Commerce, Email, Graphic Design, Health Care Services, Integrated Marketing, Internet/Web Design, Logo & Package Design, Market Research, Medical Products, New Technologies, Paid Searches, Pharmaceutical, Planning & Consultation, Publicity/Promotions, Search Engine Optimization, Social Media, Strategic Planning/Research, Web (Banner Ads, Pop-ups, etc.)

Breakdown of Gross Billings by Media: Graphic Design: 5%; Internet Adv.: 30%; Promos.: 5%; Strategic Planning/Research: 30%; Worldwide Web Sites: 30%

Michael Peroff *(Mng Partner)*

Accounts:
Benjamin Moore; Montvale, NJ; 2007
Eisai; Teaneck, NJ; 2005
EUSA; Langhorne, PA; 2003
National Community Pharmacists Association; Alexandria, VA; 2002
Novartis; East Hanover, NJ; 1998
Ortho-McNeil Women's Health Products
Ortho-McNeil/Johnson & Johnson; Raritan, NJ; 1999
Orthofix International; McKinney, TX; 2006
Pfizer; New York, NY; 2005
Pharmacist e-Link; New York, NY; 2002
Salix Pharma; Raleigh, NC; 2003
Sanofi-Aventis; Bridgewater, NJ; 2007
Unicef; New York, NY; 2009

STRATEGIC MARKETING INC.
8895 N Military Trl Ste 202B, Palm Beach Gardens, FL 33410-6284
Tel.: (561) 688-8155
Fax: (561) 688-8156
E-Mail: tmurphy@thinkstrategic.com
Web Site: https://www.thinkstrategic.com/

Employees: 25
Year Founded: 1992

Agency Specializes In: Corporate Identity, Direct Response Marketing, Internet/Web Design, Logo & Package Design, Market Research, Media Planning, Public Relations, Radio, Strategic Planning/Research, T.V.

Terry Murphy *(Pres)*
Mary Murphy *(VP)*
Laurie Ashbourne *(Creative Dir)*
Emily Harris *(Acct Svcs Dir)*
Christopher Sommella *(Mktg Dir)*
Brendan Carson *(Acct Mgr)*
David Aviles *(Mgr-Media)*

Accounts:
Capitol Carpet & Tile Flooring Materials Retailer
Events & Adventures of Long Island
Stanley Steemer Floor Cleaning Materials Provider

STRATEGIC MEDIA, INC.
2857 Executive Dr, Clearwater, FL 33762
Tel.: (727) 531-7622
Web Site: www.strategic-webdesign.com/

Employees: 10
Year Founded: 1995

Agency Specializes In: Alternative Advertising, Event Planning & Marketing, Experience Design, Experiential Marketing, Guerila Marketing, Internet/Web Design, Local Marketing, Mobile Marketing, Out-of-Home Media

Approx. Annual Billings: $1,200,000

Breakdown of Gross Billings by Media: Out-of-Home Media: 60%; Worldwide Web Sites: 40%

Michael Finegold *(Dir-Ops)*
Michelle Irvin *(Media Buyer)*
Ben Rheault *(Media Buyer)*

STRATEGIC MEDIA INC
511 Congress St 9th Fl, Portland, ME 04101
Tel.: (866) 937-8072
Web Site: www.strategicmediainc.com

Employees: 25
Year Founded: 2000

Agency Specializes In: Advertising, Brand Development & Integration, Communications, Direct Response Marketing, Email, Print, Production, Radio, Social Media, T.V., Web (Banner Ads, Pop-ups, etc.)

Jeff Small *(Founder & CEO)*
Christina Baeten *(Client Svcs Dir)*
Heather Hansen *(Media Dir)*
Bob Leonard *(Dir-Client Dev)*
Matt Perkins *(Dir-Traffic)*
Rhonda Ainsworth *(Mgr-Acctg)*
Robin Bunker *(Media Buyer-Natl)*
Josh Knock *(Media Buyer-Natl)*
Payne Ratner *(Copywriter)*
Ben Siegel *(Analyst-Media)*
Monica Weeks *(Media Buyer-Natl)*
Pamela Wolfgram *(Media Buyer-Natl)*
Anna McDavitt *(Asst-Media)*

Accounts:
Adore Me Inc
Bank On Yourself
BioClarity
Crane & Canopy Inc
Fan Duel
Fortune Builders
FTD Companies, Inc. ProFlowers, Shari's Berries
Harry's, Inc.
Reis & Irvys
VistaPrint USA Incorporated

STRATEGICAMPERSAND INC.
250 Bloor St E Ste 1440, Toronto, ON M4W 1E6 Canada
Tel.: (416) 961-5595
Fax: (416) 961-7955
Toll Free: (877) 222-1653
E-Mail: info@stratamp.com
Web Site: www.stratamp.com

Employees: 30
Year Founded: 1991

Agency Specializes In: Advertising, Corporate Communications, Direct Response Marketing, Integrated Marketing, Internet/Web Design, Media Relations, Multimedia, New Technologies, Public Relations

Gayle Robin *(Founder, Pres & Partner)*
Miles Pollock *(Partner)*
Anita Wong *(VP-PR)*
Janice Young *(Controller)*
Illya Noble *(Art Dir)*
Meaghan Van Kuik *(Jr Acct Exec)*

Accounts:
Nikon
OpenTable (Canada Agency of Record) Public Relations, Social Media
Sony

STRATEGIES, A MARKETING COMMUNICATIONS CORPORATION
13681 Newport Ave Ste 8 Ste 616, Tustin, CA 92780
Tel.: (714) 957-8880
Fax: (714) 957-8880
E-Mail: mail@strategiesadpr.com
Web Site: www.strategiesadpr.com

Employees: 8
Year Founded: 1991

Agency Specializes In: Advertising, Brand Development & Integration, Business-To-Business, Collateral, Consulting, Direct Response Marketing, Health Care Services, High Technology, Medical Products, Print, Production, Public Relations, Strategic Planning/Research

Breakdown of Gross Billings by Media: Collateral: 20%; D.M.: 10%; E-Commerce: 10%; Graphic Design: 20%; Pub. Rels.: 23%; Strategic Planning/Research: 15%; Trade & Consumer Mags.: 2%

Linda White *(Founder)*
Tara Stoutenborough *(Owner)*
Deborah Jones *(VP)*
Kathryn Thompson *(Controller)*
Oscar Wright *(Sr Dir-Art)*
Lindsay Thompson *(Sr Acct Exec)*

Accounts:
HireRight Inc.; Irvine CA Pre-Employment

ADVERTISING AGENCIES

Background Screening Provider; 2001
Rosemount Analytical; Irvine, CA Industrial Process Analytical Equipment; 1992
VACO Los Angeles Financial Services Talent Agency; 2010

STRATEGIS
21 Taylor Ave Apt 2109, Plymouth, MA 02360
Tel.: (781) 297-9200
Web Site: https://strategis.is/

Employees: 8
Year Founded: 1999

Dolores Gonsalves-Irish *(CFO, COO, Principal & Strategist)*
George Irish *(Head-Generation Expert & Chief Strategist-Mktg)*
Lindsay Borgen *(Acct Mgr)*

STRATEGY+STYLE MARKETING GROUP
3 Masar Rd, Boonton, NJ 07005
Tel.: (973) 588-3979
Web Site: www.strategyplusstyle.com

Employees: 7
Year Founded: 2010

Agency Specializes In: Advertising, Consulting, Digital/Interactive, Media Relations, Public Relations

Karen Fluharty *(Partner)*
Sue Helondovitch *(VP-Comm)*
Brie McCoach DeFilippis *(Dir-Field Mktg)*
Ashley Waitts *(Sr Graphic Designer)*
Mary Alexander *(Coord-Fin)*

Accounts:
Foothills Mall
Helzberg's Diamond Shops, Inc.
Legends Outlets Kansas City
The Shops at Northfield Stapleton
The Shops at Skyview Center

STRAWBERRYFROG
60 Madison Ave, New York, NY 10010
Tel.: (212) 366-0500
Fax: (212) 366-0521
E-Mail: inquiries@strawberryfrog.com
Web Site: www.strawberryfrog.com

Employees: 80

Agency Specializes In: Graphic Design, Sponsorship

Scott Goodson *(Founder, CEO & Writer)*
Karin Drakenberg *(Exec VP)*
Ashley Connors *(Head-Strategy)*
Tyler DeAngelo *(Exec Creative Dir)*
Chris Belmore *(Sr Acct Dir)*
Alexandra Barberio *(Art Dir)*
Aileen Calderon *(Creative Dir)*
Marshall Peschell *(Art Dir)*
Shana Bellot *(Dir-Client Svc)*
Lucy Downs *(Dir-Creative Art)*
Juliana Ossa *(Dir-Studio Design)*
Elizabeth Scordato *(Dir-Project Mgmt)*
Kayla Ariza *(Acct Exec)*
Will Kelleher *(Copywriter)*
Christopher MacFarlane *(Sr Designer)*
Jared Diamond *(Assoc Creative Dir)*

Accounts:
Afya Foundation
Albania Campaign: "Go Your Own Way", Digital, Public Relations, Short Films, Social Media
Aquatine Group Advertising, Aqua-Tine, Branding, Campaign: "We Love Smokers", Digital, Marketing, Social Media, Website

Beam Global Spirits & Wine Campaign: "Cage Your Angel", Campaign: "Make History", Campaign: "Parallels", Global Creative, Jim Beam - Creative Duties, Jim Beam Black, Red Stag
New-Crunch Fitness, Inc. (Agency of Record) Creative; 2018
Emirates Airlines Boeing 777, Campaign: "Anthem", Campaign: "Hello Tomorrow"
European Wax Center Campaign: "Skin that's simply instagrammable", Campaign: "Waxing For All", Digital, National Marketing, Outdoor, Poster, Print, Radio, Social, Social Media
Fortune Magazine
Frito-Lay, Inc. Sabra, Stacy's Pita Chips, True North; 2008
Harrisdirect Financial Services; 2005
Heineken Heineken
Impact Beverage LLC Brand Strategy, Digital, HeadOn (Strategic & Creative Branding Agency of Record), In-Store, Media, Print, TV
Jim Beam Campaign: "Make History", Campaign: "Parallels"
Jockey
LG Campaign: "Prison Break", LG Optimus G
LifeBridge Health (Agency of Record) Advertising, Brand Strategy, Content, Creative & Strategic, Marketing, Messaging
Mahindra Campaign: "The Girl Epidemic"
Modern Acupuncture (Agency of Record) Brand Voice, Look & Movement, Creative; 2018
Morgan Stanley
Nanhi Kali K.C. Mahindra Education Trust Campaign: "The Girl Epidemic"
Nature's Variety Campaign: "Long Live Pets", Media, Social
New Balance
Procter & Gamble Campaign: "O Canada, Baby!", Pampers, Pampers Hello Baby Pregnancy Calendar App
Smart USA
SunTrust Banks, Inc. (Agency of Record) Advertising, Creative, Foundation, Marketing, Strategic
Wasa NA

STREAM ADVERTISING LLC
401 S Catlin, Missoula, MT 59801
Tel.: (406) 317-1345
Web Site: www.streamadv.com

Agency Specializes In: Advertising, Media Buying Services, Media Planning, Strategic Planning/Research

Cher Shermer *(Pres)*

Accounts:
Blue Ribbon Auto Inc
V-Tec Auto Repair

STREAM COMPANIES
400 Lapp Rd, Malvern, PA 19355
Toll Free: (888) 474-1724
E-Mail: sales@streamcompanies.com
Web Site: www.streamcompanies.com

Employees: 500
Year Founded: 1996

Agency Specializes In: Advertising, Automotive, Brand Development & Integration, Content, Digital/Interactive, Internet/Web Design, Media Buying Services, Paid Searches, Production, Search Engine Optimization, Social Media

Jason Brennan *(Co-Founder)*
David Regn *(Co-Founder)*
Paul Accinno *(Partner & Exec VP-Dealer Svcs)*
Kate Heskett *(Partner & VP-Creative Ops)*
Brian Niemiec *(CFO)*
Brian Baker *(Chief Client Officer & Pres-Automotive)*
William Kenney *(Reg VP)*
Cory Manning *(Acct Dir)*
Corinne Preston *(Creative Dir)*
Brendan Reilly *(Acct Dir)*
Brittanie Starr *(Creative Dir)*
Christine Flynn *(Office Mgr)*
Helena Tinnyo *(Acct Mgr)*
Emily Spalding *(Specialist-Client Svcs)*
Brian Horan *(Media Planner & Media Buyer)*
Aoife Laughlin *(Copywriter-Inbound Mktg)*
Ashley Carncross *(Coord-Creative)*
Courtney Mckain *(Coord-Creative)*
Brian Savine *(Coord-Email Data)*
Amy Smith Anthony *(Sr Media Buyer)*
Amanda Moran *(Sr Media Buyer)*

Accounts:
Kremer Eye Center
Norm Reeves Honda Superstore Cerritos

STREET FACTORY MEDIA
2942 Pleasant Ave S, Minneapolis, MN 55408
Tel.: (651) 248-1406
E-Mail: info@streetfactorymedia.com
Web Site: www.streetfactorymedia.com

Employees: 34
Year Founded: 2001

Agency Specializes In: Advertising, Guerilla Marketing

Aurora Bell *(VP-Integrated Projects)*
Corey Spoden *(Dir-Ops)*

Accounts:
Burt's Bees Inc.

STREET LEVEL STUDIO
250 Waukegan Ave, Highwood, IL 60040
Tel.: (847) 432-5150
Web Site: www.streetlevelstudio.com/

Employees: 15

Tanya Fretheim *(Principal)*
Jennie Dembowski *(Sr Graphic Designer)*
Amy Glynn *(Analyst-Mktg)*

Accounts:
Emerald Spa
FreightQuote.com
Gabe's Backstage Lounge
Life Fitness
Mercury Plastics
Tap Pharmaceuticals
WLG, Inc.

STREICKER & COMPANY INC.
37 Eastern Ave, East Providence, RI 02914
Tel.: (401) 435-0200
E-Mail: advertise@streicker.com
Web Site: www.streicker.com

Employees: 4
Year Founded: 1977

National Agency Associations: MCA

Agency Specializes In: Advertising, Business-To-Business, Collateral, Corporate Communications, Corporate Identity, Direct Response Marketing, Exhibit/Trade Shows, Fashion/Apparel, Graphic Design, Health Care Services, High Technology, Industrial, Logo & Package Design, Marine, Medical Products, New Product Development, Out-of-Home Media, Outdoor, Print, Public Relations, Publicity/Promotions, Strategic Planning/Research, Trade & Consumer Magazines, Web (Banner Ads, Pop-ups, etc.)

AGENCIES - JANUARY, 2019 — ADVERTISING AGENCIES

Approx. Annual Billings: $2,000,000

Paul W. Streicker (Pres)

Accounts:
Bruin Plastics Co. Laminates; 1986
Conference Exchange; 2004
Cottrell Paper Co. Insulating Paper; 1986
DeWAL Industries; 2005
Evans Co. Miniature Stampings Miniature Stampings; 1983
Gehring Textiles Inc; 2001
J&M Diamond Tool Co. Diamond Inserts; 1991
Safety Flag Co. of America High Visibility Safety Products; 1976
Sentry Battery Corp; 1998

STRENG AGENCY
(Formerly Streng Design & Advertising)
244 W River Dr, Saint Charles, IL 60174
Tel.: (630) 584-3887
Fax: (630) 584-1695
E-Mail: hello@strengagency.com
Web Site: strengagency.com/

Employees: 10

Agency Specializes In: Advertising, Brand Development & Integration, Graphic Design, Internet/Web Design, Package Design, Print

Rick Streng (Owner)
Peter Schwartz (Pres & CEO)
Will Sosa (Creative Dir)
Stacia Ellermeier (Dir-Catalog Svcs)
Steve Clevenger (Production Mgr)

Accounts:
Big Apple Bagels

STRIDE CREATIVE GROUP
305 St Paul St, Burlington, VT 05401
Tel.: (802) 652-4855
Fax: (802) 652-4856
Web Site: www.stridecreative.com

Employees: 5
Year Founded: 2004

Agency Specializes In: Advertising, Brand Development & Integration, Email, Internet/Web Design, Logo & Package Design, Media Planning, Out-of-Home Media, Outdoor, Print, Search Engine Optimization, Social Media

Catherine McIntyre (Principal)
Terri Parent (Principal)
Kate Dodge (Acct Mgr)
Kimberley Quinlan (Sr Designer)

Accounts:
Lake Champlain Chocolates
Physicians Computer Company
Sojourn
Vermont Tech

STRIKE MARKETING
906 Rutland St, Houston, TX 77008
Tel.: (713) 343-9000
Web Site: www.strikemg.com

Employees: 10

Agency Specializes In: Advertising, Brand Development & Integration, Event Planning & Marketing, Public Relations, Strategic Planning/Research

Joe Pogge (CEO & Principal)
Thomas Goggins (VP-Ops)

Accounts:
Choice Leather Furniture
Ecofest
Mountain View Regional Hospital
Spirit International, Inc.

STRONG
201 Office Park Dr Ste 220, Birmingham, AL 35223
Tel.: (205) 313-4000
Web Site: www.strongautomotive.com

Employees: 45
Year Founded: 1977

Agency Specializes In: Advertising, Affluent Market, African-American Market, Asian Market, Automotive, Bilingual Market, Brand Development & Integration, Cable T.V., Co-op Advertising, Consulting, Consumer Marketing, Content, Digital/Interactive, Direct Response Marketing, Direct-to-Consumer, Email, Graphic Design, In-Store Advertising, Internet/Web Design, Local Marketing, Logo & Package Design, Luxury Products, Market Research, Media Buying Services, Media Planning, Men's Market, Multimedia, Newspaper, Newspapers & Magazines, Out-of-Home Media, Outdoor, Over-50 Market, Paid Searches, Planning & Consultation, Point of Purchase, Point of Sale, Print, Production, Production (Ad, Film, Broadcast), Production (Print), Promotions, Radio, Regional, Sales Promotion, Search Engine Optimization, Seniors' Market, Social Marketing/Nonprofit, Social Media, Strategic Planning/Research, T.V., Web (Banner Ads, Pop-ups, etc.), Women's Market

Gayle Rogers (CMO & Mktg Dir-Digital)
Sheila Grandy (Sr VP-Adv Svcs)
Bill Marefka (VP & Sr Acct Dir)
Josh Bradish (VP-Dealer Direct)
Megan Cesnick (Acct Exec)
Mary-Kate Laird (Sr Coord-Social Media)
Casey Quattlebaum (Sr Media Buyer-Adv)

Accounts:
Limbaugh Toyota

STRONGVIEW SYSTEMS, INC.
(Merged with & Name Changed to Selligent)

STROTHER COMMUNICATIONS
222 S 9th St Fl 41, Minneapolis, MN 55402
Tel.: (612) 288-2400
Fax: (612) 288-0504
Web Site: www.scgpr.com

Employees: 20
Year Founded: 1992

Agency Specializes In: Public Relations

Approx. Annual Billings: $2,000,000

Patricia Henning Strother (Pres)
Patrick Strother (CEO & Chief Creative Officer)
Jeron Udean (Dir-Media Rels & Acct Mgr)
Randy West (Dir-Bus Dev)
Trevor Nolte (Sr Art Dir)

Accounts:
Smead Manufacturing; Hasting, MN

STRUCK
159 W Broadway Ste 200, Salt Lake City, UT 84101
Tel.: (801) 531-0122
Fax: (801) 531-0123
E-Mail: infoslc@struck.com
Web Site: www.struck.com

Employees: 50
Year Founded: 2003

National Agency Associations: SODA

Agency Specializes In: Advertising, Alternative Advertising, Brand Development & Integration, Branded Entertainment, Broadcast, Cable T.V., Collateral, Corporate Identity, Digital/Interactive, Electronic Media, Email, Event Planning & Marketing, Exhibit/Trade Shows, Experience Design, Graphic Design, Guerilla Marketing, In-Store Advertising, Internet/Web Design, Logo & Package Design, Media Buying Services, Media Planning, Media Relations, Multimedia, Newspapers & Magazines, Out-of-Home Media, Outdoor, Paid Searches, Point of Purchase, Point of Sale, Print, Production, Production (Ad, Film, Broadcast), Production (Print), Social Media, Sponsorship, Strategic Planning/Research, T.V., Viral/Buzz/Word of Mouth, Web (Banner Ads, Pop-ups, etc.)

Approx. Annual Billings: $17,000,000

Matthew Anderson (CEO & Exec Creative Dir)
Ethan Heugly (CFO)
Kylie Kullack (Head-Client Partnership)
Brent Watts (Exec Creative Dir)
Colin Greenberg (Sr Producer-Mktg)
Scott Sorenson (Creative Dir)
Cacia Harris (Acct Mgr-Media)
Machel Devin (Acct Supvr)

Accounts:
Deer Valley Resort
Glasses.com; 2013
Icon Fitness
Jack in the Box Inc Digital, Redesign, Website
Kodiak Cakes Brand Positioning, Brand Strategy, Ecommerce, Packaging, Website
Lennar Homes Digital Creative; 2013
Nickelodeon Nick Animation Studios; 1998
Sage Sage1, Sage2; 2015
Snowbird (Agency of Record); 2017
Squatty Potty (Agency of Record) Branding, Retail
Uinta Brewing Company Website
Utah Office of Tourism (Agency of Record) Campaign: "Mighty 5", Creative

Branches

Struck
531 Se 14Th Ave # 106, Portland, OR 97214
Tel.: (503) 517-2526
E-Mail: infola@struck.com
Web Site: www.struck.com

Employees: 12

Agency Specializes In: Sponsorship

Matthew Anderson (CEO & Exec Creative Dir)

STUDE-BECKER ADVERTISING LLC
332 Minnesota St Ste E100, Saint Paul, MN 55101
Tel.: (651) 293-1393
Fax: (651) 223-8050
E-Mail: mike@stude-becker.com
Web Site: www.stude-becker.com

Employees: 8
Year Founded: 1998

Agency Specializes In: Direct Response Marketing, Financial, Health Care Services

Approx. Annual Billings: $3,200,000

Breakdown of Gross Billings by Media: Collateral: $1,600,000; Mags.: $1,600,000

ADVERTISING AGENCIES

Michael Dunn *(Partner)*
Steve Peterson *(Partner)*
Robert Stude *(Art Dir)*
Susan Donohue *(Copywriter)*

Accounts:
3M; Saint Paul, MN; 1998
Datasciences International
Universal Hospital Services Inc.

STUDIO 2 ADVERTISING
1641 Broad St, Greensburg, PA 15601
Tel.: (724) 836-2220
Fax: (724) 836-2060
E-Mail: info@studio-2.com
Web Site: http://studio2adv.com/

Employees: 5
Year Founded: 1976

Agency Specializes In: Industrial, Retail

Approx. Annual Billings: $1,000,000

Breakdown of Gross Billings by Media: D.M.: $200,000; Mags.: $100,000; Newsp.: $200,000; Pub. Rels.: $300,000; Radio: $100,000; T.V.: $100,000

Christen Phillips *(Creative Dir)*

Accounts:
Basic Carbide
Cambria Rowe Business College
Howard Hanna Real Estate Services
Kennywood
Magnetics
Mon Valley Hospital

STUDIO A ADVERTISING
203 N Main St, Mishawaka, IN 46544-1410
Tel.: (574) 259-5555
Fax: (574) 258-6107
E-Mail: customerservice@studioaadvertising.com
Web Site: www.studioaadvertising.com

Employees: 20
Year Founded: 1980

Agency Specializes In: Broadcast, Production

Approx. Annual Billings: $5,000,000

Bob Singleton *(Sr Mgr)*

STUDIO BLACK TOMATO
119 W 24th St, New York, NY 10011
Tel.: (646) 558-3644
Web Site: studioblacktomato.com

Agency Specializes In: Advertising, Brand Development & Integration, Content, Digital/Interactive, Print, Strategic Planning/Research

Nick Ford-Young *(Head-Studio)*
Hannah Underwood *(Acct Dir & Exec Producer)*
Nicole Harley *(Acct Mgr & Producer)*
Adam Larter *(Acct Dir-Strategic)*
Sean-Taylor Williams *(Head-Creative Svcs Partnerships)*
Jake Pickering *(Mgr-Bus Dev)*
Chiara Colella *(Acct Exec)*
Louisa Lau *(Art Dir)*
Alex Chan *(Creative Dir, Strategist-Creative & Designer)*
Astrid Decrop *(Designer-Digital)*

Accounts:
New-Accor onefinestay
New-American Airlines Group Inc.
New-Cable News Network LP CNNTravel
New-Explore Charleston
New-Hotel Okura Amsterdam Ciel Bleu

STUDIO BRAND COLLECTIVE
1824 Spring St Ste 201, Houston, TX 77007
Tel.: (832) 350-8458
E-Mail: hello@studiobrandcollective.com
Web Site: www.studiobrandcollective.com

Employees: 50
Year Founded: 2012

Agency Specializes In: Advertising, Brand Development & Integration, Event Planning & Marketing, Public Relations, Social Media

Karee Laing *(Principal & Chief Creative Officer)*
Radica McKenzie *(Dir-Ops)*
Elizabeth G. Tenorio *(Assoc Dir-Brand Design)*
Alicia McGinnis *(Mgr-Mktg & Brand Dev)*
Kathy Gonzalez-Rubio *(Assoc Creative Dir-Creative8 Agency)*

Accounts:
ModMade Goods

STUDIO CENTER
161 Business Park Dr, Virginia Beach, VA 23462
Tel.: (757) 286-3080
Fax: (757) 622-0583
Toll Free: (866) 515-2111
Web Site: https://studiocenter.com/

Employees: 179
Year Founded: 1966

Agency Specializes In: Advertising, Digital/Interactive, Internet/Web Design, Print, Search Engine Optimization, T.V.

William Prettyman *(CEO)*
Chris Wilson *(Mktg Dir)*
Malina Decker Finan *(Dir-Dev)*
Lana Mastilovic *(Acct Mgr)*
Kim Moss *(Mgr-Client Rels)*

Accounts:
Genworth Financial Inc.

STUDIO D MARKETING COMMUNICATIONS
9374 Olive Blvd Ste 104, Saint Louis, MO 63132
Tel.: (314) 200-2630
Web Site: studiod.agency/

Employees: 5
Year Founded: 2013

Agency Specializes In: Advertising, Content, Internet/Web Design, Media Planning, Media Relations, Public Relations, Social Media, Strategic Planning/Research

Revenue: $4,000,000

Scott Dieckgraefe *(Pres & Mng Partner)*
Rich Meyer *(Partner & Chief Creative Officer)*
Terri Waters *(Mgr-PR)*
Tom Taylor *(Acct Planner)*

Accounts:
Alligare, LLC (Agency of Record) Brand Communications
Cambridge Engineering Commercial & Industrial Unit Heater Mfr; 2013
Coventry Capital Wealth Management Services; 2013
Frontenac Bank
New-Jim Butler Auto Group
KRJ Architects Planning & Research; 2013
Ohlendorf Appliance Laboratory Marketing, Public Relations, Social Media
Ohlendorf Dental Appliance Laboratory
Royal Banks of Missouri
Sandberg Phoenix & von Gontard, P.C.
SIOR Foundation
St. Louis County Department of Health
Surgical Direct
Unico Systems Residential & Heating & Cooling Equipment; 2013

STUDIO WULF
1655 Dupont St Ste 324, Toronto, ON M6P3T1 Canada
Tel.: (647) 640-9853
E-Mail: hey@studiowulf.com
Web Site: www.studiowulf.ca/

Employees: 5
Year Founded: 2014

Agency Specializes In: Consumer Publications, Custom Publishing, Digital/Interactive, Direct Response Marketing, Email, Exhibit/Trade Shows, Experience Design, In-Store Advertising, Local Marketing, Magazines, Multimedia, Newspapers & Magazines, Outdoor, Paid Searches, Point of Purchase, Point of Sale, Print, Product Placement, Production, Production (Print), Promotions, Publishing, Search Engine Optimization, Social Media, Sponsorship, Viral/Buzz/Word of Mouth, Web (Banner Ads, Pop-ups, etc.)

Approx. Annual Billings: $300,000

Linna Xu *(CEO)*

Accounts:
Earth Rated Dog Waste Products; 2014

STUDIO303INC.
771 Waterbridge Blvd, Myrtle Beach, SC 29579
Tel.: (843) 903-4760
Fax: (843) 903-4342
Web Site: www.studio303inc.com

Employees: 2
Year Founded: 2000

Agency Specializes In: Advertising, Graphic Design

Deanne Johnson *(Owner)*

Accounts:
Grand Strand Urology
Loris Healthcare System
Prudential Realty

STUDIOTHINK
1301 E 9th St, Cleveland, OH 44114
Tel.: (216) 574-9533
Fax: (216) 621-9910
E-Mail: info@studiothink.net
Web Site: www.studiothink.net

Employees: 50
Year Founded: 2004

Agency Specializes In: Advertising, Brand Development & Integration, Digital/Interactive, Email, Graphic Design, Internet/Web Design, Logo & Package Design, Print, Public Relations, Strategic Planning/Research

Christine Lobas *(Founder, CEO & Mng Partner)*
Stephen Meyer *(Sr Dir-Art)*
Beverly Vance *(Dir-Ops)*

Accounts:
Earnest Machine Products Co.

AGENCIES - JANUARY, 2019 — ADVERTISING AGENCIES

Truven Health Analytics

STUN CREATIVE
6420 Wilshire Blvd Fl 4, Los Angeles, CA 90048
Tel.: (323) 460-4035
Fax: (323) 460-4562
E-Mail: contact_la@stuncreative.com
Web Site: www.stuncreative.com

Employees: 60
Year Founded: 2000

Agency Specializes In: Advertising, Broadcast, Cable T.V., Sponsorship

Michael Vamosy (Chief Creative Officer)
Mark Feldstein (Principal-BusterINK)
Brad Roth (Principal)
Matt LeBoeuf (VP-Consumer Brands)
Galen W. Newton (Head-Digital & Social Content)
Sara Cahill (Exec Dir-Creative)
Nancy Pothier (Sr Dir-Creative)
Amanda Hanig (Creative Dir)
Stephen Kirklys (Art Dir)
Joel Lava (Creative Dir-Buster)
Vincent Ruiz-Abogado (Creative Dir-Buster)
Brent Thornburg (Creative Dir)

Accounts:
A&E Network "Down The Rail"
California Pizza Kitchen (Creative Advertising Agency of Record)
Fandango
National Football League
Netflix
SGN Cookie Jam
ShoeDazzle
Sundance Channel Entertainment Services
Unilever Campaign: "Real Strength", Dove Men + Care
Virgin America Campaign: "Twin Tested"

STYLE ADVERTISING
3617 8th Ave S, Birmingham, AL 35222
Tel.: (205) 933-8893
Fax: (205) 933-8897
E-Mail: info@sytleadvertising.com
Web Site: www.styleadvertising.com

Employees: 20

Agency Specializes In: Advertising, Communications, Out-of-Home Media, Public Relations, Social Media

Bill Stoeffhaas (Owner & Partner)
Chuck Cargal (Pres-Style Adv, Mktg & PR)
Audrey Pannell (VP-Mktg & PR)
Grant Tatum (Creative Dir-Mktg & PR)
Katie Beck (Dir-PR & Digital Media-Mktg & PR)
Kirsten Ebert Funk (Dir-Mktg, PR, Digital Content & Strategy)
Claire Per-Lee (Mgr-PR, Digital Media, Style Adv, Mktg & PR)
Angela Williams (Media Buyer-Style Adv, Mktg & PR)

Accounts:
Become Yourself
Birmingham Race Course
The Education Corporation of America Brightwood Colleges, Culindard, Virginia College
Fortun Foods Inc
Greater Birmingham Humane Society
Levy's Fine Jewelers
Lowcountry Male
MediFast Weight Control Centers
Midsouth Paving
Perry's Steakhouse
TheBusCenter.com

SUASION COMMUNICATIONS GROUP
235 Shore Rd, Somers Point, NJ 08244
Tel.: (609) 653-0400
Fax: (609) 653-6483
Toll Free: (800) 222-0461
E-Mail: info@suasionmarketing.com
Web Site: www.suasionmarketing.com

E-Mail for Key Personnel:
President: sschmidt@smithokeefe.com
Creative Dir.: sal@smithokeefe.com

Employees: 6
Year Founded: 1998

National Agency Associations: PRSA-Second Wind Limited

Approx. Annual Billings: $5,000,000

Susan Adelizzi-Schmidt (Pres)
Lisa Baylinson (Creative Dir)

Accounts:
French Creek
The HERO Campaign
Michael Donahue Builders
Suasion

SUB ROSA
353 West 12th Street, New York, NY 10014
Tel.: (212) 414-8605
Fax: (646) 349-1685
E-Mail: lastname@wearesubrosa.com
Web Site: www.wearesubrosa.com

Employees: 57

Agency Specializes In: Advertising, Brand Development & Integration, Graphic Design, Production (Ad, Film, Broadcast)

Michael Ventura (CEO)
Matt Lower (Mng Dir)
Catie Miller (Exec Dir-Strategy)
Mark James Foster (Art Dir)
Rae Bernamoff (Dir-Design)
Esther Downton (Dir-Production)

Accounts:
Absolut Vodka
Axe
Coca-Cola
Diesel
Ecko
Estee Lauder Cosmetics
General Electric Campaign: "Garages"
Kiehls Cosmetics Brand Retailers
Levi's
L'Oreal Cosmetics Producers
Mountain Dew Soft Drinks
Pantone "Make It Brilliant", Brand Strategy, Content Creation, Creative, Print, Social
Pepsi
POPSUGAR Inc Campaign: "We Search, We Find, We ShopStyle", Creative, ShopStyle
Sony BMG

SUBLIME COMMUNICATIONS LLC
20 Acosta St Ste 200, Stamford, CT 06902
Tel.: (203) 340-1010
E-Mail: info@sublimecommunications.com
Web Site: www.sublimecommunications.com

Agency Specializes In: Advertising, Brand Development & Integration, Communications, E-Commerce, Fashion/Apparel, Health Care Services, Internet/Web Design, Media Buying Services, Media Planning, Media Relations

Nicole Enslein (CEO)
Lilian Dutra (CFO)
Paula Brandes (Acct Dir)

Raluca Doaga (Acct Dir)

Accounts:
New-Eureka (Marketing & Advertising Agency of Record)

SUBMIT EXPRESS INC.
1201 N Pacific Ave Ste 103, Glendale, CA 91202
Tel.: (818) 567-3030
Fax: (818) 567-0202
Toll Free: (877) 737-3083
E-Mail: feedbacks@submitexpress.com
Web Site: www.submitexpress.com

Employees: 40

Agency Specializes In: Above-the-Line, Advertising, Advertising Specialties, Affiliate Marketing, Affluent Market, African-American Market, Agriculture, Alternative Advertising, Arts, Asian Market, Automotive, Aviation & Aerospace, Below-the-Line, Bilingual Market, Brand Development & Integration, Branded Entertainment, Broadcast, Business Publications, Business-To-Business, Cable T.V., Catalogs, Children's Market, Co-op Advertising, Collateral, College, Commercial Photography, Communications, Computers & Software, Consulting, Consumer Goods, Consumer Marketing, Consumer Publications, Content, Corporate Communications, Corporate Identity, Cosmetics, Crisis Communications, Custom Publishing, Customer Relationship Management, Digital/Interactive, Direct Response Marketing, Direct-to-Consumer, E-Commerce, Education, Electronic Media, Electronics, Email, Engineering, Entertainment, Environmental, Event Planning & Marketing, Exhibit/Trade Shows, Experience Design, Experiential Marketing, Fashion/Apparel, Financial, Food Service, Game Integration, Government/Political, Graphic Design, Guerilla Marketing, Health Care Services, High Technology, Hispanic Market, Hospitality, Household Goods, Identity Marketing, In-Store Advertising, Industrial, Infomercials, Information Technology, Integrated Marketing, International, Internet/Web Design, Investor Relations, LGBTQ Market, Legal Services, Leisure, Local Marketing, Logo & Package Design, Luxury Products, Magazines, Marine, Market Research, Media Buying Services, Media Planning, Media Relations, Media Training, Medical Products, Men's Market, Merchandising, Mobile Marketing, Multicultural, Multimedia, New Product Development, New Technologies, Newspaper, Newspapers & Magazines, Out-of-Home Media, Outdoor, Over-50 Market, Package Design, Paid Searches, Pharmaceutical, Planning & Consultation, Podcasting, Point of Purchase, Point of Sale, Print, Product Placement, Production, Production (Ad, Film, Broadcast), Production (Print), Promotions, Public Relations, Publicity/Promotions, Publishing, RSS (Really Simple Syndication), Radio, Real Estate, Recruitment, Regional, Restaurant, Retail, Sales Promotion, Search Engine Optimization, Seniors' Market, Social Marketing/Nonprofit, South Asian Market, Sponsorship, Sports Market, Stakeholders, Strategic Planning/Research, Sweepstakes, Syndication, T.V., Technical Advertising, Teen Market, Telemarketing, Trade & Consumer Magazines, Transportation, Travel & Tourism, Urban Market, Viral/Buzz/Word of Mouth, Web (Banner Ads, Pop-ups, etc.), Women's Market, Yellow Pages Advertising

Sean Sarian (Sr Acct Exec)

Accounts:
Affinity
Amgen
CIT
Dollar
Purina Mills

ADVERTISING AGENCIES — AGENCIES - JANUARY, 2019

SUBURBIA ADVERTISING
590 Beaver Lk Rd RR3, Victoria, BC V9E 2J7 Canada
Tel.: (250) 744-1231
Fax: (250) 744-1232
Web Site: suburbiastudios.com

Employees: 13
Year Founded: 1988

National Agency Associations: MAGNET

Agency Specializes In: Advertising Specialties, Affiliate Marketing, Environmental, Point of Purchase, Point of Sale, Retail

Russ Willms *(Owner)*
Mary-Lynn Bellamy-Willms *(CEO)*
Jacquie Arnatt *(Partner & Gen Mgr)*
Jeremie White *(Partner & Dir-Design)*
Jacquie Henning *(Acct Mgr)*
Bruce Meikle *(Assoc Creative Dir)*

Accounts:
Bay House Group
Coastal Community Credit Union
Hillside Shopping Center
Hotel Grand Pacific
Planet Organic Natural Foods Grocery Store
Upper Canada Mall

Branch

Suburbia Advertising
3-1363 56th St, Delta, BC V4L 2P7 Canada
Tel.: (604) 943-6414
Fax: (604) 943-5516
E-Mail: virginia@suburbiaadvertising.com
Web Site: suburbiastudios.com

Employees: 50

Agency Specializes In: Brand Development & Integration, Consumer Marketing, Retail

Jacquie Arnatt *(Partner & Gen Mgr)*
Russ Willms *(Partner & Sr Dir-Art)*
Bruce Meikle *(Assoc Creative Dir)*

Accounts:
BC Cancer Foundation Vancouver Island
Canada Bread Company, Ltd
Planet Organic Markets
Upper Canada Mall
Willowbrook Shopping Centre
Woodgrove Shopping Centre

SUDDEN IMPACT MARKETING
653 McCorkle Blvd Ste J, Westerville, OH 43082
Tel.: (888) 468-3393
Web Site: www.simarketing.net

Employees: 40
Year Founded: 1997

Agency Specializes In: Advertising, Brand Development & Integration, Business-To-Business, Content, Digital/Interactive, Market Research, Search Engine Optimization, Social Media, Strategic Planning/Research, Telemarketing

Craig Conard *(Pres)*
JD Biros *(Partner & Creative Dir)*
Krista Conard *(Partner-Client Svcs)*
Mike Schmidt *(Art Dir)*
Keith Flint *(Dir-Strategy)*
Chuck Vansickle *(Dir-Digital)*
Kris Ford *(Mgr-Acctg)*
Adam Harshberger *(Copywriter)*
Jackye Little *(Client Svc Mgr)*

Accounts:
New-Cisco Systems, Inc.
New-Logicalis Group
New-NetMotion Wireless, Inc.
New-nChannel

SUDLER & HENNESSEY
4700 De La Savane Ste 200, Montreal, QC H4P 1T7 Canada
Tel.: (514) 733-0073
Fax: (514) 733-8668
E-Mail: judith.st-pierre@sudler.com
Web Site: www.sudler.com

E-Mail for Key Personnel:
Media Dir.: sheila_gittelman@sudler.com

Employees: 20
Year Founded: 1980

Agency Specializes In: Bilingual Market, Cosmetics, Health Care Services, Medical Products, Pharmaceutical

Dijana Loncaric *(Acct Exec)*
Debbie Burton *(Assoc Creative Dir)*

Accounts:
Abbott
Novartis
Pfizer
Sanofi-Aventis Research & Development

SUDLER & HENNESSEY WORLDWIDE HEADQUARTERS
230 Park Ave S, New York, NY 10003-1566
Tel.: (212) 614-4100
Fax: (212) 598-6907
Web Site: www.sudler.com

Employees: 500
Year Founded: 1941

National Agency Associations: 4A's

Agency Specializes In: Advertising, Brand Development & Integration, Communications, Education, Internet/Web Design, Media Planning, Multicultural, Planning & Consultation, Promotions, Sales Promotion, Sponsorship, Strategic Planning/Research

Louisa Holland *(Co-CEO-Americas)*
Rob Rogers *(Co-CEO-Americas)*
John Marchese *(Exec VP & Client Svcs Dir)*
Gill Walker *(Exec VP & Client Svcs Dir)*
Joseph Gattuso *(Exec VP & Dir-Strategic Plng)*
Jean Christenson *(Exec VP)*
Allen Singer *(Sr VP & Dir-Ops)*
Cathy Robins *(Dir-Strategic Comm-Global)*
Akash Dave *(Grp Acct Supvr)*

Accounts:
Pfizer, Inc. Viracept

Branches

IntraMed Educational Group
230 Park Ave S 5th Fl, New York, NY 10003-1502
Tel.: (212) 614-3835
Fax: (212) 614-6960
E-Mail: ruben.gutierrez@intramedgroup.com
Web Site: www.intramedgroup.com

Employees: 113
Year Founded: 1972

Agency Specializes In: Health Care Services

Ruben Gutierrez *(Mng Dir)*

Jessica Greenberg *(Sr VP & Mgmt Supvr)*
Adam Gardos *(Sr VP-Speaker Bureau)*
Alissa Ko *(VP)*
Jenna Romanski *(VP-Acct Mgmt & Speaker Bureau)*
Melissa Semanik *(VP & Sr Program Dir)*
Alissa Sklaver *(Co-Dir)*
Larysa Wright *(Reg Sr VP & Coord)*

Precept Medical Communications
4 Connell Dr Bldg IV Ste 601, Berkeley Heights, NJ 07922-2705
Tel.: (908) 288-0100
Fax: (908) 288-0123
Web Site: www.preceptmedical.com

Employees: 25

National Agency Associations: 4A's

Agency Specializes In: Medical Products

Donna Michalizysen *(Mng Partner)*
Maura Trent *(Exec VP & Mgmt Supvr)*
Amy Rizzitello Duguay *(Exec VP & Dir-Science & Strategy)*
Lee Howell *(Exec VP & Dir-Medical Affairs)*
Denise Dugan *(Sr VP & Mgmt Supvr)*
Donna Brasko *(VP & Sr Program Dir)*
Glenn Thorpe *(VP & Sr Program Dir)*
Nick Ferenz *(Dir-Medical)*
Peggy Bergh *(Sr Program Dir)*
Darlene Patishnock *(Sr Program Dir)*

Australia/New Zealand

Sudler & Hennessey Sydney
The Denison Level 8 65 Berry St, North, Sydney, NSW 2060 Australia
Tel.: (61) 2 9931 6111
Fax: (61) 2 9931 6162
E-Mail: sudlersydney@sudler.com
Web Site: www.sudler.com

Employees: 35
Year Founded: 1974

National Agency Associations: AFA

Agency Specializes In: Health Care Services

Allie Foster *(Sr Acct Mgr)*

Accounts:
Astra Zeneca
Inghams Chickens
Lilly
Novartis; 1996
Novo Nordisk
Pfizer; 1974
Roche

Canada

Sudler & Hennessey
4700 De La Savane Ste 200, Montreal, QC H4P 1T7 Canada
(See Separate Listing)

France

Sudler & Hennessey Frankfurt
Dornhof Str 44 46, 63263 Neu-Isenburg, Germany
Tel.: (49) 6102 7993 100
Fax: (49) 6102 7993 101
E-Mail: roger.stenz@sudler.com
Web Site: www.sudler.com

Employees: 25
Year Founded: 1976

Agency Specializes In: High Technology, Pharmaceutical

Claudia Giese *(Sr Acct Dir)*

Italy

IntraMed Communications Milan
Via Bertieri 4, I-20146 Milan, Italy
Tel.: (39) 02 345 451
Fax: (39) 02 3310 6875
Web Site: www.sudler.com

Employees: 20
Year Founded: 1992

Agency Specializes In: Health Care Services, Pharmaceutical

Sudler & Hennessey European Headquarters
Via Traiano 7, I-20149 Milan, Italy
Tel.: (39) 02 349 721
Fax: (39) 02 349 1698
E-Mail: shmilan@it.sudler.com
Web Site: www.sudler.com

Employees: 200

Agency Specializes In: Pharmaceutical

Lia Treichler *(COO, CFO-Italy & Dir-Client Procurement-EMEA)*

Sudler & Hennessey Milan
Via Bertieri 4, I-20146 Milan, Italy
Tel.: (39) 02 349 721
Fax: (39) 02 349 1698
E-Mail: maurizio.mioli@sudler.com
Web Site: www.sudler.com/

Employees: 130
Year Founded: 1982

Agency Specializes In: Health Care Services, Pharmaceutical

Giovanni De Pretto *(Mng Dir & Exec VP)*

United Kingdom

Sudler & Hennessey Ltd.-London
11 - 33 St Johns Street, London, EC1M 4AA
  United Kingdom
Tel.: (44) 207 307 78 00
Fax: (44) 207 307 78 11
E-Mail: sudlerlondon@sudler.com
Web Site: www.sudler.com

Employees: 50
Year Founded: 1979

Agency Specializes In: Health Care Services

Sorel Matthews *(Grp Acct Dir)*
Jemma Nathan *(Acct Dir-London)*
Nick Hembury *(Dir-Creative Svcs)*
Rebecca Foster *(Sr Acct Mgr)*
Ellie McCabe *(Sr Acct Mgr)*
Matt Goodfellow *(Mgr-Studio)*

Accounts:
Alk Abello
Bristol Myers Squibb
Colgate Oral Pharmaceuticals
Novo Nordisk Activelle
Pfizer

SUGARTOWN COMMUNICATIONS
1486 Sugartown Rd, Paoli, PA 19301
Tel.: (610) 296-7870
Fax: (610) 296-7023
E-Mail: info@sugartowncommunications.com
Web Site: www.sugartowncommunications.com

Employees: 7
Year Founded: 2007

Agency Specializes In: Advertising, Brand Development & Integration, Content, Graphic Design, Internet/Web Design, Media Buying Services, Media Planning

Joan Ford Goldschmidt *(Pres)*

Accounts:
Bittersweet Farm

SUKLE ADVERTISING, INC.
(d/b/a Sukle Advertising & Design)
2430 W 32nd Ave, Denver, CO 80211
Tel.: (303) 964-9100
Fax: (303) 964-9663
E-Mail: info@sukle.com
Web Site: www.sukle.com

Employees: 10
Year Founded: 1995

Mike Sukle *(Owner)*
Michon Schmidt *(Mgr & Producer-Brdcst)*
Brittany O'Donnell *(Acct Supvr)*
Dan Schultz *(Acct Planner)*
Jeff Euteneuer *(Assoc Creative Dir)*

Accounts:
Deep Rock Water
Denver Water Campaign: "Use Even Less", You can't make this stuff
GoLite
Healthy Colorado 2016
Park County Travel Council (Advertising Agency of Record) Creative, Design, Digital, Media Planning, Strategic Planning; 2017
SCARPA
WYDOH The Line
WYDOH Through with Chew
Wyoming Department of Health Campaign: "Need Someone"

SULLIVAN BRANDING
175 Toyota Plz Ste 100, Memphis, TN 38103
Tel.: (901) 526-6220
Fax: (901) 526-6221
Web Site: www.sullivanbranding.com

E-Mail for Key Personnel:
Media Dir.: whigh@sullivanbranding.com

Employees: 40
Year Founded: 1987

Agency Specializes In: Advertising, Advertising Specialties, Brand Development & Integration, Broadcast, Business Publications, Business-To-Business, Cable T.V., Co-op Advertising, Collateral, Communications, Consumer Marketing, Consumer Publications, Corporate Identity, Digital/Interactive, Direct Response Marketing, Education, Electronic Media, Entertainment, Environmental, Event Planning & Marketing, Exhibit/Trade Shows, Financial, Food Service, Graphic Design, Health Care Services, High Technology, Industrial, Internet/Web Design, Leisure, Logo & Package Design, Magazines, Media Buying Services, Medical Products, Merchandising, New Product Development, Newspaper, Newspapers & Magazines, Out-of-Home Media, Outdoor, Point of Purchase, Point of Sale, Print, Production, Public Relations, Publicity/Promotions, Radio, Real Estate, Recruitment, Restaurant, Retail, Sales Promotion, Sports Market, Strategic Planning/Research, Sweepstakes, T.V., Technical Advertising, Trade & Consumer Magazines, Travel & Tourism

Approx. Annual Billings: $18,000,000

Brian Sullivan *(CEO & Principal)*
Amy Sharp *(Exec VP-Mktg & Ops)*
Ralph Berry *(Sr VP-PR)*
Suzanne Lewis Hamm *(VP-Strategy & Dir-Sponsorships)*
Keith Goldberg *(Exec Creative Dir)*
Becky Hensley *(Acct Dir)*
Kayla Earwood *(Dir-Web Dev)*
Ian Lemmonds *(Dir-Digital Design)*
Karen McKenzie *(Dir-Culture & Employee Rels)*
Dianne Ungerecht *(Dir-Acctg)*
Courtnay Hamachek *(Acct Mgr)*
Helena Kooi *(Acct Mgr)*
Margaret McClintock *(Acct Mgr)*
Tim Laughlin *(Mgr-Digital Delivery)*
Ashley Bowles *(Sr Acct Exec-PR)*
Mikel Howard *(Acct Exec)*

Accounts:
Logo Brands (Agency of Record) Marketing
Memphis Convention & Visitors Bureau
Methodist Healthcare

SULLIVAN CREATIVE SERVICES, LTD.
6C Hills Ave, Concord, NH 03301
Tel.: (603) 228-0836
E-Mail: carol@sullivancreative.com
Web Site: www.sullivancreative.com

Employees: 4
Year Founded: 1987

Agency Specializes In: Advertising, Brand Development & Integration, Business Publications, Business-To-Business, Catalogs, Collateral, College, Communications, Computers & Software, Consulting, Corporate Communications, Corporate Identity, Direct Response Marketing, Education, Electronic Media, Email, Engineering, Environmental, Exhibit/Trade Shows, Financial, Graphic Design, High Technology, Identity Marketing, Integrated Marketing, Internet/Web Design, Local Marketing, Logo & Package Design, Market Research, Media Buying Services, Media Planning, Media Relations, Newspapers & Magazines, Out-of-Home Media, Outdoor, Print, Production (Print), Public Relations, Publicity/Promotions, Search Engine Optimization, Social Marketing/Nonprofit, Strategic Planning/Research, Technical Advertising, Trade & Consumer Magazines, Travel & Tourism

Accounts:
Concord Group Insurance
Landmark Services
League of NH Craftsmen
Nashua Transit System
New London Hospital
NH Open Doors

SULLIVAN HIGDON & SINK INCORPORATED
255 N Mead St, Wichita, KS 67202-2707
Tel.: (316) 263-0124
Fax: (316) 263-1084
Toll Free: (800) 577-5684
E-Mail: info@shscom.com
Web Site: www.wehatesheep.com

Employees: 45
Year Founded: 1971

National Agency Associations: 4A's-AAF-AMA-AMIN-BMA-PRSA

ADVERTISING AGENCIES
AGENCIES - JANUARY, 2019

Agency Specializes In: Advertising, Advertising Specialties, Aviation & Aerospace, Brand Development & Integration, Broadcast, Business Publications, Business-To-Business, Collateral, Communications, Consumer Marketing, Corporate Identity, Direct-to-Consumer, E-Commerce, Entertainment, Financial, Food Service, Health Care Services, High Technology, Internet/Web Design, Media Buying Services, Media Planning, Medical Products, Men's Market, Point of Sale, Public Relations, Travel & Tourism

Breakdown of Gross Billings by Media: Bus. Publs.: 1%; Collateral: 1%; D.M.: 5%; Fees: 13%; Internet Adv.: 1%; Mags.: 10%; Newsp.: 12%; Outdoor: 1%; Print: 14%; Radio: 6%; T.V.: 36%

Ali Mahaffy *(Co-CEO)*
Tony Robinson *(CFO)*
Jim Vranicar *(COO)*
P. Scott Flemming *(VP & Exec Creative Dir)*
Lathi de Silva *(VP-Reputation Mgmt)*
Devin Brown *(Art Dir)*
Abby Kallenbach *(Art Dir)*
Bruce Eames *(Dir-Bus & Brand Strategy)*
Jake Fisher *(Dir-Photography)*
Laura Miller *(Sr Mgr-Benefits)*
Ashley Devlin *(Acct Mgr)*
Kelly Birch *(Mgr-Media)*
Darrin Hephner *(Mgr-Mktg Implementation)*
Staci Krause *(Assoc Mgr-Media)*
Dustin Commer *(Sr Designer)*
Bart Wilcox *(Assoc Creative Dir & Copywriter)*
Landon Barton *(Sr Art Dir)*
Adam Demaree *(Sr Accountant)*

Accounts:
Aerion Corp. (Agency of Record)
American Century Investments; Kansas City, MO; 2007
Borden Cheese & Dairy
Cache Valley Dairy (Agency of Record)
CareFusion
Cargill Meat Solutions; Wichita, KS; 2002
Christopher Elbow Chocolates Creative
Dairy Farmers of America; Kansas City, MO Borden Cheese (Agency of Record), Cache Valley Dairy Butter & Cheese (Agency of Record); 2008
The Engine Alliance
Intrust Bank; Wichita, KS; 2008
Kansas Health Foundation; Wichita, KS
Lycoming; Williamsport, PA; 2003
New-Merck Animal Health (Agency of Record) Creative, Marketing, Strategic Communications, Swine & Cattle; 2018
Merial
Pratt & Whitney
Procter & Gamble Creative, Media Planning, Tide Dry Cleaners
Shatto Milk Company
Swiss Re
Turbine Engine Components Technologies Corp; Thomasville, GA

Branches:

Sullivan Higdon & Sink Incorporated
2000 Central, Kansas City, MO 64108-2022
Tel.: (816) 474-1333
Fax: (816) 474-3427
Toll Free: (800) 809-0884
E-Mail: info@shscom.com
Web Site: www.wehatesheep.com

Employees: 100
Year Founded: 1997

National Agency Associations: 4A's

Agency Specializes In: Affluent Market, Broadcast, Collateral, Consumer Marketing, Consumer Publications, Digital/Interactive, Direct-to-Consumer, Email, Exhibit/Trade Shows, Experience Design, Guerilla Marketing, In-Store Advertising, Local Marketing, Magazines, Men's Market, Newspapers & Magazines, Out-of-Home Media, Outdoor, Pets, Point of Purchase, Point of Sale, Print, Product Placement, Production, Production (Print), Radio, Shopper Marketing, T.V., Trade & Consumer Magazines, Web (Banner Ads, Pop-ups, etc.)

John January *(Co-CEO)*
Ali Mahaffy *(Co-CEO)*
Tony Robinson *(CFO)*
Jim Vranicar *(COO)*
Scott Flemming *(VP & Exec Creative Dir)*
Seth Gunderson *(VP & Exec Creative Dir)*
Lathi de Silva *(VP-Reputation Mgmt)*
Diane Galante Young *(VP-Acct Mgmt)*
Jessica Bukowski *(Acct Dir)*
Staci Meyer *(Creative Dir)*
Cheryl Tulipana *(Media Dir)*
Luke Hurd *(Dir-Digital Immersion)*
Lori Whetter *(Dir-Digital)*
Jessica Bachtel *(Sr Brand Mgr)*
Melanie Leinwetter *(Sr Brand Mgr)*
Maggie Hylton *(Acct Mgr)*
Isabel Manalo *(Brand Mgr)*
Caitlin Winter *(Brand Mgr)*
Tara Wiley *(Mgr-Employee Experience)*
Claire Kaufman *(Supvr-Field Mktg)*
Kyra McNamara *(Strategist-Brand)*
Alaina Hammer *(Acct Coord)*
Jon Kowing *(Assoc Creative Dir)*
Jennifer Szambecki *(Assoc Acct Dir)*

Accounts:
Aerion Corporation
American Century Investments
Blue Cross and Blue Shield
Cache Valley Dairy (Agency of Record)
Cargill Meat Solutions
New-Children's Mercy Advertising, Marketing, Philanthropic Efforts
Dairy Farmers of America Borden's
INTRUST Bank
Merial Limited; Duluth, GA
North Kansas City Hospital
Pratt & Whitney
Quest Diagnostics
Sargent Aerospace & Defense
Sonic Corp. Below-the-Line, In-Store Communications, Local-Store Marketing, Merchandising

SULLIVAN PERKINS
3100 McKinnon St, Dallas, TX 75201
Tel.: (214) 922-9080
Fax: (214) 922-0044
E-Mail: info@sullivanperkins.com
Web Site: www.sullivanperkins.com

Employees: 20
Year Founded: 1984

Agency Specializes In: Brand Development & Integration

Mark Perkins *(Pres & CEO)*
Brett Baridon *(Principal)*
Somere Sanders *(Acct Mgr)*
Michael Langley *(Copywriter)*

Accounts:
BNSF Railway Company; Fort Worth, TX Transportation; 2003
Kosmos Energy Oil & Gas; 2011
Lake Austin Spa Resort; Austin, TX Destination Hospitality; 2000
Southwestern Medical Foundation Philanthropy; 2014
VHA Healthcare; 2014

SUMMERFIELD ADVERTISING INC.
939 N High St Ste 207, Columbus, OH 43201
Tel.: (614) 221-4504
E-Mail: information@summerfieldadvertising.com
Web Site: www.summerfieldadvertising.com

Employees: 13
Year Founded: 2004

Agency Specializes In: Advertising, Brand Development & Integration, Collateral, Corporate Communications, Digital/Interactive, Internet/Web Design, Search Engine Optimization, Social Media

Diane Shields *(Strategist-Brand & Copywriter)*
Cory Oakley *(Sr Art Dir)*

Accounts:
United Schools Network

THE SUMMIT GROUP
117 W 400 S, Salt Lake City, UT 84101
Tel.: (801) 595-1155
Fax: (801) 595-1165
Web Site: www.summitslc.com

Employees: 150
Year Founded: 1981

Agency Specializes In: Advertising, Brand Development & Integration, Collateral, Digital/Interactive, Guerilla Marketing, Internet/Web Design, Print, Public Relations, Radio, T.V.

Bill Paulos *(Founder & CEO)*
Todd Wolfenbarger *(Owner & Partner)*
James Rabdau *(Partner & Creative Dir)*
Christy Whitehouse *(Partner)*
Sharon Roux *(COO & VP)*
Kat Falcone *(Media Dir)*
Karl Lundeberg *(Art Dir)*
Jesse Zamora *(Assoc Dir-Acct Svcs)*
Brynnly Bagley *(Assoc Acct Mgr)*
Ashleigh Berry *(Assoc Acct Mgr)*
Amy Rae Dunn *(Acct Mgr-Adv)*
Wendy Manalac *(Acct Mgr)*
Becky Claussen *(Mgr-Adv Acct & Sr Media Buyer)*
Jordan Howe *(Acct Supvr)*
Tiffany Caldwell *(Media Buyer-Digital)*
Jennifer Ditty *(Media Buyer)*
Sarah Tamburelli *(Acct Coord)*
Suzi Adams *(Sr Media Mgr)*

Accounts:
AAA
Mountain Jones Waldo
SelectHealth
Subway Restaurant PR
T-Mobile

SUMMIT MARKETING
425 N New Ballas Rd, Saint Louis, MO 63141-7091
Tel.: (844) 792-2013
Toll Free: (866) 590-6000
E-Mail: info@summitmarketing.com
Web Site: www.summitmarketing.com

Employees: 390
Year Founded: 1996

National Agency Associations: DMA

Agency Specializes In: Advertising

Michelle Noyes *(Exec VP)*
Natalie Malphrus *(VP)*
Lance Meerkatz *(VP-IT)*
Tammy Nigus *(VP-Creative)*
Joanne Leightner *(Controller)*
Jennifer Viscomi *(Sr Acct Mgr)*

AGENCIES - JANUARY, 2019 — ADVERTISING AGENCIES

Brian Smith *(Acct Exec-Natl)*

Accounts:
Allstate
American Heart Association
Arch Chemicals
Bank One Corporation
Brunswick Bowling Centers
Cingular
CNO Financial Group, Inc.
The Coca-Cola Company
GEICO Insurance
Kellogg's
Lowe's
McDonald's
Motorola Solutions, Inc.
The Salvation Army
Starlight Theatre

Branches

Summit Group
4500 Highlands Pkwy Se, Smyrna, GA 30082
Tel.: (770) 303-0400
Fax: (770) 303-0450
E-Mail: info@summitmg.com
Web Site: www.summitmg.com

Employees: 60
Year Founded: 1996

Agency Specializes In: Advertising, Sponsorship

Amy Rabideau *(Dir-Pur)*
Jennifer Hardy *(Sr Acct Mgr)*
Samantha Soffe *(Acct Mgr)*
Sarah Wittkop *(Acct Mgr)*
Susan Camp *(Mgr-IT)*
Tracey Gaskin *(Mgr-ECommerce Team)*

Summit Group
960 Maplewood Dr, Itasca, IL 60143
Tel.: (630) 775-2700
Fax: (630) 775-0132
Web Site: www.summitmg.com

Employees: 70

Agency Specializes In: Advertising

Dan Renz *(CEO)*
Rusty Allen *(CFO & COO)*
Natalie Malphrus *(VP)*
Dana Bernard *(Dir-HR)*
Stacy Krupa *(Sr Acct Mgr)*
Heather Morris *(Sr Acct Mgr)*
Colleen Krause *(Sr Acct Exec)*
Debbie Yedlin *(Sr Acct Exec)*
Brocky Proxmire *(Acct Exec)*
Tiffani Durckel *(Asst Acct Exec)*
Jenna Kalina *(Acct Coord)*

Summit Group
11961 Tech Rd, Silver Spring, MD 20904
Tel.: (301) 625-0800
Fax: (301) 625-0820
Toll Free: (866) 237-0400
E-Mail: info@summitmg.com
Web Site: www.summitmg.com

Employees: 50

Agency Specializes In: Advertising

Tom Murphy *(Dir-Accts-Natl)*
Sandi Dutton *(Sr Acct Exec)*

Summit Marketing
10916 Strang Line Rd, Lenexa, KS 66215
Tel.: (913) 888-6222
Fax: (913) 495-9822
Toll Free: (800) 843-7347
E-Mail: kansascity@summitmarketing.com
Web Site: www.summitmarketing.com

Employees: 80

Agency Specializes In: Advertising, Sponsorship

Lisa Heinemann *(Dir-Production)*
Natalie Loomis *(Sr Acct Mgr)*
Julie Barnickol *(Mgr-Production Svcs)*
Francie Hughes *(Sr Acct Exec)*
Kevin W. Bryant *(Acct Exec-Natl)*
Christine Arnette *(Buyer-Print)*

Accounts:
Allstate
American Heart Association
American Red Cross
Applebee's International
Arch Chemicals
Comcast
Geico
Grainger
Iron Workers Union
Keebler
Kellogg's
Kroger
McDonald's

SUN & MOON MARKETING COMMUNICATIONS, INC.
75 Broad St, New York, NY 10004
Tel.: (212) 686-9600
Fax: (212) 686-9601
E-Mail: mkirch@sunandmoonmktg.com
Web Site: http://smmcnyc.com/

E-Mail for Key Personnel:
President: mkirch@sunandmoonmktg.com
Creative Dir.: jhorn@sunandmoonmktg.com
Production Mgr.: dhuang@sunandmoonmktg.com

Employees: 15
Year Founded: 1994

Agency Specializes In: Business Publications, Business-To-Business, Collateral, Communications, Corporate Identity, Event Planning & Marketing, Exhibit/Trade Shows, Financial, Graphic Design, Internet/Web Design, Logo & Package Design, Newspapers & Magazines, Out-of-Home Media, Outdoor, Print, Production, Real Estate, Sales Promotion, Strategic Planning/Research, Trade & Consumer Magazines

Approx. Annual Billings: $4,300,000

Breakdown of Gross Billings by Media: Collateral: $1,892,000; Fees: $516,000; Mags.: $1,118,000; Newsp.: $774,000

Madelyne Kirch *(Pres)*
Scott Silverman *(VP)*
Jessica Sand *(Creative Dir)*
Philip Chadwick *(Dir-Creative Svcs)*

Accounts:
Beacon Capital Partners; New York, NY
Capstone Equities; NY
Coldwell Banker Developments; NY
Cushman & Wakefield; New York, NY
DCD Capital; New York, NY; Washington, DC
GFI Capital; NY
RMC Development Corp; NJ
S.L. Green Realty Corp; New York, NY
Taconic Investment Partners; NY Real Estate
Trinity Real Estate; New York, NY Commercial Real Estate Holdings

SUNDANCE MARKETING, LLC
430 Sundance Trail, Webster, NY 14580
Tel.: (585) 670-0347
E-Mail: lsagona@sundance-marketing.com
Web Site: www.sundance-marketing.com

Employees: 9

Agency Specializes In: Advertising, Communications, Print

Laurie Sagona *(Pres)*
Mary Pavone *(Media Dir)*

Accounts:
Helendale Dermatology

SUNDIN ASSOCIATES, INC.
34 Main St 3rd Fl, Natick, MA 01760
Tel.: (508) 650-3972
Fax: (508) 650-3881
E-Mail: info@sundininc.com
Web Site: www.sundininc.com

E-Mail for Key Personnel:
President: roger@sundininc.com

Employees: 10
Year Founded: 1976

Agency Specializes In: Financial

Approx. Annual Billings: $12,000,000

Breakdown of Gross Billings by Media: Cable T.V.: $600,000; Collateral: $3,600,000; Logo & Package Design: $1,200,000; Newsp.: $3,600,000; Plng. & Consultation: $1,800,000; Production: $600,000; Radio: $600,000

Kristin Sundin Brandt *(Pres)*
Roger W. Sundin, Jr. *(Pres)*
Ed O'Donnell *(Exec VP)*
Lisa Segarra *(Art Dir)*
Bill Orsini *(Sr Art Dir)*

Accounts:
Adams Cooperative Bank
Barre Savings Bank
Cooperative Central Bank
Framingham Cooperative Bank
Millbury Savings Bank
New England Financial Marketing Association
The Provident Bank
Ryan's Hope for a Cure Charitable Foundation
St. Anne's Credit Union

SUNDOG
2000 44th St SW 6th Fl, Fargo, ND 58103
Tel.: (701) 235-5525
Fax: (701) 235-8941
Web Site: https://www.sundoginteractive.com/

Employees: 73
Year Founded: 1977

National Agency Associations: Second Wind Limited

Agency Specializes In: Brand Development & Integration, Broadcast, Corporate Identity, Financial, Graphic Design, Health Care Services, Public Relations, Restaurant, Retail, Strategic Planning/Research

Approx. Annual Billings: $18,000,000

Brent Teiken *(CEO)*
Matt Gustafson *(CFO)*
Eric Dukart *(Chief Strategy Officer)*
Johnathon Rademacher *(CTO)*
Bobbiann Froemke *(Sr Dir-Client)*

ADVERTISING AGENCIES

Dave Jones *(Dir-Mktg Strategy)*
Kerry Shelton *(Dir-Photography & Multi Media)*
Renee Cook *(Sr Strategist-Media)*
Danielle Krolak *(Specialist-Mktg)*
Ashley Nowacki *(Strategist-Media)*

Accounts:
Bobcats

SUNRISE ADVERTISING
(Name Changed to Brandience LLC)

SUNSTAR
300 N Washington St Ste 505, Alexandria, VA 22314
Tel.: (703) 299-8390
Fax: (703) 299-8393
Web Site: www.sunstarstrategic.com

Employees: 20

National Agency Associations: CIPR-COPF

Agency Specializes In: Communications, Corporate Communications, Investor Relations, Market Research, Media Relations, Media Training, Newspaper, Strategic Planning/Research

Revenue: $3,000,000

Kathryn Morrison *(CEO)*
Seuk Kim *(Partner & VP)*
Melissa Murphy *(Partner & VP)*
Robert Tebeleff *(Partner & VP)*
Hibre Teklemariam *(Partner & VP)*
Sue Bryant *(Partner & Ops Mgr)*
Robert Brummond *(CFO & Dir-Ops)*
Marilyn Dale *(VP-Creative & Digital)*

Accounts:
AFBA 5Star Fund, Inc.

SUPER GENIUS LLC
343 WEst Erie St Ste 520, Chicago, IL 60654
Tel.: (773) 732-1165
E-Mail: info@supergeniusllc.com
Web Site: www.supergeniusinc.com

Employees: 4

Agency Specializes In: Advertising, Alternative Advertising, Brand Development & Integration, Branded Entertainment, Consumer Marketing, Content, Digital/Interactive, Entertainment, Event Planning & Marketing, Integrated Marketing, Internet/Web Design, Local Marketing, Mobile Marketing, Retail, Urban Market

Approx. Annual Billings: $2,000,000

Breakdown of Gross Billings by Media: Adv.
Specialities: $2,000,000

Mat Burnett *(Founder & Partner)*
Bill Connell *(Founder & Partner)*
Craig Motlong *(Exec Dir-Creative)*

Accounts:
Nike
Nokia

SUPER TOP SECRET
244 S Edison St, Salt Lake City, UT 84111
Tel.: (801) 906-0256
E-Mail: hello@wearetopsecret.com
Web Site: www.wearetopsecret.com

Employees: 50

Agency Specializes In: Advertising, Digital/Interactive, Graphic Design

Jared Strain *(Co-Founder & Partner)*

Accounts:
Microsoft Corporation
Ride Snowboards
Rossignol Snowboards Decade of Momentum
Siege Audio Company

SUPERCOOL CREATIVE
1556 N La Brea Ave Ste 100, Los Angeles, CA 90028
Tel.: (323) 466-1090
E-Mail: supercool@supercoolcreative.com
Web Site: www.supercoolcreative.com

Employees: 6
Year Founded: 2005

Agency Specializes In: Advertising, Brand Development & Integration, Business-To-Business, Consulting, Content, Digital/Interactive, Social Media, T.V.

David Murdico *(Creative Dir)*
Vince Murdico *(Dir-Digital Strategy & Consulting)*
Timothy Brennen *(Creative Team)*

Accounts:
Dickies
Pizza Hut, Inc.
T-Mobile US

SUPERMOON
(Formerly Tiny Rebellion)
1316 3rd Street Promenade, Santa Monica, CA 90401
Tel.: (424) 238-8000
E-Mail: hi@supermoon.com
Web Site: supermoon.com

Employees: 30
Year Founded: 1987

Agency Specializes In: Brand Development & Integration, Consumer Marketing, Direct Response Marketing, Internet/Web Design, Media Buying Services, Print, Production, Radio, T.V.

Nicole Rowett *(Partner & Client Svcs Dir)*

Accounts:
21st Century Insurance (Agency of Record) Broadcast, Creative, Digital Advertising
Ancestry.com
AutoGravity Digital, OOH, Social, TV
Bolthouse Farms
CustomInk
FOX
GoFundMe
The Honest Company
Hotwire.com; San Francisco, CA Discount Travel Services; 2006
ipsy TV
LegalZoom.com Legal Document Services; 2007
Movie Link
Nutrisystem (Agency of Record)
OpenSky.com
Snap Kitchen (Agency of Record) Brand Strategy, Digital, Experiential Creative, Out of Home, Video
TripAdvisor
TrueCar Inc. (Agency of Record) Campaign: "DogsInCars", Campaign: "True Love", Campaign: "True Thrill", Digital, Marketing, Public Relations, Social, TV
ZipRecruiter (Creative Agency of Record) Campaign: "Find The Right One", Campaign: "One-Click", Campaign: "Right Resume", Online, TV

SUPEROXYGEN, INC.
10599 Wilshire Blvd Ste 212, Los Angeles, CA 90024
Tel.: (310) 948-1534
E-Mail: raycampbell@superoxygen.com
Web Site: www.superoxygen.com

Employees: 10
Year Founded: 2002

Agency Specializes In: Graphic Design, Internet/Web Design, Public Relations

Revenue: $1,500,000

Ray Campbell *(Creative Dir)*

Accounts:
CompareTheCandidates.com; Los Angeles, CA Political Networking
Darren Seaton & Associated; San Jose, CA Consulting Services
Golf Steady Inc.
Kabateck Brown Kellner; Los Angeles, CA Legal Services
LetYourVoiceBeSeen.com; Los Angeles, CA Onlice Social Networking
Los Angeles Child Development Center
Los Angeles County Library; Los Angeles, CA Book Donation
Miken Clothing; Los Angeles, CA Clothing
Nissan Motors
Procter & Gamble
PropulsionX; Los Angeles, CA Automotive
Random Snowboards
Saatchi & Saatchi Advertising
Shallman Communications
Toyota Motor Sports
Walmart
Winner Mandabach

SUPERUNION
3 Columbus Circle, New York, NY 10019
Tel.: (212) 336-3200
E-Mail: newyork@superunion.com
Web Site: www.superunion.com

Employees: 50
Year Founded: 2018

Agency Specializes In: Brand Development & Integration, Content, Corporate Communications, Digital/Interactive, Event Planning & Marketing, New Product Development, Package Design, Retail

Sabah Ashraf *(CEO-North America)*
Ross Clugston *(Exec Creative Dir)*
Vincent Roffers *(Exec Dir-Strategy)*
Nicole Stein *(Sr Dir-Client)*
Grecia Malave *(Acct Exec)*

Accounts:
Dell
DIageo
Equinox
Pizza Hut

Branches

Superunion
(Formerly The Brand Union Dubai)
Tower B Bus Central Towers, PO Box 74021, 43rd Fl Sheikh Zayed Rd, Dubai, United Arab Emirates
Tel.: (971) 4439 3744
E-Mail: dubai@superunion.com
Web Site: www.superunion.com/welcome

Employees: 15
Year Founded: 2018

AGENCIES - JANUARY, 2019 — ADVERTISING AGENCIES

Agency Specializes In: Brand Development & Integration, Graphic Design

Majdoleen Till *(Mng Dir-Middle East)*
Patrick Finn *(Dir-Design)*
Chandana Chowdhury *(Mgr-Studio)*
Zeeshan Mirza *(Mgr-IT)*
Colin De Sa *(Asst Controller-Fin)*
Rashida Boghani *(Exec Fin Dir)*

Accounts:
Dulsco

Superunion
(Formerly The Brand Union GmbH)
Bahrenfelder Chaussee 49, 22761 Hamburg, Germany
Tel.: (49) 40 899 04 101
E-Mail: hamburg@superunion.com
Web Site: www.superunion.com/welcome

Employees: 50
Year Founded: 2018

Agency Specializes In: Brand Development & Integration, Logo & Package Design

Caroline Theissen *(Mng Dir-Berlin)*
Katie Taylor *(Exec Creative Dir)*
Stephan Pantel *(Dir-Design)*
Pamela Tailor *(Dir-Design)*
Timo Glosemeyer *(Sr Designer)*

Superunion
(Formerly The Brand Union Hong Kong)
23rd Floor 99 Queens Road, Central, China (Hong Kong)
Tel.: (852) 2568 0255
E-Mail: hongkong@superunion.com
Web Site: www.superunion.com/welcome

Employees: 50
Year Founded: 2018

Agency Specializes In: Brand Development & Integration

Andrew Reynolds *(Creative Dir)*
Adrian Li *(Dir-Strategy)*
Karis Cheng *(Strategist)*

Accounts:
Shanghai DreamCenter

Superunion
(Formerly The Brand Union Paris)
26 Rue Notre-Dame des Victoires, 75002 Paris, France
Tel.: (33) 1 53 45 33 00
E-Mail: paris@superunion.com
Web Site: www.superunion.com/welcome

Employees: 50
Year Founded: 2018

Agency Specializes In: Brand Development & Integration

Camille Yvinec *(Exec Dir-Strategy)*
Vincent Lebrun *(Creative Dir)*
Isabelle Baldini *(Dir-Customer & New Bus)*
Celine Haine *(Dir-Design)*
Nicolas Minisini *(Sr Planner-Strategic & Creative)*

Superunion
11F WPP Campus 399 Hengfeng Rd, Shanghai, 200070 China
Tel.: (86) 21 2287 8420
E-Mail: shanghai@superunion.com
Web Site: www.superunion.com/welcome

Employees: 50
Year Founded: 2018

Daniel Duh *(Sr Dir-Design & Bus Dir)*
Shanshan Lai *(Assoc Dir-Design)*
Terrence Zhang *(Assoc Dir-Design)*
Ryan Ren *(Designer)*
Dan Ellis *(Reg Creative Dir)*

Superunion
Illovo Muse Fl 2 198 Oxford Rd, Johannesburg, 2196 South Africa
Tel.: (27) 11 895 9300
E-Mail: johannesburg@superunion.com
Web Site: www.superunion.com/welcome

Employees: 40
Year Founded: 2018

Agency Specializes In: Brand Development & Integration

Kyley Roos *(Creative Dir-Strategic Brand Dev)*
Jacqui Richards *(Dir-Client Svc)*

Accounts:
Absa
Chrysler LLC
EFES Beer
FirstRand
Kentucky Fried Chicken
Kulula.com
Lexus
Reckitt Benckiser
SABMiller
Safaricom
Sun International
Tiger Brands
Toyota
UBA (Nigeria)
Vodafone
Webber Wentzel

Superunion
3 Columbus Circle, New York, NY 10019
(See Separate Listing)

SURDELL & PARTNERS, LLC
3738 S 149th St, Omaha, NE 68144
Tel.: (402) 501-7400
Fax: (402) 553-1170
E-Mail: pjung@surdellpartners.com
Web Site: www.surdellpartners.com

Employees: 25
Year Founded: 2005

National Agency Associations: 4A's

Revenue: $5,500,000

Pat Jung *(Co-Owner)*
Dan Surdell *(Co-Owner)*
Adam Kanzmeier *(Dir-Strategic Consulting & Customer Data)*
Dave Dotzler *(Production Mgr)*

Accounts:
Bright Futures Foundation
Kohls
Nebraskaland Magazine
Pace Communications

SURPRISE ADVERTISING
369 Capisic St, Portland, ME 04102
Tel.: (207) 879-4560
Fax: (207) 879-4565
Web Site: www.surpriseadvertising.com

Employees: 20
Year Founded: 1989

Agency Specializes In: Advertising, Collateral, Graphic Design, Internet/Web Design, Logo & Package Design, Public Relations, Radio

Sam Surprise *(Pres)*
Jennifer Blake *(Acct Exec)*

Accounts:
NAPA Auto Parts

SUSAN BLOND, INC.
50 W 57th St Fl 14, New York, NY 10019
Tel.: (212) 333-7728
Fax: (212) 262-1373
E-Mail: info@susanblondinc.com
Web Site: www.susanblondinc.com

Employees: 17
Year Founded: 1987

Agency Specializes In: Advertising, Event Planning & Marketing, Fashion/Apparel, Financial, Graphic Design, Health Care Services, Magazines, Production (Ad, Film, Broadcast), Restaurant, Web (Banner Ads, Pop-ups, etc.)

Susan Blond *(Pres)*
Noreen Perry *(Office Mgr)*

Accounts:
Avianne & Co.
Sean Paul

SUSAN DAVIS INTERNATIONAL
1101 K St NW Ste 400, Washington, DC 20005
Tel.: (202) 408-0808
Fax: (202) 408-1231
E-Mail: info@susandavis.com
Web Site: www.susandavis.com

Employees: 30

Agency Specializes In: Advertising, Brand Development & Integration, Communications, Crisis Communications, Education, Entertainment, Environmental, Exhibit/Trade Shows, Government/Political, Graphic Design, Health Care Services, Hospitality, Local Marketing, Promotions, Public Relations, Real Estate, Social Marketing/Nonprofit, Sponsorship, Sports Market, Strategic Planning/Research, Travel & Tourism

Susan Ann Davis *(Chm)*
Frank Cilluffo *(Mng Dir)*
Tom Davis *(Exec VP)*
Martha MacPhee *(Dir-Events & Special Projects)*

Accounts:
Army Historical Foundation Digital Media, PSA, Print, Radio
Capitol Communicator Media Relations, Publicity
Caring for Military Families: The Elizabeth Dole Foundation
Employer Support of the Guard and Reserve
The Institute of Museum & Library Services Media Relations, Strategic Communications
Institute of Museums and Library Sciences
Isha Foundation
LUNGevity Foundation
Marine Corps Heritage Foundation Media Relations
National Harbor
National Museum of Women in the Arts
The Navy League
Thoth Awards Event Management
US Department of Defense
Vietnam Veterans Memorial Fund Communications Campaign
Washington Tennis & Education Foundation Event Management

ADVERTISING AGENCIES

SUSSMAN AGENCY
29200 Northwestern Hwy Ste 130, Southfield, MI 48034
Tel.: (248) 353-5300
Fax: (248) 353-3800
Web Site: www.sussmanagency.com

Employees: 22

Agency Specializes In: Advertising, Internet/Web Design, Print, T.V.

David Doolittle *(Exec VP & Creative Dir)*
Vera Yardley *(Exec VP)*
Sue Madigan O'Brien *(Sr VP & Media Dir)*
Tina Collison *(VP-Acct Svcs)*
Angie Mohr *(Mgr-Post Production & Producer)*
Kimberly Bizon *(Dir-Web & Interactive)*
Rosemarie Russell *(Mgr-Media Svcs)*
Stephanie Beer Howcroft *(Assoc Media Dir)*

Accounts:
Art Van Furniture, Inc.
TEAM Schostak Family Restaurants (Agency of Record)

SUTHERLAND WESTON MARKETING COMMUNICATIONS
6 State St Ste 102, Bangor, ME 04401
Tel.: (207) 945-9999
Fax: (207) 945-3636
E-Mail: info@sutherlandweston.com
Web Site: www.sutherlandweston.com

Employees: 25

Agency Specializes In: Advertising, Event Planning & Marketing, Graphic Design, Internet/Web Design, Logo & Package Design, Media Relations, Public Relations, Search Engine Optimization, Social Media, Strategic Planning/Research

Cary Weston *(Pres)*
Elizabeth Sutherland *(Partner)*
Ric Tyler *(Mgr-Media Svcs)*

Accounts:
City of Calais
Maine Potato Board

THE SUTTER GROUP
4640 Forbes Blvd Ste 160, Lanham, MD 20706
Tel.: (301) 459-5445
Fax: (301) 459-9129
E-Mail: info@sutter-group.com
Web Site: www.sutter-group.com

Employees: 7
Year Founded: 1987

Agency Specializes In: Automotive, Brand Development & Integration, Business Publications, Business-To-Business, Direct Response Marketing, E-Commerce, Event Planning & Marketing, Exhibit/Trade Shows, Graphic Design, Internet/Web Design, Logo & Package Design, Print

Karen Sutter *(Pres)*
John Sutter *(COO)*
John Cassella *(Creative Dir)*

Accounts:
Spoiled Rotten

SVM PUBLIC RELATIONS & MARKETING COMMUNICATIONS
2 Charles St 3rd Fl N, Providence, RI 02904
Tel.: (401) 490-9700
Fax: (401) 490-9707
E-Mail: info@svmmarcom.com
Web Site: www.svmmarcom.com

Employees: 16
Year Founded: 1971

Agency Specializes In: Advertising, Brand Development & Integration, Business-To-Business, Communications, Computers & Software, Consulting, Consumer Marketing, Corporate Communications, Corporate Identity, Crisis Communications, Digital/Interactive, Direct Response Marketing, Event Planning & Marketing, Exhibit/Trade Shows, Graphic Design, Health Care Services, High Technology, Information Technology, Integrated Marketing, Internet/Web Design, Local Marketing, Logo & Package Design, Magazines, Media Buying Services, Media Planning, Media Training, Package Design, Print, Production, Production (Ad, Film, Broadcast), Production (Print), Promotions, Public Relations, Strategic Planning/Research

Robert Vetromile *(Pres)*
Jill Colna *(VP-PR)*
Laura Nelson *(Dir-PR)*
Jill Anderson *(Sr Acct Exec-PR)*
Kathryn Kelly *(Sr Acct Exec)*
Sarah Larrow *(Sr Acct Exec)*

Accounts:
Astea International
WorldCare Clinical

SWAFFORD & COMPANY ADVERTISING
820 Washinton Ave Ste D, Santa Monica, CA 90403
Tel.: (310) 451-0611
Fax: (310) 553-9639
E-Mail: info@swafford.net
Web Site: www.swafford.net

Employees: 10
Year Founded: 1947

National Agency Associations: MCA

Agency Specializes In: Advertising, Travel & Tourism

John Swafford *(Pres)*

Accounts:
Doubletree Hotels
Fess Parkers Doubletree Resort
Hilton Worldwide Garden Inn

SWAN ADVERTISING
9121 W Russell Rd Ste 116, Las Vegas, NV 89148
Tel.: (702) 876-1559
Fax: (702) 876-4699
Web Site: www.swanadvertising.com

Employees: 5

Agency Specializes In: Advertising, Logo & Package Design, Out-of-Home Media, Outdoor, Print, Radio, T.V.

Steve Swan *(Pres)*
Anna Swan *(Office Mgr)*

Accounts:
Findlay Toyota

SWANSON R
9 W Main St, Richmond, VA 23220
Tel.: (804) 780-2300
Fax: (804) 780-2323
Web Site: www.elevationadvertising.com

Employees: 35
Year Founded: 2001

Agency Specializes In: Advertising, Brand Development & Integration, Communications, Corporate Communications, Logo & Package Design, Out-of-Home Media, Outdoor, Print, Radio, Sponsorship, Strategic Planning/Research, T.V.

Stacie Elliott *(COO)*
Aaron Dotson *(Principal & Creative Dir-Elevation)*
Frank Gilliam *(Principal & Creative Dir-Elevation)*
Stephanie Cardwell *(Sr Acct Mgr-Elevation)*
Emily Greenwood *(Sr Acct Mgr-Elevation)*
Hunter Knierim *(Sr Acct Mgr-Elevation)*
Dionne Kumpe *(Sr Acct Mgr)*
Kim Moore *(Sr Acct Mgr-Elevation)*
Logan Graham *(Acct Mgr-Elevation)*
Marnie Martin *(Client Svcs Mgr)*
K. Taneise Perry *(Acct Mgr-Elevation)*
Sydney Stoddard *(Acct Mgr-Elevation Adv)*

Accounts:
Duke's Mayonnaise

SWANSON RUSSELL ASSOCIATES
1202 P St, Lincoln, NE 68508-1425
Tel.: (402) 437-6400
Fax: (402) 437-6401
E-Mail: sra@sramarketing.com
Web Site: www.swansonrussell.com

E-Mail for Key Personnel:
President: stever@sramarketing.com
Creative Dir.: brianb@sramarketing.com
Media Dir.: kayw@sramarketing.com
Public Relations: jeffp@sramarketing.com

Employees: 115
Year Founded: 1962

National Agency Associations: APA-MCA

Agency Specializes In: Agriculture, Business-To-Business, Consumer Marketing, Health Care Services, Out-of-Home Media, Outdoor

Kay Wigle *(Sr VP & Media Dir)*
Johnny Le *(Sr VP & Dir-Digital Mktg)*
Carolynn Reed *(Sr VP & Dir-HR)*
Dave Christiansen *(VP & Creative Dir)*
Patrick Finnegan *(VP & Acct Dir)*
Stephanie Riekhof *(VP & Acct Dir)*
Katie Sands *(VP & Acct Dir)*
Charlie Stephan *(VP & Creative Dir)*
Tony Sattler *(VP & Dir-Digital Strategy)*
Mike Babel *(VP & Fin Mgr)*
Jim Brestel *(VP & Mgr-Info Svcs)*
Ryan Holt *(Art Dir)*
Michael Rudolf *(Art Dir)*
Ashley Stephan *(Art Dir)*
Belinda Pabian *(Sr Acct Mgr)*
Taryn Liess *(Assoc Acct Mgr)*
John Schofield *(Acct Mgr)*
Kiley Shuler *(Acct Mgr)*
Allen Forkner *(Mgr-PR)*
Casey Mills *(Mgr-Social Media)*
Andrea Tremayne *(Supvr-Database Mktg)*
Justin Klemsz *(Strategist-Digital)*
Kylie Legree *(Strategist-Digital)*
Stuart Adams *(Media Planner)*
Laura Duensing *(Writer-PR)*

Accounts:
AcuSport Corporation; Bellefontaine, OH Distributor of Outdoor and Shooting Sports Products.; 2007
American Vanguard Corporation AMVAC Chemical Corporation (Advertising & Public Relations Agency of Record), Branding, Database Marketing, Digital, Marketing & Communications, Marketing Strategy; 2017
Blue Blood Brewery

AGENCIES - JANUARY, 2019 — ADVERTISING AGENCIES

Cannon Safe Inc Creative Services, Database, Interactive services, Marketing Communications, Media Relations, Public Relations, Strategic Planning
Cattlemen's Beef Promotion & Research Board (Agency of Record); 2018
Deutz Corporation
FMC
Global Roundtable for Sustainable Beef Marketing Communications
Hatteras Yachts (Agency of Record) Brand & Creative Development, Event Segmentation, Public Relations, Strategic Planning, Thought Leadership; 2017
Hodgdon Powder Co; Kansas City, MO Black Powder; 1995
Humminbird; Eufaula, AL Electronic Fishfinders; 2004
Koch Agronomic Services Marketing Communications
Leupold; Beaverton, OR Sporting Optics; 1998
LinPepCo
Minn Kota Transon & Bow-Mount Tolling Motors; 1998
Nebraska's Tourism Commission Tourism PR
Nosler
Omaha Hilton
Omaha Public Relations Society of America
Pro Lift
Propane Education & Research Council
Runza Fast Food Chain; 2000
ScentBlocker
SCUBAPRO Marketing
New-Textron
Union Bank & Trust Financial Services; 2004
University of Arkansas for Medical Sciences (Advertising Agency of Record)

Branch

Swanson Russell Associates
14301 FNB Pkwy Ste 312, Omaha, NE 68154-5299
Tel.: (402) 393-4940
Fax: (402) 393-6926
E-Mail: sra@swansonrussell.com
Web Site: www.swansonrussell.com

Employees: 30
Year Founded: 1985

Agency Specializes In: Agriculture, Business-To-Business, Health Care Services, Out-of-Home Media, Outdoor, Pets , Recruitment

Kellie Wostrel *(Sr VP & Dir-PR)*
Steve Johnson *(VP & Acct Dir)*
Ed Salem *(Exec Creative Dir)*
Megan Carroll *(Producer-Digital)*
Heather Garth *(Art Dir)*
Emily Oatman *(Producer-Digital)*
Bri Harding *(Designer)*
Chris Johnson *(Sr Designer-UX)*
Bailey Lauerman *(Designer)*
Judy Pickens *(Media Planner)*
Kaila Shirey *(Media Buyer)*
Brenda Warren *(Sr Media Buyer)*

Accounts:
Beef Quality Assurance (Agency of Record) Creative, Digital Strategy, Media Relations, Social Media; 2017
Hoegemeyer Hybrids (Advertising & Public Relations Agency of Record) Branding & Marketing Strategy, Communications, Database Marketing, Digital; 2018
Laboratory Management Partners, Inc. Communications
Omaha Convention & Visitors Bureau Collateral, Digital, Direct Mail, Mobile App, Print, TV, Video, Website

SWASH LABS
608 E Hickory St, Denton, TX 76205
Tel.: (940) 808-0071
Web Site: www.swashlabs.com

Employees: 9
Year Founded: 2011

Agency Specializes In: Advertising, Brand Development & Integration, Content, Digital/Interactive, Graphic Design, Media Buying Services, Media Planning, Package Design, Print, Social Media

Josh Berthume *(Pres & CEO)*
Jessica Zerbe *(Grp Head-Creative)*
Joan Wells *(Art Dir)*
Stephanie Delk *(Dir-Media & Plng)*
Diana Fonner *(Dir-Ops)*
Scott Garrison *(Dir-Insights & Res)*
Andi Harman *(Sr Designer)*
Charles Hunter *(Analyst-Media)*

Accounts:
Iteach Texas
Mellow Mushroom Denton
Mellow Mushroom Flower Mound
Mellow Mushroom Mckinney
Mellow Mushroom San Antonio

SWBR, INC.
(Formerly Stiegler, Wells, Brunswick & Roth, Inc.) (d/b/a SWB&R)
3865 Adler Pl, Bethlehem, PA 18017-9000
Tel.: (610) 866-0611
E-Mail: swbr@swbrinc.com
Web Site: www.swbrinc.com

E-Mail for Key Personnel:
President: ernie.stiegler@swbinc.com
Creative Dir.: alan.zerbe@swbinc.com
Media Dir.: debbie.drake@swbinc.com
Production Mgr.: donna.sinko@swbinc.com
Public Relations: henry.raab@swbinc.com

Employees: 50
Year Founded: 1969

National Agency Associations: 4A's-INBA

Agency Specializes In: Advertising, Arts, Automotive, Aviation & Aerospace, Bilingual Market, Brand Development & Integration, Business Publications, Business-To-Business, Cable T.V., Children's Market, Co-op Advertising, Collateral, College, Communications, Consulting, Consumer Goods, Consumer Marketing, Consumer Publications, Corporate Communications, Corporate Identity, Crisis Communications, Customer Relationship Management, Digital/Interactive, Direct Response Marketing, Direct-to-Consumer, E-Commerce, Education, Electronic Media, Electronics, Email, Engineering, Entertainment, Event Planning & Marketing, Exhibit/Trade Shows, Financial, Graphic Design, Guerilla Marketing, Health Care Services, High Technology, Identity Marketing, In-Store Advertising, Industrial, Infomercials, Information Technology, Integrated Marketing, International, Internet/Web Design, Investor Relations, Local Marketing, Logo & Package Design, Magazines, Market Research, Media Buying Services, Media Planning, Media Relations, Medical Products, Mobile Marketing, Multimedia, New Product Development, Newspaper, Newspapers & Magazines, Out-of-Home Media, Outdoor, Package Design, Paid Searches, Pharmaceutical, Planning & Consultation, Podcasting, Point of Purchase, Point of Sale, Print, Product Placement, Production, Production (Print), Promotions, Public Relations, Publicity/Promotions, Radio, Regional, Sales Promotion, Search Engine Optimization, Social Marketing/Nonprofit, Social Media, Sponsorship, Stakeholders, Strategic Planning/Research, Sweepstakes, Technical Advertising, Telemarketing, Trade & Consumer Magazines, Transportation, Viral/Buzz/Word of Mouth, Yellow Pages Advertising

Approx. Annual Billings: $35,000,000

Scott Friedman *(Pres & COO)*
Ernie R. Stiegler *(CEO)*
Donna R. Sinko *(Sr VP-Digital & Creative Svcs)*
Henry Raab *(VP-PR)*
Mike Walbert *(VP-Strategic Comm)*
Annemarie Dodenhoff *(Creative Dir)*
Tony Susi *(Art Dir)*
David Kratzke *(Dir-Digital Mktg)*
Ernie T. Stiegler *(Dir-Bus Dev)*
Matthew Brannon *(Sr Mgr-PR)*
Anne Renaldi *(Sr Acct Exec)*
Jessica Dentith *(Acct Coord)*
Mackenzie Liberatori *(Acct Coord)*
Cathy Stiegler *(Coord-Pet Category & Bus Dev)*

Accounts:
Arrow Fastener Creative, Digital
BDP International; Philadelphia, PA Global Logistics; 1997
Big Barker Public Relations, Social
Christie Medical Creative, VeinViewer
Crayola; Easton, PA Art Products; 1984
Daido Metal Creative, Digital, Website Design
Desales University Creative, Digital, Social
Garlock Sealing Technologies; Palmyra, NY Bore Oil Seals, Klozure Oil Seals; 2007
Mack Financial Services; Greensboro, NC Financial Support Options for Mack Truck Customers; 2009
Mack Trucks, Inc.; Greensboro, NC Heavy & Medium-Duty Trucks; 1997
Masco Bath; Moorestown, NJ Bath & Shower Products; 2008
National Penn Bank Creative, Media Buying, Media Planning
NPI/Medical Creative, Digital
Perminova; La Jolla, CA Cardiovascular and Surgery Information Management Systems; 2012
Senco; Cincinnati, OH Contractor Power Tools
Sika Corporation; Lyndhurst, NJ Specialty Construction Chemicals & Products; 2004
St. Luke's Creative, St. Luke's Orthopedic Care
Stemco; Longview, TX Supplies Wheel & Components to Heavy Duty Truck Markets; 2009

SWEDA ADVERTISING
120 N Abington Rd, Clarks Green, PA 18411
Tel.: (570) 586-0777
E-Mail: info@sweda-advertising.com
Web Site: www.sweda-advertising.com

Employees: 5

Agency Specializes In: Advertising, Internet/Web Design, Logo & Package Design, Media Planning, Out-of-Home Media, Outdoor, Print, Radio, T.V.

Robyn Ziska *(Media Dir)*

Accounts:
Griffin Pond Animal Shelter
Tobyhanna Army Depot Federal Credit Union
Veterinary Referral & Emergency Center

SWEENEY
19106 Old Detroit Rd, Cleveland, OH 44116
Tel.: (440) 333-0001
Fax: (440) 333-0005
E-Mail: info@sweeneypr.com
Web Site: www.sweeneypr.com

Employees: 4
Year Founded: 1986

ADVERTISING AGENCIES

Agency Specializes In: Advertising, Advertising Specialties, Affluent Market, Alternative Advertising, Automotive, Brand Development & Integration, Business Publications, Business-To-Business, Catalogs, Children's Market, Co-op Advertising, Collateral, College, Communications, Consulting, Consumer Goods, Consumer Marketing, Consumer Publications, Corporate Communications, Corporate Identity, Crisis Communications, Customer Relationship Management, Digital/Interactive, Direct Response Marketing, Direct-to-Consumer, Education, Electronic Media, Email, Environmental, Event Planning & Marketing, Exhibit/Trade Shows, Experience Design, Experiential Marketing, Faith Based, Fashion/Apparel, Financial, Food Service, Graphic Design, Guerilla Marketing, Health Care Services, Hospitality, Household Goods, Identity Marketing, In-Store Advertising, Industrial, Integrated Marketing, Internet/Web Design, Local Marketing, Logo & Package Design, Luxury Products, Magazines, Market Research, Media Planning, Media Relations, Media Training, Medical Products, Men's Market, Merchandising, Mobile Marketing, Multimedia, New Product Development, New Technologies, Newspaper, Newspapers & Magazines, Out-of-Home Media, Outdoor, Over-50 Market, Package Design, Paid Searches, Pets, Pharmaceutical, Planning & Consultation, Podcasting, Point of Purchase, Point of Sale, Print, Product Placement, Production, Promotions, Public Relations, Publicity/Promotions, RSS (Really Simple Syndication), Radio, Restaurant, Retail, Sales Promotion, Search Engine Optimization, Seniors' Market, Social Marketing/Nonprofit, Social Media, Sponsorship, Strategic Planning/Research, T.V., Technical Advertising, Teen Market, Trade & Consumer Magazines, Viral/Buzz/Word of Mouth, Web (Banner Ads, Pop-ups, etc.), Women's Market

Jennifer Manocchio *(Pres)*
Kelly Erickson *(CFO)*
Rebecca Wrenn *(Creative Dir)*
Rachel Dill *(Mgr-Digital Mktg)*
Theresa Wallenhorst *(Acct Exec)*

Accounts:
Alta House; Cleveland, OH Recreation Center; 2005
Centers for Dialysis Care (Agency of Record)
Cordura
Diabetes Daily; Cleveland, OH Online Network; 2009
Enlighted
Gasco Affiliates; Oldsmar, FL Precision Calibration Gas, Equipment & Accessories; 2007
Housekeeping Channel; Boise, ID Housecleaning Services; 2006
Jo-Ann Fabric & Craft Stores
Legacy Innovation; Cleveland, OH Cabinets, Countertops, Mantels; 2001
LSI Industries
Magic American/Homax; Bellingham, WA Cleaning Products, Pest Control Products; 2005
Mr. Chicken
The Plaza Group; Houston, TX Petrochemicals; 2007
Swisslog Healthcare Solutions
Weiman Products; Gurnee, IL Home Cleaning Products; 2008
Westfield Shoppingtowns; Los Angeles, CA Shopping Centers; 2005
X-GLOO Brand Awareness, Direct Marketing, Integrated Publicity, Social
Yube; Foxboro, MA Modular Furniture; 2010

Branch

SWEENEY
201 N Front St Ste 904, Wilmington, NC 28401
Tel.: (910) 772-1688
Fax: (910) 772-1689
E-Mail: info@sweeneypr.com
Web Site: www.sweeneypr.com

Employees: 2

Jennifer Manocchio *(Pres)*
Rachel Kaylor *(Sr Dir-Accts & Client Svcs)*
Morgan Lang *(Acct Mgr-Svc)*

Accounts:
Prone2Paddle Product Messaging, Public Relations, Tradeshow Marketing

SWEENEYVESTY
95 Morton St Ground Fl, New York, NY 10014
Tel.: (212) 905-3345
Fax: (212) 905-3349
Web Site: www.sweeneyvesty.com

Employees: 25
Year Founded: 1987

Agency Specializes In: Advertising, Automotive, Brand Development & Integration, Communications, Content, Crisis Communications, Digital/Interactive, Entertainment, Event Planning & Marketing, Fashion/Apparel, Financial, Game Integration, Graphic Design, Hospitality, Information Technology, Integrated Marketing, Investor Relations, Local Marketing, Logo & Package Design, Luxury Products, New Product Development, Production (Ad, Film, Broadcast), Publicity/Promotions, Publishing, Retail, Sales Promotion, Sponsorship, Travel & Tourism, Web (Banner Ads, Pop-ups, etc.)

Brian Sweeney *(Chm)*
Jane Vesty *(CEO & Dir)*
Carla Hofler *(Exec VP & Gen Mgr-Intl)*
Greg Fahey *(Gen Mgr-Auckland)*

Accounts:
Saatchi & Saatchi New Zealand
Wallse (Public Relations Agency of Record) Media Relations
William Grant & Sons

SWELL
77 Franklin St, New York, NY 10013
Tel.: (646) 397-9355
E-Mail: info@swellny.com
Web Site: www.swellny.com

Employees: 15

Agency Specializes In: Advertising, Brand Development & Integration, Content, Digital/Interactive, Internet/Web Design, Search Engine Optimization, Social Media, Strategic Planning/Research, T.V.

Tarik Malak *(Founder & Chief Creative Officer)*

Accounts:
Kapitall Inc

SWELLSHARK
55 W 39th St, 18th Fl, New York, NY 10018
Tel.: (212) 993-7227
E-Mail: Contact@SwellShark.com
Web Site: www.swellshark.com

Employees: 25

National Agency Associations: 4A's

Mary Perhach *(Pres)*
Nick Pappas *(CEO)*
David Tucker *(Head-Strategy)*
John Hlatky *(Grp Acct Dir)*
Seth Burstein *(Media Dir)*
Daniel Schaeffer *(Dir-Digital Media)*
Ashlee Bexar *(Supvr-Media Strategy)*
Diana Cirullo *(Supvr-Strategy)*
Michael Marfisi *(Supvr-Media)*
Brooke Capps *(Strategist-Content & Creative)*

Accounts:
Applegate Farms
Beech-Nut
Daimler North America Corporation Car2Go, Media
Harry's
Hudson Whiskey
Pete & Gerry Media
Uniqlo
Virgin Atlantic Airways Ltd. (US Media Agency of Record) Media Buying, Media Planning, Media Strategy
William Grant & Sons

SWIFT AGENCY
1250 Nw 17Th Ave, Portland, OR 97209
Tel.: (503) 227-8305
E-Mail: hello@swift.co
Web Site: www.swift.co

Employees: 130
Year Founded: 2007

Agency Specializes In: Advertising, Customer Relationship Management, Digital/Interactive, Media Buying Services, Search Engine Optimization, Social Media

Liz Valentine *(CEO)*
Paul Wille *(COO)*
Rick Albano *(Chief Creative Officer)*
Alicia McVey *(Chief Creative Officer)*
Meredith Chase *(VP-Client Strategy)*
Stewart Pratt *(VP-Data Science)*
Brooke-Lynn Howard *(Head-Strategy)*
Cat Hyland *(Grp Dir-Creative)*
Paul Bjork *(Creative Dir)*
Jaime Komitor *(Client Svcs Dir)*
Pat McCaren *(Creative Dir)*
Kelly McCleary *(Acct Dir)*
Bex Silver *(Producer-Creative)*
Amanda Combs *(Acct Supvr)*
Frank Normandin *(Acct Supvr)*
Kate Torsey *(Acct Supvr)*
Alex Wilbanks *(Acct Supvr)*
Emily Risher *(Acct Exec)*
Erin Lima *(Planner-Strategic)*
Heather Apple *(Assoc Creative Dir)*
Erin Stevens *(Sr Art Dir)*

Accounts:
Adidas
Black Diamond
Google, Inc
HTC Corp.
Nestle USA Buitoni Pasta, Hot Pockets, Outshine Fruit Bars, Stouffer, SweeTARTS (Digital Agency of Record)
Nike
Starbucks
Union Wine Company Underwood
YouTube

SWIFT SMART SOLUTIONS
717 N Forest Ave 200N, Lake Forest, IL 60045
Tel.: (847) 283-0272
Web Site: swiftsmartsolutions.com

Employees: 25
Year Founded: 1997

Agency Specializes In: Communications, Event Planning & Marketing, Publicity/Promotions

Vicky Swift *(Pres)*
Duffy Swift *(Partner & Exec VP)*
Jessica Batridge *(Sr Acct Mgr & Head-Instructional*

AGENCIES - JANUARY, 2019 — ADVERTISING AGENCIES

Design)

Accounts:
Abbott Healthcare Services
Astellas
Baxter
Genzyme Healthcare Services
Lundbeck

SWIM CREATIVE
415 E Superior St, Duluth, MN 55802
Tel.: (218) 722-1404
E-Mail: contact@swimcreative.com
Web Site: www.swimcreative.com

Employees: 17
Year Founded: 2005

Agency Specializes In: Advertising, Brand Development & Integration, Digital/Interactive, Logo & Package Design, Print, Social Media

Patrice Bradley *(Founder, CEO & Creative Dir)*
David Sadowski *(Partner & Brand Dir)*
Cody Paulson *(Sr Dir-Design)*
Tyler Johnson *(Art Dir)*
Bill Nelson *(Acct Svcs Dir)*
Ben Luoma *(Dir-Interactive Media)*
Kevin Cain *(Office Mgr)*
Al Thompson *(Copywriter)*

Accounts:
Duluth International Airport
Fryberger Buchanan Smith & Frederick P.A
New-Mike & Jen's Cocoa Logo & Package

SWIRL ADVERTISING
(Acquired by mcgarrybowen & Name Changed to SwirlMcGarryBowen)

SWIRL MCGARRYBOWEN
(Formerly Swirl Advertising)
101 Montgomery St, San Francisco, CA 94129
Tel.: (415) 276-8300
Fax: (415) 276-8301
E-Mail: info@swirl.net
Web Site: swirl.net/

E-Mail for Key Personnel:
President: Matt@swirl.net

Employees: 62
Year Founded: 1997

National Agency Associations: 4A's

Agency Specializes In: Advertising, Advertising Specialties, Affiliate Marketing, Agriculture, Alternative Advertising, Automotive, Below-the-Line, Bilingual Market, Brand Development & Integration, Branded Entertainment, Broadcast, Business Publications, Business-To-Business, Cable T.V., Co-op Advertising, Collateral, College, Commercial Photography, Communications, Computers & Software, Consulting, Consumer Goods, Consumer Marketing, Consumer Publications, Corporate Communications, Corporate Identity, Customer Relationship Management, Digital/Interactive, Direct Response Marketing, Direct-to-Consumer, E-Commerce, Education, Electronics, Email, Entertainment, Environmental, Event Planning & Marketing, Exhibit/Trade Shows, Experience Design, Fashion/Apparel, Financial, Food Service, Graphic Design, Guerilla Marketing, Health Care Services, High Technology, Hispanic Market, Identity Marketing, In-Store Advertising, Integrated Marketing, International, Internet/Web Design, LGBTQ Market, Leisure, Local Marketing, Logo & Package Design, Magazines, Media Buying Services, Media Planning, Media Relations, Men's Market, Mobile Marketing, Multicultural, Multimedia, New Product Development, New Technologies, Newspaper, Newspapers & Magazines, Out-of-Home Media, Outdoor, Over-50 Market, Paid Searches, Planning & Consultation, Point of Purchase, Point of Sale, Print, Product Placement, Production, Production (Print), Promotions, Publicity/Promotions, Radio, Real Estate, Restaurant, Retail, Sales Promotion, Search Engine Optimization, Seniors' Market, Social Marketing/Nonprofit, South Asian Market, Sponsorship, Sports Market, Strategic Planning/Research, Sweepstakes, T.V., Teen Market, Telemarketing, Trade & Consumer Magazines, Transportation, Travel & Tourism, Viral/Buzz/Word of Mouth, Women's Market

Tennyson Wilson *(Grp Mng Dir-Innovation)*
Mike Wente *(Chief Creative Officer)*
Greg Johnson *(Chief Innovation Officer)*
Amy Law *(Creative Dir)*
Pamela Rivera *(Acct Dir)*
Danita Turner *(Acct Svcs Dir)*
Jason Wertheimer *(Dir-Digital Production)*
Monica Berger *(Assoc Dir-Data Analytics)*
Valerie Miyashiro *(Mgr-Client Fin)*
Sophie Sayles *(Supvr-Media)*
Stephanie Lassar *(Strategist-Media)*
Justin Kramm *(Copywriter)*
Matthieu Brajot *(Sr Art Dir)*
Rob Chen *(Grp Media Dir)*
Tasha McVeigh *(Chief Culture Officer)*
Nick Zacher *(Assoc Creative Dir)*

Accounts:
511
Bay Club
CA Technologies
Coinstar Inc (Agency of Record)
New-Cool Effect (Agency of Record)
eBay, Inc.
eBay Motors
Walmart Digital

SWISS COMMERCE
60 Cutter Mill Rd, Great Neck, NY 11021
Tel.: (516) 368-0201
E-Mail: info@scbw.com
Web Site: www.scbw.com

Employees: 5
Year Founded: 1998

Agency Specializes In: Advertising, Brand Development & Integration, Content, Internet/Web Design, Media Buying Services, Media Planning, Print, Search Engine Optimization, T.V.

Kiyan Barelli *(Partner & Designer-UX)*

Accounts:
New-Everyday Botanicals

SWITCH
6600 Manchester Ave, Saint Louis, MO 63139
Tel.: (314) 206-7700
Fax: (314) 206-4570
E-Mail: switch@theswitch.us
Web Site: http://switch.us

Employees: 130
Year Founded: 1982

National Agency Associations: 4A's

Agency Specializes In: Sponsorship

Approx. Annual Billings: $50,000,000

John Nickel *(Pres)*
Missy Young *(CIO)*
Scott Gutierrez *(Sr VP-Connectivity Sls)*
Terry Hobbs *(Sr VP)*
Cindy Zimpfer *(Sr VP-Colocation Sls)*
Josh Kell *(VP & Dir-Digital & Brand Mktg)*
Gregg Eilers *(VP-Meetings & Events)*
Sunny Stack *(Acct Dir)*
April Hayes *(Dir-Field Sampling)*
Craig Kammien *(Sr Creative Dir)*

Accounts:
Anheuser-Busch InBev N.V./S.A.
Budweiser
Coca-Cola
Covidien Health Care
Elsevier
Glaceau/Vitaminwater
Muscle Milk

SWIZZLE COLLECTIVE
2511 East 6th Street, Austin, TX 78702
Tel.: (512) 590-0091
Web Site: www.swizzlecollective.com

Employees: 6

Agency Specializes In: Advertising, Brand Development & Integration, Graphic Design, Print, Social Marketing/Nonprofit

Chris Davis *(Partner-Creative)*

Accounts:
Presidium Group

SWOOP INC.
125 Cambridgepark Dr, Cambridge, MA 02140
Toll Free: (877) 848-9903
Web Site: https://www.swoop.com/

Employees: 47
Year Founded: 2011

Agency Specializes In: Advertising

Simeon Simeonov *(Founder & CTO)*
Scott Rines *(Exec VP & Gen Mgr)*
William V. Powers *(Exec VP-Strategic Dev)*
Katie Carr *(Sr VP-Reg Sls)*
Kurt Robinson *(Sr VP-Sls)*
Shannon Rock *(VP-Healthcare)*
Daniel Ruby *(VP-Mktg)*
Kevin Elwell *(Acct Mgmt Dir)*
Elissa Ryan *(Acct Mgmt Supvr)*

Accounts:
Boulder Brands Inc.
General Mills, Inc.
Groupe Danone S.A.

SYMMETRI MARKETING GROUP, LLC
625 N Michigan, Chicago, IL 60611
Tel.: (312) 222-2500
Fax: (312) 222-2560
Web Site: www.symmetrimarketing.com

Employees: 45
Year Founded: 2003

Agency Specializes In: Advertising, Brand Development & Integration, Business-To-Business, Collateral, Digital/Interactive, Internet/Web Design, Search Engine Optimization, Social Media

Carl Triemstra *(Pres)*
Mark Masseur *(Principal & Creative Dir)*
Ryan Mannion *(VP-Client Svcs)*
Kristen Paladino *(Grp Acct Dir)*
Julie Schenck *(Acct Supvr)*
Christina Mirro *(Sr Acct Exec)*
Lisa Le *(Asst Acct Exec)*
Tom Smart *(Assoc Creative Dir)*

Accounts:

ADVERTISING AGENCIES

AGENCIES - JANUARY, 2019

Accurate Perforating
Dentsply

SYNAPTIC DIGITAL
218 W 40Th St Fl 2, New York, NY 10018
Tel.: (212) 682-8300
E-Mail: learnmore@synapticdigital.com
Web Site: www.synapticdigital.com

Employees: 25

Agency Specializes In: Content, Financial, Media Planning, Media Relations, T.V.

Julia Heath *(VP)*
Rich Quigley *(VP-West Coast)*

Accounts:
Adidas Apparel Mfr
Bridgestone Tyre Mfr
Clairol Professional Beauty Care Products Mfr & Distr
Dove Chocolate Discoveries Chocolate Food Retailer
General Motors Automobile Mfr
GlaxoSmithKline
Google
Honeywell Engineering Services
Intel
Philips Electrical & Electronic Products Mfr

SYNCAPSE CORP.
20 Duncan St Suite 301, Toronto, ON M5H 3G8 Canada
Tel.: (416) 593-3773
E-Mail: syncapseto@syncapse.com
Web Site: www.syncapse.com

Employees: 20

Agency Specializes In: Consumer Goods, Financial, Restaurant, Retail, Social Media, Strategic Planning/Research

Accounts:
BlackBerry Mobile Phone & Accessories Mfr & Distr
Cellularsouth Mobile Phones & Accessories Dealer
Edelman Global Public Relations Service Provider
OMD Media Communications

SYNDCTD
1506 N Gardner St Fl 2, Los Angeles, CA 90046
Tel.: (323) 378-5802
E-Mail: info@syndctd.com
Web Site: www.syndctd.com

Employees: 10
Year Founded: 2012

Agency Specializes In: Advertising, Content, Digital/Interactive, Graphic Design, Logo & Package Design, Media Buying Services, Out-of-Home Media, Outdoor, Print, Radio, T.V.

Aaron Turkel *(VP-Creative Strategy)*

Accounts:
Arnette, Ltd.
Circle of Confusion
Diamond Carter
Embrace Entertainment Group Inc
Forks over Knives
Harman-Kardon Inc.
Hybritivity
Icracked
Las Vegas Monorail
Mad Decent
Madame Tussauds
Maestro Dobel
Marc Friedland

Pingup
Red Bull North America, Inc.
Rockwell Table Stage
Sea Life

SYNEOS HEALTH, INC.
(Formerly INC Research/InVentiv Health)
3201 Beechleaf Ct Ste 600, Raleigh, NC 27604-1547
Tel.: (919) 876-9300
Toll Free: (800) 416-0555
Web Site: www.syneoshealth.com/

Employees: 600
Year Founded: 1977

Agency Specializes In: Advertising, Brand Development & Integration, Broadcast, Business-To-Business, Collateral, Communications, Consulting, Consumer Marketing, Corporate Identity, Digital/Interactive, Direct Response Marketing, E-Commerce, Education, Electronic Media, Event Planning & Marketing, Exhibit/Trade Shows, Financial, Graphic Design, Health Care Services, High Technology, Information Technology, Internet/Web Design, Logo & Package Design, Media Buying Services, Medical Products, New Product Development, Pharmaceutical, Planning & Consultation, Print, Production, Public Relations, Publicity/Promotions, Radio, Retail, Sales Promotion, Strategic Planning/Research, T.V., Technical Advertising

Approx. Annual Billings: $734,000,000

Michael Bell *(Chm)*
Jeffrey McMullen *(Vice Chm)*
Alistair Macdonald *(CEO)*
Stephen Marino *(Mng Dir)*
Jason Meggs *(CFO)*
Michael McKelvey *(Pres-Clinical Solutions)*
Lisa Stockman *(Pres-Comm)*
Jonathan Olefson *(Gen Counsel & Sec)*
Leigh Householder *(Exec VP & Mng Dir-Innovation & Insight)*
Patrick Richard *(Exec VP & Mng Dir-Data Science & Media)*
Kevin Fox *(Exec VP & Exec Creative Dir-Canada)*
Kristen Spensieri *(Head-Corp Comm & Mktg-Global)*
Candace Brown *(Area Dir-Northeast Recruiting)*
Erin Moyer *(Specialist-Media-Syneos Health Comm)*
Courtney Schuster Kamlet *(Asst Gen Counsel-Corp & Governance)*

Branches

Syneos Health Communications
(Formerly InVentiv Medical Communications)
1707 Market Pl Blvd Ste 350, Irving, TX 75063
Tel.: (972) 929-1900
Fax: (972) 929-1901
Web Site: http://syneoshealthcommunications.com

Employees: 43
Year Founded: 1994

Agency Specializes In: Business-To-Business, Communications, Education, Health Care Services, Medical Products, New Product Development, Pharmaceutical, Strategic Planning/Research

Megan Ollinger Saucedo *(Sr VP-Client Svcs-Cadent Medical Comm)*
Lori Cereda *(Dir-Creative Talent)*
Daniel Brackins *(Sr Strategist-Digital)*
Stephen Dennis *(Strategist-Digital)*

Accounts:
AstraZeneca
Bristol-Myers Squibb

Celgene
Eisai Corporation
Genentech; San Francisco, CA Arastin, Rituxan, Tarcera; 2003
Merck
Millennium
Protherics Voraxaze; 2004
Roche
Sanofi-Aventis
Takeda; Chicago, IL Ramelteon; 2004

Chandler Chicco Agency
450 W 15th St 7th Fl, New York, NY 10011
(See Separate Listing)

SZEN MARKETING
34145 Pacific Coast Hwy #607, Dana Point, CA 92629
Tel.: (949) 248-0200
Fax: (413) 502-1688
E-Mail: info@szen.us
Web Site: www.szen.us

Employees: 2
Year Founded: 2007

Agency Specializes In: Advertising, Brand Development & Integration, Business-To-Business, Collateral, Communications, Consulting, Consumer Goods, Consumer Marketing, Corporate Communications, Corporate Identity, Fashion/Apparel, Graphic Design, Hospitality, Integrated Marketing, Internet/Web Design, Leisure, Logo & Package Design, Luxury Products, Market Research, New Product Development, Package Design, Strategic Planning/Research

Approx. Annual Billings: $1,600,000

Breakdown of Gross Billings by Media: Consulting: $1,600,000

Gary Szenderski *(Owner)*

T. J. SACKS & ASSOCIATES
445 Park Ave 9th Fl, New York, NY 10022
Tel.: (212) 787-0787
Fax: (212) 787-0790
E-Mail: tjsacks@tjsacks.com
Web Site: www.tjsacks.com

Employees: 2

Agency Specializes In: Advertising, Fashion/Apparel, Food Service, Health Care Services, Industrial, Leisure, Retail, Social Marketing/Nonprofit, Travel & Tourism, Web (Banner Ads, Pop-ups, etc.)

Temi J. Sacks *(Pres)*

Accounts:
The Biondo Group
Cassin & Cassin LLP
Creata International
Diamond Rose Jewelry
Life Options Institute
MultiPet
National Products Ltd
Quantum Workplace

T+P ADVERTISING
(Formerly Troncone + Partners)
405 Lexington Ave Fl 26, New York, NY 10174
Tel.: (646) 825-3093
Web Site: tandpadvertising.com/

Employees: 10

National Agency Associations: Second Wind Limited

AGENCIES - JANUARY, 2019 — ADVERTISING AGENCIES

Revenue: $30,000,000

William Troncone *(Mng Partner & Creative Dir)*

Accounts:
Cerebral Palsy of North Jersey Redesign
Linnea Worldwide Inc.
Riskclick
The U.S. Virgin Islands

T3
1801 N Lamar Blvd, Austin, TX 78701
Tel.: (512) 499-8811
Fax: (512) 499-8552
E-Mail: info@t-3.com
Web Site: www.t-3.com/

E-Mail for Key Personnel:
President: gayg@t-3.com
Creative Dir.: jays@t-3.com

Employees: 210
Year Founded: 1989

Agency Specializes In: Advertising, Advertising Specialties, Affiliate Marketing, Alternative Advertising, Automotive, Brand Development & Integration, Branded Entertainment, Broadcast, Business Publications, Business-To-Business, Catalogs, Collateral, Commercial Photography, Communications, Consulting, Consumer Marketing, Consumer Publications, Content, Corporate Communications, Corporate Identity, Customer Relationship Management, Digital/Interactive, Direct Response Marketing, E-Commerce, Education, Electronic Media, Email, Entertainment, Event Planning & Marketing, Exhibit/Trade Shows, Experience Design, Fashion/Apparel, Financial, Food Service, Government/Political, Graphic Design, Health Care Services, High Technology, Hospitality, In-Store Advertising, Information Technology, Integrated Marketing, Internet/Web Design, Leisure, Local Marketing, Logo & Package Design, Magazines, Market Research, Media Buying Services, Media Planning, Media Relations, Medical Products, Merchandising, Mobile Marketing, Multimedia, New Product Development, New Technologies, Newspaper, Newspapers & Magazines, Out-of-Home Media, Outdoor, Pharmaceutical, Planning & Consultation, Point of Purchase, Point of Sale, Print, Production, Production (Print), Promotions, Public Relations, Publicity/Promotions, Publishing, RSS (Really Simple Syndication), Radio, Recruitment, Retail, Sales Promotion, Search Engine Optimization, Shopper Marketing, Social Marketing/Nonprofit, Social Media, Sponsorship, Sports Market, Strategic Planning/Research, Sweepstakes, T.V., Technical Advertising, Teen Market, Trade & Consumer Magazines, Travel & Tourism, Viral/Buzz/Word of Mouth, Web (Banner Ads, Pop-ups, etc.)

Approx. Annual Billings: $50,000,000

Lee Gaddis *(Chm)*
Ben Gaddis *(Pres)*
Mary Arnold *(CFO & VP)*
Christian Barnard *(COO)*
Nelan Schwartz *(CTO)*
David Hawes *(VP-Client Engagement)*
Hayden Lockaby *(VP-Client Engagement)*
Jill Runyon *(VP-Client Engagement)*
Leah Heck *(Exec Dir-Internal Dev)*
Chris Wooster *(Exec Creative Dir)*
Courtney Barry *(Grp Dir-Production)*
Angela Yang *(Grp Dir-Social & Media Strategy)*
Corrie Smith *(Acct Dir)*
Jen Smith *(Creative Dir)*
Keith Tanski *(Dir-Strategy)*
Caitlin McDaniel *(Assoc Dir-Social & Media)*
Caroline Hoogland *(Mgr-Client Engagement)*
Gayle Bustamante *(Sr Strategist-Digital Media)*
MacKenzie J. Magner *(Sr Strategist-Digital Media)*
Stephanie Raddock *(Sr Strategist-Social Media)*
Aaron Cacali *(Grp Creative Dir)*
Mario Licato *(Sr Art Dir)*

Accounts:
7-Eleven, Inc. (Digital Agency of Record) Mobile, Social
Allstate
Auntie Anne's Inc. (Digital & Social Media Agency of Record); 2018
Capital One Financial Corporation TV, Video
New-Carvel Corporation (Digital & Social Media Agency of Record)
New-Cinnabon, Inc. (Digital & Social Media Agency of Record)
ConocoPhillips Lubricants Interactive
The Home Depot, Inc.
Le Pain Quotidien Creative, Global Digital Transformation, Online Ordering, Website; 2018
New-McAlister's Deli (Digital & Social Media Agency of Record)
New-Moe's Southwest Grill, LLC (Digital & Social Media Agency of Record)
New-Mongolian Concepts Genghis Grill, Web Design; 2018
Pegasystems Inc. Online, Print
Pizza Hut Inc
Rite Aid Corporation Content, Social Strategy
New-Schlotzsky's, Ltd. (Digital & Social Media Agency of Record)
Staples Inc
New-Torchy's Tacos
United Parcel Service Interactive & DM
Which Wich (Agency of Record) Digital, Strategy

Branches

T3
33 Irving Pl Fl 3, New York, NY 10003
Tel.: (212) 404-7045
Fax: (212) 404-7049
E-Mail: info@t-3.com
Web Site: https://www.t-3.com/

Employees: 13
Year Founded: 2002

Agency Specializes In: Advertising, Advertising Specialties, Brand Development & Integration, Broadcast, Business Publications, Business-To-Business, Collateral, Commercial Photography, Communications, Consulting, Consumer Marketing, Consumer Publications, Corporate Communications, Corporate Identity, Digital/Interactive, Direct Response Marketing, E-Commerce, Electronic Media, Entertainment, Event Planning & Marketing, Exhibit/Trade Shows, Financial, Food Service, Government/Political, Graphic Design, Health Care Services, High Technology, Infomercials, Information Technology, Internet/Web Design, Legal Services, Leisure, Logo & Package Design, Magazines, Media Buying Services, Medical Products, Merchandising, Multimedia, New Product Development, Newspaper, Newspapers & Magazines, Out-of-Home Media, Outdoor, Pharmaceutical, Planning & Consultation, Point of Purchase, Point of Sale, Print, Production, Public Relations, Publicity/Promotions, Radio, Recruitment, Retail, Sales Promotion, Sponsorship, Sports Market, Strategic Planning/Research, T.V., Technical Advertising, Trade & Consumer Magazines, Travel & Tourism

Jill Runyon *(VP-Client Engagement)*
Dan Mills *(Dir-New Bus)*
Haley Winther *(Sr Mgr-Engagement)*

Accounts:
7-Eleven, Inc. (Digital Agency of Record) Mobile, Social
Allstate
Capital One Video
ConocoPhillips Lubricants Interactive
Pegasystems Inc. Online, Print
Pizza Hut Inc.
Staples Inc.
United Postal Service Interactive & DM
Which Wich (Agency of Record) Digital, Strategy

T3
576 Folsom St, San Francisco, CA 94105
Tel.: (415) 983-0815
Fax: (415) 362-6967
Web Site: https://www.t-3.com/

Employees: 25

Agency Specializes In: Sponsorship

Jade Simmons *(Dir-Brand & Product Mktg)*

Accounts:
7-Eleven, Inc. (Digital Agency of Record) Mobile, Social
Allstate
Capital One Video
ConocoPhillips Lubricants Interactive
Pegasystems Inc. Online, Print
Pizza Hut Inc.
Staples Inc.
United Postal Service Interactive & DM
Which Wich (Agency of Record) Digital, Strategy

TABER CREATIVE GROUP
1693 Eureka Rd Ste 200, Roseville, CA 95661
Tel.: (916) 771-6868
Fax: (916) 771-5848
E-Mail: info@tabercreative.com
Web Site: https://tabercreative.com/

Employees: 4
Year Founded: 1997

Agency Specializes In: Advertising, Brand Development & Integration, Corporate Identity, Digital/Interactive, Internet/Web Design, Logo & Package Design, Print, Social Media, Strategic Planning/Research

Kirk Taber *(CEO & Dir-Brand Strategy)*
Michele M. Taber *(Dir-Creative & Principal)*
Zachary Willmann *(Sr Designer)*

Accounts:
Titan School Solutions

TACO TRUCK CREATIVE
3172 Lionshead Ave, Carlsbad, CA 92010
Tel.: (760) 517-8800
E-Mail: hello@tacotruckcreative.com
Web Site: www.tacotruckcreative.com

Employees: 10
Year Founded: 2013

Agency Specializes In: Advertising, Brand Development & Integration, Content, Digital/Interactive, Print, Social Media, Strategic Planning/Research, T.V.

Travis Graham *(Partner & Creative Dir)*
Dave Huerta *(Partner & Creative Dir)*
Joshua Forstot *(Dir-Innovation & Strategy)*

Accounts:
Callaway Golf Company (Agency of Record) Traditional & Digital
Golf Now
Rondo Pools

ADVERTISING AGENCIES

TACTICAL MAGIC
1460 Madison Ave, Memphis, TN 38104
Tel.: (901) 722-3001
Fax: (901) 722-2144
Web Site: www.tacticalmagic.com

Employees: 10
Year Founded: 2001

Agency Specializes In: Brand Development & Integration, Communications, Direct Response Marketing, Email, Out-of-Home Media, Outdoor, Package Design, Print, Radio, Search Engine Optimization, T.V.

Mary Hallowell *(CFO)*
Andi Crawford-Andrus *(Dir-Creative Svcs)*
Susan Adler Thorp *(Strategist-PR & Media)*
Brian Borgman *(Designer)*

Accounts:
Eyewear Gallery
Fulmer Helmets Inc

TAFT & PARTNERS
2000 Lenox Drive, Lawrenceville, NJ 08648
Tel.: (609) 683-0700
E-Mail: info@taftandpartners.com
Web Site: http://www.taftcommunications.com/

Employees: 20
Year Founded: 1983

Agency Specializes In: Advertising, Advertising Specialties, Alternative Advertising, Branded Entertainment, Business-To-Business, Collateral, Communications, Computers & Software, Consulting, Consumer Goods, Consumer Marketing, Corporate Communications, Corporate Identity, Crisis Communications, Digital/Interactive, Direct Response Marketing, Direct-to-Consumer, E-Commerce, Education, Email, Environmental, Event Planning & Marketing, Experience Design, Game Integration, Government/Political, Graphic Design, Health Care Services, High Technology, Hospitality, Household Goods, Identity Marketing, Industrial, Information Technology, Integrated Marketing, Internet/Web Design, Investor Relations, Logo & Package Design, Market Research, Media Planning, Media Relations, Medical Products, Mobile Marketing, New Technologies, Package Design, Pharmaceutical, Podcasting, Print, Promotions, Public Relations, Publishing, RSS (Really Simple Syndication), Search Engine Optimization, Social Marketing/Nonprofit, Social Media, Sports Market, Stakeholders, Strategic Planning/Research, Syndication, Technical Advertising, Transportation, Urban Market, Women's Market

Approx. Annual Billings: $5,000,000

Breakdown of Gross Billings by Media: Adv. Specialities: 100%

Pete Taft *(Founder & CEO)*
Lisa Watson *(Chief Dev Officer)*
Mara Connolly Taft *(Exec VP & Creative Dir-Taft Comm & ClearPoint)*
Elliot Bloom *(Sr Dir)*
John Reuland *(Dir)*
Alanna Jamieson *(Sr Mgr-Comm)*

TAG
10 Disera Drive, Suite 260, Thornhill, ON L4J 0A7
Canada
Tel.: (905) 940-1948
Fax: (905) 940-4489
E-Mail: tag@tagagency.ca
Web Site: tagagency.ca/

Employees: 30

Agency Specializes In: Advertising, Alternative Advertising, Commercial Photography, Consumer Marketing, Corporate Communications, Digital/Interactive, Direct Response Marketing, Event Planning & Marketing, Food Service, Graphic Design, Guerilla Marketing, In-Store Advertising, Integrated Marketing, Internet/Web Design, Logo & Package Design, Media Buying Services, Media Planning, Merchandising, Mobile Marketing, Package Design, Planning & Consultation, Print, Production, Production (Ad, Film, Broadcast), Production (Print), Strategic Planning/Research, Web (Banner Ads, Pop-ups, etc.)

Fabio Orlando *(CEO)*
Matt Orlando *(COO & Chief Creative Officer)*
Ian Schwey *(VP & Exec Creative Dir)*
Ayelet Sondak *(Acct Dir)*
Danica Wolch *(Client Svcs Dir)*
Jonas Tarstan *(Dir-HR)*
Chloe Lackman *(Mktg Mgr)*
Tammy Giddings *(Mgr-Studio-Prepress)*

Accounts:
Bausch & Lomb
Cuispro
First Choice Haircutters
High Liner Foods
Honda Canada
Ricoh Campaign: "Imagine. Change", Online, Print Advertising, Search Engine Marketing
Swiss Herbal Remedies
Travel Industry Council of Ontario (Agency of Record) Consumer Awareness, Creative, Digital, Integrated Communication Plans, Marketing, Media, Public Relations, Social Media, Strategic & Communications Planning; 2018

TAG CREATIVE
443 Pk Ave S Fl 11, New York, NY 10016
Tel.: (212) 253-5300
Fax: (212) 253-5527
Web Site: www.content.tagcreativeny.com

Employees: 50

Agency Specializes In: Advertising, Brand Development & Integration, Content

Gina Delio *(Partner & Chief Creative Officer)*
Terry Rieser *(COO)*
Fawne Berkun *(Exec Creative Dir)*
Maureen O'Boyle *(Acct Dir & Producer)*

Accounts:
L'Oreal USA
Maybelline
Movado

TAG ONLINE INC.
6 Prospect Village Plz 1st Fl, Clifton, NJ 07013
Tel.: (973) 783-5583
Fax: (973) 783-5334
E-Mail: staff@tagonline.com
Web Site: www.tagonline.com

E-Mail for Key Personnel:
President: amy@tagonline.com

Employees: 7
Year Founded: 1993

Agency Specializes In: Advertising, Brand Development & Integration, Business-To-Business, Communications, Consulting, Digital/Interactive, E-Commerce, Electronic Media, Graphic Design, High Technology, Information Technology, Internet/Web Design

Breakdown of Gross Billings by Media: Consulting: 25%; Worldwide Web Sites: 75%

Amy Gideon *(Pres)*
Andrew Gideon *(CTO & VP)*

Accounts:
Art Plus - Corporate Art Consultants
BCG Advisors, Inc.
Crystal Plaza
Dietz & Associates, LLC Architects
Federal Magistrate Judge Association
Finazzo Cossolini O'Leary Meola & Hager, LLC
Manhattan District Attorney's Office
National Organization of Investment Professionals
Savastano Kaufman & Company
Vaslas Lepowsky Hauss & Danke LLP

TAG WORLDWIDE
75 Spring St 3rd Fl, New York, NY 10012
Tel.: (212) 625-6250
Fax: (212) 625-6260
Web Site: http://www.wlt.com/

Employees: 2,000
Year Founded: 2000

Agency Specializes In: Brand Development & Integration, Communications

Revenue: $29,500,000

Ajit Kara *(CEO-Americas)*

Accounts:
Diageo
Hilton
O2
R&A
Reebok
Zurich

TAGLINE MEDIA GROUP
1655 N Swan Rd, Tucson, AZ 85712
Tel.: (520) 207-8910
Web Site: https://taglinegroup.com/

Employees: 5

Agency Specializes In: Advertising, Brand Development & Integration, Collateral, Internet/Web Design, Logo & Package Design, Media Buying Services, Public Relations, Social Media

Debra Weisel *(Principal)*
Leanna Kruszewski *(Art Dir)*

Accounts:
Boreale Law

TAGTEAM BUSINESS PARTNERS LLC
2189 Silas Deane Highway Ste 11, Rocky Hill, CT 06067
Tel.: (860) 436-3900
Fax: (860) 436-3904
Web Site: www.tagteambp.com

Employees: 4

Agency Specializes In: Advertising, Business-To-Business, Digital/Interactive, Media Buying Services, Media Planning, Print, Social Marketing/Nonprofit, T.V.

Mark Zurzola *(Owner)*
Larry Piretti *(VP & Media Dir)*

Accounts:
Connecticut Lighting Centers

AGENCIES - JANUARY, 2019 — ADVERTISING AGENCIES

TAIGMARKS INC.
223 S Main St Ste 100, Elkhart, IN 46516
Tel.: (574) 294-8844
Fax: (574) 294-8855
E-Mail: tm@taigmarks.com
Web Site: www.taigmarks.com

Employees: 15
Year Founded: 1967

National Agency Associations: AMA

Agency Specializes In: Advertising, Brand Development & Integration, Event Planning & Marketing, Health Care Services, Industrial, Leisure, Logo & Package Design, Magazines, Medical Products, Multimedia, Point of Sale, Print, Production, Public Relations, Radio, Sales Promotion, Sweepstakes, T.V., Trade & Consumer Magazines, Transportation

Steve Taig *(Pres)*
Rob Hartzler *(Partner & VP)*
Mike Knaack *(Dir-PR)*
Jeff Prugh *(Dir-Art)*
Daniel Carter *(Acct Mgr)*
Jennifer Lantz *(Mgr-Acctg, Office & HR)*

Accounts:
Dexter Axle
New-Dicor Corp
Truma
WFCO Electronics
Ziggity Systems, Inc.; Middlebury, IN Poultry Watering Systems

TAILFIN
1246 Virginia Ave NE, Atlanta, GA 30306
Tel.: (404) 872-9798
Fax: (404) 872-9707
E-Mail: info@tailfin.com
Web Site: www.tailfin.com

Employees: 21
Year Founded: 1999

Agency Specializes In: Advertising, Brand Development & Integration, Digital/Interactive, Event Planning & Marketing, Internet/Web Design, Logo & Package Design, Media Planning, Promotions, Search Engine Optimization, Social Media

Lynn Strickland *(Fin Mgr)*
Jose Estrada *(Sr Art Dir)*

Accounts:
Piedmont Healthcare

TAILORED MARKETING INC.
307 4Th Ave Ste 920, Pittsburgh, PA 15222
Tel.: (412) 281-1442
Fax: (412) 281-3335
E-Mail: taylor@tailoredmarketing.com
Web Site: www.tailoredmarketing.com

Employees: 3
Year Founded: 2000

National Agency Associations: PAF

Agency Specializes In: Advertising, Advertising Specialties, Affiliate Marketing, Affluent Market, Brand Development & Integration, Broadcast, Business-To-Business, Catalogs, Collateral, Communications, Consulting, Corporate Communications, Corporate Identity, Event Planning & Marketing, Exhibit/Trade Shows, Financial, Graphic Design, Guerilla Marketing, Internet/Web Design, Leisure, Logo & Package Design, Media Buying Services, Mobile Marketing, Multimedia, New Technologies, Out-of-Home Media, Outdoor, Package Design, Planning & Consultation, Print, Production (Print), Promotions, Public Relations, Publicity/Promotions, Radio, Real Estate, Sales Promotion, Search Engine Optimization, Social Marketing/Nonprofit, Social Media, Sponsorship, Sports Market, Strategic Planning/Research, Sweepstakes, Travel & Tourism

Approx. Annual Billings: $500,000

Taylor Abbett *(Pres)*

TAKE 5 MEDIA GROUP
(Formerly Take 5 Solutions)
2385 NW Executive Center Dr Ste 200, Boca Raton, FL 33431
Tel.: (561) 819-5555
Fax: (561) 819-0245
Toll Free: (866) 861-8862
Web Site: take5mg.com

Employees: 100
Year Founded: 2003

National Agency Associations: DMA

Agency Specializes In: Above-the-Line, Advertising, Advertising Specialties, Affiliate Marketing, Affluent Market, African-American Market, Agriculture, Alternative Advertising, Arts, Asian Market, Automotive, Aviation & Aerospace, Below-the-Line, Bilingual Market, Brand Development & Integration, Branded Entertainment, Broadcast, Business Publications, Business-To-Business, Cable T.V., Catalogs, Children's Market, Co-op Advertising, Collateral, College, Commercial Photography, Communications, Computers & Software, Consulting, Consumer Goods, Consumer Marketing, Consumer Publications, Content, Corporate Communications, Corporate Identity, Cosmetics, Crisis Communications, Custom Publishing, Customer Relationship Management, Digital/Interactive, Direct Response Marketing, Direct-to-Consumer, E-Commerce, Education, Electronic Media, Electronics, Email, Engineering, Entertainment, Environmental, Event Planning & Marketing, Exhibit/Trade Shows, Experience Design, Experiential Marketing, Fashion/Apparel, Financial, Food Service, Game Integration, Government/Political, Graphic Design, Guerilla Marketing, Health Care Services, High Technology, Hispanic Market, Hospitality, Household Goods, Identity Marketing, In-Store Advertising, Industrial, Infomercials, Information Technology, Integrated Marketing, International, Internet/Web Design, Investor Relations, LGBTQ Market, Legal Services, Leisure, Local Marketing, Logo & Package Design, Luxury Products, Magazines, Marine, Market Research, Media Buying Services, Media Planning, Media Relations, Media Training, Medical Products, Men's Market, Merchandising, Mobile Marketing, Multicultural, Multimedia, New Product Development, New Technologies, Newspaper, Newspapers & Magazines, Out-of-Home Media, Outdoor, Over-50 Market, Package Design, Paid Searches, Pharmaceutical, Planning & Consultation, Podcasting, Point of Purchase, Point of Sale, Print, Product Placement, Production, Production (Ad, Film, Broadcast), Production (Print), Promotions, Public Relations, Publicity/Promotions, Publishing, RSS (Really Simple Syndication), Radio, Real Estate, Recruitment, Regional, Restaurant, Retail, Sales Promotion, Search Engine Optimization, Seniors' Market, Social Marketing/Nonprofit, South Asian Market, Sponsorship, Sports Market, Stakeholders, Strategic Planning/Research, Sweepstakes, Syndication, T.V., Technical Advertising, Teen Market, Telemarketing, Trade & Consumer Magazines, Transportation, Travel & Tourism, Urban Market, Viral/Buzz/Word of Mouth, Web (Banner Ads, Pop-ups, etc.), Women's Market, Yellow Pages Advertising

Approx. Annual Billings: $20,000,000

Alex Radetich *(CEO)*
Richard D. Gluck *(Managing Partner)*
Beth Meyer *(CFO)*
Don Morris *(Chief Revenue Officer)*
Michael Angelis *(Sls Dir)*
Tara Eliel-Finger *(Dir-New Bus Dev)*
Logan Freedman *(Dir-Creative & Content)*

TAMBOURINE
2941 W Cypress Creek Rd 2nd Fl, Fort Lauderdale, FL 33309
Tel.: (954) 975-2220
Fax: (954) 301-0460
E-Mail: hello@tambourinecreative.com
Web Site: www.tambourine.com

Employees: 69

Agency Specializes In: Advertising, Brand Development & Integration, Digital/Interactive, Social Media

Rafael Cardozo *(Pres)*
Scott Quintal *(Partner)*
Dave Spector *(Partner)*
Brian Ferrell *(VP-Sls)*
Wade Lindquist *(VP-Sls)*
Jeff Spaccio *(VP-Sls & Strategic Partnerships)*
Judykay Janney *(Controller-Fin)*
Ashley Miller *(Sr Acct Dir)*
Adriana Suao *(Client Svcs Dir)*
Mekell Helle *(Dir-Client Success)*
Breno Sisnando *(Dir-Web Dev)*
Ana Leon *(Sr Mgr-Client Success)*
Christina Davis *(Mgr-Client Success)*
Colleen Delaney *(Mgr-Client Success)*
Todd Latter *(Mgr-Media)*
Rachel Peters *(Mgr-Client Success)*
Chris Rodman *(Mgr-SEM & Analytics)*
Amee Dominguez *(Specialist-Social Media)*
Kristin Berlehner *(Designer-Web)*
Jessica Gutierrez *(Designer-Web)*
Leslie Ortiz *(Sr Graphic Designer)*

Accounts:
Caribbean Hotel & Tourism Association
DKN Hotels Ecommerce & Digital Marketing, Web; 2018
Fortuna Realty Group Digital Marketing, Website; 2017
Four Seasons Hotels & Resorts
Islamorada Resort Collection Conversion Rate Optimization, Cross-channel ROI Tracking, Custom, Responsive Hotel Website Design & Mobile Sites, Facebook Advertising Management, Omni-channel Traffic Generation, Reservation Recovery, Website & Digital Marketing; 2018
Lotte New York Palace Marketing & Digital Services, Mobile Sites, Programmatic Advertising, SEO Optimization, Search, Social, Strategic Branding & Collateral Development, Website Design; 2018
Marriott Key West Beachside Hotel
Nevis Tourism Authority
Obie Hospitality Conversion Rate Optimization, Digital Marketing, Email, Live-Chat, PPC, Search, Social, Website Design & Mobile Sites; 2018
OLS Hotels & Resorts Digital Marketing, Email, Meta-Search, Mobile, PPC, Search, Social, Website Design; 2017
Pueblo Bonito Hotels & Resort Conversion Rate Optimization, Cross-Channel ROI Tracking, Custom, Responsive Hotel Website Design & Mobile Sites, Digital Marketing, Omni-Channel Digital Traffic Generation (Search, PPC, Email, Social), Pueblo Bonito Golf & Spa Resorts, Reservation Recovery, Website; 2017

ADVERTISING AGENCIES

St. Maarten Tourist Bureau
SunStream Hotels & Resorts Digital Marketing, Website; 2018
Woodside Hotels Conversion Rate Optimization, Cross-Channel ROI Tracking, Email, PPC, Reservation Recovery, Search, Social, Website & Digital Marketing; 2017

TAMM + KIT
250 The Esplanade Berkeley Hall Ste 402, Toronto, ON M5A 1J2 Canada
Tel.: (416) 304-0188
Fax: (416) 304-0488
Toll Free: (877) 679-4909
E-Mail: info@tammandkit.com
Web Site: www.tammandkit.com

Employees: 22
Year Founded: 1998

Agency Specializes In: Advertising, Broadcast, Collateral, Corporate Communications, Electronic Media, Newspapers & Magazines, Out-of-Home Media, Outdoor, Print, Recruitment, Social Marketing/Nonprofit

Viive Tamm *(Owner)*
Joshua Dueck *(Strategist-Media & Media Buyer)*
Richard Thirumaran *(Designer-Web & Digital)*

Accounts:
Best Buy
Casino Niagara
Conexus
Dynatec
OLG
Pet Valu
Shoppers Drug Mart
The Source
St. Joseph's Hospital

TANDEM THEORY
15400 Knoll Trail Dr Ste 503, Dallas, TX 75248
Tel.: (972) 701-0186
E-Mail: info@tandemtheory.com
Web Site: www.tandemtheory.com

Employees: 41
Year Founded: 2014

Agency Specializes In: Advertising, Content

Michelle Hagen *(Founder & CEO)*

Accounts:
La Madeleine French Bakery & Cafe (Digital & Content Marketing Agency of Record) Communications Planning, Marketing Strategy, Optimization, Paid Media Planning, Video
New-Smoothie King

TANEN DIRECTED ADVERTISING
12 S Main St Ste 401, Norwalk, CT 06854-2980
Tel.: (203) 855-5855
Fax: (203) 855-5865
E-Mail: ilene@tanendirected.com
Web Site: www.tanendirected.com

E-Mail for Key Personnel:
President: ilene@tanendirected.com

Employees: 11
Year Founded: 1985

National Agency Associations: DMA

Agency Specializes In: Business-To-Business, Collateral, Direct Response Marketing, Faith Based, Financial, Internet/Web Design, Logo & Package Design, Print, Production, Radio

Ilene Cohn Tanen *(Pres)*

Christophe Bardot *(Art Dir & Designer)*
Vincent Zito, Jr. *(Creative Dir)*
Caron Dickinson *(Production Mgr)*

Accounts:
Bausch & Lomb; Wilmington, MA
Best Doctors; Boston, MA
Citigroup; New York, NY
First Investors; Houston, TX
Interleukin Genetics; Waltham, MA
MasterCard International; Purchase, NY
The New York Times; New York, NY
Pepsico; Purchase, NY
Pitney Bowes; Stamford, CT
Subway; Milford, CT

TANGELO
2444 Times Blvd Ste 300, Houston, TX 77005
Tel.: (713) 229-9600
Fax: (866) 899-4956
Web Site: http://tangelo.studio/

Employees: 14

Agency Specializes In: Advertising, Brand Development & Integration, Broadcast, Direct Response Marketing, Email, Print, Product Placement, Search Engine Optimization, Viral/Buzz/Word of Mouth, Web (Banner Ads, Pop-ups, etc.)

David Hoyt *(Principal & Exec Creative Dir)*
Christina Snyder *(Acct Supvr)*

TANIS COMMUNICATIONS
800 W El Camino Real Ste 180, Mountain View, CA 94040
Tel.: (650) 731-0554
Web Site: www.taniscomm.com

Employees: 10

Agency Specializes In: Advertising, Brand Development & Integration, Communications, Internet/Web Design, Media Relations, Print, Public Relations, Social Media, Strategic Planning/Research

Nikki Tanis *(Pres)*
Michele Landry *(Principal)*
Nicole Conley *(Dir-Media Rels)*

Accounts:
Crossbar Inc.

TANK
55 Prince St, Montreal, QC H3C2M7 Canada
Tel.: (514) 373-3333
Fax: (514) 373-3377
E-Mail: info@tank.ca
Web Site: www.tank.ca

Employees: 120

Agency Specializes In: Advertising, Graphic Design, Media Buying Services, Social Media

Revenue: $14,263,480

Marc Lanouette *(Pres)*
Benoit Pilon *(Partner, Chief Creative Officer & VP)*
Mathieu Cloutier *(Partner, VP & Gen Mgr)*
Jean-Francois DaSylva-LaRue *(Creative Dir)*
Alexandre Gadoua *(Assoc Exec Creative Dir)*

Accounts:
Abbott Laboratories, Limited Ensure
AbbVie
American Crew, Inc. Activation Marketing, Integrated Communication, Promotion, Taditional & Digital Advertising; 2017

Audi Campaign: "Let Your Inner Child Play"
BMS
Caisse de depot
Department of Canadian Heritage
Eli Lilly
Fujitsu Campaign: "What The Hell"
Interac
Loto-Quebec Design & Advertising, Digital & Print Production, Strategic Planning; 2018
Lundbeck
Pfizer
Reitmans (Creative Agency of Record)
Revlon Inc Activation Marketing, Integrated Communication, Mitchum, Promotion, Taditional & Digital Advertising; 2017
Saputo, Inc.
Telus Health
Transcontinental Media
Uniprix Inc.

TANNER + WEST ADVERTISING & DESIGN AGENCY
3115 Commonwealth Ct Ste B-6, Owensboro, KY 42303
Tel.: (888) 304-5414
Web Site: www.tannerwest.com

Employees: 10
Year Founded: 2013

Agency Specializes In: Advertising, Brand Development & Integration, Commercial Photography, E-Commerce, Graphic Design, Internet/Web Design, Media Buying Services, Production, Publishing, Social Media

Jason Tanner *(Owner)*
Ashley Gleason *(Acct Dir-Design)*
Taylor West *(Art Dir)*

Accounts:
New-FordDirect Champion Ford
New-Glenn Family Services
New-Greater Owensboro Chamber of Commerce
New-Independence Bank
New-Kentucky Wesleyan College
New-Owensboro-Daviess County Regional Airport

TAPIA ADVERTISING
PO Box 64021, Colorado Springs, CO 80962
Tel.: (719) 233-4553
Web Site: www.tapiaadvertising.com

Agency Specializes In: Advertising, Crisis Communications, Event Planning & Marketing, Internet/Web Design, Media Relations, Print, Public Relations, Radio, Social Media, T.V.

Mike Tapia *(Pres)*
Phil Tapia *(VP)*

Accounts:
QwikCare MD

TAPROOT CREATIVE
2057 Delta Way, Tallahassee, FL 32303
Tel.: (850) 309-1900
Fax: (850) 309-1902
E-Mail: holla@taprootcreative.com
Web Site: https://taproot.agency/

Employees: 25
Year Founded: 2005

Agency Specializes In: Advertising, Graphic Design, Logo & Package Design, Media Buying Services, Media Planning, Public Relations, Search Engine Optimization, Social Media

Sean Doughtie *(Pres & CEO)*

AGENCIES - JANUARY, 2019 — ADVERTISING AGENCIES

Accounts:
Knight Creative Communities Institute

TARA, INK.
1666 Kennedy Causeway Ste 703, Miami Beach, FL 33141
Tel.: (305) 864-3434
Fax: (305) 864-3432
E-Mail: info@taraink.com
Web Site: www.taraink.com

Employees: 12

Agency Specializes In: Advertising, Collateral, Crisis Communications, Digital/Interactive, Email, Entertainment, Event Planning & Marketing, Graphic Design, Hospitality, Identity Marketing, Integrated Marketing, Internet/Web Design, Local Marketing, Media Relations, Media Training, Product Placement, Production (Ad, Film, Broadcast), Public Relations, Real Estate, T.V.

Tara Solomon *(Founder & Partner)*
Nick D'Annunzio *(Principal)*

Accounts:
Acqua Di Parma
Art Miami
Bacaro (Agency of Record)
Brickell City Centre
Brown Harris Stevens The Cassis-Burke Collection
Chotto Matte
Diplomat Beach Resort (Agency of Record); 2017
Discovery Miami Beach
DOA
Dolce & Gabbana
Esteban Cortazar
Faena Hotel Miami Beach Media Relations
Fashion Nova
Figurella
Forte Dei Marmi (Agency of Record); 2017
Galerie Gmurzynska
Galerie Magazine
Giorgio Armani
Graupel Apparel
Haven
Hermes
HIGHBAR at DREAM South Beach; Miami Beach, FL
Highclere Castle Cigar Company
History Channel
Ikaria (Agency of Record); 2017
La Mer
The Light Group
Little Dreams Foundation
Livin' the MAD life
Loro Piana
Make-A-Wish Southern Florida
Marni
Miami Boutique Hotels Program
Mirto and Gucci
Mitchell Group OMIC Skincare
MMM Live
Naomi Campbell Retrospective
Nautilus South Beach (Agency of Record); 2017
'O Munaciello Miami (Agency of Record)
The O.G.
OVOO Designs
Patricia Field
The Plum Network Event Coordination, Plum Miami Magazine
Poko Pano
Robert Deutschman
RUST Wynwood (Agency of Record)
Saab
Saturday Tommy Hilfiger Party
Scarf Me
The Smithsonian
Soccerex
Stian Roenning/Alexis Mincolla
Stitched (Agency of Record); 2017
Superdry Media Relations, Product Placement
Tapas y Tintos
TUI Lifestyle
Unemployed Magazine
VANA Laser Club
Vanity Fair/Tommy Hilfiger Art Basel Party
VIA EMILIA 9 (Agency of Record)
WALL Miami
The Webster South Beach
Whitewall Magazine

TARGET
90 Water Street on the Park, Saint John's, NL A1C 1A4 Canada
Tel.: (709) 739-8400
Fax: (709) 739-9699
E-Mail: ads@targetmarketing.ca
Web Site: www.targetmarketing.ca

E-Mail for Key Personnel:
President: nodea@targetmarketing.ca

Employees: 45
Year Founded: 1980

National Agency Associations: CAB

Agency Specializes In: Advertising, Brand Development & Integration

Ernie Brake *(Acct Dir)*
Catherine Kelly *(Acct Mgmt Dir)*
Jef Combdon *(Dir-Media & Comm Plng)*
Allison Daley *(Acct Mgr)*
Cindy Wadden *(Production Mgr)*

Accounts:
ACE Aviation Holdings Inc.
Air Canada Jazz
Brock University
Canadian Helicopters Limited
Canadian Sea Turtle Network
Fronteer
Ganong Chocolate
Government of Newfoundland & Labrador Department of Tourism, Culture & Recreation
Irving Oil C-Stores, Gasoline, Heating
Larsen Wiener News Network
Maple Leaf Foods Campaign: "Wiener News Network"
McCain Foods; Canada
Newfoundland & Labrador Tourism Campaign: "Secret Place", Tourism
Quidi Vidi Brewing Company
Stella Burry Foundation
Unilever Eversweet Margarine, Imperial Margarine
Universal Barber Shop

TARGET + RESPONSE INC.
1751 S Naperville Rd Ste 208, Wheaton, IL 60189
Tel.: (312) 321-0500
Fax: (312) 321-0051
Web Site: www.target-response.com

Employees: 14
Year Founded: 1987

Agency Specializes In: Direct Response Marketing, Direct-to-Consumer, Internet/Web Design, Newspapers & Magazines, Radio, Web (Banner Ads, Pop-ups, etc.), Yellow Pages Advertising

Approx. Annual Billings: $15,000,000

Breakdown of Gross Billings by Media: Other: 25%; Radio: 75%

Mike Battisto *(Pres)*
Michelle Draus *(Dir-Media Sls)*

TARGET MARKETING & COMMUNICATIONS INC.
90 Water St, Saint John's, NL A1C 1A4 Canada
Tel.: (709) 739-8400
Fax: (709) 739-9699
E-Mail: info@targetmarketing.ca
Web Site: www.targetmarketing.ca

Employees: 50

Agency Specializes In: Advertising

David Sullivan *(Head-Creative Grp & Writer)*
Ernie Brake *(Acct Dir)*
Jane Hall *(Acct Dir)*
Catherine Kelly *(Acct Mgmt Dir)*
Cindy Wadden *(Production Mgr)*
Gaye Broderick *(Mgr-HR)*
Kelly Reddigan *(Mgr-Media)*

Accounts:
The Boobie Trap Campaign: "Revolution"
College of the North Atlantic (Agency of Record) Broadcast, Social Media
Maple Leaf Foods Inc. Larsen
Newfoundland & Labrador Tourism 48 Half Hours Contest

TARGETBASE
7850 N Belt Line Rd, Irving, TX 75063-6098
Tel.: (972) 506-3400
Fax: (972) 506-3505
Toll Free: (866) 506-7850
E-Mail: customer.value@targetbase.com
Web Site: https://targetbase.com/

E-Mail for Key Personnel:
President: david.scholes@targetbase.com

Employees: 200
Year Founded: 1979

National Agency Associations: DMA

Agency Specializes In: Advertising, Brand Development & Integration, Children's Market, Consulting, Consumer Marketing, Digital/Interactive, Direct Response Marketing, Entertainment, Financial, Graphic Design, Health Care Services, Infomercials, Information Technology, Internet/Web Design, Leisure, Medical Products, Pharmaceutical, Planning & Consultation, Point of Purchase, Point of Sale, Production, Retail, Sponsorship, Strategic Planning/Research, T.V., Telemarketing, Travel & Tourism

Mark Wright *(Pres & CEO)*
Genine Weiss Balliet *(Chief People Officer & Chief Bus Solutions Officer)*
Kimberley Walsh *(Exec VP & Exec Creative Dir)*
Stacey Crumbley *(Exec VP & Client Svcs Dir)*
Chris Sealy *(Sr VP & Mgr-Relationship)*
Baron Lowery *(Sr VP-Digital)*
Doug Horstman *(VP-Delivery)*
Julie Petroski *(VP & Grp Creative Dir)*
Lindsey Pults *(VP-Client Svc)*
Kristen Sanger *(VP-Client Svc)*
Clare Johnson *(Grp Acct Dir)*
Shannon Kelly *(Grp Acct Dir)*
Nancy McQueary *(Dir-Studio Svcs)*
Ann Barrick *(Mgr-Library Svcs)*
Erica Rivera *(Acct Supvr)*

Accounts:
Acura
American Honda Motor Co.
AT&T Mobility LLC
Fisher-Price
Gatorade
GlaxoSmithKline Pharmaceuticals
John Deere; 2007
Oral-B
Procter & Gamble Consumer Packaged Goods
U.S. Oncology
United Healthcare

ADVERTISING AGENCIES

Branch

Targetbase
202 Centreport Dr Ste 300, Greensboro, NC 27409
Tel.: (336) 665-3800
Fax: (336) 665-3855
E-Mail: customer.value@targetbase.com
Web Site: https://targetbase.com/

Employees: 257

Agency Specializes In: Sponsorship

Mark Wright *(Pres & CEO)*
Robin Rettew *(Mng Dir)*
Bill Cole *(Sr VP-Analytics)*
Ilene Harper *(VP-Strategy)*
Julie Wetherell *(Acct Dir)*
Kennan Salisbury *(Sr Acct Exec)*
Kristen Murray *(Acct Exec)*

Accounts:
GlaxoSmithKline, Inc. VESIcare (co-marketed with Astellas Pharma)

TARGETED VICTORY LLC
1100 Wilson Blvd Fl 10, Arlington, VA 22209
E-Mail: info@targetedvictory.com
Web Site: www.targetedvictory.com

Employees: 50
Year Founded: 2009

Agency Specializes In: Advertising, Digital/Interactive, Email, Government/Political, Internet/Web Design, New Technologies, Social Media

Connie Partoyan *(Pres)*
Zachary Moffatt *(CEO)*
Abe Adams *(Mng Partner)*
Tad Rupp *(Partner)*
Jason Weinstein *(Mng Dir)*
Alberto E. Martinez *(Exec VP-Pub Affairs)*
Alex Schriver *(Sr VP-Pub Affairs)*
Ryan Meerstein *(Sr Dir)*
Jennifer Cyrus *(Dir-Design & Dev)*
John Hall *(Dir-Client Strategy)*
Katie Spannbauer *(Dir-Adv Ops)*

Accounts:
National Republican Senatorial Committee Digital Marketing, Fundraising
Paul Ryan Digital Marketing, Fundraising

TARTAGLIA COMMUNICATIONS
PO Box 5148, Somerset, NJ 08875-5148
Tel.: (732) 545-1848
Fax: (732) 545-1816
E-Mail: info@tartagliacommunications.com
Web Site: www.tartagliacommunications.com

Employees: 5

Agency Specializes In: Corporate Communications, Crisis Communications, Event Planning & Marketing, Media Relations, Public Relations

Dennis Tartaglia *(Owner)*
Sheila Tartaglia *(Pres)*

Accounts:
Alzheimer's Drug Discovery Foundation Awareness, Melvin R. Goodes Prize
American Board of Addiction Medicine Medical Speciality Board
American Hospital Association
Berkeley Initiative for Transparency in the Social Sciences Communications
Gordon & Betty Moore Foundation Public Relations
HealthDisparity.org Education, Outreach, Research
IPRO Communications
National Multiple Sclerosis Society
New Jersey Health Foundation
New York Hospital Queens
Raritan Bay Medical Center
Unilever UK Foods
Veterans Health Administration

TARTAN MARKETING
6900 Wedgwood Rd N Ste 350, Maple Grove, MN 55311
Tel.: (763) 391-7575
Fax: (763) 391-7576
Toll Free: (877) 321-7575
E-Mail: info@tartanmarketing.com
Web Site: www.tartanmarketing.com

E-Mail for Key Personnel:
President: jim@tartanmarketing.com

Employees: 14
Year Founded: 1989

Agency Specializes In: Advertising, Brand Development & Integration, Business-To-Business, Collateral, Communications, Consulting, Corporate Identity, Digital/Interactive, Direct Response Marketing, Electronic Media, Financial, Food Service, Graphic Design, Health Care Services, High Technology, Industrial, Internet/Web Design, Logo & Package Design, Planning & Consultation, Point of Sale, Print, Production (Print), Promotions, Public Relations, Restaurant, Sales Promotion, Strategic Planning/Research

Accounts:
Cargill Foods; MN Cargill Oils, Cargill Salt, Horizon Milling, Progressive Baker; 1999
Cargill Kitchen Solutions; 2005
EcoLab
Emerson
Prime Therapeutics
Wolters Kluwer

TASTE ADVERTISING, BRANDING & PACKAGING
78206 Varner Rd, Palm Desert, CA 92211
Tel.: (760) 200-0730
Fax: (951) 693-5252
E-Mail: info@tasteads.com
Web Site: www.tasteads.com

Employees: 6
Year Founded: 1985

Agency Specializes In: Advertising, Advertising Specialties, Alternative Advertising, Bilingual Market, Brand Development & Integration, Broadcast, Business-To-Business, Catalogs, Co-op Advertising, Collateral, Commercial Photography, Consumer Goods, Consumer Marketing, Direct Response Marketing, Direct-to-Consumer, Electronic Media, Email, Exhibit/Trade Shows, Food Service, Graphic Design, In-Store Advertising, Integrated Marketing, Internet/Web Design, Logo & Package Design, Media Buying Services, Media Planning, Multimedia, Newspaper, Newspapers & Magazines, Out-of-Home Media, Outdoor, Package Design, Point of Purchase, Production, Production (Ad, Film, Broadcast), Production (Print), Restaurant, Retail, Sales Promotion, Search Engine Optimization, Strategic Planning/Research, Trade & Consumer Magazines, Web (Banner Ads, Pop-ups, etc.)

Jeffrey Hood *(Partner & Creative Dir)*

Accounts:
Aquamar, Inc Website Development
Chicken of the Sea

TATTOO PROJECTS
801 S Cedar St, Charlotte, NC 28208
Tel.: (704) 900-7150
E-Mail: business@tattooprojects.com

Employees: 12

Agency Specializes In: Advertising, Communications, Content, Digital/Interactive, Entertainment, Internet/Web Design, Mobile Marketing, Print, Radio, Strategic Planning/Research, T.V., Viral/Buzz/Word of Mouth

Approx. Annual Billings: $4,500,000

Buffy McCoy Kelly *(Pres)*
Rudy Banny *(Partner & Creative Dir)*

Accounts:
Cozi.com
Floorcare International
GreenWorks Tools Communications, Marketing
Hoover/ TTI Floorcare International; Cleveland, OH Hoover Max Extract, Hoover Max Multicyclonic, Hoover Windyunnel Air, Hoover Air Purifiers, Dirt Devil; 2008
Hostess Brands Inc. (Social Media Agency of Record)
Jeff Gordon Children's Foundation Communications, Marketing
John Deere
Land Design Communications, Marketing
MilkSplash Communications, Marketing
Outlaw Screws Communications, Marketing
New-Pylon Manufacturing Creative, Michelin Wiper Blades
Remington Firearms
Ronald McDonald House of Charlotte Communications, Marketing
Sheetz Inc. (Agency of Record) Broadcast, Campaign: "Quality Just Got a Kick in the Beanz", Digital, Fleet Art, Sheetz For The Kidz, Social Media
Through the Looking Glass
UNC Charlotte; Charlotte, NC Branding, Communications, Marketing; 2006
Victory Motorcycles Brand Communications, Broadcast, Communications, Marketing, Out-of-home, Point of sale, Print

TAUBE/VIOLANTE, INC.
15 Alrowood Dr, Norwalk, CT 06851
Tel.: (203) 849-8200
Fax: (203) 846-6675
E-Mail: admin@taube-violante.com
Web Site: www.taube-violante.com/

E-Mail for Key Personnel:
President: gtaube@snet.com
Creative Dir.: sue@taube-violante.com

Employees: 8
Year Founded: 1955

Agency Specializes In: Business Publications, Business-To-Business, Collateral, Consulting, Consumer Marketing, Corporate Identity, Direct Response Marketing, Engineering, Graphic Design, High Technology, Industrial, Internet/Web Design, Logo & Package Design, Media Buying Services, Medical Products, New Product Development, Pharmaceutical, Point of Sale, Print, Public Relations, Publicity/Promotions, Sales Promotion, Strategic Planning/Research, Technical Advertising, Trade & Consumer Magazines

Revenue: $600,000

Sue Taube *(Owner)*
George Taube *(Pres)*

Accounts:
Keystone Electronics Corp.; Astoria, NY Electronic

Components & Hardware
Precision Tube; North Wales, PA Tubing & Fabricated Parts
Rema Dri-Vac Corp.; Norwalk, CT Return Systems
Ventronics; Kenilworth, NJ Components, External Power Sources

TAXI
495 Wellington St W Ste 102, Toronto, ON M5V 1E9 Canada
Tel.: (416) 342-8294
Fax: (416) 979-7626
E-Mail: info@taxi.ca
Web Site: http://agency.taxi/

Employees: 120
Year Founded: 1992

Agency Specializes In: Digital/Interactive, Graphic Design, Internet/Web Design, Print, Radio, T.V.

Michael Strasser *(Mng Dir-Canadian Tire)*
Christine Maw *(VP & Head-Strategy)*
Martin Charron *(Editor & Designer)*
Alexis Bronstorph *(Exec Creative Dir)*
Kelsey Horne *(Exec Creative Dir)*
Tyler Brown *(Grp Acct Dir)*
Dan Cantelon *(Art Dir)*
Will Cuthbert *(Art Dir)*
Ryan Dzur *(Art Dir)*
Frank Macera *(Creative Dir)*
Andrew Ahern *(Dir-Strategy)*
Andy Bugelli *(Acct Mgr)*
David Stuart Airey *(Mgr-Recruitment)*
Catherine Demmer *(Acct Supvr)*
Kimberly Chomut *(Generalist-HR)*
Sam Cote *(Copywriter)*
Dave Fontaine *(Copywriter)*
Meric Karabulut *(Designer)*
Colin Brown *(Assoc Creative Dir)*
Nikki Jobson *(Assoc Creative Dir)*

Accounts:
Audi Canada (Creative Agency of Record) Retail Operations-English & French
Beam Suntory Canada (National Agency of Record) Alberta Pure Vodka, Bowmore, Canadian Club, Courvoisier, Digital, Radio Creative, Sauza Tequila, Video
Boston Pizza International, Inc. (Agency of Record) #BPTrophymodel, Campaign: "Finger Cooking", Campaign: "Last Words", TV
Campbell Soup Co. Go Line of Microwavable Soup Pouches
Canadian Tire Corporation Limited "Ice Truck", Campaign: "House of Innovation", Windshield Wipers
Casino Rama Brand Communications, Strategic Planning
Covenant House
Fido (Agency of Record)
Fleetwood Archery
Groupe Danone S.A. Activia, Creative, Oikos, Yogurt
Kraft Canada Inc. Campaign: "Mio Swish", Gevalia, Kool-Aid, Kraft Peanut Butter, Maxwell House, Mio, Nabob
The Lifesaving Society BC & Yukon Campaign: "Gravestone Kickboard"
Mark's
Moosehead
Pfizer Advil, Campaign: "Coach", Celebrex, Robax, Viagra, Zithromax
Pothole Season
Revlon
Rogers Fido (Agency of Record)
Sirius XM
New-United Way Canada 'Unignorable'

Branches

TAXI Calgary
805 10th Avenue SW Suite 500, Calgary, AB T2R 0B4 Canada
Tel.: (403) 269-8294
Fax: (403) 269-7776
E-Mail: info@taxi.ca
Web Site: http://agency.taxi/

Employees: 12

Agency Specializes In: Advertising

Andrew Packwood *(CFO)*
Matt Shoom-Kirsch *(COO)*
Stephanie McRae *(Dir-HR-Global)*

Accounts:
AMA Insurance
Aviva
Blue Shield
Carling
Dairy Farmers,Canada
Koodo
Pfizer
Plan B
Reversa
Tim Hortons
Vancouver Aquarium
WestJet

Taxi 2
49 Spadina Ave Ste 403, Toronto, ON M5V2J1 Canada
Tel.: (416) 598-4750
Fax: (416) 598-9754
Web Site: http://agency.taxi/

Employees: 500

Hanna Bratt *(Dir-Digital & Integrated Production)*
Marc Levesque *(Assoc Creative Dir)*

Accounts:
Campbell Company of Canada Ltd Campaign: "We All Soup", Digital, TV
Koodo Mobile
Kraft Canada Kraft Peanut Butter, Mio
Leon's Furniture Limited (Agency of Record) Campaign: "Part of the Family", Online, Social Media
Moosehead (Agency of Record) Alpine Lager, Creative, Hop City, Moose Light, Moosehead Lager, Strategic
Movember.com Campaign: "David's Big Problem"
SiriusXM
Topcuts Campaign: "When it's bad, it's all they see."
WVRST Campaign: "WVRST Sausage Party Invite"

TAXI New York
230 Park Ave S, New York, NY 10003
Tel.: (212) 414-8294
Fax: (212) 414-8444
E-Mail: david.jenkins@taxi-nyc.com
Web Site: agency.taxi

Employees: 20
Year Founded: 2004

Agency Specializes In: Sponsorship

David Jenkins *(Pres)*
Kate Horne *(Grp Acct Dir)*
Andrew DiPeri *(Creative Dir)*
Duc Nguyen *(Creative Dir)*
Rhea Kumar-Jaitly *(Mgr-Community & Strategist)*
Deniz Yegen *(Assoc Creative Dir)*

Accounts:
Art Directors Club; New York, NY; 2004
Audible.com Campaign: "Romance"
Capital One Financial Corp.
Clear Channel Outdoor Campaign: "united4th"
Coors Brewing Killian's Irish Red, Molson Canadian
Destination XL Group, Inc.
Grandparents.com; 2007
Heineken Campaign: "99 Bottles", Newcastle Brown Ale
Johnson & Johnson Children's Motrin, Motrin
Kraft Heinz
Microsoft - MSN; Redmond, WA; 2004
Mohegan Sun Creative
MoMA
Mondelez International, Inc. Campaign: "Croc Block", Campaign: "Manuel", Creative, Gevalia, MiO
National Hockey League
Outdoor Advertising Association of America Digital Out-of-Home
Outdoor Life Network
Rail Europe Group
Revlon Creative
Rover

TAXI Vancouver
515 Richards St, Vancouver, BC V6B 2Z5 Canada
Tel.: (604) 683-8294
Fax: (604) 683-6112
E-Mail: pr@taxi.ca
Web Site: http://agency.taxi/

Employees: 27

Jack Dayan *(Co-Mng Dir & Dir-Plng)*
Mike Leslie *(Pres-English Canada)*
Steph Santiago *(Gen Mgr)*
Jay Gundzik *(Exec Creative Dir)*
Mike Houldsworth *(Jr Writer)*

Accounts:
Aviva
BC Dairy Association (Agency of Record); 2018
BC Hydro (Agency of Record) Offtober
BrainTrust
Credit Karma
Crofton House School
Diva International (Global Creative Agency of Record) Branding Redesign, DivaCup, Marketing on Social, Package Design; 2018
Hard Rock Casino
Hughes Carwash Campaign: "Bacon Underwear", Campaign: "Nose Hairs", Campaign: "Rabies Shot", Campaign: "The Internet"
Kiwi Collection
Metropolis
Opus Hotel Campaign: "Pink Bells"
RBC Centre
The University of British Columbia (Agency of Record) Advertising, Creative, Media, Strategic Leadership
Vancouver Aquarium 4D Theatre, Campaign: "45 hill climbing ability. Volkswagen Amarok.", Campaign: "Urinal Pregnancy Test", Ocean Wise Program
Vancouver International Airport

TAXI
1435 Rue Saint Alexandre Bureau 620, Montreal, QC H3A 2G4 Canada
Tel.: (514) 842-8294
Fax: (514) 842-6552
E-Mail: pr@taxi.ca
Web Site: http://agency.taxi/

Employees: 70

Agency Specializes In: Advertising

Jack Dayan *(Co-Mng Dir & Dir-Plng)*
Martin Charron *(Editor & Designer)*
Andreanne Hetu *(Grp Acct Dir)*
Ariane-Andree Beaudet *(Acct Dir)*
Emilie Trudeau-Rabinowicz *(Dir-Electronic Production)*

ADVERTISING AGENCIES

Maryse Sauve *(Strategist-Brand)*
Dominique Verdon *(Planner-Strategic)*
Sokphea Pes *(Sr Art Dir)*

Accounts:
New-Audi
Bombardier
Groupe Danone S.A. Activia, Creative, Oikos, Yogurt
Groupe Le Massif Le Massif de Charlevoix Ski Area
McCain
Microsoft
Promutel Assurance Creative
Quebec's Contemporary Music Society
Sun Products Canada Corp. (Agency of Record) Creative

TAYLOE GRAY KRISTOF LLC
(See Under Tayloe Gray LLC)

TAYLOE GRAY LLC
(Formerly Tayloe Gray Kristof LLC)
221 N 2Nd St, Wilmington, NC 28401
Tel.: (800) 620-8480
Web Site: tayloegray.com/

Employees: 19
Year Founded: 2009

Agency Specializes In: Advertising, Brand Development & Integration, Digital/Interactive, Graphic Design, Media Buying Services, Media Planning, Print

Nathan Tayloe *(Partner & COO)*
Andrew Gray *(Partner & CTO)*
Michelle Pojasek *(Sr Acct Mgr)*
Stephanie Jarrett *(Designer-UI & UX)*

Accounts:
Defiant Whisky

TAYLOR & POND CORPORATE COMMUNICATIONS
840 5Th Ave Ste 300, San Diego, CA 92101
Tel.: (619) 297-3742
Fax: (619) 297-3743
E-Mail: tpcorp@tpcorp.com
Web Site: www.taylorpond.com

Employees: 6
Year Founded: 1995

Agency Specializes In: Consulting, Internet/Web Design

Approx. Annual Billings: $1,500,000

Breakdown of Gross Billings by Media: D.M.: $750,000; Other: $750,000

Cindy Pond *(Owner)*
Siri Fomsgaard *(VP-Client Success)*
Jacquie Johnson *(VP-Bus Dev)*

Accounts:
Acuraclassic.com
Bbeaute
Children's Primary Care Medical Group
Creative Nail Design
Gila Rut
Good Feet
Herbalife
Horizon Store
NYX Cosmetics (Digital Agency of Record)
Tango Wine Company
Tervita Corporation
University of San Diego Alumni Association
womenssportsnet.com Women's Fitness, Women's Health, Women's Sports

TAYLOR WEST ADVERTISING
503 Avenue A, San Antonio, TX 78215
Tel.: (782) 805-0320
Fax: (210) 805-9371
E-Mail: info@taylorwest.com
Web Site: www.taylorwest.com

Employees: 15
Year Founded: 1978

Agency Specializes In: Advertising, Brand Development & Integration, Consulting, Consumer Goods, Consumer Marketing, Corporate Identity, Digital/Interactive, Financial, Graphic Design, Hospitality, Integrated Marketing, Internet/Web Design, Local Marketing, Media Buying Services, Media Planning, Newspaper, Newspapers & Magazines, Out-of-Home Media, Outdoor, Paid Searches, Planning & Consultation, Print, Production, Production (Print), Promotions, Social Media, Trade & Consumer Magazines, Web (Banner Ads, Pop-ups, etc.)

Gina Jackson *(Creative Dir)*
Demica Lopez *(Acct Svcs Dir)*
Claire DuBose *(Dir-Acct & Digital Svcs)*

Accounts:
Hotel Valencia - Riverwalk; San Antonio, TX
Hotel Valencia - Santana Row; San Jose, CA
IBC Bank; Laredo, TX
Valencia Group; San Antonio, TX

TBC INC.
900 S Wolfe St, Baltimore, MD 21231
Tel.: (410) 347-7500
Fax: (410) 986-1299
E-Mail: webmaster@tbc.us
Web Site: www.tbc.us

E-Mail for Key Personnel:
Creative Dir.: ac@tbc.us
Media Dir.: eborkowski@tbc.us
Production Mgr.: gpasha@tbc.us

Employees: 100
Year Founded: 1974

Agency Specializes In: Advertising, Advertising Specialties, Affluent Market, Alternative Advertising, Arts, Brand Development & Integration, Broadcast, Business Publications, Business-To-Business, Children's Market, Collateral, College, Communications, Consumer Goods, Consumer Marketing, Content, Corporate Communications, Corporate Identity, Crisis Communications, Customer Relationship Management, Digital/Interactive, Direct Response Marketing, Direct-to-Consumer, E-Commerce, Education, Electronic Media, Electronics, Email, Event Planning & Marketing, Exhibit/Trade Shows, Fashion/Apparel, Financial, Food Service, Government/Political, Graphic Design, Guerilla Marketing, Health Care Services, High Technology, Hispanic Market, Hospitality, Household Goods, Identity Marketing, In-Store Advertising, Integrated Marketing, International, Internet/Web Design, Leisure, Local Marketing, Logo & Package Design, Luxury Products, Magazines, Media Buying Services, Media Planning, Media Relations, Media Training, Men's Market, Mobile Marketing, Multimedia, Newspaper, Newspapers & Magazines, Out-of-Home Media, Outdoor, Over-50 Market, Package Design, Paid Searches, Planning & Consultation, Point of Purchase, Point of Sale, Print, Production, Production (Ad, Film, Broadcast), Production (Print), Promotions, Public Relations, Publicity/Promotions, Publishing, Radio, Real Estate, Recruitment, Regional, Restaurant, Retail, Sales Promotion, Search Engine Optimization, Seniors' Market, Shopper Marketing, Social Marketing/Nonprofit, Social Media, South Asian Market, Sponsorship, Sports Market, Strategic Planning/Research, T.V., Trade & Consumer Magazines, Transportation, Travel & Tourism, Viral/Buzz/Word of Mouth, Web (Banner Ads, Pop-ups, etc.), Women's Market, Yellow Pages Advertising

Allan Charles *(Chm & Chief Creative Officer)*
Howe Burch *(Pres)*
Tom Burden *(Pres)*
Nichole Baccala Ward *(Pres)*
Brad Meerholz *(Partner, Sr VP & Dir-Design)*
Jason Middleton *(Sr VP & Creative Dir)*
Patty Stachowiak *(Sr VP-Fin)*
Casey Rhoads *(VP & Grp Acct Dir)*
Erin Borkowski *(VP & Dir-Media)*
Selena Pigrom *(VP & Assoc Media Dir)*
Ashley Johnson *(Acct Dir)*
Troy Vehstedt *(Mgr-Digital Production Studio)*
Shelby Cohen *(Acct Exec)*
Abigail Pedroni *(Acct Exec)*
Karen Peraza *(Acct Exec)*
Julia Denick *(Media Planner & Media Buyer)*
Kallie Fischer *(Acct Coord)*
Joshua Meloney *(Sr Media Planner & Buyer)*

Accounts:
Business Health Services; 2014
Connections Academy; 2011
CVS MinuteClinic; 2004
Dogtopia; 2013
Hair Cuttery; 2008
Haribo USA; 2010
Lincoln Financial; 2011
Nava Health & Vitality Centers; 2013
Smyth Jewelers; 2014
Tessco/Ventev; 2012
Tessco; 2012
University of Maryland University College; 2013
Visit Baltimore; 2012
Washington Gas Energy Services; 2013

Direct Marketing Division

TBC Direct, Inc.
900 S Wolfe St, Baltimore, MD 21231
Tel.: (410) 347-7500
Fax: (410) 986-1299
E-Mail: webmaster@tbc.us
Web Site: www.tbc.us

Employees: 76
Year Founded: 1974

Agency Specializes In: Advertising, Direct Response Marketing

Howe Burch *(Pres)*
Casey Rhoads *(VP & Grp Acct Dir)*
Erin Borkowski *(VP & Dir-Media)*
Beth Williams *(Media Planner & Media Buyer)*
Joe Moscati *(Assoc Creative Dir)*

Public Relations

TBC, Inc./PR Division
900 S Wolfe St, Baltimore, MD 21231
(See Separate Listing)

TBD

156 2nd St, San Francisco, CA 94105
Tel.: (415) 845-5433
E-Mail: newbusiness@tbd.ooo
Web Site: www.tbd.ooo

Employees: 10
Year Founded: 2017

Agency Specializes In: Above-the-Line, Advertising, Alternative Advertising, Automotive, Brand Development & Integration, Branded Entertainment, Broadcast, Business-To-Business, Communications, Computers & Software, Consulting, Consumer Goods, Consumer Marketing, Digital/Interactive, Education, Electronics, Entertainment, Experience Design, Experiential Marketing, Fashion/Apparel, Financial, Guerilla Marketing, Health Care Services, High Technology, Hospitality, Household Goods, Information Technology, Integrated Marketing, International, Internet/Web Design, Leisure, Mobile Marketing, New Product Development, New Technologies, Out-of-Home Media, Planning & Consultation, Print, Production, Production (Ad, Film, Broadcast), Social Marketing/Nonprofit, Social Media, Sports Market, Strategic Planning/Research, T.V., Travel & Tourism, Viral/Buzz/Word of Mouth, Web (Banner Ads, Pop-ups, etc.)

Jordan Warren *(CEO)*
Rafael Rizuto *(Chief Creative Officer)*
Virginia Wang *(Chief Strategy Officer)*
Robert Woods *(Sr Acct Dir)*
Matt Ashworth *(Creative Dir)*
Sergio Cardenas *(Art Dir)*
Mark Krajan *(Creative Dir)*
Steve Mapp *(Creative Dir)*
Roz Romney *(Creative Dir)*
Jeff Burger *(Dir-Engagement Plng)*
Leila Moussaoui *(Dir-Art & Creative)*
Marco Mannoe *(Copywriter)*
Sara Uhelski *(Copywriter)*

Accounts:
Evernote Advertising, Brand Marketing, Creative Development, Global Creative, Strategy; 2018
Nokia Corporation Nokia Health (Global Creative & Strategic Agency of Record), Nokia Steel HR Hybrid Smartwatch; 2017
New-StubHub, Inc www.giftrapper.com

TBWA/WORLDHEALTH
488 Madison Ave 5th Fl, New York, NY 10022
Tel.: (212) 804-1000
Fax: (212) 804-1462
Web Site: www.tbwaworldhealth.com

Employees: 200

Agency Specializes In: Health Care Services

Sharon Callahan *(CEO)*
Kristen Gengaro *(Mng Partner)*
Meaghan Onofrey *(Mng Partner)*
Brian Carr *(CFO)*
Jonathan Isaacs *(Chief Creative Officer)*
Paul J. Pfleiderer *(Chief Strategy Officer)*
Dan Chichester *(Chief Digital Officer)*
Robin Shapiro *(Pres-Global)*
Suri Harris *(Exec VP)*
Kate Knouse *(Sr VP & Grp Acct Dir)*
Charlotte Forshaw *(VP & Acct Dir)*
Christine Marks *(VP & Dir-Client Ops)*
Amy Gerstein *(VP & Sr Mgr-Ops & Events)*
John Moen *(VP & Assoc Creative Dir)*
Erika Buder *(Assoc Producer)*
Lisa VonBlohn *(Grp Acct Supvr)*

Accounts:
Bristol-Myers Squibb
GlaxoSmithKline
Johnson & Johnson

NuvaRing
Pfizer
Roche
TEDMED Digital

Branches

TBWAWorldHealth
(Formerly CAHG)
225 N Michigan Ave, Chicago, IL 60601
Tel.: (312) 297-6700
Fax: (312) 649-7232
Web Site: www.tbwaworldhealth.com

Employees: 150
Year Founded: 1962

National Agency Associations: BPA

Agency Specializes In: Advertising, Advertising Specialties, Brand Development & Integration, Collateral, Communications, Corporate Communications, Corporate Identity, Digital/Interactive, Education, Electronic Media, Event Planning & Marketing, Graphic Design, Health Care Services, Identity Marketing, Integrated Marketing, International, Internet/Web Design, Media Buying Services, Media Planning, Media Relations, Mobile Marketing, Multimedia, New Product Development, Package Design, Pharmaceutical, Planning & Consultation, Podcasting, Production (Ad, Film, Broadcast), Production (Print), Sponsorship, Strategic Planning/Research, Viral/Buzz/Word of Mouth, Web (Banner Ads, Pop-ups, etc.), Women's Market

Robin Shapiro *(Pres-Global)*
Amanda Bromwich *(VP & Acct Dir)*
Danielle Fragen *(Grp Acct Supvr)*

Accounts:
Alcon/Vigamox
Bristol-Myers Squibb; Princeton, NJ
Gilead GS-7977
Johnson & Johnson
Merck
Novartis
Otsuka
Pfizer, Inc.
Procter & Gamble Pharmaceuticals, Inc.
Sanofi-Aventis
Takeda

TBWA/WORLDWIDE
488 Madison Ave, New York, NY 10022
Tel.: (212) 804-1300
Fax: (212) 804-1333
Web Site: www.tbwa.com

Employees: 11,000
Year Founded: 1970

National Agency Associations: 4A's-ABC-AMA-DMA

Agency Specializes In: Social Media

Troy Ruhanen *(Pres & CEO)*
Denis Streiff *(CFO)*
Chris Garbutt *(Chief Creative Officer-Global)*
Doug Melville *(Chief Diversity Officer-North America)*
John Hunt *(Chm-Creative)*
Benjamin Kennedy *(VP-Market Dev & Digital Ventures)*
Anaka Kobzev *(Head-Comm)*
Juuso Myllyrinne *(Head-Performance Mktg-Global)*
Hugo Murray *(Grp Acct Dir)*
Tessa Conrad *(Dir-Ops-Global)*
Baker Lambert *(Dir-Global Data)*
Jason Magnus *(Dir-Talent & Recruiting-Nissan United)*
Teresa Rad *(Dir-Production & Art Production)*

Velda Ruddock *(Dir-Intelligence)*
Brett Williams *(Dir-Global Network-Nissan United)*
Jordan Lichay *(Acct Supvr)*
Julia C. San Juan *(Supvr-Engagement)*
Izabella Cabral *(Assoc Creative Dir)*

Accounts:
Accenture
Adidas 2014 Fifa World Cup
Apple Inc Campaign: "Assistant", Campaign: "Beatles Covers", Campaign: "Learn", Campaign: "Share The Fun", Campaign: "What's a Computer?", iPad, iPhone Siri, iPod Touch, iTunes
BNY Mellon Digital, Global Creative, Print, TV
Eos Products, LLC
Grammy Awards
Johnson & Johnson
Michelin
Nissan Motor Company "Taxi of Tomorrow", Campaign: "#HailYes", Campaign: "Innovation Garage", Communications Strategy, Creative, Datsun, Digital, Infiniti, Nissan Leaf, Nissan NV200, Sentra, Singing Sockets, Video
Pernod Ricard Absolut
The Procter & Gamble Company
Singapore Airlines (Creative Agency of Record)

UNITED STATES

eg+ Worldwide
200 E Randolph St Ste 3620, Chicago, IL 60601
Tel.: (312) 729-4500
E-Mail: chicago@egplusww.com
Web Site: https://www.egplusww.com/

E-Mail for Key Personnel:
Public Relations: rbrown@agency.com

Employees: 55
Year Founded: 1995

Agency Specializes In: Digital/Interactive, E-Commerce, Internet/Web Design, Media Buying Services, Search Engine Optimization, Social Media, Web (Banner Ads, Pop-ups, etc.)

Paul Hosea *(CEO)*
George Ashbrook *(Mng Dir)*
Mat Mildenhall *(Chief Client Officer)*
Tetsuo Shimada *(Pres/CEO-Japan)*
Alain Rhone *(COO-Intl)*
Desiree Principe-Aloi *(Dir-Print Production)*
Enzo T. Velazquez *(Dir-Presentation Studio)*

Accounts:
Aon
Barrie Pace
Energizer
Fisher Price
Hilton Worldwide
HP; Chicago, IL
Jones Lange LaSalle
Red Hat
SAP Campaign: "Run Simple"
Sears

TBWAChiatDay Los Angeles
5353 Grosvenor Blvd, Los Angeles, CA 90066
Tel.: (310) 305-5000
Fax: (310) 305-6000
Web Site: tbwachiatdayla.com

Employees: 400
Year Founded: 1968

National Agency Associations: 4A's-ABC-AMA-DMA-THINKLA

Agency Specializes In: Advertising, Sponsorship

Jennifer Nottoli *(Mng Dir)*

ADVERTISING AGENCIES

AGENCIES - JANUARY, 2019

Mack Gire *(Art Dir)*
Aste Gutierrez *(Creative Dir)*
Joshua Levion *(Assoc Producer)*
Pamela Lloyd *(Brand Dir)*
Robyn Morris *(Brand Dir)*
Mark Peters *(Creative Dir)*
Ben Priddy *(Creative Dir)*
Kirsten Rutherford *(Creative Dir)*
Joellen Smith *(Art Dir)*
Scott Hiers *(Dir-Design)*
Kelly Rosen *(Dir-New Bus Dev)*
Gabriela Marino *(Brand Mgr-Gatorade)*
Iyana Sarrafieh *(Sr Brand Strategist)*
Samira Shahabuddin *(Sr Strategist-Brand Strategy)*
Joel van Rensburg *(Acct Exec-Brand Leadership)*
Jamie Wynn *(Strategist-Content)*
Alyse Castillo *(Designer-Set)*
Billie Heitzman *(Designer)*
Mari McMurray *(Copywriter)*
Aaron Nandor *(Designer)*
Ariel Sayre *(Jr Planner)*
Alix Johnson *(Asst Acct Exec)*
Kathleen Ackel *(Assoc Producer)*
Simon Bruyn *(Assoc Creative Dir)*
Nicholas Buckingham *(Assoc Creative Dir)*
Christopher Rodriguez *(Sr Art Dir)*
Ben Tolbert *(Sr Art Dir)*

Accounts:
Apple Inc. Media Buying, iMac, iPhone, iPod
Best Friends Animal Society Campaign: "No-Kill Los Angeles", Pro Bono
Buffalo Wild Wings (Advertising Agency of Record) Campaign: "Fantasy Football Rich", Campaign: "Football Rich", Creative, Radio, TV
Disney Consumer Products
The Grammys The 58th Grammy Awards
Henkel Consumer Goods Persil ProClean
IMAX Corporation (Global Creative Agency of Record) Content Production, Design, Digital & Social Strategy, Global Campaign Development, Strategic Partnerships; 2018
Intel Corp (Global B2B Agency of Record) Creative, Strategic
Intuit Inc. Digital Video, Public Relations, QuickBooks (Agency of Record), Social Media, TV; 2017
Los Angeles Philharmonic Association
McDonald's Corporation Marketing, McCafe; 2018
Netflix
NKLA
Pacific Standard Time Campaign: "Celebrate the Era", Campaign: "Ice Cube Celebrates the Eames"
Peak Games Toon Blast
PepsiCo Gatorade, Pepsi
Principal Financial Group Campaign: "Camera", Campaign: "Moving"
Providence Health & Services Trinity Kids Care
The Recording Academy Campaign: "#TheWorldIsListening", Campaign: "Sing My Tweet Experience", Campaign: "We are Music", Grammy Awards (Agency of Record)
Grammy Awards (Agency of Record); 2007
Redfin
Viking Cruises
YouTube, LLC

TBWA Chiat Day New York
488 Madison Ave, New York, NY 10022
Tel.: (212) 804-1032
Fax: (212) 804-1200
Web Site: www.tbwachiatdayny.com/

Employees: 300

National Agency Associations: 4A's-ABC-AMA-DMA

Agency Specializes In: Sponsorship

Elissa Sherman *(Sr VP & Grp Acct Dir)*
Alberto Botero *(Head-Data Strategy)*
Seth Mills *(Head-Data Strategy & Creative Tech)*
Wade Alger *(Exec Creative Dir)*
Megan Bowen *(Grp Acct Dir)*
Julie DeAngelis *(Grp Acct Dir)*
Ben Muldrew *(Grp Acct Dir)*
Alyssa Cavanaugh *(Art Dir)*
Nicholas Choremi *(Art Dir)*
Parker Collins *(Acct Dir)*
Joe Shands *(Creative Dir)*
Matty Smith *(Creative Dir)*
Suzanne DeMaso *(Dir-Bus Dev)*
Tara Hagan *(Dir-Digital Strategy & Content Plng)*
Nuno Teixeria *(Assoc Dir-Creative)*
Natalie Otsuka *(Acct Mgr)*
Josh Robert *(Acct Mgr)*
Kait Sutherland *(Mgr-Creative)*
K.S. Shanti *(Copywriter)*
Line Johnsen *(Assoc Creative Dir)*
Nari Kim *(Assoc Creative Dir)*
Shannon Murphy *(Assoc Creative Dir)*
Adam Naccarato *(Sr Art Dir)*
Felicia Simmons *(Sr Bus Mgr)*
Ben Tolbert *(Sr Art Dir)*

Accounts:
Accenture
Activision Blizzard Campaign: "Zombie Labs", Creative, Guitar Hero
adidas America, Inc.
American Management Association
Amway Corporation Creative, Nutrilite
Apple, Inc. (Creative Agency of Record) iMac
beIN Brand Identity, Campaign: "Change the Game", Campaign: "Remote Control"
BIC
BNY Mellon Wealth Management
Brooklyn Film Festival
Cablevision; 2007
Columbia School of Journalism
Dial Combat, Renuzit, Soft Scrub
eos Products, LLC
Frito-Lay, Inc. Stacy's Pita Chips
G6 Hospitality LLC
GlaxoSmithKline, Inc. Alli, Commit, Nicoderm CQ, Nicorette Gum, Nicorette Mini Lozenge, Zyban
Grupo Jumex
Hearts on Fire Global Creative
Hilton Worldwide, Inc. Global Creative; 2017
Home Depot
Intel Corporation B2B Marketing, Strategic
J-B Weld
Jameson
Keep A Child Alive Campaign: "Digital Death"
Kraft Foods Inc. Campaign: "Dictionary", Campaign: "Heart Health", Campaign: "Science", Digital, Planters "Nut-rition" Nuts, Social
Level Vodka
Mars, Incorporated Combos, Milky Way, Twix PB
MasterCard
McDonald's Corporation Baby, Campaign: "Symbols"
Michelin (Global Creative Agency of Record) MICHELIN Premier tire
MJZ
Mondelez International, Inc.
Nicorette (Agency of Record)
Nissan North America, Inc. Digital & Social, Nissan, Rogue, SUV TV, Versa
One Love Foundaton
Pedigree
PepsiCo. Campaign: '"Unbelievable David Beckham", Campaign: "Dear Peyton", Campaign: "Forget I Ever Existed", Campaign: "Love Every Sip", Creative, Diet Pepsi, Equation, Gatorade, Izze, Pepsi, Pepsi Max, Pepsi Next, Pepsi Refresh Everything
Pernod Ricard Campaign: '"Iron Horse", Campaign: "ABSOLUT Blank", Campaign: "Jameson Pub Paintings", Campo Viejo Wines, Creative, Digital, In-Store Marketing, Jameson Irish Whiskey, Kahlua (Global Communications Agency), Kenwood Vineyards, Martel Cognac, Royal Salute Scotch Whiskey, Social-Media
Marketing, Tall Tales Campaign
Roche Pharmaceuticals
Sara Lee
Seagram's
Skittles Campaign: "Facebook Fist"
Sport Chek
Starburst Dog, Fruit Chews; 2007
Sunseeker Global Digital Marketing
TD Bank (US Creative Agency of Record) Brand Advertising, Product Marketing, Strategy
Thomson Reuters (Lead Creative Agency)
The Travelers Companies, Inc. (Lead Creative Agency) Campaign: "Bakery", Campaign: "Charging Station", Campaign: "Growing Up", TV
Travelers Insurance
Twix
Visa USA

TBWA Digital Arts Network
488 Madison Ave, New York, NY 10022
Tel.: (212) 804-1300
Web Site: digitalartsnetwork.com/#lsi450627ci0q

Employees: 20

Agency Specializes In: Content, Digital/Interactive, E-Commerce, Mobile Marketing, Production, Search Engine Optimization, Social Media

Luke Eid *(Pres-Digital & Innovation-Global)*
Charlie Young *(Brand Dir)*

Accounts:
Wrangler Campaign: "Mileage"

TBWA Los Angeles
5353 Grosvenor Blvd, Los Angeles, CA 90066-6913
Tel.: (310) 305-5000
Fax: (310) 305-6000
Web Site: tbwa.com

Employees: 125

National Agency Associations: 4A's

Agency Specializes In: Direct Response Marketing

David Colon *(COO)*
Nick Barham *(Chief Strategy Officer)*
Rohit Thawani *(Head-Digital Experiences)*
Erica Samadani *(Exec Dir-PR)*
Jennifer Costello *(Grp Dir-Strategy)*
Kako Mendez *(Creative Dir)*
Teddy Notari *(Mgmt Supvr)*
Rhys Hillman *(Dir-Plng)*
Martin Ramos *(Dir-Plng)*
Evan Brown *(Assoc Creative Dir)*

Accounts:
Adidas
Canon
Nissan
Samsonite
Sony Playstation Video Game Counsel

TBWAMedia Arts Lab
12539 Beatrice St, Los Angeles, CA 90066
Tel.: (310) 305-4400
Fax: (310) 305-4499
Web Site: www.mediaartslab.com

Employees: 200

National Agency Associations: 4A's

Agency Specializes In: Broadcast, Production (Ad, Film, Broadcast), Sponsorship

Julian Cheevers *(Mng Dir)*
David Colon *(COO)*
Brent Anderson *(Chief Creative Officer)*

AGENCIES - JANUARY, 2019 — ADVERTISING AGENCIES

Hristos Varouhas (Chief Strategy Officer)
Brian O'Rourke (Exec Dir-Production)
Arnau Bosch (Creative Dir)
Jed Cohen (Creative Dir)
Dave Estrada (Creative Dir)
Jake Tucker (Brand Dir)
David Zorn (Creative Dir)
Katherine Babineau (Dir-Social-Apple)
Alain Briere (Assoc Dir-Creative)
Jill Durand (Sr Mgr-Bus Affairs)
Cecilia Prins (Sr Mgr-Bus Affairs)
Jamie Yang (Brand Mgr)
Travis Kohler (Mgr-Bus Affairs)
Cristina Alfonso (Supvr-Freelance Mgmt)
Parker Adame (Sr Writer)
Masaya Asai (Sr Creative Dir-Japan)
Abbas Deidehban (Sr Art Dir)
Rebekah Hsiung (Asst Producer)
Jessica Klein (Grp Exec Producer)
Chuck Monn (Grp Creative Dir)
Jeff O'Keefe (Assoc Creative Dir)
Matt Paterno (Sr Art Dir)
Carlos F. Perez (Reg Grp Creative Dir)
Joe Russomano (Sr Art Dir)
Alonso Tapia (Assoc Art Dir)

Accounts:
Airtel
Apple Inc. Apple TV, Apple Watch, Apple iPhone X, Campaign: "Assistant", Campaign: "Basically", Campaign: "Beatles Covers", Campaign: "Beijing", Campaign: "Berlin", Campaign: "Chicken Fat", Campaign: "Closer", Campaign: "Designed by Apple in California", Campaign: "Dreams", Campaign: "FaceTime Every Day", Campaign: "For The Colorful", Campaign: "Goals", Campaign: "History of Sound", Campaign: "Hollywood", Campaign: "If it's not an iPhone. It's not an iPhone", Campaign: "Intention", Campaign: "Labor Day", Campaign: "Learn", Campaign: "Life", Campaign: "Loved", Campaign: "Make Music with iPad", Campaign: "Mayday", Campaign: "Metal Mastered", Campaign: "Misunderstood", Campaign: "Music Every Day", Campaign: "Our Signature", Campaign: "Parenthood", Campaign: "Pencil", Campaign: "Photos Every Day", Campaign: "Plastic Perfected", Campaign: "Rise", Campaign: "Shaping the Future of Filmmaking", Campaign: "Share The Fun", Campaign: "Shot on an iPhone", Campaign: "Shot on iPhone 6", Campaign: "Stickers", Campaign: "Strength", Campaign: "The Notebook People Love", Campaign: "The Song", Campaign: "Up", Campaign: "Us", Creative, MacBook Air, iPad, iPhone 4S, iPhone 5, iPhone 5C, iPhone 5s, iPhone 6, iPhone 6 Plus, iPhone 7, iPod
AT&T Communications Corp.
Conservation International Campaign: "Nature is Speaking", Social
iPod Nano
Shenzhen Graphic Design Association
University of Phoenix

TBWA North America
488 Madison Ave, New York, NY 10022
Tel.: (212) 804-1300
Fax: (212) 804-1200
Web Site: www.tbwa.com

Employees: 250

Denis Streiff (CFO)
John Hunt (Dir-Creative-Worldwide)
Fred Aramis (Assoc Creative Dir)
Chris Browne (Assoc Creative Dir)

Accounts:
Absolut
Nissan Creative

TBWA/WorldHealth
488 Madison Ave 5th Fl, New York, NY 10022
(See Separate Listing)

Zimmerman Advertising
6600 N Andrews Avenue, Fort Lauderdale, FL 33309-3064
(See Separate Listing)

CANADA

Juniper Park/TBWA
33 Bloor Street East 14th Fl, Toronto, ON M4W 3H1 Canada
Tel.: (416) 413-7301
Fax: (416) 972-5486
Web Site: www.juniperpark.com

Employees: 100

Agency Specializes In: Above-the-Line, Advertising, Below-the-Line, Brand Development & Integration, Broadcast, Content, Copywriting, Corporate Identity, Digital/Interactive, Experience Design, In-Store Advertising, Internet/Web Design, Logo & Package Design, Magazines, Mobile Marketing, Newspaper, Newspapers & Magazines, Package Design, Planning & Consultation, Point of Purchase, Point of Sale, Print, Production, Production (Print), Radio, Social Marketing/Nonprofit, Social Media, Strategic Planning/Research, T.V., Web (Banner Ads, Pop-ups, etc.)

Jill Nykoliation (CEO)
David Toto (Mng Dir)
Graham Lang (Chief Creative Officer)
Alan Madill (Chief Creative Officer)
Mark Tomblin (Chief Strategy Officer)
Adam Lang (VP & Grp Acct Dir)
Shelly-Ann Scott (VP & Grp Acct Dir)
Tim Cormick (Head-Digital Innovation)
Jenny Glover (Exec Creative Dir)
Adam Brewer (Art Dir)
Eric Cicero (Art Dir)
Jessica DeSantis (Acct Dir)
Perry Essig (Creative Dir)
Alyssa Graff (Art Dir)
Dean Hamann (Art Dir)
Neil Walker-Wells (Creative Dir)
Mary Romas (Dir-HR)
Andrew Schulze (Dir-Multiplatform Production)
Greg Telford (Mgr-Bus Dev)
Dana Ciani (Copywriter)
Adam Damiani (Designer)
Evan Wallis (Copywriter)
T. J. Arch (Assoc Creative Dir)
Christina Gliha (Grp Creative Dir)
Andy Linardatos (Grp Creative Dir)
Hylton Mann (Grp Creative Dir)
Yan Snajdr (Sr Art Dir)

Accounts:
Apple
Canadian Journalists For Free Expression Campaign: "Cover Up - Anna", Campaign: "Information is Ammunition"
Capital Group
Chicago Tribune
CIBC Creative
Circle 21 Campaign: "Extra Ordinary"
Del Monte Foods Campaign: "Bursting With Life", Community Engagement, Digital Advertising, PR, Print, TV
Delta Hotels
Eos Products
GoDaddy
IFEX Campaign: "International Day to End Impunity Logo"
Lay's
MillerCoors Miller Lite
Mines Action Canada
Miss Vickies
New York Fries Campaign: "Farmhand", Campaign: "Fashion Kitty", Campaign: "Knockoff", Campaign: "Premium Dog"
Nissan Nissan Rogue
Ontario Electronic Stewardship Campaign: "Old Computer"
Pepsico Toronto Pearson International Airport Campaign: "Tweet-a-Carol" & Toronto Pearson International Airport Campaign: "Wi-Fi Art", Tropicana Campaign: "Good Morning, Morning" & Tropicana Campaign: "Manifesto"
Petro-Canada
Pfizer
Project Consent Campaign: "Dancing"
Red Cross
SFYS
Smart Food
The Source Campaign: "Backyard Monster Superstar"
Virgin Mobile Campaign: "Mod Club", Creative
YWCA

TAM-TAM/TBWA
1470 Peel St Tower A Ste 700, Montreal, QC H3A 1T1 Canada
Tel.: (514) 285-1470
Fax: (514) 285-0014
E-Mail: tamtam@tamtamtbwa.com
Web Site: www.tamtamtbwa.com

E-Mail for Key Personnel:
President: bmittelhammer@tamtamtbwa.com
Creative Dir.: hchoquette@tamtamtbwa.com

Employees: 30
Year Founded: 1986

Agency Specializes In: Business-To-Business, Communications, Direct Response Marketing, Graphic Design, Internet/Web Design, Media Buying Services, Publicity/Promotions, Strategic Planning/Research

Martin Sansregret (Pres)
Manuel Ferrarini (VP & Creative Dir)
Christian O'Brien (Editor & Designer)
Anne-Marie Lemay (Art Dir & Designer)
Annie Vincent (Dir-Artistic & Mgr-Creation)
Dominique Beaulieu (Dir-Media Grp)

Accounts:
Apple
ArcelorMital Mines Canada
Chambre de la securite financiere
Communauto
Comoplast Solideal
New-Dissan Group Positioning & Branding; 2018
Dos Equis
Fondation de l'hopital Maisonneuve-Rosemont
Fondation Melio
Fondation Mobilys
Gatorade
Hydro Solution
Industries Lassonde Inc.
Investissement Quebec
KPMG
La grande guignolee des medias Campaign: "La grande guignolee des medias"
Missing Children's Network
Nissan Canada
Petro Canada
Quebec Cancer Foundation
Univroue

AUSTRIA

TBWA Wien
Heiligenstaedter Strasse 31/401/3, A-1190 Vienna, Austria
Tel.: (43) 1 316 00 0
Fax: (43) 1 316 00 10
E-Mail: Christian.schmid@tbwa.at

ADVERTISING AGENCIES
AGENCIES - JANUARY, 2019

Web Site: www.tbwa.at

Employees: 40

Doris Danner *(VP-Israel)*
Tanja Trombitas *(Copywriter)*

BELGIUM

Headline Publishing Agency
Vorstermanstraat 14A, 2000 Antwerp, Belgium
Tel.: (32) 3 260 08 30
Fax: (32) 3 257 35 30
E-Mail: anne.thys@headlinepublishing.be
Web Site: www.headlinepublishing.be

Employees: 10

Agency Specializes In: Print, Production (Print)

Valerie de Vooght *(Acct Mgr)*
Marijke Aps *(Supvr-Acct & Editorial)*
Ann De Beukelaer *(Supvr-Acct & Editorial)*
Sophie Coppens *(Acct Exec)*

TBWA Brussels
Kroonlaan 165 Avenue de la Couronne, 1050 Brussels, Belgium
Tel.: (32) 2 679 7500
Fax: (32) 2 679 7510
E-Mail: kris.govaerts@tbwa.be
Web Site: www.tbwagroup.be

Employees: 150

Agency Specializes In: Advertising

Nicolas De Bauw *(Mng Dir)*
Kris Govaerts *(Pres-Western Europe & CEO-Belgium)*
Gert Pauwels *(Head-Digital-Western Europe)*
Jeroen Bostoen *(Exec Creative Dir)*
Jan Macken *(Exec Creative Dir)*
Alex Ameye *(Art Dir)*
Menno Buyl *(Art Dir)*
Geert Feytons *(Art Dir)*
Bout Holtof *(Creative Dir)*
Steven Janssens *(Creative Dir)*
Charlotte Lindemans *(Acct Dir)*
Frank Marinus *(Creative Dir)*
Geert Potargent *(Client Svcs Dir)*
Gregory Van Buggenhout *(Art Dir)*
Johan Van Oeckel *(Art Dir)*
Geert Verdonck *(Creative Dir)*
Marc Wauters *(Art Dir)*
Sebastien Verliefde *(Dir-Creative & Art)*
Diederik Van Remoortere *(Project Mgr-Digital)*
Wannes Vermeulen *(Project Mgr-Digital)*
Isabelle Verdeyen *(Mgr-PR)*
Albin Barry *(Copywriter)*
Eric Debaene *(Copywriter)*
Laurie Herbots *(Planner-Traffic)*
Olaf Meuleman *(Copywriter)*
Wilfrid Morin *(Copywriter)*
Vincent Nivarlet *(Copywriter)*
Xandra Van der Mersch *(Planner-Traffic)*
Anna Witkowska *(Planner-Strategic)*

Accounts:
Ahold Delhaize
Belgian Entertainment Association
BIVV Campaign: "A Friendly Crash"
Bpost Campaign: "Live Webshop"
Brussels Airlines
Lotus Bakeries
Maes
McDonald's Corporation
Nissan
PepsiCo Campaign: "Like Machine", Pepsi
PlayStation Benelux
PlayStation Playstation GT5 Game
Solidarite Grands Froids
Telenet Campaign: "Hymn", Campaign: "Large football jerseys"

TBWA Group
Kroonlaan Ave de la Couronne 165, 1050 Brussels, Belgium
Tel.: (32) 2 679 7500
Fax: (32) 2 679 7510
E-Mail: koert.impens@tbwagroup.be
Web Site: www.tbwagroup.be/

Employees: 200

Agency Specializes In: Advertising

Gert Pauwels *(Head-Digital-Western Europe)*
Jan Macken *(Exec Creative Dir)*
Geert Feytons *(Art Dir)*
Regine Smetz *(Copywriter)*

Accounts:
Flemish League against Cancer Campaign: "Sticking Their Tongues Out at Cancer", TV, Website
Inclusie Invest
KBC Campaign: "Gap In The Market"

TEQUILA Agency.com
Rue Haute-Hoogstraat 139, 1000 Brussels, Belgium
Tel.: (32) 2 523 19 11
Fax: (32) 2 523 83 11
E-Mail: info.website@tequila.be
Web Site: www.tbwagroup.be

Employees: 200

Agency Specializes In: Direct Response Marketing

Luc Perdieus *(Mng Dir)*

BOSNIA

LUNA TBWA Sarajevo
Fra Andjela Zvizdovica 1, 71000 Sarajevo, Bosnia & Herzegovina
Tel.: (387) 33943800
E-Mail: luna@lunatbwa.ba
Web Site: www.lunatbwa.ba

Employees: 2

Mair Oruc *(Mng Partner)*
Ramona Ulemek *(Acct Mgr)*

CZECH REPUBLIC

Hullabaloo
(Formerly TBWA Praha)
Belehradska 347/54, 120 00 Prague, 7 Czech Republic
Tel.: (420) 775 569 856
Fax: (420) 220 412 502
Web Site: www.hullabaloo-eu.com/

Employees: 40

Agency Specializes In: Advertising

Jiri Pleskot *(Owner)*
Martyn Cox *(Mng Partner)*
Tim Hennessy *(Mng Partner)*
Mirek Lizec *(Mng Dir)*

DENMARK

TBWA Copenhagen
Bredgade 6, 3.sal, 1123 Copenhagen, K Denmark
Tel.: (45) 39 27 88 99
Fax: (45) 39 27 03 99
E-Mail: info@tbwa.dk
Web Site: www.tbwa.dk

Employees: 30

Agency Specializes In: Advertising, Advertising Specialties, Communications, Graphic Design, International, Logo & Package Design, Mobile Marketing, Print, Social Media

Erich Karsholt *(CEO & Mng Dir)*
Tobias Lykke Aggergaard *(Exec Creative Dir)*
Ane-Marie Sylvest de Paiva *(Acct Dir-BBDO)*
Tobias Wedel *(Copywriter-Creative)*
Michael Andersen *(Sr Art Dir)*

Accounts:
Alis
BMW
Bornholm Brewery Campaign: "Label Design", Organic Juice
Metro International Campaign: "Accidentally On Purpose"
Procter & Gamble Old Spice
WWF

TBWA Interactive
Bredgade 6 3 sal, 1260 Copenhagen, Denmark
Tel.: (45) 39 27 88 99
Fax: (45) 39 27 09 99
E-Mail: info@tbwa.dk
Web Site: www.tbwa.dk

Employees: 50

Agency Specializes In: Internet/Web Design

Erich Karsholt *(Mng Dir)*

ESTONIA

TBWA Estonia
Pamu mnt 139a, 11317 Tallinn, Estonia
Tel.: (372) 665 95 50
Fax: (372) 665 95 51
E-Mail: mail@tbwa.ee
Web Site: http://imagine.ee/

Employees: 12

Accounts:
Directo
Tallink
The Tallinn Children's Hospital Foundation
Tuborg

FINLAND

TBWA PHS
Fredrikinkatu 42, 0010 Helsinki, Finland
Tel.: (358) 010 270 4800
Fax: (358) 9 17 18 11
E-Mail: info@tbwa.fi
Web Site: www.tbwa.fi

Employees: 227

Jyrki Poutanen *(Partner & Chief Creative Officer)*
Markus Nieminen *(Partner & Dir-Creative & Content)*
Juha-Matti Raunio *(VP & Head-Innovation)*
Laura Paikkari *(Creative Dir)*
Matti Virtanen *(Art Dir)*
Joni Furstenborg *(Dir-Creative & Art)*
Tuomas Perala *(Copywriter)*
Atso Wilen *(Designer)*

AGENCIES - JANUARY, 2019 — ADVERTISING AGENCIES

Accounts:
16400 Hannibal, Scream
Adidas Campaign: "Adidas Window Shopping", Neo
Brandarit
Finavia Finnair & Helsinki Airport
Finnish Railways
Helsinki Police Department
Musti Group
New-Neste Oil Corporation
Optician Instrumentarium
Paulig Muki
Sanoma Helsingin Sanomat
Sponda
Stockmann
New-VR National Railways

FRANCE

/Auditoire
9 rue du Helder, 75310 Paris, Cedex France
Tel.: (33) 1 56 03 57 03
Fax: (33) 1 56 03 57 00
E-Mail: ccourtin@auditoire.fr
Web Site: www.auditoire.com

Employees: 13

Agency Specializes In: Event Planning & Marketing

Cyril Giorgini *(Pres & CEO)*
Herve Pommier *(CFO)*
Fabienne Guillet *(Fin Dir-Ops)*
Philippe Castanet *(COO)*
Cyril De Froissard *(Gen Mgr)*
Cyril Courtin *(Exec Dir)*
Florence Lamy *(Brand Dir-Luxury Makers)*
Amaury Germe *(Dir-Dev)*

E-Graphics
162-164 rue de Billancourt, BP 411, 92103 Boulogne-Billancourt, France
Tel.: (33) 1 49 09 25 07
Fax: (33) 1 49 09 27 06
Web Site: www.egplusww.com/

Employees: 50

Agency Specializes In: Advertising, Print, Production (Print)

Eric Lecam *(Deputy Dir Gen)*
Pascal Mariani *(CEO-France)*

EG Plus Worldwide
50/54 rue de Silly, 92100 Boulogne-Billancourt, France
Tel.: (33) 1 49 09 25 35
Fax: (33) 1 49 09 27 06
E-Mail: paris@egplusww.com
Web Site: https://www.egplusww.com/

Employees: 200
Year Founded: 2014

Agency Specializes In: Print

Frederic Elkoubi *(Mng Dir)*
Stanislas Lenoir *(Acct Mgr)*
Caroline Van Rompu Delattre *(Mgr-Digital)*
Jean-Christophe Ghirardi *(Mgr-IT)*
Stephane Maissa *(Mgr-Digital & Multimedia Technical)*

hopening
(Formerly /EXCEL)
4 rue Bernard Palissy, Puteaux, France
Tel.: (33) 178994646
Fax: (33) 1 56 02 35 99
Web Site: hopening.fr

Employees: 50

Agency Specializes In: Event Planning & Marketing

Francois Couignoux *(Partner)*
Lydia Jasinski *(Officer-Admin-Purchase Sale)*
Lydia Bares Roques *(Comml Dir-Gen Fundraising)*
Cecile Coldefy-Lefort *(Dir-Customer-Agency, EXCEL & TBWA Grp)*
Lucile Malnoury *(Dir-Consulting-Strategic Plng)*
Eric Dutertre *(Assoc Dir)*
Nathalie Jacquin *(Sr Acct Mgr)*

ici Barbes
(Formerly BDDP & Fils)
146 rue du Faubourg Poissonniere, 75010 Paris, France
Tel.: (33) 1 53 21 21 00
Fax: (33) 1 53 21 28 80
E-Mail: welcome@bddpetfils.fr
Web Site: www.icibarbes.com/

Employees: 70
Year Founded: 2015

Marco de la Fuente *(Partner)*
Julien Colas *(Editor & Designer)*
Olivier Moine *(Exec Creative Dir)*
Zhou Sha *(Art Dir)*

Accounts:
Arte Tv
New-Darty
Fondation Abbe Pierre
Les Echos Campaign: "The Decision Maker"
Maisons du Monde

Qualicontact
Espace Clichy 38 av Mozart, 92110 Clichy, France
Tel.: (33) 1 41 40 40 00
Fax: (33) 1 41 40 40 29
E-Mail: info@qualicontact.com
Web Site: www.qualicontact.com

Employees: 80

Agency Specializes In: Telemarketing

Rino Vaccaro *(Pres)*
Amandine Ponssard *(Dir-Customer)*
Nathalie Lefrancois *(Production Mgr)*

TBWA/Compact
239 route de Saint-Simon, Immeuble Sirius C BP 1248, 31047 Toulouse, Cedex 1 France
Tel.: (33) 5 61 19 02 02
Fax: (33) 5 61 190 200
E-Mail: olivier.odoul@alsetcachou.com
Web Site: https://www.new-compact.com/

Employees: 50

Agency Specializes In: Advertising

Isabelle De Colonges *(Gen Dir)*
Patrice Moraud *(Creative Dir)*
Cecile Pitton *(Art Dir)*
Serge Sentenac *(Dir-Creative)*

TBWA Corporate
50-54 rue de Silly, 92100 Boulogne-Billancourt, France
Tel.: (33) 1 49 09 25 25
Fax: (33) 1 49 09 26 26
E-Mail: newbusiness@tbwa-corporate.com
Web Site: www.tbwa-corporate.com

Employees: 150

Agency Specializes In: Corporate Identity

Jerome Diez *(Editor & Designer)*
Pierre-Andre Cuny *(Art Dir & Creative Dir)*
Nicolas Comastri *(Art Dir)*
Jean Charles Davin *(Creative Dir)*
Julien Delarasse *(Art Dir)*

Accounts:
Alstom Campaign: "Istanbul, Rio, Paris, Mexico, India"

TBWA Europe
50/54 rue de Silly, BP 411, 92100 Boulogne-Billancourt, France
Tel.: (33) 1 49 09 80 00
Fax: (33) 1 49 09 81 57
Web Site: www.tbwa.com

Employees: 500

Cesar Croze *(Deputy Mng Dir)*
Cecile Moreau *(Deputy Mng Dir)*
Nick Baum *(VP-Europe)*
Luc Bourgery *(VP)*
Maud-Emilie Baron *(Dir-Customer)*
Isabelle Jacquot *(Dir-HR)*
Anne Charlotte Gabai *(Acct Mgr-Intl)*

TBWA/G1
162-164 rue de Billancourt, 92100 Boulogne-Billancourt, France
Tel.: (33) 1 49 09 70 10
Fax: (33) 1 49 09 81 87
Web Site: www.tbwa-france.com

Employees: 100

Ewan Veitch *(Pres)*
Phil Nunn *(Head-Brand & Strategy-NISSAN UK)*
Marianne Fonferrier *(Creative Dir)*
Eric Pierre *(Creative Dir)*
Joy Robin *(Art Dir)*
Stuart Graham *(Dir-Photography)*
Kiminori Suzuki *(Dir-Art)*
James Blose *(Copywriter)*
Carl Harborg *(Assoc Creative Dir)*
Karen Lebel *(Sr Accountant)*
Philippe Rachel *(Assoc Creative Dir)*

Accounts:
Nissan West Europe SAS Campaign: "Brothers", Campaign: "Built to Thrill", Campaign: "Control", Campaign: "Emerg-E", Campaign: "Feel the Surge", Campaign: "Ghost Train", Campaign: "Go Get It", Campaign: "Hijack", Campaign: "Juke Stay Awake", Campaign: "Nissan Juke", Campaign: "Pre-Launch", Campaign: "Since now", Campaign: "Sporty", Campaign: "Teaser", Campaign: "The Match", Campaign: "Urban Thrill Rides", Digital, Google Send-to-Car, Human Fly, Juke, Murano, Nissan Leaf, Nissan Micra, Nissan Pulsar, Outdoor, Print, Qashqai+2, Self-Healing iPad, X-Trail

TBWA Paris
162-164 rue de Billancourt, BP 411, 92103 Boulogne-Billancourt, France
Tel.: (33) 1 49 09 70 10
Fax: (33) 1 48 25 04 19
E-Mail: vincent.garel@tbwa-paris.com
Web Site: www.tbwa-france.com

Employees: 400

Maxime Boiron *(Pres & VP)*
Vincent Garel *(Chief Strategy Officer, Exec VP & Dir-Strategies)*
Philippe Simonet *(Chief Digital Officer & Exec VP)*
Jonathan Serog *(Deputy Mng Dir)*
Ivan Zindovic *(Head-Tech)*

ADVERTISING AGENCIES

Glen Troadec *(Editor & Designer)*
Marc Fraissinet *(Exec Dir)*
Renaud Arnaudet *(Art Dir)*
Bruno Bicalho Carvalhaes *(Art Dir)*
Julia Deshayes *(Art Dir)*
Marianne Fonferrier *(Creative Dir)*
Valentine Foulonneau *(Art Dir)*
Sophie Guyon *(Creative Dir)*
Celine Laffray *(Art Dir)*
Lena Monceau *(Art Dir)*
Phillipe Taroux *(Art Dir)*
Stephanie Caude *(Dir-Council)*
Julie Montagne *(Dir-Council-McDonald's)*
Aurelie Ansart *(Acct Mgr)*
Priscilla Vaudevire *(Acct Exec)*
Barbara Chevalier *(Art Buyer)*
Jean-Denis Pallain *(Copywriter)*
Swann Richard *(Copywriter)*

Accounts:
Action against Hunger Campaign: "#ProtectAidWorkers", Campaign: "One Bullet"
Action Contre La Faim Campaign: "Justice for Muttur", Campaign: "One Bullet"
AIDES Campaign: "Guns", Campaign: "Woody"
Amnesty International France Campaign: "Independence", Campaign: "Pens", Campaign: "The arms trade kills 500,000 civilians a year. Help us regulate it", Campaign: "We will never let money hide reality from us.", Death Penalty Candles
Burns & Smiles
Castorama
Cine-ma difference
Entourage
Fontyou Cats
HandsAway
Infiniti FX Cross-Over, Outdoor, Press
Inter-LGBT Campaign: "The obstacle course"
L'ADN
L'Opinion Newspaper
Martell House
McDonald's Corporation Advertising, American Winter - The Spear, American Winter - The Trunk, American Winter - The Bear, Billboard, Campaign: "Baby", Campaign: "Dentist", Campaign: "Entretien", Campaign: "Error in your favor", Campaign: "Killer", Campaign: "McFarmer vs McTimber", Campaign: "Pictogram", Campaign: "Policeman, Fireman", Campaign: "The Directional Billboard", Campaign: "Yoga", Print, Spicy Chicken Sandwich
Michelin North America, Inc. "Parade", Campaign: "24 Hours: A Matter of Seconds", Campaign: "France-Great Britain", Campaign: "Italy-Germany", Campaign: "USA-Japan", CrossClimate
Nissan Motor Corp 4x4, Campaign: "Nissan Wedding", Cube, Murano, Note car, Qashqai+2, Symmetry
Novotel
OPI
New-Paris Metro
Sephora Chloe
SNCF Campaign: "Incivility - Cigarette", Campaign: "Mission Paris Deauville", Campaign: "Take a look at Brussels", Campaign: "The Most serious game ever", TGV
Sony PlayStation Campaign: "Ski Run Map", Campaign: "Touch Both Sides", Grand Tourismo 4, PlayStation 2, Playstation Vita
Spontex Campaign: "Easy Max"
Systeme U Campaign: "#GenderFreeChristmas"
U Supermarket
Valeo
voyages-sncf.com Campaign: "The banner contest for psychopaths", Campaign: "The easy way"
WWF International

ZAKKA
50/54 rue du Silly, 92100 Boulogne-Billancourt, France
Tel.: (33) 1 49 09 75 05
E-Mail: contact@agence-zakka.fr
Web Site: www.agence-zakka.fr

Employees: 200

Agency Specializes In: Advertising

Antoine Lesec *(Pres)*
Arnaud Lecarpentier *(Editor & Designer)*
Nicolas Couagnon *(Exec Creative Dir)*

Accounts:
Asta Philpot Foundation Campaign: "Beyond Appearances - Diversity Song"
Bergere de France The Knitted Coupon
Come4 Campaign: "The Lover"
Deezer Campaign: "Now nothing will stop the music", Campaign: "The Hand"
France Alzheimer
Hansaplast Footcare
L'Opinion Newspaper
Nissan Creative
Qatar Tourism Authority
Run For AJD
Schneider Electric Campaign: "A Very Hot Afternoon"

GERMANY

Heimat Werbeagentur GmbH
Segitzdamm 2, 10969 Berlin, Germany
Tel.: (49) 30 61652 0
Web Site: www.heimat-berlin.com

Employees: 500

Agency Specializes In: Advertising

Matthias Von Bechtolsheim *(Chief Exec Officer)*
Matthias Storath *(Mng Dir & Exec Creative Dir)*
Florian Hoffmann *(Mng Dir)*
Maik Richter *(Mng Dir)*
Julia Bubenik *(Mng Dir-Mgmt & Ops)*
Ricardo Distefano *(Mng Dir-Creation)*
Roman Jud *(Mng Dir-Berlin & Zurich)*
Andreas Mengele *(Mng Dir-Strategic Plng)*
Nadine Muller *(Head-Unit-Strategy)*
Sven Koesling *(Exec Dir-Strategy)*
Enrico Hoppe *(Creative Dir & Art Dir)*
Nicolas Blattry *(Creative Dir)*
Malte Bulskamper *(Creative Dir)*
Stefano Dessi *(Art Dir)*
Andres Escobar *(Art Dir)*
Marlon Fischer *(Creative Dir)*
Ove Gley *(Creative Dir)*
Frank Hose *(Creative Dir)*
Sascha Jorres *(Art Dir)*
Teresa Jung *(Creative Dir)*
Tom Meifert *(Creative Dir)*
Christina Muller *(Acct Dir)*
Felix Pfannmueller *(Creative Dir)*
Fabian Rossler *(Creative Dir)*
Arne Stach *(Creative Dir)*
Surya Emmylinda *(Dir-Data Strategy)*
Annika Garn *(Dir-Budget)*
Martin Schmid *(Dir-Film)*
Daniela Strauss *(Dir-Client Svc)*
David Reitenauer *(Acct Mgr)*
Tim Holtkotter *(Acct Supvr)*
Timo Fiebig *(Copywriter)*
Teresa Guggenberger *(Copywriter)*
Christian Kroll *(Copywriter)*
Sigurd Larsen *(Designer)*
Mo Sadeghi *(Copywriter)*
Michail Paderin *(Sr Art Dir)*
Gustavo Hiroshi Borges Sato *(Sr Art Dir)*
Alexander Stauss *(Mng Creative Dir-GF Kreation)*
Mathias Stiller *(Exec Partner)*
Julius Winter *(Sr Art Dir)*
Stefan Wittemann *(Sr Art Dir)*

Accounts:
Adidas AG Campaign: "The biggest Champions League Final of all time", The Face of the Marathon
Airbnb
A.T.U Autoteile Unger
Birkel
CNN
The Coca-Cola Company
Das Handwerk
Felix Burda Foundation
Free Democratic Party
German Cancer Aid
Henkel Loctite Super Glue
Hornbach Baumarkt AG "Goth Girl", Campaign: "Act against Ugliness", Campaign: "Festival", Campaign: "Gothic Girl", Campaign: "Let there be Spring.", Campaign: "Made Out Of Tanks", Campaign: "No one feels it like you do", Campaign: "Symphony", Campaign: "The Infinite House", Campaign: "You're alive"
Legacy Berlin
Loctite
MINI Worldwide
Otto GmbH & Co KG Campaign: "Strange Encounters", Christmas is inside of us all
Samsung Samsung S4, Staring Contest
Siemens Home Appliances
Swisscom Campaign: "Hanging Up", Campaign: "Nico", Campaign: "The S5 Pulse Challenge", Campaign: "Tina"
Turner Broadcasting System, Inc. CNN, Campaign: "The CNN Ecosphere"
Weight Watchers

TBWA Germany, Berlin
Rosenstrasse 16-17, 10178 Berlin, Germany
Tel.: (49) 30 443 2930
Fax: (49) 30 443 293399
E-Mail: roberta.bantel@tbwa.de
Web Site: www.tbwa.de

Employees: 60

Ulrich Proeschel *(Interim CMO & VP-Bus Dev-Europe)*

Accounts:
Adidas Campaign: "Tomorrow starts now"
New-Pink Cross

TBWA/Germany
Bernhard Nocht Ste 113, D-20359 Hamburg, Germany
Tel.: (49) 40 36 90 70
Fax: (49) 40 36 90 71 11
Web Site: www.tbwa.de

Employees: 100

Gilles Frapaise *(Dir-Client Svc)*
Bernd Hofmann *(Dir-Client Svc)*
Nina Wolke *(Sr Art Dir)*

TBWA Germany
Hanauer Landstrasse 182b, 60314 Frankfurt, Germany
Tel.: (49) 69 15 21 0
Fax: (49) 69 15 21 579
Web Site: www.tbwa.de

Employees: 250

Astrid Severin *(Head-HR)*
Kristina Debiel *(Dir-Client Svc)*

TBWA Germany
Schanzenstrasse 54a, 40549 Dusseldorf, Germany
Tel.: (49) 211 864 35 0
Fax: (49) 211 864 35 117

E-Mail: rossita.markowitz@tbwa.de
Web Site: www.tbwa.de

Employees: 160

Agency Specializes In: Advertising

Andreas Geyr *(CEO)*
Tobias Schiwek *(Mng Dir)*
Peter Kopecky *(CFO)*
Winfried Bockius *(CFO-Austria & Switzerland & Fin Dir-Germany)*
Alexander Milstein *(COO & Mng Dir-TBWA Worldwide)*
Alexander Muhl *(Chief Digital Officer)*
Joerg Herzog *(Mng Dir-Creation & Adv & Exec Creative Dir)*
Astrid Severin *(Head-HR)*
Madlen Grenzmann *(Exec Dir-Strategy)*
Kristina Debiel *(Client Svcs Dir)*
Gilles Frapaise *(Dir-Client Svc)*
Kaj-Thorbjorn Gebhardt *(Sr Art Dir)*
Nina Wolke *(Sr Art Dir)*

Accounts:
Car2go Carsharing
Henkel AG & Co. KGaA Campaign: "Gliss Strong Hair - SCISSOR", Campaign: "Love Letter To Mum", Campaign: "Re-new Effect", Campaign: "Sidolin Streak Free", Perwoll

HUNGARY

TBWA Budapest
Szuret utca 15, H-1118 Budapest, Hungary
Tel.: (36) 1 279 2800
Fax: (36) 1 279 2801
E-Mail: office@tbwa.hu
Web Site: www.tbwa.hu

E-Mail for Key Personnel:
Production Mgr.: krisztina.varga@tbwa.hu

Employees: 30

Tamasi Brigitta *(Fin Dir)*
Henrietta Deri *(Grp Acct Dir)*
Torday Gabor *(Creative Dir)*

IRELAND

TBWADublin
(Formerly Cawley Nea TBWA Advertising)
41A Blackberry Lane, Rathmines, Dublin, 6 Ireland
Tel.: (353) 1 496 6920
Fax: (353) 1 496 6923
E-Mail: hello.dublin@tbwa.com
Web Site: www.tbwa-dublin.com/

Employees: 50

Agency Specializes In: Advertising

Deirdre Waldron *(CEO)*
Fergal Behan *(Mng Dir)*
Onagh Carolan *(Head-Brdcst)*
Paula Kelly *(Head-Acct Mgmt)*
John Kane *(Exec Creative Dir-Jameson)*
Paul Arthurs *(Art Dir)*
Ana Baena Sanchez *(Asst Producer)*
Rebecca Clarke *(Acct Dir)*
Sarah Collins *(Asst Producer)*
Des Creedon *(Creative Dir)*
Hugh Doddy *(Acct Dir)*
John Kilkenny *(Creative Dir)*
Eibhin Mc Loughlin *(Acct Dir)*
Karen Muckian *(Acct Dir)*
Chelsey O'Connor *(Art Dir)*
Cian Tormey *(Art Dir)*
Andrew Murray *(Dir-Social Media & Content)*
Aoife McCarthy *(Sr Acct Mgr)*
Amy Satelle *(Sr Acct Mgr)*

Rebecca Schatz *(Sr Acct Mgr)*
Alex Lloyd *(Acct Exec)*
Aleesha Tully *(Planner)*
Mark Nolan *(Joint Mng Dir)*

Accounts:
Adidas
Bank of Ireland
Barnardos
BDF Beiersdorf
BMW & Mini
C&C Ireland
Calyx
Department of Taoiseach
Dulux
Electric Ireland Campaign: "Tweet Cafe"
ESB
Goodbody
Health Service Executive
HP
Irish Pride
The Irish Times Campaign: "The Story of Why"
Mars North America
McDonald's "Sure Thing, Friend Zoned", Campaign: "Eurosaver Change", Campaign: "Unbelievably huge", The Day Before Payday
Musgrave Group Advertising, Centra, Supervalu; 2018
Nivea
O'Briens
Pernod Ricard S.A. Jameson Irish Whiskey
Playstation
PostTS
Warner Music Ireland

ITALY

B Fluid
Via Leto Pomponia 3/5, 20146 Milan, Italy
Tel.: (39) 02 32 06 0999
Fax: (39) 02 8698 4041
E-Mail: contatto.tequila@tequila-it.com
Web Site: www.b-fluid.it

Employees: 25

Agency Specializes In: Direct Response Marketing

Marco Nieri *(Mng Partner)*
Massimo Gnocchi *(Creative Dir)*
Marco Molla *(Art Dir)*
Domenico Servello *(Graphic Designer-Integrated Comm Projects)*

TBWA Italia
Via Leto Pomponio 3-5, 20146 Milan, Italy
Tel.: (39) 02 499 851
Fax: (39) 02 499 852 09
E-Mail: marco.fanfani@tbwa.it
Web Site: www.tbwa.it

Employees: 90

Domenico Grandi *(Grp Dir-New Bus)*
Giuseppe Colasurdo *(Acct Dir)*
Anna Di Cintio *(Art Dir)*
Francesco Napoleone *(Creative Dir)*
Anna Palama *(Creative Dir)*
Ferdinando Galletti *(Supvr-Art & Creative)*
Andrea Pinca *(Copywriter)*
Filippo Bonifati *(Client Svc Dir)*
Gina Ridenti *(Grp Exec Creative Dir)*

Accounts:
adidas AG
Alpitour World group
Apple Computer (UK) Ltd.
Eni Corporate Campaign: "Rethink Energy"
Humanitas Campaign: "Smok-INK"
La Gazzetta dello Sport
L'Oreal S.A.

Nissan Alive, Campaign: "Boost 190", Campaign: "One Track Mind"
Rizzoli-Corriere della Sera Media Group S.p.A. (RCS Media Group)
Sieropositivo.it

TBWA Roma
Via Flaminia Vecchia 495, 00191 Rome, Italy
Tel.: (39) 06 332 268 1
Fax: (39) 06 332 226 836
Web Site: www.tbwa.it

Employees: 30

Agency Specializes In: Advertising

Roberto Geremia *(CFO)*
Nicoletta Levi *(COO)*
Fabrizia Marchi *(Gen Mgr)*
Silvia Capuzzi *(Mgr-PR-TBWA & Italia Grp)*
Hugo Gallardo *(Grp Exec Creative Dir)*

Accounts:
Verdeoro Campaign: "Lost World Cup"

LATVIA

TBWA Latvija
Brivibas Str 40-40A, LV-1050 Riga, Latvia
Tel.: (371) 750 5310
Fax: (371) 750 5311
E-Mail: office@tbwa.lv
Web Site: www.tbwa.lv

Employees: 2

Alda Staprans Mednis *(Owner)*
Oskars Laksevics *(Mng Dir)*
Inta Brunina *(Art Dir)*
Daina Cakste *(Acct Dir)*

NETHERLANDS

ARA Groep
Kratonkade 3, 3024 ES Rotterdam, Netherlands
Mailing Address:
Postbus 6217, 3002 AE Rotterdam, Netherlands
Tel.: (31) 10 405 7277
Fax: (31) 10 405 7378
E-Mail: info@ara.nl
Web Site: www.ara.nl

Employees: 100
Year Founded: 1975

Agency Specializes In: Consumer Marketing, Digital/Interactive, Direct Response Marketing, Recruitment

Paul Kroef *(Gen Dir & Partner)*
Andy Mosmans *(Partner-SD)*
Marion Marsman *(Acct Mgr)*
Leo Berends *(Mgr-Mktg Svcs)*

Bovil DDB
Dillenburgstraat 5E, 5652 AM Eindhoven, Netherlands
Tel.: (31) 40 252 6499
Fax: (31) 40 255 0671
E-Mail: info@bovilddb.com
Web Site: www.bovil.nl/en

E-Mail for Key Personnel:
Public Relations: michiel.scheerin@bovilddb.com

Employees: 24

Agency Specializes In: Advertising

ADVERTISING AGENCIES

Shaun Northrop *(Partner & Creative Dir)*
Debbie van Dorst *(Acct Dir)*
Noor van Hout *(Office Mgr)*

Brain Box
Mozartlaan 27c, 1217 CM Hilversum, Netherlands
Tel.: (31) 35 628 1870
Fax: (31) 35 6285047
E-Mail: info@brain-box.nl
Web Site: www.brain-box.nl

Employees: 8

Agency Specializes In: Communications

Johan Sponselee *(Mng Partner)*

Downtown Action Marketing
General Vetter Straat 82, 1059 BW Amsterdam, Netherlands
Tel.: (31) 20 589 8787
Fax: (31) 20 589 8788
E-Mail: simon.neefjes@tbwa.nl
Web Site: www.tbwa.nl

Employees: 200

Agency Specializes In: Event Planning & Marketing

Helene Hoogeboom *(Mng Dir)*

HVR
Parkstraat 83, 2514 JG Hague, Netherlands
Tel.: (31) 70 346 3616
Fax: (31) 10 427 4137
E-Mail: info@hvrgroup.nl
Web Site: www.hvrgroup.nl

Employees: 11

Agency Specializes In: Public Relations

Patrick Dekkers *(Mng Partner)*

TBWA Company Group
GENERAAL VETTERSTRAAT 82, 003120 BW Amsterdam, Netherlands
Tel.: (31) 20 571 5300
Fax: (31) 20 571 5600
E-Mail: simon.neefjes@tbwa.nl
Web Site: www.tbwa.nl

Employees: 240

Simon Neefjes *(CEO)*
Patritia Pahladsingh *(Mng Partner-NEBOKO)*
Rik Ledder *(Mng Dir)*
Darre Van Dijk *(Chief Creative Officer)*
Benjamin De Villiers *(Sr Dir-Art)*
Niels De Kuiper *(Creative Dir)*
Valerie Dekeuwer *(Client Svcs Dir)*
Marianne Herweijer *(Bus Dir-TBWA/NEBOKO)*
Danielle Jonk *(Acct Dir)*
Esther Brouwer *(Dir-Client Svc-Neboko)*
Eline Croes *(Acct Mgr)*
Minthe Lok *(Acct Mgr)*

Accounts:
New-Albert Heijn
New-Hudson's Bay Company
Kayak.com Advertising, Creative

TBWA Designers Company
Generaal Vetterstraat 82, 1059 BW Amsterdam, Netherlands
Tel.: (31) 20 571 5300
Fax: (31) 20 571 5600
E-Mail: simon.neefjes@tbwa.nl
Web Site: www.tbwa.nl

Employees: 300

Agency Specializes In: Logo & Package Design

Simon Neefjes *(CEO)*
Rik Ledder *(Mng Dir)*
Marianne Herweijer *(Bus Dir)*
Esther Brouwer *(Dir-Client Svc)*
Klaas Knol *(Dir-Operational)*

TBWA Neboko
General Vetterstraat 82, 1059 BW Amsterdam, Netherlands
Tel.: (31) 20 571 5500
Fax: (31) 020 571 5501
E-Mail: info@neboko.nl
Web Site: www.tbwa.nl

Employees: 100

Simon Neefjes *(CEO)*
Matthijs Slot *(Partner & Creative Dir)*
Ernst Jan van Rossen *(Partner & Creative Dir)*
Bas Engels *(Partner-Creative)*
Rik Ledder *(Mng Dir)*
Darre van Dijk *(Chief Creative Officer)*
Tibor van Ginkel *(Sr Dir-Creative & Art)*
Martijn Amendt *(Bus Dir)*
Niels De Kuiper *(Art Dir)*
Erik Falke *(Creative Dir)*
Robin Plaisier *(Art Dir)*
Kirsten Collins *(Designer)*
Ruben van de Groep *(Copywriter)*
Maarten van Kempen *(Copywriter)*
Benjamin de Villiers *(Sr Art Dir)*
Jasper Roks *(Sr Art Dir)*
Jurriaan van Bokhoven *(Sr Art Dir)*

Accounts:
Adidas
Albert Heijn Campaign: "Ben's Christmas"
Amnesty International
AXA Bike security
Delta Lloyd Campaign: "de Optimist"
Fonds Gehandicaptensport
Free a Girl How charities became donors
Heineken Campaign: "Barman", Campaign: "Open Your World", Campaign: "The Switch", Social Networks
Holland Casino Roulette
McDonald's Campaign: "Dutch Weeks", Merry Christmas
Nissan Nissan Leaf: New Year's resolution
Poopy Cat Campaign: "Poopy Cat Dolls"

TBWA/United State of Fans
Generaal Vetterstraat 82, 1059 BW Amsterdam, Netherlands
Tel.: (31) 205715750
E-Mail: info@unitedstateoffans.com
Web Site: http://tbwaunited.com/

Employees: 50

Agency Specializes In: Advertising

Geoff Coyle *(Mng Partner)*
Thomas Jullien *(Creative Dir)*

Accounts:
Adidas International B.V. Nitrocharge
ING

POLAND

E-Graphics
Ul Rzymowskiego 34, 02-697 Warsaw, Poland
Tel.: (48) 22 457 05 80
Fax: (48) 22 457 05 81

E-Mail: warsaw@egplusww.com
Web Site: https://www.egplusww.com/

Employees: 50

Agency Specializes In: Print

TBWA Group Poland
ul Rzymowskiego 34, 2-697 Warsaw, Poland
Tel.: (48) 22 457 05 00
Fax: (48) 22 457 06 00
Web Site: www.tbwa.pl

Employees: 50

Alena Suszycka *(Mng Dir)*
Arkadiusz Pawlik *(Creative Dir)*
Hanna Broza *(Dir-Client Svc)*
Anna Maciagowska *(Mgr-HR)*
Anna Witkowska *(Planner-Strategic)*

TBWA Warszawa
Ul Rzymowskiego 34, 02-697 Warsaw, Poland
Tel.: (48) 22 457 05 00
Fax: (48) 22 457 0600
E-Mail: tbwa@tbwa.pl
Web Site: www.tbwa.pl

Employees: 200

Arkadiusz Pawlik *(Creative Dir)*
Hanna Broza *(Dir-Client Svc)*
Agnieszka Billik *(Sr Acct Mgr)*

Accounts:
Henkel AG & Co. KGaA
L'Oreal S.A.
Nissan West Europe SAS

PORTUGAL

TBWA Lisbon
Avenida de Liberdade 38 6th Fl, 1250-145 Lisbon, Portugal
Tel.: (351) 21 322 3200
Fax: (351) 21 322 3222
E-Mail: leandro.alvarez@tbwa.pt
Web Site: www.tbwa.pt

Employees: 40
Year Founded: 1979

Leandro Alvarez *(Creative Dir-Large-McDonald's)*
Gezo Marques *(Creative Dir)*
Marco Pacheco *(Creative Dir)*
Rui Silva *(Creative Dir)*
Joana Heitor *(Dir-Accts-McDonald's Portugal)*
Filipa Soares *(Dir-Strategic Plng)*
Dina Camacho *(Acct Exec)*
Nuno Gaspar *(Copywriter)*

Accounts:
IKEA Campaign: "Happiness", Campaign: "Occupy IKEA", Print
McDonald's Corporation
McDonald's Restaurants Limited Campaign: "25 years (Cola) ", Campaign: "Dog", Campaign: "Sundae, Parfait, McFlurry"
Publico Campaign: "Angry Outdoors", Campaign: "Ussr"

ROMANIA

FriendsTBWA
(Formerly TBWA Merlin)
4 Ion Brezoianu St, 4th Fl, Bucharest, 50023 Romania
Tel.: (40) 31 62 00 444
Fax: (40) 21 335 09 93

AGENCIES - JANUARY, 2019 — ADVERTISING AGENCIES

Web Site: www.friends-tbwa.ro/

Employees: 36

Sorin Tranca *(Mng Partner)*
Cristina Frusinoiu *(CFO)*
Alina Buzatu *(Head-Strategy)*
Eugen Suman *(Exec Creative Dir)*
Fesus Barna *(Art Dir)*
Cristina Cazacu *(Art Dir)*
Mario Niculae *(Art Dir)*
Theo Nistor *(Art Dir)*
Teodor Chiripuci *(Copywriter)*
Paul-Alexandru Nedelcu *(Sr Art Dir)*
Ioana Teodorescu *(Client Svc Dir)*
Adriana Vasile *(Jr Planner-Strategic)*

Accounts:
Black Button Books
Fundatia Conservation Carpathia
Romanian Alliance for Suicide Prevention
Save the Children
WWF International

SERBIA

LUNA TBWA Belgrade
Milovana Marinkoviaa 3, 11000 Belgrade, Serbia
Tel.: (381) 11 3980 343
Fax: (381) 11 3971 883
E-Mail: ivana.rudic@lunatbwa.rf
Web Site: www.tbwa.com

Employees: 25

Agency Specializes In: Advertising

Ana Nikolic *(Acct Dir)*

Accounts:
Credit Agricole Serbia

SLOVENIA

Luna TBWA
Koprska Ulica 106A, SL-10000 Ljubljana, Slovenia
Tel.: (386) 1 200 41 70
Fax: (386) 1 200 41 71
E-Mail: spela.oblak@luna.si
Web Site: www.luna.si

Employees: 30

Agency Specializes In: Advertising

Janez Rakuscek *(Exec Creative Dir)*

Accounts:
Paideia d.o.o.
Pivovarna Lasko Union d.o.o.

SPAIN

TBWA Espana
Alfonso XI 12, 28014 Madrid, Spain
Tel.: (34) 915 311 465
Fax: (34) 915 230 640
Web Site: www.tbwa.es

Employees: 500

Juan Sanchez *(Chief Creative Officer & VP)*
Guillermo Gines *(Chief Creative Officer)*
Jesus Fuertes *(VP-Strategy & Innovation)*
Jaime Blanco de Blas *(Head-Brand & Dir-Client Svc-360?)*
Beatriz Botet *(Creative Dir & Art Dir)*
Albert Sanfeliu Boixader *(Creative Dir)*
Vicente Rodriguez de Gracia *(Creative Dir)*
Yuste de Lucas *(Art Dir)*
Daniel Martin *(Art Dir)*
Luis Munne *(Creative Dir-Digital)*
Beatriz Moreno Ramos *(Acct Dir)*
Cristina Davila *(Dir-Creative & Art)*
Nuria Mazario *(Dir-Production)*
Maria Sutil Sutil *(Dir-Creative & Art)*
Arantxa Moreno Juvera *(Jr Copywriter)*
Iris Martin Vodopivec *(Copywriter-Creative)*
Juan Ferrer *(Sr Art Dir)*
Penelope Martos *(Sr Art Dir)*

Accounts:
ANICOLS Campaign: "Signslator"
Cambridge Institute
Cambridge University Press Campaign: "Sponges"
McDonald's Campaign: "A Call to Yourself",
   Campaign: "Wifi&Fries", Campaign: "Writer"
Mondo Sonoro
Nissan Motor Co., Ltd.
Reforestation Association
Samsonite American Tourister
Sony Computer Entertainment America LLC
   Campaign: "I Like To Play", Campaign:
   "INFAMOUS", Campaign: "Injection", Campaign:
   "Mouse and cheese", PSP, Sony Playstation
Vichy Campaign: "Bald", Campaign: "Together
   Forever 3"

TBWA Espana
Paseo de Gracia 56 2nd Floor, 8007 Barcelona, Spain
Tel.: (34) 93 272 3636
Fax: (34) 93 272 3600
E-Mail: tbwa.barcelona@tbwa.com
Web Site: www.tbwa.es

E-Mail for Key Personnel:
Creative Dir.: jteixido@tbwa-europe.com

Employees: 25

Agency Specializes In: Advertising, Consumer Marketing, Food Service, New Technologies

Claudia Safont *(Mng Dir)*
Ramon Sala Rios *(Gen Dir-Creative)*
Mar Bujons *(Head-Brand & Digital)*
Zaira Gras *(Client Svcs Dir & Dir-Strategic Plng)*
Leyre Gomez Baztan *(Art Dir)*
Roger Cano Garcia *(Creative Dir-Barcelona)*
Marc Castan *(Art Dir)*
Oscar Galan *(Creative Dir)*
Sergio Lahoz *(Art Dir)*
Raquel Roses Matas *(Acct Dir)*
Marc Navarro *(Art Dir)*
Lourdes Nicolau *(Acct Supvr)*
Mireia Vinyoli *(Acct Supvr)*
Enrique de los Arcos *(Copywriter)*

Accounts:
Adidas Campaign: "All In or Nothing", Campaign:
   "The Past Doesn't Count"
Alia2 Campaign: "Superheroes Do Not Exist"
Association For The Right To Die With Dignity
   Campaign: "The worst end"
Chupa Chups Campaign: "Gum"
L'Oreal
Micolor
Vichy Catalan Campaign: "The most unexpected
   launch. Vichy Catalan Now in a Can."

SWEDEN

TBWA AB Stockholm
Blasieholmsgatan 5, Stockholm, 111 48 Sweden
Tel.: (46) 8 4106 3080
Fax: (46) 8 6600422
Web Site: www.tbwa.se

Employees: 50

Kalle Widgren *(CEO & Creative Dir)*
Martin Baude *(Creative Dir)*
Alexander Fredlund *(Art Dir)*
Andre Persson *(Creative Dir)*
Annika Molnar *(Mgr-HR)*
Kalle Hakanson *(Copywriter)*
Johannes Ivarsson *(Copywriter)*

TBWA Stockholm
Wallimgatam 2, 111 60 Stockholm, Sweden
Tel.: (46) 8 41 00 40 00
Fax: (46) 8 41 00 40 01
Web Site: tbwa.com

Employees: 35

Carl Dalin *(Co-Founder, Partner & Art Dir)*
Kalle Widgren *(CEO & Creative Dir)*
Per Olholt *(Sr Acct Dir)*
Lisa Granberg *(Art Dir & Designer)*
Martin Baude *(Art Dir)*
Cecilia Bauman *(Acct Dir)*
Ylva Windolf *(Acct Mgr)*
Louise Sallander *(Strategist-Pub Rels)*
Kalle Hakanson *(Copywriter)*
Ingrid Wallmark Hjerpe *(Designer)*
Johannes Ivarsson *(Copywriter)*

Accounts:
Canal Digital Campaign: "You Killed Kenny"
K-Rauta
New-Scania
SJ Swedish Railways
Synsam Child model

SWITZERLAND

TBWA Health A.G.
Seefeldstrasse 19, 8008 Zurich, Switzerland
Tel.: (41) 44 913 32 22
Fax: (41) 44 913 32 23
E-Mail: info@tbwa.ch
Web Site: www.tbwa.ch

Employees: 40

Agency Specializes In: Health Care Services

Matthias Kiess *(CEO)*
Caroline Buchner *(Acct Dir)*
Gaston Filippo *(Art Dir)*
Michel Kissling *(Art Dir)*
Bettina Klossner *(Art Dir)*
Davy Renaud *(Art Dir)*
Bruce Roberts *(Creative Dir)*
Marion Schlatter *(Acct Dir)*
Manuel Wenzel *(Creative Dir)*
Stephan Lanz *(Dir-Client Svc)*
Esther Ortega Muheim *(Acct Mgr)*
David Voges *(Copywriter)*
Stephanie Seematter *(Jr Art Dir)*

Accounts:
McDonald's

TBWA Switzerland A.G.
Seefeldstrasse 19, 8008 Zurich, Switzerland
Tel.: (41) 44 913 3131
Fax: (41) 44 913 3132
E-Mail: info@tbwa.ch
Web Site: www.tbwa.ch

Employees: 50
Year Founded: 1967

Agency Specializes In: Internet/Web Design, Public Relations

Matthias Kiess *(CEO)*
Stephan Lanz *(Grp Acct Dir)*

ADVERTISING AGENCIES

Marion Schlatter *(Acct Dir)*
Stefanie Rubenacker *(Acct Exec)*
Helena Schmid *(Sr Accountant)*
Petra Zehnder *(Client Svc Dir)*

Accounts:
Pet Health Association Campaign: "Cat, Dog"
Pro Juventute Campaign: "147 Helpline for Children", Campaign: "Boy"
RoadCross Campaign: "Don't Drink & Drive"
New-SBB Swiss Federal Railways

UNITED KINGDOM

Lucky Generals
160 Exmouth House 3-11 Pine St, London, EC1R 0JH United Kingdom
(See Separate Listing)

Maher Bird Associates
11 Slingsby Place, London, WC2E 9AB United Kingdom
Tel.: (44) 207 309 7200
Fax: (44) 207 309 7201
Web Site: www.mba.co.uk

Employees: 50

Graham Kerr *(Chm & Exec Creative Dir)*
James Middlehurst *(Mng Partner)*
Paul Munce *(Mng Partner)*
James Devon *(Dir-Plng)*
Paul Zetlin *(Dir-Fin)*
Caitlin Evans *(Sr Acct Planner)*

Accounts:
The AA
Accor Hotels
Embraer
Everest Direct Marketing
Ibis Hotel
Mercedes Benz
Mercure
Novotel
Rosetta Stone Christmas Marketing Campaign

TBWA London
76-80 Whitfield Street, London, W1T 4EZ United Kingdom
Tel.: (44) 20 3666 9200
Fax: (44) 207 573 6667
Web Site: www.tbwa-london.com

Employees: 142

Agency Specializes In: Advertising

Helen Calcraft *(Grp CEO-UK)*
Gary Smith *(Grp Fin Dir)*
Andy Jex *(Chief Creative Officer)*
Anna Vogt *(Chief Strategy Officer)*
Michelle Gilson *(Head-Plng)*
David Owen *(Head-Acct Mgmt)*
Scott Andrews *(Creative Dir)*
Daisy Corbett *(Bus Dir)*
Leigh Gilbert *(Creative Dir)*
Dan Kenny *(Art Dir)*
Eve McDonald *(Producer-Brdcst)*
Frank Morris *(Bus Dir)*
Elson Rodrigues *(Art Dir)*
Steph Ross *(Acct Dir)*
Jessica Torode *(Acct Dir)*
Paul Weinberger *(Creative Dir)*
Florence MacKenzie *(Sr Acct Mgr)*
Max Phillips *(Sr Acct Mgr)*
Ben Trenchard *(Sr Acct Mgr)*
Alexandra Austin *(Acct Mgr)*
Katie Gorrod *(Acct Exec)*
Tom Hamilton *(Designer)*
Andreas Lefteris *(Copywriter)*
Emily Mason *(Designer)*
Darren Rosenberg *(Copywriter)*

Accounts:
Adidas Adidas D Rose 3.5, Adidas Football, Campaign: "Jump", Campaign: "Original Artist"
Advertising Association
Ataxia
Bonds Campaign: "'Hello Boys'", Campaign: "G'Day Boys", Wonderbra
Coco de Mer Online
Drinkaware Campaign: "Have the Conversation", Creative
Eos Products, LLC Eos Lip Balm
Four Seasons Hotels and Resorts CRM, Digital, Experiential Marketing, Marketing Communications
GlaxoSmithKline Aquafresh, Campaign: "Captain Aquafresh", Campaign: "The crowd is my only drug.", Global Creative, NiQuitin
Harvey Nichols Group Limited Above-the-Line Advertising; 2018
Heineken Alcohol, Campaign: "Commemorative Plate"
Jungle Sound Studios
McDonald's
Nissan 360 Wrap, Campaign: "Built to Thrill", Campaign: "Feel the Surge", Campaign: "Hoybot", Campaign: "Turn Every Drive into a Ride With Google Send-to-Car Technology", Nissan Juke, Nissan Leaf, NissanConnect, Outdoor, Qashqai, TV
Paul Belford Ltd
Peace One Day Campaign: "Frozen Bullets"
PlayOJO
Pride Pencil
SCA Global Advertising, Tena
Sodo
Sony UK Above the Line, Bravia, PlayStation 3
Sotheby's Advertising, Lead Global Agency, Marketing

TBWA/Manchester
St Paul's 781 Wilmslow Road, Didsbury Village, Manchester, M20 2RW United Kingdom
Tel.: (44) 161 908 8600
Fax: (44) 161 908 8601
E-Mail: enquiries@tbwamanchester.co.uk
Web Site: www.tbwamanchester.com/

Employees: 120

Fergus Mccallum *(CEO)*
John Triner *(Mng Partner)*
Mark Bostock *(Bus Dir)*
Jason Chadwick *(Art Dir)*
Lewis Dunlop *(Art Dir)*
Ant Harris *(Art Dir)*
Gary Hulme *(Art Dir)*
Heather Nickerson *(Acct Dir)*
Andy Penk *(Acct Dir)*
Fredrik Falck *(Dir-Live Action)*
Gabe Hordos *(Dir-Animation)*
Julia Buck *(Sr Acct Mgr)*
Emma Cochrane *(Acct Mgr)*
Laura Horne *(Acct Mgr)*
Rosie Conning *(Acct Exec)*
David Ryan Jones *(Copywriter)*
Danny O'Keeffe *(Copywriter)*
Sam Rutter *(Copywriter)*
Ciaran Watkins *(Copywriter)*

Accounts:
Alice Campaign: "Madness Returns"
Bosch UK & Ireland Digital & Social, Dishwashers & Cooling, Kitchen & Cooking, Laundry, Print, Sponsorship, TV, Trade Communications; 2018
BP Wild Bean Cafe
Chessington World of Adventures
CSL Campaign: "Perfect Match", Easter Campaign
Eurocamp TV
Harvey Nichols
Heide Park Resort
Henshaws Society Campaign: "Judo"
JD Williams Advertising; 2018
Manchester Airports Group
MBNA
Merlin Entertainments Warwick Castle
Nissan
Papyrus Prevention of Young Suicide Brand Strategy, Creative
PZ Cussons Campaign: "Magical", Campaign: "Wash posh", Digital Banners, Imperial Leather, Outdoor, Print
Remington Arms Company, LLC Remington
Rentalcars.com Marketing
Seven Seas Campaign: "Good Inside"
Spectrum Brands Holdings, Inc Remington
Swinton Group; 2018
Thorpe Park
Together (Lead Creative Agency) Brand Campaign; 2018
University of Leicester
Westland Horticulture Campaign: "Hungry Birds", Unwins Seeds
Yours Clothing

TBWA/UK Group
76-80 Whitfield St, London, W1T 4EZ United Kingdom
Tel.: (44) 20 7573 6666
Fax: (44) 20 7573 6782
Web Site: www.tbwa-london.com

Employees: 175

Chris Spenceley *(Mng Partner)*
Clare Cryer *(Mng Dir-Integer)*
Poppy Manning *(Head-Production)*
Mike Wortley *(Client Partner-Global)*

Accounts:
Absolut
adidas
Apple
Beiersdorf Elastoplast
Chivis
E-On
Galaxy
Haagen-Dazs
Mars North America
Michelin
National Express
Nissan
Nivea
Pedigree
Singapore Airlines
Sony PlayStation

TBWA WorldHealth London
(Formerly TBWAPW)
Bankside 2, 100 Southwark St, London, SE1 0SW United Kingdom
Tel.: (44) 2036669600
E-Mail: hello@tbwaworldhealth.london
Web Site: tbwaworldhealth.london/

Employees: 45
Year Founded: 1980

Agency Specializes In: Advertising, Advertising Specialties, Brand Development & Integration, Communications, Consulting, Consumer Marketing, Corporate Identity, E-Commerce, Health Care Services, Internet/Web Design, Logo & Package Design, Medical Products, New Product Development, Pharmaceutical

Andy Hayley *(Mng Partner)*
Emma Fitton *(Fin Dir)*
Dick Dunford *(Exec Creative Dir)*
Lucie Crook *(Sr Acct Dir)*

Accounts:
Bausch & Lomb
Bayer Rennie Ascencia, Canesten

Bristol-Myers Squibb Abilify
GSK NPD, Serevent, Serifide
GSK Consumer Health Corosodyl, Flixonase, Imigran, Niqutin CQ, Nytol, Panadol, Solpadiene, Zovirax
Johnson & Johnson Consumer Health Benylin, Calpol, Sudafed
Pfizer Ltd. Lipitor, Viagra
Roche/Bayer Xeloda, Xenical

NAMIBIA

TBWA/Paragon
House 40 Eros Route, Windhoek, Namibia
Mailing Address:
PO Box 11602, Klein, Windhoek, Namibia
Tel.: (264) 61 219954
Fax: (264) 61 220319
E-Mail: info@tbwa.com.na
Web Site: www.tbwa.com.na

Employees: 25

Agency Specializes In: Advertising

Gladys Mubapatasango *(Mng Dir)*
Lazarus Jacobs *(Dir-Paragon Investment Holdings)*

NIGERIA

TBWA Concept Unit
37 Ladipo Bateye GRA Ikeja, Lagos, Nigeria
Tel.: (234) 1 470 2467
Fax: (234) 1 545 5515
E-Mail: enquires@tbwaconcept.com
Web Site: www.tbwaconcept.com

Employees: 50

Agency Specializes In: Direct Response Marketing

Kelechi Nwosu *(Mng Dir)*
Samuel Omomeji *(Head-HR)*
Agnes Layode *(Exec Dir-Ops & Corp Svcs)*
Ranti Atunwa *(Creative Dir)*
Osibo Imhoitsike *(Bus Dir)*
Saheed Rasheed *(Deputy Dir-Fin)*

SOUTH AFRICA

Magna Carta
38 Wierda Road West The Hunt, Ground Floor, Johannesburg, South Africa
Mailing Address:
PO Box 785381, Sandton, South Africa
Tel.: (27) 11 784 2598
Fax: (27) 11 783 4735
E-Mail: info@magna-carta.co.za
Web Site: www.magna-carta.co.za

Employees: 70

Agency Specializes In: Public Relations

Moliehi Molekoa *(Mng Dir)*
Mary Gearing *(Deputy Mng Dir)*
Annemarie McKay Ichikowitz *(Deputy Mng Dir)*
Tshepiso Molefi *(Sr Acct Dir)*
Inga Sebata *(Sr Acct Dir)*
Tanya Buckley *(Acct Dir)*
Roline Wilkinson *(Acct Dir)*
Mbali Khumalo *(Acct Mgr)*
Zayd Nakwa *(Mgr-Stakeholder Engagement)*

Accounts:
Adidas
Barloworld
Deneys Raitz Law Firm
Engen
Fusion
Medscheme
Motorola Solutions, Inc.
Pepsi
Pfizer
Simba
Standard Bank
Standbic Bank
Vodacom

TBWA Durban
Colchester Essex Gardens Nelson Road, Westville Kwa Zulu Natal, Durban, 3630 South Africa
Tel.: (27) 31 267 6690
E-Mail: justin.mccarthy@tbwa.co.za
Web Site: www.tbwa-africa.com

Employees: 130

Agency Specializes In: Advertising

Alan Edgar *(Exec Creative Dir)*

Accounts:
Doom Fogger Campaign: "Roachville"
Spar

TBWA Hunt Lascaris Cape Town
The Foundry Level 5 Cardiff Street, Greenpoint, Cape Town, 8001 South Africa
Mailing Address:
PO Box 6078, 8012 Roggebaai, South Africa
Tel.: (27) 087 997 0950
Fax: (27) 21 425 8482
Web Site: www.tbwa-africa.com

Employees: 20

Agency Specializes In: Advertising

Carl Willoughby *(Exec Creative Dir)*

Accounts:
Beegle Micro Tracker
Celio Promotion
Ceres Africa Fruit Juice; 2012
Goodbye Malaria
Initial Hygiene Services
Rentokil Initial; 2011
Shatterprufe Windscreens; 2010
Truworths Investor Relations; 2011
Western Cape Government Gov Initiatives; 2010

TBWA Hunt Lascaris (Durban)
Southend Essex Gardens 1 Nelson Road, 3631 Durban, 3630 South Africa
Tel.: (27) 31 267 6600
Fax: (27) 31 266 2566
E-Mail: eira.sands@tbwa.co.za
Web Site: www.tbwa-africa.com

Employees: 130

Jonathan Lavender *(Head-Digital Design)*
Alan Edgar *(Exec Creative Dir)*
Eira Sands *(Dir-New Bus & Trng)*
Alison Smith *(Acct Mgr-Digital)*
Charlene Charls Dos Ramos *(Sr Analyst-Content & Media)*

Accounts:
Beiersdorf
Build It
Dunlop
Illovo Sugar
Jagermeister
Spar

TBWA Hunt Lascaris (Johannesburg)
3 Sandown Valley Crescent, Sandown, Johannesburg, 2196 South Africa
Mailing Address:
3 Sandown Valley, Johannesburg, 2146 South Africa
Tel.: (27) 11 322 3100
Fax: (27) 11 883 7624
E-Mail: jhdr@tbwa.co.za
Web Site: www.tbwa-africa.com

Employees: 150

Karabo Denalane *(CEO)*
Peter Khoury *(Chief Creative Officer)*
Kabelo Moshapalo *(Exec Creative Dir)*
Marie Jamieson *(Grp Dir-Strategy)*
Shane Forbes *(Creative Dir)*
Bridget Langley *(Bus Dir)*
George Low *(Creative Dir)*
Sifiso Nkabinde *(Art Dir)*
Charles Pantland *(Creative Dir)*
Debbie Pienaar *(Bus Dir)*
Georja Romano *(Art Dir)*
Johann Schwella *(Creative Dir-Digital)*
Clement Vigne *(Creative Dir)*
Greig Watt *(Creative Dir)*
Keith Manning *(Dir-Innovations)*
Tafadzwa Kambuwa *(Copywriter)*
Tracy King *(Copywriter)*
Greg Lavagna *(Jr Copywriter)*
Byron Fraser *(Sr Art Dir)*

Accounts:
Appletiser Campaign: "it's thirsty work"
Artline
Beacon Allsorts Campaign: "Look-a-like"
City Lodge Campaign: "Alarm"
Doctors Without Borders
Doom Fogger Campaign: "Gets to where they live", Campaign: "Wall of Shoes"
Flight Centre Campaign: "English"
Goodbye Malaria
Guardian Media Group
Joburg Ballet
Mail & Guardian Campaign: "Freedom is Knowing"
Mobile Telephone Network
Multichoice Africa; 2018
Nampak Campaign: "Write It In Your Own Voice"
Nederburg
Nissan Almera
The Rhino Stamp Project
Standard Bank
Stanlib
StopRhinoPoaching.com
Student Flights Campaign: "Grandma", Campaign: "Grandpa", Campaign: "Travel Before it's Not Fun Anymore", Student Flights: Dude Vs Pensioner
Tiger Brands Ltd. Campaign: "Brother & Sister", Campaign: "Bust You Out", Campaign: "Couple", Campaign: "Doom", Campaign: "Jungle Energy Bars", Campaign: "Little Girl", Campaign: "Mommy's Boy", Campaign: "Mother's Favourites", Campaign: "Mother-In-Law"
Youth & Adventure

TBWA South Africa Group
3 Sandown Valley Crescent Sandton, PO Box 785203, Johannesburg, 2196 South Africa
Tel.: (27) 11 322 3218
Fax: (27) 27 11 322 3177
Web Site: www.tbwa-africa.com

Employees: 250

Andrew Stewart Francis *(Gen Mgr)*
Marie Jamieson *(Exec Dir-Africa & Dir-Intl Strategy)*
Kabelo Moshapalo *(Exec Creative Dir)*
Melissa Grundlingh *(Sr Dir-Digital Art & Graphic Designer)*
Christine Tanner-Tremaine *(Grp Acct Dir)*
Debbie Pienaar *(Bus Dir)*

ADVERTISING AGENCIES

Graham Cruikshanks *(Dir-Ops-Africa)*

Accounts:
Joburg Ballet Breaking Ballet
Liberty
Standard Bank
Tiger Brands

TEQUILA Durban Marketing Services
Colchester Essex Gardens Nelson Road, Westville, Durban, 3630 South Africa
Tel.: (27) 31 267 6690
Fax: (27) 31 267 6691
Web Site: www.tbwa-africa.com

Employees: 10

Agency Specializes In: Direct Response Marketing

Praveen Inderpersadh *(Mng Dir)*

Accounts:
National Portland Cement
South African Breweries

ISRAEL

Yehoshua TBWA
1 Nirim Street, Tel Aviv, 67060 Israel
Tel.: (972) 3 6361818
Fax: (972) 3 636 1800
Web Site: www.ytbwa.co.il

Employees: 140

Etai Levi *(VP-Acct Mgmt)*
Einav Sagiv *(VP-Clients)*
Svetlana Levites *(Art Dir-Digital)*

Accounts:
Boiron Oscillococcinum
Brimag Campaign: "Beko: Heavy duty 9 kilo load washing machine"
ELA Recycling corporation Campaign: "When i'm gone"
Fattal Hotels Pope
Israel Discount Bank "The power of family"
Kidum school Campaign: "QR Code"
LG Campaign: "Filthy Corners", Campaign: "Set Your Picture Free", Hom-Bot Square, Pocket Photo
Maccabi Healthcare Service
Neviot Campaign: "Workout"

KAZAKHSTAN

TBWA Central Asia
Tole Bi 83, Almaty, 050012 Kazakhstan
Tel.: (7) 727 311 10 17
Fax: (7) 3272 598 925
Web Site: www.tbwa.kz

Employees: 10

Agency Specializes In: Advertising

Ruslan Kassymov *(Mng Dir)*
Assem Kiyalova *(Art Dir)*
Erlan Soltanov *(Acct Dir)*

Accounts:
Exoderil
National Center For Problems Of Healthy Lifestyle Development Campaign: "Help", Campaign: "Ruslan"
Persil Expert Campaign: "Reading the wrong story"
Sandoz

TURKEY

TBWA Istanbul
ATA Center Ahi Evren Cad No 1 Kat G2, Maslak, 34398 Istanbul, Turkey
Tel.: (90) 212 707 5500
Fax: (90) 212 328 0973
E-Mail: ctopcuoglu@tbwa-instanbul.com
Web Site: www.tbwa.com.tr

Employees: 500

Burcu Ozdemir Kayimtu *(Grp CEO)*
Ilkay Gurpinar *(Chief Creative Officer)*
Toygun Yilmazer *(Chief Strategy Officer)*
M. Cem Topcuoglu *(Pres-Intl)*
Ozan Can Bozkurt *(Grp Head-Creative)*
Gamze Ichedef *(Grp Head-Creative)*
Yigit Karagoz *(Grp Head-Creative)*
Orkun Onal *(Grp Head-Creative)*
Eser Yazici *(Grp Head-Creative)*
Mustafa Gulsen *(Art Dir)*
Arkin Kahyaoglu *(Creative Dir)*
Volkan Karakasoglu *(Creative Dir)*
Kerem Sesen *(Art Dir)*
Ozge Guven *(Dir-Design)*
Ipek Turkili *(Acct Mgr)*
Oya Berk *(Brand Mgr)*
Tolga Mutlu *(Copywriter)*
Korcan Yavuz *(Copywriter)*
Ali Yigit Gumus *(Sr Art Dir)*
Serdar Gungor *(Sr Art Dir)*

Accounts:
Akbank
Amnesty International Campaign: "GayTurtle"
Avea Find my car
Domestic violence
Esemmat Bug Killer Spray, Campaign: "Human Feast", Esemmat Insect Killer
Hurriyet
IF Istanbul Campaign: "IF Istanbul Corporate Identity"
IKEA "TIDY UP", Shoes, Ties, Socks
Inlingua Language Courses
Kanukte Flower&Event Campaign: "Hide the Guilt"
Land Rover
LGBT
Mobotix
Pera Boya Wood Protector
Radikal Campaign: "The 'Fading News"
Selpak Tissue Campaign: "Always by Your Side"
Shutterstock
Support to Life Campaign: "The Sea Cemetery"
Tepe Dental Floss
Turk Telekom Group "Avea Contacts Back Up Service", Find My Car Parking Lot

UNITED ARAB EMIRATES

TBWA Raad
Emaar Square, Building One, 6th Floor, Dubai, United Arab Emirates
Tel.: (971) 44258888
Fax: (971) 44267335
E-Mail: ramzi@tbwaraad.com
Web Site: www.tbwaraad.com

Employees: 90

Reda Raad *(Grp CEO)*
Walid Kanaan *(Chief Creative Officer)*
Rouba Asmar *(Head-Production)*
Vishal Badiani *(Head-Plng)*
Manuel Borde *(Exec Creative Dir)*
Fouad Abdel Malak *(Exec Creative Dir)*
Federico Mariani *(Sr Dir-Art)*
Marc Anthony Haddad *(Sr Acct Dir)*
Ian Carvalho *(Grp Acct Dir)*
Mohammad Aram *(Art Dir)*
Salah Bakri *(Acct Dir)*
Sandeep Fernandes *(Creative Dir)*
Joe Al Lahham *(Client Svcs Dir)*
Alexander Pineda *(Art Dir)*
Joelle M. Zgheib *(Creative Dir)*
Rama Zarafili *(Sr Acct Mgr)*
Monisha Mirchandani *(Acct Supvr)*
Ruba Moadad *(Sr Acct Exec)*
Dana Al Dimanshi *(Acct Exec)*
Aya Haidar *(Acct Exec)*
Tarik Frank *(Copywriter)*
Joanne Raydan Arbid *(Assoc Creative Dir)*
Rijin Kunnath *(Sr Designer-Creative)*
Clayton Needham *(Sr Designer-Digital)*
Oswaldo Sa *(Assoc Creative Dir)*
Pedro Velasquez *(Sr Art Dir)*

Accounts:
The American University of Beirut Medical Center
Amnesty International
Beiersdorf AG
Careem (Global Advertising Agency of Record); 2018
Cartoon Network Animation Academy Campaign: "The Wait Is Over"
Connect Internet Lebanon
Du (Creative Agency of Record); 2018
Dubai Events & Establishment Dubai Shopping Festival, Dubai Summer Surprises, Eid al Fitr, Marketing Communications, Modhesh World, National Day, NewYear, Ramadan, Strategy
The Fridge Concert Venue & Music Production House
Galaxy
Go Sport
Henkel Corporation Campaign: "Aargh! ", Campaign: "Pril One-Drop Bottle", Combat Cockroach Gel, Pril
Khaleej Times Campaign: "The Opinionated Banner"
New-Louvre Abu Dhabi
Mai Dubai (Creative Agency of Record) Brand Positioning, Creative Development, Market Strategy Development; 2018
McDonald's
Niayomi
Nissan Middle East F.Z.E. Infiniti, Lane Departure Warning, Nissan 370Z, Nissan KSA, Nissan Patrol, Pathfinder GPS (Live the DVD Experience Campaign), Cinema, Television, Tiida, Xterra
Nokia Corporation
Persil
Red Tomato Pizza Campaign: "Fridge Magnet"
Sae Institute Dubai
SOS Children's Villages International
Syoss

AUSTRALIA

TBWA Melbourne
(Formerly Whybin TBWA)
288 Coventry Street, South, Melbourne, VIC 3205 Australia
Tel.: (61) 3 9690 8555
Fax: (61) 3 9690 5892
Web Site: http://www.tbwamelbourne.com.au/

Employees: 45

Kimberlee Wells *(CEO)*
Harley Augustine *(Partner-Strategy & Plng)*
Paul Reardon *(Chief Creative Officer)*
Margot Ger *(Head-Brdcst & Content Production)*
Stephanie Luxmoore *(Sr Acct Dir)*
Belinda Williams *(Grp Acct Dir)*
Kieran Adams *(Art Dir)*
Ferne Archer *(Bus Dir)*
Bruce Baldwin *(Creative Dir)*
Hyewon Choi *(Art Dir)*
Paul Arena *(Dir-Plng)*
Max Reed *(Dir-Content)*
Naomi Gorringe *(Client Partner-ANZ)*
Jessica Park *(Client Partner)*
Alex Horner *(Sr Planner-Strategy)*
Nobuhiro Arai *(Copywriter)*

AGENCIES - JANUARY, 2019 — ADVERTISING AGENCIES

Accounts:
2 Degrees Mobile
3AW
Adidas
The Age Campaign: "JUST A CABBIE", Forever Curious
Amorim
ANZ Bank "ANZ comes out as GAYNZ", ATM, Apple Pay, Campaign: "Bull & Bears", Campaign: "Connectivity - Airplane Asia", Campaign: "GAYTM", Campaign: "Get job ready with ANZ Everyday Banking", Campaign: "Pocket money", Creative, Credit Cards Business, goMoney
Apple
Asahi Premium Beverages Creative, Peroni; 2017
Australian Volunteer Coast Guard Campaign: "Seabay"
Betstar Campaign: "Eagle", Campaign: "Lucky Country", Campaign: "No Hard Sell", Creative
Beyond Blue Ltd Creative
Carsales.com (Lead Creative Agency) Brand Marketing, Creative
Comte
Fairfax
Goodman Fielder
ICAN
McCain Foods Australia
Mecury Energy
Medibank BAMM! THWONG! SPROING! PHROOMP! WEEEE, Creative
New-Melbourne Convention Bureau Asia Pacific Incentives Meetings & Event, Digital Strategy, Paid Social, Website Experience
Minds for Minds Trust Campaign: "Meeting of the Minds"
Nissan Campaign: "#VJUKE ", Campaign: "More", Campaign: "Queenslander", Campaign: "See Everything", Dualis Hatch, Make a Big Load Feel Small, Nissan GT-R, Nissan JUKE, Nissan Patrol, Nissan Pulsar
Old Mout Cider Campaign: "Old Mout Free Cider Trial"
Origin Energy Advertising
PetRescue Campaign: "Who says you can't choose your family?"
Schweppes Creative, SOLO
South Australian Tourism Commission (Global Lead Creative Agency); 2018
STIHL 21 Trillion Inch', Campaign: "Wireless Hotspot"
Visa
Wyeth

TBWA Sydney
(Formerly Whybin TBWA)
Level 3, 137 Pyrmont St, Sydney, NSW 2009 Australia
Tel.: (61) 2 8584 5500
Fax: (61) 2 8584 5555
Web Site: www.tbwasydney.com.au/

Employees: 500

Matt Springate *(Chief Strategy Officer)*
Paul Bradbury *(CEO-Australia & New Zealand)*
Lisa Brown *(Head-Production)*
Nicky Bryson *(Head-Strategy)*
Chloe Gilchrist *(Head-Ops)*
Tanya Vragalis *(Head-Acct Mgmt)*
Sophie Joy-Wright *(Jr Editor)*
Sarah Cornish *(Acct Dir & Bus Dir)*
Ken Buchan *(Creative Dir)*
Pete Citroni *(Art Dir)*
David Mark Lee *(Art Dir)*
Daniel K Smith *(Art Dir)*
Andrew Torrisi *(Art Dir)*
Nick Jacobs *(Dir-Plng)*
Lachlan James *(Dir-Customer Experience & Design)*
Chris Mawson *(Dir-Design)*
Russ Tucker *(Dir-Digital Creative-Natl)*
Anna McLeod *(Sr Mgr-Comm)*
Gemma Rees *(Client Partner)*
Laura Armstrong *(Mgr-Global Comm)*
Asheden Hill *(Sr Acct Exec)*
Kathryn Claughton *(Planner-Strategic)*
Razif Djamaluddin *(Designer-Digital)*
Douglas Hamilton *(Copywriter)*
Nick McHugh *(Copywriter)*
Matthew Moran *(Planner-Strategic)*
Nev Fordyce *(Assoc Creative Dir)*
Joe Godsell *(Exec Partner)*
Stephen Hanzic *(Assoc Creative Dir)*

Accounts:
Adidas
Amazon.com, Inc. Creative; 2018
Amorim
ANZ Bank
Apple, Inc iPhone X
Australian Turf Club Communication, Content, Creative, Events, Experiential Activity, Influencers, Planning, Public Relations, Sydney Spring Carnival
Bellamy's Organic Corporate & Consumer Public Relations, Global Brand Strategy, Integrated Communications
Coopers Campaign: "Coopers Clear Cut Competition"
Country Energy
EBay
Electronic Arts CRM
Fairfax
Fox Sports Creative
Go Daddy Inc. Online, Social Media, TV
Gruppo Campari SKYY Vodka
Helga's
Heritage Bank + Visa
Insurance Australia Group Limited Campaign: "Balloon", Campaign: "NRMA Car Creation", Campaign: "Nrma Motion Activated Poster"
Jimmy Brings
Knauf Insulation
Krispy Kreme
Lastminute.com.au
Luxbet Creative
Macquarie University Creative; 2018
Mars Petcare Campaign: "Dog-A-Like", Campaign: "Pedigree Adoption Drive", Campaign: "Underdog Day"
MasterCard
Medibank Campaign: "Go Beyond The Tax Break"
M.J.Bale Campaign: "Grazed on Greatness"
Nicabate Pre-Quit
Nissan Australia Campaign: "Nissan 370 Zen to Z"
NRMA Insurance Campaign: "Crashed Car Showroom", Campaign: "Differentiation Makes a Massive Difference", Print, TVC
Origin Campaign: "Half Off", Creative, Digital, Outdoor, Print, TV
Pedigree Campaign: "The Pedigree Adoption drive"
PepsiCo, Inc Creative, Gatorade (Agency of Record), Mountain Dew, Pepsi (Agency of Record), Pepsi Max (Agency of Record)
Pfizer Campaign: "Lip Licker"
Phillips Lighting
Presto Creative
RaboDirect Campaign: "Stealing Your Dreams"
SGIO
Sheridan Creative; 2018
Stihl Campaign: "Get Real. Get Outside"
The Sydney Morning Herald
Taronga Conservation Society Australia Creative, Taronga Zoo
Tourism New Zealand Campaign: "Inspired by Wellington", Creative, Digital, Global Brand Strategy, Media
Trade Me Campaign: "New or Used"
Unilever Above the Line, Activations, Cornetto, Magnum, Shopper Marketing, Splice
University of New South Wales
Virgin Mobile Creative
The Woolmark Company; 2017
Wyeth

CHINA

TBWA Asia Pacific
16 & 17/F Cambridge House Taikoo Place, 979 King's Road, Quarry Bay, China (Hong Kong)
Tel.: (852) 2573 3180
Fax: (852) 2573 1897
Web Site: tbwa.com.hk

Employees: 70

Terence Ling *(Head-Strategy)*
Pauline Wong *(Bus Dir)*
Gerald Tam *(Assoc Dir-Acct & Strategist-Social)*
Joe Choi *(Grp Creative Dir)*

Accounts:
Absolut
adidas
Apple Computers & Equipment
Beiersdorf
Greenpeace
Haagen-Dazs
Hankook Tyres
IMAX Corporation
Levi's
Masterfoods/Mars Twix
McDonald's
Michelin
Nissan
Nivea
Pepsi
Pernod Ricard
Samsonite
Simplot
Singapore Airlines
SK Telecom
TA Orange
TU Media
VISA

TBWA Greater China
Unit 605 Jianwai SOHO Ofc Tower B No 39 Dong San Huan Zhong Lu, 100022 Beijing, China
Tel.: (86) 21 3353 1166
Fax: (86) 1058695881
Web Site: www.tbwa.com.cn

Employees: 100

Joanne Lao *(CEO)*
Jason Jin *(Grp Creative Dir)*

Accounts:
AIA International

TBWA Hong Kong
16/F Cambridge House, Taikoo Place, Hong Kong, China (Hong Kong)
Tel.: (852) 2833 2033
Fax: (852) 2834 5877
E-Mail: general@tbwa.com.hk
Web Site: www.tbwa.com/

Employees: 80

Jan Cho *(Mng Dir)*
Keith Smith *(Pres-Intl)*
Gerald Tam *(Head-Bolt & Dir-Social)*
Terence Ling *(Head-Strategy)*
Jerome Ooi *(Exec Creative Dir)*
Joanna Wong *(Sr Acct Dir)*
Jan Lee *(Grp Acct Dir)*
Pauline Wong *(Bus Dir)*
Laiwai Tse *(Mgr-Social Content)*
Alec Mak *(Strategist-Social)*

Accounts:
AIDS Concern Campaign: "Don't Be Haunted By Your Sexual Past"

ADVERTISING AGENCIES
AGENCIES - JANUARY, 2019

American Eagle Outfitters Content, Digital, In-Store Events, Media, Social Media
CSL Campaign: "funifies", OOH, Playground, Print, Retail, Street Activation, TV, one2free
Lee Jeans Campaign: "Life is Our Canvas"
Levi Strauss Campaign: "Summer Hotline"
Mentholatum Whitening Hand Veil Campaign: "Pigeon"
SmarTone (Creative Agency of Record) Communications
Staccato Above-the-Line, Creative, Digital, Social strategies, Strategic
VF Corporation Kipling, Strategic & Creative Partner; 2018
Wyeth Campaign: "See The World At Home"

TBWA Shanghai
9F 71 West Suzhou Road, Shanghai, 200041 China
Tel.: (86) 21 3353 1166
Fax: (86) 21 3353 1025
Web Site: tbwa.com.cn

Employees: 100

Double Zhang *(Mng Partner)*
Ronnie Wu *(Chief Creative Officer)*
Joana Heitor *(Acct Dir)*
Frank Marinus *(Creative Dir-Belgium)*
Rocky Yang *(Creative Dir)*
Jayci Yang *(Sr Acct Mgr)*
Jason Jin *(Grp Creative Dir)*

Accounts:
adidas AG Adidas Originals, Campaign: "#thisisme", Campaign: "All in for My Girls", Campaign: "TGIF"
Baobeihuijia
China Association of the Deaf & Hard of Hearing
General Electric Campaign: "Future Folklore", Campaign: Works Everyday
McDonald's Campaign "Nian", Campaign: "It's Good to Get Together", Campaign: "Real. Good."
Momo Brand Strategy, Creative
Mr. Zhao Pesticides
Penguin Books
Siemens (China Lead Agency) Brand Development, Creative

INDIA

TBWA India
G11/12 Paragon Centre Opp Century Mills P.B. Marg, Mumbai, 400013 India
Tel.: (91) 22 43546666
Fax: (91) 22 43546677
E-Mail: nirmalya@tbwaindia.com
Web Site: www.tbwaindia.com

Employees: 60

Govind Pandey *(CEO)*
Parixit Bhattacharya *(Mng Partner-Creative)*
Manosh Mukherjee *(CFO & Grp COO)*
Subramanian Krishnan *(Chief Strategy Officer)*
Ranjeet Lekhi *(Head-Print Production-India)*
Sunil Nair *(Head-IT-Natl)*
Abhijit Dube *(Gen Mgr)*
Aejaz Khan *(Exec Dir)*
Ritesh Challagali *(Grp Acct Dir)*
Antony Rajkumar *(Dir-Strategy-Natl)*

Accounts:
Asha Ek Hope Foundation
Henkel Pril
IDFC MUTUAL FUND
Intel
J G Hosiery Creative, Undergarments
Kuoni Travel Group India Creative, SOTC
Loop Mobile (Agency of Record)
Marvel Realtors
MKV Households Campaign: "Elephant"
Modern Food Enterprises (Agency of Record) Communications, Creative
Munishverma.net
Nissan Motor Company Campaign: "Big League", Communication, Datsun, OOH, Print, Social Media, TV
Peninsula Land Limited Creative
Raymond
Samsonite South Asia Private Limited American Tourister, Creative, Samsonite
Shaadi.com
Singapore Airlines Campaign: "Understanding Your Needs"

TBWA India
No 62 1st Fl 3rd St, Abhiramapuram, 600018 Chennai, India
Tel.: (91) 44 5211 2800
Fax: (91) 4442112806
E-Mail: arindam@tbwaindia.com
Web Site: www.tbwaindia.com

Employees: 15

Suresh Kumar *(Fin Dir)*

Accounts:
Hygrevar Home and Hearth
Inbisco India Creative, Kopiko
Sify Technologies Consumer Business, Enterprise Business, Software Business
Star Health & Allied Insurance
Star Insurance

TBWA India
A - 1 Tower 4th Fl Golden Enclave, Airport Rd, Bengaluru, 560 017 India
Tel.: (91) 80 4042 9000
Fax: (91) 8040429100
E-Mail: vishal@tbwaindia.com
Web Site: www.tbwaindia.com

Employees: 17

Pratul Gaur *(Grp CFO)*

Accounts:
Ascendas Park Square Mall
Spar
Zoiro Campaign: "Scarecrows"

TBWA India
Millenium Plaza Ground Floor Tower 'B' Sushant Lok-I Sector-27, Gurgaon, New Delhi, 122 002 India
Tel.: (91) 12 4432 6666
Fax: (91) 12 4432 6677
E-Mail: delhi@tbwaindia.com
Web Site: www.tbwaindia.com

Employees: 50

Vaybhav Singh *(Mng Partner)*
Nitin Naresh *(Mng Dir)*
Amitesh Rao *(Exec Dir)*
Ritu Srivastava *(Asst Mgr-HR)*

Accounts:
Airbnb India
Buzzz Entertainment Campaign: "Darth Vader"
Cigna TTK Health Insurance Company Limited Creative
Dabur India Dabur Badam Tail; 2009
Facebook Campaign: "Use Your Like Wisely" History Channel
IFDC (Infrastructure Development Finance Company) Mutual Funds Financial Institution; 2010
India Today Group Mail Today Newspaper
MasterCard
Michelin
National Geographic
Nissan Motor India Campaign: "Moves Like Music", Campaign: "Parking Space", Creative, Datsun, Evalia
Pedigree
SBI
Standard Chartered Bank Campaign: "Here for Good", Campaign: "Naam Vs Kaam", Outdoor, Pan-India Campaign, Print, Radio
Twinings
V-Guard; 2009
Yebhi.com Campaign: "Cyrus", Campaign: "Try n Buy", Creative Duties

INDONESIA

TCP-TBWA Indonesia
Mulia Business Park T Garden, Jakarta, 12780 Indonesia
Tel.: (62) 21 797 6233
Fax: (62) 21 7976234
Web Site: tbwa.com/

Employees: 10

Saumyajit Banerjee *(CEO)*
Rudy Jusnifa *(Partner)*
Desi Apriani *(Sec)*
Paul Sidharta *(Exec Creative Dir)*
Jovita Damiani *(Assoc Creative Dir)*

Accounts:
Heinz ABC Campaign: "Posterasi"
Traveloka Creative

JAPAN

TBWA/Hakuhodo
1-13-10 Shibaura, Tokyo, Minato-ku 105-0023 Japan
Tel.: (81) 3 5446 7200
Web Site: www.tbwahakuhodo.co.jp

Employees: 295
Year Founded: 1955

Masamitsu Tokai *(VP)*
Makiko Abe *(Sr Dir-HR)*
Yoshihiro Kono *(Art Dir)*
Nozomi Nagai *(Art Dir & Assoc Creative Dir)*
Takeshi Ogasahara *(Creative Dir)*
Ryosuke Oohata *(Producer-Interactive)*
Katsuhiro Shimizu *(Art Dir)*
Yosuke Sugioka *(Art Dir)*
Masato Goto *(Dir)*
Ayaho Miki *(Dir-HR & Talent Dev)*
Makoto Tominaga *(Production Mgr)*
Keisuke Egami *(Acct Supvr)*
Yuta Kanekiyo *(Strategist-Digital)*
Nobuhiro Arai *(Copywriter-Australia)*
Naoto Ichikawa *(Copywriter)*
Kohei Ikeda *(Planner-Content)*
Tomoko Kasugai *(Copywriter)*
Takahiro Miura *(Planner-PR)*
Norihito Takahashi *(Copywriter)*
Kei Tominaga *(Planner-Activation)*
Hiroshi Yamazaki *(Copywriter)*
Satoshi Chikayama *(Sr Creative Dir)*
Takayuki Niizawa *(Sr Creative Dir)*
Yoshiki Okayasu *(Grp Mgr)*

Accounts:
Adidas "Temperature Discount", Adidas Baseball, Adidas Football, Adidas Tennis, Campaign: "Passion Planetarium", SKYCOMIC
American International Group Inc
Aquafresh
COGOO - Clean City Organization Campaign: "Saddle Blossoms"

AGENCIES - JANUARY, 2019

ADVERTISING AGENCIES

Electrolux "43dB Symphony", "Ergothree Play"
Fast Retailing Co., Ltd. Uniqlo
Green Label Campaign: "Marionettebot"
King Records
Kurashiki Central Hospital
McDonald's Holdings Co. (Japan), Ltd. (Media Planning Agency of Record) "Hiru Mac", "Value Lunch", Creative, Digital
NGO Campaign: "'Saddle Blossoms"
Nissan Campaign: "City of Stormtroopers", Campaign: "Delicious Road Trip", Campaign: "Distracted", Campaign: "My Car Forever", Dualis, Nissan Juke, Tiida
Procter & Gamble Ariel, Campaign: "Cheers for You Project"
Protoleaf The Soil Restaurant
Quiksilver, Inc. True Wetsuits
Relations Inc. COGOO, Campaign: "Turntable Rider"
Suntory Holdings Limited Campaign: "3D on the Rocks"
Takashimaya Design
Tess Co Ltd Cogy Wheelchair
Tourism Australia Campaign: "Giga Selfie"
United Arrows Green Label Relaxing Campaign: "Marionettebot", Mannequins

MALAYSIA

TBWA ISC Malaysia
15th Floor Block B HP Towers 12 Jalan Gelenggang, 50490 Kuala Lumpur, Malaysia
Tel.: (60) 3 2080 8200
Fax: (60) 3 2092 4130
E-Mail: info@tbwamy.com
Web Site: www.tbwa.com

Employees: 85

Yeong Hoong Meng (CFO)
Gigi Lee (Chief Creative Officer)
Aaron Cowie (CEO-Malaysia Grp)
Yee Hui Tsin (Mng Dir-TBWA Grp Malaysia)
Hex Ng (Grp Head-Creative)
Zachery Inri (Acct Dir)
Ivan Teh (Acct Mgr)
Loh Mun Yee (Grp Brand Dir)

Accounts:
Energizer Malaysia "Eveready Book of Play"
General Electric Campaign: "'Moving The Star"
Malaysia Society of Transplantation Campaign: "Organ Donation"
Malaysian Society of Transplantation Campaign: "Live On"
McDonald
Newell Rubbermaid
Nippon Paint (Creative Agency of Record) Advertising, Product Marketing, Social
Organ Donation Drive
Papermate Liquid Paper Campaign: "Right The Wrong"
U Mobile Brand Awareness, Creative, Postpaid Segment

NEW ZEALAND

TBWA Auckland
(Formerly TBWA Whybin Limited)
11 Mayoral Dr, Auckland, 1010 New Zealand
Tel.: (64) 9 366 6266
Fax: (64) 9 366 6110
E-Mail: backslash@tbwa.co.nz
Web Site: tbwa.co.nz

Employees: 75

Stephen England-Hall (CEO)
Jean-Francois Arlove (CFO & COO)
Shane Bradnick (Chief Creative Officer)
Catherine Harris (Mng Dir-TBWA Grp)
Sheriden Derby (Head-Creative Svcs)
Kate Heatley (Head-Grp Bus & Ops)
Lauren Vosper (Gen Mgr-PR & Major Events)
George Sim (Sr Acct Dir)
Gideon Retief (Sr Producer-Digital)
Julian Andrews (Creative Dir)
Ashwin Gopal (Creative Dir)
Amiee Knox (Acct Dir)
Thomas Penn (Bus Dir)
Watchara Tansrikeat (Sr Art Dir)
Keshvi Lal (Sr Acct Mgr)
Shaun Bloch (Acct Mgr)
Ophelia Rundle (Mgr-Social Media)
Olivia Miller (Acct Exec)
Agnes Ang (Designer-Studio)

Accounts:
2 Degree Mobile
2degrees Telecommunications
APN
Auckland Airport Strata Club
Australia & New Zealand Banking Group Limited
Beat Bowel Cancer Aotearoa Campaign: "Bums Are Full Of Surprises - Kiss"
Bell Tea & Coffee Campaign: "Rolling Sleeves", Creative, Strategic
Boundary Road Brewery
Bowel Cancer New Zealand
CAANZ
Carlsberg
EFFIE Awards
Independent Liquor Cody's, Woodstock Black, Woodstock Easy Roller
Knauf Insulation
Mercury Energy Campaign: "Good Energy Taxi", Transparent Newspaper
Minds for Minds Campaign: "Meeting of the Minds"
Nissan Specialist Service
NZ Girl
Playstation
New-Pop-up Globe Creative
Radio Network
The Salvation Army
Serko Limited NZBN Zeno; 2018
Shine
Sony
Sovereign Campaign: "Life's Choice"
Tourism New Zealand Book of New Zealand, Campaign: "The New Newzealand.Com", The Hobbit: The Desolation of Smaug
Visa International
Visa Campaign: "Welly on a Plate"

PHILIPPINES

TBWA Santiago Mangada Puno
1195 Chino Races Ave Corner Yakal Street, Makati City, 1203 Manila, Philippines
Tel.: (63) 2 508 7809
Fax: (63) 2 813 0137
Web Site: www.tbwa-smp.com

Employees: 82

Tong Puno (Owner)
Jamie F. Santiago (Mng Partner)
Melvin Mangada (Chief Creative Officer)
Bryan Siy (Exec Creative Dir)
C.J. de Silva-Ong (Creative Dir)
Maan Dela Cruz (Producer-Brdcst)
Joy Miranda-Garcia (Dir-Client Svc)
Peach Natividad (Dir-Digital Strategy)
Ryan Jason Paculan (Dir-Strategic Plng)

Accounts:
Abmarac Campaign: "Snow"
ABS-CBN Foundation Campaign: "Boat"
Adidas Campaign: "Signature Shots"
New-Advertising Age
Association of Broadcasters of the Philippines
Ayala Land Inc Campaign: "Koi Fish Feed"
Bahay Tuluyan Philippines
Bench Barbers
Boysen Knox-out Paint
Cara Welfare Philippines Campaign: "Beggar", Campaign: "Rescue Pets"
Caramba
Carmma
Digital Filipino Campaign: "Bing"
Earth Day Network Philippines
Energizer Battery Campaign: "Gift of Life"
Eyebank Campaign: "Touching Words Card"
Globe
Kentucky Fried Chicken Campaign: "Fully Loaded Meal"
Lakihan Mo Logo Night Campaign: "Logo 15"
McDonald's Corporate Communications
Nissan
Nuvali
Peerless Lion Corporation
Penshoppe
The Red Whistle
Save Palawan Movement Campaign: "Underground River"
Shokubutsu Hana
Team Manila
TGI Friday's Campaign: "Unlimited Mojitos"

SINGAPORE

TBWA Singapore
No 5 Kadayanallur Street, Singapore, 069183 Singapore
Tel.: (65) 6225 5288
Fax: (65) 6224 8983
Web Site: www.tbwa.com

Employees: 30

Ara Hampartsoumian (Mng Dir)
Leigh Arbon (Head-Digital)
Douglas Goh (Grp Head-Creative)
Gary Steele (Exec Creative Dir)
John Sheterline (Creative Dir & Copywriter)
Weilun Chong (Art Dir)
Alan Choong (Art Dir)
Christabel Fernandes (Brand Dir)
Lawrence Hu (Art Dir)
Jimmy Neo (Creative Dir)
Fiona Ong (Acct Dir)
Susan April Tan (Brand Dir)
Amy Yep (Brand Dir)
Michele Bouquet-Kumble (Dir-Strategy)
Vanessa Soh (Sr Acct Mgr)
Rachel Tan (Sr Acct Mgr)
Justine Chng (Acct Mgr)
Andrew Donlan (Grp Brand Dir)
Sol Zoleta (Grp Brand Dir)
EuChuan Then (Acct Exec)
Hagan de Villiers (Reg Creative Dir)
Alrick Dorett (Chief Client Compensation Officer-Asia)
Laurent Pastorelli (Sr Art Dir)

Accounts:
APA Publications Campaign: "Say what?!"
Asia Square Campaign: "When you're in the perfect work environment."
New-Chevron Singapore Caltex, CaltexGO, Consumer, Marketing Campaign, Strategy
Cisco Systems
Geneco Brand Strategy, Media & Social; 2018
Grupo Modelo S.A. de C. V. Asian, Campaign: "Let the World Wait", Corona, Corona Calendar
JobsDB Creative, Digital, Dream Big, Marketing, Online, Outdoor, Print, Rebranding, TV
The John Fawcett Foundation
Lend Lease Retail Investments Campaign: "Universe"
New-Magnum Photos Fund
Manulife Financial Corporation
Martell VSOP
MGPA Singapore Commercial Property - Singapore Square

ADVERTISING AGENCIES

Moda Pacifica
NTUC Enterprise Brand Proposition, Branding, Creative
NTUC FairPrice Branding, Creative, Strategic Communication
Okamoto Condoms Campaign: "Nightcap", Campaign: "Okamoto Freedom Project"
Pernod Ricard
Samaritans of Singapore
Singapore Airlines Ltd. A380 Airbus, Campaign: "Audiobooks", Campaign: "The Lengths We Go To", Campaign: "understanding your needs", Creative
The Singapore Tourism Board Creative, Digital, Production
Soo Kee Jewellery
Standard Chartered Bank Digital, Out of Home, Print, Unlimited Joy, Video
Tangs Stores Singapore Above-the-Line Communications, Campaign: "Lump", Outdoor, Print
WMF

SOUTH KOREA

TBWA Korea
7-12F J-Tower 538 Sinsa Dong, Kangnam Gu, Seoul, 135-889 Korea (South)
Tel.: (82) 2 501 8888
Fax: (82) 2 501 9568
E-Mail: sangkyu.lee@tbwakorea.com
Web Site: www.tbwakorea.com

Employees: 170

Sungsoo Han *(Exec Mng Dir)*
Heejeong Choi *(Acct Supvr)*
Shang Woo Bae *(Acct Exec)*

Accounts:
ABC-MART Korea

THAILAND

Creative Juice G1
161/1 SG Tower 2nd Floor Soi Mahadle Kluang 3 Rajdamri Road, Lumpini Pat, Bangkok, 10330 Thailand
Tel.: (66) 0 2650 4546
Fax: (66) 26 5052 51
E-Mail: business@creativejuicebangkok.com
Web Site: www.creativejuicebangkok.com

Employees: 129

Witawat Jayapani *(Chm)*
Kambhu Hutasankas *(Exec Creative Dir)*

Accounts:
Dcash Dcash Max Speed
Dtac Campaign: "Moving Wifi"
Effective Microorganism
EMRO Asia Co., Ltd
Etiqa MotorTakaful.com Safe Tracks
Siam Tamiya

TBWA Thailand
1st-2nd Fl Golden Pavilion Bldg 153/3 Soi Mahardlekluang 1 Rajdamri Rd, Pathumwan, 10330 Bangkok, Thailand
Tel.: (66) 2 687 7400
Fax: (66) 2 679 8598
E-Mail: info@tbwathailand.com
Web Site: www.tbwathailand.com

Employees: 145

Saad Hussein *(Co-Chief Creative Officer & Art Dir)*
Veradis Vinyaratn *(Co-Chief Creative Officer & Copywriter)*

Dethritt Limsiriphan *(Art Dir)*
Kunanun Manusutthipong *(Art Dir)*
Mark Petersen *(Bus Dir-Intl)*
Kanitta Summachaiyanun *(Acct Dir)*
Chanatthapol Tiensri *(Creative Dir)*
Pratana Chotpanyavisut *(Assoc Dir-Client Svc)*
Chuthathip Muangwong *(Sr Acct Exec)*
Thosaporn Kaewnurachadasorn *(Acct Exec)*
Ronnapop Chaiyanant *(Copywriter)*
Susita Lueksuengsukoom *(Copywriter)*
Thananwatch Vipassuwan *(Copywriter)*

Accounts:
Bondex
Friends of the Asian Elephant
McDonald's Campaign: "Anytime Anywhere", Campaign: "Loving the night", Happy Meals Smiling Boxes
Nissan
Sanita International Co., Ltd

Vietnam

TBWA/Vietnam
4th fl Saigon Financial Tower, Ho Chi Minh City, Vietnam
Mailing Address:
60 Nguyen Dinh Chieu Ste #603, Ho Chi Minh City, Vietnam
Tel.: (84) 8 3824 5315
Fax: (84) 8 3824 5318
E-Mail: info@tbwa.com.vn
Web Site: www.tbwa.com.vn

Employees: 20

Tan Nguyen *(Mng Dir)*
Tom Guerin *(Mng Dir-Nissan United Asia & Oceania)*
Chuyen Vu *(Sr Acct Mgr)*
Lien Dinh *(Grp Creative Dir)*
Chi Kim Nguyen *(Grp CFO)*

Accounts:
IVIVU.com Campaign: "Let Yourself Out"

CHILE

TBWA Frederick
Avda Italia #850 2 Fl, Providencia, Santiago, Chile
Tel.: (56) 2 540 6700
Fax: (56) 2 540 6701
Web Site: projeqt.com/tbwacl/tbwa-frederick

E-Mail for Key Personnel:
Creative Dir.: Eduardo_Frederick@tbwachile.cl

Employees: 50

Agency Specializes In: Advertising, Automotive, Consumer Goods, Consumer Marketing, Food Service, Sports Market

Eduardo Frederick Aldunate *(Head-Gen Brand & Dir-Socio)*
Gaston Morales *(Creative Dir)*
Carlos Velasco *(Art Dir)*
Enrique Zuniga *(Creative Dir)*
Eduardo Novion *(Gen Creative Dir)*

Accounts:
Agorex Campaign: "Once Together Nothing Can Break Them Apart"
Aquafresh
Energizer
Heineken
Nissan Ready For The Unexpected
Todo Mejora Foundation

COLOMBIA

TBWA/Colombia Suiza de Publicidad Ltda
Diagonal 97 # 17/60 Edificio Centro Empresarial, 3rd Floor, 11001 Bogota, DC Colombia
Tel.: (57) 1 795 7242
Fax: (57) 1 611 2006
Web Site: tbwacolombia.com

Employees: 45

Rafael De Nicolas Gomez *(CEO)*
Jaime Cueto *(VP-Creative Svcs)*
Carolina Parra Garces *(Art Dir)*
Nestor Morales *(Creative Dir)*
Leonardo Sanchez Rodriguez *(Art Dir)*
Paulo Zamora *(Creative Dir)*
Mateo Morales *(Copywriter)*

Accounts:
Banco de Alimentos de Bogota Campaign: "Dinner"
Cine Colombia Campaign: "Much Bigger"
Cruz Roja Colombiana Campaign: "Blood saves"
Mega Sala Cine Colombia Campaign: "Indiana, Gandalf, Madhatter"
UNE Telecomunicaciones

COSTA RICA

TBWA Costa Rica
Guachipelin Escazu, 3312-1000 San Jose, Costa Rica
Tel.: (506) 2215 4070
E-Mail: info@tbwacr.com
Web Site: www.tbwacr.com/

Employees: 15

Ricardo Cordero Oreamuno *(Gen Mgr)*
Byron Balmaceda *(Creative Dir)*

Accounts:
Kraft Heinz Company Heinz

GUATEMALA

TBWA/Guatemala
23 Calle 15-14 Zone 13, Guatemala, 1013 Guatemala
Tel.: (502) 2313 6300
Fax: (502) 2385 3802
Web Site: tbwa.com

Employees: 10

Martin Sica *(Gen Creative Dir)*

Accounts:
Radio Faro Cultural
Universidad Del Valle de Guatemala Campaign: "Decide Today, Who You Will be Tomorrow"

TEQUILA Guatemala
7A Avenida 14-44 Zona 9, Oficina 25, Nivel 2, Guatemala, 01009 Guatemala
Tel.: (502) 2385 9645
Fax: (502) 2361 3175
E-Mail: info@tequila-guatemala.com
Web Site: www.tequila-guatemala.com

Employees: 12

Agency Specializes In: Direct Response Marketing

MEXICO

Teran TBWA
Monte Pelvoux 210 4 Piso, Lomas de Chapultepec, 11000 Mexico, DF Mexico

AGENCIES - JANUARY, 2019 **ADVERTISING AGENCIES**

Tel.: (52) 555 209 3100
Fax: (52) 555 209 3176
Web Site: http://terantbwa.mx

E-Mail for Key Personnel:
President: jateran@terantbwa.com.mx

Employees: 500
Year Founded: 1947

Begona Ferraez *(Exec Dir)*
Begona Lasso *(Grp Acct Dir)*
Oscar Casarreal *(Creative Dir)*
Diego Verduzco Gallo *(Creative Dir)*
Yamile Marquez *(Art Dir)*
Jorge Moreno Perez *(Art Dir)*
Mariana Navarrete Ros *(Creative Dir)*
Ricardo A. Rueda *(Creative Dir)*
Beatriz Valencia *(Creative Dir)*
Pablo Guerrero *(Dir-Creative)*
Joaquin Maldonado *(Dir-Creative Svcs)*
Guadalupe Ramirez *(Dir-HR)*
Francisco Bautista *(Grp Creative Dir)*
Eduardo de Jesus Andrade *(Assoc Creative Dir)*
Chucky Rivero *(Grp Creative Dir)*

Accounts:
Domino's Pizza Campaign: "The Waiting, Reinvented"
Modelo Especial Campaign: "Legend", Campaign: "Special among the great"
Nissan Campaign: "Bateria", Campaign: "You've Changed"
Picot

PERU

TBWA Peru
San Ignacia de Loyola 150, Miraflores, Lima, 18 Peru
Tel.: (51) 1 243 1200
Fax: (51) 1 243 4200
E-Mail: pdufour@tbwaperu.com
Web Site: www.tbwaperu.com

Employees: 45

Agency Specializes In: Advertising

Luiggi Delgado Garrido *(Sr Creative Dir)*

Accounts:
Aquamatic Fresh Scents Detergent Campaign: "Nose-Pins"
Magazine
Playboy Enterprises, Inc Playboy Retardant Lubricated Condoms
Vitis

URUGUAY

TEQUILA Esece
Ellauri 1232, 11300 Montevideo, Uruguay
Tel.: (598) 2707 4277
Fax: (598) 2707 8291
E-Mail: info@tequilaesece.com
Web Site: www.tequilaesece.com

Employees: 25

Agency Specializes In: Direct Response Marketing

Florencia Scheitler *(Dir)*

SAUDI ARABIA

TBWA Raad
Salama Center, Prince Sultan Street, Jeddah, Saudi Arabia
Tel.: (966) 14 667 8999
Fax: (966) 2 616 5966
Web Site: www.tbwaraad.com

Employees: 20

Noah Khan *(Reg Head-Digital & Innovation-DAN-CEE, Africa & Middle East)*

TC CREATIVES LLC
6301 De Soto Ave, Woodland Hills, CA 91367
Tel.: (443) 615-0545
E-Mail: info@tc-creatives.com
Web Site: https://www.tc-creatives.com/

Employees: 2
Year Founded: 2015

Agency Specializes In: Advertising, Advertising Specialties, Affluent Market, African-American Market, Arts, Brand Development & Integration, Business-To-Business, Catalogs, Children's Market, College, Commercial Photography, Communications, Computers & Software, Consulting, Consumer Goods, Consumer Marketing, Content, Corporate Identity, Cosmetics, Custom Publishing, Direct-to-Consumer, E-Commerce, Electronic Media, Electronics, Email, Entertainment, Event Planning & Marketing, Exhibit/Trade Shows, Fashion/Apparel, Financial, Food Service, Graphic Design, Guerilla Marketing, Health Care Services, High Technology, Hospitality, Household Goods, Identity Marketing, In-Store Advertising, Industrial, Information Technology, Integrated Marketing, International, Internet/Web Design, Investor Relations, Legal Services, Leisure, Local Marketing, Logo & Package Design, Luxury Products, Magazines, Market Research, Media Buying Services, Media Planning, Media Relations, Media Training, Men's Market, Merchandising, Mobile Marketing, Multimedia, New Technologies, Newspaper, Newspapers & Magazines, Out-of-Home Media, Over-50 Market, Package Design, Paid Searches, Planning & Consultation, Point of Sale, Print, Product Placement, Production, Production (Ad, Film, Broadcast), Production (Print), Promotions, Public Relations, Publicity/Promotions, Publishing, Radio, Real Estate, Restaurant, Retail, Sales Promotion, Search Engine Optimization, Seniors' Market, Shopper Marketing, Social Marketing/Nonprofit, Social Media, Sports Market, Strategic Planning/Research, T.V., Technical Advertising, Teen Market, Telemarketing, Trade & Consumer Magazines, Travel & Tourism, Tween Market, Urban Market, Viral/Buzz/Word of Mouth, Web (Banner Ads, Pop-ups, etc.), Women's Market

Tiffiney Cornish *(Founder, Creative Dir & Designer)*

Accounts:
F. Gary Gray Website; 2015

TCAA
4555 Lk Forest Dr Ste 550, Cincinnati, OH 45242-3792
Tel.: (513) 956-5550
Fax: (513) 956-5558
Web Site: www.tcaausa.com

E-Mail for Key Personnel:
Creative Dir.: bill@ccaa.com

Employees: 15
Year Founded: 1996

Agency Specializes In: Advertising, Automotive, Broadcast, Cable T.V., Co-op Advertising, Direct Response Marketing, Exhibit/Trade Shows, Graphic Design, Hispanic Market, Local Marketing, Magazines, Newspaper, Newspapers & Magazines, Out-of-Home Media, Outdoor, Point of Sale, Print, Production, Publicity/Promotions, Radio, Retail, Sales Promotion, Sports Market, T.V.

Approx. Annual Billings: $60,397,000

Breakdown of Gross Billings by Media: Cable T.V.: $11,449,000; Newsp. & Mags.: $6,400,100; Other: $1,851,100; Production: $4,000,000; Radio: $1,998,900; T.V.: $34,697,900

Dan Connors *(COO)*
Mike Schrader *(VP & Creative Dir)*
Will Wilson *(VP-Digital Mktg)*
Kathleen Davis *(Media Dir)*
Willly Sorrell *(Art Dir)*
Scott Atkinson *(Mgr-Interactive Media)*
Jayne Blute *(Media Buyer)*
Nina Feldman *(Media Buyer-TV, Radio & Digital)*
Burke Barlow *(Acct Rep-Northern)*

Accounts:
Cincinnati Region Toyota Dealers Association; KY; MI; OH; TN Automobiles; 1996
New England Toyota Dealers Association
TMMNA (Toyota Motor Manufacturing North America); Erlanger, KY North American Headquarters, Suppliers & Public Relations; 1999
WWTDA (Western Washington Toyota Dealers Association); WA Automobiles; 2000

Branch

TCAA
900 Washington St Ste 219, Dedham, MA 02026
Tel.: (781) 320-0830
E-Mail: info@tcaausa.com
Web Site: www.tcaausa.com

Employees: 50

Agency Specializes In: Automotive, Digital/Interactive, Media Buying Services, Media Planning, Production, Sports Market

Dan Connors *(COO)*
Will Wilson *(VP-Digital Mktg)*
John Curtis *(Creative Dir)*
Nina Feldman *(Media Buyer-TV, Radio & Digital)*
Kate Paul *(Assoc-Digital Mktg)*

Accounts:
New England Toyota Ad Association

TCREATIVE, INC.
10219 General Dr, Orlando, FL 32824
Tel.: (407) 628-1772
Fax: (407) 650-2677
Web Site: http://tcreative.com/

Employees: 12

Agency Specializes In: Advertising, Brand Development & Integration, Graphic Design, Social Media

Tim Holcomb *(Founder & Chief Creative Officer)*
Chris Salg *(Creative Dir)*

Accounts:
Toasted Restaurants
Tornatore's Cafe and Pizzeria (Agency of Record) Branding, Marketing

TCS ADVERTISING
46 W Saint George Blvd, Saint George, UT 84770
Tel.: (435) 674-2846
Fax: (435) 674-5753
Web Site: tcsadvertising.com/

ADVERTISING AGENCIES
AGENCIES - JANUARY, 2019

Agency Specializes In: Advertising, Graphic Design, Internet/Web Design, Media Buying Services, Print, Promotions, Public Relations, Radio, Social Media, T.V.

Brian J. Tenney *(Owner)*

Accounts:
Janice Brooks
Ms. K's Fine Jewelry
True Natural Bodybuilder

TCS MEDIA, INC.
2333 Chinook Trl, Maitland, FL 32751-4079
Tel.: (407) 252-1026
Fax: (407) 264-6310
E-Mail: tom@tcsmedia.com
Web Site: www.tcsmedia.com

Employees: 1
Year Founded: 2003

Agency Specializes In: Advertising, Advertising Specialties, Business Publications, Business-To-Business, Catalogs, Collateral, Consulting, Corporate Identity, Digital/Interactive, Direct Response Marketing, E-Commerce, Electronic Media, Email, Exhibit/Trade Shows, Graphic Design, Internet/Web Design, Local Marketing, Logo & Package Design, Magazines, Market Research, Media Buying Services, Media Planning, Medical Products, Multimedia, New Product Development, Newspaper, Newspapers & Magazines, Pharmaceutical, Print, Production, Public Relations, Publishing, Real Estate, Sales Promotion, Search Engine Optimization, Sports Market, Trade & Consumer Magazines, Travel & Tourism, Web (Banner Ads, Pop-ups, etc.)

Tom Vittetow *(Owner)*

Accounts:
Athletes For America; Orlando, FL (Web Site & Print); 2004
Chris Thompson Realty; Hopetown, Bahamas (Web Site & Print); 2005

TDA GROUP
3 Lagoon Dr Ste 160, Redwood City, CA 94065
Tel.: (650) 919-1200
E-Mail: info@tdagroup.com
Web Site: www.tdagroup.com

Employees: 50
Year Founded: 1987

Agency Specializes In: Advertising, Business-To-Business, Communications, Content, Digital/Interactive, Event Planning & Marketing, High Technology, Internet/Web Design, Print, Social Media, Strategic Planning/Research

Paul Gustafson *(Pres)*
Debra McDonald *(VP & Dir-Editorial)*
Paul Carlstrom *(VP-Content Svcs)*

Accounts:
New-CyberSource Corporation
New-International Business Machines Corporation

TDA_BOULDER
1435 Arapahoe Ave, Boulder, CO 80302-6307
Tel.: (303) 247-1180
Fax: (303) 247-1214
E-Mail: info@tdaboulder.com
Web Site: www.tdaboulder.com

E-Mail for Key Personnel:
President: thomas@tdaboulder.com

Employees: 15

Year Founded: 1989

National Agency Associations: 4A's

Agency Specializes In: Advertising, Sponsorship

Thomas Dooley *(Founder, CEO & Exec Creative Dir)*
Jonathan Schoenberg *(Partner, Exec Creative Dir & Copywriter)*
Ande Eich *(Art Dir)*
Sayako Minami *(Art Dir)*
Alex Rice *(Creative Dir)*
Jeremy Seibold *(Creative Dir)*
Paul Siegel *(Acct Dir)*
John Hope *(Production Mgr)*
Heather Lee *(Supvr-Media)*
Natasha Berwick *(Strategist)*
Roger Ferguson *(Acct Exec)*
Megan Moran *(Media Planner)*
Brian Mulligan *(Copywriter)*
Zola Owsley *(Copywriter)*
Blake McCarthy *(Asst Media Planner)*

Accounts:
Ascent Protein (Agency of Record) Campaign: "Garage"
Bawx Campaign: "An Empty Box Full of Possibilities"
Blackburn Bike Accessories; Van Nuys, CA
Burton Snowboards
Castor & Pollux Natural Petworks
Charles Medley Distillers Kentucky (Agency of Record)
Cheribundi
The Chill Foundation Online, Print
Chloe's Soft Serve Fruit Co
Daiya Foods, Inc. Campaign: "Hard to Notice", Digital, Outdoor, Packaging Design, Print, Unconventional Advertising
Denver Ad Club
Deschutes Brewery (Agency of Record)
Elephant Journal Campaign: "Rainbows"
The Fifty Show
Firstbank Holding Company of Colorado, Inc. "Anywhere Account"; "Share Pants", Broadcast, Campaign: "Bargain Dummy", Campaign: "Bathroom Break", Campaign: "Be Smart", Campaign: "Bus", Campaign: "Deflate Mortgages", Campaign: "ED", Campaign: "Easy Should Be Easy", Campaign: "Elders", Campaign: "Eugene", Campaign: "Free", Campaign: "Get Back to the Real World", Campaign: "Legacy", Campaign: "Manure Bill", Campaign: "Pedi", Campaign: "Rules", Campaign: "Start and Grow Today", Digital, Media, Mobile App, Online, Out-of-Home, Outdoor, Person to Person Transfers Service, Print, Radio, Social; 2008
French's French's French Fried Onions, French's Mustard, French's Worcestershire Sauce, Non-Traditional, Package Design, Print
General Mills
Hapa Sushi Campaign: "Ergonomically Designed", Campaign: "Food Porn", Campaign: "Pairing Menu", Restaurant
Hispanic Democrats for Trump
Interbike International Bicycle Expo Online, Print
Justin's, LLC (Agency of Record) Brand Identity & Packaging, Brand Marketing, Design, Digital Advertising, OOH, Online Content, Print
Merrick Pet Care, Inc. (Advertising Agency of Record) Campaign: "The best dog ever deserves Merrick", Campaign: "Wolf Tested", Digital, Print
Newton Running Company Advertising Agency of Record, Digital, Marketing, Running Shoes
Noodles & Company; Broomfield, CO Brand Repositioning, Campaign: "Your World Kitchen", Creative, Digital, In-Store Advertising, Media, Print, Radio, Social Media Marketing
Outdoor Research; Seattle, WA
Patagonia
New-POWDR Corp Copper Mountain Resort (Agency of Record), Digital & Social Advertising, Experiential, Outdoor, Print, TV; 2018
Regis University Creative, Media, Online, Outdoor, Print, Radio, Strategy, Transit Advertising
Sir Richard's Condom Company Campaign: "Sluts Unite", Campaign: "Suggested Retail", TV
TriNet Group, Inc.
WOW! (Advertising Agency of Record) Media Strategy

TDG COMMUNICATIONS
93 Sherman St, Deadwood, SD 57732
Tel.: (605) 722-7111
Fax: (605) 722-7112
E-Mail: info@tdgcommunications.com
Web Site: http://www.tdg.agency/

Employees: 10

Agency Specializes In: Advertising, Corporate Identity, Internet/Web Design, Logo & Package Design, Media Planning, Print, Public Relations, Social Media

Monte Amende *(Creative Dir)*
Chad Blair *(Acct Dir)*
Jack Hughes *(Dir-Web Dev)*

Accounts:
Keystone Chamber of Commerce

TDW+CO
409 Maynard Ave S, Seattle, WA 98104
Tel.: (206) 623-6888
Fax: (206) 623-6889
E-Mail: careers@tdwandco.com
Web Site: www.tdwandco.com

Employees: 30
Year Founded: 2004

Agency Specializes In: Advertising, Brand Development & Integration, Consulting, Digital/Interactive, Event Planning & Marketing, Experiential Marketing, Media Planning, Out-of-Home Media, Outdoor, Print, Radio, Strategic Planning/Research, T.V., Web (Banner Ads, Pop-ups, etc.)

Tim Wang *(Founder & Principal)*
Edward Chang *(Mng Dir & VP)*
Victoria Wong *(Assoc Dir-Ops)*
Serena Li *(Acct Supvr)*
Howard Tran *(Sr Graphic Designer)*
Jorge Aviles *(Acct Coord-Experiential)*
Leewan Li *(Sr Media Planner)*
Abe Wong *(Assoc Art Dir)*

Accounts:
Allstate
Comcast
Pacific Gas and Electric Company
Pepsi Bottling Group
Port Of Seattle
Prudential
Seattle Seahawks
Starbucks
Verizon "Year of the Horse", Campaign: "Get A Bag Full of Luck and Fortune"
Wells Fargo
Western Union

TEAK
330 Jackson St 2nd Fl, San Francisco, CA 94111
Tel.: (415) 296-1114
E-Mail: hello@teaksf.com
Web Site: www.teaksf.com

Agency Specializes In: Advertising, Brand Development & Integration, Content, Internet/Web Design, Out-of-Home Media, Package Design,

AGENCIES - JANUARY, 2019 — ADVERTISING AGENCIES

Print, Production, Social Media, Strategic Planning/Research

Jan Frei *(Partner & Exec Producer)*
Kevin Gammon *(Partner & Creative Dir)*
Greg Rowan *(Partner & Creative Dir)*
Greg Martinez *(Partner & Dir-Accts)*
Olivia Lynn *(Dir-Growth & Retention)*
Michelle Fox *(Fin Mgr)*

Accounts:
New-Aramark

TEAM CREATIF USA
201 S Tryon St Ste 1450, Charlotte, NC 28202
Tel.: (704) 526-0424
Web Site: www.teamcreatifusa.com

Employees: 5
Year Founded: 1986

Agency Specializes In: Brand Development & Integration, Consumer Goods, Food Service, Logo & Package Design, Pets, Production (Ad, Film, Broadcast), Production (Print)

Brady Bone *(Creative Dir)*
Erika Rasile *(Acct Mgr)*

Accounts:
Pedigree Dog Food

TEAM DETROIT
(Name Changed to Global Team Blue)

TEAM EPIPHANY
1235 Broadway 4th Fl, New York, NY 10001
Tel.: (347) 990-1010
E-Mail: info@teamepiphany.com
Web Site: www.teamepiphany.com

Employees: 101
Year Founded: 2004

National Agency Associations: 4A's

Agency Specializes In: Advertising, Brand Development & Integration, Digital/Interactive, Public Relations, Search Engine Optimization, Social Media, Sponsorship, Strategic Planning/Research

Coltrane Curtis *(Founder & Mng Partner)*
Lisa Chu *(Mng Partner)*
Douglas Brundage *(VP-Strategy)*
Michael Burch *(VP-Digital)*
Valerie Chiam *(VP-Partner Integration & New Bus)*
Jane Kim *(VP-Acct Mgmt)*
Susan Morgan *(VP-Acct Mgmt)*
Paul Graham *(Sr Dir-Digital)*
Thembi Wesley *(Sr Dir-Events)*
Lindsay Robinson *(Dir-Bus Ops)*
Leigh Hillman *(Sr Acct Mgr)*
Lane Borgida *(Acct Supvr)*
Gregory Bruce *(Copywriter)*
Jeffrey Weber *(Sr Art Dir)*

Accounts:
Cadillac
Heaven Hill Distilleries, Inc. Campaign: "#Since2001", Hpnotiq
Heineken UK Limited
Pernod Ricard USA Absolut, Out-of-Home

TEAM ONE USA
13031 W Jefferson Blvd, Los Angeles, CA 90094-7039
Tel.: (310) 437-2500
Fax: (310) 322-7565
E-Mail: info@teamone-usa.com
Web Site: www.teamone-usa.com

E-Mail for Key Personnel:
Public Relations: meg.seiler@teamone-usa.com

Employees: 290
Year Founded: 1987

National Agency Associations: 4A's-AAF-AMA-PRSA-THINKLA

Agency Specializes In: Advertising, Affluent Market, Alternative Advertising, Automotive, Brand Development & Integration, Branded Entertainment, Broadcast, Business Publications, Catalogs, Collateral, Communications, Consulting, Consumer Goods, Corporate Communications, Corporate Identity, Customer Relationship Management, Digital/Interactive, Direct Response Marketing, Email, Entertainment, Event Planning & Marketing, Experience Design, Experiential Marketing, Financial, Graphic Design, Hospitality, In-Store Advertising, Internet/Web Design, Leisure, Logo & Package Design, Luxury Products, Magazines, Media Buying Services, Media Planning, Media Training, Merchandising, Mobile Marketing, Multimedia, New Product Development, Newspaper, Newspapers & Magazines, Out-of-Home Media, Outdoor, Package Design, Paid Searches, Planning & Consultation, Point of Purchase, Point of Sale, Print, Production, Production (Print), Promotions, Public Relations, Publicity/Promotions, Radio, Sales Promotion, Search Engine Optimization, Social Marketing/Nonprofit, Social Media, Sponsorship, Strategic Planning/Research, Syndication, T.V., Travel & Tourism, Viral/Buzz/Word of Mouth

Kurt Ritter *(Chm)*
Chris D'Rozario *(Exec Creative Dir)*
Paul Silverman *(Exec Dir-Acct Mgmt)*
Amanda Abrams *(Creative Dir)*
Rachel Biddlecombe *(Producer-Interactive)*
Jesse Blatz *(Creative Dir)*
John Coelho *(Acct Dir-Lexus Natl Adv)*
Ryan Davis *(Art Dir)*
Philipp Dietz *(Creative Dir)*
Matt Lanzdorf *(Creative Dir)*
Matt Mcfaden *(Art Dir)*
Jana Pinkosky *(Acct Dir)*
Preston Larson *(Dir-Digital & Performance Media)*
David Peake *(Dir-Bus Affairs)*
Nadia Estrada *(Mgr-Bus Affairs)*
Paige Shlemmer *(Acct Supvr)*
Neil Cleary *(Supvr-Music)*
Chevaun Ellis *(Supvr-Media)*
Eric Jorgensen *(Copywriter-Creative)*
Jacob Madison *(Media Planner)*
Karen Pearl *(Media Planner)*
Dee Dee Borman *(Assoc Media Dir)*
Justin Kuntarodjanjun *(Asst Media Planner)*
Monica Mellier *(Grp Media Dir)*
Tina Weinsoff *(Assoc Media Dir)*

Accounts:
CBS Watch! Magazine
Dacor (Marketing Agency of Record) Creative, Digital, Experiential, Media Buying, Media Planning, Public Relations, Social Media, Strategy
Expedia Group, Inc. Brand Strategy, Creative Development, Execution; 2018
HSBC Premier
Icelandic Glacial Water
Indian Motorcycle (Media Agency of Record) Creative, Media Buying, Media Planning, Strategy
The Legacy Lab
Lexus Division
New-LittleBits
Marriott International, Inc.
Polaris Industries Slingshot
The Ritz-Carlton Advertising
St. Regis Hotels & Resorts
Toyota Motor Sales, U.S.A., Inc. Lexus CT, Lexus ES Series, Lexus GS Series, Lexus GX Series, Lexus IS Series, Lexus LX Series, Lexus RX Series
New-Vote.org

Branches

Team One USA
1 Tower Ste 3120 Oak Brook Cerrace, Oak Brook, IL 60181
Tel.: (630) 684-0317
Fax: (630) 684-0324
E-Mail: info@teamone-usa.com
Web Site: www.teamone-usa.com/

Employees: 6

Agency Specializes In: Advertising

Christina Christensen *(Head-CLDA Digital & Supvr-Media)*
Adam Bright *(Art Dir)*
Scott Mitchell *(Mgmt Supvr)*
Dan Unger *(Mgr-Central Area Lexus Dealer Association)*
Patrick Lange *(Acct Exec)*
Libby Kiefaber *(Media Planner)*
Casey Koranda *(Media Planner)*
Trang Phan *(Planner-Strategic)*
Alex Boggs *(Reg Acct Dir)*
Mallory Pope *(Asst Media Planner)*
Paula Stahnke *(Assoc Media Dir)*

TEAM VELOCITY MARKETING, LLC
13825 Sunrise Vly Dr Ste 150, Herndon, VA 20171
Tel.: (877) 832-6848
E-Mail: info@teamvelocitymarketing.com
Web Site: www.teamvelocitymarketing.com

Employees: 500
Year Founded: 2005

Agency Specializes In: Advertising, Email, Search Engine Optimization, Social Media

David Boice *(Owner & Partner)*
Justin S Byrd *(Pres)*
Bill Reilly *(COO)*
Aaron Bickart *(Exec VP-Sls Ops)*
Joe High *(Sr VP)*
Regina Washington *(VP-HR)*
Tessa Bohman *(Dir-Tier 3 Automotive Media)*
Danielle Williams *(Corp Mktg Mgr)*

Accounts:
Bentley (Agency of Record); 2017

TECHTARGET, INC.
275 Grove St, Newton, MA 02466
Tel.: (617) 431-9200
Toll Free: (888) 274-4111
E-Mail: info@techtarget.com
Web Site: www.techtarget.com

Employees: 622
Year Founded: 1999

Agency Specializes In: Advertising, Brand Development & Integration, Business-To-Business

Revenue: $108,556,000

Don Hawk *(Co-Founder & Exec Dir)*
Michael Cotoia *(CEO)*
Daniel Noreck *(CFO & Treas)*
John A Steinert *(CMO)*
Sean Tierney *(CTO)*
Bill Crowley *(Exec VP-Data Bus)*
Gabrielle Derussy *(Sr VP-Sls Ops)*
Steve Niemiec *(Sr VP-Sls-Global)*
Arden Port *(Sr VP-HR)*

REDBOOKS — Brands. Marketers. Agencies. Search Less. Find More.
Try out the Online version at www.redbooks.com

ADVERTISING AGENCIES

AGENCIES - JANUARY, 2019

Mark Schlack *(Sr VP-Editorial)*
Brian P. Hession *(VP-Data Quality & Innovation)*
Justin Hoskins *(VP-Product Innovation & Architecture)*
Jennifer Labelle *(VP-Mktg Ops)*
April Livermore *(VP-Online Mktg)*
Annie Matthews *(VP-Sls)*
Sean Matthews *(VP-Sls-Data Center & Storage Media)*
Brian McGovern *(VP-IT Deal Alert Data Svcs)*
Rick Nendza *(VP-Product Mgmt & Priority Engine)*
Jon Panker *(VP-Asia Pacific)*
Dan Waggenheim *(VP-Ops)*
Kerry Glance *(Dir-Editorial-Enterprise Applications)*
Garrett Mann *(Dir-Corp Comm)*
Karima Zannotti *(Dir-Customer Acct)*
Melissa Knotaitis *(Mgr-Mktg & Accts)*
Matthew Lewis *(Mgr-Integrated Mktg)*
Ryan Donovan *(Assoc-Salesforce Ops)*
Greg Strakosch *(Exec Chm)*

Accounts:
Cisco
McAfee

TELESCO CREATIVE GROUP
1868 Niagara Fls Blvd Ste 200, Tonawanda, NY 14150
Tel.: (716) 525-1311
Web Site: http://telescocreativegroup.com/

Employees: 6

Agency Specializes In: Advertising, Brand Development & Integration, Broadcast, Internet/Web Design

Mike Telesco *(Pres)*
Greg Meadows *(Creative Dir)*

Accounts:
Osteria 166
Town Square for Aging

TELL YOUR STORY
20 N Wacker Dr Ste 3330, Chicago, IL 60606
Tel.: (847) 921-3925
E-Mail: info@tellyourstoryinc.com
Web Site: tellyourstoryinc.com

Employees: 10

Agency Specializes In: Business Publications, Publishing

George Rafeedie *(Founder & Pres)*

Accounts:
USG Corporation

TEMPO CREATIVE, INC.
13951 N Scottsdale Rd Ste 213, Scottsdale, AZ 85254-3402
Tel.: (480) 659-4100
Fax: (480) 659-9180
Toll Free: (800) 816-9850
E-Mail: info@tempocreative.com
Web Site: https://www.tempocreative.com/

Employees: 12
Year Founded: 2001

Agency Specializes In: Advertising, Brand Development & Integration, Collateral, Content, E-Commerce, Email, Graphic Design, In-Store Advertising, Internet/Web Design, Local Marketing, Logo & Package Design, Market Research, Multimedia, Newspapers & Magazines, Package Design, Point of Sale, Print, Public Relations, Search Engine Optimization, Strategic Planning/Research, Web (Banner Ads, Pop-ups, etc.)

Joy Donaldson *(VP-Client Svcs)*

Accounts:
Cold Stone Creamery; Scottsdale, AZ; 2003
The MC Companies; Scottsdale, AZ
Novara Clinical Research; Mesa, AZ
Sierra Title Service; Phoenix, AZ
Trimble Consulting; Tempe, AZ
Valley Physical Therapy Services; Scottsdsale, AZ
Weight Loss Institute of Arizona; Tempe, AZ

TEN
330 SW 2nd St Bldg 111, Fort Lauderdale, FL 33312
Tel.: (954) 524-8800
E-Mail: biz@agencyten.com
Web Site: www.agencyten.com

Employees: 30
Year Founded: 1996

National Agency Associations: SODA

Agency Specializes In: Digital/Interactive, Food Service, Radio, Sports Market, T.V.

Betsy Di Carlo *(Pres)*
Lindsay Valero *(Acct Dir)*
Melanie Newson *(Sr Art Dir)*

Accounts:
American Heart Association
Anvil Knitwear
Bacardi
BBC America
Bombay Sapphire
Citizen Watch
Clinton Foundation
Dewar's
Ford
INdemand
Martini
Pencils of Promise
Ruby Tuesday
Saint-Gobain
Teach for America
Universal
US Airforce
Wishcloud Campaign: "There's Something Not Right About Jane"

TEN BRIDGE COMMUNICATIONS, INC.
678 Massachusetts Ave Ste 701, Cambridge, MA 02139
Tel.: (617) 230-0347
E-Mail: info@tenbridgecommunications.com
Web Site: www.tenbridgecommunications.com

Employees: 10

Agency Specializes In: Advertising, Brand Development & Integration

Dan Quinn *(Co-Founder)*
Ann Stanesa *(Co-Founder)*
Krystle Gibbs *(Mng Dir)*
Jacqueline Doherty Byrne *(Dir)*

Accounts:
New-Arsanis, Inc.
Third Rock Ventures

TENDO COMMUNICATIONS INC.
340 Brannan St Ste 500, San Francisco, CA 94107
Tel.: (415) 369-8200
Fax: (415) 369-8222
E-Mail: inquiries@tendocom.com
Web Site: tendocom.com

Employees: 50
Year Founded: 1999

Agency Specializes In: Advertising, Content, Email, Event Planning & Marketing, Social Media, Strategic Planning/Research

Karla Spormann *(Pres & CEO)*
Paul Costanza *(VP-Mktg Svcs)*
Steve Middleton *(VP)*
Benjamin Tomkins *(VP-Social & Influence Strategy)*
Christine Zender *(VP-Content Strategy)*
Rikke Jorgensen *(Sr Dir-Content Strategy & UX)*
Zach Edling *(Acct Dir)*
Julie Jares *(Dir-Editorial Ops)*
Danie D. Taylor *(Acct Mgr)*
Sarah Vollmer *(Strategist-Content)*

Accounts:
New-ARM Ltd.
New-Cisco Systems Inc.
New-Citrix Systems Inc.
New-Hewlett Packard Enterprise Development LP HPE Discover Vegas
New-Plantronics Inc.
New-VMware Inc.

TENET PARTNERS
122 W 27th St 9th Fl, New York, NY 10001
Tel.: (212) 329-3030
Fax: (212) 329-3031
E-Mail: esluder@tenetpartners.com
Web Site: tenetpartners.com

E-Mail for Key Personnel:
President: jgregory@corebrand.com

Employees: 30
Year Founded: 1973

Agency Specializes In: Brand Development & Integration, Business-To-Business, Collateral, Communications, Consulting, Corporate Communications, Corporate Identity, Financial, Graphic Design, Internet/Web Design, Investor Relations, Logo & Package Design, Sponsorship, Strategic Planning/Research

James Gregory *(Chm)*
Hampton Bridwell *(CEO & Mng Partner)*
David Garcia *(Partner-Design)*
Brad Puckey *(Partner-CoreBrand Analytics)*
Russ Napolitano *(COO)*
Renee Malfi *(Acct Dir)*
Janice Bissell *(Acct Mgr)*
Beth Flom *(Sr Partner-Strategy)*
Larry Oakner *(Sr Partner-Engagement & Strategy)*
Larry Roth *(Sr Partner-Digital)*

Accounts:
AmerisourceBergen
APM Terminals
AT&T, Inc.
Broadridge
Cisco Systems
Colgate-Palmolive
Delphi
Dupont
ExxonMobil
Found Animals
The Hartford
ING
Johnson & Johnson
Lincoln Financial
Long Beach Airport
Mastercard Worldwide
Paramount Citrus
Samsung
Sensient Technologies Corporation
Target

Transamerica
Union Pacific
Virginia Commonwealth

TENTH CROW CREATIVE
(Formerly Lisaius Marketing)
337 College St, Burlington, VT 05401
Tel.: (802) 658-1369
E-Mail: info@tenthcrowcreative.com
Web Site: www.tenthcrowcreative.com

Employees: 50

Agency Specializes In: Advertising, Brand Development & Integration, Graphic Design, Logo & Package Design, Media Planning, Print, Public Relations, Social Media, Strategic Planning/Research

Mark Crow *(Pres)*
Bret Murray *(Art Dir)*
Jennifer Raleigh *(Creative Dir)*
Sarah Morrell *(Brand Mgr-Lisaius Mktg)*

Accounts:
Champlain Cable Corp.
Northwestern Medical Center

TENTHWAVE DIGITAL, LLC
(Acquired by Wire Stone LLC)

TENZING COMMUNICATIONS
615 Wellington St, London, ON N6A 3R6 Canada
Tel.: (519) 642-4404
Fax: (519) 642-4856
E-Mail: gary@gotenzing.com
Web Site: www.gotenzing.com

Employees: 17
Year Founded: 1989

Gary Lintern *(Pres)*
J. C. Molina *(Creative Dir)*
Dan Rempel *(Dir-Electronic Environments)*
Christine Wong *(Design & Dir-Art)*
Katie Burns *(Project Mgr & Specialist-Media)*

Accounts:
Aercoustics Engineering
Bite Tv
CMHA, Ontario
Hydrogenics
OSRAM Sylvania
Soapstones
Transition Science
Wera Tools

TEQUILA COMMUNICATION & MARKETING INC.
3556 boul Saint Laurent Bureau Ste 200, Montreal, QC H2X 2V1 Canada
Tel.: (514) 849-8005
Fax: (514) 849-9500
E-Mail: tequila@tequila.ca
Web Site: www.tequila.ca

Employees: 20

Agency Specializes In: Advertising

Diane Bazinet *(Sr Acct Exec)*

Accounts:
Hyundai

TERRAIN COLLECTIVE
(Formerly Brand Architecture)
2625 28th St, Boulder, CO 80301
Tel.: (407) 797-6620

Web Site: www.terrainco.com/

Employees: 5
Year Founded: 1999

Agency Specializes In: Brand Development & Integration, Digital/Interactive, Logo & Package Design, Print

Frederic Terral *(Founder & Pres)*

Accounts:
Burger 21 Inc.

THE TERRI & SANDY SOLUTION
1133 Bdwy Ste 928, New York, NY 10010
Tel.: (917) 261-6792
Web Site: www.terrisandy.com

Employees: 41

National Agency Associations: 4A's

Agency Specializes In: Advertising, Print, Sponsorship, T.V.

Sandy Greenberg *(Co-Founder & Co-CEO)*
Terri Meyer *(Co-Founder & Co-CEO)*
Tony Scopellito *(Mng Dir)*
Dani Barish Blevins *(Acct Dir-Integrated)*
Christopher Cannon *(Creative Dir)*
Jaehyun Cho *(Art Dir)*
Todd Condie *(Creative Dir)*
Angela Denise *(Creative Dir)*
Irina Gilbertson *(Acct Dir-Integrated)*
Juan Pablo Gomez *(Creative Dir)*
Jeein Lee *(Art Dir)*
Debra Maltzman *(Creative Dir)*
Lauren Gelfman Rubenstein *(Acct Dir-Integrated)*
Drew Schwartz *(Acct Dir-Integrated)*
Jillian Watkins *(Creative Dir)*
Halle Mizrahi *(Acct Supvr)*
Emily McCormick *(Sr Acct Exec)*

Accounts:
Avon (Creative Agency of Record)
Barba Men's Grooming Boutique Video
BJ's Wholesale Club Brand Identity, Content, Digital, Radio, TV
City Practice Group of New York (Agency of Record) Creative & Strategy, Integrated Brand Campaign; 2018
The Colorado Center for Reproductive Medicine (Advertising Agency of Record) Digital Analytics, Media Buying, SEO; 2018
Freshpet Campaign: "So Good, You could Eat it", Digital Pre-Roll, Display Banners, Online, Print, Social Media, TV
Gerber
The Hain Celestial Group, Inc. Better For You (Agency of Record), Imagine, MaraNatha, Rudi's Organic Bakery, Spectrum
The Hartford Financial Services Group, Inc. (Creative Agency of Record) Advertising, Branding; 2018
Harvest Hill Beverage Company Big Burst, Boldly Original, Brand Repositioning, Creative, Daily's, Fruit2O, Guzzler, Juicy Juice, Little HUG, Nutrament Brands, SunnyD (Agency of Record), Veryfine; 2017
JDate Campaign: "Get Chosen"
Just Born, Inc. "Peanut Chews", Campaign: "Brothers", Campaign: "Express Your Peepsonality", Digital, Goldenberg's, Peeps, TV
People Magazine (Agency of Record) 40th Anniversary, Digital, Print, Royals, Sexiest Man Alive, TV
Phonak (Global Lead Agency of Record) Lyric
Pixelrise LLC Emojibator
Twinings (US Creative Agency of Record); 2018
Walt Disney Co
Wyndham Hotel Group Creative, Microtel Inn & Suites (Agency of Record), Strategic, Strategic

Insights & Passion, Super 8

TERZETTO CREATIVE
PO Box 188, Barboursville, WV 25504
Tel.: (304) 654-0875
Web Site: www.terzettocreative.com

Agency Specializes In: Advertising, Event Planning & Marketing, Internet/Web Design, Logo & Package Design, Media Buying Services, Promotions

Laura Lancaster *(Partner & Graphic Designer)*
Jenny Lancaster *(Partner)*

Accounts:
Mid-Atlantic Telehealth Resource Center

TESSER INC.
121 2nd St Top Fl, San Francisco, CA 94105
Tel.: (415) 541-9999
Fax: (415) 541-9699
Toll Free: (800) 310-4400
E-Mail: info@tesser.com
Web Site: www.tesser.com

Employees: 28

Agency Specializes In: Advertising, Brand Development & Integration, Business-To-Business, Collateral, Corporate Identity, Graphic Design, Internet/Web Design, Out-of-Home Media, Outdoor, Package Design, Print, Sponsorship

Tre Musco *(CEO & Chief Creative Officer)*
Brent White *(Dir-Design)*
Dana Zipser *(Dir-Bus Dev & Mktg)*

Accounts:
ArmorAll
Ben & Jerry's Homemade, Inc.
Chevys Fresh Mex
Chili's
Dairy Queen Corporate Store
Del Taco LLC
Domino's Pizza, Inc.
Figaro's Pizza
The Gap, Inc.
Haagen-Dazs
IHOP Cafe
KFC Corporation
Malibu Rum
Spinner

TETHER, INC.
316 Occidental Ave S Ste 400, Seattle, WA 98104
Tel.: (206) 518-6300
E-Mail: info@tetherinc.com
Web Site: tether.com/

Employees: 77

Agency Specializes In: Advertising, Brand Development & Integration, Content, Graphic Design

Stanley Hainsworth *(Chm & Chief Creative Officer)*
Steve Barrett *(Exec Creative Dir)*
Michael Tiedy *(Exec Creative Dir)*
Rory Jensen *(Sr Dir-Art)*
Paul Huggett *(Creative Dir)*
Dan Smith *(Creative Dir)*
Dodi Monahan *(Dir-Client Experience)*
Nancy Urner *(Dir-Ops)*
Christy Allcock *(Acct Mgr)*
Tina Ou *(Acct Mgr)*
Alex Warren *(Acct Mgr)*
Joanna Mathews *(Sr Strategist-Creative)*
Bronson Folz-Edwards *(Designer)*
Bill Allen *(Grp Creative Dir)*
Jay Ostby *(Assoc Creative Dir)*

ADVERTISING AGENCIES

Accounts:
Bulletproof 360, Inc
Continental Mills, Inc. Krusteaz
Luvo
Safariland Campaign: "Fit is Everything", GLS Pro-Fit
Tully's Coffee Brand Refresh Strategy, Marketing

TEXAS CREATIVE
334 N Pk Dr, San Antonio, TX 78216
Tel.: (210) 828-8003
E-Mail: info@texascreative.com
Web Site: www.texascreative.com

Employees: 26

Agency Specializes In: Advertising, Brand Development & Integration, Collateral, Digital/Interactive, Internet/Web Design, Media Buying Services, Media Planning, Out-of-Home Media, Outdoor, Print, Social Media

Brian Eickhoff *(Pres)*
Jamie Allen *(Partner & COO)*
Josh Norman *(Exec VP & Creative Dir)*
Ashley Landers *(VP-Client Svcs)*
Krystal Vela *(Media Dir)*
Jane Hollimon *(Sr Acct Mgr)*
Rebecca Kellogg *(Acct Exec)*
Shelbi Walker *(Asst Acct Exec)*
Carlene Calkins *(Asst Media Buyer)*

Accounts:
Tobin Center for the Performing Arts

THACHER INTERACTIVE LLC
41 Grove St 4th Fl, New York, NY 10014
Tel.: (917) 497-3569
E-Mail: hello@thacherinteractive.com
Web Site: www.thacherinteractive.com

Employees: 3
Year Founded: 2010

Agency Specializes In: Advertising, Brand Development & Integration, Content, Digital/Interactive, Internet/Web Design, Promotions, Search Engine Optimization, Social Media

Zachary Thacher *(Principal)*

Accounts:
Duncan Hines

THAT AGENCY
2000 Palm Beach Lakes Blvd Ste 601, West Palm Bch, FL 33409
Tel.: (561) 832-6262
Fax: (561) 832-7707
E-Mail: info@thatagency.com
Web Site: www.thatagency.com

Employees: 12

Agency Specializes In: Advertising, Advertising Specialties, African-American Market, Agriculture, Asian Market, Automotive, Aviation & Aerospace, Bilingual Market, Brand Development & Integration, Broadcast, Business Publications, Business-To-Business, Cable T.V., Children's Market, Co-op Advertising, Collateral, Commercial Photography, Communications, Consulting, Consumer Marketing, Consumer Publications, Corporate Communications, Corporate Identity, Cosmetics, Digital/Interactive, Direct Response Marketing, E-Commerce, Education, Electronic Media, Engineering, Entertainment, Environmental, Event Planning & Marketing, Exhibit/Trade Shows, Fashion/Apparel, Financial, Food Service, Government/Political, Graphic Design, Health Care Services, High Technology, Hispanic Market, In-Store Advertising, Industrial, Infomercials, Information Technology, Internet/Web Design, Investor Relations, LGBTQ Market, Legal Services, Leisure, Local Marketing, Logo & Package Design, Magazines, Marine, Media Buying Services, Medical Products, Merchandising, Multimedia, New Product Development, Newspaper, Newspapers & Magazines, Out-of-Home Media, Outdoor, Over-50 Market, Pharmaceutical, Planning & Consultation, Point of Purchase, Point of Sale, Print, Production, Public Relations, Publicity/Promotions, Radio, Real Estate, Recruitment, Restaurant, Retail, Sales Promotion, Seniors' Market, Sports Market, Strategic Planning/Research, Sweepstakes, Syndication, T.V., Technical Advertising, Teen Market, Telemarketing, Trade & Consumer Magazines, Transportation, Travel & Tourism, Yellow Pages Advertising

Approx. Annual Billings: $2,000,000

Breakdown of Gross Billings by Media: Internet Adv.: $1,000,000; Print: $500,000; Worldwide Web Sites: $500,000

Bill Teubner *(Pres)*
Michelle Sternbauer *(Exec VP & Acct Dir)*
Nathan Mendenhall *(Dir-Social Media)*
Enid Glasgow *(Copywriter)*

Accounts:
ACP Jets; West Palm Beach, FL Aircraft; 2005
Bacardi; Washington, DC (Interactive); 2001
Braman Motorcars (Digital Agency of Record) BMW, Bentley, Braman Audi, Content, Mini, Porsche, Rolls Royce, Social Media, Video, Website Strategies
FedEx; Miami, FL E-Business Solutions; 2000
Florida Environmental Pest Management Digital Marketing, Website
Natura Wines Design, Website
Supercool Website
Warsteiner Brewery Design, Pilsener Pursuit

THE1STMOVEMENT
751 N Fair Oaks Ave # 100, Pasadena, CA 91103
Tel.: (626) 689-4993
Fax: (626) 628-1991
E-Mail: info@the1stmovement.com
Web Site: www.the1stmovement.com

Employees: 20

Agency Specializes In: Digital/Interactive, Sponsorship

Ming Chan *(CEO)*
Jennifer DePauw *(Mng Dir)*
Bryan Encina *(Head-Technical)*
Chris Fisher *(Producer-Interactive)*
Jeffrey Dumo *(Dir-Acct Strategy)*

Accounts:
Adobe
AOL
Cardinal Health
E! Online
Gulfstream Aviation
Microsoft
Pentax Imaging Co. Campaign: "Adventure is Everywhere", Digital
Qwest
Rambus
Style Network
TravelStore Digital
VertiFlex
Virgin Records
WOW - Women of Wrestling (Digital Agency of Record) Design, Strategy

THEAUDIENCE
5670 Wilshire Blvd Ste 100, Los Angeles, CA 90036
Tel.: (323) 984-9777
E-Mail: info@theaudience.com
Web Site: www.theaudience.com

Employees: 45
Year Founded: 2011

Agency Specializes In: Advertising, Brand Development & Integration, Digital/Interactive, Entertainment, Media Buying Services, Social Media

Accounts:
American Express
Calvin Klein
Heineken

THEFRAMEWORKS
108 Willits St, Birmingham, MI 48009
Tel.: (248) 817-8687
E-Mail: info@theframeworks.com
Web Site: www.theframeworks.com

Employees: 50

Agency Specializes In: Advertising, Brand Development & Integration, Digital/Interactive

Nick Francis *(Dir-Creative-Casual Films)*
Cheuk Man Lam *(Sr Project Mgr-Digital-UK)*

Accounts:
Toshiba Global Commerce Solutions

THERAPY
11811 Teale St, Culver City, CA 90230
Tel.: (310) 917-1507
Fax: (310) 917-1562
Web Site: therapystudios.com

Employees: 14
Year Founded: 2005

Agency Specializes In: Advertising, Advertising Specialties, Brand Development & Integration, Broadcast, Cable T.V., Communications, Corporate Communications, Electronic Media, Infomercials, Internet/Web Design, Media Buying Services, Production, Publicity/Promotions, Strategic Planning/Research, T.V.

Approx. Annual Billings: $2,000,000

Breakdown of Gross Billings by Media: Spot T.V.: 100%

Wren Waters *(Owner)*
Joseph DiSanto *(Partner & Exec Producer)*
John Ramsay *(Partner & Exec Producer)*
Allegra Bartlett *(Head-Production)*
Chri Perkel *(Creative Dir)*
Brandon Kim *(Designer-Sound)*
Eddie Kim *(Designer-Sound)*

Accounts:
Coca-Cola Refreshments USA, Inc.
Fox Broadcasting VFX Design
Kia
Kleenex Tissues
Mercedes Benz
NASCAR Race
Pioneer Navigation System
Time Warner Cable
Volkswagen Group of America, Inc.
Walmart Superstore

THIEL DESIGN LLC
320 E Buffalo St Ste 501, Milwaukee, WI 53202

Tel.: (414) 271-0775
Web Site: www.thiel.com

Employees: 13
Year Founded: 1975

Agency Specializes In: Advertising, Brand Development & Integration, Digital/Interactive, Print, Social Media

Revenue: $2,500,000

Ryan Robers *(Principal & Dir-Interactive)*
Tom Campbell *(Creative Dir)*
Keith Walters *(Mng Principal & Brand Dir)*
Lydia Driscoll *(Designer-Production)*
Pete Tonn *(Sr Designer)*
Bill Zalenski *(Sr Designer-Brand)*

Accounts:
RC Insurance Services

THINK AGENCY
217 N Westmonte Dr, Altamonte Springs, FL 32714
Tel.: (407) 875-1999
Web Site: www.thinkagency.com

Employees: 20

Agency Specializes In: Advertising, Brand Development & Integration, Internet/Web Design, Logo & Package Design, Print, Public Relations

Dennis Claypoole *(Pres)*
Jerry Eisen *(Partner & VP)*
Doug Adams *(Partner)*

Accounts:
Atlas Roofing
Jackson Hewitt Tax Service Inc.

THINK COMMUNICATIONS GROUP, LLC
5948-A Easton Rd, Pipersville, PA 18947
Tel.: (215) 766-8868
Fax: (215) 766-8869
Web Site: www.thinkcommunicationsgroup.com

Employees: 14
Year Founded: 2002

Agency Specializes In: Advertising, Brand Development & Integration, Collateral, Digital/Interactive, Print, Strategic Planning/Research

Pamela Ronca-Shumskas *(Principal & Creative Dir)*
Julie Baines *(Principal-Client Svcs)*
Katie Devery-Shaak *(Acct Exec)*
Mark Morano *(Sr Art Dir)*

Accounts:
Helios Creative

THINK CREATIVE INC.
1011 E Colonial Dr Ste 407, Orlando, FL 32803
Tel.: (407) 896-5757
E-Mail: info@thinkcreativeinc.com
Web Site: www.thinkcreativeinc.com

Employees: 13
Year Founded: 2000

Agency Specializes In: Advertising, Brand Development & Integration

Mark Freid *(Pres-Creative & Dir-Strategic)*
Kim Capps *(Acct Mgr)*
Diane Levine *(Assoc Creative Dir)*

Accounts:
Chepenik Financial
Competitor Gym Orlando

THINK, INC.
2100 Wharton St, Pittsburgh, PA 15203
Tel.: (412) 281-9228
Fax: (412) 281-9243
E-Mail: info@thinkcreativity.com
Web Site: www.thinkcreativity.com

Employees: 15
Year Founded: 1997

Agency Specializes In: Advertising, Advertising Specialties, Brand Development & Integration, Business Publications, Business-To-Business, Cable T.V., Co-op Advertising, Communications, Consulting, Consumer Marketing, Consumer Publications, Corporate Communications, Corporate Identity, Direct Response Marketing, E-Commerce, Event Planning & Marketing, Exhibit/Trade Shows, In-Store Advertising, Industrial, Local Marketing, Media Buying Services, Multimedia, Newspapers & Magazines, Out-of-Home Media, Outdoor, Print, Production, Public Relations, Publicity/Promotions, Radio, Recruitment, Sales Promotion, Strategic Planning/Research, T.V., Telemarketing, Trade & Consumer Magazines

Brian Tedeschi *(Owner)*
Melissa Goda *(Acct Mgr-New Bus Dev)*

Accounts:
Brusters Real Ice Cream
Columbia Gas of Pennsylvania; Pittsburgh, PA LIHEAP; 2003
Fantastic Sams; Pittsburgh, PA Hair Cut & Color Services; 2001
Herr Voss Stamco; Pittsburgh, PA Industrial; 2004
Iron Star Roasting Company
National Guard Youth Challenge Program Mountaineer ChalleNGe Academy
Nicholson
PPG; Pittsburgh, PA Industrial; 2003
Sheetz; Altoona, PA (Recruitment); 1999
Washington Hospital; Washington, PA (Branding); 2003

THINK NOCTURNAL LLC
8 Continental Dr Unit E, Exeter, NH 03833
Mailing Address:
Box 505, Portsmouth, NH 03802-0505
Tel.: (603) 512-1186
Fax: (603) 686-5477
E-Mail: info@thinknocturnal.com
Web Site: www.thinknocturnal.com

Employees: 2

Scott Buchanan *(Principal & Strategist-Creative)*

Accounts:
Eastern Air Devices
Electrocraft

THINK SHIFT
A-120 Donald Street, Winnipeg, MB R3C 4G2 Canada
Tel.: (204) 989-4323
E-Mail: info@thinkshiftinc.com
Web Site: www.thinkshiftinc.com/

Employees: 27
Year Founded: 1993

National Agency Associations: Second Wind Limited

Agency Specializes In: Advertising, Brand Development & Integration, Digital/Interactive, Event Planning & Marketing, Media Planning, Public Relations

David Lazarenko *(Pres)*
David Baker *(CEO)*
Jay Holdnick *(Grp Acct Dir)*
Mika Sanson *(Dir-Strategy)*
Cheryl Bercier *(Acct Mgr)*
Jeff English *(Acct Mgr)*
Gordon Dmytriw *(Acct Supvr)*
Krista Gagne *(Acct Exec-Agency Svcs)*
Justin Lutomsky *(Acct Exec)*
Alexandra Rohne *(Acct Exec)*
Denise Darling *(Designer-Motion)*
Grant Geard *(Sr Designer-Interaction)*
Rick Sellar *(Designer-Conceptual)*
Rhello Yorobe *(Designer-Interaction)*
Vanessa Mancini *(Coord-Digital Mktg)*
Orville Laoag *(Assoc Creative Dir)*

Accounts:
Aboriginal People's Television Network (Agency of Record)
Banville & Jones Wine Merchants
Bee Maid
Canterra Feeds
Canterra Seeds
Cargill
Comcast
Ernst David International Inc.
Front Runner
GHY International
Qualico
Ray
Tolaini Wines
Tradition Game Bird Program
Wawanesa
Westeel Storage Solutions Marketing

Branch

Think Shift
1201 SW 12th Ave, Portland, OR 97205
Tel.: (503) 789-1338
E-Mail: balajik@thinkshiftinc.com
Web Site: www.thinkshiftinc.com

Employees: 10

National Agency Associations: 4A's

Balaji Krishnamurthy, *(Chm)*
Kiley Dyck *(Acct Coord-Agency Svcs)*

THINK TANK COMMUNICATIONS
403 Colonsay Dr, Johns Creek, GA 30097
Tel.: (678) 473-9055
E-Mail: info@thinktankcomm.com
Web Site: thinktankcomm.com/

Employees: 10
Year Founded: 1998

Agency Specializes In: Brand Development & Integration, Catalogs, Collateral, Content, Copywriting, Corporate Communications, Corporate Identity, Digital/Interactive, Event Planning & Marketing, Graphic Design, Integrated Marketing, Internet/Web Design, Logo & Package Design, Multicultural, Multimedia, Print, Production, Production (Ad, Film, Broadcast), Production (Print), Strategic Planning/Research

Bill Shirk *(Creative Dir)*

THINKERBELL
43 Hardware Ln, 3000 Melbourne, VIC Australia
Tel.: (61) 3 8353 0590
E-Mail: hello@thinkerbell.com
Web Site: thinkerbell.com

ADVERTISING AGENCIES
AGENCIES - JANUARY, 2019

Employees: 50
Year Founded: 2017

Agency Specializes In: Digital/Interactive, Experiential Marketing, Retail, Shopper Marketing

Ben Couzens *(Co-Founder)*
Adam Ferrier *(Co-Founder)*
Jim Ingram *(Co-Founder)*
Margie Reid *(Mng Dir)*
Sam Cavanagh *(Head-Production)*
Tom Wenborn *(Creative Dir)*
Tom Vizard *(Copywriter)*
Andre Pinheiro *(Sr Creative Dir)*

Accounts:
13Cabs
Asaelo Care Sorbent
Bega Cheese Ltd. (Creative Agency of Record) Bega Peanut Butter, Farmer's Table, Media Planning & Buying, Picky Picky, Strategy, Vegemite, ZoOsh
Melbourne Racing Club's Media Planning & Buying; 2018
New-NewsMediaWorks TheTruthBuildsTrust.com.au
Our Watch Creative; 2018
Sukin Australia Pty Ltd Sukin (Agency of Record); 2018
New-Tourism Australia

THINKHOUSE
20 Connelly Rd, Huntington, NY 11743
Tel.: (917) 805-0480
Web Site: www.thinkhouse.com

Employees: 7
Year Founded: 2007

Agency Specializes In: Advertising, Brand Development & Integration, Broadcast, Catalogs, Collateral, Digital/Interactive, Electronic Media, Email, Exhibit/Trade Shows, In-Store Advertising, Internet/Web Design, Local Marketing, Logo & Package Design, Magazines, Media Buying Services, Media Planning, Mobile Marketing, Newspaper, Newspapers & Magazines, Out-of-Home Media, Outdoor, Point of Purchase, Point of Sale, Print, Search Engine Optimization, Social Media, Trade & Consumer Magazines, Web (Banner Ads, Pop-ups, etc.)

Joyce Bank *(Partner & Creative Dir-Mktg)*
Adam Bank *(Creative Dir)*

Accounts:
Bloomsburg Carpet Industries Carpet; 2007
Four Seasons Sunrooms Baths, Kitchens, Sunrooms, Windows; 2009
Korg USA Musical Instruments; 2008
Marshall Amps; 2008
WindowTex Commercial Window Shades; 2008

THINKINK COMMUNICATIONS
110 Madeira Ave, Coral Gables, FL 33134
Tel.: (305) 749-5342
E-Mail: info@thinkinkpr.com
Web Site: www.thinkinkpr.com

Employees: 5
Year Founded: 2004

Agency Specializes In: Advertising, Brand Development & Integration, Business-To-Business, Content, Media Relations, Public Relations

Vanessa Horwell *(Chief Strategy Officer)*
Jen Mandli *(Creative Dir)*

Accounts:
New-Kobie Marketing

THINKMODO, INC.
1 Little W 12th St, New York, NY 10014
Tel.: (646) 360-3701
E-Mail: connect@thinkmodo.com
Web Site: www.thinkmodo.com

Employees: 8
Year Founded: 2011

Agency Specializes In: Advertising, Brand Development & Integration

James Percelay *(Co-Founder, Producer & Creative Dir)*

Accounts:
20th Century Fox Devil's Due Movie - Devil Baby Campaign
AMC Campaign: "Zombie Experiment"
British Broadcasting Corporation
CarLister.co
Carrie Campaign: "Telekinetic coffee shop surprise"
Chef's Cut Real Jerky JerkyBot
Cosmo
Fantastic Four
Film District Campaign: "Elevator Murder Experiment", Dead Man Down
Forbes, Inc.
Hasbro Inc
Hum
Marvel
MGM Campaign: "Carrie"
Namecheap
The New York Times
Oakley Campaign: "Bubba Hover"
Paramount Pictures Corporation
Sony Pictures
Whil Meditation
YouTube, LLC

THINKSO CREATIVE LLC
10 W 37th St Fl 7, New York, NY 10018
Tel.: (212) 868-2499
Fax: (212) 868-2498
E-Mail: info@thinkso.com
Web Site: thinkso.com/

Employees: 16

Agency Specializes In: Advertising, Brand Development & Integration, Communications, Identity Marketing, Internet/Web Design, Publishing

Elizabeth Amorose *(Sr Partner)*
Brett Traylor *(Sr Partner)*

Accounts:
The Armchair Activist
Comprehensive Care Management
Conran
Cross-Cultural Solutions
FOX Interactive Media
Global Health Council
The Mount Sinai Medical Center
On-Ramps
PMFM, Inc.
Quadriad
RDA Interactive
Ripco Real Estate
Stadion
Topdot Mortgage
TPK
Travel zoo
UBS
United Airlines
United Hospital Fund
Weissman School of Arts & Sciences
Western Reserve Life

THIRD DEGREE ADVERTISING
102 W Eufaula St Ste 200, Norman, OK 73069
Tel.: (888) 871-3729
Fax: (405) 235-3021
Web Site: www.thirddegreeadv.com

Employees: 18
Year Founded: 1995

National Agency Associations: Second Wind Limited

Agency Specializes In: Brand Development & Integration, Broadcast, Business-To-Business, Corporate Identity, Direct Response Marketing, Education, Electronic Media, Exhibit/Trade Shows, Financial, Government/Political, Health Care Services, Integrated Marketing, Internet/Web Design, Logo & Package Design, Medical Products, Out-of-Home Media, Outdoor, Planning & Consultation, Print, Radio, Strategic Planning/Research, Trade & Consumer Magazines

Approx. Annual Billings: $5,000,000

Roy Page *(CEO)*
Holly Arter *(Media Dir)*
Kande Hein *(Mgr-Accts)*
Caroline Grice *(Acct Coord)*
Dustin Schmidt *(Assoc Creative Dir)*

Accounts:
Allegiance Credit Union; OK; 2002
Amarillo Community Federal Credit Union; TX; 2004
American Airlines Federal Credit Union; Dallas, TX Financial Services; 2007
Association of Central Oklahoma Governments; OK Clean Air Initiative, Clean Cities Initiative, Stormwater Program; 2001
Central OK Habitat for Humanity; OK; 2000
CompOne; OK; 2004
Delta Federal Credit Union; Atlanta, GA Financial Services; 2007
Focus Federal Credit Union; OK; 2003
GOLFUSA; OK; 2004
InterGenetics; Oklahoma City, OK Genetic Testing Services; 2003
Lyric Theatre; Oklahoma City, OK; 2002
New York Credit Union League; Syracuse, NY Financial Services; 2007
Oklahoma Blood Institute; Oklahoma City, OK; 2002
Oklahoma City County Health Department; OK Anti-Syphilis Campaign; 2002
Oklahoma City University; 2003
Oklahoma Medical Research Foundation; Oklahoma City, OK; 2001
Oklahoma RedHawks
Oklahoma University College of Engineering; OK; 2000
Oklahoma University Health Sciences Center; 2001

THIRD RAIL CREATIVE
716 Congress Ave Ste 200, Austin, TX 78701
Tel.: (512) 358-9907
Fax: (512) 857-1323
E-Mail: power@thirdrailcreative.com
Web Site: www.thirdrailcreative.com

Employees: 17

Agency Specializes In: Advertising, Brand Development & Integration, Collateral, Out-of-Home Media, Outdoor, Print, T.V., Web (Banner Ads, Pop-ups, etc.)

Bryan Branam *(Mng Partner)*
Mark Scholes *(Principal)*
Mariana Wild *(Designer-Interactive)*

Accounts:
American Society for the Prevention of Cruelty to

AGENCIES - JANUARY, 2019 — ADVERTISING AGENCIES

Animals

THIRD WAVE DIGITAL
1841 Hardeman Ave, Macon, GA 31201
Tel.: (478) 750-7136
Fax: (478) 750-7139
Toll Free: (888) 578-7865
E-Mail: info@thirdwavedigital.com
Web Site: www.thirdwavedigital.com

Employees: 17
Year Founded: 1997

Agency Specializes In: Advertising, Corporate Communications, Exhibit/Trade Shows, Internet/Web Design, Print

Bart Campione *(Pres)*
Jeff Passmore *(Editor-Digital Media)*
Myron Bennett *(Dir-Creative Svcs)*
Carla Cicero *(Dir-Ops)*
Amy Thomas *(Dir-Svcs)*
Troy Jones *(Mgr-Technical)*
Alena R. Tyson *(Mgr-Digital Mktg)*

Accounts:
Mercer University Interactive Campus Maps, Marketing
Young Harris College Interactive Campus Maps, Marketing

THIRDEYE DESIGN
9 Ferry Wharf Ste 5D, Newburyport, MA 01950
Tel.: (978) 499-7948
E-Mail: info@thirdeyedesign.com
Web Site: www.thirdeyedesign.com

Employees: 10

Agency Specializes In: Advertising, Brand Development & Integration, Collateral, Corporate Identity, Email, Internet/Web Design, Logo & Package Design, Out-of-Home Media, Outdoor

Joni Toher *(Principal & Creative Dir)*

Accounts:
Duraflex

THIRSTY BOY
(Acquired & Absorbed by Zizzo Group, Inc.)

THIS IS CROWD LTD
1938 Franklin St Studio 202, Detroit, MI 48207
Tel.: (313) 638-2001
E-Mail: results@thisiscrowd.com
Web Site: www.thisiscrowd.com

Employees: 50

Agency Specializes In: Advertising, Brand Development & Integration, Email, Event Planning & Marketing, Internet/Web Design, Search Engine Optimization, Social Marketing/Nonprofit, Social Media

Jamie Sergeant *(Founder & Mng Dir)*
Tod Hardin *(Partner-North America)*
Tom Berne *(Gen Mgr & Art Dir)*
Ralph Saunders *(Dir-Front End)*

Accounts:
New-Adam Leipzig
New-Craig Leeson
New-Nicole Mori
New-Plastic Oceans Foundation
New-St. Helena Chamber of Commerce

THIS IS RED
216 Blvd of the Allies 6th Fl, Pittsburgh, PA 15222
Tel.: (412) 288-8800
Fax: (412) 281-2800
E-Mail: newbusiness@thisisredagency.com
Web Site: www.thisisredagency.com

Employees: 10
Year Founded: 2010

Agency Specializes In: Advertising, Digital/Interactive

Tamara Swanson *(Dir-Ops)*
Klay Abele *(Designer-Motion)*
Jeff St. Mars *(Sr Designer)*

Accounts:
Zardetto Prosecco

THOMA & THOMA CREATIVE SERVICES, INC.
1500 Rebsamen Park Rd, Little Rock, AR 72202
Tel.: (501) 664-5672
Fax: (501) 664-5650
Web Site: www.thomathoma.com

Employees: 13
Year Founded: 1989

Agency Specializes In: Advertising, Brand Development & Integration, Content, Digital/Interactive, Internet/Web Design, Media Planning, Public Relations, Search Engine Optimization, Social Media

Revenue: $2,000,000

Melissa Thoma *(Owner)*
Beverly Hall *(Controller)*
Diane Baxter *(Office Mgr)*
Suzanne Sage *(Sr Acct Exec)*
Martin Thoma *(Strategist-Brand Leadership)*

Accounts:
Little Rock Athletic Club

THOMAS BOYD COMMUNICATIONS
117 N Church St, Moorestown, NJ 08057
Tel.: (856) 642-6226
Fax: (856) 642-6336
Web Site: www.thomasboyd.com

Employees: 8
Year Founded: 1998

Agency Specializes In: Advertising, Brand Development & Integration, Communications, Crisis Communications, Education, Event Planning & Marketing, Exhibit/Trade Shows, Identity Marketing, Local Marketing, Media Relations, Media Training, Newspaper, Public Relations, Strategic Planning/Research

Pam Boyd *(Co-Founder & Pres)*
Liz Thomas *(CEO)*
Caitlin Dunican Latko *(Sr Acct Exec)*
Deanna Vallejo *(Asst Acct Exec)*
Lori Palmer *(Sr Client Svcs Dir)*

THOMAS PUCKETT ADVERTISING
1710 Bannie Ave, Las Vegas, NV 89102
Tel.: (702) 383-0005
E-Mail: info@thomaspuckett.com
Web Site: www.thomaspuckett.com

Employees: 6
Year Founded: 2002

Agency Specializes In: Advertising, Brand Development & Integration, Digital/Interactive, Strategic Planning/Research

Melissa Landsman Puckett *(Media Dir)*

Accounts:
Applied Information Sciences
Aristocrat Technologies
Colliers International
Comprehensive Cancer Centers of Nevada
Oasis Casino Management Systems
Providence Master Planned Community
Southern Nevada Medical Industry Coalition
UNLV

THOMPSON ADVERTISING, INC.
5121 SW Mallard Point, Lees Summit, MO 64082
Tel.: (816) 366-0199
Web Site: www.thompsonadvertisinginc.com

Employees: 5

Agency Specializes In: Brand Development & Integration, Business-To-Business, Corporate Identity, Direct Response Marketing, E-Commerce, Email, Internet/Web Design, Market Research, Media Planning, Multimedia

David Thompson *(Pres)*
June Monn *(Mgr-Art Production)*

Accounts:
AmeriTech Leasing,Inc. Lease & Lease Financing Services
ChataBING Online Communication Services
Custom Line Art Professional Illustrators
Dustless Technologies Dust Control Products
Love-Less Ash Company Vacuum Products
Maxam Equipment Asphalt Equipment & Asphalt Plant
Midland Marble & Granit Granite & Marble
Mountain View Apartments Construction Services
Nu Look of KC Inc. Car Wash Services

THE THOMPSON AGENCY
1908 Dilworth Rd E, Charlotte, NC 28203
Tel.: (704) 488-9654
Fax: (704) 333-8815
Toll Free: (866) 828-6135
E-Mail: joe@thethompsonagy.com
Web Site: www.thethompsonagy.com

Employees: 2
Year Founded: 1976

Agency Specializes In: Collateral, Communications, Corporate Identity, Direct Response Marketing, Exhibit/Trade Shows, Graphic Design, Health Care Services, Internet/Web Design, Logo & Package Design, Media Buying Services, Media Planning, Multimedia, Newspaper, Out-of-Home Media, Outdoor, Point of Sale, Print, Publicity/Promotions, Radio, Seniors' Market, Social Marketing/Nonprofit, Sports Market, T.V., Trade & Consumer Magazines

Approx. Annual Billings: $500,000

Breakdown of Gross Billings by Media: D.M.: $50,000; Graphic Design: $250,000; Other: $100,000; Worldwide Web Sites: $100,000

Stuart Thompson *(Owner & Partner)*

Accounts:
Altavista Wealth Management
BETCO, Inc.; Statesville, NC Mini-Storage Buildings; 1995
Florence Crittenton Services; Charlotte, NC Problem Pregnancy Programs for Single Women; 1990
Time Warner Cable; Charlotte, NC Cable Television; 1994

ADVERTISING AGENCIES
AGENCIES - JANUARY, 2019

THORNBERG & FORESTER
78 5th Ave Fl 6, New York, NY 10011
Tel.: (212) 367-0858
Fax: (212) 367-8128
Web Site: www.thornbergandforester.com

Employees: 10
Year Founded: 2007

Agency Specializes In: Advertising, Digital/Interactive, Graphic Design, Production

Scott Matz *(Founder, Chief Creative Officer & Dir)*
Javier Gonzalez *(Head-Production)*
Kyle Miller *(Creative Dir)*

Accounts:
Architectural Digest Fisker Karma Experience
Dansko Campaign: "Word of Feet"

THREAD CONNECTED CONTENT
807 Broadway St Ne Ste 270, Minneapolis, MN 55413
Tel.: (651) 702-2900
Fax: (651) 702-2929
E-Mail: connect@nowthreading.com
Web Site: nowthreading.com/

Employees: 20

Agency Specializes In: Brand Development & Integration, Graphic Design, Logo & Package Design, Mobile Marketing

Tim Deis *(Owner & CEO)*
Nicole Ackmann *(Exec Creative Dir)*
Anshul Paranjape *(Mgr-Digital Engagement)*
Amber Day *(Acct Exec)*
Ginnie Read *(Assoc Creative Dir)*
Chris Weiss *(Grp Creative Dir)*

Accounts:
Beyond Borders Film Festival Entertainment Services
United Family Medicine Health Care Services

THREE ATLANTA
550 Pharr Rd NE, Atlanta, GA 30305
Tel.: (404) 266-0899
Fax: (404) 266-3699
E-Mail: jhouk@3atlanta.com
Web Site: www.3atlanta.com

Employees: 34
Year Founded: 1982

National Agency Associations: AMIN

Agency Specializes In: Sponsorship

Jackson Houk *(Mng Partner)*
Jeff Cole *(VP & Creative Dir)*
Brad Ramsey *(VP & Creative Dir)*
Heather Taylor *(VP-Media)*
Brad Scheck *(Copywriter)*
Michael Frizzell *(Assoc Creative Dir)*

Accounts:
Atlanta Brewing Co.
The Atlanta Journal-Constitution ajcjobs.com
Children's Healthcare of Atlanta
Georgia Power Company (Agency of Record)
I2 Telecom
Kimberley-Clark
MedAssets
Shaw Industries Campaign: "Missing"
UPS
Waffle House
Yamaha

THREE LAKES MARKETING
2303 Ranch Rd 620, Austin, TX 78734
Toll Free: (888) 842-0292
E-Mail: info@threelakesmarketing.com
Web Site: www.threelakesmarketing.com

Employees: 4
Year Founded: 2004

Agency Specializes In: Advertising, Advertising Specialties, Brand Development & Integration, Business Publications, Business-To-Business, Children's Market, Co-op Advertising, Collateral, Communications, Consulting, Consumer Goods, Consumer Marketing, Content, Corporate Communications, Corporate Identity, Customer Relationship Management, Digital/Interactive, Direct Response Marketing, E-Commerce, Electronic Media, Entertainment, Event Planning & Marketing, Exhibit/Trade Shows, Fashion/Apparel, Graphic Design, Health Care Services, High Technology, In-Store Advertising, Information Technology, Integrated Marketing, Internet/Web Design, Leisure, Local Marketing, Logo & Package Design, Magazines, Medical Products, Merchandising, Mobile Marketing, New Product Development, New Technologies, Newspaper, Out-of-Home Media, Outdoor, Pharmaceutical, Planning & Consultation, Point of Purchase, Point of Sale, Print, Promotions, Publicity/Promotions, RSS (Really Simple Syndication), Real Estate, Restaurant, Sales Promotion, Seniors' Market, Strategic Planning/Research, Sweepstakes, T.V., Technical Advertising, Telemarketing, Travel & Tourism, Viral/Buzz/Word of Mouth, Web (Banner Ads, Pop-ups, etc.)

Approx. Annual Billings: $325,000

Breakdown of Gross Billings by Media: Consulting: $175,000; Worldwide Web Sites: $150,000

Greg Elisha *(Owner)*
Vale Farrar *(VP-Product)*

THRIVE ADVERTISING CO.
PO Box 596, Issaquah, WA 98025
Tel.: (206) 697-9925
E-Mail: info@thriveadvertising.com
Web Site: www.thriveadvertisingco.com

Employees: 2
Year Founded: 2008

Agency Specializes In: Advertising, Digital/Interactive, Media Buying Services, Media Planning, Paid Searches, Search Engine Optimization, Social Media

Robin Imholte *(Pres & Media Dir)*
Nathan Spidle *(Dir-Search Mktg)*
Jenni Hogan *(Strategist-Social Media)*

Accounts:
Coastal Hotels

THUG, LLC
2189 NW Wilson St, Portland, OR 97210
Tel.: (503) 213-4370
E-Mail: info@thugdesign.com
Web Site: www.thugdesign.com

Employees: 46
Year Founded: 2001

Agency Specializes In: Advertising, Experiential Marketing, Graphic Design

Damon Sullivan *(CEO)*
Sean Dunnahoo *(Mng Partner & Strategist-UX)*
Mark Rose *(COO)*

Accounts:
Wessar International Ltd

TIBEREND STRATEGIC ADVISORS
35 W 35th St 5th Fl, New York, NY 10001-2205
Tel.: (212) 827-0020
Fax: (212) 827-0028
Web Site: www.tiberendstrategicadvisors.com

Employees: 5
Year Founded: 1989

Agency Specializes In: Advertising, Collateral, Crisis Communications, Event Planning & Marketing, Financial, Identity Marketing, Investor Relations, Media Relations, Planning & Consultation, Print, Recruitment, Strategic Planning/Research, Web (Banner Ads, Pop-ups, etc.)

Jason Rando *(COO & Exec VP)*
Gregory Tiberend *(Pres/CEO-Life Sciences Grp)*
Joshua Drumm *(Sr VP-Healthcare IR)*
Janine McCargo *(Sr VP-Media)*
David Schemelia *(Sr VP-Media)*

Accounts:
Accera
Antares Pharma
Archimedes
AspenBio Pharma, Inc Investor & Public Relations
BioBehavioral Diagnostics
BioNanomatri

TIC TOC
4006 E Side Ave, Dallas, TX 75226
Tel.: (214) 416-9300
Fax: (214) 259-3185
E-Mail: info@tictoc.com
Web Site: www.tictoc.com

Employees: 25
Year Founded: 1974

Agency Specializes In: Sales Promotion, Sweepstakes

Paul Gittemeier *(CEO)*
Susie Aleman *(VP-Client Svcs)*
Amy Burrows *(VP-Client Svcs-Custom Premiums Team)*
Michael Ramsey *(VP-Client Svcs)*
Alex Watson *(VP-Sls Incentive Mktg)*
Dan Gittemeier *(Sls Dir)*
Steven Kearl *(Acct Dir)*
Maria Koch *(Art Dir)*
Christy Kaliser *(Acct Exec)*

Accounts:
Black Berry
Disney
Frito
Hersheys
Nokia
Pepsi
Pepsico
Tropicana
Walmart

TIDAL SHORES INC.
PO Box 70207, Houston, TX 77270
Tel.: (713) 806-6789
Toll Free: (877) 545-8324
E-Mail: service@tidalshore.com
Web Site: www.tidalshore.com/

Employees: 9
Year Founded: 1990

Agency Specializes In: Advertising, Advertising Specialties, African-American Market, Agriculture,

AGENCIES - JANUARY, 2019

ADVERTISING AGENCIES

Asian Market, Automotive, Aviation & Aerospace, Bilingual Market, Brand Development & Integration, Broadcast, Business Publications, Business-To-Business, Cable T.V., Children's Market, Co-op Advertising, Collateral, Commercial Photography, Communications, Consulting, Consumer Marketing, Consumer Publications, Corporate Communications, Corporate Identity, Cosmetics, Digital/Interactive, Direct Response Marketing, E-Commerce, Education, Electronic Media, Engineering, Entertainment, Environmental, Event Planning & Marketing, Exhibit/Trade Shows, Fashion/Apparel, Financial, Food Service, Government/Political, Graphic Design, Health Care Services, High Technology, Hispanic Market, In-Store Advertising, Industrial, Infomercials, Information Technology, Internet/Web Design, Investor Relations, LGBTQ Market, Legal Services, Leisure, Local Marketing, Logo & Package Design, Magazines, Marine, Media Buying Services, Medical Products, Merchandising, Multimedia, New Product Development, Newspaper, Newspapers & Magazines, Out-of-Home Media, Outdoor, Over-50 Market, Pharmaceutical, Planning & Consultation, Point of Purchase, Point of Sale, Print, Production, Public Relations, Publicity/Promotions, Radio, Real Estate, Recruitment, Restaurant, Retail, Sales Promotion, Seniors' Market, Sports Market, Strategic Planning/Research, Sweepstakes, Syndication, T.V., Technical Advertising, Teen Market, Telemarketing, Trade & Consumer Magazines, Transportation, Travel & Tourism, Yellow Pages Advertising

TIDESMART GLOBAL
380 US Route 1, Falmouth, ME 04105
Tel.: (207) 828-4700
Toll Free: (888) 884-4660
E-Mail: info@tidesmart.com
Web Site: www.tidesmart.com

Employees: 91
Year Founded: 2003

National Agency Associations: TAAN

Agency Specializes In: Advertising, Affluent Market, Asian Market, Automotive, Bilingual Market, Brand Development & Integration, Branded Entertainment, Business-To-Business, Cable T.V., Children's Market, College, Computers & Software, Consumer Goods, Consumer Marketing, Content, Cosmetics, Digital/Interactive, Direct-to-Consumer, Electronics, Entertainment, Environmental, Event Planning & Marketing, Exhibit/Trade Shows, Experience Design, Experiential Marketing, Faith Based, Fashion/Apparel, Financial, Food Service, Graphic Design, Guerilla Marketing, Health Care Services, High Technology, Hispanic Market, Hospitality, Household Goods, In-Store Advertising, Integrated Marketing, International, Internet/Web Design, LGBTQ Market, Leisure, Local Marketing, Logo & Package Design, Luxury Products, Magazines, Marine, Media Buying Services, Media Planning, Medical Products, Men's Market, Mobile Marketing, Multicultural, New Technologies, Over-50 Market, Pets , Pharmaceutical, Point of Sale, Product Placement, Promotions, Radio, Real Estate, Recruitment, Regional, Restaurant, Retail, Sales Promotion, Seniors' Market, Shopper Marketing, Social Marketing/Nonprofit, Social Media, South Asian Market, Sponsorship, Sports Market, Sweepstakes, Syndication, T.V., Teen Market, Transportation, Travel & Tourism, Tween Market, Urban Market, Viral/Buzz/Word of Mouth, Web (Banner Ads, Pop-ups, etc.), Women's Market

Approx. Annual Billings: $50,000,000

Stephen Woods (Pres & CEO)
Todd J. Friberg (Sr VP)
Maria Johnson (Sr VP-Bus Svcs)
Kevin Joyce (Sr VP)

Robert Brodeur (VP-Client Engagement)
Christine Campbell (VP-Media Svcs)
Jennifer Minthorn (VP-Comm & Compliance-Promerica Health)
Tim Renyi (VP-Client Dev)

Accounts:
Osram Sylvania (Agency of Record) Creative, Experiential, Social; 2015

Branches

EMG3
380 US Route 1, Falmouth, ME 04105
Tel.: (207) 828-4700
Web Site: www.emg3.com

Employees: 25
Year Founded: 2003

Agency Specializes In: Advertising, Exhibit/Trade Shows, Experiential Marketing, Guerilla Marketing, Mobile Marketing, Sweepstakes

Ryan Kavanaugh (VP & Assoc Creative Dir)

Accounts:
New-Olympus Corporation

Promerica Health
380 US Route 1, Falmouth, ME 04105
Tel.: (207) 828-4700
Fax: (207) 828-4704
Web Site: www.promericahealth.com

Employees: 1

Agency Specializes In: Advertising, Digital/Interactive, Event Planning & Marketing, Health Care Services, Media Buying Services, Media Planning, Public Relations, Radio, Social Media, T.V.

Stephen M. Woods (Pres/CEO-TideSmart Global)
Jonathan K. Torres (Dir-Laboratory)

Accounts:
New-American Heart Association

Sumerian Sports
380 US Route 1, Falmouth, ME 04105
Tel.: (207) 619-7651
Web Site: www.sumeriansports.com

Employees: 20

Agency Specializes In: Advertising, Brand Development & Integration, Content, Digital/Interactive, Event Planning & Marketing, Mobile Marketing, Public Relations, Social Media, Sponsorship, Sweepstakes

Accounts:
New-Osram Sylvania, Inc.

TIER10 MARKETING
13825 Sunrise Valley Dr Ste 150, Herndon, VA 20171
Tel.: (703) 552-4140
Web Site: tier10.com

Employees: 27

Agency Specializes In: Advertising, Automotive, Digital/Interactive, Strategic Planning/Research

Scott Rodgers (Founder, Partner & Chief Creative Officer)
Scott Fletcher (Founder & Partner)

David Boice (Owner & Partner)
Rebecca Fortier (Controller-Fin)
Devin Leisher (Dir-Creative Team, Editor & Producer)
Ken McCallum (Sr Acct Dir)
Olivia Devereux (Media Dir)
Karen Ergenbright (Mktg Dir)
Ashley Nanco (Mgr-Brand & Comm)
Sara Schoeb (Mgr-Production & Traffic)
Alexa Stanco (Mgr-Client Rels)
Greta Von Zielinski (Sr Mktg Mgr)

Accounts:
New York Acura Dealers
Northern Ohio Honda Dealers Association
Northwest Honda Dealers
RAUH-Welt BEGRIFF

TIERNEY COMMUNICATIONS
The Bellevue 200 S Broad St, Philadelphia, PA 19102-3803
Tel.: (215) 790-4100
Fax: (215) 790-4363
Web Site: hellotierney.com

E-Mail for Key Personnel:
President: mausten@tierneyagency.com
Creative Dir.: phardy@tierneyagency.com
Public Relations: salbertini@tierneyagency.com

Employees: 142
Year Founded: 1942

National Agency Associations: 4A's

Agency Specializes In: Advertising, Advertising Specialties, Brand Development & Integration, Broadcast, Business Publications, Business-To-Business, Cable T.V., Collateral, Communications, Consulting, Consumer Marketing, Consumer Publications, Corporate Communications, Corporate Identity, Crisis Communications, Digital/Interactive, Direct Response Marketing, E-Commerce, Education, Entertainment, Environmental, Event Planning & Marketing, Exhibit/Trade Shows, Financial, Food Service, Government/Political, Health Care Services, Information Technology, Internet/Web Design, Investor Relations, Leisure, Logo & Package Design, Magazines, Media Buying Services, Media Planning, Media Training, Medical Products, Newspaper, Newspapers & Magazines, Out-of-Home Media, Outdoor, Print, Production, Public Relations, Radio, Real Estate, Sales Promotion, Sponsorship, Strategic Planning/Research, T.V., Trade & Consumer Magazines, Transportation, Travel & Tourism

Mary Stengel Austen (Pres & CEO)
Debra C. Griffin (CFO & Exec VP)
Patrick Hardy (Chief Creative Officer)
Tracey Santilli (Exec VP & Dir-PR Social & Paid Media)
Shelly Hammon (Exec VP)
Catherine Mazurek (Sr VP & Controller)
Kate O'Neil (Sr VP & Strategist-Social Media)
Rick Radzinski (Sr VP & Mgmt Dir)
Erin Prediger (VP & Planner-Strategic)
Theresa Zonia (VP & Planner-Strategic)
Michelle Gordon (Acct Dir)
Kathryn McConnell (Acct Dir)
Tiffany Ramsey (Acct Dir)
Mercedes Smith (Acct Dir)
Courtney Dysart (Sr Acct Exec)
Emily Cain (Assoc Media Dir)
Elizabeth Johnston (Assoc Media Dir)

Accounts:
ACM
Cooper University Hospital; Camden, NJ; 2008
Fox Chase Cancer Center; Philadelphia, PA; 2008
General Motors Buick, Cadillac, Chevrolet, Consumer Outreach, GMC Products, Influencer Engagement, Public Relations, Social &

ADVERTISING AGENCIES

Traditional Media
Independence Blue Cross; Philadelphia, PA; 2000
iSelect Campaign: "Olympic Games Bandwagon"
Kings Food Markets, Inc.
New York Restoration Project Print, Radio, TV, Tree, Not a Tree
PA Department of Transportation; Harrisburg, PA; 2008
PA Department of Treasury; Harrisburg, PA; 2008
PECO; 1988
Pennsylvania's Department of Community & Economic Development Marketing, Social Media Outreach, Strategic Planning, Tourism Destination
PWDC (CareerLink); Philadelphia, PA; 2001
Temple University Health System; Philadelphia, PA
Verizon Wireless Consumer Outreach, Events, Influencer Management, Media Relations, PR, Philadelphia Tri-State Advertising, Social Media; 1938
WPVI-TV Inc.; Philadelphia, PA

TILLMAN, ALLEN, GREER
PO Box 1269, Buford, GA 30515
Tel.: (770) 236-8703
Fax: (770) 236-8803
E-Mail: info@tillmanallengreer.com
Web Site: http://www.tillmanallengreer.com

E-Mail for Key Personnel:
President: kelly@tillmanallengreer.com
Creative Dir.: sam@tillmanallengreer.com

Employees: 20
Year Founded: 1998

National Agency Associations: Second Wind Limited

Agency Specializes In: Brand Development & Integration, Business Publications, Business-To-Business, Consulting, Corporate Identity, Education, Magazines, Public Relations, Publicity/Promotions, Strategic Planning/Research, Travel & Tourism

Breakdown of Gross Billings by Media: Cable T.V.: 5%; Collateral: 25%; Consulting: 25%; D.M.: 15%; Pub. Rels.: 20%; Radio: 10%

Dana Urrutia *(Publr-Gwinnett Magazine & Mgr-PR-TAG Mktg)*

Accounts:
The Brand Banking Company
Gwinnett Chamber of Commerce
Gwinnett Technical College
Richardson Housing Group

TILTED CHAIR CREATIVE
640 Tillery St, Austin, TX 78702
Tel.: (512) 814-8458
E-Mail: sit@tiltedchaircreative.com
Web Site: www.tiltedchaircreative.com

Employees: 21

Agency Specializes In: Advertising, Brand Development & Integration, Internet/Web Design

Hua Liu *(Partner & Producer)*
Jake Rector *(Partner & Media Dir)*
Jameson Rodriguez *(Partner)*
Kam Papiez *(Sr Strategist-Media)*

Accounts:
The Piazza Center

TIME ADVERTISING
50 Victoria Ave, Millbrae, CA 94030-2645
Tel.: (650) 259-9388
Fax: (650) 259-9339
E-Mail: timead@timead.com
Web Site: www.timead.com

E-Mail for Key Personnel:
President: baronsuen@timead.com
Creative Dir.: stung@timead.com
Media Dir.: bho@timead.com

Employees: 20
Year Founded: 1987

Agency Specializes In: Advertising, Asian Market, Broadcast, Consulting, Consumer Marketing, Graphic Design, Media Buying Services, Newspapers & Magazines, Out-of-Home Media, Outdoor, Print, Production, Production (Ad, Film, Broadcast), Sponsorship, Web (Banner Ads, Pop-ups, etc.), Yellow Pages Advertising

Approx. Annual Billings: $6,500,000

Breakdown of Gross Billings by Media: Fees: $400,000; Newsp. & Mags.: $2,600,000; Outdoor: $150,000; Print: $210,000; Production: $980,000; Radio & T.V.: $2,060,000; Worldwide Web Sites: $100,000

Sherman Tung *(Partner)*
Amy Yip *(Acct Dir)*
Bonnie Bonnie Ho *(Media Planner)*

Accounts:
AT&T Communications Corp.
Brands
California Department of Consumer Affairs
California Department of Health Services
California Lottery Advertising, Lotto; 1999
Charles Schwab
China Travel Services
Citibank
City of Millbrae
Hong Kong Association of Northern California
Hong Kong Tourism Board
Kaiser Permanente; Oakland, Pasadena, CA; 1995
KTSF 26
Lincoln Financial
MetLife Financial Services
Ritz Tours
Taiwan Tourism Board
Ulferts Center
United Commercial Bank; San Francisco, CA; 2001

TIMEZONEONE
65 E Wacker Pl, Chicago, IL 60601
Tel.: (312) 436-0851
Web Site: www.timezoneone.com

Employees: 31

Agency Specializes In: Advertising, Brand Development & Integration, Corporate Communications, Direct Response Marketing, Graphic Design, Identity Marketing, Logo & Package Design, Sponsorship, T.V., Web (Banner Ads, Pop-ups, etc.)

Daniel Thomas *(CEO)*
Andrew Bell *(VP-Client Engagement)*
Ellen Farrar *(VP-Client Engagement)*
Ami Sugar *(Creative Dir)*
Raewyn Topp *(Strategist-Brand)*

Accounts:
Illinois Office of Tourism (Public Relations Agency of Record)
Ronald McDonald House

TIMMONS & COMPANY, INC.
2514 Lockleigh Rd, Jamison, PA 18929
Tel.: (267) 483-8220
Fax: (215) 340-5861
E-Mail: info@timmonsandcompany.com
Web Site: www.timmonsandcompany.com

Employees: 16
Year Founded: 1974

Agency Specializes In: Advertising, Advertising Specialties, Communications, Consumer Publications, Corporate Identity, Direct Response Marketing, Electronic Media, Event Planning & Marketing, Exhibit/Trade Shows, Graphic Design, Internet/Web Design, Logo & Package Design, Magazines, Media Buying Services, Newspaper, Newspapers & Magazines, Out-of-Home Media, Outdoor, Point of Purchase, Print, Production, Public Relations, Publicity/Promotions, Strategic Planning/Research, Trade & Consumer Magazines, Yellow Pages Advertising

Bob Kent *(Pres)*

Accounts:
Agere Systems
First National Bank
Gallus, Inc.
National Medical Services
Vulcan Spring & Mfg. Co.

TINA THOMSON
130 W 25th St Ste 6A, New York, NY 10001
Tel.: (646) 792-1600
E-Mail: info@tinathomson.com
Web Site: www.tinathomson.com

Employees: 5

Agency Specializes In: Advertising, Brand Development & Integration, Public Relations, Social Media

Accounts:
Hada Labo Tokyo

TINSLEY ADVERTISING
2000 S Dixie Hwy Ste 201, Miami, FL 33133
Tel.: (305) 856-6060
Fax: (305) 858-3877
E-Mail: hello@tinsley.com
Web Site: www.tinsley.com

E-Mail for Key Personnel:
President: jim@tinsley.com
Media Dir.: scott@tinsley.com

Employees: 57
Year Founded: 1974

National Agency Associations: AMA

Agency Specializes In: Advertising, Affluent Market, Alternative Advertising, Automotive, Aviation & Aerospace, Brand Development & Integration, Broadcast, Business Publications, Business-To-Business, Cable T.V., Co-op Advertising, Collateral, Consulting, Consumer Goods, Consumer Marketing, Consumer Publications, Corporate Identity, Digital/Interactive, Direct-to-Consumer, E-Commerce, Electronic Media, Exhibit/Trade Shows, Food Service, Graphic Design, Guerilla Marketing, Health Care Services, Hispanic Market, Hospitality, Integrated Marketing, International, Internet/Web Design, LGBTQ Market, Leisure, Logo & Package Design, Luxury Products, Marine, Market Research, Media Buying Services, Media Planning, Medical Products, New Product Development, Newspaper, Newspapers & Magazines, Out-of-Home Media, Outdoor, Over-50 Market, Package Design, Pharmaceutical, Podcasting, Point of Purchase, Point of Sale, Print, Production (Ad, Film, Broadcast), Production (Print), Promotions, Publishing, RSS (Really Simple Syndication), Radio, Real Estate, Restaurant, Retail, Search Engine Optimization, Seniors' Market, Sports

Market, Strategic Planning/Research, T.V., Trade & Consumer Magazines, Transportation, Travel & Tourism, Web (Banner Ads, Pop-ups, etc.)

Rick Balter *(COO)*
John Underwood *(CMO)*
Dorn Martell *(Exec VP & Creative Dir)*
Scott Sussman *(Sr VP & Dir-Media)*
Casey Lunsford *(VP & Controller)*
Eric Gitlin *(VP & Assoc Media Dir)*
Julian Samper *(Art Dir)*
Nancy Stern *(Supvr-Media)*
Sofie Vilar-Frary *(Supvr-Acctg)*
Michelle Tannebaum *(Acct Exec)*
Rick Blitman *(Assoc Creative Dir)*
Korryn Warner *(Sr Art Dir)*

Accounts:
Airbus
American Motors Dealer Association
Bascom Palmer Eye Institute Ophthalmic Care Hospitals
The Beacon Council Miami-Dade Economic Development
Cabi Developers; Aventura, FL Everglades on the Bay, The Capital at Brickell
City Furniture Campaign: "Habitat"
Commodore
Dade County Fair & Expo
Eau Palm Beach Resort & Spa (Creative Agency of Record)
Gulf Bay Group of Companies Cannes, Cap d'Antibes, Fiddler's Creek
Karisma Hotels Resorts
Marco Beach Ocean Resort
Massey-Yardley Dealerships Chrysler, Dodge, Jeep
The Monroe County Tourist Development Council Big Pine Key, Islamorada, Key Largo, Key West, Marathon
National Marine Manufacturers Association The Miami International Boat Show
The Palm Beach Post La Palma, Palmbeachpost.com, The Pennysaver
Paramount Pictures
Samuel Getz Private Jewelers & Designers
SuperClubs Resorts; The Bahamas, Brazil, Curacao, Dominican Republic, Jamaica Breezes, Grand Lido, Hedonism, Rooms on the Beach, Starfish
Toys 4 Tots Pro Bono Children's Charity
University of Miami
USA Broadcasting

TINSLEY CREATIVE
(Formerly TMR Agency)
115 Hillcrest St, Lakeland, FL 33815
Tel.: (863) 583-0081
Fax: (863) 583-0049
Web Site: http://tinsleycreative.com/

Employees: 15

Agency Specializes In: Financial, Health Care Services, Retail

Donovan Tinsley *(Pres)*
Mark Jerkins *(VP)*
Brittany Huey *(Art Dir)*
Mary Breidenbach *(Production Mgr)*
Anthony Sassano *(Sr Designer)*

Accounts:
Lakeland Chamber of Commerce
Lilly O'Toole & Brown Law Firm

TINY REBELLION
(Name Changed to Supermoon)

TIPPING POINT COMMUNICATIONS
849 Delaware Ave Apt 605, Buffalo, NY 14209
Tel.: (716) 374-0411
Web Site: www.tippingpointcomm.com

Employees: 50
Year Founded: 2005

Agency Specializes In: Advertising, Crisis Communications, Digital/Interactive, Event Planning & Marketing, Media Buying Services, Media Planning, Media Training, Public Relations, Search Engine Optimization, Social Media

Michelle Ashby *(CEO)*
Jamie Frumusa *(Sr Acct Supvr)*
Kathleen Fletcher *(Supvr-Comm)*

Accounts:
New-American Banknote Corporation

Branch

Tipping Point Communications Inc.
1349 University Ave, Rochester, NY 14607
Tel.: (585) 340-1119
Web Site: tippingpointcomm.com

Agency Specializes In: Business-To-Business, Crisis Communications, Health Care Services, Media Buying Services, Media Planning, Public Relations, Search Engine Optimization, Social Marketing/Nonprofit, Social Media, Travel & Tourism

Tim Davidson *(Mgr-PPC)*
Kathleen Fletcher *(Supvr-Comm)*
Olivia M. Rotondo *(Coord-PR & Res)*

Accounts:
New-The Childrens Agenda
New-DDM Entertainment & Events Inc
New-Dermatology Associates of Rochester The Center for Aesthetics & Anti-Aging

TIPPIT & MOO ADVERTISING
3336 Richmond Ave Ste 300, Houston, TX 77098
Tel.: (713) 527-7600
E-Mail: info@tippitandmoo.com
Web Site: www.tippitandmoo.com

Employees: 20
Year Founded: 2011

Agency Specializes In: Advertising, Print, Promotions, Public Relations, Radio, Social Media, Strategic Planning/Research, T.V.

Gabriel Flores *(Creative Dir)*
Maureen Boneta *(Assoc Creative Dir)*

Accounts:
Fiesta Mart, Inc
Gabbanelli Accordions
InComm
Michaels Stores
Professional Sports Partners
Sonic Drive-Ins
Universal Technical Institute
WorldFest
Zadok Jewelers

TIPTON COMMUNICATIONS
323 E Main St, Newark, DE 19711
Tel.: (302) 454-7901
Fax: (302) 454-7903
E-Mail: info@tiptoncommunications.com
Web Site: www.tiptoncommunications.com

Employees: 20
Year Founded: 2006

Agency Specializes In: Advertising, Communications, Digital/Interactive, Public Relations

Revenue: $2,000,000

Daniel Tipton *(Pres & CEO)*
Michelle Beuscher *(Dir-Hospital Certifications)*
Moira Owens *(Sr Mgr-Magnet Writing)*
Elizabeth Abrahams *(Mgr-Empirical Outcomes & Magnet Writing Support)*
Nicole Fullerton *(Mgr-Mktg & Comm)*
Beckie Strobel *(Mgr-Magnet Document Review-Tipton Health)*

Accounts:
4tell
Autism Delaware
Bank of America
Junior Achievement
Lions Eye Bank
New Castle County Chamber of Commerce PR
University of Delaware

TITAN
(Name Changed to Intersection)

TIVOLI PARTNERS
PO Box 18501, Asheville, NC 28814
Tel.: (704) 295-6800
Fax: (704) 295-6819
Web Site: www.tivolipartners.com

Employees: 6
Year Founded: 1998

Agency Specializes In: Advertising, Brand Development & Integration, Business-To-Business, Corporate Identity, Digital/Interactive, Direct Response Marketing, Financial, High Technology, Newspaper, Print, Production, Public Relations, Strategic Planning/Research, Trade & Consumer Magazines

Approx. Annual Billings: $20,500,000 Capitalized

Lisa Bell *(Chief Creative Officer)*
Stacie Lowry *(VP-Client Svcs & Digital Ops)*

Accounts:
PrintStock
Robinson, Bradshaw & Hinson Legal Services; 2004
Sherpa
Wachovia

TIZIANI & WHITMYRE, INC.
2 Commercial St, Sharon, MA 02067
Tel.: (781) 793-9380
Fax: (781) 793-9395
E-Mail: info@tizinc.com
Web Site: www.tizinc.com

E-Mail for Key Personnel:
Creative Dir.: fmartins@learytiziani.com
Media Dir.: gmaggiolino@learytiziani.com
Production Mgr.: csullivan@learytiziani.com
Public Relations: jnero@learytiziani.com

Employees: 20
Year Founded: 1991

National Agency Associations: BMA

Agency Specializes In: Advertising, Advertising Specialties, Brand Development & Integration, Business Publications, Business-To-Business, Collateral, Digital/Interactive, Direct Response Marketing, E-Commerce, Electronic Media, Environmental, Exhibit/Trade Shows, Food Service, Graphic Design, High Technology, Industrial, Information Technology, Internet/Web

ADVERTISING AGENCIES
AGENCIES - JANUARY, 2019

Design, Logo & Package Design, Media Buying Services, Medical Products, New Product Development, Newspapers & Magazines, Planning & Consultation, Point of Sale, Print, Production, Public Relations, Publicity/Promotions, Sales Promotion, Strategic Planning/Research, Technical Advertising, Trade & Consumer Magazines

Breakdown of Gross Billings by Media: Bus. Publs.: 20%; Collateral: 30%; Consulting: 5%; Plng. & Consultation: 5%; Pub. Rels.: 30%; Worldwide Web Sites: 10%

Richard Whitmyre *(Pres & Principal)*
Robert O. Tiziani *(CEO)*
Don Goncalves *(Sr VP)*
Fred Martins *(VP & Creative Dir)*
John Nero *(VP-PR & Integrated Svcs)*
Scott Segel *(Controller)*
Lydia Mello *(Media Dir & Dir-TW Networks)*
Jennifer Guimond *(Mgr-Client Svcs)*
Craig Sullivan *(Designer)*

Accounts:
Advanced Instruments; Norwood, MA Instrumentation for Clinical & Life Science Laboratories; 2001
Federal Electronics
Hollingsworth & Vose Co.; East Walpole, MA Non-Woven Fabrics
Howard Leight/Sperian Hearing Protection
Invensys Business Solutions; Foxboro, MA Manufacturing Systems
Invensys plc; London, UK Energy Management Systems, Manufacturing Systems; 2001
Schneeberger, Inc.; Bedford, MA Linear Motion Systems
Spectro Analytical Instruments; Fitchburg, MA

TJM COMMUNICATIONS
2441 SR 426 Ste 1061, Oviedo, FL 32708
Tel.: (407) 265-1823
Fax: (407) 977-5009
E-Mail: treva@tjmcommunications.com
Web Site: www.tjmcommunications.com

Employees: 5
Year Founded: 2001

Agency Specializes In: Advertising, Advertising Specialties, Business Publications, Communications, Corporate Communications, Corporate Identity, Entertainment, Event Planning & Marketing, Food Service, Public Relations, Publicity/Promotions, Sports Market, Travel & Tourism

Treva J. Marshall *(Pres)*
Joel Kaiman *(Acct Dir)*

Accounts:
57 Main Street Wine Company
SUN STREAM Hotels & Resorts
Walt Disney World Swan & Dolphin Hotel
ZORA

TKO ADVERTISING
6606 N Lamar Blvd, Austin, TX 78752
Tel.: (512) 472-4856
Fax: (512) 472-6856
E-Mail: thinkbig@tkoadvertising.com
Web Site: tkoadvertising.com

Employees: 21
Year Founded: 1995

Agency Specializes In: Advertising

Raul Garza *(Co-Founder & Creative Dir)*
Jonathan Davis *(Art Dir)*
Noe Perez *(Creative Dir-Digital)*
Dan Wehmeier *(Sr Acct Exec)*

TLG MARKETING
(Acquired by Bastion Collective & Name Changed to Bastion TLG)

TLGG
220 E 42nd St Fl 12, New York, NY 10017
Tel.: (617) 459-7116
Web Site: www.tlggconsulting.com

Agency Specializes In: Advertising, Consulting, Digital/Interactive, Strategic Planning/Research

Katrin Zimmermann *(Mng Dir)*

Accounts:
New-Bayer Corporation
New-Ford Motor Company

TM ADVERTISING
3030 Olive St, Dallas, TX 75219-7690
Tel.: (972) 556-1100
Fax: (972) 830-2619
E-Mail: contactus@tm.com
Web Site: www.tm.com

Employees: 200
Year Founded: 1934

National Agency Associations: 4A's-AAF

Agency Specializes In: Advertising, Automotive, Bilingual Market, Brand Development & Integration, Broadcast, Business Publications, Business-To-Business, Cable T.V., Co-op Advertising, Communications, Consumer Marketing, Digital/Interactive, Direct Response Marketing, E-Commerce, Electronic Media, Event Planning & Marketing, Fashion/Apparel, Financial, Food Service, Graphic Design, High Technology, Information Technology, Internet/Web Design, Leisure, Logo & Package Design, Magazines, Media Buying Services, Multimedia, New Product Development, Newspaper, Out-of-Home Media, Planning & Consultation, Point of Purchase, Point of Sale, Print, Production, Radio, Restaurant, Retail, Sales Promotion, Sponsorship, Strategic Planning/Research, Transportation, Travel & Tourism

Approx. Annual Billings: $430,000,000

Breakdown of Gross Billings by Media: Collateral: 1%; D.M.: 1%; Mags.: 15%; Newsp.: 13%; Other: 4%; Out-of-Home Media: 3%; Point of Purchase: 1%; Radio: 7%; T.V.: 55%

Becca Weigman *(CEO)*
Tyler Beck *(Chief Strategy Officer)*
Kim Moss *(Chief Media Officer)*
Jeff Kempf *(Chief Digital Officer)*
Marc Mintle *(VP & Creative Dir)*
Kelly Todd *(VP-Strategy)*
Dan Dougherty *(Creative Dir)*
Stephanie Fisher *(Creative Dir)*
Jason Niebaum *(Creative Dir)*
Meredith Pursell *(Dir-Bus Dev)*
Sam Wagnon *(Acct Exec)*
Chris Bettin *(Grp Creative Dir)*
Cassie Bunch *(Assoc Media Dir)*
Taylor Torcellini *(Sr Art Dir)*

Accounts:
AA.com
American Advertising Federation Dallas Campaign: "Mural"
American Airlines Credit Union
American Heart Association
AMR Corporation; Fort Worth, TX American Airlines
Best Friends Animal Society
Community Coffee
Craft Brewers Alliance, Inc.
Craft Brewers Alliance, Inc. Liquid Goodness Campaign, Long Hammer IPA, Online, Out-of-Home, Point of Purchase, Print
Dallas Film Society; Dallas, TX 2011 Dallas International Film Festival, Marketing
Dex Media Inc Campaign: "The Wheel", Superpages Mobile App
The DFW Interactive Marketing Association
Discover Network
Hollywood Entertainment Hollywood Halloween Horror Nights
Statoil
Japan Airlines
Pacific Gas & Electric Company Campaign: "Your Energy Plus Ours"
Superpages.Com
Taco Bueno Restaurants, L.P. (Creative Agency of Record) Brand Strategy, Broadcast & Digital Creative, Consumer Engagement, In-Store Experience, Integrated Media Planning, Packaging
The Texas Rangers
Universal Orlando Resort
Verizon Superpages.com, Yellow Pages

TMA+PERITUS
33 E Main St Ste 451, Madison, WI 53703
Tel.: (608) 234-4880
Fax: (715) 849-3900
E-Mail: abrown@tmaperitus.com
Web Site: www.tmaperitus.com

Employees: 15
Year Founded: 1983

Agency Specializes In: Advertising, Brand Development & Integration, Direct Response Marketing, Event Planning & Marketing, Magazines, Merchandising, Newspaper, Pets, Public Relations, Radio, Sales Promotion, Strategic Planning/Research, T.V.

Thomas Marks *(Pres)*
Kathy Marks *(Mng Partner)*
Kurt Huber *(Sr Art Dir)*

Accounts:
A&B Process Services
BizFilings
Bushmans Website
Cenflex
Fresh Madison Market Website
M3 Insurance Solutions
SAA Design Group Website
Sprinkman Real Estate Website
Toole Design Group Website
Urban Land Interests Navigation, Website
Wisconsin Potato & Vegetable Growers Association Logo
WorkLoud Website
Worth Lure Components Website

TMC COMMUNICATIONS, LLC
757 3 Ave, New York, NY 10117
Tel.: (212) 376-5845
Fax: (212) 792-5674
E-Mail: Thomas.Clohesy@TMCCommunications.com
Web Site: www.tmccommunications.com

Employees: 2
Year Founded: 1997

Agency Specializes In: Communications, Financial, Identity Marketing, Investor Relations, Local Marketing, Media Training, Product Placement, Public Relations, Strategic Planning/Research

Nazan Clohesy *(Partner)*
Thomas Clohesy *(Mng Dir)*
Joe Fabiano *(VP-Bus Dev & Events)*

AGENCIES - JANUARY, 2019 — ADVERTISING AGENCIES

Accounts:
LIFE Biosystems

TMINUS1 CREATIVE, INC.
122 John Robert Thomas Dr, Exton, PA 19341
Tel.: (610) 280-7005
Fax: (610) 280-7009
E-Mail: info@tm1c.com
Web Site: www.tm1c.com

Employees: 7
Year Founded: 2011

Agency Specializes In: Advertising, Collateral, Corporate Identity, Internet/Web Design

Terry Scullin *(Owner)*
Beth Thren *(VP & Sr Art Dir)*
Leslie Lawrence *(Acct Dir)*
Colleen Gardner *(Sr Acct Mgr)*
Marcia Schneider *(Office Mgr)*
Allison Vetter *(Acct Exec)*
Jackie Bofinger *(Sr Art Dir)*
Alena Scogna *(Sr Art Dir)*

Accounts:
Agilent Technologies, Inc.

TMP WORLDWIDE ADVERTISING & COMMUNICATIONS, LLC
125 Broad St 10th Fl, New York, NY 10004
Tel.: (646) 613-2000
Fax: (646) 613-0649
Toll Free: (800) 867-2001
E-Mail: info@tmp.com
Web Site: https://www.tmp.com/

Employees: 535
Year Founded: 1967

Agency Specializes In: Above-the-Line, Advertising, Below-the-Line, Brand Development & Integration, Communications, Digital/Interactive, Event Planning & Marketing, Exhibit/Trade Shows, Government/Political, Health Care Services, High Technology, Mobile Marketing, Multicultural, Recruitment, Viral/Buzz/Word of Mouth, Web (Banner Ads, Pop-ups, etc.)

Approx. Annual Billings: $266,844,000

Michelle Abbey *(Pres & CEO)*
Mike Newell *(Pres-North America)*
Emerson Moore *(Gen Counsel, Sec, Exec VP & Head-HR)*
Sherry Jacobson *(Exec VP)*
Russell Miyaki *(Sr VP & Creative Dir)*
Lynda Harden *(Sr VP-Pro Svcs)*
Ann-Marie Acosta *(VP-Employer Branding)*
Lori Charest *(VP-Brand Mgmt & Employee Engagement)*
Kathleen Shaw *(VP-Client Strategy)*
Jennifer Vaughan *(VP-Digital Strategy)*
Louis Vong *(VP-Digital Strategy)*
Mike Shaughnessy *(Acct Dir)*
Jim Ferreira *(Dir-Media Rels)*
Kelly Troc *(Sr Media Planner)*

Accounts:
AstraZeneca
AT&T Communications Corp.
Boeing
Corning; Taiwan
Edward Jones
The Health Service Executive
Internal Revenue Service Strategic Media
Kaiser Permanente; San Francisco, CA
KPMG
Northrop Grumman
Pitt County Memorial Hospital
SAP
United States Patent & Trademark Office
VistaPrint N.V.
Yukon-Kuskokwim Health Corporation; Bethel, AK

TMP Worldwide/Advertising & Communications
36 Lombard St 3rd Fl, Toronto, ON M5A 7J3 Canada
Tel.: (416) 861-8679
Fax: (416) 861-1171
E-Mail: wayne.burns@tmp.com
Web Site: https://www.tmp.com/

Employees: 20

Agency Specializes In: Electronic Media, Recruitment

Deanne Dawkins *(Acct Dir)*
Stephen Wright *(Sr Art Dir)*

TMP Worldwide/Advertising & Communications
330 N Brand Blvd Ste 1050, Glendale, CA 91203
Tel.: (818) 539-2000
Fax: (917) 522-3817
Toll Free: (800) 443-0817
E-Mail: info@adcomms.tmp.com
Web Site: https://www.tmp.com/

Employees: 50

Agency Specializes In: Electronic Media, Recruitment

Christa Kassouny *(Reg VP-Client Dev)*
Michael Vangel *(VP-Global Client Strategy)*
Jennie Matice *(Acct Dir)*
Angelica Salisbury *(Acct Dir)*
Shaena Sears *(Dir-Client Strategy)*
Bekki Johnson Chapman *(Grp Media Dir)*

TMP Worldwide/Advertising & Communications
150 Spear St, San Francisco, CA 94105
Tel.: (415) 820-7800
Fax: (415) 820-0540
Web Site: https://www.tmp.com/

Employees: 50

Agency Specializes In: Electronic Media, Recruitment

Michelle Abbey *(Pres & CEO)*
Emerson Moore *(Gen Counsel, Sec, Exec VP & Head-HR)*
Jason Day *(Exec VP-Fin)*
Chris Stynes *(Exec VP)*
Darren Harris *(Reg VP-UK)*
Daniel Prin *(VP-Consulting-France)*
Andie Parker *(Acct Dir)*
Deirdre Donadio *(Dir-Client Strategy)*
Denise Lynn Lavollay *(Dir-Digital Client Strategy)*
Carol Li *(Sr Acct Exec)*

TMP Worldwide/Advertising & Communications
255 Alhambra Cir Ste 760, Coral Gables, FL 33134
Tel.: (305) 704-4788
E-Mail: info@tmp.com
Web Site: https://www.tmp.com/

Employees: 15

Agency Specializes In: Electronic Media, Recruitment

Michelle Abbey *(Pres & CEO)*
Mike Newell *(Pres-North America)*
Emerson Moore *(Gen Counsel, Sec, Exec VP & Head-HR)*
Jason Day *(Exec VP-Fin)*
Eric Douglas *(Reg VP-Digital)*
Matt Mroczka *(Reg VP-New York)*
Jaime Baron *(VP-Client Strategy)*
Alec Drummond *(VP-Mktg & Internal Comm)*
Jenny Steinberg *(VP-Client Strategy)*
Tara Briceno *(Acct Dir)*
Giovanna Becerra *(Planner-Digital Media)*

Accounts:
Edward Jones
Kaiser Permanente
SAP-Global Solutions
Solid Energy

TMP Worldwide/Advertising & Communications
47 Perimeter Ctr E Ste 350, Atlanta, GA 30346-2001
Tel.: (770) 280-4811
Fax: (770) 395-6868
E-Mail: info@tmp.com
Web Site: https://www.tmp.com/

Employees: 100

Agency Specializes In: Electronic Media, Recruitment

Mike Newell *(Pres)*
Courtney Saunders *(Sr VP)*
Donna Star *(Sr VP-North Reg)*
Sylvia Kuck *(Reg VP)*
Lourann Norris *(Dir-Client Strategy)*
Dan Warnick *(Dir-Bus Mgmt-North America)*
Lindsey Bowles Rutherford *(Mgr-Product Svcs & Support)*
Joelle Chauncey *(Sr Art Dir)*

TMP Worldwide/Advertising & Communications
205 N MICHIGAN AVE, Chicago, IL 60601
Tel.: (312) 467-9350
Fax: (312) 321-5896
Toll Free: (800) 321-1159
E-Mail: info@tmp.com
Web Site: www.tmp.com

Employees: 75

Agency Specializes In: Electronic Media, Recruitment

Matt Lamphear *(Exec VP-Digital Strategy & Mktg)*
Neal Litow *(Sr VP-North Central)*
Jennifer Sheffield *(Sr VP-Ops)*
Brian Di Bartolomeo *(Reg VP)*
Sylvia Kuck *(Reg VP)*
Kurt Dudycha *(VP-Client Strategy)*
Joseph Ranum *(VP-Tech & Adv Solutions)*
Mack Scheurell *(VP-Software Client Strategy)*
John Zygmunt *(VP-Digital Client Strategy)*
Coniah Adams *(Media Dir-Boeing)*
Melinda Markley *(Media Dir)*
Jahkedda Akbar Mitchell *(Dir-Innovation Lab)*
Rebecca Hoerner *(Mgr-Performance Media)*

TMP Worldwide/Advertising & Communications
115 E Spring St Ste 600, New Albany, IN 47150
Tel.: (812) 945-9780
Fax: (812) 945-9809
Toll Free: (800) 356-8350
E-Mail: info@tmp.com
Web Site: adcomms.tmp.com

Employees: 12

ADVERTISING AGENCIES — AGENCIES - JANUARY, 2019

Agency Specializes In: Direct Response Marketing, Recruitment

Jason Day *(Exec VP-Fin)*
Sylvia Kuck *(Reg VP)*
Matt Mroczka *(Reg VP-New York)*
Jim Stein *(VP & Gen Mgr)*
Jenny Steinberg *(VP-Client Strategy)*
Jennie Matice *(Acct Dir)*

TMP Worldwide/Advertising & Communications
One Cherry Hill One Mall Dr Ste 610, Cherry Hill, NJ 08002
Tel.: (856) 532-2301
E-Mail: info@tmp.com
Web Site: adcomms.tmp.com

Employees: 3

Agency Specializes In: Communications, Direct Response Marketing, Recruitment

Donna Star *(Sr VP-North Reg)*
Kevin Regan *(VP-Digital Strategy)*
Paulina Stankiewicz *(Team Head-AIA Worldwide & Mgr-Digital Project)*

TMP Worldwide/Advertising & Communications
720 3rd Ave, Seattle, WA 98104
Tel.: (415) 820-7834
Fax: (206) 494-0009
E-Mail: chris.stynes@tmp.com
Web Site: https://www.tmp.com/

Employees: 7

Agency Specializes In: Electronic Media, Recruitment

Emerson Moore *(Gen Counsel, Sec, Exec VP & Head-HR)*
Jason Day *(Exec VP-Fin)*
Ann-Marie Acosta *(VP-Employer Branding)*
Daniel Prin *(VP-Consulting-France)*
Louis Vong *(VP-Digital Strategy)*

TMR AGENCY
(Name Changed to Tinsley Creative)

TNG
(Formerly The New Group)
4540 SW Kelly Ave, Portland, OR 97239
Tel.: (503) 248-4505
Fax: (503) 248-4506
Web Site: www.tngmakes.com

Employees: 35
Year Founded: 1993

Agency Specializes In: Brand Development & Integration, Digital/Interactive, E-Commerce, Local Marketing, Mobile Marketing, New Technologies, Strategic Planning/Research

Accounts:
Jenny Craig Interactive; 2008
Microsoft

TODD ALLEN DESIGN
2812 Warren St, Elkhart, IN 46516
Tel.: (574) 295-8866
Fax: (574) 293-2579
E-Mail: tadesign@tadesign.com
Web Site: www.tadesign.com

Employees: 5

Agency Specializes In: Advertising, Corporate Identity, Digital/Interactive, Media Planning, Public Relations, Strategic Planning/Research

Todd Allen *(Pres & Exec Creative Dir)*
James Korn *(Art Dir)*

Accounts:
IU Health Goshen

TOLLESON DESIGN, INC.
(Private-Parent-Single Location)
560 Pacific Ave, San Francisco, CA 94133
Tel.: (415) 626-7796
Web Site: www.tolleson.com

Employees: 38

Agency Specializes In: Advertising, Print

Steve Tolleson *(Principal & Exec Dir-Creative)*
Briana Tarantino *(Project Dir & Sr Acct Mgr)*
Bill Bowers *(Creative Dir-Interactive)*
Jamie Calderon *(Creative Dir)*
Molly Skonieczny *(Creative Dir)*
Randy Yau *(Creative Dir)*
Rene Rosso *(Dir-Production Svcs)*
Patrick Mercier *(Sr Acct Mgr-Interactive)*
Kelly Ongpin *(Sr Acct Mgr)*
Jesse Goldberg *(Strategist & Writer)*
Bryan Chen *(Sr Designer-Interactive)*
Craig Clark *(Assoc Creative Dir)*

Accounts:
Dice

TOM, DICK & HARRY CREATIVE
350 W Erie 2nd Fl, Chicago, IL 60654
Tel.: (312) 327-9500
Fax: (312) 327-9501
E-Mail: hello@tdhcreative.com
Web Site: tdhcreative.com/

Employees: 21
Year Founded: 2002

National Agency Associations: BMA

Agency Specializes In: Advertising, Affluent Market, Agriculture, Arts, Automotive, Below-the-Line, Brand Development & Integration, Broadcast, Business-To-Business, Cable T.V., Catalogs, Collateral, College, Communications, Computers & Software, Consumer Goods, Consumer Marketing, Corporate Communications, Corporate Identity, Digital/Interactive, Direct-to-Consumer, Electronics, Entertainment, Event Planning & Marketing, Exhibit/Trade Shows, Faith Based, Financial, Food Service, Graphic Design, Guerilla Marketing, Health Care Services, Hospitality, Identity Marketing, In-Store Advertising, Internet/Web Design, Leisure, Luxury Products, Media Planning, Media Relations, Men's Market, Multimedia, New Technologies, Newspaper, Out-of-Home Media, Package Design, Planning & Consultation, Point of Purchase, Point of Sale, Print, Production (Ad, Film, Broadcast), Production (Print), Promotions, Public Relations, Radio, Retail, Sales Promotion, Search Engine Optimization, Social Media, Sponsorship, Sports Market, T.V., Teen Market, Trade & Consumer Magazines, Transportation, Travel & Tourism, Viral/Buzz/Word of Mouth, Web (Banner Ads, Pop-ups, etc.), Women's Market

Approx. Annual Billings: $30,000,000

Breakdown of Gross Billings by Media: Adv. Specialities: 100%

David Yang *(Co-Founder, Owner & Partner-Creative)*
Bob Volkman *(Co-Founder & Partner-Creative)*
Greg Reifel *(Mng Partner)*

Kevin Richey *(Chief Strategy Officer)*
Michael Finke *(VP & Acct Dir)*
Jared El-Mofty *(Creative Dir)*
Bridget Lamiman *(Acct Dir)*
Don Nelson *(Creative Dir)*
Thomas Richie *(Dir-Creative)*
Adriana Zavala *(Acct Supvr)*

Accounts:
Aircell; Itasca, IL Airline Broadband Services; 2009
Bally Total Fitness; Chicago, IL Health Club; 2008
Baxter Credit Union; Vernon Hills, IL Financial Services; 2004
Canyon Ranch; Tucson, AZ Luxury Spa; 2008
Cresco Labs
Discover Financial Services; Riverwoods, IL Student Credit Cards; 2008
ELCA Mission Investment Fund; Chicago, IL Financial Products; 2007
Enjoy Life Foods (Agency of Record)
Fox Sports; Chicago, IL TV Network; 2007
Korte Construction Co.; Saint Louis, MO; 2003
Lurie Children's Hospital; Chicago, IL Branding Campaign
Lutheran Church in America; Chicago, IL ELCA; 2007
National PTA; Chicago, IL; 2008
The Private Bank; Chicago, IL; 2009
Shure; Niles, IL Microphones; 2008
Snack Alliance; Vancouver, BC Rice Works Crisps; 2007
Special Olympics Speechless
University of Chicago; Chicago, IL Odyssey Scholarship; 2008

TOM SCOTT COMMUNICATION SHOP
1020 W Main St Ste 310, Boise, ID 83702
Tel.: (208) 373-4991
Fax: (208) 322-1393
E-Mail: cynthia@tscsagency.com
Web Site: tomscott.agency

Agency Specializes In: Advertising, Collateral, Graphic Design, Media Buying Services, Media Planning, Media Relations, Print, Public Relations, Strategic Planning/Research, T.V.

Tom Scott *(Owner)*
Julie Houston *(Media Dir)*
Mark Hopkins *(Acct Exec)*

Accounts:
Capital City Public Market

THE TOMBRAS GROUP
630 Concord St, Knoxville, TN 37919-3305
Tel.: (865) 524-5376
Fax: (865) 524-5667
E-Mail: jwelsch@tombras.com
Web Site: www.tombras.com

E-Mail for Key Personnel:
President: charlie@tombras.com

Employees: 220
Year Founded: 1946

National Agency Associations: 4A's-SEMPO

Agency Specializes In: Advertising, African-American Market, Alternative Advertising, Automotive, Bilingual Market, Brand Development & Integration, Broadcast, Business Publications, Business-To-Business, Cable T.V., Co-op Advertising, Collateral, College, Consulting, Consumer Goods, Consumer Marketing, Consumer Publications, Content, Corporate Communications, Corporate Identity, Digital/Interactive, Direct-to-Consumer, E-Commerce, Education, Electronic Media, Email, Entertainment, Exhibit/Trade Shows, Experience Design, Experiential Marketing, Financial, Food Service, Game Integration, Government/Political,

Graphic Design, Guerilla Marketing, Health Care Services, High Technology, Hispanic Market, Hospitality, Industrial, Integrated Marketing, International, Internet/Web Design, Leisure, Local Marketing, Logo & Package Design, Luxury Products, Magazines, Marine, Market Research, Media Buying Services, Media Planning, Men's Market, Mobile Marketing, Multicultural, Newspaper, Newspapers & Magazines, Out-of-Home Media, Outdoor, Package Design, Paid Searches, Pharmaceutical, Planning & Consultation, Podcasting, Point of Sale, Print, Product Placement, Production, Production (Print), Promotions, Publicity/Promotions, Radio, Real Estate, Recruitment, Regional, Restaurant, Retail, Sales Promotion, Search Engine Optimization, Social Marketing/Nonprofit, Social Media, Sponsorship, Sports Market, Strategic Planning/Research, Syndication, T.V., Technical Advertising, Trade & Consumer Magazines, Transportation, Travel & Tourism, Urban Market, Viral/Buzz/Word of Mouth, Web (Banner Ads, Pop-ups, etc.), Women's Market, Yellow Pages Advertising

Approx. Annual Billings: $175,000,000

Ashley Butturini *(Sr VP & Grp Acct Dir)*
David Jacobs *(Sr VP & Sr Strategist-Digital)*
Ken Cohen *(Sr VP)*
Brian Locascio *(VP & Creative Dir)*
David Locascio *(VP & Creative Dir)*
Chris Randall *(VP & Acct Dir)*
Justin Estrada *(VP & Assoc Media Dir)*
Joye Riddle *(VP & Assoc Media Dir)*
Mark Grieco *(Grp Acct Dir)*
Caitlin Smichowski *(Art Dir)*
Keith Thomason *(Art Dir)*
Morgan Crego *(Dir-Social Media)*
J. Cameron Gull *(Dir-Technical)*
Melinda Bowles *(Sr Project Mgr-Digital)*
Lauren Evans *(Acct Supvr)*
Lindsay Sexton *(Acct Supvr)*
Deborah Redfield *(Supvr-Media)*
Nathan Rhule *(Supvr-Connections Plng)*
Jamison Lackey *(Sr Planner-Digital Connections & Buyer)*
Caroline Pekarsky *(Media Buyer)*
Cynthia Wells *(Sr Media Buyer & Planner)*
Ellen Huffman *(Sr Art Dir)*
Anna Simanis *(Sr Designer-Digital)*
Kevin VanValkenburgh *(Chief Connections Officer)*

Accounts:
AVEDA Institutes; 2014
New-BB&T Corporation BB&T Bank (Agency of Record), Brand Awareness & Consideration, Brand Creative, Digital Transformation, Media Buying & Planning, Strategic Planning; 2018
Bristol Motor Speedway; Bristol, TN NASCAR Track; 2002
Bush Brothers Beans, CPG; 2014
Calypso Lemonade; 2018
Carolinas Healthcare System; 2016
Chattanooga Bakery Inc. MoonPie (Agency of Record), Social Media; 2015
Clayton Homes Manufactured Housing; 2016
The Coca-Cola Company Coke Journey; 2016
Crystal Coast TDA Tourism; 2013
Daimler Trucks North America Alliance Truck Parts, Freight Liner; 2011
Darden Restaurants (Media Agency of Record) Bahama Breeze, Buying, Eddie V's Prime Seafood Restaurant, Optimization, Seasons 52 Fresh Grill, The Capital Grille, US Media Buying & Planning, Yard House
Drakes Cakes Snacks; 2016
Ekornes Stressless Furniture; 2013
ESPN Events Travel/Event Promotion; 2013
Farm Bureau of Tennessee; Columbia, TN Insurance; 2006
Food City Grocery Store; 2009
For Eyes; 2018
General Electric Consumer Products Appliances; 2013
Home Federal Bank Financial Services; 2010
Kentucky Speedway Ticket Sales; 2010
KentuckyOne Health Healthcare System; 2012
The Krystal Company (Agency of Record); 2018
Lowe's Motor Speedway; Charlotte, NC Ticket Sales; 2002
Malibu Boats Luxury Boats; 2011
McDonald's; 1972
Mercy Health; 2018
Michelin Tires; 2015
National Highway Traffic Safety Administration #JustDrive, Campaign: "Dark of Night", Campaign: "If You're Texting, You're Not Driving", Campaign: "Texting While Driving", Campaign: "U Drive. U Text. U Pay", Click It, Or Ticket, Drive Sober or Get Pulled Over; 2006
Nissan North America Infiniti InTouch (Content Marketing Agency of Record), NissanConnect (Content Marketing Agency of Record); 2015
Suntex Marinas; 2016
Tellico Village Real Estate Development; 2011
Tennessee Valley Authority; Knoxville, TN Utility; 2001
Ultimate Fitness Group, LLC; 2015
University of Tennessee Men's Athletic Department; Knoxville, TN Baseball, Basketball, Football, Website; 1994
Warsteiner Beer; 2014
Weigel's Farm Stores Convenience Stores; 2009
Yee-Haw Brewing Company; 2018

TOMSHEEHAN WORLDWIDE
645 Penn St, Reading, PA 19601-3408
Tel.: (610) 478-8448
Fax: (610) 478-8449
E-Mail: info@tomsheehan.com
Web Site: www.tomsheehan.com

E-Mail for Key Personnel:
President: tomsheehan@tomsheehan.com

Employees: 7
Year Founded: 1989

Agency Specializes In: Advertising, Asian Market, Automotive, Brand Development & Integration, Business Publications, Business-To-Business, Co-op Advertising, Collateral, College, Communications, Consulting, Consumer Publications, Corporate Communications, Corporate Identity, Direct Response Marketing, E-Commerce, Education, Electronic Media, Email, Engineering, Entertainment, Environmental, Event Planning & Marketing, Exhibit/Trade Shows, Financial, Food Service, Government/Political, Graphic Design, Health Care Services, High Technology, Hospitality, Identity Marketing, In-Store Advertising, Industrial, Information Technology, Integrated Marketing, International, Internet/Web Design, Investor Relations, Legal Services, Leisure, Local Marketing, Logo & Package Design, Magazines, Market Research, Media Planning, Media Relations, Medical Products, New Product Development, New Technologies, Newspaper, Newspapers & Magazines, Out-of-Home Media, Outdoor, Over-50 Market, Pharmaceutical, Planning & Consultation, Point of Purchase, Point of Sale, Print, Production, Production (Print), Public Relations, Publicity/Promotions, Radio, Real Estate, Recruitment, Regional, Restaurant, Sales Promotion, Search Engine Optimization, Seniors' Market, Social Media, Sports Market, Stakeholders, Strategic Planning/Research, Technical Advertising, Trade & Consumer Magazines, Transportation, Travel & Tourism, Web (Banner Ads, Pop-ups, etc.), Yellow Pages Advertising

Approx. Annual Billings: $1,300,000

Sandra Riley *(Supvr-Creative Svcs)*

Accounts:
Berk-Tek; New Holland, PA Network Cabling; 1993
Carpenter Technology; Reading, PA Alloys & Engineered Products; 1999
Eye Consultants of Pennsylvania; Wyomissing, PA; 2008
Indian River Medical Center; Vero Beach, FL; 2011
Kaiser Aluminum; Laguna, CA Engineered Materials; 2001
Krozer Keystone Health System; Chester, PA; 2011
Munroe Regional Medical Center; Ocala, FL Health Care; 2009
Penn State University; Wyomissing, PA Continuing Education Services, Undergraduate Services; 1996
Reading Hospital & Medical Center; Reading, PA Health Care
Shriners Hospitals for Children; Tampa, FL Health Care; 2009
Sovereign Bank; Reading, PA Financial Services; 2004
Teleflex; Limerick, PA; 2000
Vail Valley Medical Center; Vail, CO Health Care; 2004
Winter Haven Hospital; Winter Haven, FL Health Care; 2009

TONIC
Gold & Diamond Park, Phase 2, Bldg 3, Fl 2, PO Box 117668, Barsha, Dubai, United Arab Emirates
Tel.: (971) 14 341 3868
Fax: (971) 971143413869
Web Site: www.tonicinternational.com

Employees: 100

Arnaud Verchere *(Founder & Head-Strategy)*
Khaled Gadallah *(Partner & Exec Creative Dir)*
Jacqui Hewett *(Mng Dir)*
Joao Camacho *(Exec Creative Dir)*
Hugo Moedano *(Creative Dir & Art Dir)*
Renaud Heneffe *(Art Dir)*
Francesca Meloni *(Bus Dir)*
Mamta Vararkar *(Dir-Digital)*
Amr Mokhtar *(Acct Mgr)*
Antonio Cue *(Sr Art Dir)*

Accounts:
Audi Middle East (Lead Creative Agency) Campaign: "Audi Challenges Arabia", Strategic Positioning & Campaigns
BAFCO Office Furniture
Burger King
Forever 21
IFFCO
Made in Carcere Campaign: "Tweet from Prison"
Pink Ribbon
TDIC
Yas Waterworld Online, Outdoor, Print, Radio, Social Media

TONIC BLUE COMMUNICATIONS
200 E Evergreen Ave, Mount Prospect, IL 60056
Tel.: (847) 749-3900
Fax: (847) 255-2328
Web Site: www.tonicblue.com

Employees: 15
Year Founded: 1968

Agency Specializes In: Graphic Design, Internet/Web Design, Public Relations

Jim Chamerlik *(Partner)*

TOOLHOUSE INC.
2925 Roeder Ave, Bellingham, WA 98225
Tel.: (360) 676-9275
Fax: (360) 676-8976

ADVERTISING AGENCIES

Toll Free: (877) 676-9275
E-Mail: info@toolhouse.com
Web Site: www.toolhouse.com

Employees: 25
Year Founded: 1995

Agency Specializes In: Digital/Interactive, Electronic Media, Internet/Web Design

Approx. Annual Billings: $4,000,000

Kari Obrist *(VP-Project Svcs)*
Kevin Stock *(VP-Tech)*
Rosie Rayborn *(Controller)*

Accounts:
Intuit Corporation
Novartis

TOP FLOOR TECHNOLOGIES
2725 S Moorland Rd, New Berlin, WI 53151
Tel.: (262) 364-0010
Fax: (262) 364-0015
E-Mail: sfell@topfloortech.com
Web Site: www.topfloortech.com

Employees: 25

Agency Specializes In: Digital/Interactive, Internet/Web Design, Market Research, Media Buying Services, Search Engine Optimization, Web (Banner Ads, Pop-ups, etc.)

Jim Bernthal *(Pres & CEO)*
Shelley Strade *(Acct Mgr)*
Jennifer Hall *(Mgr-Recruiting)*

Accounts:
Grill The Monkey

TOP HAND MEDIA
2014 Tulare St, Fresno, CA 93722
Tel.: (559) 825-6630
Web Site: www.tophandmedia.com

Employees: 10
Year Founded: 2014

Agency Specializes In: Advertising, Advertising Specialties, Affluent Market, Brand Development & Integration, Business-To-Business, Children's Market, Collateral, College, Content, Corporate Identity, Digital/Interactive, Electronic Media, Event Planning & Marketing, Graphic Design, High Technology, Identity Marketing, Integrated Marketing, Internet/Web Design, Local Marketing, Logo & Package Design, Luxury Products, Media Planning, Media Relations, Men's Market, Mobile Marketing, Multimedia, Out-of-Home Media, Outdoor, Over-50 Market, Paid Searches, Pets, Production, Production (Ad, Film, Broadcast), Public Relations, Publicity/Promotions, Radio, Search Engine Optimization, Seniors' Market, Social Marketing/Nonprofit, Social Media, Strategic Planning/Research, Urban Market, Web (Banner Ads, Pop-ups, etc.), Women's Market

Jerry Reid *(Pres)*
Mike Bowman *(VP & Dir-Strategy)*

Accounts:
Sierra Cascade MultiSport Adventure Sports; 2015
SKA Financial Group; 2016

TOPETE/STONEFIELD, INC.
325 W Encanto Boulevard Ste B, Phoenix, AZ 85003
Tel.: (602) 254-8780
Fax: (602) 258-7586
E-Mail: topstone@topstone.net
Web Site: www.topstone.net

Employees: 2
Year Founded: 1986

Agency Specializes In: Advertising, Brand Development & Integration, Event Planning & Marketing, Print, Social Media, T.V.

Liz Topete-Stonefield *(Pres & CEO)*

Accounts:
Blue Cross Blue Shield of Arizona Inc

THE TOPSPIN GROUP
415 Executive Dr, Princeton, NJ 08540
Tel.: (609) 252-9515
Fax: (609) 252-9294
E-Mail: bryan@topspingroup.com
Web Site: www.topspingroup.com

Employees: 10

Agency Specializes In: Advertising

Tom Manzione *(Mng Partner & Chief Creative Officer)*
Andy Judson *(Mng Partner)*
Chris Connolly *(Supvr-Production)*

Accounts:
American Montessori School
Best Friends Pet Resorts
Good Earth Coffee
Johnson & Johnson McNeil Splenda, Viactiv
Princeton Montessori School
Quickie Manufacturing Mop & Broom Producer

TORCH GROUP
30675 Solon Rd Ste 102, Cleveland, OH 44139-2942
Tel.: (440) 519-1822
Fax: (440) 519-1823
E-Mail: info@torchgroup.com
Web Site: www.torchgroup.com

E-Mail for Key Personnel:
President: rtorch@torchgroup.com

Employees: 8
Year Founded: 1990

Agency Specializes In: Brand Development & Integration, Business-To-Business, Consulting, Consumer Marketing, E-Commerce, Food Service, New Product Development, Planning & Consultation, Recruitment, Sales Promotion, Strategic Planning/Research

Breakdown of Gross Billings by Media: Collateral: 5%; D.M.: 5%; Fees: 75%; Mags.: 5%; Newsp.: 5%; Point of Purchase: 5%

Ronald S. Torch *(Pres, CEO & CMO)*

Accounts:
Alcoa
American Family Insurance
BabySwede
Cleveland Clinic
COSE; Cleveland, OH
First Energy
Fleetmatics
Forest City Commercial
Invacare Corporation
Owens Corning
Parker Hannifin
Progressive Insurance
Scotts Miracle-Gro Company
Smucker's
SS&G Financial Services; Cleveland, OH
Sterling Jewelers
Sun Trust Bank

TORQUE
167 N Racine, Chicago, IL 60607
Tel.: (312) 421-7858
Fax: (312) 421-7866
Web Site: torque.digital/contact

Employees: 10
Year Founded: 1992

National Agency Associations: Second Wind Limited

Eric Masi *(Pres & Exec Creative Dir)*
Jennifer Masi *(Principal & Dir-Creative Svcs)*
Kevin Masi *(Principal & Dir-Strategy)*
Ron Aichholzer *(Dir-Internet Dev & Acct Mgr)*
Sandra Yon *(Office Mgr & Mgr-Acctg)*
Lena Masek *(Project Mgr-Digital)*
Javad Khadivi *(Designer-Mixed Media & Motion)*

Accounts:
Borders
Hallmark
Priester Aviation
Stephen Hamilton Photographics

TOTAL BS MEDIA
121 S Grand Ave, Bozeman, MT 59715
Tel.: (415) 743-0467
Web Site: http://www.totalbsmedia.com/

Employees: 5

Agency Specializes In: Advertising, Brand Development & Integration, Content, Digital/Interactive, Email, Print, Public Relations, Search Engine Optimization, Social Media

Sarah Hunter *(Co-Founder & CEO)*

Accounts:
Kale
Owl

TOTAL MARKET EXPOSURE
9132 Se Wyndham Way, Happy Valley, OR 97086
Tel.: (503) 305-6319
E-Mail: support@totalmarketexposure.com
Web Site: www.totalmarketexposure.com

Employees: 8
Year Founded: 2008

Agency Specializes In: Advertising, Brand Development & Integration, Internet/Web Design, Logo & Package Design, Paid Searches, Search Engine Optimization, Social Media

Alex Lockwood *(Pres)*

Accounts:
American Flag Store
Wizard of Wine

TOTALCOM MARKETING, INC.
922 20th Ave, Tuscaloosa, AL 35401-2307
Tel.: (205) 345-7363
Fax: (205) 345-7373
E-Mail: home@totalcommarketing.com
Web Site: www.totalcommarketing.com

E-Mail for Key Personnel:
President: jwarren@totalcommarketing.com

Employees: 12
Year Founded: 1983

National Agency Associations: Second Wind Limited

AGENCIES - JANUARY, 2019 ADVERTISING AGENCIES

Agency Specializes In: Advertising, Automotive, Brand Development & Integration, Broadcast, Business Publications, Business-To-Business, Cable T.V., Co-op Advertising, Collateral, College, Communications, Consulting, Consumer Goods, Consumer Marketing, Consumer Publications, Corporate Communications, Corporate Identity, Direct Response Marketing, Electronic Media, Email, Engineering, Environmental, Exhibit/Trade Shows, Financial, Graphic Design, Health Care Services, Industrial, Integrated Marketing, Internet/Web Design, Legal Services, Leisure, Local Marketing, Logo & Package Design, Magazines, Media Buying Services, Media Planning, Media Relations, Medical Products, Newspaper, Newspapers & Magazines, Out-of-Home Media, Outdoor, Over-50 Market, Package Design, Pets, Planning & Consultation, Point of Purchase, Point of Sale, Print, Production, Production (Print), Promotions, Public Relations, Publicity/Promotions, Radio, Real Estate, Regional, Retail, Seniors' Market, Social Media, Strategic Planning/Research, T.V., Trade & Consumer Magazines, Travel & Tourism

Approx. Annual Billings: $8,000,000

Jimmy Warren *(Owner)*
Nancy Siniard *(Mng Partner)*
Jeff Hinkle *(Art Dir)*
Lori Moore *(Sr Acct Mgr)*
Candice Butterfield *(Sr Art Dir)*

Accounts:
Bank of Tuscaloosa; Tuscaloosa, AL; 1985
Benchmark Chrysler Jeep; Birmingham, AL; 1992
CB&S Bank; Russellville, AL; 2005
Citizen's Baptist Medical Center; Talladega, AL
Cullman Chrysler Dodge; Cullman, AL; 1996
DCH Regional Healthcare System; Tuscaloosa, AL; 1989
Hudson Poole Jewelers; Tuscaloosa, AL; 2003
Hunt Refining Company; Tuscaloosa, AL; 2000
Hunter Homes; Huntsville, AL; 2000
Huntsville Madison Home Builders Association; Huntsville, AL; 2009
Jackson Hospital; Montgomery, AL; 2005
Leigh Automotive; Tuscaloosa, AL; 2009
Redstone Village; Huntsville, AL; 2006
Thibodaux Medical Center; Thibodaux, LA; 2009
Warrior Roofing; Tuscaloosa, AL; 2000

Branch

Totalcom, Inc.
708 Ward Ave, Huntsville, AL 35801
Tel.: (256) 534-6383
Fax: (256) 534-6443
E-Mail: nsiniard@totalcommarketing.com
Web Site: www.totalcommarketing.com

Employees: 10
Year Founded: 1986

Agency Specializes In: Advertising, Automotive, Brand Development & Integration, Broadcast, Business Publications, Business-To-Business, Cable T.V., Co-op Advertising, Collateral, Communications, Consulting, Consumer Goods, Consumer Marketing, Consumer Publications, Corporate Communications, Corporate Identity, Custom Publishing, Direct Response Marketing, Electronic Media, Email, Event Planning & Marketing, Fashion/Apparel, Graphic Design, Health Care Services, Hospitality, Household Goods, In-Store Advertising, Industrial, Integrated Marketing, Leisure, Local Marketing, Media Planning, Media Relations, Medical Products, Men's Market, New Product Development, Newspapers & Magazines, Out-of-Home Media, Outdoor, Over-50 Market, Paid Searches, Pharmaceutical, Point of Purchase, Print, Production, Production (Ad, Film, Broadcast), Production (Print), Public Relations, Radio, Regional, Retail, Seniors' Market, Sports Market, Strategic Planning/Research, T.V., Trade & Consumer Magazines, Travel & Tourism, Women's Market, Yellow Pages Advertising

Molly Bailey *(Art Dir)*
Jeff Hinkle *(Art Dir)*
Elizabeth Webb *(Media Buyer)*
Laura Lineberry *(Sr Art Dir)*

Accounts:
Alexander's Jewelry; Huntsville, AL Antique, Estate & Designer Jewelry; 1989
Benchmark Automotive Group; Birmingham, AL Chrysler, Jeep & Dodge Dealership; 1992
CB&S Bank; Russellville, AL; 2006
Cullman Dodge; Cullman, AL
Redstone Village; Huntsville, AL Lifecare Retirement Community; 2004
Sunshine Mills; Red Bay, AL Pet Foods; 1989

TOTH BRAND IMAGING
500 Harrison Ave 5F, Boston, MA 02118
Tel.: (617) 252-0787
Fax: (617) 252-0838
E-Mail: letters@toth.com
Web Site: www.toth.com

E-Mail for Key Personnel:
President: mtoth@toth.com
Creative Dir.: jreeves@toth.com

Employees: 40
Year Founded: 1982

Agency Specializes In: Fashion/Apparel, Sponsorship

Approx. Annual Billings: $75,000,000

Breakdown of Gross Billings by Media: Bus. Publs.: 5%; Mags.: 70%; Newsp.: 5%; Outdoor: 20%

Simona Gaudio *(Mng Dir)*
Jack Sharry *(COO & CFO)*
Lilli Jonas *(Grp Acct Dir)*
Wendy Brown Krupicka *(Creative Dir)*
Anthony Shea *(Creative Dir)*
Amanda Belhumeur *(Sr Acct Exec)*

Accounts:
Ascena Retail Group Brand Awareness, Campaign: "Discover", Maurices (Agency of Record)
Coach
Hyatt Hotels Campaign: "There's a Place for You", Campaign: "Welcome to a Different Place", Digital, Hyatt Place, Online, Outdoor, Radio
J.Crew
Johnston & Murphy Shoes
Keds Corp.; Lexington, MA; 1999
L.L.Bean
Nautica
New York & Co.; 2008
Ralph Lauren
Riders
Timex
Tommy Hilfiger
Wrangler Western & Specialty
Wrangler Advanced Comfort Jeans, Campaign: "Real. Comfortable. Jeans"

TOUCHDOWN MEDIA
40 Bridge St, Metuchen, NJ 08840
Tel.: (848) 248-4198
Fax: (732) 321-6933
E-Mail: rahul@touchdown-media.com
Web Site: www.touchdown-media.com

Employees: 5
Year Founded: 2003

Daisy Walia *(Dir-Bus Dev)*

Accounts:
Airtel; New Delhi, India; 2008
Daawat Rice; New Delhi, India; 2004
Dish Network; Denver, CO; 2005
Kawan Foods; Malaysia; 2005
PNC Bank; Pittsburgh, PA; 2008
South Asian Spelling Bee; Metuchen, NJ; 2008
Tetley
Warner Bros. Pictures; Burbank, CA; 2008
Western Union; Montvale, NJ; 2005
Yashraj Films; New York, NY; 2004

TOUCHPOINT COMMUNICATIONS
522 King St, Charleston, SC 29403
Tel.: (843) 296-2033
E-Mail: info@touchptcom.com
Web Site: touchptcom.com

Year Founded: 2005

Agency Specializes In: Advertising, Communications, Digital/Interactive, Event Planning & Marketing, Media Planning, Media Relations, Public Relations, Social Media, Strategic Planning/Research, Travel & Tourism

Colleen Troy *(Founder)*
Kerry Welch *(Acct Dir)*
Cristy Armstrong *(Acct Mgr)*
Emily Nicastro *(Sr Acct Exec)*
Kaitlyn Bridges *(Coord-PR)*
Kelsey Cannon *(Coord-Comm)*

Accounts:
New-ArtFields
New-South Carolina Parks Recreation & Tourism (Public Relations Agency of Record) Media Relations; 2018
New-Summers Corner
New-The Town of Summerville

TOUCHPOINTS MARKETING, LLC
629 2Nd St, Gretna, LA 70053
Tel.: (504) 361-1804
Fax: (504) 361-1808
E-Mail: info@touchpointsmarketing.net
Web Site: www.touchpointsmarketing.net

Employees: 20

Agency Specializes In: Retail, Travel & Tourism

Katie Gravolet *(Pres)*
Ben Gravolet *(VP-Creative & Strategy)*
Joshua Thompson *(Creative Dir)*
Karen Ferrara *(Mgr-Print Production & Traffic)*

TOWER MARKETING
626 N Charlotte St, Lancaster, PA 17603
Tel.: (717) 517-9103
Fax: (717) 517-9104
E-Mail: info@tower-communications.com
Web Site: www.towermarketing.net/

Employees: 4
Year Founded: 1996

Agency Specializes In: Advertising, Advertising Specialties, Brand Development & Integration, Business-To-Business, Communications, Consulting, Consumer Marketing, Corporate Communications, Corporate Identity, Digital/Interactive, Direct Response Marketing, E-Commerce, Electronic Media, Event Planning & Marketing, Graphic Design, Information Technology, Internet/Web Design, Logo & Package Design, Point of Sale, Print, Sports Market, Technical Advertising

ADVERTISING AGENCIES
AGENCIES - JANUARY, 2019

Approx. Annual Billings: $1,000,000

Breakdown of Gross Billings by Media: Adv. Specialities: $100,000; Collateral: $150,000; Consulting: $100,000; E-Commerce: $200,000; Graphic Design: $200,000; Internet Adv.: $100,000; Print: $150,000

Michael K. Matus *(CEO & Creative Dir)*
Alyssa Gailey *(Acct Exec)*
Kelly Howard *(Specialist-Content Mktg)*

TOWNHOUSE
230 Park Ave S 8th Fl, New York, NY 10003
Tel.: (646) 802-3500
E-Mail: info@townhouseww.com
Web Site: www.townhouseww.com

Employees: 200

Agency Specializes In: Advertising, Event Planning & Marketing, Graphic Design, Production, Production (Ad, Film, Broadcast), Production (Print), Strategic Planning/Research

Kristen Martini *(CEO)*
Tania Salter *(Sr VP & Head-Integration Production)*
Katy Hill *(VP & Exec Producer-Integrated)*
Kimberly Kietz *(VP & Exec Producer-Integrated)*
Guy Williams *(VP & Exec Producer)*
Jan Zislin *(VP & Exec Producer-Integrated)*
Sam Helfer-Andersen *(VP & Producer)*
Rondell Wescott *(VP & Producer-Integrated)*
Jayne Horowitz *(VP)*
Mairead Murray *(Mgr-Integrated Bus Affairs)*
Veronika Fontaine *(Assoc Producer-Integrated)*
Jeremy Lewis *(Assoc Integrated Producer)*
Kelsey Longo *(Assoc Producer-Integrated-Pantene)*
Amanda Hynynen Pilnik *(Assoc Producer-Integrated)*

Accounts:
AARP
Canon U.S.A., Inc.
Coty, Inc. Clairol
The Procter & Gamble Company Febreze, Gillette, Pantene

TRACTENBERG & CO.
116 East 16th St, New York, NY 10003
Tel.: (212) 929-7979
E-Mail: info@tractenberg.com
Web Site: www.tractenbergandco.com

Employees: 75
Year Founded: 1999

Agency Specializes In: Advertising, Event Planning & Marketing, Public Relations, Social Media

Jacquie Tractenberg *(Pres)*
Susan Biegacz *(VP)*
Marcos Castillo *(Dir)*

Accounts:
Avon Media
Jigsaw

TRACTION
617 E Michigan Ave, Lansing, MI 48912
Tel.: (517) 482-7919
Web Site: www.projecttraction.com

Employees: 8

Agency Specializes In: Advertising, Brand Development & Integration

Camron Gnass *(Founder & Creative Dir)*

Accounts:
Capital City Film Festival

TRACTION CORPORATION
1349 Larkin St, San Francisco, CA 94109
Tel.: (415) 962-5800
Fax: (415) 962-5815
E-Mail: info@tractionco.com
Web Site: www.tractionco.com

E-Mail for Key Personnel:
Creative Dir.: theo@tractionco.com

Employees: 50
Year Founded: 2001

Agency Specializes In: Above-the-Line, Advertising, Affluent Market, Alternative Advertising, Arts, Automotive, Below-the-Line, Brand Development & Integration, Branded Entertainment, Broadcast, Business-To-Business, Cable T.V., Children's Market, Co-op Advertising, Collateral, College, Communications, Computers & Software, Consulting, Consumer Goods, Consumer Marketing, Consumer Publications, Content, Corporate Communications, Corporate Identity, Cosmetics, Digital/Interactive, Direct Response Marketing, Direct-to-Consumer, E-Commerce, Education, Electronic Media, Electronics, Email, Engineering, Entertainment, Environmental, Event Planning & Marketing, Experience Design, Fashion/Apparel, Financial, Food Service, Graphic Design, Guerilla Marketing, High Technology, Hospitality, Household Goods, Identity Marketing, In-Store Advertising, Information Technology, Integrated Marketing, International, Internet/Web Design, Leisure, Local Marketing, Logo & Package Design, Luxury Products, Magazines, Market Research, Media Buying Services, Media Planning, Men's Market, Mobile Marketing, Multimedia, New Product Development, New Technologies, Newspaper, Newspapers & Magazines, Out-of-Home Media, Outdoor, Over-50 Market, Package Design, Paid Searches, Planning & Consultation, Podcasting, Point of Purchase, Point of Sale, Print, Production, Production (Ad, Film, Broadcast), Production (Print), RSS (Really Simple Syndication), Radio, Recruitment, Regional, Restaurant, Retail, Search Engine Optimization, Social Marketing/Nonprofit, Social Media, Stakeholders, Strategic Planning/Research, Sweepstakes, T.V., Technical Advertising, Teen Market, Trade & Consumer Magazines, Travel & Tourism, Urban Market, Viral/Buzz/Word of Mouth, Web (Banner Ads, Pop-ups, etc.), Women's Market

Approx. Annual Billings: $15,000,000

Theo Fanning *(Co-Founder, Partner & Exec Creative Dir)*
Adam Kleinberg *(CEO)*
Kellie Okai *(Art Dir)*
Jessica Baum *(Dir-Media)*
Paul Giese *(Dir-Tech)*

Accounts:
Apple Consumer Electronics; 2005
Bank of America Banking; 2007
California Bank & Trust Banking; 2009
Charles Schwab Investing Services; 2015
Dolby; San Francisco, CA B2B2C; 2014
Healthy Pet Pet Products; 2014
Lenovo Group Ltd B2B; 2014
Riviana Foods Inc. (Agency of Record) American Beauty Pasta, Communications Strategy, Creamette, Lead Advertising Creative, Ronzoni; 2018
Robert Half International Inc. Staffing Services; 2010

TRACTION FACTORY
247 S Water St, Milwaukee, WI 53204
Tel.: (414) 944-0900
Web Site: www.tractionfactory.com

Employees: 25
Year Founded: 2010

Agency Specializes In: Advertising, Automotive, Brand Development & Integration, Branded Entertainment, Broadcast, Business Publications, Business-To-Business, Catalogs, Collateral, Consumer Goods, Consumer Marketing, Custom Publishing, Customer Relationship Management, Digital/Interactive, Email, Event Planning & Marketing, Exhibit/Trade Shows, Financial, Food Service, Guerilla Marketing, Health Care Services, Hispanic Market, Hospitality, In-Store Advertising, Industrial, Leisure, Local Marketing, Luxury Products, Magazines, Marine, Media Relations, Mobile Marketing, Multimedia, Newspaper, Newspapers & Magazines, Out-of-Home Media, Outdoor, Package Design, Point of Sale, Print, Promotions, Publishing, Radio, Retail, Search Engine Optimization, Social Media, Sponsorship, Trade & Consumer Magazines, Transportation, Travel & Tourism, Web (Banner Ads, Pop-ups, etc.)

Scott Bucher *(Pres)*
Peter Bell *(Exec Creative Dir)*
Shannon Egan *(Acct Dir)*
Travis Knutson *(Dir-Digital)*

Accounts:
ALS Association Wisconsin Chapter
The Delta Diner
Hal's Harley-Davidson, Inc.
Hofmann
John Bean
Milwaukee Fire Department
Mitchell1
Northwestern Mutual
Snap-on Tools
Toyota Industrial Equipment

TRACTORBEAM
325 S Central Expy, Dallas, TX 75201
Tel.: (214) 747-5400
Fax: (214) 747-2716
E-Mail: info@tractorbeam.com
Web Site: www.tractorbeam.com

E-Mail for Key Personnel:
President: peter@tractorbeam.com

Employees: 10
Year Founded: 1997

Agency Specializes In: Brand Development & Integration, Fashion/Apparel

Eric Benanti *(Partner)*
Matt George *(Creative Dir)*
Lindsey Henrie *(Acct Dir)*
Ryan Owens *(Dir-Digital Media)*

Accounts:
Billy Jealousy
LG Electronics
Samsung
Wyndham Hotel; Dallas, TX; 2001

TracyLocke

TRACYLOCKE
1999 Bryan St Ste 2800, Dallas, TX 75201
Tel.: (214) 259-3500
Web Site: www.tracylocke.com

Employees: 540
Year Founded: 1913

National Agency Associations: 4A's-PMA-POPAI

Agency Specializes In: Advertising, Digital/Interactive, Media Buying Services, Media Planning, Mobile Marketing, Package Design, Promotions, Shopper Marketing, Sponsorship, Sports Market, Strategic Planning/Research

Everything TracyLocke does is BUY DESIGN. Creating Commerce-Driving Content has been their timeless mission for the last 100 years. Combining knowledge and understanding of how and why people buy with their unique approach to creativity, TracyLocke is able to constantly re-imagine retail.

Ivan Mayes *(Sr VP & Dir-Tech)*
Heather Hale *(Grp Acct Dir)*
Glen Day *(Creative Dir)*
Alexander Flores *(Creative Dir)*
Anthony Franzino *(Creative Dir)*
Mary Glasnapp *(Acct Dir)*
Kyle Grummun *(Creative Dir)*
Keith Katona *(Client Svcs Dir)*
Nick Kidd *(Art Dir)*
Blaine Loyd *(Creative Dir)*
Rachel Drescher Smith *(Acct Dir)*
Bryan Foux *(Dir-Design)*
Mary Kotyuk *(Dir-Grp Strategy-Shopper Activation)*
Jordan Goss *(Acct Mgr)*
Desiree Townsend *(Mgr-Bus Affairs)*
Tessa Barrientos *(Acct Supvr)*
Lauren Marchant *(Acct Supvr)*
David Woodward *(Acct Supvr)*
Tessa Bennett *(Supvr-Media)*
Kelly Komorowski *(Sr Acct Exec)*
Alexandra Ridley *(Sr Acct Exec)*
Lindsey Smith *(Sr Acct Exec)*
Ashley Williams *(Media Planner)*
Kevin Forister *(Sr Art Dir)*
Sherri Krekeler *(Grp Creative Dir)*
Erin Mattingly *(Assoc Creative Dir)*
Kurt Odom *(Grp Media Dir)*

Accounts:
24 Hour Fitness Worldwide Inc.
AB-InBev
Absolut Vodka
Audi of America (Retail Point-of-Sale Agency of Record) Marketing
Dallas Convention & Visitors Bureau
Dicks Sporting Goods
DonQ Rum
Downtown Dallas Inc.
Field & Stream
Frito-Lay
Gatorade; 1982
Goody Goody Liquor
Harmon
Heineken
Hewlett-Packard; 2008
Johnson & Johnson
Neutrogena
PepsiCo Inc. In-Store Executions
Pfizer Nexium
Pizza Hut Design, Digital Strategy, Flick Football Box, Triple-Cheese Covered Stuffed Crust
Quinnipiac University (Agency of Record) Brand Marketing Communications Group, Media, Public Affairs
Samsung Electronics America, Inc.
S.C. Johnson & Son, Inc. Campaign: "Great Expectations", Digital, Public Relations, Shopper Marketing, Social Media
T-Mobile; 2009
YUM!; 1993

Branches

TracyLocke
609 SW 8th St Ste 325, Bentonville, AR 72712
(See Separate Listing)

TracyLocke
131 Danbury Rd, Wilton, CT 06897
Tel.: (203) 762-2400
E-Mail: bethann.kaminkow@tracylocke.com
Web Site: www.tracylocke.com

Employees: 500
Year Founded: 1913

National Agency Associations: 4A's-PMA-POPAI

Agency Specializes In: Advertising, Collateral, Communications, Consumer Goods, Consumer Publications, Customer Relationship Management, Graphic Design, Integrated Marketing, Internet/Web Design, Media Buying Services, Merchandising, Production (Print), Publicity/Promotions, Retail, Sponsorship, Strategic Planning/Research

Sanford Stein *(VP & Exec Creative Dir)*
Maria Zanghetti *(VP)*
Phil Camarota *(Creative Dir)*
Chris DeSalvo *(Creative Dir)*
Ben Loht *(Creative Dir)*
Chris Nazzaro *(Creative Dir)*
Brendan Steiner *(Acct Dir)*
Molly Werner *(Acct Dir-SC Johnson)*
Michael Bartlett *(Dir-Client Svc)*
Nitin Budhiraja *(Assoc Dir-Design)*
Dan Cishek *(Grp Creative Dir)*

Accounts:
24 Hour Fitness
7-Eleven
Absolut Vodka
Chase
Dallas Convention & Visitors Bureau
Dick's Sporting Goods
DonQ Rum
Downtown Dallas Inc.
Gatorade
Goody Goody Liquor
Harmon
Heineken (Agency of Record) Amstel Light, Dos Equis, Newcastle, Tecate
Hewlett-Packard
Lipton
L'Occitane
Merck
PepsiCo
Perfetti Van Melle
Pizza Hut Retail
Playstation
Reebok
Samsung
Smoothie King
T-Mobile US
YUM!

TracyLocke
200 E Randolph St Ste 3900, Chicago, IL 60601
(See Separate Listing)

TracyLocke
437 Madison Ave, New York, NY 10012
(See Separate Listing)

TRADECRAFT
317 Lexington Ave Ste 5, San Antonio, TX 78215
Tel.: (210) 775-0123
E-Mail: info@trade-craft.com
Web Site: www.trade-craft.com

Employees: 10

Agency Specializes In: Advertising, Brand Development & Integration, Content, Digital/Interactive, Event Planning & Marketing, Internet/Web Design, Print, Public Relations, Social Media

Camille Cook Mandigo *(Founder & Principal)*
Maren Senn *(Principal & VP-Client Svcs)*
Margaret Oliver *(Dir-Bus Dev)*
Jenna Osborn *(Sr Acct Mgr)*

Accounts:
New-Nova Aesthetics
New-STYLE by Nicole McClane
New-Sara Walker Private Events
New-Snipsa

TRADEMARK ADVERTISING
9815 Cogdill Rd Ste 4, Knoxville, TN 37932
Tel.: (865) 966-1690
Fax: (865) 966-1691
Web Site: www.trademarkads.com

Employees: 10

Agency Specializes In: Advertising, Brand Development & Integration, Corporate Identity, Internet/Web Design, Print, Radio, Social Media

George Corley *(Pres)*
J.R. Hertwig *(VP)*
Cevin Thornbrugh *(Designer)*

Accounts:
Daniel Paul Chairs

TRADEMARK PRODUCTIONS
309 S Main St, Royal Oak, MI 48067
Tel.: (248) 582-9210
Web Site: https://www.tmprod.com/

Employees: 15
Year Founded: 1998

Agency Specializes In: Advertising, Internet/Web Design, Public Relations, Search Engine Optimization, Social Media

Dwight Zahringer *(CEO)*
Tyler Fraser *(Creative Dir)*

Accounts:
Whole Life Balance

TRAFFIK
8821 Research Dr, Irvine, CA 92618
Tel.: (949) 679-6820
Web Site: http://wearetraffik.com/

Employees: 12

Agency Specializes In: Advertising, Corporate Identity, E-Commerce, Graphic Design, Integrated Marketing, Internet/Web Design, Multimedia, Print, Radio, Search Engine Optimization

Anthony Trimino *(Founder & Chief Creative Officer)*
Brent Shoji *(Exec Dir-Acct Svcs, Bus Dev Svcs & Digital Svcs)*
Jackie Dean *(Art Dir)*
Shane Kimsey *(Acct Dir)*
Jeremy Troutt *(Creative Dir)*

TRANSLATION LLC
145 W 45th St 12th Fl, New York, NY 10036
Tel.: (212) 299-5505

ADVERTISING AGENCIES

Fax: (212) 299-5513
E-Mail: info@translationllc.com
Web Site: www.translationllc.com

Employees: 50

National Agency Associations: 4A's

Agency Specializes In: Sponsorship

John McBride *(Partner & Grp Dir-Strategy)*
Suzanne Lau *(Grp Acct Dir)*
Julia Farber *(Acct Dir)*
Eduardo Petersen *(Creative Dir)*
Geoff Proud *(Creative Dir)*
Dylan Simel *(Art Dir)*
Miriam Franklin *(Dir-Content Production)*
Thalia Tsouros *(Dir-Bus Affairs)*
Matt DeSimone *(Assoc Dir)*
Jordan Ofsevit *(Acct Supvr)*
Ciara Travis *(Acct Exec)*
Andrew Kim *(Copywriter)*
John Fulbrook *(Grp Creative Dir-Design)*
Erica Stevens *(Sr Art Dir)*

Accounts:
Alaska Airlines Durant Partnership; 2018
American Eagle Outfitters (Lead Agency) Creative, Denim, Digital, Mobile Marketing, Social
American Signature, Inc. Value City (Creative Agency of Record)
Apple Inc.
Bad Lip Reading
The Brooklyn Nets (Agency of Record) Community Relations, Digital, Sales
Champs Sports (Agency of Record) Campaign: "Let There Be Light", Campaign: "First Period", Campaign: "Game Loves An Audience", Campaign: "Game Never Sleeps", Campaign: "Joy Ride", Campaign: "Nightglow", Campaign: "One Giant Leap", Campaign: "Practice", Campaign: "We Know Game"
Chevrolet
DSW, Inc. Creative
Fox Sports Interactive Media, LLC
HP
Kaiser Permanente
McDonald's Big Mac, Campaign: "Think With Your Mouth"
National Basketball Association (Lead Creative Agency) Brooklyn Nets (Agency of Record), Campaign: "2015 March Madness Animated, Baby!", Campaign: "Breaking Barriers", Campaign: "March Madness", Campaign: "The Dance Never Ends", Campaign: "This is Why We Play", Creative, Hands
National Football League
NIKE, Inc.
Nokia
P&G
Reebok
Saint Lucia Tourist Board (Agency of Record) Brand Story, Marketing Strategy; 2017
Samsung
State Farm "Droppin' Dimes", Campaign: "Best of the Assist", Campaign: "Born to Assist", Campaign: "Future of the Assist", Campaign: "Heritage of the Assist", Campaign: "Magic Jingle Disappearing Agents", Campaign: "Scooby", Campaign: "Seen It All", Campaign: "State Farm Magic Jingle", Campaign: "The Power of an Assist", Campaign: "Wake Up", Campaign: "Worn to Assist", Display Advertising, Video
Susan G. Komen for the Cure
Verizon
Wrigley

TRANSPARENT HOUSE
472 Jackson St, San Francisco, CA 94111
Tel.: (415) 501-9550
E-Mail: sf@transparenthouse.com
Web Site: www.transparenthouse.com

Employees: 24
Year Founded: 2004

Agency Specializes In: Advertising, Brand Development & Integration, Content, Digital/Interactive

David Scott Van Woert *(Dir-Bus Dev & Producer-Supervising Creative)*

Accounts:
Chevrolet
HP
Lennar Urban
Samsung
Sephora USA, Inc.
Simple Human
Starbucks Corporation

TRANSWORLD ADVERTISING, INC.
3684 N Wickham Rd Ste C, Melbourne, FL 32935
Tel.: (321) 259-7737
Fax: (321) 259-2473
E-Mail: tburcham@transworldadvertising.com
Web Site: www.transworldadvertising.com

E-Mail for Key Personnel:
President: tburcham@transworldadvertising.com

Employees: 11
Year Founded: 1981

Agency Specializes In: Recruitment

Teri Burcham *(Pres)*
W. Chris Burcham *(VP-Client Svcs)*

TRAPEZE COMMUNICATIONS
300-1005 Broad St, Victoria, BC V8W 2A1 Canada
Tel.: (250) 380-0501
Fax: (250) 382-0501
E-Mail: info@trapeze.ca
Web Site: www.trapeze.ca

Employees: 12
Year Founded: 1997

Agency Specializes In: Advertising

Valerie Nathan *(Owner & Creative Dir)*
Art Perreault *(Acct Mgr)*
Martin Aveyard *(Assoc Creative Dir)*
Laura Gordon Mitchell *(Sr Art Dir)*

Accounts:
The Bay Centre
BC College Presidents Association
BMX World Championships
Broadmead Community Care
Cooper Pacific
Crumsby's
Mondelez International, Inc. TASSIMO
PacificSport
Spinnakers
Tourism Victoria
Victoria Foundation
WIINK

TRAVEL SPIKE, LLC
2849 Paces Ferry Rd SE, Atlanta, GA 30339
Tel.: (770) 325-0864
Fax: (501) 421-0771
Web Site: www.travelspike.com

Employees: 20

Agency Specializes In: Education, Email, Internet/Web Design, Media Buying Services, Media Planning, Multimedia, Public Relations, Strategic Planning/Research, Travel & Tourism

Ryan Bifulco *(Founder & CEO)*
Howard Koval *(Exec VP-Bus Dev)*
Ian Ross *(VP-Sls)*
Alison Cox *(Assoc Dir-Strategic Plng)*
Breea Sharma *(Sr Mgr-Strategic Plng)*

Accounts:
Eldorado
Four Seasons Hotel
Lufthansa
Spirit
Starwood Hotels & Resorts Worldwide Inc
Tourist Office of Portugal
Wyoming

TRAY CREATIVE
(See Under Phinney Bischoff)

TREE RING DIGITAL
(Formerly Adroit Creative Solutions, LLC.)
PO Box 300363, Denver, CO 80203
Tel.: (303) 653-5095
E-Mail: info@treeringdigital.com
Web Site: www.treeringdigital.com

Employees: 2

Agency Specializes In: Advertising, Brand Development & Integration, Content, Digital/Interactive, Internet/Web Design, Logo & Package Design, Print, Programmatic, Search Engine Optimization, Social Media

Paige Wiese *(Owner & Creative Dir)*

Accounts:
SpecWorx

TREEFROG MARKETING AND COMMUNICATIONS
302 Ferry St Ste 200, Lafayette, IN 47901
Tel.: (765) 588-5808
Fax: (765) 588-5807
Web Site: www.treefrogmarketing.com

Employees: 11
Year Founded: 2000

Agency Specializes In: Advertising, Brand Development & Integration, Graphic Design, Internet/Web Design, Logo & Package Design, Strategic Planning/Research

Kelly Rice *(Founder, CEO & Partner)*

Accounts:
Redefining Spaces LLC

TREETREE
444 N Front St Unit 101, Columbus, OH 43215
Tel.: (614) 291-7944
E-Mail: info@treetreebranding.com
Web Site: http://treetreeagency.com/

Employees: 23

Agency Specializes In: Advertising, Brand Development & Integration, Digital/Interactive, Event Planning & Marketing, Print

Becca Apfelstadt *(Co-Founder & CEO)*
Rachel Hillman *(Grp Acct Dir)*
Megan Myers *(Grp Creative Dir)*

Accounts:
Girl Scouts of Ohio's Heartland

TREFOIL GROUP
735 N Water St Ste 200, Milwaukee, WI 53202

AGENCIES - JANUARY, 2019 — ADVERTISING AGENCIES

Tel.: (414) 272-6898
Fax: (414) 272-6979
E-Mail: info@trefoilgroup.com
Web Site: www.trefoilgroup.com

Employees: 13
Year Founded: 1991

Agency Specializes In: Advertising, Brand Development & Integration, Collateral, Communications, Digital/Interactive, Direct Response Marketing, Internet/Web Design, Local Marketing, Logo & Package Design, Market Research, Public Relations, Social Marketing/Nonprofit, Strategic Planning/Research

Revenue: $2,000,000

John Scheibel *(CEO)*
Mary Brennan Scheibel *(Principal)*

Accounts:
ARI
DME
Dream It. Do It. Website

TREISTER MURRY AGENCY
1130 Washington Ave 1st Fl N, Miami Beach, FL 33139-4600
Tel.: (305) 531-5720
Fax: (305) 531-5740
E-Mail: info@tma-pr.com
Web Site: www.tma-pr.com

Employees: 2

Agency Specializes In: Public Relations

Richard H. Murry *(Founder)*

TRELLIS MARKETING, INC
41 Delaware Rd, Buffalo, NY 14217
Tel.: (716) 873-7199
Fax: (716) 873-3897
E-Mail: cmccracken@trellismarketing.com
Web Site: www.trellismarketing.com

Employees: 5

Agency Specializes In: Above-the-Line, Advertising, Advertising Specialties, Affiliate Marketing, Affluent Market, African-American Market, Arts, Asian Market, Automotive, Below-the-Line, Bilingual Market, Brand Development & Integration, Branded Entertainment, Broadcast, Business Publications, Business-To-Business, Cable T.V., Catalogs, Children's Market, Collateral, College, Commercial Photography, Communications, Computers & Software, Consulting, Consumer Goods, Consumer Marketing, Consumer Publications, Content, Corporate Communications, Corporate Identity, Crisis Communications, Custom Publishing, Customer Relationship Management, Digital/Interactive, Direct Response Marketing, Direct-to-Consumer, E-Commerce, Education, Electronic Media, Electronics, Email, Engineering, Entertainment, Environmental, Event Planning & Marketing, Exhibit/Trade Shows, Experience Design, Fashion/Apparel, Financial, Food Service, Game Integration, Government/Political, Graphic Design, Guerilla Marketing, Health Care Services, High Technology, Hispanic Market, Hospitality, Household Goods, Identity Marketing, In-Store Advertising, Industrial, Infomercials, Information Technology, Integrated Marketing, International, Internet/Web Design, Investor Relations, LGBTQ Market, Legal Services, Leisure, Local Marketing, Logo & Package Design, Luxury Products, Magazines, Marine, Market Research, Media Buying Services, Media Planning, Media Relations, Media Training, Medical Products, Men's Market, Merchandising, Mobile Marketing, Multicultural, Multimedia, New Product Development, New Technologies, Newspaper, Newspapers & Magazines, Out-of-Home Media, Outdoor, Over-50 Market, Package Design, Paid Searches, Pharmaceutical, Planning & Consultation, Point of Purchase, Point of Sale, Print, Product Placement, Production, Production (Ad, Film, Broadcast), Production (Print), Promotions, Public Relations, Publicity/Promotions, Publishing, Radio, Real Estate, Recruitment, Regional, Restaurant, Retail, Sales Promotion, Search Engine Optimization, Seniors' Market, Social Marketing/Nonprofit, Sponsorship, Sports Market, Stakeholders, Strategic Planning/Research, Sweepstakes, Syndication, T.V., Technical Advertising, Teen Market, Telemarketing, Trade & Consumer Magazines, Transportation, Travel & Tourism, Urban Market, Viral/Buzz/Word of Mouth, Web (Banner Ads, Pop-ups, etc.), Women's Market, Yellow Pages Advertising

Approx. Annual Billings: $3,000,000

Breakdown of Gross Billings by Media: Local Mktg.: 100%

Catharine McCracken *(Pres & Chief Creative Officer)*
Patrick McCracken *(VP-Media & Ops)*

Accounts:
California Closets Marketing
DeLacy Ford
Fichte Endl & Elmer Eyecare Creative, LASIK & Cataract Surgeries, Media, Television Commercials
William Bernhardi

TRENDLINE INTERACTIVE
11612 Bee Caves Rd Lake Pointe II Ste 220, Austin, TX 78738
Tel.: (512) 717-4097
E-Mail: talk@trendlineinteractive.com
Web Site: www.trendlineinteractive.com

Employees: 100

Agency Specializes In: Advertising, Consulting, Email, Internet/Web Design, Strategic Planning/Research

Morgan Stewart *(Co-Founder & CEO)*
Andrew Kordek *(Co-Founder)*
Derek Harding *(CTO)*
Michele Souder *(Sr VP-Agency Svcs)*
Alex Williams *(Sr VP)*
Chester Bullock *(VP-Solutions Consulting & Salesforce MVP)*
Odette Godwin *(VP-Fin & HR)*
Molly Privratsky *(VP-Ops)*
Stephen Ryan *(VP-Mktg & Bus Dev)*
Eric Stablow *(VP-Client Svcs)*

Accounts:
New-AARP (Email Marketing Agency of Record)
New-Banfield Pet Hospital
Carnival Cruise Line (Email Marketing Agency of Record)
New-eCommission Financial Services, Inc
New-Hyatt Hotels Corporation (Email Marketing Agency of Record)
Kennebunk Savings (Email Marketing Agency of Record)
New-Live Nation Worldwide - Times Square Office
Reddit (Email Marketing Agency of Record)
New-The Scotts Miracle-Gro Company (Email Marketing Agency of Record)
New-ShopRunner
New-Wacom (Email Marketing Agency of Record)

TRENDYMINDS INC
531 East Market St, Indianapolis, IN 46204
Tel.: (317) 926-1727
Fax: (317) 926-1728
Web Site: www.trendyminds.com

Employees: 16

Agency Specializes In: Advertising, Brand Development & Integration, Crisis Communications, Graphic Design, Internet/Web Design, Media Relations, Promotions, Public Relations, T.V., Viral/Buzz/Word of Mouth

Trevor Yager *(Pres & CEO)*
Tyler Murray *(COO & Sr VP)*
Spencer Dell *(Sr VP)*
Jon Immel *(Sr VP-Digital Strategy)*
Jeremy King *(Sr VP-Client Partnerships)*
Seth Benson *(VP-UI & UX Design)*
Nick Pasotti *(Creative Dir)*
Adam Ennis *(Dir-Ops)*
Brian Puffer *(Dir-Client Svc)*
Trena Trowbridge *(Office Mgr)*
Reese Henderson *(Acct Supvr)*
Kristina Bender *(Specialist-Digital Experience)*
Robert Kaczanowski *(Specialist-Email Mktg)*
Ethan Thomas *(Specialist-Client Svc)*
Brittany Yancey *(Acct Exec)*
Lori Ludwig *(Designer)*

Accounts:
City of Indianapolis
Eli Lilly and Company
Harrison College
Indiana University Health
Kevin Harvick Entertainment Services
Liberty Mutual
Pearson Education Educational Services
Salesforce

TREVOR PETER COMMUNICATIONS LTD
488 Wellington St W Ste 100, Toronto, ON M5V 1E3 Canada
Tel.: (416) 275-9102
Web Site: www.trevorpeter.com

Employees: 50
Year Founded: 2008

Agency Specializes In: Advertising, Digital/Interactive, Graphic Design, Public Relations, Social Media

Chris Cook *(Pres)*
Marta Hooper *(Creative Dir)*
Jeffrey Miller *(Acct Dir)*
Dan Mittelman *(Dir-Client Dev)*

Accounts:
Carlsberg Canada (Creative Agency of Record)

TRI-MEDIA INTEGRATED MARKETING TECHNOLOGIES INC.
20 Corporate Park Dr Ste 202, Saint Catharines, ON L2S 3W2 Canada
Tel.: (905) 641-1627
Web Site: www.tri-media.com

Employees: 14
Year Founded: 1991

Agency Specializes In: Automotive, Brand Development & Integration, Health Care Services, Logo & Package Design, Real Estate, Travel & Tourism

Albert Iannantuono *(Founder & CEO)*

TRIAD
1701 Front St, Cuyahoga Falls, OH 44221
Tel.: (330) 237-3531

ADVERTISING AGENCIES

E-Mail: info@triadadv.com
Web Site: www.triadadv.com

Employees: 14
Year Founded: 1994

Agency Specializes In: Advertising, Brand Development & Integration, Content, Email, Event Planning & Marketing, Internet/Web Design, Logo & Package Design, Media Planning, Public Relations, Social Media

Rick Krochka *(Pres)*
Joe Nemeth *(VP-Creative)*
Lia Fleming *(Art Dir)*
Ginger Biss *(Dir-Content)*
Nicholas Peters *(Dir-Web & Digital)*
Molly J. Knight *(Office Mgr)*
Marsha Griswold *(Sr Acct Exec)*
Mark Reifsnyder *(Acct Exec)*
Ryan Rimmele *(Specialist-Digital Mktg)*
Michael Carlson *(Sr Designer)*

Accounts:
New-Akron Community Foundation
New-Akron-Summit County Public Library
New-The Alcohol Drug Addiction & Mental Health Services
New-Burton D. Morgan Foundation
New-City of Cuyahoga Falls
New-The Goodyear Tire & Rubber Company
New-Klein's Pharmacy
New-Smithers-Oasis Company
New-Summit County Children Services
New-Summit County Public Health

TRIAD ADVERTISING
1017 Turnpike St Ste 32A, Canton, MA 02021
Tel.: (781) 828-9290
Fax: (781) 828-9419
Web Site: www.triadadvertising.com

Year Founded: 1995

Agency Specializes In: Advertising, Copywriting, Digital/Interactive, Email, Media Buying Services, Media Planning, Production, Search Engine Optimization, Social Media, Web (Banner Ads, Pop-ups, etc.)

Joe Emerson *(CEO & Partner)*
Michele Debatis-Killion *(Partner)*
Stephanie Kessler *(Creative Dir)*
Stacy Danner *(Dir-Client Svc)*
Justin McDonald *(Sr Acct Exec)*
Adam Goldstein *(Sr Designer)*

Accounts:
New-Ageility Physical Therapy Solutions
New-Five Star Senior Living Morningside of Gastonia
New-OluKai LLC

TRIAD BUSINESS MARKETING
10670 N Central Expy, Dallas, TX 75231
Tel.: (214) 953-6223
Fax: (214) 953-3101
E-Mail: tp@triadbusinessmarketing.com
Web Site: http://www.triadb2bagency.com/

E-Mail for Key Personnel:
President: tp@triadbusinessmarketing.com
Creative Dir.: jgardner@triadbusinessmarketing.com

Employees: 10
Year Founded: 1994

Agency Specializes In: Advertising, Agriculture, Business Publications, Business-To-Business, Collateral, Consulting, Corporate Communications, Corporate Identity, Digital/Interactive, Direct Response Marketing, Environmental, Exhibit/Trade Shows, Financial, Graphic Design, Health Care Services, High Technology, Industrial, Internet/Web Design, Investor Relations, Logo & Package Design, Magazines, Marine, Media Buying Services, Medical Products, Multimedia, New Product Development, Planning & Consultation, Point of Purchase, Point of Sale, Print, Production, Public Relations, Publicity/Promotions, Radio, Real Estate, Sales Promotion, Strategic Planning/Research, Technical Advertising, Trade & Consumer Magazines

Approx. Annual Billings: $6,300,000

Breakdown of Gross Billings by Media:
Audio/Visual: $490,000; Bus. Publs.: $1,690,000; Comml. Photography: $1,142,000; D.M.: $964,000; Internet Adv.: $347,000; Local Mktg.: $126,000; Pub. Rels.: $568,000; Worldwide Web Sites: $973,000

Thomas Prikryl *(Pres & CEO)*

Accounts:
Alcoa Fastening Systems; Waco, TX Specialty Fastening Systems; 1995
Alcoa Installation Systems; Kingston, NY Specialty Assembly Tooling Systems; 1995
Alcoa Oil & Gas; Houston, TX Aluminum Alloy Drill Pipe, Risers; 2009
Double E; Dallas, TX Oilfield Production Tools; 2002
Michigan Peat; Houston,TX Peat-Based Growing Medium; 1995

TRIAD RETAIL MEDIA, LLC
100 Carillon Pkwy, Saint Petersburg, FL 33716
Tel.: (727) 231-5041
Web Site: www.triadretail.com

Employees: 30
Year Founded: 2005

Agency Specializes In: Digital/Interactive, Sponsorship

Revenue: $2,300,000

David Haase *(Chief Dev Officer-Global)*
Robin Corralez *(Sr VP-HR & Talent)*
Amy Dragland-Johnson *(Sr VP)*
Mark Regan *(Sr VP-Strategy)*
Matt Bouyea *(Grp VP-Strategic Partnerships & Adv Sls)*
Sean Cheyney *(VP-Bus Dev-North America)*
Jaime Dumala *(VP-Sls)*
Paula Hunsche *(VP-Triad Strategic Partnerships)*
Leigh Anne Peterson *(Sr Dir-Programmatic Ops & Strategy)*
Kasey Hayden *(Dir-Strategic Partnerships-Walmart.com)*
Kristen Neale *(Dir-Mktg Insights)*
Elizabeth Grizzard *(Sr Mgr-Strategic Partnership-Walmart.com Adv)*
Danny DiNicolantonio *(Acct Mgr)*
Jaimie Frey *(Acct Mgr-Program Execution)*
Katie Thomaides *(Mgr-Client)*
Melissa Tobin *(Strategist-Client)*
Valorie Callan *(Planner-Digital Media)*
Brande Palmer *(Media Planner)*
Benjamin Ray *(Planner-Digital Media)*
Kim Hiebert *(Assoc Art Dir)*
Ashley Smith *(Sr Media Planner)*

Accounts:
CVS Health
Dell
eBay App Advertising
Toys"R"Us
Walmart

TRIBALVISION
295 Devonshire St 4th Fl, Boston, MA 02110
Tel.: (866) 208-6128
Web Site: www.tribalvision.com

Employees: 100
Year Founded: 2010

Agency Specializes In: Affiliate Marketing, Automotive, Aviation & Aerospace, Brand Development & Integration, Business-To-Business, Consumer Goods, Consumer Marketing, Customer Relationship Management, Digital/Interactive, Direct-to-Consumer, E-Commerce, Education, Email, Event Planning & Marketing, Exhibit/Trade Shows, Experiential Marketing, Fashion/Apparel, Financial, Food Service, Graphic Design, Guerilla Marketing, Health Care Services, Industrial, Information Technology, Integrated Marketing, Internet/Web Design, Legal Services, Local Marketing, Luxury Products, Marine, Market Research, Media Buying Services, Multimedia, Paid Searches, Public Relations, Real Estate, Restaurant, Retail, Search Engine Optimization, Shopper Marketing, Social Marketing/Nonprofit, Social Media, Sports Market, Strategic Planning/Research, Technical Advertising, Web (Banner Ads, Pop-ups, etc.)

Approx. Annual Billings: $10,000,000

Christopher Ciunci *(Founder & CEO)*
Becca Dellenbaugh *(Mktg Mgr)*
Jason Alberti *(Sr Mktg Mgr)*
George Copley *(Sr Assoc-Mktg)*
Mary Green *(Sr Mktg Mgr)*
Matthew Vick *(Sr Mktg Mgr)*

TRIBE
2100 Riveredge Pkwy Ste 125, Atlanta, GA 30328
Tel.: (404) 256-5858
Fax: (404) 256-0355
E-Mail: elizabeth@tribeinc.com
Web Site: www.tribeinc.com

Employees: 7

Agency Specializes In: Corporate Communications, Corporate Identity, Women's Market

Steve Baskin *(Pres & Chief Strategy Officer)*
Elizabeth Baskin *(CEO & Exec Creative Dir)*
David Lamarca *(Dir-Tech)*
Brittany Walker *(Acct Supvr)*

Accounts:
Cetera Financial
Coca-Cola Refreshments USA, Inc.
InterContinental Hotels Group
Intimacy
Mannington Floors
Northside Hospital
Porsche
UPS

TRIBU
801 E Quincy St, San Antonio, TX 78215
Tel.: (210) 209-9209
E-Mail: hello@wearetribu.com
Web Site: www.wearetribu.com

Employees: 9
Year Founded: 2003

Agency Specializes In: Advertising, Brand Development & Integration, Collateral, Digital/Interactive, Graphic Design, Internet/Web Design, Logo & Package Design, Media Buying Services, Out-of-Home Media, Outdoor, Social Media

Sara S. Helmy *(CEO)*

AGENCIES - JANUARY, 2019 — ADVERTISING AGENCIES

Accounts:
Firstmark Credit Union
Logro Farms
Travis Park

TRICKEY JENNUS, INC
530 W Cypress St, Tampa, FL 33607
Tel.: (813) 831-2325
Web Site: www.trickeyjennus.com

Employees: 11

Agency Specializes In: Advertising, Content, Internet/Web Design, Media Planning, Social Media

Colleen Trickey *(Pres)*
Kathie Comella *(COO)*
Tom Jennus *(Chief Creative Officer)*
Carolyne Bryant *(VP-Media Svcs)*
Teresa Costa *(VP-Strategy)*
Alicia Gregory *(VP-Acct Svc)*

Accounts:
Fort Walton Beach Medical Center, Inc.

TRICOM ASSOCIATES
1750 New York Ave NW, Washington, DC 20006
Tel.: (703) 276-2772
E-Mail: info@tricomassociates.com
Web Site: www.tricomassociates.com

Employees: 5

Agency Specializes In: Advertising, Government/Political, Public Relations, Social Media

Scott Treibitz *(Pres)*
Marco Trbovich *(Sr VP-Strategic Comm)*

Accounts:
American Federation of Teachers

TRICOMB2B
109 N Main St Ste 700, Dayton, OH 45402
Tel.: (937) 890-5311
E-Mail: info@tricomb2b.com
Web Site: www.tricomb2b.com

Employees: 30
Year Founded: 1984

Agency Specializes In: Business-To-Business

Mike Bell *(Chief Creative Officer & VP)*
John Buscemi *(Principal)*
Chris Eifert *(Principal)*
Jocelyn Hodson *(Dir-PR)*
Melissa Lorenz *(Dir-Strategic Accts)*
Patrick McMullen *(Dir-Mktg Tech)*
Scott Rogers *(Dir-Strategic Accts)*
Kindra Beck *(Acct Mgr)*
Lorie Woods *(Acct Mgr-Client Svcs)*
Jon Berry *(Mgr-Content Dev)*
Kaitlyn Kraus *(Specialist-Mktg)*
Amy Shroyer *(Acct Exec)*
Stacey Alspaugh *(Designer-Production)*
Kara Cox *(Coord-Traffic)*

Accounts:
Aggreko Brand Strategy, Content Marketing, Digital Marketing, Event, Product Launch
Forte Marketing, PR
Rittal Corporation
Sonneborn Brand Strategy, Content Marketing, Digital Marketing, Event, Product Launch

TRIER AND COMPANY
649 Mission St 5th Fl, San Francisco, CA 94103
Tel.: (415) 285-6147
E-Mail: info@triercompany.com
Web Site: www.triercompany.com

Employees: 10

Agency Specializes In: Advertising, Brand Development & Integration, Event Planning & Marketing, Media Relations, Media Training, Public Relations, Social Media

Beth Trier *(Founder & CEO)*
Fanny Kim *(VP-Content Mktg Practice)*
Dana Dye *(Sr Dir-B2B Media & Indus Influencers)*
Satchi Johnson *(Acct Dir-B2B Technologies)*
Nancy Hill *(Dir-Content Mktg)*

Accounts:
Genband
Strobs USA

TRIFECTA
149 Jefferson St, Lexington, KY 40508
Tel.: (859) 303-4663
Fax: (859) 554-0524
E-Mail: info@trifectaky.com
Web Site: www.trifectaky.com/

Employees: 5
Year Founded: 2010

Agency Specializes In: Advertising, Brand Development & Integration, Content, Graphic Design, Internet/Web Design, Print

Kevin O'Dea *(Owner & Designer)*
Jonathan Moore *(Owner)*
Adam Trumbo *(Mgr & Writer-Content)*

Accounts:
Good Foods Market & Cafe

TRIGGER COMMUNICATIONS & DESIGN
200 1725 10 Ave SW, Calgary, AB T3C 0K1 Canada
Tel.: (403) 265-0812
Fax: (403) 264-2705
E-Mail: info@ideasthattrigger.com
Web Site: https://trgr.ca/

E-Mail for Key Personnel:
Media Dir.: Holly.Popiel@triggerco.com

Employees: 30
Year Founded: 1980

National Agency Associations: CAB-CBP-CDNPA

Agency Specializes In: Communications

Brenda Belcher *(VP-Fin Comm)*
Lindsey Hoedel *(Acct Dir)*
Dean Rud *(Dir-Tech)*
Mariana Flynn *(Office Mgr-Project Mgmt)*
Lance Risseeuw *(Copywriter)*

Accounts:
AMI Autoglass Insurance
Calgary Zoo Campaign: "One Page. One Ink. One Goal."
The Mustard Seed
RBC Asset Management Inc.
University of Calgary
Zombie Walk

TRIGGERFISH MARKETING
200 Townsend St Ste 45, San Francisco, CA 94107
Tel.: (415) 671-4699
Fax: (866) 510-8706
Toll Free: (877) 831-7432
Web Site: www.triggerfish.com

Employees: 1

Scott Gregory *(Pres)*

Accounts:
3PAR, Inc.
Barnett Cox & Associates
Black Bag Advertising
Hoffman Lewis
Rauxa Direct
Tee Bee Dee

TRILIA MEDIA
53 State St, Boston, MA 02109
Tel.: (617) 366-4127
Web Site: www.triliamedia.com

Employees: 100
Year Founded: 2015

Agency Specializes In: Advertising, Content, Media Buying Services, Media Planning, Strategic Planning/Research

Karen Agresti *(Exec VP & Dir-Local Investments)*
Seb Maitra *(Exec VP-Analytics)*
Guy Rancourt *(VP & Grp Dir)*
Jeff Zannella *(VP & Grp Media Dir)*
Chris Gil *(Assoc Dir-Platform Media)*
Samantha Thu *(Assoc Dir-Media & Plng)*
Eva Wendell *(Assoc Dir-Platform Media)*
Arya Mortazavi *(Mgr-Platform Media)*
Caroline Schoening *(Supvr-Media)*
Hillary Jaillet *(Sr Strategist-Platform Media)*
Jasmine M Turner *(Strategist-Platform Media)*
Justin Warshavsky *(Strategist-Platform Media)*
Amber Paul *(Media Planner)*
Camilla Creatura *(Sr Media Planner)*
Allison Daigle *(Buyer-Platform Media)*
Marianne Gaudelli *(Assoc Media Dir)*
Shelly Kolman *(Sr Media Buyer)*
Will McMahan *(Assoc Media Dir-Local Investments)*
Natalie Radcliff *(Sr Media Planner)*
Dominick Randazzo *(Assoc Media Dir)*

Accounts:
Capella University
Chili's
Frontier Communications Corporation (Media Agency of Record) Analytics, Customer Experience, Media Planning & Buying, Online & Offline Creative Development; 2018
Great Wolf Lodge
Harvard Pilgrim Healthcare
Liberty Mutual Insurance
MLB
Partners HealthCare
Planet Fitness
Supercuts

TRILIX MARKETING GROUP, INC.
615 3rd St Ste 300, Des Moines, IA 50309
Tel.: (515) 221-4900
Fax: (515) 221-0000
E-Mail: info@trilixgroup.com
Web Site: www.trilixgroup.com

Employees: 22
Year Founded: 1981

National Agency Associations: AMA-NAMA-PRSA

Agency Specializes In: Advertising, Agriculture, Automotive, Brand Development & Integration, Business-To-Business, Co-op Advertising, Collateral, Communications, Consulting, Consumer Marketing, Corporate Communications, Direct Response Marketing, E-Commerce, Education, Environmental, Event Planning & Marketing,

ADVERTISING AGENCIES
AGENCIES - JANUARY, 2019

Exhibit/Trade Shows, Government/Political, Graphic Design, Health Care Services, High Technology, Information Technology, Internet/Web Design, Investor Relations, Local Marketing, Logo & Package Design, Media Buying Services, Medical Products, Merchandising, New Product Development, Newspapers & Magazines, Out-of-Home Media, Outdoor, Pharmaceutical, Planning & Consultation, Point of Purchase, Print, Production, Public Relations, Publicity/Promotions, Radio, Recruitment, Retail, Sales Promotion, Sports Market, Strategic Planning/Research

Approx. Annual Billings: $5,000,000

Todd Senne *(Owner & Pres)*
Ron Maahs *(CEO)*
Brett Adams *(Partner & CMO)*
Brent Wirth *(Creative Dir)*
Yancy De Lathouder *(Dir-Interactive)*
Abe Goldstien *(Dir-Creative Svcs)*
Jon Miller *(Dir-Client Svc)*
Paul Burger *(Assoc Creative Dir)*

Accounts:
Drake University; Des Moines, IA; 2002
EarthPark; Des Moines, IA Environmental Education; 2004
Great Ape Trust; Des Moines, IA Great Ape Preservation & Research; 2003
Greater Des Moines Partnership
Iowa Pork Producers Association; Clive, IA Pork Consumption Promotion & Producer Education; 1997
McWane Companies; Birmingham, AL Clowe Valve, Kennedy Valve, M&H Valve; 2003
McWane Industries, Inc
NCMIC Group, Inc.; West Des Moines, IA Insurance; 1995
Newsham Choice Genetics
Stine Seed Company; Adel, IA Agricultural Seed; 2003

TRILLION CREATIVE LLC
382 Springfield Ave Ste 408, Summit, NJ 07901
Tel.: (908) 219-4703
Fax: (347) 620-9513
E-Mail: hello@trillioncreative.com
Web Site: www.trillioncreative.com

Employees: 4
Year Founded: 2013

Agency Specializes In: Advertising, Brand Development & Integration, Event Planning & Marketing, Graphic Design, Internet/Web Design, Logo & Package Design, Package Design, Print

Lou Leonardis *(Partner & Creative Dir)*
Larissa Montecuollo *(Partner & Creative Dir)*
Jillian Dougherty *(Sr Graphic Designer)*

Accounts:
Aquamate
Cheeky Bites
Madison Avenue Chiropractic Group
Purvi Padia

TRILOGY INTERACTIVE LLC
1936 University Ave Ste 191, Berkeley, CA 94704
Tel.: (510) 548-8800
Fax: (510) 548-8981
E-Mail: info@trilogyinteractive.com
Web Site: www.trilogyinteractive.com

Employees: 40

Agency Specializes In: Advertising Specialties, Brand Development & Integration, Email, Experiential Marketing, Internet/Web Design, Media Relations, New Technologies, Strategic Planning/Research

Brent Blackaby *(Co-Founder & Principal)*
Stacey Bashara *(Partner)*
Larry Huynh *(Partner)*
Josh Ross *(Partner)*
Randy Stearns *(Partner)*

Accounts:
Arizona Economic Council
ASAE & Center for Association Leadership
Barbara Boxer Social Welfare Services
Blue Green Alliance Environmental Movement Services
Brooke Ellison Project
Democratic Governors Association Training Services
Dick Durbin Health Care Reform Services
Fostering Connections Child Health Care & Reform Services
Gillibrand Health Care Services
Health Access Foundation
Media Matters
NALEO
Patty Murray Public Services
PICO National Network

TRIMENTION ADVERTISING
555 Washington Ave, Miami Beach, FL 33139
Tel.: (305) 858-3155
Fax: (305) 858-3154
E-Mail: sales@trimentionadvertising.com
Web Site: trimention.com

Employees: 14

Agency Specializes In: Hispanic Market

Guillermo E. Heredia *(CEO & Mng Partner)*

Accounts:
Alma
Conrad Hotels
Eastern Air Lines Communications, Strategic Marketing
Hilton Worldwide
Jim Beam
Johnson & Johnson
Microsoft
Samsung
Sony

TRINET INTERNET SOLUTIONS, INC.
108 Discovery, Irvine, CA 92618
Tel.: (949) 442-8900
Fax: (949) 442-8905
E-Mail: info@trinetsolutions.com
Web Site: www.trinetsolutions.com

E-Mail for Key Personnel:
President: john.carley@trinetsolutions.com
Production Mgr.: danielle.berry@trinetsolutions.com
Public Relations: alexis@trinetsolutions.com

Employees: 50
Year Founded: 1995

Agency Specializes In: Affiliate Marketing, Arts, Automotive, Brand Development & Integration, Broadcast, Business-To-Business, Children's Market, Consulting, Consumer Goods, Consumer Marketing, Corporate Identity, Cosmetics, Customer Relationship Management, Digital/Interactive, Direct Response Marketing, E-Commerce, Education, Electronic Media, Electronics, Email, Entertainment, Fashion/Apparel, Graphic Design, Health Care Services, High Technology, Hispanic Market, Hospitality, Integrated Marketing, Internet/Web Design, Leisure, Local Marketing, Luxury Products, Medical Products, Men's Market, Mobile Marketing, Multicultural, Multimedia, New Technologies, Over-50 Market, Paid Searches, Pharmaceutical, Podcasting, Promotions, Publicity/Promotions, RSS (Really Simple Syndication), Real Estate, Recruitment, Restaurant, Retail, Sales Promotion, Search Engine Optimization, Seniors' Market, Social Marketing/Nonprofit, Strategic Planning/Research, Teen Market, Travel & Tourism, Urban Market, Viral/Buzz/Word of Mouth, Women's Market

John Carley *(CEO)*
Ron Weber *(COO)*
Jeff R. Erhart *(Exec Dir-Learning, Dev & Comm)*

Accounts:
Coca-Cola Refreshments USA, Inc.
IMAX
MAZDA
PricewaterhouseCoopers
Red Cross
Safety Syringes
The Salvation Army
SAP
Sony
Warner Bros.
Whole Foods

TRIO GROUP NW
239 SW 41st St, Renton, WA 98057
Tel.: (206) 728-8181
Fax: (206) 728-1334
Web Site: www.triogroupnw.com

Employees: 10
Year Founded: 2003

Agency Specializes In: Education, Government/Political

Dennis Brooks *(Principal)*
Jeff Quint *(Principal)*

Accounts:
City of Seattle
Metro Parks Tacoma-Meadow Park GC Tacoma Open Golf/Footgolf Tournaments
Renton Technical College Student Handbook, Video, Web App
Seattle City Light Budget Billing, Meter Read, Utility Discount Program; 2010
Seattle Public Utility
WA State Parks Boater Safety

TRIPLEINK
150 S 5Th St, Minneapolis, MN 55402
Tel.: (612) 342-9800
Fax: (612) 342-9745
Toll Free: (800) 632-1388
E-Mail: info@tripleink.com
Web Site: www.tripleink.com

E-Mail for Key Personnel:
President: cthudson@tripleink.com

Employees: 11
Year Founded: 1991

Agency Specializes In: Advertising, Agriculture, Asian Market, Bilingual Market, Business-To-Business, Collateral, Communications, Corporate Communications, Cosmetics, Digital/Interactive, Fashion/Apparel, Financial, Health Care Services, Hispanic Market, Hospitality, International, Internet/Web Design, Medical Products, Multicultural, Multimedia, Pharmaceutical, Radio, T.V.

Breakdown of Gross Billings by Media:
Audio/Visual: 5%; Collateral: 75%; Print: 5%; Radio & T.V.: 5%; Worldwide Web Sites: 10%

Stephanie Cooper *(VP & Dir-Translation Svcs)*

Uta Moncur *(VP-Strategic Ops & Localization Svcs)*

TRIPTENT INC
400 W 14th St 3rd Fl, New York, NY 10014
Tel.: (212) 255-3600
Web Site: www.triptent.com

Employees: 15

Agency Specializes In: Advertising, Digital/Interactive, Graphic Design, Production, Radio, Sponsorship

Joe Masi *(CEO)*
John Paul Tran *(Exec Creative Dir)*
Alex Lose *(Dir-Content)*

Accounts:
Kohl's
Unilever

TRISECT, LLC
(Acquired by & Name Changes to Match Marketing Group)

TROIKA DESIGN GROUP
101 S La Brea Ave, Los Angeles, CA 90036
Tel.: (323) 965-1650
Fax: (323) 965-7885
E-Mail: chuck@troika.tv
Web Site: www.troika.tv

Employees: 40
Year Founded: 2001

Agency Specializes In: Advertising Specialties, Brand Development & Integration, Multimedia, Syndication, T.V.

Dan Pappalardo *(Founder & CEO)*
Paul Brodie *(Mng Dir-Creative)*
Daniza Diaz *(VP-Bus Dev)*
Rick Shahum *(VP-Bus Dev & Partnerships)*
Kevin Aratari *(Head-Bus Dev & Mktg Comm)*
Damon Haley *(Head-Sports Mktg)*
Gil Haslam *(Exec Creative Dir)*
Dale Everett *(Creative Dir)*
Rob Sonner *(Dir-Tech)*
Aaron Sapiro *(Acct Mgr-Sports Branding & Mktg)*
Divya Joseph *(Specialist-Acct)*

Accounts:
ABC
Animal Planet
Apple
AT&T
Carmike Cinemas Brand Identity, Brand Strategy, Packaging, Sundance Cinemas
CBS
CNN
Comcast
The CW
DIRECTV
Discovery Communications, Inc.
Disney Interactive Media Group
EA Sports
Electronic Arts Inc.
ESPN SportsCenter
Fox Entertainment Group, Inc.
HBO Sports
HGTV
Hulu
IMAX
Los Angeles Lakers
New-Major League Lacrosse Logo, Marketing & Communications, Rebranding, Website; 2018
NBC Sports Network
Netflix
PGA Tour, Inc
Riot Games

Sony
Time Warner Cable SportsNet & Deportes
Turner
UFC

TROLLBACK + COMPANY
490 Broadway, New York, NY 10012
Tel.: (212) 529-1010
Fax: (212) 529-9540
Web Site: www.trollback.com

Employees: 30
Year Founded: 1999

Agency Specializes In: Advertising, Broadcast, Entertainment, Graphic Design, Multimedia, Print, T.V.

Revenue: $5,000,000

Jakob Trollback *(FOunder & Chief Creative Officer)*
Danielle Garcia *(CEO)*
Alex Moulton *(Chief Creative Officer)*
Elliott Chaffer *(Exec Creative Dir)*
Brian Bowman *(Creative Dir)*
Rosie Garschina *(Creative Dir)*

Accounts:
MTV International Creative

TRONCONE + PARTNERS
(See Under T+P Advertising)

TRONE BRAND ENERGY, INC.
1823 Eastchester Dr Ste A, High Point, NC 27265
Tel.: (336) 886-1622
Fax: (336) 886-2334
E-Mail: trone@trone.com
Web Site: www.tronebrandenergy.com

Employees: 65
Year Founded: 1982

National Agency Associations: AMIN

Agency Specializes In: Advertising, Affluent Market, Alternative Advertising, Automotive, Brand Development & Integration, Broadcast, Business-To-Business, Cable T.V., Children's Market, Co-op Advertising, Collateral, Consulting, Consumer Goods, Consumer Marketing, Corporate Communications, Corporate Identity, Crisis Communications, Customer Relationship Management, Digital/Interactive, Direct Response Marketing, Direct-to-Consumer, Education, Email, Entertainment, Event Planning & Marketing, Exhibit/Trade Shows, Fashion/Apparel, Financial, Government/Political, Graphic Design, Guerilla Marketing, Health Care Services, High Technology, Household Goods, Identity Marketing, Industrial, Information Technology, Integrated Marketing, Internet/Web Design, Leisure, Local Marketing, Logo & Package Design, Luxury Products, Magazines, Market Research, Media Buying Services, Media Planning, Media Relations, Media Training, Medical Products, Men's Market, Merchandising, Multicultural, Multimedia, New Product Development, Newspaper, Newspapers & Magazines, Out-of-Home Media, Outdoor, Package Design, Paid Searches, Pets , Pharmaceutical, Planning & Consultation, Point of Purchase, Point of Sale, Print, Production, Production (Print), Promotions, Public Relations, Publicity/Promotions, RSS (Really Simple Syndication), Radio, Regional, Retail, Sales Promotion, Search Engine Optimization, Social Media, Sponsorship, Stakeholders, Strategic Planning/Research, T.V., Technical Advertising, Trade & Consumer Magazines, Travel & Tourism, Viral/Buzz/Word of Mouth, Women's Market

Approx. Annual Billings: $24,000,000

Doug Barton *(CEO)*
Rick Morgan *(CFO & Partner)*
Martin Buchanan *(Partner & Exec Creative Dir)*
Kimberly Ness *(Sr VP-Insights & Mktg)*
Gary Towning *(Sr VP-Digital Strategy & Svcs)*
Robin Yontz *(VP & Creative Dir)*
Laura Judy *(Acct Mgr-Fin)*

Accounts:
Al Capone; 2012
AVDC; 2012
Boy Scouts of America, Old North State; 2008
Greenies; 2006
Greensboro Imaging; 2005
High Point Bank; 2011
Home Meridian International; 2011
Ingersoll Rand (Agency of Record) Marketing, Power Tool Line, Product Launches
Mars Wisdom Panel; 2012
Michelin; 2011
North Carolina Department of Commerce, Division of Tourism, Film and Sports Development
North State Communications
OraStrip; 2012
Royal Canin; 2011
Servantage; 2011
Shreve & Co; 2012
Standard Process
Susie's Hope
Syngenta Professional Products Avid, Banner Maxx, Barricade, Bonzi, Daconil, Demand, Heritage, Primo Maxx, Reward, SecureChoice
Velcera; 2010
Veterinary Pet Insurance
VPI; 2010

TRONVIG GROUP
68 34th St Bldg. 6 5th Fl Ste B520, Brooklyn, NY 11232
Tel.: (718) 522-6326
E-Mail: info@tronviggroup.com
Web Site: www.tronviggroup.com

Employees: 10
Year Founded: 1998

Agency Specializes In: Advertising, Brand Development & Integration, Content, Event Planning & Marketing, Exhibit/Trade Shows, Game Integration, Internet/Web Design, Social Marketing/Nonprofit, Social Media, Strategic Planning/Research

James Heaton *(Pres & Creative Dir)*
Chris Noury *(Creative Dir)*
Vincent Fatato *(Dir-Bus Dev)*
Lolita Pogrebitskaya *(Office Mgr)*
Megan Pugh *(Strategist-Brand)*

Accounts:
New-Dassault Falcon Jet Corp.
New-Grand Forks Public Library
New-Grand Forks library
New-Luci Creative
New-National Museum Of Women in the Arts

TRUE NORTH INC.
630 Third Ave 12th Fl, New York, NY 10017
Tel.: (212) 557-4202
Fax: (212) 557-4204
E-Mail: info@truenorthinc.com
Web Site: www.truenorthinc.com

Employees: 45
Year Founded: 1994

Agency Specializes In: Advertising, Advertising Specialties, Alternative Advertising, Below-the-Line, Business-To-Business, Consumer Marketing, Customer Relationship Management,

ADVERTISING AGENCIES
AGENCIES - JANUARY, 2019

Digital/Interactive, Direct Response Marketing, Direct-to-Consumer, E-Commerce, Email, Entertainment, Financial, Game Integration, Graphic Design, Integrated Marketing, Internet/Web Design, Media Buying Services, Media Planning, Mobile Marketing, Multimedia, New Technologies, Paid Searches, Point of Purchase, Print, Production, Promotions, Radio, Search Engine Optimization, Social Marketing/Nonprofit, Social Media, Sponsorship, Sports Market, Teen Market, Travel & Tourism, Tween Market, Viral/Buzz/Word of Mouth

Approx. Annual Billings: $30,000,000

Breakdown of Gross Billings by Media: Collateral: $1,000,000; D.M.: $2,000,000; Internet Adv.: $25,000,000; Worldwide Web Sites: $2,000,000

Steve Fuchs *(Owner & CEO)*
Tim Taylor *(COO)*
Tom Goosmann *(Chief Creative Officer)*
John Como *(Exec Dir-Client Svcs)*
Bob Schwartz *(Dir-Client Dev)*
Tom Reinecke *(Assoc Dir-Media)*
Jessie Gwilt *(Acct Exec)*
Erin Murphy *(Media Planner)*

Accounts:
Adlens (Agency of Record) Data Analytics, Media Buying, Media Planning, Social Media
American Mint Collectibles (Direct Mail); 2002
American Society for the Prevention of Cruelty to Animals Digital, Marketing, Online, Sustainer Donor Acquisition; 2010
Citigroup; New York, NY; 1997
Club ABC Tours; Bloomfield, NJ Tour & Vacation Packages (Online Search Media Planning & Buying, E-Mail, Landing Pages); 2009
Doctors Without Borders; New York, NY Campaign: "Right Now", Sustainer Donor Acquisition; 2011
Goldman Sachs; New York, NY Collateral, Private Banking Statements; 1994
Medco; Franklin Lakes, NJ Pharmaceutical Health Services (Microsite, E-Mail, Direct Mail); 2010
Newsweek Daily Beast Co. Subscription Acquisition (Search Planning, Buying, Online Display, Direct Mail, Partnership Marketing); 1998
Prestige Brands, Inc Creative, Orabrush
Quorum Financial; Purchase, NY Financial Services (Marketing Pages, Collateral & Annual Report)
Royal Mail
ThomasNet.com; New York, NY Event Marketing (Online & Collateral), Search Media; 2004
Toys "R" Us; Wayne, NJ Geoffrey's Birthday Club (Web Site, Online Games); 2008
Welcome Collection

Branch

True North Interactive
473 Pine St Fl 2, San Francisco, CA 94104
(See Separate Listing)

TRUFFLE PIG
466 Lexington Ave 4th Fl, New York, NY 10017
E-Mail: oink@trufflepig.farm
Web Site: www.trufflepig.farm/

Employees: 50
Year Founded: 2015

Agency Specializes In: Below-the-Line, Branded Entertainment, Content, Digital/Interactive, Social Media, Strategic Planning/Research

Jessica Anderson *(Pres)*
Katelyn Doyle Thornton *(Mgr-Community & Acct)*

Accounts:
NBCUniversal Oxygen, Social
Tiffany & Co. Social
Verve Mobile Social

TRUMPET LLC
2803 St Philip St, New Orleans, LA 70119
Tel.: (504) 525-4600
Fax: (504) 525-4620
E-Mail: hello@trumpetgroup.com
Web Site: http://trumpetadvertising.com/

Employees: 30
Year Founded: 1997

Agency Specializes In: Advertising, Brand Development & Integration, Branded Entertainment, Broadcast, Business-To-Business, Cable T.V., Collateral, Communications, Consulting, Consumer Goods, Consumer Marketing, Content, Corporate Communications, Corporate Identity, Digital/Interactive, Entertainment, Food Service, Graphic Design, Guerilla Marketing, Health Care Services, Hospitality, Identity Marketing, In-Store Advertising, Internet/Web Design, Leisure, Local Marketing, Logo & Package Design, New Product Development, Newspapers & Magazines, Out-of-Home Media, Outdoor, Package Design, Planning & Consultation, Print, Publicity/Promotions, Restaurant, Retail, Sales Promotion, Sports Market, Strategic Planning/Research, T.V., Travel & Tourism

Approx. Annual Billings: $26,000,000

Breakdown of Gross Billings by Media: Cable T.V.: 1%; Fees: 32%; Internet Adv.: 1%; Mags.: 2%; Newsp.: 5%; Other: 1%; Out-of-Home Media: 8%; Production: 28%; Spot Radio: 6%; Spot T.V.: 5%; Trade & Consumer Mags.: 11%

Jude Chauvin *(Partner, CFO & COO)*
Jenny McGuinness *(Partner & Grp Acct Dir)*
Malcolm Schwarzenbach *(Partner & Strategist-Brand)*
Scott Couvillon *(Principal)*
Michael Manning *(Dir-Production)*
Pat McGuinness *(Dir-Content Dev)*
Enid Fahrenholt *(Office Mgr)*
Emily Sampson *(Strategist)*
Brett Williams *(Copywriter)*

Accounts:
Future Proof
HUB International Insurance, Risk Management Products & Services
Lia Molly Sweater Designs
Louisiana Economic Development Campaign: "Pick Your Passion", Tourism
Renaissance Hotels
Saute Your Way
St. Charles Vision
Startup New Orleans
Tobacco Free Living State Anti-Smoking Campaign
University of New Orleans

TRUNGALE EGAN + ASSOCIATES
8 S Michigan Ave Ste 2310, Chicago, IL 60603
Tel.: (312) 578-1590
Web Site: www.trungaleegan.com

Employees: 25

Agency Specializes In: Advertising, Brand Development & Integration, Collateral, Digital/Interactive, Internet/Web Design, Package Design, Public Relations, Social Media

Bill Egan *(Pres)*
Brad Feldmar *(Exec VP)*
Dave Cermak *(Creative Dir)*

Matthew Henkle *(Dir-Mktg & Tech)*
Fred Steingraber *(Sr Acct Mgr)*
Hanna Klein *(Acct Exec & Designer)*
David Fields *(Sr Art Dir)*

Accounts:
Annex Wealth Management
Nepsis Capital Management

TRUSCOTT ROSSMAN
124 W Allegan St Ste 800, Lansing, MI 48933
Tel.: (517) 487-9320
Fax: (517) 487-5080
Web Site: www.truscottrossman.com

Employees: 25
Year Founded: 2011

Agency Specializes In: Advertising, Crisis Communications, Digital/Interactive, Public Relations

John Truscott *(Pres & Principal)*
Ron Fournier *(Pres)*
Shaun Wilson *(VP & Dir-Client & Community Rels)*
Barb Holland *(Sr Acct Exec)*
Amy A. Lefebre *(Sr Acct Exec)*
Allie Walker *(Sr Acct Exec)*
Dan Herrick *(Acct Exec)*

Accounts:
Michigan Chamber of Commerce

TRUTH COLLECTIVE LLC
25 Russell St, Rochester, NY 14607
Tel.: (585) 690-0844
E-Mail: hi@truthcollective.com
Web Site: www.truthcollective.com

Employees: 14
Year Founded: 2013

Agency Specializes In: Advertising, Brand Development & Integration, Broadcast, Communications, Content, Digital/Interactive, Event Planning & Marketing, Print, Production, Social Media

Bob Bailey *(Partner)*
John Roberts *(Partner)*
Jeremy Schwartz *(Partner)*
Whit Bowers *(Grp Acct Dir)*
Karrie Gurnow *(Creative Dir)*
Reger Jacobs *(Art Dir)*
Joe Moore *(Creative Dir)*
Tracey Miller *(Dir-Fin & HR)*
Mike Tracy *(Acct Supvr)*
Robin Lohkamp *(Supvr-Creative Grp)*
Alyssa R. Davis *(Copywriter)*

Accounts:
New-Fuel
New-LensCrafters Inc.
New-OneSight
New-WeatherFrom LLC

TRY J ADVERTISING
6030 Avenida Encinas Ste 210, Carlsbad, CA 92011
Tel.: (855) 314-0199
E-Mail: contact@tryjadvertising.com
Web Site: www.tryjadvertising.com

Employees: 4

Agency Specializes In: Advertising, Brand Development & Integration, Digital/Interactive, Event Planning & Marketing, Media Buying Services, Media Planning, Out-of-Home Media, Outdoor, Public Relations, Social Media

AGENCIES - JANUARY, 2019 — ADVERTISING AGENCIES

Dale Weston *(Dir-Comm)*

Accounts:
Lexus Carlsbad
Lexus Escondido

TSA COMMUNICATIONS, INC.
307 S Buffalo St, Warsaw, IN 46580-4304
Tel.: (574) 267-5178
Fax: (574) 267-2965
Web Site: www.tsacommunications.com

Employees: 8
Year Founded: 1948

National Agency Associations: AFAA-BPA

Agency Specializes In: Advertising, Agriculture, Business Publications, Business-To-Business, Co-op Advertising, Collateral, E-Commerce, Electronic Media, Email, Engineering, Health Care Services, Industrial, Internet/Web Design, Media Buying Services, Media Planning, Paid Searches, Print, Production, Production (Print), Public Relations, Publicity/Promotions, Sales Promotion, Search Engine Optimization, Technical Advertising, Trade & Consumer Magazines, Yellow Pages Advertising

Clayton Kreicker *(Pres)*
T.J. Hartman *(Sr VP)*
April Menzie *(Creative Dir)*
Cindy Ronk *(Mgr-Traffic)*

Accounts:
ABC Metals, Inc.; Logansport, IN Cut Length & Edge Roll Facilities, Nonferrous Alloys, Precision Slitting; 2008
Abresist Corp.; Urbana, IN Abrasion Resistant Linings
Alstom Power, Inc.; Lisle, IL Size Reduction & Thermal Processing Manufacturing Equipment
American Newlong; Indianapolis, IN Bag Closing Equipment
Aristo Machines, Inc.; Indianapolis, IN Tube End Forming Equipment
Assmann Corp of America; Garrett, IN Polyethylene Tanks & Containers for Corrosive Chemical & Waste Applications
Best Metal Finishing; Osgood, IN Metal Finishing & Plating
Carver Inc.; Wabash, IN Hydraulic Laboratory Presses
Cleveland Track Material Inc.; Cleveland, OH Railroad Trackwork, Cylindrical Fabrications
Elgin Fastener Group; Versailles, IN Industrial Fasteners
Flint & Walling; Kendallville, IN Water Pumps & Equipment; 1998
Indiana Phoenix; Avilla, IN Concrete Delivery Trucks, Water Trucks, Rock Spreaders
Innovative Processing Solutions; Louisville, KY Aggregate Engineering Services
ITW-GALEWRAP; Douglasville, GA Oriented Stretch Film & Automotive Equipment
LMC Workholding; Logansport, IN International Power Chucks & Cylinders, Workholding Devices
Manchester Tool & Die; North Manchester, IN Tube & Forming Equipment
Mier Products, Inc.; Kokomo, IN Driveway Alarms, Siren & Instrument Enclosures
Mitchell, Inc.; Elkhart IN Rubber Cutting & Trimming Machines; 1996
Swager Communications, Inc. Construction Services, Tower Erection, Tower Manufacturing
Topp Industries; Rochester, IN Stump & Sewage Basins, Risers & Covers, Fiberglass Lift Stations, Triple Garage Basin Systems & Landscape Rocks
TransFlo Corp.; Fort Wayne, IN Pneumatic Conveying Equipment
Transhield, Inc.; Elkhart, IN Engineered Shrink Wrap Covers
Warsaw Chemical Co.; Warsaw, IN Car Wash Detergent, Waxes, Sanitary Maintenance Supplies
Warsaw Machinery, Inc. Plastics, Woodworking
Wilkens-Anderson Co.; Chicago, IL Laboratory Equipment
Worksaver, Inc.; Litchfield, IL Farm Tractor Accessories

TSAICOMMS
112 NW Maywood Dr Ste B, Portland, OR 97210
Tel.: (971) 327-0628
Fax: (971) 327-0629
E-Mail: info@tsaicomms.com
Web Site: www.tsaicomms.com

Employees: 2
Year Founded: 2002

Agency Specializes In: Asian Market, Consumer Marketing, Multicultural

Approx. Annual Billings: $300,000

Accounts:
ESCO Corp
Nike

TSN ADVERTISING
301 Arizona Ave Ste 250, Santa Monica, CA 90401
Tel.: (888) 496-4850
E-Mail: contact@tsnadvertising.com
Web Site: www.tsnadvertising.com

Employees: 13

Agency Specializes In: Advertising, Brand Development & Integration

Eric Zdenek *(Co-Founder & CEO)*
Ben Kogus *(COO)*

Accounts:
Chumash
Jersey Mike
flipps

TTG PARTNERSHIPS
(Formerly Twentyten Group)
450 - 375 Water St, Vancouver, BC V6B 5C6 Canada
Tel.: (604) 569-0480
Web Site: www.ttgpartnerships.com/

Employees: 50
Year Founded: 2010

Agency Specializes In: Advertising, Brand Development & Integration, Broadcast, Communications, Merchandising, Public Relations, Sponsorship

Andrea J. Shaw *(Founder & Mng Partner)*
Bill Cooper *(Mng Dir)*
Catherine Locke *(Dir-HR & Admin)*

Accounts:
Athletics Canada
Canada Basketball
Canada Games Council Sponsorship, Strategic Marketing
Canadian Olympic Team
HSBC Canada Sevens
Intrawest ULC
John Furlong
KidSport National Marketing, Strategic Marketing
NFL Canada (Agency of Record) Sponsorship Sales; 2017
Rowing Canada
Rugby Canada World Rugby Sevens Series (Agency of Record)
Snow Sport Consortium
The Vancouver Economic Commission
Whistler Blackcomb Holdings Inc.

TUCCI CREATIVE INC
5967 E Fairmount, Tucson, AZ 85712
Tel.: (520) 296-7678
Fax: (520) 546-4598
E-Mail: graphics@tuccicreative.com
Web Site: www.tuccicreative.com

Employees: 10
Year Founded: 1995

Agency Specializes In: Advertising, Internet/Web Design, Media Planning, Print, Public Relations, Radio, Social Media

Mark Tucci *(Owner)*
Antoinette Milazzo *(Acct Mgr & Media Buyer)*

Accounts:
Arico Plumbing
Gersons Used Building Materials
Hodges Eye Care
Homestyle Galleries
Joyful Hearts Yoga
La Contessa Boutique
Tucson Subaru

TUNGSTEN CREATIVE GROUP
510 W 7th St, Erie, PA 16502
Tel.: (814) 871-4100
Fax: (814) 871-4103
E-Mail: info@atomic74.com
Web Site: www.atomic74.com

Employees: 12

Agency Specializes In: Advertising, Graphic Design, Internet/Web Design

Jody Farrell *(Partner)*
Joe Weunski *(Partner)*
Jen Winkler *(Art Dir)*
Oto Hlincik *(Dir-Web Div)*
Patty Carey *(Internal Accountant & Office Mgr)*
Sheila Hultgren *(Coord-Traffic)*

Accounts:
Asbury Woods
Erie Insurance Arena
Hamot Health Foundation

TURCHETTE ADVERTISING AGENCY LLC
9 Law Dr, Fairfield, NJ 07004
Tel.: (973) 227-8080
Fax: (973) 227-8342
E-Mail: mgavin@turchette.com
Web Site: www.turchette.com

Employees: 10
Year Founded: 1950

Agency Specializes In: Advertising, Advertising Specialties, Brand Development & Integration, Broadcast, Business Publications, Business-To-Business, Cable T.V., Collateral, Consumer Marketing, Corporate Identity, Cosmetics, Direct Response Marketing, Education, Event Planning & Marketing, Exhibit/Trade Shows, Financial, Graphic Design, Health Care Services, Internet/Web Design, Logo & Package Design, Magazines, Media Buying Services, Medical Products, New Product Development, Newspaper, Newspapers & Magazines, Out-of-Home Media, Outdoor, Pharmaceutical, Planning & Consultation, Point of Purchase, Point of Sale, Print, Production, Public Relations, Publicity/Promotions, Radio, Real Estate, Retail, Sports Market, Strategic

ADVERTISING AGENCIES — AGENCIES - JANUARY, 2019

Planning/Research, Sweepstakes, Trade & Consumer Magazines

Approx. Annual Billings: $11,000,000

Breakdown of Gross Billings by Media: Collateral: $440,000; Fees: $880,000; Graphic Design: $1,650,000; Newsp. & Mags.: $6,600,000; Outdoor: $330,000; Print: $550,000; Production: $550,000

Michael J. Gavin *(Chm)*
James Gorab *(Pres)*
Deborah Gavin *(Sr VP)*
Rhona Siciliano *(Asst VP & Media Dir)*
Danette Green *(Sr Dir-Strategic Mktg)*
Richard Koziol *(Creative Dir)*
Dana Rovito *(Acct Supvr)*
Fred Ghilino *(Sr Acct Exec)*
Jenni Saunders *(Sr Acct Exec)*

Accounts:
Cortegra
Financial Services Inc. (FSI)
Fujitsu General (Agency of Record) Advertising, Creative, Media Buying, Public Relations
James Alexander Corporation; Blairstown, NJ
Rondaxe (Agency of Record) Brand Development, Interactive Marketing, Public Relations
Supremia International (Agency of Record) Advertising, Marketing, Public Relations
United Roosevelt Savings Bank (Agency of Record) Advertising, Marketing & Public Relations
World Wide Packaging

TUREC ADVERTISING ASSOCIATES, INC.
9272 Olive Blvd, Saint Louis, MO 63132
Tel.: (314) 993-1190
Web Site: www.turec.com/

Employees: 12
Year Founded: 1976

Revenue: $1,900,000

Ben Turec *(Pres)*
Tony DiGuida *(VP)*
Sharon Huber *(Media Dir)*
Renee Maier *(Creative Dir)*
Mary Schellerup *(Supvr-Media)*

Accounts:
Casino Queen

TURKEL BRANDS
800 S Douglas Rd Ste 230, Coral Gables, FL 33134
Tel.: (305) 476-3500
Fax: (305) 448-6691
Web Site: turkelbrands.com/

E-Mail for Key Personnel:
President: rschaps@turkel.info
Creative Dir.: bturkel@turkel.info
Public Relations: mshapiro@turkel.info

Employees: 35
Year Founded: 1983

Agency Specializes In: Advertising, Bilingual Market, Brand Development & Integration, Broadcast, Business-To-Business, Cable T.V., Co-op Advertising, Collateral, Communications, Consumer Marketing, Corporate Identity, Digital/Interactive, Direct Response Marketing, Electronic Media, Fashion/Apparel, Financial, Graphic Design, Health Care Services, High Technology, Hispanic Market, In-Store Advertising, Information Technology, Internet/Web Design, Leisure, Local Marketing, Magazines, Medical Products, Newspapers & Magazines, Out-of-Home Media, Outdoor, Pharmaceutical, Print, Production, Public Relations, Radio, Real Estate, Restaurant, Retail, Strategic Planning/Research, T.V., Trade & Consumer Magazines, Travel & Tourism

Roberto S. Schaps *(Pres)*
Bruce Turkel *(CEO)*
Sara Saiz *(Mng Dir)*
Zoila Cardoso *(Mgr-Fin)*
Eblis Parera *(Mgr-IT)*

Accounts:
Beacon Council
Coconut Grove Trust
Country Club of Miami
Crandon Golf
DMAI
Greater Miami Convention & Visitors Bureau Advertising
Jackson Memorial Hospital
Kissimmee-St. Cloud Convention & Visitors Bureau; 2003
Metcare
Mississippi Gulf Coast
Partnership for a Drug Free America, Miami Coalition
Salvadoran American Humanitarian Foundation Human Development Programs
University of Miami Center for Non-Profit Management
Women's Emergency Network

TURN KEY OFFICE LTD
520 Broadway 2nd Fl, Santa Monica, CA 90401
Tel.: (213) 631-4116
E-Mail: info@agencytk.com
Web Site: www.agencytk.com

Employees: 20
Year Founded: 2000

Agency Specializes In: Advertising, Commercial Photography, Content, Digital/Interactive, Internet/Web Design, New Product Development, Print, Public Relations, Search Engine Optimization, Social Media

Nicole Levings *(Dir-US)*
Olivia Nicholson *(Acct Mgr-Integrated)*

Accounts:
New-Emblematic Group
New-GoFreshFarmMarket
New-Parris Law

TURNER DUCKWORTH DESIGN
Voysey House Barley Mow Passage, W4 4PH London, United Kingdom
Tel.: (44) 20 8994 7190
Fax: (44) 20 8994 7192
E-Mail: moira@turnerduckworth.co.uk
Web Site: www.turnerduckworth.com

Employees: 20

Agency Specializes In: Advertising, Affluent Market, Aviation & Aerospace, Brand Development & Integration, Children's Market, Consumer Goods, Content, Cosmetics, Food Service, Internet/Web Design, Logo & Package Design, Multimedia, New Product Development, New Technologies, Package Design, Pharmaceutical, Print, Production, Production (Print), Social Marketing/Nonprofit, T.V., Transportation, Travel & Tourism

James Norris *(Head-Production)*
Tim Owen *(Head-Plng)*
Paula Talford *(Creative Dir)*
Gavin Hurrell *(Dir-Design)*
Matt Lurcock *(Dir-Design)*
David Thompson *(Dir-Design)*

Jamie Pearce *(Sr Acct Mgr)*
Roz Johnston *(Mgr-Comml)*
Jessie Froggett *(Designer)*
Jamie Nash *(Sr Designer)*

Accounts:
Amie
Burger King Brand Strategy, Global Brand Positioning
Carlsberg Campaign: "Tuborg Bottle"
Chivas Brothers Campaign: "The Glenlivet Classic Range Packaging Redesign"
The Coca-Cola Co. "Birthday Candles", Diet Coke
D&AD Campaign: "D&Ad In Book And Nomination Awards"
Dockers
Fat Bastard
Honest Tea CocoaNova
Kettle Foods Campaign: "Kettle Ridge Crisps"
Levi Strauss Campaign: "Levis Visual Identity System", HIV/AIDS Video
Lilt Tropical Fruit Drink
Metallica Album Cover; 2008
Neal's Yard Remedies
Palm
Pencil Rankings
Popchips
S.A. Brains
SETI Institute
Tea Times Trading
VSOP Blended Alcohol Drink
Waitrose Good To Go
Zebra Hall

TURNPOST CREATIVE GROUP
412 N 85Th St, Omaha, NE 68114
Tel.: (402) 345-5959
Web Site: www.turnpost.com

Employees: 25
Year Founded: 1993

Agency Specializes In: Advertising, Brand Development & Integration, Communications, Graphic Design, Internet/Web Design, Print

Jeff Reiner *(Pres)*
Stuart Lundgren *(Principal)*
Jamie Massey *(Art Dir)*

Accounts:
Benaissance
Elliott Equipment Company Inc.
Travel & Transport Inc.

TURNSTILE
145 Corte Madera Town Center, Corte Madera, CA 94925
Tel.: (415) 927-1010, ext. 201
E-Mail: diana@turnstile-sf.com
Web Site: www.turnstile-sf.com

Employees: 8
Year Founded: 2003

National Agency Associations: AHAA

Agency Specializes In: Hispanic Market, Sponsorship

Approx. Annual Billings: $6,000,000

Diana Putterman *(Pres)*

Accounts:
Applied Materials
Comcast
Pebble Beach Company
SunRay Park & Casino
Twin pine Casino

AGENCIES - JANUARY, 2019 — ADVERTISING AGENCIES

TURNSTILE INC.
2002 Academy Ln Ste 100, Dallas, TX 75234
Tel.: (214) 210-6000
Fax: (214) 210-5970
Web Site: www.turnstileinc.com

Employees: 28

Agency Specializes In: Advertising, Digital/Interactive, Print

John Seeker *(Owner)*

Accounts:
Six Flags

TURTLEDOVE CLEMENS, INC.
1110 NW Flanders Street, Portland, OR 97209
Tel.: (503) 226-3581
Fax: (503) 273-4277
E-Mail: jay@turtledove.com
Web Site: www.turtledove.com

Employees: 12
Year Founded: 1941

National Agency Associations: APA-ICOM-MCA

Agency Specializes In: Advertising, Communications, Consumer Marketing, Food Service, Graphic Design, Health Care Services, Leisure, Planning & Consultation, Public Relations, Restaurant, Travel & Tourism

Jay Clemens *(Owner)*
Stuart Samuelson *(VP)*
Brooke Jones *(Dir-Production)*
Sandra Carpenter *(Acct Mgr)*
Jeff Bernius *(Sr Art Dir)*

Accounts:
Adult-Care.org
Clackamas County Tourism
Clackamas Heritage Partners
Kitchen Kaboodle
Oil Can Henry's
Portland Metro RV Dealers
Timberline Lodge
Wendys Family Restaurants
Wendy's Northwest Region
Willamette Valley Visitors Association

TUXEDO AGENCY
3414 Ave du Parc Ste 202, Montreal, QC H2X 2H5 Canada
Tel.: (514) 664-5722
E-Mail: info@agencetuxedo.com
Web Site: https://tux.co

Year Founded: 2010

Agency Specializes In: Advertising, Brand Development & Integration, Content, Digital/Interactive, Event Planning & Marketing, Graphic Design, Package Design, Print, Public Relations, Social Media

Dominic Tremblay *(Co-Founder & CEO)*
Laurent Guez *(Partner)*
Caroline Pilon *(VP-Client Svcs & Strategy)*
Caroline Grutman *(Head-Production)*
Sabrina Del Duca *(Dir-Client)*

Accounts:
Dermablend Professional Leg & Body Tattoo Primer, Vichy
L'Oreal USA, Inc. Campaign: "Forget Flawless", Campaign: "Your Skin Deserves Better", Online, Print, Vichy

TV, INC.
2465 Northside Dr Ste 1704, Clearwater, FL 33761
Tel.: (310) 985-1229
Fax: (727) 474-5606
Toll Free: (800) 326-5661
Web Site: www.tvinc.com

Employees: 12
Year Founded: 1987

Agency Specializes In: Advertising Specialties, Affiliate Marketing, Asian Market, Branded Entertainment, Business-To-Business, Consulting, Consumer Marketing, Digital/Interactive, Direct Response Marketing, Direct-to-Consumer, Household Goods, Infomercials, Integrated Marketing, Local Marketing, Newspaper, Production, Radio, T.V.

William Thompson *(Owner)*
Kenneth Forsman *(Mng Dir)*

Accounts:
Gary Null & Associates

TVGLA
5340 Alla Rd Ste 100, Los Angeles, CA 90066
Tel.: (310) 823-1800
Fax: (310) 823-1822
E-Mail: info@tvgla.com
Web Site: www.tvgla.com

Employees: 55
Year Founded: 2007

Agency Specializes In: Media Buying Services, Mobile Marketing

Dimitry Ioffe *(Founder & CEO)*
Brian Pettigrew *(Pres)*
Julie Gargan *(Exec Creative Dir)*
Armando Llenado *(Exec Creative Dir)*
Shannon Turner *(Sr Acct Dir)*
Amy Ruud *(Exec Producer-Digital)*
Francisco Camberos *(Creative Dir-Emerging Media)*
Jorge Cantero *(Creative Dir)*
Long Tran *(Creative Dir)*
Larry Davidson *(Dir-Tech)*
Sherry Hong *(Dir-HR)*

Accounts:
Bates Motel
Cirque Du Soleil
Club W Broadcast, Campaign: "WINEing", Digital
Dreamworks Animation Campaign: "Kung Fu Panda 2"
Fox Searchlight
Gruppo Campari Appleton Estate, Content, Digital Marketing, Jamaica Rum, Skyy Vodka, Social Media, Spirits, Wild Turkey
The History Channel
Kia
Lionsgate
Mattel
NBC
Pepsi International
Realtor
Showtime
Sony
Spike Network Digital, Social Media, Website
Universal Pictures
Walt Disney Pictures
Watchmen Motion Comic Entertainment
X-Men Origins Entertainment

TWENTY FOUR SEVEN, INC.
425 NE 9th Ave, Portland, OR 97232
Tel.: (503) 222-7999
Fax: (503) 222-7919
Toll Free: (888) 247-9365
E-Mail: info@twentyfour7.com
Web Site: www.twentyfour7.com

Employees: 20
Year Founded: 1995

Agency Specializes In: Advertising, Strategic Planning/Research

Revenue: $13,700,000

Jennifer Brothers *(Partner & COO)*
Steven Shaw *(Creative Dir)*
Kris Wigger *(Project Mgr & Acct Exec)*
Kyle Kendrick *(Sr Designer)*

Accounts:
Apple
Giorgio Armani
Nike
Starbucks

Branch

Twenty Four Seven
250 Hudson St 11th Fl \@ Sandbox, New York, NY 10013
Tel.: (212) 300-6222
Web Site: www.twentyfour7.com/

Employees: 18

Agency Specializes In: Advertising

Ryan Rakoske *(Mgr-Bus Dev)*

TWENTYTEN GROUP
(See Under TTG Partnerships)

TWEYEN INC
171 W Wing St Ste 201, Arlington Heights, IL 60005
Tel.: (847) 749-0143
Fax: (847) 749-3016
Web Site: www.tweyen.com

Employees: 9
Year Founded: 2000

Agency Specializes In: Advertising, Collateral, Corporate Identity, Internet/Web Design, Package Design

Sean Reilly *(Pres)*
Emily Calvillo *(Creative Dir)*
Ryan Gamble *(Sr Designer)*
Beth Granitz *(Jr Designer)*

Accounts:
Serta Mattress Company
Stack-On Products Co. Inc.
WorldPoint

TWG COMMUNICATIONS
101 Worthington St E Ste 433, North Bay, ON P1B 1G5 Canada
Tel.: (705) 472-1861
Fax: (705) 472-2343
E-Mail: webcontact@twgcommunications.com
Web Site: http://www.twg.co/

Employees: 12
Year Founded: 1996

Agency Specializes In: Advertising

William Ferguson *(Partner & Creative Dir)*
Theodosis Margaritis *(Partner & Strategist-Brand)*
Marnie Ferreira *(Mgr-Studio & Graphic Designer)*

Accounts:

ADVERTISING AGENCIES
AGENCIES - JANUARY, 2019

ATV Ontario
CMA
College Boreal
Destination Muskoka
KIJIJI
Maple Leaf Foods
Motorola Canada
Northeastern Ontario Tourism (Agency of Record)
One Kids Place
Petro Canada
Procter & Gamble
Shell Canada
Veet
Wood Works

TWIN ADVERTISING
7 S Main St, Pittsford, NY 14534
Tel.: (585) 662-5905
Web Site: www.twinadvertising.com

Employees: 8

John Galbraith *(Pres-Twin Partners)*

Accounts:
Design Pool & Spa

TWINOAKS
5850 Granite Pkwy Ste 750, Plano, TX 75024
Tel.: (469) 814-1247
Web Site: www.thetwinoaks.com

Employees: 25
Year Founded: 2011

Agency Specializes In: Business Publications, Co-op Advertising, Collateral, Consumer Publications, Exhibit/Trade Shows, Experience Design, In-Store Advertising, Local Marketing, Newspapers & Magazines, Point of Purchase, Point of Sale, Production, Production (Print), Shopper Marketing, Social Media, Sweepstakes, Trade & Consumer Magazines

Steve DeVore *(Pres)*
Cameron Clement *(VP & Exec Creative Dir)*
Brianne Brannan *(VP-Client Svc)*
Isis DiLoreti *(Sr Mgr-Client Leadership)*
Austin Hobbs *(Assoc Creative Dir)*

Accounts:
Beiersdorf
Beringer

TWIST CREATIVE INC.
2306 W 17th St Ste 3, Cleveland, OH 44113
Tel.: (216) 631-5411
Fax: (216) 631-5413
E-Mail: info@twistcreative.com
Web Site: www.twist-creative.com

Employees: 26
Year Founded: 2000

Agency Specializes In: Advertising, Brand Development & Integration, Collateral, Identity Marketing, Print

Connie Ozan *(Founder, Owner & Design Dir)*
Michael Ozan *(CEO & Chief Creative Officer)*
Charlene Coughlin *(Mng Dir)*
Joshua Altman *(VP)*
Christopher Oldham *(VP-Creative Svcs)*
Stefanie D'Angelo *(Dir-Ops)*
M. Umair Khan *(Sr Designer)*

Accounts:
Arhaus

TWO BY FOUR
10 N Dearborn St Ste 1000, Chicago, IL 60602
Tel.: (312) 382-0100
Fax: (312) 382-8003
Web Site: www.twoxfour.com

Employees: 30
Year Founded: 1997

National Agency Associations: 4A's

Agency Specializes In: Advertising, Advertising Specialties, Broadcast, Electronic Media, Radio, Sponsorship

Approx. Annual Billings: $3,000,000

David W. Stevenson *(Founder, Pres & Chief Creative Officer)*
Adam VonOhlen *(Sr VP & Creative Dir)*
Amanda Janak *(Acct Dir)*
Jessica Romaniuk *(Media Dir)*
Mike Vithoulkas *(Creative Dir)*
Aaron Sanfillippo *(Assoc Creative Dir)*

Accounts:
Bernina of America
Bradley Corporation
Bridgestone/Firestone Direct Mail
Brookfield Zoo
Chattanooga Metropolitan Airport
Covenant Transport
Firestone Complete Auto Care
Grossmont Center
The John Buck Company
Labelmaster
Navy Pier
Paslode Creative, Media Buying, Strategy
Red Kap
Ronald McDonald House Charities of Chicagoland & Northwest Indiana (Advertising Agency of Record) Creative
Saint James School of Medicine Search Engine Marketing Strategy
SnapOn
VF Imagewear
Wrangler; Greensboro, NC Accessories, Apparel, Jeans; 1999
Wrangler Workwear
Zebra Technologies Campaign: "Visibility That's Visionary"

TWO RIVERS MARKETING
106 E 6th St, Des Moines, IA 50309
Tel.: (515) 557-2000
Web Site: www.tworiversmarketing.com

Employees: 500
Year Founded: 2000

Agency Specializes In: Advertising, Content, Digital/Interactive, Email, Exhibit/Trade Shows, Internet/Web Design, Media Relations, Public Relations, Social Media

Patti Griffith *(Mng Dir-Client Svc)*
Drew Jones *(Mng Dir-Creative)*
Patrick McGill *(Mng Dir-Strategy)*
Joe Boswell *(Acct Dir-Fin-John Deere)*
Hillary Ferry *(Dir-Digital Mktg)*
Leslie Maynes *(Dir-PR)*
Debbie McClung *(Mgr-PR Team & Content)*
Marisa Goodrich *(Supvr-Media)*
Jamie R. Jackson *(Supvr-PR)*
Minda Kuckuck *(Supvr-PR)*
Keesia Wirt *(Sr Strategist-Content Mktg)*
Lance Lethcoe *(Assoc Creative Dir)*

Accounts:
Danfoss A/S
Juvenile Diabetes Research Foundation International

TWO WEST, INC.
920 Main St Ste 1850, Kansas City, MO 64105
Tel.: (816) 471-3255
Fax: (816) 471-7337
Toll Free: (877) 532-.9378
E-Mail: info@twowest.com
Web Site: my.twowest.com

Employees: 35
Year Founded: 1997

Agency Specializes In: Advertising, Advertising Specialties, Brand Development & Integration, Business-To-Business, Communications, Consulting, Consumer Marketing, Corporate Identity, Digital/Interactive, Direct Response Marketing, Event Planning & Marketing, Logo & Package Design, Media Buying Services, Public Relations, Publicity/Promotions, Radio, Strategic Planning/Research

Jody Flaherty *(Dir-Studio)*
Barbara Russell *(Acct Supvr)*

Accounts:
Sprint; Overland Park, KS Internet, Retail

TWOFIFTEENMCCANN
215 Leidesdorff St, San Francisco, CA 94111
Tel.: (415) 820-8700
Web Site: www.215mccann.com

Employees: 200
Year Founded: 2006

National Agency Associations: 4A's

Agency Specializes In: Advertising, Sponsorship

Kelly Johnson *(Pres)*
Scott Duchon *(Chief Creative Officer)*
Adam Reeves *(Exec Creative Dir)*
Eryn Lovich *(Exec Producer-Digital)*
Neile Weeks *(Sr Producer-Digital)*
Neil Bruce *(Creative Dir)*
Nichole Geddes *(Creative Dir)*
Peter Goldstein *(Bus Dir)*
Alper Kologlu *(Art Dir & Assoc Creative Dir)*
Bryant Marcia *(Acct Dir)*
Brad Meyers *(Creative Dir)*
Chris Onesto *(Art Dir)*
Julie Nash Sinclair *(Acct Dir)*
Jessie Ybarra *(Assoc Producer)*
Laura Miley *(Mgmt Supvr)*
Mary Beth Barney *(Dir-Bus Affairs)*
Shannon Duncan *(Dir-Creative Svcs)*
Cassidy Wilber *(Dir-Strategy)*
Eric Boyd *(Assoc Dir-Creative)*
Sharon Chow Kaye *(Assoc Dir-Creative)*
Devina A. Hardatt *(Acct Supvr)*
Ben Blaska *(Sr Acct Exec)*
John Samuel Brody *(Sr Acct Exec)*
Chelsea Martin *(Strategist)*
Armando Melendez *(Acct Exec)*
Christian Stewart *(Strategist)*
Matt Bunnell *(Copywriter)*
Frank Fusco *(Copywriter)*
Robbie Kalish *(Asst Acct Exec)*
Paige Kane *(Asst Acct Exec)*
Monisa Lu *(Asst Acct Exec)*
Christina Chin *(Assoc Producer)*
Shawn Raissi *(Sr Art Dir)*

Accounts:
Columbia Sportswear Company Brand & Creative Communications; 2018
Gears Of War Campaign: "Dust To Dust"
Help Remedies "Help, I can't sleep"
Hulu LLC Broadcast, Campaign: "Director", Campaign: "Fireside", Campaign: "Hello From Hulu", Campaign: "In The Know, Empire ", Campaign: "Jingle", Digital
Machine Zone Mobile Strike

AGENCIES - JANUARY, 2019 — ADVERTISING AGENCIES

Maglite Campaign: "Morse Code"
Microsoft Corporation "Forza Motorsport 4", "Gears of War 3", "The Un-Filmable Game", Broadcast, Campaign: "All Hail", Campaign: "Awakening", Campaign: "Dust To Dust", Campaign: "Kinect Effect", Campaign: "Leave Your Limits", Campaign: "Rules are Meant to be Exploded", Campaign: "Ryse:Son of Rome", Campaign: "The Cost", Creative, Forza Horizon 4, Halo 4, Halo 5: Guardians, Marketing, Minecraft, Online, Quantum Break: The Cemetery, Sunset Overdrive, Trailer, Xbox
Nikiclainos "The Little Blue Letter", HopScout
Pandora (Lead Creative Agency) Campaign: "#ThumbMoments", Campaign: "Now playing. You,", Campaign: "THUMB MOMENTS WITH LINDSEY STIRLING", Campaign: "The Next Song Matters", Campaign: "Thumb Moments With Bush", Online
San Francisco Giants Baseball Club (Advertising Agency of Record) Creative, Digital, Mobile, Social; 2018
Workday

TYPEWORK STUDIO
40 Pine Ridge Terrace, Buffalo, NY 14225
Tel.: (716) 320-0010
E-Mail: info@typeworkstudio.com
Web Site: https://typeworkstudio.com/

Employees: 2

Agency Specializes In: Advertising, Brand Development & Integration, Graphic Design, Internet/Web Design, Logo & Package Design, Print

Jason Feltz *(Owner)*

Accounts:
Pakkett

TYSON ASSOCIATES, INC.
1 E Hayestown Rd Unit 80, Danbury, CT 06811
Tel.: (203) 437-4248
Fax: (203) 775-0563
E-Mail: tysonassociates@aol.com
Web Site: www.tysonassociates.com

Employees: 4
Year Founded: 1982

National Agency Associations: ABC-BPA-DMA

Agency Specializes In: Direct Response Marketing

Elaine Tyson *(Owner)*
Karen Tyson *(Partner & VP)*

Accounts:
Alternative Emerging Investor
CRM Magazine
Database Trends & Applications
Design News
Electronic Design News
Electronic Engineering News
Embedded Systems Design
Game Developer
Speech Technology
Streaming Media, Inc.; Medford, NJ

UADV MEDIA & ADVERTISING
232 Hollywood Blvd, Hollywood, FL 33020
Tel.: (305) 998-5638
Web Site: www.uadv.net

Employees: 12
Year Founded: 2012

Agency Specializes In: Above-the-Line, Below-the-Line, Branded Entertainment, Broadcast, Business Publications, Cable T.V., Custom Publishing, Digital/Interactive, Electronic Media, Guerilla Marketing, In-Store Advertising, Infomercials, Local Marketing, Magazines, Mobile Marketing, Multimedia, Newspaper, Newspapers & Magazines, Out-of-Home Media, Outdoor, Paid Searches, Product Placement, Production, Production (Print), Promotions, Radio, Search Engine Optimization, Shopper Marketing, Social Media, T.V., Trade & Consumer Magazines, Viral/Buzz/Word of Mouth, Web (Banner Ads, Pop-ups, etc.)

Accounts:
AWCI Media
The Billionaires Club Full Service
Colombina Candy Company Branding
Haute Living Magazine Media
Hgreg Full Service
Lamborghini Atlanta Media
Lamborghini Miami Media; 2013
Michael Sa Media & Branding
mph club Full Service
Red Bull Media; 2013
Vida Jets Media

UBM CANON
2901 28th St, Santa Monica, CA 90405
Tel.: (310) 445-4200
Fax: (310) 445-4299
E-Mail: info@ubm.com
Web Site: www.ubmcanon.com

Employees: 150
Year Founded: 1978

Agency Specializes In: Exhibit/Trade Shows, Graphic Design, Medical Products, Publishing, Web (Banner Ads, Pop-ups, etc.)

Shana Leonard *(VP-Content & Strategy)*
Timothy Simone *(VP-Sls-UBM AMG Events & Media)*
Pamela Moore *(Head-Client Strategy)*
Steve Everly *(Brand Dir-Matls, Automation & Pkg)*
Becky Roll *(Brand Dir & Reg Sls Mgr-Western)*

UBU ENTERPRISES
405 Loblolly Bay Dr, Santa Rosa Beach, FL 32459
Tel.: (850) 797-1813
Web Site: www.ubuenterprises.com

Employees: 5

Agency Specializes In: Advertising, Brand Development & Integration, Collateral, Graphic Design, Internet/Web Design, Public Relations, Social Media

Deborah Esling *(Creative Dir)*

Accounts:
B-Boy Productions, Inc.
Cummins-Allison Corporation
Flu Shots To Go, LLC
Focusing On You Photography
Jacki Craig
Jill Monaco Ministries
Rickochet Entertainment, LLC.
WeTalkNerdy.tv

UMLAUT
60 Rausch St Apt 203, San Francisco, CA 94103
Tel.: (415) 777-0123
Fax: (415) 777-4123
E-Mail: edit@umlautfilms.com
Web Site: www.umlautfilms.com

Employees: 12

Agency Specializes In: Production, Production (Ad, Film, Broadcast), T.V.

Gina LoCurcio *(Founder & Exec Producer)*
Rosina Weitekamp *(Exec VP & Exec Creative Dir)*

UN/COMMON
(Formerly Glass Agency)
2700 J St 2nd Fl, Sacramento, CA 95816
Tel.: (916) 448-6956
Fax: (916) 448-2049
E-Mail: info@uncommon.us
Web Site: uncommon.us/

Employees: 30
Year Founded: 1991

Agency Specializes In: Advertising, Advertising Specialties, Agriculture, Alternative Advertising, Arts, Brand Development & Integration, Broadcast, Cable T.V., Co-op Advertising, Collateral, Consulting, Consumer Goods, Consumer Marketing, Consumer Publications, Corporate Identity, Entertainment, Event Planning & Marketing, Experience Design, Fashion/Apparel, Food Service, Government/Political, Graphic Design, Guerilla Marketing, Health Care Services, Leisure, Logo & Package Design, Luxury Products, Magazines, Market Research, Media Buying Services, Media Planning, Newspaper, Newspapers & Magazines, Out-of-Home Media, Outdoor, Package Design, Print, Production, Production (Ad, Film, Broadcast), Production (Print), Promotions, Radio, Regional, Restaurant, Retail, Social Marketing/Nonprofit, Sponsorship, Sports Market, Strategic Planning/Research, T.V., Teen Market, Trade & Consumer Magazines, Transportation, Travel & Tourism, Viral/Buzz/Word of Mouth, Web (Banner Ads, Pop-ups, etc.), Women's Market

Amber Williams *(Pres & Partner)*
Siobhann Mansour *(Partner & Media Dir)*
Brantley Payne *(Partner & Creative Dir)*
Abbey Borstad Biehl *(Brand Dir)*
Ginny Blankenfeld *(Mgr-Digital Media)*
Karen Saelee *(Media Planner & Media Buyer)*

Accounts:
FoodMaxx Discount Fresh Market; 2004
Hinode Rice Campaign: "How healthy is your rice?", Consumer Packaged Goods; 2009
Lucky & Save Mart Supermarkets Campaign: "Lucky Four to Grow", Campaign: "Save Our Pools", Retail Supermarket; 2004
Sacramento Kings Sports Entertainment; 2012
State of CA, Office of Traffic Safety Anti-Distracted Driving & Anti DUI; 2011
Stratmish.com Sports Online Gaming; 2012
Togo's Sandwiches Dip Diving, Quick Service Restaurant; 2011

UNANIMOUS
8600 Executive Woods Dr. Ste. 300, Lincoln, NE 68512
Tel.: (402) 423-5447
Fax: (402) 423-2871
Toll Free: (888) 317-5947
Web Site: http://www.beunanimous.com/

Employees: 20
Year Founded: 1979

Agency Specializes In: Brand Development & Integration, Communications, Exhibit/Trade Shows, Graphic Design, Local Marketing, Public Relations, Web (Banner Ads, Pop-ups, etc.)

Gary Pickering *(Chm)*
Trenton Wilcox *(Pres)*
Jim Harris *(COO)*
Matt O'Gorman *(VP)*
Scott Claypool *(Art Dir)*

ADVERTISING AGENCIES
AGENCIES - JANUARY, 2019

Deb Pickering *(Mgr-Admin Svcs)*

Accounts:
Darland Construction
Nebraska Safety Council, Inc.

UNBOUNDARY, INC.
201 17th St NW, Atlanta, GA 30363
Tel.: (404) 614-4299
Fax: (404) 614-4288
E-Mail: info@unboundary.com
Web Site: www.unboundary.com

Employees: 30
Year Founded: 1988

Agency Specializes In: Brand Development & Integration, Collateral, Consulting, Corporate Communications, Corporate Identity, Graphic Design, Internet/Web Design, Investor Relations, Strategic Planning/Research

Approx. Annual Billings: $4,000,000

Breakdown of Gross Billings by Media: Collateral: $4,000,000

Tod Martin *(Pres & CEO)*
Govantez Lowndes *(Partner)*
Shaun Martin *(Exec Dir)*

UNDERGROUND ADVERTISING
916 Kearny St, San Francisco, CA 94133
Tel.: (415) 433-9334
Web Site: www.undergroundagency.com

Employees: 5

Agency Specializes In: Advertising, Content, Digital/Interactive

Charlie Cardillo *(Pres & Creative Dir)*

Accounts:
City CarShare
Union of Concerned Scientists

UNDERTONE
340 Madison Ave, New York, NY 10173
Tel.: (212) 685-8000
Fax: (212) 685-8001
E-Mail: info@undertone.com
Web Site: www.undertone.com

Employees: 321

Agency Specializes In: Advertising, Digital/Interactive, Experiential Marketing

Michael Pallad *(Pres)*
Michael Jackel *(VP-Sls)*
Rafi Mamalian *(VP-Content & Influencer Mktg)*
Laura Salant *(Sr Dir-Res & Insights)*
Jon Mottel *(Dir-Social Strategy)*
Justin Samuels *(Assoc Dir-Brand Mktg)*
Gregory Thide *(Assoc Dir-Creative Strategy & Tech)*
Rachel Windman *(Assoc Dir-Revenue, Monetization & Strategy)*
Henry James *(Sr Acct Exec)*
Jessica Brodell *(Acct Exec)*
Jenna Geherin *(Acct Exec)*
James Grasso *(Strategist-Client)*
Quentin Ross *(Strategist-Client)*
Jason Boche *(Sr Sls Dir)*
Raquel V. Cadourcy *(Lead-Brand Mktg & Experiential)*
Jeff Mendelsohn *(Sr Sls Dir)*
Daniel Orcutt *(Campaign Mgr)*

Accounts:

Blue Cross Blue Shield of Michigan Health Care Services
Bluefly, Inc. Men's & Women's Apparel Store
DirectBuy Furniture Stores
Duncan Hines Bakery Products Mfr
Florida Department of Health Health Care Centers
Hyatt Hotels & Resorts
Virgin America Airline Trasportation Services

UNDIVIDED
(Formerly OIC)
959 E Colorado Blvd Ste 230, Pasadena, CA 91106
Tel.: (626) 229-0931
Fax: (626) 229-9897
E-Mail: info@thinkundivided.com
Web Site: theoicagency.com

Employees: 15
Year Founded: 1998

Agency Specializes In: Advertising, Advertising Specialties, Affiliate Marketing, Affluent Market, African-American Market, Arts, Below-the-Line, Brand Development & Integration, Business Publications, Business-To-Business, Collateral, Communications, Computers & Software, Consulting, Consumer Marketing, Content, Corporate Identity, Digital/Interactive, Direct Response Marketing, Direct-to-Consumer, E-Commerce, Electronic Media, Electronics, Email, Event Planning & Marketing, Exhibit/Trade Shows, Game Integration, Graphic Design, High Technology, Identity Marketing, Industrial, Information Technology, Integrated Marketing, International, Internet/Web Design, LGBTQ Market, Leisure, Logo & Package Design, Market Research, Media Buying Services, Media Planning, Men's Market, Multimedia, New Product Development, New Technologies, Out-of-Home Media, Outdoor, Package Design, Planning & Consultation, Print, Production (Ad, Film, Broadcast), Promotions, Publicity/Promotions, Regional, Sales Promotion, Search Engine Optimization, Social Marketing/Nonprofit, Social Media, Sports Market, Strategic Planning/Research, Technical Advertising, Teen Market, Telemarketing, Trade & Consumer Magazines, Urban Market, Web (Banner Ads, Pop-ups, etc.).

Approx. Annual Billings: $3,000,000

Joel Raznick *(Co-Founder & Pres)*
James Moore *(Grp Acct Dir)*

Accounts:
AMD
Cathay Bank
InfoVista
Intel
LG Electronics
Nestle; Glendale, CA Powerbar; 2007
Oracle America, Inc.; Sunnyvale, CA Hardware/Softwave Services; 2007

THE UNGAR GROUP
2800 Grant, Evanston, IL 60201
Tel.: (312) 541-0000
Fax: (312) 541-0010
E-Mail: tom.ungar@ungargroup.com
Web Site: www.ungargroup.com

Employees: 7
Year Founded: 1987

Agency Specializes In: Advertising, Brand Development & Integration, Broadcast, Business-To-Business, Cable T.V., Co-op Advertising, Consumer Marketing, Food Service, Guerilla Marketing, Integrated Marketing, Internet/Web Design, Media Planning, Newspaper, Out-of-Home Media, Outdoor, Print

Tom Ungar *(Pres & Creative Dir)*
Maria G. Allen *(Dir-Media)*
Lori Teidel *(Office Mgr)*
Mete Moran *(Designer-Interactive)*

Accounts:
Bosch
Chicago Sinfonietta
Helene Curtis
Master Lock
Sharpie

UNION
479 Wellington St W, Toronto, ON M5V 1E7 Canada
Tel.: (416) 598-4944
E-Mail: info@unioncreative.com
Web Site: www.unioncreative.com

Employees: 100
Year Founded: 2012

Agency Specializes In: Advertising

Subtej Nijjar *(Partner)*
Catherine Marcolin *(Mng Dir & Exec VP)*
Martin Belanger *(Mng Dir & Exec Creative Dir)*
Lance Martin *(Chief Creative Officer)*
Jen Dark *(VP-Integrated Production)*
Kimberlee Welch *(Grp Acct Dir)*
Adam Thur *(Art Dir & Creative Dir)*
Rica Eckersley *(Creative Dir & Copywriter)*
Kristine Lafreniere *(Acct Dir)*
Adrian Stiegler *(Art Dir)*
Julie Riley *(Assoc Dir-Integrated Production)*
Beatrice Dauphinals-Bourque *(Acct Mgr)*
Maxine Thomas *(Strategist)*
Caitlin Keeley *(Assoc Creative Dir)*

Accounts:
Alexander Keith's
Best Buy Creative, In-Store, Online, TV, Video
The Canadian Real Estate Association
Chartered Professional Accountants Ontario (Digital Agency of Record) Digital Advertising, Online
Country Harvest
EQ Bank
Interval House
Jamieson Vitamins
Kabbage (Agency of Record)
Kraft Canada Kraft Dinner, Kraft Singles, Mac n' Cheese
Mike's Beverage Company
Mondelez Canada
Mount Pleasant Group Quitbit
Nissan Advertising, Infiniti (Agency of Record), Social Media
Oxford Properties Brand Positioning, Creative, Digital & Consumer-Facing Work, Strategic, Upper Canada Mall (Agency of Record)
Partnership For a Drug-Free Canada (Agency of Record) Campaign: "Someone Else's Kid", Digital, OOH, Print, Radio
Philadephia Cream Cheese
Unilever United States Axe
Upper Canada Mall
Weston Bakeries Country Harvest (Agency of Record), Creative, D'Italiano, Strategy

UNIQUE INFLUENCE
1145 w 5th St Ste 300, Austin, TX 78703
Tel.: (800) 489-8023
E-Mail: hello@uniqueinfluence.com
Web Site: www.uniqueinfluence.com

Employees: 50

Agency Specializes In: Direct Response Marketing, Paid Searches, Search Engine Optimization, Social

AGENCIES - JANUARY, 2019 — ADVERTISING AGENCIES

Media

Ryan Pitylak *(CEO)*
Valarie McCubbins *(Sr VP-Client Svcs)*
Kaitlyn Czajkowski *(Dir-Digital)*
Desiree Mejia *(Mgr-Digital Mktg)*

Accounts:
1-800 Flowers
Baublebar
Beachbody
TaskRabbit
Yelp

UNIT PARTNERS
1416 Larkin St Unit B, San Francisco, CA 94109
Tel.: (415) 409-0000
Fax: (415) 520-6767
E-Mail: info@unitpartners.com
Web Site: www.unitpartners.com

Employees: 6

Agency Specializes In: Advertising, Brand Development & Integration, Collateral, Digital/Interactive, Graphic Design, Internet/Web Design, Logo & Package Design, Promotions

Ann Bowlus *(Partner & Creative Dir)*

Accounts:
Stones Throw

UNITED ENTERTAINMENT GROUP
155 Avenue Of The Americas Fl 3, New York, NY 10013
Tel.: (212) 445-0100
Web Site: www.uegworldwide.com

Employees: 95
Year Founded: 2007

Agency Specializes In: Advertising, Brand Development & Integration, Experiential Marketing, Merchandising, Social Media, T.V.

Jarrod Moses *(Founder, Pres & CEO)*
David F. Caruso *(COO)*
Mary Scott *(Pres-Global Integrated Comm)*
Adam Smith *(Pres-Partner UEG)*
Erin Weinberg *(Exec VP & Grp Head-Comm)*
Tom Howells *(Sr VP & Head-Strategy)*
Dave Santaniello *(Sr VP & Head-Music Practice)*
Michael Nuzzo *(Sr VP & Exec Creative Dir)*
Gabe Banner *(Sr VP-Brand Experiences)*
Toru Fumihara *(Mng Dir-Tokyo)*
Nils Rottsahl *(Mng Dir-Germany)*
Lisa Gim *(VP-Brand Experience)*
Sarah Parker *(VP-Talent & Influencer)*
Audra Silverman *(VP)*
Alyssa Bendetson *(Sr Dir-Comm)*
Jessie Jo Blalock *(Sr Dir-Social Strategy)*
Nora Graham *(Sr Dir)*
Lindsey J. Woerther *(Sr Acct Dir)*
Rebecca Timms *(Dir-Comm)*
Caitlin Pellettiere *(Sr Acct Mgr)*
Melissa Clark *(Acct Mgr)*
Brooke Mansfield *(Sr Mktg Mgr-Influencer)*

Accounts:
Asics America Corporation (US Public Relations Agency of Record) Media Relations, Strategic Communications Planning, Thought Leadership
AT&T
Clorox
DraftKings Brand Awareness, Public Relations
Frito-Lay
General Mills
HSN Marketing
KFC
The North Face, Inc.
PGA of America 12 Ryder Cup, 16 PGA Championship (Agency of Record), 2015 PGA Championship (Agency of Record)
Speedo USA
Starbucks
Taco Bell Corp. Experiential Work
Unilever Dove
Wizard World, Inc. CONtv, Comic Cons, Content Creation, Digital, Experiential, Radio, Social Media, Television

UNITED LANDMARK ASSOCIATES, INC.
3708 W Swann Ave Ste 201, Tampa, FL 33609
Tel.: (813) 870-9519, ext. 202
Fax: (813) 872-5616
E-Mail: info@unitedlandmark.com
Web Site: www.unitedlandmark.com

Employees: 15
Year Founded: 1985

Agency Specializes In: Advertising, Advertising Specialties, Real Estate

Approx. Annual Billings: $12,000,000 Capitalized

Donald Niederpruem *(Pres)*
Dave Wilson *(CMO)*
Michele Grimes *(VP-Strategy)*
Irene Rodnizki *(Sr Dir-Art)*
Jeremy Moses *(Dir-Creative)*
Heather Pavliga *(Sr Mgr-Strategy)*
Allison Rosoff *(Grp Brand Dir)*
Sally Suarez *(Production Mgr)*
Charssi DeVore *(Sr Designer)*
Karri Morrison *(Grp Acct Mgr)*

Accounts:
Bob LaFerriere Aircraft, Inc.
Champions Club
Galati Yacht Sales
Hamilton Harbor Yacht Club
HMY Yacht Sales
Intrepid Powerboats
Kolter Urban
Mattamy Homes
Minto Communities
One thousand ocean
Palm Harbor Marina
The Plaza Harbour Island
The Residences at the Ritz-Carlton; Baltimore, MD
Standard Pacific Homes
US Ameribank
US Assets Group

UNITED TALENT AGENCY, LLC
9336 Civic Ctr Dr, Beverly Hills, CA 90210
Tel.: (310) 273-6700
Fax: (310) 247-1111
Web Site: unitedtalent.com

Employees: 500
Year Founded: 1991

Agency Specializes In: Advertising, Content, Digital/Interactive, Game Integration, Newspaper, Podcasting, Production (Ad, Film, Broadcast), Social Media, Sports Market, T.V.

Jeremy Zimmer *(CEO)*
Lyndsay Harding *(CFO)*
Andrew Thau *(COO & Gen Counsel)*
Farhana Pargac *(Head-Strategy-UTA Ventures)*
Shanique Bonelli-Moore *(Dir-Corp Comm)*
Julian Jacobs *(Exec-UTA Marketing)*
Larry Vincent *(Chief Branding Officer)*

Accounts:
The Coca-Cola Company Odwalla
General Motors Company Branded Entertainment; 2017

UNITY WORKS
7900 Xerxes Ave S Ste 600, Minneapolis, MN 55431
Toll Free: (800) 293-2056
E-Mail: contact@unityworksmedia.com
Web Site: unityworks.us

Employees: 200
Year Founded: 2001

Agency Specializes In: Advertising, Automotive, Digital/Interactive, Email, Internet/Web Design, Merchandising, Production, Publishing, Search Engine Optimization, Social Media

Tim Copacia *(Exec VP)*
Jeff Grice *(VP-Strategic Dev)*
Phil Sura *(VP-Sls)*
Tim Kost *(Gen Mgr)*
Thomas Pearce *(Sr Dir-Interactive)*

Accounts:
Jaguar Land Rover North America LLC Jaguar, Land Rover
Kia Motors America Inc.
Volkswagen Group of America, Inc.

UNLEADED COMMUNICATIONS, INC.
1701 Commerce St 3rd Fl, Houston, TX 77002
Tel.: (713) 874-8200
E-Mail: info@ulcomm.com
Web Site: www.ulcomm.com

Employees: 50

Agency Specializes In: Advertising, Brand Development & Integration, Content, Digital/Interactive, Exhibit/Trade Shows, Internet/Web Design, Investor Relations, Mobile Marketing, Public Relations, Social Media

Revenue: $1,400,000

Dylan Powell *(Creative Dir)*
Jennifer Valencia *(Dir-Client Rels)*
Ankit Shah *(Grp Media Dir)*

Accounts:
Champion Fiberglass
Magnum Oil Tools
R360 Environmental Solutions
Rockwater Energy Solutions
Stallion Oilfield Services
Think Energy
Thru Tubing Solutions

THE UNREAL AGENCY
30 South St # 2A, Freehold, NJ 07728
Tel.: (732) 888-0055
Fax: (732) 888-0125
E-Mail: askunreal@theunrealagency.com
Web Site: www.theunrealagency.com

Employees: 10
Year Founded: 2001

Agency Specializes In: Advertising, Brand Development & Integration, Business Publications, Business-To-Business, Cable T.V., Co-op Advertising, Commercial Photography, Consulting, Corporate Identity, Digital/Interactive, Direct Response Marketing, Entertainment, Graphic Design, Health Care Services, Identity Marketing, Infomercials, Local Marketing, Logo & Package Design, Multimedia, New Product Development, Newspaper, Newspapers & Magazines, Package Design, Planning & Consultation, Point of Purchase, Print, Production, Production (Ad, Film, Broadcast)

Breakdown of Gross Billings by Media: Cable T.V.: 10%; Graphic Design: 30%; Logo & Package

ADVERTISING AGENCIES

Design: 25%; Newsp. & Mags.: 35%

Christine Bocchiaro *(Partner)*
Cathy Dipierro *(Partner)*

Accounts:
Alure
IEEE
Stonehouse Media

UNTITLED WORLDWIDE
584 Broadway Rm 901, New York, NY 10012
Tel.: (212) 334-2170
E-Mail: info@untitledllc.com
Web Site: www.untitledworldwide.com

Employees: 25
Year Founded: 2012

Agency Specializes In: Advertising, Social Media

M. T. Carney *(Founder & CEO)*
Cheri Anderson *(Partner & Dir-Production & Creative Svcs)*
Chris Roan *(Partner)*
Meredith Frisco *(Grp Acct Dir)*
Jana Cudiamat *(Acct Dir)*

Accounts:
New-The Gap, Inc
Glossier
Machine Zone Game of War
Oscar
Spotify
Tommy Bahama (Agency of Record) Brand Campaign, Creative & Marketing Services, Strategy; 2018

UP AGENCY
7025 E 1st Ave Ste 5, Scottsdale, AZ 85251
Tel.: (480) 945-0028
E-Mail: hi@up-agency.com
Web Site: www.getdownwithup.com

Employees: 2
Year Founded: 2010

Agency Specializes In: Advertising, Crisis Communications, Internet/Web Design, Public Relations, Social Media

Accounts:
Wist Office Products

UPBEAT MARKETING
16238 Ranch Road 620 N Ste F, Austin, TX 78717
Tel.: (512) 222-7141
E-Mail: info@upbeatmarketingaustin.com
Web Site: www.upbeatmarketingaustin.com

Employees: 10
Year Founded: 2009

Agency Specializes In: Advertising, Event Planning & Marketing, Graphic Design, Internet/Web Design, Logo & Package Design, Public Relations, Social Media

Suzanne Feezel *(Founder)*

Accounts:
Coco & Duckie
Mothers Milk Bank at Austin
Reel Visuals

UPBRAND COLLABORATIVE
1220 Olive St Ste 220, Saint Louis, MO 63103
Tel.: (314) 615-6574
E-Mail: info@upbrand.com
Web Site: www.upbrand.com

Employees: 15
Year Founded: 2010

Agency Specializes In: Advertising, Brand Development & Integration, Digital/Interactive, Internet/Web Design, Social Media

Jeff Insco *(Pres & Exec Creative Dir)*
Lynn Ullman *(VP & Creative Dir)*
Kerry Crump *(Sr Brand Mgr)*

Accounts:
STL Symphony

UPP ENTERTAINMENT MARKETING
3401 Winona Ave, Burbank, CA 91504
Tel.: (818) 526-0111
Fax: (818) 526-1466
E-Mail: info@upp.net
Web Site: www.upp.net

Employees: 28
Year Founded: 1979

Agency Specializes In: Branded Entertainment, Entertainment, Event Planning & Marketing, Product Placement, Public Relations, Publicity/Promotions

Gary Mezzatesta *(CEO)*
Steve Rasnick *(Sr VP)*

UPROAR
206 1st Ave S Ste 410, Seattle, WA 98104
Tel.: (206) 447-5574
Fax: (206) 625-0271
E-Mail: info@uproarseattle.com
Web Site: www.uproarseattle.com

Agency Specializes In: Advertising, Brand Development & Integration, Collateral, Communications, Email, Graphic Design, Identity Marketing, Internet/Web Design, Local Marketing, Media Buying Services, Media Planning, Media Relations, Media Training, Newspaper, Out-of-Home Media, Outdoor, Planning & Consultation, Print, Promotions, Public Relations, Radio, Strategic Planning/Research, T.V.

Tory Patrick *(VP)*
Christine Curtin *(Dir-Chicago)*
Lauren Jaeger *(Acct Mgr)*

Accounts:
abc
AP Associated Press
Business Week
Community Coffee
Fine Living
HG TV
InStyle
K2 Women
Paper Delights
Seattle Magazine

UPSHIFT CREATIVE GROUP
730 N Franklin St Ste 500, Chicago, IL 60654
Tel.: (312) 750-6800
Fax: (312) 750-6900
E-Mail: info@upshiftcreative.com
Web Site: www.upshiftcreative.com

Employees: 15
Year Founded: 2000

Agency Specializes In: Advertising, Brand Development & Integration, Digital/Interactive, Environmental, Graphic Design, Internet/Web Design, Social Media

Richard Shanks *(Owner & Pres)*
Courtney Reilly *(Partner & Acct Dir)*
Nick Staal *(Partner & Dir-Design)*
Dana Albers *(Office Mgr)*

Accounts:
Alliant Credit Union
Chicago Symphony Orchestra
Tartan Realty Group
Thomas E. Wilson Foods
Tyson Foods, Inc.
West Avenue Recording Group

UPSHOT
350 N Orleans St 5th Fl, Chicago, IL 60654
Tel.: (312) 943-0900
Fax: (312) 943-9699
Web Site: https://upshot.agency/

E-Mail for Key Personnel:
President: brian_kristofek@upshotmail.com

Employees: 156
Year Founded: 1994

National Agency Associations: PMA-POPAI-WOMMA

Agency Specializes In: Above-the-Line, Advertising, Below-the-Line, Brand Development & Integration, Consumer Marketing, Environmental, Event Planning & Marketing, In-Store Advertising, Integrated Marketing, Merchandising, Point of Purchase, Point of Sale, Promotions, Regional, Retail, Sales Promotion, Sponsorship, Strategic Planning/Research, Teen Market, Viral/Buzz/Word of Mouth, Women's Market

Brian Kristofek *(Pres & CEO)*
Kate May *(CFO & Sr VP-Fin & Admin)*
Brock Montgomery *(Exec VP-Creative Svcs)*
Ellen Slauson *(Exec VP-Acct Mgmt)*
Kristopher Boron *(Sr VP-Entertainment & Brand Partnerships)*
Jerry Craven *(Sr VP-Creative Svcs)*
Gary Curtin *(Sr VP-Production)*
Jay Davidson *(Sr VP)*
Lionel Knight *(Sr VP-Plng)*
Brian Priest *(Sr VP & Grp Creative Dir)*
Liz Aviles *(VP-Market Intelligence)*
Jeff Daniel *(VP-Media & Analytics)*
Bill Fogarty *(VP-Creative)*
Lisa Hurst *(VP-Acct Mgmt)*
Kristie Ritchie *(VP-New Bus & Comm)*
Mary Van De Walle *(VP-Strategic Plng)*
Ashley Beam *(Sr Acct Dir)*
Grady Covington *(Sr Acct Dir)*
Whitney Harper *(Sr Acct Dir)*
Colleen Detchev *(Media Dir)*
Megan Flynn *(Sr Acct Mgr)*
Ilma Gjini *(Sr Acct Mgr)*
Nicole Luna *(Supvr-Media)*

Accounts:
ACH Food Companies (Agency of Record) Consumer Promotions, Creative, Mazola, Planning, Shopper Marketing, Spice Islands, Strategy, Weber Spices & Seasonings
Anheuser-Busch InBev Corona
Central Garden & Pet
Constellation Wines U.S.
Crown Imports Modelo Collection; 2009
Donuts Inc (Agency of Record)
Google
Implementation Engineers
LiftMaster Brand Planning, Brand Strategy, Integrated Marketing, Media Planning & Buying
Metronet (Agency of Record) Advertising, Creative Development, Digital, Marketing, Media Buying, Media Planning, Strategic Development
Mondelez International, Inc. Ahold, Corporate Marketing, Customer Marketing, General Dollar, Publix; 2007
New Balance

AGENCIES - JANUARY, 2019 — ADVERTISING AGENCIES

Nuveen Investments
Omron Healthcare
Physicians Immediate Care
Post Foods
Procter & Gamble BJ's Whole Sale Club, CVS/Pharmacy, Corporate Marketing, Cover Girl, Fabric Care, Family Dollar, Folgers, Giant Eagle, Head & Shoulder Old Spice, Health & Beauty Care, In-Store, Loblaws, Meijer, Oral-B, Tampax, Vicks; 1998
Scotts Miracle-Gro
Starbucks
Subway Marketing, Merchandising, Promotions
Wholesome (Agency of Record) Brand Strategy, Creative Development & Execution, DelishFish, Digital Initiatives, Marketing, Media Planning & Buying, Shopper Marketing, Surf Sweets, Wholesome Candy, Wholesome Sweeteners; 2017

US INTERACTIVE MEDIA
2603 Main St Ste 800, Irvine, CA 92614
Tel.: (949) 241-8260
Fax: (949) 209-4997
Web Site: https://www.theusim.com/

Employees: 60

Agency Specializes In: Advertising, Affiliate Marketing, Direct Response Marketing, Search Engine Optimization, Social Media

Eran Goren *(Pres-Digital Media & Exec VP-Strategy)*
Steve Berger *(Pres-Patriot Media Grp)*
Grae Jones *(Exec VP-Tech)*
Ryan McArthur *(Exec VP)*
Michelle Larsh *(Sr VP-Client Svcs)*

Accounts:
OCharleys

USADWEB, LLC
1498-M Reisterstown Rd Ste 330, Baltimore, MD 21208-3835
Tel.: (410) 580-5414
Fax: (410) 580-5417
Toll Free: (866) 872-3932
E-Mail: contact@usadweb.com
Web Site: www.usadweb.com

E-Mail for Key Personnel:
President: elisheva@usaweb.com

Employees: 8
Year Founded: 2001

Agency Specializes In: Legal Services, Media Buying Services, Recruitment

Approx. Annual Billings: $3,000,000

Breakdown of Gross Billings by Media: Newsp. & Mags.: $3,000,000

Russell Rosen *(COO)*

USE ALL FIVE INC.
4223 Glencoe Avenue, Venice, CA 90292
Tel.: (310) 270-5569
Fax: (310) 943-2682
E-Mail: hello@useallfive.com
Web Site: www.useallfive.com

Employees: 18
Year Founded: 2006

Agency Specializes In: Advertising, Digital/Interactive, Graphic Design

Levi Brooks *(Founder & CEO)*

Jason Farrell *(CTO)*
Troy Curtis Kreiner *(Art Dir)*

Accounts:
Ben & Jerry's Homemade, Inc. Chunks for a Change
Prudential Financial, Inc. The Challenge Lab
Summit On The Summit

THE UTMOST GROUP
2140 S Hammond Lake Rd W, Bloomfield, MI 48324
Tel.: (248) 496-4142
Fax: (855) 253-5664
Web Site: www.theutmostgroup.com

Employees: 3
Year Founded: 2011

Agency Specializes In: Advertising, Brand Development & Integration, Communications, Promotions

Judy Ratcliffe *(Mng Dir)*
Chris Grindem *(Exec Dir)*

Accounts:
Green Living Science

UWG
1 Metrotech Center N 11th Fl, Brooklyn, NY 11201
Tel.: (212) 219-1600
Fax: (212) 334-2076
E-Mail: newbiz@uwg.is
Web Site: http://www.uwginc.com

Employees: 105
Year Founded: 1969

Agency Specializes In: Advertising, Advertising Specialties, African-American Market, Event Planning & Marketing, Health Care Services, Hispanic Market, Sponsorship, Strategic Planning/Research

Approx. Annual Billings: $90,000,000

Breakdown of Gross Billings by Media: Brdcst.: $25,000,000; Cable T.V.: $40,000; Fees: $22,000,000; Internet Adv.: $3,400,000; Print: $9,200,000; Production: $28,760,000; Sls. Promo.: $100,000; Syndication: $1,500,000

Monique Nelson *(CEO)*
Stella Canlas *(VP & Controller)*
Nakesha Holley *(VP & Dir-Integrated Comm)*
Jose Pagan Ortiz *(VP)*
Bruce Kirton *(Sr Dir-Strategy, Analytics & Res)*
Thomas Dima *(Sr Acct Dir)*
Nigel James *(Acct Dir-Ford & Lincoln Brands)*
Nandi Smythe *(Dir-Content Mktg)*
Nicole Allen *(Acct Supvr & Ops Mgr)*
Yvonne Deshotel *(Mgr-Bus Affairs)*
Alicia Guscott *(Mgr-HR)*
Howard Musson *(Mgr-Production & Studio)*
Nifateria Marshall *(Acct Supvr)*
Nieves Diaz *(Supvr-Media Billing)*
Phillip Jones *(Sr Acct Exec)*
Lindi DeGrant *(Planner-Integrated Comm)*
Lynn Pitts *(Grp Creative Dir & Copywriter)*
Lourdes Banos *(Sr Media Buyer)*

Accounts:
Colgate-Palmolive Company Colgate Total, Palmolive Ultra
Con Edison
CVS Pharmacy, Inc.; 2010
Ford Motor Company African-American, Fiesta, Lincoln
The Home Depot
Lincoln Motor Company Lincoln First Listen
Marriott International, Inc. Campaign: "For You, We're Marriott", Digital Media, Print
Time Warner Cable
United States Marine Corps

Branch

UWG
500 Town Ctr Dr, Dearborn, MI 48126
Tel.: (313) 615-3337
Fax: (313) 336-9448
E-Mail: newbiz@uwg.is
Web Site: http://www.uwginc.com

Employees: 30

Agency Specializes In: Advertising

Monique L. Nelson *(Chm & CEO)*
Gregory Edwards *(COO)*
Chuck Morrison *(Exec VP)*
Ed Boyd *(Sr VP & Dir-Client Ops)*
Cheryl D. Day *(VP-Acct Bus Ops)*
Jose Pagan-Ortiz *(VP-Uniworld)*
Charles Casper *(Head-Retail Strategy-Ford & Lincoln & Analyst-Brand)*
Myrna DeJesus *(Sr Dir-Strategic Plng)*
Yirayah Garcia *(Creative Dir)*
Ebony Clark *(Supvr-Integrated Comm & Analyst)*

Accounts:
Burger King
Colgate-Palmolive Company
Ford
The Home Depot
HSBC
Lincoln Mercury
Time Warner Cable

THE UXB
9701 Wilshire Blvd Ste 1000, Beverly Hills, CA 90212
Tel.: (310) 229-9098
E-Mail: nj@theuxb.com
Web Site: www.theuxb.com

Employees: 3
Year Founded: 1999

Agency Specializes In: Advertising, Brand Development & Integration, Collateral, Digital/Interactive, E-Commerce, Email, Environmental, Exhibit/Trade Shows, Graphic Design, Identity Marketing, Local Marketing, Media Buying Services, Multimedia, New Technologies, Package Design, Print, Retail, Search Engine Optimization

Nancyjane Goldston *(Founder & Chief Creative Officer)*
Glenn Sakamoto *(Dir-Creative)*

Accounts:
Arm & Hammer
Cleatskins Web Site
Cleatskins PRO
DRI
Lumeta Web Site
Raul Walters
Revolution Media
Swatfame

V-FLUENCE INTERACTIVE PUBLIC RELATIONS, INC.
7770 Regents Rd Ste 113-576, San Diego, CA 92122-1937
Tel.: (858) 453-9900
Toll Free: (877) 835-8362
E-Mail: info@v-fluence.com
Web Site: www.v-fluence.com

ADVERTISING AGENCIES
AGENCIES - JANUARY, 2019

Employees: 20

Agency Specializes In: Advertising, Communications, Environmental, Government/Political, Internet/Web Design, Media Relations, Public Relations, Search Engine Optimization

Jay Byrne *(Pres)*
Christopher Phillips *(CFO)*
Nina Shariff *(Sr VP)*
Jeff Latzke *(VP & Sr Mgr-Editorial)*
Shae Johnson *(VP)*

Accounts:
AstraZeneca

V2 MARKETING COMMUNICATIONS
220 E State St Ste G, Rockford, IL 61104
Tel.: (815) 397-6052
Fax: (815) 397-6799
Web Site: www.marketingv2.com

Employees: 7

Agency Specializes In: Advertising, Content, Graphic Design, Internet/Web Design, Media Planning, Public Relations, Social Media, Strategic Planning/Research

Kathy Velasco *(Pres)*
Heather Kelley *(Principal)*
Deb Strout *(Dir-Creative Svcs)*
Stacy Wallace *(Acct Exec & Strategist-Mktg)*
Chris Kelley *(Strategist-Mktg)*

Accounts:
Applied Ecological Services, Inc.
EWT/3DCNC Inc Website
Goldie B. Floberg Center
Rock River Valley Tooling & Machining Association Trade Show, Website
Rock Valley College
United Way of Rock River Valley

VALASSIS 1 TO 1 SOLUTIONS
19975 Victor Pkwy, Livonia, MI 48152
Tel.: (800) 437-0479
Fax: (781) 229-0541
E-Mail: info@valassis.com
Web Site: www.valassis.com

Employees: 125
Year Founded: 1993

National Agency Associations: DMA

Agency Specializes In: Advertising, Broadcast, Business-To-Business, Cable T.V., Collateral, Consulting, Consumer Marketing, Direct Response Marketing, E-Commerce, Electronic Media, Fashion/Apparel, Financial, In-Store Advertising, Internet/Web Design, Local Marketing, Magazines, Medical Products, Newspaper, Newspapers & Magazines, Out-of-Home Media, Outdoor, Pharmaceutical, Planning & Consultation, Point of Purchase, Point of Sale, Print, Production, Radio, Retail, Strategic Planning/Research, T.V.

Linda Schalek *(Sr VP & Controller)*
Nelson Rodenmayer *(VP-Client Mktg)*
Dave Cesaro *(Exec Dir)*
Debbie Gauthier *(Exec Dir-FSI, Neighborhood Targeted & In-Store)*
Greg Godbout *(Exec Dir-Fin Plng & Analysis)*
Aimee Englert *(Dir-CPG Client Mktg)*
Peter Wright *(Dir-Client Mktg)*
Mary Hesburgh *(Sr Mgr-Client Mktg)*
Severine Arneodo Simon *(Sr Mgr-Mktg Ops)*
Sara Tucy *(Sr Mgr-Client Mktg)*
April L. Masters *(Mktg Comm Mgr)*
Frank Moran *(Mgr-Strategic & Natl Accts-Valassis Shared Mail)*

Accounts:
Abbott Laboratories
Bayer Pharmaceuticals
GlaxoSmithKline
Harbor Freight Tools
Pfizer
Stop & Shop
Stride Rite
Talbot's
Toys 'R' Us

VALMARK ASSOCIATES, LLC
4242 Ridge Lea Rd Ste 5, Amherst, NY 14226
Tel.: (716) 893-1494
Fax: (716) 836-3415
E-Mail: joe@valmarkassociates.com
Web Site: www.valmarkassociates.com

Employees: 1

Agency Specializes In: Advertising, Brand Development & Integration, Consumer Goods, Direct Response Marketing, Health Care Services, Leisure, Local Marketing, Media Relations, Print, Public Relations, Retail, Sports Market, Strategic Planning/Research

Joseph Lojacono *(Pres)*

Accounts:
Alliance Advisory Group
Hafner Financial Group Advertising
Kansas Farm Bureau Foundation
Napolis Per La Moda
Rochester Eye & Laser Center (Agency of Record) Broadcast Production, Media Planning & Placement, Mobile Marketing, Print, Social Media, Strategic Marketing
TriSurant
University at Buffalo Athletics
University Emergency Medical Services Occupational & Travel Health (Agency of Record)

VAN SCHOUWEN ASSOCIATES, LLC
(Acquired & Absorbed by Six Point Creative Works)

VAN WAGNER COMMUNICATIONS, LLC.
800 3rd Ave 28th Fl, New York, NY 10022
Tel.: (212) 699-8400
Fax: (212) 986-0927
E-Mail: jschaps@vanwagner.com
Web Site: www.vanwagner.com

Employees: 250

Agency Specializes In: Out-of-Home Media, Outdoor

Approx. Annual Billings: $11,500,000

Richard Schaps *(Chm/CEO-Van Wagner Sports Grp)*
John Massoni *(Pres-Western Div)*
Brian Broderson *(Sr VP-Ops)*
Jessica Mudry *(VP-Dev & Ops)*
Liza Villafane *(VP-HR)*
Michelle Folts *(Client Svcs Dir)*

Accounts:
MetLife, Inc. Event Marketing, Sponsorship
US Figure Skating Association
US Ski & Snowboard
Utimate Fighting Championship

Subsidiary

Van Wagner Sports Group LLC
800 3rd Ave 28th Fl, New York, NY 10022-7604
Tel.: (212) 699-8600
Fax: (212) 986-0927
Web Site: www.vanwagner.com/s

Employees: 100

Agency Specializes In: Advertising, Experiential Marketing, Sports Market

Jeff Knapple *(Pres & CEO)*
Hillary Thomas *(COO)*
Bob Becker *(Exec VP-Van Wagner BSN Productions)*
Michael Palisi *(Exec VP)*
Chris Allphin *(Sr VP-Team & Venue Svcs)*
Mark Donley *(Sr VP)*
Robert D. Jordan *(Sr VP)*
Mike Wolfert *(Sr VP-Bus Dev)*
Evan Gitomer *(VP-Team & Venue Svcs)*
Jessica Mudry *(VP-Dev & Ops)*
Nick Konawalik *(Gen Mgr)*

Accounts:
Absolut
NBC Universal
Patron
US Figure Skating Marketing
Weather Proof Garment Company

VAN WINKLE & ASSOCIATES
3384 Peachtree Rd Ne Ste 200, Atlanta, GA 30326
Tel.: (404) 355-0126
Fax: (404) 355-8351
E-Mail: info@vanwinkleassociates.com
Web Site: www.vanwinkleassociates.com

Employees: 12
Year Founded: 1984

Agency Specializes In: Advertising, Broadcast, Internet/Web Design, Logo & Package Design, Media Buying Services, Media Planning, Print, Sales Promotion, Strategic Planning/Research, T.V.

Alex Van Winkle *(Pres)*
Carmin Young *(Media Buyer)*

Accounts:
Ancestry.com Ancestry DNA
Banks Street Partners LLC
Brown & Brown Insurance of Georgia, Inc.
Community Loans of America Inc
EdgeStone Capital Partners Inc.
Great Clips
Home2 by Hilton
Homewood Suites by Hilton
Moda Tequila
North American Mission Board
Piedmont HealthCare
Toyota Motor Corporation

VANGUARDCOMM
2 Disbrow Court 3rd Fl, East Brunswick, NJ 08816
Tel.: (732) 246-0340
Fax: (732) 243-0502
E-Mail: info@vanguardcomm.com
Web Site: www.vanguardcomm.com

Employees: 10
Year Founded: 1994

Agency Specializes In: African-American Market, Asian Market, Communications, Hispanic Market, Public Relations

Approx. Annual Billings: $2,000,000

Esther Novak *(Founder & CEO)*
William Fox *(Mng Partner)*

Joe Kelly (Exec VP)
Brenda K Foster (Sr VP)
Hensley Jemmott (Sr VP-Client Svcs)
Lillian Ayala (VP & Acct Dir)
LeAnne DeFrancesco (VP)
Wendy Rubin (Dir-Editorial)
Scott Rieder (Sr Acct Mgr)

Accounts:
Moen (Global)
Walmart

VAN'S GENERAL STORE
47 Orchard St, New York, NY 10002
Tel.: (646) 678-4031
E-Mail: hello@vgsny.com
Web Site: http://vgsny.com/

Agency Specializes In: Advertising, Brand Development & Integration, Content, Print, T.V.

Scott Carlson (Co-Founder & Chief Creative Officer)
Liev Schreiber (Co-Founder)

Accounts:
Apple
New-Blaise Cepis
New-Cadillac
The Coca-Cola Company Coca-Cola
Diageo Guinness
Minted

VANTAGEPOINT, INC
80 Villa Rd, Greenville, SC 29615
Tel.: (864) 331-1240
Fax: (864) 331-1245
E-Mail: info@vantagep.com
Web Site: www.vantagep.com

Employees: 30
Year Founded: 1993

Agency Specializes In: Advertising, Brand Development & Integration, Broadcast, Business Publications, Business-To-Business, Co-op Advertising, Communications, Computers & Software, Consulting, Corporate Communications, Corporate Identity, Digital/Interactive, Direct Response Marketing, E-Commerce, Email, Event Planning & Marketing, Graphic Design, Health Care Services, High Technology, Identity Marketing, Industrial, Information Technology, Integrated Marketing, Internet/Web Design, Investor Relations, Logo & Package Design, Market Research, Media Buying Services, Media Planning, Media Relations, New Product Development, Pharmaceutical, Planning & Consultation, Podcasting, Point of Sale, Production (Print), Sales Promotion, Search Engine Optimization, Strategic Planning/Research, Technical Advertising, Transportation, Web (Banner Ads, Pop-ups, etc.)

Approx. Annual Billings: $15,000,000

Henry Pellerin (Pres & CEO)
Tricia Cruver (CFO & VP)
Dave McQuaid (VP-Creative & Digital)
Donna Malone (Art Dir)
Jon Schneider (Dir-Res & Strategy & Acct Supvr)
Pamela Wilcoxson (Dir-Media & Sourcing)
Angie McEldowney (Sr Acct Mgr)
Sara Gilstrap (Acct Mgr)
Alex McIntire (Mgr-Market Dev & Specialist-Content)
Amy Clarke Burns (Mgr-Market Dev)
Jose Perez (Mgr-Production & Media)
Andrea Simrell (Mgr-PR)
Dana Landers (Sr Acct Exec)
Collin McElhannon (Acct Exec)
Emily Weber (Specialist-Media & Acct)

Sarah Kuzmic (Designer-Digital & Print)
Danny McNight (Designer-Digital & Motion Graphics)
Keaton Wylie (Jr Acct Exec)
Joshua Harm (Acct Coord)
Steve Woodington (Assoc Creative Dir)

Accounts:
A.J. Antunes & Co
AyrKing
Banker Exchange
Capsugel; Greenwood, SC
Cox Industries; Orangeburg, SC
Cryovac
Dodge
Fitesa
Guardian Building Products Distribution; Greer, SC
Henny Penny
Kyrus
LANGUAGE LINE SERVICES HOLDINGS, INC.
Michelin Ag
Milliken & Company Milliken Cable Management, Milliken Infrastructure Solutions
Nason
Proterra
Rockwell Automation
S&D Coffee & Tea
Saia LTL Freight
ScanSource Inc.; Greenville, SC
Scotsman Ice Systems
T&S Brass & Bronze Works, Inc.
Unified Brands
Wikoff Color Corp

VARGAS & AMIGOS INC.
3055 Waterfront Cir, Marietta, GA 30062-5659
Tel.: (404) 429-5044
E-Mail: dvargas@vargasandamigos.com
Web Site: www.vargasandamigos.com

E-Mail for Key Personnel:
Production Mgr.:
dcaicedo@vargasandamigos.com
Public Relations:
dholzapfel@vargasandamigos.com

Employees: 3
Year Founded: 2001

National Agency Associations: AMA

Agency Specializes In: Advertising, African-American Market, Asian Market, Bilingual Market, Brand Development & Integration, Broadcast, Business-To-Business, Collateral, Consulting, Consumer Marketing, Corporate Identity, Cosmetics, Education, Environmental, Event Planning & Marketing, Exhibit/Trade Shows, Financial, Food Service, Graphic Design, Health Care Services, High Technology, Hispanic Market, In-Store Advertising, Internet/Web Design, Leisure, Media Buying Services, Medical Products, New Product Development, Over-50 Market, Pharmaceutical, Print, Production, Public Relations, Publicity/Promotions, Real Estate, Recruitment, Restaurant, Retail, Sales Promotion, Seniors' Market, Sports Market, Strategic Planning/Research, T.V., Telemarketing, Trade & Consumer Magazines, Transportation, Travel & Tourism

Approx. Annual Billings: $3,847,000

Breakdown of Gross Billings by Media: Collateral: $300,000; Consulting: $300,000; E-Commerce: $250,000; Event Mktg.: $500,000; Exhibits/Trade Shows: $175,000; Graphic Design: $175,000; Local Mktg.: $165,000; Logo & Package Design: $275,000; Mags.: $600,000; Outdoor: $60,000; Pub. Rels.: $375,000; Radio: $180,000; Sports Mktg.: $162,000; T.V.: $60,000; Worldwide Web Sites: $270,000

Daniel Vargas (Pres & CEO)

Accounts:
Aqua Blue Waters
The Coca Cola Co.; Atlanta, GA; 1992
State of Georgia Department of Education; 2004
UNUM Provident; 2004

VARIABLE
20 Jay St Ste 802, Brooklyn, NY 11201
Tel.: (212) 462-2870
Web Site: WeAreVariable.com

Employees: 5
Year Founded: 2011

Agency Specializes In: Branded Entertainment, Broadcast, Cable T.V., Electronic Media, Experience Design, Guerilla Marketing, Multimedia, Out-of-Home Media, Outdoor, Print, Production, Production (Print), Social Media, T.V., Viral/Buzz/Word of Mouth

Jonathan Bregel (Partner, Dir & Writer)
Rocco Campanelli (Coord-Production & Producer-Post)
Kevan Funk (Dir)
Salomon Ligthelm (Dir)

Accounts:
ACLU
National Geographic
Tiffany & Co.
Zappos THINK

THE VARIABLE AGENCY
575 E 4Th St, Winston Salem, NC 27101
Tel.: (336) 721-1021
E-Mail: info@thevariable.com
Web Site: www.thevariable.com

Employees: 36
Year Founded: 2011

Agency Specializes In: Advertising, Brand Development & Integration, Consumer Goods, Content, Digital/Interactive, Fashion/Apparel, Food Service, Health Care Services, Household Goods, In-Store Advertising, Integrated Marketing, Internet/Web Design, Market Research, Media Buying Services, Media Planning, New Product Development, Production, Production (Print), Radio, Restaurant, Strategic Planning/Research, T.V.

Keith Vest (Chm & Partner)
David Mullen (Pres & Partner)
Joe Parrish (Chief Creative Officer)
David Jones (VP & Creative Dir)
Kelley O'Brien (Grp Acct Dir-PR & Social)
Mandy Hubich (Acct Dir)
Jennifer Ganshirt (Dir-Strategy & Insight)
Jodi Heelan (Dir-Bus Dev & Ops)
Zac Painter (Dir-Acct Mgmt)
Ray Trosan (Dir-Media & Bus Dev)
Kylie Wall (Acct Supvr)
Megan Streba (Supvr-Employee Ops)
Emma Brown (Sr Acct Exec-PR)
Alex Coulson (Sr Acct Exec)
Brandelynn Perry (Strategist)
Gary Bostwick (Assoc Creative Dir)
Matt Cook (Assoc Creative Dir)

Accounts:
Duke University Health System (Agency of Record)
Interface (Agency of Record)
Lowes Foods Advertising, In-Store
Primo Water (Agency of Record)
Soffe (Agency of Record)
Spin Master Ltd. (Lead Integrated Marketing Agency of Record) AirHogs, Bunchems, Creative, Strategy, Zoomer

ADVERTISING AGENCIES

THE VAULT NYC
420 Lexington Ave, New York, NY 10170
Tel.: (212) 913-9499
Web Site: www.thevaultnyc.com

Employees: 8

Agency Specializes In: Advertising, Brand Development & Integration, Digital/Interactive, Print, T.V.

Jon Paley *(Mng Partner)*
Josh Weissglass *(Mng Dir)*

Accounts:
Academy Sports & Outdoors, Ltd.
BMW
DIRECTV
ESPN, Inc.
Foot Locker Campaign: "Everything Changes After the Draft"
National Football League
Puma North America, Inc.
Samsung Telecommunications America, LLC
Under Armour, Inc.

VAULT49
36 W 20th St 8th Fl, New York, NY 10011
Tel.: (212) 254-0120
E-Mail: info@vault49.com
Web Site: www.vault49.com

Employees: 50
Year Founded: 2002

Agency Specializes In: Advertising, Brand Development & Integration, Commercial Photography, Graphic Design, Internet/Web Design, Social Media

John Glasgow *(Co-Founder & Exec Creative Dir)*
Jonathan Kenyon *(Co-Founder & Exec Creative Dir)*
Leigh Chandler *(Partner & Creative Dir)*
Samuel Fowler *(Acct Dir)*
Kiki Saxon *(Acct Dir)*
Nicole Prefer *(Dir-Strategy)*
Spencer Ryan *(Dir-Creative Svcs)*
Kervin Brisseaux *(Assoc Dir-Design)*
Sam Wilkes *(Assoc Dir-Creative)*
Viviana Florez *(Sr Designer)*

Accounts:
New-Diageo North America Inc. Baileys Strawberries & Cream
New-PepsiCo Inc.
New-Target Corporation

VBP ORANGE
201 Post St 4th Fl, San Francisco, CA 94108
Tel.: (415) 962-3000
E-Mail: hello@vbporange.com
Web Site: www.vbporange.com

Employees: 200
Year Founded: 2011

Agency Specializes In: Advertising, Brand Development & Integration, Graphic Design

Peter Antonelli *(Dir-Design)*
Harlan Kennedy *(Dir-Strategy)*
Brian Longtin *(Dir-Brand Strategy)*
Anne-louise Pettersson *(Office Mgr)*
Colleen McGee *(Grp Brand Dir)*
Avery Oldfield *(Assoc Creative Dir)*
Adam Wolinsky *(Assoc Creative Dir)*

Accounts:
Audi
One Medical (Agency of Record) Brand Campaign

Phillips 66

VECTOR MEDIA
560 Lexington Ave, New York, NY 10022
Tel.: (212) 557-9405
E-Mail: info@vectormedia.com
Web Site: vectormedia.com

Employees: 100

Agency Specializes In: Communications, Digital/Interactive, Experiential Marketing, Out-of-Home Media, Transportation

Marc Borzykowski *(CEO)*
Chad Silver *(COO)*
Jim MacCurtain *(Chief Strategy Officer)*
Gary Greenstein *(Chief Revenue Officer)*
Justin Steinfelder *(VP-Strategic Partnerships)*
Lynn Mcginness Bilotto *(Dir-HR)*
Arielle Garti *(Dir-Sls Ops)*
Michael Doucet *(Acct Mgr-Natl & Strategist-Integrated)*
James Moretti *(Acct Mgr-Natl)*
Ron Kroschwitz *(Mgr-Market)*
Lisa Staryak *(Mgr-Natl Photography & Sr Coord-Mktg)*
Julie Lubetkin *(Acct Coord)*
Meaghan Marrese *(Reg Acct Mgr)*

Accounts:
JP Morgan Chase

VELA ADVERTISING
127 Pine Island Tpke, Warwick, NY 10990
Tel.: (845) 544-1358
Web Site: www.velaadvertising.com

Employees: 3

Agency Specializes In: Advertising, Digital/Interactive, Graphic Design, Internet/Web Design, Logo & Package Design

Tony Vela *(Creative Dir)*

Accounts:
Axel Plastics Research Laboratories, Inc.
Hillrock Estate Distillery
Valley Mason Supply

VELA AGENCY
315 N Spruce St Ste 215, Winston Salem, NC 27101
Tel.: (336) 245-2436
Fax: (336) 245-2572
E-Mail: info@velaagency.com
Web Site: www.velaagency.com

Employees: 20

Agency Specializes In: Advertising, Brand Development & Integration, Digital/Interactive, Media Relations, Media Training, Public Relations, Radio, Social Media, Strategic Planning/Research, T.V.

Ginger Gallagher *(Pres)*
Kevin O'Neill *(VP-Digital Media & Web Solutions)*
Michelle Soyars *(VP-Creative Strategy)*
Shannon Allen *(Mgr & Producer-Digital Assets & Web Matls)*
Kevin Brown *(Mgr-Dealer Database)*
Christina Hussey *(Mgr-Social & Digital Media)*
Melissa James *(Designer-Production)*

Accounts:
Arts for Life
The Law Offices of Timothy D. Welborn
Novant Health, Inc.

VELOCITY AGENCY
710 Papworth Ave, New Orleans, LA 70005
Tel.: (504) 834-8811
Fax: (504) 834-8812
Web Site: www.velocityagency.com

Employees: 25
Year Founded: 2012

Agency Specializes In: Advertising, Digital/Interactive, Graphic Design, Media Planning, Out-of-Home Media, Outdoor, Print, Promotions, Public Relations, Radio, Social Media

Robert Berning *(Owner & Founder)*
Matt Mistretta *(Media Dir)*
Emily Kranz *(Asst-Media)*

Accounts:
A1
Lamarque Ford

VELOCITY MEDIA
26 W Dry Creek Cir Ste 600, Littleton, CO 80120
Tel.: (303) 809-0053
Fax: (303) 690-0415
Web Site: www.velocitymediainc.com

Employees: 4
Year Founded: 1998

Agency Specializes In: Advertising, Brand Development & Integration, Cable T.V., Collateral, Commercial Photography, Consulting, Consumer Marketing, Corporate Communications, Corporate Identity, Direct Response Marketing, Electronic Media, Graphic Design, Internet/Web Design, Local Marketing, Logo & Package Design, Media Buying Services, Print, Public Relations, Publicity/Promotions, T.V., Trade & Consumer Magazines

Approx. Annual Billings: $400,000

Breakdown of Gross Billings by Media: Bus. Publs.: $300,000; Cable T.V.: $20,000; Collateral: $50,000; Comml. Photography: $30,000

Derek Fisch *(Pres)*
Darren Pitts *(Principal & Exec VP)*
Bonnie Arlia *(Sr VP)*
Ron Ault *(Sr VP)*
Mike Fitz-Gerald *(Sr VP)*
Brian Gast *(Sr VP)*
Michael Ingram *(VP)*
Collin Landis *(Assoc VP & Specialist-GIS)*
Tony Elliott *(Assoc VP-Media & IT)*

Accounts:
Custom Window; Englewood, CO Windows

VENABLES, BELL & PARTNERS
201 Post St Ste 200, San Francisco, CA 94108
Tel.: (415) 288-3300
Fax: (415) 421-3683
E-Mail: frontdesk@venablesbell.com
Web Site: www.venablesbell.com

Employees: 180
Year Founded: 2001

Agency Specializes In: Advertising, Advertising Specialties, Automotive, Bilingual Market, Brand Development & Integration, Broadcast, Business Publications, Business-To-Business, Cable T.V., Children's Market, Co-op Advertising, Collateral, Consumer Marketing, Consumer Publications, Corporate Communications, Digital/Interactive, Direct Response Marketing, E-Commerce, Electronic Media, Entertainment, Environmental, Event Planning & Marketing, Exhibit/Trade Shows,

AGENCIES - JANUARY, 2019 — ADVERTISING AGENCIES

Fashion/Apparel, Financial, Food Service, Graphic Design, High Technology, Internet/Web Design, Leisure, Logo & Package Design, Magazines, Media Buying Services, Multimedia, Newspaper, Newspapers & Magazines, Out-of-Home Media, Outdoor, Point of Purchase, Print, Production, Radio, Retail, Sales Promotion, Sponsorship, Sports Market, Strategic Planning/Research, T.V., Teen Market, Trade & Consumer Magazines, Transportation, Travel & Tourism

Approx. Annual Billings: $260,000,000

Hilary Coate *(Head-Integrated Production)*
Uli Kurtenbach *(Grp Dir-Strategy)*
Ricki Kaplan *(Brand Dir)*
Brian Longtin *(Brand Dir-Strategy)*
Nicole Miesfeld *(Brand Dir)*
Cody Pate *(Art Dir)*
Erich Pfeifer *(Creative Dir)*
Jon Phillips *(Brand Dir)*
Sara Shields *(Brand Dir)*
Julia Wu *(Brand Dir)*
Mike Ronkoske *(Dir-Strategy)*
Paris Clark *(Brand Mgr)*
Tolani Cox *(Brand Mgr)*
Anna Norris *(Brand Mgr)*
Kate Torres *(Project Mgr-New Bus)*
Cara Watson *(Grp Brand Dir)*
Sametta Gbilia *(Mgr-Bus Affairs)*
Jessica Zou *(Acct Supvr)*
Sherry Cao *(Supvr-Brand)*
Jessica Lo *(Supvr-Brand)*
Casey Warendorf *(Supvr-Brand)*
Emy Theodorakis *(Strategist)*
Samuel Bauer *(Copywriter)*
Kelly Malka *(Designer)*
Jake Reilly *(Copywriter)*
James Duffy *(Assoc Creative Dir)*
Avery Oldfield *(Assoc Creative Dir)*
Adam Wolinsky *(Assoc Creative Dir)*

Accounts:
The 3M Company Creative, Post-It
Audi of America, Inc.
Butterball, LLC Campaign: "Slim Jim Baby Shower, Scooter, Sala", Orville Redenbacher, Slim Jim; 2007
Campari America "Holiday Spirits", Campaign: "DoubleTip", Campaign: "West of Expected", Out-of-Home, Social Media
Chipotle Mexican Grill, Inc. (Agency of Record) Advertising, Broadcast & Social Media, Creative, Media
The Coca-Cola Co. Nestea
ConAgra Campaign: "Juice Fast"
Dobot; 2016
Facebook Campaign: "Ten Year Olds"
Google Broadcast, Campaign: "Bird Watcher", Campaign: "Explore Your World", Campaign: "Why Speed Matters", Google, Google Fiber, Google Maps, Google+
Heavenly
Hebrew National
Hillary For America
Lightlife
Marriott International, Inc Print
Massage Envy Limited, LLC Creative, Strategic
McAfee Campaign: "Gregg", Campaign: "Justin", Campaign: "Megan"
One Medical Group Healthcare; 2016
P.F. Chang's
PG&E
Premier Protein
Recreational Equipment, Inc. Campaign: "#OptOutside"
Reebok "#breakyourselfie", "Be More Human Experience", Bacon, Campaign: "Be More Human", Campaign: "Freak Show", Campaign: "Free Range Chicken", Campaign: "Live Free Range", Global Advertising Creative Agency, Online, Out-of-Home, Reebok China, Social, ZJet
Samsung Online, POWERbot
San Francisco Conservation Corps
Sheraton Hotels & Resorts (Creative Agency of Record)
Sony Corporation of America Campaign: "Escape", PlayStation, PlayStation Store, PlayStation Vue, TV
Trulia
Volkswagen Group "Tear drop"
Westin Hotels & Resorts (Creative Agency of Record)

VENDI ADVERTISING
125 4th St N Ste 200, La Crosse, WI 54601
Tel.: (608) 788-5020
Fax: (608) 788-5027
E-Mail: contact@vendiadvertising.com
Web Site: https://www.vendiadvertising.com/

Employees: 18
Year Founded: 2004

Agency Specializes In: Advertising, Brand Development & Integration, Broadcast, Content, Internet/Web Design

Julie Haas *(Principal-Client Svcs & Strategy)*
Kathy Van Kirk-Przywojski *(Principal-Creative)*
Karen Bernhardt *(Creative Dir & Art Dir)*
Kate Weis *(Acct Mgmt Dir)*
Erik Olson *(Dir-Art & Designer-Web)*
Chris Haas *(Dir-Dev)*
Emily Zei *(Dir-Acct & Digital Media)*
Elly Reister *(Sr Writer)*

Accounts:
The Center

VENEZIA DESIGN INC.
1988 L Arbolita Dr, Glendale, CA 91208
Tel.: (323) 965-9700
Fax: (818) 330-9620
Web Site: www.veneziadesign.com

Employees: 2
Year Founded: 1993

Agency Specializes In: Brand Development & Integration, Children's Market, Collateral, Consulting, Graphic Design, Logo & Package Design, Point of Purchase

Jim Venezia *(Art Dir, Creative Dir, Mgr & Sr Graphic Designer)*

Accounts:
Alliance; Burbank, CA
Mattel, Inc.; El Segundo, CA (Package Design) Barbie, Uno; 1997

VENTURE
3639 Midway Dr, San Diego, CA 92110
Tel.: (619) 234-7312
Fax: (619) 234-5159
Web Site: www.venture-sandiego.com/

Employees: 2
Year Founded: 1977

Agency Specializes In: Advertising, Business Publications, Collateral, Consumer Marketing, Consumer Publications, Corporate Identity, Graphic Design, Magazines, New Product Development, Public Relations, Publicity/Promotions

Approx. Annual Billings: $750,000

Thomas E. Ables *(Owner)*

Accounts:
Ambler Tours & Travel Service; San Diego, CA
Paha Que Wilderness; Poway, CA; 1999

VENTURE COMMUNICATIONS LTD.
2540 Kensington Road NW, Calgary, AB T2N 3S3 Canada
Tel.: (403) 237-2388
Fax: (403) 265-4659
E-Mail: president@venturecommunications.ca
Web Site: venturecommunications.ca/

E-Mail for Key Personnel:
Public Relations: mediainquiries@openminds.ca

Employees: 40
Year Founded: 1984

Agency Specializes In: Public Relations, Publicity/Promotions

Revenue: $30,000,000

Jordan Campese *(Client Svcs Dir)*
John Halliday *(Creative Dir)*
Marie Langille *(Dir-Client Mktg)*
Lindsay Smith *(Dir-Content & Social Media)*
Timothy Jordan Siad *(Sr Mgr-Event, Sponsorship & Content)*
Quinn King *(Specialist-Social Media)*

Accounts:
Alberta's Promise
Canadian Cancer Society
Carma
Lipton Soups & Teas
National Sports
Nuuvera Cannabis, Creative Advertising, Digital Content, Execution, Global Brand Strategy, Public & Media Relations, Social Media; 2018
Regus Media Relations, Public Relations, Strategic PR Counsel
Toyota Dealers Association
Unilever Lipton, Sunlight, VIM
Western Canada Lottery Corporation

VERASOLVE
9916 Logan Dr, Potomac, MD 20854
Tel.: (301) 807-6390
Fax: (301) 299-3495
E-Mail: info@verasolve.com
Web Site: www.verasolve.com

Employees: 20
Year Founded: 2002

Agency Specializes In: Advertising, Brand Development & Integration, Content, Crisis Communications, Logo & Package Design, Media Relations, Media Training, Public Relations, Search Engine Optimization, Social Media

Ethan Assal *(Chm & CEO)*

Accounts:
Alvarez & Associates Marketing, Public Relations, Rebranding, Social Media
New-Ennis Electric Co Inc
New-The Intec Group, Inc
New-Patriot Group International Inc

VERBFACTORY
1956 Webster St Ste 250, Oakland, CA 94612
Tel.: (415) 359-4906
Fax: (415) 449-6301
E-Mail: info@verbfactory.com
Web Site: www.verbfactory.com

Employees: 15

Agency Specializes In: Advertising, Brand Development & Integration, Logo & Package Design, Media Relations, Media Training

ADVERTISING AGENCIES
AGENCIES - JANUARY, 2019

Richard Berman *(CEO)*
Peter Kohn *(Partner)*
Lawrence Talbot *(Dir-Environmental Practice)*

Accounts:
Cordys
Cushman & Wakefield
Dome Capital
Fireman's Fund
Masons of California
PeerMe
Rocket Aldon
Rocket
San Francisco Chronicle
Unum
WorkSoft

VERDIN
3580 Sacramento Dr, San Luis Obispo, CA 93401
Tel.: (805) 541-9005
Fax: (805) 541-9007
Web Site: www.verdinmarketing.com

Employees: 15
Year Founded: 2003

Agency Specializes In: Advertising, Brand Development & Integration, Digital/Interactive, Logo & Package Design, Public Relations

Mary Verdin *(Pres & Chief Strategy Officer)*
Ashlee Akers *(Partner & VP-Client Svcs)*
Adam Morgan *(Acct Mgr)*
Lisa Campolmi *(Strategist-Media & Res)*
Megan Condict *(Sr Designer)*

Accounts:
Urban Optics

VERITONE MEDIA
575 Anton Blvd Ste 900, Costa Mesa, CA 92626
Tel.: (888) 507-1737
Web Site: www.veritone.com

Employees: 85
Year Founded: 2014

Agency Specializes In: Content, Digital/Interactive, Event Planning & Marketing, Logo & Package Design, Media Buying Services, Media Planning, Radio, Social Media, T.V.

Ryan Steelberg *(Pres)*
Jeff Maerov *(Chief Creative Officer)*
Scott Bogdan *(Sr VP-Ops)*
Mydung Tran *(Sr VP-Strategy & Bus Dev)*

Accounts:
1-800-Flower.com Broadcast, Podcast Advertising, Radio, Television, Traditional Media
Boxed Wholesale
DraftKings, Inc.
Uber Technologies Inc.
Westwood One

VERMILION INC.
3055 Center Green Dr, Boulder, CO 80301
Tel.: (303) 443-6262
Fax: (303) 443-0131
E-Mail: info@vermilion.com
Web Site: www.vermilion.com

Employees: 25

Agency Specializes In: Advertising, Brand Development & Integration, Consumer Marketing, Corporate Identity, Graphic Design, Internet/Web Design, LGBTQ Market, Logo & Package Design

Bob Morehouse *(Founder & CEO)*
Tony George *(Mng Dir-Vermilion Design & Digital)*
Susan Touchette Aust *(Acct Dir)*
Kevin Bonner *(Art Dir)*
Paul Knipe *(Acct Dir)*
Matt LeBeau *(Dir-Digital Mktg)*
Thaddeus Napp *(Dir-Strategy)*
Lauren Reynoso *(Sr Acct Mgr)*
Vanessa Rathbone *(Acct Mgr & Strategist-Brand)*
Margaret Thompson-Gough *(Acct Mgr)*
William Busby *(Mgr-Digital Mktg)*
Sarah Halle *(Copywriter)*
Karen Tan *(Sr Designer)*

Accounts:
Attention Homes
Biodesix
Campbell Law
Colorado Department of Public Health & Environment Campaign: "Beforeplay"
The Colorado Shakespeare Festival
The Colorado Trust
Healthy Eating Research
HW Home
OPower
Roche Colorado
Rudi's Organic Bakery
Tendril

VERSA CREATIVE GROUP
5444 Westheimer Rd Ste 200, Houston, TX 77056
Tel.: (832) 831-7590
Fax: (832) 433-7623
E-Mail: info@versacreativegroup.com
Web Site: http://www.versacreative.com/

Employees: 28
Year Founded: 2009

Agency Specializes In: Advertising, Brand Development & Integration, Internet/Web Design, Logo & Package Design, Print, Social Media

Mary Shekari *(Founder & Principal)*
Rick Yandle *(Sls Dir)*
Mehdi Amiry *(Strategist-Social Media)*
Annette Elizalde *(Sr Graphic Designer)*

Accounts:
1919 Wine & Mixology
Corner Table
CustomEyes
Shany Cosmetics

VERSANT
316 N Milwaukee St, Milwaukee, WI 53202
Tel.: (414) 410-0500
Fax: (414) 410-0520
E-Mail: mail@versantsolutions.com
Web Site: www.versantsolutions.com

E-Mail for Key Personnel:
President: wruch@versantsolutions.com
Creative Dir.: malbiero@versantsolutions.com

Employees: 35
Year Founded: 1972

Agency Specializes In: Advertising, Advertising Specialties, Automotive, Brand Development & Integration, Broadcast, Business-To-Business, Collateral, Communications, Consulting, Consumer Marketing, Corporate Identity, Digital/Interactive, Direct Response Marketing, E-Commerce, Education, Electronic Media, Financial, Government/Political, Health Care Services, Internet/Web Design, Investor Relations, Legal Services, Logo & Package Design, Magazines, Media Buying Services, Medical Products, Multimedia, New Product Development, Newspaper, Newspapers & Magazines, Out-of-Home Media, Outdoor, Planning & Consultation, Print, Production, Public Relations, Radio, Recruitment, Retail, Strategic Planning/Research, T.V., Technical Advertising, Trade & Consumer Magazines, Transportation

Will Ruch *(CEO & Mng Partner)*
Tod Kinunen *(Controller-Fin)*

Accounts:
Bank Mutual; Milwaukee, WI Financial
Journal Sentinel JS Everywhere
Milwaukee County Transit System; Milwaukee, WI Mass Transit Services
Plunkett Rayfich Architects; Milwaukee, WI; 2002
Thompson-Reuters Corporation; Stamford, CT
Wisconsin DOT; Madison, WI State Agencies

VERSION 2.0 COMMUNICATION
500 Harrison Ave Ste 401R, Boston, MA 02118
Tel.: (617) 426-2222
Fax: (617) 426-1026
E-Mail: info2@v2comms.com
Web Site: www.v2comms.com

Employees: 25
Year Founded: 2006

Agency Specializes In: Brand Development & Integration, Media Relations, Public Relations, Social Media

Jean Serra *(Founder & Partner)*
Maura FitzGerald *(Owner)*
Katelyn Holbrook *(Sr VP)*
Melissa Mahoney *(Sr VP)*

Accounts:
Acme Packet Communications, Social Media, Thought Leadership
Avid Technology. Inc.
Curata
NaviNet, Inc.
NetProspex Communications, Social Media, Thought Leadership
Smartleaf, Inc
Sonicbids Communications, Social Media, Thought Leadership
Symphony Services

VERSO ADVERTISING, INC.
50 W 17th St 5th Fl, New York, NY 10011-5702
Tel.: (212) 292-2990
Fax: (212) 557-2592
E-Mail: ideas@versoadvertising.com
Web Site: www.versoadvertising.com

E-Mail for Key Personnel:
President: denise@versoadvertising.com
Creative Dir.: joelle@versoadvertising.com

Employees: 25
Year Founded: 1989

Agency Specializes In: Advertising, Publishing, Sponsorship

Breakdown of Gross Billings by Media: Cable T.V.: 5%; Collateral: 1%; Internet Adv.: 4%; Network Radio: 2%; Network T.V.: 2%; Newsp.: 65%; Outdoor: 1%; Spot Radio: 5%; Spot T.V.: 4%; Trade & Consumer Mags.: 10%; Transit: 1%

Denise Berthiaume *(Chm)*
Martha Otis *(Pres)*
Michael Kazan *(Mng Dir & Exec VP)*
Jennifer Pasanen *(VP & Grp Dir)*
Wanda Candelario *(Office Mgr)*

Accounts:
Anne Geddes
Basic Books; New York, NY; 1997
Berkley Publishing Group
Books for a Better Life

AGENCIES - JANUARY, 2019 — ADVERTISING AGENCIES

Crown Publishing Group; NY; 2005
Dutton
Ecco
Egmont USA
Farrar Straus Giroux; New York, NY; 1992
Harper Collins Children's; NY; 2005
Harper Collins; NY Books; 2005
Harper Perennial; NY; 2005
HarperOne
Henry Holt; New York, NY; 1993
Houghton Mifflin/Mariner Books; Boston, MA; 1997
Penguin Academic; 2002
Rodale
Running Press
Tor Books; New York, NY; 1998
W.W. Norton & Co., Inc.; New York, NY; 1989

VERT MOBILE
1075 Zonolite Rd NE Ste 6, Atlanta, GA 30306
Tel.: (866) 275-7555
E-Mail: agency@vertmob.com
Web Site: www.vertdigital.com

Employees: 69

Agency Specializes In: Advertising, Brand Development & Integration, Content, Customer Relationship Management, Digital/Interactive, Media Planning, Paid Searches, Social Media

Matt Griffin *(Pres-Creative Tech)*
Michael Lentz *(Principal-Emerging Media)*
Kevin Planovsky *(Principal-Acct Strategy)*
Kelsey Agnew *(Dir-Strategic Plng)*
Lauren Zarzour *(Dir-Strategic Partnerships)*
Elizabeth Grady *(Mgr-Digital Mktg)*
Nicole Shroyer *(Sr Strategist-Digital Media)*
Michelle DeMasi *(Strategist-Social Brand)*
Melissa Volpe *(Strategist-Digital Media)*
Lauren Harber *(Assoc Media Dir)*

Accounts:
Crystal Springs

VERTIC
180 Varick St Ste 1620, New York, NY 10014
Tel.: (866) 951-8660
E-Mail: info@vertic.com
Web Site: www.vertic.com

Employees: 94
Year Founded: 2002

Agency Specializes In: Advertising, Brand Development & Integration, Digital/Interactive

Mads Petersen *(Co-Founder & Pres-Singapore)*
Sebastian Vedsted Jespersen *(CEO)*
Jonas Kochen *(Partner & Chief Creative Officer)*
Natasha Markley *(Partner-Client & Sr VP)*
Anna Doan *(Partner & Exec Partner-Client)*
Laurence Lipworth *(Exec VP-Client Engagement)*
Mikkel Arnoldi Pedersen *(Sr VP-Client Engagement & Head-Healthcare-Denmark)*
Lone Poulsen *(Dir-Project Mgmt-EMEA)*
Joycelyn Chen *(Planner-Strategic)*

Accounts:
Eli Lilly
General Electric Company GE.com
GlaxoSmithKline
SAP SAP Exchange Media
Vestas Wind System A/S

VERTIGO MEDIA GROUP
1593 Locust Ave Bohemia, New York, NY 11716
Tel.: (516) 882-5030
Fax: (516) 882-5077
E-Mail: info@vertigomediagrp.com
Web Site: www.vertigomediagrp.com

Employees: 10

Agency Specializes In: Advertising, Brand Development & Integration, Internet/Web Design, Social Media

Lisa Mirabile *(Founder & COO)*

Accounts:
Briscoe Protective Systems Inc.

VERVE MARKETING & DESIGN
36 Derry Dr, Glen Mills, PA 19342-1810
Tel.: (610) 399-1003
Fax: (610) 358-2353
E-Mail: info@vervemarketinganddesign.com
Web Site: www.vervemarketinganddesign.com

Year Founded: 1987

Agency Specializes In: Advertising, Brand Development & Integration, Email, Exhibit/Trade Shows, Identity Marketing, Internet/Web Design, Local Marketing, Newspapers & Magazines, Out-of-Home Media, Package Design, Print, Production, Public Relations, Publishing, Radio, Strategic Planning/Research

Diane Lemonides *(Pres & Strategist-Brand)*
Julie Bernard *(CMO)*

Accounts:
Avante Salon & Spa
Baltic Leisure
Blue Pear Bistro
Brandywine River Museum
Galla Studios
Globus Medical
Heifer International
Temenos

VERY, INC.
PO Box 517, Menlo Park, CA 94026
Tel.: (650) 323-1101
Fax: (650) 323-1102
E-Mail: g.chadwick@very-inc.com
Web Site: www.very-inc.com

Employees: 5
Year Founded: 1997

Agency Specializes In: Brand Development & Integration, Collateral, Consumer Publications, Internet/Web Design, Print, Radio

George Chadwick *(Pres & Creative Dir)*

Accounts:
Financial Crimes Services
XOJet

VEST ADVERTISING
3007 Sprowl Rd, Louisville, KY 40299-3620
Tel.: (502) 267-5335
Fax: (502) 267-6025
E-Mail: roxie@vestadvertising.com
Web Site: www.vestadvertising.com

Employees: 39
Year Founded: 1991

Agency Specializes In: Advertising, Advertising Specialties, Brand Development & Integration, Broadcast, Collateral, Communications, Consulting, Direct Response Marketing, Event Planning & Marketing, Exhibit/Trade Shows, Logo & Package Design, Out-of-Home Media, Outdoor, Print, Publicity/Promotions

Rita Vest *(Pres)*
Cody Vest *(Creative Dir)*
Jeremy Williams *(Art Dir)*
Sabrina Hayes *(Dir-Healthcare Mktg)*
Ben Hill *(Dir-Strategy)*
Larry Vest *(Dir-Ops)*
Ashley Schitter *(Acct Mgr)*
Kate Jennings *(Strategist-Pub Media)*
Dana Mason *(Acct Exec)*
Damon Westenhofer *(Designer-3D)*

Accounts:
American Heart Association
Boys & Girls Club of America
Decora
Diamond Cabinets
Grand Ole Opry
Humana
The Lawn Pro

VESTED
12 E 33Rd St Fl 2, New York, NY 10016
Tel.: (917) 765-8720
E-Mail: team@fullyvested.com
Web Site: www.fullyvested.com

Employees: 25

Agency Specializes In: Advertising, Brand Development & Integration, Content, Digital/Interactive, Event Planning & Marketing, Media Relations, Paid Searches, Public Relations, Social Media

Binna Kim *(Co-Founder & Grp Pres)*
Dan Simon *(Co-Founder & CEO)*
Ishviene Arora *(Co-Founder & COO)*
Kevin Trowbridge *(CTO)*
Ali Wells *(Chief Creative Officer)*
Eric Hazard *(CEO-Vested Ventures)*
Amber Roberts *(CEO-Professional Svcs Ops-US)*
Elspeth Rothwell *(CEO-UK)*
Ash Hsie *(Dir-Animation)*
James Smolka *(Dir-Photography)*
Courtney Chennells *(Sr Acct Mgr)*
Lauren Pozmanter *(Acct Mgr)*

Accounts:
Backstop Solutions Group Global Public Relations
Bloomberg L.P.
Broadridge Financial Solutions, Inc.
Citadel, LLC.
Clarity Money
Dojo Technology Corp Content Development, Corporate Messaging, Executive Positioning, Marketing, Media Relations
Elevate
Institutional Investor, Inc.
Investopedia, LLC. (Global Public Relations agency of Record) Communications
LendIt (Agency of Record)
Morgan Stanley Blogger Relations, Communications, Earned Media, Events, Executive Communications, Influencer Relations, Strategic Communications, Wealth Management Business; 2017
TABB Group, LLC.
Worldwide Business Research (Agency of Record) Brand Awareness, E-Commerce, Financial Services, Mobile, Retail

VI MARKETING & BRANDING
125 Park Ave Ste 200, Oklahoma City, OK 73102
Tel.: (405) 525-0055
Fax: (405) 600-6250
Web Site: www.vimarketingandbranding.com/

Employees: 25
Year Founded: 1989

Agency Specializes In: Advertising, Collateral, Crisis Communications, Event Planning & Marketing, Investor Relations, Media Relations, Multimedia, Out-of-Home Media, Outdoor, Public

ADVERTISING AGENCIES

Relations, Radio, T.V.

Revenue: $25,000,000

Steve Sturges *(Owner)*
Tim Berney *(Pres-Brand Strategy)*
Kregg Lee *(VP & Creative Dir)*
Renee Harriman *(VP-Media)*
Jacquelyn La Mar *(VP-Brand Dev)*
Greta Anglin *(Grp Acct Dir)*
Clay Miller *(Assoc Creative Dir, Producer & Writer)*
David Hinds *(Art Dir)*
Rachel Merritt *(Dir-Social Media)*
Grace Abblitt *(Sr Strategist-Digital Media)*
Erica Rockenstein *(Sr Strategist-Mktg)*
Elizabeth Tower *(Media Buyer)*
Caroline Rugeley *(Coord-Media)*
Jennifer Blevins *(Sr Art Dir)*
Aaron Cahill *(Assoc Creative Dir)*

Accounts:
Kansas City Research Institute (Agency of Record)
Oklahoma State Department of Health; Oklahoma City, OK (Agency of Record) Advertising, Marketing, Public Relations
New-Oklahoma Tourism & Recreation Dept

THE VIA AGENCY
619 Congress St, Portland, ME 04101
Tel.: (207) 221-3000
Fax: (207) 761-9422
E-Mail: careers@theviaagency.com
Web Site: www.theviaagency.com

Employees: 101
Year Founded: 1993

National Agency Associations: 4A's

Agency Specializes In: Advertising, Digital/Interactive, Media Planning, Public Relations, Search Engine Optimization, Social Media, Sponsorship, Strategic Planning/Research

John Coleman *(Founder & Chm)*
Leeann Leahy *(CEO)*
David Burfeind *(Chief Strategy Officer)*
Greg Smith *(Chief Creative Officer)*
Scott MacLeod *(Head-Plng)*
Julia Brady *(Grp Dir-Strategy)*
Jennifer Klumas *(Sr Producer-Brdcst)*
Morgan Gelfand *(Art Dir)*
Ken Matsubara *(Creative Dir)*
Matthew Scheumann *(Art Dir)*
Perdy Ticknor Mullins *(Dir-Project Mgmt)*
Duane Holmblad *(Mgr-Studio)*
Kate Mockus *(Mgr-HR)*
Meghan Gildart Nappi *(Mgr-Bus Affairs)*
Moya Fry *(Strategist-Client)*
Jennifer Arredondo *(Sr Designer-Studio)*
Jessica Fidalgo *(Copywriter)*
Lauren Croteau *(Assoc Creative Dir)*
Chris Jacobs *(Assoc Creative Dir)*

Accounts:
Asurion (Agency of Record)
CertainTeed
Church & Dwight Co., Inc. Arm & Hammer
Golden Corral Corporation (Lead Creative Agency) Campaign: "Golden Bill of Rights"
Greenpeace Campaign: "#ClickClean", Campaign: "Animals", Campaign: "Water", Campaign: "Wind", Internet
Heinz
L.L. Bean (Creative Agency of Record) Digital, Strategic
Lowe's Companies, Inc.; 2018
People's United Bank Campaign: "Doors - Business"
Perdue Farms Incorporated Creative, Social Media, Strategic Communications
Preble Street
Proximo Spirits 1800 Tequila, Campaign: "Enough Said", Campaign: "Full Moon", Campaign: "Them Boots", Campaign: "Werewolves of London", Three Olives Vodka
Saint-Gobain (Agency of Record) CertainTeed (Agency of Record), Consumers
T. Rowe Price
TheraventInc. (Agency of Record) Advertising, Integrated Communications, Theravent (Agency of Record)
Three Olives
Unilever Campaign: "Baby Talk", Campaign: "The Best Ice Cream Bar Ever Conceived", Campaign: "The Good Listener", Kandy Bars, Klondike, Vaseline

VIA MARKETING, INC.
2646 W Lincoln Hwy, Merrillville, IN 46410
Tel.: (219) 769-2299
Fax: (219) 756-9505
Toll Free: (888) 842-6275
E-Mail: friends@viamarketing.net
Web Site: www.viamarketing.net

Employees: 7
Year Founded: 1987

Agency Specializes In: Brand Development & Integration, Business Publications, Business-To-Business, Communications, Consulting, Event Planning & Marketing, Graphic Design, Health Care Services, Local Marketing, Logo & Package Design, Medical Products, Planning & Consultation, Public Relations, Publicity/Promotions, Strategic Planning/Research, Transportation

Julie Olthoff *(Owner & Pres)*
Diane Chant *(Fin Mgr)*
Carlo Labriola *(Sr Graphic Designer)*

Accounts:
LiteracyPro
Powersource Transportation
School Town of Munster
Vanco
Webb Ford

VIAMARK ADVERTISING
233 Middle St Ste 212, New Bern, NC 28560
Tel.: (252) 636-1888
Web Site: www.viamark.com

Employees: 39

Agency Specializes In: Advertising, Digital/Interactive, Internet/Web Design, Media Buying Services, Media Planning, Print, Radio, Search Engine Optimization, Social Media, T.V.

Mark Storie *(Pres & Reg Dir-Southeast)*
Glenn Anderson *(VP & Reg Dir-Northeast)*
Jennifer Kingman *(Dir-Digital)*
Lori McIlwain *(Dir-Client Svcs)*
Victoria Pierce *(Dir-Media Svcs)*

Accounts:
Mill Stores Furniture

VIAS LATINO MARKETING
4322 Stratton Blvd SE, Grand Rapids, MI 49512
Tel.: (616) 920-0878
Web Site: www.vias.us

Employees: 3
Year Founded: 2013

Agency Specializes In: Advertising, Bilingual Market, Brand Development & Integration, Broadcast, Consulting, Content, Cosmetics, Education, Financial, Government/Political, Graphic Design, Guerilla Marketing, Health Care Services, Hispanic Market, Local Marketing, Magazines, Market Research, Media Buying Services, Media Planning, Multicultural, Newspaper, Newspapers & Magazines, Out-of-Home Media, Outdoor, Planning & Consultation, Print, Promotions, Radio, Regional, Social Marketing/Nonprofit, Strategic Planning/Research, Travel & Tourism

Gonzalo Ramirez *(Co-Founder & CEO)*
Jonathan Barrera-Mikulich *(Dir-Brand Strategies)*

Accounts:
YMCA Healthy Eating; 2015

VIBES MEDIA
300 W Adams St 7th Fl, Chicago, IL 60606-5101
Tel.: (312) 753-6330
Fax: (312) 753-6332
E-Mail: contact@vibes.com
Web Site: www.vibes.com

Employees: 75
Year Founded: 1998

Agency Specializes In: Advertising, Children's Market, Electronic Media, Electronics, New Technologies, Teen Market

Revenue: $7,000,000

Jack Philbin *(Co-Founder, Pres & CEO)*
Charley Cassell *(CFO)*
Sophie Vu *(CMO)*
Brian Garofola *(CTO)*
John Glennon *(Sr VP-Sls & Bus Dev)*
Christine Schoeff *(Sr VP-Talent & Dev)*
Bill Scott *(Sr VP-Intl)*
Brian Bradtke *(VP-Strategic Alliances)*
Amy Ferranti *(VP-Pro Svcs)*
Matt McKenna *(VP-Sls)*
David Panek *(VP-Product Mktg)*
Joel Powell *(VP)*
Tania Tawil *(VP-Partner Dev & Strategic Alliances)*
Brittany Tall Carter *(Dir-Customer Success)*
Mara Miller *(Dir-Customer Success)*

Accounts:
Allstate
Chipotle
Foot Locker
The Gap
The Home Depot
Old Navy
PetSmart
Pittsburgh Penguins

VIBRANT CREATIVE
293 Chestnut St, Oneonta, NY 13820
Tel.: (607) 433-8837
Fax: (607) 433-2384
Web Site: www.vibrantcompany.com

Employees: 7
Year Founded: 2002

Agency Specializes In: Advertising, Brand Development & Integration, Collateral, Internet/Web Design, Logo & Package Design, Media Training, Print, Search Engine Optimization, Social Media

Teresa DeLaurentiis *(Dir-Client Rels)*
Richard Langdon *(Dir-Bus Dev)*

Accounts:
Cooperstown All-Star Village
Unalam

VIBRANT MEDIA
524 Broadway Fl 11, New York, NY 10012

AGENCIES - JANUARY, 2019 — ADVERTISING AGENCIES

Tel.: (646) 312-6100
Fax: (212) 867-4925
Web Site: www.vibrantmedia.com

Employees: 120

Agency Specializes In: Advertising Specialties, Digital/Interactive, E-Commerce, Internet/Web Design, Web (Banner Ads, Pop-ups, etc.)

Helen Mussard *(VP-Global Mktg)*
David McConachie *(Dir-Publr Solutions-USA)*
Brett Nyquist *(Dir-Design)*

Accounts:
Adidas
Coke
Corel
HP
IBM
Intel
Microsoft
Nintendo
Nissan
Sky
Sony
Toyota
Unilever
Universal Pictures

Branches

Vibrant Media Ltd.
7th Floor, 140 Aldersgate Street, London, EC1A 4HY United Kingdom
Tel.: (44) 207 239 0120
Fax: (44) 201 239 9396
E-Mail: bduk@vibrantmedia.com
Web Site: www.vibrantmedia.com

Employees: 50

Craig Gooding *(Co-Founder)*
Frances Day *(Sls Dir)*
Ryan Kelly *(Acct Dir)*
Sebastian Collorafi *(Sr Publr-Sls & Mgr-Bus Dev)*
Alex Triggs *(Acct Exec)*

Accounts:
H. J. Heniz

VICTORY HEALTHCARE COMMUNICATIONS
25 Mountainview Boulevard, Basking Ridge, NJ 07920
Tel.: (908) 722-6800
Fax: (908) 252-9042
E-Mail: jobs@victoryhcc.com
Web Site: www.victoryhcc.com

Employees: 11

Agency Specializes In: Advertising, Corporate Identity, Digital/Interactive, E-Commerce, Email, Internet/Web Design, Logo & Package Design, Point of Sale, Production, Web (Banner Ads, Pop-ups, etc.)

Vincent Mattaliano *(Pres)*
Aimee Leary *(Creative Dir)*

Accounts:
Allstate Insurance Services
AT&T Communications Corp.
The Barberi Group
Basking Ridge Country Club
Beacon Medical Real Estate
Canery
Chelsea
Coffee & Roasters
Concrete Works

Equilibrium
Exelon Nuclear Energy Electricity Services
Johnson & Johnson Health Care Products Mfr

VIEO DESIGN, LLC
2575 Willow Point Way Ste 203, Knoxville, TN 37931
Tel.: (865) 381-2231
E-Mail: info@vieodesign.com
Web Site: www.vieodesign.com

Employees: 15
Year Founded: 2008

Agency Specializes In: Advertising, Digital/Interactive, Internet/Web Design, Out-of-Home Media, Outdoor, Print

Paul Gibson *(Owner)*
Rob Spurlock *(Principal)*
Holly Yalove *(Principal & Chief Strategist)*
Emily Winsauer *(Dir-Content)*

Accounts:
AAF Knoxville
Apple Health & Wellness
Ballantyne Brands LLC
Elle Boutique
Influence At Work
Manning Windows
NEO E-Cigarettes
Rogers Family Dental

VIETTI MARKETING GROUP
PO Box 3598, Springfield, MO 65808
Tel.: (417) 553-9105
E-Mail: info@viettimarketing.com
Web Site: www.viettimarketing.com

Employees: 6
Year Founded: 2010

Agency Specializes In: Advertising, Content, Digital/Interactive, Graphic Design, Internet/Web Design, Media Buying Services, Media Planning, Print, T.V.

Tammy Vietti *(Pres)*
Andrew Bozarth *(Partner)*

Accounts:
Discovery Center
Liberty Home Solutions LLC
MSI Constructors
Mothers Brewing Company
Restaurant Creative

VIEWPOINT CREATIVE
55 Chapel St, Newton, MA 02458-1060
Tel.: (617) 597-6667
Fax: (781) 449-7272
E-Mail: info@viewpointcreative.com
Web Site: www.viewpointcreative.com

Employees: 35

Agency Specializes In: Advertising, Brand Development & Integration, Collateral, Consumer Marketing, Entertainment, Event Planning & Marketing, Exhibit/Trade Shows, Identity Marketing, In-Store Advertising, Internet/Web Design, Mobile Marketing, Out-of-Home Media, Package Design, Print, Promotions, Strategic Planning/Research, T.V.

Dave Shilale *(Partner & Gen Mgr)*
Lisa DiBella *(Controller)*
Don Days *(Editor-Creative)*
Michael Middeleer *(Exec Creative Dir)*
Liz Breen *(Creative Dir & Copywriter)*
Ted Roberts *(Creative Dir)*

Erik Quenzel *(Dir-Engrg)*
Jon Anderson *(Sr Editor-Creative)*

Accounts:
ABC
Amazon.com, Inc. Amazon Prime Video
AMC Networks Inc.
Bose
CA Technologies
CBS
Cinemax
Clarks Companies
Discovery Networks
Disney
Duracell
ESPN, Inc.
Fox Sports
Gillette
Global Post
Hallmark Channel
Hasbro
HGTV
Home Box Office, Inc. 'Year-End' Image Spot
Mattel
National Geographic Channel
New Balance Athletic Shoe, Inc.
Redbox
Reebok
Staples
Viewpoint Lifestyle

VILLING & COMPANY, INC.
5909 Nimtz Pkwy, South Bend, IN 46628
Tel.: (574) 277-0215
Fax: (574) 277-5513
E-Mail: mailbox@villing.com
Web Site: www.villing.com

E-Mail for Key Personnel:
President: thom@villing.com
Creative Dir.: kelli@villing.com
Media Dir.: sara@villing.com
Production Mgr.: diane@villing.com
Public Relations: jeannine@villing.com

Employees: 14
Year Founded: 1982

National Agency Associations: IAN

Agency Specializes In: Brand Development & Integration, Health Care Services, Public Relations, Sports Market, Transportation

Breakdown of Gross Billings by Media: Bus. Publs.: 5%; Collateral: 15%; Consulting: 5%; Consumer Publs.: 3%; D.M.: 3%; Fees: 10%; Mags.: 2%; Newsp.: 5%; Outdoor: 2%; Production: 10%; Pub. Rels.: 20%; Radio & T.V.: 10%; Worldwide Web Sites: 10%

Thomas A. Villing *(Co-Founder & Pres)*
Ellen Imbur *(Art Dir)*
Jeff Middaugh *(Creative Dir)*
Diane Doyne *(Dir-Acct Plng)*
Adam Kizer *(Dir-Interactive)*
Aaron Charles *(Specialist-Content & Asst Acct Exec)*
Lori Headley *(Acct Exec)*

Accounts:
AM General; South Bend, IN; 1998
Carleton, Inc.; South Bend, IN
CKF Indiana
Covering Kids & Families of Indiana; South Bend, IN
Insight Business Solutions; Goshen, IN Accountants; 1992
McDonald's Restaurants
Notre Dame Federal Credit Union; 2000
Oaklawn Psychiatric Center, Inc.; Goshen, IN
Order of Malta
Ronald McDonald House Charities; South Bend, IN
South Bend Civic Theatre

ADVERTISING AGENCIES

South Bend Regional Sports Commission; South Bend, IN
Studebaker National Museum
WNIT-TV

VILOCITY INTERACTIVE, INC.
9927 E Bell Rd Ste 140, Scottsdale, AZ 85260
Tel.: (480) 584-5700
Fax: (480) 584-5701
E-Mail: info@vilocity.com
Web Site: www.vilocity.com

Employees: 16
Year Founded: 1998

Agency Specializes In: Advertising, Affiliate Marketing, Brand Development & Integration, Business-To-Business, Consumer Marketing, Corporate Identity, E-Commerce, Exhibit/Trade Shows, Graphic Design, Internet/Web Design, Media Planning, Public Relations, Publicity/Promotions, Social Marketing/Nonprofit, Social Media, Travel & Tourism, Viral/Buzz/Word of Mouth

Approx. Annual Billings: $2,500,000

Breakdown of Gross Billings by Media: Bus. Publs.: $200,000; Exhibits/Trade Shows: $200,000; Internet Adv.: $600,000; Newsp. & Mags.: $800,000; Pub. Rels.: $300,000; Worldwide Web Sites: $400,000

Ronald Mileti *(Pres & Creative Dir)*
Jennifer Smith *(VP)*
Shawn Hardy *(Mgr-Office & Acctg)*
Michelle Foldes *(Sr Art Dir)*

Accounts:
Emergen-C; CA Emergen-C; 2009
Gila River Casinos Hotel & Casinos; 2010
Hoover Dirt Devil; OH Hoover Dirt Devil; 2008
Little Kids Toys; Providence, RI Bubble Toys; 1999
National Coil Coating Association; Cleveland, OH Coil Coated Metal; 2004
ReNew Life Natural Supplements; 2011

THE VIMARC GROUP
1205 E Washington St Ste 120, Louisville, KY 40206
Tel.: (502) 261-9100
Fax: (502) 261-9105
E-Mail: whatworks@vimarc.com
Web Site: www.vimarc.com

Employees: 30

Agency Specializes In: Advertising, Broadcast, Collateral, Crisis Communications, Digital/Interactive, Email, Event Planning & Marketing, Graphic Design, Internet/Web Design, Local Marketing, Media Planning, Media Relations, Print, Product Placement, Production, Public Relations, Sponsorship, Strategic Planning/Research

Richmond Simpson *(Pres & CEO)*
Jason Lee *(Exec Creative Dir)*
Jessica Herman *(Acct Mgr)*
Jenny Mitchell *(Acct Mgr)*
Charlotte Browning *(Sr Acct Exec)*
Abigail Boyle *(Acct Exec)*
Laura Cates *(Media Planner & Media Buyer)*
Donna Seale *(Sr Media Planner & Media Buyer)*
Tim Smith *(Asst Acct Exec)*
Marci Levine *(Sr Media Planner & Buyer)*
Margie Mueller *(Exec Media Dir)*

Accounts:
Collins Ford
Elder Health
McKendree College
Metro United Way
Sprint
The Summit

VIMBY
16333 Raymer St Ste B, Van Nuys, CA 91406
Tel.: (818) 981-1945
Fax: (818) 975-9494
E-Mail: vimby@vimby.com
Web Site: www.vimby.com

Employees: 74
Year Founded: 2006

Agency Specializes In: Advertising, Branded Entertainment, Content, T.V.

Damien S. Navarro *(Pres)*
Dean Waters *(CEO)*
Eddie Van Pelt *(CFO & COO)*
Adam Reno *(Chief Creative Officer)*

Accounts:
The Daily Beast
General Mills
Hyundai
Intel
Kimberly Clark
Walgreens
Walmart

VINCODO
2300 E Lincoln Hwy Ste 317, Langhorne, PA 19047
Tel.: (888) 645-8237
Fax: (888) 317-7704
Web Site: www.vincodo.com/

Employees: 16
Year Founded: 2010

Agency Specializes In: Advertising, Affluent Market, Business-To-Business, Computers & Software, Consulting, Consumer Goods, Consumer Marketing, Cosmetics, Digital/Interactive, Direct Response Marketing, Direct-to-Consumer, E-Commerce, Education, Financial, Health Care Services, Household Goods, Integrated Marketing, Internet/Web Design, Legal Services, Luxury Products, Media Buying Services, Media Planning, Mobile Marketing, Over-50 Market, Paid Searches, Planning & Consultation, Retail, Search Engine Optimization, Seniors' Market, Social Marketing/Nonprofit, Social Media, Sports Market, Strategic Planning/Research, Web (Banner Ads, Pop-ups, etc.), Women's Market, Yellow Pages Advertising

Tim Daly *(CEO)*
Tom Alison *(Mng Dir)*
Drew Brooke *(VP-Mktg Svcs)*
Kristin Foley *(VP-Acct Svcs)*
Megan Campbell *(Acct Dir-Internet Mktg)*

Accounts:
Bleacher Creatures; 2014
Education Corporation of America; 2016
Jus By Julie; 2016
Lasik Vision Institute; 2012
LawForce Legal; 2017
Orbis Education; 2014
Orkin Pest Control; 2010
Rooms To Go; 2012
Swimsuits For All; 2012
TLC Lasik Centers; 2015
Travelers Insurance; 2011

VINE COMMUNICATIONS INC
299 Alhambra Cir Ste 221, Coral Gables, FL 33134
Tel.: (305) 447-8678
Fax: (305) 447-8670
E-Mail: info@vinecommunicationsinc.com
Web Site: www.vinecommunicationsinc.com

Employees: 5
Year Founded: 2006

Agency Specializes In: Event Planning & Marketing, Graphic Design, Internet/Web Design, Media Relations, Media Training, New Product Development

Nikki Konefsky Deas *(Founder & Pres)*
Will Candis *(Media Dir)*
Christine Siervo *(Sr Acct Mgr)*
Alyssa Perez *(Sr Acct Exec)*

Accounts:
The Commonwealth Institute
Dominican University of California
GlobalPro Recovery
La Cita de las Americas (North America Public Relations Agency of Record) Media
Leica Store Miami
Miami New Construction Show
National Marine Manufacturers Association 75th Progressive Insurance Miami International Boat Show (PR Agency of Record)
Palmcorp Development Group

VIP MARKETING & ADVERTISING
1019 E Montague Ave, N Charleston, SC 29405
Tel.: (843) 760-0707
Fax: (843) 760-0032
E-Mail: info@veryimportantplacement.com
Web Site: www.veryimportantplacement.com

Employees: 5

Agency Specializes In: Advertising, Brand Development & Integration, Social Media

Accounts:
Delta Pharmacy
Seasons of Japan

VIRGEN ADVERTISING, CORP.
(d/b/a Media Mavens)
2470 Saint Rose Pkwy Ste 308, Henderson, NV 89074
Tel.: (702) 616-0624
Fax: (702) 616-0644
E-Mail: info@virgenad.com
Web Site: http://virgenlv.com/

Employees: 35
Year Founded: 1999

Agency Specializes In: Advertising, Crisis Communications, Media Relations, Media Training, Promotions, Public Relations, Social Media

Revenue: $8,900,000

Maurella Bell *(VP-Comm & Analyst-Res)*
Nicole Boland *(Creative Dir)*

Accounts:
Fremont Street Experience

VIRTUAL FARM CREATIVE INC.
31 A Ridge Rd Ste 1, Phoenixville, PA 19460
Tel.: (610) 917-3131
Fax: (610) 917-3292
Toll Free: (877) GROWART
E-Mail: ideas@virtualfarm.com
Web Site: www.virtualfarm.com

Employees: 22

Agency Specializes In: Advertising, Advertising

AGENCIES - JANUARY, 2019 — ADVERTISING AGENCIES

Specialties, Brand Development & Integration, Business-To-Business, Collateral, Commercial Photography, Communications, Consulting, Consumer Marketing, Corporate Identity, Direct Response Marketing, E-Commerce, Exhibit/Trade Shows, Graphic Design, Internet/Web Design, LGBTQ Market, Logo & Package Design, Multimedia, New Product Development, Out-of-Home Media, Outdoor, Point of Purchase, Print, Public Relations, Publicity/Promotions, Strategic Planning/Research, Technical Advertising, Teen Market

Todd Palmer *(Pres & Creative Dir)*
Darren Price *(Art Dir)*

Accounts:
Budget Maintenance; Pottstown, PA Commercial Corporate Cleaning; 2002
Catskill Farms; Sullivan County, NY Farm House Restoration & Sales; 2004
Express Data Systems; Pottstown, PA Payroll Processing; 2003
Green Valleys Association; Pottstown, PA Environmental Advocacy Organization; 2000
Raymond C. Rumpf & Son; Sellersville, PA Fly Fishing Products; 2002
Riddell Lacrosse; Newark, NJ Lacrosse Helmets; 2004
Sly Fox Brewery & Restaurant; Phoenixville, PA Microbrewery & Restaurant; 2004

VIRTUE WORLDWIDE
55 Washington St Ste 900, Brooklyn, NY 11201
Tel.: (404) 483-9866
E-Mail: virtueinquiries@vice.com
Web Site: www.virtueworldwide.com

Employees: 200
Year Founded: 2006

Agency Specializes In: Advertising, Content, Digital/Interactive, In-Store Advertising, Out-of-Home Media, T.V.

Lars Hemming Jorgensen *(CEO)*
Cameron Farrelly *(Chief Creative Officer)*
Kyle MacDonald *(CTO)*
Adam Katzenback *(Head-Client Svcs)*
RG Logan *(Head-Strategy)*
Jill Rothman *(Head-Production)*
Trent Rohner *(Grp Dir-Creative)*
Alanna Watson *(Creative Dir & Copywriter)*
Jasmine Jabbour *(Acct Dir)*
Nicole James *(Creative Dir)*
Sophia Moore *(Art Dir)*
Paul Raffaele *(Art Dir)*
Jessica Toye *(Creative Dir)*
Quay Fox *(Dir-Strategy)*
Justin Schneider *(Dir-Comm Strategy)*
Carli Nicholas *(Assoc Dir-Client Svcs)*
Meredith Null *(Sr Mgr-New Bus)*
Lexi deVogelaere *(Acct Supvr)*
Hagan Rushton *(Acct Supvr)*
Madeline Leary *(Copywriter)*
Jessica Saesue *(Sr Designer)*
Heather Pieske *(Grp Creative Dir)*

Accounts:
ABcann Global Corp (Agency of Record) Strategy
Anheuser-Busch Companies, LLC Budweiser, Natural Light
Audi of America, Inc
Diageo North America, Inc. Smirnoff
Google
lululemon athletica inc
Old Blue Last
Park MGM
Samsung Electronics America, Inc
New-Suave
Unilever
YouTube, LLC

VISIGILITY
2448 E 81st St Ste 5628, Tulsa, OK 74137
Tel.: (918) 779-0098
E-Mail: contact@visigility.com
Web Site: www.visigility.com/

Employees: 1
Year Founded: 2014

Agency Specializes In: Below-the-Line, Digital/Interactive, Email, Guerilla Marketing, Local Marketing, Mobile Marketing, Outdoor, Paid Searches, Search Engine Optimization, Social Media, Sponsorship, Viral/Buzz/Word of Mouth, Web (Banner Ads, Pop-ups, etc.)

Russell Frazier *(CEO)*

Accounts:
Cedar Prairie Barn Web Design; 2016
The Gadget Company Digital Marketing, Ecommerce, Strategy, Web Design; 2017
The GoBoat Social Media Marketing, Digital Marketing, Ecommerce, SEO, Strategy, Web Design; 2016
Icybreeze Digital Marketing, SEO, Strategy; 2014
Roofing Life Digital Marketing, SEO, Social Media Marketing, Strategy, Web Design; 2015

VISION CREATIVE GROUP, INC.
2740 State Route 10 Ste 301, Morris Plains, NJ 07950
Tel.: (973) 984-3454
Fax: (973) 984-3314
E-Mail: ab@visioncreativegroup.com
Web Site: https://visioncreativegroup.com/

Employees: 45
Year Founded: 1987

Agency Specializes In: Advertising, Automotive, Broadcast, Business-To-Business, Cable T.V., Catalogs, Collateral, Commercial Photography, Consumer Goods, Consumer Marketing, Consumer Publications, Corporate Communications, Corporate Identity, Custom Publishing, Digital/Interactive, Direct Response Marketing, Direct-to-Consumer, E-Commerce, Electronic Media, Electronics, Email, Exhibit/Trade Shows, Financial, Graphic Design, Health Care Services, Household Goods, In-Store Advertising, Internet/Web Design, Logo & Package Design, Market Research, Media Buying Services, Media Planning, New Product Development, Newspapers & Magazines, Out-of-Home Media, Outdoor, Package Design, Pharmaceutical, Point of Purchase, Point of Sale, Print, Production, Production (Ad, Film, Broadcast), Production (Print), Promotions, Radio, Sales Promotion, Sponsorship, Sweepstakes, T.V., Trade & Consumer Magazines, Web (Banner Ads, Pop-ups, etc.)

Approx. Annual Billings: $12,000,000

Breakdown of Gross Billings by Media: Brdcst.: 3%; Exhibits/Trade Shows: 4%; Graphic Design: 20%; In-Store Adv.: 6%; Internet Adv.: 8%; Logo & Package Design: 14%; Newsp. & Mags.: 21%; Out-of-Home Media: 10%; Point of Purchase: 8%; Worldwide Web Sites: 6%

Andrew Bittman *(Pres)*
Sharon Petry *(Exec VP)*
Lori Thompson *(VP & Acct Exec)*
Kelly DiGiesi *(Creative Dir)*
Michael Mazewski *(Creative Dir)*
Jennifer Persson *(Acct Dir-Adv)*
Larry Price *(Creative Dir)*
Tori Reade *(Supvr-Media)*
Kathy Phillips *(Sr Acct Exec)*
Angela Horr *(Acct Exec)*

Michelle Egan *(Sr Graphic Designer)*
Julie Mott *(Sr Designer)*
Allyson Wood *(Sr Graphic Designer)*

VISION7INTERNATIONAL
300 St Paul Street Ste 300, Quebec, QC G1K 7R1 Canada
Tel.: (418) 647-2727
E-Mail: information@v7international.com
Web Site: www.vision7international.com/en/

Employees: 1,200

Martin Belanger *(Chief Admin Officer-Canada)*
Joseph Leon *(Pres-Media)*
Claude Lessard *(Exec Chm)*

Accounts:
New-Toyota Canada, Inc. National Retail Marketing; 2018

Branches

Cossette Inc.
300 St Paul Street 3rd Floor, Quebec, QC G1K 7R1 Canada
(See Separate Listing)

Dare
2 Tabernacle Street, London, EC2A 4LU United Kingdom
(See Separate Listing)

Eleven Inc.
500 Sansome St., San Francisco, CA 94111
(See Separate Listing)

VISIONMARK COMMUNICATIONS
6115 Falls Rd Ste 100, Baltimore, MD 21209
Tel.: (410) 377-3135
Fax: (410) 377-3138
Web Site: www.visionmarkusa.com

Employees: 4
Year Founded: 1995

Agency Specializes In: Advertising, Brand Development & Integration, Content, Exhibit/Trade Shows, Package Design, Print, Social Media, Web (Banner Ads, Pop-ups, etc.)

Mary Ann Bauer *(Partner & Dir-Creative Design)*
Ralph Ringler *(Partner)*

Accounts:
100 Light Street
BlueRidge Bank

VISIONS ADVERTISING MEDIA, LLC
426 Shore Rd Ste B, Somers Point, NJ 08401
Tel.: (609) 926-6358
Fax: (609) 926-6358
E-Mail: visions@visionsadv.com
Web Site: www.visionsadv.com

Employees: 6
Year Founded: 2002

National Agency Associations: OAAA

Agency Specializes In: Advertising, Alternative Advertising, Collateral, Consulting, Electronic Media, Graphic Design, Media Buying Services, Out-of-Home Media, Outdoor, Production (Print)

Approx. Annual Billings: $1,000,000

Breakdown of Gross Billings by Media: Out-of-

ADVERTISING AGENCIES

Home Media: 50%; Outdoor: 50%

William D. Ade *(Owner & Mng Partner)*

Accounts:
AT&T Mobility LLC; 2006
Beaches/Sandals; Holland, PA Travel; 2007
Bernie Robbins Jewelers; NJ Sales
Borgata Casino & Spa; Atlantic City, NJ Casino Gaming; 2003
Cash for Gold; Cherry Hill, NJ Jeweler; 2009
Charlestown Gaming; West Virginia; 2010
Convention Shows Entertainment; 2004
Coors Light; Monmouth, NJ; 2009
DeSimone Auto; Mount Laurel, NJ Automotive Services; 2008
Dr. Pepper/Snapple; Wildwood, NJ Beverages; 2009
E.I. DuPont; Atlantic City, NJ Health Care; 2005
Harrah's Casinos; Atlantic City, NJ Gaming; 2002
House of Blues; Atlantic City, NJ Entertainment; 2005
PNC Bank; New York, NY; 2010
Showboat Casino; Atlantic City, NJ Gaming; 2004
Six Flags Entertainment Corp.; Monmouth, NJ Theme Park; 2009
Sonic; NJ New Products/Locations
Trump Casinos; Atlantic City, NJ Entertainment, Gaming; 2003
United Way; Atlantic City, NJ Health Care; 2006
University of Sciences; Philadelphia, PA Recruitment; 2007

VISITURE
444 King St 2nd Fl, Charleston, SC 29403
Tel.: (843) 225-7000
E-Mail: info@visiture.com
Web Site: www.visiture.com

Employees: 50

Agency Specializes In: Advertising, Brand Development & Integration, Content, E-Commerce, Paid Searches, Print, Radio, Search Engine Optimization, Social Media, T.V.

Brian Cohen *(Founder & CEO)*
Ronald Dod *(Co-Founder & CMO)*
Ryan Jones *(VP-Client Success)*
Seth Newton *(Dir-Paid Search)*
Sarah Wilson *(Dir-Client Svcs)*
Jill Fitzhenry *(Sr Mgr-PPC)*
Melissa Miles *(Sr Acct Mgr-PPC)*
Brittany Currie *(Mktg Mgr)*
Stacey Warren *(Mgr-SEO)*
Janelica Jenkins *(Coord-SEO)*
Kris Wetzel *(Coord-Content)*

Accounts:
Mossy Oak (Content Creation Agency of Record) Search Engine Optimization; 2018
New-Red Dress Boutique

VISUAL APP
2425 N Central Expy Ste 475, Richardson, TX 75080
Tel.: (972) 235-5353
Fax: (972) 234-8608
Web Site: www.visualapp.com

Employees: 8
Year Founded: 2003

Agency Specializes In: Advertising, Business-To-Business, Internet/Web Design, Paid Searches, Search Engine Optimization, Social Media

Steve Snyder *(Pres)*
Jeff Old *(Principal)*
Vanessa Kilgore *(Acct Mgr)*

Accounts:
All-Pro Fasteners

VISUAL PRINT GROUP & DESIGN
1474 Battlefield Pkwy Ste I-9, Fort Oglethorpe, GA 30742
Tel.: (706) 956-8748
Fax: (706) 956-8759
E-Mail: nathan@visualprintgroup.com
Web Site: www.visualprintgroup.com

Employees: 7

Agency Specializes In: Business-To-Business, E-Commerce, Graphic Design, In-Store Advertising, Industrial, Internet/Web Design, Logo & Package Design, Magazines, Media Buying Services, Media Planning, Out-of-Home Media, Outdoor, Point of Purchase, Point of Sale, Print, Production (Print), Retail

Approx. Annual Billings: $1,500,000

Nathan Smith *(Pres)*

VISUALMAX
630 9th Ave Ste 414, New York, NY 10036
Tel.: (212) 925-2938
E-Mail: feedback@visualmax.com
Web Site: www.visualmax.com

Employees: 10
Year Founded: 2001

Agency Specializes In: Advertising, Alternative Advertising, Co-op Advertising, Communications, Consulting, Digital/Interactive, E-Commerce, Electronic Media, Experience Design, Information Technology, Internet/Web Design, Media Buying Services, Mobile Marketing, Multimedia, Pharmaceutical, Search Engine Optimization, Sweepstakes, Web (Banner Ads, Pop-ups, etc.)

Kate Payne *(Sr Acct Mgr & Producer)*
Peter Sebastian Featherly-Bean *(Acct Mgr)*

Accounts:
Allstate
Choice Hotels
Duracell
Fiat500X
Grand Marnier
Ice Breakers Cool Blasts
Microsoft
Panera Bread
Toyota
Yelp

VITALINK
10809 Cokesbury Ln, Raleigh, NC 27614
Tel.: (919) 850-0605
Fax: (919) 850-0678
E-Mail: info@vitalinkweb.com
Web Site: www.vitalinkweb.com

Employees: 5

Agency Specializes In: Advertising, Brand Development & Integration, Digital/Interactive, Internet/Web Design, Logo & Package Design, Media Buying Services, Out-of-Home Media, Outdoor, Print, Public Relations, Radio

Jeanne Frazer *(Pres)*
Michael Steele *(Creative Dir)*

Accounts:
Brinkley Walser Stoner
Lori Corken & Company

VITAMIN
3237 Eastern Ave, Baltimore, MD 21224
Tel.: (410) 732-6542
Fax: (410) 732-6541
E-Mail: info@vitaminisgood.com
Web Site: vitaminisgood.com

Employees: 5

Agency Specializes In: Advertising, Advertising Specialties, Brand Development & Integration, Business Publications, Business-To-Business, Children's Market, Co-op Advertising, Collateral, Communications, Consulting, Consumer Marketing, Consumer Publications, Corporate Communications, Corporate Identity, Digital/Interactive, Direct Response Marketing, E-Commerce, Education, Electronic Media, Engineering, Entertainment, Environmental, Event Planning & Marketing, Exhibit/Trade Shows, Financial, Food Service, Graphic Design, Health Care Services, High Technology, In-Store Advertising, Information Technology, Internet/Web Design, Leisure, Local Marketing, Logo & Package Design, Magazines, Media Buying Services, Medical Products, New Product Development, Newspaper, Out-of-Home Media, Outdoor, Over-50 Market, Pharmaceutical, Planning & Consultation, Point of Purchase, Point of Sale, Print, Public Relations, Publicity/Promotions, Radio, Real Estate, Recruitment, Restaurant, Retail, Sales Promotion, Seniors' Market, Sports Market, Strategic Planning/Research, Technical Advertising, Teen Market, Trade & Consumer Magazines, Travel & Tourism

Michael Karfakis *(Founder & COO)*
Amanda Karfakis *(Pres & CEO)*
Cory Magin *(Creative Dir-UX)*
Roger Mecca *(Dir-Comm)*

Accounts:
1st Mariner Arena
Air Plus International
The Belvedere Restaurant Group 13th Floor, Brand Messaging, Marketing Communications, Media Relations, Print, Website
Business Network Offshore Wind (Agency of Record) Marketing & Communications Strategy
CBS Radio Network/Infinity Broadcasting
Central Scholarship; Baltimore, MD Brand Messaging, Media Relations, Mission Statement, New Logo, Press, Website
Critical Connection; Gaithersburg, MD Medical, Biomedical & Bioscientific Search Firm; 2006
Discovery Communications
Discovery Education
Discovery International
Ellin & Tucker (Agency of Record) Advertising, Marketing Communications, Media Buying & Planning, Messaging, Public Relations, Speakers' Bureau Programming
Garrison & Sisson; Washington, DC Attorney Search Firm; 2006
Gateway School
Gill-Simpson Inc.; Baltimore, MD
Hamilton Bank Brand Messaging, Identity Redesign, Marketing Collateral, Media Relations, Signage, Social Media Strategy, Web Site
Hammond Wilson Architects Brand Messaging, Identity Collateral, Logo, Rebranding, Website
Hardesty & Hanover
The Hearing & Speech Agency
The Hearing & Speech Agency Vibe 07
Heery International
Heffron Company
Hord Coplan Macht
IZI Medical Products (Agency of Record) Brand & Key Product Awareness, Medical Device Accessories, Public Relations
J.E. Harms & Associates
Kids 1, Inc.
King Gimp
KLNB (Agency of Record) Integrated Marketing Communications Strategy, Press Relations,

AGENCIES - JANUARY, 2019 — ADVERTISING AGENCIES

Rebranding, SEO, Social Media, Website
NAI KLNB Management
NAIOP
Next Step Design (Agency of Record) Brand Messaging, Print Collateral, Website
NIKA Architects + Engineers
Owl Bar
Penn-Mar Human Services Media Relations, Public Relations Strategy; 2018
RMF Engineering (Agency of Record) Digital, Integrated Marketing Communications Strategy, Public Relations, Website
Saint Agnes Hospital (Agency of Record) Design, Digital Marketing, Media Relations, Public Relations
SmartCEO Magazines
Spartan Surfaces Logo Redesign, Rebranding, Stationery, Website
Strudwick Wealth Strategies
Universal Air Travel Plan
Wall Street Institute

VITRO
2305 Historic Decatur Rd Ste 205, San Diego, CA 92106
Tel.: (619) 234-0408
Fax: (619) 234-4015
Web Site: www.vitroagency.com

Employees: 75
Year Founded: 1992

National Agency Associations: AMA

Agency Specializes In: Advertising, Affluent Market, Below-the-Line, Brand Development & Integration, Branded Entertainment, Broadcast, Business-To-Business, Children's Market, Collateral, Computers & Software, Consumer Marketing, Consumer Publications, Corporate Identity, Email, Entertainment, Event Planning & Marketing, Exhibit/Trade Shows, Experience Design, Food Service, Graphic Design, Health Care Services, High Technology, In-Store Advertising, Information Technology, Integrated Marketing, Internet/Web Design, Leisure, Local Marketing, Magazines, Marine, Media Planning, Medical Products, Merchandising, New Product Development, Out-of-Home Media, Outdoor, Package Design, Point of Purchase, Point of Sale, Print, Product Placement, Production (Print), Promotions, Publishing, Radio, Real Estate, Restaurant, Retail, Sales Promotion, Social Media, Sponsorship, Sports Market, Strategic Planning/Research, T.V., Viral/Buzz/Word of Mouth

Approx. Annual Billings: $68,000,000

John Vitro *(Partner & Chm-Creative)*
Tom Sullivan *(Principal)*
Jake Camozzi *(Exec Creative Dir)*
Victor Camozzi *(Exec Creative Dir)*
Brian Dunaway *(Creative Dir)*
Joel Guidry *(Creative Dir)*
Douglas Hyland *(Creative Dir)*
Will Roth *(Brand Dir-Creative)*
Elsa Grego *(Mgr-Digital Production)*
Daniel Gaona *(Supvr-Media)*
Robin Bartolini *(Assoc Creative Dir)*
Cassidy Flanagan *(Sr Media Planner)*
Paul Lambert *(Sr Art Dir)*
Max Vitro *(Jr Strategist)*

Accounts:
Adidas Golf (Agency of Record)
Alaska Communications Systems Group, Inc. (Agency of Record)
Brandman University (Agency of Record) Broadcast, Digital, Integrated Communications, Media Buying & Planning, OOH, Production, Radio, Rresearch, Strategy, Website
Budweiser Budweiser.com, Redesign
Build.com
Bushnell; Overland, KS Eyewear: Bolle, Serengeti; 2006
Caribou Coffee (Creative agency of Record) Digital, Strategy
El Pollo Loco (Creative Agency of Record) Broadcast, Communications, Digital, OOH, Radio, Strategy
Elevate Creative
Heineken Campaign: "Goon"
IHOP Restaurants; 2008
Intel; 2008
Petco Campaign: "The Power of Together", Creative
P.F.Chang's; Scottsdale, AZ Restaurants; 2007
Taylor Guitars Campaign: "Step Forward. Music is Waiting"
Toyo Tire & Rubber Co., Ltd. (Agency of Record) Creative, Media Planning & Buying
UC San Diego
Vivint Smart Home Arena (Creative Agency of Record) Strategic Communications

Branch

Vitro NY
160 Varick St, New York, NY 10013
Tel.: (212) 561-6005
E-Mail: info@vitroagency.com
Web Site: vitroagency.com

Employees: 25
Year Founded: 2008

Agency Specializes In: Above-the-Line, Advertising, Affluent Market, Alternative Advertising, Automotive, Below-the-Line, Brand Development & Integration, Branded Entertainment, Broadcast, Cable T.V., Communications, Consulting, Consumer Goods, Consumer Marketing, Content, Direct-to-Consumer, Entertainment, Environmental, Experience Design, Fashion/Apparel, Graphic Design, Guerilla Marketing, Household Goods, In-Store Advertising, Integrated Marketing, Internet/Web Design, Luxury Products, Men's Market, Mobile Marketing, Multimedia, New Product Development, New Technologies, Newspaper, Out-of-Home Media, Outdoor, Over-50 Market, Planning & Consultation, Point of Purchase, Point of Sale, Product Placement, Social Marketing/Nonprofit, Social Media, Strategic Planning/Research, T.V., Teen Market, Travel & Tourism, Tween Market, Viral/Buzz/Word of Mouth, Web (Banner Ads, Pop-ups, etc.)

Sialoren Spaulding *(Acct Supvr)*

Accounts:
Aldo Shoes Aldo Shoes for Life
Diageo; United States; 2010
Heineken Campaign: "Goon"
Lexus; United States CT200h; 2009
Nokia; Europe Ovi; 2008
Redbox Instant by Verizon
Vodafone; Europe Vodafone360; 2008

VITTLES
141 Santa Rosa Ave, Sausalito, CA 94965
Tel.: (415) 332-0840
Fax: (415) 332-0841
E-Mail: info@vittleinformation.com
Web Site: http://vittlesmarketing.com/

Employees: 10

Tamara Potter *(Sr Art Dir)*

Accounts:
California Olive Committee
FreeBird Chicken
La Tortilla Factory
Raised Right Chicken
Virginia Seafood

VIVA + IMPULSE CREATIVE CO
1002 Arizona Ste 2, El Paso, TX 79902
Tel.: (915) 996-9947
Fax: (866) 854-8482
Toll Free: (866) 977-8482
E-Mail: inquiries@vivaimpulse.com
Web Site: www.vivaimpulse.com

Employees: 9

Agency Specializes In: Advertising, Brand Development & Integration, Collateral, Digital/Interactive, Out-of-Home Media, Outdoor, Print, Social Media, T.V.

Armando Alvarez *(Partner & Creative Dir)*
Angela Linnebur Kimmel *(Mktg Mgr)*

Accounts:
Plaza Classic

VIVA & CO.
99 Crown's Ln, Toronto, ON M5R 3P4 Canada
Tel.: (416) 923-6355
E-Mail: info@vivaandco.com
Web Site: www.vivaandco.com

Employees: 5

Agency Specializes In: Advertising, Graphic Design, Media Buying Services, Package Design, Print

Todd Temporale *(Partner & Creative Dir)*
Frank Viva *(Mng Dir)*
Arron Gibson *(Dir-Digital Projects)*

Accounts:
Butterfield Wines
Earth Inc.
Le Creuset

VIVA CREATIVE
164 Rollins Ave Fl 2, Rockville, MD 20852
Tel.: (301) 670-9700
E-Mail: contact@vivacreative.com
Web Site: www.vivacreative.com

Employees: 200

Agency Specializes In: Advertising, Brand Development & Integration, Content, Digital/Interactive, Event Planning & Marketing, Experiential Marketing, Graphic Design, Production, Social Media, Strategic Planning/Research

Emily Anderson Greene *(Founder & Chief-Creative)*
Lorne Greene *(CEO)*
Bob Campbell *(Pres-Live Events)*
Manfred Sprinckmoller *(Pres-Post Production)*
Joe Talbott *(Pres-Content & Creative)*
Kathryn Palmer-Jenkins *(VP-Fin)*
Asher Epstein *(Gen Mgr)*
Steve Hennessey *(Art Dir)*
Kashka Kisztelinska *(Art Dir)*
Tim Nicholson *(Dir-Resource Mgmt)*
Stacey Regan *(Dir-Brand Strategy)*
Alex Smith *(Dir-Technical)*
Bob Arkedis *(Production Mgr)*
John Edgington *(Sr Strategist-Creative)*

Accounts:
New-Washington Nationals L.P.

VIVA PARTNERSHIP

ADVERTISING AGENCIES

10800 Biscayne Blvd, Miami, FL 33137
Tel.: (305) 576-6007
Fax: (305) 590-5863
E-Mail: jba@vivamia.com
Web Site: www.vivamia.com

Employees: 25

National Agency Associations: AHAA-ICOM

Agency Specializes In: Consumer Marketing, Direct Response Marketing, Graphic Design, Strategic Planning/Research

Approx. Annual Billings: $32,000,000

Linda Lane Gonzalez *(Pres)*
Romina Lopez *(Acct Dir)*

Accounts:
BJ's Wholesale Club; Natick, MA; 2005
Oil Can Henry's
QVC
Sun Pass
Tire Kingdom

VIVALDI
30 W 21st St 12th Fl, New York, NY 10010
Tel.: (212) 965-0900
E-Mail: newyork@vivaldigroup.com
Web Site: vivaldigroup.com

Employees: 100
Year Founded: 1999

Agency Specializes In: Brand Development & Integration, Copywriting, Digital/Interactive, Experience Design, Strategic Planning/Research

Erich Joachimsthaler *(Founder & CEO)*
Pete Killian *(Partner)*
Anne Olderog *(Partner)*
Agathe Blanchon-Ehrsam *(CMO-Global)*
Tom Ajello *(Sr Partner & Chief Creative Officer)*
Jessi Mardakhaev *(Mktg Mgr)*
Tracy Robinton Huser *(Mgr-Engagement)*
Max Cooper *(Copywriter)*

Accounts:
American Express
LEGO
Nestle
PepsiCo

VIVID CANDI
22601 Pacific Coast Hwy Ste 230, Malibu, CA 90265
Tel.: (310) 456-1784
Fax: (310) 919-3026
Web Site: www.vividcandi.com

Employees: 5
Year Founded: 2001

Agency Specializes In: Advertising, Digital/Interactive, Graphic Design, Internet/Web Design, Logo & Package Design, Media Buying Services, Package Design, Print, Social Media, T.V.

Chris Wizner *(CEO)*

Accounts:
Hosa Technology, Inc.

VIZION INTERACTIVE
400 E Royal Ln 290, Irving, TX 75039
Tel.: (888) 484-9466
Web Site: www.vizioninteractive.com

Employees: 50

Year Founded: 2005

Agency Specializes In: Advertising, Digital/Interactive, Paid Searches, Public Relations, Search Engine Optimization, Social Media

Mark Jackson *(Pres & CEO)*
Shanti Shunn *(Mgr-Digital Mktg Client)*
Jennifer Mallory *(Specialist-Paid Media)*
Kristien Matelski *(Specialist-Digital Mktg)*
Joshua Titsworth *(Specialist-Digital Mktg)*

Accounts:
Lennox
Perennials and Sutherland, LLC (Search Agency of Record)
Universal Pictures Home Entertainment (Marketing Agency of Record) Analytics, Online Marketing Media, Paid Search Advertising Performance, Search Advertising & Marketing, Search Engine Optimization, Social Media

VIZWERKS
1887 SE Milport Rd, Portland, OR 97222
Tel.: (503) 288-7471
Fax: (503) 288-7497
E-Mail: info@vizwerks.com
Web Site: www.vizwerks.com

Employees: 11
Year Founded: 2000

Agency Specializes In: Advertising, Arts, Brand Development & Integration, Catalogs, Collateral, Environmental, Package Design, Planning & Consultation, Print, Strategic Planning/Research

Shauna Stinson *(Pres & Head-Consumer Experience)*
Erik Scholtes *(Creative Dir)*
Chad Mangers *(Sr Graphic Designer)*

Accounts:
ACG
Callaway Golf
Game Crazy Video Game Retailer
Gateway
Mountain Head Wear
Nike
Nikon
Nordstrom
Pharmaca
Relish Home Accessories Furnishings Gifts & Design Services Store
Starbucks Coffee

VLADIMIR JONES
6 N Tejon St 4 Fl, Colorado Springs, CO 80903-1509
Tel.: (719) 473-0704
Fax: (719) 473-0754
E-Mail: vjones@vladimirjones.com
Web Site: www.vladimirjones.com

E-Mail for Key Personnel:
President: nechie@vladimirjones.com
Creative Dir.: george@vladimirjones.com
Media Dir.: kimberly@vladimirjones.com
Public Relations: lisa@vladimirjones.com

Employees: 80
Year Founded: 1970

National Agency Associations: PRSA

Agency Specializes In: Above-the-Line, Advertising, Advertising Specialties, Affluent Market, Alternative Advertising, Below-the-Line, Brand Development & Integration, Business Publications, Collateral, Communications, Consulting, Consumer Marketing, Corporate Communications, Corporate Identity, Crisis Communications, Digital/Interactive, Direct Response Marketing, Direct-to-Consumer, Electronic Media, Environmental, Graphic Design, Guerilla Marketing, Health Care Services, High Technology, Hospitality, Identity Marketing, Integrated Marketing, Internet/Web Design, Leisure, Local Marketing, Logo & Package Design, Luxury Products, Magazines, Market Research, Media Buying Services, Media Planning, Media Relations, Media Training, Mobile Marketing, Multimedia, Newspaper, Newspapers & Magazines, Out-of-Home Media, Outdoor, Planning & Consultation, Podcasting, Print, Production, Production (Ad, Film, Broadcast), Promotions, Public Relations, Publicity/Promotions, Radio, Recruitment, Retail, Sales Promotion, Search Engine Optimization, Social Marketing/Nonprofit, Sponsorship, Strategic Planning/Research, Trade & Consumer Magazines, Transportation, Travel & Tourism, Viral/Buzz/Word of Mouth, Web (Banner Ads, Pop-ups, etc.)

Breakdown of Gross Billings by Media: Fees: 18%; Internet Adv.: 5%; Mags.: 15%; Newsp.: 16%; Outdoor: 8%; Pub. Rels.: 6%; Radio: 13%; Strategic Planning/Research: 2%; T.V.: 17%

Debbie Frickey *(Pres)*
Meredith Vaughan *(CEO)*
Jon Bross *(Media Dir)*
Shannon Westhoff *(Sr Acct Exec)*
Katie Flamand *(Acct Exec)*
Jonathan Neugebauer *(Media Planner)*
Rachel Yohanan *(Media Planner)*
Andrew Dvorscak *(Coord-Digital)*
Steven Jacobs *(Coord-Digital)*
Morgan MacGuire *(Coord-Social Media & PR)*
Nathan Downey *(Sr Art Dir)*
Jennifer D. Ridler *(Jr Media Planner)*
Maranda Ryser *(Jr Art Dir)*

Accounts:
Bestway Disposal
The Broadmoor Hotel; 2002
Centura Health Centura Health 2020, Penrose-Saint Francis Hospitals; 1988
Cheyenne Mountain Zoo Tourist Attraction; 1995
Colorado Governor's Energy Office
Colorado Restaurant Association
Sandia Resort & Casino
St Julien Hotel & Spa
St. Francis Medical Center
Stockman, Kast & Ryan PC CPA Firm; 1998
Western Union

Branch

Vladimir Jones
677 S Colorado Blvd, Denver, CO 80246
Tel.: (303) 689-0704
Fax: (303) 850-7820
E-Mail: vjones@vladimirjones.com
Web Site: www.vladimirjones.com

Employees: 10
Year Founded: 1997

National Agency Associations: 4A's

Nick Bayne *(Exec Creative Dir)*
Matt Ingwalson *(Exec Creative Dir)*
Nathan Downey *(Art Dir)*
Jen Hohn *(Creative Dir)*
Sara Lennon *(Media Dir-Strategy)*
Maranda Ryser *(Art Dir)*
Annie Promer *(Acct Supvr)*
Michelle Dungan *(Supvr-Media)*
Ayla Larsen *(Copywriter)*
Rachel Yohanan *(Media Planner)*
Matt Sylvan *(Assoc Creative Dir)*

Accounts:
Bright By Three Campaign: "Parent Fearlessly"
Enstrom

AGENCIES - JANUARY, 2019 — ADVERTISING AGENCIES

VMG CREATIVE
150 5th Ave, New York, NY 10011
Tel.: (917) 887-1074
E-Mail: info@vmg-creative.com
Web Site: www.vmg-creative.com

Employees: 6
Year Founded: 2010

Agency Specializes In: Affluent Market, Arts, Automotive, Brand Development & Integration, Business Publications, Collateral, Consumer Goods, Consumer Marketing, Consumer Publications, Corporate Identity, Cosmetics, Digital/Interactive, Electronics, Exhibit/Trade Shows, Experience Design, Fashion/Apparel, Graphic Design, Guerilla Marketing, Hospitality, Household Goods, Identity Marketing, In-Store Advertising, Industrial, Integrated Marketing, Logo & Package Design, Luxury Products, Market Research, Mobile Marketing, Multimedia, New Product Development, New Technologies, Newspapers & Magazines, Package Design, Planning & Consultation, Point of Sale, Product Placement, Social Marketing/Nonprofit, Social Media, Sports Market, Strategic Planning/Research, Urban Market

Luke Raymond *(Founder & Exec Creative Dir)*
Kyle Heller *(Mng Partner)*

Accounts:
Capital One Mascot Challenge; 2011

VML, INC.
250 Richards Rd, Kansas City, MO 64116-4279
Tel.: (816) 283-0700
Fax: (816) 283-0954
Toll Free: (800) 990-2468
Web Site: https://www.vml.com/

E-Mail for Key Personnel:
President: jcook@vml.com
Creative Dir.: ebaumgartner@vml.com

Employees: 750
Year Founded: 1992

Agency Specializes In: Advertising, Agriculture, Brand Development & Integration, Broadcast, Business-To-Business, Children's Market, Collateral, Communications, Consumer Marketing, Corporate Identity, Digital/Interactive, Direct Response Marketing, E-Commerce, Electronic Media, Event Planning & Marketing, Exhibit/Trade Shows, Financial, Health Care Services, High Technology, Information Technology, Internet/Web Design, Media Buying Services, Newspaper, Out-of-Home Media, Outdoor, Planning & Consultation, Point of Purchase, Point of Sale, Print, Production, Radio, Restaurant, Retail, Sales Promotion, Sponsorship, Sports Market, Strategic Planning/Research, T.V., Travel & Tourism, Yellow Pages Advertising

John Godsey *(Chief Creative Officer-North America)*
Jason Xenopoulos *(Chief Creative Officer-North America)*
Jason Bass *(Mng Dir-Client Engagement)*
Tomas Gonsorcik *(Mng Dir-Integrated Strategy)*
Jason Schlosser *(Mng Dir-Solutions Delivery)*
Fabio Seidl *(Exec Creative Dir)*
Chase Cornett *(Grp Dir-Plng)*
Emily Dore *(Grp Dir-Plng)*
Todd Harris *(Grp Dir-Strategy & Innovation)*
David Moreno *(Grp Dir-Plng)*
Nick Yecke *(Grp Dir-Integrated Strategy)*
Becka Vigorito *(Grp Acct Dir)*
Gina Cassaro *(Art Dir)*
Jaclyn Co *(Art Dir)*
Chelsea Dubin *(Acct Dir)*
Becky Ervin *(Creative Dir)*
Mayela Mercedes-Rohena *(Art Dir)*
Flavio Vidigal *(Art Dir)*
Adrian Adshade *(Dir-Grp Plng)*
Heather Chappell *(Dir-Client Engagement)*
Miriam Raisner *(Dir-Channel & Plng)*
Rachel Cuyler *(Assoc Dir-Creative)*
Meredith Kinee *(Assoc Dir-Creative)*
Christina Miller *(Assoc Dir-Connections & Social Strategy)*
Jaime Manela *(Mgr-Social Media & Strategist)*
Jesse Echevarria *(Designer)*
Lauren Meredith *(Designer-User Experience)*
Shloimy Notik *(Copywriter)*
Kevin Lo *(Assoc Creative Dir)*

Accounts:
American Century Investments
Assurant Health
Bridgestone
Campbell's
Carlson Hotels
Colgate-Palmolive Afta, Ajax, Ajax Social Wipes, Colgate, Dynamo, Fab, Fabuloso, Irish Spring, Lady Speed Stick, Mennen Speed Stick, Murphy Oil Soap, Palmolive, Skin Bracer, Softsoap, Suavitel; 2000
Common Wealth Bank of Australia
ConMed
Crystal Cruises LLC Digital
Darden
Dell
Dick's Sporting Goods, Inc Creative Planning & Production, Second Skin (Creative Agency of Record), Social Media Strategy; 2017
Edward Jones
Electrolux (North America Agency of Record) Frigidaire, Integrated Marketing
English Premier League
Equinox
Ernst & Young
Express, Inc. (Agency of Record) Analytics, Consumer Sales Optimization, Marketing, Paid Media, Search; 2017
First Call Advertising, Website
Folly Theater Campaign: "Plugged-In Live Theater Performance"
New-Ford Motor Company FordPass
Goodwill
Greater Miami Convention & Visitors Bureau (Global Marketing Agency of Record)
Hill's Pet
The Hillshire Brands Company Digital, Hillshire Snacking
Honeywell
International Olympic Committee
J.G. Wentworth (Digital Agency of Record) Analytics, Data Infrastructure, Experience Design, Modeling, Reporting, Technology Innovation
JP Morgan Chase & Co Corporate
Kansas City's Union Station Living History
Kashi Co
Kellogg's Digital Strategy, Websites Redesign
Keurig
Korean Airlines
The Kraft Heinz Company Mayochup
Legoland Florida Resort The LEGOLAND Times
Major League Baseball
MasterCard
Microsoft; 2004
MillerCoors Coors, Coors Light, Digital
Minddrive Social Fuel Tour
Motorola Solutions, Inc.; 2004
Movember Campaign: "Ribbon, Face, Line, Wind"
Napa Auto Parts (Agency of Record)
Nashville Convention & Visitors Corp. Campaign: "The Story of Nashville"
National Auto Parts Association Digital, Print, Radio, TV
National Cattlemen's Beef Association (Agency of Record) Creative, Media Planning & Buying; 2017
New Balance Athletic Shoe, Inc (Global Lead Brand Agency)
Northland Coalition
PepsiCo, Inc. Brisk (Creative Agency of Record), Pepsi, Propel Water, Social
Revlon Inc.
Russell Stover (Agency of Record) Analytics & Insight, Community Management, Creative, Public Relations, Social Media Strategy, Traditional & Digital Advertising
San Diego Zoo
SAP
Second Skin
Sherwin-Williams Consumer Brands Group
Sporting Kansas City Marketing, Strategic Consulting, Strategic Planning
Sprint Mass Markets-Consumer, Sprint Brand, Sprint Business, Sprint E-solutions, Sprint International, Sprint Publishing & Advertising, Sprint Wholesale Services Group; 1995
State Street Advisors
Stella Artois (Digital Agency of Record)
Tennessee Department of Tourist Development (Agency of Record) Brand Development, Creative, Made in Tennessee, Marketing Services, Media Buying, Media Planning, Strategic Planning
Tom's of Maine Campaign: "Sheryl Crow Video"
Tourism Authority of Panama Advertising, Canadian, Data Analytics, Marketing & Communications Strategy, Media Planning & Buying, Online, Public Relations, Traditional Marketing, US
Tropicana Digital, Social
Unicef Website
United Nations CERF
US Bank
US Olympic Committee Brand Communications, Digital, Marketing, Print, Social Media
Virtua Health
The Wendy's Company (Agency of Record) Barbecue, Creative, Marketing, Online, Pretzel Bacon Cheeseburger, Social Media, Super Bowl 2018 Campaign: "Iceberg"
Wingstop
WorldHumanitarianDay.org
Xerox Corp. Campaign: "Work Can Work Better", Digital, Website
Youth Ambassadors

Branches

Rockfish
3100 Market St Ste 100, Rogers, AR 72758-8261
(See Separate Listing)

Rockfish
659 Van Meter St Ste 520, Cincinnati, OH 45202
(See Separate Listing)

VML, Inc.
191 Peachtree St NE Ste 4025, Atlanta, GA 30303
Tel.: (404) 541-9555
Web Site: https://www.vml.com/

Employees: 60
Year Founded: 1998

Agency Specializes In: Brand Development & Integration, Digital/Interactive, Electronic Media, Hispanic Market, Internet/Web Design, Multimedia, Sponsorship

John Godsey *(Chief Creative Officer-North America)*
Debbi Vandeven *(Chief Creative Officer)*
Rich Fabritius *(Mng Dir-Client Engagement)*
Chris Edmondson *(Exec Dir-Atlanta)*
Chris Furse *(Exec Dir)*
Maurizio Villarreal *(Exec Creative Dir)*
David Moreno *(Grp Dir-Plng)*

ADVERTISING AGENCIES

Jennifer Salazar Sims *(Grp Dir-Client Engagement)*
Gina Cassaro *(Art Dir)*
Barbara Mende *(Dir-Client Engagement)*
Robert Onstead *(Dir-Strategy & Insights)*
Met Uzer *(Dir-Experience Design)*
Ythan Pratt *(Assoc Dir-Digital Strategy)*
Ashley May *(Supvr-Client Engagement)*
Daniele Gonzales *(Grp Creative Dir)*

Accounts:
Barilla Campaign: "Summer of Italy"
Baskin-Robbins
Coca-Cola Corporate Camp Coke, Coca-Cola USA, Coke 2, CokeMusic, CokeStudios, Vanilla Coke
Dunkin' Donuts
Kimberly-Clark Corporation Campaign: "Achoo", Campaign: "Kleenex Xperiments.", Campaign: "Someone Needs One.", Kleenex, Media
Mattel
Partnership Against Domestic Violence; 2017
Turner Broadcasting System (TBS)
Turner Network Television (TNT)
United Nations International Children's Emergency Fund

VML Inc
221 Yale Ave N Ste 600, Seattle, WA 98109
Tel.: (206) 505-7583
Web Site: www.vml.com

Agency Specializes In: Advertising, Brand Development & Integration, Consumer Marketing, Content, Digital/Interactive, Integrated Marketing, Media Buying Services, Production, Public Relations, Social Media

Eric Baumgartner *(Exec VP-West)*
Lauren Anthony-Miller *(Grp Dir-Strategy & Insights)*
Alison Tintle *(Grp Creative Dir)*

Accounts:
New-National Cattlemen's Beef Association

VML Mexico
Periferico Blvd Manuel Avila Camacho 176 Piso 3, 11650 Mexico, Mexico
Tel.: (52) 55 5278 2000
Web Site: https://www.vml.com/office/mexico/mexico-city/contact-us

Employees: 120

Agency Specializes In: Digital/Interactive, Sponsorship

Andres Sanchez *(CEO)*
Rodolfo David Lopez Farfan *(Head-Art & Creative Dir)*
Rafael Huicochea Carrillo *(Creative Dir)*
Emmanuel Salgado *(Art Dir)*
Elisa Soto *(Dir-Channel & Analytics)*
Jonathan Tesmaye *(Dir-Digital & Creative Art)*
Marisol Figueroa *(Sr Art Dir)*

Accounts:
Grupo Bimbo
Hill's Pet Nutrition
Premier Exhibitions Media Planning & Buying

VML-New York
3 Columbus Cir 3rd Fl, New York, NY 10019
Tel.: (212) 210-3653
Fax: (212) 880-7543
Web Site: https://www.vml.com/

Employees: 30

National Agency Associations: 4A's

Agency Specializes In: Advertising, Sponsorship

Tomas Gonsorcik *(Mng Dir-Integrated Strategy)*
Danielle Honrath *(Mng Dir-Bus Solutions)*
Jon Bird *(Exec Dir-Retail & Shopper Mktg)*
Craig Elimeliah *(Exec Dir-Creative Tech-North America)*
Ronnie Felder *(Exec Dir-HR)*
Gene Bedell *(Grp Dir-Client Engagement)*
Eric Emel *(Grp Dir-Client Engagement)*
Becka Vigorito *(Grp Dir-Client Engagement)*
Emily Shardlow *(Sr Acct Dir)*
Jesse Echevarria *(Art Dir)*
Colby House *(Art Dir)*
Andy McLeod *(Creative Dir)*
Brian Musich *(Creative Dir)*
Zaneta Reid *(Media Dir-Verisign, HTH, My M&M's & UN)*
Sarah Glover *(Assoc Dir-Creative & Copywriter)*
Mitchell Geller *(Assoc Dir-Social Media)*
Melissa St. Fleur *(Assoc Dir-Connections)*
Alexander West *(Sr Mgr-Channel)*
Freddie Wise *(Sr Mgr-Print Production)*
Disha Jain *(Mgr-Client Solutions)*
Kayla Cobourn *(Supvr-Client Engagement)*
Cassie Kelly *(Supvr-Client Engagement)*
Andrea Correal Vasquez *(Supvr-Client Engagement)*
Carson Catlin *(Sr Designer-Motion)*
Mark Leephaibul *(Copywriter)*
Aaron May *(Assoc Creative Dir)*
Anthoni Rodriguez *(Sr Art Dir)*
Eddie Velez *(Assoc Creative Dir)*
Keith Zang *(Assoc Creative Dir)*

Accounts:
Ball Park
Campbell's
Chevron
Dell B2B, Campaign: "Future Ready", Campaign: "Power to Do More", Mobile, Out-of-Home, Social Media
Goodwill Industries International
International Olympic Committee
Keurig Green Mountain Website
Kimberly-Clark Digital Creative
Legoland Florida Resort (Agency of Record) Campaign: "Built for Kids", Creative, Marketing, Strategy
Lonely Whale Foundation
Motorola
Office Depot, Inc. Digital Transformation, Ecommerce Solutions
The Partnership For A Healthier America
S&P
Tyson Foods Hillshire Farms
United Nations World Humanitarian Day
UNOCHA Digital, Out-of-Home, TV
UN's Central Emergency Response Fund
Wisconsin ACLU
Xerox Campaign: "Thinking"

VML Qais
1A Stanley Street, Singapore, 068720 Singapore
Tel.: (65) 6438 5592
Fax: (65) 6532 5954
E-Mail: keith@vmlqais.com
Web Site: https://www.vml.com/se-asia/

Employees: 27

Agency Specializes In: Advertising, Below-the-Line, Brand Development & Integration, Consulting, Direct Response Marketing, Direct-to-Consumer, Electronic Media, Internet/Web Design, Local Marketing, Market Research, Sales Promotion, Strategic Planning/Research

Tripti Lochan *(CEO-Southeast Asia & India)*
Joaquim Laurel *(Creative Dir)*
Savio Fonseca *(Assoc Creative Dir)*
Donald Lim *(Reg Head-Platforms & Experience)*
Preethi Sanjeevi *(Reg CMO)*

Accounts:
Asian Civilisations Museum Digital
BANDAI NAMCO Entertainment Asia Creative, Digital, Strategic; 2018
Banyan Tree Global SEO, Social Media
Circles.Life
Civil Aviation Authority of Singapore Changi Airport
Converse Singapore Digital, Social Media
Guide Dogs Association of the Blind
Hilton Worldwide
ICICI Bank
Intercontinental Hotels Group Crowne Plaza, Holiday Inn, Hotel InterContinental
ION Orchard (Social Media Agency of Record) Analytics, Asset Development, Community Management, Content Planning, Events, Reporting, Social Strategy, Strategic; 2017
JTC Corporation (Lead Agency) Professional Research
Kellogg's Creative, Digital Brand Strategy, Pringles (Digital Agency of Record), Social
LEGOLAND Malaysia Resort Digital
Mahindra & Mahindra Brand Positioning, Campaign: "Spark the Rise", Digital, mahindra.com
Nexus CiNE65, Digital Strategy
Peranakan Museum Digital
Remy Martin Digital, Website
RW Genting Digital Media, Social Content
Singapore Ministry of Defense
Singapore Post Limited Creative, Digital Content Marketing, Media Strategy, Public Relations, Social Media; 2018
Sony Electronics
Sony Pictures MIB3
Sun Life Malaysia (Social Marketing Agency of Record) Community Management, Content, Social Strategy
Toni&Guy
Yahoo!

VML-White Salmon
131B NE Estes Ave, White Salmon, WA 98672-0558
Tel.: (509) 310-9566
Fax: (509) 493-8556
Web Site: www.vml.com

Employees: 4

National Agency Associations: 4A's

Agency Specializes In: Advertising

Rusty Neff *(Partner & Dir-Res)*
Jim Bellinghausen *(CFO)*
Beth Wade *(CMO)*
Debbi Vandeven *(Chief Creative Officer)*
Brian Yamada *(Chief Innovation Officer)*
Kris Hiestand *(Mng Dir-Tech)*
Kylie Schleicher *(Mng Dir-Quality Assurance)*
Cody Winter *(Mng Dir-Seattle)*
Martin Coady *(Exec Dir-Mktg Tech)*
Bert Weidt *(Exec Dir-Bus Tech)*
John Boren *(Dir-IT)*
Lore Sampson *(Assoc Dir-Res)*
Tanner Rogers-Goode *(Grp Creative Dir)*
Alison Tintle *(Grp Creative Dir)*

VML
Greater London House, Hampstead Road, London, United Kingdom
Tel.: (44) 207 343 3700
Fax: (44) 207 343 3701
Web Site: https://www.vml.com/

Employees: 20

Amanda Farmer *(Mng Dir)*
Jason Xenopoulos *(Chief Vision Officer & Chief Creative Officer-EMEA)*

AGENCIES - JANUARY, 2019 — ADVERTISING AGENCIES

Jon Sharpe *(CEO-Europe)*
Marcus Keith *(Head-Client Engagement)*
Juliana Patera *(Head-Creative)*
Harsh Kapadia *(Exec Creative Dir)*
Robb Smigielski *(Exec Creative Dir)*
Chris Wood *(Exec Dir-Europe)*
Dylan Soopramania *(Creative Dir)*
David Sharrod *(Dir-Client Engagement)*
Simon Milliship *(Reg Exec Dir-EMEA)*

Accounts:
Bentley Motors
Bridgestone
Colgate-Palmolive
DIAGEO plc Baileys (Global Digital Agency of Record); 2018
Ford Motor Company Limited
International Olympic Committee
Nestle Skin Health S.A. (Global Agency of Record) Benzac, Cetaphil, Differin, Loceryl, Online, Out of Home, Social, TV; 2018
PepsiCo
Virgin Active Website

VML
35 Clarence St, Sydney, New South Wales 2000 Australia
Tel.: (61) 299094411
Fax: (61) 61299094647
Web Site: https://www.vml.com/australia/

Employees: 75

Agency Specializes In: Advertising, Broadcast, Collateral, Corporate Identity, Digital/Interactive, Event Planning & Marketing, Media Buying Services, Media Planning, Out-of-Home Media, Outdoor

Aden Hepburn *(Mng Dir & Exec Creative Dir)*
Zoe Andrews *(Producer-Digital)*
Dave DiVeroli *(Dir-Strategy)*
Tim Fletcher *(Dir-Tech)*
Kiki Jones *(Sr Acct Mgr)*
Louise McQuat *(Sr Art Dir)*

Accounts:
Australian Federal Police
Bankwest; 2017
Bridgestone
Commonwealth Bank of Australia Ltd. Campaign: "CommBank Re-Launch"
Kellogg's Eggo, Marketing
Lion Co. Digital & Technology, Website & Innovation; 2018
Mcdonald's #FryFlix, Digital, Social, Social Media
Microsoft Australia (Lead Creative & Strategic Agency) Above-the-Line, Below-the-Line, Digital, Social
Missing Person Unit
NRL Australia
Rip Curl Campaign: "Rip Curl Search GPS"
Transport NSW
Unicef
Vivid Light Festival

VML
233 N Michigan Ave Ste 1600, Chicago, IL 60601
Tel.: (312) 269-5563
Fax: (312) 332-8277
Web Site: https://www.vml.com/

Employees: 100
Year Founded: 2008

National Agency Associations: 4A's

Agency Specializes In: Advertising, Broadcast, Collateral, Corporate Identity, Digital/Interactive, Event Planning & Marketing, Media Buying Services, Media Planning

Hilary Burns *(Grp Dir-Client Engagement)*
David Moreno *(Grp Dir-Plng)*
Lisa Purpura *(Grp Dir-Channel-Media)*
Jeffrey Beck *(Creative Dir)*
Rob Cody *(Creative Dir)*
Benjamin Conaghan *(Art Dir)*
Jody Spychalla *(Creative Dir)*
Meg Graeff *(Dir-Client Engagement)*
Jill Hewitt *(Dir-Experience Design)*
Nathan Jokers *(Dir-Social Media)*
Blake Hannan *(Assoc Dir-Talent Acq)*
Caitlin Klag *(Sr Acct Mgr)*
Julie Kolton *(Mgr-Bus Affairs-North America)*
Shpresa Milla *(Mgr-Media)*
Meghan Hood *(Acct Supvr)*
Derek Anderson *(Grp Creative Dir)*
rosie mcguire *(Grp Creative Dir)*

Accounts:
Kellogg Company Cinnamon Frosted Flakes, Digital
Kimberly-Clark Corporation
MillerCoors
Panama Tourism
Tazo Tea Company
Tyson Foods, Inc

VML
600 E Michigan Ave Ste D, Kalamazoo, MI 49007
(See Separate Listing)

VOCO CREATIVE, LLC
PO Box 16002, Denver, CO 80216
Tel.: (720) 381-2460
E-Mail: info@vococreative.com
Web Site: www.vococreative.com

Employees: 10

Agency Specializes In: Advertising, Brand Development & Integration, Content, Strategic Planning/Research

Juli Dimos *(Founder & Mng Partner)*
Heidi Jewell *(Acct Mgr)*

Accounts:
Colorado Asphalt Services Inc
Cuties
Shoemaker Ghiselli + Schwartz

VOG ADVERTISING
624 Trade Ctr Blvd B, Chesterfield, MO 63005
Tel.: (314) 266-3616
E-Mail: info@vogadvertising.com
Web Site: www.vogadvertising.com

Employees: 4

Agency Specializes In: Advertising, Broadcast, Digital/Interactive, Graphic Design, Logo & Package Design, Media Buying Services, Media Planning, Print

Katy Kruze *(COO & VP)*
David Lishman *(Analyst-Media)*
Sienna Ravisa *(Analyst-Media)*
Devory Newsome *(Assoc Producer)*

Accounts:
Dish Network Corporation
VIP TAN Salon

VOGEL MARKETING SOLUTIONS LLC
255 Butler Ave Ste 201-B, Lancaster, PA 17601
Tel.: (717) 368-5143
E-Mail: Mark@VogelMarketing.net
Web Site: www.vogelmarketing.net

Employees: 1

National Agency Associations: SMEI

Agency Specializes In: Advertising, Advertising Specialties, Brand Development & Integration, Business Publications, Catalogs, Co-op Advertising, Collateral, Communications, Corporate Identity, Crisis Communications, Digital/Interactive, Direct Response Marketing, Direct-to-Consumer, Electronic Media, Email, Event Planning & Marketing, Exhibit/Trade Shows, Financial, Food Service, Graphic Design, Health Care Services, Hospitality, Identity Marketing, In-Store Advertising, Industrial, Integrated Marketing, Internet/Web Design, Local Marketing, Logo & Package Design, Magazines, Market Research, Media Buying Services, Media Planning, Media Relations, Media Training, Men's Market, Newspaper, Newspapers & Magazines, Out-of-Home Media, Package Design, Paid Searches, Pets , Planning & Consultation, Point of Purchase, Product Placement, Production, Production (Print), Promotions, Publicity/Promotions, Radio, Regional, Sales Promotion, Search Engine Optimization, Social Marketing/Nonprofit, Social Media, Sponsorship, Strategic Planning/Research, T.V., Trade & Consumer Magazines, Web (Banner Ads, Pop-ups, etc.)

Mark Vogel *(Pres)*

Accounts:
Keystruct Construction
Lancaster Community Safety Coalition
Precision Resources Inc.
White Oak Printing

THE VOICE
170 Brookfield Ave, Fairfield, CT 06825
Tel.: (203) 334-0718
Fax: (203) 334-0713
E-Mail: info@the-voice.com
Web Site: www.the-voice.com

Employees: 25
Year Founded: 2001

Agency Specializes In: Advertising, Brand Development & Integration, Collateral, Digital/Interactive, Direct Response Marketing, Identity Marketing, Sports Market

Approx. Annual Billings: $2,000,000

Breakdown of Gross Billings by Media: Print: 50%; Worldwide Web Sites: 50%

Matthew Hallock *(Head-Creative, Content & Talent Dev)*
Vincent Gianduro *(Acct Dir)*

Accounts:
Computer Associates
Lifeworx
NFL
Sportscenter of Connecticut

VOICEFLIX INC
227 Bellevue Way NE 670, Bellevue, WA 98004
Tel.: (425) 303-9068
Web Site: www.voiceflix.com

Employees: 8

Agency Specializes In: Advertising, Digital/Interactive, Internet/Web Design

Accounts:
3DX Industries Inc (Advertising Agency of Rcord) Marketing
Integrated Freight Corp. (Advertising Agency of Record) Branding, Social Media, Website
Liberated Energy Inc

ADVERTISING AGENCIES

Seen On Screen TV, Inc. (Advertising Agency of Record)

VOL.4
8322 Beverly Blvd, Los Angeles, CA 90048
Tel.: (303) 917-6768
E-Mail: info@vol4.co
Web Site: vol4.co/

Employees: 10
Year Founded: 2016

Agency Specializes In: Brand Development & Integration, Content, Digital/Interactive, Entertainment, Event Planning & Marketing, Identity Marketing, Programmatic

Adam Rachlitz *(Co-Founder & Dir-Strategy & Creative)*

Accounts:
American Airlines
Mastercard
Me Undies

VOLLRATH ASSOCIATES
(Acquired & Absorbed by Reputation Partners LLC)

VOLTAGE LTD
901 Front St 340, Louisville, CO 80027
Tel.: (303) 664-1687
E-Mail: info@voltagead.com
Web Site: www.voltagead.com

Employees: 30

Agency Specializes In: Advertising, Brand Development & Integration, Content, Digital/Interactive, Search Engine Optimization

Eric Fowles *(CEO & Dir-Creative)*
Justin Brunson *(Dir-Video)*
Seth Lofgreen *(Dir-Strategic Partnerships)*
Jintanat Jintasawaeng *(Sr Designer)*

Accounts:
Fjallraven
Umpqua

THE VON AGENCY INC
1911 Richmond Ave Ste 200, Staten Island, NY 10314
Tel.: (718) 873-4004
E-Mail: info@thevonagency.com
Web Site: www.thevonagency.com

Employees: 6

Agency Specializes In: Advertising, Event Planning & Marketing, Graphic Design, Internet/Web Design, Public Relations, Social Media

Leticia Remauro *(Pres & CEO)*
Lily Zafaranloo *(Creative Dir)*

Accounts:
Gotham Motorcycles
Staten Island Yankees

VOX GLOBAL
1615 L St NW Ste 1110, Washington, DC 20036
Tel.: (202) 955-5326
Web Site: www.voxglobal.com

Agency Specializes In: Advertising, Crisis Communications, Digital/Interactive, Health Care Services, Internet/Web Design, Media Relations, Media Training, Print, Production, Social Media

Robert Hoopes *(Pres)*
Jessica L. Abensour *(Partner)*
Alex Hahn *(Sr Partner)*
Sarah Harsh Kindelt *(Partner)*
Michael J. Marker *(Mng Dir)*
John Joseph *(CFO)*
Laura Fisher *(Sr VP)*
Emily Hager *(Sr VP-Creative & Digital)*
Gena Romano *(Sr VP-Digital)*
Carey Tarbell *(Gen Mgr)*
Allison Stouffer Kopp *(Acct Supvr)*
Alex Schulz *(Acct Exec)*
Alex Mitchell *(Mng Supvr)*

Accounts:
New-AT&T Inc.

VOXUS INC.
117 South 8th St, Tacoma, WA 98402
Tel.: (253) 853-5151
Fax: (253) 853-5110
E-Mail: info@voxuspr.com
Web Site: www.voxuspr.com

Employees: 15

Agency Specializes In: Broadcast, Media Relations, Production, Strategic Planning/Research, Technical Advertising

Paul Forecki *(Mng Partner)*
Justin Hall *(Partner & Program Dir)*
Kevin Pedraja *(Partner)*
John Dunagan *(Sr VP)*
Beth Parker *(Sr VP)*
Lizanne Sadlier *(Sr VP)*
Sam Fabens *(VP)*
Tim Heitzman *(Creative Dir)*
Justin Rouse *(Acct Supvr)*

Accounts:
AirMagnet
Internet Identity
WatchGuard Technologies

VOXY MEDIA GROUP
1700 N Monroe St Ste 11, Tallahassee, FL 32303
Tel.: (850) 544-3595
E-Mail: info@voxymediagroup.com
Web Site: www.voxymediagroup.com

Employees: 1
Year Founded: 2013

Agency Specializes In: Advertising, Brand Development & Integration, Collateral, Digital/Interactive, Event Planning & Marketing, Internet/Web Design, Logo & Package Design, Media Buying Services, Search Engine Optimization, Social Media

Heather Johnson *(Owner & CMO)*
Anita Absey *(Chief Revenue Officer)*

Accounts:
Tasty Pastry Bakery

VOYAGE LLC
208 Live Oaks Blvd, Casselberry, FL 32707
Tel.: (407) 312-1489
E-Mail: info@voyage-advertising.com
Web Site: www.voyage-advertising.com

Employees: 1
Year Founded: 2013

Agency Specializes In: Advertising, Brand Development & Integration, Internet/Web Design, Out-of-Home Media, Outdoor, Print

Accounts:
Gilstrap & Associates
Orlando Chiropractic

VREELAND MARKETING & DESIGN
40 Forest Falls Dr, Yarmouth, ME 04096-1938
Tel.: (207) 846-3714
Fax: (207) 846-3899
E-Mail: info@vreeland.com
Web Site: www.vreeland.com

Employees: 15
Year Founded: 1978

National Agency Associations: Second Wind Limited

Agency Specializes In: Business-To-Business, Engineering, Environmental, Retail, Travel & Tourism

Rich Davies *(Pres & Partner-Creative)*
Cynthia Davies *(Mng Partner)*
Katherine Gallant *(VP-Ops)*
Dori Shepard *(Gen Mgr)*
Kiki O. Connell *(Dir-Content)*
Alicia Vignoe *(Mgr-Digital Mktg)*
Virginia Archambault *(Sr Acct Exec)*
Sheldon Perkins *(Sr Acct Exec)*
Jessica Gilman *(Specialist-PR)*

Accounts:
Bath Savings; Bath, ME Finance
Due Fratelli
Skillins Greenhouses; Falmouth, ME

VRRB INTERACTIVE
7083 Hollywood Blvd, Los Angeles, CA 90028
Tel.: (888) 988-8772
Web Site: vrrb.com

Employees: 10
Year Founded: 2007

Agency Specializes In: Digital/Interactive, Experience Design

Seth H. Geoffrion *(Founder & Creative Dir)*

Accounts:
Leica

VRTC, INC.
10613 W Sam Houston Pkwy N Ste 150, Houston, TX 77064
Tel.: (281) 664-1190
Fax: (281) 664-1194
Web Site: www.vrtc.us

Employees: 50
Year Founded: 2006

Agency Specializes In: Advertising, Communications, Graphic Design, Media Buying Services, Media Planning, Package Design, Print, Production, Public Relations, Social Media

Rosalva Orozco *(Strategist-Acct)*

Accounts:
Aeromexico Brand Management, Creative Service, Media Buying, Strategic Planning
Gruma
Honda Motor Co., Ltd.
LeaLA
Northgate Supermarket
Puerto Vallarta
Tequila Pueblo Viejo

VSA PARTNERS, INC.
600 W Chicago Ave, Chicago, IL 60654

1146

AGENCIES - JANUARY, 2019 — ADVERTISING AGENCIES

Tel.: (312) 427-6413
Toll Free: (877) 422-1311
E-Mail: info@vsapartners.com
Web Site: www.vsapartners.com/

Employees: 200

Agency Specializes In: Sponsorship

Andrea Spiegel *(Partner)*
Hugh Allspaugh *(Assoc Partner-Brand & Mktg Strategy & Sr VP)*
Ashley Geisheker *(Assoc Partner & Exec Dir-Production)*
Avery Gross *(Exec Creative Dir)*
Ben Sherwood *(Exec Creative Dir)*
Matt Ganser *(Creative Dir)*
Denison Kusano *(Creative Dir)*
Chrystine Witherspoon *(Assoc Partner & Creative Dir)*
Josh Witherspoon *(Assoc Partner & Creative Dir)*
Whitney Wortman *(Acct Dir)*
Sally Paulis Beck *(Dir-Admin)*
Kyle Flynn *(Dir-Strategy & Analytics)*
Jerry Stiedaman *(Dir-Client Engagement)*
Jennifer Dickson *(Assoc Dir-Project Mgmt)*
Liz Nichols *(Assoc Dir-Project Mgmt)*
Sari Rowe *(Assoc Dir-Art Production)*
Alyssa Kasal *(Sr Mgr-Talent & Recruiting)*
Lindsay Vetter *(Sr Mgr-Bus Affairs)*
Chris Stuart *(Mgr-IT)*
Drue McCurdy *(Sr Designer)*
Chandni Shah *(Media Buyer)*
Lisa Plachy *(Assoc Creative Dir)*
Mike Walsh *(Assoc Partner-Client Engagement)*

Accounts:
2 Gingers Irish Whiskey
American Express
Anheuser-Busch Companies, LLC Advertising, Branding & Packaging, Breckenridge Brewery, Goose Island Beer Co
Argo Teas
Beam Suntory Inc. 2 Gingers (Advertising & Marketing Agency of Record), Digital, Hornitos Tequila, Print, Retail, Social Media, TV
Blue Point Brewing Company campaign: "Patchogue's Got It All"
Cargill, Inc. Cargill
CME Group Campaign: "Global Reach"
Converse
Dairy Farmers of America Borden Cheese, Brand Relaunch, Cache Valley Creamery, Digital Media, La Vaquita Cheese, Social, TV
First Data Corporation
General Electric
Harley-Davidson, Inc. Campaign: "Our Night", Campaign: "United by Independents", Creative
Hayneedle Broadcast, Digital Display, Print, Radio
IBM Corporation Creative
Kimberly-Clark Corporation Campaign: "Someone Needs One", Campaign: "Time for a Change", Kleenex, TV
Mack Trucks
Marvin Windows & Doors (Marketing & Advertising Agency of Record) Broadcast, Digital, Marvin & Integrity, Online Advertising, Print, Sales
McDonald's
Mohawk Fine Papers Inc.
Museum of Science & Industry Digital, OOH, Print, Radio
The Trade Desk, Inc.; 2018
Trading Technologies International (Digital Agency of Record) Brand Strategy, Digital Marketing, Web Development & Design
Wilson Sporting Goods Company

Branches

VSA Partners, Inc.
322 First Ave. N., #300, Minneapolis, MN 55401
Tel.: (612) 339-2920

Web Site: www.vsapartners.com

Employees: 10

Tarek El-Mofty *(Assoc Partner & Dir-Creative Svcs)*

VSA Partners
95 Morton St # 7, New York, NY 10014
Tel.: (212) 966-3535
Web Site: http://www.vsapartners.com/

Employees: 500

Claudine Litman *(Partner & Head-Design Discipline)*
Meredith Neistadt *(Assoc Dir-Project Mgmt)*
Carrie Viviano *(Media Buyer)*
Yekaterina Voevodkin *(Sr Designer-Product)*
Kim Mickenberg *(Assoc Creative Dir)*

Accounts:
Nike

VSA Partners, Inc.
95 Morton St Ste 7A, New York, NY 10014
Tel.: (212) 869-1188
Web Site: www.vsapartners.com

Employees: 300

Art Corbiere *(Mgr-Office & Facility)*
Yekaterina Voevodkin *(Sr Designer-Product)*
Lynn Yeom *(Designer)*

Accounts:
IBM Corporation

VSBROOKS
255 Alhambra Cir Ste 835, Coral Gables, FL 33134
Tel.: (305) 443-3500
Fax: (305) 443-3381
E-Mail: info@vsbrooks.com
Web Site: www.vsbrooks.com

Employees: 15

National Agency Associations: Second Wind Limited

Diana Brooks *(Co-CEO & Pres-Strategy & Bus Dev)*
Vivian Santos *(Mng Partner & Dir-Creative)*
Barbara Marchena *(Principal-Admin Svcs & Dir-HR)*
Gabriela Zamorano *(Dir-PR & Event Plng)*
Anais Rodriguez *(Acct Supvr)*
Danielle Frickey *(Acct Exec)*
Monica Agurto *(Sr Media Buyer)*
Diana Ocasio *(Assoc Creative Dir)*

Accounts:
CarePlus HealthPlans
Coastal Building Maintenance Florida
St. John Vianney College Seminary; Miami, FL

VUP MEDIA
1140 Pk Ave, Cranston, RI 02910
Tel.: (401) 943-2299
E-Mail: info@vupmedia.com
Web Site: www.vupmedia.com

Employees: 12

Agency Specializes In: Advertising, Digital/Interactive, Graphic Design, Internet/Web Design, Print

Andrew Fogell *(CEO & Creative Dir)*

Sandra DoVale Fogell *(VP-Media Production & Interactive Solutions)*

Accounts:
Delray Beach Downtown Development Authority

W A FISHER, CO.
(d/b/a W A Fisher Printing & Advg Co)
123 Chestnut St, Virginia, MN 55792
Tel.: (218) 741-9544
Fax: (218) 741-8216
E-Mail: info@wafishermn.com
Web Site: www.wafishermn.com

Employees: 19
Year Founded: 1999

Agency Specializes In: Advertising, Brand Development & Integration, Broadcast, Collateral, Digital/Interactive, Logo & Package Design, Media Planning, Out-of-Home Media, Outdoor, Print, Social Media

Revenue: $1,300,000

John Kohlhase *(Creative Dir)*
Mark Aulie *(Dir-Adv)*
Aaron Mehrkens *(Office Mgr)*
Christina Seppanen *(Mgr-Graphic Design & Prepress)*
Brooke Koop *(Acct Exec & Specialist-Media)*
Ashley Holm *(Acct Exec)*

Accounts:
Leech Lake Tourism Bureau
Minnesota Iron Mining
Pohaki Lumber

W INC.
1215 Hightower Trl Ste B100, Atlanta, GA 30350
Tel.: (770) 993-7204
Fax: (678) 277-9118
E-Mail: lwhelan@wincorporated.com
Web Site: www.wincorporated.com

Employees: 2
Year Founded: 1971

Agency Specializes In: Advertising, Automotive, Brand Development & Integration, Broadcast, Business Publications, Business-To-Business, Cable T.V., Co-op Advertising, Collateral, Communications, Consumer Goods, Consumer Marketing, Consumer Publications, Corporate Identity, Direct Response Marketing, Direct-to-Consumer, Event Planning & Marketing, Exhibit/Trade Shows, Financial, Food Service, Graphic Design, High Technology, In-Store Advertising, Information Technology, Logo & Package Design, Magazines, Media Buying Services, New Product Development, Newspaper, Newspapers & Magazines, Out-of-Home Media, Outdoor, Point of Purchase, Point of Sale, Print, Production, Public Relations, Publicity/Promotions, Radio, Real Estate, Recruitment, Retail, Sales Promotion, Sports Market, Strategic Planning/Research, T.V., Trade & Consumer Magazines

Approx. Annual Billings: $2,000,000

Breakdown of Gross Billings by Media: Cable T.V.: 25%; Internet Adv.: 15%; Newsp. & Mags.: 5%; Outdoor: 5%; Radio: 25%; Spot T.V.: 25%

Libby Whelan *(Pres-Mktg & Adv Comm Firm)*

Accounts:
Day's Chevrolet Automotive Group; Atlanta, GA Automotive Dealership; 2001
eSecuritel; Atlanta, GA Handset Insurance; 2008
Lighthouse Marketing; Atlanta, GA Media

ADVERTISING AGENCIES

Research, Planning & Buying; 2003

W2O GROUP
50 Francisco St Ste 400, San Francisco, CA 94133
Tel.: (415) 362-5018
E-Mail: info@w2ogroup.com
Web Site: www.w2ogroup.com

Employees: 250

Agency Specializes In: Advertising, Brand Development & Integration, Digital/Interactive, Public Relations, Social Media

Tricia Keith *(Mng Dir)*
David Witt *(Mng Dir)*
Romy Horn *(Gen Counsel)*
Darrel Ng *(Mng Dir-Digital Health)*
Jennifer Paganelli Schwartz *(Mng Dir-Media & Engagement)*
Keri P. Mattox *(Head-Integrated Corp Comm)*
Walter Stevenson *(Exec Dir-Digital Ops)*
Rachel Ford Hutman *(Grp Dir-Earned Media)*
Alana Rockland *(Grp Dir-Earned Media)*
Breanne Thomlison *(Grp Dir-Healthcare Social & Content Mktg)*
Missy Voronyak *(Grp Dir-Social Media Strategy & Influencer Engagement)*
Casey Myburgh *(Sr Acct Dir)*
Erica Fischer *(Acct Dir)*
Kaitlyn Belmont *(Dir-Social Media Strategy, Engagement & Healthcare)*
Kristina Breux *(Dir-Tech)*
Leah-Michelle Nebbia *(Dir)*
Jessica Pansini *(Sr Acct Mgr-Twist Mktg)*
Jessica Stafford *(Sr Acct Mgr)*
Abigail Ancherico *(Acct Mgr)*
Savannah Valade *(Acct Mgr)*
Becky Prosser *(Mgr-Social Media & Influencer Engagement)*
Rohan Tucker *(Specialist-Tech)*
Carolyn Gargano *(Sr Grp Creative Dir)*
Meredith Jarblum *(Sr Grp Dir)*
Tani Yee *(Assoc Acct Dir)*
Jennifer Zytko *(Assoc Media Dir-W2OSentient)*

Accounts:
International Business Machines Corporation
Netscout Systems, Inc (Public Relations Agency of Record)
Techonomy Strategic; 2018

Branches

Pure Communications, Inc.
1015 Ashes Dr Ste 204, Wilmington, NC 28405
(See Separate Listing)

Pure Communications
(Formerly BrewLife)
50 Francisco St Ste 103, San Francisco, CA 94133
(See Separate Listing)

Sentient Interactive LLC
200 Campus Dr Ste 230, Florham Park, NJ 07932
(See Separate Listing)

WAGNER DESIGN ASSOCIATES
123 N Ashley St Ste 100, Ann Arbor, MI 48104
Tel.: (734) 662-9500
Fax: (734) 662-6590
E-Mail: nancy@wagdesign.com
Web Site: www.wagdesign.com

Employees: 5

Agency Specializes In: Advertising, Collateral, Email, Graphic Design, Logo & Package Design

Kathy Roeser *(Mng Partner & Sr Dir-Art)*
Laura Herold *(Partner)*
Nancy Miller *(Office Mgr)*
Kristin Rueger *(Graphic Designer-Production)*

Accounts:
Aztec Publications
BBC Entrepreneurial Training & Consulting LLC; Ann Arbor, MI Coordinate Branding, Email Marketing Campaigns

THE WAGNER JUNKER AGENCY
7111 Santa Monica Blvd Apt 605, West Hollywood, CA 90046
Tel.: (323) 461-1011
Fax: (323) 461-1150
E-Mail: info@wagnerjunker.com
Web Site: www.wjagency.com

Employees: 15

Agency Specializes In: Advertising, Brand Development & Integration, Event Planning & Marketing, Graphic Design, Local Marketing, Media Buying Services, Promotions, Public Relations, Restaurant, Sponsorship, Strategic Planning/Research, T.V., Web (Banner Ads, Pop-ups, etc.)

Eric Junker *(Partner-Consulting)*

Accounts:
Alliance Residential
Camp Ronald MacDonald
Dakota Restaurant
Gold Class Cinemas
Siegel Group

WAGNER MARKETING LLC
1 S Orange Ave Ste 502, Orlando, FL 32801
Tel.: (407) 541-0523
E-Mail: info@wagneragency.us
Web Site: www.wagneragency.us

Employees: 10

Agency Specializes In: Advertising, Brand Development & Integration, Experiential Marketing, In-Store Advertising, Media Relations, Outdoor, Package Design, Print, Social Media, Viral/Buzz/Word of Mouth

Wagner dos Santos *(Mng Partner)*

Accounts:
New-The Coca-Cola Company Coke

THE WAITE COMPANY
6000 Uptown Boulevard Ste 350, Albuquerque, NM 87110
Tel.: (505) 433-3498
Web Site: www.waitecompany.com

Employees: 20
Year Founded: 2012

Agency Specializes In: Advertising, Brand Development & Integration, Business-To-Business, Content, Crisis Communications, Graphic Design, Internet/Web Design, Media Relations, Public Relations, Search Engine Optimization

Whitney Waite *(Pres)*
Lauren Hyde *(Dir-Bus Dev & Client Rels)*
Kyle Stake *(Sr Designer)*
Marissa Le *(Acct Rep)*

Accounts:
New-New Mexico Health Insurance Exchange

WALDINGER CREATIVE
606 Bosley Ave Ste 2B, Towson, MD 21204
Tel.: (410) 321-5522
E-Mail: info@creativew.com
Web Site: www.creativew.com

Employees: 12

Agency Specializes In: Advertising, Brand Development & Integration, Digital/Interactive, Exhibit/Trade Shows, Print

Tom Waldinger *(Pres)*
Lopaka Purdy *(Sr Dir-Strategic Comm)*

Accounts:
A&R Companies
JewishCareers.com
Matz Enterprises
Site Resources, Inc.
Turner Troxell, Inc.

WALKER ADVERTISING, INC.
1010 S Cabrillo Ave, San Pedro, CA 90731-4067
Tel.: (310) 519-4050
Fax: (310) 521-0887
Toll Free: (800) 409-0909
E-Mail: info@walkeradvertising.com
Web Site: www.walkeradvertising.com

E-Mail for Key Personnel:
President: maryann@walkeradvertising.com
Media Dir.: nereida@walkeradvertising.com

Employees: 45
Year Founded: 1984

Agency Specializes In: Bilingual Market, Direct Response Marketing, Hispanic Market, Telemarketing

Approx. Annual Billings: $11,500,000

Breakdown of Gross Billings by Media: D.M.: 5%; Newsp.: 5%; Radio: 18%; T.V.: 72%

Mary Ann Walker *(Founder)*
Andrew Brennan *(Exec Chm)*
Ben Henderson *(CEO)*
Nereida Casarez *(VP-Media)*
Andy Rogers *(VP-Sls & Bus Dev)*
Alfonso Martinez *(Creative Dir)*
Connie M. Romo *(Dir-Bus Ops & Inventory Mgmt)*
Marylou Potter *(Sr Acct Exec)*
Jessica Hernandez *(Media Buyer)*
Pam Gonzales *(Sr Media Buyer)*

Accounts:
Alivio Legal
Legal Rights Defenders 1800 the Law 2; Los Angeles, CA
Los Defensores; Los Angeles, CA Legal Services to the Hispanic Market

WALKER & ASSOCIATES, INC.
5100 Poplar Ave, Memphis, TN 38137
Tel.: (901) 522-1100
Fax: (901) 522-1101
E-Mail: bigideas@walker-assoc.com
Web Site: www.walker-assoc.com

E-Mail for Key Personnel:
President: cwnorris@walker-assoc.com

Employees: 20
Year Founded: 1965

Agency Specializes In: Advertising, Brand Development & Integration, Co-op Advertising, Communications, Consumer Marketing, Corporate Identity, Exhibit/Trade Shows, Financial, Food

Service, Government/Political, Graphic Design, Health Care Services, Internet/Web Design, Legal Services, Media Buying Services, Newspaper, Out-of-Home Media, Outdoor, Planning & Consultation, Production, Public Relations, Publicity/Promotions, Radio, Recruitment, Restaurant, Retail, Sales Promotion, Sports Market, Strategic Planning/Research, T.V., Technical Advertising, Teen Market, Trade & Consumer Magazines, Travel & Tourism

Ceil T. Walker *(Owner & CEO)*
Lee Wilson *(Dir-Civil Engrg-UK)*
Deborah Harrison *(Sr Acct Exec)*
Tonia Cardoza *(Sr Media Buyer)*

Accounts:
Thomas & Betts; Memphis, TN Employee Recruitment; 1999

WALKER & COMPANY, INC.
2812 Santa Monica Blvd, Santa Monica, CA 90404
Tel.: (323) 309-5450
E-Mail: craig@walkerworldwide.com
Web Site: www.walkerworldwide.com

Employees: 10

Agency Specializes In: Advertising, Brand Development & Integration, Business-To-Business, Consumer Marketing, Direct Response Marketing, Infomercials, Integrated Marketing, Internet/Web Design, T.V.

Approx. Annual Billings: $5,000,000

Breakdown of Gross Billings by Media: Radio & T.V.: 100%

Craig Walker *(Exec Creative Dir)*
Michael S. Hughes *(Dir-Interactive Mktg & CRM)*

Accounts:
New-Bevel

WALKER BRANDS
1810 W Kennedy Blvd, Tampa, FL 33606
Tel.: (813) 875-3322
E-Mail: info@walkerbrands.com
Web Site: www.walkerbrands.com

Employees: 8
Year Founded: 1992

Agency Specializes In: Advertising, Brand Development & Integration, Digital/Interactive, Guerilla Marketing, Identity Marketing, Logo & Package Design, Media Planning, Public Relations, Search Engine Optimization, Strategic Planning/Research

Nancy Walker *(Pres)*
Thomas Plummer *(VP-Brand Strategy)*
Matt McEachern *(Creative Dir)*
Tara Robinson *(Dir-Brand Svc)*

Accounts:
Southwest Properties

WALKER MARKETING, INC.
805 Trade St NW Ste 101, Concord, NC 28027
Tel.: (704) 782-3244
Fax: (704) 262-1100
E-Mail: info@walker-marketing.com
Web Site: www.walker-marketing.com

Employees: 20

National Agency Associations: 4A's

Gary Walker *(Pres & CEO)*

Cynthia Shimmel *(CFO)*

Accounts:
Active Day Inc.
The Cascades at Verdae
Ingersoll Rand
Med-Tech Systems
S&D Coffee

WALKING STAR MARKETING & DESIGN
921 14th St, Cody, WY 82414
Tel.: (307) 587-5994
Fax: (307) 587-3979
Toll Free: (888) 587-5994
E-Mail: ppotter@walkingstar.com
Web Site: www.walkingstar.com

Employees: 4
Year Founded: 1995

Agency Specializes In: Advertising, Advertising Specialties, Brand Development & Integration, Business Publications, Catalogs, Collateral, Consulting, Consumer Marketing, Corporate Identity, Custom Publishing, Digital/Interactive, Direct Response Marketing, Direct-to-Consumer, Electronic Media, Event Planning & Marketing, Exhibit/Trade Shows, Graphic Design, Identity Marketing, In-Store Advertising, Integrated Marketing, Internet/Web Design, Local Marketing, Logo & Package Design, Multimedia, Newspaper, Package Design, Point of Sale, Print, Production, Promotions, Public Relations, Publishing, Radio, Sales Promotion, Search Engine Optimization, Strategic Planning/Research, Technical Advertising, Web (Banner Ads, Pop-ups, etc.), Yellow Pages Advertising

Approx. Annual Billings: $150,000

Breakdown of Gross Billings by Media: Collateral: 20%; E-Commerce: 20%; Graphic Design: 40%; Internet Adv.: 20%

Peggy Potter *(Owner & Dir-Creative)*
Charity Alexander *(Graphic Designer & Designer-Web)*

WALKUP ADVERTISING
115 Sullys Trl Ste 9, Pittsford, NY 14534
Tel.: (585) 348-9863
Fax: (585) 264-1177
Web Site: www.walkupadvertising.com

Employees: 4

Agency Specializes In: Advertising, Brand Development & Integration, Digital/Interactive

Accounts:
Allied Financial Partners
Nothnagle Realtors

THE WALLACE AGENCY
1921 Power St SE Bldg 9B1, Roanoke, VA 24013
Tel.: (540) 343-7411
Fax: (540) 685-2920
Web Site: www.bldg9b1.com
E-Mail for Key Personnel:
President: katie@thewallaceagency.com

Employees: 12

National Agency Associations: Second Wind Limited

Agency Specializes In: Advertising

Katie Wallace *(Pres & CEO)*

Accounts:

Advance Auto Parts
Hayes Seay Mattern & Mattern
Tervita Corporation

WALLACE & COMPANY
22970 Indian Creek Dr Ste 190, Sterling, VA 20166
Tel.: (703) 264-6400
Fax: (703) 264-1400
Web Site: www.wallaceandcompany.com

Employees: 32

Agency Specializes In: Advertising, Brand Development & Integration, Commercial Photography

Fraser Wallace *(Owner)*
Leslie Tompkins *(Media Dir)*
Pete Bowers *(Production Mgr)*
Erik Nowak *(Sr Graphic Designer)*

Accounts:
JBG Companies And Tirzec Properties
Miriada
Park Crest
Van Metre Homes
Velocity

WALLAROO MEDIA
55 N University Ave Ste 215, Provo, UT 84601
Tel.: (801) 901-0736
E-Mail: info@wallaroomedia.com
Web Site: www.wallaroomedia.com

Employees: 50
Year Founded: 2009

Agency Specializes In: Advertising, Content, Digital/Interactive, Search Engine Optimization, Social Media

Brandon Doyle *(Founder & CEO)*
Todd Ortiz *(Head-Content Strategy & SEO Team)*
Nicole Hillstead-Jones *(Dir-Content & SEO)*

Accounts:
BuildYourJacket.com
Communal Restaurant
Hint Water
Imperial Barber Products
Pizzeria 712
Rising Star Outreach

WALLRICH
8801 Folsom Blvd Ste 190, Sacramento, CA 95826
Tel.: (916) 325-2155
E-Mail: info@wallrich.us
Web Site: www.wallrich.us

Employees: 15

Agency Specializes In: Advertising, Brand Development & Integration, Digital/Interactive

Lila Wallrich *(CEO & Creative Dir)*
Jennifer Peterson Gall *(Client Svcs Dir-Wallrich Creative Comm)*
Lindsey Wilkie *(Acct Dir)*
Alan Taylor *(Dir-Strategy)*

Accounts:
New-Dignity Health

WALLWORK CURRY MCKENNA
10 City Sq 5th Fl, Charlestown, MA 02129
Tel.: (617) 266-8200
Fax: (617) 266-8270
E-Mail: rmckenna@wcm-partners.com

ADVERTISING AGENCIES

Web Site: www.wcm-partners.com
E-Mail for Key Personnel:
Production Mgr.: jdelaney@wcm-partners.com

Employees: 30
Year Founded: 1993

Agency Specializes In: Advertising, Corporate Identity, Direct Response Marketing, Financial, Hispanic Market, Internet/Web Design, Logo & Package Design, Newspapers & Magazines, Print, Production, Radio, Retail, T.V.

Alison Costello *(Pres)*
Jack Wallwork *(CEO & Creative Dir)*
James Rowean *(Sr VP-Acct Svc)*
Emily Weber *(Acct Dir)*

Accounts:
Pannotia
TPG

WALMART LABS
850 Cherry Ave, San Bruno, CA 94066
Tel.: (650) 837-5000
Web Site: www.walmartlabs.com

Employees: 32
Year Founded: 1995

Agency Specializes In: Education, Graphic Design, Industrial, Market Research, Web (Banner Ads, Pop-ups, etc.)

Revenue: $8,800,000

Jamie Iannone *(CEO-SamsClub.com & Exec VP-Membership & Tech)*
Jeff Clementz *(VP & COO-Walmart.com)*
Jordan Sweetnam *(Sr VP-Customer Experience & Product)*
Sharmila Sudhakar *(VP-Home & Gen Mgr)*
Laurent Desegur *(VP-Engrg)*
Greg Hitt *(VP-Global Corp Comm)*
Ram Rampalli *(Sr Dir & Head-Product Data)*
Hugh Burnham *(Head-SEO-Walmart.com & Assoc Dir)*
Amelia Milo Shepard *(Head-Mktg-Entertainment Categories)*
Eric O'Toole *(Gen Mgr)*
Ana Grace *(Sr Dir-Customer Experience & Product Mgmt-Walmart.com)*
Pranam Kolari *(Sr Dir-Engrg)*
Victor Chemtob *(Dir-CRM & Digital Engagement)*
Renee Caceres *(Sr Mgr-Media Partnerships-Grocery)*
Peter Kuhr *(Sr Mgr-Private Brands-Product Dev)*
Mia Warner *(Sr Mgr-Walmart Foundation)*
Bhaskar Mishra *(Sr Product Mgr)*
Neil Onions *(Mktg Mgr)*
Andrea Schaffer *(Mgr-Hardware Tools & Sr Buyer)*
Brooke Burton *(Buyer)*
Amanda Sparks *(Buyer)*

Accounts:
Amerisave
The Art Institute of Pittsburgh
Capella University
Charter One Bank
Equity Direct
Nationwide Lending
Saint Leo University
Windsor Capital

WALO CREATIVE, INC
1601 Elm St Ste 3300, Dallas, TX 75201
Tel.: (214) 296-2391
Web Site: www.waloinc.com

Employees: 10

Agency Specializes In: Advertising, Brand Development & Integration

Lalo Duran *(Co-Founder & Mng Partner)*
Walter Barraza *(Co-Founder & Creative Dir)*

Accounts:
New-Novamex, Inc. Jarritos

WALRUS
18 E 17th St Fl 4, New York, NY 10003
Tel.: (212) 645-2646
Fax: (212) 645-2759
Web Site: www.walrusnyc.com

Employees: 20
Year Founded: 2005

National Agency Associations: 4A's

Agency Specializes In: Above-the-Line, Advertising, Affluent Market, Alternative Advertising, Below-the-Line, Brand Development & Integration, Branded Entertainment, Broadcast, Business-To-Business, Cable T.V., Co-op Advertising, Collateral, Communications, Consumer Goods, Consumer Marketing, Consumer Publications, Cosmetics, Digital/Interactive, Direct-to-Consumer, Electronic Media, Electronics, Email, Entertainment, Exhibit/Trade Shows, Fashion/Apparel, Graphic Design, Guerilla Marketing, High Technology, Household Goods, In-Store Advertising, Internet/Web Design, Leisure, Local Marketing, Logo & Package Design, Luxury Products, Magazines, Market Research, Media Buying Services, Media Planning, Men's Market, Mobile Marketing, Multimedia, New Product Development, New Technologies, Newspaper, Newspapers & Magazines, Out-of-Home Media, Outdoor, Over-50 Market, Package Design, Paid Searches, Planning & Consultation, Podcasting, Point of Purchase, Point of Sale, Print, Product Placement, Production, Production (Print), Promotions, Radio, Social Marketing/Nonprofit, Sponsorship, Sports Market, T.V., Trade & Consumer Magazines, Travel & Tourism, Viral/Buzz/Word of Mouth

Approx. Annual Billings: $15,000,000

Breakdown of Gross Billings by Media: Cable T.V.: $3,000,000; Internet Adv.: $2,000,000; Print: $10,000,000

Frances Webster *(Co-Founder & COO)*
Deacon Webster *(Co-Founder & Chief Creative Officer)*
Paula Beer Levine *(Mng Dir)*
Paul Savaiano *(Head-Strategy)*
Kemi Adewumi *(Acct Dir)*
Valerie Hope *(Dir-Integrated Production & Creative Svcs)*
Kevin J. Porter *(Dir-Media Comm)*
Marco Diaddezio *(Copywriter)*
Evan Vosburgh *(Assoc Creative Dir)*

Accounts:
Avrio Health L.P. Slow-Mag
Bazooka Candy Brands Creative
BikeNWA (Agency of Record) Consumer Marketing, Creative, Media & Public Relations, Strategy; 2018
CW-X Conditioning Wear Athletic Performance Wear, Jogging Bras, Running Apparel, Skiing Pants; 2002
Emergen-C Say it with Fruit
Food Bank for New York City
Fourth Wall Restaurants, New York (Agency of Record)
General Mills Tiny Toast
Pret A Manger Digital, In-Store, US Marketing
Purdue Pharma LP Avrio Health, Colace (Agency of Record), Creative, Media, Packaging Design, Slow-Mag (Agency of Record); 2018
ShiftYourShopping.org Pro Bono
Sprout Foods (Agency of Record) Creative, Marketing Communications, Media Buying, Media Planning, Public Relations
The Trade Desk
XOJET

WALSH SHEPPARD
111 W 9th Ave, Anchorage, AK 99501
Tel.: (907) 338-3567
Fax: (907) 338-3857
E-Mail: welcome@walshsheppard.com
Web Site: www.walshsheppard.com

Employees: 15

Agency Specializes In: Electronics, Graphic Design, Internet/Web Design, Public Relations

Pat Walsh *(Founder & CEO)*
Jack Sheppard *(Pres & COO)*
Teresa Curran *(CFO & VP)*
Adam Godfrey *(Acct Mgr)*

Accounts:
Denali Alaska Federal Credit Union
K2
Major Marine
Matanuska Electric Association
Matanuska Telephone Association
NANA Regional Corp.
Spenard Builders Supply
United Way

WALT KLEIN ADVERTISING
1873 S. Bellaire St, Denver, CO 80222-4353
Tel.: (303) 298-8015
Fax: (303) 298-8194
E-Mail: partners@wka.com
Web Site: www.wka.com

E-Mail for Key Personnel:
President: cklein@wka.com

Employees: 3
Year Founded: 1981

Agency Specializes In: Advertising, Aviation & Aerospace, Bilingual Market, Brand Development & Integration, Broadcast, Business-To-Business, Cable T.V., Collateral, Communications, Consulting, Consumer Marketing, Consumer Publications, Corporate Identity, Digital/Interactive, Direct Response Marketing, Environmental, Exhibit/Trade Shows, Financial, Government/Political, Graphic Design, Health Care Services, High Technology, Hispanic Market, Industrial, Infomercials, Information Technology, Internet/Web Design, Investor Relations, Leisure, Logo & Package Design, Magazines, Media Buying Services, Medical Products, Merchandising, New Product Development, Newspaper, Newspapers & Magazines, Out-of-Home Media, Outdoor, Point of Purchase, Point of Sale, Print, Production, Public Relations, Publicity/Promotions, Radio, Real Estate, Retail, Sales Promotion, Strategic Planning/Research, T.V., Travel & Tourism

Approx. Annual Billings: $8,000,000

Cheryl Klein *(Pres)*
Walt Klein *(CEO)*

Accounts:
B/E Aerospace
Breckenridge Lodging & Hospitality
Cimarron Health Plan
Colorado Department of Higher Education
Farm Crest Milk Stores
Fund for Colorado's Future; Denver, CO
Great Outdoors Colorado; Denver, CO

AGENCIES - JANUARY, 2019 — ADVERTISING AGENCIES

Kavanaugh Homes
Microban
Northeast Denver Housing Center; Denver, CO
Udi's Foods
Yadkin Valley Bank

WALTER F. CAMERON ADVERTISING INC.
350 Motor Pkwy Ste 410, Hauppauge, NY 11788-5125
Tel.: (631) 232-3033
Fax: (631) 232-3111
E-Mail: mpreiser@cameronadv.com
Web Site: www.cameronadv.com

E-Mail for Key Personnel:
President: jcameron@cameronadv.com
Creative Dir.: psussi@cameronadv.com

Employees: 50
Year Founded: 1977

National Agency Associations: 4A's

Agency Specializes In: Advertising, Automotive, Brand Development & Integration, Broadcast, Business-To-Business, Cable T.V., Collateral, Consumer Marketing, Corporate Identity, Digital/Interactive, Direct Response Marketing, Exhibit/Trade Shows, Financial, Graphic Design, Health Care Services, High Technology, Industrial, Internet/Web Design, Legal Services, Local Marketing, Logo & Package Design, Media Buying Services, Newspaper, Newspapers & Magazines, Planning & Consultation, Point of Purchase, Print, Production, Public Relations, Publicity/Promotions, Radio, Real Estate, Recruitment, Retail, Sales Promotion, T.V., Trade & Consumer Magazines

Approx. Annual Billings: $65,000,000

Breakdown of Gross Billings by Media: Adv. Specialities: 1%; Audio/Visual: 2%; Brdcst.: 20%; Bus. Publs.: 5%; Cable T.V.: 10%; Collateral: 10%; Consumer Publs.: 7%; D.M.: 4%; E-Commerce: 2%; Exhibits/Trade Shows: 1%; Graphic Design: 4%; Internet Adv.: 3%; Network Radio: 5%; Newsp.: 19%; Outdoor: 2%; Point of Purchase: 2%; Pub. Rels.: 3%

Joseph J. Cameron, III (Pres & CEO)
Andrew Kline (Partner)
Mark Preiser (Principal)
Benjamin Coggiano (VP-Client Svcs)
Sean Beyer (Creative Dir)
Alicia Brauneisen (Media Dir)
Patricia Nelson Zorn (Sr Acct Exec)
Rick Rudzinski (Sr Creative Dir)
John Twomey (Sr Creative Dir)

Accounts:
Clintrac; Ronkonkoma, NY Clinical Labeling
Flow X-Ray; Hempstead, NY; 2004
Good Samaritan Hospital Medical Center; W. Islip, NY
ITC Trucking; 1985
Karp Buick, Saab & Volvo
Long Island Volvo Association; NY; 1999

WALTON / ISAACSON
3630 Eastham Dr, Culver City, CA 90232
Tel.: (323) 677-5300
Fax: (323) 456-1139
E-Mail: awalton@waltonisaacson.com
Web Site: www.waltonisaacson.com

Employees: 90
Year Founded: 2006

National Agency Associations: 4A's

Agency Specializes In: Advertising, African-American Market, Automotive, Food Service

Revenue: $2,000,000

Cory Isaacson (Co-Founder & Partner)
Aaron Walton (Co-Founder & Partner)
Sophia Taylor (Sr VP-Acct Svcs)
Reginald Osborne (VP & Grp Acct Dir)
Alice Rivera (VP-Hispanic Mktg & Acct Svcs)
Jim DiPiazza (Exec Creative Dir)
Ayiko Broyard (Acct Dir)
Andrea Loza (Art Dir)
Crystal Nikiforov (Media Dir)
Richard Rodarte (Acct Dir)
Daune Cummings (Assoc Dir-Talent & Influencer Mktg)
Vejurnae Leal (Acct Supvr)
Amanda Lewensky (Acct Supvr)
Mike Marinero (Acct Supvr)
Liz Palato (Supvr-Integrated Media)
Kendall McDougal (Sr Acct Exec)
Rochelle Newman-Carrasco (Sr Strategist-Hispanic Mktg)
Albert Thompson (Strategist-Digital)
Sharia Hamilton (Planner-Digital Media)
Michael Craighead (Assoc Creative Dir)
Erika Saca-Schader (Assoc Creative Dir)

Accounts:
American Cinematheque
Avion Tequila
Caesars Entertainment Company
Caesars Entertainment Corporation US Hispanic Agency of Record
Change.org
Charitybuzz.com
CHIRLA Action Fund Campaign: "Turn Ignorance Around", Social Media
Donuts Media Buying
Forbes, Inc.
General Mills
The Hillshire Brands Company Campaign: "Done (Listo)", State Fair, The Jimmy Dean
Kilbeggan Whiskey Campaign: "Knitting", Campaign: "The Best-Kept Secret in Whiskey"
Lexus Division Creative, LGBT Marketing, Lexus NX, Super Bowl 2018 Campaign: "Long Live the King"
Los Angeles Dodgers Inc. Marketing
Marriott
McDonald's Corporation
Samsung
Spalding (Agency of Record) Campaign: "True Believer?", Digital Media, Social
Spanish Cinema Festival
Tequila Ocho
Unilever Axe, Clear Hair Care, Degree, Dove, Nexxus, Simple, Suave, TRESemme
Verizon Wireless
The Water Project Foundation
Wells Fargo
Whirlpool
White Memorial Hospital

Branch

Walton Isaacson
43 W 24Th St Rm 11A, New York, NY 10010
Tel.: (646) 213-7300
E-Mail: questions@waltonisaacson.com
Web Site: www.waltonisaacson.com

Employees: 10

National Agency Associations: 4A's

Agency Specializes In: Advertising, Digital/Interactive, Social Media

Christine Villanueva (Chief Strategy & Brand Officer)
Juan Bonilla (Sr VP & Head-New Bus Dev)
Garlanda Freeze (VP & Grp Acct Dir)
Erin Elliott (VP-Media)

Roy Chicas (Office Mgr)
Brielle De Filippis (Acct Exec)
Matthew Weiner (Grp Creative Dir)

Accounts:
Lexus
Macy's, Inc.

WALZ TETRICK ADVERTISING
6299 Nall Ave Ste 300, Mission, KS 66202-3547
Tel.: (913) 789-8778
Fax: (913) 789-8493
E-Mail: info@wtads.com
Web Site: www.wtads.com

E-Mail for Key Personnel:
President: ctetrick@wtads.com
Creative Dir.: bbellinger@wtads.com
Media Dir.: BOveresch@wtads.com

Employees: 20
Year Founded: 1967

National Agency Associations: 4A's

Agency Specializes In: Advertising, Agriculture, Business-To-Business, Financial, Food Service, Health Care Services, Newspapers & Magazines, Public Relations, Retail, Travel & Tourism

Approx. Annual Billings: $10,000,000

Breakdown of Gross Billings by Media: Mags.: 8%; Newsp.: 6%; Outdoor: 1%; Production: 40%; Radio: 15%; T.V.: 30%

Charles M. Tetrick (Pres & CEO)
Eric M. Lykins (CFO)
Jeff Chase (Creative Dir)
Melba Morris (Dir-Brdcst Media Buying)
Blair Overesch (Dir-Media Svcs)
Shannon Bassett (Acct Supvr)
Debbie Harris (Acct Supvr-WT Health Div)
Katie Knox (Acct Supvr-WT Sports & Recreation)
Jason Selby (Acct Supvr)
Brian Sieminski (Assoc Media Buyer & Planner)
Kelli Oestreich (Sr Art Dir)

Accounts:
Boy Scouts
Dairy Queen; CO; KS; MO; VA; WV; LA; OH Dairy Queen Grill & Chill; 2003
Elanco Animal Health; 2006
GE Transportation Systems Global Signal; Grain Valley, MO Railroad Supplies; 1984
GE
Kansas City Royals Campaign: "Burning the Base Path", Creative, Media Planning
Olathe Health System; Olathe, KS; 2002

WANDERLUST
297 River St, Troy, NY 12180
Tel.: (518) 272-2500
Fax: (518) 272-2500
E-Mail: mshipley@createwanderlust.com
Web Site: www.createwanderlust.com

Employees: 12
Year Founded: 1985

Agency Specializes In: Advertising, Affluent Market, Brand Development & Integration, Cable T.V., Collateral, Communications, Consulting, Consumer Marketing, Corporate Identity, Electronic Media, Experience Design, Guerilla Marketing, Hospitality, Identity Marketing, Internet/Web Design, Leisure, Logo & Package Design, Newspaper, Newspapers & Magazines, Out-of-Home Media, Outdoor, Over-50 Market, Planning & Consultation, Point of Purchase, Point of Sale, Print, Production, Production (Print), Radio, Real Estate, Sales Promotion, Strategic Planning/Research, T.V., Trade & Consumer

ADVERTISING AGENCIES

Magazines, Travel & Tourism, Viral/Buzz/Word of Mouth

Approx. Annual Billings: $22,000,000

Sara Tack *(Exec VP-Image & Identity)*
Harold Buckland *(Mktg Dir)*
Gabrielle Archambault *(Dir-Social Media)*
Sharon Lawless *(Dir-Print)*
Braden Russom *(Acct Mgr)*

Accounts:
The Chickasaw Nation; Ada, OK Chickasaw Country; 2009
New-Environmental Working Group
Glimmerglass Opera; Cooperstown, NY Annual Glimmerglass Opera & Music Festival; 2010
Howe Caverns; Howes Cave; NY Cavern Tours; 2008
Mount Snow; Wilmington, VT Mount Snow Resort; 2006
Windham Mountain; Windham, NY Windham Mountain Resort; 2005

THE WARD GROUP
5750 Genesis Ct Ste 220, Frisco, TX 75034
Tel.: (972) 818-4050
Fax: (972) 818-4151
Toll Free: (800) 807-3077
E-Mail: rob@mediastewards.com
Web Site: www.mediastewards.com
E-Mail for Key Personnel:
President: rob@mediastewards.com

Employees: 15
Year Founded: 1985

National Agency Associations: AAF

Agency Specializes In: Advertising, African-American Market, Asian Market, Automotive, Bilingual Market, Broadcast, Business-To-Business, Cable T.V., Co-op Advertising, Consulting, Corporate Identity, Digital/Interactive, Direct Response Marketing, Electronic Media, Email, Entertainment, Financial, Health Care Services, Hispanic Market, Magazines, Media Buying Services, Media Planning, Multicultural, Newspaper, Newspapers & Magazines, Out-of-Home Media, Outdoor, Planning & Consultation, Point of Purchase, Point of Sale, Print, Radio, Real Estate, Regional, Restaurant, Retail, Search Engine Optimization, Sponsorship, Strategic Planning/Research, T.V., Trade & Consumer Magazines, Transportation

Rob Enright *(Pres)*
Shirley Ward *(CEO & Grp Dir-Media)*
Tom Jago *(Mng Dir)*
Jerry Grady *(VP)*
Lou Nagy *(VP)*
Julie Ried *(VP)*
Robin Cox *(Supvr-Media)*
Chelsea Enright *(Media Buyer)*

Accounts:
DART
Park Place Motorcars; Dallas, TX
The Trinity Trust

WARHAFTIG ASSOCIATES INC.
740 Broadway, New York, NY 10003
Tel.: (212) 995-1700
Fax: (212) 995-1166
E-Mail: matt@warhaftig.com
Web Site: www.warhaftig.com

Employees: 4
Year Founded: 1982

Agency Specializes In: Health Care Services, Medical Products, Pharmaceutical

Approx. Annual Billings: $1,000,000

Breakdown of Gross Billings by Media: Collateral: $400,000; Consulting: $100,000; Logo & Package Design: $200,000; Other: $300,000

Hande Dogu *(VP-Acct Mgmt)*
Reiner Lubge *(Dir-Art & Designer)*

Accounts:
Abbott
Pfizer

WARK COMMUNICATIONS
1135 Serendipity Way, Napa, CA 94558
Tel.: (707) 266-1445
Web Site: www.warkcommunications.com

Year Founded: 1994

Agency Specializes In: Advertising, Graphic Design, Media Relations, Public Relations, Social Media

Tom Wark *(Owner)*

Accounts:
Moraga Estate (Public Relations Agency of Record)

WARNE/MCKENNA ADVERTISING
110 S Lowell Ave, Syracuse, NY 13204-2629
Tel.: (315) 478-5781
Fax: (315) 474-2155
Web Site: www.wmck.com

Employees: 4
Year Founded: 1968

Agency Specializes In: Advertising, Automotive, Broadcast, Cable T.V., Communications, Corporate Identity, Financial, Government/Political, Graphic Design, Infomercials, Internet/Web Design, Leisure, Media Buying Services, Newspaper, Out-of-Home Media, Outdoor, Planning & Consultation, Point of Sale, Print, Production, Public Relations, Publicity/Promotions, Radio, Restaurant, Retail, T.V.

Approx. Annual Billings: $1,200,000

Breakdown of Gross Billings by Media: Adv. Specialities: $12,000; Cable T.V.: $120,000; D.M.: $72,000; Graphic Design: $60,000; Internet Adv.: $36,000; Logo & Package Design: $24,000; Newsp.: $180,000; Outdoor: $60,000; Point of Sale: $24,000; Production: $60,000; Pub. Rels.: $96,000; Radio: $216,000; Spot Radio: $180,000; Transit: $60,000

Janice McKenna *(Pres & CEO)*

Accounts:
Cashel House Agent of Irish Imports; 1986
Catholic Cemeteries, Diocese of Syracuse; 1999
Diocese of Syracuse; 1976
East Syracuse Chevrolet; East Syracuse, NY; 1977
Geddes Federal Savings & Loan Association; Syracuse, NY; 1980
The Lakehouse Pub
Loretto; Syracuse, NY Elder Care; 2004
Tarson Pools; 1999
Tipperary Hill Shamrock Run

WARP FACTOR 2, LLC
4344 Washington Blvd, Los Angeles, CA 90066
Tel.: (310) 295-2004
Web Site: www.warpfactor2.com

Employees: 10

Year Founded: 2010

Agency Specializes In: Above-the-Line, Alternative Advertising, Below-the-Line, Branded Entertainment, Broadcast, Cable T.V., Digital/Interactive, Guerilla Marketing, Multimedia, Production, Social Media, T.V.

Approx. Annual Billings: $1,000,000

Marshall Sutherin *(Co-Owner)*

Accounts:
IGN Entertainment Web Series; 2012
Konami Dance Dance Revolution; 2011
NVISION Commercials; 2010

WARREN DOUGLAS
1204 W 7th St Ste 100, Fort Worth, TX 76102
Tel.: (817) 862-1400
E-Mail: info@warrendouglas.com
Web Site: www.warrendouglas.com

Employees: 50
Year Founded: 1998

Agency Specializes In: Advertising, Brand Development & Integration, Digital/Interactive, Internet/Web Design, Media Buying Services, Print, Public Relations, Social Media

Doug Briley *(Pres & CEO)*
Cassidy Newton *(VP-Data Sciences)*
Steve Hanthorn *(Creative Dir)*
Alex Brotman *(Dir-Software Dev)*
Jantzen Moeller *(Analyst-Mktg)*

Accounts:
Texas Ballet Theater

WASABI RABBIT INC
19 Fulton St Ste 307, New York, NY 10038
Tel.: (646) 366-0000
E-Mail: hello@wasabirabbit.com
Web Site: www.wasabirabbit.com

Employees: 17
Year Founded: 2011

Agency Specializes In: Advertising, Brand Development & Integration, Content, Digital/Interactive, Internet/Web Design, Out-of-Home Media, Outdoor, Package Design, Print, Search Engine Optimization, Social Media

Revenue: $3,800,000

John Mustin *(Founder & CEO)*
Pat Costello *(Exec VP-Brand)*
Joe Mihalow *(Creative Dir)*
Daniel Poeana *(Coord-Social Media)*

Accounts:
Blue Star Veterans Network Creative & Marketing Services, Campaign Management; 2013
BlueMetal Creative Services, Marketing Campaign Strategy; 2015
Concordia College Brand, Website Design; 2014
Eli Draws Website, Video Production; 2013
Marketwired Brand, Campaign Management, Event Support, Creative Services; 2012
MAS Website Design, Product Development; 2013
The Olmstead Foundation Brand, Website Design, Social Media Management; 2014
Revelwood Brand, Website Design; 2013
The Steptoe Group Marketing Campaign Management, Website Design; 2013
Sysomos Brand, Campaign Management, Event Support, Creative Services; 2012
USAA Brand Development, Creative Services; 2015

AGENCIES - JANUARY, 2019 — ADVERTISING AGENCIES

WASHINGTON MEDIA GROUP
525 9th St NW Ste 800, Washington, DC 20004
Tel.: (202) 628-1280
Fax: (202) 628-1218
E-Mail: info@washingtonmedia.com
Web Site: www.washingtonmedia.com

Employees: 15

Agency Specializes In: Corporate Communications, Crisis Communications, Digital/Interactive, Media Relations, Public Relations

Gregory L. Vistica *(Chm & CEO)*
Robert Johnson *(Pres)*
Kara Watt *(Exec Dir-Media Scholars Foundation-Washington)*
Don McNab *(Dir-West Coast Ops)*
Jonathan Murphy *(Dir-Media Rels)*

WASSERMAN & PARTNERS ADVERTISING INC.
1020 Mainland St Ste 160, Vancouver, BC V6B 2T4 Canada
Tel.: (604) 684-1111
Fax: (604) 408-7049
E-Mail: info@wasserman-partners.com
Web Site: www.wasserman-partners.com

E-Mail for Key Personnel:
President: awasserman@wasserman-partners.com

Employees: 42
Year Founded: 1995

National Agency Associations: CAB

Agency Specializes In: Advertising, Brand Development & Integration, Broadcast, Collateral, Digital/Interactive, Financial, Food Service, Health Care Services, Media Buying Services, Pharmaceutical, Print, Production, Restaurant, Retail, Strategic Planning/Research

Alvin Wasserman *(Founder, Chm & CEO)*
Stefan Hawes *(Pres)*
Susan Deans *(CFO & Dir-Admin)*
Pauline Hadley-Beauregard *(VP)*
Karen Nishi *(VP-Strategic Plng)*
Andeen Pitt *(VP)*
Liam Greenlaw *(Creative Dir)*
Graeme Jack *(Dir-TV & Online Productions)*
Coralie Jeffery *(Mgr-Strategic Svcs)*
Caitlin Taylor *(Supvr)*

Accounts:
Accent Inns Hotel ZED; 2017
B.C. Cancer Foundation; 2017
BC Nurses
B.C. Securities Commission; 2017
Canfisco
Dairyworld Foods
Destination Auto Group (Agency of Record); 2017
Encorp Pacific (Canada)
Fairmont Hotels & Resorts (B.C.)
Granville Island Brewing; Vancouver, BC (Agency of Record) Point of Sale Merchandise-Sponsorships, Social Media
Homeworks
The Insurance Corporation of British Columbia
Intrawest ULC
London Drugs
Mountain Equipment Co-op
Quigg
Rick Henson
Singapore Airlines
Sonora Resort
Tourism Kelowna
Tourism Whistler
Vancity
Wesbild
Whistler Blackcomb Mountains
White Spot Restaurants
Worksafe BC

WASSERMAN MEDIA GROUP
10900 Wilshire Blvd Fl 12, Los Angeles, CA 90024
Tel.: (310) 407-0200
Web Site: http://www.teamwass.com/

Employees: 130

Agency Specializes In: Advertising, Brand Development & Integration, Digital/Interactive, Public Relations, Social Media, Sponsorship

Casey Wasserman *(Chm & CEO)*
Michael Watts *(Pres)*
Steve Astephen *(Mng Partner)*
Elizabeth Lindsey *(Mng Partner)*
Michael R. Pickles *(Gen Counsel)*
Ryan Berenson *(Exec VP-Fin & Acctg)*
Thayer Lavielle *(Exec VP-Bus Dev)*
Steve Marshman *(Exec VP-Canada)*
John Mascatello *(Exec VP)*
Circe Wallace *(Exec VP)*
Shelley Pisarra *(Sr VP-Res & Insights)*
Misa Rahm *(VP)*
Travis Clarke *(Exec Dir-Action Sports & Lifestyle)*
Marcos Lawson *(Exec Creative Dir)*
Kyle Burnett *(Sr Dir)*
Cosette Chaput *(Sr Dir-Digital)*
Rob Frasketi *(Art Dir)*
Sam Cyphers *(Sr Acct Mgr)*
Jake Hirsch *(Mgr-Endurance)*

Accounts:
American Express
Andrew Farrell
Kekuta Manneh
Nationwide
United States Women's National Soccer Team Abby Wambach, Alex Morgan, Ali Krieger, Ashlyn Harris, Heather O'Reilly, Lauren Holiday, Lori Chalupny, Megan Rapinoe, Sydney Leroux, Tobin Heath
Wells Fargo & Company (Agency of Record); 2018

Branch

Laundry Service
40 W 25th St, New York, NY 10010
(See Separate Listing)

WATAUGA GROUP
1501 W Colonial Dr, Orlando, FL 32804
Tel.: (407) 982-2696
Fax: (407) 386-3084
Web Site: www.wataugagroup.com

Employees: 17
Year Founded: 2004

Agency Specializes In: Experiential Marketing, Promotions, Strategic Planning/Research

Leslie Osborne *(CEO)*
Charles Osborne *(Partner)*
Neil Romaine *(Partner-Strategic Mktg)*
Jenny Williams *(Media Dir)*
Debra Marrano-Lucas *(Dir-Internet Strategy)*
Deborah Booker *(Supvr-Media)*
Carolyn Mailloux *(Supvr-Media)*
Cyndy Murrieta *(Supvr-Media)*
Jennifer Gutkowski *(Media Planner)*
Amber Hallums *(Analyst-Digital Mktg)*
Nicole Zayas *(Coord-Media)*
Melonie Sturm *(Assoc Media Dir)*

Accounts:
The Breakers Palm Beach; 2004
CareSpot; 2013
Dollywood Theme Park and Splash Country; 2015
Smith & Wesson; 2012
University of Miami MBA Programs; 2011

WATERMARK
400 S Colorado Blvd Ste 380, Denver, CO 80246
Tel.: (303) 771-5675
Fax: (303) 771-5656
Web Site: www.watermarkadvertising.net

Employees: 10

Agency Specializes In: Advertising, Internet/Web Design, Media Buying Services, Media Relations, Media Training, Public Relations, Social Media

Jason Hanson *(Co-Owner & Pres)*
Heathe Haseltine Cooper *(Dir-Sls & Project Mgmt)*
Gini Queen *(Sr Partner & Sr Acct Exec)*

Accounts:
MWH Global, Inc.

WATERWERKS COMMUNICATIONS
96 LeMarchant Rd, Churchill Square, Saint John's, NL A1C 2H2 Canada
Tel.: (709) 738-5090
Fax: (709) 738-6209
Toll Free: (877) 998-5090
Web Site: www.waterwerkscommunications.com

Employees: 50

Agency Specializes In: Corporate Identity, Graphic Design, Internet/Web Design, Logo & Package Design, Media Buying Services, Radio, T.V.

Roxanne Morrissey *(Partner)*
Pete Newman *(Specialist-Visual Media)*

Accounts:
Caul's
Ice Block
Leon's
Nape
Purity Factories Limited; Saint John's, NL, Canada
Ramada

WATSON CREATIVE
240 N Broadway Ste 12, POrtland, OR 97227
Tel.: (800) 280-3057
E-Mail: design@watsoncreative.com
Web Site: www.watsoncreative.com

Employees: 50
Year Founded: 2008

Agency Specializes In: Advertising, Brand Development & Integration, Content, Digital/Interactive, Print, Public Relations, Search Engine Optimization, Social Media

Colby Schlicker *(Exec VP-Mktg)*
Howard York *(Exec Creative Dir)*
Matt Watson *(Creative Dir)*
Jay Garcia *(Project Mgr-Brand & Digital)*

Accounts:
New-Domaine Serene Winery

THE WATSONS
150 W 30 St Ste 905, New York, NY 10001
Tel.: (212) 239-9703
E-Mail: info@itsthewatsons.com
Web Site: www.itsthewatsons.com

Employees: 11

Agency Specializes In: Advertising, Collateral, Digital/Interactive, Direct Response Marketing, Graphic Design, Logo & Package Design,

ADVERTISING AGENCIES

Recruitment, Social Media, Sponsorship

Maggie Monteith *(Partner)*
Paul Orefice *(Partner)*
Francois Menard *(Sr VP-R&D)*
Gordon Munro *(Sr VP-Quality Assurance)*
Rachel Leventhal *(Acct Dir)*
Brian Rosenkrans *(Art Dir)*

Accounts:
Cafe Metro Branding, Digital, OOH, Packaging, Social
Hint Inc
Montclair State University (Agency of Record)
New York Merger, Acquisition & Collaboration Fund
Physique 57
Whole Foods Market, Inc.

WATT INTERNATIONAL, INC.
300 Bayview Ave, Toronto, ON M5A 3R7 Canada
Tel.: (416) 364-9384
Fax: (416) 364-1098
E-Mail: Contactus@wattisretail.com
Web Site: wattisretail.com

Employees: 50

Agency Specializes In: Brand Development & Integration

Vince Guzzi *(Mng Partner)*
Mike Grace *(Partner-Fin & Ops)*
Ian Cooke *(VP-Retail Mktg)*
Juan Esquijarosa *(VP-Bus-Intl)*
Laura Guthrie *(VP-Client Dev)*
John Macdonald *(Dir-Design)*
Angela Chan *(Sr Designer)*
Natalie Belda Lake *(Designer-Intermediate)*
Brian Bettencourt *(Sr Creative Dir)*
Bryan Morris *(Sr Creative Dir)*

Accounts:
A&P
Alto Los Condes Cencosud S.A.
Canadian Tire
Coco Cola
Cott Corporation
Liquor Control Board of Ontario (LCBO)
Loblaws
Longo's
Longs Drugs
McDonald's
Simons Laval
Simons Montreal

WAVELENGTH
401 Locust St 2nd Fl, Columbia, PA 17512
Tel.: (717) 823-6939
Web Site: www.wavelengthresults.com

Employees: 6
Year Founded: 2003

Agency Specializes In: Advertising, Brand Development & Integration, Digital/Interactive, Graphic Design, Internet/Web Design, Logo & Package Design

Jennifer Peterson *(Pres)*
Gary Peterson *(Partner & Creative Dir)*

Accounts:
Feel Your Boobies Foundation Strategic Social Media
Our Lady of the Lake

WAVELENGTH MARKETING, LLC
401 Locust St, Columbia, PA 17512
Tel.: (717) 823-6939
Web Site: wavelengthresults.com/

Employees: 10
Year Founded: 2003

Agency Specializes In: Business Publications, Collateral, Consumer Publications, Email, Magazines, Newspaper, Newspapers & Magazines, Out-of-Home Media, Outdoor, Paid Searches, Print, Radio, Search Engine Optimization, Trade & Consumer Magazines, Web (Banner Ads, Pop-ups, etc.)

Jennifer Peterson *(Pres)*

Accounts:
RFK Associates Inc.; 2015

WAX CUSTOM COMMUNICATIONS
261 NE 1st St Ste 600, Miami, FL 33132
Tel.: (305) 350-5700
E-Mail: info@waxcom.com
Web Site: www.waxcom.com

Employees: 50
Year Founded: 1987

Agency Specializes In: Advertising, Brand Development & Integration, Content, Digital/Interactive, Email, Internet/Web Design, Market Research, Media Buying Services, Media Planning, Production, Publishing, Search Engine Optimization, Social Media

Bill Wax *(Pres)*
Meg De Leon *(Acct Dir)*
Jimmy Gonzalez *(Creative Dir)*
Benny Millares *(Dir-IT)*
Monica Rosas *(Dir-Editorial)*

Accounts:
AvMed
Humana, Inc
South Georgia Medical Center
South Nassau Communities Hospital TV

WAX PARTNERSHIP
333 24th Ave Southwest Ste 320, Calgary, AB T2S 3E6 Canada
Tel.: (403) 262-9323
Fax: (403) 262-9399
Web Site: www.wax.ca

Employees: 30

Agency Specializes In: Advertising, Agriculture, Arts, Brand Development & Integration, Cosmetics, Fashion/Apparel, Luxury Products, Medical Products, Men's Market, Multimedia, Technical Advertising

Monique Gamache *(Partner & Dir-Design)*
Jay Kilby *(Grp Acct Dir)*
Brad Connell *(Art Dir)*
Maddie Gauthier *(Acct Dir)*
Dan Wright *(Dir-Design)*
Chris Lihou *(Copywriter)*

Accounts:
Anne Paterson's Flowers Campaign: "Free Flower Posters"
Calgary Farmers' Market Campaign: "Fresh Everything", Campaign: "Snow Signs"
Calgary Horror Convention Campaign: "Body Parts"
Calgary International Film Festival Wife
Calgary Society for Persons with Disabilities
Complete Office
energy4everyone
Glenbow Museum
Honda
Mitchell Eye Centre
Mucho Burrito Campaign: "Stamp"
On Hold
Roth & Ramberg Photography
WordFest
WURST

WAXWORDS INCORPORATED
105 Maxess Rd Ste S124, Melville, NY 11747
Tel.: (631) 574-4433
Fax: (631) 574-4434
E-Mail: info@waxwordsinc.com
Web Site: www.waxwordsinc.com

Employees: 5

Agency Specializes In: Advertising, Brand Development & Integration, Communications, Local Marketing, Public Relations, Strategic Planning/Research

Alan J. Wax *(Pres)*

Accounts:
Advantage Title Agency, Inc.
CIBS
Digital Motion Marketing Solutions
Knock Out Pest Control
Ornstein Leyton Company
Paragon Group LLC
Sutton & Edwards Inc.
T. Weiss Realty Corp
Tallgrass Properties
Totus Office Solutions LLC
Vino University
Wachtler Knopf Equities LLC

WC&G AD LOGIC
6 W Druid Hills Dr NE, Atlanta, GA 30326
Tel.: (404) 995-4620
Fax: (404) 995-4625
Web Site: www.wcgadlogic.com

Employees: 6
Year Founded: 2004

Agency Specializes In: Communications

Kevin Williams *(CEO & Partner)*
Jerome Boroff *(Creative Dir)*

Accounts:
Kauffman Tires
PGA Tour Superstore
Treadepot.com

WC MEDIA INC.
1824 S MacArthur Blvd, Springfield, IL 62704
Tel.: (217) 241-1224
Fax: (217) 241-3824
E-Mail: info@wcmedia.net
Web Site: www.wcmedia.net

Employees: 6
Year Founded: 1995

Agency Specializes In: Advertising, Advertising Specialties, African-American Market, Agriculture, Asian Market, Automotive, Aviation & Aerospace, Bilingual Market, Brand Development & Integration, Broadcast, Business Publications, Business-To-Business, Cable T.V., Children's Market, Co-op Advertising, Collateral, Commercial Photography, Communications, Consulting, Consumer Publications, Corporate Communications, Corporate Identity, Cosmetics, Digital/Interactive, Direct Response Marketing, E-Commerce, Education, Electronic Media, Engineering, Entertainment, Event Planning & Marketing, Exhibit/Trade Shows, Fashion/Apparel, Financial, Food Service, Government/Political, Graphic Design, Health Care Services, High Technology, Hispanic Market, In-Store Advertising, Industrial,

AGENCIES - JANUARY, 2019 — ADVERTISING AGENCIES

Information Technology, Internet/Web Design, Investor Relations, LGBTQ Market, Legal Services, Leisure, Local Marketing, Logo & Package Design, Magazines, Marine, Media Buying Services, Medical Products, Merchandising, Multimedia, New Product Development, Newspapers & Magazines, Out-of-Home Media, Outdoor, Over-50 Market, Pharmaceutical, Planning & Consultation, Point of Purchase, Point of Sale, Print, Production, Public Relations, Publicity/Promotions, Radio, Real Estate, Recruitment, Restaurant, Retail, Sales Promotion, Seniors' Market, Sports Market, Strategic Planning/Research, Sweepstakes, Syndication, T.V., Technical Advertising, Teen Market, Telemarketing, Trade & Consumer Magazines, Transportation, Travel & Tourism, Yellow Pages Advertising

Revenue: $2,000,000

Nick Giacomini *(Owner, CEO & Gen Mgr)*
Danielle Giacomini *(Co-Owner)*

Accounts:
Cracker Barrel
Travel Centers of America

WE ARE ALEXANDER
(Formerly GROUP360 Worldwide)
1227 Washington Ave, Saint Louis, MO 63103
Tel.: (314) 260-6360
Toll Free: (844) 922-0002
Web Site: https://www.wearealexander.com/

Employees: 300

Agency Specializes In: Advertising, Brand Development & Integration

Tim Rutter *(CEO-NYC & London)*
Brendan Woeppel *(Acct Exec)*
Jeff Rifkin *(Sr Creative Dir-North America)*
Roberto Saucedo *(Grp Creative Dir)*
Neal Weber *(Sr Creative Dir)*

Accounts:
Dr Pepper Snapple Group All Natural Snapple

WE ARE SOCIAL INC.
26 Mercer St, New York, NY 10013
Tel.: (646) 661-2128
Web Site: www.wearesocial.com

Employees: 50
Year Founded: 2008

Agency Specializes In: Advertising, Brand Development & Integration, Media Relations, Public Relations, Social Media, Sponsorship

Robin Grant *(Mng Dir)*
Benjamin Arnold *(Mng Dir-North America)*
Sasha Mariano *(Art Dir)*
Rebecca Finn *(Sr Analyst-Social Media)*

Accounts:
adidas North America
Alliance Boots
AMC Networks Inc.
Banana Republic Campaign: "#ShareHappy", Campaign: "#thenewBR", Community Management, Fall Collection, Social Media Strategy
Beats Electronics LLC
Boots Beauty
Ermenegildo Zegna Global Social Media
Giorgio Armani Corporation
Hotels.com, L.P.
The National Geographic Channel Creative, Social Media Marketing, Strategy
Netflix
The Outnet Global Social Media

Paramount Network
PVH Corp IZOD, Van Heusen
Reebok International Ltd.
STA Travel Ltd.

WE ARE UNLIMITED
225 N Michigan Ave Fl 21, Chicago, IL 60601-6515
Tel.: (312) 552-6400
Web Site: weareunlimited.com/

Employees: 100
Year Founded: 2016

Agency Specializes In: Content, Copywriting, Digital/Interactive, Electronic Media, Experiential Marketing, Out-of-Home Media, Outdoor, Production (Ad, Film, Broadcast), Production (Print), Social Media, Strategic Planning/Research, T.V., Web (Banner Ads, Pop-ups, etc.)

Diana Samper *(VP & Creative Dir)*
Melody Alexander *(Head-Production)*
A. Chris Moreira *(Exec Creative Dir)*
Lisa Burgess *(Acct Dir)*
Neal Erickson *(Acct Dir)*
Candice Schlax *(Art Dir)*
Georgia Taylor *(Art Dir)*
Kevin Brown *(Dir-Creative Resource)*
Ryan Hentsch *(Sr Mgr-Production Bus)*
Carly Richter *(Acct Supvr)*
Kerry Roach *(Acct Supvr)*
Brian Torbik *(Sr Acct Exec)*
Ellese Meyer *(Acct Exec-McDonalds USA)*
Sarah Dembkowski *(Copywriter)*
Kat Dudkiewicz *(Assoc Creative Dir)*
Jonathan Pliego *(Assoc Creative Dir)*
Cristina Sanchez *(Grp Creative Dir)*
Addhemar Sierralta *(Assoc Creative Dir)*
David Stevanov *(Assoc Creative Dir)*
Claudio Venturini *(Assoc Creative Dir)*

Accounts:
McDonald's Corporation (Lead US Creative Agency) Advertising

WE BELIEVERS
110 E 25th St, New York, NY 10010
Tel.: (646) 844-4949
E-Mail: welcome@webelievers.com
Web Site: www.webelievers.com

Agency Specializes In: Advertising, Content, Digital/Interactive, New Product Development, Public Relations, Social Media

Gustavo Lauria *(Co-Founder)*
Marco Vega *(Co-Founder)*
Jose Quijano *(Mng Partner & Head-Client Svcs)*
Patricio Elfi *(Exec Creative Dir & Art Dir)*
Leo Prat *(Exec Creative Dir)*
Santiago Luna Lupo *(Creative Dir)*
Juan D. Cano *(Brand Mgr)*
Juliana Patino *(Supvr-Brand)*
Lupita Alvarez *(Coord-Creative)*

Accounts:
Aaron's, Inc
Burger King
Charter Spectrum
Nestle
PepsiCo Pepsi
Saltwater Brewery
Vidax Center Ai Buddy
Volvo North Miami

WEB SOLUTIONS INC.
250 Pomeroy Ave Ste 201, Meriden, CT 06450
Tel.: (203) 235-7777
Fax: (203) 639-9327
Toll Free: (866) 415-7777

Web Site: https://www.websolutions.com/

Employees: 50
Year Founded: 1996

Agency Specializes In: Advertising, Digital/Interactive, Graphic Design, Integrated Marketing, Out-of-Home Media, Outdoor, Print, Public Relations, Strategic Planning/Research, T.V., Technical Advertising

Tom Barton *(Pres)*
Lori O'Brien *(VP-Accts)*
Jon Fenwick *(Creative Dir)*
Diane Lepkowski *(Art Dir)*
Bob Gilmour *(Dir-Online Mktg)*
Emily Walker *(Acct Mgr)*
Janaura Bishop *(Mgr-Digital Mktg)*
Michael Rakiec *(Mgr-Internet Mktg)*
Stephanie Courchesne *(Specialist-Bus Dev & Digital Mktg)*
Andrew Smith *(Acct Exec)*
Melissa Tangney *(Specialist-Acct)*
Brendan Wilhide *(Specialist-Digital Mktg)*
Zach Kohlmeier *(Designer-Web)*

WEB STRATEGY PLUS
201 E Fifth St Ste 1900-1008, Cincinnati, OH 45202
Tel.: (513) 399-6025
E-Mail: contactus@webstrategyplus.com
Web Site: www.webstrategyplus.com

Employees: 6

Agency Specializes In: Advertising, Graphic Design, Internet/Web Design, Logo & Package Design, Paid Searches, Print, Search Engine Optimization

Michelle Hummel *(Founder & CEO)*

Accounts:
Web Media University

WEBB STRATEGIC COMMUNICATIONS
616 East Speer Blvd, Denver, CO 80203
Tel.: (303) 796-8888
Web Site: webbstrategic.com

Employees: 10

Agency Specializes In: Brand Development & Integration, Communications, Crisis Communications, Government/Political, Logo & Package Design, Media Relations, Media Training, Sponsorship, Strategic Planning/Research

Peter Webb *(Partner & Principal)*
Ginny Williams *(Principal)*
Taunia Hottman *(Acct Mgr)*
Sheryl East *(Mgr-Admin)*
Andy Cohen *(Supvr-Accts)*

Accounts:
CACI Colorado Association
Colorado Department of Human Services
Colorado Municipal League
Denver Mayor's Office Communications, North Denver Cornerstone Collaborative, Social Media
East Cherry Creek Valley
Pinnacol Assurance
Regional Air Quality Council

WEBFEAT COMPLETE, INC.
4907 Eastern Ave, Cincinnati, OH 45208
Tel.: (513) 272-3432
Web Site: www.webfeatcomplete.com

Employees: 12
Year Founded: 1998

ADVERTISING AGENCIES — AGENCIES - JANUARY, 2019

Agency Specializes In: Digital/Interactive, Email, Local Marketing, Search Engine Optimization, Social Media, Web (Banner Ads, Pop-ups, etc.)

Revenue: $1,000,000

Michelle Selnick *(Pres)*
Jeremy Maurer *(COO & Sr Engr-Network)*
Marty Schario *(Project Mgr & Mgr-Customer Support)*
Ray Cheselka *(Mgr-SEO)*
Cory Selnick *(Specialist-Network & ECommerce)*
Hanna Roberts-Williams *(Designer-Digital Media)*
Justin Marshall *(Coord-Social Media)*

Accounts:
AK STEEL Website Management; 2012

WEBLIFT
18495 S Dixie Hwy Ste 365, Miami, FL 33157-6817
Tel.: (800) 605-4914
Fax: (305) 437-7618
Web Site: www.weblift.com

Employees: 7

Agency Specializes In: Advertising, Brand Development & Integration, Digital/Interactive, Internet/Web Design, Social Media

Pedro Sostre *(CEO)*

Accounts:
1450, Inc.
Blue Ridge Restaurant Group
Energy Upgrade California Windsor Efficiency Pays
Richard Robbins International, Inc.

WEBNBEYOND
2280 Grand Ave Ste 314, Baldwin, NY 11510
Tel.: (516) 377-7483
Fax: (516) 377-7999
Toll Free: (888) 880-4313
E-Mail: info@webnbeyond.com
Web Site: www.webnbeyond.com

Employees: 10
Year Founded: 1998

Agency Specializes In: Advertising, Brand Development & Integration, Business-To-Business, Collateral, Communications, Consumer Marketing, Corporate Communications, Corporate Identity, Digital/Interactive, Direct Response Marketing, E-Commerce, Entertainment, Event Planning & Marketing, Graphic Design, Internet/Web Design, LGBTQ Market, Local Marketing, Logo & Package Design, Medical Products, New Product Development, Planning & Consultation, Print, Public Relations, Radio, Restaurant, Sales Promotion, Sports Market, Strategic Planning/Research, Trade & Consumer Magazines

Jason Guida *(Pres)*

Accounts:
Ancona Law
Baldwin Chamber
CCTV Garage
DeMar House
Manhattan Beer Distributors
Red Storm Stable; Oceanside, NY Thoroughbred Horse Ownership; 2004
Sky Athletic

WEBSCOPE
99 W Hawthorne Ave Ste 420, Valley Stream, NY 11580
Tel.: (516) 561-3935
Fax: (516) 561-3935
E-Mail: info@webscope.com
Web Site: www.webscope.com

Employees: 6
Year Founded: 1992

Agency Specializes In: Consulting, Consumer Marketing, Electronic Media, Internet/Web Design, Publicity/Promotions

David Staschover *(Pres)*

Accounts:
Econolodge Hotel
FUBU Clothing; New York, NY Website; 1996
Fubu-The Collection
Norchem Concrete Products
Scientific Industries
Slant/Fin; Greenvale, NY Website; 1996

WEBTIVITY MARKETING & DESIGN
138 Pinellas Way N, St Petersburg, FL 33710
Tel.: (941) 753-7574
Web Site: www.webtivitydesigns.com

Employees: 6
Year Founded: 1999

Agency Specializes In: Advertising, Content, Digital/Interactive, Internet/Web Design, Logo & Package Design, Search Engine Optimization, Social Media

Terry Thompson *(Pres & CEO)*
Meredith Bardsley *(Sr Specialist-Mktg & Asst Designer)*

Accounts:
Lakewood Ranch Medical Center

WEBWORKS ALLIANCE
95 Caterson Ter, Hartsdale, NY 10530
Tel.: (914) 390-0060
Fax: (914) 390-0061
E-Mail: jonparets@webworksalliance.net
Web Site: www.webworksalliance.net

Employees: 5
Year Founded: 2003

Agency Specializes In: Corporate Identity, Digital/Interactive, Health Care Services, Medical Products, Recruitment

Jon Parets *(Co-Owner)*
Rob Resnik *(Co-Owner)*

Accounts:
Eastern Connecticut Health Network
Harris Interactive; Rochester, NY; 2004
Oce Document Printing Systems; 2004

WEDGIE CREATIVE
(See Under Wedgie Media)

WEDGIE MEDIA
(Formerly Wedgie Creative)
1166 E Warner Rd, Gilbert, AZ 85296
Tel.: (602) 456-2770
E-Mail: info@wedgiemedia.com
Web Site: www.wedgiemedia.com

Employees: 4

Agency Specializes In: Advertising, Brand Development & Integration, Internet/Web Design, Radio, Social Media

Ken Moskowitz *(CEO)*

Accounts:
Ryco Plumbing

WEDNESDAY
(Formerly Wednesday New York)
245 5th Ave 25th Fl, New York, NY 10016
Tel.: (646) 476-3053
E-Mail: newyork@wednesdayagency.com
Web Site: www.wednesdayagency.com

Employees: 101
Year Founded: 2003

Agency Specializes In: Advertising, Brand Development & Integration, Digital/Interactive, Internet/Web Design, Package Design, Social Media

Ian Schatzberg *(Pres)*
Mark Weinman *(CFO)*
Alex Schneider *(CEO-US)*
Jonathan Cohen *(Head-Strategy)*
Tanner Graham *(Grp Acct Dir)*
Fangchi Gato *(Art Dir)*
Jun Lu *(Art Dir)*
Semjon von Doenhoff *(Creative Dir)*
Catherine Wright *(Acct Dir)*
Patrik Nyman *(Assoc Creative Dir)*
Ken Tokunaga *(Assoc Creative Dir)*

Accounts:
Aldo
Armani Exchange
New-Louis Vuitton
Rent the Runway Creative

WEE BEASTIE
116 Chambers St 5th FL, New York, NY 10007
Tel.: (212) 349-0795
Fax: (866) 317-9430
Toll Free: (866) 317-9430
E-Mail: info@weebeastie.tv
Web Site: www.weebeastie.tv

Employees: 6

Agency Specializes In: Advertising, Brand Development & Integration, Broadcast, Graphic Design, Pets, Production

Chris McKenna *(Partner & Exec Creative Dir)*

Accounts:
Animal Planet
Geico
NatGeo

WEIDERT GROUP INC.
901 Lawe St, Appleton, WI 54915
Tel.: (920) 731-2771
Web Site: www.weidert.com

E-Mail for Key Personnel:
President: gregl@weidert.com
Creative Dir.: megh@weidert.com
Production Mgr.: katen@weidert.com
Public Relations: abbyg@weidert.com

Employees: 12
Year Founded: 1981

Agency Specializes In: Advertising, Automotive, Brand Development & Integration, Broadcast, Business Publications, Business-To-Business, Cable T.V., Catalogs, Collateral, Communications, Consulting, Consumer Goods, Consumer Marketing, Consumer Publications, Corporate Communications, Corporate Identity, Crisis Communications, Digital/Interactive, Direct Response Marketing, Direct-to-Consumer, Education, Electronic Media, Email, Engineering,

AGENCIES - JANUARY, 2019 — ADVERTISING AGENCIES

Event Planning & Marketing, Exhibit/Trade Shows, Financial, Food Service, Graphic Design, Health Care Services, Identity Marketing, Industrial, Integrated Marketing, Internet/Web Design, Legal Services, Local Marketing, Logo & Package Design, Magazines, Market Research, Media Buying Services, Media Planning, Media Relations, Media Training, Medical Products, Merchandising, Multimedia, Newspaper, Newspapers & Magazines, Out-of-Home Media, Outdoor, Package Design, Planning & Consultation, Point of Sale, Production (Print), Promotions, Public Relations, Publicity/Promotions, Radio, Regional, Sales Promotion, Search Engine Optimization, Social Marketing/Nonprofit, Strategic Planning/Research, T.V., Technical Advertising, Trade & Consumer Magazines, Viral/Buzz/Word of Mouth, Web (Banner Ads, Pop-ups, etc.), Yellow Pages Advertising

Breakdown of Gross Billings by Media: Brdcst.: 25%; Cable T.V.: 40%; Radio: 35%

Greg Linnemanstons *(Pres)*
Michelle Reindl *(VP-Admin)*
Meg Hoppe *(Dir-Content & Creative)*
Brent Senske *(Dir-Design & Tech)*

Accounts:
DfR Solutions
Gordon Flesch Company (Inbound Marketing Agency of Record) Social Media, Website
MBM; WI Office Equipment
Reflective Concepts, Inc. Marketing Strategy
Solvoyo Content, Marketing, Social Media, Strategy

THE WEINBACH GROUP, INC.
7301 SW 57th Ct Ste 550, South Miami, FL 33143-5334
Tel.: (305) 668-0070
Fax: (305) 668-3029
E-Mail: info@weinbachgroup.com
Web Site: www.weinbachgroup.com

E-Mail for Key Personnel:
President: pweinbach@weinbachgroup.com
Creative Dir.: dweinbach@weinbachgroup.com

Employees: 12
Year Founded: 1987

Agency Specializes In: Advertising, Brand Development & Integration, Broadcast, Business-To-Business, Collateral, Communications, Consulting, Consumer Marketing, Direct Response Marketing, Education, Electronic Media, Fashion/Apparel, Financial, Graphic Design, Health Care Services, Internet/Web Design, Investor Relations, Logo & Package Design, Media Buying Services, Medical Products, Newspapers & Magazines, Out-of-Home Media, Outdoor, Over-50 Market, Pharmaceutical, Planning & Consultation, Public Relations, Publicity/Promotions, Recruitment, Seniors' Market, Strategic Planning/Research, T.V., Trade & Consumer Magazines, Travel & Tourism

Approx. Annual Billings: $5,000,000

Breakdown of Gross Billings by Media: Cable T.V.: 10%; Collateral: 15%; Consulting: 20%; D.M.: 15%; Graphic Design: 5%; Logo & Package Design: 2%; Newsp. & Mags.: 25%; Outdoor: 3%; Radio: 5%

N. Phillip Weinbach *(Chm)*
Daniel Weinbach *(Pres & CEO)*
Elaine Weinbach *(Comptroller)*
Perla Terzian *(Client Svcs Dir)*
Meieli Sawyer *(Specialist-Comm)*

Accounts:
7-UP Company
Alvey, Inc
Be Strong International Branding, Marketing Communications
New-Cutanea Life Sciences, Inc. Creative, Digital Advertising, Media Placement, Strategic Planning, Xepi; 2018
New-HCA
HealthFusion Miami Children's Pediatric Electronic Data System
Jackson Health System
PET, Inc.
Phytrust
The Renfrew Center Eating Disorders, Women's Mental Health Facility; 1996
Ryder System, Inc.
Susan G. Komen Foundation
Tribeca Medaesthetics
University of Miami School of Medicine
University of Miami

WEINRICH ADVERTISING/COMMUNICATIONS, INC.
881 Allwood Rd Ste 2, Clifton, NJ 07012
Tel.: (973) 473-6643
Fax: (973) 473-0685
E-Mail: info@weinrichadv.com
Web Site: www.weinrichadv.com

Employees: 9
Year Founded: 1968

Agency Specializes In: Advertising, Advertising Specialties, Brand Development & Integration, Business Publications, Business-To-Business, Collateral, Communications, Corporate Communications, Corporate Identity, Digital/Interactive, Direct Response Marketing, E-Commerce, Electronic Media, Event Planning & Marketing, Exhibit/Trade Shows, High Technology, Information Technology, Internet/Web Design, Logo & Package Design, New Product Development, Newspapers & Magazines, Print, Production, Public Relations

Breakdown of Gross Billings by Media: Adv. Specialities: 5%; Collateral: 50%; Exhibits/Trade Shows: 15%; Mags.: 10%; Worldwide Web Sites: 20%

Lisa Lessner *(Creative Dir)*

Accounts:
Innovation Data Processing
Tea USA
UNICOR

THE WEINSTEIN ORGANIZATION, INC.
1 S Wacker Dr Ste 1670, Chicago, IL 60606-4670
Tel.: (312) 214-2900
Fax: (312) 214-1120
Web Site: www.twochicago.com

E-Mail for Key Personnel:
President: mweinstein@weinsteinorg.com
Creative Dir.: kherbes@weinsteinorg.com

Employees: 15
Year Founded: 1992

Agency Specializes In: Advertising, Automotive, Bilingual Market, Broadcast, Business Publications, Business-To-Business, Collateral, Consumer Marketing, Customer Relationship Management, Direct Response Marketing, Direct-to-Consumer, E-Commerce, Electronic Media, Email, Financial, Graphic Design, Health Care Services, Hispanic Market, Integrated Marketing, Internet/Web Design, Magazines, Market Research, Newspaper, Newspapers & Magazines, Out-of-Home Media, Package Design, Paid Searches, Print, Production, Production (Ad, Film, Broadcast), Production (Print), Promotions, Retail, Search Engine Optimization, Social Media, Strategic Planning/Research, Sweepstakes, T.V., Telemarketing, Trade & Consumer Magazines, Web (Banner Ads, Pop-ups, etc.)

Approx. Annual Billings: $16,900,000

Breakdown of Gross Billings by Media: D.M.: $9,660,000; E-Commerce: $3,500,000; Internet Adv.: $635,000; Newsp. & Mags.: $2,535,000; T.V.: $210,000; Worldwide Web Sites: $360,000

Tracy Weinstein *(Acct Dir)*
Bhavesh Patel *(Dir-IT)*
Stacy Dautel *(Acct Supvr)*
Julie Determann *(Acct Supvr)*

Accounts:
ABC Supply Co.; Beloit, WI Roofing & Building Supplies; 1999
Affinity Group Inc.; Ventura, CA The Good Sam Club; 2006
American Medical Association Insurance Agency; Chicago, IL Insurance; 1995
American Medical Association Publishing Div; Chicago, IL JAMA, Archives, AM News; 2010
Bank of America; Charlotte, NC; Phoenix, AZ Credit Cards; 2001
Credit First National Association; Brook Park OH Consumer Credit; 2011
Firestone Complete Autocare Center; Atlanta, GA; Exton, PA; Laguna Hills, CA; Roanoke, TX Tire & Automotive Services; 1996
Lean & Luscious Ltd.; Charleston, WV Lean & Luscious; 2011
Mercedes Benz Financial; Farmington Hills, MI Credit Products; 2008
Mule-Hide Products Co., Inc.; Beloit, WI Roofing Materials; 2002
RCN Telecom; Chicago, IL Cable TV, Internet & Phone Service; 2010
Weight Watchers Franchise Association; Nashville, TN Weight Loss Program; 2000

WEINTRAUB ADVERTISING
7745 Carondelet Ave Ste 308, Saint Louis, MO 63105-3315
Tel.: (314) 721-5050
Fax: (314) 721-4106
E-Mail: lweintraub@weintraubadv.com
Web Site: https://www.weintraubadv.com/

E-Mail for Key Personnel:
Chairman: lweintraub@weintraubadv.com

Employees: 40
Year Founded: 1953

Agency Specializes In: Advertising, Brand Development & Integration, Broadcast, Co-op Advertising, Collateral, Communications, Consumer Marketing, Corporate Identity, Electronic Media, Event Planning & Marketing, Fashion/Apparel, Financial, Media Buying Services, Newspaper, Newspapers & Magazines, Out-of-Home Media, Outdoor, Point of Purchase, Point of Sale, Print, Production, Public Relations, Radio, Real Estate, Retail, T.V.

Lawrence Weintraub *(Owner)*
Robert Weintraub *(Pres)*
Sherri Hensley *(Fin Dir)*
Danielle Weintraub Block *(Dir-Social & Digital Media)*

Accounts:
BOMA Saint Louis
Carol House Furniture
CCA Global Partners
The Cedars at the JCA
Floor Trader
Harry's Corner
Jaffe Lighting

ADVERTISING AGENCIES

Lenders One
Lighting One
Magnus Anderson
Memory Care Home Solutions
Rug Decor
Slumberland Quad Cities
Stone Mountain

WEITZMAN, INC.
3 Church Cir, Annapolis, MD 21401
Tel.: (410) 263-7771
Fax: (410) 263-7834
E-Mail: info@weitzmanagency.com
Web Site: www.weitzmanagency.com

Employees: 11
Year Founded: 1976

Agency Specializes In: Advertising

Approx. Annual Billings: $5,000,000

Breakdown of Gross Billings by Media: Bus. Publs.: $750,000; Collateral: $500,000; Mags.: $1,250,000; Newsp.: $1,250,000; T.V.: $1,250,000

Rich Reiter *(Pres & Exec Creative Dir)*
Elner Gant *(Exec VP-Weitzman Adv)*
Michele Gibson Reiter *(Sr VP & Dir-Accts & Bus Dev)*
Alan Weitzman *(Exec Creative Dir)*
Katie Wright *(Sr Acct Exec)*

Accounts:
Advent Funeral & Cremation Service (Agency of Record) Creative Messaging, Social Media Management, Website
Beacon Building Company
Chesapeake Bay Trust Brand Strategy, Creative Messaging, Media Planning & Buying, Social Media Marketing
The David Drew Clinic (Agency of Record) Creative Messaging, Media Planning & Buying, The Modern Physical, Website
FNB Bank (Agency of Record) Brand Strategy, Creative Messaging, Media Buying, Media Planning, SEO, Social Media, Website
George P. Kalas Funeral Home (Agency of Record) Brand Strategy, Creative Messaging, Media Planning & Buying, Social Media
Ginger Cove (Agency of Record) Brand Strategy, Creative Messaging, Media Planning, Media Planning & Buying, SEO, Social Media, Website
Severn Bancorp Advertising, Broadcast, Digital, Marketing, Print, Severn Bank (Agency of Record), Social Media, Transit

WELCOMM, INC.
7975 Raytheon Rd Ste 340, San Diego, CA 92111-1622
Tel.: (858) 279-2100
Fax: (858) 279-5400
Toll Free: (888) WELCOMM
E-Mail: greg@welcomm.com
Web Site: www.welcomm.com

Employees: 12
Year Founded: 1985

Agency Specializes In: High Technology

Gregory Evans *(CEO)*
Kathy Naraghi *(COO)*
Marsha Ryan *(Principal)*
Kevin Burk *(Designer-Multimedia)*
Randy Frank, Sr. *(Writer-Technical)*

Accounts:
Applied Power Electronic Conference
E. Mon L.L.C. Electric Metering; 2007
PowerCET Corporation
Premier Magnetics; Lake Forest CA Magnetic Components, Power Conversion Devices; 1999
ROHM

WELIKESMALL, INC
252 Edison St, Salt Lake City, UT 84111
Tel.: (801) 467-2207
Web Site: www.welikesmall.com

Employees: 1,000
Year Founded: 2008

Agency Specializes In: Advertising, Consulting, Digital/Interactive, Graphic Design

Michael Kern *(Pres & Exec Creative Dir)*
Paul Solomon *(Partner & Dir-Tech)*

Accounts:
American Express Campaign: "Course Curator"
Toyota Motor Corporation

THE WELL ADVERTISING
230 W Superior St Ste 300, Chicago, IL 60654
Tel.: (312) 595-0144
Fax: (312) 595-0258
E-Mail: info@thewellinc.com
Web Site: www.thewellinc.com

Employees: 16
Year Founded: 2003

Agency Specializes In: Advertising, Content, Digital/Interactive, Internet/Web Design

Revenue: $5,000,000

Staci Wood *(Mng Partner)*
Julie Petersen *(Media Dir)*

Accounts:
Camp Wapiyapi
Mitsubishi Electronic Automation
UOP

WELL DONE MARKETING
1043 Virginia Ave, Indianapolis, IN 46203
Tel.: (317) 624-1014
E-Mail: info@welldonemarketing.com
Web Site: www.welldonemarketing.com

Employees: 27

Agency Specializes In: Advertising, Brand Development & Integration, Event Planning & Marketing, Graphic Design, Internet/Web Design, Media Relations, Radio, Social Media, Strategic Planning/Research, T.V.

Ken Honeywell *(Partner & Creative Dir)*
Robin Beery *(Copywriter & Producer)*
Mindy Ford *(Dir-Ops)*
Abby Reckard *(Dir-Digital Strategy)*
Joe Judd *(Acct Svc Dir)*
Abbie Spahn *(Mgr-Traffic)*
Melissa Sunsdahl *(Acct Supvr)*
Tori Walker *(Acct Exec)*

Accounts:
Early Learning Indiana

WELLNESS COMMUNICATIONS
2857 Hannah Ct, Newburgh, IN 47630
Tel.: (812) 480-8170
Fax: (812) 858-6102
E-Mail: david@wellnesscminc.com
Web Site: wellnesscminc.com/

Employees: 5
Year Founded: 2007

Agency Specializes In: Advertising, Affiliate Marketing, Alternative Advertising, Bilingual Market, Brand Development & Integration, Branded Entertainment, Broadcast, Business Publications, Business-To-Business, Cable T.V., Co-op Advertising, Collateral, Commercial Photography, Communications, Consulting, Consumer Marketing, Consumer Publications, Content, Corporate Communications, Cosmetics, Crisis Communications, Custom Publishing, Direct Response Marketing, Direct-to-Consumer, E-Commerce, Education, Electronic Media, Email, Entertainment, Faith Based, Graphic Design, Guerilla Marketing, Health Care Services, In-Store Advertising, Infomercials, Information Technology, Integrated Marketing, Internet/Web Design, Local Marketing, Logo & Package Design, Magazines, Media Buying Services, Media Planning, Media Relations, Medical Products, Men's Market, Multimedia, New Product Development, Newspaper, Newspapers & Magazines, Out-of-Home Media, Outdoor, Over-50 Market, Paid Searches, Pharmaceutical, Planning & Consultation, Podcasting, Point of Purchase, Point of Sale, Print, Production, Production (Ad, Film, Broadcast), Production (Print), Promotions, Public Relations, Publicity/Promotions, Publishing, RSS (Really Simple Syndication), Radio, Sales Promotion, Search Engine Optimization, Seniors' Market, Social Media, Sponsorship, Strategic Planning/Research, Syndication, T.V., Trade & Consumer Magazines, Viral/Buzz/Word of Mouth, Web (Banner Ads, Pop-ups, etc.), Women's Market

Approx. Annual Billings: $2,000,000

Breakdown of Gross Billings by Media: Corp. Communications: 100%

David K. Wells *(Founder & Pres)*

WELLONS COMMUNICATIONS
195 Wekiva Springs Rd Ste214, Longwood, FL 32779
Tel.: (407) 339-0879
Fax: (407) 339-0879
E-Mail: info@wellonscommunications.com
Web Site: www.wellonscommunications.com

Employees: 5

Agency Specializes In: Communications, Crisis Communications, Media Relations, Newspaper, Public Relations, Strategic Planning/Research, T.V.

Will Wellons *(Owner)*

WELLS COMMUNICATIONS, INC.
3460 4th St, Boulder, CO 80304
Tel.: (303) 417-0696
Fax: (303) 440-3325
E-Mail: info@wellscommunications.net
Web Site: www.wellscommunications.net

Employees: 5

Agency Specializes In: Advertising, Brand Development & Integration, Business-To-Business, Internet/Web Design, Local Marketing, Media Relations, Media Training, Strategic Planning/Research

WELZ & WEISEL COMMUNICATIONS
8200 Greensboro Dr, McLean, VA 22102
Tel.: (703) 218-3555
E-Mail: info@w2comm.com
Web Site: www.w2comm.com/

Employees: 12

Evan W. Weisel *(Co-Founder & Principal)*

Tony Welz *(Principal)*
Joyson Cherian *(Sr VP)*
Thomas Resau *(Sr VP-Cybersecurity & Privacy Practice)*
Dennis McCafferty *(VP-Content)*
Christy Pittman *(Sr Acct Dir)*
Dex Polizzi *(Sr Acct Dir)*

Accounts:
Cyveillance
MegaPath Inc.
Sourcefire Inc.

THE WENDT AGENCY
105 Park Dr S, Great Falls, MT 59401
Tel.: (406) 454-8550
Fax: (406) 771-0603
Web Site: thewendtagency.com

E-Mail for Key Personnel:
Media Dir.: ckruger@iwendt.com
Production Mgr.: cmoore@iwendt.com
Public Relations: ckruger@iwendt.com

Employees: 17
Year Founded: 1929

Agency Specializes In: Advertising, Brand Development & Integration, Broadcast, Business Publications, Business-To-Business, Cable T.V., Co-op Advertising, Collateral, Communications, Consulting, Consumer Marketing, Consumer Publications, Corporate Identity, Direct Response Marketing, Direct-to-Consumer, E-Commerce, Education, Electronic Media, Entertainment, Event Planning & Marketing, Exhibit/Trade Shows, Financial, Government/Political, Health Care Services, High Technology, Identity Marketing, Internet/Web Design, Logo & Package Design, Magazines, Media Buying Services, Medical Products, Newspaper, Newspapers & Magazines, Out-of-Home Media, Outdoor, Point of Purchase, Point of Sale, Print, Production, Public Relations, Publicity/Promotions, Radio, Sales Promotion, Strategic Planning/Research, T.V., Trade & Consumer Magazines, Transportation, Travel & Tourism, Yellow Pages Advertising

Approx. Annual Billings: $10,000,000

Breakdown of Gross Billings by Media: Collateral: $1,100,000; D.M.: $200,000; Fees: $1,700,000; Internet Adv.: $500,000; Mags.: $1,300,000; Newsp.: $1,000,000; Outdoor: $100,000; Production: $1,800,000; Radio: $200,000; T.V.: $1,700,000; Worldwide Web Sites: $300,000; Yellow Page Adv.: $100,000

Brenda Peterson *(Pres & CEO)*
Lorie Hager *(CFO)*
Carol Kruger *(VP-PR & Media Svcs)*
Kara Smith *(Creative Dir)*
Carmen Moore *(Dir-Production)*
Jennifer Fritz *(Sr Acct Mgr)*
Sarah Yoder *(Acct Mgr & Specialist-Social Media)*
Johna Wilcox *(Acct Mgr)*
Merle McLeish *(Media Buyer)*
Pamela Bennett *(Sr Media Planner & Buyer)*

Accounts:
D.A. Davidson & Co.
Glacier County Tourism
Helena Convention & Visitors Bureau
Montana Department of Transportation
Montana State Parks
Pacific Steel & Recycling
Pizza Hut
Studio Montage

WEST ADVERTISING
1410 Park Ave, Alameda, CA 94501
Tel.: (510) 865-9378
Fax: (510) 865-9388
E-Mail: connect@westadvertising.com
Web Site: www.westadvertising.com

Employees: 12
Year Founded: 1988

Agency Specializes In: Advertising, Brand Development & Integration, Email, Internet/Web Design, Logo & Package Design, Print, Radio, Social Media, T.V.

Pete Halbertstadt *(Owner)*
Tracy Brotze *(Acct Dir)*
Louise Reed *(Acct Dir)*
Mei Han *(Coord-Media)*

Accounts:
Alameda County Industries
Alameda Power & Telecom; 2003
CCI Wireless
Cost Plus Nursery
Dublin Honda
Jaguar
King of the Hill
Land Rover
Navlet's Garden Center; Pleasant Hill, CA Home & Garden; 1992
Stead Dealership Group; Walnut Creek, CA Automobiles; 1990
Toyota Walnut Creek; Walnut Creek, CA Automobiles; 1998
The Transplant Pharmacy
Vascular Medical Group
Victory Toyota

WEST CARY GROUP
5 W Cary St, Richmond, VA 23220
Tel.: (804) 343-2029
Fax: (804) 343-2028
E-Mail: info@westcarygroup.com
Web Site: www.westcarygroup.com

Employees: 5

Agency Specializes In: Brand Development & Integration, Corporate Communications, Direct Response Marketing, Multimedia

Moses Foster *(Pres & CEO)*
Blair Keeley *(Chief Brand Officer & Exec VP)*
Camille Blanchard *(VP & Head-Innovation)*
Rachael Harris-Evans *(VP-Acct Svcs)*
Shelley Daughtrey *(Sr Acct Dir)*
Rachal Krance *(Sr Acct Dir)*
Alexis Gayle *(Creative Dir)*
Wendy Thacker *(Art Dir)*

Accounts:
Capital One
Cephas Industries (Agency of Record)
Ferguson
Henrico Economic Development Authority Henrico.com
Hilton Worldwide
ITAC
MWW
Richmond International Airport Compressed Natural Gas EasyPark Shuttle Fleet, Marketing, Web & Mobile Design, Website Redesign, flyrichmond.com
Suntrust
Union First Market Bank Brand, Broadcast Marketing, Communications, Digital
Virginia Bio-Technology Research Park
Virginia Eye Institute Marketing, Public Relations

WESTBOUND COMMUNICATIONS, INC.
625 The City Dr Ste 360, Orange, CA 92868
Tel.: (714) 663-8188
Fax: (714) 663-8181
E-Mail: staff@westboundcommunications.com
Web Site: www.westboundcommunications.com

Employees: 5

Agency Specializes In: Government/Political, Local Marketing, New Technologies, Public Relations, Strategic Planning/Research

Scott Smith *(Pres)*
Rick Miltenberger *(Partner)*
Carrie Gilbreth *(Sr VP & Gen Mgr)*
Daniel Rhodes *(Sr VP)*
Robert Chevez *(Acct Dir)*
Jessica Neuman *(Mgr-Media & Sr Acct Exec)*
Kelly Koehler *(Acct Supvr)*
Jessica Boyd *(Sr Acct Exec)*

Accounts:
Alaskan Brewing Company
Anaheim Angels
Caltrans
Confederation of Downtown Associations
Coors Brewing Company
Macy's
Meade Instruments
Pioneer
San Bernadino Associated Governments (SANBAG) (Agency of Record)

WESTON MASON MARKETING
3130 Wilshire Blvd 4th Fl, Santa Monica, CA 90403
Tel.: (310) 207-6507
Fax: (310) 826-8098
E-Mail: info@westonmason.com
Web Site: www.westonmason.com

Employees: 65
Year Founded: 1984

Agency Specializes In: Advertising, Advertising Specialties, Electronic Media, Entertainment, Financial, Real Estate, Travel & Tourism

Beverly Mason *(Pres)*
Thomas Weston *(CEO)*
Ian Simonian *(VP-Digital & Print Production)*
Julio Cano *(Art Dir & Mgr-Studio)*
Rebecca Wilson *(Creative Dir)*
Drusilla De Veer *(Dir-Print Production)*

Accounts:
20th Century Fox; Los Angeles, CA Home Entertainment Products; 1997
Beazer Homes Southern California
Pilates Plus
Universal Home Entertainment; Studio City, CA Home Entertainment Products; 1997

WESTWERK
1621 E Hennepin Ave Ste B26, Minneapolis, MN 55414
Tel.: (612) 353-5349
E-Mail: hello@westwerk.com
Web Site: www.westwerk.com

Employees: 20
Year Founded: 2005

Agency Specializes In: Advertising, Brand Development & Integration, Content, Digital/Interactive, Print

Dan West *(Principal & Exec Dir-Creative)*

Accounts:
Farm to Gold
GoGlow
Musical Instrument Museum
Sandow
Versique Search & Consulting
Wheel Fun Rentals

ADVERTISING AGENCIES — AGENCIES - JANUARY, 2019

WEUSTHEM INC.
5486 Spring Garden Road Ste 301, B3J1G4
 Halifax, NS Canada
Tel.: (902) 407-8150
E-Mail: hello@weusthem.com
Web Site: weusthem.com

Employees: 50

Agency Specializes In: Advertising, Brand Development & Integration, Communications, Internet/Web Design, Mobile Marketing, Public Relations, Strategic Planning/Research

Ashwin Kutty *(Pres & CEO)*
Faten Alshazly *(Principal & Chief Creative Officer)*

Accounts:
ESPN
Nestle
Sun Life Financial
Xerox

WH2P, INC.
PO Box 22, Yorklyn, DE 19736
Tel.: (302) 530-6555
E-Mail: info@wh2p.com
Web Site: www.wh2p.com

Employees: 4
Year Founded: 1991

Agency Specializes In: Advertising, Automotive, Brand Development & Integration, Business-To-Business, Catalogs, Collateral, College, Consulting, Consumer Marketing, Corporate Communications, Corporate Identity, Digital/Interactive, Email, Environmental, Exhibit/Trade Shows, Government/Political, Graphic Design, Health Care Services, Identity Marketing, In-Store Advertising, Industrial, Integrated Marketing, Internet/Web Design, Logo & Package Design, Medical Products, Newspaper, Out-of-Home Media, Outdoor, Package Design, Point of Purchase, Point of Sale, Sales Promotion, Search Engine Optimization, Social Marketing/Nonprofit, Social Media, Technical Advertising, Travel & Tourism, Web (Banner Ads, Pop-ups, etc.)

Brian Havertine *(Partner)*

Accounts:
Life Strategies, LLC
Micropore, Inc.
Microsoft Dynamics
SAP Retail
Siemens Medical Solutions Diagnostics
Silvon Software
Staging Dimensions
Talent Strategy Partners
Wilmington Trust Company

WHAT IF CREATIVE
4301 Regions Pk Dr Ste 12, Fort Smith, AR 72916
Tel.: (479) 434-2488
E-Mail: info@whatifcreative.com
Web Site: www.whatifcreative.com

Employees: 3

Agency Specializes In: Advertising, Brand Development & Integration, Event Planning & Marketing, Graphic Design, Internet/Web Design, Logo & Package Design, Print, Search Engine Optimization, Social Media

Lea Taylor *(Pres)*

Accounts:

SSi Incorporated

WHEELER ADVERTISING
624 Six Flags Dr, Arlington, TX 76011
Tel.: (817) 633-3183
Fax: (817) 633-3186
Toll Free: (800) 678-7822
E-Mail: information@wheeleradvertising.com
Web Site: wheeleradvertising.com/

Employees: 28
Year Founded: 1991

Agency Specializes In: Advertising, Automotive, Retail

Ron Wheeler *(Owner)*
Tana Burris *(Exec VP)*
Matt Powell *(VP & Gen Mgr)*
Claire Wheeler *(VP & Gen Mgr-SocialMotive)*
Kathi Greear *(Dir-Digital)*

Accounts:
Bill Plemmons
Burlington RV Superstore
Dub Richardson Toyota
Infiniti of Charlotte
Sansone Automall
Straight Talk
Toms Mechanical
Travel Country RV
Walker Acura

WHERE EAGLES DARE
200 1st Ave Ste 203, Pittsburgh, PA 15222
Tel.: (724) 816-8209
E-Mail: info@whereeaglesdare.co
Web Site: whereeaglesdare.agency

Employees: 10
Year Founded: 2015

Agency Specializes In: Advertising, Brand Development & Integration, Collateral, Commercial Photography, Communications, Content, Package Design, Social Media, Strategic Planning/Research

Brian Franks *(Founder & Exec Creative Dir)*
Zam Cadden *(Creative Dir)*
Sarah Karwoski *(Sr Designer)*
Melanie McCluskey *(Copywriter)*

Accounts:
New-The Gymboree Corporation

WHERE IT'S GREATER
2982 W Pico Blvd, Los Angeles, CA 90006
Tel.: (213) 232-0125
E-Mail: hello@whereitsgreater.com
Web Site: whereitsgreater.com

Employees: 10
Year Founded: 2013

Agency Specializes In: Advertising, Commercial Photography, Content, Production, Production (Ad, Film, Broadcast)

Daniel Hall *(Mng Dir)*
Eliza Wallace *(Mgr-Studio & Coord-Production)*

Accounts:
New-Beats Electronics LLC Red Collection
New-Converse Inc.
New-Gucci America Inc.
New-MeUndies
New-NIKE, Inc.
New-National Basketball Association

WHIRLED
2127 Linden Ave, Venice, CA 90291
Tel.: (213) 915-8889
E-Mail: info@getwhirled.com
Web Site: www.getwhirled.com

Employees: 10
Year Founded: 2009

Agency Specializes In: Advertising

Scott Chan *(Dir-Creative & Exec Producer)*
Bobbie Wang *(Mgr-Production & Producer)*
Chris Crutchfield *(Dir)*
Peter Ng *(Dir-Art)*

Accounts:
ASUS ASUS VivoBook
Facebook
Google Inc. G.Co/Mom, The Big Presentation

WHITE & PARTNERS
8603 Westwood Ctr Dr 4th Fl, Tysons Corner, VA 22182
Tel.: (703) 793-3000
Fax: (703) 793-1495
Toll Free: (800) 211-0874
E-Mail: info@white.com
Web Site: white64.com

E-Mail for Key Personnel:
President: mattw@whiteandpartners.com
Creative Dir.: donaldb@whiteandpartners.com
Media Dir.: missyl@whiteandpartners.com

Employees: 50
Year Founded: 1966

Agency Specializes In: Advertising, Advertising Specialties, Affluent Market, Brand Development & Integration, Broadcast, Business-To-Business, Co-op Advertising, Collateral, Communications, Consulting, Consumer Marketing, Corporate Communications, Corporate Identity, Direct Response Marketing, Event Planning & Marketing, Exhibit/Trade Shows, Food Service, Government/Political, High Technology, In-Store Advertising, Information Technology, Leisure, Local Marketing, Logo & Package Design, Media Buying Services, Multimedia, New Product Development, Out-of-Home Media, Outdoor, Planning & Consultation, Point of Purchase, Point of Sale, Print, Production, Public Relations, Publicity/Promotions, Radio, Restaurant, Retail, Sales Promotion, Search Engine Optimization, Sponsorship, Sports Market, Strategic Planning/Research, Sweepstakes, T.V., Technical Advertising, Trade & Consumer Magazines, Transportation, Travel & Tourism, Viral/Buzz/Word of Mouth

Approx. Annual Billings: $51,500,000

Breakdown of Gross Billings by Media: Bus. Publs.: 5%; Collateral: 5%; D.M.: 5%; Internet Adv.: 3%; Mags.: 13%; Newsp.: 18%; Other: 3%; Outdoor: 3%; Point of Purchase: 3%; Pub. Rels.: 3%; Radio: 8%; Sls. Promo.: 2%; Sports Mktg.: 2%; Strategic Planning/Research: 3%; T.V.: 24%

Matthew C. White *(Co-Chm & CEO)*
Carrie Edwards *(Co-Chm)*
Kerry Beutel *(Pres & COO)*
Kipp Monroe *(Partner & Chief Creative Officer)*
Matt Walker *(Partner & Creative Dir)*
Jose Banzon *(CMO)*
Kelly Weismiller *(VP & Acct Dir-White64)*

Accounts:
Acela Express
American Chemistry Council
The American Coalition of Clean Coal Electricity
American Service Center; Arlington, VA
Bio Industries

AGENCIES - JANUARY, 2019 — ADVERTISING AGENCIES

D.C. Metro
D.C. United Creative Development
Delaware North Companies, Inc.
Deutsche Bank Championship (Advertising Agency of Record) Digital, Media Buying
Families Against Mandatory Minimums
Hilton Worldwide, Inc.
Hughes Networks; Gaithersburg, MD
The Jack Welch Management Institute
Luray Caverns
MaggieMoos
MagicJack VocalTec Ltd (Agency of Record) Media Planning & Buying
Mandiant
Mercedes
National Fire Protection Association; Quincy, MA
Navy Mutual
Orchestro
Page County
PenFed Credit Union
Quicken Loans National (Advertising Agency of Record) Digital, Media Buying, Paid Media
Roy Rogers Restaurants
Strayer University
Touchstone Energy Corporation; Washington, DC
Tyson's Corner
Verizon Wireless
Visit Fairfax
The Washington Auto Show (Agency of Record)
The Washington Metropolitan Area Transit Authority (Agency of Record) Digital Media, Graphic Design, Media Buying
Washington Nationals, L.P.
The Washington Nationals
Washington Nationals
Waterways Council Inc
Wolf Trap National Park for the Performing Arts
Wolf Trap

WHITE GOOD & CO. ADVERTISING
226 N Arch St Ste 1, Lancaster, PA 17603
Tel.: (717) 396-0200
E-Mail: squalls@whitegood.com
Web Site: www.whitegood.com

Employees: 10
Year Founded: 1981

National Agency Associations: 4A's-AAF

Agency Specializes In: Advertising, Advertising Specialties, Brand Development & Integration, Broadcast, Collateral, Communications, Consumer Marketing, Consumer Publications, Corporate Identity, Direct Response Marketing, Electronic Media, Event Planning & Marketing, Exhibit/Trade Shows, Graphic Design, In-Store Advertising, Integrated Marketing, Internet/Web Design, Magazines, Market Research, Media Buying Services, Media Planning, Media Relations, Merchandising, Newspapers & Magazines, Out-of-Home Media, Point of Purchase, Point of Sale, Print, Product Placement, Production, Production (Print), Public Relations, Publicity/Promotions, Regional, Sales Promotion, Strategic Planning/Research, T.V., Trade & Consumer Magazines

Breakdown of Gross Billings by Media: Bus. Publs.: 1%; Exhibits/Trade Shows: 1%; Fees: 9%; Internet Adv.: 1%; Mags.: 10%; Newsp.: 2%; Other: 2%; Print: 10%; Production: 55%; Pub. Rels.: 7%; Trade & Consumer Mags.: 2%

Sherry H. Qualls *(Owner, Pres & CEO)*
Rose Lantz *(CFO & Dir-HR)*

Accounts:
GKD-USA
ICFF (Agency of Record) Public Relations, Social Media
KBIS
Miele, Inc.
National Kitchen & Bath Association (NKBA) Earned Media Relations, Event, Marketing, Public Relations, Strategic Marketing Communications, Trade Show
Perlick Corporation (North American Agency of Record)
Regupol America
ROHL; Irvine, CA Fixtures; 2005
Thompson Traders (Agency of Record) Brand Strategy, Communications, Media Relations, Public Relations, Social Media
Thos. Moser

WHITE HAT AGENCY
1021 E 7th St 103 Ste, Austin, TX 78702
Tel.: (512) 804-1455
E-Mail: generalinquiries@wearewhitehat.com
Web Site: www.wearewhitehat.com

Employees: 15
Year Founded: 2002

Agency Specializes In: Advertising, Brand Development & Integration, Digital/Interactive, Internet/Web Design, Luxury Products, Production, Public Relations, Publicity/Promotions, Social Media, Strategic Planning/Research

Pat Stark *(Co-Founder)*
Deborah Magnuson *(Principal)*
Kathryn Allaben *(Acct Exec)*

Accounts:
New-Palmilla Beach
The Silencer Shop OOH, Print

WHITE RHINO PRODUCTIONS, INC.
99 Hayden Ave, Lexington, MA 02421
Tel.: (781) 862-4900
Fax: (781) 270-5151
E-Mail: info@whiterhino.com
Web Site: www.whiterhino.com

Employees: 10

Agency Specializes In: Digital/Interactive, Direct-to-Consumer, Internet/Web Design, Print, Production (Print)

Dan Greenwald *(Founder & Chief Creative Officer)*
David Ayer *(CFO)*
Teri Sun *(VP-Mktg Transformation)*
Shawn Gross *(Head-Healthcare Practice & Sr Strategist-Digital)*

Accounts:
Gourmet Baking
Ness Technologies

WHITE RICE ADVERTISING & PR
W156N11355 Pilgrim Rd, Germantown, WI 53022
Tel.: (262) 474-0104
Web Site: www.whiterice advertising.com

Employees: 10
Year Founded: 2006

Agency Specializes In: Advertising, Digital/Interactive, Internet/Web Design, Logo & Package Design, Media Buying Services, Out-of-Home Media, Outdoor, Public Relations, Strategic Planning/Research, T.V.

Cori Rice *(Owner)*
Terri White *(Owner)*
Nick Berenz *(Sr Acct Exec)*

Accounts:
Wachtel Tree Science

WHITECOAT STRATEGIES, LLC
718 7th St NW, Washington, DC 20001
Tel.: (202) 422-6999
E-Mail: info@whitecoatstrategies.com
Web Site: www.whitecoatstrategies.com

Employees: 6

Agency Specializes In: Advertising, Brand Development & Integration, Communications, Graphic Design, Internet/Web Design, Investor Relations, Media Relations, Publicity/Promotions, Strategic Planning/Research

Accounts:
Biogas Researchers
Bionor Pharma
BroadAxe Care Coalition
HealthWell Foundation
Singularity University Labs

WHITEMYER ADVERTISING, INC.
254 E 4th St, Zoar, OH 44697
Tel.: (330) 874-2432
Fax: (330) 874-2715
Web Site: www.whitemyer.com

E-Mail for Key Personnel:
Media Dir.: lgeers@whitemyer.com

Employees: 14
Year Founded: 1971

Agency Specializes In: Business Publications, Business-To-Business, Collateral, Communications, Consulting, Corporate Identity, Direct Response Marketing, E-Commerce, Electronic Media, Engineering, Financial, Graphic Design, Industrial, Internet/Web Design, Medical Products, Newspaper, Out-of-Home Media, Outdoor, Planning & Consultation, Point of Purchase, Point of Sale, Print, Production, Public Relations, Radio, Retail, Strategic Planning/Research, Technical Advertising, Trade & Consumer Magazines

Breakdown of Gross Billings by Media: Bus. Publs.: 30%; Collateral: 20%; Fees: 20%; Worldwide Web Sites: 30%

Lisa Geers *(VP-Interactive Media)*
Dan Mehling *(VP-Creative Svcs)*
Ty J. Simmelink *(VP-Acct Svcs)*
Chris Baio *(Acct Exec & Strategist-Media)*

Accounts:
Allied Machine Tool; Dover, OH Drill Bits
Architectural Products; Chicago, IL Trade Publication
JLG Industries; Mcconnellsburg, PA Training Department
Kidron, Inc.; Kidron, OH Truck Bodies; 1990
Kimble Companies
Marsh Industries; New Philadelphia, OH Chalkboard Accessories
Penton Media, Inc.
Pro Fab; Canton, OH Fabricated Metal Products
Provon Medical Group
Southeastern Equipment; Cambridge, OH Equipment Distributor
Sure-Foot; Cleveland, OH Stair Treads
Union Hospital; Dover, OH
Vacall Industries
W.W. Cross; Canton, OH Staples

WHITESPACE CREATIVE
243 Furnace St, Akron, OH 44304
Tel.: (330) 762-9320
Fax: (330) 763-9323
E-Mail: info@whitespace-creative.com
Web Site: www.whitespace-creative.com

ADVERTISING AGENCIES

Employees: 30
Year Founded: 1994

Agency Specializes In: Advertising, Brand Development & Integration, Business Publications, Business-To-Business, Catalogs, Children's Market, Collateral, Communications, Consulting, Consumer Marketing, Consumer Publications, Corporate Communications, Corporate Identity, Crisis Communications, Custom Publishing, Digital/Interactive, Direct Response Marketing, Direct-to-Consumer, E-Commerce, Email, Environmental, Event Planning & Marketing, Exhibit/Trade Shows, Graphic Design, Guerilla Marketing, Health Care Services, Identity Marketing, In-Store Advertising, Integrated Marketing, Internet/Web Design, Investor Relations, Local Marketing, Logo & Package Design, Magazines, Market Research, Media Buying Services, Media Planning, Media Relations, Merchandising, Multimedia, Newspaper, Out-of-Home Media, Outdoor, Package Design, Planning & Consultation, Point of Purchase, Point of Sale, Print, Production, Production (Print), Promotions, Public Relations, Publicity/Promotions, Radio, Restaurant, Sales Promotion, Search Engine Optimization, Social Marketing/Nonprofit, Strategic Planning/Research, T.V., Trade & Consumer Magazines, Viral/Buzz/Word of Mouth

Approx. Annual Billings: $2,500,000

Breakdown of Gross Billings by Media: Bus. Publs.: 10%; Collateral: 15%; Corp. Communications: 15%; E-Commerce: 20%; Graphic Design: 10%; Logo & Package Design: 10%; Production: 20%

Keeven White *(Pres & CEO)*
Greg Kiskadden *(Exec VP)*
Robert Zajac *(Exec VP)*
Susan Breen *(Assoc Creative Dir)*

Accounts:
Akron-Canton Regional Foodbank; Akron, OH Fundraising; 2001
ALCOA; Cleveland, OH Internal Communications; 2006
FirstMerit Bank; Akron, OH Shareholder Relations, Websites; 2001
John Puglia If These Trees Could Talk Art Show Poster
Movember Imposter Series
Pacific Valley Dairy YoMazing Video
TRC Regional Transportation; Akron, OH Transportation Services; 2006

WHITNEY ADVERTISING & DESIGN, INC.
6410 N Business Park Loop Rd Ste H, Park City, UT 84098
Tel.: (435) 647-2918
Fax: (435) 647-3076
E-Mail: info@whitneyonline.com
Web Site: www.whitneyonline.com

E-Mail for Key Personnel:
Creative Dir.: jim@whitneyonline.com

Employees: 7
Year Founded: 1991

Agency Specializes In: Advertising, Advertising Specialties, Affluent Market, Alternative Advertising, Arts, Brand Development & Integration, Business-To-Business, Catalogs, Collateral, Consumer Goods, Consumer Marketing, Consumer Publications, Content, Copywriting, Corporate Identity, Cosmetics, Digital/Interactive, E-Commerce, Education, Electronic Media, Email, Experience Design, Financial, Food Service, Graphic Design, Health Care Services, Hospitality, Integrated Marketing, Internet/Web Design, Logo & Package Design, Luxury Products, Media Planning, Media Relations, Men's Market, New Product Development, Newspapers & Magazines, Package Design, Paid Searches, Planning & Consultation, Production (Print), Public Relations, Publicity/Promotions, Real Estate, Restaurant, Retail, Search Engine Optimization, Social Marketing/Nonprofit, Social Media, Strategic Planning/Research, Trade & Consumer Magazines, Travel & Tourism, Web (Banner Ads, Pop-ups, etc.), Women's Market

Robin Palazzo Whitney *(Partner)*
Pam Prevatt Woll *(Specialist-Promotional Products)*

Accounts:
Acme Ice House Restaurant
Artesano Hotels Hotel & Resort Development
Cult+King Haircare & Shave Products, Professional Salon Tools
Dalbello Ski Boots
Davidson Orthopedics
Gardner Group Luxury Creations Custom House-Building
Hugo Coffee Roasters
I Love Moo Restaurants
J. Haines Hospitality Training & Consulting
Joy & Sandwiches Restaurants
King Design Group Interior Design
Linda Galindo Keynote Speaker & Author
Marker USA Ski Bindings
Moab Brewery Package Design
Nationwide Drafting Office Furniture, Equipment & Supplies
Park City Culinary Institute
Park City Institute Entertainment
Raw Wild Dog Food
Utah Orthopedic Spine & Injury Center Medical
Volkl Skis

WHITTEN DESIGN
2894 NE Baroness Pl, Bend, OR 97701
Tel.: (541) 382-9079
Web Site: www.whittendesign.com

Employees: 1

Agency Specializes In: Advertising, Graphic Design, Identity Marketing, Internet/Web Design, Package Design, Print, Social Media

Darius Whitten *(Owner)*

Accounts:
Sunriver Resort Marina McKenzie River

WHM CREATIVE
1808 Telegraph Ave, Oakland, CA 94612
Tel.: (415) 420-3107
E-Mail: hello@whmcreative.com
Web Site: whmcreative.com

Employees: 50
Year Founded: 2009

Agency Specializes In: Advertising, Brand Development & Integration, Content, E-Commerce, Event Planning & Marketing, Internet/Web Design, Media Buying Services, Media Planning, Search Engine Optimization, Social Media

Thomas Whalen *(Co-Founder & Partner)*
Vasco Morelli *(Creative Dir)*
Elvie Stephanopoulos *(Dir-Program Ops)*
Kristin Codiga *(Dir-Client Svcs)*
Maury Boswell *(Dir-Delivery)*
Kristy Alexander *(Acct Mgr)*
Audrey Merritt *(Co-Founder & Partner)*
Nate Walsh *(Dir-Copy & Sr Copywriter)*
Audrey Mason *(Copywriter)*
Marcos Calamato *(Art Dir)*
Stephanie Donlin *(Art Dir)*
Jorie B. *(Sr Mgr-Project & Resource)*

Sarah Foxall *(Designer)*

Accounts:
New-Aptrinsic
New-Bay Area Ridge Trail Council
New-Cisco Systems Inc.
New-Orig3n
New-Origami Logic Inc

WHOISCARRUS
404 Cannonbury Dr, Saint Louis, MO 63119
Tel.: (407) 477-2528
Fax: (407) 477-2529
E-Mail: e-mail.us@whoiscarrus.com
Web Site: www.whoiscarrus.com

Employees: 3

Agency Specializes In: Advertising, Brand Development & Integration, Graphic Design, Internet/Web Design, Media Buying Services, Search Engine Optimization, Social Media

Accounts:
Mazor Robotics
Toptech Systems

WHOLE WHEAT CREATIVE
1006 W 9th St, Houston, TX 77007
Tel.: (713) 993-9339
Fax: (713) 993-9338
Web Site: wholewheatcreative.net

Employees: 12
Year Founded: 1996

Agency Specializes In: Advertising

Breakdown of Gross Billings by Media: Brdcst.: 30%; Print: 45%; Worldwide Web Sites: 25%

Lee Wheat *(Pres & Exec Creative Dir)*
Mike Montes *(Dir-Internet Mktg)*

Accounts:
Du Pont

WHOSAY
333 Park Ave S Ste 2B, New York, NY 10010
E-Mail: info@whosay.com
Web Site: www.whosay.com

Employees: 200
Year Founded: 2010

Agency Specializes In: Advertising, Advertising Specialties, Public Relations, Social Media

Steve Ellis *(Founder & CEO)*
Michael Holtzman *(Co-Founder & CTO)*
Harvey Schwartz *(Co-Founder & CTO)*
Rick Dunn *(CFO)*
Paul Kontonis *(CMO)*
Rob Gregory *(Pres-Sls & Mktg)*
Matt Krueger *(VP-Media & Data)*
Katherine Palakovich *(VP-Legal)*
Jenna Sereni *(VP-Mktg & Creative Svcs)*
Michael Swart *(Head-Shopper Mktg)*
Skylar Braun *(Asst Media Planner)*

Accounts:
AT&T
Aveeno
Bacardi
Bank of America
BMW
Chevrolet
Coca-Cola
Comcast
Crest
Diet Coke

AGENCIES - JANUARY, 2019 — ADVERTISING AGENCIES

Dodge
Dove
DreamWorks
Dunkin' Donuts
General Mills
GoldPeak Tea
Google
H&M
HomeGoods
HP
JCPenney
Kraft
Leap Frog
Lexus
LG
L'Oreal
Lowe's
Macy's
McDonald's
Minute Maid
Nutella
P&G
Pantene
Purina
SmartWater
SONY
Sprite
Starbucks
Thermador
Travel Channel
Visit California
Walgreens
Wells Fargo

WICK MARKETING
1524 S Interstate 35 Ste 224, Austin, TX 78704
Tel.: (512) 479-9834
Fax: (512) 479-0710
E-Mail: info@wickmarketing.com
Web Site: www.wickmarketing.com

Employees: 15

Agency Specializes In: Advertising, Brand Development & Integration, Promotions, Social Media

Amy Wick *(Principal)*
Joanne Trubitt *(Dir-Art)*
Barbara Wray *(Dir-Social Media)*
Wendy Hill *(Acct Mgr)*
Stephanie Bruno *(Mgr-Social Media)*
Diana Smith *(Acct Supvr & Sr Copywriter)*

Accounts:
Universal North America

WIDE AWAKE
50 Washington St Ste 200, Reno, NV 89503
Tel.: (775) 334-2700
E-Mail: info@wideawakenv.com
Web Site: www.wideawakenv.com

Employees: 20

Agency Specializes In: Advertising, Brand Development & Integration, Broadcast, Content, Direct Response Marketing, Experience Design, Internet/Web Design, Paid Searches, Public Relations, Social Media

Valerie Glenn *(CEO & Principal)*
Jennifer Evans *(Partner & Exec VP-Media Strategy)*
JP Glenn *(Exec VP)*
Michael Disbennett *(VP & Creative Dir)*
Brett Rhyne *(Creative Dir)*
William Crozer *(Dir-Content Mktg)*

Accounts:
New-Enchantment Group (Agency of Record)

WIDEGROUP INTERACTIVE
9701 Wilshire Blvd Ste 1000, Beverly Hills, CA 90212
Tel.: (818) 344-9703
E-Mail: info@widegroup.net
Web Site: www.widegroup.net

Employees: 6

Agency Specializes In: Communications, Digital/Interactive, Email, Graphic Design, Health Care Services, Internet/Web Design, Local Marketing, Media Relations, Mobile Marketing, Print, Web (Banner Ads, Pop-ups, etc.)

Alexis Posternak *(Pres, CEO & Producer)*

Accounts:
Bank of America
Dreamworks SKG
Eyeblaster
Greenfield Online
Lotus Cars
Titan Tunes
World Tree Technologies

WIEDEN + KENNEDY, INC.
224 NW 13th Ave, Portland, OR 97209
Tel.: (503) 937-7000
Fax: (503) 937-8000
Web Site: www.wk.com

E-Mail for Key Personnel:
President: Dan.Wieden@wk.com

Employees: 327
Year Founded: 1982

Agency Specializes In: Above-the-Line, Advertising, Advertising Specialties, Affiliate Marketing, Affluent Market, African-American Market, Agriculture, Alternative Advertising, Arts, Asian Market, Automotive, Aviation & Aerospace, Below-the-Line, Bilingual Market, Brand Development & Integration, Branded Entertainment, Broadcast, Business Publications, Business-To-Business, Cable T.V., Catalogs, Children's Market, Co-op Advertising, Collateral, College, Commercial Photography, Communications, Computers & Software, Consulting, Consumer Goods, Consumer Marketing, Consumer Publications, Content, Corporate Communications, Corporate Identity, Cosmetics, Crisis Communications, Custom Publishing, Customer Relationship Management, Digital/Interactive, Direct Response Marketing, Direct-to-Consumer, E-Commerce, Education, Electronic Media, Electronics, Email, Engineering, Entertainment, Environmental, Event Planning & Marketing, Exhibit/Trade Shows, Experience Design, Faith Based, Fashion/Apparel, Financial, Food Service, Game Integration, Government/Political, Graphic Design, Guerilla Marketing, Health Care Services, High Technology, Hispanic Market, Hospitality, Household Goods, Identity Marketing, In-Store Advertising, Industrial, Infomercials, Information Technology, Integrated Marketing, International, Internet/Web Design, Investor Relations, LGBTQ Market, Legal Services, Leisure, Local Marketing, Logo & Package Design, Luxury Products, Magazines, Marine, Market Research, Media Buying Services, Media Planning, Media Relations, Media Training, Medical Products, Men's Market, Merchandising, Mobile Marketing, Multicultural, Multimedia, New Product Development, New Technologies, Newspaper, Newspapers & Magazines, Out-of-Home Media, Outdoor, Over-50 Market, Package Design, Paid Searches, Pets , Pharmaceutical, Planning & Consultation, Podcasting, Point of Purchase, Point of Sale, Print, Product Placement, Production, Production (Ad, Film, Broadcast), Production (Print), Promotions, Public Relations, Publicity/Promotions, Publishing, RSS (Really Simple Syndication), Radio, Real Estate, Recruitment, Regional, Restaurant, Retail, Sales Promotion, Search Engine Optimization, Seniors' Market, Shopper Marketing, Social Marketing/Nonprofit, Social Media, South Asian Market, Sponsorship, Sports Market, Stakeholders, Strategic Planning/Research, Sweepstakes, Syndication, T.V., Technical Advertising, Teen Market, Telemarketing, Trade & Consumer Magazines, Transportation, Travel & Tourism, Tween Market, Urban Market, Viral/Buzz/Word of Mouth, Web (Banner Ads, Pop-ups, etc.), Women's Market, Yellow Pages Advertising

Tom Blessington *(Co-Pres & COO)*
Peter Wiedensmith *(Dir & Editor-Film)*
Nadia Ahmad *(Sr Dir-Creative & Art)*
Joe Albert *(Art Dir)*
Emma Barnett *(Art Dir)*
Paige Brown *(Brand Dir)*
Kimmy Cunningham *(Brand Dir)*
Danielle Delph *(Art Dir)*
Denise Hanggi *(Producer-Print)*
Lex Higlett *(Brand Dir)*
Kacey Klonsky *(Assoc Producer)*
Rodrigo Mendes *(Art Dir)*
Kate Rutkowski *(Brand Dir)*
Andre Gustavo Soares *(Brand Dir-Nike)*
Nick Stokes *(Art Dir)*
Azsa West *(Creative Dir)*
Katie Willis *(Art Dir)*
Laura Fallon Wood *(Art Dir)*
Beth Lussenhop *(Acct Mgr)*
Madeline Parker *(Brand Mgr)*
Brian Cook *(Mgr-Bus Affairs)*
Maureen Doyle *(Mgr-Bus Affairs)*
Stefanie Goodell *(Mgr-Talent Payment)*
Maria Hernandez *(Mgr-Integrated Traffic)*
Alicia Kuna *(Mgr-Studio)*
Vinu Lakkur *(Mgr-Ad Tech)*
Jane Monaghan *(Mgr-Creative Ops)*
Lindsey Reightley *(Mgr-Creative Ops)*
Dana Beaty *(Designer-Studio)*
Tara Dubbs *(Copywriter)*
Nathan Goldberg *(Copywriter)*
Shayne Kybartas *(Designer-Studio)*
Jamon Sin *(Designer-Studio)*
Ryan Snyder *(Copywriter)*
Kevin Steele *(Copywriter)*
Jason Turner *(Copywriter)*
Ansel Wallenfang *(Copywriter)*
Cole Davenport *(Coord-Production)*

Accounts:
Academy Museum of Motion Pictures Print
Airbnb, Inc. (Global Agency of Record) Global Creative; 2017
Amazon.com, Inc. Amazon Music
American Indian College Fund (Agency of Record); 1991
Anheuser-Busch InBev Bud Light US & UK, Budweiser India, Corona Global, Creative, Digital, Haywards 5000, Hoegaarden, Jupiler, Mixx Tails, Skol Beats, Skol Ultra, Social, Tomorrowland; 2015
New-Anki (Agency of Record) Creative, Digital, Media Planning & Buying, Social; 2016
New-The Atlantic Creative; 2016
New-BMW China (Digital & Social Agency of Record)
Chicago Bar Company LLC RXBar
New-Chiquita Bananas (Agency of Record) Creative, Digital, Media Buying, Media Planning, Social; 2016
The Coca-Cola Company Broadcast, Coca-Cola Classic, Creative, Diet Coke, Digital, Powerade, Social, Sprite, Super Bowl 2018 Campaign: "The Wonder of Us", TV, Teen-Focused Campaign; 1995
Converse Inc (Lead Creative Agency); 2018
Delta Air Lines (Creative Agency of Record) Campaign: "Go Fridays"; 2009

ADVERTISING AGENCIES

New-Disney ABC Television Group (Media Buying & Media Planning Agency of Record); 2006
Dodge Durango 2015 Dart, 2015 Dodge Charger Commercial, 2015 Dodge SRT Hellcats, 2015 Dodge SRT Viper, Broadcast, Campaign: "Ballroom - They Dreamed Big", Campaign: "Ballroom Dancers", Campaign: "Do-dge", Campaign: "Downhill Fast", Campaign: "Father", Campaign: "First Dodge", Campaign: "Get The Heck", Campaign: "Gumball Machine", Campaign: "It Comes Standard", Campaign: "It's Not Enough", Campaign: "Lie in Wait", Campaign: "Morse Code", Campaign: "Predators", Campaign: "Ride", Campaign: "Ron Burgundy", Campaign: "Staring Contest", Campaign: "The Spirit Lives On", Campaign: "Warning", Campaign: "Wolf Pack", Digital, Dodge Brothers, Dodge Challenger, DontTouchMyDart.com, Marketing, Online, Print, Social, TV
New-Duracell (Agency of Record) Creative, Digital, Social; 2016
New-Equinox (Agency of Record) Creative, Digital, Media Buying, Media Planning, Social; 2013
Facebook Germany "Airplane" (Facebook Home), Campaign: "Couch Skis", Campaign: "Say Love You Better", Campaign: "Tango", Campaign: "Things That Connect", Campaign: "Where will your friends take you?", Campaign: "Why Have One Photographer When You Can Have a Hundred?", TV; 2015
New-Fox Sports (Agency of Record) Creative, Digital, Social; 2016
New-Glenlivet Global (Creative Agency of Record); 2016
Honda (Agency of Record) Campaign: "Hands"; 2001
Impossible Foods
New-Impossible Foods (Agency of Record) Creative, Digital, Media Buying, Media Planning, Social; 2017
New-Indigo Air (Agency of Record) Creative, Digital, Social; 2007
New-Instagram Global (Agency of Record) Creative, Digital, Social; 2016
Intuit, Inc Creative, Media Planning, Super Bowl 2018, TurboTax (Agency of Record); 2013
KFC Corporation (Creative Agency of Record) Advertising, Analytics, Broadcast, Data, Digital, Online, Social Media, US Media Planning & Buying; 2014
New-Lyft (Agency of Record) Creative, Digital, Social; 2016
Mondelez International (Creative Agency of Record) Campaign: "Friends", Campaign: "Jay", Campaign: "Life Raft", Campaign: "Liquid Gold Diggers Love Liquid Gold", Campaign: "Liquid Gooooold", Campaign: "Sleepover", Oreo, Trident (Lead Creative), Velveeta Cheesy Skillets, Velveeta Shells & Cheese
National Multiple Sclerosis Society (Agency of Record) Campaign: "Exit Stage Never"
Niantic (Agency of Record) Global Media Planning & Buying; 2017
Nike, Inc (Agency of Record) Basketball, Brand Jordan, Broadcast, Campaign: "Better for It", Campaign: "Calvin & Johnson", Campaign: "Cat Flap", Campaign: "Chalkbot", Campaign: "Choose Your Winter", Campaign: "Deceptive by Nature", Campaign: "Fight Winter", Campaign: "Find Your Greatness", Campaign: "Fly Swatter", Campaign: "I Would Run To You", Campaign: "Inner Thoughts", Campaign: "Last", Campaign: "Leave A Message", Campaign: "Made by Kobe", Campaign: "Mirrors", Campaign: "Never Finished", Campaign: "No Cup Is Safe", Campaign: "Possibilities", Campaign: "Ripple", Campaign: "Risk Everything", Campaign: "Running Free/Fly Swatter", Campaign: "Speed Unleashed", Campaign: "Summer Is Serious", Campaign: "TakeonTJ", Campaign: "The Baddest", Campaign: "The Conductor", Campaign: "The Last Game", Campaign: "The Sport of Golf", Campaign: "Toy Claw", Campaign: "Training Day", Campaign: "Unlimited Future", Campaign: "Why Change?", Campaign: "Winner Stays", Campaign: "Winning in a Winter Wonderland", Campaign: "Write the Future", Digital, Golf, Hyperdunk Basketball Shoes, Hypervenom Phantom Boot, Hyperwarm, Interactive, Kobe System, Nike Brand, Nike Football, Nike Livestrong, Nike Men's Training, Nike Plus, Nike Running, Nike Running Shoes, Nike Sportswear, Nike Tennis, Nike Women's Training, Nike Zoom LeBron VI, Nike+, SPARQ Training, Short A Guy, Some Time Together, TV, The Black Mamba, The Summer Shift, Training Apparel, US & Latin America, Vapor Driver; 1982
Oregon Tourism Commission (Agency of Record) Campaign: "The 7 Wonders of Oregon", Campaign: "We Like It Here, You Might Too", Consumer Engagement Elements, Digital, Public Relations, Search, Social, Travel Oregon; 1987
Portugal The Man; 2016
The Procter & Gamble Company (Agency of Record) Creative, Old Spice, SECRET, TV; 2005
New-Royal Enfield (Agency of Record) Creative, Digital, Social; 2007
S7 Airlines
New-Sainsbury's (Agency of Record) Creative, Digital, Social; 2016
Samsung North America Galaxy S7; 2015
Secret Deodorant
New-Shiseido Creative, Digital, Social, Tsubaki, WASO
Soylent Creative, Digital, Media Buying, Media Planning, Social; 2016
Spotify (Agency of Record) Creative, Digital, North America & Japan, Social; 2015
New-Three (Agency of Record) Creative, Digital, Social; 2011
New-TKMaxx (Agency of Record) Creative, Digital, Social; 2015
Travel Portland (Agency of Record) Media; 2013
New-Wealthsmiple (Media Buying & Media Planning Agency of Record); 2015

Branches

Wieden + Kennedy Amsterdam
Herengracht 258-266, 1016 BV Amsterdam, Netherlands
Tel.: (31) 20 712 6500
Fax: (31) 20 712 6699
Web Site: www.wkams.com/

Employees: 150
Year Founded: 1992

Agency Specializes In: Advertising, Environmental

Clifford Hopkins *(CMO)*
Danielle Pak *(Head-Comm & Digital Strategy)*
Eric Quennoy *(Exec Creative Dir)*
Kathryn Addo *(Grp Acct Dir)*
Alyssa Ramsey *(Grp Acct Dir)*
Eleanor Thodey *(Grp Acct Dir)*
Anyaa Dev *(Creative Dir & Art Dir)*
Thomas Payne *(Art Dir & Designer)*
Riccardo Rachello *(Art Dir & Designer)*
Caleb Al-Jorani *(Creative Dir)*
Thierry Tudela Albert *(Creative Dir)*
Aimee Betancourt *(Acct Dir)*
Magda Czyz *(Producer-Brdcst)*
Henrik Edelbring *(Art Dir)*
Jorge Fesser *(Acct Dir-Global)*
Anita Fontaine *(Creative Dir)*
Cassandre Gouraud *(Art Dir)*
Aitziber Izurrategui *(Acct Dir)*
Jeffrey Lam *(Art Dir-Interactive)*
Jordi Luna *(Art Dir)*
Emma Mallinen *(Art Dir)*
Morgan Mendel *(Producer-Interactive)*
Teresa Montenegro *(Art Dir)*
Zeynep Orbay *(Art Dir)*
Sebastien Partika *(Creative Dir)*
Cecilia Pignocchi *(Art Dir)*
Evgeny Primachenko *(Creative Dir)*
Luke Purdy *(Acct Dir)*
Szymon Rose *(Creative Dir)*
Daniel Schaefer *(Creative Dir)*
Hannah Smit *(Creative Dir)*
Albert Thierry *(Creative Dir)*
Craig Williams *(Creative Dir)*
Claire Beesley *(Dir-PR)*
Ignasi Tudela Calafell *(Dir-Art & Creative)*
Lizzie Murray *(Dir-Studio)*
Ben Prout *(Dir-New Bus)*
Alexander Savin *(Dir-Technical)*
Quentin van den Bossche *(Dir-Film-Oregon)*
Erik-Jan Verheijen *(Dir-Brdcst Production)*
Freddie Young *(Dir-Digital Strategy)*
Cassandre Beck *(Acct Mgr)*
Kristina Jorgensen *(Acct Mgr)*
Marie Lee *(Acct Mgr-Global Team-Corona)*
Margot Paquien *(Acct Mgr)*
Molly Rugg *(Acct Mgr-Nike)*
Michael Graves *(Mgr-Bus Affairs)*
Jonathan Irizarry *(Sr Strategist-Social)*
Hugo Boccara *(Acct Exec)*
Wes Young *(Sr Planner-Comm)*
Rick Chant *(Copywriter)*
Christopher Cryer *(Copywriter)*
Mohamed Diaa *(Copywriter)*
Alexandre Janneau *(Planner)*
Elizaveta Pritychenko *(Designer-Digital)*
Scott Smith *(Copywriter)*
Macie Soler-Sala *(Copywriter)*
Annika Taneja *(Copywriter-Creative)*
Chris Taylor *(Copywriter)*
Ankita Tobit *(Copywriter)*
Vasco Vicente *(Sr Art Dir & Designer)*
Gustav Von Platen *(Designer)*
Emma Wiseman *(Planner)*
Soey Lim *(Asst Producer-AV)*
Will Oakes *(Acct Handler)*
Guney Soykan *(Sr Art Dir)*
Stijn Wikkerink *(Assoc Producer)*

Accounts:
Anheuser-Busch InBev Budweiser, Busch, Corona, Jupiler
Chivas Brothers Global, The Glenlivet
Facebook Instagram
The Glenlivet
International Film Festival Rotterdam
New-Medecins Sans Frontieres
Mondelez International Campaign: "Tenderness is inside", Digital, Milka (Global Advertising Lead Agency), Out-of-Home, Social Content
NIKE European Headquarters
Orsted
S7 Airlines (Agency of Record)
Sea Shepherd
Tomorrowland

W+K Sao Paulo
Rua Natingui 632, Vila Madalena, Sao Paulo, SP CEP 05443-000 Brazil
Tel.: (55) 11 3937 9400
Web Site: wksaopaulo.com.br

Fernanda Antonelli *(Mng Dir)*
Eduardo Lima *(Exec Creative Dir)*
Renato Simoes *(Exec Creative Dir)*
Jose Ferraz *(Art Dir)*
Pedro Savoi Gabbay *(Art Dir)*
Fernanda Moura *(Producer-Brdcst)*
Felipe Paiva *(Art Dir)*
Lucas Succi *(Art Dir)*
Rafael Melo *(Copywriter)*
Lucas Saicali *(Copywriter)*

Accounts:
Coca-Cola Campaign: "The World's Cup"
Comedy Central Latam Campaign: "Hawks"
Mondelez International Lacta 5Star
Nike Campaign: "Dare to be Brazilian", Campaign: "Destiny", Campaign: "No one plays like us",

AGENCIES - JANUARY, 2019 — ADVERTISING AGENCIES

Campaign: "Tomorrow Starts Now"
Procter & Gamble Old Spice

Wieden + Kennedy New York
150 Varick St, New York, NY 10013
Tel.: (917) 661-5200
Fax: (917) 661-5500
Web Site: www.wk.com

Employees: 105
Year Founded: 1996

Agency Specializes In: Advertising, Sponsorship

Davud Karbassioun *(COO & Exec Producer)*
Karl Lieberman *(Exec Creative Dir)*
Patrick Mauro *(Grp Dir & Dir-US Media Buying)*
Jacob Weinstein *(Art Dir & Copywriter)*
Matt Angrisani *(Acct Dir)*
Lena Barrows *(Art Dir)*
Hope Jordan *(Art Dir)*
Dan Koo *(Art Dir)*
Kate Placentra *(Art Dir)*
Robbie Rane *(Art Dir)*
Maryse Alberti *(Dir-Photography)*
Geoffrey McHenry *(Dir-Strategy)*
Tass Tsitsopoulous *(Dir-Strategy)*
Fon Chen Williams *(Mgr-Production)*
Justine Lowe *(Mgr-Bus Affairs)*
Tina Wyatt *(Mgr-Traffic)*
Marlee Caine *(Acct Supvr)*
Lauren Wilson *(Acct Supvr)*
Jonathan Irizarry *(Strategist-Social)*
Jaime Robinson *(Acct Exec)*
Matthew Simpson *(Strategist-Interactive)*
Rachel Yoes *(Strategist-Brand)*
Dustin Bailey *(Sr Designer-Motion)*
Katie Johnston *(Copywriter)*
Alex Ledford *(Copywriter)*
Matt Mulvey *(Copywriter)*
Brad Phifer *(Copywriter)*
Garrick Sheldon *(Copywriter)*
Matt Herman *(Sr Writer)*

Accounts:
AICF
Andy Awards
Anheuser-Busch Companies, LLC Bud Light
The Atlantic
BASF Corporation
Brown-Forman Campaign: "Beach", Campaign: "Shark", Campaign: "Whatever's Comfortable"
The Coca-Cola Company Coke, Diet Coke, Powerade, Sprite
Cooper Hewitt, Smithsonian Design Museum Digital, OOH
Delta Air Lines, Inc. "In-Flight Safety", Campaign: "Innovation Class", Campaign: "Keep Climbing", Campaign: "No Bag Left Behind", Campaign: "On the Road", Campaign: "Pay Attention", Campaign: "Reach", Campaign: "Take Off: Why We Go", Campaign: "Tell the World", Campaign: "Your Bag's Journey On Delta", Delta One, Photon Shower
Disney Pictures
Duracell (Agency of Record)
Electronic Arts Inc.
Equinox Fitness Clubs Campaign: "Equinox Made Me Do It", CommitToSomething, Creative, Digital, Out-of-Home, Print, Social
Ford Motor Company Innovation Partner; 2018
Fox Sports Net (Advertising Agency of Record)
The Gap Inc (Lead Global Agency) Creative
Gilt Groupe
Impossible Foods Creative, Impossible Burger
Intuit Media Buying, TurboTax
KFC Corporation
Lurpak Campaign: "'Weave Your Magic"
Lyft (Creative Agency of Record)
Match Group, Inc. Brand Campaign, Tinder
OkCupid OOH, Online, Print
Old Spice
Procter & Gamble Company; Cincinnati, OH

Graham Webb
Samsung
Spotify Campaign: "Never Ending", Creative
Squarespace Inc. Campaign: "om", Creative, Jeff Bridges Sleeping Tapes
Walt Disney Pictures/PIXAR
Warner Bros Entertainment Inc. Campaign: "The Dunk to End All Dunks.", Looney Tunes, Super.Fly 4

Wieden + Kennedy
16 Hanbury Street, London, E1 6QR United Kingdom
Tel.: (44) 207 194 7000
Fax: (44) 207 194 7100
E-Mail: Bella.laine@wk.com
Web Site: www.wklondon.com

Employees: 150
Year Founded: 1999

Agency Specializes In: Advertising

Neil Christie *(CEO)*
Ben Armistead *(Chief Strategy Officer)*
Michael Naman *(Head-Tech)*
Kim Papworth *(Exec Creative Dir)*
Iain Tait *(Exec Creative Dir)*
Richard Turley *(Exec Creative Dir)*
Laura King *(Grp Acct Dir)*
Matt Owen *(Grp Acct Dir)*
Caleb Al-Jorani *(Creative Dir-Netherlands)*
Carlos Alija *(Creative Dir)*
Ben Bailey *(Creative Dir)*
Sophie Bodoh *(Creative Dir)*
Kit Dayaram *(Creative Dir)*
Scott Dungate *(Creative Dir)*
Rose Fairley *(Producer-Creative)*
Hannah Gourevitch *(Acct Dir)*
Charlotte Gunn *(Acct Dir)*
Flo Heiss *(Creative Dir)*
Lex Higlett *(Acct Dir)*
Will Hunt *(Acct Dir)*
Lauren Ivory *(Acct Dir)*
Amy Kilty *(Acct Dir)*
Mathew Kramer *(Art Dir)*
Jon Matthews *(Creative Dir)*
Laura McGauran *(Acct Dir)*
James McHoull *(Acct Dir)*
Dan Norris *(Creative Dir)*
Joris Philippart *(Art Dir)*
Oliver Pym *(Acct Dir)*
Larry Seftel *(Creative Dir)*
Ray Shaughnessy *(Creative Dir)*
Matt Shaw *(Acct Dir)*
William Smith *(Acct Dir-Sainsbury's Bus)*
Katherine Thomson *(Acct Dir)*
Paddy Treacy *(Creative Dir)*
Franky Wardell *(Acct Dir)*
Will Wells *(Art Dir)*
Sophy Woltman *(Acct Dir-Nike)*
Neil Boorman *(Dir-Content)*
Georgia Challis *(Dir-Plng)*
Guy Featherstone *(Dir-Creative Design)*
Karen Jane *(Dir-Design)*
Alexandra Mosafi *(Dir-New Bus)*
Ryan Teixeira *(Dir-Design)*
Andrew Wright *(Dir-Plng & Strategy)*
Alex Coomer *(Sr Mgr-Bus Affairs)*
Holly Baker-Cliff *(Acct Mgr)*
Seb Cohen *(Acct Mgr)*
Ant Conlin *(Acct Mgr)*
Julia Fish *(Acct Mgr)*
Sam Hunton *(Acct Mgr)*
Preety Mudhar *(Acct Mgr)*
Patrick Nally *(Acct Mgr)*
Laura Simmons *(Acct Mgr)*
Lara Wahab *(Acct Mgr)*
Becky Day *(Mgr-Bus Affairs)*
JJ Bender *(Strategist)*
Rachel Hamburger *(Strategist)*
Max Batten *(Copywriter)*
Philippa Beaumont *(Copywriter)*

Ben Everitt *(Copywriter)*
Chris Gray *(Designer)*
Simon Lotze *(Copywriter)*
Adam Newby *(Copywriter)*
Lee Ramsay *(Planner-Comms)*
Juan Sevilla *(Copywriter)*
Alex Thursby-Pelham *(Sr Designer)*
Mico Toledo *(Copywriter)*
Xueling Wang *(Designer)*

Accounts:
Action for Children (Lead Creative Agency)
Amnesty International
Anheuser-Busch InBev N.V. Bud Light
Anki Cozmo
Arla Foods Limited Arla Best of Both, Arla Buko, Arla Harmonie, Arla Skyr, Arla Yoggi, Campaign: "A Kitchen Odyssey", Campaign: "Adventure Awaits", Campaign: "Cats with Thumbs", Campaign: "Let in the Goodness", Campaign: "Rainbow", Campaign: "The Messenger", Campaign: "Weave Your Magic", Campaign: "Welcome to Compromise", Cravendale PureFiltre Milk, Digital, Global Advertising, LactoFree, Lurpak Butter
Babbel
Brown-Forman Corporation Finlandia, Global, Maximus, Social Media, TV
Chiquita Brands International
D&AD Campaign: "I Wish I'd Done That"
Dodge
ESPN Campaign: "This Is SportsCenter"
Fizzy Blood
The Football Association Brand Messaging, Creative; 2017
Formula 1 Global Marketing; 2018
The Guardian/The Observer; London, UK
Heineken Campaign: "Crack the Case", Finish
Honda UK Campaign: "Cog", Campaign: "Decision, Decisions", Campaign: "Feeling", Campaign: "Hands", Campaign: "Ignition", Campaign: "Inner Beauty", Campaign: "Keep Up (Even Faster)", Campaign: "Keep Up (Faster)", Campaign: "Keep Up", Campaign: "Reliability in the Extreme", Campaign: "Spark", Campaign: "Sweetcorn", Campaign: "The Experiment Game", Campaign: "The Other Side", Campaign: "The Power of Dreams", Civic Tourer, Diesel, Honda Civic, Jazz, Print, TV
Hutchinson 3G
J. Sainsbury plc (Agency of Record) Advertising
The Kaiser Chiefs Campaign: "The Kaiser Chiefs Bespoke Album Creation Experience"
Lactofree Campaign: "Say Yes to Breakfast", OOH
LG LG G4
Lurpak Campaign: "Adventure Awaits", Campaign: "Christmas Makers", Campaign: "Cooking Up a Rainbow", Campaign: "Freestyle", Campaign: "Good Proper Food", Campaign: "Kitchen Odyssey", Campaign: "Lurpak Slow Churned", Creative, Digital, Experiential, In-Store, Lurpak Mighty Meal Timer, Marketing, OOH, Press, Print
Mondelez International Bassett's (Lead Creative Agency), Campaign: "A Tasty Intermission", Campaign: "Biker", Campaign: "Chewing Hands", Campaign: "Choose Your Trebor", Creative, Digital Media, Maynards (Lead Creative Agency), Stride Gum, TV, Trident
Nestea
Niantic Advertising, Billboards, Creative, Pokemon Go
Nike, Inc Digital, Nike Football, Social, Video-on-Demand
The Observer
Richard Hall
Rovio Entertainment Angry Birds, Angry Birds 2, Campaign: "Bigger. Badder. Birdier."
Samsung
New-Shopageddon.biz Online
Smarty Radio, TV
Three Mobile "#SingItKitty", Campaign: "#HolidaySpam", Campaign: "0800 Fun Numbers", Campaign: "CalendarMe", Campaign:

ADVERTISING AGENCIES

"Dance Pony Dance", Campaign: "Pay As You Go - Still Seriously Serious", Campaign: "Prepare Yourself", Campaign: "Silly Stuff. It Matters", Campaign: "pay-as-you go just got serious", Campaign: "we're sorry", Digital, Mobile Phone, OOH, Out-of-Home, Outdoor, Press, Print, Radio, Social, TV, The Pony, Video-on-Demand, Wuntu
T.K. Maxx Group Limited Creative, Strategic
Tyrrells Global Creative, Potato Crisps
Vagenda
Visit Wales Creative
WWF

Wieden + Kennedy Japan
7-5-6 Roppongi, Minato-ku, Tokyo, 106-0032 Japan
Tel.: (81) 3 5459 2800
Fax: (81) 3 5459 2801
Web Site: www.wk.com
E-Mail for Key Personnel:
Creative Dir.: johnj@wk.com

Employees: 35
Year Founded: 1998

Ryan Fisher *(Mng Dir)*
Mike Farr *(Exec Creative Dir)*
Tota Hasegawa *(Exec Creative Dir)*
Daisuke Asada *(Art Dir & Designer)*
David Diez *(Art Dir)*
Charlie Gschwend *(Creative Dir)*
Keisuke Koumae *(Art Dir)*
Daisuke Maki *(Art Dir)*
Shingo Ohno *(Art Dir)*
Sara Phillips *(Art Dir)*
Kenichiro Shigetomi *(Art Dir)*
Azsa West *(Creative Dir)*
Casey Yoneyama *(Acct Dir)*
Kazuhi Yoshikawa *(Art Dir)*
Marni Beardsley *(Dir-Art Production)*
Mattijs Devroedt *(Dir-Strategic Plng)*
Justin Lam *(Assoc Dir-Comms Plng)*
Yoko Onodera *(Production Mgr)*
Kiki Bowman *(Mgr-Studio)*
Kohei Adachi *(Acct Supvr)*
Takeshi Amata *(Copywriter)*
Hiroki Ishiyama *(Copywriter)*
Andrew Miller *(Copywriter)*
Jason Scott *(Copywriter)*
Ayano Takase *(Designer)*
Victoria Trow *(Copywriter)*
Eriko Wakabayashi *(Designer)*
Asami Yamashita *(Copywriter)*
Yohey Adachi *(Assoc Creative Dir)*

Accounts:
Booking.Com Campaign: "Here's to Explorers"
Citizen Watch Co. Campaign: "Better Starts Now", Eco-Drive Satellite Wave F100, Identity, Movie, Website
Facebook Campaign: "You Are Someone's Friend"
Laforet Grand Bazar TV
New York City Department of Transportation
Nike Inc Campaign: "Just do it", Digital, Nike Korea, Nike.com, Social, Social Media, Sportswear
Oh My Glasses Inc.
Shiseido Company, Limited Tsubaki, WASO
Spotify
Travel Portland
Volkswagen AG Audi A7 Sportback

Wieden + Kennedy
Floor 5th No1035 ChangLe Road, Shanghai, 200031 China
Tel.: (86) 21 51696680
Fax: (86) 21 5158 3988
Web Site: www.wk.com

Year Founded: 2004

Agency Specializes In: Digital/Interactive, Social Media

Bryan Tilson *(Mng Dir)*
Ian Toombs *(Exec Creative Dir)*
Vivian Yong *(Exec Creative Dir)*
Michelle Gao *(Sr Acct Dir)*
Josh King *(Art Dir & Copywriter)*
Raul Arantes *(Art Dir)*
Cee Chen *(Art Dir)*
Dong Hao *(Creative Dir)*
Zhong How *(Art Dir)*
Kim Liu *(Art Dir)*
Hesky Lu *(Creative Dir)*
Minhao Lu *(Creative Dir)*
Iinlin shan *(Acct Dir)*
Matt Skibiak *(Creative Dir)*
Okan Usta *(Creative Dir)*
Jason Wang *(Acct Dir)*
Dino Xu *(Bus Dir)*
Jessica Sinn *(Dir-New Bus)*
Andrea Yang *(Sr Acct Mgr)*
Qinna Ye *(Sr Acct Mgr)*
Mandy Lin *(Acct Mgr)*
Rena Zhao *(Acct Mgr)*
Vic Zhang *(Mgr-Print Production)*
Xueer Ren *(Sr Acct Exec)*
Ruokai Tang *(Strategist-Digital & Planner-Comm)*
Max MaA *(Acct Exec)*
Yijia Yu *(Acct Exec-Digital-BMW)*
Deer CL *(Designer)*
He Fan *(Designer)*
Elaine Huang *(Planner)*
Chris Kirkup *(Planner)*
Lance Liang *(Copywriter-Chinese)*
Arlene Lu *(Copywriter)*
Matteo Marchionni *(Jr Copywriter-English)*
Matt Meszaros *(Copywriter)*
Nicholas Nie *(Planner-Digital)*
Moon Qi *(Designer)*
Peter Yifei Shao *(Planner)*
Deer Sheng *(Designer)*
Liu Wei *(Copywriter-Chinese)*
Aier Xu *(Jr Copywriter)*
John Yao *(Designer)*
Alex Zhang *(Copywriter-Chinese)*
RunQ Zhang *(Copywriter)*
Carina Huang *(Jr Planner)*
Justin Phang *(Sr Art Dir)*
Chuck Xu *(Assoc Acct Dir)*

Accounts:
BMW China Digital Content Creation
Chrysler Group Campaign: "Built Free", Jeep Cherokee
Converse China
Corona China
IKEA China (Lead Creative Agency) Digital, National Integrated & Store Opening Campaigns, Retail Communications, Social; 2018
KFC Corporation
Kraft Heinz Company Maxwell House
Levi Strauss "Revel", Campaign: " Let Your Body Do The Talking"
Nike China Air Jordan, Campaign: "Don't love me hate me", Campaign: "Free Flyknit", Campaign: "Let the Run Tell You Why", Campaign: "Summer Movement", Campaign: "Use Sport", Campaign: "We Are Jordan", Events, Golf, OOH, Online, Print, Public Relations, Retail, TV, Your Game Is Your Voice
Save The Children
Tiffany & Co

Wieden + Kennedy India
314 DLF South Court, Saket, New Delhi, 110017 India
Tel.: (91) 11 4200 9595
Fax: (91) 11 4200 9500
E-Mail: mohit.jayal@wk.com
Web Site: www.wk.com

Employees: 60

Gautham Narayanan *(Mng Dir)*
Kim Papworth *(Exec Creative Dir)*
Shuchi Thakur *(Exec Creative Dir)*
Molona Wati Longchar *(Exec Creative Dir)*
Aparna Battoo *(Acct Dir)*
Abhinav Deodhar *(Acct Dir)*
Jonathan George *(Creative Dir)*
Nidhin Kundathil *(Art Dir)*
Mohamed Rizwan *(Creative Dir)*
Arshdeep Singh *(Acct Dir)*
Dhruv Nigam *(Acct Mgr)*
Jayaram Shankar *(Acct Mgr)*
Divyanshu Bhadoria *(Planner)*
Aarohi Dhir *(Planner-Strategic Acct)*

Accounts:
Anheuser-Busch InBev N.V./S.A. Budweiser, Haywards 5000, Strategy & Integrated Creative, TVC
Chevrolet
Clear Trip
Dalmia Cement Creative; 2017
Fabindia Brand Strategy, Digital Media Executions, Home & Lifestyle (Agency of Record), Integrated Creative Communications; 2018
Forest Essentials Campaign: "Warrior Princess"
General Motors India Captiva, Chevrolet Cruze
HCL Campaign: "The Employees First Effect"
IndiGo Airlines Campaign: "Indigo Food Packaging", Campaign: "Ontime Performance", Campaign: "We're Going International"
Invista Coolmax, Creative, Lycra
Nike India
Oberoi
P&G Campaign: "Mantastic", Campaign: "Milind Soman, Mantastic Man", Old Spice
The Park Hotels
Royal Enfield Motorcycles Campaign: "Ace Cafe to Madras Cafe", Campaign: "Continental GT", Campaign: "Handmade in Chennai", Thunderbird
Trident
Xylys Creative

WIGWAM CREATIVE
3461 Ringsby Ct Ste 310, Denver, CO 80216
Tel.: (303) 321-5599
E-Mail: info@wigwamcreative.com
Web Site: www.wigwamcreative.com

Employees: 7
Year Founded: 2011

Agency Specializes In: Advertising, Brand Development & Integration, Internet/Web Design

Charles Carpenter *(Creative Dir)*
Pete Larson *(Dir-Interactive)*
Hollie Schmiedeskamp *(Acct Mgr)*

Accounts:
Denver Pavilions, L P
McGuckin Hardware
National Sport Center for the Disabled
The Navy Reservist
Rogue Performance
TraX N Trails

WIKREATE
145 Vallejo St Ste 6, San Francisco, CA 94111
Tel.: (415) 362-0440
Fax: (415) 362-0430
E-Mail: info@wikreate.com
Web Site: www.wikreate.com

Employees: 8
Year Founded: 2008

National Agency Associations: AHAA-DMA

Agency Specializes In: Advertising, Alternative Advertising, Below-the-Line, Bilingual Market, Business-To-Business, Computers & Software, Customer Relationship Management, Digital/Interactive, Direct Response Marketing, E-Commerce, Environmental, Experience Design, Experiential Marketing, Graphic Design, Guerilla Marketing, Hispanic Market, Information Technology, Integrated Marketing, Internet/Web Design, Multicultural, New Technologies, Planning & Consultation, Social Marketing/Nonprofit, Viral/Buzz/Word of Mouth, Web (Banner Ads, Pop-ups, etc.)

Breakdown of Gross Billings by Media: D.M.: 60%; E-Commerce: 40%

Elena Castanon *(Founder & COO)*

Accounts:
Anthem Blue Cross Blue Shield/Anthem National Accounts; New York, NY Employee Benefits; 2008
Autodesk; San Francisco, CA; 2008

WILD CONSORT, INC.
34557 Hawk Ave, Edgewood, IA 52042
Tel.: (563) 880-4438
E-Mail: info@wildconsort.com
Web Site: www.wildconsort.com

Employees: 1
Year Founded: 2003

Agency Specializes In: Advertising, Collateral, Graphic Design, Internet/Web Design, Logo & Package Design, Print

Blanca Robledo-Atwood *(Dir-Bilingual Creative)*

Accounts:
Amnesty Youth

WILDBIT LLC
20 N 3rd St 2nd Fl, Philadelphia, PA 19106
Tel.: (267) 200-0835
E-Mail: info@wildbit.com
Web Site: www.wildbit.com

Employees: 50

Agency Specializes In: Email, Internet/Web Design

Chris Nagele *(Founder)*
Ilya Sabanin *(Mgr-Dev)*
Derek Rushforth *(Designer-Product)*
Igor Balos *(Sr Engr-QA-Serbia)*

Accounts:
The Beanstalk Global Brand License Providers
Newsberry Email Campaigns Providers

WILDERNESS AGENCY
2555 University Blvd, Fairborn, OH 45324
Tel.: (937) 931-3011
E-Mail: info@wildernessagency.co
Web Site: www.wildernessagency.com

Employees: 50

Agency Specializes In: Advertising, Brand Development & Integration, Communications, Content, Digital/Interactive, E-Commerce, Internet/Web Design, Public Relations, Search Engine Optimization, Social Media

Richard Kaiser *(Founder)*
Roger Edwards *(VP)*
Chris Beach *(Creative Dir)*
Josh Moody *(Art Dir)*
Tom Biedenharn *(Specialist-PR)*

Alex Culpepper *(Copywriter)*
Alex Goubeaux *(Coord-Event)*

Accounts:
New-Boys & Girls Club of Dayton
New-The Chef Case
New-Kids Read Now
New-Tangible Solutions Inc

WILDFIRE LLC
709 N Main St, Winston Salem, NC 27101
Tel.: (336) 777-3473
Fax: (336) 354-0047
E-Mail: bbennett@wildfireideas.com
Web Site: www.wildfireideas.com

Employees: 35
Year Founded: 2004

National Agency Associations: 4A's

Agency Specializes In: Advertising, Advertising Specialties, Affiliate Marketing, Brand Development & Integration, Branded Entertainment, Broadcast, Business Publications, Business-To-Business, Cable T.V., Catalogs, Collateral, Communications, Consulting, Consumer Goods, Consumer Marketing, Content, Corporate Communications, Custom Publishing, Customer Relationship Management, Digital/Interactive, Direct Response Marketing, Direct-to-Consumer, E-Commerce, Electronic Media, Email, Entertainment, Event Planning & Marketing, Exhibit/Trade Shows, Experiential Marketing, Fashion/Apparel, Graphic Design, Guerilla Marketing, In-Store Advertising, Integrated Marketing, Internet/Web Design, Local Marketing, Logo & Package Design, Magazines, Market Research, Media Buying Services, Media Planning, Media Relations, Merchandising, Multimedia, New Product Development, Newspaper, Newspapers & Magazines, Out-of-Home Media, Outdoor, Package Design, Planning & Consultation, Point of Purchase, Point of Sale, Print, Production (Ad, Film, Broadcast), Production (Print), Promotions, Publicity/Promotions, Radio, Retail, Search Engine Optimization, Sponsorship, Sports Market, Strategic Planning/Research, Sweepstakes, Trade & Consumer Magazines, Travel & Tourism, Web (Banner Ads, Pop-ups, etc.)

Approx. Annual Billings: $30,000,000

Mike Grice *(Founder & Chief Creative Officer)*
Brad Bennett *(Owner)*
Katie Kenney *(Grp Acct Dir)*
Katherine White *(Grp Acct Dir)*
Traci Naff *(Creative Dir)*
Jeff Martin *(Dir-IT)*
Crystal Nelson *(Acct Mgr)*
Anneli Grove *(Mgr-HR)*
Buddy Parker *(Mgr-Production)*
Nick Karner *(Acct Coord)*
Jonathan Reed *(Assoc Creative Dir)*

Accounts:
The Coca-Cola Company
Dewey's Bakery; 2008
Hanes Brands Inc.
Hershey's
Lowes Home Improvement
Mondelez International, Inc.
Nobles Grille
Rubbermaid
Wake Forest Athletics
Wonderbra

WILEN GROUP
45 Melville Park Rd, Melville, NY 11747
Tel.: (631) 439-5000
Fax: (631) 439-4536
Toll Free: (800) 809-4536

E-Mail: info@wilengroup.com
Web Site: www.wilennewyork.com
E-Mail for Key Personnel:
President: dwilen@wilengroup.com

Employees: 135
Year Founded: 1973

National Agency Associations: DMA

Agency Specializes In: Cable T.V., Direct Response Marketing, Media Buying Services, Print, Sponsorship

Richard Wilen *(Owner)*
Darrin Wilen *(Pres)*
Paul Caravello *(Exec VP)*
Corey Wilen *(Exec VP)*
Allison Rekus *(VP & Dir-Client Experience)*
Peter Bryk *(VP-Ops)*
Leslee Marin *(VP-Fin)*
Rich Meschi *(VP)*

Accounts:
AAA
Bed, Bath & Beyond
Ben & Jerry
Burger King
Comcast
Comcast Cable
COX
Cox Cable
Dairy Queen
ESPN
HBO HBO Boxing
Hearst Magazines
Herschend Family Entertainment
Macy's
Mazda
Palm Beach Post
Papa John's
ProActiv Solutions
RCN
Ripley's Believe It or Not
Six Flags Entertainment Corp.
Sun Sentinel
Time Warner Cable

Branch

Wilen Direct
3333 SW 15th St, Deerfield Beach, FL 33442
Tel.: (954) 246-5000
Fax: (954) 246-3333
E-Mail: info@wilengroup.com
Web Site: www.wilendirect.com

Employees: 150
Year Founded: 1990

Kevin Wilen *(Exec VP)*
Peter Bryk *(VP-Ops)*
Mary Stiles *(VP-Enterprise Ops)*
Steve Lundgren *(Project Mgr-IT)*
Vickie Argento *(Mgr-Acctg)*
Shewa Kidane *(Mgr-Employee Rels)*

Accounts:
Bed Bath & Beyond
Ben & Jerry's
Blockbuster
Comcast
Macys
Mazda
Perry Ellis
Sixflags
Time Warner Cable

WILESMITH ADVERTISING & DESIGN
222D N County Rd, Palm Beach, FL 33480
Tel.: (561) 820-9196

ADVERTISING AGENCIES

E-Mail: wilesmithadvertising@wadads.com
Web Site: www.wadads.com

Employees: 3

Agency Specializes In: Advertising, Brand Development & Integration, Broadcast, Collateral, Internet/Web Design, Out-of-Home Media, Outdoor, Package Design, Print

Margaret Wilesmith *(CEO & Sr Creative Dir)*
Scott Eurich *(VP & Gen Mgr)*

Accounts:
Scripps Research Institute
Temple Terrace

WILL & GRAIL
1810 Cherry St, Kansas City, MO 64108
Tel.: (816) 842-6996
E-Mail: withpurpose@willgrail.com
Web Site: willgrail.com

Employees: 50
Year Founded: 2005

Agency Specializes In: Advertising, Brand Development & Integration, Digital/Interactive, Event Planning & Marketing, Experience Design, Internet/Web Design, Strategic Planning/Research

Mark O'Renick *(Co-Founder)*
Dan Salva *(Co-Founder)*
Nick Copelin *(Acct Dir)*
Ryan Schneider *(Strategist-Digital Mktg)*

Accounts:
Checknology
First Federal Bank of Kansas City

WILL MOKRY DESIGN LLC
3300 Bee Cave Rd Ste 650-182, Austin, TX 78746
Tel.: (512) 305-3599
Fax: (512) 308-3520
Web Site: www.willmokry.com

Employees: 1

Agency Specializes In: Advertising, Digital/Interactive, Internet/Web Design, Out-of-Home Media, Outdoor, Package Design, Social Media

Will Mokry *(Pres & Creative Dir)*

Accounts:
Genorite Pharmacy

WILLIAM JOSEPH COMMUNICATIONS
2nd Fl Eau Claire Market, 174 - 200 Barclay Parade SW, Calgary, Alberta T2P 4R5 Canada
Tel.: (403) 770-4900
Fax: (403) 232-8996
E-Mail: info@williamjoseph.com
Web Site: www.williamjoseph.com

Employees: 20

Agency Specializes In: Advertising, Brand Development & Integration, Digital/Interactive, Guerilla Marketing, Media Buying Services, Media Planning, Out-of-Home Media, Outdoor, Print, Public Relations, T.V.

Ryan Townend *(CEO)*
Terrin Daemen *(Art Dir)*
Jason Miller *(Creative Dir)*

Accounts:
Fabricland (Marketing Agency of Record)
The Jubilee Auditoria of Alberta

WILLIAM MILLS AGENCY
300 W Wieuca Rd Bldg 1 Ste 300, Atlanta, GA 30342
Tel.: (678) 781-7200
Fax: (678) 781-7239
Toll Free: (800) 504-3077
E-Mail: william@williammills.com
Web Site: https://www.williammills.com/

Employees: 30
Year Founded: 1977

Agency Specializes In: Advertising, Communications, Corporate Identity, Internet/Web Design, Media Planning, Media Relations, Public Relations, Sales Promotion, Search Engine Optimization, Strategic Planning/Research

Eloise Mills *(Chm)*
Scott Mills *(Pres)*
William Mills, III *(CEO)*
Michael Misoyianis *(CFO)*
Catherine Laws *(Exec VP)*
J. Blair Logan *(Exec VP)*
Jerry Goldstein *(Sr VP-Mktg Svcs)*
Kelly Williams *(Sr VP)*
David Jones *(VP)*
Chuck Meyers *(VP)*
Gregg Bauer *(Exec Creative Dir)*
Sarah Coolman *(Acct Dir)*
K.T. Mills-Grimes *(Mktg Dir)*
Amber Bush *(Acct Rep)*
Haleigh Tomasek *(Acct Rep)*
Lauren de Gourville *(Assoc-Mktg)*
Jacob Hamilton *(Assoc-Acct)*

Accounts:
ABA Banking Journal
ACH Alert Public Relations, Ssocial Media
American Banker FinTech Forward 2016 (Agency of Record)
BAI BAI Beacon Conference 2017 (Agency of Record)
Banc Intranets (Financial Public Relations Agency of Record)
Bank Director
Bank News
Bank Systems
BankLabs (Agency of Record) Public Relations; 2017
Cardlytics
Community Banker
Continuity (Public Relations Agency of Record); 2017
Credit Union Business
Credit Union Journal
Credit Union Service Organization CULedger (Public Relations Agency of Record); 2018
CrediVia Public Relations & Content Marketing; 2018
CU Wallet Brand Awareness, Marketing, Strategic Public Relations
Data Select Systems, Inc. PR
Digital Transactions
Dimont
EFT Source Card@Once, Media
Equifax
FirstClose (Public Relations Agency of Record) Brand Awareness
Independent Banker
iPay
Ivy Financial Public Relations; 2018
Jack Henry
Lantern Credit, LLC Public Relations
Lenders One
Mortgage Originator
OAUG COLLABORATE Conference, Communications, Media Relations, Public Relations
Payrailz (Public Relations Agency Of Record); 2017
Porter Keadle Moore Craft Brewery Markets,
Financial Services, Strategic Public Relations; 2017
ProfitStars
Questsoft
SilverCloud, Inc. Public Relations
Source Technologies
New-Strategic Resource Management Content Marketing, Public Relations
Validis Public Relations; 2018
Wipro Galagher
Zenmonics Financial Public Relations, Marketing, Public Relations; 2018

WILLIAM SULLIVAN ADVERTISING, INC.
(Merged with JL Media)

WILLIAMS AND HOUSE
PO Box 1567, Avon, CT 06001
Tel.: (860) 675-4140
Fax: (860) 675-4124
Web Site: www.williamsandhouse.com

Employees: 5
Year Founded: 1990

Agency Specializes In: Advertising, Brand Development & Integration, Business-To-Business, Collateral, Communications, Consumer Marketing, Corporate Communications, Corporate Identity, Direct Response Marketing, Environmental, Event Planning & Marketing, Graphic Design, Health Care Services, Internet/Web Design, Logo & Package Design, Market Research, Media Buying Services, Media Planning, Medical Products, New Technologies, Planning & Consultation, Point of Purchase, Point of Sale, Print, Production, Production (Print), Public Relations, Publicity/Promotions, Seniors' Market, Sponsorship, Strategic Planning/Research, T.V., Viral/Buzz/Word of Mouth

Approx. Annual Billings: $5,000,000

Breakdown of Gross Billings by Media: Newsp.: $750,000; Other: $2,000,000; Pub. Rels.: $2,000,000; Radio: $250,000

Lisa House *(Partner)*
Pamela L. Williams *(Partner)*
Kim Rogala *(Acct Exec)*

Accounts:
Artcraft Engraving
Bristol Hospital; Bristol, CT
Business Lenders
Learning Corridor
Long Island IVF

WILLIAMS/CRAWFORD & ASSOCIATES
415 N 5th St PO Box 789, Fort Smith, AR 72902
Tel.: (479) 782-5230
Fax: (479) 782-6970
E-Mail: chip@williams-crawford.com
Web Site: www.williams-crawford.com

E-Mail for Key Personnel:
President: fred@williams-crawford.com
Creative Dir: branden@williams-crawford.com
Media Dir.: denisewill@williams-crawford.com

Employees: 21
Year Founded: 1982

National Agency Associations: Second Wind Limited

Agency Specializes In: Consumer Marketing, Financial, Graphic Design, Health Care Services, Media Buying Services, Medical Products, New Product Development, Newspaper, Newspapers & Magazines, Out-of-Home Media, Outdoor, Production, Public Relations, Restaurant, Travel &

AGENCIES - JANUARY, 2019 — ADVERTISING AGENCIES

Tourism

Approx. Annual Billings: $20,000,000

Denise Williams *(VP-Media)*
Brock Girard *(Creative Dir)*

Accounts:
BHC
Citizens
First Bank Corp; Fort Smith, AR All Products; 2001
Fort Smith Airport; Forth Smith, AR
Golden Corral
Shamrock
Smith
Taco Bell All Products, Kansas City, Forth Smith, Tulsa, Oklahoma City, Fargo, Shreveport, Cedar Rapids, Little Rock, Abilene, Columbia/Jefferson City, Sioux Falls, Sioux City, San Angelo, Sherman/Ada, Springfield & La Crosse/Eauclaire
UA Fort Smith
Wingfoot
Yeagers

WILLIAMS CREATIVE GROUP
330 Marshall St, Shreveport, LA 71101
Tel.: (318) 227-1515
Web Site: www.williamscreativegroup.com

Employees: 5

Judy Williams *(Pres)*
Francesca Benten Moreland *(Exec VP)*
Ron Viskozki *(VP)*
Laurie Priftis *(Specialist-Digital Media)*
Kelly Simpson *(Sr Graphic Designer)*
Pat Viser *(PR Pro)*

Accounts:
Shreveport Sizzle, Inc.
SmashBurger

WILLIAMS-HELDE MARKETING COMMUNICATIONS
2929 1st Ave, Seattle, WA 98121
Tel.: (206) 285-1940
E-Mail: slf@williams-helde.com
Web Site: www.williams-helde.com

Employees: 35
Year Founded: 1969

Agency Specializes In: Above-the-Line, Advertising, Affluent Market, Alternative Advertising, Automotive, Aviation & Aerospace, Below-the-Line, Brand Development & Integration, Business-To-Business, Catalogs, Co-op Advertising, Collateral, Commercial Photography, Communications, Consumer Goods, Consumer Marketing, Consumer Publications, Corporate Communications, Custom Publishing, Digital/Interactive, Electronic Media, Electronics, Email, Engineering, Entertainment, Exhibit/Trade Shows, Fashion/Apparel, Food Service, Graphic Design, Health Care Services, High Technology, Hospitality, Household Goods, In-Store Advertising, Industrial, Integrated Marketing, Internet/Web Design, Leisure, Logo & Package Design, Luxury Products, Magazines, Marine, Market Research, Media Buying Services, Medical Products, Men's Market, Mobile Marketing, Multimedia, New Product Development, New Technologies, Out-of-Home Media, Package Design, Paid Searches, Pets, Pharmaceutical, Point of Purchase, Point of Sale, Print, Production, Production (Print), Promotions, Radio, Real Estate, Regional, Restaurant, Retail, Sales Promotion, Sports Market, Strategic Planning/Research, Teen Market, Trade & Consumer Magazines, Travel & Tourism, Tween Market, Web (Banner Ads, Pop-ups, etc.), Women's Market

Approx. Annual Billings: $7,500,000

John Young *(Head-Tech)*
Becky Busby *(Acct Dir)*

Accounts:
Adidas
Alaska Airlines
Darigold
Diadora
Harry's Fresh Food
Insect Shield
Nautilus
Nordic Tugs
Philips
Princess Tours
Taco Del Mar

Branch

Hayter Communications
7805 Broadstone Pl SW, Port Orchard, WA 98367
(See Separate Listing)

WILLIAMS MEDIA GROUP
PO Box 85, Lisbon, IA 52253
Tel.: (319) 455-2041
Fax: (319) 455-9863
E-Mail: dwilliams@williamsmediagroup.com
Web Site: www.williamsmediagroup.com

Employees: 8
Year Founded: 1999

Agency Specializes In: Recruitment, Transportation

Approx. Annual Billings: $2,250,000

Breakdown of Gross Billings by Media: Mags.: $900,000; Newsp.: $1,125,000; Radio: $112,500; Trade & Consumer Mags.: $112,500

Darin Williams *(Founder & Pres)*
Kelly Miller *(VP-Sls)*
Clayton Chambers *(Creative Dir)*

Accounts:
Don Hummer Trucking
GSTC, Inc.; Walford, IA (Employment Recruiting); 1999
Hirschbach Motorlines
McGriff Transportation
McLeod Express
Stevens Transport; Dallas, TX (Employment Recruiting); 1999

WILLIAMS RANDALL MARKETING
21 Virginia Ave Ste 400, Indianapolis, IN 46204
Tel.: (317) 972-1234
Fax: (317) 974-7990
Toll Free: (888) 945-5726
E-Mail: contact@willran.com
Web Site: williamsrandall.com

Employees: 50
Year Founded: 1979

Agency Specializes In: Advertising, Brand Development & Integration, Content, Digital/Interactive, Logo & Package Design, Media Buying Services, Media Planning, Outdoor, Search Engine Optimization, Social Media

Gerry Randall *(Owner & CEO)*
Erin Theis *(Media Dir)*
Krista Marschand *(Mgr-Analytics & Online Strategy)*
Lauren Fiedler *(Sr Acct Exec)*
Lindsay Byers *(Acct Exec)*
Judi Hillmann *(Media Buyer)*

Accounts:
New-Holiday World
New-Indiana Office of Tourism Development Pete Dye Golf Trail
New-Indianapolis Power & Light Company

WILLIAMS WHITTLE ASSOCIATES, INC.
711 Princess St, Alexandria, VA 22314-2221
Tel.: (703) 836-9222
Fax: (703) 684-3285
E-Mail: rwhittle@williamswhittle.com
Web Site: www.williamswhittle.com

Employees: 28
Year Founded: 1967

National Agency Associations: ICOM

Agency Specializes In: Above-the-Line, Advertising, Affiliate Marketing, Affluent Market, Arts, Automotive, Aviation & Aerospace, Below-the-Line, Brand Development & Integration, Branded Entertainment, Broadcast, Business Publications, Business-To-Business, Cable T.V., Co-op Advertising, Collateral, College, Communications, Computers & Software, Consulting, Consumer Goods, Consumer Marketing, Consumer Publications, Content, Corporate Communications, Corporate Identity, Crisis Communications, Customer Relationship Management, Digital/Interactive, Direct Response Marketing, Direct-to-Consumer, E-Commerce, Education, Electronic Media, Email, Entertainment, Environmental, Experience Design, Financial, Food Service, Graphic Design, Guerilla Marketing, Health Care Services, High Technology, Hospitality, Household Goods, Identity Marketing, Infomercials, Information Technology, Integrated Marketing, Internet/Web Design, Leisure, Logo & Package Design, Luxury Products, Magazines, Market Research, Media Buying Services, Media Planning, Media Relations, Mobile Marketing, Multimedia, Newspaper, Newspapers & Magazines, Out-of-Home Media, Outdoor, Over-50 Market, Paid Searches, Planning & Consultation, Podcasting, Point of Purchase, Point of Sale, Print, Production, Production (Ad, Film, Broadcast), Production (Print), Promotions, Public Relations, Publicity/Promotions, RSS (Really Simple Syndication), Radio, Real Estate, Regional, Restaurant, Retail, Search Engine Optimization, Seniors' Market, Social Marketing/Nonprofit, Social Media, Sports Market, Strategic Planning/Research, T.V., Trade & Consumer Magazines, Transportation, Travel & Tourism, Urban Market, Viral/Buzz/Word of Mouth, Web (Banner Ads, Pop-ups, etc.)

Robert L. Whittle *(Chm & CEO)*
Kelly Callahan-Poe *(Pres)*
Rich Park *(Dir-Creative)*
Wendy Weaver *(Dir-Media Svcs)*

Accounts:
Alex Econ Dev Corp; Alexandria, VA
American Civil War Center
American Institute of Cancer Research
American Red Cross Non-Profit
Mattress Recycling Council
Saint Charles MD
The USO
Virginia Hospital Center
Virginia Railway Express
Washington Metropolitan Area Transit Authority
The Washington Times

WILLIS DESIGN STUDIOS
1703 Forrest St, Bakersfield, CA 93304
Tel.: (661) 324-2337
Web Site: www.willisdesign.com

Employees: 1

ADVERTISING AGENCIES
AGENCIES - JANUARY, 2019

Year Founded: 1979

Agency Specializes In: Advertising, Internet/Web Design, Logo & Package Design, Print

Michael Willis *(Owner)*

Accounts:
Bakersfield Symphony Orchestra
San Joaquin Hospital

WILLOW MARKETING
3590 N Meridian Ste 200, Indianapolis, IN 46208
Tel.: (317) 257-5225
Fax: (317) 257-0184
Web Site: www.willowmarketing.com

Employees: 17
Year Founded: 1992

Agency Specializes In: Sponsorship

Revenue: $2,200,000

Brad Gillum *(Pres & CEO)*
Kim Jones *(VP-Ops)*
Mark Manuszak *(Dir-Creative)*
Sue Richardson *(Dir-Ops)*
Maggie Hendrickson *(Sr Mgr-Project & Events)*
Anne M Holden *(Sr Acct Mgr)*
Dylan Stone *(Acct Mgr)*

Accounts:
Toyota

WILLOW ST. AGENCY
3900 Willow St 2nd Fl, Dallas, TX 75226
Tel.: (214) 276-7658
E-Mail: info@willowstagency.com
Web Site: www.willowstagency.com

Employees: 10

Agency Specializes In: Advertising, Broadcast, Digital/Interactive, Print

Jim Sykora *(Partner, Chief Creative Officer & Dir)*
Scott Howell *(Partner)*
Larry Johannes *(Partner)*
Mark Smith *(Sr Art Dir)*

Accounts:
Uniden America Corporation Digital Direct Marketing, Mobile Apps, Social Media

WILSON CREATIVE GROUP, INC.
2343 Vanderbilt Beach Rd Ste 608, Naples, FL 34109
Tel.: (239) 597-9480
Fax: (239) 236-1596
E-Mail: info@wcgpros.com
Web Site: www.wcgpros.com

Employees: 6
Year Founded: 2007

Agency Specializes In: Advertising, Collateral, Logo & Package Design, Media Planning, Print, Public Relations, Social Media

Peggy Wilson *(Founder, Pres & CEO)*
Jeannine Darretta *(Creative Dir)*
Kristian Lodge *(Dir-Client Dev & Strategy)*
Elizabeth Lombardo *(Acct Mgr)*
Lydia Wychrij *(Production Mgr)*

Accounts:
Greenscapes Of Southwest Florida, Inc.
Litestream Business-to-Business Communications, Media Relations, Public Relations
Naples Square (Agency of Record) Broadcast Advertising, Digital, Print, Social Media, Strategic & Creative Communications, Website
Palm Island Resort (Agency of Record) Advertising, Brand Strategy, Creative, Digital, Media, Public Relations; 2018
New-Peninsula Treviso Bay (Agency of Record) Brand Strategy, Creative Content, Marketing, Media, Print & Digital, Public Relations; 2018
Seaglass at Bonita Bay (Agency of Record) Digital Advertising, Social Media

WINFIELD & ASSOCIATES MARKETING & ADVERTISING
100 Moss Rose Ct, Cary, NC 27518
Tel.: (919) 861-0620
Fax: (919) 861-0625
E-Mail: info@winfieldandassociates.com
Web Site: www.winfieldandassociates.com

Employees: 5
Year Founded: 2002

Agency Specializes In: Automotive, Broadcast, Business-To-Business, Cable T.V., Co-op Advertising, Collateral, Corporate Identity, Digital/Interactive, Direct Response Marketing, Direct-to-Consumer, Education, Email, Government/Political, Graphic Design, Health Care Services, Identity Marketing, Infomercials, Integrated Marketing, Legal Services, Local Marketing, Media Buying Services, Media Planning, Medical Products, Out-of-Home Media, Outdoor, Point of Purchase, Radio, Restaurant, Retail, Social Media, T.V., Trade & Consumer Magazines, Web (Banner Ads, Pop-ups, etc.)

Breakdown of Gross Billings by Media: Brdcst.: 20%; Cable T.V.: 5%; Graphic Design: 20%; Newsp. & Mags.: 10%; Outdoor: 5%; Pub. Rels.: 5%; Radio: 35%

Eric Schmidt *(Pres)*
Andrea Schmidt *(VP-Media)*

Accounts:
Pacific West Capital Group; Los Angeles, CA Financial Services; 2001

WING
200 5th Ave 3rd Fl, New York, NY 10010
Tel.: (212) 546-2020
Fax: (212) 500-9483
E-Mail: info@insidewing.com
Web Site: www.insidewing.com

Employees: 80
Year Founded: 1979

National Agency Associations: 4A's-AHAA

Agency Specializes In: Above-the-Line, Advertising, Affluent Market, Arts, Automotive, Below-the-Line, Bilingual Market, Brand Development & Integration, Branded Entertainment, Cable T.V., Communications, Computers & Software, Consulting, Consumer Goods, Consumer Marketing, Cosmetics, Digital/Interactive, Direct-to-Consumer, Education, Electronic Media, Electronics, Entertainment, Event Planning & Marketing, Experience Design, Fashion/Apparel, Graphic Design, Guerilla Marketing, Health Care Services, High Technology, Hispanic Market, Hospitality, Household Goods, Identity Marketing, Integrated Marketing, International, Internet/Web Design, Leisure, Local Marketing, Luxury Products, Magazines, Market Research, Media Buying Services, Media Planning, Men's Market, Mobile Marketing, Multicultural, Multimedia, New Product Development, Newspaper, Newspapers & Magazines, Out-of-Home Media, Outdoor, Pharmaceutical, Planning & Consultation, Point of Sale, Print, Production, Production (Print), Promotions, Radio, Restaurant, Retail, Sales Promotion, Social Marketing/Nonprofit, Sponsorship, Strategic Planning/Research, T.V., Teen Market, Trade & Consumer Magazines, Transportation, Travel & Tourism, Urban Market, Viral/Buzz/Word of Mouth, Women's Market

Approx. Annual Billings: $70,000,000

Sandra Alfaro *(Mng Dir)*
Daniella Rey *(VP & Acct Dir)*
Alexandra Covington *(Brand Dir)*
Bernardo Rodriguez Pons *(Creative Dir)*
Victor Paredes *(Dir-Strategy)*
Madeline Boardman *(Mgr-Email Mktg)*
Luz Burgos *(Mgr-Admin Svcs)*
John Jardine *(Mng Supvr)*

Accounts:
DIRECTV Campaign: "Swim"
Esteban Gergely Campaign: "Our Honeymoon"
Law Offices of Esteban Gergely Campaign: "Josh & Kimberly", Campaign: "Kate & Mike", Campaign: "Tommy & Rachel"
LifeBeat
NFL; 2013
Papa Johns
Partnership for Drug Free America Sheep
Procter & Gamble (USA) Downy, Olay, Pantene; 1979
Red Hot Organization AIDS/STD Awareness, Campaign: "Spreading the word, not the disease", Red Hot Website
Southern Poverty Law Center
The Weather Channel Campaign: "Showers with a Chance of Weather Alerts Subscriptions"
Ximo Abadia

WINGARD CREATIVE
245 Riverside Ave Ste 425, Jacksonville, FL 32202
Tel.: (904) 387-2570
Fax: (904) 329-4488
E-Mail: hello@wingardcreative.com
Web Site: www.wingardcreative.com

Employees: 15
Year Founded: 2008

Agency Specializes In: Advertising, Brand Development & Integration, Media Buying Services, Media Planning, Print, Public Relations

Russell Baker *(Chief Strategy Officer)*
David Wingard *(Chief Creative Officer)*
Camille Middleton *(Acct Dir)*
Natalie DeYoung *(Dir-Comm & PR)*

Accounts:
Black Sheep Restaurant
Burrito Gallery
The Candy Apple Cafe & Cocktails

WINGER MARKETING
180 W Washington Ste 700, Chicago, IL 60602
Tel.: (312) 494-0422
Fax: (312) 494-0426
E-Mail: info@wingermarketing.com
Web Site: www.wingermarketing.com

Employees: 15

Agency Specializes In: Advertising, Content, Digital/Interactive, Event Planning & Marketing, Media Buying Services, Media Planning, Public Relations, Social Media

Karolyn Raphael *(Pres)*
Leslie Schreiber Randolph *(VP)*
Alisa Gordon-Bay *(Dir-PR)*
Maeve McNaughton *(Acct Exec)*

AGENCIES - JANUARY, 2019   ADVERTISING AGENCIES

Accounts:
Chicago Charity Challenge
Slant

WINGMAN ADVERTISING
5855 Green Valley Circle, Culver City, CA 90230
Tel.: (310) 302-9400
Fax: (310) 823-0313
E-Mail: info@wingmanadv.com
Web Site: https://wingmanmedia.com/

Employees: 28
Year Founded: 2003

Agency Specializes In: Advertising, Affluent Market, Broadcast, Business-To-Business, Cable T.V., Co-op Advertising, Collateral, Consulting, Consumer Goods, Consumer Marketing, Customer Relationship Management, Digital/Interactive, Direct Response Marketing, E-Commerce, Electronic Media, Email, Financial, Household Goods, Integrated Marketing, Investor Relations, Local Marketing, Luxury Products, Magazines, Market Research, Media Buying Services, Media Planning, Media Relations, Men's Market, Newspaper, Newspapers & Magazines, Paid Searches, Planning & Consultation, Point of Purchase, Point of Sale, Print, Product Placement, Production, Production (Ad, Film, Broadcast), Production (Print), Promotions, Radio, Real Estate, Regional, Retail, Sales Promotion, Search Engine Optimization, Shopper Marketing, Social Marketing/Nonprofit, Social Media, Strategic Planning/Research, T.V., Web (Banner Ads, Pop-ups, etc.), Women's Market

Approx. Annual Billings: $50,000,000

Steve Dubane *(Pres)*
Luz Ongkiko *(Fin Dir)*
Brian Diedrick *(Dir-Digital Mktg)*

Accounts:
Crestline Funding

WINGNUT ADVERTISING
708 N 1st St Ste 133, Minneapolis, MN 55401
Tel.: (612) 872-4847
Web Site: www.wingnutinc.com

Employees: 14
Year Founded: 2004

Agency Specializes In: Advertising, Digital/Interactive

Jim Cousins *(Pres & Partner)*
Mark Malcolm *(Head-Strategic, Mktg, Design, Creative & Video)*
Greg Dutton *(Creative Dir)*
Ann Elkins *(Acct Dir)*
Angela Iazzetta *(Acct Supvr)*
Nick Nelson *(Sr Designer)*

Accounts:
Agway, Inc.

WINK, INCORPORATED
126 N 3rd St #100, Minneapolis, MN 55401
Tel.: (612) 455-2642
Fax: (612) 455-2645
E-Mail: info@wink-mpls.com
Web Site: www.wink-mpls.com

Employees: 5
Year Founded: 2000

Agency Specializes In: Advertising, Consumer Goods, Consumer Marketing, Custom Publishing, Fashion/Apparel, Logo & Package Design, Magazines, Multimedia, Package Design, Restaurant, Retail

Scott Thares *(Owner & Creative Dir)*

Accounts:
A.I.G.A.
American Eagle Outfitters
The American Institute of Graphic Artists
Blu Dot
Macys
MTV
Nike
OGI Frames
Target
Works in Progress

WINKREATIVE
776 College Street, Toronto, ON M6G 1C6
Canada
Tel.: (647) 694-2618
Web Site: www.winkreative.com

Employees: 50

Agency Specializes In: Advertising, Brand Development & Integration, Broadcast, Corporate Identity, Custom Publishing, Internet/Web Design, Package Design, Publishing

Tyler Brule *(Chm & CEO)*
Maurus Fraser *(Creative Dir-UK)*

Accounts:
Metrolinx Union Pearson Express

WINSPER
101 Arch St Ste 240, Boston, MA 02110
Tel.: (617) 695-2900
E-Mail: info@winsper.com
Web Site: www.winsper.com

Employees: 14
Year Founded: 2002

Agency Specializes In: Digital/Interactive, Direct Response Marketing, Internet/Web Design, Public Relations, Sponsorship

Gillian Lynch *(Mng Dir & VP)*
Iryna Teixeira *(Specialist-Sls & Mktg Ops)*

Accounts:
Carpet One Floor & Home (Integrated Brand Agency of Record) Brand Strategy, Broadcast, Digital Marketing, Print
Exeter Hospital
Janome America Analytics, Integrated Creative, Qualitative Research, Social Media, Strategy
Timberland; Stratham, NH Timberland Pro Footwear; 2006
Unica
Young's Brewery; United Kingdom; 2004

WINSTANLEY PARTNERS
114 Main St, Lenox, MA 01240-2353
Tel.: (413) 637-9887
Fax: (413) 637-2045
E-Mail: contact@winstanley.com
Web Site: www.winstanley.com

Employees: 25
Year Founded: 1986

Agency Specializes In: Advertising, Advertising Specialties, Affluent Market, Agriculture, Arts, Bilingual Market, Brand Development & Integration, Branded Entertainment, Broadcast, Business Publications, Business-To-Business, Cable T.V., Catalogs, Children's Market, Co-op Advertising, Collateral, College, Communications, Computers & Software, Consulting, Consumer Marketing, Consumer Publications, Content, Corporate Communications, Corporate Identity, Crisis Communications, Digital/Interactive, Direct Response Marketing, E-Commerce, Education, Electronic Media, Email, Engineering, Entertainment, Environmental, Event Planning & Marketing, Exhibit/Trade Shows, Experience Design, Fashion/Apparel, Financial, Food Service, Government/Political, Graphic Design, Health Care Services, High Technology, Hospitality, Industrial, Information Technology, Integrated Marketing, Internet/Web Design, Investor Relations, LGBTQ Market, Legal Services, Leisure, Local Marketing, Logo & Package Design, Luxury Products, Magazines, Marine, Market Research, Media Buying Services, Media Relations, Media Training, Medical Products, Merchandising, Multimedia, New Product Development, Newspaper, Newspapers & Magazines, Out-of-Home Media, Outdoor, Package Design, Pharmaceutical, Planning & Consultation, Point of Purchase, Point of Sale, Print, Production, Production (Ad, Film, Broadcast), Public Relations, Publicity/Promotions, Radio, Real Estate, Recruitment, Restaurant, Retail, Sales Promotion, Search Engine Optimization, Social Marketing/Nonprofit, Social Media, Sports Market, Strategic Planning/Research, Sweepstakes, T.V., Teen Market, Telemarketing, Trade & Consumer Magazines, Transportation, Travel & Tourism, Web (Banner Ads, Pop-ups, etc.)

Approx. Annual Billings: $25,000,000

Nathan Winstanley *(Pres)*
Leslie Ceder *(Acct Exec)*

Accounts:
DuPont
GE
National Association of Home Builders
New York State Energy Research and Development Authority
Spalding; Bowling Green, KY sporting goods & new products; 1990
Suddekor; Agawam, MA laminate flooring; 2002

WINSTAR INTERACTIVE MEDIA
307 7th Ave Ste 2003, New York, NY 10001
Tel.: (212) 916-0713
Web Site: www.winstarinteractive.com

Employees: 20
Year Founded: 1996

Agency Specializes In: Advertising, Digital/Interactive, Graphic Design, Information Technology, Internet/Web Design

David Shamberger *(Pres)*
Bill Mcentee *(Treas & VP)*
John Foley *(VP)*
Mark E. Crona *(Dir-Bus Dev)*
Michael A. Palmieri *(Dir-Ops & Bus Dev-Eastern Reg)*
Karen Kelln *(Coord-Sls)*
Adrienne Biehl *(Reg Sls Dir)*
Mila Tokar *(Reg Sls Mgr)*

Accounts:
Atari United States
Boost Mobile
Fodor's Fodors.com
Fox Searchlight
IFC.com
Interactive Video Network
NASDAQ
ThirdAge
Zagat

WINSTON ADVERTISING
122 E 42nd St, New York, NY 10168

1171

ADVERTISING AGENCIES

Tel.: (212) 682-1063
Fax: (212) 983-2594
Toll Free: (800) 562-2371
E-Mail: winston@winston.net
Web Site: www.winston.net

E-Mail for Key Personnel:
President: bpapkin@winston.net

Employees: 10
Year Founded: 1984

National Agency Associations: EMA

Agency Specializes In: Magazines, Print, Radio, Real Estate, Recruitment

WINTR
111 S Jackson St, Seattle, WA 98104
Tel.: (206) 783-4570
E-Mail: info@wintr.us
Web Site: www.wintr.us

Employees: 8

Agency Specializes In: Advertising, Content, Digital/Interactive

Lauren Ivory *(Planner-Project)*

Accounts:
Lookout

WIRE STONE LLC
920 20th St, Sacramento, CA 95811
Tel.: (916) 446-6550
E-Mail: busdev@wirestone.com
Web Site: http://www.wire-stone.com/

Employees: 200
Year Founded: 2000

National Agency Associations: AAF

Agency Specializes In: Advertising, Advertising Specialties, Affluent Market, Brand Development & Integration, Business-To-Business, Collateral, Communications, Computers & Software, Consulting, Consumer Goods, Consumer Marketing, Corporate Identity, Customer Relationship Management, Digital/Interactive, Direct Response Marketing, Direct-to-Consumer, E-Commerce, Electronic Media, Entertainment, Event Planning & Marketing, Exhibit/Trade Shows, Fashion/Apparel, Food Service, Graphic Design, High Technology, Information Technology, Integrated Marketing, Internet/Web Design, Leisure, Logo & Package Design, Luxury Products, Media Planning, Merchandising, Multimedia, Newspapers & Magazines, Paid Searches, Planning & Consultation, Point of Purchase, Print, Production, Public Relations, Publicity/Promotions, Real Estate, Recruitment, Retail, Sales Promotion, Social Marketing/Nonprofit, Sports Market, Strategic Planning/Research, Technical Advertising, Viral/Buzz/Word of Mouth

Approx. Annual Billings: $24,000,000

Lianne Morgan *(Mng Dir & VP)*
Fabio Matsui *(CTO)*
Greg Rattenborg *(Chief Creative Officer)*
Gary Robinett *(Sr VP & Dir-Fin)*
Jason Michaels *(VP & Mng Dir-California-Accenture Interactive)*
Steve Caputo *(Mng Dir-New York)*
Rob Kaplan *(VP-Client Engagement)*
David Smith *(VP & Architect-Experience)*
Mike Mazar *(Head-Creative & Exec Creative Dir)*
Jay Espiritu *(Art Dir)*
H Alex Ruiz *(Dir-East Reg)*
Mike Higgins *(Mgr-IT Ops)*

Accounts:
Boeing
Carbonite, Inc. (Agency of Record) Digital, Marketing, Media Buying, Media Planning
ConAgra Alexia Frozen Foods, Lamb Weston
HP
Intel
Microsoft
Nike; Beaverton, OR
TAG

Branches

Wire Stone
(Formerly Tenthwave Digital, LLC)
48 W 25th 8th Fl, New York, NY 10010
Tel.: (212) 933-9221
Fax: (646) 607-2471
Web Site: http://www.wire-stone.com/

Employees: 26
Year Founded: 2011

Agency Specializes In: Advertising, Brand Development & Integration, Digital/Interactive, Internet/Web Design, Search Engine Optimization, Social Marketing/Nonprofit

Accounts:
Alford & Hoff
The Bank of New York Mellon Corporation
Beam Global Spirits & Wines
Cancer Care, Inc.
Duncan Hines
EA Sports
eBay Campaign: "Buy It New, Buy It Now"
Facebook, Inc.
Google
Pinnacle Foods Corporation Birds Eye
Skype
Snyder's-Lance, Inc. Social Media
United Nations Federal Credit Union
VSP Vision Care

Wirestone, LLC
225 W Illinois Ste 400, Chicago, IL 60654
Tel.: (312) 222-0733
Fax: (312) 222-0744
E-Mail: busdev@wirestone.com
Web Site: http://www.wire-stone.com/

Employees: 30

Agency Specializes In: Below-the-Line, Brand Development & Integration, Business-To-Business, Collateral, Computers & Software, Consulting, Consumer Marketing, Content, Corporate Identity, Customer Relationship Management, Digital/Interactive, Direct-to-Consumer, E-Commerce, Electronic Media, Electronics, Event Planning & Marketing, Exhibit/Trade Shows, Fashion/Apparel, Graphic Design, Hospitality, In-Store Advertising, Information Technology, Integrated Marketing, Internet/Web Design, Leisure, Logo & Package Design, Luxury Products, Media Planning, Multimedia, New Technologies, Package Design, Planning & Consultation, Point of Purchase, Point of Sale, Print, Production (Print), Real Estate, Retail, Sales Promotion, Sports Market, Strategic Planning/Research, Travel & Tourism, Viral/Buzz/Word of Mouth, Web (Banner Ads, Pop-ups, etc.)

Lianne Morgan *(Mng Dir & VP)*
David Smith *(VP & Architect-Experience)*
Kristina Keller *(Acct Dir)*
Mike Higgins *(Mgr-IT Ops)*
Peter Moffit *(Assoc Creative Dir)*

Accounts:
CytoSport
Dan Wheldon
Health & Disability Advocates; Chicago, IL (Agency of Record)
Hewlett Packard
Johnson & Johnson
Limelight Networks
The Lyle Anderson Company
Microsoft
Nike
Oakley
Olivet Nazarene University
Shell Energy North America
Skyy Spirits
Strategic Outsourcing
Sun Country Airlines
SunCom Wireless

Wirestone
123 N College Ave Ste 200, Fort Collins, CO 80524
Tel.: (970) 493-3181
Fax: (970) 484-6497
Web Site: http://www.wire-stone.com/

Employees: 40

Agency Specializes In: Advertising

Ti Bensen *(Mng Dir)*
Greg Rattenborg *(Chief Creative Officer)*
Drew Rayman *(Mng Dir-East & VP)*
Navid Madjidi *(VP-Strategy)*
Cathy Telarico *(Mgr-HR)*
Seth Annis *(Sr Designer)*

Wirestone
913 W River St Ste 200, Boise, ID 83702
Tel.: (208) 343-2868
Fax: (208) 343-1336
Web Site: http://www.wire-stone.com/

Employees: 200

Agency Specializes In: Advertising, Sponsorship

Riccardo Zane *(Bus Dir)*

Accounts:
HP
Microsoft
Nike

WIRED ISLAND LTD.
PO Box 661, Providenciales, British WI Turks & Caicos Islands
Tel.: (649) 941 4218
Fax: (649) 941 4219
Web Site: www.wiredislandpr.com

Employees: 4

Agency Specializes In: High Technology, Media Planning, Public Relations, Publicity/Promotions

Toni Sottak *(Mng Dir-South Carolina)*

Accounts:
The Athena Group Public Relations

WIRED SEO COMPANY
5208 Airport Fwy Ste 210, Fort Worth, TX 76117
Tel.: (817) 501-7098
E-Mail: marketing@wiredseo.com
Web Site: www.wiredseo.com

Employees: 4
Year Founded: 2011

Agency Specializes In: Consumer Marketing, Content, Copywriting, Digital/Interactive, E-Commerce, Electronic Media, Electronics, Email,

Graphic Design, Integrated Marketing, Internet/Web Design, Legal Services, Local Marketing, Merchandising, Mobile Marketing, Paid Searches, Retail, Search Engine Optimization, Social Media, Web (Banner Ads, Pop-ups, etc.), Yellow Pages Advertising

Clint Henderson *(Founder)*

Accounts:
Central Security Group Alarm Monitoring, Security Systems; 2015
Quick Electricity; 2016
Really Stupid Shirts Apparel; 2016
ResMart Plastic Resin Pellets; 2017
Sparks Law Firm Criminal Appellate Lawyers, Criminal Defense Lawyers; 2015

WIT MEDIA
250 West 28 St, New York, NY 10001
Tel.: (212) 334-1810
E-Mail: wit@wit-inc.com
Web Site: www.wit-media.com

Employees: 20
Year Founded: 2009

Agency Specializes In: Advertising, Brand Development & Integration, Content, Event Planning & Marketing, Internet/Web Design, Logo & Package Design, Media Planning, Public Relations, Social Media, Strategic Planning/Research

Simona Kilgour *(COO)*
Kristen Earls *(Chief Strategy Officer)*
Jessica Ragusa *(Dir-Media & Strategy)*

Accounts:
Los Angeles Chamber Orchestra

WITHERSPOON & ASSOCIATES, INC.
1200 West Fwy, Fort Worth, TX 76102
Tel.: (817) 335-1373
Fax: (817) 332-6044
Toll Free: (877) 267-9133
E-Mail: info@witherspoon.com
Web Site: witherspoon.com

Employees: 10
Year Founded: 1946

Agency Specializes In: Advertising, Automotive, Brand Development & Integration, Business-To-Business, Communications, Consulting, Consumer Marketing, Corporate Identity, Direct Response Marketing, Event Planning & Marketing, Exhibit/Trade Shows, Financial, Graphic Design, Health Care Services, In-Store Advertising, Industrial, Internet/Web Design, Investor Relations, Logo & Package Design, Magazines, Media Buying Services, Medical Products, Newspaper, Newspapers & Magazines, Out-of-Home Media, Outdoor, Pharmaceutical, Point of Purchase, Point of Sale, Public Relations, Publicity/Promotions, Radio, Real Estate, Strategic Planning/Research, Trade & Consumer Magazines, Travel & Tourism

Approx. Annual Billings: $4,500,000 Capitalized

Mike Wilie *(Pres & CEO)*
Kimberly Wilie *(VP)*
Tim Neuman *(Acct Svcs Dir)*
Cathy Coe *(Office Mgr)*
James Cooperware *(Sr Art Dir)*

Accounts:
Angelos Bar-B-Que
BNSF Railway Company
City of Fort Worth
Dermatology & Laser Center of Fort Worth
Fort Worth Chamber of Commerce
Fort Worth Stock Show Syndicate
Hahnfeld
Hillwood
North Texas Commission
Perrone RX
Power Service Products

WITMER GROUP
14681 Midway Rd 2nd Fl, Addison, TX 75001
Tel.: (214) 865-9484
E-Mail: info@witmergroup.com
Web Site: www.witmergroup.com

Employees: 10

Agency Specializes In: Advertising, Brand Development & Integration, Content, Internet/Web Design, Logo & Package Design, Paid Searches, Print, Public Relations, Search Engine Optimization, Social Media

Kristina Witmer *(Pres)*

Accounts:
Dallas NeoGraft

WITZ COMMUNICATIONS, INC.
(Formerly Connect2 Communications)
310 S Harrington St, Raleigh, NC 27603
Tel.: (919) 554-3532
Fax: (919) 453-0769
Web Site: www.witzcommunications.com

Employees: 10
Year Founded: 2003

Agency Specializes In: Business-To-Business, Collateral, Communications, Crisis Communications, Internet/Web Design, Investor Relations, Local Marketing, Media Relations, Product Placement, Strategic Planning/Research

Richard Williams *(Chief Strategy Officer)*
Jasmian McDonald *(Sr Acct Exec)*

Accounts:
Acme Packet
ADTRAN, Inc.
BatteryCorp
BIG BOSS
Clearfield, Inc.
Cognio
LaunchCapital
mBLAST
MINTERA
Packet Vision
ROCK
SIPFORUM
SS8
Verne Global

Co-Headquarters

Witz Communications, Inc.
(Formerly Engage PR)
1111 Broadway # 3, Oakland, CA 94607
Tel.: (510) 748-8200
Fax: (510) 748-8201
Web Site: www.witzcommunications.com

Employees: 13
Year Founded: 1996

Agency Specializes In: Public Relations

Jeannette Bitz *(Co-Founder)*

Accounts:
Bsquare Corporation
Metaswitch Networks
Open Networking Lab
Open Networking Summit
Opera Software B2B Public Relations
Wichorus

THE WOLF AGENCY
3900 Willow St Ste 250, Dallas, TX 75226
Tel.: (214) 965-0880
Fax: (214) 760-7518
E-Mail: mark@thewolfagency.com
Web Site: www.thewolfgrp.com

E-Mail for Key Personnel:
President: mark@thewolfagency.com
Creative Dir.: vinny@thewolfagency.com
Media Dir.: Marla@thewolfagency.com

Employees: 15

Agency Specializes In: Advertising, Aviation & Aerospace, Brand Development & Integration, Broadcast, Collateral, Communications, Consulting, Consumer Marketing, Corporate Communications, Corporate Identity, Digital/Interactive, Electronic Media, Fashion/Apparel, Food Service, Government/Political, Graphic Design, Health Care Services, High Technology, Hispanic Market, In-Store Advertising, Infomercials, Internet/Web Design, Logo & Package Design, Media Buying Services, Medical Products, New Product Development, Out-of-Home Media, Outdoor, Planning & Consultation, Point of Purchase, Point of Sale, Print, Production, Public Relations, Radio, Retail, Strategic Planning/Research, T.V., Technical Advertising, Trade & Consumer Magazines

Accounts:
American Airlines
Buick
Computer City
Exxon
JCPenney
McDonald's
Neiman Marcus
Pepsi
Shiner Bock
Texas Instruments
Verizon

WOLF & WILHELMINE, INC
7 Front St Second Fl, Brooklyn, NY 11201
E-Mail: hello@wolfwilhelmine.com
Web Site: www.wolfwilhelmine.com

Employees: 50
Year Founded: 2013

Agency Specializes In: Advertising, Brand Development & Integration, Social Media

Heidi Hackemer *(Founder)*
Valerie Nguyen *(Partner & Co-Head-Strategy)*
Ambika Pai *(Co-Head-Strategy)*
Peyton Littlejohn *(Project Mgr-Bus)*
Claudia Vitarelli *(Sr Strategist)*
Camila Caldas *(Strategist)*
Rebecca Demmellash *(Strategist)*
Monica Koh *(Strategist)*
Cody Piggott *(Strategist-Brand)*
Chad Young *(Strategist)*

Accounts:
Bacardi USA, Inc.
NIKE, Inc.
The United States Digital Service

WOLFF OLINS
10 Regents Wharf All Saints Street, London, N1 9RL United Kingdom
Tel.: (44) 20 7713 7733

ADVERTISING AGENCIES

Fax: (44) 207 713 0217
Web Site: www.wolffolins.com

Employees: 80
Year Founded: 1965

Agency Specializes In: Brand Development & Integration

Brian Boylan *(Chm)*
Sairah Ashman *(CEO)*
Rose Bentley *(Head-Bus Dev)*

Accounts:
Abbey
Adidas
Airtel
Almeida
AOL New Aol Logo Design
Aviva
Boehringer Ingelheim
BT
Centrica Connected Home Hive
Galeries Lafayette
GE
Goldfish
Hero MotoCorp Global Brand Identity
Majid Al Futtaim
Oi Mobile Phones
Orange
PepsiCo
Powwow
PwC
Skype Global Branding
Tata Docomo
UNICEF

Branches

Wolff Olins-New York
200 Varick St Ste 1001, New York, NY 10014
Tel.: (212) 505-7337
Fax: (212) 505-8791
E-Mail: peopleny@wolffolins.com
Web Site: www.wolffolins.com

Employees: 45
Year Founded: 1998

Agency Specializes In: Advertising, Sponsorship

Tom Wason *(Mng Principal)*
Chris Arakelian *(Head-Bus Dev-US)*
Mila Linares *(Sr Dir-Brand Strategy)*
Chris Maclean *(Creative Dir)*
Cynthia Pratomo *(Creative Dir)*

Accounts:
AOL
Asian Art Museum
Belkin Brand Identity
Current TV Campaign: "Current Tv Logo Design"
i2 institute imagination and ingenuity
Metropolitan Museum of Art
NBC Universal Green is Universal
New Museum
Nixon Peabody Digital, Media, Print, Spark
Thorn
Zigbee Alliance

WOLFGANG LOS ANGELES
316 S Venice Blvd, Venice, CA 90291
Tel.: (424) 903-9381
E-Mail: info@wolfgangla.com
Web Site: http://wolfgangla.dreamhosters.com

Employees: 50

Agency Specializes In: Advertising, Brand Development & Integration, Content, Digital/Interactive, Experiential Marketing, Out-of-Home Media, Print, Production (Ad, Film, Broadcast), Social Media

Seema Miller *(Co-Founder & Pres)*
Mike Geiger *(Co-Founder & CEO)*
Colin Jeffery *(Co-Founder & Chief Creative Officer)*
Chris Adams *(Creative Dir)*
Ross Cavin *(Creative Dir)*
Dave Horton *(Creative Dir)*
Matthew Woodhams-Roberts *(Creative Dir)*

Accounts:
Eden Creamery LLC Creative, Halo Top (Agency of Record), Production, Strategy; 2018
Fast Retailing Co Ltd Uniqlo
New-Georgia-Pacific LLC Vanity Fair
Panda Restaurant Group, Inc Panda Express (Creative Agency of Record); 2018
TrueCar, Inc Rebranding

WOMANWISE LLC
PO Box 27008, Minneapolis, MN 55427
Tel.: (952) 797-5000
Fax: (952) 797-5001
E-Mail: dorimolitor@womanwise.com
Web Site: www.womanwise.com

Employees: 15
Year Founded: 1984

National Agency Associations: APMA WORLDWIDE-PMA

Agency Specializes In: Advertising, Brand Development & Integration, Collateral, Communications, Consulting, Consumer Marketing, Corporate Identity, Event Planning & Marketing, Internet/Web Design, Logo & Package Design, Out-of-Home Media, Outdoor, Planning & Consultation, Point of Purchase, Point of Sale, Print, Publicity/Promotions, Radio, Restaurant, Retail, Sales Promotion, Sweepstakes, T.V.

Dori Molitor *(CEO)*

Accounts:
Bellisio Foods
Land O'Lakes
Novartis Pharmaceutical
Schwan Food Company
Serta
UnitedHealthcare

WOMENKIND
1441 Broadway Suite 3101, New York, NY 10018
Tel.: (212) 660-0400
Fax: (212) 966-4646
E-Mail: info@womenkind.net
Web Site: womenkind.net/

Employees: 10
Year Founded: 2001

Agency Specializes In: Advertising, Advertising Specialties, Arts, Brand Development & Integration, Branded Entertainment, Broadcast, Cable T.V., Communications, Consulting, Consumer Publications, Content, Cosmetics, Direct Response Marketing, Environmental, Event Planning & Marketing, Experience Design, Experiential Marketing, Fashion/Apparel, Graphic Design, Guerilla Marketing, Health Care Services, High Technology, Identity Marketing, Infomercials, Internet/Web Design, Logo & Package Design, Luxury Products, Magazines, Market Research, Mobile Marketing, Multimedia, New Product Development, Newspapers & Magazines, Package Design, Planning & Consultation, Print, Production, Production (Ad, Film, Broadcast), Promotions, Public Relations, RSS (Really Simple Syndication), Retail, Sports Market, Strategic Planning/Research, T.V., Technical Advertising, Trade & Consumer Magazines, Travel & Tourism, Viral/Buzz/Word of Mouth, Women's Market

Breakdown of Gross Billings by Media: Consulting: $250,000; T.V.: $1,500,000; Trade & Consumer Mags.: $250,000

Kristi Faulkner *(Pres)*
Sandy Sabean *(Chief Creative Officer)*
Kevin Driscoll *(Mng Dir-Client Svcs)*
Belinda Downey *(Art Dir)*
Carolyn Samuel *(Dir-Comm)*

Accounts:
Citibank Citi, Women & Co; 2008
KFC Strategy; 2014
Mutual of Omaha Mutual of Omaha Insurance; 2014
Post Foods Great Grains Cereal; 2010

WOMEN'S MARKETING INC.
1221 Post Rd E Ste 201, Westport, CT 06880-5430
Tel.: (203) 256-0880
Web Site: www.womensmarketing.com

Employees: 50
Year Founded: 1982

Agency Specializes In: Brand Development & Integration, Broadcast, Cable T.V., Consulting, Consumer Goods, Consumer Marketing, Consumer Publications, Cosmetics, Digital/Interactive, Guerilla Marketing, Infomercials, Media Buying Services, Media Planning, Mobile Marketing, Newspapers & Magazines, Out-of-Home Media, Radio, Search Engine Optimization, Social Media, Sponsorship, T.V., Trade & Consumer Magazines, Viral/Buzz/Word of Mouth, Web (Banner Ads, Pop-ups, etc.)

Andrea Van Dam *(CEO)*
Doug Bivona *(CFO)*
Brandon Heagle *(Chief Digital Officer)*
Rich Zeldes *(Exec VP & Mng Dir-Global Bus Dev)*
Marlea Clark *(Exec VP-Mktg & Insights)*
Kim Haley *(Exec VP-Acct Strategy)*
Kate Dillon *(Sr VP-HR & Ops)*
Raquel Klugman *(Sr VP-Beauty)*
Domenica Kraus *(Sr VP-Media)*
Lea Giaquinto *(VP-Beauty)*
Rina Yashayeva *(VP-Marketplace Strategy)*
Amanda Zajac *(VP-Beauty)*
Zafreen Zerilli *(VP-Analytics)*
Jenna Manula *(Sr Dir-Social Media)*
Vlada Briks *(Acct Dir)*
Amy Reynolds *(Media Dir)*
Byron Kerr *(Dir-Marketplace Strategy)*
Matthew Mathias *(Dir-SEM)*
Erin Caslowitz *(Assoc Dir-Analytics)*
Lauren Stewart *(Assoc Dir-Brand Strategy & Activation)*
Robert Rodriguez *(Mgr-SEM)*
Andrea Savino *(Mgr-Mktg Design)*
Danielle Benigni *(Assoc Media Dir)*
Kathleen Jahnke *(Assoc Media Dir)*

Accounts:
The Colorado Center for Reproductive Medicine Digital Analytics, Media Buying, SEO; 2018
Drybar
First Aid Beauty Traditional Media, Website
The Hain Celestial Group, Inc Earth's Best, Marketing Strategy, Media, Terra
Iredale Mineral Cosmetics, Ltd.
Lansinoh
L'Oreal USA Urban Decay
Mommy's Bliss (Agency of Record) Advertising, Custom Content Integrations, Digital Marketing, Programmatic, Search, Social, Video
Moroccanoil Brand Awareness
NFI Consumer Healthcare (Agency of Record)

AGENCIES - JANUARY, 2019   ADVERTISING AGENCIES

Advertising Strategy, Interactive Digital Marketing Strategies, TV, e.p.t
Paige Denim Brand Awareness
Ranir
Similasan Digital, Mobile, Print, Swedish OTC Brand
SKECHERS U.S.A., INC.
Vital Farms Media

Branches

Flying Point Digital
35 W 36th St, New York, NY 10018
(See Separate Listing)

WONDERSAUCE
(Acquired by Project)

WONGDOODY
1011 Western Ave Ste 900, Seattle, WA 98104
Tel.: (206) 624-5325
Fax: (206) 624-2369
Web Site: www.wongdoody.com

Employees: 147
Year Founded: 1993

National Agency Associations: 4A's

Agency Specializes In: Consumer Marketing, Sponsorship

Approx. Annual Billings: $166,000,000

Tracy Wong *(Chm & Exec Creative Dir)*
Ben Wiener *(CEO)*
Knox Duncan *(Mng Dir)*
Josh Mooney *(Exec Dir-Bus Dev)*
Stacy McCann *(Sr Dir-Integrated Production)*
Jennie Moore *(Creative Dir)*
Adam Nowak *(Creative Dir)*
John Schofield *(Creative Dir)*
Monkey Watson *(Creative Dir)*
Dave Herrick *(Dir-Technical)*
Lori Hicks *(Assoc Dir-Strategy)*
Jan Clark *(Office Mgr & Mgr-HR)*
Lara Johannsen *(Mgr-Creative)*
Paula Branvold *(Acct Supvr)*
Ariel Smith *(Acct Supvr)*
James Almazan *(Acct Exec)*
Patrick Moore *(Sr Art Dir)*

Accounts:
Alaska Airlines, Inc.
Amazon Amazon Echo, Amazon Gary Busey: Talking to Things, Campaign: "Do Alines Exist?", Campaign: "Gary Busey Meets Amazon Fire", Creative, Kindle Paperwhite, Kindle Voyage
Carnival Corporation Holland America Line
Cedars-Sinai Medical Center
The Coffee Bean & Tea Leaf #PurpleStrawCam, Campaign: "#SlurpCarols", Campaign: "Cool Kew", Outdoor, Pinterest, Radio, Social, Social Media, Vine
Epson
Holland America Line, Inc.
The National Basketball Association
Phoenix Children's Hospital Campaign: "Notrica - Nurse"
Scion
Seattle International Film Festival; Seattle, WA Campaign: "Showgirl Ingests Fatal Fish"
T-Mobile USA, Inc.
Woodland Park Zoo Campaign: "Alive - Lion Clubs", Campaign: "Family Dog"

Branch

WongDoody
8500 Steller Dr Ste 5, Culver City, CA 90232-2427

Tel.: (310) 280-7800
Fax: (310) 280-7780
Web Site: www.wongdoody.com

Employees: 147
Year Founded: 1997

National Agency Associations: 4A's

Agency Specializes In: Consumer Marketing

Skyler Mattson *(Pres)*
Ben Wiener *(CEO)*
Steven Orenstein *(CFO)*
Vickie Palm *(Sr Dir-Production & Mgr-Creative)*
Matt Burgess *(Creative Dir)*
Kinley Lagrange *(Acct Dir)*
Typhanee Vreen *(Acct Dir)*
Vanessa Witter *(Creative Dir)*
Jane Kim *(Dir-Engagement Strategy & Plng)*
Lori Hicks *(Assoc Dir-Strategy)*
Eva Doak *(Acct Supvr)*
Audrey Steinberger *(Supvr-Connection Plng)*
Kailey Campos *(Media Planner)*
Colin Hodges *(Copywriter)*
Shane Haririan *(Assoc Media Dir)*
Dennis Lee *(Assoc Creative Dir)*
Amy Matheu *(Sr Art Dir)*

Accounts:
Alpine Electronics of America, Inc.
American Association of University Women Campaign: "#TheReal10"
Cedars-Sinai Medical Center
The CW
DoubleDown Casino (Agency of Record) Orange is the New Black
Hallmark Labs
Hitachi
Litehouse Foods
The Methodist Hospital System; Houston, TX
MomsRising Social Media
National University (Agency of Record) Campaign: "For The Greater"
T-Mobile US Retail
Toyota Scion Brand Marketing, Digital, Radio
VIZIO

THE WOO
9601 Jefferson Blvd # A, Culver City, CA 90232
Tel.: (310) 558-1188
Fax: (310) 558-0294
E-Mail: info@thewoo.com
Web Site: thewoo.com/

Employees: 36
Year Founded: 1996

Agency Specializes In: Brand Development & Integration, Experiential Marketing, Logo & Package Design, Media Buying Services, Print, Radio, Sponsorship, T.V.

David Abehsera *(Pres)*
John Gibson *(VP & Grp Acct Dir)*
Lorna Paul *(Head-Production)*
Michael Blaney *(Creative Dir)*
Nathan Huft *(Art Dir)*
Meredith Kendrick *(Mgmt Supvr)*
Marilyn Nakazato *(Dir-Design)*
Mike Rose *(Dir-Consumer Connections & Integrated Media)*
Hayley Stanfield *(Mgr-Bus Dev)*
Al Herrera *(Acct Supvr)*
Caroline Di Giulio *(Assoc Creative Dir)*
Hope Lee *(Mng Supvr)*

Accounts:
AMD
Beachbody
Bosch Home Appliances U.S. (Creative Agency of Record)
Cydcor

Intel
The Israel Ministry of Tourism
LA Fitness
Lenovo
Microsoft
Niagara Bottling
Office Depot
OOMA
Samsung Home Appliance
Takano Yuri

WOO CREATIVE LLC
135 E Atlantic Ave, Delray Beach, FL 33444
Tel.: (561) 440-4046
Web Site: www.woo-creative.com

Employees: 5

Agency Specializes In: Advertising, Brand Development & Integration, Consulting, Content, Event Planning & Marketing, Internet/Web Design, Logo & Package Design, Print, Public Relations, Social Media

Ryan Boylston *(Owner)*
Jon Berg *(Art Dir)*

Accounts:
New-B&B Franchise Group

THE WOOD AGENCY
7550 IH-10 W, San Antonio, TX 78229
Tel.: (210) 474-7400
Fax: (210) 474-7499
Toll Free: (888) 774-7443
E-Mail: twa@thewoodagency.com
Web Site: www.thewoodagency.com

E-Mail for Key Personnel:
President: vtw@thewoodagency.com
Media Dir.: kathy@thewoodagency.com

Employees: 14
Year Founded: 1987

Agency Specializes In: Advertising, Bilingual Market, Brand Development & Integration, Broadcast, Business-To-Business, Cable T.V., Health Care Services, Infomercials, Retail, Strategic Planning/Research

Approx. Annual Billings: $12,000,000

Trevor Wood *(Owner & Pres)*
Christina Medina *(VP-Creative Svcs)*
Kathy Bellamy *(Media Dir)*
Jessica Wood *(Media Planner & Media Buyer)*
Elaine Lytle *(Sr Art Dir)*

Accounts:
Methodist Healthcare System

WOODRUFF
(Formerly Woodruff Sweitzer, Inc.)
501 Fay St Ste 110, Columbia, MO 65201
Tel.: (573) 875-7917
Fax: (573) 874-7979
Toll Free: (888) 300-7485
Web Site: wearewoodruff.com

Employees: 30
Year Founded: 1992

National Agency Associations: NAMA

Agency Specializes In: Advertising, Agriculture, Government/Political, Health Care Services, Pharmaceutical

Terry Woodruff *(Pres & CEO)*
Shelley Thompson *(COO)*
Scott Kington *(Exec VP-Strategic Plng & Brand*

1175

ADVERTISING AGENCIES

Dev)
Reid Stella *(VP & Assoc Creative Dir)*
Sue Dillon *(Dir-PR)*
Andrew Grinch *(Dir-Content)*
Tori Powers *(Dir-Ops)*
Shannan Baker *(Acct Mgr)*
Shelby Lane Mertz *(Acct Exec)*
Elizabeth Tallmage *(Acct Exec)*
Madison Williams *(Acct Coord)*

Accounts:
Abbott Laboratories
Arysta Lifescience; San Francisco, CA Agrochemicals; 2000
Bayer HealthCare
Boone County National Bank; Columbia, MO Financial Services; 1997
City of Columbia
Diamond Pet Foods Nutragold Packaging
IMMVAC, Inc.
Pop's Authentic
Taste the Wild
Ten Pin Management

Branches

Woodruff
(Formerly Woodruff Sweitzer)
1926 Old West Main St, Red Wing, MN 55066
Tel.: (651) 388-7737
Web Site: wearewoodruff.com

Employees: 101
Year Founded: 2004

Agency Specializes In: Advertising, Brand Development & Integration, Print, Public Relations, Strategic Planning/Research

Gardner Hatch *(Supvr-PR)*
Halli Kubes *(Acct Exec-PR)*

Accounts:
AgSpring
Austin Utilities
CCFE
Chippewa Valley Bean
CLAAS of America
Donaldson Clean Solutions
Jones-Harrison
Minnesota State University
Red Wing Family YMCA
Red Wing Shoes
Robins Kaplan Miller & Ciresi
Roseville Visitors Association
Steigerwaldt
Tech Mix
Zinpro

WS
(Formerly Woodruff Sweitzer Canada Inc.)
1220 Kensington Road NW Ste 303, Calgary, AB T2N 3P5 Canada
Tel.: (403) 291-2922
Fax: (403) 291-2365
Web Site: www.simplyws.com

Employees: 30
Year Founded: 2002

Agency Specializes In: Advertising

Susan Groeneveld *(Partner)*
Ric Fedyna *(Exec VP-Creative)*
Shannon Anderson *(Client Svcs Dir)*
Graham Kahl *(Dir-Insights & Analytics)*

Accounts:
Livestock Identification Services
Morris Industries (Agency of Record)

Woodruff
(Formerly Woodruff Sweitzer Inc)
331 Southwest Blvd, Kansas City, MO 64108
Tel.: (816) 255-1917
Web Site: www.wearewoodruff.com

Employees: 25

Agency Specializes In: Advertising, Brand Development & Integration, Digital/Interactive, Event Planning & Marketing, Graphic Design, Internet/Web Design, Public Relations, Social Media

Tom Apple *(VP-Bus Dev)*
Vincent Townsend *(Acct Exec)*
Mary Wheeler *(Specialist-Social Media)*
Kelsey Maggio *(Copywriter)*
Sarah Chaney *(Acct Coord)*
Brandon Shelton *(Assoc Creative Dir)*
Chad Stoway *(Sr Art Dir)*

Accounts:
AMVAC Chemical Corporation

WOODRUFF SWEITZER, INC.
(Name Changed to Woodruff)

WOODWARD CREATIVE GROUP LLC
219 Westfield Blvd Ste 100, Temple, TX 76502
Tel.: (254) 773-5588
Fax: (254) 773-9611
Web Site: www.woodwardcreativegroup.com

Employees: 12

Agency Specializes In: Advertising, Graphic Design, Internet/Web Design

Revenue: $1,200,000

Bill Woodward *(Owner)*

Accounts:
KOKE FM
Ralph Wilson Youth Club Capital
University of Mary Hardin-Baylor

WOONTEILER INK
1193 Main St Apt D1, Hingham, MA 02043
Tel.: (781) 891-1232
Fax: (781) 891-1022
E-Mail: info@woonteilerink.com
Web Site: www.woonteilerink.com

Employees: 10
Year Founded: 1992

Agency Specializes In: Collateral, Communications, Consumer Marketing, Event Planning & Marketing, Graphic Design, Health Care Services, Internet/Web Design, Legal Services, Public Relations, Publicity/Promotions, Real Estate, Restaurant

Gary Woonteiler *(Pres)*

Accounts:
Atrius
The Boston Home; Dorchester, MA
Center for IT Leadership (CITL); Wellesley, MA
Commonwealth Hematology-Oncology; Quincy, MA

WORDS AND PICTURES CREATIVE SERVICE, INC.
1 Maynard Dr Ste 1103, Park Ridge, NJ 07656
Tel.: (201) 573-0228
Fax: (201) 573-8966
Toll Free: (877) 573-0228

E-Mail: info@wordsandpictures.net
Web Site: www.wordsandpictures.net

Employees: 10
Year Founded: 1987

National Agency Associations: BMA-Second Wind Limited

Agency Specializes In: Advertising, Asian Market, Brand Development & Integration, Broadcast, Business Publications, Cable T.V., Collateral, College, Consumer Marketing, Consumer Publications, Corporate Identity, Education, Electronics, Food Service, Graphic Design, Guerilla Marketing, Health Care Services, High Technology, Identity Marketing, Logo & Package Design, Magazines, Media Buying Services, Media Planning, Medical Products, Newspaper, Newspapers & Magazines, Out-of-Home Media, Outdoor, Package Design, Print, Production (Ad, Film, Broadcast), Public Relations, Radio, Seniors' Market, Social Marketing/Nonprofit, Strategic Planning/Research, Syndication, T.V., Trade & Consumer Magazines, Web (Banner Ads, Pop-ups, etc.)

Approx. Annual Billings: $3,000,000

Rhonda Smith DiNapoli *(Pres & Creative Dir)*
Wesley Shaw *(Pres)*
Ryan Huban *(Dir-Engagement)*
Priyanka Shitole *(Dir-Digital)*
Emily Shields *(Graphic Designer & Designer-Web)*

Accounts:
Kramer
Matisse
Ramapo College
Sans
Sony; Park Ridge, NJ
Source Tech Medical

WORK & CO.
231 Front St 5th Fl, Brooklyn, NY 11201
Tel.: (347) 470-4803
E-Mail: newbiz@work.co
Web Site: work.co

Employees: 100
Year Founded: 2013

Agency Specializes In: Experience Design, Internet/Web Design

Rachel Bogan *(Partner-Product Mgmt)*
Gene Liebel *(Partner-Product Management)*
Mohan Ramaswamy *(Partner-Strategy)*
Diego Zambrano *(Partner-Design)*
Rupal Parekh *(Brand Dir)*
Francesco Bertelli *(Dir-Design)*
Stephanie Wiseman *(Dir-Bus Dev)*
Lindsay Liu *(Grp Mktg Dir)*
Ashley O'Connor *(Assoc Mktg Mgr)*

Accounts:
Chase Digital
Facebook Digital
The Gatorade Company Digital Innovation; 2018
LVMH Moet Hennessy Louis Vuitton SA Celine
Nike Digital
Planned Parenthood Federation of America Inc.
Target Digital
Virgin America Digital

WORK, INC.
2019 Monument Ave, Richmond, VA 23220
Tel.: (804) 358-9372
Fax: (804) 355-2784
E-Mail: info@worklabs.com
Web Site: www.worklabs.com

AGENCIES - JANUARY, 2019 — ADVERTISING AGENCIES

Employees: 10
Year Founded: 1994

Agency Specializes In: Broadcast, Print

Cabell Harris *(Owner)*
Marcelo Eduardo *(Partner-Tech)*
Gene Liebel *(Partner-Product)*
Tiago Luchini *(Partner-Tech)*
Thadeu Morgado *(Partner-Design)*
Mohan Ramaswamy *(Partner-Strategy)*
Lindsay Liu *(Grp Mktg Dir)*

Accounts:
AO/OOC
Budget Saver
Die Happy
Luck Stone Center
Macy's Department Stores (Projects)
Meteor Wines
Richmond Soap Studio
Truth Fishing Reels

WORKER BEES, INC.
2300 7th Ave, Seattle, WA 98121
Tel.: (206) 930-3417
Fax: (888) 930-3417
E-Mail: hive@workerbees.com
Web Site: www.workerbees.com

Employees: 1
Year Founded: 1992

Agency Specializes In: Advertising, Broadcast, Collateral, Digital/Interactive, Health Care Services, Internet/Web Design, Out-of-Home Media, Outdoor, Print, Radio

Revenue: $1,000,000

Larry Asher *(Principal & Creative Dir)*

Accounts:
Razorfish
Swedish Medical Center
Vulcan Real Estate

WORKHORSE MARKETING
(Formerly Aha Communications)
3809 S 2nd St, Austin, TX 78704
Tel.: (512) 657-8583
Fax: (512) 476-4289
Web Site: www.workhorsemkt.com

Employees: 2
Year Founded: 2006

Agency Specializes In: Advertising, Broadcast, Digital/Interactive, Email, Exhibit/Trade Shows, Graphic Design, Logo & Package Design, Print, Search Engine Optimization, Strategic Planning/Research

Alyson Daily *(Producer-Acct)*

Accounts:
Alexander Marchant

WORKINPROGRESS
5660 Valmont Rd Ste A, Boulder, CO 80301
Tel.: (720) 310-8642
Web Site: www.wipbdr.com/

Employees: 7
Year Founded: 2016

Agency Specializes In: Alternative Advertising, Branded Entertainment, Broadcast, Cable T.V., Consumer Publications, Digital/Interactive, Electronic Media, Experience Design, Guerila Marketing, Magazines, Multimedia, Newspaper, Newspapers & Magazines, Out-of-Home Media, Outdoor, Print, Production, Production (Print), Promotions, Publishing, Social Media, T.V., Viral/Buzz/Word of Mouth, Web (Banner Ads, Pop-ups, etc.)

Approx. Annual Billings: $5,000,000

Stafford Bosak *(Partner & Head-Production)*
Harold Jones *(Partner & Head-Tech)*
Alexander L. Guerri *(Partner-Acct & Strategy)*
Andrew Lincoln *(Partner)*
Evan Russack *(Partner-Acct & Strategy)*
Pete Sheinbaum *(Partner-Legal & Bus Affairs)*
Matt Talbot *(Partner-Creative)*
Stephen Dalton *(Creative Dir)*
Lauren Perlow *(Creative Dir)*
Tyler Young *(Mgr-Production)*
Morgan Collins *(Supvr-Acct & Strategy)*
Andrew Bridgers *(Copywriter)*
Jimmy Rosen *(Sr Designer)*
Stephanie Kohnen *(Assoc Creative Dir)*

Accounts:
Cocona 37.5; 2017
Nestle USA, Inc. Nescafe Sweet & Creamy
Turner Broadcasting System, Inc. TruTV; 2016
New-Village Inn (Agency of Record) Brand Awareness, Creative, Digital, Radio, TV; 2018

WORKS DESIGN GROUP
7905 Browning Rd Ste 104, Pennsauken, NJ 08109
Tel.: (856) 665-4774
E-Mail: info@worksdesigngroup.com
Web Site: worksdesigngroup.com

Employees: 10
Year Founded: 1994

Agency Specializes In: Brand Development & Integration, Consumer Goods, Graphic Design, Internet/Web Design, Logo & Package Design, New Product Development, Package Design, Point of Purchase, Point of Sale, Print, Shopper Marketing

Kory Grushka *(Partner)*
Bill Hutches *(Principal)*
Chris Burton *(Art Dir)*
Kristin Meile *(Dir-Accts)*
Eric Norton *(Dir-Ops)*
Rachel Cannon *(Sr Designer)*
Jennifer Dean *(Assoc-Bus Dev)*
Taylor Getler *(Bus Dev Associate)*

Accounts:
Campbell Soup Company Branding, Campbell's Organic Soup, Creative, Pace, Packaging, V8; 2004
Hatfield Quality Meats Branding, Creative, Packaging; 2016
Hershey Branding, Creative, Packaging; 2014
LUX Products Creative, Packaging; 2014
Mattel Creative; 2009
Pier 1 Imports Branding, Creative, Packaging; 2015
Pleasant Valley Wine Company Creative, Great Western Sparkling Rose, Packaging; 2017

WORKTANK ENTERPRISES, LLC
400 E Pine St Ste 301, Seattle, WA 98122-2315
Tel.: (206) 226-3206
Fax: (206) 374-2650
Toll Free: (877) 975-8265
E-Mail: info@worktankseattle.com
Web Site: worktankwebcasts.com/

Employees: 30
Year Founded: 2001

Agency Specializes In: Advertising, Broadcast, Digital/Interactive, Event Planning & Marketing, Graphic Design, Identity Marketing, Internet/Web Design, Media Relations, Print, Strategic Planning/Research, T.V.

Leslie Rugaber *(Co-Founder & CEO)*
Brian Snyder *(VP-Delivery Tech)*
Christopher Powell *(Acct Mgr-Technical)*
Marcy Stringfellow *(Production Mgr-Webcast)*

Accounts:
AT&T Communications Corp.
Microsoft

WORLD ONE COMMUNICATIONS, LLC
3711 Birney Avenue, Moosic, PA 18507
Tel.: (570) 561-1315
Fax: (888) 269-6473
E-Mail: info@worldonecommunications.com
Web Site: www.worldonecommunications.com

Employees: 10
Year Founded: 2005

Agency Specializes In: Catalogs, Collateral, Digital/Interactive, Direct Response Marketing, Direct-to-Consumer, Graphic Design, Health Care Services, Print, Production (Print)

Sales: $200,000

Peter Susko *(Owner)*

Accounts:
AtoZ Vacuum
Nelson Rae + Associates
Old Gunnin Decoys
Reggie Birch Decoys
Summit Realty

WORLDLINK MEDIA
6100 Wilshire Blvd, Los Angeles, CA 90048
Tel.: (323) 866-5900
E-Mail: info@worldlinkmedia.com
Web Site: www.worldlinkmedia.com

Employees: 40

Dan Casey *(Exec VP-Sls & Gen Mgr)*
Sue Thorman *(Exec VP)*
Maria Bauza *(Sls Dir)*
Sandy Di Palo *(Sls Dir)*
Jessica Docter *(Sls Mgr-Unwired Brdcst Networks)*
Lindsay Davis *(Acct Exec)*
Chrissy Doyle *(Acct Exec)*
Jim Kirk *(Acct Exec)*
Rex Janechuti *(Sr Coord-Sls)*

WORLDMEDIA INTERACTIVE
3401 N Miami Ave Ste 239, Miami, FL 33127
Tel.: (305) 572-0404
Fax: (305) 572-0105
Web Site: www.worldmedia.net

Employees: 50
Year Founded: 1999

Agency Specializes In: Advertising, Brand Development & Integration, Broadcast, Content, Copywriting, Digital/Interactive, E-Commerce, Email, Integrated Marketing, Internet/Web Design, Media Buying Services, Media Planning, Search Engine Optimization

Andrew Stewart *(Pres)*
Paul Pellerin *(CEO)*
Shane Phelps *(Sr VP-Ops)*
Tom Olivieri *(Exec Dir-Strategy & Content)*
Kamilla Hale *(Client Svcs Dir)*
Scott Young *(Dir-eCRM)*
Christopher Mora *(Project Mgr-Digital)*
Alexandra Sclafani *(Client Partner)*

REDBOOKS — Brands. Marketers. Agencies. Search Less. Find More.
Try out the Online version at www.redbooks.com

ADVERTISING AGENCIES

AGENCIES - JANUARY, 2019

Astrid Vargas *(Client Partner)*
Keith Lemontang *(Mgr-Digital Analytics)*
Olga Hayon *(Designer-Digital)*
Katarina Anna Rodriguez *(Copywriter)*
Jasmine Bienvenue *(Coord-eCRM)*
Stephan Bechtoldt *(Assoc Creative Dir)*
Dennis Paredes *(Sr Partner-Client)*
Nathaly Rosario *(Sr Designer-Digital)*

Accounts:
Bahamas Paradise Cruise Line (Agency of Record) Brand Awareness
Karisma Hotels & Resorts
LATAM Airline Group S. A
Milepost Group Inc
MSC Cruises USA Inc.
Norwegian Cruise Lines
Resorts World Bimini

WORLDWAYS SOCIAL MARKETING
240 Thames St, Newport, RI 02840
Tel.: (401) 619-4081
Fax: (303) 779-3010
E-Mail: info@e-worldways.com
Web Site: marketingsocialimpact.com/

Employees: 18

Maureen Cronin *(Co-Founder & CEO)*

Accounts:
ACLU
Freedom from Hunger

WORTHWHILE
7 S Laurens St, Greenville, SC 29615
Tel.: (864) 233-2552
Web Site: https://worthwhile.com/

Employees: 27
Year Founded: 1994

Agency Specializes In: Advertising, Digital/Interactive, Internet/Web Design, Mobile Marketing, Search Engine Optimization, Social Media

Dan Rundle *(CEO)*
Micah Brandenburg *(VP-Client Engagement)*
Ruben Hentzschel *(VP-Client Solutions)*
Robert Neely *(Strategist-Client)*
Greg Warner *(Designer-UI & UX)*

Accounts:
A Child's Haven
Pharmacy Forward
Tech After Five

WORX BRANDING & ADVERTISING
18 Waterbury Rd, Prospect, CT 06712-1215
Tel.: (203) 758-3311
Fax: (203) 758-6847
Web Site: https://www.worxbranding.com/

Employees: 25
Year Founded: 1986

Agency Specializes In: Advertising, Brand Development & Integration, Broadcast, Business-To-Business, Cable T.V., Consulting, Consumer Marketing, E-Commerce, Electronic Media, Exhibit/Trade Shows, Graphic Design, Health Care Services, Internet/Web Design, Local Marketing, Logo & Package Design, Media Buying Services, Medical Products, Multimedia, Newspaper, Newspapers & Magazines, Out-of-Home Media, Outdoor, Print, Production, Trade & Consumer Magazines, Yellow Pages Advertising

Approx. Annual Billings: $4,000,000

Breakdown of Gross Billings by Media:
Exhibits/Trade Shows: 10%; Print: 25%; Radio & T.V.: 5%; Worldwide Web Sites: 60%

Grant Copeland *(Pres & Chief Creative Officer)*
Marysia Walker *(VP)*
Brian Kelley *(Sr Art Dir)*

Accounts:
Advantage
Aetna CCG
Agavue
Arga Printing
AT&T Bobby Choice
AT&T Connecticut Website
AT&T Surf Free
Bironi Coffee
Cool Beans Coffee
ESPN
FedEx Event Marketing
Holiday Inn
Hotel California Tequila Television
IBM
Jaybeam Limited
The Palace Theater
Patriot Outdoors
Special Olympics Connecticut
United Technologies
United Way of Greater Waterbury
UTC Power
Van Staal

THE WOW FACTOR, INC.
11330 Ventura Blvd, Studio City, CA 91604
Tel.: (818) 755-4400
Web Site: www.wowfactor.net

Employees: 12
Year Founded: 1993

Revenue: $1,300,000

Donald Blanton *(Pres & CEO)*
William Moran *(VP-Production)*
Felix Castro *(Creative Dir)*
Ilia Leon *(Dir-Media Svcs)*
Yoly Solano *(Dir-Event Mktg)*
Claudia Sarabia *(Acct Supvr)*

Accounts:
Coca-Cola Refreshments USA, Inc.

WP NARRATIVE
989 Ave of the Americas, New York, NY 10018
Tel.: (646) 736-2395
E-Mail: info@narrative.is
Web Site: https://wpnarrative.com/

Employees: 16
Year Founded: 2013

Agency Specializes In: Advertising, Alternative Advertising, Brand Development & Integration, Communications, Consumer Marketing, Content, Cosmetics, Digital/Interactive, Electronic Media, Event Planning & Marketing, Fashion/Apparel, Guerilla Marketing, Men's Market, Multicultural, New Product Development, Out-of-Home Media, Outdoor, Publicity/Promotions, Social Media, Sports Market, Strategic Planning/Research, Tween Market, Viral/Buzz/Word of Mouth, Web (Banner Ads, Pop-ups, etc.)

Russell Simmons *(Co-Founder)*
Tricia Clarke-Stone *(CEO)*
Benjamin Vendramin *(Chief Creative Officer)*
Sabina Khilnani *(Grp Acct Dir)*
Aaron Royer *(Dir-Content Production & Ops)*

Accounts:
JCPenney (Digital & Social Media Agency of Record); 2015
Santo Mezquila Digital
Showtime Networks Inc
Under Armour
VISA RushCard
Will Packer Productions

WPP PLC
27 Farm Street, London, W1J 5RJ United Kingdom
Tel.: (44) 20 7408 2204
Fax: (44) 20 7493 6819
E-Mail: enquiries@wpp.com
Web Site: www.wpp.com

Employees: 114,490
Year Founded: 1985

Agency Specializes In: Advertising, Advertising Specialties, Brand Development & Integration, Communications, Corporate Communications, Corporate Identity, Digital/Interactive, Media Buying Services, Publicity/Promotions, Sports Market, Teen Market

Revenue: $15,600,000,000

Roberto Quarta *(Chm)*
Mark Read *(CEO)*
Andrew Scott *(COO)*
Robin Dargue *(CIO-Global)*
David Nicoll *(CIO-Parent Plus)*
Stephan Pretorius *(CTO)*
Lindsay Pattinson *(Chief Client Officer)*
Alina Kessel *(Pres/CEO-Team P&G)*
Mark Povey *(COO-Digital)*
Sarah Hardy *(Mng Dir-Client Teams)*
Sean Howard *(Mng Dir-Govt & Pub Sector Practice-Global)*
Peter Dart *(Head-Client & Dir-Unilever)*
Stephanos Klimathianos *(Head-Client-Google)*
David Pullan *(Head-Client-Team GSK)*
Niken Wresniwiro *(Head-Comm-EMEA)*
Iain Bundred *(Exec Dir-Govt & Pub Sector Practice-UK)*
Chris Wade *(Grp Dir-Comm)*
John O'Keeffe *(Creative Dir)*
Melanie Huggins *(Dir-Strategy)*
Frances Illingworth *(Dir-Recruitment)*
Ben Kay *(Dir-Plng)*
Paul Richardson *(Dir-Fin)*
Simon Holley *(Mgr-HR)*
Rafael Esteve Arcos *(Team Head-Danone)*
Alex Walker *(Category Dir)*

Accounts:
Aston Martin Lagonda Global Marketing
Bayer HealthCare
Bose Corporation Creative, Global, Localization, Media & Digital Marketing, Production; 2018
BP p.l.c. Advertising, Brand Research, Branding, Corporate, Fuels & Castrol Business, Digital Media, Global, Marketing Communication, Media Investment Management, Public Relations; 2018
Diageo
E-Trade Media Buying, Media Planning
Ford Motor Company Advertising, Campaign: "Change Is A Wonderful Thing", Figo, Marketing
New-GlaxoSmithKline Plc Global Creative, Panadol, Public Relations; 2018
Gruppo Campari Advertising, Branding, Communication, Data Management, Digital, Live Communication, Marketing, Media Investment, Public Relations, Research; 2017
Holiday Inn Group
Hotels.com
HSBC
Huawei Global Corporate Branding
Intercontinental Hotels
International Airlines Group Avios, British Airways, Creative, IAG Cargo, Marketing, Media Planning, Strategy & Buying, Paid Search, Production, Social Media
Kimberly-Clark Corporation

AGENCIES - JANUARY, 2019 — ADVERTISING AGENCIES

LVMH
Unilever Africa, Sunlight
Vodafone Group Plc Global Strategy
Walgreens Boots Alliance Digital Advertising, Global Advertising, Media Investment Management, Media Relations, Promotion Marketing, Public Affairs, Traditional Advertising

AGENDA
03-06 32F, 118 Connaight Road West, Hong Kong, China (Hong Kong)
Tel.: (852) 2298 3888
Fax: (852) 21446332
Web Site: www.wunderman.com.cn/

Employees: 250

National Agency Associations: ADMA

Agency Specializes In: Advertising, Consumer Goods, Consumer Marketing, Consumer Publications, Education, New Technologies, Production, Production (Print), Publishing, Real Estate

Tracy Chow *(Creative Dir)*

Accounts:
Carrefour
Colgate China; 2008
DHL
Disney
GlaxoSmithKline Limited Creative, Print, Social Media, Television
Honda
Johnson & Johnson Acuvue, Bandaid, Clean 'n Clear, Johnson's Baby, OB
Kimberly-Clark (Hong Kong) Limited Campaign: "The Story of Softness", Digital, Kotex Softness
Microsoft Campaign: "Simply Play Faster"
Pepsi
Prudential
xBox 360

AKQA, Inc.
360 3rd St 5th Fl, San Francisco, CA 94107
(See Separate Listing)

Bates Chi & Partners
23/F The Center, 99 Center's Road, Causeway Bay, China (Hong Kong)
Tel.: (852) 2283 3333
Fax: (852) 25274086
E-Mail: info@bateschi.com
Web Site: www.bateschi.com

Employees: 110

Desiree Lim *(Comm Mgr)*
Guojing Yang *(Grp Creative Dir)*

Accounts:
AP Boots Campaign: "Grasshopper"
Carlsberg
Del Monte Foods S&W
Dell Computers
HSBC Campaign: "Facebook AI Engine", Campaign: "My Spending Decoder"
Li Ning
Mother's Choice
Shell Hong Kong

BDG architecture+design
33 Saint John Street, London, EC1M 4AA United Kingdom
Tel.: (44) 20 7559 7400
Fax: (44) 20 7559 7401
E-Mail: info@bdg-a-d.com
Web Site: www.bdg-a-d.com

Employees: 20
Year Founded: 1962

Agency Specializes In: Graphic Design, Planning & Consultation, Strategic Planning/Research

Colin Macgadie *(Chief Creative Officer)*
Clive Hall *(Dir-Technical)*
Phil Hutchinson *(Dir-Strategy)*
Helen Ieronimo *(Mktg Mgr)*
Helen Bedford *(Sr Designer)*

Accounts:
Barclays
GREY London
Honeywell
HSBC
IBM
Inter Raoles
NHS Direct
Siemens

Blue State Digital
734 15th St NW Ste 1200, Washington, DC 20005
(See Separate Listing)

Blue State Digital
711 Atlantic Ave Lbby 1, Boston, MA 02111
(See Separate Listing)

BPG Group
Level 6 MAF Tower Deira City Center, PO Box 3294, Dubai, United Arab Emirates
Tel.: (971) 4 506 5555
Fax: (971) 4 295 8066
E-Mail: bizdev@batespangulf.com
Web Site: www.batespangulf.com

Employees: 100

Agency Specializes In: Advertising

Abdulla Majed Al Ghurair *(Chm)*
Suneesh Menon *(Mng Dir)*
Nitin Puri *(CEO-BPG Possible)*
Naveed Jamal *(Sr VP & Exec Dir-Design)*
Ashish Gupta *(Gen Mgr-Digital Media-BPG Maxus)*
Siddarth Sivaprakash *(Grp Acct Dir)*
Ketaki Banga *(Bus Dir)*
Mriganka Kalita *(Assoc Creative Dir-BPG Bates-Dubai)*

Accounts:
Eyezone Eyewear
Health Authority Abu Dhabi
Invaders Pest Control

Cavalry Agency
233 N Michigan Ave, Chicago, IL 60601
(See Separate Listing)

cba BE
96 rue Edouard Vaillant, Levallois-Perret, 92300 Paris, France
Tel.: (33) 1 40 54 09 00
Fax: (33) 1 47 64 95 75
E-Mail: info@cba-design.com
Web Site: www.cba-design.com/fr

Employees: 185
Year Founded: 1982

Agency Specializes In: Advertising, Brand Development & Integration, Communications, Consumer Marketing, Cosmetics, Food Service, Graphic Design, Internet/Web Design, Logo & Package Design, Publicity/Promotions

Louis Collinet *(CEO)*
Anne Malberti *(Gen Mgr-CBA Paris)*

Chemistry
2760 Fifth Ave, San Diego, CA 92103
(See Separate Listing)

Cole & Weber United
221 Yale Ave N Ste 600, Seattle, WA 98109
(See Separate Listing)

Coley Porter Bell
18 Grosvenor Gardens, London, SW1W 0DH United Kingdom
Tel.: (44) 207 824 7700
Fax: (44) 207 824 7701
E-Mail: beautiful@cpb.co.uk
Web Site: https://www.coleyporterbell.com/

Employees: 45
Year Founded: 1979

Agency Specializes In: Consulting, Graphic Design

Jennifer Ives *(Mng Partner-Client Svcs)*
Rachel Fullerton *(Fin Dir)*
James Ramsden *(Exec Creative Dir)*
Steve Irvine *(Creative Dir)*
Cathy Madoc Jones *(Acct Dir)*
Julie Petard *(Bus Dir)*
Sarah Cameron *(Dir-Client)*
John Clark *(Dir-Plng)*
Peter Cottington *(Dir-Production)*

Accounts:
Chivas Brothers Chivas Regal
Co-operative Food "Loved By Us"
Fresh Pak Chilled Foods Campaign: "Gourmet Street Tucker You Can Enjoy at Home'", Packaging, The Hungry Wolf Deli Fillers Branding
Kimberly-Clark Kotex
Lifeplus Campaign: "Lifeplus Range"
Monier
Morrisons Campaign: "Morrisons Savers Foods"
Muller Corner Consumer Awareness, Dessert Inspired, Point Of Sale, Voted By You
Nescafe
Pernod Ricard Brand Strategy, Martell, Packaging Design
Premier Foods Loyd Grossman
TUI Travel Brand Development, Marine Division
Unilever Hellmans
White Knight Laundry Company Campaign: "Laundry your Way", Corporate Identity, Logo, knight's Helmet

Collective ID
(Formerly Ireland/Davenport)
Illovo Muse 198 Oxford Road, Illovo, Sandton, 2196 South Africa
Tel.: (27) 11 243 1300
Fax: (27) 11 463 2232
E-Mail: info@i-d.co.za
Web Site: www.collectiveid.co.za

Employees: 5
Year Founded: 2006

John Davenport *(Founder & Exec Dir)*
Brenda Khumalo *(Mng Dir)*
Qingqile WingWing Mdlulwa *(Exec Creative Dir)*

Accounts:
Adcock Ingram Campaign: "Grannies"
Apple
Avis Campaign: "Optional Gps", GPS, Luxury Car Rental
BankServ
BMW Campaign: "Rear View Camera Cover", M5

1179

ADVERTISING AGENCIES

Boardmans
Dion Wired
Ditsong National Museum of Military History Campaign: "The Battle of the Somme"
Fight Masters
Fox International Channels Campaign: "Cinema Crime Scene"
Free Zimbabwe Campaign: "Friend Request"
GOtv
Investec
Johannesburg Wits Planetearium Campaign: "It's a Big Universe"
MAQ
MTN Group
National Geographic Channel Campaign: "Dogs have issues too", Most Amazing Photos
Nintendo
Panado Campaign: "Baby Headaches", Infant Drops
Plascon
Refreshhh! Beverages
SA Tourism Campaign: "Nothings more fun than a Sho't Left"
Salvation Army
Toys 'R' Us
Vodacom
Vodafone Group plc
The War Museum Campaign: "Deville Wood Dice"

Commarco GmbH
Hanseatic Trade Center, Am Sandtorkai 76, 20457 Hamburg, Germany
Tel.: (49) 40 82 21 95 900
Fax: (49) 40 82 21 95 999
E-Mail: info@commarco.com
Web Site: www.commarco.com

Employees: 1,200

Agency Specializes In: Advertising

Frank-Michael Schmidt *(CEO)*

David
Avenida Pedrosa de Morais 15553, 2 Andar, Sao Paulo, 05477 900 Brazil
(See Separate Listing)

dBOD
Jacob Bontiusplaat 9, 1018 LL Amsterdam, Netherlands
Tel.: (31) 205216500
Fax: (31) 205216501
E-Mail: info@dbod.nl
Web Site: www.dbod.nl

Employees: 38
Year Founded: 1980

Agency Specializes In: Advertising, Brand Development & Integration, Digital/Interactive, Package Design

Evelyn Hille *(Acct Dir)*
Reyn Jongenelen *(Creative Dir)*
Ditte Glebbeek *(Dir-Design)*
Debby Jansen *(Dir-Ops)*

Accounts:
Heineken Holding N.V.

Deeplocal Inc.
1601 Marys Ave Ste 10, Pittsburgh, PA 15215
(See Separate Listing)

Effective Inc.
2162 Market St, Denver, CO 80205
(See Separate Listing)

The Farm
611 Broadway, New York, NY 10012
(See Separate Listing)

Fitch
121-141 Westbourne Terrace, London, W2 6JR United Kingdom
(See Separate Listing)

Global Team Blue
(Formerly Team Detroit)
550 Town Ctr Dr, Dearborn, MI 48126-2750
(See Separate Listing)

Grey Group
200 5th Ave, New York, NY 10010
(See Separate Listing)

Hogarth Worldwide
164 Shaftesbury Ave, London, WC2H 8HL United Kingdom
(See Separate Listing)

Hogarth Worldwide
230 Park Ave S 11th Fl, New York, NY 10003
Tel.: (646) 480-6444
E-Mail: info@hogarthww.com
Web Site: www.us.hogarthww.com

Employees: 300
Year Founded: 2008

National Agency Associations: 4A's

Agency Specializes In: Bilingual Market, Broadcast, Co-op Advertising, Integrated Marketing, International, Local Marketing, Magazines, Merchandising, Multimedia, Newspaper, Newspapers & Magazines, Out-of-Home Media, Outdoor, Point of Sale, Print, Production, Production (Print), T.V., Web (Banner Ads, Pop-ups, etc.)

Karine Brasil *(Head-Campaign & Creative Dir)*
Katie deLaski *(Acct Dir)*
Zivy Johnson *(Producer-Brdcst)*
Wagner Fraga *(Dir-Digital Production & Tech)*
Ruhiya Nuruddin *(Dir-Brdcst & Content Production)*
William Hayes *(Acct Mgr)*
Laura Verdecia *(Acct Mgr)*
Leah Teravskis *(Project Mgr-Digital)*

Accounts:
Bose Corporation
Emirates Airline

Hudson Rouge
257 Park Ave S 20th Fl, New York, NY 10010
(See Separate Listing)

J. Walter Thompson
466 Lexington Ave, New York, NY 10017-3140
(See Separate Listing)

John St.
172 John Street, Toronto, ON M5T 1X5 Canada
(See Separate Listing)

Jupiter Drawing Room
River Park, 42 Holmstead Rd, Rivonia, 2128 South Africa
Tel.: (27) 21 447 8195
Fax: (27) 11 233 8820
E-Mail: info@thejupiterdrawingroom.com
Web Site: www.thejupiterdrawingroom.com

Employees: 200

Graham Warsop *(Founder & Chm)*

Accounts:
ABSA CAPE EPIC, Campaign: "Team Of Millions"
New-Nike
WeChat South Africa Campaign: "Crazy About WeChat"

JWT
146 Zhilanskaya St 4th Fl, Kiev, 01032 Ukraine
Tel.: (380) 44 461 7916
Fax: (380) 44 461 7917
E-Mail: press@jwt.com.ua
Web Site: www.jwt.com.ua/

Employees: 50
Year Founded: 1998

Olga Lanovyk *(Mng Dir)*

Accounts:
Microsoft Lumia

LDV United
Rijnkaai 99, Hangar 26, 2000 Antwerp, Belgium
Tel.: (32) 3229 2929
Fax: (32) 3 229 2930
E-Mail: info@ldv.be
Web Site: www.ldv.be

Employees: 40
Year Founded: 2001

Agency Specializes In: Advertising

Harry Demey *(CEO)*
Petra De Roos *(Mng Dir)*
Dimitri Mundorff *(Head-Acct)*
Kristof Snels *(Creative Dir)*
Thomas Thysens *(Art Dir)*
Tomas Sweertvaegher *(Dir-Strategy)*
Ineke Beeckmans *(Acct Mgr)*
Tim Janssens *(Acct Mgr)*
Julie Oostvogels *(Acct Mgr)*
Jean De Moor *(Mgr-Production)*
Dries De Bruyn *(Assoc Creative Dir)*
Dennis Van Dewalle *(Assoc Creative Dir)*

Accounts:
Benetiet Campaign: "Win a Breast"
JoeFM Campaign: "Can You Hear Us, Major Tom?"
Kind en Gezin
Opel Belgium Campaign: "Gabriel", Campaign: "It is Possible Inside the Combo"
Special Olympics Campaign: "Break the Taboos"
University of Antwerp

MetropolitanRepublic
7 Wessel Road Edenburg, Johannesburg, South Africa
Tel.: (27) 112313300
Fax: (27) 112316727
Web Site: www.metropolitanrepublic.com

Employees: 100

Agency Specializes In: Advertising

Alison Deeb *(Grp CEO)*
Paul Warner *(Chief Creative Officer)*
Keith Manning *(Copywriter)*

Accounts:
Discovery (Agency of Record); 2017
Hippo
Mobile Telephone Network Telecommunications Services

AGENCIES - JANUARY, 2019 — ADVERTISING AGENCIES

Nando's
SA Breweries
Sanlam
Sony Mobile South Africa Digital, Social Media, Xperia
Wimpy Campaign: "Braille Burgers"
World Design Capital

Mindshare
1 St Giles High St, London, WC2H 8AR United Kingdom
Tel.: (44) 20 7969 4040
Fax: (44) 20 7969 4000
E-Mail: Nick.Ashley@mindshareworld.com
Web Site: www.mindshareworld.com

Employees: 7,000

Agency Specializes In: Media Buying Services

Emma Stears *(Mng Partner)*
Enyi Nwosu *(Partner & Head-Strategy)*
Mark Baschnonga *(Partner-Strategy)*
Beatrice Boue *(Partner)*
Sharon Dhillon *(Partner)*
Rosie Faulkner *(Partner)*
Andrew Lloyd *(Partner)*
Simon Lonsdale *(Partner)*
Simon Mathews *(Partner)*
Mike Mulholland *(Partner-Bus Plng)*
Poorani Prithiviraj *(Partner-Owned & Earned)*
Giovanni Romero *(Partner)*
Liz Salway *(Partner-Programmatic)*
Ilker Shakir *(Partner-Trading Efficiencies)*
Chris Ware *(Partner)*
Emma Whitford *(Partner-Client Leadership)*
Joanna Lyall *(Mng Dir)*
Barry Lee *(COO & Chief Activation Officer)*
Luke Christison *(CTO & CIO-Global)*
James Harris *(Chief Strategy Officer)*
Marco Rimini *(Chief Dev Officer)*
Ruth Zohrer *(Chief Product Officer)*
Tom Johnson *(Chief Digital Officer-Clients)*
Fleur Stoppani *(Chief Client Officer)*
David Walsh *(Chief Bus Officer)*
Helen McRae *(Chm-Western Europe & CEO-UK)*
Nilufar Fowler *(CEO-Worldwide Central)*
Jim Vander Meersch *(Head-Media-The Sun & Dir-Client)*
Chris Cardew *(Head-Strategy)*
Yulia Livne *(Head-ECommerce-UK)*
Thomas Balaam *(Bus Dir)*
Greg Brooks *(Mktg Dir-Global)*
Marc Caldwell *(Bus Dir-Performance)*
Niall Callan *(Comml Dir)*
Phil Cowin *(Bus Dir)*
Agustin Crespo *(Bus Dir-Digital)*
Daleep Dehal *(Bus Dir)*
David Fenton *(Bus Dir)*
Alexandra Jones *(Bus Dir-Digital)*
Paula McCarthy *(Mktg Dir)*
Antony Newfield *(Bus Dir)*
Matthew Rouse *(Bus Dir)*
Richard Tudor *(Acct Dir)*
Jonathan Whitney *(Acct Dir-Biddable)*
Andy Bellis *(Dir-Performance Analytics)*
Daniel Da Costa *(Dir-Strategy)*
Kevin Kirby *(Dir-Digital Ops)*
John Tippins *(Dir-Client & Strategy)*
Matt Thomas *(Client Partner)*
Francesca Caicedo *(Mgr-Global Performance)*
Lavinia Weir *(Strategist-Digital)*
Sarah Williams *(Planner-Connections)*
Katie Brown *(Client Dir)*
Alexandria Oliver *(Client Dir-Strategy)*

Accounts:
21st Century Fox Media
Anglian Home Improvements Digital Media
BlackRock, Inc. Media
Boehringer Ingelheim
Brewin Dolphin
Capcom
Chanel
CISCO
Evans Cycles Media Buying, Media Planning
Facebook
First Direct Media Planning & Buying
Ford Motor Company Limited Branded Content, Fiesta, Media
Freeview
Garuda Global Media
General Mills Global Media
Grohe
Hediard
HMD Global Digital, Global Media, Local Planning & Buying, Nokia 3310, Offline Media
Holiday Lettings
IBM
InterContinental Hotels Group CRM, Crowne Plaza, Global Media, Holiday Inn, InterContinental
Jaguar Land Rover Campaign: "Feel Wimbledon", Campaign: "How alive are you?", Campaign: "Life Balanced", Creative, F-Type, Media Buying, Media Planning, XF Sportsbrake
Kimberly Clark Digital, Kleenex, Media Buying
Legal & General Creative, Media
Livingsocial
Lufthansa
Mango
Manulife (Media Agency of Record) John Hancock, Manulife
Marks & Spencer Media Buying, Media Planning
Mazda
The National Trust Media Buying, Media Planning
Nike
Ocean Spray
Piaggio
Popchips
Post Office Media
Ranstad
Rolex
SAGE
Samaritans
SAP
Slater & Gordon Analytics, Media Buying, Media Planning, Offline Media, Strategy
Specsavers
talkSPORT
Telegraph Media Group
Three Mobile Media Buying, Media Planning
TK Maxx Media
Tommy's
Unilever PLC Apollo, Campaign: "Little Big Film Makers", Campaign: "The Summer of Love Not Hate", First Direct, Flora Pro.Activ, Global Communications Planning, Hellmann's, Lipton, Lynx, Marmite Love Cafe, Media, Media Planning, PG Tips, Persil, Pot Noodle, Simple Skincare, Sure Girl
Volvo "100 reasons to love Volvo", Media Planning & Buying, V40 R-Design
Warburtons Media

Ogilvy
(Formerly Ogilvy & Mather)
636 11th Ave, New York, NY 10036
(See Separate Listing)

Possible New York
230 Park Ave S Lowr Level, New York, NY 10003
(See Separate Listing)

Possible
414 Olive Way Ste 500, Seattle, WA 98101
Tel.: (206) 341-9885
Fax: (206) 749-9868
E-Mail: info@possible.com
Web Site: https://www.possible.com/

Employees: 150
Year Founded: 2011

Agency Specializes In: Sponsorship

Gareth Jones *(Mng Dir)*
Danielle Trivisonno-Hawley *(Chief Creative Officer-Americas)*
Adam Wolf *(CTO-Americas)*
Laurent Burman *(Chief Client Officer)*
Michael Sergio *(Pres-Canada)*
Beth Nouguier *(Exec VP-Acct)*
Robert Carlin *(Sr VP-Mktg Science)*
Rebekah Smith *(VP-Acct)*
Jeff Whang *(VP-Strategy)*
Sean Weller *(Grp Dir-Strategy)*
Rita Sweeney Benedum *(Acct Dir)*
Kelly Daniels *(Acct Dir)*
Jon Dietrich *(Creative Dir)*
Matt Gilmore *(Creative Dir)*
Rebecca Bedrossian *(Dir-Content)*
Shawn Herron *(Dir-Experience Tech)*
Stephanie Hockett *(Dir-Comm & Channel Strategy)*
Grant Rubin *(Dir-Media Svcs)*
Ryan Stimpson *(Assoc Dir-Strategy)*
Kate Maloney *(Strategist)*
Kelsie Clegg *(Sr Art Dir)*
Christopher Fox *(Assoc Creative Dir)*
Makoto Fujiwara *(Sr Media Planner)*
Nicole Michels McDonagh *(Grp Creative Dir)*
Leah Talbot *(Sr Recruiter-Talent Acq)*

Accounts:
ConAgra Foods Banquet
Converse
Dakine, Inc.
Ford
Helio
InterContinental Hotels Group Crowne Plaza, Holiday Inn, Indigo, InterContinental, Social Media Strategy
Lonely Planet
Lonely Whale Foundations
Microsoft Campaign: "The Art of Touch", Surface Website
Morgans Hotel Group Website Development
National Geographic
Nike
PR Newswire
REI
Sony Electronics Web Sites; 2007
Tom's of Maine

Red Cell
Alberto Mario N 19, 20149 Milan, Italy
Tel.: (39) 02772 2981
Fax: (39) 02 782 126
E-Mail: welcome@redcell.com
Web Site: www.redcellgroup.it

Employees: 20
Year Founded: 1988

Agency Specializes In: Advertising

Roberto Giovannini *(Gen Mgr)*
Roberto Vella *(Exec Creative Dir)*
Stefano Longoni *(Creative Dir)*

Santo Buenos Aires
Darwin 1212, Buenos Aires, C 1414 Argentina
Tel.: (54) 114 777 7757
E-Mail: santo@santo.net
Web Site: www.santobuenosaires.net

Employees: 35

Agency Specializes In: Advertising, Cosmetics, Food Service, New Technologies, Production, Production (Ad, Film, Broadcast), Production (Print)

Sebastian Wilhelm *(Founder & Strategist-Creative)*
Maximiliano Anselmo *(Owner)*
Maximiliano Itzkoff *(Partner & Chief Creative*

ADVERTISING AGENCIES

Officer)
Pablo Minces *(Partner)*
Juan Pablo Lufrano *(Gen Dir-Creative)*
Juan Ignacio Etchanique *(Creative Dir)*
Javier Garcia Paz *(Creative Dir)*
Dario Porterie *(Creative Dir-London)*
Juan Manuel Quintero *(Creative Dir)*
Jose Luis Garcia *(Dir-Photography)*
Leandro Sussman *(Production Mgr)*
Andre Soares *(Sr Art Dir)*

Accounts:
Anheuser-Busch InBev N.V./S.A. Brahma Beer
Carlsberg Barclays Premier League
Coca-Cola Co Campaign: "Christmas", Campaign: "Happiness", Campaign: "Parenting", Campaign: "Ser Padres", Campaign: "Transformations", Coke Life, Pool boy
Nestle Butterfinger, Campaign: "Bolder Than Bold"

SAY Media, Inc.
428 Sw 4Th Ave # 3, POrtland, OR 97204
Tel.: (415) 738-5100
Fax: (415) 979-1586
Web Site: www.saymedia.com/

Employees: 300
Year Founded: 2005

Matt Sanchez *(CEO)*

Scanad
PO Box 34537 5th Fl The Chancery, Valley Road, Nairobi, Kenya
Tel.: (254) 20 279 9000
Fax: (254) 20 271 8772
E-Mail: bharat@scanad.com
Web Site: www.scanad.com

Employees: 10

Agency Specializes In: Experiential Marketing

Cathy Gathu *(Mng Dir)*
Karambir Rai *(Mng Dir)*
Sandeep Madan *(CEO-Kenya)*
Mark Fidelo *(Head-Creative)*
Francis Karugah *(Head-Bus-Digital)*
Shameem Mohammed *(Head-Creative)*
Tony Njuguna *(Head-Creative)*
Richard Walker *(Head-Creative)*
Breno Cotta *(Creative Dir & Copywriter)*
Jason Bruckner *(Creative Dir)*
Antonio Fernandez *(Art Dir)*
Javier Echevarria *(Copywriter)*

Accounts:
Kenya Tourism Board
KWS
Masculan
National Bank Kenya

SCPF
C/Calatrava num 71, Barcelona, 08017 Spain
Tel.: (34) 93 434 3434
Fax: (34) 93 434 3435
E-Mail: scpf@scpf.com
Web Site: www.scpf.com

Employees: 90

David Caballero *(Gen Dir-Creative)*
Dani Garcia Fdez *(Sr Creative Dir & Art Dir)*
Miguel Madariaga *(Creative Dir)*
Helena Grau Tarragona *(Client Svcs Dir)*
Fernando Hernandez *(Dir-Customer Svcs)*
Ralph Karam *(Dir)*

Accounts:
Atresmedia
Codorniu, S.A. Campaign: "We Are Not Champagne, We Are Codorniu"
Ikea Campaign: "Empieza Algo Nuevo"

SCPF
1674 Meridian Ave Ste 500, Miami Beach, FL 33139
(See Separate Listing)

Grey Gothenburg
(Formerly SCPGrey)
Ostra Hamngatan 35, 41110 Gothenburg, Sweden
Tel.: (46) 031 726 9800
E-Mail: info.gothenburg@grey.com
Web Site: scpgrey.se/

Employees: 51
Year Founded: 1986

Agency Specializes In: Advertising, Affluent Market, Automotive

Helena Emms *(Acct Dir-Digital & Planner)*
Marie Hernmarck *(Creative Dir)*
Tommy Ostberg *(Creative Dir)*
Cecilia Palsson *(Producer-Digital)*
Dragan Pavlovic *(Bus Dir-Creative)*
Johan Svantesson *(Creative Dir)*
Jeanette Arvidsson *(Dir-Client Svc)*
Erica Wysoki *(Sr Acct Mgr)*
Helen Johansson *(Acct Mgr)*
Veronika Kristiansson *(Acct Mgr)*
Par Gorner *(Mgr-IT)*
Susanne Park *(Acct Supvr)*
Andreas Sundqvist *(Sr Strategist-Creative)*

SET Creative
12 W 27th St Fl 6, New York, NY 10001
(See Separate Listing)

Sudler & Hennessey Worldwide Headquarters
230 Park Ave S, New York, NY 10003-1566
(See Separate Listing)

Superunion
(Formerly The Brand Union)
6 Brewhouse Yard, London, EC1V 4DG United Kingdom
(See Separate Listing)

Syzygy UK Ltd
The Johnson Bldg 77 Hatton Garden, London, EC1N 8JS United Kingdom
Tel.: (44) 203 2064000
Fax: (44) 20 7460 4081
E-Mail: london@syzygy.co.uk
Web Site: https://www.syzygy.net/london/en/

Employees: 40
Year Founded: 1998

Agency Specializes In: Digital/Interactive, Internet/Web Design, Planning & Consultation

Andy Stevens *(Pres & COO)*
Lars Lehne *(CEO)*
Phil Stelter *(Chief Media Officer & Mng Dir)*
Mark Ellis *(Mng Dir)*
Alex Ridgway *(Head-Paid Social)*
Gillian Bell *(Client Svcs Dir)*
Harwin Chandra *(Creative Dir)*
Dom Waghorn *(Dir-Strategy)*
Lenka Tuckova *(Acct Mgr-PPC)*
Rebecca Watkins *(Mgr-Talent)*

Accounts:
Chanel
Channel 4
Daimler AG
Deutsche Bank
Diesel
Disney
HSBC
Jagermeister Digital; 2008
Karen Millen Customer Database; 2008
Mazda
Mazda Motors Europe
Mercedes-Benz
Mondelez International Creme Egg, Digital, Green & Blacks, Wispa
Nokia
Orange
Sky
Sky travel

Townhouse
230 Park Ave S 8th Fl, New York, NY 10003
(See Separate Listing)

VBAT
Pilotenstraat 41 A, 1059 Amsterdam, Netherlands
Tel.: (31) 207503000
Fax: (31) 207503001
E-Mail: info@vbat.com
Web Site: www.vbat.com

Employees: 60

Agency Specializes In: Brand Development & Integration, Corporate Identity, Digital/Interactive, Identity Marketing, Internet/Web Design, Package Design, Product Placement, Retail

Andre Kruger *(CFO)*
Pieter Jelle Braaksma *(Brand Dir)*
John Comitis *(Dir-Creative)*
Boo Hoeboer *(Dir-Design)*
Theo Lindemann *(Dir-Strategy & Brand)*
Lilian Vos *(Dir-Design)*
Bert Dijks *(Production Mgr & Mgr-Studio)*

Accounts:
Heineken International Campaign: "Sol Dark Sun"

WPP AUNZ
(Formerly STW Communications Group Limited)
Level 6 72 Christie Street, Saint Leonards, NSW 2065 Australia
Tel.: (61) 2 9373 6488
Fax: (61) 2 9569 1088
E-Mail: info@wppaunz.com
Web Site: wppaunz.com/

Employees: 5,000
Year Founded: 1977

Agency Specializes In: Direct Response Marketing, Event Planning & Marketing, Government/Political, Graphic Design, Media Buying Services, Public Relations, Sales Promotion, Sports Market, Strategic Planning/Research

Rob Mactier *(Chm)*
John Steedman *(Exec Chm-Media Investment & Specialist Bus)*
Chris Rollinson *(Sec & Fin Dir)*
Elissa Good-Omozusi *(Chief HR Officer & Chief Talent Officer)*
Rose Herceg *(Chief Strategy Officer)*
Sunita Gloster *(Chief Customer Officer)*
David Fox *(Chief Transformation Officer-Creative Bus)*
Kieran M. Moore *(Chm-Opr & CEO-PR & Pub Affairs)*
Rob McLachlan *(CEO-Data Investment Mgmt Grp)*
Kathryn Cooper *(Exec Dir-Govt & Pub Sector Practice)*
Olga Raigada *(Grp Dir-Digital Content)*
Kate Walker *(Grp Dir-Client)*
Alexander James *(Bus Dir)*

AGENCIES - JANUARY, 2019 — ADVERTISING AGENCIES

Tom Ceglarek *(Dir-Tech Infrastructure)*
Bernice Gibbs *(Mgr-Sys)*
Yi Wang *(Mgr-IT Infrastructure)*
Rob Currie *(Chief Bus Dir)*

Accounts:
Bankwest Communications, Creative; 2017
NSW Government Master Media Exchange; 2017
Qantas
Telstra Corporation Ltd. International & Local Public Relations; 2018
Vodafone

WPP US
100 Park Ave, New York, NY 10017-5529
Tel.: (212) 632-2200
Fax: (212) 632-2249
E-Mail: enquiries@wpp.com
Web Site: www.wpp.com

Employees: 200

National Agency Associations: 4A's

Agency Specializes In: Sponsorship

Kathy Kladopoulos *(Pres)*
Jamie McLellan *(CIO)*
Cathy Clift *(Chief Strategy Officer-Team Empower-France)*
Christopher Jones *(Chief Creative Officer-Red Vodafone-Italy)*
Dan Raynak *(Chief Client Officer-Kantar Consulting)*
George S Rogers *(Chief Client Officer)*
David J Moore *(Chm/Pres-Digital & Xaxis)*
Gwen Morrison *(CEO-Americas & Australasia)*
David Roth *(CEO-The Store-EMEA & Asia)*
Firouzeh Bahrampour *(Gen Counsel-Americas & Exec VP)*
Tom Lobene *(Treas-Americas)*
Lance Maerov *(Exec VP)*
Anita May *(Exec VP-Acct)*
Bruce MacAffer *(Sr VP & Head-Grp Real Estate-Americas)*
Rick Brook *(Sr VP-Client Ops)*
Kat Grider *(Sr VP-Global Client Leadership & Ops-MSFT)*
Lindsay Orosz *(Counsel-Americas & Sr VP)*
Sanja Partalo *(Sr VP-Corp Strategy & Digital Dev)*
Vanessa Andrews *(VP-Global Client Ops)*
Shalini Brenes *(VP-Mgmt Reporting)*
Michael L. Hill *(VP-WPP Kantar Consulting)*
Fran LoMonaco *(VP-Design & Construction Project Mgmt)*
Bill Manning *(VP-Travel Mgmt)*
Erin O'Connell Miller *(VP-Retail, Sls & Shopper Practice-Kantar Consulting)*
Bill Weiss *(VP-Fin)*
David Chapman *(Head-AZ Global Client)*
Ida Rezvani *(Sr Partner & Head-WPP Global Client-Team IHG)*
Sara Bamber *(Exec Dir-Plng)*
Jarek Carethers *(Exec Creative Dir)*
Bill Vornehm *(Sr Dir-Real Estate)*
Ana Arenas *(Dir-Treasury Svcs)*
Harry Gross *(Dir-Enterprise Implementations)*
Ella Kieran *(Dir-Stream)*
John Martucci *(Dir-State, Local Tax Compliance & Reporting)*
Kevin McCormack *(Dir-Comm-North America)*
Paul Richardson *(Dir-Fin)*
Melinda Myhre *(Sr Mgr-Mktg & Events)*
Joseph Natarajan *(Mgr-External Reporting)*
Genevieve Savaiano *(Strategist-ECommerce)*
Tom O'Connell *(Chief Mktg Info Officer-Health & Wellness)*
Christine Tebcherany *(Sr Client Dir-CVS.com)*

Accounts:
Bank of America Media
Grey Goose Campaign: "Fly Beyond"
Johnson & Johnson Creative
Kimberly-Clark Corporation Kleenex
Mazda North American Operations
Nestle USA, Inc. Creative; 2018
New-Office Depot, Inc. (Marketing Agency of Record) Brand Identity, Brand Platform Development, Creative Campaign Work, Digital Activation, E-Commerce Solutions, Media Buying, Public Relations
Pfizer, Inc.
Samsung Business-to-Business Marketing
Sanofi Creative; 2017
New-Volkswagen Group of America, Inc. North American Creative; 2018
Walgreens Boots Alliance; 2017

Young & Rubicam
3 Columbus Cir, New York, NY 10019
(See Separate Listing)

Direct, Promotional & Relationship Marketing

Agenda
311 W 43rd St Ste 703, New York, NY 10036
(See Separate Listing)

Catalyst
110 Marina Dr, Rochester, NY 14626
(See Separate Listing)

Catalyst
275 Promenade St Ste 275, Providence, RI 02908
(See Separate Listing)

DesignKitchen
233 N Michigan Ave Ste 1500, Chicago, IL 60601
(See Separate Listing)

F.biz
Rua Tenente Negrao 90/2, Sao Paulo, 4530910 Brazil
Tel.: (55) 1130971001
Fax: (55) 1130786772
Web Site: www.fbiz.com.br

Employees: 300
Year Founded: 1999

Agency Specializes In: Advertising, Brand Development & Integration, Digital/Interactive, E-Commerce, Internet/Web Design, Mobile Marketing

Roberto Grosman *(Co-CEO)*
Paulo Loeb *(Partner & Head-Bus)*
Edivaldo Carvalho *(CFO)*
Marcello Hummel *(COO)*
Renata d'Avila *(Chief Strategy Officer)*
Guilherme Jahara *(Chief Creative Officer)*
Juliana Nascimento *(Chief Bus Officer & Dir-Client Svcs)*
Gustavo Luiz Terra *(Head-Art Digital & Innovation)*
Fabio Astolpho *(Exec Creative Dir)*
Alessandro Bernardo *(Exec Creative Dir)*
Sergio Klemtz *(Art Dir)*
Leandro Lemos *(Art Dir)*
Markito Mesquita *(Art Dir)*
Patricia Pessoa *(Bus Dir)*
Iara Demartini *(Dir-Audiovisual)*
Monica Gelbecke *(Dir-Mktg & New Bus)*
Monica Szanto *(Dir-HR)*
Willian Zanette *(Dir-Strategy & Insights)*
Mauro Belucci *(Mgr-UX)*
Caroline Ferraz *(Mgr-Strategy & Insights)*
Janaina Langsdorff *(Mgr-Media Rels)*
Victor Britto *(Supvr-Creative)*
Izabel Abreu *(Art Buyer)*
Pedro Maneschy *(Copywriter)*
Tiago Bastos *(Sr Art Dir-Creative)*
Andre Batista *(Sr Art Dir)*

Accounts:
Alpha FM
Claro
Coniacc
Fiat Chrysler Automobiles Jeep
GRAACC
Maria da Penha Institute
Motorola
Pernod Ricard Jameson
Unilever OMO
Unopar Distance Learning University Campaign: "Meteor, Nostradamus, Titanic"

Geometry Global North America HQ
636 11th Ave, New York, NY 10036
(See Separate Listing)

KBM Group
2050 N Greenville Ave, Richardson, TX 75082
Tel.: (972) 664-3600
Fax: (972) 664-3656
E-Mail: sales@kbmg.com
Web Site: www.kbmg.com/

Employees: 100

Tom Young *(Exec VP-Data Mgmt Svcs)*
Raelyn Wade *(Sr VP-Sls)*
Laura Wojtalik *(Sr Dir-Digital Ops)*

Mando Brand Assurance Limited
The Corner Bldg, Aylesbury, Buckinghamshire HP19 8TY United Kingdom
Tel.: (44) 1296 717 900
Fax: (44) 1296 394 273
E-Mail: contact@mando.co.uk
Web Site: www.mando.co.uk

Employees: 35
Year Founded: 1977

Agency Specializes In: Sales Promotion

Becky Munday *(CEO)*
Ben Brost *(Gen Mgr-Central & Eastern Europe)*
Clare Daly *(Dir-Client Svcs-UK)*
Paul Townsend *(Dir-Fin)*
Amy Hemstock *(Acct Mgr)*
Jenny Joss *(Project Mgr & Acct Exec)*
Joshua Kennedy *(Mktg Mgr)*
Nicky Batson *(Mgr-Fin)*
Mark Lewis *(Mgr-Quote)*
Gary White *(Mgr-Ops)*

Accounts:
Coca-Cola Refreshments USA, Inc.
Danone
Kelloggs
Makro
Mersey Ferries / Merseytravel U-Boat Stories
TomTom
Walkers

Wunderman World Health
1055 Thomas Jefferson St NW # 200, Washington, DC 20007
(See Separate Listing)

Healthcare

CMI Media, LLC
(Formerly Communications Media Inc.)
2200 Renaissance Blvd Ste 102, King of Prussia, PA 19406
(See Separate Listing)

Darwin Healthcare Communications

ADVERTISING AGENCIES — AGENCIES - JANUARY, 2019

4th Fl Lynton House 7-12 Tavistock Sq, London, WC1H 9LT United Kingdom
Tel.: (44) 203 037 3624
Fax: (44) 203 037 3610
Web Site: www.darwinhc.com

Employees: 50

Kate Ashworth *(Deputy Mng Dir-Darwin & Sudler Med Comm)*
Janet Walsh *(Dir-Ops)*

Accounts:
Baxter
Bioenvision
CTI
Genzyme
Mundi Pharma
NAPP
Novartis
Roche
Unipath

GCI Health
200 5th Ave, New York, NY 10010
Tel.: (212) 798-9950
Web Site: www.gcihealth.com

Employees: 100

Agency Specializes In: Health Care Services, Public Relations

Jill Dosik *(Pres)*
Wendy Lund *(CEO)*
Kristin Cahill *(Pres-North America)*
Alexandra Peterson Canale *(Exec VP)*
David Chadwick *(Exec VP-Digital)*
Kim Sammons *(Sr VP, Head-Market & Dir-Advocacy)*
Elliot Levy *(Sr VP & Head-Market-West Coast)*
Victoria Fort *(Sr VP)*
Craig Heit *(Sr VP)*
Erin Kaiserova *(Sr VP)*
Robyn Meyer Leventhal *(Sr VP)*
Sarah Campbell *(VP-Digital)*
Laney Landsman *(VP)*
Lori Rodney *(VP)*
Sherry Goldberg *(Head-Market-New York & Philadelphia)*
Edie DeVine *(Dir-Medical & Health Tech)*
Susan Myers *(Acct Supvr)*
Grace Naugle *(Acct Supvr)*
Chelsea Amaral *(Sr Acct Exec)*

Accounts:
Abbott
Cervilenz Inc.
Eccovia Solutions
InVivo Therapeutics Communications Strategy
Itamar Medical Campaign: "Don't Ignore Your EndoScore"
Neuraltus Pharmaceuticals, Inc
North Shore-LIJ Health System PR
The Parkinson Alliance Parkinson's Disease
Qiagen
YoungStroke, Inc. Branding, Communications Strategies

Ogilvy CommonHealth Worldwide
400 Interpace Pkwy, Parsippany, NJ 07054
(See Separate Listing)

Ogilvy Healthworld
636 11th Ave, New York, NY 10036
(See Separate Listing)

Information & Consultancy

Added Value
6 Lower Teddington Rd, Hampton Wick Surrey, Hampton, KT1 4ER United Kingdom
Tel.: (44) 20 8614 1500
Fax: (44) 20 8614 1600
E-Mail: l.richardson@added-value.com
Web Site: www.added-value.com

Employees: 95
Year Founded: 1989

Agency Specializes In: Brand Development & Integration, Communications, Publicity/Promotions, Strategic Planning/Research

Bart Michels *(CEO-Kantar-Global)*
Michelle King *(Sr Dir)*
Paul Cowper *(Dir)*
Fiona Egan *(Dir)*
Tisha Ubayasiri *(Dir-HR)*

Accounts:
Centrica Connected Home Hive
General Motors
Pepsico
Unilever
Walker's

The Kantar Group
11 Madison Ave, New York, NY 10010
(See Separate Listing)

Kantar
6 More London Place, Tooley Street, London, SE1 2QY United Kingdom
Tel.: (44) 20 7656 5700
Fax: (44) 20 7656 5701
E-Mail: info@kantar.com
Web Site: www.kantar.com

Employees: 850
Year Founded: 1997

James Brooks *(COO)*
Ishbel Morrison *(Chief HR Officer-Insights)*
Heather Payne *(Chief Client Officer)*
Charles Foster *(CEO-Africa & Middle East)*
Michelle Harrison *(CEO-Kantar Pub)*
Sean Larkins *(CEO-Kantar Pub Consulting)*
Melanie Puddick *(Mng Dir-Global Client-Kantar Consulting)*
Matt Walker *(VP-Strategy & Innovation)*
Andy Cestaro *(Head-Comm Dev-Unilever)*
Marie Ridgley *(Acct Dir & Planner)*
Chris Balch *(Dir-Ops)*
David Chantrey *(Dir-Transformation)*
Helen Firth *(Dir-Kantar Consulting)*
Jason Huntley *(Dir-Mktg Analytics-Kantar Consulting)*
Peter Kirby *(Dir-Consulting-Consumer, Shopper & Category Mktg)*
Emily Smith *(Dir-Kantar Consulting)*
Matt Woodhams *(Dir-Kantar Consulting)*
Bal Thandi *(Mgr-Knowledge Mgmt)*
Yvonne Pernodd *(Reg CEO-Nordics & Baltics-Insights-Sweden)*

Millward Brown Inc.
3333 Warrenville Rd, Lisle, IL 60532
(See Separate Listing)

Media Investment Management

Essence Digital Limited
Academy House 36 Poland Street, London, W1F 7LU United Kingdom
Tel.: (44) 2077584200
E-Mail: contact@essencedigital.com
Web Site: http://www.essenceglobal.com/

Employees: 500

Year Founded: 2005

Agency Specializes In: Advertising, Digital/Interactive, E-Commerce, Graphic Design, Media Buying Services, Media Planning, Out-of-Home Media, Outdoor, Social Media

Matt Isaacs *(Founder, Chm & Partner)*
Andrew Shebbeare *(Co-Founder & Chief Product Officer)*
Damian Blackden *(Chief Strategy Officer-WW)*
Ryan Storrar *(Sr VP & Head-Media Activation-EMEA)*
Adam Russell *(Client Partner & Sr VP)*
Mark Syal *(Mng Dir-EMEA)*
Will Frappell *(Client Partner & VP)*
Andrew McCormick *(VP-Mktg & Bus Dev-EMEA)*
Erfan Djazmi *(Client Partner & Head-Innovation)*
Simeon Duckworth *(Head-Strategy & Analytics-Global)*
Ali Reed *(Head-Client Svcs-Europe, Middle East & Africa)*
Toby Roberts *(Head-Strategy-Europe, Middle East & Africa)*
Sophie Pitt *(Sr Acct Dir)*
Michael Butler *(Bus Dir-Bus Dev)*
Andrew Veasey *(Creative Dir)*
Mark Barren *(Dir-Ops)*
Winnie Namayanja *(Sr Mgr-Adv Ops)*
Jessica Lenehan *(Client Dir)*
Kate Mann *(Ops Dir-Client-EMEA)*

Accounts:
Belvedere AIDS Awareness
BT Group plc Business & Public Sector, Consumer, EE, Global Services, Media Planning & Buying, Openreach, Sectors, Wholesale & Ventures; 2017
Financial Times Black & White
Gift Library Digital Strategy
Google Inc
HMD Global Global Digital Media, Nokia 3310
Method/Asos
Nando's UK Media; 2018

GroupM North America & Corporate HQ
498 Seventh Ave, New York, NY 10018
(See Separate Listing)

Public Relations & Public Affairs

Axon
Parkshot House, 5 Kew Road, Richmond, Surrey TW9 2PO United Kingdom
(See Separate Listing)

Axon
230 Park Ave S 3rd Fl, New York, NY 10003-1566
(See Separate Listing)

Buchanan Communications Ltd.
107 Cheapside, London, EC2V 6DN United Kingdom
Tel.: (44) 20 7466 5000
Fax: (44) 20 7466 5001
E-Mail: contact@buchanan.uk.com
Web Site: www.buchanan.uk.com

Employees: 45
Year Founded: 1980

Agency Specializes In: Communications, Financial, Investor Relations

Richard Oldworth *(Chm)*
Giles Sanderson *(Deputy Chm)*
Alex Brown *(Partner)*
Mark Court *(Partner)*
Richard Darby *(Partner)*
Henry Harrison-Topham *(Partner)*

AGENCIES - JANUARY, 2019 — ADVERTISING AGENCIES

David Rydell *(Partner)*
Charles Ryland *(Partner)*
Golam Haque *(Fin Dir)*
Chris Judd *(Dir)*
Ben Romney *(Dir-Oil & Gas)*
Stephanie Watson *(Dir)*
Jamie Hooper *(Assoc Dir)*
Gemma Mostyn-Owen *(Acct Mgr)*
Madeleine Seacombe *(Acct Mgr)*
Catriona Flint *(Acct Exec)*
Victoria Hayns *(Assoc Partner)*

Accounts:
Antrim Energy Financial Communications
BACANORA MINERALS LTD AIM, Financial Public Relations, Investor Relations Services
Berkeley Energia
BioPharma Credit
Cape Corporate PR, Financial PR
Cenkos Securities
Centamin
CityFibre Financial PR, Investor Relations
Clipper Logistics
Delivered Exactly IPO, Investor Relations, PR
Euromax Resources Ltd Communications Strategy, Financial PR
GVC Holdings Public Relations
Kenmare Resources Public & Investor Relations
London Mining Financial Communications
Mercia Technologies Communications, Financial Public Relations
New-Pan African Resources Analyst, Financial Communications, Investor Relations, Media
Petra Diamonds
Plant Impact Financial Public Relations, Investor Relations
Plus500 AIM float, Financial PR
Primary Health Properties
Primary Health
Range Resources Financial & Corporate Public Relations
Science in Sport Plc Financial PR
ScS Communications Strategy, Financial
SDX Energy Financial Communications
Silver Bear Resources
Sinermas Group
Telford Homes Financial Public Relations
Tharis
Tharisa plc
Verseon Corporation Financial Public Relations, Investor Rrelations Adviser

Chime Communications Plc
Southside 6th Floor, 105 Victoria St, Victoria, London, SW1E 6QT United Kingdom
Tel.: (44) 20 7096 5888
Fax: (44) 20 7096 5889
Web Site: www.chimeplc.com/

Employees: 1,249

National Agency Associations: IPREX

Agency Specializes In: Advertising, Advertising Specialties, Internet/Web Design, Public Relations, Strategic Planning/Research

Anthony Shaw *(CIO)*
Kevin Murray *(Chm-PR)*

Accounts:
Aviva Financial Services
British Sky Broadcasting
Central Office of Information
Cisco
CompareTheMarkets.com
EBLEX
Emirates Airline
Fujitsu
GlaxoSmithKline
Hewlett Packard
Honda
Kelloggs
McDonald's
Muller Yogurt
Pentax of America, Inc. Cameras
Pilsner & Urqell Beer
Sony

Clarion Communications
The Griffin Bldg 83 Clerkenwell Rd, London, EC1R 5AR United Kingdom
Tel.: (44) 20 7479 0910
Fax: (44) 20 7479 0930
E-Mail: mail@clarioncomms.co.uk
Web Site: www.clarioncomms.co.uk

Employees: 42
Year Founded: 1986

National Agency Associations: PRCA

Agency Specializes In: Brand Development & Integration, Communications, Corporate Identity, Event Planning & Marketing, New Product Development, Public Relations, Publicity/Promotions, Sales Promotion, Strategic Planning/Research

Amanda Meyrick *(CEO)*
Sue Roberts *(Mng Partner)*
Shelley Wyatt *(Mng Partner)*
Phillippa Holmes *(Sr Acct Dir)*
Lynne Hughes *(Sr Acct Dir)*
Katherine Corbett *(Acct Dir)*
Sasha Eyre *(Acct Dir)*
Lucy Radford *(Acct Dir)*
Debbie Jackson *(Dir-Bus Dev & Talent Acq)*
Philippa Wynn-Green *(Dir)*
Flora Neeson *(Assoc Dir)*
Laura Oakley *(Assoc Dir)*
Rebecca Wainwright *(Assoc Dir)*
Arielle Rawes *(Sr Acct Mgr)*
Georgina Snell *(Sr Acct Mgr)*
Alice Burns *(Acct Mgr)*
Amy Hutson *(Sr Acct Exec)*
Harriet Potter *(Sr Acct Exec)*
James Wainwright *(Sr Acct Exec)*
Charlie Bagley *(Strategist-Social Media)*
Daniel O'Connor *(Acct Exec)*
Matt Stokoe *(Deputy Mng Partner)*

Accounts:
Addo Food Group Corporate Communications, Digital, Pork Farms, Public Relations, Social, Wall's; 2018
Aldi Annual Tasting Events, Awards Programme, Beers, Wines & Spirits, Campaign: "Going Loco For Toro Loco", Consumer PR, Media Relations
British Turkey Federation Social Media
Calligaris Cosumer, PR, Social Media
Chessington World of Adventures Resort
Chiquita Bananas
Conviviality PLC Media Relations
The Edinburgh Dungeon Media Relations, Public Relations
Electrolux Group Brand, Consumer, Media Relations, Public Relations
Empire Bespoke Foods Consumer Public Relations, Digital Media, Mrs Elswood, Print
Genius Gluten Free Public Relations
Hill's Pet Nutrition Content, Social Media Strategy
HS1 Limited Consumer Communications, Event, Public Relations; 2017
Jagermeister Consumer & Trade PR Campaign
Juicy Water Branding, Digital Media, Experiential
Legoland Windsor Consumer Public Relations
LighterLife Fast Consumer & Trade Communications, Light Bites; 2017
Loch Lomond Steamship Company Maid of the Loch, Media Relations, Social Media; 2018
Millar & Bryce Trade & B2B Public Relations
MOMA Foods Bircher Muesli, Consumer, Oatie Shakes, Porridge, Press, Public Relations
Nectar
Nestle Purina
The Portuguese Cork Association Creative, Public Relations, Strategic
RCNi 2018 RCNi Nurse Awards; 2017
Rowse Honey Public Relations
Sambazon Consumer & Trade Public Relations
Teletext Holidays Digital, Public Relations, Social Media
Tomofun Creative, Furbo, Influencer Outreach, Media Relations; 2017
Ugo Foods; 2018
Unilever "The Summer of Love Not Hate", Marmite, Marmite Love Cafe
The Valspar Corporation Public Relations, Valspar paint
Warburtons Marketing, PR
Wickes Public Relations

Finsbury
45 Moorfields, London, EC2Y 9AE United Kingdom
Tel.: (44) 20 7251 3801
Fax: (44) 20 7374 4133
E-Mail: enquiries-uk@finsbury.com
Web Site: www.finsbury.com/

Employees: 50
Year Founded: 1994

Agency Specializes In: Communications, Investor Relations, Public Relations

James Bradley *(Partner)*
Rollo Head *(Partner)*
Guy Lamming *(Partner)*
Simon Moyse *(Partner-Dubai)*
James Murgatroyd *(Partner)*
Arnaud Sallas *(Partner)*
Ed Simpkins *(Partner)*
Gordon Simpson *(Partner)*
Yim Wong *(Principal & Head-Digital)*
Nicola McGowan *(Principal)*
Rebecca Fitchett *(Sr VP-Los Angeles)*
Andy Parnis *(Assoc Partner)*
Roland Rudd *(Sr Partner)*
James Thompson *(Assoc Partner)*

Accounts:
Associated British Ports Holdings PLC
Aviva
Banca Intesa
Bayer Corporate Communications
Blackstone
BNFL
The British Land Company PLC Trade & Consumer Communications
Bunzl plc
C&C Group
Cable and Wireless plc
Centrica plc
Chubb plc
Coral Eurobet
CRH plc
EasyJet
G4S Corporate Communications, Financial Communications, PR
Great Portland Estates P.L.C.
Greene King Financial Public Relations
GUS plc
Home Retail Group
HSBC Global Corporate Public Relations & Public Affairs
International Power plc
J Sainsbury plc
Kesa Electricals plc
KKR & Co. L.P.
Mitchells & Butlers plc
Morgan Crucible plc
Old Mutual plc
Paddy Power Corporate Communications
Pendragon Plc
Permira
Persimmon plc
Pilkington Group Limited

1185

ADVERTISING AGENCIES
AGENCIES - JANUARY, 2019

Qatar Holding Global PR
Reckitt Benckiser Group Press
Reed Elsevier Financial PR
RTL Group
Sainsbury
The Shell Transport & Trading Co. plc
SIG plc
Standard Chartered plc
Statoil PR
Walgreens Boots Alliance
Worldpay Corporate Communications, Financial Communications

Finsbury
1345 Ave of the Americas, New York, NY 10105
(See Separate Listing)

Hill+Knowlton Strategies
825 3rd Ave 24th Fl, New York, NY 10022
(See Separate Listing)

MQI Brno, spol. s r.o.
Lipova 17, 602 00 Brno, Czech Republic
Tel.: (420) 5 41 420 211
Fax: (420) 5 41 420 220
Web Site: www.mqibrno.cz

Employees: 7

Agency Specializes In: Media Buying Services

Eva Vonavkova *(Mng Dir)*
Tomas Petr *(Acct Dir)*
Eliska Vintrova *(Acct Mgr)*
Richard Zbranek *(Jr Acct Mgr)*

NATIONAL Public Relations
130, Slater St, Ste 400, Ottawa, ON K1P 6L2 Canada
(See Separate Listing)

NATIONAL Public Relations
140 Grande Allee Est Ste 302, Quebec, QC G1R 5M8 Canada
(See Separate Listing)

NATIONAL Public Relations
800 6th Ave SW Ste 1600, Calgary, AB T2P 3G3 Canada
(See Separate Listing)

NATIONAL Public Relations
1701 Hollis St Ste L101, Halifax, NS B3J 3M8 Canada
(See Separate Listing)

NATIONAL Public Relations
310 Front St W 5th Fl, Toronto, ON M5V 3B5 Canada
(See Separate Listing)

NATIONAL Public Relations
2001 McGill College Ave Ste 800, Montreal, QC H3A 1G1 Canada
(See Separate Listing)

NATIONAL Public Relations
931 Fort St 4th Fl, Victoria, BC V8W 2C4 Canada
Tel.: (250) 361-1713
Fax: (250) 384-2102
E-Mail: info-vic@national.ca
Web Site: www.national.ca

Employees: 500

Agency Specializes In: Crisis Communications, Public Relations

NATIONAL Public Relations
One Bentall Centre Ste 620 505 Burrard St, Box 34, Vancouver, BC V6C 1M4 Canada
(See Separate Listing)

Ogilvy
(Formerly Ogilvy Public Relations Worldwide)
636 11th Ave, New York, NY 10036
(See Separate Listing)

Quinn Gillespie & Associates LLC
1110 Vermont Ave Nw # 11, Washington, DC 20005
(See Separate Listing)

BCW (Burson Cohn & Wolfe)
(Formerly Cohn & Wolfe)
200 Fifth Ave, New York, NY 10010
(See Separate Listing)

Specialist Communications

Bookmark Content
(Formerly Forward)
The Griffin Building, 83 Clerkenwell Rd, London, EC1R 5AR United Kingdom
Tel.: (44) 20 7734 2303
Web Site: bookmarkcontent.com/

Employees: 90

Agency Specializes In: Direct Response Marketing, Graphic Design, Magazines, Print, Trade & Consumer Magazines

Simon Hobbs *(CEO)*
Natasha Jackson *(Chief Strategy Officer)*
Raymond Girard *(CEO-Canada)*
Keith Drummond *(Exec Creative Dir)*
Chris Carus *(Art Dir)*
Kirsti Vincent *(Client Svcs Dir)*

Accounts:
Barclays
Ford
Forward Arts Foundation
Patek Philippe
Standard Life
Transport For London

Brierley & Partners
Clover House 4th Floor, Farringdon Road, London, United Kingdom
Tel.: (44) 207 239 8880
Fax: (44) 207 153 0599
E-Mail: info@brierly.com
Web Site: www.brierley.com

Employees: 12
Year Founded: 1996

Accounts:
American Eagle Outfitters
Baylor Health Care Systems
Blockbuster
Bloomingdales
BMI
Borders
eBay
Godiva

Brierley & Partners
15303 Ventura Blvd, Sherman Oaks, CA 91403
Tel.: (323) 965-4000

Fax: (323) 965-4100
Web Site: www.brierley.com

Employees: 20
Year Founded: 1986

Agency Specializes In: Consumer Marketing

David Mellinger *(CFO & Exec VP)*
Bill Swift *(CTO)*
Donald Smith *(Sr VP & Chief Analytics Officer)*
Jill Goran *(Sr VP & Creative Dir)*
Jim Huppenthal *(Sr VP-Creative Svcs)*
John Pedini *(Sr VP-Acct Mgmt)*

Accounts:
Hertz
Hilton Worldwide
Sony

Brierley & Partners
5465 Legacy Dr Ste 300, Plano, TX 75024
(See Separate Listing)

The Food Group
589 8th Ave 4th Fl, New York, NY 10018
(See Separate Listing)

The Glover Park Group
1025 F St NW 9th Fl, Washington, DC 20004-1409
(See Separate Listing)

HeathWallace Ltd
5-9 Merchants Pl, Reading, RG1 1DT United Kingdom
Tel.: (44) 118 956 1757
Fax: (44) 118 951 1726
E-Mail: info@heathwallace.com
Web Site: www.heathwallace.com

Employees: 55

Will Hunter *(Mng Dir)*
Simon Webb *(Exec Creative Dir-Global)*
Victoria Bowling *(Bus Dir)*

JAN Kelley Marketing
1005 Skyview Dr Ste 322, Burlington, ON L7P 5B1 Canada
(See Separate Listing)

Johannes Leonardo
628 Broadway 6th Fl, New York, NY 10012
(See Separate Listing)

Metro Broadcast Ltd.
53 Great Suffolk Street, London, SE1 0DB United Kingdom
Tel.: (44) 20 7202 2000
Fax: (44) 20 7202 2001
E-Mail: info@metrobroadcast.com
Web Site: www.metrobroadcast.com

Employees: 50
Year Founded: 1980

Agency Specializes In: Event Planning & Marketing, Exhibit/Trade Shows, Multimedia, Production, Publicity/Promotions

Mary Metcalfe *(Mng Dir)*
Matthew Hearn *(Fin Dir)*
Liz Rice *(Dir-New Bus & Client)*

PACE Advertising
200 5Th Ave Fl 6, New York, NY 10010
(See Separate Listing)

AGENCIES - JANUARY, 2019 — ADVERTISING AGENCIES

Spafax
The Pumphouse 13-16 Jacob's Well Mews,
  London, W1U 3DY United Kingdom
Tel.: (44) 20 7906 2001
Fax: (44) 20 7906 2003
E-Mail: nmcbain@spafax.com
Web Site: www.spafax.com

Employees: 60
Year Founded: 1985

Agency Specializes In: Aviation & Aerospace, Entertainment, Graphic Design, Media Buying Services, Print, Production

Simon Ogden *(COO)*
Tony Taverner *(CTO & Grp Dir-Technical)*
Jean-Marc Thomas *(Mng Dir-Asia)*
Ann Willis *(Mng Dir-Specialized Networks & Dev)*
Nicholas Hopkins *(VP-Media-Intl & Country Mgr-UAE)*
Jessica Sammut *(Mktg Mgr)*

Accounts:
ACE Aviation Holdings Inc. enRoute Magazine
American Airlines
British Airways Campaign: "Highlife Entertainment"
China Airlines Content Management
Emirates Airlines
JetBlue Airways Content, Fly-Fi, IFE, Media Sales, Video
Malaysian Airlines
Qatar Airlines
Royal Jordanian Royal Wings Magazine
SAS
Singapore Airlines Priority Magazine
Swiss Air

WRAY WARD MARKETING COMMUNICATIONS
900 Baxter St, Charlotte, NC 28204
Tel.: (704) 332-9071
Fax: (704) 375-5971
Web Site: https://www.wrayward.com/

E-Mail for Key Personnel:
President: jappleby@wwlcreative.com
Creative Dir.: jappleby@wwlcreative.com
Media Dir.: statge@wwlcreative.com
Public Relations: mbrock@wwlcreative.com

Employees: 60
Year Founded: 1977

National Agency Associations: 4A's

Agency Specializes In: Above-the-Line, Advertising, Arts, Automotive, Below-the-Line, Brand Development & Integration, Broadcast, Business Publications, Business-To-Business, Cable T.V., Collateral, College, Communications, Consulting, Consumer Goods, Consumer Marketing, Consumer Publications, Corporate Communications, Corporate Identity, Crisis Communications, Digital/Interactive, Direct Response Marketing, Education, Electronic Media, Email, Entertainment, Environmental, Event Planning & Marketing, Exhibit/Trade Shows, Fashion/Apparel, Financial, Graphic Design, Health Care Services, High Technology, Household Goods, Identity Marketing, In-Store Advertising, Industrial, Information Technology, Integrated Marketing, Internet/Web Design, Leisure, Local Marketing, Logo & Package Design, Luxury Products, Magazines, Marine, Market Research, Media Buying Services, Media Planning, Media Relations, Media Training, Medical Products, Men's Market, Merchandising, Multimedia, New Technologies, Newspaper, Newspapers & Magazines, Out-of-Home Media, Outdoor, Package Design, Paid Searches, Planning & Consultation, Podcasting, Point of Purchase, Point of Sale, Print, Product Placement, Production, Production (Ad, Film, Broadcast), Production (Print), Promotions, Public Relations, Publicity/Promotions, RSS (Really Simple Syndication), Radio, Real Estate, Regional, Restaurant, Retail, Sales Promotion, Search Engine Optimization, Social Marketing/Nonprofit, Social Media, Sponsorship, Sports Market, Strategic Planning/Research, T.V., Technical Advertising, Trade & Consumer Magazines, Travel & Tourism, Viral/Buzz/Word of Mouth, Web (Banner Ads, Pop-ups, etc.), Women's Market

Approx. Annual Billings: $47,000,000

Breakdown of Gross Billings by Media: Internet Adv.: 16%; Other: 7%; Out-of-Home Media: 10%; Print: 17%; Radio: 13%; T.V.: 37%

Carrie McCament *(VP & Dir-Client Engagement)*
Ryan Lineberry *(Head-Acct)*
Jennifer Voorhees *(Head-Acct & Strategic Mktg)*
Morgan Rodden *(Controller)*
Teena Ray *(Dir-Corp Svcs)*
James R. Rusek *(Dir-Project Mgmt)*
Rusty Williams *(Dir-Photography)*
Ashley Moran *(Sr Acct Mgr-PR)*
Laureston Hawley *(Acct Mgr-PR & Content)*
Laura Tice *(Mgr-Motion Production)*
Lucas Weber *(Strategist-Content)*
Meredith Deery Adams *(Media Planner)*
David Haire *(Sr Designer)*
Rebecca Scott *(Coord-Project Mgmt)*
Erica Strong *(Coord-Insights)*
Katie Moore Howson *(Assoc Creative Dir)*

Accounts:
Belgard Hardscapes
BRITAX USA
Casa Fiora
Crescent Communities
Dal-Tile Corporation
Eaton Lighting Division
Electrolux
Glen Raven Mills; Glen Raven, NC Sunbrella Fabrics; 1975
GreenFiber
Hale Products, Inc.
Huber Engineered Woods AdvanTech Building Products; 2003
Hunter Douglas; 2005
Hurst Jaws of Life
La-Z-Boy Casegoods Kincaid Furniture
Material Handling Industry of America
Microban Anti-microbials; 2006
Moen Content, Creative, Creative Marketing Communications, Media, Strategic Planning
Mohawk
Nascar Hall of Fame; 2009
NC Education Lottery
Newell Brands Inc Levolor (Integrated Marketing Communications Agency of Record)
Oldcastle APG Content Development, Creative, Digital, Insights, Integrated Marketing, Media Planning & Buying, Public Relations, Research, Sakrete (Agency of Record), Search, Strategy, Strategy Development
Rack Room Shoes, Inc.
Springs Global, Inc. Court of Versailles, Springmaid, Springmaid & Wamsutta Home Furnishings, Springs Home, Springs Industries, Inc., Wamsutta; 2002
TOTO USA
TUUCI
VELUX Skylights Campaign: "VELUX Drama Heights", Skylights, Sun Tunnels; 2001
WIX Filters

WRG PHILADELPHIA
1800 John F Kennedy Blvd Ste 503, Philadelphia, PA 19103
Tel.: (267) 930-3570
E-Mail: hello.philadelphia@wrglive.com
Web Site: www.wrglive.com

Employees: 150

Agency Specializes In: Advertising, Brand Development & Integration, Communications, Content, Digital/Interactive, Internet/Web Design, Print, Production (Ad, Film, Broadcast), Social Media, Web (Banner Ads, Pop-ups, etc.)

Chris Gosling *(Pres-UK)*
Graeme Beavers *(VP-North America)*
Chris Brogan *(Head-Digital)*
Jen Robison *(Creative Dir-North America)*
Jennifer Baker *(Dir-Ops)*
Tim Williams *(Dir-Ops)*
Laura Hunt *(Planner)*

Accounts:
Ricoh Arena

WRIGHT FEIGLEY COMMUNICATIONS
(See Under Feigley Communications)

WRIGHT ON COMMUNICATIONS
674 Vie de la Valle, Solana Beach, CA 92075
Tel.: (858) 755-5411
E-Mail: info@wrightoncomm.com
Web Site: www.wrightoncomm.com

Employees: 10
Year Founded: 1998

Agency Specializes In: Communications, Consulting, Market Research, Public Relations, Strategic Planning/Research

Julie Wright *(Founder & Pres)*
Grant Wright *(CEO & Mng Partner)*
Hamish Marshall *(Dir-Res & Analytics)*
Shae Geary *(Sr Strategist-Comm)*
Aisha Belagam *(Strategist-Comm)*
Kara DeMent *(Strategist-Comm)*
Katrina Early *(Specialist-Media Integration)*
Chancelor Shay *(Strategist-Comm)*
Sandra Wellhausen *(Strategist-Comm)*
Teronda Williams *(Coord-Mktg & Admin)*

Accounts:
City of San Diego's Environmental Services Department
Jet Source Aircraft Management & Maintenance Services
New Haven Youth and Family Services of Vista
Radiant Health Centers of Orange County
San Diego Tourism Marketing District Hospitality Public Relations
Tenaya Lodge at Yosemite Hospitality Public Relations
Tri-City Hospital Foundation
Tri-City Medical Center Healthcare Public Relations
Visit Oceanside Hospitality Public Relations
WESTliving Healthcare Public Relations

WRIGHTIMC
660 N Central Expressway Ste 450, Plano, TX 75074
Tel.: (866) 628-8467
E-Mail: info@wrightimc.com
Web Site: www.wrightimc.com

Employees: 13
Year Founded: 2007

Agency Specializes In: Advertising, Content, Digital/Interactive, Internet/Web Design, Media Buying Services, Paid Searches, Search Engine Optimization, Social Media

Tony Wright *(CEO)*

Accounts:

ADVERTISING AGENCIES

Aidmatrix Foundation Inc.

THE WRIJEN COMPANY
225 Green St Ste 902, Fayetteville, NC 28301
Tel.: (910) 480-1800
Fax: (910) 480-2800
E-Mail: admin@wrijencompany.com
Web Site: www.wrijencompany.com

Employees: 8

Agency Specializes In: Advertising, Brand Development & Integration, Branded Entertainment, Broadcast, Electronic Media, Event Planning & Marketing, Fashion/Apparel, Graphic Design, Guerilla Marketing, Identity Marketing, In-Store Advertising, Integrated Marketing, Internet/Web Design, Media Buying Services, Multicultural, Multimedia, Production (Ad, Film, Broadcast), Radio, Retail, T.V., Technical Advertising, Urban Market, Women's Market

Approx. Annual Billings: $2,500,000

Thaddeus J Jenkins *(Pres)*

Accounts:
Citi Trends Advertising, Media Buying & Creative; 2004

WRL ADVERTISING, INC.
4470 Dressler Rd NW, Canton, OH 44718-2716
Tel.: (330) 493-8866
Fax: (330) 493-8860
E-Mail: info@wrladv.com
Web Site: www.wrladv.com

E-Mail for Key Personnel:
President: ctlocke@wrladv.com
Creative Dir.: isenberg@wrladv.com

Employees: 23
Year Founded: 1954

Agency Specializes In: Business-To-Business, Communications, Consumer Marketing

Breakdown of Gross Billings by Media: Collateral: 50%; Mags.: 10%; Newsp.: 10%; Point of Purchase: 5%; Radio: 15%; T.V.: 10%

Bob Isenberg *(VP-Creative Svcs)*
David Jensen *(Art Dir)*
Norio Saneshige *(Dir-Creative & Acct Exec)*
David Fenn *(Sr Acct Mgr)*
Thomas Budinsky *(Sr Creative Dir & Acct Mgr)*
Betty Williams *(Office Mgr)*
Matt Nist *(Acct Exec)*

Accounts:
Brewster Dairy Inc. All-Natural Cheese; 1989
Canton Chamber of Commerce; 1965
Germantown Systems Food Additives; 1991
Quickdraft Corp. Pneumatic Material Handling Systems; 1972
Rider Dairy, Inc.; Canton, OH Milk/Dairy Products & Ice Cream; 1956
Snyder Manufacturing Tent & Banner Fabrics; 1997
The Timken Company Tapered Roller Bearings & Steel; 1992

THE WTA GROUP, LLC
321 Billingsly Ct ste 7, Franklin, TN 37067
Tel.: (615) 465-6569
Web Site: workingtitleagency.com

Employees: 9

Agency Specializes In: Consumer Goods, Consumer Marketing, Faith Based, Production (Ad, Film, Broadcast)

Bill Reeves *(Owner & Partner)*
Brian Mitchell *(COO)*
Lisa Jean *(VP-Distribution & Mktg-Global)*
David Mechem *(VP-Distr Svcs)*

Accounts:
Eternal Perspective Ministries
Fathom Events
for KING & COUNTRY
Provident Films LLC War Room
Pure Flix God's Not Dead 2
SONY/AFFIRM Films Miracles From Heaven
Sony Tristar Heaven is For Real
Universal Pictures Home Entertainment

WUNDERMAN
3 Columbus Cir, New York, NY 10019
Tel.: (212) 941-3000
Fax: (212) 627-8342
Web Site: www.wunderman.com

Employees: 350
Year Founded: 1958

National Agency Associations: 4A's-ABC-APA-BPA-DMA-MCA

Agency Specializes In: Advertising, Alternative Advertising, Automotive, Branded Entertainment, Business-To-Business, Consumer Marketing, Direct Response Marketing, Direct-to-Consumer, E-Commerce, Electronic Media, Email, Event Planning & Marketing, Experience Design, Guerilla Marketing, Household Goods, Integrated Marketing, Internet/Web Design, Media Buying Services, Pharmaceutical, Promotions, Sales Promotion, Sponsorship, Sports Market, Strategic Planning/Research, Sweepstakes, Telemarketing, Viral/Buzz/Word of Mouth, Web (Banner Ads, Pop-ups, etc.)

Approx. Annual Billings: $1,065,000,000

Dan Wadleigh *(CFO)*
Steve Miller *(Chief Creative Officer & Sr VP)*
Sami Thessman *(Chief Creative Officer)*
Jeremy Dowdy *(Chief Client Officer)*
Gio Canini *(Pres-Y&R Grp Benelux, CEO-These Days & Sr VP-Bus Dev & Mktg-EMEA)*
Bill Burkart *(Pres-Wunderman Data Mgmt)*
Michael Murray *(Pres-Data Products)*
William J. Manfredi *(Exec VP-HR)*
Peter Flink *(Sr VP & Grp Head-Client)*
Karin Parks *(Sr VP & Grp Acct Dir)*
Zimm Zimmerman *(Sr VP-Mktg Analytics)*
William Martino *(Mng Dir-Health-New York)*
Jaime Winner *(VP & Grp Dir-Strategy)*
Daniel Winter *(Head-Client Solutions-Data, Modeling, Digital & Performance)*
Jeremy Kinder *(Exec Creative Dir)*
Alison Cannon *(Creative Dir)*
Samuel De Volder *(Creative Dir-Belgium)*
Melissa Pitts *(Acct Dir)*
Mitali Banerjee *(Assoc Dir-Strategy)*
Olga Platonova *(Mgr-Talent)*
Ashley Gullickson *(Acct Supvr)*
Mark Guttropf *(Analyst-Digital)*

Accounts:
Amtrak Brand Identity Development, Creative, Guest Rewards Initiatives, Loyalty Program, National & Local Media Buying & Planning; 2018
Best Buy Co., Inc.
Bose Corporation
Burger King Merchandising & Promotions
Citibank
The Coca-Cola Company
Coca-Cola Refreshments USA, Inc.
Colgate
The Dannon Company, Inc. Oikos Triple Zero
Dell
Diageo Johnny Walker, Whisky
E-Trade
Ford Motor Company
Halo 4
John Hancock Financial Services Global Media Planning, Buying & Analytics
Major League Baseball Players Association
Marriott
Microsoft Direct Marketing, Office 2010, Xbox 360
Nokia
Royal Dutch Shell plc Creative, Shell Global Commercial, Shell Retail
Sabin Vaccine Institute Campaign: "END7"
United Airlines Production
United States Tennis Association (Agency of Record)

New York, NY

Blast Radius
3 Columbus Cir, New York, NY 10019
(See Separate Listing)

Chicago, IL

DesignKitchen
233 N Michigan Ave Ste 1500, Chicago, IL 60601
(See Separate Listing)

Wunderman Interactive
233 N Michigan Ave Ste 1500, Chicago, IL 60601-5519
Tel.: (312) 596-2500
Fax: (312) 596-2600
Web Site: www.wunderman.com

Employees: 110

Agency Specializes In: Digital/Interactive

William J. Manfredi *(Exec VP-GHR)*

Accounts:
Ford
Jaguar
Microsoft
Nokia
P&G

Wunderman
233 N Michigan Ave Ste 1500, Chicago, IL 60601-5519
Tel.: (312) 596-2500
Fax: (312) 596-2600
E-Mail: info@wunderman.com
Web Site: wunderman.com

Employees: 150

National Agency Associations: 4A's

Agency Specializes In: Direct Response Marketing, Information Technology, Planning & Consultation, Publicity/Promotions, Sales Promotion, Sponsorship

Kevin Drew Davis *(Chief Creative Officer-Chicago & Canada)*
Ian Sohn *(Pres-Chicago)*
Andrew Rutberg *(CEO-MSC)*
Steve Terjeson *(Dir-Analytics)*
Kim Ten Clay *(Mgr-Digital Channel)*

Accounts:
Abbott
Burger King
COX Communications
Microsoft Computer Game, Motion Controlled Gaming System, Video Game
Mondelez International, Inc.

AGENCIES - JANUARY, 2019 — ADVERTISING AGENCIES

Nationwide
Novartis
Office Depot
Rogers
TimeWarner
United States Navy

Irvine, CA

Wunderman
535 Anton Blvd Ste 450, Costa Mesa, CA 92626
Tel.: (949) 754-2000
Fax: (949) 754-2001
E-Mail: info@wunderman.com
Web Site: www.wunderman.com

Employees: 80

National Agency Associations: 4A's

Agency Specializes In: Direct Response Marketing, Information Technology, Planning & Consultation, Publicity/Promotions, Sales Promotion

Diane Holland *(CFO)*
Craig Evans *(Chief Creative Officer)*
Matt Tepper *(Chief Strategy Officer)*
Susie Lim *(Sr VP & Grp Creative Dir)*
Jeff Browe *(Mng Dir-Los Angeles)*
Prachi Priya *(VP-Analytics & Insights)*
Cale Thompson *(VP-Plng)*
Glenn Teitlus *(Sr Dir)*
Elayna Rocha *(Art Buyer & Producer)*
Jeff Wong *(Dir-Integrated Production)*
Ben Peters *(Grp Creative Dir-Seattle)*

Accounts:
Diageo
Ford
Microsoft
Mondelez International, Inc.
MSN
Nokia
Public Storage Play House

Miami, FL

Wunderman
601 Brickell Key Dr, Miami, FL 33131
Tel.: (305) 347-1900
Fax: (305) 347-1901
Web Site: wunderman.com

Employees: 30

National Agency Associations: 4A's

Agency Specializes In: Direct Response Marketing, Information Technology, Planning & Consultation, Publicity/Promotions, Sales Promotion

Steve Miller *(Chief Creative Officer & Sr VP)*
John Lynn *(CEO-LATAM & Reg Dir-LATAM)*
Alfredo Garcia Alonso *(CEO-Mexico)*
Juan Pablo Jurado *(CEO-Latin America)*
Greta MacDonald *(Acct Dir)*
Brantley Davidson *(Dir-Performance Mktg Solutions)*
Liz Pelt *(Sr Strategist-Digital)*

Accounts:
AT&T Communications Corp.
Colgate
Diageo
Microsoft
Natura
Nintendo
Nokia
Rogers
Time Warner

Richardson, TX

KBM Group
2050 N Greenville Ave, Richardson, TX 75082
Tel.: (972) 664-3600
Fax: (972) 664-3656
E-Mail: sales@kbmg.com
Web Site: www.kbmg.com/

Employees: 100

Tom Young *(Exec VP-Data Mgmt Svcs)*
Raelyn Wade *(Sr VP-Sls)*
Laura Wojtalik *(Sr Dir-Digital Ops)*

Seattle, WA

Possible
414 Olive Way Ste 500, Seattle, WA 98101
Tel.: (206) 341-9885
Fax: (206) 749-9868
E-Mail: info@possible.com
Web Site: https://www.possible.com/

Employees: 150
Year Founded: 2011

Agency Specializes In: Sponsorship

Gareth Jones *(Mng Dir)*
Danielle Trivisonno-Hawley *(Chief Creative Officer-Americas)*
Adam Wolf *(CTO-Americas)*
Laurent Burman *(Chief Client Officer)*
Michael Sergio *(Pres-Canada)*
Beth Nouguier *(Exec VP-Acct)*
Robert Carlin *(Sr VP-Mktg Science)*
Rebekah Smith *(VP-Acct)*
Jeff Whang *(VP-Strategy)*
Sean Weller *(Grp Dir-Strategy)*
Rita Sweeney Benedum *(Acct Dir)*
Kelly Daniels *(Acct Dir)*
Jon Dietrich *(Creative Dir)*
Matt Gilmore *(Creative Dir)*
Rebecca Bedrossian *(Dir-Content)*
Shawn Herron *(Dir-Experience Tech)*
Stephanie Hockett *(Dir-Comm & Channel Strategy)*
Grant Rubin *(Dir-Media Svcs)*
Ryan Stimpson *(Assoc Dir-Strategy)*
Kate Maloney *(Strategist)*
Kelsie Clegg *(Sr Art Dir)*
Christopher Fox *(Assoc Creative Dir)*
Makoto Fujiwara *(Sr Media Planner)*
Nicole Michels McDonagh *(Grp Creative Dir)*
Leah Talbot *(Sr Recruiter-Talent Acq)*

Accounts:
ConAgra Foods Banquet
Converse
Dakine, Inc.
Ford
Helio
InterContinental Hotels Group Crowne Plaza, Holiday Inn, Indigo, InterContinental, Social Media Strategy
Lonely Planet
Lonely Whale Foundations
Microsoft Campaign: "The Art of Touch", Surface Website
Morgans Hotel Group Website Development
National Geographic
Nike
PR Newswire
REI
Sony Electronics Web Sites; 2007
Tom's of Maine

Wunderman Seattle
221 Yale Ave N Ste 500, Seattle, WA 98109
Tel.: (206) 505-7500
Fax: (206) 505-7672
Web Site: wunderman.com

Employees: 300
Year Founded: 2004

National Agency Associations: 4A's

Belinda Leworthy *(Mng Dir)*
Justin Marshall *(Mng Dir)*
Craig Evans *(Chief Creative Officer)*
Seth Solomon *(CEO-North America)*
Marc Sanford *(Sr VP-Strategy & Analytics)*
Krista Hale *(VP & Dir-Global HR)*
Jean Benoit Bataille *(VP-Analytics)*
Dan Miller *(Sr Dir-Client Engagement)*
Heidi Kimble *(Assoc Dir-Data Strategy)*
Simran Sudan *(Sr Mgr-Client Engagement)*
Susie Yang *(Sr Mgr-Client Svc)*
Marcie Garcia *(Planner)*
Aps Mateo *(Analyst-Microsoft Campaigns Digital Data)*
Andy Durr *(Sr Art Dir)*

Accounts:
Microsoft; Redmond, WA Campaign: "Break Down The Wall", Campaign: "Lync Test Drive", Direct Marketing, Office 2010, XBox 360
T-Mobile US

Washington, DC

Wunderman World Health
1055 Thomas Jefferson St NW # 200, Washington, DC 20007
(See Separate Listing)

Argentina

Wunderman
Arribenos 2740, 1428 Buenos Aires, Argentina
Tel.: (54) 11 5777 8500
Fax: (54) 11 5777 8501
E-Mail: reception.buenosaires@wunderman.com
Web Site: wunderman.com

Employees: 190
Year Founded: 1992

Agency Specializes In: Direct Response Marketing, Information Technology, Planning & Consultation, Publicity/Promotions, Sales Promotion

Victoria Cole *(Mng Dir)*
Maria Quinzio *(Head-Strategy)*
Dany Minaker *(Exec Creative Dir-Latam)*
Sebastian Tarazaga *(Exec Creative Dir)*
Juan Calvo *(Creative Dir)*
Francisco Cerrutti *(Art Dir)*
Maria Jazhal *(Acct Dir)*
Agata Kubien *(Art Dir)*
Pablo Maldonado *(Creative Dir)*
Matias Martty *(Creative Dir)*
Isabella Perrotat Menconi *(Art Dir)*
Ezequiel Orlandi *(Creative Dir)*
Matias Paglieri *(Art Dir)*
Fernando Rossini *(Creative Dir)*
Ignacio Rozental *(Creative Dir)*
Julia Stoger *(Creative Dir)*
Fabiana Antonelli *(Dir-Client Svc)*
Belen Yusso *(Dir-Client Svc)*
Josefina Espil *(Production Mgr)*
Leonardo Ferrari *(Acct Supvr)*
Pilar Martin *(Acct Supvr)*
Magali Romero *(Acct Supvr)*
Paula Torres *(Acct Exec)*
Leonardo Arnelli *(Copywriter)*
Nicolas Demichelle *(Copywriter)*
Gaston Duran *(Copywriter-Creative)*
Carolina Graziano *(Reg Acct Dir)*
Eliana Kaplan *(Gen Acct Dir)*

ADVERTISING AGENCIES

Accounts:
Coca-Cola Campaign: "Car Incident, Interception, Intruder", Campaign: "Jealousy", Campaign: "Security Cams"
Foundation Banco de Bosques
General Electric
New-Guest Foundation
Ineco
Koninklijke Philips N.V.
Movistar
New-Mr Monk Brewing Company
Philips
Women in Equality Foundation

Australia

Wunderman
35 Clarence St, Sydney, NSW 2000 Australia
Mailing Address:
GPO Box 5402, Sydney, NSW 2001 Australia
Tel.: (61) 2 97761700
Fax: (61) 2 9778 7599
Web Site: http://www.wunderman.com/

Employees: 65
Year Founded: 1976

National Agency Associations: ADMA

Agency Specializes In: Direct Response Marketing, Information Technology, Planning & Consultation, Publicity/Promotions, Sales Promotion

Frank Martelli *(Creative Dir)*

Accounts:
Art Gallery Society NSW Campaign: "Portraits"
Coca-Cola
Ford
New-Members Equity Bank Limited
Nokia
Pringles
Schick
Vegemite
Weatherbeeta Campaign: "Dare To Be Dublin"
WWF Australia

Austria

Wunderman
Laimgrubengasse 14, 1060 Vienna, Austria
Tel.: (43) 0 50401 0
E-Mail: office.vienna@wunderman.com
Web Site: www.wundermanpxp.at

Employees: 14
Year Founded: 1986

Agency Specializes In: Direct Response Marketing, Information Technology, Planning & Consultation, Publicity/Promotions, Sales Promotion

Torsten Michael Riefer *(Creative Dir)*

Brazil

Wunderman
Av das Nacoes Unidas 14171-Torre B, CEP 04794-000 Sao Paulo, SP Brazil
Tel.: (55) 11 5504 8000
Fax: (55) 11 3026 5588
Web Site: www.wunderman.com

Employees: 18
Year Founded: 2000

Pedro Reiss *(CEO)*
Caio Bamberg *(COO)*
Paulo Sanna *(Chief Creative Officer)*
Cristina Duclos *(VP-Strategy & Bus)*
Alexandre Silveira *(Head-Customer Experience & Creative Dir)*
Andre Renzi *(Head-Media)*
Danillo Ferrari *(Sr Dir-Creative Art)*
Luiz Gustavo Barretto *(Art Dir)*
Caroline Hirota Brandt *(Media Dir)*
Romerio Castro *(Art Dir)*
Sandro Figueiredo *(Producer-Graphic-Wunderman Interactive)*
Rafael Palermo *(Creative Dir)*
Fernando Tomeu *(Creative Dir)*
Isabella Armelin Ferro *(Mgr-Media)*
Elisangela Queiroz *(Acct Exec)*

Accounts:
Federacao Paulista de Futebol Campaign: "Linesman for Peace"
INATAA
Jaguar Land Rover
Procto-Glyvenol
Sao Paulo's Football Federation Campaign: "Linesmen For Peace"
Shell
TAM Airlines Historic Luggage
Vivo Campaign: "Patriotic Ball"

Canada

Wunderman
60 Bloor Street W Ste 800, Toronto, ON M4W 3Z1 Canada
Tel.: (416) 921-9050
Fax: (416) 961-0971
E-Mail: info@wunderman.ca
Web Site: http://wunderman.com/

Employees: 200

Agency Specializes In: Direct Response Marketing, Sales Promotion

Kevin Flynn *(Sr VP & Dir-Strategic Plng)*
Cass Zawadowski *(VP & Creative Dir-Canada)*
Ken St. Germain *(Project Mgr-Digital)*
Emma Cunningham *(Strategist)*

Chile

Wunderman
Avenida del Valle 961 Oficina 1707, Huechuraba, Santiago, Chile
Tel.: (56) 2 940 9910
Fax: (56) 2 232 7652
Web Site: www.wunderman.com

Employees: 37

Agency Specializes In: Direct Response Marketing, Information Technology, Media Buying Services, Media Planning, Planning & Consultation, Publicity/Promotions, Sales Promotion

Cristian Garcia Ivanschitz *(Gen Mgr)*
Mauricio Garcia *(Creative Dir)*
Viviana Anderson *(Acct Supvr)*
Juan Pablo Florit *(Supvr-Creative)*
Boris Rojas *(Supvr-Creative)*
Dante Gonzalez *(Sr Art Dir)*

Accounts:
Mazda Motor Corporation Eye

China

AGENDA
03-06 32F, 118 Connaight Road West, Hong Kong, China (Hong Kong)
Tel.: (852) 2298 3888
Fax: (852) 21446332
Web Site: www.wunderman.com.cn/

Employees: 250

National Agency Associations: ADMA

Agency Specializes In: Advertising, Consumer Goods, Consumer Marketing, Consumer Publications, Education, New Technologies, Production, Production (Print), Publishing, Real Estate

Tracy Chow *(Creative Dir)*

Accounts:
Carrefour
Colgate China; 2008
DHL
Disney
GlaxoSmithKline Limited Creative, Print, Social Media, Television
Honda
Johnson & Johnson Acuvue, Bandaid, Clean 'n Clear, Johnson's Baby, OB
Kimberly-Clark (Hong Kong) Limited Campaign: "The Story of Softness", Digital, Kotex Softness
Microsoft Campaign: "Simply Play Faster"
Pepsi
Prudential
xBox 360

Wunderman Beijing
#502 Building 17 Jianwal SOHO 39 East 3rd Ring Road, Chao Yang District, Beijing, 100022 China
Tel.: (86) 10 5869 4575
Fax: (86) 10 5869 4670
Web Site: www.wunderman.com.cn

Employees: 120
Year Founded: 1998

Agency Specializes In: Direct Response Marketing, Information Technology, Publicity/Promotions, Sales Promotion

Chung-Tai Kung *(Mng Dir)*
Iris Du *(Sr Acct Mgr)*
Ellen Hu *(Assoc Acct Dir)*

Accounts:
Dell; 2018

Wunderman
19F, 889 WanHangDu Road, Yueda 889 Center, Jing'an Distric Shanghai, 200042 China
Tel.: (86) 2123085088
Fax: (86) 2151164316
Web Site: www.wunderman.com.cn

Employees: 57
Year Founded: 1998

Pornthip Suchanthabut *(Mng Dir)*
Bryce Whitwam *(CEO-China)*
Laura Cheng *(VP-HR-China)*
Mark Miller *(Head-Plng-Asia Pacific)*
Stephanie Ji *(Sr Acct Dir)*
Fiona Wang *(Grp Acct Dir)*
Miranda Kao *(Acct Dir)*
Glenn Tan *(Art Dir)*
Sindy Shen *(Dir-HR)*
Iris Du *(Sr Acct Mgr)*
Liu Shuquan *(Assoc Creative Dir)*

Accounts:
Campanile Hotels (Integrated Communications Agency of Record) Creative, Creative Communications, Digital, Social Media, Strategy
Qoros Digital, Qoros 3 sedan
Shanghai Pride Campaign: "Holding hands"

AGENCIES - JANUARY, 2019 — ADVERTISING AGENCIES

Tao On The Road (Integrated Communications Agency of Record) Creative, Digital, Strategy

Wunderman
Room 04-06 31/f Onelink Center, No. 230-232 Tianhe Road, Guangzhou, 510630 China
Tel.: (86) 20 2863 3338
Fax: (86) 20 2863 3339
E-Mail: k2.kung@wunderman.com
Web Site: www.wunderman.com.cn

Employees: 10
Year Founded: 2000

Chung-Tai Kung *(Mng Dir)*
Maggie Tong *(Gen Mgr)*
Stephanie Ji *(Sr Acct Dir)*
Miranda Kao *(Acct Dir)*
Ellen Hu *(Assoc Acct Dir)*

Czech Republic

Wunderman
Nadrazni 32, 150 00 Prague, 5 Czech Republic
Tel.: (420) 2 21 420 130
Fax: (420) 2 21 420 132
E-Mail: info@wunderman.cz
Web Site: https://www.wunderman.cz/

Employees: 100

Agency Specializes In: Direct Response Marketing, Information Technology, Publicity/Promotions, Sales Promotion

Richard Stiebitz *(Chief Creative Officer)*
Evzen Drtina *(Gen Mgr)*
Vladimir Rejlek *(Dir-Digital)*
Vendula Mrazova *(Grp Bus Dir)*

Accounts:
Czech Railways Campaign: "Lets Meet Aliens"
Ford Motor Company
Komercni Banka
Prague Fertility Centre

Wunderman Helsinki
Koydenpunojankatu 2 a D, 00180 Helsinki, Finland
Tel.: (358) 20 7300 230
Fax: (358) 20 7300 233
E-Mail: helsinki@wunderman.com
Web Site: http://wunderman.fi/

Employees: 24
Year Founded: 1940

Agency Specializes In: Above-the-Line, Advertising, Advertising Specialties, Affiliate Marketing, Affluent Market, African-American Market, Agriculture, Alternative Advertising, Arts, Asian Market, Automotive, Aviation & Aerospace, Below-the-Line, Bilingual Market, Brand Development & Integration, Branded Entertainment, Broadcast, Business Publications, Business-To-Business, Cable T.V., Catalogs, Children's Market, Co-op Advertising, Collateral, College, Commercial Photography, Communications, Computers & Software, Consulting, Consumer Goods, Consumer Marketing, Consumer Publications, Content, Corporate Communications, Corporate Identity, Cosmetics, Crisis Communications, Custom Publishing, Customer Relationship Management, Digital/Interactive, Direct Response Marketing, Direct-to-Consumer, E-Commerce, Education, Electronic Media, Electronics, Email, Engineering, Entertainment, Environmental, Event Planning & Marketing, Exhibit/Trade Shows, Experience Design, Fashion/Apparel, Financial, Food Service, Game Integration, Government/Political, Graphic Design, Guerila Marketing, Health Care Services, High Technology, Hispanic Market, Hospitality, Household Goods, Identity Marketing, In-Store Advertising, Industrial, Infomercials, Information Technology, Integrated Marketing, International, Internet/Web Design, Investor Relations, LGBTQ Market, Legal Services, Leisure, Local Marketing, Logo & Package Design, Luxury Products, Magazines, Marine, Market Research, Media Buying Services, Media Planning, Media Relations, Media Training, Medical Products, Men's Market, Merchandising, Mobile Marketing, Multicultural, Multimedia, New Product Development, New Technologies, Newspaper, Newspapers & Magazines, Out-of-Home Media, Outdoor, Over-50 Market, Package Design, Paid Searches, Pharmaceutical, Planning & Consultation, Podcasting, Point of Purchase, Point of Sale, Print, Product Placement, Production, Production (Ad, Film, Broadcast), Production (Print), Promotions, Public Relations, Publicity/Promotions, Publishing, RSS (Really Simple Syndication), Radio, Real Estate, Recruitment, Regional, Restaurant, Retail, Sales Promotion, Search Engine Optimization, Seniors' Market, Social Marketing/Nonprofit, Sponsorship, Sports Market, Stakeholders, Strategic Planning/Research, Sweepstakes, Syndication, T.V., Technical Advertising, Teen Market, Telemarketing, Trade & Consumer Magazines, Transportation, Travel & Tourism, Urban Market, Viral/Buzz/Word of Mouth, Web (Banner Ads, Pop-ups, etc.), Women's Market, Yellow Pages Advertising

Tomas Gergov *(Specialist-Digital Mktg-Microsoft Western Europe)*

Wunderman
Strandboulevarden 122 4, DK-2100 Copenhagen, Denmark
Tel.: (45) 3288 7777
Fax: (45) 3288 7788
E-Mail: info@wunderman.dk
Web Site: www.wunderman.dk

Employees: 80
Year Founded: 1976

Agency Specializes In: Direct Response Marketing, Information Technology, Sales Promotion

Mads Toft *(Sr Dir-Client Svc & Mgmt Team)*
Eva Gustafson *(Acct Dir)*
Josephine Bie Moltsen *(Acct Dir)*
Lone Tjerrild *(Acct Dir)*
Birgitte Hollensen *(Dir-Client Svc)*
Beth Larsen *(Dir-Client Svc)*
Immad Shahid *(Dir-Client Svc-Scandinavia)*
Carina Butenko *(Mgr-Team Program)*

France

Wunderman
57 avenue Andre Morizet, 92513 Boulogne-Billancourt, Cedex France
Tel.: (33) 1 46 84 34 22
Fax: (33) 1 46 84 32 72
E-Mail: info@wunderman.com
Web Site: www.wunderman.fr

Employees: 125
Year Founded: 1976

Agency Specializes In: Direct Response Marketing, Information Technology, Planning & Consultation, Publicity/Promotions, Sales Promotion

Vincent Druguet *(CEO)*
Philippe Bonnet *(CEO-France)*
Gaia Brunoni *(Acct Dir)*
Lobke Fric *(Dir-Acct & Customer)*

Accounts:
Groupe Danone S.A. Danone Activia
Nokia Campaign: "Cineday", Campaign: "Les Inshootables"

Germany

facts & fiction GmbH
Anna-Schneider-Steig 2 Rheinauhafen, D-50678 Cologne, Germany
Tel.: (49) 221 95 15 30 0
Fax: (49) 221 95 15 30 22
E-Mail: info@factsfiction.de
Web Site: www.factsfiction.de

Employees: 40
Year Founded: 1992

Agency Specializes In: Consumer Marketing, Information Technology, Planning & Consultation

Kira Brucksch *(Head-New Bus)*
Patrizia Widritzki *(Dir-Art)*

Wunderman
Kleyerstrasse 19, 60326 Frankfurt am Main, Germany
Tel.: (49) 69 7502 701
Fax: (49) 69 7506 1430
E-Mail: wunderman-frankfurt.reception@wunderman.com
Web Site: www.wunderman.com

Employees: 143

Agency Specializes In: Consumer Marketing, Direct Response Marketing, Information Technology, Planning & Consultation, Publicity/Promotions, Sales Promotion

Joachim Bader *(CEO-Central Europe)*
Alex Preusch *(Dir-Client Svc)*

Hungary

Wunderman
Alkotas u 53 C epulet, MOM park, H-1123 Budapest, Hungary
Tel.: (36) 1 801 7500
Fax: (36) 1 801 7501
E-Mail: info@yr.hu
Web Site: wunderman.com

Employees: 23

Agency Specializes In: Direct Response Marketing, Sales Promotion

India

Rediffusion Wunderman
Building No 9A 4th Floor DLF Cyber City, Phase III, Gurgaon Haryana, New Delhi, 122 002 India
Tel.: (91) 124 4609 000
Fax: (91) 11 614 3241
Web Site: www.wundermanindia.com

Employees: 50

Agency Specializes In: Digital/Interactive, Direct Response Marketing, Event Planning & Marketing, Sales Promotion, Strategic Planning/Research

Madhumita Mukherjee *(VP & Head-Branch)*
Subhojit Dasgupta *(Head-CRM Strategy)*
Ravindra Pamadi *(Gen Mgr-Fin)*
Sudhir Bhengra *(Creative Dir)*
Arunima Singh *(Bus Dir)*

ADVERTISING AGENCIES

Accounts:
Biba Creative, Media, Print
Del Monte Del Monte Mayo
Microsoft Corporation

Italy

Wunderman
Via Tortona 37, 20144 Milan, Italy
Tel.: (39) 02 76 05 21 00
Fax: (39) 02 76 00 52 33
E-Mail: info@wunderman.it
Web Site: wunderman.com

Employees: 30
Year Founded: 1992

Agency Specializes In: Communications, Consumer Marketing, Direct Response Marketing, Information Technology, Planning & Consultation, Publicity/Promotions, Sales Promotion

Laura Conti *(Gen Mgr)*
Lorenzo Salemme *(Dir-Interactive Acct & New Bus)*

Accounts:
Ford Mazda
Jaguar Land Rover Campaign: "WeDefender"

Japan

Wunderman
San Marino Shiodome 2-4-1 Higashi-shimbashi, Minato-ku, Tokyo, 105-0021 Japan
Tel.: (81) 3 6430 8030
Fax: (81) 3 6430 8002
Web Site: wunderman.com

Employees: 40

Agency Specializes In: Direct Response Marketing, Information Technology, Planning & Consultation, Publicity/Promotions, Sales Promotion

Alexandra Beneville *(Mng Dir)*
Yoshie Toriya *(Dir-Data & CRM Strategy)*
Tomohiko Ohmura *(Sr Grp Acct Dir)*

Accounts:
Microsoft

Korea

Wunderman Korea
9F Bosung Bldg 891-25, Daechi-dong Gangman-gu, Seoul, 135-840 Korea (South)
Tel.: (82) 2 531 9600
Fax: (82) 2 531 9600
Web Site: wunderman.com/

Employees: 20

Steven Koh *(Mng Dir)*

Accounts:
Burger King Offline, Online

New Zealand

Y&R
Level 4 Corner Augustus Terrace & Parnell Rise, Parnell, Auckland, New Zealand
Tel.: (64) 9 308 5444
Fax: (64) 9 308 5359
Web Site: www.yr.com

Employees: 50

Agency Specializes In: Direct Response Marketing, Information Technology, Planning & Consultation, Publicity/Promotions, Sales Promotion

Jono Key *(Mng Dir & Head-Plng)*
Tom Paine *(Exec Creative Dir)*
Kim Pick *(Exec Creative Dir)*
Katie Loverich *(Sr Acct Dir)*
Carmen Sellwood *(Grp Acct Dir)*
Arizona Doolan *(Art Dir & Creative Dir)*
Guy Denniston *(Creative Dir)*
Heike Middleton *(Acct Dir)*
Seymour Pope *(Creative Dir)*
Liz Richards *(Art Dir)*
Gavin Siakimotu *(Creative Dir)*
Catherine Hamilton *(Dir-Trading-Natl & NZ)*
Vinay Naran *(Sr Acct Mgr)*
Elizabeth Baird *(Copywriter)*
Nick Dellabarca *(Copywriter)*
Craig McLeod *(Planner)*
James Wendelborn *(Sr Designer)*
Lisa Dupre *(Assoc Creative Dir)*

Accounts:
Animates Campaign: "Doomsday"
Arnott's Campaign: "Distraction"
Beds R Us Campaign: "Flat Cat Lullaby"
Blunt Umbrellas
Brake Campaign: "Living Memories"
Breast Cancer Cure New Zealand
Burger king McWhopper
Co-operative Bank Campaign: "Profits", Campaign: "Record Profit", Logo, USP, Visual Identity, Website
The Earthquake Commission Campaign: "Fix. Fasten. Don't Forget", Campaign: "Valuables"
Edgewell Campaign: "The Schibliminizer", Schick, WHAT EMMA SEES
The Electricity Authority
New-Goodman Fielder NZ LTD
The Goodman Fielder Dairy & Drocery; 2017
Icebreaker Campaign: "NZ Lucky Dip", Campaign: "Sheep"
Jaguar
The Kraft Heinz Company
Land Rover
MetService Campaign: "Weather to Wake"
The New Zealand Health Promotion Agency
Rainbow Youth
Red Cross
Resene Campaign: "Colour Dj"
Sea Shepherd Campaign: "For The Ocean"
The Sweet Shop
The Tomorrow Project Standard Drink, Standard Glass
Tuatara Brewery Campaign: "All Blacks DIY Jersey"
York Street Mechanics Campaign: "Dan"

Portugal

Wunderman
Avenidas Eng Duarte Pacheco Amoreiras Torre 1 9th Fl, 1070-101 Lisbon, Portugal
Tel.: (351) 21 722 7500
Fax: (351) 21 727 3147
Web Site: wunderman.com

Employees: 40
Year Founded: 1992

Agency Specializes In: Direct Response Marketing, Information Technology, Planning & Consultation, Sales Promotion

Jorge Castanheira *(Mng Dir)*
Raquel Goncalves *(Head-Digital, CRM Strategy & Analytics & Dir-Strategic Plng)*
Luis Coelho *(Creative Dir)*
Olga Orfao *(Acct Dir)*
Miguel Figueiredo *(Dir-Production)*

AGENCIES - JANUARY, 2019

Nuno Moreno *(Dir-IT, Technical & Dev)*

Accounts:
Europcar
Ford Campaign: "Looking for Champions"
Milaneza

Singapore

Wunderman
50 Scotts Road #03-01, Singapore, 228242 Singapore
Tel.: (65) 6671 3131
Fax: (65) 6671 3135
Web Site: wunderman.com

Employees: 25

Agency Specializes In: Direct Response Marketing, Information Technology, Planning & Consultation, Publicity/Promotions, Sales Promotion

Shannon Dix *(CEO)*
John Rees *(CFO)*
Nimesh Desai *(COO)*
Caspar Schlickum *(CEO-Asia Pacific)*
Mark Cleary *(Creative Dir)*
Wedad Sunny *(Client Svcs Dir)*
Putri Natasha Adnan *(Assoc Acct Dir)*

Accounts:
adidas (Social Media Agency of Record)
Lien Aid
Nokia
Pfizer Consumer Healthcare Caltrate, Centrium

Spain

Wunderman
Avenida de Burgos 21, Complejo Triada Torre C 11th Fl, 28036 Madrid, Spain
Tel.: (34) 917 684 400
Fax: (34) 917 668 424
Web Site: http://www.wunderman.com/

Employees: 150
Year Founded: 1986

Agency Specializes In: Direct Response Marketing, Internet/Web Design, Planning & Consultation, Point of Purchase, Point of Sale, Print, Production, Telemarketing

Andres Narvaez *(Pres-South Europe & Spain)*
Gonzalo Lopez Serantes *(Dir-Digital Intelligence & Analytics)*
Mercedes Minguez *(Acct Mgr)*

Switzerland

Wunderman
Hardturmstrasse 133, Postfach, CH-8037 Zurich, Switzerland
Tel.: (41) 1 444 1511
Fax: (41) 1 444 1533
E-Mail: info@wunderman.ch
Web Site: www.wunderman.ch

Employees: 14
Year Founded: 1986

Agency Specializes In: Advertising, Communications

Renato Di Rubbo *(Mng Dir)*
Markus Gut *(Chief Creative Officer)*

United Kingdom

Burrows Shenfield
The Burrows Building 5 Rayleigh Road, Shenfield, Brentwood, Essex CM13 1AB United Kingdom
Tel.: (44) 1277 246 666
Fax: (44) 1277 246 777
E-Mail: info@burrows.yr.com
Web Site: www.weareburrows.com/

Employees: 150

Agency Specializes In: Direct Response Marketing, Sales Promotion

Richard Wright *(COO & Head-Ops)*
Robin Lowry *(Creative Dir-CGI-Young & Rubicam & WPP)*
Nigel Hall *(Dir-Tech & VFX-CGI)*
Jennie Merriman-Johnson *(Sr Project Mgr-Digital)*
Digby Rogers *(Supvr-Production)*

Accounts:
Ford
Mazda
Volvo

Wunderman Interactive
Greater London House Hampstead Road, London, NW1 7QP United Kingdom
Tel.: (44) 20 7611 6333
Fax: (44) 20 7611 6668
E-Mail: info@wunderman.com
Web Site: wunderman.com

Employees: 250

Agency Specializes In: Digital/Interactive

Julian Ormerod *(Mng Dir & Head-Client)*

Accounts:
Ford
Microsoft
Nike
Nokia

Wunderman
Greater London House, Hampstead Rd 3rd Fl, London, NW1 7QP United Kingdom
Tel.: (44) 207 611 6333
Fax: (44) 20 7611 6668
E-Mail: info@wunderman.com
Web Site: www.wunderman.com

Employees: 250

Agency Specializes In: Direct Response Marketing, Sales Promotion

James Irvine *(Mng Partner)*
Katt Wright *(Partner & Head-Delivery & Ops)*
Kathryn Arbour *(Partner-Client Consulting)*
Daniel Bonner *(Chief Creative Officer-Global)*
John Cunningham *(CTO-EMEA)*
Ian Haworth *(Chief Creative Officer-UK & EMEA)*
Mel Edwards *(CEO-Global)*
Pip Hulbert *(CEO-UK)*
James Sanderson *(Mng Dir-Wunderman Inside)*
Georgie McCarthy *(Head-Creative)*
Marcus Reynolds *(Head-Strategy)*
Abi Ellis *(Exec Creative Dir)*
Polly Lygoe *(Bus Dir)*
Joe McGlynn *(Bus Dir)*
Christopher McKee *(Creative Dir)*
Richard Morgan *(Creative Dir)*
Anna-lee Bridgstock *(Dir-Digital Performance)*
Annie Gass *(Dir-Strategy)*
Paula Joannou *(Dir-HR-UK)*
Michael Maxwell *(Dir-Strategy)*
Alistair Millen *(Dir-Strategy)*
William Rolt *(Dir-Bus)*
Helen Lee *(Assoc Dir-Bus Dev)*

Jessica Parish *(Sr Mgr-New Bus & Mktg)*
Beth McConnell *(Sr Acct Mgr)*
Jason Warnes *(Client Partner)*
Francois Camilleri *(Mgr-Project Delivery)*
Kevin Guild *(Designer)*

Accounts:
BT Group plc Direct Marketing & CRM, EE
Childhood Eye Cancer Trust Advertising, Digital, Social Media
Citi
EDF Energy Below-the-Line, Campaign: "Proud to Bring Zingy to the Party", Direct Marketing
Ford Digital, ECOnetic Cars
GlaxoSmithKline Plc (Lead Agency) Flonase, Global Digital Advertising
Ikea
Jaguar
Legal & General Creative, Media
Microsoft Campaign: "At Microsoft, your Privacy is Our Priority", Digital, OOH, Print, TV
Xbox Creative
Nokia Campaign: "Consumer Qwerty", Campaign: "don't flash. Amaze"
Novartis International AG
Royal Dutch Shell plc (Lead Digital Agency) Creative, Global CRM, Global Strategic Planning
Samsung Electronics CRM, Communications, Loyalty Marketing, Strategy
Sun Bingo Social Media
Times Newspapers Ltd.

WUNDERMAN WORLD HEALTH
1055 Thomas Jefferson St NW # 200, Washington, DC 20007
Tel.: (202) 625-2111
Fax: (202) 424-7900
Web Site: http://www.wundermanhealth.com

Employees: 141
Year Founded: 1967

National Agency Associations: DMA

Agency Specializes In: Advertising, Advertising Specialties, Affluent Market, Automotive, Broadcast, Business-To-Business, Cable T.V., Collateral, Communications, Consumer Marketing, Customer Relationship Management, Digital/Interactive, Direct Response Marketing, Direct-to-Consumer, E-Commerce, Email, Financial, Health Care Services, High Technology, Integrated Marketing, Internet/Web Design, Men's Market, New Technologies, Over-50 Market, Paid Searches, Pharmaceutical, Planning & Consultation, Print, Production (Print), Radio, Search Engine Optimization, Seniors' Market, Social Marketing/Nonprofit, Social Media, Sponsorship, Strategic Planning/Research, T.V., Viral/Buzz/Word of Mouth, Women's Market

Jeffrey Ross *(Pres & CEO)*
Sara Collis *(Sr VP-Insights & Innovation)*
Trevor Sloan *(Sr VP & Grp Creative Dir)*
Kevin McMonagle *(VP & Creative Dir)*
Lindsay Lam *(Assoc Dir-Strategy, Insights & Innovation)*
Nathan Gomez *(Assoc Creative Dir)*

Accounts:
AARP AARP Health Care Options
Abbott Diabetes Care
Abbott Laboratories
Eli Lilly
Johnson & Johnson
Novo Nordisk
Pfizer Prevnar
Procter & Gamble
Sunovion
Windstream

WWDB INTEGRATED MARKETING
412 SE 13th St, Fort Lauderdale, FL 33316
Tel.: (954) 922-4332
Fax: (954) 923-0126
E-Mail: manny@whatwedobest.com
Web Site: www.whatwedobest.com

Employees: 3
Year Founded: 2010

Agency Specializes In: Above-the-Line, Advertising, Advertising Specialties, Affluent Market, Alternative Advertising, Arts, Automotive, Aviation & Aerospace, Below-the-Line, Bilingual Market, Brand Development & Integration, Branded Entertainment, Broadcast, Business Publications, Business-To-Business, Cable T.V., Catalogs, Children's Market, Co-op Advertising, Collateral, College, Commercial Photography, Communications, Computers & Software, Consulting, Consumer Goods, Consumer Marketing, Consumer Publications, Content, Corporate Communications, Corporate Identity, Cosmetics, Custom Publishing, Customer Relationship Management, Digital/Interactive, Direct Response Marketing, Direct-to-Consumer, E-Commerce, Education, Electronic Media, Electronics, Email, Engineering, Entertainment, Environmental, Event Planning & Marketing, Exhibit/Trade Shows, Experience Design, Faith Based, Fashion/Apparel, Financial, Food Service, Government/Political, Graphic Design, Guerilla Marketing, Health Care Services, High Technology, Hispanic Market, Hospitality, Household Goods, Identity Marketing, In-Store Advertising, Industrial, Infomercials, Information Technology, Integrated Marketing, International, Internet/Web Design, Investor Relations, LGBTQ Market, Legal Services, Leisure, Local Marketing, Logo & Package Design, Luxury Products, Magazines, Marine, Market Research, Media Buying Services, Media Planning, Media Relations, Media Training, Medical Products, Men's Market, Mobile Marketing, Multicultural, Multimedia, New Product Development, New Technologies, Newspaper, Newspapers & Magazines, Out-of-Home Media, Outdoor, Over-50 Market, Package Design, Paid Searches, Pets, Pharmaceutical, Planning & Consultation, Podcasting, Point of Purchase, Point of Sale, Print, Product Placement, Production, Production (Ad, Film, Broadcast), Production (Print), Promotions, Public Relations, Publicity/Promotions, Publishing, RSS (Really Simple Syndication), Radio, Real Estate, Recruitment, Regional, Restaurant, Retail, Sales Promotion, Search Engine Optimization, Seniors' Market, Social Marketing/Nonprofit, Social Media, Sponsorship, Sports Market, Strategic Planning/Research, Sweepstakes, T.V., Technical Advertising, Teen Market, Telemarketing, Trade & Consumer Magazines, Transportation, Travel & Tourism, Tween Market, Urban Market, Viral/Buzz/Word of Mouth, Web (Banner Ads, Pop-ups, etc.), Women's Market, Yellow Pages Advertising

Approx. Annual Billings: $750,000

Breakdown of Gross Billings by Media: Corp. Communications: 5%; Graphic Design: 20%; Internet Adv.: 10%; Local Mktg.: 35%; Logo & Package Design: 10%; Radio & T.V.: 5%; Worldwide Web Sites: 15%

WYSE
668 Euclid Ave, Cleveland, OH 44114
Tel.: (216) 696-2424
Fax: (216) 736-4425
E-Mail: info@wyseadv.com
Web Site: http://www.wyseadv.com/

E-Mail for Key Personnel:
President: mmarino@wyseadv.com
Creative Dir.: shinman@wyseadv.com

ADVERTISING AGENCIES

Employees: 65
Year Founded: 1951

National Agency Associations: 4A's-AAF-ABC-BPA-INBA-LIAN

Agency Specializes In: Above-the-Line, Advertising, Affiliate Marketing, Affluent Market, Alternative Advertising, Automotive, Aviation & Aerospace, Below-the-Line, Brand Development & Integration, Branded Entertainment, Broadcast, Business Publications, Business-To-Business, Cable T.V., Catalogs, Co-op Advertising, Collateral, College, Communications, Computers & Software, Consulting, Consumer Goods, Consumer Marketing, Consumer Publications, Content, Corporate Communications, Corporate Identity, Cosmetics, Customer Relationship Management, Digital/Interactive, Direct Response Marketing, Direct-to-Consumer, E-Commerce, Education, Electronic Media, Electronics, Email, Engineering, Environmental, Event Planning & Marketing, Exhibit/Trade Shows, Experience Design, Financial, Food Service, Graphic Design, Guerilla Marketing, Health Care Services, High Technology, Hispanic Market, Hospitality, Household Goods, Identity Marketing, In-Store Advertising, Industrial, Information Technology, Integrated Marketing, International, Internet/Web Design, Investor Relations, Legal Services, Leisure, Local Marketing, Logo & Package Design, Luxury Products, Magazines, Market Research, Media Buying Services, Media Planning, Medical Products, Men's Market, Merchandising, Mobile Marketing, Multimedia, New Product Development, New Technologies, Newspaper, Newspapers & Magazines, Out-of-Home Media, Outdoor, Over-50 Market, Package Design, Paid Searches, Pets, Planning & Consultation, Podcasting, Point of Purchase, Point of Sale, Print, Product Placement, Production, Production (Ad, Film, Broadcast), Production (Print), Promotions, Publicity/Promotions, Radio, Real Estate, Recruitment, Regional, Restaurant, Retail, Sales Promotion, Seniors' Market, Shopper Marketing, Social Marketing/Nonprofit, Social Media, Sponsorship, Sports Market, Stakeholders, Strategic Planning/Research, Sweepstakes, Syndication, T.V., Technical Advertising, Teen Market, Telemarketing, Trade & Consumer Magazines, Transportation, Travel & Tourism, Tween Market, Viral/Buzz/Word of Mouth, Web (Banner Ads, Pop-ups, etc.), Women's Market, Yellow Pages Advertising

Approx. Annual Billings: $144,000,000

Breakdown of Gross Billings by Media: D.M.: 5%; Digital/Interactive: 17%; Newsp.: 1%; Out-of-Home Media: 3%; Programmatic: 6%; Radio: 15%; Sponsorship: 5%; T.V.: 45%; Trade & Consumer Mags.: 3%

Michael C. Marino *(CEO)*
Maggie Weitzel *(Exec VP)*
Susanne Brockman *(Sr VP & Dir-Media)*
Lane Strauss *(VP & Creative Dir)*
Julie Telesz *(VP & Dir-Acct Mgmt)*
Linda Bremkamp *(VP-Strategic Plng)*
Steve Lageson *(VP & Assoc Creative Dir)*
Terry Tichy *(VP-Production)*
Cynthia Wargo *(Sr Dir-Res & Sr Planner-Brand)*
Jeremy Freeman *(Mgr-Analysis & Reporting & Sr Media Planner)*
Tom Okal *(Copywriter)*
Kathy Posey *(Sr Media Buyer-Brdcst)*

Accounts:
Akro-Mils
ANCO Wiper Blades
Carrier Transicold
Champion Spark Plugs
Cleveland Cavaliers
Cleveland Clinic
Cleveland State University
Federal Mogul Commercial Vehicles
Harpersfield Vineyards
J.M. Smucker Company
Lubrizol
Marathon Petroleum LLC
Medical Mutual
Mobility Works
Moen Incorporated
Parker Hannifin
Purell
Sherwin-Williams
Shurtape Technologies, LLC
TMW Systems
Wagner Breaks
Wagner Lights
Westfield Insurance
Wyndham Worldwide Vacation Ownership

XIIK
107 South Pennsylvania St, Indianapolis, IN 46204
Tel.: (317) 644-0569
Fax: (800) 420-2840
E-Mail: la@xiik.com
Web Site: www.xiik.com

Employees: 11
Year Founded: 2008

Agency Specializes In: Advertising, Brand Development & Integration, Collateral, Digital/Interactive, Graphic Design, Internet/Web Design, Logo & Package Design, Market Research, Search Engine Optimization, Social Media

Barrett Crites *(Client Svcs Dir)*

Accounts:
National Renewables Cooperative Organization

XL ALLIANCE
(See Under CIEN+)

XPERIENCE COMMUNICATIONS
3 Parklane Blvd, Dearborn, MI 48126
Tel.: (313) 271-3500
Web Site: www.xperiencecommunications.com

Employees: 150
Year Founded: 2000

Agency Specializes In: Brand Development & Integration, Corporate Communications, Digital/Interactive, Event Planning & Marketing, Exhibit/Trade Shows, Experience Design, Experiential Marketing, Multimedia, Production, Social Media, Web (Banner Ads, Pop-ups, etc.)

John Jones *(Mng Partner)*
Joe Wenke *(Mng Partner)*
Mary Kay Francis *(Partner)*
Heidi Karlsson *(Mng Dir-Client Rels)*
Holly Rocheleau *(Sr Acct Dir)*
Mike Lucas *(Dir-Production & Exec Producer)*
Jenny Sproul *(Sr Producer-Experiential Mktg)*
David Gutman *(Client Svcs Dir)*
Richard Matheson *(Client Svcs Dir)*
Thomas Jacob *(Dir-Video)*
Tatem Phelps *(Dir-Tech)*
Gregory K. Smith *(Dir-Multimedia)*
Nicole Wilczynski *(Client Svcs Mgr)*
John Kissinger *(Strategist-Learning & Engagement)*
John Kuzava *(Strategist-Creative, Consumer Engagement & Experience Design)*
Matt Bobryk *(Sr Creative Dir)*

XSTATIC PUBLIC RELATIONS
9834 Centre Circle, Parker, CO 80134
Tel.: (303) 928-7144
Fax: (303) 928-7145
E-Mail: info@xstaticpr.com
Web Site: www.xstaticpr.com

Employees: 10

Agency Specializes In: Communications, Crisis Communications, Event Planning & Marketing, Exhibit/Trade Shows, Health Care Services, Local Marketing, Media Relations, Media Training, Newspaper, Product Placement, Public Relations, Publishing, Strategic Planning/Research

Stacey Sepp *(Founder & Principal)*

Y&R AUSTIN
206 E 9Th St Ste 1600, Austin, TX 78701
Tel.: (512) 343-0264
Fax: (512) 343-0659
Web Site: www.yr-austin.com

Employees: 45
Year Founded: 1985

National Agency Associations: 4A's-AAF

Agency Specializes In: Above-the-Line, Advertising, Below-the-Line, Brand Development & Integration, Business Publications, Business-To-Business, Collateral, Communications, Computers & Software, Consulting, Consumer Marketing, Consumer Publications, Content, Corporate Identity, Digital/Interactive, Direct Response Marketing, Electronics, Email, Event Planning & Marketing, Financial, Graphic Design, Health Care Services, High Technology, Industrial, Information Technology, Integrated Marketing, Internet/Web Design, Logo & Package Design, Magazines, Media Buying Services, Media Planning, Mobile Marketing, New Technologies, Newspaper, Newspapers & Magazines, Out-of-Home Media, Outdoor, Paid Searches, Print, Production (Print), Regional, Sponsorship, Trade & Consumer Magazines, Web (Banner Ads, Pop-ups, etc.)

Jennifer Wilson *(Mng Dir-Client Svc)*
Paula Simchak *(Creative Dir)*
Stella McClellan *(Sr Acct Mgr)*
Skye Duster *(Acct Supvr)*
Allison Griffin *(Asst Acct Mgr)*
Sean-Paul Westfall *(Assoc Creative Dir)*

Accounts:
Avaya; 2012
Breast Cancer Resource Centers of Texas
Dell Campaign: "Beginnings", Dell OEM; 2006
Flamigel Campaign: "Hot or Not"
NetIQ; 2012
Reliant Energy (Agency of Record) Brand Awareness
SolarBridge Technologies; 2011
St. David's HealthCare; 2008
Texas School for the Deaf; 2011
Xerox; 2012

Y&R, LTD.
60 Bloor Street West, Toronto, ON M4W 1J2 Canada
Tel.: (416) 961-5111
Fax: (416) 961-7890
Web Site: www.yr.com

Employees: 151
Year Founded: 1936

Agency Specializes In: Advertising

Carl McMurray *(CFO & Sr VP)*
Akiyo Hattori *(Acct Dir)*

Accounts:

AGENCIES - JANUARY, 2019 — ADVERTISING AGENCIES

Centrum
Colgate-Palmolive Company; 1983
Embur Computers Campaign: "Xporter"
Ford Motor Company of Canada Edge, F-Series Super Duty Pickup, Focus, Ford Escape, Fusion, Interactive Cinema Experience, Mustang Shelby Cobra
Jaguar Campaign: "Devour the road", F-TYPE R Coupe, XFR-S, XJR
PALM
Pfizer Consumer Healthcare Campaign: "Age is Just a Number", Centrum Master, Centrum ProNutrients, Omega 3
Royal Canadian Mint Coin Collection
Scotts Canada
Thomas Hinds Campaign: "Thomas Hinds Success"
Wyeth
Xerox Canada Ltd.; 1990

Branch

Saint-Jacques Vallee Tactik
1600 boul Rene-Levesque W 10th Fl, Montreal, QC H3H 1P9 Canada
(See Separate Listing)

Y&R MEMPHIS
80 Monroe Ave Ste 600, Memphis, TN 38103
Tel.: (212) 210-3000
Web Site: www.yr.com

Employees: 50

Agency Specializes In: Advertising Specialties, Brand Development & Integration, Digital/Interactive, Mobile Marketing, Social Media

Ken Dowling *(Mng Dir & Head-Global Client-The Navy Partnership)*
Kolby Osborne *(Art Dir)*
Justin Bateman *(Mgr-Content)*
Alexander Gunn *(Mgr-Content)*
Melanie Rivera *(Acct Supvr-The Navy Partnership)*
Megan Lee *(Assoc Creative Dir)*

Accounts:
United States Navy

Y MEDIA LABS
255 Shoreline Dr 6th Fl, Redwood City, CA 94065
Tel.: (415) 839-8584
E-Mail: info@ymedialabs.com
Web Site: ymedialabs.com

Employees: 500
Year Founded: 2009

Agency Specializes In: Digital/Interactive, Experience Design, High Technology, Internet/Web Design, Strategic Planning/Research

Ashish Toshniwal *(CEO)*
Stephen Clements *(Chief Creative Officer)*
Jason Rzutkiewicz *(Sr VP-Client Engagement)*
John McCarthy *(Head-Strategy)*
Sheila Mikailli *(Head-Mktg & Brand Strategy)*
Alex Huang *(Creative Dir)*
Ryan Spencer *(Creative Dir)*
BorFang Su *(Creative Dir)*

Accounts:
Facebook
The Home Depot
L'Oreal
PayPal
Staples

YAFFE GROUP
26100 American Dr Ste 401, Southfield, MI 48034
Tel.: (248) 262-1700
Fax: (248) 262-9601
Web Site: www.yaffe.com

Employees: 40
Year Founded: 1959

National Agency Associations: 4A's

Agency Specializes In: Advertising, Brand Development & Integration, Broadcast, Cable T.V., Co-op Advertising, Collateral, College, Communications, Consulting, Consumer Goods, Consumer Marketing, Corporate Communications, Corporate Identity, Crisis Communications, Customer Relationship Management, Direct Response Marketing, Education, Electronic Media, Email, Graphic Design, Health Care Services, Hispanic Market, Household Goods, Integrated Marketing, Internet/Web Design, Local Marketing, Market Research, Media Buying Services, Media Planning, Media Relations, Multimedia, Newspaper, Newspapers & Magazines, Out-of-Home Media, Outdoor, Paid Searches, Planning & Consultation, Podcasting, Print, Production, Production (Ad, Film, Broadcast), Production (Print), Promotions, Public Relations, Publicity/Promotions, Radio, Restaurant, Retail, Sales Promotion, Social Marketing/Nonprofit, Social Media, Strategic Planning/Research, T.V., Telemarketing, Web (Banner Ads, Pop-ups, etc.)

Approx. Annual Billings: $40,000,000

Breakdown of Gross Billings by Media: Cable T.V.: 6%; Newsp. & Mags.: 25%; Outdoor: 5%; Production: 11%; Radio: 10%; T.V.: 43%

Michael Morin *(Pres)*
John Cassidy *(CEO)*
Mark Simon *(Chief Creative Officer)*
Mike McClure *(Sr VP-Digital Comm & Exec Creative Dir)*
Julie Janks *(Assoc Media Dir)*
Leah Key-Danou *(Sr Media Buyer)*

Accounts:
Ameripoint Title; Houston, TX Title Insurance Company
Askar Brands; Bloomfield Hills, MI Papa Romano's, Papa's To Go, Stucci's Ice Cream; 2010
Capuchin Soup Kitchen; Detroit, MI Non-Profit; 2009
Corporate Hands; Houston, TX
Grand Home Furnishings; Roanoke, VA Retail Furniture; 1998
Greenpath Debt Solutions; Farmington Hills, MI
Kane's Furniture; Saint Petersburg, FL Retail Furniture; 1995
Mall Foods, Inc.; Southfield, MI Retail Food Chain
Savon Furniture; St. Petersburg, FL Retail Furniture; 1995
Sentinel Trust; Houston, TX
Star Furniture; Houston, TX Retail Furniture; 2001
The Vallone Group; Houston, TX

Branch

Yaffe Direct
26100 American Dr 4th Fl Ste 401, Southfield, MI 48034
Tel.: (248) 262-1700
Fax: (248) 262-9601
E-Mail: info@yaffe.com
Web Site: www.yaffe.com

Employees: 25

Agency Specializes In: Direct Response Marketing

Fred Yaffe *(Chm)*
John Cassidy *(CEO)*

YANKEE PUBLIC RELATIONS
8 Sunshine Dr, Pittstown, NJ 08867
Tel.: (908) 425-4878
E-Mail: info@yankeepr.com
Web Site: www.yankeepr.com

Employees: 2

Agency Specializes In: Collateral, Communications, Crisis Communications, Event Planning & Marketing, Financial, Health Care Services, Local Marketing, Media Relations, Media Training, New Technologies, Pharmaceutical, Public Relations, Real Estate, Strategic Planning/Research, Web (Banner Ads, Pop-ups, etc.)

Fred Feiner *(Pres)*

Accounts:
Octapharma USA; Hoboken, NJ Public Relations
Oncobiologics, Inc.

YECK BROTHERS COMPANY
2222 Arbor Blvd, Dayton, OH 45439-1522
Mailing Address:
PO Box 225, Dayton, OH 45401-0225
Tel.: (937) 294-4000
Fax: (937) 294-6985
Toll Free: (800) 417-2767
Web Site: www.yeck.com

E-Mail for Key Personnel:
President: byeck@yeck.com

Employees: 40
Year Founded: 1938

National Agency Associations: DMA

Agency Specializes In: Automotive, Business-To-Business, College, Communications, Consumer Marketing, Direct Response Marketing, Direct-to-Consumer, Email, Financial, Graphic Design, Production, Social Marketing/Nonprofit

Breakdown of Gross Billings by Media: D.M.: 100%

Robert Yeck *(Pres)*
Sue Hardin *(VP-Info Svcs)*
Sherry Hang *(Dir-Mktg & Creative Svcs)*
Mark Sorah *(Dir-Art)*
Janet Archer *(Acct Mgr)*
Lorelei Wahlrab *(Acct Mgr)*
Alesia Campbell *(Acct Exec)*
Chris McClellan *(Acct Coord)*

Accounts:
GE Capital; Stamford, CT; 1998
GOJO Hand Care Products; 1995
John Deere; Moline, IL Credit, Farm Equipment & Parts; 1986
LexisNexis; Dayton, OH Electronic Information; 1980
Pitney Bowes; Stamford, CT; 1986
Wal-Mart; 2002
WorkFlow One; OH; 2004

YELLOW BUS LLC
207 Monterey Ave Unit 100, Capitola, CA 95010
Tel.: (831) 457-2877
E-Mail: honk@yellowbusadvertising.com
Web Site: www.yellowbusadvertising.com

Employees: 18

Agency Specializes In: Advertising, Brand Development & Integration, Corporate Identity, Graphic Design, Internet/Web Design, Logo & Package Design, Media Buying Services, Print, Radio, Social Media

ADVERTISING AGENCIES

Austin Sherwood (Founder)

Accounts:
Erik's Delicafe, Inc.

YELLOW PAGES RESOURCE
999 Oronoque Ln, Stratford, CT 06614
Tel.: (203) 386-0228
Fax: (203) 870-1810
Toll Free: (877) 638-7494
E-Mail: mark@ypresource.com
Web Site: www.ypresource.com

Employees: 8
Year Founded: 2006

National Agency Associations: LSA

Agency Specializes In: Advertising, Advertising Specialties, Consulting, Digital/Interactive, Market Research, Mobile Marketing, Search Engine Optimization, Web (Banner Ads, Pop-ups, etc.), Yellow Pages Advertising

Approx. Annual Billings: $7,000,000

Breakdown of Gross Billings by Media:
Digital/Interactive: 25%; Yellow Page Adv.: 75%

Mark O'Halloran (Pres)

YELLOW SUBMARINE MARKETING COMMUNICATIONS INC.
24 S 18th St, Pittsburgh, PA 15203
Tel.: (412) 208-6400
Web Site: www.yellowsubmarketing.com

Employees: 17

National Agency Associations: 4A's

Agency Specializes In: Advertising

George Garber (Pres & CEO)
John Harpur (Partner, Exec VP & Dir-Media)
Edward Fine (Chief Creative Officer)
Holly Humphrey (Exec VP & Exec Creative Dir)
Shawn Cregan (Creative Dir)
Mary Ann Tihey (Office Mgr)

Accounts:
Katie On Cars
Orr's Jewelers

YES& HOLDINGS, LLC
1700 Diagonal Rd Ste 450, Alexandria, VA 22314
Tel.: (703) 823-1600
Web Site: www.yesandagency.com

Employees: 200
Year Founded: 2018

Agency Specializes In: Advertising, Brand Development & Integration, Communications, Crisis Communications, Digital/Interactive, Event Planning & Marketing, Exhibit/Trade Shows, Media Planning, Promotions, Public Relations

Robert Sprague (Pres & CEO)
Hal Schild (COO & Sr VP)
Edith M. Bullard (Sr VP-Mktg)
Greg Kihlstrom (Sr VP-Digital)
Lisa Martin (Sr VP-Bus Dev)
Josh Golden (VP & Sr Dir-Creative)
Bob Derby (VP-Strategic Comm)
Max Entman (VP-Acct Svcs)
Clark Fairfield (Art Dir)
Scott Babcock (Dir-Event Production)
Kimberlee Gordon (Mgr-Acctg)
Amy M. Ballard (Strategist-Digital Mktg)
Oz Coruhlu (Sr Designer-UI & UX)
Jeb Brown (Sr Partner)

Accounts:
New-Federal Emergency Management Agency
New-Mechanical Contractors Association of America
New-National Council for Behavioral Health
New-National Institutes of Health
New-US Department of Transportation
New-United States Department of Homeland Security

Branch

LeapFrog Solutions, Inc.
1700 Diagonal Rd Ste 450, Alexandria, VA 22314
(See Separate Listing)

YES LIFECYCLE MARKETING
(Name Changed to Yes Marketing)

YES MARKETING
(Formerly Yes Lifecycle Marketing)
200 W Adams St Ste 1400, Chicago, IL 60606
Tel.: (877) 937-6245
Web Site: www.yesmarketing.com

Employees: 500
Year Founded: 1995

Agency Specializes In: Advertising, Communications, Content, Copywriting, Digital/Interactive, Email, Event Planning & Marketing, Social Media

Jim Sturm (Pres)
David McRae (COO)
Sumit Bhalla (Sr VP-Client Mgmt & Svcs)
Gina Carfagno (Sr VP-Sls & Mktg)
John Hollands (Sr VP-Sls)
Tanya Warner (Sr VP-Client Mgmt & Svcs)
Jason Warnock (Sr VP-Innovation Labs)
Michael Penney (Mng Dir-Svcs)
Matt Hickman (VP-Enterprise Sls Natl Accts)
Matthew Neibert (VP-Software Engrg)
Ivy Shtereva (VP-Mktg)
Tim Smith (Gen Mgr-Digital Svcs)

Accounts:
New-Taylor Media Corp The Penny Hoarder

YESLER
506 2nd Ave Ste 300, Seattle, WA 98104
Tel.: (206) 512-8946
E-Mail: hello@yesler.com
Web Site: yesler.com

Employees: 500
Year Founded: 2003

Agency Specializes In: Advertising, Business-To-Business, Content, Copywriting, Email, Graphic Design, Internet/Web Design, Production, Search Engine Optimization, Social Media

Mike Kichline (CEO)
David Jones (Founder & Pres)
Carlos Horn (Gen Mgr)
Erica Hansen (VP-Client Results)
Kristin Carideo (VP-Mktg Ops & Tech)
Shelley Morrison (Dir-Paid Media & Client Svcs)
Greg Cabrera (Grp Dir-Creative-Client Svcs)
Erin Meismer (Dir-Advocacy & Client Svcs)
Leisl Hill (Dir-HR)
Mark Starnes (Sr Mgr-Ops)
Chris Wren (Grp Mgr-Strategy)
Brandon Olander (Strategist-Demand Generation)
Jessie Caruso (Creative Dir)
Madison Plancich (Mgr-Social Media)

Accounts:
New-Adobe Systems Incorporated Marketo
New-Microsoft Corporation
New-MindTree Ltd.

YIELD BRANDING
128 Sterling Rd Ste 200, Toronto, ON M6R 2B7 Canada
Tel.: (416) 588-4958
E-Mail: info@yieldbranding.com
Web Site: www.yieldbranding.com/

Employees: 15
Year Founded: 1989

Agency Specializes In: Advertising, Digital/Interactive

Ted Nation (Pres & Partner)
Brad Usherwood (CEO)

Accounts:
407ETR
BLG
Equifax
Fengate Capital
Giant Tiger Stores Limited Commercial, Creative
Mud Hero
OMA
Polar Securities

YMARKETING
(Acquired & Absorbed by Sandbox Chicago)

YODLE, INC.
330 W 34Th St Fl 18, New York, NY 10001
Tel.: (512) 637-3000
Toll Free: (877) 276-5104
E-Mail: press@yodle.com
Web Site: www.yodle.com

Employees: 65
Year Founded: 2002

Agency Specializes In: Advertising, Web (Banner Ads, Pop-ups, etc.)

Accounts:
Maaco (Digital Agency of Record)

YOU SQUARED MEDIA
7026 Old Katy Rd Ste 350, Houston, TX 77024
Tel.: (713) 880-3387
Fax: (713) 880-3394
E-Mail: info@yousquaredmedia.com
Web Site: www.yousquaredmedia.com

Employees: 8
Year Founded: 2010

Agency Specializes In: Advertising, Internet/Web Design, Media Buying Services, Media Planning, Out-of-Home Media, Outdoor, Print, Social Media

Tracey Cleckler (Pres & CEO)
Clarence Estes (Exec VP)
Anna Kiappes (Mgr-Digital Mktg)

Accounts:
BreWingZ Sports Bar & Grill
Frenchy's Chicken (Agency of Record) Advertising, Marketing, Media Buying
Houston Spine Doc
Infinite Optiks
Village Flowery

YOUNG & LARAMORE
407 Fulton St, Indianapolis, IN 46202
Tel.: (317) 264-8000
Web Site: yandl.com

E-Mail for Key Personnel:
Creative Dir.: c.hadlock@yandl.com

Employees: 50
Year Founded: 1983

Agency Specializes In: Advertising, Affluent Market, Alternative Advertising, Aviation & Aerospace, Brand Development & Integration, Broadcast, Business-To-Business, Cable T.V., Catalogs, Co-op Advertising, Collateral, Communications, Consulting, Consumer Goods, Consumer Marketing, Consumer Publications, Content, Corporate Communications, Corporate Identity, Customer Relationship Management, Digital/Interactive, Direct Response Marketing, Direct-to-Consumer, Electronic Media, Electronics, Email, Event Planning & Marketing, Exhibit/Trade Shows, Experience Design, Fashion/Apparel, Financial, Food Service, Graphic Design, Guerilla Marketing, Household Goods, Identity Marketing, In-Store Advertising, Integrated Marketing, Internet/Web Design, Leisure, Logo & Package Design, Luxury Products, Magazines, Market Research, Media Buying Services, Media Planning, Mobile Marketing, New Product Development, Newspaper, Newspapers & Magazines, Out-of-Home Media, Outdoor, Package Design, Planning & Consultation, Point of Purchase, Point of Sale, Print, Production, Promotions, Public Relations, Publicity/Promotions, Radio, Recruitment, Regional, Restaurant, Retail, Search Engine Optimization, Social Media, Sponsorship, Sports Market, Strategic Planning/Research, Syndication, T.V., Trade & Consumer Magazines, Transportation, Web (Banner Ads, Pop-ups, etc.), Women's Market

Approx. Annual Billings: $45,000,000

Bryan Judkins *(Principal & Grp Dir-Creative)*
Nick Prihoda *(VP-Acct Mgmt)*
John Worthington *(Art Dir)*
Luke Meyer *(Dir-Digital)*
Lindsey Warner *(Dir-Digital Media-Echo Point Media)*
Jacqueline Hacker *(Assoc Dir-Acct Mgmt)*
Adair Dorset *(Acct Mgr)*
Grace Gibbons *(Acct Mgr)*
Catherine Watson *(Acct Mgr)*
Lynn Kendall *(Production Mgr)*
Kari Peglar *(Mgr-Consumer Insights & Analytics)*
Cory Schneider *(Acct Supvr)*
Sara Walker *(Acct Supvr)*
Kathleen Callahan *(Strategist-Digital)*
Marie MacWhorter *(Strategist-Consumer Insights)*
Sara Frucci *(Designer)*
Deidre Lichty *(Copywriter)*
Aidan McKiernan *(Copywriter)*
Daniel Vuyovich *(Sr Designer)*
Bess Browning *(Assoc Media Dir)*
Kyle Klinger *(Sr Art Dir)*
Zac Neulieb *(Sr Art Dir)*
Dave Theibert *(Assoc Acct Dir)*

Accounts:
Allegion Bricard, Creative, Dexter, Falcon, Fusion Hardware Group, Global Media Planning, Kryptonite, Media Buying, Schlage, Steelcraft, Von Duprin; 2012
Brizo Kitchen and Bath Company; 2003
Delta Faucet Company (Agency of Record) Home; 2003
ELEVATE Design Collective
Farm Bureau Insurance
Goodwill Industries International, Inc. Retail; 1996
The Hillman Group Brand Strategy, Communications, Creative, Strategic; 2015
Indiana Farm Bureau Insurance (Agency of Record); 2010
New-Indianapolis Museum Of Art (Agency of Record) Creative, Digital, Media Buying, Media Planning, Newfields, Social; 2016
Ingersoll Rand (Agency of Record) American Standard Heating & Air Conditioning (Agency of Record), Analytics, Broadcast, Campaign: "Strong Has a Name", Campaign: "The Keyless Era", Creative, Digital, Home, Keyless Electronic Locks, Media Planning & Buying, OOH, Print, Radio, Schlage, Social Media, Strategy; 2016
Marathon Petroleum Corporation (Agency of Record) Speedway Gas & Convenience Store; 2017
New-Matilda Jane Strategic Analysis & Planning; 2016
New Balance Brine, Sporting Goods, Warrior; 2010
New-Papa John's Pizza Creative, Media Buying, Media Planning, Regional, Social; 2016
Peerless Faucets (Delta Faucet Company) Home; 2004
Pet Supplies Plus Digital, Lead Creative Agency, Out-of-Home, Social
Red Gold, Inc. Red Gold Tomatoes
Scotts Lawn Service (Scotts Miracle Gro) Campaign: "Get The Lawn Your Neighbors Expect", Home; 2010
Speedway LLC (Agency of Record) Brand Strategy & Positioning, Creative, Digital, In-Store Communications, Media Planning & Buying, Packaging Design, Social Media; 2017
Trane, Inc (Agency of Record) Digital Banners, Online Video, Print, Radio, Social Media, TV
Ugly Mug Coffee CPG; 2008
Upland Brewing Company Champagne Velvet, Design, In-Store, Print, Revive, Social; 2013
New-Wilson Sporting Goods Creative, Digital, Louisville Slugger, Media Buying, Media Planning, Social; 2016
Wolverine World Wide Activation, Cat Work Footwear (Creative Agency of Record), Digital, Experiential, Out of Home, Print, Retail, Social; 2016
YMCA of Greater Indianapolis Fitness; 2000

YOUNG & RUBICAM
3 Columbus Cir, New York, NY 10019
Tel.: (212) 210-3000
Fax: (212) 490-9073
Web Site: www.yr.com

Employees: 6,500
Year Founded: 1923

National Agency Associations: 4A's-AAF-ABC-APA-BPA-DMA-TAB

Aviva Ebstein *(Chief Comm Officer)*
Shelley Diamond *(Chm-Y&R Inspire Change & Chief Client Officer-Global)*
Enrique Yuste *(Pres/CEO-Argentina)*
Alex Hughes *(Pres-Govt Practice & Exec Dir)*
Hector Fernandez Maldonado *(CEO-Mexico)*
Jessica Post *(Exec VP & Mng Dir-Global Tech Practice)*
Efren Vaca *(Exec VP & Mng Dir-Health & Wellness Practice-North America)*
Richard Butt *(Exec VP & Exec Creative Dir)*
Jennifer Kohl *(Sr VP & Exec Dir-Integrated Media)*
Michael White *(Sr VP & Grp Acct Dir)*
Ritchie Goldstein *(Sr VP, Art Dir & Creative Dir)*
Kitty Thorne *(VP & Creative Dir)*
Pamela Murray *(VP & Dir-Brdcst & Print Traffic)*
Linda Holmes *(VP & Project Mgr)*
Patricia Almeida Graves *(Controller)*
Colleen Briggs *(Exec Dir-Strategy)*
Christian Carl *(Exec Creative Dir-Global)*
Joao Coutinho *(Exec Creative Dir-North America)*
Eric Glickman *(Exec Creative Dir)*
Christianna Sarkis Gorin *(Exec Dir-Strategy)*
Greg Lotus *(Exec Dir-Integrated Production)*
Arlo Oviatt *(Exec Creative Dir)*
Margot Owett *(Exec Creative Dir)*
Jenna Rounds *(Grp Dir-Strategy)*
Seth Galena *(Grp Acct Dir)*
Caleb Lubarsky *(Grp Acct Dir-NY)*
Roberta Costa *(Acct Dir)*
Arturo Goni *(Creative Dir)*
Whitney Goodman *(Acct Dir)*
Julie Kwak *(Acct Dir)*
Susan Min *(Acct Dir)*
Katherine Piscatelli *(Acct Dir)*
Marcos Porrata *(Art Dir)*
Mike Dunn *(Dir-Print Production)*
Diane Y. Fields *(Dir-Creative Svcs)*
Alex Foster *(Dir-Global Content)*
Cynthia Praeg *(Dir-Budgeting & Reporting)*
Jeanne Rowland *(Dir-Client Fin)*
Maria Ladega *(Assoc Dir-Analytic Insights & Strategy)*
Hassan Chaudry *(Mgr-Compliance)*
Stephanie Granowicz *(Mgr-Social Content)*
Carol Leon *(Mgr-Ops Bus)*
Divya Munjal *(Mgr-Brand Strategy & Analytics)*
Alexander Shatz *(Mgr-Client Fin)*
Anna Urick *(Acct Supvr)*
Shahar Ferber *(Acct Exec)*
David Dominguez *(Copywriter)*
Lindsay Dyer *(Copywriter)*
Alyssa Jones *(Media Planner-Integrated)*
Donna Barbaro-Benabib *(Exec Coord-Creative)*
John-Paul Cannucciari *(Assoc Creative Dir)*
Greg Elkin *(Assoc Creative Dir)*
Breena Goldberg *(Assoc Media Dir)*
Stacy Kallan *(Sr Bus Mgr-Brdcst Content)*
Nanette Lerner *(Sr Writer)*
Erin Levine *(Sr Bus Mgr)*
Kevin O'Donoghue *(Assoc Creative Dir)*

Accounts:
AB Electrolux Eureka
Amtrak (Agency of Record) Brand Identity Development, Creative, Guest Rewards Initiatives, Loyalty Program, Marketing Communications, National & Local Media Buying & Planning; 2018
Barilla America, Inc.; 1968
Bel Group (Fromageries Bel); 1970
Boehringer Ingelheim; 2002
Campbell Soup Company Campaign: "Copter Caper", Campaign: "Mama's Boy", Chunky Soup Fully Loaded, Creative, Pepperidge Farm, Prego, V8 Soups; 1982
Chevron; 1987
Colgate-Palmolive Campaign: "Shark", Colgate Plax, Octopus; 1983
Danone Oikos; 1971
Dell inc; 2009
The Hillshire Brands Company Ball Park, Hillshire Snacking (Lead Creative Agency)
KIND Snacks
LG Electronics; Englewood Cliffs, NJ; 1998
Microsoft B-to-B, Creative, Digital
Office Depot, Inc (Agency of Record) Brand Platform Development, Creative Campaign; 2018
Partnership for a Healthier America
PETA Campaign: "Wild Animal Agent"
Pfizer; 1977
Pharma Creative
Shazam
Special Olympics Digital, Global Marketing, Print, Social Media, TV
Telefonica; 1983
Unconventional Partners
United Nations Navy (Lead Creative Agency) Digital Advertising, Media Planning, Mobile Advertising, Public Relations
United Negro College Fund Social
Valvoline Valvoline Garage
Vodafone; 2009
Xerox Corporation (Creative Agency of Record); 1964

United States

Berlin Cameron United
3 Columbus Circle, New York, NY 10019
(See Separate Listing)

ADVERTISING AGENCIES
AGENCIES - JANUARY, 2019

The Bravo Group HQ
601 Brickell Key Drive Ste 1100, Miami, FL 33131
(See Separate Listing)

Labstore North America
3 Columbus Circle, New York, NY 10019
Tel.: (646) 808-9201
Web Site: www.labstoreshopper.com

Employees: 51

Agency Specializes In: Shopper Marketing

Accounts:
Colgate-Palmolive; Thailand
GE Moneybank; Hungary
Telefonica; Spain

Landor Associates
1001 Front St, San Francisco, CA 94111
(See Separate Listing)

VML, Inc.
250 Richards Rd, Kansas City, MO 64116-4279
(See Separate Listing)

Wunderman
(Formerly RTC)
1055 Thomas Jefferson Street NW, Washington, DC 20007
Tel.: (202) 625-2111
Fax: (202) 424-7900
E-Mail: info@wundermandc.com
Web Site: www.wunderman.com

Employees: 50

National Agency Associations: 4A's

Alyson Hardy *(Sr VP & Grp Acct Dir)*
James Rothwell *(VP & Creative Dir)*
Ann Wolek *(VP-Mktg & Bus Dev)*
Carolina Ali *(Acct Dir)*
Anissa Keating *(Assoc Dir-Insights & Innovation)*
Kate Sobel *(Assoc Dir-Project Mgmt)*
Brittany Barre *(Acct Supvr)*
Alix Montes *(Sr Acct Exec)*

Accounts:
AARP Services Inc.
Abbott Diabetes Care
Audi
Biogen Idec
BlackRock
Dell
Microsoft
Novo Nordisk
Office Depot
Pfizer
Procter & Gamble
Sunovion
Time Warner Cable
Vanguard
Windstream

Wunderman
3 Columbus Cir, New York, NY 10019
(See Separate Listing)

Y&R Austin
206 E 9Th St Ste 1600, Austin, TX 78701
(See Separate Listing)

Y&R California
303 2nd St 8th Fl S Tower, San Francisco, CA 94107
Tel.: (415) 882-0600
Fax: (415) 882-0601

E-Mail: info@sfo.yr.com
Web Site: www.yr.com

E-Mail for Key Personnel:
President: penny_baldwin@sfo.yr.com

Employees: 70
Year Founded: 1978

National Agency Associations: 4A's

Agency Specializes In: Advertising, Sponsorship

Charlie McQuilkin *(Sr VP & Grp Creative Dir)*
Britta Dahl *(VP & Acct Mng Dir)*
Katie Feczko *(Acct Dir)*
Elizabeth Chabot *(Planner-Brand)*

Accounts:
Blue Diamond Growers; Sacramento, CA Almond Breeze, Almonds, Nut Thins; 2012
BMC Software; 2013
Chevron Havoline Motor Oil, Texaco; 1987
Citrix
Crystal Cruises; 2011
Jaguar Campaign: "Rendezvous", Land Rover LR2, Land Rover LR4
SanDisk

Y&R Latin American Headquarters
Courvoisier Ctr II 601 Brickell Key Dr Ste 1100, Miami, FL 33131
Tel.: (305) 347-1950
Fax: (305) 347-1951
Web Site: www.yr.com

Employees: 75
Year Founded: 1992

Agency Specializes In: Advertising, Sponsorship

Eric Hoyt *(Pres & COO)*
Julian Roca *(Mng Dir & Head-Digital Solutions)*
Marcos Moure *(VP & Creative Dir)*
Lianne Rodriguez *(Mgr-Client Affairs)*
Cristian Duran *(Sr Art Dir)*

Accounts:
AT&T Campaign: "Lifesaver"
Bein Sports (North America Agency of Record) Advertising, Communications, Marketing
Colgate-Palmolive
Dell
FedEx Express
Lan
Microsoft
No More
PopClik Headphones
TECHO

Y&R Memphis
80 Monroe Ave Ste 600, Memphis, TN 38103
(See Separate Listing)

Y&R New York
3 Columbus Cir, New York, NY 10019
Tel.: (212) 210-3000
Fax: (212) 210-5169
E-Mail: info@yr.com
Web Site: www.yr.com

Employees: 400
Year Founded: 1923

National Agency Associations: 4A's

Agency Specializes In: Advertising, Sponsorship

Courtney Walker *(Exec VP & Deputy Dir)*
Rachel Krouse *(VP & Grp Acct Dir)*
Kristyn Bannon *(VP & Acct Dir)*
James Caporimo *(Exec Creative Dir)*
Jenna Rounds *(Grp Dir-Strategy)*

David Pomfret *(Acct Mng Dir)*
Thayer Joyce *(Acct Dir)*
Santiago Lastra *(Art Dir)*
Marcos Porrata *(Art Dir)*
Kalyn Snow *(Acct Dir)*
Luiz Felipe Wanderley *(Acct Dir)*
Tyler Winston *(Art Dir)*
Bediz Eker *(Dir-Strategy)*
Imani Albert *(Mgr-Community)*
Arantza Urruchua *(Acct Supvr)*
Farouk Ajakaiye *(Strategist-Social)*
Susan Linet Akinyi *(Acct Exec)*
Tony Miller *(Acct Exec)*
Miguel Durao *(Copywriter)*
Joel Robert Johnson *(Copywriter)*
Jesse Stanton *(Copywriter)*
Maggie Diaz *(Sr Bus Mgr)*
Dave Drayer *(Assoc Creative Dir)*
Colby House *(Assoc Art Dir)*
Paulo Monteiro *(Assoc Creative Dir)*
Dave Quintiliani *(Grp Creative Dir)*

Accounts:
Ad Council
Adidas
All Nippon Airways Co., Ltd. (US Advertising Agency of Record) Creative Development, Marketing, Research & Brand Strategy; 2017
Altice USA (Creative Agency of Record) Global Social Media
Arthritis Foundation; 2009
Campbell Soup Co. Campaign: "Knock, Knock", Pace, Pepperidge Farm, Prego, V8; 1996
Chevron; 1987
Cirque du Soleil Brand Strategy & Development, Creative, Worldwide
Climate Reality Group
Colgate-Palmolive Colgate Total, Hill's, Tom's of Maine; 1996
Conrad Metamorphosis; 2010
Consumer Reports; 2011
Dannon Co.; 1998
Dell, Inc. B2B, Campaign: "5 Second Filmmaker", Campaign: "Future Ready", Campaign: "Power to Do More", Campaign: "Thomas: Creator of an Alternate Universe", Digital, Mobile, Out-of-Home, Social Media; 2009
Dinosaur Bar-B-Que
Footaction; 2012
Green Mountain Coffee; 2001
JC Penney Campaign: "Playground"; 2013
Joyful Heart Foundation Campaign: "No More", Videos
JP Morgan Chase & Co Corporate
Kind LLC
Land Rover Range Rover Discovery Sport, Vanishing Game; 2001
Lilspace
Long Live NY
Mattel Inc. American Girl, Fisher-Price; 1994
Merck; 2012
Microsoft Advertising; 2011
Miss America (Agency of Record) Rebranding; 2018
Moms Demand Action for Gun Sense in America
MTV Campaign: "Sext Life", Safe sexting, Staying Alive Foundation
National Disaster Search for Dog Foundation; 2008
New York Organ Donor Network Campaign: "Keep New York Alive"
Newtown Action Alliance
Optimum
Partnership For a Healthier America
Pepperidge Farm, Inc. Digital, In-Store, Milano Cookies, Print, Social
Pfizer; 2009
The Port Authority of New York and New Jersey; 2011
Protex
RetailMeNot
Rivas
Sable
Signature
Special Olympics

1198

REDBOOKS Brands. Marketers. Agencies. Search Less. Find More.
Try out the Online version at www.redbooks.com

AGENCIES - JANUARY, 2019 — ADVERTISING AGENCIES

Trend On This
Tully's Coffee
Twinings
Tyson Foods Ball Park, Campaign: "Grab Life By The Ball Park", Creative, Digital, In-Store, Public Relations
UNCF; 1973
US Census Bureau 2020 Census, Creative, Digital, Integrated Communications, Marketing, Media
US Olympic Committee Brand Communications, Digital, Marketing, Print, Social Media; 2011
Waldorf Astoria; 2011
Wholesome Wave
Xerox Corporation (Agency of Record) Campaign: "A World Made Simpler", Campaign: "Thinking", Campaign: "Work Can Work Better"; 1964

Young & Rubicam Brands, San Francisco
303 2nd St 8th Fl S Tower, San Francisco, CA 94107
Tel.: (415) 882-0600
Fax: (415) 882-0601
Web Site: www.yr.com

Employees: 80

Mike Goefft *(COO & Sr VP)*
Tony Granger *(Chief Creative Officer-Global)*
Shelley Diamond *(Chm-Y&R Inspire Change & Chief Client Officer-Global)*
Laura Arm *(Acct Dir)*
Lenore Behravan *(Dir-Design)*
Herman Brown *(Dir-Tech)*

Accounts:
C Spire Wireless
Chevron
Dell
Dr. Pepper Snapple Group 7UP, A&W Brands, Sunkist Soda
LG

Young & Rubicam Midwest
233 N Michigan Ave 16th Fl, Chicago, IL 60601-5519
Tel.: (312) 596-3000
Fax: (312) 596-3130
Web Site: www.yr.com

Employees: 110
Year Founded: 1932

National Agency Associations: 4A's

Agency Specializes In: Sponsorship

Martin Stock *(CEO)*
Leyla Dailey *(Chief Creative Officer)*
Kevin Reilly *(Sr VP & Grp Acct Dir)*
Juliet Moffat *(Sr VP-Acct Svc & Bus Dev)*
Marcelo Perrone *(VP-Strategic Plng)*
Tyler Campbell *(Creative Dir)*
Brant Herzer *(Creative Dir)*
Christian Valderrama *(Art Dir)*
Kelly Durham *(Dir-Integrated Production)*
Kathy Trapp *(Dir-Digital Asset & Project Mgmt)*
Pat McNaney *(Mgr-Brdcst Bus)*
Jennifer Schumann *(Acct Supvr)*

Accounts:
American Red Cross; 2005
Bel Group Boursin, Campaign: "Reinvent Snacking", Campaign: "Wow Through the Holidays", Cheese, Creamy Spicy Pepper Jack, Creative, Laughing Cow, Mini Babybel, TV, Website, WisPride
Butterball; 2012
CPG Building Products Azek Building Products, Brand Strategy, Creative, Media Planning & Buying, TimberTech
Danze; 2011
Dave & Buster's (Agency of Record); 2011

Giant Eagle; 2008
Greater Chicago Food Depository
Hilton Hotels Doubletree, Embassy Suites
National Park Conservation Association; 2006
River North Dance Company; 2008
Sears Holdings Corp. Campaign: "Getaway", Campaign: "His and Hers"

Canada

Saint-Jacques Vallee Tactik
1600 boul Rene-Levesque W 10th Fl, Montreal, QC H3H 1P9 Canada
(See Separate Listing)

TAXI
495 Wellington St W Ste 102, Toronto, ON M5V 1E9 Canada
(See Separate Listing)

Y&R, Ltd.
60 Bloor Street West, Toronto, ON M4W 1J2 Canada
(See Separate Listing)

Headquarters

Dentsu Y&R Japan
2-chome Higashi shinbashi Shiodome KOMODIO No 14 No 1, Minato-ku, Tokyo, 105-8613 Japan
Tel.: (81) 3 5404 9111
Fax: (81) 3 5404 9222
E-Mail: info@dyr.co.jp
Web Site: www.dyr.co.jp

Employees: 230
Year Founded: 1981

Agency Specializes In: Advertising

Toshihiro Fukushima *(Head-Plng)*
Jiro Hayashi *(Creative Dir)*
Shinichi Sasaki *(Art Dir)*
Kentaro Kobayashi *(Planner)*
Fuyuki Shimazu *(Designer)*

Accounts:
Burger King Japan Burger King: WE LOVE BIG / Japanese name is BIG?
Dole Japan Campaign: "Tokyo Marathon Lucky Banana"
Recruit Lifestyle Co Seem App

Y&R Hong Kong
16F Oxford House 979 Kings Rd, Taikoo Place, Quarry Bay, China (Hong Kong)
Tel.: (852) 2884 6668
Fax: (852) 2886 0989
Web Site: www.yr.com

Employees: 100
Year Founded: 1976

Agency Specializes In: Advertising

Beverly Ho *(Head-Reg Accts & Bus Dev-Asia)*
Yee Khuen *(Exec Creative Dir)*
Shen Guan Tan *(Exec Creative Dir)*
Craig Love *(Reg Creative Dir)*

Accounts:
ABN Amro; 2008
Accenture
Beijing Xidebao Disinfection Products Toilet
Caltex
Campbell Soup Company
Citibank
Colgate

FrieslandCampina Creative, Dutch Lady, Video
General Mills
Lenovo Hong Kong
NEC

Australia & New Zealand

Landor Associates
Level 11 15 Blue Street, North Sydney, NSW 2060 Australia
Tel.: (61) 289088700
Fax: (61) 299595639
E-Mail: hello@landor.com
Web Site: https://landor.com/

Employees: 40

Agency Specializes In: Advertising Specialties, Brand Development & Integration, Digital/Interactive

Marcela Garces *(Mng Dir)*
Tom Carey *(Creative Dir)*
Matty Johnson *(Creative Dir)*

Accounts:
Australian Youth Orchestra
Batelco Telecommunication Services
Cafe Coffee Day Coffee Conglomerate Services
Diageo Food & Beverage Products Mfr
FedEx Transportation Services
Jeremie Normandin
Microsoft Campaign: "Microsoft's Extraoridinary Conversations"
PepsiCo Consumer Products Services
Russian Copper Company
Taj Hotels Resorts & Palaces Hotel Services

Young & Rubicam Australia/New Zealand
Level 14, 35 Clarence Street, Sydney, 2000 Australia
Tel.: (61) 2 9936 2700
Web Site: www.yr.com

Employees: 110

Peter Bosilkovski *(CEO)*
Paul Nagy *(Chief Creative Officer)*
Adam Kennedy *(Mng Dir-Brisbane)*
Katie Dally *(Gen Mgr)*
Bart Pawlak *(Exec Creative Dir)*
Robyn Larkham *(Grp Acct Dir)*
Richie Taaffe *(Grp Acct Dir)*
Karolina Sikorsky *(Sr Producer-Digital)*
Helen Leech *(Acct Dir)*
Rory McLean *(Creative Dir)*
Lynsey Murtagh *(Acct Dir)*
Patrick Allenby *(Dir-Art & Creative)*
Jeremy de Villiers *(Dir-Ops-Natl)*
Stef Barry *(Sr Acct Mgr)*
Nick Cole *(Copywriter-Creative)*
Blair Panozza *(Copywriter-Creative)*
Lucy Flower *(Sr Bus Dir)*
Ruth Hatch *(Grp Bus Dir)*
Jeremy Hogg *(Assoc Creative Dir)*
Richard Shaw *(Assoc Creative Dir)*

Accounts:
Air Force Recruitment
Best&Less Creative, Retail, Strategic; 2018
Deloitte Australia
Menulog
NRMA
Thrifty; 2018

Young & Rubicam NZ Ltd.
Level 4 Corner Augustas Terrace& Parnell Rise, 2A Auckland, New Zealand
Mailing Address:
Private Mail Bag 93-234, Auckland, 2 New

ADVERTISING AGENCIES

Zealand
Tel.: (64) 93085444
Fax: (64) 9308 5405
E-Mail: ian_mcdougall@nz.yr.com
Web Site: www.yr.com

Employees: 60
Year Founded: 1981

Paul Gibson *(Head-Ops-Print & Production)*
Kim Pick *(Exec Creative Dir)*
Katie Loverich *(Sr Acct Dir)*
Campbell McLean *(Grp Acct Dir)*
Petra Skoric *(Exec Producer-Digital)*
James Johnston *(Client Svcs Dir)*
Kate Lill *(Art Dir)*
Heike Middleton *(Acct Dir)*
Liz Richards *(Art Dir-Creative)*
Arizona Doolan *(Dir-Creative & Art)*
Jillian Maelynn Hor *(Sr Mgr-Digital Media & Strategist-Digital)*
Sabrina Hemmingsen-Jensen *(Sr Acct Mgr)*
Daniel Hughes *(Sr Acct Mgr)*
Dee Lanigan *(Sr Acct Mgr)*
Aneka Burden *(Acct Mgr)*
Toni Duder *(Comm Mgr)*
Stephanie Mannion *(Mgr-Implementation)*
Elizabeth Baird *(Copywriter)*
James Wendelborn *(Sr Designer)*
Caroline Wilkie *(Sr Designer)*
Terry Yee *(Sr Designer-UX & Digital)*

Accounts:
Accident Compensation Corporation Direct Marketing
Ajax Campaign: "Nothing's quicker"
Arnotts
Budget Rent a Car
Burger King McWhopper
Celtic
Central Singapore Airlines
Chanel
Cigna Insurance Creative, Media
Co-operative Bank Brand Awareness, Logo, USP, Visual Identity, Website
Colgate
Election
Electoral Commission Communications Strategy
Farmlands
Fuji Film
GO Healthy Go-To-Market Strategy, Integrated Campaign
Goodman Fielder
Hancocks
HRV Creative, Digital, Direct, HRV Solar, Media, Strategy
Kirkcaldies
Kraft Heinz Australia
LG Electronics Campaign: "Face-to-Facebook", Creative, Digital, Media, Social, Sponsorship, Strategy
Liquorland
Metservice Campaign: "Dim Outlook", Real Time Weather Browser
Microsoft
Mollers
New Zealand Racing Board TAB
Novartis
Panasonic Panasonic ECO-max Light 400
Posie+
Quickflix Creative
RainbowYOUTH
Schick Razor Campaign: "Would You Kiss You"
SPARC
Tower DM
Westfield

Young & Rubicam Wellington
Level 3 107 Custom House Quay, PO Box 3214, Wellington, 6011 New Zealand
Tel.: (64) 4384 6488
Fax: (64) 4384 6575
E-Mail: info@yr.com
Web Site: www.yr.com

Employees: 12

Fleur Head *(Mng Dir)*
Guy Denniston *(Creative Dir)*
Gavin Siakimotu *(Creative Dir)*
Alicia Tutty *(Media Dir)*
Catherine Hamilton *(Dir-Natl Trading-Y&R NZ)*
Lisa Dupre *(Assoc Creative Dir)*

Accounts:
Colgate-Palmolive
Sevens Wellington Creative

China

Young & Rubicam Guangzhou
28th Fl 246 ZhongShanSi Road, Guangzhou, 510023 China
Tel.: (86) 20 8363 5990
Fax: (86) 20 8363 5972
E-Mail: hailey.huang@yr.com
Web Site: www.yr.com

Employees: 64
Year Founded: 1992

Michael Xia *(CEO)*
Charles Sampson *(CEO-China)*
Damien Tew *(Mng Dir-Greater Bay Area)*
Shen Guan Tan *(Reg Exec Creative Dir)*

Accounts:
Tencent Creative, OOH, Print, Soso.com, Viral Videos

Young & Rubicam Shanghai
Rm 608-606 Ocean Tower 550 Yan An Rd E, Shanghai, 200001 China
Tel.: (86) 21 6351 8588
Fax: (86) 21 6350 1109
Web Site: www.yr.com

Employees: 100

Annie Boo *(Mng Dir)*
Leeon Zhu *(Head-Plng)*
Ong Kien Hoe *(Exec Creative Dir)*

Accounts:
Bosch Group (Agency of Record) Creative, Strategic
Burger King China (Agency of Record)
Danone Water Campaign: "Tilt - Library", Mizone
GNC Holdings, Inc (Strategic Agency of Record) Brand Strategy & Creative Development, Production; 2018
Night Safari
Pantone Colors
PUMA Brand Strategy, Creative, Creative Solutions, Digital & Social Activation; 2018
Zhang Xiao Quan Knife

India

Everest Brand Solutions
5th Floor Terminal 9 Nehru Road, Vile Parle E, Mumbai, 400099 India
Tel.: (91) 22 61952000
Fax: (91) 22 61952062
Web Site: www.ineverest.com

Employees: 55

Aradhana Bhushan *(VP)*
Samir Chonkar *(Head-Creative-Mumbai)*
Ashish Prakash Verma *(Creative Dir)*

Accounts:
Aaj Tak
Aditya Birla Group Brand Strategy, Creative, More
Pantaloons Fashion Retail Creative, Strategic
Augere Broadband Wireless Services, Creative, Strategic
Bharat Hotels
B'LUE Water
Borosil Glass Works Brand Strategy, Creative, Microwavable Products
CNN-IBN
Colgate-Palmolive
Danone Blue
Emami
GoAir
JW Marriott Creative
Kotak Mahindra Bank Kotak Mutual Fund
Life Insurance Corporation
Maxx Mobiles Maxx RACE
Onida ACs Creative
Pantaloons Retail India Ltd Campaign: "India in Vogue"
Parle Products Ltd. Campaign: "Perfect Snack", Campaign: "Cafe Mocha", Campaign: "Deliciously Rich", Campaign: "Doon Kya", Campaign: "Milk Shakti Milky Sandwich", Campaign: "Sardar Ji", Campaign: "Snakes & Ladders", Campaign: "kacche aam ka xerox", Creative, Gold Star, Golden Arcs, Hide & Seek, Magix Biscuits, Milano, Parle 20-20, Parle Marie, Parle-G Gold, Poppins, Radio, TV, Wafers
Siemens Home Appliances
Sony Brand Identity, Sab TV
Zandu Pancharishta

Everest Brand Solutions
2nd Floor Parsvnath Arcadia, No 1 Mehrauli Gurgaon Road, Gurgaon, 122001 India
Tel.: (91) 124 454 6000
Fax: (91) 124 426 7777
E-Mail: prabhu.kanra@ineverest.com
Web Site: www.ineverest.com

Employees: 35

Agency Specializes In: Communications

Accounts:
Delhi Duty Free Services Creative
Ranbaxy Laboratories Creative, Volini

Rediffusion Y&R Pvt. Ltd.
Terminal 9 5th Floor Nehru Road, Vile Parle East, Mumbai, 400 099 India
Tel.: (91) 22 2613 8800
Fax: (91) 22 2612 6422
Web Site: www.rediffusionyr.com

Employees: 500
Year Founded: 1973

Diwan Arun Nanda *(Chm)*
Navonil Chatterjee *(Co-Pres & Chief Strategy Officer)*
Rahul Jauhari *(Co-Pres & Chief Creative Officer)*
Nilanjan Dasgupta *(Exec VP & Exec Creative Dir)*
Ulka Chauhan *(VP-New Bus Dev & Strategic Plng)*
Kalyani Srivastava *(VP)*
Subhojit Dasgupta *(Head-CRM Strategy)*
Jaideep Mahajan *(Head-Natl Creative)*
Sita Narayanswamy *(Head-Ops)*
Rajiv Rajadhyaksha *(Head-IT)*
Pramod Sharma *(Exec Creative Dir)*
Ramkrishna Raorane *(Copywriter)*
Bhautik Mithani *(Grp CFO)*

Accounts:
Abbott India Brand Strategy, Creative, Digene
Amplifon Creative
Amway Attitude, Nutrilite Fiber
Anandabazar Patrika Creative
Arvind Clothing Ltd Arrow Readymades
Bank of India

AGENCIES - JANUARY, 2019 — ADVERTISING AGENCIES

Berger Paints Campaign: "Magician"
Books & Beyond
Bramhacrop Infrastructures
DHL Worldwide Express
Economic Times
Emami BoroPlus, Campaign: "Headache", Fast Relief, Mentho Plus, Zandu Balm
Eveready Campaign: "Photo Shoot"
Hamdard Roohafza
Hygia India Creative
India Today Creative
Indian Oil Corporation Ltd.
Indian Tobacco Company
ITC Ltd. Campaign: "Be the First One", Campaign: "Signature", Classmate
Kingfisher Airlines
Larsen & Toubro Creative
Liebherr Appliances India Advertising; 2018
Life Insurance Corporation
McDowell's
Midland Bookshop
Paras Dairy Creative
Reliance Industries Limited
Sahara India
SeventyMM
Sistema Shyam TeleServices Limited "Gods on Facebook"
State Bank of India Above the Line & Below-the-Line, Brand & Marketing Communications, Cap Securities, Creative, Fund Guru, Messaging Development & Execution, Retail, Strategic & Communication Planning
The Statesman
SVF Creative, Hoichoi; 2017
The Taj Group of Hotels
Tata Motors Limited Bolt, Communication, Creative, Media, Revotron Petrol Engine, Zest
Tata Power Creative
Tata Trusts Brand & Marketing Communications, Creative, Messaging Development & Execution, Strategic & Communication Planning; 2018
TVS Srichakra Tyres
Videocon
Zydus Cadila

Rediffusion Y&R Pvt. Ltd.
DLF Cyber City, Building No 9B, Gurgaon, 122 002 India
Tel.: (91) 124 433 8000
Fax: (91) 124 405 0017
Web Site: www.rediffusionyr.com

Employees: 100

Madhumita Mukherjee *(VP & Head-Branch)*
Jaideep Mahajan *(Head-Creative-Natl)*
Suman Varma *(Head-Ops-North)*

Accounts:
Amway
Everest Building Solutions
Experion Creative
Godfrey Philips
Hamdard Laboratories Creative, Joshina, Rooh Afza, Safi, Sualin
Hotels.com
IFFCO
Jagatjit Industries AC Black, AC Neat, AC S EK C, Aristocrat, Aristocrat Premium, Aristocrat Whisky, Brand Strategy, Creative, Digital
JX Nippon
Olympia Gym
Paras Dairy
Resurgent Rajasthan Partnership Summit Summit 2015
Sistema Shyam TeleServices Limited MTS
Videocon Flat Panel Television, Telecom
Virgin Atlantic
Xerox

Indonesia

Matari Advertising
Puri Matari Jalan HR Rasuna Said Kav H 1-2, Jakarta, 12920 Indonesia
Tel.: (62) 21 525 5160
Fax: (62) 21 525 6440
E-Mail: contact@matari-ad.com
Web Site: www.matari-ad.com

Employees: 100

National Agency Associations: IAA

Agency Specializes In: Consumer Marketing, Corporate Identity

Krishna Handhoko *(CFO)*
Gunawan Solihin *(COO)*
Rusmeini Subronto *(Chief HR Officer)*
Jeffry Katianda *(Grp Head-Creative)*
Agung Suhanjaya *(Creative Dir)*
Pia Ravaie *(Mgr-HR)*

Accounts:
Danone AQUA, Print, TV
Lucido-L

Japan

Dentsu Young & Rubicam Inc.
Comodio Shiodome 2-14-1 Higashi Shimbashi, Minato-ku, Tokyo, 105-8613 Japan
Tel.: (81) 3 5404 9111
Fax: (81) 3 5219 9222
E-Mail: mail@dyr.co.jp
Web Site: www.dyr.co.jp

Employees: 296
Year Founded: 1981

Agency Specializes In: Brand Development & Integration, Media Buying Services, Strategic Planning/Research

Korea

HS Ad, Inc.
14th Floor LG Mapo Building, Mapo-Gu, 275 Gongdeok-Dong, Seoul, 121-721 Korea (South)
Tel.: (82) 2 705 2600
Fax: (82) 2 786 1988
Web Site: www.hsad.co.kr

Employees: 500
Year Founded: 1959

Agency Specializes In: Brand Development & Integration, Media Buying Services, Planning & Consultation, Publicity/Promotions

Bo Hwang *(VP)*
Rajat Mukherjee *(Creative Dir-Natl)*
Stephen Prior *(Creative Dir-Netherlands)*

Accounts:
Belif Cosmetic Chok Chok art project Campaign: "Street Artists"
K2
Korea Tourism Organization
Korean Air Campaign: "Space", Jin Air
LG Electronics Inc. " Pirate, Gladiator, Princess", Campaign: "LTE Metronome"
New-Paradise Sega Sammy Paradise City

Malaysia

Y&R Malaysia
(Formerly Dentsu Young & Rubicam Sdn. Bhd.)
6th & 8th Floors Wisma E&C No 2 Lorong Dungan Kiri, Damansara Heights, 50490 Kuala Lumpur, Malaysia
Tel.: (60) 3 2095 2600
Fax: (60) 3 2095 1289
Web Site: www.yr.com

Employees: 60
Year Founded: 1976

National Agency Associations: AAAA (MALAYSIA)

Lisa Hezila Mohd Lizah *(Mng Dir)*
Emir Shafri *(Exec Creative Dir)*
Benjamin Encarnacion *(Sr Art Dir-Digital)*

Accounts:
Malaysian Nature Society
Telekom Malaysia Unifi

Philippines

Young & Rubicam Philippines
9th Fl Marajo Twr 312 26th St W Corner 1 Ave, Bonifacio Global City, Manila, Philippines
Tel.: (63) 2 403 1800
Fax: (63) 2 885 7392
Web Site: www.yr.com/

Employees: 92
Year Founded: 1948

Agency Specializes In: Communications, Consumer Marketing, Publicity/Promotions

Mary Ann Buenaventura *(COO)*
Marcus Rebeschini *(Chief Creative Officer-Asia)*
Rey Tiempo *(Chief Creative Officer)*
Agnes Almasan-Chuapoco *(Gen Mgr)*
Kat Camus *(Acct Dir)*
Maya Ambalada-Roldan *(Dir-Client Svc)*
Judith Katigbak *(Designer)*
Sandy Salurio *(Exec Art Dir)*

Accounts:
2GO Group (Agency of Record) 2GO Express, 2GO Freight, 2GO Logistics, 2GO Travel
Aiza Belen
Century Canning Corporation Campaign: "Ultimate Fansign"
Chevron Caltex
CMHI, Land Inc Kangaroo, Kassel Residences
Colgate-Palmolive Phils., Inc.; 1949
Filinvest Creative
Garage Magazine
Maynilad Anti-Dengue Mosquito Trap, Campaign: "Dengue Bottle"
Nokia Campaign: "Taxi Meter App"
PRIMER GROUP
Samsonite
The Tinta Awards
United Laboratories Campaign: "Billboard"; 1998

Singapore

Y&R Singapore
50 Scotts Road #03-01, 228242 Singapore, Singapore
Tel.: (65) 6671 3000
Fax: (65) 6296 2016
E-Mail: melvin.kuek@yr.com
Web Site: www.yrsingapore.com

Employees: 100
Year Founded: 1981

Agency Specializes In: Advertising

Shirley Tay *(CEO)*
Chris Foster *(Pres-Asia)*
Andrea Conyard *(CEO-Southeast Asia)*

Accounts:
Al Futtaim Group

ADVERTISING AGENCIES

Asia Pacific Breweries Campaign: "Kirin Beer Bro-Quet"
Barons Beer Campaign: "Peanut Launcher Coaster"
BMW Asia Creative
By Invite Only
Caltex
Cerebos Brand's Essence of Chicken
Chevron
Colgate-Palmolive Campaign: "Glow in the Dark Teen Idol Poster"
Commodity Exchange Yolo
Dark Dog Energy Drink
Davis Guitar Music Centre Campaign: "Rock Dm"
Kirin Ichiban Beer
Land Rover "52Undiscover", Activation, Digital Engagement, Direct Marketing, Marketing Communications, Print, TV, The Test Drive Billboard
Lend Lease
Marina Bay Sands Creative, The Shoppes
Ministry of Manpower (Creative Agency of Record) Marketing Communications
MINT Museum of Toys Dolls, Sci-Fi, Tin Toys
Nerf Campaign: "Coin Shooter Business Card"
Operation Smile Singapore Campaign: "Share for Smiles"
Oxford
Popeye's Louisiana Kitchen
Republic of Singapore Navy Battlefleet: Singapore, Campaign: "Go Beyond Horizons", Campaign: "Sea of Support"
Risk
Roshni Helpline
Shiseido
SilkAir Creative, Digital, Public Relations, Social
Singapore Sports Hub Communications, Creative Agency of Record, Kallang Wave Mall
Teerath & Co
Tiger Beer
Tripartite Alliance for Fair & Progressive Employment Practices (Agency of Record); 2008
Workforce Development Agency; 2008

Thailand

Y&R Thailand
(Formerly Dentsu Young & Rubicam Ltd.)
16-17th & 19th Floors Siam Tower 989 Rama 1 Road, Pathumwan, Bangkok, 10330 Thailand
Tel.: (66) 2 658 0999
E-Mail: sanjay.bhasin@yr.com
Web Site: www.yr.co.th/wp

Employees: 115
Year Founded: 1985

National Agency Associations:

Ketchayong Skowratananont *(CEO)*
Marcus Rebeschini *(Chief Creative Officer-Asia)*
Trong Tantivejakul *(Chief Creative Officer)*
Chayamon Bunnag *(Grp Head-Creative)*

Accounts:
DTAC Ad, Cellphone
Ichitan Group Public Co., Ltd. Campaign: "Asteroid", Double Drink
Mondelez International, Inc.
SB Design Square
Total Access Communication Public Company Limited

Austria

Y&R Vienna
Rotemturmstrasse 1618 6th Fl, A-1010 Vienna, Austria
Tel.: (43) 1 53 117 0
Fax: (43) 1 53 117 200
Web Site: https://vienna.yr.com/

E-Mail for Key Personnel:
President: alois_schober@eu.yr.com

Employees: 50
Year Founded: 1982

Agency Specializes In: Advertising

Sebastian Bayer *(CEO-Vienna)*

Belgium

These Days Y&R
(Formerly Y&R Belgium S.A.)
Generaal Lemanstraat 47 Box 2, Antwerp, B-2018 Belgium
Tel.: (32) 32864450
Web Site: www.yr.com

Employees: 45
Year Founded: 1964

National Agency Associations: APC

Agency Specializes In: Advertising

Veroniek Hesters *(Acct Dir)*

France

Y&R France S.A.
57 Ave Andre Morizet, BP 73, 92105 Boulogne-Billancourt, Cedex France
Tel.: (33) 1 46 84 33 33
Fax: (33) 1 46 84 32 72
Web Site: www.yr.com

Employees: 500
Year Founded: 1964

National Agency Associations: AACC

Agency Specializes In: Advertising

Eric Lavenac *(Creative Dir)*
Sandrine Delabre *(Dir-Dev & New Bus)*

Accounts:
Fromageries Bel Campaign: "Figs and Nuts"
G6 Hospitality LLC Transportation
Lysopaine
Opel France Campaign: "The Beach", Lane Departure Warning System
Smallable
Surfrider Foundation Campaign: "Be Proud", Campaign: "Keepers of the Coast T-Shirt", Fish, Seal, Whale

Y&R Paris
67 Avenue Andre Morizet, BP 73, 92105 Boulogne, Cedex 4 France
Tel.: (33) 1 4684 3364
Fax: (33) 1 4684 3272
Web Site: www.yr.com

Employees: 10
Year Founded: 1982

Agency Specializes In: Advertising

Cecile Lejeune *(CEO)*
Jaime Mandelbaum *(Chief Creative Officer-Europe)*
Elena Medini *(Officer-Dev, New Bus & Comm)*
Cecile Balut *(Head-Bus-Intl)*
Jeremie Bottiau *(Exec Creative Dir)*
Guillaume Auboyneau *(Art Dir)*
Laurent Baghdassarian *(Art Dir)*
Menka Harjani *(Bus Dir)*
Christophe Khorsi *(Art Dir)*
Eric Lavenac *(Creative Dir)*

Stephanie Pasteur *(Art Dir)*
Pierre Souleau *(Art Dir)*
Edouard Teixeira *(Acct Dir)*
Marina Caghassi *(Acct Exec-Intl)*
Ugo Fossa *(Copywriter)*
Marianne Lenoir *(Copywriter)*
Gregoire Peronne *(Copywriter)*
Guillaume Chauvin *(Asst Art Dir)*
Francois d'Arrouzat *(Sr Sls Mgr)*

Accounts:
Aoste Group Cochonou
Bel Fromage
Bel Leerdammer Campaign: "The Boss"
Boursin Campaign: "Sensations", The Heist Of The Century
Colgate-Palmolive Ajax Household Cleaner, Bleach, Campaign: "Warning Signs", La Croix Bleach, Max White One, Maxfresh Night, Paic, Paic Excel, Pro Gum Health, Toothpaste
Danone Actimel, Campaign: "The Big Day", Danacol, Gervais, Poster Campaign, Volvic Juiced, Volvic Plain
Geomag
Goiko Grill
IFAW - International Fund for Animal Welfare
KelOptic Advertising, Campaign: "Turning Impressionism into Hyperrealism"
LG Campaign: "The Chess", Optimus 3D
L'Impatience
Meccano Campaign: "Drum Kit", Campaign: "If You Can't Have It, Build It - Dog"
Mini Babybel
Satellite
Smallable.com
Surfrider Foundation Campaign: "Everything Must Go", Campaign: "The Shoe", Campaign: "You Buy The Sea Pays", Fish Hunter, Seal Hunter, Whale Hunter
Urgo-Group
Walrus Disquaire-Cafe

Germany

Berger Baader Hermes GmbH
Nymphenburger Strasse 86, 80636 Munich, Germany
Tel.: (49) 89 210227 0
Fax: (49) 89 210227 27
E-Mail: netzwerke@bergerbaaderhermes.de
Web Site: www.bergerbaaderhermes.de

Employees: 28

Agency Specializes In: Advertising

Oliver Hermes *(Co-Founder)*
Matthias Berger *(Owner)*
Sven Nagel *(Creative Dir & Mgr-Creation)*

Iconmobile
Wallstrasse 14a, 10179 Berlin, Germany
Tel.: (49) 30 886633 100
Web Site: www.iconmobile.com/start

Employees: 100
Year Founded: 2003

Agency Specializes In: Brand Development & Integration, Mobile Marketing

Lothar Boensch *(Mng Dir-USA)*
Benjamin Straub *(Mng Dir-User Experience)*
Jerome Williams *(Sr Dir-Consulting & Dev)*
Nicole Michelle Hoefer *(Client Partner)*
Matthias Kroth *(Designer-User Experience)*
Olaf Bader *(Grp CFO)*
Eileen Grobler *(Sr Accountant)*

Accounts:
Agilsys

AGENCIES - JANUARY, 2019 — ADVERTISING AGENCIES

Audi
BMW
Deutsche Telekom
Ferrero
Ford
GMX
IBM
Kraft
Land Rover
Mercedes-Benz
Microsoft Windows Phone
Nike
Nivea
Nokia
O2
Orange
Otto
Procter & Gamble
Qype
SchulerVZ
Universal
Vans
Vodafone
Volkswagen
Xbox

Italy

Y&R Italia, srl
Tortona 37, 20144 Milan, Italy
Tel.: (39) 02 773 21
Fax: (39) 02 76 00 90 4
E-Mail: reception.yrmilan@it.yr.com
Web Site: www.yr.com

Employees: 300
Year Founded: 1955

Agency Specializes In: Advertising

Vicky Gitto *(Chm & Chief Creative Officer)*
Simona Maggini *(CEO)*
Alessio Sorrisi *(Art Buyer & Producer-TV)*
Ingrid Altomare *(Acct Dir)*
Cristian Comand *(Creative Dir)*
Mariano Lombardi *(Creative Dir)*
Paolo Pollo *(Creative Dir-Copy)*
Federica Giacomotti *(Acct Supvr)*
Mary Apone *(Copywriter)*
Marco Panareo *(Deputy Creative Dir)*

Accounts:
Allianz SE
Arena Swimwear
Barilla America, Inc. Pasta
Bavaria Air Bag
Bios Line
Caf Onlus Charity
Cloetta Italia Galatine
Cordenons Group Campaign: "Paper Flowers"
Elica
Fondazione Pubblicitae Progresso
Italia Longeva
JT International S.A.
Lavazza "Magician", Growth Strategy, International Advertising
LOfficina Naturale
Radio 105 Campaign: "Ambulance"
Saila Campaign: "Breath Fish", Campaign: "Breath Garlic", Campaign: "Breath Onion"

Y&R Roma srl
Via Giulio Cesare 2, 00192 Rome, Italy
Tel.: (39) 06 326 9811
Fax: (39) 06 32 698154
E-Mail: roma@it.yr.com
Web Site: www.yr.com

Employees: 30
Year Founded: 1989

Agency Specializes In: Advertising

Fabio Dimalio *(Art Dir)*
Corrado Frontoni *(Art Dir & Deputy Creative Dir)*
Mariano Lombardi *(Creative Dir)*
Roberta Lancieri *(Acct Supvr)*
Filippo Testa *(Copywriter)*

Accounts:
Alluflon Moneta
Amref Italia
General Motors Company Opel
Moneta

Portugal

Y&R Portugal
Av Eng Duarte Pacheco, Tower 1 9th Fl, 1070-101 Lisbon, Portugal
Tel.: (351) 21 381 6300
Fax: (351) 21 381 6311
Web Site: www.yr.com

Employees: 42
Year Founded: 1988

National Agency Associations: APAP (Portugal)

Agency Specializes In: Advertising

Judite Mota *(Mng Dir & Chief Creative Officer)*
Ricardo Alves *(Art Dir)*
Pedro Ferreira *(Creative Dir)*
Antonieta Malheiro *(Acct Dir)*
Joao Rocha *(Art Dir)*
Ines Sanches *(Acct Dir)*
Olga Noronha *(Dir-Artistic Model)*
Gavin Mcgrath *(Copywriter)*
Jose Quintela *(Copywriter)*
Pedro Vieira *(Copywriter)*
Ana Magalhaes *(Sr Art Dir)*

Accounts:
AMI Campaign: "Xmas Spirit"
BMW Mini
Intermarche Portugal's Fire Department Heroes
International Medical Assistance Campaign: "Christmas Spirit Needs Help"
Jornal i Campaign: "Obama", Campaign: "The right words give you the clear picture.Jornal i. Your daily newspaper."
Libidium Fast
Milaneza
ModaLisboa Campaign: "A Catwalk on the Rooftop"
the Musketeers Intermarche
Paladin
Sacana Hot Sauce Campaign: "Mr.Lava"
Sport Lisboa E Benfica Campaign: "Valentine's Boy"
Tourism of Portugal

Spain

Vinizius/Y&R
C/Numancia 164-168 8th Floor, 08029 Barcelona, Spain
Tel.: (34) 93 366 6600
Fax: (34) 93 366 6608
E-Mail: recepcion.vinizius@yr.com
Web Site: www.yr.com

Employees: 130
Year Founded: 1966

Agency Specializes In: Advertising

Shelley Diamond *(Chm-Y&R Inspire Change & Chief Client Officer-Global)*
Nina Fontcuberta *(Creative Dir & Art Dir)*
Pucho Alepuz *(Creative Dir)*
Joaquim Crespo *(Creative Dir)*
Jordi Almuni Font *(Creative Dir)*
Dario Guberman *(Creative Dir)*
Nacho Diaz Peitx *(Art Dir)*
Iratxe Cabodevilla Bravo *(Copywriter)*

Accounts:
The Dannon Company, Inc. Activia, Campaign: "Dare to Feel Good", Campaign: "The Spill", Creative, Oikos, Oikos Triple Zero, TV

Young & Rubicam, S.L.
Avenida de Burgos 21 Planta 9A, 28036 Madrid, Spain
Tel.: (34) 91 384 2400
Fax: (34) 384 2401
E-Mail: informacion@es.yr.com
Web Site: www.yr.com

Employees: 200
Year Founded: 1966

National Agency Associations: AEAP-IAA

Agency Specializes In: Advertising

Mauricio Rocha *(CEO)*
Martin Ostiglia *(Gen Dir-Creative)*
Fina Sola Busoms *(Head-New Bus Project & Acct Mgr)*
Vanesa Sanz Arroyo *(Creative Dir)*
Juan Cenoz *(Creative Dir)*
Luis Lopez de Ochoa *(Creative Dir)*
Huevo Heredia *(Art Dir)*
Nacho Diaz Peitx *(Art Dir)*
Adrian Rios *(Creative Dir)*
Lucy Vivas *(Art Dir)*
Ignasi Fuentes *(Dir-Integrated Creative)*
Marta Serrano Olalla *(Sr Art Dir)*

Accounts:
Bein Sports
Fundacion Telefonica
Kojak
Opel Movano

Switzerland

Advico Y&R AG
Werbeagentur BSW Hardturmstrasse 133, CH-8037 Zurich, Switzerland
Tel.: (41) 44 801 91 91
Fax: (41) 1 801 9292
E-Mail: info@advico.ch
Web Site: www.advico.ch

Employees: 50
Year Founded: 1981

National Agency Associations: BSW

Agency Specializes In: Advertising

Swen Morath *(Chief Creative Officer)*
Michael Gallmann *(Art Dir)*
Dominik Oberwiler *(Creative Dir)*

Accounts:
Farmer Cereal Bars Campaign: "Instant Energy. Put to use by parents since 30 years."
Migros
Psyko Store Campaign: "Welcome To The Dark Side"
Swiss Hemophilia Association Campaign: "The everyday dangers of a hemophiliac brought to life"
Teleclub Campaign: "No Interruptions"
Total Washing Powder

Turkey

ADVERTISING AGENCIES

C-Section
Istiklal Caddesi Kallavi Sokak No 1 Kat 1, Istanbul, Beyoglu 34430 Turkey
Tel.: (90) 212 251 08 60
E-Mail: reception@c-section.com
Web Site: www.c-section.com/tr

Employees: 50
Year Founded: 2004

Agency Specializes In: Advertising, Digital/Interactive, Mobile Marketing, Out-of-Home Media, Outdoor, Search Engine Optimization, Social Media

Enis Orhun *(Exec Creative Dir)*
Oguzcan Pelit *(Art Dir)*
Kivanc Talu *(Creative Dir)*
Fatih Tuyluoglu *(Creative Dir)*
Tugan Kozan *(Copywriter)*
Yener Namaz *(Copywriter)*
Burcu Dayanikli *(Sr Art Dir)*

Accounts:
Arcelik A.S. We Asked The Public
The Coca-Cola Company Campaign: "Invisible Vending Machine"
TEB JR
Vodafone Group Plc

Y&R Turkey
Bomonti Firin Sokak No: 51, 80260 Istanbul, Turkey
Tel.: (90) 212 3150700
Fax: (90) 212 241 3561
E-Mail: meslehorn.doggim@yr.com
Web Site: www.yr.com

Employees: 108
Year Founded: 1989

Agency Specializes In: Advertising

Hilal Betin Birecik *(Mng Dir)*
Erkan Kaya *(Grp Head-Creative)*
Mustafa Ozmal *(Grp Head-Creative)*
Kerem Tuten *(Grp Head-Creative)*
Ayse Aydin *(Exec Creative Dir)*
Ayse Ayd n Erdogan *(Exec Creative Dir)*
Cem Altun *(Art Dir)*
Askin Bas *(Client Svcs Dir)*
Ilker Dagli *(Creative Dir)*
Sezin Ozcelik Gunes *(Brand Dir)*
Mehmet Guney *(Creative Dir)*
Pinar Kiral *(Art Dir)*
Ugur Say *(Art Dir)*
Serra Gizem Akyel *(Dir-Strategic Plng)*
Dilek Terliksiz *(Dir-Strategic Plng)*
Ece Kaptanoglu *(Brand Mgr)*
Deniz Atalay *(Supvr-Brand Team)*
Huseyin Gunduz *(Copywriter)*
Ozge Sargin *(Planner-Strategic)*
Ugur Sonmez *(Copywriter)*

Accounts:
Animal Planet LLC
Arcelik Campaign: "Dishwasher", Self Cleaning Oven, Wide Refrigerator
Baba Radyo
BeIN Media Group BeIN IZ TV
Blomberg
Burger King Burger King Coffee
Danone Activia, Campaign: "Lamb, Chicken", Hayet
Liberty Insurance
Opel Emergency Brake Assist
Pierre Cardin
Uzay Uzay Chemistry: Dog, Uzay Furniture Polish: New
Vodafone "Vodafone Between Us", Vodafone 3G: Ninja Turtle, Vodafone Red Light Application 2.0

United Kingdom

Mars Y&R
230 City Road, London, EC1V 2TT United Kingdom
Tel.: (44) 2031193200
E-Mail: hello@marslondon.co.uk
Web Site: www.marslondon.co.uk

Employees: 10
Year Founded: 2010

Agency Specializes In: Advertising, Graphic Design

Greg Thorpe *(Mng Dir)*
Erin Duffy *(Fin Dir)*
Darren Keen *(CEO-Europe)*
Matt Page *(VP-Fin Mars Multi Sls)*

Y&R London
(Formerly Rainey Kelly Campbell Roalfe/Y&R)
Greater London House Hampstead Rd, London, NW1 7QP United Kingdom
Tel.: (44) 207 611 6569
Fax: (44) 207 611 6011
Web Site: london.yr.com

Employees: 200
Year Founded: 1940

Agency Specializes In: Advertising

Mark Roalfe *(Chm & Exec Creative Dir)*
Paul Lawson *(CEO)*
Richard Johnstone *(Mng Partner-Branded Content & Partnerships)*
Katie Lee *(Mng Dir)*
Jonathan Burley *(Chief Creative Officer)*
Emily James *(Chief Strategy Officer)*
Nick Burstin *(Sr VP & Brand Dir-Citibank)*
Pip Bishop *(Head-Creative)*
Ross Cameron *(Head-Strategy Dept)*
Daniel Lipman *(Head-Acct Mgmt)*
David Pomfret *(Head-Acct Mgmt)*
Andy Forrest *(Exec Creative Dir)*
Paul Angus *(Art Dir)*
Jim Bolton *(Creative Dir)*
Lucy Bugler *(Acct Dir)*
Eileen Cosgrove-Moloney *(Acct Dir)*
Mark Farinha *(Creative Dir-Content)*
Chris Hodgkiss *(Creative Dir)*
Marta Jales *(Acct Dir)*
Gavin McGrath *(Creative Dir)*
Ben Van der Gucht *(Bus Dir)*
Adam Claridge *(Dir-Art)*
John Scott *(Dir-Strategy)*
Karolina Dovgialo *(Acct Mgr)*
Amun Grewal *(Acct Mgr)*
Cosmo Haskard *(Acct Mgr)*
Phil Forster *(Copywriter)*
Jason Hyde *(Sr Designer)*
Aaron Moss *(Designer)*
Adam Ronan *(Copywriter)*
Chris Willis *(Sr Designer)*
Elena Di Maria *(Asst Producer)*

Accounts:
Babybel
BAE Systems plc
Baxter Advertising, Campaign: "Big On Flavour"
Beer (The Brewing Industry) Campaign: "Let There Be"
Bel UK Boursin, Campaign: "Sensations"
Breast Cancer Now
British Broadcasting Corporation (Lead Advertising Agency) "Sochi Winter Olympics", BBC Drama, BBC One, BBC Radio 2 Campaign: "Cry", BBC Sport Winter Olympics, BBC TV Wonderful World, Campaign: "Big Moments", Campaign: "Connected TV", Campaign: "Endless Dove", Campaign: "If You Love Something Let It Show", Campaign: "Make it Digital", Campaign: "Share the Love", Campaign: "Stadium U.K.-Full", Campaign: "Stadium UK (60 sec)", Campaign: "Tapestry", Campaign: "Wonderful World", Creative, Current Affairs, Digital Radio, Marketing, OOH, Online, Social, Sprout Boy, TV, Through-the-Line Campaign
British Library
The British Paralympic Association Campaign: "#Supercharge"
Cabinet Office Campaign: "Great Britain", Digital Strategy, Public Relations
Carpetright Creative; 2018
Center Parcs Advertising
Chanel (Global Advertising Agency of Record)
Colgate
Common Wealth Games Campaign: "Welcome To The Friendly Games"
Costa Cruises Campaign: "Costa Cruises, imagine being here now"
Danone Above the Line Advertising, Actimel, Campaign: "Bring it On", Danio Yoghurt, TV
The Department for Transport Advertising, Think!
Digital Radio UK Campaign: "Share the Love"
Ecover Advertising
Emirates Brand Strategy, Creative, Global Branding
Emortal.com
Ferrero Creative, Ferrero Rocher
Fromageries Bel Mini Babybel, The Laughing Cow
Gibbs SR Toothpaste
Holland & Barrett Advertising, Campaign: "Ask us Anything", Campaign: "Expertise", Campaign: "The Good Life", Creative, Horny Goat Weed, In-Store POS, PR Campaign
Home Office Campaign: "If You Could See Yourself...?", Creative
Lavazza International Advertising
Leerdammer
Liberty Foundation Campaign: "Global Warming"
Make-up Artist Cosmetics Inc.
Lombard Odier
London & Partners Marketing
Made By Dyslexia
Marks & Spencer Group plc
Oxfam Campaign: "Dede", Campaign: "Lift Lives for Good", Creative, TV
Pfizer Viagra Connect
The Premier League Advertising
Primelocation.com
Randolph
TUI Travel PLC Broadcast Idents, Creative, Digital, First Choice, Print, Radio, TV, Thomson, VOD
Virgin Mobile USA, Inc.
VisitBritain
WaterAid
Xerox Corporation

Young & Rubicam Ltd.
Greater London House Hampstead Road, London, NW1 7QP United Kingdom
Tel.: (44) 2073879366
Fax: (44) 2076116570
Web Site: www.yr.com

Employees: 180

Saul Betmead *(Chief Strategy Officer-Young & Rubicam Grp)*
Jaime Mandelbaum *(Chief Creative Officer)*
Janet Markwick *(Exec VP-Comml Ops & Production-Global)*
Martin Reed *(Creative Dir)*

Accounts:
BAE Systems plc
Kraft Foods UK Ltd.
Marks & Spencer
Revlon Creative, Global Advertising

Middle East

AGENCIES - JANUARY, 2019 — ADVERTISING AGENCIES

Team/Y&R Abu Dhabi
3rd Floor AMF Building, Corniche, Abu Dhabi, United Arab Emirates
Tel.: (971) 2 621 5050
Fax: (971) 2 681 6811
Web Site: www.wpp.com/wpp/companies/y-r/office/team-y-r-abu-dhabi/

Employees: 33
Year Founded: 1973

Agency Specializes In: Advertising

Georges Barsoum *(CEO-MENA)*

Team/Y&R HQ Dubai
Dubai Media City-Gateway, Building Block A 5th FL, Dubai, United Arab Emirates
Tel.: (971) 2 6215050
Fax: (971) 4 349 6636
E-Mail: dubai@teamyr.com
Web Site: www.yr.com/

Employees: 150

Agency Specializes In: Advertising

Georges Barsoum *(CEO-MENA)*
Kalpesh Patankar *(Exec Creative Dir)*
Sarah Guessoum *(Art Dir)*
Jihad Ramadan *(Creative Dir)*
Tamer Shams *(Art Dir)*
Marwa Maged *(Copywriter)*
Kapil Bhimekar *(Assoc Creative Dir)*
Fabio Tridenti *(Sr Art Dir)*

Accounts:
American Garden Campaign: "Movie Titles", Popcorn
Audi Audi Quattro
The Coca-Cola Company
Colgate 360, MaxFresh, Palmolive MaxFresh
Colortek
Harvey Nichols Airhorn, Altitude Sickness Pills, Campaign: "Pelicans", Campaign: "The Reaction Collection", Defibrillator, Evil Eye Charm, Lipstick Stain Remover, Little Black Book, Personalized Towels
Interreligious Council in Bosnia & Herzegovina
Mars Snickers
McDonald's McCafe
Nandos Campaign: "End of the World Meal"
Quint Campaign: "Dubai's Got Culture"
Reckitt Benckiser Harpic
Red Cross Campaign: "Buried", Campaign: "Flood", Campaign: "Heroes Wanted"
Saudi Telecom Company Corporate Advertising
Starco Fashion Group
Varuna Pumps
Woz Footwear

Czech Republic

Y&R Praha, s.r.o.
Nadrazni 762/32, 150 00 Prague, 5 Czech Republic
Tel.: (420) 221 420 121
Fax: (420) 221 420 132
E-Mail: info.prague@yr.cz
Web Site: https://prague.yr.com/

Employees: 100
Year Founded: 1990

Agency Specializes In: Advertising

Peter Havlicek *(CEO)*
Tomas Dvorak *(Exec Mng Dir)*
Josef Janousek *(CFO)*
Jaime Mandelbaum *(Chief Creative Officer-Europe)*
Tereza Sverakova *(Chief Creative Officer)*
Marco Antonio do Nascimento *(Creative Dir-Art)*
Eugen Finkei *(Art Dir)*
Patricie Halkova *(Acct Dir)*
Linda Hennessy *(Client Svcs Dir-Europe)*
Jakub Heres *(Acct Dir)*
Miroslav Pomikal *(Creative Dir)*
Dora Pruzincova *(Creative Dir)*
Marcos Siqueira Campos *(Dir-Creative Art)*
Marketa Petruzelkova *(Acct Supvr)*
Jaroslav Kratochvila *(Copywriter)*

Accounts:
Adam Opel GmbH
Betadine Campaign: "Running Accident"
Biolit Campaign: "Cockroach, Mosquitos, Spiders", Campaign: "Fear"
Bochemie Campaign: "Stuck Duck"
Ceska Pojistovna
Ceska Sporitelna
Coleman Sleeping Bags
Erste Bank
Forbes Magazine Campaign: "The Bystander Effect"
Harley Davidson Campaign: "A Piece of Freedom", Campaign: "Feel the road", Campaign: "Stop Reading Start Living"
Museum of Communism Campaign: "Escaping thru Wall, Escaping thru River, Escaping thru Fences", Campaign: "Fidel"
National History Archive
National Technical Museum
Newsweek
Phd Bikes Campaign: "Sportster Xl1200V"
Post Bellum
Reporter Magazine
Two Tales Brewery Campaign: "Beer For Belts"
UNHCR
Unicef
Zatecky Pivovar

Hungary

Y&R Budapest
MOM Park, Alkotasu 53C, 1123 Budapest, Hungary
Tel.: (36) 1 801 7200
Fax: (36) 1 801 7299
E-Mail: info@yr.hu
Web Site: https://budapest.yr.com/

Employees: 70
Year Founded: 1989

National Agency Associations: IAA

Agency Specializes In: Advertising

Laszlo Aczel *(CEO)*
Laszlo Falvay *(Creative Dir)*

Accounts:
Amnesty International "Movie Trailer Hijack"
Elle Magazine
Holocaust Memorial Center
Hungarian Red Cross
Katona Jozsef Theatre
MagNet Bank
Migration Aid International
Opel
Skyscanner
Telenor
Tomcsanyi Fashion

Russia

Young & Rubicam FMS
12 Krasnopresnenskaya Nab Office 809, 123610 Moscow, Russia
Tel.: (7) 495 258 2185
Fax: (7) 495 258 1348
E-Mail: yr_moscow@yr.ru
Web Site: https://moscow.yr.com/

Employees: 145
Year Founded: 1989

Agency Specializes In: Advertising

Natalia Romanenko *(CEO)*
Yuri Pashin *(Pres-Russian Federation)*
Ekaterina Savrasova *(Grp Head-Creative)*
Tatiana Tutunnik *(Creative Dir)*
Maria Zolotareva *(Dir-HR)*
Natalya Emelyanova *(Acct Mgr)*
Ruslan Kozlov *(Assoc Creative Dir)*

Accounts:
Azerfon Blood Donation Campaign: "Life-saving cable"
AZIMUT Hotels
Change One Life
Charitable Foundation Change One Life "Twin Souls"
Colgate-Palmolive Nutra-Fruit Shower Gel
Dislife Campaign: "More than a Sign"
Nar mobile
Simple Wine Social Media
TrendsBrands.ru

Latin America

Y&R Miami
601 Brickell Key Dr Ste 1100, Miami, FL 33131
Tel.: (305) 347-1950
Fax: (305) 347-1951
Web Site: www.yr.com

Employees: 80
Year Founded: 1923

National Agency Associations: 4A's

Agency Specializes In: Advertising

Julian Roca *(Mng Dir & Head-Digital Solutions)*
Federico Hauri *(VP & Exec Creative Dir)*
Emilio Alvarez-Recio, III *(VP-Bus Dev & Comm)*
Alok Gadkar *(Gen Mgr & Exec Creative Dir)*
Victor Amador *(Creative Dir)*
Oscar Aragon *(Art Dir)*
Marlon Zanatti *(Creative Dir)*
Rafael Rodriguez *(Mgr-Studio)*
Paola Cedeno *(Acct Supvr)*
Jorge Brieva *(Copywriter)*
Jorge Calvo *(Copywriter-Creative)*
Jessica Cornell *(Planner-Digital Media)*
Tosan Matthews *(Copywriter)*
Alex Molinos *(Copywriter)*
Nilesh Naik *(Copywriter)*
Vanessa Castaneda *(Sr Art Dir)*
Ricardo Chuecos *(Assoc Creative Dir)*
Cristian Duran *(Sr Art Dir)*
David Uribe *(Sr Art Dir)*

Accounts:
Aster DM Healthcare
beIN SPORTS
Citibank
Colgate-Palmolive Company
Dell
Luerzer's Archive
Microsoft
PopClik Headphones Campaign: "Real World Outside"
We Save Lives

Brazil

Y&R Sao Paulo
Rua General Furtado do Nascimento 9, CEP 05465-070 Sao Paulo, SP Brazil
Tel.: (55) 11 3026 4400

ADVERTISING AGENCIES — AGENCIES - JANUARY, 2019

Fax: (55) 11 3022 3090
Web Site: www.yr.com

Employees: 130
Year Founded: 1980

Agency Specializes In: Advertising

Rafael Pitanguy (VP-Creative)
Nicole Godoy (Head-Production)
Paulo Vita (Head-Strategy)
Pedro Coelho (Sr Dir-Art)
Murilo Domingues (Art Dir)
Laura Esteves (Creative Dir)
Jean Guelre (Art Dir)
Kleyton Mourao (Creative Dir)
Felipe Pavani (Creative Dir)
Beto Rogoski (Creative Dir)
Victor Sant'Anna (Creative Dir)
Silas Felipe Simoes Nogueira (Art Dir)
Leandro Vilas (Art Dir)
Mariana Villela (Art Dir)
Camila Naito (Dir-RTVC)
Samia Reiter Paz (Acct Supvr)
Monica Beretta (Art Buyer)
Flavio Cherem (Copywriter)
Marina Erthal (Copywriter)
Helio Maffia (Copywriter)
Mozar Gudin (Sr Art Dir)

Accounts:
18th Festival de cinema Judaico de Sao Paulo
Banco de Olhos Hospital
Bic The Secret
BM Empreendimento e Participacoes SPE LTDA
BRF Brasil Foods Danette, Home Cooking Recipes
Casa Hope
Casa Organica
CEPIA
Chez Restaurant Campaign: "If You Get Stuck At Home"
Danone Bonafont Water, Campaign: "Hippie", Campaign: "Junk Food Patches", Campaign: "The Comics Onomatopeia", Corpus Light, Danette, Densia
Dri Dri
Estacao Free Sao Paulo
New-Federal Public Ministry
Flying Pet
Freddo
Fundaacao Telefonica Campaign: "Beer for Kids"
Goodyear Campaign: "Bubble Wrap Cards", Campaign: "Carball", Campaign: "If it's not Goodyear, good luck.", Campaign: "Knot", Campaign: "More driven", Tyres
Greenpeace
Grupo Petropolis Campaign: "GREEN", Campaign: "Keep Improving", Campaign: "Punchface", Itaipava Beer
Honda
Hopi Hari Theme Park Campaign: "Basketball Team", Campaign: "Cinderella", Campaign: "Rollercoaster. Shows Who You Really Are", Campaign: "Sushi"
IPE - Instituto de Pesquisas Ecologicas
Ironage Campaign: "Pulse Machine"
ITS Brasil Campaign: "Efficient Furniture"
JCDecaux
Jean-Michel Cousteau's Ocean Futures
Jewish Film Festival Campaign: "Serial Killer"
King Star
Leaf Sunglasses
LG 3D Smart TV, 84-inch Ultra HD TV, Campaign: "Big Screen", Campaign: "Cyclops", Campaign: "Different Sides", Campaign: "Every side of the sound", Campaign: "You are the lead singer", Fridge, Full Led 3D Borderless TV, Hom-Bot Vacuum Cleaner, Home Theater 3D, Home Theater Blu Ray 3D, Karoke, LG X boom, Mini System With Voice Remover Function, Mobile, Solarium Oven, Washer & Dryer Machine, Washing Machine
Miami Ad School/ESPM "Dumb Ways to Die", Breathalyzer Menu, Campaign: "Brushes", Campaign: "Letraset", Campaign: "Stencil Ruler"
Moto Honda da Amazonia Ltda Campaign: "You're The Voice"
National Geographic
Night Run
Ocean Futures Society
Olimpia Flores
Origen Organics food Campaign: "Lettuce, Strawberry, Watermelon"
Penguin Books
Penguin Companhia das Letras Lollipops
Petra
Petropolis Campaign: '"Marriage Proposal", Campaign: "BBQ GPS", Campaign: "No Sleep No Nightmares", Campaign: "Punchface", TNT Energy Drink
Peugeot Campaign: "Big Mac", Campaign: "Don't Air Guitar & Drive", Peugeot 207
Protex Campaign: "Stay Away"
Quinta Da Padrela Quinta da Padrela Grande Reserva
Repetto
Santa Casa de Misericordia de Sao Paulo
Santa Casa Hospital Anti-Smoking, Blood Donation, Campaign: "Likes that Help", Campaign: "Tweet a Hospital", Health Checks, Hospital Donation Appeal, Organ Donation
Sao Paulo Hospital - Eye Bank
Super Cola
TAM Airlines Campaign: "Deliver Like You", Campaign: "Dog", Campaign: "Eagle", Campaign: "Minipastimes", Campaign: "We won't take you to places you don't want to go."
TAM Institutional Campaign: "Catimba"
Telefonica Campaign: "Beer for Kids", Campaign: "Maps", Campaign: "More Than 5000 Different Covers"
TETO Invisigram
Tris Fluorescent Highlighter
Tulipan Condoms
Vivo Campaign: "Vivo Stamps", World Cup Online Platform
Weltenburger Kloster Campaign: "Beer-ism"

Chile

Prolam Y&R S.A.
Avenida del Parque 5045 Ciudad Empresarial, Huechuraba, Santiago, Chile
Tel.: (56) 2 26408300
Fax: (56) 2 640 8340
E-Mail: contacto-prolam@yr.com
Web Site: http://prolamyr.cl/

Employees: 180
Year Founded: 1980

Agency Specializes In: Advertising, Direct Response Marketing, Direct-to-Consumer, Media Buying Services, Media Planning

Andres Diaz (Dir Gen-Creative Digital)
Luis Gajardo (Art Dir, Editor & Designer-Motion)
Alvaro Becker (Exec Creative Dir)
Francisco Cavada (Exec Creative Dir)
Emerson Navarrate (Exec Creative Dir)
Sebastian Vildosola (Creative Dir & Copywriter)
Sergio Araya (Art Dir)
Ignacio Besnier (Art Dir)
Jaime Diaz Campisto (Creative Dir)
Jaime Cano (Art Dir)
Nicolas Cespedes (Art Dir)
Daniela Dalencon (Acct Dir)
Andres Echeverria (Creative Dir)
Sergio Edwards (Art Dir)
Diego Fernandez (Acct Dir)
Rodrigo Grebe (Art Dir)
Francisco Javo (Art Dir)
Javier Jensen (Art Dir-Marco)
Alfonso Larsen (Art Dir)
Sebastian Munoz (Art Dir)
Marco Ortega (Art Dir)
Clemente Pinto (Acct Dir)
German Quiroz (Creative Dir)
Patricio Andres Reyes Aqueveque (Creative Dir)
Joaquin Exequiel Toro (Art Dir)
Raimundo Undurraga (Creative Dir)
Josefina Correa Ramdohr (Acct Supvr)
Nicolas Bouillet Villavicencio (Acct Supvr)
Josefa Belen Henriquez Ulloa (Acct Exec)
Leonardo Aravena (Copywriter)
Sebastian Vega Bardelli (Copywriter)
Jonathan Chauque (Copywriter)
Ali Hernandez (Copywriter)
Juan Pablo Jara (Copywriter)
Rafael Pabon (Copywriter)
Sebastian Vega (Copywriter)
Jose Ignacio Veliz (Copywriter)
Marco Calderon (Sr Art Dir)
Diego Espinoza Catalan (Sr Art Dir)
Gonzalo Ferrada (Grp Creative Dir)
Alonso Venegas Rodriguez (Sr Art Dir)
John Venegas (Sr Art Dir)

Accounts:
Alfaguara Audiobooks
All Nutrition X-Sense
Amnesty International
Arcor
Banco de Chile
Bauker
Cafe Caribe
New-Chile Ministry of Health
Contrapunto Book Store
Cooperativa Agricola Pisquera Elqui
Dos en Uno Campaign: "Magnetix", Candy
Fiat
Fundacion Vivienda
Getty Images
Gist Chile Foundation
Huunen Campaign: "Fishing"
Loto
New-Ministry of Health
Movistar
Ozom
PHD Bikes a.s.
Polla
Rotthammer
Save the Children
Telefonica Movil
UNICEF Campaign: "Every share hurts"
World Vision

Young & Rubicam Bogota
Carrera 11 A #93B-30, 5 Piso Santa Fe De, Bogota, Colombia
Tel.: (57) 1 628 5999
Fax: (57) 1 530 4122
Web Site: www.yr.com

Employees: 90
Year Founded: 1994

Agency Specializes In: Direct Response Marketing, Public Relations, Sales Promotion

Andres Bolivar (Creative Dir)
Marcela Zapata Corrales (Art Dir)
Guillermo Siachoque (Art Dir)

Accounts:
Abaco Food Bank Campaign: "Meal For Share"
Delirium
El Corral Hamburgers
Fiat 500 Electronic Brakeforce System
Fundacion Telefonica Campaign: "KIDRESCUE"
Hamburguesas El Corral
Home Center Campaign: "Beyond The Wall", Campaign: "Lend Your House To El Tino", Glam Kolor Paint, Home Goods Retailer, Klunter Adhesive
Hyundai Campaign: "Dogs", Hyundai i40
La Polar
Land Rover Campaign: "John Miller's Western Tale"

AGENCIES - JANUARY, 2019 — ADVERTISING AGENCIES

Microsoft Campaign: "#TheMagicOfMovement", FIFA 14, Xbox, Xbox Kinect
Robin Hood
TUI Antibacterial

Ecuador

Rivas Y&R
(Formerly Rivas & Herrera/Y&R)
Edificio La Previsora Av Amazonas Y NNUU Esquina, Torre A Piso 7, Quito, Ecuador
Tel.: (593) 2 243 8993
Fax: (593) 2 226 6127
Web Site: http://rivasyr.com/

Employees: 74
Year Founded: 1967

Agency Specializes In: Advertising

Peru

Y&R Peru
Av Angamos Oeste 915, Miraflores, Lima, Peru
Tel.: (51) 1 447 8282
Fax: (51) 1 444 0436
Web Site: www.yr.com

Employees: 85
Year Founded: 1987

Agency Specializes In: Advertising

Paul Schulman *(Exec VP & Dir-Creative Operation)*
Eduardo Grisolle *(Gen Mgr)*
Carlos Fernandez Parodi *(Editor-Creative)*
Tin Sanchez *(Exec Creative Dir)*
Carlos Tapia Cabanillas *(Art Dir & Creative Dir)*
Tony Cruz Nunez *(Creative Dir & Art Dir)*
Jefferson Cortavarria *(Creative Dir & Copywriter)*
Luis Alonso Vega *(Creative Dir & Copywriter)*
Anne Ginette Achata Bottger *(Acct Dir)*
Sara Cervantes *(Acct Dir)*
Michael Kevin Contreras Amoretti *(Art Dir)*
Percy Chavarry Correa *(Art Dir)*
Javier Ascue Grillo *(Art Dir)*
Renato Baracco Lucar *(Acct Dir)*
Javier Montoya *(Art Dir)*
Beto Noriega *(Creative Dir)*
Manuel Ahumada *(Dir-Client Svcs)*
Carla Wilson Gonzales *(Dir-Accts & New Bus)*
Giselle Sara *(Dir-Customer Svc)*
Barbara Ambrogna *(Acct Exec)*
Lorena Castellanos *(Acct Exec)*
Arleth Cueva Reyes *(Acct Exec)*
Jefferson Porras *(Copywriter)*

Accounts:
Alicorp S.A. Opal
Aprendamos Juntos ONG
Backus SABMiller Campaign: "Carlos Soto Field", Campaign: "Cristal beer: Pure Cusco"
Britanico English Institute Campaign: "Draword", Campaign: "Say What You Mean to Say ", Campaign: "The Barely Legal Media Space"
British Institute Campaign: "Sacalotepum Maravillezka"
Cibertec
Colgate-Palmolive Company "Every drop counts", Campaign: "Open Happiness"
English Courses
Hino Trucks Campaign: "Elephant"
Inkafarma Pharmacies
LAN Peru Campaign: "Destination Won't Change. But Prices Will", Campaign: "Dreamer"
League Against Cancer Campaign: "Can", Campaign: "Coffins", Campaign: "Hollywood", Campaign: "Jaws", Campaign: "Streets"
Mati
Movistar Campaign: "Backup Agenda", Campaign: "Cheese", Campaign: "Connected with Peru", Campaign: "Peruvian Goal", Campaign: "Supremacy"
Paladim
SABMiller plc Cristal
Tinka Lottery
Toyota Motor Corporation Campaign: "Curve", Campaign: "Goodbye", Campaign: "Visible thanks to our lord's procession.", FJ Cruiser 4x4, Guernica, Toyota Concept Vehicles, Zelas
Urban Cruiser
UVK Theaters
Vida Mujer

Puerto Rico

Y&R Puerto Rico, Inc.
PO Box 366288, San Juan, PR 00936-6288
Tel.: (787) 622-6500
Fax: (787) 793-3013
Web Site: www.yr.com

Employees: 48

National Agency Associations: 4A's

Agency Specializes In: Advertising

Carlos Carbonell *(Pres & Planner-Strategic)*
Sylvia Soler *(Exec VP & Creative Dir)*
Ivan Santos *(Gen Mgr-Puerto Rico)*
Gerardo Vazquez *(Creative Dir)*
Javier Claudio *(Assoc Creative Dir)*
Vanessa Fernandez *(Assoc Creative Dir)*
Arturo Perez *(Assoc Creative Dir)*

Accounts:
Buckler
Campbell Soup Company
Colgate-Palmolive Campaign: "Food Divider"
Danone Campaign: "Ice Cream"
Directv Campaign: "School Play"
Goodyear Campaign: "Trace"
Heineken JAM
The Hershey Company
Mendez & Compania
Nissan Sentra
T-Mobile US
Texaco

Uruguay

Y&R Uruguay
Bvar Espana 2617, CP 11300 Montevideo, Uruguay
Tel.: (598) 2 708 3097
Fax: (598) 2 708 1742
E-Mail: info.uruguay@yr.com
Web Site: www.yr.com.uy

Employees: 30
Year Founded: 1995

Agency Specializes In: Advertising

Rafael Ramirez *(Art Dir)*

Kenya

Young & Rubicam Brands Africa
2nd Fl Panesar Centre Mombasa Road, PO Box 41036, 00-100 Nairobi, Kenya
Tel.: (254) 20 234 8081
Fax: (254) 20 551 336
Web Site: www.yr.com

Employees: 60
Year Founded: 1986

Agency Specializes In: Advertising

Accounts:
Mondelez Cadbury

Namibia

Advantage Y&R
5 Storch Street, Windhoek, Namibia
Mailing Address:
PO Box 21593, Windhoek, Namibia
Tel.: (264) 612891600
Fax: (264) 61 220 410
E-Mail: advantageyr@mac.com.na
Web Site: www.advantage.com.na

Employees: 25

Truda Meaden *(Mng Dir)*
Toufic Beyhum *(Creative Dir)*
Marilyn Coetzee *(Mgr-Media)*
Carl Gough *(Copywriter)*

Accounts:
Commodity Exchange YOLO
Greenpeace Africa
LifeLine
MTC Annual Music Awards, Campaign: "Hugs", Event
World Health Organization

South Africa

Jupiter Drawing Room
River Park, 42 Holmstead Rd, Rivonia, 2128 South Africa
Tel.: (27) 21 447 8195
Fax: (27) 11 233 8820
E-Mail: info@thejupiterdrawingroom.com
Web Site: www.thejupiterdrawingroom.com

Employees: 200

Graham Warsop *(Founder & Chm)*

Accounts:
ABSA CAPE EPIC, Campaign: "Team Of Millions"
New-Nike
WeChat South Africa Campaign: "Crazy About WeChat"

Y&R Cape Town
Ground & 1st Floor The Warehouse, 24 Alfred St, Cape Town, 8001 South Africa
Tel.: (27) 21 440 3700
Fax: (27) 21 447 5497
E-Mail: yrsa_cape@za.yr.com
Web Site: www.yr.com

Employees: 42
Year Founded: 2000

Agency Specializes In: Advertising

Christo Nel *(Exec Creative Dir)*
Ashleigh Hamilton *(Art Buyer & Producer-TV, Radio & Print)*
Farhan Mirza *(Creative Dir)*
Megan Hall *(Dir-Client Svc)*
Gavin Williams *(Copywriter)*
Beatrice Willoughby *(Copywriter)*

Accounts:
Blikkiesdorp4Hope Hope Soap
Caltex Chevron
CapeTalk
Colgate-Palmolive Company
Commodity Exchange Yolo
Edward Snell & Company
El Burro Taqueria
Gun Free South Africa

ADVERTISING AGENCIES
AGENCIES - JANUARY, 2019

Jaguar Land Rover Land Rover
Mandevu Beard Care
Pick n Pay
Playboy South Africa
Pulp Books
The Safety Lab
Shimansky Jewellers
Surf Shack
Telkom
Travel Counsellors
Western Cape Government
Xtra Space Campaign: "Storage Business Card"

Y&R Johannesburg
The Crescent Georgian Crescent East, Bryanston, 2148 South Africa
Mailing Address:
Private Bag X9, Wendywood, 2144 South Africa
Tel.: (27) 11 797 6300
Fax: (27) 11 797 6400
Web Site: www.yr.com

Employees: 150
Year Founded: 1984

Agency Specializes In: Advertising

Andrea Ferreira *(Art Dir)*
Gavin Williams *(Copywriter)*
Beatrice Willougby *(Copywriter)*

Accounts:
Accenture
Airborne Effervescent Tablets
Barnetts
Beechies
British Airways
Caltex
Colgate Plax
Danone
General Mills, Inc. Pillsbury Pizza Pops
Gui Ling Yuan Fang Herbal Tea
Gulf Drug
Gun Free South Africa
Heineken Amstel Lager
Investec
Jaguar Land Rover
Johannesburg Zoo Campaign: "Animals can't be recycled. Please don't litter.", Campaign: "Bushveld", Campaign: "Polar Bear", Campaign: "See What Comes Out In The Dark"
Land Rover 360? Faces, Beetle, Campaign: "Cloud Collector", Campaign: "Griqualand", Campaign: "Kalahari", Campaign: "Keep Calm", Campaign: "Okavango Delta", Campaign: "Zimbawe Highlands", Croc, Freelander 2
Lion Matches
MTN
Nintendo
Pick n Pay Campaign: "Sassi Bag"
Playboy South Africa Before & After, Campaign: "Crack Addiction", Campaign: "This wouldn't happen online"
SABC
Safely Home
Safety Lab & Blikkiesdorp 4 Hope
Shimansky International
SKYY Vodka Campaign: "SKYYPAD"
Surf Shack
Tata Motors Limited
Travel Counsellors Campaign: "Amsterdam"
UNICEF Toy Soldiers
Virgin Atlantic Airways Campaign: "Flag"
Western Cape Government
Xbox 360 Need for Speed?
XtraSpace

Zambia

Armstrong Y&R
Wing F 2nd Floor Comesa Centre Ben bella Rd, Lusaka, Zambia
Tel.: (260) 974 508 509
Fax: (260) 122 5173
Web Site: www.yr.com

Employees: 23
Year Founded: 1975

Agency Specializes In: Advertising

Peter Armstrong *(Owner)*
Tony Granger *(Chief Creative Officer-Global)*
Shelley Diamond *(Chief Client Officer)*
William J. Manfredi *(Exec VP-Talent Mgmt-Global)*

YOUNG COMPANY
361 Forest Ave Ste 105, Laguna Beach, CA 92651
Tel.: (949) 376-8404
Web Site: www.youngcompany.com

Employees: 10

Agency Specializes In: Above-the-Line, Advertising, Advertising Specialties, Affiliate Marketing, Alternative Advertising, Automotive, Aviation & Aerospace, Brand Development & Integration, Branded Entertainment, Broadcast, Business Publications, Business-To-Business, Cable T.V., Catalogs, Co-op Advertising, Collateral, Communications, Consulting, Consumer Goods, Consumer Publications, Content, Corporate Communications, Corporate Identity, Custom Publishing, Digital/Interactive, Direct Response Marketing, E-Commerce, Electronic Media, Electronics, Email, Engineering, Event Planning & Marketing, Exhibit/Trade Shows, Experience Design, Graphic Design, Guerilla Marketing, High Technology, Identity Marketing, In-Store Advertising, Industrial, Infomercials, Information Technology, Integrated Marketing, Internet/Web Design, Local Marketing, Logo & Package Design, Magazines, Market Research, Media Buying Services, Media Planning, Media Relations, Mobile Marketing, Multimedia, New Product Development, Newspaper, Newspapers & Magazines, Out-of-Home Media, Outdoor, Package Design, Paid Searches, Planning & Consultation, Point of Purchase, Point of Sale, Print, Product Placement, Production, Production (Ad, Film, Broadcast), Production (Print), Promotions, Public Relations, Publicity/Promotions, Publishing, RSS (Really Simple Syndication), Radio, Search Engine Optimization, Social Marketing/Nonprofit, Social Media, Sponsorship, Strategic Planning/Research, T.V., Technical Advertising, Trade & Consumer Magazines, Web (Banner Ads, Pop-ups, etc.)

Approx. Annual Billings: $100,000

Bart Young *(CEO & Creative Dir)*
Lori Robinson *(Mgr-Media)*

Accounts:
Abbott; Sun Valley, CA Abbott Technologies; 2011
Casoro; Santa Ana, CA Casoro Jewelry Safes; 2012
Cytellix Traditional & Digital Public Relations; 2017
Imperio Nissan Advertising
Irvine Subaru; Irvine, CA Subaru; 2010
Samsung; Carson, CA Samsung Document Cameras; 2007

YOUNGER ASSOCIATES
97 Directors Row Ste 100, Jackson, TN 38305
Tel.: (731) 668-7367
Fax: (731) 668-0042
Web Site: www.younger-associates.com

Employees: 15

Agency Specializes In: Advertising, Brand Development & Integration, Broadcast, Graphic Design, Internet/Web Design, Logo & Package Design, Media Buying Services, Out-of-Home Media, Outdoor, Social Media, Strategic Planning/Research

Sharon Younger *(Pres)*
Billy Worboys *(Art Dir)*
Lana Suite *(Dir-Res)*
Kayla Taylor *(Acct Mgr-Mktg)*
Cassidy Sheppard *(Specialist-Digital Mktg)*
Sarah Estes *(Coord-Mktg Svcs)*
Robin Jones *(Coord-Res)*
Alison Kirk *(Coord-Mktg Svcs)*

Accounts:
East Arkansas Planning & Development District
Month Of Miracles

YOUNNEL ADVERTISING, INC.
3137 Fairway Drive, Stockton, CA 95204
Tel.: (209) 948-9339
Fax: (209) 948-4924
E-Mail: craig@younneladv.com
Web Site: www.younneladv.com

E-Mail for Key Personnel:
President: craig@younneladv.com

Employees: 5
Year Founded: 1974

Agency Specializes In: Advertising, Bilingual Market, Brand Development & Integration, Corporate Identity, Event Planning & Marketing, Graphic Design, Hispanic Market, Magazines, Media Buying Services, Newspaper, Newspapers & Magazines, Point of Sale, Radio, T.V.

Approx. Annual Billings: $3,075,000

Breakdown of Gross Billings by Media: Newsp.: $100,000; Newsp. & Mags.: $850,000; Outdoor: $125,000; Radio: $50,000; T.V.: $1,950,000

Creighton Younnel *(Pres)*
Veronica Santiago *(Dir-Creative)*

Accounts:
Amber Ridge
Catalina
Clairmonto
Delta Bluegrass
Maruchan, Inc. Oriental Dried Soups
Terra Bella
Villa Ticino
The Vineyard
WestBrook

YOUR MAJESTY
29 E 19th St Third Fl, New York, NY 10003
Tel.: (646) 398-8084
E-Mail: info@your-majesty.com
Web Site: yourmajesty.co

Employees: 63
Year Founded: 2006

Agency Specializes In: Advertising, Brand Development & Integration, Broadcast, Digital/Interactive, Graphic Design, Logo & Package Design, Print, Production (Ad, Film, Broadcast), Strategic Planning/Research, Technical Advertising

Accounts:
American Express Company
Apple Inc.
AT&T Communications Corp.
Canon U.S.A., Inc.
Cisco Systems, Inc.
Hyundai Motor America
Lexus Division

AGENCIES - JANUARY, 2019 — ADVERTISING AGENCIES

Microsoft

YOUTECH & ASSOCIATES
1730 Park St, Naperville, IL 60563
Tel.: (630) 857-9545
E-Mail: info@youtechassociates.com
Web Site: www.youtechassociates.com

Employees: 18
Year Founded: 2012

Agency Specializes In: Advertising, Brand Development & Integration, Digital/Interactive, Email, Exhibit/Trade Shows, Guerilla Marketing, In-Store Advertising, Internet/Web Design, Local Marketing, Mobile Marketing, Paid Searches, Point of Sale, Search Engine Optimization, Social Media, Web (Banner Ads, Pop-ups, etc.)

Wilbur You *(Founder & CEO)*
Trent Anderson *(VP-Bus Dev)*
Nathin Arthur *(Creative Dir)*
Lauren Urban *(Creative Dir)*
Frank Hilgers *(Dir-Tech)*
Michael Norris *(Dir-Search Mktg)*
Carrie Draper *(Mgr-Accts)*
Eric Siemek *(Mgr-Search Mktg)*
Alan Wang *(Sr Engr-Software)*

Accounts:
Neebo Business-to-Consumer, College Bookstores, E-Commerce; 2014
Peter Tiberio
Philip Rae & Associates
Teemapping
Weiss Sugar Dvorak & Dusek Ltd

YS AND PARTNERS, INC.
5151 California Ave Ste 100, Irvine, CA 92617
Tel.: (949) 263-1600
Fax: (949) 263-1630
E-Mail: contact@ysandpartners.com
Web Site: www.ysandpartners.com

Employees: 15
Year Founded: 2002

Agency Specializes In: Advertising, Collateral, Graphic Design, Internet/Web Design, Local Marketing, Media Buying Services, Media Planning, Out-of-Home Media, Outdoor, Print, Radio, Strategic Planning/Research, T.V.

Yoshinobu Yuki *(Pres, CEO & Dir-Creative)*
Nobu Yuki *(Principal & Exec Creative Dir)*
Ayako Yuki *(VP & Dir-Mktg)*

Accounts:
Yakult

YUME
(Acquired by RhythmOne)

YUME
1204 Middlefield Rd, Redwood City, CA 94063
Tel.: (650) 591-9400
Fax: (650) 591-9401
Web Site: www.yume.com

Employees: 14

Agency Specializes In: Advertising, Local Marketing, Sales Promotion

Revenue: $1,400,000

Eric Singer *(Chm)*
Ayyappan Sankaran *(CTO)*
Breeze Dake *(Sr VP-Revenue Ops)*
Felix Gomez *(VP-West)*

Frank O'Connor *(Acct Mgr)*
Mathew Fern *(Sr Acct Exec)*
Emily Kuechenmeister *(Acct Exec)*
Yousuf Lakanwal *(Acct Exec)*
John Poor *(Acct Exec)*

Accounts:
BlackBerry
Chase
Clorox
Ford
HBO
Hearst Magazine Digital Media
Jaguar
Kellogg's
Microsoft, Corp.
Sprint
Target

YYES, CO.
3460 Ocean View Blvd Ste D, Glendale, CA 91208
Tel.: (323) 667-3337
Fax: (323) 297-4397
Web Site: www.yyes.org

Employees: 29
Year Founded: 2000

Agency Specializes In: Advertising, Digital/Interactive, Exhibit/Trade Shows, Logo & Package Design, Search Engine Optimization

Ron Fleming *(Partner)*
Alysse Johnson-Strandjord *(Sr Graphic Designer)*

Accounts:
Beta Petrol
Cystic Fibrosis Foundation
Johnson Worldwide Associates
Kia Motors America Inc.
Robertson Properties Group
SCI Real Estate Investments, LLC

Z BRAND
The Gulf Twr Ste 3205 707 Grant St, Pittsburgh, PA 15219
Tel.: (412) 697-2800
Fax: (412) 246-0647
E-Mail: woof@zbrand.com
Web Site: www.zbrand.com

Employees: 50
Year Founded: 2009

Agency Specializes In: Advertising, Brand Development & Integration, Digital/Interactive, Graphic Design, Internet/Web Design, Out-of-Home Media, Outdoor, Print, Public Relations, Social Media

Goldie Ziskind Ostrow *(Pres)*
Bradley Hrutkay *(VP & Creative Dir)*

Accounts:
Mario Lemieux Foundation
Peoples Natural Gas
Pittsburgh Action Against Rape

Z COMMUNICATIONS
910 17th St NW, Washington, DC 20006
Tel.: (202) 821-1020
Fax: (242) 028-3313
E-Mail: info@zpr.com
Web Site: www.zpr.com

Employees: 20
Year Founded: 1989

Agency Specializes In: Email, Internet/Web Design, Media Relations, Media Training, Pets, Podcasting, Production

Rise Birnbaum *(Founder & CEO)*

Accounts:
Abbott
Air Jamaica
Bailey's Irish Cream
Boca Foods
Dove Soap

Z MARKETING PARTNERS
3905 Vincennes Rd Ste 103, Indianapolis, IN 46268
Tel.: (317) 924-6271
Fax: (317) 925-3854
E-Mail: info@zmarketingpartners.com
Web Site: www.zmarketingpartners.com

Employees: 12
Year Founded: 1950

Agency Specializes In: African-American Market, Automotive, Brand Development & Integration, Business-To-Business, Co-op Advertising, Collateral, Communications, Consulting, Consumer Marketing, Consumer Publications, Corporate Identity, Direct Response Marketing, E-Commerce, Electronic Media, Event Planning & Marketing, Exhibit/Trade Shows, Financial, Graphic Design, Health Care Services, Internet/Web Design, Logo & Package Design, Media Buying Services, Multimedia, Newspaper, Newspapers & Magazines, Out-of-Home Media, Outdoor, Point of Purchase, Point of Sale, Print, Production, Public Relations, Publicity/Promotions, Radio, Restaurant, Retail, Seniors' Market, Sports Market, Strategic Planning/Research, T.V., Trade & Consumer Magazines

Approx. Annual Billings: $22,000,000

Allan Zukerman *(Mng Dir)*
David Ayers *(Dir-PR)*
Jill Baker *(Sr Media Buyer)*

Accounts:
Boston Scientific Indiana Division
Cibo Restaurant & Gelo Ultra Lounge
Citizens Health Center
Enthusiasm Foods
GAP Solutions
Hendricks County Convention and Visitors Bureau
IEI Financial Services
Indiana Association of Realtors
Indiana State Fair; Indianapolis, IN; 1990
Indiana Tobacco Prevention & Cessation
Indiana University
Indianapolis City Market
Miller Pipeline Corp.
N.K. Hurst Co.; Indianapolis, IN; 1950
Orange County Convention & Visitors Bureau
Penn Station East Coast Subs
YMCA; Indianapolis, IN
Yosha & Associates

ZAMBEZI
10441 Jefferson Blvd, Culver City, CA 90232
Tel.: (310) 450-6800
E-Mail: info@zambezi-la.com
Web Site: www.zambezi-la.com

E-Mail for Key Personnel:
President: chris@zambezi-la.com

Employees: 55
Year Founded: 2006

Agency Specializes In: Above-the-Line, Advertising, Brand Development & Integration, Internet/Web Design, Sponsorship, Sports Market, T.V., Teen Market, Travel & Tourism, Viral/Buzz/Word of Mouth

ADVERTISING AGENCIES

Approx. Annual Billings: $50,000,000

Justice Erolin *(Partner & Exec Dir-Tech)*
Kevin Buth *(Partner & Creative Dir)*
Dawn Thomas *(Head-Culture, Strategy & Content Innovation)*
Gordon Gray *(Grp Acct Dir)*
Ziv Sibony *(Sr Producer-Digital)*
Stacie Larsen *(Art Dir)*
Nick Rodgers *(Creative Dir)*
Tracy Rosen *(Art Dir-Intern)*
Dan Rosenberg *(Sr Art Dir)*
Alexandra Sann *(Creative Dir)*
Jeff Siegel *(Creative Dir)*
Alexandra Gardner *(Dir-Bus Dev)*
Tamsin McDonnell *(Dir-Strategy)*
Stephanie Ramos *(Dir-Creative Svcs)*
Grace Teng *(Dir-Media & Analytics)*
Eric Tepe *(Dir-Strategy)*
Alyssa Tigue *(Acct Supvr)*
Rachel Lynn *(Acct Exec)*
Stephanie DeAngelis *(Designer)*
Tal Wagman *(Assoc Creative Dir & Writer)*
Jamie Kiersted *(Assoc Creative Dir)*
Ryan Montanti *(Assoc Creative Dir)*

Accounts:
2K Sports
Ashworth Golf (Lead Creative Agency)
AutoTrader, Inc. Campaign: "One Search", Campaign: "The Journey", Creative, Digital, Social Marketing, TV
Caesars Interactive Entertainment Campaign: "whenever, wherever", Creative, Digital, OOH, Online, Radio, TV, World Series of Poker
The Coca-Cola Company Glaceau, Sprite, Vitaminwater Active
Comcast; Portland, OR Internet, Phone, Cable; 2007
Cox Automotive Creative, Digital, Kelley Blue Book, Mascot, Print, Social, TV
Eastbay
Emotes; Hong Kong, China Children's Books & Toys; 2008
Energy Brands, Inc. Advertising, Campaign: "Decoy", Campaign: "Jennifer Aniston Goes Viral", Fruitwater, Smartwater
Focus Features Suffragette
HEINEKEN USA Strongbow Cider
Honest Beauty
The Honest Company Creative, TV
Kobe Bryant BODYARMOR; 2006
Li-Ning; Portland, OR Campaign: "Make Your Own Way", Campaign: "Way of Wade"
Los Angeles Lakers; Los Angeles, CA Franchise, Tickets, Merchandise; 2006
NESTEA
New Mexico Board of Tourism; USA; 2007
Phiten Campaign: "Still Flexin'"
Popchips Campaign: "popchips.com", Digital
Portland Trail Blazers; Portland, OR Franchise, Tickets; 2007
Sound United (Agency of Record)
Stance Socks
TaylorMade Golf Company (Lead Creative Agency) Campaign: "Made of Greatness", Campaign: "Speed Police", Campaign: "The Wait is Almost Over", Digital, M2, Online, Print, R15 Metalwood, Television
TNT
Upshot; Westlake Village, CA Energy Drink; 2007
VeeV Acai Spirits Campaign: "Cheat on Your Vodka", Marketing, Online Video
The Venetian Las Vegas
World Surf League
Zynga

ZANDER GUINN MILLAN
201 S Tryon St Ste 525, Charlotte, NC 28202
Tel.: (704) 333-5500
Fax: (704) 333-5588
E-Mail: contact@zgmbrand.com
Web Site: www.zgmbrand.com

Employees: 5

Agency Specializes In: Automotive, Brand Development & Integration, Financial, Restaurant, Technical Advertising

Melanie D. Guinn *(Owner)*
Lynda McMillan *(Partner & Creative Dir)*

Accounts:
Cefla Finishing
Salice Concealed Hinges Mfr

ZEESMAN COMMUNICATIONS INC.
8383 Wilshire Blvd Ste 310, Beverly Hills, CA 90211
Tel.: (323) 951-9800
Fax: (323) 951-9797
E-Mail: info@zeesman.com
Web Site: www.zeesman.com

Employees: 12
Year Founded: 1990

Bonnie Nijst *(Pres & CEO)*
Lauren Hanson *(Strategist-Digital Mktg)*
Madeleine Kanazawa *(Acct Exec)*

Accounts:
AIG SunAmerica
Barco's Nightingales
BelAire Displays
City of Beverly Hills
The City of Los Angeles
Four Seasons
Goodwill Industries
Griffith Observatory
HMSHost
Los Angeles World Airports
Metro Master Chorale
National Association of Women Business Owners
National Council of Jewish Women Los Angeles
Pioneer Electronics
Rock the Vote
Strategic Counsel
Sunrise Telecom Inc.
Technicolor
Toshiba
Walt Disney Company
W.M. Keck Foundation

ZEHNDER COMMUNICATIONS, INC.
650 Poydras St Ste 2450, New Orleans, LA 70130
Tel.: (504) 558-7778
Fax: (504) 558-7779
Toll Free: (877) 558-7778
E-Mail: jzehnder@z-comm.com
Web Site: www.z-comm.com

E-Mail for Key Personnel:
President: jzehnder@z-comm.com
Creative Dir: mrainey@z-comm.com
Media Dir.: joannh@z-comm.com
Public Relations: aedelman@z-comm.com

Employees: 32
Year Founded: 1996

National Agency Associations: 4A's-ADFED-AMA-PRSA

Agency Specializes In: Advertising, Affluent Market, African-American Market, Alternative Advertising, Automotive, Bilingual Market, Brand Development & Integration, Broadcast, Business Publications, Business-To-Business, Co-op Advertising, Collateral, College, Communications, Consulting, Consumer Goods, Consumer Marketing, Corporate Communications, Corporate Identity, Crisis Communications, Customer Relationship Management, Digital/Interactive, Direct Response Marketing, E-Commerce, Education, Electronic Media, Electronics, Email, Entertainment, Environmental, Event Planning & Marketing, Exhibit/Trade Shows, Financial, Food Service, Government/Political, Graphic Design, Guerilla Marketing, Health Care Services, High Technology, Hispanic Market, Hospitality, In-Store Advertising, Industrial, Information Technology, Integrated Marketing, International, Internet/Web Design, Legal Services, Leisure, Local Marketing, Logo & Package Design, Luxury Products, Magazines, Marine, Market Research, Media Buying Services, Media Planning, Media Relations, Media Training, Medical Products, Men's Market, Merchandising, Mobile Marketing, Multicultural, Multimedia, New Product Development, New Technologies, Newspaper, Newspapers & Magazines, Out-of-Home Media, Outdoor, Package Design, Paid Searches, Planning & Consultation, Podcasting, Point of Purchase, Point of Sale, Print, Production, Promotions, Public Relations, Publicity/Promotions, RSS (Really Simple Syndication), Radio, Real Estate, Recruitment, Regional, Restaurant, Retail, Sales Promotion, Search Engine Optimization, Social Marketing/Nonprofit, Strategic Planning/Research, Sweepstakes, Syndication, T.V., Trade & Consumer Magazines, Transportation, Travel & Tourism, Urban Market, Viral/Buzz/Word of Mouth, Women's Market

Approx. Annual Billings: $25,500,000

Breakdown of Gross Billings by Media: Cable T.V.: 10%; Internet Adv.: 15%; Newsp. & Mags.: 20%; Out-of-Home Media: 10%; Spot Radio: 25%; Spot T.V.: 20%

Craig Zehnder *(Owner)*
Mike Rainey *(VP & Creative Dir)*
Ann Edelman *(VP-PR)*
Jennifer Boneno *(Acct Svcs Dir)*
Joann Habisreitinger *(Media Dir)*
Rob Hudak *(Dir-Interactive Creative)*
Dave Maher *(Dir-Digital Comm)*
Craig Shultz *(Dir-Project Mgmt)*
Tambry Reed Slavich *(Sr Mgr-PR)*
Laura Gould *(Mgr-Client Dev)*
Elliot Hutchinson *(Mgr-PR)*
Katherine Andry *(Acct Supvr)*
Melissa Delhom-Sabathier *(Supvr-Media)*
Nick Payne *(Supvr-Project Mgmt)*
Alyssa Braden *(Acct Exec-PR)*
Jennifer Booth Edelman *(Strategist-Social Media)*
Mike Hartnett *(Specialist-Digital Media)*
Lindsey Gonzales *(Media Planner & Media Buyer)*
Rachel Smith *(Coord-Media)*
Minette Chan *(Sr Media Planner & Buyer)*
Geoffrey Fuglaar *(Jr Media Planner & Buyer)*
William Gilbert *(Assoc Creative Dir)*
Erin Matthews *(Sr Media Planner & Buyer)*

Accounts:
Alliance Oncology Full Service; 2009
BancorpSouth Insurance Services; Jackson, MS Insurance; 2006
Baton Rouge Area Foundation Creative, Digital, Public Relations, Strategy
Burger King Corporation; Miami, FL Media Planning, Placement; 2006
The Carpenter Health Network Full Service
Cazayoux-Ewing Law PLC Creative, Public Relations
Chila Orchata (Sazerac) Digital, Media, Social Media, Strategy
Community Trust Bank
Dinner Lab Social Media
Dr. McGillicuddy (Sazerac)
DuPage Medical Group Full Service
Edgen Murray Corporation; Baton Rouge, LA Full Service; 2000
Entergy Digital, Social Media
Epic Vodka (Sazerac) Media, Social Media, Strategy

AGENCIES - JANUARY, 2019 — ADVERTISING AGENCIES

Fireball Cinnamon Whisky (Sazerac) Full Service
Gulf Coast Seafood Coalition Full Service
Jackson Offshore Services Full Service
JD Bank Full Service
Lake Charles CVB Media Planning & Placement
LAMMICO
Louisiana Department of Health & Hospitals Social Media, Strategy
LSU (Flores MBA Program) Creative, Digital, Social Media, Strategy
Lugenbuhl Law PLC Full Service
MMI Culinary
Naked Jay Vodka (Sazerac) Social Media, Strategy
Stevi B's Pizza Buffet Full Service
Stirling Properties Full Service
Terrebonne General Medical Center Creative, Digital, Media, Strategy
Tijuana Sweet Heat Tequila (Sazerac) Full Service
Visit Baton Rouge Full Service
Visit South Walton Creative, Digital, Social Media, Strategy
WAVE Vodka (Sazerac) Media, Social Media, Strategy

Branches

Zehnder Communications
4311 Bluebonnet Blvd, Baton Rouge, LA 70809
Tel.: (225) 243-5302
Fax: (225) 243-5307
E-Mail: br@z-comm.com
Web Site: www.z-comm.com

Employees: 101
Year Founded: 1996

National Agency Associations: 4A's

Agency Specializes In: Advertising, Brand Development & Integration, Business-To-Business, Content, Crisis Communications, Event Planning & Marketing, Graphic Design, Logo & Package Design, Search Engine Optimization, Social Media

Jeffrey Zehnder *(Chm & CEO)*
Jennifer Boneno *(Acct Svcs Dir)*
Tambry Reed Slavich *(Sr Mgr-PR)*
Susan Polowczuk *(Sr Acct Exec-PR)*

Accounts:
New-Sparkhound

Zehnder Communications
209 Tenth Ave S Ste 319, Nashville, TN 37203
Tel.: (615) 880-2300
Fax: (615) 880-2310
E-Mail: nash@z-comm.com
Web Site: www.z-comm.com

Employees: 100
Year Founded: 1996

National Agency Associations: 4A's

Agency Specializes In: Advertising, Brand Development & Integration, Business-To-Business, Content, Crisis Communications, Event Planning & Marketing, Graphic Design, Logo & Package Design, Search Engine Optimization, Social Media

Henry Chassaignac *(Pres & Exec Creative Dir)*
Beth Swayne *(Assoc Dir-Acct Svcs)*
Kelly Patton *(Supvr-Project Mgmt)*
Christina Maltese *(Acct Exec)*
Dan Carlson *(Copywriter)*

Accounts:
New-Community Trust Bank

ZELEN COMMUNICATIONS
1304 DeSoto Ave Ste 200, Tampa, FL 33606
Tel.: (813) 250-1530
E-Mail: info@zelencomm.com
Web Site: www.zelencommunications.com

Employees: 5

Agency Specializes In: Advertising, Brand Development & Integration, Event Planning & Marketing, Internet/Web Design, Paid Searches, Print, Public Relations, Search Engine Optimization, Social Media

Terry Zelen *(Owner & Creative Dir)*
Fulton Smith-Sykes *(Strategist-Mktg)*

Accounts:
Arthur Rutenberg Homes Inc

ZELLER MARKETING & DESIGN
322 N River St, East Dundee, IL 60118
Tel.: (847) 836-6022
E-Mail: info@zellermail.com
Web Site: http://www.zellermarketing.com/

Employees: 16

Agency Specializes In: Advertising, Graphic Design, Print, Radio

Joe Zeller *(Pres)*
LouAnn Zeller *(VP & Art Dir)*
Bob Fugate *(Assoc Creative Dir & Copywriter)*
Andy Sauder *(Sr Graphic Designer & Web Designer)*
Jen Walker *(Sr Graphic Designer)*

Accounts:
CF Industries
Protection 1 Security Solutions

ZELLMER MCCONNELL ADVERTISING
2301 E Riverside Dr, Austin, TX 78741
Tel.: (512) 296-2662
E-Mail: info@zmcadvertising.com
Web Site: www.zmcadvertising.com

Employees: 5

Agency Specializes In: Advertising, Internet/Web Design, Out-of-Home Media, Outdoor, Print, T.V.

Stefani Zellmer *(Partner & Creative Dir)*
Beth McConnell *(Chief Creative Officer)*

Accounts:
Central Texas Regional Mobility Authority Advertising, Marketing, MoPac Improvement Project (Agency of Record)
Heart of Texas Midwives

ZEMI COMMUNICATIONS
10 E 40th St Ste 1900, New York, NY 10016
Tel.: (212) 689-9560
Fax: (212) 689-9330
E-Mail: info@zemi.com
Web Site: www.zemi.com

Employees: 10
Year Founded: 1996

Agency Specializes In: Crisis Communications, Media Relations, Public Relations, Strategic Planning/Research

Alan J. Stoga *(Founder & Pres)*
Daniel B. Wilson *(Mng Dir)*

Accounts:
Bancomer
Dataflux
Elektra
Femsa
Gruma
OMA Aeronautical & Ommercial Services

ZENMAN
621 Kalamath St, Denver, CO 80204
Tel.: (303) 292-2201
Web Site: https://www.zenman.com/

Employees: 20
Year Founded: 1998

Agency Specializes In: Advertising, Brand Development & Integration, Digital/Interactive, Internet/Web Design, Paid Searches, Search Engine Optimization

Keith Roberts *(Founder & Creative Dir)*
Thomas Vossler *(Acct Mgr)*
Taylor Langan *(Designer)*

Accounts:
KOTA Longboards

ZENMARK VERBAL DESIGN
PO Box 192564, San Francisco, CA 94119
Tel.: (415) 434-4800
Fax: (415) 434-4850
E-Mail: info@zenmark.com
Web Site: www.zenmark.com

Employees: 10
Year Founded: 1999

Agency Specializes In: Advertising, Arts, Brand Development & Integration, Consumer Goods, Entertainment, Information Technology, Market Research

Greg Balla *(Pres & Creative Dir)*
Doug Powell *(Mng Dir-Acct Svcs)*
Jett Drolette *(Dir-Naming)*

Accounts:
Abbott
AT&T Communications Corp.
GE
GSK
LG
Novartis
Sprint

ZEPPOS & ASSOCIATES, INC.
(Acquired & Absorbed by Laughlin/Constable, Inc.)

ZER0 TO 5IVE
28 S Waterloo Rd, Devon, PA 19333
Tel.: (617) 834-2190
Web Site: www.0to5.com

Employees: 20
Year Founded: 1999

Agency Specializes In: Advertising, Brand Development & Integration, Collateral, Communications, Email, Event Planning & Marketing, Graphic Design, Identity Marketing, Local Marketing, Media Relations, Multimedia, Public Relations, Strategic Planning/Research, Web (Banner Ads, Pop-ups, etc.)

Michelle Pujadas *(Founder & Co-CEO)*
Santiago Pujadas *(Co-CEO)*
Pat Reilly *(Strategist)*
Evan Schaeffer *(Sr Graphic Designer)*
Jennifer Moritz *(Mng Principal)*

Accounts:
Air Desk
AuthenTec

1211

ADVERTISING AGENCIES

ClearCount Medical Solutions
CS Technology
emoney Advisor
Greenphire Marketing, Public Relations, Website
iSeatz
Learn now
Mantas
NoBetterDeal.com; Pittsburgh, PA Campaign Name: "Tips for Getting Holiday Deals on Secondary Market"
NWEA (Public Relations Agency of Record); 2017
OraSure Technologies, Inc. Awareness Kit, Campaign: "Make Knowing Your Thing Today", Media
ParallelM Event Management, Marketing, Media Relations, Public Relations, Social Media, Strategy, Website Optimization; 2018
QuadraMed
Vasont

ZERO GRAVITY GROUP, LLC
PO Box 624, New York, NY 10013
Tel.: (914) 579-2301
Fax: (212) 229-0855
E-Mail: larrye@zerogravitygroup.com
Web Site: www.zerogravitygroup.com

Employees: 15
Year Founded: 2001

Agency Specializes In: Brand Development & Integration, Business-To-Business, Communications, Multimedia, Recruitment, Strategic Planning/Research

Approx. Annual Billings: $1,500,000

Breakdown of Gross Billings by Media: Consulting: 25%; E-Commerce: 20%; Production: 20%; Video Brochures: 35%

Larry Eckerle *(Mng Partner)*

Accounts:
Deloitte & Touche; Philadelphia, PA Internal Communication; 2002
JP Morgan Chase; New York, NY PFS; 2001

ZFACTOR COMMUNICATIONS INC.
160 Frobisher Dr Ste 15, Waterloo, ON N2V 2B1 Canada
Tel.: (519) 884-2000
Fax: (888) 884-7972
Toll Free: (888) 884-7972
E-Mail: info@zfactor.ca
Web Site: www.zfactor.com

Employees: 5
Year Founded: 1998

Agency Specializes In: Advertising, Brand Development & Integration, Internet/Web Design, Package Design, Print, Web (Banner Ads, Pop-ups, etc.)

Massimo Zefferino *(Founder & Creative Dir)*

Accounts:
BlackBerry
Brabender Technologies
Easy up Awnings
Essential Image
Janssen-Ortho
KangaROOS
LV Lomas
Royce/Ayr
Sport Nutrition Depot

ZGM
201 322 - 11th Avenue SW, Calgary, AB T2R 0C5 Canada

Tel.: (403) 770-2250
Fax: (403) 770-2255
E-Mail: info@zgm.ca
Web Site: www.zgm.ca

Year Founded: 1999

Agency Specializes In: Advertising, Digital/Interactive, Graphic Design, Internet/Web Design, Mobile Marketing, Social Media, Strategic Planning/Research

Dan King *(Pres & Exec Creative Dir)*
Mario Amantea *(Mng Partner)*
Peter Bishop *(Partner & Dir-Conversion)*
Rob Fairhead *(Partner)*
Heleena Webber *(Dir-Inbound & Strategist)*
Scott Irwin *(Dir-User Experience Design)*

ZIG MARKETING
812 Huron Rd, Cleveland, OH 44115
Tel.: (216) 744-3040
E-Mail: hzoss@zigmarketing.com
Web Site: www.zigmarketing.com

E-Mail for Key Personnel:
President: hzoss@zigmarketing.com
Creative Dir.: msmith@zigmarketing.com
Media Dir.: jsmith@zigmarketing.com

Employees: 15
Year Founded: 2001

Agency Specializes In: Advertising, Brand Development & Integration, Consumer Marketing, Direct Response Marketing, Direct-to-Consumer, Electronic Media, Information Technology, Internet/Web Design, Media Buying Services, New Technologies, Technical Advertising, Travel & Tourism, Web (Banner Ads, Pop-ups, etc.)

Howard Zoss *(Pres)*
Michael Smith *(Partner & Creative Dir)*

Accounts:
Howard's Jewelry Center
PolyOne
Roetzel
Ruby Tuesday
Simonton Windows
Therma-True Doors
UnitedHealthcare

ZILLNER MARKETING COMMUNICATIONS
(Acquired & Absorbed by GlynnDevins Advertising & Marketing)

ZIMMERMAN ADVERTISING
6600 N Andrews Avenue, Fort Lauderdale, FL 33309-3064
Tel.: (954) 644-4000
Fax: (954) 731-2977
Toll Free: (800) 248-8522
E-Mail: info@zadv.com
Web Site: www.zadv.com

E-Mail for Key Personnel:
President: jzimmerman@zadv.com

Employees: 1,000
Year Founded: 1985

Agency Specializes In: Brand Development & Integration, Media Relations, Planning & Consultation, Sponsorship

Approx. Annual Billings: $2,500,000,000

James Roxbury *(Sr VP & Grp Acct Dir)*
Alisa Ben *(Sr VP-Strategic Mktg Intelligence)*
Lauri Liebenstein *(VP & Acct Dir)*
Kelly Smith *(VP & Acct Dir)*
Vijay Malavia *(Acct Dir-Digital)*
Travis McClure *(Acct Dir)*
Terry Muth *(Media Dir-Integrated Plng)*
Courtney Renaud *(Dir-Digital Media)*
Kevin Wood *(Project Mgr-Digital)*
Bianca Garcia Brody *(Production Mgr)*
Dennis Bernhard *(Acct Supvr)*
Monica Jagielski *(Acct Supvr)*
Paulo Oswath *(Supvr-Digital Media-Nissan Div)*
Monica Rivera Rosa *(Supvr-Media & Hispanic Consumer Mktg)*
Dawn Smith *(Supvr-Accts Payable)*
Kristen Hartmann *(Sr Acct Exec-Digital)*
James Tortora *(Sr Acct Exec)*
Ben Zackheim *(Sr Acct Exec)*
Carly Stevens *(Media Planner-Integrated)*
Ashley Tuma *(Media Planner)*
Maria Gabriela Viloria Delgado *(Sr Head-Project)*
Vincent Forget *(Grp Media Dir)*
Jennifer Galer *(Sr Media Buyer)*
Harry Gonnella *(Grp Creative Dir)*
Jack Jackson *(Assoc Media Dir)*
Remy Kane *(Grp Media Dir)*
Norman Norori *(Assoc Creative Dir)*

Accounts:
Advance America Cash Advance Centers, Inc. (Agency of Record) Consumer Outreach, Creative, Digital, Media Buying, Media Planning
American Media Inc. Strategic
Autonation USA All Markets; 2001
Blue Cross & Blue Shield of Florida; Jacksonville, FL Media Planning & Buying, Retail Advertising
BPI Sports (Agency of Record) Strategy
CEC Entertainment, Inc. Chuck E. Cheese's, Creative, Media, Promotion, Strategy
Chico's FAS, Inc. Digital, Media
Dunkin' Donuts
Extended Stay Hotels CRM, Creative, Digital, Media Planning & Buying, Mobile
Five Below, Inc.
FlexShopper (National Agency of Record) Digital, Marketing, Media Planning & Buying, Social Media
The Fresh Market, Inc. (Agency of Record) Creative, Digital Media Planning & Buying, Social Media, Strategic Planning, Traditional Media Planning & Buying
Gabe's Creative Development, Digital, Hyper-Local LSM, Media Planning & Buying, Social Media Activation, Strategic Planning
Hair Cuttery (Agency of Record) Bubbles, Creative Development, Media Buying, Salon Cielo, Strategic Planning; 2018
Hard Rock Hotel & Casinos Global Public Relations
HHGregg (Agency of Record) Creative, FOBO - Fear of Better Options, Media Buying, Media Planning; 2007
Jamba, Inc Jamba Juice
Lazy Days R.V. Center, Inc. (Agency of Record) Analytics, CRM, Strategic Growth Planning; 2018
McDonald's Corporation
Miami Grill
Michaels Stores, Inc. (Lead Creative Agency) Analytics, Creative, Digital, Planning, Social Media, Strategy
Nissan North America, Inc. Altima, Campaign: "Ride of Your Life", Creative
Pure Barre (Agency of Record) Branding Identity, Content, Digital, Marketing, Paid Social Marketing, Website
Smokey Bones Bar & Fire Grill (Agency of Record) Creative, Media Buying, Media Planning, Social Media, Strategy
Tire Kingdom
Virgin Mobile

Branches

Zimmerman Advertising

AGENCIES - JANUARY, 2019 — ADVERTISING AGENCIES

5353 Grosvenor Blvd, Los Angeles, CA 90066-6143
Tel.: (310) 305-5000
Fax: (310) 305-6000
Web Site: www.zadv.com

Employees: 8

Agency Specializes In: Automotive, Retail

Kelly Moore *(Acct Dir)*
Kellie Barnett *(Assoc Media Dir)*

Accounts:
Nissan USA

Zimmerman Advertising
1411 Opus Pl Ste 220, Downers Grove, IL 60515
Tel.: (630) 574-1059
Fax: (630) 472-3148
E-Mail: melaniemamed@zadv.com
Web Site: www.zadv.com

Employees: 8

Agency Specializes In: Retail

Dan Kissell *(Exec VP-New Bus Dev)*
Chad Comunale *(Sr VP-Automotive Acct Svcs)*
Neal Gomberg *(Creative Dir)*
Ashley Ritter *(Mgr-Social Media)*
Tamara Boggis *(Assoc Creative Dir)*
Jenny Solberg *(Assoc Media Dir-Midwest Reg)*

Accounts:
Nissan USA

Zimmerman Advertising
437 Madison Ave 12th Fl, New York, NY 10022
Tel.: (212) 804-1000
Fax: (212) 804-1485
Web Site: www.zadv.com

Employees: 10

Agency Specializes In: Automotive

David Valdes *(Co-Founder)*
Richard Nez *(Exec VP, Dir-Brdcst Production & Exec Producer)*
Lisa Branigan *(Exec VP & Dir-Media Svcs)*
Rick Friedman *(Exec VP-Automotive)*
Adam Herman *(Exec VP)*
Chad Comunale *(Sr VP-Automotive Acct Svcs)*
Chad Garcia *(VP & Creative Dir-Studio Z)*
Richard Ash *(VP & Dir-Field-Natl)*
Mike Kowal *(VP & Dir-Audio)*
Deana Schade *(VP & Dir-Corp Dev & Compliance)*
Mariana Walsh *(VP & Grp Media Dir)*
Tiffany Chaplin *(Acct Dir)*
Paul Sulzer *(Acct Supvr)*
Beth Superfine *(Supvr-Media)*
Hardy Moore *(Sr Acct Exec)*
Emily Coon *(Strategist-Digital)*
Dawn Wood *(Acct Exec)*
Raquel Francis *(Sr Media Buyer)*
Jack Jackson *(Assoc Media Dir)*

Accounts:
Nissan
Office Depot Creative, Media, Office Max

The Zimmerman Agency LLC
(d/b/a Bright Red LLC)
1821 Miccosukee Commons Dr, Tallahassee, FL 32308-5433
(See Separate Listing)

THE ZIMMERMAN AGENCY LLC
(d/b/a Bright Red LLC)
1821 Miccosukee Commons Dr, Tallahassee, FL 32308-5433
Tel.: (850) 668-2222
Fax: (850) 656-4622
E-Mail: media@zimmerman.com
Web Site: www.zimmerman.com

E-Mail for Key Personnel:
President: curtis@zimmerman.com
Creative Dir.: erich@zimmerman.com
Media Dir.: john@zimmerman.com
Public Relations: carrie@zimmerman.com

Employees: 134
Year Founded: 1987

National Agency Associations: 4A's

Agency Specializes In: Advertising, Sponsorship

Carrie Englert Zimmerman *(Co-Founder & CEO)*
Curtis Zimmerman *(Founder)*
Mitchell Hershey *(Pres-Nissan Div)*
Kerry Anne Watson *(Pres-PR)*
Danika Kirvin *(Sr VP & Dir-Integrated Media Plng)*
Ivette Marques Faulkner *(Sr VP-PR)*
Dan Gitlitz *(Sr VP & Grp Creative Dir)*
Sheila Simpson *(Sr VP-HR)*
Richard Long *(VP & Grp Dir)*
Chris Childers *(VP & Dir-Res)*
Sonia Grunbaum *(VP-Mktg)*
Alycia Rea *(VP-PR)*
Steven Waterman *(Grp Dir-Integrated Media)*
Riccardo Sabioni *(Creative Dir)*
Jody Sadler *(Assoc Dir-Integrated Media)*
Haley Hogan *(Acct Mgr)*
Carrie Poole *(Acct Mgr-Adv)*
Chris Groom *(Mgr-Acctg)*
Ressa Tomkiewicz *(Acct Supvr-PR)*
Shawn Renshaw *(Supvr-Media)*
Donna Watson *(Media Buyer)*

Accounts:
Aflac Movie-Tie In - Toy Story 3, Print, Social Media, Sweepstakes
Algonquin Hotel
Aruba Tourism Authority Public Relations
Club Med Americas
Florida Prepaid College Plans Campaign: "Future Diplomas"
Flowers Foods, Inc. Campaign: "Nature's Own BreakFASTer", Mrs. Freshley's, Nature's Own
Hard Rock Cafe International
Interstate Hotels & Resorts
La Luce
Pilot Pen Campaign: "Power to the Pen Digital"
Tobacco Free Florida
WFRF 1070 AM Faith Radio Poster
Yachts of Seabourn Cruiseline

THE ZIMMERMAN GROUP
12701 Whitewater Dr Ste 120, Hopkins, MN 55343
Tel.: (952) 470-8830
Fax: (952) 470-8807
E-Mail: info@thezimmermangroup.com
Web Site: www.thezimmermangroup.com

E-Mail for Key Personnel:
President: jimz@thezimmermangroup.com
Creative Dir.: gregj@thezimmermangroup.com

Employees: 8
Year Founded: 1984

National Agency Associations: AAF

Agency Specializes In: Advertising, Brand Development & Integration, Broadcast, Business Publications, Business-To-Business, Co-op Advertising, Collateral, Commercial Photography, Communications, Consulting, Consumer Marketing, Consumer Publications, Corporate Identity, Direct Response Marketing, Electronic Media, Food Service, Graphic Design, Internet/Web Design, Logo & Package Design, Magazines, New Product Development, Newspaper, Newspapers & Magazines, Out-of-Home Media, Outdoor, Planning & Consultation, Point of Purchase, Point of Sale, Print, Production, Public Relations, Publicity/Promotions, Radio, Retail, Sales Promotion, Strategic Planning/Research, Sweepstakes, Trade & Consumer Magazines, Yellow Pages Advertising

Approx. Annual Billings: $10,000,000

Jim Zimmerman *(Pres)*
Kathy Ashpole *(VP)*
Brian Doeden *(Creative Dir)*
Ron Salcedo *(Grp Media Dir)*

Accounts:
Dakota Growers Pasta Co.; 1990
Faribault Foods; Minneapolis, MN; 1984
Gedney Foods Company (Agency of Record) Advertising, Marketing, Social Media
General Mills; 1991
Nestle Analytical Division; St Louis, MO; 1992
Norwesco; Saint Bonifacius, MN; 1996
Old Home Foods (Agency of Record) Advertising, Marketing, Packaging Design
Orion Safety Products; 1995
SunButter; 2008

ZION & ZION
432 S Farmer Ave, Tempe, AZ 85281
Tel.: (480) 751-1007
Fax: (480) 753-3177
Web Site: https://www.zionandzion.com/

Employees: 24

Agency Specializes In: Advertising, Digital/Interactive, Public Relations, Social Media, Strategic Planning/Research

Aric Zion *(CEO)*
DuGue Zion *(Partner & COO)*
Peter Juergens *(Sr VP-Strategic Svcs)*
Fred Petrovsky *(VP-Mktg)*
Holly Dill *(Acct Dir)*
Bridgette Foord *(Media Dir)*
Teri Scholz *(Dir-PR)*
Anna Bussert *(Mgr-Online Mktg)*
Nicole Ellis *(Mgr-Online Mktg)*
Jennifer Spangler *(Acct Supvr)*
Doug Anderson *(Sr Copywriter-Creative)*
Maddy Van House *(Strategist-Social Media)*
Brandi Clay *(Sr Media Planner-Digital & Media Buyer)*
Malory Knutson *(Assoc Acct Exec-PR)*
Stephanie Gabriel *(Asst-Media)*

Accounts:
AFS Technologies
Alere Inc.
Arizona Blinds (Agency of Record) Content Development, Email Marketing, Online Marketing, SEO, Social Media, Traditional Advertising, Website
Arizona Center
Arizona Dermatology Content Strategy, SEO, Social Media, Web Design
Arizona Wild West Beef Jerky (Agency of Record) Branding & Interactive
ARS/Rescue Rooter
AV Homes Inc Marketing, Public Relations, Social Media, Web Development
Aviation Performance Solutions (Agency of Record)
BANK 34 (Agency of Record)
Bard BD
Barro's Pizza (Agency of Record) Branding, Broadcast Media, Email Marketing, Online Presence, PR, Social Media, Web Development
Bill & Melinda Gates Foundation
Billing Solutions Brand Identity, Marketing
Casino Del Sol Resort (Agency of Record) Digital,

ADVERTISING AGENCIES

Media Planning, Public Relations, Social Media, Traditional Media Buying, Website Development
CENTURY 21 Northwest Interactive Campaign Development
New-Chas Roberts (Digital Agency of Record)
Childhelp Digital Strategy, Public Relations, Social Media
Contractor Management Services (Agency of Record) Creative, PR
Digital Tech Frontier; Tempe, AZ
Distinctive Roofing (Agency of Record) Media Strategy, Public Relations, Social Media
DMB Associates
Donor Network of Arizona (Agency of Record) Media Strategy, TV Production
Dutch Bros. Arizona (Agency of Record) Marketing, Public Relations, Social Media
Farm at South Mountain
Fascinations (Agency of Record) Media Buying, Public Relations, Social Media, Web
Fox Restaurant Concepts Community Relations, Farmer Arts District, Public Relations
Garage Floor Coating.com (Agency of Record) Email Marketing, Public Relations, Social Media Strategy, Website Redevelopment
Geco, Inc. Branding
Global Organics Group (Agency of Record) Branding, Marketing, PR, Social Media
Goettl Air Conditioning
Goodwill of Central Arizona (Agency of Record) Branding, Creative, Interactive, Radio, Social Media, Strategy, TV, Traditional & Interactive Media Buying
Great American Merchandise and Events (Agency of Record) Creative
Habitat for Humanity International, Inc.
Imperial Wholesale Content Development, Email Marketing, Online Marketing, Social Media, Website
K Couture Branding, Content Development, Design support, E-Commerce Website, Messaging, Social Media
Kevin's Last Walk
Modesto Dairy Supply
MPower Energy Tabs Interactive Development, Social Media
Norterra Family Medicine
Northern Chemical Co.
Paradise Medspa & Wellness
Parallel Capital Partners Brand & Collateral Development, Online Experience; 2017
Pita Jungle (Agency of Record) Campaign & Creative Development, Digital & Traditional Media Planning & Buying, Email Marketing, Social Media; 2018
Premier Pools and Spas
Quiessence Email Marketing, Public Relations, Rebranding, Social Media
Rancho Solano Private Schools; Phoenix, AZ Public Relations
Remnant Health Center
RighTime Home Services Electrical Lines, HVAC, Lead Generation, Plumbing; 2017
Risas Dental (Agency of Record)
Rubicon Deli Brand Development, Customer Experience, Market Research; 2017
New-Salons by JC (National Agency of Record) Brand Development, Creative, Digital & Traditional Media, Market Research, Strategy & Positioning, UX & Web Development; 2018
Santa Barbara Catering Co.
Shopper's Supply Advertising/Creative, Branding/Positioning, Content Development, Email Marketing, Market Research, Media Planning and Buying, Social Media, Web Development
Sothebys International Realty
Southwest Title (Agency of Record) Branding, Marketing
Sun City Awning
Sun Communities, Inc.
Sun Health (Agency of Record) Brand Positioning, Marketing Strategy, Public Relations, Sun Health Community Wellness Programs, Sun Health Foundation, Sun Health Senior Living Communities, User Experience; 2018
University of Dubuque
VanDenBosch
Venezia's Pizza
New-Verra Mobility
Vinatronic
Weider Global Nutrition (Agency of Record)
Westin Hotels & Resorts
Wickenburg Ranch
World Nutrition Content Development, Product Packaging Design, SEO, Social Media
Zany Zak

ZIP COMMUNICATION INC
388 Saint-Jacques St Ste 500, Montreal, QC H2Y 1F1 Canada
Tel.: (514) 844-6006
Fax: (514) 844-6010
E-Mail: info@zipcom.ca
Web Site: www.zipcom.ca

Employees: 15

Agency Specializes In: Advertising, Brand Development & Integration, Broadcast, Package Design, Print, Strategic Planning/Research, T.V.

Michele Leduc *(Pres & Chief Creative Officer)*
Marie-Claude Boulais *(Art Dir)*
Loic Brignou *(Acct Dir)*

ZIZZO GROUP, INC.
207 N Milwaukee St, Milwaukee, WI 53202
Tel.: (414) 319-5700
Fax: (414) 319-5717
E-Mail: hello@zizzogroup.com
Web Site: www.zizzogroup.com

Employees: 50
Year Founded: 1995

Agency Specializes In: Advertising, Brand Development & Integration, Digital/Interactive, Integrated Marketing, Media Buying Services, Media Planning, Public Relations, Social Media, Strategic Planning/Research

Anne Zizzo *(Pres & CEO)*
Adam Kuhn *(VP & Dir-Digital Mktg)*
Ethan Keister *(Art Dir)*
Tony Seaman *(Creative Dir)*
Becky Binns *(Project Mgr-AE, Media Planner & Buyer)*
Craig Trindl *(Acct Supvr)*
Joshua Arter *(Sr Acct Exec-Social Media)*
Kristin Bayer *(Sr Acct Exec)*
Jennifer Thomas *(Sr Acct Exec)*
Aimee Dierbeck *(Sr Copywriter & Strategist-Content)*
Krista Ruehmer *(Acct Exec-PR)*
Joseph Zizzo *(Acct Exec)*
Gina Davis *(Media Planner & Media Buyer)*
Scott Carlson *(Sr Art Dir)*

Accounts:
ActionCOACH Business Coaching Media Relations, Public Relations
Affinity Plus Federal Credit Union Affinity Plus On The Money
BMO Harris Bank
Faith Technologies (Agency of Record)
Helen Bader Foundation, Inc.
Key Technical Solutions Inc
Market Probe Strategic Marketing
Popular Community Bank
Wausau Financial Systems Inc.; Mosinee, WI

ZLRIGNITION
303 Watson Powell Jr Way Ste 100, Des Moines, IA 50309-1724
Tel.: (515) 244-4456
Fax: (515) 244-5749
E-Mail: ceo@zlrignition.com
Web Site: www.zlrignition.com

E-Mail for Key Personnel:
President: llaurent@zlrignition.com
Public Relations: bbrewer@zlrignition.com

Employees: 25
Year Founded: 1987

National Agency Associations: DMA-ICOM-PRSA

Agency Specializes In: Advertising, Brand Development & Integration, Broadcast, Business Publications, Business-To-Business, Cable T.V., Children's Market, Collateral, Communications, Consulting, Consumer Marketing, Consumer Publications, Corporate Identity, Direct Response Marketing, E-Commerce, Education, Electronic Media, Engineering, Entertainment, Event Planning & Marketing, Exhibit/Trade Shows, Financial, Food Service, Government/Political, Graphic Design, Health Care Services, Information Technology, Magazines, Media Buying Services, Medical Products, Merchandising, Newspaper, Newspapers & Magazines, Out-of-Home Media, Outdoor, Planning & Consultation, Point of Purchase, Point of Sale, Print, Production, Public Relations, Publicity/Promotions, Radio, Restaurant, Retail, Strategic Planning/Research, T.V., Trade & Consumer Magazines, Yellow Pages Advertising

Louis Laurent *(Chm)*
Xan McNelly *(Pres & CEO)*
James Anfinson *(CFO & VP)*
Bill Brewer *(Sr VP)*
Bob Delsol *(Exec Creative Dir)*
Philip Schriver *(Assoc Creative Dir)*

Accounts:
Beam Industries; Webster City, IA Central Vacuum Systems
Iowa State University; Ames, IA; 1997

ZOG DIGITAL
11201 N Tatum Blvd Ste 200, Phoenix, AZ 85028
Tel.: (480) 426-9954
Web Site: https://www.zogdigital.com/

Employees: 40
Year Founded: 2010

Agency Specializes In: Advertising, Advertising Specialties, Affiliate Marketing, Affluent Market, Automotive, Brand Development & Integration, Business-To-Business, Children's Market, College, Consumer Goods, Consumer Marketing, Content, Cosmetics, Digital/Interactive, Direct-to-Consumer, E-Commerce, Electronics, Fashion/Apparel, Financial, Food Service, Health Care Services, High Technology, Hospitality, Household Goods, Industrial, Integrated Marketing, Internet/Web Design, Leisure, Luxury Products, Media Buying Services, Medical Products, Men's Market, Merchandising, Paid Searches, Pets, Pharmaceutical, Planning & Consultation, Public Relations, Restaurant, Retail, Sales Promotion, Search Engine Optimization, Social Media, Sponsorship, Strategic Planning/Research, Teen Market, Transportation, Travel & Tourism, Tween Market, Web (Banner Ads, Pop-ups, etc.), Women's Market

Kyle Clifford *(Mng Dir & Chief Client Officer)*
Austin Lemme *(Chief Creative Officer)*
Thomas Stern *(Chief Revenue Officer)*
Jason Squardo *(Exec VP-Optimization)*
Mark Healey *(Sr VP-Optimization)*
Rachael Zahn *(Sr VP-Client Svcs)*
Chris Moreno *(VP-Paid Media)*
Ryan Pesch *(VP-Client Svcs)*
Craig Gress *(Client Svcs Dir)*

Seth Norris *(Dir-Search & Social Optimization)*

Accounts:
Allstate
BurgerFi National & Local Digital Media
Capital One
Del Monte
Focus Brands
Fruit of the Loom
KitchenAid Kitchen Appliances; 2012
National Geographic
Pep Boys Car Parts & Service; 2014
Rack Room Shoes Content, Search, Women's, Men's & Children's Footwear; 2013
Whirlpool
Wyndham Vacation Rentals

ZONE 5
950 Greenwich St, San Francisco, CA 94133
Tel.: (518) 242-7000
Fax: (518) 242-7092
E-Mail: info@zone5.com
Web Site: www.zone5.com

Employees: 32
Year Founded: 1989

Agency Specializes In: College, Digital/Interactive, Event Planning & Marketing, Financial, Health Care Services, Internet/Web Design, New Technologies, Web (Banner Ads, Pop-ups, etc.)

Todd Mosher *(Pres & CEO)*
Dave Imbarrato *(Designer)*

Accounts:
Finger Lakes Health
Union College
United Memorial Medical Center

Z'ONION CREATIVE GROUP
61396 S Hwy 97, Bend, OR 97702
Tel.: (541) 350-2778
E-Mail: connect@zonioncreative.com
Web Site: www.zonioncreative.com

Employees: 50
Year Founded: 2014

Agency Specializes In: Email

Sonja Anderson *(Dir)*

Accounts:
Rancho Capistrano Winery

ZOOKEEPER INDUSTRIES LLC.
7507 W Sunset Blvd 14, Los Angeles, CA 90046
Tel.: (323) 625-2887
E-Mail: hello@zookeeper.com
Web Site: www.zookeeper.com

Employees: 11
Year Founded: 1999

Agency Specializes In: Advertising, Brand Development & Integration, Content, Digital/Interactive, Graphic Design, Logo & Package Design, Search Engine Optimization, Social Media

Dave Waite *(Creative Dir & Strategist-Brand)*

Accounts:
ConnectX

ZOOM ADVERTISING
820 W Jackson Blvd, Chicago, IL 60607
Tel.: (312) 279-2900
Fax: (312) 491-0303
E-Mail: info@zoomchicago.com
Web Site: www.zoomchicago.com
E-Mail for Key Personnel:
President: jeff@zoomchicago.com

Employees: 12
Year Founded: 1993

Agency Specializes In: Advertising, Automotive, Publicity/Promotions

Approx. Annual Billings: $7,000,000

Jeffrey J. Halcomb *(Pres & CEO)*
William Moore *(Acct Dir)*
Matthew Robinson *(Designer-Web)*

Accounts:
Hawkinson Nissan
River Oaks Ford
South Chicago Dodge
South Chicago Nissan
Steve Foley Cadillac
Toyota Scion on Western

ZOOM CREATES
22115 NW Imbrie St, Hillsboro, OR 97124
Tel.: (503) 296-1104
E-Mail: info@zoomcreates.com
Web Site: www.zoomcreates.com

Employees: 11
Year Founded: 1998

Agency Specializes In: Advertising, Brand Development & Integration, Logo & Package Design, Print, Search Engine Optimization, Social Media, Strategic Planning/Research

Robin Budd *(Art Dir)*
June Knightly *(Acct Exec)*

Accounts:
J.R. Johnson Inc.

ZOYES CREATIVE GROUP
1280 Hilton Rd, Ferndale, MI 48220
Tel.: (248) 584-3300
Fax: (248) 584-3303
Web Site: www.zoyescreative.com

Employees: 11

Agency Specializes In: Advertising, Brand Development & Integration, Digital/Interactive, Email, Graphic Design, Internet/Web Design, Logo & Package Design, Print, Social Media

Aimee Zoyes *(Principal)*
Jamie Latendresse *(Creative Dir)*
Joey Schwab *(Creative Dir)*

Accounts:
8 Degrees Plato
Alidade Capital
Glenda Meads Architects
Linda Jacob Chocolatier
One Detroit Center
The Teich Group

ZUBI ADVERTISING SERVICES, INC.
(Acquired by Global Team Blue)

ZUBI ADVERTISING SERVICES, INC.
2990 Ponce De Leon Blvd Ste 600, Coral Gables, FL 33134-5006
Tel.: (305) 448-9824
Fax: (305) 460-6393
E-Mail: jzubi@zubiad.com
Web Site: www.zubiad.com
E-Mail for Key Personnel:
President: tzubi@zubiad.com
Media Dir.: lolmedo@zubiad.com
Production Mgr.: mtriana@zubiad.com

Employees: 120
Year Founded: 1976

National Agency Associations: AHAA

Agency Specializes In: Digital/Interactive, Event Planning & Marketing, Hispanic Market, Media Buying Services, Media Planning, Sponsorship

Revenue: $19,000,000

Breakdown of Gross Billings by Media: Cable T.V.: 15%; Collateral: 3%; Event Mktg.: 1%; Fees: 13%; Network T.V.: 22%; Newsp. & Mags.: 5%; Out-of-Home Media: 4%; Production: 18%; Promos.: 1%; Radio: 10%; Spot T.V.: 8%

Joe Zubizarreta *(Owner)*
Michelle Zubizarreta *(Chief Admin Officer)*
Joe Castro *(Exec VP-Integrated Mktg)*
Tim Swies *(Exec VP)*
Isabella Sanchez *(VP-Media Integration)*
Troy Valls *(VP-Discovery & Design)*
Ivan Calle *(Exec Creative Dir)*
Susan Osorio *(Acct Dir)*
Raul Alfonso *(Dir-Res)*
Henry Louis Gomez *(Dir-Strategic Plng)*
Damaris Rosales *(Sr Acct Exec)*
Sheska Ocasio *(Sr Copywriter-Digital)*
Veronica Socarras *(Strategist)*
Michelle Berrios *(Sr Art Dir)*
Armando Garcia *(Grp Creative Dir)*
Francisco Losada *(Assoc Creative Dir)*

Accounts:
Darden Co. Olive Garden Restaurants; 2000
Dunkin' Brands Donkin' Donuts; 2013
Ford Dealer Associations - California; 2007
Ford Motor Company Campaign: "By Design", Digital Media, Focus Electric, Ford, Ford Warriors in Pink, Fusion, Lincoln, Mustang; 1996
J.M. Smucker Company Packaged Goods; 2005
JP Morgan Chase Bank Retail Banking; 2009
Sunny Delight Beverage Co. SunnyD; 2013
Walgreen Co. Walgreens; 2011

Branches

Zubi Advertising Services, Inc.
10 Pointe Dr Ste 125, Brea, CA 92821
Tel.: (305) 448-9824
E-Mail: jzubi@zubiad.com
Web Site: www.zubiad.com

Employees: 2
Year Founded: 1995

Agency Specializes In: Hispanic Market

Jose Merino *(Supvr-Media)*

Zubi Advertising Services, Inc.
500 Town Center Dr Ste 100, Dearborn, MI 48126
Tel.: (313) 982-9078
Fax: (313) 982-0052
E-Mail: jcastro@zubiad.com
Web Site: www.zubiad.com

Employees: 3
Year Founded: 1996

Agency Specializes In: Hispanic Market

Tim Swies *(Exec VP)*

ADVERTISING AGENCIES

ZUCHELLI & JOHNSON HEALTHCARE COMMUNICATIONS
2873 Ocean Ave, Seaford, NY 11783-3455
Tel.: (516) 783-1400
Fax: (516) 783-1805
Toll Free: (800) 562-9031
Web Site: www.adwise.com

E-Mail for Key Personnel:
President: tomj@adwise.com
Creative Dir.: cathy@adwise.com

Employees: 10
Year Founded: 1983

Agency Specializes In: Health Care Services, Medical Products, Pharmaceutical

Breakdown of Gross Billings by Media: Adv. Specialities: 7%; Bus. Publs.: 23%; Collateral: 18%; D.M.: 28%; Event Mktg.: 8%; Exhibits/Trade Shows: 6%; Internet Adv.: 5%; Strategic Planning/Research: 5%

Thomas J. Johnson (Pres)
Angela Johnson (VP-Client Svcs)

Accounts:
Generamedics
Nalfon
Oceanside Pharmaceuticals
Solco
Suprane

ZUGARA INC.
13101 W Washington Blvd Ste 403, Los Angeles, CA 90066-8128
Tel.: (310) 566-7441
Fax: (310) 566-7443
E-Mail: info@zugara.com
Web Site: www.zugara.com

Employees: 8

Agency Specializes In: Advertising, Internet/Web Design, Local Marketing, Mobile Marketing

Matthew Szymczyk (Owner)
Alexander Goldberg (CTO)

Accounts:
Activision Blizzard Game Publisher
AT&T Communications Corp. Digital
Deere & Company Farm & Forestry Equipment Mfr
Fletcher Jones Motorcars Automobile Dealer
Nestle
Reebok Sports Products Marketing Services
THQ Sports

ZULLO AGENCY, INC.
1 Academy St, Princeton, NJ 08540
Tel.: (609) 683-1800
Fax: (609) 683-4773
E-Mail: rick@zulloagency.com
Web Site: http://www.zulloagency.com/

Employees: 7
Year Founded: 1983

Agency Specializes In: Advertising, Advertising Specialties, Brand Development & Integration, Broadcast, Co-op Advertising, Consumer Marketing, Consumer Publications, Corporate Identity, Graphic Design, Logo & Package Design, Media Buying Services, New Product Development, Newspaper, Out-of-Home Media, Outdoor, Point of Purchase, Point of Sale, Radio, Retail, Sales Promotion, Strategic Planning/Research, T.V., Trade & Consumer Magazines

Approx. Annual Billings: $8,700,000

Richard Zullo (Pres)
Teri Lauletti (Acct Svcs Dir)
Carol Grieco-Ponzo (Assoc Creative Dir)

Accounts:
The Baker
Briar's Soft Drinks; North Brunswick, NJ
Finlandia Cheese; Parsippany, NJ Cheese Products; 1999
Hale Built
Jana Foods
Mantosantos Foods
Matrix Development Group; Cranbury, NJ Commercial Real Estate; 1994
Neves Jewelers, NJ; 1988
Norseland Inc.
Omega Foods
Rutgers Athletic Department
Tholstrup Cheese USA, Inc.; Warren, NJ SAGA Brand Cheese

ZULU ALPHA KILO
512 King St E, Toronto, ON M5A 1M1 Canada
Tel.: (416) 777-9858
E-Mail: ineedanewagency@zulualphakilo.com
Web Site: www.zulualphakilo.com

Employees: 40
Year Founded: 2008

Agency Specializes In: Advertising, Internet/Web Design, Public Relations

Patrick Scissons (Exec Creative Dir)
Robyn Morrissey (Grp Acct Dir)
Irfan Khan (Creative Dir & Copywriter)
Gary Watson (Creative Dir & Copywriter)
Catherine Allen (Creative Dir)
Rodger Eyre (Creative Dir)
Monique Kelley (Art Dir)
Gerald Kugler (Creative Dir)
Manali Kulkarni (Art Dir)
Andrea Por (Art Dir)
Michael Romaniuk (Art Dir)
Kevin Sato (Art Dir)
Michael Siegers (Art Dir)
Ian Simpson (Creative Dir)
Lisa Sousa (Acct Dir)
Natalie Theron (Art Dir)
Kyle Winsor (Art Dir)
James Farquharson (Acct Supvr)
Michael Szego (Strategist)
George Ault (Copywriter)
Marco Buchar (Copywriter)
Patrick Godin (Copywriter)
David Horovitch (Copywriter)
Monika Leck (Copywriter)
Vinay Parmar (Copywriter)
Christina Roche (Copywriter)
Heather Segal (Planner-Strategic)
Dylan Verwey (Copywriter)
Daniel Cummings (Assoc Creative Dir)
Jacob Gawrysiak (Assoc Creative Dir)

Accounts:
Alterna Savings
Anaphylaxis Campaign: "First Kiss"
Anheuser-Busch InBev N.V./S.A.
Audi "Tight Parking", Audi Q3, Campaign: "4-Letter Word"
New-Avrio Health Canada
Bell Canada
Canadian Stage Campaign: "Experience Red"
Centre for Addiction & Mental Health (Agency of Record)
Cineplex Entertainment Campaign: "See the Big Picture", Campaign: "Weather or Not", Lily & the Snowman
New-The Coalition for Gun Control
ConnexOntario (Strategic Creative Agency of Record) Brand Positioning, Brand Strategy
Consonant Skincare
Constellation Brands Canada Modelo Especial
Courage Canada Blind Cane
Elvis Presley Enterprises Ads, Collingwood Elvis Festival, Creative, Door Hangers, Elvis Exit Signs, Images, Outdoor, Postings, Social Media
Foresight Features
Grupo Modelo S.A.B. de C.V.
Harley-Davidson
Hershey Canada
HomEquity Bank Brand Design, Brand Strategy; 2017
Interac (Creative Agency of Record) Campaign: "Have a Merry January", Digital, Mistletoe, OOH, Print, Social, TV
New-KitchenAid Creative, Social Media
Labatt Breweries of Canada Campaign: "Find Your Beach", Campaign: "Live Mas Fina" or "live the good life", Corona Beer, Corona Extra
Make A Wish Canada Broadcast, Campaign: "FunRaising", Campaign: "Grandma", Campaign: "Lollipop", Campaign: "Snare", Kringl, Online
Marketing Awards
Mazooma
Modelo Molson Imports L.P. Corona Extra (Creative & Strategy Agency of Record)
Mothers Against Drunk Driving Canada
National Advertising Benevolent Society Campaign: "Auctioneer", Campaign: "Over Qualified Interns - Direct Mail", Vintage Intern Auction
National Advertising Challenge Online, Video
Nestea "Just Keep Drinking", Cans
The One Club for Creativity One Show
Participation Basketball, Campaign: "Make Room For Play"
People for Good Out-of-Home Campaign, Print Campaign
Pleiades Theatre
Puma Athletic Footwear Producer
New-Purdue Pharma Betadine
Simply Orange Campaign: "Juicer", Campaign: "Squeezed"
Tama Art University
Tim Hortons, Inc.
Turkey Rub
Uber Canada
Whirlpool (Creative Agency of Record)
Wink (Agency of Record)
Workopolis Campaign: "The Candidate", Campaign: "Vanity", Online Recruitment Services

ZULU CREATIVE
2406 Kingston St, Houston, TX 77019
Tel.: (888) 520-1789
Web Site: www.zulucreative.com

Employees: 10
Year Founded: 2006

Agency Specializes In: Advertising, Event Planning & Marketing, Graphic Design, Print, Public Relations, Social Media

Tina Zulu (Owner)

Accounts:
Charde Jewelers
Max's Wine Dive
The Tasting Room Wine Cafe

ZUVA MARKETING, INC.
5225 N Wayne Ave, Kansas City, MO 64118
Tel.: (816) 455-9494
Fax: (816) 455-5232
E-Mail: info@zuvamarketing.com
Web Site: www.zuvamarketing.com

Employees: 3
Year Founded: 1996

AGENCIES - JANUARY, 2019

Agency Specializes In: Advertising, Advertising Specialties, Alternative Advertising, Business-To-Business, Co-op Advertising, Collateral, Commercial Photography, Consulting, Consumer Goods, Consumer Marketing, Consumer Publications, Digital/Interactive, Email, Event Planning & Marketing, Graphic Design, Guerilla Marketing, Hospitality, In-Store Advertising, Leisure, Local Marketing, Magazines, Market Research, Media Buying Services, Media Planning, Media Relations, Multicultural, Multimedia, Newspaper, Newspapers & Magazines, Out-of-Home Media, Outdoor, Podcasting, Point of Sale, Production (Ad, Film, Broadcast), Promotions, Public Relations, Publicity/Promotions, RSS (Really Simple Syndication), Real Estate, Regional, Search Engine Optimization, Seniors' Market, T.V., Trade & Consumer Magazines, Travel & Tourism, Urban Market, Viral/Buzz/Word of Mouth, Web (Banner Ads, Pop-ups, etc.), Women's Market

Approx. Annual Billings: $4,000,000

Breakdown of Gross Billings by Media: Cable T.V.: 20%; Mags.: 5%; Outdoor: 5%; Plng. & Consultation: 5%; Pub. Rels.: 5%; Radio & T.V.: 60%

Maria Clark *(Owner & Pres)*

ZUVI CREATIVE LLC
1844 Clacton Dr, Orlando, FL 32837
Tel.: (407) 405-2775
Web Site: www.zuvicreative.com

Employees: 1

Agency Specializes In: Advertising, Brand Development & Integration, Corporate Identity, Digital/Interactive, Graphic Design, Internet/Web Design, Logo & Package Design, Print, Social Media

Viviana Castano *(Dir-Creative)*

Accounts:
Camilas Restaurant
Fresh Choice Market
Naneu Bags

ZWO
655 S Main St Flr 2, Greenville, SC 29601
Tel.: (864) 509-1057
E-Mail: hello@betalkable.com
Web Site: www.betalkable.com

Employees: 50
Year Founded: 2004

Agency Specializes In: Advertising, Brand Development & Integration, Broadcast, Digital/Interactive, E-Commerce, Exhibit/Trade Shows, Internet/Web Design, Print, Radio, Social Media

Tina Zwolinski *(CEO)*
John Zwolinski *(CMO)*
Cynthia Jenkins *(Principal)*
Mary Katherine Bickes *(Sr Acct Exec)*

Accounts:
New-Acts Retirement-Life Communities, Inc.
New-Salt Life

ZYNC COMMUNICATIONS INC.
282 Richmond St E Ste 200, Toronto, ON M5A 1P4 Canada
Tel.: (416) 322-2865
E-Mail: info@zync.ca
Web Site: https://zync.ca/

Employees: 50
Year Founded: 2004

Agency Specializes In: Advertising, Brand Development & Integration, Communications, Social Media, Web (Banner Ads, Pop-ups, etc.)

Colette Morgan *(Mng Dir)*
Marko Zonta *(Principal & Creative Dir)*
Brad Breininger *(Principal & Strategist)*
Gabi Gomes *(Acct Dir)*
Jeremy Linskill *(Dir-Design & Digital)*
Bekki Draper *(Sr Designer)*

Accounts:
Canadian Olympic Committee Digital
Kaypok Inc.

ZYNGA NEW YORK
45 W 21st St Ste 3C, New York, NY 10010
Tel.: (212) 254-5800
Fax: (212) 254-5807
Web Site: https://www.zynga.com/

Employees: 1,300

Agency Specializes In: Entertainment, Game Integration, Internet/Web Design

Joshua Lu *(Sr Dir-Product Mgmt)*

Accounts:
A&E Networks
CBS
Discovery Networks
Disney Imagineering
Electrolux Appliances
MTV
Nokia
Qwest Wireless

HOUSE AGENCIES

23 STORIES
1 World Trade Center, New York, NY 10007
Tel.: (212) 286-2860
Web Site: www.23stories.com

Employees: 100
Year Founded: 2015

Agency Specializes In: Affiliate Marketing, Branded Entertainment, Business Publications, Cable T.V., Collateral, Consulting, Consumer Publications, Content, Digital/Interactive, Electronic Media, Exhibit/Trade Shows, Experience Design, Experiential Marketing, Game Integration, Guerilla Marketing, In-Store Advertising, Local Marketing, Magazines, Mobile Marketing, Multimedia, Newspaper, Newspapers & Magazines, Out-of-Home Media, Paid Searches, Podcasting, Print, Production, Promotions, Publishing, Shopper Marketing, Social Media, Sponsorship, Sweepstakes, T.V., Trade & Consumer Magazines, Viral/Buzz/Word of Mouth

Raul Martinez *(Head Creative Dir)*

Accounts:
Conde Nast

ABBE LABORATORIES, INC.
1095 Route 110, Farmingdale, NY 11735
Tel.: (631) 756-2223
Fax: (631) 756-0894
Toll Free: (800) 457-0990
Web Site: http://pro.abbelabs.com/

Employees: 10
Year Founded: 1990

Agency Specializes In: Direct Response Marketing

Approx. Annual Billings: $250,000

Robert Posner *(Founder)*
Paul Iannuzzo *(Mng Dir)*

Accounts:
ABBE Laboratories; Farmingdale, NY End-Zit Products, Glycolactic Products, Pro-Med Retinol Products

ALAN GORDON ADVERTISING
5625 Melrose Ave, Los Angeles, CA 90038
Tel.: (323) 466-3561
Fax: (323) 871-2193
E-Mail: ads@alangordon.com
Web Site: www.alangordon.com
E-Mail for Key Personnel:
Creative Dir.: grantl@alangordon.com

Employees: 17
Year Founded: 1970

Agency Specializes In: Above-the-Line, Advertising, Below-the-Line, Business Publications, Business-To-Business, Collateral, College, Corporate Identity, Direct-to-Consumer, Electronic Media, Email, Entertainment, Graphic Design, Internet/Web Design, Magazines, Media Relations, Multimedia, Print, Production, Production (Print), T.V., Trade & Consumer Magazines

Wayne Loucks *(Co-Owner & Exec VP)*
Grant Loucks *(Pres)*

Tim Dillard *(Mgr-Rental)*
Accounts:
Alan Gordon Enterprises, Inc.; Hollywood, CA Motion Picture & Video Equipment; 1980

ALIMED INC
297 High St, Dedham, MA 02026-2852
Tel.: (781) 329-2900
Fax: (781) 326-9218
Toll Free: (800) 225-2610
E-Mail: info@alimed.com
Web Site: www.alimed.com
E-Mail for Key Personnel:
President: jcherubini@alimed.com

Employees: 200
Year Founded: 1970

Agency Specializes In: Brand Development & Integration, Business Publications, Direct Response Marketing, Health Care Services, Medical Products, Pharmaceutical, Publicity/Promotions, Sales Promotion

Approx. Annual Billings: $1,100,000

Lorrie Agostino *(Sr Dir-Mktg Comm)*
Mary Ann Prunier *(Dir-Bus Analytics & Contract Pricing)*
Carol Welch *(Dir-Program Mgmt)*
Kathryn Canny *(Sr Project Mgr-Mktg Comm)*
Patricia Keefe *(Sr Art Dir & Production Mgr)*
Karen Riley *(Product Mgr-Ergonomics)*
Karen Orlandi *(Mgr-HR)*
Joann Riley *(Mgr-Traffic & Print Production)*
Deborah Vaillancourt *(Mgr-Publ Project)*

ALLIONCE GROUP, LLC
167 Washington St, Norwell, MA 02061
Tel.: (617) 593-5255
Web Site: www.allioncegroup.com

Employees: 5

Agency Specializes In: Advertising, Automotive, Broadcast, Children's Market, Computers & Software, Consumer Goods, Consumer Marketing, Cosmetics, Digital/Interactive, Direct-to-Consumer, Education, Electronics, Entertainment, Environmental, Experiential Marketing, Fashion/Apparel, Financial, Household Goods, Integrated Marketing, Leisure, Mobile Marketing, Out-of-Home Media, Outdoor, Pharmaceutical, Promotions, Publicity/Promotions, Social Marketing/Nonprofit, Social Media, Sponsorship, Strategic Planning/Research, Sweepstakes, Travel & Tourism, Women's Market

Mark Giovino *(Founder, CEO & Partner)*

Accounts:
Association of Zoos & Aquariums

ANDIS ADVERTISING
1800 Renaissance Blvd, Sturtevant, WI 53177
Tel.: (262) 884-2600
Fax: (262) 884-1100
Toll Free: (800) 558-9441
E-Mail: info@andisco.com
Web Site: https://andis.com/

Employees: 5
Year Founded: 1922

Agency Specializes In: African-American Market, Agriculture, Health Care Services, Hospitality, Retail

Breakdown of Gross Billings by Media: Bus. Publs.: 20%; Consumer Publs.: 20%; E-Commerce: 20%; Internet Adv.: 20%; Point of Purchase: 20%

Marcia Andis *(Sr VP-Market Dev)*
Laura Andis Bishop *(Sr VP-Fin)*
Fredrick Koeller *(VP-Mktg & Sls-Intl)*
Bruce Bock *(Sr Mgr-Corp Comm)*
Brian Schalk *(Mgr-Pur)*

BALL HORTICULTURAL COMPANY
622 Town Rd, West Chicago, IL 60185
Tel.: (630) 231-3600
Fax: (630) 231-3605
Toll Free: (800) 879BALL
Web Site: www.ballhort.com

Employees: 25
Year Founded: 1974

Todd Billings *(CFO)*
Jan Patranella *(Sr Dir)*
Steve Wedemeyer *(Creative Dir)*
Mark Morris *(Dir-IT)*
Michael Williams *(Dir-HR)*
Teresa Johnson *(Mktg Mgr-STS)*
Judi Cihock *(Mgr-Adv Production)*
Bill Doeckel *(Mgr-Bus Dev)*
Anderson Doreen *(Mgr-Platforms)*
Ophie Gonzalez *(Mgr-HR)*
Claire Josephson *(Mgr-Product Mktg)*
Jim Nau *(Mgr-The Gardens)*
David Stoner *(Mgr-IT Dev)*
Greg Trabka *(Mgr-New Product Dev)*

Accounts:
Ball Horticulture Co.; West Chicago, IL; 1996
Chrysantis Inc.; West Chicago, IL; 2005
Pan American Seed; West Chicago, IL; 1996

BEECHWOOD CREATIVE, INC.
200 Robbins Lane, Jericho, NY 11753
Tel.: (516) 935-5555
Fax: (516) 935-3005
Web Site: www.beechwoodhomes.com

Employees: 20
Year Founded: 2001

Agency Specializes In: Financial, Real Estate

Breakdown of Gross Billings by Media: Bus. Publs.: 10%; Collateral: 20%; Mags.: 10%; Newsp.: 60%

Steven Dubb *(Principal)*
Kathy Sheck *(Sr VP)*
Christopher Gonzalez *(VP-Dev & Acq)*
Toni Ann Amico *(Coord-Mktg-Beechwood Homes)*
Lindsay Fauth *(Coord-Mktg)*

Accounts:
Richard Rosenberg, Esq.; Dix Hills, NY Legal Services; 2001

BERGHOFF INTERNATIONAL INC.
11063 SR 54, Odessa, FL 33556
Tel.: (727) 853-3350
Fax: (727) 375-5424
Toll Free: (800) 426-2168
E-Mail: info@berghoffusa.com

HOUSE AGENCIES

AGENCIES - JANUARY, 2019

Web Site: www.berghoffworldwide.com

Employees: 18
Year Founded: 1978

Agency Specializes In: Automotive, Restaurant, Sports Market

Raymond Van Den Langenbergh *(CEO)*
Deborah Van Den Langenbergh *(VP)*

Accounts:
Berghoff USA; New Port Richey, FL Cookware; 1999
Berghoff Worldwide; Belgium Cookware, Cutlery; 1988
Berghoff; Tampa, FL; 1998
Cogels NV; Belgium Autos, Cycles; 1988
Elegant European Kitchenware; Miami, FL
Interio; Odessa; FL
MASforce; New Port Richey; FL Engines, Race Boats; 1988
Vanguard Can Am; Tampa, FL Distributors, Headhunters; 1998

BIG APPLE CIRCUS
One Metrotech Ctr 3rd Fl, Brooklyn, NY 11201-3949
Tel.: (646) 616-6811
Web Site: http://WWW.BIGAPPLECIRCUS.COM

Employees: 19
Year Founded: 2013

Agency Specializes In: Alternative Advertising, Broadcast, Cable T.V., Collateral, Consumer Publications, Digital/Interactive, Direct Response Marketing, Email, Guerilla Marketing, Local Marketing, Magazines, Mobile Marketing, Multimedia, Newspaper, Newspapers & Magazines, Out-of-Home Media, Outdoor, Print, Promotions, Radio, Search Engine Optimization, Social Media, Sponsorship, Sweepstakes, T.V., Web (Banner Ads, Pop-ups, etc.)

Karen Zornow Leiding *(Dir-Mktg & Comm)*

Accounts:
Big Apple Circus; 2013

BLACK & VEATCH CORPORATE MARKETING & BRANDING
11401 Lamar Ave, Overland Park, KS 66211
Tel.: (913) 458-2000
Fax: (913) 458-2934
E-Mail: corporateinfo@bv.com
Web Site: www.bv.com

Employees: 3,000
Year Founded: 1915

Agency Specializes In: Collateral, Consulting, Direct Response Marketing, Graphic Design, Internet/Web Design, Planning & Consultation, Strategic Planning/Research, Technical Advertising

Steven Edwards *(Chm & CEO)*
Karen L. Daniel *(CFO)*
Carl Petz *(Mktg Dir-Power, Oil & Gas)*
Shawn Manning *(Sr Mgr-Strategy)*
George Minter *(Sr Mgr-Media & Comm)*
Liz Harvill *(Mgr-Corp Events)*

Accounts:
Black & Veatch; Kansas City, MO Engineering Services

BROWN-FORMAN MEDIA SERVICES/B-F ADVERTISING
1600 Division St Ste 540, Nashville, TN 37203
Tel.: (615) 279-4100

Fax: (615) 279-7225
E-Mail: julia_hall@b-f.com
Web Site: www.brown-forman.com/

Employees: 7

Agency Specializes In: Direct Response Marketing, Media Buying Services, Newspapers & Magazines, Out-of-Home Media, Outdoor, Trade & Consumer Magazines

Approx. Annual Billings: $50,000,000

Ann Stickler *(Sr VP & Dir-Div)*
John Tichenor *(VP & Brand Dir-Tequila Herradura)*
Lisa Hunter *(Mktg Dir)*
Laura Petry *(Mktg Dir-Jack Daniel's)*
Travis Smith *(Dir-Digital Mktg-COE)*
Brett Jeffreys *(Brand Mgr-Woodford Reserve)*
Michelle Laflin *(Mgr-Media)*
Adam McGee *(Supvr-OOH Media)*

Accounts:
Brown-Forman Corp.; Louisville, KY

CALDWELL COMMUNICATIONS
165 Ave Rd, Toronto, ON M5R 3S4 Canada
Tel.: (416) 920-7702
Fax: (416) 922-8646
Web Site: www.caldwellpartners.com/

Employees: 60
Year Founded: 1979

National Agency Associations: CBP

Agency Specializes In: Advertising, Recruitment

Approx. Annual Billings: $2,000,000

Breakdown of Gross Billings by Media: Bus. Publs.: 15%; Newsp.: 75%; Worldwide Web Sites: 10%

John N. Wallace *(Pres & CEO)*
Les Gombik *(Mng Partner)*
Harry Parslow *(Mng Partner)*
Elan Pratzer *(Mng Partner-Canada)*
Denise Tobin *(Mng Partner)*
Jeff Freeborough *(Partner)*
Drew Railton *(Partner)*
Heather Ring *(Partner)*
Kelly Blair *(Sr Partner)*
Avo Oudabachian *(Sr Partner)*

Accounts:
The Caldwell Partners Executive Search Firm

CASEY'S ADVERTISING
1 SE Convenience Blvd, Ankeny, IA 50021
Tel.: (515) 965-6130
Fax: (515) 965-6147
E-Mail: cory.hart@caseys.com
Web Site: www.caseys.com

Employees: 11
Year Founded: 2003

Agency Specializes In: Advertising

Approx. Annual Billings: $5,000,000

William J Walljasper *(CFO & Sr VP)*
Brian J. Johnson *(Corp Sec & VP-Fin)*
Cindi Summers *(Sr VP-HR)*
Darryl F Bacon *(VP-Food Svcs)*
Jay F Blair *(VP-Transportation & Distr)*
Hal D Brown *(VP-Support Svcs)*
Robert C Ford *(VP-Store Ops)*
Deborah A. Grimes *(VP-Fuel Procurement & Delivery)*
Scott Cook *(Dir-Construction)*
Lance Oliver *(Mgr-Software Dev)*

Cindy Howe Maly *(Sr Category Mgr)*
Dana Sump *(Sr Category Mgr-Packaged Beverage)*

Accounts:
Casey's General Stores; Ankeny, IA; 2003
Casey's Marketing Company; Ankeny, IA; 2003
Casey's Services; Ankeny, IA; 2003

CHECKMARK COMMUNICATIONS
1111 Chouteau Ave, Saint Louis, MO 63102-1025
Tel.: (314) 982-3400
Fax: (314) 982-1185
Web Site: https://www.purina.com/

Employees: 100
Year Founded: 1981

Agency Specializes In: Advertising, Advertising Specialties, Brand Development & Integration, Direct Response Marketing, Logo & Package Design, Public Relations, Publicity/Promotions, Sponsorship

Breakdown of Gross Billings by Media: Collateral: 20%; D.M.: 20%; Logo & Package Design: 20%; Mags.: 20%; Point of Purchase: 10%; T.V.: 10%

Scott Hall *(Exec Dir-Strategy, Plng & Dev-NPPC)*
Chris Krebeck *(Exec Creative Dir)*
Renee Walsh *(Creative Dir)*
Brian Woolbright *(Dir-Design)*
Dalynn Spillars *(Grp Creative Dir & Copywriter)*
Stephanie Finch *(Acct Coord)*
Nancy Rifkin *(Sr Art Dir)*
Reid Thompson *(Grp Creative Dir)*
Sandra Zub *(Grp Creative Dir)*

Accounts:
Nestle Purina Pet Care Company; Saint Louis, MO Alpo, Beneful, Fancy Feast, Mighty Dog, Pro Plan

CIE DIRECT
1776 E 17th St, Cleveland, OH 44114
Tel.: (216) 781-9400
Fax: (216) 781-0331
Toll Free: (800) CIEOHIO
Web Site: www.cie-wc.edu

Employees: 20
Year Founded: 1989

Agency Specializes In: Education, Engineering

John Drinko *(Pres)*
Ted Sheroke *(Specialist-Mktg)*

Accounts:
Cleveland Institute of Electronics; Cleveland, OH; Correspondence School

CJP ADVERTISING
4235 Route 9 North, Freehold, NJ 07728
Tel.: (732) 462-5006, ext. 122
E-Mail: cjpadvertising@centraljerseypools.com
Web Site: centraljerseypools.com/cjpadvertising/

Employees: 1

Approx. Annual Billings: $100,000

Steven Metz *(Owner & Pres)*
Henry Mushik *(Sls Mgr)*

Accounts:
Central Jersey Pools; Freehold, NJ Furniture, Kitchens, Pools, Spas

COLUMBIA UNIVERSITY PRESS

AGENCIES - JANUARY, 2019 — HOUSE AGENCIES

ADVERTISING GROUP
61 W 62nd St, New York, NY 10023-7015
Tel.: (212) 459-0600
Fax: (212) 459-3678
Toll Free: (800) 944UNIV
E-Mail: info@columbia.edu
Web Site: www.columbia.edu

Employees: 5
Year Founded: 1893

Agency Specializes In: Print, Publicity/Promotions

Revenue: $110,000,000

Lee C. Bollinger *(Pres-Columbia University)*
Donna MacPhee *(VP-Alumni Rels)*
Deborah Sack *(VP-Strategic Comm)*
Tracy Quinn *(Sr Dir-Strategic Comm)*
Junie Lee *(Dir-Creative Svcs)*
Barri Roberson *(Dir-Strategic & Digital Mktg)*
Sheri Whitley *(Dir-Multimedia Dev)*
Kenny Chen *(Asst Dir-Digital Strategy)*
Abigail Forget *(Asst Dir-Digital Projects)*
Jessie Mygatt *(Assoc Dir-University Alumni Rels)*
Olivier Toubia *(Professor-Glaubinger Bus & Mktg Div-Columbia Bus School)*
Lin Lan *(Interim Dir-Mktg & Digital Initiatives)*
Louise Rosen *(Deputy VP-Strategic Engagement)*

Accounts:
Columbia University Press; New York, NY
East European Monographs
Edinburgh University Press; Edinburgh, Scotland
Kegan Paul International; United Kingdom
University of Tokyo Press; Tokyo, Japan
Wallflower Press; London, England

CTB ADVERTISING
611 N Higbee St, Milford, IN 46542
Mailing Address:
PO Box 2000, Milford, IN 46542-2000
Tel.: (574) 658-4191
Fax: (574) 658-3471
E-Mail: ctb@ctbinc.com
Web Site: www.ctbinc.com

Employees: 5
Year Founded: 1952

Agency Specializes In: Agriculture

Victor A. Mancinelli *(Chm & CEO)*
Will Mabee *(VP-Credit & Risk)*
Tina Streit *(Controller-Div)*
Ed Weidenhaft *(Controller-Credit & Risk)*
Steven Crim *(Dir-Info Sys)*
Jennifer Leatherman *(Dir-Bus Sys)*
Paul Spurgeon *(Dir-HR)*
Susan Hight *(Mgr-Projects)*

Accounts:
Agile Manufacturing, Inc.; Anderson, MO
Agro Logic
Brock Grain Systems; Milford, IN
Chore-Time Brock International; Milford, IN
Chore-Time Egg Production Systems; Milford, IN
Chore-Time Hog Production Systems; Milford, IN
Chore-Time Poultry Production Systems; Milford, IN
CTB, Inc.; Milford, IN
Pigtek
Porcon
Roxell
Shenandoah
Uniqfill

DB STUDIOS
17032 Murphy Ave, Irvine, CA 92614
Tel.: (949) 833-0100
Fax: (949) 838-0110
E-Mail: info@dbstudios.com
Web Site: http://www.inwk.com/marketing-services/retail-environments/

Employees: 40
Year Founded: 1989

Agency Specializes In: Collateral, Corporate Identity, Exhibit/Trade Shows, Logo & Package Design, Merchandising, Point of Purchase, Point of Sale, Production

Approx. Annual Billings: $5,000,000

John Riley *(Owner)*
Eric Weintraub *(Dir-Ops)*
Scott Parrott *(Acct Mgr)*

Accounts:
Adidas
Bacardi
Cobra
Hershey's
Mondelez International, Inc. Kraft Cheese
Pepperidge Farm
Rbk
Vans
Virgin
Whole Foods Market

DELL BLUE
401 Dell Way, Round Rock, TX 78682
E-Mail: AMY_WALDROP@DELL.COM
Web Site: dellblue.com

Year Founded: 2013

Brent Holt *(Head-Production)*
Paige Gregory *(Assoc Dir-Creative)*
Shane McGuire *(Assoc Dir-Creative)*
Lula McKenna *(Assoc Dir-Creative)*
Cristina Reyna-Neel *(Assoc Dir-Creative)*
Joel Davis *(Grp Creative Dir)*
Seth Perisho *(Grp Creative Dir)*
Sammis Richdale *(Sr Art Dir)*

Accounts:
Dell, Inc

DIALAMERICA MARKETING, INC.
960 MacArthur Blvd, Mahwah, NJ 07495-0094
Tel.: (201) 327-0200
Fax: (201) 327-4875
Toll Free: (800) 531-3131
E-Mail: rfischer@dialamerica.com
Web Site: www.dialamerica.com

Employees: 400
Year Founded: 1976

Agency Specializes In: Cable T.V., Consumer Marketing, Direct Response Marketing, Information Technology, Magazines, Newspaper, Telemarketing, Trade & Consumer Magazines

Approx. Annual Billings: $3,000,000

Breakdown of Gross Billings by Media: Cable T.V.: 1%; Exhibits/Trade Shows: 2%; Internet Adv.: 10%; Newsp.: 80%; Spot Radio: 4%; Trade & Consumer Mags.: 2%; Yellow Page Adv.: 1%

Arthur W. Conway *(Chm)*
Christopher W. Conway *(Pres)*
Gerhard Lindenmayer *(Officer-Info Security)*
Mary Conway *(Sr VP)*
John Redinger *(Sr VP-Sls & Mktg)*
Tom Gleason *(VP-Bus Dev)*
Jay Hammans *(VP)*
Brianna Mills *(Acct Rep)*

DISNEY'S YELLOW SHOES CREATIVE GROUP/WALT DISNEY PARKS & RESORTS
PO Box 10000, Lake Buena Vista, FL 32830-1000
Tel.: (407) 566-6700
Fax: (407) 566-5400
Web Site: https://disneyparks.disney.go.com/

Employees: 90
Year Founded: 1975

Lisa Baldzicki *(VP-Mdse Strategy, Product Dev, Retail & Mdse)*
Joe Rand *(VP-Acct Mgmt, Product & Franchise Strategy)*
Richard Wertsching *(VP-Sourcing & Procurement)*
May Pescante *(Producer-Digital)*
Will Gay *(Dir-Design)*
Gabriel Gibaldi *(Dir-PR)*
Leanne Jakubowski O'Regan *(Dir-Comm & PR)*
Sarah Sinoff *(Dir-Mktg Strategy)*
Greg Montz *(Sr Mgr-Programming & Production)*
Karen Molessa *(Sr Acct Mgr)*
Christopher Beaury *(Acct Mgr-Adv)*
Stephen Barnes *(Mgr-Digital Media)*
Carlos Figueroa *(Mgr)*
Christopher Reed *(Mgr-Consumer Insights)*
Kathleen Winn *(Mgr-Mktg Strategy)*
Morgan Allen *(Assoc Acct Mgr-Digital)*
Lisa Arney *(Sr Comm Mgr)*
Suzanne Catanzaro *(Sr Counsel-Walt Disney World Resort)*

Accounts:
Disney Cruise Line Campaign: "Disney Fantasy Video Journal"
Walt Disney Company New Fantasyland Desktop Site

EDELBROCK ADVERTISING
2700 California St, Torrance, CA 90503
Tel.: (310) 781-2222
Fax: (310) 320-1187
Toll Free: (800) 739-3737
Web Site: www.edelbrock.com

Employees: 6
Year Founded: 1938

Agency Specializes In: Automotive

Vic Edelbrock, Jr. *(Chm)*
Cary Redman *(Sls Mgr-Natl)*

Accounts:
Edelbrock Corp.; Torrance, CA Aftermarket Automotive & Motorcycle Mfr.

FULTON OUTFITTERS, INC
1292 Fulton St, Brooklyn, NY 11216
Tel.: (718) 622-6278
Fax: (718) 783-8813
Web Site: https://www.thefultonstores.com/

Employees: 5
Year Founded: 2008

Agency Specializes In: Co-op Advertising, Consumer Goods, Consumer Marketing, Direct-to-Consumer

Approx. Annual Billings: $125,000

Breakdown of Gross Billings by Media: Cable T.V.: $100,000; D.M.: $25,000

Darren Gordon *(Exec VP)*

Accounts:
The Fulton Stores; Brooklyn, NY Furniture

G&W ELECTRIC CO. ADVERTISING

House Agencies

1221

HOUSE AGENCIES

3500 W 127th St, Blue Island, IL 60406
Tel.: (708) 388-5010
Fax: (708) 388-0755
E-Mail: webmail@gwelec.com
Web Site: www.gwelec.com

Employees: 250
Year Founded: 1905

John H Mueller *(Pres)*
Ivan Jovanovic *(Mng Dir-Cable Accessories)*
Larry Arends *(Mktg Mgr)*
Katie Cummings *(Product Mgr-Controls & DA)*
Vincent Marec *(Product Mgr)*
Kris Cuthbertson *(Mgr-Trng)*
Monica Mendez *(Mgr-Pur)*
Nenad Uzelac *(Mgr-Global Res & Standards)*

Accounts:
G&W Electric Co.; Blue Island, IL

GUMP'S MARKETING
135 Post St, San Francisco, CA 94108
Tel.: (415) 984-9297
Fax: (415) 984-9361
Toll Free: (800) 766-7628
E-Mail: info@gumps.com
Web Site: www.gumps.com

Employees: 2
Year Founded: 1861

Agency Specializes In: Advertising

Diana Holland-Cramer *(VP-Store Ops & HR)*
Carmen Roberson *(Dir-Retail Mktg)*
Marilou Viray-Mosley *(Dir-IT)*

Accounts:
Gump's; San Francisco, CA Specialty Store

HANDY CUTTER LINE
2968 Randolph Ave, Costa Mesa, CA 92626-4312
Tel.: (714) 662-1033
Fax: (714) 662-7595
Toll Free: (800) 969-3322
E-Mail: promo@pacifichandycutter.com
Web Site: www.handycutterline.com

Employees: 47
Year Founded: 1950

Agency Specializes In: Advertising Specialties

Breakdown of Gross Billings by Media: Mags.: 100%

Mark Marinovich *(CEO)*

Accounts:
Pacific Handy Cutter, Inc.; Costa Mesa, CA Blades, ProPrep Scrapers, Razor Type Cutting Tools

HECKART STUDIOS
8078 Selma Ave, Los Angeles, CA 90046
Tel.: (310) 247-0079
Fax: (310) 247-4563
E-Mail: info@heckartstudios.com
Web Site: www.heckartstudios.com

Employees: 2

Aaron Heck *(Pres)*

Accounts:
Brown Forman Beverages Worldwide Korbel
Heck Estates
Kenwood Vineyards Artist Series
Korbel California Champagne
Lake Sonoma Winery
Resnick Collection

Russian River Brewery
Valley of the Moon
wineexperts.org

INFOGROUP INC.
5711 86gh Cir, Omaha, NE 68047-4146
Tel.: (402) 836-5575
Fax: (402) 596-0475
Toll Free: (800) 336-8349
E-Mail: marketing@infousa.com
Web Site: www.infogroup.com

Employees: 4,771
Year Founded: 1973

Agency Specializes In: Advertising, Business Publications, Business-To-Business, Consulting, Direct Response Marketing, E-Commerce, Exhibit/Trade Shows, Faith Based, Print, Trade & Consumer Magazines, Yellow Pages Advertising

Breakdown of Gross Billings by Media: Bus. Publs.: 9%; Consumer Publs.: 1%; D.M.: 38%; Internet Adv.: 5%; Mags.: 10%; Newsp.: 1%; Outdoor: 1%; Production: 13%; Radio & T.V.: 4%; Trade Shows: 9%; Yellow Page Adv.: 9%

Mike Iaccarino *(Chm & CEO)*
Tom Zawacki *(Chief Digital Officer)*
Amit Khanna *(Pres-Small & Medium Bus)*
Karen Mayhew *(Exec VP-Consumer Mgmt)*
Charles Teller *(Sr VP & Gen Mgr-B2C Solutions)*
Sumit Bhalla *(Sr VP-Client Mgmt & Svcs-Yes Lifecycle Mktg)*
Prem Goel *(Sr VP-Mktg Tech & Data Engrg)*
Tom DeFloria *(VP-Digital Acq & Strategic Partnerships)*
Akshay Gandotra *(VP-Mktg)*
Mike Hrin *(VP-Project Mgmt Org)*
Jeff Patterson *(VP-Data Strategy)*
Sal Pecoraro *(VP-Database Mktg Solutions)*
Shannon Slobotski *(VP-Reseller Div)*
Sally Westaway *(VP-Ops)*
Curtis Marshall *(Client Svcs Dir)*
Pam Sutherland *(Dir-ITS Sls Ops)*

Accounts:
American Church Lists; Dallas, TX; 2000
American Medical Information
City Directories
Express Copy
InfoGroup
Latino
NWC Opinion Research
OneSource
Opinion Research Corporation
ORC International
ReferenceGROUP
Triplex
Walter Karl; Stamford, CT List Management Company; 1998
YesMail

Branch

Infogroup
2 Blue Hill Plz 3rd Fl, Pearl River, NY 10965
Toll Free: (800) 223-2194
Web Site: www.infogroup.com

Employees: 100
Year Founded: 1956

Agency Specializes In: Advertising, Advertising Specialties, Affiliate Marketing, Affluent Market, African-American Market, Agriculture, Alternative Advertising, Arts, Asian Market, Automotive, Aviation & Aerospace, Bilingual Market, Brand Development & Integration, Broadcast, Business Publications, Business-To-Business, Cable T.V., Catalogs, Children's Market, Co-op Advertising, Collateral, Commercial Photography, Communications, Consulting, Consumer Marketing, Consumer Publications, Corporate Identity, Cosmetics, Custom Publishing, Digital/Interactive, Direct Response Marketing, Direct-to-Consumer, E-Commerce, Education, Electronic Media, Engineering, Entertainment, Environmental, Event Planning & Marketing, Exhibit/Trade Shows, Fashion/Apparel, Financial, Food Service, Government/Political, Graphic Design, Guerilla Marketing, Health Care Services, High Technology, Hispanic Market, Industrial, Infomercials, Information Technology, Internet/Web Design, Investor Relations, Legal Services, Leisure, Logo & Package Design, Luxury Products, Magazines, Marine, Media Buying Services, Medical Products, Men's Market, Merchandising, Mobile Marketing, Multicultural, Multimedia, New Product Development, New Technologies, Newspaper, Newspapers & Magazines, Out-of-Home Media, Outdoor, Over-50 Market, Pharmaceutical, Planning & Consultation, Point of Purchase, Point of Sale, Print, Product Placement, Production, Public Relations, Publicity/Promotions, Radio, Real Estate, Recruitment, Regional, Restaurant, Retail, Sales Promotion, Seniors' Market, Social Marketing/Nonprofit, Sports Market, Strategic Planning/Research, Sweepstakes, Syndication, T.V., Technical Advertising, Teen Market, Telemarketing, Trade & Consumer Magazines, Transportation, Travel & Tourism, Viral/Buzz/Word of Mouth, Web (Banner Ads, Pop-ups, etc.), Women's Market, Yellow Pages Advertising

Michael Iaccarino *(Chm, Pres & CEO)*
Dan Hall *(CTO)*
Kristen Cuddy *(Sr VP & Gen Mgr-Digital Solutions & Infogroup Media Solutions)*
Jeff Mungo *(Sr VP-B2B Svcs)*
Bart Piccirillo *(Sr Acct Mgr)*
Katherine Benazet *(Sr Strategist-Media)*

Accounts:
BNP Media; Troy, MI; 2005
CareerTrack; Kansas City, MO Training; 1997
CMP Media; Manhasset, NY Publishing; 1973
McGraw Hill; New York, NY Publishing; 2003
Nielsen Business Media; New York, NY Publishing; 1999
Source Media; New York, NY; 2005
Sys-Con Media; Woodcliff Lake, NJ; 1999

INNOVATIVE COMMUNICATIONS
217 9th St, Pittsburgh, PA 15222-3506
Tel.: (412) 288-1300
Fax: (412) 338-0480
E-Mail: inventinfo@inventhelp.com
Web Site: https://inventhelp.com/

Employees: 10
Year Founded: 1984

Agency Specializes In: Advertising

Approx. Annual Billings: $4,000,000

Breakdown of Gross Billings by Media: Cable T.V.: $600,000; Foreign: $50,000; Internet Adv.: $1,535,000; Mags.: $6,000; Radio: $900,000; Spot T.V.: $303,000; Syndication: $600,000; Yellow Page Adv.: $6,000

Accounts:
Copies For Less; Pittsburgh, PA Copy & Printing Services; 1984
INPEX Inventors University; Pittsburgh, PA Seminar Program; 1984
INPEX; Pittsburgh, PA Annual Invention Trade Show; 1984
Intromark; Pittsburgh, PA Invention Licensing; 1984
InventHelp Invention & Patent Referral Services; 1984

AGENCIES - JANUARY, 2019 — HOUSE AGENCIES

JOSEPH PEDOTT ADVERTISING & MARKETING, INC.
425 California St, San Francisco, CA 94104
Tel.: (415) 397-6992
Fax: (415) 397-0103
Toll Free: (800) 345-6992
E-Mail: newidea@jeiusa.com
Web Site: http://chia.com/

Employees: 25
Year Founded: 1958

Agency Specializes In: Consumer Marketing, T.V.

Approx. Annual Billings: $8,000,000

Breakdown of Gross Billings by Media: T.V.: $8,000,000

Joseph Pedott *(Pres)*
Michael Hirsch *(VP)*
Alfred Lam *(VP)*
Andrew Tam *(Sr Media Planner)*

Accounts:
CSL LLC
Ignite-O
Joseph Enterprises; San Francisco, CA Scribe-ett Engraving Pen, Chia Pet Mexican Clay Planter & The Clapper Sound-Activated Switch; 1982

KNIGHT ADV. CO.
2900 MacArthur Blvd, Northbrook, IL 60062-2005
Tel.: (847) 509-2900
Fax: (847) 559-1995
E-Mail: sales@serfilco.com
Web Site: www.serfilco.com

Employees: 9
Year Founded: 1961

Agency Specializes In: Industrial

Jack Berg *(Founder)*

Accounts:
Filterspun; Amarillo, TX Filters
Pacer Pumps; Lancaster, PA
Serfilco, Ltd., a/k/a Service Filtration Corp. Pumps & Filters
Standard Pump; Snellville, GA

KOCH CREATIVE GROUP
4111 E. 37th St North, Wichita, KS 67220
Tel.: (316) 828-5294
E-Mail: kaylan@kochcreativegroup.com
Web Site: www.kochcreativegroup.com

Employees: 5,000

Agency Specializes In: Advertising, Brand Development & Integration, Digital/Interactive, Social Media

Charlie Wells *(Sr Acct Dir)*
Joe Robertson *(Creative Dir)*
Justin Mosher *(Dir-UX & UI)*
Kate Welsby *(Office Mgr)*
Daniel Brake *(Mgr-Interactive Dev)*
Joli Sutter *(Mgr-Production)*
Leah Chambers *(Acct Supvr)*
Jamie Hearn *(Acct Exec)*
Adalaide Sutherland *(Strategist-Digital Content)*
Chad Armstrong *(Copywriter)*
Stephen Hobson *(Assoc Creative Dir & Writer)*
Ryan Schafer *(Copywriter)*
Deanna Crockett *(Sr Art Dir)*

Accounts:
Koch Industries

KONICA MINOLTA BUSINESS SOLUTIONS
100 Williams Dr, Ramsey, NJ 07446
Tel.: (201) 825-4000
Fax: (201) 825-7567
E-Mail: pr@kmbs.konicaminolta.us
Web Site: www.kmbs.konicaminolta.us

Employees: 6,000
Year Founded: 1977

Richard Taylor *(Pres & CEO)*
Chris Dewart *(Pres/CEO-Canada)*
Ikuo Nakagawa *(Pres-Germany)*
Alan Nielsen *(Exec VP-Dealer Sls)*
Jun Haraguchi *(Gen Mgr-Sls HQ-Japan)*
Kristina Marchitto *(Mgr-PR)*
Seiji Hatano *(Sr Exec officer)*
Kunihiro Koshizuka *(Sr Exec officer)*
Ken Osuga *(Sr Exec officer)*
Tsukasa Wakashima *(Sr Exec officer)*

Accounts:
Konica Minolta Business Solutions

KRACO ENTERPRISES
505 E Euclid Ave, Compton, CA 90224
Tel.: (310) 639-0666
Fax: (310) 604-9838
Toll Free: (800) 678-1910
Web Site: www.kraco.com

Employees: 7
Year Founded: 1954

Kent Friend *(Sr VP-Sls & Mktg)*

Accounts:
Kraco Enterprises, Inc.; Compton, CA Supplier of Auto & Marine Sound Products, CB's, Auto Floor Mats & Mobile Security Car Alarms

LEANIN' TREE, INC.
6055 Longbow Dr, Boulder, CO 80301
Tel.: (303) 530-1442
Fax: (303) 530-7283
Toll Free: (800) 777-8716
Web Site: www.leanintree.com

Employees: 200
Year Founded: 1949

Agency Specializes In: Consumer Marketing

Duff Bauer *(Controller)*
Patrick Wallace *(Mktg Dir)*
Dana Pauley *(Dir-Consumer Svcs)*
Susann Powers *(Dir-IT)*
Kim Diesing *(Sr Mgr-Product Dev)*
Amy Medhurst *(Sr Mgr-Bus Dev-Key Accts)*
Kate Frohlich *(Mktg Mgr)*

LEGGETT & PLATT INC.
1 Leggett Rd, Carthage, MO 64836
Tel.: (417) 358-8131
Fax: (417) 358-8449
Web Site: www.leggett.com

Employees: 20
Year Founded: 1883

Agency Specializes In: Retail

Approx. Annual Billings: $250,000

Paul Block *(Pres-Sls-Global Sys Grp)*
Mark Kinsley *(VP-Mktg-Bedding Grp)*
Scott Clark *(Creative Dir)*
Ryan Brashears *(Dir-Web Dev)*
Susan Chapman *(Ops Mgr-Creative Svcs)*
Sharon Baird *(Mgr-Exhibit Solutions-Creative Svcs)*
Jon Gullette *(Mgr-HR & Safety)*
Paul M. Johnson *(Assoc Creative Dir & Sr Copywriter)*

Accounts:
Leggett & Platt; Carthage, MO

LIVE NATION
6677 Delmer Ste 320, Saint Louis, MO 63130
Tel.: (314) 657-4900
Fax: (314) 657-4949
Web Site: www.livenation.com

Employees: 5
Year Founded: 1979

Agency Specializes In: Entertainment, Merchandising, Retail, Sales Promotion

Maureen Ford *(Pres-Sls-Natl)*
Tim Moran *(Sr VP-IT)*
Danielle Engel *(VP-Mktg-Live Nation Phoenix & Albuquerque)*
David Niedbalski *(VP-Mktg)*
Jon Reens *(VP-Mktg-Midwest Music)*
Nickole Scott *(VP-Special Events-Live Nation)*
Kim Shiver *(VP-Mktg)*
Erica Smith *(VP-Content & Creative)*
Jim Sutcliffe *(VP-Mktg)*
Jill Jacenko *(Mktg Dir)*
Katie Pederson *(Sls Dir-Special Events)*
Lora Schoenholtz *(Mktg Dir)*
Thomas Del Vecchio *(Dir-Sponsorship Sls)*
Emily Greene *(Dir-Sponsorship Sls-Upstate NY)*
Michael Lessner *(Dir-Promo)*
Bob Linc *(Dir-Sls-Sponsorship)*
John Canavera *(Mktg Mgr)*
Todd Flenner *(Mktg Mgr)*
Judy Rummell *(Mktg Mgr)*
Donna Eichmeyer *(Mgr-Upstate NY Mktg)*
Janette Baxa *(Sr Mktg Mgr)*
Holly Clausen *(Sr Mktg Dir)*
Cori Gadbury *(Sr Mktg Dir)*
Jeremiah Xenakis *(Sr Mktg Dir)*

MBI INC.
47 Richards Ave, Norwalk, CT 06857
Tel.: (203) 853-2000
Fax: (203) 831-9661
E-Mail: webmail@mbi-inc.com
Web Site: www.mbi-inc.com

Employees: 500
Year Founded: 1969

Jeffrey Kornblum *(VP & Sr Dir-PCS Stamps & Coins-Easton Press)*
Jim Zulick *(VP & Mgr-Product Dev)*
Jason Brenner *(VP & Sr Program Mgr)*
Brent Edwards *(VP-Mktg & Product Mgmt)*
Mike Rogers *(VP)*
Jay Zibelman *(VP-Danbury Mint)*
Lynn Zimmermann *(VP)*
Clara Dixon *(Dir)*
Tom Reese *(Dir-HR)*

Accounts:
Danbury Mint; Norwalk, CT
The Easton Press
Postal Commemorative Society

MFV EXPOSITIONS
210 Rte 4 E Ste 204, Paramus, NJ 07652
Tel.: (201) 226-1130
Fax: (201) 226-1131
E-Mail: mfv@mfvexpo.com
Web Site: www.mfvexpo.com

Employees: 40

HOUSE AGENCIES
AGENCIES - JANUARY, 2019

Year Founded: 1987

Agency Specializes In: Event Planning & Marketing, Exhibit/Trade Shows, Internet/Web Design

Approx. Annual Billings: $8,000,000

Sal Lamantia *(CFO)*
Steve Naylor *(Grp Dir-Ops)*
Mark Bosak *(Dir-IT)*
Joel Goldstein *(Dir-Mktg)*
Sheila Fischer *(Asst Grp Dir-Show & Mgr-Show-FES)*
Corali Romero *(Mgr-Customer Rels)*
Maryjane Tarabocchia *(Mgr-Acctg)*
Rebecca Mclouth *(Coord-Mktg)*

Accounts:
Converting & Package Printing Expo
Florida Franchise Expo
Franchise Expo South
The Franchise Show London
FranchiseExpo.com
FranquiciasHoy.com
International Franchise Expo; 1992
West Coast Franchise Expo

MILLER-STEPHENSON CHEMICAL CO.
George Washington Hwy, Danbury, CT 06810
Tel.: (203) 743-4447
Fax: (203) 791-8702
E-Mail: ct.sales@miller-stephenson.com
Web Site: www.miller-stephenson.com

Employees: 50

Mourad Fahmi *(Pres & CEO)*

MRS. FIELDS'
2855 E Cottonwood Pkwy Ste 400, Salt Lake City, UT 84121
Tel.: (801) 736-5600
Fax: (801) 736-5970
Toll Free: (800) 343-5377
E-Mail: ahogan@mrsfields.com
Web Site: https://www.mrsfields.com/

Employees: 12
Year Founded: 1977

Approx. Annual Billings: $1,500,000

Timothy Casey *(Pres & CEO)*
John Brinkerhoff *(Project Mgr-ECommerce)*
Tyler Molder *(Corp Rep-Sls-Mrs Fields Cookies)*
Kim Schmidt *(Sr Mktg Dir-Mrs Fields Famous Brands)*

Accounts:
Mrs. Fields Original Cookies Inc.; Salt Lake City, UT

MUSIC & EVENT MANAGEMENT, INC.
1241 Elm St, Cincinnati, OH 45202
Tel.: (513) 721-3555
Web Site: www.cincinnatisymphony.org

Employees: 500

Agency Specializes In: Communications, Event Planning & Marketing

Michael C. Smith *(CEO & Exec VP)*

Accounts:
Cincinnati Symphony Orchestra
Cincy-Cinco Latino Festival
Tall Stacks Music, Arts & Heritage Festival

NABARCO ADVERTISING ASSOCIATES, INC.
2100 Smithtown Ave, Ronkonkoma, NY 11779
Tel.: (631) 200-2000
Web Site: www.naturesbountyco.com/

Employees: 25
Year Founded: 1960

Andrea Simone *(CIO-NBTY, Inc.)*
Karla Packer *(Chief HR Officer & Sr VP)*

NATIONAL HOT ROD ASSOCIATION
2035 Financial Way, Glendora, CA 91741
Tel.: (626) 914-4761
Fax: (626) 963-5360
E-Mail: nhra@nhraonline.com
Web Site: www.nhra.com

Employees: 150
Year Founded: 1951

Agency Specializes In: Publicity/Promotions

Glen Cromwell *(Pres)*
Peter Clifford *(CEO)*
Brad Gerber *(Chief Dev Officer & VP-Sls)*
Linda Louie *(Gen Counsel & VP)*
Graham Light *(Sr VP-Racing Ops)*
Glen Gray *(VP-Technical Ops)*
Jessica Hatcher *(Sr Dir-PR & Comm)*
Bob Lang *(Sr Dir-Safety & Emergency Svcs)*
Gary Raasch *(Sr Dir-Corp Mktg & Partnerships)*
John Siragusa *(Sr Dir-Sls & Bus Dev)*
Phil Burgess *(Dir-Editorial)*
Danny Gracia *(Dir-Natl Technical)*
Marleen Gurrola *(Dir-HR)*
Eric Lotz *(Dir-Field Mktg & Contingency Programs)*
Jeff Morton *(Dir-Adv)*
Tony Thacker *(Dir-Licensing)*
Anthony Vestal *(Dir-Comm)*
Timothy White *(Dir-Engrg)*
Kristen Wentzell *(Sr Mktg Dir)*

NEIMAN MARCUS ADVERTISING
1618 Main St, Dallas, TX 75201
Tel.: (214) 743-7600
Fax: (214) 573-5992
Web Site: www.neimanmarcus.com

Employees: 60

Agency Specializes In: Magazines, Newspaper, Newspapers & Magazines, Out-of-Home Media, Outdoor, Print, Radio

Elizabeth Allison *(Sr VP)*
Jessica Boland *(VP-ECommerce)*
Sandy Marple *(VP-PR)*
Mimi Crume Sterling *(VP-Corp Comm & PR)*
Amy Walker *(VP-Last Call Mktg)*
Kyle Ciborowski *(Dir-Security Architecture)*
Judy Connatser *(Dir-Adv)*
Hillary Senko *(Buyer)*

Accounts:
Neiman Marcus

NELSON ADVERTISING SOLUTIONS
19080 Lomita Ave, Sonoma, CA 95476-1546
Mailing Address:
PO Box 1546, Sonoma, CA 95476-1546
Tel.: (707) 935-6113
Fax: (707) 935-6124
E-Mail: info@nelsonhr.com
Web Site: www.nelsonjobs.com

Employees: 250
Year Founded: 1970

Agency Specializes In: Advertising Specialties, Brand Development & Integration, Business Publications, Business-To-Business, Collateral, Consulting, Consumer Marketing, Corporate Communications, Corporate Identity, Digital/Interactive, Direct Response Marketing, E-Commerce, Event Planning & Marketing, Exhibit/Trade Shows, Graphic Design, High Technology, Information Technology, Internet/Web Design, Local Marketing, Logo & Package Design, Newspaper, Newspapers & Magazines, Planning & Consultation, Print, Production, Public Relations, Publicity/Promotions, Recruitment, Sales Promotion, Strategic Planning/Research, Technical Advertising, Telemarketing, Yellow Pages Advertising

Breakdown of Gross Billings by Media: Bus. Publs.: 5%; Newsp. & Mags.: 95%

Deborah Mings *(CFO & Exec VP-Fin & Admin)*
Joe Madigan *(Exec VP)*
Jim Wagner *(Sr VP-Nelson & Associates & Nelson Tech)*
Todd Witkin *(Sr VP-Talent Delivery-US)*
Lisa Johnson *(VP-HR)*
Christina Russo *(VP-Mktg)*
Lisa De Garmo *(Mgr-Bus Dev-Nelson Staffing)*
Justin Dugish *(Mgr-Bus Dev-Nelson Staffing)*
Jenifer Martinelli *(Mgr-Field Ops)*

Accounts:
HRhome
Nelson & Associates
Nelson Jobs
Nelson Staffing Solutions; Sonoma, CA

NEW ENGLAND MACHINERY ADVERTISING
2820 62nd Ave E, Bradenton, FL 34203
Tel.: (941) 755-5550
Fax: (941) 751-6281
E-Mail: info@neminc.com
Web Site: www.neminc.com

Employees: 35
Year Founded: 1974

Judith Nickse *(Pres & CEO)*
Geza F. Bankuty *(VP-Mfg)*
Marge Bonura *(Dir-Sls & Mktg)*
John Hansmann *(Mgr-Engrg)*
Patrick Jones *(Mgr-Customer Svc)*
Robert Szalay *(Designer-Publ)*
Andrew Butler *(Reg Sls Mgr-Midwest)*

Accounts:
New England Machinery, Inc.; Bradenton, FL

NRC REALTY CAPITAL ADVISORS
445 W Erie St Ste 211, Chicago, IL 60654
Tel.: (312) 278-6800
Fax: (312) 278-6900
Toll Free: (800) 747-3342
E-Mail: help@nrc.com
Web Site: www.nrc.com

Employees: 15
Year Founded: 1989

Agency Specializes In: Advertising, Business-To-Business, Consulting, Consumer Marketing, Direct Response Marketing, E-Commerce, Electronic Media, Environmental, Graphic Design, Industrial, Internet/Web Design, Media Buying Services, Newspaper, Newspapers & Magazines, Out-of-Home Media, Outdoor, Planning & Consultation, Print, Public Relations, Real Estate, Telemarketing, Trade & Consumer Magazines

Approx. Annual Billings: $1,500,000

Breakdown of Gross Billings by Media: Internet

AGENCIES - JANUARY, 2019

Adv.: $100,000; Newsp.: $900,000; Newsp. & Mags.: $200,000; Other: $220,000; Pub. Rels.: $80,000

Evan Gladstone *(Exec Mng Dir)*
Dennis L. Ruben *(Exec Mng Dir)*
Ian Walker *(Sr VP)*
Samantha Steiner *(VP & Project Mgr)*
Jonathan Graham *(VP)*
David Levy *(VP-Bus Dev)*
Dave Shand *(VP)*
Tisha McClinic *(Mgr-Closing)*

Accounts:
AM/PM Convenience Stores
Arby's Restaurant Group, Inc.
Arco Products Company; La Palma, CA Convenience Stores, Gas Stations; 2000
BP America
BP Amoco; Towson, MD Convenience Stores, Gas Stations; 2001
Giant Industries, Inc.
Spectrum Stores, Inc.
Sunoco, Inc.
White Hen Pantry

OLD FASHION FOODS ADVERTISING
5521 Collins Blvd SW, Austell, GA 30106
Tel.: (770) 948-1177
Fax: (770) 739-3254
E-Mail: info@oldfashsd.com
Web Site: www.oldfashfd.com

Employees: 70
Year Founded: 1984

Terry Coker *(VP-Mktg)*

Accounts:
Old Fashion Foods, Inc.; Austell, GA

OMAHA CREATIVE GROUP
10909 John Galt Blvd, Omaha, NE 68103
Tel.: (402) 597-3000
Fax: (402) 597-8222
Toll Free: (800) 228-2778
E-Mail: custserv@omahasteaks.com
Web Site: www.omahasteaks.com

Employees: 50
Year Founded: 1917

Agency Specializes In: Direct Response Marketing

Approx. Annual Billings: $30,000,000

Breakdown of Gross Billings by Media: D.M.: $29,100,000; Mags.: $300,000; Newsp.: $300,000; T.V.: $300,000

Bruce Simon *(Pres)*
Todd Simon *(Sr VP)*

Accounts:
Consumer Direct; Omaha, NE Mail Order & Retail; 1999
Incentive Sales Department; Omaha, NE Incentives & Business Gifts; 1999
Omaha Steaks International, Inc.; Omaha, NE Hotel, Restaurant & Institutional Sales; 1999

OMEGA ENGINEERING ADVERTISING
1 Omega Dr, Stamford, CT 06907-0047
Tel.: (203) 359-1660
Fax: (203) 359-7700
Toll Free: (800) 826-6342
E-Mail: info@omega.com
Web Site: www.omega.com

E-Mail for Key Personnel:
Media Dir.: kathy@mbh1.com

Employees: 499
Year Founded: 1980

Agency Specializes In: Brand Development & Integration, Business-To-Business, Direct Response Marketing, Engineering, Industrial, Magazines, Production

Dan Sparks *(Dir-Bus Dev)*
Gary Palmer *(Product Mgr)*
Sidney Colaco *(Mgr-Quality & Continuous Improvement)*
Kathy Kwiat *(Mgr-Adv)*

Accounts:
Newport Electronics, Inc.; CA
Omega Dyne, Inc ; Sunbury, OH
Omega Engineering, Inc.; Stamford, CT
Omega Vanzetti, Inc.; MA

PEAVEY ELECTRONIC ADVERTISING
5022 Hartley Peavey Dr, Meridian, MS 39305
Tel.: (601) 483-5365
Fax: (601) 486-1278
Web Site: https://peavey.com/

Employees: 1,000

Approx. Annual Billings: $200,000

Courtland Gray *(COO)*
Kevin Ivey *(Gen Mgr-Comml Audio)*
Fred Poole *(Gen Mgr-Product Dev & Sls-North America)*
Keith Varner *(Gen Mgr-Engrg)*
Michael Smith *(Product Mgr)*
John D. Miller *(Mgr-Pur Dept)*
Tom Stuckman *(Mgr-Mixer Engrg)*

Accounts:
Peavey Electronic Corp.; Meridian, MS Electronic Musical Equipment

POGGENPOHL U.S., INC.
350 Passaic Ave, Fairfield, NJ 07004-2007
Tel.: (973) 812-8900
Fax: (973) 812-9320
Toll Free: (800) 987-0553
E-Mail: info@us.poggenpohl.com
Web Site: www.poggenpohl.com

Employees: 75
Year Founded: 1892

Agency Specializes In: Direct-to-Consumer, Event Planning & Marketing, Magazines, Multimedia, T.V., Yellow Pages Advertising

Crystal Clark *(Mgr-Showroom)*
Eric Small *(Mgr-Bus Dev)*
Werner Lutz *(Designer)*
Beth Priday *(Designer-Natl Projects)*

PUBLISHERS ADVERTISING ASSOCIATES
237 Park Ave 15Fl, New York, NY 10017
Tel.: (212) 364-1100
Web Site: www.hachettebookgroup.com

Employees: 30
Year Founded: 1973

National Agency Associations: MCA

Agency Specializes In: Advertising, African-American Market, Alternative Advertising, Asian Market, Broadcast, Business Publications, Cable T.V., Catalogs, Children's Market, Collateral, Consumer Marketing, Consumer Publications, Email, Guerilla Marketing, Hispanic Market, In-Store Advertising, LGBTQ Market, Magazines, Media Buying Services, Media Planning, Mobile Marketing, Newspaper, Newspapers & Magazines, Out-of-Home Media, Outdoor, Paid Searches, Point of Purchase, Print, Production (Print), Radio, Sponsorship, Strategic Planning/Research, T.V., Teen Market, Trade & Consumer Magazines, Transportation, Tween Market, Urban Market, Viral/Buzz/Word of Mouth, Web (Banner Ads, Pop-ups, etc.), Women's Market

Approx. Annual Billings: $10,000,000

Accounts:
Business Plus
Center Street
Faith Words
Grand Central Publishing
Jericho
Little Brown & Company
Little Brown Books for Young Readers
Mulholland Books
Orbit
Poppy
Regan Arthur Books
Twelve
Yen Press

RCG PRODUCTIONS
5944 Coral Ridge Dr Ste 132, Coral Springs, FL 33076
Tel.: (954) 752-5224
Fax: (954) 752-3611
E-Mail: debra4rcgproductions@yahoo.com
Web Site: www.rcgproductions.net

Employees: 2
Year Founded: 2002

Agency Specializes In: Advertising, Brand Development & Integration, Branded Entertainment, Cable T.V., Children's Market, Consumer Marketing, Cosmetics, Direct Response Marketing, Electronic Media, Health Care Services, Household Goods, Infomercials, Local Marketing, Media Buying Services, Multimedia, New Product Development, Out-of-Home Media, Outdoor, Seniors' Market, T.V., Teen Market

Robert Greene *(Owner)*

Accounts:
Color Cutters; Davie, Florida; 2005
JK Harris; Palm Beach, FL Tax Consultations; 2003
Schwartz Group; Deerfield Beach, FL Mighty Putty, Hercules Hook, Smart Spin; 2004
Water Mirrors; Baltimore, MD; 2006

REPLACEMENTS, LTD.
1089 Knox Rd, McLeansville, NC 27301
Mailing Address:
PO Box 26029, Greensboro, NC 27420-6029
Tel.: (336) 697-3000
Fax: (336) 697-3100
E-Mail: inquire@replacements.com
Web Site: www.replacements.com

E-Mail for Key Personnel:
Media Dir.: mark.donahue@replacements.com

Employees: 250
Year Founded: 1981

Agency Specializes In: Consumer Goods, Consumer Marketing, Consumer Publications, Direct Response Marketing, Direct-to-Consumer, Household Goods, Media Planning, Over-50 Market, Print, Retail, Trade & Consumer Magazines

Breakdown of Gross Billings by Media: Network T.V.: 1%; Out-of-Home Media: 43%; Trade &

HOUSE AGENCIES

HOUSE AGENCIES

Consumer Mags.: 56%

Blair Friday *(CIO)*
Lisa Conklin *(Mgr-PR)*
Scott Hovey *(Mgr-Web Site Admin)*
Early Williams *(Buyer-MRO)*

Accounts:
Replacements Ltd.

RUBIK MARKETING
63 Wall St, New York, NY 10005
Tel.: (213) 446-0615
E-Mail: info@rubikmarekting.com
Web Site: www.rubikmarketing.com

Employees: 5

Agency Specializes In: Advertising, Advertising Specialties, Alternative Advertising, Brand Development & Integration, Business-To-Business, Communications, Consulting, Event Planning & Marketing, Experience Design, Integrated Marketing, Out-of-Home Media, Product Placement, Promotions, Sponsorship, Strategic Planning/Research

Breakdown of Gross Billings by Media: Consulting: 80%; Event Mktg.: 20%

Alyssa Vindigni *(Project Mgr-Event Mktg & Producer)*

Accounts:
Carmike Cinemas; Atlanta, GA Kids Summer Matinee Program
Educational Networks; New York, NY School Sponsorship Program
ZHC Collection; New York, NY Kid-Friendly Handbags

SANTA FE NATURAL TOBACCO ADVERTISING
PO Box 25140, Santa Fe, NM 87504
Tel.: (505) 982-4257
Fax: (505) 982-0156
Toll Free: (800) 332-5595
E-Mail: feedback@sfntc.com
Web Site: https://www.sfntc.com/

Employees: 200

Agency Specializes In: Direct Response Marketing, Exhibit/Trade Shows, In-Store Advertising, Trade & Consumer Magazines

Approx. Annual Billings: $7,000,000

Breakdown of Gross Billings by Media: Bus. Publs.: 5%; Collateral: 10%; Event Mktg.: 10%; Mags.: 30%; Network Radio: 30%; Trade Shows: 15%

David DePalma *(Sr Dir-Mktg & Creative)*

Accounts:
Santa Fe Natural Tobacco American Spirit

SAXTON HORNE ADVERTISING
85 E 9400 S, Sandy, UT 84070
Tel.: (801) 304-1000
Fax: (801) 304-1008
E-Mail: contact@saxtonhorne.net
Web Site: www.saxtonhorne.com

Employees: 7

David Blain *(Pres)*
Spencer Beckstead *(Sr VP)*
Kaylan Hazlett *(Dir-Analytics)*
Jon Menousek *(Dir-Strategic Media)*
Jessica Horst *(Acct Mgr)*

Michael Thompson *(Specialist-Digital Media)*

Accounts:
Larry H. Miller Group
Miller Motorsports Spark
Salt Lake Bees
University of Utah
Utah Jazz Basketball

SCHLUMBERGER LTD.
210 Schlumberger Dr, Sugar Land, TX 77478
Tel.: (281) 285-8500
Fax: (281) 285-8970
Web Site: www.slb.com

Employees: 10,001

Paal Kibsgaard *(Chm & CEO)*
Ashok Belani *(CTO)*
Khaled Al Mogharbel *(Pres-Drilling Grp)*
Guy Arrington *(Pres-M-I SWACO)*
Tony Bowman *(Pres-Production Mgmt)*
Sameh Hanna *(Pres-MI SWACO)*
Olivier Le Peuch *(Pres-Cameron Grp)*
Hatem Soliman *(Pres-Latin America)*
JF Poupeau *(Exec VP-Corp Engagement)*
Patrick Schorn *(Exec VP)*
Steve Kaufmann *(Sr VP-Sls & Comml)*
Hinda Gharbi *(VP-HR)*
Amit Wadekar *(Head-Sourcing & Procurement-HFE)*
Cheryl Cash *(Mgr-Mktg & Event)*

Accounts:
Schlumberger Limited

SCHNEIDER ELECTRIC'S AGENCY
132 Fairgrounds Rd, West Kingston, RI 02892-1511
Tel.: (401) 398-8450
Fax: (401) 788-2739
E-Mail: advertising@schneider-electric.com
Web Site: www.schneider-electric.com

Employees: 9
Year Founded: 1981

Agency Specializes In: Business Publications, Collateral, Commercial Photography, Consumer Publications, Direct Response Marketing, E-Commerce, High Technology, International, Magazines, Newspaper, Newspapers & Magazines, Trade & Consumer Magazines, Yellow Pages Advertising

Approx. Annual Billings: $4,000,000

Breakdown of Gross Billings by Media: Bus. Publs.: $4,000,000

Martin Hanna *(VP-Analyst & Influencer Rels)*
Cheryl Rapp *(VP-Change Mgmt & Comm-Energy Bus)*
Kristen Sisson *(VP-Media Strategy, Paid & Earned Media)*
Melissa Hertel *(Dir-Segment-Cloud & Svc Providers)*
Kelly Bierman *(Mgr-Well-Being-US)*

Accounts:
APC by Schneider Electric; West Kingston, RI High-Tech Manufactured Products; 1992
Availability.com; West Kingston, RI Content Solutions; 2000
BuyUptime.com; Saint Louis, MO E-Commerce; 2000
Data Center University; West Kingston, RI Training Courses; 2006
EnergyOn.com; Silver Spring, MD Utility Savings; 2000
PELCO Video Security; 2012
Schneider Electric; Palatine, IL Electrical Products

& Services; 2009

SHOW MANAGEMENT ADVERTISING
1115 NE 9th Ave, Fort Lauderdale, FL 33304-2110
Tel.: (954) 764-7642
Fax: (954) 462-4140
Toll Free: (800) 940-7642
E-Mail: info@showmanagement.com
Web Site: www.showmanagement.com

E-Mail for Key Personnel:
President: kpearson@showmanagement.com
Media Dir.: ssheer@showmanagement.com

Employees: 85
Year Founded: 1976

Agency Specializes In: Entertainment, Event Planning & Marketing, Exhibit/Trade Shows, Graphic Design, Marine, Multimedia, Out-of-Home Media, Outdoor, Planning & Consultation, Point of Sale, Production, Public Relations, Publicity/Promotions

Andrew Doole *(COO & Sr VP)*
Mary Bender *(VP-Mktg)*

Accounts:
Fort Lauderdale International Boat Show; Fort Lauderdale, FL Trade & Consumer Show
Palm Beach International Boat Show
St. Petersburg Boat Show
Suncoast Boat Show; Sarasota, FL Trade & Consumer
Yachting Promotions, Inc.; Fort Lauderdale, FL Spring Boat Show, Trade & Consumer Show

SKF USA INC.
890 Forty Foot Rd, Lansdale, PA 19446
Tel.: (267) 436-6000
Fax: (267) 436-6001
Toll Free: (800) 440-4753
Web Site: www.skf.com/us/index.html

Employees: 400
Year Founded: 1907

Agency Specializes In: Advertising

Jon Stevens *(Chief Compliance Officer)*
Paul Bourgon *(Pres-AeroEngine)*
David Burt *(Head-Creative & Design)*
Jeffrey Carlisle *(Dir-Forecasting & Res)*
Helena Karlsson *(Coord-Event & Road Shows)*
Jim Evinger *(Reg Head-Network-AMER)*

SOUTHWESTERN INDUSTRIES, INC.
2615 Homestead Pl, Rancho Dominguez, CA 90220
Tel.: (310) 608-4422
Fax: (310) 764-2668
Toll Free: (800) 367-3165
E-Mail: info@southwesternindustries.com
Web Site: www.southwesternindustries.com

Employees: 2
Year Founded: 1952

Stephen F. Pinto *(Pres)*
Michael McGarry *(Reg Mgr)*
Christopher Lee *(Mgr-Supply Chain)*
Gianna Sanchez *(Mgr-TRAK Pre-Owned Machines)*
Ericka Dacostta *(Rep-Customer Svc)*

Accounts:
Southwestern Industries, Inc.

SPARK44
5870 W Jefferson Blvd Ste H, Los Angeles, CA

AGENCIES - JANUARY, 2019 — HOUSE AGENCIES

90016
Tel.: (310) 853-1850
Web Site: www.spark44.com

Employees: 750
Year Founded: 2011

National Agency Associations: 4A's

Agency Specializes In: Advertising, Communications, Digital/Interactive

Tony Hobley *(Mng Dir-North America)*
Sabina Sebastian *(Head-Acct & Bus Dir)*
Michael de Vries *(Head-Production)*
Christie Bishop *(Gen Mgr & Dir-Strategic Plng & Analytics-North America)*
Peter Buck *(Exec Creative Dir)*
Michelle Guzman *(Sr Acct Dir)*
Lee Aldridge *(Creative Dir)*
Peter Cooper *(Art Dir)*
Bryony Grant-Peterkin *(Acct Dir)*
Oliver Hill *(Bus Dir)*
Scott Hubbard *(Acct Dir-Northern Reg)*
Brendan Moran *(Creative Dir-Jaguar & Land Rover)*
Simon Cromey *(Dir-Global CRM Strategy)*
Lewis Roberts *(Acct Mgr)*
Colleen Sullivan *(Mktg Mgr-Retail-Jaguar Land Rover Central Reg)*
Alexandra Arroliga *(Acct Supvr)*
Keisy Bisono *(Acct Supvr)*
Jonathan Kerwin *(Acct Supvr)*
Paul Castro *(Sr Acct Exec)*
Roxanne Alberts *(Acct Exec)*
Heba Elghobashy *(Strategist-CRM)*
Jeff Pearlman *(Strategist-Social Media)*
Nicole Purohit *(Strategist-Brand)*
Bec Couche *(Copywriter-North America)*
Tim Hawkins *(Sr Art Dir)*

Accounts:
Jaguar Cars Limited Campaign: "How Alive Are You?, Creative, E-Pace, F-Pace, I-Pace, Jaguar Land Rover Advertising, Digital, F-Type, Global Strategic & Creative, Print Advertising, Range Rover, Social Media, XJ & XF Models

Branch

Spark44
292 Madison Ave 3rd Fl, New York, NY 10017
Tel.: (212) 527-8380
E-Mail: contactnewyork@spark44.com
Web Site: spark44.com

Agency Specializes In: Advertising, Brand Development & Integration, Content, Customer Relationship Management, Digital/Interactive, Experience Design, Production, Retail, Shopper Marketing, Social Media

Rebecca Feldman *(Partner-HR Bus & Dir-Talent Acq)*
Amanda Ramos *(Dir-HR-Americas)*
Flavia Souza *(Acct Supvr-Social)*
Ryan Mason *(Strategist-Content)*

Accounts:
New-Jaguar Land Rover North America LLC

STOWE AREA ASSOCIATION AGENCY
51 Main St, Stowe, VT 05672-1320
Tel.: (802) 253-7321
Fax: (802) 253-6628
Toll Free: (800) 24STOWE
E-Mail: askus@gostowe.com
Web Site: www.gostowe.com

E-Mail for Key Personnel:
President: valerier@gostowe.com
Media Dir.: lynne@gostowe.com

Employees: 12
Year Founded: 1972

Agency Specializes In: Co-op Advertising, Collateral, Consumer Marketing, Direct Response Marketing, Entertainment, Event Planning & Marketing, Exhibit/Trade Shows, Internet/Web Design, Local Marketing, Magazines, Media Buying Services, Newspaper, Production, Public Relations, Restaurant, Retail, Sales Promotion, Sports Market, Travel & Tourism

Approx. Annual Billings: $1,000,000

Breakdown of Gross Billings by Media: Co-op Adv.: $80,000; Collateral: $280,000; Comml. Photography: $30,000; Consumer Publs.: $80,000; D.M.: $90,000; Event Mktg.: $10,000; Exhibits/Trade Shows: $40,000; Foreign: $40,000; Graphic Design: $30,000; Internet Adv.: $140,000; Local Mktg.: $10,000; Newsp.: $10,000; Outdoor: $20,000; Pub. Rels.: $50,000; Sports Mktg.: $20,000; Worldwide Web Sites: $70,000

Susan Rousselle *(Sls Dir)*
Dean Burnell *(Fin Mgr)*
Zak Bergmann *(Sls Mgr)*

Accounts:
Stowe Area Association, Inc.; Stowe, VT

STUBS COMMUNICATIONS COMPANY
226 W 47th St, New York, NY 10036-1413
Tel.: (212) 398-8383
Fax: (212) 398-8389
Toll Free: (800) 223-7565
Web Site: www.broadway.com

Employees: 20
Year Founded: 1979

Agency Specializes In: Entertainment, Travel & Tourism

Approx. Annual Billings: $3,700,000

Breakdown of Gross Billings by Media: D.M.: $2,850,000; Mags.: $150,000; Other: $700,000

Stephanie Lee *(Pres)*
Brenden Rogers *(Sr Dir-Mktg & Creative)*
Steven Mann *(Acct Dir-Theatre Parties & Best of Broadway Clubs)*
Renato Rufino *(Dir-Intl Grp Sls-Grp Sls Box Office-Broadway.com)*
Anthony Barone *(Mgr-Grp Sls)*
Kendra Dolton *(Mgr-Special Projects & Sls Event)*
Mary Beth Smith *(Mgr-Mktg & Projects)*
Natalie Provenzano *(Specialist-Grp Sls Ticketing)*
Malia Brown *(Grp Rep-Sls)*
Carol Cohen *(Grp Rep-Sls)*
Sarah Koehler *(Grp Rep-Sls-Broadway.com)*
Alyssa Northrop *(Grp Rep-Sls)*
Terry O'Connor *(Grp Rep-Sls)*
Clayton Reetz *(Grp Rep-Sls)*

Accounts:
Broadway Bucks Discount Theatre Tickets; 2001 Group Sales Box Office; New York, NY Theatre Ticket Sales
The Matinee Club
Stubs Discount Theatre Tickets
Stubs Preview Club
Theatre Party Associates; New York, NY Theatre Ticket Sales

TAYLOR & MARTIN, INC.
1865 N Airport Rd, Fremont, NE 68025
Mailing Address:
PO Box 349, Fremont, NE 68025
Tel.: (402) 721-4500
Fax: (402) 721-4570
E-Mail: info@taylorandmartin.com
Web Site: www.taylorandmartin.com

E-Mail for Key Personnel:
Public Relations: pvogt@taylorandmartin.com

Employees: 40
Year Founded: 1935

Agency Specializes In: Business Publications, Business-To-Business, Consulting, Corporate Identity, Direct Response Marketing, Event Planning & Marketing, Exhibit/Trade Shows, Graphic Design, Logo & Package Design, Magazines, Media Buying Services, Newspaper, Newspapers & Magazines, Out-of-Home Media, Outdoor, Public Relations, Publicity/Promotions, Radio, Sales Promotion, Trade & Consumer Magazines

Approx. Annual Billings: $2,000,000

Mark Fort *(Owner)*
Jessup Wilson *(Pres & CEO)*
James M. Conrad *(VP)*
Brad Anderson *(Dir-Online Auction Ops)*
Penny Vogt *(Mktg Mgr)*

Accounts:
ACT-Acquisitions, Consulting & Turnarounds
All Points Capital Corp.
Allegiance Financial Group, Inc.
Preferred Leasing, Inc.-PLI
Taylor & Martin, Inc.-Appraisals
Taylor & Martin, Inc.-Auctioneers

TECHNICAL PROMOTIONS
3003 Breezewood Ln, Neenah, WI 54957-0368
Tel.: (920) 722-2848
Fax: (800) 727-7516
Toll Free: (800) 558-5011
E-Mail: servicesales@jjkeller.com
Web Site: www.jjkeller.com

Employees: 4
Year Founded: 1983

Agency Specializes In: Business-To-Business, Consulting, Direct Response Marketing, Print, Public Relations, Telemarketing

Breakdown of Gross Billings by Media: Bus. Publs.: 10%; D.M.: 90%

Robert L. Keller *(Chm)*
Dana S. Gilman *(CFO)*

Accounts:
Aaron Hoste of Dohrn Transfer Company
Abbyland Foods, Inc.
J.J. Keller & Associates, Inc.
Jerry Smith of Service Electric Co.
Landstar
Photoland, Inc
Rock Road Companies, Inc
Roy Acton of Mission Petroleum Carriers, Inc.
Ryan Transportation
Service Electric Co.

TEXAS FARM PRODUCTS ADVERTISING
915 S Fredonia St, Nacogdoches, TX 75964
Tel.: (936) 564-3711
Fax: (936) 560-8375
Web Site: tfpnutrition.com

Employees: 10
Year Founded: 1970

Agency Specializes In: Agriculture, Pets

M.S. Wright, III *(Pres & CEO)*

HOUSE AGENCIES

Joe-Bob Stewart *(VP-Feed & Fertilizer)*
Ramona Keith *(Supvr-Adv)*

Accounts:
Lone Star Feeds; Nacogdoches, TX Feed, Fertilizer & Pet Food
Precise Pet Products; Nacogdoches, TX
Texas Farm Products Co.; Nacogdoches, TX Feed Fertilizer

TRIBUNE DIRECT MARKETING, INC.
505 NW Ave, Northlake, IL 60164-1662
Tel.: (708) 836-2700
Fax: (708) 836-0605
Toll Free: (800) 545-9657
E-Mail: info@tribunedirect.com
Web Site: www.tribunedirect.com

Employees: 360

Agency Specializes In: Advertising

Kristin Ranta *(Gen Mgr)*
Timothy Street *(Gen Mgr)*
Erik Haugen *(Dir-Integrated Mktg)*
Barbara Hepburn *(Sr Acct Mgr)*
Bob Wetch *(Sr Acct Mgr)*
Jim Curran *(Sls Mgr)*
Todd Wendling *(Sls Mgr)*
Larry Gresham *(Mgr-LetterShop Ops)*
Chad Spreen *(Mgr-Client Svcs)*

Accounts:
Tribune Co.

TRILION STUDIOS
4725 Woodland Dr, Lawrence, KS 66049
Tel.: (785) 841-5500
Fax: (419) 851-2293
E-Mail: hello@trilionstudios.com
Web Site: www.trilionstudios.com

Employees: 5
Year Founded: 2000

National Agency Associations: AAF

Agency Specializes In: Advertising, Branded Entertainment, Business-To-Business, Children's Market, Collateral, Corporate Communications, Corporate Identity, Digital/Interactive, Direct Response Marketing, Environmental, Event Planning & Marketing, Exhibit/Trade Shows, Fashion/Apparel, Graphic Design, Identity Marketing, Internet/Web Design, Logo & Package Design, Multimedia, Newspaper, Newspapers & Magazines, Package Design, Print, Retail, Sports Market

Approx. Annual Billings: $300,000

Breakdown of Gross Billings by Media: Graphic Design: 30%; Logo & Package Design: 20%; Worldwide Web Sites: 50%

Brian White *(Creative Dir)*
Kevin D. Hendricks *(Writer-Creative)*
Amanda Nelson *(Sr Designer)*

TUFFY ADVERTISING
7150 Granite Cir, Toledo, OH 43617
Tel.: (419) 865-6900
Fax: (419) 865-7343
E-Mail: mail@tuffy.com
Web Site: www.tuffy.com

Employees: 35
Year Founded: 1970

Agency Specializes In: Automotive

Breakdown of Gross Billings by Media: Cable T.V.: 25%; D.M.: 30%; Newsp. & Mags.: 15%; Radio: 30%

Bob Bresler *(VP-Tuffy Associates)*

Accounts:
Tuffy Associates Corp.; Toledo, OH

UNIFIED GROCERS INC.
5200 Sheila St, Commerce, CA 90040
Tel.: (323) 264-5200
Fax: (323) 264-0320
Toll Free: (800) 724-7762
E-Mail: stadheim@unifiedgrocers.com
Web Site: www.unifiedgrocers.com

Employees: 12

Agency Specializes In: Food Service

Steve Diederichs *(VP-Sls-Intl)*

Accounts:
Unified Western Grocers; Los Angeles, CA

UNIVERSAL MUSIC GROUP ADVERTISING & MEDIA SERVICES
2220 Colorado Ave, Santa Monica, CA 90404
Tel.: (310) 865-4000
Fax: (877) 804-2230
Web Site: www.universalmusic.com/

Employees: 15
Year Founded: 1912

Approx. Annual Billings: $30,000,000

Graham Parker *(Pres-Universal Music Classics-USA)*
Charlie Walk *(Pres-Republic Records Grp)*
Mike Tunnicliffe *(Exec VP & Head-Brands USA)*
Angel Kaminsky *(Exec VP-Latin America & Iberian Peninsula)*
Naomi McMahon *(Sr VP & Head-Strategic Mktg & Partnerships-USA)*
Christopher Atlas *(Sr VP-Mktg-Island Def Jam Music Grp)*
Maria Ho-Burge *(Sr VP-Comm)*
Chris Horton *(Sr VP-Strategic Tech)*
Steven Victor *(Sr VP-A&R)*
Samantha May Juneman *(VP-Comml Partnerships-Streaming)*
Jessica Kessler *(VP-Consumer Engagement Analytics & CRM)*
Sonya Askew *(Sr Dir-Label Rels)*
Doug Barasch *(Sr Dir-Digital Mktg & Strategy-Universal Music Enterprises)*
Moujan Armandpour Bertke *(Sr Dir-Consumer Mktg & Adv)*
Bridget Ferris *(Sr Dir-Brand Partnerships)*
Kim Gilbert *(Sr Dir-Admin Svcs)*
Pat Sanchez *(Mktg Dir-Digital)*
Carol Lovell *(Dir-Bravado Canada)*
Jessica Meehan *(Dir-Consumer Engagement)*
Erick Heredia *(Product Mgr)*
Stephanie Gomez *(Mgr-Insights)*
Dylan Shapiro *(Planner-Digital Media)*
Margo Dorfman *(Coord-Film & TV Sync)*

Accounts:
Island/Def Jam
MCA Nashville
Mercury Nashville
The Verve Group/GRP

VERMONT SKI AREA ASSOCIATION
26 State St, Montpelier, VT 05601
Tel.: (802) 223-2439
Fax: (802) 229-6917
E-Mail: info@skivermont.com

Web Site: www.skivermont.com

Employees: 5
Year Founded: 1970

Agency Specializes In: Leisure, Travel & Tourism

Accounts:
Long Trail Brewing Co.
Mountain Dew
Rossignol International
Vermont Ski Areas Association, Inc.; Montpelier, VT
Woodchuck Draft Cider

VINUM INC.
1111 Cedar Swamp Rd, Glen Head, NY 11545-2109
Tel.: (516) 626-9200
Fax: (516) 626-9218
Web Site: www.vinumcomm.com

Employees: 5
Year Founded: 1980

Agency Specializes In: Advertising, Public Relations

Neill Trimble *(VP-Adv)*
Lars Leicht *(Dir)*

WE MARKETING GROUP
Tower W1 Oriental Plz, 1 E Change An Ave Ste 1111, Beijing, China
Tel.: (86) 1085150588
Fax: (86) 1585180587
Web Site: www.wemarketinggroup.com

Employees: 50
Year Founded: 2005

Agency Specializes In: Advertising, Brand Development & Integration, Communications, Consulting, Market Research, Media Buying Services, Media Planning, Public Relations, Retail

Viveca Chan *(Chm & CEO)*
Kenny Wong *(Partner & Mng Dir)*
Josh Li *(Mng Dir)*
Helen Lo *(Head-Plng)*
Ryan Cai *(Creative Dir)*

Accounts:
Lufthansa German Airlines Digital
Panasonic Electronic Equipment

WHITE'S ADVERTISING AGENCY
1011 Pleasant Valley Rd, Sweet Home, OR 97386
Tel.: (541) 367-6121
Fax: (541) 367-6629
Toll Free: (800) 547-6911
E-Mail: mwise@whiteselectronics.com
Web Site: www.whiteselectronics.com

Employees: 135
Year Founded: 1950

Approx. Annual Billings: $950,000

Breakdown of Gross Billings by Media: Mags.: $237,500; T.V.: $712,500

Kenneth White *(Mng Partner)*

THE WONDERFUL AGENCY
11444 W Olympic Blvd, Los Angeles, CA 90064
Tel.: (310) 966-8600
Web Site: www.wonderful.com

Employees: 600

AGENCIES - JANUARY, 2019

Agency Specializes In: Advertising, Digital/Interactive, Out-of-Home Media, Outdoor, Print, Sponsorship, T.V.

Darren Moran *(Chief Creative Officer)*
Michael Perdigao *(Pres-Adv & Corp Comm)*
Brian Fisher *(VP & Media Dir)*
David Churchill *(VP-Mdsg)*
Amber Justis *(Exec Creative Dir)*
Shaun Wright *(Assoc Dir-Creative & Art Dir)*
Mike Condrick *(Creative Dir)*
Jason Fryer *(Creative Dir)*
Frances Perez *(Creative Dir)*
Daniel Seddon *(Creative Dir)*
Jennifer Young *(Creative Dir)*
Corey Bartha *(Dir-Integrated Production)*
Savannah Bradford *(Jr Dir-Art)*
Jenni Warsaw *(Dir-Project Mgmt & Digital Production)*
Alan Snider *(Assoc Dir-Creative & Copywriter)*
Mara Greensweig *(Mgr-Television Buying-Natl)*
Ricci Pruden *(Acct Supvr)*
Meghann Bass *(Assoc Creative Dir-Digital)*
Sharon Kohl *(Assoc Media Dir)*
Jennifer Yi *(Sr Art Dir)*

Accounts:
The Wonderful Company Fiji Water, Halos, In-House Creative, In-Store, Out-of-Home, POM Wonderful, Pistachios, Print, Public Relations Outreach, Social Media, Teleflora, Wonderful Halos, Wonderful Pistachios

YELLOWFAN STUDIOS
6200 Sprint Pkwy, Overland Park, KS 66251
Tel.: (703) 433-4000
Fax: (703) 433-4343
Web Site: sprintcreativemedia.com/yellowfan/

Employees: 30
Year Founded: 2016

Agency Specializes In: Advertising

Accounts:
Sprint Corporation Creative, Design, Film & Print Production

YMT VACATIONS
100 N Sepulveda Blvd Ste 1700, El Segundo, CA 90245
Tel.: (310) 649-3820
Fax: (310) 649-2118
Toll Free: (800) 922-9000
E-Mail: info@ymtvacations.com
Web Site: www.ymtvacations.com

E-Mail for Key Personnel:
President: bprice@goymt.com

Employees: 70
Year Founded: 1967

Agency Specializes In: Broadcast, Co-op Advertising, Consumer Publications, Direct-to-Consumer, E-Commerce, Email, Internet/Web Design, Leisure, Magazines, Newspaper, Newspapers & Magazines, Over-50 Market, Print, Radio, Seniors' Market, Travel & Tourism

Andrea Kier *(Mktg Mgr)*
Christiane Thach *(Analyst-Bus & Mktg)*
Sandra Lee *(Sr Accountant)*

Accounts:
YMT Vacations; Inglewood, CA Travel

INTERACTIVE AGENCIES

10TH DEGREE
1 Spectrum Pointe Ste 330, Lake Forest, CA 92630
Tel.: (949) 224-5600
Web Site: http://www.10thauto.com/

Employees: 20

Agency Specializes In: Digital/Interactive, Mobile Marketing, Paid Searches, Search Engine Optimization, Social Media, Web (Banner Ads, Pop-ups, etc.)

Breakdown of Gross Billings by Media: D.M.: 25%; Internet Adv.: 30%; Logo & Package Design: 5%; Worldwide Web Sites: 40%

Mitchell Duarte *(Creative Dir)*

Accounts:
Advantage Rent A Car; 2007
Enterprise Car Sales
loanDepot Display, PPC, SEO; 2014
Mitsubishi Digital Electronics America; 2004
Trident University

15MILES
16 George Hull Hill Rd, Redding, CT 06896
Tel.: (203) 451-6358
Web Site: www.15miles.com

Employees: 20
Year Founded: 2009

Agency Specializes In: Affiliate Marketing, Digital/Interactive, Electronic Media, Email, Game Integration, Local Marketing, Mobile Marketing, Paid Searches, RSS (Really Simple Syndication), Search Engine Optimization, Social Media, Syndication, Web (Banner Ads, Pop-ups, etc.)

Gregg Stewart *(Founder & Pres)*

Accounts:
Mayflower Van Lines SEO

1EZ CONSULTING
1300 Bristol St N Ste 100, Newport Beach, CA 92660
Tel.: (949) 474-1502
Fax: (949) 474-1507
E-Mail: info@1ezconsulting.com
Web Site: www.1ezconsulting.com

Employees: 4
Year Founded: 1998

Agency Specializes In: Content, Crisis Communications, Digital/Interactive, Internet/Web Design, Print, Public Relations, Radio, Search Engine Optimization, Social Media, T.V.

Richard Calkins *(Pres)*
Bas Mulder *(CEO & Sr Designer)*

Accounts:
New-Law Offices of Stull & Stull

2060 DIGITAL
2060 Reading Rd, Cincinnati, OH 45202
Tel.: (866) 344-2060
E-Mail: info@2060digital.com
Web Site: www.2060digital.com

Employees: 100
Year Founded: 2012

Agency Specializes In: Digital/Interactive, Internet/Web Design, Search Engine Optimization, Social Media

Candace Miller *(Project Mgr-Digital)*
Patrick Butler *(Mgr-Analytics & Ops Strategy)*
Amy Oliver *(Sr Strategist-Social Media)*
Abby Atwell *(Strategist-Social Media)*
Mandy Heid *(Strategist-Social Media)*

Accounts:
World Wide Wolf

214 INTERACTIVE
4514 Travis St Ste 240, Dallas, TX 75205
Tel.: (214) 495-1924
Web Site: www.214interactive.com

Employees: 5
Year Founded: 2013

Agency Specializes In: Advertising, Content, Digital/Interactive, Internet/Web Design, Search Engine Optimization, Social Media

Terrence Gordon *(Founder & CEO)*
Drew Pickard *(Co-Founder & VP-Bus Dev)*

Accounts:
EHI Health Care
State & Allen Kitchen+Bar

2N1 MEDIA
PO Box 9214, Naperville, IL 60567
Tel.: (630) 935-0721
E-Mail: info@2n1media.com
Web Site: www.2n1media.com

Employees: 5

Agency Specializes In: Collateral, Digital/Interactive, Graphic Design, Internet/Web Design, Logo & Package Design, Social Media

Young Shin *(Mng Partner)*

Accounts:
Change A Life Scholarship Fund
Northwest Suburban Foot & Ankle Clinic
St. Mary Catholic School
StemCutis LLC

360 PSG, INC.
455 Commerce Dr Ste 3, Amherst, NY 14228
Tel.: (716) 829-7373
Fax: (716) 748-6595
Web Site: www.360psg.com

Employees: 30
Year Founded: 2005

Agency Specializes In: Content, Digital/Interactive, Internet/Web Design, Paid Searches, Programmatic, Search Engine Optimization, Social Media

Joel Colombo *(Pres)*
Matthew Whelan *(VP-Ops)*
Jessa Wolfe *(Creative Dir)*
Jason Ortiz *(Dir-Programming Svcs)*

Accounts:
Rejuvenere Medical Spa

3EIGHTEEN MEDIA
(Name Changed to Lunch)

4HILTON
9115 Judicial Drive #4510, San Diego, CA 92122
Tel.: (858) 356-7658
Web Site: https://www.4hilton.com/

Employees: 5
Year Founded: 2008

Agency Specializes In: Digital/Interactive

Hilton Sher *(Founder & CEO)*

Accounts:
Katlav Winery; 2009

6D GLOBAL TECHNOLOGIES
1500 Broadway Ste 505, New York, NY 10036
Tel.: (646) 681-2345
Web Site: www.6dglobal.com/

Employees: 100
Year Founded: 2004

Agency Specializes In: Alternative Advertising, Branded Entertainment, Consumer Publications, Custom Publishing, Digital/Interactive, Experience Design, Game Integration, Magazines, Newspapers & Magazines, Paid Searches, Podcasting, Point of Purchase, Publishing, Search Engine Optimization, Shopper Marketing, Social Media, Viral/Buzz/Word of Mouth, Web (Banner Ads, Pop-ups, etc.)

Approx. Annual Billings: $20,000,000

Tejune Kang *(CEO-New York)*
Ramsay Crooks *(VP-Digital Media)*

Accounts:
NBA Oklahoma City Thunder; 2015
Nike; 2014
Sotheby's International Realty; 2015

828 INC.
32 Broadway St Ste 120, Asheville, NC 28801
Tel.: (828) 254-9200
Fax: (828) 254-9205
E-Mail: info@828design.com
Web Site: www.828design.com

Employees: 5

Agency Specializes In: Brand Development & Integration, Digital/Interactive, Internet/Web Design, Logo & Package Design, Print

Chris Hunter *(Partner & Sr Designer)*
Tom Petruccelli *(Principal)*

Accounts:
Postre Caramels

87AM
42 W 39th St 4th Fl, New York, NY 10018
Tel.: (646) 626-5555
E-Mail: info@87am.com
Web Site: www.87am.com

INTERACTIVE AGENCIES

Employees: 50
Year Founded: 2010

Agency Specializes In: Advertising, Brand Development & Integration, Broadcast, Digital/Interactive, Event Planning & Marketing, Out-of-Home Media, Outdoor, Print, Public Relations, Radio, Strategic Planning/Research

Adam Cunningham *(Chief Digital Officer)*
Kerri-ann McGinty *(Sr VP-Media)*
Jackson Lancaster *(Strategist & Sr Media Planner)*
Ashley Richardson *(Sr Media Planner)*

Accounts:
History
N The Queen of Paris

97TH FLOOR
2600 W Executive Parkway Ste 180, Lehi, UT 84043
Tel.: (801) 341-1986
E-Mail: up@97thfloor.com
Web Site: www.97thfloor.com

Employees: 60

Agency Specializes In: Content, Digital/Interactive, Internet/Web Design, Search Engine Optimization, Social Media

Chris Bennett *(Founder & CEO)*
Wayne Sleight *(COO)*
Paxton Gray *(VP-Ops)*
Joshua Moody *(Dir-R&D)*

Accounts:
New-Dell
New-ESPN
New-Time Warner Cable Enterprises LLC.

99MEDIALAB
1982 William St, Fredericksburg, VA 22401
Tel.: (703) 563-2571
E-Mail: marlenburm@gmail.com
Web Site: www.99medialab.com/

Employees: 3

Agency Specializes In: Internet/Web Design, Logo & Package Design, Mobile Marketing, Print, Search Engine Optimization

Piyush Mangukiya *(Mng Partner)*

ABRIALS & PARTNERS
(Name Changed to Union NY DC)

ABSOLUTE WEB SERVICES, INC
2875 NE 191st St Ste 404, Miami, FL 33180
Tel.: (305) 937-2526
Fax: (954) 252-4144
E-Mail: info@aws3.com
Web Site: www.absolutewebservices.com

Agency Specializes In: Advertising, Commercial Photography, Digital/Interactive, E-Commerce, Event Planning & Marketing, Graphic Design, Internet/Web Design, Production, Search Engine Optimization, Social Media

Roman Yoffe *(Founder & CEO)*
Sergio Tabaran *(Dir-Bus Dev)*

Accounts:
New-BF Aerospace Inc
New-Behavior Development Group
New-CC Homes
New-Cheney Bros Inc.
New-Continental Foods
New-Karma & Luck
New-Pefumeplus.Com
New-Pop Your Pup
New-Suniland Citgo
New-Voodoo Rooftop Nightclub

ACCENTURE INTERACTIVE
1345 Ave of the Americas, New York, NY 10105
Tel.: (917) 452-4400
Fax: (917) 527-9915
Toll Free: (877) 889-9009
Web Site: www.accenture.com/us-en/interactive-index

Employees: 1,200

Agency Specializes In: Brand Development & Integration, Content, Digital/Interactive, Direct Response Marketing, E-Commerce, Experience Design, Internet/Web Design, Media Planning, Media Training, Print, Social Media, Strategic Planning/Research

Brian Whipple *(CEO)*
Lisa De Bonis *(Mng Dir & Head-CMT Indus & Experience Strategy)*
Jeannine Falcone *(Mng Dir & Head-Mktg-North America)*
Rob Harles *(Mng Dir & Head-Social Media & Enterprise Collaboration-Global)*
Jon Baker *(Mng Dir)*
Cyndie Beckwith *(Mng Dir)*
Joe Lozito *(Mng Dir & Sr Head-Digital Delivery)*
Baiju Shah *(Mng Dir)*
Adam Kerj *(Chief Creative Officer-Nordic Reg)*
Glen Hartman *(Sr Mng Dir-AI & Digital)*
Patricio De Matteis *(Mng Dir-Asia Pacific)*
Mish Fletcher *(Mng Dir-Mktg & Comm)*
Stephen Kirkby *(Mng Dir-Res & Platform Dev-Australia)*
Christopher McNally *(Mng Dir-Digital Transformation)*
Anatoly Roytman *(Mng Dir-Europe, Africa & Latin America)*
Elizabeth Shanklin *(Mng Dir-Comm, Media & Tech-West)*
Markus Horak *(Head-Video Practice & Content Svcs & Creative Dir-Digital Mktg)*
Shama Diegnan *(Head-Digital Svcs Engagement)*
Gail Ferman *(Head-Mktg Consulting & Strategy)*
Teja Patankar *(Head-Mktg-North America)*
Matt Gay *(Sr Dir)*
Veronica Orzech *(Sr Acct Dir-Client Svc)*
David LaBar *(Dir-Global PR)*
Enslow Kable *(Sr Mgr-Strategy)*
Kelly Rainey *(Acct Mgr)*
Joseph Burket *(Mgr-Program & Project Mgmt)*
Nick Comney *(Strategist-Content & Copywriter)*
Justin Garrett *(Strategist-Brand & Content)*

Accounts:
Australian Rugby
Bayerische Motoren Werke Aktiengesellschaft Brand Equity, Digital Content, Mini, Website Support; 2018
Maserati North America, Inc. (Global Experience Agency of Record) Campaign Management & Analytics Services, Content, Creative, Customer Experience, Digital Advertising, Digital Brand Strategy, Digital Content Production, Programmatic Media; 2017
Radisson Hotel Group Global Experience; 2018
Svenska Cellulosa Aktiebolaget SCA
The Vatican Digital Communications Strategy, Ministry of Communications; 2017
The Walt Disney Company Founding Charter, Governance & Standard Business Practices, Innovation, Physical Space, StudioLab; 2018

ACHTUNG
Prins Hendrikkade 20-11, 1012 Amsterdam, Netherlands
Tel.: (31) 206232696
E-Mail: office@achtung.nl
Web Site: www.achtung.nl

Employees: 50

Agency Specializes In: Digital/Interactive, Graphic Design, Multimedia

Dick Buschman *(Partner)*
Mervyn Ten Dam *(Creative Dir)*
Annabelle Klop *(Bus Dir)*
Samyr Souen *(Creative Dir)*
Christian Mezofi *(Dir-Design)*
Gerben van der Zwaard *(Strategist)*

Accounts:
EBay Advertising, Media Buying, Media Planning
Eneco
KLM Royal Dutch Airlines
Stop AIDS Now! Campaign: "Staring Is Caring"
Suntory Holdings Limited Campaign: "Shake Things Up"
Uncommon
Vodafone Campaign: "FirstConcert", Campaign: "Grand Prix Van Roggel"
Volkswagen Group of America, Inc. Campaign: "Fanwagen", Campaign: "Linkeduit", New Car Dealers, Volkswagen GTI Bannerbahn

ACTUAL AGENCY
44 Montgomery St Ste 300, San Francisco, CA 94104
Tel.: (415) 854-9200
E-Mail: hello@actual.agency
Web Site: actual.agency

Employees: 10
Year Founded: 2015

Agency Specializes In: Brand Development & Integration, Communications, Content, E-Commerce, Event Planning & Marketing, Experiential Marketing, Media Relations, New Product Development, Public Relations, Social Media, Strategic Planning/Research

Brian T. Regan *(Pres)*
Michael Young *(Founder)*
Kate Corcoran Adorno *(Sr VP)*
Shane Jordan *(VP-Mktg & Insights)*
Jennifer Simonsen *(Dir-Bus Dev)*

Accounts:
New-InterTrust Technologies Corporation

ADD3
500 E Pike St Ste 200A, Seattle, WA 98122
Tel.: (206) 568-3772
Fax: (206) 374-3091
E-Mail: info@add3.com
Web Site: www.add3.com

Employees: 50

Agency Specializes In: Advertising, Brand Development & Integration, Content, Digital/Interactive, Graphic Design, Internet/Web Design, Public Relations, Search Engine Optimization, Social Media

Paul Uhlir *(CEO)*
Tim Wisner *(COO)*

Accounts:
New-Boyd Gaming Corporation
New-Costco Wholesale Corporation

ADEPT MARKETING
855 Grandview Ave Ste #140, Columbus, OH

AGENCIES - JANUARY, 2019 — INTERACTIVE AGENCIES

43215
Tel.: (614) 285-3044
E-Mail: info@marketingadept.com
Web Site: http://www.adeptmarketing.com/

Employees: 50
Year Founded: 2008

Agency Specializes In: Brand Development & Integration, Business-To-Business, Content, Digital/Interactive, E-Commerce, Email, Internet/Web Design, Public Relations, Search Engine Optimization, Social Media

Danielle Walton *(Co-Founder & COO-Growth & Digital Mktg)*
Nancy Cloutier *(Exec VP-Growth)*
Sara Kear *(Exec VP-Mktg Svcs)*
Melissa Boswell *(Dir-Acct Strategy)*
Justin Hines *(Dir-Website Design & Dev)*
Jake Kaufman *(Dir-Content Strategy)*

Accounts:
New-Compassion International
New-Murray Hill Dental

ADNORMA LLC
(Formerly Woodlands Ad Agency)
1310 Rayford Park Rd # 110, Spring, TX 77386
Tel.: (281) 651-2220
Web Site: adnorml.com

Employees: 8

Agency Specializes In: Advertising, Exhibit/Trade Shows, Graphic Design, Internet/Web Design, Logo & Package Design, Print

Darren Eiswirth *(Exec Dir-Creative)*

Accounts:
Forge USA
Secret Expressions
Service First Automotive Centers
Tangible Difference Learning Center

ADPEARANCE INC.
2035 NW Front Ave Ste 300, Portland, OR 97209
Tel.: (503) 961-7597
Toll Free: (855) 956-1526
E-Mail: info@adpearance.com
Web Site: www.adpearance.com

Employees: 140

Agency Specializes In: Advertising, Brand Development & Integration, Digital/Interactive, Internet/Web Design, Logo & Package Design, Paid Searches, Public Relations, Search Engine Optimization, Social Media

Kenzie Williams *(Sr Acct Dir)*
Maria Alauddin *(Acct Dir)*
Amy Trahey *(Acct Dir)*
Alison Milleman *(Dir-Client Success)*
Taylor Charles *(Acct Mgr)*
Alexandra Cook *(Acct Mgr)*
Amanda Craig *(Mgr-Inbound Team)*
Stephanie Reck *(Mgr-Bus Dev)*
Megan Walsh *(Mgr-Strategic Partner Dev)*
Parker Hutchins *(Sr Acct Exec)*
Caitlin Aronin *(Sr Specialist-Mktg)*
Cody Clifton *(Specialist-Mktg)*
Ruth Corson *(Specialist-Mktg)*
Alexandra Disney *(Specialist-Digital Adv)*
Sophie Hawkins *(Specialist-Mktg)*
Jane Keyler *(Specialist-Mktg)*
Megan Murray *(Specialist-Mktg)*
Beau Rosser *(Specialist-Mktg)*
Emily Shankman *(Specialist-Mktg)*
Cameron Dieter *(Coord-Digital Mktg)*
Rebecca Davis *(Client Svc Dir)*

Accounts:
Kia

ADPERIO
2000 S Colorado Blvd, Denver, CO 80222
Tel.: (303) 985-2700
Fax: (303) 985-0328
E-Mail: info@adperio.com
Web Site: www.adperio.com

Employees: 30
Year Founded: 1994

Agency Specializes In: Affiliate Marketing, Digital/Interactive, Direct Response Marketing, Email, Mobile Marketing, Paid Searches, Social Media, Web (Banner Ads, Pop-ups, etc.)

Approx. Annual Billings: $30,000,000

Jill Fletcher *(COO)*
Matthew Lord *(Chief Strategy Officer)*
David Porteous *(VP-Sls & Strategic Dev)*
Heather Stauffer *(VP-Publr Distr)*
Jennifer Schackel *(Dir-Publr Strategy)*
Mia Graham *(Acct Mgr)*
Matt Curtis *(Sr Acct Exec)*
Becky Morang *(Sr Fin Dir)*

ADSPACE NETWORKS, INC.
99 Park Ave 310, New York, NY 10168
Tel.: (646) 367-5300
Fax: (646) 367-5306
E-Mail: mgaliano@adspacenetworks.com
Web Site: www.adspacenetworks.com

Employees: 34
Year Founded: 2001

Agency Specializes In: Advertising, Digital/Interactive, Direct-to-Consumer, Out-of-Home Media, Outdoor

Peter Krieger *(Pres & COO)*
Greg Glenday *(CEO)*
Eric Steinert *(Exec VP-Bus Dev)*
Jonny Hamilton *(Sr VP-Creative & Media Ops)*
Pete Miles *(Sr VP-Ad Platform & Ops)*
Ian Mirmelstein *(Sr VP-Digital Engagement)*
John Wall *(VP & Sls Mgr-Natl)*
Miriam Anania *(VP-Sls)*
Ye-Ling Chen *(VP-Fin)*
Marc Galiano *(VP-Sls-Natl)*
Tom Leihbacher *(VP-Sls-Natl)*
Doug O'Day *(VP-Sls-Natl)*
Alexandra Sicuranza *(Planner-Sls)*
Nicole Battaglia *(Coord-Media Traffic)*

Accounts:
Adidas
Burberry
CoverGirl
Volvo

ADSVALUE
9446 N Sunset Rdg, Fountain Hills, AZ 85268
Tel.: (480) 836-7828
Fax: (480) 733-7828
E-Mail: avinfo@adsvalue.com
Web Site: www.adsvalue.com

Employees: 1
Year Founded: 2007

Approx. Annual Billings: $150,000

ADVANTIX DIGITAL
14285 Midway Rd Ste 475, Addison, TX 75001
Tel.: (972) 458-3050

Web Site: www.advantixdigital.com

Employees: 24
Year Founded: 2001

Agency Specializes In: Above-the-Line, Advertising, Advertising Specialties, Affluent Market, Automotive, Bilingual Market, Brand Development & Integration, Business-To-Business, Children's Market, College, Consulting, Consumer Marketing, Content, Copywriting, Corporate Identity, Digital/Interactive, Direct Response Marketing, Direct-to-Consumer, E-Commerce, Electronic Media, Event Planning & Marketing, Experiential Marketing, Financial, Graphic Design, Health Care Services, High Technology, Hispanic Market, Hospitality, Identity Marketing, Integrated Marketing, International, Internet/Web Design, Legal Services, Local Marketing, Logo & Package Design, Luxury Products, Market Research, Men's Market, Mobile Marketing, Multicultural, Multimedia, Over-50 Market, Paid Searches, Pets , Planning & Consultation, Production, Promotions, Real Estate, Regional, Retail, Sales Promotion, Search Engine Optimization, Seniors' Market, Shopper Marketing, Social Marketing/Nonprofit, Social Media, Strategic Planning/Research, Technical Advertising, Teen Market, Travel & Tourism, Tween Market, Urban Market, Viral/Buzz/Word of Mouth, Web (Banner Ads, Pop-ups, etc.), Women's Market

Peter Handy *(CEO & Mng Dir)*
Ed Ferreri *(CFO)*
Amine Bentahar *(COO & Chief Digital Officer)*

Accounts:
Arizona Leather Interiors
Axis Brain and Back Institute
BSN Sports
Cancer Treatment Centers of America
College Golf Camps
George Richards
Grubbs Infiniti
InTouch Credit Union
Mr. Big & Tall
Neighborhood Credit Union
OnsiteMD
Ourisman Automotive Group
Pacific Retail
Regional Plastic Surgery Center & Spa
RLJ Lodging Trust
Safe Money CLA
sixty five hundred
Southwest Scoliosis Institute
Sport Clips
Tip Top Tailors
V.I.P. Mortgage, Inc.

ADVERTISEMINT
604 Arizona Ave, Santa Monica, CA 90401
Tel.: (818) 919-9611
Web Site: www.advertisemint.com

Employees: 10
Year Founded: 2014

Agency Specializes In: Advertising, Advertising Specialties, Digital/Interactive, Direct Response Marketing, Media Buying Services, Mobile Marketing, Paid Searches, Social Marketing/Nonprofit, Social Media, Viral/Buzz/Word of Mouth, Web (Banner Ads, Pop-ups, etc.)

Brian Meert *(CEO)*

Accounts:
Jenson USA; 2014

ADVICE INTERACTIVE GROUP
7850 Collin McKinney Parkway Ste 300, McKinney, TX 75070
Tel.: (214) 310-1356

Interactive Agencies

INTERACTIVE AGENCIES

Web Site: www.adviceinteractivegroup.com

Employees: 50

Agency Specializes In: Content, Digital/Interactive, Internet/Web Design, Paid Searches, Search Engine Optimization, Social Media

Bernadette Coleman *(Pres & CEO)*
Tom Coleman *(CFO)*

Accounts:
Cyclist At Law

AI MEDIA GROUP LLC
1359 Broadway Fl 5, New York, NY 10018
Tel.: (212) 660-2400
Web Site: www.aimediagroup.com

Employees: 51

Agency Specializes In: Advertising, Brand Development & Integration, Digital/Interactive, Email, Internet/Web Design, Mobile Marketing, Search Engine Optimization, Social Media

Ron Trenka *(Founder & CIO)*
Andrew Fenster *(Chm & Pres)*
John Bernbach *(Chm)*
Sergio Alvarez *(CEO)*
Stephanie Anderson *(CMO & Chief Strategy Officer)*
David Brett *(VP)*

Accounts:
Allstate
New-Blackstone Tactical Opportunities
Ferrari
New-GuaranteedPROS Inc
Met Life
Porsche
Time Warner Cable

AKQA, INC.
360 3rd St 5th Fl, San Francisco, CA 94107
Tel.: (415) 645-9400
Fax: (415) 645-9420
E-Mail: info@akqa.com
Web Site: www.akqa.com

E-Mail for Key Personnel:
Media Dir.: media@akqa.com

Employees: 440
Year Founded: 1990

Agency Specializes In: Consumer Marketing, Digital/Interactive, E-Commerce, Internet/Web Design, Sponsorship

Revenue: $140,000,000

Ajaz Ahmed *(Founder & CEO)*
Diego Machado *(Founder & Creative Dir)*
Christine Grand *(Partner-Client)*
Drew Wahl *(Gen Mgr)*
Sebastian Gunnewig *(Exec Dir-Strategy & UX)*
Gavin McLeod *(Exec Creative Dir)*
Mark Uttley *(Grp Dir-Strategy)*
Lisa Ferragano *(Grp Acct Dir)*
Helen Lin *(Grp Acct Dir)*
Kristin Goto *(Client Svcs Dir)*
Dianne Hayashi *(Media Dir)*
Tim Shelley *(Creative Dir)*
Akira Takahashi *(Creative Dir)*
Olivia Albanese *(Dir-Client)*
Leo Faya *(Dir-Media Ops)*
Sean Quinn *(Dir-Strategy)*
Mike Seiler *(Dir-Search & Shopper)*
David Shuff *(Dir-Motion & Film)*
Andrew Walter *(Dir-Delivery)*
Wesley Cason *(Assoc Dir)*
Nu Goteh *(Assoc Dir-Strategy)*
Victoria Jefferson *(Client Partner)*
Miranda Molen *(Client Partner)*
Kelsey Bertiglia *(Mgr-Programmatic Media)*
Whitney Atkinson *(Supvr-Digital Media)*
Adam Dunlavey *(Supvr-Analytics)*
Matthew King *(Supvr-Media)*
Jamie Ozimek *(Supvr-Media)*
Colin Pacelli *(Supvr-Digital Media)*
Thomas Temmerman *(Supvr-Programmatic & Digital Media)*
Adam Arber *(Assoc Creative Dir & Sr Copywriter)*
Isa Brooks *(Media Planner)*
Zoe Drazen *(Copywriter)*
Kaitlyn Peterson *(Assoc Designer)*
Devin Schott *(Media Planner)*
Jan Barcikowski *(Sr Art Dir)*
Rana Cattaneo *(Assoc Acct Dir)*
EB Davis *(Grp Creative Dir)*
Marlene Flores *(Sr Media Planner-Digital)*
Zach Hyman *(Assoc Producer-Interactive)*
Vivien Ku *(Assoc Media Dir)*
Michelle Lassman *(Grp Creative Dir)*
Teresa Lau *(Assoc Media Dir)*
Kaleigh McMurray *(Assoc Media Dir)*
Dan Peters *(Assoc Creative Dir-Nike)*
Brett Reese *(Assoc Creative Dir)*
Allen Stern *(Grp Media Dir)*
Cameron Willig *(Sr Media Planner)*

Accounts:
New-Activision
Air France-KLM
Anheuser-Busch InBev Bud Light, Bud Light Birthday, Bud Light Button, Buds for Buds, Creative, Digital Innovation Agency of Record, Digital Marketing, Stella Artois
Apple
Audi of America (US Digital Agency of Record) Audi A6, AudiUSA.com, Campaign: "Autonomous Office Chair", Campaign: "Road Frustration Index", Content Development, Digital, Online Marketing
Beats Electronics
Bethesda
Caterpillar
Champs Sports
The Clorox Company Brita, Digital Media Buying
Delta Airlines (Global Digital Agency of Record) Dot-Com, Mobile
eBay Inc.
The Gap Inc Digital
Guitar Hero
Hermes
Levi Strauss & Co Digital Content
Nike Campaign: "Make It Count", Campaign: "Music Runs Ellie", Digital, Jordan, Nike+, Running, Shoes, Sister One, Sportswear; 1999
Nissan
NVIDIA Corporation
Old Navy Social
Optus
Tommy Hilfiger
Verizon Wireless Campaign: "Inspire Her Mind", Customer Relationship Management, Digital, Ecommerce, Makers, Retail, Social Media
Visa USA; San Francisco, CA Campaign: "The Samba of the World", Credit Cards, Digital, Visa Signature; 2001
Volvo (Lead Digital Agency) Analytics, Content, Social Media, Strategy
W.L. Gore & Associates, Inc. Advertising, B2B, B2C, Branding, Gore-Tex
World Wildlife Fund WWF Together

Branches

AKQA, Inc.
1 Saint John's Ln, London, EC1M 4BL United Kingdom
Tel.: (44) 207 780 4786
Fax: (44) 207 780 4787
E-Mail: info@akqa.com
Web Site: www.akqa.com

Employees: 300

Agency Specializes In: Brand Development & Integration, Consulting, Consumer Marketing, Electronic Media, Internet/Web Design, Publicity/Promotions

Sam Kelly *(Mng Dir)*
Ron Peterson *(Mng Dir)*
Geoff Northcott *(Mng Dir-Intl)*
Jo Hickson *(Head-Tech)*
Liz Smith *(Head-Mktg & Events)*
Michael Andrew *(Gen Mgr-Data Science)*
Masaya Nakade *(Exec Creative Dir)*
Antony Warne *(Exec Dir-Plng)*
Joe Walmsley *(Sr Acct Dir)*
Alexander Aidan *(Grp Acct Dir)*
Ross Winterflood *(Grp Acct Dir)*
Hari Bajwa *(Creative Dir)*
william Battersby *(Creative Dir)*
Suki Heather *(Creative Dir)*
Patrick Lendrum *(Creative Dir)*
Aivory Ann Gaw *(Dir-Bus Dev)*
Naiad Angel *(Client Partner)*
Shaban Siddiq *(Designer-Product)*
Alistair Schoonmaker *(Exec Bus Dir)*

Accounts:
Arsenal Amazon Alexa Skill
The British Broadcasting Corporation
EDF Energy Digital Advertising
Elton John
Eurostar Campaign: "LaVieOnBoard", Video
The Jamie Oliver Group
Levis
Misk Global Forum
Nike, Inc.
Oreo Campaign: "Lick for it"
Starbucks
TAG Heuer
United States Postal Service
Virgin Holidays
Vodafone
Volvo

AKQA, Inc.
Rm B201-203 Bldg 2 Park 2 Space, 169 Meng Zi Rd, Shanghai, 200023 China
Tel.: (86) 21 6124 8198
Fax: (86) 21 6124 8199
E-Mail: info@akqa.com
Web Site: www.akqa.com

Employees: 30

Agency Specializes In: E-Commerce

Sam Sterling *(Mng Dir)*
Eric Cruz *(Exec Creative Dir)*
Joe Cai *(Production Mgr)*
Bridget Hong *(Assoc Project Dir)*

Accounts:
Johnson & Johnson Baby Products (Agency of Record), Creative, Digital Strategy, Social Media
Nike "House of Mamba", LED Basketball Court, Nike Cricket, Nike Rise

AKQA, Inc.
3299 K St NW 5th Fl, Washington, DC 20007
Tel.: (202) 551-9900
Fax: (202) 337-2573
E-Mail: info@akqa.com
Web Site: www.akqa.com

Employees: 55
Year Founded: 1995

Agency Specializes In: Brand Development &

Integration, Consulting, Consumer Marketing,
Electronic Media, Internet/Web Design,
Publicity/Promotions, Sponsorship

Erik Rogstad *(Mng Dir)*
Rachel Barek *(Gen Mgr)*
Brendan DiBona *(Exec Creative Dir)*
Susannah Fogarty *(Sr Dir-Strategy)*
Ed Davis *(Sr Acct Dir)*
Jim Beaudoin *(Creative Dir)*
Elizabeth Bieber *(Creative Dir)*
Andrea Frederick *(Acct Dir)*
Jefferson Liu *(Creative Dir)*
Lindsay Werner *(Acct Dir)*
Lauren Wolfe *(Acct Dir)*
Laila Lynch *(Mgmt Supvr)*
Bryan Detwiler *(Dir-Client)*
Mike Procelli *(Dir-Analytics)*
Mattie Yaco *(Dir-Production)*
Thiago Balzano *(Assoc Creative Dir)*
Mike Hickman *(Assoc Creative Dir)*
Sarah Lockwood *(Assoc Creative Dir)*
Alfredo Medrano *(Sr Art Dir)*

Accounts:
Bethesda Softworks Wolfenstein II, Wolfenstein:
    The New Order
Delta
Sony Computer Entertainment America LLC
    Digital, Game Trailers, Sony PlayStation, UX,
    Video, Web Design
Ubisoft

AKQA, Inc.
114 Fifth Ave, New York, NY 10011
Tel.: (212) 989-2572
Fax: (212) 989-2363
Web Site: www.akqa.com

Employees: 91

Agency Specializes In: Advertising, Sponsorship

Stacey McLean *(Sr Acct Dir)*
Sarah Cunningham *(Grp Acct Dir)*
Dave Tupper *(Creative Dir)*
Hera Yeung *(Art Dir)*
Angel Zhang *(Acct Dir)*
Dan Ansell *(Assoc Dir-Strategy)*
Garry Pessia *(Client Partner)*
Amanda McCarthy *(Acct Supvr)*
Kayla Koterbay *(Supvr-Digital Media)*
Carlo Clerici *(Sr Designer)*
D. J. Davids *(Copywriter)*
Christine Dippold *(Assoc Program Dir)*
Maya Pollak *(Assoc Media Dir)*
Felipe Yamaoka *(Sr Art Dir)*

Accounts:
Bethesda Softworks
Budweiser
Clorox Co Brita, Digital
Converse Inc. Creative
Future Lions
Home Box Office
Levi's
Nike, Inc. Jordan
Palms Casino Resort (Agency of Record) Out of
    Home
The Snow Fox
Target Corporation Creative, Digital
Time Warner Inc.

AKQA, Inc.
1120 NW Couch St, Portland, OR 97209
Tel.: (503) 820-4300
E-Mail: info@akqa.com
Web Site: www.akqa.com

Employees: 90

Rodrigo Moyses *(Gen Mgr)*

Toby Barnes *(Exec Dir-Strategy)*
Josh Combs *(Exec Creative Dir)*
Daniel Jones *(Sr Acct Dir)*
Antoine Christian *(Art Dir)*
Whitney Jenkins *(Creative Dir)*
Lauren Mayer *(Mgmt Supvr)*
Edward Bignell *(Dir-Technical Ops)*
Dan Ansell *(Assoc Dir-Strategy)*
Carlos Arias *(Assoc Dir-Strategy)*
Alec Black *(Assoc Dir-Strategy)*
Sarah-Jayne Boyd *(Assoc Dir-Strategy)*
Benjamin Parisot *(Assoc Dir-Design)*
Docia Nartey-Koram *(Sr Mgr-Talent Acq)*
Carsten Thede *(Sr Acct Mgr)*
Sean Davis *(Sr Designer)*
Alice Chiapperini *(Sr Art Dir)*
Christine Dippold *(Assoc Program Dir)*
Ginny Golden *(Grp Creative Dir)*
Kelly Lenart *(Campaign Mgr)*
Riaad van der Merwe *(Assoc Creative Dir)*
Felipe Yamaoka *(Sr Art Dir)*

Accounts:
NIKE, Inc. Campaign: "Your Year"
Palms Casino Resort (Agency of Record) Out of
    Home
Volkswagen Group

AKQA
(Formerly DTDigital)
72 Christie Street, St Leonards, Sydney, NSW
    2065 Australia
Tel.: (61) 292681550
Web Site: www.akqa.com

Employees: 50
Year Founded: 1996

Agency Specializes In: Advertising,
Digital/Interactive, Engineering, Graphic Design,
Internet/Web Design, Mobile Marketing, Social
Media

Andrea Bianchi *(Principal-Design)*

Accounts:
Bunnings
Bupa
Caltex
Fairfax
Kmart
Officeworks
Optus Creative, Digital, Retail, Social
Tourism Australia Digital
Trafalgar Corporate Pty Limited

AKQA
(Formerly DTDigital)
Lvl 12 Royal Domain Centre, 380 St Kilda Road,
    Melbourne, Victoria 3004 Australia
Tel.: (61) 396846450
Web Site: www.akqa.com

Employees: 150
Year Founded: 1996

Agency Specializes In: Advertising,
Digital/Interactive, Experiential Marketing,
Internet/Web Design

Daniel Robathan *(Head-Acct & Gen Mgr)*
Tim Devine *(Exec Creative Dir)*
Daniel Holleb *(Dir-Strategy)*

Accounts:
Bunnings
Climate Council Chatbot
HESTA Content Strategy, Design, Development,
    Digital, Experience, Website Redesign
Myer
Officeworks Campaign: "When I Grow Up", Digital

ALEXANDER INTERACTIVE, INC.
(Name Changed to Cake & Arrow)

ALIPES CME, INC
28 Atlantic Ave Ste 131, Boston, MA 02110
Tel.: (617) 303-1045
E-Mail: info@alipes.com
Web Site: www.alipes.com

Employees: 25
Year Founded: 2003

Agency Specializes In: Advertising, Brand
Development & Integration, Communications,
Content, Digital/Interactive, Integrated Marketing,
Media Planning, Production, Public Relations,
Social Media

Torrey Fazen *(CEO)*
Paul Leech *(CFO)*
Meghan Gardner *(Sr VP-Strategy)*
Pace Willisson *(VP)*
Jason Tennis *(Creative Dir)*
Nathan Lamont *(Dir-Tech)*
Kayla King *(Acct Exec-Digital)*

Accounts:
New-Boston Public Market

ALTER IMAGING
1900 S Blvd Ste 304, Charlotte, NC 28203
Tel.: (704) 770-9900
E-Mail: hello@alterimaging.com
Web Site: www.alterimaging.com

Employees: 15
Year Founded: 2001

Agency Specializes In: Brand Development &
Integration, Content, Digital/Interactive, E-
Commerce, Graphic Design, Internet/Web Design,
Print, Radio, Search Engine Optimization, Social
Media

Robert Lennon *(CEO)*
Ana Guilbert *(Sr Project Mgr-Digital)*
Jacob Bigham *(Sr Designer)*
Sergei Safarov *(Lead Web Developer)*

Accounts:
New-Cosen Saws
New-Synergy Coverage Solutions
New-Verigent, LLC

ALTR
201 Washington St Ste 205, Salem, MA 01970
Tel.: (617) 838-2707
Web Site: www.getaltrd.com/

Employees: 10
Year Founded: 2014

Agency Specializes In: Brand Development &
Integration, Digital/Interactive, E-Commerce,
Internet/Web Design

Geordie McClelland *(Co-Founder)*
Christine Pillsbury *(Founder)*
Emily Toews *(Designer-UX & UI)*

Accounts:
AT&T
Athenahealth
Bamboo Rose
Bentley University
Boost Mobile
Divvy
Iora Primary Care
Lenovo
Rental Beast
Twine Health

INTERACTIVE AGENCIES

Virgin Mobile

AMMUNITION, LLC
1175 Peachtree St NW 10th Fl, Atlanta, GA 30361
Tel.: (404) 267-1966
E-Mail: letstalk@ammunition.agency
Web Site: ammunition.agency

Employees: 50
Year Founded: 2017

Agency Specializes In: Advertising, Brand Development & Integration, Business-To-Business, Customer Relationship Management, Digital/Interactive, Event Planning & Marketing, Internet/Web Design, Media Buying Services, Media Planning, Strategic Planning/Research

Jeremy Heilpern *(Founder, Pres & CEO)*
Kelly Lloyd *(Co-Founder & Chief Client Officer)*
David Bernardino *(Partner & COO)*
Jessica Burch *(Chief Creative Officer)*
Brent Guinn *(Chief Strategy Officer)*
Whitney Pillsbury *(Chief Creative Officer)*
James P. Crone *(Sr VP & Grp Acct Dir)*

Accounts:
New-Georgia Institute Of Technology
New-Make-A-Wish Foundation of Georgia (Agency of Record)
New-Mimaki USA Inc.
New-Mitsubishi Electric & Electronics USA Inc. Mitsubishi Electric Cooling & Heating
New-Panasonic Corporation of North America Panasonic Eco Solutions
New-SharkBite

AMOBEE, INC.
901 Marshall St # 200, Redwood City, CA 94063
Tel.: (650) 802-8871
Fax: (650) 802-8951
Web Site: www.amobee.com

Employees: 40

Agency Specializes In: Advertising, Digital/Interactive, Mobile Marketing, Social Media

Domenic Venuto *(COO)*
Shouvick Mukherjee *(CTO)*
Philip Smolin *(Chief Strategy Officer)*
Chad Bronstein *(Chief Revenue Officer-North America)*
Scott Ferber *(Chief Innovation Officer)*
Katie Ford *(Chief Client Officer)*
Erica Golden *(Chief People Officer)*
Todd Chu *(Sr VP-Operator Innovation-Global)*
Robert Woolfrey *(Sr VP-Asia)*
Paul DeGrote *(VP-Creative Svcs)*
Raj Gill *(VP-Sls & Automotive)*
Patrick Welty *(Sr Dir-Strategic Partnerships)*
Townes Donovan *(Acct Mgr)*
Evan Stokfisz *(Acct Mgr)*
Bryant Mawhorter *(Sr Acct Exec-Platform Sls)*

Accounts:
AppsFuel
DSNR Media Group
Globe
Nokia Canada Corporation Lumia 800
Optus
SingTel
Telkomsel

Branches

Amobee
1322 3rd St Promenade 2nd Level, Santa Monica, CA 90401
(See Separate Listing)

Amobee
Level 9 28 Freshwater Pl, Southbank, VIC 3006 Australia
Tel.: (61) 386212300
Fax: (61) 294754324
Web Site: www.amobee.com

Employees: 70

Liam Walsh *(Mng Dir-Australia & New Zealand)*
Andrew Dixon *(Head-Sls-Australia & New Zealand)*
Krish Raja *(Dir-Platform Sls)*
Jessica Ngu *(Mgr-Platform Campaign)*

Accounts:
Bluekai

Amobee
26 W 17th St 9th Fl, New York, NY 10011
Tel.: (646) 556-7750
Fax: (917) 591-2828
Web Site: amobee.com

Employees: 35
Year Founded: 2005

Agency Specializes In: Advertising, Branded Entertainment, Entertainment

Melinda Theo *(VP-Sls Ops)*
Aparna Dargar *(Dir-Platform Solutions-East)*
Ryan Wolin *(Sr Mgr-Bus Dev)*
Jaimee Benach *(Sr Acct Mgr)*
Rob Fenoglio *(Sr Acct Mgr)*
Jordan Oddo *(Sr Acct Mgr)*
Dari Cohan *(Acct Mgr-Digital)*
Claire Riley *(Acct Mgr)*
Stefanie Swerdlin *(Acct Mgr)*
James Burka *(Mgr-Bus Dev)*
Jacqueline King *(Mgr-Acct Mgmt)*
Samantha Hosler *(Acct Exec)*
Tyler Wirth *(Acct Exec)*

Accounts:
American Express Credit Card Services
Bank of America Corporation Banking Services
Capital One Banking Services
FRITO-LAY NORTH AMERICA, INC. Snacks Products Distr
Lowe's Companies, Inc. Home Appliances Store
Novartis AG Medical Care
StarCom Telecommunication Services

AMP AGENCY
77 N Washington St, Boston, MA 02114
Tel.: (617) 837-8100
Fax: (617) 723-2188
E-Mail: info@ampagency.com
Web Site: www.ampagency.com

Employees: 200
Year Founded: 1984

Agency Specializes In: Advertising, Automotive, Brand Development & Integration, Communications, Computers & Software, Consumer Goods, Consumer Marketing, Consumer Publications, Cosmetics, Custom Publishing, Digital/Interactive, Direct Response Marketing, Direct-to-Consumer, Education, Electronic Media, Electronics, Entertainment, Event Planning & Marketing, Experience Design, Fashion/Apparel, Financial, Food Service, Game Integration, Guerilla Marketing, Health Care Services, Hospitality, Household Goods, In-Store Advertising, Internet/Web Design, Leisure, Local Marketing, Magazines, Market Research, Media Buying Services, Media Planning, Media Relations, Media Training, Medical Products, Merchandising, Mobile Marketing, Multimedia, New Product Development, New Technologies, Newspaper, Newspapers & Magazines, Out-of-Home Media, Outdoor, Paid Searches, Pharmaceutical, Point of Purchase, Point of Sale, Print, Production, Production (Print), Publicity/Promotions, Radio, Restaurant, Retail, Sales Promotion, Search Engine Optimization, Shopper Marketing, Social Marketing/Nonprofit, Social Media, Sponsorship, Sports Market, Strategic Planning/Research, Sweepstakes, Syndication, T.V., Trade & Consumer Magazines, Transportation, Travel & Tourism, Viral/Buzz/Word of Mouth, Web (Banner Ads, Pop-ups, etc.)

Gary Colen *(CEO)*
Doug Grumet *(Sr VP-Media)*
Robyne Tanner *(VP-Fin & Controller)*
Colin Booth *(VP & Exec Creative Dir)*
Kazi Ahmed *(VP-Media)*
Michael Mish *(VP-Bus Dev)*
Paula Berkel *(Media Dir)*
Michael Dolan *(Acct Dir-Innovative Technologies)*
Matt Dowling *(Media Dir-Integrated)*
Makena Cahill *(Dir-Strategy)*
Tayla Egan *(Supvr-Media)*
Michael Mojahed *(Sr Specialist-Digital Media)*
David Walsh *(Sr Specialist-Digital Media)*
Megan Mak *(Media Planner)*
Sascha Lock *(Grp Media Dir)*

Accounts:
Ansell Healthcare LifeStyles; 2007
Coldwell Banker
Collette Travel
Food Bank For New York City
Garnier Fructis
Goodyear
Gruma Corporation Account Management, Experiential, Strategy
Hasbro Analytics, Creative, Digital Strategy, Monopoly, My Little Pony, Paid Search, Playskool, Search, Search Engine Optimization, Transformers
Icelandair
Incredible Innovations Wiki Foods
Jacksonville Jaguars
LifeStyles Condoms SKYN
L'Oreal USA, Inc. Maybelline
Tom Tom
Xively

Branches

AMP Agency
(Formerly 206 Inc.)
1505 Western Ave Ste 500, Seattle, WA 98101
Tel.: (206) 388-1440
Fax: (206) 388-1450
Web Site: https://www.ampagency.com

Employees: 50
Year Founded: 2005

Agency Specializes In: Advertising, Brand Development & Integration, Event Planning & Marketing, Public Relations, Social Media, Sponsorship

Kyle Lane *(Fin Dir)*
Evan Konecky *(Dir-Studio & Producer)*
Noelle Firth *(Dir-Consumer Engagement)*
Rachel Roebuck *(Assoc Creative Dir)*

Accounts:
Blue Dog Bakery
Chase Bank
Dockers Brand
Fleet Foxes
Levi Strauss & Co.
Microsoft Corporation Bing, Windows 7
Seattle Center
Southwest Airlines Co.
Toyota Motor North America, Inc.

AGENCIES - JANUARY, 2019 — INTERACTIVE AGENCIES

AMP Agency
(Formerly BLITZ)
6080 Center Dr Ste 260, Los Angeles, CA 90045
Tel.: (310) 551-0200
Fax: (310) 551-0022
Web Site: https://www.ampagency.com

Employees: 75
Year Founded: 2001

Agency Specializes In: Digital/Interactive, Game Integration, Sponsorship

Ivan Todorov *(Co-Founder & CEO)*
Cindy Mai *(Dir-Corp Comm-BLITZ)*
Adam Venturella *(Dir-Tech)*
Josh Esguia *(Sr Creative Dir)*

Accounts:
CiCi's Pizza Campaign: "Better. Believe It", Creative
Dell
Disney
Dole
Faraday Future Design Systems, UI
FX Networks
FX
Honda
IZZE Beverage Company Naked Juice
Kaiser Permanente
Mattel
Microsoft Campaign: "Gears of War 3 Website", X-Box
PepsiCo Naked Juice
Pioneer
Soap & Glory
TaylorMade

AMP Agency
317 Madison Ave Ste 1700, New York, NY 10010
Tel.: (617) 723-8929
Web Site: www.ampagency.com

Employees: 20
Year Founded: 2013

Agency Specializes In: Advertising, Brand Development & Integration, Digital/Interactive, Internet/Web Design, Print, Public Relations, Social Media

Colin Booth *(VP & Exec Creative Dir)*
Kazi Ahmed *(VP-Media)*
John Sandwick *(VP-Bus Dev)*
Ailine Tan *(VP)*
Matt Jacobs *(Gen Mgr-NYC)*
Nicole Sorice *(Acct Dir)*
Paula Berkel *(Dir-Media)*
Makena Cahill *(Dir-Strategy)*
John DeGray *(Assoc Dir-Creative)*
Jenna Clapp *(Acct Supvr)*
Jessica Heckman *(Supvr-Media)*
James Vinson *(Supvr-Media)*
Essane Diedro *(Sr Acct Exec)*
Chelsea Brandt *(Planner-Media)*
Nicole D'Amato *(Planner-Media)*
Todd Fenton *(Designer)*
Reilly Harmer *(Copywriter)*

Accounts:
New-Combe Incorporated Just for Men
Easy Spirit Media Buying
Rally Labs

AMPLIFIED DIGITAL AGENCY LLC
900 N Tucker Blvd 4th Fl, Saint Louis, MO 63101
Tel.: (314) 384-5156
Fax: (314) 340-3004
E-Mail: vendor@amplifieddigitalstl.com
Web Site: www.amplifieddigitalstl.com

Employees: 50

Agency Specializes In: Content, Digital/Interactive, E-Commerce, Internet/Web Design, Production, Radio, Search Engine Optimization, Social Media, Strategic Planning/Research, T.V.

Jolene Sherman *(Mng Dir)*
Andrews Colon *(Dir-Digital Svcs)*
Jessica Thomas *(Sr Mgr-Digital Mktg)*
Mark Buterin *(Mktg Mgr-Digital)*
Melissa Grubbs *(Mgr-Digital Quality Assurance)*
Brandi Unger *(Mgr-Digital Sls)*
Maureen Zwilling *(Sr Strategist-Digital Campaign)*
Francesca Eales *(Designer-Creative & Strategist)*

Accounts:
Classic Travel & Cuisines
Morgan County Press

AMUSE DIGITAL
4747 1st Fl SW Fwy, Houston, TX 77027
Tel.: (713) 257-9753
E-Mail: hello@amusedigital.com
Web Site: www.amusedigital.com

Employees: 50
Year Founded: 2013

Agency Specializes In: Brand Development & Integration, Content, Copywriting, Digital/Interactive, E-Commerce, Email, Media Planning, Public Relations, Search Engine Optimization, Social Media

Kimberly Michell *(Exec Dir-Digital Media & Performance)*
Marcus Howling *(Strategist-SEO)*
Frank Sendra *(Head-Bus Strategy)*
Austin Chilton *(Strategist-Social Media)*
Brandon Buras *(Dir-Bus Dev)*
Jin Chung *(Dir-Client Svcs & Exec Producer)*
Arturo Colon *(Assoc Dir-Creative)*
Andrew Martin *(Mgr-Digital Ad Ops & Ad Tech)*
Wesley Verret *(Mgr-UX)*
Samantha Niessing *(Sr Brand Mgr)*

Accounts:
New-Coit Services Inc. (Digital Agency of Record)

ANGELSMITH
10 Liberty Ship Way Ste 202, Sausalito, CA 94965
Tel.: (415) 228-0850
Web Site: www.angelsmith.net

Employees: 8
Year Founded: 2001

Agency Specializes In: Advertising, Digital/Interactive, Internet/Web Design, Search Engine Optimization, Social Media

Eric Oliver *(Pres)*
Carin Oliver *(Chief Innovation Officer)*
Terran Kim *(Dir-Design)*

Accounts:
Rodney Strong Vineyards

ANNALECT
195 Broadway 19th Fl, New York, NY 10007
Tel.: (212) 590-7667
Web Site: www.annalect.com

Employees: 500

National Agency Associations: 4A's

Agency Specializes In: Consulting, Digital/Interactive, Strategic Planning/Research

Loren Grossman *(Chief Strategy Officer-Global)*
Slavi Samardzija *(CEO-Global)*
Steve Katelman *(Exec VP-Digital Partnerships)*
Susie Thomas *(Mng Dir-Mktg Science)*
Terry Sheehan *(Sr Dir-Mktg Science-We Are Unlimited)*
John Briscoe *(Dir-Data & Ops)*
Anny Buakaew *(Dir-Platform Ops-US)*
Yvonne Cantrowitz *(Dir-HR-Global)*
Satindra Chakravorty *(Dir-Data & Analytic Solutions)*
Albert Lau *(Dir-Media Analytics)*
Anna Nicanorova *(Dir-Annalect Labs)*
John Del Gaudio *(Assoc Dir)*
Anastasia Derbas *(Assoc Dir-Platform Ops)*
Nauman Mirza *(Assoc Dir)*
Tim Petrycki *(Assoc Dir-Data Strategy & Integration)*
Jonathan Roman *(Assoc Dir-Platform Strategy & Ops)*
Matthew Chaffin *(Sr Mgr-Platform Acct Mgmt)*
Mario DiMercurio *(Sr Mgr-Platform Acct Mgmt)*
Alyssa Lerch *(Sr Mgr-Annalect Consulting)*
Yelena Broskina *(Sr Acct Mgr)*
Bryan Krebs *(Sr Acct Mgr-Platform Strategy)*
Helen Yan *(Sr Analyst-Data & Mktg Science Modeling)*

ANNEX88
(Formerly The 88)
26 Broadway Ste 1106, New York, NY 10004
Tel.: (212) 219-9288
E-Mail: hello@annex88.com
Web Site: http://annex88.com/

Employees: 75
Year Founded: 2010

Agency Specializes In: Above-the-Line, Alternative Advertising, Below-the-Line, Brand Development & Integration, Content, Digital/Interactive, Electronic Media, Guerilla Marketing, In-Store Advertising, Internet/Web Design, Mobile Marketing, Multimedia, Paid Searches, Production, Social Media, Viral/Buzz/Word of Mouth, Web (Banner Ads, Pop-ups, etc.)

Approx. Annual Billings: $9,000,000

Connor Bryant *(Mng Dir)*
Eileen Eastburn *(Grp Acct Dir)*
Angela EunSung Kim *(Art Dir)*
Adam Copeland *(Dir-Production)*
Jenna Trinchini *(Mgr-Bus Dev)*

Accounts:
New-Adidas Originals Culture, Footwear; 2016
Armand de Brignac
Bloomingdale's
Maltesers
New-Men's Wearhouse, Inc
New-St-Germain

ANTICS DIGITAL MARKETING
981 Industrial Rd Ste B, San Carlos, CA 94070
Tel.: (650) 595-4200
Fax: (650) 631-4200
Web Site: www.antics.com

Employees: 20
Year Founded: 1996

Agency Specializes In: Business-To-Business, Content, Digital/Interactive, Internet/Web Design, Print, Search Engine Optimization, Social Media, Strategic Planning/Research

Kevin Welsh *(Founder, CTO & Creative Dir)*
Charlie Ogden *(CEO)*

Accounts:
New-TripIt

INTERACTIVE AGENCIES

APPETIZER MOBILE LLC
115 W 45th St Ste 501, New York, NY 10036
Tel.: (212) 613-1600
E-Mail: contact@appetizermobile.com
Web Site: www.appetizermobile.com

Employees: 20

Agency Specializes In: Advertising, Media Buying Services, Search Engine Optimization, Social Media

Jordan Edelson *(Founder & CEO)*
Ian Deschler *(Chief Comm Officer)*

Accounts:
Chic Sketch

APPLOVIN CORPORATION
849 High St, Palo Alto, CA 94301
Tel.: (415) 710-5305
E-Mail: info@applovin.com
Web Site: https://www.applovin.com/

Employees: 70

Agency Specializes In: Digital/Interactive, Media Buying Services, Mobile Marketing

John Krystynak *(Founder & CTO)*
Andrew Karam *(Co-Founder & VP-Product)*
Adam Foroughi *(CEO)*
Katie Jansen *(CMO)*
Mark Rosner *(Chief Revenue Officer)*

Accounts:
eBay
GREE
Groupon
Hotels.com
OpenTable
Spotify
Zynga

ARCALEA LLC
73 W Monroe, Chicago, IL 60603
Tel.: (312) 248-4272
E-Mail: info@arcalea.com
Web Site: www.arcalea.com

Employees: 10
Year Founded: 2015

Agency Specializes In: Brand Development & Integration, Content, Digital/Interactive, Paid Searches, Search Engine Optimization, Social Media

Michael Stratta *(CEO)*

Accounts:
New-Chow Hound Pet Supplies (Agency of Record) Advertising, Content, Digital Strategies, Display, Marketing, Search; 2018
New-ConceiveAbilities
New-Feeders Supply Company (Agency of Record) Advertising, Content, Digital Strategies, Display, Marketing, Search; 2018

AREA 17
99 Richardson St 2nd Fl, Brooklyn, NY 11211
Tel.: (646) 277-7117
Web Site: www.area17.com

Employees: 25
Year Founded: 2003

Agency Specializes In: Content, Corporate Identity, Digital/Interactive, E-Commerce, Experience Design, Publishing, Social Media, Strategic Planning/Research, Technical Advertising

Kemp Attwood *(Partner & Creative Dir)*
Miguel Buckenmeyer *(Dir-Design-NYC)*
Ross d'Avignon *(Dir-Partnerships)*
Robyn A. Frank *(Mgr-People Ops)*

Accounts:
AdAge.com
Apple
Facebook
International Academy of Digital Arts and Sciences Webby Awards People's Voice Application

ARRIVALS + DEPARTURES
(Formerly Extreme Group)
47 Fraser Avenue North 2nd Floor, Toronto, ON M6K 1Y7 Canada
Tel.: (416) 607-6665
Fax: (416) 588-7401
E-Mail: info.yyz@arrivalsdepartures.com
Web Site: www.arrivalsdepartures.com

Employees: 100

Agency Specializes In: Advertising, Consumer Marketing, Investor Relations

Daniel Tolensky *(Partner & CFO)*
Michael Bevacqua *(Partner & Pres-Toronto)*
Jason Locey *(Chief Creative Officer)*
Alan Gee *(Chm-Creative)*
Angela Sung *(Assoc Dir-Creative & Art Dir)*
Jeff Simpson *(Assoc Creative Dir & Art Dir)*
Jennifer Sutherland *(Acct Dir)*
Stephen Allen *(Acct Mgr)*
Justin Ryan *(Acct Mgr)*
Dan Nelken *(Copywriter)*
Aaron Woolfson *(Copywriter)*
Curtis Chapman *(Jr Copywriter-Creative)*
Devon Clarke *(Jr Dir-Creative Art)*
Francheska Galloway-Davis *(Assoc Creative Dir)*

Accounts:
Bell Aliant Internet Access Provider
CAA
ConAgra Foods Marie Callender's, VH, Video
Downtown Halifax Business Commission
easyfinancial
Fallsview Casino Resort
Grand & Toy Office Products Supplier & Service
Mental Health Foundation of Nova Scotia
Moosehead Breweries Crafted Premium Beers Mfr
Nova Scotia Health Promotion & Protection Svcs
P&G Pharmaceuticals, Cleaning Supplies, Personal Care & Pet Supplies Products Supplier
Sante Dental
Shops at Don Mills Fashion, Dining & Entertainment Open Air Centre
Stepping Stone

ARTEFACT S.A
(Formerly Artefact-NetBooster)
19 Rue Richer, 75009 Paris, France
Tel.: (33) 179724545
E-Mail: hello@artefact.com
Web Site: artefact.com

Year Founded: 1998

Agency Specializes In: Advertising, Affiliate Marketing, Brand Development & Integration, Consulting, Content, Customer Relationship Management, Digital/Interactive, Event Planning & Marketing, Search Engine Optimization, Social Media

Guillaume de Roquemaurel *(Co-Founder & Grp CEO)*
Vincent Luciani *(Co-Founder & COO)*
Philippe Rolet *(Co-Founder & CTO)*
Francois De La Villardiere *(Chm)*
Kristoffer Ewald *(Grp CIO)*
Matthew Phelan *(CEO-4Ps)*
Julius Ewig *(Mng Dir-DACH)*
Judith Nissen *(Head-Corp Comm)*
Lennert De Rijk *(Dir-Benelux & Nordics)*

Accounts:
Accor S.A.
Carrefour SA
Deutsche Telekom AG
The Emirates Group
Greenpeace
Monoprix S.A.
Orange SA

ARTVERSION CREATIVE
(Formerly ArtVersion Interactive)
11 N Skokie Hwy, Lake Bluff, IL 60044
Tel.: (847) 279-8999
Fax: (847) 279-8997
Web Site: www.artversion.com

Employees: 20
Year Founded: 1999

Agency Specializes In: Business Publications, Catalogs, Collateral, Digital/Interactive, Electronic Media, Email, Exhibit/Trade Shows, Experience Design, Guerilla Marketing, In-Store Advertising, Local Marketing, Magazines, Mobile Marketing, Multimedia, Newspaper, Newspapers & Magazines, Out-of-Home Media, Paid Searches, Podcasting, Point of Purchase, Point of Sale, Print, Production (Print), Promotions, Publishing, Search Engine Optimization, Social Media, Viral/Buzz/Word of Mouth, Web (Banner Ads, Pop-ups, etc.)

Goran Paunovic *(Principal & Creative Dir)*
Vanessa Payne Petersen *(Exec Dir-Strategy-ArtVersion Interactive Agency)*
Erin Lentz *(Dir-Design)*

Accounts:
Aiwa; 2014
Morgan Stanley; 2010
Toyota; 2015

ATAK INTERACTIVE INC.
941 E 2nd St, Los Angeles, CA 90012
Tel.: (855) 472-1892
E-Mail: info@atakinteractive.com
Web Site: www.atakinteractive.com/

Employees: 20
Year Founded: 2005

Agency Specializes In: Brand Development & Integration, Content, Digital/Interactive, Email, Graphic Design, Internet/Web Design, Print, Search Engine Optimization, Social Media

David Ephraim *(CEO)*
Austin LaRoche *(CMO)*
Shelly Ulaj *(Comm Mgr)*
Milan Vranes *(Sr Designer)*
Marina Vysotskaya *(Designer-Web)*
Sarah Shimoda *(Coord-Content Mktg)*

Accounts:
We Rock the Spectrum Kids Gym

ATEN DESIGN GROUP, INC.
3507 Ringsby Court Unit 111, Denver, CO 80216
Tel.: (303) 831-0448
Fax: (360) 234-5761
E-Mail: work@atendesigngroup.com
Web Site: www.atendesigngroup.com

Employees: 25

AGENCIES - JANUARY, 2019   INTERACTIVE AGENCIES

Agency Specializes In: Brand Development & Integration, Content, Customer Relationship Management, Digital/Interactive

Ken Woodworth *(Partner & VP-User Experience)*
Justin Toupin *(Principal & Creative Dir)*
Joe Crespo *(Acct Dir)*
Roxy Koranda *(Designer-UX)*

Accounts:
Stanford Online High School

ATILUS, LLC
28440 Old 41 Rd Ste 9, Bonita Springs, FL 34135
Tel.: (239) 362-1271
Web Site: www.atilus.com

Employees: 5
Year Founded: 2005

Agency Specializes In: Digital/Interactive, Internet/Web Design, Search Engine Optimization

Zach Katkin *(CEO)*
Kristen Bachmeier *(Dir-Ops)*
Harry Casimir *(Dir-Ops)*
Valerie Baker *(Specialist-Client Svcs & Digital Mktg)*

Accounts:
Caffrey & Associates, LLC
Naples, Marco Island, Everglades Convention & Visitors Bureau (Marketing Agency of Record)

ATLARGE INC
1413 Blvd of the Arts, Sarasota, FL 34236
Tel.: (941) 365-9200
Fax: (941) 365-9233
E-Mail: getlarge@largeinc.com
Web Site: www.atlargeinc.com

Employees: 20
Year Founded: 2006

Agency Specializes In: Brand Development & Integration, Content, Digital/Interactive, Internet/Web Design, Social Media

Megan Greenberg *(Strategist-Digital & Svc Innovation)*
Daniel Watts *(Strategist-Client)*

Accounts:
Tampa Bay Partnership

AUTHENTIC
(Formerly Create Digital)
101 W 7th St, Richmond, VA 23224
Tel.: (804) 955-4400
Fax: (804) 955-4465
Toll Free: (866) 682-6144
E-Mail: info@beauthentic.digital
Web Site: beauthentic.digital

Employees: 100
Year Founded: 2009

Agency Specializes In: Advertising, Brand Development & Integration, Content, Digital/Interactive, Email, Graphic Design, Internet/Web Design, Media Planning, Social Media

David Roe *(CEO)*
Kendall Morris *(Partner-Strategy)*
Brett Lewis *(COO)*
Martha Cohen *(Client Svcs Dir)*
Holly Myles *(Acct Supvr)*
Jessica Beck *(Strategist)*

Accounts:

Oberkotter Foundation

AVALAUNCH MEDIA
2972 W Maple Loop Ste 201, Lehi, UT 84043
Toll Free: (877) 873-9298
E-Mail: launch@avalaunchmedia.com
Web Site: avalaunchmedia.com

Employees: 50
Year Founded: 2005

Agency Specializes In: Brand Development & Integration, Consulting, Content, Copywriting, Digital/Interactive, Production, Promotions, Search Engine Optimization, Social Media, Strategic Planning/Research

David Mink *(Founder & Partner)*
Andrew Melchior *(Founder, Partner & VP)*
Matt Siltala *(Founder & Pres)*
Bryan Duffin *(Dir-Paid Adv)*
Amanda Doyle *(Mgr-Growth)*
Lane Robinson *(Mgr-Ecommerce Sls)*
Kyle Shurtz *(Dir-PPC)*
Landon Hedin *(Dir-Bus Dev)*
James Brown *(Dir-Bus Dev)*
Maile Waite *(Specialist-Search Mktg)*
Jason Passey *(Mgr-Enterprise PPC)*
Emily Emmens *(Acct Mgr-Strategic)*
Nastassja Krupczynski *(Mgr-Social Media & Strategist)*
Sarah Hockman *(Designer-Motion Graphic)*

Accounts:
New-Bitdefender
New-Blendtec
New-Eagle Home Mortgage LLC.
New-Kapital Steel
New-Lexington Law
New-Noble West
New-Nu Skin Enterprises Inc.
New-Teletrac Navman US Ltd
New-Under Armour Inc.
New-Vigoroom

AVEXDESIGNS
175 Varick St 8th Flr, New York, NY 10014
Tel.: (347) 329-3343
E-Mail: info@avexdesigns.com
Web Site: www.avexdesigns.com

Employees: 4
Year Founded: 2013

Agency Specializes In: Affluent Market, Brand Development & Integration, Consumer Marketing, Content, Digital/Interactive, Direct Response Marketing, Direct-to-Consumer, E-Commerce, Entertainment, Fashion/Apparel, Financial, Graphic Design, Internet/Web Design, Luxury Products, Market Research, Men's Market, New Technologies, Retail, Search Engine Optimization, Urban Market, Web (Banner Ads, Pop-ups, etc.), Women's Market

Approx. Annual Billings: $5,000,000

John Surdakowski *(Founder & Creative Dir)*

Accounts:
Cantor Fitzgerald Company Website; 2014
Eric Javits Company Website; 2016
Iconix Brand Group Website; 2016
Kith NYC ECommerce Website; 2016
New-Pony Sneakers Company Website; 2014
Starter/Starter Black Starter Active Website, Starter Black Website; 2016

AVINOVA MEDIA GROUP
(See Under D/CO Consulting)

AXZM
1601 Elm St Ste 3300, Dallas, TX 75201
Tel.: (214) 272-9109
E-Mail: info@axzm.com
Web Site: www.axzm.com

Employees: 10

Agency Specializes In: Brand Development & Integration, Content, Digital/Interactive, Paid Searches, Print, Search Engine Optimization, Social Media

Steve Floyd *(Founder)*
Tyler C. Ferguson *(Developer-Web)*

Accounts:
American Pregnancy Association

AYIMA INC.
270 Lafayette St Ste 1406, New York, NY 10012
Tel.: (212) 219-8276
Fax: (917) 398-1326
E-Mail: contact@ayima.com
Web Site: www.ayima.com

Year Founded: 2002

Agency Specializes In: Advertising, Content, Digital/Interactive, E-Commerce, Event Planning & Marketing, Internet/Web Design, Paid Searches, Programmatic, Public Relations, Search Engine Optimization, Social Media, T.V.

Mike Jacobson *(CEO)*
Mike Nott *(COO)*
Rob Kerry *(Chief Strategy Officer)*
Tim Webb *(CTO)*
Lauren MacPhail *(Sr VP)*
Ryan Huser *(VP-Search)*
Eric Powell *(VP-Ops)*
Simon Panting *(Dir-SEO)*
Stephanie DeRousseau *(Office Mgr-Raleigh)*
Kimberly Ng *(Office Mgr)*
John Nixon *(Mgr-Content Mktg)*

Accounts:
New-Adam & Eve
New-Macmillan Cancer Support

Branch

Ayima Ltd
2120 University Ave, Berkeley, CA 94704
Tel.: (510) 900-5042
E-Mail: contact@ayima.com
Web Site: www.ayima.com

Agency Specializes In: Content, Digital/Interactive, E-Commerce, Event Planning & Marketing, Internet/Web Design, Paid Searches, Public Relations, Search Engine Optimization, T.V.

Lauren MacPhail *(Sr VP)*
Simon Panting *(Dir-SEO)*

Accounts:
New-Silicon Valley institution

B-REEL
Tjarhovsgatan 4, 116 21 Stockholm, Sweden
Tel.: (46) 850524850
E-Mail: sthlm@b-reel.com
Web Site: www.b-reel.com

Employees: 50

Agency Specializes In: Arts, Digital/Interactive, Internet/Web Design, Mobile Marketing, Web (Banner Ads, Pop-ups, etc.)

1239

INTERACTIVE AGENCIES

Jesper Kling *(Mng Dir)*
Philip Arvidson *(Art Dir)*
Elin Johansson *(Brand Dir)*
Viktor Arve *(Sr Art Dir)*

Accounts:
InstruMMents
Twentieth Century Fox The Book Thief

Branch

B-Reel
77 Sands St 12th Fl, Brooklyn, NY 11201
(See Separate Listing)

BAKERY
758 Springdale Rd, Austin, TX 78702
Tel.: (512) 813-0700
Web Site: www.bakery.agency

Employees: 18
Year Founded: 2010

Agency Specializes In: Above-the-Line, Advertising, Alternative Advertising, Automotive, Below-the-Line, Bilingual Market, Brand Development & Integration, College, Communications, Computers & Software, Consumer Publications, Content, Corporate Identity, Custom Publishing, Digital/Interactive, Direct Response Marketing, E-Commerce, Electronic Media, Electronics, Entertainment, Fashion/Apparel, Food Service, Guerilla Marketing, Hispanic Market, In-Store Advertising, Integrated Marketing, Internet/Web Design, Logo & Package Design, Media Planning, Men's Market, Mobile Marketing, Multicultural, Multimedia, New Product Development, Out-of-Home Media, Package Design, Paid Searches, Planning & Consultation, Point of Purchase, Point of Sale, Production, Production (Ad, Film, Broadcast), Restaurant, Retail, Search Engine Optimization, Social Media, Sports Market, Strategic Planning/Research, T.V., Teen Market, Transportation, Travel & Tourism, Viral/Buzz/Word of Mouth, Web (Banner Ads, Pop-ups, etc.)

Juan Carlo Carvajal *(Mng Partner & Sr VP-Bus Dev)*
Micky Ogando *(Principal & Chief Creative Officer)*
Robert Fraze *(Assoc Creative Dir)*

Accounts:
Avid Plate Arcade Midtown Kitchen Restaurants; 2013
Beef Products Incorporated; 2013
BeesFreeze LLC BeesFreeze Ice Cream; 2013
City of Corpus Christi Water CC Conservation App; 2013
Daimler North America Corporation Car2Go, Creative
Ehco; 2015
Goodwill Industries of Greater New York and Northern New Jersey, Inc.; 2011
HausVac Central Vacuum Systems; 2015
Moonshine Sweet Tea, LLC; 2010
Round Rock Honey LLC Goodbee's Honey, Round Rock Honey; 2010
Texas Department of Transportation (TexDOT) Don't Mess With Texas-Digital; 2014
Tim Doi Food; 2015
Trellistate; 2014
Tugg, Inc; 2012
Union Pacific Railroad; 2014

BEAM
24 School Street, Boston, MA 02108
Tel.: (617) 523-0500
E-Mail: info@beamland.com
Web Site: www.beamland.com

Employees: 101

Agency Specializes In: Advertising, Consulting, Customer Relationship Management, High Technology

Eric J. Snyder *(Owner, Pres & Partner)*
Birch Norton *(Owner, Partner & Exec Creative Dir)*
Dave Batista *(Partner & Chief Creative Officer)*
Dale Fakhouri *(Brand Mgr-Jim Beam)*
Caitlin Rannells *(Mgr-Comml Mktg)*

Accounts:
athenahealth Health Care Services
Comcast Telecommunication Services
DWS Asset Management Operation
Living Proof Beauty Experts
Mini New Car Dealers
Puma Footwear Stores
Virgin Telecommunication Services

BEAM INTERACTIVE
24 School St, Boston, MA 02108
Tel.: (617) 523-0500
Fax: (617) 523-0501
E-Mail: info@beamland.com
Web Site: www.beamland.com

Employees: 70
Year Founded: 2004

Agency Specializes In: Advertising, Affluent Market, Brand Development & Integration, Consumer Marketing, Digital/Interactive, Direct-to-Consumer, Experience Design, High Technology, LGBTQ Market, Luxury Products, Mobile Marketing, Social Media, Urban Market, Web (Banner Ads, Pop-ups, etc.)

Birch Norton *(Owner, Partner & Exec Creative Dir)*
Eric Snyder *(Partner & Pres)*
Dave Batista *(Partner & Chief Creative Officer)*
Jon Ianelli *(Partner & Exec VP-Client Svcs)*
Jim Rich *(Partner & Exec Dir-Tech & Ops)*

Accounts:
Converse
Fidelity Investments
Mini USA

BEESEEN SOLUTIONS
325 Wireless Blvd, Hauppauge, NY 11788
Tel.: (631) 593-5447
Fax: (212) 390-8297
E-Mail: info@beeseensolutions.com
Web Site: beeseensolutions.com

Employees: 50
Year Founded: 2016

Agency Specializes In: Brand Development & Integration, Content, Digital/Interactive, Event Planning & Marketing, Health Care Services, Internet/Web Design, Print, Public Relations, Search Engine Optimization, Social Media

Peter Pinto *(Co-Founder)*
Paul Vallario Jr. *(Co-Founder)*
Patrick Pinto *(CMO & Strategist-Digital Mktg)*

Accounts:
New-Elegant Affairs Caterers
New-Jeanne Kelly

BEMARKETING SOLUTIONS
3 Valley Sq Ste 100, Blue Bell, PA 19422
Tel.: (484) 351-8820
Fax: (267) 705-2347
E-Mail: info@bemarketingsolutions.com
Web Site: bemarketing.com

Employees: 10
Year Founded: 2008

Agency Specializes In: Advertising, Brand Development & Integration, Communications, Digital/Interactive, E-Commerce, Graphic Design, Internet/Web Design, Print, Search Engine Optimization, Social Media

Brandon Rost *(Pres)*
Tiffany Ellis *(VP-Client Svcs)*
Stephanie Brace *(Designer-Web)*
Allie Pigliavento *(Coord-Mktg Campaign)*

Accounts:
New-Adam Mechanical
New-Bachmans Roofing Inc
New-GN Diamond (Marketing Agency of Record)

BENDER8
6304 N Monroe Ave, Kansas City, MO 64119
Tel.: (816) 516-8252
Web Site: https://bender8.com/

Employees: 5
Year Founded: 2013

Agency Specializes In: Affluent Market, Alternative Advertising, Consumer Marketing, Electronic Media, Email, Guerilla Marketing, High Technology, International, Luxury Products, Men's Market, Mobile Marketing, Multimedia, Paid Searches, Print, Product Placement, Production, Search Engine Optimization, Teen Market, Viral/Buzz/Word of Mouth, Web (Banner Ads, Pop-ups, etc.), Women's Market

Approx. Annual Billings: $120,000

Brandon Bender *(Dir)*

Accounts:
Mycart E-commerce Platform

BIG DROP INC.
111 John St, New York, NY 10038
Tel.: (212) 858-9580
Web Site: www.bigdropinc.com

Employees: 82
Year Founded: 2012

Agency Specializes In: Branded Entertainment, Digital/Interactive, Print

Approx. Annual Billings: $3,000,000

Garry Kanfer *(Pres)*

Accounts:
Isaac Katz Website

BLACKBELT AGENCY
325 Pacific Ave, San Francisco, CA 94111
Tel.: (415) 500-2260
E-Mail: info@blackbeltagency.com
Web Site: https://blackbelt.ai/

Employees: 10
Year Founded: 2015

Agency Specializes In: Brand Development & Integration, Content, Copywriting, Customer Relationship Management, Digital/Interactive, E-Commerce, Experience Design, Media Buying Services, Media Planning, Production, Social Media, Strategic Planning/Research, Web (Banner Ads, Pop-ups, etc.)

Grant McDougall *(CEO)*

AGENCIES - JANUARY, 2019 — INTERACTIVE AGENCIES

Liza Nebel *(Partner & COO)*
Brian Tucker *(Principal, Head-Innovation & Producer-Creative)*

Accounts:
AT&T West
International Business Machines Corporation
Lattice Strategies, LLC
NerdWallet, Inc
Visa Inc
VMware, Inc
Zume Pizza Inc

BLUE BEAR CREATIVE
2116 Clay St, Denver, CO 80211
Tel.: (719) 287-8945
E-Mail: info@bluebearcreative.co
Web Site: www.bluebearcreative.co

Employees: 5

Agency Specializes In: Content, Digital/Interactive, Internet/Web Design, Media Relations, Public Relations, Search Engine Optimization, Social Media, Web (Banner Ads, Pop-ups, etc.)

Alex Oesterle *(Dir-Ideation)*
Annie Lake *(Strategist-Brand)*

Accounts:
Smashburger Social Media

BLUE FOUNTAIN MEDIA
102 Madison Ave, New York, NY 10016
Tel.: (212) 260-1978
E-Mail: brian@bluefountainmedia.com
Web Site: www.bluefountainmedia.com

Employees: 200
Year Founded: 2003

Agency Specializes In: Agriculture, Arts, Aviation & Aerospace, Business-To-Business, Children's Market, College, Computers & Software, Consumer Goods, Consumer Marketing, Content, Cosmetics, Customer Relationship Management, Digital/Interactive, E-Commerce, Education, Electronic Media, Electronics, Email, Engineering, Entertainment, Environmental, Fashion/Apparel, Food Service, Government/Political, Graphic Design, Health Care Services, High Technology, Hospitality, Household Goods, Industrial, Information Technology, International, Internet/Web Design, Investor Relations, Legal Services, Leisure, Luxury Products, Marine, Medical Products, Men's Market, Merchandising, Mobile Marketing, Multicultural, Multimedia, New Technologies, Over-50 Market, Pets, Pharmaceutical, Real Estate, Recruitment, Restaurant, Retail, Search Engine Optimization, Seniors' Market, Sports Market, Teen Market, Transportation, Travel & Tourism, Travel Market, Urban Market, Web (Banner Ads, Pop-ups, etc.), Women's Market

Approx. Annual Billings: $18,000,000

Brian Byer *(VP & Head-Content & Commerce Practice)*
Sara Cotillard *(Controller)*
Susan Russo *(Sr Acct Dir)*
Josh Werkstell *(Sr Acct Dir)*
Jared Miller *(Dir-Digital Acct & Producer-Digital)*
John Renaldo *(Acct Dir & Sr Mgr-Digital Mktg)*
Yury Rush *(Acct Dir)*
Lisa Powys Turek *(Acct Dir)*
Samantha Lambert *(Dir-HR)*
John Marcinuk *(Grp Mktg Dir)*

Accounts:
Allstate Insurance
AOL
Baldor Foods
Bowlmor AMF
Harper Collins
NFL
Procter & Gamble
Service King Collision Repair Centers (Agency of Record)
Sharp
Tishman Speyer

BLUE WATER
6404 Ivy Ln Ste 600, Greenbelt, MD 20770
Tel.: (877) 861-2583
E-Mail: info@bwm.com
Web Site: www.bwm.com

Employees: 51
Year Founded: 2001

Agency Specializes In: Brand Development & Integration, Content, Digital/Interactive, E-Commerce, Graphic Design, Internet/Web Design, Print, Public Relations, Social Media, Strategic Planning/Research

Todd Coen *(Pres)*
Curt Schwab *(CEO)*
Matt Sarro *(VP)*
Jennifer Koscielniak *(Creative Dir)*
Chris Hodowanec *(Dir-Svc Design)*
Anthony Mangini *(Dir-Dev Ops)*
Peter Stone *(Dir-Software Engrg)*
Erin Clifford *(Acct Exec-Digital)*

Accounts:
New-Acquia Inc
New-American Lung Association
AMTRAK
Audi of America, Inc.
New-Austal
New-GP Strategies Corporation
New-Hodge, Hart & Schleifer, Inc.
The Johns Hopkins University
L3 Technologies, Inc.
New-National Sheriffs Association

Branch

Blue Water
50 California St Ste 1500, San Francisco, CA 94111
Tel.: (877) 861-2583
E-Mail: info@bwm.com
Web Site: bwm.com

Employees: 51
Year Founded: 2001

Agency Specializes In: Advertising, Content, Digital/Interactive, E-Commerce, Event Planning & Marketing, Internet/Web Design, Logo & Package Design, Production, Social Media, Strategic Planning/Research

Craig Strydom *(Creative Dir-Brand)*
Rebecca Rodrigues *(Dir-Acct Mgmt)*

Accounts:
New-Association for Accessible Medicines

BLUECADET INTERACTIVE
1526 Frankford Ave, Philadelphia, PA 19125
Tel.: (267) 639-9956
Fax: (267) 639-9958
E-Mail: info@bluecadet.com
Web Site: www.bluecadet.com

Employees: 50
Year Founded: 2004

Agency Specializes In: Advertising, Digital/Interactive, Graphic Design, Multimedia

Josh Goldblum *(Founder & CEO)*
Rebecca Sherman *(Mng Dir)*
Troy Lachance *(Exec Creative Dir)*
Brad Baer *(Creative Dir-Environments & Dir-Strategy)*
Elizabeth Russell *(Strategist-Content & Producer-Interactive)*
Dan King *(Creative Dir-Film)*
Kim Quinn *(Art Dir)*
Brett Renfer *(Creative Dir)*
Aaron Richardson *(Art Dir)*
Benjamin Bojko *(Dir-Tech)*
Mark Llobrera *(Dir-Tech)*
Nate Renninger *(Designer)*

Accounts:
American Revolution Center
Counterspill
The Herb Block Foundation
John P McNulty
National Park Service
University City District

BLUETENT
218 E Valley Rd, Carbondale, CO 81623
Tel.: (970) 704-3240
E-Mail: info@bluetent.com
Web Site: www.bluetent.com

Employees: 25

Agency Specializes In: Brand Development & Integration, Content, Digital/Interactive, Email, Internet/Web Design, Media Planning, Search Engine Optimization, Social Media

Peter Scott *(Pres)*
Jay Scherrer *(Partner & COO)*
Ned Lucks *(Partner & CTO)*
Brynn Flaherty *(Dir-Mktg Svcs)*
Alisa Holmes *(Dir-Client Solutions)*
Julia Southworth *(Dir-Mktg)*
Eric Taylor *(Dir-Email Mktg)*
Andrew Gaylord *(Acct Mgr-Digital)*
Kara Kacmarcik *(Acct Mgr-Strategic)*
Kate Robson *(Acct Mgr-SEO)*
Jack Scherrer *(Acct Mgr-SEM & Strategic)*
Braeden Flaherty *(Production Mgr)*

Accounts:
New-Frias Properties of Aspen
New-Gulf Shores Plantation
New-Kemo Sabe
New-MV Vacation Rentals
New-Midgett Realty
New-Pinnacle Port Rentals
New-Shadow Mountain Resort
New-Telluride Resort Lodging
New-Wildernest

BOOYAH ADVERTISING
3001 Brighton Boulevard, Denver, CO 80216
Tel.: (303) 345-6100
Fax: (303) 345-6700
E-Mail: info@thebooyahadvertising.com
Web Site: www.booyahadvertising.com

Employees: 27

Agency Specializes In: Internet/Web Design, Sponsorship

Troy Lerner *(CEO)*
Kristopher Knight *(CFO)*
Dan Gallagher *(Exec VP)*
Katie Holdsworth *(Sr VP)*
Crystal Stewart *(VP)*
Christine Aultz *(Acct Dir)*
Laine Bulakites *(Acct Dir)*

INTERACTIVE AGENCIES

Cailin Schmirler *(Acct Dir)*
Matt Ward *(Creative Dir)*
Lauren Weisel *(Strategist-Search)*
Carolyn Drozynski *(Assoc Media Buyer)*
Sarah Israel *(Media Buyer)*
Lindsey Mericka *(Assoc Media Buyer)*
Marie Northrup *(Assoc Media Buyer)*
Piper Person *(Media Planner)*
Sam Ross *(Media Buyer)*
Hunter Jones-Volpi *(Sr Media Buyer)*
Melissa Leonas *(Sr Media Planner)*
Alex Namatevs *(Assoc Acct Dir)*

Accounts:
Archstone
Dish Network
EarthLink
Electrolux
Integer
Lillian Vernon
Little Tikes
Manilla
Pharmaca
Qdoba
Quintess
thoughtequity.com
Vail

BOSTON INTERACTIVE
529 Main St Ste 212, Charlestown, MA 02129
Tel.: (617) 241-7977
E-Mail: info@bostoninteractive.com
Web Site: https://www.bostoninteractive.com/

Employees: 40
Year Founded: 1999

Agency Specializes In: Brand Development & Integration, Business-To-Business, Content, Digital/Interactive, Internet/Web Design, Legal Services, Paid Searches, Print, Search Engine Optimization, Social Media, T.V.

Chuck Murphy *(CEO)*
William Haeck *(COO)*
Tadd Barnes *(VP-Engrg)*
Rebecca Marani *(Gen Mgr)*
Jim Brockman *(Dir-Interactive Svcs)*
Marc Rust *(Sr Creative Dir)*

Accounts:
Flutie Foundation
Standish Mellon Asset Management Company LLC

BOWEN MEDIA, INC.
250 Fulton Ave # 1, New Hyde Park, NY 11040
Tel.: (516) 308-3539
E-Mail: info@bowenmedia.com
Web Site: www.bowenmedia.com

Employees: 10

Agency Specializes In: Brand Development & Integration, Customer Relationship Management, Digital/Interactive, Graphic Design, Internet/Web Design, Logo & Package Design, Print, Search Engine Optimization, Social Media

Dan Bowen *(Founder & CEO)*
Natalie Bowen *(Pres & COO)*
Nicole Solis *(Coord-Client Media)*

Accounts:
Smashburger LI

BOX CREATIVE
518 Broadway 5th Fl, Manhattan, NY 10012
Tel.: (212) 542-8880
E-Mail: hi@box.biz
Web Site: www.box.biz

Employees: 10

Agency Specializes In: Brand Development & Integration, Digital/Interactive, Graphic Design, Internet/Web Design, Package Design, Print

Andrew Weitzel *(Founder, CEO & Creative Dir)*

Accounts:
Korilla BBQ

BOXCAR CREATIVE LLC
2422 Malcolm X Blvd, Dallas, TX 75215
Tel.: (469) 227-8537
Fax: (469) 533-0704
Web Site: www.boxcarcreative.com

Employees: 15
Year Founded: 2001

Agency Specializes In: Branded Entertainment, Broadcast, Communications, Digital/Interactive, Electronic Media, Email, Internet/Web Design, Mobile Marketing, Production, Promotions, Publishing, Search Engine Optimization, Social Media, T.V., Web (Banner Ads, Pop-ups, etc.)

Approx. Annual Billings: $1,000,000

Mollie Milligan *(Owner)*
Jim Kuenzer *(Dir-Creative Strategy)*

Accounts:
Consolidated Restaurant Operations Cantina Laredo, El Chico, III Forks; 2014

BRANDING BRAND
2313 E Carson St, Pittsburgh, PA 15203
Toll Free: (888) 979-5018
Web Site: www.brandingbrand.com

Employees: 100

Agency Specializes In: Digital/Interactive, E-Commerce, Shopper Marketing, Strategic Planning/Research

Chris Mason *(Co-Founder & CEO)*
Christina Koshzow *(Co-Founder)*
Brian Vukmir *(COO)*
Jared Horowitz *(Chief Revenue Officer)*
Dan Fitzpatrick *(VP-Tech)*
Ashley Richards *(VP-Digital Solutions)*

Accounts:
ACE Hardware
American Eagle Outfitters
Barnes & Noble
Bath & Body Works
Dick's Sporting Goods
Lane Bryant
Levi's
MLB.com
Party City
Ralph Lauren
Sephora
Yogurtland

BRANDMOVERS
590 Means St Ste 250, Atlanta, GA 30318
Tel.: (888) 463-4933
Fax: (678) 718-1851
Web Site: www.brandmovers.com

Employees: 30

National Agency Associations: 4A's

Agency Specializes In: Advertising, Content, Digital/Interactive, Promotions, Search Engine Optimization, Social Media, Sponsorship

John Lyons *(Mng Dir-Europe)*
David Harris *(VP-Tech)*
Jeremy Spencer *(VP-Client Svcs)*
Ricky Reeves *(Dir-Europe)*

Accounts:
Marriott Hotels
Sports Authority
Wonka

BRAVE NEW MARKETS
10811 Red Run Blvd Ste 210, Owings Mills, MD 21117
Tel.: (410) 902-0801
E-Mail: mwaldeck@bravenewmarkets.com
Web Site: https://www.bravenewmarkets.com/

Employees: 14
Year Founded: 1999

National Agency Associations: AMA

Agency Specializes In: Advertising, Agriculture, Aviation & Aerospace, Brand Development & Integration, Business-To-Business, Communications, Consulting, Corporate Communications, Corporate Identity, Digital/Interactive, E-Commerce, Electronic Media, Electronics, Email, Engineering, Graphic Design, High Technology, Industrial, Information Technology, Integrated Marketing, Internet/Web Design, Market Research, Mobile Marketing, New Technologies, Planning & Consultation, Production (Ad, Film, Broadcast), Public Relations, Search Engine Optimization, Social Media, Strategic Planning/Research, Web (Banner Ads, Pop-ups, etc.)

Marc Waldeck *(Pres)*
Randy McKee *(Sr VP-Client Svcs)*
Molly Griffin *(Assoc Dir-Client Results)*

Accounts:
Davis Calibration FastQuote; 2005
Envirobrite Solid-state Lighting; 2014
ezStorage Corporation; 2006
Maryland BuyMaryland Directory; 2014
Radiant Vision Systems Prometric, TrueTest; 2005
Textronix Tektronix Service Solutions; 2010
U.S. Mobile Kitchens; 2011
Zemax Optics Studio; 2010

BRAVE ONE
1245 Washington St Apt 4, San Francisco, CA 94108
Tel.: (844) 427-2831
E-Mail: info@braveoneagency.com
Web Site: www.braveoneagency.com

Employees: 3
Year Founded: 2011

Agency Specializes In: Brand Development & Integration, Content, Digital/Interactive, Internet/Web Design, Social Media

Lukas B. Snelling *(Gen Mgr)*

Accounts:
Triple Pundit

BRAVO
160 W 16th St, New York, NY 10011
Tel.: (310) 745-1605
E-Mail: info@brv.nyc
Web Site: brv.nyc/

Employees: 10
Year Founded: 2014

Agency Specializes In: Digital/Interactive,

Production (Ad, Film, Broadcast)

Ivan Olita *(Founder & Creative Dir)*
Amanda Rosborg *(Team Coord)*

Accounts:
Campari
GQ
Michelin
NOWNESS
SHOWStudio
Vanity Fair
Vogue
Wired

BREADNBUTTER
221 Yale Ave N Ste 500, Seattle, WA 98109
E-Mail: hello@breadnbutter.com
Web Site: www.breadnbutter.com

Employees: 50
Year Founded: 2011

Agency Specializes In: Advertising, Brand Development & Integration, Digital/Interactive

Caitlin Kogan *(Exec Creative Dir)*
Matt Haynes *(Partner & Mng Dir)*
Jessica Michaels *(Founder & CEO)*
Georgia Locke *(Acct Dir)*
Kate Kohler *(Acct Dir)*
Buddy Waddington *(Head-Digital Platforms & Analytics)*
Jake Ferrigno *(Partner & Head-Strategy)*
Bailey Carlin *(Sr Mgr-Social Media)*
Ellie Atchley *(Copywriter)*
Tommy Hernandez *(Creative Dir)*

Accounts:
New-TalkingRain Beverage Company

BREAKFAST LLC
55 Washington St Ste 329, Brooklyn, NY 11201
E-Mail: tiffany@breakfastny.com
Web Site: breakfastny.com

Employees: 50

Agency Specializes In: Digital/Interactive

Mattias Gunneras *(Co-Founder & Partner)*
Andrew Zolty *(Co-Founder & Chief Creative Officer)*

THE BRICK FACTORY
925 15Th St Nw Fl 5, Washington, DC 20005
Tel.: (202) 499-4200
E-Mail: info@thebrickfactory.com
Web Site: www.thebrickfactory.com

Employees: 30
Year Founded: 1993

Agency Specializes In: Business-To-Business, Communications, Consulting, Digital/Interactive, E-Commerce, Electronic Media, Government/Political, Graphic Design, Health Care Services, High Technology, Industrial, Internet/Web Design, Mobile Marketing, Multimedia, New Technologies, Paid Searches, Search Engine Optimization, Social Media, Sponsorship, Viral/Buzz/Word of Mouth, Web (Banner Ads, Pop-ups, etc.)

Approx. Annual Billings: $2,900,000

Breakdown of Gross Billings by Media: Worldwide
Web Sites: $2,900,000

Todd Zeigler *(Founder & CEO)*
Hannah Del Porto *(COO)*

Tom McCormick *(Chief Creative Officer)*
John Bafford *(VP-Programming Svcs)*
Gerry Blackwell *(Controller)*
Chuck Fitzpatrick *(Sr Dir-ImpactWatch Client Svcs)*
Katie Fulton *(Dir-Acct Mgmt & Mktg)*
Yukako Nishihara *(Strategist)*
Jei Park *(Sr Designer)*
Theodore Taylor *(Sr Designer)*
Michael Lockard *(Sr Production Mgr)*

Accounts:
Mondelez International, Inc.

BRIDGE GLOBAL STRATEGIES LLC
(Acquired by Didit)

BRINK
1100 S 6th Ave, Tucson, AZ 85701
Tel.: (520) 628-9600
Web Site: www.brink.com

Employees: 15
Year Founded: 2001

Mary Ann Brazil *(Fin Dir)*
David Pike *(VP-BRINKvision & Strategist)*
John Boutwell *(Art Dir)*

Subsidiary

Brink
1516 U St NW, Washington, DC 20009
(See Separate Listing)

BRINKS WEB SOLUTIONS
7434 S Louise Ave Ste 202, Sioux Falls, SD 57108
Tel.: (605) 299-2588
Web Site: www.brinksweb.com

Employees: 500
Year Founded: 2011

Agency Specializes In: Advertising, Content, E-Commerce, Email, Internet/Web Design, Logo & Package Design, Search Engine Optimization, Social Media

Phil Brinks *(CEO)*

Accounts:
New-EJM Pipe Services

BROAD STREET CO
2905 San Gabriel St Ste 300, Austin, TX 78705
Tel.: (512) 275-6227
E-Mail: media@broadstreetco.com
Web Site: www.broadstreetco.com

Employees: 10
Year Founded: 2007

Agency Specializes In: Advertising, Content, Digital/Interactive, Email, Search Engine Optimization, Social Media

Charlie D. Ray *(Pres)*

Accounts:
Cort Business Services Corporation (Media Agency of Record) Advertising

BROLIK
421 N 7th St Ste 701, Philadelphia, PA 19123
Tel.: (267) 297-8421
E-Mail: info@brolik.com
Web Site: www.brolik.com

Employees: 14
Year Founded: 2004

Agency Specializes In: Advertising, Affluent Market, African-American Market, Asian Market, Automotive, Aviation & Aerospace, Bilingual Market, Brand Development & Integration, Branded Entertainment, Business-To-Business, Children's Market, College, Computers & Software, Consulting, Consumer Goods, Consumer Marketing, Content, Copywriting, Corporate Identity, Cosmetics, Customer Relationship Management, Direct-to-Consumer, E-Commerce, Education, Electronics, Engineering, Entertainment, Environmental, Fashion/Apparel, Financial, Food Service, Graphic Design, Health Care Services, High Technology, Hispanic Market, Hospitality, Household Goods, Identity Marketing, Industrial, Information Technology, Integrated Marketing, International, Internet/Web Design, Investor Relations, LGBTQ Market, Legal Services, Leisure, Local Marketing, Logo & Package Design, Luxury Products, Marine, Market Research, Medical Products, Men's Market, Merchandising, Multicultural, New Technologies, Over-50 Market, Paid Searches, Pets, Pharmaceutical, Planning & Consultation, Production (Ad, Film, Broadcast), Programmatic, Real Estate, Recruitment, Restaurant, Retail, Search Engine Optimization, Seniors' Market, Social Media, South Asian Market, Sports Market, Stakeholders, Strategic Planning/Research, Teen Market, Transportation, Travel & Tourism, Tween Market, Urban Market, Web (Banner Ads, Pop-ups, etc.), Women's Market

Matthew Sommer *(Owner & Chief Strategy Officer)*
Jason Brewer *(CEO)*
Alex Caldwell *(Creative Dir)*
Bryce Liggins *(Dir-Mktg Strategy)*
Jason Monte *(Sr Acct Exec)*
Kierston Anderson *(Strategist-Mktg)*

Accounts:
Alex's Lemonade Stand Web App Development; 2012
Comcast Business Corporate & Product Videos; 2016
Comcast Branding, Marketing Strategy, Video Production, Web Design; 2012
Everlast Worldwide Web Design; 2011
Hair Direct Information Architecture Consulting; 2015
Houwzer Branding, Digital Marketing, Web Design; 2016
Mass Save
Powerhouse Boiler Equipment Digital Marketing, Web Design; 2015
Seckel Capital Branding, Web Application Development, Web Design; 2014
Unique Indoor Comfort Digital Marketing; 2016
Zeigler's Apple Cider Product Photography, Social Media Marketing, Video Production, Web Design; 2011

BROOKLYN UNITED
20 Jay St Ste 402, Brooklyn, NY 11201
Tel.: (718) 254-9048
Web Site: https://brooklynfoundry.com/

Employees: 20

Agency Specializes In: Advertising, Brand Development & Integration, Digital/Interactive, Graphic Design, Internet/Web Design, Logo & Package Design, Search Engine Optimization, Social Media

Brian Lemond *(Mng Partner)*

Accounts:
American Folk Art Museum
Feirstein Graduate School of Cinema
Knox College

INTERACTIVE AGENCIES

BSTRO, INC.
2325 3rd St Studio 406, San Francisco, CA 94107
Tel.: (415) 861-2222
E-Mail: info@bstro.com
Web Site: bstro.com

Year Founded: 2004

Agency Specializes In: Brand Development & Integration, Commercial Photography, Content, Copywriting, Digital/Interactive, Email, Event Planning & Marketing, Production, Search Engine Optimization, Social Media

Jill Tracy *(Founder, Pres & Chief Creative Officer)*
Mary Puls *(Mng Dir & Exec VP)*
Melinda Phillips Zumski *(CFO)*
Kevin Chan *(VP-Tech)*
Steve Vezeris *(VP-Acctg & Admin)*
Antonio Rusevski *(Creative Dir)*
Ron Woloshun *(Creative Dir)*
Lisa Schaffer *(Dir-Bus Dev)*
Natalie O'Brien *(Designer)*
Taylor Stokes *(Asst Acct Exec)*

Accounts:
New-Heartland Consumer Products Splenda
New-The National Association of Minority & Women Owned Law Firms

BUSINESSONLINE
701 B St Ste 1000, San Diego, CA 92101
Tel.: (619) 699-0767
Toll Free: (866) 333-1265
Web Site: www.businessol.com

Employees: 40

Agency Specializes In: Brand Development & Integration, Business-To-Business, Content, Digital/Interactive, Internet/Web Design, Media Training, Paid Searches, Public Relations, Search Engine Optimization, Social Media

Thad Kahlow *(CEO)*
Andrew Porter *(Grp Dir-Client Svcs)*

Accounts:
New-Caterpillar Corporate
New-MAPI

BUZZSHIFT
315 Cole St Ste 160, Dallas, TX 75207
Tel.: (972) 284-9772
E-Mail: hello@buzzshift.com
Web Site: www.buzzshift.com

Employees: 50
Year Founded: 2009

Agency Specializes In: Advertising, Brand Development & Integration, Content, Digital/Interactive, Email, Search Engine Optimization, Social Media

Eddy Badrina *(Co-Founder & Pres)*
Cameron Gawley *(Co-Founder & CEO)*
Taylon Childers *(Mgr-Paid Media)*
Allison Dupuis *(Strategist-Digital)*
Phillip Turner *(Sr Media Mgr-Paid)*

Accounts:
New-Mastro's Restaurants LLC

C-4 ANALYTICS LLC
999 Broadway Ste 500, Saugus, MA 1906
Tel.: (617) 250-8888
E-Mail: info@c-4analytics.com
Web Site: www.c-4analytics.com

Employees: 200
Year Founded: 2008

Agency Specializes In: Advertising, Brand Development & Integration, Communications, Digital/Interactive, Event Planning & Marketing, Paid Searches, Print, Public Relations, Search Engine Optimization, Social Media

Michael Weiss *(Co-Founder & Mng Partner)*
Justin Cook *(Co-Founder & Exec VP)*

Accounts:
New-JM Lexus

CAKE & ARROW
(Formerly Alexander Interactive, Inc.)
149 5th Ave 8th Flr, New York, NY 10010
Tel.: (212) 598-2800
E-Mail: info@cakeandarrow.com
Web Site: cakeandarrow.com

Employees: 40
Year Founded: 2002

Agency Specializes In: Brand Development & Integration, Content, Digital/Interactive, Internet/Web Design

Josh Levine *(Founder)*
David Ow *(COO)*
Nabil Rahman *(Head-Product Strategy)*

Accounts:
Catbird
MetLife
Saks Fifth Avenue

CANTINA
320 Congress St, Boston, MA 02210
Tel.: (800) 775-2714
E-Mail: hello@cantina.co
Web Site: www.cantina.co

Employees: 50
Year Founded: 2007

Agency Specializes In: Advertising, Digital/Interactive, Event Planning & Marketing, Internet/Web Design

Matt Chisholm *(Co-Founder & CEO)*
Adam Stachelek *(Co-Founder & COO)*
Chris Lamothe *(Sr VP-Experience Design)*
Sam Margolis *(Dir-Strategic Partnership)*
Mike Kivikoski *(Designer-UX)*

Accounts:
New-Avid Technologies, Inc
New-Epsilon Data Management, LLC
New-Pearson India Education Services Pvt. Ltd
New-PerkinElmer Inc

CAPTURA GROUP
408 Nutmeg St, San Diego, CA 92103
Tel.: (619) 681-1856
Fax: (619) 681-1859
E-Mail: info@capturagroup.com
Web Site: www.capturagroup.com

Employees: 20
Year Founded: 2001

Agency Specializes In: Content, Digital/Interactive, Email, Internet/Web Design, Media Buying Services, Media Planning, Social Media

Michelle Moscona *(Pres & Chief Creative Officer)*
Stacey Abreu *(Mng Dir)*
Lee Vann *(Chief Strategy Officer)*

Accounts:
Knorr

CARDINAL WEB SOLUTIONS
1720 Peachtree St NE #1000, Atlanta, GA 30309
Tel.: (404) 585-2096
Fax: (678) 261-0966
Web Site: https://www.cardinaldigitalmarketing.com/

Employees: 25
Year Founded: 2009

Agency Specializes In: Digital/Interactive, Internet/Web Design, Paid Searches, Search Engine Optimization, Social Media

Jason Donovan *(Pres)*
Alex Membrillo *(CEO-Digital Mktg)*
Rich Briddock *(Sr Dir-Strategy & Analytics)*
Lauren Thomas *(Acct Svcs Dir)*
Melissa Kerwin *(Assoc Dir-Paid Social Media)*
Holly Hiatt *(Sr Media Mgr)*
Erica Tykal *(Acct Mgr-Digital)*

Accounts:
The Athlete's Foot USA (Agency of Record) Email Marketing, Marketing Strategy, SEO, Search Engine Marketing, Social Media Advertising; 2018
New-Papa John's International, Inc.

CARS DIGITAL INC
67 Harned Rd, Commack, NY 11725
Toll Free: (888) 282-9198
Web Site: www.carsdigital.com

Agency Specializes In: Advertising, Automotive, Digital/Interactive, Event Planning & Marketing, Internet/Web Design, Magazines, Mobile Marketing, Print, Radio, Social Media

John Colascione *(CEO)*
Jonathan Smith *(Dir-Search)*

Accounts:
New-Brooklyn Used Cars
New-Find Cars for Sale
New-Long Island Used Cars
New-Queens Used Cars

CENTERLINE DIGITAL
509 W North St, Raleigh, NC 27603
Tel.: (919) 821-2921
Fax: (919) 821-2922
E-Mail: digitalmarketing@centerline.net
Web Site: www.centerline.net

Employees: 30
Year Founded: 1996

Agency Specializes In: Advertising, Brand Development & Integration, Communications, Computers & Software, Internet/Web Design, Local Marketing, Mobile Marketing, T.V., Technical Advertising

Charles Long *(CEO)*
Tami Gaythwaite *(COO)*
Erin Craft *(VP-Accts)*
Rebecca Boney Dole *(VP-Ops)*
Kristen Powers *(VP-Accts)*
John R. Kaplan *(Creative Dir-Strategic)*
Julie Kettler *(Acct Dir-IBM & ADP)*
Dave Macmillan *(Creative Dir)*
Kelsey Atkins *(Acct Mgr)*
Amy Scott *(Acct Mgr)*
David Schafermeyer *(Sr Art Dir)*
Jodi Schwartz *(Exec Specialist-Acct)*

AGENCIES - JANUARY, 2019 — INTERACTIVE AGENCIES

Accounts:
IBM
John Deere
Lenovo
Lowe's
Progress Energy Carolinas
Red Hat
Sony Ericsson

CENTRO LLC
11 E Madison St Ste 600, Chicago, IL 60602
Tel.: (312) 423-1565
Fax: (877) 805-9494
Web Site: www.centro.net

Employees: 130
Year Founded: 2001

Agency Specializes In: Advertising

Jennifer DeBono *(Head-Acct)*
Lauren Johnson *(Dir-Client & Media Svcs)*
Anthony Loredo *(Dir-PR)*
Molly Honkamp *(Acct Mgr & Specialist-Digital Media)*
Aubrey Lehrmann *(Product Mgr)*
Gian Angelo *(Mgr-Client & Media Svcs)*
Benjamin Prout *(Mgr)*
Whitney Schmidt *(Mgr-Digital Media)*
Ryann Stansberry *(Mgr-Client & Media Svcs)*
Amy Cheney *(Supvr-Digital Strategy)*
Cari McDonagh *(Supvr-Media Strategy)*
Justin Chere *(Sr Strategist-Media)*
Marykate Hatfield *(Sr Strategist-Media)*
Hayley Mathay *(Sr Strategist-Media)*
Adam Taft *(Sr Strategist-Media)*
Jennifer Rotblatt *(Sr Specialist-Digital Media)*
Jodie Reagan Dover *(Acct Exec-Field Sls)*
Brianna Hernandez *(Specialist-Media)*
Jessica Palo *(Designer-UI)*
Laura Koelbel *(Sr Head-Client)*
Ben Morton *(Sr Head-Acct)*
Jessica Taylor *(Acct Head-Platform Sls)*

Accounts:
Allstate Insurance Brokers
Cleveland.com Entertainment Services
ComCast Telecommunication Services
ESPN Television Networks
Fiat Car Mfr
Gruma Corp Media
NBC TV Television Networks
Perkins Diesel & Gas Engines Suppliers
Petco Pet & Pet Products Suppliers
Travel Oregon Tour & Travel Agency Services
Union Bank Banking Services

CHACKA MARKETING
550 N Reo St Ste 200, Tampa, FL 33609
Tel.: (813) 281-1217
E-Mail: info@chackamarketing.com
Web Site: www.chackamarketing.com

Employees: 25
Year Founded: 2009

Agency Specializes In: Brand Development & Integration, Digital/Interactive, Social Media

Janel Laravie *(CEO)*
Casey Wilson *(VP-Digital Media)*
Monika Doyle *(Dir-Digital Media)*
Amanda Grow *(Dir-Digital Media)*
Dean Nieves *(Dir-Bus Solutions)*
Shane Ragiel *(Dir-Digital Media)*
Aubree Rose *(Sr Mgr-Digital Media)*
Megan Michaud *(Acct Mgr-Dev)*
Trevaris Anderson *(Mgr-Digital Media)*
Thalia Chance-Chin *(Mgr-Digital Media)*
Kim Davis *(Mgr-Digital Media)*
Bill Riddell *(Mgr-Digital Media)*
Jasmine Abney *(Specialist-Social Media)*
Lisa Hazen *(Specialist-Social Media)*
Corey Lapp *(Specialist-Digital Media)*
Stephanie Nunnelly *(Specialist-Digital Media)*

Accounts:
Barnes & Noble

CHEETAH DIGITAL
29 Broadway Lvl 6, New York, NY 10006
Tel.: (212) 863-4600
Web Site: www.cheetahdigital.com

Employees: 5,000

Agency Specializes In: Email, Mobile Marketing

Sameer Kazi *(CEO)*
Michael Wasyluka *(Chief Revenue Officer)*
Jill Knesek *(Chief Security Officer)*
Michelle Curless *(Exec VP-Client Experience & Transformation)*
Danielle du Toit *(Exec VP-Svcs Strategy & Ops)*
Judd Marcello *(Exec VP-Mktg-Global)*
Shannon Bradley *(Sr VP-Global Support)*
Maurice Brunt *(Sr VP-Existing Bus)*
Meghan Attreed Halaszynski *(Head-Comm)*
Chris Moody *(Head-Content Mktg)*
Justin Orgel *(Sr Dir-Mktg Consulting)*
Laura Oria *(Assoc Dir)*
George Phipps *(Sr Mgr-Product Mktg)*

Accounts:
American Express Company
Delta Airlines
Hilton Worldwide, Inc.
Williams-Sonoma, Inc.

CHICAGO DIGITAL
1512 N Fremont St Ste 202, Chicago, IL 60642
Tel.: (312) 489-8422
E-Mail: info@chicagodigital.com
Web Site: www.chicagodigital.com

Employees: 10
Year Founded: 2009

Agency Specializes In: Brand Development & Integration, Content, Digital/Interactive, Internet/Web Design, Search Engine Optimization, Social Media

Michael Sallander *(Pres)*
Scott Shefler *(VP-Web Dev)*
Brian Mulholland *(Sr Designer)*

Accounts:
BC Academe
International AntiCounterfeiting Coalition, Inc

CHONG & KOSTER
1640 Rhode Island Ave NW Ste 600, Washington, DC 20036
Tel.: (202) 559-1333
E-Mail: inquiries@chongandkoster.com
Web Site: www.chongandkoster.com

Employees: 25
Year Founded: 2007

Agency Specializes In: Advertising, Brand Development & Integration, Digital/Interactive, Public Relations, Social Media

Nick Chong *(Founder & Partner)*
Josh Koster *(Mng Partner)*
Tyler Hill Davis *(Partner)*
Leland Hodgkins *(Creative Dir)*
Hillary Price *(Dir-Strategy)*
Nick Sementelli *(Dir-Strategy)*
Eric Bolton *(Sr Strategist-Digital)*
Stef Claus *(Sr Strategist-Digital)*
Caitlin Cleaver *(Sr Strategist-Digital)*
Hannah Morgan *(Sr Strategist-Digital)*
Jillian Andrews *(Strategist)*
Emily Boyer *(Sr Designer)*
Bethany Funkhouser *(Sr Graphic Designer)*
Steffi Decker *(Sr Partner)*

Accounts:
New-Hipmunk Inc
New-The Orvis Company Inc

CIBO
649 Front St, San Francisco, CA 94111
Tel.: (415) 233-6606
E-Mail: hello@cibosf.com
Web Site: https://ciboglobal.com/

Employees: 18

Agency Specializes In: Advertising, Affluent Market, Arts, Aviation & Aerospace, Brand Development & Integration, Business-To-Business, Collateral, Communications, Consulting, Corporate Identity, Customer Relationship Management, Digital/Interactive, Direct-to-Consumer, E-Commerce, Electronics, Experience Design, Fashion/Apparel, Financial, Food Service, High Technology, In-Store Advertising, Information Technology, Integrated Marketing, International, Internet/Web Design, Leisure, Logo & Package Design, Luxury Products, Market Research, Mobile Marketing, New Product Development, New Technologies, Package Design, Planning & Consultation, Retail, Search Engine Optimization, Social Media, Sports Market, Strategic Planning/Research, Transportation, Travel & Tourism, Web (Banner Ads, Pop-ups, etc.)

Approx. Annual Billings: $4,000,000

Breakdown of Gross Billings by Media:
Digital/Interactive: $4,000,000

Lu Lacourte *(Co-Founder & CEO)*
Maureen Bitter *(Exec VP & Client Svcs Dir)*
Jim Magill *(Head-Client Svcs)*
Tom Sieu *(Creative Dir)*

Accounts:
Disney
Facebook
Gymboree
Income& (Brand Experience Agency of Record)
Ken Fulk
Lenovo
Motor Image Group (Brand Experience Agency of Record)
Salesforce
San Francisco Ballet Brand Experience, Public Media Channels
San Francisco Museum of Modern Art Design, Digital, Website
Seagate Technology; Scotts Valley, CA Storage; 2010
Subaru
Tesla
Twitter
Union Bank/MUFG
Volcom

CICERON, INC.
(d/b/a Ciceron Interactive)
126 N 3rd St Ste 200, Minneapolis, MN 55401
Tel.: (612) 204-1919
E-Mail: info@ciceron.com
Web Site: www.ciceron.com

Employees: 14
Year Founded: 1995

Agency Specializes In: Advertising, Brand Development & Integration, Content,

Digital/Interactive, Internet/Web Design, Search Engine Optimization, Social Media, Strategic Planning/Research

Revenue: $1,100,000

Andrew Eklund *(Founder & CEO)*
Kraig Larson *(Founder, Partner & Chief Creative Officer)*
Kristen Findley *(VP-Consumer Insights & Technologies)*
Julie Verhulst *(VP-Strategy)*
Kari Helling *(Sr Dir-Agency Experience)*
Jessica Anderson *(Dir-Project Mgmt & Ops)*
Ashley Evenson *(Dir-Digital Media Grp)*
Jody Biagini *(Sr Project Mgr-Interactive)*
Kristina Epping *(Mgr-Digital Campaign)*
Mary McDaniel *(Mgr-Media Execution)*
Philip Davis *(Strategist-Social Mktg & Adv)*
Michelle Miles *(Strategist-Mktg & Automation)*
Amber Verhulst *(Strategist-Paid Media & Digital Media)*
Coley Lind *(Designer-Digital)*

Accounts:
Childrens Hospitals & Clinics of Minnesota (Digital Agency of Record)

CLAY
300 Broadway Ste 23, San Francisco, CA 94133
E-Mail: hello@clay.global
Web Site: clay.global

Employees: 50

Agency Specializes In: Advertising, Digital/Interactive, Experience Design, Internet/Web Design

Anton Zykin *(CEO)*
Oleg Turbaba *(Creative Dir)*
Alexander Khmelevsky *(Dir-User Experience)*
Dmitry Tsozik *(Dir-Design)*

Accounts:
New-Hint Inc
New-MoneyLion Inc
New-Nutanix
New-Viventium Software Inc.

CLICK HERE LABS
2801 N Central Expy Ste 100, Dallas, TX 75231-6430
Tel.: (214) 891-5325
Fax: (214) 346-4870
E-Mail: info@clickhere.com
Web Site: clickherelabs.com

Employees: 140
Year Founded: 1995

National Agency Associations: SODA

Agency Specializes In: Advertising, Advertising Specialties, Affluent Market, Automotive, Aviation & Aerospace, Bilingual Market, Brand Development & Integration, Business-To-Business, College, Communications, Computers & Software, Consulting, Consumer Goods, Consumer Marketing, Content, Corporate Identity, Customer Relationship Management, Digital/Interactive, Direct Response Marketing, Direct-to-Consumer, E-Commerce, Electronic Media, Electronics, Email, Entertainment, Experience Design, Fashion/Apparel, Financial, Food Service, Game Integration, Graphic Design, Guerilla Marketing, Health Care Services, High Technology, Hospitality, Household Goods, Identity Marketing, Information Technology, Integrated Marketing, Internet/Web Design, LGBTQ Market, Leisure, Local Marketing, Logo & Package Design, Luxury Products, Magazines, Media Buying Services, Media Planning, Medical Products, Men's Market, Mobile Marketing, Multimedia, New Product Development, New Technologies, Newspaper, Out-of-Home Media, Outdoor, Package Design, Paid Searches, Pharmaceutical, Planning & Consultation, Podcasting, Print, Production, RSS (Really Simple Syndication), Restaurant, Retail, Search Engine Optimization, Social Marketing/Nonprofit, Social Media, Sponsorship, Strategic Planning/Research, Sweepstakes, T.V., Technical Advertising, Teen Market, Transportation, Travel & Tourism, Viral/Buzz/Word of Mouth, Women's Market

Approx. Annual Billings: $161,000,000

Breakdown of Gross Billings by Media: E-Commerce: 15%; Internet Adv.: 45%; Strategic Planning/Research: 10%; Worldwide Web Sites: 30%

Randy Bradshaw *(Principal)*
Peter Stettner *(Sr Project Mgr-Digital)*
Eric Anderson *(Project Mgr-Digital)*
Gary Anderson *(Production Mgr)*
Roddy McGinnis *(Mgr-Quality Control)*

Accounts:
1-800 CONTACTS/Glasses.com; 2012
Anderson Erickson Dairy
The Biltmore
Central Market
Chick-fil-A; Atlanta, GA Restaurant; 2005
Children's Medical Center; Dallas, TX; 2006
Fiat USA; 2012
GameStop Corp.; Grapevine, TX Gaming, Retail; 2007
GoRVing RV Dealers & Manufacturers; 2002
The Home Depot; Atlanta, GA Home Improvement Supplies; 2006
Pier1.com; Fort Worth, TX Ecommerce Site; 2010
Sewell Automotive; Dallas, TX; 2002
Sub-Zero
Ulta

CLICK4CORP
115 Richardson Ct, Allen, TX 75002
Tel.: (469) 441-4678
Fax: (214) 260-6016
E-Mail: form@click4corp.com
Web Site: www.click4corp.com

Employees: 50
Year Founded: 1999

Agency Specializes In: Brand Development & Integration, Collateral, Content, Digital/Interactive, Email, Event Planning & Marketing, Internet/Web Design, Logo & Package Design, Search Engine Optimization, Social Media

Mo Daka *(Founder & CEO)*
Laura Herman *(Dir-SEO)*

Accounts:
New-BFD Foundation Repairs
New-DT-AC
New-Dallas Auto Paint
New-Express Carpet Cleaning
New-Floors Blvd
New-Irrigators Supply
New-Richardson AnimaLuv
New-Ryan Hartman Homes
New-Summit Roof Service Inc
New-Xpress Whitening

CLIQUE STUDIOS, LLC
410 S Michigan Ave Ste 801, Chicago, IL 60605
Tel.: (312) 379-9329
E-Mail: buildsomething@cliquestudios.com
Web Site: www.cliquestudios.com/

Employees: 30
Year Founded: 2003

Agency Specializes In: Content, Digital/Interactive, Internet/Web Design, Search Engine Optimization, Social Media

Derek Nelson *(Co-Founder & Partner)*
Ted Novak *(Partner & Mng Dir)*
Lizzie Callen *(Designer)*

Accounts:
Marco & Associates, Inc.

CLUM CREATIVE
2510 St. Clair Ste 102, Cleveland, OH 44114
Tel.: (216) 930-2490
E-Mail: newprojects@clumcreative.com
Web Site: clumcreative.com

Employees: 10
Year Founded: 2011

Agency Specializes In: Advertising, Content, Digital/Interactive, Production, Production (Ad, Film, Broadcast), Recruitment

Mike Clum *(Pres)*
Chuck Clum *(CFO & Controller)*
Bryce Clark *(Dir-Advertising)*
Donald Baughs *(Mgr-Bus Dev)*

Accounts:
Melt bar & grilled
TT Electronics

CODE KOALAS
1712 Main St, Kansas City, MO 64108
Tel.: (816) 866-3787
Web Site: https://codekoalas.com/

Employees: 21
Year Founded: 2011

Agency Specializes In: Digital/Interactive, Experience Design, Point of Sale, RSS (Really Simple Syndication), Search Engine Optimization, Web (Banner Ads, Pop-ups, etc.)

Approx. Annual Billings: $1,000,000

Robert Manigold *(Partner)*

Accounts:
Parisi Coffee Parisi Coffee; 2013

COMRADE
484 9th St, Oakland, CA 94607
Tel.: (510) 277-3400
Web Site: www.comradeagency.com

Employees: 40
Year Founded: 2006

Agency Specializes In: Advertising, Brand Development & Integration, Business-To-Business, Communications, Content, Copywriting, Corporate Communications, Corporate Identity, Customer Relationship Management, Digital/Interactive, Direct Response Marketing, Email, Experience Design, Financial, Game Integration, Graphic Design, Health Care Services, High Technology, Information Technology, Integrated Marketing, International, Internet/Web Design, Investor Relations, Logo & Package Design, Market Research, Mobile Marketing, New Product Development, New Technologies, Print, Production, Production (Print), Programmatic, Real Estate, Search Engine Optimization, Social Marketing/Nonprofit, Social Media, Strategic Planning/Research, Web (Banner Ads, Pop-ups,

AGENCIES - JANUARY, 2019 — INTERACTIVE AGENCIES

etc.)

Approx. Annual Billings: $8,000,000

Thelton McMillian *(Co-Founder & CEO)*
Young Pham *(Chief Strategy Officer)*
Dianne Bueno *(Chief People Officer)*
Christy McMillian *(Client Partner)*
Jaeson Paul *(Strategist)*

Accounts:
Bank of the West Content, Design, Development, Marketing, Research, Strategy, UX; 2008
Charles Schwab Design, Front-End Development, Research, Strategy, UX; 2014
Franklin Templeton Design, Development, Strategy, UX; 2016
Hamilton Zanze Branding, Development, UX, Visual Design, Website; 2016
Humanity United Design, Integrated Marketing, Marketing; 2015
JP Morgan Chase Design, Development, Research, UX; 2008
Matthews Asia Development, Visual Design, Website UX; 2016

CONNECTIONS MEDIA
1728 14Th St Nw, Washington, DC 20009
Tel.: (202) 387-6377
Fax: (202) 387-6376
Web Site: www.connectionsmedia.com

Employees: 25
Year Founded: 2004

Agency Specializes In: Advertising, Content, Digital/Interactive, Search Engine Optimization, Social Media

Jonah Seiger *(Founder & CEO)*
Andy Weishaar *(Partner & Chief Creative Officer)*
Phil Lepanto *(CTO)*
Janeace Slifka *(Sr Dir-Client Svcs & Ops)*
Corey Snyder *(Dir-Interactive)*
Sabrina Satchell *(Deputy Dir-Content Svcs)*

Accounts:
NBC News Education Nation Parent Toolkit

CORE DESIGNTEAM
700 W Pete Rose Way Ste 154 B, Cincinnati, OH 45203
Tel.: (513) 564-9112
Fax: (513) 672-0241
Web Site: www.coredesignteam.com

Agency Specializes In: Brand Development & Integration, Digital/Interactive, Internet/Web Design, Print

Craig Herget *(Owner & Designer)*

Accounts:
StopTech Ltd.

CORTEX
520 Charest Est Bureau 330, G1K3J3 Quebec, QC Canada
Tel.: (418) 210-0199
E-Mail: jmlebeau@cortexmedia.ca
Web Site: https://cortexstudio.com/en

Employees: 27
Year Founded: 2009

Agency Specializes In: Direct-to-Consumer, E-Commerce, High Technology, Integrated Marketing, Internet/Web Design, Multimedia, New Product Development, Newspaper, Strategic Planning/Research, Technical Advertising, Web (Banner Ads, Pop-ups, etc.)

Jean-Michel Lebeau *(Pres & CEO)*
Mathieu Tremblay *(VP & Assoc-Production)*

Accounts:
Le Devoir iPad Application; 2012

CRAFTED
205 E 42nd St, New York, NY 10017
Tel.: (646) 765-5596
Web Site: www.craftedny.com

Employees: 8
Year Founded: 2011

Agency Specializes In: Digital/Interactive, Email, Experience Design, Game Integration, Mobile Marketing, Multimedia, Out-of-Home Media, Outdoor, Point of Purchase, Point of Sale, Search Engine Optimization, Web (Banner Ads, Pop-ups, etc.)

Greg Valvano *(Founder & Creative Dir)*
Peter Mendez *(Mng Partner, Sr VP & Dir-Experience)*

Accounts:
Tishman Speyer Marketing; 2011

CREATE DIGITAL
(See Under Authentic)

CREATIVE MULTIMEDIA SOLUTIONS LLC
1113 Washington Crossing Blvd, Washington Crossing, PA 18977
Tel.: (800) 805-5195
E-Mail: hello@creativemms.com
Web Site: www.creativemms.com

Employees: 50

Agency Specializes In: Digital/Interactive, Internet/Web Design, Paid Searches, Search Engine Optimization

Ben LeDonni *(Founder & CEO)*
Kyle Aikens *(Creative Dir, Strategist & Designer-UX)*
Tyler Baber *(Acct Dir)*
Megan Powers *(Acct Mgr)*

Accounts:
Premier Response LLC

CROUD INC LTD
628 Broadway 5th Fl, New York, NY 10012
Tel.: (855) 524-6942
E-Mail: usa@croud.com
Web Site: croud.com

Year Founded: 2011

Agency Specializes In: Brand Development & Integration, Content, Copywriting, Digital/Interactive, Event Planning & Marketing, Paid Searches, Programmatic, Public Relations, Search Engine Optimization, Shopper Marketing, Social Media, Strategic Planning/Research

Luke Smith *(Founder & CEO-UK)*
Ben Knight *(Co-Founder)*
Dave Lowe *(CTO)*
Allan Stewart *(Chief Strategy Officer)*
Kris Tait *(Sr VP-Client Strategy)*
Anthony Lavall *(VP-SEO)*
Sam Green *(Product Dir)*
Heidi Ayton *(Dir-Ops & HR)*
James Braybrook *(Dir-Global Fin)*
Chris McIntyre *(Dir-Client Strategy)*
Adam Rose *(Dir-Paid Search)*

Katherine Sale *(Dir-Client Strategy)*
Karan Shetty *(Mgr-Client Strategy)*

Accounts:
New-The Donna Karan Company LLC
FOREX.com SEO; 2018
New-Hiscox Inc
New-Regus Group Companies
New-TickPick LLC
New-Victorias Secret

D/CO CONSULTING
(Formerly Avinova Media Group)
110 16th St, Denver, CO 80202
Tel.: (970) 556-3058
E-Mail: info@dco.consulting
Web Site: dco.consulting/

Employees: 10

Agency Specializes In: Digital/Interactive, Email, Internet/Web Design, Search Engine Optimization, Social Media

Caleb Bonham *(Co-Founder & Pres)*
Kyle Forti *(Co-Founder & Partner)*
Lee Hopper *(COO)*

Accounts:
Faithful Workouts

DAGGER
746 Willoughby Way Ste 100, Atlanta, GA 30312
Tel.: (470) 223-1254
E-Mail: info@dagger.agency
Web Site: dagger.agency

Employees: 50
Year Founded: 2013

Agency Specializes In: Brand Development & Integration, Commercial Photography, Communications, Content, Digital/Interactive, Experiential Marketing, Production, Social Media, Strategic Planning/Research, Web (Banner Ads, Pop-ups, etc.)

Mike Popowski *(CEO)*
Missy Taylor *(Sr VP-Ops)*
Josh Ball *(VP & Grp Bus Dir)*
Amanda Cochran *(Creative Dir)*
Kendall DiBella *(Bus Dir)*
Hillary Painter *(Bus Dir)*
Ben Mitchell *(Dir-Comm)*
Amy Anderson *(Copywriter)*
Carla Guy *(Chief Experience Officer)*

Accounts:
New-Aflac Incorporated
American Cancer Society, Inc. (Social Media Agency of Record) Analytics & Optimization, Content Strategy; 2018
New-Atlanta National League Baseball Club Inc.
New-ChooseATL
New-InterContinental Hotels Corporation
New-Interface Inc.
Metro Atlanta Chamber of Commerce
New-Mizuno USA Inc.
Red Bull
New-SweetWater Brewing Company Inc. (Social Media Agency of Record) Tropical Lover Berliner Weisse

DANARI MEDIA
14622 Ventura Blvd. Ste 752, Sherman Oaks, CA 91403
Tel.: (818) 528-8451
Web Site: www.danarimedia.com

Employees: 8

INTERACTIVE AGENCIES
AGENCIES - JANUARY, 2019

Approx. Annual Billings: $23,000,000

DARE
2 Tabernacle Street, London, EC2A 4LU United Kingdom
Tel.: (44) 203 142 3593
Fax: (44) 203 451 9100
E-Mail: london@thisisdare.com
Web Site: thisisdare.com

Employees: 160

Agency Specializes In: Advertising, Advertising Specialties, Digital/Interactive, Internet/Web Design, Mobile Marketing, Out-of-Home Media, Outdoor, Point of Sale

Michael Olaye *(CEO)*
Scott Anderson *(Bus Dir)*
Chris Cavey *(Bus Dir)*
Ben Long *(Creative Dir)*
Roz Thomas *(Dir-Experience)*

Accounts:
Aviva plc Digital, National Social Media
Barclaycard Campaign: "Bespoke Ballad", Campaign: "Win an Easier Christmas", Digital
Barclays #YouAreFootball, Digital, Social Media
BMW BMW 3 Series, Campaign: "Ultimate Track"; 2008
Cancer Research UK Digital
The Coca-Cola Company
Cromwell Place Customer Experience, Design & Development, Digital, Website; 2018
EE Digital Proposition, Mobile, Website
Enterprise Rent-A-Car Brand Positioning, Campaign: "Interpreter", Campaign: "Network", Campaign: "Train Plane", Campaign: "We'll Pick You Up", Digital, Print, TV
Google
Hakkasan Group Digital Strategy, HKK, Hakkasan, Ling Ling, Sake no Hana, Yauatcha
Heart Transplant UK Campaign: "Give Your Heart This Valentine's Day", Online
Investec
Kingfisher Creative
KPMG
Mankind
Mellon Educate
Nike Golf European Football
Pepsico
Post Office Campaign: "Handled with Care", Digital Poster, Integrated Marketing Campaign, Mortgage Offering, Online, Outdoor, Press, TV
Public Health England Campaign: "Car", Campaign: "Mutations", Campaign: "Secondhand Smoke", Campaign: "Stoptober", Digital, Marketing, Outdoor, TV
Ryanair Campaign: "History", Campaign: "Low Fares. Made Simple", Pan-European Creative, TV
Sainsbury's Creative Digital, Online Advertising Strategy
New-Sports Interactive
Starbucks
Tetley USA Inc.
Vision Express Campaign: "Not Again", Campaign: "Vision.Taken Seriously", We'll See You Right

Branch

Camp Pacific
1085 Homer Street Ste 500, Vancouver, BC V6B 1J4 Canada
Tel.: (778) 331-8340
Fax: (778) 331-8341
E-Mail: info@camppacific.com
Web Site: camppacific.com

Employees: 45

Agency Specializes In: Brand Development & Integration, Digital/Interactive

Peter Bolt *(Mng Partner & Sr VP)*
Derek Shorkey *(Mng Partner)*
Edith Rosa *(VP & Client Svcs Dir)*
Catherine Piercy *(VP & Dir-Plng)*
Cindy Son *(VP & Dir-Tech)*
Neal Davies *(Head-Digital)*
Josh Fehr *(Exec Creative Dir)*
Todd Takahashi *(Assoc Creative Dir)*

Accounts:
Amour Campaign: "Dirty Pool", Campaign: "Golf", Campaign: "Make Fantasies Happen"
B2ten Campaign: "Recess", Canadian Sport for Life
BC Children's Hospital Online, Video
BC Lottery Corporation
British Columbia Children's Hospital Foundation Campaign: "Hospital Ward", Campaign: "Operating Room", Optical Illusions
Canadian Breast Cancer Foundation
Canadian Winter Games
Destination British Colombia
Destination British Columbia
Diane's Lingerie
EA SPORTS FIFA Street Campaign: "Street vs Street"
Evergrow Christmas Trees
GAP
GoAuto
Honda Campaign: "CR-V Conveyor Belt", Campaign: "Yahoo! Takeover", Honda Civic
John Frieda Campaign: "Live Ads"
Manitoba Telecom Services
McDonald's Restaurants of Canada Reflective Billboard
MTS
National Money Mart
Ronald McDonald House British Columbia
SAP
Sony Ericsson
Toronto Jewish Film Festival Campaign: "Goat Milk Machine"
Whistler Film Festival Campaign: "Princess"

DARKSTAR DIGITAL
1100 Kermit Dr Ste 204, Nashville, TN 37217
Tel.: (615) 883-3399
Fax: (615) 246-2752
E-Mail: info@darkstar-digital.com
Web Site: www.darkstar-digital.com

Employees: 10
Year Founded: 1997

Agency Specializes In: Brand Development & Integration, Content, Digital/Interactive, E-Commerce, Event Planning & Marketing, Graphic Design, Internet/Web Design, Search Engine Optimization, Social Media, Strategic Planning/Research

Anna Waldron *(Pres & CEO)*
Scott Wespi *(Partner & CTO)*

Accounts:
New-Aartis
New-Barrett
New-Titanic Channel Inc

DBURNS
1431 7th St Ste 305, Santa Monica, CA 90401
Tel.: (310) 882-2167
Web Site: www.dburnsdesign.com

Employees: 10

Agency Specializes In: Digital/Interactive, Paid Searches, Search Engine Optimization, Social Media, Strategic Planning/Research

Daniel Burns *(CEO & Mktg Dir)*

Accounts:
Cable News Network LP
Los Angeles Dodgers Inc.

DEFYMEDIA
366 5Th Ave Rm 405, New York, NY 10001
Tel.: (212) 244-4307
Fax: (212) 244-4311
Toll Free: (877) 360-9688
E-Mail: info@defymedia.com
Web Site: www.defymedia.com/

Employees: 602
Year Founded: 1996

National Agency Associations: WOMMA

Agency Specializes In: Advertising, Advertising Specialties, Brand Development & Integration, Children's Market, Communications, Consumer Marketing, Direct Response Marketing, E-Commerce, Electronic Media, Event Planning & Marketing, Fashion/Apparel, Financial, Hispanic Market, Internet/Web Design, Media Buying Services, Merchandising, New Product Development, Newspapers & Magazines, Out-of-Home Media, Outdoor, Planning & Consultation, Point of Purchase, Publicity/Promotions, Radio, Sales Promotion, Sponsorship, Sports Market, Strategic Planning/Research, Sweepstakes

Keith Richman *(Pres)*
Matt Diamond *(CEO)*
Andy Tu *(CMO)*
Gina R. DiGioia *(Gen Counsel, Sec & Exec VP)*
Todd Joyce *(Sr VP-East Coast Sls-Midwest & Canada)*
Jodi Smith *(Sr VP-Comm)*
Kelly Oliver *(VP-Programmatic Sls & Yield Ops)*
Sophie Gorson *(Dir-Branded Partnerships)*
Natalie Stehr *(Sr Acct Mgr)*
Janice Stromborg *(Sr Sls Dir)*

Accounts:
NBCU Hispanic Enterprises & Content
Unilever Axe, Campaign: "Shower Thoughts", Softsoap, Zest

DEG
6601 College Blvd, Leawood, KS 66211
Tel.: (913) 498-9988
Fax: (913) 498-9985
Web Site: www.degdigital.com

Employees: 200

Agency Specializes In: Customer Relationship Management, Digital/Interactive, E-Commerce, Email, Mobile Marketing, Social Media

Neal Sharma *(CEO)*
Dale Hazlett *(CFO)*
Jasvindarjit Singh *(CTO & Principal)*
Jeff Eden *(Principal & Chief Revenue Officer)*
Dayle Crane *(Mng Dir-Fin)*
Scott Miles *(Mng Dir-Ops)*
Craig Sizemore *(Mng Dir-Svc Delivery)*
John Stauffer *(Mng Dir-Strategic Plng & Channel Strategy)*
Tug McTighe *(Exec Creative Dir)*
Jayland Wheeler *(Grp Acct Dir)*
Ashley Renken *(Acct Dir)*
Julie Sikonski *(Art Dir)*
Joey Barnes *(Dir-Client Svcs)*
Greg Bustamante *(Dir-Engrg)*
Joe Cromer *(Dir-Portals & Collaboration)*
Heather Dorr *(Dir-Alliance)*
Jen Forrest *(Dir-Social Media)*
Jd Henning *(Dir-Loyalty Practice)*

AGENCIES - JANUARY, 2019 — INTERACTIVE AGENCIES

Bethany Kemper *(Dir-Admin & Corp Culture)*
Cara Olson *(Dir-Direct Mktg & eCRM)*
Quinn Sheek *(Dir-Demand Generation)*

Accounts:
AEG
AMC Theatres (Email Marketing Agency of Record) Analytics, Strategy
Armed Forces Insurance (Agency of Record) Creative, Direct Mail, Paid Media, Social Media, Strategy & Execution, Web Content, Website & Email Services; 2018
Crocs
Ferrellgas Partners, L.P. (Agency of Record) Brand Messaging, Digital, Direct Mail, Local Marketing, Paid Media, Traditional Advertising, Website; 2017
Hallmark Cards, Inc.
Lee Jeans
New-LVMH
Nestle USA, Inc. Purina
New-Provista (Digital Agency of Record); 2018
Timberland

DELOITTE DIGITAL
821 2Nd Ave Ste 200, Seattle, WA 98104
Tel.: (206) 633-1167
E-Mail: dd-info@deloitte.com
Web Site: www.deloittedigital.com

Employees: 200

Agency Specializes In: Content, Digital/Interactive, Internet/Web Design, Social Media

Andre Alguero *(Mng Dir)*
Todd Paris *(Mng Dir)*
Alicia Hatch *(CMO)*
Alan Schulman *(Chief Creative Officer-Adv, Mktg & Commerce)*
Paul do Forno *(Mng Dir-Commerce & Content Practice)*
Chris Stauch *(Mng Dir-Experience Design)*
Scott Theisen *(Head-Studio Specialist & Exec Creative Dir)*
Patrick Burchell *(Head-Digital Studio-Chicago)*
Andy Main *(Head-Deloitte Digital)*
Chris Finch *(Sr Mgr-Digital Brand & Strategy)*
Adam Ott *(Sr Mgr-Engagement)*
Julie Storer *(Sr Mgr-CMO Office)*
Nicole Caven *(Mgr-CMO Program)*
Brian Meehan *(Mgr-Deloitte Digital Engagement)*
Jeffrey Mills *(Mgr)*
Jason Barbacovi *(Assoc Creative Dir)*

Accounts:
Chipotle Mexican Grill Digital; 2017
Melissa Etheridge (Digital Agency of Record)

Branches

Acne Advertising
Lilla Nygatan 23 Box 2327, 103 18 Stockholm, Sweden
Tel.: (46) 855579900
Fax: (46) 8 555 799 99
E-Mail: aa@acne.se
Web Site: www.acne.se/

Employees: 80
Year Founded: 2008

Agency Specializes In: Advertising, Entertainment

Erik Bergqvist *(Partner-Creative & Exec Creative Dir)*
Ori Mace *(Mng Dir)*
Johan Hesslefors *(Head-Plng)*
Johan Bello *(Exec Creative Dir)*
Isaac Bonnier *(Sr Dir-Art)*
Jesper Ander *(Sr Acct Dir-UK)*

Niclas Bergstrom *(Deputy Mgr & Exec Producer-Digital)*
Lovisa Friman Bendz *(Acct Dir)*
Johanna Gradin *(Acct Dir)*
Andreas Hallgren *(Acct Dir)*
Morten Kjaer *(Creative Dir)*
Natalie Kocsis *(Art Dir)*
Lisa Kopp *(Acct Dir)*
Malinx Von Werder *(Art Dir)*
Agnes Zetterman *(Art Dir)*
David Hammarstrom *(Dir-Interactive Art)*
Adam Springfeldt *(Dir-Creative)*
Maja Aspero Lind *(Acct Mgr)*
Pia Hansson Naslund *(Acct Mgr)*
Emelie Thoren *(Acct Mgr)*
Chelsea Mcgovern *(Mgr-PR)*
Johanna Gustafsson *(Planner-Strategic)*
Joel Lindblad *(Copywriter)*
Rasmus Tsardakas Renhuldt *(Copywriter)*
Carolina Tell *(Planner-Creative)*
Tiago Pinho *(Sr Art Dir)*

Accounts:
Adidas
Ikea International A/S Frakta
Insplanet Campaign: "Insplanet Goat Edition 1"
Max Hamburgers Burgers
New-Non Violence
The Real Estate Eye
Swedish Film Institute
Telenor
Vitamin Well

Deloitte Digital
330 Hudson St Fl 9, New York, NY 10013
(See Separate Listing)

Heat
1100 Sansome St, San Francisco, CA 94111
(See Separate Listing)

Mobiento
Savageness 25, 11134 Stockholm, Sweden
Tel.: (46) 8225710
E-Mail: hello@mobiento.se
Web Site: www.mobiento.com

Employees: 50
Year Founded: 2001

Agency Specializes In: Advertising, Digital/Interactive, Graphic Design, Mobile Marketing, Strategic Planning/Research

Carl Christiansson *(Acct Dir)*
Helena Nilsson *(Mgr-Digital Project)*
Camilla Beltrami *(Designer-UX)*

Accounts:
Situation Stockholm SMS is King

DELPHIC DIGITAL
10 Shurs Ln Ste 201, Philadelphia, PA 19127
Tel.: (215) 794-0420
Fax: (215) 508-9503
Web Site: www.delphicdigital.com

Employees: 43
Year Founded: 2003

Agency Specializes In: Advertising, Content, Digital/Interactive, Email, Internet/Web Design, Mobile Marketing, Paid Searches, Search Engine Optimization, Social Media, Strategic Planning/Research, Web (Banner Ads, Pop-ups, etc.)

Approx. Annual Billings: $4,449,258

Lance Hollander *(Mng Dir)*

Mark Patten *(Mng Dir)*
Danielle N. Rossi *(Sr VP-Client Svcs)*
Robert Fisher *(VP & Creative Dir)*
Kevin Hanley *(VP-Mktg)*
Charlie Darney *(Head-Technical)*
Todd Duchynski *(Dir-User Experience)*
Alex Abel *(Sr Mgr-Media)*
Dave Emerson *(Sr Mgr-Media)*
Heather Derby *(Sr Acct Mgr)*
Brian Taylor *(Sr Acct Mgr)*
Katie Morton *(Acct Mgr)*
Emma Welcher *(Mgr-Media)*
Casey Pearson *(Analyst-Mktg)*
Connor Mulvaney *(Assoc Media Mgr)*
Julia Tumas Piccone *(Sr Media Dir)*

Accounts:
ALL-FILL Inc Powder Filling & Liquid Filling Mechinery Mfr
American Association for Cancer Research Cancer Research Studies Providers
American Executive Centers Office Interior Design Products Mfr
Gale International LLC Real Estate Development Services
Porcelanosa Kitchen & Bath Products Mfr & Distr

DESIGNZILLAS, LLC
500 S Magnolia Ave, Orlando, FL 32801
Tel.: (407) 637-2833
E-Mail: info@designzillas.com
Web Site: www.designzillas.com

Employees: 50
Year Founded: 2007

Agency Specializes In: Brand Development & Integration, Collateral, Content, Digital/Interactive, E-Commerce, Email, Internet/Web Design, Logo & Package Design, Search Engine Optimization, Social Media

Johnny Hughes *(Founder & CEO)*
Gina Lockwood *(Dir-Production)*
Lisette Ortiz *(Office Mgr)*
Chris Archer *(Strategist-Acct)*
Brett Callaghan *(Sr Designer-Digital)*
Gage Harper *(Analyst-Digital Mktg)*
Leisy Vidal *(Jr Designer-Digital)*

Accounts:
New-Astin Farms
New-Everglades Boats
New-Fit Tea
New-Fun Spot America Theme Parks
New-St. Luke's Lutheran School

DETATI COMMUNICATIONS
265 Caspian Dr, Sunnyvale, CA 94089
Tel.: (408) 744-9300
Web Site: www.detati.com

Employees: 5

Agency Specializes In: Brand Development & Integration, Content, Digital/Interactive, Internet/Web Design, Logo & Package Design, Print, Search Engine Optimization, Social Media

Philip Goldworth *(CEO)*
Roberta Kiphuth *(Pres-Small Bus Mktg)*
Tim Kiphuth *(Dir-Software Dev)*

Accounts:
Jane Willis Marketing

DEVELOPMENT NOW
310 SW 4th Ave, Portland, OR 97215
Toll Free: (800) 387-0849
Web Site: www.developmentnow.com

INTERACTIVE AGENCIES

Employees: 15
Year Founded: 2005

Agency Specializes In: Digital/Interactive, Direct Response Marketing, Mobile Marketing, Multimedia, Point of Purchase, Point of Sale, Social Media

Ben Strackany *(CEO)*

Accounts:
Alghanim Xcite.com; 2013
Avis Rental Car; 2012
Manheim Automotive; 2010
Time Warner Cable Telecommunications; 2010

DIDIT
330 Old Country Rd Ste 206, Mineola, NY 11501
Tel.: (516) 255-0500
Fax: (516) 255-0509
Toll Free: (800) 932-7761
E-Mail: Marketing@didit.com
Web Site: http://www.didit.com/

Employees: 90
Year Founded: 1996

Agency Specializes In: Electronic Media, Internet/Web Design, Pets, Web (Banner Ads, Pop-ups, etc.)

Kevin Lee *(Co-Founder & Exec Chm)*
Dave Pasternack *(Co-Founder, Pres & CEO)*
Patty Brehm *(CEO-Direct Mktg)*
Mark Simon *(Exec VP)*
Eric Wiggins *(Sr VP)*
Heidi Zafran *(VP-HR)*
Jamie Allen *(Gen Mgr-Automotive Mktg)*
Joshua Smith *(Acct Dir-Didit DM)*
Kelly Ward *(Dir-Digital Media)*
Lauren Tarantino *(Acct Exec-Social Media & Content Mktg)*

Accounts:
DollarDays International
Leading Interactive Reservations LLC; 2008
PetCareRX Search Engine Marketing
Trend Micro Search Engine Marketing

Branches

Bridge Global Strategies LLC
276 Fifth Ave, New York, NY 10001
(See Separate Listing)

The Halo Group
PO Box 20435, New York, NY 10001
(See Separate Listing)

DIF INC.
1350 Main St Ste 212, Springfield, MA 01103
Tel.: (413) 788-0654
Web Site: www.difdesign.com

Employees: 5
Year Founded: 2004

Agency Specializes In: Digital/Interactive, Graphic Design, Internet/Web Design, Search Engine Optimization

Peter Ellis *(VP & Creative Dir)*
John Daley *(Sls Dir)*

Accounts:
Sherman & Frydryk
Springfield Water & Sewer LLC

DIGITAL CURRENT
1001 W Southern Ave Ste 120, Mesa, AZ 85210
Tel.: (480) 223-1170
Toll Free: (844) 304-3088
E-Mail: hello@digitalcurrent.com
Web Site: www.digitalcurrent.com

Employees: 45

Agency Specializes In: Content, Digital/Interactive, Paid Searches, Search Engine Optimization, Social Media

Scott Elser *(Pres & COO)*
Eleni Ireland *(Pres)*
Troy Ireland *(CEO & Partner)*
Chris Luttjohann *(VP-Sls & Mktg)*

Accounts:
New-BuildDirect
New-Diamond View Studios
New-E-Complish
New-FunMinecraftServers
New-Luseta Beauty
New-Salon Iris
New-Sportsman's Warehouse

DIGITAL FIREFLY MARKETING
252 Nassau St, Princeton, NJ 08542
Tel.: (609) 630-0764
E-Mail: info@digitalfireflymarketing.com
Web Site: www.digitalfireflymarketing.com

Employees: 50

Agency Specializes In: Advertising, Brand Development & Integration, Content, Digital/Interactive, E-Commerce, Internet/Web Design, Search Engine Optimization, Social Media, Strategic Planning/Research, Viral/Buzz/Word of Mouth

John Cashman *(Founder & Pres)*
Dewan Alimozzaman *(Dir-Dev)*
Maarit Durity *(Dir-Digital Mktg)*
Nancy Koziol *(Strategist-Content & SEO)*
Bre Slocum *(Strategist-Social Media)*

Accounts:
New-Epolin
New-SurfEasy

DIGITAL MEDIA SOLUTIONS, LLC
4800 140th Ave N Ste 101, Clearwater, FL 33762
Tel.: (727) 287-0426
E-Mail: connect@thedmsgrp.com
Web Site: digitalmediasolutions.com

Year Founded: 2010

Agency Specializes In: Brand Development & Integration, Content, Customer Relationship Management, Digital/Interactive, Email, Graphic Design, Internet/Web Design, Paid Searches, Search Engine Optimization, Social Media

Joe Marinucci *(Founder & CEO)*
Fernando Borghese *(Founder & COO)*
Matthew Goodman *(Founder & CIO)*
Luis A. Ruelas *(Founder & Exec VP-Bus Dev)*
Bryan Glaus *(CFO)*
Jonathan Katz *(Chief Media & Product Officer)*
Ben Porch *(CTO)*
Ryan Foster *(Gen Counsel & Exec VP-HR & Compliance)*
Cliff Libby *(Exec VP & Gen Mgr-Education)*
Rachel Schulties *(Exec VP-Digital Agency)*
David Shteif *(Exec VP-Automation & Data)*
Raymond Bartreau *(Sr VP-Lending Partnerships)*
Kathy Bryan *(Sr VP-Corp Mktg & Comm)*
Rob Camhe *(Sr VP-Strategic Partnerships)*
Paul Webb *(Sr VP-Fin)*
Bobby Furnish *(VP-Pay-Per-Call)*

Accounts:
New-Axos Bank
New-Education Corporation of America Brightwood College, Ecotech Institute, Ecotech Training, Golf Academy of America, Virginia College
New-Florida International University Online
New-Galvanize, Inc (Agency of Record)
New-Midwest Technical Institute (SEO Agency of Record) Delta Technical College (SEO Agency of Record)

DIGITAL STYLE TECHNOLOGIES
4918 N Harbor Drive Ste 204A, San Diego, CA 92106
Tel.: (619) 940-5330
E-Mail: hello@getdigitalstyle.com
Web Site: https://digitalstyle.com/

Employees: 10
Year Founded: 2011

Agency Specializes In: Content, Digital/Interactive, Event Planning & Marketing, Internet/Web Design, Print, Search Engine Optimization, Social Media

David Tillson *(Principal)*
Luis Cortes *(Creative Dir)*
Jamie Allen *(Acct Mgr)*
Brittney Krier *(Copywriter)*
Madalyn Lee *(Designer-Digital)*
Bonnie Nicholls *(Copywriter)*

Accounts:
New-Hughes Construction Limited

DIGITAL THIRD COAST INTERNET MARKETING
2035 W Wabansia Ave, Chicago, IL 60647
Tel.: (773) 904-2700
Web Site: www.digitalthirdcoast.net

Employees: 15
Year Founded: 2007

Agency Specializes In: Brand Development & Integration, Content, Digital/Interactive, Print, Search Engine Optimization, Social Media

Taylor Cimala *(Principal & Dir-Strategic)*
George Zlatin *(Principal & Dir-Ops)*
Lyndsey Maddox *(Dir-Bus Dev)*
Nathan Pabich *(Dir-Paid Search)*

Accounts:
New-Educo LLC

DIGITAS
(Formerly DigitasLBi)
33 Arch St, Boston, MA 02110
Tel.: (617) 867-1000
E-Mail: newbusiness@digitas.com
Web Site: www.digitas.com/en-us/

Employees: 3,000
Year Founded: 1980

National Agency Associations: 4A's-DMA

Agency Specializes In: Automotive, Aviation & Aerospace, Brand Development & Integration, Business Publications, Business-To-Business, Cable T.V., Co-op Advertising, Collateral, Consulting, Consumer Marketing, Consumer Publications, Digital/Interactive, Direct Response Marketing, E-Commerce, Electronic Media, Entertainment, Event Planning & Marketing, Exhibit/Trade Shows, Financial, Graphic Design, High Technology, Internet/Web Design, Leisure, Logo & Package Design, Magazines, Media Buying Services, New Product Development, Newspaper, Newspapers & Magazines, Out-of-Home Media,

AGENCIES - JANUARY, 2019

Outdoor, Pharmaceutical, Planning & Consultation, Point of Purchase, Point of Sale, Print, Production, Public Relations, Publicity/Promotions, Radio, Retail, Sales Promotion, Sponsorship, Sports Market, Strategic Planning/Research, Sweepstakes, Syndication, T.V., Telemarketing, Trade & Consumer Magazines, Transportation, Travel & Tourism

Michael Kahn *(Pres-Global Brand)*
Jodi Robinson *(Pres-North America)*
Morgan Carroll *(Exec Chm-Creative, Exec VP & Mng Dir-Chicago)*
Mark Book *(Exec VP & Head-CRM-India)*
Brett Leary *(Sr VP & Head-Commerce Innovation)*
Julie Bailey *(Sr VP & Grp Acct Dir)*
Brent Eveleth *(Sr VP-Design & Creative Dir)*
Megan Jones *(Sr VP & Grp Media Dir)*
Terrie Rich *(Sr VP-Fin & Ops)*
Tara Hodson *(VP & Grp Dir-New Bus)*
John Mataraza *(VP & Grp Dir)*
Tom Howard *(VP & Grp Acct Dir)*
Kristine Kobe *(VP & Grp Acct Dir)*
Heather Brooks *(VP & Creative Dir)*
Jennie Scheer *(VP & Media Dir)*
Ray Colameta *(VP & Dir-Mktg Ops)*
Matthew Henderson *(VP & Dir-Strategy & Analysis)*
Ron D'Amico *(VP-Corp Comm)*
Mark Philip *(VP & Grp Creative Dir)*
Anne Marie Launie *(Acct Dir)*
Rodney Raftery *(Creative Dir-Social)*
Julie Wisniewski *(Acct Dir)*
Jency Barnes *(Assoc Dir-Media Tech)*
Steven Bithell *(Assoc Dir-Media Tech)*
Caitlin Hurley *(Assoc Dir-Social Strategy)*
Nicholas Puccio *(Assoc Dir-Media Bus Ops)*
Benjamin Y Seldin *(Assoc Dir-Creative Strategy)*
KJ Warren *(Assoc Dir-Data & Analysis)*
Jake Zimmerman *(Assoc Dir)*
Courtney Blanch *(Mgr-Data & Analysis)*
Jess Di Pietro *(Mgr-Search Mktg)*
Kara Doran *(Mgr-Social Strategy)*
Jessica Kerch *(Mgr-Data & Analysis)*
Sarah Celiberti *(Supvr-Media)*
Yohannes Chambers *(Supvr-Media)*
Caroline Richman *(Supvr-Media)*
Kathryn Ellis *(Sr Analyst-Programmatic Media)*
Nicole Patton *(Sr Analyst-Programmatic Media)*
Matt Adams *(Sr Designer-Experience)*
Blake Hamblett *(Analyst-Strategy & Analytics)*
Emily Lord *(Analyst-Programmatic & Media)*
Hayden Lynch *(Analyst-Strategy & Analytics)*
Helen Voloshin *(Planner-Paid Social)*
Jessica Bergstresser *(Assoc Creative Dir)*
James Collins *(Assoc Creative Dir)*
Paige DeMarco *(Assoc Media Planner)*
Megan McGoldrick *(Scientist-Data)*
Stephanie Aurora Morton *(Assoc Media Dir)*

Accounts:
Aflac Inc. Digital Media Planning & Buying
Ally Bank
AstraZeneca
AT&T, Inc.
Delta Air Lines, Inc Campaign: "An Amazing Year", Campaign: "Keep Climbing", Customer Relationship Management, Delta.com
Disneyland Resort
Dunkin's Donuts Loyalty Marketing
Equifax Campaign: "Jewelry Store", Paper Shredder Mailer
General Motors Company Buick (Agency of Record), Buick Campaign: "Moment of Truth", Commercial, Corporate Marketing, Digital Marketing, Fleet, GM Vehicle Showroom, GMC(Agency of Record), OnlyGM.com, Owners Programs, gm.com
Goodwill Industries-Suncoast, Inc. Print, Social Media
Goodyear CRM Activities, Consumer Web Development, Digital Media Planning & Buying, Interactive, Mobile Marketing, NASCAR, Search Advertising, Social Media Marketing
Harley Davidson Campaign: "My Time to Ride", Digital
The Huffington Post Real Time Native Ads
Kao USA Campaign: "Never Pull Back", Digital Creative, Frizz Ease, John Frieda
Lenovo Group Ltd (North American Agency of Record) Analytics, Brand Awareness, Campaign: "Tough Season", Digital Marketing, Media Planning & Buying, YOGA 2 Pro, Yoga Laptop, Yoga Tablet
Mattel, Inc American Girl, Analytics, Barbie, Content, Digital Media, Display, Fisher-Price, Hot Wheels, Media, Media Planning & Buying, Paid Search, Programmtic, Social
Memorial Sloan Kettering Cancer Center Inc. (Digital Agency of Record)
Pitney Bowes Digital, Website
Puma Campaign: "Faster Delivery", Campaign: "Forever Faster", Creative, Digital, Marketing, Online, Social, Social Media
Sony Corporation of America Playstation
Sprint Campaign: "Jack's Story", Campaign: "Kate's Story", Small Business Solutions Group, Social Media
Travelers
Volvo
Walgreen Company
Whirlpool Corporation Jenn-Air
ZipCar

Digitas Health London
Pembroke Building, Avonmore Road, Kensington Village, London, W14 8DG United Kingdom
Tel.: (44) 2071734023
E-Mail: info@digitashealth.com
Web Site: www.digitashealth.com

Employees: 35
Year Founded: 2009

Agency Specializes In: Digital/Interactive, Health Care Services

Amber Friesen *(Gen Mgr)*
Julian Cross *(Exec Creative Dir)*
Courtney Langhauser *(Grp Acct Dir)*

Accounts:
AstraZeneca

Digitas Health
355 Park Ave S, New York, NY 10010
Tel.: (212) 610-5000
Fax: (212) 350-7850
Web Site: www.digitashealth.com

Employees: 100

Agency Specializes In: Digital/Interactive, Health Care Services, Sponsorship

Susan Manber *(Chief Plng Officer)*
Eric Muller *(Exec VP & Gen Mgr)*
Brian Lefkowitz *(Exec VP & Exec Creative Dir)*
Yasemin Esit *(Sr VP-Data & Analytics)*
Rich Schwartz *(Sr VP-Mktg & Connected Health Partnerships)*
Mario Aguirre *(VP & Dir-Media)*
Elisabeth DiCicco *(VP & Dir-Resource Mgmt & Recruiting)*
Jeromie Misenheimer *(Head-Creative Svcs & Exec Creative Dir)*
Renee Grube *(Assoc Dir-Print Production)*
Farah Wakani *(Acct Supvr)*
Eileen Dugan *(Sr Art Buyer)*

Digitas Health
100 Penn Square E 11th Fl, Philadelphia, PA 19107
(See Separate Listing)

INTERACTIVE AGENCIES

Digitas
(Formerly DigitasLBi Detroit)
150 W Jefferson Ave, Detroit, MI 48226
(See Separate Listing)

Digitas
(Formerly DigitasLBi)
146 Brick Lane, London, E1 6RU United Kingdom
Tel.: (44) 207063 6465
Fax: (44) 2070636001
Web Site: www.digitas.com/en-us/

Employees: 500

Jacqui Pennington *(Partner-Client & Special Projects)*
Emma de la Fosse *(Chief Creative Officer-UK)*
Danielle Bassil *(CEO-UK)*
Maurice Riley *(VP & Head-Media & Strategy-Australia)*
Adriana Matyaskova *(Head-Media-UK)*
Tim Clegg *(Exec Creative Dir)*
Peter Drake *(Exec Creative Dir)*
Scott Holmes *(Exec Creative Dir)*
Aran Burtenshaw *(Art Dir)*
Darren Wood *(Dir-Creative Tech)*
Jack Davis *(Acct Mgr)*
Lianne Dixon *(Client Partner)*
Paul Doherty *(Client Partner)*
Damien Bonafont *(Strategist)*
Bernard Valentine *(Strategist-Creative)*
Katherine Sollers *(Grp Media Dir)*

Accounts:
Asda Asda Direct, Asda Financial Services, Asda.com, Digital Advertising Strategy, Groceries
Barclays plc Barclay International Banking, Barclay Wealth, Barclaycard, Digital, Strategy
British Gas
New-Butlin's Limited CRM; 2018
Carlsberg Digital
Cunard Line Art-Deco Themed Brand, Digital
Danone Aptaclub, C&G Baby Club, Danone Baby Nutrition
E.ON Best Deal For You, PR, Press, Radio, TV
Etihad Airways Digital
Grolsch Digital
Honda Motor Europe (Pan-European Content Agency of Record)
Kellogg Company Corn Flakes, Digital, Pringles
Kuoni Travel Campaign: "Scents of Adventure"
L Brands Victoria's Secret
Marks & Spencer
Mr Green Digital Display
Mumsnet Apps In-House, Mobile Development, Partnerships, White-Labelled
National Trust Digital, Mobile
Oracle B2B, Creative, Digital Marketing, Press
P&O Ferries User Experience Strategy; 2018
Plume Labs
Premier Inn
RBS Content Strategy, Digital Creative, Social Media
Reckitt Benckiser Global Web Revamp, Scholl
SABMiller Digital, Distribution, Grolsch, Mobile App Development, Online Content Creation, Peroni Nastro Azzurro, Social Media
Samsung Europe Digital content, Marketing Strategy, Public Relations, Social Media
Shangri-La Hotels and Resorts (Agency of Record) CRM, Campaign: " LoyaltyIs", Creative, Digital, Golden Circle Loyalty Programme, Golden Circle brands, Hotel Jen, Kerry Hotels, Media Buying, Media Planning
Slater & Gordon
Sony Ericsson Mobile Communications AB Campaign: "Tweetsinger", Campaign: "Xperia Studio", Campaign: "Z versus fashion", Sony Xperia Z
Tesco Clubcard Website, Revamp
Virgin Atlantic
WorldPay Global Digital Strategy

1251

INTERACTIVE AGENCIES

Xperia Brand Awareness Campaign, Digital

Digitas
(Formerly DigitasLBi)
Arnulfstrasse 60, c/o SapientRazorfish, 80335 Munich, Germany
Tel.: (49) 89 552 987 992
E-Mail: munich@Digitas.com
Web Site: www.digitas.com/en-us/

Employees: 40

Agency Specializes In: Digital/Interactive, Electronic Media

Andreas Teigeler *(Exec Creative Dir)*

Digitas
(Formerly DigitasLBi)
17th Fl Tower A Urmi Estate, Ganpat Rao Kadam Marg, Mumbai, 400 013 India
Tel.: (91) 22 3007 3600
Web Site: www.digitas.com/en-us/

Employees: 500

Agency Specializes In: Advertising, Mobile Marketing, Social Media, Strategic Planning/Research

Amaresh Godbole *(CEO-India)*
Sabah Iqbal *(Head-Acct Mgmt)*
Mark Mcdonald *(Head-Creative-India)*
Upasana Roy *(Head-Strategy-Natl)*
Poornima Kamath *(Client Svcs Dir)*
Bhavna Sukhija *(Acct Dir)*

Accounts:
Eureka Forbes
Orient Electric Aeroquiet Fan
Real Campaign: "Cheer a Child"
Tata Motors Campaign: "The #Fantastico Hunt", Digital, Zica
Tatacliq Digital Creative

Digitas
(Formerly DigitasLBi)
Hamngatan 2, SE-111 47 Stockholm, Sweden
Tel.: (46) 8 4100 1000
Fax: (46) 8 411 65 95
E-Mail: info.se@Digitas.com
Web Site: www.digitas.com/en-us/

Employees: 1,465

Agency Specializes In: Advertising, Digital/Interactive, Internet/Web Design, Strategic Planning/Research

Accounts:
Husqvarna "Husqvarna Lawn Calculator"

Digitas
(Formerly DigitasLBi)
100 How Ming St, 6F AIA Kowloon Tower, Kwun Tong, Kowloon China (Hong Kong)
Tel.: (852) 2236 0330
E-Mail: infohk@digitas.com
Web Site: www.digitas.com/en-us/

Employees: 50

Agency Specializes In: Advertising, Digital/Interactive, Event Planning & Marketing, Logo & Package Design, Print, Strategic Planning/Research

Maria Delamain *(Partner-Client-Shangri-La Hotels & Resorts)*
Antony Yiu *(Mng Dir)*

Matt Cullen *(Chief Creative Officer)*
Justin Peyton *(Chief Strategy Officer-APAC & Chief Transformation Officer-APAC)*
Gary Tranter *(Chief Creative Officer)*
Annette Male *(CEO-APAC)*
Jean Egloff-Ng *(Head-Copy & Assoc Creative Dir)*
Ralf Fuss *(Head-Strategy)*
Sam Ko *(Head-Media-Hong Kong)*
Charlie Newbery *(Head-Media-APAC)*
Lyndon Hale *(Exec Creative Dir-APAC Reg)*
Craig Howie *(Exec Creative Dir)*
Annika Gharial *(Sr Acct Dir)*
Sandra Gin *(Client Svcs Dir)*
Reevi Rajan *(Dir-Analytics-Singapore)*
Kaythaya Maw *(Reg CTO-Asia Pacific)*

Accounts:
Asia Miles
Cathay Pacific Airways Limited (Global Digital Agency of Record) Media
Electrolux Asia Pacific Website
Roche-Foundation Medicine APAC Digital Strategy, B2B; 2017
Shangri-La Hotels & Resorts (Agency of Record) CRM, Campaign: " LoyaltyIs", Creative, Digital, Golden Circle Loyalty Programme, Golden Circle brands, Hotel Jen, Kerry Hotels, Media Buying, Media Planning
Swire Proporties (Global Agency of Record)

Digitas
(Formerly DigitasLBi)
30-34 Rue du Chemin Vert, Paris, 75011 France
Tel.: (33) 0172324000
E-Mail: paris@Digitas.com
Web Site: www.digitas.com/en-us/

Employees: 500
Year Founded: 1980

Agency Specializes In: Digital/Interactive, Mobile Marketing, Social Media, Strategic Planning/Research

Estelle Diot *(Producer-TV & Digital)*
Frederic Roux *(Creative Dir)*
Laetitia Jarry *(Dir-Customer)*
Pauline Esnavant *(Acct Mgr)*
Pauline Billaud *(Mgr-Legal & Bus Affairs)*

Accounts:
Hermes Campaign: "Vive Le Sport"
LVMH Moet Hennessy Louis Vuitton SA Dior
Nissan An electric tale, Campaign: "Chase The Thrill", Campaign: "The Big Turn On", Nissan Juke, Nissan Navara
Sara Lee Corporation Wonderbra

Digitas
(Formerly DigitasLBi)
2001 The Embarcadero, San Francisco, CA 94133
(See Separate Listing)

Digitas
(Formerly DigitasLBi)
384 Northyards Blvd Nw Ste 300, Atlanta, GA 30313
Tel.: (404) 460-1010
Fax: (404) 460-1009
E-Mail: newbusiness@digitas.com
Web Site: www.digitas.com/en-us/

Employees: 70

National Agency Associations: 4A's

Agency Specializes In: Advertising

Brian Sherwell *(VP & Grp Dir-Creative & Experience Strategy)*
Michael Ashley *(VP & Grp Creative Dir)*
Molly Molina Crawford *(VP & Grp Creative Dir)*

Vanessa Toro *(VP-Creative Strategy)*
Parker Carlson *(Sr Acct Exec)*
Brandon George *(Assoc Creative Dir)*
Hyojung Alicia Nam *(Sr Art Dir)*

Accounts:
Delta AirLines, Inc Campaign: "LAX to LUX", Delta One, SkyMiles
Equifax Campaign: "Paper Shredder Mailer"
Lost-N-Found Youth

Digitas
(Formerly DigitasLBi)
180 N La Salle St, Chicago, IL 60601
Tel.: (312) 729-0100
Fax: (312) 729-0111
E-Mail: newbusiness@digitas.com
Web Site: www.digitas.com/en-us/

Employees: 285
Year Founded: 2001

National Agency Associations: 4A's

Agency Specializes In: Digital/Interactive, Sponsorship

Morgan Carroll *(Exec Chm-Creative, Exec VP & Mng Dir-Chicago)*
Matthew Jacobson *(Exec VP & Exec Dir-Design)*
Tony Bailey *(Sr VP-Tech)*
Carrie Frazee *(Sr VP)*
Anne Serr *(VP, Head-NA Consumer & Cultural Intelligence & Grp Dir)*
Jennifer Cain *(VP & Grp Dir-Media Tech)*
Ryan Shaw *(VP & Media Dir)*
Jacqueline Hanrahan *(VP & Dir-Media Tech)*
Stacey Richer *(VP & Dir-Project Mgmt)*
Stephanie Kelly *(VP & Grp Creative Dir-Strategy)*
Doug Malcolm *(VP & Grp Creative Dir-Strategy)*
Lisa Bamber *(Grp Acct Dir)*
Natalie Baboulas *(Assoc Dir)*
Jenny Corbett *(Assoc Dir-Project Mgmt)*
Andy Perez *(Assoc Dir-Social Strategy)*
Molly Ryerson *(Assoc Dir-Project Mgmt)*
Rachael Garcia Yumo *(Assoc Dir-Strategy & Analysis)*
Rachel Williams *(Acct Mgr)*
Kate Toland Garofalo *(Mgr-HR)*
Kate Newman *(Mgr-Social Strategy)*
Lauren Wisniewski *(Mgr)*
Emily Yuan *(Mgr-Strategy & Analysis)*
Alex Hudson *(Supvr-Media)*
Daniel P Cosgrove *(Sr Art Dir)*

Accounts:
New-American Express (Agency of Record) Creative, Digital, Social
New-Angie's List (Media Buying & Media Planning Agency of Record)
New-Comcast (Agency of Record) Creative, Digital, Social
New-Dunkin' Donuts (Agency of Record) Creative, Digital, Social
eBay (Media Agency of Record) Media Buying, Media Planning
New-Goodyear (Agency of Record) Creative, Digital, Media Buying, Media Planning, Social
New-Mattel (Media Buying & Media Planning Agency of Record)
New-Pandora (Agency of Record) Digital, Media Buying, Media Planning
New-Pitney Bowes (Agency of Record) Creative, Digital, Media Buying, Media Planning, Social
PPG Industries Glidden
New-Starz (Media Buying & Media Planning Agency of Record)
Taco Bell "Waffle Taco", Digital, Digital Media Planning, Dorito Locos Taco Fiery chips, Interactive, Social Media
Whirlpool Corporation (Agency of Record) "Perceptions of Care", Above-the-Line, Advertising, Amana, Bring Maytag Home, Campaign: "Dad & Andy", Campaign: "Every

AGENCIES - JANUARY, 2019   INTERACTIVE AGENCIES

Day, Care", Campaign: "Finding Time", Campaign: "OK", Content Development, Creative, Digital Media, Gladiator, Interactive, Jenn-Air, KitchenAid, Marketing, Maytag, Media Planning, Online, Social Media, Strategy, TV, Videos

Digitas
(Formerly DigitasLBi)
355 Park Ave S, New York, NY 10010-1706
(See Separate Listing)

Digitas
(Formerly DigitasLBi)
Professor W.H. Keesomlaan 12, 1183 DJ Amstelveen, Netherlands
Tel.: (31) 20 406 13 00
Web Site: www.digitas.com/en-us/

Employees: 1,800
Year Founded: 1993

Agency Specializes In: Sponsorship

Dickon Langdon *(Creative Dir)*

DIRECT ACCESS DIGITAL
711 Oval Court, Burlington, ON L7L 6A9 Canada
Tel.: (416) 840-6738
E-Mail: info@directaccessdigital.com
Web Site: directaccessdigital.com

Employees: 50
Year Founded: 2011

Agency Specializes In: Brand Development & Integration, Content, Customer Relationship Management, Digital/Interactive, Email, Internet/Web Design, Local Marketing, Search Engine Optimization, Social Media

Don Mcneil *(Founder & Pres)*
Mick Higgins *(Mgr-Bus Dev)*
Ceri Nelmes *(Sr Strategist-Digital & Advanced SEO)*

Accounts:
Bank of Montreal
Canada Protection Plan
Enercare Inc
Lowe's Canada

DIRECT AGENTS, INC.
740 Broadway Ste 701, New York, NY 10003
Tel.: (212) 925-6558
Fax: (212) 412-9061
E-Mail: marketing@directagents.com
Web Site: www.directagents.com

Employees: 48
Year Founded: 2003

National Agency Associations: 4A's

Agency Specializes In: Affiliate Marketing, Digital/Interactive, Email, Search Engine Optimization, Social Media

Dinesh Boaz *(Co-Founder & Mng Dir)*
Josh Boaz *(Co-Founder & Mng Dir)*
Mark Glauberson *(Exec VP)*
Lyle Srebnick *(Exec VP)*
Megan Conahan *(Sr VP)*
Daniel Owen *(Sr VP-Search & Analytics)*
Rachel Nugent *(VP-Client Svcs)*

Accounts:
AccuQuote Insurance; 2008
bloomspot Daily Deal; 2010
LendingTree Financial; 2011
Scholastic Education; 2009

The SCOOTER Store Health; 2012

DITCH CREATIVE
400 N 1st Ave #535, Minneapolis, MN 55401
Tel.: (612) 216-5221
E-Mail: hello@ditchcreative.com
Web Site: www.ditchcreative.com

Employees: 3

Agency Specializes In: Brand Development & Integration, Content, Digital/Interactive, Internet/Web Design, Search Engine Optimization, Social Media

Eric Brusven *(Partner)*

Accounts:
New-Long Island Wine Council
New-cmnd+m

DOMANI STUDIOS LLC
32 Avenue of the Americas 19th Fl, New York, NY 10013
Tel.: (646) 744-3501
Fax: (212) 242-4112
Web Site: www.domanistudios.com

Employees: 50
Year Founded: 2001

Agency Specializes In: Brand Development & Integration, Digital/Interactive, Graphic Design, Mobile Marketing, Production (Ad, Film, Broadcast), Search Engine Optimization, Social Media

Jonathan Hills *(Founder & Exec Creative Dir)*
Matt Wilcox *(Dir-Tech)*

Accounts:
Aloft Hotels
CODA
Estee Lauder
GC Watches
Nintendo
Scribner Digital, Doctor Sleep, The Shining
Sheraton
Starwood Hotels & Resorts
Stephen King Campaign: "Doctor Sleep"
Umbro
Westin Hotels

DOUBLESPACE INC.
85 Fifth Ave Fl 7, New York, NY 10003
Tel.: (212) 366-1919
E-Mail: info@doublespace.com
Web Site: www.doublespace.com

Employees: 50
Year Founded: 1982

Agency Specializes In: Brand Development & Integration, Digital/Interactive, Package Design

Revenue: $1,980,000

Ross Anderson *(Chief Strategy Officer)*
Jane Kosstrin *(Chief Creative Officer)*
Asher Sarlin *(Art Dir)*
Kerri Bennett *(Sr Designer)*

Accounts:
ELLE Magazine Creative, Digital, Social Media
Oscar de la Renta Digital
TCS New York City Marathon

DRAGON ARMY
1440 Dutch Valley PL NE Ste 250, Atlanta, GA 30324

Tel.: (404) 890-0279
E-Mail: contact@dragonarmy.com
Web Site: www.dragonarmy.com

Employees: 25
Year Founded: 2013

Agency Specializes In: Digital/Interactive, Mobile Marketing

Ryan P. Tuttle *(Co-Founder & COO)*
Jessica D'Amato *(VP-Project Mgmt)*
Jessica Carruth *(Mktg Dir)*

Accounts:
American Cancer Society (Mobile Strategy Agency of Record) Design, Development & Analytics, Strategy, UX & UI
AT&T
Chick-fil-A
The Coca-Cola Company
Equifax Inc Mobile Initiatives
The Home Depot
Honey Baked Ham (Web & Mobile Agency of Record) Digital, E-commerce, Strategy, UX & UI; 2018
New-Mizuno USA Inc. (Mobile Agency of Record)
Parkmobile
Turner
United Way of Greater Atlanta (Mobile Agency of Record) Design, Development & Analytics, Strategy, UX & UI; 2018

DREAMBOX CREATIONS, INC.
556 N Diamond Bar Boulevard, Diamond Bar, CA 91765
Tel.: (909) 396-1730
Fax: (909) 396-1736
E-Mail: info@dreamboxcreations.com
Web Site: www.dreamboxcreations.com

Employees: 20
Year Founded: 1999

Agency Specializes In: Content, Digital/Interactive, Internet/Web Design, Social Media

Dan Bejmuk *(Co-Founder & CEO)*
Danielle Takata *(Owner)*

Accounts:
Black Angus Steakhouse
Bubba Gump Shrimp Company
Claim Jumper Restaurants
Elephant Bar
The Fish Market Restaurants
Grimaldis Pizzeria
LYFE Kitchen
My Fit Foods
Saltgrass Steakhouse
Yard House Restaurants

DRINKCAFFEINE
897 Boston Post Rd, Madison, CT 06443
Tel.: (203) 468-6396
Fax: (203) 468-7608
E-Mail: info@drinkcaffeine.com
Web Site: drinkcaffeine.com

Employees: 10
Year Founded: 1999

Agency Specializes In: Internet/Web Design

Matt Sawyers *(Partner-Content Strategy)*
Katie Tuttle *(Partner-Mktg Strategy)*
William Mulligan *(CEO-Performance Strategy)*
Sam Tuttle *(VP)*
Bryan Betz *(Art Dir)*
Eric Webb *(Creative Dir)*
Janet Kawai *(Mgr-Fin)*

Interactive Agencies

INTERACTIVE AGENCIES
AGENCIES - JANUARY, 2019

Accounts:
Bridges Resort
By Kids for Kids
Connecticut Innovations
Crested Butte Resort Real Estate
Developers Realty
Digital Flannel
Industrial Heater
Jackson Gore Real Estate
Kiosko
Mount Sunapee
Navtec
Okemo Mountain Resort
PGA Championship
Sail America
Shreve, Crump & Low
Solar Connecticut
Tommy Fund
Vanguard Sailboats

DRIVE SOCIAL MEDIA
906 Olive St Ste 700, Saint Louis, MO 63101
Tel.: (314) 450-8363
Web Site: drivesocialnow.com

Employees: 50
Year Founded: 2012

Agency Specializes In: Advertising, Brand Development & Integration, Content, Digital/Interactive, E-Commerce, Email, Internet/Web Design, Production, Search Engine Optimization, Social Media, Strategic Planning/Research

Andrew Foley *(Pres)*
Josh Sample *(Partner-Operating)*
Matt James *(CFO)*
John Rippy *(CTO)*
Jennifer Meinhardt-Bermudez *(Chief Happiness Officer)*
Zac Coleman *(Creative Dir)*
Corey Boxx *(Dir-New Market Dev)*
Brenden Green *(Dir-Bus Dev)*
Stephanie Jenkins *(Dir-Ops)*
Joshua Baron *(Sr Mgr-Community)*
Garrett Bruce *(Sr Mgr-Analytic)*
Samantha Holsten *(Mgr-Community)*
Chelsea Connelly *(Sr Acct Exec)*
Austin Bram *(Acct Exec)*
Justin Ortinau *(Acct Exec)*
Drew Holden *(Sr Graphic Designer)*

Accounts:
New-Orange Theory Fitness

DRIVEN LOCAL
(Acquired & Absorbed by Scorpion)

DSB CREATIVE
5508 E 38th St, Tulsa, OK 74135
Tel.: (918) 971-8348
E-Mail: contact@dsbcreative.co
Web Site: www.dsbcreative.co

Employees: 2
Year Founded: 2010

Agency Specializes In: Advertising, Brand Development & Integration, Digital/Interactive, Internet/Web Design, Search Engine Optimization, Social Media

Daniel Blaho *(Founder & Creative Dir)*

Accounts:
Kallay Unbowed

DSQUARED MEDIA
526 Northwood Road, West Palm Beach, FL 33407
Tel.: (561) 303-2361
E-Mail: hello@dsquaredmedia.net
Web Site: www.dsquaredmedia.net/

Employees: 5
Year Founded: 2012

Agency Specializes In: Brand Development & Integration, Content, Digital/Interactive, Graphic Design, Internet/Web Design, Logo & Package Design, Print, Search Engine Optimization, Social Media

Danny Donovan *(CEO)*
Todrey Diles *(Sr Graphic Designer)*

Accounts:
Taverna Opa

DUKE MORGAN PRODUCTIONS
89 Chateau Whistler Ct, Las Vegas, NV 89148
Tel.: (702) 736-9484
Web Site: www.dukemorgan.com

Employees: 2

Agency Specializes In: Broadcast, Cable T.V., Infomercials

Approx. Annual Billings: $150,000

Accounts:
The South Point Hotel & Casino Casino Events, Showrooms, Sporting Events; 2007

DURKAN GROUP
1600 Paoli Pike Ste 300, Malvern, PA 19355
Tel.: (610) 756-7316
E-Mail: info@durkangroup.com
Web Site: www.durkangroup.com

Employees: 10

Agency Specializes In: Brand Development & Integration, Content, Digital/Interactive, Graphic Design, Internet/Web Design, Social Media

Niall Durkan *(Owner)*
Sean Hennessy *(Strategist-Digital)*

Accounts:
New-ALL-FILL Inc.
New-Lamb McErlane
New-Philly Phitness, LLC

DVMAIL FIRST SCREEN MARKETING
623 Judson Ave, Evanston, IL 60202
Tel.: (847) 644-3087
Web Site: www.dvmail.com

Employees: 5
Year Founded: 2006

Accounts:
Tourist Office of Spain; 2012

DW LINKS
1 Pemimpin Dr #09-01, 576151 Singapore, Singapore
Tel.: (65) 0065668411
Web Site: www.dwlinks.com.sg

Employees: 10
Year Founded: 2009

Agency Specializes In: Digital/Interactive, Electronic Media, Email, Exhibit/Trade Shows, Experience Design, Mobile Marketing, Multimedia, Paid Searches, Search Engine Optimization, Social Media, Web (Banner Ads, Pop-ups, etc.)

Sebastian Tay *(Mgr-Bus)*

Accounts:
BSH Home Appliances Website; 2014
Hilton Worldwide Tablet Application, Website; 2014
NCS Interactive Space; 2014
The Wine Advocate Website; 2013

DXY SOLUTIONS, LLC.
1840 W 28th St Lower Level, Cleveland, OH 44113
Tel.: (216) 373-6630
E-Mail: doit@dxydoes.com
Web Site: www.dxydoes.com

Employees: 50

Agency Specializes In: Brand Development & Integration, Computers & Software, Digital/Interactive, Internet/Web Design

Accounts:
American Greetings Corporation
Cleveland Clinic
Goodyear
Johnson & Johnson

EARTHLING INTERACTIVE
(Formerly EarthIT)
634 W Main St Ste 201, Madison, WI 53703
Tel.: (608) 294-5460
E-Mail: contact@earthlinginteractive.com
Web Site: earthlinginteractive.com

Employees: 50
Year Founded: 1999

Agency Specializes In: Agriculture, Brand Development & Integration, Content, Digital/Interactive, E-Commerce, Government/Political, Health Care Services, Internet/Web Design, New Product Development, Real Estate

Adam Simcock *(CEO)*
John Samuelson *(COO)*
Tom Kuplic *(VP-Bus Svcs)*
Woody Wallace *(VP-Tech)*
Linda Brudz *(Mgr-Product & Project)*
Erin Courtenay *(Strategist-Digital Comm)*

Accounts:
Bjorksten Bit 7

EASTMONT GROUP
3423 Piedmont Rd NE Ste 485, Atlanta, GA 30305
Tel.: (404) 937-6554
E-Mail: info@eastmontgroup.com
Web Site: https://eastmontgroup.com/

Employees: 5
Year Founded: 2009

Agency Specializes In: Content, Digital/Interactive, Internet/Web Design, Print, Social Media

Mark Kaufman *(Partner & Dir-Tech)*

Accounts:
MessageGears

EBAY ENTERPRISE
(Merged with Innotrac to form Radial)

EDGECORE
(Acquired & Absorbed by Mindstream Media)

AGENCIES - JANUARY, 2019 — INTERACTIVE AGENCIES

EDRIVEN MARKETING
72 Whittier Hwy, Moultonborough, NH 03254
Tel.: (603) 253-8300
Toll Free: (833) 337-4836
E-Mail: drive@edrivenmarketing.com
Web Site: www.edrivenmarketing.com

Employees: 10
Year Founded: 2017

Agency Specializes In: Brand Development & Integration, Digital/Interactive, Exhibit/Trade Shows, Internet/Web Design, Logo & Package Design, Production, Real Estate, Search Engine Optimization, Social Media, Strategic Planning/Research

Charles J Sayegh *(Founder & CEO)*
Mathew Butka *(Co-Founder)*

Accounts:
New-Northeast Digital Integrators (Agency of Record)

EFELLE MEDIA, INC
1011 Western Ave Suite 706, Seattle, WA 98104
Tel.: (206) 384-4909
E-Mail: hello@efellemedia.com
Web Site: www.seattlewebdesign.com

Employees: 50
Year Founded: 2005

Agency Specializes In: Advertising, Content, Digital/Interactive, Internet/Web Design, Local Marketing, Logo & Package Design, Search Engine Optimization, Social Media

Fred Lebhart *(CEO & Sr Strategist)*
Jessica Bryant *(Head-Design Team & Designer-Visual)*

Accounts:
New-Taylor Shellfish Farms

EFFECTIVE INC.
2162 Market St, Denver, CO 80205
Fax: (720) 206-0868
Toll Free: (888) 310-5327
E-Mail: partner@effectiveinc.com
Web Site: effectiveinc.com/

Employees: 82
Year Founded: 2005

Agency Specializes In: Digital/Interactive

Kristin Youngling *(Sr Dir-Data Strategy)*

Accounts:
Boeing
Navy Federal Credit Union

EIC
213 W 35Th St Ste 307, New York, NY 10001
Mailing Address:
1674 Broadway Ste 804, New York, NY 10019
Tel.: (212) 315-9522
Web Site: www.eic.net

Employees: 30

Agency Specializes In: Advertising, Brand Development & Integration, Business-To-Business, Corporate Identity, Digital/Interactive, E-Commerce, Electronic Media, Email, Game Integration, Graphic Design, High Technology, Identity Marketing, Information Technology, Internet/Web Design, Local Marketing, Logo & Package Design, Medical Products, New Technologies, Search Engine Optimization, Social Media, Web (Banner Ads, Pop-ups, etc.)

Approx. Annual Billings: $3,000,000

Breakdown of Gross Billings by Media:
Digital/Interactive: $2,500,000; Logo & Package Design: $500,000

Sanford Wilk *(COO)*

EIGHT25MEDIA
48377 Fremont Blvd Ste 117, Fremont, CA 94538
Tel.: (408) 728-9555
E-Mail: info@eight25media.com
Web Site: www.eight25media.com

Employees: 50
Year Founded: 2010

Agency Specializes In: Digital/Interactive, Internet/Web Design

Rehan Fernando *(CEO)*

Accounts:
Cloudian
SoftBank

ELEGANT SEAGULLS INC
100 N 3rd St, Marquette, MI 49855
Tel.: (906) 273-1450
E-Mail: info@elegantseagulls.com
Web Site: www.elegantseagulls.com

Employees: 10
Year Founded: 2005

Agency Specializes In: Digital/Interactive, E-Commerce, Internet/Web Design, New Product Development, Package Design, Strategic Planning/Research

Ben Johnson *(Owner & Creative Dir)*
Myles Kedrowski *(Art Dir)*
Tom O'Connell *(Designer)*
Chris LaRose *(Dir-Dev & Design)*
Ryan LaBar *(Designer-Interactive)*
Brett Smith *(Designer)*

Accounts:
New-InVision Design Leadership Forum
New-LIK Fine Art
New-MagnetMod
New-New Life Church
New-SuperiorWatersheds
New-Superiorland Ski Club

ELLIANCE
600 River Ave Ste 201, Pittsburgh, PA 15212-5994
Tel.: (412) 586-1480
Fax: (412) 586-1481
Toll Free: (888) 926-6262
E-Mail: info@elliance.com
Web Site: www.elliance.com

Employees: 30
Year Founded: 1993

Agency Specializes In: Brand Development & Integration, Business-To-Business, College, E-Commerce, Education, Email, Guerilla Marketing, Internet/Web Design, Mobile Marketing, Paid Searches, RSS (Really Simple Syndication), Search Engine Optimization, Social Marketing/Nonprofit, Web (Banner Ads, Pop-ups, etc.)

Abu Noaman *(CEO)*
Ed Macko *(Dir-Creative Brand Strategy)*
Craig Otto *(Dir-Brand Dev)*
Debbie Wilson *(Mgr-Customer Experience)*
Andrew Ormerod *(Sr Designer-UX & Visual)*

Accounts:
Duquesne University
Miller Welding
Pepperdine University
Phipps Conservatory
Robert Morris University
Saint Leo University
Search Marketing Expo

EMAIL AGENCY
7999 N Federal Hwy Ste 400, Boca Raton, FL 33487
Toll Free: (877) 674-6366
E-Mail: Info@emailagency.com
Web Site: www.emailagency.com

Employees: 15

Agency Specializes In: Advertising, Business-To-Business, Consumer Goods, Digital/Interactive, Direct Response Marketing, Direct-to-Consumer, E-Commerce, Education, Email, Hospitality, Leisure, Luxury Products, Market Research, Media Buying Services, Media Planning, Pets, Sales Promotion, Shopper Marketing, Sweepstakes, Travel & Tourism, Women's Market

Approx. Annual Billings: $3,200,000

Breakdown of Gross Billings by Media:
Digital/Interactive: $3,200,000

Robert Walsh *(Pres)*
Amie Laventhall *(Mng Partner)*
John Baker *(Acct Mgr)*

Accounts:
Lead Capsule; Deerfield Beach, FL Lead Management, Lead Generation & Lead Distribution Software
My Digital Pat, LLC; Delray Beach, FL IT Services

EMBARK DIGITAL
38505 Country Club Dr, Farmington Hills, MI 48331
Tel.: (248) 488-7880
Web Site: www.embarkdigital.com

Employees: 20

National Agency Associations: 4A's

Agency Specializes In: Digital/Interactive

Accounts:
Ally Auto
Ascension Health
Borgess
Braun Ability
Chrysler
Covisint
Detroit Pistons
Falcon Waterfree Technologies
Genesys Health System
Grand Prix
Greektown Casino-Hotel
St. John Providence Health System
St. Joseph Health System
St. Mary's of Michigan
Tim + Clue

ENGINE DIGITAL
560 Broadway, New York, NY 10012
Tel.: (212) 256-1115
Web Site: www.enginedigital.com/

Employees: 25

INTERACTIVE AGENCIES

Year Founded: 2002

Agency Specializes In: Advertising, Brand Development & Integration, Consumer Goods, Content, Digital/Interactive, E-Commerce, Education, Email, Entertainment, Experience Design, Fashion/Apparel, Financial, Food Service, Government/Political, Health Care Services, Hospitality, Internet/Web Design, Market Research, Mobile Marketing, New Product Development, Planning & Consultation, Real Estate, Restaurant, Retail, Search Engine Optimization, Social Marketing/Nonprofit, Social Media, Sports Market, Strategic Planning/Research, Technical Advertising, Travel & Tourism, Web (Banner Ads, Pop-ups, etc.)

Stephen Beck *(Founder & CEO)*
Dean Elissat *(VP-Client Engagement)*
James Richardson *(VP-Ops-Canada)*
Justine Yu *(Sr Analyst-Digital)*

Accounts:
BC Hydro; 2008
Bravo TV Mobile; 2010
EyeBuyDirect
ITO EN INC (Agency of Record) Matcha LOVE, TEAS' TEA
NBA NBA Game Time; 2010
Ocean Wise Design
Shea Homes; 2007
Telus; 2006
Western Union; 2013

ENVOI DESIGN
1332 Main St, Cincinnati, OH 45202
Tel.: (513) 651-4229
Web Site: www.envoidesign.com

Employees: 10

Agency Specializes In: Brand Development & Integration, Digital/Interactive, Graphic Design, Search Engine Optimization, Social Media

Denise Weinstein *(Founder & Pres)*
Steve Weinstein *(Creative Dir)*

Accounts:
Joe & Carla Tucker

ETHERCYCLE
4905 Old Orchard Ctr Ste 512, Skokie, IL 60077
Tel.: (847) 653-0601
Fax: (847) 384-3740
Toll Free: (877) 384-3740
E-Mail: marych@ethercycle.com
Web Site: https://ethercycle.com/

Employees: 5

Agency Specializes In: Business-To-Business, Commercial Photography, Digital/Interactive, E-Commerce, Electronic Media, Email, Graphic Design, New Technologies, Search Engine Optimization, Social Media, Web (Banner Ads, Pop-ups, etc.)

Approx. Annual Billings: $100,000

Breakdown of Gross Billings by Media: Worldwide Web Sites: $100,000

Kurt Elster *(Co-Founder)*

ETHEREAL INNOVATIONS
75 5th Street NW, Atlanta, GA 30308
Tel.: (678) 883-0553
E-Mail: info@etherealinnovations.com
Web Site: www.etherealinnovations.com

Employees: 5

Agency Specializes In: Brand Development & Integration, Content, Digital/Interactive, Internet/Web Design, Logo & Package Design, Print, Social Media

Valerie Uhlir *(Partner)*

Accounts:
SoftWear Automation, Inc

EVEO INC.
1160 Battery St Ste 275, San Francisco, CA 94111
Tel.: (415) 844-9400
Web Site: www.eveo.com

Employees: 75
Year Founded: 1999

Agency Specializes In: Advertising, Brand Development & Integration, Content, Digital/Interactive, Health Care Services, Media Planning, Print, Search Engine Optimization, Social Media, T.V.

James Norwood *(CFO)*
Alex Jernigan *(Exec Creative Dir)*
Ilene Malakoff *(Creative Dir)*
Phillip Hereso *(Assoc Creative Dir)*
Marcie Judelson *(Assoc Creative Dir)*

Accounts:
New-Genentech, Inc.

EXECUTIONISTS
4134 Del Rey Ave, Marina Del Rey, CA 90292
Tel.: (310) 754-3807
E-Mail: info@executionists.com
Web Site: www.executionists.com

Employees: 10

Agency Specializes In: Brand Development & Integration, Digital/Interactive, Internet/Web Design, Search Engine Optimization, Social Media

Richard Parr *(CEO)*
Eric Schoner *(Art Dir)*
Zak Brown *(Mktg Mgr)*

Accounts:
Black Ink Communications
United Staffing Solutions Inc.

EXPOSYOUR
3964 Rivermark Plz #324, Santa Clara, CA 95054
Tel.: (800) 724-9110
Fax: (888) 453-1288
E-Mail: info@exposyour.com
Web Site: www.exposyour.com

Employees: 2
Year Founded: 2005

Agency Specializes In: Advertising, Brand Development & Integration, Content, Digital/Interactive, Internet/Web Design, Media Buying Services, Media Planning, Print, Search Engine Optimization, Social Marketing/Nonprofit

Jamal Newborn *(Founder & CEO)*

Accounts:
Kangarootime
PayCertify

EXTREME GROUP
(Mered with Blammo Worldwide to form Arrivals + Departures)

EYEVIEW INC
60 Madison Ave 4th Fl, New York, NY 10010
Tel.: (646) 430-3777
Web Site: www.eyeviewdigital.com

Employees: 200
Year Founded: 2007

Agency Specializes In: Advertising, Automotive, Brand Development & Integration, Digital/Interactive, Event Planning & Marketing, Production, Production (Ad, Film, Broadcast), Retail, Social Media, Strategic Planning/Research, Travel & Tourism

Oren Harnevo *(Founder & CEO)*
Brian Pozesky *(COO)*
Utpal Kalita *(CTO)*
Amy Dolan *(Sr VP-HR & Office Ops)*
Dave Donnelly *(Sr VP-Sls)*
Caitlin Mooney *(Sr VP-Sls-Midwest)*
Debby Hannigan *(VP-Digital Video-Midwest)*
Erik Schear *(VP-Sls-Auto, Travel & New Markets)*
Nick Tarant *(VP-Retail & Central Sls)*
Namrata Patel *(Acct Mgr)*
Kyle Sexton *(Mgr-Client Solutions)*

Accounts:
New-American Honda Motor Co Inc.
BA Sports Nutrition, LLC (Whitesibem, NY)
New-Bayer Corporation
BFY Brands
New-BMW of North America LLC
New-Hyundai Motor America
Life Extension (Fort Lauderdale, FL)
New-Lowe's Companies Inc.
Premira (New York, NY)
New-The Priceline Group Inc.
New-The Procter & Gamble Company
New-Walgreens Boots Alliance Inc.

EYLER CREATIVE
3600 Clipper Mill Rd Ste 303, Baltimore, MD 21211
Tel.: (410) 904-3125
Web Site: www.eylercreative.com

Employees: 3
Year Founded: 2001

Agency Specializes In: Brand Development & Integration, Content, Digital/Interactive, Internet/Web Design, Search Engine Optimization, Social Media

Justin Eyler *(Principal & Creative Dir)*
Christina Taylor *(Coord-Internet Mktg)*

Accounts:
Gardiner & Larson Homes

FAKE LOVE
45 Main St, 842, Brooklyn, NY 11201
Tel.: (212) 995-9787
E-Mail: make@fakelove.tv
Web Site: fakelove.tv

Employees: 10
Year Founded: 2010

Agency Specializes In: Alternative Advertising, Branded Entertainment, Content, Event Planning & Marketing, Experience Design, Experiential Marketing

Josh Horowitz *(Founder & Mng Dir)*
Layne Braunstein *(Founder & Chief Creative Officer)*
Taylor Hight *(Sr VP-Client Svcs)*

AGENCIES - JANUARY, 2019 — INTERACTIVE AGENCIES

Daniel Liss *(Exec Creative Dir)*
Aline Ridolfi *(Creative Dir)*
Blair Neal *(Dir-Tech)*

Accounts:
7UP Experiential Marketing
Coca-Cola Experiential Marketing
Emirates Content, Experiential Marketing
Ford Content, Experiential Marketing
GE Content, Experiential Marketing
Mini Content, Experiential Marketing
The New York Times

FANTASY INTERACTIVE, INC.
80 Franklin St, New York, NY 10013
Tel.: (212) 941-5220
Web Site: http://fantasy.co/

Employees: 20
Year Founded: 1999

Agency Specializes In: Digital/Interactive, Mobile Marketing, Search Engine Optimization, Social Media, Strategic Planning/Research

David Martin *(CEO)*
Firdosh Tangri *(CEO)*
Peter Smart *(Partner & Head-Product)*
Jason Permenter *(Creative Dir)*

Accounts:
AOL Inc. Media Network & Interactive Service Providers
BBC Television Network Services
Evite Online Invitation Providers
FOX Online Television Network Providers
Google Inc Campaign: "Cannes Heatmap"
HTC Corporation Mobile Phone & Accessories Mfr & Distr
Porsche Motorsport Car Dealers
Range Rover Car Dealers
Redbull.tv Television Network Services

FATHOM
967 Farmington Ave, West Hartford, CT 06107
Tel.: (860) 677-9737
Web Site: www.fathom.net

Employees: 5

Agency Specializes In: Brand Development & Integration, Digital/Interactive, Graphic Design, Social Media

Jonathan Abel *(Dir-Digital Design)*
Angela Krieger *(Dir-Social Media)*

Accounts:
Willington Nameplate

FEARLESS MEDIA LLC
1390 Market St Ste 200, San Francisco, CA 94102
Tel.: (415) 848-2421
E-Mail: hello@fearless-media.com
Web Site: https://www.fearlessmedia.com

Employees: 50

Agency Specializes In: Copywriting, Digital/Interactive, Event Planning & Marketing, Internet/Web Design, Out-of-Home Media, Production, Radio, Search Engine Optimization, Social Media, Web (Banner Ads, Pop-ups, etc.)

Cara Scharf *(Founder & Pres)*

Accounts:
New-Bethesda Softworks LLC Fallout 4

FEAST
607 Bush St, San Diego, CA 92103
Tel.: (619) 550-2746
E-Mail: hello@wearefeast.com
Web Site: www.wearefeast.com

Employees: 2

Agency Specializes In: Advertising, Brand Development & Integration, Consumer Marketing, Digital/Interactive, Environmental, Game Integration, Identity Marketing, Internet/Web Design, Viral/Buzz/Word of Mouth, Web (Banner Ads, Pop-ups, etc.)

Approx. Annual Billings: $150,000

Accounts:
AT Cross; RI Writing Instruments & Accessories
BrewhouseVFX; Boston, MA

FELL SWOOP, INC
1924 1St Ave Ste 300, Seattle, WA 98101
Tel.: (206) 494-3347
E-Mail: info@fellswoop.com
Web Site: www.fellswoop.com

Employees: 50
Year Founded: 2008

Agency Specializes In: Brand Development & Integration, Content, Digital/Interactive, Package Design, Print, Social Media, Strategic Planning/Research

Matt Dente *(Principal & Dir-UX)*
Mark Popich *(Creative Dir)*
Narith Hoc *(Dir-Digital Design)*
Tracy Wald *(Dir-Ops)*
Diane Mower *(Designer-Visual)*

Accounts:
New-NetHope, Inc
New-Northwest Kidney Centers

FFW AGENCY
116 Village Blvd Ste 303, Princeton, NJ 08540
Tel.: (650) 353-7544
Web Site: https://ffwagency.com/

Employees: 80
Year Founded: 2000

Agency Specializes In: Advertising, Digital/Interactive, Internet/Web Design, Strategic Planning/Research

Michel Samucha *(Co-Founder, Partner & Designer-Denmark)*
Mihai Moscovici *(VP-Ops)*
Morgan Curran *(Dir-Experience-US)*
Michael Drejer *(Global CEO)*

Accounts:
Divisionsforeningen
Lush
Randstad
SLAC National Accelerator Laboratory
Syngenta
Transcom
YMCA of the Greater Twin Cities (Digital Agency of Record)

FIELDAY
(Formerly Ignition Network)
400 West Erie, Chicago, IL 60654
Tel.: (312) 893-5017
Web Site: fieldaymarketing.com

Employees: 25
Year Founded: 2006

Agency Specializes In: Digital/Interactive, Sweepstakes

Approx. Annual Billings: $7,000,000

Brian Opyd *(Gen Mgr)*
Brent Gross *(Dir-Client Engagement)*

Accounts:
AAA; Los Angeles, CA
MillerCoors; Chicago, IL
US Bank Elan; Milwaukee, WI
US Bank; Minneapolis, MN
VISA; San Francisco, CA

FINE DESIGN GROUP, INC.
3450 Sacramento St Ste 620, San Francisco, CA 94118
Tel.: (415) 552-9300
Web Site: www.wearefine.com

Employees: 10
Year Founded: 1993

Agency Specializes In: Brand Development & Integration, Consulting, Content, Digital/Interactive, Graphic Design, Internet/Web Design, Logo & Package Design, Search Engine Optimization, Social Media, Strategic Planning/Research

Steve Fine *(Owner)*
Josh Kelly *(Mng Partner & Sr Strategist)*
Ashley Ellsworth Bird *(Dir-Project Mgmt)*

Accounts:
New-14 Hands
New-Global Gourmet Catering
New-Pruf Cultivar
New-Stag's Leap Wine Cellars

FLUID INC.
1611 Telegraph Ave Fl 4, Oakland, CA 94612
Tel.: (877) 343-3240
Web Site: www.fluid.com

Employees: 800
Year Founded: 1999

Agency Specializes In: Brand Development & Integration, Content, Digital/Interactive, E-Commerce, In-Store Advertising, Internet/Web Design, Shopper Marketing, Social Media, Strategic Planning/Research

Tamir Scheinok *(Co-Founder & COO)*
Andrew Sirotnik *(Co-Founder & Chief Experience Officer)*
Vanessa Cartwright *(CEO & Mng Partner)*
Bridget Fahrland *(Sr VP-Client Strategy)*
Mike Janiak *(Sr VP-Design)*
Andrew Guldman *(VP-Product Engrg, Res & Dev)*
Andrew Leibowitz *(VP-Client Svcs)*
Kyle Montgomery *(VP-Engrg)*
Jennifer Ryan *(Mktg Dir)*
Courtney Severson *(Acct Dir)*
Rigel Cable *(Assoc Dir-Strategy & Analytics)*
Jose Cifuentes *(Mgr-Bus Dev)*

Accounts:
New-Aqua-Aston Hospitality
New-The North Face Inc.
PGA TOUR Superstore Digital, Online, Website Redesign; 2018

FOCUS ONLINE MARKETING AGENCY
3030 NW Expy, Oklahoma City, OK 73112
Tel.: (405) 548-5185
Web Site: allaboutfocus.com

Employees: 5
Year Founded: 1998

1257

INTERACTIVE AGENCIES
AGENCIES - JANUARY, 2019

Agency Specializes In: Digital/Interactive, Electronic Media, Email, Guerilla Marketing, Local Marketing, Mobile Marketing, Multimedia, Podcasting, RSS (Really Simple Syndication), Search Engine Optimization, Social Media, Viral/Buzz/Word of Mouth, Web (Banner Ads, Pop-ups, etc.)

Approx. Annual Billings: $200,000

Patrick Allmond (Sr Mgr-Experience)

Accounts:
TRC Staffing; 2011

FOR OFFICE USE ONLY LLC
212 Forsyth St N Storefront, New York, NY 10002
Tel.: (917) 534-9767
E-Mail: hello@forofficeuseonly.com
Web Site: www.forofficeuseonly.com

Agency Specializes In: Graphic Design, Internet/Web Design, Strategic Planning/Research

Anh Tuan Pham (Principal & Creative Dir)
Filippo Della Casa (Dir-Interactive)

Accounts:
DesignMiami Interior Designing Service Providers
Johnson Trading Gallery Home Furniture Mfr & Distr
Public Art Fund Entertainment Event Providers

FORWARD3D
584 Broadway Ste 310, New York, NY 10012
Tel.: (646) 362-9098
Web Site: www.forward3d.com/

Employees: 315
Year Founded: 2004

Agency Specializes In: Advertising, Affiliate Marketing, Asian Market, Below-the-Line, Digital/Interactive, Direct Response Marketing, Direct-to-Consumer, Fashion/Apparel, Luxury Products, Paid Searches, Retail, Search Engine Optimization, Social Media, Travel & Tourism

Approx. Annual Billings: $304,000,000

Martin McNulty (CEO)
Brittany Eber (VP-Americas)
Supriya Dev-Purkaystha (Head-Client & Strategic Partnerships)
Sarah Flannery (Head-Display & Paid Social)
Tim Gladston (Head-HR)
Tom Manning (Head-Strategy)
Kate O'Mahony (Head-Client Svcs)
Patrick McDermott (Bus Dir)
Emilio Vanni (Creative Dir)
Chloe Ring (Assoc Dir-Display)
Alex Bugle (Sls Mgr)
Hannes Ben (Chief International Officer)

Accounts:
British Airways British Airways, Iberia; 2014
Coach; 2015
Hilton Hotels Conrad, DoubleTree, Hilton Worldwide; 2006
Nike; 2017
Ralph Lauren; 2015

FOUR32C
508 W 26 St Studio 6G, New York, NY 10001
Tel.: (212) 336-1537
E-Mail: info@four32c.com
Web Site: www.four32c.com

Employees: 20
Year Founded: 2009

Agency Specializes In: Brand Development & Integration, Content, Digital/Interactive, Internet/Web Design, Logo & Package Design, Print, Search Engine Optimization, Social Media, T.V.

Mike Lee (Founder)
Chris Prentice (Dir-Design Res & Strategy)

Accounts:
Bon Appetit
Mic.com
New-Solerno
New-Vera Wang (Digital Agency of Record) Design, Development, Digital Strategy
Weight Watchers

FRESH DIGITAL GROUP
111 John St Ste 420, New York, NY 10038
Tel.: (212) 227-4858
E-Mail: info@freshdigitalgroup.com
Web Site: www.freshdigitalgroup.com

Employees: 25

Agency Specializes In: Brand Development & Integration, Content, Digital/Interactive, Graphic Design, Media Buying Services, Social Media

Doug Robinson (CEO)
Garet Griffin (CTO)

Accounts:
Meth Project Foundation Inc.
iMedia Communications, Inc.

FROM, THE DIGITAL TRANSFORMATION AGENCY, INC.
151 W 30th St 2nd Flr, New York, NY 10001
Tel.: (646) 692-3521
E-Mail: info@from.digital
Web Site: www.from.digital

Employees: 30
Year Founded: 2016

Agency Specializes In: Brand Development & Integration, Content, Digital/Interactive, Logo & Package Design, Paid Searches, Print, Search Engine Optimization, Social Media

Howard Tiersky (CEO)
Chris Apostle (Sr VP-Client Solutions)
Mike Moore (Sr VP-Design)
Debbie Neuman (Sr VP-Client Solutions)
Brian Bieniowski (Dir-Strategic Delivery)

Accounts:
New-Avis Budget Group, Inc.

FRUITION
201 Fillmore St Ste 200, Denver, CO 80206
Tel.: (303) 395-1880
Web Site: https://fruition.net/

Employees: 35
Year Founded: 2003

Agency Specializes In: Brand Development & Integration, Content, Digital/Interactive, Email, Internet/Web Design, Public Relations, Search Engine Optimization, Social Media

Brad Anderson (CEO)
David Chapman (CFO)
Sara Villegas (COO)
Drew Michael (VP-Dev)
Chris Tomeo (Creative Dir)
Chance Carlin (Dir-eCommerce)
Killian Grant (Dir-Web Engrg)

Accounts:
Ulmer Dermatology

FUEL ONLINE
54 W 39th St 12th Fl, New York, NY 10018
Tel.: (888) 475-2552
E-Mail: info@fuelonline.com
Web Site: www.fuelonline.com

Employees: 42
Year Founded: 1999

Agency Specializes In: Digital/Interactive, Mobile Marketing, Multimedia, Paid Searches, Search Engine Optimization, Social Media, Viral/Buzz/Word of Mouth, Web (Banner Ads, Pop-ups, etc.)

Scott Levy (Pres, CEO & CMO)
Nicole Reed (Engr-Social Media)

Accounts:
Audi; 2011
Trustmark; 2013

FUZE
1101 Brickell Ave S Tower 8th Flr, Miami, FL 33131
Tel.: (786) 529-6039
E-Mail: hello@fuzeinc.com
Web Site: www.fuzeinc.com

Employees: 3
Year Founded: 2013

Agency Specializes In: Brand Development & Integration, Content, Digital/Interactive, Internet/Web Design, Search Engine Optimization, Social Media

Laurie Harrison (Gen Counsel)
Lisa Hurd-Walker (VP-Brand & Corp Mktg)
Arnaud Morichelli (Mktg Dir)
Susan Shemtov (Creative Dir)
Allen Greer (Dir-Digital Strategy)
Olga Murzenkova (Dir-UX)

Accounts:
New-Kissmetrics

G/O DIGITAL
200 E Van Buren St, Phoenix, AZ 85004
Tel.: (866) 379-4680
Web Site: www.godigitalmarketing.com

Employees: 500

Agency Specializes In: Brand Development & Integration, Content, Digital/Interactive, Internet/Web Design, Media Buying Services, Media Planning, Search Engine Optimization, Social Media

Accounts:
The Arizona Republic
Republic Media

GALE PARTNERS
475 10th Ave 9th Fl, New York, NY 10018
Tel.: (646) 412-6891
E-Mail: nyc@galepartners.com
Web Site: https://gale.agency/

Employees: 101
Year Founded: 2014

Agency Specializes In: Consumer Publications, Copywriting, Digital/Interactive, E-Commerce, Production, Search Engine Optimization, Social

AGENCIES - JANUARY, 2019 — INTERACTIVE AGENCIES

Media
Brad Simms *(Pres & CEO)*
Patrick Frend *(Mng Dir)*
Adam Heimlich *(Sr VP-Media)*
Deborah Korono *(Sr VP-Client Svcs)*
Erik Wagner *(Grp Acct Dir)*
Melissa Peterson *(Acct Dir)*
Shawn DosSantos *(Assoc Creative Dir)*
Calvin Lai *(Assoc Creative Dir)*

Accounts:
New-BMW of North America CRM
EasyFinancial
Mackenzie Investments
SodaStream

GENOME
7 World Trade Ctr 250 Greenwich St, New York, NY 10006
Toll Free: (888) 669-6863
E-Mail: contact@geno.me
Web Site: geno.me

Employees: 50
Year Founded: 2013

Agency Specializes In: Brand Development & Integration, Digital/Interactive, Event Planning & Marketing, Experiential Marketing, Graphic Design, Internet/Web Design, Logo & Package Design, Media Buying Services, Media Planning, Print, Strategic Planning/Research

Matt Fitz-Henry *(Founder & CEO)*
Nate Herr *(Exec VP-Mktg & Gen Mgr)*
Tait Wardlaw *(VP-Sls & Mktg)*
Philip De La Gueronniere *(Sr VP)*
Sanjyot Peterson *(Creative Dir)*
Nick Jones *(Acct Dir)*
Sarah Hanson *(Producer-Interactive)*

Accounts:
New-Universal Music Group

GIANT PROPELLER
135 N Screenland Dr, Burbank, CA 91505
Tel.: (310) 464-2801
Web Site: giantpropeller.com

Employees: 50
Year Founded: 2014

Agency Specializes In: Brand Development & Integration, Commercial Photography, Content, Digital/Interactive, E-Commerce, Event Planning & Marketing, Media Buying Services, Production, Social Media, Strategic Planning/Research

Jordan Freda *(CEO & Creative Dir)*
Mike Bodkin *(COO & Exec Producer)*
Brian Salcedo *(Creative Dir, Supvr-VFX & Designer)*
Tanya Dahl *(Creative Dir)*
Marek Jezo *(Supvr-Visual Effects)*
Sanchez Lubomir *(Supvr-CG)*
Ben Lam *(Designer-AR Selfies)*
Marco Mannone *(Copywriter)*

Accounts:
New-Eric Brand Furniture Juniper
New-Lil Dicky
New-L'Oreal S.A.
New-Lukla LLC Oros
New-Seiko Epson Corporation Orient Watch
New-Sprayground LLC
Timex Corporation
New-T.J.Maxx

GO LOCAL INTERACTIVE, LLC
10975 Benson Dr Ste 250, Overland Park, KS 66210
Tel.: (913) 689-3170
Web Site: www.golocalinteractive.com

Employees: 60

Agency Specializes In: Brand Development & Integration, Content, Digital/Interactive, Internet/Web Design, Paid Searches, Search Engine Optimization, Social Media

Jason Barrett *(Partner & CEO)*
Michael Solms *(Sr VP-Sls & Mktg)*
Christian Thompson *(Sr VP-Strategy & Ops)*
Pedro Segura *(Sr Dir-New Bus Dev)*
Melanie Thaden *(Mktg Mgr)*
Chris Garten *(Specialist-Bus Dev)*
Andrea Lensing *(Strategist-Client)*
Taylor Cain *(Coord-Mktg)*

Accounts:
OGIO International

GOKART LABS
110 N 5th St Ste 520, Minneapolis, MN 55403
Tel.: (612) 208-0761
Web Site: gokartlabs.com

Employees: 55
Year Founded: 2009

Agency Specializes In: Consulting, Digital/Interactive, Education, Event Planning & Marketing, Financial, Health Care Services, Internet/Web Design, New Product Development, Strategic Planning/Research

Don Smithmier *(Co-Founder & CEO)*
A. J. Meyer *(Co-Founder & Chief Expansion Officer)*
Angie Swatfager *(CFO)*
Scott Jagodzinski *(Mng Dir-Ventures)*
Mark Hines *(VP-Delivery)*
Matthew Johnson *(VP-Strategy)*
Amy Larson *(VP-Talent)*
Elli Rader *(VP-Client Svcs & Bus Dev)*
Beth Allen *(Dir-Mktg)*
Josh Cragun *(Dir-Tech)*
Adam Dole *(Dir-Solution Leadership)*
Tate Leyba *(Dir-Design)*
Chris Pegg *(Dir-Bus Analysis)*

Accounts:
AARP
Allina Health System, Inc.
Capital One Financial Corporation
Kaleidoscope Group
Laureate Education, Inc.
Polco
UnitedHealth Group Incorporated

GOODPEP DIGITAL MARKETING
256 Main St, Huntington, NY 11743
Tel.: (631) 375-3658
E-Mail: hello@goodpep.com
Web Site: goodpep.com

Year Founded: 2013

Agency Specializes In: Advertising, Brand Development & Integration, Content, Digital/Interactive, E-Commerce, Event Planning & Marketing, Graphic Design, Internet/Web Design, Social Media, Strategic Planning/Research

Spencer Goodrich *(Co-Founder)*
Robert Pepi *(Co-Founder)*

Accounts:
New-Huntington Township Chamber of Commerce
New-Metropolitan Golf Association
New-Perfect Havoc Limited

GRANULAR
316 N Milwaukee St Ste 100, Milwaukee, WI 53202
Tel.: (414) 436-2200
E-Mail: info@granularmarketing.com
Web Site: www.granularmarketing.com

Employees: 10
Year Founded: 2014

Agency Specializes In: Above-the-Line, Brand Development & Integration, Digital/Interactive, E-Commerce, Event Planning & Marketing, Graphic Design, Mobile Marketing, Search Engine Optimization, Social Media, T.V.

Jordon Meyer *(Pres)*
Steve Kroll *(VP)*
Joe Martinez *(Sr Mgr-Paid Media & Community)*
Ian Segovia *(Sr Mgr-Paid Search)*

Accounts:
New-Bublr Bikes
New-Startup Milwaukee

GRAY DIGITAL GROUP
501 Soledad, San Antonio, TX 78205
Tel.: (210) 820-0566
Fax: (210) 829-8361
Web Site: www.graydigitalgroup.com

Employees: 20
Year Founded: 2001

Agency Specializes In: Content, Digital/Interactive, Internet/Web Design, Search Engine Optimization, Social Media

Brad Gray *(Partner)*
Richard Baugh *(Dir-Interactive Production)*
Cameron Crawford Armstrong *(Mgr-Print)*
Jessica Donovan *(Strategist-Digital Mktg)*
Josephine Medel *(Designer)*

Accounts:
New-The Duke Endowment
New-St. David's HealthCare

GRUEN AGENCY
275 Market St Ste 545, Minneapolis, MN 55405
Tel.: (952) 935-3900
E-Mail: info@gruenagency.com
Web Site: https://gruenagency.com/

Employees: 25
Year Founded: 1992

Agency Specializes In: Content, Digital/Interactive, Internet/Web Design, Paid Searches, Search Engine Optimization, Social Media

Stephanie Tollefson *(Pres)*
Bruce Gruen *(CEO)*
Kim Holen *(Dir-HR)*
Lindsey Ziegahn *(Dir-Client Rels)*
Clair Salyer *(Sr Acct Mgr-Digital)*
David Caufman *(Sr Art Dir)*

Accounts:
CityGrid Media

HAGOPIAN INK
Box 2024, New York, NY 10021
Tel.: (212) 327-1445
Web Site: www.HagopianInk.com

Employees: 20
Year Founded: 2002

INTERACTIVE AGENCIES

Agency Specializes In: Affluent Market, Arts, Automotive, Business-To-Business, Computers & Software, Consumer Goods, Consumer Marketing, Cosmetics, Direct-to-Consumer, Electronics, Email, Entertainment, Fashion/Apparel, Financial, Food Service, High Technology, Household Goods, Legal Services, Luxury Products, Production (Print), Promotions, Restaurant, Retail, Social Media, Web (Banner Ads, Pop-ups, etc.), Women's Market

Christina Hagopian *(Pres & Creative Dir)*

Accounts:
Lancome House of Color, Lancome Eye Brightening All-In-One 5 Shadow & Liner Palette, Magic Mirror; 2011
PepsiCo Digital AMP, Diet Pepsi, Mountain Dew, Pepsi, Pepsi MAX, PepsiCo Beverages, PepsiCo Food Services; 2010
Sesame Workshop Sesame Street GO; 2014

THE HALO GROUP
(Acquired by Didit)

HANEKE DESIGN
306 E Tyler St 4th Fl, Tampa, FL 33602
Tel.: (813) 605-3586
Fax: (813) 377-2464
Web Site: www.hanekedesign.com

Employees: 20

Agency Specializes In: Brand Development & Integration, Content, Digital/Interactive, Graphic Design, Internet/Web Design

Jody Haneke *(Pres)*

Accounts:
Alvarez Plumbing & Air Conditioning (Agency of Record) Logo, Social Media, Website
Apkudo

HAPPY COG
(Acquired by Vector Media Group)

HAVAS SPORTS & ENTERTAINMENT
(Formerly Ignition Holdings LLC.)
101 Marietta St NW 6th Fl, Atlanta, GA 30303
Tel.: (678) 701-0369
Web Site: http://havas-se.com/

Employees: 150
Year Founded: 1993

Agency Specializes In: Digital/Interactive, Entertainment, Event Planning & Marketing, Social Media, Sports Market

Daniel Dao *(Mng Dir & Exec VP)*
Amanda Daniels *(Sr VP-Ignition Inc)*
Jenna Fidellow *(Sr VP-Entertainment Partnerships)*
Valeria Herzer *(VP-Strategy & Partnerships)*
Kate Durling *(Grp Dir-Production)*
Laura Alesci *(Dir-Creative Strategy & Content)*
Shana Roen *(Sr Acct Mgr)*

Accounts:
The Coca-Cola Company Experiential
Delta
Harley-Davidson
LVMH

HEAT
(Acquired by Deloitte Digital)

HERO DIGITAL
150 Spear St Ste 600, San Francisco, CA 94105
Tel.: (415) 230-0724
E-Mail: info@herodigital.com
Web Site: www.herodigital.com

Employees: 500

Agency Specializes In: Business-To-Business, Digital/Interactive, E-Commerce, Event Planning & Marketing, Graphic Design, Health Care Services, Internet/Web Design, New Product Development, Search Engine Optimization, Strategic Planning/Research

David Kilimnik *(CEO)*
Jef Bekes *(Exec VP-Digital Products)*
Carl Agers *(Sr VP-Mktg Svcs)*
Kate Dalbey *(Sr VP-Client Svcs)*
Alexander Pfandt *(Sr VP-Engrg)*
Robert Fisher *(VP & Creative Dir)*
Brian Berri *(VP-Fin)*
David Reed *(VP-Client Svcs)*
Priti Choksi *(Client Svcs Dir)*
Rohan Woodward *(Art Dir)*
Pallavi Arora *(Dir-Client Svcs)*
Denny Danailova *(Dir-Acctg)*
Jaclyn Farrell *(Acct Mgr)*
Cassandra Popli *(Sr Project Mgr-Digital)*
Saleema Fazal *(Sr Mktg Dir)*
Julia Tumas Piccone *(Sr Media Dir)*

Accounts:
New-Belkin International Inc.
New-John Muir Health
New-Logitech Inc.
New-Nerium International
New-Sephora USA Inc
New-Synopsys Inc.
New-Western Digital Corporation
New-salesforce.com inc.

HIVEMIND MARKETING INC.
1724 Alberta Ave, San Jose, CA 95113-1116
Tel.: (408) 266-3162
E-Mail: strategists@hivemindinc.com
Web Site: https://hivemindinc.com/

Employees: 8
Year Founded: 1986

National Agency Associations: BMA-DMA-PRSA

Agency Specializes In: Advertising, Brand Development & Integration, Business Publications, Business-To-Business, Collateral, Computers & Software, Consulting, Corporate Communications, Corporate Identity, Digital/Interactive, Direct Response Marketing, E-Commerce, Electronics, Email, Graphic Design, Health Care Services, High Technology, Industrial, Information Technology, Integrated Marketing, Internet/Web Design, Local Marketing, Medical Products, Mobile Marketing, New Technologies, Newspapers & Magazines, Paid Searches, Planning & Consultation, Point of Purchase, Print, Production, Production (Print), Public Relations, Sales Promotion, Search Engine Optimization, Social Marketing/Nonprofit, Social Media, Strategic Planning/Research, Technical Advertising, Trade & Consumer Magazines, Travel & Tourism, Web (Banner Ads, Pop-ups, etc.)

Approx. Annual Billings: $4,500,000

Breakdown of Gross Billings by Media:
Digital/Interactive: 20%; Internet Adv.: 10%; Plng. & Consultation: 5%; Trade & Consumer Mags.: 5%; Worldwide Web Sites: 60%

Tom Lauck *(CEO)*

Accounts:
AB Sciex; Foster City, CA Applied Life Sciences Instruments & Reagents, Medical Devices; 2010
Avast Security Software; 2014
Bauer's Transportation; San Francisco, CA Hospitality, Transportation; 2010
Chronicles of Earth Travel Website & App; 2014
Discovia e-Discovery Solution; 2012
Finesse Solutions Bioreactor Systems; 2012
Hector & Lola Luxury Cashmere Sweaters; 2014
LN Curtis & Sons; Oakland, CA Firefighting Equipment; 2008
Molecular Devices, Inc.; Sunnyvale, CA Life Science Research Instruments & Reagents; 2009

HMG CREATIVE
3809 S 2Nd St Ste A200, Austin, TX 78704
Tel.: (888) 744-0464
E-Mail: hello@hmgcreative.com
Web Site: www.hmgcreative.com

Employees: 50
Year Founded: 2003

Agency Specializes In: Brand Development & Integration, Catalogs, Content, Digital/Interactive, Email, Internet/Web Design, Logo & Package Design, Print, Search Engine Optimization, Social Media

James Trumbly *(Founder & Mng Partner)*
Johnny Jeffers *(Creative Dir)*

Accounts:
New-California Dental Network, Inc.
New-Raise Your Hand Texas
New-Southwest Austin Foot & Ankle Clinic
New-Texas Bar College

HOOK STUDIOS LLC
255 E Liberty St Ste 281, Ann Arbor, MI 48104
Tel.: (734) 929-2631
E-Mail: info@byhook.com
Web Site: byhook.com

Employees: 200
Year Founded: 2006

Agency Specializes In: Advertising, Brand Development & Integration, Commercial Photography, Content, Copywriting, Digital/Interactive, Game Integration, Production, Social Media, Strategic Planning/Research

Michael Watts *(Co-Founder & Mng Dir)*
Tim Harkins *(Creative Dir)*
Vikas Bhalla *(Creative Dir)*
Alison Davis *(Mng Dir)*
Aaron Schwartz *(Co-Founder & Chief Creative Officer)*
Neena Yoon *(Producer-Digital)*
Mark Fain *(Dir-Motion Dept)*
Brad Nawrocki *(Dir-Creative Tech)*
Angela Sturrus *(Assoc Dir-Creative)*
Juan Mora *(Sr Designer-Interactive)*
Chris Withers *(Designer-UI & UX)*
Logan Bell *(Assoc Dir-Creative)*

Accounts:
New-Google Inc. Google Assistant
New-US Vote Foundation The Big Deal 2018
New-YouTube LLC

HORIZONTAL INTEGRATION
1660 Hwy 100 S Ste 200, Saint Louis Park, MN 55416
Tel.: (612) 392-7580
E-Mail: askhi@horizontalintegration.com
Web Site: horizontalintegration.com

Employees: 1,000
Year Founded: 2003

AGENCIES - JANUARY, 2019 — INTERACTIVE AGENCIES

Agency Specializes In: Communications, Content, Customer Relationship Management, Digital/Interactive, E-Commerce, Event Planning & Marketing, Information Technology, Internet/Web Design, New Product Development, Strategic Planning/Research

Sabin Ephrem *(Founder, Pres & CEO)*
Chris Staley *(Founder & Exec VP-Digital)*
Reed Varner *(Mng Dir-Digital)*
Jeremy Langevin *(Exec VP-Staffing)*
Jason Estes *(Mng Dir-Dallas)*
Nasri Nasr *(Mng Dir-UAE)*
Craig Blake *(VP-Fin & Acctg)*
Matt Fairchild *(VP-Tech)*
Arturo Mendiola *(VP-Client Strategy)*
Dave Michela *(VP-Digital Solutions)*
Jeff Seebinger *(VP-Client Svcs)*
Don Butler *(Dir-Market-Dallas)*
Amie Jemmett-Ellis *(Dir-HR)*
Ali Olson *(Dir-Project Mgmt)*
Kate Schmaltz *(Dir-Staffing Ops)*
Chadd Mazzulla *(Mgr-Denver)*
Karen Nauta *(Strategist-Client Digital-Digital Agency)*

Accounts:
New-Merrill Corporation

HS2 SOLUTIONS, INC.
4115 N Ravenswood Ste 101, Chicago, IL 60613
Tel.: (773) 296-2600
Fax: (773) 966-2401
Web Site: www.hs2solutions.com

Employees: 500
Year Founded: 1993

Agency Specializes In: Brand Development & Integration, Content, Digital/Interactive, E-Commerce, Email, Experience Design, Internet/Web Design, Search Engine Optimization, Social Media, Strategic Planning/Research

Keith Schwartz *(Co-Founder & Pres)*
Robbin Steif *(Pres-LunaMetrics)*
Dave Mankowski *(Sr VP-Client Svc)*
Alex Moore *(VP-Analytics & Insight)*
Eugene Catrambone *(Dir-Data Science)*
Carrie Krischer *(Dir-User Experience)*
Scott Mangum *(Dir-QA)*
Heidi Smith *(Dir-Solution)*
Sean Mcquaide *(Sr Acct Mgr)*
Amy Sumpter *(Office Mgr)*
Justin Huson *(Mgr-Email Mktg)*
Kim Nelson *(Mgr-Benefits & Payroll-Talent & Culture)*
Sarah Romine *(Mgr-Comm-Talent & Culture)*
Jen Santarelli *(Mgr-Email Mktg)*
Trista Risley *(Specialist-Production)*
Jane Krumholz *(Designer)*
Ericka Seastrand *(Sr Designer)*

Accounts:
Domino's Pizza, Inc.
Wilson Sporting Goods Co.

HUDSON CREATIVE
79 Madison Ave, New York, NY 10016
Mailing Address:
132 Prospect St, Midland Park, NJ 07432
Tel.: (646) 844-4952
Web Site: www.hudsoncreative.com

Employees: 5
Year Founded: 2011

Agency Specializes In: Advertising, Brand Development & Integration, Digital/Interactive, Graphic Design, Internet/Web Design, Logo & Package Design, Search Engine Optimization, Strategic Planning/Research

James Page *(Founder & Pres)*

Accounts:
Rock n Robin Productions

HUDSON INTEGRATED, INC.
299 Market St Ste 250, Saddle Brook, NJ 07663
Tel.: (201) 845-8700
Web Site: www.hudsonintegrated.com

Employees: 15

Agency Specializes In: Brand Development & Integration, Content, Digital/Interactive, Internet/Web Design, Logo & Package Design, Public Relations, Search Engine Optimization, Social Media, Strategic Planning/Research

Daryl Bryant *(Pres & CEO)*
Jeff Matta *(VP-Bus Dev)*
Matt Mayernik *(VP-Tech)*
Lauren Bozzi *(Dir-Brand Strategy)*
Rania Eldekki *(Dir-Digital Mktg)*
Chris Blinstrub *(Designer-Web)*

Accounts:
New-Boys & Girls Clubs of America
New-Duralee
New-Ross Backup

HUEMOR DESIGNS
1855 New Hwy, Farmingdale, NY 11735
Tel.: (631) 393-6116
Toll Free: (888) 399-9050
E-Mail: sayhi@huemor.me
Web Site: https://huemor.rocks/

Employees: 8
Year Founded: 2012

Agency Specializes In: Advertising, Brand Development & Integration, Business-To-Business, Consulting, Consumer Goods, Consumer Marketing, Cosmetics, Digital/Interactive, Direct-to-Consumer, E-Commerce, Education, Email, Entertainment, Experience Design, Fashion/Apparel, Household Goods, Industrial, Internet/Web Design, Medical Products, Package Design, Retail, Search Engine Optimization, Social Media

Michael Cleary *(Founder & CEO)*
Jeffrey Gapinski *(Partner)*

Accounts:
Club Getaway
Color Club
Lighthouse Films
Live Nation Media & Sponsorship; 2014
Rug & Home Rug & Home Furnishings; 2014

HUGHES MEDIA
2575 Peach Tree Rd Ste 300-A, Atlanta, GA 30305
Tel.: (404) 848-0487
Web Site: https://www.hughesmedia.us/

Employees: 5
Year Founded: 2000

Agency Specializes In: Advertising, Digital/Interactive, Graphic Design, Internet/Web Design, Logo & Package Design, Print, Search Engine Optimization, Social Media

Deedra Hughes *(Pres)*
Valentina Huff *(VP)*
Stephanie Braatz *(Creative Dir)*
Laurie Eady *(Strategist-Digital)*

Accounts:
Perimeter Plastic Surgery

HUSH
68 Jay Street Ste 413, Brooklyn, NY 11201
Tel.: (718) 422-1537
Fax: (718) 422-1539
Web Site: www.heyhush.com

Employees: 50

Agency Specializes In: Entertainment, Graphic Design, High Technology, Media Relations

Erik Karasyk *(Partner-Creative)*
David Schwarz *(Partner)*
Justin Martin *(Dir-Technical)*

Accounts:
Estee Lauder beautyofnight.com
Lyve Campaign: "THE POWER OF MEMORIES", Lyve's Apps, LyveHome
New York Times company
Nike Campaign: "Camp Victory"
Ted Baker Campaign: "Spread the Ted"

HYLINK DIGITAL SOLUTIONS
225 Santa Monica Blvd 8th Fl, Santa Monica, CA 90401
Tel.: (310) 388-7013
E-Mail: hello@hylinkgroup.com
Web Site: www.hylinkgroup.com

Year Founded: 1994

Agency Specializes In: Brand Development & Integration, Content, Digital/Interactive, Experiential Marketing, Media Buying Services, Media Planning, Mobile Marketing, Production (Ad, Film, Broadcast), Search Engine Optimization, Social Media

Humphrey Ho *(Mng Dir)*
Madelyn Fitzpatrick *(Head-PR-Intl)*
Michael Horvitz *(Dir-Strategic Partnerships, Sports & Entertainment)*
Yang Chen *(Sr Acct Exec & Strategist-Media)*

Accounts:
New-Brand USA (Agency of Record)

ICED MEDIA
415 W Broadway 3rd Fl, New York, NY 10012
Tel.: (917) 415-2200
Web Site: iced.media

Agency Specializes In: Advertising, Brand Development & Integration, Content, Digital/Interactive, Mobile Marketing, Social Media, Strategic Planning/Research

Leslie Hall *(Co-Founder & Pres)*
Aria Wright *(Specialist-Bus Dev)*

Accounts:
New-Elizabeth Arden Inc.

ICROSSING NEW YORK
300 W 57th St 20th Fl, New York, NY 10019
Tel.: (212) 649-3900
Fax: (646) 280-1091
Web Site: www.icrossing.com

Employees: 900
Year Founded: 2006

Agency Specializes In: Advertising, Advertising Specialties, Bilingual Market, Broadcast, Business-To-Business, Cable T.V., Consulting, Consumer Marketing, Digital/Interactive, Direct Response

INTERACTIVE AGENCIES

Marketing, E-Commerce, Electronic Media, Event Planning & Marketing, Hispanic Market, Information Technology, Internet/Web Design, Media Buying Services, Sponsorship, Sports Market, T.V., Yellow Pages Advertising

Emma Armstrong *(Mng Dir)*
Jeff Ratner *(Chief Media Officer)*
Mitchell Yoo *(Chief Growth Officer)*
Dirk Herbert *(Exec VP & Head-Digital Strategy & Plng-Hearst)*
Michelle Lomas *(VP & Head-Content & Social)*
Al DeDona *(VP & Grp Dir)*
Mary Chen *(VP-Media Ops)*
Scott Linzer *(VP-Owned Media)*
Catherine Mevs *(VP-Digital Strategy)*
Geoff Sheldon *(VP-Strategy)*
Martina Suess *(Head-Mktg & Comm-Global)*
Frederic Bonn *(Exec Creative Dir-East)*
Amanda Betsold *(Sr Dir)*
Angela Granados *(Art Dir)*
Amanda Neil *(Acct Dir)*
Adam Bayard *(Dir-Programmatic)*
Peter Czmielewski *(Dir-Mktg Strategy)*
Cody Janczewski *(Dir-Digital Media)*
Chris Moulton *(Dir-Media Svcs)*
Amanda Hawkins *(Mgr-Social Content)*
Bryan Popkin *(Supvr-Strategy)*

Accounts:
Bayer Healthcare Consumer Care Division Cold, Cough, Digital Creative, Foot Care & Analgesics, Mobile, Websites
Church & Dwight Co., Inc. Content Marketing, Creative, Digital Marketing, Nair, Oragel, OxiClean, Strategic Planning, Technology, Vitafusion
Coca-Cola
Hearst
Hilton Digital, Hampton
LG Electronics
TD Bank Campaign: "TD Rolling Renovation", Digital
Toyota
TXU Energy

Branches

iCrossing Chicago
312 N Carpenter St Unit 301, Chicago, IL 60607
Tel.: (312) 277-4700
Fax: (312) 277-4740
Web Site: www.icrossing.com

Employees: 50

Agency Specializes In: Advertising, Sponsorship

Joe Grigsby *(Mng Dir)*
Shiva Vannavada *(CTO)*
Hilary Murdock *(VP & Head-Strategic Plng)*
Maggie Summers *(VP-Media-Chicago)*
Enrico Mirabelli *(Head-ECommerce & Sr Strategist-Media)*
Andrea Kroll *(Head-Acct Mgmt)*
Steven Shay *(Exec Creative Dir-User Experience Design)*
Elizabeth Smith *(Acct Dir)*
Samantha Sowinski *(Media Dir)*
Kathryn Flynn *(Dir-Audience Plng)*
Megan Harkins *(Sr Acct Mgr)*
Alex San Jose *(Acct Mgr)*
Paige Schlesinger *(Acct Mgr)*
Kathleen V. Smith *(Supvr-Media)*
Shannon Spatz *(Sr Strategist-Media Plng)*
Kay Chia-Yun Chung *(Strategist-Media)*
GianCarlo Vassallo *(Strategist-Media)*

Accounts:
Beam Suntory Inc. Content Strategy, DeKuyper, Digital, Jim Beam Bourbon, Laphroaig, Maker's Mark Bourbon, Marketing, Mobile, Sauza Tequila, Search Media, Skinnygirl Cocktails, Social, Strategy
Belk Analytics, Campaign: "Modern, Southern. Style.", Digital Media Marketing, Display Media, Paid Social, Search Engine Marketing
Charles Schwab
Coca-Cola
Kellogg
PetSmart Search
Sargento Foods Inc. Digital Creative, Digital Media

iCrossing Dallas
2828 Routh St Ste 777, Dallas, TX 75201
Tel.: (214) 210-6800
Fax: (214) 210-6783
Web Site: www.icrossing.com/dallas

Employees: 15

Agency Specializes In: Advertising

Lori Wilson *(Sr VP & Exec Creative Dir)*
Steven Shay *(Exec Creative Dir-User Experience Design)*
Johnny Gibson *(Grp Dir-Search Media & Audience Plng)*
Nicolette Lynch *(Sr Dir-Search Media Ops)*
Maureen O'Malley *(Dir-Talent Acq)*
Tim Delaca *(Assoc Dir-Audience Plng)*
Cathy Hou *(Sr Analyst-Media)*
Kent Milton *(Grp Creative Dir)*

iCrossing, Inc.
Moore House 13 Black Lion St, Brighton, BN1 1ND United Kingdom
Tel.: (44) 1 273 827 700
Fax: (44) 1 273 827 701
E-Mail: results@icrossing.co.uk
Web Site: www.icrossing.com

Employees: 100

Agency Specializes In: Advertising

Mark Iremonger *(CEO-UK)*
Mat Gardiner *(Grp Acct Dir)*
Rob Quattromini *(Dir-Paid Media)*

Accounts:
Ann Summers
ASOS
Evans Cycles
Sainsbury's Bank
Speedo International SEM, SEO
Toyota GB
Unilever
Visit London
Visit Wales Digital Marketing

iCrossing London
22 Chapter St 2nd Fl, London, SW1P 4NP United Kingdom
Tel.: (44) 20 7821 2300
Fax: (44) 20 8433 7055
Web Site: http://www.icrossing.com/uk/

Employees: 30

Agency Specializes In: Advertising

Alistair Dent *(Mng Dir)*
Phil Burgess *(Chief Growth Officer)*

Accounts:
Alamo
Ann Summers
Argos
Barclays Bank
bmi
Coca-Cola Refreshments USA, Inc.
Comparethemarket.com Marketing Communications Strategy, SEO
Cornhill Direct
Current
Debenhams E-Commerce, Natural Search Strategy
EA Games
eBay
HBOS
Heathrow Digital Marketing, Online Display Advertising
Hobbycraft Creative, Display Advertising, E-Commerce Trading Channels, Footfall In-Store, Gobal Digital, Integration, Offline Media, PPC, Paid Social, Search Engine Optimization; 2017
John Lewis
JP Morgan
La Redoute Content Media, SEO, Social Media
Lacoste
LEGO A/S
LG Electronics
L'Oreal UK Search
M&S Bank Digital Marketing, SEO
Reed.co.uk Digital Marketing, Online Creative Strategy, PPC, Paid Media
Sainsburys Bank
STA Travel
Superdry Search
Toyota (GB) PLC Creative, Digital, Search Marketing; 2008
Tui
Turner Broadcasting System
Unilever
Villa Plus Paid Search Marketing
Virgin Group Virgin Experience Days
White Stuff Search Strategy
Woolworths

iCrossing Los Angeles
3000 Ocean Park Blvd, Santa Monica, CA 90405
Tel.: (310) 664-2930
Fax: (310) 302-6001
Web Site: www.icrossing.com

Employees: 40

Agency Specializes In: Advertising

Mike Parker *(Pres-Global)*
Maureen O'Malley *(Dir-Talent Acq)*
Joe Keahiolalo *(Assoc Dir-Digital Media)*
Danni Ngo *(Sr Analyst-Media)*

Accounts:
Bank of America
Bermuda Department of Tourism
Bridgestone Digital
Coca-Cola Refreshments USA, Inc.
Nokia
Unilever

iCrossing Reston
1902 Campus Commons Ste 600, Reston, VA 20191
Tel.: (703) 262-3200
Fax: (703) 262-3201
E-Mail: info@icrossing.com
Web Site: www.icrossing.com

Employees: 30

Agency Specializes In: Affiliate Marketing, Brand Development & Integration, Branded Entertainment, Business-To-Business, Consulting, Consumer Goods, Consumer Marketing, Content, Corporate Communications, Customer Relationship Management, Digital/Interactive, Direct Response Marketing, E-Commerce, Email, Information Technology, Internet/Web Design, Mobile Marketing, Multicultural, Pharmaceutical, Podcasting, RSS (Really Simple Syndication), Retail, Search Engine Optimization, Strategic Planning/Research, Viral/Buzz/Word of Mouth, Web (Banner Ads, Pop-ups, etc.)

AGENCIES - JANUARY, 2019 — INTERACTIVE AGENCIES

iCrossing San Francisco
550 Kearny St, San Francisco, CA 94108
Tel.: (415) 869-1120
Fax: (415) 869-1211
E-Mail: info@icrossing.com
Web Site: www.icrossing.com

Employees: 850
Year Founded: 1998

Agency Specializes In: Sponsorship

Michael Parker *(Pres)*
Nicolette Hawks *(Dir-Media Strategy)*
Ashley Watkins *(Assoc Dir)*

Accounts:
Adobe
Auto Trader
BMW Group
Charles Schwab Digital Strategy
Coca-Cola Refreshments USA, Inc.
Sunrun Content Marketing, Digital Media, Search Engine Marketing, Search Engine Optimization

iCrossing Santiago
Av President Kennedy 5118 Piso 4, Vitacura, Santiago, Chile
Tel.: (56) 2 432 3220
Web Site: www.icrossing.com/icrossing-santiago

Employees: 10

Paulina Rodriguez Bascunan *(Analyst-Social Media)*

iCrossing Scottsdale
15169 N Scottsdale Rd Ste C400, Scottsdale, AZ 85254
Tel.: (480) 505-5800
Fax: (480) 505-5801
Toll Free: (866) 620-3780
Web Site: www.icrossing.com

Employees: 60
Year Founded: 1998

Agency Specializes In: Advertising, Automotive, Digital/Interactive, Direct Response Marketing, E-Commerce, Electronic Media, High Technology, Information Technology, Leisure, Public Relations, Publicity/Promotions, Sponsorship, Travel & Tourism

Kristen Kalupski *(Sr Dir-Mktg, Events & PR)*
Amelia Gitter *(Assoc Dir-Audience Plng)*
Samantha Rosenbach *(Sr Acct Mgr)*

Accounts:
Ashley Furniture HomeStore (Agency of Record)
The Coca-Cola Company
DirecTV Digital
Epson America; 2007
FedEx
LEGO
LG Electronics Creative, Global Digital, Media, Mobile, Search, Social
Office Depot
Swift Transportation (Digital Agency of Record) Creative Development, Marketing, Media Planning, Strategy
Williams-Sonoma

IDEA LAB DIGITAL, LLC
37 E Main St 2nd Fl, Moorestown, NJ 08057
Tel.: (856) 642-0007
Fax: (856) 642-9967
E-Mail: info@idealabmarketing.com
Web Site: www.idealabdigital.com

Employees: 14
Year Founded: 1999

Agency Specializes In: Advertising, Brand Development & Integration, Corporate Identity, Digital/Interactive, Graphic Design, Internet/Web Design, Logo & Package Design, Media Buying Services, Media Planning, Out-of-Home Media, Outdoor, Public Relations, Radio, Social Media

Revenue: $1,200,000

Jay Winkler *(Chief Creative Officer)*
Jessica Bodine Baskin *(Assoc Art Dir)*

Accounts:
Camden County College

IE
178 Albert Street, Windsor, VIC Australia
Tel.: (61) 390011700
E-Mail: info@ie.com.au
Web Site: ie.com.au

Employees: 100

Agency Specializes In: Advertising, Digital/Interactive, Government/Political, Internet/Web Design, Social Media

Rhys Hayes *(Founder & CEO)*

Accounts:
Aurecon
Betts Shoes
Captain's Choice Digital Partner, Sitecore Development
Hoyts Entertainment Service
Maxxia Workplace Benefits Provider
ME Bank
Nike Australia
Pedigree Pets Food Distr
Swinburne Online
Tourism Victoria Digital
TWUSUPER

IFUEL INTERACTIVE
276 5Th Ave Rm 801, New York, NY 10001
Tel.: (212) 994-6694
E-Mail: info@ifuelinteractive.com
Web Site: www.ifuelinteractive.com

Employees: 51

Agency Specializes In: Advertising, Brand Development & Integration, Digital/Interactive, Internet/Web Design, Logo & Package Design, Media Buying Services, Media Planning

Tom Di Domenico *(Mng Partner)*
Kristina Tucker *(Mng Partner)*

Accounts:
Ito En Inc

IGNITE DIGITAL
5579 Quartermain Crst, Mississauga, ON L5M5V2 Canada
Tel.: (905) 399-6626
E-Mail: matt@ignitedigital.ca
Web Site: https://ignitedigital.com/

Employees: 10
Year Founded: 2008

Agency Specializes In: Advertising, Affluent Market, Aviation & Aerospace, Business-To-Business, Consumer Goods, Consumer Marketing, Content, Customer Relationship Management, Digital/Interactive, E-Commerce, Education, Email, Fashion/Apparel, Financial, Food Service, Graphic Design, Health Care Services, Household Goods, Information Technology, Integrated Marketing, International, Internet/Web Design, Luxury Products, Media Buying Services, Media Planning, Men's Market, Mobile Marketing, Paid Searches, Pharmaceutical, Publishing, Retail, Search Engine Optimization, Social Marketing/Nonprofit, Social Media, Sweepstakes, Viral/Buzz/Word of Mouth, Web (Banner Ads, Pop-ups, etc.), Women's Market

Matthew Goulart *(Founder)*

Accounts:
Better Homes & Gardens Real Estate Canada; 2010

IGNITE SOCIAL MEDIA
15501 Weston Parkway, Cary, NC 27513
Tel.: (919) 653-2590
Web Site: www.ignitesocialmedia.com

Employees: 50
Year Founded: 2007

Agency Specializes In: Advertising, Content, Local Marketing, Social Media, Sponsorship

Marcie Brogan *(Co-Owner & CFO)*
Deidre Lambert-Bounds *(Pres)*
Misi McClelland *(Sr VP)*
Lisa Braziel *(VP-Strategy)*
Ashlie Lanning *(VP-Community Mgmt)*
David Ryan *(Head-Creative Team & Sr Art Dir)*
*Brandi Washington *(Client Svcs Dir)*
Emily Spurlock *(Mgr-Integrated Strategy & Promos)*
Toiia Duncan *(Media Buyer)*
Courtney Peck *(Acct Coord)*
Victoria Kay-Rogers *(Sr Media Buyer)*

Accounts:
Altar'd State Agile Media Buying, Brand Messaging, Content Development Support, Editorial Planning, Insights & Reporting, Program Development, Public Relations, Social Media Engagement Strategy
The Body Shop USA Beauty Care Center
Microsoft
Nature Made Health Care Products Mfr & Distr

IGNITION NETWORK
(Name Changed to Fieldday)

IGNITIONONE
32 Ave of the Americas 5th Fl, New York, NY 10013
Toll Free: (888) 744-6483
E-Mail: press@ignitionone.com
Web Site: www.ignitionone.com

Employees: 80

Agency Specializes In: Digital/Interactive

Will Margiloff *(CEO)*
Mark Ambrose *(COO)*
Christopher Hansen *(Chief Product Officer)*
David Ragals *(Sr VP-Customer Success)*
Edmardo Galli *(Mng Dir-Latin America)*
Tim Noone *(Media Dir)*
Lauren Wishna *(Acct Dir)*
Emily Diamond *(Assoc Mgr-Media)*

Accounts:
Ann Taylor
BMW
Fiat
General Motors
Philips
YP

INTERACTIVE AGENCIES
AGENCIES - JANUARY, 2019

IgnitionOne
200-208 Tottenham Court Rd, London, W1T 7PL United Kingdom
Tel.: (44) 2036976600
Web Site: www.ignitionone.com

Employees: 25

Seamus Whittingham *(Sr VP & Mng Dir-Sls-Europe)*
Dominic Gramatte *(Sr Dir-Bus Ops-Europe)*

IMA INTERACTIVE
PO Box 2549, El Granada, CA 94018
Tel.: (859) 396-1678
Web Site: http://www.ideasmoneyart.com/

Employees: 11
Year Founded: 2007

Agency Specializes In: Advertising, Affluent Market, Agriculture, Arts, Automotive, Aviation & Aerospace, Brand Development & Integration, Business-To-Business, Computers & Software, Consumer Marketing, Cosmetics, Customer Relationship Management, Digital/Interactive, Direct-to-Consumer, E-Commerce, Education, Electronics, Email, Engineering, Entertainment, Environmental, Food Service, High Technology, Hospitality, Household Goods, Industrial, Information Technology, Integrated Marketing, Internet/Web Design, Investor Relations, Legal Services, Leisure, Luxury Products, Medical Products, Merchandising, Mobile Marketing, Multimedia, New Technologies, Paid Searches, Production, Real Estate, Recruitment, Restaurant, Retail, Search Engine Optimization, Social Marketing/Nonprofit, Social Media, Strategic Planning/Research, Transportation, Travel & Tourism, Web (Banner Ads, Pop-ups, etc.)

Approx. Annual Billings: $1,000,000

Jeff Conlon *(Founder & CEO)*
Rob Horsley *(Dir-Digital Strategy)*

Accounts:
Atherton Appliance & Kitchens Content Development, eCommerce; 2008
Benjamin Franklin Plumbing Content Development; 2008
COIT Cleaning & Restorationa Branding Campaigns; 2007
Kanopi Studios Content Development; 2015
Mister Sparky Electric Content Development; 2012
One Hour Heating & Air Conditioning Content Development; 2012

IMAGINUITY INTERACTIVE, INC.
1409 S Lamar Ste 1500, Dallas, TX 75215
Tel.: (214) 572-3900
Fax: (214) 572-3901
Web Site: www.imaginuity.com

Employees: 44
Year Founded: 2003

Agency Specializes In: Brand Development & Integration, Digital/Interactive, Internet/Web Design, Search Engine Optimization, Social Media

Revenue: $6,500,000

Corbett Guest *(CEO)*
John Lacy *(COO)*
Gary Hooker *(CMO)*
Dax Davis *(VP-Digital Mktg Solutions)*
Tim Langford *(Exec Creative Dir)*
Luis Figallo *(Creative Dir-Digital)*
Debbie Potaniec *(Dir-Project Mgmt)*
Tony Osterhaus *(Chief Delivery Officer)*

Accounts:
Dallas Regional Chamber; 2013
E4 Health

IMARC
21 Water St First Flr, Amesbury, MA 01913
Tel.: (978) 462-8848
E-Mail: hello@imarc.com
Web Site: www.imarc.com

Employees: 25

Agency Specializes In: Brand Development & Integration, Content, Digital/Interactive, Print, Social Media

Nick Grant *(CEO & Mng Partner)*
Katie Desmond *(Partner & Chief Bus Dev Officer)*
Patrick McPhail *(Partner & Chief Production Officer)*
Jared Laham *(Creative Dir)*
Thomas Saraceno *(Dir-Experience)*
Jeff Turcotte *(Dir-Engrg)*

Accounts:
New-Massachusetts Housing Partnership
New-PlumChoice

INFLEXION INTERACTIVE, LLC.
80 River St Penthouse, Hoboken, NJ 07030
Tel.: (888) 399-1772
Web Site: www.inflexioninteractive.com

Employees: 20

Agency Specializes In: Content, Digital/Interactive, Health Care Services, Internet/Web Design, Mobile Marketing, Search Engine Optimization

Accounts:
New-Theatre Development Fund

INNATE
1320 19th St NW Ste 800, Washington, DC 20036
Tel.: (202) 872-9500
E-Mail: Info@innateagency.com
Web Site: www.innateagency.com

Employees: 25

Agency Specializes In: Consulting, Digital/Interactive

Scott Adams *(Owner & CEO)*
Matthew Snyder *(Principal)*

Accounts:
Fairfax County Animal Shelter

INOVAT DESIGN LLC
307 W High St, Elizabethtown, PA 17022
Tel.: (717) 367-5446
E-Mail: hello@inovat.com
Web Site: www.inovat.com

Employees: 10

Agency Specializes In: Advertising, Brand Development & Integration, Content, Digital/Interactive, Internet/Web Design, Package Design, Print, Search Engine Optimization, Social Media, Strategic Planning/Research

Doug Logan *(Pres)*
Nick Weaver *(Mng Dir)*

Accounts:
New-Plain & Fancy Custom Cabinetry

INSEGMENT
300 Washington St, Newton, MA 02458
Tel.: (617) 965-0800
Web Site: www.insegment.com

Employees: 50
Year Founded: 2007

Agency Specializes In: Digital/Interactive

Dan Freeman *(Chief Revenue Officer)*

Accounts:
Avidia Bank
Cumberland Farms
GlobalSCAPE
Kaspersky
Lesley University
MEDHOST
Proxy Networks
Taurus

INSITE ADVICE
2122 Marconi Ave, Saint Louis, MO 63110
Tel.: (314) 621-6888
Web Site: www.insiteadvice.com

Employees: 6
Year Founded: 2003

Agency Specializes In: Brand Development & Integration, Content, Digital/Interactive, Internet/Web Design, Logo & Package Design, Print, Public Relations, Search Engine Optimization, Social Media, T.V.

Accounts:
New-Sleeve a Message

INTEGRITY MEDIA CORP
2900 Bristol St, Costa Mesa, CA 92626
Tel.: (949) 829-3456
Web Site: integritymediacorp.com

Employees: 6
Year Founded: 2011

Agency Specializes In: Brand Development & Integration, Consulting, Corporate Identity, Digital/Interactive, E-Commerce, Electronic Media, Experience Design, Graphic Design, Identity Marketing, Integrated Marketing, Internet/Web Design, Logo & Package Design, Multimedia, Production (Ad, Film, Broadcast), Search Engine Optimization, Social Marketing/Nonprofit, Social Media, Strategic Planning/Research, Web (Banner Ads, Pop-ups, etc.)

Erich Meltvedt *(Dir & Producer)*

Accounts:
Sonic Foamer Beer Accessories; 2015

INTERACTIVEWEST
1624 Market St Ste 202, Denver, CO 80202
Tel.: (303) 306-8746
E-Mail: info@interactivewest.com
Web Site: www.interactivewest.com

Employees: 1
Year Founded: 2004

Agency Specializes In: Affiliate Marketing, Affluent Market, Arts, Automotive, Aviation & Aerospace, Bilingual Market, Business-To-Business, College, Computers & Software, Consulting, Consumer Marketing, Content, Customer Relationship Management, Digital/Interactive, Direct Response Marketing, Direct-to-Consumer, E-Commerce, Education, Email, Fashion/Apparel, Financial,

AGENCIES - JANUARY, 2019 — INTERACTIVE AGENCIES

Government/Political, Graphic Design, Health Care Services, High Technology, Hispanic Market, Industrial, Information Technology, Integrated Marketing, Internet/Web Design, Legal Services, Leisure, Local Marketing, Luxury Products, Medical Products, Men's Market, Mobile Marketing, Multicultural, Multimedia, New Product Development, New Technologies, Over-50 Market, Paid Searches, Pharmaceutical, Podcasting, Publishing, RSS (Really Simple Syndication), Real Estate, Regional, Restaurant, Retail, Search Engine Optimization, Seniors' Market, Social Marketing/Nonprofit, Social Media, Stakeholders, Syndication, Technical Advertising, Transportation, Travel & Tourism, Viral/Buzz/Word of Mouth, Web (Banner Ads, Pop-ups, etc.), Women's Market

Approx. Annual Billings: $250,000

Gene Fourney (Pres & CEO)

Accounts:
Alpine Merchant Services; Aspen, CO; 2010
Anton Joseph Productions; Basalt, CO; 2010
Aspen Brownie Works; Aspen, CO; 2009
Brogren Kelley & Associates; Denver, CO; 2010
Carin Christian Church; Lafayette, CO; 2011
Colorado Bioscience Association; Denver, CO; 2005
Colorado Film Commission; Denver, CO; 2006
Colorado Office of Film, TV & Media; Denver, CO; 2007
Colorado Software & Internet Association; Denver, CO; 2005
Concepts Unlimited; Lafayette, CO; 2011
Health Insurance Exchange; Denver, CO; 2011
Jaywalker Lodge; Carbondale, CO; 2010
Junior Achievement - Rocky Mountain Chapter; Denver, CO; 2011
Kasmar Promotions; Thornton, CO; 2007
Linda Roberts Gallery; Aspen, CO; 2009
Mark Mock Design Associates; Denver, CO; 2010
Modern Kitchen Center; Glenwood Springs, CO; 2011
Mountain Medicine Directory; Carbondale, CO; 2007
Panache Events; Pueblo, CO; 2010
Race Across America; Boulder, CO; 2007
The Right Door; Aspen, CO; 2009
Riley Natural Gas; Clarksburg, WV; 2011
Skijunk LLC; Lafayette, LA; 2009
Society of Addiction Counselors of Colorado; Denver, CO; 2009
Sol Energy; Carbondale, CO; 2011
SpoonerSkadron; Aspen, CO; 2009
Stillwater Mining Company; Billings, MT; 2011
Studio Harris; Denver, CO; 2010
Tehama - Nacabi Trading Inc.; Lakewood, CO; 2011
Twist Design Group; Denver, CO; 2009
Walmart Secrets; Lafayette, CO; 2007

INUVO, INC.
500 President Clinton Ave, Little Rock, AR 72201
Tel.: (501) 205-8508
E-Mail: info@inuvo.com
Web Site: www.inuvo.com

Employees: 89
Year Founded: 1998

Agency Specializes In: Affiliate Marketing, Brand Development & Integration, Search Engine Optimization

Revenue: $79,554,493

Richard K. Howe (Chm & CEO)
Wally Ruiz (CFO)
Trey Barrett (COO)
Rick Anderson (CIO)
Andrea Haldeman (Chief Revenue Officer)
John B. Pisaris (Gen Counsel)

Amanda Hughes Propst (Dir-Mktg & Creative Svcs)

INXPO
770 N Halsted St Ste 6S, Chicago, IL 60642
Tel.: (312) 962-3708
Web Site: www.inxpo.com

Employees: 120
Year Founded: 2003

Agency Specializes In: Brand Development & Integration, Digital/Interactive, Event Planning & Marketing, Production

Drew Van Vooren (Co-Founder & Pres)
Malcolm L. Lotzof (CEO)
Jeff Pryhuber (CTO)
Daniel Lotzof (Chief Revenue Officer)
Rich Hawkinson (Exec VP-Product Svcs)
Rajul Shah (Exec VP-Sls)
Katherine Jordan (VP-Mktg)
Doug McLain (VP-Sls-Southeast)
Jason Olson (VP-West Coast)
Meredith Schueneman (VP-Solutions, Testing & Learning)
Ryan Vahey (Product Dir)

Accounts:
Aon
Autodesk
Cisco
Forbes Publishing & Media Company
Gap
HIMSS Healthcare Services
IDG
Ingram Micro
Microsoft
Monster
Neilson
Procter & Gamble
SAP Software Solutions Provider
Sears
UnitedHealthcare
The Wall Street Journal
Ziff Davis Media

IQ AGENCY
280 Interstate N Cir SE Ste 300, Atlanta, GA 30339
Tel.: (404) 255-3550
Fax: (770) 956-8014
E-Mail: info@iqinteractive.com
Web Site: http://iqagency.com

Employees: 62
Year Founded: 1995

National Agency Associations: SODA

Agency Specializes In: Advertising, Advertising Specialties, Alternative Advertising, Consumer Marketing, Digital/Interactive, Experience Design, Experiential Marketing, Internet/Web Design, Sponsorship

Kevin Smith (Pres & COO)
Tony Quin (CEO)
Carol Montoto (Creative Dir)
Emily Rickerson (Dir-Project Delivery)
Seng Lee (Mgr-IT)
Shaun Hines (Sr Art Dir)

Accounts:
American Cancer Society
Audi; 2002
Barclays Global Investments
Cardinal health
CIT
Cox Communications; Atlanta, GA; 2003
Ethicon
GEICO
Genworth Financial
Georgia Pacific
IBM; 2002
IHG
Microsoft
National Geographic Channel; Washington, DC; 2003
New York Life
Royal Caribbean Cruise Lines; Miami, FL; 2004
SunTrust Bank
Universal Studios Orlando
UPS
Volkswagen Group of America, Inc.
Wachovia
Wells Fargo

IRONPAPER
555 8th Ave 15th Fl, New York, NY 10018
Tel.: (212) 993-7809
Web Site: www.ironpaper.com

Employees: 30
Year Founded: 2002

Agency Specializes In: Business Publications, Collateral, Digital/Interactive, Email, Mobile Marketing, Search Engine Optimization, Social Media

Approx. Annual Billings: $3,500,000

Jonathan Franchell (Founder & CEO)
B Randall Willis (Pres & Principal)
Katie Surace (Mktg Dir)

Accounts:
New-CrossFit, Inc.
Nokia Internet of Things, Telecom; 2015
New-Save Ellis Island, Inc.

ISADORA DESIGN
1600 Rosecrans Ave Bldg 7 4th Flr, Manhattan Beach, CA 90266
Tel.: (310) 560-4675
E-Mail: hello@isadoradesign.com
Web Site: http://isadoradigitalagency.com/

Employees: 10

Agency Specializes In: Brand Development & Integration, Digital/Interactive, Internet/Web Design, Search Engine Optimization, Social Media

Isadora Marlow-Morgan (Founder & Pres)
Alex Mathias (VP)

Accounts:
Zig Zag Healthcare

ISTRATEGYLABS
641 S St Nw # 1, Washington, DC 20001
Tel.: (202) 683-9980
Web Site: https://isl.co/

Employees: 80
Year Founded: 2007

Agency Specializes In: Advertising, Digital/Interactive, Internet/Web Design, Media Planning

Revenue: $12,400,000

D. J. Saul (CEO)
Kristen Hans (VP-Client Svcs)
Zach Goodwin (Exec Creative Dir)
Lindsay Gsell (Sr Dir-Strategy)
Erica Goodwin (Acct Dir)
Caresse Giles (Dir-Digital)
Amanda Doyle (Sr Strategist-Creative)
Ben Abraham (Strategist-Creative)
Mike O'Brien (Assoc Creative Dir)

Interactive Agencies

INTERACTIVE AGENCIES

Accounts:
Dramamine
The Kroger Co
Lockheed Martin
Medtech
NBC Universal
PediaCare
USA Network Mr. Robot Season 2
William Grant & Sons (Digital & Social Media Agency of Record) Flor De Cana Rum, Glenfiddich, Hendrick's Gin, Milagro Tequila, Sailor Jerry Rum, The Balvenie, Tullamore D.E.W.

J&L MARKETING
2100 Nelson Miller Pkwy, Louisville, KY 40223
Tel.: (800) 346-9117
E-Mail: Inquiry@jandlmarketing.com
Web Site: www.jandlmarketing.com

Employees: 200
Year Founded: 1991

Agency Specializes In: Advertising, Brand Development & Integration, Digital/Interactive, Direct Response Marketing, Email, Event Planning & Marketing, Internet/Web Design, Paid Searches, Print, Social Media, T.V.

Scott Joseph *(Founder & CEO)*
Jamil Zabaneh *(Pres)*
Nicole Ledbetter *(Reg VP)*
Sandy Brewer *(Controller)*
Ken Schaeffer *(Dir-Accts-Natl)*

JANUARY DIGITAL
40 Exchange Place Ste 300, New York, NY 10005
E-Mail: info@januarydigital.com
Web Site: januarydigital.com

Employees: 50
Year Founded: 2011

Agency Specializes In: Advertising, Affiliate Marketing, Brand Development & Integration, Digital/Interactive, Event Planning & Marketing, Media Buying Services, Paid Searches, Search Engine Optimization, Social Media

Vic Drabicky *(Founder & CEO)*
J. B. Brokaw *(Pres & COO)*
Tierney Wilson *(Mng Dir)*
Tommy Chenoweth *(Sr Dir-East Coast)*
Matthew Nistor *(Dir-Analytics & Customer Data)*
David L. Weiss *(Sr Mgr-Data & Analytics)*
Jessica Freedman *(Sr Coord-Client Svc & Strategy)*

Accounts:
New-Club Monaco
New-Cole-Haan LLC
New-David's Bridal Inc. (Digital Marketing Agency of Record)
New-Diane Von Furstenberg
New-Kendo Brands Inc. Kendra Scott
New-NARS Cosmetics
New-Oscar de la Renta Ltd.
New-Peapod LLC
New-Vineyard Vines

JB CUMBERLAND PR
(Acquired & Absorbed by Didit)

JCM MEDIA GROUP
315 E Eisenhower, Ann Arbor, MI 48108
Toll Free: (800) 383-0582
Web Site: jcmmediagroup.com

Employees: 10

Year Founded: 2011

Agency Specializes In: Above-the-Line, Below-the-Line, Cable T.V., Collateral, Digital/Interactive, Electronic Media, Exhibit/Trade Shows, Guerilla Marketing, Local Marketing, Magazines, Mobile Marketing, Multimedia, Newspapers & Magazines, Paid Searches, Print, Production (Print), Search Engine Optimization, Social Media, T.V., Web (Banner Ads, Pop-ups, etc.)

Approx. Annual Billings: $5,000,000

Jeffrey Travilla *(CEO)*
Mark Landowski *(Dir-Digital)*

Accounts:
Automated Pet Care Products Litter Robot; 2012
Clixie Media Interactive Software; 2012
DT Manufacturing Plastics & Injection Molding; 2012
MedTest Healthcare Supplies; 2013
Pointe Scientific Reagents, Healthcare supplies, Analyzers; 2012
Post Realty Real Estate; 2012
RideFix SaaS Software; 2011
Sharper Image Sharper Image Mobile App; 2012

JOHANNES LEONARDO
628 Broadway 6th Fl, New York, NY 10012
Tel.: (212) 462-8120
Fax: (212) 614-3977
E-Mail: hello@johannesleonardo.com
Web Site: www.johannesleonardo.com

Employees: 100
Year Founded: 2007

Agency Specializes In: Digital/Interactive, Sponsorship

Jan Jacobs *(Co-Founder, CEO & Co-Chief Creative Officer)*
Leo Premutico *(Co-Founder & Co-Chief Creative Officer)*
Bryan Yasko *(Pres)*
Ferdinando Verderi *(Partner & Creative Dir)*
Mark Aronson *(Head-Strategy)*
Ben Myers *(Head-Bus Dev)*
Megan Piro *(Head-Comm Strategy)*
Emily Wilcox *(Head-Acct Mgmt)*
Micaela Gallino *(Sr Dir-Creative Art)*
Sam McCallum *(Grp Acct Dir)*
Sharon Byer *(Acct Dir-MassMutual)*
Dom Dalton *(Acct Dir)*
Jacob Mehringer *(Art Dir)*
Harry Neville-Towle *(Art Dir)*
Adam Rubin *(Mgmt Supvr)*
Mary Bakarich *(Dir-Strategy)*
Michelle Moscone *(Dir-Creative Svcs)*
Charles Watlington *(Dir-Design)*
Johnny Roelofs *(Assoc Dir-Strategy)*
Kacey Kelley *(Sr Mgr-Bus Affairs)*
Adriana Mariella *(Acct Supvr)*
Kat Pryor *(Acct Supvr)*
Lily Shelmerdine *(Acct Supvr)*
Gulru Soylu *(Acct Supvr)*
Kiana Grant *(Acct Exec)*
Sara Sharpe *(Acct Exec)*
Lauren Cooper *(Copywriter)*
Ash Mendez *(Designer)*
Thomas Woods *(Copywriter)*
Omid Amidi *(Assoc Creative Dir)*
Jeph Burton *(Assoc Creative Dir)*
Jonathan Flannery *(Assoc Creative Dir)*
Paul Gregson *(Assoc Creative Dir)*
Hunter Hampton *(Assoc Creative Dir)*
Jay Jenkins *(Jr Producer)*
Alexandra Olivo *(Assoc Producer)*
Maddie Tiedrich *(Jr Producer)*

Accounts:
Adidas Adidas Originals (Lead Creative Agency), Campaign: "#OriginalSuperstars", Campaign: "Your future is not mine"', Superstar
Airbnb, Inc. Campaign: "Hosted Walks"
Amazon.com, Inc Amazon Fire TV
Bacardi USA, Inc. Bacardi, Bacardi Flavors, Bacardi Gold
Bezos Family Foundation
Bleacher Report
Coca-Cola Refreshments USA, Inc. Campaign: "Choose Love over Like", Campaign: "Obey You", Campaign: "What Can Your Coca-Cola Become?", Coca-Cola Light, Global Creative, Sprite
Daffy's Inc.; Secaucus, NJ (Agency of Record) Daffy's Underground
Electronic Arts Inc.
Estee Lauder Creative
Everybody World Trash Tee
Google Campaign: "Project Re:Brief", Demo Slam, Google Innovations
Jefferson Hack
Mary Katrantzou Campaign: "Chinese Monologue"
Massachusetts Mutual Life Insurance Company (Agency of Record)
Mondelez International Campaign: "The Chew Life"
New York City Football Club (Agency of Record) Fans
Nike
Nomis
Sonnet Insurance
Sony Computer Entertainment Inc PlayStation Vue
Thierry Mugler
TTI Floor Care Creative, Dirt Devil (Agency of Record), Hoover (Agency of Record), Oreck (Agency of Record), Planning, Vax
WNYC

JSL MARKETING & WEB DESIGN LLC
1601 Elm St Fl 32 Ste 32C123, Dallas, TX 75201
Tel.: (817) 470-5274
E-Mail: info@jsl.marketing
Web Site: jsl.marketing

Employees: 10
Year Founded: 2014

Agency Specializes In: Brand Development & Integration, Content, Copywriting, Digital/Interactive, Email, Internet/Web Design, Search Engine Optimization, Social Media

Sarah Leff *(Pres & Creative Dir)*
James Leff *(CEO)*

Accounts:
New-12feet Inc
New-Allazo Electronics Inc
New-Apartment Locating Specialists
New-Legendary Electric
New-Waterfire Ministries LLC
New-Waterstone Mortgage Corporation

JUXT
Unit 706, SK Tower, 6A Jianguomenwai Street, Beijing, Chaoyang District 100022 China
Tel.: (86) 1065298800
E-Mail: business_cn@juxt.com
Web Site: http://www.juxt.cn

Employees: 30
Year Founded: 1998

National Agency Associations: 4A's-SODA

Agency Specializes In: Advertising, Brand Development & Integration, Digital/Interactive, Graphic Design, Sponsorship

Revenue: $2,200,000

Jingtao Wang *(Assoc Gen Mgr)*
Angela zhang *(Assoc Creative Dir)*

AGENCIES - JANUARY, 2019 — INTERACTIVE AGENCIES

Accounts:
BMW
Coca-Cola Refreshments USA, Inc. Cherry Coke, Coke Zero
Toyota Touch Wall at North American International Auto Show
Vanguard University

KALEIDICO DIGITAL MARKETING
28747 Church St, Flat Rock, MI 48134
Tel.: (313) 566-4849
E-Mail: hello@kaleidico.com
Web Site: www.kaleidico.com

Employees: 25

Agency Specializes In: Advertising, Brand Development & Integration, Content, Digital/Interactive, Email, Internet/Web Design, Search Engine Optimization

Michael Carroll *(Pres)*

Accounts:
New-Amplifinity
New-Citrix Systems, Inc.
New-Compuware Corporation
New-Deliver My Ride
New-Kensington Senior Living
New-Lenderful
New-Lerners Personal Injury Group
New-Monroe Bank & Trust
New-Quicken Loans, Inc.
New-West UC

KEPLER GROUP
6 E 32nd St 6th Fl, New York, NY 10016
Tel.: (646) 524-6896
E-Mail: info@keplergrp.com
Web Site: www.keplergrp.com

Employees: 150
Year Founded: 2012

Agency Specializes In: Advertising, Digital/Interactive, Email, Search Engine Optimization, Social Media, Sponsorship

Rick Greenberg *(CEO)*
Garrett Dale *(Sr VP)*
Nathaniel Kangpan *(Sr VP-Tech & Data Svcs)*
Joshua Lerman *(Sr VP-Client Delivery)*
Matthew Lowenbraun *(Sr VP-Bus Ops)*
Andrew Toledano *(Sr VP)*
Justin Sous *(Assoc VP-Optimization & Innovation)*
Mallory Anderson *(Dir-Client Dev & Solutions-EMEA)*
Jeremy Botwinick *(Dir-CRM)*
Rebecca Ryan *(Dir-Talent & Trng)*
Katherine Sirico *(Dir-Tech & Data Svcs)*
Kevin Cahn *(Assoc Dir-Client Solutions)*
Michael Scognamiglio *(Mgr-Client Solutions & Mktg Analytics)*
Noah Kershaw *(Sr Product Mgr-Tech & Data Svcs)*

Accounts:
Assurant Health
Bed Bath & Beyond Inc. Digital Display Planning, Buying & Optimization
Buy Buy Baby, Inc. Digital Display Planning, Buying & Optimization
Dish
Lola Travel
PayPal

KETTLE
180 Varick St Ste 1002, New York, NY 10014
Tel.: (646) 434-1046
Web Site: https://wearekettle.com/

Employees: 100

Olivier Peyre *(Co-Founder & Creative Dir)*
Tyler Peterson *(Co-Founder & Dir-Technical)*
Lauren Diamond Kushner *(Partner & Mng Dir)*
Camille Imbert *(Creative Dir)*
Scott Leighton *(Acct Dir)*
Jacob Budin *(Mgr-Dev)*
Barbara Nicotera *(Mgr-HR & Fin)*
Shalimar Luis *(Assoc Creative Dir)*

Accounts:
American Express
Apple
Christie's Auctions House
Google
Luxottica Group Campaign: "Meet the New Generation", Persol 649, Persol Eyewear
McGraw-Hill
Sephora
Sesame Street
Youtube

KNI
3309 Mission St, San Francisco, CA 94110
Tel.: (415) 359-6804
Web Site: www.kurtnoble.com

Employees: 5,000

Agency Specializes In: Advertising, Brand Development & Integration, Collateral, Content, Digital/Interactive, Internet/Web Design, Paid Searches, Print

Kurt Noble *(Pres & Writer)*
Kate Haug *(CFO)*
Daniel Box *(Creative Dir)*
Louie Sabado *(Designer-UX)*
Nick Wong *(Designer)*

Accounts:
New-Twistlock Ltd

KNOWMAD DIGITAL MARKETING
909 Central Ave Ste 4, Charlotte, NC 28204
Tel.: (704) 343-9330
Toll Free: (877) 898-3403
E-Mail: info@knowmad.com
Web Site: www.knowmad.com

Employees: 6
Year Founded: 2002

Agency Specializes In: Business Publications, Content, Digital/Interactive, Internet/Web Design, Paid Searches, Search Engine Optimization, Social Media

Diona Kidd *(Co-Founder & COO)*
William McKee *(Mng Partner)*
Gina Cuza *(Strategist-Content)*

Accounts:
Lexington Health Network
Mallard Creek Polymers

KOROBERI
307 W Main St # 108, Durham, NC 27701
Tel.: (704) 565-9546
E-Mail: info@koroberi.com
Web Site: www.koroberi.com

Employees: 11

Agency Specializes In: Advertising, Advertising Specialties, Brand Development & Integration, Business-To-Business, Communications, Content, Copywriting, Digital/Interactive, Industrial, Information Technology, Integrated Marketing, Internet/Web Design, Media Relations, New Technologies, Publicity/Promotions, Social Marketing/Nonprofit, Strategic Planning/Research

Natalie Fioto *(VP)*
Carrie Cappiello *(Sr Acct Exec)*
Dan Gauss *(Sr Acct Exec-PR)*

Accounts:
Intelligrated

KOSE
323 Washington Ave N 2nd Fl Ste 20, Minneapolis, MN 55401
Tel.: (763) 355-8503
E-Mail: info@kosedigital.com
Web Site: www.kosedigital.com

Employees: 50

Agency Specializes In: Brand Development & Integration, Digital/Interactive, Media Buying Services, Media Planning, Search Engine Optimization, Social Media, Strategic Planning/Research

Nicole Newville *(Founder)*
Jason Newville *(VP-Ops)*
Kristin Lonsbury *(Media Dir)*
Dan Doherty *(Supvr-Digital Media)*
Annamarie Ferguson *(Supvr-Media)*
Jamie Peterson *(Supvr-Media)*
Carolyn Fittipaldi *(Planner-Digital Media)*
Alex Kingson *(Analyst-Digital Media)*
David Getty *(Asst Media Planner)*
Lindsey Rothering *(Asst Media Planner)*

Accounts:
Bulwark FR
Friends & Neighbors
Jack Link's

KOUNTERATTACK, LLC
611 Broadway Rm 607, New York, NY 10012
Tel.: (646) 536-3536
E-Mail: info@kounterattack.com
Web Site: www.kounterattack.com

Employees: 5
Year Founded: 1999

Agency Specializes In: Brand Development & Integration, Content, Digital/Interactive, Graphic Design, Internet/Web Design, Search Engine Optimization, Social Media

Marc Clapham *(Co-Founder & Mng Dir)*

Accounts:
New-Aisle Society
New-Viacom Media Networks

L2TMEDIA
1840 Oak Ave, Evanston, IL 60201
Tel.: (888) 331-9292
E-Mail: info@l2tmedia.com
Web Site: www.l2tmedia.com

Employees: 101

Agency Specializes In: Advertising, Brand Development & Integration, Communications, Digital/Interactive, Email, Internet/Web Design, Media Buying Services, Paid Searches, Production, Publicity/Promotions, Search Engine Optimization, Social Media

Liz Prior *(Co-Founder, Mng Partner & Head-Fin & Ops)*
Thomas Moorhead *(Co-Founder & Head-Sls)*
Carrie freehling *(VP-Fin & Acctg)*
Nicole Gignac *(VP-Sls)*

INTERACTIVE AGENCIES

Diane Massie *(Mktg Dir)*
Dena Poulos Denman *(Assoc Dir-Acct Strategy)*
David Weisman *(Sr Mgr-Performance)*
Chrissy Davis *(Sr Acct Mgr-Strategic)*
Kirstin Shew *(Sr Acct Mgr-Strategic)*
Ali Shirk Barnhart *(Acct Mgr-Strategic)*
Jason Hamblin *(Acct Mgr-Strategic)*
Audra Schuetz *(Office Mgr)*
Nikki Paladino *(Mgr-SEO)*
Robert FayMcKinstry *(Sr Specialist-Digital Media)*
Brendan Mcgee *(Specialist-Social)*
Lee Miranda *(Strategist-Field)*
Joshua Williams *(Designer)*
Jessica Hayes *(Coord-Billing)*

THE LAREDO GROUP
11860 W State Rd 84, Davie, FL 33325-3815
Tel.: (954) 577-5700
Fax: (954) 577-5720
E-Mail: info@laredogroup.com
Web Site: www.laredogroup.com

Employees: 12

Revenue: $5,000,000

Leslie Laredo *(Pres)*
Jeff Leibowitz *(CEO)*

Accounts:
CBS Interactive
COX Enterprises

LAUNCH DIGITAL MARKETING
1864 High Grove Lane, Naperville, IL 60540
Tel.: (630) 884-8854
E-Mail: info@launchdigitalmarketing.com
Web Site: www.launchdigitalmarketing.com

Employees: 200
Year Founded: 2011

Agency Specializes In: Advertising, Digital/Interactive, Email, Internet/Web Design, Search Engine Optimization, Social Media

Caitlin DiMare-Oliver *(CTO)*
Nicolle Lamb *(Reg VP)*
Katie Garrity *(Mgr-Social Media)*
Joel Quest *(Mgr-Content)*
Erin Hipple *(Acct Supvr-Southeast)*

Accounts:
Carnivale Chicago
Esser Air Conditioning & Heating
Howl At The Moon Saloon
Keep It Off
Marcus Leshock
Social Media Beast

LEVELTEN INTERACTIVE
4228 N Central Expressway Ste 210, Dallas, TX 75206
Tel.: (972) 259-7287
E-Mail: contact@getlevelten.com
Web Site: https://getlevelten.com/

Employees: 50

Agency Specializes In: Digital/Interactive, Internet/Web Design, Paid Searches, Search Engine Optimization, Social Media

Tom McCracken *(Dir)*

Accounts:
Abila

LEVELWING
260 W 35th St Ste 801, New York, NY 10001

Tel.: (646) 216-8320
E-Mail: info@levelwing.com
Web Site: www.levelwing.com

Employees: 51
Year Founded: 2002

Agency Specializes In: Advertising, Digital/Interactive, Email, Search Engine Optimization, Social Media

Jeff Adelson-Yan *(Co-Founder & Pres)*
Steve Parker *(Co-Founder & CEO)*
K. B. Reidenbach *(Mng Partner)*
Andrea Ansley *(VP & Dir-Client Partnerships)*
Christina Hensch *(Acct Dir)*
Cooper Long *(Dir-Strategy)*
Caitlin Roark *(Dir-HR)*
Colin King-Lewis *(Strategist-Search)*

Accounts:
BMW
Firestone
Novartis
Red Lobster
Wells Fargo

LEVY ONLINE
5905 S Decatur Blvd, Las Vegas, NV 89118
Tel.: (702) 739-3082
Fax: (702) 597-0741
Web Site: www.levyonline.com

Employees: 50
Year Founded: 2010

Agency Specializes In: Advertising, Brand Development & Integration, Consulting, Digital/Interactive, Event Planning & Marketing, Internet/Web Design, Mobile Marketing, Paid Searches, Production, Search Engine Optimization, Social Media, T.V.

Steffan Hernandez *(Dir-SEO)*
Barbara Talbot *(Dir-Design & Dev)*
Ryan Smith *(Sr Mgr-Digital Adv)*
Nikko Laochua *(Acct Mgr-SEO)*
Chelsea Williams *(Mgr-SEO Content)*
Christopher Olson *(Sr Specialist-Digital Adv)*
Jon Swango *(Sr Specialist-Digital Adv)*
Janette Ortega *(Specialist-Digital Adv)*
Donna Greene *(Copywriter)*
Matthew Symms *(Jr Specialist-Digital Adv)*

Accounts:
New-Caesars Interactive Entertainment Inc World Series of Poker
New-Drai's Nightclub
New-Fremont Street Experience
New-Las Vegas Monorail

LIFEBLUE
610 Elm Street, McKinney, TX 75069
Tel.: (972) 984-1899
E-Mail: marketing@lifeblue.com
Web Site: www.lifeblue.com

Employees: 20
Year Founded: 2006

Agency Specializes In: Brand Development & Integration, Digital/Interactive, Graphic Design, Internet/Web Design

Phillip Blackmon *(Co-Founder & Owner)*
Nicki Purcell *(CEO)*
Shyam Patel *(COO)*
Bethany Ruhnow Hermes *(Dir-Production Ops)*

Accounts:
Klyde Warren Park
Penn State University
Southwestern Medical Center
University of Texas at Arlington

LIMELIGHT DEPARTMENT
207 E 5th Ave Ste 210, Eugene, OR 97401
Tel.: (503) 321-5019
Toll Free: (800) 550-2049
Web Site: www.limelightdept.com

Employees: 10
Year Founded: 2005

Agency Specializes In: Content, Digital/Interactive, Email, Internet/Web Design, Search Engine Optimization, Social Media

Shaylor Murray *(CEO)*

Accounts:
Eugene Dining
H.G. Schlicker & Associates
Willamalane Park & Recreation District

LINDEN LAB
945 Battery St, San Francisco, CA 94111
Tel.: (415) 243-9000
Fax: (415) 243-9045
Web Site: www.lindenlab.com

Employees: 300
Year Founded: 1999

Agency Specializes In: Electronics, Graphic Design, Internet/Web Design

Ebbe Altberg *(CEO)*
Jeff Petersen *(CTO)*
Landon McDowell *(VP-Ops & Platform Engrg)*
Pam Beyazit *(Sr Dir-HR)*
Jackie Priela *(Mgr-HR Ops)*
Carl Wilson *(Mgr-Recruitment)*

Accounts:
Second Life

LION DIGITAL MEDIA
PO Box 415, Mountlake Ter, WA 98043
Tel.: (425) 742-6828
Fax: (866) 401-6127
E-Mail: sales@liondm.com
Web Site: www.liondigitalmedia.com

Employees: 18
Year Founded: 2006

Agency Specializes In: Advertising, Digital/Interactive, E-Commerce, Electronic Media, Email, Integrated Marketing, International, Internet/Web Design, Local Marketing, Market Research, Media Buying Services, Media Planning, Mobile Marketing, New Technologies, Promotions, Recruitment, Regional, Strategic Planning/Research, Web (Banner Ads, Pop-ups, etc.)

Approx. Annual Billings: $10,000,000

Conrad Jungmann *(Founder & Partner)*
Kat Corona *(Acct Mgr)*
Caleigh Chaplin *(Supvr-Media)*

LOOK-LISTEN
1495 Northside Dr NW Ste C, Atlanta, GA 30318
Tel.: (404) 861-0530
Fax: (770) 818-5654
E-Mail: hello@look-listen.com
Web Site: http://www.looklisten.com/

Employees: 51

AGENCIES - JANUARY, 2019 — INTERACTIVE AGENCIES

Agency Specializes In: Brand Development & Integration, Digital/Interactive, E-Commerce, Strategic Planning/Research

Kit Hughes *(CEO)*
William Perkins *(VP-Media)*
Erica Robinson *(Sr Mgr-Media)*
Laura Beaupre *(Supvr-Media)*

Accounts:
Beehive
Dental Services Group Creative

LOYALME
77 Water Street, New York, NY 10005
Tel.: (646) 620-7279
E-Mail: info@loyalme.com
Web Site: www.loyalme.com/

Employees: 30
Year Founded: 2010

Agency Specializes In: Bilingual Market, Business-To-Business, Consulting, Consumer Goods, Consumer Marketing, Cosmetics, Customer Relationship Management, Digital/Interactive, Direct Response Marketing, Direct-to-Consumer, Email, Experience Design, Integrated Marketing, International, Luxury Products, Men's Market, Multicultural, Pharmaceutical, Planning & Consultation, Restaurant, Retail, Strategic Planning/Research, Women's Market

Approx. Annual Billings: $1,000,000

Konstantin Rodchenko *(CEO)*

Accounts:
Eli Lilly; 2014
Estee Lauder La Mer; 2014
LVMH; 2011
OBI; 2015
TEVA; 2015
Unilever; 2010

LRXD
1480 Humboldt St, Denver, CO 80218
Tel.: (303) 333-2936
Fax: (303) 333-3046
Web Site: lrxd.com

Employees: 30
Year Founded: 1968

Agency Specializes In: Digital/Interactive, Internet/Web Design, Sponsorship, Web (Banner Ads, Pop-ups, etc.)

Kelly Reedy *(CEO & Partner)*
Eric Kiker *(Partner & Chief Strategy Officer)*
Blakely Strickland *(COO)*
Kelsey Steffes *(Sr Dir-Art)*
Megan Gonzalez *(Grp Acct Dir)*
Andy Dutlinger *(Creative Dir)*
Becca Hade *(Acct Dir)*
Samantha Johnson *(Media Dir)*
Matt Kubis *(Art Dir)*
Samantha O'Sullivan *(Art Dir)*
Jamie Reedy *(Creative Dir)*
Sandy Hazzard *(Acct Mgr)*
Clayton Warwick *(Mgr-Digital Mktg)*
Emma Bryant *(Copywriter)*
Gregory Lewis *(Copywriter)*
Tyler Merritt *(Designer)*
Silvia Skinner *(Designer)*
Cody Radcliff *(Sr Art Dir)*
Ashley Rutstein *(Assoc Creative Dir)*

Accounts:
Atkins
Bare Snacks Marketing
Central BBQ Advertising, Brand Identity, Branding, Digital, Events, In-Store Materials, Promotions, Social Media, Traditional Advertising, Web Design; 2017
Chiquita
Davines
Face It Together
First Western Financial, Inc. Campaign: "Turn On The Light"
First Western Trust Creative, Design Websites, Development Websites, Direct Mail, Email, Print
Garbanzo
Geek Squad
Granite City Food & Brewery (Agency of Record)
Hansen Beverage
Jack Links
Jamba Inc.
Jenny Craig, Inc. Campaign: "The Moment", Digital, Print, Public Relations, TV
Jimmy Johns
Kampgrounds of America Inc Campaign: "What's Happening Now Behind the Yellow Sign?"
Lenny & Larry's Marketing
Matchbox Food Group (Agency of Record) Brand Positioning, Digital, Events, In-Store Materials, Promotions, Social Media, Traditional Advertising, Website
Red Robin International Digital, Maintenance, Websites
Remax
Which Wich Superior Sandwiches (Lead Agency) Advertising, Digital Strategy, In-Store, Online Marketing, Social Media
Zespri

LUMINUS MEDIA, LLC
241 Main St, Buffalo, NY 14203
Tel.: (716) 332-1640
Fax: (716) 332-1641
E-Mail: info@luminusmedia.com
Web Site: http://luminus.agency/

Employees: 5
Year Founded: 2009

Agency Specializes In: Brand Development & Integration, Digital/Interactive, Graphic Design, Internet/Web Design, Logo & Package Design, Paid Searches, Print, Programmatic, Search Engine Optimization, Social Media

Tim Bouchard *(Partner & Exec Dir)*
Mike LaDuca *(Creative Dir)*
Tracy Willis *(Specialist-Mktg)*
John P. English *(Designer)*

Accounts:
Alisa Lukasiewicz

LUNCH
(Formerly 3eighteen media)
835 Oglethorpe Ave SW 407, Atlanta, GA 30310
Tel.: (404) 425-9890
Web Site: yepitslunch.com

Employees: 5
Year Founded: 2008

Agency Specializes In: Arts, Computers & Software, Consulting, Content, Digital/Interactive, Education, Electronics, Entertainment, Government/Political, Graphic Design, Health Care Services, Identity Marketing, Internet/Web Design, Leisure, Logo & Package Design, New Technologies, Restaurant, Social Marketing/Nonprofit, Strategic Planning/Research, Travel & Tourism, Web (Banner Ads, Pop-ups, etc.)

Accounts:
Grady Health Foundation Consulting, Web Design, Web Development; 2010

LYONS CONSULTING GROUP, LLC
20 N Wacker Dr Ste 1750, Chicago, IL 60606
Tel.: (312) 506-2020
E-Mail: info@lyonscg.com
Web Site: www.lyonscg.com

Employees: 500
Year Founded: 2003

Agency Specializes In: Advertising, Business-To-Business, Content, Digital/Interactive, E-Commerce, Email, Event Planning & Marketing, Experience Design, Fashion/Apparel, Search Engine Optimization

Rich Lyons *(Pres & CEO)*
Norman Alesi *(CFO & COO)*
Brian Wolfe *(CIO & VP-Tech Svcs)*
David Barr *(Exec VP)*
Mike Davidson *(Exec Creative Dir)*
Danielle Savin *(Sr Dir-Digital Mktg)*

Accounts:
Blu Dot
Charlotte Russe, Inc.
Nautilus, Inc.

MABBLY.COM
220 N Aberdeen Ste 2, Chicago, IL 60607
Tel.: (312) 448-7473
E-Mail: team@mabbly.com
Web Site: www.mabbly.com

Employees: 25

Agency Specializes In: Brand Development & Integration, Digital/Interactive, Internet/Web Design, Public Relations, Search Engine Optimization, Social Media

Hank Ostholthoff *(CEO & Mng Partner)*
Matt Geiger *(Dir-Video Production)*

Accounts:
Small Business Advocacy Council

MADE BY MANY
Diespeker Wharf 38 Graham Street, N1 8JX
  London, United Kingdom
Tel.: (44) 2081338510
E-Mail: mailbox@madebymany.co.uk
Web Site: madebymany.com

Employees: 50

Agency Specializes In: Digital/Interactive, Entertainment, Game Integration, Graphic Design, High Technology

Isaac Pinnock *(Founder, Partner & Dir-Design)*
Tim Malbon *(Co-Founder & Dir)*
William Owen *(Co-Founder & Dir)*
Peter Parkes *(Dir-Strategy)*

Accounts:
British Airways Airline Services
Britvic Soft Drinks Distr
Cava Grill App Development
ITV Website
Skype Online Voice Call Provider
Telegraph Telegraph on Fashion - Web Site Design
Vinspired Job Opportunities Provider

MADEO
20 Jay St Ste 500, Brooklyn, NY 11201
Tel.: (347) 936-6472
Web Site: madeostudio.com

Employees: 25

INTERACTIVE AGENCIES — AGENCIES - JANUARY, 2019

Year Founded: 2008

Agency Specializes In: Affluent Market, Arts, Brand Development & Integration, Business-To-Business, Communications, Computers & Software, Consulting, Consumer Goods, Consumer Marketing, Content, Copywriting, Corporate Communications, Corporate Identity, Digital/Interactive, E-Commerce, Education, Electronics, Fashion/Apparel, Financial, Food Service, Graphic Design, High Technology, Hospitality, Household Goods, Identity Marketing, Industrial, Information Technology, Integrated Marketing, International, Internet/Web Design, Logo & Package Design, Multicultural, New Product Development, New Technologies, Planning & Consultation, Retail, Social Marketing/Nonprofit, Transportation, Travel & Tourism, Web (Banner Ads, Pop-ups, etc.)

Ramy Nagy *(CEO & Creative Dir)*

Accounts:
Conversocial
Innocence Project
LendKey
Measure
Seagate
Seeds of Peace
Trillium
Zkipster

MAGIC LOGIX INC.
5001 Spring Valley Rd Ste 400E, Dallas, TX 75244
Tel.: (214) 694-2162
E-Mail: sales@magiclogix.com
Web Site: www.magiclogix.com

Employees: 15
Year Founded: 2004

Agency Specializes In: Collateral, Digital/Interactive, Email, Experience Design, Local Marketing, Mobile Marketing, Paid Searches, RSS (Really Simple Syndication), Search Engine Optimization, Social Media, Web (Banner Ads, Pop-ups, etc.)

Revenue: $2,000,000

Hassan Bawab *(Chief Digital Officer)*
Farah Charafeddine Bawab *(Strategist-Digital)*

Accounts:
Capital One SEO Development; 2016

MAGNET CO
1806 River Heights Ln, Villa Hills, KY 41017
Tel.: (859) 444-0297
Toll Free: (800) 920-2118
Web Site: magnet.co

Employees: 15
Year Founded: 2000

Approx. Annual Billings: $1,200,000

Gavin Hall *(Co-Owner & Designer)*
Sarah Littlefield *(Dir-Comm)*

Accounts:
Ikea Big Data Manipulation, CDN Development; 2011
McGraw Hill Software Development Services; 2013

MAKEABLE LLC
11 Harrison St, New York, NY 10013
Tel.: (212) 254-8800
E-Mail: whatup@itsmakeable.com
Web Site: http://www.makeable.com/

Employees: 25

Agency Specializes In: Brand Development & Integration, Digital/Interactive, Internet/Web Design, Social Media

Michael Kantrow *(Founder & Mng Partner)*
Samuel Kantrow *(Partner-Innovation)*
Todd Lynch *(Partner-Tech)*
Michelle Kurzner *(Designer-Digital)*

Accounts:
City Harvest Creative
The Weather Channel

MANIFEST
4240 Duncan Ave, Saint Louis, MO 63110
Tel.: (314) 881-1900
Web Site: www.manifest.com

Employees: 500
Year Founded: 1980

Agency Specializes In: Advertising, Experiential Marketing, Mobile Marketing, Search Engine Optimization, Sponsorship, Strategic Planning/Research, T.V., Viral/Buzz/Word of Mouth, Web (Banner Ads, Pop-ups, etc.)

John Weller *(VP & Head-Portfolio Consulting)*
Thomas Fox *(VP-Ops)*
Andrew Angelos *(Dir-Insights)*

Accounts:
BigWheel Interactive Wellness & Fitness Services
Dymatize Nutrition Creative, Digital Agency of Record, Marketing Communications, Pursuit Rx, Social Media Strategy, Supreme Protein, Websites
NuYu Virtual Gym
Red Burrito
St. Louis Ad Club Advertising Club

Branch

Manifest
4110 N Scottsdale Rd Ste 315, Scottsdale, AZ 85251
Tel.: (602) 395-5850
Fax: (602) 248-2925
Toll Free: (888) 626-8779
Web Site: www.manifest.com

Employees: 200

Agency Specializes In: Advertising, Advertising Specialties, Affluent Market, Automotive, Brand Development & Integration, Broadcast, Business Publications, Business-To-Business, Cable T.V., Collateral, Computers & Software, Consumer Goods, Consumer Marketing, Corporate Communications, Corporate Identity, Crisis Communications, Custom Publishing, Digital/Interactive, Direct Response Marketing, Direct-to-Consumer, E-Commerce, Electronic Media, Environmental, Event Planning & Marketing, Financial, Food Service, Government/Political, Graphic Design, Health Care Services, Hospitality, Identity Marketing, In-Store Advertising, Integrated Marketing, Internet/Web Design, Leisure, Local Marketing, Logo & Package Design, Luxury Products, Magazines, Market Research, Media Buying Services, Media Planning, Media Relations, Media Training, Medical Products, Merchandising, Mobile Marketing, New Product Development, Newspaper, Out-of-Home Media, Outdoor, Package Design, Paid Searches, Planning & Consultation, Podcasting, Point of Purchase, Point of Sale, Print, Production, Production (Ad, Film, Broadcast), Production (Print), Promotions, Public Relations, Publicity/Promotions, Publishing, RSS (Really Simple Syndication), Radio, Real Estate, Restaurant, Retail, Sales Promotion, Search Engine Optimization, Sponsorship, T.V., Technical Advertising, Trade & Consumer Magazines, Travel & Tourism, Urban Market, Viral/Buzz/Word of Mouth, Web (Banner Ads, Pop-ups, etc.), Women's Market

Rachael Cordova *(Fin Dir)*
Aaron Maughan *(Acct Exec)*

Accounts:
American Golf Corp; Santa Monica, CA
Amtrak Arrive
ASAE
Billy Casper Golf Management
CBS
The Center for Association Leadership
Cielo Phoenix
Cleveland Clinic
The Ritz-Carlton Hotel Company
San Luis Obispo County Visitors Bureau
Spring Creek Development; Scottsdale, AZ
United Healthcare
UPS
WebMD
Westward Look Resort; Tucson, AZ

MARKETING REFRESH
1502 Sawyer St #125, Houston, TX 77007
Tel.: (832) 356-9475
E-Mail: info@marketingrefresh.com
Web Site: www.marketingrefresh.com

Employees: 10
Year Founded: 2010

Agency Specializes In: Brand Development & Integration, Business-To-Business, Content, Digital/Interactive, E-Commerce, Internet/Web Design, Logo & Package Design, Search Engine Optimization, Social Media

Terri Hoffman *(Founder & CEO)*
David Klotz *(Creative Dir)*
Aaron Eaves *(Dir-Search Mktg)*
Joseph Pulliam *(Dir-Bus Dev-Automotive)*
Gary Griffin *(Mgr-Visual Media)*

Accounts:
New-AM Technical Solutions
New-Fluid IT Services
New-Kris Perani Hockey Foundation

MARKSTEIN CONSULTING, LLC
1801 5Th Ave N Ste 200, Birmingham, AL 35203
Tel.: (205) 323-8208
E-Mail: info@markstein.co
Web Site: www.markstein.co

Employees: 25

Agency Specializes In: Content, Crisis Communications, Digital/Interactive, Internet/Web Design, Media Buying Services, Media Relations, Media Training, Public Relations, Search Engine Optimization, Social Media

Danny Markstein *(Mng Dir)*
Eileen Jaffe Markstein *(Mng Dir)*
Greg Schumann *(VP)*
Keelie Segars *(VP)*
Chris Hoke *(Exec Creative Dir)*
Kyle Erickson *(Dir)*
Christy Evans *(Dir)*
Beth Hamer *(Dir-Media Plng & Buying)*
Lyndsey Schaeffer *(Dir)*
Emily Littleton *(Asst Art Dir)*

Accounts:

AGENCIES - JANUARY, 2019　　INTERACTIVE AGENCIES

Baptist Health System

MATCHBOX DESIGN GROUP
1518 Washington Ave, Saint Louis, MO 63103
Tel.: (314) 849-6969
E-Mail: info@matchboxdesigngroup.com
Web Site: www.matchboxdesigngroup.com

Employees: 5

Agency Specializes In: Brand Development & Integration, Digital/Interactive, Internet/Web Design, Social Media

Cullen Whitmore *(Owner)*

Accounts:
Burger Law
Quincy University

MAXLETICS CORPORATION
31 N Tejon St Ste 200, Colorado Springs, CO 80903
Tel.: (719) 330-4766
Toll Free: (844) 428-0099
E-Mail: info@maxletics.com
Web Site: www.maxletics.com

Employees: 10
Year Founded: 2014

Agency Specializes In: Advertising, Advertising Specialties, Affiliate Marketing, Affluent Market, African-American Market, Alternative Advertising, Arts, Asian Market, Automotive, Bilingual Market, Brand Development & Integration, College, Consumer Goods, Consumer Marketing, Corporate Identity, Cosmetics, Direct-to-Consumer, Education, Electronics, Entertainment, Event Planning & Marketing, Exhibit/Trade Shows, Faith Based, Fashion/Apparel, Food Service, Health Care Services, High Technology, Hispanic Market, Hospitality, Household Goods, Infomercials, International, LGBTQ Market, Luxury Products, Men's Market, Multicultural, Over-50 Market, Publicity/Promotions, Regional, Restaurant, Retail, Seniors' Market, Social Marketing/Nonprofit, Social Media, South Asian Market, Sponsorship, Sports Market, Teen Market, Travel & Tourism, Tween Market, Urban Market, Viral/Buzz/Word of Mouth, Women's Market

Approx. Annual Billings: $2,600,000

Brad Brackel *(VP-Bus Dev)*

Accounts:
Jamberry Nails
Sheath Underwear
Whoop Fitness Devices

MCKAY ADVERTISING + ACTIVATION
1710 N 19th St Ybor City 1st Floor, Tampa, FL 33605
Tel.: (813) 498-0376
Fax: (813) 228-6314
Web Site: www.mckayadvertising.com

Employees: 25
Year Founded: 2004

Agency Specializes In: Content, Digital/Interactive, Graphic Design, Internet/Web Design, Search Engine Optimization, Social Media

Bob McKay *(Pres)*
Eric Ortiz *(Exec Dir-Sls & Acq)*
Alex Andrews *(Strategist-Social)*

Accounts:
Clearwater Marine Aquarium

MEDIA CONNECT PARTNERS LLC
3860 N POwerline Rd, POmpano Beach, FL 33073
Tel.: (800) 627-1265
Web Site: www.mediaconnectpartners.com

Employees: 20
Year Founded: 2007

Agency Specializes In: Faith Based, Social Media, Strategic Planning/Research, Web (Banner Ads, Pop-ups, etc.)

Rick Richardson *(Acct Mgr)*
Christine Wilson *(Mgr-Social Media Project)*
Kirbi Ferdinand *(Specialist-Social Media)*

Accounts:
Hachette Book Group
Joel Osteen Ministries
John Hagee Ministries
Nick Vujicic
Stormie Omartian
T.D. Jakes Ministries
Teen Choice Live
Weinstein Books

MEDIA MADE GREAT
1350 W Erie st, Chicago, IL 60642
Tel.: (312) 488-8139
Fax: (312) 489-2264
E-Mail: mmg_contact@mediamadegreat.com
Web Site: www.mediamadegreat.com

Employees: 20
Year Founded: 2008

Agency Specializes In: Brand Development & Integration, Content, Digital/Interactive, Email, Print, Search Engine Optimization, Strategic Planning/Research

Phil Jacus *(CMO)*
Kahrin Deines *(Creative Dir)*
Michael DiGioia *(Creative Dir)*

Accounts:
New-Smoke Freaks

MEDIARIF CORPORATION
7 N Main Ste 200, Kaysville, UT 84037
Tel.: (801) 544-8989
Web Site: www.mediarif.com

Employees: 10
Year Founded: 2001

Agency Specializes In: Advertising, Computers & Software, Digital/Interactive, Internet/Web Design, Print, Production, Production (Ad, Film, Broadcast), Production (Print)

Craig Nybo *(Founder, CEO & Creative Dir)*
Mikel Nybo *(Founder)*
Larry Nybo *(CTO & Dir-Interactive Dev)*
Ben Fuller *(Dir-Client Svc & Bus Dev & Chief Strategist)*

Accounts:
New-Utah State FairPark (Creative Advertising Agency of Record)

MELTY CONE LLC
35 Prospect Park SW, Brooklyn, NY 11215
Tel.: (646) 926-1900
E-Mail: info@meltycone.com
Web Site: www.meltycone.com

Employees: 10

Year Founded: 2014

Agency Specializes In: Production (Ad, Film, Broadcast)

Theo Iyer *(Creative Dir-Melty Cone Video)*

Accounts:
Expedia
L'Oreal
Master & Dynamic
People
Scholastic
Success Academy Charter Schools

MESS
1500 W Division St Ste 2, Chicago, IL 60642
Tel.: (773) 698-6100
Web Site: www.thisismess.com

Employees: 10
Year Founded: 2005

Agency Specializes In: Advertising, Arts, Children's Market, Consumer Goods, Consumer Marketing, Content, Digital/Interactive, Direct-to-Consumer, E-Commerce, Entertainment, Experience Design, Graphic Design, Internet/Web Design, Multimedia, Teen Market, Tween Market, Viral/Buzz/Word of Mouth

Approx. Annual Billings: $850,000

Rob Robinson *(Partner & Creative Dir)*
Jack Shedd *(Partner & Dir-Interactive)*
Jeff Kelley *(Dir-Creative & Engr)*
Mary Alice Ledoux *(Office Mgr)*
Kara Edington-Reed *(Assoc Producer)*

Accounts:
Hachette Publishing Little, Brown Books for Young Readers
Levy Restaurants
Macmillan Macmillan Teen
Penguin Publishing Young Adult Readers
Random House Random House Teens
Sesame Workshop Sesame Street

METHOD ENGINE, LLC
2 North Lasalle Ste 1400, Chicago, IL 60546
Tel.: (312) 876-2017
E-Mail: contact@methodengine.com
Web Site: www.methodengine.com

Employees: 12
Year Founded: 2000

Agency Specializes In: Advertising, Arts, Automotive, Brand Development & Integration, Business-To-Business, Consulting, Consumer Goods, Consumer Marketing, Content, Copywriting, Corporate Identity, Digital/Interactive, E-Commerce, Email, Experience Design, Financial, Health Care Services, Identity Marketing, Integrated Marketing, Internet/Web Design, Logo & Package Design, Market Research, Medical Products, Multimedia, New Technologies, Paid Searches, Public Relations, Search Engine Optimization, Social Media, Strategic Planning/Research, Web (Banner Ads, Pop-ups, etc.)

John Zoppi *(Mng Partner)*
Zach Weiner *(Art Dir)*
Jim Zimmer *(Creative Dir)*
Jessica Zimmer *(Dir-Design)*
Jeff Powers *(Mgr-Media)*

Accounts:
New-Ingalls Health System

Interactive Agencies

INTERACTIVE AGENCIES

METIA
10220 NE Pt Dr, Kirkland, WA 98033
Tel.: (425) 629-5800
Web Site: www.metia.com

Employees: 200

Agency Specializes In: Brand Development & Integration, Digital/Interactive, Event Planning & Marketing, Public Relations, Social Media

Andrew Martin *(CEO)*
Liz High *(VP-Customer Experience Insight & Delivery)*
Amber Whiteman *(VP)*

Accounts:
Field Day
Kony, Inc. (Agency of Record) Creative, Digital Banking Business Worldwide; 2018

MI DIGITAL AGENCY
(Name Changed to SmartAcre)

MIGHTYHIVE
394 Pacific Ave FL 5, San Francisco, CA 94111
Tel.: (888) 727-9742
E-Mail: questions@mightyhive.com
Web Site: mightyhive.com

Employees: 100
Year Founded: 2012

Agency Specializes In: Digital/Interactive, Media Buying Services, Media Planning, Programmatic

Peter Kim *(CEO)*
Christopher Martin *(COO)*
Leah Kim *(CMO)*
Ming Wu *(Chief Revenue Officer)*
Emily Del Greco *(Pres-Americas)*
Roanne Lee *(Head-Global Bus Dev)*
Mitchell Pok *(Head-Creative)*
Jakub Otrzsek *(Dir-Analytics-Asia Pacific)*
Sasha Schmitz *(Dir-Accts & Ops-EMEA Reg)*
Matt DiChiara *(Sr Mgr-Paid Search Innovation)*
Bennett Holland *(Sr Acct Mgr)*
Gabriel Dover *(Acct Mgr-Digital Mktg)*

Accounts:
Sprint (Digital Agency of Record)

Branch

MightyHive
1216 Broadway Fl 3, New York, NY 10001
(See Separate Listing)

MILLWARD BROWN DIGITAL
11 Madison Ave 12th Flr, New York, NY 10010
Tel.: (212) 548-7200
Fax: (212) 548-7201
E-Mail: digitalsolutions@millwardbrowndigital.com
Web Site: www.millwardbrowndigital.com

Employees: 100

Agency Specializes In: Brand Development & Integration, Business-To-Business, Content, Digital/Interactive, Media Planning, Social Media

Scott Grunther *(Exec VP-Media & Digital)*
Stephen DeLacy *(Sr Dir-Data Acq)*
Vanessa Montesino *(Analyst-Client)*

Accounts:
New-Microsoft Corporation

MINDSTREAM INTERACTIVE
(See Under Mindstream Media)

MINDSTREAM MEDIA
(Formerly Mindstream Interactive)
5935 Cornerstone Ct W Ste 300, San Diego, CA 92121
Tel.: (858) 777-5000
Fax: (858) 777-5050
Web Site: mindstreammedia.com/

Employees: 40
Year Founded: 2001

National Agency Associations: HSMAI-LSA

Agency Specializes In: Advertising, Advertising Specialties, Brand Development & Integration, Broadcast, Cable T.V., Co-op Advertising, Collateral, Consulting, Consumer Marketing, Corporate Identity, Digital/Interactive, Direct Response Marketing, E-Commerce, Electronic Media, Graphic Design, High Technology, Internet/Web Design, Local Marketing, Logo & Package Design, Magazines, Media Buying Services, Newspaper, Newspapers & Magazines, Planning & Consultation, Print, Radio, Real Estate, Sales Promotion, Strategic Planning/Research, T.V., Technical Advertising, Teen Market, Trade & Consumer Magazines, Travel & Tourism, Yellow Pages Advertising

Approx. Annual Billings: $8,000,000

Breakdown of Gross Billings by Media: Cable T.V.: 3%; D.M.: 3%; Internet Adv.: 67%; Newsp. & Mags.: 10%; Radio: 9%; Spot T.V.: 5%; Trade & Consumer Mags.: 3%

Devin Range *(Exec VP)*
Alison Trickett *(Sr VP-Client Growth)*
Bailey Bosson *(VP-Digital Media)*
Zac Keeney *(VP)*
David Smith *(VP-Strategy)*
Eyra Lopez *(Creative Dir)*
Andrea Breuer *(Mgr-Acct Svcs)*
Debbie Croft *(Mgr-HR & Bus Svcs)*
Amanda Albanese *(Portfolio Exec Dir)*

Accounts:
The Allen Group
The Little Gym
Mr. Rooter
The Villa Group; 2008
Vistage International

Branch

Mindstream Media
(Formerly Mindstream Interactive)
222 NE Monroe St Fl 8, Peoria, IL 61602
Mailing Address:
PO Box 1410, Peoria, IL 61602
Tel.: (309) 677-0400
Fax: (309) 677-0407
Toll Free: (800) 548-6214
Web Site: mindstreammedia.com

Employees: 155
Year Founded: 1963

National Agency Associations: ADM-LSA

Agency Specializes In: Advertising, Co-op Advertising, Digital/Interactive, Direct Response Marketing, Internet/Web Design, Mobile Marketing, Paid Searches, Search Engine Optimization, Social Media, Sponsorship, Web (Banner Ads, Pop-ups, etc.), Yellow Pages Advertising

Terry Tanner *(Pres)*
Troy Dowell *(VP-Bus Dev)*
Michael Fritts *(VP-Bus Dev)*
Marti Janson *(VP-Acct Svcs)*
Thomas Benschoter *(Sr Dir-Acct Svcs)*
Andrea Brandon *(Mktg Dir)*
Stacey Gonzales *(Dir-Sls & Acct Mgmt)*

Accounts:
American Express; 2016
Aspen Dental; 2016
Enterprise Holdings, Inc; St. Louis, MO Auto Rental; 2010
TWO MEN AND A TRUCK Moving; 2015
U-Haul Vehicle/Storage Rental; 2003
Verizon Wireless Retail, Telecom; 2016

MIRUM LLC
350 10th Ave 12th Fl, San Diego, CA 92101
Tel.: (619) 237-5552
Web Site: www.mirumagency.com

Employees: 130

Agency Specializes In: Advertising, Brand Development & Integration, Content, Digital/Interactive, E-Commerce, Experience Design, New Product Development, Search Engine Optimization

Ben Philyaw *(Chief Growth Officer)*
Amanda Seaford *(Pres-US)*
Alice Shanaver *(Mng Dir-Global Programs)*
Valerie Jencks *(VP & Head-User Experience-US)*
Karen Bellin *(VP-Data & Analytics)*
Paul Drohan *(VP-Creative-San Diego)*
Demetrios Kontizas *(VP-Tech)*
Peter Sayn-Wittgenstein *(Exec Creative Dir)*
Maggie Chapdelaine *(Acct Dir)*
Greg Crockart *(Bus Dir)*
Peggy Powers *(Bus Dir-Sls & Mktg)*
Michelle Zimmerman *(Bus Dir)*
John Bruning *(Dir-Tech)*
Jennifer Pniak *(Dir-HR)*

Accounts:
New-Challenged Athletes Foundation
Digital Futures Initiative (Agency of Record) Branding, Content, Digital, Marketing, Online
Epson America, Inc
New-Equidate, Inc.
Qualcomm Incorporated
Royal Caribbean Cruises
Royal Dutch Shell plc Creative, Shell Global Commercial, Shell Retail; 2018
W.K. Kellogg Foundation

Branches

Mirum Africa
(Formerly Quirk)
The Boulevard 3rd Floor Block C, Cnr Searle & Pontac Street, Woodstock, Cape Town, 7925 South Africa
Tel.: (27) 214627353
Fax: (27) 214615777
Web Site: www.mirumagency.com

Employees: 50
Year Founded: 1999

Agency Specializes In: Advertising, Email, Internet/Web Design, Public Relations, Search Engine Optimization, Social Media, Strategic Planning/Research

Andrew Bloom *(Chief Creative Officer)*
Sonja Ter Horst *(Head-Delivery Team & Experiential Campaigns & Sr Mgr-Digital)*
Paul Lawrence *(Head-Comm Design)*
Ross Nieuwenhuizen *(Assoc Creative Dir)*

Accounts:
BBC Worldwide
Distell Group Limited
Hungry Lion Campaign: "Celebrating The Big"

Nike, Inc.
Orange Babies
Pam Golding
Reckitt Benckiser South Africa (Pty) Ltd
Sasol Limited
Woolworths Financial Services

Mirum Arkansas
5414 Pinnacle Point Dr Ste 402, Rogers, AR 72758
Tel.: (479) 236-4112
Web Site: www.mirumagency.com

Employees: 50
Year Founded: 2015

Agency Specializes In: Advertising, Brand Development & Integration, Content, Digital/Interactive, E-Commerce, Experience Design, New Product Development, Search Engine Optimization, Shopper Marketing

David May *(VP-Shopper)*
Tami Ringler *(Acct Dir)*
Jennifer Echeverri *(Acct Supvr)*
Aliaksandr Viatrov *(Acct Supvr-Team Unilever Shopper-Walmart)*
Christy Young *(Acct Supvr-Mktg Activation)*
Peter Wyatt *(Supvr-Mktg Activation)*
Rae Plugge *(Sr Acct Exec-TUS)*

Accounts:
Unilever

Mirum Australia
(Formerly Webling Interactive)
Level 7 235 Pyrmont Street, Sydney, NSW 2009 Australia
Tel.: (61) 282815600
Fax: (61) 292615646
Web Site: www.mirumagency.com/en/country/australia

Employees: 20

Agency Specializes In: Advertising, Brand Development & Integration, Search Engine Optimization

Claire Van Heyningen *(Mng Dir)*
Philip Herborn *(Head-Strategy & Experience Design)*
Carlos Guedes *(Creative Dir)*
Evan Crompton *(Dir-Design)*
Rebecca Luiters *(Dir-Experience)*

Accounts:
Acer Campaign: "A Touch Closer To The Stars", In-Store, Online, Out-of-Home, Radio
Arnott's Food Products Mfr
Brown-Forman Consumer Products Mfr
Coca-Cola Amatil Non Alcoholic Beverage Mfr
Coles Homecare Products Distr
CommSec Online Share Investing Services
Entertainment Publishing CX & UX Design, Digital, Entertainment Book, Research, Strategy; 2017
Fuji Xerox Copiers & Printers Mfr
ING Insurance Insurance Providers
Neverfail Bottled Springwater Supply Services
Pfizer
Vision Personal Training (Digital Agency of Record) Communications, UX, Website; 2017
Vodafone Australia Brand, Communications, Retail, Social

Mirum Minneapolis
100 N 6th St Ste 300C, Minneapolis, MN 55403
Tel.: (612) 752-5500
Fax: (612) 752-5501
Web Site: https://www.mirumagency.com/minneapolis

Employees: 49

National Agency Associations: 4A's

Agency Specializes In: Advertising, Brand Development & Integration, Digital/Interactive

Bret Otzenberger *(CTO-North America)*
Julie Koepsell *(Mng Dir-Minneapolis)*
Joyce Zincke *(Head-Ops-US)*
Joe Monnens *(Exec Dir-Design)*
Laura Wadzinski *(Sr Dir-Bus)*
Pam Butkowski *(Dir-Production)*
Melissa Holte *(Dir-Strategy)*
Kara Murphy *(Dir-New Bus Dev)*
Kelsey Storkamp *(Assoc Dir-Design)*
Mindy Sinclair *(Mgr-Analytics)*
Jordan Bainer *(Assoc Bus Dir)*

Accounts:
Fulton Brewery

Mirum New York
466 Lexington Ave, New York, NY 10017
Tel.: (212) 210-7000
E-Mail: press@mirumagency.com
Web Site: https://www.mirumagency.com/

Employees: 1,249
Year Founded: 2015

National Agency Associations: 4A's

Agency Specializes In: Advertising, Content, Digital/Interactive

Dan Khabie *(CEO)*
Nick Read *(CFO)*
Dave Wallace *(COO)*
John Baker *(CMO)*
Mark Newcomer *(Chief Strategy Officer)*
Matt Webb *(CTO)*
Nicolas Geahchan *(CEO-Comm & Content-Lebanon)*
Amanda Seaford *(CEO-US)*
Eric Hanser *(Assoc Dir-Strategy)*
Stefano Zunino *(Chief Transformation Officer)*

Accounts:
CBRE
Cyrela
Daum Kakao
Finnair
HSBC
Magazine Luiza
Mazda
Microsoft
Nokia
Petco
Singapore Tourism Board Digital, Production
TD Bank
Walmart
XL

MJD INTERACTIVE AGENCY
4667 Cass St, San Diego, CA 92109
Tel.: (858) 345-8040
Web Site: www.mjdinteractive.com

Employees: 25
Year Founded: 2007

Agency Specializes In: Brand Development & Integration, Content, Digital/Interactive, Internet/Web Design, Social Media

Michael Maginnis *(Co-Founder & Pres)*
Jeremy Duimstra *(Co-Founder & CEO)*
Lindsey Harris *(Creative Dir)*

Accounts:
Alphatec Spine Inc.

Benefunder
Grammy Awards Mobile
SDG&E
St. Mary's College
The Stride Rite Corporation Advertising, Digital, Rite Feet, Social

MLB ADVANCED MEDIA, L.P.
75 9th Ave 5th Fl, New York, NY 10011
Tel.: (212) 485-3444
Fax: (212) 485-3456
E-Mail: info@mlb.com
Web Site: https://www.mlb.com/

Employees: 500
Year Founded: 2000

Edward Weber, Jr. *(CFO & Exec VP)*
Mike Mellis *(Gen Counsel & Exec VP)*
Jennifer Flynn *(Sr VP-Bus)*
Courtney Connors Coppotelli *(VP-Acct Svcs)*
Matthew Gould *(VP-Corp Comm)*
Amanda Whichard *(VP-Product Ops)*
Ryan Zander *(VP-Bus Dev)*
Terry Katz *(Sr Dir-Sponsorship Sls-MLB Advanced Media)*
Christian Garcy *(Dir-Strategic Plng)*
Andrew Patterson *(Dir-New Media)*
Morgan Cawley *(Sr Mgr-Client Svcs)*
Jamal Payne *(Sr Mgr-Multimedia Publ)*
Michael Foucher *(Mgr-Analytics)*
Andrew Leray *(Mgr-New Media & Content Mktg-Intl)*
Kacie Murphy *(Acct Exec)*
Lara Wisch *(Deputy Gen Counsel)*
Mary McIlvaine *(Coord-Client Svcs)*

Accounts:
Angels Baseball, L.P.
Arizona Diamondbacks
Baltimore Orioles, L.P.
The Baseball Club of Seattle, L.P.
Boston Red Sox Limited Partnership
Chicago National League Ball Club, Inc.
Chicago White Sox Ltd.
Cincinnati Reds
Cleveland Indians Baseball Company, Inc.
Colorado Rockies
Detroit Tigers Baseball Club, Inc.
Florida Marlins, L.P.
Houston Astros Baseball Club
Kansas City Royals
Los Angeles Dodgers Inc.
Milwaukee Brewers Baseball Club, Inc.
Minnesota Twins, LLC
New York Yankees
Oakland Athletics Limited Partnership
The Phillies, L.P.
Pittsburgh Baseball Club
Saint Louis Cardinals, L.P.
San Diego Padres, L.P.
San Francisco Baseball Associates, L.P.
Standard Pacific Homes
Sterling Mets, L.P.
Tampa Bay Rays Baseball, Ltd.
Texas Rangers Baseball Club
Toronto Blue Jays
Washington Nationals

MOBILITY QUOTIENT SOLUTIONS INC.
229 11th Ave SE Ste 130, Calgary, AB Canada
Tel.: (403) 984-3881
E-Mail: inquiries@mobilityquotient.com
Web Site: mobilityquotient.com

Employees: 10

Agency Specializes In: Digital/Interactive

Nikhil Sonpal *(Founder & CEO)*
Dustin Miller *(Creative Dir)*
Paul Frattaroli *(Architect-Solution)*

INTERACTIVE AGENCIES
AGENCIES - JANUARY, 2019

Accounts:
GreenThumb
Just Wine
patch
QL2
Restaurantbusinessonline.com
rivalwatch
xtime

MOCENTRIC
17470 N Pacesetter Wy, Scottsdale, AZ 85255
Tel.: (866) 756-8975
E-Mail: info@mocentric.com
Web Site: mocentric.com/

Employees: 15
Year Founded: 2013

Agency Specializes In: Advertising, Advertising Specialties, Affluent Market, African-American Market, Asian Market, Automotive, Consulting, Consumer Goods, Consumer Marketing, Cosmetics, Digital/Interactive, Direct-to-Consumer, Entertainment, Government/Political, Health Care Services, High Technology, Hispanic Market, Hospitality, LGBTQ Market, Legal Services, Leisure, Local Marketing, Luxury Products, Men's Market, Mobile Marketing, Multicultural, Real Estate, Restaurant, Retail, Teen Market, Transportation, Travel & Tourism, Tween Market, Urban Market, Women's Market

Zachary Hughes *(Dir-Sls & Bus Dev)*

Accounts:
Group Health
Polaris Properties
The Related Group
Walters-Bayer Automotive Group
YMCA

MOLE STREET
1538 Pine St, Philadelphia, PA 19102
Tel.: (215) 475-5013
E-Mail: info@molestreet.com
Web Site: www.molestreet.com

Employees: 10
Year Founded: 2009

Agency Specializes In: Brand Development & Integration, Digital/Interactive, Email, Event Planning & Marketing, Internet/Web Design, Search Engine Optimization, Social Media

Brian Lapann *(Principal)*
Brendan Walsh *(Principal)*
Alicia Lapann *(Creative Dir)*

Accounts:
New-The Barnes Foundation
New-Drexel University
New-Mural Arts Philadelphia
New-Pennsylvania Horticultural Society
New-Ugg Australia

MOMENTUM DESIGN LAB
4 W 4th Ave Ste 206, San Mateo, CA 94402
Tel.: (650) 452-6290
E-Mail: hello@momentumdesignlab.com
Web Site: momentumdesignlab.com

Employees: 50
Year Founded: 2002

Agency Specializes In: Brand Development & Integration, Collateral, Content, Copywriting, Customer Relationship Management, Digital/Interactive, Internet/Web Design, Logo & Package Design, Social Media, Strategic Planning/Research

David Thomson *(CEO)*
Denis Lacasse *(Exec VP)*
Steve Koczara *(Sr VP-Experience Design)*
Mona Kanwar *(VP-Client Svcs)*
Lydia Chang *(Sr Designer-Product-UI & UX)*
Nicholas Pirolo *(Sr Designer-UX)*

Accounts:
New-LLamasoft Inc
New-Tnooz

MONCUR ASSOCIATES MIAMI
801 Brickell Ave Ste 570, Miami, FL 33131
Tel.: (786) 292-2904
Web Site: https://www.thinkmoncur.com/

Employees: 25

Agency Specializes In: Advertising, Brand Development & Integration, Crisis Communications, Digital/Interactive, Event Planning & Marketing, Internet/Web Design, Media Relations, Public Relations

David Moncur *(Principal)*
Heather Kovarik *(Exec Creative Dir)*
Kim Oermann *(Creative Dir)*

Accounts:
Sulzberger Capital Advisors

MOVEMENT STRATEGY
2819 Larimer St, Denver, CO 80205
Tel.: (303) 442-2542
E-Mail: helloboulder@movementstrategy.com
Web Site: www.movementstrategy.com

Employees: 32
Year Founded: 2008

Agency Specializes In: Advertising, Content, Digital/Interactive, Internet/Web Design, Social Media, Strategic Planning/Research

Jason Mitchell *(CEO)*
Eric Dieter *(Partner & COO)*
Christy Pregont *(Partner & Exec Creative Dir)*
Chelsea Long *(Dir-Data & Insights)*
Desmond Branche *(Sr Project Mgr-Creative)*

Accounts:
USA Today (Social Media Agency of Record)

Branch

Movement Strategy
383 5th Ave Fl 5, New York, NY 10016
Tel.: (646) 350-4971
Web Site: movementstrategy.com

Agency Specializes In: Content, Copywriting, Digital/Interactive, Event Planning & Marketing, Graphic Design, Media Buying Services, Media Planning, Production, Public Relations, Social Media

Colette Gardner *(Dir-People & Culture)*
Gabriela Rodriguez *(Copywriter)*
Kevin Sweeney *(Creative Dir)*
Jordan Trigilio *(Partner & VP-Ops)*
Juliette Richey *(Head-Production)*
Steven Grimler *(Head-Production Dept)*
Christy Pregont *(Partner & Exec Creative Dir)*
Isabel Li *(Assoc Strategist-Comm)*
Colin Reilly *(Sr Strategist-Social)*
Kevin Smith *(Dir-Bus Strategy)*
Sara Martin *(Copywriter)*
Vicki Ho *(Dir-Comm)*

Accounts:
New-Anheuser-Busch Companies LLC Estrella Jalisco
New-TruTV
New-Under Armour Inc. Under Armour Basketball
New-Warner Bros. Entertainment Inc.

MOXIE
384 Northyards Blvd. NW Ste 290, Atlanta, GA 30313-2440
Tel.: (404) 601-4500
Fax: (404) 601-4505
E-Mail: info@moxieinteractive.com
Web Site: www.moxieusa.com

Employees: 300
Year Founded: 2000

National Agency Associations: 4A's-THINKLA

Agency Specializes In: African-American Market, Bilingual Market, Brand Development & Integration, Business-To-Business, Communications, Consumer Marketing, Corporate Communications, Cosmetics, Digital/Interactive, Direct Response Marketing, Electronic Media, Entertainment, Fashion/Apparel, Financial, Health Care Services, High Technology, Hispanic Market, In-Store Advertising, Information Technology, Internet/Web Design, LGBTQ Market, Local Marketing, Merchandising, New Product Development, Point of Purchase, Point of Sale, Print, Publicity/Promotions, Retail, Sales Promotion, Sponsorship, Strategic Planning/Research, Sweepstakes, Travel & Tourism

Approx. Annual Billings: $38,000,000

Chris Gleason *(VP-Consumer Experience)*
Virginia Alber-Glanstaetten *(Head-Brand Strategy)*
Morgan Harvey *(Acct Dir)*
Chelsea Eberhardt *(Dir-Content Strategy)*
Jessica Sours *(Dir-Client Leadership)*
Evan Zimring *(Acct Mgr)*
Claire Dillon *(Supvr-Media)*
Nick Galanos *(Supvr-Media)*
Tachelle Anderson *(Media Planner)*
Catherine Conner *(Media Planner)*
Mary Osorio *(Assoc Planner-Verizon Digital Activation)*
Jonathan Awtrey *(Assoc Media Dir)*
Alexandra Cousino *(Assoc Media Dir)*
Karli Figueroa *(Assoc Mktg Dir)*
Whitney Lentz *(Assoc Media Dir)*
Marica Slaughter *(Assoc Program Dir)*
Joanna Watson *(Sr Media Planner)*
Martin Wysor *(Sr Art Dir)*

Accounts:
20th Century Fox Film Corp.
Ainsworth Pet Nutrition
Arby's Restaurant Group, Inc.
Autotrader.com (Digital Agency of Record)
Bob Evans Farms, Inc.
Cartoon Network
Central Garden & Pet
Amdro Campaign: "No Mercy, No Bugs"
Chick-fil-A, Inc.
Cisco Systems
Coca-Cola
Food Lion, LLC
Georgia Pacific LLC Brawny, Campaign: "Wounded Warrior", Sparkle
Maybelline; New York
Nike
Northside Hospital; Atlanta, GA
Puma
Rachael Ray Nutrish, TV
Sweet (Public Relations Agency of Record) Brand Building, Influencer Relations, Media
TGI Fridays
UPS
Verizon Communications Inc.

1274

AGENCIES - JANUARY, 2019 — INTERACTIVE AGENCIES

Branches

Moxie
375 Hudson Street 8th Fl, New York, NY 10014-3658
Tel.: (212) 859-5100
Fax: (212) 658-9740
Web Site: www.moxieusa.com

Employees: 30

National Agency Associations: 4A's

Agency Specializes In: Sponsorship

Anne Feldstein *(Pres)*
Virginia Alber-Glanstaetten *(Head-Brand Strategy)*
Michael Carter *(Supvr-Ad Ops)*

Accounts:
AIG
Epson
Garnier
L'Oreal
Maybelline
Verizon Wireless Campaign: "4G LTE: Reinforcements"

Moxie
437 Grant St South Mezzanine, Pittsburgh, PA 15219
Tel.: (412) 471-5300
Fax: (412) 471-3308
Toll Free: (800) 937-3657
Web Site: www.moxieusa.com

Employees: 75
Year Founded: 1966

National Agency Associations: 4A's-DMA

Agency Specializes In: Brand Development & Integration, Business-To-Business, Consumer Marketing, Digital/Interactive, Entertainment, Financial, Food Service, Graphic Design, Health Care Services, High Technology, Internet/Web Design, Leisure, Logo & Package Design, Media Buying Services, Medical Products, Public Relations, Restaurant, Retail, Sales Promotion, Strategic Planning/Research, Travel & Tourism

Erik Hostetler *(Sr VP & Exec Creative Dir)*
Brandon Hampton *(Creative Dir)*
Nisha Contractor *(Dir-Social Media)*

Accounts:
New-Delta Air Lines, Inc. Digital, Interactive & Mobile, Television & Cinema
Rachael Ray Promotional
TTI Floor Care North America; 1964

MTH DEGREE
950 Sixth Ave Ste 212, San Diego, CA 92101
Tel.: (619) 234-1211
Fax: (619) 234-1210
E-Mail: info@themthdegree.com
Web Site: www.themthdegree.com

Employees: 10
Year Founded: 1994

Agency Specializes In: Advertising, Digital/Interactive, Event Planning & Marketing, Internet/Web Design, Print, Social Media

Steven Morris *(Pres & CEO)*
Robert Naefe *(VP-Strategic Initiatives)*
Katie Outlaw *(Office Mgr)*

Accounts:

New-Razer

MUDBUG MEDIA INC.
1100 POydras St Ste 2010, New Orleans, LA 70163
Tel.: (504) 581-4636
Web Site: www.mudbugmedia.com/

Employees: 20

Agency Specializes In: Brand Development & Integration, Digital/Interactive, Graphic Design, Internet/Web Design, Print, Promotions

Scott Zeitzer *(Pres)*
Ashley Hoyuela *(Creative Dir)*
Michael Roberts *(Mktg Dir)*
Justin Bantuelle *(Dir-Web Tech)*
Bertha Chicas *(Sr Acct Mgr)*
Michael Misshore *(Mgr-Infrastructure & Programming)*
Roy Mumaw *(Mgr-Programming)*
Ashley Theriot *(Specialist-Inbound Mktg)*
Katie Gernhauser *(Sr Graphic Designer)*
Linda Phan *(Sr Designer-UI)*
Vasu Tummala *(Sr Designer)*

Accounts:
Boh Brothers
Gulf Coast Bank
Teleflex

NASH IMAGING EVENTS
118 W Main St, Somerset, OH 43783
Tel.: (740) 605-7025
Web Site: www.nashimaging.com

Employees: 16
Year Founded: 2007

Agency Specializes In: Alternative Advertising, Digital/Interactive, Exhibit/Trade Shows, Experience Design, Game Integration, Guerilla Marketing, Mobile Marketing, Production, Promotions, Social Media, Sponsorship, Sweepstakes, Viral/Buzz/Word of Mouth

Brian Nash *(Sr Acct Dir)*

Accounts:
Limited Brands Bath & Body Works; 2012
NYSE Corporate Events, IPO Celebrations; 2010
Wunderman; 2012

NDN GROUP
54 W 40th St, New York, NY 10018
Tel.: (646) 726-3553
E-Mail: info@ndndigital.co
Web Site: www.ndndigital.co/

Employees: 50
Year Founded: 2001

Agency Specializes In: Asian Market, Bilingual Market, Content, Customer Relationship Management, Digital/Interactive, E-Commerce, Electronic Media, Experience Design, Internet/Web Design, Social Media

Accounts:
Allianz
Bailey's Strategic Social Media Planning
China Mobile
Chivas Facebook Fanpage Management
Citi
Compass Visa
Expedia
Four Seasons Hotel
HSBC
Johnny Walker
Microsoft
Shu Uemura 30th Anniversary Microsite
Tourism Australia

NEA
Espace St-Charles Bat B., 300 rue Auguste Broussonnet, Montpellier, 34090 France
Tel.: (33) 952099113
Web Site: www.nea-design.fr

Employees: 4
Year Founded: 2008

Agency Specializes In: Advertising, Advertising Specialties, Affluent Market, Alternative Advertising, Bilingual Market, Brand Development & Integration, Branded Entertainment, Broadcast, Business Publications, Business-To-Business, Co-op Advertising, Communications, Consulting, Consumer Marketing, Corporate Communications, Corporate Identity, Digital/Interactive, E-Commerce, Graphic Design, High Technology, Identity Marketing, International, Internet/Web Design, Logo & Package Design, Luxury Products, Multimedia, Planning & Consultation, Production, Production (Ad, Film, Broadcast), Promotions, Public Relations, Publicity/Promotions, Radio, Search Engine Optimization, Social Media, T.V., Technical Advertising

Bruno Peres *(Owner)*
Benjamin Mechali *(Mgr)*

Accounts:
ECAM School of Engineering; 2011
Sanofi Aventis Aramon Site Video Production; 2010
SNCF DSI-T Social Club; 2010

NEW JUPITER MEDIA, INC.
52 Broad St 2nd Fl, Keyport, NJ 07735
Tel.: (732) 497-0220
Fax: (732) 497-0219
E-Mail: info@newjupitermedia.com
Web Site: www.newjupitermedia.com

Employees: 8
Year Founded: 2005

Agency Specializes In: Brand Development & Integration, Digital/Interactive, Paid Searches, Search Engine Optimization, Social Media

Jason Berkowitz *(Pres & CEO)*
Todd Rodenborn *(Pres)*

Accounts:
Coyle Hospitality

NEW WAVE INDUSTRIES INC.
135 Day St, Newington, CT 06111
Tel.: (860) 953-9283
Fax: (866) 953-9283
Web Site: www.newwaveindustries.com

Employees: 5

Agency Specializes In: Content, Digital/Interactive, Internet/Web Design, Paid Searches, Search Engine Optimization

Jon Rondeau *(Pres/CEO-NWI Networks)*

Accounts:
Call Before You Dig

NEWSCRED
386 Park Ave S 6th Fl, New York, NY 10016
Tel.: (212) 989-4100
Web Site: www.newscred.com

INTERACTIVE AGENCIES

Employees: 500

Agency Specializes In: Content, Digital/Interactive, Email, Paid Searches, Search Engine Optimization, Social Media

Shafqat Islam *(Co-Founder & CEO)*
Asif Rahman *(Co-Founder & CTO)*
Charles Hough *(Pres & COO)*
Lisa Kalscheur *(Sr VP-Mktg)*
Cliff Dorsey *(Head-Sls-Global)*
Pei Chien *(Dir-UX)*
Jeremy Ford *(Sr Art Dir)*

NEXT/NOW
1200 W Lake St Ste 1, Chicago, IL 60607
Tel.: (312) 945-6222
Web Site: nextnowagency.com

Employees: 20
Year Founded: 2011

Agency Specializes In: Digital/Interactive, Event Planning & Marketing, Exhibit/Trade Shows, Retail, Travel & Tourism

Approx. Annual Billings: $5,000,000

Alan Hughes *(Founder & Chief Creative Officer)*
Randy Gress *(Dir-Bus Dev)*
Mark Matthews *(Strategist-Mktg & Sr Copywriter)*

Accounts:
Atlanta Braves Digital
Audi Digital
BP Digital
Goodyear Digital
Intel Digital
LG Digital
Mazda Digital
McDonald's Digital
Moen Digital
National Basketball Association Digital
State Farm Digital
Trek Bicycle Digital
Under Armor Digital

NIGHT AGENCY
381 Broadway Rm 401, New York, NY 10013
Tel.: (212) 431-1945
Fax: (917) 677-8327
E-Mail: info@nightagency.com
Web Site: www.nightagency.com

Employees: 40
Year Founded: 2003

Agency Specializes In: Consumer Marketing, Cosmetics, Digital/Interactive, Entertainment, Event Planning & Marketing, Internet/Web Design, Sponsorship, Strategic Planning/Research

Darren Paul *(Mng Partner)*

Accounts:
AVON
Christiania
Conde Nast
Dial Corporation
Dial
ESPN
Estee Lauder
Hanes
Keds/Whitney
Kiehl's Campaign: "How To: Put Space on Your Face", Men's Personal Care Products, The Derek Zoolander Center for People Who Don't Age Good
Live NYC
Lucky Brand
Mark.Blog
markgirl.tv

Mark.reps
Purex
Schweid & Sons "Unstoppable"
Spotify
Tequila Avion Digital, Social Media
Vines and Voyage

NIGHT KITCHEN INTERACTIVE
526 E Girard Ave, Philadelphia, PA 19125
Tel.: (215) 629-9962
Fax: (215) 629-9963
E-Mail: info@whatscookin.com
Web Site: www.whatscookin.com

Employees: 50
Year Founded: 1997

Agency Specializes In: Brand Development & Integration, Content, Digital/Interactive, Internet/Web Design, Social Media

Matthew Fisher *(Pres)*

Accounts:
Asian Art Museum of San Francisco

NIKALABS
28 N 1st St Ste 100, San Jose, CA 95113
Tel.: (408) 220-9081
E-Mail: contact@nikalabs.com
Web Site: www.nikalabs.com

Employees: 50

Agency Specializes In: Advertising, Brand Development & Integration, Content, Digital/Interactive, E-Commerce, Internet/Web Design, Search Engine Optimization, Strategic Planning/Research

Ali Tassavor *(CEO)*
Ayman EshaghPour *(Mng Partner & Creative Dir)*

Accounts:
New-C&H Enterprises
New-I Wonder Doctor
New-Innovium Inc
New-Therma
New-United Mechanical Inc.

NIMBLELIGHT
310 W Master St, Philadelphia, PA 19122
Tel.: (215) 717-7105
E-Mail: hello@nimblelight.com
Web Site: www.nimblelight.com

Employees: 10

Agency Specializes In: Content, Digital/Interactive, Internet/Web Design, Search Engine Optimization, Social Media

Brian Melton *(Designer & Strategist-Digital)*

Accounts:
Linvilla Orchards

NINA HALE INC.
100 S 5th St Ste 2000, Minneapolis, MN 55402
Tel.: (612) 392-2427
E-Mail: info@ninahale.com
Web Site: www.ninahale.com

Employees: 60

Agency Specializes In: Digital/Interactive, Paid Searches, Search Engine Optimization, Social Media

Donna Robinson *(CEO)*

Allison McMenimen *(Exec VP-Client Svcs)*
Luke Schlegel *(Exec VP-Ops & Analytics)*
Tami McBrady *(VP-Media)*
Kathleen Petersen *(VP-Media)*
Sarah Sherman *(Acct Dir)*
Ashley Terpstra *(Media Dir)*
Natalie Zamansky *(Acct Dir)*
Kalisha Cook *(Dir-Resource & Project Mgmt)*
Troy Osborne *(Dir-Display & Programmatic Media)*
Shuman Sahu *(Dir-Performance Media)*
Annie Herges *(Sr Mgr-Paid Media)*
Christopher Spong *(Mktg Mgr-Digital Content)*
Kelsey Shaw *(Sr Planner-Social Content)*
Meredith Leigh Wathne *(Sr Planner-Performance Content & Social)*
Catherine Day *(Assoc Acct Dir)*

Accounts:
Deluxe Corporation (Media Agency of Record) Website; 2018
Life Time Fitness Inc

NJI MEDIA LLC
101 1/2 S Union St, Alexandria, VA 22314
Tel.: (202) 965-8406
Fax: (202) 747-7616
E-Mail: info@njimedia.com
Web Site: www.njimedia.com

Employees: 50

Agency Specializes In: Advertising, Brand Development & Integration, Communications, Digital/Interactive, Event Planning & Marketing, Government/Political, Graphic Design, Logo & Package Design, Production, Search Engine Optimization, Social Media

Josh Shultz *(Pres)*
Nathan Imperiale *(CEO)*
Andrew Fimka *(Partner & Sr VP-Strategy & Client Svcs)*
Dave Tate *(Sr VP-Tech)*
Nate Politi *(VP-Strategy & Client Svcs)*
Drew Ellis *(Creative Dir)*
Andrew Greeson *(Art Dir)*
Sarah Ghessie *(Dir-Ops)*
Erin Bergmeister *(Acct Mgr)*
Victoria Langton *(Acct Mgr-Strategy)*
Paul Paliga *(Acct Mgr)*
Alex Barton *(Designer)*

Accounts:
New-Jolt Cola (Agency of Record)

NOBLE STUDIOS
6795 Edmond St Ste 300, Las Vegas, NV 89118
Tel.: (702) 444-1111
Web Site: noblestudios.com

Employees: 50
Year Founded: 2003

Agency Specializes In: Business-To-Business, Digital/Interactive, E-Commerce, Health Care Services, Hospitality, Internet/Web Design, Media Buying Services, Media Planning, Social Media, Travel & Tourism

Jarrod Lopiccolo *(Co-Founder & CEO)*
Season Elcome-Lopiccolo *(Co-Founder & COO)*
B. C. LeDoux *(Partner, Mng Dir & Chief Creative Officer)*
Michael Thomas *(Partner & CMO)*
Chad Hallert *(VP-Performance Mktg)*
Kimberly Pedego *(VP-Client Svcs)*
Tim Miley *(Creative Dir)*
Jill Wieczorek *(Dir-Strategic Plng)*
Rick Saake *(Sr Mgr-Digital Mktg)*
Somer Athari *(Mgr-Client Success)*
Danielle Christenson *(Mgr-Digital Mktg)*
Monica C. Thompson *(Mgr-Digital Mktg)*

Accounts:
New-Autodesk Inc.
New-Easton Diamond Sports LLC.
New-Enphase Energy Inc.
New-Google Inc.
New-Mariposa County
New-Newport Beach & Company
New-The Regents of the University of California
New-Santa Monica Travel & Tourism
New-TravelNevada (Digital Agency of Record)
New-Yosemite Mariposa County Tourism Bureau

NOISY TRUMPET
7550 IH-10 W Ste 150, San Antonio, TX 78229
Tel.: (210) 582-0505
E-Mail: admin@noisytrumpet.com
Web Site: noisytrumpet.com

Employees: 10
Year Founded: 2017

Agency Specializes In: Advertising, Brand Development & Integration, Content, Digital/Interactive, Event Planning & Marketing, Internet/Web Design, Public Relations, Search Engine Optimization, Social Media

Fran Yanity *(Founder, Pres & CEO)*
Ryanne Dalton *(Dir-PR)*
Sarah Strunk *(VP & Sr Strategist-Digital)*
DJ Green *(Dir-Web & Digital)*
Clarissa Castaneda *(Acct Exec-PR)*
Gabrielle Herrera *(Strategist-Digital & Social Media)*
Conner Marshall *(Specialist-Digital & Social Media)*
Marguerite Cortissoz *(Dir-Distinguished Events)*
Elizabeth Macias Bomer *(Exec Dir-Robin Hood 210)*

Accounts:
New-American Heart Association Inc.
New-American Payroll Association
New-Devils River Conservancy
New-San Antonio Chamber of Commerce
New-San Antonio Sports
New-San Antonio Youth Education

NOWSPEED, INC.
200 Friberg Pkwy, Westborough, MA 01581
Tel.: (508) 740-6881
E-Mail: dreske@nowspeed.com
Web Site: www.nowspeed.com

Employees: 15
Year Founded: 2003

Approx. Annual Billings: $2,000,000

David Reske *(Founder & Pres)*

Accounts:
Alcatel-Lucent Telecommunications; 2013
Hitachi Data System Data Storage; 2010

NYC RESTAURANT
7 W 45th St, New York, NY 10036
Tel.: (212) 395-9400
Fax: (917) 591-1020
E-Mail: hello@nycrestaurant.com
Web Site: www.nycrestaurant.com

Employees: 25
Year Founded: 2001

Agency Specializes In: Brand Development & Integration, Digital/Interactive, Print, Search Engine Optimization, Social Media, Web (Banner Ads, Pop-ups, etc.)

Donna Keren *(Sr VP-Res & Analysis)*

Christina Rowley *(VP-Licensing)*
Peter Gootkind *(Sr Dir-Integrated Project Mgmt)*
Britt Hijkoop *(Dir-Comm-Intl)*

Accounts:
Bavaria Bier Haus
Beckett's Bar & Grill
Route 66 Smokehouse

OBSCURA DIGITAL, INC.
14 Louisiana St, San Francisco, CA 94107
Tel.: (415) 227-9979
Fax: (415) 227-9494
E-Mail: info@obscuradigital.com
Web Site: www.obscuradigital.com

Employees: 40
Year Founded: 2001

Agency Specializes In: Digital/Interactive

Revenue: $16,000,000

Chris Lejeune *(Co-Founder & CEO)*
Travis Threlkel *(Founder & Chief Creative Officer)*
David Shulman *(CFO)*
Peter Sapienza *(VP-Strategy & Bus Dev)*
Kimber Sterling *(VP-Client Svcs)*
Alex Oropeza *(Sr Exec Producer)*

Accounts:
Coca-Cola Refreshments USA, Inc.

OFFICE OF EXPERIENCE
233 N Michigan Ave Ste 1710, Chicago, IL 60601
Tel.: (872) 228-5126
E-Mail: info@officeofexperience.com
Web Site: www.officeofexperience.com

Employees: 50
Year Founded: 2014

Agency Specializes In: Advertising, Brand Development & Integration, Business-To-Business, Communications, Content, Digital/Interactive, Internet/Web Design, New Product Development, Print, Strategic Planning/Research

Stratton Cherouny *(Founder)*
Carlos Manalo *(Co-Founder)*
Joseph Grimberg *(Head-Content Strategy Practice & Creative Dir)*
Matt Herlihy *(Exec Dir-Strategy)*
Scott Yanzy *(Exec Creative Dir)*
Sally Boots *(Dir-Media Strategy)*
Matt Quinn *(Dir-Bus Dev)*

Accounts:
New-High Times
New-The University of Chicago Booth School of Business (Agency of Record)

OGILVYINTERACTIVE
636 11th Ave, New York, NY 10036
Tel.: (212) 237-4000
Fax: (212) 237-5123
E-Mail: lauren.crampsie@ogilvy.com
Web Site: www.ogilvy.com

Employees: 50
Year Founded: 1983

Agency Specializes In: Digital/Interactive, Sponsorship

Pam Downey *(Dir-Content Strategy)*

Accounts:
IBM Corp
Nestle USA Raisinets

OMOBONO
325 W Huron St, Chicago, IL 60654
Tel.: (312) 523-2179
E-Mail: info@omobono.com
Web Site: omobono.com/

Employees: 51

Agency Specializes In: Brand Development & Integration, Content, Digital/Interactive, Email, Internet/Web Design, Search Engine Optimization, Social Media

Tom Kelly *(Mng Dir)*
Philip Black *(Head-Strategy-US)*
Catherine Robertson *(Grp Acct Dir)*
Joe Kelly *(Acct Dir)*
Rebecca Tomlinson *(Acct Dir)*
Sierra Neuwirth *(Sr Designer-Creative)*
Scott Schermer *(Sr Designer-Creative)*

Accounts:
Jones Lang LaSalle

ON ADVERTISING
101 N 1st Ave, Phoenix, AZ 85003
Tel.: (480) 705-6623
Web Site: www.on-advertising.com

Employees: 10

Agency Specializes In: Advertising, Brand Development & Integration, Crisis Communications, Digital/Interactive, Media Buying Services, Media Relations, Print, Public Relations, Social Media, Strategic Planning/Research

Ron Meritt *(Pres)*
John Hernandez *(CEO)*
Scott Kasallis *(Creative Dir)*
Jeff Breuer *(Dir-Digital Studio)*
Darren Higgs *(Sr Acct Exec)*

Accounts:
South Coast Post Acute

ONE NORTH INTERACTIVE
222 N Lasalle St Ste 1500, Chicago, IL 60601
Tel.: (312) 469-1740
E-Mail: support@onenorth.com
Web Site: www.onenorth.com

Employees: 100
Year Founded: 2012

Agency Specializes In: Brand Development & Integration, Content, Digital/Interactive, Graphic Design, Internet/Web Design, Paid Searches, Public Relations, Search Engine Optimization, Social Media

John Simpson *(CEO)*
Kalev Peekna *(Mng Dir & Chief Strategist)*
Jeff Hirner *(COO)*
Jen Bullett *(Mng Dir-Mktg)*
Ryan Horner *(Mng Dir-Tech)*
Sarah Levine Meyer *(Mng Dir-Strategic Accts)*
Dawn Michalak *(Mng Dir-Bus Dev)*
Bill Nelson *(Mng Dir-Acct Mgmt)*
Christie McDonald *(Acct Dir)*
Zach Peer *(Dir-Tech)*

Accounts:
New-Goodwin Procter LLP

ONE ROCKWELL
225 Broadway Ste 2005, New York, NY 10007
Tel.: (212) 226-5436
E-Mail: hello@onerockwell.com
Web Site: www.onerockwell.com

INTERACTIVE AGENCIES

Employees: 35

Agency Specializes In: Brand Development & Integration, Content, Digital/Interactive

Gustavo Waizbrot *(Founder, Pres & Exec Creative Dir)*
Paul Healion *(Founder & VP-Tech)*
Jin Kim *(VP-IT)*

Accounts:
New-Mara Hoffman

ONE SOURCE DIRECT MARKETING, INC.
9900 W. Sample Rd Ste 300, Coral Springs, FL 33065
Fax: (954) 757-6448
Toll Free: (877) 975-0005
E-Mail: info@onesourcedirectmarketing.com
Web Site: www.onesourcedirectmarketing.com

Employees: 1

Agency Specializes In: Advertising, Affluent Market, African-American Market, Bilingual Market, Brand Development & Integration, Business-To-Business, Children's Market, College, Consumer Goods, Digital/Interactive, Direct Response Marketing, Direct-to-Consumer, Electronics, Email, Entertainment, Fashion/Apparel, Government/Political, High Technology, Hispanic Market, Household Goods, Leisure, Medical Products, Men's Market, Pets, Pharmaceutical, Retail, Shopper Marketing, Sports Market, Teen Market, Travel & Tourism, Urban Market, Women's Market

Approx. Annual Billings: $1,500,000

Breakdown of Gross Billings by Media: D.M.: 100%

Eric Appel *(Pres)*

OPANCO, LLC
5757 Alpha Rd Ste 100, Dallas, TX 75240
Tel.: (469) 941-9000
Toll Free: (877) 523-2049
E-Mail: info@opanco.com
Web Site: opanco.com

Employees: 10
Year Founded: 2016

Agency Specializes In: Brand Development & Integration, Copywriting, Digital/Interactive, Email, Internet/Web Design, Production, Public Relations, Search Engine Optimization, Social Media, Sponsorship

Josh Salganik *(Founder & Mng Dir)*
Taylor Greer *(Founder & Creative Dir)*

Accounts:
New-All Metals Inc

ORGANIC, INC.
600 California St, San Francisco, CA 94108
Tel.: (415) 581-5300
Fax: (415) 581-5400
E-Mail: newbiz@organic.com
Web Site: www.organic.com

Employees: 400
Year Founded: 1993

National Agency Associations: ANA-IAB

Agency Specializes In: Above-the-Line, Advertising, Advertising Specialties, Automotive, Below-the-Line, Brand Development & Integration, Branded Entertainment, Business-To-Business, Children's Market, Consumer Goods, Consumer Marketing, Content, Corporate Identity, Cosmetics, Customer Relationship Management, Digital/Interactive, Direct Response Marketing, Direct-to-Consumer, E-Commerce, Electronic Media, Email, Entertainment, Experience Design, Experiential Marketing, Fashion/Apparel, Financial, Game Integration, Graphic Design, Health Care Services, High Technology, Hospitality, Household Goods, Identity Marketing, In-Store Advertising, Integrated Marketing, International, Internet/Web Design, Leisure, Local Marketing, Luxury Products, Market Research, Media Buying Services, Media Planning, Mobile Marketing, Multimedia, New Product Development, New Technologies, Out-of-Home Media, Paid Searches, Pets, Planning & Consultation, Point of Purchase, Point of Sale, Print, Production, Real Estate, Retail, Search Engine Optimization, Shopper Marketing, Social Marketing/Nonprofit, Social Media, Sponsorship, Sports Market, Stakeholders, Strategic Planning/Research, Syndication, Teen Market, Transportation, Travel & Tourism, Tween Market, Urban Market, Viral/Buzz/Word of Mouth, Women's Market

David Shulman *(CEO)*
Mark Murata *(Chief Talent Officer & Exec VP)*
David Lewis *(VP-Strategic Svcs)*
Frank Dattalo *(Exec Creative Dir)*
Heather Livengood *(Acct Dir)*
Kaisha Herger *(Assoc Dir)*
Monica Inouye *(Assoc Dir-HR)*
Heidi Perani *(Assoc Dir-Strategy)*
Chris Brandus *(Acct Mgr)*
Brittany Luhrsen *(Acct Supvr)*

Accounts:
AT&T Digital
Ford Motor Company; 2018
The Hartford
Hasbro
Hilton Worldwide Campaign: "Bizwords", Campaign: "We Speak Success", Hilton Garden Inn
Intel
Kimberly-Clark Corporation Depends, Digital, Goodnites, Poise, U by Kotex - "The Period Shop"
The Meth Project Campaign: "Ask MethProject.org", Campaign: "Deep End"
The National Park Foundation "I Have a Dream", WeAreStillMarching.com
Nike
PepsiCo Campaign: "Live For Now"
Procter & Gamble
PulteGroup (Agency of Record) Centex, Creative, Del Webb, Digital, Pulte Homes, Pulte Mortgage, Strategy
Visa
Walmart Campaign: "Walmart Ipad"
Wells Fargo Creative, Digital

Branches

Organic, Inc.
437 Madison Ave Bsmt 1, New York, NY 10022
Tel.: (212) 827-2200
Fax: (212) 827-2201
E-Mail: newbiz-ny@organic.com
Web Site: www.organic.com

Employees: 135

National Agency Associations: 4A's

Agency Specializes In: Advertising, Sponsorship

David Shulman *(CEO)*
Keith Pine *(COO)*
Mark W. Murata *(Chief Talent Officer-IT & Ops & Exec VP)*
Christopher Kelly *(Chief Creative Officer)*
Michelle Tang *(Chief Growth Officer)*
Adam Wogksch *(Exec Dir-Tech)*
Tricia Hoover *(Dir-Content & Exec Producer)*
Anthony Danzi *(Mgr-Analytics & Mktg Intelligence)*
Christi Rohrkemper *(Mgr-Strategy)*
Mike DeRosa *(Grp Creative Dir)*
Robert Kurfehs *(Grp Creative Dir)*

Accounts:
American Express
American Signature (Digital Agency of Record) Creative
Chrysler
Coach
Jeep
Kimberly-Clark Corp. App, Campaign: "Drop Your Pants City", Campaign: "Underwareness", Creative, Depends, Digital, Social Media
Nike
Procter & Gamble
Sprint
Vogue

Organic, Inc.
888 W Big Beaver Rd, Troy, MI 48084
Tel.: (248) 454-4000
Fax: (248) 454-3370
E-Mail: newbiz-det@organic.com
Web Site: www.organic.com

Employees: 5

Agency Specializes In: Advertising

Jim Napolitano *(Mng Dir & Sr VP)*
Christi Rohrkemper *(Mgr-Strategy)*
Stephen Timblin *(Grp Creative Dir)*

Accounts:
Homewood Suites Digital

ORIGIN EIGHT
323 Washington Ave N 2nd Fl Ste 23, Minneapolis, MN 55401
Tel.: (612) 276-5880
Web Site: www.origineight.net

Employees: 50
Year Founded: 2010

Agency Specializes In: Advertising, Content, Copywriting, Customer Relationship Management, Digital/Interactive, E-Commerce, Event Planning & Marketing, Internet/Web Design, Search Engine Optimization, Social Media

Seth Viebrock *(Founder & CEO)*
Brian Michaelis *(CTO)*
Andy Keith *(VP-Digital Mktg & Analytics)*
Justin Johnson *(Dir-Front End Dev & Design)*
Kenneth Rodriguez *(Mgr-Bus Ops)*
Mary Scholten *(Mgr-Customer Success)*

Accounts:
HelpSystems

ORPHMEDIA LLC
1133 Broadway Ste 1225, New York, NY 10010
Tel.: (646) 688-4000
Fax: (212) 208-4668
E-Mail: info@orphmedia.com
Web Site: www.orphmedia.com

Employees: 10
Year Founded: 2000

Agency Specializes In: Digital/Interactive, Graphic Design, Internet/Web Design, Print, Search Engine Optimization, Social Media

AGENCIES - JANUARY, 2019 — INTERACTIVE AGENCIES

Peter Orphanos (Founder & CEO)

Accounts:
Daniel Churchill
Michael White

OVERDRIVE INTERACTIVE
38 Everett St 2nd Fl, Boston, MA 02134
Tel.: (617) 254-5000
Fax: (617) 254-5003
E-Mail: hgold@ovrdrv.com
Web Site: www.ovrdrv.com

Employees: 42
Year Founded: 2001

Agency Specializes In: Advertising, Advertising Specialties, Automotive, Business-To-Business, College, Communications, Computers & Software, Consulting, Consumer Marketing, Corporate Communications, Digital/Interactive, Direct Response Marketing, E-Commerce, Education, Government/Political, Graphic Design, High Technology, Information Technology, Integrated Marketing, International, Internet/Web Design, Logo & Package Design, Luxury Products, Media Buying Services, Medical Products, Multimedia, Newspapers & Magazines, Paid Searches, Podcasting, Production, Production (Ad, Film, Broadcast), RSS (Really Simple Syndication), Retail, Search Engine Optimization, Technical Advertising, Trade & Consumer Magazines, Transportation, Travel & Tourism, Viral/Buzz/Word of Mouth, Web (Banner Ads, Pop-ups, etc.).

Approx. Annual Billings: $25,000,000

Harry J. Gold (Founder & CEO)
Michael Orlinski (VP & Dir-Search & Media)
Jeff Selig (VP-Earned Media & Analytics)
Shane Kelly (Acct Dir)
Andrew Abrahams (Dir-Interactive Svcs)
Jessica O'Brien (Mgr-Social Media)
Tim Massinger (Acct Supvr)
Mike Shinnick (Acct Supvr-Overdrive Interactive)
Dan Geller (Sr Specialist-Search Mktg)
Rachel Cox (Acct Exec)
Kevin Duggan (Assoc Media Planner & Assoc Media Buyer)

Accounts:
AAA
Boston.com
Cynosure Website
Dowjones
Fisher College
Furniture.com
GSN
Harley Davidson
Hasbro
Liberty
Lo Jack
Navisite Website
Progress Software
SAGA Innovations Digital Media, Website
Symmetricom
Virtusa Website
Zipcar

PACIFIC
3980 Sherman St, San Diego, CA 92110
Tel.: (619) 363-5070
E-Mail: wavehello@meetpacific.com
Web Site: www.meetpacific.com

Employees: 50

Agency Specializes In: Brand Development & Integration, Digital/Interactive, Internet/Web Design, Search Engine Optimization, Social Media

Norman Brauns (Founder & CEO)

Patrick Hall (VP-Product Dev)
Brandon Hull (VP-S/s & Strategy)
George Stein (Creative Dir)
Kimberly Deese (Supvr-Comm)
Madeleine Hennessy (Coord-PR)

Accounts:
New-Cubesmart
Davinci Virtual Marketing Strategy, Media
Expedia Group, Inc.
New-Jacuzzi
Mint (Agency of Record)
New-Travelocity

PARADIGMNEXT
1020 Milwaukee Ave Ste 215, Deerfield, IL 60015
Tel.: (847) 780-6398
E-Mail: info@paradigmnext.com
Web Site: www.paradigmnext.com

Employees: 25

Agency Specializes In: Brand Development & Integration, Consulting, Corporate Identity, Digital/Interactive, Media Relations, Public Relations, Strategic Planning/Research

Accounts:
New-Cloudbakers
New-K ALPHA

PARALLEL PATH
4688 Broadway St, Boulder, CO 80304
Tel.: (303) 396-1111
E-Mail: info@parallelpath.com
Web Site: www.parallelpath.com

Employees: 20
Year Founded: 2005

Agency Specializes In: Brand Development & Integration, Business-To-Business, Content, Digital/Interactive, Paid Searches, Search Engine Optimization

Brian Cleveland (Founder & Chm)
Bryan Boettiger (COO)
Hardy Kalisher (Exec VP)

Accounts:
Backpackers Pantry
Made In Nature (Digital Marketing Agency of Record) Brand Awareness, Content Marketing, Digital, Media, SEO, Social

PART FOUR LLC
600 Wilshire Blvd Ste 1750, Los Angeles, CA 90017
Tel.: (213) 784-7130
E-Mail: hello@part4.com
Web Site: www.part4.com

Employees: 50
Year Founded: 2014

Agency Specializes In: Advertising, Brand Development & Integration, Content, Copywriting, Digital/Interactive, Game Integration, Internet/Web Design, Production, Social Media, Strategic Planning/Research

Josh Golsen (Co-Founder, Pres & Partner)
Katie Williams (COO)
Jonathan Dortch (Co-Founder & Dir-Production)
Leah Beck (Art Dir)
Ryan Sulak (Editor -Video)
Chris Lewis (Creative Dir & Art Dir)
Chris Chung (Creative Dir)
Adam Golsen (Mgr-Community)

Accounts:
New-Amazon.com Inc. The Marvelous Mrs. Maisel
New-Hulu LLC Marvel's Runaways
New-Lions Gate Entertainment Corp. My Little Pony: The Movie
New-Marvel Entertainment LLC Avengers: Infinity War
New-Pixar Animation Studios Incredibles 2

THE PARTICIPATION AGENCY
195 Chrystie St, New York, NY 10002
Tel.: (646) 881-4572
E-Mail: we@thisisthepa.com
Web Site: www.thisisthepa.com

Employees: 50
Year Founded: 2011

Agency Specializes In: Event Planning & Marketing, Experiential Marketing

Jessica Resler (Co-Founder & Creative Dir)
Ruthie Schulder (Pres)
Oliver Fletcher (Graphic Designer & Producer- Creative)
Josephine Cheng (Mgr-Creative & Sr Designer)

Accounts:
Foursquare
Mondelez Oreo
Red Bull

PATH INTERACTIVE
915 Broadway Ste 501, New York, NY 10010
Tel.: (212) 661-8969
Web Site: www.pathinteractive.com

Employees: 50
Year Founded: 2005

Agency Specializes In: Advertising, Business-To-Business, Content, Digital/Interactive, Internet/Web Design, Media Planning, Mobile Marketing, Paid Searches, Search Engine Optimization, Social Media

Michael Coppola (Co-Founder & CEO)
Michael Candullo (Co-Founder & COO)
Ruben Quinones (VP-Client Strategy)
Sarah Dryden (Grp Dir-SEO & Digital Content)
James Connell (Grp Dir-Digital Media & Analytics)
Inna Zeyger (Dir-Digital Media)
Lily Ray (Dir-SEO)
Sharif Karim (Dir-Dev & Digital Production)
Asaf Shakham (Exec Creative Dir)

Accounts:
New-Buoy Health Inc.
New-Carma Laboratories Inc.
New-The Infatuation Inc Zagat
New-Jackson Hewitt Tax Service Inc.
New-Meredith Corporation
New-PROFOOT Inc
New-Scholastic Corporation

PATRICKORTMAN, INC.
11271 Ventura Blvd Ste 492, Studio City, CA 91604
Tel.: (818) 505-1988
E-Mail: contact@patrickortman.com
Web Site: www.patrickortman.com

Employees: 7
Year Founded: 2007

Agency Specializes In: Advertising, Advertising Specialties, Affluent Market, Alternative Advertising, Arts, Aviation & Aerospace, Brand Development & Integration, Branded Entertainment, Broadcast, Business-To-Business, Commercial Photography, Communications, Consulting, Consumer Goods, Consumer

INTERACTIVE AGENCIES

Marketing, Content, Corporate Identity, Cosmetics, Digital/Interactive, Electronic Media, Entertainment, Environmental, Financial, Guerilla Marketing, High Technology, Household Goods, Identity Marketing, Industrial, Infomercials, Internet/Web Design, Investor Relations, Leisure, Local Marketing, Luxury Products, Magazines, Men's Market, Multicultural, Multimedia, New Product Development, Newspapers & Magazines, Out-of-Home Media, Pharmaceutical, Planning & Consultation, Production, Production (Ad, Film, Broadcast), Promotions, Real Estate, Restaurant, Retail, Search Engine Optimization, Social Marketing/Nonprofit, Social Media, Sports Market, T.V., Web (Banner Ads, Pop-ups, etc.)

Approx. Annual Billings: $10,000,000

Breakdown of Gross Billings by Media: Internet Adv.: $3,000,000; T.V.: $7,000,000

Patrick Ortman (CEO & Creative Dir)

PB&J PROMOTIONS LLC
175 Varick St, New York, NY 10014
Tel.: (646) 770-3271
E-Mail: makeithappen@pbjmarketing.com
Web Site: www.pbjmarketing.com

Employees: 6
Year Founded: 2012

Agency Specializes In: Affiliate Marketing, Brand Development & Integration, Digital/Interactive, E-Commerce, Email, Internet/Web Design, Logo & Package Design, Search Engine Optimization, Social Media, Web (Banner Ads, Pop-ups, etc.)

David Bosley (Mng Partner)
Phillip Reinhardt (CEO & Mng partner)

Accounts:
New-MillerCoors
New-University of Maryland
New-Zappo

PEPPER GANG
12 Marshall St, Boston, MA 02108
Tel.: (617) 674-2100
E-Mail: getintouch@peppergang.com
Web Site: www.peppergang.com

Employees: 10
Year Founded: 2009

Agency Specializes In: Advertising, Brand Development & Integration, Content, Digital/Interactive, Email, Media Buying Services, Media Planning, Public Relations, Search Engine Optimization, Social Media

Oz Ahmad (Co-Founder)
Stefanie Daneau (Co-Founder)
Dan DeMaria (Dir-Bus Dev)
Joan Diaz (Mgr-Content)
Caitlyn McGuire (Mgr-Social Media & Content)
Colin Kirkland (Copywriter & Writer-Content)
Carmen Rendon (Assoc-Digital Adv)

Accounts:
New-ProGroup

PERFECT SEARCH MEDIA
2 E Ohio Ste 400, Chicago, IL 60611
Tel.: (877) 655-8277
E-Mail: info@perfectsearchmedia.com
Web Site: www.perfectsearchmedia.com

Employees: 20

Agency Specializes In: Brand Development & Integration, Content, Digital/Interactive, Logo & Package Design, Search Engine Optimization, Social Media

Ajay Pattani (Founder & CEO)
Laura Cain (Dir-Bus Ops)
Anna Swierenga (Sr Designer)

Accounts:
The New York Code + Design Academy

PIERRY INC.
(Formerly Pierry Software)
785 Broadway St, Redwood City, CA 94063
Toll Free: (800) 860-7953
E-Mail: info@pierrysoftware.com
Web Site: https://pierryinc.com/

Employees: 100

Agency Specializes In: Digital/Interactive, Strategic Planning/Research

Josh Pierry (Founder)
Benjamin Lee (Interim COO & CMO)

Accounts:
EarthQuakes
Exploratorium
LifeLock
Naturebox
San Mateo Credit Union
Spyder
Vino Visit
Yeti Coolers

PIERRY SOFTWARE
(See Under Pierry Inc.)

PIXEL MOTION, INC
19600 Fairchild Rd Ste 360, Irvine, CA 92612
Tel.: (949) 515-4447
Fax: (888) 652-8704
Web Site: www.pixelmotion.com

Employees: 50
Year Founded: 2004

Agency Specializes In: Advertising, Automotive, Content, Digital/Interactive, Email, Event Planning & Marketing, Internet/Web Design, Paid Searches, Search Engine Optimization, Social Media

Alex Merino (CEO)

Accounts:
FCA US LLC Alfa Romeo

PORTAL A LIMITED
440a 9th St, San Francisco, CA 94103
E-Mail: info@portal-a.com
Web Site: www.portal-a.com

Employees: 50
Year Founded: 2008

Agency Specializes In: Brand Development & Integration, Content, Digital/Interactive, Entertainment, Production, Strategic Planning/Research

Zach Blume (Mng Partner)
Kai Hasson (Creative Dir)
Robyn Buensuceso (Head-Bus Ops)
Elyse Preiss (Head-Production)
Art Morales (Head-Post Production)
Erin Schmalfeld (Head-Creative)
Jacob Motz (Dir-Dev)
Mika Smith (Mgr-Ops)
Arif Zaman (Sr Mgr-Project & Partnerships)

Donna Nasserghodsi (Dir-Comm)

Accounts:
New-The Clorox Company Brita
New-The Glad Products Company
New-Home Box Office, Inc.

POSSIBLE NEW YORK
230 Park Ave S Lowr Level, New York, NY 10003
Tel.: (212) 710-2400
E-Mail: newyork@possible.com
Web Site: https://www.possible.com/

Employees: 1,500
Year Founded: 2011

Agency Specializes In: Digital/Interactive, Experiential Marketing, Mobile Marketing, Social Media, Sponsorship, T.V., Web (Banner Ads, Pop-ups, etc.)

Revenue: $100,000,000

Joseph Crump (Mng Dir)
Danielle Trivisonno-Hawley (Chief Creative Officer-Americas)
Martha Hiefield (CEO-Americas)
Jaime Klein Daley (Exec VP-Strategy & Insights)
Michael Asaro (Sr VP-Ops)
Jason Marks (Exec Creative Dir)
Nicole Michels McDonagh (Grp Dir-Creative)
Sean Weller (Grp Dir-Strategy)
Mike Rokicki (Grp Acct Dir)
Laura Yetter Ganz (Acct Dir)
Cavan Huang (Creative Dir)
Ted Ismert (Acct Dir-POSSIBLE Mobile)
Megan Schulist (Creative Dir)
Courtney Kaczak (Dir-Comm)
Lee Groh (Assoc Dir-Creative)
Dave Kusterer (Assoc Dir-UX)
Cesar Munoz (Mgr-Technical)
Christina Mallon (Acct Supvr)

Accounts:
Amazon
AMC
AT&T Communications Corp.
Barclays
BBC
Build-A-Bear Workshop, Inc. Digital
Butterball, LLC Orville Redenbacher's (Digital Agency of Record)
Comcast
Dell
Disney
Dow Corning
General Mills
Microsoft
Newell Brands Inc Online Strategy
Orange
Procter & Gamble
Samsung
Sony
New-Tommy Hilfiger USA

Branches

Possible Cincinnati
302 W Third St Ste 900, Cincinnati, OH 45202
Tel.: (513) 381-1380
Fax: (513) 381-0248
Web Site: https://www.possible.com/

Employees: 304
Year Founded: 1978

Agency Specializes In: Brand Development & Integration, Consumer Marketing, Corporate Identity, Digital/Interactive, Direct Response Marketing, E-Commerce, Electronic Media, Graphic Design, Health Care Services, High

AGENCIES - JANUARY, 2019 — INTERACTIVE AGENCIES

Technology, Information Technology, Internet/Web Design, Medical Products, New Product Development, Pharmaceutical, Planning & Consultation, Print, Sales Promotion, Sponsorship, Strategic Planning/Research

Martha Hiefield *(CEO-Americas)*
Ben Reubenstein *(CEO-Possible Mobile)*
Christopher Reintz *(Exec VP-Client Svcs)*
Steve Fader *(VP-Fin-Cincinnati)*
Allyson Savage *(VP-Comm)*
Allison Cooney *(Bus Dir)*

Accounts:
Abbott Laboratories Diabetes Health Connection, Glucerna
Abbott Nutrition
Artswave Campaign: "Radius"
The Bill & Melinda Gates Foundation
New-Cafe Bustelo
Charmin
ConAgra Foods, Inc.
Conagra Foods Campaign: "Pop Cam Game"
Downtown Cincinnati Inc.; Cincinnati, OH (Agency of Record) Mobile, Outdoor Marketing, Web
Dunkin' Donuts Coffee
Forrester
Frontier Airlines
Medaglia d'oro
P&G Everyday Solutions
Pepto-Bismol
Perkins & Marie Callender's Inc.
Pilon
Pringles
Procter & Gamble Co. Campaign: "Birthday Cake", Campaign: "Vicks Most Dedicated Fan", Cheer & Charmin, Downy Unstopables, Fibersure, Folgers, Health Expressions, Hong Kong Jockey Club, Luvs, Mr. Clean, Noxzema, P&G Brandsaver, Pepto Bismol, Pringles, Puffs, Pur Water Filters, ThermaCare, Vicks Nyquil; 2006
Samsung
Southern Comfort (Agency of Record) Alcohol brand
UNICEF
U.S. Bank

Possible Los Angeles
12180 Millennium Ste 420, Playa Vista, CA 90094
Tel.: (310) 202-2900
Fax: (310) 202-2910
Web Site: https://www.possible.com/

Employees: 100

National Agency Associations: SODA

Agency Specializes In: Digital/Interactive, Sponsorship

Andrew B. Solmssen *(Mng Dir)*
Zach Gallagher *(Chief Strategy Officer-Americas)*
Jason Brush *(Exec VP-Experiences & Innovation)*
Marc Blaskey *(Sr VP-Acct)*
Isaac Golino *(VP-Strategy & Plng)*
Sav Khetan *(VP-Technical Strategy)*
Thomas Stelter *(VP-Emerging Solutions-Americas)*
Valerie Carlson *(Exec Creative Dir)*
Matt McBride *(Creative Dir)*
Jeff Puskar *(Creative Dir)*
Michelle Hinojosa *(Sr Mgr-Analytics)*
Amy Boe *(Grp Creative Dir)*
Aaron Howe *(Grp Creative Dir)*

Accounts:
ABC
Accenture
AOL
Cablevision
Clinique
CNN
The Coca-Cola Company Zico
Comcast
Comedy Central
Conde Net
Dell
DirecTV
Disney
Electronic Arts
ESPN
Fox
GE
Google
Intel
Microsoft Corporation
Mitsubishi Digital
Monster
Motorola Solutions, Inc.
MTV
NBC Universal
Nickelodeon
Nissan
Nokia
NRG Energy, Inc.
Sony Pictures
Sony
Starz
Target
THQ
Time Warner Cable
Turner Broadcasting
Warner Bros.

Non US Branches

Possible
(Formerly Conrad Caine Gmbh)
Arnulfstrasse 58, 80335 Munich, Germany
Tel.: (49) 8920001360
Web Site: https://www.possible.com/

Employees: 100
Year Founded: 1998

Agency Specializes In: Advertising, Digital/Interactive, Graphic Design

Christoph Bauhofer *(Gen Mgr-Germany)*
Christopher Menzel *(Dir-Client Svc)*

Accounts:
Biss Campaign: "Leave the shadow behind, 1"
Siemens Aktiengesellschaft Digital, Recollections app

Possible London
77 Hatton Garden, London, EC1N 8JS United Kingdom
Tel.: (44) 203 349 5800
Web Site: https://www.possible.com/locations/london

Employees: 500
Year Founded: 1997

Agency Specializes In: Advertising, Digital/Interactive, Graphic Design, Mobile Marketing, Social Media

Simon Law *(Chief Strategy Officer)*
Darin Brown *(CEO-EMEA)*
Chris Daplyn *(CEO-UK Grp)*
Lizzie Snell *(Head-Client Svcs)*
Jon Andrews *(Exec Creative Dir)*
Thady Ramos *(Dir-New Bus)*
Lawrence Cox *(Sr Designer-Product)*
Liam Thomas *(Designer)*

Accounts:
Amazon.com, Inc Amazon Launchpad, Communications Strategy; 2018
Aston Martin Website
Bayer
BP
Canon
GlaxoSmithKline Aquafresh, Sensodyne
Grant Thornton
Microsoft Social Media
NetJets
Royal Caribbean
Shell (Global Digital Agency)
Specsavers

Possible Singapore
1 Maritime Square Harbour-Front Centre #13-02, Singapore, 099253 Singapore
Tel.: (65) 6333 3336
Fax: (65) 6336 6334
Web Site: https://www.possible.com/

Employees: 1,100
Year Founded: 1999

Agency Specializes In: Digital/Interactive, E-Commerce, Electronic Media, Internet/Web Design

Malcolm Wild *(CTO-APAC)*
John West *(Sr VP-Experience Platforms)*
Melissa Wilfley *(Dir-Experience Design-APAC)*

Accounts:
Barclays
Concraft
DBS SME Banking Communication, Creative, Digital, Media, Social, Video
Dell
Health Promotion Board Social Media Marketing & Community Management
Hewlett-Packard
HP
Johnson & Johnson
Mantha
MasterCard
MediaCorp 99% SME, Communication, Creative, Digital, Media, Social, Video
Microsoft
P&G
Polycom
SAP
SingTel 99% SME, Communication, Creative, Digital, Media, Social, Video
SPRING Singapore Social Media

Possible
Bocskai Ut 134-146, Dorottya Udvar, Budapest, 1113 Hungary
Tel.: (36) 18875353
Fax: (36) 18875350
Web Site: cee.possible.com

Employees: 50
Year Founded: 1997

Agency Specializes In: Advertising, Communications, Media Relations, Production, Strategic Planning/Research

Giovanni Pintaude *(Exec Creative Dir)*
Gabor Meszaros *(Mgr-IT Infrastructure-EMEA)*

PROCEED INNOVATIVE, LLC.
1501 E Woodfield Rd Ste 200N, Schaumburg, IL 60173
Tel.: (847) 879-1168
Web Site: www.proceedinnovative.com

Employees: 10

Agency Specializes In: Digital/Interactive, Internet/Web Design, Paid Searches, Search Engine Optimization

Jasmine Panayotov *(Mng Partner-Digital Mktg)*
Luke Moreno *(Acct Exec)*

Accounts:

INTERACTIVE AGENCIES

Allen Gabe Law, LLC.

PROCLAIM INTERACTIVE
PO Box 15447, Wilmington, NC 28408
Tel.: (800) 610-7044
Fax: (910) 777-5377
E-Mail: info@proclaiminteractive.com
Web Site: www.proclaiminteractive.com

Employees: 10
Year Founded: 2000

Agency Specializes In: Brand Development & Integration, Digital/Interactive, Email, Internet/Web Design, Logo & Package Design, Search Engine Optimization, Social Media

Spence Hackney *(Pres & Creative Dir)*
Morgan Denham *(Specialist-Mktg)*
Chrissy Holleman *(Specialist-Mktg)*
Tara Hackney *(Coord-Special Projects)*
Shelley Heinrichs *(Coord-Mktg)*

Accounts:
New-Bay Ridge Flims

PROLIFIC INTERACTIVE
77 Sands St 10th Fl, Brooklyn, NY 11201
Tel.: (347) 462-0990
E-Mail: info@prolificinteractive.com
Web Site: www.prolificinteractive.com

Employees: 120
Year Founded: 2009

Agency Specializes In: Content, Digital/Interactive, Mobile Marketing, Social Media

Bobak Emamian *(CEO)*
Patrick McGann *(Mng Dir)*
Lani Chao *(Fin Dir)*
Photis Patriotis *(VP-Engrg)*
Gang Cao *(Dir-Engrg)*
Dina Chaiffetz *(Dir-Product Strategy)*
Michael Domingo *(Dir-Product Mgmt)*
Al Harnisch *(Dir-Strategy)*
Joe Minkiewicz *(Dir-Product Dev)*
Caitlin O'Connell *(Dir-Product Mgmt)*
Liz Steuri *(Dir-Product Mgmt)*
Joe Donenfeld *(Sr Mgr-Growth)*
Bianca Cazares *(Mgr-People & Culture)*
Pilar Johnson *(Mgr-Ops)*
Tania Kattus *(Mgr-Product Quality)*
David Reyneke *(Sr Strategist-Product)*
Sarah Luvisi *(Strategist-Product Growth)*
DeAnna Azzolini *(Designer-Product)*
Courtney Starr *(Sr Designer-Product)*
Matt Varghese *(Sr Designer-Product)*

Accounts:
American Express Company
David's Bridal, Inc.
Equinox Fitness Clubs
Lilly Pulitzer
ModCloth, Inc.
Rent the Runway
Saks Fifth Avenue, Inc.
The Scotts Miracle-Gro Company
Sephora USA Inc
SoulCycle Holdings LLC

PUBLICIS HAWKEYE
2828 Routh St Ste 300, Dallas, TX 75201
Tel.: (214) 749-0080
Fax: (214) 747-1897
Web Site: www.publicishawkeye.com

Employees: 260
Year Founded: 1952

National Agency Associations: 4A's-AMA-DAL-DMA-PMA-POPAI

Agency Specializes In: Advertising, Advertising Specialties, Affluent Market, Agriculture, Arts, Aviation & Aerospace, Below-the-Line, Bilingual Market, Brand Development & Integration, Business-To-Business, Cable T.V., Co-op Advertising, Collateral, College, Communications, Computers & Software, Consumer Goods, Consumer Marketing, Content, Corporate Communications, Corporate Identity, Customer Relationship Management, Digital/Interactive, Direct Response Marketing, Direct-to-Consumer, E-Commerce, Education, Electronic Media, Electronics, Email, Entertainment, Environmental, Event Planning & Marketing, Exhibit/Trade Shows, Experience Design, Experiential Marketing, Fashion/Apparel, Financial, Game Integration, Graphic Design, Guerilla Marketing, Health Care Services, High Technology, Hispanic Market, Hospitality, Household Goods, Identity Marketing, In-Store Advertising, Infomercials, Information Technology, Integrated Marketing, International, Internet/Web Design, Leisure, Local Marketing, Logo & Package Design, Luxury Products, Magazines, Market Research, Media Planning, Medical Products, Men's Market, Merchandising, Mobile Marketing, Multicultural, Multimedia, New Product Development, New Technologies, Newspaper, Newspapers & Magazines, Out-of-Home Media, Outdoor, Over-50 Market, Package Design, Paid Searches, Planning & Consultation, Podcasting, Point of Purchase, Point of Sale, Print, Product Placement, Production, Production (Ad, Film, Broadcast), Production (Print), Promotions, Public Relations, Publicity/Promotions, RSS (Really Simple Syndication), Radio, Regional, Restaurant, Retail, Sales Promotion, Search Engine Optimization, Seniors' Market, Social Marketing/Nonprofit, Social Media, Sponsorship, Sports Market, Strategic Planning/Research, Sweepstakes, Syndication, T.V., Technical Advertising, Teen Market, Telemarketing, Trade & Consumer Magazines, Transportation, Travel & Tourism, Urban Market, Viral/Buzz/Word of Mouth, Web (Banner Ads, Pop-ups, etc.), Women's Market

Approx. Annual Billings: $0

Eric Moncaleano *(Sr VP & Exec Creative Dir)*
Susan Scott *(Sr VP & Grp Acct Dir-New Bus Dev)*
John L. Tedstrom *(Mng Dir-Insight & Strategy)*
Wes Wright *(Mng Dir-Digital)*
Deb Geiger *(Grp Acct Dir)*
Scott Hutchison *(Creative Dir)*
Julia Proctor *(Acct Dir)*
Derek Rundgren *(Creative Dir)*
Richard Goldrosen *(Dir-Creative Svcs)*
Olivia von Plonski *(Assoc Dir-Bus Dev)*
David Jacks *(Acct Supvr)*
Rebecca Mendosa *(Acct Supvr)*
Natalie Bills *(Sr Acct Exec)*
Caroline DeWree *(Acct Coord)*
Josh Barto *(Assoc Creative Dir)*
Holly Bruinsma *(Sr Art Dir)*
Tim Bunker *(Assoc Creative Dir)*
Albert Cano *(Grp Creative Dir)*
Brian Dedering *(Assoc Creative Dir)*
Gary Hawthorne *(Grp Creative Dir)*
Megan Kwan *(Assoc Creative Dir)*
Laura McCaskill *(Sr Art Dir)*
Justin Wright *(Grp Creative Dir)*

Accounts:
AB InBev; 2007
Abbott Nutrition Curate; 2015
Agilent Technologies; 2006
Allstate; 2012
Ally Bank; 2010
American Airlines Cargo; 2005
BASF; 2008
Bridgestone Americas Tire Operations
Bridgestone Golf; 2013
Cargill; 2004
Delta Dental; 2014
Disney Rewards; 2016
Jason's Deli; 2016
Lake Austin Spa Resort; 2012
Magnolia/Best Buy; 2005
The North Face; 2006
Peterbilt; 2011
Promised Land Dairy; 2016
Red Bull; 2010
The ServiceMaster Company, LLC The Terminix International Company Limited Partnership, TruGreen-ChemLawn
T-Mobile; 2015
Terminix; 2007
TriHealth; 2016
TruGreen; 2008
USAA
Vizient; 2008

Branch

Publicis Hawkeye
325 Arlington Ave Ste 700, Charlotte, NC 28203
Tel.: (704) 344-7900
Fax: (704) 344-7920
Web Site: www.publicishawkeye.com

Employees: 40
Year Founded: 1999

Agency Specializes In: Sponsorship

Greg Osenga *(Mng Dir-CRM)*
Deborah Geiger *(Grp Acct Dir)*
Jeremy McClellan *(Art Dir)*
Jim Williams *(Creative Dir)*
Scott Grissinger *(Dir-Analytics)*
Scott Gerber *(Assoc Creative Dir)*
Michael Hefty *(Sr Art Dir)*

Accounts:
Agilent Technologies
Alltel
American Airlines
BASF
Captial One
Magnolia
Siemens

PURE STRATEGIC INC.
6325 Gunpark Dr Ste E, Boulder, CO 80301
Tel.: (720) 336-0530
E-Mail: info@purestrategic.com
Web Site: www.purestrategic.com

Employees: 12
Year Founded: 2010

Agency Specializes In: Digital/Interactive, Graphic Design, Internet/Web Design, Search Engine Optimization, Social Media

Christopher Brown *(Pres)*

Accounts:
Dr Trevor Cates
Walking Tree Travel

PURPLE, ROCK, SCISSORS
189 S Orange Ave Ste 2020, Orlando, FL 32801
Tel.: (407) 936-1794
E-Mail: hello@prpl.rs
Web Site: www.purplerockscissors.com

Employees: 50

Agency Specializes In: Advertising, Brand Development & Integration, Commercial Photography, Digital/Interactive, E-Commerce, Experience Design, Internet/Web Design,

AGENCIES - JANUARY, 2019 — INTERACTIVE AGENCIES

Production, Public Relations, Social Media

Bobby Jones *(Founder & CEO)*
Michael Parler *(VP)*
Jim Powell *(Dir-Tech)*
Kresten Fisher *(Sr Strategist-Digital)*
Caitlin Pequignot *(Sr Strategist-Digital)*

Accounts:
New-The Cartoon Network Powerpuff Yourself

PUSH DIGITAL
1401 Sam Rittenberg Blvd Ste 1, Charleston, SC 29407
Tel.: (843) 225-6528
E-Mail: info@pushdigital.com
Web Site: www.pushdigital.com

Employees: 50
Year Founded: 2010

Agency Specializes In: Advertising, Brand Development & Integration, Content, Digital/Interactive, Email, Graphic Design, Internet/Web Design, Production, Social Media, Strategic Planning/Research

Wesley Donehue *(Founder & CEO)*
Michael Rentiers *(Pres)*
Matt Nichols *(Partner & COO)*
Phil Vangelakos *(Sr VP)*
Jonathan Williams *(VP-Brands & Mktg)*
John Phillips *(Dir-Design)*
Brooke Willaby *(Dir-Adv)*
Phil Bailey *(Sr Acct Exec)*
Sierra Mascilak *(Acct Exec-Adv)*
Nick Murray *(Deputy Dir-Bus Dev)*

Accounts:
New-SeaWorld Parks & Entertainment LLC

PUSHFIRE INC
6725 S Fry Rd Ste 700-522, Katy, TX 77494
Tel.: (888) 663-9994
E-Mail: info@pushfire.com
Web Site: https://pushfire.com/

Employees: 50

Agency Specializes In: Brand Development & Integration, Content, Digital/Interactive, Search Engine Optimization, Social Media

Sean Dolan *(Pres & COO)*
Jessica Frick *(VP-Ops)*

Accounts:
Copyblogger Media

PWC DIGITAL SERVICES
300 Madison Ave Fl 24, New York, NY 10017
Tel.: (646) 471-4000
Web Site: digital.pwc.com

Employees: 65
Year Founded: 1996

Agency Specializes In: Brand Development & Integration, Digital/Interactive, Financial, High Technology, Information Technology, Strategic Planning/Research

Mark McCaffrey *(Partner & Head-US Tech, Media & Telecommunications)*
Tom Puthiyamadam *(Head-PwC Digital-US Advisory Markets & Competencies)*
Thomas Fallon *(Creative Dir & Mgr)*
Nick Haas *(Creative Dir-Experience Center)*
Ariel Hammer *(Creative Dir)*
Heather Harrigan *(Dir-Digital Experience-UX Consumer Markets)*
Layna Dugan *(Sr Mgr-Internal Change & Comm)*
Tamara Pluviose *(Sr Mgr-Digital Strategy & Innovation)*
Anthony Garcia *(Mgr-Experience Strategy)*
Josh Hammel *(Sr Assoc-Digital Svcs-Experience Center)*
Elisabeth Riedl *(Sr Mktg Mgr)*

Accounts:
Make-a-Wish Foundation

RADIAL
(Formerly Ebay Enterprise)
935 1st Ave, King of Prussia, PA 19406
Tel.: (610) 491-7000
Fax: (610) 491-7366
Web Site: http://www.radial.com/

Employees: 400
Year Founded: 1986

Agency Specializes In: E-Commerce

Revenue: $1,357,994,000

Pierre Winand *(CEO)*
Jan Dobris *(Sr VP-Svcs, Ops & Fin)*
Matt Snyder *(VP-Ops-Fulfillment Svcs)*
Robin Gomez *(Dir-Data & Analytics)*
Shane Wentz *(Dir-Continuous Improvement)*

Accounts:
Toys "R" Us, Inc.

RAGE AGENCY
100 S Cass Ave, Westmont, IL 60559
Tel.: (630) 537-0273
Web Site: rageagency.com

Employees: 28
Year Founded: 2014

Agency Specializes In: Advertising, Advertising Specialties, Affluent Market, Brand Development & Integration, Business-To-Business, Commercial Photography, Communications, Consumer Goods, Consumer Marketing, Content, Cosmetics, Digital/Interactive, Direct-to-Consumer, E-Commerce, Electronic Media, Electronics, Email, Entertainment, Environmental, Fashion/Apparel, Financial, Graphic Design, High Technology, Household Goods, Identity Marketing, Industrial, Information Technology, Integrated Marketing, Internet/Web Design, Legal Services, Logo & Package Design, Luxury Products, Media Training, Medical Products, Merchandising, Mobile Marketing, Multicultural, Multimedia, New Technologies, Package Design, Paid Searches, Pets , Planning & Consultation, Print, Production, Production (Ad, Film, Broadcast), Promotions, Public Relations, Publicity/Promotions, Publishing, Radio, Real Estate, Recruitment, Restaurant, Search Engine Optimization, Social Marketing/Nonprofit, Social Media, Travel & Tourism, Urban Market, Viral/Buzz/Word of Mouth, Web (Banner Ads, Pop-ups, etc.)

Brian Polacek *(Exec Creative Dir)*

Accounts:
Associates in Family Care (Agency of Record) Marketing, Social Media
Managentum Interim Executives; 2014

RAIN
610 W 26th St 9th Fl, New York, NY 10001
Tel.: (212) 206-6850
E-Mail: newbiz@mediarain.com
Web Site: rain.agency

Employees: 90

Agency Specializes In: Advertising, Affluent Market, Brand Development & Integration, Branded Entertainment, Broadcast, Business-To-Business, Cable T.V., Collateral, College, Consumer Marketing, Content, Corporate Communications, Corporate Identity, Cosmetics, Customer Relationship Management, Digital/Interactive, Direct Response Marketing, Direct-to-Consumer, Electronics, Email, Entertainment, Experience Design, Faith Based, Financial, Food Service, Government/Political, Graphic Design, Health Care Services, High Technology, Hispanic Market, Hospitality, Household Goods, Identity Marketing, Information Technology, Integrated Marketing, Internet/Web Design, Investor Relations, Leisure, Logo & Package Design, Luxury Products, Market Research, Media Planning, Men's Market, Multimedia, New Product Development, New Technologies, Newspapers & Magazines, Out-of-Home Media, Outdoor, Paid Searches, Pets , Planning & Consultation, Production (Ad, Film, Broadcast), Search Engine Optimization, Social Marketing/Nonprofit, Social Media, Sports Market, Strategic Planning/Research, T.V., Teen Market, Travel & Tourism, Urban Market, Viral/Buzz/Word of Mouth, Web (Banner Ads, Pop-ups, etc.), Women's Market

Nithya Thadani *(CEO)*
Nick Godfrey *(COO)*
Mia Azpeitia *(VP-Client Svcs)*
Greg Hedges *(VP-Emerging Experiences)*
Mel Smith *(Acct Dir)*
Dale LaRue *(Acct Supvr)*
Jaclyn Schillinger *(Acct Supvr)*
Matt Lang *(Sr Strategist-Digital)*

Accounts:
Adobe (Digital Agency of Record) Marketing Cloud Digital Ecosystem & Communication Strategies
Alibaba Reputational Storytelling Initiatives
Amazon Echo
Campbell's Chunky Soup, Digital Marketing Strategy
Comcast "Persuasively Informative" Video Development
Douglas Elliman App Development, Social Media Management, Web Development
ESPN 30 For 30 Documentary
Facebook On-going Documentary Film/Video Work
Harmons Social Media Management, Web Development
L'Oreal USA Campaign: "The Spectrum"
The Mormon Channel App Development, Integrated Marketing Campaign, Web Development
MuseAmi App Development, Campaign Development, Integrated Marketing
National Retail Federation Integrated Marketing Programs
Prego Web Development
Puma Digital, Puma Suede, Social, Video
Spaghettio's Social Media Management
Swanson Content Marketing Initiatives

RATIONAL INTERACTION
1201 3Rd Ave Ste 5200, Seattle, WA 98101
Tel.: (206) 623-1873
E-Mail: hello@rationalagency.com
Web Site: www.rationalagency.com

Employees: 160
Year Founded: 2009

Agency Specializes In: Brand Development & Integration, Content, Digital/Interactive, Event Planning & Marketing, Internet/Web Design, Media Buying Services, Media Planning, Public Relations, Search Engine Optimization, Social Media

Joseph Debons *(Pres)*
DJ Wheeler *(Exec VP)*

INTERACTIVE AGENCIES

Kahly Berg *(Sr VP-Rational Consulting)*
Kristy Snowden *(VP-Client Svcs)*
Dennis O'Reilly *(Exec Creative Dir)*
Kyle Gode *(Sr Dir-Client Dev)*
Claire Evans *(Creative Dir)*
Adam Pflug *(Dir-Tech)*
Jennifer Brien *(Acct Mgr)*
Mendy Sass *(Strategist-Paid Media)*

Accounts:
New-Cisco Systems, Inc.

RAZORFISH
(Merged with SspientNitro for form SapientRazorfish)

REASON2B
16 W 22nd St 4th Flr, New York, NY 10010
Tel.: (212) 627-6644
E-Mail: info@reason2be.com
Web Site: www.reason2be.com

Employees: 10

Agency Specializes In: Brand Development & Integration, Content, Digital/Interactive, Public Relations, Social Media

Accounts:
New-A.S.98

RED CLAY INTERACTIVE
22 Buford Village Way Ste 221, Buford, GA 30518
Tel.: (770) 297-2430
Toll Free: (866) 251-2800
E-Mail: hello@redclayinteractive.com
Web Site: https://www.redclayinteractive.com/

Employees: 18
Year Founded: 2000

Agency Specializes In: Digital/Interactive, Internet/Web Design, Paid Searches, Search Engine Optimization

Revenue: $2,100,000

Lance Compton *(Pres & CEO)*
Scott Atkinson *(COO & Exec VP)*
Brett Compton *(VP & Creative Dir)*
Eunice Hong Carter *(Dir-Engagement)*
Greg Cruce *(Dir-Analytics)*
Yancey Vickers *(Dir-Tech)*
Kristen Lewter *(Designer)*
Ashley Cagle Conrad *(Sr Writer)*

Accounts:
1040.com
Cloud Sherpas
Merial

RED INTERACTIVE AGENCY
3420 Ocean Park Blvd Ste 3080, Santa Monica, CA 90405
Tel.: (310) 399-4242
Fax: (310) 399-4244
E-Mail: contact@ff0000.com
Web Site: www.ff0000.com

Employees: 140
Year Founded: 1999

Agency Specializes In: Advertising, Affluent Market, African-American Market, Automotive, Brand Development & Integration, Business-To-Business, Children's Market, College, Consumer Goods, Consumer Marketing, Content, Copywriting, Corporate Communications, Corporate Identity, Direct-to-Consumer, Electronics, Entertainment, Experiential Marketing, Fashion/Apparel, Financial, Food Service, Graphic Design, High Technology, Household Goods, Information Technology, Internet/Web Design, Leisure, Logo & Package Design, Market Research, Men's Market, Multicultural, New Product Development, New Technologies, Production (Ad, Film, Broadcast), Programmatic, Real Estate, Retail, Sports Market, Strategic Planning/Research, Teen Market, Travel & Tourism, Tween Market, Women's Market

Approx. Annual Billings: $23,000,000

Brian Lovell *(Founder & Chm)*
Donny Makower *(Pres)*
Nick Phelps *(CEO)*
Derek van den Bosch *(COO)*
Dave Foster *(Sr VP & Head-Acct Mgmt)*
Zach Glass *(VP-Ops)*
Daniel Mizraki *(VP-Strategic Partnerships)*
Gregory Nichols *(VP-Digital Mktg Svcs)*
Daniel Neumann *(Head-Strategy)*
Mark Beechy *(Exec Creative Dir)*
Roni Sebastian *(Exec Creative Dir)*
Stephanie Tillinghast *(Sr Dir-Client Dev)*
Jose Guerrero *(Art Dir)*
Lisa Hung *(Acct Dir)*
Eric Lamb *(Creative Dir)*
Noah Roper *(Acct Dir)*
Samantha Williams *(Acct Dir)*
Jennifer Velasquez *(Dir-Project Mgmt)*
Nicole DiMascio *(Mgr-Social Media)*
Neal Lerner *(Mgr-Bus Dev)*
Katie Leonard *(Assoc Producer)*

Accounts:
Black Entertainment Television (BET) Digital Advertising, Experience Design, Strategy; 2013
Bud Light Brands, Campaigns, Digital Advertising, Product Innovation, Strategy; 2016
Budweiser Campaigns, Content Development, Digital Advertising, Experience Design; 2015
Crayola Campaigns, Product Innovation, Social, Strategy; 2016
Disney Destinations Brands, Campaigns, Digital Advertising, Experience Design, Product Innovation, Strategy; 2008
Edmunds Brands, Campaigns, Content Development, Digital Advertising, Experience Design, Strategy; 2015
ESPN Brands, Campaigns, Digital Advertising, Experience Design, Strategy; 2006
Ferrari Experience Design, Social, Strategy; 2015
GoPro Brands, Campaigns, Digital Advertising, Strategy; 2016
Hasbro Content Development, RED Games; 2015
Hulu Digital Advertising, Experience Design; 2012
LEGO Campaigns, Content Development, Digital Advertising, Social; 2011
Microsoft Campaigns, Digital Advertising, Social; 2012
Nickelodeon Digital Advertising, Experience Design, Product Innovation, RED Games; 2013
Oprah Winfrey Network Experience Design, Product Innovation, RED Games, Strategy; 2013
Paramount Pictures Digital Advertising; 2007
Roku Experience Design; 2016
Ubisoft Brands, Campaigns, Content Development, Digital Advertising, Social, Strategy; 2009
Under Armour Campaigns, Digital Advertising, Social, Strategy; 2015
WGN America Design, Digital Advertising, Experience, Social; 2014

RED OLIVE
9980 S 300 W Ste 300, Sandy, UT 84070
Tel.: (801) 545-0410
Web Site: www.redolive.com

Employees: 5

Agency Specializes In: Brand Development & Integration, Content, Digital/Interactive, Graphic Design, Internet/Web Design, Logo & Package Design, Print, Search Engine Optimization, Social Media

Revenue: $1,105,000

Matt Moeller *(Founder & CEO)*
Justin Wilde *(Partner & VP-Sls)*
Chris Grayson *(Art Dir)*
Braydn Jones *(Sls Dir)*
Mike Murphy *(Mktg Dir)*
Cameron Raterink *(Art Dir)*
Ryan Butters *(Sr Mgr-Email Mktg)*
Joshua Luther *(Mgr-Dev)*
Jonathan Rodriguez *(Sr Strategist-Digital Mktg)*
Rebecca Fuller *(Sr Designer-UX & UI)*

Accounts:
Izon

REDSHIFT
8 California St #600 6th Flr, San Francisco, CA 94111
Tel.: (415) 371-1500
E-Mail: info@wearedshift.com
Web Site: http://redshiftdigital.com/

Employees: 20

Agency Specializes In: Brand Development & Integration, Digital/Interactive, Internet/Web Design

David Westen *(Principal)*
Steffan Schlarb *(Creative Dir)*
Ben Hester *(Assoc Dir-UX)*

Accounts:
New-San Francisco Design Week

RELISH INTERACTIVE
156 Augusta Avenue, Toronto, ON M5T 2L5 Canada
Tel.: (647) 477-8192
E-Mail: pickled@relishinteractive.com
Web Site: www.reli.sh

Employees: 50
Year Founded: 2007

Agency Specializes In: Digital/Interactive, Internet/Web Design, Mobile Marketing, Multimedia

Sacha Raposo *(Founder & Pres)*
Paul Pattison *(Mng Dir)*
Nick Tremmaglia *(VP-Product)*
Alyssa Munaretto *(Sr Graphic Designer)*
Ingrid Tam *(Designer)*
Diana Maclean *(Coord-Ops)*

Accounts:
Design Edge Canada Graphic Design Industry
FITC Design & Technology Focused Conferences Providers
Motorola Mobility LLC Mobile Phones Mfr & Dealers
Nike Sportswear Mfr & Supplier
RollBots Television Network

REP INTERACTIVE
21135 Erwin St, Los Angeles, CA 91367
Tel.: (888) 789-1299
E-Mail: info@repinteractive.com
Web Site: www.repinteractive.com

Employees: 25
Year Founded: 2009

Agency Specializes In: Brand Development & Integration, Content, Digital/Interactive, Social Media

AGENCIES - JANUARY, 2019
INTERACTIVE AGENCIES

Judy Gatena *(CEO)*
Ryan Woods *(Supvr-Post Production)*

Accounts:
New-Amazon.com, Inc.

RESOLUTE DIGITAL
601 W 26Th St Rm 1515, New York, NY 10001
Tel.: (646) 650-3120
E-Mail: info@resolute.com
Web Site: https://resolute.com/

Employees: 25

Agency Specializes In: Digital/Interactive, Internet/Web Design, Media Buying Services, Media Planning, Search Engine Optimization, Strategic Planning/Research

Brian McNamee *(Founder & Mng Partner)*
Benjamin Sanders *(Founder & Mng Partner-Technical)*
Jarod Caporino *(Pres)*
Aliciana Bowers *(Supvr-Media)*
Colby Lundberg *(Assoc Partner-Media)*

Accounts:
The Leukemia & Lymphoma Society (Digital Marketing AOR)

RESULTRIX
424 2nd Ave W, Seattle, WA 98119
Tel.: (425) 502-6542
Web Site: www.resultrix.com

Employees: 5
Year Founded: 2008

Agency Specializes In: Advertising, Digital/Interactive, Email, Graphic Design, Media Planning, Search Engine Optimization, Social Media

Craig Greenfield *(COO)*
Danielle Gantos *(Grp Dir-Media)*

Accounts:
Bergman Luggage, Llc.
Bharati AXA Ltd
Corbis Corporation
Edifecs, Inc.
Indiabulls Mutual Funds
L&T Finance Limited
Microsoft Corporation Bing
Puget Sound Energy, Inc.

RETAIL REINVENTED
1539 Carmona Ave, Los Angeles, CA 90019
Tel.: (310) 556-0323
Web Site: www.retailreinvented.com

Employees: 5
Year Founded: 2010

Agency Specializes In: Digital/Interactive, Direct Response Marketing, Experience Design, Mobile Marketing, Search Engine Optimization, Social Media, Web (Banner Ads, Pop-ups, etc.)

Perry Preston *(CEO & Head-Projects)*

Accounts:
Beyond Yoga

REVERSED OUT
1032 Madison Ave, Covington, KY 41011
Tel.: (513) 205-8022
Web Site: www.reversedout.com

Employees: 10

Agency Specializes In: Brand Development & Integration, Digital/Interactive, Graphic Design, Internet/Web Design, Logo & Package Design, Print, Public Relations, Search Engine Optimization, Social Media

Accounts:
Scott Marketing Solutions

RHYME DIGITAL, LLC.
161 Northampton St Ste A, Easthampton, MA 01027
Tel.: (413) 303-0353
Fax: (413) 303-9465
Web Site: www.rhyme.digital

Agency Specializes In: Digital/Interactive, Internet/Web Design, Paid Searches, Search Engine Optimization, Social Media

Blair Winans *(Pres)*

Accounts:
FastenMaster

RHYTHM
9860 Irvine Center Drive, Irvine, CA 92618
Tel.: (949) 783-5000
Web Site: rhythmagency.com/

Employees: 50
Year Founded: 1996

Agency Specializes In: Digital/Interactive, Direct Response Marketing, Electronic Media, Email, Experience Design, Mobile Marketing, Paid Searches, Production, Radio, Search Engine Optimization, Social Media, Sweepstakes, Viral/Buzz/Word of Mouth, Web (Banner Ads, Pop-ups, etc.)

Peter Bohenek *(Pres)*
Craig Cooke *(CEO)*

Accounts:
FirstHealth of the Carolinas
FivePoint Content, Design, Website
GE
Jacuzzi Group Worldwide Digital, Jacuzzi Hot Tubs, Sundance Spas
Schreiber Foods Design, Social Media Strategy, Website
Silverado
Visit Anaheim Design, Strategy, Website
ZO Skin Health Content Development, Paid Media, Search Marketing, Website

RIDE FOR THE BRAND
221 W Exchange Ave Ste 313, Fort Worth, TX 76164
Tel.: (817) 768-3011
E-Mail: info@rideforthebrand.net
Web Site: www.rideforthebrand.net

Employees: 50

Agency Specializes In: Brand Development & Integration, Digital/Interactive, Internet/Web Design, Paid Searches, Search Engine Optimization, Social Media, Web (Banner Ads, Pop-ups, etc.)

Douglas Cox *(Dir-Digital)*
David McVey *(Acct Exec)*

Accounts:
Key School Fort Worth
Winchester Safes

RIGHTPOINT
29 N Wacker Dr 4th Fl, Chicago, IL 60606
Tel.: (312) 920-8383
Fax: (312) 920-8384
E-Mail: media@rightpoint.com
Web Site: www.rightpoint.com

Employees: 280
Year Founded: 2007

Agency Specializes In: Brand Development & Integration, Content, Digital/Interactive, E-Commerce, Email, Graphic Design, Internet/Web Design, Logo & Package Design, Search Engine Optimization

Ross Freedman *(Co-Founder)*
Brad Schneider *(Co-Founder)*
Micah Swigert *(Mng Dir & Sr VP)*
Anamika Lasser *(Sr VP-Design & Strategy)*
Ron Scheuman *(Sr VP-Ops)*
Jobin Ephrem *(Mng Dir-Tech)*
Brandon Rozelle *(VP-Strategy)*
Brad Vesprini *(VP-Delivery)*
Rich Wood *(VP-Microsoft Alliance)*
Tom Quish *(Head-Natl Practice & Sr Grp Creative Dir)*
Adrienne Chalfant Parker *(Acct Dir)*
Mike Becker *(Dir-Quality)*
Heather Angell *(Designer-Visual)*

Accounts:
New-Akumina
New-Reading Is Fundamental

Branch

Rightpoint
5830 Granite Pkwy Ste 870, Plano, TX 75024
Tel.: (972) 684-5608
E-Mail: dallas@rightpoint.com
Web Site: www.rightpoint.com

Agency Specializes In: Business-To-Business, Content, Customer Relationship Management, Digital/Interactive, E-Commerce, Event Planning & Marketing, Internet/Web Design, Retail, Social Media, Strategic Planning/Research

Vadim Dolt *(Mng Dir & VP)*
Chris Crombie *(Sr VP-Bus Dev & Alliances)*
Rob Ahnemann *(Dir-Tech)*

Accounts:
New-Greyhound Lines Inc. (Digital Agency of Record)

RIPE MEDIA, INC
3255 Cahuenga Blvd W Ste 210, Los Angeles, CA 90068
Tel.: (323) 882-6874
Fax: (866) 710-0890
E-Mail: getmore@ripemedia.com
Web Site: www.ripemedia.com

Employees: 3

Agency Specializes In: Brand Development & Integration, Content, Digital/Interactive, Internet/Web Design, Print, Search Engine Optimization, T.V.

Heather Richman *(Mng Partner-Creative)*
Kristen O'Connor *(Partner & Client Svcs Dir)*
Chris Simental *(Strategist-Tech)*
Ruby Manadero *(Designer-UX)*

Accounts:
New-Amgen, Inc.
New-Fox
New-The University of Southern California

INTERACTIVE AGENCIES

ROAR GROUPE
(Acquired & Absorbed by SapientRazorfish New York)

ROBOSOFT TECHNOLOGIES INC.
Regus Business Centre, Palo Alto, CA 94301
Tel.: (650) 798-5008
Web Site: www.robosoftin.com

Employees: 500

Nikunj Sanghvi *(VP & Head-Sls-US)*

ROCKFISH
3100 Market St Ste 100, Rogers, AR 72758-8261
Tel.: (479) 464-0622
Web Site: rockfishdigital.com/

Employees: 150
Year Founded: 2006

Agency Specializes In: Advertising, Internet/Web Design, Mobile Marketing, Sponsorship

Approx. Annual Billings: $14,400,000

Dawn Maire *(Pres & Chief Strategy Officer)*
Eric Wiley *(VP-Tech)*

Accounts:
Arvest
Dave & Buster's Inc. Digital
Hershey's
Kimberly Clark
Oppenheimer
Procter & Gamble
Sam's Club
SC Johnson
Tyson Foods
Wal-Mart

ROI REVOLUTION
4401 Atlantic Ave, Raleigh, NC 27604
Tel.: (919) 954-5955
Fax: (919) 954-4767
E-Mail: info@roirevolution.com
Web Site: www.roirevolution.com

Employees: 500
Year Founded: 2002

Agency Specializes In: Advertising, Content, Digital/Interactive, E-Commerce, Internet/Web Design, Market Research, New Product Development, Paid Searches, Search Engine Optimization, Social Media

Timothy Seward *(Founder & CEO)*
Petra Weiss O'Brien *(COO)*
Lori Collins *(Controller)*
Barbara Green *(Sr Dir-HR)*
Denis Coombes *(Sls Dir)*
Justin D'Angelo *(Client Svcs Dir)*
Jeremy Aube *(Dir-Engrg)*
Mark Digman *(Dir-Mktg)*
Tyler Leonard *(Mgr-IT)*
Hallie Altman *(Analyst-Social Media Adv)*

Accounts:
Feelgoodz
Hydro Flask
Kenneth Cole Productions, Inc.
Perry Ellis International, Inc.
Peter Millar
Plow & Hearth
Spangler Candy Company

ROSETTA
(Merged into SapientRazorfish)

RUNNER AGENCY
5307 E Mockingbird Ln, Dallas, TX 75206
Tel.: (214) 396-8500
Web Site: www.runneragency.com

Employees: 10
Year Founded: 2004

Agency Specializes In: Advertising, Collateral, Communications, Consulting, Content, Corporate Identity, Digital/Interactive, E-Commerce, Email, Entertainment, Exhibit/Trade Shows, Experience Design, Financial, Graphic Design, Health Care Services, Hospitality, Identity Marketing, Integrated Marketing, Internet/Web Design, Local Marketing, Logo & Package Design, Market Research, Media Buying Services, Media Planning, Medical Products, Mobile Marketing, Multimedia, Out-of-Home Media, Outdoor, Paid Searches, Planning & Consultation, Print, Real Estate, Regional, Retail, Social Marketing/Nonprofit, Social Media, Sports Market, Strategic Planning/Research, Technical Advertising, Web (Banner Ads, Pop-ups, etc.)

Approx. Annual Billings: $2,000,000

Reagan Judd *(Co-Founder & CEO)*
Lacy Judd *(Co-Founder & Sr Strategist-Digital)*
John Keehler *(Partner & Dir-Strategy & Insights)*
Cody Wagner *(Sr Developer)*

Accounts:
Fortress Security Home Security Systems & Cameras; 2013
Galatyn Minerals Oil & Gas; 2013
GiftCard.com Gift Cards; 2012
Ideal Implant
Ideal Smiles
MediTract Software; 2014
NJ Spine & Orthopedics Orthopedics & Spine Surgery Centers; 2013
North American Spine
Pine Valley Foods Cookie Dough Fundraising; 2014
Thermi

SABERTOOTH INTERACTIVE
2017 Pacific Ave, Venice, CA 90291
Tel.: (310) 883-8820
Fax: (310) 882-0835
E-Mail: info@sabertooth.tv
Web Site: www.sabertooth.tv

Employees: 5

David Cullipher *(Pres & Creative Dir)*

Accounts:
Comcast
Dell
Doritos
The Ebeling Group Not Possible Labs
Nokia
Subaru

SANDSTORM DESIGN
4619 N Ravenswood Ave Ste 300, Chicago, IL 60640
Tel.: (773) 348-4200
E-Mail: info@sandstormdesign.com
Web Site: https://www.sandstormdesign.com/

Employees: 17
Year Founded: 2001

Agency Specializes In: Digital/Interactive, Experience Design, Mobile Marketing, Search Engine Optimization, Social Media, Sponsorship, Web (Banner Ads, Pop-ups, etc.)

Andrea Wood *(Mng Dir & COO)*
Janna Fiester *(Exec Creative Dir)*
Emily Kodner *(Dir-Web Strategy)*
Bill Kurland *(Copywriter)*

Accounts:
American Medical Association (AMA) Physicians Career Site
Crown Holdings; 2011
National Association of Realtors (AMR)

SANDSTROM PARTNERS
808 SW Third Avenue No 610, Portland, OR 97204
Tel.: (503) 248-9466
Web Site: sandstrompartners.com/

Employees: 50

Agency Specializes In: Education, Food Service, Identity Marketing, Industrial, Media Relations, Package Design, Print, Sponsorship, Sports Market

Jack Peterson *(Pres)*
Kelly Bohls *(Partner & Sr Project Mgr)*
Steve Sandstrom *(Exec Creative Dir)*
Daniel Baxter *(Dir-Strategic Plng)*
Trevor Thrap *(Designer)*
Chris Gardiner *(Assoc Creative Dir)*

Accounts:
Converse, Inc.
Eastside Distilling
Full Sail Brewing Company
Kobrick Coffee
Kombucha Wonder Drink Tea Beverages Mfr
The One Club
Random House English Language Trade Publisher
Rejuvenation Building Interiors Hardware Mfr
Seeds of Change Food Service Providers
Soloflex Body Building Equipment Distr
Stillhouse Spirits Co
Swedish Match Cigar & Pipe Tobacco Mfr
Tenth Caller Tixie Logo
Webtrends Digital Marketing Solution Providers

SAPIENTRAZORFISH NEW YORK
(Formerly Razorfish New York)
375 Hudson St, New York, NY 10014
Tel.: (212) 798-6600
Fax: (212) 798-6601
Web Site: www.sapientrazorfish.com

Employees: 401
Year Founded: 1995

Agency Specializes In: Digital/Interactive, Internet/Web Design, Planning & Consultation, Sponsorship

Jennifer Berry *(Mng Partner & VP)*
Ariel Marciano *(CFO)*
Darren McColl *(Chief Brand Officer & Chief Mktg Strategy Officer)*
Katherine Battle-Schulz *(Sr VP-Mktg & Consumer Strategy & Head-Mktg Science)*
Robert Silver *(Sr VP & Head-Media-Natl)*
Andy Williams *(Sr VP-Client Engagement-SapientRazorfish)*
Barry Fiske *(Grp VP, Head-NA Brand Experience Studio & Exec Creative Dir)*
Charlie Taylor *(VP & Client Partner)*
Elizabeth Papasakelariou *(Exec Partner-Client & VP)*
Sean Wilkins *(VP-Mktg & Consumer Strategy)*
Jeff Stokvis *(Head-Transformation Strategy & Grp Dir-Digital Product Innovation)*
Ed Vanga *(Dir-Product Mgmt & Head-Digital Transformation)*
Greg Boullin *(Head-Digital Product Innovation)*
Edward Nathan *(Head-Creative & Strategy)*
Courtney Sando *(Head-Marriott Americas*

AGENCIES - JANUARY, 2019 — INTERACTIVE AGENCIES

Programmatic & Assoc Media Dir)
Gabe Weiss *(Head-Digital UX Transformation & Product Innovation)*
Josh Borstein *(Sr Dir-Data Science & Analytics)*
Amy Junger *(Sr Dir)*
Jodi Lyons Miller *(Sr Dir-Program Mgmt)*
Elena O'Donnell *(Sr Dir-Program Mgmt)*
Christine Kronenburg *(Sr Acct Dir)*
Agustina Marcos *(Sr Acct Dir)*
Jennifer Pinto *(Sr Acct Dir)*
Colleen Gilbert *(Media Dir)*
Manja Kurzak *(Creative Dir-Experience Design & Digital Product Innovation)*
Eric Kwiatkowski *(Acct Dir)*
Penn Li *(Creative Dir)*
Benjamin Loh *(Art Dir)*
Sara Rappaport *(Acct Dir)*
Nicole Reincke *(Acct Dir)*
Ryan Jones *(Dir-SEO)*
Annie Ma *(Dir-Project Mgmt)*
Brooke Calder Murphy *(Dir-Social Content & Engagement Strategy)*
Andrew Sharetts *(Dir-Social Content & Engagement Strategy)*
Alison Skodol *(Dir-Social Content & Engagement Strategy)*
Sidheshwar Singh Chauhan *(Assoc Dir-Product Mgmt)*
Matt DeVirgiliis *(Assoc Dir-Product Mgmt)*
Kate Gillespy *(Assoc Dir-Acct Mgmt)*
Fiona Hobson-Williams *(Assoc Dir-Project Mgmt)*
Yiannis Psaroudis *(Assoc Dir-Project Mgmt)*
Christopher Wallace *(Assoc Dir-Data Science & Analytics)*
Jessica Zorn *(Assoc Dir-Data Platforms)*
Wendy Hernandez *(Sr Acct Mgr)*
Jay Lee *(Product Mgr-Digital)*
Caroline Cherrick *(Mgr-Analytics)*
Lauren Genevieve Kessler *(Mgr-Experience Strategy)*
Amanda Lapid *(Mgr-Data Platforms)*
Anna Lazar *(Mgr-Data Science & Analytics)*
Shaazia Patla *(Mgr-Analytics & Data Sciences)*
Aeshna Shah *(Mgr-Data Science & Analytics)*
Colleen Smith *(Mgr-Creative Staffing-West Reg)*
Mark Szandzik *(Mgr)*
Jesse Wilson *(Mgr-Data)*
Deepti Reddy *(Acct Supvr)*
Masha Murakhovsky *(Supvr-Social Engagement & Content Strategy)*
Chelsea Davis *(Sr Strategist-Social & Content)*
Jennifer Francis *(Strategist-Social)*
David T. Hutchins *(Strategist-People)*
Gina Imperati *(Media Planner)*
Carly Costantino *(Grp Media Dir)*
Jeremy Cross *(Assoc Creative Dir)*
Stephanie L. Da Costa *(Assoc Media Dir)*
Marcelo Mariano *(Assoc Creative Dir-Canada)*
Bryan Matsuoka *(Exec Partner)*
Carina Alderete Moncivais *(Sr Client Partner)*
Mohit Pahuja *(Sr Product Mgr-Digital)*
Susan Phuvasitkul *(Assoc Creative Dir-Copy)*
Mike Roe *(Reg Exec Creative Dir)*
Jaspreet Singh *(Corp Officer-Strategy-North America)*
Luz Tejada *(Sr Partner-Client)*
Melissa Trepinski *(Sr Client Partner)*
Britton Troth *(Sr Assoc-Data Science & Analytics)*

Accounts:
New-The Advertising Council
 All
Amplifon S.p.A. (Global Digital Strategy & User Experience Agency of Record) Digital Transformation Strategy; 2017
Bayer Healthcare Consumer Care Division Aleve, Alka-Seltzer, Allergy, Claritin, Coppertone, Digital Creative, Mobile, Nutritional & Gastro, Skincare, Websites
Canon Me and my bear
Church & Dwight Co., Inc. Batiste Dry Shampoo, Consumer Insight, Creative, Data, First Response, RePhresh, Replens, Search, Social Media, Strategy, Trojan
Conde Nast Food Destination Web Sites
EMC Corporation
Ford Motor Company
Forest Labs
H&R Block Digital Display & Web work
Hewlett Packard Enterprise
L'Oreal
Marriott International, Inc. (Global Media Agency of Record) Media Planning & Purchasing; 2018
Masco Lead Digital
Mercedes-Benz USA Inc. Campaign: "Build a GLA on Instagram", Campaign: "Tweet Race", Digital
The Patron Spirits Co Digital
Peet's Coffee & Tea Digital
Pershing
Ralph Lauren
Sheraton Hotels & Resorts
Spotify
Starwood Hotels & Resorts
T-Mobile
T. Rowe Price
TE Connectivity Ltd. (Digital Agency of Record)
Unilever AXE Campaign: "The Graphic Novel", Baby Dove, Dove
United Services Automobile Association Digital
Westin Hotels & Resorts Media Buying, Media Planning
XM Radio

Branches

Razorfish Health
100 Penn Sq E 4th Fl, Philadelphia, PA 19107
Tel.: (267) 295-7100
Fax: (267) 295-7101
Web Site: http://razorfish.health/

Employees: 50
Year Founded: 2010

National Agency Associations: 4A's

Agency Specializes In: Advertising, Brand Development & Integration, Customer Relationship Management, Digital/Interactive, Email, Media Relations, Search Engine Optimization, Social Media, Strategic Planning/Research

Edward Nathan *(Acting Mng Dir)*
Don Young *(COO)*
Joshua Tumelty *(Exec VP & Exec Creative Dir)*
John Reid *(Sr VP & Exec Creative Dir)*
Keri Hettel *(VP & Grp Dir-Analytics)*
Samantha Cody *(VP & Acct Dir)*
Stephanie Franke *(VP & Creative Dir)*
Mike Reiser *(VP-ACD)*
Rico Ricketson *(Head-Client Bus)*
David Paragamian *(Dir)*
Chelsea Hesterberg *(Sr Acct Exec)*
Steph Krout *(Assoc Creative Dir)*
Kevin Tran *(Sr Art Dir)*

Accounts:
Aetna Inc. Health Care & Medicare Insurance Providers
Alzheimers Association Health Care & Social Service Providers
The Childrens Hospital of Philadelphia Inpatient & Outpaitent Hospital Services
Genentech Inc. Health Care Products Mfr & Mktg

SapientRazorfish Nancy
(Formerly Razorfish Nancy)
14 rue Francois de Neufchateau, Longlaville CEDEX, 5440 Nancy, France
Tel.: (33) 3 83 91 47 80
Web Site: www.sapientrazorfish.com

Employees: 16

Agency Specializes In: Advertising

Arthur Sadoun *(CEO)*
Laure Garboua Tateossian *(Exec VP & Gen Mgr)*

SapientRazorfish Paris
(Formerly Razorfish Paris)
57 Boulevard de La Villette, 75010 Paris, France
Tel.: (33) 1 58 17 59 00
Fax: (33) 1 58 17 59 01
Web Site: www.sapientrazorfish.com

Employees: 300

Agency Specializes In: Digital/Interactive, Electronic Media, Internet/Web Design

Arthur Sadoun *(CEO)*
Antoine Pabst *(CEO-France)*
Laure Garboua Tateossian *(Exec VP & Gen Mgr)*
Marie Roquelaure *(Head-Social & Brand Content)*
Jean Pascal Mathieu *(Exec Dir-Innovation & Consulting)*
Nicolas Roope *(Exec Creative Dir)*
Melanie Cumbo *(Grp Acct Dir-Dir Consulting)*

SapientRazorfish Atlanta
(Formerly Razorfish Atlanta)
1230 Peachtree St Ne Ste 2200, Atlanta, GA 30309
Tel.: (678) 538-6000
Fax: (678) 538-6001
Web Site: www.sapientrazorfish.com

Employees: 60

Agency Specializes In: Digital/Interactive, Sponsorship

Chris Hall *(Co-CEO-North America)*
Daniel Alpert *(Partner-Client & VP)*
Evan Rowe *(VP-Data Science & Analytics)*
Brian Miller *(Sr Dir & Head-Consumer Intelligence)*
Lindsay Wachs *(Head-South Reg Capacity & Dir-Staffing)*
Nathan Oliver *(Head-Sls-Transportation, Mobility & CPG-Natl & Retail-Western Reg)*
Jory Hull *(Sr Dir-Creative & Design)*
Paul Schoknecht *(Sr Dir-Bus Dev)*
Courtney Demko *(Media Dir)*
Crystal Aria *(Dir-Social & Content Strategy)*
Dane Manning *(Dir-Search)*
Mustafa Nisar *(Dir-Data Science & Analytics)*
Betsy Spain *(Assoc Dir-Project Mgmt)*
Nikki Farrah *(Sr Mgr-Digital Product)*
Claire Puchis *(Mgr-Program Mgmt)*
Michael Brandt *(Grp Creative Dir)*
Reed Coss *(Grp Creative Dir)*
Sarah Dossani *(Assoc-Mktg Strategy & Analysis)*
Lisa Fisher *(Sr Media Planner)*
Dena Martin *(Assoc Media Dir)*

Accounts:
Mercedes-Benz USA, LLC

SapientRazorfish Australia
(Formerly Razorfish Australia)
Bond 3 30 Windmill Street, Millers Point, NSW 2000 Australia
Tel.: (61) 293809317
Fax: (61) 293808312
Web Site: www.sapientrazorfish.com

Employees: 40

Agency Specializes In: Media Relations, Search Engine Optimization, Social Media, Strategic Planning/Research, Technical Advertising

Accounts:
Anthony Puharich Ask the Butcher
Aussie Campaign: "Creating Intelligent Sales Channels"

INTERACTIVE AGENCIES — AGENCIES - JANUARY, 2019

Australia Post
BT Financial Service Providers
City of Heidelberg
IGA
Levis Jeans & Authentic Cloths Mfr
Lexus Campaign: "LFA Surface Experience"
Mountain Dew Soft Drink Mfr
Qantas
Samsung
XYZnetworks Television Network Services

SapientRazorfish Chicago
(Formerly Razorfish Chicago)
222 Merchandise Mart Plz, Chicago, IL 60654
Tel.: (312) 696-5000
Fax: (312) 876-9866
Web Site: www.sapientrazorfish.com

Employees: 250

Agency Specializes In: Digital/Interactive, Sponsorship

Mark Beekman *(Mng Partner & Grp VP)*
Samantha Nyhan *(Mng Dir)*
Sheldon Monteiro *(CTO)*
Martin Jacobs *(Grp VP-Tech)*
Cristina Lawrence *(Grp VP-Social & Content Mktg)*
Christopher McNally *(Mng Dir-BD)*
Melissa Fostyk-Dorko *(VP & Head-Bus Dev-North America)*
Doug Jones *(VP-Fin & Ops)*
Jerry Lawrence *(VP-Social Media & Content Mktg)*
Kevin McElroy *(VP & Sr Grp Creative Dir)*
Jon Reily *(VP-Commerce Strategy)*
Tammy Pepito *(Sr Dir-Social & Content Mktg)*
Sarah Campbell *(Acct Plng Dir)*
Laura Frizzo *(Creative Dir)*
Aliya Ghows *(Dir-Mktg & Consumer Strategy)*
Vincent Shine *(Dir-Mobile User Experience)*
Kirk Vaclavik *(Sr Mgr-Brand Strategy)*
Stefanie Goliszewski *(Sr Acct Mgr)*
Nicholas Fasolt *(Mgr-Data Science & Analytics)*
Alyssa Alvarez *(Acct Supvr)*
Ramiro Silva Cortes *(Sr Art Dir)*
Julie Dickard *(Sr Client Partner)*
Amy Ditchman *(Grp Creative Dir)*
Kelly Hardwick *(Grp Creative Dir)*
Katie Rivard *(Assoc Creative Dir)*

Accounts:
Dell
Esurance, Inc. Media Planning & Buying
Kellogg Company Campaign: "My Special K", Campaign: "Top Cheese 2012"
Mondelez International, Inc. E-commerce Strategy
Purina ALPO
Ronald McDonald House Charities
Samsung Telecommunications Campaign: "The Emoticon Project"

SapientRazorfish Germany
(Formerly Razorfish Germany)
Stralauer Allee 2b, 10245 Berlin, Germany
Tel.: (49) 3029363880
Fax: (49) 3029363850
Web Site: www.sapientrazorfish.com

Employees: 20

Agency Specializes In: Advertising

Kathrin Dariz *(Grp Dir-Strategy)*
Claudia Trippel *(Creative Dir)*
Katharina Boepple *(Sr Art Dir)*

Accounts:
Audi AG "Audi TT Brochure Hack", Audi A3, Audi R8, Audi TT, LED Scoreboard
McDonald's Deutschland GmbH Make Your Own Burger Campaign
UBS

SapientRazorfish GmbH
(Formerly Razorfish GmbH)
Jakob Latscha Strasse 3, 60314 Frankfurt, Germany
Tel.: (49) 69 70403 0
Fax: (49) 69 70403 500
E-Mail: info@razorfish.de
Web Site: https://www.razorfish.de/

Employees: 150
Year Founded: 1996

Preethi Mariappan *(VP-Emerging Experiences-EMEA)*
Frederik J. Cilliers *(Mgr-Art Direction & Visual Design)*
Katharina Boepple *(Sr Art Dir)*
Jay Boynton *(Sr Assoc-Experience Strategy)*

Accounts:
T-Mobile US

SapientRazorfish Hong Kong
(Formerly Razorfish Hong Kong)
22/F Chinachem Exchange Square 1, 1 Hoi Wan Street, Quarry Bay, China (Hong Kong)
Tel.: (852) 31024512
Fax: (852) 28657928
Web Site: www.sapientrazorfish.com

Employees: 100

Agency Specializes In: Advertising

Rebecca Simpson *(Reg Head-Relationship, PR & Mktg)*

Accounts:
Asus
Hong Kong Tourism Board Campaign: "I Never Knew"
Marriott International
Nike
Procter & Gamble Pampers
Unilever Bestfoods HK Ltd. Rexona

SapientRazorfish Milan
(Formerly Razorfish Milan)
Corso Monforte 36, 20121 Milan, Italy
Tel.: (39) 02 831 37209
Fax: (39) 02 831 37 1
Web Site: www.sapientrazorfish.com

Employees: 45

Marco Barbarini *(Head-Milan Office & Client Exec Dir)*
Carlo Maria Fasoli *(Exec Creative Dir)*

SapientRazorfish Philadelphia
(Formerly Razorfish Philadelphia)
417 N 8th St Fl 2, Philadelphia, PA 19123-3916
Tel.: (267) 295-7100
Fax: (267) 295-7101
Web Site: www.sapientrazorfish.com

Employees: 135
Year Founded: 1996

National Agency Associations: AAF

Agency Specializes In: Digital/Interactive

Jennifer Friese *(Pres-West Reg)*
Melissa Fostyk-Dorko *(VP & Head-Bus Dev-North America)*
Amanda Moyer *(Acct Dir)*
Drew Griffin *(Dir-Digital Solutions)*

Accounts:

Alaska Airlines
AstraZeneca; PA; 1998
Brooks Brothers; 2007
Johnson & Johnson
Syracuse University Capital Campaign
Wyeth; PA; 2001

SapientRazorfish San Francisco
(Formerly Razorfish San Francisco)
303 2nd St 6th Fl Southtower, San Francisco, CA 94107
Tel.: (415) 369-6300
Fax: (415) 284-7090
Web Site: www.razorfish.com

Employees: 100

Agency Specializes In: Digital/Interactive, Planning & Consultation, Sponsorship

Charlie Taylor *(VP & Client Partner)*
Michael Camara *(Creative Dir)*
Ryan Wesierski *(Acct Dir)*
Lawrence Williford *(Creative Dir-Experience Design)*
John Baek *(Dir-Data Sciences & Analytics)*
Satish Tallapaka *(Dir-Data Engrg)*
Andrew Tada *(Sr Partner-Client)*

Accounts:
Microsoft Corporation Bing, Consumer Marketing, Digital, Surface, Windows, XBox 360

SapientRazorfish Seattle
(Formerly Razorfish Seattle)
424 2nd Ave W, Seattle, WA 98119
Tel.: (206) 816-8800
Fax: (206) 816-8808
Web Site: www.razorfish.com

Employees: 2,200
Year Founded: 1996

Agency Specializes In: Advertising, Brand Development & Integration, Digital/Interactive, Direct Response Marketing, Electronic Media, High Technology, Internet/Web Design, Planning & Consultation, Sponsorship, Strategic Planning/Research

Raymond Velez *(CTO)*
Jon Groebner *(VP-Social & Content Mktg)*
Jeremy Lockhorn *(VP-Experience Strategy, Mobile & Emerging Tech)*
Sandra Ahn *(Sr Dir-Strategy & Consulting)*
Charlotte Cashill *(Sr Acct Dir)*
Carly Gray *(Media Dir)*
Sara Dawson *(Dir-Adv Svcs)*
Sue Gray *(Dir-Bus Dev)*
Akiran Assi *(Acct Mgr-Media)*
Linsey Mounger *(Client Partner)*
Nora Yang *(Mgr-Data Sciences)*
Wes Collett *(Media Supvr & Sr Planner-Digital Media)*
Terry Teigen *(Sr Planner-Digital Media-Nike)*
Mackenzie Banta *(Asst Media Planner)*
Samih Fadli *(Chief Intelligence Officer-Global)*
Emily Maglietti *(Assoc Media Dir)*
Brendan McGinnis *(Sr Media Planner)*
Andrea Stowell *(Sr Media Planner)*
Catie Vigen *(Sr Media Planner)*

Accounts:
Adidas
American Honda Acura, Acura MDX, Digital, E-Commerce, Honda, Social Media Marketing, Web Sites
Audi
AXE Campaign: "Anarchy: The Graphic Novel"
Best Buy Co., Inc. Digital Agency or Record
Bmibaby
C&A

AGENCIES - JANUARY, 2019
INTERACTIVE AGENCIES

Car2Go Creative
Carnival Corporation
Carnival Cruise Lines
Coca-Cola Refreshments USA, Inc.
Conde Nast
DHL
Ford Motor Company
Forest Laboratories
Home Shopping Network Social Advertising
Intel Campaign: "Re-Imagine", Social Media Marketing, Website Development
JCPenney Jewelry
The J.M. Smucker Company (Digital Agency of Record) CRM, Digital Creative, E-Commerce, SEO, Web Design
Kraft Foods Group, Inc. Lunchables (Digital Agency)
Levi Strauss & Co. USA
Mattel Barbie, Digital Media Buying
McDonald's
Mercedes Benz
NIKE, Inc.
Red Bull Redbull.com
Samsung Galaxy SIII
SHUTTERFLY, INC
Southwest Airlines Microsite
Starwood Hotels
Target E-Commerce, In-Store Experience, Target.com
Travelocity Digital
Ubisoft Inc.
Unilever Home & Personal Care USA Dove
Unilever North America Lipton
Washington Mutual
Williams-Sonoma

SapientRazorfish UK
(Formerly Razorfish UK)
23 Howland St, London, W1A 1AQ United Kingdom
Tel.: (44) 207 907 4545
Fax: (44) 207 907 4546
Web Site: www.sapientrazorfish.com

Employees: 140

Agency Specializes In: Digital/Interactive, High Technology, Internet/Web Design

Jim Mason (Sr Dir-Bus Consulting-EMEA)
Neal Fairfield (Dir-Strategy)
Paul Stoeter (Assoc Creative Dir)

Accounts:
Argos Digital
Audi AG
Aviva plc Customer Insights, Data Analytics, Digital, Mobile Marketing, Social Media
BlackBerry
C&A Digital
Canon Campaign: "Me & My Bear", Lifecake
Dell
DHL Digital Strategy, Global Lead Digital
Emirates Group Global Social Media
Kurt Geiger Online Store Redesign
Lindt Creative, Global Digital, Website Redesign
Lloyds Banking Digital
McDonald's "McDonald's My Burger", 1955 burger, Big Mac, Burger Builder, Campaign: "The Big Mac Mind Tests", Campaign: "Discover The Taste Of Summer", Campaign: "Knitmas Greetings", Campaign: "Mixed Up Maps", Campaign: "Moments", Campaign: "Nice Cream Van", Campaign: "The One & Only", Campaign: "Where It All Began", Chicken McBites, Chicken McNuggets, Creative, Digital, Fries, Iced Fruit Smoothie, In Cinema, In Store, Milkshake, Quarter Pounder, Super Spice Dash, TV
NSPCC Media Planning & Buying
Unilever Axe, Lynx

SCORPION
(Formerly Driven Local)
One CA Plaza Ste 105, Islandia, NY 11749
Fax: (631) 393-6197
Toll Free: (866) 622-5648
Web Site: www.scorpion.co

Employees: 80
Year Founded: 2006

Agency Specializes In: Brand Development & Integration, Content, Crisis Communications, Digital/Interactive, Graphic Design, Internet/Web Design, Logo & Package Design, Print, Search Engine Optimization, Social Media

Kevin Szypula (Co-Founder & CEO)
Lauren Persico (Exec VP)
Brandon Berte (VP-Paid Social)
Joe Giancaspro (VP-Engrg-Driven Local)
Cassandra Olivos (VP-Content & Social)
Jenna Vaccaro (VP-SEO)
Heather Frantz (Mgr-SEO)
Amanda Melendrez (Reg Sls Dir)

Accounts:
One Source Companies

SDSOL TECHNOLOGIES
999 Ponce de Leon Blvd Ste. 745, Coral Gables, FL 33134
Tel.: (305) 274-2147
E-Mail: info@sdsol.com
Web Site: www.sdsol.com

Employees: 50
Year Founded: 1999

Agency Specializes In: Advertising, Brand Development & Integration, Content, Digital/Interactive, Game Integration, Graphic Design, Social Media, Strategic Planning/Research

Azam Malik (CEO)
Joel Cap (Dir-UI & UX)
Robert Silva (Designer-UI/UX)

Accounts:
New-CASTAR Applications LLC
New-Sync Footwear

SEARCH OPTICS
5770 Oberlin Dr, San Diego, CA 92121
Tel.: (888) 509-9911
Fax: (619) 330-4813
E-Mail: info@searchoptics.com
Web Site: www.searchoptics.com

Employees: 500
Year Founded: 1998

Agency Specializes In: Advertising, Brand Development & Integration, Content, Digital/Interactive, Event Planning & Marketing, Internet/Web Design, Paid Searches, Search Engine Optimization, Social Media, Strategic Planning/Research

Troy Smith (Founder & Pres)
David Ponn (CEO)
Jason Stesney (Chief Bus Dev Officer)
Christian Fuller (Chief Relationship Officer)
Eduardo Cortez (Pres-EMEA & Latin America)

Accounts:
Campbell Ford
Coon Rapids Chrysler Dodge Jeep Ram

SENTIENT INTERACTIVE LLC
200 Campus Dr Ste 230, Florham Park, NJ 07932
Tel.: (973) 630-6600
E-Mail: info@besentient.com
Web Site: www.besentient.com

Employees: 150
Year Founded: 2008

Agency Specializes In: Brand Development & Integration, Communications, Digital/Interactive, Event Planning & Marketing, Experiential Marketing, Internet/Web Design, Paid Searches, Social Media, Strategic Planning/Research

Thomas Cocuzza (Sr VP-Tech)
Dominic Viola (Mng Dir-Client Svcs)
Anne Mandell (Grp Acct Dir)
Bradford Roman (Grp Acct Dir)
Loren Ruderman (Creative Dir)
Robert Pratt (Dir-Production)
Susan Witte (Dir-Production)
Christian DeFranco (Assoc-Digital)
Al Mauriello (Assoc Creative Dir-Copy)

Accounts:
New-Kowa Pharmaceuticals America Inc LIVALO

SHAW + SCOTT
4111 E Madison St Ste 87, Seattle, WA 98112
Web Site: shawscott.com/

Employees: 70
Year Founded: 2009

Agency Specializes In: Digital/Interactive, Email, Mobile Marketing, Social Media, Strategic Planning/Research, Web (Banner Ads, Pop-ups, etc.)

Jamie Frech (Pres)
Julian Scott (Co-CEO)
Melissa Shaw (Co-CEO)
Aaron Smith (Sr VP-Labs)
Lynn Baus (VP-Digital Experience)
Jeff Blocker (VP-Technical Solutions)
Kim Reedy (VP-Acct Mgmt-Americas)
Jed Tank (VP-DevOps & Data Engineering)
Lin Wang (VP-Strategy & Analytics)
Thomas Westcott (VP-Engrg)
DeeDee Flagg (Dir-Digital Dev)
Chris Lovejoy (Dir-Mktg Svcs)
Shay Yun (Dir-Quality Assurance)
Katya Hoogerhuis (Assoc Creative Dir)

Accounts:
Alaska Airlines Creative, Email Marketing, Strategy
Bank of Hawaii Email Marketing, Mobile Campaigns
Snapfish Email Marketing

SHELTON INTERACTIVE
3006 Bee Caves Rd Ste A300, Austin, TX 78746
Tel.: (512) 206-0229
Web Site: www.sheltoninteractive.com

Employees: 4
Year Founded: 2010

Agency Specializes In: Brand Development & Integration, Content, Digital/Interactive, Event Planning & Marketing, Internet/Web Design, Logo & Package Design, Media Training, Public Relations, Search Engine Optimization, Social Media

Rusty Shelton (Founder & CEO)
Tiffany Jones (Sr Acct Mgr-Digital)
Paige Dillon (Strategist-Social Media)
Jonathan Olivo (Jr Graphic Designer)

Accounts:
New-Ann Voskamp
New-Denise Lee Yohn
New-John Torinus
New-My One Word

INTERACTIVE AGENCIES

New-The Zondervan Corporation

SHERPA! WEB STUDIOS, INC.
3423 Piedmont Rd NE, Atlanta, GA 30305
Tel.: (404) 492-6281
Toll Free: (800) 590-0188
Web Site: www.sherpaglobal.com

Employees: 5
Year Founded: 1999

Agency Specializes In: Digital/Interactive, Information Technology, Internet/Web Design

Rodrigo Luna *(Sr Designer-Web)*

Accounts:
Imaging Technologies
Lexicon Technologies, Inc.
Maxxis Tires
RaceTrac Petroleum, Inc.

SIDEWAYS8 INTERACTIVE LLC
193 Windsong Ln, Lilburn, GA 30047
Tel.: (678) 500-9901
E-Mail: support@sideways8.com
Web Site: sideways8.com

Employees: 10
Year Founded: 2009

Agency Specializes In: Brand Development & Integration, Content, Digital/Interactive, Event Planning & Marketing, Internet/Web Design, Search Engine Optimization, Strategic Planning/Research

Aaron Reimann *(Co-Founder)*
Adam Walker *(Mng Partner & Strategist)*
Jac-Martin Dorion *(Creative Dir)*

Accounts:
New-48in48 Inc
New-GLISI
New-Gwinnett Community Church
New-X3 Sports Enterprises LLC (Agency of Record)

SINGLEY & MACKIE INC
5776D Lindero Cyn Rd Ste 186, Westlake Village, CA 91362
Web Site: http://singleycontentstudios.com/

Employees: 4
Year Founded: 2010

Agency Specializes In: Advertising, Content, Digital/Interactive, Social Media, Strategic Planning/Research

Matt Singley *(Pres)*

Accounts:
DogVacay
Realtor.com

SMARTACRE
(Formerly MI Digital Agency)
557 Main St, Bethlehem, PA 18018
Tel.: (610) 419-4510
Web Site: www.getsmartacre.com

Employees: 20
Year Founded: 1997

Agency Specializes In: Advertising, Brand Development & Integration, Business-To-Business, Content, Digital/Interactive, Graphic Design, Public Relations, Strategic Planning/Research

Michael Carroll *(Pres)*
David Snyder *(Exec VP)*
Jeff Metter *(VP-Tech)*

Accounts:
Connotate, Inc.

SMARTBUG MEDIA INC
2618 San Miguel Dr Ste 216, Newport Beach, CA 92660
Tel.: (949) 236-6448
Web Site: www.smartbugmedia.com

Employees: 50
Year Founded: 2007

Agency Specializes In: Brand Development & Integration, Digital/Interactive, Event Planning & Marketing, Internet/Web Design, Media Training, Paid Searches, Public Relations, Search Engine Optimization, Social Media, Strategic Planning/Research

Ryan Malone *(Founder & CEO)*
Julia Feldman *(Gen Counsel)*
Amber Kemmis *(VP-Client Svcs)*
Damon Yerian *(VP-Creative)*
Shannon Delmarle *(Strategist-Mktg)*
Dan Quirk *(Strategist-Mktg)*

Accounts:
New-Conversant Bio
New-CoolSystems Inc Game Ready
New-Habitat for Humanity Greater San Francisco

SMARTSITES
45 Eisenhower Dr Ste 520, Paramus, NJ 07652
Tel.: (201) 448-9010
E-Mail: contact@smartsites.com
Web Site: www.smartsites.com

Employees: 50
Year Founded: 2011

Agency Specializes In: Brand Development & Integration, Content, Digital/Interactive, E-Commerce, Event Planning & Marketing, Internet/Web Design, Paid Searches, Search Engine Optimization, Social Media

Alex Melen *(Co-CEO & CFO)*
Michael Melen *(Co-CEO & COO)*
Olesya Kalat *(Dir-Billing Ops)*
Oleg Korneitchouk *(Dir-Mktg)*
Anita Kostadinov *(Dir-Project Mgmt)*
Matthew Prepis *(Dir-Bus Dev)*
Ryan Brew *(Acct Mgr)*
Richard Yenicag *(Acct Mgr)*
Jessica Yuskaitis *(Office Mgr)*
Sherry Arora *(Mgr-Web Design)*
Sergey Nechaev *(Mgr-Web Dev)*
Ziv Zamechek *(Assoc-Mktg)*

Accounts:
New-Advanced Comprehensive Laboratory
New-Del Motorized Solutions
New-NJLUX Real Estate

SOCIAL DRIVER
1030 15th St NW Ste 1050w, Washington, DC 20005
Tel.: (866) 395-7845
E-Mail: marketingteam@socialdriver.com
Web Site: socialdriver.com

Employees: 50

Agency Specializes In: Brand Development & Integration, Content, Digital/Interactive, Event Planning & Marketing, Graphic Design, Internet/Web Design, Production, Search Engine Optimization, Social Media, Strategic Planning/Research

Thomas Sanchez *(Co-Founder & CEO)*
Anthony Shop *(Co-Founder & Chief Strategy Officer)*

Accounts:
New-The American Forest & Paper Association
New-American Honda Motor Co., Inc.
New-Children's Hospital Association
New-The Elizabeth Dole Foundation Hidden Heroes
New-The Washington Auto Show

SOCIALBABIES
99 Gorge Rd, Edgewater, NJ 07020
Tel.: (201) 725-7374
E-Mail: info@social-babies.com
Web Site: www.social-babies.com

Employees: 10
Year Founded: 2010

Agency Specializes In: Advertising, Brand Development & Integration, Content, Digital/Interactive, Internet/Web Design, Paid Searches, Social Media, Strategic Planning/Research

James King *(Founder, CEO & Strategist-Social)*
Angelica Giuffre *(Mgr-Community)*

Accounts:
New-Devotion Spirits Inc

SOCIALCODE LLC
1133 15th St NW 9th Fl, Washington, DC 20005
Tel.: (844) 608-4610
E-Mail: info@socialcode.com
Web Site: www.socialcode.com

Employees: 300
Year Founded: 2010

Agency Specializes In: Advertising, Digital/Interactive, Social Media

Laura O'Shaughnessy *(CEO)*
Dan Federico *(CFO)*
John Alderman *(COO)*
Caitlin Nelson *(VP-Sls)*
Ken Barbieri *(Head-Bus Dev)*
Christopher Cormier *(Head-Sls)*
Kelsey Reitz *(Sls Dir-Midwest & West Coast)*
Debbie Wong *(Sr Acct Mgr)*
Lindsay O'Brien *(Mgr-Growth Partner)*
Jessica Bluedorn *(Planner-Strategy)*

Accounts:
Avon Social Media
Heineken
Visa, Inc. Digital

SOCIALFIX
99 Grayrock Rd Ste 103, Clinton, NJ 08809
Tel.: (908) 574-0898
Web Site: www.socialfix.com

Employees: 25
Year Founded: 2005

Agency Specializes In: Brand Development & Integration, Digital/Interactive, E-Commerce, Internet/Web Design, Print, Search Engine Optimization, Social Media, Strategic Planning/Research

Terry Tateossian *(Founder & Partner)*
Ken Krysinski *(Co-Founder)*
Leah Nau *(Dir-Strategic Accts)*

Marion Tateossian *(Dir-Client Acct)*
Vic Ventura *(Dir-Video & Interactive Media)*
Jeff Sancho *(Sr Mgr-Web Project)*

Accounts:
New-Inoevo
New-JudyNetworks
New-Leading Women Entrepreners LLC
New-Maumero, Inc.
The National MS Society
New-New York Blood Center
New-Nexvue
New-Pacific Mattress Company
New-Passaic Rubber Company
New-Pink Tie.org
New-Vquick

SOCIALLYIN
1500 1St Ave N Unit 104, Birmingham, AL 35203
Tel.: (662) 368-8707
Web Site: www.sociallyin.com

Employees: 14
Year Founded: 2011

Agency Specializes In: Advertising, Advertising Specialties, Affluent Market, African-American Market, Agriculture, Arts, Automotive, Aviation & Aerospace, Business-To-Business, College, Commercial Photography, Communications, Consumer Marketing, Content, Copywriting, Digital/Interactive, Direct-to-Consumer, E-Commerce, Fashion/Apparel, Financial, Food Service, Government/Political, Graphic Design, High Technology, Household Goods, Industrial, Integrated Marketing, Internet/Web Design, Leisure, Local Marketing, Logo & Package Design, Luxury Products, Men's Market, Merchandising, New Technologies, Production (Ad, Film, Broadcast), Restaurant, Retail, Social Marketing/Nonprofit, Social Media, Teen Market, Travel & Tourism, Urban Market, Viral/Buzz/Word of Mouth, Women's Market

Approx. Annual Billings: $250,000

Keith Kakadia *(CEO)*
Kaushal Kakadia *(Partner & CTO)*
Adrian Marcus *(Partner & Creative Dir)*
Cornelius Washington *(Art Dir)*
Anna Weissinger *(Dir-Social Media)*

Accounts:
Beveran Vodka; 2014
Electric Monkey Energy Drink; 2015
Jubilations Baked Goods; 2012
Mississippi State Football Team; 2014
UAM Aviation; 2016

SOCIOFABRICA
256 Sutter St 5th Fl, San Francisco, CA 94108
Tel.: (415) 935-0586
Web Site: sociofabrica.com

Employees: 50
Year Founded: 2011

Agency Specializes In: Brand Development & Integration, Content, Copywriting, Digital/Interactive, E-Commerce, Email, Event Planning & Marketing, Internet/Web Design, Stakeholders, Strategic Planning/Research

Sylvia Vaquer *(Founder & Chief Creative Officer)*
Keyvan Hajiani *(Co-Founder)*
Will Chamberlin *(CTO)*
Ria Faust *(Acct Dir)*
Brittney Cruz *(Dir-Design)*
Amaechi Igwe *(Acct Supvr)*
Katharine Read *(Designer-Mid-Level)*

Accounts:
New-StubHub

SOME CONNECT
180 N Upper Wacker Dr, Chicago, IL 60606
Tel.: (773) 357-6636
E-Mail: info@someconnect.com
Web Site: www.someconnect.com

Employees: 15
Year Founded: 2013

Agency Specializes In: Affiliate Marketing, Affluent Market, Business-To-Business, Consulting, Consumer Goods, Consumer Marketing, Cosmetics, Digital/Interactive, E-Commerce, Education, Email, Fashion/Apparel, Financial, Food Service, Graphic Design, Health Care Services, Hispanic Market, Hospitality, Household Goods, Industrial, Integrated Marketing, Internet/Web Design, Legal Services, Media Buying Services, Medical Products, Mobile Marketing, Multicultural, Paid Searches, Podcasting, Production (Ad, Film, Broadcast), Real Estate, Restaurant, Retail, Search Engine Optimization, Social Marketing/Nonprofit, Social Media, South Asian Market, Sweepstakes, Travel & Tourism, Viral/Buzz/Word of Mouth, Web (Banner Ads, Pop-ups, etc.)

Madhavi Rao *(Co-Founder)*

Accounts:
Belgravia Realty Real Estate; 2014
Famous Dave's Food & Beverage; 2014

SOMETHING MASSIVE
6159 Santa Monica Blvd, Los Angeles, CA 90038
Tel.: (310) 302-8900
Fax: (310) 362-8880
E-Mail: LA@SomethingMassive.com
Web Site: www.somethingmassive.com

Employees: 30
Year Founded: 2009

Agency Specializes In: Advertising, Advertising Specialties, Affluent Market, Automotive, Brand Development & Integration, Children's Market, Commercial Photography, Communications, Consumer Goods, Consumer Marketing, Content, Copywriting, Corporate Identity, Direct-to-Consumer, Entertainment, Fashion/Apparel, Food Service, Graphic Design, Health Care Services, Hospitality, Household Goods, Identity Marketing, Integrated Marketing, Internet/Web Design, Leisure, Medical Products, Pharmaceutical, Publicity/Promotions, Restaurant, Retail, Strategic Planning/Research, Teen Market, Tween Market, Urban Market, Women's Market

Approx. Annual Billings: $5,000,000

Rebecca Coleman *(Founder & Mng Partner)*
Chris Gibbin *(Partner)*
John Moshay *(Partner)*
Dana Neujahr *(Sr VP-Strategy & Engagement)*
Ariel Broggi *(VP & Creative Dir)*
Phil Henson *(VP & Creative Dir)*
Jennifer Brian *(VP-Production)*
Victor Illescas *(VP-Tech & Media)*
Eric Reidmiller *(Dir)*

Accounts:
The a2 Milk Company a2 Milk; 2015
Campbells Creative, Digital, DoYourPartner.com, Interactive, Plum Organics; 2010
iWi
Medtronic Diabetes; 2015
Regal Cinemas; 2011
Sony Pictures Aloha, Concussion, James Bond; 2014

SOUTH CENTRAL MEDIA
4751 Trousdale Ave, Nashville, TN 37220
Tel.: (615) 630-6422
Web Site: southcentralmedia.com

Employees: 50
Year Founded: 2009

Approx. Annual Billings: $4,200,000

Craig Jones *(Sls Dir)*
Joshua Milford *(Dir-Production)*

Accounts:
The Point Church
SmartAuto Repair
SmartWay
SmartWheels

SPACE CHIMP MEDIA
2620 Lynnbrook Dr, Austin, TX 78748
Tel.: (512) 298-2593
Fax: (888) 512-9011
E-Mail: info@spacechimpmedia.com
Web Site: http://spacechimpmedia.com

Employees: 10
Year Founded: 2010

Agency Specializes In: Information Technology, Internet/Web Design, Local Marketing, Market Research, Search Engine Optimization

Lauren Mahoney *(Mktg Mgr)*

Accounts:
ADS Sports Eyewear Marketing, website Redesign
The Associated Press, Inc.
Discount Electronics
Einstein Moving Company Integrated Digital Marketing, Online Ad Management, SEO Services, Website
Fertility Nutraceuticals, LLC Digital Marketing, Nutritional Supplement
The Great Rug Company
Hyper Wear Inc. Marketing, Offline, Online
IAS Direct Marketing
IQ Storage Marketing
The Laundry Alternative Inc. Marketing, Online, SEO
Little Leaves Digital Marketing
Starmap
Timeless Trends Digital, Marketing
Tiny Utopia Marketing

THE SPARK GROUP
306 W 38Th St Rm 601, New York, NY 10018
Tel.: (212) 989-3198
E-Mail: info@thesparkgroup.com
Web Site: www.thesparkgroup.com

Employees: 15
Year Founded: 2010

Agency Specializes In: Advertising, Brand Development & Integration, Digital/Interactive, Email, Graphic Design, Internet/Web Design, Social Media

Daniela Cuevas *(Partner & Creative Dir)*
Amy Brightman *(Partner & Strategist-Digital)*

Accounts:
Huertas

SPARKSHOPPE LTD
286 Washington Ave Ext Ste 203, Albany, NY 12203
Tel.: (518) 389-6608
Web Site: www.sparkshoppe.com

INTERACTIVE AGENCIES

Employees: 10
Year Founded: 2015

Agency Specializes In: Brand Development & Integration, Content, Digital/Interactive, Event Planning & Marketing, Food Service, Media Buying Services, Production, Shopper Marketing, Social Media, Stakeholders, Strategic Planning/Research

Heidi Lorch Reale *(Co-Founder)*
Meagan Handford *(Co-Founder & VP)*
Maritza Figliozzi *(Dir-Mktg)*
Megan Finin *(Dir-Digital Mktg & Analytics)*
Sara Lilkas *(Mgr-Digital Mktg)*
Susan Hale *(Mgr-Mktg)*

Accounts:
New-Fast Break Fund
New-Total Events LLC

SPEAK CREATIVE
1648 W Massey Rd # 200, Memphis, TN 38120
Tel.: (901) 757-5855
Toll Free: (888) 337-7325
Web Site: https://www.madebyspeak.com/

Employees: 20

Agency Specializes In: Content, Digital/Interactive, Email, Internet/Web Design, Search Engine Optimization, Social Media

Jacob Savage *(Pres)*
Matt Ervin *(Dir-Tech Solutions)*
Mike J. Moran *(Dir-Creative Svcs)*
Matt Roberts *(Dir-Bus Dev)*
Kindra Svendsen *(Dir-Digital Mktg Svcs)*
Megan Jones *(Acct Mgr)*
Meagan Howard Walley *(Acct Mgr)*
Abigail Devins *(Specialist-Digital Mktg)*
Amy Dunbar *(Strategist-Bus Dev)*
John Hubler *(Sr Designer-Web)*

Accounts:
Christian Brothers University
Wolf River Conservancy

SPECIALISTS MARKETING SERVICES, INC
777 Terrace Ave Ste 401, Hasbrouck Heights, NJ 07604
Tel.: (201) 865-5800
Fax: (201) 288-4295
E-Mail: listinfo@sms-inc.com
Web Site: http://www.sms-inc.com/

Employees: 105
Year Founded: 1987

Agency Specializes In: Digital/Interactive, Media Buying Services, Media Planning

Lon Mandel *(CEO)*
Nora Bush *(CFO)*
Susan Giampietro *(Exec VP)*
Robin Neal *(Exec VP-List Mgmt & Insert Media)*
Mary Ann Brennan-Montalbano *(Sr VP-Data Mgmt & Ops)*
Michael Heaney *(Sr VP-Customer Acq)*
Cyndi Lee *(Sr VP-List Mgmt Sls & Strategic Dev)*
Anna Feely *(VP-Bus Dev)*
Theresa Horn *(VP-Customer Acq & Data Mgmt)*
Judy Clancy *(Client Svcs Dir)*

Accounts:
Adtech Systems Inc.
North American Affinity Group

SPIDERBOOST COMMUNICATIONS
(Formerly SpiderBoost Interactive)
155 S Miami Ave Penthouse 2B, Miami, FL 33130
Tel.: (305) 220-6000
E-Mail: miami@spiderboost.com
Web Site: www.spiderboost.com

Employees: 20

Agency Specializes In: Advertising, Digital/Interactive, Internet/Web Design, Search Engine Optimization, Social Media

Armando Martinez Franco *(Partner)*
Angelica Martinez *(Acct Dir)*

Accounts:
3MC Partners
Abs Fuel
Kaufman, Rossin & Co., Professional Association
Key Point Academy
Latite Roofing
Safe-T Nails

SPINX INC.
911 W Washington Blvd, Los Angeles, CA 90015
Tel.: (213) 894-9933
Fax: (818) 660-1981
E-Mail: info@spinxwebdesign.com
Web Site: http://www.spinxdigital.com/

Employees: 15

Agency Specializes In: Digital/Interactive, Internet/Web Design, Search Engine Optimization, Social Media

Sukesh Jakharia *(Owner)*
Greg Szimonisz *(Acct Dir)*

Accounts:
Beats By Dre

SPIRE DIGITAL
940 N Lincoln St, Denver, CO 80203
Tel.: (303) 620-9974
E-Mail: info@spiredigital.com
Web Site: www.spiredigital.com

Employees: 51
Year Founded: 1998

Agency Specializes In: Brand Development & Integration, Content, Digital/Interactive, Internet/Web Design, Logo & Package Design, Print, Social Media

Adam Hasemeyer *(Pres)*
Michael Gellman *(CEO)*
Steve Lloyd *(CFO)*
Thaddeus Batt *(CTO)*
Nicholas Coppolo *(Chief Product Officer)*
Tina Maierhofer *(Dir-App Dev)*

Accounts:
New-Audit Prodigy
New-DaVita, Inc.
New-Hawksley Consulting, Inc.
New-Teradata Corporation
New-Trueffect, Inc.
New-Weyerhaeuser Company

SPOKES DIGITAL
10 Arkansas St, San Francisco, CA 94107
Tel.: (415) 508-3544
E-Mail: innovate@spokesdigital.us
Web Site: www.spokesdigital.us

Employees: 200

Agency Specializes In: Brand Development & Integration, Digital/Interactive, E-Commerce, Event Planning & Marketing, Paid Searches, Print, Radio, Retail, Search Engine Optimization, Social Media, T.V.

Jeff Diamond *(Pres & Chief Solutions Officer)*
Varun Patel *(CEO)*
Prasoon Nigam *(CTO)*
Namrata Sachan *(Chief Digital Officer)*

SQUARE205
100 W Oak St #200, Denton, TX 76201
Tel.: (940) 323-2341
E-Mail: communicate@square205.com
Web Site: www.square205.com

Employees: 10
Year Founded: 2009

Agency Specializes In: Brand Development & Integration, Digital/Interactive, Graphic Design, Internet/Web Design, T.V.

Paul Echols *(CEO & Creative Dir)*

Accounts:
Physmodo

SS DIGITAL MEDIA
950 Stephenson Hwy, Troy, MI 48083
Tel.: (877) 755-5710
Fax: (248) 268-7670
Web Site: www.ssdigitalmedia.com

Employees: 20

Agency Specializes In: Advertising, Brand Development & Integration, Digital/Interactive, Internet/Web Design, Search Engine Optimization

Amanda Friedt *(Partner-Acct & Ops Dir)*

Accounts:
Greenhouse Fabrics

ST8 CREATIVE SOLUTIONS INC
1431 7Th St Ste 204, Santa Monica, CA 90401
Tel.: (310) 394-7313
E-Mail: info@st8.com
Web Site: www.st8.com

Employees: 2
Year Founded: 2007

Agency Specializes In: Digital/Interactive, Internet/Web Design, Paid Searches, Search Engine Optimization, Social Media

Gustavo Morais *(CEO)*

Accounts:
Fox Sports

STARKMEDIA INC.
219 N Milwaukee St, Milwaukee, WI 53202
Tel.: (414) 226-2710
Fax: (414) 226-2716
E-Mail: info@starkmedia.com
Web Site: https://www.starkmedia.com/

Employees: 20

Agency Specializes In: Advertising, Brand Development & Integration, Content, Digital/Interactive, Email, Social Media

Ken Stark *(Pres)*
Bruce Krajcir *(Head-Mktg & Sr Acct Exec)*
Jeff Acton *(Acct Exec)*
Nicholas Dennis *(Sr Head-Design & Strategist)*

Accounts:

AGENCIES - JANUARY, 2019 — INTERACTIVE AGENCIES

Apex Tool Group
Putzmeister
TRC Global
Woodway

STEADFAST CREATIVE
251 Town Center Ln Ste 2101, Keller, TX 76248
Tel.: (817) 962-2236
E-Mail: hello@steadfastcreative.com
Web Site: www.steadfastcreative.com

Employees: 7

Agency Specializes In: Brand Development & Integration, Digital/Interactive, Internet/Web Design

Brad Parnell *(Pres)*
Lindsay Massie *(Dir-Ops)*

Accounts:
Nuduul

STIMULANT
28 2nd Street, San Francisco, CA 94105
Tel.: (415) 255-7081
Fax: (815) 550-1203
E-Mail: hello@stimulant.com
Web Site: stimulant.com/

Employees: 12

Agency Specializes In: Integrated Marketing, Mobile Marketing

Darren David *(Founder & CEO)*
Suzanne Hitchcock *(Dir-Fin & Ops)*

Accounts:
Hewlett-Packard Computer Products & Services
Intel Corporation Processor Technologies Developers
Kodak Graphic Communications Group Consumer Products Producer & Services
Microsoft Corporation Cloud Computing & Software Developers & Services
Reebok Sporting Goods Providers
SAP Business Management Software Solution Providers

STIRISTA, LLC
16414 San Pedro Ave Ste 150, San Antonio, TX 78232
Tel.: (866) 321-8505
Fax: (210) 855-4954
E-Mail: info@stirista.com
Web Site: www.stirista.com

Employees: 50
Year Founded: 2009

Agency Specializes In: Business-To-Business, Digital/Interactive, Social Media

Ajay Gupta *(CEO)*
Jane Rasmussen *(CEO)*
David Bailey *(VP-Sls)*
Candice Cochran Gupta *(VP-Strategic Partnerships)*
Patrick Howard *(Mktg Dir)*
Erika Reyna *(Acct Dir)*
Blaine Britten *(Dir-Digital Svcs)*
Olivier Fabre *(Dir-Loyalty & Acq Programs)*
Jane Diane Hasse *(Dir-HR)*
Arin Reyna *(Dir-IT Svcs)*
Karl Van Delden *(Mgr-Deployment & Software Svcs)*

Accounts:
The Ballantine Corporation

STRADELLA ROAD
1110 Stradella Rd, Los Angeles, CA 90077
Tel.: (424) 442-9411
E-Mail: hello@stradellaroad.com
Web Site: www.stradellaroad.com

Employees: 50

Agency Specializes In: Brand Development & Integration, Content, Customer Relationship Management, Digital/Interactive, Event Planning & Marketing, Game Integration, Graphic Design, Internet/Web Design, Production (Ad, Film, Broadcast), Social Media

Gordon Paddison *(CEO)*
Amanda Schuckman *(Head-Creative Content & Copywriter)*
Keith Knopf *(Exec Producer-Digital)*
Cara Trump *(Acct Mgr)*
Kristen Hellwig *(Strategist-Acct)*

Accounts:
Lions Gate Entertainment Corp
Real Mex Restaurants, Inc (Agency of Record)
Stephen Hawking

SUBSTANTIAL INC.
900 E Pine St Ste 202, Seattle, WA 98122
Tel.: (206) 838-0303
E-Mail: info@substantial.com
Web Site: substantial.com

Employees: 200
Year Founded: 2006

Agency Specializes In: Digital/Interactive, Internet/Web Design, Production, Strategic Planning/Research

Carey Jenkins *(CEO)*
Jeremy Borden *(Co-Founder)*
Paul Rush *(Co-Founder)*
Dheyvi Velagapudi *(VP-Design)*
Donte Parks *(VP-Culture)*
Eleni Adams *(VP-Ops & HR)*
Heather Griswold *(Sr Mgr-Engagement)*
Brit Zerbo *(Sr Designer-Product)*
Adam Pearson *(CTO)*

Accounts:
New-Amazon.com Inc.
New-Dow Jones & Company Inc.
New-Haworth Inc.
New-IDEO Inc.
New-Mercedes-Benz USA LLC
New-News Corporation
New-Novartis Corporation
New-University of Washington

SUITS & SANDALS, LLC
109 S 5Th St, Brooklyn, NY 11249
Tel.: (914) 215-1587
Web Site: www.suits-sandals.com

Employees: 4
Year Founded: 2011

Agency Specializes In: Advertising, Advertising Specialties, Affiliate Marketing, Affluent Market, Arts, Bilingual Market, Brand Development & Integration, Business-To-Business, Collateral, College, Commercial Photography, Communications, Computers & Software, Consulting, Consumer Goods, Consumer Marketing, Content, Corporate Identity, Customer Relationship Management, Digital/Interactive, Direct Response Marketing, Direct-to-Consumer, E-Commerce, Education, Electronic Media, Electronics, Email, Engineering, Entertainment, Environmental, Experience Design, Fashion/Apparel, Financial, Graphic Design, Guerilla Marketing, Health Care Services, High Technology, Household Goods, Identity Marketing, Industrial, Information Technology, Integrated Marketing, Internet/Web Design, Investor Relations, LGBTQ Market, Legal Services, Logo & Package Design, Market Research, Media Buying Services, Medical Products, Men's Market, Merchandising, Mobile Marketing, Multicultural, Multimedia, New Product Development, New Technologies, Over-50 Market, Package Design, Paid Searches, Pharmaceutical, Planning & Consultation, Podcasting, Point of Sale, Print, Production, Production (Ad, Film, Broadcast), RSS (Really Simple Syndication), Real Estate, Restaurant, Retail, Sales Promotion, Search Engine Optimization, Social Marketing/Nonprofit, Social Media, Strategic Planning/Research, Teen Market, Travel & Tourism, Urban Market, Web (Banner Ads, Pop-ups, etc.), Women's Market

Approx. Annual Billings: $300,000

Nick Dank *(Co-Founder & Dir-Strategy)*
Zachary Brady *(Partner & CTO)*
Miles Roxas *(Partner & Creative Dir)*

Accounts:
Applied Research and Consulting LLC Branding, Print Collateral, Website Design, Development & Maintenance; 2015
Cluechase Branding, Email Marketing, Escape Games Venue, Print Collateral, SEM, SEO, Website Design, Development & Maintenance; 2015
Dualtone Records The Vinyl Den; 2015
Electric Lady New York Electric Lady Live, Electric Lady Management, Electric Lady Studios, Heartbreaker Banquet; 2014
FalconRock Lindemar Branding, Collateral, Web Design, Development & Maintenance; 2016
Jewish Foundation for the Righteous Nonprofit Organization, Strategic Marketing, Web Development & Maintenance; 2014
Mom+Pop Records Various Recording Artists; 2015
Nationwide Coils Branding, Custom and Replacement Commercial HVAC Coil Products, Email Marketing, Print Collateral, SEM, SEO, Website Design, Development & Maintenance; 2011
Omnibuild Branding, Print Collateral, Website Design, Development & Maintenance; 2015
Pebblebee The Honey, The Stone; 2015
Still the One Distillery Comb the Spirits, Still the One Spirits; 2013
Verizon HopeLine; 2015

SUM DIGITAL INC
240 2nd St 2nd Fl, San Francisco, CA 94105
Tel.: (415) 673-3220
E-Mail: info@sumdigital.com
Web Site: www.sumdigital.com

Employees: 5
Year Founded: 2005

Agency Specializes In: Advertising, Business-To-Business, Digital/Interactive

Terry Whalen *(Pres)*
Joey Muller *(VP)*
Deirdre Kelly *(Acct Mgr-Digital Mktg)*
Patrick McDuffie *(Acct Mgr-Digital Mktg)*

Accounts:
Pura Vida Bracelets

SWARM NYC
16 W 22nd St, New York, NY 10010
Tel.: (646) 709-7407
Web Site: swarmnyc.com

INTERACTIVE AGENCIES
AGENCIES - JANUARY, 2019

Employees: 18
Year Founded: 2013

Agency Specializes In: Advertising, Affluent Market, African-American Market, Arts, Bilingual Market, Brand Development & Integration, Business Publications, Business-To-Business, Catalogs, Children's Market, College, Communications, Computers & Software, Consulting, Consumer Goods, Consumer Marketing, Consumer Publications, Corporate Identity, Custom Publishing, Customer Relationship Management, Digital/Interactive, Direct-to-Consumer, E-Commerce, Education, Electronic Media, Email, Engineering, Entertainment, Environmental, Experience Design, Faith Based, Fashion/Apparel, Game Integration, Graphic Design, High Technology, Hispanic Market, Hospitality, Household Goods, Identity Marketing, In-Store Advertising, Information Technology, Integrated Marketing, International, Internet/Web Design, LGBTQ Market, Leisure, Local Marketing, Logo & Package Design, Luxury Products, Magazines, Market Research, Men's Market, Mobile Marketing, Multimedia, New Product Development, New Technologies, Over-50 Market, Package Design, Paid Searches, Pets, Pharmaceutical, Planning & Consultation, Print, Product Placement, Production, Production (Print), Promotions, Public Relations, Publishing, Retail, Search Engine Optimization, Seniors' Market, Social Marketing/Nonprofit, Social Media, South Asian Market, Stakeholders, Strategic Planning/Research, Technical Advertising, Teen Market, Transportation, Travel & Tourism, Tween Market, Urban Market, Web (Banner Ads, Pop-ups, etc.), Women's Market

Approx. Annual Billings: $2,200,000

Jacek Grebski *(Mng Partner)*
Somya Jain *(Partner)*
Jason Prance *(VP-Accts & Strategy)*
David Martinson *(Coord-Production)*

Accounts:
CBSi CBS College Sports, CBS Fantasy Sports, CBS Sports Apple TV; 2013

SWEDEN UNLIMITED
199 Lafayette St 4th Fl, New York, NY 10012
Tel.: (212) 941-5904
E-Mail: info@swedenunlimited.com
Web Site: www.swedenunlimited.com

Year Founded: 1999

Agency Specializes In: Brand Development & Integration, Content, Copywriting, Digital/Interactive, E-Commerce, Fashion/Apparel, Internet/Web Design, Production, Social Media, Strategic Planning/Research

Leja Kress *(Founder & CEO)*
Alex Kress *(Founder & Chief Client Officer)*
Richard Agerbeek *(Creative Dir)*
Patrick Emanuel *(Dir-Strategy & Content)*
Victoria Clark *(Mgr-Editorial & Strategist)*

Accounts:
New-Coty Inc. Marc Jacobs
New-Erno Laszlo Inc.
New-Nicole Miller
New-Prelude Fertility Inc.
New-Skrubby Hub LLC
New-Starwood Hotels & Resorts Worldwide Inc. W Hotels Worldwide
New-StriVectin
New-Vera Wang
New-frilly Inc

SYZYGY NEW YORK
225 Broadway Fl 40, New York, NY 10007
Tel.: (646) 757-5300
E-Mail: info@syzygy.us
Web Site: www.syzygy.net/new-york/en

Employees: 1,000

Agency Specializes In: Digital/Interactive, Planning & Consultation, Social Media

Megan Harris *(Mng Dir)*
Gail Nelson *(Head-Mktg)*
Chris De Souza *(Dir-Performance)*

Accounts:
Avis Budget Group
Fuerst Group Chrome Industries, Data & Insights Services, Keen Footwear, Media & Content Strategy, Paid Digital Media Services, Programmatic & Paid Search Planning & Buying; 2018
Kettle Foods Holdings Kettle Chips
Lifeproof
PayPal Inc.
Soolantra

T-SIGN STUDIOS LA
4134 Del Rey Ave, Marina Del Rey, CA 90292
Tel.: (310) 928-7807
Fax: (310) 754-4010
Web Site: www.t-sign.com

Agency Specializes In: Advertising, Brand Development & Integration, Consulting, Copywriting, Digital/Interactive, E-Commerce, Email, Internet/Web Design, Logo & Package Design, Search Engine Optimization

Jochen Repolust *(Co-Founder & CEO)*
Juergen Repolust *(Co-Founder & CEO-Vienna)*

Accounts:
New-CXC Simulations

TAOTI CREATIVE
530 8Th St Se, Washington, DC 20003
Tel.: (202) 546-8946
E-Mail: hello@taoti.com
Web Site: www.taoti.com

Employees: 51

Agency Specializes In: Brand Development & Integration, Content, Digital/Interactive, Graphic Design, Internet/Web Design, Logo & Package Design, Social Media, T.V.

Brent Lightner *(Founder & CEO)*
James Krol *(Head-Bus Dev)*
Beth Reiser *(Project Mgr-Digital & Coord-Production)*

Accounts:
New-The DC Water

TECHNOGICS INC.
6723 Fresh Meadow Lane, Flushing, NY 11365
Tel.: (315) 636-4736
E-Mail: info@technogics.com
Web Site: www.technogics.com

Year Founded: 2002

TELARIA, INC.
(Formerly Tremor Video)
122 W 26th St 8th Fl, New York, NY 10001
Tel.: (646) 723-5300
Fax: (646) 224-8177
Web Site: www.telaria.com

Employees: 328
Year Founded: 2006

Agency Specializes In: Advertising, Digital/Interactive, Mobile Marketing, Web (Banner Ads, Pop-ups, etc.)

Revenue: $43,799,000

Mark Zagorski *(CEO)*
Katie Evans *(COO)*
Jennifer Handal Catto *(CMO)*
Abbey Thomas *(CMO-Tremor Video DSP)*
Doug Campbell *(Chief Strategy Officer)*
Anthony Flaccavento *(Chief Revenue Officer-Tremor Video DSP)*
Rick Song *(Chief Revenue Officer)*
Aaron Saltz *(Gen Counsel)*
Josh Koo *(Publr & Acct Mgr)*
Tim Ware *(Reg VP-Agency & Brand Partnerships)*
Laura Buchman *(VP-Publr Partnerships-North America & Head-Publr Sls)*
Andrew Posen *(VP & Head-IR)*
Clare Dunnett *(VP-Client Success)*
Peter Horn *(VP-Agency & Brand Rels)*
Adam Irlando *(VP-Platform Partnerships-North America)*
Hava Kelman *(VP-Bus Dev)*
Steve Kondonijakos *(VP-Platform Mktg)*
Juliette Stead *(VP-APAC)*
Craig Berlingo *(Head-Product)*
Edward Shannon *(Head-Client Success-Tremor Video DSP)*
Yael Milbank *(Gen Mgr-New Zealand)*
Kevin Smyth *(Gen Mgr-SEA)*
Justin Chadwick *(Sr Dir-Mktg-Tremor Video DSP)*
Jessica La Rosa *(Sr Dir-Product Mktg-Tremor Video DSP)*
Maureen O'Donoghue *(Acct Exec-Tremor Video DSP)*
Paul Caine *(Exec Chm)*

Accounts:
AMC
Dove
Dragonfly Publishing Services
The Enthusiast Network Publishing Services
Gillette
HBO
Honda
IBM
Meredith Corporation
Microsoft
Nestle
Panasonic
Priceline.com Transportation & Tourism
Showtime
Sony
Yahoo

THEOREM
130 W 42 St Ste 1201, New York, NY 10036
Tel.: (973) 665-1700
Web Site: www.theoreminc.net

Employees: 60
Year Founded: 2002

Agency Specializes In: Digital/Interactive

Jay Kulkarni *(Founder & CEO)*
Bhaskar Kalale *(Pres-Ops-India)*

Accounts:
Hearst

THEORY SF
500 Montgomery St, San Francisco, CA 94111
Tel.: (844) 843-6797
Web Site: www.theorysf.com

Employees: 10

Agency Specializes In: Advertising, Digital/Interactive, Internet/Web Design, Outdoor, Social Media, Strategic Planning/Research, T.V.

Russell Quinan *(Co-Founder & Chief Strategy Officer)*
Chip Sheean *(Co-Founder & Chief Creative Officer)*
Neil Cohen *(Mktg Dir)*
Ian Graham *(Dir-Content)*

Accounts:
Apache Software Foundation Spark
Ecoterra
New-Family Stations Inc
New-Forevercar.com
Forge
New-Holonis
New-MCTC
New-Netgear Inc.
New-Riverbed Technology Inc.
New-Sage Software Inc.
New-San Francisco Museum of Modern Art
New-Usurance
Visit Mendocino County

THIRDWAVE, LLC
15 West Hubbard St, Chicago, IL 60654
Tel.: (312) 329-1960
Web Site: www.thirdwavellc.com

Employees: 20
Year Founded: 1997

Agency Specializes In: Digital/Interactive, Electronic Media, Email, Experience Design, Multimedia, Promotions, Social Media, Web (Banner Ads, Pop-ups, etc.)

Revenue: $2,000,000

Jeff Janda *(Mng Partner & CFO)*
Orin Fink *(Mng Partner & CTO)*
Thomas Sychay *(Sr Architect-Application)*

Accounts:
Adler University Education; 2010
AIGA.org Not for Profit Association; 2003
Cummins Allison B2B; 2014
Gatorade.com Sports Drink; 1998
Hart Davis Hart Wine Wine; 2004
ITW.com Conglomerate; 2012
Japan Society Not for Profit Association; 2004
PreciousMoments.com Collectibles; 2005

THREE21
121 S Orange Ave Unit 980n, Orlando, FL 32801
Tel.: (407) 734-5215
E-Mail: info@three21.com
Web Site: www.three21.com

Employees: 50

Agency Specializes In: Brand Development & Integration, Collateral, Communications, Content, Digital/Interactive, Email, Integrated Marketing, Internet/Web Design, Paid Searches, Production, Search Engine Optimization, Social Media, Strategic Planning/Research

Joe Boutin *(Founder & CEO)*
Carey Sobel *(Partner & Chief Strategy Officer)*
Bryan Gunter *(Chief Creative Officer)*
Luc Boprey *(Head-Creative)*
Carmen Treffiletti *(Creative Dir)*
Melissa Boden *(Dir-Ops)*
Dan Melick *(Dir-Media & Strategy)*
Kim Samsel *(Office Mgr)*
Jeff Malcyzk *(Sr Strategist-Integrated Media)*
Trevor Theodore *(Strategist-Digital)*
Michael Anderson *(Designer-Multimedia)*

Accounts:
New-Central Florida Regional Transportation Association
New-Florida's Space Coast
New-Office of Diversity & Inclusion
New-Presbyterian Healthcare Services
New-Superbia Coffee

THREESPOT MEDIA, LLC
806 7th St NW Ste 201, Washington, DC 20001
Tel.: (202) 471-1000
E-Mail: hello@threespot.com
Web Site: https://www.threespot.com/

Employees: 25
Year Founded: 1999

Agency Specializes In: Brand Development & Integration, Content, Digital/Interactive, Media Training, Search Engine Optimization, Social Media

Bill Barbot *(Co-Founder & Pres)*
William Colgrove *(Founder & Chief Creative Officer)*
Elizabeth Barth *(Creative Dir)*

Accounts:
National Art Education Association

TIMMERMANN GROUP
3146 Locust St Ste 200, Saint Louis, MO 63103-1205
Tel.: (314) 588-1735
E-Mail: info@timmermanngroup.com
Web Site: www.wearetg.com

Employees: 20

Agency Specializes In: Brand Development & Integration, Content, Digital/Interactive, Graphic Design, Internet/Web Design, Logo & Package Design, Search Engine Optimization, Social Media, T.V.

Rob Timmermann *(Pres & CEO)*
Megan Grothman *(Acct Mgr)*
Cory Schaefer *(Acct Mgr)*
Jason Kanzler *(Designer-Interactive)*

Accounts:
New-Accurate STD
New-Mark Andy Inc Web Development

TONGAL
1918 Main St Fl 2, Santa Monica, CA 90405
Tel.: (310) 579-9260
Web Site: tongal.com

Employees: 75
Year Founded: 2008

Agency Specializes In: Advertising, Automotive, Branded Entertainment, Communications, Computers & Software, Consumer Goods, Consumer Marketing, Content, Cosmetics, Digital/Interactive, Entertainment, Financial, International, Production, Production (Ad, Film, Broadcast), Social Media, T.V., Travel & Tourism

James DeJulio *(Co-Founder & Pres)*
Mark Burrell *(Co-Founder)*
Rob Salvatore *(CEO)*
Jason Provisor *(VP-Strategic Accts)*
Tina Walsh *(VP-Content Strategy)*

TRAFFIC DIGITAL AGENCY
110 S Main St, Clawson, MI 48017
Tel.: (877) 772-9223
E-Mail: hello@trafficdigitalagency.com
Web Site: www.trafficdigitalagency.com/

Employees: 30

Agency Specializes In: Customer Relationship Management, Digital/Interactive, Internet/Web Design, Logo & Package Design, Paid Searches, Search Engine Optimization, Social Media

Jeremy Sutton *(Pres)*
Kyle Porter *(VP-Client Svcs & Sls)*

Accounts:
Baker College
Boxed Water
Federal Mogul
Greektown Casino
JD Power
Lumity
Meritor
Pet Supplies Plus
Steelcase

TREMOR VIDEO
(Name Changed to Telaria, Inc.)

TRIBAL WORLDWIDE
437 Madison Ave 8th Fl, New York, NY 10022
Tel.: (212) 515-8600
Fax: (212) 515-8660
E-Mail: info@tribalworldwide.com
Web Site: www.tribalworldwide.com

Employees: 1,200
Year Founded: 2000

National Agency Associations: 4A's

Agency Specializes In: Brand Development & Integration, High Technology, Sponsorship

Leo Tsui *(Pres-Hong Kong)*
Paco Garcia *(Head-Creative Comm & Branded Content & Creative Dir)*
Kinney Edwards *(Exec Creative Dir)*
Guiga Giacomo *(Exec Creative Dir-Brazil)*
Charmane Foo *(Sr Acct Dir)*
Lauren Kowalsky *(Mgmt Supvr)*
Marni Levine *(Mgmt Supvr)*
Quinn Schwellinger *(Mgmt Supvr)*
Steve Liu *(Dir-SEO)*
Trace Schlenker *(Acct Supvr)*
Shun Thai Ang *(Acct Exec)*
Shaunah Zimmerman *(Copywriter)*
Adrian Dickerson *(Assoc Creative Dir)*

Accounts:
The 3 MUSKETEERS
AT&T Inc. (Corporate Social Media Agency of Record) AT&T Innovation, AT&T Small Business, AT&T U-Verse, Content Framework, Creative, DirecTV, DirecTV Now, Personality, Storytelling, Strategy, Tone
BeautyBar.com
California Public Utilities Commission Digital, Energy Upgrade California Program
Clorox
Diageo
ExxonMobil
George Washington University (Digital Media Agency Of Record) Digital Media Buying, Digital Media Strategy, Display, SEO Management, Social
H&R Block
Hasbro Inc Monopoly
Intel
Johnson & Johnson Medical Device Brands
Jose Cuervo; 2007
KLM
The Lunchbox Fund Feedie
Lutron
Mars, Incorporated Eukanuba, Iams, Milky Way,

INTERACTIVE AGENCIES
AGENCIES - JANUARY, 2019

Royal Canin
McAfee Inc. Technology Security; 2008
McDonald's
Microsoft
Nike
Novartis
PepsiCo
Pfizer, Inc. Advil, Robitussin, Robitussin.com
Pharmavite SoyJoy
Reebok Campaign: "WeRClassic.com", Digital
Sun Power Corporation
UNICEF Campaign: "Safety"
Unilever Lipton Teas
Volkswagen Group of America, Inc.

AMERICAS

Tribal Worldwide Chicago
200 E Randolph St, Chicago, IL 60601
Tel.: (312) 552-6000
Fax: (312) 552-2358
Web Site: www.tribalworldwide.com

Employees: 55

Agency Specializes In: Digital/Interactive, Sponsorship

Meera Deepak *(Acct Dir)*

Accounts:
Emerson Electric
H&R Block Creative
Johnson & Johnson
KLM
McAfee
McDonald's
Microsoft
Novartis
OfficeMax
Pepsi
Quaker Oats Digital Marketing, Quaker Life Cereal, Quaker Oatmeal, Quaker Rice Snacks, Quaker Simple Harvest, Quaker Snack Bars
Unilever

Tribal Worldwide Toronto
33 Bloor Street East 12th Floor, Toronto, ON M4W 3T4 Canada
Tel.: (416) 925-9819
Fax: (416) 921-4180
E-Mail: Info@tribalworldwide.ca
Web Site: https://tribaltoronto.com/

Employees: 30

Agency Specializes In: Digital/Interactive

Michael Wiles *(VP & Bus Dir)*
Erin Kawalecki *(Creative Dir)*
Jordan Kentris *(Creative Dir-Experience)*
Mark Ovsey *(Art Dir)*
Chris Webden *(Dir-Production & Adv)*
Carol Boate *(Acct Supvr)*
Shannon Elliott *(Designer)*

Accounts:
Adidas, Canada
BC Dairy
BMO
Bud Light
Budweiser
Canadian Tire Campaign: "Shovel It Forward", Campaign: "The Canadian Way of Spring", Christmas Spirit Tree, Online, ShovelItForward.ca, Social
Canadian Tourism Commission
New-Crime Stoppers
Gatorade
General Mills Campaign: "HowToDad", Peanut Butter Cheerios

Glad
GO Transit
Habitat for Humanity Canada Creative, Design, Digital Strategy, Online Presence; 2018
Hotel De Jeunesse Website
Johnson & Johnson Campaign: "Junkface", Neutrogena MEN
KLM
Kol Kid "Simple Play", Campaign: "Toys Should Be Toys"
McDonald's Canada 140 Character Films Contest, Campaign: "From Farm To Fries", Campaign: "Our Food. Your Questions", Campaign: "Welcome to McDonald's", Creative, Design, Digital, Outdoor, Social Media, Strategy, Video
Moneris
Subaru Campaign: "Car Swap", Campaign: "Subaru Forester Family Rally"
Toronto Crime Stoppers
Tourism Nova Scotia Campaign: "If You Only Knew", Digital
Volkswagen Canada

Tribal Worldwide Vancouver
1600-777 Hornby St, Vancouver, BC V6Z 2T3 Canada
Tel.: (604) 608-4451
Fax: (604) 640-4343
E-Mail: andrewm@tribalworldwide.ca
Web Site: tribalworldwide.com

Employees: 150

Agency Specializes In: Digital/Interactive

Sandra Moretti *(Dir-Strategy)*
Amanda Waye *(Acct Supvr-Global)*

Accounts:
B.C. Hydro
BC Dairy
Canadian Dental Association Campaign: "Dental Mirror Installation"
Canadian Tourism Commission Campaign: "Keep Exploring", Skiing & Snowboarding

EUROPE

Tribal Worldwide Amsterdam
Prof WH Keesomlaan 4, 1183 DJ Amstelveen, Netherlands
Mailing Address:
PO Box 106, 1100 AC Amstelveen, Netherlands
Tel.: (31) 20 406 51 06
Fax: (31) 20 406 5100
E-Mail: info@tribalddb.nl
Web Site: www.tribalworldwide.com

Employees: 50
Year Founded: 1999

Agency Specializes In: Digital/Interactive

Alistair Beattie *(Co-CEO-DDB)*
Jasper Diks *(Creative Dir)*
Eduard Van Bennekom *(Creative Dir)*
Ralf Hesen *(Dir-Strategy)*

Accounts:
Adidas Campaign: "I am Brazuca"
C&A Creative
Centraal Beheer Achmea Campaign: "Cartoon of the Day", Campaign: "Self Driving Car", Car Insurance, PIM-Personalized Application, TV; 1995
Heineken Campaign: "The Candidate"
KLM Royal Dutch Airlines Lost & Found Team, Online
Mammoet Brand Positioning, Internal Communications, Offline, Online, Visual Language

New-Menzis
TomTom Creative, Smartwatch
VF Corporation Creative, Kipling
Vodafone
Volkswagen Group Tiguan Allspace

Tribal Worldwide Athens
4 Kastorias & Messinias Str, Gerakas, GR 153 44 Athens, Greece
Tel.: (30) 210 6175646
Fax: (30) 210 6104775
E-Mail: agathi.plota@tribalworldwide.gr
Web Site: www.tribalworldwide.com

Employees: 10

Agathi Plota *(Mng Dir)*
Dimitris Deligiannis *(Creative Dir)*

Tribal Worldwide Hamburg
Willy-Brandt Strasse 1, D-20457 Hamburg, Germany
Tel.: (49) 40 32808 0
Fax: (49) 40 32808 100
E-Mail: jan.diekmann@ddbg.com
Web Site: www.tribalworldwide.com

Employees: 20

Agency Specializes In: Advertising

Judith Mueller *(Sr Art Dir)*

Tribal Worldwide London
12 Bishops Bridge Rd, Paddington, London, W26 AA United Kingdom
Tel.: (44) 20 7 258 3979
Fax: (44) 20 7258 4253
E-Mail: tom.roberts@tribalworldwide.co.uk
Web Site: www.tribalworldwide.com

Employees: 200

Agency Specializes In: Digital/Interactive

Tom Roberts *(CEO)*
Kelly-Ann Maxwell *(COO)*
Andrew Liles *(CTO)*
Darren Savage *(Chief Strategy Officer)*
David Balko *(Chief Client Officer)*
Victoria Buchanan *(Exec Creative Dir)*
Stuart O'Neill *(Creative Dir)*
Jade Tomlin *(Creative Dir)*
Matthew Payne *(Dir-Technical)*
David Woolfe *(Sr Acct Mgr)*
Philip Mattei *(Sr Strategist-Digital)*
Adam Powers *(Chief Experience Officer)*

Accounts:
Adidas Originals
Avios Customer Experience
Financial Times Campaign: "Graphic World"
Fitness First
GlaxoSmithKline
Government Procurement Service Digital Services Framework
Hasbro
Johnson & Johnson
O2 Digital, o2.co.uk
Star Alliance Campaign: "Star Alliance Picture your Upgrade"
Thomsonfly.com
Unilever Becel, Digital, Flora
Volkswagen Group United Kingdom Ltd. Campaign: "Digital Showrooms", Campaign: "People's Choir", Campaign: "Play The Road", Digital, Online, Skoda (UK Digital Agency of Record), Volkswagen Golf GTI
Wren Kitchens Digital Redesign, Website; 2017

AGENCIES - JANUARY, 2019 — INTERACTIVE AGENCIES

Tribal Worldwide Milan
via Solari 11, 20144 Milan, Italy
Tel.: (39) 02 581931
Fax: (39) 02 83308 490
E-Mail: info@tribalddb.it
Web Site: www.tribalworldwide.com

Employees: 11

Agency Specializes In: Digital/Interactive

Laura Fratini *(Head-Digital Plng)*
Pasquale Pinto *(Mgr-Social Media)*

ASIA/PACIFIC

22feet Tribal Worldwide
4th Floor Serene 106 4th C Cross 5th Block,
  Bengaluru, Karnataka India
Tel.: (91) 80 6601 9600
Web Site: 22feettribalworldwide.com

Employees: 115

Agency Specializes In: Advertising, Digital/Interactive, Experiential Marketing, Media Planning, Mobile Marketing, Search Engine Optimization, Social Media, Web (Banner Ads, Pop-ups, etc.)

Deepak Nair *(CEO)*
Yash Dabi *(Head-Bus Dev)*
Ramraaj Raghunathan *(Head-Strategy-Natl)*
Neha Ladha *(Mgr-Bus Dev)*

Accounts:
Axe
BRAG
Cafe Coffee Day
eBay India
Gujarat FortuneGiants Digital Marketing
Heineken
Huawei Campaign: "Test of Honor", Honor 4X, Social Media
Kingfisher
Lenovo
Livon
McNROE Brand Planning, Digital, Secret Temptation, Strategic Brand Campaign, Wild Stone
Nike
Pantaloons
Parachute
Peter England
Red Bull
Royal Enfield
Titan International Fastrack, Film, Tanishq
Van Heusen
V.I.P Industries Skybags

Tribal Worldwide Malaysia
D601-605 6th Floor Block D Kelana Square 17,
  Jalan SS7/26 Selangor, 47301 Petaling Jaya,
  Malaysia
Tel.: (60) 3 7844 7898
Fax: (60) 3 7806 3489
E-Mail: weitzen.lo@my.tribalworldwide.com
Web Site: tribalworldwide.com

Employees: 10

Accounts:
Fitness First Asia Campaign: "Let's Get Personal", Digital
Fonterra's Anmum, Anmum Essential, Anmum Lacta, Anmum Materna, Campaign: "The Million Dollar Question", Digital Communications, Online
K & N Kenanga Holdings Berhad Social Media

Tribal Worldwide Melbourne
7 Electric St, Richmond, VIC 3121 Australia
Tel.: (61) 3 9254 3555
Web Site: www.tribalworldwide.com

Employees: 50

Accounts:
AAMI Car Insurance, Christmas Book
Ambulance Victoria
Australian Unity
BF Goodrich
Citysearch
CSL
DDB Shop
Dulux
EA Sports
Forty Winks Australia Customer Experience, Design, Development, E-Commerce, Online, Website
Jumbuck
McDonald's Campaign: "New Loose Change Menu"
Sensis
Sundance Brewing Campaign: "Cricketers Arms Pitch Maintenance"
Telstra Bigpond OTP

Tribal Worldwide Singapore
Level 10 Pico Creative Centre, 20 Kallang Avenue,
  Singapore, 339411 Singapore
Tel.: (65) 6671 4488
E-Mail: jeff.cheong@sg.tribalworldwide.com
Web Site: www.tribalworldwide.com

Employees: 100

Agency Specializes In: Advertising

Joshua Lee *(Mng Dir)*
Jeff Cheong *(Pres-Asia & Singapore)*
Benjamin Lee *(Head-Digital & Social Strategy)*
Alan Leong *(Head-Art & Assoc Creative Dir-Digital)*
Joel Chin *(Creative Dir)*
Khoo Kai Qi *(Acct Dir)*
Benson Toh *(Creative Dir)*
Pierre Croft *(Dir-Experience)*
Jo Anne Angeles *(Reg Acct Dir)*
Chris Lim *(Assoc Creative Dir)*
Ong Beng Wee *(Sr Art Dir)*
Natasha Zachariah *(Sr Writer)*

Accounts:
New-Changi Airport Group Digital Creative, Marketing, iShopChangi.com; 2018
Civil Aviation Authority of Singapore Singapore Airshow; 2008
DBS Bank Campaign: "Expect The Unexpected", Campaign: "Frozen Car", Campaign: "Halved Car", Campaign: "Magnetised Car"
Ecosperity Website; 2018
Fonterra Digital, Website
Gardens by the Bay Adobe Marketing Partner, Digital; 2017
Health Promotion Board
Heineken Singapore (Creative Agency of Record) Advertising, Digital, Experiential, Marketing Strategy, Online, Social
Japan National Tourism Organisation
Keppel Land; 2017
Manulife Financial Corporation Creative & Digital
Ministry of Communications & Information Online, TV
Ministry of National Development Digital Channels, Digital Marketing, Municipal Services Office
New-The Public Utilities Board Creative; 2018
Samsung Electronics America, Inc. Development, Planning, mySamsung
Singapore Press Holdings
StarHub Portal
Unilever Campaign: "Scoops of Happiness", Cornetto, Digital, Walls Ice Cream
Uniqlo; Singapore Creative

Volkswagen Group Singapore Beetle, Digital Marketing, Integrated Communication, Mobile, Retail, Social

Tribal Worldwide Sydney
Wilcox Mofflin Bldg 46-52 Mountain St, Ultimo,
  Sydney, NSW 2007 Australia
Tel.: (61) 2 8260 2828
Fax: (61) 2 8260 2900
E-Mail: Richard.Lloyd@au.tribalworldwide.com
Web Site: www.tribalworldwide.com

Employees: 30

Agency Specializes In: Digital/Interactive

Ivan Yip *(Sr Art Dir-Digital)*

Accounts:
Cancer Council NSW Campaign: "Hope", Cancer Campaign
Gatorade
ING
Johnson & Johnson
McDonald's
News Limited
Nike
Officeworks
Tourism Australia "Making Tracks"
Westfield
Wrigley

TRIGHTON INTERACTIVE
10125 W Colonial Dr 203, Ocoee, FL 34761
Tel.: (407) 440-2972
Toll Free: (800) 407-2068
E-Mail: info@trighton.com
Web Site: https://www.trighton.com/

Employees: 5

Agency Specializes In: Advertising, Digital/Interactive, Integrated Marketing, Internet/Web Design, Search Engine Optimization, Social Media, Strategic Planning/Research

Jody Resnick *(Pres & CEO)*
Kenton Smeltzer *(CTO)*
Dave Brinkhus *(Creative Dir)*
Craig Haft *(Dir-Videography)*
Deborah Schwartz *(Specialist-Comm)*

Accounts:
Masipack

TRIMARK DIGITAL
611 Tucker St, Raleigh, NC 27603
Tel.: (919) 785-2275
Fax: (919) 573-0878
Web Site: www.trimarkdigital.com

Employees: 25
Year Founded: 2006

Agency Specializes In: Brand Development & Integration, Content, Digital/Interactive, Graphic Design, Internet/Web Design, Logo & Package Design, Paid Searches, Print, Search Engine Optimization, Social Media

Randy Goins *(Pres)*
Daniel Hurst *(Sr VP-Key Accts)*
Kelly Ebert *(Dir-Content Strategy)*
Claire Hovis *(Dir-Key Accts)*
Ashley Staples *(Mgr-Digital Production)*
Kellie Stanton Baker *(Strategist-Digital Mktg)*
Blake Smith *(Strategist-Digital)*
Melissa Borden *(Assoc Art Dir)*

Accounts:
New-Papa Johns International Inc

INTERACTIVE AGENCIES

TRUE NORTH INTERACTIVE
473 Pine St Fl 2, San Francisco, CA 94104
Tel.: (415) 732-0301
Web Site: truenorthinc.com/

Employees: 45
Year Founded: 1994

Agency Specializes In: Advertising, Below-the-Line, Digital/Interactive, Direct Response Marketing, Direct-to-Consumer, E-Commerce, Entertainment, Financial, Multimedia, Social Marketing/Nonprofit, Social Media, T.V., Travel & Tourism, Tween Market, Web (Banner Ads, Pop-ups, etc.)

Approx. Annual Billings: $30,000,000

Tom Goosmann *(Chief Creative Officer)*
Daniel Brown *(Creative Dir)*
Matthew Brown *(Acct Dir)*
Rehan Iqbal *(Media Dir)*
Sherry Moody *(Acct Dir)*
Victoria Wetterer *(Creative Dir)*
Emily Chan *(Supvr-Media Ops)*
Laura Challis *(Media Planner)*
Julia Pascoe *(Asst Media Planner)*
Ashley Rathje *(Sr Media Planner)*
Sun Shin *(Asst Media Planner)*
Linsey Sutherland *(Asst Media Planner)*

Accounts:
Walt Disney (ABC & Walt Disney Home Entertainment)

TURN INC.
(Acquired & Absorbed by Amobee, Inc.)

TVA MEDIA GROUP, INC.
3950 Vantage Ave, Studio City, CA 91604
Tel.: (818) 505-8300
Toll Free: (888) 907-5338
E-Mail: info@tvamediagroup.com
Web Site: www.tvamediagroup.com

Employees: 10

Agency Specializes In: Digital/Interactive, Direct Response Marketing, Production (Ad, Film, Broadcast), Public Relations, T.V.

Jeffery Goddard *(CEO)*
Laura Tu *(Partner, CFO & Exec Producer)*
Mark Mannschreck *(Editor & Sr Dir)*
Randall McGuire *(Sr Media Buyer & Planner)*
John Graziano *(Sr Media Buyer)*

Accounts:
Cessna
Lexus
Marriott
MasterCard
Oxy
Qualcomm
Sony
Teradata
Ubisoft
Universal Studios
Westinghouse
World Vision

TVI DESIGNS
213 Tall Oak, Irvine, CA 92603
Tel.: (212) 213-2740
Fax: (212) 213-2754
E-Mail: support@tvidesigns.com
Web Site: www.tvidesigns.com

Employees: 10

Agency Specializes In: Brand Development & Integration, Digital/Interactive, Graphic Design, Internet/Web Design, Search Engine Optimization, Social Media

Accounts:
ColorEdge
National Aeronautics and Space Administration

TWISTED ROPE
2495 Main St Ste 314, Buffalo, NY 14214
E-Mail: info@twisted-rope.com
Web Site: www.twisted-rope.com/

Employees: 50
Year Founded: 1994

Agency Specializes In: Digital/Interactive, Direct Response Marketing, Email, Experience Design, Graphic Design, Strategic Planning/Research

Jon Astrop *(CTO)*
Hong Tan *(Project Mgr & Specialist-Mktg-T-Mark Intl)*
Annette Wong *(Strategist-Digital Media)*

UNION
421 Penman St Ste 310, Charlotte, NC 28203
Tel.: (704) 335-5424
Web Site: https://union.co/

Employees: 33
Year Founded: 2002

Agency Specializes In: Above-the-Line, Advertising, Advertising Specialties, Affiliate Marketing, Affluent Market, African-American Market, Agriculture, Alternative Advertising, Arts, Asian Market, Automotive, Aviation & Aerospace, Below-the-Line, Bilingual Market, Brand Development & Integration, Branded Entertainment, Broadcast, Business Publications, Business-To-Business, Cable T.V., Catalogs, Children's Market, Co-op Advertising, Collateral, College, Commercial Photography, Communications, Computers & Software, Consulting, Consumer Goods, Consumer Marketing, Consumer Publications, Content, Corporate Communications, Corporate Identity, Cosmetics, Crisis Communications, Custom Publishing, Customer Relationship Management, Digital/Interactive, Direct Response Marketing, Direct-to-Consumer, E-Commerce, Education, Electronic Media, Electronics, Email, Engineering, Entertainment, Environmental, Event Planning & Marketing, Exhibit/Trade Shows, Experience Design, Faith Based, Fashion/Apparel, Financial, Food Service, Game Integration, Government/Political, Graphic Design, Guerilla Marketing, Health Care Services, High Technology, Hispanic Market, Hospitality, Household Goods, Identity Marketing, In-Store Advertising, Industrial, Infomercials, Information Technology, Integrated Marketing, International, Internet/Web Design, Investor Relations, LGBTQ Market, Legal Services, Leisure, Local Marketing, Logo & Package Design, Luxury Products, Magazines, Marine, Market Research, Media Buying Services, Media Planning, Media Relations, Media Training, Medical Products, Men's Market, Merchandising, Mobile Marketing, Multicultural, Multimedia, New Product Development, New Technologies, Newspaper, Newspapers & Magazines, Out-of-Home Media, Outdoor, Over-50 Market, Package Design, Paid Searches, Pets, Pharmaceutical, Planning & Consultation, Podcasting, Point of Purchase, Point of Sale, Print, Product Placement, Production, Production (Ad, Film, Broadcast), Production (Print), Promotions, Public Relations, Publicity/Promotions, Publishing, RSS (Really Simple Syndication), Radio, Real Estate, Recruitment, Regional, Restaurant, Retail, Sales Promotion, Search Engine Optimization, Seniors' Market, Shopper Marketing, Social Marketing/Nonprofit, Social Media, South Asian Market, Sponsorship, Sports Market, Stakeholders, Strategic Planning/Research, Sweepstakes, Syndication, T.V., Technical Advertising, Teen Market, Telemarketing, Trade & Consumer Magazines, Transportation, Travel & Tourism, Tween Market, Urban Market, Viral/Buzz/Word of Mouth, Web (Banner Ads, Pop-ups, etc.), Women's Market, Yellow Pages Advertising

Approx. Annual Billings: $2,000,000

Banks Wilson *(Pres & Creative Dir)*
Albert Banks *(Partner & VP)*
Christy Holland *(Partner & VP)*
Melanie Pearl *(Acct Dir)*
Matt Ashbridge *(Dir-Campaigns & Analytics)*
Megan Carrigan *(Dir-Strategy)*
Christy Dukes *(Dir-Engagement)*
Caroline Dixon *(Sr Acct Mgr)*
Shannon Parsley *(Acct Mgr)*
Mallory Starnes *(Acct Mgr)*
Derrick Deese *(Designer)*
Riley Strong *(Acct Coord)*
Emily Ayers *(Sr Acct Coord)*
Matt Taylor *(Assoc Creative Dir)*

Accounts:
Bojangles
Comfort Revolution
Duke Energy
Hendrick Motorsports
Kyle Busch
NASCAR Rulebook

UNION NY DC
(Formerly Abrials & Partners)
1170 Cameron St, Alexandria, VA 22314
Tel.: (703) 548-2570
Fax: (703) 548-3788
E-Mail: info@unionnydc.com
Web Site: https://unionnydc.com/

Employees: 20
Year Founded: 1995

Agency Specializes In: Advertising, Brand Development & Integration, Broadcast, Business Publications, Business-To-Business, Cable T.V., Co-op Advertising, Collateral, Communications, Consulting, Consumer Marketing, Consumer Publications, Corporate Identity, Digital/Interactive, Direct Response Marketing, E-Commerce, Education, Electronic Media, Entertainment, Environmental, Event Planning & Marketing, Exhibit/Trade Shows, Government/Political, Graphic Design, High Technology, Information Technology, Internet/Web Design, Logo & Package Design, Magazines, Media Buying Services, Merchandising, New Product Development, Newspaper, Newspapers & Magazines, Out-of-Home Media, Outdoor, Over-50 Market, Planning & Consultation, Point of Purchase, Point of Sale, Print, Production, Public Relations, Publicity/Promotions, Radio, Real Estate, Recruitment, Restaurant, Retail, Sales Promotion, Strategic Planning/Research, Teen Market, Trade & Consumer Magazines, Transportation, Travel & Tourism, Yellow Pages Advertising

Revenue: $3,000,000

Accounts:
AI; Washington, DC
CSC Holdings, LLC
Disney
Feld Entertainment; Tyson's Corner, VA Disney on Ice, Ringling Brothers & Barnum & Bailey Circus; 2000
General Dynamics Advanced Information Systems
Japan Railways

AGENCIES - JANUARY, 2019 — INTERACTIVE AGENCIES

Kingsley-Bate; Manassas, VA Outdoor Teak Furniture
McCormick & Company Gourmet Spices
Microsoft; Redmond, WA Server; 1997
The Motley Fool
National Geographic
Professional Risk Management Services

UNIT9
2-4 Hoxton Sq, N16NU London, United Kingdom
Tel.: (44) 207 613 3330
E-Mail: info@unit9.com
Web Site: www.unit9.com

Employees: 80

Agency Specializes In: Graphic Design, High Technology

Piero Frescobaldi *(Co-Founder & Chm)*
Yates Buckley *(Partner-Technical)*
Tom Sacchi *(Partner-NY)*

Accounts:
Adam&Eve Campaign: "John Lewis Banners"
Best Buy Electronic Accessories Providers
Call + Response Campaign: "Slavery Footprint"
Pernod Ricard Jameson Irish Whiskey
Smolik Campaign: "Forget Me Not"
Stella Artois Black Campaign: "The Black Diamond"

V2G INTERACTIVE
7701 Bee Cave Rd, Austin, TX 78746
Tel.: (512) 306-1988
E-Mail: info@v2ginteractive.com
Web Site: https://v2ginteractive.com/

Employees: 6

Agency Specializes In: Advertising, Brand Development & Integration, Content, Digital/Interactive, Event Planning & Marketing, Internet/Web Design, Logo & Package Design, Search Engine Optimization, Social Media, T.V.

Victoria Marasco *(Founder & Exec Dir)*

Accounts:
New-Thrive, FP

VAYNERMEDIA
10 Hudson Yards Fl 25, New York, NY 10001
Web Site: vaynermedia.com/

Employees: 500
Year Founded: 2009

Agency Specializes In: Affiliate Marketing, Brand Development & Integration, Business-To-Business, Consulting, Consumer Goods, Consumer Marketing, Content, Customer Relationship Management, Digital/Interactive, Direct-to-Consumer, E-Commerce, Experience Design, Experiential Marketing, Graphic Design, Integrated Marketing, Media Buying Services, Media Planning, Mobile Marketing, Paid Searches, Production, Search Engine Optimization, Social Media, Strategic Planning/Research, Web (Banner Ads, Pop-ups, etc.)

James Orsini *(COO)*
Tzeitel Haviland *(Sr VP-Media)*
Patrick Givens *(VP & Head-VaynerSmart)*
Ryan Martin *(VP & Grp Acct Dir)*
Aaron Behr *(VP-Production & Delivery)*
Lindsay Blum *(VP-Vayner Talent)*
Lee Elliot *(VP-Digital Media)*
Matthew Guerin *(VP-Partnerships)*
John Maaalouf *(VP-Bus Ops)*
Pinsuda Sagooleim *(VP)*
Elizabeth Cates *(Acct Dir)*
Tim Clarke *(Creative Dir)*
Eddie Rizzo *(Brand Dir-VaynerTalent)*
Linda Hillebrand *(Dir-Project Mgmt)*
Courtney Morin *(Dir-Media Plng)*
Jonathan Troutman *(Dir-Ops)*
Lu Benavides *(Assoc Dir-Buying)*
Samuel Warren *(Acct Supvr & Strategist)*
Paul Garland *(Supvr-Integrated Plng & Media)*
Michael Murphy *(Sr Acct Exec)*
Marcus Krzastek *(Chief of Staff)*
Alex Mulhearn *(Assoc Creative Dir)*

Accounts:
Aflac
Anheuser-Busch InBev Companies LLC Budweiser (Global Digital & Social Media Agency of Record), Stella Artois
New-Diageo North America Inc Crown Royal, Johnnie Walker
FanDuel, Inc.; 2018
General Electric Brand Strategy, Campaign: "#SpringBreakIt", E-Commerce Box, Social Media
Georgia-Pacific Corp
Hasbro Furby
Johnson & Johnson Digital, Social Media
JPMorgan Chase & Co. QuickPay, Social Media, Voice Marketing (Agency of Record), Zelle
Kimberly-Clark Corp Social Media
L'Oreal Social Media
Milk-Bone Campaign: "Toothbrush Challenge"
Mondelez International, Inc. Digital & Planning, Nilla Wafers, Vea
PepsiCo, Inc Baja Blast, Campaign: "Gentleman of the Jacket", Mountain Dew, Mountain Dew Kickstart, Social Media
Ruby Tuesday Media Buying, Social & Digital Content, Video
Sonic Corp
Spotify Social Content
Toyota Motor Sales, U.S.A., Inc. Marketing, Media, Social
Unilever "Love Your Hair", "Self-Esteem Weekend", Dove, Social Media

Branches

VaynerMedia
15000 Ventura Blvd Floor 3, Sherman Oaks, CA 91403
Web Site: vaynermedia.com

Employees: 100

Ryan Fey *(Exec VP)*
JuHee Kim *(Exec VP-Media)*
Matt Sitomer *(VP & Grp Acct Dir)*
Gabriella Papazov *(Acct Supvr)*
Kristin Rose *(Sr Analyst-Media)*

VaynerMedia
535 Mission St Fl 14, San Francisco, CA 94105
Web Site: vaynermedia.com

Employees: 10

Courtney Grosslight *(VP & Grp Acct Dir-Strategy)*
Joanna Soricelli *(VP & Grp Acct Dir)*
Casey Burke *(Art Dir)*
Rebecca Conrad *(Acct Dir)*
Samantha Hicks *(Dir-Paid Media)*
David Scholla *(Dir-Paid Media)*
Jeffrey Worrall *(Assoc Dir-Paid Media)*
Rachel Clark *(Mgr-Media)*
Dana Juliano *(Supvr-Media Plng)*
Rachel Bernardo *(Acct Exec)*

VECTOR MEDIA GROUP
18 W 21st St 8th Fl, New York, NY 10010
Tel.: (212) 380-8227
E-Mail: hello@vectormediagroup.com
Web Site: www.vectormediagroup.com

Employees: 50
Year Founded: 2003

Agency Specializes In: Advertising, Brand Development & Integration, Collateral, Communications, Content, Digital/Interactive, Event Planning & Marketing, Internet/Web Design, Paid Searches, Print, Search Engine Optimization

Lee Goldberg *(Co-Founder & Partner-Mktg & Strategy)*
Matt Weinberg *(Co-Founder & Partner-Tech & Dev)*
Stuart Henry *(Partner-Bus Dev)*
Nick Spriggs *(Partner-Design & Branding)*
Dana Moore *(Editor-PR & Content)*
Sam Rollandi *(Dir-Brand Partnerships)*
Ben Smith *(Dir-Tech)*
Kerri Connolly *(Project Mgr-Digital)*
Lauren Moss *(Project Mgr-Digital)*
Maggie Sheehy *(Mgr-HR & Accountant)*
Faith Zaki *(Specialist-Digital Mktg)*
Nathan Burge *(Sr Designer)*
Kate Lechleiter *(Designer)*
Allyssa Price *(Designer)*

Accounts:
IMA Pizza, LLC
Zagat Inc

Branch

Happy Cog
109 S 13th St Unit 3 S, Philadelphia, PA 19107
(See Separate Listing)

VELIR INC.
212 Elm St, Somerville, MA 02144
Tel.: (617) 491-6900
E-Mail: info@velir.com
Web Site: www.velir.com

Employees: 150
Year Founded: 2000

Agency Specializes In: Digital/Interactive, Internet/Web Design

David Valliere *(CEO)*
Jenn Blazejewski *(Chief Strategy Officer)*
Corey Caplette *(CTO)*
Kimiko Tanaka Vecchione *(VP-Client Svcs)*
Barron Wernick *(VP-Client Svcs)*
David Pictor *(Producer-Digital)*
Nathan Tia *(Creative Dir)*
George Bica *(Dir-IT)*
Daniel De Lay *(Dir-Dev)*
Nicole Durand *(Dir-Production Sys)*
Mark Gregor *(Exec Chm)*

Accounts:
New-Sitecore

VELOWERKS
150 Spear St Ste 600, San Francisco, CA 94105
Tel.: (415) 813-1060
E-Mail: info@velowerks.com
Web Site: www.velowerks.com

Employees: 50
Year Founded: 2016

Agency Specializes In: Brand Development & Integration, Content, Copywriting, Digital/Interactive, Event Planning & Marketing, Experience Design, High Technology, Logo & Package Design, Paid Searches, Social Media,

INTERACTIVE AGENCIES
AGENCIES - JANUARY, 2019

Strategic Planning/Research

Robert Balmaseda *(Founder & Pres)*
Mike Lee *(Co-Founder & Exec VP)*
Steve Nelson *(VP-Strategy)*
Chris Gatewood *(Exec Creative Dir)*
Andrew Schmeling *(Exec Creative Dir)*
Christopher Brown *(Dir-Engrg)*
Peter Montgomery *(Dir-Client Svcs)*
Colin Bayer *(Mgr-Front End Engrg)*
Jaime Lutz *(Mgr-Client Svcs)*
Susie Unseld *(Mgr-Client Svcs)*
Milena Pavlova *(Sr Engr-Software)*

Accounts:
New-Suneva Medical (Lead Digital Marketing & Technology Agency) Bellafill
New-Team Rubicon
New-Umbra Inc.

VERBAL+VISUAL
26 W 17th St 9th Fl, New York, NY 10011
Tel.: (646) 934-6199
E-Mail: hello@verbalplusvisual.com
Web Site: verbalplusvisual.com

Employees: 50
Year Founded: 2009

Agency Specializes In: Advertising, Brand Development & Integration, Commercial Photography, Content, Copywriting, E-Commerce, Email, Event Planning & Marketing, Fashion/Apparel, Internet/Web Design, Search Engine Optimization

Anshey Bhatia *(Founder, CEO & Dir-Sls)*
Caroline Dau *(COO & Dir-Strategy)*
Thomas Quigley *(Creative Dir)*
Ross Wittenberg *(Dir-Tech)*

Accounts:
New-Carhartt Inc. Carhartt WIP
New-Refinery29 Inc.
New-oomph

VIGET
105 W Broad St, Falls Church, VA 22046
Tel.: (703) 891-0670
Web Site: https://www.viget.com/

Employees: 64
Year Founded: 1999

Agency Specializes In: Affluent Market, Arts, Aviation & Aerospace, Below-the-Line, Brand Development & Integration, Business-To-Business, Commercial Photography, Communications, Consulting, Consumer Goods, Digital/Interactive, E-Commerce, Education, Electronic Media, Electronics, Email, Engineering, Entertainment, Environmental, Experience Design, Fashion/Apparel, Financial, Government/Political, Health Care Services, High Technology, Hospitality, Household Goods, Identity Marketing, In-Store Advertising, Industrial, Information Technology, Integrated Marketing, International, Internet/Web Design, Leisure, Logo & Package Design, Market Research, Medical Products, Men's Market, Mobile Marketing, Multicultural, New Product Development, Over-50 Market, Paid Searches, Production, Production (Ad, Film, Broadcast), Promotions, Publicity/Promotions, Real Estate, Restaurant, Retail, Search Engine Optimization, Seniors' Market, Social Marketing/Nonprofit, Social Media, Sports Market, Strategic Planning/Research, Transportation, Travel & Tourism, Viral/Buzz/Word of Mouth, Web (Banner Ads, Pop-ups, etc.), Women's Market

Approx. Annual Billings: $10,000,000

Brian Williams *(Co-Founder & CEO)*
Tom Osborne *(VP-Design)*
Owen Shifflett *(Art Dir)*
Jackson Fox *(Dir-User Experience Design)*
Jason Toth *(Dir-Experience Design)*
Kevin Vigneault *(Dir-Product Design)*
Heather Burmester *(Sr Project Mgr-Digital)*
Melissa Cahoon *(Project Mgr-Digital)*
Ryan Schaefer *(Project Mgr-Digital)*

Accounts:
Dick's Sporting Goods Seasonal Digital Creative Campaigns; 2013
ESPN Digital Creative Campaign, MLB; 2015
Politico 2016 Election Coverage Experience; 2016
WCS Digital, Location Experiences; 2012
WWF Digital; 2011

VISUAL LURE
905 Shadow Creek Ct, Caseyville, IL 62232
Tel.: (618) 407-9231
E-Mail: info@visuallure.com
Web Site: https://visuallure.com/

Employees: 1
Year Founded: 2001

Agency Specializes In: Brand Development & Integration, Digital/Interactive, Graphic Design, Internet/Web Design, Logo & Package Design, Print, Search Engine Optimization

Justen Hong *(Owner)*

Accounts:
Bright House
Studios Elysium

VISUALFIZZ
541 N Fairbanks Ct Ste 2200, Chicago, IL 60611
Tel.: (773) 599-1829
E-Mail: hello@VisualFizz.com
Web Site: www.visualfizz.com

Employees: 12
Year Founded: 2016

Agency Specializes In: Digital/Interactive, Experiential Marketing, Internet/Web Design, Search Engine Optimization, Social Media

Marissa Ryan *(Co-Founder)*
Dan Salganik *(Co-Founder)*

Accounts:
New-CMX Hub Creative, Graphic Design, Web Development; 2018
New-Hu-Friedy Social Media Strategy; 2017
New-PI Kids SEO, Web Development; 2018
New-TopCo Creative Branding, Design; 2018

VML
600 E Michigan Ave Ste D, Kalamazoo, MI 49007
Tel.: (269) 349-7711
Fax: (269) 349-3051
Web Site: https://www.vml.com/

Employees: 120
Year Founded: 1973

National Agency Associations: 4A's-AMIN-APA-DMA-MCA-NAMA-PRSA-WOMMA

Agency Specializes In: Below-the-Line, Brand Development & Integration, Broadcast, Children's Market, Consumer Goods, Consumer Marketing, Content, Corporate Communications, Customer Relationship Management, Digital/Interactive, Direct-to-Consumer, E-Commerce, Email, Entertainment, Fashion/Apparel, Game Integration, Graphic Design, Health Care Services, Household Goods, Integrated Marketing, Internet/Web Design, Investor Relations, Media Buying Services, Media Planning, Medical Products, Mobile Marketing, New Technologies, Pharmaceutical, Planning & Consultation, Print, Production, Publicity/Promotions, RSS (Really Simple Syndication), Sales Promotion, Search Engine Optimization, Sponsorship, Strategic Planning/Research

VML delivers creative solutions at the intersection of marketing and technology. Their specialties include: Interactive marketing, Development, Media, Planning, Social, Creative, Web Analytics, and Multivariate Testing.

Approx. Annual Billings: $19,973,209

Stephanie DeCelles *(Mng Dir-Client Engagement)*
Dean Suarez-Starfeldt *(Mng Dir-Strategy & Insights)*
Camellia Tan *(Mng Dir-Strategic Growth)*
Chris Corley *(Exec Creative Dir)*
Aaron Evanson *(Exec Creative Dir)*
Michelle Larason *(Grp Dir-Client Engagement)*
Todd de Haan *(Creative Dir)*
Susan Hansen *(Acct Dir)*
Tony Marin *(Creative Dir)*
Cathy Staples *(Mktg Dir)*
Amy Daneke *(Dir-Program Mgmt)*
Brian Lang *(Dir-Data & Analytics)*
Christina Miller *(Assoc Dir-Connections & Social Strategy)*
Melissa Watson *(Sr Mgr-Connections-Paid Media)*
Maggie Glenski *(Sr Acct Mgr)*
Kara Hensley *(Sr Acct Mgr)*
Jenna Fornari *(Mgr-Channel-Media)*
Melissa Locke *(Mgr-Community)*
Kim Emmer *(Supvr-Client Engagement)*
Melissa Henriquez *(Sr Mktg Mgr)*

Accounts:
APM
Foster Farms
Heinz Heinz Chili Sauce, Heinz Cocktail Sauce, Heinz Cross-Portfolio CRM, Heinz Foodservice, Heinz Homestyle Beans, Heinz Homestyle Gravy, Heinz Ketchup (Consumer and Foodservice), Heinz Soups, Heinz Vinegar, Heinz57 Sauce
Kalamazoo Literacy Council
Kellogg Company Apple Jacks, Corn Pops, Crunchy Nut, Froot Loops, Frosted Flakes, Gardenburger, Kellogg's Family Rewards (CRM and Loyalty), Krave, Morningstar Farms, Pop-Tarts, Pringles, Rice Krispies
Kimberly Clark Cottonelle, Scott
Stryker Medical

WALK WEST
1730 Varsity Dr Ste 200, Raleigh, NC 27606
Tel.: (919) 324-3925
E-Mail: hello@walkwest.com
Web Site: www.walkwest.com

Employees: 50
Year Founded: 2007

Agency Specializes In: Brand Development & Integration, Content, Digital/Interactive, Internet/Web Design, Production, Production (Ad, Film, Broadcast), Public Relations, Search Engine Optimization, Social Media, Strategic Planning/Research

Brian Onorio *(Founder & CEO)*
Donald Thompson *(Exec Chm)*
Chris Austin *(Partner & VP-Mktg)*
Sharon Delaney Mccloud *(Partner & VP-Pro Dev)*
Laurie Onorio *(Partner & VP-Govt Affairs)*
Kurt Merriweather *(Dir-Strategy)*
Ann Marie Taepke *(Dir-Digital Media)*
C. Jon Yildiz *(Dir-Growth)*

AGENCIES - JANUARY, 2019 — INTERACTIVE AGENCIES

Michael Dowd *(Sr Strategist-Mktg)*
Ketti Kluth *(Specialist-Content Mktg & Writer-Creative)*

Accounts:
New-Brooks Bell
New-Fox Home Entertainment
New-H&R Block Inc.
New-NC State University
New-North Hills
New-Rise Against Hunger
New-Target Corporation
New-UNC Health Care

WATSON DESIGN GROUP
5900 Wilshire Blvd, Los Angeles, CA 90036
Tel.: (323) 465-9225
Fax: (323) 465-1915
E-Mail: info@watsondg.com
Web Site: www.watsondg.com

Employees: 20
Year Founded: 2005

Agency Specializes In: Advertising, Brand Development & Integration, Content, Digital/Interactive, Internet/Web Design, Print, Social Media

Hleb Marholin *(Exec Creative Dir)*
Fernando Ramirez *(Creative Dir)*

Accounts:
Fox Searchlight Pictures, Inc. Birdman
Lions Gate Entertainment Corp. Hunger Games
Wes Anderson

WE ARE LISTEN LLC
89 5th Ave Ste 402, New York, NY 10003
Tel.: (212) 367-0800
E-Mail: info@wearelisten.com
Web Site: wearelisten.com

Employees: 50
Year Founded: 2012

Agency Specializes In: Advertising, Brand Development & Integration, Communications, Digital/Interactive, Event Planning & Marketing, Experiential Marketing, Strategic Planning/Research

Steve Milton *(Co-Founder & Partner)*
Brett Volker *(Co-Founder & Partner)*
Josh Ingram *(Sr Dir-Strategy)*
Sam Rookwood *(Sr Acct Dir)*
Shelleyjane Mitchell *(Dir-Design)*
Grace Robert *(Mgr-Mktg Ops)*
Anna Gozdz *(Coord-Fin & Admin)*
Leah Taylor Dunbar *(Assoc Creative Dir)*

Accounts:
New-Audi of America Inc.
New-Jim Beam Brands Co.
New-Microsoft Corporation Skype
New-Tinder
New-Virgin America Inc.

WEBENERTIA
1570 The Alameda Ste 330, San Jose, CA 95126
Tel.: (408) 246-0000
E-Mail: info@webenertia.com
Web Site: www.webenertia.com

Employees: 20
Year Founded: 1999

Agency Specializes In: Brand Development & Integration, Content, Customer Relationship Management, Digital/Interactive, E-Commerce, Internet/Web Design, Logo & Package Design, Print, Search Engine Optimization, Social Media

Steve Ohanians *(Co-Founder & Dir-Digital Strategy)*
Valod Amirkhanian *(Partner & Dir-Programming)*
Danny Halvorson *(Dir-Interactive)*
Daniel Millan *(Sr Graphic Designer)*
Valerie Redrico *(Sr Designer)*

Accounts:
New-Ace Metrix
New-Egnyte, Inc.
New-Gimbal, Inc.
New-Intel Corporation
New-Riverbed Technology
New-Skybox Security, Inc.

WEBLING INTERACTIVE
(Acquired by Mirum Global & Name Changed to Mirum Australia)

WEBSITE PROMOTION
916 S Marday Ave, Sioux Falls, SD 57103
Tel.: (605) 332-3799
Web Site: www.web-promotion-specialist.com

Employees: 1
Year Founded: 2001

Agency Specializes In: Advertising, Advertising Specialties, Digital/Interactive, E-Commerce, Internet/Web Design, Promotions, Search Engine Optimization, Social Media, Web (Banner Ads, Pop-ups, etc.)

John Aschoff *(Owner)*

Accounts:
Freebird Custom Motorcycles
Sun Vacations
Two Roads Media

WHEELHOUSE DIGITAL MARKETING GROUP
2356 W Commodore Way Ste 200, Seattle, WA 98199
Tel.: (206) 659-4914
Web Site: www.wheelhousedmg.com

Employees: 50
Year Founded: 2010

Agency Specializes In: Advertising, Business-To-Business, Content, Digital/Interactive, E-Commerce, Event Planning & Marketing, Paid Searches, Search Engine Optimization, Social Media, Strategic Planning/Research

Aaron Burnett *(Founder, Pres & CEO)*
Paul Weinstein *(COO)*
Roy Hodges *(VP-Analytics & Engrg)*
Talia Escandar *(Strategist-Mktg)*
Cindy Larson *(Dir-People & Ops)*
Scott Merilatt *(Dir-Digital Strategy)*
Sheila Sadeghi *(Mgr-Client Experience)*
Darla Rhodes *(Strategist-Digital Mktg)*
Casey Curtis *(Sr VP-Digital Strategy)*
Etana Flegenheimer *(Strategist-Search)*
Laura Pattison *(Mgr-Paid Search)*

Accounts:
New-Clipper Vacations
New-Play Impossible Corporation
New-Providence Health & Services Providence Medical Group

WICK CREATIVE
1738 Wynkoop St Ste 301, Denver, CO 80202
Tel.: (303) 578-9425
Web Site: www.wickcreative.com

Employees: 5
Year Founded: 2008

Agency Specializes In: Brand Development & Integration, Digital/Interactive, Internet/Web Design, Search Engine Optimization

Scott Wickberg *(Owner & Creative Dir)*
Richard Sirbu *(Pres & COO)*
Michael Wickberg *(Mgr-Project, Client Svcs, Traffic & Content)*
Aaron Greufe *(Designer)*

Accounts:
The Athena Group, LLC.
DermaSpaRX
Wazee Digital

WILDEBEEST
1 Bora Bora Wy, Los Angeles, CA 90292
Tel.: (424) 645-1552
Web Site: wildebee.st

Employees: 10
Year Founded: 2014

Agency Specializes In: Advertising, Advertising Specialties, Affluent Market, Arts, Asian Market, Automotive, Business-To-Business, College, Computers & Software, Consulting, Consumer Marketing, Cosmetics, Digital/Interactive, Direct-to-Consumer, Email, Engineering, Exhibit/Trade Shows, Experience Design, Experiential Marketing, Government/Political, High Technology, Hospitality, Information Technology, Integrated Marketing, Internet/Web Design, Luxury Products, Medical Products, New Product Development, New Technologies, Over-50 Market, Search Engine Optimization, Seniors' Market, Technical Advertising, Teen Market, Travel & Tourism, Urban Market, Web (Banner Ads, Pop-ups, etc.), Women's Market

Approx. Annual Billings: $1,000,000

Ran Craycraft *(Co-Founder & Mng Partner)*
Kevin Ng *(Partner)*

Accounts:
Disney Disney Music; 2016
Google gRPC; 2016

WILLIAM FRASER
611 E 12th Ste 205, Anchorage, AK 99501
Tel.: (907) 677-2950
E-Mail: contact@williamfraser.com
Web Site: www.williamfraser.com

Employees: 2
Year Founded: 2008

Agency Specializes In: Advertising, Brand Development & Integration, Broadcast, Digital/Interactive, Graphic Design, Internet/Web Design, Logo & Package Design, Print, Social Media

Julia Vea *(Creative Dir)*

Accounts:
907life
Alaska Miners Association
Global Block
Manley & Brautigam PC
Marianne B. Miller
Prize Fighter Djs

WILMINGTON DESIGN COMPANY
3517 Wrightsville Ave, Wilmington, NC 28403
Tel.: (919) 395-9997

INTERACTIVE AGENCIES

E-Mail: info@wilmingtondesignco.com
Web Site: https://www.wilmingtondesignco.com/

Employees: 25

Agency Specializes In: Brand Development & Integration, Digital/Interactive, Graphic Design, Internet/Web Design, Logo & Package Design, Print, Search Engine Optimization, Social Media

Bill Hunter *(Pres & Creative Dir)*
Carolyn Pikoulas *(Art Dir)*

Accounts:
Design Workshop

WONDERSAUCE
41 W 25th St 6th Fl, New York, NY 10010
Tel.: (646) 756-5410
E-Mail: hello@wondersauce.com
Web Site: www.wondersauce.com

Employees: 75
Year Founded: 2011

Agency Specializes In: Brand Development & Integration, Content, Digital/Interactive, Package Design, Print, Social Media

John Sampogna *(Co-Founder & CEO)*
Seth Klassen *(Co-Founder & Exec Creative Dir)*
Eric Mayville *(Co-Founder)*
Brett Waszkelewicz *(Partner & Chief Creative Officer)*
Megan Blake *(Gen Mgr)*
Brandon Bayer *(Creative Dir)*
Corey Michalek *(Creative Dir)*
Kate Hackenberg *(Dir-Acct Strategy)*
Dana Mulranen *(Dir-Design)*
Casey Roeder *(Dir-Bus Strategy)*
Anthony Sampogna *(Dir-Design)*
Allison Brito *(Assoc Dir-Mktg & Media)*
Lindsey Munro *(Assoc Product Dir)*
Hope Stadulis *(Mgr-Digital Content)*
Ramon Barcenas *(Sr Designer)*
Gerald Hastings *(Assoc Creative Dir)*

Accounts:
Baxter of California
Bill Blass Group Creative, Digital, E-Commerce, Website
Carlson Rezidor Hotel Group
DKNY
Google

WOODLANDS AD AGENCY
(Name Changed to Adnorma LLC)

X STUDIOS
2700 Westhall Ln Ste 225, Maitland, FL 32751
Tel.: (321) 281-1708
Fax: (321) 710-1770
Toll Free: (877) 455-4675
E-Mail: hello@xstudios.agency
Web Site: xstudios.agency

Employees: 50
Year Founded: 2006

Agency Specializes In: Brand Development & Integration, Content, Digital/Interactive, E-Commerce, Event Planning & Marketing, Experiential Marketing, International, Production, Search Engine Optimization, Social Media, Strategic Planning/Research

David Morales *(Co-Founder)*
Tim Santor *(Co-Founder)*
Sam Horton *(Dir-Digital Experience)*

Accounts:
New-Royal Caribbean Cruises Ltd

XAXIS, LLC
31 Penn Plaza 132 W 31st St, New York, NY 10001
Tel.: (646) 259-4200
E-Mail: infona@xaxis.com
Web Site: https://www.xaxis.com/

Employees: 300
Year Founded: 1995

National Agency Associations: IAB

Agency Specializes In: Advertising, Advertising Specialties, African-American Market, Brand Development & Integration, Business-To-Business, Cable T.V., Consumer Marketing, Digital/Interactive, Direct Response Marketing, E-Commerce, Electronic Media, Entertainment, Financial, Health Care Services, High Technology, Hispanic Market, Information Technology, Internet/Web Design, LGBTQ Market, Media Buying Services, Medical Products, Pharmaceutical, Retail, Sales Promotion, Seniors' Market, Sports Market, Strategic Planning/Research, Sweepstakes, Travel & Tourism

David J. Moore *(Chm & Pres)*
EJ Howard *(Mng Dir)*
Matt Sweeney *(CEO-North America)*
Karl Bunch *(Sr VP-Product-Global)*
JR Crosby *(Sr VP-Product & Vertical Strategy)*
Craig Sofer *(Mng Dir-Client Svcs)*
John Meringolo *(VP & Dir-Global Fin)*
Paul Georges-Picot *(VP-Global Corp Dev)*
Lisa Janik *(VP-Acct Svcs)*
Jenna Brillhart *(Art Dir)*
Janie Gaughan *(Acct Svcs Dir)*
Kapil Samadhiya *(Dir-Tech)*
Jessica Paris *(Sr Mgr-Investments & Partnerships)*
Helin Lee *(Mgr-Strategy & Investment Team)*
Christopher Ready *(Mgr-Strategy & Investment)*
Stu Richards *(Mgr-Data Strategy & Client Insights)*
Alex Rosenthal *(Mgr-Acct Svcs)*
Kara Nilan Raymond *(Sr Acct Exec)*
Molly Cicola *(Sr Analyst-Strategy & Investment)*
Terra Christ *(Analyst-Adv Ops)*
Rachel Fendel *(Designer-Digital)*
Julie Zaretsky-Creiner *(Sr Engr-Software)*

Accounts:
Disqus Advertising
GumGum Creative

Branches

Xaxis
222 Merchandise Mart Plaza Ste 250, Chicago, IL 60654
Tel.: (312) 951-4715
E-Mail: info@xaxis.com
Web Site: https://www.xaxis.com/

Employees: 4

Agency Specializes In: Electronic Media, Media Buying Services

Brianna Rozzi *(VP-Trading)*
Anastasiya Blyukher *(Dir-Program Mgmt-Media Grp)*
Steven Britt *(Dir-Project Mgmt)*

Bannerconnect
Poststraat 12, 6135 KR Sittard, Netherlands
Tel.: (31) 46 707 4992
Fax: (31) 46 451 7688
Web Site: www.bannerconnect.net

Employees: 70

Sebastiaan Schepers *(CEO)*
Jeroen Linnemann *(Fin Dir)*
Josephine Pike *(Head-Digital Client Solutions)*

Xaxis - LATAM Headquarters
601 Brickell Key Dr Ste 800, Miami, FL 33131
Tel.: (305) 341-8152
E-Mail: infolatam@xaxis.com
Web Site: https://www.xaxis.com/

Employees: 10

Erik Castillo *(Pres-Latin America)*

Xaxis - APAC Headquarters
18 Cross Street China Square Central, #04-01 & 03, 04823 Singapore, Singapore
Tel.: (65) 6395 3069
E-Mail: infoapac@xaxis.com
Web Site: www.xaxis.com

Employees: 50

Arshan Saha *(Pres)*
Deepika Nikhilender *(Sr VP-Asia Pacific)*
Atique Kazi *(VP-Bus Dev)*
Richard Pollin *(VP-Client Dev-APAC)*
Daniel Henriksen *(Head-Outcome Media Plng-Asia)*
Divya Acharya *(Dir-Product-APAC)*
Prathab Kunasakaran *(Dir-Supply-APAC)*
Angela Wilson *(Dir-Client Strategy & Dev-APAC)*
Jacqueline Goh *(Sr Mgr-Reg Mktg-APAC)*

Xaxis
C/Norias 92 Majadahonda, Madrid, 28220 Spain
Tel.: (34) 91 405 99 60
E-Mail: infoes@xaxis.com
Web Site: https://www.xaxis.com/

Employees: 25

Agency Specializes In: Electronic Media, Media Buying Services

Victor Sanchez *(Head-Programmatic Sls)*

Xaxis - EMEA Headquarters
26 Red Lion Square, Paddington, London, WC1R 4HQ United Kingdom
Tel.: (44) 20 7158 5000
E-Mail: infoemea@xaxis.com
Web Site: http://www.xaxis.com

Employees: 25
Year Founded: 1997

Agency Specializes In: Electronic Media, Media Buying Services

Nicolas Bidon *(Pres-Global)*
John Wittesaele *(Pres-EMEA)*
Harry Harcus *(Mng Dir-UK)*
Joe Wilson *(Dir-Client Engagement-EMEA)*

Xaxis
Level 11 65 Berry Street, Sydney, NSW Australia
Tel.: (61) 2 89131028
E-Mail: infoau@xaxis.com
Web Site: https://www.xaxis.com/

Employees: 30

Imran Masood *(Mng Dir-Australia)*
Stephen Wood *(Gen Mgr)*

AGENCIES - JANUARY, 2019 — INTERACTIVE AGENCIES

Xaxis
410 Horsham Rd, Horsham, PA 19044
Tel.: (215) 793-4900
Fax: (215) 591-7500
E-Mail: info@xaxis.com
Web Site: www.xaxis.com

Employees: 20

National Agency Associations: 4A's

Agency Specializes In: Electronic Media, Media Buying Services

Nishant Desai *(Dir-Tech & Partnerships)*

XENOPSI
60 Broad St Fl 30, New York, NY 10004
Tel.: (212) 235-4000
E-Mail: hello@xenopsi.com
Web Site: www.xenopsi.com

Employees: 50
Year Founded: 1997

Agency Specializes In: Brand Development & Integration, Content, Copywriting, Electronic Media, Email, Game Integration, Internet/Web Design, Logo & Package Design, Media Buying Services, Media Planning, Mobile Marketing, Production (Print), Programmatic, Search Engine Optimization, Social Media, Strategic Planning/Research

MichaelAaron Flicker *(Pres)*
David Muldoon *(Exec Creative Dir)*
Toni Racioppo *(Media Dir)*
Patrick Winfield *(Art Dir-Media)*
Salman Javed *(Dir-Ops)*
Allison Martin *(Dir-Social Media)*
Jennifer Inzetta *(Assoc Dir-Social Media)*
Meagan Sackett *(Acct Supvr)*
Brock Whitfield *(Acct Supvr)*
Sara Brenner *(Acct Exec)*
Jean Elizabeth Rennick *(Specialist-Media & Programmatic)*
Judd Cherry *(Assoc Creative Dir)*
Blaise McNamee *(Assoc Media Dir)*

Accounts:
Heaven Hill Distilleries Admiral Nelson's, Blackheart, Christian Brothers, Cinerator, Cold Spell, Evan Williams, HPNOTIQ

XURLI
491 N Bluff St Ste 304, Saint George, UT 84770
Tel.: (800) 873-4373
E-Mail: info@xurli.com
Web Site: www.xurli.com

Employees: 50

Agency Specializes In: Brand Development & Integration, Digital/Interactive, Internet/Web Design, Logo & Package Design, Paid Searches, Search Engine Optimization

Jeff Lerner *(Owner)*
Amber Lutui *(Dir-Ops)*
Steve Nyhof *(Dir-Tech)*

Accounts:
Auricle Hearing Aid Center

YARD
25 Broadway 2nd Fl, New York, NY 10004
Tel.: (212) 625-8372
E-Mail: info@yardnyc.com
Web Site: www.yardnyc.com

Employees: 75

Agency Specializes In: Advertising, Brand Development & Integration, Communications, Content, Digital/Interactive, Experience Design, Internet/Web Design, Retail, Social Media, Strategic Planning/Research

Stephen Niedzwiecki *(Founder, Partner & Chief Creative Officer)*
Ruth Bernstein *(Co-Founder & Chief Strategic Officer)*
Jarrod Bull *(Mng Dir)*
Jason Keehn *(Chief Growth Officer)*
Kirsten Arongino *(Head-Production)*
Dave Clark *(Exec Creative Dir)*
James Denman *(Exec Dir-Strategy & Digital Innovation)*
Kate Wiberg *(Sr Dir-HR & Ops)*
Devon Hay *(Acct Dir)*
Ulrika Karlberg *(Creative Dir)*
Erin Finestone Kligman *(Acct Dir)*
Melissa Shacham *(Acct Dir)*
Amy Thomas *(Creative Dir-Copy)*
Steven Williams *(Art Dir)*
Caroline Seklir *(Dir-Strategy)*
Jake Goldstein *(Assoc Dir-New Bus)*
Bobby Bush *(Acct Supvr)*
Bari Rosenow *(Acct Supvr)*

Accounts:
Crocs Creative, Digital
New-Davids Bridal Inc
New-The Estee Lauder Companies Inc LAB SERIES, La Mer
The Gap, Inc Athleta
New-Isopure
J. Jill
Leesa
New-The Limited
New-V.F. Corporation John Varvatos

YELLOWHAMMER MEDIA GROUP, LLC
111 W 28th St Ste 2B, New York, NY 10001
Tel.: (646) 490-9841
Web Site: www.yhmg.com

Employees: 15

Agency Specializes In: Digital/Interactive, Social Media

Joseph Hirsch *(Founder & CEO)*
Rich Lin *(CFO)*
Hagan Major *(COO)*
Sam Appelbaum *(Gen Mgr)*
Andrew Hirsch *(Sr Dir-Acct Strategy)*
Ben Wilson *(Dir-Demand Products)*

Accounts:
LivingSocial, Inc.

YORK & CHAPEL
2 Trap Falls Rd, Shelton, CT 06484
Tel.: (203) 283-5400
E-Mail: info@yorkandchapel.com
Web Site: www.yorkandchapel.com

Employees: 25
Year Founded: 2001

Agency Specializes In: Advertising, Digital/Interactive, Internet/Web Design, Print, Promotions, Social Media

Dave Ho *(Pres)*
Cynthia Kearns *(Dir-HR & Ops)*
Alon Shur *(Dir-Tech)*
Rebecca Butler *(Acct Mgr)*

Accounts:
Glitter Magazine (Digital Sales Agency of Record)

ZAG INTERACTIVE
148 E Boulevard, Glastonbury, CT 06033
Tel.: (860) 633-4818
E-Mail: socialmedia@zaginteractive.com
Web Site: www.zaginteractive.com

Employees: 25

Agency Specializes In: Digital/Interactive, Internet/Web Design, Print, Search Engine Optimization, Social Media

Michelle Kay Brown *(VP-Mktg)*
Jennifer Buccini *(Art Dir)*

Accounts:
Branch Partner Microsite
First Financial Credit Union
Self-Help Credit Union
Thomaston Savings Bank

ZEEKEE INTERACTIVE
700 Montgomery Hwy Ste 140, Birmingham, AL 35216
Tel.: (205) 977-2296
Web Site: https://zeekeeinteractive.com/

Employees: 30
Year Founded: 2003

Agency Specializes In: Brand Development & Integration, Business-To-Business, Content, Digital/Interactive, Graphic Design, Internet/Web Design, Logo & Package Design, Search Engine Optimization, Social Media

David Gibson *(Pres)*
Monica Cowing *(Acct Exec)*

Accounts:
Dauphin's

ZEMOGA
120 Old Ridgefield Rd, Wilton, CT 06897
Tel.: (203) 663-6214
Fax: (917) 591-8174
E-Mail: info@zemoga.com
Web Site: www.zemoga.com

Employees: 70
Year Founded: 2003

Agency Specializes In: Digital/Interactive

Revenue: $4,900,000

D. J. Edgerton *(Founder & CEO)*

Accounts:
Paramount Social Media

ZETA GLOBAL
(Formerly Zeta Interactive)
185 Madison Ave 5th Fl, New York, NY 10016
Tel.: (212) 660-2500
E-Mail: info@zetaglobal.com
Web Site: zetaglobal.com/

Employees: 300

Agency Specializes In: Advertising, Communications, Digital/Interactive, Direct Response Marketing, Email, Graphic Design, Market Research, Sales Promotion, Search Engine Optimization, Sponsorship

Tom Walsh *(Exec VP & Head-Zeta Labs)*
Harrison Davies *(Exec VP-Interactive)*
Bharat Goyal *(Sr VP-Engrg)*
Michael Lewis *(Grp VP)*
Michael Esposito *(VP-Enterprise Sls)*

INTERACTIVE AGENCIES

John B. Lewis *(VP-Bus Solutions)*
Marie Aiello Lippert *(VP-Acct Mgmt)*
Alex Gitsis *(Sr Dir-Interactive Mktg)*
Jonathan Jaeger *(Sr Dir-Interactive)*
Matt Ruzz *(Sr Dir-Zeta Labs)*
Chase Altenbern *(Sls Dir)*
Hesham Mohsen *(Sls Dir-South)*
Vladimir Yerichev *(Creative Dir)*
Jeffrey Stern *(Dir-FP&A)*
Aislin Elkin *(Sr Mgr-Campaign)*
Kristen Hessler *(Sr Mgr-Client Ops)*
Stephanie Fagan *(Sr Acct Mgr)*
Kristina Menendez *(Sr Acct Mgr-Digital Mktg)*
Madeline Morrison *(Sr Acct Mgr)*
Kathleen Geer Petro *(Strategist-Digital Media)*
Caitlin Pilkin *(Sr Campaign Mgr-Interactive)*
Victor Sanchez *(Architect-Solution)*

Accounts:
Century 21; 2008
Foxwoods Resort Casino; 2008
LiveNation
NewsMarket; 2008
Pep Boys; 2008
Sony Electronics Inc.
SourceMedia; 2008
STIHL Inc.; Virginia Beach, VA (Agency of Record)
Time Inc.
United Water; 2008
Universal Studios Theme Parks
Venetian Casino Hotel; Las Vegas, NV
Verizon

Zeta Global
25A Abe Vorhees Dr, Manasquan, NJ 08736
Tel.: (732) 612-3500
Fax: (732) 612-3504
Web Site: http://zetaglobal.com/

Employees: 2,500

Agency Specializes In: Digital/Interactive, Search Engine Optimization, Web (Banner Ads, Pop-ups, etc.)

David A. Steinberg *(CEO)*
Cullen Jowitt *(Exec VP-Acq Platform)*
Laura Saati *(Sr VP-Client Svcs)*
Chad Starbuck *(Dir-Partner Offerings & Mobile Solutions)*

Accounts:
ADP
Avon
Morgans
Sony

ZINK INC
409 King St W Ste 403, M5V 1X1 Toronto, ON Canada
Tel.: (416) 506-8686
Fax: (416) 506-8686
E-Mail: info@zink.ca
Web Site: www.zink.ca

Employees: 50

Agency Specializes In: Brand Development & Integration, Commercial Photography, Digital/Interactive, Graphic Design

Raj Dias *(Dir)*

Accounts:
ALLIANCE FILMS
BOOM 99.7
HGTV cable channel
IndiGo
TSN Communications
UTV

MEDIA BUYING SERVICES

33ACROSS INC
229 W 28th St, New York, NY 10001
Tel.: (646) 606-2174
Web Site: www.33across.com

Employees: 40

Agency Specializes In: Advertising, Media Buying Services, Media Planning, Media Relations

Eric Wheeler *(CEO)*
Robert Deichert *(COO)*
Shyam Kuttikkad *(CTO)*
Paul Bell *(Chief Revenue Officer)*
Miles Dennison *(Chief Revenue Officer)*
Jon Nevitt *(Sr VP-Mktg)*
Adam Kadet *(Sr Dir-Demand Dev)*

Accounts:
Digitas Telecommunication Services
LiveRamp

6S MARKETING
560 Broadway, New York, NY 10012
Tel.: (212) 603-9667
Web Site: www.6smarketing.com

Employees: 40
Year Founded: 2000

Agency Specializes In: Advertising, Advertising Specialties, Asian Market, Automotive, Aviation & Aerospace, Business-To-Business, Computers & Software, Consulting, Consumer Goods, Cosmetics, Digital/Interactive, Direct-to-Consumer, E-Commerce, Education, Electronic Media, Email, Engineering, Entertainment, Fashion/Apparel, Financial, Government/Political, High Technology, Hospitality, Household Goods, Information Technology, Integrated Marketing, Internet/Web Design, Legal Services, Leisure, Local Marketing, Luxury Products, Media Buying Services, Media Planning, Medical Products, Men's Market, Mobile Marketing, Multicultural, Multimedia, New Technologies, Out-of-Home Media, Outdoor, Paid Searches, Pharmaceutical, Planning & Consultation, Real Estate, Restaurant, Retail, Search Engine Optimization, Social Media, Sports Market, Strategic Planning/Research, Technical Advertising, Teen Market, Transportation, Travel & Tourism, Urban Market, Viral/Buzz/Word of Mouth, Web (Banner Ads, Pop-ups, etc.)

Approx. Annual Billings: $6,000,000

John Blown *(Co-Founder)*
Chris Breikss *(Pres)*

Accounts:
Cirque du Soleil; 2012
Criteo; 2014
Pirelli P-Zero; 2014
The Ride; 2015

ABOVENATION MEDIA
79 Madison Ave 7th Fl, New York, NY 10016
Tel.: (646) 405-5895
E-Mail: info@abovenationmedia.com
Web Site: www.abovenationmedia.com

Employees: 50

Agency Specializes In: Digital/Interactive, Media Buying Services, Media Planning, Mobile Marketing, Programmatic, Search Engine Optimization, Shopper Marketing, Social Media, Strategic Planning/Research

Accounts:
QuickChek

ABSOLUTE MEDIA INC.
PO Box 4384, Stamford, CT 06907
Tel.: (203) 327-9090
Fax: (203) 323-1899
E-Mail: info@absolutemediainc.com
Web Site: www.absolutemediainc.com

Employees: 16
Year Founded: 1994

Agency Specializes In: Automotive, Broadcast, Business Publications, Business-To-Business, Cable T.V., Consulting, Consumer Marketing, Consumer Publications, E-Commerce, Electronic Media, Entertainment, Fashion/Apparel, Financial, Health Care Services, High Technology, Leisure, Magazines, Media Buying Services, Media Planning, Newspaper, Newspapers & Magazines, Out-of-Home Media, Outdoor, Pharmaceutical, Radio, Seniors' Market, Syndication, T.V., Trade & Consumer Magazines, Transportation

Gene Willhoft *(Founder & Pres)*
Robert Gisler *(Dir-Media Res)*
Mary Ozkan *(Dir-Media Svcs)*
Alison Grice *(Assoc Media Dir)*

Accounts:
Circle One Marketing
Cognito! Communications

ACCESS ADVERTISING LLC
1100 Main St, Kansas City, MO 64105
Tel.: (816) 471-1577
Fax: (816) 471-0177
Toll Free: (888) 943-6382
E-Mail: sales@accessadvertising.com
Web Site: www.accessadvertising.com

Employees: 20
Year Founded: 1989

Agency Specializes In: Advertising, African-American Market, Asian Market, Business Publications, Business-To-Business, Cable T.V., Consulting, Hispanic Market, Media Buying Services, Media Planning, Medical Products, Newspaper, Newspapers & Magazines, Print, Radio, Real Estate, Recruitment, Seniors' Market, Sports Market, T.V., Telemarketing, Transportation, Travel & Tourism

Approx. Annual Billings: $6,000,000

Breakdown of Gross Billings by Media: Brdcst.: $10,000; Cable T.V.: $40,000; Newsp.: $5,750,000; Radio: $200,000

Trae Nunnink *(CEO)*
Julia Denniston *(Head-Ops)*

ACRONYM MEDIA
Empire State Bldg 350 5th Ave Ste 6520, New York, NY 10118
Tel.: (212) 691-7051
Fax: (212) 868-6355
Toll Free: (877) 736-2276
E-Mail: info@acronym.com
Web Site: www.acronym.com

Employees: 70
Year Founded: 1995

Agency Specializes In: Affiliate Marketing, Consulting, Internet/Web Design, Market Research, Media Buying Services, Media Planning, Paid Searches, Search Engine Optimization

Anton E. Konikoff *(Founder & CEO-Global)*
Michael Bruh *(CEO)*
Selina Eizik *(CEO)*
Mike Grehan *(CMO & Mng Dir)*
Jonathan Cho *(Exec VP & Head-Agency Dev & Ops)*
Daniel Olduck *(Exec VP-Strategy-Global)*
Stephanie Hart *(VP-Client Svcs)*
Farah Sadiq *(Gen Mgr-EMEA)*
Julie Marusak *(Dir-Bus Dev)*
Ploy Tang *(Mktg Mgr)*

Accounts:
Accenture Software Development Services
BMW Automobiles & Motorcycles Mfr
Four Seasons Hotels and Resorts
HSBC Banking Services
Humana Health Insurance Services
Johnson & Johnson Health Care Products Mfr
SAP Business Management Software Solutions
Stanley Black & Decker Search Marketing

ACTIVE INTERNATIONAL
1 Blue Hill Plaza 9th Fl, Pearl River, NY 10965-3104
Tel.: (845) 735-1700
Fax: (845) 735-0717
Toll Free: (800) 448-7233
E-Mail: resumes@activeinternational.com
Web Site: www.activeinternational.com

Employees: 600
Year Founded: 1984

National Agency Associations: 4A's

Agency Specializes In: Media Buying Services, Media Planning

Approx. Annual Billings: $855,000,000

Judy Francisco King *(Fin Dir)*
Karen Gabor *(Exec VP-Media & Strategic Dev Ops)*
George Blunt *(Sr VP & Acct Dir)*
Steven Natko *(Sr VP & Dir-Media Trade)*
John Viserto *(Sr VP & Dir-Natl Brdcst)*
George Kreis *(Sr VP-Bus Dev)*
Jon Lumerman *(Sr VP-Digital)*
Doug Roeder *(Sr VP-New Bus Dev)*
Cristina Maramonte Dillow *(VP & Acct Dir)*
Joan Kornhaber-Lash *(VP & Dir-OOH)*
Steve Goldberg *(VP & Assoc Dir-Plng)*
Liam Moran *(VP & Assoc Dir-Plng & Corp Strategy)*
Casey Riccaldo *(VP-Integrated Media & Digital)*
Corinne Littleton *(Sr Acct Dir-Media Rels)*
Ron Malecot *(Dir-Sls Ops)*
Patti Malloy *(Mgr)*
Mariana Kogut *(Specialist-Media Market)*
Salvatore Ragusa *(Specialist-Media Market)*
Caitlin Lenihan *(Coord-Integrated Media)*
Samantha Perrone *(Coord-New Bus)*
Jessica Vera *(Coord-Integrated Media & Digital)*
Noreen Dambrot *(Sr Media Buyer)*
Stephanie Lauro *(Sr Media Buyer-Integrated)*
Jelissa Morris *(Asst-Integrated Media)*

MEDIA BUYING SERVICES — AGENCIES - JANUARY, 2019

Accounts:
Association of National Advertisers
BYB Brands, Inc.
Elkay Manufacturing Company
IMAN Cosmetics
Preferred Hotels & Resorts
Premiere Meeting Destinations
The Scotts Miracle-Gro Company
Servpro Industries, Inc.
Sharp Electronics

Branches

Active International Australia Pty Ltd.
Level 3 140 Arthur St, North Sydney, NSW 2060 Australia
Tel.: (61) 2 9466 9166
Fax: (61) 2 9466 9144
Web Site: www.activeinternational.com.au

Employees: 17

Cameron Swan *(Mng Dir)*
Andrew Rogers *(Head-Media)*
Cameron Baxter *(Gen Mgr-Melbourne)*
Nick Draper *(Media Dir)*
Lisa Lyte *(Client Svcs Mgr)*
Anna Last *(Mgr-Comml)*
Anna Zabrodina *(Accountant-Fin)*

Active Media Services Canada Inc.
4100 Yonge Street Ste 406 4th Floor, Toronto, ON M2P 2B5 Canada
Tel.: (416) 226-8650
Fax: (416) 225-7375
Web Site: www.activeinternational.com

Employees: 14

Susanne Morello *(Sr VP-Media)*
Michael Villeneuve *(Sr VP-Sls)*
Kimberly A. Presnail *(VP-Mktg & Culture)*
Mimi Salviato *(VP-Media)*
Mark Spencer *(VP-Sls Strategy & Partner Solutions)*
Karin Macpherson *(Sr Dir-Client Solutions)*
Scott Miles *(Sr Dir-Client Solutions)*
Ahmed Al-Waili *(Dir-Programmatic)*
Gurjit Bath *(Dir-New Bus Dev)*
Tanja Bessey *(Dir-Dev)*
James Holden *(Dir-Mdse Sls)*
Anne-Amor Nepomuceno *(Ops Mgr-Media-Canadian)*
Christine Lako *(Mktg Mgr)*
Chelsey Bonser *(Mgr-Media)*
Jodi Graham *(Mgr-Media)*
Hillary Nguyen *(Supvr-Media)*
Christine Ermen *(Sr Buyer-Acct)*
Lisa Attridge *(Assoc Buyer-Key Acct)*
Charles Bossy *(Asst-Media)*
Meara Johnson *(Asst-Media)*
Andrea Lloyd *(Sr Key Acct Buyer)*
Luke Lynett-Howes *(Asst-Media)*
Victoria McMinn *(Key Acct Mgr-Tactical)*
Denise Murray *(Key Media Buyer)*
Beverly Whyte-VanDerSlagt *(Sr Key Acct Buyer)*

Active International (Europe) S.A.R.L.
27 rue Nicolo, 75116 Paris, France
Tel.: (33) 1 45 04 32 90
Fax: (33) 1 40 72 66 16
Web Site: www.activeinternational.com

Employees: 20

Franck Boutry *(CFO)*
Bill Georges *(COO)*
Hector Rodriguez *(Pres-Active Freight & Logistics)*
Martine Pelier *(Exec Dir)*
Monique Aziza *(Media Dir)*
Francis Maire *(Media Dir)*
Adli Sakka *(Dir-Sls & Remarketing)*
Arnaud Rives *(Acct Mgr)*
Sandrine Degrave *(Mgr-Acctg)*
Frank Fischer *(Mgr-Media Sls)*
Kahina Bouamour *(Coord-Travel)*

Active International Ltd.
103 New Oxford St, London, WC1A 1DD United Kingdom
Tel.: (44) 207 520 6666
Fax: (44) 207 520 6620
Web Site: www.activeinternational.com

Employees: 25

Karen Latimer *(Fin Dir-UK)*
Gemma Atkinson *(COO)*
Dean Wilson *(CEO-Div-Intl)*
Alan Cummings *(CFO-Intl)*
Mark Chippendale *(Mng Dir-UK)*
Rob North *(Head-Digital & Programmatic)*
John Charlesworth *(Comml Dir)*
Jarrod Gowland-Smith *(Media Dir)*
Kieron Murphy *(Media Dir)*
Neesha Coelho *(Sr Mgr-Media)*
Laura Dawson *(Sr Mgr-Media)*
Laura Learmouth *(Sr Mgr-Media)*
Caren Nicholls *(Acct Mgr-Press & Out of Home)*
Paul Stubbs *(Fin Mgr)*
Alexandra Beeden *(Mgr-Comml Partnerships)*
Jo Hunter *(Mgr-Brdcst Trading)*
Chris Stone *(Mgr-Brdcst & Digital Media)*
Sarah Younger *(Mgr-Comml)*
Will Singleton *(Analyst-Fin)*
Georgia Myers *(Coord-Media)*
Russell Tolley *(Asst Accountant)*

AD CLUB
1304 W Roseburg Ave, Modesto, CA 95350-4855
Tel.: (209) 343-1900
Fax: (209) 529-5265
Toll Free: (800) 333-1228
E-Mail: ads@adclub.com
Web Site: www.adclub.com

Employees: 15
Year Founded: 1987

Agency Specializes In: Advertising, Media Buying Services, Media Planning, Recruitment

Approx. Annual Billings: $20,000,000

Breakdown of Gross Billings by Media: Bus. Publs.: $3,000,000; Internet Adv.: $3,000,000; Newsp.: $14,000,000

Jeremiah Bach *(Dir-Recruitment Adv)*
Josh Boyle *(Dir-Partnerships & Digital Engagement)*
Toni Galvez *(Acct Exec)*
Jennifer Reddell *(Acct Exec)*
Gary Torkelson *(Rep-Adv-Natl)*

Accounts:
AAA (American Automobile Association)
American Heart Association
California State Universities
Caltrans
Dow Pharmaceuticals
E&J Gallo Wine
FedEx
Peterbilt/Kenworth Trucks
Safeway, Inc.
Williams Sonoma/Pottery Barn

ADVERTISING CONNECTION INC.
273 W Point Rd, Ava, IL 62907-2318
Tel.: (618) 426-3384
Fax: (618) 426-3468
Toll Free: (800) 326-3468
E-Mail: customercare@advertisingconnection.com
Web Site: www.advertisingconnection.com

Employees: 4
Year Founded: 1994

Agency Specializes In: Media Buying Services, Media Planning, Newspaper

Approx. Annual Billings: $1,500,000

Larry Dierks *(Co-Founder)*
Pam Dierks *(Owner)*

Accounts:
Benjamin Franklin High School
EMS
National Chemical
Sunset Ranches

AERIAL ADVERTISING SERVICES
333 W Jack London Blvd Hangar 241, Livermore, CA 94551
Tel.: (510) 889-1453
E-Mail: sales@aerialservices.org
Web Site: www.aerialservices.org

Employees: 5
Year Founded: 1992

Agency Specializes In: Advertising, Advertising Specialties, Automotive, Aviation & Aerospace, Brand Development & Integration, Business-To-Business, Co-op Advertising, Corporate Identity, Entertainment, Event Planning & Marketing, Exhibit/Trade Shows, Government/Political, Health Care Services, High Technology, Local Marketing, Media Buying Services, Media Planning, Out-of-Home Media, Outdoor, Publicity/Promotions, Recruitment, Sales Promotion, Sports Market

Approx. Annual Billings: $2,000,000

Breakdown of Gross Billings by Media: Outdoor: 100%

Robert Franklin *(Pres)*

Accounts:
County of San Mateo
Ford Motor Company
Oracle America, Inc.
Pizza Orgasmica; San Francisco, CA Restaurant; 1994

ALLIANCE ACTIVATION
5665 New Northside Dr Ste 260, Atlanta, GA 30328
Tel.: (404) 963-5642
E-Mail: contact@allianceactivation.com
Web Site: www.allianceactivation.com

Employees: 5
Year Founded: 2012

Agency Specializes In: Branded Entertainment, Broadcast, Business Publications, Cable T.V., Co-op Advertising, Digital/Interactive, Direct Response Marketing, Local Marketing, Media Buying Services, Media Planning, Multimedia, Newspaper, Newspapers & Magazines, Out-of-Home Media, Outdoor, Print, Promotions, Radio, Search Engine Optimization, Sponsorship, T.V., Web (Banner Ads, Pop-ups, etc.)

Approx. Annual Billings: $5,000,000

John Cristadoro *(Pres)*

Accounts:
Aarons; 2013

AGENCIES - JANUARY, 2019 — MEDIA BUYING SERVICES

Heineken USA Dos Equis, Heineken; 2012

ALTERMARK LLC
89 NE 18th St Ste 104, Miami, FL 33137
Tel.: (305) 967-8020
Web Site: www.altermark.com/

Employees: 60
Year Founded: 1980

Agency Specializes In: Below-the-Line, In-Store Advertising, Local Marketing, Out-of-Home Media, Outdoor, Point of Purchase, Point of Sale

Claudia B Damas *(Partner-Americas)*
Camila Heard *(Acct Exec)*

Accounts:
HBO Latin America; 2010

AMERICAN CLASSIFIED SERVICES, INC.
1809 W Main Ste 304, Carbondale, IL 62901
Tel.: (618) 351-7570
Fax: (618) 351-7573
E-Mail: email@advertisingresults.com
Web Site: www.advertisingresults.com

Employees: 4
Year Founded: 1997

Agency Specializes In: Advertising, Business-To-Business, Hispanic Market, Media Buying Services, Media Planning, Newspaper, Newspapers & Magazines, Print, Recruitment

Approx. Annual Billings: $2,250,000

Breakdown of Gross Billings by Media: Newsp. & Mags.: $2,250,000

Leigh Ann Kristiansen *(Owner & Pres)*

AMERICAN NEWSPAPER REPRESENTATIVES, INC.
2075 W Big Beaver Rd Ste 310, Troy, MI 48084-3439
Tel.: (248) 643-9910
Fax: (248) 643-9914
Toll Free: (800) 550-7557
E-Mail: jjepsen@gotoanr.com
Web Site: www.gotoanr.com

E-Mail for Key Personnel:
President: jjepsen@anrinc.net

Employees: 6
Year Founded: 1943

Agency Specializes In: Advertising, Agriculture, Automotive, Co-op Advertising, Financial, Food Service, Health Care Services, High Technology, Hospitality, Leisure, Media Buying Services, Media Planning, Medical Products, Multicultural, Newspaper, Newspapers & Magazines, Planning & Consultation, Print, Restaurant, Retail, Transportation, Travel & Tourism

Breakdown of Gross Billings by Media: Newsp.: 100%

John Jepsen *(Pres)*
Dean Bevacqua *(Sls Mgr-Natl)*
Paula Stevenson *(Supvr-Plng & Buying)*

AMNET GROUP
150 E 42nd St 14th Fl, New York, NY 10017
Tel.: (212) 591-9122
Web Site: www.amnetgroup.com

Employees: 100

Agency Specializes In: Media Buying Services, Media Planning

Art Muldoon *(Co-CEO)*
Laurent Oppenheim *(Mng Dir & Exec VP-West coast)*
Ashwini Karandikar *(Pres-Global)*
Devin Elise Jones *(Sr Mgr-Private Marketplaces & Publr-Dev)*
Kenneth Brinkmann *(Exec VP-Mktg & Bus Dev)*
Jennifer Scheel *(Sr VP-Digital Activation)*
Akash Jairath *(VP-Analytics)*
Stephanie Landrum *(VP-Client Svcs)*
Christina Mohebbi *(VP-Client Results)*
Jake Sroczynski *(VP-Analytics)*
Tami Peterson *(Client Svcs Dir)*
Emily Kennedy *(Dir-Trading)*
Jessica Schulz *(Dir)*
Leah Feigel *(Assoc Dir)*
Kristen Peczynski *(Assoc Dir)*
Lauren Schubeck *(Assoc Dir)*
Stacey Shaw *(Assoc Dir)*
Jason Smith *(Assoc Dir)*
Lauren Command *(Sr Acct Mgr-Programmatic)*
Rachel Cox *(Sr Acct Mgr)*
Andrew Furst *(Sr Acct Mgr)*
Olivia Halas *(Sr Acct Mgr)*
Tayler Zanchetta *(Sr Acct Mgr)*
Leslie Hubbard *(Acct Mgr)*
Shelby Prisby *(Specialist-Media)*
Kevin Yu *(Specialist-Media)*
Jacob Walker *(Acct Coord)*
Rosalind Gilbert *(Assoc Acct Dir)*
Bradley Passino *(Assoc Analyst-Data & Analytics)*

Accounts:
W.L. Gore & Associates, Inc. Gore-Tex; 2018

AMOBEE
1322 3rd St Promenade 2nd Level, Santa Monica, CA 90401
Tel.: (310) 382-5500
Fax: (310) 382-5501
Web Site: amobee.com

Employees: 65

Agency Specializes In: Media Buying Services, Media Planning

Philip Smolin *(Chief Strategy Officer)*
Amanda Currie *(Sr VP)*
James Fellows *(Sr VP-Product)*
Johnny Horgan *(Sr VP-Social Sls & Partnerships)*
James Malins *(Sr VP-Programmatic)*
Matthew Gussin *(VP-Natl & Head-MSP)*
Brittany Hawkins *(VP-Client Svcs)*
Michael J. Mothershed *(Head-Media)*
Candyse Frazier *(Sr Dir-Operational)*
Andrew Bukovics *(Sr Mgr-Campaign Strategy & Optimization)*
Calli White *(Sr Mgr-Affiliate)*
Sarah Grindle *(Acct Mgr)*
Chris Wilson *(Client Partner)*
Ali Kummer *(Mgr-Creative Dev)*
Chelsea Denning *(Specialist-Email Mktg)*
Laura Milner *(Specialist-Ops)*

ANVIL MEDIA, INC.
310 NE Failing St., Portland, OR 97212
Tel.: (503) 595-6050
Fax: (503) 223-1008
E-Mail: kent@anvilmediainc.com
Web Site: www.anvilmediainc.com

Employees: 12
Year Founded: 2000

National Agency Associations: PAF-SEMPO

Agency Specializes In: Above-the-Line, Advertising, Advertising Specialties, Affiliate Marketing, Affluent Market, African-American Market, Agriculture, Alternative Advertising, Arts, Asian Market, Automotive, Aviation & Aerospace, Below-the-Line, Bilingual Market, Brand Development & Integration, Branded Entertainment, Broadcast, Business Publications, Business-To-Business, Cable T.V., Catalogs, Children's Market, Co-op Advertising, Collateral, College, Commercial Photography, Communications, Computers & Software, Consulting, Consumer Goods, Consumer Marketing, Consumer Publications, Content, Corporate Communications, Corporate Identity, Cosmetics, Crisis Communications, Custom Publishing, Customer Relationship Management, Digital/Interactive, Direct Response Marketing, Direct-to-Consumer, E-Commerce, Education, Electronic Media, Electronics, Email, Engineering, Entertainment, Environmental, Event Planning & Marketing, Exhibit/Trade Shows, Experience Design, Faith Based, Fashion/Apparel, Financial, Food Service, Game Integration, Government/Political, Graphic Design, Guerilla Marketing, Health Care Services, High Technology, Hispanic Market, Hospitality, Household Goods, Identity Marketing, In-Store Advertising, Industrial, Infomercials, Information Technology, Integrated Marketing, International, Internet/Web Design, Investor Relations, LGBTQ Market, Legal Services, Leisure, Local Marketing, Logo & Package Design, Luxury Products, Magazines, Marine, Market Research, Media Buying Services, Media Planning, Media Relations, Media Training, Medical Products, Men's Market, Merchandising, Mobile Marketing, Multicultural, Multimedia, New Product Development, New Technologies, Newspaper, Newspapers & Magazines, Out-of-Home Media, Outdoor, Over-50 Market, Package Design, Paid Searches, Pets , Pharmaceutical, Planning & Consultation, Podcasting, Point of Purchase, Point of Sale, Print, Product Placement, Production, Production (Ad, Film, Broadcast), Production (Print), Promotions, Public Relations, Publicity/Promotions, Publishing, RSS (Really Simple Syndication), Radio, Real Estate, Recruitment, Regional, Restaurant, Retail, Sales Promotion, Search Engine Optimization, Seniors' Market, Shopper Marketing, Social Marketing/Nonprofit, Social Media, South Asian Market, Sponsorship, Sports Market, Stakeholders, Strategic Planning/Research, Sweepstakes, Syndication, T.V., Technical Advertising, Teen Market, Telemarketing, Trade & Consumer Magazines, Transportation, Travel & Tourism, Tween Market, Urban Market, Viral/Buzz/Word of Mouth, Web (Banner Ads, Pop-ups, etc.), Women's Market, Yellow Pages Advertising

Approx. Annual Billings: $2,000,000

Breakdown of Gross Billings by Media: Internet Adv.: $2,000,000

Kent Lewis *(Founder & Pres)*
Mike Terry *(VP)*
Jennifer Peck *(Acct Dir)*
Stephen Hammill *(Dir-Insight)*
Zach Hoffman *(Dir-Interactive)*
Madelyn Engel *(Specialist-Paid Media)*
Andrew Jones *(Specialist-Paid Media)*
John Ray *(Acct Exec)*
Marie Almquist *(Coord-Organic Search)*

Accounts:
A-Dec
The Bozzuto Group
C'est What?; 2018
Dr. Martens /AirWair; 2009
Enjoy Life Foods
Good Clean Love; 2018
Hart Wagner; 2018
Hoptown Handles; 2018
Mindtree
Nossa Familia Coffee; 2018

MEDIA BUYING SERVICES

Oregon State University
Pivotal Software; 2018
Pronghorn Resort
Sherlag De Muniz; 2018
Slingshot Sports
Sonos
TEKsystems
Workplace Resource of Oregon; 2018

ASHER MEDIA, INC.
15303 N Dallas Pkwy Ste 760, Addison, TX 75001
Tel.: (972) 732-6464
Web Site: www.ashermedia.com

Employees: 20
Year Founded: 1999

Agency Specializes In: Sponsorship

Revenue: $50,000,000

Kalyn Asher *(Owner & Pres)*
Jackie Barrera *(Dir-Media Buying)*
Sarah Lerner *(Dir-Media Plng)*
Allison Archer *(Supvr-Media)*
Katelyn Albright *(Media Planner & Media Buyer)*
Brynn Prusha *(Media Planner & Media Buyer)*
Meagan Vaughn *(Sr Media Buyer & Planner)*
Stephanie Beugelsdijk *(Assoc Media Dir)*
Mary Kim *(Assoc Media Dir)*

Accounts:
Calbee North America (Media Agency of Record) Harvest Snaps, Media Buying, Media Planning; 2017
Consolidated Restaurant Operations (Media Agency of Record) Black Oak Grill, Cantina Laredo, EL Chico, III Forks, Lucky's, Media Buying, Media Planning, Silver Fox; 2001
Dallas Independent School District Media Buying, Media Planning; 2015
Dallas Zoo (Media Agency of Record); 2017
Earth Day Texas Media Buying, Media Planning; 2015
Explore Horizon Media Buying, Media Planning; 2016
Mattress Firm (Media Agency of Record) D&A Mattress (Franchise), Media Buying, Media Planning; 1997
Mt. Vernon Nazarene University Media Buying, Media Planning; 2015
North Texas Food Bank Media Buying, Media Planning; 2007
North Texas Tollway Authority Media Buying, Media Planning; 2016
Oncor Electric (Media Agency of Record) Media Buying, Media Planning; 2009
Texas State Technical College (Media Agency of Record) Media Buying, Media Planning; 2015
UT Health Northeast Media Buying, Media Planning, Tyler; 2001
Which Wich (Media Agency of Record) DFW Franchise Co-op, Media Buying, Media Planning; 2016

Subsidiary

Avalanche Media Group
11200 County Down Dr, Austin, TX 78747
Tel.: (512) 280-5650
Fax: (888) 422-0879

Employees: 10

Kalyn Asher *(Pres)*
Lora Funderburk *(Dir-Media Svcs)*

ASSEMBLY
711 3rd Ave, New York, NY 10017
Tel.: (212) 500-6900
Fax: (212) 500-6880
Web Site: www.media-assembly.com

Employees: 80
Year Founded: 2002

National Agency Associations: 4A's-AD CLUB

Agency Specializes In: Advertising, Automotive, Broadcast, Business Publications, Business-To-Business, Cable T.V., Co-op Advertising, Communications, Consumer Marketing, Consumer Publications, Corporate Communications, Corporate Identity, Cosmetics, Education, Entertainment, Fashion/Apparel, Financial, Government/Political, Health Care Services, High Technology, Internet/Web Design, Leisure, Local Marketing, Magazines, Media Buying Services, Media Planning, Medical Products, Newspaper, Newspapers & Magazines, Out-of-Home Media, Outdoor, Pharmaceutical, Planning & Consultation, Print, Radio, Real Estate, Restaurant, Retail, Seniors' Market, Sponsorship, Strategic Planning/Research, Syndication, T.V., Teen Market, Telemarketing, Transportation, Travel & Tourism

Christina Skehan *(Fin Dir)*
Francois Lee *(Exec VP & Dir-Investment)*
Alicia Lingenfelter *(Sr VP & Head-Strategic)*
Bob Tacy *(Sr VP & Dir-Digital Media Strategy)*
Michael Reeder *(Sr VP-Brand Comm Strategy-Xbox)*
Christine Sheehan *(VP & Grp Dir-Integrated Comm)*
Michelle McNeill *(VP-Social Strategy)*
Andrew Norton *(VP & Assoc Media Dir)*
Mary Frances Smyth *(VP & Assoc Media Dir)*
Payel Banerjee *(Dir-Digital Analytics & Mktg Tech)*
Jon Gunnells *(Dir-Paid Social & Search)*
Derek Sweet *(Dir-Analytics & Data Science)*
Janice I. Rucinski *(Assoc Dir-Digital Media Strategy)*
Robert K. Shimasaki *(Assoc Dir-Integrated Comm)*
Abraham Levy *(Mgr-Programmatic Campaign)*
Carmen Palumbo *(Mgr-Strategy & Insights)*
Heather Goldsmith *(Supvr-Local Video & Audio Investment)*
Tara Hanna *(Supvr-Digital Media)*
Kaitlynn Pham *(Supvr)*
Katie Pizzimenti *(Supvr)*
Mariel Ward *(Supvr-Media)*
Michael Jones, Jr *(Strategist-Digital Mktg)*
Travis McPhee *(Strategist-Paid Social)*
Matt Rose *(Strategist-Social Media)*
Amy Carpiniello *(Sr Media Buyer)*
Kimberly Kocan *(Assoc Media Dir)*

Accounts:
1-800 Contacts
AMC Entertainment Inc.
AMC Networks, Inc.
American Legacy Foundation Digital Media Planning & Buying, Traditional Media Planning & Buying
Arby's
Automattic Data Analytics, Media Planning & Buying, Media Strategy, Modeling, WordPress.com (Media Agency of Record)
Autotrader.com
Children's Mercy Kansas City Digital, Integrated Advertising, Media Buying & Planning, Social Media
E-Trade Financial Corporation (Media Agency of Record)
Edmunds Inc.
Elevate (Media Agency of Record) Digital Media Planning & Buying, Traditional Media Planning & Buying
Expedia, Inc. Media Buying, Media Planning
Fonterra Anchor, Tip Top
Hotwire, Inc. Broadcast, TV Buying
Ikea
Illva

Janus Group
New World Pasta Company
NZI
Pfizer Consumer Healthcare
Pfizer, Inc. Advil, Advil Cold & Sinus, Advil PM, Alavert, Caltrate, Centrum, Centrum Cardio, Centrum Kids, Centrum Performance, Centrum Silver, Centrum Ultra, Chap Stick, Children's Advil, Pfizer, Inc., Preparation H, Robitussin, Robitussin.com, Thermacare
Rydex SGI (Agency of Record) Digital, Media, Print, Search
Sidney Frank Importing Co. Jacques Cardin Cognac, Jagermeister, Tommy Bahama; 2008
Sun-Maid Growers of California Sun-Maid Raisins; 2008
TIAA-CREF; New York, NY Financial Services, Media Planning & Buying; 2004
Timberland (Media Agency of Record); 2014
Travelocity US Media
Truth Initiative
Twenty-First Century Fox, Inc. FX, Media Planning
UniGroup Inc.
The UPS Store
Vans

Branch

Assembly LA
1999 Avenue of the Stars Ste 3000, Century City, CA 90067
Tel.: (424) 260-4600
Web Site: www.media-assembly.com

Employees: 60

Agency Specializes In: Communications, Media Buying Services, Media Planning, Strategic Planning/Research

Michael Bernardoni *(Exec VP-Strategy & Innovation)*
Alex Witkowski *(Sr VP-Digital)*
Ashley Traywick *(VP & Dir-Integrated Comm)*
Kathy Chan *(VP-Mktg Tech & Data Strategy)*
Amy Porter *(Dir-Digital Strategy)*
Crystal Chou *(Assoc Dir-Integrated Comm)*
Eric Sutherlin *(Sr Mgr-Programmatic)*
Jessica Nothnagle *(Mgr-Search)*
Tony Chanes *(Supvr-Analytics & Data Science)*
Tim Orland *(Supvr-Integrated Comm)*
Dorothy Wong *(Planner-Integrated Comm-FX Networks)*
David Morris *(Assoc Media Dir)*
Brianne Murray *(Assoc-Integrated Comm)*
Sarah Zimostrad *(Assoc Media Dir)*

Accounts:
20th Century Fox Media Planning
A24 Films Media
AAA Media
Belkin International, Inc; 2017
Fox Home Entertainment Media Planning
Fox Searchlight Media
FX Networks Media Planning
Transamerica; 2017
UPS Store Media, Western Region
Vans Media

ATWELL MEDIA SERVICES, INC.
7238 Murieta Dr Ste A2A #320, Rancho Murieta, CA 95683
Tel.: (916) 354-8585
Fax: (916) 354-1057
E-Mail: info@atwellmediaservices.com
Web Site: www.atwellmediaservices.com

Employees: 3
Year Founded: 2002

National Agency Associations: AAF

AGENCIES - JANUARY, 2019 — MEDIA BUYING SERVICES

Agency Specializes In: Advertising, Advertising Specialties, African-American Market, Brand Development & Integration, Business-To-Business, Education, Hispanic Market, In-Store Advertising, Media Buying Services, Media Planning, Out-of-Home Media, Outdoor, Publicity/Promotions, Sales Promotion

Revenue: $4,000,000

Brian Atwell *(Principal)*
Janelle Atwell *(Client Svcs Dir)*

Accounts:
Consolidated Communications
Healthy Families
State of California
T-Mobile
Wells Fargo

AXIS MEDIA
30495 Canwood St, Agoura Hills, CA 91301
Tel.: (818) 264-1555
Fax: (818) 264-1550
E-Mail: tom@axismedia.org
Web Site: www.axis-media.us

Employees: 2
Year Founded: 2002

Agency Specializes In: Advertising, Advertising Specialties, Automotive, Broadcast, Cable T.V., Co-op Advertising, Consulting, Direct Response Marketing, Food Service, Hispanic Market, Infomercials, Local Marketing, Magazines, Market Research, Media Buying Services, Media Planning, Medical Products, Newspaper, Newspapers & Magazines, Out-of-Home Media, Outdoor, Pharmaceutical, Planning & Consultation, Print, Production, Production (Ad, Film, Broadcast), Production (Print), Promotions, Radio, Recruitment, Regional, Retail, Sponsorship, Sports Market, Strategic Planning/Research, T.V., Web (Banner Ads, Pop-ups, etc.)

Approx. Annual Billings: $5,000,000

Breakdown of Gross Billings by Media: Other: 5%; Radio: 20%; T.V.: 75%

Tony Naish *(Pres)*

BAMBOO
14 Mint Plz Ste 500, San Francisco, CA 94105
Tel.: (415) 730-3791
Web Site: www.growwithbamboo.com/

Employees: 25
Year Founded: 2014

Agency Specializes In: Direct Response Marketing, Media Buying Services, Media Planning, Mobile Marketing, Social Media

Approx. Annual Billings: $10,000,000

Danny Sauter *(Co-Founder & Dir-Growth)*
Daniel Pearson *(CEO)*
Jessica Kamada *(Acct Dir-Mobile UA)*
Lyndsay Bonta *(Acct Mgr)*
Lauren Brunner *(Acct Mgr)*
Kevin Keeley *(Acct Mgr)*
Zach Foote *(Mgr)*
Brittany Sutphen *(Mgr-Mobile Mktg)*

Accounts:
The Black Tux Creative, Media Buying, Media Planning; 2017
Cinedigm Digital Cinema Corp. (Mobile & Social Advertising Agency of Record) Creative, Media Buying, Media Planning; 2017
Dropbox Creative, Digital, Media Buying, Media Planning; 2015
Hopsy Creative, Media Buying, Media Planning
Hotel Tonight Creative, Digital, Media Buying, Media Planning; 2016
Peloton Cycle Creative, Media Buying, Media Planning; 2017
Rover Creative, Media Buying, Media Planning; 2017
Sincerely Creative, Media Buying; 2015
Turo Creative, Media Buying, Media Planning; 2015

BIG KITTY LABS
3900 O Shannon Rd, Dublin, OH 43016
Tel.: (614) 432-1378
E-Mail: info@bigkittylabs.com
Web Site: www.bigkittylabs.com

Employees: 50
Year Founded: 2009

Agency Specializes In: Content, Media Buying Services, Media Planning, Mobile Marketing

Dan Rockwell *(CEO)*

Accounts:
MobileXpeditions LLC. Mobile Phones Retailer
ReserveThat Books Retailer
RightNow Technologies Inc Non-Classified Establishment Providers

BILLBOARD CENTRAL
419 Main St, Huntington Beach, CA 92648
Tel.: (714) 960-5106
E-Mail: dave@billboardcentral.com
Web Site: www.billboardcentral.com

Employees: 2
Year Founded: 1996

Agency Specializes In: Media Buying Services, Media Planning, Out-of-Home Media, Outdoor

Approx. Annual Billings: $1,000,000

Dave Lindsey *(Owner & Pres)*

Accounts:
AT&T Communications Corp.; 2006
California Pistachio Commission
Jeffrey-Scott Advertising
McDonald's; 1997
Taco Bell; 2007

BILLBOARD CONNECTION
1315 Walnut St, Philadelphia, PA 19107
Tel.: (267) 480-7110
Web Site: www.billboardconnection.com

Employees: 100
Year Founded: 2000

Agency Specializes In: Media Buying Services, Media Planning, Out-of-Home Media, Outdoor

Donald Varner *(Pres)*

Accounts:
Asbury Auto Group Outdoor Media; 2014

BILLBOARD EXPRESS, INC.
8 Flat Iron Rd, Trabuco Canyon, CA 92679
Tel.: (949) 589-3500
Fax: (949) 589-4141
Toll Free: (877) 782-7438
E-Mail: rick.zakhar@billboardexpress.com
Web Site: www.billboardexpress.com

Employees: 15
Year Founded: 1994

Agency Specializes In: Advertising, Advertising Specialties, Alternative Advertising, Event Planning & Marketing, Exhibit/Trade Shows, Government/Political, Guerilla Marketing, Media Buying Services, Media Planning, Mobile Marketing, Out-of-Home Media, Outdoor, Promotions, Recruitment

Approx. Annual Billings: $1,500,000

Rick Zakhar *(Pres & CEO)*
Adam Zakhar *(Acct Exec)*

Accounts:
Barret Jackson
Boost Mobile
Cingular Wireless LLC
Denny's
Disney Films
General Atomics
KB Homes
metroPCS
T-Mobile US
XM Radio

BILLUPS WORLDWIDE
8 N State Ste 121, Lake Oswego, OR 97034
Tel.: (503) 454-0714
Fax: (503) 454-0716
Web Site: http://billups.com/

Employees: 3
Year Founded: 2004

National Agency Associations: OAAA

Agency Specializes In: Advertising, Media Buying Services, Media Planning, Out-of-Home Media, Outdoor

Approx. Annual Billings: $15,000,000

Breakdown of Gross Billings by Media: Out-of-Home Media: $15,000,000

Benjamin Billups *(Founder & CEO)*
David Krupp *(Pres & COO)*
Rick Robinson *(Partner & Chief Strategy Officer)*
Kristin Carlin *(Mng Dir)*
Jennifer Seickel *(Mng Dir)*
Greg Taylor *(Chief Bus Officer & Exec VP)*
Matt P Leible *(Chief Growth Officer)*
Juan M. Garcia *(Reg Dir)*
Courtney Hood Laws *(Reg Dir)*
Jennifer Lombard *(Reg Dir)*
Tom Pirog *(Reg Dir)*
Amye Cole *(Media Dir)*
Suzie Lopez *(Bus Dir)*
Julie Nielsen *(Media Dir)*
Stephanie Calderwood *(Dir-Buying & Vendor Partnerships)*
Dana Gyllen *(Dir-Studio Svcs)*
Jordanna Howard *(Assoc Dir)*
Valorie Cook *(Acct Supvr)*
Stacy Repin *(Acct Supvr)*
Dace Day *(Sr Planner-Media Strategy)*
Monica Perez *(Media Planner)*

Accounts:
Dollar Shave Club OOH, Shaving Products
Jordan All-Star OOH
Las Vegas Convention & Visitors Authority LGBT, OOH, Tourism
Redhook Beer OOH

BLACK DIAMOND MEDIA
574 Heritage Rd Ste 201A, Southbury, CT 06488
Tel.: (203) 262-0588
Fax: (203) 262-0589
E-Mail: 1blackdiamond@b-d-m.com

MEDIA BUYING SERVICES

Web Site: www.b-d-m.com

Employees: 8

National Agency Associations: DMA

Agency Specializes In: Experiential Marketing, Media Buying Services, Media Planning

Brian Mahoney *(Pres)*

Accounts:
All Detergent
Cycle Gear
Geico General Insurance Co.
Juicy Juice
MotoAmerica
SolSkyn
TD Bank
Title Nine
TravelSmith

BLACKLIGHT, INC.
(Formerly Trafficbuyer Digital)
33 Irving Pl Fl 3, New York, NY 10003
Tel.: (212) 642-8460
E-Mail: info@trafficbuyer.com
Web Site: www.blacklightma.com

Employees: 25

Agency Specializes In: Media Buying Services, Media Planning, Media Training

Andrew Wagner *(Founder & CEO)*
Anna Rachminov *(CFO)*
Emily Granger *(VP)*
Evan Broome *(Head-Social Media Practice)*
Dylan Jenks *(Acct Dir)*
Jason Dellaripa *(Dir-Search & Programmatic Media)*
Dan Horowitz *(Dir-Media Plng & Buying)*
Thomas Fyfe *(Analyst-Ad Ops & Media)*
Pihu Patni *(Analyst-Mktg)*

Accounts:
Athena Health
Britain
Getsmart
ING Direct
NYC & Co.
Totally London

BLENDED IDEAS GROUP
PO Box 483, Mount Pleasant, NC 28124
Tel.: (404) 992-7164
Web Site: www.blendedideasgroup.com/

Employees: 10
Year Founded: 2014

Agency Specializes In: Media Buying Services, Media Planning, Out-of-Home Media, Outdoor

Approx. Annual Billings: $5,000,000

Christopher Veronesi *(CEO)*
Corey Fraley *(CFO)*
Susan Furr *(CMO & Sls Dir)*

Accounts:
Biscuitville (Media Agency of Record) Media Buying, Media Planning
Carolinas Healthcare System (Media Agency of Record) Media Buying; 2014
Golf Now (Media Agency of Record) Media Buying
Jersey Mike's (Media Agency of Record) Media Buying; 2014
Pandora Jewelry Co-Op (Media Agency of Record) Media Buying; 2015
Reeds Jewelers (Media Agency of Record) Media Buying
Scheels (Media Agency of Record) Media Buying
Scott Clark Automotive (Media Agency of Record) Creative, Media Buying, Media Planning; 2014

BLUE 449
(Formerly Optimedia International US Inc.)
375 Hudson St 7th Fl, New York, NY 10014
Tel.: (212) 820-3200
Fax: (212) 820-3300
E-Mail: info@blue449.com
Web Site: http://www.blue449.com/

Employees: 420
Year Founded: 1995

National Agency Associations: 4A's

Agency Specializes In: Cable T.V., Electronic Media, Magazines, Media Buying Services, Media Planning, Newspaper, Out-of-Home Media, Radio, Sponsorship, Syndication, T.V., Trade & Consumer Magazines

Approx. Annual Billings: $1,000,000,001

Melissa Shapiro *(Pres-Investment)*
Lauren Greco *(Exec VP-Media Investment-Natl)*
Benjamin J. Ochnio *(Exec VP-Digital)*
Anita Arcentales *(Sr VP & Head-Multicultural Brand)*
Jeffrey Vider *(Sr VP & Dir-Strategic Comm)*
Rachel Bien *(Sr VP-Strategy)*
Greta Matiash *(Sr VP-Video Investments-Natl)*
Karen Zelenka *(VP & Dir-Strategic Comm)*
Scott Martino *(VP-Digital Investment)*
Jordan Posner *(VP-Search)*
Elyssa Warren *(VP)*
Stacey Weinstein *(VP-Natl Media Investment)*
Jennifer Batka *(Media Dir)*
Matt Hilde *(Media Dir)*
Michelle Campanaro *(Dir-Digital Investment)*
Daniel Plaut *(Assoc Dir-Investment-Natl)*
Carlos Rodriguez *(Assoc Dir-Media & Digital)*
Rachel Berk *(Mgr-Content)*
Victoria Catanzaro *(Mgr-Digital)*
Raysha Dindiyal *(Supvr-Comm)*
Sarah Harrison *(Supvr-Strategy)*
Kasia Kozlowska *(Supvr-Media)*
Joseph Marchetti *(Supvr)*

Accounts:
24 Hour Fitness (Media Agency of Record) Media Buying, Media Planning; 2015
Abercrombie & Fitch (Media Agency of Record) Media Buying, Media Planning; 2017
Aqua Systems (Media Agency of Record) Media Buying, Media Planning; 2015
BASF (Media Agency of Record) Media Buying, Media Planning; 2015
Bridgestone Firestone Media Buying, Media Planning
Butler University (Media Agency of Record) Media Buying, Media Planning; 2007
Dairy Queen (Media Agency of Record) Media Buying, Media Planning; 2005
Delta Dental (Media Agency of Record) Media Buying, Media Planning; 2014
Denny's (Media Agency of Record) Media Buying, Media Planning; 2002
DJI (Media Agency of Record) Media Buying, Media Planning; 2016
ebay (Media Agency of Record) Media Buying, Media Planning; 2016
Epix (Media Agency of Record) Media Buying, Media Planning; 2015
Fossil (Media Agency of Record) Media Buying, Media Planning; 2013
Hewlett Packard Enterprise (Media Agency of Record) Media Buying, Media Planning; 2016
Hollister (Media Agency of Record) Media Buying, Media Planning; 2017
Innovative Mattress Solutions (Media Agency of Record) Media Buying, Media Planning; 2017
Liberty Mutual (Media Agency of Record) Media Buying, Media Planning; 2013
MetroPCS (Media Agency of Record) Media Buying, Media Planning; 2014
Nintendo (Media Agency of Record) Media Buying, Media Planning; 2011
Pizza Hut (Media Agency of Record) Media Buying, Media Planning; 2011
Qantas (Media Agency of Record) Media Buying, Media Planning; 2011
Reliant Energy (Media Agency of Record) Media Buying, Media Planning; 2000
Sanofi Pasteur (Media Agency of Record) Media Buying, Media Planning; 2002
Sanofi (Media Agency of Record) Media Buying, Media Planning; 2002
SCA (Media Agency of Record) Media Buying, Media Planning; 2013
ServiceMaster Corporation (Media Agency of Record) Media Buying, Media Planning; 1996
Simon Property Group (Media Agency of Record) Media Buying, Media Planning; 1993
Singapore Airlines (Media Agency of Record) Media Buying, Media Planning; 2015
T-Mobile US Inc (Media Agency of Record) Media Buying, Media Planning; 1998
Tempur Sealy (Media Agency of Record) Media Buying, Media Planning; 2017
TriHealth (Media Agency of Record) Media Buying, Media Planning; 2011
TruGreen (Media Agency of Record) Media Buying, Media Planning; 2008
Whirlpool Corporation (Media Agency of Record) Media Buying, Media Planning; 1999

Branches

Blue 449
(Formerly Optimedia-Dallas)
7300 Lone Star Dr Ste 200, Plano, TX 75024
Tel.: (469) 366-2550
Fax: (972) 628-7890
E-Mail: info@blue449.com
Web Site: http://www.blue449.com/

Employees: 420
Year Founded: 1995

National Agency Associations: 4A's

Agency Specializes In: Media Buying Services, Sponsorship

Susan Eberhart *(Mng Dir & Exec VP)*
Andy Rowe *(Sr VP & Grp Dir-Comm)*
Meegan Flanigan *(VP & Assoc Dir-Comm Plng)*
Kyle Russ *(VP-Strategic Plng)*
Catherine Gilham *(Media Dir)*
Laura Peterson *(Media Dir)*
Nicole French *(Supvr-Comm Plng)*
Jenny Kobylinski *(Supvr-Comm Plng)*
Matt McCary *(Supvr-Comm Plng)*
Kendra Moore *(Supvr-Comm Plng)*
Jamin Svendsen *(Supvr-T-Mobile Sponsorships)*
Ramon Vega *(Planner-Comm)*
Kayla Shea *(Asst Planner-Comm)*

Accounts:
24 Hour Fitness (Media Agency of Record) Media Buying, Media Planning; 2015
Abercrombie & Fitch (Media Agency of Record) Media Buying, Media Planning; 2017
Aqua Systems (Media Agency of Record) Media Buying, Media Planning; 2015
BASF (Media Agency of Record) Media Buying, Media Planning; 2015
Bridgestone Firestone Media Buying, Media Planning
Butler University (Media Agency of Record) Media Buying, Media Planning; 2007
Dairy Queen (Media Agency of Record) Media Buying, Media Planning; 2005
Delta Dental (Media Agency of Record) Media Buying, Media Planning; 2014
Denny's (Media Agency of Record) Media Buying,

AGENCIES - JANUARY, 2019 — MEDIA BUYING SERVICES

Media Planning; 2002
DJI (Media Agency of Record) Media Buying, Media Planning; 2016
ebay (Media Agency of Record) Media Buying, Media Planning; 2002
Epix (Media Agency of Record) Media Buying, Media Planning; 2015
Fossil (Media Agency of Record) Media Buying, Media Planning; 2013
Hollister (Media Agency of Record) Media Buying, Media Planning; 2017
Innovative Mattress Solutions Media Buying, Media Planning; 2017
Liberty Mutual (Media Agency of Record) Media Buying, Media Planning; 2013
MetroPCS (Media Agency of Record) Media Buying, Media Planning; 2014
Nintento (Media Agency of Record) Media Buying, Media Planning; 2011
Qantas (Media Agency of Record) Media Buying, Media Planning; 2001
Reliant Energy (Media Agency of Record) Media Buying, Media Planning; 2016
Sanofi (Media Agency of Record) Media Buying, Media Planning; 2002
SCA (Media Agency of Record) Media Buying, Media Planning; 2013
ServiceMaster Corporation (Media Agency of Record) Media Buying, Media Planning; 1996
Simon Property Group (Media Agency of Record) Media Buying, Media Planning; 1993
Singapore Airlines (Media Agency of Record) Media Buying, Media Planning; 2015
T-Mobile US (Media Agency of Record) Media Buying, Media Planning; 1998
Tempur Sealy (Media Agency of Record) Media Buying, Media Planning; 2017
TriHealth (Media Agency of Record) Media Buying, Media Planning; 2011
TruGreen (Media Agency of Record) Media Buying, Media Planning; 2008
Whirlpool Corporation (Media Agency of Record) Media Buying, Media Planning; 1999

Blue 449
(Formerly Optimedia-Indianapolis)
200 S Meridian St Ste 500, Indianapolis, IN 46225-1076
Tel.: (317) 639-5135
Fax: (317) 639-5132
E-Mail: info@blue449.com
Web Site: http://www.blue449.com/

Employees: 420
Year Founded: 1995

National Agency Associations: 4A's

Agency Specializes In: Media Buying Services

Jay Schemanske *(VP & Dir-Strategic Comm)*
April Lotts *(Supvr-Comm)*
Carrie Wood *(Acct Exec, Asst Media Planner & Buyer)*
Kristin Caragliano *(Media Planner)*
Tyler Riordan *(Sr Media Planner & Media Buyer)*
Robyn Shoemaker *(Media Planner)*
Lana Wombolt *(Planner-Comm)*
Casey Duckworth *(Asst Media Planner)*
Amanda Hardin *(Assoc Media Dir-Local Investment)*

Accounts:
24 Hour Fitness (Media Agency of Record) Media Buying, Media Planning; 2015
Abercrombie & Fitch (Media Agency of Record) Media Buying, Media Planning; 2017
Aqua Systems (Media Agency of Record) Media Buying, Media Planning; 2015
BASF (Media Agency of Record) Media Buying, Media Planning; 2015
Bridgestone Firestone Media Buying, Media Planning
Butler University (Media Agency of Record) Media Buying, Media Planning; 2007
Dairy Queen (Media Agency of Record) Media Buying, Media Planning; 2005
Delta Dental (Media Agency of Record) Media Buying, Media Planning; 2014
Denny's (Media Agency of Record) Media Buying, Media Planning; 2007
DJI (Media Agency of Record) Media Buying, Media Planning; 2016
ebay (Media Agency of Record) Media Buying, Media Planning; 2016
Epix (Media Agency of Record) Media Buying, Media Planning; 2015
Fossil (Media Agency of Record) Media Buying, Media Planning; 2013
Hewlett Packard Enterprise (Media Agency of Record) Media Buying, Media Planning; 2016
Hollister (Media Agency of Record) Media Buying, Media Planning; 2017
Innovative Mattress Solutions (Media Agency of Record) Media Buying, Media Planning; 2017
Liberty Mutual (Media Agency of Record) Media Buying, Media Planning; 2013
MetroPCS (Media Agency of Record) Media Buying, Media Planning; 2014
Nintendo (Media Agency of Record) Media Buying, Media Planning; 2011
Pizza Hut (Media Agency of Record) Media Buying, Media Planning; 2011
Qantas (Media Agency of Record) Media Buying, Media Planning; 2001
Sanofi (Media Agency of Record) Media Buying, Media Planning; 2002
SCA (Media Agency of Record) Media Buying, Media Planning; 2013
Simon Property Group (Media Agency of Record) Media Buying, Media Planning; 1993
Singapore Airlines (Media Agency of Record) Media Buying, Media Planning; 2015
T-Mobile US (Media Agency of Record) Media Buying, Media Planning; 1998
Tempur Sealy (Media Agency of Record) Media Buying, Media Planning; 2017
TriHealth (Media Agency of Record) Media Buying, Media Planning; 2011
TruGreen (Media Agency of Record) Media Buying, Media Planning; 2008
Whirlpool Corporation (Media Agency of Record)

Blue 449
(Formerly Optimedia-San Francisco)
2001 The Embarcadero, San Francisco, CA 94133
Tel.: (415) 293-2190
Fax: (415) 293-2199
E-Mail: info@blue449.com
Web Site: http://www.blue449.com/

Employees: 420
Year Founded: 1995

Agency Specializes In: Media Buying Services, Sponsorship

Peter Koo *(VP-Digital)*
Jasmine Hum *(Media Dir)*
Alexandra Rozzi *(Media Dir)*
Yelena Neyman *(Dir-Analytics, Insights & Bus Intelligence)*
Rachel Bell *(Assoc Dir)*
Felicia Mei *(Assoc Dir-Digital)*
Samantha Nguyen *(Assoc Dir)*
Elli Norberg *(Assoc Dir-Strategy)*
Carlos Rodriguez *(Assoc Dir-Media & Digital)*
Chris Simon *(Sr Mgr-Digital Media)*
Caitlin Delaney *(Supvr-Strategy)*
Kathryn Poh *(Supvr-Digital Media)*
Kyle McCabe *(Planner-Digital Media)*
Claire Homme Montenegro *(Media Planner)*
Nikki Shapiro *(Planner-Digital Media)*
Katie Taranto *(Media Planner)*
Christopher Yu *(Media Planner)*
Scott Ricci *(Assoc Media Dir)*

Accounts:
24 Hour Fitness (Media Agency of Record) Media Buying, Media Planning; 2015
Abercrombie & Fitch (Media Agency of Record) Media Buying, Media Planning; 2017
Aqua Systems (Media Agency of Record) Media Buying, Media Planning; 2015
BASF (Media Agency of Record) Media Buying, Media Planning; 2015
Bridgestone Firestone Media Buying, Media Planning
Butler University (Media Agency of Record) Media Buying, Media Planning; 2007
Dairy Queen (Media Agency of Record) Media Buying, Media Planning; 2005
Delta Dental (Media Agency of Record) Media Buying, Media Planning; 2014
Denny's (Media Agency of Record) Media Buying, Media Planning; 2002
DJI (Media Agency of Record) Media Buying, Media Planning; 2016
ebay (Media Agency of Record) Media Buying, Media Planning; 2016
Epix (Media Agency of Record) Media Buying, Media Planning; 2015
Fossil (Media Agency of Record) Media Buying, Media Planning; 2013
Hewlett Packard Enterprise (Media Agency of Record) Media Buying, Media Planning; 2016
Hollister (Media Agency of Record) Media Buying, Media Planning; 2017
Innovative Mattress Solutions (Media Agency of Record) Media Buying, Media Planning; 2017
MetroPCS (Media Agency of Record) Media Buying, Media Planning; 2014
Nintendo (Media Agency of Record) Media Buying, Media Planning; 2011
Pizza Hut (Media Agency of Record) Media Buying, Media Planning; 2011
Qantas (Media Agency of Record) Media Buying, Media Planning; 2011
Sanofi (Media Agency of Record) Media Buying, Media Planning; 2002
SCA (Media Agency of Record) Media Buying, Media Planning; 2013
ServiceMaster Corporation (Media Agency of Record) Media Buying, Media Planning; 1996
Simon Property Group (Media Agency of Record) Media Buying, Media Planning; 1993
Singapore Airlines (Media Agency of Record) Media Buying, Media Planning; 2015
T-Mobile US (Media Agency of Record) Media Buying, Media Planning; 1998
Tempur Sealy (Media Agency of Record) Media Buying, Media Planning; 2017
TriHealth (Media Agency of Record) Media Buying, Media Planning; 2011
TruGreen (Media Agency of Record) Media Buying, Media Planning; 2008
Whirlpool Corporation (Media Agency of Record) Media Buying, Media Planning; 1999

Blue 449
(Formerly Optimedia-Seattle)
424 2nd Ave W, Seattle, WA 98119-4013
Tel.: (206) 272-2300
Fax: (206) 272-2499
E-Mail: info@blue449.com
Web Site: http://www.blue449.com/

Employees: 26
Year Founded: 2000

National Agency Associations: 4A's

Agency Specializes In: Media Buying Services, Sponsorship

Janelle Stalker *(VP-Strategy)*
Catherine Gilham *(Media Dir)*
Jillian Zech *(Dir-Media Strategy)*
Juan Gabriel Febles *(Assoc Dir)*
Gianna Passarelli *(Supvr-Media, Performance & Data Strategy)*

MEDIA BUYING SERVICES

Donovan Zink *(Strategist)*
Lindsay Griffin *(Planner-Digital Media)*
Morgan Lee *(Planner-Digital Media)*
Catherine Nguyen *(Media Planner-Paid Social)*
Kaila Robinson *(Media Planner)*
Christina Vargas *(Media Planner-Paid Social)*
Kathe Amman *(Sr Media Planner)*
Kandace Farley *(Assoc Media Dir)*
Lesley Fox *(Sr Media Planner-Social)*
Derek Giebler *(Asst Media Planner)*
Jill Rothermel *(Sr Media Planner-Optimedia US)*

Accounts:
24 Hour Fitness (Agency of Record) Media Buying, Media Planning; 2015
Abercrombie & Fitch (Media Agency of Record) Media Buying, Media Planning; 2017
Aqua Systems (Media Agency of Record) Media Buying, Media Planning
BASF (Media Agency of Record) Media Buying, Media Planning; 2015
Bridgestone Firestone Media Buying, Media Planning
Butler University (Media Agency of Record) Media Buying, Media Planning; 2007
Dairy Queen (Media Agency of Record) Media Buying, Media Planning; 2005
Delta Dental (Media Agency of Record) Media Buying, Media Planning; 2014
Denny's (Media Agency of Record) Media Buying, Media Planning; 2002
DJI (Media Agency of Record) Media Buying, Media Planning; 2016
ebay (Media Agency of Record) Media Buying, Media Planning; 2016
Epix (Media Agency of Record) Media Buying, Media Planning; 2015
Fossil (Media Agency of Record) Media Buying, Media Planning; 2013
Hewlett Packard Enterprise (Media Agency of Record) Media Buying, Media Planning; 2016
Hollister (Media Agency of Record) Media Buying, Media Planning; 2017
Innovative Mattress Solutions (Media Agency of Record) Media Buying, Media Planning; 2017
MetroPCS (Media Agency of Record) Media Buying, Media Planning; 2014
Nintendo (Media Agency of Record) Media Buying, Media Planning; 2011
Pizza Hut (Media Agency of Record) Media Buying, Media Planning; 2011
Qantas (Media Agency of Record) Media Buying, Media Planning; 2001
Reliant Energy (Media Agency of Record) Media Buying, Media Planning; 2016
Sanofi (Media Agency of Record) Media Buying, Media Planning; 2002
SCA (Media Agency of Record) Media Buying, Media Planning; 2013
ServiceMaster Corporation (Media Agency of Record) Media Buying, Media Planning; 1996
Simon Property Group (Media Agency of Record) Media Buying, Media Planning; 1993
Singapore Airlines (Media Agency of Record) Media Buying, Media Planning; 2015
T-Mobile US (Media Agency of Record) Media Buying, Media Planning; 1998
Tempur Sealy (Media Agency of Record) Media Buying, Media Planning; 2017
TriHealth (Media Agency of Record) Media Buying, Media Planning; 2011
TruGreen (Media Agency of Record) Media Buying, Media Planning; 2008
Whirlpool Corporation (Media Agency of Record) Media Buying, Media Planning; 1999

BLUE DAISY MEDIA
2906 S Douglas Rd Ste 201, Coral Gables, FL 33134
Tel.: (305) 442-4229
Fax: (305) 442-4669
E-Mail: info@bluedaisymedia.com
Web Site: www.bluedaisymedia.com

Employees: 4
Year Founded: 2001

Agency Specializes In: Advertising, Affluent Market, Alternative Advertising, Bilingual Market, Broadcast, Business Publications, Business-To-Business, Cable T.V., Children's Market, Co-op Advertising, Consulting, Consumer Goods, Consumer Publications, Digital/Interactive, Electronic Media, Email, Guerilla Marketing, Health Care Services, Hispanic Market, Infomercials, International, LGBTQ Market, Leisure, Local Marketing, Luxury Products, Magazines, Media Buying Services, Media Planning, Men's Market, Mobile Marketing, Multimedia, Newspaper, Newspapers & Magazines, Out-of-Home Media, Outdoor, Paid Searches, Planning & Consultation, Print, Promotions, Radio, Real Estate, Regional, Restaurant, Retail, Seniors' Market, Strategic Planning/Research, T.V., Teen Market, Trade & Consumer Magazines, Transportation, Travel & Tourism, Urban Market, Web (Banner Ads, Pop-ups, etc.), Women's Market, Yellow Pages Advertising

Diana Fleming *(Partner)*
Jennifer Ford *(Partner)*

Accounts:
IGT Media Holdings Buffets, Inc., Pollo Tropical
Melia Hotels International Gran Melia, Paradisus Paws 4 You Rescue Non Profit
Related Group of Florida Real Estate Developments
The Ritz-Carlton Residences; Palm Beach, FL Luxury Condos
Senior Resource Group Independent & Assisted Living Facilities

BLUESKY MEDIA GROUP
1209 Hill Rd N Ste 111, Pickerington, OH 43147
Tel.: (614) 423-8757
E-Mail: info@blueskymediagroup.com
Web Site: blueskymediagroup.com/

Employees: 10

Agency Specializes In: Media Buying Services, Media Planning

Steve McCoy *(Founder)*

BOSS CREATIVE
18402 US Hway 281 Ste 201, San Antonio, TX 78259
Tel.: (210) 568-9677
Fax: (210) 340-5180
E-Mail: hello@thisisboss.com
Web Site: http://bosscreative.com/

Employees: 25
Year Founded: 2005

Agency Specializes In: Advertising, Digital/Interactive, Graphic Design, Media Buying Services, Media Planning, Publishing, Search Engine Optimization, Web (Banner Ads, Pop-ups, etc.)

Revenue: $30,000,000

Peter Beshay *(Co-Founder, Owner, Pres & CEO)*

Accounts:
CE2
Get NSIDE
Lantrix Liquor
McRanch

BRAVENETMEDIA.COM
100-200 Jensen Ave Ste 101, Parksville, BC V9P 2H5 Canada
Mailing Address:
PO Box 1722, Parksville, BC V9P 2H5 Canada
Tel.: (250) 954-3203
Fax: (250) 954-2164
E-Mail: melanie@bravenetmedia.com
Web Site: bravenetmedia.com

Employees: 40
Year Founded: 1997

Agency Specializes In: Advertising, Affiliate Marketing, Business-To-Business, Computers & Software, Consumer Marketing, Digital/Interactive, Internet/Web Design, Media Buying Services, Media Planning, Women's Market

BRAXTON STRATEGIC GROUP
54 Westbrook Rd, Westfield, NJ 07090
Tel.: (908) 209-3331
E-Mail: reatha@braxtonstrategic.com
Web Site: www.braxtonstrategic.com

Employees: 3
Year Founded: 2003

Agency Specializes In: Media Buying Services, Media Planning

Approx. Annual Billings: $2,500,000

Reatha Braxton *(Owner)*

Accounts:
HotJobs.com
Orchard Street Productions

BROADCAST TIME, INC.
91 Blackheath Rd, Lido Beach, NY 11561-4807
Tel.: (516) 431-2215
Fax: (516) 889-8511
Web Site: broadcasttime.com

Employees: 8
Year Founded: 1981

Agency Specializes In: Advertising, Broadcast, Cable T.V., Consulting, Internet/Web Design, Media Buying Services, Media Planning, Merchandising, Planning & Consultation, Radio, T.V.

Approx. Annual Billings: $24,800,000

Breakdown of Gross Billings by Media: Cable T.V.: $3,472,000; Internet Adv.: $496,000; Network Radio: $1,488,000; Network T.V.: $744,000; Spot Radio: $8,680,000; Spot T.V.: $9,920,000

Bruce Kuperschmid *(Pres)*
Peter Kuperschmid *(Exec VP)*
Caroline Kuperschmid *(VP-S/s)*

BUNTIN OUT-OF-HOME MEDIA
1001 Hawkins St, Nashville, TN 37206
Tel.: (615) 244-5720
Fax: (615) 244-6511
E-Mail: info@buntinoutofhome.com
Web Site: www.buntinoutofhome.com

E-Mail for Key Personnel:
President: hgreiner@buntingroup.com

Employees: 20
Year Founded: 1988

National Agency Associations: OAAA-TAB

Agency Specializes In: Media Buying Services, Media Planning, Out-of-Home Media, Outdoor, Strategic Planning/Research

AGENCIES - JANUARY, 2019 — MEDIA BUYING SERVICES

Approx. Annual Billings: $50,000,000

Breakdown of Gross Billings by Media: Outdoor: $50,000,000

Jon Carmack *(Exec VP-Ops & Tech)*
David Kelleher *(VP & Mgmt Supvr)*
Bryan Kemp *(VP & Mgr-Client Dev)*
Don Bailey *(Art Dir)*
Katie McAfee *(Assoc Dir-Field Mgmt)*

Accounts:
Bass Pro Shops
Burger King Corp. Outdoor
La Quinta Inns & Suites
Outback Steakhouse of Florida; Tampa, FL
RBC Capital Markets
Red Lobster
Ruby Tuesday
SERVPRO Industries

BUTLER/TILL
1565 Jefferson Rd Bldg 200 Ste 280, Rochester, NY 14623
Tel.: (855) 472-5100
Fax: (585) 274-5199
E-Mail: info@butlertill.com
Web Site: www.butlertill.com

Employees: 100
Year Founded: 1998

National Agency Associations: 4A's-IAA

Agency Specializes In: Advertising, Affluent Market, Broadcast, Business-To-Business, Cable T.V., College, Communications, Consumer Marketing, Digital/Interactive, Direct Response Marketing, Education, Electronic Media, Email, Environmental, Financial, Food Service, Government/Political, Health Care Services, High Technology, Hispanic Market, Information Technology, International, LGBTQ Market, Local Marketing, Magazines, Market Research, Media Buying Services, Media Planning, Medical Products, Mobile Marketing, Multicultural, Over-50 Market, Pharmaceutical, Planning & Consultation, Regional, Retail, Search Engine Optimization, Seniors' Market, Sponsorship, Strategic Planning/Research, Teen Market, Urban Market, Web (Banner Ads, Pop-ups, etc.), Women's Market

Approx. Annual Billings: $160,000,000

Sue Butler *(Chm)*
Kimberly Jones *(Pres)*
Sue Belias *(Controller)*
Andria DiFelice *(Grp Acct Dir)*
Mary Rockefeller *(Grp Acct Dir)*
David Grome *(Acct Dir)*
Dory Peterson *(Acct Dir)*
Mike Davis *(Dir-Digital Media)*
Carrie Riby *(Dir-Strategic Plng)*
Kelly Kilpatrick *(Assoc Dir-Media)*
Patrick Willome *(Assoc Dir-Data Mgmt)*
George Heissenberger *(Sr Acct Mgr)*
Claire Geiser *(Acct Supvr)*
Nikki Taylor *(Supvr-Media)*
Ben Sear *(Sr Acct Exec)*
Chris Palmeri *(Media Planner & Media Buyer)*
Chelsea Miner *(Planner-Digital Media)*
Krista Pilla *(Media Buyer)*
Brandon E. Smith *(Media Buyer)*
Michelle Roe *(Sr Media Buyer)*
Karen Sharp *(Grp Media Dir)*

Accounts:
CenturyLink, Inc. Media Buying, Media Planning, Telecommunications
Excellus BCBS Healthcare; 1999
Ferring Pharmaceuticals
Hologic
Master Lock & Sentry Safe Media
New York Lottery
New York Tourism
Northwest Bank
Pacific Gas & Electric
South Jersey Industries
State Farm Insurance
Stony Brook University
Suny System
Upstate Niagara Cooperative Milk Farms Cooperative
Valeant Pharmaceutical Jublia, Luzu
Valeant Pharmaceuticals; 2013

Branch

Brand Cool Marketing Inc
1565 Jefferson Rd Ste 280, Rochester, NY 14623
(See Separate Listing)

BUY ADS DIRECT
33247 Westwood Dr, Ridge Manor, FL 33523
Tel.: (352) 397-4221
Fax: (352) 797-7745
Toll Free: (877) 510-1007
E-Mail: will@buyadsdirect.com
Web Site: www.buyadsdirect.com

Employees: 3

Agency Specializes In: Advertising, Advertising Specialties, Affiliate Marketing, Affluent Market, African-American Market, Alternative Advertising, Arts, Automotive, Aviation & Aerospace, Below-the-Line, Bilingual Market, Brand Development & Integration, Branded Entertainment, Broadcast, Business Publications, Business-To-Business, Cable T.V., Catalogs, Children's Market, Co-op Advertising, Collateral, College, Commercial Photography, Communications, Computers & Software, Consulting, Consumer Goods, Consumer Marketing, Consumer Publications, Content, Corporate Communications, Corporate Identity, Cosmetics, Crisis Communications, Custom Publishing, Customer Relationship Management, Digital/Interactive, Direct Response Marketing, Direct-to-Consumer, E-Commerce, Education, Electronic Media, Electronics, Email, Engineering, Entertainment, Environmental, Event Planning & Marketing, Exhibit/Trade Shows, Experience Design, Fashion/Apparel, Financial, Food Service, Game Integration, Government/Political, Graphic Design, Health Care Services, High Technology, Hispanic Market, Hospitality, Household Goods, Identity Marketing, In-Store Advertising, Industrial, Infomercials, Information Technology, Integrated Marketing, International, Internet/Web Design, Investor Relations, LGBTQ Market, Legal Services, Leisure, Local Marketing, Logo & Package Design, Luxury Products, Magazines, Marine, Market Research, Media Buying Services, Media Planning, Media Relations, Media Training, Medical Products, Men's Market, Merchandising, Mobile Marketing, Multicultural, Multimedia, New Product Development, New Technologies, Newspaper, Newspapers & Magazines, Out-of-Home Media, Outdoor, Over-50 Market, Package Design, Paid Searches, Pharmaceutical, Planning & Consultation, Podcasting, Point of Purchase, Point of Sale, Print, Product Placement, Production, Production (Ad, Film, Broadcast), Production (Print), Promotions, Public Relations, Publicity/Promotions, Publishing, RSS (Really Simple Syndication), Radio, Real Estate, Recruitment, Regional, Restaurant, Retail, Sales Promotion, Search Engine Optimization, Seniors' Market, Social Marketing/Nonprofit, South Asian Market, Sponsorship, Sports Market, Stakeholders, Strategic Planning/Research, Sweepstakes, Syndication, T.V., Technical Advertising, Teen Market, Telemarketing, Trade & Consumer Magazines, Transportation, Travel & Tourism, Urban Market, Viral/Buzz/Word of Mouth, Web (Banner Ads, Pop-ups, etc.), Women's Market, Yellow Pages Advertising

Approx. Annual Billings: $3,300,000

Breakdown of Gross Billings by Media: Cable T.V.: $2,500,000; Radio: $800,000

Will Crawford *(Mgr-Sls & Mktg)*

C2C OUTDOOR
353 Lexington Ave Ste 200, New York, NY 10016
Tel.: (212) 209-1519
Web Site: www.c2c-outdoor.com

Employees: 3
Year Founded: 2007

Agency Specializes In: Advertising, Media Buying Services, Media Planning, Out-of-Home Media, Production, Strategic Planning/Research

Accounts:
Allure
Boxed Wholesale
Comedy Central
Fiji Water
Gotham Direct
GrubHub
Hollister Co.
IFC
Michael Kors
Oakley
Teleflora
Tiffany & Co.
Ugg Australia

CADREON
100 W 33rd St 9th Fl, New York, NY 10001
Tel.: (212) 883-4751
Web Site: www.cadreon.com

Employees: 500

Agency Specializes In: Digital/Interactive, Media Buying Services, Media Planning, Mobile Marketing, Out-of-Home Media, Programmatic, T.V.

Sean Muzzy *(Pres-North America)*
Frank Minishak *(Exec VP & Gen Mgr)*
Matt Bayer *(Sr VP-Advanced TV & Cross Screen)*
Ethan Chamberlin *(Sr VP-Programmatic)*
Monica Chen *(Sr VP-Natl Programmatic Strategy & Svc)*
Nancy Hall *(Sr VP-Programmatic-East)*
Amanda Kigel *(Sr VP-Natl Programmatic Strategy)*
Peter Liao *(VP-Programmatic Strategy & Head-Trading)*
Ryan Bell *(VP-Programmatic)*
Ariel Ilagan *(Dir-Audience & Bus Analytics)*
Elaine Liu *(Dir-Programmatic Strategy)*
Sarah Mulrenin *(Dir-Programmatic Strategy)*
Lauren Seeley *(Dir-Programmatic Strategy)*
Elina Piskoverov *(Assoc Dir-Reporting & Analytics)*
Maxwell Rivas *(Assoc Dir-Programmatic)*
Mia Carta *(Mgr-Programmatic Campaign Mgmt)*
Patrice Drew *(Mgr-Advanced TV Consumer Strategy & Res)*
Christiana Lam *(Mgr-Programmatic Strategy)*
Maria Daskas *(Strategist-Programmatic)*
Sameera Alimohamedi *(Coord-Programmatic)*
Allison Guzik *(Coord-Programmatic)*
Jordan Biel *(Assoc-Programmatic Strategy)*
Alison Birnbaum *(Assoc-Programmatic Strategy)*
Faryn Brown *(Assoc-Campaign Mgmt)*
Marlee Burggraaf *(Sr Assoc-Programmatic Strategy)*
Alexa Jason *(Sr Assoc-Programmatic Strategy)*
Mikhail Kasatkin *(Sr Campaign Mgr)*
Anton Polouektov *(Assoc-Campaign Mgmt)*

MEDIA BUYING SERVICES — AGENCIES - JANUARY, 2019

Mark Sly *(Sr Assoc-Campaign Mgmt)*

Accounts:
Accenture Programmatic
Coca-Cola
Johnson & Johnson Neutrogena, Programmatic

CAMELOT STRATEGIC MARKETING & MEDIA
8140 Walnut Hill Ln Ste 700, Dallas, TX 75231
Tel.: (214) 373-6999
Fax: (214) 373-6854
Web Site: camelotsmm.com/

Employees: 45
Year Founded: 1983

National Agency Associations: 4A's

Agency Specializes In: Advertising, African-American Market, E-Commerce, Hispanic Market, Media Buying Services, Media Planning, Planning & Consultation, Retail, Sponsorship, Sports Market

Approx. Annual Billings: $500,000,000

Wilson Camelo *(Pres & CMO)*
Jack McEnaney *(CFO)*
Alex Richter *(Exec VP)*
Steve Lybrand *(Sr VP-Plng)*
Stuart Watson *(Sr VP-Emerging Media & Tech)*
Bruce Butcher *(VP-Mktg)*
Marva Cathey *(VP-Strategic Mktg & Media)*
Matt Comstock *(VP-Digital)*
Stephen Governale *(VP)*
David Hamlin *(VP-Strategic Plng)*
Susan Moore Nobis *(VP-Interactive & Digital)*
Charlie Thomas *(VP)*
Sarah Womack *(VP-Digital Ops)*
Chris Zarski *(VP-Interactive & Social Media Practice)*
Sam Bloom *(Gen Mgr-Interactive)*
Suzanne Espinosa *(Sr Acct Dir)*
Jessica Dawson *(Dir-Digital Mktg)*
Matt Craig *(Assoc Dir-Media Insights)*
Sandra Alarcon-Valdespino *(Acct Mgr)*
Janice Hudson *(Specialist-Market-Camelot Strategic Mktg & Media)*

Accounts:
7-Eleven Media Buying
The Bombay Co.
Branson
Bugaboo Creek Steak House
Capital Grille
Neiman-Marcus
Nordstrom, Inc (Media Agency of Record) Media Planning & Buying; 2011
Payless
Rare Hospitality
Silver Dollar City, Inc.
Stone Mountain
TGI Fridays

CAMPUS MEDIA GROUP, INC.
7760 France Ave S, Bloomington, MN 55435
Tel.: (952) 854-3100
Fax: (952) 854-3104
E-Mail: info@campusmediagroup.com
Web Site: www.campusmediagroup.com/

E-Mail for Key Personnel:
President: tom@campusmediagroup.com

Employees: 15
Year Founded: 2002

National Agency Associations: AAF

Agency Specializes In: Advertising, Advertising Specialties, Alternative Advertising, Automotive, Brand Development & Integration, College, Direct Response Marketing, Education, Electronic Media, Electronics, Email, Entertainment, Event Planning & Marketing, Experience Design, Experiential Marketing, Financial, Guerilla Marketing, Media Buying Services, Media Planning, Mobile Marketing, Newspaper, Newspapers & Magazines, Out-of-Home Media, Outdoor, Planning & Consultation, Publicity/Promotions, Recruitment, Restaurant, Retail, Social Marketing/Nonprofit, Social Media, Sponsorship, Teen Market, Viral/Buzz/Word of Mouth

Jason Bakker *(VP-Mktg & Adv)*
Joan Nelson *(Sls Dir)*
Russ Nolan *(Sr Mgr-Acct Dev)*

Accounts:
Bon Ton Stores Retail; 2006
Deloitte
Pizza Hut Food; 2006

CANVAS WORLDWIDE
75 Varick St, New York, NY 10013
Tel.: (212) 965-8588
Web Site: canvasworldwide.com

Employees: 200
Year Founded: 2015

Agency Specializes In: Automotive, Broadcast, Cable T.V., Media Buying Services, Media Planning, Programmatic

Paul Woolmington *(CEO)*
Amy Ginsberg *(Chief Investment Officer)*
Madhavi Tadikonda *(Sr VP-Investment)*
Laurie Crowley *(VP & Dir-Video Investment)*
Michael Maze *(VP & Dir-Local Investment)*
Steve Wolf *(VP & Dir-Video Investment)*
Kelly Young *(Dir-Retail Strategy)*
Christianna Coffing *(Assoc Dir)*
Stacy Markham *(Assoc Dir)*
Andrea Mull *(Assoc Dir-Brand Strategy-Kia)*
Anne Thomason *(Assoc Dir-Local TV)*
Marissa Altan *(Mgr-Brdcst-Local TV & Supvr)*
Alexandra Breuer *(Supvr-Media)*
Bonnie Halpin *(Supvr-Strategy)*
Monica Cogo *(Strategist)*
Elizabeth Luisi *(Media Buyer)*
Alfonso Cales *(Assoc Media Dir)*
Michelle Chong *(Assoc Media Dir)*
Bryan Mollin *(Assoc Media Dir)*
Rachel Russo *(Buyer)*
Antonio Ylanan *(Assoc Media Dir)*

Accounts:
Annapurna Pictures
Blue Shield of California
Breville (Global Media Agency of Record) Activation, Media Communications, Planning
Chuck E. Cheese's
Dish Network
New-Heineken USA Inc. (Media Agency of Record); 2018
Hyundai Motor America Media Agency of Record; 2015
Kia Motors America Media Agency of Record; 2015
Luxottica OneSight
Pepsico
Tough Mudder
Wheels Up

Branch

Canvas Worldwide
12015 Bluff Creek Dr, Playa Vista, CA 90094
Tel.: (424) 303-4300
Web Site: canvasworldwide.com/

Employees: 100
Year Founded: 2015

Omara Hernandez *(Sr VP & Grp Dir)*
Caleb Wines *(Sr VP & Dir-Client)*
Christi Cicerelli *(Sr VP-Local Investment)*
Jeffrey Dixon *(VP & Grp Dir-Reg Strategy)*
Eveliza Jimenez *(VP & Dir)*
Brian Diamond *(VP & Grp Media Dir)*
Josh Jones *(Sr Dir-Digital Strategy)*
Jennie Chang *(Dir-Analytics)*
Terra Fernandez *(Dir-Content Partnerships)*
Mohamad Munruddin *(Dir-Digital Investment)*
Dawn Busa *(Assoc Dir)*
Michael R. Chen *(Assoc Dir-Search & Social)*
Steven Hurley *(Assoc Dir-Paid Search)*
Zaven Keusseyan *(Assoc Dir-Reg Strategy)*
Este Mlynowski *(Assoc Dir)*
Laura Symmes *(Project Mgr & Supvr)*
Jose Gaspar *(Supvr-Retail Strategy)*
Parisa Heidari *(Supvr-Paid Search)*
Kevin Wu *(Supvr-Analytics)*
Layla Irani *(Specialist-Digital & Print Investment)*
Audrey Folkmann *(Sr Analyst-Search Engine Mktg)*
Stephanie Liss *(Sr Media Buyer)*

Accounts:
Annapurna Pictures
Blue Shield of California
Breville
Chuck E. Cheese's
Dish Network
Hyundai Motor America
Kia Motors America
Luxottica OneSight
Pepsico
Tough Mudder
Tri-Union Seafoods LLC (Agency of Record) Chicken of the Sea, Media Planning & Buying, Strategy & Creative; 2018
Wheels Up

CARAT INSIGHT
150 E 42nd St, New York, NY 10017
Tel.: (212) 591-9100
E-Mail: hello.global@carat.com
Web Site: www.carat.com

Employees: 500

National Agency Associations: 4A's

Agency Specializes In: Customer Relationship Management, Digital/Interactive, Experiential Marketing, Market Research, Media Buying Services, Media Planning, Social Media, Sponsorship, Strategic Planning/Research

Jacqueline Checho *(Assoc Dir-Comm Plng)*

Accounts:
General Motors Co.
The Walt Disney Company Media Planning & Buying

CARAT USA, INC.
150 E 42nd St, New York, NY 10017
Tel.: (212) 591-9100
E-Mail: globalnb@carat.com
Web Site: www.carat.com

Employees: 700
Year Founded: 1968

National Agency Associations: 4A's-AAF-ABC-DMA-IAB

Agency Specializes In: Digital/Interactive, Media Buying Services, Media Planning, Mobile Marketing, Print, Radio, T.V.

Approx. Annual Billings: $6,600,000,000

Nicole Morgan *(Mng Dir & Sr VP)*
Angela Steele *(Chief Strategy Officer)*
Robert Hannan *(Exec VP & Mng Dir-Ops)*

AGENCIES - JANUARY, 2019 — MEDIA BUYING SERVICES

Martin Porter *(Sr VP & Mng Dir-OOH)*
Sarah Stringer *(Sr VP & Head-Innovation)*
Tom Cugini *(Sr VP & Grp Dir)*
Heather Gundry *(Sr VP & Dir-Local Investment-Chevrolet)*
Stella Jamie Lui *(Sr VP-Strategy & Innovations)*
Dave Sederbaum *(Sr VP-Video Activation)*
Tia Shaw *(Sr VP-Strategy)*
James Allen *(VP, Head-Product & Dir-Strategy)*
Joe DiFoglio, Jr. *(VP & Grp Dir)*
Sara Johnson *(VP & Grp Dir-Video Activation-Natl)*
Wetherly Collins *(VP & Dir-Plng)*
Alyssa Cooper *(VP & Dir-Comm Plng)*
Jimmy Spano *(VP & Dir-Video Investment)*
Jefffrey Eckart *(VP-Digital)*
Georgia Pavlounis *(VP & Grp Media Dir)*
Jonathan Pretty *(VP-Analytics)*
Joe Salvati *(Grp Dir-Digital)*
John Sparrer *(Media Dir)*
Pauline Benkov *(Dir-Plng)*
Jayme Cangelosi *(Dir-Video Activation-Natl)*
Sarah Croman *(Dir-Talent Acq)*
Robert Dalto *(Dir-Comm Plng)*
Jane Eun *(Dir-Digital)*
Saranna Garunov *(Dir-Digital)*
Stevie Gervacio *(Dir-Plng)*
Victoria Gugilev *(Dir-Integrated Media)*
Michael Liu *(Dir-Mobile & Innovation Strategy)*
Erika Lutz *(Dir-Digital-Smucker's)*
Aryn Richards *(Dir-Client-UK)*
Erica Safar *(Dir-Integrated Plng)*
Faye Soon *(Dir-Comm Plng & Digital)*
Ricky Xue *(Dir-Digital & Retail)*
Alysha Yuille *(Dir-Content)*
Elizabeth Campbell *(Assoc Dir)*
Leslie Cheung *(Assoc Dir)*
Meaghan Duncan *(Assoc Dir-Integrated Plng)*
Lindsay Hurd *(Assoc Dir-Plng)*
Laura Kerbeykian *(Assoc Dir-Digital)*
Sam Langer *(Assoc Dir)*
Scott Lelo *(Assoc Dir-Analytics)*
Anna Maser *(Assoc Dir-Integrated Plng)*
Matt Purdie-Smith *(Assoc Dir-Analytics)*
Russell Scott *(Assoc Dir-Digital)*
Erica Shand *(Assoc Dir-Digital)*
Stephanie Spelbrink *(Assoc Dir-Digital)*
Kimberly Steib *(Assoc Dir-Digital Plng & Activation)*
Vera Su *(Assoc Dir-Digital Plng & Activation)*
Maeghan Willis *(Assoc Dir-Digital)*
Warren Woodard *(Assoc Dir-Digital)*
Cody Sharp *(Mgr-Digital Activation)*
Thomas Gloznek *(Supvr-Digital & Planner-Activation)*
Robyn Abramson *(Supvr-Digital Plng & Activation)*
Nicole Bilella *(Supvr-Media Plng)*
Annamaria Cantatore *(Supvr-Paid Social Media)*
Christopher Casino *(Supvr-Media Plng)*
Jacqueline Dong *(Supvr-Comm Plng)*
Paul Dorset *(Supvr-Media)*
Jef Gorsky *(Supvr-Local Media Activation)*
Connor Hale *(Supvr-Natl Video & Digital Activation)*
Jordan Holmgren *(Supvr)*
Kathryn Jankowski *(Supvr-Plng-The Home Depot)*
Andrea Jody *(Supvr-Local Activation Media)*
Fiona Lee *(Supvr-Comm Plng)*
Stephanie Leon *(Supvr-Digital)*
Noriel Mapoy *(Supvr-Digital)*
Joey Medici *(Supvr-Strategy)*
Joshua Posner *(Supvr-Plng)*
Kathryn Raskin *(Supvr-Digital Investment)*
Myranne Sanchez *(Supvr-Media Plng)*
Erin Scanlon *(Supvr-Video-Natl)*
Stephanie Schuchard *(Supvr-Media)*
Amy Vaccaro *(Supvr-Plng)*
Nicole Webster *(Supvr-Digital Media)*
Alyson Winemberg *(Supvr-Media Plng)*
Kristen Winschuh *(Supvr-Plng)*
Alyssa Derasmo *(Planner-Comm)*
Laraine DeStefano *(Media Buyer-Local)*
Eleine Fang *(Planner-Digital Media)*
Victoria Gullen *(Assoc Media Buyer)*
Brian Hurley *(Assoc Media Buyer-Natl Video Activation-Gen Motors)*
Akieva Longmire *(Assoc Planner-Comm)*

Samantha Pepe *(Asst Buyer-Local Media Activation)*
Emily Anderson *(Assoc Buyer-Video Activation-Natl)*
Deana Baron *(Grp Media Dir)*
Dina Bystryak *(Assoc-Digital & Social Media)*
Danny Choo *(Assoc Media Dir)*
Barrie Cole *(Assoc-Local Media Activation)*
Brandon Forman *(Assoc Media Planner)*
Paige Heller *(Assoc Media Buyer)*
Anna Jump *(Assoc Buyer)*
Frederick Suleiman *(Assoc-Digital Media Ops)*
Rachel Weiner *(Assoc Media Dir)*
Danielle Wolf *(Assoc Media Dir)*
Louisa Wong *(Chief Transformation Officer)*

Accounts:
Aaron's; 2011
Anki (U.S. Media Agency of Record)
Atkins Nutritionals; 2011
Bang & Olufsen; 2003
British Airways
Burberry
California Tourism; 2005
Chevrolet Local Marketing Associations Media Buying
Club Med; 1998
Darden Restaurants
Diageo North America Inc Captain Morgan, Crown Royal
Enjoy Life Foods Media
General Motors Company
The Home Depot, Inc.; 2010
MasterCard Inc.
Microsoft Corporation Global Media
O'Reilly Auto Parts (Media Buying & Planning Agency of Record); 2000
Pfizer Consumer Healthcare; 2010
Pirelli
The Procter & Gamble Company Bounty, Campaign: "The World's Scariest Shave"; Charmin, Eukanuba, Gillette Men's Grooming Products, Gillette ProGlide, Iams, Luvs, Nutura, P&G Corporate & Scale, Pampers, Puffs
RE/MAX; 1999
Relativity Media Media Buying, Media Planning
Roys
Staples, Inc.
Subway Restaurants North America Media Planning & Buying; 2017
New-United Airlines Global Media; 2018
Walt Disney
W.L. Gore & Associates, Inc. Gore-Tex

CHEROKEE COMMUNICATIONS INC.
11 River Rise Rd, New City, NY 10956-5601
Tel.: (845) 638-6700
Fax: (845) 638-3347
E-Mail: cherokeecomm@optonline.net
Web Site: www.millercherokee.com

Employees: 2
Year Founded: 1986

Agency Specializes In: Advertising, Broadcast, Business Publications, Business-To-Business, Cable T.V., Collateral, Consumer Publications, Education, Financial, Food Service, Graphic Design, Health Care Services, Internet/Web Design, Leisure, Logo & Package Design, Magazines, Market Research, Media Buying Services, Media Planning, Newspaper, Newspapers & Magazines, Out-of-Home Media, Outdoor, Planning & Consultation, Production, Radio, Recruitment, Retail, T.V.

Approx. Annual Billings: $351,500

Breakdown of Gross Billings by Media: Cable T.V.: $225,000; Collateral: $8,500; Outdoor: $35,000; Print: $10,000; Production: $8,500; Radio: $45,000; Spot T.V.: $7,500; Worldwide Web Sites: $12,000

Kent Murphy *(Pres)*
Jenny Sanchez *(VP)*

CLASSIFIED ADVERTISING PLUS, LLC
(d/b/a myclassifiedads.net)
6535 Gunn Hwy, Tampa, FL 33625
Tel.: (813) 920-0197
Fax: (813) 792-2630
E-Mail: blaire@myclassifiedads.net
Web Site: www.myclassifiedads.net

E-Mail for Key Personnel:
President: steve@myclassifiedads.net
Creative Dir.: ella@myclassifiedads.net
Media Dir.: blaire@myclassifiedads.net
Public Relations: blaire@myclassifiedads.net

Employees: 12
Year Founded: 2004

Agency Specializes In: Advertising, Advertising Specialties, Affiliate Marketing, Alternative Advertising, Branded Entertainment, Broadcast, Business-To-Business, Co-op Advertising, Commercial Photography, Consulting, Consumer Marketing, Consumer Publications, Corporate Identity, Custom Publishing, Direct Response Marketing, Direct-to-Consumer, Education, Electronic Media, Email, Entertainment, Environmental, Exhibit/Trade Shows, Graphic Design, Health Care Services, Hispanic Market, Infomercials, Information Technology, Integrated Marketing, International, Internet/Web Design, Legal Services, Local Marketing, Logo & Package Design, Magazines, Marine, Market Research, Media Buying Services, Media Planning, Media Relations, Media Training, Medical Products, Merchandising, Mobile Marketing, Multimedia, New Product Development, Newspaper, Newspapers & Magazines, Out-of-Home Media, Outdoor, Over-50 Market, Package Design, Paid Searches, Planning & Consultation, Podcasting, Point of Purchase, Point of Sale, Print, Product Placement, Production, Production (Print), Promotions, Public Relations, Publicity/Promotions, Publishing, RSS (Really Simple Syndication), Radio, Real Estate, Recruitment, Regional, Retail, Sales Promotion, Search Engine Optimization, Seniors' Market, Sports Market, T.V., Technical Advertising, Teen Market, Telemarketing, Trade & Consumer Magazines, Transportation, Travel & Tourism, Viral/Buzz/Word of Mouth, Women's Market, Yellow Pages Advertising

Approx. Annual Billings: $5,000,000

Breakdown of Gross Billings by Media: Newsp.: $4,000,000; Other: $1,000,000

Cathi Helm *(Dir-Immigration Media)*
Steve Juanette *(Dir-Fin Ops)*
Kelsey Schepmann *(Coord-Media)*
Raenelle Turnbull *(Coord-Press Release & Newspaper Support)*

CLICKBOOTH
5901 N Honore Ave, Sarasota, FL 34243
Tel.: (941) 483-4188
Toll Free: (866) 867-6333
Web Site: www.clickbooth.com/

Employees: 101
Year Founded: 2002

Agency Specializes In: Advertising, Graphic Design, High Technology, Media Buying Services, Media Planning, Publishing

Cara Redding *(Exec VP-Ops)*
Julie Martin *(VP-Media)*
Laura Miller *(VP-Bus Dev)*
Katie Rose Cianfaglione *(Dir-Affiliates)*
Maddie Ross *(Strategist-Affiliate)*

MEDIA BUYING SERVICES

Aaron Wiseman *(Strategist-Affiliate)*

COGNISCIENT MEDIA
91 Montvale Ave Ste 104, Stoneham, MA 02180
Tel.: (617) 250-8580
E-Mail: info@cogniscientmedia.com
Web Site: cogniscientmedia.com

Year Founded: 2018

Agency Specializes In: Advertising, Content, Digital/Interactive, Event Planning & Marketing, Media Buying Services, Media Planning, Social Media

Dave Buklarewicz *(Exec VP & Exec Media Dir)*

Accounts:
Belle Tire Inc.
Highmark Blue Cross Blue Shield
McLean Hospital Addiction & Mental Health, Paid Search Engine Marketing; 2018
Navistar International Corporation
Payless Shoesource, Inc.
Pennsylvania State Lottery
Qdoba Restaurant Corporation
Rite Aid Corporation

COLLECTIVE MEDIA
(Name Changed to Visto)

COMPAS, INC.
3 Executive Campus Ste 430, Cherry Hill, NJ 08002
Tel.: (856) 667-8577
Web Site: www.compasonline.com

Employees: 75

Agency Specializes In: Digital/Interactive, Health Care Services, Media Buying Services, Media Planning, Strategic Planning/Research

John Donovan *(CFO)*
James Woodland *(COO)*
Nicole Woodland-DeVan *(Sr VP-Buying Svcs)*
Mary Padula-Hite *(VP & Media Dir)*
Nancy Logue *(Sr Dir-HR)*
Travis Scott *(Dir-Supplier Partner Rels)*
Alena Minarovicova *(Supvr-Media)*
Allison Supron *(Designer-Multi-Disciplinary)*

Accounts:
Alcon
AstraZeneca
Bayer
Johnson & Johnson

COMPASS POINT MEDIA
510 Marquette Ave, Minneapolis, MN 55402
Tel.: (612) 347-1000
Fax: (612) 347-6969
Web Site: www.mccannmpls.com

Employees: 40
Year Founded: 1976

Agency Specializes In: Direct Response Marketing, Media Buying Services, Media Planning, Sponsorship, Strategic Planning/Research

Approx. Annual Billings: $445,000,000

Breakdown of Gross Billings by Media: Brdcst.: $290,000,000; D.M.: $140,000,000; Mags.: $15,000,000

Richard Hurrelbrink *(Pres-Campbell Mithun)*
Melissa Schoenke *(Mng Dir-Compass Point Media & Exec VP)*

Hanna Bartholic *(Supvr-Media)*
Duke Borgerding *(Supvr-Media Strategy)*

Accounts:
Airborne Health; Minneapolis, MN
BizFilings, Inc; Madison, WI
General Mills, Inc.; Minneapolis, MN Cereals, Snacks
Great Clips; Minneapolis, MN Nationwide Hair Cutting Franchise
The Hartford; Hartford, CT
Johnsonville Sausage, LLC Media Buying, Media Planning
KeyBank Digital, Print, Radio, Television
Miracle-Ear Digital, Media Planning & Buying, Media Strategy, Out-of-Home, Print, Radio, Social
Pandora Media Inc.
Schwans Consumer Brands; Minneapolis, MN Freschetta, Red Baron, Tony's, Mrs Smith's, Edwards
SuperValu Inc. Acme, Albertson's, Biggs, Bristol Farms, Cub Foods, Farm Fresh & Pharmacy, Hornbacher's Jewel/Osco, Shaws/Star Market, Shop 'n Save, Shoppers Food & Pharmacy
Syngenta; Minneapolis, MN
The Toro Company Lawn-Boy, The Toro Company
Toro Lawn & Snow Products
Wellmark, Inc

CONVERSANT, INC.
30699 Russell Ranch Rd Ste 250, Westlake Village, CA 91362-7319
Tel.: (818) 575-4500
Fax: (818) 575-4501
Toll Free: (877) 361-3316
Web Site: www.conversantmedia.com

Employees: 2,857
Year Founded: 1997

Agency Specializes In: Electronic Media, Media Buying Services, Media Planning

Revenue: $573,121,000

John Giuliani *(Pres & CEO)*
Bryan Kennedy *(CEO)*
Jim Rund *(Chief Revenue Officer-Media)*
Oded Benyo *(Pres-Conversant-Europe)*
John Ardis *(Sr VP-Sls-CRM Solutions Grp)*
Matthew Boyd *(Sr VP-Western Sls)*
Chad Peplinski *(Sr VP-Media)*
Dawn Brown *(VP-Product Priority)*
Ray Erickson *(VP-Natl Video Sls & Partnerships)*
Matt Fitzsimons *(VP-Media)*
Mike Lund *(VP-Bus Dev)*
Huayin Wang *(VP-Analytics Ops)*
Matthew Weisbecker *(VP-Media & Entertainment)*
Eric Lemberger *(Head-Acct Mgmt)*
Jeff Francis *(Sr Dir-Acct Analytics)*
Mario Faciane *(Sls Dir)*
Sarah Barger Ranney *(Acct Mgmt Dir)*
Lisa Collings *(Dir-Client Dev-Dotomi)*
Steve Geritano *(Dir-Client Dev, CRM & Data Solutions)*
Liane Gonzalez *(Dir-Client Dev)*
John Locke *(Dir-Process Engrg & Security)*
Andrew McNalis *(Dir-Data Warehouse-Market Place Team)*
Greg Winegar *(Sr Mgr-Media Delivery)*
Maria D'Addeo *(Acct Mgr)*
Daniel Hall *(Acct Mgr)*
Jenna Schwab *(Acct Mgr)*
Bryan Quinn *(Mgr-Media Delivery)*
Kristine Lilly *(Strategist-Client)*
Megan Donoghue Shvets *(Strategist-Client)*
Ryan Wolfe *(Sr Art Dir-Interactive)*

Accounts:
Nature's Way Digital

CORINTHIAN MEDIA, INC.
500 8th Ave 5th Fl, New York, NY 10018
Tel.: (212) 279-5700
Fax: (212) 239-1772
E-Mail: lmiller@mediabuying.com
Web Site: www.mediabuying.com

Employees: 55
Year Founded: 1974

Agency Specializes In: Advertising, Affluent Market, African-American Market, Alternative Advertising, Asian Market, Automotive, Bilingual Market, Brand Development & Integration, Branded Entertainment, Broadcast, Business Publications, Business-To-Business, Cable T.V., Children's Market, Co-op Advertising, Collateral, College, Consulting, Consumer Goods, Consumer Marketing, Consumer Publications, Content, Cosmetics, Digital/Interactive, Direct Response Marketing, Direct-to-Consumer, E-Commerce, Education, Electronic Media, Email, Entertainment, Event Planning & Marketing, Fashion/Apparel, Financial, Food Service, Guerilla Marketing, Health Care Services, High Technology, Hispanic Market, Hospitality, Household Goods, In-Store Advertising, Industrial, Infomercials, Integrated Marketing, International, Internet/Web Design, Legal Services, Leisure, Local Marketing, Luxury Products, Magazines, Market Research, Media Buying Services, Media Planning, Media Training, Medical Products, Men's Market, Merchandising, Mobile Marketing, Multicultural, Multimedia, New Product Development, New Technologies, Newspaper, Newspapers & Magazines, Out-of-Home Media, Outdoor, Over-50 Market, Package Design, Paid Searches, Pharmaceutical, Planning & Consultation, Point of Purchase, Point of Sale, Print, Product Placement, Production, Promotions, Publicity/Promotions, Publishing, Radio, Real Estate, Regional, Restaurant, Retail, Sales Promotion, Search Engine Optimization, Seniors' Market, Social Marketing/Nonprofit, Sponsorship, Sports Market, Strategic Planning/Research, Syndication, T.V., Teen Market, Trade & Consumer Magazines, Transportation, Urban Market, Women's Market

Approx. Annual Billings: $305,000,000

Larry Miller *(Owner & Pres)*
Ellen Carry *(Exec VP)*
Bob Klein *(Exec VP-New Bus & Trade)*
Larry Schneiderman *(Exec VP-Direct Response)*
Tina Snitzer *(Exec VP-Buying)*
Mary Cannon *(Sr VP-Buying)*
Maggie Good *(Sr VP-Print-OOH Media)*
Ann Mazzini *(Sr VP)*
Clair Pride *(Sr VP-Media Acctg)*
Jessica Penney *(Acct Dir)*
Adam Wallach *(Acct Exec)*

CPC STRATEGY
(Acquired by Elite SEM)

CPC STRATEGY
707 Broadway Ste 1900, San Diego, CA 92101
Tel.: (619) 677-2453
Web Site: www.cpcstrategy.com

Employees: 40
Year Founded: 2007

Agency Specializes In: Media Buying Services, Media Planning, Paid Searches, Shopper Marketing, Social Media

William Parris *(Co-Founder & VP-Accts)*
Rick Backus *(CEO)*
Nii A. Ahene *(Pres-Ops)*
David Weichel *(VP-Product Dev)*
Jon Gregoire *(Dir-Demand Generation)*

AGENCIES - JANUARY, 2019 — MEDIA BUYING SERVICES

Sahar Davachi *(Mgr-Retail Search)*
Sarah Anne Sanchez *(Mgr-Performance Social)*
Brent Villiott *(Mgr-Social Mktg)*

Accounts:
Omaha Steaks Digital Marketing, Retail Search Channels; 2011
Payless Shoes Comparison Shopping, Digital & Retail Stores; 2011
Teespring Retail Search Channels; 2015

CPMEDIA SERVICES, INC.
6047 Frantz Rd Ste 105, Dublin, OH 43017
Tel.: (614) 717-4910
Fax: (614) 717-4915
E-Mail: infodesk@cpmedia.com
Web Site: www.cpmedia.com

E-Mail for Key Personnel:
President: bclark@cpmedia.com

Employees: 5
Year Founded: 1993

Agency Specializes In: Advertising, Broadcast, Business Publications, Business-To-Business, Cable T.V., Co-op Advertising, Consulting, Electronic Media, Food Service, Health Care Services, Magazines, Media Buying Services, Media Planning, Medical Products, Newspaper, Newspapers & Magazines, Out-of-Home Media, Outdoor, Print, Radio, Recruitment, Restaurant, Retail, Trade & Consumer Magazines

Approx. Annual Billings: $22,000,000

Breakdown of Gross Billings by Media: Cable T.V.: 5%; Out-of-Home Media: 1%; Outdoor: 5%; Print: 36%; Spot Radio: 20%; Spot T.V.: 28%; Transit: 5%

Charli King *(Principal)*

CROSSMEDIA
275 7Th Ave Fl 27, New York, NY 10001
Tel.: (212) 206-0888
Fax: (212) 206-0938
Web Site: xmedia.com

Employees: 230

Agency Specializes In: Communications, Content, Digital/Interactive, International, Media Buying Services, Media Planning, Search Engine Optimization, Social Media, Strategic Planning/Research

Alex Barnes *(Acct Dir)*
Erin Gambolati *(Acct Dir)*
Frank Henderson *(Acct Dir)*
Christopher McCann *(Acct Dir)*
Lara Ernsberger *(Dir-Analytics Integration)*
Emily Russel *(Dir-Attribution Integration)*
Lauren Ailts *(Assoc Dir-Plng)*
Toluwalope Okeowo *(Acct Supvr)*
Hayley Fox *(Supvr-Media)*
Kevin Nguyen *(Supvr-Media)*
Katherine Powers *(Supvr-Media)*
Brittany Resnick *(Supvr-Media)*
Kevin Russel *(Supvr-Media)*
Haley Stearns *(Supvr-Media)*
Roy Yoo *(Supvr)*
Charlene Adame *(Media Planner & Media Buyer)*
Brian Cipollina *(Media Planner & Media Buyer)*
Gabrielle LaRosa *(Media Planner & Media Buyer)*
Emily Walsh *(Media Planner & Media Buyer)*
Elizabeth Bilotta *(Planner-Marketplace Media & Buyer)*
Lisa Chi *(Planner-Digital Media)*
Brian Linz *(Media Plng)*
Lucy Ortiz *(Grp Media Dir)*

Accounts:
Art Van; 2018
B&G Foods
BLINK Fitness
CBR
Champion Petfoods Marketing Strategy, Media Planning & Buying, Orijen & Acana; 2018
Crown Castle
delivery.com
Dover
Gannett
GNC Media Buying
Go Veggie
Happy Family
The Hartford Financial Services Group Media
HomeAway, Inc. (Global Agency of Record) Global Strategy; 2017
iHealth; 2018
Jegs; 2018
Julliard
KIND Snacks
Madison Square Garden
Main Line Health; 2018
Merz
MSG Entertainment
Nando's
National Basketball Association Media Buying, Media Planning, Phoenix Suns (Agency of Record)
New Era Caps
New York Knicks
New York Rangers
NYU Langone
Pacsun
People Magazine
Premier
Realtor.com (Digital Media Agency of Record)
Sesame Place
ShopKeep Communications Planning, Media
Sidney Frank Importing Co., Inc. Jagermeister (Media Agency of Record)
Skyn
Spence Diamonds Marketing, Paid Media; 2018
Supercell
Tribe
University of Michigan
University of Texas
U.S. Bank (Media Agency of Record) Media Planning & Buying, Real Time Analytics
Ventura Foods
Visit Scotland
Vita Coco
White Castle Media Buying, Media Planning
Whole Foods Market
Women's National Basketball Association Media Buying, Media Planning, Phoenix Mercury (Agency of Record)
WP

Branches

Crossmedia
5870 W Jefferson Blvd Studio M, Los Angeles, CA 90016
Tel.: (310) 954-9009
Web Site: xmedia.com

Employees: 20

Agency Specializes In: Content, Media Buying Services, Media Planning, Planning & Consultation, Social Media, Strategic Planning/Research

Cindy Ransier *(Mng Dir)*
Jaime-Lyn O'Brien *(Mng Dir-Los Angeles)*
David Heimlich *(Exec Dir-Cross Media-Los Angeles & Philadelphia)*
Tyler Crawford *(Acct Dir-Integrated)*
Taylor Southerland *(Acct Dir)*
Sam Bentzel *(Dir-Programmatic Media)*
Cynthia Hang *(Supvr-Media)*
Valarie Perez *(Supvr)*
Analeigh Mastropiero *(Media Planner & Media Buyer)*
Natalie Siebern *(Media Planner & Media Buyer)*
Joshua Kim *(Media Planner-Integrated & Buyer)*
Davis Jones *(Grp Media Dir)*

Accounts:
Athene
Beepi
BMW of North America, LLC Media Planning & Buying, Mini USA (Western Region Media Agency of Record), Strategy; 2018
CorePower Yoga
Nissin Foods (Media Agency of Record) Top Ramen & Cup Noodles
Phoenix Mercury
Phoenix Suns
Tillamook
Venetian & Palazzo Hotels
Ventura Foods

Crossmedia
3 Rector St, Philadelphia, PA 19127
Tel.: (267) 401-1660
Web Site: www.xmedia.com

Employees: 50
Year Founded: 2000

Agency Specializes In: Advertising, Brand Development & Integration, Consulting, Content, Email, Media Buying Services, Media Planning, Print, Search Engine Optimization, Social Media

Chris Ebmeyer *(Mng Dir)*
Ray Valcich *(Mng Dir)*
Jennifer Dolan *(Acct Dir)*
Brian Hall *(Acct Dir)*
Dave Bauer *(Dir-Programmatic & Digital Ops)*
Derek Pehlman *(Dir-Paid Search)*
Steve Cisowski *(Supvr-Social Media)*
Anna Eggleston *(Supvr-Programmatic)*
Susan Lee *(Supvr-Media)*
Ashley Smith *(Supvr-Paid Search)*
Meghan Rowley *(Media Planner)*

Accounts:
New-Dogfish Head Craft Brewery, Inc. (Media Agency of Record) Media Planning & Buying
Indiana University (Agency of Record)
Longwood Gardens (Agency of Record)
Philadelphia Zoo (Agency of Record)
New-Terra's Kitchen

DASH TWO
5555 Inglewood Blvd Ste 204, Los Angeles, CA 90230
Tel.: (310) 494-0480
E-Mail: info@dashtwo.com
Web Site: dashtwo.com/

Employees: 16
Year Founded: 2008

Agency Specializes In: Digital/Interactive, Media Buying Services, Media Planning, Outdoor, Print, Radio, T.V.

Approx. Annual Billings: $7,000,000

Gino Sesto *(Pres)*
M. Hassan Farid *(Head-Mktg Team-Pakistan)*
Lace Kincheloe *(Mgr-Digital Strategy)*
Rodolfo Queiroz *(Mgr-Outdoor Strategy)*
Hayden Warner *(Mgr-Digital Strategy)*

Accounts:
Universal Music Group; 2015

DATAXU, INC.
281 Summer St 4th Fl, Boston, MA 02210

MEDIA BUYING SERVICES — AGENCIES - JANUARY, 2019

Tel.: (857) 244-6200
Fax: (617) 426-5971
Web Site: https://www.dataxu.com/

Employees: 200

Agency Specializes In: Media Buying Services, Media Planning

Willard Simmons *(Co-Founder, CTO & Exec VP-Product Dev)*
Sandro Catanzaro *(Co-Founder & Chief Innovation Officer)*
Michael Baker *(Pres & CEO)*
Christopher Sullivan *(CFO)*
Benjamin Katz *(CIO & Sr VP-Engrg)*
Ed Montes *(Chief Revenue Officer)*
Tiffany Mosher *(Chief People Officer)*
Aaron Kechley *(Pres-Platform & Exec VP-Mktg & Product Mgmt)*
Brennan Beyer *(VP & Head-Indus Solutions)*
Mike Sclabassi *(VP-Sls-East)*
Shlomit Feldman *(Acct Dir)*
Freddy Porges *(Mgr-Marketplace)*
Matt Brehm *(Acct Exec)*
Mila Caplan *(Specialist-Acct)*
David Moss *(Acct Exec)*
Sarah Zeitlin *(Acct Exec-Sls)*
Vincent Recca *(Sr Engr-Database)*

DENTSU AEGIS NETWORK AMERICAS
150 E 42nd St, New York, NY 10017
Tel.: (212) 591-9100
Fax: (212) 252-1250
E-Mail: contact@dentsuaegis.com
Web Site: https://www.dentsuaegisnetwork.com/

Employees: 2,000
Year Founded: 1966

National Agency Associations: 4A's

Agency Specializes In: Advertising, Branded Entertainment, Broadcast, Business-To-Business, Cable T.V., Communications, Consulting, Consumer Marketing, Digital/Interactive, Direct Response Marketing, Entertainment, Event Planning & Marketing, Experience Design, Experiential Marketing, Game Integration, Guerilla Marketing, Integrated Marketing, Internet/Web Design, Local Marketing, Magazines, Market Research, Media Buying Services, Media Planning, Mobile Marketing, Multicultural, Multimedia, Newspaper, Newspapers & Magazines, Out-of-Home Media, Outdoor, Paid Searches, Planning & Consultation, Print, Promotions, Publicity/Promotions, Radio, Search Engine Optimization, Sponsorship, Sports Market, T.V., Trade & Consumer Magazines, Viral/Buzz/Word of Mouth

Steven Nottingham *(Mng Dir & Exec VP)*
Shenda Loughnane *(Grp Mng Dir-Ireland)*
Kenneth Parks *(CMO)*
Donna Wiederkehr *(CMO-Americas)*
Kenneth Hein *(Chief Comm Officer-US)*
Eric Weng *(Chief Product Officer-China)*
Catalina Salazar *(Chief Growth Officer & Chief Innovation Officer-Colombia)*
Michael Russell *(Chief Growth Officer)*
Max Cheprasov *(Chief Automation Officer)*
Doug Ray *(Chm-Media)*
Abbey Berryman *(Pres-Bus Ops)*
Travis Johnson *(Pres-Commerce-DAN)*
Mark Jones *(Pres-Global Client)*
Ashwini Karandikar *(Pres-AMNET)*
John Lee *(Pres-M1 Global)*
Matt Seiler *(Pres-Brand Solutions)*
Nick Brien *(CEO-Americas)*
Julio Castellanos *(CEO-Latin America)*
Sebastian Tonda *(CEO-Mexico)*
Jennifer Hungerbuhler *(Exec VP & Mng Dir-Local Video & Audio Investment)*
Michael Law *(Exec VP & Mng Dir-Media Investment-US)*
Ginger Taylor White *(Exec VP & Mng Dir-Acct Mgmt-Agyle Advantage)*
David Fasola *(Exec VP & Head-Product-Gen Motors)*
Jon Kovalcik *(Exec VP & Head-Bus)*
Therese Jreige *(Exec VP-Ops)*
David Murnick *(Exec VP-Digital Ops & Tech Partnerships)*
Peter Sommers *(Sr VP & Acct Dir)*
Abi Evans *(Sr VP-Growth)*
Anthony Laurenzo *(Sr VP-Non-Linear Video Strategy & Investment)*
Shane McAndrew *(Sr VP-Global Product Growth-M1)*
Jeff Tan *(Sr VP-Product & Innovation)*
Stephanie Azar Adams *(VP & Dir-Plng)*
Angela Boyce *(VP & Dir-Portfolio)*
Justin Gaines *(VP & Dir)*
Vincent Kim *(VP & Dir-Digital)*
Corrina Miller *(VP & Dir-Traffic Ops-Amplifi US)*
Chuck Schultz *(VP & Dir-Data Innovation & Quantitative Strategy)*
Matt Greenawalt *(VP-Client Strategy)*
Chandra Jawalaprasad *(VP-Digital)*
Evan Moody *(VP-Global Brand Strategy & Comm)*
Roger Velasquez *(VP-Global Digital & Media-Microsoft)*
Chris Wilson *(VP-Digital Media)*
Hayley Fenster Comunale *(Sr Dir-M1 Strategy)*
Kait Grier *(Grp Acct Dir)*
Andrew Antaki *(Dir-Comm Plng)*
Derek Heathcote *(Dir-Global Media Plng-Xbox)*
Joanne Leong *(Dir-Media Partnerships)*
Linsey Loy *(Dir-Brand Solutions)*
Megan Madaris *(Dir-Comm)*
Antoine Abeille *(Assoc Dir-Acct Mgmt)*
Julia French *(Assoc Dir-Talent Acq)*
Antoinette Manigbas *(Assoc Dir-Comm Plng)*
Caitlin McManus *(Assoc Dir-Integrated Media)*
Lisa Tarantino *(Assoc Dir-Digital)*
Connie Cassiday *(Reg Mgr-Field)*
Francesca Bonifazio *(Supvr-Digital)*
Grace Borchers *(Supvr-Comm Plng)*
Taylor DiCicco *(Supvr-Media)*
Anthony Domenick *(Supvr-Comm)*
Ryan Heine *(Supvr-Comm Plng)*
Ashley Klett *(Supvr-Comm Plng)*
Don McLean *(Supvr-Digital)*
Domenic Pucella *(Supvr-Portfolio)*
Elana Ross *(Media Planner-Integrated)*
Colin Joka *(Assoc Media Planner-Digital)*
Julian Sparks *(Assoc-Digital)*
Michael St Pierre *(Assoc Media Dir)*

Accounts:
Alberto TRESemme
Credit Agricole
Eircom
Guinness
New-Intel Corporation (Global Media Agency of Record) Digital, Offline Media & Analytics, Programmatic, Search, Social; 2018
Kelloggs Special K
LVMH Inc. Media Buying & Planning; 2018
Maven
Meteor
Microsoft Corporation (Global Media Agency of Record) Media Buying & Planning, Search Advertising, Xbox
Reckitt Benckiser Media Planning & Buying
Subway Restaurants North America Media & Creative; 2017
New-United Airlines Global Creative

DICOM, INC.
12412 POwerscourt Dr Ste 110, Saint Louis, MO 63131
Tel.: (314) 909-0900
Fax: (314) 909-1015
E-Mail: jsteward@dicominc.net
Web Site: dicominc.com/

E-Mail for Key Personnel:
Media Dir.: ahowell@dicominc.net

Employees: 20
Year Founded: 1989

National Agency Associations: LSA

Agency Specializes In: Broadcast, Business-To-Business, Co-op Advertising, Consulting, Consumer Marketing, Consumer Publications, Direct Response Marketing, Magazines, Media Buying Services, Media Planning, Newspaper, Newspapers & Magazines, Out-of-Home Media, Outdoor, Planning & Consultation, Radio, Real Estate, Restaurant, Strategic Planning/Research, T.V., Yellow Pages Advertising

Approx. Annual Billings: $5,775,000

Breakdown of Gross Billings by Media: D.M.: $400,000; E-Commerce: $25,000; Mags.: $100,000; Newsp.: $750,000; Out-of-Home Media: $250,000; Radio: $1,250,000; T.V.: $1,900,000; Trade & Consumer Mags.: $500,000; Yellow Page Adv.: $600,000

Jim Steward *(Pres)*
Athalia P. Howell *(Partner)*
David B. Travers *(Partner-Digital Media, Database Mktg & Yellow Pages)*
Edward Marshall *(Chief Product Officer)*
Chuck Stillwell *(Exec VP)*
Eric Nelson *(Sr VP & Media Dir)*
Charmaine Cook *(Controller)*
Kathy Hoffmann *(Acct Dir)*
Kendra Brown *(Media Planner & Media Buyer)*

Accounts:
American Equity Mortgage
Dobbs Tire & Auto; Saint Louis, MO Tire & Auto Service
Jensen Tire & Auto; Omaha, NE
Ranken Technical College; Saint Louis
Saint Louis Zoo; Saint Louis, MO
Schnucks Grocery
Shelter Insurance; MO, NV, IL, IN

DIRECT EFFECT MEDIA SERVICES
1042-B N El Camino Real Ste 329, Encinitas, CA 92024
Tel.: (760) 943-9400
E-Mail: info@directeffectmedia.com
Web Site: www.directeffectmedia.com

Employees: 3
Year Founded: 1990

Agency Specializes In: Business-To-Business, Direct Response Marketing, Email, High Technology, Information Technology, Media Buying Services, Media Planning, Planning & Consultation, Technical Advertising, Telemarketing, Web (Banner Ads, Pop-ups, etc.)

Approx. Annual Billings: $2,500,000

Breakdown of Gross Billings by Media: D.M.: $500,000; Internet Adv.: $2,000,000

Bernard Ryan *(Pres & CEO)*

THE DIRECT RESPONSE GROUP, LLC
(d/b/a DRG)
201 Old Country Rd, Melville, NY 11747
Tel.: (516) 420-5000
Toll Free: (888) 420-0063
Web Site: www.directresponsegroup.com

Employees: 10
Year Founded: 2002

AGENCIES - JANUARY, 2019 — MEDIA BUYING SERVICES

Agency Specializes In: Direct Response Marketing, Internet/Web Design, Market Research, Media Buying Services, Media Planning, Search Engine Optimization

Revenue: $2,000,000

Christopher Ulrich *(CEO-SEO-New York)*

DIRECTAVENUE
5963 La Place Ct Ste 300, Carlsbad, CA 92008
Tel.: (760) 579-4200
Web Site: directavenue.com/

Employees: 50
Year Founded: 2007

Agency Specializes In: Direct Response Marketing, Hispanic Market, Media Buying Services, Media Planning

Scott Kowalchek *(Pres & CEO)*
Marc Johnston *(CFO)*
Josh Pico *(Media Dir & Sr Media Buyer)*
Kyle Farrell *(Media Buyer)*
Paola Kettering *(Media Buyer)*
Brendan S. Murphy *(Media Buyer)*

Accounts:
Beachbody Media Buying, Media Planning

DOM CAMERA & COMPANY, LLC
52 Vanderbilt Ave, New York, NY 10017-6705
Tel.: (212) 370-1130
Fax: (212) 370-1201
E-Mail: info@domcameracompany.com
Web Site: www.domcameracompany.com

Employees: 12
Year Founded: 1985

Agency Specializes In: Media Buying Services, Media Planning, Out-of-Home Media, Outdoor, Print, Radio, T.V.

Approx. Annual Billings: $80,000,000

Breakdown of Gross Billings by Media: Network T.V.: $20,000,000; Out-of-Home Media: $8,000,000; Print: $800,000; Radio: $11,200,000; Spot T.V.: $40,000,000

Chris Camera *(Partner)*
Jeanine Domich *(Partner)*
Natalie Cadillo *(Sr Media Buyer)*
Sue Prial *(Sr Media Buyer)*

Accounts:
MonsterMedia

DRAKE ADVERTISING LTD
320 Bay St Ste 1400, Toronto, ON M5H 4A6 Canada
Tel.: (416) 216-1000
Fax: (416) 216-1064
Toll Free: (800) GODRAKE
E-Mail: info@drakeintl.com
Web Site: https://ca.drakeintl.com/

Employees: 40
Year Founded: 1952

National Agency Associations: CBP

Agency Specializes In: Media Buying Services, Media Planning, Recruitment

Bill Pollock *(Chm)*

DRM PARTNERS, INC.
50 Harrison St Ste 114, Hoboken, NJ 07030
Tel.: (201) 418-0050
Fax: (201) 418-0030
E-Mail: info@drm-partners.com
Web Site: www.drm-partners.com

Employees: 10
Year Founded: 2004

Agency Specializes In: Advertising, Advertising Specialties, Broadcast, Cable T.V., Consumer Marketing, Direct Response Marketing, Direct-to-Consumer, Hispanic Market, Infomercials, International, Media Buying Services, Media Planning, Over-50 Market, Pharmaceutical, Print, Radio, Seniors' Market, Syndication, T.V.

Approx. Annual Billings: $30,000,000

Breakdown of Gross Billings by Media: Cable T.V.: 60%; Spot T.V.: 30%; Syndication: 10%

Susan Pensabene *(Pres)*
Katie McNamara *(VP & Acct Dir)*
Nicola Brathwaite *(Sr Acct Dir)*
Amanda LaConte *(Sr Acct Dir & Sr Media Buyer)*
Andrea Hicks *(Acct Supvr)*
Sara Landries *(Media Buyer)*
Amy Tannenbaum *(Media Buyer-Direct Response)*

DWA, A MERKLE COMPANY
(Formerly DWA media)
1160 Battery St W, San Francisco, CA 94111
Tel.: (415) 296-8050
Fax: (415) 296-5170
E-Mail: info-us@dwamedia.com
Web Site: www.dwamedia.com

Employees: 50
Year Founded: 1996

National Agency Associations: PPA

Agency Specializes In: Above-the-Line, Advertising, Advertising Specialties, Asian Market, Bilingual Market, Broadcast, Business Publications, Business-To-Business, Computers & Software, Consulting, Digital/Interactive, Electronic Media, Electronics, High Technology, Information Technology, Integrated Marketing, International, Magazines, Media Buying Services, Media Planning, New Technologies, Newspaper, Out-of-Home Media, Outdoor, Paid Searches, Planning & Consultation, Podcasting, Print, RSS (Really Simple Syndication), Radio, Regional, Search Engine Optimization, Social Marketing/Nonprofit, Social Media, Sponsorship, Sports Market, Strategic Planning/Research, T.V., Technical Advertising, Trade & Consumer Magazines, Viral/Buzz/Word of Mouth, Web (Banner Ads, Pop-ups, etc.)

Approx. Annual Billings: $25,000,000

Breakdown of Gross Billings by Media: Brdcst.: 5%; Internet Adv.: 65%; Out-of-Home Media: 5%; Print: 25%

Robert Ray *(CEO)*
Roland Deal *(Pres-Americas)*
Izzie Rivers *(Pres-UK)*
Chris Leger *(Sr VP & Gen Mgr)*
James Miller *(Sr VP-Bus Dev)*
Jessica Ulin *(Sr VP-Media)*
Krish Sailam *(VP-Programmatic)*
Jeremy Tate *(Gen Mgr-Boston)*
Catherine Reilley *(Media Dir)*
Jessica Stark *(Acct Dir-Australia)*
Eva Johnson *(Dir-Mktg & Comm)*
Mollie Parker *(Dir-Analytics & Tech Ops)*
Michelle Stewart *(Dir-Acct Media-Global)*
Jacob Beck *(Assoc Dir-Programmatic)*
Christian Campos *(Supvr-Media)*
Adam Lynch *(Supvr-Media)*
Nora Sintos *(Supvr-Media)*
Lauren Mazzola *(Planner-Social Adv)*
Daniel Andrusko *(Sr Media Planner)*
Jonathan de Boer *(Assoc Media Dir)*
Samantha Howaniec *(Sr Media Planner)*
Jennifer Kwok *(Assoc Media Dir)*
Allie Meberg *(Sr Media Planner)*

Accounts:
Akamai Technologies, Inc.
Cisco Systems, Inc. (Global Media Buying Agency of Record) Enterprise B2B Services, Global Paid Media, Media Planning; 2017
ESET; San Diego, CA NOD 32, Smart Security
Raytheon Websense Content, Display, Forcepoint, Global Media, Print, Radio
TriNet Campaign: "Faux Startups", Media

Branch

DWA, a Merkle Company
(Formerly DWA Media)
201 W 5th St Ste 1100, Austin, TX 78701
Tel.: (617) 686-6473
E-Mail: info@dwamedia.com
Web Site: www.dwamedia.com

Employees: 10
Year Founded: 1996

Agency Specializes In: Advertising, Communications, Content, Email, Media Buying Services, Media Planning, Out-of-Home Media, Print, Radio, Social Media

David Wood *(Founder & Chm)*
Bob Ray *(CEO)*
Patrick Knight *(COO)*
Roland Deal *(Pres-Americas)*
Kiaran Geen *(Pres-APAC)*
Steve Jones *(Pres-Intl)*
Fred Emmerich *(Sr VP & Gen Mgr)*
Chris Leger *(Gen Mgr-Austin)*
Abhay Kulkarni *(Bus Dir-India)*
Catherine Reilley *(Dir-Media)*
Kaitlyn Cameron *(Media Planner)*
Dorothy Yu Patterson *(Media Planner)*
Amanda Webb *(Media Planner-Northrop Grumman)*
Jorge Amador *(Assoc Media Dir)*

Accounts:
New-Cisco Systems Inc
New-Lenovo Group Ltd
New-Rackspace Hosting Inc
New-Red Hat Inc
New-Solarwinds Inc
New-Toshiba America Inc
New-Western Digital Corporation

DYS MEDIA, LLC
291 W Lakewood Blvd, Holland, MI 49424
Tel.: (616) 610-0533
Web Site: www.dys.media

Employees: 10
Year Founded: 2013

Agency Specializes In: Brand Development & Integration, Crisis Communications, Digital/Interactive, Media Relations, Public Relations, Social Media

Dave Yonkman *(Pres)*

Accounts:
New-GetAssist (Public Relations Agency of Record)
New-JabberDesign Mobile App Development

EFX MEDIA

Media Buying Services

1319

MEDIA BUYING SERVICES — AGENCIES - JANUARY, 2019

2300 S 9th St Ste 136, Arlington, VA 22204
Tel.: (703) 486-2303
Fax: (703) 553-9813
E-Mail: info@efxmedia.com
Web Site: www.efxmedia.com

Employees: 20
Year Founded: 1983

Agency Specializes In: Media Buying Services, Media Planning, Sponsorship

Jim Franco *(Pres & CEO)*
Joseph Gross *(COO & Exec Producer)*
Bruce Dixon *(CTO & VP)*
David Kristiansen *(Editor-Avid Media Composer Video & Designer-After Effects)*
Kevin Schmitt *(Art Dir & Dir-Interactive Svcs)*
Julianne Otto *(Producer-Video & Interactive)*

Accounts:
AOL
ExxonMobil
National Science Foundation

ELITE MEDIA, INC.
145 Brightmoor Ct, Henderson, NV 89074
Tel.: (702) 492-0654
Fax: (702) 269-0761
Toll Free: (866) 823-5483
E-Mail: info@elitemediainc.com
Web Site: www.elitemediainc.com

Employees: 5
Year Founded: 2002

National Agency Associations: AAF

Agency Specializes In: Electronic Media, Exhibit/Trade Shows, Media Buying Services, Media Planning, Out-of-Home Media, Outdoor

Chad McCullough *(Pres)*

Accounts:
American Family Insurance
French Connection; New York, NY Clothing
LG Electronics
Samsung
Sony
T-Mobile US

ELITE SEM
142 W 36th St, New York, NY 10018
Tel.: (646) 350-2789
Fax: (413) 294-5557
Web Site: www.elitesem.com

Employees: 170
Year Founded: 2004

Agency Specializes In: Advertising, Advertising Specialties, Automotive, Consumer Goods, Cosmetics, Direct Response Marketing, E-Commerce, Entertainment, Fashion/Apparel, Financial, Food Service, Hospitality, Household Goods, Information Technology, Integrated Marketing, International, Legal Services, Leisure, Media Buying Services, Media Planning, Mobile Marketing, New Technologies, Paid Searches, Programmatic, Retail, Search Engine Optimization, Shopper Marketing, Social Media, Sports Market, Travel & Tourism

Dalton Dorne *(CMO)*
Forest Bronzan *(Exec VP-CRM, Email & Creative Svcs)*
Jason Lipton *(Head-Acct & Paid Search)*
Jon Lister *(Head-Acct-SEO)*
Jaime Smith *(Dir-Integrated Media Strategy)*
Eric Miller *(Assoc Dir-CRM & Email)*
Atiya Dorn *(Sr Mgr-Digital Media)*
Robert Galinsky *(Sr Mgr-SEO)*
Jennifer Naegeli *(Sr Mgr-Integrated Media Strategy)*
Michael Lopez *(Sr Acct Mgr-Paid Search)*
Jessie Obeck *(Sr Acct Mgr)*
Kaitlyn Shimazaki *(Sr Acct Mgr-Paid Search)*
Bethany Bauer *(Acct Mgr-Paid Search & SEM PPC)*
Rachel Paige *(Acct Mgr-Paid Social)*
Lucas Hardison *(Mgr-Creative)*
Gus Jianas *(Mgr-Client Strategy)*
Jeffrey Parks *(Mgr-Insights & Analytics)*
Emma Fernandez *(Sr Acct Exec-Paid Search)*
Kelsey Lyn Fortner *(Strategist)*
Mary E Sipala *(Analyst-Digital)*
Tony Edward *(Team Head-SEO)*
Chris Michalak *(Sr Team Head-Paid Search)*
Alexa Munoz *(Jr Planner-Digital Media)*
Courtney O'Donnell *(Team Head-Shopping & Feed)*
Carson Schuch *(Team Head-Performance Display)*
Amber Usmani *(Sr Media Planner)*
Kristin Wanek *(Sr Head-Team & Paid Search)*

Accounts:
New-Aaptiv
New-Adore Me, Inc.
Audible, Inc. Search Engine Marketing
Barneys Digital, Paid Search Marketing (SEM)
Big 5 Sporting Goods
New-Bombas
New-Einstein Bagels
Ethan Allen
Etsy
New-Francesca's
Helix Sleep
Hugo Boss Fashions Inc.; 2011
J Brand
Jet.com
Kind
Melissa & Doug, LLC
Rite Aid Corporation Digital Media Planning
Rockport
The Sak Brand Group
San Antonio Spurs
ServiceMaster
Solstice
New-Tatcha
New-The Terminix International Company Limited Partnership
Terminix
New-Theory
New-Timex Corporation
Tommy Bahama; 2009
Tourneau Inc.
TruGreen; 2008
U.S. Polo Assn.
USA Today
USTA
WNBA
New-ZIPCAR, INC.

Branch

CPC Strategy
707 Broadway Ste 1900, San Diego, CA 92101
(See Separate Listing)

EMC OUTDOOR
5068R West Chester Pike, Newtown Square, PA 19073
Tel.: (610) 353-9300
Fax: (610) 353-9301
E-Mail: info@emcoutdoor.com
Web Site: www.emcoutdoor.com

Employees: 25
Year Founded: 1991

National Agency Associations: AHAA-OAAA

Agency Specializes In: Alternative Advertising, Event Planning & Marketing, Exhibit/Trade Shows, Experience Design, Experiential Marketing, Guerilla Marketing, Health Care Services, Media Buying Services, Media Planning, Mobile Marketing, Out-of-Home Media, Outdoor, Pharmaceutical, Planning & Consultation, Recruitment, Sports Market, Transportation

Approx. Annual Billings: $10,000,000

Breakdown of Gross Billings by Media: Outdoor: $10,000,000

Jennifer Horrocks *(Pres)*
Betsy McLarney *(CEO)*
Tom Japhe *(Exec VP-OOH Media Strategy & Specialist-Outdoor Adv Branding)*
Maryann Ingham *(Exec VP-Strategic Partnerships & Trade Show Mktg)*
Song C. Heo *(Sr VP & Strategist-OOH Media)*
Christie Massey *(VP-OOH Media Strategy)*
Jerry Buckley *(Dir-Strategic Partnerships)*
Joyce Luna *(Client Svcs Mgr)*
Matthew Noll *(Mktg Comm Mgr)*
Melissa King *(Mgr-Client Svc & Traffic)*
Rebecca Gamsby *(Specialist-Events & Coord-Media)*
John Foster *(Acct Exec-Media Strategy-OOH)*
Matt Kelchner *(Coord-Media)*

Accounts:
Alcon Laboratories

EMPOWER MEDIAMARKETING
15 E 14Th St, Cincinnati, OH 45202
Tel.: (513) 871-9454
Fax: (513) 871-1804
Web Site: www.empowermm.com

Employees: 142
Year Founded: 1985

National Agency Associations: 4A's

Agency Specializes In: Advertising, African-American Market, Alternative Advertising, Automotive, Broadcast, Cable T.V., Co-op Advertising, Communications, Consulting, Consumer Goods, Consumer Marketing, Consumer Publications, Content, Cosmetics, Digital/Interactive, Direct Response Marketing, Direct-to-Consumer, Education, Electronic Media, Email, Entertainment, Fashion/Apparel, Financial, Food Service, Health Care Services, Hispanic Market, Household Goods, In-Store Advertising, Integrated Marketing, Leisure, Local Marketing, Luxury Products, Magazines, Market Research, Media Buying Services, Media Planning, Media Training, Medical Products, Men's Market, Mobile Marketing, Multicultural, New Technologies, Newspaper, Newspapers & Magazines, Out-of-Home Media, Outdoor, Paid Searches, Pharmaceutical, Print, Product Placement, Radio, Regional, Restaurant, Retail, Search Engine Optimization, Sponsorship, Strategic Planning/Research, Syndication, T.V., Teen Market, Trade & Consumer Magazines, Travel & Tourism, Tween Market, Urban Market, Web (Banner Ads, Pop-ups, etc.), Women's Market

Approx. Annual Billings: $250,000,000

Breakdown of Gross Billings by Media: Cable T.V.: 9%; Digital/Interactive: 18%; Network T.V.: 13%; Other: 1%; Out-of-Home Media: 4%; Print: 11%; Spot Radio: 13%; Spot T.V.: 29%; Syndication: 2%

Rob FitzGerald *(Pres & COO)*
Ashley Walters *(Sr VP)*
Stacy Anderson *(VP & Practice Head-Strategic Plng)*
Tim Glover *(VP)*
Alison Lang *(VP-Client Strategy)*

Laura Nix *(VP-Client Leadership)*
Crystalyn Portwood *(VP)*
Michele Toller *(VP-Media Mktg)*
Tonya Creamer *(Head-Practice & Sr Dir-Social Media)*
Josh Flynn *(Sr Dir)*
Katy Batchler *(Acct Svcs Dir)*
Nicole Accordino *(Dir-Strategic Plng)*
Jennifer DeSutter *(Dir-Digital Media)*
Lisa Garofolo *(Dir-360 Plng)*
Amber Bondick McCune *(Dir-Online Mktg)*
Lauren McNutt *(Dir-Word of Mouth Mktg)*
Kate Rechtsteiner *(Dir-Client Leadership)*
Jessica Tramonte *(Dir-Client Leadership)*
Mike Grueter *(Assoc Dir-Integrated Plng)*
Brad Warm *(Sr Specialist-Digital Media)*
Allie Snyder *(Specialist-Digital Media)*
Katie Unkraut *(Strategist-Brdcst Buying-Natl)*
Sean Dana *(Grp Creative Dir)*

Accounts:
Ashley HomeStore (Media Agency of Record)
Axcess Financial (Check 'n Go); Mason, OH Stores; 2005
Brown Shoe Media Planning & Buying; 2012
Buffalo Wings & Rings
Bush Brothers & Company; Knoxville, TN Bakes, Grillin' & Variety Beans; 1995
New-Captain D's (Media Agency of Record) Media Channels
Christ Hospital; Cincinnati, OH; 1996
Cincinnati USA; Cincinnati, OH Regional Tourism; 2006
Clopay Corporation Avante, Clopay Plastic Products, Gallery, Grand Harbor, LifeSafety, Reserve Collection, WINDCODE
Dremel
Famous Footwear
Fifth Third Bank (Media Agency of Record) Content Marketing, Media Planning & Buying, Social Media
Formica Corporation (Agency of Record) Media
Freudenberg Household Products O-Cedar (Agency of Record); 2017
Gorilla Glue Company Display, Gorilla, Media, O'Keeffe's, Online, Search Engine Marketing
Herschend Family Entertainment Multiple Parks; 2008
HGTV Home; 2012
HRM Pfizer; 2009
Inventiv EpiPen; 2011
Inventive Stryker; 2012
J.D. Byrider; 2012
Land O'Frost Content Strategy, Media Planning & Buying, Social Media Marketing
LCA Vision LasikPlus; 2010
Lebanon Seaboard Preen; 2007
Link Snacks, Inc. Jack Link's (Media Agency of Record); 2018
Merz Pharmaceuticals Mederma; 2006
OneSight (Creative & Public Relations Agency of Record); 2018
Pacific Gas & Electric; 2012
Papa John's Atlanta & Macon Markets; 2010
Paycor; 2012
RotoZip
Rust-Oleum; 2009
Shaw Floors Shaw Floors; 2006
Stonyfield Organic Content Marketing, Media, Paid Media Efforts, SEO; 2012
Totes/Isotoner; 2002
TriHealth (Creative Agency of Record) Media Buying & Planning; 2018
TTI Floorcare, Hoover; Glenwillow, OH Hoover; 2009
U.S. Bank; 1992
Wendy's Select Markets; 2011

ENVISION CREATIVE GROUP
3400 Northland Dr, Austin, TX 78731-4927
Tel.: (512) 292-1049
Web Site: www.envision-creative.com

Employees: 50
Year Founded: 2001

Agency Specializes In: Advertising, Digital/Interactive, Exhibit/Trade Shows, Graphic Design, Internet/Web Design, Logo & Package Design, Media Buying Services, Media Planning, Print

David Smith *(Pres & CEO)*
Stephanie Silver *(VP)*
Rhonda Smith *(Office Mgr)*
Sarah Firle *(Sr Graphic Designer)*

Accounts:
Acumen Inc Health & Wellness Tools Mfr

EXPLORE COMMUNICATIONS
3213 Zuni St, Denver, CO 80211
Tel.: (303) 393-0567
Fax: (303) 393-0568
E-Mail: info@explorehq.com
Web Site: www.explorehq.com

Employees: 12
Year Founded: 1996

National Agency Associations: AMA-BMA-Second Wind Limited

Agency Specializes In: Advertising, Advertising Specialties, African-American Market, Brand Development & Integration, Broadcast, Business Publications, Business-To-Business, Cable T.V., Children's Market, Co-op Advertising, Communications, Consulting, Consumer Marketing, Consumer Publications, Corporate Communications, Digital/Interactive, Direct Response Marketing, Electronic Media, Entertainment, Event Planning & Marketing, Exhibit/Trade Shows, Fashion/Apparel, Health Care Services, High Technology, Hispanic Market, Industrial, Information Technology, LGBTQ Market, Leisure, Local Marketing, Magazines, Media Buying Services, Media Planning, Medical Products, Merchandising, Newspaper, Newspapers & Magazines, Out-of-Home Media, Outdoor, Over-50 Market, Planning & Consultation, Print, Radio, Real Estate, Recruitment, Restaurant, Retail, Seniors' Market, Sports Market, Strategic Planning/Research, T.V., Teen Market, Trade & Consumer Magazines, Travel & Tourism

Approx. Annual Billings: $10,000,000

Breakdown of Gross Billings by Media: Brdcst.: $3,000,000; Bus. Publs.: $1,000,000; Cable T.V.: $1,000,000; Consumer Publs.: $1,100,000; D.M.: $100,000; Event Mktg.: $300,000; Internet Adv.: $1,000,000; Newsp. & Mags.: $1,500,000; Out-of-Home Media: $1,000,000

Mindy Gantner *(Pres & Media Dir)*
Sarah Chapin *(Media Planner & Media Buyer)*

Accounts:
CollegeInvest Media
Colorado Ballet Media
HealthONE Marketing Division, Recruitment Division
Weber-Stephen Products Co.

FERRYADS.COM
83 Cromwell Ave, Staten Island, NY 10304
Tel.: (718) 351-2557
Fax: (718) 979-1874
E-Mail: djr@comm-associates.com
Web Site: www.comm-associates.com/ferryads/index.htm

Employees: 10
Year Founded: 1987

Agency Specializes In: Electronic Media, Media Buying Services, Media Planning, Out-of-Home Media, Outdoor, Transportation

Approx. Annual Billings: $4,000,000

Breakdown of Gross Billings by Media: Out-of-Home Media: $2,000,000; Outdoor: $2,000,000

David Rampulla *(Pres)*

Accounts:
Allstate
Energetic
Gray Line NY Sightseeing
Solstice
Time Warner
Verizon

FINGERPRINT COMMUNICATIONS
1179 King St W Ste 011, Toronto, ON M6K 3C5 Canada
Tel.: (416) 535-9441
Fax: (416) 588-7950
E-Mail: info@fingerprintcommunications.com
Web Site: www.fingerprintcommunications.com

Employees: 10
Year Founded: 2002

Agency Specializes In: Digital/Interactive, Internet/Web Design, Media Buying Services, Media Planning, Mobile Marketing, Production, Social Media

Jessica Meisels *(Pres-California)*

Accounts:
Peace Bridge Duty Free

FIRST CLASS, INC.
5410 W Roosevelt Rd Unit 222, Chicago, IL 60644-1570
Tel.: (773) 378-1009
Fax: (773) 378-1018
E-Mail: info@firstclassinc.com
Web Site: www.firstclassinc.com

E-Mail for Key Personnel:
President: lonna.schulz@firstclassinc.com
Public Relations: mike.caines@firstclassinc.com

Employees: 10
Year Founded: 1992

Agency Specializes In: Advertising, Business-To-Business, Direct Response Marketing, Legal Services, Media Buying Services, Media Planning, Newspaper, Print

Approx. Annual Billings: $1,000,000

Breakdown of Gross Billings by Media: D.M.: $900,000; Newsp.: $100,000

Lonna Schulz *(Co-Pres)*
Michael Caines *(CEO)*
Bailey Hughes *(Mgr-Case)*

Accounts:
Arrow Financial Services; 2001
Consumer Advocacy Center; Chicago, IL Legal; 2000
EC&L; Chicago, IL Legal
Hinshaw & Culbertson; Chicago, IL Legal; 1998
Northern Trust Bank; Chicago, IL Banking; 1994
Quantum Color Graphics; 2001

FITZGERALD MEDIA
3333 Piedmont Rd NE Ste 100, Atlanta, GA 30305
Tel.: (404) 504-6900

MEDIA BUYING SERVICES

Fax: (404) 262-8930
Web Site: www.fitzco.com
E-Mail for Key Personnel:
Media Dir.: liz.daney@fitzco.com

Employees: 16

National Agency Associations: 4A's

Agency Specializes In: Broadcast, Business-To-Business, Consumer Publications, Financial, Food Service, Magazines, Media Buying Services, Media Planning, Newspapers & Magazines, Out-of-Home Media

Approx. Annual Billings: $83,000,000

Keri Palmer *(CFO & Exec VP)*
Noel Cottrell *(Chief Creative Officer)*
Evan Levy *(Chief Digital Officer)*
Joyce Faulkner *(Sr VP & Acct Dir-New Bus)*

Accounts:
Amway
Coca-Cola Refreshments USA, Inc.
Delta
IHG
InterContinental
UPS
Wendy's

FLYING A
35 N Arroyo Pkwy, Pasadena, CA 91103
Tel.: (626) 376-4770
Web Site: www.flyingamedia.com
E-Mail for Key Personnel:
President: flyinga@att.net
Media Dir.: kc@flyingamedia.com
Public Relations: liz@flyingamedia.com

Employees: 7
Year Founded: 1978

National Agency Associations: AAF

Agency Specializes In: Advertising, African-American Market, Bilingual Market, Brand Development & Integration, Broadcast, Business-To-Business, Cable T.V., Consumer Marketing, Direct Response Marketing, Education, Electronic Media, Entertainment, Hispanic Market, Hospitality, Local Marketing, Magazines, Media Buying Services, Media Planning, Newspaper, Newspapers & Magazines, Out-of-Home Media, Outdoor, Planning & Consultation, Promotions, Publicity/Promotions, Radio, Restaurant, Seniors' Market, Strategic Planning/Research, T.V., Trade & Consumer Magazines, Transportation, Travel & Tourism

Approx. Annual Billings: $13,000,000

Sharon Reid *(Media Dir)*
Shanel Stephens *(Acct Mgr)*
Emily Veeh *(Mgr-Media Comm & Promos)*

Accounts:
Oakland International Airport
Pechanga Resort & Casino
Peralta Community College District
Quilceda Casino
Tulalip Casino

GAGO MEDIA, INC.
30 Harbor Oak Dr, Tiburon, CA 94920
Tel.: (415) 614-9749
Web Site: www.gagomedia.com

Employees: 4
Year Founded: 2007

Agency Specializes In: Affiliate Marketing, Broadcast, Cable T.V., Co-op Advertising, Direct Response Marketing, Infomercials, Local Marketing, Magazines, Media Buying Services, Media Planning, Multimedia, Newspaper, Newspapers & Magazines, Out-of-Home Media, Outdoor, Print, Publishing, Radio, Sponsorship

Approx. Annual Billings: $2,000,000

Carrie Gago *(Pres)*

Accounts:
Gold Coast Funding Mortgages; 2010

GOODWAY GROUP
261 Old York Rd Ste 930, Jenkintown, PA 19046
Tel.: (215) 887-5700
Fax: (215) 881-2239
Web Site: goodwaygroup.com/
E-Mail for Key Personnel:
President: david@goodwaygroup.com

Employees: 350
Year Founded: 1979

Agency Specializes In: Advertising, Automotive, Co-op Advertising, Communications, Digital/Interactive, Direct Response Marketing, Direct-to-Consumer, Electronic Media, Internet/Web Design, Local Marketing, Media Buying Services, Media Planning, Print, Sales Promotion, Sweepstakes

Breakdown of Gross Billings by Media: D.M.: 10%; Internet Adv.: 85%; Newsp.: 5%

Juli Jones *(Principal-Media Trader)*
Becky Repking *(Principal-Media Trader)*
Lindsey Birkett *(Reg VP)*
Lindy Jones *(VP-Operational)*
Ami Sirlin *(VP-Multi-Location)*
Lauren Combest *(Acct Dir)*
Susan Grant *(Acct Dir)*
David Kertesz *(Acct Dir)*
Susan Kirksey *(Media Dir)*
Noah Everist *(Dir-Digital Strategy)*
Katie Scott *(Dir-Digital Strategy)*
Erin Hnath *(Sr Mgr-Campaign Ops)*
Cara Moran *(Acct Mgr)*
Casey O'Rear *(Acct Mgr)*
Leigh Quicksall *(Acct Mgr-South Central Reg)*
Courtney Hacker *(Supvr-Media)*
Kimberly Hatch *(Supvr-Digital Media)*
Lisa Little *(Supvr-Media)*
Darcy Schultz *(Supvr-Digital Media)*
Kathleen Neumann *(Sr Strategist-Media)*
Hannah Crawford *(Strategist-Digital Media)*
Amanda Renken *(Strategist-Digital Media)*
Amanda Maduko *(Media Buyer)*
Leanne Price *(Media Buyer-Digital)*

Accounts:
American Cancer Society
BMW
Emory College
Ford
Friendly's
Honda
Lexus
Poland Springs
Porsche
Subaru
Toyota
White Castle System, Inc.

GROUPM NORTH AMERICA & CORPORATE HQ
498 Seventh Ave, New York, NY 10018
Tel.: (212) 297-8181
Fax: (212) 297-7001
Web Site: www.groupm.com

Employees: 5,001
Year Founded: 2003

National Agency Associations: 4A's

Agency Specializes In: Brand Development & Integration, Branded Entertainment, Content, Digital/Interactive, Entertainment, Media Buying Services, Media Planning, Search Engine Optimization, Sponsorship

Approx. Annual Billings: $90,700,000,000

Bill Bayer *(Mng Partner & Mng Dir)*
Kathleen Sheridan *(Mng Partner & Mng Dir)*
Tim Cecere *(Mng Partner, Chief Talent Officer & Dir-HR)*
Ellen Drury *(Mng Partner & Pres-Local Brdcst)*
Stephen Hall *(Mng Partner & Mng Dir-Search & Social)*
Edward Foster *(Mng Partner-Search & Social & VP)*
Kieley Taylor *(Mng Partner & Head-Social)*
Ed Gaffney *(Mng Partner & Dir-Implementation Res)*
Mindy Welsh *(Mng Partner & Dir-Data Solutions)*
Jeanne Burkle Clark *(Mng Partner)*
Lyle Schwartz *(Mng Partner)*
Mathew Rappe *(Partner & Grp Dir-Media)*
Yannis Granas *(Partner & Dir-Paid Search)*
Alka Shah *(Partner & Dir-Programmatic)*
Shobhit Taneja *(Partner & Dir-Platform Solutions & Data Strategy)*
Diana Shin *(Partner & Mgr)*
Lauren Harris *(Partner & Assoc Media Dir-Integrated Investment)*
Joe Pellicano *(Partner & Assoc Media Dir-Team IBM)*
Macarena Sagarminaga *(Partner)*
Bob Hammond *(CTO-mPlatform)*
Rob Norman *(Chief Digital Officer)*
Manuela Speckamp-Schmitt *(Chief HR Officer-Germany)*
Evan Hanlon *(Pres-mPlatform US)*
Marissa Jimenez *(Pres-Modi Media)*
Jeffrey Matisoff *(Pres-teamIBM)*
Lucas Mentasti *(Pres-mPlatforms-Latin America)*
Marion Murphy *(Pres-GroupM Direct)*
Susan Chao *(CEO-Taiwan)*
Brian Gleason *(CEO-Performance Media Grp)*
Mark Patterson *(CEO-Asia Pacific)*
Gibbs Haljun *(Mng Dir-Media Investment)*
Girish Menon *(VP-Client Dev-mPlatform-APAC)*
Sarah Warner *(Head-Digital Investment, Programmatic & Video)*
Shari Cohen *(Exec Dir-Media Investments)*
Matthew F.E O'Neill *(Sr Partner & Grp Dir-Plng-IBM)*
Alex Block *(Sr Dir-Platform Investment)*
Krystal Olivieri *(Sr Partner & Sr Dir-mPlatform, Data Partnerships & Investment)*
Will Cooley *(Sr Partner & Media Dir)*
Lily Ferrer *(Acct Dir-P&B)*
Scott Smith *(Comml Dir)*
Raul Aliaga *(Dir-Media & Digital)*
Abby Baskowitz-Free *(Sr Partner & Dir-Digital Ad Ops)*
Dan Cristo *(Dir-SEO Innovation)*
Cynthia Evans *(Dir-Insights & Thought Leadership)*
Nicole Fiore *(Dir-Programmatic Buying Unit)*
Ali Gorman *(Dir-Programmatic)*
Erin Joyce *(Dir-Paid Social)*
Michael Palmer *(Dir-Product Mgmt-mPlatform)*
Naved Siddiqui *(Dir-Audience Intelligence & Insights)*
Paul Drescher *(Assoc Dir-Digital Ops)*
Deione Sydnor *(Assoc Dir-Programmatic Buying Unit)*
Jennifer Kutzner *(Sr Partner & Acct Mgr-Brdcst)*
Colton Aho *(Mgr-Paid Social Media Mktg)*
Shannon Hopkins *(Mgr-Media)*
Sadie Kanner *(Mgr-Learning & Dev)*
Aileen Kirby *(Mgr-Media)*
Alyssa Kolakowski *(Mgr-Print)*

AGENCIES - JANUARY, 2019 — MEDIA BUYING SERVICES

Jonathan Molina *(Mgr)*
Courtney Press *(Mgr-Print)*
Gillian Ramos *(Mgr-Talent Mobility)*
Jude Ryan *(Sr Partner & Mgr-Data Science)*
Miranda Canedo *(Supvr)*
Jacquelin Johnson *(Supvr-Direct Branding)*
Brittany Morrell *(Supvr-Media)*
April Song *(Supvr-Media)*
Morgan Talty *(Supvr-Media)*
Carly Wilden *(Supvr-Brdcst)*
Kelly Mertens *(Sr Analyst-Digital & Res)*
Rose Albano *(Media Planner)*
Brenna Coughlin *(Media Planner)*
Johnnie Sharp *(Media Planner)*
Alexa Trager *(Media Buyer-Brdcst-GroupM Direct)*
Abby Barin *(Assoc Media Dir)*
Samantha Kops *(Sr Mktg Comm Mgr)*

Accounts:
American Express
Barclays Capital
Cablevision Systems
Colgate-Palmolive Company Speed Stick Stainguard, Speedstick
IKEA IKEA North America Services, LLC
Nestle USA, Inc. (Media Agency of Record) Digital, Media Planning & Buying, Nespresso USA, Nestle Health Sciences, Nestle Nutrition, Nestle Purina PetCare, Nestle USA, Nestle Waters North America
Target Media Buying, Media Planning
Unilever

Subsidiaries

Catalyst Online
501 Boylston St Ste 6102, Boston, MA 02116
Tel.: (617) 663-4100
Fax: (617) 663-4104
E-Mail: catalyst.info@catalystsearchmarketing.com
Web Site: www.catalystdigital.com

Employees: 60

National Agency Associations: 4A's

Agency Specializes In: Advertising, Integrated Marketing, Internet/Web Design, Market Research, Media Planning, Paid Searches, Search Engine Optimization, Web (Banner Ads, Pop-ups, etc.)

Youna Haddad *(Partner & Dir-Grp Paid Search)*
Patricia Montano *(Grp Dir-Search & Social)*
Nicole Kapopoulos *(Dir-Paid Search)*
Jennifer Kenyon *(Dir-Organic Search)*
Jared Kloeblen *(Dir-Paid Search)*

Accounts:
American Family Insurance
Novartis
P&G
Pfizer
Royal Caribbean

DataXu, Inc.
281 Summer St 4th Fl, Boston, MA 02210
(See Separate Listing)

Kinetic
230 Park Ave S, New York, NY 10003
(See Separate Listing)

m/SIX
The Charlotte Building, 6 Evelyn Yard, London, W1T 1QL United Kingdom
Tel.: (44) 20 7079 9802
Web Site: www.msixagency.com

Employees: 90
Year Founded: 2008

Agency Specializes In: Digital/Interactive, Media Buying Services, Media Planning, Strategic Planning/Research

Alistair MacCallum *(CEO)*
Adrian Parris *(CFO)*
Pete Kemp *(COO)*
Anna Foster *(Chief Data Officer & Chief Customer Officer)*
Dan Whitmarsh *(Chief Strategy Officer-Global)*
Jessica Burley *(CEO-Global)*
Geetha Shiv *(Head-Strategy-Natl)*
Andrew Cockburn *(Comml Dir)*
Yang Bo *(Dir-Strategy)*
Dan Keat *(Dir-Investment)*
Lesley Myers-Lamptey *(Dir-Strategy)*
Nahida Rahman *(Dir-Comm Plng)*
Dean West *(Dir-AV)*
Bini Yoheswaran *(Dir-Data & Analytics)*
Lisa McAlister *(Planner-Creative)*

Accounts:
Blu E-Cigarettes, Media Planning & Buying
Bridgestone Corporation Media, Strategic, Turanza T005; 2018
Britvic Soft Drinks Ltd. Media Buying, Robinsons
David Yurman Digital Media Planning & Buying, North America
J. Sainsbury plc Media
Just Eat Media Planning & Buying
Lexus
Malaysia Airlines System Berhad Media
Purdey's Media
TalkTalk Media Planning & Buying
Tate & Lyle Lyle's Golden Syrup, Media
Toyota (GB) PLC Creative, Digital Media Strategy, Media Planning
Virgin Money Data Analytics, Media Planning & Buying, Media Strategy, Search

m/SIX
2nd Fl 75 Spring St, New York, NY 10012
(See Separate Listing)

Wavemaker Global Ltd
(Formerly MEC, Global HQ, New York)
825 7th Ave, New York, NY 10019-6014
(See Separate Listing)

MediaCom
498 7th Ave, New York, NY 10018
(See Separate Listing)

MetaVision Media
498 7th Ave, New York, NY 10018
(See Separate Listing)

Mindshare
498 7th Ave, New York, NY 10018
(See Separate Listing)

Xaxis, LLC
31 Penn Plaza 132 W 31st St, New York, NY 10001
(See Separate Listing)

Branches

ESP Brands
825 7th Ave, New York, NY 10019
(See Separate Listing)

GroupM APAC HQ
Level 14, 65 Berry Street, Sydney, NSW 2060 Australia
Tel.: (61) 2 8913 1000
Fax: (61) 2 9463 7270
E-Mail: info@groupm.com
Web Site: www.groupm.com

Employees: 100

Agency Specializes In: Brand Development & Integration, Branded Entertainment, Content, Digital/Interactive, Entertainment, Media Buying Services, Search Engine Optimization, Sponsorship

Nicola Lewis *(Chief Investment Officer)*
Mark Patterson *(Chm/CEO-China & Asia Pacific)*
Mark Lollback *(CEO-Australia & New Zealand)*
Cindy Grass *(Head-HR & Talent)*
Rosie Baker *(Grp Dir-Comm)*

Accounts:
Danone
Foxtel
KFC
LVMH Moet Hennessy Louis Vuitton SA Media Planning & Buying
Nespresso

GroupM China
31th Fl 1038 Nanjing Xi Rd, Westgate, Shanghai, 200041 China
Tel.: (86) 21 2307 7700
Fax: (86) 21 2307 7706
Web Site: http://www.groupm.com/

Employees: 500

Patrick Xu *(CEO)*
Elvis Xu *(Mng Dir)*
Jennifer Ba *(Fin Dir)*
Wendy Yeh *(Fin Dir-Natl)*
Nick Binns *(Chief Investment Officer-Asia Pacific)*
Mark Patterson *(Chm/CEO-Asia Pacific)*
Winnie Fu *(Art Dir)*
Marty Wang *(Bus Dir-MOBILE)*
Cynthia Zhu *(Mgr-Media)*
Swee Leng Ng *(Grp CFO)*

GroupM EMEA HQ
101 St Martins Lane, London, WC2N 4DB United Kingdom
Tel.: (44) 207 896 4700
Fax: (44) 207 896 4701
Web Site: www.groupm.com

Employees: 500

Agency Specializes In: Brand Development & Integration, Branded Entertainment, Digital/Interactive, Entertainment, Media Buying Services, Search Engine Optimization, Sponsorship

Nick Theakstone *(CEO & Chief Investment Officer)*
Jenny Kirby *(Mng Partner-Digital Svcs)*
Jenny Bullis *(Chief Strategy Officer-mPlatform)*
Michael Neale *(Pres-mPlatform-Canada)*
Alex Stil *(Pres-mPlatform-EMEA)*
Richard Foster *(CEO-Motion Content Grp)*
Tom George *(CEO-UK)*
Dominic Grainger *(CEO-EMEA)*
Bill Kinlay *(CEO-Ireland)*
Dave Hompe *(Mng Dir-Svcs, Tech & Data-mPlatform-UK)*
Paul Rowlinson *(Mng Dir-Digital-UK)*
Andrew Niven *(Acct Dir)*
Dave Sandham *(Media Dir)*
John Coyle *(Dir-Credit Risk)*
Martin Galvin *(Dir-Digital Trading)*
Adam Smith *(Dir-Futures)*
Simon Willis *(Dir-Trading)*

Accounts:
Bayer HealthCare; Europe, Asia & Latin America

MEDIA BUYING SERVICES — AGENCIES - JANUARY, 2019

Media Planning & Buying
British Airways Media Planning & Buying
Everything Everywhere Media Buying
GlaxoSmithKline Consumer Healthcare Media
Ikea Global Media
Tesco plc Media Buying; 2018

GroupM Entertainment
2425 Olympic Blvd, Santa Monica, CA 90404-4030
(See Separate Listing)

GroupM LATAM HQ
Avenida Ejercito Nacional, No. 216, piso 2 col. Veronica Anzures, Mexico, 11590 Mexico
Tel.: (52) 55 8503 8390
Fax: (52) 1 55 5250 2365
Web Site: www.groupm.com

Employees: 50

Agency Specializes In: Brand Development & Integration, Branded Entertainment, Digital/Interactive, Entertainment, Media Buying Services, Search Engine Optimization, Sponsorship

Lilia Barroso *(Head-MindShare & CEO-GroupM)*

GroupM Singapore
700 Beach Rd 07-01, Singapore, 199598 Singapore
Tel.: (65) 6225 1262
Web Site: www.groupm.com

Employees: 500

Puneet Arora *(CEO)*
Kelvin Ng *(Fin Dir)*
Paul Gilbert *(CIO-Asia Pacific)*
Gareth Ling *(Chief HR Officer & Chief Talent Officer-Southeast Asia & Japan)*
Linda Lim *(Chief Investment Officer-Singapore)*
Regan Baillie *(Chief Digital Officer)*
Massimo Beduschi *(CEO-Italy)*
Christine Liau *(Controller-Fin)*
Jimmy Ong *(Reg Dir-IT-Asia Pacific)*
Raja Kanniappan *(Reg CFO-APAC)*
Sanjay Maheshwari *(Sr Fin Dir-Reg Comml-APAC)*

Accounts:
Jollibee Foods Corporation
Ministry of Manpower Marketing Communications
National Council of Social Service Creative, Disability Awareness, Media

GroupM Thailand
Ploanchit Center 23rd Floor, 2 Sukhumvit Road Khlong Toey, Bangkok, Thailand
Tel.: (66) 2629 6256
Web Site: www.groupm.com

Employees: 100

Siwat Chawareewong *(CEO)*
Niklas Stalberg *(CEO)*
Puneet Arora *(Chm-Philippines & Thailand & CEO-Singapore)*
Supaporn Ching Jangcharoen *(Gen Mgr)*

PLAY Communication
Level 1 91 Campbell Street, Surry Hills, NSW 2010 Australia
Tel.: (61) 281999900
Fax: (61) 292818125
Web Site: http://playevents.com.au

Employees: 20
Year Founded: 2003

Agency Specializes In: Brand Development & Integration, Event Planning & Marketing, Media Relations, Sponsorship

Johannes Weissenbaeck *(Founder)*
Beth Cross *(Sr Acct Mgr)*

Accounts:
Fairfax Media Newspaper & Magazine Distr
Free Hills Legal Services
iinet Computers & Electronic Products Mfr
Lion Co. Food & Beverage Products Mfr
Samsung Computers & Electronics Products Mfr
Spotify Australia Digital & Social, Experiential
Vodafone Telecommunication services

GRP MEDIA, INC.
401 N Michigan Ave, Chicago, IL 60611
Tel.: (312) 585-0755
Fax: (312) 836-1221
E-Mail: grp@grpmedia.com
Web Site: www.grpmedia.com

E-Mail for Key Personnel:
President: guylay@grpmedia.com
Media Dir.: jenniferlay@grpmedia.com

Employees: 26
Year Founded: 1996

Agency Specializes In: Broadcast, Business Publications, Cable T.V., Consumer Marketing, Consumer Publications, Digital/Interactive, Electronic Media, Financial, Health Care Services, Hispanic Market, Internet/Web Design, Local Marketing, Magazines, Media Buying Services, Media Planning, Newspaper, Newspapers & Magazines, Out-of-Home Media, Outdoor, Planning & Consultation, Print, Radio, Restaurant, Retail, Sponsorship, Sports Market, Strategic Planning/Research, T.V., Teen Market, Trade & Consumer Magazines, Transportation, Web (Banner Ads, Pop-ups, etc.)

Approx. Annual Billings: $150,000,000

Guy Lay *(Pres & CEO)*
Bob Porcaro *(Mng Dir & Exec VP)*
John Reebel *(COO)*
Jennifer Lay *(EVP & Media Dir)*
Wendy Smith Reebel *(Exec VP & Dir-Strategic)*
Mara Schneider *(Dir-Digital)*
Stephanie Arndt *(Supvr-Media)*
Libbi Gordon *(Supvr-Media)*
Chelsea Hupp *(Supvr-Media)*
Colleen Maguire *(Supvr-Media)*
Maya Baker-Olson *(Media Planner)*
Jill Arthur *(Grp Media Dir)*

HARMELIN MEDIA
525 Righters Ferry Rd, Bala Cynwyd, PA 19004-1315
Tel.: (610) 668-7900
Fax: (610) 668-9548
E-Mail: harmelinmedia@harmelin.com
Web Site: www.harmelin.com

E-Mail for Key Personnel:
Public Relations: ddizio@harmelin.com

Employees: 137
Year Founded: 1983

Agency Specializes In: Advertising, Affluent Market, African-American Market, Alternative Advertising, Arts, Automotive, Bilingual Market, Broadcast, Business Publications, Business-To-Business, Cable T.V., Co-op Advertising, College, Computers & Software, Consumer Goods, Consumer Marketing, Consumer Publications, Cosmetics, Direct Response Marketing, Direct-to-Consumer, Electronic Media, Entertainment, Financial, Food Service, Government/Political, Guerilla Marketing, Health Care Services, High Technology, Hispanic Market, Hospitality, In-Store Advertising, LGBTQ Market, Leisure, Luxury Products, Magazines, Media Buying Services, Media Planning, Men's Market, Mobile Marketing, Multicultural, Newspaper, Newspapers & Magazines, Out-of-Home Media, Over-50 Market, Paid Searches, Pharmaceutical, Planning & Consultation, Print, Product Placement, Promotions, Publishing, Radio, Real Estate, Regional, Restaurant, Retail, Search Engine Optimization, Seniors' Market, Social Media, Sponsorship, Sports Market, Strategic Planning/Research, T.V., Trade & Consumer Magazines, Travel & Tourism, Tween Market, Urban Market, Viral/Buzz/Word of Mouth, Women's Market

Approx. Annual Billings: $350,000,000

JoAnne Damico *(Sr Dir & Head-Client Svc)*
Michelle Fegarsky *(Media Dir)*
Dan DeLozier *(Dir-Digital Media)*
Patricia Ryan *(Dir-Social Media)*
Noelle Allen *(Mgr-Media)*
Daniel Cox *(Mgr-Media)*
Cameron DeFelice *(Mgr-Media)*
Richard Harmelin *(Mgr-Bus Intelligence)*
Regina Muldoon *(Mgr-Media)*
Courtney Shea *(Mgr-Media)*
Justin Timins *(Mgr-Media)*
Nicholas Walz *(Mgr-Media)*
Jaime Webb *(Mgr-Media)*
Breana Kilpatrick *(Sr Strategist-Media)*
Olivia Klein *(Sr Strategist-Media)*
Amie Chaples *(Strategist-Media)*
Kerri Kapczynski *(Strategist-Digital Media)*
Molly Levine *(Strategist-Media)*
Victoria Sculli *(Strategist-Media)*
Maggie Fogarty Acropolis *(Assoc Media Dir)*
Eve Vitale *(Assoc Media Dir)*
Heather Widdop *(Assoc Media Dir)*

Accounts:
Avis
Belk Inc.
Beneficial Bank Media Planning & Buying
Blue Diamond Growers Media Planning & Buying
Boscov's; Reading, PA Department Store; 2001
Cumberland Packing Corp. Digital Advertising, In The Raw, Media, Online, Print, Sweet'N Low, TV
El Pollo Loco (Media Agency of Record) Advertising, Media Buying, Media Planning
Ford Fiesta
GreenWorks Tools Campaign: "80 Volt", Display, Media Buying, Media Planning, Print, Search
Hess Toy Truck
Hostess
Jefferson Health System
Main Line Health
Medical Alert Design, Media Buying, Media Planning, TV
New York Racing Association Media Buying, Media Planning, Media Research
Pennsylvania Department of Health; 2005
Pep Boys
New-Pylon Manufacturing Media, Michelin Wiper Blades
Ricoh US Digital, Media Buying, Media Planning, Outdoor, Print
Sheetz; Altoona, PA Convenience Stores, Media Buying, Sheetz Brothers Coffeez; 2000
SugarHouse Casino (Media Planning & Media Buying Agency of Record) Brand Awareness
Turkey Hill Dairy, Inc.; Conestoga, PA Yellow Page Directories; 1998
Wawa (Media Agency of Record) Digital, Out-of-Home, Radio, Strategic Media, TV

HAVAS MEDIA
200 Hudson St, New York, NY 10013
Tel.: (646) 587-5000

AGENCIES - JANUARY, 2019 — MEDIA BUYING SERVICES

Fax: (646) 587-5005
Web Site: www.havasmedia.com

Employees: 900
Year Founded: 1978

National Agency Associations: 4A's

Agency Specializes In: Above-the-Line, Advertising, Advertising Specialties, Affiliate Marketing, Affluent Market, African-American Market, Agriculture, Alternative Advertising, Automotive, Aviation & Aerospace, Below-the-Line, Bilingual Market, Brand Development & Integration, Branded Entertainment, Broadcast, Business Publications, Business-To-Business, Cable T.V., Co-op Advertising, Communications, Consulting, Consumer Goods, Consumer Marketing, Consumer Publications, Content, Copywriting, Corporate Communications, Corporate Identity, Cosmetics, Crisis Communications, Custom Publishing, Customer Relationship Management, Digital/Interactive, Direct Response Marketing, Direct-to-Consumer, E-Commerce, Education, Electronic Media, Electronics, Email, Entertainment, Event Planning & Marketing, Exhibit/Trade Shows, Experience Design, Experiential Marketing, Fashion/Apparel, Financial, Food Service, Game Integration, Graphic Design, Guerilla Marketing, Health Care Services, High Technology, Hispanic Market, Hospitality, Household Goods, Identity Marketing, In-Store Advertising, Industrial, Infomercials, Information Technology, Integrated Marketing, International, Internet/Web Design, LGBTQ Market, Leisure, Local Marketing, Logo & Package Design, Luxury Products, Magazines, Market Research, Media Buying Services, Media Planning, Media Relations, Media Training, Medical Products, Men's Market, Merchandising, Mobile Marketing, Multicultural, Multimedia, New Product Development, New Technologies, Newspaper, Newspapers & Magazines, Out-of-Home Media, Outdoor, Package Design, Paid Searches, Pharmaceutical, Planning & Consultation, Podcasting, Point of Purchase, Point of Sale, Print, Product Placement, Production, Production (Ad, Film, Broadcast), Production (Print), Programmatic, Promotions, Public Relations, Publicity/Promotions, Publishing, RSS (Really Simple Syndication), Radio, Real Estate, Regional, Restaurant, Retail, Sales Promotion, Search Engine Optimization, Social Marketing/Nonprofit, Social Media, Sponsorship, Sports Market, Strategic Planning/Research, Sweepstakes, Syndication, T.V., Technical Advertising, Trade & Consumer Magazines, Transportation, Travel & Tourism, Urban Market, Viral/Buzz/Word of Mouth, Web (Banner Ads, Pop-ups, etc.), Women's Market, Yellow Pages Advertising

Approx. Annual Billings: $1,000,000,000

Peter Mears *(CEO)*
Cynthia Machata *(Mng Dir & Exec VP)*
Bret Leece *(Chief Data & Innovation Officer)*
Jason Kanefsky *(Chief Investment Officer)*
Alfonso Rodes *(Chm-Havas Grp Media)*
Katerina Sudit *(Pres-NY)*
Sargi Mann *(Exec VP & Head-Digital Strategy & Investments)*
Meghan Koopman *(Exec VP & Grp Acct Dir)*
Stefani Cohen *(Exec VP-Connection Plng & Investments)*
Barbara Kittridge *(Exec VP-Bus Dev-North America)*
Kim Abend *(Sr VP & Head-Grp Client)*
Caroline Crowell *(Sr VP & Grp Head-Client & Plng)*
Gregory Aston *(Sr VP & Grp Dir-Insights & Data Strategy)*
Nancy Beekman *(Sr VP & Grp Dir-Mktg Analytics & Data Consulting)*
Bob Galietti *(Sr VP & Grp Acct Dir)*
Amy Maguire *(Sr VP & Grp Acct Dir)*
Suzanne Rose *(Sr VP & Grp Acct Dir)*
Janna Moskin Greenberg *(Sr VP-Strategic Plng)*
Renata Wasiak-Sosnowska *(Mng Dir-Poland)*
Pattie Reid *(VP, Head-Client & Grp Acct Dir)*
David Jacobsen *(VP & Head-Grp Client)*
Kristin Hammill *(VP & Grp Dir)*
Elaine Levine *(VP & Grp Acct Dir)*
Raphaela Logullo *(VP & Grp Acct Dir)*
Geoffrey Summerville *(VP & Grp Acct Dir)*
Susan Parsons *(VP & Acct Dir)*
Jennifer Carver *(VP & Dir-Integrated Buying)*
Tessa Kavanaugh *(VP & Dir-Social)*
Hillary Meahl *(VP & Dir-Bus Dev)*
Ian M. Mullin *(VP & Dir-Video-Natl)*
Paul Sheffron *(VP & Dir-Database Analytics)*
Elaine Purcell *(Grp Dir-Strategy)*
Michelle Carpenter *(Media Dir)*
Sheryl Carrozza *(Acct Dir-Media)*
Lindsay Day *(Acct Dir)*
Ashley Vanasse *(Acct Dir)*
Jennifer Bjorklund *(Dir-Connections Plng)*
Anne Marie Courtney *(Dir-Integrated Publ)*
Paolina Josephson *(Dir-Analytics)*
Frank Saraceno *(Dir-Connections Plng)*
Caitlin McGarvey *(Assoc Dir-Performance Media)*
Aldo Singer *(Assoc Dir-Paid Social Media)*
Anne-Camille Charpie *(Bus Mgr-Brdcst)*
Frank Rega *(Mgr-Production Billing)*
Jessica Alessandra *(Supvr-Integrated Publ Investment)*
Seth Beacher *(Supvr-Media & Connections Plng)*
Sean Cantwell *(Supvr-Video Investment)*
Benjamin Cowen *(Supvr-Audio Investments)*
Gonzalo Fernandez Escribano *(Supvr-Media)*
Khishigee Ganbold *(Supvr-Media)*
Arielle Gomez *(Supvr-Digital Media)*
Catherine Jeanbart *(Supvr-Connections Plng & Investments)*
Janet Kiddy *(Supvr-Connections Plng)*
Aridia Polanco *(Supvr-Connections Plng)*
Julia Simons *(Supvr-Media)*
Ulissa Suarez *(Supvr-Brdcst-Natl)*
Jonathan Elovic *(Specialist-Social Media-Socialyse)*
Quinn Levin *(Acct Exec)*
Nicole Stricker *(Specialist-Mktg Analytics & Data Consulting)*
Rosie Toumanian *(Specialist-Insights & Data Strategy)*
Sarah Butler *(Media Planner & Media Buyer)*
Laura Bacco *(Media Planner & Buyer-Integrated)*
Victoria Fari *(Planner-Connections)*
Mary Rose C. Kesser *(Planner-Connections Plng)*
Sasha Pineda *(Media Planner)*
Alexa Reisen *(Planner-Connections)*
Madison White *(Media Planner)*
Darienne Arahan *(Buyer-Audio Investments)*
Debora Barbiero *(Sr Media Planner)*
Claire Belin *(Assoc-Connections Plng)*
Kevin Bocicaut *(Assoc-Connections Plng)*
Meredith Carber *(Assoc Media Dir)*
Joanne Cheung *(Reg Acct Mgr-Asia Pacific)*
Matthew Cirri *(Grp Sr VP)*
Brendan Denihan *(Buyer-Brdcst-Natl)*
Jessica Galoforo *(Assoc Media Dir)*
Kelsey Holihan *(Buyer-Video Investments)*
Peter Sedlarcik *(Chief Intelligence Officer)*
Robert Terlizzi *(Assoc Creative Dir-Design)*
Salvador Velez *(Assoc Creative Dir-Design)*
Brittney Wilkins *(Assoc-Video & Digital Investments)*
Carly Zive *(Buyer-Digital Investments)*

Accounts:

Acushnet Company (Media Agency of Record) Creative, Digital, Media Buying, Media Planning; 1978
Alcon (Media Agency of Record) Digital, Media Buying, Media Planning; 2016
American Medical Association (Media Agency of Record) Digital, Media Buying, Media Planning; 2015
AutoZone (Media Agency of Record) Creative, Digital, Media Buying, Media Planning, Social Media; 2004
Avant (Media Agency of Record) Media Buying, Media Planning; 2016
Avocados From Mexico (Media Agency of Record) Creative, Digital, Media Buying, Media Planning, Social Media, Super Bowl 2018; 2013
AXA Equitable Life Insurance Company (Media Agency of Record) Digital, Media Buying, Media Planning, Social Media; 2011
Bertolli (Media Agency of Record) Creative, Digital, Media Buying, Media Planning, Social Media; 2016
Biogen (Media Agency of Record) Digital, Media Buying, Media Planning; 2015
Blue Cross Blue Shield of MA (Media Agency of Record) Digital, Media Buying, Media Planning; 2006
Bob's Discount Furniture (Media Agency of Record) Digital, Media Planning, ORM, Social; 2017
Boston Biomedical (Media Agency of Record) Digital, Media Buying, Media Planning; 2015
Brightstar (Media Agency of Record) Digital, Media Planning; 2013
Bristol Myers Squibb (Media Agency of Record) Digital, Media Buying, Media Planning, Social Media; 2017
Certified Financial Planners Board of Standards (Media Agency of Record) Creative, Digital, Media Buying, Media Planning; 2010
Change Diapers (Media Agency of Record) Digital, Media Buying, Media Planning; 2017
Chattem, Inc. Strategic Media Planning; 2017
Chiquita (Media Agency of Record) Digital, Media Buying, Media Planning, Social Media
Choice Hotels International (Media Agency of Record) Digital, Media Buying, Media Planning, Social Media; 1999
Conagra Brands, Inc. Creative, Digital, Media Agency of Record, Media Buying, Media Planning, Social Media
Consolidated Edison, Inc. (Media Agency of Record) Creative, Digital, Media Buying & Planning; 2017
Cracker Barrel (Media Agency of Record) Digital, Media Buying, Media Planning, Social Media; 2010
Deutsch Family Wine & Spirits (Media Agency of Record) Digital, Media Buying, Media Planning, Social Media, Yellow Tail; 2011
Dish Network (Media Agency of Record) Creative, Digital, Media Buying, Media Planning, Social Media; 2013
Dow Jones (Media Agency of Record) Digital, Media Buying, Social Media; 2016
Dun & Bradstreet (Media Agency of Record) Digital, Media Buying, Media Planning; 2016
Eastern Bank (Media Agency of Record) Digital, Media Buying, Media Planning, Social Media; 2015
EmblemHealth (Media Agency of Record) Digital, Media Buying, Media Planning; 2014
Emirates Airlines (Media Agency of Record) Digital, Media Buying, Media Planning; 2013
Fidelity Investments (Media Agency of Record) Creative, Digital, Media Buying, Media Planning, Social Media; 2002
Flex Innovation Brand Strategy, Creative & Media, Hotshot, Media Planning & Buying; 2017
Frye Boots (Media Agency of Record) Digital, Media Buying, Media Planning, Social Media; 2016
Gambrius Shiner Boch (Media Agency of Record) Digital, Media Buying, Media Planning, Social Media; 2017
Genentech (Media Agency of Record) Digital, Media Buying, Media Planning, Social Media; 2014
Goodyear Tire & Rubber Company (Media Agency of Record) Digital, Media Buying, Media Planning, Social Media; 2002
GUESS (Media Agecny of Record) Digital, Media Planning, Social Media; 2013
Hallmark (Social & Content Agency of Record) Media Planning, Social Media; 2016

MEDIA BUYING SERVICES

Hugo Boss (Media Agency of Record) Digital, Media Buying, Media Planning; 2008
Huntington Bank (Media Agency of Record) Creative, Media Buying, Media Planning; 2010
Indivior (Traditional Media Agency of Record) Media Buying, Media Planning; 2017
ION Media (Media Agency of Record) Digital, Media Buying, Media Planning
Karl Lagerfeld (Media Agency of Record) Digital, Media Buying, Media Planning, Social Media; 2016
Kellogg School of Management (Northwestern) (Media Agency of Record) Digital, Media Buying, Media Planning; 2014
Kit & Ace (Media Agency of Record) Digital, Media Buying, Media Planning, Social Media; 2015
Mattress Firm (Media Agency of Record) Digital, Media Buying, Media Planning, Tulo; 2017
McDonald's (Media Agency of Record) Digital, Media Buying, Media Planning, New England & New York Co-Ops, Social Media; 1978
Merck Millipore (Media Agency of Record) Digital, Media Buying, Media Planning; 2016
Moen (Media Agency of Record) Digital, Media Buying, Media Planning, Social Media; 2016
National Association of Realtors (Media Agency of Record) Creative, Digital, Media Buying, Media Planning, Social Media; 2015
The Nature's Bounty Co. (Media Agency of Record) Body Fortress, Digital, Disney Vitamins, Ester-C, Good N' Natural, Media Buying, Media Planning, Met-RX, Nature's Bounty, Osteo-BiFlex, Pure Protein, Social Media, Sundown; 2012
OppenheimerFunds (Media Agency of Record) Digital, Media Buying, Media Planning, Social Media; 1996
New-Papa John's International, Inc. (Integrated Media Agency of Record); 2018
Philips Respironics (Media Agency of Record) Digital, Media Buying, Media Planning; 2015
Philips (Media Agency of Record) Digital, Media Buying, Media Planning, Social Media; 2011
Pinnacle Foods (Media Agency of Record) Digital, Media Buying, Media Planning, Social Media; 2014
Proximo Spirits (Media Agency of Record) Digital, Media Buying, Media Planning, Social Media; 2015
Puig (Media Agency of Record) Digital, Media Buying, Media Planning, Social Media; 2004
New-Puma North America, Inc. (Media Agency of Record) Global Media Buying & Planning; 2018
Reckitt Benckiser (Media Agency of Record) Air Wick, Air Wick's VIP Spray, Digital, Media Buying, Media Planning, Social Media; 2016
Reynolds Consumer Products (Media Agency of Record) Digital, Media Buying, Media Planning, Social Media; 2010
Rite Aid Corporation (Brand Strategy & Creative Agency of Record) Brand Marketing; 2018
Robert Half (Media Agency of Record) Digital, Media Buying, Media Planning; 2013
Sanofi Creative, Media Planning & Buying; 2017
Shionogi (Media Agency of Record) Digital, Media Buying, Media Planning, Social Media; 2016
Shopko (Media Agency of Record) Media Buying, Media Planning; 2017
Spinco Biotech (Media Agency of Record) Digital, Media Buying, Media Planning; 2016
Summit Medical Group (Media Agency of Record) Digital, Media Buying, Media Planning; 2016
Swarovski North America Limited Inc. (Media Agency of Record) Digital, Media Buying, Media Planning, Social Media; 2016
Takeda (Media Agency of Record) Digital, Media Buying, Media Planning; 2015
TD Bank (Media Agency of Record) Digital, Media Buying, Media Planning, Social Media; 2016
Telemundo (Agency of Record) Digital, Media Buying, Media Planning, Social Media, World Cup; 2016
TherapeuticsMD (Media Agency of Record) Digital, Media Buying, Media Planning; 2016
Thompson Reuters (Media Agency of Record) Digital, Media Buying, Media Planning, Social Media; 2016
TracFone (Media Agency of Record) Digital, Media Buying, Media Planning, Net10, SafeLink, Simple Mobile, Social Media, Straight Talk; 2016
Universal Music Group (Media Agency of Record) Digital, Media Buying, Media Planning; 2016
Vascepa (Media Agency of Record) Digital, Media Buying, Media Planning; 2017
Veltassa (Media Agency of Record) Digital, Media Buying, Media Planning; 2014
Vemlidy (Media Agency of Record) Digital, Media Buying, Media Planning; 2015

Branches

Field Day London
(Formerly Arnold KLP)
247 Tottenham Court Road, London, W1T 7QX United Kingdom
Tel.: (44) 20 7467 6100
E-Mail: hello@fielddaylondon.com
Web Site: http://havaskx.com/field-day/

Employees: 75
Year Founded: 1974

Agency Specializes In: Advertising Specialties, Business-To-Business, Consumer Marketing, Digital/Interactive, Direct Response Marketing, Event Planning & Marketing, Internet/Web Design, Publicity/Promotions, Sales Promotion

Xavier Rees *(CEO)*
Jonathan Moore *(Creative Dir)*
Chelsea Thompson *(Sr Acct Mgr)*

Accounts:
7UP
Bailey's
Britvic
Citroen
Douwe Egberts TV
GMG Radio Smooth Radio
The Hershey Company Creative
Microsoft
Molson Coors Brewing Company (UK) Ltd. Blue Moon, Coors Light, Pravha, Public Relations, Staropramen; 2018
Nokia
Pepsi Campaign: "Bus Levitation", LiveForNow
Royal Bank of Scotland
XBox

Havas Media Ireland
Park View House Beech Hill Office Campus, Clonskeagh, Dublin, 4 Ireland
Tel.: (353) 31 676 6272
Fax: (353) 1 218 7110
E-Mail: media@gtmedia.ie
Web Site: www.havasmedia.com/

Employees: 11
Year Founded: 1983

Agency Specializes In: Media Buying Services

Graham Taylor *(CEO)*
Adam Taylor *(Head-Strategy & Plng)*
Leigh Cunningham *(Sr Acct Mgr)*

Accounts:
Allianz Allianz Direct, Allianz Insurance
AXA Digital, Media, Strategy, Trading
Bord na Mona/Shamrock Peat Moss
Britvic Ireland Above the Line, Club Orange, Creative, Digital, Miwadi
Colortrend Paints
De Care
Dyson Ireland Vacuum Cleaners
Febvre Wines Caliterra, Two Oceans
Greenstar
Hyundai
JDE
KAL AGA, Elica, Falcon, Franke, Indesit, Insinkerator, Neff
Kenco Coffee
LG Electronics LG
Lifes 2 Good
Low Cost Holidays
Merchamp Optical Marco Sunglasses
Monsanto Round Up Weedkiller
National Craft Fair
NTR/Easy Pass
One Life Mortgages
Oxfam
Pepe Pepe Jeans
Peugeot Cars Partner
Remington
Rockwell
Snap Printing
Snickers Workwear
Stephens Green Shopping Center
Tassimo
Universal Honda Accord, CRV, Civic, FR-V, Jazz
Wavin

Havas Media
60 St Martin's Lane, London, WC2N 4JS United Kingdom
Tel.: (44) 2073939000
Fax: (44) 2073932525
Web Site: www.havasmedia.com

Employees: 276
Year Founded: 1996

Agency Specializes In: Media Buying Services

Alfonso Rodes Vila *(CEO)*
David Goodall *(Mng Partner-London & Intl)*
Paul Holman *(Mng Partner)*
Thu-Mai Oram *(Mng Partner)*
Charlotte Steel *(Mng Partner)*
Simo Taylor *(Mng Partner)*
Jenna Zellner *(Mng Partner-Intl)*
Stephanie Marks *(Mng Dir)*
Stuart Butler *(Chief Strategy Officer)*
Clare Hart *(Chief Client Officer)*
John Paul Cadman *(Chief Planning Officer)*
Nick Wright *(Mng Dir-Content)*
Nick Oram *(Head-Digital-Hyundai Kia)*
Patrick Blackman *(Bus Dir)*
Ashley Bolt *(Acct Dir)*
Laura Keogh *(Acct Dir)*
Jason Lee *(Bus Dir)*
Paul McGloughlin *(Acct Dir)*
Rocky Wadhawan *(Acct Dir)*
Fiona Wallis *(Acct Dir)*
Travis Kushner *(Dir-Activation)*
James Tyrell *(Dir-Investment)*
Tess Hulme *(Client Partner)*
Harry Savva *(Sr Acct Exec-AV)*

Accounts:
Air France-KLM Group
Ask.com UK
AXA Media Planning & Buying
Beats by Dre Apple Beats, Media Planning & Buying
Bell Direct
British Broadcasting Corporation BBC Orchestras, BBC Worldwide, World Service & Global News, Media Planning & Buying
Broadbandchoices Media Buying, Media Planning
Brother
Burberry
Burt's Bees
Cheshire Building Society
Clarks
Conservatives
Credit Suisse
Derbyshire
Diamond
East Coast Mainline Planning

AGENCIES - JANUARY, 2019
MEDIA BUYING SERVICES

EBLEX
EDF Energy
elephant.co.uk
Espana
Expedia.com.uk
Fairtrade Foundation
Freesat Digital Satellite Service; 2008
G6 Hospitality LLC
GOLA
Gossard
Guylian
Harrison's Fund Campaign: "I Wish My Son Had Cancer"
Hermes
Hotels.com
Hugo Boss
Hyundai
Ibis Hotels Media buying
IG Group
Illva Saronno Disaronno, Media Planning & Buying, Tia Maria
Isklar
Israel
Jacobs Douwe Egberts Global
Jones Apparel
Kenneth Green Associates
Kia Automotive Group; 2009
KLM
LaTasca
lowcostholidays.com
Mega Brands Media Planning & Buying
More Than Media Planning & Buying; 2018
National Express
P&O Ferries
PayPal Media
Penguin Books DK UK, Media, Penguin Random House
Pioneer
Playtex
PUIG
Rightmove.co.uk
Royal Mail
Source International Media Planning & Buying
Spanish Tourism Board-Turespana
Swarovski Media, Programmatic, Social
Telefonica O2 UK Limited Giffgaff, Media Buying, Media Planning, O2, UK Media
Tilda
Tulip Danepak
Vita Coco Media Buying, Media Planning
Your Move Media Planning & Buying

Havas Media
Avda General Peron No 38 Planta 14, Madrid, 28002 Spain
Tel.: (34) 91 456 90 50
Fax: (34) 91 770 15 86
E-Mail: javier.navarro@havasdigital.com
Web Site: www.havasmedia.com

Employees: 80

Agency Specializes In: Media Buying Services

Maria Delaguardia *(VP-Corp Dev)*
Marie Viszkei *(VP-Client Svcs)*
Janet Wong *(Head-Strategy)*
Iciar Garrido *(Dir-Strategy Projects)*
Josep Tarrago *(Dir-Client Svc)*
Carla Olano *(Assoc Dir-Client Leadership)*
Patricia Carceller Garcia *(Acct Mgr-Digital)*

Accounts:
New-Dubai Corporation for Tourism and Commerce Marketing
Swarovski Media, Programmatic, Social

Havas Media
473 Adelaide Street West Ste 300, Toronto, ON M5V 1T1 Canada
Tel.: (416) 487-1393
Web Site: www.havasmedia.com

Employees: 35

Azadeh Mahinpou Dindayal *(VP)*
Elizabeth Brennan *(Grp Acct Dir)*
Julie Forbes *(Acct Dir-LVMH Moet Hennessy Louis Vuitton)*
Patsy Porras *(Acct Mgr-Keysight Technologies & Emirates)*
Josie Bumbaca *(Grp Media Dir)*

Accounts:
Swarovski Media, Social, programmatic

Havas Media
12100 Wilshire Blvd 8th Fl, Los Angeles, CA 90025
Tel.: (310) 806-9266
Web Site: www.havasmedia.com/

Employees: 6

Agency Specializes In: Media Buying Services

Greg Chisar *(Sr VP & Grp Acct Dir)*
Michel Sibony *(Head-Middle Office Global-Havas Media Grp)*

Havas Media
5201 BLUE LAGOON DR STE 790, Miami, FL 33126
Tel.: (305) 377-1907
Fax: (305) 337-1906
Web Site: www.havasmedia.com

Employees: 60

National Agency Associations: 4A's

Agency Specializes In: Media Buying Services, Sponsorship

Anabela Bonuccelli *(Mng Dir)*
Mauricio Montenegro *(Sr VP & Head-Comml Dev)*
Evelyn Marino *(Dir-Ops)*
Luisa Foulques *(Acct Supvr)*
Angela Berrio *(Media Planner)*
Judith Cano *(Analyst-Client Acctg)*
Ligia Carrion *(Media Planner)*
Natalie Cheng *(Media Planner)*
Anna Yasher *(Media Planner)*
Camila Cash *(Reg Acct Dir)*
Amanda Diaz *(Asst Media Planner)*
Valentina Collazos Lopez *(Sr Media Planner)*

Havas Media
36 E Grand Ave 5th Fl, Chicago, IL 60611
Tel.: (312) 640-4700
Fax: (312) 337-3898
Web Site: www.havasmedia.com

Employees: 33

National Agency Associations: 4A's

Agency Specializes In: Media Buying Services, Sponsorship

Kaitlyn Murphy *(Sr VP & Grp Acct Dir)*
Paul Traeger *(Sr VP & Dir-Strategy)*
Elizabeth Brock *(VP & Grp Dir-Social Media & Socialyse)*
Shawn Mulroney *(VP & Grp Acct Dir)*
Michelle Kim *(VP, Acct Dir, Media Planner & Media Supvr)*
Stacey Stricklin *(VP & Acct Dir)*
Michelle Gerstin *(Grp Dir-Strategy)*
Karen Sandquist *(Acct Dir)*
Joseph Alleruzzo *(Assoc Dir-Client Leadership-Michelin)*
Heather Econ *(Supvr-Connections Plng)*
Laura Greene *(Supvr-Social Media-Socialyse)*
Elizabeth Navarro *(Supvr-Mktg, Analytics & Data Consulting)*
Landon Seely *(Supvr-Connections Plng)*
Amanda Antosh *(Specialist-Social Media)*
Jessica Hayward *(Specialist-Media Control)*
Joe Risinger *(Specialist-Social Media-Socialyse)*
Amanda Vitrano *(Media Planner)*
Isa Brindza *(Sr Media Planner)*
Pamela Esparza *(Asst Media Planner)*
Emily Moore *(Assoc Creative Dir)*
Maggie O'Toole *(Buyer-Local Brdcst)*

Accounts:
Hefty & Reynolds Media Planning & Buying
Michelin North America Inc. Global Media
Reynolds Consumer Products

Havas Media
10 Summer St, Boston, MA 02110
Tel.: (617) 425-4100
Fax: (617) 425-4101
Web Site: www.havasmedia.com

Employees: 70

National Agency Associations: 4A's

Agency Specializes In: Media Buying Services, Sponsorship

George Sargent *(Pres-Boston)*
Kristen Multer Abramo *(Client Partner & Exec VP)*
Jessica Anderson *(VP & Acct Dir)*
Adam Chartoff *(VP & Acct Dir)*
Anya Slavin *(VP & Acct Dir)*
Karen Graf *(VP & Dir-Investments O&A-Northeast)*
Kelsee Wadas *(VP & Dir-Connections Plng)*
Owen Curtis *(VP-Mktg Analytics & Data Consulting)*
Kim Cremer Anderson *(Acct Dir)*
Paige Powell *(Acct Dir)*
Lauren Schwartz *(Acct Dir)*
Pallavi Graves *(Dir-Connections Plng)*
Jill Hoffstein *(Assoc Dir-Publ Investments)*
Lindsey Johnston *(Assoc Dir-Social Media)*
Samantha Latvis *(Assoc Dir)*
Alexa Simons *(Mgr-Comm Strategy)*
Brian Hasbrouck *(Supvr-Analytics)*
Brittany Martin *(Supvr-Connections Plng)*
Andrew Suskin *(Supvr-Media)*
Stephanie DiCicco *(Sr Buyer-Digital Investments)*
Shannon Kidger *(Sr Buyer-Digital Investments)*
Zoe Radner *(Media Planner)*

Accounts:
Boss
National Association of Realtors (Media Agency of Record) Analytics, Digital, Media Buying, Media Planning, Strategy
Perfetti Van Melle USA, Inc. (US Media Agency of Record) Airheads, Insights & Digital Content, Mentos, Strategy; 2017
Amtrak
Auto Zone Duralast
Choice Hotels
Colonial Williamsburg
FMR LLC (Fidelity Investments)
Goodyear
Tyson Foods

Havas Media
8500 Normandale Lk Blvd Ste 1960, Minneapolis, MN 55437
Tel.: (952) 832-9510
Fax: (952) 832-9505
Web Site: www.havasmedia.com

Employees: 7

Agency Specializes In: Media Buying Services

Michel Sibony *(Head-Middle Office Global-Havas*

MEDIA BUYING SERVICES   AGENCIES - JANUARY, 2019

Media Grp)

Accounts:
Agilent Technologies
BAE Systems
Carnival
Kmart
McDonald's
Pinnacle

Havas Media
1310 N Court House Rd, Arlington, VA 22201
Tel.: (703) 288-7300
Fax: (703) 399-3601
Web Site: www.havasmedia.com

Employees: 20
Year Founded: 1978

HAWORTH MARKETING + MEDIA
45 S 7 St STe 2400, Minneapolis, MN 55402
Tel.: (612) 677-8900
Fax: (612) 677-8901
E-Mail: haworth@haworthmedia.com
Web Site: www.haworthmedia.com

E-Mail for Key Personnel:
President: aluhtanen@haworthmedia.com

Employees: 220
Year Founded: 1970

Agency Specializes In: Advertising, Advertising Specialties, Affluent Market, African-American Market, Arts, Asian Market, Brand Development & Integration, Branded Entertainment, Broadcast, Business-To-Business, Cable T.V., Children's Market, College, Consumer Goods, Consumer Marketing, Consumer Publications, Digital/Interactive, Direct-to-Consumer, E-Commerce, Education, Electronic Media, Entertainment, Experiential Marketing, Financial, Health Care Services, High Technology, Hispanic Market, Integrated Marketing, LGBTQ Market, Local Marketing, Market Research, Media Buying Services, Media Planning, Men's Market, Mobile Marketing, Multicultural, Multimedia, Newspapers & Magazines, Out-of-Home Media, Outdoor, Over-50 Market, Paid Searches, Pets , Planning & Consultation, Print, Programmatic, Radio, Regional, Retail, Search Engine Optimization, Social Media, Sponsorship, Sports Market, Strategic Planning/Research, Syndication, T.V., Teen Market, Trade & Consumer Magazines, Travel & Tourism, Tween Market, Urban Market, Web (Banner Ads, Pop-ups, etc.), Women's Market

Approx. Annual Billings: $0

Andrea Luhtanen *(Pres)*
Catherine Marchio *(Sr VP & Dir-HR & Ops)*
Scott Slater *(Sr VP & Dir-Agency Integration)*
Chris Dennehy *(Sr VP-Partnership Dev)*
Lisa Blevins *(VP & Media Dir)*
Maggie Lunetta *(VP & Media Dir)*
Anna Mullins *(VP & Media Dir)*
Thomas Donovan *(Media Dir)*
James Liszka *(Acct Dir)*
Brittney Rogowski *(Media Dir)*
Claudia Eggan *(Dir-Brdcst)*
Bridgette Armstrong *(Assoc Dir-Digital Strategy)*
Greg Jones *(Assoc Dir-Digital Strategy)*
James Monderine *(Assoc Dir-Media Strategy)*
Sarah Stevens *(Assoc Dir-Media Strategy)*
Eva Thompson *(Assoc Dir-Video Strategy)*
Michelle Denardo *(Mgr-Out-of-Home Media)*
Betsy Goodling *(Supvr-Media)*
Bailey Moomaw *(Supvr-Media Plng)*
Erica Schulte *(Supvr-Media)*
Marcie Durkot *(Grp Media Dir)*
Alexandra Hart *(Assoc Media Dir)*
Matthew Schons *(Assoc Media Dir)*

Accounts:
Academy of Motion Picture Arts and Sciences
Alaska Airlines Digital, Print, Social & OOH, TV
Alzheimer's Association
Ameristar Casinos
Amsoil
Beats by Dre
Behr
Ben & Jerry's
Bethel University
Bissell
Blue Cross Blue Shield
Cargill
Conn's
Cost Cutters
Dick's Sporting Goods
Guitar Center
Honeywell
Kilz
Medela
Muscle Milk
Pinnacle Entertainment
Polaris
Red Wing Shoes
Reelz Channel
Solid Gold Pet
St. Jude Children's Research Hospital
This Free Life
United Way
University of Minnesota
Vanguard
Victory Motorcycles
Wal-Mart Stores, Inc (Media Agency of Record) Creative

Branch

Haworth Marketing + Media
10940 Wilshire Blvd Ste 2050, Los Angeles, CA 90024
Tel.: (310) 824-7777
Fax: (310) 824-7778
E-Mail: haworth@haworthmedia.com
Web Site: www.haworthmedia.com

Employees: 220
Year Founded: 1970

Agency Specializes In: Advertising, Advertising Specialties, Affluent Market, African-American Market, Arts, Asian Market, Brand Development & Integration, Branded Entertainment, Broadcast, Business-To-Business, Cable T.V., Children's Market, College, Consumer Goods, Consumer Marketing, Consumer Publications, Digital/Interactive, Direct-to-Consumer, E-Commerce, Education, Electronic Media, Entertainment, Experiential Marketing, Financial, Health Care Services, High Technology, Hispanic Market, Integrated Marketing, LGBTQ Market, Local Marketing, Market Research, Media Buying Services, Media Planning, Men's Market, Mobile Marketing, Multicultural, Multimedia, Newspapers & Magazines, Out-of-Home Media, Outdoor, Over-50 Market, Paid Searches, Pets , Planning & Consultation, Print, Programmatic, Radio, Regional, Retail, Search Engine Optimization, Social Media, Sponsorship, Sports Market, Strategic Planning/Research, Syndication, T.V., Teen Market, Trade & Consumer Magazines, Travel & Tourism, Tween Market, Urban Market, Web (Banner Ads, Pop-ups, etc.), Women's Market

Gary Tobey *(Chm & CEO)*
Andrea Luhtanen *(Pres)*
Jillian Lofton *(Assoc Dir)*
James Monderine *(Assoc Dir-Media Strategy)*
Michelle Schultz *(Supvr-Media Strategy)*

Accounts:
Academy of Motion Picture Arts & Sciences
Alaska Airlines
Alzheimer's Association
Ameristar Casinos
Amsoil
Beats By Dre
Behr
Ben & Jerry's
Bethel University
Bissell
Blue Cross Blue Shield
Cargill
Conn's
Cost Cutters
Dick's Sporting Goods
Guitar Center
Honeywell
Kilz
Medela
Muscle Milk
Pinnacle Entertainment
Polaris
Red Wing Shoes
ReelzChannel
Solid Gold Pet
St. Jude Children's Research Hospital
This Free Life
United Way
University of Minnesota
Vanguard
Victory Motorcycles
Walmart (Media Agency of Record)

HEARTS & SCIENCE
7 World Trade Center, New York, NY 10007
Tel.: (646) 682-2694
Web Site: www.hearts-science.com

Employees: 550
Year Founded: 2016

Agency Specializes In: Content, Customer Relationship Management, Digital/Interactive, Media Buying Services, Media Planning, Shopper Marketing

Approx. Annual Billings: $5,000,000,000

Manuel Neto *(Sr VP & Sr Dir-Mktg Science)*
Kayla Green *(Sr VP-Integrated Strategy)*
Laura Eisman *(Exec Dir)*
Jeff Fischer *(Exec Dir-Branded Entertainment)*
Jon Kaiser *(Exec Dir-Integrated Investment)*
Edward McLoughlin *(Exec Dir-Media)*
Samantha Levine Archer *(Sr Dir-Agency Product)*
Kevin Boyle *(Sr Dir)*
Kristi Cox *(Sr Dir)*
Julie Levin Hirsh *(Sr Dir-Print Investment)*
Christiana Messina *(Sr Dir-M&E)*
Christopher Principe *(Sr Dir-Digital Activation)*
Ben Tiernan *(Sr Dir-Strategy)*
Woubie Bekele *(Brand Dir)*
Kelsey McCoy *(Brand Dir)*
Geoffrey Crowell *(Dir-Digital & Programmatic Activation)*
Jonathan Hight *(Dir-Digital Investment)*
Sana Jawaid *(Dir-Digital Audience Plng)*
Natalie Gengaro Polanger *(Dir-Strategy)*
Tony Tantikul *(Dir-Mktg Science)*
Andres Torrente *(Dir-Media Strategy)*
Sari Applebaum *(Assoc Dir)*
Evelyn C Dominguez *(Assoc Dir-Search)*
Dylan Fowler *(Assoc Dir-Digital Activation-AT&T)*
Max Gropper *(Assoc Dir-Digital)*
Elijah Halpern *(Assoc Dir-Digital Activation)*
Marissa Heller *(Assoc Dir-Video Investment)*
Paul Li *(Assoc Dir-Programmatic Investment)*
Cieja Springer *(Assoc Dir-Content)*
Kelsey Mccann *(Supvr-Biddable Investment)*
Cindy Zheng *(Supvr)*
Hugh Scallon *(Exec Bus Dir)*

Accounts:
Americana Group Brand Strategy
Amgen Inc (Media Agency of Record); 2018

AGENCIES - JANUARY, 2019 — MEDIA BUYING SERVICES

AT&T Inc. US Media Planning & Buying, WarnerMedia; 2016
Barclays PLC Buying, Planning; 2017
The Boston Beer Company, Inc. Angry Orchard, Media Buying & Planning, Samuel Adams, Twisted Tea; 2018
Cricket Wireless (Media Agency of Record); 2016
DIRECTV (Media Agency of Record)
Intuit Inc. QuickBooks, US Media
The New York Times (Media Agency of Record)
Procter & Gamble Always, Crest, Febreze, Mr. Clean, North American Media, Olay, Pampers, Pantene, Swiffer, Tide PODS Plus Downy

HELEN THOMPSON MEDIA
8035 Broadway St, San Antonio, TX 78209-2628
Tel.: (210) 822-2158
Fax: (210) 822-9001
E-Mail: info@helentmedia.com
Web Site: www.helentmedia.com

Employees: 5
Year Founded: 1989

Agency Specializes In: Media Buying Services, Media Planning, Sponsorship

Approx. Annual Billings: $13,000,000

Helen Thompson *(Founder & Chm)*
Brandon Thompson *(Pres & CEO)*
Stacey Schneider *(VP-Media)*

Accounts:
Advantage Rent-A-Car
Auto Valve
Blue Clover
La Mansion Watermark
Security Service

HOCKING MEDIA GROUP INC.
1200 Kirts Blvd Ste 100, Troy, MI 48084
Tel.: (248) 731-7820
Web Site: www.hockingmedia.com

Employees: 20

Agency Specializes In: Media Buying Services, Media Planning

Jessica LaRose *(Fin Dir)*
Jane Favret *(Sr Media Planner)*

Accounts:
Comerica Media Buying, Outdoor

HORIZON MEDIA, INC.
75 Varick St, New York, NY 10013
Tel.: (212) 220-5000
Web Site: www.horizonmedia.com

E-Mail for Key Personnel:
President: shall@horizonmedia.com

Employees: 1,500
Year Founded: 1989

National Agency Associations: 4A's

Agency Specializes In: Advertising, Advertising Specialties, African-American Market, Asian Market, Bilingual Market, Brand Development & Integration, Broadcast, Business Publications, Business-To-Business, Cable T.V., Communications, Consumer Marketing, Consumer Publications, Corporate Communications, Digital/Interactive, Direct Response Marketing, E-Commerce, Education, Electronic Media, Entertainment, Event Planning & Marketing, Financial, Government/Political, Health Care Services, High Technology, Hispanic Market, In-Store Advertising, Local Marketing, Media Buying Services, Media Planning, Newspaper, Newspapers & Magazines, Out-of-Home Media, Outdoor, Pharmaceutical, Planning & Consultation, Point of Purchase, Print, Publicity/Promotions, Radio, Restaurant, Retail, Sales Promotion, Sports Market, Strategic Planning/Research, Syndication, T.V., Teen Market, Telemarketing, Trade & Consumer Magazines, Travel & Tourism

Approx. Annual Billings: $7,500,000,000

Charlotte Cochrane *(Mng Partner-Digital & Exec VP)*
Jake Phillips *(Mng Partner & Sr VP)*
Kelly Leach *(Sr VP & Mng Dir)*
Moffat Frazier *(Sr VP & Mng Dir-Consumer Strategy-WHY Grp)*
Jessica Chambers *(Sr VP & Grp Dir-Brand-Canada)*
Kyung Kim *(Sr VP-Digital Activation)*
Maikel O'Hanlon *(Sr VP-Innovation-Blue Dot Labs)*
Amy Endelson *(VP & Dir)*
Michelle Posen *(VP & Dir-WHERE)*
Kimberly Regenstreich *(VP & Dir-Digital)*
Alex Gargano *(VP & Grp Brand Dir)*
Liam Herlihy *(VP & Assoc Mng Dir)*
James Tarone *(VP-Digital Investment)*
Jerly Marquez *(Dir-Multicultural Brand Strategy)*
Kaitlyn Mcinnis *(Dir-Digital Media)*
Alana Parsons *(Dir-Digital)*
Morgan Stalder *(Dir-Digital Media)*
Mark Yeager *(Assoc Dir-Brand Grp & Supvr-Brand Strategy)*
Justin Jarmus *(Assoc Dir-Media & Digital)*
Jamie Bender *(Supvr-Digital)*
Kara Brown *(Supvr)*
Shanee Griffith *(Supvr-Strategy-Buffalo Wild Wings)*
Tien Phan *(Supvr-Digital Media)*
Nicholas Puglisi *(Supvr-Brand Strategy)*
Natasha Tio *(Supvr-Programmatic SIs Plng)*
Allison Slaght *(Sr Strategist-Social Investment Strategy)*
Melanie Ngo *(Strategist-Mobile)*
Jamaal Malone *(Planner-Digital Media)*
Maggie Migueles *(Media Buyer-Digital)*
Monica Oliveira *(Planner-Digital Media)*
Andrew Cotlov *(Assoc Grp Dir-Brand Strategy)*
Melody DeAndrea *(Assoc Media Dir)*
Siobhan Dearr *(Assoc Media Dir)*
Alexandra Ingenito *(Assoc Media Dir)*
Jaime Rubianogroot *(Assoc Media Dir)*

Accounts:
1&1
7-Eleven OOH
A&E Television Networks
ADT
American Honda Motor Co., Inc. TriHonda Dealer Group (Lead Media Agency); 2018
Amerifit Nutrition, Inc. AZO, Culturelle, Estroven
Angie's List Media Buying, Media Planning
Avon (Offline Media Agency of Record) Broadcast, Media, Non-Digital Media Planning & Activation, Print, Radio
BBC Worldwide America Inc.
Boost Mobile
Burger King Corporation Digital Media, Global, TV
Burlington Stores (Media Agency of Record); 2018
Capital One Financial Corporation Media
CarMax, Inc. Media Buying, Media Planning
Chobani (Media Agency of Record) Strategic Planning
City Harvest Media
Clearwire Corporation Clear
Crown Imports Corona
Dean Foods (Media Agency of Record) Mayfield Ice Cream, Media Buying
Dignity Health
Dish Network Corporation Media Planning & Buying
Disney Disney Channel
Geico (Media Agency of Record) Media
Golden Corral Corporation Media Buying, Media Planning
Green Dot Corporation; 2010
Helzberg Diamonds Media Planning & Buying
J. Crew
La Quinta Inns & Suites
LG Electronics (Communications Planning & Paid Media Agency of Record) Home Appliances, Home Entertainment, Mobile Phones
Lindt USA (Media Agency of Record)
Little Caesars Media
Mike's Hard Lemonade
NBC Universo Media
Partnership for Drug Free Kids
Readly (Agency of Record) Activation, Communications Planning, Digital Creative, Social Outreach
Ruby Tuesday Restaurant Media Planning & Buying
Safelite AutoGlass (US Media Agency of Record) Media Planning & Activation, Online & Offline Media, Search Engine Marketing, Search Engine Optimization
Scripps Networks
Select Comfort Sleep Number
SharkNinja Operating LLC TV
Sleepy's Media Planning & Buying
Snyder's-Lance, Inc Cape Cod (Media Agency of Record), Communications Planning, Diamond Foods, Lance (Media Agency of Record), Snack Factory Pretzel Crisps (Media Agency of Record), Snyder's of Hanover (Media Agency of Record)
Sobieski Campaign: "Truth in Vodka", Media
Sperry (Media Agency of Record)
Sprint Corporation (Media Agency of Record)
Stanley Steemer; Dublin, OH Media Planning & Buying
Stoli Group USA (Agency of Record) Consumer Awareness, Media, Stolichnaya Vodka
The Stride Rite Corporation (Media Agency of Record) Media Planning & Activation, Sperry
Telemundo Network Media
Tim Horton's (US Agency of Record) Media Planning & Activation
Turner Broadcasting CNN, Cartoon Network, Media Buying, Media Planning, TBS, TNT, Turner Sports
United Continental Holdings Creative, Digital, Media
UnitedHealth Group Incorporated Media Planning & Buying; 2018
US Tennis Association (Digital Agency of Record)
Vonage Holdings Corp. Media Planning & Buying
VTech Electronics (Media Agency of Record) Communications, Media Buying, Media Planning
Weight Watchers International, Inc.
Wildlife Conservation Society "96 Elephants", Digital Signage, Media Activation, Media Planning

Branches

Canvas Worldwide
75 Varick St, New York, NY 10013
(See Separate Listing)

Horizon Media, Inc.
1888 Century Park E, Los Angeles, CA 90067-1700
Tel.: (310) 282-0909
Fax: (310) 229-8104
Toll Free: (800) 282-0901
Web Site: www.horizonmedia.com

Employees: 95
Year Founded: 1989

National Agency Associations: 4A's

Agency Specializes In: Advertising, Advertising Specialties, African-American Market, Asian Market, Bilingual Market, Brand Development &

MEDIA BUYING SERVICES

Integration, Broadcast, Business Publications, Business-To-Business, Cable T.V., Communications, Consulting, Consumer Goods, Consumer Marketing, Consumer Publications, Corporate Communications, Digital/Interactive, Direct Response Marketing, E-Commerce, Education, Electronic Media, Entertainment, Event Planning & Marketing, Financial, Government/Political, Health Care Services, High Technology, Hispanic Market, In-Store Advertising, Local Marketing, Media Buying Services, Multimedia, Newspaper, Newspapers & Magazines, Out-of-Home Media, Outdoor, Pharmaceutical, Planning & Consultation, Point of Purchase, Print, Publicity/Promotions, Publishing, Radio, Restaurant, Retail, Sales Promotion, Sponsorship, Sports Market, Strategic Planning/Research, Syndication, T.V., Teen Market, Telemarketing, Trade & Consumer Magazines, Travel & Tourism

- Charlotte Cochrane *(Mng Partner-Digital & Exec VP)*
- Sarah Robertson *(Mng Partner-Brand Strategy & Exec VP)*
- Erin Foxworthy *(Sr VP & Mng Dir-Innovation & Partnerships)*
- Cindy Park Kim *(Sr VP & Mng Dir-Entertainment)*
- Peter Watkins *(Sr VP & Mng Dir-WHY)*
- Kimberlie Christen *(Dir-Mobile Strategy)*
- Collin Middleton *(Dir-Digital Media Strategy & Activation)*
- Tara Murphy *(Assoc Dir-OOH)*
- Gary Sertyan *(Assoc Dir-Media & Digital)*
- Geng Wang *(Assoc Dir-Media & Digital)*
- Claudia Simos-Dziewonska *(Mgr-Creative)*
- Sabrina Zubieta *(Assoc Grp Mgr-Local Video & Audio)*
- Felicia Dolfi *(Supvr-Media)*
- John Leal *(Supvr-Brand Strategy)*
- Jamie Favata *(Strategist)*
- Lindsay Hain *(Strategist-Brand)*
- Kristen Zieman *(Strategist-Brand)*
- Carlos B. Jorge *(Sr Analyst-Digital Media)*
- Veronica Brown-Robinson *(Sr Media Buyer-TV)*
- Dave Masen *(Sr Media Buyer)*
- Tania Paul *(Assoc Media Dir)*

Accounts:
ABC Entertainment Digital Buying, Digital Media, Social
New-California Lottery Media Planning & Buying; 2018
Constellation Brands Arbor Mist, Ballast Point, Black Box, Clos Du Bois, Constellation Wines, Corona, Kim Crawford, Robert Mondavi Private Selection
Crown Imports LLC Corona, Corona Light, Crown Imports LLC, Modelo Especial, Negra Modelo, Pacifico, St. Pauli Girl, Tsingtao, Victoria
Dignity Health
Disney Channels Worldwide
FilmDistrict Media Planning & Buying
Focus Features
Freeform
Game Show Network
GEICO Corporation
Health Net, Inc.
La Quinta Inns & Suites Communications Planning
Movies Anywhere
NBC Universo (Agency of Record) Analytics, Strategic Planning
Southern California Honda Dealers Association Media Planning & Buying
STX Entertainment (Agency of Record) Analytics, Broadcast, Digital, Media Buying, Media Planning, Mobile, Out-of-Home, Print, Radio, Social Media, Strategic, Video-on-Demand
Telemundo (Agency of Record) Analytics, Strategic Planning, Telenovela
Tillamook County Creamery Association Campaign: "Dairy Done Right", Media Planning & Buying
Valley Honda Dealer Association Media Planning & Buying

Horizon Next
75 Varick St, New York, NY 10013
E-Mail: inquiries@horizon-next.com
Web Site: www.horizon-next.com

Employees: 200

Agency Specializes In: Advertising, Brand Development & Integration, Digital/Interactive, Market Research, Media Buying Services, Media Planning, Out-of-Home Media, Radio, Search Engine Optimization, Social Media

- David Besegai *(Mng Dir & Sr VP)*
- Cherie Calingasan *(Mng Dir & Sr VP)*
- Mia Cosgrove *(Mng Dir & Sr VP)*
- Gene Turner *(Exec VP)*
- Katie Comerford *(Sr VP-Digital)*
- Mike O'Connor *(Sr VP-Activation)*
- Philip Weissman *(Sr VP-Bus Intelligence & Analytics)*
- Inga K. Cenatiempo *(Assoc Mng Dir & VP)*
- Jillyn Richardson *(VP & Assoc Mng Dir)*
- Juliana Roding *(VP-Analytics)*
- Jared Del Prete *(Dir-Digital)*
- Will Leonard *(Supvr-Strategy)*
- Julie McCarthy *(Supvr-Digital Strategy)*
- Andrea Ornstein *(Media Buyer)*
- Jessica Chinnici *(Sr Media Buyer)*
- Brittany Bell Fine *(Assoc Media Dir-Digital)*
- Kallan Murray *(Sr Media Planner)*

Accounts:
The Northwestern Mutual Life Insurance Company (Agency of Record); 2018
Peloton Interactive Inc. (Media Agency of Record) Media Buying, Strategic Planning; 2018

HORIZON PRINT SERVICES GROUP
75 Varick St, New York, NY 10017
Tel.: (212) 220-5000
Fax: (212) 916-8653
Web Site: www.horizonmedia.com/contact

Employees: 7
Year Founded: 2006

Agency Specializes In: Media Buying Services, Media Planning, Newspapers & Magazines, Production (Print)

- Bill Koenigsberg *(Founder, Pres & CEO)*
- Lizzie Diller *(Sr VP & Mng Dir)*
- Stephen Hall *(CMO-Horizon Media)*
- Donald Williams *(Chief Digital Officer)*
- Serena Duff *(Exec VP & Gen Mgr-Los Angeles)*
- Sarah Bachman *(Sr VP & Head-Digital Experiences)*
- Steve Faske *(Sr VP-Bus Affairs)*
- Joyce Fitzsimons *(Sr VP-Ops)*
- Maikel O'Hanlon *(Sr VP-Innovation-Blue Dot Labs)*
- Scott Flynn *(VP & Assoc Mng Dir)*

Accounts:
ING Direct
NBC Universal
Sobieski Vodka

HUDSON MEDIA SERVICES LLC
3 Stone Dr, West Orange, NJ 07052
Tel.: (973) 951-9930
E-Mail: info@hudson-media.com
Web Site: www.hudson-media.com

Employees: 2
Year Founded: 2009

Agency Specializes In: Advertising, Affluent Market, African-American Market, Alternative Advertising, Arts, Automotive, Broadcast, Business Publications, Business-To-Business, Cable T.V., Co-op Advertising, Consulting, Consumer Goods, Consumer Marketing, Consumer Publications, Cosmetics, Crisis Communications, Direct-to-Consumer, Education, Electronic Media, Electronics, Entertainment, Experience Design, Fashion/Apparel, Financial, Food Service, High Technology, Hispanic Market, Hospitality, Household Goods, In-Store Advertising, Industrial, Infomercials, LGBTQ Market, Legal Services, Leisure, Local Marketing, Luxury Products, Magazines, Media Buying Services, Media Planning, Media Training, Medical Products, Men's Market, Multicultural, Multimedia, New Product Development, Newspaper, Newspapers & Magazines, Out-of-Home Media, Outdoor, Over-50 Market, Pets , Pharmaceutical, Planning & Consultation, Print, Product Placement, Promotions, Radio, Real Estate, Regional, Restaurant, Retail, Seniors' Market, Sports Market, Strategic Planning/Research, Syndication, T.V., Trade & Consumer Magazines, Transportation, Travel & Tourism, Women's Market

Approx. Annual Billings: $10,000,000

Breakdown of Gross Billings by Media: Bus. Publs.: $500,000; Cable T.V.: $1,700,000; Internet Adv.: $1,000,000; Network T.V.: $1,300,000; Newsp.: $1,200,000; Out-of-Home Media: $800,000; Spot Radio: $800,000; Spot T.V.: $2,700,000

Ed Weiner *(CEO)*

Accounts:
Amazon New York
AMC TV; 2012
Apollo Theatre; New York, NY Musical Performances; 2010
IFC TV; New York, NY Tune-in; 2009
Outdoor Channel TV Tune In; 2012
Planetshoes.com Online Footwear Retailer; 2012
PlaSmart, Inc. TV Tune In; 2012
Wall & Associates; Fairfax, VA Legal Services; 2009

ICON INTERNATIONAL INC.
107 Elm St, Stamford, CT 06902
Tel.: (203) 328-2300
Fax: (203) 328-2333
E-Mail: info@icon-intl.com
Web Site: www.icon-intl.com

E-Mail for Key Personnel:
President: jkramer@icon-intl.com

Employees: 200
Year Founded: 1986

Agency Specializes In: Advertising Specialties, Automotive, Broadcast, Cable T.V., Consumer Marketing, Consumer Publications, Digital/Interactive, Electronic Media, Financial, Media Buying Services, Media Planning, Merchandising, Newspapers & Magazines, Out-of-Home Media, Print, Radio, Real Estate, T.V., Travel & Tourism

- Mitchell Weinstein *(Sr VP-Digital)*
- Ken Miller *(VP & Grp Dir-Brdcst-Natl)*
- Brianna O'Neill *(VP-Bus Dev, Digital & Programmatic)*
- Brooke Sparacino *(Dir-Ad Ops & Tech Platforms)*
- Chris Dragicevich *(Sr Mgr-Programmatic)*
- Christine Errichiello *(Supvr-Investment)*
- Beth Rainsberger *(Supvr-Brdcst)*
- Bryan Chiodo *(Media Buyer-Brdcst-Natl)*
- Helene Denaro *(Media Buyer)*
- Alex Kotys *(Media Buyer)*
- Kathryn Marchitto *(Media Buyer-Local Brdcst)*
- Dale Neves *(Sr Media Buyer-Digital & Planner)*
- Kelly Rance *(Media Buyer-Integrated)*

AGENCIES - JANUARY, 2019 — MEDIA BUYING SERVICES

Sechel Vicens *(Media Buyer-Natl)*
Jennifer Abramo *(Sr Media Buyer)*
Corinne Ballas *(Sr Media Buyer-Unwired)*
Matthew Criscitelli *(Grp Mgr)*
Libby DeLuca *(Sr Media Buyer-Digital)*
Shannon Donlon *(Jr Media Buyer)*
Mary Horton *(Sr Media Buyer)*
Mathew Monaco *(Jr Media Buyer)*
Angelica Rodriguez *(Sr Media Buyer)*
Tania Turner *(Sr Media Buyer)*

Accounts:
Long John Silver's LLC Media Buying

ICON MEDIA DIRECT
5910 Lemona Ave, Van Nuys, CA 91411
Tel.: (818) 995-6400
Fax: (818) 995-6405
E-Mail: nancyl@iconmediadirect.com
Web Site: www.iconmediadirect.com

Employees: 65
Year Founded: 2000

Agency Specializes In: Children's Market, Consumer Goods, Cosmetics, Direct Response Marketing, Electronic Media, Entertainment, Financial, Hispanic Market, Infomercials, Integrated Marketing, Magazines, Media Buying Services, Media Planning, Pharmaceutical, Planning & Consultation, Print, Sponsorship, T.V.

Breakdown of Gross Billings by Media: Print: 20%; T.V.: 80%

Nancy Lazkani *(CEO)*
Jefferey Bailes *(Exec VP-Client Svcs)*
Carrie Bernards *(VP-Fin)*
Stacy Karabuykov *(VP-Media Strategy & Plng)*
Claudia Machuca *(Media Dir)*
Rebecka Rodriguez *(Dir-Mktg Ops)*
Daryll Aguinaldo *(Media Buyer)*
Kyle Fitzgerald *(Media Planner)*
Jon Fine *(Media Supvr-Media Assts)*
John Hunt *(Sr Negotiator-Cable)*
Rachael Rock *(Sr Media Buyer)*

Accounts:
Aerobed
BlueCross BlueShield
Brainetics
Church & Dwight Co., Inc. Kaboom, Orange Glo Wood, Oxi Clean, Toss N GO Detergent; 2000
Crepe Erase
CrockPot
FanDuel
GoodRx
Guthy Renker; Santa Monica, CA Pro Activ; 2001
Hotwire
It Cosmetics
leanforlife
Meaningful Beauty
NutriBullet
Nutrisystem
Oester
Ontel
South Beach Diet
Tradesy
TrueCar
USAA
WellCare
Wen
Ziploc
Zulily

ID MEDIA
100 W 33rd St, New York, NY 10001
Tel.: (212) 907-7011
Fax: (212) 907-7290
E-Mail: cshaw@idmediaww.com
Web Site: www.idmediaww.com

E-Mail for Key Personnel:
Public Relations: eburns@idmediaww.com

Employees: 200
Year Founded: 2002

National Agency Associations: 4A's-AWNY-BPA-DMA

Agency Specializes In: Broadcast, Cable T.V., Digital/Interactive, Direct Response Marketing, Direct-to-Consumer, E-Commerce, Electronic Media, Electronics, Financial, Food Service, Health Care Services, Household Goods, Infomercials, Local Marketing, Media Buying Services, Media Planning, Mobile Marketing, New Technologies, Paid Searches, Search Engine Optimization, Sponsorship, T.V., Web (Banner Ads, Pop-ups, etc.)

Breakdown of Gross Billings by Media: Cable T.V.: 70%; D.M.: 10%; Internet Adv.: 10%; Mags.: 2%; Newsp. & Mags.: 2%; Other: 5%; Outdoor: 1%; Radio: 1%

Norman Lane *(Sr VP & Grp Dir-Media Investment)*
Michele Smith *(VP & Dir-Media Investment)*
Alicia Weaver *(Media Dir)*
Thalia DiMarco *(Dir-Media Investment)*
Charlene Hsu *(Dir-Natl Activation)*
Lesley Limmer *(Dir-Media Investment)*
Jenna Stanton *(Dir-Media Investment)*
Janet Rose Budinich *(Assoc Dir-Media Investment)*
Preethi Nellakanti *(Assoc Dir-Media Investment)*
Anjela Li *(Supvr-Media Investment)*
Alexandra Knorr *(Sr Negotiator)*
Carly Roduit *(Media Supvr-Investment)*
Sabrina Stein *(Media Supvr-Investment)*

Accounts:
American Express
Bristol Myers Squibb
CA
Cayman Islands Department of Tourism
CME Group, Inc.
Intuit
Jamaica Tourism
Johnson & Johnson
Kaiser Permanente
Lindblad Expeditions Digital, Media, Multimedia Campaign, Print
LivingSocial Media Planning & Buying
Match.com
Meineke Car Care Centers Lead Agency (Print)
Merck
Microsoft
Nationwide
Neutrogena Corporation Deep Clean, Healthy Skin
Nikon Americas Inc.
Real Mex
Sandals & Beaches Resorts
SC Johnson
Universal Technical Institute
Verizon

Branches

ID Media-Los Angeles
8687 Melrose Ave 8th Fl, West Hollywood, CA 90069
Tel.: (310) 360-5700
Fax: (310) 360-5711
Web Site: www.idmediaww.com

Employees: 75

National Agency Associations: 4A's

Agency Specializes In: Media Buying Services, Sponsorship

Leila Kwong *(VP & Acct Dir-Media)*
Lisa Martin *(Acct Supvr)*
Christine Chen *(Supvr-Media Strategy)*

Accounts:
Capital Brands (Media Agency of Record) Digital, Magic Bullet, NutriBlast Smoothie, NutriBullet
HBO
Microsoft
Verizon

ID Media-Chicago
444 N Michigan Ave Ste 1070, Chicago, IL 60611
Tel.: (312) 799-6900
Fax: (312) 799-6950
E-Mail: mcomins@idmediaww.com
Web Site: www.idmediaww.com

Employees: 20

National Agency Associations: 4A's

Agency Specializes In: Media Buying Services, Sponsorship

Cynthia Grant *(VP & Grp Dir-Media Investment)*
Megan Majchrowicz *(Acct Dir)*
Susan Spencer *(Media Supvr-Investment)*

Accounts:
Cox Communications Acquisition Campaigns, Cox Business (Media Agency of Record), Digital Media, Multimedia Branding, Print, Television
Sandals & Beaches Resorts Online Media Buying/Planning; 2008

INITIATIVE
100 W 33rd St, New York, NY 10001
Tel.: (212) 605-7000
Fax: (917) 305-4003
Web Site: initiative.com

Employees: 501
Year Founded: 1975

Agency Specializes In: Agriculture, Automotive, Broadcast, Consumer Goods, Cosmetics, Digital/Interactive, Direct-to-Consumer, Education, Electronic Media, Entertainment, Fashion/Apparel, Financial, Food Service, Government/Political, Hospitality, Household Goods, Media Buying Services, Media Planning, Mobile Marketing, Pharmaceutical, Restaurant, Retail, Sponsorship, T.V., Travel & Tourism

Kat So *(Mng Dir)*
Daniel Rubin *(CFO)*
Hallie Johnston *(Chief Client Officer-East Coast)*
Tito Flores *(Sr VP & Grp Dir-Partnerships)*
Scott Berwitz *(Sr VP-Corp Comm)*
Robert Gibbs *(Mng Dir-Digital)*
Lindsay Kaufman Placona *(VP & Dir-Digital)*
Kathleen J. Dailey *(Grp Dir-Client Advice & Mgmt)*
Billie Zito *(Grp Dir-Comm Design)*
Ann Belusko *(Dir-Boeing)*
Dwayne Crittendon *(Dir-Comm Design)*
Lindsey Lane *(Dir-Comm Design)*
Victoria Sorina *(Dir-Client Advice & Mgmt)*
Mark Thomas *(Dir-Comm Design)*
Vanessa A. Vining *(Dir-Comm Design)*
Catlin Bowers *(Assoc Dir-Comm Design)*
Cate O'Shea *(Assoc Dir-Digital Partnerships)*
Jennifer Tucker *(Assoc Dir)*
Samantha Zack *(Assoc Dir-Video Partnerships)*
Christina T. Adams *(Mgr-Comm Design)*
Miranda Bassage *(Mgr-Digital Partnerships)*
Kamila Kowalczuk *(Mgr-Digital Media)*
Kelley Soto *(Mgr-Print Investment)*
Becky Tristano *(Mgr-Comm Design)*
Samantha Paulen *(Media Planner & Designer-Comm)*
Cassandra Nizolek *(Designer-Comm)*
Jordan Corvallis *(Assoc Media Dir)*

MEDIA BUYING SERVICES

Accounts:
Amazon.com, Inc. Media
American Standard & Trane
Ameriprise Financial Media Buying, Media Planning
Arby's Restaurant Group, Inc Media
AT&T Communications Corp. Southern Region
Big Lots!; 2007
Blistex Inc Media
Bose Corporation Domestic Media Planning & Buying
Carlsberg Group Global Media
CKE Restaurants, Inc Media; 1973
Computer Associates
Converse Inc Global Media Planning & Buying; 2018
Crate & Barrel
Dr Pepper Snapple Group Media; 2008
Hitachi
International House of Pancakes, Inc. Media
LEGO Systems, Inc. Global Media
Merck Human Health, Media Planning & Buying; 1991
Nikon
OSI Restaurant Partners Bonefish Grill
PetCo Media
Red Robin Gourmet Burgers Media Buying
S.C. Johnson; 2002

INITIATIVE WORLDWIDE
100 W 33rd St, New York, NY 10001
Tel.: (212) 605-7000
Fax: (212) 605-7200
E-Mail: hello@initiative.com
Web Site: www.initiative.com

Employees: 3,500
Year Founded: 1975

National Agency Associations: 4A's

Agency Specializes In: Advertising, Consumer Marketing, Content, Digital/Interactive, Media Buying Services, Media Planning

Approx. Annual Billings: $13,500,000,000

Mat Baxter *(CEO)*
Leah Nosnik Meranus *(Mng Partner-Bus Dev-Global)*
Randy Bixler *(Mng Dir & Exec VP)*
Robert Holtkamp *(Mng Dir-Client Advice & Mgmt)*
Stephanie Jones *(VP & Acct Dir-Digital)*
Lindsay Kaufman Kaufman *(VP & Dir-Digital)*
Tracy Baird *(Grp Dir-Client Advice & Mgmt)*
Shannon von Hassel *(Grp Dir-Client Advice & Mgmt)*
Mary Hanley *(Sr Dir-Strategy)*
Carolyn Dubi *(Dir-Print Investment)*
Lauren Jacobson *(Dir-Comm Design)*
Christine Kubisztal *(Dir-Comm Design)*
Jason Martinetti *(Dir-Comm Design)*
Katie Sullivan *(Dir-Digital Partnerships)*
Lorraine Fay D. Vigilia *(Dir-Comm Design)*
Tanya Meyers *(Assoc Dir-Print Investment)*

Accounts:
Amazon (Global Agency of Record)
Ameriprise
Arby's
Big Lots!
Boeing
Bose Corporation Direct Response, Media
Burger King (Media Buying & Planning)
Carlsberg A/S (Global Media Agency of Record) Brand Marketing, Global Media Planning & Buying, Kronenbourg 1664, Somersby cider, Trade Marketing, Tuborg; 2017
Computer Associates
Dr Pepper Snapple Group Americas Beverages; 2008
Food & Drug Administration Media Buying
Godiva Chocolatier (Media Agency of Record)
Grupo Bimbo Media Strategy, Planning & Buying in China
Hitachi
Hooters Marketing
Ingersoll-Rand/Trane
Korean Airlines
Lego A/S Global Media; 2017
Merck
National Railroad Passenger Corporation Amtrak
Nikon
Papa John's
PETCO
Rabobank
Red Bull
Red Robin
Revlon Global Media; 2018
Samsonite
SeaWorld Parks & Entertainment Media
Serta Simmons Bedding, LLC Media
Sony
Telekom Malaysia
Trulia Planning & Buying
Unilever Global Communication Planning, Household Care
USAA Financial Services
Viacom Europe
Vizio

Regional Offices

Initiative Los Angeles
5700 Wilshire Blvd Ste 400, Los Angeles, CA 90036-3648
Tel.: (323) 370-8000
Fax: (323) 370-8950
Web Site: www.initiative.com

Employees: 250
Year Founded: 1975

National Agency Associations: 4A's

Agency Specializes In: Media Buying Services, Sponsorship

Renaud Tasset *(Partner-Bus-Levallois Perret)*
Natalie Holbrook *(Mng Dir)*
Christian Fedorczuk *(Pres-US West)*
Alexis Thanasoulas *(Pres-Rufus)*
Charles Kim *(VP & Dir)*
Britni Sternquist *(Media Dir)*
Daniel Landers *(Dir-Strategy)*
Tanya Zhuk *(Dir-Investment & Strategy)*
Katherine Blandon *(Assoc Dir-Digital Partnerships)*
Davi Kong *(Assoc Dir-Digital Partnerships)*
Heather Sullivan *(Assoc Dir-Video Partnerships)*
Kelly Wetmore *(Assoc Dir-Comm Design)*
Charisma Witt *(Assoc Dir-Global Client Advice & Mgmt)*
Ebru Altuner *(Mgr-Comm Design)*
Andrew Montemarano *(Mgr-Comm Design)*
Alexandra Ruffing *(Mgr-Integrated Plng-Amazon Originals)*
Nancy J. Cauich *(Supvr-Video Partnerships)*
Sandy Giang *(Sr Designer-Integrated Comm)*
Stephanie Marshall *(Sr Designer-Digital Comm)*
Chase Harding *(Sr Negotiator)*
Elvin Kawasaki *(Client Dir-Digital Investment)*

Accounts:
Amazon.com, Inc Amazon Studios, Media Planning & Buying
California Lottery Media Assignment
Carl's Jr.
Dr. Pepper Snapple Group
Go Daddy Inc. Analytics, Brand Media Strategy, Media Buying Agency of Record, Video
Sonos Digital Marketing, Media Planning & Buying
Trader Joe's

Initiative
100 W 33rd St, New York, NY 10001
(See Separate Listing)

Satellite Offices

Initiative Miami
4500 Biscayne Blvd, Miami, FL 33137
Tel.: (305) 572-2150
Web Site: www.initiative.com

Employees: 10

Agency Specializes In: Media Buying Services

Ana Garcia *(Dir-Mktg Sciences-Analytics)*

Accounts:
Lions Gate
Paramount
Rabo Bank

Initiative Toronto
10 Bay St Ste 1605, Toronto, ON M5J 2R8 Canada
Tel.: (416) 933-5800
Fax: (416) 933-5864
Web Site: www.initiative.com

Employees: 45
Year Founded: 1988

Agency Specializes In: Media Buying Services

Helen Galanis *(Pres)*
Nish Shah *(VP-Strategy)*
Noah Vardon *(VP-Client Advice & Mgmt)*
Olivier Leblond *(Grp Acct Dir)*
Nicole Pinelli *(Supvr-Comm Design)*
Sabrina Sandhu *(Supvr-Comm Design)*

Accounts:
Dr. Oetker Media
H&M
Hotwire, Inc. Digital Buying, Media Planning
Hyundai Auto Canada
Spin Master Media
Toronto Jewish Film Festival Media
Travel Alberta Media Strategy & Distribution; 2018

Other Initiative Companies

Media Partnership Corporation
800 Connecticut Ave 3rd Fl N Wing, Norwalk, CT 06854
(See Separate Listing)

NSA Media Group, Inc.
3025 Highland Pkwy Ste 700, Downers Grove, IL 60515-5506
Tel.: (630) 729-7500
Fax: (630) 241-7223
Web Site: www.nsamedia.com

Employees: 200
Year Founded: 1991

Agency Specializes In: Digital/Interactive, Direct Response Marketing, Local Marketing, Magazines, Media Buying Services, Mobile Marketing, Multimedia, Newspaper, Newspapers & Magazines, Social Media, Web (Banner Ads, Pop-ups, etc.)

Shannon Wagner *(Pres-SPM)*
Cathy Petritz *(VP & Acct Dir)*
Kerry Smith *(VP & Acct Dir)*
Katie Kiss *(VP & Dir-Acct Svcs)*
Karin Kasper *(VP-Media Ops)*
Randy Novak *(VP-Bus Dev)*
Susan Saarnio *(VP & Dir HR)*

Beth Zeitner *(VP-Media Plng & Analysis)*
Kim Sylla *(Dir-Buying)*
Kelsey Zucker *(Acct Exec)*
Judi Berman *(Sr Media Buyer)*
Janie Hartwig-Smith *(Sr Media Buyer)*
Christian Hauptman *(Sr Media Buyer)*
Shelley Zurek *(Sr Media Buyer)*

Accounts:
ALDI (Media Agency of Record) Media Buying, Media Planning
BMW of North America (Media Agency of Record)
CVS (Media Agency of Record) Media Buying, Media Planning
Kmart (Media Agency of Record) Big K, Super Kmart
Office Depot (Media Agency of Record) North American Print
Petco (Media Agency of Record) Media Buying, Media Planning
Save-A-Lot (Media Agency of Record) Media Buying, Media Planning
Sears Roebuck & Co. (Media Agency of Record) Dealer Stores, Full Line Stores, Hardware Stores, Home Services, Outlet Stores, The Great Indoors
Stein Mart (Media Agency of Record) Media Buying, Media Planning
Target (Media Agency of Record)
TJX Companies (Media Agency of Record) Media Buying
Toys 'R' Us (Media Agency of Record)
Tuesday Morning (Media Agency of Record) Media Buying, Media Planning
ULTA Beauty (Media Agency of Record) Media Buying, Media Planning
United States Postal Service

Latin America

Initiative Budapest
Vajdahhunyad U. 33-43, H-11082 Budapest, Hungary
Tel.: (36) 802 5100
Fax: (36) 8025101
E-Mail: bela.nemeth@hu.initiative.com
Web Site: initiative.com

Employees: 50
Year Founded: 1996

Agency Specializes In: Media Buying Services

Bernadett Tarr *(Acct Mgr)*

Initiative Buenos Aires
Leandro N Alem 1110 4th Fl, Buenos Aires, 1119 Argentina
Tel.: (54) 114 318 6500
Fax: (54) 114 318 6532
Web Site: www.initiative.com
E-Mail for Key Personnel:
President: fernando.colombres@ar.initiative.com

Employees: 70
Year Founded: 1998

Agency Specializes In: Media Buying Services

Matias Artigue *(Gen Dir-Accts)*
Gustavo Cosentino *(Acct Mgr)*
Daniel Irueta *(Sr Planner-Integrator Digital)*
Lucia Yanes *(Sr Media Planner)*

Initiative Hamburg
Schloss-Strasse 8e, Hamburg, 22041 Germany
Tel.: (49) 40 431 96 0
Fax: (49) 40 431 96 720
Web Site: www.initiative.com

Employees: 13
Year Founded: 1996

Agency Specializes In: Media Buying Services

Mathias Glatter *(COO)*
Lisa Marie Kaven *(Grp Head-Client Svcs)*
Christa Pfennigschmidt *(Dir-HR)*

Accounts:
Pandora Campaign: "The Perfect Placement"
Reckitt Benckiser Veet

Initiative London
42 St Johns Sq, London, EC1M4EA United Kingdom
Tel.: (44) 20 7073 7333
Fax: (44) 20 7663 7002
E-Mail: claire.gardner@uk.initiative.com
Web Site: initiative.com

Employees: 100
Year Founded: 1990

Agency Specializes In: Media Buying Services

Gary Birtles *(Mng Partner)*
Jed Hallam *(Chief Strategy Officer)*
Claire Elsworth *(Dir-Innovation)*
Chris Appleton *(Acct Mgr-Digital)*
Deborah Mackay *(Grp Client Dir)*

Accounts:
ACE Aviation Holdings Inc.
Amazon
Austrian National Tourist Office
Body Shop
Chantelle
Computer Associates
Four Seasons Hotels
Intersnack
Omega Pharma Media
Ricoh
Rugby Football Union
SAAB
Timberland
Unipath Ltd.

Initiative Moscow
Office 407-408 Bldg 1, 18 Malaya Pirogovskaya str, Moscow, 119435 Russia
Tel.: (7) 495 775 3602
Fax: (7) 495 775 3603
E-Mail: info@initiativemedia.ru
Web Site: www.initiativemedia.ru

Employees: 25
Year Founded: 1995

Agency Specializes In: Media Buying Services

Elmira Sabitova *(Exec Mng Dir)*
Pam Wong *(Sr Dir & Head-Bus-Acct Leadership)*
Kseniya Bormusova *(Grp Head-Media)*
Egor Bormusov *(Grp Acct Dir)*
Yana Krasavina *(Acct Dir)*
Daria Makeshina *(Media Planner)*

Initiative Prague
Palac Karlin Thamova 11, Prague, 8 Czech Republic
Tel.: (420) 225 341 160
Fax: (420) 225 341 180
Web Site: initiative.com

Employees: 10
Year Founded: 2000

Agency Specializes In: Media Buying Services

Petr Cech *(Sr Mgr-Media)*

Iva Mickova *(Media Buyer-OOH)*
Vit Zubek *(Sr Media Planner)*

Initiative Universal Media Norway
Sandakerveien 24C, Bygning C1, 0473 Oslo, Norway
Mailing Address:
Postboks 4229, Nydalen, 0401 Oslo, Norway
Tel.: (47) 22 54 38 80
Fax: (47) 22 54 38 81
E-Mail: braathen@iumas.no
Web Site: www.ium.no

Employees: 30
Year Founded: 1996

Agency Specializes In: Media Buying Services

Borre Sunde *(CEO & Mng Dir)*
Line Jeanette Johansen *(Media Planner)*

Initiative Universal Stockholm
Grevturegatan 11A, SE-114 97 Stockholm, Sweden
Tel.: (46) 8 5630 1400
Fax: (46) 8 5630 1490
Web Site: www.ium.se

Employees: 47
Year Founded: 1987

Agency Specializes In: Media Buying Services

Urban Hilding *(CEO)*
Matts Westerblom *(CFO)*
Jochum Forsell *(COO)*
Beatrice Feuk-Dahlstrom *(Head-Client Svc & Mgr-HR)*
Patric Carlsson *(Acct Dir)*
Maria Carlsson *(Dir-Analysis & Insight)*
Jonas Malm *(Dir-Trading)*
Peter Cederholm *(Strategist-Digital)*

Accounts:
Burger King

Initiative Universal Warsaw
6 Altowa St, 02-386 Warsaw, Poland
Tel.: (48) 22 572 33 00
Fax: (48) 22 572 33 01
E-Mail: dariusz.dulnik@pl.initiative.com
Web Site: initiative.com

Employees: 50
Year Founded: 1998

Agency Specializes In: Media Buying Services

Michal Strzalkowski *(Mng Dir-Client Svc)*
Monika Dukaczewska *(Head-Reg Digital & Dir-CEE Coordination)*
Robert Franckowski *(Acct Mgr)*
Aleksandra Osinska *(Mgr-Traffic)*

Initiative Vienna
Operngasse 21/9, A-1040 Vienna, Austria
Tel.: (43) 1 588 96 0
Fax: (43) 1 588 96 200
E-Mail: vienna.reception@at.initiative.at
Web Site: initiative.com

Employees: 90
Year Founded: 1987

Agency Specializes In: Media Buying Services

Monika Dukaczewska *(Head-Reg Digital & Dir-CEE Coordination)*
Michael Martin *(Dir-Client Svc)*
Alexander Kizlink *(Mgr-Client Svc)*

MEDIA BUYING SERVICES

Accounts:
BMW Digital

Initiative
Atlas ArenA Amsterdam Asia Building, Hoogoorddreef 5, 1101 BA Amsterdam, Netherlands
Tel.: (31) 20 799 3000
Fax: (31) 20 799 3099
E-Mail: leonie.kining@nl.initiative.com
Web Site: initiative.nl

Employees: 60
Year Founded: 1987

Agency Specializes In: Media Buying Services, Sponsorship

Menno Van Der Steen *(CTO & Chief Data Officer-Media)*
Leonie Koning *(CEO-Netherlands)*
Eva Hollander *(Head-Clients & Ops)*
Joey Hullegie *(Creative Dir)*
Dennis Huijsman *(Dir-Strategy)*
Dean Koekebakker *(Dir-Strategy)*
Marloes Rusting *(Dir-Comm)*
Claudine Van Den Bos *(Dir-Digital)*
Linda van Dijk *(Dir-Comm)*
Machiel Verkuyl *(Dir-Strategy)*
Bart Vijlbrief *(Dir-Strategy)*
Eefje Sedee-Beekmans *(Acct Mgr)*
Olav De Caluwe *(Sr Media Planner)*
Diana Vaarkamp *(Sr Media Planner)*

Accounts:
PLUS Supermarket

Middle East & Africa

Initiative Beirut
Badaro Trade Center Suite 801 Sami El Solh Avenue, PO Box 16-6070, Beirut, Lebanon
Tel.: (961) 1 39 39 50
Fax: (961) 1 38 31 19
E-Mail: philip.issa@lb.initiative.com
Web Site: www.initiative.com

Employees: 5
Year Founded: 2003

National Agency Associations: 4A's

Agency Specializes In: Media Buying Services

Rana Chaaya *(Assoc Media Dir)*

Accounts:
Beesline Digital Media Strategy

Initiative Dubai
Office 214-215 Bldg No 4, PO Box 502149, Dubai Media City, Dubai, United Arab Emirates
Tel.: (971) 4 3903001
Fax: (971) 4 3904858
E-Mail: info@ae.initi
Web Site: www.initiative.com

Employees: 30
Year Founded: 2003

Agency Specializes In: Media Buying Services

Raffoul Mattar *(Mng Dir-UAE)*
Mazher Abidi *(Head-Social Media-Middle East)*
Ziad Ghorayeb *(Head-Product-MENA)*
Amer Shaar *(Reg Dir-Trading-UAE, Lower Gulf & Iraq)*
Ali Berjawi *(Media Dir)*
Bijal Pathak *(Bus Dir-Acct)*
Mahdi Jaber *(Dir-Media Trading)*

Saadeddine Nahas *(Dir-Digital-UAE)*
Deepak Deth *(Mgr-Media)*
Mohammed Wehbi *(Mgr-Digital Media)*
Racha Semaan *(Assoc Media Dir)*

Accounts:
Arabian Automobiles Co. LLC Infiniti, Media, Media Planning & Buying, Renault
Beesline (Lead Media Agency) Digital Media
Coty, Inc. GCC
Etisalat Media Buying, Media Services, Strategic Planning
Huawei Cinema, Digital Media Buying, Media Planning & Buying, Out-of-Home, Print
Johnson & Johnson Media
Sohar Industrial Port Company Sohar Port & Freezone (Media Agency of Record)
Yasar Holding A.S Offline & Online Media Planning, Pinar (Media Agency of Record), Trading Services

Initiative Melbourne
Level 2 468 St Kilda Road, Melbourne, VIC 3004 Australia
Tel.: (61) 3 8888 2900
Fax: (61) 3 9445 2130
E-Mail: info@au.initiative.com
Web Site: http://initiative.com/

Employees: 19
Year Founded: 1975

Agency Specializes In: Media Buying Services

Melissa Fein *(CEO)*
Shaun Briggs *(Mng Partner)*
Sam Geer *(Chief Strategy Officer-Natl)*
David Lee *(Head-Digital Partnerships-Natl)*
Leon Sammartino *(Head-Comm Design)*
Heath Wooster *(Gen Mgr)*
Emily Hall *(Dir-Client)*
Marco Norder *(Assoc Dir-Partnerships)*
Aaron Farrelly *(Client Partner & Grp Bus Dir)*
Courtney Burr *(Mgr-Client)*
Marli Tapsall *(Mgr-Partnerships)*

Accounts:
Bunnings
CPA Australia Digital, Media strategy, Planning & Buying, SEM, Traditional Media
Hyundai Motor Company Australia Media Buying
JB Hi-Fi
Madmen Entertainment Media Buying, Media Communications, Media Planning, Media Strategy
Manheim Automotive Auctions Online, Outdoor, Print Media, Radio
ME Bank Media
Officeworks Media, National Planning & Buying
Pizza Hut Australia National Media Planning & Buying
Specsavers Media
Swinburne Online Media
Swinburne University Media
Tourism Tasmania Media

Initiative South Africa
PO Box 67716, 2021 Bryanston, South Africa
Tel.: (27) 11 78 06 117
Fax: (27) 11 70 61 066
E-Mail: marc.taback@sa.initiativemedia.com
Web Site: www.initiative.com

Employees: 40
Year Founded: 2002

Agency Specializes In: Media Buying Services

Marc Taback *(CEO)*
Elsa Carpenter-Frank *(Mng Partner)*
Hilary Lindsay *(Mng Partner)*
Cindy Beyer *(Planner-Implementation)*

Accounts:
Adcock Ingram OTC
SouthAfrican Breweries

Initiative Sydney
LEVEL 3, 100 CHALMERS STREET, Surry Hills, NSW 2010 Australia
Tel.: (61) 2 8586 2000
Fax: (61) 2 8586 2984
E-Mail: Andrew.Livingston@au.initiative.com
Web Site: www.initiative.com

Employees: 200
Year Founded: 1975

Agency Specializes In: Media Buying Services

Geoff Clarke *(COO)*
Melissa Fein *(CEO-Australia)*
Andrew Cambridge *(Head-Data & Tech-Natl)*
David Lee *(Head-Digital Partnerships-Natl)*
Nick Wokes *(Gen Mgr)*
John Dawson *(Dir-Comm Design-Sydney)*
Scott Laird *(Dir-People & Culture)*
Ali Mackellar *(Planner-Digital)*

Accounts:
The Athlete's Foot Media Strategy, Planning & Buying
August Storck KG Activations, Digital, Out-of-Home, TV, Werther's Original (Media Agency of Record); 2018
Australia Institute of Company Directors
AustralianSuper Media
Cancer Council NSW Media Buying
Carlsberg Global media
Destination Canada
Government of Western Australia
The Iconic Retail
John Cootes Furniture Global Media
Pizza Hut Media
Revlon Australia Pty Limited Global Media
Seiko Australia Mobile Activation, Seiko Prospex
Under Armour Global Media

Subsidiary

BPN WorldWide
100 W 33rd St, New York, NY 10001
(See Separate Listing)

INLINE MEDIA, INC.
1600 Stout St Ste 700, Denver, CO 80202-3160
Tel.: (303) 893-4040
Fax: (303) 893-6718
E-Mail: markh@inlinemedia.com
Web Site: www.inlinemedia.com

Employees: 12
Year Founded: 1994

National Agency Associations: AAF

Agency Specializes In: Advertising, Advertising Specialties, Broadcast, Co-op Advertising, Media Buying Services, Media Planning, Newspapers & Magazines, Out-of-Home Media, Outdoor, Planning & Consultation, Print, Radio, Strategic Planning/Research, T.V., Trade & Consumer Magazines

Approx. Annual Billings: $20,000,000

Susan Penta *(Acct Dir)*
Ann Bremer *(Assoc Dir-Integrated Media)*
Ashleigh Wiemer *(Assoc Dir-Integrated Media)*
Mike Stoumbaugh *(Specialist-IT)*
Tatiana Archuleta *(Coord-Media)*
Kelsi Carlson *(Asst-Media)*
Deborah Platt *(Assoc Media Dir)*

AGENCIES - JANUARY, 2019
MEDIA BUYING SERVICES

Kevin Stoll *(Sr Assoc-Media)*

Accounts:
Adventure Golf & Raceway
Cochlear America
Colorado Quitline
Craftwerks
Goodwill
K-12
Mile High Flea Market
Papa Murphy's
Viasat
Water World
Wendy's

INTEGRAL AD SCIENCE
95 Morton St Fl 8, New York, NY 10014
Tel.: (646) 278-4871
E-Mail: info@integralads.com
Web Site: integralads.com

Employees: 200
Year Founded: 2009

Agency Specializes In: Advertising, Brand Development & Integration, Content, Media Buying Services, Media Planning, Strategic Planning/Research

Scott Knoll *(CEO)*
Maria Pousa *(CMO)*
David Hahn *(Chief Product Officer)*
Michael Iantosca *(Chief Revenue Officer)*
Rose Zory *(Chief People Officer)*
Charles Butler *(Sr VP-Tech Ops & Engrg)*
Sergei Izrailev *(Sr VP-Data Science)*
Harmon Lyons *(Sr VP-Global Bus Dev)*
Dale Older *(Sr VP-Product Mgmt)*
Michelle Prieb *(Sr VP-Corp Mktg)*
Stephen Dolan *(Mng Dir-APAC)*
Dave Marquard *(VP-Product Mgmt)*
Joseph Quaglia *(VP-Bus Dev)*
Lauren Votano *(VP-Sls-East Coast)*
Ian Wallin *(VP-Sls-North America)*
Monica Seebohm *(Dir-Alliances & Partnerships)*
Linda Chu *(Mgr-Events & Engagement)*
Casey Hekker *(Mgr-Client Svcs)*
Frank Lasley *(Mgr-Client Value)*
Jason Tatterson *(Mgr-Client Value)*
Emily Goldman *(Acct Exec)*
Jeff Plaisted *(Mng VP-Enterprise & Mid-Markets-Americas)*
Carine Pottier *(Sr Partner-HR Bus-EMEA)*

Accounts:
AudienceScience Internet Software & Services

INTEGRAL MEDIA INC.
350 Hwy 7 #140, Excelsior, MN 55331-3160
Tel.: (952) 470-5254
Fax: (952) 546-0849
E-Mail: eric@integralprintmedia.com
Web Site: www.integralprintmedia.com

Employees: 7
Year Founded: 1989

Agency Specializes In: Advertising, Advertising Specialties, Affluent Market, Catalogs, Children's Market, College, Consumer Goods, Consumer Marketing, Consumer Publications, Direct Response Marketing, Direct-to-Consumer, High Technology, Household Goods, Identity Marketing, Magazines, Media Buying Services, Media Planning, Pharmaceutical, Planning & Consultation, Print, Seniors' Market, Teen Market, Trade & Consumer Magazines, Women's Market

Approx. Annual Billings: $14,000,000

Breakdown of Gross Billings by Media: Consumer Publs.: 100%

Eric Sims *(CEO)*
Kayla Maranell *(Acct Mgr & Media Buyer)*

Accounts:
First Street

THE INTERCONNECT GROUP
4470 Chamblee Dunwoody Rd Ste 324, Atlanta, GA 30338
Tel.: (678) 990-0919
Fax: (678) 990-0921
E-Mail: joe@addate.com
Web Site: www.addate.com

E-Mail for Key Personnel:
President: narayan@ticg-usa.com

Employees: 8
Year Founded: 2001

Agency Specializes In: Advertising, Advertising Specialties, Asian Market, Aviation & Aerospace, Broadcast, Cable T.V., Consumer Marketing, Digital/Interactive, E-Commerce, Entertainment, Financial, Health Care Services, High Technology, Infomercials, Information Technology, Media Buying Services, Media Planning, Medical Products, Planning & Consultation, Recruitment, Sports Market, Syndication, T.V., Teen Market, Telemarketing, Transportation, Travel & Tourism

Narayan Swamy *(CEO)*

Accounts:
Georgia Highway Safety

INTERNETWEBBUILDERS.COM
6520 Lonetree Blvd, Rocklin, CA 95765-5874
Tel.: (417) 278-6737
E-Mail: sales@internetwebbuilders.com
Web Site: www.internetwebbuilders.com

Employees: 10
Year Founded: 1999

Agency Specializes In: Advertising, Advertising Specialties, Affiliate Marketing, Alternative Advertising, Broadcast, Business Publications, Business-To-Business, Computers & Software, Direct Response Marketing, Direct-to-Consumer, E-Commerce, Electronic Media, Email, Exhibit/Trade Shows, Guerilla Marketing, High Technology, Infomercials, Information Technology, Internet/Web Design, Logo & Package Design, Market Research, Media Buying Services, Media Planning, Mobile Marketing, Multimedia, New Product Development, New Technologies, Podcasting, Production (Ad, Film, Broadcast), Promotions, Publicity/Promotions, Publishing, Radio, Search Engine Optimization, Trade & Consumer Magazines, Viral/Buzz/Word of Mouth, Web (Banner Ads, Pop-ups, etc.)

Approx. Annual Billings: $150,000

Accounts:
MasterCard
Visa

INTERSECT MEDIA SOLUTIONS
1025 Greenwood Blvd Ste 191, Lake Mary, FL 32746
Tel.: (866) 404-5913
Fax: (850) 577-3646
E-Mail: info@intersectmediasolutions.com
Web Site: www.intersectmediasolutions.com

Employees: 30
Year Founded: 1959

National Agency Associations: 4A's

Agency Specializes In: Advertising, Media Buying Services, Media Planning, Newspaper

Approx. Annual Billings: $51,000,000

Breakdown of Gross Billings by Media: Newsp.: 100%

Dean Ridings *(Pres & CEO)*
Mark Burger *(VP-Fin & CFO)*
Carolyn Nolte *(VP-Strategy)*
Jessica Pitts *(VP-Ops)*
Vanessa Lozada *(Dir-Media Sys)*
Cynthia Serrano *(Dir-Digital Media)*
Mike Eri *(Mgr-Accts)*
Rebecca Logli *(Mgr-Accts)*
Sheila Ellison *(Specialist-Mktg)*
Katie Fedora *(Specialist-Media)*
Shirley Gibbons *(Strategist-Media)*
Mark Murphy *(Strategist-Media)*
Kat O'Brien *(Specialist-Media)*
Kathy Tracy *(Specialist-Media)*
Chelsea Barbina *(Coord-Media)*
Lindsay Miller *(Coord-Media)*

Accounts:
AARP
Communication Workers of America
Florida Division of Forestry
Gatorland
Homegoods
Publix Supermarkets
Sierra Club
TJX Companies Inc. Marshalls, TJ Maxx

IPROSPECT
1021 Foch St, Fort Worth, TX 76107
Tel.: (817) 625-4157
Fax: (817) 625-4167
Web Site: www.iprospect.com

Employees: 135

National Agency Associations: 4A's-IAB

Agency Specializes In: Brand Development & Integration, Internet/Web Design, Media Buying Services, Media Planning, Sales Promotion, Sponsorship

Revenue: $8,000,000

Misty Locke *(Pres-Americas & CMO-Global)*
Sam Huston *(Chief Strategy Officer)*
Jeremy Cornfeldt *(Pres-US)*
Kim Sivillo *(Exec VP & Mng Dir-Global)*
Danielle Smith *(Sr VP & Mng Dir-East)*
Jeremy Hull *(Sr VP-Innovation)*
Andrea Wilson *(VP, Head-Luxury Practice & Dir-Strategy)*
Brittany Elizabeth Richter *(VP & Head-Social Media)*
Sean Cashman *(VP & Grp Acct Dir)*
Gunnar Eisenmenger *(Head-Reg Paid Social)*
Jessica Pittman *(Head-Paid Social)*
Kinzi Sparks *(Head-Paid Social)*
Nina Vescio *(Head-Acct & Paid Social)*
Jessie Dearien *(Reg Dir-Paid Search-Midwest)*
Elizabeth Vance *(Grp Acct Dir)*
Amanda Dubois *(Mktg Dir-Global)*
Kendall Gibbs *(Acct Dir)*
Bryce Parten *(Acct Dir)*
Madeleine Davis *(Dir-Social Media)*
Ben Kuikman *(Dir-Paid Search)*
Adam Riddell *(Dir-Structured Data & Feeds-Natl)*
David Shapiro *(Dir-SEO)*
Adam Thomas *(Dir-Display)*
Yasir Haque *(Assoc Dir-SEO)*
Brittany Serrano *(Assoc Dir-Paid Search)*
Christina Sobczak *(Assoc Dir-Display)*
Chantha Mao *(Sr Project Mgr-Digital Mktg)*
Sara Alderman *(Mgr-Display)*

Media Buying Services

MEDIA BUYING SERVICES — AGENCIES - JANUARY, 2019

Cody Faldyn *(Mgr-Paid Social)*
Jordan McManama *(Mgr-SEO)*
Caitlin Moncrief *(Mgr-Paid Social)*
Ryun Hobbs *(Supvr-Analytics)*
Milica Karanfilovski *(Supvr-Analytics)*
Brian McDaniel *(Supvr-Accts)*
Grace Choe *(Sr Assoc-Structured Data & Feeds)*
Trent Madden *(Sr Assoc-Digital Mktg)*
Marina Maffessanti *(Sr Assoc-SEM & Paid Social-Chevrolet)*
David McIntyre *(Sr Assoc-SEM & Paid Social)*
Anna Robertson *(Sr Assoc-Structured Data & Feeds)*
Claudia Santana *(Sr Assoc-SEM)*
Tedi Schmidt *(Sr Assoc-Paid Social)*
Makenzie Williams *(Sr Assoc-Paid Search & Paid Social)*

Accounts:
Accor Hotels (Global Agency of Record) Off & Online Media Buying, Performance Strategy
Bass Pro Shops
Bergdorf Goodman Web Site
COMPUSA Search Engine Marketing
Converse
Darphin
Godiva Chocolatier; 2008
Johnston & Murphy
Journey's
Kaspersky Lab
L'Occitane; Provence, France Search Campaign; 2007
Macys.Com
Michael Kors
Motel 6
Neiman Marcus Web Site
NRG Energy, Inc.
Samsung
Timberland
Toshiba Search Engine Marketing
TSIC, Inc.
Wyndham Worldwide Corporation Search Engine Marketing

JL MEDIA, INC.
1600 Rte 22 E, Union, NJ 07083-3415
Tel.: (908) 302-1285
Fax: (908) 687-9280
Web Site: www.jlmedia.com

Employees: 60
Year Founded: 1981

Agency Specializes In: Media Buying Services, Media Planning, Sponsorship

Approx. Annual Billings: $560,000,000

Jerry Levy *(Pres)*
Glenn Dennis *(Mng Partner)*
Paula Brooks *(Sr VP, Media Dir & Client Svcs Dir)*
Rich Russo *(Sr VP & Dir-Acct Solutions)*
Susan Ringel *(VP-Client Svcs)*
Alexandra Hinz *(Head-Digital Media Dept & Dir-Digital Strategy & Investments)*
Marc Gross *(Acct Svcs Dir)*
Ron Mednick *(Media Dir)*
Kristyn Getlik *(Dir-Bus Dev)*
Rich Reizovic *(Dir-Print Media)*
William Ryden *(Dir-Spot Brdcst-Natl)*
Karin Suttmann *(Dir-Strategic)*
Meryl Young *(Dir-Ops)*
Donna Conte *(Acct Coord)*
Sandra Torres *(Buyer-Natl DR Media)*

Accounts:
DeLonghi
Home Depot
JC Penney
JSSI Lugz Footwear
Macy's
Marcum Group Media Buy
NORA
Office Depot
Ricola, USA
Stacker 2
STS Tire
Subaru Distributors Corp.
TOPPS
uPromise

Branch

JL Media, Inc.
1400 NW 107th Ave Ste 306, Miami, FL 33172
Tel.: (305) 591-0242
Fax: (305) 591-9819
Web Site: www.jlmedia.com

Employees: 5

Agency Specializes In: Media Buying Services

Laurel Welch *(Exec VP & Media Dir)*
Chris Robbie *(Exec VP)*
Karin Suttmann *(Dir-Strategic)*

Accounts:
International House of Pancakes
JCPenney
JSSI Lugz Footwear
Macy's
The Mall at Millenia
Ricola
The Sun Sentinel

JSML MEDIA, LLC
11230 86Th Ave N, Maple Grove, MN 55369
Tel.: (763) 657-2263
Fax: (763) 657-2261
Toll Free: (800) 657-3100
E-Mail: jsakin@jsml.com
Web Site: www.jsml.com

Employees: 5
Year Founded: 2006

Agency Specializes In: Brand Development & Integration, Broadcast, Business Publications, Business-To-Business, Cable T.V., Co-op Advertising, Consulting, Consumer Marketing, Consumer Publications, Corporate Communications, Digital/Interactive, Entertainment, Financial, Food Service, Health Care Services, Household Goods, Investor Relations, Luxury Products, Media Buying Services, Media Planning, Men's Market, Newspapers & Magazines, Out-of-Home Media, Outdoor, Print, Radio, Regional, Retail, Social Media, Strategic Planning/Research, Syndication, T.V., Trade & Consumer Magazines

Approx. Annual Billings: $20,000,000

Jill Sakin *(Pres)*
Michelle Leatherman *(Partner & Exec VP)*
Tim Olsen *(VP & Media Dir)*

Accounts:
Boston Scientific Corporation; Boston, MA; Minneapolis, MN
Cummins Power Generation
Nonin Medical
Ultimate Fighting Championship; Las Vegas, NV
Von Maur

JUST MEDIA, INC.
6001 Shellmound St Ste 700, Emeryville, CA 94608
Tel.: (510) 740-2300
Fax: (510) 740-2301
Web Site: www.justmedia.com

Employees: 13
Year Founded: 1997

Agency Specializes In: High Technology, Media Buying Services, Media Planning, Planning & Consultation, Sponsorship

Approx. Annual Billings: $30,000,000

Breakdown of Gross Billings by Media: Bus. Publs.: 40%; Internet Adv.: 45%; Newsp.: 5%; Outdoor: 5%; Radio: 5%

Joe Parente *(CFO)*
Elizabeth Dawson *(Creative Dir)*
Alan May *(Media Dir)*
Patrick Alonis *(Sr Mgr-Analytics)*
Leslie Beightler *(Sr Mgr-Paid Social Media)*
Darcy Child *(Acct Mgr-Media)*
Kathleen Davidson *(Acct Mgr-Media)*
Dale Viger *(Acct Mgr-Media)*
Paulene Rejano *(Mgr-Insights & Analytics)*
Mhairi Turnbull *(Mgr-Programmatic Media)*
David Wekselbaum *(Mgr-Analytics)*
Christopher Becker *(Acct Supvr-Media)*
Kayla Peaden *(Acct Supvr-Media)*
Carrie Cooney *(Assoc Media Dir)*
Darrell Halcon *(Assoc Media Dir)*
Jeremy Palafox *(Assoc Media Dir)*
Kristina Reile *(Assoc Media Dir)*

Accounts:
Fujitsu
Motorola Solutions, Inc.
New-Teradata Corporation Media

KELLY SCOTT MADISON
303 E Wacker Dr 8th Fl, Chicago, IL 60601
Tel.: (312) 977-0772
Fax: (312) 977-0874
E-Mail: info@ksmmedia.com
Web Site: www.ksmmedia.com

E-Mail for Key Personnel:
President: jwilliams@ksmmedia.com

Employees: 150
Year Founded: 1966

National Agency Associations: 4A's

Agency Specializes In: Advertising, African-American Market, Broadcast, Business Publications, Business-To-Business, Cable T.V., Co-op Advertising, Consulting, Consumer Publications, Digital/Interactive, Direct Response Marketing, Electronic Media, Event Planning & Marketing, Financial, Government/Political, Guerilla Marketing, Health Care Services, Hispanic Market, LGBTQ Market, Local Marketing, Magazines, Market Research, Media Buying Services, Media Planning, Medical Products, Multicultural, New Product Development, Newspaper, Newspapers & Magazines, Out-of-Home Media, Outdoor, Over-50 Market, Pharmaceutical, Planning & Consultation, Print, Product Placement, Promotions, Publicity/Promotions, Radio, Real Estate, Restaurant, Retail, Seniors' Market, Social Media, Sponsorship, Sports Market, Strategic Planning/Research, T.V., Teen Market, Trade & Consumer Magazines, Transportation, Travel & Tourism, Web (Banner Ads, Pop-ups, etc.)

Kelly Scott Madison is a leading independent media agency that delivers results through

original media solutions. As one of the original architects of the media industry, our media specialists have the diverse experience, powerful buying alliances and unconventional intuition necessary to address the most ambitious multi-platform marketing objectives. Additionally, we stay attuned to the latest industry trends, eager to provide clients with the next business-transforming insight. From experienced professionals to fresh minds, everyone at KSM shares the distinct desire to deliver innovative solutions that go beyond the expected. To find out how KSM helps solve the toughest brand challenges, visit www.ksmmedia.com

Approx. Annual Billings: $440,000,000

Joni Williams *(Pres)*
Jonathan Lichter *(Partner & Chief Strategy Officer)*
Rayna Arreazola *(CFO)*
Sy Chaba *(Exec VP & Dir-Strategic Plng & Acct Svc)*
Chad Maxwell *(Exec VP-Product & Growth)*
David Warso *(Exec VP)*
Elizabeth Amstutz *(Sr VP & Dir-Plng Ops)*
Mel Greve *(Sr VP & Dir-Brdcst)*
Don Carter *(Sr VP-Talent Engine)*
Kay Wesolowski *(VP & Media Dir-Digital)*
Donna Kleinman *(VP & Dir-Media Rels & Svcs)*
Patty Brick *(VP & Grp Media Dir)*
April Bridges *(VP-Bus Dev)*
Elizabeth Kalmbach *(VP & Grp Media Dir)*
Jon Christens *(Dir-Comm)*
Casey Celt *(Assoc Dir-Search & Social)*
Brittnee Yawger *(Supvr-Plng)*
Erin Hickey *(Media Planner)*
Robyn Stoliar *(Media Planner)*
MaryAlice Ficke *(Grp Supvr-Plng)*
Lee Ann Hoekstra *(Sr Negotiator-Brdcst)*
Elizabeth Lawal *(Negotiator-Brdcst)*
Danielle Stewart *(Sr Media Planner)*

Accounts:
Cabela's
Check into Cash
Chuy's Holdings, Inc. (Marketing Agency of Record) Brand Awareness, Brand Positioning, Creative Campaign Development, Digital, National Public Relations, Out-of-Home, Paid Media Planning & Management, Promotions, Radio, Social Media Content Development, Sponsorships; 2018
DentalOne
Gildan Media
Gordmans
Silk'n
Tanger Outlet Centers
The YMCA Campaign: "Zoe For President", Media

Branches

KSM South
300 W 6th St Ste 1500, Austin, TX 78701
Tel.: (512) 579-4660
E-Mail: info@ksmsouth.com
Web Site: ksmmedia.com/

Employees: 30

National Agency Associations: 4A's

Agency Specializes In: Media Buying Services, Sponsorship

David Warso *(Treas & Partner)*
Kevin Kelly *(Mng Dir)*
Sy Chaba *(Exec VP & Dir-Strategic Plng & Client Engagement)*
Mel Greve *(Sr VP & Dir-Brdcst)*
Mark Willson *(Sr VP & Dir-New Bus Dev)*
Elizabeth Amstutz *(Sr VP-Strategic Plng Insights & Ops)*

Elizabeth Kalmbach *(VP & Grp Dir-Media)*
Donna Kleinman *(VP-Corp Media Partnerships)*
Monica Hansen *(Dir-Integrated Media)*
Caleb Pinkerton *(Dir-Digital Media)*
Tara Ford *(Assoc Dir)*
Mary Heppenstall *(Supvr-Media Platforms)*
Kiera Andrews *(Media Planner)*
Brooke Bonnem *(Assoc Media Dir)*

KINETIC
230 Park Ave S, New York, NY 10003
Tel.: (646) 313-9400
E-Mail: contact.us@kineticww.com
Web Site: www.kineticww.com

Employees: 130
Year Founded: 2005

National Agency Associations: 4A's

Agency Specializes In: Advertising, Advertising Specialties, Aviation & Aerospace, College, Experience Design, Experiential Marketing, Guerilla Marketing, Health Care Services, Hispanic Market, In-Store Advertising, Integrated Marketing, Media Buying Services, Media Planning, Mobile Marketing, Multicultural, Out-of-Home Media, Outdoor, Point of Purchase, Production, Retail, Sponsorship

Cedric Bernard *(Co-CEO-North America)*
Marc-Antoine De Roys *(CEO)*
Michael Lieberman *(Co-CEO-North America)*
Liliana Caro *(Chief Client Officer)*
Maureen McCloskey *(Mng Dir-Mktg & Adv)*
Dominic Murray *(Acct Dir-Grp Creative-Kinetic Active)*
Benjamin Lord *(Dir-Global-WPP)*
Jaime Napoli *(Dir-Client Fin)*
Robin Yablonski *(Dir-Strategic Dev & Acct Svcs)*
Wendy Yang *(Dir)*
Natasha Kanga *(Assoc Dir)*
Christina Connelly *(Mgr-Client Investments)*
Nicole Kusi-Appouh *(Mgr-Client Fin)*
Alyssa Drago *(Sr Acct Exec)*
Richelle Miller *(Sr Acct Exec)*
Micaela Moffa *(Sr Acct Exec)*
Brandon Rappaport *(Sr Acct Exec)*
Jacqlyn Roberts *(Acct Exec-Acct Svcs)*

Accounts:
Allergan
AMD
American Express
AMPM
ANA
Bacardi Martini
BBC World
Chanel
CITI Campaign: "Say Hello to Your Credit Card"
Cleawire
Coca-Cola Refreshments USA, Inc.
Con Agra
Coors
Dell
Delonghi
Elle MacPherson
Escada
The Estee Lauder Companies Inc.
Ford
H&M
HSBC Bank
Kaplan
Kimberly Clark
Magnum; Spain
Mars North America
Mars Media Buying
Michelin
Morrisons
NBC Universal Media, OOH, The Mummy, Universal Pictures
Nordstrom
Novartis AG

Olive Garden
Pepsi
PG&E
Red Bull Red Bull Air Race
Red Cross of Greater New York
Rolex
Royal Caribbean
SAP
Snickers
Tommy Hilfiger
Unilever; UK Axe, Flora, Percil, Wall's Ice Cream
Unilever; US
United Airlines
Virgin Atlantic
VP Corp
Warner Bros.
Weight Watchers
Welch's
Western Union
Westfield Shopping Centre
Wrigley
Wyndham Hotels
Yahoo!

Branches

Kinetic
12180 Millennium Dr Ste 360, Playa Vista, CA 90094
Tel.: (310) 309-8150
Web Site: kineticww.com/us/

Employees: 110

Agency Specializes In: Sponsorship

Susan Page *(Mng Dir)*
Kristin Sellens *(Dir)*
Kari Golias *(Sr Acct Exec)*

Kinetic Design & Advertising Pvt. Ltd.
2 Leng Kee Rd #04-03A, Thye Hong Ctr, Singapore, 048543 Singapore
Tel.: (65) 6475 9377
Fax: (65) 6472 5440
E-Mail: info@kineticww.com
Web Site: www.kineticww.com

Employees: 10
Year Founded: 1997

Agency Specializes In: Out-of-Home Media, Outdoor

Adrian Tan *(Co-Founder & Partner-Investment)*
Benjy Choo *(Co-Founder)*
Sean Lam *(Co-Founder)*
Pann Lim *(Creative Dir)*

Accounts:
Bayerische Motoren Werke Aktiengesellschaft Creative, MINI Asia (Agency of Record)
Church of Saints Peter & Paul
Digi Telecom
Fox International Channels Campaign: "A-Z of Endangered & Extinct Wildlife"
Holycrap.sg Campaign: "Rennlim by Rennlim"
Maki-San
Mentholatum Singapore
National Council on Problem Gambling Campaign: "Pick Up the Dice & Your World Collapses - Childhood"
National Geographic
Neon Sound Pte Ltd
Society for the Prevention of Cruelty to Animals
Urgent Rubber Stamp Makers Urgent

Kinetic
Piazza della Conciliazione n 1, 20123 Milan, Italy
Tel.: (39) 02 433595 1

MEDIA BUYING SERVICES
AGENCIES - JANUARY, 2019

Fax: (39) 02 433595595
Web Site: http://www.kineticww.com

Employees: 40

Carlo Grillo *(CFO & COO)*
Eleonora Nani *(Dir-Client)*
Rossana Rugginenti *(Mgr-Mktg & Comm)*
Francesca Bregonzio *(Media Planner)*
Laura Ferraresi *(Media Planner)*
Alice Rombolotti *(Media Planner)*

Kinetic
31 Ballsbridge Terr, Dublin, Ireland
Tel.: (353) 1668 1822
Fax: (353) 16681340
E-Mail: simon.durham@kineticww.com
Web Site: https://www.kinetic.com/

Employees: 20

Carol Hogan *(Mng Dir)*
Aoife Hudson *(Deputy Mng Dir)*
Susan Murtagh *(Acct Dir)*
Brian Nolan *(Acct Dir)*
JoJo Cox *(Dir-Client Svc)*
Simon Durham *(Dir)*
Shauna Barry *(Acct Mgr)*
Michelle Bulger *(Acct Mgr)*
Megan Daley *(Acct Mgr)*
Rachel McCloskey *(Acct Mgr)*
Anne McNamara *(Acct Mgr)*
Phoebe Rawson *(Acct Exec)*

Accounts:
The Economist
Jockey
Molson Coors Carling, Cobra, Coors Light, Media Buying, Media Planning
Nokia
Sony Ericsson
Vodafone

Kinetic
24-28 Bloomsbury Way, London, WC1A 2SL United Kingdom
Tel.: (44) 207 150 6000
E-Mail: info@kineticww.com
Web Site: kineticww.com

Employees: 500
Year Founded: 2005

Agency Specializes In: Experience Design, Media Buying Services, Mobile Marketing, Out-of-Home Media, Outdoor, Pharmaceutical, Production, Promotions

John Davidson *(COO)*
Nick Parker *(COO)*
Stuart Taylor *(CEO-Western Europe)*
Danny Bennett *(Sr Acct Dir)*
James Gardner *(Grp Acct Dir)*
Christina Anderson *(Acct Dir)*
Nathan Bennett *(Acct Dir)*
Dan Brink *(Bus Dir-Plng Ops)*
Cheryl Crilley *(Bus Dir)*
Nadia Di Vuono *(Acct Dir)*
Adam Jinks *(Bus Dir)*
Joanne Kennedy *(Acct Dir)*
Sarah Simcox *(Acct Dir)*
Colin Bundock *(Dir-Trading)*
Lucy Cutter *(Dir-Activation)*
Rebecca Crutcher *(Sr Acct Mgr)*
Sian Smeaton *(Sr Acct Mgr)*
Mitchell Davis *(Acct Mgr)*
Lesley Bailey *(Mgr-Campaign Support)*
Nicole Lonsdale *(Chief Plng Officer)*

Accounts:
British Airways
CBS Outdoor UK Lynx Apollo campaign
EE
Jaguar Campaign: "Life Balanced", Digital, Press, TV, XF Sportsbrake
Lloyds Interactive Outdoor Campaign
Marriott International, Inc.
Molson Coors Brewing Company (UK) Ltd. Carling, Cobra, Coors Light, UK Media Planning & Buying
Royal Society for the Prevention of Cruelty to Animals
New-TalkTalk
Tesco Outdoor Planning & Buying
Unilever
Vodafone
Warner Bros. Distributors

Kinetic
11-B Country Space 1 Building HV dela Costa St, Salcedo Village, Makati, Philippines
Tel.: (63) 894 3365
Web Site: https://www.kinetic.com/

Employees: 50

Carlo Mostoles *(COO & VP)*

Kinetic
Rue de Stallestraat 65 6th Fl, Uccle, 1180 Brussels, Belgium
Tel.: (32) 2 333 81 77
Fax: (32) 23323665
E-Mail: Arnaud.Vandenberghen@kineticww.com
Web Site: https://www.kinetic.com/

Employees: 5

Thomas De Greef *(Mng Dir-Belgium)*
Dominique De Bast *(Dir-Client-Belgium)*
Myriam Romain *(Mgr-OOH)*

Kinetic
Karperstraat 8, Amsterdam, Netherlands
Tel.: (31) 6 10 67 02 81
Fax: (31) 255757790
E-Mail: dennis.kuperus@kineticww.com
Web Site: https://www.kinetic.com/

Employees: 12

Monique Scherks *(Dir-Benelux-Investment)*
Yvette van den Berg *(Dir-Insights & Innovation)*
Andrew Brunton *(Acct Mgr)*
Marja Gorter *(Mgr-Insights)*

Accounts:
The Hague Museum
Nike Campaign: "Hologram"
T-Mobile US

Kinetic
Darmstadter Landstrasse 110, 60598 Frankfurt, Germany
Tel.: (49) 69 66 777 61 0
Fax: (49) 69667776166
E-Mail: germany@kineticww.com
Web Site: https://www.kinetic.com/

Employees: 20

Ralf Stoffel *(Mng Dir & Head-Switzerland)*

Kinetic
222 Merchandise Mart Plz Ste 250, Chicago, IL 60654
Tel.: (312) 205-0054
Web Site: https://www.kinetic.com/

Employees: 22

Agency Specializes In: Sponsorship

Liliana Caro *(Chief Client Officer)*
Alycia Moller Dilworth *(Acct Dir)*
Samantha Brinkman *(Assoc Dir-Acct Svcs)*
Lauren Martin *(Assoc Dir)*
Jill Waldsmith *(Acct Mgr)*
Morgan Coon *(Mgr)*
Leanna Rendell *(Mgr)*
Amy Worrell *(Mgr)*
Paige Snively *(Sr Acct Exec)*
Eoin Carroll *(Acct Exec)*

Accounts:
BP
ConAgra
IKEA
Kimberly
MillerCoors LLC Out-of-Home
Motorola Solutions, Inc.
Unilever
Universal Pictures Mobile, Out of Home, Social
Wrigley

Mediacom Dusseldorf
Derendorfer Alle 10, 40476 Dusseldorf, Germany
Tel.: (49) 211171620
Fax: (49) 211171623200
E-Mail: freshness@mediacom.de
Web Site: https://www.mediacom.com/de

Employees: 552
Year Founded: 1986

Agency Specializes In: Media Buying Services

Tino Krause *(CEO)*
Rene Coiffard *(Mng Dir)*
Christian Franzen *(Mng Dir)*
Claus Brockers *(Chief Investment Officer)*
Susanne Grundmann *(Mng Dir-Client Svcs)*
Inke Rausch *(Mng Dir-Munich)*
Reiner Schmitt *(Mng Dir-Plng & Client Svcs)*
Frank Olma *(Creative Dir)*
Jens Widerstein *(Dir-Investment Mgmt Digital)*
Bernd Hake *(Acct Supvr)*

Accounts:
Audi Online
Coca-Cola Refreshments USA, Inc.
Deutsche Telekom Media Buying
Hasbro Campaign: "Office War: Helping Germany Have Fun At Work", Nerf Blasters
P&G
Tempur Sealy Media Buying, Media Planning
Volkswagen

Branch:

Kinetic
Rather Strasse 110a, 40476 Dusseldorf, Germany
Tel.: (49) 211 87 67 05 0
E-Mail: contact.de@kineticww.com
Web Site: www.kineticww.com/de

Employees: 60
Year Founded: 2000

Agency Specializes In: Out-of-Home Media, Outdoor

Andreas Voss *(Mng Partner)*
Dietmar Birkner *(Mng Dir)*
Thorsten Ebbing *(CEO-Central Europe)*
Benita Mayer *(Sr Mgr-Mktg & PR)*

Target:Health
261 Madison Ave, New York, NY 10016
Tel.: (212) 681-2100
Fax: (212) 681-2105

AGENCIES - JANUARY, 2019 — MEDIA BUYING SERVICES

Web Site: www.targethealth.com

Employees: 75
Year Founded: 2007

Jules Mitchel *(Pres)*
Joyce Hays *(CEO)*
Les Jordan *(VP)*
Yong Joong Kim *(Exec Dir-Data Mgmt)*
Joonhyuk Choi *(Sr Dir-Software Development)*
David Luke *(Sr Dir-Clinical & Scientific Affairs)*
Mary Shatzoff *(Sr Dir-Regulatory Affairs)*
Ronald Harris *(Dir-Clinical Res)*
Neil Lassalle *(Dir-Bus Ops)*

KREIGER & ASSOCIATES
119 Darby Rd, Paoli, PA 19301
Tel.: (610) 640-1255
Fax: (610) 640-4258
E-Mail: info@kriegerassociates.com
Web Site: www.kriegerassociates.com

Year Founded: 1997

Agency Specializes In: Advertising, Media Buying Services, Media Planning

Gail Krieger *(Pres)*
Ken Krieger *(CFO & VP)*
Alison Goldberg *(VP & Media Dir)*
Kathy Rowan *(Mgr-Ops)*
Lisa Ehrlich *(Sr Media Buyer-Direct Response)*

Accounts:
American Steel Span
Aztec Steel Buildings
Liberty Guardian Angel
Mini-Dish DirecTV
National Review Magazine
Patent Lean Dietary Supplement
Quarter Coin Collection
Ronald Reagan Videos

LINCOLN MEDIA SERVICES, INC.
51 Sherwood Ter Ste Y, Lake Bluff, IL 60044
Tel.: (224) 880-5501
Fax: (224) 880-5505
E-Mail: info@lincolnmedia.com
Web Site: lincolnmedia.com

Employees: 8
Year Founded: 1999

Agency Specializes In: Advertising, Brand Development & Integration, Broadcast, Cable T.V., Co-op Advertising, Consulting, Consumer Marketing, Email, Faith Based, Financial, Health Care Services, Hospitality, Household Goods, Leisure, Media Buying Services, Media Planning, Men's Market, New Product Development, Newspaper, Over-50 Market, Planning & Consultation, Print, Production, Production (Ad, Film, Broadcast), Radio, Seniors' Market, T.V.

Approx. Annual Billings: $2,000,000

Breakdown of Gross Billings by Media: Cable T.V.: 40%; Fees: 5%; Internet Adv.: 5%; Newsp.: 3%; Production: 7%; Spot T.V.: 40%

Gary A. Jones *(Pres)*
Amanda Jones *(Exec VP)*
Shelby Schmidt *(Mktg Dir)*

LUXE COLLECTIVE GROUP
(Formerly pedone)
49 W 27th St Fl 6, New York, NY 10001
Tel.: (212) 627-3300
Fax: (212) 627-3966
E-Mail: info@luxecg.com
Web Site: luxecg.com

Employees: 22
Year Founded: 1987

National Agency Associations: AD CLUB

Agency Specializes In: Advertising, Affluent Market, Brand Development & Integration, Collateral, Consumer Marketing, Corporate Identity, Digital/Interactive, Food Service, Graphic Design, Guerilla Marketing, Health Care Services, In-Store Advertising, Integrated Marketing, Internet/Web Design, Local Marketing, Logo & Package Design, Luxury Products, Market Research, Media Buying Services, Media Planning, New Product Development, Out-of-Home Media, Outdoor, Point of Purchase, Point of Sale, Print, Product Placement, Production, Publicity/Promotions, Radio, Restaurant, Retail, Sales Promotion, Social Marketing/Nonprofit, Social Media, Sponsorship, Strategic Planning/Research, T.V., Travel & Tourism

Approx. Annual Billings: $120,000,000

Breakdown of Gross Billings by Media: Internet Adv.: 13%; Mags.: 33%; Network T.V.: 22%; Newsp.: 8%; Out-of-Home Media: 10%; Spot Radio: 4%; Spot T.V.: 10%

Walter Coyle *(CEO)*
Dieter Gonzales *(CFO)*
Alyce Panico *(Exec VP & Dir-Media Svcs)*
Molly Enbysk *(Grp Dir-Integrated Strategy)*
Celeste Michos *(Supvr-Integrated Strategy)*

Accounts:
Burt's Bees Inc. Burt's Bees Natural Personal Care; 2008
Essie Nail Polish; 2010
Frederick Wildman & Sons Trapiche, Folonari, Paul Jaboulet Aine, Pascal Jolivet, Pol Roger; 2007
Hermes Luxury Products; 2011
Jarlsberg Cheese Products; 2009
Lacoste USA; New York, NY Apparel, Retail Stores; 2005
Laura Mercier Cosmetics; 2011
L'Oreal USA, Inc.; New York, NY Matrix Hair Products, Vichy; 2004
The Mills Corporation
Pentland Corp. Lacoste Footwear; 2005
Sedu Hair Styling; 2009
Swatch Group Ltd. Omega, Swatch, Blancpain, Rado, Hamilton, Longines, Glashutte Originals, Tissot, Mido; 2006
Tonnino Tuna Filets; 2011
William Greenberg Desserts New York, NY; 2008

M&K MEDIA
688 Richmond St W Ste 401, Toronto, ON M6J 1C5 Canada
Tel.: (416) 516-5969
Fax: (416) 203-6494
E-Mail: juliem@mkmedia.biz
Web Site: www.mkmedia.biz/

Employees: 7
Year Founded: 2001

Agency Specializes In: Media Buying Services, Media Planning

Julie King *(Partner)*
Julie McIlroy *(Partner)*
Jill McDonald *(Acct Dir-Media)*
Laura Templin *(Acct Dir-Media)*

Breanne Scott *(Media Planner & Buyer)*

Accounts:
407 ETR
ACH Foods-Mazola
Chattem Canada
Conagra Foods Canada
Credit Canada
Franklin Templeton Investments
Hain Celestial Canada
Harry Rosen
Hydropool Canada
La-Z-Boy
Little Caesars Pizza
Raising The Roof Media, Social Media
Renew Life Canada (Media Buying Agency of Record)
The Royal Agricultural Winter Fair
Shaw Festival
Triumph Lingerie Canada

MACDONALD MEDIA
185 Madison Ave 4th Fl, New York, NY 10016
Tel.: (212) 578-8735
Fax: (212) 481-1030
E-Mail: amacdonald@macdonaldmedia.com
Web Site: www.macdonaldmedia.com

E-Mail for Key Personnel:
President: amacdonald@macdonaldmedia.com

Employees: 20
Year Founded: 1997

National Agency Associations: 4A's-OAAAA-TAB

Agency Specializes In: Advertising, Advertising Specialties, Event Planning & Marketing, Media Buying Services, Media Planning, Out-of-Home Media, Outdoor, Planning & Consultation, Point of Purchase, Print, Production, Publicity/Promotions, Sports Market, Strategic Planning/Research

Breakdown of Gross Billings by Media: Out-of-Home Media: 100%

Stephen Faso *(VP-Strategic Partnerships)*
Peter MacDonald *(Dir-Ops)*
Simone Davis *(Acct Supvr)*
Kristy Nichols *(Media Planner)*

Accounts:
AIG
Bacardi USA B&B, Bacardi Light, Bacardi Limon, Bacardi O, Bombay Sapphire Gin, Dewars, Drambuie, M&R Asti
ESPN
Kohl's Department Stores
L'Oreal
McCann-Erickson
Toyota

Branches

MacDonald Media/Los Angeles
16430 Ventura Blvd Ste 208, Encino, CA 91436
Tel.: (213) 680-3094
Fax: (213) 680-3000
E-Mail: rrobinson@macdonaldmedia.com
Web Site: www.macdonaldmedia.com

Employees: 5
Year Founded: 1997

National Agency Associations: 4A's

Agency Specializes In: Media Buying Services

Andrea MacDonald *(CEO)*
David Koppelman *(Mng Dir)*
Piper Wirth *(Mng Dir-West Coast)*
Kathie Wright Montague *(Media Dir)*

MEDIA BUYING SERVICES
AGENCIES - JANUARY, 2019

Accounts:
Brandman University
Citrix
ConocoPhillips
Ebay
Guitar Center
Insomniac
Microsoft
Monterey Bay Aquarium
Petsmart
Shakey's
UCLA
Ugg

MacDonald Media
1306 NW Hoyt St 204, Portland, OR 97209
(See Separate Listing)

MANSI MEDIA
3899 N Front St, Harrisburg, PA 17110-1535
Tel.: (717) 703-3043
Fax: (717) 703-3033
E-Mail: lisak@mansimedia.com
Web Site: www.mansimedia.com

E-Mail for Key Personnel:
President: timw@mansimedia.com

Employees: 32
Year Founded: 1954

Agency Specializes In: Media Buying Services, Media Planning, Newspaper, Web (Banner Ads, Pop-ups, etc.)

Breakdown of Gross Billings by Media: Production: 90%; Worldwide Web Sites: 10%

Brad Simpson *(CFO)*
Lisa Knight *(VP-Adv)*
Chris Kazlauskas *(Dir-Media Placement)*
Wes Snider *(Dir-Client Solutions)*
Shannon Mohar *(Acct Mgr)*
Carin Hoover *(Mgr-Major Accts & Sls)*
Ken Sanford *(Mgr-Major Accounts-Placement)*
Denise Gower *(Media Buyer)*
Nick Wenger *(Media Buyer)*
Ronaldo Davis *(Sr Media Buyer)*

MARKETING PERFORMANCE GROUP
1001 Nw 51St St Ste 405, Boca Raton, FL 33431
Tel.: (561) 988-2181
Fax: (561) 988-2182
E-Mail: info@mpgmarketing.com
Web Site: www.marketingperformancegroup.com

Employees: 10
Year Founded: 1986

Agency Specializes In: Broadcast, Business-To-Business, Cable T.V., Consulting, Consumer Marketing, Direct Response Marketing, Entertainment, Game Integration, Health Care Services, Hospitality, Legal Services, Magazines, Media Buying Services, Media Planning, Newspaper, Out-of-Home Media, Outdoor, Planning & Consultation, Print, Radio, Retail, T.V., Web (Banner Ads, Pop-ups, etc.)

Approx. Annual Billings: $20,000,000

Cindy Kurtz *(Pres)*
Brad Kurtz *(CEO)*
Kristen Carpenter *(Acct Supvr-Penn Natl Gaming)*
Blanca Granja *(Supvr-Media)*

Accounts:
Compass Furniture; New Orleans, LA Retail Furniture; 1986
DG; FL; 2011
Gila River Gaming Enterprises; Chandler, AZ Casino Gaming; 2011
Mardi Gras Casino Casino Gaming; 2012
Tech Results BI & CRM Software for Casinos; 2012

MARLIN OUTDOOR ADVERTISING LTD.
55 New Orleans Rd, Hilton Head Island, SC 29938
Tel.: (843) 785-5769
Fax: (843) 785-8139
Web Site: www.marlinoutdooradvertising.com

E-Mail for Key Personnel:
President: brucewelden@islc.com

Employees: 6
Year Founded: 1981

Agency Specializes In: Media Buying Services, Media Planning, Out-of-Home Media, Outdoor

Breakdown of Gross Billings by Media: Outdoor: 95%; Radio: 5%

Walter M. Czura *(Pres)*
Will Settle *(VP-Sls & Ops)*

Accounts:
Comfort Inn Hotels
Cracker Barrel
Days Inn Hotels
Hampton Inn Hotels
Holiday Inn Express

MATOMY MEDIA GROUP
311 W 43Rd St Fl 10, New York, NY 10036
Tel.: (646) 442-1574
Fax: (646) 638-4889
Toll Free: (888) 866-9449
Web Site: www.matomy.com

Employees: 140
Year Founded: 2001

Agency Specializes In: Media Buying Services, Media Planning, Search Engine Optimization, Sweepstakes, Web (Banner Ads, Pop-ups, etc.)

Keren Krygier *(CFO)*
Ido Barash *(Gen Counsel-Israel)*
Gil Klein *(Mng Dir-Mobfox-Israel)*
Yair Green *(VP-Engrg)*

Accounts:
American Laser Centers
American Singles
CCA Global
CTU/AIU
The Frisky
MyPoints
NPD Group
Primus
SC Johnson

MATRIX MEDIA SERVICES, INC.
463 E Town St, Columbus, OH 43215-4757
Tel.: (614) 228-2200
Fax: (614) 228-8404
Toll Free: (800) 589-6674
E-Mail: info@matrixmediaservices.com
Web Site: www.matrixmediaservices.com

Employees: 25
Year Founded: 1988

National Agency Associations: OAAA

Agency Specializes In: Advertising, Advertising Specialties, Affluent Market, African-American Market, Alternative Advertising, Arts, Automotive, Brand Development & Integration, Broadcast, Cable T.V., Co-op Advertising, Collateral, College, Communications, Consulting, Consumer Goods, Corporate Communications, Corporate Identity, Custom Publishing, Education, Entertainment, Event Planning & Marketing, Experience Design, Faith Based, Financial, Food Service, Government/Political, Guerilla Marketing, Health Care Services, Hispanic Market, Hospitality, In-Store Advertising, Internet/Web Design, LGBTQ Market, Local Marketing, Market Research, Media Buying Services, Media Planning, Media Relations, Men's Market, Mobile Marketing, Multicultural, New Product Development, Newspaper, Out-of-Home Media, Outdoor, Planning & Consultation, Podcasting, Point of Purchase, Point of Sale, Print, Production, Production (Print), Promotions, Radio, Restaurant, Search Engine Optimization, Seniors' Market, Social Marketing/Nonprofit, Social Media, Sports Market, Strategic Planning/Research, Syndication, Transportation, Urban Market, Web (Banner Ads, Pop-ups, etc.)

Approx. Annual Billings: $27,000,000

Breakdown of Gross Billings by Media: Out-of-Home Media: 100%

Terri Kraft *(Sr VP-Media Sls)*
Jeremy Mitchell *(Sr VP)*
Ann Marie Garcia Guy *(Assoc Dir-Community)*
Emily Beringer *(Acct Mgr)*
Ashley Griffith-Roach *(Acct Supvr)*
Jennifer Hoffmannbeck *(Acct Supvr)*
Ashley Shipley *(Acct Exec)*
Jarrod Watkins *(Media Buyer)*
Danielle Wells *(Media Buyer)*

MAYOSEITZ MEDIA
751 Arbor Way Ste 130, Blue Bell, PA 19422
Tel.: (215) 641-8700
Fax: (215) 641-8712
E-Mail: info@mayoseitzmedia.com
Web Site: www.mayoseitzmedia.com

Employees: 27
Year Founded: 1997

National Agency Associations: 4A's

Agency Specializes In: Broadcast, Business-To-Business, Cable T.V., Communications, Digital/Interactive, Electronic Media, Entertainment, Financial, Media Buying Services, Media Planning, Newspaper, Newspapers & Magazines, Out-of-Home Media, Outdoor, Print, Radio, Social Media, Sponsorship, Sports Market, T.V., Trade & Consumer Magazines, Travel & Tourism

Ray Mayo *(Co-Founder & Mng Dir)*
Jon Seitz *(Co-Founder & Mng Dir)*
Mary Tyrrell *(Sr VP & Dir-Media Strategy)*
Jessica Rosenthal *(VP & Dir-Brdcst)*
Andrew DelQuadro *(VP-Digital Media)*
Alex Seitz *(Editor, Dir & Producer-Media)*
Lisa Volpe *(Mgr-HR)*
Samantha Hall *(Supvr)*
Lisa Stormont *(Supvr-Media Strategy)*
Caitlin Walsh *(Supvr-Media Strategy)*
Lauren Angelini *(Sr Strategist-Media)*
Jon Bryant *(Sr Strategist-Media)*
Craig Doyle *(Assoc-Digital Ad Ops)*

Accounts:
Automobile Dealers Association of Greater Philadelphia; 2007
Citadel
Comcast SportsNet; Philadelphia, PA Sports Cable Network; 1998
Dietz & Watson Inc. Media
Greater Philadelphia Tourism; Philadelphia, PA Tourism; 2000
Hershey Entertainment & Resorts; Hershey, PA Tourism; 2002
Museum of the American Revolution (Media Agency of Record)
Penn Medicine Princeton Health Health System;

AGENCIES - JANUARY, 2019 — MEDIA BUYING SERVICES

2002
The Philadelphia Orchestra Association (Media Agency of Record); 2017
The Phillies, L.P.; 1999
Sea Research Foundation Media
Stripes Convenience Stores
Subway QSR; 2002
Sunoco Inc.; 2004
Trex Company, Inc. Home Products; 2007
Virtua Health System
Visit Philadelphia
Wharton Executive Education Media Agency of Record, Media Strategy

MDDC PRESS ASSOCIATION & PRESS SERVICE
2000 Capital Dr The Capital Gazette Bldg, Annapolis, MD 21401
Toll Free: (855) 721-6332
Web Site: www.mddcpress.com

Employees: 8
Year Founded: 1996

Agency Specializes In: Advertising, Media Buying Services, Media Planning, Newspaper, Newspapers & Magazines, Publicity/Promotions

Approx. Annual Billings: $10,800,000

Breakdown of Gross Billings by Media: Newsp.: 100%

Rebecca Snyder *(Exec Dir)*
Wanda Smith *(Coord-Ad Network)*

Accounts:
AETNA
Carroll County Times
Delaware State News
FEMA
Garrett County Weekende
Hershey Park
Milford Beacon
Salvation Army
Tuesday Morning
Washington Times

MEC, GLOBAL HQ, NEW YORK
(Merged with Maxus Global to form Wavemaker Global Ltd)

MEDIA BROKERS INTERNATIONAL, INC.
555 N Point Ctr E Ste 700, Alpharetta, GA 30022
Tel.: (678) 514-6200
Fax: (678) 514-6299
E-Mail: info@media-brokers.com
Web Site: www.media-brokers.com

Employees: 46

Agency Specializes In: Event Planning & Marketing, Media Buying Services, Media Planning, Out-of-Home Media, Outdoor, Print

Ben Johnston *(Pres & CEO)*
Patti Armstrong *(Exec VP & Media Dir)*
Katey Byrne *(Exec VP & Media Dir)*
Tara Oporto *(Exec VP & Media Dir)*
Marina Stacy *(Exec VP & Specialist-Media & Digital)*
Bill Mathews *(Exec VP)*
Tracey Goldman Stack *(Exec VP)*
Howard Steuer *(Exec VP)*
Lisa Busman *(VP & Media Dir)*
Joy Cantilo *(VP & Media Dir)*
Pam Crawford *(VP & Media Dir)*
Greg Vassar *(VP & Media Dir)*
Shawn Gant *(Mktg Dir)*
Dawn Hill *(Media Dir)*
Zack Strayer *(Media Dir-Newspaper & Direct Mail)*

Stephanie Friedel *(Media Buyer & Planner)*
Katie Minor *(Coord-Media)*
Marcus Dickman *(Sr Media Dir)*

Accounts:
Diet Product
Intrepid Travel Media Buying, Print
Luxury Condominiums

MEDIA BUYING SERVICES, INC.
4545 E Shea Blvd Ste 162, Phoenix, AZ 85028-6008
Tel.: (602) 996-2232
Fax: (602) 996-5658
Toll Free: (888) 996-2232
E-Mail: chuck@mediabuyingservices.com
Web Site: www.mediabuyingservices.com

E-Mail for Key Personnel:
President: kmunson@mediabuyingservices.com

Employees: 11
Year Founded: 1986

Agency Specializes In: Advertising, Business-To-Business, Consumer Marketing, Digital/Interactive, Media Buying Services, Media Planning

Approx. Annual Billings: $19,000,000

Breakdown of Gross Billings by Media: Cable T.V.: $1,900,000; Network Radio: $380,000; Newsp.: $1,500,000; Outdoor: $1,800,000; Spot Radio: $6,220,000; Spot T.V.: $7,000,000; Trade & Consumer Mags.: $200,000

Kathy Munson *(Founder & CEO)*
Chuck Munson *(CFO & COO)*
Cheri Moreno *(Sr Buyer & Planner)*
Rona Alviar *(Media Buyer & Media Planner)*
Heather Papp *(Sr Media Planner & Media Buyer)*
Laura Gastelum *(Sr Media Planner & Buyer)*
Cheryl Watson *(Sr Media Planner & Buyer)*

Accounts:
Apache Gold Casino
Arizona Department of Transportation Government; 1997
Desert Botanical Garden
John C. Lincoln Health Network

MEDIA DESIGN GROUP LLC
12300 Wilshire Blvd Ste 200, Los Angeles, CA 90025
Tel.: (310) 584-9720
Fax: (310) 584-9725
E-Mail: info@mediadesigngroup.com
Web Site: www.mediadesigngroup.com

Employees: 50
Year Founded: 2008

Agency Specializes In: Direct Response Marketing, Media Buying Services, Media Planning, T.V.

Stacy Durand *(CEO & Partner)*
Bernadette Abasta *(VP-Client Svc)*
Sheb Alahmari *(VP-Media)*
Matt Peterson *(VP-Client Strategy & Dev)*
Laine Harrison *(Acct Mgr)*
Julie Holtzman *(Media Buyer)*
Kady Lay *(Media Planner)*

Accounts:
eVoice
Metlife
Murad
NFL
Nutribullet
Omaha Steaks
Rockwell
Samsung

TriNet
Worx

MEDIA DIRECTIONS ADVERTISING, INC.
9724 Kingston Pike Ste 301, Knoxville, TN 37922-6910
Tel.: (865) 691-9482
Fax: (865) 531-7585
E-Mail: mediadirections@mdadv.com
Web Site: www.mdadv.com

E-Mail for Key Personnel:
President: maureen@mdadv.com

Employees: 5
Year Founded: 1982

Agency Specializes In: Advertising, Arts, Automotive, Broadcast, Business Publications, Cable T.V., Co-op Advertising, Consulting, Consumer Marketing, Electronic Media, Entertainment, Event Planning & Marketing, Government/Political, Health Care Services, Leisure, Local Marketing, Magazines, Media Buying Services, Media Planning, Medical Products, Newspaper, Out-of-Home Media, Outdoor, Paid Searches, Planning & Consultation, Print, Production, Promotions, Public Relations, Publicity/Promotions, Radio, Recruitment, Restaurant, Retail, Seniors' Market, Sports Market, Strategic Planning/Research, T.V., Trade & Consumer Magazines, Transportation

Approx. Annual Billings: $5,000,000

Breakdown of Gross Billings by Media: Digital/Interactive: $100,000; Mags.: $50,000; Newsp.: $750,000; Outdoor: $750,000; Radio: $750,000; T.V.: $2,600,000

Maureen Patteson *(Owner)*
Carey Merz *(COO & Exec VP)*

Accounts:
Airport Cadillac; Knoxville, TN Automotive; 2003
Airport Motor Mile; Alcoa, TN Dealer Group; 1995
Airport Toyota; Knoxville, TN Automotive; 1994
Covenant Health Care; Knoxville, TN Corporate Brand, Hospitals, Specialty Medical Centers; 2005
Covenant Health Credit Union; Knoxville, TN Credit Union; 2007
Dogwood Arts Festival; Knoxville, TN Arts Festival; 2007
Knoxville Area Transit Authority; Knoxville, TN Public Transit; 1993
Mercy Health Partners; Knoxville, TN Hospitals
Michael Brady Inc.; Knoxville, TN Architectural & Engineering; 2010

MEDIA EDGE, INC.
531 Hadley Dr, Palm Harbor, FL 34683
Tel.: (727) 641-6800
Fax: (727) 784-9579
E-Mail: gchism@mediaedgeinc.com
Web Site: www.mediaedgeinc.com

Employees: 6
Year Founded: 1986

Agency Specializes In: Media Buying Services, Media Planning, Out-of-Home Media, Outdoor, Publicity/Promotions

James Kelley *(Pres)*

Accounts:
ChoicePoint, Inc.
Queen Realty
WMOR - TV

MEDIA BUYING SERVICES

MEDIA EXPERTS
495 Wellington St W Ste 250, Toronto, ON M5V 1E9 Canada
Tel.: (416) 597-0707
Fax: (416) 597-9927
E-Mail: info@mediaexperts.com
Web Site: www.mediaexperts.com

Employees: 130
Year Founded: 1981

Agency Specializes In: Media Buying Services, Media Planning

Robert Jenkyn *(Pres)*
Chris Marcolefas *(CFO)*
Lisa Dimarco *(COO)*
Kris Davis *(Sr VP-Customer Svc)*
Phil Borisenko *(Mng Dir-Media Sys)*
Rupy Khera *(Mng Dir-Customer Svc)*
Jenna Bendavid *(Dir-Media Sys Design)*
Carol Cummings *(Dir-Brdcst Solutions)*
Josee Thibault *(Dir-Media Sys Design)*
Elizabeth McPhedran *(Comm Mgr)*
Johari Williams *(Mgr)*
Julianne Hope *(Supvr-Media Sys Design)*
Meghan Kennedy *(Supvr-Digital)*

Accounts:
ALDO Group Fashion Accessories, Footwear, Retail; 1984
BC Hydro Media Buying, Media Planning
Bell Canada Telecommunications; 2005
Best Buy Canada Consumer Electronics, Media Buying; 2006
BMW Canada Automotive; 2000
Casino Rama Media Buying, Media Planning
Corby Spirit and Wine (Media Agency of Record)
Export Development Canada Media Planning & Buying; 2018
Future Shop Restaurants; 2006
Interac
MINI Canada Automotive; 2005
Workopolis Career Search; 2010

Branch

Media Experts
7236 ru Marconi, Montreal, QC H2R 2Z5 Canada
Tel.: (514) 844-5050
Fax: (514) 844-1739
E-Mail: marks@mediaexperts.com
Web Site: www.mediaexperts.com

Employees: 80

Mark Sherman *(CEO)*
Flavia D'Orazio *(Sr VP-Customer Svc)*
Karel Wegert *(Sr VP-Digital Media Sys)*
Joaquin Murillo *(Mng Dir-Search Mktg Sys)*
Pina Cuffaro *(Dir-Media Procurement)*
Audrey Desautels *(Mgr-Mediasytems Design)*

Accounts:
Bell Canada
Best Buy
BMW Group Canada
MINI Canada
TD Bank Group
WestJet Airlines Ltd. Media Buying

THE MEDIA KITCHEN
160 Varick St, New York, NY 10013
Tel.: (646) 336-9400
E-Mail: info@mediakitchen.tv
Web Site: http://mediakitchen.com/

Employees: 65
Year Founded: 2001

National Agency Associations: 4A's

Agency Specializes In: Affluent Market, Business-To-Business, Children's Market, College, Consumer Goods, Consumer Marketing, Cosmetics, Entertainment, Fashion/Apparel, Financial, Food Service, Health Care Services, Media Buying Services, Media Planning, Pharmaceutical, Retail, Social Marketing/Nonprofit, Sponsorship, Strategic Planning/Research, Women's Market

Barry Lowenthal *(CEO)*
Bonnie Barest *(Mng Dir)*
Brooke Reno *(Mng Dir-UK)*
Steve Wendling *(Media Dir)*
Jonathan Kim *(Dir-Digital Engrg)*
Andrew Sandoval *(Dir-Biddable Media)*
Kaitlin Bevans *(Assoc Dir)*
Cory Burdick *(Assoc Dir)*
Anna Fertel *(Assoc Dir)*
Robert Kovalcik *(Assoc Dir)*
Annie McAndrews *(Assoc Dir-Biddable Media)*
Melanie Nelson *(Assoc Dir)*
Ludmila Palasin *(Assoc Dir)*
Stephanie Stevens *(Assoc Dir-Biddable Media)*
Samantha Stockman *(Assoc Dir)*
Jonathan Albujar *(Supvr-Digital Investment & Strategy)*
Michael Tasik *(Strategist)*
Patrick-Henrie So *(Grp Media Dir)*

Accounts:
Aerin; 2013
Atlantic Media Quartz, Website
CIT Group, Inc.; 2007
Combe
Dressbarn
Justice
Kaplan
Lane Bryant Campaign: "ImNoAngel"
Noosa Yoghurt
PINK by Victoria's Secret
Red Robin Digital Media Planning & Buying
Seventh Generation
TE Connectivity Campaign: "What A Sensor Sees", Media
The Vanguard Group, Inc.; 2009
Windstream Communication; 2008
Xcel Energy

MEDIA PARTNERSHIP CORPORATION
800 Connecticut Ave 3rd Fl N Wing, Norwalk, CT 06854
Tel.: (203) 855-6711
Fax: (203) 855-6705
E-Mail: info@mediapartnership.com
Web Site: www.mediapartnership.com

E-Mail for Key Personnel:
President:
matt.thornbrough@mediapartnership.com
Media Dir.: jsc@mediapartnership.com

Employees: 14
Year Founded: 1996

National Agency Associations: 4A's-LIAN

Agency Specializes In: Media Buying Services, Media Planning, Planning & Consultation, Sponsorship

Approx. Annual Billings: $176,000,000

Jim Jarboe *(Sr VP & Dir-Brdcst Svcs)*
Donna Cataldo *(VP & Grp Acct Dir)*

Accounts:
Children's Place; 2005
Fujifilm
Lucille Roberts; New York, NY; 1996
Netzero
Papa Murphy's
Royal Doulton
United Online; CA; 1999
Waterford Crystal
Wedgwood

MEDIA PERIOD
7115 Orchard Lake Rd Ste 220, West Bloomfield, MI 48322
Tel.: (248) 539-9119
Fax: (248) 539-3703
Web Site: www.mediaperiod.com

Employees: 6

Agency Specializes In: Media Buying Services, Media Planning

Harvey Rabinowitz *(Pres)*

Accounts:
Carl's Golfland

MEDIA POWER ADVERTISING
18047 W Catawba Ave, Cornelius, NC 28031
Tel.: (704) 567-1000
Fax: (704) 567-8193
E-Mail: media@mediapoweradvertising.com
Web Site: www.mediapoweradvertising.com

Employees: 12
Year Founded: 1985

Agency Specializes In: Advertising, Automotive, Broadcast, Cable T.V., Co-op Advertising, Consulting, Consumer Marketing, Direct Response Marketing, Education, Electronic Media, Entertainment, Fashion/Apparel, Health Care Services, Infomercials, Legal Services, Magazines, Media Buying Services, Media Planning, Newspaper, Newspapers & Magazines, Out-of-Home Media, Outdoor, Planning & Consultation, Print, Radio, Retail, Strategic Planning/Research, T.V.

Barbara Goldstein *(Pres)*
Don Irons, Jr. *(Dir-Ops & Media)*

Accounts:
Piedmont Natural Gas
SpeeDee Oil Change & Tune-Up

MEDIA RESOURCES, LTD.
4450 Belden Vlg Ave NW Ste 502, Canton, OH 44718
Tel.: (330) 492-1111
Fax: (330) 492-8472
Toll Free: (888) 492-5053
E-Mail: gloria.cuerbo@mediaresourcesonline.com
Web Site: www.mediaresourcesonline.com

Employees: 40
Year Founded: 1996

National Agency Associations: DMA

Agency Specializes In: Advertising, Advertising Specialties, African-American Market, Automotive, Bilingual Market, Brand Development & Integration, Business Publications, Co-op Advertising, Collateral, Communications, Consumer Marketing, Consumer Publications, Corporate Communications, Digital/Interactive, Direct Response Marketing, E-Commerce, Electronic Media, Email, Event Planning & Marketing, Graphic Design, Hispanic Market, In-Store Advertising, Integrated Marketing, Local Marketing, Magazines, Market Research, Media Buying Services, Media Planning, Media Relations, Multicultural, Newspaper, Newspapers & Magazines, Planning & Consultation, Podcasting, Point of Purchase, Point of Sale, Print, Production, Production (Print), Promotions, Publicity/Promotions, Retail, Sales Promotion, Strategic Planning/Research,

AGENCIES - JANUARY, 2019 — MEDIA BUYING SERVICES

Sweepstakes, Travel & Tourism, Web (Banner Ads, Pop-ups, etc.)

Approx. Annual Billings: $40,000,000

Gloria Cuerbo-Caley *(Pres & CEO)*
Augustine Cuerbo *(COO & Exec VP)*
Tracey LaClair *(Mgr-Digital Creative)*

Accounts:
AT&T Communications Corp.
BBDO Chrysler, Dodge & Jeep
Chemistri
Daimler Chrysler
Ford Motor Company
General Motors
J. Walter Thompson
Ogilvy & Mather
PHD

Branches

Media Resources/Boston
6 Parkview Rd, Reading, MA 01867
Tel.: (330) 492-1111
Fax: (330) 492-8472
E-Mail: ddunster@mediaresourcesonline.com
Web Site: www.mediaresourcesonline.com

Employees: 1

Agency Specializes In: Advertising, Advertising Specialties, African-American Market, Automotive, Digital/Interactive, E-Commerce, Email, Hispanic Market, Magazines, Market Research, Media Buying Services, Media Planning, Media Relations, Multicultural, Newspaper, Newspapers & Magazines, Podcasting, Print, Production (Ad, Film, Broadcast), Production (Print), Sweepstakes, Travel & Tourism, Web (Banner Ads, Pop-ups, etc.)

Augustine Cuerbo *(COO & Exec VP)*
Derek Domer *(Acct Exec-eDirect)*

Accounts:
AT&T Communications Corp.
Daimler Chrysler
Ford
General Mills
Ogilvy & Mather
Unicel

MEDIA SOLUTIONS
707 Commons Dr #201, Sacramento, CA 95825
Tel.: (916) 648-9999
Fax: (916) 648-9990
Web Site: www.mediasol.com

Employees: 10
Year Founded: 1991

National Agency Associations: AAF

Agency Specializes In: Advertising, Advertising Specialties, Affluent Market, African-American Market, Agriculture, Alternative Advertising, Asian Market, Automotive, Bilingual Market, Broadcast, Business Publications, Business-To-Business, Cable T.V., Co-op Advertising, Communications, Consulting, Consumer Goods, Consumer Marketing, Consumer Publications, Crisis Communications, Digital/Interactive, Direct Response Marketing, Direct-to-Consumer, Electronic Media, Email, Environmental, Event Planning & Marketing, Experience Design, Food Service, Government/Political, Guerilla Marketing, Health Care Services, Hispanic Market, Household Goods, In-Store Advertising, Integrated Marketing, Local Marketing, Magazines, Marine, Market Research, Media Buying Services, Media Planning, Medical Products, Men's Market, Mobile Marketing, Multicultural, Multimedia, New Technologies, Newspaper, Newspapers & Magazines, Out-of-Home Media, Outdoor, Over-50 Market, Paid Searches, Planning & Consultation, Print, Promotions, Publicity/Promotions, Radio, Regional, Restaurant, Retail, Search Engine Optimization, Seniors' Market, Social Marketing/Nonprofit, Social Media, South Asian Market, Sponsorship, Sports Market, Strategic Planning/Research, T.V., Teen Market, Trade & Consumer Magazines, Transportation, Urban Market, Web (Banner Ads, Pop-ups, etc.)

Approx. Annual Billings: $14,000,000

Breakdown of Gross Billings by Media: Cable T.V.: 10%; Internet Adv.: 9%; Mags.: 3%; Newsp.: 2%; Other: 5%; Outdoor: 10%; Radio: 30%; T.V.: 30%; Trade & Consumer Mags.: 1%

Cynthia Metler *(Owner)*
Jennifer Horner *(Client Svcs Dir)*
Kelly Wheeler *(Media Dir)*
Anna Schweissinger *(Sr Acct Exec)*

Accounts:
California Department of Insurance
California Department of Public Health; CA H1N1, Pertussis; 2010
California Franchise Board
Department of Boating & Waterways; CA Clean Vessel; 2008
Future Ford Clovis; 2004
Future Ford of Concord; 2005
Future Ford, Lincoln; Roseville, CA Auto Dealer; 1999
Future Nissan; Roseville, CA Auto Dealer; 1999
Papa Murphy's; Sacramento, San Francisco, Fresno & Monterey, CA; Reno, NV; 2001
Public Utilities Commission; 2009

MEDIA STORM LLC
99 Washington St, South Norwalk, CT 06854
Tel.: (212) 941-4470
Fax: (203) 852-5592
E-Mail: info@mediastorm.biz
Web Site: www.mediastorm.biz

Employees: 65
Year Founded: 2001

National Agency Associations: 4A's

Agency Specializes In: Above-the-Line, Advertising, Affiliate Marketing, Affluent Market, Alternative Advertising, Below-the-Line, Bilingual Market, Branded Entertainment, Broadcast, Business Publications, Business-To-Business, Cable T.V., Co-op Advertising, Consumer Goods, Consumer Marketing, Consumer Publications, Content, Digital/Interactive, Direct Response Marketing, Direct-to-Consumer, Electronic Media, Electronics, Email, Entertainment, Experience Design, Graphic Design, Guerilla Marketing, Hispanic Market, In-Store Advertising, Infomercials, Integrated Marketing, Internet/Web Design, Leisure, Local Marketing, Luxury Products, Magazines, Market Research, Media Buying Services, Media Planning, Media Relations, Men's Market, Mobile Marketing, Multicultural, Multimedia, New Technologies, Newspaper, Newspapers & Magazines, Out-of-Home Media, Outdoor, Paid Searches, Planning & Consultation, Podcasting, Print, Product Placement, Production, Production (Ad, Film, Broadcast), Promotions, Publicity/Promotions, Radio, Regional, Retail, Search Engine Optimization, Sponsorship, Sports Market, Strategic Planning/Research, Syndication, T.V., Teen Market, Trade & Consumer Magazines, Transportation, Travel & Tourism, Urban Market, Viral/Buzz/Word of Mouth, Web (Banner Ads, Pop-ups, etc.), Women's Market

Approx. Annual Billings: $160,000,000

Breakdown of Gross Billings by Media: Brdcst.: 10%; Cable T.V.: 25%; Consulting: 3%; D.M.: 5%; Event Mktg.: 5%; Internet Adv.: 22%; Out-of-Home Media: 10%; Print: 10%; Radio: 5%; Strategic Planning/Research: 5%

Tim Williams *(Co-Founder & Co-Owner)*
Jill Grant *(Fin Dir)*
Nate Brendal *(Grp Dir-Digital Strategy-East Coast)*
Krista Jansen *(Dir-Digital Media)*
Jayde Levesque *(Dir-Integrated Media)*
John Thomas *(Dir-Digital Media)*
John Dasher *(Assoc Dir-Digital Strategy)*
Danielle Murphy *(Assoc Dir-Strategic Plng)*
Brionne Ram-Singh *(Mgr-Digital Investment)*
Juliann Busciglio *(Supvr-Programmatic)*
Alexis Espinell *(Supvr-Digital)*
Craig Greene *(Supvr)*
Mary Langan *(Supvr-Strategic Plng)*
Karla McDonald *(Supvr-Digital Media)*
Morley Quatroche *(Supvr-Paid Search & Social-Intent Lab)*
Graciela Romero *(Planner-Digital Media)*
Ryan VanZandt *(Planner-Strategic)*
Nicole Conti *(Assoc Media Dir-Strategic Plng)*
Giovanna Lorch *(Grp Mgr-Brdcst-Natl)*
Kate Nissen *(Grp Mgr-Brdcst)*
Lauren Penalba *(Assoc Media Dir)*
Marcy Sackett *(Grp Mgr-Brdcst)*

Accounts:
Big Lots Inc
Bowlmor
CBS Sports
Celebrity Cruises Media
CMT(Country Music Television); New York, NY Media Buying & Planning
CT Tourism
Food Network
FX Networks, LLC Digital Media, FX, FXM, FXNOW, FXX
Glory Kickboxing
Harvest Hill Beverage Company SunnyD (US & Canada Media Planning & Buying Agency of Record)
iNDemand; New York, NY PPV & VOD Programming; 2002
lafrivole.ru
Memorial Sloan-Kettering Cancer Center Inc. (Media Agency of Record)
Military Mortgage Campaign: "Battleship"
Miramax; 2008
MLB Network Media Buying
Mohegan Sun (Agency of Record) Media Buying, Media Planning, Strategy
Morton Campaign: "Wedding"
MTV Networks Company
My Network TV; Los Angeles, CA; 2006
The N Television Network for Teens; 2008
NFL Network; Los Angeles, CA; 2006
NJOY Inc.
Open Road Films
Ovation TV (Agency of Record) Marketing
Perry Ellis International (Media Agency of Record) Analytics, Ben Hogan, Callaway, Cubavera, Jack Nicklaus, Jantzen, Laundry by Shelli Segal, Media Buying, Media Planning, Original Penguin by Munsingwear, PGA TOUR, Perry Ellis, Rafaella; 2017
Popcorn Entertainment; Los Angeles, CA Filmed Entertainment; 2005
POPSUGAR Inc Campaign: "We Search, We Find, We ShopStyle", Media Planning, ShopStyle
Savelovsky
Scripps Networks DIY, Scripps Networks
Shopzilla; Los Angeles, CA Consumer Website; 2006
Showtime Network; New York, NY; 2003
Speed Network; Charlotte, NC; 2003
Tribune Entertainment; Los Angeles, CA Syndicated Programming; 2002
Turner Broadcasting Media Buying, TruTV; 2005

MEDIA BUYING SERVICES
AGENCIES - JANUARY, 2019

UFC
Viggle Campaign: "Rewards", TV
WE: Women's Entertainment Network; Bethpage, NY Bridezillas; 2003
WGN America

MEDIA WORKS, LTD.
1425 Clarkview Rd Ste 500, Baltimore, MD 21209
Tel.: (443) 470-4400
E-Mail: mselby@medialtd.com
Web Site: www.medialtd.com

E-Mail for Key Personnel:
President: jberg@medialtd.com

Employees: 14
Year Founded: 1988

National Agency Associations: 4A's

Agency Specializes In: Automotive, Business-To-Business, Health Care Services, Media Buying Services, Media Planning, Real Estate, Retail

Michele Selby *(Pres)*
Jody S. Berg *(CEO)*
Betsy Clark *(Exec VP)*
Amy Wisner *(Exec VP)*
Ashlea Wolcott *(Sr VP)*
Beth Jenkins *(VP)*
Monica Lazarus *(VP)*
Megan Olson *(VP)*
Ryan Trott *(Acct Mgr & Media Planner)*
Allison Shields *(Acct Mgr)*
Halley Firestone *(Acct Supvr)*
Colleen Winterling *(Acct Supvr)*
Alisa Chapman *(Media Buyer & Media Planner)*
John Love *(Media Buyer & Planner)*
Sam Noel *(Media Planner & Media Buyer)*
Julie Block Padden *(Media Planner & Media Buyer)*
Mandy Remeto *(Media Planner & Media Buyer)*
Michelle Bobb *(Media Buyer)*
Jennifer Pupshis *(Media Buyer)*
Danielle Rothouse *(Media Buyer)*
Casey Schmiegel *(Media Buyer)*
Jamie Sullivan *(Planner-Digital Media)*
Morgan Mathis *(Coord-Media)*

Accounts:
Advance Business Systems; Baltimore, MD; 1993
Berkshire Hathaway Automotive Group
The Big Screen Store
BUBBLES Salons (Agency of Record) Digital Media Planning & Buying, Traditional Media Planning & Buying
Chase Brexton Health Services, (Agency of Record) Media Buying, Media Planning
Citifinancial Nascar
Dyslexia Tutoring; Baltimore, MD; 2003
Erickson Retirement Communities
ExpressCare (Agency of Record) Branding, Broadcast TV, Digital, Direct Mail, Outdoor, Radio, Social Media
Feld Entertainment; Vienna, VA; 1998
Hood College; Frederick, MD; 2004
Maryland Tourism & Travel
Mile One Automotive
National Aquarium Media Buying, Media Planning
Offenbacher's (Agency of Record) Digital, Media Buying, Media Planning, Print, Radio, TV
Sears Hometown and Outlet Stores (Agency of Record) Out-of-Home, Radio, TV
Sinclair Broadcasting; Baltimore, MD; 1999
St. Agnes Hospital; Baltimore, MD; 2000
Sylvan Learning Centers
United Way of Central; MD
Villanova University
Walters Art Gallery
The White House Historical Association (Agency of Record) Digital Media, Print

Branch

Media Works Charlotte
19733, Davidson, NC 28036
Tel.: (704) 947-2000
E-Mail: tfrey@medialtd.com
Web Site: www.medialtd.com

Employees: 20
Year Founded: 2007

Amy Wisner *(Sr Exec VP)*
Elizabeth Jenkins *(VP)*
Allison Shields *(Acct Mgr)*
Cheryl Rogers, III *(Acct Supvr)*
Tami Frey *(Supvr-Media)*

MEDIACOM
498 7th Ave, New York, NY 10018
Tel.: (212) 912-4200
Fax: (212) 912-4719
E-Mail: usa@mediacom.com
Web Site: https://www.mediacom.com/us

Employees: 6,000

National Agency Associations: 4A's

Agency Specializes In: Advertising, Media Buying Services, Media Planning, Sponsorship

Approx. Annual Billings: $23,000,000,000

Anna Rosenblatt *(Mng Partner & Dir-Strategy)*
Pamela Valenti *(Mng Partner & Dir-Media Investment)*
Justin Sorrentino *(Partner & Grp Dir-SEM, SEO & Social Media)*
Fernando Cadena *(Partner & Dir-Comm Plng)*
Maggie Hilliard *(Partner & Dir-Strategy)*
Scott Accardo *(Partner & Assoc Dir-Media Investment)*
Bhavana Smith *(Chief Client Officer)*
Stephanie Gay *(Sr Partner, VP & Grp Dir-Digital)*
Matthew Gunther *(Sr Partner & Grp Acct Dir)*
Neal Lucey *(Sr Partner & Grp Acct Dir)*
Vanessa Newkirk *(Sr Partner & Grp Acct Dir)*
Jocelyn Hazlett *(Sr Partner & Dir-Strategy)*
Imran Ismail *(Sr Partner & Dir-Bus Science & Analytics)*
Brenna Kolomer *(Sr Partner & Dir-Employee Engagement)*
Alyssa Callahan *(Assoc Dir-Plng)*
Thomas Howland *(Assoc Dir-Integrated Media)*
Stephanie Litsas *(Assoc Dir-Plng)*
Brooke Chavdar *(Supvr-Media & Integrated Plng)*
Rachel Gropper *(Supvr-Integrated Media)*
Kelly Hand *(Supvr-Media)*
Ted Lowenfels *(Supvr-Digital Investment)*
Alex Oganesyan *(Supvr-Digital Media)*
Aaron Francois *(Media Planner-Integrated)*
Sol D'Angelo *(Reg Acct Mgr)*
Daniel Mendez *(Assoc Acct Dir)*
Cameron Nash *(Assoc-Paid Social Media)*
David Pico *(Reg Acct Dir)*
Jennifer Santos *(Assoc Media Dir)*
Tatjana Sevilla *(Sr Assoc-Paid Search)*

Accounts:
New-Adidas Global Media Buying; 2018
Allergan, Inc. Allergan, Inc., Botox, Juvederm, Lap-Band, Latisse, Restasis
Allergan Media Buyer & Planner
Allianz Life Insurance Company of North America
Ally Financial Inc. Buying & Planning, Digital, Media, Out-of-Home, Print, TV; 2018
American Airlines Global Media Agency
American Eagle Outfitters Media
Amtrak Brand Identity Development, Guest Rewards Initiatives, Loyalty Program, National & Local Media Buying & Planning; 2018
Anheuser-Busch InBev N.V./S.A.
Audi of America, Inc. Audi A6, Campaign: "Return to Snake River Canyon", Campaign: "Untitled Jersey City Project", Digital, Media, Social Content
Bacardi
Bayer Consumer Care Division Aleve, Alka-Seltzer, Alka-Seltzer Plus, Bayer Aspirin, Bayer Consumer Care Division, Citracal, Coppertone, Dr. Scholl's, Flintstones Vitamins, Midol, One-A-Day 50 Plus Advantage Vitamins, One-A-Day Men's Formula Vitamins, One-A-Day Vitamins, Phillips
Bombardier Recreatoinal Products North American Media Buying & Planning, Sea-Doo, Ski-Doo
Bose Corporation Media
Brand USA Global Media
Canon USA, Inc. Canon USA, Inc., Eos, PowerShot
Citizens Banking Corporation Citizens Banking Corporation, F&M Bank, Perfect Fit Checking
Coca-Cola
Coldwell Banker Campaign: "Blue Carpet", Media Buying
Comcast NBCUniversal Non-U.S. Media
Dell Inc. Alienware, Dell, Inc., Inspiron, dell.com
Direct General Media
EBay Creative, Media Planning & Buying
Electrolux Media Planning & Buying
Elizabeth Arden, Inc. Global Media
FanDuel
GlaxoSmithKline Abreva, AquaFresh, Beano, Citrucel, Contac, FiberChoice, Flex, Geritol, Global Media Planning & Buying, Levitra, Massengill, Nicoderm, Nicorette, Novartis, Oscal, PoliGrip, Polident, Remifemin, Sensodyne, Sominex, Tums, Vivarin
Hilton Worldwide, Inc. (Media Agency of Record) Cross-Channel Planning, Traditional Media Buying; 2018
Hotels.com, L.P. North American Media Planning & Buying; 2018
Lindt & Sprungli USA, Inc. Ghirardelli Chocolate Company, Lindor, Lindt & Sprungli USA, Inc.
LVMH BeneFit Cosmetics
Mars, Incorporated (Global Media Agency of Record) Media Planning & Buying
MetLife, Inc (Media Agency of Record) US Media; 2017
Office Depot, Inc Media; 2018
Pentland Brands PLC; 2018
PhRMA
Pokemon
Procter & Gamble Head & Shoulders Israel, Latin American & Caribbean Digital Agency
PSA Group Global Media
Reebok International Ltd. Consumer Insight & Measurement, Global Media, Integrated Media Consultancy & Buying, Media Planning; 2018
Richemont Global Media Planning & Buying
Ring Home Security
Royal Dutch Shell plc Black Magic, Global Media Planning & Buying, Gumout, Jiffy Lube, Pennzoil, Pennzoil Platinum Motor Oil, Pennzoil Ultra, Quaker State, Rain-X, Shell Global Commercial, Shell Lubricants, Shell Retail, Slick 50
Sargento Foods, Inc. Media
Siemens AG Global Media
Sony Corporation of America Global Media, PlayStation
Strayer University
Subway Restaurants Media
TravelSupermarket Media Buying, Media Planning
Uber Technologies Inc. North American Media; 2017
Uniqlo
Universal Music Group Geffen Records, Island Def Jam Music Group
UNOCHA
Walgreens Boots Alliance
Whole Foods Market, Inc. (Media Agency of Record) Data, National Media Planning & Buying, Search, Social
Wrigley 5 Gum, Skittles
Wyndham Worldwide Super 8, Wyndham Worldwide

AGENCIES - JANUARY, 2019 — MEDIA BUYING SERVICES

U.S. Offices

MediaCom US
498 Seventh Ave, New York, NY 10018
Tel.: (212) 912-4200
Fax: (212) 912-4719
E-Mail: usa@mediacom.com
Web Site: https://www.mediacom.com/us

Employees: 516
Year Founded: 1995

Lisa Blumenstein *(Mng Partner & Dir-Strategy)*
Alexa Sanchez *(Mng Partner)*
Laetitia Kieffer *(Partner & Grp Dir-Search & Social)*
Rachel Lippman *(Partner & Grp Dir-Digital Media)*
Lashena Huddleston DeCamp *(Partner & Media Dir)*
Stephanie Gay *(Sr Partner, VP & Grp Dir-Digital)*
Amanda Croce *(VP & Dir-Analytics & Strategy)*
Allison Bohm-Malmad *(Sr Partner & Grp Dir-Digital Investment)*
Jamie Umans *(Dir-Comm Plng)*
Courtney Grant *(Assoc Dir-Digital Media)*
Dung Truong *(Assoc Dir-Plng)*
Jessica Wurm *(Assoc Dir-Integrated Media)*
Michael Las *(Sr Mgr-Search Mktg)*
Diana Bartumioli *(Mgr-Media Investment)*
Lizzy Felts *(Mgr-Digital Investment)*
Justine Miras *(Mgr-Media Investment)*
Johanna Branagan *(Supvr-Digital Media)*
Mariya Webb *(Supvr-Digital Media)*
Melissa Dellacato *(Media Planner)*
Joshua Booker *(Assoc Media Dir)*
Alejandro Torres *(Sr Reg Mgr)*

Accounts:
CIMZIA
Sargento Cheese; 2009
Subway Restaurants Digital Media, Media Planning & Buying, Mobile, Search; 2004

MediaCom USA
1601 Cloverfield Blvd Ste 3000 North, Santa Monica, CA 90404
Tel.: (310) 309-8210
E-Mail: gnathan@mediacommail.com
Web Site: www.mediacom.com/en/contact/north-america/santa-monica

Employees: 65

National Agency Associations: 4A's

Agency Specializes In: Sponsorship

Stephanie Starr *(Mng Partner)*
Melissa Rhude *(Dir-Digital Media)*
Robert Swartz *(Dir-Strategy)*
Amanda Cagney *(Assoc Dir-Programmatic Media)*
Nick Cardoso *(Assoc Dir-Adv Ops)*
Malia Hanagami *(Assoc Dir-Paid Social Media)*
Deveny Rohrer *(Supvr-Media)*
Franco Viteri *(Supvr-Media)*
Theresa Hutchins *(Media Planner-Integrated)*
Rosana Cervi *(Reg Acct Dir)*
Benjamin Suchin *(Sr Assoc-Search)*
Philip Tseng *(Assoc Media Dir)*
Gwendolyn Woo *(Sr Assoc-Paid Social)*

Accounts:
BMW of North America, LLC
Crystal Cruises
Europa Corp
J.G. Wentworth Broadcast, Digital Media
Pella Corporation (Media Agency of Record) Design Inspiration, Innovation, Performance, Resiliency; 2018
Pokemon
Ring
Sony Computer Entertainment of America Global Media Buying & Planning, Playstation (Global Media Agency of Record)
Symantec Global Media Strategy, Norton, Planning & Buying
Tempur Sealy International Media
Universal Music Group
Volkswagen

Canada

MediaCom Vancouver
850 West Hastings St Ste 700, Vancouver, BC V6C 1E1 Canada
Tel.: (604) 687-1611
Fax: (604) 687-1441
E-Mail: canada@mediacom.com
Web Site: www.mediacom.com

Employees: 5

Agency Specializes In: Media Buying Services

Urania Agas *(Chief Client Officer)*
Carolyn Towell *(Acct Dir)*
Hardish Garson *(Acct Mgr)*
Stephanie Landicho *(Acct Mgr)*
Niri Panaram *(Mgr-Investment)*
Amanda Hill *(Assoc Acct Dir)*

Accounts:
ADT (Agency of Record) Media Planning & Buying
Aldo Group (Agency of Record) North America & Europe; 2018
BC Used Oil
BestBuy Future Shop
Canon Canada Campaign: "Timeplay - Interactive Cinema"
Coca-Cola Refreshments USA, Inc.
Dell; India
Downy; Philippines
Fisherman's Friend
Gillette; India
H&M; USA Campaign: "H & M Styles"
Mars & Wrigley Traditional & Digital Media
Mars Canada Ben's Beginners, Media Buying, Uncle Ben's
Mini
Oral B; Israel
PMC Sierra
Roger's Broadcasting
Starbucks
T-Mobile US
TransLink
New-Ubisoft Canada Offline Media
The University of British Columbia Media
Weight Watchers Media Buying, Media Planning
Wrigley Campaign: "Return Of Electric Circus"

Austria

MediaCom Vienna
Vordere, Zollamtsstrasse 13/5. OG, 1030 Vienna, Austria
Tel.: (43) 1605550
Fax: (43) 160555500
E-Mail: vienna.office@mediacom.com
Web Site: https://www.mediacom.com/at

Employees: 130

Andreas Vretscha *(CEO)*
Omid Novidi *(COO)*
Edgar Castellanos *(Art Dir)*
Bianca Stumpf *(Dir-Investment)*
Thomas Urban *(Dir-Digital)*

Accounts:
Allianz
Findmyhome.at
T-Mobile US
UniCredit Bank Austria AG

Belgium

MediaCom
Rue Jules Cockxstraat 8-10, 1160 Brussels, Belgium
Tel.: (32) 27731714
Fax: (32) 27711104
E-Mail: info@mediacom.be
Web Site: www.mediacom.com

Employees: 13

Christian Kevers *(Mng Dir)*
Oana Petroff *(CEO-Romania)*
Tom Lemaitre *(Dir-Client Svc)*
Patricia Raye *(Acct Mgr-Media)*
Kris Schelck *(Acct Mgr-Media)*

Accounts:
Nokia

Czech Republic

MediaCom Praha
Nadrazni 32, 515000 Prague, Czech Republic
Tel.: (420) 234299400
Fax: (420) 234299401
E-Mail: mediacom@mcpraha.cz
Web Site: https://www.mediacom.com/us

Employees: 58

Lucie Steflova *(Acct Mgr)*
Hana Kopecka *(Mgr-Interaction)*
Martina Lestinova *(Acct Supvr)*
Petr Lobl *(Supvr-Interaction)*

Denmark

MediaCom Denmark
Europaplads 2 3.sal, 8000 Aarhus, 1106 Copenhagen, Denmark
Tel.: (45) 33760000
Fax: (45) 33760001
E-Mail: info@mediacom.dk
Web Site: https://www.mediacom.com/dk

Employees: 152

Morten Kristensen *(CEO)*
Rasmus Fisker *(Mng Partner & Dir-Strategy)*
Kasper Moll *(Head-Digital Plng)*
Patrick Stenberg *(Acct Dir-Nordic)*
Signe Wandler *(Mktg Mgr)*
Henriette Bruun Lillhom *(Mgr-Insight Team)*

Accounts:
Fitness World
Ikea
Procter & Gamble
SAS
TDC
TV2

France

MediaCom Paris
32 Rue Guersant, Paris, 75837 France
Tel.: (33) 173002100
Fax: (33) 173002199
E-Mail: france@mediacom.com
Web Site: www.mediacom.com

Employees: 152
Year Founded: 1993

Agency Specializes In: Media Buying Services

MEDIA BUYING SERVICES — AGENCIES - JANUARY, 2019

Corinne Pessus *(Pres)*
Nicolas Castellani *(Bus Dir-Citroen France, Euro Repair Car Svc & PlayStation)*
Sarah Formosa *(Bus Dir)*
Veronique Imbert *(Bus Dir)*
Valerie Depince *(Dir-Bus & Customer Comm)*
Anthony Loret *(Dir-Content)*

Accounts:
3M Europe
Bahlsen
GlaxoSmithKline
GSK
Levi Strauss
Nokia
P&G (Non TV)
Tempur Sealy Media Buying, Media Planning

Germany

Mediacom Dusseldorf
Derendorfer Alle 10, 40476 Dusseldorf, Germany
Tel.: (49) 211171620
Fax: (49) 211171623200
E-Mail: freshness@mediacom.de
Web Site: https://www.mediacom.com/de

Employees: 552
Year Founded: 1986

Agency Specializes In: Media Buying Services

Tino Krause *(CEO)*
Rene Coiffard *(Mng Dir)*
Christian Franzen *(Mng Dir)*
Claus Brockers *(Chief Investment Officer)*
Susanne Grundmann *(Mng Dir-Client Svcs)*
Inke Rausch *(Mng Dir-Munich)*
Reiner Schmitt *(Mng Dir-Plng & Client Svcs)*
Frank Olma *(Creative Dir)*
Jens Widerstein *(Dir-Investment Mgmt Digital)*
Bernd Hake *(Acct Supvr)*

Accounts:
Audi Online
Coca-Cola Refreshments USA, Inc.
Deutsche Telekom Media Buying
Hasbro Campaign: "Office War: Helping Germany Have Fun At Work", Nerf Blasters
P&G
Tempur Sealy Media Buying, Media Planning
Volkswagen

Greece

MediaCom Athens
350 Kifisias Avenue & 2 Christou Lada, 15233 Chalandri, Athens, Greece
Tel.: (30) 2108114620
Fax: (30) 2108114649
E-Mail: info@mediacomathens.gr
Web Site: https://www.mediacom.com/us

Employees: 11

Petros Belesakos *(Mng Dir)*

Ireland

MediaCom Ireland
Marconi House, Lower Ground Floor, 2 Dublin, Ireland
Tel.: (353) 12321800
Fax: (353) 2321890
E-Mail: ireland@mediacom.com
Web Site: http://www.mediacom.com

Employees: 36

Ian Mc Grath *(Mng Dir)*
Ed Ling *(COO & Chief Growth Officer)*
Simon Kennett *(Chief Client Officer)*
Egle Jankeviciene *(Sr Acct Mgr)*
Sarah Harris *(Sr Client Mgr)*

Accounts:
Akzo Nobel Dulux
Brita
Dell
First Active
Muller
Nokia
Sky Media Buying, Media Planning
Universal
Wrigley

Italy

MediaCom Italy
Corso Sempione 2, Milan, 20154 Italy
Tel.: (39) 02336441
Fax: (39) 0234537770
E-Mail: italy@mediacom.com
Web Site: www.mediacom.com/en/home

Employees: 90

Agency Specializes In: Advertising

Zeno Mottura *(CEO)*
Barbara Robecchi *(Mng Dir)*
Les Middleton *(Assoc Dir-London)*

Accounts:
Autogerma
Eagle
Nokia
Procter & Gamble
Sky

Netherlands

MediaCom Amsterdam
Karperstraat 8, Amsterdam, 1075 DE Netherlands
Mailing Address:
PO Box 75516, 1070 AM Amsterdam, Netherlands
Tel.: (31) 205757700
Fax: (31) 205757701
E-Mail: info@medicacom.nl
Web Site: https://www.mediacom.com/nl

Employees: 69

Tessa van der Starre *(Mng Dir)*
Dorien de Jong *(Head-Media Investment)*
Liane Toxopeus *(Head-Client)*
Suzanne Bertus *(Dir-Comm)*
Joris Garritsen *(Dir-Dev Digital & Innovation)*
Lobke Hidding *(Dir-Comm)*
Natasa Gostic *(Mgr-AV Buying)*
Vincent Ruhe *(Mgr-Bus Science)*
Eva Bertus *(Sr Planner-Comm)*
Suzanne Koelewijn *(Sr Planner-Comm)*
Josine Tol *(Sr Planner-Comm)*
Malou Dekkers *(Planner-AV)*

Nigeria

All Seasons Mediacom
No 50 Adekunle Fajuyi Way, GRA Ikeja, Lagos, Nigeria
Tel.: (234) 1 493 8979
Fax: (234) 14932697
Web Site: www.mediacom.com

Employees: 41

Agency Specializes In: Media Buying Services

Accounts:
Amstel
BankPHB
Cobranet
Dublin City Council Sponsorship, Tourism
Dunlop
Emirates
eTranzact
Jagal Pharma
Nestle
Nigeria Breweries
PepsiCo
Samsung
Stallion Motors
Sterling Bank
Suzuki
Yudoo

Norway

MediaCom AS
Torggata 5 PB 8904, Youngstorget, Oslo, N-0028 Norway
Tel.: (47) 22911000
Fax: (47) 22911010
E-Mail: mediacom@mediacom.no
Web Site: www.mediacom.no

Employees: 83

Mads Karlsen *(Head-Digital Innovation)*
Olav Pedersen *(Acct Dir)*
Sten Brathen *(Dir-Strategy)*
Emilie Jebsen *(Planner-Social Media)*
Christian Olsen-Ruud *(Planner-Social Media)*

Accounts:
Danske Bank; 2009
H&M
IKEA
Kid Interior

Poland

MediaCom Warszawa
u Postepu 6, 02-676 Warsaw, Poland
Tel.: (48) 223100000
Fax: (48) 223100010
E-Mail: mcw@mcw.com.pl
Web Site: http://ideaoftheday.pl

Employees: 224

Agency Specializes In: Out-of-Home Media, Outdoor, Planning & Consultation

Stanislaw Kejler *(Mng Partner)*
Agata Albinowska *(Sr Planner-Comm)*

Accounts:
Deloitte
Fulltime Tauron
Ministry of Environment
Ministry of Health
Oferty.net

Portugal

MediaCom Portugal
Edificio 5C 4o Lagoas Park, 2470-298 Porto Salvo, 2770 Portugal
Tel.: (351) 211208750
Fax: (351) 211209090
E-Mail: portugal@mediacom.com
Web Site: https://www.mediacom.com/us

Employees: 35

Ricardo Clemente *(CEO)*

AGENCIES - JANUARY, 2019 — MEDIA BUYING SERVICES

Andre Folque *(Mng Partner)*

Accounts:
Biocol
Fitness Hut
Fiva
GSK
IG Markets
Ikea
Procter & Gamble
Seat
SSL

South Africa

MediaCom South Africa
GroupM House, 7 Naivasha Rd, Johannesburg, 2191 South Africa
Tel.: (27) 11 582 6600
Fax: (27) 112341475
Web Site: http://www.mediacom.com/en/contact/africa/johannesburg/

Employees: 49

Ashish Williams *(CEO)*
Tish Farrell *(Head-Media Buying)*

Accounts:
MTN
PPC Digital, Media
Revlon Digital

Sweden

MediaCom Sverige AB
Birger Jarlsgatan 52, S-103 77 Stockholm, Sweden
Tel.: (46) 850757200
Fax: (46) 850757202
E-Mail: info@mediacom.se
Web Site: https://www.mediacom.com/se

Employees: 90

Marie Melin *(COO)*
Lotta Billing *(Grp Dir-Digital)*
Alexander Gauffin *(Acct Dir)*
Maria Nordstrom *(Acct Dir)*
Christina Kopp Ovren *(Acct Dir-Nordic)*
Jenny Ferngren *(Dir-Client Svc)*
Patrick Wallin *(Dir-Television)*
Eva Thorstenson *(Planner-Connection)*

Accounts:
Comviq
Findus
GlaxoSmithKline
Procter & Gamble Campaign: "Head & Shoulders For Men"
SIF
Tele2

Switzerland

MediaCom Switzerland
Manessestrasse 85, Zurich, CH-8005 Switzerland
Tel.: (41) 445674747
Fax: (41) 445674700
E-Mail: switzerland@mediacom.com
Web Site: www.mediacom.com

Employees: 80

Agency Specializes In: Event Planning & Marketing, Radio, T.V.

Lennart Hintz *(CEO)*
Benjamin Moser *(Mng Dir)*

Anastasios Antonopoulos *(CFO)*
Bjorn Hagenheide *(Chief Creative Officer)*
Tobias F. Kober *(Chief Digital Officer)*
Andreas J. Bartneck *(Head-Switzerland Mediacom Beyond Adv)*
Lukas Basista *(Dir-Insight)*
Jessica Bryan *(Assoc Dir-Insights & Analytics-New York)*

Accounts:
Bayer; 2008
Navyboot

United Kingdom

Code Computerlove Ltd.
Jutland House, 15 Jutland St, Manchester, M1 2BE United Kingdom
Tel.: (44) 161 276 2080
Fax: (44) 161 276 2090
E-Mail: info@codecomputerlove.com
Web Site: www.codecomputerlove.com

Employees: 85

Agency Specializes In: Advertising, Digital/Interactive, Graphic Design, Internet/Web Design, Multimedia, T.V., Web (Banner Ads, Pop-ups, etc.)

Louis Georgiou *(Founder & Dir)*
Wini Tse *(Founder)*
Tony Foggett *(Owner & CEO)*
Robert Jones *(Client Svcs Dir)*
Mark Sharp *(Comml Dir)*
Chris Heg *(Dir-Strategy)*
Matthew Lacey *(Dir-Performance)*

Accounts:
Accommodation For Students
Amnesty International Website
Benenden Healthcare Society Brand Identity, Digital Communications, Website
Bentley Motors Limited
British Broadcasting Corporation
Brother & Chester Zoo Campaign: "Next Time Label It", Digital, Online, Social Media Engagement, Strategy
Center Parcs (UK) Group Ltd
Channel 4
Chester Zoo Blog, Digital Marketing, Islands Project, Mobile Website
Electric Safety Council
Flava-it Campaign: "Unleash Your Meat Lust", Digital, Marinades, Video, Website
Hillarys Digital, Website
HMV.com Website
Huggies
Ilford Imaging Social Media, Website
Innova Clothing
JCT600
Latedeals.co.uk Digital Marketing Strategy, Website Redesign
Lex
Manchester Airport Group
Marketing Manchester
Matalan
Media City UK
MSHK Group Hed Kandi; 2009
National Union of Students Hybrid HTML5
NCC
Ombudsman Services Digital, Strategy; 2018
Oxfam International Campaign: "Behind the Brands", Digital Marketing, Strategic Support
PSDA Brand Campaigns, Digital, Email Marketing, Media, Social Media
PZ Cussons Carex, Original Source
Salford Royal NHS Foundation Trust Digital; 2017
Sue Ryder Digital, Website Redesign
Svenska Cellulosa Aktiebolaget (SCA) Campaign: "Luxury For You. Trees For The Planet", TV, Velvet, Website
Swinton Insurance Digital
Topps Tiles Online Presence; 2018
Travelbeam
Vertex Group

MediaCom Edinburgh
6 Dock Pl, Edinburgh, EH6 6LU United Kingdom
Tel.: (44) 1315551500
Fax: (44) 1315552343
Web Site: https://www.mediacom.com/uk

Employees: 43

David Shearer *(Mng Dir)*
Gordon Eldrett *(Mktg Dir)*
Tony Jervis *(Comml Dir)*
Murray Calder *(Dir-Strategy)*
Jane Stewart *(Acct Mgr)*

Accounts:
AFG Media Ltd Media Buying, Media Planning, Morphsuits
Allianz Group Media
Baxters Media Buying
Blipfoto Campaign: "Save Your Life", Media
Camping & Caravanning Club Media Buying
Cancer Research UK
Coca-Cola Great Britain Great Britain & Ireland Media Planning & Buying
DF Concerts Media Planning & Buying
Edinburgh Fringe Festival Media Buying, Media Planning
Erskine Media Planning & Buying
Golden Charter Media Buying, Media Planning
Innovation Norway Tourism Media Planning & Buying
Kwik-Fit Direct Mail, In-Centre POS, Media Buying, Radio
Nuffield Health Media Planning & Buying
Quality Solicitors Media
Royal Bank of Scotland
Scottish Ballet Autumn Season, Dance GB, Media Planning & Buying, The Nutcracker
Scottish Rugby Union Media Planning & Buying
Suntory Holdings Ltd Media, Ribena
Teesside University Media Planning & Buying
Tyne & Wear Metro Media
Velux Media Planning & Buying

Mediacom London
124 Theobalds Road, London, WC1X 8RX United Kingdom
Tel.: (44) 207 158 5500
Fax: (44) 207 158 5999
E-Mail: info@mediacomuk.com
Web Site: https://www.mediacom.com/uk

Employees: 888

Nick Jefferies *(Mng Partner & Acct Dir)*
Graham Field *(Mng Partner)*
Edward Cowell *(Partner-SEO & Performance Content)*
Ben Rickard *(Chief Digital Officer & Chief Data Officer)*
Jane Ratcliffe *(Chm-MediaCom Sport, Entertainment & KR MediaCom & VP-EMEA)*
Costin Mihaila *(Mng Dir-EMEA)*
Kate Rowlinson *(Mng Dir-Worldwide Hubs)*
Dino Ioannou *(Head-Acct)*
Craig Murphy *(Head-PPC Strategy)*
James Marples *(Acct Dir)*
Katarina Johnson *(Dir-Digital Activation)*
Renos Kattorits *(Dir-Digital)*
Colin Reynolds *(Dir)*
Amanda Zafiris *(Dir-Media & Market Engagement)*
Robert Fullerton-Batten *(Assoc Dir)*
Grace Lee *(Assoc Dir)*
Jamie Hamill *(Acct Mgr)*
Lizzie Collin *(Mgr-Digital)*
Ashley Edwards *(Mgr-Plng)*
Sam Fairburn *(Mgr)*

MEDIA BUYING SERVICES
AGENCIES - JANUARY, 2019

Sarah Hodges *(Mgr-Plng)*
Selen Ozkan *(Mgr-Plng)*
Rupert Beck *(Planner-Media)*
Holly Jerreat *(Planner-Media)*
Tom Mills *(Planner-Media)*

Accounts:
Adam Opel GmbH Media; 2017
adidas (UK) Ltd. Consumer Insight & Measurement, Global Media, Integrated Media Consultancy & Buying, Media Planning; 2018
Akzo Nobel N.V. Global Media Planning & Buying
Andros Group Bonne Maman, Media Buying, Media Planning
Appliances Online Rebrand
Arriva UK Bus Media Buying & Planning, Online & Offline
Audi
BeatBullying Media Buying, Media Planning
BetVictor Media Planning
Boots UK Media Planning & Buying
Bose Corporation Media Planning & Buying
British Army Media Planning
British Gas Dyno, Hive, Local Heroes, Media
Britta Water Filters
BSkyB Campaign: "The Finale", Media Planning & Buying, Now TV
Cancer Research UK Campaign: "Oi Cancer", Media Buying, Media Planning, Website
Centrica Connected Home Hive, Media
Churchill Insurance Media Buying, Media Planning
Clarins Eau Dynamisante
Co-operative Group Limited Co-op Funeralcare, Insurance, Media Planning
COI Communications
Compagnie Financiere Richemont S.A. Global Media Planning & Buying
Dell
DFS Press Buying
Digital UK
Direct Line Insurance Media Buying, Media Planning
Dry Like Me Media
eBay, Inc (Lead Media Planning & Buying Agency)
EFD
E.ON UK plc Media Buying, Media Planning
Etihad Airways Media
Express Newspapers
FIA Formula E Championship Agency of Record
First Choice Campaign: "Just Say Yes"
Gfinity Brand & Consumer Insights, Strategic
GMG Radio
Goodyear & Dunlop brands Media
Great Ormond
Greene King Pubs
The Guardian Campaign: "Think Of England", Media Planning & Buying
Harper Collins Media Planning & Buying
Harvard Public Relations, Social Media
Haven Holidays Media
Hillarys Blinds
HomeForm
Ikea Campaign: "Ikea Sofa Invasion"
Internet Advertising Bureau Campaign: "Unzipped", Online, Pan-European Campaign
IPC Media Paid Search
Kenneth Green Associates; 2018
Kepak Campaign: "Hunger Monkey"
Kwik Fit
Lexmark
New-Lloyds Banking Group plc Bank of Scotland, Halifax, Lloyds Bank, MBNA, Media Planning & Buying, Scottish Widows; 2018
LVMH Glenmorangie, Media
Majestic Wine Warehouse Media
Mars Petcare Dreamies Deli-Catz, Media, Whiskas
Mars UK Ltd Buying US & China, Campaign: "Kitten Kollege", Confectionery, Digital, Dolmio, Galaxy, Global Media Planning & Buying, Goodness Knows, M&M's, Media, Snickers, Whiskas
Match Group, Inc. Media; 2018
McCain
Merlin Entertainment

Metropolitan Police Authority Media Planning & Buying
Moneysupermarket.com Media Planning
Muller
NBC Universal Media Buying, Media Planning
Neff UK
NetWest
NHS Blood and Transplant Media
Nikon
Northern & Shell
The Health Lottery Media Planning & Buying
Northern Foods Goodfella's, Media Buying
Now That's What I Call Music Media
Old Speckled Hen
The Open University Media
Pentland Group plc (Lead Media Agency) Berghaus, Creative Marketing, Ellesse, Online & Offline Marketing, Planning & Buying, Speedo; 2018
Pinterest Media
Provident Financial Group Media Buying, Media Planning, Satsuma Loans
PSA Group Media, Opel, Vauxhall
QualitySolicitors Media
RBS Insurance
Revlon Media Planning & Buying
Royal Dutch Shell
RSPCA Media Planning & Buying, Mobile, Search, Social, Traditional & Digital Channels
Ryanair Media Buying, Media Planning
Scope Campaign: "end the awkward", Media, Social Media, TV
Scottish Association for Mental Health Media Buying, Online, Press, TV
Shell Global Media
Siemens Home Appliances Media
Sky Sports Media Planning & Buying
Sky Media Buying, Media Planning, Sky Bet, Sky Movies
Sony Global Media Planning, Global PlayStation, Media, Media Buying, Sony Electronics, Sony Mobile
Tesco Plc Campaign: "#FeelGoodCookBook", F&F, Media Buying
Stage Entertainment
Subway
Suntory Holdings Ltd Lucozade, Media
T-Mobile US
Tea Time Centre Anti-Racisme
The Telegraph Media Buying, Media Planning
Tempur Sealy Media Buying, Media Planning
Tomy
TUI Travel PLC
Universal Pictures
Vauxhall Motors Limited Media; 2017
Volkswagen Group United Kingdom Ltd. Media Buying, Media Planning, Skoda
We Buy Any Car Media
Wrigleys
Young's Seafood Media

Costa Rica

jotabequ Advertising
(Affiliate of Grey Worldwide)
Avenue 1 & 3, San Jose, Costa Rica
Mailing Address:
PO Box 60-2050, San Jose, Costa Rica
Tel.: (506) 2284 9800
Fax: (506) 225 5512
E-Mail: jotabequ@jotabequ.com
Web Site: www.jotabequ.com

Employees: 150

Wagner Cornejo *(Co-CEO)*
Eduardo Maruri *(CEO)*
Alberto Quiros *(Partner-Jotabequ Grey & Dir-Content)*
Diego Medvedocky *(Chief Creative Officer)*
Duncan Campbell *(Art Dir)*
Andrea Castro *(Art Dir)*

Allan Jimenez *(Supvr-Creative)*

Accounts:
Cabletica
Hyundai Motor Company Campaign: "Hyundai Original Parts", Hyundai Blind Spot Detector
Masculan

Puerto Rico

MediaCom Puerto Rico
270 Ave Munoz Rivera, San Juan, PR 00918
Mailing Address:
PO Box 366518, San Juan, PR 00936-6518
Tel.: (787) 522-8820
Fax: (787) 522-8825
E-Mail: puertorico@mediacom.com
Web Site: www.mediacom.com

Employees: 18

National Agency Associations: 4A's

Gaston Betoled *(Mng Partner-Learning & Dev)*
Jose Aybar *(Gen Mgr)*
Jackie Elliot *(Media Dir)*
Selin Cebeci *(Dir-Digital Media)*
Leslie Santiago *(Dir-Bus Dev)*

Australia

MediaCom Australia Pty. Ltd.
Level 1 195 Little Collins Street, Melbourne, VIC 3000 Australia
Tel.: (61) 399407000
Fax: (61) 399407113
E-Mail: australia@mediacom.com
Web Site: www.mediacom.com

Employees: 72
Year Founded: 1996

Agency Specializes In: Media Buying Services

Matt Mills *(Partner-Client)*
Nicole Boyd *(Chief Client Officer)*
Willie Pang *(CEO-Australia & New Zealand)*
Katherine Williams *(Mng Dir-Brisbane)*
Daniel Connor *(Head-Strategy)*
Rob Moore *(Head-Client Leadership)*
Gemma Hunter *(Exec Creative Dir)*
Mathew Anastasi *(Grp Bus Dir)*

Accounts:
Bank of Melbourne
Beyond Blue
Bombardier Recreational Products, Inc Activation, Communications Planning, Sea-Doo
Bonds
Carnival Australia Carnival Cruise Line, Cunard Line, Holland America Line, Media Buying, Media Planning, P&O Cruises, Princess Cruises
Carsguide.com.au Media
Chemist Warehouse Media Planning & Buying
Competitive Foods Hungry Jack's
Cricket Australia
Deakin University Media
Duracell
E10 OK
EA Games
Forty Winks
George & Matilda Eyecare Media
GlaxoSmithKline Pharmaceuticals
Holden
Indeed.com Media
LVMH; Australia Media Buying & Planning; 2007
Mitre 10
Morris Johnston Walpole
Munchkin Analytics, Digital, Market Entry Strategy, Media Buying, Media Planning
News Corp Traditional Media

AGENCIES - JANUARY, 2019 — MEDIA BUYING SERVICES

NRMA Media Buying, Paid Search Marketing
NSW Government Media Planning
Queensland Government
Queensland Health Campaign: "Sun Mum", Media
REA Group Buying, Communications Strategy, Planning
Rinnai
Sony Interactive Entertainment Inc
Sunsupers Media
Suzuki Australia
Tempur Sealy Media Buying, Media Planning
TT Lines
Universal Film
Universal Music
Victorian Government Media Planning & Buying; 2017
WorldVision
Yum! Restaurants

MediaCom Sydney
Level 17, 65 Berry St North, 2060 Sydney, NSW Australia
Tel.: (61) 294637000
Fax: (61) 294637333
E-Mail: australia@mediacom.com
Web Site: www.mediacom.com

Employees: 257

Agency Specializes In: South Asian Market

Nina Nguyen *(Partner-MediaCom Beyond Adv)*
Mike Deane *(Chief Strategy Officer-Australia & New Zealand)*
Ben McCallum *(Gen Mgr)*
Gemma Hunter *(Exec Creative Dir-Global)*
Simon Jarosz *(Creative Dir-Beyond Adv)*
Bebhinn Carey *(Dir-Comm-Asia Pacific)*
Greg Newman *(Dir-Connected Execution Plng)*
Andrew Raymond *(Dir-Strategy & Plng)*
Michael Waymouth *(Client Partner)*
Maree Hall *(Grp Bus Dir)*

Accounts:
Alienware
Anheuser-Busch InBev
Carlton United Breweries Video
Cloudy Bay Advertising, Brand awareness, Content, Instalment Of Secret Sessions
Danone Nutricia
DealsDirect Media
Dell Campaign: "Alienware Area 52"
DeLonghi Icona Vintage
KFC Media
National Geographic Video
NBC Universal
News Corp
Sony Online, Social Channels, TV, Video
Universal
Westpac Banking Corp
Wrigley Pacific EXTRA Gum; 2018

China & Hong Kong

MediaCom Beijing
Room 1205B Jin Bao Tower 89 Jino Bao St, Dong Cheng District, Beijing, 100005 China
Tel.: (86) 1085131399
Fax: (86) 1085131366
E-Mail: china@mediacom.com
Web Site: www.mediacom.com

Employees: 218

Agency Specializes In: Media Buying Services

Yoyo Zhao *(Mng Dir)*
Christian Solomon *(Chief Digital Officer)*
Leon Zhang *(Head-Social Media-Natl & Gen Mgr)*
Bitupan Baruah *(Head-Strategy-P&G Haircare)*
Christine Yi *(Head-Mediacom Beyond Adv)*

Liang Liang *(Gen Mgr-Client Svcs)*

Accounts:
Air China
Audi
Bank of China
China National Cereals, Oils & Foodstuffs (COFCO) Fortune Oil, Great Wall Wine, Lohas Fruit Juice, Media Planning & Buying
China Unicom; 2007
Dassualt Systemes
Dell
Didi Creative
GlaxoSmithKline Flixonase, Sensodyne
Jamba
Rejoice
Volkswagen Group FAW-VW

MediaCom Hong Kong
36 Floor PCCW Tower 979 Kings Road Taikoo Place, Quarry Bay, China (Hong Kong)
Tel.: (852) 22803480
Fax: (852) 25675534
E-Mail: hongkong@mediacom.com
Web Site: www.mediacom.com

Employees: 41
Year Founded: 1995

Agency Specializes In: Media Buying Services

Alice Chow *(Mng Dir)*
Eva Lam *(Bus Dir)*
Elaine Kwan *(Assoc Dir-Plng)*
Cecilia Chow *(Mgr-Plng)*

Accounts:
Alibaba Group Holding Limtied Alibaba Cloud, Dingtalk, Media Strategy & Buying, Taobao International, Tmall World; 2018
Anmum
Audi Hong Kong Media
Bandai
Cafe de Coral Campaign: "Everyday's Value Menu Offers", Microdocumentary, OOH, Print, TV
FAW Volkswagen
General Mills
P&G Digital, Media Planning, Olay, SK-II, Search Marketing

MediaCom Shanghai
989 Changle Rd, The Centre 26th Fl, Shanghai, 200031 China
Tel.: (86) 2123077788
Fax: (86) 2123077753
E-Mail: china@mediacom.com
Web Site: mediacom.com

Employees: 133

Agency Specializes In: Media Buying Services

Philip Romans *(Mng Dir)*
Nedra Chian *(COO)*
Peter Petermann *(Chief Strategy Officer)*
Rupert McPetrie *(CEO-China)*
Michelle Fu *(Dir-Natl Insight)*
Sanne Post *(Dir-Bus Dev & Mktg)*

Accounts:
Akzo Nobel Swire Paints Digital, Media

India

MediaCom Bangalore
3rd Fl Mahalakshmi Chambers, No 29 M G Road, Bengaluru, 560001 India
Tel.: (91) 8042593200
Fax: (91) 8041133031
E-Mail: india@mediacom.com

Web Site: www.mediacom.com

Employees: 295

Agency Specializes In: Media Buying Services

Hariharan Vishwanath *(Mng Partner)*
Tushar Deshmukh *(Fin Dir)*
Zarius Captain *(Assoc Bus Dir)*
Tanvi Garg *(Sr Bus Dir)*
Vandana Mehra *(Sr Bus Dir)*
Rachana Shah *(Sr Bus Dir)*
Apeksha Wallia *(Category Head-Strategy)*

Accounts:
Aegon Religare Life Insurance
Dell India Media
Miayas Beverages and Foods Media
Procter & Gamble Gillette, Pampers, Vicks
Revlon
Roche Diagnostics Accu-Chek, Digital, Media Agency of Record
Universal

MediaCom India
201 2nd Fl Kamla Executive Park Opp Vazir Glass Factory, Andheri East, Mumbai, 400059 India
Tel.: (91) 2242448888
Fax: (91) 2242448700
E-Mail: india@mediacom.com
Web Site: www.mediacom.com

Employees: 295

Agency Specializes In: Advertising

Latish Nair *(Chief Digital Officer)*
Navin Khemka *(CEO-South Asia)*
Junaid Hakim *(Head-Digital)*
Avinash Pillai *(Head-Trading & Ops-Team P&G)*
Ashwini Kamat *(Gen Mgr)*
Apeksha Wallia *(Category Head-Strategy)*

Accounts:
Bosch-Siemens Media
Dell
Future Group Media
Goibibo Integrated Media Planning & Buying
Havmor (Media Planning & Buying Agency on Record) Havmor Ice Cream
Koovs.com Media Buying
Makemytrip.com
PayPal Inc Media Planning & Buying
Procter & Gamble Ariel, Gillette
Qyuki.com
SAB Miller
Shell
Tata Docomo Media
Urban Ladder (Media Agency of Record)
Vespa

Japan

MediaCom Japan
Yebisu Garden Place Tower 30F, 4-20-3 Ebisu Shibuya-ku, Tokyo, 150-0013 Japan
Tel.: (81) 357914660
Fax: (81) 357914742
E-Mail: japan@mediacom.com
Web Site: www.mediacom.com/en/contact/asia-pacific/tokyo

Employees: 65

Agency Specializes In: Media Buying Services

Linda Lee *(Mng Dir)*
Kenda Shuichi *(Assoc Dir)*
Remi Watabe *(Media Planner)*

Accounts:

MEDIA BUYING SERVICES — AGENCIES - JANUARY, 2019

AXA
Bose & Bayer
Clarion
Coca Cola
Dell
De'Longhi Japan
Manpower
McAfee
Nihon Unisys
Stratus Computer
Taiki
Tempur Sealy Media Buying, Media Planning
Tempur
Universal Pictures Japan
Wrigley

Singapore

MediaCom Singapore
China Square Central, 18 Cross Street, Singapore, 048423 Singapore
Tel.: (65) 62325460
Fax: (65) 62238523
E-Mail: singapore@mediacom.com
Web Site: mediacom.com

Employees: 166
Year Founded: 2000

Agency Specializes In: Media Buying Services

Vivian Yeung *(Mng Dir)*
Josh Gallagher *(Chief Product Officer-Asia Pacific)*
Paul Waller *(Chief Investment Officer-Asia Pacific)*
Mark Heap *(CEO-Asia Pacific)*
Charlotte Goddard *(Head-Bus Dev-APAC)*
Peter Diermayr *(Reg Dir)*
Wendy Siew *(Dir-Digital-APAC)*
Sonia Fernandes *(Reg Chief Talent Officer-Asia Pacific)*

Accounts:
Agoda
BMW Asia Media Planning & Buying
Carrefour
Coca-Cola
Dell South Asia
New-Early Childhood Development Agency Advertising, Digital, Integrated Campaign
Fonterra Media Planning & Buying
National Council of Social Service Creative, Disability Awareness, Media
Network Associates Software
Nokia
Shell Shell Advance
Subway Singapore Beef Pastrami, Digital, Out-of-Home, Social Media
Sunway Group

MEDIACOMP, INC.
13810 Champion Forest Dr Ste 210, Houston, TX 77069
Tel.: (713) 621-1071
Fax: (281) 640-8288
Web Site: www.mediacomp.com

Employees: 7
Year Founded: 1973

National Agency Associations: AAF

Agency Specializes In: Affluent Market, African-American Market, Asian Market, Automotive, Bilingual Market, Broadcast, Business Publications, Cable T.V., Co-op Advertising, College, Communications, Consulting, Consumer Goods, Consumer Marketing, Consumer Publications, Digital/Interactive, Direct-to-Consumer, Education, Electronic Media, Entertainment, Food Service, Government/Political, Health Care Services, Hispanic Market, Household Goods, Legal Services, Leisure, Local Marketing, Magazines, Media Buying Services, Media Planning, Medical Products, Multicultural, Newspaper, Newspapers & Magazines, Out-of-Home Media, Outdoor, Over-50 Market, Paid Searches, Pets, Planning & Consultation, Print, Radio, Real Estate, Recruitment, Restaurant, Retail, Sponsorship, T.V., Teen Market, Tween Market, Web (Banner Ads, Pop-ups, etc.), Women's Market

Approx. Annual Billings: $1,000,000

Tami Weitkunat *(Pres & CEO)*
Linda Gilbert *(Controller)*
Jordan Miller *(Media Planner & Media Buyer)*

Accounts:
Dialyspa Medical - Dialysis; 2010
Fiesta Mart Grocery; 1988

MEDIASMITH
115 Sansome St, San Francisco, CA 94104
Tel.: (415) 252-9339
Fax: (415) 252-9854
E-Mail: jcate@mediasmith.com
Web Site: www.mediasmith.com

E-Mail for Key Personnel:
President: smith@mediasmithinc.com

Employees: 45
Year Founded: 1989

National Agency Associations: 4A's-ICOM

Agency Specializes In: Above-the-Line, Advertising, Affluent Market, Automotive, Brand Development & Integration, Broadcast, Business Publications, Business-To-Business, Cable T.V., Children's Market, Co-op Advertising, Communications, Computers & Software, Consulting, Consumer Goods, Consumer Marketing, Consumer Publications, Corporate Communications, Digital/Interactive, Direct Response Marketing, Direct-to-Consumer, E-Commerce, Electronic Media, Email, Entertainment, Environmental, Financial, Guerilla Marketing, High Technology, Information Technology, Integrated Marketing, International, Leisure, Local Marketing, Luxury Products, Magazines, Market Research, Media Buying Services, Media Planning, Media Training, Mobile Marketing, Multimedia, New Product Development, New Technologies, Newspaper, Newspapers & Magazines, Out-of-Home Media, Outdoor, Paid Searches, Pets, Planning & Consultation, Podcasting, Print, RSS (Really Simple Syndication), Radio, Real Estate, Recruitment, Regional, Search Engine Optimization, Social Marketing/Nonprofit, Social Media, Sponsorship, Sports Market, Strategic Planning/Research, T.V., Technical Advertising, Teen Market, Trade & Consumer Magazines, Travel & Tourism, Viral/Buzz/Word of Mouth

Approx. Annual Billings: $49,850,000

Karen McFee *(Co-Founder)*
John Cate *(Pres & COO)*
David L. Smith *(CEO)*
Marcus Pratt *(VP-Insights & Tech)*
Tracy Orvik *(Mgr-Media Sys)*
Cody Hazen *(Supvr-Media)*
Abraham Alegria *(Assoc Media Dir)*
Amy McTaggart *(Sr Media Planner)*
Cari Morimoto *(Assoc Media Dir)*
Adriana Oliveira *(Assoc Media Dir)*

Accounts:
Alien Vault
Alouette Cheese
Analytics Consulting
Blurb; San Francisco, CA Personal Books & Photobooks Online; 2012
Blurb
Breastcancer.org; Ardmore, PA (Agency of Record); 2011
Chicken of the Sea
Children's International; Kansas City, MO International Children Support Fund; 2012
Citrix Online; Santa Barbara, CA GoToAssist, GoToManage, GoToMeeting, GoToMyPC, GoToTraining, GoToWebinar, Interactive/Digital, Print; 2009
Esri
Evernote Media
Everyday Hero
Meyer Corporation
lynda.com
Malwarebytes
Mulesoft
Nokia Corporation Media Buying & Planning, Nokia Health
Pharmaca
Salesforce
The San Jose Sharks
Silicon Valley Bank (Media Agency of Record)
Stanford Children's Health
Teradata
TRX (Fitness Anytime)

MEDIASPACE SOLUTIONS
101 Merritt 7 Corp Park 3rd Fl, Norwalk, CT 06851
Tel.: (203) 849-8855
Fax: (203) 849-5946
Toll Free: (888) 672-2100
E-Mail: info@mediaspacesolutions.com
Web Site: www.mediaspacesolutions.com

Employees: 60
Year Founded: 1999

Agency Specializes In: Co-op Advertising, Digital/Interactive, Financial, Hispanic Market, Information Technology, LGBTQ Market, Local Marketing, Media Buying Services, Media Planning, Newspaper, Newspapers & Magazines, Over-50 Market, Planning & Consultation, Print, Travel & Tourism

Approx. Annual Billings: $100,000,000

Breakdown of Gross Billings by Media: Newsp.: 100%

Brian St. Cyr *(Pres & VP-Sls)*
Randy Grunow *(CEO)*
Richard Benson *(VP-Fin)*
Colin May *(VP-Media Dev & Ops)*
Jason Armstrong *(Dir-Media Dev)*
Russell Mirman *(Dir-Bus Dev)*
Peter Krohse *(Mgr-Application)*
Katy Rogalski *(Supvr-Acct Dev)*

MEDIASPOT, INC.
1550 Bayside Dr, Corona Del Mar, CA 92625-1711
Tel.: (949) 721-0500
Fax: (949) 721-0555
E-Mail: info@mediaspot.com
Web Site: www.mediaspot.com

E-Mail for Key Personnel:
President: ayelsey@mediaspot.com

Employees: 25
Year Founded: 1991

Agency Specializes In: Media Buying Services, Media Planning, Sponsorship

Approx. Annual Billings: $200,000,000

Breakdown of Gross Billings by Media: Internet Adv.: 5%; Mags.: 5%; Newsp.: 5%; Other: 5%; Outdoor: 5%; Radio: 35%; T.V.: 40%

AGENCIES - JANUARY, 2019 — MEDIA BUYING SERVICES

Arthur Yelsey *(Pres)*
Tamiko Fujimoto *(Sr VP-Client Svcs)*
Quinn Truong *(Controller)*
Deborah Hohman *(Dir-Local Brdcst & Acct Supvr)*
Gail Israel *(Dir-Local Brdcst & Acct Supvr)*
Erin Hopkins *(Dir-Local Brdcst & Brand Plng)*
Dan Ikegami *(Assoc Dir-Digital Media)*
Jennifer Connell *(Acct Supvr)*
Daisy Lok *(Acct Supvr)*

Accounts:
3-Day Blinds
Aquarium of the Pacific
Bank of the West, Inc.
BlueAnt Wireless
Catalina Express
Medieval Times
Mercedes Benz of Foothill Ranch
Mercedes Benz of Laguna Niguel
Orchard Supply Hardware
Pacific Life Insurance Company
Paramount Pictures Television Group
Paramount Pictures Video-On-Demand
PIMCO
Quiksilver
Rubio's Fresh Mexican Grill
Sterling BMW

MEDIASSOCIATES, INC.
75 Glen Rd, Sandy Hook, CT 06482
Tel.: (203) 797-9500
Fax: (203) 797-1400
Toll Free: (800) 522-1660
E-Mail: information@mediassociates.com
Web Site: www.mediassociates.com

Employees: 12
Year Founded: 1994

Agency Specializes In: Advertising, Broadcast, Business-To-Business, Cable T.V., Consumer Marketing, Consumer Publications, Direct Response Marketing, Education, Electronic Media, Financial, Magazines, Media Buying Services, Media Planning, New Technologies, Newspaper, Out-of-Home Media, Outdoor, Print, Radio, Social Marketing/Nonprofit, Sponsorship, Strategic Planning/Research, T.V., Trade & Consumer Magazines, Yellow Pages Advertising

Approx. Annual Billings: $24,000,000

Jeff Larson *(Pres)*
Scott Brunjes *(CEO)*
Ben Kunz *(Exec VP-Mktg & Content)*
Andrea Marder *(Exec VP-Media Plng & Buying)*
Charlie Menduni *(VP-Client Svcs)*
Evan Nichols *(Exec Dir-Digital Media)*
David Plain *(Creative Dir)*
Justin Anderson *(Dir-Client Dev)*
Erin McCollam *(Dir-Acctg)*
Brenda McRae *(Assoc Dir-Ad Ops)*
Ben Smith *(Mgr-Social Media)*
Jeff Crehan *(Supvr-Acct Plng)*
Tim Lathrop *(Sr Strategist-Digital)*
Jason Bailey *(Acct Exec)*
Alberta Roe *(Sr Buyer-Brdcst)*
Brian Poe *(Media Buyer-Online)*
Tyler Ventrella *(Acct Planner)*
Jamie Ezdebski *(Assoc Acct Planner)*
Mike Reilly *(Buyer-Brdcst)*

Accounts:
Atlassian
Black & Decker
Catholic Relief Services Brand Advertising Strategy, Brand Awareness, Media, Paid Advertising
Centers for Disease Control
Gulfstream
Marriott International
Seiko
SNHU.edu

SolarCity
Trunk Club

MEDIAVEST SPARK
(Name Changed to Spark Foundry)

MERCURY COMMUNICATIONS
520 Broadway Ste 400, Santa Monica, CA 90401-2462
Tel.: (310) 451-2900
Fax: (310) 451-9494
E-Mail: info@mercurymedia.com
Web Site: www.mercurymedia.com

Employees: 88
Year Founded: 1989

Agency Specializes In: Advertising, Direct Response Marketing, E-Commerce, Infomercials, Media Buying Services, Media Planning, Strategic Planning/Research

Approx. Annual Billings: $152,000,000

Breakdown of Gross Billings by Media: Cable T.V.: $59,000,000; Network T.V.: $80,000,000; Radio: $1,000,000; Spot T.V.: $9,000,000; Syndication: $3,000,000

Cheryl Green *(Sr VP-Media)*
Itai Sutker *(Sr VP-Mercury Media)*

Accounts:
ICan
In Style
Liberty
Magic Bullet
Neutrogena

MERKLE INC.
(Acquired by Dentsu Aegis Network Americas)

MIDWEST COMMUNICATIONS & MEDIA
2015 Roundwyck Lane, Powell, OH 43065
Tel.: (614) 440-4449
E-Mail: bobclegg@ameritech.net
Web Site: www.midwestcommunicationsandmedia.com
E-Mail for Key Personnel:
President: prussell@ameritech.net

Employees: 10
Year Founded: 1994

Agency Specializes In: Government/Political, Media Buying Services, Media Planning

Approx. Annual Billings: $10,000,000

Patty Russell *(Pres)*
Robert Clegg *(Sr VP)*
John Feldhouse *(Art Dir-Corp Mktg)*
Nicholas Ver Duin *(Dir-Design)*

Accounts:
American Lung Association
AT&T Communications Corp.
Columbus Zoo
Drug Free Action Alliance Underage Drinking; 1994
Franklin County Republican Party; Columbus, OH Political Campaigns; 1982
Glimcher Realty
Initiative Consulting
Ohio Grape Industries

MILNER BUTCHER MEDIA GROUP
(d/b/a MBMG)
11150 W. Olympic Blvd, Suite 835, Los Angeles, CA 90064
Tel.: (310) 478-0555
Fax: (310) 478-2482
E-Mail: jwilson@mbmg-media.com
Web Site: www.mbmg-media.com

Employees: 25
Year Founded: 2003

Agency Specializes In: Advertising, Automotive, Broadcast, Cable T.V., Consumer Marketing, Digital/Interactive, Direct Response Marketing, E-Commerce, Education, Electronic Media, Entertainment, Event Planning & Marketing, Fashion/Apparel, Financial, Government/Political, Health Care Services, Hispanic Market, Media Buying Services, Media Planning, Medical Products, Newspapers & Magazines, Out-of-Home Media, Package Design, Planning & Consultation, Publishing, Radio, Restaurant, Retail, Sports Market, Strategic Planning/Research, Syndication, T.V., Technical Advertising, Teen Market, Trade & Consumer Magazines, Travel & Tourism

Andrew Butcher *(Co-Chm)*
Zachary Rosenberg *(Pres)*
Pamela Bentz *(Partner)*
Bruce Dennler *(Exec VP & Dir-Strategy)*
Julie Laforga *(VP & Acct Dir)*
Robert Chusid *(Acct Dir)*
Hailey Andrews *(Dir-Comm)*
Lindsay Joseph *(Dir-Natl Buying)*
Annie Semerdjian *(Dir-Digital Media)*
John Wilson *(Dir-Bus Dev & Client Svcs)*
Klara Tomkins *(Planner-Digital Media)*
Jason Scribner *(Sr Media Buyer-Local Ignition)*

Accounts:
360fly (Media Agency of Record)
California Milk Processor Board Media Planning & Media Buying; 2018
Cerritos Auto Square
El Pollo Loco
Home Franchise Concepts (Media Agency of Record) Activation, Analytics, Budget Blinds, Concrete Craft, National Communications Planning, Tailored Living
Honeybaked Ham of California (Media Agency of Record)
Inspirato Client
LA County Fair
Nokia Health Buying
Postmates Media
Shakey's Pizza
Stillhouse Spirits Co. (Agency of Record)
Sun-Maid Growers of California Media

MINDSHARE
498 7th Ave, New York, NY 10018
Tel.: (212) 297-7000
Fax: (212) 297-7001
Web Site: www.mindshareworld.com

Employees: 700
Year Founded: 1997

National Agency Associations: 4A's

Agency Specializes In: Communications, Content, Digital/Interactive, Media Buying Services, Media Planning, Paid Searches, Search Engine Optimization, Sponsorship, Strategic Planning/Research

Andrew Davidson *(Mng Partner, Mng Dir & Head-mPlatform)*
Denise Ocasio *(Mng Partner & Mng Dir)*
Charles Singer *(Mng Partner-Comm Plng & Mng Dir)*
Frank Puma *(Mng Partner & Mng Dir-Digital Investment-New York)*
Mark Potts *(Mng Partner, Head-Bus Plng & Consumer Insights & Exec Dir)*
Christine Peterson *(Mng Partner & Head-Digital*

MEDIA BUYING SERVICES

Investment)
Deidra Bodkin *(Mng Partner & Exec Dir)*
Chris D'Alonzo *(Mng Partner & Grp Dir)*
Jeffrey Hinz *(Mng Partner & Dir)*
Pratush Gupta *(Partner-Mktg Sciences & Sr Dir)*
Louis Ambrose *(Partner & Dir-Digital)*
Stacy Armistead *(Partner & Dir-Digital)*
Noam Dorros *(Partner & Dir-Search & Social)*
Yuyu Fang *(Partner-Programmatic Buying Unit & Dir)*
Jarett Fienman *(Partner & Dir)*
Julie Gomstyn *(Partner-Corp Comm & Dir)*
Emily Highet *(Partner & Dir-Digital)*
Jamie Luckey *(Partner & Dir-Digital Investment)*
James Simon *(Partner & Dir-Digital & Programmatic-American Express Intl)*
Alexandra Spaseff *(Partner & Dir-Strategic Plng)*
Michael Falabella *(Partner & Assoc Dir)*
Andrew Grabel *(Partner & Assoc Dir)*
Natashia Kadimik *(Partner & Assoc Dir)*
Morielle Flam *(Partner & Assoc Media Dir)*
Shawna Griffin *(Partner & Assoc Media Dir)*
Matt Denerstein *(Mng Dir & Head-Investment & Cross Platform Investment)*
Laura Powers *(Mng Dir & Head-Client)*
James Cooley *(Mng Dir & Sr Partner-Mindshare FAST)*
Dan Eckrote *(Sr Partner & Mng Dir)*
Mariya Kemper *(Sr Partner & Mng Dir)*
Jennifer Morgan *(Mng Dir)*
Stephanie Parry *(Sr Partner & Mng Dir)*
Sunayana Sarkar *(Sr Partner & Mng Dir)*
Shari Schraber *(Sr Partner & Mng Dir)*
Josh Spiegelman *(Sr Partner & Mng Dir)*
Danielle Koffer *(Chief Client Officer)*
Joseph Maceda *(Chief Innovation Officer)*
Jason Maltby *(Pres-Natl Broadcast)*
Greg Manago *(Mng Dir-North America & Sr Producer-Mindshare Entertainment)*
Joey-lyn Addesa *(Sr Partner & Mng Dir-Strategic Plng)*
Janet Levine *(Mng Dir-Invention Studio)*
Michael Soroosh *(Mng Dir-Comm Plng)*
Michael Yablonski *(Mng Dir-The Invention Studio)*
Jeff Malmad *(Exec Dir & Head-Life-North America)*
Russell Goldman *(Head-Digital Commerce)*
Christine Lamson *(Exec Dir)*
Annie Moore-Serlin *(Exec Dir)*
Tobias Wolf *(Exec Dir-Client Svcs)*
Tarik Mughisuddin *(Sr Partner & Grp Dir-Search & Social)*
Kim Cooney *(Sr Partner & Dir)*
Matt Dirsa *(Dir-Strategy)*
Christine Fernandez *(Dir-Multicultural)*
Eric Gomels *(Dir-Trading Desk)*
Tessa Green *(Dir-Digital)*
Mimi Poon *(Sr Partner & Dir-Data Governance)*
Trevor Sponseller *(Sr Partner & Dir-Mktg Sciences)*
Ivor van Maaren *(Dir-Strategy & Digital-Nike Emerging Markets Team)*
Heidi Wilkens *(Sr Partner & Dir-HR & Ops-US)*
Debra Ruthven *(Asst Dir-Comm)*
Elliot Alston *(Assoc Dir-Paid Social)*
Christine Baldessarre *(Assoc Dir-Plng)*
Alanna Battaglia *(Assoc Dir-Strategy)*
Sarah Chang *(Assoc Dir)*
Alexander Colcord *(Assoc Dir-Digital Investment)*
Angela Dahir *(Assoc Dir)*
Hilary Fried *(Assoc Dir)*
Fabio Giraldo *(Assoc Dir-Advanced Analytics)*
Laurie Gutherman *(Sr Partner & Assoc Dir-Brdcst-Natl)*
Laura Higley *(Assoc Dir)*
Johnny Hong *(Assoc Dir-Data Ops)*
Benjamin Howard *(Assoc Dir-Paid Search)*
Devin Keogh *(Assoc Dir-Strategic Plng)*
Drew Kitchen *(Assoc Dir-Trading Desk)*
Hanna Kobor *(Assoc Dir-Paid Social)*
Matthew Marikian *(Assoc Dir-Media Investment-Team Unilever Shopper)*
Ryan McGowan *(Assoc Dir-Strategic Plng)*
Stephanie Mobley *(Assoc Dir-Plng)*
Andrew Onore *(Assoc Dir-FAST)*
Alanna Pithis *(Assoc Dir-Paid Social)*
Cipora Reichman *(Assoc Dir-Paid Social)*
Lana Shtrahman *(Assoc Dir-Brdcst-Natl)*
Ashley Slattery *(Assoc Dir-Digital Investment)*
Jackie Steinberg *(Assoc Dir)*
Angela Tam *(Assoc Dir-Data Ops)*
Daniela Sayegh *(Acct Mgr-Media)*
Thomas Simpson *(Mgr-Media Ops & Analyst-Digital Investment)*
Agnes An *(Mgr-Media)*
Kevin Camacho *(Mgr-Digital Investment)*
Brittany Ciavarella *(Mgr-Video Investment)*
Kimberly Drummond *(Mgr-Strategic Plng)*
Colleen Finnigan *(Mgr-Video Investment)*
Lucia Garofalo *(Mgr)*
Rachel Gault *(Mgr)*
Emma Gershon *(Mgr-Digital Investment)*
Sara E Gonzalez *(Mgr-Digital Investment)*
Cindy Han *(Mgr)*
Jodie Huang *(Mgr-Consumer Insights)*
Alexandra Hyman *(Mgr-Digital Investment)*
Emily Jadoff *(Mgr-Strategic Plng)*
Julie Kandel *(Mgr-Digital Metrics)*
Vartika Kapoor *(Mgr-Performance Media)*
Ashley Long *(Mgr-Strategic Plng)*
Alicia Lonnie *(Mgr-Digital & Affiliate Investment)*
Nicole Maniaci *(Mgr-Digital Investment)*
Lauren Montesarchio *(Mgr-Paid Social)*
Jelisse Rodriguez Mota *(Mgr-Media Ops)*
Haley Norman *(Mgr-Media)*
Jimmy Quan *(Mgr)*
Lewis Schultz *(Mgr)*
Beryl Zhao *(Mgr-Consumer Insights & New Bus)*
Harald Zurakowski *(Mgr-Global Strategy & Ops)*
Peter Garlinghouse *(Supvr-Media Plng-Airlines-Intl)*
Giuliana Cappiello *(Media Buyer)*
Laura Merrett *(Media Planner)*
Ava Minett *(Planner-Strategic Media)*
Hallie Wilson *(Media Planner)*
Lindsay Bukowski *(Sr Assoc-Digital Media)*
Esther Chen *(Sr Assoc-Strategy & Plng-TJX)*
Annie Compton *(Negotiator)*
Ainsley Edstrom *(Sr Assoc-Digital Investment)*
David Eidelberg *(Assoc-Digital Investment)*
Nooreen Faridi *(Assoc-Digital Investment)*
Zoe Godown *(Negotiator-Brdcst-Natl)*
Desiree Green *(Sr Negotiator-Digital Buying)*
Jared James *(Sr Assoc Planner-Media)*
Jennifer Karni *(Assoc Media Dir)*
Alexandra Liberti *(Negotiator)*
Darcie Marshall *(Assoc-Paid Social)*
Axel M. Melo-Dejesus *(Sr Assoc-Digital Investment)*
Chris Puzia *(Assoc-Digital Investment)*
Camecee Pyle *(Assoc-Digital Investment)*
Stacy Staranowicz *(Assoc Media Dir)*
Jordan Steiger *(Assoc Media Dir)*
Jacob Steinfield *(Sr Assoc-Digital Investment)*
Christian Szkup *(Sr Assoc-Digital Investment)*
Renee Tan *(Sr Assoc Strategic Media Plng)*
Julia Vagnoni *(Sr Assoc Planner)*
Robyn Welch *(Assoc Media Dir)*
Ellison Young *(Negotiator)*

Accounts:
Abbott Labs
American Family Insurance; 2008
AMPM
Bayer
Boehringer-Ingelheim
Booking.Com Media Buying, Media Planning, Media Strategy
New-BUFFALO WILD WINGS, INC Media; 2018
Castrol GTX
Domino's Pizza, Inc. Media Buying
Dyson Ltd.
General Mills, Inc. (US Media Agency of Record) Media Strategy, Pillsbury, Yoplait
Intercontinental Hotels Group Candlewood Suites, Crowne Hotels, Crowne Plaza, Global Strategic Planning, Holiday Inn, Holiday Inn Express, Holiday Inn Hotels & Resorts, Hotel Indigo, Intercontinental Hotels & Resorts, Media Buying & Planning, Staybridge Suites
Jaguar Cars Limited Media
Jaguar Land Rover North America LLC Campaign: "#GoodToBeBad", Campaign: "British Intelligence", Campaign: "The Loop", Jaguar Cars, Jaguar R, Jaguar X-TYPE, Jaguar XF, Jaguar XJ, Jaguar XK, Land Rover Discovery, Land Rover LR2, Land Rover LR4, Land Rover Range Rover, Media, Print Advertising
Kimberly-Clark Corporation Campaign: "Achoo", Campaign: "Poise 1 In 3 Like Me", Depends, Display, Global Media, In-App Gaming, Kleenex, Media Buying, Media Planning, Pull-Ups, Search Ads, Viva Paper Towels
Mazda North American Operations CX-7, CX-9, MX-5 Miata, Mazda 2, Mazda 3 4-Door, Mazda 3 5-Door, Mazda 5, Mazda North American Operations, MazdaSpeed3
Museum of Modern Art
Nature Made Adult Gummy Vitamins, Media
Pandora A/S (North America Media Agency of Record); 2017
Rent-A-Center; Plano, TX Media Buying, Media Planning, Radio, TV
Sanofi (Global Media Agency of Record) Advertising Planning & Buying; 2017
TJX Companies (Media Agency of Record) Analytics, Buying, Media Buying & Planning, Sierra Trading Post, T.J. Maxx
Unilever N.V. Global Communications Planning, Media Buying
Volvo Global Creative, Media Buying & Planning

MISSISSIPPI PRESS SERVICES
371 Edgewood Ter, Jackson, MS 39206
Tel.: (601) 981-3060
Fax: (601) 981-3676
E-Mail: mspress@mspress.org
Web Site: www.mspress.org

Employees: 12
Year Founded: 1978

Agency Specializes In: Media Buying Services, Media Planning, Newspaper

Breakdown of Gross Billings by Media: Newsp.: 100%

Layne Bruce *(Exec Dir)*
Julie Darling *(Mktg Mgr)*
Sue Hicks *(Mgr-Bus Dev)*
Monica Gilmer *(Coord-Member Svcs & Planner-Event)*
Andrea Ross *(Media Buyer)*

MNI TARGETED MEDIA INC.
225 High Ridge Rd, Stamford, CT 06905
Tel.: (203) 967-3100
Fax: (203) 967-6472
Toll Free: (800) 225-3457
E-Mail: info@nmi.com
Web Site: https://www.mni.com/

Employees: 180
Year Founded: 1980

Agency Specializes In: Digital/Interactive, Media Buying Services, Media Planning

Approx. Annual Billings: $30,000,000

Lisa Ouyang *(Fin Dir)*
Klarn DePalma *(Exec VP)*
Matthew Fanelli *(Sr VP-Digital, MNI & Targeted Media Health-Time Inc Companies)*
Vicki L. Brakl *(VP-Mktg)*
Mark Glatzhofer *(VP)*
Heather Hein *(VP-Adv Sls)*
Patti Trow *(VP-Sls)*
Jen Hendry *(Dir-Client Svcs-MNI & Targeted Media)*
Laura West *(Dir-Eastern Adv)*
Brooke Willcox *(Dir-Digital Media Grp)*

1352

AGENCIES - JANUARY, 2019 — MEDIA BUYING SERVICES

Jenna Boeck *(Acct Exec)*
Alison Larkin *(Acct Exec)*
Danielle Shinn *(Acct Exec)*
Nicole Curry *(Assoc-Sls Dev)*
Robert Reif *(Grp Pres)*

Accounts:
AAA
Arizona Office of Tourism
Barber Foods
Benjamim Moore Paints
Best Buy
BMW
Boston University
Caribou Coffee
Carnival
Cedars-Sinai
Celebrity Cruises
Charles Schwab
Chase
The Children's Hospital of Philadelphia
Connecticut Department of Social Services
Country Financial
CVS
Del Monte
Disney
Downtown Cleveland Alliance
Duquesne Light
Emirates
Farmland
Fifth Third Bank
First Niagara
Foxwoods
General Mills
Giant Eagle
Hartford Healthcare
Hershey
Hood
Liberty Mutual
McDonald's
Mount Snow
Nevada State Bank
Perdue
PNC
Premium Outlets
Publix
Qatar
Rolex
Stressless
Target
Thomson Reuters
Walmart

MPG MEDIA SERVICES
451 Baxter Ave Ste 200, Louisville, KY 40204
Tel.: (502) 589-0042
E-Mail: contact@mpgmediaservices.com
Web Site: www.mpgmediaservices.com

Year Founded: 2012

National Agency Associations: OAAA

Agency Specializes In: Advertising, Graphic Design, Out-of-Home Media, Point of Purchase, Print, Strategic Planning/Research

Dawn Miller *(Co-Founder, Head-HR & Mgr-Acctg)*
Johnny Miller *(Gen Mgr)*
Jamie Stephenson *(Art Dir)*
Nicole Weitlauf *(Acct Mgr)*
Taylor Allgeier *(Acct Exec)*
Jim Considine *(Acct Exec)*
Carolyn Horton *(Acct Exec)*
Bev Miller *(Acct Exec)*
Traci Smith *(Acct Exec)*

Accounts:
New-Circle K Stores Inc.

MULTI MEDIA SERVICES CORP.
915 King St 2nd Fl, Alexandria, VA 22314
Tel.: (703) 739-2160
Fax: (703) 836-9517
E-Mail: info@multi-media-services.com
Web Site: www.multi-media-services.com

Employees: 4
Year Founded: 1984

Agency Specializes In: Media Buying Services, Media Planning, Planning & Consultation

Approx. Annual Billings: $8,000,000

Dwight Sterling *(Pres)*
Neal McDonald *(Media Dir)*

Accounts:
Advantage Human Resourcing
Air Life Line
Cavalier Telephone
Cleveland Saves
Jamestown Associates
National Restaurant Association
Norwalk Community College
Sabre Radio Group
St. Lawrence Cement
U.S. Chamber of Commerce

MULTI-NET MARKETING, INC.
208 E Cheyenne Mountain Blvd, Colorado Spgs, CO 80906
Tel.: (719) 444-0371
Fax: (719) 444-0374
Toll Free: (800) 776-8289
Web Site: www.multinetmarketing.com

Employees: 8
Year Founded: 1995

Agency Specializes In: Advertising, Broadcast, Communications, Electronic Media, Internet/Web Design, Media Buying Services, Media Planning, Media Relations, Radio

Approx. Annual Billings: $15,000,000

Howard F. Price *(Pres & CEO)*
Jane E. Price *(COO)*
Kerstin Poole *(Dir-Traffic)*
Alana King *(Coord-Traffic)*

NAIL MARKETING 360
(Formerly NAILMedia Group)
260 Madison Ave 8th Fl, New York, NY 10016
Tel.: (212) 686-9710
Fax: (212) 686-9713
E-Mail: info@nailmarketing360.com
Web Site: nailmarketing360.com

Employees: 10

Agency Specializes In: Advertising, Broadcast, Cable T.V., Consulting, Consumer Goods, Consumer Marketing, Consumer Publications, Digital/Interactive, Direct Response Marketing, Electronic Media, Electronics, Entertainment, Health Care Services, Magazines, Media Buying Services, Media Planning, Newspaper, Newspapers & Magazines, Out-of-Home Media, Outdoor, Planning & Consultation, Print, Radio, Sponsorship, Strategic Planning/Research, Syndication, T.V., Trade & Consumer Magazines, Transportation, Web (Banner Ads, Pop-ups, etc.)

Approx. Annual Billings: $40,000,000

Accounts:
Bose
Cold-EEZE
HoMedics

NATIONWIDE COURT SERVICES, INC.
761 Koehler Ave, Ronkonkoma, NY 11779
Tel.: (631) 981-4400
Fax: (631) 981-2417
Toll Free: (888) 941-1234
E-Mail: info@nationwidecourtservices.com
Web Site: nationwidecourtservice.com

Employees: 165
Year Founded: 1993

Agency Specializes In: Legal Services, Media Buying Services, Media Planning

Approx. Annual Billings: $50,000,000

Arlene Nelson *(Pres & CEO)*
George V. Nelson, Jr. *(Pres & CEO)*
Paula Parrino Altiere *(Dir-Ops & HR)*
Olivia Charpentier *(Office Mgr)*

Accounts:
Berkman, Henoch, Peterson
Jon B. Felice & Associates, PC
Relin, Goldstein & Crane
Shapiro & DiCaro
Upton, Cohen, & Siamowitz
Weinreb & Weinreb

NEW & IMPROVED MEDIA
1222 E Grand Ave, El Segundo, CA 90245
Tel.: (310) 321-3606
Fax: (310) 578-9548
E-Mail: info@newandimprovedmedia.com
Web Site: www.newandimprovedmedia.com

E-Mail for Key Personnel:
President: terrell@newandimprovedmedia.com
Media Dir.: yokogawa@newandimprovedmedia.com

Employees: 15
Year Founded: 1988

Agency Specializes In: Advertising, Broadcast, Business-To-Business, Cable T.V., Electronic Media, Entertainment, Fashion/Apparel, High Technology, Magazines, Media Buying Services, Media Planning, Newspaper, Newspapers & Magazines, Out-of-Home Media, Outdoor, Planning & Consultation, Radio, Restaurant, Retail, T.V., Travel & Tourism

Approx. Annual Billings: $50,000,000

Don Terrell *(Pres)*
Tori Davis *(VP-Media)*
Casey Baker *(Supvr-Media)*
Alyssa Fong *(Media Planner & Media Buyer)*
Emily Hsu *(Media Planner & Buyer)*

Accounts:
Fox Broadcasting Company
Lellikelly
My Network TV
Resources
Tarantula
Tequila Rose
Valley Presbyterian Hospital

NEW DAY MARKETING, LTD.
923 Olive St, Santa Barbara, CA 93101
Tel.: (805) 965-7833
Fax: (805) 965-1284
E-Mail: robert@ndm.tv
Web Site: www.newdaymarketing.com

Employees: 20
Year Founded: 1987

Agency Specializes In: Infomercials, Media Buying Services, Media Planning

MEDIA BUYING SERVICES — AGENCIES - JANUARY, 2019

Approx. Annual Billings: $70,000,000

Robert Hunt *(Pres)*
Jeff Thomson *(VP-Media)*
Brad Erickson *(Acct Exec)*

Accounts:
AAA Automobile Club
Amazing Goods
Beachbody, LLC
Black & Decker
Boardroom, Inc
Incredible Discoveries
KB Home
L'oreal
MDR Vital Factors
Medicus Golf
Midwest Center for Stress & Anxiety
NGC Sports
Pfizer
Proactiv Solution
Sonicare
Sylmark, Inc
Thane International

NEW ENGLAND PRESS SERVICE
370 Common St, Dedham, MA 02026
Tel.: (781) 320-8050
Fax: (781) 320-8055
E-Mail: info@nenpa.com
Web Site: www.nenpa.com

Employees: 4
Year Founded: 1950

Agency Specializes In: Media Buying Services, Media Planning, Newspaper

Breakdown of Gross Billings by Media: Newsp.: 100%

Robert A. Bertsche *(Gen Counsel)*
Linda Conway *(Exec Dir)*
Megan Sherman *(Asst Dir)*
Dawn Orvis *(Coord-Media)*

NEWTON MEDIA
824 Greenbrier Pkwy Ste 200, Chesapeake, VA 23320
Tel.: (757) 547-5400
Fax: (757) 547-7383
Toll Free: (866) 656-1929
E-Mail: info@newtonmedia.com
Web Site: www.newtonmedia.com

E-Mail for Key Personnel:
Media Dir.: jburke@newtonmedia.com

Employees: 10
Year Founded: 1995

Agency Specializes In: Advertising, Brand Development & Integration, Broadcast, Business-To-Business, Cable T.V., Consulting, Cosmetics, Direct Response Marketing, Electronic Media, Event Planning & Marketing, Hispanic Market, Infomercials, Internet/Web Design, Media Buying Services, Media Planning, Medical Products, Over-50 Market, Planning & Consultation, Production, Radio, Strategic Planning/Research, T.V., Telemarketing

Approx. Annual Billings: $12,000,000

Breakdown of Gross Billings by Media: Brdcst.: 50%; Cable T.V.: 35%; Radio: 15%

Steve M. Newton *(CEO)*
Janet Burke *(Media Dir)*
Aimee James *(Media Buyer)*
Claire Navarro *(Asst-Media)*
Aubry Winfrey *(Buyer-AE & Media)*

Accounts:
American Marketing Systems; IL Real Estate Products; 1995
Jimmy Dean Show Infomercial (Agency of Record)
Open Doors USA (Agency of Record) Digital, Media, Social Media, Strategic, TV
Wholetones (Agency of Record) Healing Frequency Music Project, Strategic Media, TV

NEXTMEDIA INC.
3625 N Hall St Ste 1100, Dallas, TX 75219
Tel.: (214) 252-1782
Fax: (214) 525-4852
E-Mail: michaell@nextm.com
Web Site: www.nextm.com

Employees: 8
Year Founded: 1997

National Agency Associations: 4A's

Agency Specializes In: Advertising, Affluent Market, Automotive, Brand Development & Integration, Broadcast, Business Publications, Business-To-Business, Cable T.V., Co-op Advertising, Consumer Goods, Consumer Marketing, Consumer Publications, Digital/Interactive, Direct-to-Consumer, Financial, Food Service, Health Care Services, High Technology, Magazines, Media Buying Services, Media Planning, Newspaper, Out-of-Home Media, Outdoor, Over-50 Market, Pharmaceutical, Planning & Consultation, Print, Restaurant, Retail, Search Engine Optimization, Strategic Planning/Research, T.V., Trade & Consumer Magazines, Travel & Tourism, Women's Market

Breakdown of Gross Billings by Media: Bus. Publs.: 2%; Cable T.V.: 35%; Consumer Publs.: 2%; Internet Adv.: 5%; Network Radio: 15%; Network T.V.: 15%; Out-of-Home Media: 4%; Spot Radio: 10%; Spot T.V.: 10%; Strategic Planning/Research: 2%

Kala Brock-Stevens *(Supvr-Media)*
Karon Klein *(Grp Media Dir)*

Accounts:
AARP Services, Inc.
Citracal Calcium Supplement
FASTSIGNS International; Carrollton, TX; 2005
Genie Garage Door Openers
Insperity; 2002
Midas International
Overhead Door Corp.; Lewisville, TX; 1997

NIKITA MEDIA, INC.
6243 136th Ave, Saugatuck, MI 49453
Tel.: (248) 514-4449
Web Site: NikitaMediaInc.com

Agency Specializes In: Broadcast, Cable T.V., Digital/Interactive, Game Integration, Guerila Marketing, In-Store Advertising, Local Marketing, Magazines, Media Buying Services, Media Planning, Mobile Marketing, Multimedia, Newspaper, Newspapers & Magazines, Out-of-Home Media, Outdoor, Paid Searches, Print, Radio, Search Engine Optimization, Syndication, T.V., Trade & Consumer Magazines, Web (Banner Ads, Pop-ups, etc.)

Accounts:
Anchor Bay Entertainment

NORBELLA INC.
46 Plympton St #5, Boston, MA 02118
Tel.: (617) 542-1040
Web Site: www.norbella.com

Employees: 20

Agency Specializes In: Broadcast, Business Publications, Business-To-Business, Cable T.V., Co-op Advertising, Direct Response Marketing, Direct-to-Consumer, Email, Local Marketing, Magazines, Media Buying Services, Media Planning, Newspaper, Out-of-Home Media, Outdoor, Print, Radio, Strategic Planning/Research, T.V.

Approx. Annual Billings: $40,000,000

Stephanie Noris *(Pres)*
Greg Angland *(Media Dir)*
Jessica Carmona *(Media Dir)*
Bob Deininger *(Media Dir)*
Phil Decoteau *(Assoc Dir-Digital)*
Teresa Conant *(Mgr-Brdcst)*
Kyle Wons *(Mgr-Platform Media)*
Emily Burdett *(Supvr-Media)*
Rebecca Lehman *(Supvr-Digital Media)*
Julie Mandragouras *(Supvr-Media)*
Kelsey McLaughlin *(Supvr-Media)*
Katherine Rodman *(Supvr-Digital)*
Melanie Russell *(Buyer-Digital & Planner)*
Meghan Maiorana *(Assoc Media Dir)*
Michael Penda *(Sr Media Planner)*

Accounts:
AAASNE
Arbella Insurance
BrainLab
High Liner Foods (USA) Incorporated
Lahey Clinic
Tetley Tea
Uno Chicago Grill Media Planning & Buying

NOVUS MEDIA INC
2 Carlson Pkwy Ste 400, Plymouth, MN 55447
Tel.: (612) 758-8600
Fax: (612) 336-8600
Toll Free: (888) 229-4656
E-Mail: info@novusprintmedia.com
Web Site: www.novusmediainc.com

Employees: 160
Year Founded: 1986

National Agency Associations: 4A's-DMA

Agency Specializes In: Advertising Specialties, Business Publications, Consumer Publications, Direct Response Marketing, Magazines, Media Buying Services, Media Planning, Newspaper, Newspapers & Magazines, Planning & Consultation, Print, Strategic Planning/Research

Approx. Annual Billings: $500,000,000

Dave Murphy *(CEO)*
Michael Buck *(CFO)*
Margy Campion *(COO)*
Montrew Newman *(VP & Mng Dir-Integrated Media)*
Candi Atteberry *(VP-Client Svcs)*
Bridgit Wallace *(VP-Media Investment)*
Dan Briley *(Grp Acct Dir)*
Amanda Geistfeld *(Dir-Local Media Investment)*
Jessica Hearl *(Dir-Media Investment)*
Marsha Lawrence *(Dir-Media Investment)*
Lisa Brooks *(Assoc Dir-Local Media Investment)*
Kristie Gonczy *(Assoc Dir-Media Investment)*
Ashley Smith *(Assoc Dir-Media Investment)*
Stacy Strang *(Assoc Dir-Media Investment)*
Melissa Pickert *(Mgr-Traffic)*
Ben Schulz *(Supvr-Media)*
Kendra Ferrier *(Media Buyer-Natl)*
Jennifer Bermel *(Buyer-Local Media Investment)*
Wendy Giannattasio *(Buyer)*
Brenda Malewitz *(Sr Media Buyer)*

Accounts:

AGENCIES - JANUARY, 2019 — MEDIA BUYING SERVICES

Dell

NUSPARK MEDIA
24 Providence Rd, Morton, PA 19070
Tel.: (215) 315-7780
Web Site: www.nusparkmedia.com

Employees: 10

Agency Specializes In: Digital/Interactive, Media Buying Services, Media Planning, Paid Searches

Paul Mosenson *(Pres & Dir-Virtual Media)*

NYM WORLDGROUP, INC.
(See Under OOH Impact, Inc.)

OCEAN MEDIA INC.
17011 Beach Blvd, Huntington Beach, CA 92647
Tel.: (714) 969-5244
Fax: (714) 969-6589
E-Mail: info@oceanmediainc.com
Web Site: www.oceanmediainc.com

Employees: 60
Year Founded: 1996

Agency Specializes In: Advertising, Brand Development & Integration, Broadcast, Cable T.V., Digital/Interactive, Direct Response Marketing, E-Commerce, Magazines, Media Buying Services, Media Planning, Newspaper, Planning & Consultation, Radio, Sponsorship, Strategic Planning/Research, T.V.

Approx. Annual Billings: $210,000,000

Ron Louis Luebbert *(Pres)*
Mike Robertson *(CEO-Ocean Media)*
Annmarie Turpin *(Sr VP-Analytics)*
Gregg Bender *(VP & Client Svcs Dir)*
Stephanie Holman *(VP-Fin)*
Jared Lake *(VP-Digital Strategy)*
Ryan Blatchley *(Acct Dir)*
Shannon Bartholemy *(Dir-Digital Strategy)*
Aileen Ebanen Reyes *(Dir-Radio, Print & Out of Home)*
Charis Tharp *(Acct Mgr)*
Jamie Hesketh *(Supvr-DR Media)*
Alyssa Harman *(Sr Specialist-DR Media)*
Mitchell Gonzales *(Sr Buyer-Digital Media-Programmatic)*
Peris Maina *(Media Buyer-Digital & Programmatic)*
Andrea N Mora *(Media Buyer)*
Tiffany Quach *(Acct Coord)*
Lidia Hernandez *(Negotiator-Media)*
Kayley Hudgens *(Asst Media Buyer)*
Caroline Jan *(Negotiator-Media)*
Teresa Kees *(Sr Negotiator-Media)*
April Price *(Sr Media Buyer)*

Accounts:
1-800-Flowers.com
Ancestry.com (Agency of Record)
Autotrader, Inc.
Avis Rent A Car System, LLC Avis, Media Planning & Buying; 2017
Babbel
Betterment LLC
Blue Shield of California
Car Gurus Media Planning & Buying
Care.com (Agency of Record)
Charles Tyrwhitt Media Planning & Buying; 2017
EasyClosets
Ebates.com
eHarmony.com, Inc. (Agency of Record) Online Dating; 2002
FABLETICS
Gazelle, Inc. Media Planning & Buying
GrubHub
Harry's, Inc.
InnoGames
JustFab.com (Agency of Record) Advertising Planning & Buying
KABAM, Inc.
LendingTree, LLC Analytics, Buying, Media Efficiency, Media Planning
LifeLock Inc (Agency of Record)
Newtek Business Services Media Planning & Buying
Olloclip
Overstock.com, Inc (Agency of Record) Online Retail Outlet; 2003
The Priceline Group Inc. (Agency of Record) Media Buying, Media Planning, Travel and Hotels; 1997
The Proactiv Company LLC
Realtor.com (Agency of Record)
Seamless
SharperImage.com (Media Planning & Media Buying Agency of Record)
Stitch Fix Media Planning & Buying, Social Media
Thumbtack, Inc.
Weebly (Media Planning & Buying Agency of Record) Television
Zipcar, Inc.
Zynga Media Planning & Buying; 2017

OCEANOS MARKETING, INC.
892 Plain St, Marshfield, MA 02050
Tel.: (781) 804-1010
Fax: (617) 687-8008
Web Site: https://www.oceanosinc.com/

Employees: 10
Year Founded: 2001

National Agency Associations: AMA

Agency Specializes In: Business-To-Business, Consulting, Consumer Marketing, Direct Response Marketing, E-Commerce, Education, Exhibit/Trade Shows, Health Care Services, High Technology, Industrial, Media Buying Services, Media Planning, Medical Products, Over-50 Market, Pharmaceutical, Planning & Consultation, Strategic Planning/Research, Teen Market

Lindsay Fraser *(Dir-Strategy & Ops)*
John Lutts *(Dir-Cloud Tech)*
Kristopher Matney *(Dir-Software Engrg)*
Chrissie Dahlstrom *(Coord-Mktg)*
Holly Walsh *(Sr Program Mgr)*

OLANDER GROUP
1224 Ottawa Ave, Ottawa, IL 61350
Tel.: (815) 680-6500
Fax: (815) 434-3069
E-Mail: molander@olandergroup.com
Web Site: www.olandergroup.com

Employees: 4
Year Founded: 2001

Agency Specializes In: Above-the-Line, Advertising, Advertising Specialties, Affluent Market, Alternative Advertising, Below-the-Line, Branded Entertainment, Broadcast, Business-To-Business, Cable T.V., Children's Market, Co-op Advertising, College, Communications, Computers & Software, Consulting, Consumer Marketing, Corporate Communications, Customer Relationship Management, Digital/Interactive, Direct Response Marketing, Direct-to-Consumer, Education, Electronic Media, Email, Entertainment, Environmental, Experience Design, Financial, Food Service, Government/Political, Health Care Services, High Technology, Hospitality, In-Store Advertising, Industrial, Infomercials, Information Technology, Integrated Marketing, Leisure, Local Marketing, Magazines, Media Buying Services, Media Planning, Medical Products, Men's Market, Mobile Marketing, Multimedia, New Technologies, Newspaper, Newspapers & Magazines, Out-of-Home Media, Outdoor, Over-50 Market, Paid Searches, Pharmaceutical, Planning & Consultation, Podcasting, Point of Purchase, Point of Sale, Print, Product Placement, Publicity/Promotions, RSS (Really Simple Syndication), Radio, Real Estate, Regional, Search Engine Optimization, Social Marketing/Nonprofit, Social Media, Sports Market, Strategic Planning/Research, T.V., Teen Market, Trade & Consumer Magazines, Transportation, Travel & Tourism, Viral/Buzz/Word of Mouth, Web (Banner Ads, Pop-ups, etc.), Yellow Pages Advertising

Approx. Annual Billings: $4,500,000

Breakdown of Gross Billings by Media: Adv. Specialities: 75%; Plng. & Consultation: 25%

Mike Olander *(Founder & Pres)*
Ruth Perry *(Acct Mgr)*
Mary Ann Neuman *(Coord-Mktg)*

Accounts:
CMK Companies; Chicago, IL; 2005
Edward Hospital & Health Services; Naperville, IL Edward Hospital; Edward Medical Group; Edward Health & Fitness Centers; Linden Oaks Hospital2008; 2008
Elysian Hotels; Chicago, IL; 2011
Gateway Foundation; Chicago, IL; 2010
TargetCom; Chicago, IL; 2011
XSport Fitness; Chicago, IL; 2011

OMD NORTH AMERICA
195 Broadway, New York, NY 10007
Tel.: (212) 590-7100
E-Mail: info@omd.com
Web Site: www.omd.com

Employees: 500
Year Founded: 2002

Agency Specializes In: Consulting, Media Buying Services, Media Planning, Sponsorship, Strategic Planning/Research

John Anselmo *(Pres & COO)*
Patty Sachs *(Pres-East)*
Liza Davidian *(Mng Dir-Integrated Investment)*
Kerry Perse *(Mng Dir-OMD Create)*
Fawn Butler *(Grp Dir-Ops)*
Jacqueline Lonergan *(Grp Dir-Strategy)*
Elayna Tekle *(Grp Dir-Strategy)*
Jenny Hermanson *(Grp Acct Dir)*
Angelica Posada *(Grp Acct Dir-West Coast MC)*
Katharine Ricci *(Grp Acct Dir-OMD Social-East Coast)*
Emily Tobias *(Dir-Performance Media)*
Maris Cohen *(Assoc Dir-Strategy)*
Jackie LaLetta *(Assoc Dir)*
Zach Mazerov *(Assoc Dir-Digital Investment)*
Allison McManus *(Assoc Dir)*
Dusan Stojicevic *(Sr Mgr-Plng & Optimization)*
Lucas Holt *(Acct Mgr-Ignition Factory)*
Lily Aslanian *(Mgr-Ignition Factory)*
Jessica Cha *(Supvr-Social Media)*
Zach Garbiso *(Supvr-Strategy)*
Justin Lucero *(Supvr-Strategy)*
Lauren Pardun *(Supvr-Strategy)*
Samantha Buck *(Assoc Media Dir)*

Accounts:
Ancestry.com LLC Media
Apple
Beiersdorf North America Inc Aquaphor, Eucerin, Nivea, US Media Planning & Buying; 2018
Cars.com Media Buying
CBS Corp.
Cigna (Media Agency of Record) Media Buying, Media Planning
Clorox Media Buying, Network TV Buying, Scoop Away
The CW Television Network

MEDIA BUYING SERVICES

AGENCIES - JANUARY, 2019

Disney Studio Media Buying, Movies
Eli Lilly & Co.
FedEx
GE Global Media
Hilton Worldwide Embassy Suites, Media Planning & Buying
Intel Media Buying & Planning
JCPenney Corporation, Inc. American Living, JCPenney Corporation, Inc., JCPenney Portrait Studios, Media
Levi Strauss Docker's, Levi's, Media Buying & Planning
Life Media
McDonald's Corporation Media
Nissan North America, Inc. Infiniti, Media, Rogue
PepsiCo Inc. Aquafina, Baja Blast, Campaign: "Pepsi's Game Changing X Factor Partnership", Diet Mountain Dew, Diet Pepsi, Gatorade, Life Cereal, Lipton Brisk, Media, Media Planning & Buying, Mountain Dew, Mountain Dew MDX, Pepsi, Pure Leaf, Sierra Mist, Sobe
Sony Music Media Buying, Media Planning
State Farm Network TV Buying
Toys R Us, Inc. Digital, Media
Travelocity
Wells Fargo Media Planning & Buying

Branches

OMD Atlanta
3500 Lenox Rd Ste 1800, Atlanta, GA 30326
Tel.: (404) 443-6800
Fax: (404) 443-6882
E-Mail: info@omd.com
Web Site: www.omd.com

Employees: 20

National Agency Associations: 4A's

Agency Specializes In: Media Buying Services

Ludwig Haderer *(Mng Dir-Comml & Accountability-LATAM)*
Ashley Arena *(Grp Dir-Digital Investment)*
Elizabeth Swiech *(Grp Dir-Strategy-Infiniti Motor)*
Paloma Martinez *(Reg Dir-Bus Dev & Mktg)*
Anjanette Correa *(Dir-Trading & Accountability-LATAM)*

OMD Chicago
225 N Michigan Ave 19th Fl, Chicago, IL 60601-7757
Tel.: (312) 324-7000
Fax: (312) 324-8201
Web Site: www.omd.com

Employees: 250
Year Founded: 1999

National Agency Associations: 4A's

Agency Specializes In: Media Buying Services, Sponsorship

Michael Solomon *(Mng Dir)*
Scott Downs *(Chief Client Officer-US & Mng Dir-US PepsiCo)*
Eileen Holton *(Grp Acct Dir)*
Debbie Weinstein McKean *(Grp Acct Dir)*
David Hill *(Acct Dir-Mktg Sciences)*
Rachel Gonzalez *(Dir-PepsiCo Nutrition)*
Kevin Hung *(Dir-Partnerships & Futures)*
Prentice Meinerding *(Dir-Mktg Sciences)*
Tim Nolan *(Dir-MKS, Data Migration & Architecture)*
Jenna Salm *(Dir-Bus Leadership)*
Megan Schaefer *(Assoc Dir-Ops)*
John Sisk *(Assoc Dir)*
Jan Alexander Vitturi-Lochra *(Assoc Dir)*
Lizzy Wingels *(Assoc Dir-Digital)*
Claire Eisenhuth *(Supvr-Digital)*

Elizabeth Greene *(Supvr-Media)*
Anna C. Schmidt *(Supvr)*
Kristi Sundberg *(Supvr-Media & Strategy)*
Maeve Hanrahan *(Strategist-Digital)*
Kathleen McMahon *(Strategist-Media)*
Walter Ballard *(Assoc Media Dir)*

Accounts:
Barilla America, Inc. Media Buying & Planning; 2007
Busch Gardens; Tampa, FL
Essilor
The Field Museum
Frito-Lay, Inc. Baked!, Cheetos, Doritos, Frito-Lay, Inc., Lay's, Ruffles, Stacy's Pita Chips, SunChips, Tostitos
Hewlett-Packard Company Envy, HP TouchPad, HP Veer, HP.com, Hewlett-Packard Company, Pavilion, Technology Solutions Group Division
J.C. Penney Company, Inc. Media
McDonald's Corporation Happy Meals, MOCNI, McCafe, McDonald's Corporation, Ronald McDonald House Charities
Norwegian Cruise Line Media Buying, Media Planning
Pep Boys
PepsiCo, Inc. Amp, Aquafina, Aunt Jemima, Cap'n Crunch, Diet Mountain Dew, Diet Pepsi, Gatorade / Gatorade G, Gatorade G Series Perform, Gatorade G Series Prime, Gatorade G Series Pro, Gatorade G Series Recover, Gatorade G2, Life Cereal, Lipton Brisk, Lipton Green Tea, Mountain Dew, Near East, Pasta Roni, Pepsi, Pepsi Throwback, PepsiCo, Inc., Quaker Chewy Granola Bars, Quaker Instant Grits, Quaker Instant Oatmeal, Quaker Oats, Quaker Oh's! Cereal, Quaker Rice Cakes, Quaker True Delights, Rice-A-Roni, Sierra Mist Natural, SoBe, Spudz, Tropicana, Tropicana Pure Premium
PetSmart, Inc. Media Buying, Media Planning
Pier 1 Imports, Inc.
State Farm Mutual Automobile Insurance Co. (Media Agency of Record) State Farm Auto Insurance, State Farm Home Insurance, State Farm Insurance Companies, State Farm Life Insurance

OMD Los Angeles
5353 Grosvenor Blvd, Los Angeles, CA 90066
Tel.: (310) 301-3600
Fax: (646) 278-8000
E-Mail: info@omd.com
Web Site: www.omd.com

Employees: 300

National Agency Associations: 4A's

Agency Specializes In: Media Buying Services, Sponsorship

Steven Abraham *(Mng Dir)*
Marissa Nance *(Mng Dir)*
Steven Kaufman *(Mng Dir-Programmatic)*
Mark Brennan *(Grp Dir-Plng & Innovation)*
Kate Dewey *(Dir-McDonald's)*
Katja Berg *(Assoc Dir)*
Jackie Boer *(Assoc Dir-Performance Media)*
Elena Carroll *(Assoc Dir)*
Kim Hung *(Assoc Dir)*
Theodor Czajkowskyj *(Supvr)*
Connor Hynes *(Supvr-Integrated Media Strategy)*
Diana Ibanez *(Supvr-Brand Strategy)*
Michael Karamourtopoulos *(Supvr)*
Kenny Ko *(Supvr)*
Mario Mercado *(Supvr-Res)*
David Parker *(Supvr-Performance Media)*
Adam Pearlson *(Supvr)*
Miguel Tercero *(Supvr-Mktg Sciences)*
Alisha Waite *(Planner-Digital Media)*
Taleen Bedikian *(Coord-Adv)*
Lindsay Deherrera *(Assoc Media Dir)*

Noah Goldsmith *(Assoc Acct Dir)*
Alicia Jewell *(Negotiator)*
Derek Padilla-Ravega *(Assoc Media Dir)*
Robyn Shapiro *(Sr Media Buyer-Local Brdcst)*
Adrienne Watson *(Sr Fin Mgr-Client)*

Accounts:
Apple
Brooks Running
Conservation International Media
CW Network
The CW Television Network Campaign: "Do You Have the Power?"
Disney Media Buying, Movies
Dockers
Experian Media Planning & Buying
Henkel Media Planning & Buying
Hilton Hotels Hampton, Media
Homewood Suites Media Buying
Nissan Infiniti
Pop TV
Principal Financial Group Media Planning & Buying
The Walt Disney Company
Warner Bros Campaign: "Do You Have The Power"
Wells Fargo Digital, Lead Media Buying & Planning Agency, Search

OMD San Francisco
600 California St Fl 7, San Francisco, CA 94108
Tel.: (415) 229-8500
Fax: (415) 315-4250
Web Site: www.omd.com

Employees: 100

National Agency Associations: 4A's

Agency Specializes In: Media Buying Services, Sponsorship

Carolyn Parodi *(Mng Dir)*
Sacha Xavier *(Mng Dir)*
Clay Eichner *(VP-Digital Strategy)*
Andrea Barberi *(Grp Dir-Strategy)*
Anna Prendergast *(Grp Dir-Strategy)*
Susan Noonan *(Grp Acct Dir)*
Matt Van Dalsem *(Grp Acct Dir)*
Owen Jones *(Media Dir-Intl)*
Jinyoung Choi *(Dir-Mktg Sciences)*
Jimmy Tong *(Dir-Mktg Sciences)*
Juliana Bunce *(Assoc Dir)*
Kena Flynn *(Assoc Dir-Digital)*
Rebecca Ting *(Assoc Dir-Strategy)*
Justine Bakhshi *(Supvr-Media)*
Samantha Benson *(Supvr-US Strategy-Apple)*
Kyle Maudlin *(Supvr-Strategy)*
Patricia Rios *(Supvr-Media)*
Julie Galender *(Strategist-Media)*
Emily Austin *(Assoc Media Dir)*
Jamie Costa *(Assoc Media Dir)*
Laura McNulty *(Assoc Media Dir)*

Accounts:
Apple, Inc. Apple, Inc., iPad, iPhone, iPod, iTunes
Brooks Sports Inc. Media Planning & Buying
California Public Utilities Commission Energy Upgrade California Program, Media
Clorox Media Planning

OMD Cross Cultural
6205 Blue Lagoon Dr Ste 650, Miami, FL 33126
Tel.: (305) 341-2530
Fax: (305) 446-7707
Web Site: www.omd.com

Employees: 200

National Agency Associations: 4A's

Agency Specializes In: Sponsorship

Christopher Geraci *(Pres-Natl Brdcst)*
John Swift *(CEO-Investment & Integrated Svcs-*

AGENCIES - JANUARY, 2019 — MEDIA BUYING SERVICES

NA)
Ana Crandell *(Grp Acct Dir-OMD Multicultural)*
Mariel Cantillo *(Assoc Dir)*
Denisse Roca *(Assoc Dir)*
Claire Eisenhuth *(Supvr-Digital)*
Jose Collazos *(Acct Exec-Digital)*

Accounts:
The Clorox Company
JCPenney Corporation, Inc.
Visa, Inc.

OMD WORLDWIDE
195 Broadway, New York, NY 10007
Tel.: (212) 590-7100
E-Mail: info@omd.com
Web Site: www.omd.com

Employees: 700

National Agency Associations: 4A's

Agency Specializes In: Advertising, Media Buying Services, Media Planning

Jake Vander Linden *(Mng Dir & Acct Dir)*
Kyong Coleman *(Mng Dir)*
Mark Mirsky *(Mng Dir)*
Dan Cohn *(Mng Dir-East)*
Jade Nelson *(Grp Dir-Strategy)*
Shannon Ahearn *(Grp Acct Dir)*
Angie Ahn *(Dir-Comm Plng)*
Jack Michelson *(Dir-Digital)*
Doreen Szeto *(Dir-Strategy)*
Felix Rivera *(Assoc Dir-Mktg Science)*
Cheyla Shabazz *(Supvr-Strategy)*
Soumya Sinha *(Supvr-Mktg Science)*
Marie Estime *(Strategist)*
Priya Gupta *(Strategist-PepsiCo Acct)*
Alina Idrissova *(Specialist-Social & Search-Disney Theatrical)*
Isa Johnson *(Analyst-Digital Investment)*
Cassandra Laurent *(Analyst-Digital)*
Yannick Williams *(Media Planner)*
Abbey Sherrard *(Assoc Media Dir)*

Accounts:
Activision Blizzard, Inc. Call of Duty: Black Ops 4, Global Media
The Advertising Council Media
Apple
Bacardi Limited Buying, Digital, Global Media, Planning, Social
CBS Sports Division Media
Clorox Co Brita
FedEx Corporation
Frito-Lay Campaign: "All Natural Farmville", Lay's, Media Buying
GE Consumer & Industrial; Louisville, KY
Hasbro
IMAX Corporation
J.C. Penney Company, Inc Media Buying
Levi's
McDonald's Corporation (Global Agency of Record) Global Media Planning & Buying
Monster.com BeKnown, Media Buying, Media Planning
PepsiCo 7Up, AMP Energy Drink, Diet Pepsi, Gatorade, Mountain Dew, X Factor
Quaker Oats
Renault Nissan Clio, EMEA, Infiniti, Media Buying & Planning, Pathfinder
Sabra Dipping Co. Media Buying, Media Planning
Sony Music
Sony Pictures Global Media
State Farm Insurance
Time Warner Cable Analytics, Digital Marketing, Digital Media Planning & Buying, Mobile, Social Media
Tourism Ireland Global Media; 2018
Toys"R"Us
Tropicana Media Buying
Wells Fargo

Branches

OMD Australia
32 Pyrmont Bridge Road, Pyrmont, Sydney, NSW 2009 Australia
Tel.: (61) 2 9692 2000
Fax: (61) 2 9692 2222
Web Site: www.omd.com

Employees: 300

Aimee Buchanan *(CEO)*
Gavin Gibson *(Chief Strategy Officer-Natl)*
Sian Whitnall *(Chief Digital Officer)*
Peita Pacey *(Head-Strategy)*
Antonia Glezakos *(Gen Mgr-Melbourne)*
Daniel Clark *(Bus Dir)*
Rosie Plunton *(Bus Dir)*
Erin Taylor *(Acct Dir-OMD Create)*
Leah Dickenson *(Dir-Interactive)*
Steph Pearson *(Dir-Interactive)*
Justine Thompson *(Dir-Ops)*
Sinead Scollan *(Sr Acct Mgr)*
Catherine Chater *(Acct Mgr)*
Daisy Huang *(Strategist)*

Accounts:
Allan Gray Australia
Ancestry.com.au Media Planning & Buying
Apple
New-Bacardi
Beiersdorf Media
New-Cancer Institute NSW Media; 2018
Chivas Regal Media
Coles Group Ltd. Media
eHarmony.com, Inc. Media Planning & Buying
The Estee Lauder Companies Inc. Campaign: "StartBetter", Clinique, Social Media
ExxonMobil
Fantastic
FedEx
Fonterra
Frucor Beverages Digital, Media Buying, Media Planning
GE
Helloworld Campaign: "helloworldRELAY"
H.J. Heinz Company Media
Intel
Luxottica "Penny the Pirate"
McDonald's Campaign: "It's a Knockout", National Media
NSW Government Media Planning
Pacific Brands
The Pyjama Foundation Ltd
Qantas Airways Limited International Media Buying
Realestate.com.au; 2017
Sara Lee Harris, Media Planning & Buying, Moccona, Piazza D'Oro, Pickwick Tea
Schwarzkopf Campaign: "Under the Cover"
Selleys
New-Sheridan Media
New-Simplot Australia Pty. Ltd. Birds Eye, Edgell, John Wes, Leggo's, Media, Planning & Buying, Strategy
Sony PlayStation
New-Suncorp AAMI, APIA, GIO, Media Planning & Buying; 2018
Surf Life Saving Australia Media
Tabcorp Holdings Media Buying, Media Planning, Online, Social Media
Target Media Buying, Media Planning
Telstra Corporation Ltd (Media Agency Of Record) Campaign: "Let Your Business Flow", Media Buying
Village Roadshow Limited Media, Roadshow Films
Warner Bros. The Meg
Weight Watchers International, Inc. National Media Buying & Planning
The Wrigley Company Campaign: "5X Mutant Gum"

OMD Canada
67 Richmond St W 2nd Fl, Toronto, ON M5H 1Z5 Canada
Tel.: (416) 681-5600
Fax: (416) 681-5620
Web Site: www.omd.com

Employees: 130

Cathy Collier *(CEO)*
Christine Wilson *(Mng Dir)*
Shane Cameron *(Chief Innovation Officer)*
John Killam *(Chief Client Officer)*
Elaine Lindsay *(Grp Dir-Strategy)*
Nisha Kumar *(Acct Dir)*
Trevor Walker *(Dir-Trading & Accountability)*
Angelito Pineda *(Assoc Dir-Brdcst)*
Jennifer Santos-Abella *(Assoc Dir-Strategy)*
Santana Chircop *(Supvr-Investment)*
Chad MacKay *(Supvr-Brdcst)*
Anna Dai *(Sr Specialist-Digital)*

Accounts:
Apple
British Columbia Automobile Association (Media Agency of Record) Media Buying
Campbell Company of Canada
Canadian Olympic Committee Media
Clorox Company Brita, Media Buying
Crime Stoppers Media
GE Canada
Hotel De Jeunesse
Leon's Furniture Media Buying, Media Planning
M&M Meat Shops Media Buying, Media Planning
McDonald's Canada Global Media, Media Buying, Media Planning
Nissan
PepsiCo Canada Media Buying, Quaker
Reitmans Traditional Channels
Rogers Communications Media Planning & Buying
Shomi Campaign: "#ANewSocietyRises", Media Buying
SickKids Foundation (Media Agency of Record) Media Planning
SIRIUS Canada Inc. Media Buying
Subaru Media Buying
Tourism Nova Scotia Media Buying, Media Planning
The University of British Columbia
Visa Inc. Media Buying
Warner Bros.

OMD Finland Oy
Fredrikinkatu 42, 00100 Helsinki, Finland
Tel.: (358) 9 693 661
Fax: (358) 9 694 1005
E-Mail: omdfinland@omd.com
Web Site: http://www.omd.com/finland/global-media-agency

Employees: 50
Year Founded: 1976

Agency Specializes In: Advertising, Brand Development & Integration, Business-To-Business, E-Commerce, Electronic Media, Magazines, Media Buying Services, Newspapers & Magazines, Planning & Consultation, Radio, Strategic Planning/Research, T.V.

Sanna Berndtson *(Sr Acct Mgr)*

OMD Guangzhou
Rm 3707 Tower B Ctr Plz, 161 Linhe Rd W Tianhe District, Guangzhou, 510610 China
Tel.: (86) 20 3825 1088
Fax: (86) 20 3825 1603
Web Site: www.omd.com

Employees: 85

Bhasker Jaiswal *(Mng Partner-Mktg Sciences)*

MEDIA BUYING SERVICES
AGENCIES - JANUARY, 2019

Elaine Ip *(Mng Dir)*
Doug Pearce *(CEO-UK & China)*
Aaron Wild *(CEO-China)*
Tommy Li *(Mng Dir-Trading & Investment)*
Denise Lim *(Mng Dir-Apple)*
Samantha Hartsfield Jahnke *(Head-Digital)*
Dickie Cheng *(Gen Mgr)*
Kevin Mann *(Gen Mgr)*
Jeanette Phang *(Exec Dir-Mktg Sciences)*
Alex Wang *(Bus Dir)*
Jenny Hsu *(Asst Dir-Plng)*
Chweeling Sow *(Assoc Dir-Bus Intelligence)*

Accounts:
Danone Waters China Health, Media Buying, Media Planning, Mizone
Intel
MGM China Buying, MGM COTAI, Media Strategy, Planning; 2017

OMD Hong Kong
Unit 808 Core E Cyberport 3, 100 Cyberport Rd, Hong Kong, China (Hong Kong)
Tel.: (852) 2911 1668
Fax: (852) 2827 1200
E-Mail: omdhk.enquiry@omd.com
Web Site: www.omd.com

Employees: 100

Brett Stewart *(Mng Partner)*
Gary Wong *(Mng Dir)*
Mark Goh *(Sr Dir-Content Innovation)*
Quentin Chow *(Mktg Dir-Data)*
Jacky Ho *(Bus Dir)*
Desmond Ko *(Bus Dir)*
Rex Tang *(Assoc Dir-Plng)*
Vienna Tsang *(Acct Mgr-Team-Intl)*
Ma Key *(Mgr-Plng)*
Jane Ng *(Supvr-Buying)*
Jenny Tang *(Planner-Digital)*
Thomas Hebditch *(Sr Bus Dir-Digital)*
Stella Lee *(Reg Acct Dir)*

Accounts:
Axa Financial Services, Media Account
Carousell Media Buying & Planning
Compass Visa
CRMG Holdings Ltd Digital Planning & Buying, Integrated Media, Offline, Pricerite, TMF; 2018
CSL; Hong Kong Mobile Phones; 2005
Dairy Farm 3hreesixty, Integrated Media Communications Strategy, Jasons, Market Place by Jasons, Media Investment Management, Oliver's The Delicatessen, Social Media, Wellcome; 2017
Hasbro
Henkel Media Planning & Buying, Schwarzkopf
Hilton Worldwide
Hong Kong Buddhist Association Marketing, Strategic Communications
Hong Kong Jockey Club
Hong Kong University
Infiniti Motor Company
Johnson & Johnson Carefree, Clean & Clear
KAYAK Integrated Media Planning & Buying; 2018
Levi Strauss Hong Kong 501 Jeans, Media Buying
McDonald's Corporation Campaign: "A Dim Jack Hi-Jack", Media
MGM China Above the Line, Buying, Integrated Media Strategy, MGM COTAI, Planning, Search, Social Assets; 2017
MTR
PepsiCo
Pfizer Corporation Campaign: "Truth & Dare"
ProDiet Cat Food
SmarTone
Times Square
Transitions Optical, Inc. Integrated Media Communications, Integrated Media Strategies, Investment Management, Social Media Management; 2018
Wyeth Nutrition Buying, Integrated Media Communications Strategy, Planning

OMD Malaysia
Level 3 Tower C Uptown 5, No 5 Jalan SS21/39, Petaling Jaya, Selangor 47400 Malaysia
Tel.: (60) 376519999
Fax: (60) 376606130
Web Site: www.omd.com

Employees: 50

Agency Specializes In: Advertising

Agnes Yee *(Gen Mgr)*
Kelvin Lim *(Dir-Digital)*
Darrell Cheong *(Sr Media Planner)*

Accounts:
Audemars Piguet Media, Strategic Media Buying & Planning
McDonald's Media
Resorts World Genting

OMD Nederland
Amsterdams sawag 204, 1182 HL Amstelveen, Netherlands
Mailing Address:
P.O. Box 682, Amstelveen, 1180 AR Netherlands
Tel.: (31) 20 712 0000
Fax: (31) 20 712 0001
E-Mail: info@omdnl.nl
Web Site: www.omd.com

E-Mail for Key Personnel:
President: esther.hendriks@omdnl.nl

Employees: 100
Year Founded: 1999

Agency Specializes In: Media Buying Services

Angelique Schreuders *(Head-Client)*
Thomas Haazelager *(Media Dir-AV)*
Remko de Jong *(Dir-AV)*
Amancio Frankel *(Dir-Trading & Accountability-Omnicom Media Grp)*
Diana Haminoto *(Dir-AV)*

OMD New Zealand/Auckland
Level 1 33 College Hill, Posonby, Auckland, 1010 New Zealand
Tel.: (64) 3 353 7440
Fax: (64) 9 306 2888
E-Mail: info@omdnz.com
Web Site: www.omd.com

Employees: 70
Year Founded: 2004

Nigel Douglas *(CEO)*
Andrew Reinholds *(Mng Partner)*
David McCallen *(Head-Strategy)*
Penelope Burns *(Client Svcs Dir)*
Jennifer Hilliar *(Bus Dir)*
Rebecca Lloyd *(Acct Dir)*
Scott Allan *(Dir-Digital)*
Nick Ascough *(Dir-Strategy)*
Jonathan Lyon *(Dir-Bus Intelligence & Strategy)*
Chloe Hardy *(Assoc Dir)*
Kate Bennett *(Acct Mgr)*

Accounts:
Air New Zealand
Auckland Council
Auckland Transport Metro Creative, Digital Engagement, Media, Strategy; 2017
Audi New Zealand
BDM Grange - TRESemme' Campaign: "TRESemme Stylist Search"
Beiersdorf Media
Dulux Campaign: "Whats Dulux Colour of New Zealand"
Fonterra Brands
Frucor Beverages NZ Ltd Campaign: "Mountain Dew Skatepark", Media
Heart of the City Campaign: "#Iloveyourcityblc"
Heinz Wattie's Campaign: "Spaghetti vs Baked Bean"
Inland Revenue Campaign: "I'll be your friend if you pay your fees"
Kiwibank
Loyalty New Zealand Campaign: "Dream Machine", Campaign: "Flats Extreme Trolley Challenge"
McDonald's System of New Zealand Ltd.
Meridian Energy Media Strategy, Planning & Buying; 2017
New Zealand Book Council Media
New Zealand Human Rights Commission
New Zealand Transport Agency Media
Roadshow Film Campaign: "Contagion", Campaign: "The Green Lantern"
Sky Game of Thrones Snapchat Lens, NEON
SKYCITY Digital, Media Strategy; 2018
Soho
Sony PlayStation Campaign: "Little Big Planet"
V Energy Drink
The Warehouse Limited Media Strategy & Buying, Noel Leeming, The Warehouse, Torpedo7, Warehouse Stationery; 2018
The Wellington International Ukulele Orchestra

OMD Philippines
11th Floor Bankmer Building 6756 Ayala Ave, Makati City, Manila, 1226 Philippines
Tel.: (63) 2 889 8663
Fax: (63) 2 889 7774
Web Site: www.omd.com

Employees: 10

Carla Jose-Cifra *(Gen Mgr)*
Bernie Nepomuceno *(Bus Dir)*
Rowena Munsayac *(Mgr-Investment)*

Accounts:
McDonald's Philippines (Media Agency of Record); 2017

OMD Singapore
3 Anson Road #30-03 Springleaf Tower, Singapore, 079909 Singapore
Tel.: (65) 6876 6800
Fax: (65) 6876 6868
Web Site: www.omd.com

Employees: 50

Sarah Hargreaves *(Mng Partner-Intl)*
Chloe Neo *(Mng Dir)*
Torie Henderson *(CEO-South East Asia & India)*
Stephen Li *(CEO-Asia Pacific)*
Ranga Somanathan *(CEO-Omnicom Media Grp)*
Elisa Chua *(Bus Dir)*
Pankaj Nayak *(Dir-Bus Dev-Asia Pacific)*
Edwin Kwak *(Sr Mgr)*

Accounts:
Audemars Piguet Media, Strategic Media Buying & Planning
Axa Financial Services, Media Account
Beiersdorf AG Media, NIVEA Micellar Water
The Building and Construction Authority
The Changi Airport Group
Clear Channel Singapore
Defence Science & Technology Agency Media, Media Planning & Buying
Exxonmobil
Fedex
Fonterra
General Mills Haagen-Dazs, Media, Nature Valley
Government Technology Agency Media Buying; 2017
H&M Media

AGENCIES - JANUARY, 2019
MEDIA BUYING SERVICES

Hasbro Transformers
Intel
Johnson & Johnson Clean & Clear
The Learning Lab Buying, Media Planning, SEO
Marina Bay Sands Brand & Tactical Marketing, Overall Marketing Strategy; 2017
McDonald's Restaurants Pte., Ltd. Media
National Library Board Media Buying, Media Planning, S.U.R.E. (Source, Understand, Research & Evaluate)
Pandora Media Buying, Media Planning, Media Strategy
Pepsico
Science Centre Singapore Media
SilkAir Media Buying
Singapore Telecommunications Limited Amobee, Media; 2018
Visa
Watsons Singapore Campaign: "At Watsons, There's Always More", Campaign: "Wow", Logo Design, Packaging

OMD UK
1-4 North Crescent Chenies Street, London, WC1E 7ER United Kingdom
Tel.: (44) 203 023 4500
Web Site: www.omd.com/uk/global-media-agency

Employees: 450

Florian Adamski *(CEO)*
Sarah De Martin *(Mng Partner)*
Jack Hemens *(Mng Partner-Nurture)*
Suzy Ryder *(Mng Partner-Digital & Tech)*
Helen Walker *(Mng Partner)*
Laura Fenton
Alison Ashworth *(Chief Strategy Officer)*
Jessica Roberts *(Chief Client Officer)*
Dan Clays *(CEO-UK)*
Kelly Parker *(Mng Dir-EMEA)*
Tim Denyer *(Head-Digital & Tech Dev)*
Louise Martell *(Head-Comm Strategy & Media Arts Lab-EMEA)*
Mark Pain *(Head-Digital Performance)*
Bill Doris *(Exec Dir-Insight)*
Pauline Kho *(Exec Dir)*
Chris Lewis-Jones *(Exec Dir-Digital & Tech Dev)*
Kay Green *(Mktg Dir-UK)*
Polly Hibbert *(Bus Dir-Comm Plng)*
Chelsea Lee *(Acct Dir-Social Media)*
Tobie Rhodes *(Bus Dir)*
Natasza Holownia *(Dir-Client Bus & Media Dev-EMEA)*
Carly Quigley *(Dir-Strategy)*
Paris Vrettakos *(Dir-Comm Strategy-Media Arts Lab)*
Giulia Braun *(Assoc Dir-Client Svcs)*
Louise Christacopoulos *(Assoc Dir-Social Media, Content & Influencer Mktg)*
Niall Murphy *(Assoc Dir-Comm Plng)*
Simon Pearce *(Assoc Dir-Investment)*
Loren Clarke *(Acct Mgr-Digital-XMP)*
Kieran Smith *(Strategist-Creative)*
Anisha Doshi *(Planner-Data & Audience)*
Suzanna Balchin *(Exec Bus Dir)*
Neil Hurman *(Chief Plng Officer-EMEA)*

Accounts:
118 118
Airbnb Gottlieb, Media
Barclays PLC Global Media; 2017
Bel
Betway Media; 2018
Bosch
BSH Home Appliances Corporation Media, Strategic Planning & Buying; 2018
Camelot Media
Caravan & Motorhome Club Integrated Marketing
Channel 4 Kiss Me First, Online Media Buying & Planning
Citroen UK Citroen Seekers
EasyJet Campaign: "generation easyJet", Media Planning & Buying
Emap Limited
Ernst & Young
The Estee Lauder Companies Inc
Garmin Media Planning & Buying
Go-Ahead Media Buying, Media Planning
Google Campaign: "Zeitgeist", Media Planning & Buying
Hasbro
H.J. Heinz Company, Limited Heinz Beanz
Huawei Media
Levi's Campaign: "#MakeOurMark", Campaign: "#Moves", Planning
Lidl Limited Communications Strategy, Strategic Media Planning; 2018
McDonald's Restaurants Limited Big Mac, Campaign: "Good to Know", Campaign: "McDonald's Extended Hours", Chicken McNuggets, Fries, Media Planning & Buying, Milkshake, Outdoor, Sponsorship
Nissan Media
NSPCC Media Buying, Media Planning
Onken
Oxbow
PepsiCo 7Up Free, Activation, Campaign: "#BoldAdvent", Campaign: "Pepsico 10", Doritos, Media, Pepsi Max, Planning, Quaker, Soft Drinks, Tropicana, Walkers (Media Planning & Buying)
Premier Inn Media
RCL Cruises Azamara Club Cruises, Celebrity Cruises, Royal Caribbean, Search Engine Optimisation, Social Media
Reckitt Benckiser
Red Sky Snacks
The Renault-Nissan Purchasing Organisation
Renault Media Planning & Buying, Twizy
Ronald McDonald House Charities
San Miguel Corporation Media, Rich List
Sara Lee Media Planning & Buying
Sequel Gc Watches, Guess Jewellery, Guess Watches, Media Planning & Buying
Sing Up
Specsavers Media
SSE Media Planning & Buying
Starbucks
Tanfield Food Company Media
Tetra Pak
Tigi
Uber Media
Very.co.uk Planning
Visit London
Walt Disney International Ltd. Media Buying, Media Planning
Waterstone's Booksellers Media Buying
YouTube, LLC Media
YouView Media Planning & Buying
Zalando European, Media

OMD North America
195 Broadway, New York, NY 10007
(See Separate Listing)

OMD Vancouver
777 Hornby Street Suite 1600, Vancouver, BC V6Z 2T3 Canada
Tel.: (604) 640-4336
Fax: (604) 640-4337
Web Site: www.omd.com

Employees: 500

Jason Snider *(Gen Mgr)*
Erin Mcwhinnie *(Grp Dir-Strategy)*

Accounts:
British Columbia Automobile Association Creative, Media Buying & Planning, Strategy
Mountain Equipment Co-op (Media Agency of Record); 2018
Rocky Mountaineer
New-Saputo, Inc. Dairyland, Media
Strategic Milk Alliance

OMD
Friedrichstrasse 61, Berlin, 10117 Germany
Tel.: (49) 30 340003 0
Fax: (49) 30 340003 770
E-Mail: presse@omd.com
Web Site: http://www.omd.com/germany/global-media-agency

Employees: 13

Felix Behn *(Mng Partner-Activation TV)*
Thomas Hinkel *(Mng Dir)*
Catherine Sullivan *(Pres-Investment-US)*
Axel Chur *(Dir-Talent Mgmt)*
Thorsten Schwartz *(Dir-Activation TV)*
Kathrin Kopke *(Media Planner)*

Accounts:
Innovatives Niedersachsen
McDonald's Corporation Media; 2018
Sixt Media

OMNICOM MEDIA GROUP
195 Broadway, New York, NY 10007
Tel.: (212) 590-7020
E-Mail: info@omnicommediagroup.com
Web Site: www.omnicommediagroup.com

Employees: 700

National Agency Associations: 4A's

Agency Specializes In: Media Buying Services, Media Planning, Sponsorship

Crystal Chan *(Mng Partner-China)*
Jon Cogan *(Mng Dir)*
Michael Fugazzotto *(Mng Dir)*
Guy Hearn *(Chief Product Officer-APAC)*
Rochelle Chhaya *(Chief Digital Officer-Asia Pacific)*
Sal Candela *(Pres-Enterprise Partnerships)*
Robert Habeck *(Pres-Acct Mgmt-North America)*
Torie Henderson *(CEO-South East Asia & India)*
Peter Horgan *(CEO-Australia & New Zealand)*
Harish Shriyan *(CEO-India)*
Fred Richardson *(Sr VP-Agency Integration)*
Sean Dixon *(Mng Dir-Mktg Science-Canada)*
Jan Gerits *(Mng Dir-Transformation-LatAm)*
Pamela Marsh *(Mng Dir-Primary Res)*
Eileen Wrobel *(Sr Dir-Strategy & Investment)*
Andrew Cunningham *(Dir-Digital Strategy)*
Stephanie Doennecke *(Dir-Bus Dev & Mktg)*
Mark J. Freibott *(Dir-Omnet)*
Melissa Hillard *(Dir-OTT & CTV-Advanced Media Grp)*
Gladimar Llorens *(Dir-Programmatic)*
Gretchen Smith *(Dir-Acct)*
Vanessa Villanueva *(Dir-Promos)*
Russell Wagner *(Dir-Plng & Optimization)*
Michael Chiusano *(Supvr-Content-The Content Collective)*
Stephanie Leon *(Supvr-Digital)*
Abegayle Neri *(Supvr-The Content Collective)*
Alexandra Accornero *(Planner-Digital Media)*
Laura Reyes *(Coord-Bus Dev & Mktg)*
Jonathan Steuer *(Chief Res Officer)*

Accounts:
AOL
Apple Inc.
Barclays PLC Global Media; 2017
New-Daimler AG Content, Creative, Daimler Buses, Daimler Trucks, Global Media, Mercedes-Benz Cars, Mercedes-Benz Vans; 2018
New-Daimler Financial Services AG; 2018
Ferrero Global Media Buying & Buying, Nutella, Tic Tac
GlaxoSmithKline Global Media Planning & Buying
Hewlett Packard
HTC Global Media

MEDIA BUYING SERVICES
AGENCIES - JANUARY, 2019

Porsche Global Media Planning & Buying
Procter & Gamble North America Media Buying, North America Media Planning
Security Mentor
Warner Bros. Media, Media Planning & Buying, New Line Cinemas, Time Warner Video

Branches

Annalect
195 Broadway 19th Fl, New York, NY 10007
(See Separate Listing)

Hearts & Science
7 World Trade Center, New York, NY 10007
(See Separate Listing)

OMG Atlanta
3500 Lenox Rd Ste 1200, Atlanta, GA 30326
Tel.: (646) 278-4100
Web Site: www.omnicommediagroup.com

Employees: 25

Agency Specializes In: Out-of-Home Media, Outdoor

Courtney DiCicco *(Sr Acct Exec)*
Kara Moore *(Sr Media Buyer)*

OMG Chicago
225 N Michigan Ave 21st Fl, Chicago, IL 60601
Tel.: (646) 278-4100
Web Site: www.omnicommediagroup.com/

Employees: 25

Agency Specializes In: Out-of-Home Media, Outdoor

John Rieselman *(VP)*
Brooke Abney *(Dir-Programmatic Video & Emerging Format Capabilities)*

Accounts:
Nordstrom Media Planning
Porsche Cars North America Media

OMG Los Angeles
5353 Grosvenor Blvd, Los Angeles, CA 90066
Tel.: (646) 278-4100
Web Site: www.omnicommediagroup.com

Employees: 500

Agency Specializes In: Out-of-Home Media, Outdoor

Claudia Cahill *(Pres & Chief Content Officer)*
John Rieselman *(VP)*
Melissa Abeles *(Assoc Dir)*
Scott Veroda *(Acct Supvr)*
Meaghan Necklaus *(Supvr)*
Sonya Shelton *(Supvr-Strategy-Warner Bros Theatrical)*

Accounts:
McDonald's Corporation

OMG New York
Harborside Plz 2 200 Hudson St 3rd Fl, Jersey City, NJ 07311
Tel.: (646) 278-4111
E-Mail: contact@outdoormediagroup.com
Web Site: www.outdoormediagroup.net

Employees: 56

Agency Specializes In: Media Buying Services, Media Planning, Out-of-Home Media, Outdoor

Ryan Laul *(Pres)*
Angela Feyerabend *(Mng Partner)*
Julie Folkers *(Mng Dir-Ops & Sys)*
Shari Spraggins *(Mng Dir-Central)*
John Rieselman *(VP)*
Michael Arden *(Dir-Investment Ops-US)*
Christina Radigan *(Dir-Mktg & Comm)*
Joo Han *(Assoc Dir)*
Lisa Hentze *(Assoc Dir)*
Nathalie Lee *(Acct Exec)*

Pathway Group
437 Madison Ave 7th FL, New York, NY 10022
(See Separate Listing)

OOH IMPACT, INC.
(Formerly NYM Worldgroup, inc.)
1333 Broadway Ste 506, New York, NY 10018
Tel.: (212) 564-9550
Fax: (212) 564-9551
E-Mail: info@oohimpact.com
Web Site: www.oohimpact.com/

Employees: 6
Year Founded: 1992

Agency Specializes In: Advertising, Advertising Specialties, Arts, Broadcast, Cable T.V., Co-op Advertising, Communications, Consulting, Consumer Publications, Digital/Interactive, Direct Response Marketing, Education, Electronic Media, Entertainment, Event Planning & Marketing, Fashion/Apparel, Financial, Food Service, Game Integration, Guerilla Marketing, Health Care Services, High Technology, In-Store Advertising, Integrated Marketing, LGBTQ Market, Local Marketing, Magazines, Market Research, Media Buying Services, Media Planning, Mobile Marketing, Newspaper, Newspapers & Magazines, Out-of-Home Media, Outdoor, Over-50 Market, Planning & Consultation, Point of Purchase, Point of Sale, Print, Production, Promotions, Publicity/Promotions, Radio, Real Estate, Regional, Retail, Strategic Planning/Research, T.V., Trade & Consumer Magazines, Transportation, Travel & Tourism, Urban Market, Viral/Buzz/Word of Mouth

Approx. Annual Billings: $55,000,000

James Parker *(Pres)*

Accounts:
Blur Communications
Direct Advantage
Eclipse Advertising
FIT
The Gate Worldwide
Integrated Media Solutions
Lasik Vision
NY State Bar Association
NYC Ballet
O&R Utility
Plus Media, Inc.
Renegade Media
Serino Coyne, Inc.
SSGA
Station Digital

OOH PITCH INC.
375 Hudson St Fl 7, New York, NY 10014
Tel.: (212) 820-3177
Web Site: www.oohpitch.com

Employees: 50
Year Founded: 2001

Agency Specializes In: Media Buying Services, Media Planning, Strategic Planning/Research

Emily Scopinich *(Media Dir)*
Kerry Hightower *(Media Planner)*
Samantha Bisignano *(Assoc Media Dir)*
Barbara Cevallos *(Sr Media Planner)*

Accounts:
BMW
Bombay
ISE
Pepsi Co.
Simon
T-Mobile US Wireless Voice, Messaging, & Data Services
TXU

OPTIMEDIA INTERNATIONAL US INC.
(See Under Blue 449)

OREGON NEWSPAPER ADVERTISING CO.
4000 Kruse Way Pl Bldg 2 Ste 160, Lake Oswego, OR 97035
Tel.: (503) 624-6397
Fax: (503) 624-9811
E-Mail: onpa@orenews.com
Web Site: www.orenews.com

E-Mail for Key Personnel:
Media Dir.: linda@orenews.com

Employees: 8
Year Founded: 1935

National Agency Associations: AAF-ABC

Agency Specializes In: Media Buying Services, Media Planning, Newspaper

Approx. Annual Billings: $10,000,000

Breakdown of Gross Billings by Media: Newsp.: 100%

Laurie Hieb *(Exec Dir)*
Linda Hutcheson *(Mgr-Adv Svcs)*

ORION TRADING
622 3rd Ave, New York, NY 10017
Tel.: (646) 534-9400
Fax: (212) 605-7448
E-Mail: brian.mcmahon@oriontradingww.com
Web Site: http://www.orionworldwide.com/

Employees: 35

National Agency Associations: 4A's

Agency Specializes In: Media Buying Services, Media Planning

Laura Ryan *(Chief Client Officer)*
Brian McMahon *(CEO-Worldwide)*
Barbara DiMaria *(Sr VP & Dir-Natl Media)*
Michael Hooper *(VP-Client Strategy)*
Jaclyn Goer Pierguidi *(VP-Media Activation & Investment-Natl)*
Regina Gatdula *(Acct Dir-Client Strategy)*
Kristen Ross *(Dir-OOH & Print Media Activation)*
Lia D'Angelo *(Negotiator-Digital)*

Accounts:
American Express
Bank of America
Honda
Johnson & Johnson
Lowe's Home Improvement
Pfizer
Quidco Campaign: "Brands you know. Rewards you'll love", Media Planning & Buying
S.C. Johnson

AGENCIES - JANUARY, 2019 — MEDIA BUYING SERVICES

OUTDOOR FIRST, INC.
W175 N 111117 Stonewoor Dr Ste 206, Germantown, WI 53022
Tel.: (262) 253-4900
Fax: (262) 253-4919
Web Site: www.outdoorfirst.com

E-Mail for Key Personnel:
President: linda@outdoorfirst.com

Employees: 6
Year Founded: 1994

National Agency Associations: OAAA-TAB

Agency Specializes In: Advertising Specialties, African-American Market, Agriculture, Alternative Advertising, Automotive, Business-To-Business, Communications, Consumer Goods, Consumer Marketing, Financial, Health Care Services, Legal Services, Market Research, Media Buying Services, Media Planning, Out-of-Home Media, Outdoor, Planning & Consultation, Production, Real Estate, Recruitment, Restaurant, Strategic Planning/Research, Transportation, Travel & Tourism

Approx. Annual Billings: $18,000,000

Breakdown of Gross Billings by Media: Out-of-Home Media: 100%

Lee Ann Smith *(Assistant-Out of Home Media)*

PALISADES MEDIA GROUP, INC.
1601 Cloverfield Blvd Ste 6000N, Santa Monica, CA 90404
Tel.: (310) 564-5400
Fax: (310) 828-9117
E-Mail: contact@palisadesmedia.com
Web Site: www.palisadesmedia.com

E-Mail for Key Personnel:
President: rschaffner@palisadesmedia.com

Employees: 92
Year Founded: 1996

National Agency Associations: 4A's

Agency Specializes In: Advertising, African-American Market, Brand Development & Integration, Broadcast, Cable T.V., Children's Market, Consumer Marketing, Consumer Publications, Cosmetics, Digital/Interactive, Direct Response Marketing, E-Commerce, Electronic Media, Entertainment, Event Planning & Marketing, Fashion/Apparel, Financial, Government/Political, Hispanic Market, Internet/Web Design, Leisure, Magazines, Media Buying Services, Media Planning, Newspaper, Newspapers & Magazines, Out-of-Home Media, Outdoor, Planning & Consultation, Print, Radio, Restaurant, Retail, Sponsorship, Sports Market, Strategic Planning/Research, Syndication, T.V., Technical Advertising, Teen Market, Trade & Consumer Magazines, Travel & Tourism

Approx. Annual Billings: $500,000,000

Breakdown of Gross Billings by Media: Cable T.V.: $165,000,000; D.M.: $7,500,000; Internet Adv.: $10,125,000; Mags.: $8,300,000; Network Radio: $4,150,000; Network T.V.: $145,750,000; Newsp.: $4,150,000; Out-of-Home Media: $8,300,000; Plng. & Consultation: $1,000,000; Radio: $24,900,000; Spot T.V.: $95,000,000; Syndication: $20,750,000; Trade & Consumer Mags.: $3,000,000; Transit: $2,075,000

Roger A. Schaffner *(Owner)*
Laura Jean Bracken *(Pres & COO)*
Matt Greenfield *(Exec VP-Client Svcs)*
Casey Brathwaite *(Sr VP & Grp Dir-Strategy)*
Pamela McCarthy *(Sr VP & Dir-People & Talent)*
Hwa Shih Lee *(Sr VP)*
Rhona Dass Sanchez *(Sr VP-Strategic & Visual Comm)*
Matt Lundstrom *(VP & Creative Dir-Digital)*
Yvonne Williams *(VP & Dir-Digital Media)*
Matthew Glaeser *(VP-Digital Integration & Data)*
Paul Komutanon *(Sr Dir-Search Media)*
Julianne Schiavone *(Dir-Strategy)*
Roxana Valdez *(Dir-Video-Natl)*
Jan Gonzales *(Assoc Dir-Media & Digital)*
Anne Gritzmacher *(Assoc Dir-Strategy)*
Brian O'Donnell *(Assoc Dir-Bus Intelligence)*
Scarlett Brown *(Mgr-Client Acctg)*
Ashley Aczon *(Supvr-Digital Media)*
Avery Anderson *(Supvr)*
Mia Lampe Duncan *(Supvr-Strategy)*
Brandon Ho *(Supvr-Digital Strategy)*
Daniella Lavi *(Supvr-Media & Video-Natl)*
Danielle Mentes *(Supvr-Strategy)*
Jennifer Chong *(Sr Planner-Digital Media)*
Erica Sooter *(Sr Planner-Digital Media)*
Brody Zimmerman *(Strategist)*
Nadine Greene *(Media Buyer)*
Stephanie Nguyen *(Planner-Digital Media)*
Shelli Hardemion *(Sr Media Buyer)*
Amanda Perez *(Assoc Media Dir)*
Jonathan Perez *(Assoc Media Dir)*
Albert Rios *(Assoc Media Dir-Mercury Insurance)*
Jessica Yoon *(Assoc Media Dir)*

Accounts:
Barclays Global Investing; San Francisco, CA Financial
Behr Paint, Los Angeles, CA Paints & Stains
Belkin International, Inc.
Del Taco LLC; Lake Forest, CA Media Planning & Buying, Mexican Restaurant; 2006
Dropbox
Genius
Hoka One
Los Angeles Philharmonic Association; Los Angeles, CA
Netflix
Pacific Life Insurance Company Digital Media, Media Planning & Buying
Sanuk
UGG Australia
Virgin Megastores; Los Angeles, CA
VIZIO, Inc.
The Weinstein Co.

PARR MOTO
13120 W Link Terr Blvd #4, Fort Myers, FL 33913
Fax: (239) 561-8091
Toll Free: (866) 722-1381
E-Mail: info@parrmoto.com
Web Site: www.parrmoto.com

Employees: 13

Agency Specializes In: Media Buying Services, Media Planning

David Grant *(Pres & CEO)*
Bill Taylor *(Mng Partner & VP)*
Dana Parr *(VP-Ops)*
Tiana Perez *(Dir)*
Eric Schmitt *(Dir-Strategic Dev)*
Carrie Dephillip *(Coord-Mktg & Sr Acct Exec)*
Long Nguyen *(Sr Graphic Designer)*
Erik Vilnius *(Sr Designer)*

Accounts:
Harley Davidson; Fort Myers & Naples, FL & Huntsville, AL
Henricks Jewelers
Pinchers

PEDONE
(Name Changed to luxe collective Group)

PHD
220 E 42nd 7th Fl, New York, NY 10017
Tel.: (212) 894-6600
Fax: (212) 894-4100
E-Mail: info.usa@phdmedia.com
Web Site: www.phdmedia.com/north-america

Employees: 530
Year Founded: 2001

National Agency Associations: 4A's-AD CLUB-AWNY-IAB-PAMA-TAB-THINKLA

Agency Specializes In: Advertising Specialties, African-American Market, Automotive, Broadcast, Business Publications, Business-To-Business, Cable T.V., Communications, Consulting, Consumer Marketing, Consumer Publications, Direct Response Marketing, Electronic Media, Entertainment, Fashion/Apparel, Financial, Health Care Services, Hispanic Market, Magazines, Media Buying Services, Media Planning, Newspaper, Newspapers & Magazines, Out-of-Home Media, Pharmaceutical, Planning & Consultation, Print, Radio, Retail, Sports Market, Strategic Planning/Research, Syndication, T.V., Trade & Consumer Magazines, Viral/Buzz/Word of Mouth, Yellow Pages Advertising

Breakdown of Gross Billings by Media: Cable T.V.: 17%; Internet Adv.: 7%; Network T.V.: 17%; Newsp.: 3%; Other: 1%; Outdoor: 4%; Print: 8%; Radio: 11%; Spot T.V.: 32%

Briony McCarthy *(Pres)*
Francois Maturo *(Exec Dir-Digital Activation)*
Joe Mingino *(Exec Dir-Digital Activation)*
Earn Tay *(Grp Dir-Shopper Media)*
Keri Drengler *(Grp Acct Dir-Integrated Plng)*
Geetha Gopal *(Grp Acct Dir)*
Lynne Ashenfelter *(Dir-Integrated Investment)*
Graham Bahler *(Dir-Strategy)*
Matthew Merrill *(Dir-Comm Plng)*
Alex Montero *(Dir-Strategy-GSK)*
Dan Nagelberg *(Dir-Strategy)*
Brian Rake *(Dir-Integrated Investment)*
Crissy Rea-Bain *(Dir-Strategy)*
Julia Reingold *(Dir-Comm)*
Elin Weng *(Dir-Mktg Sciences-US)*
Allison Babik *(Assoc Dir)*
Anuradha Byagari *(Assoc Dir-Data, Insights & Analytics)*
Carli Jurczynski *(Assoc Dir)*
Jenny Luo *(Assoc Dir-Strategy)*
Kelly O'Neill *(Assoc Dir-Strategy)*
Mike Prinzivalli *(Assoc Dir)*
Matthew Ronan *(Assoc Dir-Programmatic)*
Rodrigo Bernal *(Acct Mgr)*
Nidia Ramirez Troche *(Acct Mgr)*
Desiree Arjomand *(Supvr-Strategy)*
Jonathan Dennis *(Supvr-Digital Investment)*
Jennifer Felter *(Supvr-Media)*
Brad Weinstein *(Strategist-Ops)*
Benjamin Wilmoth *(Strategist)*
Chantell Haskins *(Buyer)*

Accounts:
American Red Cross Direct, Planning & Buying; 2011
American Signature Analytics, Digital, Hispanic, Mobile, Planning & Buying, Search; 2013
Anheuser-Busch InBev N.V./S.A.
Berkshire Hathaway Home Services Planning & Buying; 2013
Bleeker Street Media Analytics, Digital, Entertainment, Mobile, Planning & Buying, Search, Social
Braintree Labs Digital, Planning & Buying, Print; 2010
Cablevision/Optimum Planning & Buying; 2013
Carnival Cruise Line Analytics, Digital, Mobile, Planning & Buying, Search, Social; 2013
Center for Medicare & Medicaid Services Direct, Planning & Buying; 2007

MEDIA BUYING SERVICES

Delta Air Lines, Inc (US Media Agency of Record) Digital Marketing, Media; 2016
Enbridge Digital, Planning & Buying; 2013
Enterprise Holdings Digital, Planning & Buying; 2004
EOS TV Buying; 2015
Ferrero Digital, Mobile, Planning & Buying, Social, Tic Tac; 2014
First Midwest Bank Planning & Buying; 2012
Foot Locker Digital, Mobile, Planning & Buying; 2012
The Gap Inc Media; 1984
GlaxoSmithKline US Media; 2010
Google Analytics, OOH, Planning & Buying, Print, Radio, TV; 2010
The Guardian Planning & Buying; 2011
Harry Winston Digital, OOH, Planning & Buying, Search; 2014
Havaianas Digital, Mobile, Planning & Buying; 2006
HBO Analytics, Digital, Direct, Entertainment, Mobile, Multicultural, Planning & Buying, Search, Social; 2006
Hewlett-Packard Company Analytics, Global Digital Media, OOH, Planning & Buying, Print, Radio, TV, Traditional Media; 2009
Hiscox Planning & Buying; 2010
Hormel Food Corp Digital, Mobile, Planning & Buying; 2006
HSBC Global Media Planning & Buying; 2018
HTC Planning & Buying, Social; 2012
Humana Broadcast, Digital, Planning & Buying, Print, Research, Social; 2010
Hyatt Hotels Corporation Global Digital Media, Media Buying, Media Planning, SEM, SEO, Social; 2008
Kayak Analytics, Digital, Planning & Buying
Kohler Media Buying, Media Planning; 2014
Les Schwab Planning & Buying; 2015
MailChimp Media, Planning & Buying; 2016
Mercedes-Benz USA, LLC Media, TV Buying; 2002
MGM Resorts International Digital, Planning & Buying, Search; 2015
Mitsubishi Motors Digital, Hispanic, Mobile, Planning & Buying, Search, Social; 2004
Nest Labs, Inc Planning & Buying; 2014
Newell Brands Planning & Buying; 2013
Noven Digital, Mobile, Planning & Buying, Search; 2013
Old Navy Digital
OMEGA/Swatch Analytics, Digital, Planning & Buying; 2013
Ornua Foods North America Kerrygold, Planning & Buying, Social
Porsche Cayenne, Media
PPG Industries Digital, Mobile, Planning & Buying, Search; 2013
SAP Analytics, Digital, Direct, Mobile, Planning & Buying, Social; 2014
SC Johnson Planning & Buying; 2011
Serino Coyne Entertainment Buying; 2007
Sun Products TV Buying; 2011
Unilever N.V. Local Media Planning & Buying
VMware Digital, Mobile, Planning & Buying; 2011
Volkswagen Group of America, Inc. Global Media
Western Governers University Planning & Buying; 2015

Branches

PHD New York
220 E 42nd St 7th Fl, New York, NY 10017-5806
Tel.: (212) 894-6600
Fax: (212) 894-4100
E-Mail: info@phdus.com
Web Site: www.phdmedia.com

Employees: 500
Year Founded: 1984

National Agency Associations: 4A's-AD CLUB-AWNY-IAB-OAAA-TAB

Agency Specializes In: Media Buying Services, Sponsorship, Strategic Planning/Research

Briony McCarthy (Pres)
John Wagner (Head-Published Media Investment & Grp Dir)
Kayla Miller (Exec Dir-Digital Activation)
Melissa Gordon-Ring (Grp Acct Dir)
Lindsay Rosen Gorin (Grp Acct Dir)
John Shannon (Grp Acct Dir)
Rebecca Wenstrup (Grp Acct Dir-Strategy)
Kristen Daniels (Dir-Programmatic Plng & Optimization)
Jessica Diaz (Dir-Assoc Strategy-Multicultural)
Malia Estes (Dir-Strategy)
Marc Lasky (Dir-Video Investment)
Christine Noto (Dir-Accountability)
Stephanie Zverin (Dir-Integrated Investment)
Janet Campuzano (Assoc Dir)
Michael Finegan (Assoc Dir-Published Media)
Kevin Moon (Assoc Dir-Digital Investment)
Kathrina Fernandez (Mgr-HR)
Amy N Gilbert (Supvr-Social Media)
Gunther Barberena (Sr Acct Exec)
Jessica Botterbusch (Strategist)
Seema Harryginsingh (Strategist)
Jeremy Kaye (Strategist)
Michele Caldarella (Media Planner-Interactive)
Jessica Schwartz (Analyst-Digital Investment)
Robin Feldman (Assoc Media Dir-Brdcst Investment-Natl)
Bryan Zampino (Assoc Media Dir)

Accounts:
Carnival Corporation (Media Agency of Record) Fathom, Holland America Line, Princess Cruises, Seabourn
Delta Air Lines
Elizabeth Arden Fragrances; 2004
Gap Inc.; 1984
Havaianas; 2006
HBO; 2006
Janus
OfficeMax
Serino Coyne
Transamerica

PHD Chicago
225 N Michigan Ave Ste 800, Chicago, IL 60601
Tel.: (312) 881-1100
Fax: (312) 467-0977
E-Mail: infous@phdnetwork.com
Web Site: www.phdmedia.com/north-america

Employees: 32

National Agency Associations: 4A's

Agency Specializes In: Media Buying Services, Sponsorship

Preeti Nadgar (Head-Comm Plng)
Laura Bukowski (Grp Acct Dir)
Kerri Stumpo (Media Dir)
Jennie Cady (Dir-Comm Plng)
Jennifer Enders (Dir-Strategy)
Annie Griffin (Dir-Performance Media)
Beth Stebner (Dir-Strategic Plng)
Anthony Thomas (Dir-Global Strategy)
Sam Baron (Assoc Dir-Strategy)
Elizabeth Betsanes (Assoc Dir)
Libby Marsh (Assoc Dir-Digital-UK)
Jessica Rosul (Assoc Dir)
Maggie DeChene (Supvr-Strategy)
Anna Dworsky (Supvr-Strategy)
Jamison Jordan (Supvr)
Charlotte Soudek (Supvr)
Kelsey Alexander (Assoc Media Dir)
Gabriela Rodriguez (Assoc Media Dir)
Allyson Schnitzer (Assoc Media Dir)
Amanda Smidt (Assoc Media Dir)

Accounts:
Enterprise Rent-A-Car
Erickson Retirement Communities; 2008
Hormel Foods Corporation Media Buying, Media planning, Skippy Natural, Skippy P.B. Bites
HP
Kohler
S.C. Johnson & Son, Inc. Campaign: "Great Expectations", Digital, Global Media Buying, Global Media Planning, Public Relations, Shopper Marketing, Social Media

PHD Los Angeles
10960 Wilshire Blvd, Los Angeles, CA 90024
Tel.: (310) 405-8700
Fax: (310) 405-8797
E-Mail: infous@phdnetwork.com
Web Site: www.phdmedia.com

Employees: 50

National Agency Associations: 4A's

Agency Specializes In: Media Planning, Sponsorship

Jet Wharton (Mng Dir-Integrated Investment)
Churita Boston (VP & Dir-Brdcst Traffic)
Susan Chen (Grp Dir-Comm Strategy)
Julissa Arambula (Grp Acct Dir)
Karintha Averback (Grp Acct Dir)
Rocio Ibarra (Media Dir)
michael Salvo (Media Dir)
Andrew Hudspeath (Dir-Strategy)
Ellen Martens (Dir-Innovation)
Anita Lian (Assoc Dir-Brdcst)
Jill Roffis (Assoc Dir-Local Investment)
Jessica Castanuela (Supvr-Media Strategy)
Brendan VanDeventer (Supvr-Digital Investment)
Marsha Chan (Strategist)
Ayesha Doshi (Strategist-Comm)
Celen Vasquez (Strategist)
Chad Roberts (Media Planner)
Robin Curtis (Sr Negotiator)
Chantell Haskins (Buyer)

Accounts:
Air New Zealand; 2006
Caesars Entertainment Corporation; 2008
California Lottery; 2004
Financial Freedom
Mitsubishi Motors North America Media Buying & Planning; 2004
Qatar Airways

Canada

PHD Toronto
s: 96 Spadina Avenue Suite 600, Toronto, ON M5V 2J6 Canada
Tel.: (416) 922-0217
E-Mail: info@phdca.com
Web Site: www.phdmedia.com

Employees: 500

Zoryana Loboyko (Mng Dir & Sr VP)
Fred Auchterlonie (Exec VP & Dir-Client Ops)
Mark Wilson (VP & Client Svcs Dir)
Stephen Wendt (VP & Dir-Client Svc)
Dwayne Maillet (Grp Dir-Brdcst Media)
Ellie Longhin (Acct Dir)
Michelle Mitchell (Acct Dir)
Beatriz Ramos e Mello Mourao (Supvr-Trading, Analytics & Brdcst)

Accounts:
Asahi Canada Media
Home Hardware Media Buying
Honda
Moen Media
Scotia Bank

AGENCIES - JANUARY, 2019 — MEDIA BUYING SERVICES

Asia Pacific

PHD Philippines
10F Bankmer Bldg, 6756 Ayala Avenue, Makati, 1226 Philippines
Tel.: (63) 65 6877 8778
Fax: (63) 2 817 7791
Web Site: www.phdmedia.com/Philippines

Employees: 50

Me-An Bernardo *(Gen Mgr-PHD Media Network)*
Sherwin Bautista *(Mgr-Media)*

Accounts:
Champion Detergents
Hewlett Packard
SC Johnson

PHD China
Rm 1101 Tower 2, No 3 Hongqiao Rd, Shanghai, 200030 China
Tel.: (86) 21 6407 8080
Fax: (86) 21 6447 1059
Web Site: www.phdmedia.com

Employees: 150

Anna Chitty *(CEO)*
James Zhu *(Mng Dir)*
Mark Bowling *(Chief Strategy Officer-China)*
Lars Bjorge *(Chief Digital Officer-China)*
Sandy Tan *(Mng Dir-Ops, Data & Tech Integration)*
Ian Dolan *(Head-Strategy & Plng)*
Paul Yan *(Gen Mgr-Performance)*
Cynthia Zhang *(Gen Mgr)*
Jonah Brown *(Grp Dir-Strategy)*
Cecelia Yang *(Bus Dir)*
Moritz Christian Sanner *(Dir-Strategy)*
Ge Yun *(Dir-Innovation & Content)*
Renee Zhang *(Dir-Strategy)*

Accounts:
Amore Pacific
Bayer
Bentley Motors Limited
Carnival Cruise Line Media Buying, Media Communications, Media Planning
Lynx
Magnum
Omo Wechat
Parker Media
Unilever Campaign: "Unbeatable Season 2", Clear, Cornetto, Dove, Lifebuoy, Media Buying & Planning
Volkswagen Group Media Planning & Buying Worldwide
Zhonghua Campaign: "Find Your Reason To Smile"

PHD New Zealand
Level 7 University of Otago Bldg, 385 Queen St, Auckland, New Zealand
Tel.: (64) 9 638 1200
Fax: (64) 9 337 7007
Web Site: www.phdmedia.com

Employees: 70

Louise Bond *(CEO)*
Lee-Ann Morris *(Mng Dir)*
Christophe Spencer *(CTO)*
Dallas Gurney *(Mng Dir-Spark PR & Activation)*
Forsyth Thompson *(Head-Performance Media)*
Simon Bird *(Grp Dir-Strategy)*
Amber Conroy *(Bus Dir-Media)*
Angela Forward *(Bus Dir)*
Rachel Leyland *(Bus Dir)*
Jodie Bennett *(Dir-Investment & Accountability)*
Nikki Grafton *(Dir-People & Culture)*
Marcel Nel *(Sr Planner-Digital)*
Amanda Palenski *(Grp Bus Dir)*

Accounts:
2degrees
Air New Zealand
Australia & New Zealand Banking Group Limited
Daikin Media
DB Breweries DB Export, Heineken, Tiger Beer
Ferrero Media Buying, Nutella
Genesis Energy
GlaxoSmithKline (NZ) Ltd
IAG New Zealand AMI
Lotto NZ
MediaWorks
Sanitarium Health Foods
Sealord Media; 2017
Skinny Mobile
Spark New Zealand Media
Unilever LYNX, Media Buying

PHD Thailand
10 Floor Amarin Plaza, 500 Ploenchit Road, Bangkok, 10330 Thailand
Tel.: (66) 2 256 9360
Fax: (66) 22569366
Web Site: www.phdmedia.com

Employees: 17

Nuvee Pongsathidporn *(Mng Dir)*
Chaivut Eiamvuthikorn *(Sr Dir-Strategy & Plng)*
Jinnarat Sampuntharat *(Bus Dir)*
Tasanai Ranusawad *(Assoc Dir-Plng)*

Accounts:
HTC Mobile
Scotch Industrial Content, Digital, Media, Media Planning & Buying

PHD Singapore
3 Anson Rd 31-02 Springleaf Tower, Singapore, 0799090 Singapore
Tel.: (65) 6877 8778
Web Site: www.phdmedia.com

Employees: 20

Agency Specializes In: Advertising, Asian Market

Wangyn Ang *(Mng Dir)*
James Hawkins *(CEO-Asia Pacific)*
Chris Stephenson *(Head-Strategy & Plng-APAC)*
Bethany Hill *(Dir-Programmatic Plng)*
Jazreel Koh *(Assoc Dir)*

Accounts:
Airbnb, Inc. Media
Audi Media
BS Groups Asian Skin Solutions, Brazilian Experts, Media
Elizabeth Arden Alberta Ferrari, Badgley Mishka, Britney Spears, Danielle Steel, Digital Media Planning & Buying, Elizabeth Taylor, Fragrance, Geoffrey Beene, Giorgio Beverly Hills, Halston, Hilary Duff, Makeup, Mariah Carey, Skincare, Traditional Media Planning & Buying
Esplanade Media
Far East Organization Media Buying, Media Planning
Hewlett-Packard Company Display Advertising
PropertyGuru Group (Media Agency of Record) Strategic Planning
Singapore National Environment Agency; 2008
Singapore Sports Council Media
Spring Singapore Media Planning & Buying
Times Publishing Media Planning & Buying
Transitions Optical Media
Volkswagen Bentley, MAN, Porsche, SEAT, Skoda, VW Commercial Vehicles, Volkswagen

Europe, Middle East & Africa (EMEA)

Drum OMG
11 Chenief St, London, WC1E 7EY United Kingdom
Tel.: (44) 207 446 7200
Web Site: www.drum.co.uk/

Employees: 35

Luke Southern *(Mng Dir)*
Andy Spray *(Deputy Mng Dir)*
Ruth Griffin *(Head-Client Svcs)*
Suneil Saraf *(Head-Plng)*
Natasha Taylor *(Head-Brand & Comm)*
James Larman *(Exec Dir-Strategy)*
Claire Baker *(Creative Dir)*
Laura Louise Suzanne Clark *(Art Dir)*
Andy Holland *(Exec Head-Production, Talent & Partnerships)*

Accounts:
Anthony Nolan (Creative Agency of Record); 2018
HP
Kraft Foods
Mondelez International Oreo, Print
O2
New-Porsche 2019 Cayenne
Sony Computer Entertainment America LLC Campaign: "#playstationmemories", Content Creation & Partnership Marketing, PlayStation
Worcester Bosch

PHD MEDIA UK
The Telephone Exchange 5 N Crescent, Chenies St, London, WC1E 7PH United Kingdom
Tel.: (44) 20 7446 0555
Fax: (44) 20 7446 7100
E-Mail: phduk@phdmedia.com
Web Site: www.phdmedia.com/europe-middle-east-africa

Employees: 200

Agency Specializes In: Media Buying Services, Media Planning

Mike Cooper *(CEO-Worldwide)*
Verica Djurdjevic *(CEO)*
Luisa Cameron *(Mng Partner & Head-Implementation)*
Chris Walsh *(Mng Partner & Head-Investment)*
James Appleby *(Mng Partner)*
Becca Bunbury *(Mng Partner)*
Matt Sanders *(Mng Partner)*
Malcolm Devoy *(Chief Strategy Officer-EMEA)*
Michael Florence *(Chief Strategy Officer)*
Ian Clarke *(Pres-EMEA)*
Hilary Jeffrey *(Exec VP)*
Luca Margarito *(Mng Dir-PHD Performance)*
Tom Blaza *(Head-Digital Ops)*
Judy Dinmore *(Head-Mktg Tech)*
Ashleigh Smith *(Head-Paid Social)*
Tom Darlington *(Grp Dir-Strategy)*
Richard Desforges *(Grp Dir-Strategy-Volkswagen)*
Demi Abiola *(Acct Dir-Press)*
Fergus Barnett *(Bus Dir)*
Johanna Best *(Media Dir)*
Harry Davis *(Acct Dir-SEO)*
Becci Dive *(Media Dir)*
Simon Fung *(Bus Dir)*
Sian Johal *(Acct Dir-Programmatic Activation)*
Sneha Nagesh *(Bus Dir)*
Lauren Port *(Bus Dir)*
Ruth Sandall *(Acct Dir-Press)*
Christina Smaragdi *(Acct Dir)*
Rob Thomas *(Bus Dir)*
Toni Baysinger *(Dir-Strategy)*
Tim Caira *(Dir-Partnerships)*
Fabiana Cantini *(Dir-Strategy)*
Camilla Day *(Dir-Programmatic-PHD Board)*
Sakshi Dewan *(Dir-Digital Strategy)*

MEDIA BUYING SERVICES — AGENCIES - JANUARY, 2019

Meena Patel *(Dir-Ad Ops)*
Patrick Ryan *(Dir-Worldwide Bus Dev)*
Thomas Stimpfig *(Dir-AV Strategy)*
Scott Webb *(Dir-Partnerships Bus)*
Vicky Bloyce *(Assoc Dir-Mktg & Comm)*
Emma Storer *(Assoc Dir-Bus Dev)*
Anna Mayer *(Acct Mgr-Digital)*
Jamie Graham *(Mgr-Media)*
George Pilsworth *(Mgr-AV)*
Jo Stead *(Mgr-Media)*
Rhiannon Stevens *(Mgr-Media)*
Susie Milburn *(Planner-Strategic)*

Accounts:
ACT ON CO2
Admiral Media Planning & Buying
AEGON UK plc Media
Argos Ltd. Media
Audi Media Planning & Buying
Bayer
The British Heart Foundation Brand Marketing
C&C Group Plc Magners, UK Media
Cadbury Cadbury Dairy Milk, Campaign: "Unwrap Joy", Creme Egg, Media Planning & Buying, TV
Canon Media, Media Buying, Media Planning
Capital Liverpool Media Buying, Media Planning
Carnival Corporation (Media Agency of Record) Media, P&O Cruises
Confused.com Media Planning & Buying, Rebrand
Department for Work & Pensions Benefit Fraud
eBay Media
Ebookers Media Planning & Buying
Edge
EHarmony Offline Media Planning & Buying
Elizabeth Arden Digital Media Planning & Buying, Fragrance, Makeup, Skincare, Traditional Media Planning & Buying
European Aeronautic Defence & Space Co. EAD N.V.
Expedia.co.uk Media
Experian Media Planning & Buying
Fairfx.com Digital, Media, Social, TV
Foot Locker, Inc. Campaign: "HorseWithHarden"
Global & Heart Digital, Out-of-Home, Social Media, TV, Video-on-Demand
The Guardian
Harrods Media
Hewlett-Packard Global Digital Media
J. Sainsbury Plc Media Planning & Buying
New-Joss Freestone
Macmillan Cancer Support Media Buying, Media Planning
McCain Foods Campaign: "Mccain Ready Baked Jackets", Media Buying
Otto
Pukka Pies Media Buying
Smart Energy GB Media Buying, Media Planning
Twitter UK Media
UNICEF
Vestas Wind Systems; 2008
VF Corporation EMEA Media Buying; 2018
Viacom Channel 5, Media Buying
Virgin Atlantic Media Buying, Media Planning
Volkswagen (Global Media Agency of Record) Bentley, Media Buying, Media Planning, Porsche, Seat UK, Skoda, Strategy, VW, Volkswagen Commercial Vehicles
Warner Bros Lego, Media Planning & Buying
Whitbread Beefeater, Costa Coffee
Zuto Advertising, Digital, Media, Social Media

Branch

PHD Canada
96 Spadina Ave Ste 600, Toronto, ON M5V 2J6 Canada
Tel.: (416) 922-0217
Fax: (416) 922-8469
E-Mail: info@phdnetwork.com
Web Site: www.phdmedia.com

E-Mail for Key Personnel:
President: fforster@phdca.com

Employees: 125
Year Founded: 1979

Agency Specializes In: Media Buying Services, Planning & Consultation

Caroline Moul *(Pres)*
Fred Auchterlonie *(Exec VP & Dir-Client Ops)*
Rob Young *(Sr VP & Dir-Insights)*
Matt Devlin *(Mng Dir-Mktg Science)*
Sandra Hayes *(Grp Acct Dir)*
George Apap *(Acct Dir-Digital)*
Jarrod Charron *(Acct Dir)*
Dane Gyoker *(Acct Dir-Digital)*
Michelle Mitchell *(Acct Dir)*
Jim Orr *(Acct Dir)*
Lauren Rosenblum *(Acct Dir-Digital & Client Svc)*
Teddy Wohl *(Dir-Trading, Analytics & Digital)*
Christine MacPhee *(Acct Supvr)*
Marissa Robinson *(Acct Supvr)*
Jennifer Smith *(Acct Supvr)*
John Wearing *(Acct Supvr)*

Accounts:
Boston Pizza International
Glaxosmithkline Media
Honda Canada Inc.
Ontario Honda Dealers Media Buying, Media Planning
Rexall Media Buying
SABMiller Media Buying, Media Planning, Miller Lite
Scotiabank Media Buying
Tangerine Media Buying, Media Planning
TVO Campaign: "TVOh", Media Buying

PLANITRETAIL, LLC
360 Bloomfield Ave Ste 406, Windsor, CT 06095
Tel.: (860) 687-9900
Web Site: www.planitretail.net

Employees: 10
Year Founded: 2007

Agency Specializes In: Digital/Interactive, Local Marketing, Media Buying Services, Media Planning, Newspaper, Newspapers & Magazines, Print, Web (Banner Ads, Pop-ups, etc.)

Approx. Annual Billings: $75,000,000

Matthew Spahn *(Founder & CEO)*

Accounts:
RadioShack Consumer Electronics; 2008
Southeastern Grocers; 2008
Sports Authority Sporting Goods; 2009

POWER MEDIA INC.
500 N Broadway Ste 102, Jericho, NY 11753
Tel.: (516) 390-8004
Fax: (516) 931-1320
E-Mail: info@powermedia.net
Web Site: http://www.poweradvertisingmedia.com/

Employees: 35
Year Founded: 1975

Agency Specializes In: Business-To-Business, Direct Response Marketing, Health Care Services, Media Buying Services, Media Planning, Retail

Approx. Annual Billings: $30,000,000

Michael Feldman *(Pres)*
Brian Feldman *(Partner & CEO)*
Meredith Woods *(Assoc Media Dir)*

Accounts:
AB Underwear
Costamar Travel Intl
Creativa Interiors-Primor
NYX Cosmetics
Selman Chevrolet
Universal Music Latin

PRIMEDIA INC.
1775 Bald Hill Rd, Warwick, RI 02886-4210
Tel.: (401) 826-3600
Fax: (401) 826-3644
Toll Free: (800) 397-5804
E-Mail: jcooney@primediahq.com
Web Site: www.primediahq.com

E-Mail for Key Personnel:
President: jcooney@primediahq.com

Employees: 16
Year Founded: 1990

Agency Specializes In: Advertising, Alternative Advertising, Automotive, Broadcast, Business Publications, Business-To-Business, Cable T.V., Children's Market, Co-op Advertising, Communications, Consulting, Consumer Goods, Consumer Marketing, Consumer Publications, Direct Response Marketing, Education, Electronic Media, Entertainment, Environmental, Financial, Food Service, Government/Political, Health Care Services, Infomercials, Legal Services, Leisure, Magazines, Media Buying Services, Media Planning, Multimedia, New Product Development, Newspaper, Newspapers & Magazines, Out-of-Home Media, Outdoor, Over-50 Market, Paid Searches, Pharmaceutical, Planning & Consultation, Print, Radio, Real Estate, Restaurant, Retail, Sales Promotion, Seniors' Market, Social Media, Sports Market, Strategic Planning/Research, Syndication, T.V., Teen Market, Trade & Consumer Magazines, Transportation, Travel & Tourism, Web (Banner Ads, Pop-ups, etc.), Yellow Pages Advertising

Approx. Annual Billings: $40,000,000

Breakdown of Gross Billings by Media: Brdcst.: 30%; D.M.: 20%; Mags.: 5%; Network T.V.: 3%; Newsp.: 20%; Outdoor: 10%; Point of Purchase: 1%; Syndication: 3%; Transit: 5%; Yellow Page Adv.: 3%

James J. Cooney, Jr. *(Pres & CEO)*
Edward Valenti *(COO)*
Rick Boles *(VP-Media & Ops)*
Stephen Romanello *(VP-Acct Svcs)*
Frank Jones *(Dir-Creative Svcs & Events)*
Greg Stewart *(Mgr-Acctg)*

Accounts:
Town Fair Tire

PROFESSIONAL MEDIA MANAGEMENT
528 Bridge St NW Ste 7, Grand Rapids, MI 49504
Tel.: (616) 456-5555
Fax: (616) 456-8244
Web Site: professionalmediamanagement.com

Employees: 7
Year Founded: 1977

Agency Specializes In: Advertising, Direct-to-Consumer, Electronic Media, Faith Based, Media Buying Services, Media Planning, Media Training, Newspaper, Newspapers & Magazines, Planning & Consultation, Promotions, Publicity/Promotions, Retail, Social Media, Sponsorship, Web (Banner Ads, Pop-ups, etc.)

Approx. Annual Billings: $15,000,000

Breakdown of Gross Billings by Media: Newsp.: $15,000,000

AGENCIES - JANUARY, 2019 — MEDIA BUYING SERVICES

Jack Ponstine *(Pres)*
Leigh Engelbrecht *(VP-New Bus Dev)*
Lee Amundson *(Sr Mgr-Database)*

PROVING GROUND MEDIA, INC.
PO Box 397, Spencerville, MD 20868
Tel.: (410) 420-6343
Fax: (410) 420-6358
Toll Free: (800) 509-1425
E-Mail: info@pgmedia.tv
Web Site: www.pgmedia.tv

E-Mail for Key Personnel:
President: debra.payne@pgmedia.tv

Employees: 6
Year Founded: 2003

Agency Specializes In: Broadcast, Cable T.V., Direct Response Marketing, Infomercials, Media Buying Services, Media Planning, Syndication, T.V.

Approx. Annual Billings: $15,000,000

Breakdown of Gross Billings by Media: Brdcst.: 40%; Cable T.V.: 50%; Syndication: 10%

Debra Payne *(Pres)*

PUBLICIS MEDIA
1675 Broadway, New York, NY 10019
Tel.: (212) 474-5000
Web Site: www.publicis.com

Employees: 5,001

Agency Specializes In: Media Buying Services, Media Planning

Belinda Rowe *(Mng Partner)*
Victor Garcia *(Sr VP & Mng Dir)*
Anna Sakowicz *(Chief Digital Officer & Chief Analytics Officer-Poland)*
Helen Lin *(Chief Digital Officer)*
Matthew Fleischman *(Pres-Data, Tech & Innovation)*
Richard Hartell *(Pres-Bus Transformation)*
Ava Jordhamo *(Pres-Ops-Americas)*
Lisa Torres *(Pres-Multicultural Practice)*
Tim Jones *(CEO-Americas)*
Steve King *(CEO-UK)*
David Penski *(CEO-US)*
Dan Donnelly *(Exec VP & Mng Dir-Publicis Media Sports)*
Anita McGorty *(Exec VP-Global Corp Comm)*
Michelle McGowan *(Exec VP-Corp Comm & Partnerships)*
Carol Sinko *(Sr VP & Head-IQ Academy Global)*
Jennifer Vianello *(Sr VP & Head-Global Bus Dev Practice)*
Sara Atsalakis *(Sr VP & Dir-Global Tech & Activation Grp)*
Helen Katz *(Sr VP & Dir-Analytics & Insight Practice)*
Alyson Stevens *(Sr VP & Dir-Analytics & Insight)*
Samantha Burke *(Sr VP-Resource Mgmt)*
Jeffrey Garrant *(Sr VP-Media Sports)*
Dana Lipsic *(Sr VP-Media Ops)*
Matthew Mulderink *(Sr VP-R&D, Data, Tech & Innovation)*
Eric Poritzky *(Sr VP-Value Mgmt)*
Nicole Saewert Whitesel *(Sr VP-Enterprise Strategy)*
Daisy Delgado *(VP & Acct Dir-North America)*
Diane Marshall *(VP & Dir)*
Rose Ahn *(VP-Investments & Partnerships)*
Margot De La Pena *(VP-Enterprise Strategy)*
Monica Dembski *(VP-Strategy & Digital VM1)*
Matt Horton *(VP-Partnerships)*
Cristina Kimmel *(VP-Analytics)*
Amy Kuznicki *(VP-Product Mgmt)*
David Markel *(VP-Enterprise Strategy)*

Danial Rushton *(VP-Solutions Consulting)*
Michelle Schiano *(VP-Strategic Mktg)*
Stephanie Snell *(VP-Tech & Activation)*
Jane Strumba *(VP-Analytics & Insight)*
Alena OHara *(Media Dir)*
Tala Aqel *(Dir-Enterprise Strategy)*
Catriona Barthram *(Dir-Programmatic-UK)*
Nadine Brown *(Dir-Data Sciences Team)*
Valicia Brown *(Dir-Content)*
Thomas Carroll *(Dir-Media Tech Standards)*
Jeff Cohen *(Dir-Value Mgmt)*
Raymond Eng *(Dir-Client Success)*
Victoria Grossman *(Dir-Value Mgmt)*
Chip Johnson *(Dir-Sports)*
Jessica Kerwin *(Dir-Standards & Partnerships)*
Jill Kregel *(Dir-Programmatic Consulting)*
Daniel Krisik *(Dir-Analytics Consulting)*
Georgia Lobb *(Dir-Corp Comm-Americas)*
Jose Manuel Folgado Lopez *(Dir-Negotiation-Spain)*
Anthony Martin *(Dir-Media Tech & Strategy)*
Robert Mooney *(Dir-Data Strategy & Platforms Consulting)*
Catherine Morgan *(Dir)*
Dag Ormasen *(Dir-Nordic Buying-Norway)*
Whitney Sewell *(Dir-Bus Dev)*
Brooke Adams *(Assoc Dir-Prospecting Strategist)*
Keisha Hooks *(Assoc Dir-Insights & Strategy)*
Nicole Lee *(Assoc Dir-Media Ops)*
Jessica Lough *(Assoc Dir-Solutions Consulting)*
Stephanie McCullough *(Assoc Dir-Learning & Dev)*
Lucas Piken *(Assoc Dir)*
Rick Ransome *(Assoc Dir-Global Learning Strategy)*
Christal Richards *(Assoc Dir)*
Cheryl Trauernicht *(Assoc Dir)*
Arnetta Whiteside *(Assoc Dir-Multicultural)*
Celia Boyd *(Mgr-Media-UNIT3C)*
Eliana Kandel *(Supvr-Sponsorships)*
Mac Mulcahy *(Supvr-Media)*
Laura Sexauer *(Supvr-Strategy-Natl)*
Tyler VanderValk *(Supvr-APEX Sports & Entertainment)*
Brian Thresher *(Sr Acct Exec)*
George Rainaldi *(Acct Exec)*
Ray House *(Assoc Media Dir)*
Inga Sheehan *(Assoc Media Dir)*

Accounts:
Coty Inc (Global Lead Media Agency) Analytics, Content, Media Planning & Buying, Strategy
Dunkin' Brands Group, Inc US Media Buying & Planning; 2018
GlaxoSmithKline (Global Media Agency of Record) Digital Paid Media Strategy & Planning, Media Planning & Buying, Offline; 2018
Lenovo Group Ltd Business-to-Business Brands, Business-to-Consumer Brands, Global Media Strategy, Planning & Buying, Motorola, Traditional & Digital Media; 2018
Maserati North America, Inc. Traditional Media Buying
MillerCoors Media Buying & Planning

Branches

Blue 449
(Formerly Optimedia International US Inc.)
375 Hudson St 7th Fl, New York, NY 10014
(See Separate Listing)

Optimedia Blue 449
(Formerly Blue 449)
Middlesex House 34-42 Cleveland St, London, W1T 4JE United Kingdom
Tel.: (44) 20 7447 7500
Fax: (44) 20 7447 7501
E-Mail: info@blue449.com
Web Site: http://www.blue449.com/

Employees: 100
Year Founded: 1998

Agency Specializes In: Media Buying Services

Chris Smith *(Mng Partner)*
Malcolm Boxall *(Chief Investment Officer)*
Richard Dance *(Chief Digital Officer)*
Nicki Hare *(Head-Mktg & Culture)*
Claudia Pitcher *(Head-Digital Activation)*
Anthony Swede *(Head-Plng)*
Tom Higgins *(Acct Dir)*
Dominic Mellin *(Sr Mgr-Plng)*
Tom Coles *(Planner-Media)*
Emma Putnam *(Planner-Media)*
Lindsay Turner *(Planner-Media)*

Accounts:
ASDA Group Limited Media Planning & Buying
BASF Campaign: "We Create Chemistry", Media Communications
Blue Cross
Boots Media Planning & Buying, Search
Butcher's Pet Care
Center Parcs Media
Dixons Carphone Carphone Warehouse, Currys PC World, Dixons Travel, Geek Squad, Knowhow, Media
DSG International plc Currys, PC World
Dyson
East Midlands Trains Media Buying, Media Planning
Evening Standard Media Planning & Buying
FitFlop Media Planning & Buying
Fox TV
Freedrinks Above-the-Line, Digital, Media Planning & Buying, PPC, Paid Social, Press, SEO, Zeo
Halfords Group plc Digital, Media, Media Buying, Planning
Harveys Media Planning & Buying
The Independent Media Buying
Intu
Kayak Media, Media Buying, Media Planning
KFC Media
Ladbrokes
Multiyork
NFU Mutual Media
Njoy Media Planning & Buying
One & Only Resorts
PC World
Rail Delivery Group Media Services
Sony Entertainment Television Media Planning & Buying, Sony Movie Channel
Taco Bell
Tapi Media Buying, Media Planning
Travelex
Viking River Cruises
Vision Express
Weight Watchers Creative, Media, Media Planning & Buying

Performics
35 W Wacker Dr Ste 1900, Chicago, IL 60601
Tel.: (312) 739-0222
Fax: (312) 739-0223
E-Mail: info@performics.com
Web Site: www.performics.com

Employees: 2,800
Year Founded: 1998

Agency Specializes In: Consulting, Media Buying Services, Media Planning, Mobile Marketing, Out-of-Home Media, Outdoor, Paid Searches, Planning & Consultation, Print, Programmatic, Radio, Search Engine Optimization, Social Media, Web (Banner Ads, Pop-ups, etc.)

Chris Camacho *(Exec VP & Mng Dir-Comml, Partnerships & Corp Strategy)*
Joanna Travlos *(Exec VP & Dir-Media Negotiations)*
Paul DeJarnatt *(Sr VP-Performance Media)*
Janine Gravina *(VP & Grp Dir-Performance Media)*
Tessa Binney *(VP & Grp Acct Dir)*

MEDIA BUYING SERVICES — AGENCIES - JANUARY, 2019

Chris Raymond *(VP & Grp Acct Dir)*
Heather Flashner *(VP & Grp Media Dir)*
Anthony Ferraro *(Media Dir)*
Erin Moulson *(Media Dir)*
Sara Mirarefi *(Dir-Bus Dev)*
Emily Bryson *(Mgr-Performance Mktg & Google)*
Kellie Cicchino *(Mgr-Media)*
Susan Zou *(Mgr-Paid Social)*
Laura Chesser *(Supvr)*
Jen Malaniuk *(Grp Media Dir)*
Gina Procaccio *(Grp Media Dir)*

Accounts:
Aviva
Chevrolet
Delta
Electrolux
Hertz
Kohl's
Nestle
Sanofi-Aventis
Singapore Airlines
Toyota
Wingstop Search, Social
Yum Brands

Performics
375 Hudson St, New York, NY 10014
Tel.: (212) 820-3298
Web Site: www.performics.com

Agency Specializes In: Brand Development & Integration, Consulting, Content, Digital/Interactive, Event Planning & Marketing, Local Marketing, Media Buying Services, Media Planning, Mobile Marketing, Social Media

Erin Lanuti *(Officer-Performance Solutions)*
Jason Tonelli *(CEO-Australia & New Zealand)*
Josh Martin *(Exec VP & Head-Mass Market Acq Media)*
John Schorr *(Sr VP-Client Solutions)*
Jill Foster *(Dir-Content)*
Kelvon Hayes *(Mgr-Media)*
Pamela Honores *(Mgr-Paid Social Media)*
Jonathan Shihadeh *(Mgr-Social Media)*
Julia Zeldin *(Mgr-Social Media)*
Eleanor Wand *(Assoc Mgr-Media)*
Lucia Geisler *(Supvr)*
Janelle Coleman *(Assoc Media Dir-Paid Social)*

Accounts:
Fios
Samsung
Verizon Wireless

Spark Foundry
(Formerly Mediavest Spark)
6500 Wilshire Blvd Ste 1100, Los Angeles, CA 90046
Tel.: (323) 658-4500
Fax: (323) 658-4592
Web Site: www.sparkfoundryww.com

Employees: 50

National Agency Associations: 4A's-THINKLA

Agency Specializes In: Media Buying Services, Sponsorship

Jennifer Karayeanes *(Mng Dir & Exec VP)*
Adam Kruse *(Sr VP & Mng Dir-LA)*
Jenny Kim *(VP & Dir-Connections)*
Shayland Moise *(VP & Dir-Strategy)*
Ryan Young *(VP & Dir)*
Rebecca Mann *(VP & Grp Media Dir)*
Giuseppe Copertino *(Media Dir)*
Crysta Mackley *(Media Dir-Universal Theme Parks & Resorts)*
Denise James *(Dir-Programmatic)*
Kate Vivalo *(Dir-Ops)*
Lauren Aman *(Assoc Dir)*

Shaydon Armstrong *(Assoc Dir-Content Strategy)*
Lyna Avanessian *(Assoc Dir-Paid Social & Paid Search)*
Elizabeth Daly *(Assoc Dir)*
Rebecca Mansfield *(Assoc Dir-Programmatic)*
Nicole McRoskey *(Assoc Dir)*
Kayla M. Vollmer *(Assoc Dir)*
Rachel Griffith *(Mgr-Connections)*
Lyndsey Herron *(Mgr-Strategy-DOLE)*
Lauren Kime *(Mgr-Connections)*
Jacqueline Batchelor *(Supvr-Social-Starbucks)*

Accounts:
American Honda Motor Co., Inc. Acura MDX, Media Buying
Bristol Myers Squibb
CBS Films Media Buying & Planning
Comcast Corporation
H&R Block, Inc. Broadcast, Media Buying
LinkedIn Corporation Media
Mars North America; 2004
Mattel Brands Barbie, HotWheels, Matchbox, Scrabble, Uno

Spark Foundry
(Formerly Mediavest Spark)
222 Merchandise Mart Plz Ste 550, Chicago, IL 60654-1032
(See Separate Listing)

Spark Foundry
(Formerly Mediavest Spark)
1675 Broadway, New York, NY 10019
Tel.: (212) 468-4000
Fax: (212) 468-4110
Web Site: www.sparkfoundryww.com

Employees: 900
Year Founded: 1998

National Agency Associations: 4A's

Agency Specializes In: Media Buying Services, Planning & Consultation

Sarah Kramer *(COO & Chief Client Officer)*
Lauren Buerger *(Exec VP & Grp Dir-Investment & Content)*
Anjali Martin *(Sr VP & Grp Dir-Digital)*
Seth Garske *(Sr VP & Media Dir)*
Antoine Brown *(Sr VP & Dir)*
Lisa Pece *(Sr VP & Dir)*
Nicole Mollen *(Sr VP-Content)*
Shannon Taylor *(Sr VP-Media)*
Angelica Del Villar *(VP & Dir-Connections)*
Janel Malone *(VP & Dir)*
Mike Ogurick *(VP & Dir-Strategy)*
Jeanine Skaats *(VP & Dir-Integrated Investment)*
Kristin Hamner *(VP-Media Strategy)*
Stuart Beurskens *(Dir-Performance Media)*
Jennifer Duensing *(Dir-Performance Media)*
Denise Heller *(Dir)*
Andrew Klein *(Dir-Content Innovation)*
Billy Wolt *(Dir-Search & Social)*
Betty Be *(Assoc Dir-Search & Social)*
Jimmy Feliz *(Assoc Dir)*
Vidhi Narine *(Assoc Dir-Digital Activation)*
Joseph Rocco, Jr. *(Assoc Dir)*
Brent Sangiuliano *(Assoc Dir-Digital)*
Merissa Wilkens *(Assoc Dir-Activation)*
Catherine Young *(Assoc Dir)*
Katherine Prentis *(Mgr-Connections & Supvr-Media)*
Sophie Curtain *(Mgr-Programmatic)*
Jordan DeVito *(Mgr)*
Anna Mariash *(Mgr-Media)*
Emmanuel Orochena *(Mgr-Local Activation)*
Jennie Sinetar *(Mgr-Content)*
J. Tyler Speed *(Mgr-Integrated Media)*
Chelsea Curcio *(Supvr-Media)*
Alec D'Antonio *(Supvr-Strategy)*
Nick Carpino *(Assoc Media Dir)*
Marcus Delva *(Sr Assoc-Digital)*

Accounts:
Aflac (Lead Media Agency) Buying, Planning
American Honda Motor Co., Inc. Acura, Media Planning & Buyimg
Avon Products
Brown-Forman Corporation (Global Media Agency)
The Coca-Cola Company International
Comcast Corporation Cable, Theme-Park, Xfinity; 2006
Coty, Inc. CoverGirl
Cox Communications, Inc. (Agency of Record) Campaign: "TV Just for Me.", Contour, Media, Residential Services, TV
Duracell
Heineken USA Inc. Campaign: "Mega Football Ad we didn't actually make.", Desperados, Dos Equis, Heineken, Heineken Light, Media, Newcastle
Keurig Green Mountain (Media Agency of Record) Media Buying, US Media Planning, US Media Strategy
Marriott International, Inc. (Global Media Agency of Record) Media Planning & Purchasing; 2018
Mars, Incorporated
Mattel, Inc American Girl, Barbie, Fisher-Price, Hot Wheels, Media, Media Planning & Buying, Offline Buying, Strategy
The Mattress Firm, Inc. (US Media Agency of Record) Out-of-Home, Planning & Buying Strategy, Print, Radio, TV; 2017
Mondelez International, Inc. North America Media
NBA
NBC Universal, Inc. Activation & Analytics, NBC Universo (Media Agency of Record), Online & Offline Media Buying, Strategic Planning, Telemundo (Media Agency of Record); 2018
New York Life
Novartis Corporation
Post Foods, LLC Alpha-Bits, Cocoa Pebbles, Fruity Pebbles, Grape Nuts, Great Grains, Honey Bunches of Oats, Honey-Comb, Post Bran Flakes, Post Foods, LLC, Post Raisin Bran, Post Selects, Post Shredded Wheat, Post Trail Mix Crunch, Waffle Crisp
PUR Media
Sam's Club
Samsung America, Inc.
Snapchat Media Buying, Out-of-Home
Starwood Hotels & Resorts Worldwide
TD Ameritrade Media; 2008
Travelers Media Planning & Buying
Wendy's
Yahoo U.S. Online & Offline Media

Starcom
(Formerly Starcom MediaVest Group)
35 W Wacker Dr, Chicago, IL 60601-1723
(See Separate Listing)

Zenith Media
(Formerly ZenithOptimedia)
24 Percy Street, London, W1T 2BS United Kingdom
(See Separate Listing)

RAPPORT WORLDWIDE
1 Dag Hammarskjold Plz, New York, NY 10017
Tel.: (646) 808-1282
E-Mail: questions@rapportww.com
Web Site: www.rapportww.com

Employees: 40
Year Founded: 1989

Agency Specializes In: Media Buying Services, Media Planning, Out-of-Home Media

Michael Cooper *(Pres/CEO-Global)*
Jill Schuster-Rothenhauser *(Acct Dir)*
Glyn Williams *(Media Dir-West Coast)*

Molly McCarthy *(Dir-Print)*
Margot Thornhill *(Dir)*
John Coffaro *(Acct Supvr)*
Elena Hooblal *(Acct Supvr)*
Alyssa Fedak *(Sr Acct Exec)*
Angela Onken *(Sr Acct Exec)*
Andrew Weinstein *(Sr Acct Exec)*
Megan Kennedy *(Acct Exec)*
Grace Sarosdy *(Acct Exec)*
Morgan Wilson *(Acct Exec)*
Frank Guerriero *(Assoc Media Dir)*
Cristina Parker *(Assoc Media Dir)*

Accounts:
Albertsons
Canada Goose
Casper
Dunkin' Donuts
The Economist Media
Filson
Grand Canyon University
Great Wolf Lodge
JetBlue Airways Corporation
John Hancock Investments
Moo.com
Netflix
Patron
PBS
Royal Caribbean
Shinola
TV Land
Uber
VH1

RECIPROCAL RESULTS
193 A Rice Av, Staten Island, NY 10314
Tel.: (718) 370-3977
Fax: (718) 761-7103
E-Mail: info@reciprocalresults.com
Web Site: www.reciprocalresults.com

Year Founded: 1997

National Agency Associations: AD CLUB-AMA

Agency Specializes In: Advertising, Broadcast, Business Publications, Cable T.V., Consulting, Consumer Publications, Cosmetics, Entertainment, Fashion/Apparel, Local Marketing, Magazines, Media Buying Services, Media Planning, Newspaper, Out-of-Home Media, Outdoor, Planning & Consultation, Print, Public Relations, Publicity/Promotions, Radio, Sports Market, Syndication, T.V., Teen Market, Trade & Consumer Magazines

Breakdown of Gross Billings by Media: Cable T.V.: 8%; Consulting: 8%; D.M.: 4%; Newsp.: 8%; Other: 8%; Out-of-Home Media: 8%; Pub. Rels.: 8%; Radio: 8%; T.V.: 8%; Trade & Consumer Mags.: 32%

Roy Moskowitz *(CEO)*

Accounts:
Andrew Rasiej for Public Advocate Ad Industry PR
Artisan News Service Copywriting
Asmara Channel Marketing
Assemblyman Matt Titone PR & Polling
Concord Fragrances Media Buying
Congregation B'nai Jeshurun Media Buying, PR, Print Creative
Cuba the Fragrance Media Buying
Debi Rose 4 City Council Media Buying, PR, Web Design
Delkin Media Buying
Duane Reade Barter
Dweck Media Planning
Esports PR
Estroven Media Buying
Flycast Media Buying
The Fortune Society Branding
ISO Real Estate Media Buying & PR

Lea & Perrins Barter
National Foundation for Teaching Entrepreneurship Branding
New Way Home PR
Payless Barter
Scoops Barter
Site 59 Media Planning
Steve Harrison for Congress Copywriting, Media Buying, PR, Research, Speechwriting, Web Design
TCCD Barter
Ugo.com Sales Promotion
Virgin Channel Marketing
Zeborg Consulting
Zilo Media Planning

RECRUITMENT AD PLACEMENT LLC
6660 Delmonico Ste 333, Colorado Springs, CO 80949
Tel.: (719) 535-2915
Fax: (719) 535-2358
Toll Free: (800) 655-3146
Web Site: www.recruitadplacement.com

Employees: 3
Year Founded: 2009

Agency Specializes In: Advertising, Legal Services, Media Buying Services, Media Planning, Newspaper, Print

Approx. Annual Billings: $600,000

Breakdown of Gross Billings by Media: Internet Adv.: $50,000; Newsp. & Mags.: $550,000

Vincent J. Maione *(Owner & Pres)*
Brigitte Maione *(Owner)*

RED COMMA MEDIA, INC.
133 S Butler St, Madison, WI 53703-3543
Tel.: (608) 661-3781
Fax: (608) 237-2404
E-Mail: info@redcommamedia.com
Web Site: www.redcommamedia.com

Employees: 5
Year Founded: 2003

Agency Specializes In: Advertising, Broadcast, Business-To-Business, Cable T.V., Consumer Marketing, Consumer Publications, Electronic Media, Industrial, Local Marketing, Magazines, Market Research, Media Buying Services, Media Planning, Newspaper, Newspapers & Magazines, Out-of-Home Media, Outdoor, Print, Production (Print), Radio, Strategic Planning/Research, T.V., Web (Banner Ads, Pop-ups, etc.)

Carrie Dellinger *(Pres)*
Jena Pankratz *(Supvr-Media)*
Ben Caulfield *(Media Planner & Media Buyer)*
Alyssa Ferris *(Media Planner & Media Buyer)*

Accounts:
Anderson Pest Solutions
Generac Power Systems
Mission Investment Fund
Pacific Cycle
Rasmussen College

RETAIL PRINT MEDIA
(Formerly American Communications Group, Inc.)
2377 Crenshaw Blvd, Torrance, CA 90501
Tel.: (424) 488-6952
Fax: (424) 488-6950
Web Site: http://retailprintmedia.com/

Employees: 100
Year Founded: 1987

Agency Specializes In: Advertising, Local Marketing, Market Research, Media Buying Services, Media Planning, Newspaper, Pets, Print, Retail, Strategic Planning/Research

Approx. Annual Billings: $500,000,000

Breakdown of Gross Billings by Media: Newsp.: $500,000,000

Ray Young *(Pres)*
Karli Sikich *(COO)*
Jason Hicks *(VP-Client Svc & Bus Dev)*

Accounts:
Aaron Brothers, Inc.
J.C.Penney Company Inc.
Michaels Stores Inc.
PETCO Animal Supplies Inc.

RIGHT PLACE MEDIA
437 Lewis Hargett Cir Ste 130, Lexington, KY 40503
Tel.: (859) 685-3800
Fax: (859) 685-3801
E-Mail: info@rightplacemedia.com
Web Site: www.rightplacemedia.com

E-Mail for Key Personnel:
Media Dir.: cbrough@rightplacemedia.com

Employees: 20
Year Founded: 2000

Agency Specializes In: Advertising, Automotive, Broadcast, Business Publications, Business-To-Business, Cable T.V., Co-op Advertising, Consulting, Consumer Publications, Digital/Interactive, Direct Response Marketing, Education, Electronic Media, Email, Financial, Health Care Services, Information Technology, Integrated Marketing, Internet/Web Design, Magazines, Media Buying Services, Media Planning, Medical Products, Newspaper, Newspapers & Magazines, Out-of-Home Media, Outdoor, Paid Searches, Planning & Consultation, Print, Radio, Recruitment, Restaurant, Retail, Social Marketing/Nonprofit, Sponsorship, Strategic Planning/Research, T.V., Trade & Consumer Magazines, Travel & Tourism

Approx. Annual Billings: $40,000,000

Breakdown of Gross Billings by Media: Bus. Publs.: 4%; D.M.: 7%; Internet Adv.: 12%; Newsp. & Mags.: 21%; Out-of-Home Media: 9%; Radio & T.V.: 47%

Joel Rapp *(Pres & CEO)*
Stephanie Dowdy *(VP & Media Dir)*
Tara Williams *(VP & Acct Dir)*
Joey Banks *(VP & Dir-Media)*
Devin Johnson *(VP & Dir-Media)*
Amy Lynne Dickinson *(Media Dir)*
Bill M. Rice *(Mktg Dir)*
Jay Stallons *(Mktg Mgr)*
Liz Fenner *(Mgr-Social Media)*

Accounts:
Austin Grill; 2009
Back Yard Burgers; 2012
Bella Notte Italian Trattoria; 2001
Donan Engineering; 2007
Fazoli's Digital Marketing, Media Buying; 2000
Lexington Clinic; 2009
Mississippi Credit Union League; 2009
Norton Healthcare; 2010
Papa Murphy's; 2005
Smashing Tomato; 2007
Stoney River; 2011
Thompson Hospitality; 2009
United Methodist Communications; 2011

MEDIA BUYING SERVICES

RIVENDELL MEDIA INC.
1248 US Hwy 22 W, Mountainside, NJ 07092
Tel.: (212) 242-6863
Fax: (908) 232-0521
E-Mail: info@rivendellmedia.com
Web Site: www.rivendellmedia.com

E-Mail for Key Personnel:
President: todd@rivendellmedia.com

Employees: 8
Year Founded: 1979

Agency Specializes In: LGBTQ Market, Media Buying Services, Media Planning

Approx. Annual Billings: $12,000,000

Todd L. Evans *(Pres & CEO)*

Accounts:
Pernod Ricard USA Absolut, Media

RJW MEDIA
12827 Frankstown Rd Ste B, Pittsburgh, PA 15235
Tel.: (412) 361-6833
Fax: (412) 361-8005
E-Mail: julie@rjwmedia.com
Web Site: www.rjwmedia.com

E-Mail for Key Personnel:
President: julie@rjwmedia.com

Employees: 12
Year Founded: 1985

Agency Specializes In: Advertising, Automotive, Broadcast, Cable T.V., Consumer Publications, Education, Electronic Media, Entertainment, Financial, Health Care Services, Legal Services, Leisure, Magazines, Media Buying Services, Media Planning, Media Relations, Medical Products, Mobile Marketing, Newspaper, Newspapers & Magazines, Out-of-Home Media, Outdoor, Print, Radio, Real Estate, Restaurant, Retail, Sponsorship, T.V., Travel & Tourism

Approx. Annual Billings: $42,000,000

Julie Smith *(Owner & Pres)*
Amy Gustafson *(Assoc Dir-Media Svcs)*
Anthony Esposito *(Coord-Media & Digital)*
Kira Fischer *(Coord-Media)*
Anita L. Miller *(Sr Media Planner & Buyer)*

Accounts:
CCAC (Community College of Allegheny County) College/Academia; 2007
Children's Hospital of Pittsburgh; Pittsburgh, PA Pediatric Care; 2005
Clarion University College/Academia; 2012
Comcast/Adelphia; PA Broadband, Cable; 2005
Dollar Bank; Pittsburgh, PA;Cleveland, OH Financial; 2009
Fort Pitt Capital Group; Pittsburgh, PA Investment Management; 2009
Geneva College; PA College/Academia; 2008
Giant Eagle, Inc.; Pittsburgh, PA Grocery Store Chain; 1993
Harry S. Cohen & Associates; Pittsburgh, PA Attorney; 1999
Howard Hanna Real Estate; Pittsburgh, PA Real Estate Services; 1988
Kennywood Entertainment Co.; Pittsburgh, PA Idlewild Park, Kennywood Park, Sand Castle; 1998
Kings Family Restaurants; Pittsburgh, PA Food Service; 2003
SBCG; New York, NY Retail Liquidation; 1986
Sinclair Broadcasting; Pittsburgh, PA; Charleston-Huntington, WV; West Palm Beach, FL Television Stations; 2010
Today's Home; Pittsburgh, PA Home Furnishings; 1989
West Penn Allegheny Health System; Pittsburgh, PA Healthcare; 1998

ROI MEDIA
5801 E 41st St Ste 600, Tulsa, OK 74135-5628
Tel.: (918) 582-9777
Fax: (918) 592-6635
Web Site: www.roi-tulsa.com

Employees: 15
Year Founded: 1985

Agency Specializes In: Advertising, Media Buying Services, Media Planning, Media Relations, Out-of-Home Media, Outdoor

Sales: $8,000,000

Lester Boyle *(Owner)*
Deanna McClure *(Office Mgr, Media Planner & Buyer)*

Accounts:
Drysdales
KOTV; Tulsa, OK
KWTV; Oklahoma City, OK
Shelter Insurance
Tulsa Chamber
Tulsa Zoo

SALESFORCE MARKETING CLOUD
1095 Avenue Of The Americas Fl 17, New York, NY 10036
Tel.: (646) 380-7300
Web Site: www.salesforce.com/marketing-cloud

Employees: 450

Agency Specializes In: Digital/Interactive, Internet/Web Design, Media Buying Services, Media Planning, Social Media

Patrick Stokes *(Sr VP-Integration Cloud)*
Aimee Frank *(VP-SMB)*
Matt Kilmartin *(VP-Sls-Salesforce for Adv)*
Chris O'Hara *(Head-Global Product Mktg)*
Ted Flanagan *(Sr Dir-Customer Success)*
Blake Miller *(Dir-Product Mktg)*
Karin O'Connor *(Dir-Bus Consulting)*
Devon McGinnis *(Mgr-Editorial)*
Jesse Parker *(Sr Acct Exec & Specialist-DMP)*
Kristen Inatsuka *(Strategist-Social)*

Accounts:
ABC
American Express
Anheuser Busch Busch Entertainment
Carnival
Charles Schwab
The Dallas Cowboys
The Gym Group Marketing Automation
InStyle.com
J. Crew
Mattel
Mitsubishi Motors
NHL
Parents Magazine
Samsung
Sprint Nextel Corporation Virgin Mobile USA
Wonka Candy

SELF OPPORTUNITY, INC.
808 Ofc Park Cir, Lewisville, TX 75057
Tel.: (214) 222-1500
Fax: (214) 222-8884
Toll Free: (800) 594-7036
Web Site: www.selfopportunity.com

Employees: 33
Year Founded: 2001

Agency Specializes In: Advertising, Food Service, Hispanic Market, Media Buying Services, Media Planning, Recruitment, Restaurant, Retail

Approx. Annual Billings: $5,000,000

Breakdown of Gross Billings by Media: Network Radio: $50,000; Network T.V.: $4,950,000

Amy Cuilla *(VP-Talent, Recruiting & HR)*
Brad Holley *(VP)*
Kim Self *(VP-Recruiting)*

Accounts:
Brinker; Dallas, TX
Chuck E. Cheese's
Rent-A-Center; Dallas, TX

SIDECAR MEDIA
1844 W Superior St Ste 200, Chicago, IL 60622
Tel.: (312) 829-6789
Fax: (312) 829-6020
E-Mail: susan.babin@sidecarmedia.com
Web Site: www.sidecarmedia.com

Employees: 5
Year Founded: 2005

National Agency Associations: OAAA

Agency Specializes In: Advertising, Hispanic Market, Media Buying Services, Media Planning, Mobile Marketing, Out-of-Home Media, Outdoor

Approx. Annual Billings: $5,500,000

Breakdown of Gross Billings by Media: Out-of-Home Media: 100%

Susan Babin *(Pres)*
Steve Tutelman *(COO)*
Mike Farrell *(Sr Dir-Enterprise Client Strategy)*
Michael Keiser *(Dir-Customer Strategy)*
Ryan Williams *(Dir-Analytics)*
Michael Perekupka *(Product Mgr)*

SILVERLIGHT DIGITAL
15 E 32Nd St Fl 3, New York, NY 10016
Tel.: (646) 650-5330
Web Site: www.silverlightdigital.com

Employees: 23

Agency Specializes In: Automotive, Digital/Interactive, Health Care Services, Media Buying Services, Media Planning, Mobile Marketing, Paid Searches, Pharmaceutical, Restaurant, Retail, Social Media, Sponsorship, Travel & Tourism, Web (Banner Ads, Pop-ups, etc.)

Approx. Annual Billings: $35,000,000

Lori Goldberg *(CEO)*
Michael Ackerman *(VP-Bus Dev)*
David Sapinski *(Acct Dir)*
Stephen Wraspir *(Media Dir)*

Accounts:
Aetrex; 2014
Curacao Tourism Board; 2014
Jiffy Lube; 2013
Meda Aerospan, Dymista; 2014

SKYACHT AIRCRAFT INC.
(d/b/a Personal Blimp)
110 Pulpit Hill Rd, Amherst, MA 01002
Tel.: (413) 549-1321
E-Mail: info@personalblimp.com
Web Site: www.personalblimp.com

AGENCIES - JANUARY, 2019 — MEDIA BUYING SERVICES

Employees: 3

Agency Specializes In: Media Buying Services, Media Planning, Out-of-Home Media, Outdoor

Mike Kuehlmuss *(Dir-Mechanical Design)*

SMY MEDIA, INC.
605 N Michigan Ave Ste 400, Chicago, IL 60611
Tel.: (312) 621-9600
Fax: (312) 621-0924
E-Mail: info@smymedia.com
Web Site: www.smymedia.com

Employees: 15
Year Founded: 1969

Agency Specializes In: Advertising, African-American Market, Broadcast, Business-To-Business, Cable T.V., Co-op Advertising, Consumer Marketing, Consumer Publications, Food Service, Hispanic Market, Media Buying Services, Media Planning, Medical Products, Newspaper, Out-of-Home Media, Outdoor, Over-50 Market, Pharmaceutical, Print, Radio, Real Estate, Restaurant, Retail, Strategic Planning/Research, T.V., Trade & Consumer Magazines

Approx. Annual Billings: $36,000,000

Breakdown of Gross Billings by Media: Cable T.V.: $3,600,000; Internet Adv.: $1,800,000; Mags.: $5,400,000; Network T.V.: $1,800,000; Newsp. & Mags.: $10,800,000; Radio & T.V.: $10,800,000; Strategic Planning/Research: $1,800,000

Gerry Grant *(Owner)*
Karen Sheridan *(Pres & Dir-Media Svcs)*
Sheila Hollins *(Assoc Dir-Media)*

SOUND COMMUNICATIONS, INC.
149 W 36th St, New York, NY 10018
Tel.: (212) 489-1122
Fax: (212) 489-5214
E-Mail: steve@scommunications.com
Web Site: http://www.soundcomagency.com/

E-Mail for Key Personnel:
President: steve@scommunications.com
Media Dir.: jill@scommunications.com

Employees: 15
Year Founded: 1987

Agency Specializes In: Bilingual Market, Broadcast, Business-To-Business, Cable T.V., Co-op Advertising, Communications, Consumer Marketing, Direct Response Marketing, Entertainment, Government/Political, Infomercials, Media Buying Services, Media Planning, New Product Development, Newspapers & Magazines, Out-of-Home Media, Outdoor, Print, Production, Publicity/Promotions, Radio, T.V.

Approx. Annual Billings: $25,000,000

Steven Sackler *(Pres)*
Chris Elser *(VP)*
Aj Jordan *(VP-Digital Media)*
Jennifer Hargrave *(Dir-Sls & Promo)*
Kristen Aleo *(Media Buyer & Planner)*

SOUTHWEST MEDIA GROUP
1717 Main St Ste 4000, Dallas, TX 75201
Tel.: (214) 561-5678
Fax: (214) 561-5640
E-Mail: info@swmediagroup.com
Web Site: www.swmediagroup.com

Employees: 62
Year Founded: 1995

National Agency Associations: 4A's

Agency Specializes In: Alternative Advertising, Branded Entertainment, Broadcast, Business-To-Business, Cable T.V., Co-op Advertising, Communications, Consumer Publications, Direct Response Marketing, Electronic Media, Entertainment, Experience Design, Fashion/Apparel, Guerilla Marketing, Hispanic Market, In-Store Advertising, Internet/Web Design, Magazines, Media Buying Services, Media Planning, Mobile Marketing, Newspaper, Newspapers & Magazines, Out-of-Home Media, Outdoor, Over-50 Market, Paid Searches, Planning & Consultation, Podcasting, Print, Radio, Restaurant, Retail, Sales Promotion, Search Engine Optimization, Sponsorship, Strategic Planning/Research, T.V., Teen Market, Trade & Consumer Magazines, Transportation, Travel & Tourism, Viral/Buzz/Word of Mouth, Web (Banner Ads, Pop-ups, etc.), Women's Market, Yellow Pages Advertising

Approx. Annual Billings: $195,000,000

Eric Schaefer *(Pres)*
Bob Nichol *(CEO)*
Ryan Ward *(Grp Dir-Plng)*
Kurt Schweitzer *(Media Dir)*
Shelby Clement *(Dir-Media Plng)*
April Cook *(Dir-Talent & Dev)*
Kelly Fletcher-Duncan *(Dir-Buying)*
Heather Klein *(Dir-Media Plng)*
Kimberly Lockett *(Dir-Plng)*
Elyse Blanton *(Supvr-Media Plng)*
Briana Theiss *(Supvr-Media Buying)*
Kristine Arning *(Specialist-Programmatic Media)*
Garrett Kosel *(Strategist-Media Plng)*
Stephanie Mota *(Strategist-Plng)*
Danielle Peters *(Strategist-Field Mktg)*
Justin Honeycutt *(Media Planner)*
Kimberly Long *(Media Buyer-Brdcst)*
Kim Kohler *(Chief Relationship Officer)*
Katey Smart *(Buyer-Local & Natl Media)*

Accounts:
At Home Digital, Media Planning & Buying, Strategy
Bank of Oklahoma Digital, Media Planning & Buying, Strategy
Crayola LLC Crayola Experience Plano (Strategic Media Planning & Buying Agency of Record), Traditional & Digital Paid Media; 2017
Dave & Buster's Inc.
Del Frisco's Restaurants Group
Dillard's Media Planning & Buying, Strategy
Essentia Water Media Planning & Buying
Fiesta Restaurant Group, Inc. Media Buying, Media Planning, Pollo Tropical, Programmatic, Taco Cabana
Funimation
H-E-B
Half Price Books, Records, Magazines, Inc. (Media Agency of Record) Buying, Media Strategy, Planning
The Parking Spot Digital, Media Planning & Buying, Strategy
Poo Pourri
Regis Corp. Digital, Magicuts, Media Planning & Buying, Pro-Cuts, SmartStyle, Strategy
Texas Health Resources Digital, Media Planning & Buying, Programmatic, Strategy
Texas Tourism Media Planning & Buying, Strategy
Walls Outdoor Goods
W.M. Barr DampRid, Goof Off, Mold Armor
World Vision

SPACETIME, INC.
20 W Kinzie St Ste 1700, Chicago, IL 60654
Tel.: (312) 425-0800
Fax: (312) 425-0808
E-Mail: rlampert@spacetimemedia.com
Web Site: www.spacetimemedia.com

E-Mail for Key Personnel:
President: rlampert@spacetimemedia.com

Employees: 14
Year Founded: 1994

Agency Specializes In: Broadcast, Business Publications, Business-To-Business, Cable T.V., Co-op Advertising, Consumer Marketing, Consumer Publications, Digital/Interactive, Education, Electronic Media, Event Planning & Marketing, Fashion/Apparel, Financial, Health Care Services, Hispanic Market, Magazines, Media Buying Services, Media Planning, Newspaper, Newspapers & Magazines, Out-of-Home Media, Outdoor, Planning & Consultation, Print, Radio, Retail, Sports Market, Strategic Planning/Research, Syndication, T.V., Trade & Consumer Magazines, Travel & Tourism

Approx. Annual Billings: $76,500,000

Breakdown of Gross Billings by Media: Bus. Publs.: $1,500,000; Internet Adv.: $45,000,000; Mags.: $3,000,000; Newsp.: $2,000,000; Outdoor: $4,000,000; Radio: $8,000,000; T.V.: $13,000,000

Robin Lampert *(Pres)*
Lauren Lampert *(VP & Grp Media Dir)*
Susanna Avila *(Mgr-Acctg)*
Megan McInerney *(Supvr-Digital Media)*
Melissa Johnston *(Assoc Media Dir)*
Richard McCullough *(Exec-Adv)*

Accounts:
CNA
Optima
People's Gas
Roosevelt University
Ulta-Lit

SPARK COMMUNICATIONS
(See Under Spark Foundry)

SPARK FOUNDRY
(Formerly Mediavest Spark)
222 Merchandise Mart Plz Ste 550, Chicago, IL 60654-1032
Tel.: (312) 970-8400
Fax: (312) 970-8409
E-Mail: hi@sparkfoundry.com
Web Site: www.sparkfoundryww.com

Employees: 70

National Agency Associations: 4A's

Agency Specializes In: Digital/Interactive, Media Buying Services, Media Planning, Sponsorship, Strategic Planning/Research

Kevin Gallagher *(Mng Dir & Exec VP)*
Brent Lux *(Mng Dir & Exec VP)*
Marie Myszkowski *(Mng Dir & Exec VP)*
John Muszynski *(Chief Investment Officer)*
Shelby Saville *(Chief Investment Officer)*
Steve Birnbaum *(Sr VP & Head-Bus)*
Erin Vogel *(Sr VP & Head-Content-Central Reg)*
Steve Miller *(Sr VP & Dir-Analytics)*
Michelle Mirshak *(Sr VP-Data Architecture & Governance)*
Abby DeMong *(VP & Media Dir)*
Susan Viti *(VP & Dir-Strategy)*
Rachel Zukerman Eckerling *(VP-Programmatic)*
Sabrina Pierrard *(VP-Comm Strategy)*
Claude Palacios *(Media Dir)*
Miles Betley *(Dir)*
Amanda Miller *(Dir-Content)*
Rebecca Prindable *(Dir-Analytics & Insights)*
Natalie Schrimpl *(Dir-Bus Affairs-Content Programs)*
Matthew Malone *(Assoc Dir-Data Architecture)*

MEDIA BUYING SERVICES — AGENCIES - JANUARY, 2019

Dylan Rossi *(Assoc Dir-Analytics)*
Nicole Scalamera *(Mgr-Strategy)*
Alex Asensio *(Supvr-Media)*
Matt Campbell *(Supvr-Media)*
Jamie Corcoran *(Supvr-Media Strategy)*
Frederick Fifield *(Supvr-Strategy)*
Ashley Kastenholz *(Supvr)*
Jessica Korneff *(Supvr-Media)*
Annette Liput *(Supvr)*
Stephanie Martinez *(Supvr-Media)*
Bree Nowak *(Supvr-Media)*
Natalia Zaldivar *(Supvr-Media)*
Stephanie Gibbs *(Strategist-Digital Media)*
Ashley Geib *(Assoc Media Dir)*
Molly Halpin *(Assoc Media Dir)*
Colin Kronforst *(Assoc Media Dir)*

Accounts:
AbbVie Media Buying, Media Planning
Ace Hardware Corporation Digital, Media Planning & Buying
Aon Hewitt
Bel Group Boursin, Laughing Cow, Media, Mini Babybel
Bosch Siemens Hausgerate GmbH
Conagra Brands Banquet, Bertolli, Digital, Frontera, Healthy Choice, Hebrew National, Hunt's, Marie Calendar's, Media Planning & Buying, Orville Redenbacher's, Pam, Reddi-wip, Ro-tel
Dairy Queen Media Buying, Media Planning
David's Bridal, Inc (US Media Agency of Record) Data & Analytics, Measurement & Content Marketing, Traditional Media Planning & Buying; 2017
Discover Financial Services
Groupon
Hanesbrands
Hanon McKendry
Heidelberg
iRobot Corp. Braava Floor Mopping Robot, Digital, Looj Gutter Cleaning Robot, Mira Pool Cleaning Robot, Roomba (Media Agency of Record), Scooba Floor Scrubbing Robot, Strategy, Traditional
Kao Brands Co. Inc. Biore, Curel, Digital, Jergens, Traditional Media Planning & Buying
Macy's, Inc (Media Agnecy of Record) Media Strategy & Buying; 2018
Mead Johnson Nutrition Content, Media Planning & Buying, Social Media
Meijer Media Buying, Media Planning
Morgan Stanley Global Media
MTV (Agency of Record) Advertising
National Auto Parts Association Media
National Vision America's Best Contacts & Eyeglasses (Media Planning & Buying Agency of Record), Digital, Eyeglass World (Media Planning & Buying Agency of Record), Local & National Media Planning, Media, Out-of-Home, Radio, Social, TV
NBC Universal; 2005
Nickelodeon Direct Inc. Digital Media, Media Buying, Media Planning, Traditional Media
Orbitz Worldwide Media
Peugeot Peugeot 207CC
Providence Health & Services (Agency of Record)
Purina
Recreational Equipment Inc Campaign: ""Trail Angel", Campaign: "The Rocket", Media Buying & Planning
Red Lobster Media Buying
Societe de transport de Montreal Media Planning
Southwest Airlines Data & Analytics, Investment, Measurement, Media, Media Planning & Buying, Performance & Content Marketing; 2017
Suzuki
Taco Bell Corp. Digital Media Buying, Digital Media Planning, Media, Media Buying, Strategy
United Services Automobile Association Media Buying, Media Planning
Valspar (Media Agency of Record) Media Buying, Media Planning, Media Strategy
Viacom Inc. Advertising, Logo, VH1

SPECIALIZED MEDIA SERVICES, INC.
741 Kenilworth Ave Ste 204, Charlotte, NC 28204
Tel.: (704) 333-3111
Fax: (704) 332-7466
E-Mail: info@specializedmedia.net
Web Site: www.specializedmedia.net

E-Mail for Key Personnel:
President: darlene@specializedmedia.net

Employees: 9
Year Founded: 1982

Agency Specializes In: Broadcast, Cable T.V., Consumer Publications, Digital/Interactive, Electronic Media, Electronics, Entertainment, Government/Political, Media Buying Services, Media Planning, Newspaper, Out-of-Home Media, Outdoor, Planning & Consultation, Radio, Restaurant, Retail, Sales Promotion, Social Media, T.V.

Approx. Annual Billings: $15,000,000

Breakdown of Gross Billings by Media: Cable T.V.: 20%; Internet Adv.: 7%; Newsp.: 1%; Out-of-Home Media: 5%; Radio: 20%; T.V.: 47%

Darlene Jones *(Pres)*

Accounts:
Autobell; North & South Carolina, Norfolk, VA, Atlanta, GA. Car Washes; 2011
Greenman Eye Associates; Charlotte, NC Eye Care, Lasik Surgery; 2006
Hensley Fontana; Charlotte, NC Charlotte Restaurant Week; 2009
ICars; Charlotte, NC Used Cars; 2010
Ski & Tennis; Charlotte & Greensboro, NC; 1995
Wendy's Co-Ops 12 DMAs; 1982

SPURRIER MEDIA GROUP
101 South 15th Ste 106, Richmond, VA 23219
Tel.: (804) 698-6333
Fax: (804) 698-6336
E-Mail: info@spurriergroup.com
Web Site: spurriergroup.com

Employees: 10
Year Founded: 1997

Agency Specializes In: Advertising, Affluent Market, African-American Market, Automotive, Bilingual Market, Brand Development & Integration, Broadcast, Business Publications, Business-To-Business, Cable T.V., Children's Market, Co-op Advertising, College, Communications, Consulting, Consumer Goods, Consumer Marketing, Consumer Publications, Corporate Identity, Digital/Interactive, Direct Response Marketing, Direct-to-Consumer, Education, Electronic Media, Entertainment, Environmental, Faith Based, Financial, Food Service, Government/Political, Health Care Services, High Technology, Hispanic Market, Hospitality, Household Goods, Integrated Marketing, Local Marketing, Luxury Products, Magazines, Market Research, Media Buying Services, Media Planning, Medical Products, Men's Market, Mobile Marketing, Multicultural, Multimedia, New Technologies, Newspaper, Newspapers & Magazines, Out-of-Home Media, Outdoor, Over-50 Market, Paid Searches, Pets , Planning & Consultation, Podcasting, Print, Product Placement, Promotions, Radio, Real Estate, Recruitment, Restaurant, Retail, Search Engine Optimization, Seniors' Market, Social Media, Sponsorship, Strategic Planning/Research, T.V., Teen Market, Trade & Consumer Magazines, Transportation, Travel & Tourism, Tween Market, Urban Market, Web (Banner Ads, Pop-ups, etc.), Women's Market

Approx. Annual Billings: $50,000,000

Breakdown of Gross Billings by Media: Co-op Adv.: 5%; Consulting: 5%; Event Mktg.: 10%; Network Radio: 10%; Network T.V.: 10%; Newsp.: 5%; Out-of-Home Media: 5%; Radio & T.V.: 30%; Strategic Planning/Research: 10%; Trade & Consumer Mags.: 10%

Ingrid Vax *(Pres)*
Donna Spurrier *(CEO)*
Emily Baldridge *(Fin Dir)*
Amy Venhuizen *(Acct Dir & Sr Project Mgr)*
Jennifer Walker *(Dir-Plng)*
Carol Davis *(Sr Mgr-Media)*
Pemberton Carter *(Fin Mgr)*
Sarah Knapp *(Sr Buyer-Media)*
Debra Bahen *(Media Planner & Media Buyer)*

Accounts:
Brain Injury Association of Virginia Nonprofit; 2010
Cambria Hotels
Center for Medicare & Medicaid Services Healthcare; 2014
Centers for Disease Control Healthcare
City of Richmond Utilities; 2014
FeedMore Channel & Media Planning, Evaluation, Media Negotiation & Placement of Messaging, Media Research, Strategic Planning
Illinois Office of Tourism Digital & Social Channels, Media Planning & Buying, Placement & Analysis, Traditional
JenCare Neighborhood Medical Centers Health Care; 2012
Money Pulse Financial Services; 2016
National Geographic Museum
New York Department of Tourism
Old Dominion University (Agency of Record) Advertising, Branding, Education/Recruitment, Marketing Communications; 2017
OrthoVirginia Health Care; 2017
RMA Fertility Specialists; 2015
The Steward School Education; 2014
TowneBank; 2016
University of Richmond Education/Recruitment; 2004
Virginia Department Alcoholic Beverage Control (Advertising Agency of Record) Communications, Digital, Marketing; 2016
Virginia Department of Rail and Public Transportation Transportation Services; 2008
Virginia Department of Transportation Transportation Services; 2013
Virginia Housing Development Authority; Richmond, VA State Government /Housing; 2005
Virginia Museum of Fine Arts Tourism; 2010

STARCOM
(Formerly Starcom MediaVest Group)
35 W Wacker Dr, Chicago, IL 60601-1723
Tel.: (312) 220-3535
Fax: (312) 220-6530
Web Site: starcomww.com/

Employees: 1,384
Year Founded: 1936

National Agency Associations: 4A's-WOMMA

Agency Specializes In: Above-the-Line, Advertising, Advertising Specialties, Affiliate Marketing, Affluent Market, African-American Market, Agriculture, Alternative Advertising, Arts, Asian Market, Automotive, Aviation & Aerospace, Below-the-Line, Bilingual Market, Brand Development & Integration, Branded Entertainment, Broadcast, Business Publications, Business-To-Business, Cable T.V., Catalogs, Children's Market, Co-op Advertising, Collateral, College, Commercial Photography, Communications, Computers & Software, Consulting, Consumer Goods, Consumer

MEDIA BUYING SERVICES

AGENCIES - JANUARY, 2019

Marketing, Consumer Publications, Content, Cosmetics, Custom Publishing, Customer Relationship Management, Digital/Interactive, Direct Response Marketing, Direct-to-Consumer, E-Commerce, Education, Electronic Media, Electronics, Email, Engineering, Entertainment, Environmental, Exhibit/Trade Shows, Experience Design, Experiential Marketing, Faith Based, Fashion/Apparel, Financial, Food Service, Game Integration, Government/Political, Guerilla Marketing, Health Care Services, High Technology, Hispanic Market, Hospitality, Household Goods, In-Store Advertising, Industrial, Infomercials, Information Technology, Integrated Marketing, International, Internet/Web Design, Investor Relations, LGBTQ Market, Legal Services, Leisure, Local Marketing, Luxury Products, Magazines, Marine, Market Research, Media Buying Services, Media Planning, Medical Products, Men's Market, Merchandising, Mobile Marketing, Multicultural, Multimedia, New Technologies, Newspaper, Newspapers & Magazines, Out-of-Home Media, Outdoor, Over-50 Market, Paid Searches, Pets, Pharmaceutical, Planning & Consultation, Podcasting, Point of Purchase, Point of Sale, Print, Product Placement, Production, Production (Ad, Film, Broadcast), Production (Print), Programmatic, Promotions, Publishing, RSS (Really Simple Syndication), Radio, Real Estate, Recruitment, Regional, Restaurant, Retail, Sales Promotion, Search Engine Optimization, Seniors' Market, Shopper Marketing, Social Marketing/Nonprofit, Social Media, South Asian Market, Sponsorship, Sports Market, Stakeholders, Strategic Planning/Research, Sweepstakes, Syndication, T.V., Technical Advertising, Teen Market, Telemarketing, Trade & Consumer Magazines, Transportation, Travel & Tourism, Tween Market, Urban Market, Viral/Buzz/Word of Mouth, Web (Banner Ads, Pop-ups, etc.), Women's Market, Yellow Pages Advertising

Approx. Annual Billings: $10,200,000,000

Jill Sylvester *(Sr VP & Grp Dir-Investment Ops)*
Tom Brookbanks *(Sr VP & Dir)*
Tracy Chavez *(Sr VP)*
James Crolley *(Sr VP)*
Levi Eli *(Sr VP-Performance Media)*
Jonathan Goorvich *(VP & Creative Dir-Content)*
Christopher Aubin *(VP & Dir-Wingstop Restaurants-Intl)*
Sophia Bustamante *(VP & Dir)*
Elle Cordes *(VP & Dir)*
Matt McCabe *(VP & Dir-Architecture & Governance)*
Molly Rea *(VP & Dir-Allstate)*
Lance Whitehead *(VP & Dir)*
Melissa Vogel Mitchell *(Media Dir)*
Evan Jackson *(Dir)*
Chelsie Koenig *(Dir)*
Lindsay Clarke *(Assoc Dir)*
Paige Elrod *(Assoc Dir)*
Allison Owens *(Assoc Dir)*
Casey Sheehan *(Assoc Dir)*
Nicole Travis *(Assoc Dir)*
Sarah Wagner *(Assoc Dir)*
Lisa Peltekian *(Mgr-Analytics)*
Mubarak Salami *(Mgr-Paid Search)*
Susan Tsan *(Mgr-Decision Sciences, Advanced Analytics & Insights)*
Lucas Valentine *(Mgr-Programmatic)*
Erin O'Connell *(Supvr-Digital Investment)*
Kate Renwick *(Supvr-Media)*
Katy Schlake *(Supvr-Media-Digital Shopper Mktg)*
Michael Walters *(Supvr-Media)*
Lauren Jason *(Assoc Media Dir)*

Accounts:
Airbnb Media Buying, Media Planning; 2014
Allstate Media Buying, Media Planning; 1957
Altria Media Buying, Media Planning; 1990
American Egg Board Media Buying, Media Planning; 2010
Anheuser-Busch InBev N.V./S.A.
Anthem Media Buying, Media Planning; 2015
Bank of America Corporation Media Buying, Media Planning; 2008
Beam Suntory Media Buying, Media Planning; 2008
Best Buy Co., Inc. Media Buying, Media Planning; 2001
Broad Green Studios Media Buying, Media Planning; 2015
Chick-fil-A Media Buying, Media Planning; 2016
Choose Chicago Media Buying, Media Planning; 2014
The Cradle Media Buying, Media Planning; 2008
Crayola Media Buying, Media Planning; 2000
CustomInk Media Buying, Media Planning; 2016
Darden Restaurants, Inc. Media Buying, Media Planning, Olive Garden; 2015
Dave & Buster's Media Buying, Media Planning; 2015
Del Monte Foods Media Buying, Media Planning; 2003
Earth Hour Media Buying, Media Planning; 1954
Electronic Arts Media Buying, Media Planning; 2014
ESPN Media Buying, Media Planning; 2007
Esurance, Inc. Media Buying, Media Planning; 2013
Etihad Airways Media Buying, Media Planning; 2015
Feeding America Media Buying; 2010
Gander Mountain Media Buying, Media Planning; 2016
Greater Chicago Food Depository Media Buying, Media Planning; 2005
Grupo Bimbo Media Buying, Media Planning; 2015
Hallmark Media Buying, Media Planning; 1988
Heineken USA Inc. Campaign: "GITG"; Media
Henkel Media Buying, Media Planning; 2016
Houzz Media Buying, Media Planning; 2015
KB Home Media Buying, Media Planning; 2013
Kellogg Company Media Buying, Media Planning; 1949
The Kraft Heinz Company Media Buying, Media Planning, Oscar Mayer; 2015
Lastpass Media Buying, Media Planning; 2016
Lions Gate Entertainment Corporation (United States Media Agency of Record) Media Strategy, Buying & Planning; 2017
Lowe's Companies, Inc. Media Buying, Media Planning; 2017
Mars, Inc. Altoids, Media Buying, Media Planning; 2010
Novartis Media Buying, Media Planning; 2005
OMEGA Media Buying, Media Planning; 2016
Red Bull North America, Inc. Media Planning & Buying, Social; 2018
Samsung Electronics America, Inc. (Global Media Agency of Record) Creative, Global Brand Positioning, Integrated Communications Strategy, Media Buying, Media Planning, Samsung QLED TV; 2008
StubHub Media Buying, Media Planning; 2016
thinkThin Media Buying, Media Planning; 2014
Twitter Media Buying, Media Planning; 2015
UN World Humanitarian Day Media Buying, Media Planning; 2013
U.S. Cellular Media Buying, Media Planning; 2007
V.F. Corporation Media Buying, Media Planning; 2015
Vi Living Media Buying, Media Planning; 2013
Visa, Inc. Media Buying, Media Planning; 2015
Wingstop (National Media Agency of Record) Activation, Media Buying, Media Planning

Relevant 24
46 Plympton St, Boston, MA 02118
(See Separate Listing)

SMG Performance Marketing
35 W Wacker Dr, Chicago, IL 60601
Tel.: (312) 220-3535
Web Site: http://starcomww.com/

Employees: 30

Agency Specializes In: Advertising, Brand Development & Integration, Digital/Interactive, Direct Response Marketing

Kelly Kokonas *(Exec VP-Starcom Data & Analytics)*

Accounts:
National Safety Council Media Buying, Media Planning
Starbucks Corporation

Starcom MediaVest Group
175 Bloor St E N Tower 10th Fl, Toronto, ON M4W 3R9 Canada
Tel.: (416) 928-3636
Fax: (416) 927-3202
E-Mail: lauren.richards@smvgroup.com
Web Site: http://starcomww.com/

Employees: 500

Agency Specializes In: Media Buying Services, Media Planning

Alastair Taylor *(CEO)*
Randy Carelli *(Sr VP & Grp Dir-Acct & Digital)*
Steve Cotton *(Sr VP & Grp Dir)*
Jeff Thibodeau *(Sr VP-Digital & Data)*
Heidi Krause *(Grp Dir-Digital Performance)*
Scott Glitz *(Dir-Data, Analytics & Insights)*
Fatim Sylla *(Dir-Digital Media)*
Meryl Fernandes *(Mgr-Strategy)*
Eugenia Kung *(Mgr-Strategy)*
Alicia Mavreas *(Mgr-Strategy)*
Cari Covens *(Supvr-Strategy)*
Kartik Nallappa *(Supvr-Digital Media)*
Megan Sullivan *(Supvr-Strategy)*

Accounts:
Crayola Canada Media
Emirates
Express Creative
Kelloggs
Kraft Canada Digital, Kraft Peanut Butter
Procter & Gamble Febreze
Samsung Samsung Galaxy Note
TD Bank Group Media Strategy & Buying

Starcom Medios
Avenida Apoquindo 3000, Las Condes Piso 7, Santiago, 6760341 Chile
Tel.: (56) 236 25803
Fax: (56) 236 25959
Web Site: http://starcomww.com/

Employees: 20

Agency Specializes In: Media Buying Services

Lorena Orellana Morales *(Supvr-Media)*
Alex Poblete Vasquez *(Supvr-Media)*

Starcom
(Formerly Starcom Worldwide)
5200 Lankershim Ste 600, North Hollywood, CA 91601
Tel.: (818) 753-7200
Fax: (818) 753-7350
E-Mail: connect@starcomworldwide.com
Web Site: http://starcomww.com/

Employees: 100
Year Founded: 2002

National Agency Associations: 4A's

Agency Specializes In: Media Buying Services, Sponsorship

1371

MEDIA BUYING SERVICES
AGENCIES - JANUARY, 2019

Chris Harder *(Exec VP)*
Brian Meyers *(Sr VP & Media Dir)*
Jennifer Lewis *(Sr VP & Dir)*
Britt Riedler *(Sr VP)*
Tasha Day *(Media Dir)*
Natasha Prada *(Media Dir)*
Kelly Lockett *(Dir)*
DeAnna Davies *(Assoc Dir-Media & Digital)*
Lauren Friedman *(Assoc Dir)*
Lauren Macht *(Assoc Dir-Integrated Media)*
Eddie Ong *(Assoc Dir-Video Investment)*
Yenny Woe *(Assoc Dir-Media & Digital)*
Mark Ybuan *(Assoc Dir-Digital Media)*
Tina Gumbrecht *(Office Mgr)*
Kelli Cauller *(Supvr-Media)*
Danielle Ciappara *(Supvr-Media)*
Jacqueline Dandan *(Supvr-Media)*
Teresa DeMarco *(Supvr-Digital Media)*
Alejandra Gonzalez *(Supvr-Digital)*
Michael Holmquist *(Supvr-Media)*
Shiloh Jin *(Supvr-Digital Media)*
Bill Korduplewski *(Supvr-Media)*
Stephiannie McCue Wall *(Supvr-Media)*
Bobbie Weiland *(Supvr-Media)*
Kimberly Bretz *(Sr Assoc-Media)*
Gabrielle Ellis *(Assoc Media Planner-Digital)*
Tomas Leyva *(Assoc Media Dir)*

Accounts:
Airbnb Media Buying, Media Planning; 2014
Allstate Insurance Company Media Buying, Media Planning; 1957
Altria Media Buying, Media Planning; 1990
American Egg Board Media Buying, Media Planning; 2010
Anthem Media Buying, Media Planning; 2015
Bank of America Corporation Media Buying, Media Planning; 2008
Beam Suntory Media Buying, Media Planning; 2008
Best Buy Media Buying, Media Planning; 2001
Chick-fil-A Media Buying, Media Planning; 2016
The Cradle Media Buying, Media Planning; 2008
Crayola Media Buying, Media Planning; 2000
CustomInk Media Planning, Meida Buying; 2016
Darden Restaurants Media Buying, Media Planning; 2015
Dave & Buster's Media Buying, Media Planning; 2015
Del Monte Foods Media Buying, Media Planning; 2003
Earth Hour Media Buying, Media Planning; 1954
Electronic Arts EA Sports, Media; 2014
ESPN Media Buying, Media Planning; 2007
Esurance, Inc. Media Buying, Media Planning; 2013
Etihad Airways Media Buying, Media Planning; 2015
Feeding America Media Buying, Media Planning; 2010
Gander Mouontain Media Buying, Media Planning; 2016
Grupo Bimbo Media Buying, Media Planning; 2015
Hallmark Media Buying, Media Planning; 1988
Henkel Media Buying, Media Planning; 2016
Houzz Media Buying, Media Planning; 2015
KB Home Media Buying, Media Planning; 2013
Kellogg Company Media Buying, Media Planning; 1949
The Kraft Heinz Company Media Buying, Media Planning; 2015
Lastpass Media Buying, Media Planning; 2016
The Lego Group Media Buying, Media Planning; 2007
Lowe's Media Buying, Media Planning; 2017
Mars Media Buying, Media Planning; 2010
Novartis Media Buying, Media Planning; 2005
OMEGA Media Buying, Media Planning; 2016
Samsung Media Buying, Media Planning; 2008
StubHub Media Buying, Media Planning; 2016
thinkThin Media Buying, Media Planning; 2014
Twitter Media Buying, Media Planning; 2015
UN World Humanitarian Day Media Buying, Media Planning; 2013
U.S. Cellular Media Buying, Media Planning; 2007
V.F. Corporation Media Buying, Media Planning; 2015
Vi Living Media Buying, Media Planning; 2013
Visa Media Buying, Media Planning; 2015
Wingstop Media Buying, Media Planning; 2016

Starcom
(Formerly Starcom MediaVest- GM Team)
150 W Jefferson Ste 400, Detroit, MI 48226
Tel.: (313) 237-8200
Fax: (313) 237-8490
Web Site: starcomww.com/

Employees: 200

Agency Specializes In: Media Buying Services, Sponsorship

LisaAnn Rocha *(Mng Dir & Exec VP)*
Vickie Nash Southworth *(Mng Dir & Sr VP)*
Kathy Heatley *(VP & Dir-Local Investment)*
German Lluro *(Media Dir)*
Sonia Morales *(Media Dir-CPG, Telecom & Retail)*
Holly Fullerton *(Assoc Dir-Client Ops)*
Kristin Haggerty *(Assoc Dir-Tech & Activation Grp)*
Kim Knott *(Assoc Dir)*
Margaret Olbrich *(Assoc Dir)*
Jennifer Walton *(Assoc Dir-Budget Ops)*
Theresa Horvath *(Supvr-Ops)*
Christina Jankauskas *(Supvr & Sr Media Buyer-Print & On-Line)*
Heather Kortes *(Supvr-Media)*
Adowa Watson *(Sr Planner-Ops-Kraft)*
Kathleen Malo *(Media Buyer)*
Ralena Baig *(Assoc-Digital Ad Ops)*
Steven Boersma *(Assoc Media Dir)*

Accounts:
Airbnb Media Buying, Media Planning; 2014
Allstate Media Buying, Media Planning; 1957
Altria Media Buying, Media Planning; 1990
American Egg Board Media Buying, Media Planning; 2010
Anthem Media Buying, Media Planning; 2015
Bank of America Corporation Media Buying, Media Planning; 2008
Beam Suntory Media Buying, Media Planning; 2008
Best Buy Media Buying, Media Planning; 2008
Broad Green Studios Media Buying, Media Planning; 2015
Chick-fil-A Media Buying, Media Planning; 2016
The Cradle Media Buying, Media Planning; 2008
Crayola Media Buying, Media Planning; 2000
CustomInk Media Buying, Media Planning; 2016
Darden Restaurants Media Buying, Media Planning, Olive Garden; 2015
Dave & Buster's Media Buying, Media Planning; 2015
Del Monte Foods Media Buying, Media Planning; 2003
Earth Hour Media Buying, Media Planning; 1954
Electronic Arts Media Buying, Media Planning; 2014
ESPN, Inc. Media Buying, Media Planning; 2007
Esurance, Inc. Media Buying, Media Planning; 2013
Etihad Airways Media Buying, Media Planning; 2015
Feeding America Media Buying, Media Planning; 2010
Gander Mountain Media Buying, Media Planning; 2016
Grupo Bimbo Media Buying, Media Planning; 2015
Hallmark Media Buying, Media Planning; 1988
Henkel Media Buying, Media Planning; 2016
Houzz Media Buying, Media Planning; 2015
KB Home Media Buying, Media Planning; 2013
Kellogg Company Media Buying, Media Planning; 1949
The Kraft Heinz Company Media Buying, Media Planning, Oscar Mayer; 2015
Lastpass Media Buying, Media Planning; 2016
The Lego Group Media Buying, Media Planning; 2007
Lowe's Media Buying, Media Planning; 2017
Mars Media Buying, Media Planning; 2010
Novartis Media Buying, Media Planning; 2005
OMEGA Media Buying, Media Planning; 2016
Samsung Media Buying, Media Planning; 2008
StubHub Media Buying, Media Planning; 2016
thinkThin Media Buying, Media Planning; 2014
Twitter Media Buying, Media Planning; 2015
UN World Humanitarian Day Media Buying, Media Planning; 2013
U.S. Cellular Media Buying, Media Planning; 2007
V.F. Corporation Media Buying, Media Planning; 2015
Vi Living Media Buying, Media Planning; 2013
Visa Media Buying, Media Planning; 2015
Wingstop (Media Agency of Record) Media Buying, Media Planning; 2016

Starcom
(Formerly Starcom MediaVest Group)
1675 Broadway, New York, NY 10019
(See Separate Listing)

Starcom Denmark
Solbjergvej 3 3 sal, 2000 Frederiksberg, Denmark
Tel.: (45) 3520 0080
Fax: (45) 3 520 0099
E-Mail: cdalgaard@starcom.dk
Web Site: http://starcomww.com/

Employees: 50

Agency Specializes In: Media Buying Services

Sean Anthony Watkins-Pitchford *(Dir-Client Svc)*
Jacob Block *(Sr Acct Mgr-Digital)*

Starcom Media Worldwide Estrategia
Goya 22 1 Fl, 28001 Madrid, Spain
Tel.: (34) 911 872 100
Fax: (34) 91 204 4599
Web Site: http://starcomww.com/

Employees: 50

Agency Specializes In: Media Buying Services, Media Planning

Rita Gutierrez *(CEO)*

Starcom Mediavest Group Moscow
Usievitcha U1 20/1, Moscow, 125190 Russia
Tel.: (7) 495 969 2010
Fax: (7) 095 969 2004
E-Mail: teliseeva@starcomworldwide.ru
Web Site: http://starcomww.com/

Employees: 110

Agency Specializes In: Media Buying Services

Jeff Chalmers *(CEO-Russia)*
Ekaterina Ubushaeva *(Sr Media Planner)*

Starcom MediaVest
16 Sir John Rogersons Quay, Dublin, 2 Ireland
Tel.: (353) 1 649 6445
Fax: (353) 1 649 6446
E-Mail: richard.law@starcommediavest.ie
Web Site: http://starcomww.com/

Employees: 32

Agency Specializes In: Media Buying Services

AGENCIES - JANUARY, 2019 — MEDIA BUYING SERVICES

Michael Clancy *(Mng Dir)*
Eimear McCabe *(Bus Dir)*
Dave O'Kane *(Dir-Client)*
Kieran Lynch *(Acct Mgr)*
Aisling Baker *(Sr Client Mgr)*
Gillian Clifford *(Sr Client Mgr)*
Caroline Mullen *(Client Dir)*

Accounts:
AIB
Altria
Aviva Media
Coca-Cola Refreshments USA, Inc.
Emirates
ESB Group Media
Kelloggs
Kraft
Murphys Campaign: "When It Rains It Pours"
Nissan Media
O2
P&G
Supervalu Media
The Walt Disney Company

Starcom Middle East & Egypt Regional Headquarters
Dubai Media City Bldg No 11, PO Box 7534, Dubai, United Arab Emirates
Tel.: (971) 4 367 6401
Fax: (971) 4 367 2585
Web Site: http://starcomww.com/

Employees: 500

Agency Specializes In: Media Buying Services

Hanley King *(Pres & Head-Client-P&G)*
Rayan Hajjar *(Mng Dir-Client)*
Maya Kanaan *(Mng Dir-Client)*
Pierre Samia *(Mng Dir-Client)*
Anna Woloszczenko *(Media Dir)*
Layal Hassi *(Sr Mgr-Media-Hybrid)*
Wassim Jammal *(Reg Media Dir)*

Accounts:
Ariel
Department of Tourism & Commerce Marketing Media, Social
Emirates Airline
MAF Leisure & Entertainment
Mango
Mars, Incorporated
McDonald's Media
OSN Media
Procter & Gamble Co. Olay
Samsung
Sunbulah Group Media Buying, Media Planning

Starcom Sp. z o.o.
ul Sobieskiego 104, 00-764 Warsaw, Poland
Tel.: (48) 22 493 99 99
Fax: (48) 22 489 99 00
E-Mail: info@starcom.com.pl
Web Site: http://starcomww.com/

E-Mail for Key Personnel:
President: jakub_benke@starcom.com.pl

Employees: 90

Agency Specializes In: Media Buying Services

Starcom UK
(Formerly Starcom MediaVest)
Whitfield House 89 Whitfield St, London, W1T 4HQ United Kingdom
Tel.: (44) 20 7190 8000
Fax: (44) 20 7190 8001
Web Site: starcomww.com/

Employees: 350
Year Founded: 1991

Agency Specializes In: Media Buying Services

Nicola Harvey *(Mng Partner)*
Louise Peacocke *(Mng Partner)*
Rupert Dadak *(Mng Dir-Client)*
David Grainger *(Head-Strategy)*
Tony Medio *(Bus Dir & Strategist-Data)*
Veron Agustin *(Bus Dir)*
Phoebe Davies *(Acct Dir-Digital Display)*
Jaclyn Goldhawk *(Bus Dir)*
Kevin Harman *(Bus Dir)*
Rachel Hayes *(Bus Dir)*
Sherif Kader *(Bus Dir)*
Rory Cunningham *(Dir-Strategy)*
Mark Holden *(Dir-Strategy)*
Michelle Lira *(Dir-B2B)*
Amelia Michael *(Dir-Digital Performance)*
Daniel Parra *(Dir-Global Plng & Activation)*
Sophie Franks *(Assoc Dir)*
Jennifer Shuker *(Assoc Dir-Plng)*
Zachary Zaban *(Assoc Dir-Global Digital)*
Lillie Norton *(Acct Mgr)*
Mark Kennedy *(Mgr)*
Meave Larkin *(Mgr-Dev)*

Accounts:
Acromas Group
Bauer Media Media Planning & Buying
Burger King Media Planning & buying, Repositioning
Buyagift Digital, International PPC
Campaign Against Living Miserably Media
Capital One
Cineworld TV
Dreams Beds, Media Planning & Buying, Paid Search Media; 2010
EasyProperty Media Buying, Media Planning
Etihad Airways Global Media Planning & Buying
Europcar Global Digital, Media
Fiat Chrysler Automobiles Media Buying, Media Planning
Flybe
Ford Retail Media
Hailo Media Planning & Buying
New-Kellogg Company
King Candy Crush, Media Planning & Buying
Lidl Stiftung & Co. KG Media Planning & Buying
McCormick Digital, Media
Merck Consumer Healthcare Bion3, Femibion, Media, Nasivin, Neurobion, Seven Seas
Metro Media Planning & Buying
Mondelez International, Inc.
NFL
Otrivine Campaign: "#snotwhatisaid"
P&O Ferries Media Buying, Media Planning
Procter & Gamble
Royal London Group Digital, Media Buying, Media Planning, Outdoor, TV
RSA
Samsung Content Strategy
Tata Global Beverages Campaign: "Find Sydney", Media Planning & Buying, Tetley
Travelodge Digital, Media
Uswitch Media Planning & Buying
Visa Europe Media
Yahoo Digital, Social

Starcom Worldwide
Szepvolgyi Business Park Cepulet Building 1V Emelet Floor, 1037 Budapest, Hungary
Tel.: (36) 1 801 3300
Fax: (36) 1 801 3399
Web Site: http://starcomww.com/

Employees: 20

Agency Specializes In: Media Buying Services, Media Planning

Eszter Kiss *(Media Dir)*
Anna Somodi *(Media Planner)*

Starcom
Beethoven 15, Planta 5, 08021 Barcelona, Spain
Tel.: (34) 933 9677 00
Fax: (34) 933 967 727
Web Site: http://starcomww.com/

Employees: 35

Agency Specializes In: Media Buying Services, Media Planning

Rita Gutierrez *(CEO)*
Carlos Pacheco *(Head-Strategy)*
Ana Escriva *(Acct Dir)*
Guillermo Barbera Galiana *(Dir-Media & Digital)*
Oscar Perez Garrido *(Dir-Negotiation & Purchase)*
Luisa Fernanda Fernandez Garcia *(Chief-Negotiation & Purchase)*
Fatima Fernandez *(Chief-Negotiation & Purchase)*

Asia Pacific

SMG Convonix
Urmi Estate 16th Fl, Opposite Dawn Mill Company, Lower Parel (W), Mumbai, 400013 India
Tel.: (91) 22 3041 0328
Fax: (91) 22 2415 4831
Web Site: www.convonix.com

Employees: 200

Agency Specializes In: Paid Searches, Search Engine Optimization, Social Media

Pallav Jain *(Co-CEO-Performics Convonix)*
Sarfaraz Khimani *(Co-CEO)*
Rajiv Gopinath *(Chief Client Officer)*
Varun Chawla *(Sr VP-Client Solutions-Performics.Convonix)*
Suchit Sikaria *(Sr VP-SEO)*
Atul Gawand *(VP-HR)*

Accounts:
Aditya Birla Group
Aditya Birla Health Insurance SEO
BookMyShow Cinema, Media, Outdoor, Print, Radio, Television; 2017
Budweiser
Cadbury Dairy Milk Creative, Digital Strategy
Club Mahindra
CoverFox.com Media
Dabur India (Media Agency of Record) Media Buying, Media Planning
DBS
Fiat Chrysler Automobiles Jeep India, Search Engine Optimisation
Godrej & Boyce Traditional & Digital Media; 2017
Jet Airways Media
Jumboking Vada Pav (Media Agency of Record)
Kodak
Kotak Mahindra Group
Lenskart Media; 2017
Lodha Group Digital, Media, SEO, Search Marketing
Mahindra Holidays & Resorts India Ltd Analytics, Digital, Media, Paid Media, SEO
PharmEasy Digital, Paid Media
Reliance Industries
Taj Hotels
Tata Motors

Starcom Guangzhou
2&3A/F SanXin Plz No 33 W Huangpu Ave, Guangzhou, 510620 China
Tel.: (86) 20 3820 1900
Fax: (86) 20 3820 1891
E-Mail: ann.chan@gz.starcommedia.com
Web Site: http://starcomww.com/

Employees: 100

Media Buying Services

1373

MEDIA BUYING SERVICES — AGENCIES - JANUARY, 2019

Agency Specializes In: Media Buying Services

Victor Villar *(Exec VP & Mng Dir-P&G-China)*
Anuj Dahiya *(Head-Digital-P&G China)*
Caterina Camerata Scovazzo *(Head-Strategy-China)*
Cher Wu *(Dir-Digital)*

Starcom Hong Kong
Room 602-605 1063 King's Road, Quarry Bay, China (Hong Kong)
Tel.: (852) 2539 1600
Fax: (852) 2567 4552
Web Site: http://starcomww.com/

Employees: 100
Year Founded: 1999

Agency Specializes In: Media Buying Services

Wee Ching Ian *(CEO-China)*

Accounts:
Air New Zealand
Longchamp
Maxim's Cakes Campaign: "Let's Celebrate", Media, OOH, Print
Mead Johnson Campaign: "Mommys Pal App"
Novartis
P&G (Agency of Record) Media, Media Buying, Pampers, Pantene
Samsung
UBS
Warner Brothers

Starcom Melbourne
Level 6 Building 3 6 Riverside Quay, Southbank, Melbourne, VIC 3006 Australia
Tel.: (61) 3 9673 7000
Fax: (61) 3 86964803
Web Site: http://starcomww.com/

Employees: 500
Year Founded: 1983

Agency Specializes In: Media Buying Services

Stuart Jaffray *(Mng Dir)*
Sally Phelps *(Head-Digital-Melbourne)*
Naomi Johnston *(Gen Mgr)*
Sam Harris *(Client Svcs Dir)*
Anna Camuglia *(Dir-Client Svc)*

Accounts:
AAMI Media
Airbnb
Apia
Autobarn Media Buying
Diageo Media Buying
New-Ego Pharmaceuticals Media, QV Skincare, Sunsense
Farmers Union Greek Yoghurt
Fiat Chrysler Automobiles Alfa Romeo
Home Timber & Hardware Group Media, Media Buying & Planning
InvoCare
Lion Dairy & Drinks Dare Iced Coffee
Metricon Homes Media Buying
MYOB
New-OpenCorp Media; 2018
Optus Media, My Plan
Pedigree
Seek Media
Snooze Media
Treasury Wine Estates
Vitasoy
Warner Music Australia Media

Starcom Shanghai
3/F 900 HuaiHai Middle Rd, Shanghai, 200020 China
Tel.: (86) 21 6133 8518
Fax: (86) 21 6133 8519
Web Site: http://starcomww.com/

Employees: 100

Agency Specializes In: Media Buying Services

Caterina Camerata Scovazzo *(Head-Strategy-China)*
Sandra Xie *(Grp Dir-Plng)*
Nancy Lan *(Dir-Comml Partnerships-Natl)*

Accounts:
Coca-Cola Refreshments USA, Inc. Campaign: "Share a Coke", Media

Starcom Worldwide Southeast Asia HQ
137 Telok Ayer St #06-01, Singapore, 068602 Singapore
Tel.: (65) 6435 7100
Fax: (65) 6538 8967
Web Site: http://starcomww.com/

Employees: 100

Agency Specializes In: Media Buying Services

Ian Loon *(Mng Dir)*
Elaine Poh *(Exec Dir)*
Deepa Balji *(Reg Dir-SEA, Brand Mktg & Comm)*
Youli Hooi *(Dir-Growth & Product)*
Jonathan Rathbone *(Dir-Digital Adv Platform Integration)*
Bhavna Shewakramani *(Dir-Digital Mktg)*

Accounts:
Altria
Avenza (Agency of Record)
Bank of America Merrill Lynch
Banyan Tree Hotel & Resorts Activations, Data Analytics, Global Media; 2018
The Body Shop Brand Innovation, Content, Local Media; 2018
Emirates
Heineken Asia Pacific Tiger Beer
IG Markets Singapore Media
Kelloggs
Kraft
Mars & Wrigley Media
Ministry of Communications and Information Media Buying, Strategy & Planning
National Productivity Council Media
P&G
Samsung Electronics America, Inc.
Singapore GP Media
Tiger Airways
Wing Tai Retail Integrated Media Buying & Planning
Zespri International Limited (Agency of Record)

Starcom Worldwide
24F Tower 2 Enterprise Center 6766 Ayala Avenue Corner, Paseo de Roxas, Makati, 1200 Philippines
Tel.: (63) 2 884 8053
Web Site: http://starcomww.com/

Employees: 500

Agency Specializes In: Media Buying Services

Gladys Rondina-Basinillo *(Chief Growth Officer)*
Hope Binay *(Media Dir)*
Joel Alicdan *(Mgr-OOH)*
Jed Maynard Manuel *(Mgr-Out-of-Home Media)*
Jomariz Trillana *(Sr Media Planner & Buyer)*

Accounts:
Altria
Goldilocks Media Planning & Buying
LT Group, Inc Agua Vida, Asia Brewery, Inc, Eton, Interbev, Media, Philippine Airlines, Philippine National Bank, Tanduay Distillers; 2018
Mars Mars, Wrigley
Unilab

Starcom Worldwide
Bond Store 2 28 Windmill St Walsh Bay, Sydney, NSW 2000 Australia
Tel.: (61) 2 8666 8000
Fax: (61) 2 8666 8001
Web Site: http://starcomww.com/

Employees: 50
Year Founded: 1978

Agency Specializes In: Media Buying Services

Toby Barbour *(CEO-Australia)*
Simone Galletly *(Head-Plng-Natl)*
Martin Hadley *(Gen Mgr)*
Brett Covell *(Client Svcs Dir)*
Nancy Lan *(Dir-Comml Partnerships-Natl)*
Sue-Ellen Osborn *(Dir-Investment-Sydney)*
Graeme Wood *(Dir-Strategy & Solutions-Natl)*

Accounts:
Football Federation of Australia Media; 2018
InvoCare
Just Car Insurance
Mars (Agency of Record) Mars, Media Buying, Wrigley
Myob Media
P&G Australia & New Zealand Media, Pantene
Riedel Through the Line
Samsung Digital, Galaxy A5, Social, TV
The Study Group

Starcom Worldwide
Level 6 307 Queen Street, Brisbane, QLD 4000 Australia
Tel.: (61) 7 3329 1000
Fax: (61) 7 3329 1100
Web Site: http://starcomww.com/

Employees: 500
Year Founded: 1981

Agency Specializes In: Media Buying Services

Caleb Watson *(Gen Mgr)*

Accounts:
AV Jennings Queensland
MAX Employment

STARCOM MEDIAVEST GROUP
(See Under Starcom)

THE STRATACT MEDIA GROUP LLC
PO Box 2573, Rockwall, TX 75087
Tel.: (214) 697-1482
Fax: (888) 805-5664
Web Site: www.stratactmedia.com

Employees: 10

Agency Specializes In: Advertising, Aviation & Aerospace, Business-To-Business, Financial, Hispanic Market, Media Buying Services, Media Planning, Media Relations, Medical Products

Jana Doll *(Principal)*
Kenneth Hougaard *(Principal)*
Paul Solomons *(Principal)*

Accounts:
Black Lab Creative Advertising Services
Dallas Kids Expo Entertainment Services
Samsung Electronic Products Mfr & Distr

AGENCIES - JANUARY, 2019 — MEDIA BUYING SERVICES

T-Mobile US Telecommunication Services

SWEENEY MEDIA MARKETING
3525 Del Mar Heights Rd Ste 665, San Diego, CA 92130
Tel.: (858) 756-3000
Fax: (858) 756-3230
E-Mail: maureen@sweeneymedia.com
Web Site: www.sweeneymedia.com

Employees: 4

Agency Specializes In: Media Buying Services, Media Planning

Maureen Sweeney *(Principal)*

Accounts:
Coles Carpets
Planned Parenthood

SWING MEDIA INC.
7421 Beverly Blvd Ste 13, Los Angeles, CA 90036
Tel.: (323) 936-3000
Fax: (323) 549-0008
E-Mail: info@swingmedia.com
Web Site: swingmediaoutdoor.com

Employees: 11
Year Founded: 1998

Agency Specializes In: Advertising, Advertising Specialties, Brand Development & Integration, Cable T.V., Entertainment, Exhibit/Trade Shows, Magazines, Media Buying Services, Media Planning, Mobile Marketing, Newspaper, Newspapers & Magazines, Out-of-Home Media, Outdoor, Print, Radio, T.V., Trade & Consumer Magazines, Web (Banner Ads, Pop-ups, etc.)

Jason Swing *(Founder & CEO)*
Mekela Swing *(Acct Grp Dir-OOH & Specialist-Fashion)*

Accounts:
Diesel
Guess
Hudson Jeans
Joe Jeans

TANGIBLE MEDIA, INC.
12 W 37th St Fl 2, New York, NY 10018-7391
Tel.: (212) 359-1440
Fax: (212) 649-1555
E-Mail: info@tangiblemedia.com
Web Site: www.tangiblemedia.com

E-Mail for Key Personnel:
President: mitchboden@tangiblemedia.com

Employees: 27
Year Founded: 1972

Agency Specializes In: Broadcast, Cable T.V., Children's Market, Digital/Interactive, Media Buying Services, Media Planning, Men's Market, Newspapers & Magazines, Out-of-Home Media, Outdoor, Print, Radio, Syndication, T.V., Teen Market, Tween Market, Women's Market

Approx. Annual Billings: $100,000,000

Breakdown of Gross Billings by Media: Cable T.V.: $40,000,000; Internet Adv.: $10,000,000; Network Radio: $2,000,000; Network T.V.: $13,000,000; Out-of-Home Media: $5,000,000; Print: $10,000,000; Spot Radio: $5,000,000; Spot T.V.: $10,000,000; Syndication: $5,000,000

Mitchell Boden *(Pres)*
Nadine Berg *(Exec VP)*

Kevin Christian *(Media Dir)*

TARGET ENTERPRISES, INC.
15260 Ventura Blvd Ste 1240, Sherman Oaks, CA 91403
Tel.: (818) 905-0005
Fax: (818) 905-1444
E-Mail: info@targetla.com
Web Site: www.targetla.com

E-Mail for Key Personnel:
President: dbienstock@targetla.com

Employees: 10
Year Founded: 1975

Agency Specializes In: Cable T.V., Government/Political, Media Buying Services, Media Planning, Out-of-Home Media, Outdoor, Planning & Consultation, Print, Radio, T.V.

David L. Bienstock *(Founder & CEO)*
Adam Stoll *(Pres)*
Shelia Lavin *(Controller)*
Julie Iadanza *(Media Dir)*
Erin Gulden *(Mgr-Media Strategy)*
Dede Jeffery *(Sr Media Buyer)*

TARGET MEDIA USA
4750 Lindle Rd, Harrisburg, PA 17111
Tel.: (717) 724-8188
E-Mail: info@targetmediausa.com
Web Site: www.targetmediausa.com

Employees: 50
Year Founded: 1990

Agency Specializes In: Advertising, Market Research, Media Buying Services

John Bowser *(Pres & CEO)*
Brian Kiskis *(Sr VP-Media)*
Kyle A. Whisler *(Assoc VP-Media)*
Jordan Bowser *(Mgr-Digital Strategy)*
Sarah Butts *(Sr Media Buyer)*
Garrett Swope *(Jr Media Buyer)*

TEC DIRECT MEDIA, INC.
134 N LaSalle St Ste 840, Chicago, IL 60602
Tel.: (312) 551-0832
Fax: (312) 551-0835
E-Mail: info@tec-direct.com
Web Site: www.tec-direct.com

Employees: 10
Year Founded: 2001

Agency Specializes In: Advertising, Advertising Specialties, African-American Market, Alternative Advertising, Broadcast, Cable T.V., Children's Market, College, Consulting, Consumer Marketing, Consumer Publications, Direct Response Marketing, Direct-to-Consumer, Electronic Media, Email, Entertainment, Guerilla Marketing, Infomercials, Internet/Web Design, LGBTQ Market, Local Marketing, Logo & Package Design, Magazines, Media Buying Services, Media Planning, Mobile Marketing, New Product Development, Newspaper, Newspapers & Magazines, Out-of-Home Media, Outdoor, Over-50 Market, Pets , Planning & Consultation, Print, Production, Production (Ad, Film, Broadcast), Seniors' Market, Social Media, Syndication, T.V., Teen Market, Trade & Consumer Magazines, Tween Market, Urban Market, Web (Banner Ads, Pop-ups, etc.), Women's Market

Approx. Annual Billings: $10,000,000

Charles Fetterly *(Founder)*
Larisa Fetterly *(Sr VP)*

Accounts:
Anchor Bay Entertainment; 2010
AOLon; 2014
Big Machine; 2013
InGrooves; 2011
Magnolia Pictures; 2013
Rhino Entertainment; 2007
Sony Music; 2003
Universal Music Group; 2007
Warner Bros Records; 2008

TELEVISION AD GROUP
20436 Rte 19 Ste 360, Cranberry Township, PA 16066
Tel.: (212) 844-9057
Toll Free: (800) 588-2347
E-Mail: contact@televisionadgroup.com
Web Site: www.televisionadgroup.com

Employees: 50

Agency Specializes In: Advertising, Internet/Web Design, Media Buying Services, Media Planning, Radio, T.V.

Tom Stoviak *(Acct Mgr-Natl)*

Accounts:
RX Recovery
Revlabs
Sqeeqee Inc
SurviveALL Expo
Thrifty Vac

TENNESSEE PRESS SERVICE, INC
625 Market St Ste 1100, Knoxville, TN 37902
Tel.: (865) 584-5761
Fax: (865) 558-8687
E-Mail: bjarrell@tnpress.com
Web Site: www.tnpress.com

Employees: 15
Year Founded: 1947

National Agency Associations: AMA-NAMA

Agency Specializes In: Media Buying Services, Media Planning, Newspaper, Print

Approx. Annual Billings: $6,500,000

Breakdown of Gross Billings by Media: Newsp.: 93%; Worldwide Web Sites: 7%

Laurie Alford *(Controller-Bus)*
David Wells *(Gen Mgr & Dir-Adv)*
Robyn Gentile *(Mgr-Member Svcs)*
Earl Goodman *(Media Buyer-Print)*

Accounts:
Subway
U.S. Bank

TEXAS PRESS ASSOCIATION
8800 Business Park Dr # 100, Austin, TX 78759
Tel.: (512) 477-6755
Fax: (512) 477-6759
Toll Free: (800) 749-4793
Web Site: www.texaspress.com

Employees: 13
Year Founded: 1880

National Agency Associations: NAMA

Agency Specializes In: Media Buying Services, Media Planning, Newspaper, Planning & Consultation

Approx. Annual Billings: $4,000,000

MEDIA BUYING SERVICES — AGENCIES - JANUARY, 2019

Breakdown of Gross Billings by Media: Newsp.: $4,000,000

Donnis Baggett *(Exec VP)*
Stephanie Hearne *(Controller)*
Micheal R Hodges *(Exec Dir)*
Ed Sterling *(Dir-Member Svcs)*

Accounts:
Association of Electric Companies of Texas Advocacy Issues
Embarq
Mr. W. Fireworks
Texas Land Bank; 2000
Texas Secretary of State
Texas Utilities (TXU) Southwestern Public Services, Xcel Energy
TU Electric; TX Advocacy Issues
TXU/Lone Star Pipeline
Xcel Energy

THAYER MEDIA, INC.
456 S Broadway, Denver, CO 80209
Tel.: (303) 221-2221
Fax: (303) 221-3559
E-Mail: info@thayermedia.com
Web Site: www.thayermedia.com

E-Mail for Key Personnel:
Chairman: april.thayer@thayermedia.com

Employees: 7
Year Founded: 1993

Agency Specializes In: Advertising, Advertising Specialties, Alternative Advertising, Broadcast, Cable T.V., College, Consumer Goods, Consumer Marketing, Consumer Publications, Digital/Interactive, Electronic Media, Health Care Services, Hispanic Market, Local Marketing, Magazines, Media Buying Services, Media Planning, Medical Products, Multicultural, Newspaper, Newspapers & Magazines, Out-of-Home Media, Outdoor, Over-50 Market, Paid Searches, Planning & Consultation, Print, Radio, Real Estate, Regional, Restaurant, Retail, Seniors' Market, Strategic Planning/Research, T.V., Trade & Consumer Magazines, Travel & Tourism, Web (Banner Ads, Pop-ups, etc.)

Approx. Annual Billings: $16,943,000

April Thayer *(Pres)*
Chessie Little *(Media Dir)*
Penny Kirk *(Supvr-Vendor Billing)*
Michelle Watson *(Supvr-Media)*

Accounts:
Cardel Homes; Denver, CO Homebuilder; 2011
Denver Cyberknife; Denver, CO Cancer Treatment; 2009
Forest City Stapleton; Denver, CO Residential Development; 2006
MoneyGram; Dallas, TX Money Transfer Services; 2002
Solterra; Denver, CO Residential Development; 2009
Trilipiderm; Jackson, WY Personal Care Products; 2011
Wayne Homes; Ohio Home Builder; 2009

THESEUS COMMUNICATIONS
154 Grand St, New York, NY 10013
Tel.: (646) 537-1727
Web Site: www.theseuscomms.com

Employees: 6
Year Founded: 2014

Agency Specializes In: Above-the-Line, Branded Entertainment, Broadcast, Cable T.V., Co-op Advertising, Consumer Publications, Custom Publishing, Digital/Interactive, Electronic Media, Game Integration, Guerilla Marketing, In-Store Advertising, Local Marketing, Magazines, Media Buying Services, Media Planning, Mobile Marketing, Multimedia, Newspaper, Newspapers & Magazines, Out-of-Home Media, Outdoor, Paid Searches, Print, RSS (Really Simple Syndication), Radio, Search Engine Optimization, Social Media, Sponsorship, Syndication, T.V., Trade & Consumer Magazines, Viral/Buzz/Word of Mouth, Web (Banner Ads, Pop-ups, etc.)

Approx. Annual Billings: $13,000,000

Imir Leveque *(Dir-Strategy)*
Charles Pinkerton *(Strategist-Chief Brand & Comm)*

Accounts:
Beau & Ro Sue's Hot Dogs
Prophet Consulting

TRAFFICBUYER DIGITAL
(Name Changed to Blacklight, Inc.)

TRANSIT MEDIA GROUP
16872 Bolsa Chica Street, Huntington Beach, CA 92649
Tel.: (909) 581-0887
Fax: (909) 581-1811
Toll Free: (866) 4-TMGROUP
E-Mail: info@tm-g.com
Web Site: www.tm-g.com

Employees: 10
Year Founded: 2003

Agency Specializes In: Advertising, Affiliate Marketing, Alternative Advertising, Arts, Automotive, Brand Development & Integration, Branded Entertainment, Co-op Advertising, Consumer Publications, Cosmetics, Direct-to-Consumer, Electronics, Entertainment, Experience Design, Experiential Marketing, Food Service, Graphic Design, Guerilla Marketing, Health Care Services, Hispanic Market, Hospitality, LGBTQ Market, Leisure, Local Marketing, Luxury Products, Media Buying Services, Media Planning, Men's Market, Mobile Marketing, Multicultural, New Product Development, New Technologies, Out-of-Home Media, Outdoor, Pharmaceutical, Point of Purchase, Production, Promotions, Publicity/Promotions, Radio, Regional, Sales Promotion, Social Marketing/Nonprofit, Sports Market, T.V., Transportation, Urban Market, Women's Market

Approx. Annual Billings: $2,700,000

Breakdown of Gross Billings by Media: Outdoor: 100%

Robert Merino *(Founder)*
Michael Scafuto *(CEO)*

Accounts:
Boot Barn Shoes; 2005
Budweiser; 2006
CMT Katrina Awareness; 2007
Ford Motors; 2005
Harley Davidson; 2006
KING OF THE CAGE / UFC Fighting; 2007
Redken Haircare Products; 2005
Standard Pacific Homes Homes; 2008
Symbolic Motors; San Diego, CA High End Automobiles; 2005
Vail Sky Resort Ski Resort; 2008

TRIBAL FUSION, INC.
5858 Horton St, Emeryville, CA 94608
Tel.: (510) 250-5500
Fax: (510) 250-5700
Web Site: exponential.com/marketing-services/audience-engagement-solutions/tribal-fusion/

Employees: 175
Year Founded: 2000

Agency Specializes In: Digital/Interactive, Internet/Web Design, Media Buying Services, Media Planning

Crawford Nelson *(Sls Dir-Central-Exponential)*

Accounts:
Microsoft MSN

TRUE MEDIA
500 Business Loop 70 W, Columbia, MO 65203
Tel.: (573) 443-8783
Fax: (573) 443-8784
E-Mail: jmiller@truemediaservices.com
Web Site: www.truemediaservices.com

Employees: 40
Year Founded: 2005

National Agency Associations: AMIN

Agency Specializes In: Agriculture, Broadcast, Business Publications, Business-To-Business, Cable T.V., College, Consumer Marketing, Digital/Interactive, Education, Electronic Media, Financial, Government/Political, Guerilla Marketing, International, Local Marketing, Magazines, Market Research, Media Buying Services, Media Planning, Media Relations, Mobile Marketing, Newspaper, Newspapers & Magazines, Out-of-Home Media, Outdoor, Paid Searches, Pets , Planning & Consultation, Print, Public Relations, Radio, Regional, Sports Market, Syndication, T.V., Teen Market, Transportation

Approx. Annual Billings: $30,000,000

Breakdown of Gross Billings by Media: Internet Adv.: $4,500,000; Mags.: $3,000,000; Newsp.: $4,500,000; Out-of-Home Media: $1,500,000; Radio & T.V.: $16,500,000

Bruce Neve *(Pres)*
Stephanie Padgett *(Sr VP-Media Ops & Strategy)*
Carolle Sutter *(Sr VP-Media Ops-Canada)*
Travis Ballenger *(VP-Client Dev)*
James Miles *(Controller)*
DW Cole *(Dir-Res, Analytics, Data & Results)*
Caroline Kamler-Andriano *(Dir-HR)*
Rhonda Meier *(Assoc Dir-Media)*
Elizabeth Ann Van Kort *(Assoc Dir-Media & Digital)*
Nancy Brock *(Mgr-Traffic)*
Erin Edwards *(Supvr-Search)*
Suzanne Bayne *(Sr Acct Planner)*
Lisa Dell Dudenhoeffer *(Media Buyer)*
Jim Hall *(Media Buyer)*
Shelby Muff *(Acct Planner)*
Nadine Wessling *(Media Buyer)*
Samantha Wilcox *(Acct Planner)*
Gary Cianciosi *(Sr Media Buyer)*
Michele Cropp *(Assoc Media Dir)*
Allison Freeman *(Assoc Media Dir)*
Leon Halbert *(Assoc Media Dir)*
Kim Odom *(Assoc Media Dir)*
Christy Wright *(Sr Media Buyer)*

Accounts:
Burger's Smokehouse; 2007
Complete Nutrition (Media Buying Agency of Record) Advertising, Digital Media, E-Commerce, Online, Traditional Media
Explore Minnesota Media Strategy, Planning & Placement
Landrum Company; 2007
MFA Oil Company; 2005

AGENCIES - JANUARY, 2019
MEDIA BUYING SERVICES

Minnesota Lynx
Minnesota Timberwolves
Nature's Variety (Media Agency of Record) Digital, Media Buying, Media Planning, Social Media, TV
Orscheln Farm & Home; 2008
Prevea Health (Media Agency of Record) Strategic Media Buying
Runnings Buying, Digital Media, Media Communication Strategy, Planning, Social Media
University of Missouri; 2005
Western Financial Group (Agency of Record); 2007
Winnebago

Branch

True Media
(Formerly Marketing Midwest, Inc.)
701 N Third St Ste 108, Minneapolis, MN 55401
Tel.: (763) 225-8600
Fax: (763) 225-8601
Web Site: www.truemediaservices.com
E-Mail for Key Personnel:
President: barb@marketingmidwest.com

Employees: 15
Year Founded: 1988

Agency Specializes In: Alternative Advertising, Broadcast, Business Publications, Business-To-Business, Cable T.V., Co-op Advertising, Direct Response Marketing, Education, Electronic Media, Government/Political, Media Buying Services, Media Planning, Newspapers & Magazines, Promotions, Strategic Planning/Research

Steve Karolewski *(Mgr-Mktg Midwest)*

Accounts:
Health Partners; Minneapolis, MN; 1998
Regions Hospital

TWO NIL
5501 Lincoln Blvd, Los Angeles, CA 90094
E-Mail: careers@twonil.com
Web Site: www.twonil.com/

Employees: 50
Year Founded: 2011

Agency Specializes In: Consumer Goods, Cosmetics, Digital/Interactive, Entertainment, Media Buying Services, Media Planning, Men's Market, Mobile Marketing, New Technologies, Out-of-Home Media, Outdoor, Planning & Consultation, Radio, Strategic Planning/Research, T.V., Transportation, Travel & Tourism, Women's Market

Accounts:
Dollar Shave Club
Groupon
HauteLook
The Honest Company
NatureBox
PlayKids
Trip Advisor
Uber
Zillow

UM CANADA
10 Bay St 11th Fl, M5J 2R8 Toronto, ON Canada
Tel.: (647) 260-2100
Web Site: www.umww.com

Employees: 100

Agency Specializes In: Digital/Interactive, Media Buying Services, Media Planning, Sponsorship

Shelley Smit *(Pres)*
Richard Fofana *(VP-Strategy)*

Erica Kokiw *(VP-Digital)*
Jane Healy *(Dir-Strategy)*
Krista Furlaho *(Assoc Dir-Digital)*
Ali Tinker *(Mgr-Connection Plng)*
Scott Dane *(Planner)*
Brooke Goldenberg *(Planner-Connection)*
Nicole Matalik *(Planner)*
Alana Paterson *(Planner)*
Ben Seaton *(Planner)*

Accounts:
Expedia Media Buying & Planning Agency of Record; 2018
New-Tim Hortons, Inc.

UM NY
100 W 33rd St, New York, NY 10001
Tel.: (212) 883-4700
Web Site: www.umww.com

Employees: 680
Year Founded: 1999

National Agency Associations: 4A's

Agency Specializes In: Digital/Interactive, Media Buying Services, Media Planning, Sponsorship

Jon Lefferts *(Mng Partner & Sr VP)*
Laura Woodson *(Partner-Client Bus & Exec VP)*
Jamie Kozma *(Partner-Client Bus & Sr VP)*
Andrea Jenny *(Partner-Integrated Investment & VP)*
Nicholas Bertone *(Partner-Strategy)*
Nicole Demi Callimanis *(Partner-Integrated Investment)*
Valerie Maleckas *(Partner-Portfolio Mgmt)*
Carolina Portela *(Partner-Integrated Investment)*
Michael Rees *(Partner-Portfolio Mgmt)*
Jenna Wilson *(Partner)*
Kevin Moeller *(Chief Res Officer, Chief Analytics Officer-US & Exec VP)*
Paula Fedoris *(Sr VP & Head-Analytics)*
Peter Lofaro *(Sr VP, Grp Partner & Portfolio Mgr-BMW)*
Renee Whittingstall *(Sr VP & Grp Partner-Digital Investment-Coca-Cola)*
Dave Bogan *(VP & Grp Partner-Decision Sciences)*
Sabrina Malen *(VP & Grp Partner)*
Katelyn Tyrrell *(VP & Grp Partner-Integrated Investment-J3)*
Mel Stern *(Dir-Addressable Content Strategy)*
Daniele Ashkenazy *(Assoc Dir)*
Lance Cvarak *(Sr Mgr-Portfolio Mgmt)*
Martina Eisenberg *(Sr Mgr-Portfolio Mgmt-BMW)*
Roshelle Friedman *(Sr Mgr-Integrated Investment)*
Michele Key *(Sr Mgr-Portfolio Mgmt)*
Gabrielle Scarpa *(Sr Mgr)*
Rose Carollo *(Mgr-Integrated Plng-Beauty)*
Stephen Cohen *(Mgr-Paid Search & Social)*
Jimmy DeLeon *(Mgr-Portfolio Mgmt)*
Amanda Epstein *(Mgr-Portfolio Mgmt)*
Julie Marsili *(Assoc Media Dir)*
Colin Mauro *(Assoc Media Dir)*
Andrew Rutledge *(Sr Assoc-Portfolio Mgmt-Intl)*

Accounts:
Accenture (Global Media Agency of Record) Media Buying & Planning
New-American Express Company (Media Agency of Record) Global Media; 2018
BMW of North America, LLC Medium, Mini, National & Regional Media Planning & Buying
Bob Evans Farms BEF Foods, Digital Media, Media Buying, Paid Social, Search
Cathay Pacific
Charles Schwab & Company, Inc. (Media Agency of Record)
Chrysler Media Buying, Media Planning
Coach, Inc. (Global Media Agency of Record) Media Buying & Planning
The Coca-Cola Company(North America Media Agency of Record) Coca-Cola, Dasani, Diet Coke, Media Buying, Minute Maid, Odwalla, Powerade, Vitaminwater
Columbia Sportswear Company Analytics, Media
CVS Health CVS Pharmacy, Media
Edmunds.com Media Buying
Fiat Chrysler Automobiles Media
Fitbit (Media Agency of Record) Media Buying
H&M Media
New-Henkel Corporation
Hershey Co Brookside, Global Media Buying, Global Media Planning, Hershey's, Kit Kat, Reese
Hotwire, Inc. Digital Buying, Media Planning
Hulu (Media Planning & Buying Agency of Record)
Johnson & Johnson Band-Aids, Media Planning
Lockheed Martin Media
Maserati North America, Inc. US Media Buying
McCormick & Company, Incorporated (Media Agency of Record) Grill Mates, Lawry's, McCormick Gourmet, Media Buying & Planning, Old Bay, Stubb's, Zatarain's; 2015
Microsoft XBOX 360
Nationwide Insurance Digital, Media Buying, Planning & Buying, Traditional Media
New York State Lottery (Media Agency of Record)
PacSafe (Global Digital Agency of Record) Digital Performance, Planning, Programmatic Strategies; 2017
Rocket Mortgage; 2018
SharkNinja Operating LLC Analytics, Innovative, Media Planning, Research, Strategic, US Media; 2018
Sony Corporation of America; New York, NY Bravia HDTV, Media Planning & Buying, Sony Pictures; 2002
Spotify Global Media Planning & Buying; 2017
Subaru of America, Inc. Impreza WRX
TIAA Media
United States Postal Service Campaign: "Amazing Delivery", Media

Branches

J3 New York
1400 Broadway, New York, NY 10018
(See Separate Listing)

UM LA
5700 Wilshire Blvd Ste 450, Los Angeles, CA 90036
Tel.: (323) 900-7400
Web Site: www.umww.com

Employees: 100
Year Founded: 2005

National Agency Associations: 4A's

Agency Specializes In: Advertising, Alternative Advertising, Brand Development & Integration, Broadcast, Business-To-Business, Cable T.V., Children's Market, Communications, Consumer Marketing, Consumer Publications, Direct-to-Consumer, Entertainment, Household Goods, In-Store Advertising, Integrated Marketing, Magazines, Media Buying Services, Media Planning, Mobile Marketing, Newspaper, Newspapers & Magazines, Out-of-Home Media, Outdoor, Planning & Consultation, Podcasting, Print, Production, Production (Print), RSS (Really Simple Syndication), Sponsorship, Strategic Planning/Research, Syndication, T.V., Technical Advertising, Transportation

Andrea Ebert *(Mng Partner & Exec VP)*
Chris Portella *(Partner-Client Bus, Mng Dir & Exec VP)*
Jennifer Killeen *(Partner-Client Bus & Performance Digital & Sr VP)*
Jacob Gole *(Partner-Decision Sciences & VP)*
Nicole Mannino *(Partner-Portfolio Mgmt)*
Carolina Portela *(Partner-Integrated Investment)*

1377

Media Buying Services

MEDIA BUYING SERVICES
AGENCIES - JANUARY, 2019

Karen Stutenroth *(Exec VP & Fin Dir)*
Dylan Lee *(Sr VP & Head-Res & Audience-West Coast)*
Leila Chism *(Sr VP & Client Partner-Bus)*
Christine Potter *(Grp Partner & Sr VP-J3)*
Jose Carlos Blandon *(VP-Ops-Sony Pictures Intl)*
Daniel DiGiuseppe *(VP & Grp Partner-Integrated Plng)*
Lindsey Lehmann *(Dir-Activation)*
Aileen Markarian *(Dir-Media Plng)*
Juliana Ossa *(Mgr & Supvr-Digital Media-Hulu)*
Matt Bartel *(Mgr-Portfolio Mgmt)*
Jenna Millan *(Mgr-Portfolio Mgmt)*
Leslie Toltzman *(Mgr-Portfolio Mgmt)*
Oliver Berbecaru *(Assoc Media Dir)*
Allison Kaemmer *(Assoc Media Dir)*
Brett Landrum *(Reg Mktg Mgr-MINI USA Western Reg)*
Celine Nicdao *(Sr Assoc-Creative Production)*
Alicia Ostarello *(Assoc Media Dir)*

Accounts:
California Science Center
Edmunds
ExxonMobil Media
The Fulfillment Fund
Hotwire.com
Northrop Grumman
Schwab
Sony Pictures Entertainment Inc. Columbia/TriStar Home Video, Columbia/TriStar Pictures, GSN, Home Video Interactive, Sony Pictures TV
Sony Pictures Home Entertainment
Zicam

UM
205 Hamilton Row, Birmingham, MI 48009
Tel.: (248) 554-4550
Web Site: www.umww.com/global

Employees: 175
Year Founded: 2003

National Agency Associations: 4A's

Agency Specializes In: Advertising, Sponsorship

Gabrielle Jarvis *(Partner-Client Bus & Sr VP)*
David Queamante *(Partner-Client Bus & Sr VP)*
Jessica Ross *(Partner-Client Bus & Sr VP)*
Jackie Popelier *(Partner-Portfolio Mgmt & VP)*
Shalise Tempest *(Partner-Acct Svcs & VP)*
Denise Button *(Partner-Portfolio Mgmt)*
Michele Shoan *(Fin Dir)*
Alan White *(Sr VP & Dir-Consumer & Media Insights)*
Jon Curcio *(Sr VP & Client Partner-Bus)*
Janet Wald *(VP & Grp Assoc Media Dir)*
Lauren Dolega *(Assoc Dir)*
Michael Mooradian *(Mgr-Performance Digital)*
Molly Whybrew *(Mgr-Portfolio Mgmt-Ram Comml)*
Anna Finch *(Supvr-Media Plng)*
Chris Curtenius *(Sr Assoc-Portfolio Mgmt)*
Andrea Hable *(Assoc Media Dir)*
Victoria Kenny *(Sr Assoc-Portfolio Mgmt-Maserati)*
Katherine Palmer *(Assoc-Acct Svcs)*
Drew Pytel *(Sr Assoc Planner)*
Kate Tesch *(Asst Media Buyer)*
Danielle Varga *(Assoc Media Dir)*

Accounts:
Build-A-Bear Workshop, Inc. (Media Agency of Record) Analytics, Digital, Media Buying, Media Planning, Strategy
The Coca-Cola Company
Exxon Mobil Corporation
FCA US LLC Dodge Reduction
Johnson & Johnson
L'Oreal USA, Inc.
Michigan Economic Development Corporation Media
Microsoft Corporation
Quicken Loans, Inc. (Media Agency of Record)
Brand Awareness, Media Buying & Planning, Rocket Mortgage; 2018
Sony Corporation of America
True Value Company US Media Buying
Yorkshire Building Society Media Buying, Media Planning

Non-US Branch

UM Canada
10 Bay St 11th Fl, M5J 2R8 Toronto, ON Canada
(See Separate Listing)

UM SAN FRANCISCO
600 Battery St, San Francisco, CA 94111
Tel.: (415) 262-5500
Web Site: www.umww.com

Employees: 100
Year Founded: 2005

Agency Specializes In: Advertising, Alternative Advertising, Brand Development & Integration, Broadcast, Business-To-Business, Cable T.V., Children's Market, Communications, Consumer Marketing, Consumer Publications, Direct-to-Consumer, Entertainment, Household Goods, Integrated Marketing, Media Buying Services, Transportation

Celeste Passani *(Partner-Media & Sr VP)*
Kirk Landgraf *(Partner, VP & Grp Media Dir)*
Kevin Langdon *(Partner-Strategy)*
Sankar Patel *(Sr VP & Mgr-Partner Portfolio)*
Bitta Rezai *(Sr Mgr-Decision Science)*
Charlotte Kagan *(Sr Assoc-Portfolio Mgmt)*
Jeffrey Steinberger *(Assoc Media Planner)*

Accounts:
Ubisoft (Media Agency of Record) Media Buying, Media Planning; 2017

UNDERSCORE MARKETING LLC
17 State St, Ste 1910, New York, NY 10004
Tel.: (212) 647-8436
Fax: (917) 591-8557
E-Mail: contactus@underscoremarketing.com
Web Site: www.underscoremarketing.com

Employees: 30
Year Founded: 2002

National Agency Associations: 4A's

Agency Specializes In: Customer Relationship Management, Electronic Media, Integrated Marketing, Media Buying Services, Media Planning, Paid Searches, Podcasting, Search Engine Optimization, Sponsorship, Web (Banner Ads, Pop-ups, etc.)

Approx. Annual Billings: $11,700,000

Breakdown of Gross Billings by Media: Consumer Pubs.: 85%; Newsp. & Mags.: 10%; Other: 5%

Tom Hespos *(Founder & Chief Media Officer)*
Lauren Boyer *(CEO & Partner)*
Chris Tuleya *(Exec VP-Media)*
Hemali Lakhani *(VP-Strategy)*
David Ruppel *(VP-Insights)*
Cindy Seebeck *(Sr Dir-Brand Adv)*
Erica Lopez-Dowding *(Acct Svcs Dir)*
Susan Quinn *(Media Dir)*
Michelle Humes *(Assoc Dir-Media Strategy)*
Christina Sottolano *(Assoc Dir-Integrated Media)*
Agata Peszko *(Supvr-Media Tech & Analytics)*

UNIVERSAL MEDIA INC.
4999 Louise Dr, Mechanicsburg, PA 17055
Tel.: (717) 795-7990
Fax: (717) 795-7998
E-Mail: info@umiusa.com
Web Site: www.umiusa.com

Employees: 35
Year Founded: 1986

Agency Specializes In: Media Buying Services, Media Planning, Sponsorship

Anne Carnathan *(Pres & CEO)*
Michael Bruccoliere *(Sr VP-Client Svcs)*
Paul Michelle *(Sr VP-Mktg)*
Shaun Baker *(VP-Analytics & Print Svcs)*
Kyle Cook *(VP-Digital Svcs)*
Russ Rhodes *(VP-Acct Svcs)*
Helen Young *(Dir-Promos)*
Cristi Casey *(Sr Specialist-Media)*
Rhea Weaver *(Specialist-Media & Acct Coord)*
Danny Dierdorff *(Analyst-Digital Media)*
Eileen Jessick *(Coord-Print)*
Patricia Piro *(Coord-Media)*

Accounts:
Purchasing Management Association of South Bend

URBAN COMMUNICATIONS
275 Madison Ave 40th Fl, New York, NY 10016
Tel.: (212) 471-3200
Fax: (212) 471-3199
E-Mail: radiospecialist@urbancommunications.com
Web Site: www.urban-communications.com

Employees: 11
Year Founded: 1987

Agency Specializes In: Media Buying Services, Media Planning, Publicity/Promotions, Radio

Jay Levinson *(CEO)*
Tracey Bowden *(VP-Media Svcs)*

Accounts:
HBO

U.S. INTERNATIONAL MEDIA, LLC
3415 S Sepulveda Blvd Ste 800, Los Angeles, CA 90034
Tel.: (310) 482-6700
Fax: (310) 482-6701
E-Mail: info@theusim.com
Web Site: www.theusim.com/

Employees: 230
Year Founded: 2004

Agency Specializes In: African-American Market, Asian Market, Bilingual Market, Broadcast, Business-To-Business, Cable T.V., Consulting, Consumer Goods, Consumer Marketing, Consumer Publications, Digital/Interactive, Direct Response Marketing, Education, Electronic Media, Email, Entertainment, Experiential Marketing, Financial, Food Service, Health Care Services, Hispanic Market, Household Goods, In-Store Advertising, Integrated Marketing, Internet/Web Design, LGBTQ Market, Leisure, Local Marketing, Luxury Products, Magazines, Media Buying Services, Media Planning, Media Training, Mobile Marketing, Multicultural, Newspaper, Newspapers & Magazines, Out-of-Home Media, Outdoor, Paid Searches, Pharmaceutical, Planning & Consultation, Print, Promotions, RSS (Really Simple Syndication), Radio, Real Estate, Regional, Restaurant, Retail, Search Engine Optimization, Seniors' Market, Social Marketing/Nonprofit, Sports Market, Strategic Planning/Research, Sweepstakes, Syndication, T.V., Teen Market, Telemarketing, Trade & Consumer Magazines,

AGENCIES - JANUARY, 2019 — MEDIA BUYING SERVICES

Transportation, Travel & Tourism, Urban Market

Dennis Holt *(Founder & CEO)*
Doug Livingston *(Pres & COO)*
Russell Zingale *(Pres-Eastern Region)*
Alicia Nelson *(Pres)*
Leila Winick *(EVP-Mng Dir-Multicultural)*
Eran Goren *(Pres-Digital Media & EVP-Strategy)*
Elizabeth Kelly *(Exec VP & Dir-Brdcst Media)*
Sherry Catchpole *(EVP-Ops)*
Dot DiLorenzo *(Exec VP-Strategy & Res)*
Rob Jayson *(Exec VP-Insights & Analytics)*
Jack Silver *(Exec VP-Client Svcs)*
Ronni Kassal *(Sr VP & Media Dir)*
Gail Scott *(Sr VP & Media Dir-SE)*
Kelly Wong *(Sr VP & Media Dir)*
Matt Colborn *(VP-Client Svcs)*
Melissa Fernandez *(VP-Client Svcs)*
Sean Eldred *(Dir-Client Svc)*
Lew Garcia *(Supvr-Media)*
Barry Payne *(Supvr-Media)*
Samantha Martin *(Acct Exec & Analyst-Direct Response Media)*
Melissa Lacuesta *(Media Buyer)*
Jason Stampanato *(Assoc Media Buyer)*
Joyce Fairman *(Assoc Media Dir)*

Accounts:
Aruba Tourism Authority
Bethpage Federal Credit Union
California Earthquake Authority (Media Agency of Record) Integrated Media Strategy, Planning & Buying
Century 21 Department Stores Media Planning & Buying
Empire State Building Media Planning & Buying
Erbert & Gerbert's (Agency of Record) Analytics, Digital, Integrated Media Strategy & Execution, Media, Reporting; 2018
Henry Modell & Company, Inc. Execution, Insights, Integrated Media Services, Modell's Sporting Goods (Print & Broadcast Media Agency of Record), Planning, Strategy; 2018
New American Funding (Media Agency) Media Buying, Media Planning
North Shore-LIJ Health System (Agency of Record) Media Planning & Buying
O'Charley's Inc. Media Planning & Buying
Palace Entertainment Media Planning & Buying
Perdue Pharmaceuticals
WellPet Market Research, Marketing, Media Buying, Media Planning, Strategic Development

VALPO MEDIOS, INC.
3362 Baden Ct, Riverside, CA 92503
Tel.: (949) 525-3840
Fax: (949) 544-0416
E-Mail: info@valpomedios.com
Web Site: www.valpomedios.com

Employees: 1
Year Founded: 2007

Agency Specializes In: Advertising, Consulting, Hispanic Market, Media Buying Services, Media Planning, Multicultural

Approx. Annual Billings: $3,200,000

Breakdown of Gross Billings by Media: Brdcst.: 80%; Print: 20%

Accounts:
US Army Army Advantage Fund, National Awareness Media; 2010
US Census National 2010 Census; 2009

VARICK MEDIA MANAGEMENT
160 Varick St, New York, NY 10013
Tel.: (347) 709-8323
E-Mail: info@varickmm.com
Web Site: varickmm.com

Employees: 60

Agency Specializes In: Media Buying Services, Media Planning

Walt Cheruk *(Pres)*
Linda Alicea *(Dir-Strategy & Plng)*
Gabrielle Levy *(Sr Planner-Digital Sls)*
Gabe Zubizarreta *(Planner-Sls)*

VISTO
(Formerly Collective Media)
99 Park Ave, New York, NY 10016
Tel.: (888) 460-9513
Fax: (646) 422-6529
Toll Free: (888) 460-9513
Web Site: www.vistohub.com

Employees: 11
Year Founded: 2005

Agency Specializes In: Advertising, Digital/Interactive, Media Buying Services, Media Planning, Programmatic, Search Engine Optimization, Social Media, Web (Banner Ads, Pop-ups, etc.)

Revenue: $1,400,000

Kerry Bianchi *(Pres & CEO)*
Steve Moynihan *(Sr VP-Platform Sls)*
Nicole Solomon Engel *(Dir-Product Comm)*

Accounts:
Accel Partners
DggiFinogi
Eye Wonder
Jivox
Linkstorm
LiveRail

WAVEMAKER GLOBAL LTD
(Formerly MEC, Global HQ, New York)
825 7th Ave, New York, NY 10019-6014
Tel.: (212) 474-0000
Fax: (212) 474-0003
Web Site: www.wavemakerglobal.com

Employees: 8,500
Year Founded: 2001

National Agency Associations: ANA

Agency Specializes In: Above-the-Line, Affiliate Marketing, Affluent Market, Asian Market, Automotive, Aviation & Aerospace, Below-the-Line, Bilingual Market, Branded Entertainment, Broadcast, Business Publications, Business-To-Business, Cable T.V., Children's Market, Co-op Advertising, Communications, Computers & Software, Consulting, Consumer Marketing, Consumer Publications, Content, Cosmetics, Customer Relationship Management, Digital/Interactive, Direct Response Marketing, Direct-to-Consumer, Electronics, Engineering, Event Planning & Marketing, Experience Design, Fashion/Apparel, Financial, Food Service, Game Integration, Guerilla Marketing, Health Care Services, High Technology, Hispanic Market, Hospitality, Household Goods, In-Store Advertising, Information Technology, Integrated Marketing, International, Internet/Web Design, Investor Relations, LGBTQ Market, Leisure, Luxury Products, Magazines, Market Research, Media Buying Services, Media Planning, Men's Market, Mobile Marketing, Multicultural, Multimedia, New Technologies, Newspapers & Magazines, Out-of-Home Media, Outdoor, Over-50 Market, Paid Searches, Pharmaceutical, Planning & Consultation, Podcasting, Point of Purchase, Point of Sale, Print, Product Placement, Public Relations, RSS (Really Simple Syndication), Radio, Recruitment, Regional, Restaurant, Retail, Sales Promotion, Search Engine Optimization, Seniors' Market, Social Marketing/Nonprofit, Sponsorship, Sports Market, Strategic Planning/Research, Sweepstakes, Syndication, T.V., Teen Market, Trade & Consumer Magazines, Transportation, Travel & Tourism, Viral/Buzz/Word of Mouth, Women's Market, Yellow Pages Advertising

Nicole Cavallaro *(Mng Partner & Head-Digital Investment)*
Zsuzsa Szemere *(Mng Partner & Head-Acct)*
Jonathan E. Adams *(Mng Partner & Exec Dir)*
Tara Cioffi *(Mng Partner-Client Leadership)*
Whitney Fishman *(Mng Partner-Innovation & Consumer Tech)*
Nelson Pinero *(Partner & Sr Dir)*
Jayson Baron *(Partner & Dir-Search & Social)*
Rick Acampora *(COO)*
Carl Fremont *(Chief Digital Officer)*
Aaron Smith *(Chief Client Officer)*
Josh Berman *(Sr Partner & Head-Practice-Digital Product Dev)*
Nicole Nowakowski *(Sr Partner & Sr Dir)*
Sheryl Zhong *(Acct Dir)*
Lauren Bernocchi *(Dir-Digital-L'Oreal Paris)*
Jaymie Bettel *(Dir-Digital Investment)*
Tracy Snyder *(Dir-Strategy & Comm Plng)*
Alana Herman *(Mgr-Digital Investment)*
Rami Ismail *(Mgr-Digital Media)*
Ashley Travis *(Mgr-Digital Media)*
Lauren Uhlan *(Mgr-Digital Investment)*
Max Barkley *(Assoc Media Dir)*
Oleg Korenfeld *(Chief Platforms Officer)*
Matthew Luchinsky *(Sr Assoc-Digital Investment)*

Accounts:
Adobe Systems Incorporated (US Media Agency of Record) Media Planning & Buying; 2018
Altice USA (Media Agency of Record); 2018
Amazon.com, Inc. Digital Buying, Digital Media
Amgen
Atlantic Media Quartz, Website
BioGen
Chanel
Chevron
Citi; 2007
Citigroup Inc.
Colgate-Palmolive
Danone (North America Media Agency of Record); 2018
DHL
Edgewell Personal Care EverReady, Media, Schick
Energizer Media
Evian Media
General Electric Media Buying & Planning
GoDaddy (Global Media Planning & Buying Agency of Record)
Hertz Media Buying, Media Planning
Ikea North America Services LLC Augmented Reality, Content, Data Science, Global Media, In-Store & Online, Multicultural, Planning & Buying, Search Engine Optimization, Virtual Reality
Innocent Campaign: "Big Knit"
Invisalign
Krups Media
LegalZoom
Liberty Media Formula 1, Global Media Planning & Buying; 2018
L'Oreal USA (Media Agency of Record) Digital, Integrated Media Planning, Media Buying, Print, TV
MetLife
Otsuka
Paramount Pictures; 2004
Shearings Media Strategy
Sony Electronics Media Buying & Planning-Asia; 2007
Texaco
Tiffany & Co Media
United Airlines
US Navy
Visa

MEDIA BUYING SERVICES AGENCIES - JANUARY, 2019

Vodafone
WWE
Xerox Paid Media

United States (Regional Offices)

Wavemaker - NA HQ, New York
(Formerly MEC - NA HQ, New York)
825 7th Ave, New York, NY 10019-5818
(See Separate Listing)

Atlanta

Wavemaker
(Formerly MEC)
3340 Peachtree Rd NE Ste 100, Atlanta, GA 30326
Tel.: (404) 806-1950
Fax: (404) 806-1951
Web Site: www.wavemakerglobal.com

Employees: 200

Agency Specializes In: Media Buying Services, Sponsorship

Accounts:
AT&T Communications Corp. Cricket Wireless

Irvine

Wavemaker
(Formerly MEC)
7525 Irvine Center Dr, Irvine, CA 92618
Tel.: (949) 623-6500
Fax: (310) 309-4802
Web Site: www.wavemakerglobal.com

Employees: 25

National Agency Associations: 4A's

Agency Specializes In: Media Buying Services, Sponsorship

Andrea Hartman *(Mng Partner & Dir-Client Svc)*
Kristin Hunt *(Dir-Digital)*
Kent Hagen *(Mgr-Digital Plng)*
Shelly O'Brien *(Mgr-Paid Search)*

Accounts:
Chanel
Chevron
LegalZoom; Glendale, CA Data Analytics, Media Planning & Buying
Mitsubishi
Wrigley's

Los Angeles

Wavemaker
(Formerly MEC)
6300 Wilshire Blvd, Los Angeles, CA 90048
Tel.: (323) 761-1400
Fax: (323) 817-1870
Web Site: www.wavemakerglobal.com/

Employees: 50

National Agency Associations: 4A's

Agency Specializes In: Media Buying Services, Sponsorship

Mark Miller *(Mng Partner & Sr Dir)*
Selena Lee *(Mng Partner)*
Janie Kim *(Partner & Sr Dir)*
Courtney Kasey *(Partner & Media Dir-Integrated Media Strategy & Plng)*
Brian Hendricks *(Partner & Dir-Brdcst Traffic)*

Nancy Tortorella *(Chief Client Officer-US)*
Kaylyn Miller *(Sr Partner & Grp Dir-Search & Social)*
Matt Schneider *(Sr Dir-Digital)*
Jorge Canton *(Dir-Trading)*
Lauren Currence *(Dir-Intl)*
Amisha Govan *(Dir-Integrated Plng)*
Shamar Johnson *(Dir-Integrated Plng)*
Matt Steinbach *(Assoc Dir-Digital)*
Dana Cascella *(Comm Mgr)*
Walker Smith *(Mgr-Intl Digital)*
Lauren Blake *(Media Planner)*
Katherine Strashnov *(Sr Assoc-Digital)*

Accounts:
Paramount Theatrical

Miami

Wavemaker
(Formerly MEC)
601 Brickell Key Dr Ste 804, Miami, FL 33131
Tel.: (786) 264-7600
Fax: (786) 264-7620
Web Site: www.wavemakerglobal.com/

Employees: 35
Year Founded: 2001

Agency Specializes In: Media Buying Services, Sponsorship

Veronica Amsler *(Mng Dir)*
Jose Antonio Miranda *(Mng Dir-Client Solutions-Latin America)*
Veronica Norcross *(Mng Dir-Client Solutions)*
Valeria Mares *(Head-Strategy-Latin America)*
Daniela Padua *(Acct Mgr-Digital)*
Angelica Jerez *(Reg Acct Mgr-LATAM)*

Accounts:
Bayer
Monster
Telecom Italia
Wrigley's

San Francisco

Wavemaker
(Formerly MEC)
303 2nd St North Tower 3rd Fl, San Francisco, CA 94107
Tel.: (415) 764-1300
Fax: (415) 764-1333
Web Site: www.wavemakerglobal.com/

Employees: 20

National Agency Associations: 4A's

Agency Specializes In: Media Buying Services, Sponsorship

Bruce Kiernan *(Mng Partner & Head-mPlatform)*
Sara Owens *(Partner & Head-West Coast Practice & Data Sciences)*
Molly Berger *(Media Dir)*
Scott Marino *(Dir-Agency Growth)*
Nikin Patel *(Dir-Digital)*
Carley Rosenberg *(Dir-Paramount Pictures Theatrical)*
Priyanka Sud *(Dir-Integrated Plng)*
Lauren Tatasciore *(Office Mgr)*
Giuseppe Cagliostro *(Media Planner)*
Saraid Donnelly *(Sr Assoc-Digital)*
Christopher Gonnet *(Sr Assoc-Digital Activation)*
Kaley Heinkel *(Sr Assoc-Plng)*

Accounts:
AT&T Communications Corp.
Bon Bon Bum Lollipop
Chanel

Chevron Corporation

Canada

Wavemaker
(Formerly MEC)
160 Bloor St E Ste 500, Toronto, ON M4W 3S7 Canada
Tel.: (416) 987-9100
Fax: (416) 987-9150
Web Site: www.wavemakerglobal.com/

Employees: 150

Agency Specializes In: Media Buying Services

Kristie Painting *(CEO)*
Andy Braunston *(Mng Partner-Content & Strategy & VP)*
Claus Burmeister *(Mng Partner)*
Nick Williams *(CFO)*
Michele Pauchuk *(Pres-Canada)*
Kristin Wozniak *(VP-Analytics & Insight)*
Michael So *(Grp Dir-Strategy)*
Nicole Lambe *(Grp Acct Dir)*
Daniela Marlin *(Acct Dir-Digital)*
Sara Franceschin *(Assoc Dir)*
Lyndsey Rebelo *(Assoc Dir)*
Jason McLachlan *(Sr Mgr-Digital Mktg)*
Aileen Cruikshank *(Mgr-Trading)*
Srdjana Ilic *(Mgr-Strategy)*
Debbie Irwin *(Mgr-Brdcst Traffic)*
Marijana Mitolinski *(Mgr-Trading)*
Laura Ritchie *(Mgr-Strategy)*
Kyla Hutchings *(Sr Media Planner)*

Accounts:
Cara Operations Campaign: "Milestones - Top Chef Canada Activation"
Dare Foods Media
Hotels.com, L.P (Media Agency of Record)
KFC Corporation Media; 2018
Kruger Paper Products LP Influencer Relations, Media
L'Oreal Paris Media
Molson Coors Campaign: "Coors Light Silver Bullet Express", Campaign: "The Action's On The Ice", Coors Light, Media
Pfizer Digital, Media Planning
Pizza Hut Media; 2018
Taco Bell Corp. Media; 2018
YUM! Brands, Inc. (Media Agency of Record) Digital, Out-of-Home Media Planning & Buying, Programmatic, Radio, Search, Social, Television; 2018

Europe, Middle East, Africa

Wavemaker Global HQ, London
(Formerly MEC Global HQ, London)
1 Paris Garden, London, SE1 8NU United Kingdom
Tel.: (44) 20 7803 2000
Fax: (44) 20 7803 2001
Web Site: www.wavemakerglobal.com/

Employees: 50
Year Founded: 2001

Agency Specializes In: Above-the-Line, Affiliate Marketing, Affluent Market, Asian Market, Automotive, Aviation & Aerospace, Below-the-Line, Bilingual Market, Branded Entertainment, Broadcast, Business Publications, Business-To-Business, Cable T.V., Children's Market, Communications, Computers & Software, Consulting, Consumer Goods, Consumer Marketing, Consumer Publications, Cosmetics, Customer Relationship Management, Digital/Interactive, Direct Response Marketing, Direct-to-Consumer, Electronics, Entertainment,

1380

AGENCIES - JANUARY, 2019 — MEDIA BUYING SERVICES

Event Planning & Marketing, Experience Design, Experiential Marketing, Fashion/Apparel, Financial, Food Service, Game Integration, Guerilla Marketing, Health Care Services, High Technology, Hispanic Market, Hospitality, Household Goods, In-Store Advertising, Information Technology, Integrated Marketing, International, Internet/Web Design, Investor Relations, LGBTQ Market, Leisure, Luxury Products, Magazines, Market Research, Media Buying Services, Media Planning, Men's Market, Mobile Marketing, Multicultural, Multimedia, New Technologies, Newspapers & Magazines, Out-of-Home Media, Outdoor, Over-50 Market, Paid Searches, Pharmaceutical, Planning & Consultation, Podcasting, Point of Purchase, Point of Sale, Print, Product Placement, Public Relations, RSS (Really Simple Syndication), Radio, Recruitment, Regional, Restaurant, Retail, Sales Promotion, Search Engine Optimization, Seniors' Market, Social Marketing/Nonprofit, Sponsorship, Sports Market, Strategic Planning/Research, Sweepstakes, Syndication, T.V., Teen Market, Trade & Consumer Magazines, Transportation, Travel & Tourism, Viral/Buzz/Word of Mouth, Women's Market, Yellow Pages Advertising

Chien-Wen Tong *(Partner-Digital & Head-Digital Strategy)*
Emma Jones *(Partner-Trng & Tools Dev)*
Dan Plant *(Partner-Strategy)*
Candice Odhams *(Mng Dir)*
Stuart Bowden *(Chief Strategy Officer)*
Verra Budimlija *(Chief Strategy Officer)*
Alex Steer *(Chief Product Officer)*
Alex Altman *(Pres-Client Ops)*
Paul Hutchison *(CEO-UK)*
Martin Beauchamp *(Head-Programmatic Strategy)*
Emma Dibben *(Head-Print Brands & Media Partner Engagement)*
Ben Gordon *(Head-New Bus & Mktg)*
Alistair Aitken *(Dir-Client Fin)*
Michael Stokes *(Mgr-Journey Activation)*
Jason Dormieux *(Chief Transformation Officer)*

Accounts:
B&Q plc Media
BBC Worldwide
BGL Group Beagle Street, Bennetts, Media Buying, Media Planning, lesfurets.com, verzekeringsite
British Airways Media
Bupa
Central Office of Information Elections, Media Communications & Planning
Chanel
Chevron
Citi
Colgate-Palmolive
Danone Danio, Evian, Media Planning & Buying, Outdoor
Department for Education Media Planner
Department for Work & Pensions Jobcentre Plus, Media Planning
Department of Health Media Planning
DHL
Dr Oetker
Energizer Wilkinson Sword
Everything Everywhere Media Planning & Buying
Fidelity International Media Buying, Media Planning
Formula One
Freeview Media Buying, Media Palnning
GoDaddy Media Planning
The Gym Group Below-the-Line, Digital Marketing, Media Buying, Media Strategy Planning
Heinz Complan
Henkel
New-HM Government
Huawei Technologies Co., Ltd. Device Marketing (Media Agency of Record), On & Off Line Media Communications Planning & Buying
Kingfisher Media
Monsanto Pan-European Media Planning & Buying
Morrisons Media
Mulberry Media Planning & Buying
Orange plc Offline Media Planning/Buying, Online Brand Advertising Planning/Buying
Paramount
Public Health England Media Planning
Purplebricks Media Planning & Buying
Royal National Lifeboat Institution UK & Ireland Media Planning & Buying; 2018
Royal Navy Media
SABMiller Media Buying, Media Planning
The Saucy Fish Co. Integrated Marketing Campaign, Media Planning & Buying
Singapore Airlines
Tic Tac
Transport for London Campaign: "Situational Signals", Media, Media Planning & Buying, OOH
Vodafone Media Buying, Media Planning
Xerox

EMEA (Regional Offices)

Wavemaker - EMEA HQ
(Formerly MEC - EMEA HQ)
1 Paris Garden, London, SE1 8NU United Kingdom
Tel.: (44) 20 7803 2000
Fax: (44) 20 7803 2001
Web Site: www.wavemakerglobal.com/

Employees: 300
Year Founded: 1976

Agency Specializes In: Above-the-Line, Affiliate Marketing, Affluent Market, Asian Market, Automotive, Aviation & Aerospace, Below-the-Line, Bilingual Market, Branded Entertainment, Broadcast, Business Publications, Business-To-Business, Cable T.V., Children's Market, Communications, Computers & Software, Consulting, Consumer Goods, Consumer Marketing, Consumer Publications, Content, Cosmetics, Customer Relationship Management, Digital/Interactive, Direct Response Marketing, Direct-to-Consumer, Electronics, Entertainment, Event Planning & Marketing, Experience Design, Fashion/Apparel, Financial, Food Service, Game Integration, Guerilla Marketing, Health Care Services, High Technology, Hispanic Market, Hospitality, Household Goods, In-Store Advertising, Information Technology, Integrated Marketing, International, Internet/Web Design, Investor Relations, LGBTQ Market, Leisure, Luxury Products, Magazines, Market Research, Media Buying Services, Media Planning, Men's Market, Mobile Marketing, Multicultural, Multimedia, New Technologies, Newspapers & Magazines, Out-of-Home Media, Outdoor, Over-50 Market, Paid Searches, Pharmaceutical, Planning & Consultation, Podcasting, Point of Purchase, Point of Sale, Print, Product Placement, Public Relations, RSS (Really Simple Syndication), Radio, Recruitment, Regional, Restaurant, Retail, Sales Promotion, Search Engine Optimization, Seniors' Market, Social Marketing/Nonprofit, Sponsorship, Sports Market, Strategic Planning/Research, Sweepstakes, Syndication, T.V., Teen Market, Trade & Consumer Magazines, Transportation, Travel & Tourism, Viral/Buzz/Word of Mouth, Women's Market, Yellow Pages Advertising

Alastair Aird *(Chm)*
Nola Calladine *(Mng Partner)*
Louise Temperley *(Mng Partner)*
Keith Tiley *(Chief Investment Officer)*
Hamish Davies *(Chief Growth Officer)*
Jeff Hyams *(Chief Digital Officer-Global Solutions & EMEA)*
Matthias Bruell *(Chm/CEO-Germany, Austria & Switzerland)*
Alex Altman *(Pres-Client Ops)*
Chris Murphy *(Mng Dir-MEC Builders)*
Helen Louise Hambly *(Head-Paid Social Platform)*
Fiona Hodges *(Head-Reg Media)*
Laurel Kaye *(Head-Digital Display)*
Stuart Sullivan-Martin *(Head-Strategy-Client Solutions)*
Louise Twycross-Lewis *(Sr Dir-Res & Social Insight)*
Anna Mather *(Grp Acct Dir)*
Alex Brown *(Acct Dir)*
Sarah de Looze *(Bus Dir)*
Katrine Lykke Graugaard *(Mktg Dir)*
Carol Middleton *(Client Svcs Dir)*
Robert Pryor *(Bus Dir)*
Alison Ratcliffe *(Bus Dir)*
Barry Walsh *(Acct Dir-Digital)*
Scott Braniff *(Dir-Trading)*
Mike Rance *(Dir-Strategy)*
Emma Russell *(Dir-Res)*
Adam Smith *(Dir-Digital Bus)*
Paulina Stankiewicz *(Dir-Digital)*
Megan Scott *(Sr Acct Mgr)*
Paris Early *(Acct Mgr)*
Georgina Raymond *(Acct Mgr-Digital)*
Alexis Levene *(Mgr-Display & Social)*
Alex Kenzie *(Sr Designer-Journey)*
Jason Dormieux *(Chief Transformation Officer)*
Kathy Johnson *(Reg Acct Dir-Media Unit)*

Accounts:
Absolute Radio
Accenture
Avis Europe plc Media
Blockbuster UK Media Planning & Buying
New-BMW Agency of Record, Media Buying, UK Media
Change4Life Media
Colgate-Palmolive UK Ltd. Colgate Oral Range, Colgate-Palmolive Body Care
Department of Health
Energizer
FrieslandCampina Media Buying, Strategic Planning
Great Western Railway Media Planning & Buying
Mayor of London Media
Michelin Media Planning & Buying
Morrison's Media Buying, Media Planning
Nintendo
Orange
Paramount
Pfizer Media Strategy, Social & Content Partnerships, Viagra Connect
Star Alliance
Tiffany & Co. Global Media
UK Department for Work & Pensions Media Buying & Planning; 2016
United Biscuits (Holdings) Limited Media Buying, Media Planning
Wm Morrison Supermarkets
Wrigley
Xerox

Belgium

Wavemaker
(Formerly MEC)
Rue de Stallestraat 65, 1180 Brussels, Belgium
Tel.: (32) 2 333 0900
Fax: (32) 2 332 2002
Web Site: www.wavemakerglobal.com/

Employees: 40

Agency Specializes In: Media Buying Services

Veronique Bulens *(Grp Acct Dir)*

Accounts:
Bpost Communications, Strategic Experience

Denmark

Wavemaker
(Formerly MEC)
St Kongengade 59, DK 1264 Copenhagen, Denmark

MEDIA BUYING SERVICES
AGENCIES - JANUARY, 2019

Tel.: (45) 33 38 1800
Fax: (45) 33 38 1900
Web Site: www.wavemakerglobal.com/

Employees: 80

Agency Specializes In: Media Buying Services

Camilla Palmy *(Chief Strategy Officer)*

Accounts:
Dagrofa Let-Kob, MENY, Media, Min Kobmand, SPAR
Urban Ears

Finland

Wavemaker
(Formerly MEC)
Unioninkatue 24, 00180 Helsinki, Finland
Tel.: (358) 207 199 211
Fax: (358) 209 199 219
Web Site: www.wavemakerglobal.com/

Employees: 12

Agency Specializes In: Media Buying Services

Maarika Virtanen *(Acct Dir)*
Taru Karlsson *(Acct Mgr)*

France

Wavemaker
(Formerly MEC)
32 Rue Guersant TSA 70022, CEDEX, 75837 Paris, 17 France
Tel.: (33) 1 53 57 6464
Fax: (33) 1 53 57 6465
Web Site: www.wavemakerglobal.com/

Employees: 120

Agency Specializes In: Media Buying Services

Delcoustal Matthieu *(Mng Partner)*
Angelique Provost-Chargelegue *(Mng Partner)*
Christophe Brossard *(CEO-France)*
Louise de Linage *(Grp Acct Dir)*
Emmanuelle Vazquez *(Grp Acct Dir)*
Olivier Carluy *(Dir-Strategy)*
Luc Buhot *(Mgr)*

Accounts:
Kingfisher Media
Mondelez International, Inc. Media; 2018

Germany

Wavemkaker GmbH
(Formerly MEC GmbH)
Oberbaumbruecke 1, 20457 Hamburg, Germany
Tel.: (49) 40 3255000
Fax: (49) 69 15302 500
Web Site: www.wavemakerglobal.com/

Employees: 100

Agency Specializes In: Media Buying Services

Neeso Tammena *(CFO)*
Stefan Ege *(Chief Investment Officer)*

Accounts:
Mondelez International, Inc. Media; 2018
Pernod Ricard Media
Smart Vertriebs Park King Campaign

Wavemaker
(Formerly MEC)
Theresienhohe 13a, 81737 Munich, Germany
Tel.: (49) 89 638 8900
Fax: (49) 89 638 89310
Web Site: www.wavemakerglobal.com/

Employees: 20

Agency Specializes In: Media Buying Services

Jan Nicolas Konig *(Mng Partner)*
Neeso Tammena *(CFO)*
Stefan Ege *(Chief Investment Officer)*
Elke Sudholt *(Acct Dir)*

Wavemaker
(Formerly MEC)
Rosstrasse 92, 40476 Dusseldorf, Germany
Tel.: (49) 211 55880
Fax: (49) 211 5588160
Web Site: www.wavemakerglobal.com/

Employees: 200

Agency Specializes In: Media Buying Services

Marion Jelinek *(Mng Partner)*
Anett Jasmann *(Acct Grp Head)*
Thomas Oesterling *(Dir-Data Tech & Svcs)*

Accounts:
DHL Global Media
Esprit Digital, Global Media, Online Video & Brand Display, Out of Home, Planning & Buying, Print, Social & Search, TV

Hungary

Wavemaker
Lajos utca 80, H-1037 Budapest, Hungary
Tel.: (36) 1 801 8111
Fax: (36) 1 801 8112
Web Site: www.wavemakerglobal.com/

Employees: 80

Agency Specializes In: Media Buying Services

Janos Gulyas *(CEO)*
Zoltan Havasi *(Chief Strategy Officer)*

Accounts:
Mondelez International, Inc. Media; 2018

Slovak Republic

Wavemaker
(Formerly MEC)
Karadzicova 8, 821 08 Bratislava, 1 Slovakia
Tel.: (421) 2 5788 0410
Fax: (421) 2 5788 0413
Web Site: www.wavemakerglobal.com/

Employees: 20

Agency Specializes In: Media Buying Services

Dusan Horvath *(Partner-Client)*

Accounts:
Mondelez International, Inc. Media; 2018

Ireland

Wavemaker
(Formerly MEC)
6 Ely Pl, Dublin, 2 Ireland
Tel.: (353) 1 669 0090
Fax: (353) 1 669 0099

Web Site: www.wavemakerglobal.com/

Employees: 10

Agency Specializes In: Media Buying Services

Aoife Hofler *(Deputy Mng Dir)*
Gavin Collins *(Head-Content & Experience Mktg)*
Christopher Gaynor *(Acct Dir & Strategist-Digital)*
Jennifer Fallon *(Acct Dir)*
Catherine Joyce *(Acct Dir)*
Jack Gilligan *(Dir-Comm)*
Kevin Gordon *(Dir-Comm)*
Mark James *(Dir)*
Vanessa Kiely *(Dir-Comm)*
David Hayes *(Joint Mng Dir)*

Accounts:
Beiersdorf Elastoplast, Eucerin, Media, Nivea
H.J.heinz Company Ireland Tomato Ketchup
Kingfisher Media
Nintendo
Specsavers
Xtra-vision

Italy

Wavemaker
(Formerly MEC)
Via Carducci 14, 20123 Milan, Italy
Tel.: (39) 02 467 671
Fax: (39) 02 467 67344
Web Site: www.wavemakerglobal.com/

Employees: 250

Agency Specializes In: Media Buying Services

Luca Vergani *(CEO)*
Raffaello Valtorta *(Head-Digital Solution & Dir-Digital Client)*
Silvio Corbi *(Head-Digital)*
Maria Serena Lorenzoni *(Head-Digital)*
Sara Mazzini *(Head-Comm Strategy)*
Raffaele Natale *(Head-Digital)*
Francesca Ugo *(Head-Digital)*
Sara Carminati *(Supvr-Media)*
Martina Conte *(Supvr-Digital)*
Walter Ferrari *(Supvr-Digital Media)*
Mattia Pollastri *(Sr Strategist-Comm)*
Barbara Bolognesi *(Media Planner-Online)*
Andrea Buscemi *(Planner-Digital Media)*
Cristiano Giancarlini *(Media Planner)*

Wavemaker
(Formerly MEC)
Via Cristofo Colombo 163, 00196 Rome, Italy
Tel.: (39) 06322 9661
Fax: (39) 06320 1693
Web Site: www.wavemakerglobal.com/

Employees: 20

Agency Specializes In: Media Buying Services

Roberto Parodi *(Dir-Headquarters-Rome)*
Michela Confalonieri *(Planner-Digital)*

Wavemaker
(Formerly MEC)
Via Leoncino 16, 37121 Verona, Italy
Tel.: (39) 045 805 3911
Fax: (39) 045 8036 488
Web Site: www.wavemakerglobal.com/

Employees: 10

Agency Specializes In: Media Buying Services

Alessandro Villoresi *(Chm)*
Domiziana Pandolfi *(Dir-Client)*

AGENCIES - JANUARY, 2019 — MEDIA BUYING SERVICES

Chiara Spezie *(Planner-Comm)*

The Netherlands

Wavemaker
(Formerly MEC)
Karperstraat 10, PO Box 8804, 1075 KZ Amsterdam, Netherlands
Tel.: (31) 20 355 0000
Fax: (31) 20 355 0001
Web Site: www.wavemakerglobal.com/

Employees: 80

Agency Specializes In: Media Buying Services

Isabelle Dacz *(CEO)*
Nicolaas Langereis *(Mng Dir-Content)*

Norway

Wavemaker
(Formerly MEC)
Stortorvet 10, 0155 Oslo, Norway
Tel.: (47) 22 472 600
Fax: (47) 22 472 601
Web Site: www.wavemakerglobal.com/

Employees: 60

Agency Specializes In: Media Buying Services

Anne-Grethe Habberstad *(Sr Dir-Client)*
Hanne Brauten *(Acct Dir)*
Kari Markussen *(Coord-Media)*

Poland

Wavemaker
(Formerly MEC)
ul Dobra 56/66, 00312 Warsaw, Poland
Tel.: (48) 22 552 7777
Fax: (48) 22 552 7770
Web Site: www.wavemakerglobal.com/

Employees: 160

Agency Specializes In: Media Buying Services

Izabela Albrychiewicz *(CEO)*
Anna Jarzynka *(Mng Partner & Dir-Client Svc)*
Pawel Gala *(Mng Partner-New Bus)*
Daria Sacha *(Mng Partner-Fin, Trading & Comml)*

Accounts:
H&M Media Strategic & Buying

Portugal

Wavemaker
(Formerly MEC)
Av Fontess Pereira de Melo 6 2nd Fl 2 Andar Dir, Lisbon, Portugal
Tel.: (351) 21 359 2200
Fax: (351) 21 351 2267
Web Site: www.wavemakerglobal.com/

Employees: 50

Agency Specializes In: Media Buying Services

Jose Manuel Cardoso *(CEO)*
Frederico Correia *(Mng Partner)*
Maria Joao Oliveira *(Mng Dir)*
Diogo Marnoto *(Chief Client Officer)*
Karine Santos *(Head-Strategy)*
Cristina Braga *(Acct Dir)*
Rute Ferreira *(Acct Supvr-Digital)*

Vanessa Machado *(Acct Supvr)*
Ana Moreno *(Sr Media Planner)*

Accounts:
Kingfisher Media
Ubisoft

Russia

Wavemaker
(Formerly MEC)
23 Osenniy Blvd Krylatsky Business Centre, Moscow, 121609 Russia
Tel.: (7) 495 641 23 14
Fax: (7) 495 641 23 15
Web Site: www.wavemakerglobal.com/

Employees: 30

Agency Specializes In: Media Buying Services

Natalia Kiryanova *(CEO)*
Victoria Prostyakova *(Mng Partner & Dir-MEC Access)*
Vlad Ivanov *(Mng Partner)*
Maria Kolosova *(Exec Dir)*
Lena Yarulina *(Mgr-Digital Solutions)*
Philipp Nemtsev *(Sr Media Planner)*

Spain

Wavemaker
(Formerly MEC Spain - Madrid)
Calle Las Norias 92, 28221 Madrid, Spain
Tel.: (34) 91 709 25 00
Fax: (34) 652 924738
Web Site: www.wavemakerglobal.com/

Employees: 500

Agency Specializes In: Media Buying Services

Alicia Pena Rada *(Head-New Bus Dev)*
Cristina Rodriguez *(Head-Client Project)*
Cristina Gordo Sardon *(Head-Digital Media)*
Yemina Banks *(Acct Dir)*
Ruth de la Torre Vega *(Client Svcs Dir)*
Maite Gonzalez Gutierrez *(Dir-Customer Svcs)*
Laura Liz *(Acct Mgr)*
Marta Fernandez Bernabeu *(Mgr-Trade)*
Penelope Garcia Jimenez *(Mgr-Comm & Mktg)*

Accounts:
Kingfisher
Ubisoft Campaign: "The Biggest Cyber Party Ever"

Wavemaker
(Formerly MEC Spain - Paterna (Valencia))
C/Naturalista Charles Robert Darwin, 5 Parque Tecnologico, 46980 Valencia, Spain
Tel.: (34) 96 382 65 25
Fax: (34) 96 382 65 29
Web Site: www.wavemakerglobal.com/

Employees: 50

Agency Specializes In: Media Buying Services

Hugo Llebres *(CEO)*
Ruth de la Torre Vega *(Client Svcs Dir)*
Lara Bilbao Melcon *(Acct Dir)*

Switzerland

Wavemaker
(Formerly MEC)
Rue Bellefontaine 2, 1003 Lausanne, Switzerland
Tel.: (41) 21 632 82 40
Fax: (41) 21 632 82 41

Web Site: www.wavemakerglobal.com/

Employees: 12

Agency Specializes In: Media Buying Services

Stephane Anken *(Dir-Client Svc)*
David Towers *(Sr Partner)*

Accounts:
Adobe Media Planning & Buying
Mondelez International, Inc. Media; 2018

Wavemaker
(Formerly MEC)
Seestrasse 315, 8038 Zurich, Switzerland
Tel.: (41) 44 2883840
Fax: (41) 44 2883841
Web Site: www.wavemakerglobal.com/

Employees: 15

Agency Specializes In: Media Buying Services

Ines Conley *(Head-Fin)*

Turkey

Wavemaker
(Formerly MEC)
Dereboyu Caddesi No 78/1-4 Ortakoy, 4347 Istanbul, Turkey
Tel.: (90) 212 227 17 00
Fax: (90) 212 227 67 56
Web Site: www.wavemakerglobal.com/

Employees: 40

Agency Specializes In: Media Buying Services

Neslihan Olcay *(CEO)*
Gizem Tekin *(Head-Digital)*
Merve Gurayca *(Acct Dir)*
Hasan Polat *(Acct Dir)*
Seda Cataltas *(Dir-Digital)*
Selcuk Usluer *(Mgr-Client Solutions)*
Melda Kahyalar Korkmaz *(Sr Media Planner)*

Accounts:
Mondelez International, Inc. Media; 2018

United Kingdom

Wavemaker
(Formerly MEC)
Bass Warehouse 4 Castle Street, Castlefield, Manchester, M3 4LZ United Kingdom
Tel.: (44) 161 930 9000
Fax: (44) 161 930 9030
Web Site: www.wavemakerglobal.com/

Employees: 800

Agency Specializes In: Media Buying Services

Joanna Parnell *(Mng Partner)*
Simon Price *(Mng Partner)*
Emma Slater *(Mng Dir)*
Mick Style *(CEO-Manchester)*
Guy Vernon *(Head-Precision & Bus Dir)*
Katrine Lykke Graugaard *(Mktg Dir)*
Kara Jones *(Bus Dir)*
Isobel Mooney *(Bus Dir)*
Mitesh Lakhani *(Dir-Data)*
Steven Richards *(Dir-Product Innovation)*
Sasja Steenvoorde *(Dir-Tech Consulting)*
Sophie Strong *(Dir-Digital)*
Emma Pilling *(Sr Mgr-Analytics & Insight)*
Christina Dilaveri *(Mgr-Comm Plng)*

MEDIA BUYING SERVICES

Accounts:
Beiersdorf Campaign: "The Moment Before the Moment", Elastoplast, Eucerin, Media, Nivea
Birmingham City University
First4lawyers DRTV, Media Planning & Buying
Jet2.com Digital, Media
Jet2holidays Digital, Media
Paramount SEO
Polish Tourist Board
POM Wonderful
Seven Seas
SIBA
Transform Cosmetic Surgery
Vimto
Wacky Warehouse Media
Webuyanycar.com Media

Morocco

Wavemaker
(Formerly MEC)
157 Boulevard d'Anfa Immeuble Racine d'Anfa 4eme Etage, PO Box 20000, Quartier Racine, Casablanca, Morocco
Tel.: (212) 522 361339
Fax: (212) 522 360309
Web Site: www.wavemakerglobal.com/

Employees: 15

Agency Specializes In: Media Buying Services

Asmaa Fahmi *(Mng Dir)*

Wavemaker Saudi Arabia
(Formerly MEC Saudi Arabia)
Al Khairiya Tower 2nd Floor King Fahad Road, PO Box 19462, Riyadh, 11435 Saudi Arabia
Tel.: (966) 1 466 0750
Fax: (966) 1 462 8219
Web Site: www.wavemakerglobal.com/

Employees: 50

Agency Specializes In: Media Buying Services

Accounts:
FrieslandCampina Offline Buying, Rainbow, Strategic Planning

Egypt

Wavemaker
(Formerly MEC)
8 Gazirat El Arab St 2 Fl, Al Mohandessin, Cairo, Egypt
Tel.: (20) 2 333 74073
Fax: (20) 2 337 4563
Web Site: www.wavemakerglobal.com/

Employees: 30

Agency Specializes In: Media Buying Services

Nael Fadel *(Mgr-Media)*

Kenya

Wavemaker South Africa
(Formerly MEC South Africa)
Merton Place The Avenues Office Park, 45 Homestead Rd,, 2128 Rivonia, 2128 South Africa
Tel.: (27) 11 582 6000
Fax: (27) 86 504 8786
Web Site: www.wavemakerglobal.com/

Employees: 40

Agency Specializes In: Media Buying Services

Lwandile Qokweni *(Mng Dir)*
Asher Vorster *(Planner-Strategic)*

Accounts:
Blackberry
Brandhouse
Chevron
Hollard Insurance Media Planning & Buying
KFC Journey of Hope

Argentina

Wavemaker
(Formerly MEC)
Juramento 1775 piso 11, C1428DNA Buenos Aires, Argentina
Tel.: (54) 11 4896 1700
Fax: (54) 11 4896 4525
Web Site: www.wavemakerglobal.com/

Employees: 35

Agency Specializes In: Media Buying Services

Catalin Gaitanaru *(Mng Partner-Romania)*
Chetan Shetty *(Partner-Content-Indonesia)*
Florencia Di Pietro *(Head-Negotiations & Digital Ops-MEC)*
Marina Ines Waldman Amaya *(Head-Digital Strategy)*

Chile

Wavemaker
(Formerly MEC)
Av del Condor N 844 OF 103 1er PISO Ciudad Empresarial, Huechuraba, Santiago, Chile
Tel.: (56) 2 941 6400
Fax: (56) 2 274 9915
Web Site: www.wavemakerglobal.com/

Employees: 25

Agency Specializes In: Media Buying Services

Marcelo H. Rivera H. *(Mng Dir)*
Claudia Guzman .S *(Dir-Analytics & Insights)*
Maria Eugenia Lemaitre *(Dir-Customer Svc)*

Colombia

Wavemaker
(Formerly MEC)
Cra14 No 94-65 Piso 3 Edificio Plazuela 94, Bogota, DC Colombia
Tel.: (57) 1 638 2593
Fax: (57) 1 638 2595
Web Site: www.wavemakerglobal.com/

Employees: 80

Agency Specializes In: Media Buying Services

Leonardo Gonzalez Ceballos *(Acct Dir)*
Diana Corredor *(Acct Dir)*
Giovanna Rosero *(Dir-Media Buying)*

Wavemaker
(Formerly MEC)
Carrera 43A No9 Sur-91 Oficina 1304 Centro de Negocios Las Villas, Torre Norte, Medellin, Colombia
Tel.: (57) 4 313 1076
Fax: (57) 4 313 1042
Web Site: www.wavemakerglobal.com/

Employees: 80

Agency Specializes In: Media Buying Services

Leonardo Gonzalez Ceballos *(Acct Dir)*
Diana Corredor *(Acct Dir)*
Giovanna Rosero *(Dir-Media Buying)*
Mario Lopez Moscoso *(Acct Mgr)*

Dominican Republic

Wavemaker
(Formerly Y&R Media)
Avenida de los Proceres, Esquina Eric Leonard Ekman #25,, Arroya Hondo, Santo Domingo, Dominican Republic
Tel.: (809) 562 2441
Fax: (809) 562 4371
Web Site: www.wavemakerglobal.com/

Employees: 100

Agency Specializes In: Media Buying Services

Ecuador

Wavemaker
(Formerly MEC/Y&R Media)
Avenida Amazonas y Naciones Unidas, Edificio La Previsora,, Torre A, Piso 8, Quito, Ecuador
Tel.: (593) 2 2555410
Fax: (593) 2 2509895
Web Site: www.wavemakerglobal.com/

Employees: 10

Agency Specializes In: Media Buying Services

Maria Soledad Hermosa *(Gen Mgr)*

Guatemala

Wavemaker
(Formerly MEC)
14 calle 3-51 zona 10 Edificio Murano Center, Oficina 402, Guatemala, Guatemala
Mailing Address:
PO Box 2-5289. Section 363, Miami, FL 22102-5289
Tel.: (502) 22798666
Fax: (502) 22798676
Web Site: www.wavemakerglobal.com/

Employees: 19
Year Founded: 2004

Agency Specializes In: Media Buying Services

Accounts:
Boquitas Diana
Camiones Jac
Cementos Progreso
Cerveza Gallo
Chevron Texaco
Colgate-Palmolive
Construred
Distribuidora Maravilla
Michelin
Sony Electronics

Mexico

Wavemaker
(Formerly MEC)
Avenida Ejercito Nacional 216-20 Piso, Colonia, Veronica Anzures, 11590 Mexico, DF Mexico
Tel.: (52) 55 5250 2429
Fax: (52) 55 5250 2429
Web Site: www.wavemakerglobal.com/

Employees: 100

Agency Specializes In: Media Buying Services

Salvador Lopez *(Acct Dir)*
Jose Luis Cabrera *(Acct Supvr)*

Puerto Rico

Wavemaker
(Formerly MEC)
270 Ave. Munoz Rivera, 3rd Fl, San Juan, PR 00918
Tel.: (787) 474-8800
Fax: (787) 474-8815
Web Site: www.wavemakerglobal.com/

Employees: 50

National Agency Associations: 4A's

Agency Specializes In: Media Buying Services

Dalia E. Morales *(Acct Dir)*
Nildaly Lara *(Acct Exec)*

United Arab Emirates

Wavemaker
(Formerly MEC)
Thuraya Tower 1, 3rd Floor, Office |P5304, Dubai Internet City, PO Box 25998, Dubai, United Arab Emirates
Tel.: (971) 4 4477274
Fax: (971) 4 390 8025
Web Site: www.wavemakerglobal.com/

Employees: 200

Agency Specializes In: Media Buying Services

Rabinder Thirumurthy *(CEO-MENA)*
Pradeep Menon *(Gen Mgr-Qatar & Bahrain)*
Zainab Hassan *(Sr Acct Exec)*

Accounts:
Global Export
Kansai Paints Media Buying, Media Planning
Land Rover

Asia Pacific

Wavemaker APAC HQ
(Formerly MEC APAC HQ)
700 Beach Road #04-01, Singapore, 068811 Singapore
Tel.: (65) 6225 1262
Fax: (65) 6227 9827
Web Site: www.wavemakerglobal.com/

Employees: 100

Agency Specializes In: Above-the-Line, Affiliate Marketing, Affluent Market, Aviation & Aerospace, Below-the-Line, Bilingual Market, Branded Entertainment, Broadcast, Business Publications, Business-To-Business, Cable T.V., Children's Market, Communications, Computers & Software, Consulting, Consumer Goods, Consumer Marketing, Consumer Publications, Content, Cosmetics, Customer Relationship Management, Digital/Interactive, Direct Response Marketing, Direct-to-Consumer, Electronics, Entertainment, Event Planning & Marketing, Experience Design, Experiential Marketing, Fashion/Apparel, Financial, Food Service, Game Integration, Guerilla Marketing, Health Care Services, High Technology, Hispanic Market, Hospitality, Household Goods, In-Store Advertising, Information Technology, Integrated Marketing, International, Internet/Web Design, Investor Relations, LGBTQ Market, Leisure, Luxury Products, Magazines, Market Research, Media Buying Services, Media Planning, Men's Market, Mobile Marketing, Multicultural, Multimedia, New Technologies, Newspapers & Magazines, Out-of-Home Media, Outdoor, Over-50 Market, Paid Searches, Pharmaceutical, Planning & Consultation, Podcasting, Point of Purchase, Point of Sale, Print, Product Placement, Public Relations, RSS (Really Simple Syndication), Radio, Recruitment, Regional, Restaurant, Retail, Sales Promotion, Search Engine Optimization, Seniors' Market, Social Marketing/Nonprofit, Sponsorship, Sports Market, Strategic Planning/Research, Sweepstakes, Syndication, T.V., Teen Market, Trade & Consumer Magazines, Transportation, Travel & Tourism, Viral/Buzz/Word of Mouth, Women's Market, Yellow Pages Advertising

Kei Cendreda *(Mng Partner)*
Raj Gupta *(Chief Strategy Officer)*
Ajit Varghese *(Pres-Market Dev)*
Zachary Lim *(Deputy Mng Dir)*
Rose Huskey *(Mng Dir-Global Client Solutions)*
Diana Vincent *(Head-Digital & Performance)*
Matt Farrington *(Bus Dir)*
Sandra Lopez *(Dir-Digital)*

Accounts:
Chanel
Chevron
Colgate-Palmolive
Daimler
DHL
Dorsett Hospitality International
Electrolux Marketing, Media Agency
Energizer
New-FrieslandCampina Offline Media Buying, Strategic Planning
Gleneagles Hospital
Health Promotion Board
Hong Kong Airlines Digital, Media Buying, Media Planning, Paid Social Media, Search
Ikea
Kimberly-Clark Corporation Media
Microsoft Xbox 360
MSIG
OCBC Bank Singapore Bank of Singapore, Branding, Marketing Communications, Media Investment Planning & Management, OCBC Securities; 2018
Paramount
Park Hotel Group Digital Media Buying, Digital Media Planning, Search Engine Marketing
Pfizer Inc. Consumer Health Business, Media Planning & Buying; 2017
Singapore Airlines
Singapore Media Awards Creative, Digital; 2018
SingTel
Sony Electronics (Agency of Record) Media, Strategic Media
Star Alliance
Xerox
Zuji Search Engine Marketing

Australia

Wavemaker
(Formerly MEC)
Level 14 65 Berry Street, Sydney, NSW 2060 Australia
Tel.: (61) 2 8356 0600
Fax: (61) 2 8356 0604
Web Site: www.wavemakerglobal.com/

Employees: 60

Agency Specializes In: Media Buying Services

Nathan Cook *(Mng Dir)*
Ian Edwards *(Mng Dir)*
James Hier *(Chief Product & Growth Officer)*
Peter Vogel *(CEO-Australia & New Zealand)*
James Boardman *(Head-Natl Strategy-Australia & New Zealand)*
Michael Krawczyk *(Head-Digital-Natl)*
Elaine Quirke *(Grp Dir-Partnerships & Creative Media)*
Anna-Marcella Colnan *(Dir-Digital)*
Grant LeQuesne *(Dir-Strategy & Insight)*
Natalie Monds *(Dir-Client & Comm)*
Philippa Noilea-Tani *(Dir-Trading-Sydney)*
Sarah Starkey *(Dir-Investment & Activation)*
Karl Vrolyk *(Dir-Talent)*
Sarah Hunter *(Grp Bus Dir)*

Accounts:
Blackmores Media Buying
Colgate Dynamo
Mitsubishi Motors
New-Ola; 2018
Paramount Pictures
New-Perfection Fresh Calypso Mangoes, Media
Schwarzkopf Media

Wavemaker
(Formerly MEC)
Level 1 46 Fullarton Rd Norwood, Adelaide, SA 5067 Australia
Tel.: (61) 8 8366 4744
Fax: (61) 8 8331 8586
Web Site: www.wavemakerglobal.com/

Employees: 23

Agency Specializes In: Media Buying Services

Peter Vogel *(CEO)*
Matt Hofmeyer *(Mng Dir)*
Sandra Weiss *(Grp Dir-Digital & Social)*
Hayley Burns *(Dir-Strategy & Insights)*
Jessica Torstensson *(Grp Bus Dir-Hungry Jack's)*

Accounts:
Hungry Jack's
Mitsubishi Motors Media Buying
SA Lotteries
The South Australian Government Advertising, Media Buying

China

Wavemaker
(Formerly MEC)
1206 12/F The Huali Building No 58 Jinbao Street, Dongcheng District, Beijing, 100005 China
Tel.: (86) 10 852 33758
Fax: (86) 10 651 21916
Web Site: www.wavemakerglobal.com/

Employees: 30

Agency Specializes In: Media Buying Services

Gordon Domlija *(CEO)*
King Lai *(Pres-Calibre)*
Michelle Yang *(Mng Dir-Beijing)*
Jimmy Huang *(Head-Tiffany & Co-China & Gen Mgr)*
Kittie Fan *(Assoc Dir-Digital)*

Wavemaker
(Formerly MEC)
37th Floor PCCW Tower Taikoo Place 979 King's Road, Quarry Bay, China (Hong Kong)
Tel.: (852) 2280 3928
Fax: (852) 2280 3945
Web Site: www.wavemakerglobal.com/

Employees: 25

Agency Specializes In: Media Buying Services

MEDIA BUYING SERVICES

Gordon Domlija *(CEO)*
Allison Coley *(Mng Dir)*
Stanley Ngai *(Mng Dir)*
Christina Lu *(Chief Strategy Officer)*
Diego Cerrone *(Head-Strategy)*
Adrian Lee *(Head-Digital)*
Omar Crutchley *(Dir-Performance)*

Accounts:
China Light & Power; 2007
Colgate Palmolive
New-Daimler AG
DBS Bank (Hong Kong) Limited
Hong Kong Airlines Advertising, Media, Offline, Online, Out-of-Home, Print, TVC, Video
Michael Kors (USA), Inc. Content Marketing, Media; 2018
Regal Hotels International Holdings Ltd Global Search Engine Marketing
Swanson Broth & Stock
Zuji Media Buying, Media Planning, Performance Marketing, Search

India

Wavemaker
(Formerly MEC)
8th Floor Commerz International Business Park, Oberoi Garden City, Mumbai, 400063 India
Tel.: (91) 22 4239 8888
Fax: (91) 22 67403800
Web Site: www.wavemakerglobal.com/

Employees: 100

Agency Specializes In: Media Buying Services

Shekhar Banerjee *(Mng Partner)*
Kishan Kumar *(Mng Partner)*
Kartik Sharma *(CEO-India & South Asia)*
Rahul Karthikeyan *(Head-Digital Performance, Platforms & Product-West)*

Accounts:
ANZ New Zealand
Bisleri International Pvt. Ltd Fonzo, Offline Media; 2018
Cavinkare Media
CIGNA
Citi
Colgate Palmolive
Corvi LED Digital Media, Traditional
DHL
Dream11 (Media Agency of Record); 2018
Eureka Forbes Media Planning & Buying, Traditional Media; 2018
General Electric Media Planning & Buying
GoDaddy
HDFC Standard Life Insurance
Helix
Honda Motors & Scooters
Jaypee Cements
Kraft Foods
Loyalty NZ
McDonald's
Mercedes-Benz
Mondelez International, Inc. Digital & Traditional Media; 2018
NMIMS Global Access School for Continuing Education Media Buying & Planning
OLX
Paisabazaar.com Media
Perfetti Van Melle Holding B.V. Media, Offline
Policybazaar.com (Media Agency of Record)
Radikal Rice
New-Sportzconsult Media, Mumbai Games
Tata Global Beverages Creative & Social Media Strategy, Tea & Coffee; 2018
Tata Sky Media
TimesJobs Digital
Vistaprint Media
Vodafone

Wavemaker
(Formerly MEC)
Mahalaxmi Chambers 5th Floor, 29 M G Road, Bengaluru, 560 001 India
Tel.: (91) 80 4119 3197
Fax: (91) 80 4113 3030
Web Site: www.wavemakerglobal.com/

Employees: 6

Agency Specializes In: Media Buying Services

Kishan Kumar *(Mng Partner)*
Mithun Uchil *(Head-Client)*
Ravindran Mohanasundaram *(Dir-Media Investment)*

Accounts:
BlueStone Media
Brittania Media
Dixcy Scott Media
Flipkart Media
Global Consumer Products Media, Online

Wavemaker
(Formerly MEC)
New No. 13, Old No. 7, 5th Street, Nandanam Extension, Chennai, 600 035 India
Tel.: (91) 44 4289 1000
Fax: (91) 44 4289 1040
Web Site: www.wavemakerglobal.com/

Employees: 30

Agency Specializes In: Media Buying Services

Rajendra J. Prasad *(Gen Mgr)*
Balaji RD *(Bus Dir)*

Accounts:
The Hindu Group Media
ParentCircle Media

Singapore

Wavemaker
(Formerly MEC)
700 Beach Road #04-01, Singapore, 199598 Singapore
Tel.: (65) 6225 1262
Fax: (65) 6227 9827
Web Site: www.wavemakerglobal.com/

Employees: 70

Agency Specializes In: Media Buying Services

Allison Coley *(Mng Dir-Hong Kong)*
Jessica Lok *(Bus Dir)*
Rachna Julka *(Strategist-Digital)*

Accounts:
Caltex Campaign: "The Fuel Democracy"
Dairy Farm Singapore Media Buying & Planning
Friesland Campina Europe, Middle East & Africa, Media, Off Line Media Buying, Strategic Planning
Health Promotion Board Media
Mercedes Benz
Parkway Pantai
Singapore Airlines Media Planning & Buying

Taiwan

Wavemaker
(Formerly MEC)
4F No 31-2 Lane 11 GuangFu N Road, Taipei, 10560 Taiwan
Tel.: (886) 2 7710 6288
Fax: (886) 2 7710 6289
Web Site: www.wavemakerglobal.com/

Employees: 75

Agency Specializes In: Media Buying Services

Ming-Fen Li *(Supvr)*

WAVEMAKER - NA HQ, NEW YORK
(Formerly MEC - NA HQ, New York)
825 7th Ave, New York, NY 10019-5818
Tel.: (212) 474-0000
Fax: (212) 474-0003
Web Site: www.wavemakerglobal.com

Employees: 1,000

National Agency Associations: 4A's

Agency Specializes In: Above-the-Line, Affiliate Marketing, Affluent Market, Asian Market, Automotive, Aviation & Aerospace, Below-the-Line, Bilingual Market, Branded Entertainment, Broadcast, Business Publications, Business-To-Business, Cable T.V., Children's Market, Communications, Computers & Software, Consulting, Consumer Goods, Consumer Marketing, Consumer Publications, Content, Cosmetics, Customer Relationship Management, Digital/Interactive, Direct Response Marketing, Direct-to-Consumer, Electronics, Entertainment, Event Planning & Marketing, Experience Design, Fashion/Apparel, Financial, Food Service, Game Integration, In-Store Advertising, Information Technology, Integrated Marketing, International, Internet/Web Design, Investor Relations, LGBTQ Market, Leisure, Luxury Products, Magazines, Market Research, Media Buying Services, Media Planning, Merchandising, Multicultural, Multimedia, New Product Development, New Technologies, Newspapers & Magazines, Out-of-Home Media, Outdoor, Over-50 Market, Paid Searches, Pharmaceutical, Planning & Consultation, Podcasting, Point of Purchase, Point of Sale, Print, Product Placement, Public Relations, RSS (Really Simple Syndication), Radio, Real Estate, Recruitment, Regional, Restaurant, Retail, Sales Promotion, Search Engine Optimization, Seniors' Market, Social Marketing/Nonprofit, Sponsorship, Sports Market, Strategic Planning/Research, Sweepstakes, Syndication, T.V., Teen Market, Trade & Consumer Magazines, Transportation, Travel & Tourism, Viral/Buzz/Word of Mouth, Women's Market, Yellow Pages Advertising

Whitney Fishman *(Mng Partner-Innovation & Consumer Tech)*
Tom Kelshaw *(Mng Partner-Platform Innovation)*
Ryan Kelly *(Partner & Head-Programmatic Practice)*
Jake Chun *(Partner & Sr Dir)*
Tresten Lada *(Partner & Sr Dir-Digital)*
Dorian Roth *(Partner & Sr Dir)*
Donna Estreicher *(Partner-Culture Bus & Dir-People)*
Laura Dugan Regen *(Partner & Dir-Digital Analytics)*
Neil Sternberg *(CFO)*
Rick Acampora *(COO)*
Brad Backenstose *(Head-Organic Growth & Client)*
Tara Sadlak *(Sr Dir-Digital)*
Ruthie Rackover *(Acct Dir)*
Gabriele Gruchacz *(Dir-Digital Investment)*
Michelle Mintz *(Dir-Plng)*
Yam Sy *(Dir)*
Jessica Illescas *(Mgr-Activation)*
Sarah Kaduc *(Mgr)*
Fausto Lopez *(Mgr-Digital Investment)*
Christina Sarver *(Mgr)*
Patrick Timlin *(Mgr-Digital)*
Zachary Weinstock *(Mgr)*
Reden Pelim *(Sr Analyst-Digital)*
Sharanika Akter *(Sr Assoc-SEM & ECommerce-*

AGENCIES - JANUARY, 2019 — MEDIA BUYING SERVICES

Church & Dwight)
Holly Manciero *(Sr Assoc-L'Oreal Paris)*
Matthew Raymundo *(Assoc-Paid Search)*
Benjamin Rosen *(Negotiator)*

Accounts:
ABB
Advanced Micro Devices
Alcon Precision
Altice USA (Media Agency of Record); 2018
American Institute of CPA
Bacardi USA, Inc. Bombay Sapphire
Biogen Analytics, Buying, Media, Planning
Chanel
Chevron Corporation
Coach Leatherware
Colgate-Palmolive
DHL
E&J Gallo Winery
Energizer
Genworth
IKEA Campaign: "Fix This Kitchen", IKEA North America Services, LLC, Media
The Kaplan University
L'Oreal USA Communications, Garnier, Giorgio Armani, L'Oreal Paris, Lancome, MAYBELLINE, Planning, Viktor & Rolf, Yves Saint Laurent
Mars
Michelin
National Football League
Otsuka Pharmaceutical Analytics, Brexpiprazole, Media Buying, Media Planning
Paramount Campaign: "Paranormal Activity 3"
Pepperidge Farm
Playtex Products Banana Boat Sunscreen, Infant & Feminine Care Products; 2008
Polycom
SAP
Singapore Airlines
Star Alliance
T. Rowe Price
TomTom
Toshiba
Verisign
Xerox
YUM!

WENSTROM COMMUNICATIONS
2431 Estancia Blvd Bldg C, Clearwater, FL 33761
Tel.: (727) 791-1188
Fax: (727) 791-4976
E-Mail: steve@wenstrom.net
Web Site: www.wenstrom.net

Employees: 9
Year Founded: 1991

Agency Specializes In: Advertising, Advertising Specialties, Affiliate Marketing, Affluent Market, Alternative Advertising, Automotive, Broadcast, Cable T.V., Co-op Advertising, College, Consulting, Consumer Goods, Consumer Marketing, Consumer Publications, Cosmetics, Direct Response Marketing, Direct-to-Consumer, Electronic Media, Entertainment, Food Service, Government/Political, Health Care Services, Hispanic Market, In-Store Advertising, Legal Services, Leisure, Local Marketing, Luxury Products, Magazines, Market Research, Media Buying Services, Media Planning, Media Relations, Medical Products, Mobile Marketing, Multimedia, Newspaper, Newspapers & Magazines, Out-of-Home Media, Outdoor, Over-50 Market, Paid Searches, Planning & Consultation, Print, Promotions, Radio, Recruitment, Regional, Restaurant, Search Engine Optimization, Social Media, Sponsorship, Sports Market, Strategic Planning/Research, Syndication, T.V., Trade & Consumer Magazines, Transportation, Urban Market, Web (Banner Ads, Pop-ups, etc.), Women's Market, Yellow Pages Advertising

Stephen Wenstrom *(Pres)*

Lisa Ennis *(Sr VP & Dir-Media)*
Judy A. Wendzel *(Office Mgr)*
Mary Napoli *(Specialist-Client Acctg)*
Jenna Ministral *(Sr Media Buyer)*
Heidi Slayton *(Sr Media Planner & Buyer)*

Accounts:
Applebee's
The Tampa Bay Rays

WILKINS MEDIA
498 7th Ave 19th Fl, New York, NY 10018
Tel.: (212) 929-5380
Web Site: www.wilkinsmedia.com

Employees: 50
Year Founded: 1965

Agency Specializes In: Advertising, Experiential Marketing, Internet/Web Design, Media Buying Services, Media Planning, Out-of-Home Media, Print, Radio, Social Media, T.V.

Jon Selame *(CEO)*
Harrisen Kim *(COO & Exec VP)*
Chris Haworth *(VP-Client Partnerships)*
Melissa Pacheco *(VP-Acct Svcs)*
Patricia Alvarez Turosz *(VP-Client Partnerships & Experiential)*
Jerry Gondek *(Dir-Client Partnerships)*
Robert Kalman *(Dir-Client Partnerships)*
Jim Sullivan *(Dir-Client Partnerships)*
Abbey Withey *(Dir-Client Partnerships)*

Accounts:
1-800-Contacts
AMC
Children's National Medical Center
Credit Karma
Expedia
Hospital for Special Surgery
Lockheed Martin
Monroe Shock Absorbers
New York Life
NYU Langone Medical Center
People's United Bank
Pratt & Whitney
Raymond James Financial
Square Enix Holdings Co. Ltd Rise of the Tomb Raider
STARZ
Universal Music Group
Vans

WORKING MEDIA GROUP
460 Park Ave S, New York, NY 10016
Tel.: (212) 251-0021
Fax: (866) 501-8916
E-Mail: info@workingmediagroup.com
Web Site: www.workingmediagroup.com

Employees: 14
Year Founded: 2005

Agency Specializes In: Advertising, Brand Development & Integration, Content, Digital/Interactive, Email, Media Buying Services, Media Planning, Search Engine Optimization, Social Media, Strategic Planning/Research

Kerry P. Tracy *(CEO)*
Jeff Matteuzzi *(Sr VP-Digital Mktg & Analytics)*
Ron Glucksman *(VP-Media Strategy)*

Accounts:
ABF Freight
AOL
BodyBuilding.com
Cushman & Wakefield
Dime
Level 3 Communications
Sanofi Genzyme

Sergeant's
Unilever
YMCA

YELLIN/MCCARRON, INC.
130 Main St, Salem, NH 03079
Tel.: (617) 426-9211
Fax: (617) 426-7443
E-Mail: info@yellinmccarron.com
Web Site: www.yellinmccarron.com

Employees: 6
Year Founded: 1978

Agency Specializes In: Advertising, Alternative Advertising, Broadcast, Business-To-Business, Cable T.V., Co-op Advertising, Education, Electronic Media, Entertainment, Environmental, Financial, Government/Political, Guerilla Marketing, Health Care Services, Hispanic Market, International, LGBTQ Market, Leisure, Local Marketing, Magazines, Media Buying Services, Media Planning, Men's Market, Mobile Marketing, Multicultural, Multimedia, Newspaper, Newspapers & Magazines, Out-of-Home Media, Outdoor, Paid Searches, Pets , Planning & Consultation, Podcasting, Print, Radio, Regional, Seniors' Market, Social Media, Sponsorship, Strategic Planning/Research, T.V., Trade & Consumer Magazines, Transportation, Travel & Tourism, Urban Market, Viral/Buzz/Word of Mouth, Women's Market

Approx. Annual Billings: $10,000,000

Breakdown of Gross Billings by Media: Out-of-Home Media: 15%; Print: 20%; Radio & T.V.: 50%; Worldwide Web Sites: 15%

Patricia McCarron *(Pres)*
Melissa Noyes *(VP & Media Dir)*
Adrienne Palen *(Specialist-Media)*

Accounts:
Island Alliance; Boston, MA Tourism
Miltons Media Planning & Buying

ZENITH MEDIA
(Formerly ZenithOptimedia)
24 Percy Street, London, W1T 2BS United Kingdom
Tel.: (44) 207 961 1000
Fax: (44) 207 961 1113
Web Site: http://www.zenithmedia.com/

Employees: 3,900
Year Founded: 1988

Agency Specializes In: Digital/Interactive, Direct Response Marketing, Media Buying Services, Media Planning, Planning & Consultation, Sports Market

Approx. Annual Billings: $15,500,000,000

Natalie Cummins *(CEO)*
Mark Howley *(CEO)*
Robert Gold *(Mng Partner)*
Rian Shah *(Mng Dir)*
Grant Millar *(Chief Client Officer)*
Vittorio Bonori *(Pres-Global Brand)*
Jonathan Barnard *(Head-Forecasting & Dir-Intelligence-Global)*
Chris Arnold *(Head-Client Solutions-Data Sciences)*
Benoit Cacheux *(Head-Digital & Innovation-Global)*
Tim Collison *(Head-Global Comm)*
James Hudson *(Head-Digital)*
Nisha Ashra *(Dir-Comm)*
Rajat Gupta *(Dir-Digital)*
Cassandra Stevens *(Dir-Commerce)*

Media Buying Services

MEDIA BUYING SERVICES
AGENCIES - JANUARY, 2019

Jessica Mair *(Mgr-Strategy)*
Milania Mina *(Mgr-Plng)*
Kelvin Muturi *(Strategist-Digital)*

Accounts:
Asus Campaign: "Guitar", Campaign: "In Search of Incredible", Campaign: "Laptop", Campaign: "Micro", Campaign: "Peacocks", Campaign: "Piano", Campaign: "Record-Player"
Aviva Plc Digital, Global Media, Media
BBC Worldwide
Bel Group Media
BMW
Carling British Cider Media Planning & Buying
Carpetright Media Planning & Buying
Comparethemarket.com Campaign: "Agent Maiya", Media Planning & Buying
Costa Ltd. Campaign: "Little Moments of Fun", Costa Coffee, Costa Ice, Media, Media Planning & Buying, Multimedia
Coty Clairol, CoverGirl, Wella; 2016
Creative Content UK "Education Programme", Media Buying, Media Planning
The Edrington Group Brugal Rum, Cutty Sark Blended Scotch Whisky, Global Media
eOne Media planning & Buying
Gucci Group Media Planning & Buying UK, France & Asia
Harvey Nichols Group Limited Media, Media Buying, Media Planning
Hewlett Packard
HomeAway, Inc. Media Buying, Media Planning
Kayak Digital, Offline Media Planning & Buying
Lactalis Global Media, Media Communications; 2018
Lexus Media Buying, Media Planning
New-Luxottica Global Media; 2018
Maxxium UK Courvoisier, Famous Grouse, Jim Beam, Media, PR, Promotions, Sampling, Sourz, Stand-Out In-Store
Mirror Group Newspapers Daily Mirror, Media Planning & Buying, Sunday Mirror, The People
Molson Coors Brewing Company (UK) Ltd. Above-The-Line, Carling Zest lager, Cobra, Coors Light, Digital, UK Media Planning & Buying
NatWest Media Planning & Buying
Nestle Kitkat, Media Buying, Media Planning
New Look
NSPCC Above-the-Line
Omega Pharma Media
Pinnacle Foods Group Birds Eye, Media
Puma
Reckitt Benckiser Group plc Clearasil Ultra Blemish + Marks, Dettol, Durex, Lemsip, Lysol, Media Planning & Buying, Nurofen, Vanish, Woolite
The Royal Bank of Scotland Pay-Per-Click, Retail Digital Media Planning & Buying, SEO
Sanofi-Aventis Anthisan, Media Planning & Buying
Superdrug Media Planning & Buying, The Perfume Shop
Svenska Cellulosa Aktiebolaget Media Buying, Media Communications, Media Planning
Tesco plc Echo Falls, Media Planning & Buying
Totaljobs Group Media Planning & Buying, Offline
Uniqlo
Unitech

United States

Zenith USA
(Formerly Zenith Media Services)
299 W Houston St 10th Fl, New York, NY 10014-4806
(See Separate Listing)

Canada

ZenithOptimedia Canada Inc.
111 Queen St E Ste 200, Toronto, ON M5C 1S2 Canada
Tel.: (416) 925-7277

Fax: (416) 975-8208
Web Site: http://www.zenithmedia.com/

Employees: 90
Year Founded: 1998

Agency Specializes In: Media Buying Services

Kristine Lyrette *(Pres)*
Janet Cheong *(Coord-Fin)*

Accounts:
Hyundai Auto Canada Corp. Media Buying
Ontario Women's Directorate Campaign: "WhoWillYouHelp"
Purina

ZenithOptimedia Canada Inc.
3530 St-Laurent Boulevard Ste 400, Montreal, QC H2X 2V1 Canada
Tel.: (514) 288-8442
Fax: (514) 288-9886
Web Site: http://www.zenithmedia.com/

Employees: 20

Agency Specializes In: Media Buying Services

Latin America

Optimedia
Armenia 1528, C1414 DKH Buenos Aires, Argentina
Tel.: (54) 1143110600
Fax: (54) 11 5556 3500
Web Site: http://www.zenithmedia.com/

Employees: 5

Agency Specializes In: Media Buying Services

Fernando Alvarez Colombres *(CEO)*
Patricia Cernochova *(Media Buyer-OOH & Print)*

Balkans

ZenithOptimedia
Abacus Business Building, fl.5, 118, Bulgaria Blvd., Sofia, 1680 Bulgaria
Tel.: (359) 2 43 40 710
Fax: (359) 2 43 40 879
Web Site: http://www.zenithmedia.com/

Employees: 12

Agency Specializes In: Media Buying Services

Dessislava Stoyanova *(Mng Dir)*
Alexander Kochev *(Acct Mgr)*
Mina Zafirova *(Media Planner)*

ZenithOptimedia
Dunajska 22, Ljubljana, 1000 Slovenia
Tel.: (386) 1 23 43 500
Fax: (386) 1 23 43 540
Web Site: http://www.zenithmedia.com/

Employees: 12

Agency Specializes In: Media Buying Services

Jasna Spelko Smerajc *(Mng Dir)*

ZenithOptimedia
Heinzelova 33, Zagreb, 10000 Croatia
Tel.: (385) 1 23 09 300
Fax: (385) 1 23 09 301
Web Site: www.zenithmedia.com/

Employees: 15

Agency Specializes In: Media Buying Services

Tomislav Loncaric *(Grp Acct Dir)*

Belgium

ZenithOptimedia
Clos Lucien Outers 11-21, B-1160 Brussels, Belgium
Tel.: (32) 2 716 01 20
Fax: (32) 2 725 85 89
Web Site: http://www.zenithmedia.com/

Employees: 45

Agency Specializes In: Media Buying Services

Karine Ysebrant de Lendonck *(Mng Partner & COO)*
Davy Caluwaerts *(Mng Dir)*
Rik Provoost *(Mng Dir)*
Fabienne Planche *(Dir-Productivity, R&D)*
Lahbib Meriem *(Buyer-Print)*

France

ZenithOptimedia
68 bis rue Marjolin, CEDEX, 92685 Levallois-Perret, France
Tel.: (33) 1 58 74 86 00
Fax: (33) 1 58 74 88 88
Web Site: http://www.zenithmedia.com/

Employees: 350

Agency Specializes In: Media Buying Services

Agnes Hautbois *(Exec Dir)*

Accounts:
Anheuser-Busch InBev Media

Ireland

ZenithOptimedia
3rd Fl Molyneax House Bride St, Dublin, 8 Ireland
Tel.: (353) 1 4804444
Fax: (353) 1 480 4455
Web Site: http://www.zenithmedia.com/

Employees: 18

Agency Specializes In: Media Buying Services

Shay Keany *(CEO)*
Claire Nardone *(Client Svcs Dir)*
Johnny Ross *(Dir-Client)*

Accounts:
Molson Coors Carling, Cobra, Coors Light, Media Buying, Media Planning

Italy

ZenithOptimedia Interactive Direct
5 via Cavriana, 20134 Milano, Italy
Tel.: (39) 02 75299 1
Fax: (39) 02 70121 957
Web Site: http://www.zenithmedia.com/

Employees: 5

Agency Specializes In: Digital/Interactive, Media Buying Services

1388

Alberto Chiari *(Acct Dir-Intl)*
Stefania De Stefani *(Media Dir-Intl)*
Valentina Vimercati *(Mgr-Media)*

ZenithOptimedia
Piazza G Marconi 15, 00144 Rome, Italy
Tel.: (39) 06 32803730
Fax: (39) 06 324 2605
Web Site: http://www.zenithmedia.com/

Employees: 11

Agency Specializes In: Media Buying Services

Paola Ingenito *(Mgr-Media)*
Giorgia Vanacore *(Mgr-Media)*

ZenithOptimedia
5 via Cavriana, 20134 Milan, Italy
Tel.: (39) 02 75299 1
Fax: (39) 02 701219 57
Web Site: http://www.zenithmedia.com/

Employees: 90

Agency Specializes In: Media Buying Services

Benedetta Barbieri *(Media Dir)*
Stefania De Stefani *(Media Dir-Intl)*
Simona Maiocchi *(Media Dir)*
Laura Giovenzana *(Mgr-Media)*

Middle East

Optimedia
Omar Saab Building Verdun Rachid Karame Street, 2nd Fl, Beirut, Lebanon
Mailing Address:
PO Box 6716, Beirut, Lebanon
Tel.: (961) 1 738 644
Fax: (961) 1 7475 75
Web Site: http://www.zenithmedia.com/

Employees: 9

Agency Specializes In: Media Buying Services

Zenith Media
3 Chilason St, Ramat Gan, 52522 Israel
Tel.: (972) 3 755 2655
Fax: (972) 3 755 2655
Web Site: http://www.zenithmedia.com/

Employees: 20
Year Founded: 1995

Agency Specializes In: Media Buying Services

Alon Hochdorf *(CEO)*

Netherlands

ZenithOptimedia
Prof WH Keesomlaan 12, 1183 DG Amstelveen, Netherlands
Mailing Address:
PO Box 1860, 1000 BW Amsterdam, Netherlands
Tel.: (31) 20 46 22 760
Fax: (31) 20 46 22 761
E-Mail: info@zenithoptimedia.nl
Web Site: www.zenithoptimedia.nl

Employees: 78
Year Founded: 1990

Agency Specializes In: Media Buying Services

Kees de Groot *(Bus Dir)*
Robert-Jan Duk *(Dir-AV)*

Poland

ZenithOptimedia
ul Domaniewska 42, 02-672 Warsaw, Poland
Tel.: (48) 22 345 21 40
Fax: (48) 22 345 21 41
Web Site: http://www.zenithmedia.pl/

Employees: 136
Year Founded: 1994

Agency Specializes In: Media Buying Services

Norbert Kaluzny *(Acct Dir)*
Anna Rodzik *(Acct Dir)*
Sebastian Szysz *(Dir-Strategy)*
Michal Taranta *(Dir-Comm-Integrated)*
Karolina Perkowska *(Comm Mgr)*

Slovakia

Optimedia
Panonska cesta 7, 851 04 Bratislava, Slovakia
Tel.: (421) 2 32 15 35 01
Fax: (421) 2 32 15 35 04
E-Mail: zenithoptimedia@zenithoptimedia.sk
Web Site: www.zenithoptimedia.sk

Employees: 20
Year Founded: 2002

Agency Specializes In: Media Buying Services

Juraj Schwarz *(Head-Acct Team)*
Alexander Matus *(Exec Dir)*
Martin Babjak *(Dir-Ops)*
Slavomir Herman *(Dir-Client Svc-Zenith)*
Sona Pollakova *(Sr Acct Mgr-Zenith)*
Alena Ziakova *(Sr Acct Mgr)*
Romana Barcikova *(Acct Mgr-Media)*
Marta Hrubovcakova *(Acct Mgr)*
Maria Kalivodova *(Acct Mgr)*
Lucia Plichtova *(Acct Mgr)*
Simona Mihalkova *(Acct Exec)*
Zuzana Secova *(Media Buyer & Planner)*
Alexandra Balazova *(Media Buyer-TV)*
Andrea Mitosinkova *(Media Buyer-TV)*

Scandinavia

Zenith Media
Sankt Annae Plads 13, 1250 Copenhagen, K Denmark
Tel.: (45) 33 33 00 67
Fax: (45) 33 33 00 68
Web Site: http://www.zenithmedia.com/

Employees: 15
Year Founded: 1998

Agency Specializes In: Media Buying Services

ZenithOptimedia
Munkedamsveien 35, P.O. Box 1769, Vika, 0122 Oslo, Norway
Tel.: (47) 90 53 60 01
Fax: (47) 22 83 27 02
Web Site: http://www.zenithmedia.com/

Employees: 10
Year Founded: 2002

Agency Specializes In: Media Buying Services, Sponsorship

Linn Renate Brekke *(Mgr-Programmatic)*
Siv Laegreid *(Mgr-Digital Client)*
Sandra Markovic *(Mgr-Client Svc)*
Anne Lise Olsen *(Planner-Social Media)*

Spain

Optimedia
Paseo de la Castellana 95 20th Floor, Torre Europa, 28046 Madrid, Spain
Tel.: (34) 91 308 0540
Fax: (34) 91 319 3567
E-Mail: fernando.rodriguez@optimedia.es
Web Site: www.optimedia.es

Employees: 160

Agency Specializes In: Media Buying Services

Zenith Media
Puerta de Europa Paseo de la Castellana 216 Floor 16, 28046 Madrid, Spain
Tel.: (34) 91 567 4600
Fax: (34) 91 567 4611
Web Site: http://www.zenithmedia.com/

Employees: 75
Year Founded: 1981

Agency Specializes In: Media Buying Services, Sponsorship

Cristina Rey Alvarez *(CEO-Spain)*
Carmen Caballero *(Acct Mgr)*
Patricia Sierra Lopez *(Strategist-Multimedia & Planner)*

Ukraine

ZenithOptimedia
Vorovskogo 24, Kiev, 01054 Ukraine
Tel.: (380) 44 492 9980
Fax: (380) 44 492 9981
Web Site: http://www.zenithmedia.com/

Employees: 30

Agency Specializes In: Media Buying Services

Natalia Ostrovskaya *(Dir-Strategy)*

United Kingdom

Meridian Outdoor Advertising
24 Percey Street, London, W1T 2BS United Kingdom
Tel.: (44) 207 961 1000
Fax: (44) 207 961 1001
E-Mail: info@meridianoutdoor.com
Web Site: www.meridianoutdoor.com/

Employees: 25
Year Founded: 1990

Agency Specializes In: Media Buying Services, Out-of-Home Media, Outdoor

Tim Sapsford *(Mng Dir)*

Accounts:
Audi
Hewlett Packard
Intercontinental Hotels
Lexus
Nokia
Procter & Gamble
Toyota

MEDIA BUYING SERVICES — AGENCIES - JANUARY, 2019

Australia

ZenithOptimedia
Bond Store 3 30 Windmill St, Walsh Bay, Sydney, NSW 2000 Australia
Tel.: (61) 2 9258 9100
Fax: (61) 2 9258 9101
Web Site: http://www.zenithmedia.com/

Employees: 145
Year Founded: 1964

Agency Specializes In: Communications, Media Buying Services

Nickie Scriven *(CEO)*
Jonny Cordony *(Gen Mgr)*
Angela Swayn *(Gen Mgr-Ops)*
Kylie Sneddon *(Dir-Natl Mktg & Comml)*

Accounts:
Aldi Australia Brand Campaign, Catalogue, Digital, In-Store, Media, TV
The Australian Media Strategy
Clarins Media Business
DiDi Media; 2018
Foodora
Henkel Dry Idea, Media, Persil, Pritt, Schwarzkopf Haircare, Sellotape
Lion
5 Seeds Campaign: "The 5 Seeds Orchard", Media
NSW Government
Singapore Tourism Board Global Media
TEG Live (Media Agency of Record) Strategy; 2017
Tooheys Extra Dry Campaign: "Repay Your Mouth"

China

ZenithOptimedia
1-4/F900 Huai Hai Zhong Road, Shanghai, China
Tel.: (86) 21 6133 8399
Fax: (86) 21 6133 8398
Web Site: www.zenithoptimedia.com.cn

Employees: 500

Agency Specializes In: Media Buying Services

Mykim Chikli *(CEO-China)*

Accounts:
Carlsberg Media
Durex
LVMH
Mengniu Media
Twentieth Century Fox Media

Hong Kong

ZenithOptimedia
Room 1403-05 14/F 1063 Kings Road, Quarry Bay, China (Hong Kong)
Tel.: (852) 2236 9000
Fax: (852) 2250 9333
Web Site: http://www.zenithmedia.com/

Employees: 100

Agency Specializes In: Media Buying Services

Ellen To *(CEO-China)*
Kevin Luk *(Assoc Mgr-Media)*

Accounts:
Abbott Nutrition Ensure, Gain, Glucerna, Media Buying, PediaSure, Prenatal, Similac
China Mobile
DiDi Chuxing Integrated Media Planning & Buying; 2018
Global Beauty International Management
SHK Finance Below the Line, Media

India

ZenithOptimedia India
90 D Sector 18 Udyog Vihar, Phase 4, Gurgaon, Haryana 122015 India
Tel.: (91) 124 389 3590
Fax: (91) 124 389 3185
Web Site: http://www.zenithmedia.com/

Employees: 150

Agency Specializes In: Media Buying Services

Tanmay Mohanty *(Grp CEO)*
Jai Lala *(COO)*
Ajit Gurnani *(Chief Client Officer)*
Chidirala Anil Shankar *(Assoc VP)*

Accounts:
Fitbit Campaign: "#Findyourfit", Media
Foodpanda.in Digital, Media Buying, Media Planning
HDFC Life (Agency of Record) Integrated Communications, Media; 2018
HomeShop18 Media Buying, Media Planning
Honeywell Air Purifier, Media; 2017
Hyundai Media
Indiahomes.com Digital, Media Buying, Media Planning
Jabong.com Media
Jungle Games Buying, Digital, Media, Media Planning, OOH, Print, TV
Lactalis Global Media
Micromax
Nestle India (Agency of Record) Maggi, Media
OLX Digital
PayU India Citrus Pay, LazyPay, Media
Reckitt Benckiser Media, Strategy
Spykar Integrated Brand Campaigns, Media; 2018
Uninor Media
Viber Media Planning & Buying
Welspun India Media Investment & Strategic Partnership, Print, Television & Radio; 2018

New Zealand

ZenithOptimedia
The Textile Centre 4th Fl Kenwyn St, Parnell, Auckland, 1071 New Zealand
Tel.: (64) 9 914 6784
Fax: (64) 9 914 6785
Web Site: http://www.zenithmedia.com/

Employees: 40

Agency Specializes In: Media Buying Services

Stuart Rutherford *(Mng Dir)*
Susan Benseman *(Bus Dir)*
Andrea Long *(Bus Dir)*

Accounts:
Lion Co. Campaign: "Steinlager We Believe"
Merial Ancare Animal Health Products, Media
My Food Bag Media
Nescafe
Nestle Purina
Panasonic Campaign: "Life Through a Lens Panasonic Lumix"
PUMA New Zealand

South East Asia

Optimedia Malaysia
Level 16, Menara Olympia, 8 Jalan Raja Chulan, 50200 Kuala Lumpur, Malaysia
Tel.: (60) 3 2059 2600
Fax: (60) 3 2032 3166
Web Site: http://www.zenithmedia.com/

Employees: 50

Accounts:
Coway
Fox Creative, Media Buying & Planning
Inbisco Content Creation, Event Coverage, Social Activation, Social Media
IPC International Group Content Creation, Event Coverage, Social Activation, Social Media
Lazada and Kering
OCBC Bank Media
OpenRice Media Agency of Record, Media Buying, Media Planning
Reckitt Benckiser Malaysia Media Buying, Media Planning
Sanofi Aventis
Singapore Airlines Group
Tourism Malaysia

Zenith Malaysia
9th Fl, Menara BRDB,, 285 Jalan Maarof, Bangsar, 59000 Kuala Lumpur, Malaysia
Tel.: (60) 3 2299 1222
Fax: (60) 3 2299 1223
Web Site: http://www.zenithmedia.com/

Employees: 50

Agency Specializes In: Media Buying Services

Gerald Miranda *(CEO)*
David Soo *(Mng Dir)*
Chan Yuet Wah *(Gen Mgr)*
Adeline Lester *(Sr Dir-Plng)*
Soo Ken Liew *(Dir-Media Ops)*
Firdaus Shah *(Dir-Plng)*
Carmen Lim *(Assoc Acct Dir)*
YanYee Soon *(Sr Media Planner)*

ZenithOptimedia
137 Telok Ayer Street #07-01, Singapore, 068602 Singapore
Tel.: (65) 6438 2722
Fax: (65) 6438 5955
Web Site: http://www.zenithmedia.com/

Employees: 65

Agency Specializes In: Media Buying Services

Helen Lee *(Mng Dir)*
Jason Tan *(Head-Strategy)*
Stefanie Liew *(Exec Dir)*
Melissa Martinez-Lapeyre *(Reg Dir-APAC)*
Andrea Samuel *(Dir-Digital)*

Accounts:
Clarins Media
New-Coty, Inc. Burberry, Cover Girl, Hugo Boss, Lacoste, Max Factor, Media, Wella; 2018
CozyCot.com
Datacraft
Frisco Digital Out-of-Home Campaign, Social Media; 2007
H&M Hennes & Mauritz AB Media Buying, Media Planning
JobsDB Media
M1 Limited Media Buying, Media Planning
National Arts Council Media Buying & Planning
Nestle Singapore Pte Ltd Media; 2018
Nikon Singapore Media, Media Buying, Media Planning
Singapore Airlines Ltd. Global Media, Social Media
Singapore Management University Media Agency
Singapore Media Fusion
Singapore Tourism Board Media
Singapore University of Technology and Design Advertising, Content Marketing, Creative,

AGENCIES - JANUARY, 2019 — MEDIA BUYING SERVICES

Design, Media
South Beach Integrated Media Planning & Buying, Luxury Residences, Retail Spaces & Office Buildings
United Overseas Bank Media
URA Marina Bay Series

Taiwan

ZenithOptimedia
8th Floor 6 Xinyi Road, Taipei, Taiwan
Tel.: (886) 2 2700 3151
Fax: (886) 2 2700 3171
Web Site: http://www.zenithmedia.com/

Employees: 50

Agency Specializes In: Media Buying Services

Sidney Lin *(Assoc Acct Mgr)*

Accounts:
TC Bank

ZENITH MEDIA SERVICES
(See Under Zenith USA)

ZENITH USA
(Formerly Zenith Media Services)
299 W Houston St 10th Fl, New York, NY 10014-4806
Tel.: (212) 859-5100
Fax: (212) 727-9495
Web Site: http://www.zenithmedia.com/

Employees: 1,600
Year Founded: 1995

National Agency Associations: 4A's-ARF

Agency Specializes In: Above-the-Line, Advertising, Advertising Specialties, Affiliate Marketing, Affluent Market, African-American Market, Alternative Advertising, Asian Market, Automotive, Below-the-Line, Bilingual Market, Brand Development & Integration, Branded Entertainment, Broadcast, Business Publications, Business-To-Business, Cable T.V., Catalogs, Children's Market, Co-op Advertising, College, Communications, Computers & Software, Consulting, Consumer Goods, Consumer Marketing, Consumer Publications, Content, Copywriting, Corporate Communications, Corporate Identity, Cosmetics, Crisis Communications, Digital/Interactive, Direct Response Marketing, Direct-to-Consumer, E-Commerce, Education, Electronic Media, Electronics, Email, Entertainment, Event Planning & Marketing, Exhibit/Trade Shows, Experience Design, Experiential Marketing, Faith Based, Fashion/Apparel, Financial, Food Service, Game Integration, Graphic Design, Guerilla Marketing, Health Care Services, High Technology, Hispanic Market, Household Goods, Identity Marketing, In-Store Advertising, Infomercials, Information Technology, Integrated Marketing, International, Internet/Web Design, LGBTQ Market, Leisure, Local Marketing, Luxury Products, Magazines, Market Research, Media Buying Services, Media Planning, Media Training, Men's Market, Mobile Marketing, Multicultural, Multimedia, New Technologies, Newspaper, Newspapers & Magazines, Out-of-Home Media, Over-50 Market, Paid Searches, Pets, Pharmaceutical, Planning & Consultation, Podcasting, Point of Purchase, Point of Sale, Print, Product Placement, Programmatic, Promotions, Publicity/Promotions, RSS (Really Simple Syndication), Radio, Regional, Restaurant, Retail, Sales Promotion, Search Engine Optimization, Seniors' Market, Shopper Marketing, Social Marketing/Nonprofit, Social Media, South Asian Market, Sponsorship, Strategic Planning/Research, Sweepstakes, Syndication, T.V., Technical Advertising, Teen Market, Telemarketing, Trade & Consumer Magazines, Travel & Tourism, Tween Market, Urban Market, Viral/Buzz/Word of Mouth, Web (Banner Ads, Pop-ups, etc.), Women's Market, Yellow Pages Advertising

Approx. Annual Billings: $1,000,000,000

Kathleen Dundas *(Pres-Data Strategy)*
Sean Peters *(Pres-USA)*
Shann Biglione *(Exec VP & Head-Strategy)*
Stacey Shelly *(Exec VP & Head-Client)*
Jane Lacher *(Exec VP & Grp Dir-Strategy)*
Shelley Gayford *(Exec VP & Dir-Integrated Plng)*
Liam O'Neill *(Exec VP-Bus Dev)*
Marina Vidal-Young *(Exec VP-Analytics & Insights)*
Nicole Bahls *(Sr VP & Dir-Investment)*
Brian Tuchalski *(Sr VP & Dir-Strategy)*
Tugce Caglayan *(Sr VP-Strategy)*
Gary Feldman *(Sr VP-Strategy)*
Allison Karn *(Sr VP-Digital & Magazine Activation)*
Katie Klein *(Sr VP-Video Activation-Natl)*
Ethan Kraus *(Sr VP-Digital Investment)*
Tiffany Ku *(Sr VP-Digital & Magazine Activation)*
Ilana Rankin *(Sr VP)*
Autumn Retzke *(Sr VP-Strategy)*
Alex Royston *(Sr VP-Strategy)*
Kevin Sauer *(Sr VP-Strategy & Activation)*
Chris Senio *(Sr VP-Digital Investment)*
Alan Silverberg *(Sr VP-Data & Platform Solutions)*
Erica Sklar *(Sr VP-Digital Investment)*
Ken Solano *(Sr VP-Strategy)*
Matt Taukus *(Sr VP-Natl Video-Zenith Media)*
Sheila Wiegand *(Sr VP)*
Brad Williams *(Sr VP-Competitive Intelligence)*
Minyi Shih *(VP & Media Dir)*
Nina Blaustein *(VP & Dir-Brdcst Traffic Svcs)*
Amanda Dyke *(VP & Dir-Content)*
Anna Kelce *(VP & Dir-Strategy)*
Rohit Bagalkot *(VP-Programmatic)*
Caitlin Collins *(VP)*
Tanya Alexandra Doggwiler *(VP-Corp Comm & PR)*
Johanna Flynn *(VP-Media Ops)*
Jenna Garcia *(VP-Natl Video Activation)*
Jim Goodenough *(VP-Digital Investment)*
Amanda Hellrung *(VP-Strategy)*
Jillian Ikpe *(VP-Strategy)*
Kristen Lehmann *(VP-Digital & Magazine Investment)*
Susan Morelli *(VP-Global Strategy)*
Elizabeth Mormak *(VP)*
Connie Moy *(VP-Bus Intelligence)*
Beckett Rippey *(VP-Search)*
Holly Rodriguez *(VP-Strategy)*
Tana Rogers *(VP-Strategy)*
Brandi Watkins *(VP-Digital Investment)*
Candii Woodson *(VP-Digital Investment)*
Vinny Zecca *(VP-Search)*
Brent Poer *(Exec Creative Dir-Content)*
Sharon Weinstein *(Acct Dir-Local Investment)*
Kristen Dolan *(Dir-Paid Social)*
Kate Munley *(Dir)*
Sara Alice Newton *(Dir-VM1 Precision Social)*
Matt Barbato *(Assoc Dir)*
Amy Bochner *(Assoc Dir-Strategy)*
Griffin Calkins *(Assoc Dir)*
Jackie Carey *(Assoc Dir-Strategy)*
Joelle Chariton *(Assoc Dir-Buying)*
Tiffany Cheng *(Assoc Dir)*
Daniel Cooley *(Assoc Dir-Strategy)*
Steven DiLeone *(Assoc Dir-Digital Investment)*
Claxton Everett *(Assoc Dir)*
Darren Farinas *(Assoc Dir-Digital Investment)*
Rose Fung *(Assoc Dir-Digital & Magazine Activation)*
Stephanie Garcia *(Assoc Dir)*
Michele Gitto *(Assoc Dir-Media-Natl Brdcst)*
George Hawxhurst *(Assoc Dir)*
Angelique Hernandez *(Assoc Dir)*
Jillian Irizarry *(Assoc Dir)*
Chelsea Jackson *(Assoc Dir-Digital & Print Activation)*
Ella Keita *(Assoc Dir-Strategy)*
Ally King *(Assoc Dir)*
Shanyna Lascano *(Assoc Dir-Strategy)*
Long Le *(Assoc Dir-Digital Investment)*
Rachel Leach *(Assoc Dir)*
Racine Levy *(Assoc Dir-Video Activation-Natl)*
Amanda McCloskey *(Assoc Dir-Digital Investment)*
Sean Mills *(Assoc Dir-Strategy)*
Zach Norris *(Assoc Dir)*
Joseph Pierantoni *(Assoc Dir-Client Budget Mgmt)*
Kathleen Rios *(Assoc Dir-Digital Investment)*
Judah Safier *(Assoc Dir-Data & Platform Solutions)*
Skye Sato *(Assoc Dir-Automation)*
Derek Schaub *(Assoc Dir)*
Justin Simon *(Assoc Dir)*
Ryan Snyder *(Assoc Dir-Local Investment)*
Eric Vadhar *(Assoc Dir-Digital Investment)*
Scott Walker *(Assoc Dir)*
Jordan Winkler *(Assoc Dir-Strategy & Digital Investment)*
Robert Yee *(Assoc Dir-Data Integration & Integrity)*
Tatiana Lochaitis *(Acct Mgr-Digital)*
Cindy Medal *(Project Mgr-Digital)*
Margeau Barnes *(Supvr-Media Strategy)*
Vanessa Benedicto *(Supvr)*
Robert Brennan *(Supvr-Digital Investment)*
Crandall Carter *(Supvr-Digital Activation)*
Jessica Egre *(Supvr-Precision)*
Allison Ehrhart *(Supvr-Global Strategy)*
Jeff Hallas *(Supvr)*
Jasmine Hughley *(Supvr-Digital Media)*
Melissa Meehan *(Supvr-VM1-Verizon)*
Christopher Pasqual-Kwan *(Supvr-Digital & Magazine Activation)*
Ryan J. Postal *(Supvr)*
Kaitlyn Saar *(Supvr)*
Cora Katz Samuels *(Supvr-Precision)*
Kelley Volosin *(Supvr)*
Thomas Whitcomb *(Supvr-Analytics)*
Amanda Woolery *(Supvr-Digital Media)*
Bryce Kristall *(Sr Planner-Strategy-Sports Sponsorships & B2B)*
Alexandra Van Horn *(Sr Planner-Digital Investment)*
Zane Krakovitz *(Sr Analyst-Digital Media Analytics)*
Alexandra Alomar *(Planner)*
Margaux Clayton-Stamm *(Planner-Integration)*
Marisa Cobian *(Planner-Strategy)*
Travis Crooms *(Planner-Digital & Magazine Activation)*
Madeleine Ezell *(Media Planner-Digital-Verizon Hum & Wireless)*
Reta Gasser *(Planner-Strategy)*
Paige Gibson *(Media Planner)*
Cassandra Henry *(Planner-Digital & Magazine Activation)*
Brittany Ives *(Media Planner)*
Mohamed Jalloh *(Media Planner-Strategy)*
Jenna Kielar *(Planner-Strategy)*
Melissa Levin *(Planner-Digital & Magazine Activation)*
Grant Moffitt *(Planner-Strategy)*
Gabriela Montoya *(Planner)*
Lydia Barnes *(Campaign Mgr)*
Cristina Criado *(Sr Media Planner)*
Leyna Donaldson *(Sr Media Planner)*
Christian Farrell *(Assoc Media Dir)*
Julie Fein *(Assoc Media Dir)*
Chuck Knudsen *(Sr Media Planner-Digital & Magazine Activation)*
Karina Medina *(Negotiator-Digital Investment)*
Allyson Miller *(Negotiator)*
Anthony Palermo *(Assoc Media Dir-Strategy)*
Lauren Seifert *(Assoc Media Dir-ZenithOptimedia)*
Nia Skeete *(Negotiator-Local Activation)*
Grace Zhu *(Negotiator-Digital & Magazine Activation)*

Accounts:
21st Century Fox (Media Agency of Record) Media Buying; 2007
Acer USA (Media Agency of Record) Media

MEDIA BUYING SERVICES
AGENCIES - JANUARY, 2019

Buying, Media Planning, Project Based; 2014
Alzheimer's Association (Media Agency of Record) Media Buying, Media Planning, Pro Bono, Southern California Chapter; 2010
American Cancer Society (Media Agency of Record) Media Buying, Media Planning, Multicultural; 2014
AstraZeneca Pharmaceuticals (Media Agency of Record) Digital, Media Buying, Media Planning; 2005
Austism Speaks (Media Agency of Record) Media Buying, Media Planning, Pro Bono; 2010
Baxter Healthcare (Media Agency of Record) Media Buying; 2016
Birkenstock (Media Agency of Record) Digital, Media Buying, Media Plannig, Social Media; 2017
Christie's (Media Agency of Record) Digital, Media Buying, Media Planning; 2016
Coty, Inc (Media Agency of Record) Digital, Media Buying, Multicultural, Social Media; 2015
Crystal Cruises (Media Agency of Record) Digital, Media Buying, Media Planning; 2016
DeVry University (Media Agency of Record) Media Buying, Media Planning; 2017
Edrington (Media Agency of Record) Digital, Media Buying, Media Planning; 2017
Epson (Media Agency of Record) Digital, Media Buying, Media Planning; 2009
Farmers Insurance Group (Media Agency of Record) Analytics, Digital, Direct Response, Media Buying, Media Planning, Multicultural, Social Media; 2012
Filippo Berio (Media Agency of Record) Digital, Media Buying, Media Planning; 2013
Georgia-Pacific Corporation (Media Agency of Record) Digital, Media Buying, Media Planning, Social Media; 2002
Gulf States Toyota (Media Agency of Record) Analytics, Digital, Media Buying, Media Planning, Multicultural, Social Media; 2012
Hastens (Media Agency of Record) Digital, Media Buying, Media Planning; 2016
Hospital Corporation of America (Media Agency of Record) Media Buying; 2016
Invista (Media Agency of Record) Digital, Media Buying, Media Planning; 2016
JAB (Media Agency of Record) Digital, Media Buying, Media Planning; 2015
JPMorgan Chase (Media Agency of Record) Digital, Entertainment, Media Buying, Media Planning, Social Media; 2005
Kering Luxury (Media Agency of Record) Digital, Media Buying, Media Planning; 2008
Kohl's (Media Agency of Record) Analytics, Digital, Media Buying, Media Planning, Multicultural, Social Media; 2013
Los Angeles Fund for Public Education (Media Agency of Record) Media Buying, Media Planning, Pro Bono; 2012
Merial (Media Agency of Record) Media Buying, Media Planning; 2005
Ocean Spray (Media Agency of Record) Digital, Media Buying, Media Planning, Social Media; 2005
Oracle (Media Agency of Record) Digital, Media Buying, Media Planning, Social Media; 2011
PIMCO (Media Agency of Record) Digital, Media Buying, Media Planning; 2017
Reckitt Benckiser Inc. (Media Agency of Record) Media Buying; 2015
Salvatore Ferragamo (Media Agency of Record) Media Buying, Media Planning; 2004
Singapore Tourism Board (Media Agency of Record) Digital, Media Buying, Media Planning; 2017
SONIC Corporation (Media Agency of Record) Analytics, Digital, Media Buying, Media Planning, Multicultural; 2010
Toyota (Media Agency of Record) Lexus, Media Buying; 1979
Verizon Communications (Media Agency of Record) Analytics, Digital, Direct Response, Media Buying, Media Planning, Multicultural, Social Media, VM1; 1997

Branches

Zenith Los Angeles
(Formerly Zenith Media)
3211 Olympic Blvd, Santa Monica, CA 90404
Tel.: (310) 551-3500
Fax: (310) 551-4119
Web Site: http://www.zenithmedia.com/

Employees: 1,600
Year Founded: 1995

National Agency Associations: 4A's

Agency Specializes In: Media Buying Services

Dave Bosch *(Sr VP-Strategy & Bus Performance)*
Stephanie Lui *(Sr VP-Strategy)*
Christina Davoud *(VP & Strategist-Integrated Media)*
Jenny Burrows *(VP-Media Res)*
Vicky Choi *(Media Dir)*
Mita Parikh *(Media Dir-Digital & Magazine Activation)*
Kimberly Viola *(Assoc Dir-Media & Digital)*
Jing Yen *(Assoc Dir-Media & Digital)*
Joseph DiGiovanni *(Supvr-Media Plng)*
Kelsey Goenner *(Supvr-Digital Media)*
Ashley Mohr *(Supvr-Media)*
Megan Woram *(Supvr-Media)*
Jessica Zarzosa *(Supvr-Digital Investment)*
Emily Kraemer *(Media Planner)*
Conner Mackin *(Media Buyer)*
Alexa Reyes *(Planner-Digital Media-Fox Studios)*
Zohar Strugatsky *(Media Planner-Strategy)*
Billy Hernandez *(Asst Media Buyer-Brdcst)*
Jennifer Moorefield *(Grp Media Dir)*
Elizabeth Thrash *(Assoc Media Dir)*

Accounts:
21st Century Fox (Media Agency of Record) Media Buying; 2007
Acer USA (Media Agency of Record) Meda Planning, Media Buying, Project Based; 2014
Alzheimer's Association (Media Agency of Record) Media Buying, Media Planning, Pro Bono, Southern California Chapter; 2010
American Cancer Society (Media Agency of Record) Media Buying, Media Planning, Multicultural; 2014
AstraZeneca Pharmaceuticals (Media Agency of Record) Digital, Media Buying, Media Planning; 2005
Austism Speaks (Media Agency of Record) Media Buying, Media Planning, Pro Bono; 2010
Baxter Healthcare (Media Agency of Record) Media Buying; 2016
Birkenstock (Media Agency of Record) Digital, Media Buying, Media Planning, Social Media; 2017
The Boston Beer Company (Media Agency of Record) Digital, Media Buying, Media Planning, Social Media; 2001
Christie's (Media Agency of Record) Digital, Media Buying, Media Planning; 2016
Coty (Media Agency of Record) Digital, Media Buying, Multicultural, Social Media; 2015
Crystal Cruises (Media Agency of Record) Digital, Media Buying, Media Planning; 2016
DeVry University (Media Agency of Record) Media Buying, Media Planning; 2017
Edrington (Media Agency of Record) Digital, Media Buying, Media Planning; 2017
Epson (Media Agency of Record) Digital, Media Buying, Media Planning; 2009
Farmers Insurance Group (Media Agency of Record) Analytics, Digital, Direct Response, Media Buying, Media Planning, Multicultural, Social Media; 2012
Filippo Berio (Media Agency of Record) Digital, Media Buying, Media Planning; 2013
Geogoria-Pacific Corporation (Media Agency of Record) Digital, Media Buying, Media Planning, Social Media; 2002
Gulf States Toyota (Media Agency of Record) Analytics, Digital, Media Buying, Media Planning, Multicultural, Social Media; 2012
The Hallmark Channel (Media Agency of Record) Digital, Media Buying, Media Planning; 2009
Hastens (Media Agency of Record) Digital, Media Buying, Media Planning; 2016
Hospital Corporation of America (Media Agency of Record) Media Buying; 2016
Invista (Media Agency of Record) Digital, Media Buying, Media Planning; 2016
JAB (Media Agency of Record) Digital, Media Buying, Media Planning; 2015
JPMorgan Chase (Media Agency of Record) Digital, Entertainment, Media Buying, Media Planning, Social Media; 2005
Kering Luxury (Media Agency of Record) Digital, Media Buying, Media Planning; 2008
Kohl's (Media Agency of Record) Analytics, Digital, Media Buying, Media Planning, Multicultural, Social Media; 2013
Los Angeles Fund for Public Education (Media Agency of Record) Media Buying, Media Planning, Pro Bono; 2012
Merial (Media Agency of Record) Media Buying, Media Planning; 2005
Ocean Spray (Media Agency of Record) Digital, Media Buying, Media Planning, Social Media; 2005
Oracle (Media Agency of Record) Digital, Media Buying, Media Planning, Social Media; 2011
PIMCO (Media Agency of Record) Digital, Media Buying, Media Planning; 2017
Reckitt Benckiser Inc. (Media Agency of Record) Media Buying; 2015
Salvatore Ferragamo (Media Agency of Record) Media Buying, Media Planning; 2004
Singapore Tourism Board (Media Agency of Record) Digital, Media Buying, Media Planning; 2017
SONIC Corporation (Media Agency of Record) Analytics, Digital, Media Buying, Media Planning, Multicultural; 2010
Toyota (Media Agency of Record) Lexus, Media Buying; 1979
Verizon (Media Agency of Record) Analytics, Digital, Direct Response, Media Buying, Media Planning, Multicultural, Social Media; 1997

Zenith Chicago
(Formerly Zenith Media)
Ste 4 - 160A 222 Merchandise Mart Plz, Chicago, IL 60654
Tel.: (312) 980-7140
Fax: (312) 592-8404
Web Site: http://www.zenithmedia.com/

Employees: 1,600
Year Founded: 1995

National Agency Associations: 4A's

Agency Specializes In: Advertising, Sponsorship

Ben Hurley *(Mng Dir & Exec VP)*
Daryl Blanco *(Sr VP-Performance Media)*
Matthew Bogusz *(Sr VP)*
Chris Hastings *(VP & Dir)*
Ben Dvorsky *(VP-Strategy)*
Brittany Herdman *(VP-Strategy)*
Woody Meachum *(VP-Digital)*
Syed Husain *(Assoc Dir-Analytics Ops)*
Mary deHaas *(Supvr-Strategy)*
Emma Raleigh *(Supvr-Digital & Magazine Activation)*
Christine Dickert *(Media Buyer & Negotiator)*
Michelle Sahs *(Media Buyer & Negotiator-Local Activation)*
Warren Swartwout *(Planner-Digital Investments)*
Patricia Kennedy *(Assoc Media Dir)*
Keli Walsh *(Sr Media Planner)*

Accounts:
- 21st Century Fox (Media Agency of Record) Media Buying; 2007
- Acer USA (Media Agency of Record) Media Buying, Media Planning, Project Based; 2014
- Alzheimer's Association (Media Agency of Record) Media Buying, Media Planning, Pro Bono, Southern California Chapter; 2010
- American Cancer Society (Media Agency of Record) Media Buying, Media Planning, Multicultural; 2014
- AstraZeneca Pharmaceuticals (Media Agency of Record) Digital, Media Buying, Media Planning; 2005
- Austism Speaks (Media Agency of Record) Media Buying, Media Planning, Pro Bono; 2010
- Baxter Healthcare (Media Agency of Record) Media Buying; 2016
- Birkenstock (Media Agency of Record) Digital, Media Buying, Media Planning, Social Media; 2017
- The Boston Beer Company (Media Agency of Record) Digital, Media Buying, Media Planning, Social Media; 2001
- Christie's (Media Agency of Record) Digital, Media Buying, Media Planning; 2016
- Coty (Media Agency of Record) Digital, Media Buying, Multicultural, Social Media; 2015
- Crystal Cruises (Media Agency of Record) Digital, Media Buying, Media Planning; 2016
- DeVry University (Media Agency of Record) Media Buying, Media Planning; 2017
- Edrington (Media Agency of Record) Digital, Media Buying, Media Planning; 2017
- Epson (Media Agency of Record) Digital, Media Buying, Media Planning; 2009
- Farmers Insurance Group (Media Agency of Record) Analytics, Digital, Direct Response, Media Buying, Media Planning, Multicultural, Social Media; 2012
- Filippo Berio (Media Agency of Record) Digital, Media Buying, Media Planning; 2013
- Georgia-Pacific Corporation (Media Agency of Record) Digital, Media Buying, Media Planning, Social Media; 2002
- Gulf States Toyota (Media Agency of Record) Analytics, Digital, Media Buying, Media Planning, Multicultural, Social Media; 2012
- Hallmark Channel (Media Agency of Record) Digital, Media Buying, Media Planning; 2009
- Hastens (Media Agency of Record) Digital, Media Buying, Media Planning; 2016
- Hospital Corporation of America (Media Agency of Record) Media Buying; 2016
- Invista (Media Agency of Record) Digital, Media Buying, Media Planning; 2016
- JAB (Media Agency of Record) Digital, Media Buying, Media Planning; 2015
- JPMorgan Chase (Media Agency of Record) Digital, Entertainment, Media Buying, Media Planning, Social Media; 2005
- Kering Luxury (Media Agency of Record) Digital, Media Buying, Media Planning; 2008
- Kohl's (Media Agency of Record) Analytics, Digital, Media Buying, Media Planning, Multicultural, Social Media; 2013
- Los Angeles Fund for Public Education (Media Agency of Record) Media Buying, Media Planning, Pro Bono; 2012
- Merial (Media Agency of Record) Media Buying, Media Planning; 2005
- Ocean Spray (Media Agency of Record) Digital, Media Buying, Media Planning, Social Media; 2005
- Oracle (Media Agency of Record) Digital, Media Buying, Media Planning, Social Media; 2011
- PIMCO (Media Agency of Record) Digital, Media Buying, Media Planning; 2017
- Reckitt Benckiser Inc. (Media Agency of Record) Media Buying; 2015
- Salvatore Ferragamo (Media Agency of Record) Media Buying, Media Planning; 2004
- Singapore Tourism Board (Media Agency of Record) Digital, Media Buying, Media Planning; 2017
- SONIC Corporation (Media Agency of Record) Analytics, Digital, Media Buying, Media Planning, Multicultural; 2010
- Toyota (Media Agency of Record) Lexus, Media Buying; 1979
- Verizon (Media Agency of Record) Analytics, Digital, Direct Response, Media Buying, Media Planning, Multicultural, Social Media; 1997

Moxie
384 Northyards Blvd. NW Ste 290, Atlanta, GA 30313-2440
(See Separate Listing)

Zenith San Francisco
(Formerly ZenithOptimedia)
2001 The Embarcadero, San Francisco, CA 94133
Tel.: (415) 293-2440
Fax: (415) 293-2613
Web Site: http://www.zenithmedia.com/

Employees: 1,600
Year Founded: 1995

National Agency Associations: 4A's

Agency Specializes In: Sponsorship

Mac Hagel *(Exec VP & Mng Dir-West)*
Daniel Rolli *(Sr VP-Video Investment-Natl)*
David Botkin *(VP-Media)*
Coleman Engellenner *(VP-Digital & Magazine Activation)*
Erin Dahl *(Dir-Client Svc)*
Ashley Zwoyer *(Assoc Dir-Strategy)*
Jason Goodlett *(Sr Mgr-Project & Digital Creative)*
Anna Leung *(Supvr)*
Sarah Loeb *(Supvr)*
Alissa Parra *(Supvr-Strategy)*
Julie Shiromizu *(Planner-Comm)*

Accounts:
- 21st Century Fox (Media Agency of Record) Media Buying; 2007
- Acer USA (Media Agency of Record) Media Buying, Media Planning, Project Based; 2014
- Alzheimer's Association (Media Agency of Record) Media Buying, Media Planning, Pro Bono, Southern California Chapter; 2010
- American Cancer Society (Media Agency of Record) Media Buying, Media Planning, Multicultural; 2014
- AstraZeneca Pharmaceuticals (Media Agency of Record) Digital, Media Buying, Media Planning; 2005
- Austism Speaks (Media Agency of Record) Media Buying, Media Planning, Pro Bono; 2010
- Baxter Healthcare (Media Agency of Record) Media Buying; 2016
- Birkenstock (Media Agency of Record) Digital, Media Buying, Media Planning, Social Media; 2017
- The Boston Beer Company (Media Agency of Record) Digital, Media Buying, Media Planning, Social Media; 2001
- Christie's (Media Agency of Record) Digital, Media Buying, Media Planning; 2016
- Coty (Media Agency of Record) Digital, Media Buying, Multicultural, Social Media; 2015
- Crystal Cruises (Media Agency of Record) Digital, Media Buying, Media Planning; 2016
- DeVry University (Media Agency of Record) Media Buying, Media Planning; 2017
- Edrington (Media Agency of Record) Digital, Media Buying, Media Planning; 2017
- Epson (Media Agency of Record) Digital, Media Buying, Media Planning; 2009
- Farmers Insurance Group (Media Agency of Record) Analytics, Digital, Direct Response, Media Buying, Media Planning, Multicultural, Social Media; 2012
- Filippo Berio (Media Agency of Record) Digital, Media Buying, Media Planning; 2013
- Georgia-Pacific Corporation (Media Agency of Record) Digital, Media Buying, Media Planning, Social Media; 2002
- Gulf States Toyota (Media Agency of Record) Analytics, Digital, Media Buying, Media Planning, Multicultural, Social Media; 2012
- Hallmark Channel (Media Agency of Record) Digital, Media Buying, Media Planning; 2009
- Hastens (Media Agency of Record) Digital, Media Buying, Media Planning; 2016
- Hospital Corporation of America (Media Agency of Record) Media Buying; 2016
- Invista (Media Agency of Record) Digital, Media Buying, Media Planning; 2016
- JAB (Media Agency of Record) Digital, Media Buying, Media Planning; 2015
- JPMorgan Chase (Media Agency of Record) Digital, Entertainment, Media Buying, Media Planning, Social Media; 2005
- Kering Luxury (Media Agency of Record) Digital, Media Buying, Media Planning; 2008
- Kohl's (Media Agency of Record) Analytics, Digital, Media Buying, Media Planning, Multicultural, Social Media; 2013
- Los Angeles Fund for Public Education (Media Agency of Record) Media Buying, Media Planning, Pro Bono; 2012
- Merial (Media Agency of Record) Media Buying, Media Planning; 2005
- Ocean Spray (Media Agency of Record) Digital, Media Buying, Media Planning, Social Media; 2005
- Oracle (Media Agency of Record) Digital, Media Buying, Media Planning, Social Media; 2011
- PIMCO (Media Agency of Record) Digital, Media Buying, Media Planning; 2017
- Reckitt Benckiser Inc. (Media Agency of Record) Media Buying; 2015
- Salvatore Ferragamo (Media Agency of Record) Media Buying, Media Planning; 2004
- Singapore Tourism Board (Media Agency of Record) Digital, Media Buying, Media Planning; 2017
- SONIC Corporation (Media Agency of Record) Analytics, Digital, Media Buying, Media Planning, Multicultural; 2010
- Toyota (Media Agency of Record) Lexus, Media Buying; 1979
- Verizon (Media Agency of Record) Analytics, Digital, Direct Response, Media Buying, Media Planning, Multicultural, Social Media; 1997

ZENITHOPTIMEDIA
(See Under Zenith Media)

SALES PROMOTION AGENCIES

4INFO
155 Bovet Rd Ste 200, San Mateo, CA 94402
Tel.: (650) 350-4800
E-Mail: contact@4info.net
Web Site: www.4info.com

Employees: 75

Agency Specializes In: Advertising, Mobile Marketing

Tim Jenkins *(CEO)*
Chuck Moxley *(CMO & Sr VP-Media Sls)*
Kirsten McMullen *(Chief Privacy Officer & VP-Compliance)*
Ken Mallon *(Chief Product Officer)*
Jeff Xouris *(VP-Mktg)*
Grafton Connor *(Dir-Channel)*

Accounts:
Coors Brewing Company Brewery
Keystone Light Beer

THE A TEAM, LLC
1441 Broadway, New York, NY 10018
Tel.: (212) 239-0499
Fax: (212) 239-0575
E-Mail: acohen@ateampromo.com
Web Site: www.theateamagency.com/

E-Mail for Key Personnel:
President: acohen@ateampromo.com
Creative Dir.: dkonopka@ateampromo.com

Employees: 15
Year Founded: 1999

Agency Specializes In: Automotive, Brand Development & Integration, Business-To-Business, Collateral, Consumer Marketing, Corporate Identity, Direct Response Marketing, Event Planning & Marketing, Graphic Design, Logo & Package Design, Merchandising, Pets , Planning & Consultation, Point of Purchase, Point of Sale, Public Relations, Publicity/Promotions, Restaurant, Retail, Sales Promotion, Sports Market, Sweepstakes

Approx. Annual Billings: $5,500,000

Andy Cohen *(Pres & CEO)*
Dana Gross *(VP-Entertainment & Partnership Mktg)*

Accounts:
American Express; New York, NY; 2003
Frederick Wildman; New York, NY Folonari Wines, Melini Wines
Glaceau; Queens, NY; 2006
Grand Marnier
Hill's Pet Products; Topeka, KS; 2007
Jaguar Cars; Irvine, CA; 1999
New York & Company
Ricola; Morris Plains, NJ; 2004
SCA; Philadelphia, PA Tena Serenity; 2006
SKYY Spirits; New York, NY Carolans, Midori; 1999
Tesoro
Vitamin Water

Branch

The A Team Promotional
8001 Irvine Ctr Dr 4th Fl, Irvine, CA 92618
Tel.: (949) 754-3022
Fax: (949) 754-4001
E-Mail: acohen@ateampromo.com
Web Site: www.theateamagency.com

Employees: 3
Year Founded: 2001

Agency Specializes In: Promotions

Bernard Lee *(VP)*

Accounts:
American Express
Duanereade
Grand Marnier
H-E-B
Hills
Jaguar
Ricola
Tesoro
Weight Watchers

A2G
8560 W Sunset Blvd Fl 10, W Hollywood, CA 90069
Tel.: (310) 432-2650
Fax: (310) 432-2655
E-Mail: info@a2g.la
Web Site: a2g.la/

Employees: 14
Year Founded: 2004

National Agency Associations: MAA-PMA-WOMMA

Agency Specializes In: Affluent Market, Brand Development & Integration, Branded Entertainment, Business-To-Business, Communications, Consumer Goods, Consumer Marketing, Corporate Identity, Cosmetics, Direct-to-Consumer, Entertainment, Event Planning & Marketing, Experience Design, Fashion/Apparel, Game Integration, Guerilla Marketing, Hospitality, Integrated Marketing, Luxury Products, Merchandising, Mobile Marketing, Planning & Consultation, Product Placement, Production, Promotions, Publicity/Promotions, Retail, Social Marketing/Nonprofit, Social Media, Sponsorship, Strategic Planning/Research, Viral/Buzz/Word of Mouth

Approx. Annual Billings: $14,000,000

Amy Cotteleer *(Founder & CEO)*

Accounts:
Cosmopolitan Magazine Fun Fearless Male Awards
Gap; San Francisco, CA BabyGap, Co-branded Partnerships, Gap, Gap 1969 Denim, GapKids, Mobile Tours, Pop-up Retail, Product (RED)
Levi's Levi's Curve ID Campaign, PowerSlide Event, Size Does Matter Campaign
Motorola Solutions, Inc. Moto 6, Moto 7, Moto 8, Moto 9, Razr2 Launch
Nintendo 3DS, DS, Girlfriend's Guide to Gaming Program, Nintendo Wii
Old Navy Super Modelquin Search

AGIO BRAND SOLUTIONS
1315 Walnut St, Philadelphia, PA 19107
Tel.: (267) 480-7110
Web Site: www.agiobrandsolutions.com

Employees: 5
Year Founded: 2007

Agency Specializes In: Alternative Advertising, Exhibit/Trade Shows, Print, Production (Print), Promotions

Michael Tolassi *(Mgr-Sls & Mktg)*

Accounts:
Drexel University Promotional Products; 2011

ALCONE MARKETING GROUP
4 Studebaker, Irvine, CA 92618-2012
Tel.: (949) 770-4400
Fax: (949) 770-2957
Web Site: https://alcone.com/

Employees: 200
Year Founded: 1976

National Agency Associations: ISMI-PMA

Agency Specializes In: Consumer Marketing, Digital/Interactive, Email, Experience Design, Guerilla Marketing, Hispanic Market, Integrated Marketing, Internet/Web Design, Local Marketing, Mobile Marketing, Point of Purchase, Point of Sale, Promotions, Publicity/Promotions, Regional, Sales Promotion, Sponsorship, Sweepstakes, Viral/Buzz/Word of Mouth, Web (Banner Ads, Pop-ups, etc.)

Teal Williams *(Mng Dir & Sr VP)*
Kevin M. Kleber *(VP & Grp Creative Dir)*
Nick Rooth *(Creative Dir)*
Chelsea Doyle *(Project Mgr & Acct Exec)*
Paul Rogers *(Acct Supvr)*
Mariezel Ong Carino *(Sr Acct Exec)*
Sharon Spear *(Sr Production Mgr)*

Accounts:
Ateeco
Bel Brands USA, Inc.
Cadbury Adams
CalHFA
California Lottery Shopper
Chicken of the Sea
Dogswell Campaign: "Unleash the Happy"
Dreyer's Ice Cream
Ghiradelli Chocolate
Hasbro
Intuit
JM Smucker
Lg Mobile Phones
Nestle
Paramount Farms
Pernod Ricard USA
Safeway
Sun Products
Unilever HPC
The UPS Store
Visa, Inc.

Branches

Alcone Marketing Group
131 Danbury Rd Ste 3, Wilton, CT 06897
Tel.: (203) 656-3555
Fax: (203) 656-4111
Web Site: https://alcone.com/

Employees: 100
Year Founded: 1976

National Agency Associations: PMA

SALES PROMOTION AGENCIES

Agency Specializes In: Collateral, Consumer Marketing, Digital/Interactive, E-Commerce, Email, Event Planning & Marketing, Experience Design, Integrated Marketing, Internet/Web Design, Local Marketing, Mobile Marketing, Point of Purchase, Point of Sale, Promotions, Publicity/Promotions, Regional, Retail, Sales Promotion, Sponsorship, Viral/Buzz/Word of Mouth, Web (Banner Ads, Pop-ups, etc.).

Chris Gilman *(VP & Creative Dir)*
Cory DeWeese *(Dir-Client Engagement)*
Melissa Hickey *(Acct Supvr)*
Melissa Nelson *(Acct Supvr)*
Lindsay Velez *(Acct Supvr)*
Michael Castelot *(Assoc Creative Dir)*
Julianna Maston *(Sr Art Dir)*

Accounts:
Hasbro
The Laughing Cow
Mondelez International, Inc.
Pernod Ricard USA Wyndham Estate
Treasury Wine Estates

Alcone Marketing Group
1596 Howard St, San Francisco, CA 94103
Tel.: (415) 856-8120
Web Site: https://alcone.com/

Employees: 500

Agency Specializes In: Sales Promotion

Corey Saenz *(Sr VP-Client Engagement)*
Monica Simoneaux *(Sr VP-Client Engagement)*
Nicole Vaughan *(Production Mgr)*
Chad LaSota *(Assoc Creative Dir)*

Accounts:
Ghiradelli
Intuit
Safeway
Visa

THE ALISON GROUP
2090 NE 163rd St, North Miami Beach, FL 33162
Tel.: (305) 893-6255
Fax: (305) 895-6271
E-Mail: info@alisongroup.com
Web Site: www.alisongroup.com

E-Mail for Key Personnel:
President: larry@alisongroup.com

Employees: 25
Year Founded: 1959

Agency Specializes In: Advertising Specialties, Automotive, Corporate Identity, Graphic Design, Internet/Web Design, Logo & Package Design, Package Design, Point of Purchase, Point of Sale, Print, Sales Promotion

Approx. Annual Billings: $12,000,000

Larry J. Schweiger *(Pres)*
Tony Azar *(Reg VP)*
Jeff Schweiger *(VP)*
Charles Cerami *(Acct Exec)*

Accounts:
Alaskan Amber
Carnival
Heineken
NCL
Nicklaus Golf
Pollo Tropical
Ryder
SKYY
Sony
Spyder
Toshiba
Toyota; 1996
Toyota
VIGO

ALL STAR INCENTIVE MARKETING, INC.
660 Main St, Fiskdale, MA 01518
Tel.: (508) 347-7672
Fax: (508) 347-5404
Toll Free: (800) 526-8629
E-Mail: info@incentiveusa.com
Web Site: https://www.allstarincentivemarketing.com/

E-Mail for Key Personnel:
President: brian@incentiveusa.com

Employees: 50
Year Founded: 1970

Agency Specializes In: Advertising Specialties, Automotive, Brand Development & Integration, Business-To-Business, Communications, Consulting, Consumer Marketing, Corporate Communications, Corporate Identity, Direct Response Marketing, E-Commerce, Financial, Internet/Web Design, Logo & Package Design, Medical Products, Merchandising, Pharmaceutical, Planning & Consultation, Point of Purchase, Publicity/Promotions, Retail, Sales Promotion, Sweepstakes, Transportation

Approx. Annual Billings: $20,000,000

Brian Galonek *(CEO & VP-Sls)*
Gary Galonek *(Principal-New Bus Dev)*
Ann Galonek *(Treas)*
Michael A. Balcom *(VP-Corp Identity Div)*
Jeff Becotte *(Dir-IT)*
Edward Galonek, Jr. *(Sls Mgr-Natl)*
Ryan Chase *(Mgr-Warehouse)*
Geri Labonte *(Mgr-HR)*

Accounts:
CertainTeed
Crown Imports
Foxwoods Resort Casino
Mohegan Sun
Serta
Simmons
Trump Plaza
Unum

ALL-WAYS ADVERTISING COMPANY
1442 Broad St, Bloomfield, NJ 07003
Tel.: (973) 338-0700
Fax: (973) 338-1410
Toll Free: (800) 255-9291
E-Mail: awa@awadv.com
Web Site: www.awadv.com

Employees: 210
Year Founded: 1969

Agency Specializes In: Advertising, Advertising Specialties, Brand Development & Integration, Catalogs, Consulting, Corporate Identity, Cosmetics, Direct Response Marketing, Event Planning & Marketing, Exhibit/Trade Shows, Financial, Graphic Design, Health Care Services, Hospitality, In-Store Advertising, Leisure, Logo & Package Design, Medical Products, Merchandising, New Product Development, Planning & Consultation, Point of Sale, Production, Promotions, Publicity/Promotions, Real Estate, Retail, Sales Promotion, Sweepstakes

Approx. Annual Billings: $25,000,000

Breakdown of Gross Billings by Media: Adv. Specialities: $21,000,000; In-Store Adv.: $2,000,000; Promos.: $2,000,000

Robert J. Lieberman *(Pres)*
Diane Delle Fave *(VP)*
Ron Selling *(Creative Dir)*
David Cohen *(Sr Acct Exec)*
Jay Weinberg *(Acct Exec)*
Susan Singer *(Sr Exec-Sls)*

ALPAYTAC INC.
(Acquired & Absorbed by O'Malley Hansen Communications)

ANSIRA
35 East Wacker Dr Ste 1100, Chicago, IL 60601
Tel.: (312) 243-2667
Fax: (312) 235-0565
Web Site: https://ansira.com/

Employees: 75
Year Founded: 1982

Agency Specializes In: Advertising Specialties, Agriculture, Automotive, Co-op Advertising, Collateral, Consulting, Experiential Marketing, High Technology, Information Technology, Merchandising, Multimedia, Point of Purchase, Point of Sale, Publicity/Promotions, Retail, Sales Promotion

Chris Henger *(Chief Product Officer)*
Karlyn Bentley *(VP-Client Partnership)*
Sammy Mynes *(VP-Trade Promo Mgmt)*
Rob Newinski *(Sr Acct Dir)*
Laura Cooling Braasch *(Acct Dir-Client Partnership)*
Chloe Olson *(Acct Mgr)*
Colleen Ahern *(Copywriter)*

Accounts:
Bass Pro Shops
Benjamin Moore Paints
BMW
GE Lighting
HP
IBM
Microsoft
Rolex

APPLE ROCK
7602 Business Park Dr, Greensboro, NC 27409
Tel.: (336) 232-4800
Fax: (336) 217-2750
Toll Free: (800) 478-2324
E-Mail: salesconsultants@applerock.com
Web Site: https://www.applerock.com/

E-Mail for Key Personnel:
President: eric.burg@applerock.com

Employees: 50
Year Founded: 1988

Agency Specializes In: Exhibit/Trade Shows

Approx. Annual Billings: $8,000,000

Breakdown of Gross Billings by Media: D.M.: $400,000; Other: $7,600,000

Eric Burg *(CEO)*
Diane Rowell *(Sr VP-Ops)*
Denise Lineberry *(VP-Mktg & Creative Tech)*
Jonathan Hackler *(Creative Dir)*
Patricia Garner *(Dir-Ops & Mgr-Safety)*
Kathryn Mittelstadt *(Dir-New Bus Dev)*
Casey Gibson *(Project Mgr & Acct Exec)*
Cheryl Evans *(Sr Acct Exec-Trade Show & Specialist-Event-Apple Rock Displays)*
Colby Ziglar *(Sr Designer)*
Allison O'Neal Horan *(Corp Sls Dir-Apple Rock Displays)*

AGENCIES - JANUARY, 2019 — SALES PROMOTION AGENCIES

Accounts:
Advanced L&E
Healthy Living
HSBC
MDI

ARC WORLDWIDE
35 W Wacker Dr 15th Fl, Chicago, IL 60601
Tel.: (312) 220-3200
Fax: (312) 220-1995
Web Site: www.arcww.com
E-Mail for Key Personnel:
President: Rich.Stoddart@arcww.com

Employees: 1,100
Year Founded: 2004

National Agency Associations: 4A's-CSPA-DMA

Agency Specializes In: Digital/Interactive, Direct Response Marketing, Event Planning & Marketing, In-Store Advertising, Internet/Web Design, Logo & Package Design, Point of Purchase, Point of Sale, Retail, Sales Promotion, Sponsorship, Sports Market, Strategic Planning/Research, Sweepstakes, Telemarketing

Matt Denten *(Sr VP & Creative Dir)*
Chris Emery *(Sr VP & Acct Dir)*
Brendan Nash *(Sr VP & Creative Dir)*
Chrissie Bonaguidi Russell *(Sr VP & Acct Dir)*
Karl Wenzel *(Sr VP & Acct Dir)*
John Florek *(VP & Creative Dir)*
Michael McMillen *(VP & Creative Dir)*
Sarah Hall *(Art Dir)*
Jessica Hanna *(Acct Dir)*
Christina Hormuth *(Acct Dir)*
Sara Leakey *(Acct Dir)*
Meredith Metzl *(Acct Dir)*
Lauren Kloepfer Reynolds *(Acct Dir)*
Nick Hoadley *(Dir-Plng-UK)*
Alyce Iwanaga *(Acct Supvr)*
Diana Saenz *(Acct Supvr)*
Zane Chao *(Sr Acct Exec)*
Chloe Micek *(Acct Exec)*
Andrea Elder *(Assoc Creative Dir)*

Accounts:
Chicago Shakespeare Theater Campaign: "Will and George Come to Life"
Coca-Cola North America
Comcast
Dunkin' Brands Group, Inc Retail & In-Store Marketing; 2018
Intel Campaign: "Get in the Mix with NE-YO"
Kraft-Heinz
Mcdonald's Campaign: "You Want Mcdonald's Fries With That"
Millercoors Campaign: "Call of the Cup", Campaign: "Can Hunt", Campaign: "Canhole", Campaign: "I Am Rich", Creative, Digital, Foster's, Keystone Light, Miller High Life, Molson Canadian, Print Advertising, Social Media, Sparks, Television
Nestle Purina Campaign: "Great", Inside Every Good Dog Is A Great Dog
The Procter & Gamble Company Campaign: "Beautiful Hair Whatever the Weather", E-Commerce, Marketing
United Airlines
Wal-Mart Stores, Inc.
Walgreen Co.; Deerfield, IL Campaign: "Walk With Walgreens", Cause Marketing, Way to Well
Whirlpool Campaign: "Faces of Dependability", Maytag

North America

Arc Worldwide, North America
35 W Wacker 15th Fl, Chicago, IL 60601
Tel.: (312) 220-3200
Fax: (312) 220-6212
Web Site: www.arcww.com

Employees: 501
National Agency Associations: PMA

Chris Cancilla *(Chief Creative Officer)*
Soche Picard *(CEO-North America)*
Kim Wicken Sharon *(Sr VP & Acct Dir)*
Andrew Browning *(Sr VP & Dir-Database Mktg & CRM)*
Jeff Falcon *(Dir-Bus Analysis)*
Duarte Rato *(Acct Mgr)*
Laura Kidney Burns *(Mgr-Mktg Ops)*
Ethel Meyer *(Mgr-Database Mktg)*
Kristin Schwallie *(Mgr-Mktg Optimization & Analytics)*

Accounts:
Kellogg
McDonald's
MillerCoors; Milwaukee, WI Miller Genuine Draft
Procter & Gamble Marketing
Samsung
Whirlpool Corporation

Arc Worldwide
25/F Tower 2 The Enterprise Ctr, 6766 Ayala Ave, Corner Paseo de Roxas, Makati, 12 Philippines
Tel.: (63) 2 884 8411
Fax: (63) 2 884 8415
E-Mail: ichay.bulaong@ph.arcww.com
Web Site: www.arcww.com

Employees: 120

Andrew Edwards *(Pres-EMEA)*

Accounts:
Shell Philippines

EMEA

Publicis
Boulevard d'Anvers 40, Brussels, 1000 Belgium
Tel.: (32) 2645 3511
E-Mail: info@publicis.be
Web Site: www.publicis.com

Employees: 60

Alain Janssens *(Mng Partner & Creative Dir)*
Kwint De Meyer *(Creative Dir)*
Willem De Wachter *(Creative Dir)*
Daniel Van den Broucke *(Art Dir)*
Jean-Marc Wachsmann *(Art Dir)*
Hugues Van Den Steen *(Mgr-Creative)*
Maarten De Maayer *(Copywriter-Creative)*
Philippe Dorval *(Copywriter)*
Francois Massinon *(Copywriter)*

Accounts:
ALS League Video
BNP Paribas Fortis Campaign: "RSCA Hymn"
Centre du prevention Suicide Campaign: " Don't Skip A Suicidal Person"
Croix Rouge
International Guide Dog Federation
Mobistar A Christmas Love Story
Oral-B
Orange
Quirit
Renault Campaign: "Courtesy Day", Campaign: "The Ultimate Speed Date", Megane, Panoramic Glass Roof, Renault Clio RS, Renault Espace
Reporters Without Borders Campaign: "Blood", Campaign: "Talking Poster", Campaign: "Vroooar Bahrain"
Responsible Young Drivers Campaign: "The Impossible Text & Drive Test", Campaign: "The alcohol barrier"
Stihl Campaign: "All the muscles you need"
Zimmo Print

ATS MOBILE
1150 First Ave, King of Prussia, PA 19046
Tel.: (610) 688-6000
E-Mail: sales@atsmobile.com
Web Site: https://www.purplegator.com/

Employees: 65
Year Founded: 1989

Agency Specializes In: Advertising, Affiliate Marketing, Crisis Communications, Digital/Interactive, Direct Response Marketing, Mobile Marketing, Multimedia, Retail, Search Engine Optimization, Social Media, Sweepstakes, Teen Market, Telemarketing, Viral/Buzz/Word of Mouth, Web (Banner Ads, Pop-ups, etc.)

Accounts:
Advanced Mobile Solutions; Wayne, PA; 2005
Advanced Telecom Services
MatchLink.com; Des Plaines, IL; 1993
PromoTXT.com; Wayne, PA; 2003
Spark Network Services; Des Plaines, IL; 1993
WebFriends.com; Wayne, PA; 1998

AVID MARKETING GROUP
100 CorPOrate Pl Ste 200, Rocky Hill, CT 06067
Tel.: (860) 436-3004
Web Site: www.avidinc.com
E-Mail for Key Personnel:
President: jgross@avidinc.com

Employees: 18
Year Founded: 1986

Agency Specializes In: Advertising, Brand Development & Integration, Broadcast, Business Publications, Business-To-Business, Catalogs, Collateral, Consumer Marketing, Corporate Communications, Corporate Identity, Direct-to-Consumer, Exhibit/Trade Shows, Graphic Design, Integrated Marketing, Logo & Package Design, Multimedia, Point of Purchase, Point of Sale, Print, Production, Production (Print), Promotions, Public Relations, Sales Promotion, Shopper Marketing, Sweepstakes

Jonathan Gross *(Founder & Sr Partner)*
DeAnna Drapeau *(Mng Partner)*
Charles Fagan *(Head-Digital Analytics)*
Ken Krupa *(Dir-Analytics & Info Sys)*
Chris Moran *(Dir-Design)*
Nicole Hallahan *(Mgr-Quality & Ops)*
Jenna Bell *(Acct Exec)*
Kristin Brady *(Acct Exec-Digital)*

Accounts:
Amgraph; CT
Comcast
Diageo
Fetzer
Pentax Medical; Montvale, NJ
SBLI
VantisLife
Walter; Canada

B-LINE APPAREL, INC.
8375 NW 30th Ter, Doral, FL 33122-1916
Tel.: (305) 967-7458
Fax: (305) 953-7909
Toll Free: (888) 425-4630
E-Mail: info@blineapparel.com
Web Site: blbrandhouse.com/

Employees: 20
Year Founded: 1997

SALES PROMOTION AGENCIES

Agency Specializes In: Advertising Specialties, Corporate Identity, Fashion/Apparel, Point of Sale, Print, Publicity/Promotions, Sweepstakes, Travel & Tourism

Approx. Annual Billings: $4,000,000

Breakdown of Gross Billings by Media: Adv. Specialities: $4,000,000

Jose A. Beguiristain *(Pres-BL Brand House)*

BADGEVILLE
PO Box 2367, Redwood City, CA 94064
Tel.: (650) 492-5618
E-Mail: marketing@badgeville.com
Web Site: https://badgeville.com/

Employees: 20
Year Founded: 2010

Agency Specializes In: Communications, E-Commerce, Education, Entertainment, Health Care Services, Media Relations, Publishing, Retail

Accounts:
The Active Network Inc. Software Service Providers
allkpop Online News Providers
Barnes & Noble
Bell Media
EMC
Microsoft
Online Shopping Providers
Oracle
Rogers Communications Inc. Electronics Products Mfr & Distr
SAMSUNG Computers & Electronics Mfr
Universal Music
Volkswagen Turkey

BENCHMARK DISPLAYS
75145 Saint Charles Pl Ste 5, Palm Desert, CA 92211
Tel.: (760) 775-2424
Fax: (760) 600-2810
Toll Free: (800) 600-2810
E-Mail: info@benchmarkdisplays.com
Web Site: www.benchmarkdisplays.com

Employees: 45
Year Founded: 1985

Agency Specializes In: Advertising, Advertising Specialties, Agriculture, Automotive, Branded Entertainment, Business-To-Business, Cable T.V., Children's Market, College, Corporate Identity, Cosmetics, Education, Electronics, Event Planning & Marketing, Exhibit/Trade Shows, Fashion/Apparel, Financial, Food Service, Health Care Services, Hospitality, Household Goods, Identity Marketing, In-Store Advertising, Leisure, Luxury Products, Package Design, Pharmaceutical, Point of Purchase, Point of Sale, Promotions, Restaurant, Retail, Sales Promotion, Travel & Tourism

Approx. Annual Billings: $3,200,000

Breakdown of Gross Billings by Media: Adv. Specialities: 30%; Mdsg./POP: 50%; Point of Purchase: 10%; Point of Sale: 10%

Joanne Frohman *(Pres)*
Richard Frohman *(VP-Mktg)*

BOP DESIGN, INC.
610 W Ash St Ste 706, San Diego, CA 92101
Tel.: (619) 330-0730
E-Mail: info@bopdesign.com
Web Site: www.bopdesign.com

Year Founded: 2008

Agency Specializes In: Advertising, Brand Development & Integration, Business-To-Business, Content, Copywriting, Event Planning & Marketing, Internet/Web Design, Logo & Package Design, Print, Search Engine Optimization

Jeremy Durant *(Principal-Bus)*
Kara Jensen *(Principal-Creative)*
Rachel Cunningham *(Dir-Content Mktg)*
Robin Maylone *(Dir-Web Content)*
Jessie Topper *(Dir-SEO)*
Colleen Perone *(Mgr-Ops)*
Danielle Hill *(Sr Designer)*

Accounts:
New-Evergent Group Suna Solutions

BOUNCE MARKETING AND EVENTS, LLC
336 South Congress Ave, Austin, TX 78704
Tel.: (512) 524-2953
Web Site: www.bounceaustin.com

Employees: 10
Year Founded: 2008

Agency Specializes In: Advertising, Event Planning & Marketing, Public Relations

Michelle Graham *(Founder & CEO)*
Drex Earle *(COO & Creative Dir)*
Lindsay Smith *(Sr Acct Mgr)*
Aracely Gonzalez *(Acct Exec)*

BRANDLINK COMMUNICATIONS LLC
28 W 25th St, New York, NY 10010
Tel.: (212) 338-0070
Fax: (212) 338-0131
Web Site: www.brandlinkcommunications.com

Employees: 25

Agency Specializes In: Event Planning & Marketing, Media Relations, Social Marketing/Nonprofit, Social Media, Sponsorship

Carol Bell *(Partner)*
Greg Link *(Partner)*
Lindsay Posocco *(VP-Mktg)*
Sarah Lawson *(Dir-Strategy)*
Rachel Mulveny *(Sr Mktg Mgr)*

Accounts:
Acqualina Resort & Spa on the Beach Beach Resort & Spa
After Tan & Co Influencer Relations, VIP
Amsale
Drybar Media Awareness
eSalon (Agency of Record)
Gallaghers Steakhouse Creative Event Marketing, Media
Glopro Inc
Hint Water Celebrity Relations, Event Marketing, Strategic Partnerships
HSN Inc
Ingenious Designs, LLC Media Awareness
Jay Strongwater (Public Relations Agency of Record)
Saint Abel
Stella & Dot
Supergoop! (Public Relations Agency of Record)
Sweet Defeat
Too Faced

Branch

BrandLinkDC
3109 M Street NW, Washington, DC 20007
Tel.: (202) 733-5223
Web Site: brandlinkdc.com

Employees: 25

Barbara Martin *(Co-Founder)*
Jayne Sandman *(Co-Founder)*
Amanda Markmann *(VP-Creative)*
Tace Loeb *(Mktg Dir)*
Annie Perezchica *(Dir-Events)*
Brooke Brogan *(Sr Mgr-PR)*
Giselle-Marie Roig *(Sr Mgr-PR)*
Meghan Fahy *(Coord-Mktg)*
Valentina Troisi *(Sr Mktg Mgr)*

Accounts:
&pizza; Washington, DC (Public Relations Agency of Record)

BRANDSPARX
406 Broadway Ste 225, Santa Monica, CA 90401
Tel.: (310) 740-9992
Web Site: www.brandsparx.com

Employees: 17
Year Founded: 1999

Agency Specializes In: Alternative Advertising, Branded Entertainment, Event Planning & Marketing, Exhibit/Trade Shows, Game Integration, Guerilla Marketing, Mobile Marketing, Out-of-Home Media, Outdoor, Production, Promotions, Social Media, Viral/Buzz/Word of Mouth

Approx. Annual Billings: $4,578,000

Rosy Chavez *(Dir-Ops)*

Accounts:
Arizona Iced Tea Cherry Lime Rickey; 2012
Burger King; 2011
Coffee Bean; 2013
Google
HTC
Microsoft
Poppin New Educational Supplies; 2012

BRENLIN
(Formerly J. Brenlin Design, Inc.)
2054 Tandem Way, Norco, CA 92860
Tel.: (951) 549-1515
Fax: (951) 549-1453
Web Site: brenlin.com/

E-Mail for Key Personnel:
Creative Dir.: jbrenlin@jbrenlin.com

Employees: 9
Year Founded: 1985

Agency Specializes In: Collateral, Graphic Design, Logo & Package Design, Media Buying Services, New Product Development, Point of Purchase, Print, Trade & Consumer Magazines

Approx. Annual Billings: $1,200,000

Jane Brenlin *(Pres)*
Rick Haan *(VP & Partner-1foodsource Comm)*
Susana Djuanda *(Mgr-Media & Acct Exec)*

Accounts:
Lam Weston

BROADSTREET
242 W 30th St, New York, NY 10001
Tel.: (212) 780-5700
Fax: (212) 780-5710
E-Mail: info@broadstreet.com
Web Site: www.broadstreet.com

Employees: 25

AGENCIES - JANUARY, 2019 — SALES PROMOTION AGENCIES

Year Founded: 1981

Agency Specializes In: Advertising Specialties, Affiliate Marketing, Affluent Market, Automotive, Brand Development & Integration, Broadcast, Business-To-Business, Collateral, Communications, Consulting, Consumer Goods, Consumer Marketing, Content, Corporate Communications, Corporate Identity, Cosmetics, Digital/Interactive, Direct Response Marketing, Education, Electronic Media, Electronics, Email, Entertainment, Event Planning & Marketing, Exhibit/Trade Shows, Experience Design, Experiential Marketing, Fashion/Apparel, Financial, Game Integration, Graphic Design, Health Care Services, High Technology, Hospitality, Household Goods, Industrial, Integrated Marketing, International, Internet/Web Design, Investor Relations, Leisure, Local Marketing, Logo & Package Design, Luxury Products, Medical Products, Mobile Marketing, Multimedia, New Product Development, New Technologies, Out-of-Home Media, Outdoor, Package Design, Paid Searches, Pharmaceutical, Print, Production, Production (Ad, Film, Broadcast), Production (Print), Promotions, Real Estate, Retail, Sales Promotion, Search Engine Optimization, Technical Advertising, Travel & Tourism, Web (Banner Ads, Pop-ups, etc.)

Approx. Annual Billings: $20,000,000

Breakdown of Gross Billings by Media: Adv. Specialities: $20,000,000

Mark Baltazar *(CEO & Mng Partner)*
Ed Gibbons *(Partner & CFO)*
Claudia Rodriguez Tressler *(Partner & COO)*
Brian Curp *(Media Dir)*

Accounts:
Comcast
Diageo; New York, NY; 2005
ESPN
Nickelodeon
Reebok; Canton, MA; 2006
Roche Pharmaceuticals
Royal Caribbean Cruise Lines; Miami, FL; 2005
Scripps
W Hotels; New York, NY; 2003

BRYDAN CORPORATION
7261 State Highway 357, Franklin, NY 13775
Tel.: (607) 821-4350
Fax: (866) 394-1377
Toll Free: (866) 538-8906
E-Mail: jb@brydan.com
Web Site: www.brydan.com

E-Mail for Key Personnel:
President: jb@brydan.com

Employees: 5
Year Founded: 2002

Agency Specializes In: Advertising, Brand Development & Integration, Communications, Digital/Interactive, Electronic Media, Information Technology, Internet/Web Design, Media Buying Services, Multimedia, Publicity/Promotions, Travel & Tourism

Approx. Annual Billings: $500,000

Breakdown of Gross Billings by Media: Adv. Specialities: $500,000

Bryan Hickman *(Pres & CEO)*

Accounts:
Hull-O Farm; Durham, NY Farm Vacations, Hunting Vacations
Sunny Hill Resort & Golf Course; Greenville, NY Golf, Vacations

CAPRICORN
29 Northcote Dr, Melville, NY 11747
Tel.: (917) 534-0402
Fax: (212) 214-0685
E-Mail: contact@netcapricorn.com
Web Site: www.netcapricorn.com

E-Mail for Key Personnel:
President: toullier@netcapricorn.com

Employees: 3
Year Founded: 1999

Agency Specializes In: Advertising, Advertising Specialties, African-American Market, Bilingual Market, Consulting, Consumer Publications, Direct Response Marketing, E-Commerce, Education, Entertainment, Fashion/Apparel, Food Service, Government/Political, Internet/Web Design, Legal Services, Leisure, Magazines, Media Buying Services, Newspaper, Newspapers & Magazines, Print, Real Estate, Restaurant, Travel & Tourism

Approx. Annual Billings: $250,000

Breakdown of Gross Billings by Media: Consulting: $11,500; D.M.: $10,000; Event Mktg.: $6,900; Graphic Design: $11,500; Internet Adv.: $57,500; Mags.: $34,500; Network Radio: $23,000; Network T.V.: $11,500; Newsp.: $11,500; Newsp. & Mags.: $23,000; Other: $26,100; Radio: $11,500; Syndication: $11,500

Herbert Winokur, Jr. *(Chm & CEO)*
Cyril Toullier *(Principal)*

CENTRA360
1400 Old Country Rd Ste 420, Westbury, NY 11590-5119
Tel.: (516) 997-3147
Fax: (516) 334-7798
E-Mail: bbell@centra360.com
Web Site: www.centra360.com

Employees: 10
Year Founded: 1996

National Agency Associations: PMA

Agency Specializes In: Automotive, Brand Development & Integration, Consulting, Consumer Marketing, Customer Relationship Management, Digital/Interactive, Direct Response Marketing, Entertainment, Event Planning & Marketing, Experience Design, Fashion/Apparel, Game Integration, Integrated Marketing, Internet/Web Design, Planning & Consultation, Point of Purchase, Point of Sale, Promotions, Publicity/Promotions, Sales Promotion, Social Media, Strategic Planning/Research, Sweepstakes, Web (Banner Ads, Pop-ups, etc.)

Approx. Annual Billings: $5,000,000

Breakdown of Gross Billings by Media: Collateral: $700,000; Event Mktg.: $400,000; Fees: $1,750,000; Radio: $400,000; Sls. Promo.: $1,750,000

Robert A. Bell *(COO)*
Howard Davidson *(CMO-Shopper Mktg Grp)*
Randi Berger *(Exec VP)*
Mark Biggin *(VP-Strategic Mktg)*
Chariot Crespo *(VP-Mktg Partnerships)*
Susan Mysel *(Sr Dir-Brand Activation)*
Linda Suraci *(Sr Dir-Brand Activation)*
Michelle Greenberg *(Acct Exec)*

Accounts:
American Express; 2012
Dr. Bronner's Magic Soaps; 2012
E&J Gallo Winery; Modesto, CA Wines; 1997
Fair World Project, Inc.; 2012
JetBlue Airways; New York, NY; 2004
Lion Brand Yarn; 2012
Lorillard, Inc.; Greensboro, NC; 2001
Martha Stewart Living Omnimedia, Inc.; New York, NY; 2001
Meguiar's Inc.; Irvine, CA Surface Care Products; 2008
New York Post; New York, NY; 2005
News America Marketing; New York, NY Special Events; 1997
Popchips Snack Foods; 2010
Robert Bosch Corporation; Broadview, IL; 1999
Sears Holdings Corporation; Hoffman Estates, IL; 2008
Subaru of America; 2012
Upromise, Inc.; Newton Center, MA Financial; 2008

CINETRANSFORMER INTERNATIONAL INC.
134 S Dixie Hwy, Hallandale Beach, FL 33009
Tel.: (305) 576-5970
Fax: (305) 576-5970
E-Mail: sales@cinetransformer.com
Web Site: www.cinetransformer.com

Employees: 50

Agency Specializes In: Agriculture, Arts, Automotive, Aviation & Aerospace, Below-the-Line, Business-To-Business, College, Computers & Software, Consumer Goods, Consumer Marketing, Electronics, Entertainment, Event Planning & Marketing, Exhibit/Trade Shows, Experience Design, Financial, Government/Political, Health Care Services, Hispanic Market, Hospitality, Household Goods, Information Technology, International, Investor Relations, Leisure, Local Marketing, Marine, Medical Products, Mobile Marketing, Multicultural, Pharmaceutical, Promotions, Real Estate, Sales Promotion, Sports Market, Travel & Tourism

Approx. Annual Billings: $50,000,000

Breakdown of Gross Billings by Media: Event Mktg.: $12,500,000; Sls. Promo.: $2,000,000

Raul Fernandez *(COO)*
Michael D. Pine *(VP-Bus Dev)*

Accounts:
Amazon Kindle Fire HDX; 2013
AMC TV Breaking Bad National Tour
American Express Blue Card; 2003
Amway
AOL Latino; Chicago, IL; Miami, FL AOL Latino; 2004
Buena Vista International
Citibank
Coca-Cola Refreshments USA, Inc.
Disney XD
Fox Sports en Espanol
GlaxoSmithKline
Mattel; Mexico City, Mexico Barbie Fairytopia; 2005
McDonald's
MTV
Nokia
Paramount Pictures; 2004
Pepsi
Sobe Beverages; 2003
Subaru
Universal Studios
US Army National Guard
VIZ Media
Walt Disney Co.
Warner Brothers; 2013

CLICKMAIL MARKETING, INC.
155 Bovet Rd Ste 310, San Mateo, CA 94402
Tel.: (650) 653-8102

SALES PROMOTION AGENCIES

Fax: (650) 288-3449
E-Mail: marco@clickmail.com
Web Site: clickmail.com/

Employees: 16
Year Founded: 2001

Agency Specializes In: Business-To-Business, Consumer Marketing, Corporate Communications, Corporate Identity, Crisis Communications, Customer Relationship Management, Email, High Technology, Integrated Marketing

Michael Kelly *(Co-Founder-Bus Dev)*
Marco Marini *(CEO)*
Russ Cerminaro *(CFO & COO)*
Cameron Kane *(CTO)*

Accounts:
Arnold Worldwide
Assist2Sell
Audatex
Branded Solutions
Butler Till Media
City/County of San Francisco
Classic Industries
Clontech, Inc.
CMP
ConsumerLab
CSI Global Education
Dataprint
Footage Firm, Inc.
Footwear Etc
Funny or Die
Funnyordie.com
Genesys
Go Industry- Dovebid
Health Grades,CO
Hilco Industrial
Jigsaw
Laplink Software
Martin Agency
NComputing
TE Connectivity Ltd.
TravelMuse
WYSE
YAPTA

CO-COMMUNICATIONS INC.
4 W Red Oak Ln Ste 109, West Harrison, NY 10604
Tel.: (914) 666-0066
Web Site: www.cocommunications.com

Employees: 20
Year Founded: 1997

Agency Specializes In: Advertising, Corporate Identity, Direct Response Marketing, Logo & Package Design, Market Research, Media Buying Services, Media Planning, Media Training, Public Relations, Search Engine Optimization

Stacey Cohen *(Pres & CEO)*
Jessica Lyon *(COO & Exec VP)*
Danielle Cyr *(VP-Integrated Mktg)*
Kelly Lee *(Sr Acct Mgr)*
Andrew Saginor *(Mgr-Creative Svcs)*

Accounts:
Arc of Westchester (Agency of Record); 2017
Hudson Valley Tourism Online Marketing, PR
JDM Benefits (Agency of Record); 2018
Robert Martin Company LLC Investment Services
Westchester Dental Group Dental Services

COOPTIONS SHOPPER MARKETING
120 A North Salem St, Apex, NC 27502
Tel.: (919) 303-3223
Fax: (919) 654-6810
E-Mail: sales@cooptions.com
Web Site: www.cooptions.com

Employees: 14
Year Founded: 1994

Agency Specializes In: Alternative Advertising, Broadcast, Children's Market, College, Consumer Goods, Consumer Marketing, Consumer Publications, Digital/Interactive, Experience Design, Experiential Marketing, Market Research, Promotions, Publicity/Promotions, Retail, Sponsorship, Sports Market, Strategic Planning/Research, Teen Market, Travel & Tourism, Viral/Buzz/Word of Mouth, Women's Market

Approx. Annual Billings: $2,100,000

Breakdown of Gross Billings by Media: Promos.: 85%; Radio: 15%

CRC MARKETING SOLUTIONS
6321 Bury Dr Ste 10, Eden Prairie, MN 55346-1739
Tel.: (952) 937-6000
Fax: (952) 937-5155
E-Mail: newclient@crc-inc.com
Web Site: www.crc-inc.com

E-Mail for Key Personnel:
President: lundeby@crc-inc.com

Employees: 15
Year Founded: 1979

Agency Specializes In: Corporate Identity, Internet/Web Design, Logo & Package Design, Sales Promotion

Approx. Annual Billings: $2,000,000

Breakdown of Gross Billings by Media: Collateral: 13%; D.M.: 2%; Internet Adv.: 56%; Logo & Package Design: 4%; Mags.: 2%; Newsp.: 1%; Promos.: 21%; Radio: 1%

Elizabeth Petrangelo *(Owner & Exec VP)*
Michael Lundeby *(Owner)*
Steve Prather *(Sr Dir-Brand Strategy)*
Ruben Gonzalez *(Dir-Technical Strategy)*
Brianna Miller *(Mgr-Design)*

Accounts:
Ecolab; Saint Paul, MN Industrial Products
European Roasterie; Minneapolis, MN Specialty Coffees
Gopher Resource
Thomson West; Saint Paul, MN
United Healthcare

CREATIVE PRODUCTIONS
5030 E 2Nd St Ste 205, Long Beach, CA 90803
Tel.: (562) 985-1363
Fax: (562) 985-1365
E-Mail: info@creativeproductions.com
Web Site: http://creativeproductions.com/

Employees: 30
Year Founded: 1981

Agency Specializes In: Digital/Interactive, Print, Production (Ad, Film, Broadcast), Promotions

Deborah Castro *(Pres & CEO)*

Accounts:
Goodwill Industries
Lexus
Toyota

CRN INTERNATIONAL, INC.
1 Circular Ave, Hamden, CT 06514-4002
Tel.: (203) 288-2002
Fax: (203) 281-3291
Toll Free: (800) 688-CRN1
E-Mail: info@crnradio.com
Web Site: www.crnradio.com

E-Mail for Key Personnel:
President: barryb@crnradio.com

Employees: 75
Year Founded: 1973

National Agency Associations: PMA-RAB

Agency Specializes In: Advertising, Automotive, Brand Development & Integration, Broadcast, Business Publications, Co-op Advertising, Communications, Computers & Software, Consumer Goods, Consumer Marketing, Cosmetics, Direct Response Marketing, Electronics, Entertainment, Fashion/Apparel, Food Service, Health Care Services, Hispanic Market, Household Goods, Integrated Marketing, Local Marketing, Media Buying Services, Merchandising, Multicultural, Pharmaceutical, Point of Sale, Promotions, Publicity/Promotions, Radio, Retail, Sales Promotion, Sponsorship, Sports Market, Strategic Planning/Research, Sweepstakes, T.V., Teen Market, Trade & Consumer Magazines, Viral/Buzz/Word of Mouth

Approx. Annual Billings: $40,000,000

Barry Berman *(Pres)*
Richard Kalt *(Partner & Exec VP)*
Jennifer Anderson *(VP-HR)*
Jim Alkon *(Mktg Dir)*
Katie Geddes *(Dir-Media Rels)*
Ron Pell *(Dir-Media Rels)*
Kelly Travers *(Dir-Podcast Ops)*

Accounts:
Absolut Spirits Company
Allstate
Applegate Media Group
Arc Marketing
B&G Foods
Bayer Corporation
BBDO
Cadillac
Campbell-Ewald
Campbell Soup Company; Camden, NJ; 1982
Chrysler
Citibank
ConAgra
Diageo
Disney
Dole Food Company, Inc.
ExxonMobil; Washington, DC Superflow Oil; 1995
General Motors
Georgia Pacific
GSD&M
Hallmark
The Hershey Company
Hewlett-Packard
HIP Advertising
The History Channel
Hormel Foods
Initiative
Johnson & Johnson
JWT
Kellogg's; Battle Creek, MI
Kmart
Kraft
Major League Baseball; New York, NY
Mars North America
MEC
Mediavest
Microsoft Corp.
MillerCoors
Mindshare
Nestle USA
Novartis
Pepsi Bottling Group
Playtex

AGENCIES - JANUARY, 2019 — SALES PROMOTION AGENCIES

Prestige Brands, Inc.
Procter & Gamble
Samsung
Sandoz Pharmaceuticals
Sara Lee Corporation
Sargento Foods, Inc.
S.C. Johnson & Son
Sears
SPARK
Sprint
Starcom
T-Mobile US
Target
TBWA
Unilever; Englewood Cliffs, NJ Lipton, Ragu
United Distillers & Vintners
U.S. Navy
Verizon
Wal-Mart
Wm. Wrigley Jr. Company
Xinc

DB STUDIOS
(Acquired by InnerWorkings Inc.)

DON JAGODA ASSOCIATES, INC.
100 Marcus Dr, Melville, NY 11747-4229
Tel.: (631) 454-1800
Fax: (631) 454-1834
E-Mail: info@dja.com
Web Site: https://www.dja.com/

Employees: 70
Year Founded: 1962

National Agency Associations: PMA

Agency Specializes In: Hispanic Market, Promotions, Sales Promotion, Sweepstakes

Approx. Annual Billings: $15,000,000

Don Jagoda *(Pres)*
Andrew Gusman *(CFO)*
Larry Berney *(COO)*
Bruce Hollander *(CMO & Exec VP)*
Jacqueline Lamberti *(Sr VP & Specialist-Sweepstakes, Contests & Incentives)*
Suzanne Gulbransen *(Sr VP)*
Steve Greco *(VP-Creative Svcs)*
Cara Sertic *(VP-Acct Svcs)*
Greg Hettinger *(Acct Supvr)*

Accounts:
AARP
Apple & Eve
Bank of America
FedEx
GE Capital
Ghirardelli
Johnson & Johnson
Marriott
Newport News
Pepsi Cola
Pillsbury
Six Flags Theme Parks
Spiegel
Sterling Jewelers
Time Warner Cable
Tupperware Brands Corporation

DOVETAIL PARTNER PROMOTIONS
17011 Beach Blvd, Huntington Beach, CA 92647
Tel.: (877) 709-5755
Fax: (913) 660-7437
E-Mail: dovetailoffice@att.net
Web Site: www.dovetailpp.com

Employees: 1
Year Founded: 1984

Agency Specializes In: Sales Promotion

Vicky Wigginton Carlew *(Pres)*

ECOMMERCE PARTNERS
59 Franklin St Ste 6B, New York, NY 10013
Tel.: (212) 334-3390
Fax: (503) 218-5585
Toll Free: (866) 431-6669
E-Mail: info@ecommercepartners.net
Web Site: www.ecommercepartners.net

Employees: 70
Year Founded: 1995

Agency Specializes In: Advertising, Affluent Market, Brand Development & Integration, Business-To-Business, Communications, Consulting, Consumer Goods, Consumer Marketing, Content, Customer Relationship Management, Digital/Interactive, Direct-to-Consumer, E-Commerce, Electronics, Email, Entertainment, Fashion/Apparel, Integrated Marketing, Internet/Web Design, Leisure, Logo & Package Design, Luxury Products, Magazines, New Product Development, Newspaper, RSS (Really Simple Syndication), Real Estate, Restaurant, Retail, Sales Promotion, Search Engine Optimization, Sports Market, Strategic Planning/Research, Travel & Tourism, Viral/Buzz/Word of Mouth, Web (Banner Ads, Pop-ups, etc.)

Breakdown of Gross Billings by Media: E-Commerce: 60%; Internet Adv.: 40%

Gil Levy *(Founder)*
Roy Loomis *(CEO)*

Accounts:
David's Cookies; NY; 2005
L'Oreal; New York, NY; 2005
Pery; NY; 2006

ELEVENTH DAY ENTERTAINMENT INC.
10200 Sepulveda Blvd Ste 170, Mission Hills, CA 91345
Tel.: (805) 435-1701
E-Mail: mail@eleventhday.com
Web Site: www.eleventhday.com

Employees: 2
Year Founded: 1994

Agency Specializes In: Broadcast, Business-To-Business, Corporate Identity, Production

Frank Martin *(Pres)*

Accounts:
Love of Liberty

ELITE MARKETING GROUP
1111 Marcus Ave Ste M60, New Hyde Park, NY 11042
Tel.: (516) 437-1500
Fax: (516) 437-7404
E-Mail: info@elitemg.com
Web Site: www.elitemg.com

Employees: 50

Mardi Galdamez *(CTO)*
Matthew Klein *(VP-EXP)*
Risa Price *(Sr Dir-Acct Svcs)*

Accounts:
AllState
American Express
Bank of America
Barclays
Best Buy
Boars Head
Cablevision
Circuit City
Citibank
CMT
Country Music Television
Cure
ESPN
HBO
Lindt
US Bank

EMI STRATEGIC MARKETING, INC.
15 Broad St, Boston, MA 02109
Tel.: (617) 224-1101
Fax: (617) 224-1190
Web Site: www.emiboston.com

E-Mail for Key Personnel:
President: cedlund@emiboston.com

Employees: 40
Year Founded: 1989

Agency Specializes In: Brand Development & Integration, Business-To-Business, Communications, Consulting, Corporate Communications, Customer Relationship Management, Digital/Interactive, Direct Response Marketing, Direct-to-Consumer, E-Commerce, Electronic Media, Email, Financial, Guerilla Marketing, High Technology, Identity Marketing, Information Technology, Integrated Marketing, Internet/Web Design, Market Research, New Product Development, Pharmaceutical, Point of Sale, Sales Promotion, Social Marketing/Nonprofit, Sponsorship, Strategic Planning/Research

Campbell Edlund *(Pres)*
Anthony Nygren *(Exec VP)*
Charlene Paradise *(Mng Dir-Fin Svcs)*
Greg Smith *(Mng Dir-Mktg)*
Judy Cohen *(VP & Mgmt Dir)*
Paul O'Brien *(VP-Fin & Ops)*
Mark Malloy *(Exec Creative Dir)*
Nathan Hepp *(Art Dir-Interactive)*
Macy Jones *(Dir-Dev)*
Ken Lubar *(Dir-Mgmt)*

Accounts:
FedEx
The Hartford
Pioneer Mutual Funds
State Street
Verizon
Webster Bank

ENGLANDER KNABE & ALLEN
801 S Figueroa St Ste 1050, Los Angeles, CA 90017
Tel.: (213) 741-1500
Fax: (213) 747-4900
Web Site: http://ekapr.com/

Employees: 20
Year Founded: 2005

Agency Specializes In: Media Relations, Media Training, Public Relations, Strategic Planning/Research

Harvey A. Englander *(Founder & Partner)*
Matt Knabe *(Mng Partner)*
Adam Englander *(Partner & Gen Counsel)*
Marcus Allen *(Partner)*
Paul A. Haney *(Partner)*
Jeff McConnell *(Partner)*
Gary Townsend *(Partner)*
Alex Cherin *(Sr VP)*
Kellie Hawkins *(Sr VP)*
Juan Garza *(VP)*
Steve James *(Joint Venture Partner)*

SALES PROMOTION AGENCIES
AGENCIES - JANUARY, 2019

Accounts:
ADDA
AT&T Communications Corp. Telecommunication Services
BNSF Railway Transportation Services
Downey Hospital Healthcare Services
Jet Blue Airlines
LegalZoom
The Los Angeles Police Protective League Security Services
Motorola Solutions, Inc. Communication Devices Mfr
West Management
Westfield Shopping Center Management Services

EXCALIBUR EXHIBITS
7120 Brittmoore Rd Ste 430, Houston, TX 77041
Tel.: (713) 856-8853
Fax: (713) 856-8854
Web Site: www.excaliburexhibits.com

Employees: 24
Year Founded: 1997

Peggy Swords *(Pres)*
Jeff Wellings *(Dir-Ops)*
Stacy Meeks *(Acct Mgr)*
Philip B. Moore *(Acct Mgr)*
Kelly Swords *(Acct Exec)*
Matt Hitt *(Sr Designer)*

Accounts:
Arkex
C Mex
Cameron
Insights
Nexans
ODI

FAMOUS MARKS, INC.
96 Preservation Dr, Myrtle Beach, SC 29572
Tel.: (919) 779-5968
Fax: (919) 779-3866
E-Mail: customerservice@famousmarks.com
Web Site: www.famousmarks.com

Employees: 3
Year Founded: 1994

National Agency Associations: PMA

Agency Specializes In: Consumer Marketing, Sales Promotion

Approx. Annual Billings: $1,000,000

Breakdown of Gross Billings by Media: D.M.: $500,000; Newsp.: $500,000

Joyce A. Putzer *(Pres)*

Accounts:
Coty; New York, NY Preferred Stock Men's Fragrance
Redstorm Entertainment; Morrisville, NC

FHC MARKETING
4711 N Lamon Ave, Chicago, IL 60630
Tel.: (773) 777-6100
Fax: (773) 777-6118
E-Mail: info@fhcmarketing.com
Web Site: www.fhcmarketing.com

Employees: 60
Year Founded: 1920

National Agency Associations: POPAI

Agency Specializes In: Brand Development & Integration, Communications, Consumer Marketing, Digital/Interactive, Education, Graphic Design, In-Store Advertising, Logo & Package Design, Merchandising, Point of Purchase, Point of Sale, Retail, Sales Promotion

Approx. Annual Billings: $15,000,000

Breakdown of Gross Billings by Media: Graphic Design: $500,000; In-Store Adv.: $4,000,000; Logo & Package Design: $500,000; Mdsg./POP: $9,000,000; Sls. Promo.: $1,000,000

Roger Wolf *(Owner & Pres)*
Todd Carmichael *(Principal)*
Denise Pulido *(Dir-Bus Dev)*
Manuel Zapien *(Mgr-Warehouse-FHC Mktg)*
Kelly Martin *(Acct Exec)*
Sandy Nguyen *(Designer)*

Accounts:
CVS Health
K-Mart
Krogers
Publix
Regis Corp.
Safeway
Sears
Tires Plus
Zales

FIREHOUSE, INC.
14860 Landmark Blvd No 247, Dallas, TX 75254
Tel.: (972) 692-0911
Fax: (972) 692-0912
E-Mail: info@firehouseagency.com
Web Site: https://firehouse.agency/

E-Mail for Key Personnel:
President: mhall@fhdallas.com
Creative Dir.: gregn@fhdallas.com
Public Relations: mhall@fhdallas.com

Employees: 29
Year Founded: 1997

Agency Specializes In: Advertising, Brand Development & Integration, Consumer Marketing, Corporate Identity, Direct Response Marketing, Exhibit/Trade Shows, Graphic Design, Health Care Services, Internet/Web Design, Logo & Package Design, Point of Purchase, Point of Sale, Production, Publicity/Promotions, Sales Promotion, Sponsorship, Strategic Planning/Research, Sweepstakes

Mark Hall *(Owner)*
Steve Smith *(Partner & COO)*
Tripp Westbrook *(Partner, CMO, Chief Creative Officer & Exec Creative Dir)*
Doug Miller *(CFO)*
Nichole Kirsch *(Principal & Media Dir)*
Trae Watlington *(Principal & Dir-Strategic Plng)*
Jason Heatherly *(Art Dir & Creative Dir)*
Michael Buss *(Creative Dir & Writer)*
Jennifer Bankston *(Art Dir)*
Amanda Driggers *(Acct Dir)*
Blair Torres *(Acct Dir)*
Megan Ward *(Dir-Project Mgmt)*
Erica Baker *(Acct Supvr)*
Matt Kirby *(Acct Supvr)*
Jennifer Hallabough *(Supvr-Media)*
Ashley Shadowens *(Supvr-Social Media & PR)*
Emma Coker *(Strategist-Media)*

Accounts:
1 Million 4 Anna Foundation
Dallas Farmers Market Campaign: "Fries", SNAP Program
International Dairy Queen, Inc. Texas Dairy Queen (Agency of Record); 2017
Interstate Batteries
La Madeleine Country French Cafe (Agency of Record) Creative Development, Media Planning, Strategic Planning
Lennox International Inc. ()Agency of Record); 2017
National Cheerleaders Association (Agency of Record) Brand & Creative Development, Stage, Strategic Planning
Nature Nate's Honey Co
Nothing Bundt Cakes; Las Vegas, NV
Service King Collision Repair Centers Brand Strategy, Creative Development, Digital marketing, Media Planning, Outdoor Advertising, PR, Radio, Searching Marketing, Social Media, TV
Supreme Lending
Taylor's Gift Foundation
Thomson Reuters
Twin Peaks Restaurant

FIRELIGHT GROUP
1035 Williamson St, Madison, WI 53703
Tel.: (608) 441-3473
Fax: (914) 397-0815
E-Mail: info@firelightgroup.com
Web Site: firelightgroup.com/

Employees: 10
Year Founded: 1981

Agency Specializes In: Advertising Specialties, Business-To-Business, Collateral, Consulting, Digital/Interactive, E-Commerce, Event Planning & Marketing, Exhibit/Trade Shows, High Technology, Internet/Web Design, Sales Promotion, Travel & Tourism

Breakdown of Gross Billings by Media: Collateral: 20%; Mags.: 20%; Newsp.: 10%; Other: 50%

Anjee M. Sorge *(Dir-Ops)*
Ashley Himebaugh *(Acct Mgr)*

Accounts:
Banco Popular
Citibank
Coca-Cola Refreshments USA, Inc.
Heineken
Manpower
Panasonic
Tire Guru

FISHBOWL MARKETING
44 Canal Ctr Plz Ste 500, Alexandria, VA 22314
Tel.: (703) 836-3421
Fax: (703) 836-3422
Toll Free: (800) 836-2818
E-Mail: info@fishbowl.com
Web Site: www.fishbowl.com

Employees: 107

Agency Specializes In: Email

Jim Soss *(CEO)*
Tama Looney *(VP-Bus Ops)*

Accounts:
Bennigan's
Denny's
Famous Dave's
Fox & Hound
Gordon Biersch
Houlihan's
Maggiano's
Palm Restaurant
P.F. Chang's China Bistro, Inc. Strategic Partner; 2017

FOCUS MEDIA INC
10 Matthews St, Goshen, NY 10924
Tel.: (845) 294-3342
Fax: (845) 294-1118
Web Site: www.focusmediausa.com

AGENCIES - JANUARY, 2019 — SALES PROMOTION AGENCIES

Employees: 25
Year Founded: 2002

Agency Specializes In: Advertising, Broadcast, Collateral, Digital/Interactive, Media Planning, Out-of-Home Media, Outdoor, Print, Public Relations, Radio, Social Media

Josh Sommers *(Pres & CEO)*
William J. Bratton, Jr. *(CFO)*
Jp McGuirk *(VP)*
Tony Morino *(VP-Client Svcs)*
Lisa Sommers *(VP-Client Svcs)*
Victor Coreas *(Art Dir)*
Mike Bieger *(Dir-PR)*
Ryann Hannigan *(Dir)*
Christine Cordova *(Mgr-PR)*
Hema Easley *(Mgr-PR)*
Nancy Kriz *(Mgr-PR)*
Adrienne Bodnar *(Sr Acct Exec)*
Danielle Feroli *(Sr Acct Exec)*

Accounts:
Aurochemicals
Birchez Associates, LLC
Camelback Resorts (Strategic Communications & Public Relations Agency of Record); 2018
Catskill Regional Medical Center Medical Services
Empire Resorts
Gentle Dentistry Dental Practice Services
Greater Hudson Valley Health System
Grey's Woodworks Inc Construction Services
Hudson Valley Economic Development Corporation Relocation Services
HYTORC
The Kartrite Hotel & Indoor Waterpark (Strategic Communications & Public Relations Agency of Record); 2018
LCS Facility Group (Strategic Communications Agency of Record); 2017
Metropolitan Vacuum Cleaner Company Inc
MetroVac
Mobile Life Support Services (Strategic Communications & Public Relations Agency of Record) Marketing; 2018
Orange County Business Accelerator Technology Services
Orange County New York Tourism
Orange Regional Medical Center Medical Services
Pawling Joint Sewer Commission
RSR Corporation
Shawangunk Wine Trail Marketing
Tuxedo Union Free School District
Walden Savings Bank Banking Services
Woodbury Common Premium Outlets

FORGE SPONSORSHIP CONSULTING, LLC
25 Terrace Ave Ste 104, San Anselmo, CA 94960
Tel.: (415) 456-8588
E-Mail: jlaurent@forgesponsorship.com
Web Site: www.forgesponsorship.com

Employees: 3
Year Founded: 2004

Agency Specializes In: Advertising, Automotive, Brand Development & Integration, Business-To-Business, Co-op Advertising, Communications, Consulting, Consumer Marketing, Corporate Identity, Entertainment, Event Planning & Marketing, Leisure, Local Marketing, Planning & Consultation, Publicity/Promotions, Sales Promotion, Sports Market, Strategic Planning/Research, Sweepstakes, T.V.

Approx. Annual Billings: $1,000,000

Breakdown of Gross Billings by Media: Event Mktg.: 30%; Sports Mktg.: 70%

Marla Murphy *(Owner & Partner)*

Accounts:
AARP
CARAC; 2004
Clorox
Memorial Herman Healthcare
Super 8
Texas Health Resources
Wyndham Hotels

GAGE
10000 Hwy 55, Minneapolis, MN 55441-6300
Tel.: (763) 595-3800
Fax: (763) 595-3871
Toll Free: (877) TRY-GAGE
E-Mail: info@gage.com
Web Site: www.gage.com

Employees: 125
Year Founded: 1992

National Agency Associations: DMA-MIMA-PMA

Agency Specializes In: Advertising, Below-the-Line, Brand Development & Integration, Business-To-Business, Children's Market, Collateral, Communications, Computers & Software, Consumer Goods, Consumer Marketing, Customer Relationship Management, Digital/Interactive, Direct Response Marketing, E-Commerce, Electronic Media, Email, Financial, Graphic Design, Health Care Services, High Technology, Household Goods, Integrated Marketing, Internet/Web Design, Investor Relations, Legal Services, Planning & Consultation, Print, Production, Promotions, Sales Promotion, Social Media, Sponsorship, Strategic Planning/Research, Sweepstakes

Approx. Annual Billings: $80,000,000

Breakdown of Gross Billings by Media: Collateral: $10,000,000; Plng. & Consultation: $70,000,000

Thomas Belle *(Pres & CEO)*
Brad Baumann *(Pres & COO)*
Mark Kurtz *(Partner)*
Chris Curry *(Gen Counsel)*
Jeff Schutt *(VP-Fin & Admin)*
Dan Hellerich *(Head-Tech)*
Lee Allan *(Creative Dir)*
Eric Paradis *(Dir-Customer Experience Design & PR)*
Paige Black *(Mgr-Engagement)*

Accounts:
3M Video
Best Buy
BMW
Boston Scientific Video
Coca-Cola Refreshments USA, Inc.
Microsoft Microsoft Educator Community, Microsoft ExpertZone
Minnesota Valley National Wildlife Refuge U.S. Fish & Wildlife Service
PreciouStatus Marketing & Communications
Truven Health Analytics
WalMart

GEM GROUP
5780 Lincoln Dr, Eden Prairie, MN 55436
Tel.: (952) 831-6313
Fax: (952) 653-5900
E-Mail: info@gemmpls.com
Web Site: www.gemmpls.com

E-Mail for Key Personnel:
President: dkuettel@gemgroup.com

Employees: 44
Year Founded: 1971

National Agency Associations: APMA

WORLDWIDE-MAA-PMA

Agency Specializes In: Advertising Specialties, Brand Development & Integration, Business-To-Business, Collateral, Communications, Consulting, Consumer Marketing, Corporate Identity, Digital/Interactive, Direct Response Marketing, E-Commerce, Electronic Media, Engineering, Entertainment, Event Planning & Marketing, Exhibit/Trade Shows, Graphic Design, Internet/Web Design, Logo & Package Design, Merchandising, Planning & Consultation, Point of Purchase, Point of Sale, Production, Public Relations, Publicity/Promotions, Sales Promotion, Sports Market, Strategic Planning/Research, Sweepstakes

David Kuettel *(Pres)*

Accounts:
3M; Saint Paul, MN; 1988
Bob Barker
Land O'Lakes
Polaris
Quantum Labs
Schwan's
SLK Development Group
Smead Manufacturing
UnitedHealth Group

GMR MARKETING LLC
5000 S Towne Dr, New Berlin, WI 53151-7956
Tel.: (262) 786-5600
Fax: (262) 786-0697
E-Mail: events@gmrlive.com
Web Site: gmrmarketing.com/

E-Mail for Key Personnel:
President: cconnelly@gmrlive.com

Employees: 850
Year Founded: 1979

Agency Specializes In: Above-the-Line, Affluent Market, African-American Market, Automotive, Below-the-Line, Brand Development & Integration, Branded Entertainment, Business-To-Business, Children's Market, Collateral, College, Consulting, Consumer Goods, Consumer Marketing, Digital/Interactive, Direct-to-Consumer, Electronics, Entertainment, Event Planning & Marketing, Exhibit/Trade Shows, Experience Design, Experiential Marketing, Financial, Game Integration, Graphic Design, Guerilla Marketing, Health Care Services, High Technology, Hispanic Market, Hospitality, Household Goods, In-Store Advertising, Integrated Marketing, International, Internet/Web Design, LGBTQ Market, Local Marketing, Luxury Products, Market Research, Medical Products, Men's Market, Mobile Marketing, Multicultural, Multimedia, New Technologies, Out-of-Home Media, Over-50 Market, Pharmaceutical, Planning & Consultation, Print, Production, Production (Ad, Film, Broadcast), Production (Print), Promotions, Publicity/Promotions, Retail, Sales Promotion, Social Media, Sponsorship, Sports Market, Strategic Planning/Research, Sweepstakes, Teen Market, Transportation, Urban Market, Women's Market

Approx. Annual Billings: $100,000,000

Lisa Cieslak *(CFO)*
Joe Sutter *(Chief Creative Officer)*
Cameron Wagner *(Exec VP)*
Elke Zysk-Buerger *(Exec VP-Strategy)*
David Bohnsack *(VP-Insights & Analytics)*
Sarah Como *(VP-Comm)*
Dennis Jenders *(VP-Digital & Social)*
Amy Zellmer *(VP-Meetings & Incentives)*
Andy Hayman *(Head-Content Dev & Production)*
Julie Garcia-Sotak *(Sr Dir-Strategy)*
Jared Aeschbach *(Acct Dir-Sponsorship Strategy-*

SALES PROMOTION AGENCIES

Comcast)
Krista Hansen *(Creative Dir-Design Grp)*
April Christian *(Dir-Creative Project Mgmt)*
Tamara Kriese *(Dir-Digital & Social)*
JoAnne Lynch *(Dir-Bus Ops)*
Beth Pahlicek *(Dir-Mktg Comm)*
Corrie Risher *(Dir-Ops)*
Michael Josephs *(Acct Supvr)*
Dana Aschaker *(Acct Exec-Client Svcs)*
Mat Johnson *(Strategist-Experiential)*
Aaron Frank *(Assoc Creative Dir)*
Mark Gage *(Assoc Creative Dir)*
Terri Neitzel *(Sr Fin Mgr)*

Accounts:
Best Buy Digital, Social; 2002
Comcast Corporation (Agency of Record) Creative, Digital, Social; 2008
Esurance (Agency of Record) Creative, Digital, Social; 2012
Hershey's Digital, Social; 2009
Hewlett Packard Enterprise (Agency of Record) Creative, Digital; 2015
Humana (Agency of Record) Creative, Digital; 2011
Johnsonville (Creative Agency of Record) Creative; 1994
Lowes (Agency of Record) Digital, Social; 1999
Microsoft Creative, Digital; 1999
MillerCoors (Agency of Record) Creative, Digital, Social
National Football League Creative; 2011
Pepsi Co Digital, Social; 1999
Polaris Creative, Indian, Polaris, Victory; 2012
Proctor & Gamble (Creative Agency of Record) Creative; 2009
Weber-Stephen Products Creative, Weber Grills; 2014

Branches

GMR Entertainment
220 E 42nd St, New York, NY 10017
Tel.: (212) 515-1915
Fax: (212) 515-1945
Web Site: https://gmrmarketing.com/en-us/

Employees: 100

Agency Specializes In: Above-the-Line, Alternative Advertising, Brand Development & Integration, Branded Entertainment, Consulting, Entertainment, Event Planning & Marketing, Experience Design, Integrated Marketing, Product Placement, Production

Alex Beer *(Exec VP-Client Svc)*
Cameron Wagner *(Exec VP)*
Casey Gartland *(VP-Sports & Entertainment Consulting)*
Amy Switzer *(Sr Acct Dir)*
Jacqueline Woo *(Acct Dir-Client Consulting & Svcs)*
Andy MacIntyre *(Dir-Sports & Entertainment Mktg)*

Accounts:
A&E Television
Nokia
Time Warner Cable

GMR Marketing Spain
Calle Aviador Lindbergh 3, 28002 Madrid, Spain
Tel.: (34) 91 570 5475
Fax: (34) 91 570 6578
Web Site: https://gmrmarketing.com/en-us/

E-Mail for Key Personnel:
President: raulsanchez@delfingroup.com

Employees: 45
Year Founded: 1994

Agency Specializes In: Below-the-Line

Raquel Novoa Martinez *(Acct Supvr)*
Rodrigo Zuluaga *(Jr Copywriter)*

GMR Marketing
200 E Randolph St Ste 3400 34th Fl, Chicago, IL 60601-6533
Tel.: (312) 324-8950
Fax: (312) 324-8960
E-Mail: sjarvis@gmrmarketing.com
Web Site: https://gmrmarketing.com/en-us/

Employees: 40
Year Founded: 1983

Agency Specializes In: Entertainment, Event Planning & Marketing, Sponsorship

Todd Fischer *(Sr VP-Global Sports & Entertainment Consulting)*
Lesley Pinckney *(Sr VP-Digital Strategy)*
James Ward *(Acct Dir)*
Shanley Giglio *(Asst Controller)*
Joshua Paynter *(Sr Designer)*

Accounts:
Audi of America, Inc.
Comcast
Humana, Inc.
Nissan North America, Inc.
PepsiCo Inc.
Volvo Trucks North America, Inc.

GMR Marketing
1435 W Morehead St Ste 190, Charlotte, NC 28208
Tel.: (704) 342-4450
Fax: (704) 342-4452
E-Mail: mboykin@gmrlive.com
Web Site: https://gmrmarketing.com/en-us/

Employees: 67

Agency Specializes In: Event Planning & Marketing, Sponsorship

Cameron Wagner *(Exec VP)*
Jimmy Bruns *(Sr VP-Client Consulting & Svcs)*
Jeremy Gomez *(VP-Client Svcs)*
Jeff Handler *(VP-Sports Mktg)*
Thomas Pierce *(Sr Dir-Client Consulting & Svcs)*
Marie Swegle *(Sr Acct Dir-Chobani & NBTY)*
Jesse Soloff *(Acct Dir)*
Jennifer Thomasson *(Acct Dir)*
David Mueller *(Acct Supvr-Client Consulting & Svcs)*

Accounts:
Baby Ruth
Gillette
Hilton Worldwide
ING
Jeep
Levis
Lowe's
Microsoft
Procter & Gamble
RBitz

GMR Marketing
220 E 42nd St 15th Fl, New York, NY 10017
Tel.: (212) 505-3636
Fax: (212) 505-0455
E-Mail: rarnstein@gmrlive.com
Web Site: https://gmrmarketing.com/en-us/

Employees: 20
Year Founded: 1981

Agency Specializes In: Entertainment, Event Planning & Marketing

Stephen Knill *(Exec VP-Sponsorship Consulting)*
Matt Hill *(Sr VP-Sports & Entertainment Consulting-Global)*
Brian Bender *(VP-Ops & Events Grp)*
Willie Rodriguez *(VP-Events & Hospitality Mgmt)*
Kelsey Philpott *(Sr Dir-Global Sports & Entertainment Consulting)*
Pam Javandel *(Sr Acct Dir)*
Bobby Isom *(Acct Supvr-Comcast-Freedom Reg)*
Lucas Fitzpatrick *(Assoc Creative Dir)*
Lindsey Vest *(Assoc Art Dir)*

GMR Marketing
14931 72nd Pl NE Ste A, Kenmore, WA 98028
Tel.: (206) 529-4891
Web Site: https://gmrmarketing.com/en-us/

Employees: 600

Andrea Watkins *(Mgr-Bus Dev)*
Dave Rosenberg *(Chief Strategic Officer)*

Accounts:
MillerCoors

GRAPEVINE DESIGNS
8406 Melrose, Lenexa, KS 66214
Tel.: (913) 307-0225
E-Mail: info@grapevinedesigns.com
Web Site: www.grapevinedesigns.com/

Employees: 40

Agency Specializes In: Medical Products, Merchandising, Promotions, Publicity/Promotions

Janie Gaunce *(Pres & CEO)*
Victoria Brashears *(Acct Dir)*
Meghan O'Leary *(Creative Dir)*
Bob Offord *(Acct Dir)*
Holly Robertson *(Acct Dir)*
Chris Rosburg *(Acct Dir)*
Michelle Costel *(Sr Acct Mgr)*
Heather Hunt *(Sr Acct Mgr)*
Meredith Wallace *(Sr Acct Mgr)*
Michelle Zielinski *(Sr Acct Mgr)*
Kathy Dexheimer *(Acct Mgr)*
Vickie Greener *(Acct Mgr)*
Abby Lopez *(Acct Mgr)*
Laurie Mazon *(Acct Mgr)*
Austin Moody *(Exec Acct Mgr)*

G.W. HOFFMAN MARKETING & COMMUNICATIONS
757-767 Post Rd, Darien, CT 06820-4720
Tel.: (203) 655-8321
Fax: (203) 656-2641
E-Mail: info@gwhoffman.com
Web Site: www.gwhoffman.com

E-Mail for Key Personnel:
President: ghoffman@gwhoffman.com

Employees: 27
Year Founded: 1981

National Agency Associations: PMA

Agency Specializes In: Communications, Consumer Marketing, Digital/Interactive, Event Planning & Marketing, Graphic Design, Health Care Services, In-Store Advertising, Internet/Web Design, Pharmaceutical, Planning & Consultation, Point of Purchase, Print, Sales Promotion, Sponsorship

Approx. Annual Billings: $6,000,000

Breakdown of Gross Billings by Media: Plng. & Consultation: $1,500,000; Sls. Promo.: $4,500,000

AGENCIES - JANUARY, 2019 — SALES PROMOTION AGENCIES

Kathy Gouin *(Sr VP & Acct Dir)*
Elizabeth Cahill *(Sr VP)*
Richard Keith *(VP & Assoc Creative Dir)*
Michele Palazzolo *(Acct Dir)*
Mary Rather *(Acct Exec)*
Craig Nolden *(Acct Mgmt)*

Accounts:
Dannon New Products

HALEY MIRANDA GROUP
8654 Washington Blvd, Culver City, CA 90232
Tel.: (310) 842-7369
Fax: (310) 842-8932
E-Mail: jvonk@haleymiranda.com
Web Site: www.haleymiranda.com

E-Mail for Key Personnel:
President: jwest@haleymiranda.com

Employees: 18
Year Founded: 1993

Agency Specializes In: Advertising

Approx. Annual Billings: $5,000,000

Jed West *(Pres)*
Tina Hopkins *(Exec VP)*
Donna Landau *(VP-Bus Dev & Client Svcs)*
Ashton Spatz *(VP-Comm-HMG-PLUS)*

Accounts:
Cable News Network
Comcast
TNT
Universal Home Studio Entertainment
Viacom Marketing Council
Warner Bros. Entertainment Inc.

HURRAH MARKETING
8421 Oakleigh Rd, Parkville, MD 21234
Tel.: (310) 285-0252
Fax: (310) 285-0253
Web Site: www.hurrahmarketing.com

Employees: 4
Year Founded: 2008

Agency Specializes In: Sales Promotion

Carol Eisenrauch *(Pres-Bus Dev-Global)*

Accounts:
Brave Dog
Holographics.com Holographic Creative Services
King & Country Miniature Figures
Lucalizod Print & Web Design Designing Services
METAphrenie
Newspeak
Stun Media Social Media Marketing

ICE FACTOR
11 W Main St Ste 304, Carpentersville, IL 60110-1706
Tel.: (847) 844-0814
Fax: (630) 206-1036
E-Mail: rkellogg@icefactor.com
Web Site: www.icefactor.com

Employees: 10

Agency Specializes In: Advertising, African-American Market, Alternative Advertising, Brand Development & Integration, Branded Entertainment, Business-To-Business, Communications, Consumer Goods, Consumer Marketing, Direct-to-Consumer, Entertainment, Event Planning & Marketing, Exhibit/Trade Shows, Guerilla Marketing, Integrated Marketing, Local Marketing, Mobile Marketing, Out-of-Home Media, Outdoor, Promotions, Retail, Sales Promotion, Social Media, Travel & Tourism, Viral/Buzz/Word of Mouth

Russ Kellogg *(COO & VP)*

Accounts:
American Airlines
American Express
AT&T Communications Corp.
Citibank
Cricket
Heineken
Novartis Pharmaceuticals
Pepsi
Radio Disney
RCN Cable
Sears-Kenmore Brand
Southwest Airlines
T-Mobile US
Verizon Wireless

IGM CREATIVE GROUP
166 Main St Ste 202, Lincoln Park, NJ 07035
Tel.: (973) 709-1126
Web Site: www.igmcreativegroup.com

Employees: 12

Agency Specializes In: Above-the-Line, Advertising, Advertising Specialties, Affiliate Marketing, Arts, Brand Development & Integration, Branded Entertainment, Business Publications, Business-To-Business, Catalogs, Co-op Advertising, Collateral, College, Commercial Photography, Communications, Consulting, Consumer Goods, Consumer Marketing, Consumer Publications, Content, Corporate Communications, Corporate Identity, Custom Publishing, Digital/Interactive, Direct Response Marketing, Direct-to-Consumer, E-Commerce, Email, Environmental, Event Planning & Marketing, Exhibit/Trade Shows, Game Integration, Graphic Design, Guerilla Marketing, High Technology, Identity Marketing, In-Store Advertising, Industrial, Information Technology, Integrated Marketing, Internet/Web Design, Investor Relations, Legal Services, Local Marketing, Logo & Package Design, Magazines, Media Buying Services, Media Planning, Media Training, Medical Products, Merchandising, Mobile Marketing, Multimedia, New Product Development, New Technologies, Newspaper, Newspapers & Magazines, Out-of-Home Media, Outdoor, Over-50 Market, Package Design, Pharmaceutical, Planning & Consultation, Podcasting, Point of Sale, Print, Product Placement, Promotions, Publishing, Real Estate, Restaurant, Sales Promotion, Social Marketing/Nonprofit, Sports Market, Technical Advertising, Trade & Consumer Magazines, Travel & Tourism, Web (Banner Ads, Pop-ups, etc.)

Jay Stack *(VP-Creative Svcs)*

Accounts:
Avaya
ERT

IMC
960 Holmdel Rd, Holmdel, NJ 07733-2138
Tel.: (732) 332-0515
Fax: (732) 332-0520
Web Site: www.imc-nj.com

E-Mail for Key Personnel:
President: rzick@imc-nj.com

Employees: 15
Year Founded: 1983

Agency Specializes In: Co-op Advertising, Collateral, Consumer Marketing, Corporate Identity, Cosmetics, E-Commerce, Electronic Media, Graphic Design, Health Care Services, Internet/Web Design, Logo & Package Design, Merchandising, Pharmaceutical, Point of Purchase, Point of Sale, Publicity/Promotions, Sales Promotion, Strategic Planning/Research, Sweepstakes

Robert Zick *(Owner)*
Stephen Aronson *(Pres & Mng Partner)*
Peter Dugan *(COO)*
Danielle Miles *(Creative Dir)*
Julie Evans *(Dir-Production)*
Regina Sherman *(Dir-Creative)*
Rebecca Kist *(Grp Acct Mgr-Trade Promos)*

Accounts:
Aveeno
B. Manischewitz Company
Clean&Clear
Colgate-Palmolive
Johnson & Johnson Consumer Products
Johnson & Johnson Personal Products
Johnson's Baby Products
National Safe Kids Campaign
ROC

INNERWORKINGS INC.
600 W Chicago Ave, Chicago, IL 60610
Tel.: (312) 642-3700
Fax: (312) 642-3704
E-Mail: info@inwk.com
Web Site: www.inwk.com

Employees: 2,000
Year Founded: 2001

Agency Specializes In: Advertising Specialties, Collateral, Print, Production (Print)

Revenue: $1,136,256,000

Jack M. Greenberg *(Chm)*
Rich Stoddart *(Pres & CEO)*
Rob Burkart *(CIO)*
Ron Provenzano *(Gen Counsel & Exec VP)*
Charles Hodgkins *(Interim CFO & Sr VP)*
Brad DeHart *(VP)*
Stuart Weisenfeld *(VP-Enterprise Sls)*
Will Atkins *(Controller)*
Franca Del Colle Davis *(Client Svcs Dir)*
Nate Ellis *(Creative Dir)*
Elissa Hindin *(Dir-Acct Strategy)*
Ruben Sanchez *(Mgr-Logistics)*
Christina Lehman *(Coord-Production)*

Accounts:
Graphic Resource Group, Inc.
IHG
Inkchasers
InterContinental Hotels Group
Samsung
Scotts
Spectrum Printing Services

Subsidiaries

DB Studios
17032 Murphy Ave, Irvine, CA 92614
(See Separate Listing)

InnerWorkings Inc.
1140 Broadway 22nd Fl, New York, NY 10018
(See Separate Listing)

THE INTEGER GROUP-DALLAS
1999 Bryan St Ste 1700, Dallas, TX 75201
Tel.: (214) 758-6800
Fax: (214) 758-6901
E-Mail: ldeatherage@integer.com

SALES PROMOTION AGENCIES

Web Site: www.integer.com

Employees: 75
Year Founded: 1994

Agency Specializes In: Advertising, Below-the-Line, Brand Development & Integration, Collateral, Communications, Computers & Software, Consumer Marketing, Electronics, Entertainment, Exhibit/Trade Shows, Graphic Design, High Technology, In-Store Advertising, Integrated Marketing, Planning & Consultation, Point of Purchase, Point of Sale, Print, Promotions, Publicity/Promotions, Restaurant, Retail, Sales Promotion, Sponsorship, Strategic Planning/Research

Jan Gittemeier *(COO)*
Kevin Paul Brailsford *(Sr VP-Store Environments)*
Michael Farmer *(Sr VP-Ops)*
Amy Vollet *(Sr VP & Exec Media Dir)*
Jamie L Foster *(VP-HR)*
Anthony Verre *(VP-ECommerce)*
Dennis Wakabayashi *(VP-Digital Mktg & Commerce Integration)*
Jim McKinnis *(Exec Creative Dir)*
Courtney Jones *(Grp Acct Dir)*
Samer Salfiti *(Grp Acct Dir-FedEx)*
Jessica Barrett *(Acct Dir)*
Emily Hutchens *(Acct Dir)*
Michael Sparks *(Art Dir)*
Kathy Hurley *(Dir-Print Production)*
Amanda Parks *(Dir-Mktg Intelligence)*
Lana Saylor *(Dir-Process Dev & Implementation)*
Barbara Barry Jones *(Mgr-Print Production)*
Roxanne Longoria *(Mgr-Recruiting)*
Cesar Ortega *(Acct Supvr)*
Aiden Terry *(Acct Supvr)*
Tara Thompson *(Acct Supvr)*
Tegan Smith *(Supvr)*
Heidi Bailey *(Grp Media Dir)*
Nikki Jones *(Grp Strategy Dir)*

Accounts:
7-Eleven Campaign: "Dip-A-Drip"
AT&T Communications Corp.; 2001
Bimbo Bakeries, USA
Deoleo North America (Agency of Record) Bertolli, Carapelli, Carbonell, Media Planning, Shopper Marketing Strategy
Dr. Oetker
FedEx Office; 2007
Illinois Lottery
Intrepid Potash
Slurpee BrainFreeze Laboratory

THE INTEGER GROUP - DENVER
7245 W Alaska Dr, Lakewood, CO 80226
Tel.: (303) 393-3000
E-Mail: ldeatherage@integer.com
Web Site: www.integer.com

Employees: 638

Agency Specializes In: Advertising, Advertising Specialties, Asian Market, Bilingual Market, Brand Development & Integration, Broadcast, Business-To-Business, Catalogs, Collateral, Communications, Consumer Goods, Consumer Marketing, Customer Relationship Management, Digital/Interactive, Direct Response Marketing, Direct-to-Consumer, E-Commerce, Entertainment, Event Planning & Marketing, Exhibit/Trade Shows, Experience Design, Financial, Graphic Design, Hispanic Market, Household Goods, In-Store Advertising, Integrated Marketing, International, Internet/Web Design, Logo & Package Design, Market Research, Media Buying Services, Media Planning, Men's Market, Merchandising, Mobile Marketing, Multicultural, Multimedia, Newspapers & Magazines, Out-of-Home Media, Outdoor, Package Design, Pharmaceutical, Planning & Consultation, Point of Purchase, Point of Sale, Print, Production, Production (Print), Promotions, Publicity/Promotions, Radio, Regional, Sponsorship

Reyna Alishio *(Exec VP-Network Integration)*
David Battrick *(VP-Digital)*
Benjamin Kennedy *(VP-Market Dev & Digital Ventures)*
Patrick Sullivan *(VP & Grp Creative Dir)*
Ryan Andrist *(Acct Dir)*
Dustin Bredice *(Creative Dir)*
Alexandra Bunn *(Acct Dir-Breckenridge Brewery, Evolution Fresh & Seattle's Best)*
Nate Craner *(Creative Dir)*
Ashley Degnan *(Acct Dir)*
Alison Earnhardt *(Creative Dir)*
Craig Pelz *(Creative Dir)*
Gavin Peterson *(Art Dir)*
Dillon Snyder *(Creative Dir)*
Amanda Leavelle *(Dir-ECommerce)*
Shannon Leighton *(Dir-Project Mgmt & Bus Ops)*
Kerney Daniel *(Sr Mgr-Print Production)*
Maren Hamilton *(Sr Mgr-Social Media)*
Chelsea Strutz *(Acct Supvr)*
Noelle Belling *(Supvr-Project Mgmt)*
Ember Bohling *(Acct Exec)*
Tyler Chauncey *(Acct Exec)*
Meghan Walsh *(Acct Exec-Mars & Wrigley)*
Samuel Wilson *(Acct Exec)*

Accounts:
AT&T
FedEx
Glaxo Smith Kline
Grocery Manufacturers Association
IZZE
Johnson & Johnson Acuvue, LifeScan
Kellogg Company Cheez-It, Frosted Flakes, Mini Wheats, Rice Krispies
Kevita, Inc. (Agency of Record) Creative
LG
LifeScan Inc
Marisco Funds
Mars Wrigley
Michelin
MillerCoors Blue Moon, Coors Banquet, Coors Light, Miller Light
Pella
PepsiCo
The Procter & Gamble Company
Starbucks
World Kitchen (Digital Agency of Record) Baker's Secret, Campaign Development, Chicago Cutlery, Content Development, Corelle, Corningware, Digital, Digital Strategy, Media Planning & Buying, Pyrex, Revere, SEO, Snapware, Social, Social Media Activity, Visions

THE INTEGER GROUP-MIDWEST
2633 Fleur Dr, Des Moines, IA 50321-1753
Tel.: (515) 288-7910
Fax: (515) 288-8439
Toll Free: (800) 752-2633
E-Mail: ldeatherage@integer.com
Web Site: www.integer.com

Employees: 125
Year Founded: 1977

Agency Specializes In: Advertising, Agriculture, Below-the-Line, Brand Development & Integration, Broadcast, Business Publications, Business-To-Business, Co-op Advertising, Collateral, Communications, Consumer Marketing, Consumer Publications, Corporate Identity, Digital/Interactive, Direct Response Marketing, Education, Electronic Media, Environmental, Exhibit/Trade Shows, Financial, Government/Political, Graphic Design, Household Goods, In-Store Advertising, Industrial, Integrated Marketing, Internet/Web Design, Local Marketing, Logo & Package Design, Magazines, Media Buying Services, Media Planning, Media Relations, Media Training, Multimedia, Newspaper, Newspapers & Magazines, Out-of-Home Media, Outdoor, Planning & Consultation, Point of Purchase, Point of Sale, Print, Production, Public Relations, Publicity/Promotions, Radio, Recruitment, Retail, Sales Promotion, Sponsorship, Sports Market, Strategic Planning/Research, T.V., Trade & Consumer Magazines, Travel & Tourism

Jeremy Pagden *(Chm)*
Steve Moran *(VP & Grp Acct Dir)*
Robin Casmirri *(VP & Dir-Media Svcs)*
Rocky Longworth *(VP-Insight & Strategy)*
Danielle Fengel *(Grp Acct Dir)*
Nicholas Grant *(Acct Dir)*
Kelsey Meyer *(Art Dir)*
Jeanette Eckhardt *(Dir-Integrated Content Production)*

Accounts:
Allsteel Office Furniture; 2008
Electrolux Frigidaire; 2007
Michelin BFGoodrich, Michelin; 2006
Mohawk Industries Columbia Flooring Quick-Step, Daltile
Pella Corporation Doors, Windows; 1997
Shell Pennzoil, Quaker State, Rotella Lubricants

INTEGRATED MARKETING WORKS
3190 Airport Loop Dr, Costa Mesa, CA 92626
Tel.: (714) 557-7100
Fax: (949) 833-3810
E-Mail: info@imwagency.com
Web Site: www.imwagency.com

Employees: 14
Year Founded: 1990

Agency Specializes In: Advertising, Agriculture, Automotive, Consulting, Food Service, Health Care Services, Hispanic Market, Logo & Package Design, Planning & Consultation, Public Relations, Publicity/Promotions, Radio, Strategic Planning/Research

Approx. Annual Billings: $5,500,000

Breakdown of Gross Billings by Media: Consulting: 10%; Game Shows: 10%; Print: 30%; Radio: 50%

Kari Bretschger *(Pres & CEO)*
Peter Bretschger *(Co-Pres & CMO)*
Christopher Bretschger *(Dir-Digital Strategy)*
Mairim Martinez *(Sr Acct Supvr)*
Marcie Gonzalez *(Assoc Creative Dir)*

Accounts:
American Management Association; New York, NY; 1996
APEAM - Avocados from Mexico Branding, Communications, Trade Show Booth
The Balboa Bay Club & Resort
Crime Produce Inc.
DENSO Heavy Duty
Denso Sales California
Fit-LINE, Inc.
The Flower Fields; Carlsbad, CA; 1998
Newport Ocean Sailing Association; 2003
Orbis Education University of Oklahoma College of Nursing Program
Original Los Angeles Flower Market
Policy Options
Roche Diagnostics; Indianapolis, IN MyDoc
Sonora Spring Grapes
Sunkist Foods
UMe Federal Credit Union

INTEGRITY SPORTS MARKETING, MEDIA & MANAGEMENT
228 Roundway Down, Davidson, NC 28036
Tel.: (704) 896-8181
Fax: (704) 896-8441
Web Site: www.is3m.com

AGENCIES - JANUARY, 2019 — SALES PROMOTION AGENCIES

Employees: 5
Year Founded: 1993

Agency Specializes In: Brand Development & Integration, Catalogs, Consulting, E-Commerce, Email, Integrated Marketing, Mobile Marketing, Podcasting, Sponsorship, Sports Market, Web (Banner Ads, Pop-ups, etc.)

Approx. Annual Billings: $3,000,000

Breakdown of Gross Billings by Media: Consulting: $3,000,000

J. BRENLIN DESIGN, INC.
(See Under Brenlin)

J PUBLIC RELATIONS
2341 5Th Ave, San Diego, CA 92101
Tel.: (619) 255-7069
Fax: (619) 255-1364
Web Site: www.jpublicrelations.com

Employees: 40

Agency Specializes In: Crisis Communications, Event Planning & Marketing, Media Relations, Social Media

Sarah Evans *(Partner)*
Jamie Lynn Sigler *(Partner)*
Alison Collins Lundberg *(Exec VP)*
Suzanne Brose *(Sr VP)*
Lauren Clifford Knudsen *(Sr VP)*
Amy Ogden *(Sr VP-Brand Dev)*
Tom Dietz *(Sr Dir)*
Chelsey Kirby *(Sr Acct Dir)*
Emma Hartland-Mahon *(Acct Dir-UK)*
Erin Hopkins *(Acct Dir)*
Marrissa Mallory *(Acct Dir)*
Tanya Scalisi *(Acct Dir)*
Shazeen Shah *(Acct Dir)*
Jillian Thayer *(Acct Dir)*
Gillian Flynn *(Dir-Editorial)*
Hannah Gardiner *(Acct Supvr)*
Kelly Harrison *(Acct Supvr)*
Lauren Kita *(Acct Supvr)*
Brigid Cotter *(Sr Strategist-Social)*
Greer Brody *(Strategist-Influencer & Brand Collaboration)*

Accounts:
89 Agave
ART Hotel
Autograph Collection
Best Western Hotels & Resorts (Public Relations Agency of Record)
Block16 Hospitality; Las Vegas, NV PR
The Camby Hotel
The Cannery
Cheeca Lodge & Spa
Colorescience
Condado Vanderbilt; 2017
DoubleTree by Hilton San Juan; 2017
El Cholo
Elli Quark Brand Positioning, PR
The Embassy Row Hotel
F3 Foods
Fairmont Mayakoba
Flour & Barley Brick Oven Pizza
Four Seasons Resort Lana'i
Gaijin Noodle + Sake Hour
Good Time Design
The Goring Hotel
Grand Hotel Tremezzo
Gurney's Montauk Resort & Seawater Spa
Halekulani Corporation Halepuna Waikiki
Hard Rock Hotel Las Vegas Restaurant Services
Hilton San Diego Bayfront Restaurant Services
Horton Plaza Park
Hotel Belleclaire; New York, NY
Hotel El Convento; 2017
Isla Verde Resort; 2017
The Ivy Hotel; Baltimore, MD
Jumeirah Group PR
Katsuya; San Diego, CA
La Concha; 2017
La Valencia Hotel; La Jolla, CA
Lantern's Keep & Triomphe in Iroquois; New York, NY
L'Auberge de Sedona; Sedona, AZ
Le Diner a San Diego
Lido House
The Lodge at Glendorn
The Lodge at Ventana Canyon
The Lot
LumaRx
Madison Restaurant & Bar
The Marker San Francisco
Marquee Restaurant Restaurant Services
Marqui Los Cabos
Marriott International Courtyard by Marriott; 2017
ME! bath
MetWest Terra Hospitality; San Francisco, CA
   Casa Madrona, Hotel Abri, Hotel Terra Jackson Hole, Lodge at Tiburon, Teton Mountain Lodge & Spa, Toll House
Mountain Trek
Mulia Resort & Villas; 2017
The Mulia; 2017
NOIR; Manhattan, NY
OPUS Montreal
OPUS Vancouver
our & Barley Brick Oven Pizza
Paleta
Pendry Hotels (Agency of Record); 2018
Phoenix CVB
Rancho Pescadero; 2017
The Restoration
The Ritz-Carlton, Amelia Island
The Ritz-Carlton, Bal Harbour
The Ritz-Carlton, Chicago
The Ritz-Carlton, Fort Lauderdale
The Ritz-Carlton Golf Resort, Naples
The Ritz-Carlton Key Biscayne, Miami
The Ritz-Carlton, Naples
The Ritz-Carlton, New Orleans
The Ritz-Carlton New York, Battery Park
The Ritz-Carlton New York, Central Park
The Ritz-Carlton New York, Westchester
The Ritz-Carlton, Pentagon City
The Ritz-Carlton, Philadelphia
The Ritz-Carlton, Rancho Mirage
The Ritz-Carlton, Sarasota
The Ritz-Carlton, South Beach
The Ritz-Carlton, Washington, DC
Royal Palms Resort & Spa
Salamander Resort & Spa; Middleburg, VA
Scottsdale Magazine Marketing, Media Relations, Social Media, Strategy
Searsucker; Scottsdale, AZ
Side Bar; San Diego Night Clubs
SmartFlyer
Sotto 13
Sparkle Bar
The Surrey; New York, NY
Tanque Verde Ranch; Tucson, AZ
Tessemae's
Topnotch Resort; Stowe, VT
True Food Kitchen; San Diego, CA
New-Utah Office of Tourism Arches, Bryce Canyon, Canyonlands, Capitol Reef, Media Outreach, Ski Resorts, Strategic Public Relations, Urban Corridor, Zion; 2018
The W Hotels; San Diego Hotels Management Services
Westfield UTC
The Westin Lake, Las Vegas
The Wigwam
Zen Monkey Breakfast

JACK NADEL, INC.
8701 Bellanca Ave, Los Angeles, CA 90045
Tel.: (310) 815-2600
Fax: (310) 815-2660
E-Mail: info@nadel.com
Web Site: https://www.nadel.com/

Employees: 325
Year Founded: 1953

Agency Specializes In: Advertising Specialties, Direct Response Marketing, Direct-to-Consumer, Recruitment

Revenue: $50,000,000

Craig Reese *(Partner, Sr VP-Western US & Dir)*
Josh Ebrahemi *(Partner & VP)*
Mike Powell *(Partner & VP)*
Lynne Duvivier *(Partner)*
Bruce Pettinari *(Partner)*
Debbie Abergel *(Sr VP-Mktg)*
Paul Navabpour *(VP & Dir-Eco)*
Ben Block *(Acct Mgr-Natl)*
Kitty McManus *(Acct Mgr)*
Keith Brindley *(Sr Acct Exec)*
Trisha Hallstrom *(Acct Exec)*

Accounts:
NASDAQ

Branch

Jack Nadel International
25 Surf Rd, Westport, CT 06880
(See Separate Listing)

JACK NADEL INTERNATIONAL
25 Surf Rd, Westport, CT 06880
Tel.: (203) 226-7733
Fax: (203) 226-4470
E-Mail: lynne.duvivier@nadel.com
Web Site: https://www.nadel.com/

Employees: 4
Year Founded: 1954

Agency Specializes In: Advertising Specialties, Business-To-Business, Catalogs, Co-op Advertising, Collateral, E-Commerce, Event Planning & Marketing, Exhibit/Trade Shows, Internet/Web Design, Logo & Package Design, Merchandising, Package Design, Point of Purchase, Point of Sale, Promotions, Sales Promotion, Sports Market

Lynne DuVivier *(Partner)*
Lauren Goldrich *(Sr Mgr-Branding)*
Sis Gold *(Sr Acct Exec)*
Cassie Sloan *(Sr Acct Exec)*
Judy Taitz *(Sr Acct Exec)*
Jayme Fiumara *(Acct Exec)*
Justin Henry *(Acct Exec)*
Bill Oliver *(Acct Exec)*
Kris Podber *(Acct Exec)*
Tyler Reynolds *(Acct Exec)*

KAHN MEDIA, INC.
11988 Challenger Ct, Moorpark, CA 93021
Tel.: (818) 881-5246
Web Site: www.kahnmedia.com

Employees: 10
Year Founded: 2008

Agency Specializes In: Advertising, Magazines, Media Relations, Newspaper, Public Relations, Radio, Social Marketing/Nonprofit, Social Media, T.V., Viral/Buzz/Word of Mouth

Dan Kahn *(Pres & CEO)*
Jonathan Barrett *(VP-Ops)*
Cory Burns *(VP-Accts)*
Franco Gutierrez *(VP-Creative)*

SALES PROMOTION AGENCIES

Russell Stacey *(Mgr-Digital Mktg)*
Nikki Riedmiller *(Acct Supvr)*
Luke Walsh *(Sr Acct Exec)*
Ben Roget *(Acct Exec)*
Brad Speers *(Acct Exec)*
Jackie Merkle *(Acct Coord)*
Nicholas Simpson *(Acct Coord)*

Accounts:
APR
Auctions America
B&M Automotive Group B&M Racing & Performance, Consumer Awareness, Event Support, Flowmaster Exhaust, Hurst Driveline Conversions, Hurst Shifters, PR, Product Visibility, Sales, Social Media
Black Rhino Tools (Public Relations Agency of Record) Event Marketing, Media Relations, Social Media
Bodie Stroud Industries, Inc (Public Relations Agency of Record) Media, Strategic Communications
B.R.A.K.E.S. (Public Relations & Media Relations Agency of Record) Social Media
Centerforce Clutches
The Classic Auto Show (Agency of Record) Marketing, Public Relations
Classic Recreations
ClassicCars.com (Agency of Record) Classic Car Studio, Content, Events, Marketing Campaign, Online, Print, Public Relations, Website
Coker Group (Agency of Record)
Dinan Engineering Media Outreach, Public Relations, Social Media Marketing, Strategic Communications
First Place Auto Products
Flowmaster
Hedman Hedders
Hedman Performance Event & Trade Show, Traditional & Digital Media
Hellwig Products (Agency of Record) Branding, Content Marketing, Design, Digital, Public Relations, Social Media
Hotchkis
HRE Performance Wheels Inc Sports Vehicle Wheels Mfr
International AERO Products Aircraft Dealing & Engineering Services
Jay Leno's Garage
Karges Fine Art
L.A. Prep, Inc B2B Communications, Media Outreach, PR, Social Media Marketing, Strategic Communications
Lloyd Mats (Public Relations & Marketing Agency of Record) Media Relations, Promotion, Social Media, Strategies, Video
Lund International
MagnaFlow (Agency of Record) B2B Communications, Marketing, Public Relations, Social Media
Midway Industries (Agency of Record) Centerforce, Drivetrain Products, Media, Media Relations, Public Relations, Social Media Marketing, Strategic Communications
MotoAmerica
The Mullin Automotive Museum
Niteo Products
Nitto Tire U.S.A Event Promotions, Media, Public Relations
Parts Unlimited Interiors
Petersen Automotive Museum Media Outreach, Public Relations, Strategic Communications
Phillips 66
The Quail Lodge & Golf Club The Quail Motorcycle Gathering, The Quail, A Motorsports Gathering
Red Line Oil
Ringbrothers Media, PR, Social Marketing, Strategic Communications
Rolex Watch U.S.A
Spectre Performance
New-Superformance
Surf City Garage (Agency of Record) Enthusiast Grade, Media Relations, Public Relations, Social Media Marketing, Strategic Communications
The Thermal Club (Public Relations & Marketing Agency of Record) Consumer Awareness, Content Marketing, Digital Marketing Strategies, Media Outreach, Media Relations, Promotions, Social Media, Video Content, Website Development
Trim Parts, Inc.
The Ultimate Street Car Association
Venchurs Vehicle Systems
Vintage Air (Pubilc Relations & Marketing Agency of Record) Media Relations, Online, Promotion, Social Media, Website
Voyomotive
Weistec Engineering (Public Relations Agency of Record) Brand Strategy
Wheel Vintiques
XPLORE Vehicles

KEENE PROMOTIONS, INC.
450 Lexington St Ste 102, Newton, MA 02466
Tel.: (617) 426-1200
Fax: (617) 243-0202
Toll Free: (800) 533-6324
E-Mail: info@keenepromotions.com
Web Site: www.keenepromostore.com

Employees: 12
Year Founded: 1949

Agency Specializes In: Event Planning & Marketing, Promotions

Breakdown of Gross Billings by Media: Adv. Specialities: 100%

Michael Keene *(Pres & CEO)*
Matt Reynolds *(Acct Mgr)*

THE KIRBY GROUP
Regents Place, 33 Euston Road, London, NW1 3BT United Kingdom
Tel.: (44) 20 7834 6714
E-Mail: enquiries@thekirbygroup.co.uk
Web Site: www.thekirbygroup.co.uk

Employees: 45
Year Founded: 1972

Agency Specializes In: Agriculture, Automotive, Education, Engineering, Entertainment, Food Service, Health Care Services, Hospitality, Industrial, Information Technology, Internet/Web Design, Legal Services, Leisure, Media Buying Services, Media Planning, Media Relations, New Technologies, Pharmaceutical, Real Estate, Restaurant, Retail, Search Engine Optimization, Technical Advertising, Transportation, Travel & Tourism, Web (Banner Ads, Pop-ups, etc.)

Garry Smith *(Mgr-Site)*

Accounts:
Honeywell; 2010

LATITUDE
2801 North Central Expressway, Dallas, TX 75204-3663
Tel.: (214) 696-7900
Fax: (214) 696-7999
E-Mail: shayashi@latitude-trg.com
Web Site: www.latitude-trg.com

E-Mail for Key Personnel:
President: shayashi@latitude-trg.com
Creative Dir.: pvonheeder@latitude-trg.com
Production Mgr.: gpeterman@latitude-trg.com

Employees: 14
Year Founded: 1988

Agency Specializes In: Brand Development & Integration, Business-To-Business, Collateral, Communications, Consumer Goods, Consumer Marketing, Corporate Identity, Direct Response Marketing, Entertainment, Event Planning & Marketing, Exhibit/Trade Shows, Experience Design, Experiential Marketing, Guerilla Marketing, Health Care Services, High Technology, In-Store Advertising, Integrated Marketing, Local Marketing, Logo & Package Design, Medical Products, Merchandising, New Product Development, Point of Purchase, Promotions, Restaurant, Retail, Sales Promotion, Sponsorship, Sports Market, Strategic Planning/Research, Sweepstakes, Teen Market

Jason Strong *(Exec Creative Dir)*
Terry Baughman *(Creative Dir)*
Pat Hartman *(Mgr-Production & Experiential Mktg)*
Anna Olah *(Mgr-Production Studio)*
Tammy Lucas *(Sr Art Dir)*

Accounts:
Brampton Retail Products Group; Dallas, TX; 2008
Dr. Pepper Snapple Group; Plano, TX; 1988
Frito-Lay, Inc.; Plano, TX; 1999
Hansen Pressure Pipe; 2007
Highland Homes; Dallas, TX; 2005
INGUAT Marketing, Public Relations
Red Lobster; Orlando, FL; 2004
VF Outlet; Reading, PA; 2009
Weight Watcher's International; Woodbury, NY; 2004

LEGEND CREATIVE GROUP
815-B Oakwood Rd, Lake Zurich, IL 60047-6704
Tel.: (847) 438-3528
Fax: (847) 438-3526
Toll Free: (800) 408-3528
E-Mail: info@legendcreative.com
Web Site: www.legendcreative.com

Employees: 12
Year Founded: 1989

Agency Specializes In: Advertising Specialties, Sales Promotion

Approx. Annual Billings: $1,200,000

David Voitik *(Pres)*

Accounts:
Precision
Sears
Sunbeam
Walgreens

LIGHTNING JAR
(Formerly SiiTE Interactive)
132 E 43rd St, New York, NY 10017-4019
Tel.: (212) 481-9070
Fax: (212) 481-9074
Web Site: http://lightningjar.agency/

Employees: 15

Agency Specializes In: Affluent Market, Consumer Goods, Cosmetics, Digital/Interactive, E-Commerce, Email, Environmental, Game Integration, Graphic Design, Health Care Services, Hospitality, Identity Marketing, Information Technology, Internet/Web Design, Medical Products, Mobile Marketing, Multicultural, Multimedia, Pharmaceutical, Podcasting, Point of Sale, Production (Ad, Film, Broadcast), RSS (Really Simple Syndication), Retail, Search Engine Optimization, Sweepstakes, Teen Market, Web (Banner Ads, Pop-ups, etc.)

Approx. Annual Billings: $9,000,000

Breakdown of Gross Billings by Media: Consulting: 20%; Internet Adv.: 80%

AGENCIES - JANUARY, 2019 — SALES PROMOTION AGENCIES

Alan Ruthazer *(Founder)*
Kevin Peckham *(Sr Partner)*

Accounts:
Aetna; London, England aetna-uk.co.uk
American Express; New York, NY
Broan-NuTone; OH Re-Branding Campaign Support
GE Financial; Stamford, CT
Hearst Business Media; New York, NY
Hearst; New York, NY
Intel; New York, NY
Kawasaki; New York, NY
Time magazine; New York, NY
Toyota; New York, NY
Turner Construction; New York, NY
United Rentals; New York, NY URData Account Tracking Software

LOOK MEDIA USA, LLC
330 W 38th St Ste 1500, New York, NY 10018
Tel.: (305) 940-4949
E-Mail: info@lookmediausa.com
Web Site: www.lookmediausa.com

Employees: 5
Year Founded: 2006

Agency Specializes In: Alternative Advertising, Consumer Marketing, Event Planning & Marketing, Experience Design, Guerilla Marketing, In-Store Advertising, Media Planning, Mobile Marketing, Out-of-Home Media, Outdoor, Point of Purchase, Point of Sale, Promotions, Shopper Marketing, Urban Market, Viral/Buzz/Word of Mouth

Michael Baker *(Dir)*

MADETOORDER
1244-A Quarry Ln, Pleasanton, CA 94566-4756
Tel.: (925) 484-0600
Fax: (925) 215-2228
E-Mail: accounting@madetoorder.com
Web Site: www.madetoorder.com

Employees: 20
Year Founded: 2002

Agency Specializes In: Advertising Specialties, Business-To-Business, E-Commerce, Event Planning & Marketing, Exhibit/Trade Shows, Fashion/Apparel, Food Service, High Technology, Merchandising, Sales Promotion

Approx. Annual Billings: $10,000,000

Breakdown of Gross Billings by Media: Adv. Specialities: $10,000,000

Barbara Sedgwick Brown *(CEO)*
Cris Aldridge *(Partner-Sls)*
Kevin Spawn *(Partner-Sls)*
Rick Ventimiglia *(Partner-Sls)*
Rod Brown *(Mng Dir & CFO)*
Tony Brennan *(Exec VP)*
Rex Shoemake *(VP-Sls)*
Sandy Gonzalez *(Sr Partner-Sls)*
Nancy Hakkinen *(Sr Partner-Sls)*

MANGO PR LTD.
2nd Fl Commonwealth House, 1-19, New Oxford Street, London, WC1A 1NU United Kingdom
Tel.: (44) 20 7 421 2500
E-Mail: info@mangopr.com
Web Site: www.mangopr.com

Employees: 50
Year Founded: 2004

Agency Specializes In: Crisis Communications, Event Planning & Marketing, Media Relations, Public Relations, Social Media, Strategic Planning/Research

Lucinda Buxton *(Co-Founder & Dir)*
Sarah Curra *(CEO)*
Clare Corry *(Mng Dir)*
Olivia McNeill Love *(Sr Acct Mgr)*
Alexandra Hirst *(Acct Mgr)*
Antonia Robinson *(Acct Mgr)*
Melissa Ottley *(Mgr-Social Media)*

Accounts:
&Beyond PR
Bankside Content Marketing, Multi-Channel Communications Strategy, Public Relations, SEO, Social Media; 2017
Burley Manor Influencer Outreach, Tactical Public Relations; 2018
Cap Rocat; Mallorca Hotel Management Services
Dormy House PR
Fashion Foie Gras Hotels Management Services
The Grove; Hertfordshire Hotels Management Services
The James Online, PR, Print
Le Pavillon des Lettres; Paris Hotels Management Services
The Merrion Hotels Management Services
Powder Byrne Communications, Public Relations; 2018
Pure France Hotels Management Services
The Surrey PR
Thai Airways International Public Company Limited Consumer Awareness, Public Relations; 2018
WEXAS Media, PR

MARDEN-KANE, INC.
575 Underhill Blvd Ste 222, Syosset, NY 11791
Tel.: (516) 365-3999
Fax: (516) 365-5250
E-Mail: expert@mardenkane.com
Web Site: www.mardenkane.com

Employees: 22
Year Founded: 1957

National Agency Associations: PMA

Agency Specializes In: Advertising Specialties, Broadcast, Business-To-Business, Cable T.V., Co-op Advertising, Consulting, Consumer Marketing, Digital/Interactive, Direct Response Marketing, Event Planning & Marketing, Internet/Web Design, Over-50 Market, Planning & Consultation, Print, Production, Publicity/Promotions, Sales Promotion, Strategic Planning/Research, Sweepstakes, Telemarketing

Approx. Annual Billings: $6,000,000

Paul Goldman *(Partner & Exec VP)*
Alan Richter *(CFO)*
Martin Glovin *(CMO & Exec VP)*
Fae Savignano *(Exec VP)*
Jennifer Hibbs *(VP & Acct Dir-Interactive)*
Peggy Seeloff *(VP)*
Cheryl Thornton *(Acct Dir)*
Barbara Chien *(Asst Controller)*

Accounts:
AMGEN
BarclayCard
Bayer HealthCare LLC
Ben & Jerry's
Broder Bros., Inc.
Build A Bear Workshop
Colonial Penn
Digitas
Energizer
First Data Corp.
Gerber Childrenswear LLC
Google
Microsoft
Starbucks
TJMAXX
VISA
We-Care
Western Union

Subsidiary

Marden-Kane, Inc.
611 Rockland Rd Ste 204, Lake Bluff, IL 60044-2000
Tel.: (847) 283-0441
Fax: (847) 283-0442
E-Mail: mkchicago@mardenkane.com
Web Site: www.mardenkane.com

Employees: 5

Agency Specializes In: Digital/Interactive, Sales Promotion, Sweepstakes

Alan Richter *(CFO)*

Accounts:
ACCO Brands
Brooks
Constellation
Illy
Ingersoll Rand
Insight Express
Kikkoman International Inc
Liberty Richter
Major League Baseball Players Association
MapMyFitness
Marketing Werks
The National Arbor Day Foundation
Palm Inc
PSCU
Purina
rEvolution
Showtime Networks Inc
Sony Electronics Inc
Verizon Communications
Vibes Media, LLC

MARKETING ASSOCIATES USA
PO Box 10966, Tampa, FL 33679
Tel.: (813) 865-4830
Web Site: maiusa.com/

Employees: 25
Year Founded: 1978

Agency Specializes In: Alternative Advertising, Branded Entertainment, Co-op Advertising, Collateral, Direct Response Marketing, Email, Exhibit/Trade Shows, Guerilla Marketing, In-Store Advertising, Local Marketing, Out-of-Home Media, Point of Purchase, Point of Sale, Print, Production (Print), Promotions, Sponsorship, Sweepstakes, Viral/Buzz/Word of Mouth

Approx. Annual Billings: $12,000,000

Jeffrey Darrey *(Exec VP)*
Judy Downing Osborne *(VP & Client Svcs Dir)*

Accounts:
AT&T
Coca-Cola
Damm
DIRECTV
Estrella
Innovation
Quorum
Splenda

MARKETING RESOURCES, INC.
1144 Lake St Ste 301, Oak Park, IL 60301
Tel.: (630) 530-0100

SALES PROMOTION AGENCIES

Fax: (630) 530-0134
Toll Free: (888) 220-4238
E-Mail: info@mrichi.com
Web Site: www.marketingresources.com

Employees: 30
Year Founded: 1995

National Agency Associations: PMA

Agency Specializes In: Brand Development & Integration, Collateral, Consumer Marketing, Digital/Interactive, Direct Response Marketing, Entertainment, Food Service, Graphic Design, Internet/Web Design, Legal Services, New Product Development, Point of Purchase, Print, Production, Production (Print), Promotions, Publicity/Promotions, Restaurant, Sales Promotion, Sweepstakes

Tim Hobbs *(VP-Production)*
Matt Early *(Acct Mgr)*
Susan Miller *(Office Mgr)*
Melissa Najera *(Acct Mgr)*

Accounts:
The Chicago Tribune
Comcast Spotlight
Dodge
Frito-Lay, Inc.
Pepsi Cola Co.

THE MARKETING STORE
55 W Monroe Ste 1400, Chicago, IL 60603
Tel.: (312) 614-4600
Fax: (630) 932-5200
Web Site: www.tmsw.com

Employees: 145
Year Founded: 1987

National Agency Associations: DMA-PMA

Agency Specializes In: Brand Development & Integration, Consumer Marketing, Corporate Identity, Electronic Media, Event Planning & Marketing, Retail, Sales Promotion, Sponsorship

Mark Landolt *(Pres)*
Bryan Jones *(CTO)*
Michael Rivera *(Chief Creative Officer-North America)*
Kurt Karlenzig *(Sr VP-Digital Strategy)*
Rob Morgan *(Sr VP-Customer Insights & Data Analytics Practice)*
Rob Pieper *(Sr VP-Strategy & Plng)*
Brian Barthelt *(Mng Dir-Retail Experience)*
Michael Edelstein *(VP & Dir-Brand Partnerships)*
Brian Fox *(Creative Dir)*
Jeff Rahman *(Creative Dir-Digital)*
Steve Perlman *(Dir-Brand Partnerships)*
Sara Driscoll *(Copywriter)*

Accounts:
Coca-Cola Refreshments USA, Inc.
General Mills Inc.
L'Oreal Paris
McDonald's Creative, Digital, Fry Boxes, Strategy
MetLife
Redbox

Branches

The Marketing Store
16 Hatfields, Southwark, London, SE1 8DJ United Kingdom
Tel.: (44) 20 7981 9300
Fax: (44) 207 745 2112
Web Site: www.tmsw.com

Employees: 150

Mark Watson *(Mng Dir-Europe)*
Sav Evangelou *(Exec Creative Dir)*
Susannah Kirby-Green *(Sr Acct Dir)*
Chris Bennett *(Bus Dir)*
Jamie Maker *(Bus Dir)*
Katie Metz *(Acct Dir-Retail Strategy)*

Accounts:
Britvic Soft Drinks Gatorade, Robinsons
Canon
Carlsberg Campaign: "Time To Take Your Seats", San Miguel, Social Media, Somersby, Staropramen, Tetley's
Cheestrings
CPW SA
GSK
Heineken Below the Line, Campaign: "Lose the Tie, Gain Some Espiritu Libre", Sol
Mars
McDonald's
Nissan
Red Bull
Shell
Unilever
Vodafone
Weetabix

Boxer Creative
Two Snow Hill, Snow Hill Queensway, Birmingham, B4 6GA United Kingdom
Tel.: (44) 121 384 9000
Fax: (44) 1675 430 416
Web Site: www.boxerbranddesign.com

Employees: 15

Agency Specializes In: Communications, Consulting, Publicity/Promotions, Retail, Sales Promotion

Accounts:
McDonald's

The Marketing Store
105 rue Anatole France, Levallois-Perret, 92300 France
Tel.: (33) 1 46 17 02 21
Fax: (33) 1 46 17 02 23
E-Mail: hello.paris@themarketingstore.com
Web Site: http://paris.tms.agency/

Employees: 13

Agency Specializes In: Food Service, Publicity/Promotions, Sales Promotion

Caroline Radat *(Gen Mgr)*
Delphine Duchene *(Acct Dir)*
Marie Dumas *(Sr Acct Mgr)*
Solene Dille *(Acct Mgr-Happy Meal)*

The Marketing Store
1209 King Street W Suite 100, Toronto, ON M6K 1G2 Canada
Tel.: (416) 533-8679
Fax: (416) 583-3979
Web Site: www.tmsw.com

Employees: 130

Accounts:
Canadian Tire
Diageo Campaign: "The True Brew of Halloween", Guinness
The Home Depot
Infiniti
McDonald's
McGregor
Nissan
Ontario Lottery
PetSmart
Unilever

The Marketing Store
18 Westlands Rd, Quarry Bay, China (Hong Kong)
Tel.: (852) 2880 8100
Fax: (852) 2102 0617
Web Site: asia.tmsw.com/en/

Employees: 9

Agency Specializes In: Brand Development & Integration, Publicity/Promotions, Sales Promotion

Tony Judge *(Sr VP-Quality, Safety, Sourcing & Supply Chain)*
Andrew Kingham *(Mng Dir-Asia Pacific)*
Alice Lui *(VP-HR-Asia Pacific)*
Vienna Cheung *(Sr Dir-Supply Chain)*
Addy Ho *(Sr Dir-Bus Dev)*
Alice Fong *(Grp Acct Dir)*
Scott Edwards *(Creative Dir-Asia)*
Noriko Yamaguchi *(Acct Supvr)*
Helen Lam *(Sr Acct Exec)*

Accounts:
Coca-Cola Refreshments USA, Inc.
Diageo
McDonald's

The Marketing Store-Promotional Products
18 Westlands Road, Quarry Bay, China (Hong Kong)
Tel.: (852) 2880 8125
Fax: (852) 2800 5990
E-Mail: hello.hongkong@tmsw.com
Web Site: http://asia.tmsw.com/en/

Employees: 150

Alice Fong *(Grp Acct Dir)*

Accounts:
Coca-Cola Refreshments USA, Inc.
GMI
McDonald's
Shell

Boxer
Fort Dunlop Unit 201 Fort Parkway, Birmingham, B24 9FD United Kingdom
Tel.: (44) 121 384 9001
Fax: (44) 121 384 9009
E-Mail: sayhello@boxercreative.co.uk
Web Site: www.boxerbranddesign.com

Employees: 16
Year Founded: 1996

Accounts:
Brahma
McDonald's
Tesco
Urban Splash

MARKETING VISIONS, INC.
520 White Plains Rd Ste 500, Tarrytown, NY 10591-5118
Tel.: (914) 631-3900
Fax: (914) 693-8338
E-Mail: jsloofman@marketing-visions.com
Web Site: www.marketing-visions.com

Employees: 10
Year Founded: 1986

National Agency Associations: PMA

Agency Specializes In: Advertising Specialties, Business-To-Business, Consulting, Consumer

AGENCIES - JANUARY, 2019

SALES PROMOTION AGENCIES

Marketing, Direct Response Marketing, Entertainment, Event Planning & Marketing, Financial, Food Service, Government/Political, Graphic Design, Health Care Services, High Technology, Industrial, Internet/Web Design, Leisure, Logo & Package Design, Medical Products, Merchandising, New Product Development, Pharmaceutical, Planning & Consultation, Point of Purchase, Point of Sale, Print, Production, Public Relations, Publicity/Promotions, Restaurant, Retail, Sales Promotion, Seniors' Market, Sports Market, Strategic Planning/Research, Sweepstakes

Jay Sloofman *(Pres)*

Accounts:
Pep Boys; Philadelphia, PA; 2001
Pepsi; 1986
The Topps Company; 1994

MARKETING WERKS, INC.
130 E Randolph St Ste 2400, Chicago, IL 60601
Tel.: (312) 228-0800
Fax: (312) 228-0801
Toll Free: (800) 694WERK
Web Site: www.marketingwerks.com

Employees: 150
Year Founded: 1987

Agency Specializes In: African-American Market, Alternative Advertising, Automotive, Below-the-Line, Bilingual Market, Brand Development & Integration, Branded Entertainment, Business-To-Business, Children's Market, College, Consulting, Consumer Marketing, Corporate Identity, Direct-to-Consumer, Electronics, Entertainment, Event Planning & Marketing, Experience Design, Experiential Marketing, Food Service, Game Integration, Guerilla Marketing, Health Care Services, Hispanic Market, Hospitality, Integrated Marketing, Local Marketing, Media Relations, Media Training, Men's Market, Mobile Marketing, Multicultural, Out-of-Home Media, Over-50 Market, Pharmaceutical, Promotions, Public Relations, Publicity/Promotions, Recruitment, Regional, Retail, Sales Promotion, Seniors' Market, Sponsorship, Sports Market, Strategic Planning/Research, Sweepstakes, Teen Market, Urban Market, Viral/Buzz/Word of Mouth, Women's Market

Approx. Annual Billings: $61,000,000

Tracey L. Williams *(Mng Partner)*
Lisa Fasana *(Mng Dir & Sr VP)*
David Rothkopf *(Sr VP & Exec Creative Dir)*
Geo Stewart *(VP & Creative Dir)*
Cari Wilber *(VP-Strategy & Growth)*

Accounts:
BlackBerry
Charbroil
Choco Milk
Citibank
Gore-Tex
La Costena
La Costena Por Sabor Tour
Live Like a Champion
MedAvail Technologies Inc. Marketing
The National Pork Board
U.S. Cellular Activation Strategy, Event Marketing, Sponsorship
Verizon Wireless
Walgreens

MARKETLOGIC
8725 Nw 18Th Ter Ste 312, Doral, FL 33166
Tel.: (305) 513-8980
Fax: (305) 513-4199
E-Mail: info@mymarketlogic.com

Web Site: www.mymarketlogic.com

Employees: 18

Agency Specializes In: E-Commerce, Event Planning & Marketing, Exhibit/Trade Shows, Graphic Design, Package Design, Point of Purchase, Print, Production (Print), Promotions, Publicity/Promotions, Sales Promotion

Marcelo Castro *(Founder & CEO)*
Hernan Brana *(Partner)*
Gabriela Palma *(Gen Mgr)*
Rafael Arellano *(Creative Dir-Mexico)*
Adrian Fernandez *(Art Dir)*
Nancy Anguiano Fonseca *(Acct Dir-Mktg)*
Margot Doejo *(Dir-B2B & Channel Mktg)*
Jennifer Hernandez *(Dir-Interactive & Consumer Mktg Reg)*
Katherine Gentile *(Acct Exec)*
Marisol Marroquin *(Acct Exec)*
Cecilia Paz *(Acct Exec-Intl)*
Santiago Pereira *(Acct Exec-Interactive Mktg)*

Accounts:
Palm
Samsung
Sony Ericsson
Toshiba
Toyota

MASTERMIND MARKETING
1450 W Peachtree St NW, Atlanta, GA 30309-2955
Tel.: (678) 420-4000
Fax: (678) 420-4090
E-Mail: info@mastermindmarketing.com
Web Site: www.mastermindmarketing.com

E-Mail for Key Personnel:
President:
dan.dodson@mastermindmarketing.com

Employees: 48
Year Founded: 1985

National Agency Associations: PMA

Agency Specializes In: Advertising, Below-the-Line, Brand Development & Integration, Broadcast, Business-To-Business, Collateral, Communications, Consulting, Consumer Marketing, Custom Publishing, Customer Relationship Management, Direct Response Marketing, Entertainment, Event Planning & Marketing, Guerilla Marketing, In-Store Advertising, Integrated Marketing, Internet/Web Design, Mobile Marketing, Planning & Consultation, Point of Purchase, Point of Sale, Print, Production, Promotions, Radio, Restaurant, Sports Market, Strategic Planning/Research, Viral/Buzz/Word of Mouth

Approx. Annual Billings: $140,000,000

Daniel Dodson, Jr. *(CEO)*
Mike Gelfond *(Partner & Exec VP)*
Dana DiFurio *(Acct Supvr)*

Accounts:
Bayer
Citi
Coca-Cola
Harley-Davidson
Harman

MATCHCRAFT, INC.
2701 Ocean Park Blvd Ste 220, Santa Monica, CA 90405
Tel.: (310) 314-3320
E-Mail: bizdev@matchcraft.com
Web Site: www.matchcraft.com

Employees: 80

National Agency Associations: LSA

Agency Specializes In: Advertising, Advertising Specialties, Engineering, New Technologies, Yellow Pages Advertising

Approx. Annual Billings: $1,000,000

Scott D. Kalter *(Co-Founder)*
Dorab Patel *(Co-Founder)*
Marianne Faas *(Partner, Head-Experience & Acct Mgr-EMEA)*
Alex Dionysian *(CTO)*
Marc Zaks *(Chief Revenue Officer)*
Brad Petersen *(Sr VP-Global-Bus Dev)*
Jim Clemens *(VP-Ops)*
Richa Sinha *(Head-Digital Mktg)*
Priscilla Soriano *(Dir-Campaign Mgmt)*
Adriana Ashroff *(Mgr-Client Engagement & Campaign Optimization)*
Leah Levy *(Mgr-Client Engagement)*
Avni Agrawal *(Specialist-Mktg)*

Accounts:
GoldenPages.ie
Google
Herold.at
Lokaldelen.se
Paginas Amarelas
ThomasNet
Truvo
Yahoo

MCCABE PROMOTIONAL ADVERTISING
384 Sovereign Rd, London, ON N6M 1A5 Canada
Tel.: (519) 455-7009
Fax: (519) 455-7963
Toll Free: (800) 387-0360
E-Mail: info@mccabepromo.com
Web Site: www.mccabepro.com

Employees: 40
Year Founded: 1981

Colin Rous *(VP)*
Adrienne Wilson *(Acct Mgr)*
Rebecca Korhonen *(Sls Mgr)*
Jenni Zeineddine *(Acct Exec)*

Accounts:
Certified Pre-Owned Trucks; 2006
Cummins
General Dynamics
Heins
International
Tigercat
YMCA

MERYL D. PEARLSTEIN PUBLICITY
21 E 87th St Ste 5A, New York, NY 10128
Tel.: (917) 359-3512
Fax: (212) 534-3227
E-Mail: pr@mdppublicity.com
Web Site: www.mdppublicity.com

Employees: 10
Year Founded: 2003

Agency Specializes In: Market Research, Media Relations, Media Training, Strategic Planning/Research

Meryl Pearlstein *(Pres)*

Accounts:
Adventure Center Travel Agency
Bavaria
Cactus Language Training & Language Vacations Language & Business Training Provider
Colibri Boutique Hotels

SALES PROMOTION AGENCIES

iExplore Travel Agency
Italiaoutdoors Public Relations Campaign
Jackson Hole;Wyoming Hotel Management Services
Munich Airport Public Relations Campaign
Munich
New Zealand In Depth Public Relations
Off the Map Travel
Sierra Realty Corp Real Estate Services
Spring Creek Ranch Hotel Management Services
St. Augustine/Ponte Vedra & The Beaches; FL Hotel Management Services
Tabacon Grand Spa Thermal Resort Hotel Management Services
The Wayfarers Travel Agency

MKTG, INC.
32 Avenue Of The Americas Bldg 1, New York, NY 10013
Tel.: (212) 366-3400
Fax: (212) 660-3878
E-Mail: info@mktg.com
Web Site: www.mktg.com

Employees: 300
Year Founded: 1972

National Agency Associations: 4A's

Agency Specializes In: Automotive, Below-the-Line, Bilingual Market, Brand Development & Integration, Broadcast, Business-To-Business, Collateral, College, Communications, Consumer Goods, Consumer Marketing, Corporate Communications, Corporate Identity, Customer Relationship Management, Digital/Interactive, Electronic Media, Entertainment, Event Planning & Marketing, Exhibit/Trade Shows, Experience Design, Experiential Marketing, Fashion/Apparel, Graphic Design, Guerilla Marketing, Health Care Services, Hispanic Market, Hospitality, Household Goods, In-Store Advertising, Integrated Marketing, Internet/Web Design, Local Marketing, Luxury Products, Merchandising, Mobile Marketing, Multicultural, Multimedia, Planning & Consultation, Point of Purchase, Point of Sale, Production, Promotions, Publicity/Promotions, Radio, Recruitment, Regional, Retail, Sales Promotion, Social Media, Sponsorship, Sports Market, Strategic Planning/Research, T.V., Teen Market, Tween Market, Urban Market, Viral/Buzz/Word of Mouth, Women's Market

Sales: $139,028,963

Charles Horsey *(Chm & CEO)*
Bob Wilhelmy *(CFO)*
Peter Office *(COO)*
Michelle Berg *(Exec VP)*
Bryan Duffy *(Exec VP-Sls & Mktg)*
Matt Manning *(Exec VP-Global Mktg & Dev)*
James C. Verna *(Exec VP)*
Christopher Caldwell *(Sr VP & Grp Dir)*
Gavin Blawie *(Sr VP-Digital & Strategy)*
Timothy Archibald *(Acct Dir)*
Frank Lipari *(Creative Dir)*
Kelly Malacarne *(Acct Dir)*
Gwyn Weiss *(Acct Dir-Client Svcs)*
Elissa Hollander *(Dir)*
Kati Kasch *(Dir-Strategic Partnerships & Events-Sports & Entertainment)*
Matt Sych *(Dir-Sponsorship Consulting)*
Iain McWhirter *(Sr Mgr-Sponsorship Strategies & Activation)*
Stephanie Deters *(Mgr-Hospitality & Events)*
Christina Kehoe *(Mgr-Sponsorship Strategies & Activations)*
Michelle Tracy *(Mgr-Sponsorship Strategies & Activations)*

Accounts:
Bayer
Beats by Dre
Brandzooka
CBS Interactive
Clinique
Coca-Cola Refreshments USA, Inc.
CVS Health
Diageo North America, Inc.
Dick's Sporting Goods Events, Experiential Work
EA Sports
Electronic Arts
Fas Mart
FedEx Corporation
Fresh Express, Inc.
Gatorade
Google
Johnnie Walker Whisky
Jose Cuervo Alcoholic Drink
Kikkoman International, Inc.
Kroger
Levi Strauss & Co.
Lexus
Moet Hennessy
Nike Sports Apparel
Nintendo of America
The Procter & Gamble Company Vocalpoint
T-Mobile US
Tiffany & Co.
Toyota

Branches

MarketVision
8647 Wurzbach Ste J100, San Antonio, TX 78240
Tel.: (210) 222-1933
Fax: (210) 222-1935
Web Site: www.mvculture.com

Employees: 37
Year Founded: 1998

Agency Specializes In: Sales Promotion, Sponsorship

Yvonne Bonnie Garcia *(Founder & CEO)*
Donald McMullen *(Chm)*
Luis Garcia *(Pres & Partner)*
Brian Dundon *(Sr VP)*
Susan Evangelista *(VP-Ops, Promos & Client Svc)*
Norma Casillas *(Mgr-Bus Ops)*
Brandi Martinez-Meyer *(Acct Exec)*

Accounts:
Coca-Cola Refreshments USA, Inc.
Copa Airlines
Crisco
Fisher-Price
General Mills
Hershey's
Kraft
MassMutual Financial Group Strategic Marketing, ValoraLife (Advertising Agency of Record)
Miller Lite
Splenda

mktg, inc.
310 Culvert St Fl 5, Cincinnati, OH 45202-2229
Tel.: (513) 577-7045
Fax: (513) 577-7099
E-Mail: jferguson@mktg.com
Web Site: www.mktg.com

Employees: 25
Year Founded: 1977

Agency Specializes In: Communications, Consumer Marketing, Multimedia, Sponsorship

Peter Pearce *(Sr VP & Mng Dir-Atlanta)*
Sean Connelly *(Sr Dir-Sponsorship Strategy)*

Accounts:
Bayer
EA Sports
Fas Mart
Jamba Inc.
Nike
P & G
Teen Vogue

mktg
(Formerly Team Epic)
57 Greens Farms Rd # 1, Westport, CT 06880
Tel.: (203) 831-2100
Fax: (203) 831-2300
Web Site: www.mktg.com

Employees: 125

National Agency Associations: 4A's

Agency Specializes In: Brand Development & Integration, Entertainment, Event Planning & Marketing, Government/Political, Retail, Sponsorship, Sports Market, Strategic Planning/Research

David Grant *(Principal)*
Mike Reisman *(Principal)*
Dede Patterson *(VP & Grp Dir)*
Samantha Bond *(VP-Strategic Partnerships & Activation-Entertainment)*
Jessica McVey *(Coord-Events)*

Accounts:
AT&T Mobility
Charles Schwab
Con Agra
Eli Lilly
FedEx
Holiday Inn
IBM
NBC
OSI
Remax
Toyota

mktg
(Formerly Team Epic)
5080-B Highlands Pkwy, Smyrna, GA 30082
Tel.: (404) 591-5523
Fax: (404) 159-1553
Web Site: www.mktg.com

Employees: 70

National Agency Associations: 4A's

Sakiya Daniel *(VP)*
Tina Kouchinsky *(Sr Dir)*

Accounts:
Amp
AT&T Communications Corp.
ESPN
Fathead
Kimberly-Clark
Lane Home Furnishings
Mountain Dew
NERF
Pepsi-Cola
Schick
Toyota
Tropicana
Zantac

MOTIVATORS INC.
123 Frost St Ste 204, Westbury, NY 11590
Tel.: (516) 735-9600
Fax: (516) 735-9698
Web Site: www.motivators.com

Employees: 40
Year Founded: 1979

AGENCIES - JANUARY, 2019 — SALES PROMOTION AGENCIES

Ken Laffer *(CEO)*
Kimberly Nick *(Dir-Mktg Comm)*
Alison Derkatch Strauss *(Sr Acct Exec)*

MP DISPLAYS LLC
704 Executive Blvd Ste I, Valley Cottage, NY 10989
Tel.: (845) 268-4113
Fax: (845) 268-4154
E-Mail: mparkes@mpdisplays.com
Web Site: www.mpdisplays.com

Employees: 25

Agency Specializes In: In-Store Advertising, Point of Purchase, Point of Sale

Breakdown of Gross Billings by Media: Point of Purchase: 100%

MVS MEDIA GROUP
1800 S Ocean Dr, Hallandale, FL 33009
Tel.: (305) 428-3888
E-Mail: alex@mobilevideosigns.com
Web Site: www.mvsmediagroup.com

Employees: 6
Year Founded: 2004

Agency Specializes In: Advertising, Advertising Specialties, Affiliate Marketing, Brand Development & Integration, Branded Entertainment, Consumer Marketing, Digital/Interactive, Electronic Media, Electronics, Entertainment, Event Planning & Marketing, Exhibit/Trade Shows, Game Integration, Guerilla Marketing, Local Marketing, Media Planning, Mobile Marketing, New Product Development, Out-of-Home Media, Outdoor, Promotions, Sales Promotion, South Asian Market, Sponsorship, Sports Market, Urban Market

Accounts:
Adidas Adidas Shoe Launch
Atlantic Records; NY Music Artists
Bad Boy Entertainment; NY Artists
BET Network BET Awards
Ciroc Vodka; NY
Clinique Clinique Makeup
Florida Marlins
Fuji Film Fuji Finepix
Lionsgate Films; Canada Movie Trailers
Sean John Sean John Clothing
Sony Pictures; Canada Movie Trailers
Sony/BMG Music Artists
Universal Music; CA Artists
Universal Pictures; CA Movie Trailers

NEWDAY COMMUNICATIONS
50 Water St, Norwalk, CT 06854
Tel.: (203) 851-5700
Fax: (203) 831-5622
E-Mail: pvarco@newdaycom.com
Web Site: www.newdaycom.com

Employees: 4
Year Founded: 1995

Agency Specializes In: Sales Promotion

Peter S. Varco *(CEO)*
George Blystone *(VP-Acct Svcs)*
Greg Jontos *(Assoc Creative Dir)*

Accounts:
Avis Rent-A-Car; Parsippany, NJ; 1999
Baileys
Canon
CellularOne
Classic Malts of Scotland
Dewar's
Diageo
Diet Coke
Hennessy
Jefferies
Johnnie Walker
Pepsi; New York, NY Lipton Tea, Pepsi; 1998
Smirnoff
Tanqueray

NORTHEASTERN MEDIA
12321 Hollow Ridge Rd, Doylestown, OH 44230
Tel.: (330) 861-3684
Fax: (330) 247-4121
E-Mail: northeasternmedia@gmail.com
Web Site: www.northeasternmedia.com

Employees: 25

Agency Specializes In: Advertising, African-American Market, Alternative Advertising, Automotive, Business-To-Business, Co-op Advertising, College, Consumer Marketing, Direct-to-Consumer, Event Planning & Marketing, Graphic Design, Guerilla Marketing, Identity Marketing, Local Marketing, Men's Market, Mobile Marketing, Multicultural, Out-of-Home Media, Outdoor, Over-50 Market, Recruitment, Regional, Retail, Seniors' Market, Sports Market, Transportation, Urban Market, Viral/Buzz/Word of Mouth

James Schooling *(Mgr)*

Accounts:
American Cancer Society; Akron, OH
Camping World
CenturyLink, Inc. Telephone Service
Lincoln-Mercury
National City Bank Banking
Sprint; Detroit, MI Cellular Phones
Summa Health Systems
The United Way

O'MALLEY HANSEN COMMUNICATIONS
180 N Wacker Dr Ste 400, Chicago, IL 60606
Tel.: (312) 377-0630
Fax: (708) 406-1537
Web Site: www.omalleyhansen.com

Employees: 10
Year Founded: 2006

National Agency Associations: COPF

Agency Specializes In: Consumer Marketing, Corporate Communications, Crisis Communications, Event Planning & Marketing, Financial, Media Relations, Public Relations, Publicity/Promotions, Sponsorship

Kelly Fitzgibbon O'Malley *(Owner)*
Todd Hansen *(Principal)*
Kristy Finch *(Media Dir)*
Noah Messel *(Mng Supvr)*

Accounts:
Barclaycard US Digital, Marketing, Media Relations, Public Relations, Social Media, Strategic Communications
ECCO International Communications
Lane Furniture Home Entertainment Solutions Provider
Sara Lee Consumer Products Mfr

Branch

O'Malley Hansen Communications
(Formerly Blick & Staff Communications)
667 Delmar Blvd, Saint Louis, MO 63130
(See Separate Listing)

OMNICO PROMOTIONS, LTD.
12 Foley Rd, Katonah, NY 10536
Tel.: (914) 241-1648
Fax: (914) 241-1649
E-Mail: omnico@omnicopromotions.com
Web Site: www.omnicopromotions.com

Employees: 2
Year Founded: 1975

Agency Specializes In: Automotive, Financial, Food Service, Sales Promotion

Approx. Annual Billings: $230,000

Robin Halperin *(Owner & Pres)*

Accounts:
ADP
Finnair
Janney Montgomery; Philadelphia, PA
Turner Broadcasting

ON BOARD EXPERIENTIAL MARKETING
85 Liberty Ship Way Ste 114, Sausalito, CA 94965-3314
Tel.: (415) 331-4789
Fax: (415) 331-4790
E-Mail: nickolai@obexp.com
Web Site: www.obexp.com/

Employees: 15
Year Founded: 1996

Debra Murray *(Pres & Partner)*
Dan Hirsch *(CEO)*
Emily Luckett *(VP-Acct Svcs)*
John Sullivan *(VP-Ops)*
Meimei Kelsey Zimmerman *(VP-Accts)*
Leah Conley *(Sr Acct Dir)*
Emily Dolber *(Sr Acct Dir)*
Nicole Neuhauser *(Sr Acct Dir)*
Patricia Costello *(Creative Dir)*
Molly Sbrega *(Sr Acct Mgr)*
Kelsey Rubbelke *(Sr Graphic Designer)*

ONECOMMAND, LLC
(d/b/a Call Command)
4680 Parkway Dr Ste 202, Mason, OH 45040-8173
Tel.: (800) 464-8500
Fax: (513) 792-9218
E-Mail: support_online@onecommand.com
Web Site: www.onecommand.com

Employees: 60
Year Founded: 2002

Agency Specializes In: Advertising, Automotive

Revenue: $27,500,000

Andrew Smith *(CTO-HIGHGEAR CRM)*
Jill Whitehead *(Exec VP-Sls)*
Mary Angela Braunstein *(VP-IT)*
Leonard Traficanti *(VP-Ops)*

Accounts:
Acura
Audi
BMW
Chrysler
Ford
GM
Honda
Jaguar
Lexus
Nissan

PARASOL MARKETING
350 5th Ave 59th Fl, New York, NY 10118
Tel.: (212) 372-7633

SALES PROMOTION AGENCIES
AGENCIES - JANUARY, 2019

E-Mail: info@parasolmarketing.com
Web Site: www.parasolmarketing.com

Employees: 20

Agency Specializes In: Brand Development & Integration, Media Relations, Over-50 Market, Strategic Planning/Research

Andrea Werbel *(Founder & Mng Dir)*
Sasa Nikolic *(VP)*
Nicole Difasi *(Specialist-PR & Brand Mktg)*

Accounts:
Baglioni Hotels
Baha Mar
Camden Harbour Inn (Agency of Record) Danforth Inn, Natalie's, Relais & Chateaux
Fairmont Miramar Hotel & Bungalows Hotels Management Services
FIG Restaurant
Inn at Perry Cabin (Agency of Record) Brand Positioning, Public Relations, Strategic Programming; 2018
Monterey County Convention & Visitors Bureau
One&Only Resorts (Agency of Record) Brand Marketing Partnerships, Public Relations, Strategic Relationships; 2018
New-Round Pond Estate Marketing, Public Relations
Tempo Dulu

PARTNERS FOR INCENTIVES
6545 Carnegie Ave, Cleveland, OH 44103
Tel.: (216) 881-3000
Fax: (216) 881-7413
Toll Free: (800) 292-7371
E-Mail: sales@spihq.com
Web Site: www.pfi-awards.com
E-Mail for Key Personnel:
President: mac@spihq.com

Employees: 75
Year Founded: 1963

Agency Specializes In: Business-To-Business, Catalogs, Communications, Consumer Goods, Electronic Media, Merchandising, Sales Promotion, Sweepstakes

Approx. Annual Billings: $28,000,000

Breakdown of Gross Billings by Media: Sls. Promo.: 100%

Mary Anne Comotto *(Owner)*
Joy Smith *(VP-Sls & Mktg)*
Roger Thomas *(VP-Bus Dev)*

PHOENIX CREATIVE CO.
611 N 10th St Ste 700, Saint Louis, MO 63101
Tel.: (314) 421-5646
Fax: (314) 421-5647
Web Site: www.phoenixcreative.com

Employees: 30
Year Founded: 1989

Agency Specializes In: Advertising, Print, Sales Promotion

Approx. Annual Billings: $7,000,000

David Dolak *(Partner & Chief Creative Officer)*
Abbey Ash *(Partner & Dir-Shopper Mktg)*
Keith Schwahn *(Partner & Dir-Production Svcs)*
Steve Wienke *(Creative Dir)*
Olivia Hopson *(Acct Mgr)*
Abby O'Donnell *(Acct Mgr)*
Matt Stroble *(Acct Rep)*
Matt O'Neill *(Sr Partner)*

Kristin Willey *(Asst Acct Mgr)*

Accounts:
Anheuser-Busch, Inc.
Borders Group
Brown-Foreman
Dobbs Tires & Auto Centers
Edison Brothers Stores/J. Riggings Apparel
Heartland Bank
Jensen Tire & Auto
Kaldi's Coffee Roasting
Kelty Pack Inc.
The Midnight Company
National Association of Recording Merchandisers
Pearl Izumi
Robert G. Grimm Photography
St. Louis Music/Crate Amplifiers

PICTURE MARKETING, INC.
20 Miwok Dr, Novato, CA 94947
Tel.: (949) 429-3052
E-Mail: sales@picturemarketing.com
Web Site: www.picturemarketing.com

Employees: 30
Year Founded: 2002

Agency Specializes In: Advertising, Entertainment, Event Planning & Marketing, Guerilla Marketing, Internet/Web Design, Viral/Buzz/Word of Mouth

Terry Tonini *(Co-Founder & Mng Partner)*
Ron Tonini *(CEO)*
Louis Zuckerman *(CTO)*
Cortney Mills *(Dir-Ops)*

Accounts:
Anheuser Busch
California State Lottery
Chrysler

PIERCE PROMOTIONS
178 Middle St Ste 200, POrtland, ME 04101
Tel.: (207) 523-1700
Fax: (207) 761-4570
Toll Free: (800) 298-8582
E-Mail: info@piercepromotions.com
Web Site: piercepromotions.com

Employees: 200

Agency Specializes In: Event Planning & Marketing, Publicity/Promotions

Bradley Lawwill *(Pres)*
Matthew Carle *(Exec VP)*
Mike Kelley *(Exec VP)*
Peggie Birks *(VP-Client Svcs)*
Matt Therrien *(Creative Dir)*
John Muir *(Dir-Production)*
Hilary Dupuis Mitchell *(Sr Client Svcs Dir)*

Accounts:
Procter & Gamble
Sam's Club
Verizon Communications

PILOT PMR
250 The Esplanade, Courtyard Ste 107, Toronto, M5A 1J2 Canada
Tel.: (416) 462-0199
Fax: (416) 462-1281
E-Mail: team@pilotpmr.com
Web Site: https://pilotpmr.com/

Employees: 15
Year Founded: 2004

Agency Specializes In: Brand Development & Integration, Digital/Interactive, Public Relations

David Doze *(Pres & CEO)*
Natalie Bomberry *(VP-Ops)*
Alex Mangiola *(VP)*
Sarah Lazarovic *(Creative Dir)*
James Beardmore *(Dir-UX)*
Robert Furtado *(Dir-Strategy)*
Stuart Inglis *(Dir-Art)*

Accounts:
BBC Canada
Clover Leaf Seafoods
Electrolux Home Care Products North America
TerraChoice

PRIME VISIBILITY
(Acquired by Wpromote, Inc.)

PRO MOTION, INC.
18405 Edison Ave, Chesterfield, MO 63005
Tel.: (314) 997-0101
E-Mail: marketing@promotion1.com
Web Site: www.promotion1.com

Employees: 25
Year Founded: 1995

Agency Specializes In: Cable T.V., Consumer Marketing, Experiential Marketing, Publicity/Promotions, Sales Promotion

Steve Randazzo *(Pres)*
Cathi Kennedy *(Acct Dir-Experiential Mktg)*
Brian Dooley *(Sr Mgr-Mktg)*
Margaret Tolbert *(Acct Mgr)*

Accounts:
Anheuser-Busch
Disney
Dr Pepper Snapple Group
Duck Tape
Energizer
HP
Sony Pictures

PROMARK DIRECT INC.
300 N Midland Ave Ste 2, Saddle Brook, NJ 07663-5723
Tel.: (201) 398-9000
Fax: (201) 398-9212
Toll Free: (800) 404-1900
E-Mail: solutions@promarkdirect.com
Web Site: www.promarkdirect.com

Employees: 4
Year Founded: 1977

Agency Specializes In: Advertising, Business-To-Business, Consulting, Direct Response Marketing, Direct-to-Consumer, Regional, Sales Promotion

Breakdown of Gross Billings by Media: D.M.: 100%

Donna Johns *(Pres)*

Accounts:
ADP; 2001
Humanitees
Konica Business Machines; Windsor, CT Office Equipment; 1985
The Magna Group; Glen Rock, NJ; 2000
North Jersey Media; 1997
Photogenic Inc.
QualCare Preference Providers; Piscataway, NJ Healthcare Insurance; 1994
The Record Newspaper Publisher; 1998
Saddle River Valley Day Camp
Spirit Cruises, LLC

PROMO PARTNERS INC.
30 Ridgeborne Ln, Melville, NY 11747

AGENCIES - JANUARY, 2019 — SALES PROMOTION AGENCIES

Tel.: (631) 253-3339
Fax: (866) 356-2232
E-Mail: info@promopartnersinc.com
Web Site: www.promopartnersinc.com

Employees: 5
Year Founded: 2002

National Agency Associations: PMA

Rhonda Kugelman (VP)

Accounts:
Alberto Culver
Bayer
Chatham
Goody Products
Hershey's
Kraft

PROMOGROUP
444 N Orleans St Ste 300, Chicago, IL 60610-4494
Tel.: (312) 467-1300
Fax: (312) 467-1311
E-Mail: pgc@promogroup.com
Web Site: www.promogroup.com

E-Mail for Key Personnel:
President: kld@promogroup.com

Employees: 23
Year Founded: 1970

Agency Specializes In: Brand Development & Integration, Collateral, Consumer Marketing, Digital/Interactive, Direct Response Marketing, Internet/Web Design, Merchandising, Point of Purchase, Point of Sale, Production, Retail, Sales Promotion, Sweepstakes

Approx. Annual Billings: $16,000,000

Breakdown of Gross Billings by Media: Collateral: $2,400,000; Point of Purchase: $2,400,000; Promos.: $11,200,000

Kelly L. Drumm (Co-Founder & CEO)

Accounts:
Allstate
Apple Inc.; Cupertino, CA
Best Western
Capital One
Cell Star
Chuck E. Cheese's
Coca-Cola Refreshments USA, Inc.
CompUSA
Daimler Chrysler
Delphi
Discover Card; Bannockburn, IL Financial Services; 2000
Dockers
Domino's Pizza
Edy's
Frigidaire
fye
GE
H&R Block
Harley Davidson
Hertz
Hilton Worldwide
Holiday Inn
XM Satellite Radio

PROSPECT MEDIA GROUP LTD.
129 Spadina Ave Ste 300, Toronto, ON M5V 2L3 Canada
Tel.: (416) 348-7386
Fax: (416) 351-9606
E-Mail: info@prospectmedia.com
Web Site: www.prospectmedia.com

Employees: 35
Year Founded: 1999

Agency Specializes In: Advertising, Advertising Specialties, Automotive, Bilingual Market, Business-To-Business, Consumer Goods, Consumer Marketing, Consumer Publications, Direct Response Marketing, Direct-to-Consumer, Entertainment, Event Planning & Marketing, Experience Design, Media Buying Services, Multimedia, Newspapers & Magazines, Over-50 Market, Planning & Consultation, Print, Retail, Sales Promotion, Women's Market

Approx. Annual Billings: $32,000,000

David G. Maples (Pres)
David Mathews (Partner & Mng Dir)
Nicole Hegedus (Dir-New Bus Dev)
Greg Mieczkowski (Dir-Analytics)
David Kearney (Sr Acct Mgr)
Chris Klassen (Mgr-Media Ops)

PROXY SPONSORSHIPS
7900 E Union Ave Ste 1100, Denver, CO 80237
Tel.: (720) 284-8845
Fax: (303) 296-3410
Web Site: www.proxy-sponsorships.com

Employees: 25
Year Founded: 1999

Agency Specializes In: Advertising, Affiliate Marketing, Branded Entertainment, Co-op Advertising, Consulting, Custom Publishing, Customer Relationship Management, Digital/Interactive, Email, Event Planning & Marketing, Financial, Guerilla Marketing, In-Store Advertising, Integrated Marketing, Local Marketing, Media Buying Services, Mobile Marketing, Multimedia, New Product Development, Out-of-Home Media, Outdoor, Planning & Consultation, Product Placement, Publicity/Promotions, Sales Promotion, Sponsorship, Sports Market, Strategic Planning/Research, T.V., Trade & Consumer Magazines, Travel & Tourism, Viral/Buzz/Word of Mouth

Approx. Annual Billings: $5,000,000

Breakdown of Gross Billings by Media: Consulting: 34%; Other: 33%; Out-of-Home Media: 33%

Mala Alvey (Principal)

Accounts:
Frontier Airlines' Wild Blue Yonder Inflight Entertainment Inflight Media
HealthONE; 2008
MillerCoors; 2006
Subaru

Q1MEDIA, INC.
11401 Century Oaks Ter Ste 470, Austin, TX 78758
Tel.: (512) 388-2300
Fax: (509) 275-6366
E-Mail: bill@q1media.com
Web Site: www.q1media.com

Employees: 10
Year Founded: 2004

Agency Specializes In: Advertising, Brand Development & Integration, College, Consulting, Consumer Goods, Digital/Interactive, Education, Entertainment, Men's Market, Planning & Consultation, Regional, Teen Market, Women's Market

Approx. Annual Billings: $10,000,000

Breakdown of Gross Billings by Media: Internet Adv.: $10,000,000

Bill Wiemann (Pres)
Matt Bentley (Sr VP-Sls & Mktg)
Brenton Riley (Sls Dir)
Fabio Bartoli (Dir-Sls-Midwest)
Zac Hornsey (Dir-Platform Relationships)
Hunter Temperton (Dir-Ops)
Alissa Vrabel (Dir-HR)
Taylor M Waltmon (Dir-Sls Trng)
Megan Mayo (Sr Acct Exec)
Laura Hood (Generalist-HR)

R.A. DINKEL & ASSOCIATES, INC.
(d/b/a The Idea People)
4641 Willoughby Rd, Holt, MI 48842
Tel.: (517) 699-7000
Fax: (517) 699-7700
E-Mail: sales@ideasideas.com
Web Site: www.ideasideas.com

Employees: 15
Year Founded: 1965

Agency Specializes In: Consumer Marketing, Publicity/Promotions

Approx. Annual Billings: $2,000,000

Liz Dinkel (Pres)
Julie Welch (Mgr)
Katie Taszreak (Specialist-Mktg)

RPMC, INC.
23975 Park Sorrento Ste 410, Calabasas, CA 91302
Tel.: (818) 222-7762
Fax: (818) 222-0048
E-Mail: info@rpmc.com
Web Site: www.rpmc.com

Employees: 30
Year Founded: 1986

Agency Specializes In: Business-To-Business, Consumer Marketing, Entertainment, Event Planning & Marketing, Experience Design, Guerilla Marketing, Hospitality, International, Local Marketing, Pharmaceutical, Point of Sale, Promotions, Publicity/Promotions, Sports Market, Sweepstakes, Travel & Tourism, Viral/Buzz/Word of Mouth

Approx. Annual Billings: $30,000,000

Brad Mulholland (Controller-Fin)

Accounts:
CBS
DIRECTV
Discover Financial Services
Discovery Networks
Mattel
Valeant Pharmaceuticals

SCA PROMOTIONS, INC.
3030 LBJ Freeway Ste 300, Dallas, TX 75234
Tel.: (214) 860-3700
Fax: (214) 860-3723
Toll Free: (888) 860-3700
E-Mail: info@scapromo.com
Web Site: www.scapromotions.com

Employees: 75
Year Founded: 1986

National Agency Associations: DMA-PMA

Agency Specializes In: Sales Promotion, Sponsorship, Sweepstakes

SALES PROMOTION AGENCIES

Breakdown of Gross Billings by Media: Mags.: 4%; Newsp.: 3%; Other: 73%; Radio: 15%; T.V.: 5%

Robert Hamman *(Co-CEO)*
Peter Ford *(VP-Sls)*
Chris Hamman *(VP)*
Christine Bennett *(Sls Dir-Worldwide)*
David Fopiano *(Acct Dir-Strategic-SCA Promos)*
Tanya Mathis *(Mktg Dir)*
Wendy Collins *(Dir-Risk Mgmt)*
Tony Ebert *(Dir-Digital & Mobile)*
Janell Ingalls *(Dir-Ops & HR)*
Max Rhodes *(Dir-Fishing)*
Jackie Walker *(Sr Acct Mgr)*
Todd Overton *(Acct Mgr)*
Bill A. Riley *(Acct Exec)*

Accounts:
ESPN Regional
General Mills
Harley Davidson
Mazda Motors of America, Inc
MGM Grand Detroit Casino
Motorola Solutions, Inc.
Ohio University
Pepsi-Cola
Sony
Taco Bell
Venetian Resort Hotel
Ventura Associates, Inc.

SELLING SOLUTIONS, INC.
3525 Piedmont Rd Bldg 5 Ste 515, Atlanta, GA 30305
Tel.: (404) 261-4966
Fax: (404) 264-1767
Toll Free: (800) 638-9728
E-Mail: information@selsol.com
Web Site: www.selsol.com

Employees: 10
Year Founded: 1983

Agency Specializes In: Food Service

Approx. Annual Billings: $7,500,000

Breakdown of Gross Billings by Media: D.M.: $7,500,000

James Paullin *(VP)*

Accounts:
Coca-Cola Refreshments USA, Inc.; Atlanta, GA
MillerCoors
Minute Maid
Real Facts
Shell; Houston, TX

SIITE INTERACTIVE
(Name Changed to Lightning Jar)

SKYTYPERS, INC.
10650 San Sicily St, Las Vegas, NV 89141
Toll Free: (888) 759-8973
E-Mail: sales@skytypers.com
Web Site: www.skytypers.com

Employees: 20
Year Founded: 2004

Agency Specializes In: Advertising, Asian Market, Aviation & Aerospace, Bilingual Market, Brand Development & Integration, Communications, Corporate Identity, Direct-to-Consumer, E-Commerce, Entertainment, Event Planning & Marketing, Game Integration, Guerilla Marketing, High Technology, Hispanic Market, Integrated Marketing, Media Relations, Mobile Marketing, Multicultural, New Product Development, Out-of-Home Media, Outdoor, Over-50 Market, Promotions, Publicity/Promotions, Sales Promotion, Social Marketing/Nonprofit, Sponsorship, Sports Market

Approx. Annual Billings: $2,500,000

Greg Stinis *(Owner)*
Stephen Stinis *(Pres)*

Accounts:
HBO

SMITH & MARGOL, INC.
11777 Water Tank Rd Ste A1, Burlington, WA 98233
Tel.: (360) 707-2244
Fax: (360) 707-2266
E-Mail: information@smith-margol.com
Web Site: www.smith-margol.com

E-Mail for Key Personnel:
President: sam@smith-margol.com

Employees: 3
Year Founded: 1984

Agency Specializes In: Sales Promotion

Accounts:
C&H Cookie Cutter
The Gap
Intel Wood Massager
Swiss Miss Hot Chocolate
Taco Time Face Paints

SNELLER CREATIVE PROMOTIONS
5014 Brittany Downs Dr, Saint Charles, MO 63304
Tel.: (636) 236-1139
E-Mail: jeff@snellercreative.com
Web Site: www.snellercreative.com

Employees: 5
Year Founded: 1991

Agency Specializes In: Collateral, Local Marketing, Point of Purchase, Point of Sale, Print, Production, Promotions

Jeff Snell *(Pres)*

Accounts:
American Marketing Association

SOURCE MARKETING LLC
761 Main Ave, Norwalk, CT 06851
Tel.: (203) 291-4000
Fax: (203) 291-4010
E-Mail: info@source-marketing.com
Web Site: http://www.sourcecxm.com/

E-Mail for Key Personnel:
President: Correia@source-marketing.com

Employees: 115
Year Founded: 1989

National Agency Associations: DMA-PMA

Agency Specializes In: Brand Development & Integration, Business-To-Business, Co-op Advertising, Collateral, Consulting, Consumer Marketing, Direct Response Marketing, Electronic Media, Entertainment, Event Planning & Marketing, Experiential Marketing, Infomercials, Pharmaceutical, Planning & Consultation, Point of Purchase, Point of Sale, Print, Production, Publicity/Promotions, Radio, Sales Promotion, Sponsorship, Sweepstakes

Approx. Annual Billings: $600,000,000

Breakdown of Gross Billings by Media: Event Mktg.: 10%; Fees: 20%; Graphic Design: 15%; Out-of-Home Media: 10%; Promos.: 15%; Radio: 30%

Kersten Mitton Rivas *(Pres)*
Richard Feldman *(Mng Partner & Chief Strategy Officer)*
Neil Cameron *(VP-Digital & Interactive)*
Will Mentz *(Sr Acct Exec)*

Accounts:
AARP
Alcon
BIC; Milford, CT Campaign: "Make Your Own Sun"
Chase
Dick's Sporting Goods
Eight O'Clock Coffe Consumer Events, Digital, Social Media
Erie Insurance
Mylan
Philips
Purina Mills
Sheetz
Sonos
Tata Global Beverages
Unilever
Verizon

SPARK WORLDWIDE
(Formerly Design North, Inc.)
8007 Douglas Ave, Racine, WI 53402
Tel.: (262) 898-1075
Web Site: www.sparkbrighterthinking.com

Employees: 13
Year Founded: 1962

Agency Specializes In: Brand Development & Integration, Collateral, Commercial Photography, Communications, Consulting, Consumer Goods, Consumer Marketing, Corporate Identity, Graphic Design, Logo & Package Design, Merchandising, Package Design, Planning & Consultation, Point of Purchase, Point of Sale, Print, Production, Retail, Strategic Planning/Research

Approx. Annual Billings: $1,000,000

Breakdown of Gross Billings by Media: Collateral: $10,000; Comml. Photography: $100,000; Logo & Package Design: $840,000; Point of Sale: $50,000

Paul Walker *(VP-Client Svc & Brand Initiatives)*

Accounts:
Esselte Americas; NY; 2007
Gehl's Guernsey Dairy; WI; 2007
Glue Dots; WI Adhesive; 2010
Heartland; WI Produce
InSinkErater; Racine, WI; 1997
Johnsonville
Lactalis Retail Dairy Cheese
Lavelle; WI; 2007
Omron; IL; 2007
Schroeder; IL Dairy; 2010
Snikiddy Natural Snack Foods; 2008

SPECIALTY TRUCK RENTALS
406 Broadway Ste 225, Santa Monica, CA 90401
Tel.: (310) 740-9992
Web Site: www.specialtytruckrental.com

Employees: 27
Year Founded: 1999

Agency Specializes In: Advertising, Advertising Specialties, Affluent Market, African-American Market, Alternative Advertising, Asian Market, Automotive, Bilingual Market, Brand Development & Integration, Branded Entertainment, Business-To-Business, Children's Market, College, Consumer Goods, Consumer Marketing,

AGENCIES - JANUARY, 2019 — SALES PROMOTION AGENCIES

Cosmetics, Direct-to-Consumer, Education, Electronics, Entertainment, Event Planning & Marketing, Exhibit/Trade Shows, Experience Design, Faith Based, Fashion/Apparel, Financial, Food Service, Government/Political, Guerilla Marketing, Health Care Services, High Technology, Hispanic Market, Household Goods, Identity Marketing, Integrated Marketing, International, LGBTQ Market, Luxury Products, Men's Market, Merchandising, Mobile Marketing, Multicultural, New Product Development, New Technologies, Out-of-Home Media, Outdoor, Over-50 Market, Pets, Pharmaceutical, Promotions, Real Estate, Recruitment, Restaurant, Retail, Sales Promotion, Seniors' Market, South Asian Market, Sports Market, Teen Market, Transportation, Travel & Tourism, Tween Market, Urban Market, Viral/Buzz/Word of Mouth, Women's Market

Approx. Annual Billings: $2,500,000

Matt Miller *(Acct Mgr)*

Accounts:
Converse; 2013
Metro PCS; 2013

STANDING DOG INTERACTIVE
(Acquired b & Name Changed to Wpromote)

STREETBLIMPS INC.
48 Nancy St, West Babylon, NY 11704
Tel.: (631) 920-6901
Web Site: www.streetblimps.com

Employees: 10
Year Founded: 1986

Agency Specializes In: Advertising, Outdoor, Promotions

Jan Constantine Domingo *(Dir-Sls, Ops & Brand Activation)*
Dyllon Frantin *(Mgr-Fleet)*
Asma Yousif-Walker *(Sr Acct Exec)*
Chad Lewis *(Acct Exec-Natl)*

Accounts:
7-Eleven
ABC
Accenture
Allstate
American Express
Anheuser-Busch Corona
AT&T
BJ's
Blue Cross Blue Shield
Boost
Cadillac
California Lottery
Ceasars
Coca Cola
Comcast
Cox
Cricket Wireless
Delta
Diageo
Dunkin Donuts
Fed-Ex
Fox
General Motors
HBO
Kaiser Permanente
Kroger
McDonalds
Metro PCS
Microsoft
Miller Coors
New Jersey Lottery
New York Police Department
NYC Deptartment of Sanitation
Panera
Paramount Pictures
Planet Fitness
Sheetz
Siemens
Southwest
Spectrum
Sprint
State Farm
Subway
T-Mobile
Target
Texas Lottery
TJ Maxx
United Airlines
Universal Pictures
US Cellular
Walmart
Walt Disney
Washington Lottery
Wells Fargo

THE SUNFLOWER GROUP
14001 Marshall Dr, Lenexa, KS 66215
Tel.: (913) 890-0900
Fax: (913) 307-8339
E-Mail: jim.fitterer@sunflowergroup.com
Web Site: www.sunflowergroup.com

Employees: 185
Year Founded: 1978

Agency Specializes In: Advertising Specialties, College, Consumer Marketing, Event Planning & Marketing, Experience Design, Guerilla Marketing, Hispanic Market, In-Store Advertising, Merchandising, Mobile Marketing, Newspaper, Newspapers & Magazines, Out-of-Home Media, Point of Sale, Print, Promotions, Publicity/Promotions, Retail, Sales Promotion, Shopper Marketing, Sponsorship, Sports Market, Viral/Buzz/Word of Mouth

Approx. Annual Billings: $80,000,000

Patrick Carr *(Sr VP & Gen Mgr)*
Pete Reininga *(Sr VP-Mktg)*
Ashley Gahn *(Acct Dir)*
Sia Hemmat *(Dir-Warehouse Ops)*
Allison Noyes *(Sr Acct Mgr)*
Rachel Schermoly *(Acct Mgr)*
Brittany Moore *(Sr Acct Supvr)*
Kristina Heller *(Supvr-Event)*

Accounts:
Ahold USA
Coca-Cola Refreshments USA, Inc.
The Dannon Company
Frito-Lay
General Mills
Kraft
Nestle USA
PepsiCo, Inc.
Serta Mattress Company
Target Corporation

TARGET MARKETING
120 Tillson Ave Ste 205, Rockland, ME 04841-3424
Tel.: (207) 596-6203
E-Mail: info@targetmaine.com
Web Site: www.targetmaine.com

Employees: 20
Year Founded: 1991

Agency Specializes In: Automotive, Print

Thorin McGee *(Editor-in-Chief & Dir-Content)*
Jen Brooks *(Mgr-Production Control)*

Accounts:
America's Mattress and Furniture
Domino's Pizza Portland
Dunn Furniture
Dutch Chevrolet Buick Pontiac
Haley's Tire
Syfy

TIPTON & MAGLIONE INC.
1010 Northern Blvd Ste 208, Great Neck, NY 11021
Tel.: (516) 466-0093
Fax: (516) 482-3871
E-Mail: martin@tiptonandmaglione.com
Web Site: www.tiptonandmaglione.com

E-Mail for Key Personnel:
Chairman: martin@tiptonandmaglione.com
President: jtipton@tiptonandmaglione.com
Creative Dir.: jtipton@tiptonandmaglione.com
Production Mgr.: sbonifiglio@tiptonandmaglione.com

Employees: 10
Year Founded: 1982

National Agency Associations: PMA

Agency Specializes In: Above-the-Line, Brand Development & Integration, Business-To-Business, Cable T.V., Catalogs, Collateral, Communications, Consulting, Consumer Marketing, Consumer Publications, Corporate Communications, Corporate Identity, Direct Response Marketing, Email, Exhibit/Trade Shows, Game Integration, Graphic Design, Guerilla Marketing, Hispanic Market, In-Store Advertising, Local Marketing, Logo & Package Design, Magazines, Mobile Marketing, Newspaper, Newspapers & Magazines, Out-of-Home Media, Outdoor, Package Design, Pharmaceutical, Planning & Consultation, Point of Purchase, Point of Sale, Print, Production, Production (Print), Promotions, Publicity/Promotions, Radio, Retail, Sales Promotion, Social Media, Strategic Planning/Research, Sweepstakes, Trade & Consumer Magazines, Web (Banner Ads, Pop-ups, etc.)

Approx. Annual Billings: $14,200,000

Breakdown of Gross Billings by Media: Adv. Specialities: $2,000,000; Collateral: $1,600,000; D.M.: $200,000; Fees: $1,500,000; Graphic Design: $1,200,000; Logo & Package Design: $300,000; Sls. Promo.: $6,900,000; Strategic Planning/Research: $500,000

Martin Maglione *(Owner)*

Accounts:
AC Delco
Advantage Communications Telecom Services; 2011
Aiwa
Banfi Vintners Concha & Toro Wines; 2007
Citre Shine
Coca-Cola Refreshments USA, Inc.
Cointreau
Dunlop Sport
Elsevier; New York, NY Biofuel Software; 2008
Energy Independence Partners Water Processing; 2011
Gillette
Idaho Potato Commission Idaho Potatoes
Kirin
MIAC Analytics Financial Software; 2010
Pfizer
Snapple
Snickers
Sony
Sports Illustrated
White Rain

TOTAL PROMOTIONS

SALES PROMOTION AGENCIES

1340 Old Skokie Rd, Highland Park, IL 60035
Tel.: (847) 831-9500
Fax: (847) 831-2645
Toll Free: (800) 277-6668
E-Mail: info@totalpromote.com
Web Site: http://promoplace.com/totalpromotions

Employees: 25
Year Founded: 1976

Agency Specializes In: Advertising, Advertising Specialties, Graphic Design, Production, Sales Promotion

Approx. Annual Billings: $2,500,000

Howard Wolff *(Pres)*
Tim Schwab *(VP)*
Mark Warren Wolff *(VP)*
Stephanie Milnarik *(Sr Acct Exec)*
Ellie Kalish *(Acct Exec)*
Scott Kinzelberg *(Acct Exec)*
David Strzepek *(Acct Exec)*

TPN INC.
1999 Bryan St, Dallas, TX 75201
Tel.: (214) 692-1522
Fax: (214) 692-8316
E-Mail: liz_schwab@tpnretail.com
Web Site: www.tpnretail.com/

Employees: 200

Agency Specializes In: Publicity/Promotions, Sales Promotion, Sponsorship

Richard Feitler *(Pres)*
Michael Pate *(CFO)*
Tim Austin *(Chief Creative Officer)*
Christy O'Pella *(Sr Mng Dir-Client Svc & Dev)*
Eric Ehrlich *(VP & Exec Creative Dir)*
Jenn Nannini *(VP-Acct Svc)*
Elena Putukova *(VP-Plng)*
Emily Neuman *(Mgr-Social Mktg)*
Maggie Holthaus *(Acct Supvr)*
Kate Weber *(Acct Supvr)*
Kelsey Smith *(Sr Acct Exec)*
Hannah Arner *(Acct Exec)*
Alex Mariscal *(Copywriter)*
Darrow Alexander *(Sr Art Dir)*
Rebecca Belec *(Sr Art Dir)*
Brett Ekblad *(Sr Art Dir)*
Sarah Hamilton *(Sr Art Dir)*
Kasey Moore *(Assoc Creative Dir)*

Accounts:
7 Eleven
Arch
Bank of America
Cricket Wireless Campaign: "Gift Wrap", Campaign: "Half is More"
Disney & ESPN Media Networks
Gatorade
The Hershey Co.
HTC
Jockey International, Inc.; Kenosha, WI Brand Strategy, Digital, Marketing
Johnson & Johnson Shopper Marketing
Lowe's
Propel
Reese's
Safeway
Tropicana Shopper Marketing
Wal-Mart

TREPOINT BARC
170 Columbus Ave, San Francisco, CA 94133
Tel.: (415) 689-7781
Fax: (415) 772-8964
E-Mail: challengeus@trepoint.com
Web Site: www.trepoint.com/

Employees: 25
Year Founded: 1989

National Agency Associations: PMA

Agency Specializes In: Advertising, Brand Development & Integration, Business-To-Business, Co-op Advertising, Collateral, Communications, Consulting, Consumer Marketing, Corporate Identity, Direct Response Marketing, Event Planning & Marketing, Exhibit/Trade Shows, Financial, Food Service, Graphic Design, Logo & Package Design, Magazines, Merchandising, Newspapers & Magazines, Point of Purchase, Point of Sale, Print, Radio, Retail, Sales Promotion, Sponsorship, Strategic Planning/Research, Sweepstakes, T.V., Trade & Consumer Magazines

Approx. Annual Billings: $28,600,000

Breakdown of Gross Billings by Media: Collateral: $2,860,000; Consulting: $3,718,000; Graphic Design: $4,891,000; Internet Adv.: $1,087,000; Point of Purchase: $2,431,000; Print: $2,860,000; Promos.: $3,718,000; Radio & T.V.: $1,201,000; Strategic Planning/Research: $5,834,000

John Randazzo, Sr. *(Vice Chm)*
Bill Carmody *(CEO)*

Accounts:
Abbott Diabetes Care Trade Marketing Division (Agency of Record)
C&H Sugar
The Clorox Co., Professional Products Div.; Oakland, CA; 1999
Diageo Wine & Estates; Napa, CA
Dole Package Foods; Westlake Village, CA
Hewlett Packard; Vancouver, WA Printing Supplies; 1998
JM Smuckers Co.
Kikkoman International (Agency of Record)
Menage a Trois
Rinnai America Corp.; Atlanta, GA
Smuckers
Sutter Home
Tree Top
Warner Bros

TRIGGER AGENCY
3539 Clipper Mill Rd, Baltimore, MD 21211
Tel.: (410) 878-9900
Fax: (410) 878-9911
Toll Free: (800) 830-3976
E-Mail: info@triggeragency.com
Web Site: www.triggeragency.com/

Employees: 10
Year Founded: 1995

Agency Specializes In: Advertising, Brand Development & Integration, Event Planning & Marketing, Graphic Design, Guerilla Marketing, Media Relations, Public Relations, Sponsorship, Strategic Planning/Research

Kat Hozik *(Sr Mgr-Event)*
Emily Connell *(Mgr-Customer Svc & Event)*
Anne Fitzgerald *(Mgr-Event Sls)*
Lisa Masterhouse *(Mgr-Acctg)*

TRUTH BE TOLD PR
9350 Wilshire Blvd Ste 324, Beverly Hills, CA 90210
Tel.: (310) 550-7200
E-Mail: amanda@tbtpr.com
Web Site: https://tbtpr.wordpress.com/

Agency Specializes In: Event Planning & Marketing, Public Relations

Amanda Schuon *(Owner)*

Erica Kletzky *(Sr Acct Exec)*

Accounts:
Basq Skincare Skin Care Products Mfr
Canada Goose Apparels
Grand Marnier Orange Flavored Liqueur
Jennifer Meyer Jewelry Jewelry Mfr
Martin Miller's Gin Gin Mfr
Van Gogh Imports Vodka Importer
Yamazaki Single Malt Japanese Whisky Single Malt Whisky Mfr

VECTOR 5
175 Kimball St, Fitchburg, MA 01420
Tel.: (978) 348-2997
E-Mail: vectorfive@yahoo.com
Web Site: www.vectorfive.com

Employees: 10

Agency Specializes In: Business-To-Business, Exhibit/Trade Shows, Point of Purchase

Breakdown of Gross Billings by Media:
Exhibits/Trade Shows: 100%

Dawn Perkins *(Owner & Principal)*
William Miller *(Partner & Gen Mgr)*
Kathy Carney *(Sr Acct Exec)*
Martha Jalbert *(Acct Exec)*
John Davis *(Designer-Indus)*

Accounts:
Abiomed
TomTom

VENTURA ASSOCIATES INTERNATIONAL LLC
494 8Th Ave Ste 1700, New York, NY 10001
Tel.: (212) 302-8277, ext. 3015
Fax: (212) 302-2587
E-Mail: info@sweepspros.com
Web Site: www.sweepspros.com

E-Mail for Key Personnel:
President: maltberg@sweepspros.com

Employees: 17
Year Founded: 1971

National Agency Associations: DMA-PMA

Agency Specializes In: Advertising Specialties, Children's Market, Collateral, Direct Response Marketing, Promotions, Publicity/Promotions, Sales Promotion, Sponsorship, Sweepstakes

Approx. Annual Billings: $2,645,100

Al Wester *(Pres)*
Nigel Morgan *(CFO)*
Lisa Manhart *(CMO-New Bus Dev & Exec VP-Sls & Mktg)*
Marla Altberg *(Pres-Non-Profit Engagement Solutions Div)*
Orlando Santiago *(Sr VP & Acct Dir)*
Alice Wan Graeber *(Dir-Digital Dev & Sr Acct Mgr)*
Pamela Eagan *(Sr Mgr-Promos)*

Accounts:
Bonnier Corp.
Comcast
Saks Fifth Ave
Time Inc.
TV Guide
Victoria's Secret

VERTICAL MARKETING NETWORK LLC
15147 Woodlawn Ave, Tustin, CA 92780
Tel.: (714) 258-2400
Fax: (714) 258-2409
E-Mail: contact@verticalmarketing.net

Web Site: www.verticalmarketing.net
E-Mail for Key Personnel:
President: phil@verticalmarketing.net

Employees: 24
Year Founded: 1996

Agency Specializes In: Advertising, Bilingual Market, Collateral, Communications, Consumer Marketing, Direct-to-Consumer, Entertainment, Event Planning & Marketing, Experience Design, Graphic Design, Hispanic Market, Integrated Marketing, Internet/Web Design, Logo & Package Design, Merchandising, Multicultural, New Product Development, Out-of-Home Media, Outdoor, Point of Purchase, Point of Sale, Promotions, Publicity/Promotions, Radio, Sales Promotion, Sports Market, Strategic Planning/Research, Sweepstakes, T.V.

Breakdown of Gross Billings by Media: Consulting: 100%

Philip B. Saifer *(Pres)*
Meryl Kotin *(CFO)*
Nicco Mouleart *(VP & Grp Acct Dir)*
Diane Solem *(VP & Rep-Mgmt)*
Tonja Hughes *(Media Dir)*
Valerie Isozaki *(Acct Dir)*
Shannon Murphy *(Creative Dir)*

Accounts:
Abbott Medical Optics; Santa Ana, CA; 2005
Bandai America Incorporated; Cypress, CA Toys; 2008
Warner Home Video; Burbank, CA Home Entertainment; 1997

WESTOVER MEDIA
11578 SW Riverwood Rd, Portland, OR 97219
Tel.: (503) 675-2580
Fax: (503) 675-2581
Web Site: www.westovermedia.com

E-Mail for Key Personnel:
President: kathio@europa.com

Employees: 3
Year Founded: 1994

Agency Specializes In: Brand Development & Integration, Children's Market, Co-op Advertising, Collateral, Consumer Marketing, Consumer Publications, Cosmetics, Education, Entertainment, Event Planning & Marketing, Fashion/Apparel, Hispanic Market, Leisure, Magazines, Merchandising, New Product Development, Newspapers & Magazines, Over-50 Market, Pharmaceutical, Point of Purchase, Point of Sale, Publicity/Promotions, Retail, Seniors' Market, Teen Market, Trade & Consumer Magazines

Approx. Annual Billings: $600,000

Breakdown of Gross Billings by Media: Promos.: $600,000

Kathi O'Neil *(Founder & CEO)*

Accounts:
Barney Butter
Clingy Thingy
Conde Nast Magazines
Guideposts
Hearst Magazines
Meredith Magazines

WORKPLACE IMPACT
9325 Progress Pkwy, Mentor, OH 44060-1855
Tel.: (440) 639-9100
Fax: (440) 639-9190
Toll Free: (800) 435-7576
E-Mail: info@workplaceimpact.com
Web Site: www.workplaceimpact.com

Employees: 60
Year Founded: 1988

National Agency Associations: DMA

Agency Specializes In: Direct Response Marketing, Food Service, Print, Publicity/Promotions, Retail, Sales Promotion

Approx. Annual Billings: $10,000,000

Breakdown of Gross Billings by Media: Collateral: $2,000,000; D.M.: $8,000,000

Pete Aranavage *(VP-Ops)*
Dori Wile *(VP-Sls)*

Accounts:
Baja Fresh
Coca-Cola Refreshments USA, Inc.
Denny's
Godfather's Pizza
Hardee's; Rocky Mount, NC
Kmart
Lenscrafters
McDonald's
Pizzeria Uno
Quizno's
Sheetz
Sprint PCS Stores
Subway

PUBLIC RELATIONS FIRMS

1-800-PUBLIC RELATIONS INC.
132 E 43rd St Ste 711, New York, NY 10017
Tel.: (800) 782-6185
E-Mail: support@1800pr.com
Web Site: https://1800publicrelations.com/

Employees: 20

Agency Specializes In: Content, Crisis Communications, Internet/Web Design, Media Relations, Print, Public Relations, Radio, Search Engine Optimization, Social Media, T.V.

Matthew Bird *(Pres)*
Abigail Krasno *(Jr Partner & Dir)*
Dianna Guisti *(Mgr-PR & Mktg)*

Accounts:
BurstIQ, Inc. (Public Relations Agency of Record); 2018
DAVOS 2018 Events
London Stock Exchange
Microsoft
Milken Institute
NASDAQ
NYSE
Players Network, Inc (Public Relations Agency Of Record)
New-Skully Inc.
UBM
UN Sustainable Stock Exchange
United Nations SDGs

10 SQUARED PR
2399 Parkland Dr Ne Unit 1204, Atlanta, GA 30324
Tel.: (678) 637-0982
E-Mail: pr@10SquaredPR.com
Web Site: www.10squaredpr.com

Employees: 5
Year Founded: 2006

Agency Specializes In: Digital/Interactive, Event Planning & Marketing, Internet/Web Design, Media Training, Public Relations, Social Media

Angela Watts *(Pres)*

Accounts:
Bronzelens Film Festival

104 DEGREES WEST PARTNERS
1925 Blake St Ste 200, Denver, CO 80202
Tel.: (720) 407-6060
Fax: (720) 407-6061
E-Mail: info@104degreeswest.com
Web Site: www.104west.com

Employees: 8
Year Founded: 2003

Agency Specializes In: Media Relations, Public Relations

Patrick Ward *(CEO)*
Alissa Bushnell *(Mng Dir-Media Rels)*
Kelli Flores *(Dir)*

Accounts:
3 Crowd
Advisen
Agencyport
Evolv; San Francisco; CA

EWise Public Relations, Traditional & Social Media
Homesnap
Info Now
Intermap
North Plains Public Relations, Traditional & Social Media
Smartling Public Relations, Traditional & Social Media

10FOLD COMMUNICATIONS
6130 Stoneridge Mall Rd, Pleasanton, CA 94588
Tel.: (925) 271-8200
Web Site: 10fold.com

Employees: 15

Agency Specializes In: Brand Development & Integration, Consulting, Event Planning & Marketing, Exhibit/Trade Shows, High Technology, Information Technology, Investor Relations, New Product Development, Public Relations, Publicity/Promotions

Revenue: $2,000,000

Angela Griffo *(Sr VP-Client Svcs)*
Gary Good *(VP, Sr Strategist-Media & Writer)*
Mike Kilroy *(VP)*
Fran Lowe *(VP-Big Data Practice)*
Ross Perich *(Gen Mgr-Content Grp & Large Accts)*
Caitlin Haskins *(Dir)*
Drew Smith *(Sr Acct Mgr)*
Travis Anderson *(Acct Mgr)*
Katie Lechase *(Acct Mgr)*
Kathleen See *(Sr Acct Exec)*
Angel Rodriguez *(Acct Exec-Trainer Comm)*

Accounts:
AppDynamics
Autonomic Network
Axcient
Bear Valley Mountain Resort
Brocade
Dyyno
Glimmerglass
Lumenetix
Nanostellar
NextG Networks
Onstor
Panasas
Permabit
Presidio Networked Solutions
Presidio
Rohati
SanFrancisco Baykeeper
Vantos
WhereNet
Xyratex
YMCA

150PR
1511 West Blue Ridge Way, Chandler, AZ 85248
Tel.: (480) 722-1461
Fax: (480) 917-2430
Web Site: www.150pr.com

Employees: 50

Agency Specializes In: Communications, Crisis Communications, Public Relations, Social Media

Derek Farley *(Pres)*
Tom Beyer *(Exec VP & Mng Partner)*
Dee Rambeau *(Chief Creative Officer & VP)*
Zane Beyer *(Mgr-Millennial Thought)*

Accounts:
Safe Step Walk-In Tub Company Public Relations, Safe Step Cares
New-Topgolf International, Inc.

Branch

150PR
(Formerly Derek Farley Public Relations, LLC)
15720 John J. Delaney Dr Ste 300, Charlotte, NC 28277
Tel.: (704) 941-7353
Web Site: 150pr.com

Employees: 5
Year Founded: 2006

Agency Specializes In: Crisis Communications, Media Relations, Public Relations, Publicity/Promotions, Strategic Planning/Research

Derek Farley *(Pres)*
Tom Beyer *(Exec VP)*

Accounts:
Allstate
Applebee's
Arooga's
Carlson Restaurant Worldwide
Carolina Investment Property
Champps
Country Roads of the Carolinas, LLC
CUPS Frozen Yogurt
Fox & Hound
Hickory Tavern (Public Relations Agency of Record) Marketing, Media Relations, Strategic Communications
JJ's Red Hots
On The Border Mexican Grill & Cantina
Paciugo
Pick Up Stix
Safe Step Walk-In Tub Co. (Public Relations Agency of Record)
Shoney's
T.G.I. Friday's
UFC GYM (Public Relations Agency of Record)
Zinburger Wine & Burger Bar

19 IDEAS INC.
32C Essex St, Buffalo, NY 14213
Tel.: (716) 218-0585
Web Site: https://19ideas.com/

Employees: 20

Agency Specializes In: Advertising, Brand Development & Integration, Digital/Interactive, Event Planning & Marketing, Internet/Web Design, Media Relations, Public Relations, Search Engine Optimization, Social Media, Strategic Planning/Research

Katie Krawczyk *(Pres & Partner)*
Amber Rampino *(Creative Dir & Strategist-Mktg)*
Jon Tashjian *(Dir-PR & Comm)*
Vince Marcello *(Analyst-Digital Mktg)*

Accounts:
Hydraulic Hearth
SelectOne

THE 2050 GROUP
1177 Ave of the Americas 5th Fl, New York, NY 10036

PUBLIC RELATIONS FIRMS

AGENCIES - JANUARY, 2019

Tel.: (646) 202-1612
Web Site: www.the2050group.com

Employees: 10

Agency Specializes In: Crisis Communications, Media Relations, Media Training, Public Relations, Social Media

Adam J. Segal *(Pres)*

Accounts:
Home Box Office

20K GROUP
714 Worthshire St, Houston, TX 77008
Tel.: (713) 224-1877
Fax: (713) 583-5549
E-Mail: brand@20kgroup.com
Web Site: www.20kgroup.com

Employees: 5

Agency Specializes In: Content, Crisis Communications, Digital/Interactive, Email, Event Planning & Marketing, Media Relations, Media Training, Public Relations, Social Media

Accounts:
Ann Richards School Foundation

30 MILES NORTH
1640 5th St Ste 222, Santa Monica, CA 90401
Tel.: (310) 933-6416
Web Site: www.30milesnorth.com

Employees: 5
Year Founded: 2008

Agency Specializes In: Content, Crisis Communications, Event Planning & Marketing, Print, Promotions, Public Relations, Social Media, T.V.

Priscilla Vento *(Founder & CEO)*
Joe Sloan *(Mng Dir)*

Accounts:
FameBit
TripScope

360 MEDIA INC
1040 Boulevard Se Ste C, Atlanta, GA 30312
Tel.: (404) 577-8686
Fax: (404) 577-8644
E-Mail: info@360media.net
Web Site: www.360media.net

Employees: 10

Agency Specializes In: Event Planning & Marketing, Hospitality, Public Relations

Laura Cubbage *(Dir-Ops)*

Accounts:
521 Kitchen & Que
Atlanta Food & Wine Festival
Murphy's Restaurant

360 PUBLIC RELATIONS LLC
(See Under 360PR+)

360PR+
(Formerly 360 Public Relations LLC)
200 State St, Boston, MA 02109
Tel.: (617) 585-5771
Web Site: www.360pr.plus

Employees: 20

National Agency Associations: COPF

Agency Specializes In: Broadcast, Co-op Advertising, Consulting, Event Planning & Marketing, Exhibit/Trade Shows, In-Store Advertising, Integrated Marketing, Internet/Web Design, Media Planning, Media Relations, Production, Promotions, Public Relations, Radio, Sponsorship

Laura Tomasetti *(CEO)*
Morgan Salmon *(Fin Dir)*
Matthew Lenig *(Sr VP & Creative Dir)*
Stacey Clement *(Sr VP)*
Caitlin Melnick *(Sr VP)*
Victoria Renwick *(Sr VP)*
Mike Rush *(Sr VP)*
Melinda Bonner *(VP)*
Caitlin McNamara Chalke *(VP-Beauty, Spirits & Healthy Living)*
Carol Garrity *(VP-HR & Ops)*
Jill Hawkins *(VP & Assoc Creative Dir)*
Jennifer Brennan *(Acct Dir)*
Carolyn Evert *(Dir-Media Rels)*
Casey Ruggiero *(Dir-Digital Mktg)*
Alison Swift *(Dir-Insights & Brand Strategy)*
Lana Tkachenko *(Dir-Social Media)*
Caroline Trainor Dutcher *(Sr Acct Supvr)*
Kristen Thompson *(Sr Acct Supvr)*
Carina Zito *(Sr Acct Supvr)*
Allison Salzberg *(Acct Supvr)*
Alessandra Forero *(Sr Acct Exec)*
Megan McElduff *(Sr Acct Exec)*
Liz Aquilino *(Acct Exec)*
Katie MacLeod *(Acct Exec)*

Accounts:
Allstar Products Group Public Relations, Snuggie Blanket Fashion Show
Balance Bar PR
Ball Jars
Charles River Apparel (Public Relations & Social Media Agency of Record)
Disney Interactive Media Group
Erba Vita
GN Netcom
Good Food Made Simple
Halewood International Ltd (U.S. Agency of Record) Campaign: "The Crabbie's Rules", Crabbie's Alcoholic Ginger Beer, Public Relations, Social Media
High Ridge Brands; Stamford, CT Alberto VO5, Events, Media, Social Media
Jarden Corporation Ball
Marcal Manufacturing LLC
Meredith Corporation FamilyFun Magazine
Nasoya
Peapod Digital, Public Relations, Social
Pete & Gerry's Organics Communications, Media Relations, Nellie's, Pete & Gerry's, Thought Leadership
Public Broadcasting Service PBS Kids
Sir Kensington's Ketchups
Snuggie
Stonyfield Farm YoBaby, YoKids
Stride Rite (US Public Relations Agency of Record) Media Relations, Social Media
Tommee Tippee
Verde Farms
Virgin Atlantic (US Public Relations Agency of Record) Creative, Marketing, Social
Walkers Shortbread Public Relations, Social Media
WellPet Eagle Pack, Holistic Select, Old Mother Hubbard, Wellness
Wizards of the Coast, Inc.
Yasso Public Relations

Branch

360PR+
(Formerly 360 Public Relations)
180 Varick St, New York, NY 10014
Tel.: (212) 729-5833
Web Site: www.360pr.plus/

Employees: 25
Year Founded: 2001

National Agency Associations: COPF

Agency Specializes In: Crisis Communications, Internet/Web Design, Public Relations, Social Media

Rob Bratskeir *(Exec VP, Creative Dir & Gen Mgr-New York)*
Caitlin Melnick *(Sr VP)*
Caitlin Chalke *(VP-Beauty, Spirits & Healthy Living)*
Alexandra Kavulich *(VP)*
Brett Cerf Weliever *(Dir-West Coast)*
Kristen Thompson *(Sr Acct Supvr)*
Katie Pfister *(Acct Supvr)*

Accounts:
Alberto VO5
Blue Chair Bay Public Relations
Charles River Apparel Public Relations, Social Media
ComiXology PR
Drizly (Public Relations Agency of Record) Consumer Events, Corporate Reputation, Design, Earned Media, Social Media Strategy, Strategic Consulting
Harvest Hill Beverage Company Content, Earned Media, Event Marketing, Influencer Relations
Kensington & Sons, LLC.

3POINTS COMMUNICATIONS
29 E Madison St, Chicago, IL 60602
Tel.: (312) 725-7950
E-Mail: info@3ptscomm.com
Web Site: www.3ptscomm.com

Employees: 5

Agency Specializes In: Brand Development & Integration, Content, Crisis Communications, Media Relations, Public Relations, Social Media

Drew Mauck *(Principal)*
Lorna Kiewert *(Acct Dir)*
Will Ruben *(Acct Dir)*
Sam Svoboda *(Dir-Content & Analytics)*

Accounts:
Aperture Group, LLC
New-Objective Paradigm
New-OptionsHouse

3RD COAST PUBLIC RELATIONS
541 N Fairbanks Ct Ste 2730, Chicago, IL 60611
Tel.: (312) 257-3030
E-Mail: info@3rdcoastpr.com
Web Site: www.3rdcoastpr.com

Employees: 5
Year Founded: 2011

Agency Specializes In: Consumer Goods, Public Relations, Sponsorship

Rich Timmons *(Pres & Chief Strategy Officer)*
Betsi Schumacher *(Mng Dir & Exec VP)*
Rachel Madden Johnson *(Dir-Client Svcs)*
Madeline Zenz *(Sr Acct Mgr)*
Mary Kelly *(Sr Acct Exec)*

Accounts:
Blue by Blueair
Cat Footwear Media Outreach, Public Relations, Strategic
Fenn Valley Vineyards Outreach, Trade & Midwest Consumer Media, Vino Blanco; 2018

AGENCIES - JANUARY, 2019 PUBLIC RELATIONS FIRMS

Freevo Media Relations
Freudenberg Household Products O-Cedar, Winix
Gift of Adoption Brand Awareness, Influencer Program, Marketing, Media Relations, Public Relations
International Floriculture Expo Media
Kuros!
Lakeshore Learning (Agency of Record)
Lifes2Good North America (Agency of Record) Pettura, Public Relations
MAT Holdings Kennel, Pet Crates, Sales
Nest Labs
The Saucy Fish Co
Sinomax
Sleep Innovations Inc
Socius Ingredients
Thermos
TRUSOLV Brand, GarageBOSS, Media Outreach, Media Relations, Strategy
New-V&V Supremo Foods, Inc Communication Strategy; 2018

48 COMMUNICATIONS INC.
8648 Holloway Plaza Dr, Los Angeles, CA 90069
Tel.: (310) 902-5777
Web Site: www.48communications.com

Employees: 10

Agency Specializes In: Brand Development & Integration, Event Planning & Marketing, Public Relations

Accounts:
The Nerd Machine
Skyn Iceland
Zumba fitness

48 WEST AGENCY LLC
502 S 2nd St Ste 3, Phoenix, AZ 85004
Tel.: (602) 428-1361
E-Mail: info@48westagency.com
Web Site: 48westagency.com

Employees: 50
Year Founded: 2011

Agency Specializes In: Brand Development & Integration, Business-To-Business, Content, Copywriting, Corporate Communications, Crisis Communications, Customer Relationship Management, Digital/Interactive, Event Planning & Marketing, Media Relations, Public Relations, Social Media, Strategic Planning/Research

Leigh Dow *(CEO)*
Alison Rose *(VP-PR)*
Kathleen Thompson *(Dir-Strategy & Data Science)*
Monica Vendley *(Dir-Mktg Programs)*

Accounts:
Arizona Challenger Space Center
Aurora World
BASELAYER
Cultura
Frank Lloyd Wright Foundation
Gallagher & Kennedy
New-Pelican Products Inc. (Agency of Record)
Premier Mounts (Public Relations Agency of Record) Brand Awareness, Brand Communications, Product Innovation; 2018
Scottsdale Community College
Whale and Dolphin Conservation

4M COMMUNICATION
3190 Tremont Ave Ste 100, Feasterville Trevose, PA 19053
Tel.: (267) 699-3068
E-Mail: info@4mcommunication.com
Web Site: www.4mcommunication.com

Employees: 10

Agency Specializes In: Advertising, Brand Development & Integration, Communications, Content, Copywriting, Digital/Interactive, Event Planning & Marketing, Exhibit/Trade Shows, Public Relations, Social Media

Mark Kennedy *(Founder & Pres)*
Danielle Forte *(Specialist-PR)*
Melanie Rickus *(Specialist-PR)*

Accounts:
New-Celebrations Inc

5W PUBLIC RELATIONS
1166 Ave of the Americas 4th Fl, New York, NY 10036
Tel.: (212) 999-5585
Fax: (646) 328-1711
E-Mail: info@5wpr.com
Web Site: www.5wpr.com

E-Mail for Key Personnel:
President: ronn@5wpr.com

Employees: 70
Year Founded: 2002

National Agency Associations: PRSA

Agency Specializes In: Advertising, African-American Market, Asian Market, Brand Development & Integration, Broadcast, Business-To-Business, Cable T.V., Children's Market, Collateral, Communications, Consulting, Consumer Marketing, Consumer Publications, Corporate Identity, E-Commerce, Entertainment, Event Planning & Marketing, Faith Based, Fashion/Apparel, Financial, Government/Political, Graphic Design, Health Care Services, High Technology, Hispanic Market, Internet/Web Design, Investor Relations, LGBTQ Market, Legal Services, Leisure, Magazines, Media Buying Services, New Product Development, Newspaper, Newspapers & Magazines, Over-50 Market, Pets, Pharmaceutical, Planning & Consultation, Print, Production, Public Relations, Publicity/Promotions, Radio, Real Estate, Recruitment, Restaurant, Retail, Sales Promotion, Seniors' Market, Sponsorship, Sports Market, Strategic Planning/Research, T.V., Transportation, Travel & Tourism

Approx. Annual Billings: $11,000,000

Ronn D. Torossian *(Founder, Pres & CEO)*
Dara Busch *(Exec VP-Consumer)*
Matthew Caiola *(Exec VP)*
Jonathan Mark *(Sr VP & Head-Digital Practice)*
Chloe Gallo *(Sr VP & Grp Dir)*
Ilisa Wirgin *(Sr VP & Grp Dir)*
Leslie Bishop *(Sr VP-Travel, Entertainment & Hospitality)*
John Ferrari *(Sr VP-Fin)*
Greg Menken *(VP-Corp Comm)*
Nicole Milazzo *(VP)*
Taylor Naples *(VP-Beauty)*
Melissa Olund *(VP-Digital Content)*
Grant Powell *(VP-Digital & Social Strategy)*
Pola Finkelzon *(Assoc VP-Digital)*
Kerri Nuzie *(Assoc VP-Beauty)*
Chris Thatcher *(Assoc VP)*
Carinna Gano *(Brand Mgr)*
Gina McNamee *(Acct Supvr-Home & Housewares)*
Kelsey O'Connor *(Acct Supvr)*
Stephanie Rosenblum *(Acct Supvr-Tech)*
Lauren Bunde *(Sr Acct Exec)*
Paige Feldman *(Sr Acct Exec)*
Brenna Goodsitt *(Sr Acct Exec)*
Natalie Kozma *(Acct Exec)*

Accounts:
Activation Products, Inc (Public Relations Agency of Record) Strategic
Aerosoles (Agency of Record) Consumer Awareness, Public Relations
Airhelp
Alan David Custom (Public Relations Agency of Record) Social Media; 2018
All-Clad Metal Crafters LLC
Allergy & Asthma Network Mothers of Asthmatics Public Relations
Anheuser-Busch InBev
Appwiz (Agency of Record)
Appy Pie
Ashley Stewart
Avant (Public Relations Agency of Record) Media Relations
BCGA Concept Corp (Public Relations Agency of Record)
Benny Hinn Ministries & Christians
Bespoke Real Estate (Public Relations Agency of Record)
Beyond Verbal
BioElixia Public Relations
BioHarvest Public Relations
Bitfinex (Public Relations Agency of Record); 2017
Borghese (Agency of Record) Media Relations
Bowlero Corp., AMF Bowling Centers Inc
Caesars Entertainment Corporation Harrah's Properties
Caffebene USA Coffeehouse Brand
Camp Bow Wow
Captify Media; 2018
Caribbean Shopping Channel Media Relations
Carrington Farms
CellCube Energy Storage Systems Inc. (Public Relations Agency of Record); 2018
CheapOair.com
Cirrus Healthcare MigraineX; 2017
Cluck 'n Moo (Agency of Record) Communication Development, Public Relations
The Coca-Cola Company ZICO Coconut Water
Courtroom Connect Media Relations, PR Campaign, Thought Leadership
Creative Edge Nutrition, Inc. Public Relations
CEN Biotech, Inc Public Relations
Creflo Dollar Ministries (Public Relations Agency Of Record) Media Relations, Thought Leadership
D'Angelico Guitars Public Relations
DigitalOcean Media Relations, Strategic Communications Counsel
Diono USA (Agency of Record) Brand Awareness, Media Relations, RadianRXT
Dr. Robert Dorin Media Relations
Duane Reade; New York, NY PR
Eligo Energy (Public Relations Agency of Record) Media Relations
Ellery Homestyles Eclipse (Public Relations Agency of Record)
eMoney Advisor, LLC (Public Relations Agency of Record); 2018
Enlightened, Inc (Public Relations Agency of Record); 2017
EQuala Media Relations, PR Campaign, Strategic Partnerships
Ethique (Public Relations Agency of Record) Social Media; 2018
Evian Natural Spring Water
Fairy Tales Hair Care (Public Relations Agency of Record) Strategic Media Relations
Faithlife Corporation (Agency of Record)
Fareportal
Feedvisor (Agency of Record)
Fitz & Floyd (Agency of Record)
FiveCurrents Media Relations, Outreach Campaign, PR, Thought Leadership Positioning
FragranceNet.com Beauty PR
GAEA
GoBites Pr
GoPuff
Guillemot Corporation Hercules, Thrustmaster
Gulliver's Gate (Agency of Record)
Guthy-Renker LLC Crepe Erase (Public Relations Agency of Record); 2018
Iberia PR
IDenta Corp Brand Awareness

PUBLIC RELATIONS FIRMS
AGENCIES - JANUARY, 2019

Indie Beauty Expo (Public Relations Agency of Record) Consumer
Influential (Public Relations Agency of Record) Brand Awareness, Strategic Media
INGLOT Cosmetics
Interacting Technology Ltd (Agency of Record) Moovz, Public Relations
It's A 10 Haircare (Public Relations Agency of Record)
Jane Iredale
Jetbay (Public Relations Agency of Record) Strategic Media Relations
JetSmarter, Inc (Agency of Record)
John Rowley
JuveRest Public Relations Agency of Record, Sleep Wrinkle Pillow
Kabrita Public Relations
Kidpik (Public Relations Agency of Record)
KidsTrade (Public Relations Agency of Record)
Kora Rae (Public Relations Agency of Record)
Krups
LabFinder.com (Public Relations Agency of Record)
Lagostina (Agency of Record) Public Relations
Latitude 360 (Public Relations Agency of Record) Media Relations, Public Affairs
Lesso Home New York Market (Agency of Record) Strategic Programming; 2018
The Little Kernel (Public Relations Agency of Record) Brand
L'Oreal
Lottogopher Holdings Inc (Public Relations Agency of Record)
Marriott Hotels
Mass Appeal PR
MD Insider (Public Relations Agency of Record)
Medifast
MitoQ PR
The Moodsters (Public Relations Agency of Record)
National Law Enforcement & Firefighters Children's Foundation (Agency of Record) PR
NeoCell Broadcast, Print, Public Relations, Strategic Media Relations, Websites
New York Bariatric Group PR
Nobis (Public Relations Agency of Record)
NuMe (Public Relations Agency of Record)
OneJet (Public Relations Agency of Record)
Payoneer
PCS Edventures!, Inc (Agency of Record) Public Relations
Perky Jerky (Agency of Record) Public Relations
Phaidon International Selby Jennings (Public Relations Agency of Record); 2018
Phoenix Marketing International Brand Awareness, Public Relations
PianoPiano Expertise & Creativity, Integrated Digital & Traditional Communications, Legacy; 2018
Purity Vodka (Public Relations Agency of Record); 2018
Rainbow Light
RealBeanz Public Relations
Realpage
RetinaX Studios (Agency of Record) Media Relations, Strategic Communications
Roblox
Roomer
Rowenta Public Relations, Social Media
RxAdvance (Public Relations Agency of Record)
Safe Drive Systems (Agency Of Record) Public Relations
Salon Bar PR
Santa Margherita
SAP NS2
Save Ellis Island, Inc.
Selby Jennings (Agency of Record); 2018
Servcorp (Public Relations Agency of Record)
Sharestates (Public Relations Agency of Record)
Sinclair Broadcast Group Public Relations; 2018
Skirt Sports (Public Relations Agency of Record)
New-SPARK Neuro (Public Relations Agency of Record) Advertising, Consumer Engagement Strategies; 2018

Sparkling ICE
SpeedMedia (Agency of Record) PR
Star Farm Ventures Creative Messaging, Media Outreach, Strategy
Sticky
Storyblocks
Strike Ten Entertainment (Public Relations Agency of Record) Media
Surkus (Public Relations Agency of Record); 2017
T-Fal
Ten Thousand Villages PR
TikTakTo Media Relations, PR Campaign, Thought Leadership
The Trade Desk, Inc (Public Relations Agency of Record) Brand Awareness, Media; 2017
Travelong, Inc.
Trinity Broadcasting Network
Tzell Travel; 2002
Ultra Mobile
Undertone (Public Relations Agency of Record) Brand Awareness; 2018
Unhealthy Anonymous (Public Relations Agency of Record) Strategic
Unilever
Vanderbloemen Search Group (Agency of Record)
Videoblocks (Agency of Record)
Walgreens Boots Alliance Inc.
Welch Foods, Inc. Welch's
Wendy Williams Communications, Media Relations, The Hunter Foundation
Whole Foods Market
YouBeauty.com (Public Relations Agency of Record) Strategic Media Relations
YouContent Media (Public Relations Agency of Record) Strategic Media Relations
Zenith Technologies Consumer Awareness, Public Relations, Retailer Awareness, Soniclean
Zeta Global (Agency of Record)

Branch

5W Public Relations
11111 Santa Monica Blvd 16th Fl, Los Angeles, CA 90025
Tel.: (424) 270-2347
Fax: (310) 492-4314
E-Mail: info@5wpr.com
Web Site: www.5wpr.com

Employees: 5

Agency Specializes In: Food Service, Public Relations

Annette Banca *(Sr VP)*
Jacolyn Gleason *(Assoc VP)*

Accounts:
Evian
Hint
Kate Farms Komplete Ultimate Shake, PR
Loews Hotels
The Original SoupMan
Petina Restaurant Group
Prime Grill
Shiseido Americas Corporation
Three Olives Vodka
Tzell Travel
Wellspring
Willow Stream at Fairmont

9SPR
116 S Catalina Ave Ste 117, Redondo Beach, CA 90277
Tel.: (310) 928-6446
Fax: (310) 626-4437
E-Mail: info@9spr.com
Web Site: www.9spr.com

Employees: 7
Year Founded: 2011

Agency Specializes In: Brand Development & Integration, Event Planning & Marketing, Media Relations, Public Relations, Social Media

Katie Hammond *(Pres)*
Kimberly Babcock *(Dir-New York)*

Accounts:
7AM Enfant
Appaman
Apple Park
Crawlings
Earth Mama Angel Baby
Hiho Batik
Nununu
Skylar Luna
Stokke, LLC.
Umi Shoes

A&C AGENCY
119 Spadina Ave Ste 900, Toronto, Ontario M5V 2L1 Canada
Tel.: (416) 966-3421
Fax: (416) 966-3088
E-Mail: info@artscom.ca
Web Site: http://www.acteam.ca/

Employees: 10

Agency Specializes In: Digital/Interactive, Media Relations, Public Relations, Social Media, Strategic Planning/Research

Bonnie Hillman *(Pres)*
Deborah Belcourt *(VP)*
Lisa Huie *(Acct Dir)*
Sierra Percy-Beauregard *(Sr Acct Mgr)*

Accounts:
Brika Strategic Marketing Communications Planning
Cabot Links (Agency Of Record) Cabot Links Golf Resort
Carter's/OshKosh Canada Digital Strategy, Experiential Marketing, Media, Public Relations
Diageo Crown Royal, Johnnie Walker, public Relations
Ela Handbags Content Strategy & Deployment, Influencer Marketing, Media Planning; 2017
Financeit
Food Basics (Agency Of Record) Public Relations
Kenneth Cole Productions, Inc Content Strategy & Deployment, Influencer Marketing, Kenneth Cole, Media Planning; 2017
Metro Ontario Inc. (Public Relations Agency of Record)
Museum of Contemporary Art Content Strategy & Deployment, Influencer Marketing, Media Planning; 2017
Nestle Canada, Inc Cetaphil (Public Relations Agency of Record), Communications, Perrier, Pure Life Sparkling Water
Professional Bull Riders Monster Energy Canada Tour Media
Rexall Content Strategy & Deployment, Influencer Marketing, Media Planning; 2017
S. Pellegrino
Shaw Festival
STACK
Victoria Distillers Content Strategy & Deployment, Influencer Marketing, Media Planning; 2017
Von Terra Enterprises Content Strategy & Deployment, Influencer Marketing, Media Planning; 2017
Woodbine Entertainment Group

A&O PR
29 Powers Ave, San Francisco, CA 94110
Tel.: (415) 577-1275
E-Mail: info@aopublic.com
Web Site: www.aopublic.com

Employees: 20

Agency Specializes In: Brand Development & Integration, Digital/Interactive, Event Planning & Marketing, Internet/Web Design, Public Relations

Lainya Magana *(Founder & Principal)*

Accounts:
Tappan Collective
Wallplay
Wishbone Woodworking

A. BRIGHT IDEA
210 Archer St, Bel Air, MD 21014
Tel.: (410) 836-7180
Fax: (410) 836-0186
E-Mail: info@abrightideaonline.com
Web Site: www.abrightideaonline.com

Employees: 17
Year Founded: 1996

Anita Brightman *(Founder & CEO)*
T. J. Brightman *(Pres)*
Chad Mitchell *(CFO)*
Melissa Mauldin *(VP-Verbal Comm)*
Eric Bach *(Head-Team-Adv & PR & Designer-Multimedia & A&V Production)*
Lisa Condon *(Dir-Graphic Svcs)*
Cobey Dietrich *(Dir-Adv & PR)*
rosetta Rose Brightman *(Office Mgr)*
Brian Lobsinger *(Mgr-Multimedia & Sr Designer)*
Cari Ashkin *(Specialist-Comm)*

Accounts:
Bel Air Centre for Addiction
GIS Inventory
Hillside Lawn Service
The John Carroll School
Jordan Thomas Salon & Spa
Kenwood Kitchens

AAM BRAND MANAGEMENT GROUP
2 W 45th St Ste 1702, New York, NY 10036
Tel.: (212) 661-1336
Fax: (212) 661-1332
E-Mail: info@aammanagement.com
Web Site: www.aammanagement.com

Employees: 10

Agency Specializes In: Advertising, Brand Development & Integration, Collateral, Event Planning & Marketing, Internet/Web Design, Media Training, Public Relations, Social Media, Sponsorship, Strategic Planning/Research

Accounts:
Juice press

THE ABBI AGENCY
1385 Haskell St, Reno, NV 89509
Tel.: (775) 323-2977
E-Mail: info@theabbiagency.com
Web Site: www.theabbiagency.com

Employees: 20
Year Founded: 2008

Agency Specializes In: Crisis Communications, Event Planning & Marketing, Media Relations, Media Training, Public Relations, Social Media

Abbi Whitaker *(Co-Founder & Pres)*
Ty Whitaker *(Co-Founder)*
Michael Leonardini *(Chief Creative Officer)*
Brian Baluta *(VP-Client Strategy)*
Liz Bowling *(Acct Dir)*
David Bunker *(Dir-Creative Content)*

Allegra Demerjian *(Acct Mgr)*
Connie Liu *(Acct Mgr)*
Jessica Pauletto *(Acct Mgr)*
Haley Gibbs *(Acct Exec)*
Caroline Mcdermaid *(Coord-Digital Mktg)*

Accounts:
Butte County
Holland & Hart LLP (Marketing Agency of Record) Public Relations, Strategic Marketing
Home Advisor
North Lake Tahoe
Post Planner
Q&D Construction Public Relations
TravelNevada
Visit Carmel Public Relations, Social Media Strategies; 2017

ABEL COMMUNICATIONS, INC.
3355 Keswick Rd Ste 300, Baltimore, MD 21211
Tel.: (410) 843-3808
E-Mail: info@abelcommunications.com
Web Site: www.abelcommunications.com

Employees: 20

Agency Specializes In: Media Relations, Media Training, Production, Public Relations, Social Media

Greg Abel *(Pres)*
Gina Richmond *(Sr VP)*
Jessica Fast *(Acct Dir)*
Ashley Butler *(Dir-Digital & Social Media)*
Amanda Mantiply *(Acct Mgr)*
Amanda Comak Zrebiec *(Acct Mgr)*
Molly Dressel *(Sr Acct Exec)*
Patrick Severe *(Acct Exec)*
Martin Thompson *(Acct Exec-Creative Svcs)*
Lorianne Walker *(Acct Exec)*

Accounts:
1st Mariner Bank (Public Relations Agency of Record) Media Relations, Strategic Communications
ALK Technologies Inc. CoPilot Live
B'More Organic Content Planning, Social Media, Strategic Communications
BrightFarms Influencer Engagement, Media Relations, Strategic Communications
Civic Works Marketing, Public Relations
CohnReznick Public Relations, Strategic Communications
CR Goodman Multimedia Content Development, Rebranding, Thought Leadership
Force 3
The Hearing & Speech Agency Media Relations, Social Media, Strategic Communications
Hipcricket Content Development, Media Relations, Strategic Communications
Iris Memory Care Content Development, Social Media, Strategic Communications
Medifast
Metropolitan Regional Information Systems Strategic Communications Campaign
The Park School of Baltimore Media
Power Plant Live!
STX, LLC
UnitedHealthcare

ABELOW PR
23 Washington Ave, Westport, CT 06880
Tel.: (203) 226-9247
E-Mail: info@abelowpr.com
Web Site: www.abelowpr.com

Employees: 5

Agency Specializes In: Brand Development & Integration, Media Relations, Media Training, Public Relations, Social Media

Lorraine Abelow *(Owner)*

Accounts:
Cultured Vine (Agency of Record); 2018
Kensington
Martin Millers Gin
Moet Hennessy Veuve Cliquot

ABELOW PUBLIC RELATIONS
330 W 38th St Ste 1100, New York, NY 10018
Tel.: (212) 941-9247
Web Site: www.abelowpr.com

Employees: 10

Agency Specializes In: Brand Development & Integration, Media Relations, Public Relations, Social Media

Lorraine Abelow *(Owner)*

Accounts:
Accessible Travel Solutions; 2018
Alpenwild
Casa Bonita Hotel
Four Seasons Hotels
Gogobot
Hotel Esencia
Knowland
Martin Miller's Gin
St. Barts
Sublime Samana
Virgin

ABERNATHY MACGREGOR GROUP-NEW YORK
501 Madison Ave 13th Fl, New York, NY 10022-5617
Tel.: (212) 371-5999
Fax: (212) 371-7097
Web Site: www.abmac.com/

Employees: 65
Year Founded: 1984

Agency Specializes In: Crisis Communications, Financial, Investor Relations, Public Relations, Sponsorship

Ian D. Campbell *(Vice Chm)*
James MacGregor *(Vice Chm)*
Carina Davidson *(Pres)*
Tom Johnson *(CEO)*
Chuck Dohrenwend *(Mng Dir & Head-Ops)*
Kate Schneiderman Murray *(Mng Dir & Head-Talent Strategy & Sr Level Recruiting)*
Rhonda Barnat *(Mng Dir)*
Patrick Clifford *(Mng Dir)*
Dana Gorman *(Mng Dir)*
Jeremy Jacobs *(Mng Dir)*
Michael Pascale *(Mng Dir)*
Shawn H. Pattison *(Mng Dir)*
Pat Tucker *(Mng Dir)*
Jeffrey R. Maloney *(CFO)*
Alan Oshiki *(Exec VP)*
Kensey Biggs *(Sr VP)*
Kendell Moore *(Sr VP)*
James Bourne *(VP)*
Blair Hennessy *(VP)*
Paige McKenna *(Sr Acct Exec)*
Ryan Murray *(Acct Exec)*
Eliza Ruggiero *(Acct Exec)*
Katherine Stueber *(Acct Exec)*

Accounts:
Aspen Insurance Holdings Limited
Evercore Partners Inc.
Hershey Co. Communications, Social
JAB Holding Company
Ticketmaster Entertainment, Inc.

PUBLIC RELATIONS FIRMS — AGENCIES - JANUARY, 2019

Branch

Abernathy MacGregor Group-Los Angeles
707 Wilshire Blvd Ste 3950, Los Angeles, CA 90017-3110
Tel.: (213) 630-6550
Fax: (213) 489-3443
E-Mail: idc@abmac.com
Web Site: www.abmac.com

Employees: 15
Year Founded: 1998

Agency Specializes In: Financial, Public Relations

Ian D. Campbell *(Vice Chm)*
Chuck Dohrenwend *(Mng Dir)*
Sydney Isaacs *(Mng Dir)*
James B. Lucas *(Mng Dir)*
Shawn H. Pattison *(Mng Dir)*
David Schneiderman *(Mng Dir)*
Alan Oshiki *(Exec VP)*
Sheila Bowman Ennis *(Sr VP)*
Beth Hoang *(Sr VP)*
Ina McGuinness *(Sr VP)*
Kate Schneiderman *(Sr VP)*
Mark Veverka *(Sr VP)*

ABI MARKETING PUBLIC RELATIONS
29 Broadway, New York, NY 10006
Tel.: (212) 529-4500
Fax: (212) 529-4442
Web Site: www.abipr.com

Employees: 23
Year Founded: 1980

Agency Specializes In: Brand Development & Integration, Media Buying Services, Media Relations, New Technologies, Package Design, Print, Public Relations, Search Engine Optimization, Sponsorship

Revenue: $2,000,000

Alan B. Isacson *(Mng Partner)*
Bernard Guly *(Mng Dir-EMEA)*
Nicole Zampino *(Exec Dir)*
Christina Wilcox *(Dir)*

Accounts:
Bosch
Crown Holdings
Eastman Chemical Company
Yupo
Zip-Pak

ABRAHAM PAISS & ASSOCIATES, INC.
1460 Quince Ave Ste 102, Boulder, CO 80304
Tel.: (303) 413-8066
Web Site: www.abrahampaiss.com

Employees: 5

Agency Specializes In: Internet/Web Design, Public Relations

Neshama Abraham *(Co-Founder & CEO)*

Accounts:
Cool Energy, Inc.

ABSOLUTELY PUBLIC RELATIONS
3343 S Nelson Ct, Lakewood, CO 80227
Tel.: (303) 984-9801
Fax: (303) 986-4630
E-Mail: maggie@absolutelypr.com
Web Site: www.absolutelypr.com

Employees: 1
Year Founded: 1999

National Agency Associations: AMA-BMA-PRSA

Agency Specializes In: Agriculture, Business-To-Business, Consulting, Consumer Publications, Corporate Communications, Education, Entertainment, Environmental, Health Care Services, Internet/Web Design, Medical Products, Pets, Pharmaceutical, Public Relations, Publicity/Promotions, Restaurant, Retail

Maggie Chamberlin Holben *(Founder, Owner & Principal)*

Accounts:
CID4; Aurora, CO Biotech, Medical Device & AgBio Business Support; 2010
Medivance; Louisville, CO Medical Devices; 2011

ACCENT MEDIA PRODUCTIONS, INC.
1937 Reprise Ct, Vienna, VA 22182
Tel.: (703) 356-9427
Fax: (703) 506-0643
Toll Free: (888) 895-1035
E-Mail: jackjorgens@accentmediainc.com
Web Site: www.accentmediainc.com

Employees: 10
Year Founded: 1988

Agency Specializes In: Bilingual Market, Communications, Graphic Design, Health Care Services, Hispanic Market, Logo & Package Design, Production, Public Relations, Publicity/Promotions, Radio, Seniors' Market, T.V., Telemarketing

Approx. Annual Billings: $1,000,000

Breakdown of Gross Billings by Media: Collateral: $250,000; Radio: $500,000; T.V.: $250,000

Cecilia Domeyko *(Pres, Dir & Exec Producer)*

ACCENTUATE PR
3114 Carrington Dr, Crystal Lake, IL 60014
Tel.: (815) 479-1833
Fax: (866) 721-1834
E-Mail: info@accentuatepr.com
Web Site: www.accentuatepr.com

Employees: 10

Agency Specializes In: Content, Crisis Communications, Event Planning & Marketing, Internet/Web Design, Media Relations, Public Relations, Search Engine Optimization, Social Media, Strategic Planning/Research

Julie Shepherd *(Pres)*

Accounts:
Intercept Energy Services

ACHIEVE PR
1409 S Lamar Loft 812, Dallas, TX 75215
Tel.: (972) 850-8527
E-Mail: info@achievepr.net
Web Site: www.achievepr.net

Employees: 5

Agency Specializes In: Digital/Interactive, Event Planning & Marketing, Public Relations, Social Media, Strategic Planning/Research

Denita Lacking-Quinn *(Pres)*

Accounts:

GlamourWeave Inc

ACKERMANN PR
1111 Northshore Dr Ste N-400, Knoxville, TN 37919
Tel.: (865) 584-0550
Fax: (865) 588-3009
Toll Free: (888) 414-7787
E-Mail: info@ackermannpr.com
Web Site: http://thinkackermann.com/
E-Mail for Key Personnel:
President: cackermann@ackermannpr.com

Employees: 15
Year Founded: 1981

National Agency Associations: COPF

Agency Specializes In: Advertising, Advertising Specialties, Brand Development & Integration, Business Publications, Business-To-Business, Collateral, Communications, Consulting, Consumer Marketing, Consumer Publications, Corporate Communications, Corporate Identity, Event Planning & Marketing, Exhibit/Trade Shows, Investor Relations, Local Marketing, Logo & Package Design, Public Relations, Publicity/Promotions

Cathy Ackermann *(Owner)*
Jeff Hooper *(Chief Strategy Officer)*
Crystal Cardwell *(VP-Fin)*
Tommy Smith *(VP-Mktg Strategy, Client Mgmt & Agency Growth)*
Ryan Willis *(Sr Acct Mgr)*

Accounts:
Clayton Homes / Vanderbilt Mortgage
East TN Medical Center; Alcoa, TN; 2002
Invisible Fence Inc. Electronic Containment Devices; 2007
Mountain Commerce Bank; Johnson City, TN; 2007
Natural Resources Recovery; Baton Rouge, LA; 2007
Power Equipment Co.; Knoxville, TN
Ruby Tuesday; Maryville, TN; 2007
Saddlebrook, Inc.; Knoxville, TN; 2007
Siemens
Tennessee National; Loudon, TN
United States Enrichment Corporation
USEC Inc.
Vaughn & Melton; Knoxville, TN; 2005
Vulcan Materials; Birmingham, AL
Well Mate
The White Stone Group; Knoxville, TN; 2001

ACTIVA PR
1714 Stockton St 3rd Flr Ste 140, San Francisco, CA 94133
Tel.: (415) 776-5350
Fax: (415) 931-5635
E-Mail: info@activapr.com
Web Site: www.activapr.com

Employees: 7
Year Founded: 2001

Agency Specializes In: Brand Development & Integration, Content, Media Relations, Media Training, Public Relations

Marina Greenwood *(Principal)*

Accounts:
Aria Systems
Cirius Messaging Inc

A.D. ADAMS ADVERTISING, INC.
560 Sylvan Ave, Englewood Cliffs, NJ 07632
Tel.: (201) 541-3111

1426

AGENCIES - JANUARY, 2019 — PUBLIC RELATIONS FIRMS

Fax: (201) 266-0086
E-Mail: info@ad-adams.com
Web Site: www.ad-adams.com

Employees: 9
Year Founded: 1949

Agency Specializes In: Advertising, Business Publications, Business-To-Business, Commercial Photography, Engineering, High Technology, Magazines, Public Relations, Publicity/Promotions, Technical Advertising

Connie Adams *(Owner)*

Accounts:
Acotion Power Supplies
Barta Microbattery
Bel Fuse, Inc.; Jersey City, NJ Delay Lines, Fuses, Magnetics, Thick Film Hybrids; 1996
Bomar Interconnect Products, Inc.; Ledgewood, NJ Connectors for Voice & Data Transmission; 1994
Signal Transformer
Signio Transformer
Stewart Connectors
Sullins Electronic Corp.; San Marcos, CA Backplanes, Connectors; 2001

ADAM FRIEDMAN ASSOCIATES
79 Madison Ave, New York, NY 10016
Tel.: (917) 675-6250
Fax: (212) 981-8174
E-Mail: info@adam-friedman.com
Web Site: www.adam-friedman.com

Employees: 11

Agency Specializes In: Public Relations

Adam Friedman *(Owner)*
Elizabeth Howard *(Mng Dir)*
George Mcgrath *(Mng Dir)*

Accounts:
Alseres Pharmaceuticals
Brendan Wood International; Toronto, Canada
Cabot Corporation
Cadence Design Systems
COGO Group, Inc.
Dollar Tree Stores, Inc
Federal Realty Investment Trust
Free Scale Semiconductor
Tower General Contractors
Turner Construction

ADAMS UNLIMITED
80 Broad St Ste 3202, New York, NY 10004
Tel.: (212) 956-5900
Fax: (212) 956-5913
E-Mail: marie@adams-pr.com
Web Site: www.adams-pr.com

Employees: 5
Year Founded: 1985

Agency Specializes In: Leisure, Public Relations, Travel & Tourism

Candice Adams Kimmel *(Owner & Pres)*
Marie Rosa *(VP)*

Accounts:
Bonaire Tourist Office
The DEMA Show
Divi Aruba Beach Resort; Aruba, NA; 1992
Diving Equipment & Marketing Association (DEMA)
St. Kitts Tourism Authority
Tamarijn Aruba Beach Resort; Aruba, NA; 1992
The Wings Club

ADVANTAGE PUBLIC RELATIONS
3450 Cahuenga Blvd W Ste 907, Los Angeles, CA 90068
Tel.: (323) 848-4219
E-Mail: contact@advantagepr.com
Web Site: www.advantagepr.com

Employees: 15

Agency Specializes In: Brand Development & Integration, Crisis Communications, Digital/Interactive, Entertainment, Event Planning & Marketing, Print, Public Relations

Laura Ackermann *(Founder & CEO)*
Alexandra Heller *(Sr Acct Exec)*

Accounts:
Antonia Lofaso
Bella Thorne
Curtis Armstrong
Gigi Gorgeous
Hannah Hart
Jeannie Mai
Olivia Holt
Sabrina Carpenter
Sarah Hyland
Tyler Oakley

AFFECT NY
989 Ave of the Americas 6th Fl, New York, NY 10018
Tel.: (212) 398-9680
Fax: (212) 504-8211
E-Mail: info@affect.com
Web Site: http://www.affect.com/

Employees: 19

Agency Specializes In: Advertising, Brand Development & Integration, Collateral, Communications, Corporate Communications, Corporate Identity, Direct Response Marketing, Direct-to-Consumer, Event Planning & Marketing, Graphic Design, Integrated Marketing, Market Research, Media Relations, Media Training, Public Relations, Social Marketing/Nonprofit, Social Media, Sponsorship, Strategic Planning/Research

Sandra Fathi *(Founder & Pres)*
Melissa Baratta *(Sr VP & Head-Healthcare)*
Brittany Bevacqua *(Sr VP)*
Katie Creaser *(Sr VP)*

Accounts:
ASME (Agency of Record)
Behavior Design (Agency of Record) Public Relations
Blue Security
Bug Labs; 2010
Cellebrite Brand Awareness, Public Relations
Contegra Systems
CorporateRewards (Agency of Record) Public Relations, WorkStride
Cyrus Innovation Marketing, Public Relations, Sales, Website
Dataprobe
Dealnews; 2010
Diligent Corporation Communications
F5 Networks
Ghostery Communications
INTTRA
Kony Solutions (Agency of Record)
Luxoft
Microdesk (Agency of Record) Brand Awareness
Navis Social Media
Protegrity
Quest Diagnostics
RADirect
Radware
New-R.R. Donnelley & Sons Company
Sophos Marketing, Media Relations, Naked Security Blog
Sphera
Starbak
Supreme Security Systems
Surfray
TouchPaper ITBM Solutions; 2008

AGENCY 33
PO Box 9935, Denver, CO 80209
Tel.: (303) 894-3130
Fax: (303) 322-6105
Web Site: www.agency33.com

Employees: 3

Agency Specializes In: Public Relations

Revenue: $500,000

Vincent Dipas *(Partner)*
Andrew Laing *(Partner)*
Gwen Kawashima *(Office Mgr)*

Accounts:
Moye White

AGENCY 451
(Formerly 451 Marketing)
100 N Washington St, Boston, MA 02114
Tel.: (617) 259-1605
E-Mail: info@agency451.com
Web Site: agency451.com

Employees: 90
Year Founded: 2004

Agency Specializes In: Event Planning & Marketing, Graphic Design, Public Relations, Social Media

A. J. Gerritson *(Co-Founder & Partner)*
Francis Skipper *(Partner)*
Craig Herrick *(Exec VP & Exec Creative Dir)*
Matt McGowan *(Exec VP & Exec Creative Dir)*
Michael Wilmot *(Exec VP & Dir-Client Rels)*
Michael O'Neill *(Exec VP-Bus Dev & Acct Mgmt)*
Jake Garber *(Sr VP & Dir-Strategy & Plng)*
Kristina Lupo *(Sr VP-Digital)*
Heather Smith *(VP-PR)*
Brian Donovan *(Creative Dir)*
Erica Gatlin *(Dir-Influencer Mktg)*
Alison Howard *(Dir-Mktg)*
Jessica Lavoie *(Client Partner)*
Kathy Abreu *(Mgr-Billing)*
Emily Macintosh *(Acct Supvr)*
Emily De Lacoste *(Sr Acct Exec)*
Melissa Murtagh *(Sr Acct Exec-PR)*
Laura Lynn *(Strategist-PR)*
Cara Polom *(Acct Exec)*
Zachary Sousa *(Strategist-Social Media Creative)*
Valerie Amenta *(Asst Acct Dir)*
Samantha Cohen *(Assoc Strategist-Social Media Creative)*
Jillian Watts *(Asst Acct Dir-PR)*

Accounts:
AstraZeneca
Boston Harbor Hotel Marketing, Public Relations
Boston Interiors (Creative Agency of Record) Strategic Branding, Television; 2018
Ericsson
Foxwoods Resort Casino
HP Hood
The Yankee Candle Company

AGENCY H5
(Formerly Henson Consulting, Inc.)
205 W Wacker Ste 1100, Chicago, IL 60606
Tel.: (312) 374-8534
E-Mail: connect@agencyh5.com
Web Site: agencyh5.com

Employees: 50

PUBLIC RELATIONS FIRMS
AGENCIES - JANUARY, 2019

Agency Specializes In: Communications, Consulting, Crisis Communications, Media Relations, Public Relations, Strategic Planning/Research

Kathleen Henson *(Founder)*
Barbara Roering *(Sr Dir-Digital Practices)*
Julia Goodwin *(Sr Acct Dir)*
Amie DeLuca *(Dir-Corp Strategy & Engagement & Sr Strategist)*
Desta Roy *(Dir-Consumer Strategy & Integration & Sr Strategist)*
Vanessa Legutko *(Sr Acct Mgr)*
Joanna Meagher *(Sr Acct Mgr)*

Accounts:
Allstate Foundation
Biggs
C Chicago
Catherine Cook School
Celeste
Chef Art Smith
Chicago Cut Steakhouse
Coldwell Banker Residential Brokerage
Destination Kohler Local Media, National Media
The Food Network Magazine Campaign: "No Kid Hungry"
Frank Lloyd Wright Unity Temple Restoration Foundation
Hard Rock Hotel Hotels
Joes
Land O'Frost Lunch Meats, PR
Life Sources
LISA
The Local Chicago
Lovie & MaryAnne Smith Foundation
Metro Mix
Mondelez International, Inc. PR, Philadelphia Cream Cheese
Navy Pier (Public Relations Agency of Record)
Pork & Mindy's
R J Grunts
Ronald McDonald House Charities of Chicagoland & Northwest Indiana
Smokey Bones
Sprig
Starwood Retail
Ticor Title Insurance Company
Tillman Carson Snyder
Waldorf Astoria Chicago
Walter E. Smithe Furniture Store
Western Pistachio Association Pistachio Growers

AGENDA GLOBAL
400 Gold Ave SW 12th Fl, Albuquerque, NM 87102
Tel.: (505) 888-5877
Fax: (505) 888-6166
E-Mail: info@agenda-global.com
Web Site: www.agenda-global.com

Employees: 20

Agency Specializes In: Advertising, Broadcast, Corporate Communications, Crisis Communications, Email, Government/Political, Graphic Design, Media Relations, Out-of-Home Media, Outdoor, Podcasting, Print, Production, Public Relations, Radio, Strategic Planning/Research, T.V., Viral/Buzz/Word of Mouth

Revenue: $10,000,000

Max Hamel *(Partner-Denmark)*
Craig Pattee *(Partner)*
Chris Taylor *(COO)*
Gerges Scott *(Sr VP)*
Patrick Worms *(VP-Europe)*
Katie Duberry *(Creative Dir)*
Melissa Lima *(Art Dir)*
Adam Turner *(Product Dir)*

Accounts:
URI
Walmart

AGENTRY PR
27 W 20th St Ste 504, New York, NY 10011
Tel.: (212) 924-2276
E-Mail: info@agentrypr.com
Web Site: www.agentrypr.com

Year Founded: 2010

Agency Specializes In: Brand Development & Integration, Broadcast, Communications, Digital/Interactive, Entertainment, Event Planning & Marketing, Fashion/Apparel, In-Store Advertising, Media Relations, New Product Development, Public Relations, Social Media, Sponsorship, Strategic Planning/Research

Erin Hawker *(Founder)*
Luis Braga *(Assoc Dir)*
Henry Kessler *(Sr Acct Exec)*
Fred Kim *(Sr Acct Exec)*
Fernando Snellings *(Acct Exec)*
Sally Ryan *(Jr Acct Exec)*

Accounts:
New-Allied Metal Works
New-Christian Siriano Holdings LLC
New-D. Jacobson & Sons Ltd. Gola
New-Daniel Hechter
New-David Hart
New-Devereux
New-House of Future
New-J.Hilburn LLC
New-Mavi Inc.
New-Weyco Group Inc. Florsheim Shoes

AGILECAT: COMMUNICATIONS CATALYSTS
1818 Market St Ste 220, Philadelphia, PA 19103
Tel.: (215) 508-2082
Fax: (215) 241-1193
E-Mail: 411@agilecat.com
Web Site: www.agilecat.com

Employees: 15
Year Founded: 2000

Agency Specializes In: Brand Development & Integration, Corporate Identity, Graphic Design, Public Relations, Sponsorship

Peter Madden *(Pres & CEO)*
Jennifer Lange Pirri *(Mgr-Digital Media)*

Accounts:
CFI
Valley Forge Convention & Visitors Bureau Advertising, Brand Development

AGNES HUFF COMMUNICATIONS GROUP, LLC.
Howard Hughes Ctr 6601 Ctr Dr W Ste 100, Los Angeles, CA 90045
Tel.: (310) 641-2525
Fax: (310) 641-2544
Web Site: www.ahuffgroup.com

Employees: 12
Year Founded: 1995

Agency Specializes In: Affluent Market, Brand Development & Integration, Communications, Consumer Marketing, Email, Environmental, Event Planning & Marketing, Exhibit/Trade Shows, Market Research, Media Relations, Package Design, Pets , Planning & Consultation, Promotions, Public Relations, Publicity/Promotions, Social Marketing/Nonprofit, Strategic Planning/Research, Travel & Tourism

Approx. Annual Billings: $1,000,000

Breakdown of Gross Billings by Media: Pub. Rels.: 100%

Agnes Huff *(Principal)*

Accounts:
Animal Defenders International: UK Animal Welfare
British Airways
Hotel Shangri Brand Awareness, PR
Orthopaedic Hospital; Los Angeles, CA Healthcare
PhaseOne Communications; Los Angeles, CA Marketing Research
Tower Wound Care of Santa Monica; Santa Monica, CA Healthcare
VCA-Antech; Los Angeles, CA Veterinary Care

AGUILAR PUBLIC RELATIONS
8387 Winter Berry Dr, Castle Rock, CO 80108
Tel.: (303) 488-9469
Fax: (303) 496-0009
Web Site: www.aguilarpr.com

Employees: 10

Agency Specializes In: Brand Development & Integration, Event Planning & Marketing, Media Planning, Media Relations, Public Relations, Social Media, Strategic Planning/Research

Timi Aguilar *(Pres & CEO)*

Accounts:
AT&T Corporate Affairs
AT&T Public Affairs
Alvarado Construction, Inc.
Colorado Contractors Association
Colorado Latino Forum
Corporex Companies, Inc.
Move Colorado

AGUILLON & ASSOCIATES LLC
3230 Hillcrest Dr Ste 2, San Antonio, TX 78201
Tel.: (210) 254-9160
E-Mail: info@aguillon-associates.com
Web Site: www.aguillon-associates.com

Employees: 10

Agency Specializes In: Advertising, Crisis Communications, Internet/Web Design, Market Research, Media Buying Services, Media Relations, Public Relations, Social Media, Stakeholders, Strategic Planning/Research

Melissa Aguillon *(Pres & CEO)*
Adriann Corazzini *(Acct Exec)*
Teno Villarreal *(Acct Exec)*

Accounts:
New-NRP Group LLC

AHA CREATIVE STRATEGIES INC.
1423 Sunrise Pl, Gibsons, BC V0N 1V5 Canada
Tel.: (604) 846-8461
Toll Free: (877) 303-1052
E-Mail: info@ahacreative.com
Web Site: www.ahacreative.com

Employees: 3
Year Founded: 2003

Agency Specializes In: Consulting, Crisis Communications, Event Planning & Marketing, Media Training, Newspapers & Magazines, Public Relations, RSS (Really Simple Syndication)

Paul Holman *(Dir-Project Mgmt)*

AGENCIES - JANUARY, 2019 — PUBLIC RELATIONS FIRMS

Ruth Atherley *(Sr Strategist-Comm & Content Creator)*
Laurie Hanley *(Assoc-PR)*

Accounts:
Tourism New Zealand

AIELLO PUBLIC RELATIONS & MARKETING
969 N Broadway, Denver, CO 80203
Tel.: (303) 355-3838
Fax: (303) 318-6367
E-Mail: admin@aiellopr.com
Web Site: www.aiellopr.com

Employees: 7

Agency Specializes In: Brand Development & Integration, Corporate Communications, Electronic Media, Media Relations, Public Relations

Wendy Aiello *(Pres)*

Accounts:
Aurora Economic Development Council
Blowdry Lounge
BMC Investments
Boomers Leading Change in Health
Boys & Girls Clubs
Cantor Group
Childrens Diabetes Foundation
Franklin D Azar
Metro Taxi Co., Inc.
Oakwood Homes LLC
Sterling Ranch
Urban Peak

AIGNER/PRENSKY MARKETING GROUP
214 Lincoln St Ste 300, Allston, MA 02134
Tel.: (617) 254-9500
Fax: (617) 254-3700
Web Site: www.aignerprenskymarketing.com

Employees: 10
Year Founded: 1984

Agency Specializes In: Event Planning & Marketing, Public Relations

Anne-Marie Aigner *(Owner & Pres)*
Leslie Cipolla *(Acct Exec)*

Accounts:
Acme Supermarkets
Electric Library
The Hanover Mall
iParty
Mount Auburn Hospital; 1999
Peapod Online Grocery Shopping
The Pinehills
Serendipity Restaurant
Simon Property Group

AINSWORTH MAGUIRE
Unit 28 Peel Indus Estate, Chamberhall Street, Bury, Lancashire BL9 0LU United Kingdom
Tel.: (44) 161 447 8550
Fax: (44) 161 447 8556
E-Mail: pr@ainsmag.co.uk
Web Site: www.ainsmag.co.uk

Employees: 3
Year Founded: 1987

National Agency Associations: CIPR

Agency Specializes In: Business-To-Business, Environmental, Industrial, New Technologies, Public Relations, Publicity/Promotions, Technical Advertising

Adrian Maguire *(Partner)*

Accounts:
Crown Energy; Manchester, UK Energy, Telecom & Utility Service; 2009
Cudis; Manchester, UK Circuit Protection; 2003
Fueltek; Lancashire, UK Fuel Management; 2009
Hawke International; Manchester, UK Ex compliant electrical connectors, and terminations; 2002
Hy-ten; Liverpool, UK Concrete reinforcement; 2009
Rowe Hankins; Manchester, UK Components and systems for rail applications; 1987
Street Crane Company; Derbyshire, UK Factory Cranes & Hoists; 1993

AIRFOIL
336 N Main St, Royal Oak, MI 48067
Tel.: (248) 304-1400
Fax: (248) 304-1401
Toll Free: (866) AIRFOIL
E-Mail: detroit@airfoilgroup.com
Web Site: airfoilgroup.com

Employees: 50
Year Founded: 2000

National Agency Associations: PRSA

Agency Specializes In: High Technology, Public Relations, Publicity/Promotions, Sponsorship

Lisa Michele Vallee-Smith *(Pres & CEO)*
Keith Donovan *(Sr VP)*
Leah Haran *(Sr VP-Client Svcs)*
Sharon Neumann *(Sr VP-Fin & Admin)*
Kristen Stippich *(Sr VP)*
Amy Bryson *(VP)*
Jim Korona *(Supvr-Acctg)*
Connor Grant *(Sr Specialist-Social Media)*
Harmony Cook *(Specialist-Mktg)*

Accounts:
Ambassador
AppConext Auto Marketing Communications, PR
Armaly
Automation Alley
Automotive Broadcasting Network
BI Worldwide
Brookstone
CiRBA Inc. (Agency of Record)
Comcast Cable, Heartland Region Social Media Advertising, XFINITY
Duo Security
Ebay
FRY
FuzeBox
Gas Station TV
Glance Networks
GoAnimate Lead PR
ilumysis
LinkedIn
MetroMile
Microsoft Worldwide OEM
Microsoft
NH Learning Solutions
Nvidia
PSR Associates
SME Rapid Conference
solidThinking
SurveyMonkey PR
Twisthink
WorkWave

AJGPR
124 S Mansfield Ave, Los Angeles, CA 90036
Tel.: (310) 494-1554
Web Site: www.ajgpr.com

Employees: 2

Agency Specializes In: Brand Development & Integration, Media Training, Public Relations, Social Media

Alison Graham *(Owner & Pres)*

Accounts:
Dr. Rita Eichenstein
Evolve Treatment Centers
Mari Winsor Pilates Expert

AKER INK, LLC
P.O. Box 1775, Scottsdale, AZ 85252
Tel.: (602) 339-7339
Fax: (480) 907-3307
E-Mail: info@akerink.com
Web Site: www.akerink.com

Employees: 2
Year Founded: 2007

Agency Specializes In: Brand Development & Integration, Content, Event Planning & Marketing, Graphic Design, Internet/Web Design, Media Relations, Media Training, Public Relations, Search Engine Optimization, Social Media

Andrea Aker *(Pres)*
Katy Springer *(Dir-PR)*
Taylor Holmes *(Acct Coord)*

Accounts:
New-Arizona Polymer Flooring
New-Blueocean Market Intelligence
New-Redirect Health

AKINS PUBLIC STRATEGIES
(Formerly AkinsCrisp Public Strategies)
PO Box 4246, Oak Ridge, TN 37831
Tel.: (865) 483-8850
Fax: (865) 483-8851
Web Site: www.akinsps.com

Employees: 2

Agency Specializes In: Communications, Consulting, Media Relations, Public Relations

Darrell Akins *(CEO)*
Jennifer Plaza Wiggins *(VP-Client Svcs)*

Accounts:
Aldis Group
Arnold Engineering Development Center
Business Tennessee Magazine
Comcast Corporation

ALBERS COMMUNICATIONS GROUP
PO Box 295, Omaha, NE 68101
Tel.: (888) 296-2411
Fax: (402) 292-5488
E-Mail: info@alberscommunications.com
Web Site: www.alberscommunications.com

Employees: 5
Year Founded: 2000

Agency Specializes In: Broadcast, Crisis Communications, Internet/Web Design, Media Relations, Print, Public Relations, Social Media

Gina Pappas *(Pres)*
Laura Ritonya *(Office Mgr)*
Jordan Yager *(Acct Mgr)*
Kristin Danley-Greiner *(Specialist-PR)*

Accounts:
Home Instead Senior Care

ALEXANDERG PUBLIC RELATIONS LLC
400 E 71St Ter, Kansas City, MO 64131

PUBLIC RELATIONS FIRMS — AGENCIES - JANUARY, 2019

Tel.: (816) 416-8002
Web Site: www.alexgpr.com

Employees: 5
Year Founded: 2010

Agency Specializes In: Content, Crisis Communications, Media Relations, Media Training, Public Relations, Social Media

Alexander Greenwood (Principal)

Accounts:
Premier Grounds Maintenance

ALICE MARSHALL PUBLIC RELATIONS
126 5th Ave Ste 801, New York, NY 10011
Tel.: (212) 861-4031
E-Mail: info@alicemarshall.com
Web Site: www.alicemarshall.com

Employees: 25

Agency Specializes In: Communications, Public Relations, Social Media, Strategic Planning/Research

Alice Marshall (Owner)
Ulku Erucar-Kenny (VP)
Lauren Wintemberg (Acct Dir)
Victor De Vita (Dir-Content & Brand Strategy)
Jordanna Gualtieri (Acct Mgr)
Sybil Bunn Pool (Sr Acct Exec)

Accounts:
Belmond Public Relations
UXUA Casa Hotel & Spa

ALINE MEDIA
(Formerly ALM Public Relations)
7083 Hollywood Blvd, Hollywood, CA 90028
Tel.: (415) 490-9990
Web Site: www.alinemedia.com

Employees: 4
Year Founded: 2001

Agency Specializes In: Brand Development & Integration, Event Planning & Marketing, Public Relations, Social Media

Accounts:
Shinymix
True Lipz

ALISON BROD PUBLIC RELATIONS
440 Park Ave S, New York, NY 10016
Tel.: (212) 230-1800
Fax: (212) 230-1161
E-Mail: info@alisonbrodpr.com
Web Site: www.alisonbrodpr.com

Employees: 50

Agency Specializes In: Public Relations, Sponsorship

Alison Brod (Founder & CEO)
Rayna Greenberg (VP)
Joanna Cella Dunphy (Sr Dir-Mktg & Comm)

Accounts:
Ahava
Beauty.com
Blissworld, LLC
Burger King Female Consumers, Marketing, PR
New-EVINE Live (Public Relations & Influencer Agency of Record) Marketing
Kmart
The Kraft Heinz Company Public Relations, Stove Top
L'Oreal Paris Campaign: "#WorthSaying"
Mercedes Benz
Parlux Fragrances, Inc. Jessica Simpson Fragrance
Piperlime
Sao Paulo Alpargatas S.A. Havaianas, Media Outreach, Press
Sears Holdings Fashion Business
Skyy Spirits (Agency of Record) Event Support, Midori Melon, Online Awareness, Public Relations, Skyy Vodka, X-Rated Fusion
Stila Cosmetics
Victoria's Secret Stores, Inc. Pink

ALISON MAZZOLA COMMUNICATIONS
222 E 46Th St Rm 401, New York, NY 10017
Tel.: (212) 755-2100
Fax: (212) 755-8335
E-Mail: info@mazzpr.com
Web Site: www.mazzpr.com

Employees: 10

Agency Specializes In: Media Relations, Product Placement, Public Relations, Social Media

Alison Mazzola (Pres)

Accounts:
New-Hearst Castle Preservation Foundation

ALL POINTS PUBLIC RELATIONS, LLC
500 Lake Cook Rd Ste 350, Deerfield, IL 60015
Tel.: (847) 580-4233
E-Mail: contact@allpointspr.com
Web Site: www.allpointspr.com

Employees: 20

Agency Specializes In: Brand Development & Integration, Crisis Communications, Media Training, Public Relations, Social Media

Jamie Izaks (Pres)
Lauren Izaks (COO & Exec VP)

Accounts:
A Buyer's Choice Media
Bottle & Bottega, Inc.
CMIT Solutions Trade Placements
Huddle House
Patrice & Associates
Pearle Vision Rebranding
Vom Fass AG

THE ALLEN LEWIS AGENCY, LLC
30600 Northwestern Hwy Ste 205, Farmington Hills, MI 48334
Tel.: (844) 879-8252
E-Mail: info@theallenlewisagency.com
Web Site: www.theallenlewisagency.com

Agency Specializes In: Brand Development & Integration, Crisis Communications, Event Planning & Marketing, Print, Public Relations, Social Media

Jocelyn K. Allen (Co-Founder & CEO)
Chandra S. Lewis (Co-Founder)
Araba Dowell (Strategist-Comm)
Tiana Dudley (Coord-Mktg & Comm)
Jacquie Goetz Bluethmann (Consultant-Creative)

Accounts:
Nissan North America, Inc. (Multicultural Public Relations Agency of Record)

ALLIED INTEGRATED MARKETING
(Formerly Langdon Flynn Communications)
3340 W Sahara Ave, Las Vegas, NV 89102
Tel.: (702) 889-2705
Web Site: www.alliedim.com/

Employees: 500

Agency Specializes In: Crisis Communications, Digital/Interactive, Media Relations, Media Training, Public Relations, Social Media

Michelle St. Angelo (VP)
Arlene Wszalek (VP-Strategy & Delivery)
Rosalind Congleton (Acct Dir-Publicity)
Sara Ryan (Acct Dir-Publicity)

Accounts:
Rick Moonen's Seafood

ALLISON & PARTNERS
40 Gold St Fl 1, San Francisco, CA 94133
Tel.: (415) 277-4907
Fax: (415) 217-7503
E-Mail: info@allisonpr.com
Web Site: www.allisonpr.com

Employees: 106
Year Founded: 2001

Agency Specializes In: Brand Development & Integration, Communications, Consumer Marketing, Corporate Identity, High Technology, Media Planning, Media Training, Travel & Tourism

Andy Hardie-Brown (Co-Founder)
Scott Pansky (Founder & Sr Partner)
Scott W. Allison (Chm & CEO)
Zach Colvin (Chm, Partner & Head-Bus Dev & Client Growth)
Courtney Newman (Partner & Sr VP)
Jim Selman (Partner & Mng Dir-UK & Ireland)
Marcus Gamo (Sr VP & Grp Head-Automotive Specialty)
Paul Sears (Sr VP-Integrated Mktg)
Karyn Barr (Mng Dir-Strategic Growth & Ops & Head-B2B Tech)
Meghan Curtis (Gen Mgr-San Francisco)

Accounts:
New-Auntie Anne's Inc.
Best Western
Boost Mobile
Dignity Health
Driscoll's
Giants Community Fund Pro-Bono
Ikea Ikea Place, Public Relations
Impossible Foods
Kampgrounds of America
Kimpton Hotels & Restaurants
Lexus
Pioneer Electronics PR
Progressive Boat & Personal Watercraft, Commercial Auto, Motorcycle, Private Passenger Auto, Public Relations, RV
See's Candies (Public Relations Agency of Record) Brand, Business Communications, Consumer, Event, National & Local Media Relations, Product, Retail, Strategic Communications Planning; 2017
Toyota PR
Velv Wine
Viber Public Relations
The Vitamin Shoppe (Agency of Record)
Waze
WhaleShark Media Public Relations, RetailMeNot
Zendesk

Branches

Allison & Partners
7135 E Camelback Rd, Scottsdale, AZ 85251
Tel.: (623) 201-5555
Fax: (480) 966-0111
E-Mail: sappel@allisonpr.com

AGENCIES - JANUARY, 2019   PUBLIC RELATIONS FIRMS

Web Site: www.allisonpr.com

Employees: 12

Cathy Planchard *(Pres-All Told & Partner)*
Brent Diggins *(Partner & Mng Dir-Measurement & Analytics)*
Stacey Johnes *(Sr VP)*
Karyn Barr *(Mng Dir-Strategic Growth & Ops & Head-B2B Tech)*
Katie Malark *(VP-Res)*
Lisa Schmidtke *(Gen Mgr)*
Lauren Frank *(Dir)*
Laura Zilverberg *(Dir)*
Annie Carson *(Mgr-Measurement)*
Brian Feldman *(Sr Partner)*

Accounts:
Blue Cross Blue Shield of Arizona
Boost
GE Healthcare
The Greater Phoenix Economic Council (Public Relations Agency of Record) Conferences & Awards, Media Relations, Thought Leadership; 2018
Hasbro
International Game Technology; Las Vegas, NV Campaign: "Ghostbusters Slots Launch"
L'Oreal USA
Progressive
Samsung
Sony
UPMC Enterprises
YouTube

Allison & Partners
2750 Womble Rd Ste 104, San Diego, CA 92106
Tel.: (619) 533-7978
Fax: (619) 543-0030
E-Mail: timw@allisonpr.com
Web Site: www.allisonpr.com

Employees: 15

Jeannie Horner *(VP)*
Brian Brokowski *(Gen Mgr)*
Krystin Williamson *(Acct Dir)*
Julia Yuryev *(Acct Dir)*
Rebecca Buddingh *(Mgr-PR)*
Jessica Fix *(Mgr-Digital)*

Accounts:
ARAMARK Parks & Destinations
Dexcom Dexcom G5, Digital, Media, Online, Print, Social, Socila Media, TV
Envision Solar International, Inc. (Agency of Record)
Healthcare Leadership Council
KPMG Corporate Finance
SONY
The Vitamin Shoppe

Allison & Partners
11611 San Vicente Blvd Ste 910, Los Angeles, CA 90049-6510
Tel.: (310) 452-7540
Fax: (310) 452-9005
E-Mail: dawn@allisonpr.com
Web Site: www.allisonpr.com

Employees: 15

Agency Specializes In: Public Relations, Sponsorship

Emily Wilson-Sawyer *(Exec VP & Head-Hospitality Specialty Grp)*
Paul Breton *(Exec VP-Corp Comm)*
Demar Anderson *(VP-Mktg)*
Marilyn Finegold *(Office Mgr)*

Accounts:

ASICS America Corporation ASICS America Corporation
Thunder Studios
Twentieth Century Fox Home Entertainment North America Consumer Public Relations

Allison & Partners
71 5th Ave, New York, NY 10003
Tel.: (646) 428-0612
Fax: (212) 302-5464
E-Mail: info@allisonpr.com
Web Site: www.allisonpr.com

Employees: 15

Agency Specializes In: Advertising, Sponsorship

Lisa Rosenberg *(Chm-Consumer Mktg Practice, Partner & Chief Creative Officer)*
Matthew Della Croce *(Pres-Europe-Global & Partner)*
Jordan Fischler *(Partner, Exec VP & Head-Consumer Tech)*
Kevin Nabipour *(Partner & Mng Dir-Content Strategies)*
Jeremy Rosenberg *(Partner & Mng Dir-All Told-North America)*
Thomas Smith *(Partner & Mng Dir-Corp-North America)*
Todd Aydelotte *(Mng Dir)*
Julia Farrell *(CFO)*
Anne Colaiacovo *(Pres-North America)*
Jonathan Heit *(Pres-Global)*
Cathy Planchard *(Pres-All Told)*
Sherri Weiss Poall *(Exec VP & Head-Food & Beverage Practice)*
Jill Feldman *(Exec VP-Corp Comm)*
Linda Burns *(Sr VP-Media Rels)*
Melissa Kahaly Muskett *(Sr VP)*
Barbara Laidlaw *(Mng Dir-Reputation Risk & Advisory)*
Jen Stratton *(VP)*
Tracey Cassidy *(Gen Mgr-New York)*
Tracee Larson *(Acct Mgr)*
Jacques Couret *(Mgr-Editorial)*
H. Beecher DiNapoli *(Sr Acct Exec)*
Cat Forgione *(Sr Acct Exec)*

Accounts:
ADT (Public Relations Agency of Record) Marketing & Communications
Airbnb Media
Bulova Corporation Digital, Marketing Strategy
Coca-Cola Fairlife, Public Relations
Dannon (Agency of Record)
Dignity Health Creative, Media
Ellie Mae, Inc.
Equity Residential
Financial Engines, Inc.
ForSaleByOwner.com Brand Awareness, Digital, Media, Social, Thought Leadership
Gowalla
PepsiCo
PKWARE
Progressive
RetailMeNot (Public Relations Agency of Record)
Seventh Generation Public Relations, Social Media
TiVo, Inc.

Allison & Partners
710 2Nd Ave Ste 500, Seattle, WA 98104
(See Separate Listing)

ALLYSON CONKLIN PUBLIC RELATIONS
PO Box 1255, Fort Collins, CO 80522
Tel.: (303) 895-0495
E-Mail: info@allysonconklinpr.com
Web Site: www.allysonconklinpr.com

Employees: 3
Year Founded: 2010

Agency Specializes In: Brand Development & Integration, Broadcast, Logo & Package Design, Media Relations, Print, Public Relations, Social Media

Allyson Conklin *(Founder & Principal)*

Accounts:
Cecilia Wong Skincare
Claria Renee Beauty
Coveted Home
Esoteric Events
Farm to Skin; 2018
HollyBeth Organics
J. Wheeler Designs
Ladies & Gents
Nerd Skincare
Pyar&Co.
Shop Ten 25
Studio Ten 25
Times Two Design
Waiting On Martha

ALPINE COMMUNICATIONS
1125 Promontory Dr, Marietta, GA 30062
Tel.: (404) 641-6170
E-Mail: hello@alpinepr.com
Web Site: www.alpinepr.com

Employees: 5
Year Founded: 2000

Agency Specializes In: Brand Development & Integration, Business-To-Business, Content, Digital/Interactive, Media Relations, Media Training, Public Relations, Search Engine Optimization, Social Media

Wendy Alpine *(Pres & CEO)*

Accounts:
New-Emerge Scholarships, Inc.

ALSCHULER COMMUNICATIONS
5700 Bunkerhill St Ph 4, Pittsburgh, PA 15206
Tel.: (412) 535-5700
Web Site: www.alschulerpr.com

Employees: 10
Year Founded: 2013

Agency Specializes In: Crisis Communications, Media Relations, Public Relations

Steven Alschuler *(Pres)*

Accounts:
New-Little Earth Productions

AMDUR SPITZ & ASSOCIATES INC.
135 S La Salle St Ste 2000, Chicago, IL 60603
Tel.: (312) 784-7986
Fax: (312) 377-1804
Web Site: www.amdurspitz.com

Employees: 5
Year Founded: 1992

Agency Specializes In: Advertising, Brand Development & Integration, Graphic Design, Internet/Web Design, Public Relations, Social Media, Strategic Planning/Research

Jennifer Amdur Spitz *(Mng Dir-Strategic Comm & Principal)*

Accounts:
One Hope United

PUBLIC RELATIONS FIRMS

AMP3 PUBLIC RELATIONS
349 5th Ave, New York, NY 10016-5021
Tel.: (646) 827-9594
Fax: (212) 677-2929
E-Mail: info@amp3pr.com
Web Site: www.amp3pr.com

Employees: 8

Agency Specializes In: Event Planning & Marketing, Internet/Web Design, Public Relations, Publicity/Promotions

Alyson Roy *(Co-Founder & Partner)*

Accounts:
Brooklyn Candle Studio Events, Influencer Marketing, Publicity; 2018
Caterpillar Footwear
CR7 Denim Communications
Derma-E Events, Influencer Marketing, Publicity; 2018
D'Marie Archive
Joan Oloff
KEF Events, Influencer Marketing, Publicity; 2018
KL Polish
Manhattan Vintage Show
Nolcha Shows
Sebago
Silk NY; 2017
Suggesty; 2017
TALIA; 2017

AM:PM PR
2006 SE Clinton, Portland, OR 97202
Tel.: (503) 232-1015
E-Mail: info@ampmpr.com
Web Site: www.ampmpr.com

Employees: 5

Agency Specializes In: Brand Development & Integration, Business-To-Business, Content, Crisis Communications, Event Planning & Marketing, Media Relations, Media Training, Public Relations, Search Engine Optimization, Social Media

Allison McCormick *(Co-Founder & Partner)*
Pat McCormick *(Partner)*

Accounts:
New-One Direction World

AMW PR INC.
1 Little W 12th St, New York, NY 10014
Tel.: (212) 542-3146
E-Mail: info@amwpr.com
Web Site: www.amwpr.com

Employees: 20
Year Founded: 2008

Agency Specializes In: Crisis Communications, Event Planning & Marketing, Graphic Design, Media Training, Public Relations

Adam Weiss *(Pres & CEO)*
Angela Gorman *(Pres & Mng Partner)*

Accounts:
Uri Tours

AMY LEVY PUBLIC RELATIONS
11022 Santa Monica Blvd Ste 350, Los Angeles, CA 90025
Tel.: (310) 444-5250
Fax: (310) 444-5259
E-Mail: info@amylevypr.com
Web Site: www.amylevypr.com

Employees: 2

Agency Specializes In: Brand Development & Integration, Business-To-Business, Consulting, Corporate Identity, Food Service, Internet/Web Design, Media Training, Newspaper, Restaurant, Social Marketing/Nonprofit, Strategic Planning/Research

Amy Levy *(Pres)*

Accounts:
Anaitte Vaccaro
LA Beerathon
Paula Jerome Designs
Sherman Infinity Rings Product Photography, Public Relations, Trade & Consumer Advertising, Website Updates
The Survivor Mitzvah Project
Wrinkle Prevention Pillow

ANDER&CO
3250 NE 1st Ave Ste 305, Miami, FL 33137
Tel.: (786) 888-4577
E-Mail: info@anderpr.com
Web Site: www.anderpr.com

Employees: 5

Agency Specializes In: Advertising, Brand Development & Integration, Crisis Communications, Digital/Interactive, Event Planning & Marketing, Media Relations, Media Training, Public Relations, Social Media

Vanessa Fioravante-Cuomo *(Co-Principal)*
Suzanne Schmidt Perez-Bernal *(Co-Principal)*
Carlos Enrique Vargas Camacho *(Dir-PR-Latin America)*
Giovanna Maselli *(Acct Exec)*
Juan Pablo Tovar *(Acct Exec-Latin America)*

Accounts:
New-The Real Deal, Inc.
New-TSG Group
New-ph Premiere

ANDOVER COMMUNICATIONS, INC.
1 Bridge Plz N Ste 275, Fort Lee, NJ 07024
Tel.: (201) 947-4133
Fax: (201) 947-5580
Toll Free: (800) 866-5580
E-Mail: andovercomm@aol.com
Web Site: www.andovercommunications.com

E-Mail for Key Personnel:
President: sclark@andovercommunications.com

Employees: 5
Year Founded: 1989

Agency Specializes In: Communications, Consumer Marketing, Health Care Services, Public Relations, Publicity/Promotions

Approx. Annual Billings: $1,905,000

Breakdown of Gross Billings by Media: Print: 30%; Pub. Rels.: 70%

Steven Clark *(Pres)*

Accounts:
Accenture; 2000
Brand Keys
CARE
Exodon
Gentle Dentistry; 1991
IBM
Kosherfest
MasterCard International
Medical Nutrition USA
The Power Practice

AGENCIES - JANUARY, 2019

Prio Corp.; Portland, OR Optometric Eyewear; 1997
Stollow Consulting Group; 1998
Vital Basics; Portland, ME Nutritional Supplements; 2006

ANDREW E. FREEDMAN PUBLIC RELATIONS
35 E 84Th St, New York, NY 10028
Tel.: (818) 955-7010
E-Mail: info@aefpr.com
Web Site: www.aefpr.com

Employees: 2

Agency Specializes In: Brand Development & Integration, Event Planning & Marketing, Public Relations

Andrew Freedman *(Pres)*
Patty Freedman *(Partner)*

Accounts:
Book Soup, Inc.
Ginny Gardner
Simply Eartha

ANDREW EDSON & ASSOCIATES, INC.
61 E 77th St Ste 6D, New York, NY 10075
Tel.: (516) 850-3195
Fax: (516) 644-5588
E-Mail: andrew@edsonpr.com
Web Site: www.edsonpr.com

Employees: 4
Year Founded: 1996

Agency Specializes In: Communications, Investor Relations, Media Relations, Media Training, New Technologies, Public Relations, Publicity/Promotions, Strategic Planning/Research, Travel & Tourism

Andrew S. Edson *(Pres & CEO)*
Martin Skala *(VP)*

Accounts:
CTW Consulting
Jerome Levy Forecasting Center (Agency of Record) Public Relations
The Silver Institute
Welsh, Carson, Anderson & Stowe (Agency of Record) Creative, Media Buying, Media Planning

ANDREW JOSEPH PR
229 W 116th St Ste 5B, New York, NY 10026
Tel.: (212) 724-6728
Web Site: www.andrewjosephpr.com

Employees: 10

Agency Specializes In: Collateral, Event Planning & Marketing, Media Relations, Public Relations, Social Media

Accounts:
Alan Tanksley Inc
Sandra Espinet

ANDROVETT LEGAL MEDIA AND MARKETING
2501 Oak Lawn Ave, Dallas, TX 75219
Tel.: (214) 559-4630
Fax: (214) 559-0852
E-Mail: answers@androvett.com
Web Site: www.androvett.com

Employees: 50
Year Founded: 1995

AGENCIES - JANUARY, 2019 — PUBLIC RELATIONS FIRMS

Agency Specializes In: Advertising, Brand Development & Integration, Content, Digital/Interactive, Event Planning & Marketing, Print, Public Relations, Search Engine Optimization, Social Media

Mike Androvett *(Pres & CEO)*
Mark Annick *(VP-News & PR)*
Scott Parks *(VP-Mktg & Client Svcs)*
Verdell Christophersen *(Creative Dir)*
Zack McKamie *(Dir-Strategic Mktg)*
Pat Rafferty *(Dir-Mktg & Adv)*
Jennie Bui-McCoy *(Mgr-Pub Rels)*
Bria Burk *(Mgr-Digital Mktg)*
Jared Russell *(Coord-Mktg)*

Accounts:
DeGroote Partners, LLC

ANGLIN PUBLIC RELATIONS, INC.
720 NW 50th St Ste 200a, Oklahoma City, OK 73118
Tel.: (405) 840-4222
Fax: (405) 840-4333
Web Site: www.anglinpr.com

Employees: 10
Year Founded: 1999

Agency Specializes In: Brand Development & Integration, Crisis Communications, Logo & Package Design, Media Relations, Public Relations, Social Media

Debbie Anglin *(CEO & Principal)*
Lori Johnson *(Sr Acct Exec)*
Becky Cavnar *(Acct Coord)*

Accounts:
Dale Rogers Training Center, Inc.

ANNE KLEIN COMMUNICATIONS GROUP, LLC
1000 Atrium Way Ste 102, Mount Laurel, NJ 08054
Tel.: (856) 866-0411
Fax: (856) 866-0401
E-Mail: akcg@annekleincg.com
Web Site: www.annekleincg.com

Employees: 8
Year Founded: 1982

National Agency Associations: COPF-PRSA

Agency Specializes In: Business-To-Business, Environmental, Financial, Health Care Services, Pharmaceutical, Public Relations, Strategic Planning/Research

Approx. Annual Billings: $900,000

Breakdown of Gross Billings by Media: Pub. Rels.: $900,000

Anne Sceia Klein *(Pres)*
Christopher Lukach *(Pres)*
Gerhart L. Klein *(Exec VP)*
Darrah Foster *(Sr Acct Exec)*
Matthew J. Burns *(Acct Exec)*

Accounts:
Catholic Health East
Exelon Generation
Mercy Health System
New Jersey American Water
Truven Health Analytics

ANREDER & CO.
286 Madison Ave Ste 907, New York, NY 10017
Tel.: (212) 532-3232
Fax: (212) 679-7999
E-Mail: information@anreder.com
Web Site: www.anreder.com

Employees: 12
Year Founded: 1990

Revenue: $1,300,000

Steven Anreder *(CEO)*
Gary Fishman *(Mng Dir)*
Michael Wichman *(VP)*

Accounts:
Calyon Americas
Melanoma Research Alliance
Morgan Joseph TriArtisan LLC
Penson Worldwide, Inc.

ANTENNA GROUP, INC.
540 Howard St Fl 2, San Francisco, CA 94105
Tel.: (415) 896-1800
Fax: (415) 896-1094
E-Mail: info@antennagroup.com
Web Site: www.antennagroup.com

Employees: 22

Agency Specializes In: E-Commerce, Electronic Media, Event Planning & Marketing, Exhibit/Trade Shows, Financial, Health Care Services, High Technology, Information Technology, Legal Services, Public Relations, Publicity/Promotions, Real Estate, Strategic Planning/Research

Keith Zakheim *(CEO)*
Denyse Dabrowski *(Mng Dir & Exec VP)*
Rob Shapiro *(Mng Dir)*
Kimberly Barnes *(Sr VP-San Francisco)*
Jerry Schranz *(Dir-Media Strategy)*
Vanessa Donohue *(Acct Supvr)*

Accounts:
3M Corp. Renewable Energy Group
3M Renewable Energy
Bidgely
BlueFire Ethanol
CEIVA Energy
Cogenra
The Eye Tribe
HelioVolt
illumitex
ISI Technology
KoolSpan
NanoH2O
National Semiconductor
New Energy Technologies
NextAxiom
OriginOil
Uskape

ANTHOLOGY MARKETING GROUP
1003 Bishop St Pauahi Tower 9th Fl, Honolulu, HI 96813
Tel.: (808) 544-3000
Web Site: http://www.anthologygroup.com/

Employees: 4
Year Founded: 1987

Agency Specializes In: Asian Market, Bilingual Market, Communications, Entertainment, Event Planning & Marketing, Investor Relations, Leisure, Multimedia, Public Relations, Publicity/Promotions, Travel & Tourism

Dennis Christianson *(CEO)*
Mary Fastenau *(Pres-Digital Grp & Partner)*
Andrew Jackson *(COO-Ad Grp & Exec VP)*
David Koch *(Exec VP & Dir)*
Mei Jeanne Wagner *(Sr VP)*
April Rutherford *(VP & Creative Dir-Laird Christianson Adv)*
Chuck Cohen *(VP-Media)*
Amy Thompson *(VP-Acct Svcs & Adv)*
Page Gaylord *(Media Dir)*
Lei-Ann Field *(Sr Acct Supvr)*
Laurie Simmons *(Acct Supvr)*
Samantha Tsui *(Acct Supvr)*
Chelsea Livit *(Sr Acct Exec)*
Stephanie Maris *(Acct Exec)*
Richard Garcia *(Designer)*
Leilani Diga *(Asst Acct Exec)*
Allan Payne *(Assoc Creative Dir-Adv)*
Kris Salzer *(Assoc Creative Dir)*
Adrian Walker *(Assoc Creative Dir)*

Accounts:
Bank of Hawaii
Group 70 Foundation
Group 70 International
Hawaiian Telcom

ANTHOLOGY MARKETING GROUP, INC.
(Formerly McNeil Wilson Communications, Inc.)
1003 Bishop St 9th Fl, Honolulu, HI 96813
Tel.: (808) 544-3000
Fax: (808) 531-0089
Web Site: www.anthologygroup.com

Employees: 80
Year Founded: 1982

Agency Specializes In: Brand Development & Integration, Broadcast, Collateral, Education, Government/Political, Media Training, Public Relations, Travel & Tourism

Nathan Kam *(Pres-PR)*
Patrick Dugan *(Sr VP-McNeil Wilson Communications)*
Page Gaylord *(VP-Media Svcs)*
David Pettinger *(VP-Res Svcs)*
Julia Street *(Mgr-Digital Media)*
Michelle Burchfiel *(Acct Supvr)*
Jourdyn Kaarre *(Acct Exec)*
Kaitlin Ladeira *(Acct Coord-Adv Grp)*

Accounts:
American Savings Bank
Atlantis Adventures
Hawaii Hotel & Lodging Association
Hawaii Visitors & Convention Bureau Public Relations
Hawaiian Airlines Local PR
Kaua'i Visitors Bureau
Leeward Land LLC
Polynesian Cultural Center
Prince Resorts Hawaii
USS Missouri Memorial Association
Waikoloa Beach Marriott Resort & Spa
Wilson Homecare

ANTHONYBARNUM
515 S Capital of Texas Hwy Ste 240, Austin, TX 78746
Tel.: (512) 329-5670
E-Mail: info@anthonybarnum.com
Web Site: www.anthonybarnum.com

Employees: 10

Agency Specializes In: Crisis Communications, Media Training, Public Relations, Social Media

Melissa Anthony Sinn *(Founder & CEO)*
Leslie Lord *(VP)*
Matt Maurel *(VP)*
Bryan Spevak *(Acct Supvr)*

Accounts:
Charlie Bravo Aviation
Theme Park frog
Under Cover Tourist

PUBLIC RELATIONS FIRMS
AGENCIES - JANUARY, 2019

APEX PUBLIC RELATIONS
600-1075 Bay St, Toronto, ON M5S 2B1 Canada
Tel.: (416) 924-4442
Fax: (416) 924-2778
E-Mail: info@apexpr.com
Web Site: www.apexpr.com

Employees: 30

Agency Specializes In: Event Planning & Marketing, Media Relations, Media Training, Promotions, Public Relations, Strategic Planning/Research

Kenneth Evans *(Mng Partner)*
Jeff Roman *(Sr VP-Integrated Comm)*
Jennifer Stein *(VP-Integrated Comm)*
Tara Benjamin *(Mgr-Ops & HR)*

Accounts:
Atkins Nutritionals (Public Relations Agency of Record)
Biore
BMO Bank of Montreal, Harris Private Banking, Investor Line, Mutual Funds, Nesbitt Burns, Private Client Group
Brooks Brothers
Curel
Energizer
Ferrero
Google
Husqvarna Canada Consumer Engagement, Media Relations
Jergens
John Frieda Collections
Kellogg's
Levi's
Mastercard
Nestle Canada Black Magic
New Balance Canada (Agency of Record) Digital Marketing, Public Relations, Social Media, Strategic Planning
Nike
Nintendo
NPD Group
Orthomolecular Health
Polysporin
RSA Insurance Consumer Communications, Copywriting, Corporate Reputation, Media Relations, PR
SABMiller Communications, Miller Lite, Public Relations
Second Cup
Taste of Nature Consumer Communications
Tech Data
Tetra Park
UPS
Visit Orlando Corporate Communications, Media Relations, Public Relations, Social Media, Strategic Planning
Walmart Canada Public Relations
Yoplait

ARGYLE COMMUNICATIONS INC.
Ste 1007 S Tower 175 Bloor Street E, Toronto, ON M4W 3R8 Canada
Tel.: (416) 968-7311
Fax: (416) 968-6281
E-Mail: pr@argylepr.com
Web Site: argylepr.com

Employees: 29
Year Founded: 1979

Agency Specializes In: Communications, Pets, Public Relations

Daniel Tisch *(Pres & CEO)*
Roanne Argyle *(Sr VP)*
Alison George *(Sr VP)*
Terri McBay *(VP-Digital Comm)*
Ashley O'Connor *(Dir-Digital Comm)*
Kelly Robinson *(Office Mgr)*

Accounts:
American Peanut Council Peanut Bureau of Canada
Durham College
Ethoca
Facebook Canada Public Relations
Government of Ontario
Heritage Financial
Kronos
MasonryWorx
Nestle Canada
Nestle Purina PetCare
NOVX Systems
Ontario Association of Children's Aid Societies (OACAS)
Periodical Marketers of Canada
Princess Margaret Hospital Foundation
Rembrandt Oral Health & Beauty
RSM Richter
Saxon Financial
SEI
Sleep Country Canada
Soya World Inc.
Telesat

ARLENE HOWARD PUBLIC RELATIONS
11812 San Vinvente Blvd, Los Angeles, CA 90049
Tel.: (310) 399-3483
Web Site: www.arlenehowardpr.com

Employees: 10

Agency Specializes In: Brand Development & Integration, Content, Event Planning & Marketing, Media Relations, Public Relations, Social Media

Arlene Howard *(Owner & Pres)*

Accounts:
Counting Sheep Coffee
The Discovery House

ARMANASCO PUBLIC RELATIONS, INC.
787 Munras Ave, Monterey, CA 93940
Tel.: (831) 372-2259
Fax: (831) 372-4142
E-Mail: pr@armanasco.com
Web Site: www.armanasco.com

Employees: 6

Elizabeth Diaz *(VP)*

Accounts:
AirTrails

ARPR
675 Ponce de Leon Ave NE Ste 9800, Atlanta, GA 30308
Tel.: (855) 300-8209
Web Site: arpr.com

Employees: 20
Year Founded: 2012

Agency Specializes In: Brand Development & Integration, Event Planning & Marketing, Media Relations, Media Training, Public Relations, Social Media

Anna Ruth Williams *(Founder & CEO)*
Blair Broussard *(Sr VP)*
Evan Goldberg *(VP-Client Svc)*
T. Renee Spurlin *(VP-Analytics & Digital Mktg)*
Erin Bocherer *(Grp Dir-Health IT Practice)*
Marchell Gillis *(Dir-SaaS Practice Grp)*
Jennifer Blackburn *(Sr Acct Mgr)*
Erika Scholz *(Sr Acct Mgr)*
Cortney Johnston *(Acct Mgr)*
Patrick Taylor *(Mgr-Digital Mktg)*
Casey Stanford Zintel *(Strategist-Mktg)*
Nicholas Holland *(Acct Coord)*

Accounts:
352 Inc
Azuga (Agency of Record)
Bastille Networks
Canara
CodeGuard (Agency of Record); 2018
CORONET (Agency of Record); 2018
Country Club Prep
Fitnet (Agency of Record)
FNTS
Greenway Health (Agency of Record); 2018
Hired
iCAD, Inc. (Agency of Record); 2017
ICCN + Palladium Press, Social Media, Thought Leadership
Inventus Power (Agency of Record)
Ironscales
MessageGears
Nuance Communications (Agency of Record)
Office Practicum
One Ring Networks, Inc.
PowWow Mobile Video
Prevedere
ShopVisible
Siege Technologies
Sovos
StarMobile
StayWell; 2017
Total Founder
Ventiv Technology
WeCare Card
Xplore Technologies

ARPR INC./KNOWLEDGE IN A NUTSHELL
1420 Centre Ave Ste 2213, Pittsburgh, PA 15219-3536
Tel.: (412) 765-2020
Fax: (412) 765-3672
Toll Free: (800) NUTSHELL
E-Mail: audrey@knowledgeinanutshell.com
Web Site: www.knowledgeinanutshell.com

E-Mail for Key Personnel:
President: audrey@knowledgeinanutshell.com

Employees: 3
Year Founded: 1980

National Agency Associations: PRSA

Agency Specializes In: Advertising Specialties, Business Publications, Business-To-Business, Children's Market, Communications, Consumer Marketing, Consumer Publications, Infomercials, Medical Products, New Product Development, Over-50 Market, Public Relations, Publicity/Promotions, Radio, Seniors' Market

Approx. Annual Billings: $200,000

Breakdown of Gross Billings by Media: Pub. Rels.: $200,000

Audrey Reichblum *(VP)*

Accounts:
Campos Market Research; 1994
The Dr. Knowledge Show; 2004
The Edible Game A Smart Cookie; 2000
Knowledge in a Nutshell Publishing, Inc.
Pittsburgh Family Foot Care; 1996

ARTICULATE COMMUNICATIONS INC.
40 Fulton St, New York, NY 10038
Tel.: (212) 255-0080
Fax: (212) 255-0090
E-Mail: info@articulatecomms.com
Web Site: www.articulatecomms.com

1434

AGENCIES - JANUARY, 2019 — PUBLIC RELATIONS FIRMS

Employees: 16
Year Founded: 2002

Agency Specializes In: Broadcast, Business Publications, Business-To-Business, Communications, Computers & Software, Corporate Communications, Corporate Identity, Crisis Communications, High Technology, Information Technology, Magazines, Media Relations, Media Training, Mobile Marketing, New Technologies, Newspaper, Newspapers & Magazines, Public Relations, Strategic Planning/Research

Audra Tiner *(CEO)*
Wendy Schechter *(Sr Acct Dir)*

Accounts:
Antenna Software
Ci&T (Agency of Record)
CT (Agency of Record)
EDM Council (Agency of Record)

ARTICULON MCKEEMAN
10327 Evergreen Spring Pl, Raleigh, NC 27614
Tel.: (919) 232-5008
Fax: (919) 232-5388
Web Site: www.articulonmckeeman.com

Employees: 6

Agency Specializes In: Communications, Crisis Communications, Event Planning & Marketing, Media Relations

Cindy Stranad *(Owner & CMO)*
Mike Gauss *(Acct Dir)*
Kathy Erp Howell *(Creative Dir)*
Lisa Schaut *(Mgr-Fin)*

Accounts:
Banyon Rock & Talent
Boulevard Animal Hospital
CAI Media Relations
Catering By Design
Citizens for Sig Hutchinson
Defense Nutrition
Defond North America
Holiday Express
HumanCentric Technologies
Interim Connexions
International Focus, Inc.
John Rex Endowment
LA Weight Loss Centers
The Leadership Trust
The Magnificent Mile
Massey Preserve
McDonald's Corporation
Nagoya University NU Tech Regenerative Medicine Roundtable (Agency of Record)
National Kidney Foundation of NC
Network South Business Telephone Systems
North Carolina Conservation Council
North Carolina State University
North Raleigh Law Group Website
One Source
Panera Bread
Pelnik Insurance & Financial Services
Regency Office Products
Residences at Quorum Center
SAFE Haven For Cats
SAKS Fifth Avenue
Second Empire 5K Classic
Sphere Technical Resources
Sustainable North Carolina
TOURtech
Universal Construction
Villas at Millbrook
White Dahlia Massage & Wellness Center

ASCOT MEDIA GROUP, INC.
Post Office Box 2394, Friendswood, TX 77549
Tel.: (281) 333-3507
Fax: (832) 569-5539
E-Mail: pr@ascotmediagroup.com
Web Site: www.ascotmedia.com

Employees: 10
Year Founded: 2003

Agency Specializes In: Advertising, Brand Development & Integration, Crisis Communications, Event Planning & Marketing, Media Buying Services, Media Relations, Media Training, Print, Public Relations, Strategic Planning/Research

Trish Stevens *(Pres & CEO)*

Accounts:
New-Quality Dialysis LP.

ASPECTUS PR
117 E 24th St Ste 2A, New York, NY 10010
Tel.: (646) 202-9845
Web Site: https://www.aspectusgroup.com/

Employees: 20

Agency Specializes In: Brand Development & Integration, Content, Media Relations, Public Relations, Search Engine Optimization, Social Media

Jed Hamilton *(Mng Dir-North America)*
Marisha Chinsky *(Asst VP)*

Accounts:
Degiro Communications, Deziro, Public Relations ITG

ATREBOR GROUP
15 Park Row Apt 15L, New York, NY 10038
Tel.: (212) 764-0340
Web Site: www.atreborgroup.com

Employees: 10
Year Founded: 2004

Agency Specializes In: Advertising, Event Planning & Marketing, Media Relations, Promotions, Public Relations

Roberta Garzaroli *(Pres)*
Mary Brennan *(Acct Dir)*

Accounts:
Blue Sky Luxury

THE AUDIENCI GROUP
(Formerly Mobility Public Relations, LLC.)
5285 Meadows Rd Ste 430, Lake Oswego, OR 97035
Tel.: (503) 946-3310
Fax: (503) 210-8882
Toll Free: (800) 660-6677
E-Mail: info@audienci.com
Web Site: audienci.com

Year Founded: 2006

Agency Specializes In: Corporate Communications, Mobile Marketing, Public Relations, Social Media

Melissa Burns *(Exec VP)*
John Giddings *(Gen Mgr)*

Accounts:
Redline Communications Group Inc.
RGB Networks, Inc.
Tektronix, Inc.

AVALON COMMUNICATIONS
9050 N Capital of Texas Hwy, Austin, TX 78759
Tel.: (512) 382-6229
Web Site: www.avalonprgroup.com

Employees: 50
Year Founded: 2005

Agency Specializes In: Brand Development & Integration, Collateral, Corporate Identity, Internet/Web Design, Logo & Package Design, Public Relations, Social Media, Strategic Planning/Research

Kathryn Martinez *(Pres & CEO)*
Kristyn Moll *(Mng Dir)*

Accounts:
Harry & David
KMN Home
Swiss Diamond

AWE COLLECTIVE
1215 W Rio Salado Pkwy Ste 101, Tempe, AZ 85281
Tel.: (480) 275-8888
E-Mail: sayhi@awecollective.com
Web Site: www.awecollective.com

Employees: 10

Agency Specializes In: Advertising, Crisis Communications, Digital/Interactive, Event Planning & Marketing, Graphic Design, Logo & Package Design, Media Training, Public Relations, Social Media, Strategic Planning/Research

Ty Largo *(CEO & Creative Dir)*
Chianne Nass *(Dir-Agency Ops & Dev)*

Accounts:
Downtown Tempe

A.WORDSMITH
420 SW Washington Ste 205, Portland, OR 97204
Tel.: (503) 227-0833
E-Mail: info@awordsmithcomm.com
Web Site: www.awordsmithcomm.com

Employees: 10
Year Founded: 2009

Agency Specializes In: Brand Development & Integration, Corporate Identity, Crisis Communications, Event Planning & Marketing, Media Relations, Public Relations, Social Media

Ann Smith *(Owner)*
Gretchen Hoffman *(VP)*

Accounts:
ACME Business Consulting LLC

AXON
230 Park Ave S 3rd Fl, New York, NY 10003-1566
Tel.: (212) 614-4124
Fax: (212) 598-5523
E-Mail: info-nyc@national.ca
Web Site: www.national.ca

Employees: 500
Year Founded: 1976

Agency Specializes In: Communications, Corporate Communications, Crisis Communications, Digital/Interactive, Graphic Design, Investor Relations, Media Relations, Media Training, Public Relations, Social Media

Mario R. Nacinovich, Jr *(Mng Partner)*

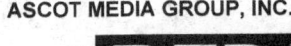

PUBLIC RELATIONS FIRMS — AGENCIES - JANUARY, 2019

Accounts:
Accenture
Allergan
Amgen Canada
Bayer
BC Lottery Corp. (BCLC)
BHP Billiton
Canadian Centre for Energy Information
Coloplast
Eli Lilly
EnCana
GlaxoSmithKline
Harlequin Enterprises
Homburg Canada
Home Hardware
Imperial Oil
International Diabetes Federation
Ivanhoe Cambridge
Johnson & Johnson
McDonald's Restaurants of Canada
Merck Frosst Canada
Napp Pharmaceuticals
National Bank Financial Group
Nestle Waters Canada
Novartis
Novo Nordisk
Perdue Pharma
Pfizer
Sanofi-Aventis
Spectra Energy
Standard Life
Sun Life Financial
Synenco Energy
TD Bank
TimberWest Forest Corporation
TMX Group
Toyota Canada
University of Montreal
VIA Rail
Walmart
Yellow Pages Group

AZIONE PR
3633 Lenawee Ave, Los Angeles, CA 90016
Tel.: (323) 462-6600
Fax: (323) 462-6606
Web Site: www.azionepr.com

Employees: 15
Year Founded: 2010

Agency Specializes In: Event Planning & Marketing, Market Research, Public Relations, Social Media

Michele Thomas *(Co-Founder & Pres)*
Claudia Garcia *(Acct Mgr)*
Kelly Shryock *(Acct Exec)*

Accounts:
Hoodie Buddie
Skullcandy, Inc.

B/H IMPACT
(Formerly Bender/Helper Impact, Inc.)
11500 W Olympic Blvd Ste 655, Los Angeles, CA 90064-1530
Tel.: (310) 473-4147
Fax: (310) 478-4727
E-Mail: info@bhimpact.com
Web Site: www.bhimpact.com

Employees: 62
Year Founded: 1986

Agency Specializes In: Consumer Marketing, Entertainment, Event Planning & Marketing, Public Relations

Approx. Annual Billings: $6,000,000

Dean Bender *(Pres)*

Shawna Lynch *(Mng Partner)*
Nicole Yavasile *(Acct Dir)*
Morgan Tongish *(Sr Acct Supvr)*
Nicholas Valente *(Sr Acct Supvr)*
Alison Farias *(Acct Supvr-Entertainment Content & Interactive Gaming)*

Accounts:
Immplay
Konami Digital Entertainment Inc.
Lionsgate
NBCUniversal Fandango
Rovio Entertainment
RTL Group Fremantle Media
Sony Online Entertainment
Square Enix Media, PR
Time Warner Warner Bros Consumer Products
Universal Studios Home Entertainment
UploadVR
VRtify

Branch

Bender/Helper Impact, Inc.
470 7th ave 5th Fl, New York, NY 10001
Tel.: (212) 689-6360
Fax: (212) 689-6601
E-Mail: info@bhimpact.com
Web Site: www.bhimpact.com

Employees: 25
Year Founded: 1988

Agency Specializes In: Communications, Entertainment, Information Technology, Public Relations

Jerry Griffin *(Gen Mgr)*

Accounts:
Guinness World Records
Lionsgate Family

B PUBLIC RELATIONS LLC
2930 Umatilla St Ste 200, Denver, CO 80211
Tel.: (303) 658-0605
E-Mail: hello@wearebpr.com
Web Site: www.wearebpr.com/

Employees: 5
Year Founded: 2011

Agency Specializes In: Broadcast, Crisis Communications, Media Training, Print, Public Relations, Social Media

Merideth Milliner Hartung *(Dir-Social & Digital Media)*
Catie Mayer *(Sr Acct Exec)*
Chelsea Coe *(Asst Acct Exec)*
Jordan Blakesley *(Sr Partner)*
BrieAnn Fast *(Sr Partner)*

Accounts:
Asia Transpacific Journeys Media Relations, Social Media Strategy, Strategic Public Relations
C Lazy U Guest Ranch
Casa Lucila Media Relations, Social Media Strategy, Strategic Public Relations
Denver Botanic Gardens
Kevin Taylor Restaurant Group
Maya Beach Hotel & Bistro Media Relations, Social Media Strategy, Strategic Public Relations
Monarch Mountain Ski Resort Media Relations, Social Media Strategy, Strategic Public Relations
The Outlook Lodge
Renaissance Denver Downtown City Center
Solaris Vail
St Julien Hotel & Spa

B2 COMMUNICATIONS
333 3rd Ave N Ste 530, Saint Petersburg, FL 33701
Tel.: (727) 895-5030
E-Mail: info@b2communications.com
Web Site: www.b2communications.com

Employees: 15
Year Founded: 2010

Agency Specializes In: Crisis Communications, Media Relations, Public Relations, Social Media, Strategic Planning/Research

Missy Hurley MacFarlane *(Principal)*
Kyle Parks *(Principal)*
Laura Fontanills *(Acct Mgr)*
Leah Saunders *(Acct Mgr)*
Beth Meccariello *(Sr Acct Exec)*
Brigitta Shouppe *(Acct Exec)*
Destynee Bush *(Asst Acct Coord)*
Gaby Provenzano *(Acct Coord)*
Alana Siceloff *(Acct Coord)*

Accounts:
Aliant Bank (Public Relations Agency of Record)
Arnstein & Lehr LLP (Public Relations Agency of Record)
Bryant Miller Olive
Buildings Alive Ybor City Architecture Hop (Public Relations Agency of Record)
Colliers International Tampa Bay (Public Relations Agency of Record) Central & Southwest Florida
Community Foundation of Tampa Bay
Corporate Fitness Works
The Dawson Academy
Environmental Pest Service (Public Relations Agency of Record)
FelCor Lodging Trust Inc
Fisher & Phillips LLP (Public Relations Agency of Record)
Florida Economic Development Council
Gulf To Bay Charters (Public Relations Agency of Record)
Halpern Enterprises (Public Relations Agency of Record)
Lennar Homes
Marlow's Tavern
Metro Development Group
The Museum of Fine Arts, St. Petersburg
Paramedics Plus (Public Relations Agency of Record)
Parkland Development Corp
PatientCare Logistics Solutions
Premier Eye Care (Public Relations Agency of Record)
Revenue Management Solutions
New-Rizzetta & Company
SPCA Tampa Bay
St. Petersburg Free Clinic
USAmeriBank
Valley National Bank

BABEL PUBLIC RELATIONS LTD
535 Mission St, San Francisco, CA 94015
Tel.: (415) 255-5974
Web Site: babelpr.com/

Agency Specializes In: Content, Event Planning & Marketing, Media Relations, Public Relations, Search Engine Optimization, Social Media

Mark Tobias *(Co-Founder & CTO)*

Accounts:
Axell Wireless
BICS
Devicescape
Fastback Networks
Infobip
Intercede
MailChannels
Ruckus Wireless

AGENCIES - JANUARY, 2019 — PUBLIC RELATIONS FIRMS

Tektronix Communications

BACKBONE MEDIA LLC
65 N 4th St Ste 1, Carbondale, CO 81623
Tel.: (970) 963-4873
Fax: (303) 265-9854
Toll Free: (866) 963-4873
Web Site: www.backbonemedia.net

Employees: 17
Year Founded: 1997

Agency Specializes In: Communications, Consulting, Exhibit/Trade Shows, Media Buying Services, New Product Development, Planning & Consultation, Print, Public Relations, Publicity/Promotions, Sponsorship

Stephen Turcotte *(Pres & CEO)*
Nate Simmons *(Mng Partner)*
Ian Anderson *(Partner & Dir-PR)*
Charles Lozner *(Partner & Dir-Integrated Svcs)*
Kara Armano *(Sr Acct Mgr-PR)*
Mackenzie Carroll *(Sr Acct Mgr)*
Carl Johnson *(Sr Acct Mgr)*
Patrick King *(Sr Acct Mgr-PR)*
Natasha Lucero-Conklin *(Sr Acct Mgr-PR)*
Thacher Stone *(Sr Acct Mgr-PR)*
Jen Burn *(Acct Mgr-PR)*
John DiCuollo *(Acct Mgr-Black Diamond Equipment & Pipes)*
Amanda Tomkins *(Acct Mgr-PR)*
Waverly Chin *(Media Planner)*
Corbin Clement *(Analyst-Digital)*
Morgan Cole *(Media Planner)*
Connor Jackson *(Media Planner)*
Patrick Lynch *(Media Planner)*
Steven Stoker *(Media Planner)*
Lizzie Strazza *(Acct Coord-PR)*
Celine Wright *(Coord-Media)*
Kyle Broughton *(Sr Media Planner)*
Lindsay Brown *(Sr Media Planner)*
Laura Merino *(Assoc Media Dir)*

Accounts:
Addaday (Public Relations Agency of Record)
AVEX (Public Relations Agency of Record) Public Relations
Big Agnes
Black Diamond, Inc.
Cairn (Public Relations Agency of Record) Communications Strategy; 2018
Chaco PR
The Clymb Communications Strategy, PR
Coolcore (Agency of Record) Brand Awareness, Dr. Cool, Public Relations
Costa del Mar (Communications Agency of Record) Media Planning & Buying
Eddie Bauer, Inc. First Ascent, Media, PR
EnerPlex (Communications Agency of Record) Public Relations
The Feed Public Relations
Field Trip Jerky (Public Relations Agency of Record)
Fishpond
High Sierra (Agency of Record) Public Relations
Hobie Cat Company (Public Relations Agency of Record) Media Buying
Honey Stinger Energy Gels & Bars
Hydrapak
Jett MTB
Kastle
Klean Kanteen
Matador Packable Adventure Gear Media Outreach, Public Relations Agency of Record
New Belgium Brewing Company, Inc. (Media Buying & Public Relations Agency of Record); 2018
Polygiene Public Relations
Rogers Corporation Brand Awareness, PORON, Public Relations
Serotta
Sitka Gear (Communications Agency of Record) Media Planning & Buying, Public Relations
Sperry Top-Sider Performance Line PR
Stower (Public Relations Agency of Record) Strategic Communications
Suerte Tequila Public Relations
Thermacell Repellents, Inc (Media Agency of Record) Media Buying, Media Planning, Public Relations, Social Media
Velogear
YETI Coolers, LLC (Media Buying & Public Relations Agency of Record) Performance Marketing

THE BADDISH GROUP
36 W 36Th St Fl 4, New York, NY 10018
Tel.: (212) 221-7611
E-Mail: info@thebaddishgroup.com
Web Site: www.thebaddishgroup.com

Employees: 10

Agency Specializes In: Event Planning & Marketing, Media Relations, Public Relations, Social Media, Sponsorship

Laura Baddish *(Founder & CEO)*

Accounts:
Baron Cooper Wine
Four Roses Bourbon
Teeling Whiskey Company

BAERING
(Formerly MMI Public Relations)
5420 Wade Park Blvd Ste 204, Raleigh, NC 27607
Tel.: (919) 233-6600
Fax: (919) 233-0300
E-Mail: info@baeringgroup.com
Web Site: baeringgroup.com

Employees: 25
Year Founded: 1994

Agency Specializes In: Content, Local Marketing, Public Relations

Robert Buhler *(Chm)*
Alfred Leach *(Pres)*
Michelle Fowler *(Exec VP)*
Erin Smith *(VP)*
Ann Whitehurst *(VP-Brand Strategy)*
Chris Buhler *(Dir-Multimedia Svcs)*
Kerryn House *(Ops Mgr-MMI PR)*
Jeanne Harmor *(Brand Mgr)*
Ashley Warren *(Brand Mgr)*
Jordan Watkins *(Coord-Brand)*

Accounts:
A Cultivated Mindset Creative, Mobile Applications, Web Applications
BioMarine
CFO Enterprise Community Relations, Media Relations, Strategic Planning
The Chefs Academy Public Relations
Click Culture
Delta Dental of North Carolina (Agency of Record) Advertising, Creative Services, Event Planning, Media Buying, Public Relations, Social Media Communications, Strategy Consulting
DocuTAP
Douglas Carroll Salon Community Relations, Media Relations, Public Relations Campaign, Social Media, Strategic Planning
ESP/SurgeX PR
Esteem Me Montessori & Creative Play Community Relations, Local Brand Awareness, Media Relations, PR, Strategic Planning
Gupta Psychiatry Community Relations, Media Relations, PR Campaign, Social Media, Strategic Planning
Harrison College ICD-10 Training Curriculum, IT Development Program
Hatteras Group PR
Healing Waters Spa & Cosmetic Clinic PR Campaign
KDI Capital Partners
Kroger Community Relations, Media Outreach, Strategy Development
Lenovo
NAMPAC
Nurse Care of North Carolina
Park West Barber School (Agency of Record) Digital Advertising, Public Relations, Social Media, Video Services
Raleigh Orthopaedic Clinic
The Red Room Tapas Lounge
Research Triangle Regional Creative Design, Public Relations
Riley Contracting Group
The Spectacle; Raleigh, NC Community Relations, Media Relations, Public Relations, Strategic Planning
Taxi Taxi Brand Awareness, Community Relations, Media Relations, PR, Strategic Planning
Terramor Homes
VMZINC
World of Art Showcase Community Relations, Media Relations, Public Relations, Strategic Planning

THE BAILIWICK COMPANY
1212 Pineville Rd, New Hope, PA 18938
Tel.: (609) 397-4880
Fax: (609) 397-4879
E-Mail: info@bailiwickpr.com
Web Site: www.bailiwickpr.com

Employees: 7
Year Founded: 1992

Agency Specializes In: Business-To-Business, Collateral, Communications, Corporate Communications, Corporate Identity, Crisis Communications, Customer Relationship Management, High Technology, Information Technology, Media Relations, Public Relations

Janis Burenga *(CEO)*
Bobbie Cummins *(Dir-Mktg & Comm)*

Accounts:
AT&T Communications Corp.
Avaya
CIT
Empire Technologies
Eureka
Global Crossing
Intergis
Juniper
Lucent
Telx
United Stations Radio Networks
USA.NET
Veramark

BAISE COMMUNICATIONS
520 Dorman St, Indianapolis, IN 46202
Tel.: (317) 753-3258
Fax: (317) 263-3806
Web Site: www.baisecommunications.com

Employees: 5
Year Founded: 2006

Agency Specializes In: Event Planning & Marketing, Graphic Design, Internet/Web Design, Media Buying Services, Media Planning, Media Relations, Public Relations, Social Media, Strategic Planning/Research

Kelly Young *(Pres)*

Accounts:
Gen Con LLC

PUBLIC RELATIONS FIRMS — AGENCIES - JANUARY, 2019

Thomas Catering

BAKER PUBLIC RELATIONS
104 Everett Rd 1st Fl Ste C, Albany, NY 12205
Tel.: (518) 426-4099
Fax: (518) 426-0040
Web Site: www.bakerpublicrelations.com

Employees: 10
Year Founded: 2007

Agency Specializes In: Crisis Communications, Event Planning & Marketing, Logo & Package Design, Media Relations, Public Relations, Social Media, Strategic Planning/Research

Megan Baker *(Pres & CEO)*
James Smith *(VP)*
Melissa Luke *(Dir-Bus Dev & Strategy)*
Eliza Bianco *(Sr Acct Supvr)*
Barry Wygel *(Sr Acct Exec & Strategist-Media)*
Haley Moffatt *(Specialist-Social Media & Acct Coord)*
Dhani Hoyte *(Acct Exec)*
Jason Politi *(Specialist-PR & Mktg)*

Accounts:
New-Mary Payne Moran (Agency of Record); 2018
The Music Studio (Public Relations Agency of Record) Media Relations; 2018
Phinney Design Group
SMG Albany Capital Center (Communications Agency of Record), Community Relations, Event Planning, Marketing, Social Media
SUNY Schenectady County Community College (Public Relations Agency of Record) strategy

BALLANTINES PR
9200 Sunset Blvd, West Hollywood, CA 90069
Tel.: (310) 454-3080
Fax: (310) 388-6027
E-Mail: info@ballantinespr.com
Web Site: www.ballantinespr.com

Employees: 10

Agency Specializes In: Brand Development & Integration, Direct Response Marketing, E-Commerce, Public Relations, Search Engine Optimization, Strategic Planning/Research, Web (Banner Ads, Pop-ups, etc.)

Sarah Robarts *(Pres)*
Virginia Lawrence *(Sr VP-Tech)*
Trisha Davis *(Sr Acct Dir)*
Kendal Hurley *(Sr Acct Dir)*
Dara Toulch *(Sr Acct Dir)*
Jasmine Prodonovich *(Mgr-Acctg)*
Ashley Fierman *(Sr Acct Exec)*
Katie Fraguela *(Acct Exec)*
Austin Ruth *(Acct Exec)*

Accounts:
AKA Beverly Hills Events, Press
Albuquerque Studios
American Airlines
Ballantines Movie Colony Hotel
Caesarstone
City of West Hollywood
Culver Studios
Delta Airlines
Disney
Double Tree
Four Seasons Resorts
Fox
Hilton Worldwide The Waterfront Beach Resort (Public Relations Agency of Record)
Le Meridien Hotels & Resorts (Agency of Record); 2018
Lionsgate
The Little Door
Mandarin Oriental Hotel Group
Marriott International, Inc. AC Hotels by Marriott (International Public Relations Agency of Record), Aloft Hotels, Autograph Collection Hotels (International Public Relations Agency of Record), Element Hotels, Moxy Hotels (International Public Relations Agency of Record), Renaissance Hotels (International Public Relations Agency of Record), Tribune Portfolio (Agency of Record)
Marvel
Motorola
New Mexico State Tourism Department
Raleigh Studios
Sony
Starbucks Coffee
State of South Carolina Film Office
Sun Center Studios
Sunset Marquis Brand Awareness, Media, PR Strategy
Trib
UK Trade & Investment
Universal Music Group
Virgin Atlantic
Waldorf Astoria Beverly Hills (Public Relations Rgency of Record) Consumer Awareness
Warner Brothers
West Hollywood Design District

BALSERA COMMUNICATIONS
2199 POnce De Leon Blvd Ste 200, Coral Gables, FL 33134
Tel.: (305) 441-1272
Fax: (305) 441-2487
E-Mail: news@balseracommunications.com
Web Site: http://www.balserapr.com/

Employees: 20
Year Founded: 1999

Agency Specializes In: Media Relations, Public Relations, Social Media

Alfredo Balsera *(Founder & Mng Partner)*
Freddy Balsera *(Founder & Mng Partner)*
Sonia Diaz *(Dir-PR & Digital Strategies)*

Accounts:
Our Kids of Miami-Dade and Monroe Digital Communications, Public Relations
VME Television

BALTZ & COMPANY
49 W 23rd St, New York, NY 10010
Tel.: (212) 982-8300
Fax: (212) 982-8302
E-Mail: info@baltzco.com
Web Site: www.baltzco.com

Employees: 15

Agency Specializes In: Advertising, Consulting, Crisis Communications, Event Planning & Marketing, Media Relations, Media Training, Public Relations, Restaurant, Retail, Social Marketing/Nonprofit, Travel & Tourism

Revenue: $1,500,000

Phillip Baltz *(Pres)*
Chloe Mata Crane *(Exec VP)*
Cristina Krumsick *(VP)*
Amanda Schinder *(Acct Dir)*
Emmie Kunhardt *(Acct Supvr)*
Meredith Sidman *(Acct Supvr)*
Madeline Block *(Sr Acct Exec)*

Accounts:
American Express
Kimpton Hotels
Morimoto
Rosa Mexicano Kitchen

BAM COMMUNICATIONS
702 Ash St Ste 100, San Diego, CA 92101
Tel.: (619) 855-7230
Web Site: bamcommunications.biz

Employees: 50
Year Founded: 2008

Agency Specializes In: Brand Development & Integration, Broadcast, Communications, Event Planning & Marketing, Media Relations, Media Training, Print, Public Relations, Social Media, Strategic Planning/Research

Saramaya Penacho *(Mng Dir-Health Tech Practice)*
Lauren Grassetti *(VP)*
Gabrielle Kur *(Gen Mgr-NYC)*
Kathleen Osborne *(Acct Dir)*
Emily Webb *(Acct Dir)*
Whitney Wells *(Acct Mgr)*
JT Danley *(Mgr-Client Engagement)*
Jill Veglahn *(Mgr-Ops & Talent)*

Accounts:
New-Cowayco Ltd
New-Fujitsu Limited
New-Neonode Inc.

BAREFOOT PR
190 E 9th Ave Ste 370, Denver, CO 80203
Tel.: (720) 515-4282
E-Mail: info@barefootpublicrelations.com
Web Site: www.barefootpublicrelations.com

Employees: 5

Agency Specializes In: Media Relations, Media Training, Public Relations

Sarah Hogan *(Principal)*
Cori Streetman *(Principal)*

Accounts:
The Kempe Foundation

BAROKAS PUBLIC RELATIONS
1012 1St Ave, Seattle, WA 98104
Tel.: (206) 264-8220
Fax: (206) 264-8221
E-Mail: howard@barokas.com
Web Site: www.barokas.com

Employees: 20
Year Founded: 1998

Agency Specializes In: Information Technology, Public Relations

Howard Barokas *(Founder & CEO)*
Johanna Erickson *(Mng Dir)*
Karli Overmier *(COO)*
Jason Michael *(VP)*
Morgan Bradley *(Acct Dir)*
Bryan Gibbs *(Acct Mgr)*
Shelby Simonson *(Sr Acct Exec)*

Accounts:
Apptio
BDA
Clearwell Systems
New-IDdriven Marketing, Media
Jager
Kitchen Monki
Medify, Inc.
Pokemon, USA
Shiftboard
Skytap
Technology Business Management Council

AGENCIES - JANUARY, 2019 — PUBLIC RELATIONS FIRMS

THE BATEMAN GROUP
1550 Bryant St Ste 450, San Francisco, CA 94103
Tel.: (415) 503-1818
Fax: (415) 503-1880
E-Mail: fbateman@bateman-group.com
Web Site: www.bateman-group.com

Employees: 14
Year Founded: 2004

Agency Specializes In: Media Relations, Media Training, Public Relations

Revenue: $1,400,000

Frederick Bateman *(Founder & CEO)*
Bill Bourdon *(Pres & Partner)*
Tyler L. Perry *(Partner & Gen Mgr)*
Shannon Hutto *(Exec VP & Gen Mgr)*
Paula Cavagnaro *(Grp Exec VP)*
Syreeta Mussante *(Exec VP)*
Elinor Mills *(Sr VP-Content & Media Strategy)*
Caleb Bushner *(VP-Digital Strategy)*
Hugh Collins *(VP)*
Sarah Spitz *(VP)*
Jennifer Steinle *(VP-Ops)*
Grace Emery *(Dir)*
Christopher Heine *(Dir-Content & Media Strategy)*
James Niccolai *(Dir-Content & Media Strategy)*
Jen Woods *(Dir)*
Elise Chambers *(Acct Mgr)*
Puneet Sandhu *(Acct Mgr)*
Katie Garagozzo *(Strategist-Media)*
Alexis Meisels *(Strategist-Media)*

Accounts:
Animoto Blogger Outreach, Content Marketing, Corporate & Product Messaging, Media, Social Media Marketing, Thought Leadership
Apprenda
Aspect; Westford, MA
Braintree
Bunchball
Currencycloud Content Creation, Global; 2017
Digimind
EchoUser
edo; Nashville, TN Content Marketing, PR, Social Media
Greenstart Content Development, Media, Messaging, Strategic Communications
LifeStreet Media; San Carlos, CA Content Marketing, PR, Social Media
LightSpeed
Netskope
Nutanix
Platform Computing
PublicStuff PR
Qualys; Redwood Shores, CA PR, Social Media
RecycleBank Corporate, Partnership & Consumer Communications, Public Relations
Sitecore
Sociable Labs; San Mateo, CA PR, Social Media
Solace Systems
Tidemark
Virtustream
Xamarin
Xeround

BATTALION
(Formerly GCK Partners)
307 Seventh Ave Ste 2403, New York, NY 10001
Tel.: (212) 488-1080
Fax: (212) 488-1082
E-Mail: info@battalionpr.com
Web Site: battalionpr.com

Employees: 20
Year Founded: 2010

Agency Specializes In: Brand Development & Integration, Communications, Media Relations, Public Relations, Social Media

Marisa Drew *(Partner)*
Jim Kloiber *(Partner)*
Britta Towle *(Acct Supvr)*

Accounts:
Car2go North America LLC
Rodeo Drive Committee (Agency of Record) Beverly Hills Holiday Lighting Ceremony, Events, Marketing, Public Relations, Rodeo Drive Concours d'Elegance, Rodeo Drive Walk of Style

BAWDEN & LAREAU PUBLIC RELATIONS
5012 State St, Bettendorf, IA 52722
Tel.: (563) 359-8423
Fax: (309) 764-0975
Web Site: http://blprfirm.com/

Employees: 10

Agency Specializes In: Brand Development & Integration, Public Relations

Mike Bawden *(Partner)*
Liz Lareau *(Partner)*

Accounts:
American Food Styles LLC Mama Bosso
Mrs. Wages

THE BAWMANN GROUP
2137 S Birch St, Denver, CO 80222
Tel.: (303) 320-7790
Fax: (303) 320-7661
Toll Free: (888) 320-7790
E-Mail: info@morethanpr.com
Web Site: http://goteamtbg.com

Employees: 7
Year Founded: 1995

National Agency Associations: PRSA

Agency Specializes In: Consulting, Corporate Identity, Public Relations

Brad Bawmann *(Owner)*
Kristina De Rycke *(Specialist-Medical Media)*
Michelle Bergen *(Sr Media Dir)*

Accounts:
Foothills Urogynecology (Agency of Record) Marketing; 2018

BAY BIRD INC PR
1250 J St # 2, San Diego, CA 92101
Tel.: (858) 382-4922
Web Site: www.baybirdinc.com

Employees: 12
Year Founded: 2008

Agency Specializes In: Event Planning & Marketing, Media Relations, Public Relations, Social Media, Strategic Planning/Research

Peyton Robertson *(Founder)*

Accounts:
Magnifico Giornata
Maison Du Soir
Richard Blais Juniper & Ivy, The Crack Shack
San Diego Brewers Guild
Sycamore Den
Westfield North County

BAZINI HOPP LLC
163 Amsterdam Ave Ste 318, New York, NY 10023
Tel.: (917) 574-5490
E-Mail: liz@bazinihopp.com
Web Site: www.bazinihopp.com

Employees: 3
Year Founded: 2009

Agency Specializes In: Crisis Communications, Event Planning & Marketing, Market Research, Media Relations, Media Training, Public Relations, Social Media

Karen Hopp *(Co-Founder & Partner)*
Liz Bazini *(Partner)*

Accounts:
Catalyst Investors
Goodmail Systems, Inc.
Pacing Technologies, LLC
Say Media, Inc

BCW (BURSON COHN & WOLFE)
(Formerly Cohn & Wolfe)
200 Fifth Ave, New York, NY 10010
Tel.: (212) 798-9700
Fax: (212) 329-9900
E-Mail: contact@bcw-global.com
Web Site: www.bcw-global.com

Employees: 2,000
Year Founded: 1984

National Agency Associations: COPF

Agency Specializes In: Public Relations, Sponsorship

Rachi Govil *(Mng Dir & Exec VP)*
Jillian Janaczek *(Mng Dir & Exec VP)*
Kimberly Rem Axelrod *(Mng Dir & Head-Client Ops-Global)*
Michael Egbert *(Mng Dir & Head-Creative Strategy, Corp & Fin Practice)*
Ethan Farber *(Mng Dir & Head-Plng-US)*
Stephen Naru *(Mng Dir & Head-Media Rels-US)*
Andrew O'Brien *(Mng Dir & Head-Global Client & New England Market)*
David Coronna *(Mng Dir)*
James Cunningham *(Mng Dir)*
Christine Gerstle *(Mng Dir)*
Allison Hudson *(Mng Dir)*
Debra Kieke *(Mng Dir)*
Jennifer McClellan *(Mng Dir)*
Patrick Przybyski *(CFO)*
Thomas Gensemer *(Chief Strategy Officer)*
Kristen Lisanti *(Chief Culture Officer)*
Jason Teitler *(Chm-Fan Experience & Mng Dir-Consumer & Brand Mktg)*
Helaine S. Klasky *(Chm-US Pub Affairs & Crisis Practice & VP-US)*
Gary R. Koops *(Chm-Media Practice-Global)*
Chris Foster *(Pres-North America)*
Jim Joseph *(Pres-Brand Solutions)*
Maury Lane *(Pres-Campaigns)*
Olga Fleming *(CEO-Y&R PR)*
James Cook *(Mng Dir-Tech & Exec VP)*
Amy Palladino *(Exec VP & Mng Dir-Corp Practice)*
Vicky Lewko *(Exec VP & Head-Digital Health)*
Liz Beck *(Exec VP & Comml Dir-Integrated Svcs-US)*
Stephen Bonsignore *(Exec VP-Client Dev)*
Thomas Bunn *(Exec VP-Global Brand & Integrated Solutions)*
Jeff Cammisa *(Exec VP)*
Brian Ellner *(Exec VP-Global Corp Solutions)*
Lynn Fisher *(Exec VP-Global Res & Insights-Cohn & Wolfe)*
Joe Gavin *(Exec VP)*
Stephanie Howley *(Exec VP-Talent-Global)*
Aranthan Jones, II *(Exec VP-Global Pub Affairs Solutions)*
Laura Springer *(Exec VP-Consumer)*
Michael Ann Thomas *(Exec VP-Global Tech Solutions)*

PUBLIC RELATIONS FIRMS

AGENCIES - JANUARY, 2019

Anastasia Lopez *(Sr VP & Head-Consumer Digital)*
Peter Hart *(Sr VP)*
Kristin Hooper *(Sr VP-Branding & Insights)*
Belinda Martin *(Sr VP)*
Dana Gulick McGreevy *(Sr VP)*
Deborah Nelson *(Sr VP-Strategic Media Practice)*
Alice Sofield *(Sr VP-Media)*
Yesenia Chambers *(Mng Dir-HR-Latin America)*
Dan Doherty *(Mng Dir-Pub Affairs & Crisis Practice)*
Michael Estevez *(Mng Dir-Pub Affairs & Crisis Comm)*
Maya Kalkay *(Mng Dir-HR-US)*
Susan Lagana *(Mng Dir-Pub Affairs & Crisis Comm)*
Geoffrey Mogilner *(Mng Dir-Corp & Fin Comm)*
Helen Nowicka *(Mng Dir-Digital & Content)*
Catherine Sullivan *(Mng Dir-Worldwide Comm)*
Jonathan Tsucalas *(Mng Dir-Consumer & Brand Mktg)*
Amy Ebenstein *(VP-Strategic Comm & Producer-Brdcst & Video)*
Krystina Fisher *(VP)*
Eric Ginsberg *(VP-Digital)*
Kate Kenny *(VP)*
Stephanie Lauto *(VP)*
Ayanna Otite *(VP)*
Bailey Pescatore *(VP)*
Andrew Bard *(Sr Dir-Fan Experience, Consumer & Brand Mktg)*
Neil Barman *(Sr Dir-Corp Practice)*
Keith Blackman *(Sr Dir-Media Strategies Grp)*
Kevin Bubel *(Sr Dir-Bus Transformation Comm)*
Peter Dixon *(Sr Dir)*
Lisa Gordon-Miller *(Sr Dir)*
Whitney MacDonald Gough *(Sr Dir)*
Mary Heather *(Sr Dir-Healthcare)*
Lisa Martins *(Sr Dir)*
Tom Olson *(Sr Dir)*
Tim Rice *(Sr Dir)*
Jonathan Singer *(Sr Dir-HR-US)*
Christianna Pally *(Acct Dir & Strategist-Digital)*
Alyssa Forsell *(Acct Dir)*
Alyssa Marderstein *(Acct Dir)*
Tara Yates *(Acct Dir)*
Kevin Bennett *(Dir-Knowledge Sharing Worldwide)*
Chris Console *(Dir)*
Mark Durney *(Dir-Digital Strategy)*
Nati Katz *(Dir-Tech Practice)*
Sion Rogers *(Dir)*
Alec Troxell *(Dir-Bus Dev-US)*
Paul Wegerson *(Dir-Pub Affairs & Crisis)*
Maria Davies *(Mgr-Events & Video Production)*
Jessica Dionne *(Mgr-Tech Practice)*
David Doyle *(Mgr-Brand Practice)*
Kaleigh Ferguson *(Mgr-Corp & Fin Comm Practice)*
Lina Skandalakis *(Mgr-Analytics & Innovation)*
Paola Reyes *(Acct Supvr)*
Emily Haley *(Sr Acct Exec-Digital)*
Zoe N Hoffmann *(Sr Acct Exec-Corp & Financial Practice)*
Veronica Maccia *(Sr Acct Exec-Y&R PR)*
Laura Nadeau *(Sr Acct Exec)*
Amanda Parham *(Sr Acct Exec)*
Jason Ginenthal *(Strategist-Media)*
Richard E. Nicolazzo *(Acct Exec)*
Lesley Stanley *(Specialist-Media)*
Ally Silverberg *(Planner-Strategic)*
Marissa Bramwell *(Asst Acct Exec)*
Lisa Davidson *(PresHealthcare Practice-US)*
Irene De Sousa *(Reg CFO-Latin America)*

Accounts:
3M
ASISA
Bang & Olufsen
New-Campari America Skyy Vodka
Chattem, Inc.
Choice Hotels International Public Relations
Cirque du Soleil Inc. Corporate Positioning, Events, Global Public Relations, Media Relations; 2017
Colgate Irish Spring Body Wash
Electrolux Public Relations
New-Hewlett-Packard Company Corporate Communications
Hilton Worldwide
Iroko Pharmaceuticals
The J.M. Smucker Company
Karhoo (Agency of Record) Marketing, Media Relations, Public Relations, Strategic Communications
LexisNexis Content Development, Media & Analyst Relations, PR, Risk Solutions, Thought Leadership
Maserati North America, Inc. Global Social Media
Newell Rubbermaid Calphalon, Graco, Paper Mate, Public Relations, Sharpie
Nissan North America (Agency of Record) Hispanic Public Relations, Media
Nokia Global PR
New-Office Depot, Inc. (Public Relations & Marketing Agency of Record) Corporate Reputation, Positioning, Thought Leadership; 2018
PANDORA A/S (Public Relations Agency of Record) Consumer Public Relations, Content Marketing, Event Marketing, Media Relations
Rock in Rio US Agency of Record
Rolex
Tom's of Maine, Inc.
Twentieth Century Fox Home Entertainment Strategy
UNOCHA

North America

B/W/R
9100 Wilshire Blvd West Tower 5th Fl, Beverly Hills, CA 90212
Tel.: (310) 550-7776
Fax: (310) 550-1701
E-Mail: info@bwr-la.com
Web Site: www.bwr-pr.com/

Employees: 80

Agency Specializes In: Public Relations

Larry Winokur *(Co-CEO-PR)*
Paulette Kam *(Mng Dir)*
Ron Hofmann *(Exec VP)*
Hayley Scheck Antonian *(Sr VP)*
Jenna Fischer *(Acct Dir)*
Jennifer Sprague Reed *(Dir-Entertainment Publicity)*
Molly Kukla *(Mgr-PR)*
Becca Sigal *(Sr Acct Exec)*
Alex Wagner *(Acct Exec)*
Robin Weitz *(Sr Writer)*

Accounts:
TOMS Editorial, Entertainment Marketing, Social Media, Special Events

B/W/R
825 3Rd Ave Fl 22, New York, NY 10022
Tel.: (212) 901-3920
Fax: (212) 901-3995
E-Mail: leslie.sloane@bwr-ny.com
Web Site: www.bwr-pr.com

Employees: 20

Larry Winokur *(Co-CEO)*
Nanci Ryder *(Pres-PR)*
Sheryl Dennis *(Exec VP)*
Lauren Peteroy *(Acct Supvr)*

Burson-Marsteller Austin
4407 Bee Caves Rd Ste 520, W Lake Hills, TX 78746
Tel.: (512) 879-0990
Fax: (512) 373-6360
E-Mail: info@burson-marsteller.com
Web Site: www.burson-marsteller.com

Employees: 5
Year Founded: 2000

National Agency Associations: COPF

Agency Specializes In: Public Relations

Karen Hughes *(Vice Chm)*
Pat Przybyski *(CFO & COO)*
Michele Chase *(Mng Dir-HR-Worldwide)*
Maya Kalkay *(Mng Dir-HR)*
Caitlin McCusker *(Mgr-HR)*

Accounts:
Blue Bell Creameries

Burson-Marsteller
4025 Camino Del Rio S Ste 300, San Diego, CA 92108-4107
Tel.: (619) 542-7812
Fax: (619) 542-7813
E-Mail: rhonda.brauer@bm.com
Web Site: www.burson-marsteller.com

Employees: 11
Year Founded: 1997

National Agency Associations: COPF

Agency Specializes In: Public Relations

Christine Benton *(Mng Dir)*
Kimberly Berry *(Office Mgr-Svcs)*

Accounts:
Sony Electronics Consumer Electronics, PR

Burson-Marsteller
6300 Wilshire Blvd Ste 1900, Los Angeles, CA 90048
Tel.: (310) 309-6600
Fax: (310) 309-6630
Web Site: www.burson-marsteller.com

Employees: 34
Year Founded: 1966

National Agency Associations: 4A's

Agency Specializes In: Hispanic Market, Public Relations, Sponsorship

Lynda Herrera *(Mng Dir)*
Stephen Burns *(Mng Dir-Pub Affairs & Crisis Practice-West)*
Mary Hedge *(Mgr)*

Accounts:
Konami
Saban Brands
San Diego Zoo
Tommy Bahama

Burson-Marsteller
303 Second St Ste 350 N Twr, San Francisco, CA 94107
Tel.: (415) 591-4000
Fax: (415) 591-4030
Web Site: www.burson-marsteller.com

Employees: 50
Year Founded: 1981

National Agency Associations: 4A's-COPF

Agency Specializes In: Public Relations

Kevin Bell *(Chm-Pub Affairs-Global)*
Lisa Wade Grossman *(Sr Dir-Consumer & Brand Mktg)*

AGENCIES - JANUARY, 2019 — PUBLIC RELATIONS FIRMS

Burson-Marsteller
1110 Vermont Ave NW Ste 1200, Washington, DC 20005-3554
Tel.: (202) 530-0400
Fax: (202) 530-4500
E-Mail: contactus@bm.com
Web Site: www.burson-marsteller.com

Employees: 225
Year Founded: 1968

National Agency Associations: 4A's-COPF

Agency Specializes In: Public Relations

Donald A. Baer *(Chm-Worldwide & CEO)*
Patrick Kerley *(Mng Dir)*
Terry Neal *(Mng Dir-Pub Affairs & Exec VP)*
Leigh Strope *(Sr VP)*
Benjamin Chang *(Mng Dir-US Pub Affairs & Crisis Practice)*
Mike Heimowitz *(Mng Dir-Issues & Crisis Grp)*
Kathryn Stack *(Mng Dir-US Pub Affairs & Crisis Grp)*
Dag Vega *(Mng Dir-Pub Affairs)*
Cameron Coursen *(Sr Dir-Pub Affairs Grp)*
Luke Dickinson *(Sr Dir)*
Matthew Felling *(Sr Dir)*
Matthew Ballard *(Dir-Pub Affairs & Crisis Practice)*
Heidi Lifson *(Dir)*
Jim Schmidt *(Sr Creative Dir)*

Accounts:
Turkish Embassy Integrated Public Relations, Media Relations

Burson-Marsteller
Courvoisier Ctr II 601 Brickell Key Dr Ste 900, Miami, FL 33131
Tel.: (305) 347-4300
Fax: (305) 347-4301
E-Mail: santiago_hinojosa@mia.bm.com
Web Site: www.burson-marsteller.com

Employees: 50
Year Founded: 1988

National Agency Associations: 4A's

Agency Specializes In: Bilingual Market, Hispanic Market, Public Relations, Sponsorship

Jonathan Stern *(Mng Dir)*
Pedro de Cordoba *(Sr Dir)*

Accounts:
Zebra Technologies (Latin America Agency of Record)

Burson-Marsteller
222 Merchandise Mart Plz Ste 250, Chicago, IL 60654-1022
Tel.: (312) 596-3400
Fax: (312) 596-3600
Web Site: www.burson-marsteller.com

Employees: 90
Year Founded: 1961

National Agency Associations: 4A's-COPF

Agency Specializes In: Public Relations, Sponsorship

David Coronna *(Mng Dir)*
Christopher George *(Mng Dir)*
Nikki Lopez *(Mgr)*
Alissa Rosen *(Sr Acct Exec-Consumer & Brand Mktg)*

Accounts:
Celestial Seasonings
Discover Financial Services Global Public Relations
Hormel Foods Corporation Hormel
Lloyds Barbeque Company; Saint Paul, MN

Burson-Marsteller
1 Gateway Ctr 444 Liberty Ave Ste 310, Pittsburgh, PA 15222-1220
Tel.: (412) 471-9600
Fax: (412) 394-6610
Web Site: www.burson-marsteller.com

Employees: 20
Year Founded: 1957

National Agency Associations: 4A's-COPF

Agency Specializes In: Public Relations

Tom Dowling *(Mng Dir-Chair Consumer & Brand Mktg)*

Accounts:
Bayer Corporation

Burson-Marsteller
500 N Akard St Ste 2100, Dallas, TX 75201
Tel.: (214) 224-8400
Fax: (214) 224-8450
E-Mail: mike.lake@bm.com
Web Site: www.burson-marsteller.com

Employees: 20
Year Founded: 1999

National Agency Associations: COPF

Agency Specializes In: Hispanic Market, Public Relations

Teresa Henderson *(Mng Dir, Exec VP & Head-Dallas Market)*
Kevin Bell *(Chm-Pub Affairs-Global)*

Accounts:
The City of Dallas Grease Abatement, Water Conservation
Susan G. Komen for the Cure Susan G. Komen Breast Cancer Foundation, Inc.

Cohn & Wolfe Austin
327 Congress Ave Ste 500, Austin, TX 78701-3656
Tel.: (512) 472-4122
Fax: (512) 472-5970
Toll Free: (800) 472-4122
Web Site: www.cohnwolfe.com/

Employees: 20
Year Founded: 1952

National Agency Associations: COPF

Agency Specializes In: Government/Political, Public Relations

Callie Jernigan *(Mng Dir & Head-US Entertainment Mktg)*
Brooke Hovey *(Chief Client Officer)*
Madison LaRoche *(VP)*
Rachel Shin *(Acct Supvr & Strategist-Digital)*

Accounts:
Bazaarvoice
Dell
Fruit of the Loom (North America Public Relations Agency of Record) Experiential Activations, Influencer Engagement, Public Relations
Pervasive
Sonic Corp. Cause Marketing, External Communications, Issues Management, Local Store Marketing, PR, Social Media Strategy, Sonic Drivein

Cohn & Wolfe
175 Bloor St E Ste 705, Toronto, ON M4W 3R8 Canada
Tel.: (416) 924-5700
Fax: (416) 924-6606
E-Mail: peter.block@cohnwolfe.ca
Web Site: www.cohnwolfe.ca

Employees: 35

Agency Specializes In: Public Relations

Joanne Koskie *(VP)*
Alanna Fox *(Acct Grp Dir)*
Gal Wilder *(Acct Grp Dir)*

Cohn & Wolfe
2001 Ave McGill College Bureau 760, Montreal, QC H3A 1G1 Canada
Tel.: (514) 845-2257
Fax: (514) 845-4075
E-Mail: melanie.joly@cohnwolfe.ca
Web Site: www.cohnwolfe.ca

Employees: 15

Agency Specializes In: Public Relations

Joanne Koskie *(VP)*
Pierre Langlois *(Dir-Economist)*

Cohn & Wolfe
6300 Wilshire Blvd, Los Angeles, CA 90048
Tel.: (323) 602-1100
Fax: (310) 967-2910
E-Mail: annette.johnson@cohnwolfe.com
Web Site: www.cohnwolfe.com

Employees: 26

National Agency Associations: COPF

Agency Specializes In: Public Relations, Sponsorship

Gary Goldhammer *(Exec VP-Digital Innovation Grp-US)*
Brittany Hershkowitz *(VP)*
Colleen Hanrahan *(Acct Dir)*

Accounts:
Hennessy
Hub TV
Nokia
Sam's Club
SENSA
Sony
Ubisoft
ZillionTV

Cohn & Wolfe
1001 Front St, San Francisco, CA 94111-1424
Tel.: (415) 365-8520
Fax: (415) 365-8530
E-Mail: annie_longsworth@cohnwolfe.com
Web Site: www.cohnwolfe.com

Employees: 20

National Agency Associations: COPF

Agency Specializes In: Public Relations

Mischa Dunton *(Mng Dir-Western Reg)*
Megan Atiyeh *(VP)*
Chris Lalli *(VP)*

Accounts:
LG Electronics U.S.A., Inc. LG Digital Display

PUBLIC RELATIONS FIRMS — AGENCIES - JANUARY, 2019

Monitors
Neato Robotics
Wellcore

Cohn & Wolfe
233 N Michigan Ave 16th Fl Two Illinois Ctr, Chicago, IL 60610
Tel.: (312) 596-3330
Fax: (312) 596-3331
Web Site: www.cohnwolfe.com

Employees: 2,500

National Agency Associations: COPF

Agency Specializes In: Public Relations

Accounts:
Solta Medical Inc.

The Direct Impact Company
1110 Vermont Ave NW Ste 450, Washington, DC 20005
Tel.: (202) 530-0400
E-Mail: info@directimpact.com
Web Site: www.directimpact.com

Employees: 50
Year Founded: 1988

Agency Specializes In: Government/Political

Michael Fleischer *(Pres & Gen Mgr)*
Kathy Jeavons *(Exec VP)*
Brian Noyes *(Exec VP)*
Amy Cloessner *(Sr VP)*
Katie Feldman *(Sr VP)*

Accounts:
OfficeMax
TiVo

Prime Policy Group
1110 Vermont Ave NW Ste 1200, Washington, DC 20005-3554
Tel.: (202) 530-0500
Fax: (202) 530-4500
E-Mail: primepolicy@was.bm.com
Web Site: www.prime-policy.com

Employees: 30
Year Founded: 1996

Agency Specializes In: Government/Political

Charles R. Black, Jr. *(Chm)*
John Tanner *(Vice Chm-Prime Policy Grp)*
R. Scott Pastrick *(Pres & CEO)*
Gabe Rozsa *(Mng Dir)*
Keith Smith *(Mng Dir)*
Pam Turner *(Mng Dir)*
Becky Weber *(Mng Dir)*
Paul Weiss *(Mng Dir)*
Charles L. Merin *(Exec VP)*

Accounts:
The National Funeral Directors Association; 2017
ShotSpotter, Inc.; 2018
Walmart

EMEA

AxiCom Cohn & Wolfe
AxiCom Court 67 Barnes High Street, London, SW13 9LE United Kingdom
Tel.: (44) 20 8392 4050
Fax: (44) 20 8392 4055
E-Mail: jtanner@axicom.com
Web Site: www.axicom.com

Employees: 40
Year Founded: 1994

Agency Specializes In: High Technology, Information Technology, Public Relations

Kate Stevens *(Mng Dir)*
Richard White *(Mng Dir)*
Henry Brake *(CEO-UK)*
Lindsey Challis *(Sr Acct Dir)*
Thomas Johnson *(Acct Dir)*
Stephen Orr *(Dir-Media Tech)*
Sam Mohr *(Acct Mgr)*

Accounts:
Blurb Publishing Services
Cirrus Logic
Computacenter Content Creation, Media Training, Messaging; 2018
Dell
edge IPK
Fujitsu Analyst Relations
Harmonic Inc.
Imprivata
Ingres Corporation Software
Intelligent Energy Hydrogen Fuel Cells
LaCie Computer Peripherals
Neato Robotics
The Neverfail Group Software
Nokia
OpenText GXS
Pace
Panasonic AVC Systems Europe
Qualcomm Electric Vehicles, Media, PR
RealNetworks, Inc. Digital Entertainment Services
Red Hat
ShoreTel, Inc.
Sling Media; 2006
Stratus Technologies
Vizioncore Inc.
ZTE

Burson-Marsteller A/S
Sjolyst Plass 4, 0278 Oslo, Norway
Tel.: (47) 23 16 45 00
Fax: (47) 23 16 45 01
E-Mail: oslo@no.bm.com
Web Site: www.burson-marsteller.no

Employees: 40
Year Founded: 1982

Agency Specializes In: Public Relations

Bente Engesland *(CEO)*
Ann Elin Hvidsten *(Mng Dir-Creative)*

Accounts:
Norwegian Hydro

Burson-Marsteller AB
Master Samuelsgatan 56 6th floor, 10120 Stockholm, Sweden
Tel.: (46) 8 440 12 00
Fax: (46) 8 440 12 01
E-Mail: mail.stockholm@se.bm.com
Web Site: www.burson-marsteller.se

Employees: 12
Year Founded: 1981

Agency Specializes In: Public Relations

Carina Nildalen *(Mng Dir)*
Helena Olsson *(Mng Dir)*

Burson-Marsteller GmbH
Hanauer Landstrabe 126 - 128, 60314 Frankfurt am Main, Germany
Tel.: (49) 69 23 80 90
Fax: (49) 69 23 80 9 44
E-Mail: info@burson-marsteller.de
Web Site: www.burson-marsteller.de

Employees: 63
Year Founded: 1973

Agency Specializes In: Public Relations

Santo Pane *(Mng Dir & Head-Corp Comm)*
Alexander Fink *(CEO-Germany)*

Burson-Marsteller Ltd.
24-28 Bloomsbury Way, London, WC1A 2PX United Kingdom
Tel.: (44) 20 7831 6262
Fax: (44) 20 7430 1033
E-Mail: paul.haugen@bm.com
Web Site: www.burson-marsteller.co.uk

Employees: 140
Year Founded: 1967

Agency Specializes In: Public Relations

Avril Lee *(Deputy Chm-Global Healthcare Practice)*
Louise Everett *(Mng Dir)*
Ramiro Prudencio *(CEO-Europe, Middle East & Africa)*
Nick Williams *(Mng Dir-Pub & Corp Affairs & Head-Intl Rels)*
Andrew Clark *(Sr Dir-Corp & Pub Affairs)*
Kelly Teasdale *(Sr Dir-Healthcare Practice-UK)*
Debi Clay-Moore *(Dir-Brand Comm Practice)*
Mark Sands *(Mgr-UK)*

Accounts:
Addison Lee Public Affairs
Aldi UK Public Affairs
Beiersdorf PR
Boots Public Relations
British Sugar Public Affairs
Cheung Kong Graduate School of Business
Findus UK
Ford UK Corporate Communications
Gates Cambridge Trust
The Government of Iceland
Govia Public Affairs
Heineken UK
Jamaica Tourist Board Public Relations
Oracle Global
Roche Bobois Digital, Media, Online, Social
The Royal British Legion The 2010 Poppy Appeal
Russian Federation Communications
SportAccord Global Communications
Vodafone Corporate & Brand Communication

Burson-Marsteller S.r.l.
Via Gregoriana 54, 00187 Rome, Italy
Tel.: (39) 06 688 9631
Fax: (39) 06 688 96368
Web Site: www.burson-marsteller.it

Employees: 12
Year Founded: 1989

Agency Specializes In: Public Relations

Fabio Caporizzi *(CEO)*
Valeria Redaelli *(Mgr)*

Burson-Marsteller S.r.l.
Via tortona 37, I-20144 Milan, Italy
Tel.: (39) 02 721 431
Fax: (39) 02 878 960
Web Site: www.burson-marsteller.it

Employees: 50
Year Founded: 1982

Agency Specializes In: Public Relations

AGENCIES - JANUARY, 2019 — PUBLIC RELATIONS FIRMS

Caporizzi Fabio *(CEO-Italy)*
Giuliana Gentile *(Dir)*

Burson-Marsteller
Lennestrasse 1, D-10785 Berlin, Germany
Tel.: (49) 30 40 81 94 5-50
Fax: (49) 30 40 81 94 5-51
E-Mail: info@burson-marsteller.de
Web Site: www.burson-marsteller.de

Employees: 20
Year Founded: 1999

Agency Specializes In: Public Relations

Wolfgang Luenenbuerger-Reidenbach *(Mng Dir)*
Alexander Fink *(CEO-Germany)*

Accounts:
Lufthansa

Burson-Marsteller
18 bd des Philosophes, CH-1205 Geneva, Switzerland
Tel.: (41) 22 593 69 20
Fax: (41) 22 593 69 39
E-Mail: info_bm@ch.bm.com
Web Site: http://www.burson-marsteller.swiss/

Employees: 7

Annabel Watson *(Mng Dir)*

Burson-Marsteller
6 rue Escudier, CEDEX, 92772 Boulogne-Billancourt, France
Tel.: (33) 1 41 86 76 76
Fax: (33) 1 41 86 76 00
E-Mail: philippe.pailliart@bm.com
Web Site: www.burson-marsteller.fr

Employees: 50
Year Founded: 1977

Agency Specializes In: Public Relations

Frederic Guidoux *(CFO)*
Marc Eskenazi *(Exec Dir)*
Lorie Lichtlen *(Dir-Corp & Fin Comm Practice)*
Karine Meniri *(Dir-Innovation Dept)*
Benedicte Pouilly *(Dir-Corp & Brand Dept)*
Tea de Peslouan *(Deputy Dir)*

Accounts:
Lufthansa

Cohn & Wolfe Benelux
Danzigerkade 53, Amsterdam, 1013AP Amsterdam, Netherlands
Tel.: (31) 20 676 86 66
Fax: (31) 20 6735 431
E-Mail: erik@cohnwolfe.nl
Web Site: www.cohnwolfe.com/nl

Employees: 14
Year Founded: 1984

Agency Specializes In: Communications, Government/Political, Public Relations

Leon Steijn *(Mng Dir-Benelux)*

Accounts:
Colgate-Palmolive Colgate, Elmex, Public Relations, Sanex
Royal Club Campaign: "Royal Club Shandy"

Cohn & Wolfe
via Benedetto Marcello 63, 20124 Milan, Italy
Tel.: (39) 02 202 391
Fax: (39) 02 201 584
E-Mail: franco_guzzi@cohnwolfe.com
Web Site: www.cohnwolfe.com

Employees: 30
Year Founded: 1995

Agency Specializes In: Public Relations

Elena Silva *(Mng Dir)*
Lorenzo Petracco *(Head-Digital Innovation Grp-Southern Europe)*
Alessandra Bettelli *(Sr Acct Mgr)*
Stefania Biagini *(Sr Acct Mgr)*
Laura Faravelli *(Sr Acct Mgr)*
Susanna Picucci *(Sr Acct Mgr)*
Rosa Parente *(Acct Mgr)*
Valentina Sargenti *(Acct Mgr)*
Silvia Colleoni *(Grp Mgr)*
Roberto Peraboni *(Grp Mgr-Digital-Digital Innovation Grp)*

Accounts:
Indena
Skyscanner

Cohn & Wolfe
30 Orange Street, London, WC2H 7LZ United Kingdom
Tel.: (44) 207 331 5300
Fax: (44) 207 331 9083
E-Mail: jonathan_shore@uk.cohnwolfe.com
Web Site: www.cohnwolfe.com

Employees: 70
Year Founded: 1987

Agency Specializes In: Electronic Media, Health Care Services, Public Relations, Publicity/Promotions, Sports Market

Helen Searle *(Mng Dir)*
Will Spratt *(Mng Dir)*
Scott Wilson *(CEO-UK & Mng Dir-EMEA)*
Tamsin Tierney *(Deputy Mng Dir-Health)*
Rebecca Grant *(Mng Dir-UK & Head-Consumer Mktg-EMEA)*
Catherine Keddie *(Mng Dir-Health-UK)*
Kate Joynes-Burgess *(Head-Digital & Integrated Mktg-UK & EMEA)*
Julian Tanner *(Head-Tech-Global)*
Christine Chapman *(Sr Dir)*
Sama Al-Naib *(Dir-Digital & Social Media)*
Paola Nicolaides *(Dir)*
Melanie McCoy *(Assoc Dir)*
Jack Williams *(Sr Acct Mgr)*

Accounts:
Adecco Global; 2017
Barclaycard UK Corporate Public Relations
BazaarVoice Social & E-Commerce Software; 2013
Burger King Public Affairs
Cambridge International Examinations Global; 2017
Campari UK Consumer Public Relations
Caran d'Ache PR
Consorzio Grana Padano PR
Crop Protection Association Issues Management, Media Relations
Ford
Global Blue Global Public Relations
Hotels.com Brands, Consumer Public Relations
Hyatt Hotels Corp
Twinings Public Relations
GlaxoSmithKline

Cohn & Wolfe
C/ Fuencarral 6, 28006 Madrid, Spain
Tel.: (34) 91 531 42 67
Fax: (34) 91 531 39 88
E-Mail: almudena.alonso@cohnwolfe.com
Web Site: www.cohnwolfe.com

Employees: 15
Year Founded: 2000

Agency Specializes In: Brand Development & Integration, Health Care Services, New Technologies, Public Relations

Almudena Alonso *(Mng Dir)*
Carmen Valera *(Exec Pres)*

Accounts:
Kelisto.es
Skyscanner

Cohn & Wolfe
Hanseatic Trade Center, Am Sandtorkai 76, Hamburg, D-20457 Germany
Tel.: (49) 40 808016 110
Fax: (49) 40 808016 199
Web Site: www.cohnwolfe.com/de

Employees: 50

Accounts:
Elbphilharmonie Hamburg Global Public Relations
HRA Pharma Public Relations, ellaOne

Grey Worldwide Warsaw
Ul Jasna 24, 00-054 Warsaw, Poland
Tel.: (48) 22 332 93 00
Fax: (48) 22 332 93 02
E-Mail: grey@grey.pl
Web Site: www.grey.pl

Employees: 50

Agency Specializes In: Communications, Public Relations

Anna Green *(Dir-RTV Production)*
Marcin Zaborowski *(Mgr-Change-EMEA)*

Heneghan PR
54 Pembroke Road, Dublin, 4 Ireland
Tel.: (353) 1 660 7395
Fax: (353) 1 660 7588
E-Mail: info@hpr.ie
Web Site: www.hpr.ie

Employees: 9

Agency Specializes In: Public Relations

Nigel Heneghan *(Mng Dir)*
Eoghan O Neachtain *(Dir-Pub Affairs)*
Emma Gallagher *(Sr Acct Mgr)*
Fiona McNicholas *(Sr Acct Mgr)*

Hering Schuppener Consulting
Kreuzstrasse 60, 40210 Dusseldorf, Germany
Tel.: (49) 211 430 79 0
Fax: (49) 211 430 79 33
Web Site: www.heringschuppener.com

Employees: 65
Year Founded: 1995

Agency Specializes In: Public Relations

Phoebe Kebbel *(Mng Partner)*
Tina Mentner *(Mng Partner)*
Simon Steiner *(Partner)*
Dirk Von Manikowsky *(Partner)*
Marlies Peine *(Sr Dir)*
Matthis Kaiser *(Dir)*

Accounts:

PUBLIC RELATIONS FIRMS — AGENCIES - JANUARY, 2019

Bayer Corporate Communications

Hering Schuppener-Frankfort AmMain
Mainzer Land Street 41, 60329 Frankfurt, AmMain Germany
Tel.: (49) 69 921 874 0
Fax: (49) 69 921 874 13
E-Mail: info@heringschuppener.com
Web Site: www.heringschuppener.com

Employees: 50

Agency Specializes In: Communications, Public Relations

Alexander Geiser *(Mng Partner)*
Phoebe Kebbel *(Mng Partner)*
Kristin Jakobs *(Partner)*
Dirk Von Manikowsky *(Partner)*
Claudia Orth *(Mng Dir)*
Matthis Kaiser *(Dir)*

Accounts:
KKR & Co. L.P.

Marsteller
Via Tortona 37, 20144 Milan, Italy
Tel.: (39) 02 7214 3577
Fax: (39) 02 878 960
E-Mail: burson.italia@bm.com
Web Site: www.burson-marsteller.it

Employees: 60
Year Founded: 2000

Agency Specializes In: Event Planning & Marketing, Public Relations

Gianfranco Mazzone *(Mng Dir)*
Giuliana Gentile *(Dir)*

Pohjoisranta - Helsinki
Kalevankatu 20, PO Box 1062, 00101 Helsinki, Finland
Tel.: (358) 10 4245 900
Fax: (358) 10 4245 910
Web Site: www.burson-marsteller.fi/

Employees: 44
Year Founded: 1995

Agency Specializes In: Public Relations

Clarisse Berggardh *(CEO)*
Riitta Laine *(Partner & Dir)*
Tommi Siikaniva *(Partner)*
Reetta Merinen *(Dir-Fin & HR)*
Anna Ranki *(Dir-Pub Affairs)*
Hanna Ikonen *(Fin Mgr)*
Minna Lofstrom *(Mgr-Admin)*
Kimmo Malin *(Specialist-Comm)*

ASDA'A Burson - Marsteller
The Gateway Building, 4th Fl Block A, Dubai Media City, Dubai, United Arab Emirates
Tel.: (971) 4 4507600
Fax: (971) 4 4358040
Web Site: www.asdaabm.com/

Employees: 40

Agency Specializes In: Public Relations

Sunil John *(Founder & CEO)*
Hassan Fattah *(Mng Dir)*
Margaret Flanagan *(Chief Strategy Officer)*
Kelly Home *(Mng Dir-Corp Practice)*
Nedal Alasaad *(Sr Dir-Pub Affairs)*
Tricia Kaul *(Grp Acct Dir-Fin Practice)*
Rasha Ghanem Mikati *(Grp Acct Dir-Middle East & North Africa)*
Tameem Alkintar *(Acct Dir)*
Khalid Yahya *(Acct Mgr)*

Accounts:
American Express
DHL
Ford Middle East and Emaar Properties
Microsoft Gulf
Muscat City Centre
Sony Ericsson
Visa

LATAM

Burson-Marsteller, Ltda.
Chedid Jafet 222 5th Fl, 04551-065 Sao Paulo, SP Brazil
Tel.: (55) 11 3094 2240
Fax: (55) 11 3094 2241
E-Mail: francisco.carvalho@bm.com
Web Site: www.burson-marsteller.com

Employees: 70
Year Founded: 1976

Agency Specializes In: Public Relations

Patricia Avila *(COO)*
Francisco Carvalho *(Pres/CEO-Latin America)*
Elaine Rodrigues *(Sr VP-Brazil)*
Vitor Pavarini *(Mgr-Plng & Creative-Brazil)*
Danilo Valeta *(Mgr-PR, Innovation & Tech Grp)*
Cely Carmo Giraldes *(Sr Strategist-Digital-Latin America)*

Burson-Marsteller Mexico, S.A. de C.V.
Boulevard Manuel Avila Camacho No 176 5to Piso, Col. Reforma Social, Miguel Hidalgo, 11650 Mexico, DF Mexico
Tel.: (52) 555 351 6500
Fax: (52) 555 351 6520
Web Site: http://www.burson-marsteller.com/

Employees: 50
Year Founded: 1991

Agency Specializes In: Communications, Public Relations

Adriana Valladares *(Pres/CEO-Mexico)*

Burson-Marsteller S.A./N.V.
37 Square de Meeus, 1000 Brussels, Belgium
Tel.: (32) 2 743 6611
Fax: (32) 2 733 6611
Web Site: http://www.burson-marsteller.com

Employees: 45
Year Founded: 1965

Agency Specializes In: Government/Political, Public Relations

Karen Massin *(CEO)*
Nicholas Lunt *(Mng Dir-Comm)*

Accounts:
Aarhus Capital of Culture 2017, Media
Zebra Technologies (EMEA Agency of Record)

Burson-Marsteller
Carrera 11 A # 93 B - 30 Piso 3, Bogota, Colombia
Tel.: (57) 1 745 6060
Fax: (57) 1 530 0832
Web Site: www.burson-marsteller.com

Employees: 18
Year Founded: 1997

Agency Specializes In: Public Relations

Liliana Fernandez Neira *(Dir-Consumer Practice)*

Burson-Marsteller
Avenida La Estancia, Centro Benaven (Cubo Negro) Torre C, Piso 2, Oficina C-23, Chuao, 1064 Caracas, Venezuela
Tel.: (58) 2129023360
Fax: (58) 2129599050
E-Mail: alexander_barrios@ve.bm.com
Web Site: http://www.burson-marsteller.com/

Employees: 10
Year Founded: 1994

Agency Specializes In: Public Relations

Burson-Marsteller
Edificio Millenium Av Vitacura 2939 piso 3ro Oficina 301, Las Condes, Santiago, 6760235 Chile
Tel.: (56) 2 751 7100
Fax: (56) 2 751 7180
Web Site: www.burson-marsteller.com

Employees: 25
Year Founded: 1994

Agency Specializes In: Public Relations

Barbara Rochefort Vuletin *(Gen Mgr)*

Burson-Marsteller
Rivadavia 620 4to piso, C1002AAR Buenos Aires, Argentina
Tel.: (54) 11 4338 1000
Fax: (54) 11-4338-1025
E-Mail: latam@bm.com
Web Site: www.burson-marsteller.com

Employees: 45
Year Founded: 1994

Agency Specializes In: Public Relations

Consultores del Plata S.A.
Santa Fe 911 1st Fl Office A, CP 1059ABD Buenos Aires, Capital Federal Argentina
Tel.: (54) 11 43 27 76 00
Fax: (54) 11 43 27 76 00
E-Mail: consultores@cdelplata.com
Web Site: www.cdelplata.com

Employees: 13
Year Founded: 1992

Agency Specializes In: Communications, Public Relations

Nestor Marcelo Landoni *(Exec Dir)*

Asia Pacific

Aziam Burson-Marsteller
16th Fl Alma Link Bldg 25 Soi Chidlom, Ploenchit Rd, Bangkok, 10330 Thailand
Tel.: (66) 2 252 9871
Fax: (66) 2 254 8353
E-Mail: steve.vincent@abm.co.th
Web Site: www.burson-marsteller.com

Employees: 34
Year Founded: 1986

Agency Specializes In: Public Relations

Steve Vincent *(Mng Dir)*

AGENCIES - JANUARY, 2019 — PUBLIC RELATIONS FIRMS

James Best *(Dir-Comm)*
Hongsinunt Somboonwanna *(Dir-Comm)*
Nattaporn Boonprapa *(Mgr-Knowledge)*
Haruehun Airry *(Specialist-Social Media)*

Blackie McDonald
Level 8 65 Berry St, North Sydney, NSW 2060 Australia
Tel.: (61) 2 8907 4900
Fax: (61) 2 8907 4988
E-Mail: info@bmcd.com.au
Web Site: www.bmcd.com.au

Employees: 25

Agency Specializes In: Communications, Event Planning & Marketing, Exhibit/Trade Shows, Investor Relations, Planning & Consultation, Publicity/Promotions, Strategic Planning/Research

Tony Blackie *(Founder)*
Derek Evans *(Sr Acct Dir)*
Carolina Machado *(Acct Dir)*
Rachel Love *(Sr Acct Mgr)*
Jeremy Tse *(Acct Exec)*

Accounts:
EMC
Fuji Xerox Printers Public Relations
GeoSLAM Marketing Communication, Public Relations
Lexmark
Neustar Marketing Communication, Public Relations
Newell Brands (Agency of Record) Media Relations, Public Relations
Panasonic Australia Campaign: "Lostproof"
Qantas
ReSecure Public Relations
RSA

Burson-Marsteller (SEA) Pte. Ltd.
8 Temasek Boulevard, 40-02 Suntec Tower Three, 038988 Singapore, Singapore
Tel.: (65) 6336 6266
Fax: (65) 6829 9301
Web Site: www.burson-marsteller.com

Employees: 40
Year Founded: 1973

Agency Specializes In: Public Relations

Accounts:
Ministry of Manpower Marketing Communications
SilkAir Creative, Digital, Public Relations, Social
YOTEL

Burson-Marsteller
9F East Tower Signature Towers, 99 Supyo-dong Jung-gu, Seoul, 100-230 Korea (South)
Tel.: (82) 2 3782 6400
Fax: (82) 2 3782 6480
E-Mail: sunyoung.lee@bm.com
Web Site: www.burson-marsteller.com

Employees: 30
Year Founded: 1989

Agency Specializes In: Public Relations

Ihn Chee *(Mng Dir)*

Accounts:
LG Display Corporate & Product Communications, Global PR
VISA

Burson-Marsteller
65 Berry Street Level 16, Sydney, NSW 2060 Australia
Tel.: (61) 2 9928 1500
Fax: (61) 2 9928 1557
Web Site: www.burson-marsteller.com

Employees: 35
Year Founded: 1980

Agency Specializes In: Public Relations

Pamela Klioufis *(Mng Dir)*
Kara Billsborough *(Mgr-Corp Practice-New York)*

Accounts:
Accenture
CSL Biotherapies
Hewlett-Packard
Jetstar
LG Electronics
Novartis
ResMed
SAP
Shell
V8 Supercars

Burson-Marsteller
Suite 602 Tower W1 Oriental Plaza 1 East Chang An Avenue, Dong Cheng District, Beijing, 100738 China
Tel.: (86) 10 5816 2525
Fax: (86) 10 5816 2560
E-Mail: cindy_china@bm.com
Web Site: www.bmchina.com.cn

Employees: 500
Year Founded: 1992

Agency Specializes In: Public Relations, Sponsorship

Douglas Dew *(Chm-Global Energy Practice & Reg Mng Dir-Pub Affairs-Asia Pacific)*
Kelly Yang *(Head-Shenzhen Office & Dir)*
Dong Chen *(Sr Dir-Shanghai)*
Tong Xie *(Mgr)*

Accounts:
Cheung Kong Graduate School of Business
General Tire (Public Relations Agency of Record) Integrated Marketing Communications, Strategic Counsel; 2017
HNA Property Branding
Yuexiu Property Company Limited Branding, Creative Campaign

Burson-Marsteller
Wisma BNI 46 Kota BNI Suite 16-07, Jln Jend Sudirman Kav 1, Jakarta, 10220 Indonesia
Tel.: (62) 21 251 5060
Fax: (62) 21 251 5061
E-Mail: sahala.sianipar@bm.com
Web Site: www.burson-marsteller.com

Employees: 40

Burson-Marsteller
23/F Chinachem Exchange Square, 1 Hoi Wan Street, Quarry Bay, China (Hong Kong)
Tel.: (852) 2880 0229
Fax: (852) 2856 1101
Web Site: www.burson-marsteller.com

Employees: 60
Year Founded: 1953

Agency Specializes In: Brand Development & Integration, Communications, Corporate Identity, Financial, Government/Political, Investor Relations

Noelle Gahan *(Mng Dir & Head-Global Client-Huawei)*

Alastair Monteith-Hodge *(Mng Dir & Head-Global Client-Huawei)*
George Godsal *(CEO-Hong Kong & Head-Market)*

Accounts:
Fujitsu
Huawei Global PR

Cohn & Wolfe impactasia
Ste 801 Chinachem Hollywood Ctr 1 Hollywood Rd, Central, China (Hong Kong)
Tel.: (852) 25211498
Fax: (852) 28046786
E-Mail: Susan.Field@cohnwolfe.com
Web Site: www.cohnwolfe.com/zh-en

Employees: 10
Year Founded: 1990

Agency Specializes In: Consumer Marketing, Digital/Interactive, Event Planning & Marketing, Exhibit/Trade Shows, Graphic Design, Media Training, Newspapers & Magazines, Production (Print), Public Relations, Publicity/Promotions

Joe Peng *(Mng Dir & Chief Strategist-Digital-APAC)*
Matt Stafford *(Pres-Asia Pacific)*

Accounts:
AliCloud
Bonhams
Brown-Forman Marketing, Social Media
Carlsberg Hong Kong Campaign: "Made of More", Creative, Guinness, Guinness Draught, Media, Perfect Pint Challenge, TV
Dell Dell Enterprise Forum, Media Relations
Fairmont Hotels & Resorts Hotel Management Services
FitFlop Sandals
Hong Kong Internet Registration Corporation Media, Public Relations
Jack Wills Public Relations, Social Media
Mandarin Oriental Hotel Group Hotel Management Services
MGM Hospitality
MSC Cruises Transportation Services
Pernod Ricard
Robert Half International
Rolls Royce
Sheraton Hotel Management Services
Singapore Tourism Board Tourism Services
Sofitel Luxury Hotels Hotel Management Services
Tencent Holdings Limited Global Communication, International Public Relations
TW Steel
Valoot Technologies Limited Media
W Hotels Hotel Management Services
ZTE Analyst Relations, B2B, Global Public Relations, Global Strategy & Corporate

Cohn & Wolfe XPR Indonesia
Equity Tower Building 35th Fl JL Jend, Sudirman Kav 52-53, Jakarta, 12190 Indonesia
Tel.: (62) 21 2927 7912
E-Mail: info@cohnwolfexpr.com
Web Site: www.cohnwolfexpr.com

Employees: 50

Aji Wihardandi *(Head-Corp Comm Svcs & Sr Acct Dir)*

Accounts:
Bayer
Channel News Asia
Dell
Fox Sports
Google
Grant Thornton
Living Social
Skyscanner

1445

PUBLIC RELATIONS FIRMS

SPC

Compass Public Relations
10th Fl C 167 Tun Hwa N Rd, 105 Taipei, Taiwan
Tel.: (886) 2 2546 6086
Fax: (886) 2 2546 6087
E-Mail: center@compasspr.com.tw
Web Site: www.compasspr.com.tw

Employees: 30

Agency Specializes In: Communications, Consumer Marketing, Food Service, Health Care Services, Public Relations, Travel & Tourism

Beatrice Lin *(Pres)*
Pauline Leung *(CEO)*
Karen Chou *(Sr Acct Mgr)*

Genesis Burson-Marsteller
807-B Signature Towers South City, Gurgaon, Haryana 122 001 India
Tel.: (91) 124 441 7600
Fax: (91) 124 408 6663
Web Site: www.genesisbm.in

Employees: 250
Year Founded: 1992

Agency Specializes In: Public Relations

Prema Sagar *(Founder, Vice Chm-Asia Pacific & Principal)*
Radhika Sharda *(Mng Partner)*
Malvika Sinha *(Mng Partner)*
Deepshikha Dharmaraj *(CMO & Chief Growth Officer)*
Nikhil Dey *(Pres-PR)*
Vijay Sankaran *(Dir-Digital Strategy)*

Accounts:
Apollo Hospitals Consumer & Brand Marketing, Healthcare
Ashoka University Consumer & Brand Marketing, Healthcare
BBC World
Benetton
Biocon
BITS (Pilani) PR
Flipkart
Ford India
GAS
Get it PR
Google Consumer & Enterprise, PR
Hindustan National Glass
JK Group PR
Kohler Co.
Loyalty One
Medium Healthcare Consulting
Michelin Tires
Micromax Consumer & Brand Marketing, Healthcare
Microsoft
Mumbai Metro Rail Corporation Communications, Media; 2017
Prime Focus Consumer & Brand Marketing, Healthcare
Surnbun
Tata Sky Ltd Corporate Brand, Digital Communications, Nationwide Public Relations, OTT Services, Pay TV; 2018
Times of India Film Awards Consumer & Brand Marketing, Healthcare
UFO Moviez PR
Visa Indian Communications

BE INSPIRED PUBLIC RELATIONS
820 Manhattan Ave 204, Manhattan Beach, CA 90266
Tel.: (323) 375-7763
E-Mail: sayhello@beinspiredpr.com
Web Site: www.beinspiredpr.com

Employees: 10

Agency Specializes In: Brand Development & Integration, Public Relations, Social Media

Leila Lewis *(CEO & Brand Mgr)*

Accounts:
The Hidden Garden
Joanna August
WedPics

BE SOCIAL PUBLIC RELATIONS LLC
143 S Cedros Ave Ste V105-A, Solana Beach, CA 92075
Tel.: (858) 764-0566
E-Mail: contact@besocialpr.com
Web Site: www.besocialpr.com

Employees: 35
Year Founded: 2011

Agency Specializes In: Event Planning & Marketing, Media Relations, Public Relations, Social Media

Kirsten Weinberg *(VP-Brand & Talent)*

Accounts:
Asarai Influencer Relations, Public Relations; 2018
Cyndi Allcott
The Row DTLA Social Media Content Creation & Management; 2018
Simple Human Influencer Relations; 2018

BEAUTIFUL PLANNING MARKETING & PR
2124 Newtown Ave Apt 4B, Astoria, NY 11102
Tel.: (877) 841-7244
Fax: (866) 694-3505
E-Mail: info@beautifulplanning.com
Web Site: beautifulplanning.com

Employees: 15
Year Founded: 2005

Agency Specializes In: Brand Development & Integration, Event Planning & Marketing, Public Relations, Social Media

Monique Tatum *(Founder, Pres & CEO)*

Accounts:
7 Charming Sisters Public Relations
Alpessence (Agency of Record)
Aurelia Garza
Beauteque Public Relations
Dr. Joshua Perlman
Dress Abstract
Head Kandy
Mane Choice
Model Launcher
Moulin Rouge "Best of France", Public Relations
Out-Fit Challenge
Phantom Glass (Agency of Record)
Sabon
Silvia Bours
Suitely
Texas de Brazil Public Relations
TomboyX
Troy Mass
Vivian Billings
Y-Clad
Your Hollywood Pro
Z Skin Cosmetics

BECCA PR
270 Lafayette, New York, NY 10012
Tel.: (212) 633-2129
E-Mail: bpr@beccapr.com
Web Site: www.beccapr.com

Employees: 20

Agency Specializes In: Brand Development & Integration, Crisis Communications, Digital/Interactive, Event Planning & Marketing, Media Relations, Public Relations, Social Media

Becca Parrish *(Owner)*
Jamie Goldstein *(Chief Creative Officer)*
Casey Kahn *(VP)*
Diana Hossfeld *(Acct Dir)*

Accounts:
La Pecora Bianca

BECK ELLMAN HEALD
4275 Executive Sq Ste 325, La Jolla, CA 92037
Tel.: (858) 453-9600
Web Site: www.beckellmanheald.com

Employees: 7
Year Founded: 1986

Agency Specializes In: Brand Development & Integration, Crisis Communications, Event Planning & Marketing, Media Relations, Media Training, Public Relations, Social Media

Alyssa Enwright *(Sr Acct Exec)*

Accounts:
Salk Institute

BECKER COMMUNICATIONS
119 Merchant St Ste 300, Honolulu, HI 96813
Tel.: (808) 533-4165
Web Site: www.beckercommunications.com

Employees: 25
Year Founded: 1986

Agency Specializes In: Advertising, Promotions, Public Relations, Strategic Planning/Research

Ruth Ann Becker *(Chm & CEO)*
Caroline Witherspoon *(Sr VP)*
Jocelyn Collado *(Acct Dir)*
Jon Rasmussen *(Dir-Adv & Mktg)*
Wilbur Wong *(Dir-Digital Comm)*
Lisa Gaitan *(Office Mgr)*
Taryn Bohan *(Mgr-Mktg & Events)*
Scott Ishikawa *(Sr Acct Exec)*
Michael Lum *(Acct Coord-Digital Comm)*

Accounts:
The Cookie Corner

BECKERMAN PUBLIC RELATIONS
One University Plz Ste 507, Hackensack, NJ 07601
Tel.: (201) 465-8000
Fax: (201) 465-8040
E-Mail: contact@beckermanpr.com
Web Site: www.beckermanpr.com

Employees: 50
Year Founded: 1990

Agency Specializes In: Consulting, Digital/Interactive, Print, Public Relations, Real Estate, Social Media

Approx. Annual Billings: $10,000,000

Christa Segalini *(Exec VP)*
Kyle Kirkpatrick *(VP)*
Daniel Ivers *(Dir)*
Jerry Schranz *(Dir-Media Strategy)*

AGENCIES - JANUARY, 2019 — PUBLIC RELATIONS FIRMS

Jessica Orsini *(Mgr-HR)*
Desiree Santiago *(Acct Supvr & Strategist-Media)*
Caroline Bligh *(Acct Supvr)*
Shlomo Morgulis *(Acct Supvr)*

Accounts:
ARCWheeler
Avidan Management
Centaur Properties
Claremont Companies
Coalco New York
Direct Invest
First Potomac Realty Trust
Hollister Construction Services
HyperSolar, Inc.
Ivy Realty
KOR Companies
Matrix Development Group
New Jersey Travel Industry Association; 2008
Solar3D, Inc.

Subsidiaries

Antenna Group, Inc.
540 Howard St Fl 2, San Francisco, CA 94105
(See Separate Listing)

Chicago Digital
1512 N Fremont St Ste 202, Chicago, IL 60642
(See Separate Listing)

THE BECKET AGENCY
49 Elizabeth St, Charleston, SC 29403
Tel.: (843) 606-0896
E-Mail: inquiries@thebecketagency.com
Web Site: www.thebecketagency.com

Employees: 10
Year Founded: 2008

Agency Specializes In: Event Planning & Marketing, Graphic Design, Media Relations, Promotions, Public Relations, Social Media

Jonah Jeter *(Mng Partner)*
Adam Hart *(Creative Dir & Sr Brand Mgr)*

Accounts:
Mellow Mushroom Florence
Mellow Mushroom Myrtle Beach

BEEHIVE PR
1021 Bandana Blvd E Ste 226, Saint Paul, MN 55108-5112
Tel.: (651) 789-2232
Fax: (651) 789-2230
E-Mail: info@beehivepr.biz
Web Site: www.beehivepr.biz

Employees: 15

Agency Specializes In: Brand Development & Integration, Corporate Communications, Crisis Communications, Digital/Interactive, Media Relations, Public Relations, Social Media, Strategic Planning/Research

Lisa Hannum *(Pres & CEO)*
Becky McNamara *(CFO)*
Nicki Gibbs *(Exec VP-Strategy)*
Ayme Zemke *(Sr VP-Client Svcs)*
Rebecca Martin *(VP-Culture & Talent)*
Amy Devore *(Acct Dir)*
Amy Clark *(Dir-Creative Svcs)*

Accounts:
3M Infection Prevention
6PM.COM
Anser Innovation
Arizant Healthcare

Arkray USA
Beaumont Health Communication Strategy
BMS Group Brand Awareness, Global Media Relations
Coloplast Corp
Deluxe Corporation
Friends of the Boundary Waters Wilderness
HLT, Inc.
JB Hudson Jewelers Welcome Back To The Diamond
Minnehaha Academy Branding & Communication Strategy, Strategic Communication; 2018
Murphy Warehouse Company
PreferredOne Brand Awareness, Communication strategy
Rasmussen College
University of Minnesota Health
Wellworth Strategic Communication, The 428; 2018
Women's Foundation of Minnesota MN Girls are Not for Sale Campaign

BEELER MARKETING
16400 Westview Rd, Lake Oswego, OR 97034
Tel.: (503) 908-0808
E-Mail: kim@beelermarketing.com
Web Site: www.beelermarketing.com

Employees: 1
Year Founded: 2002

Agency Specializes In: Advertising, Direct Response Marketing, Public Relations

Kim Beeler *(Owner)*

Accounts:
Bainbridge Organic Distillers
Convergence Networks
Kaady Car Washes
Oswego Lake House
Slick's Big Time Sauces
Willamette Valley Vineyards

BEHAN COMMUNICATIONS, INC.
86 Glen St, Glens Falls, NY 12801
Tel.: (518) 792-3856
Fax: (518) 745-7365
E-Mail: info@behancom.com
Web Site: www.behancommunications.com

Employees: 15
Year Founded: 1988

National Agency Associations: COPF

Agency Specializes In: Internet/Web Design, Print, Public Relations, T.V.

Revenue: $2,000,000

Mark L. Behan *(Pres)*
Kathy Messina *(CFO)*
Joan Gerhardt *(VP & Head-Environmental & Energy Practice)*
John H. Brodt, Jr. *(VP)*
Bill Richmond *(VP)*
Tim Maisonet *(Analyst-Media)*

Accounts:
Atlas Holdings LLC
BASF
Boston Scientific
Bulova
Catholic Conference of New York State
Crandall Public Library
Ellis Hospital
The Evangelist
Finch Paper LLC
General Electric
Juvenile Diabetes Research Foundation
Lancaster Development

Moncure Plywood LLC
Original Works Art Institute
Regeneron Pharmaceuticals
Roman Catholic Diocese of Albany
TRC

BEHRMAN COMMUNICATIONS
270 Madison Ave Ste 402, New York, NY 10016
Tel.: (212) 986-7000
E-Mail: info@behrmanpr.com
Web Site: www.behrmanpr.com

Employees: 50
Year Founded: 1985

Agency Specializes In: Brand Development & Integration, Communications, Copywriting, Digital/Interactive, Email, Media Relations, Public Relations, Retail, Social Media, Strategic Planning/Research

Nancy Behrman *(CEO)*
Heather Braasch Arnold *(VP)*
Gianna Cesa *(VP)*
Ryan Clark *(VP)*
Amanda Youssef *(Asst VP)*
Kristin Boehm *(Dir-Digital & Social Media)*
Emma Considine *(Dir-Copy)*
Emily Torrans *(Acct Supvr)*

Accounts:
New-The Clorox Company Burt's Bees
New-Coola LLC
New-EO Products
New-Kat Burki Inc.
New-Kopari
New-Milani Cosmetics
New-Nudestix
New-Ulta Salon Cosmetics & Fragrance Inc. Nuface
New-Viviscal Limited
New-eos Products LLC

BELLA PR
226 W 37th St 15th Fl, New York, NY 10018
Tel.: (212) 868-8183
Fax: (212) 868-8187
E-Mail: info@bellapr.com
Web Site: www.bellapr.com

Employees: 10

Agency Specializes In: Brand Development & Integration, Public Relations

Sue Small *(VP)*
Lauren Freeman *(Acct Mgr)*

Accounts:
Accessorize Communications
ProfilePRO

BELLE COMMUNICATIONS
1620 E Broad St, Columbus, OH 43203
Tel.: (614) 304-1463
Web Site: www.thinkbelle.com

Employees: 10
Year Founded: 2013

Agency Specializes In: Content, Media Relations, Public Relations, Search Engine Optimization, Social Media

Kate Finley *(Pres & CEO)*
Heather Allen *(Dir-Mktg & Dev)*
Mary Stankiewicz *(Sr Acct Exec)*

Accounts:
Kahiki Foods Inc (Public Relations Agency of Record)

Public Relations Firms

1447

PUBLIC RELATIONS FIRMS — AGENCIES - JANUARY, 2019

BELLEVUE COMMUNICATIONS GROUP
200 S Broad St Ste 850, Philadelphia, PA 19102
Tel.: (215) 735-5910
E-Mail: info@bellevuepr.com
Web Site: www.bellevuepr.com

Employees: 10

Agency Specializes In: Crisis Communications, Event Planning & Marketing, Internet/Web Design, Media Relations, Media Training, Public Relations, Search Engine Optimization, Social Media, Strategic Planning/Research

Kevin Feeley *(Pres)*
Jeff Jubelirer *(VP)*
Mike Neilon *(VP-Media Rels)*
Pete Peterson *(VP)*
Kareen Preble *(Acct Exec)*
Alex Styer *(Acct Exec)*

Accounts:
Free to Breathe

BENDURE COMMUNICATIONS INC
1101 Penn Ave NW, Washington, DC 20004
Tel.: (202) 756-7729
Fax: (540) 687-3470
Web Site: www.bendurepr.com

Employees: 20

Agency Specializes In: Advertising, Brand Development & Integration, Crisis Communications, Logo & Package Design, Public Relations, Social Media

Vicki Bendure *(Pres)*
Scott Stephens *(Exec VP)*
Marcia Massenberg *(Acct Exec)*

Accounts:
Virginia Gold Cup Association

BENNET GROUP
735 Bishop St Ste 401, Honolulu, HI 96813
Tel.: (808) 531-6087
Fax: (808) 531-4290
E-Mail: info@bennetgroup.com
Web Site: www.bennetgroup.com

Employees: 5

Agency Specializes In: Advertising, Crisis Communications, Integrated Marketing, Media Relations, Media Training, Public Relations, Social Media

Joan Bennet *(Pres & CEO)*
Megan Tsuchida *(Mgr-Strategic Comm)*

Accounts:
Hana Ranch
Ward Village

BENVENUTI PUBLIC RELATIONS
303 5th Ave Ste 1806, New York, NY 10016
Tel.: (212) 696-9883
E-Mail: info@benvenutipr.com
Web Site: www.benvenutipr.com

Employees: 5
Year Founded: 1993

Agency Specializes In: Crisis Communications, Event Planning & Marketing, Internet/Web Design, Logo & Package Design, Media Planning, Public Relations, Social Media

Maria Benvenuti *(Pres)*
Telmiza Benvenuti *(VP)*
Christian Leue *(Acct Exec-New Bus)*

Accounts:
Andanada
Bar d'Eau
BEA
Benares Indian Restaurant
By The Hudson
Calvisius Cavia
Carlota Restaurant
Commerce
Desi Galli
Gradisca Ristorante
La Piscina
Malai Marke
Mo Gelato
Moti Mahal Deluxe
Oro Restaurante
Pennsylvania 6
Pizzetteria Brunetti
SoHi
Tavola

BERK COMMUNICATIONS
304 Park Avenue South, New York, NY 10001
Tel.: (212) 889-0440
E-Mail: info@berkcommunications.com
Web Site: www.berkcommunications.com

Employees: 25

Agency Specializes In: Event Planning & Marketing, Public Relations

Ron Berkowitz *(Founder & Pres)*
Michael Kempner *(Chm)*
Marisa Carstens *(Sr VP)*
Alexandra Diaz *(VP-Travel & Tourism)*
Melanie M. Wadden *(VP-Sports & Entertainment)*
Ashlee White *(Sr Acct Exec-Travel & Tourism)*

Accounts:
1 OAK
The 40/40 Club
The Ainsworth Group
Alex Rodriguez
Armand de Brignac
Baros Maldives (Public Relations Agency of Record) Creative, Media Relations, Strategic
BOU (Agency of Record) Creative Programming, Influencer Engagement, Media Relations, Public Relations
Brother Jimmy's Restaurants
CC Sabathia
DB Bistro
Dez Bryant
D'USSE
Jay Z
Junoon (Agency of Record) Influencer Strategy, Media; 2017
Kevin Durant
Las Brisas Hotel Collection
The Meatpacking Business Improvement District Communication Strategy, Media Relations, Strategic
Milaidhoo Island Maldives (Public Relations Agency of Record) Creative, Media Relations, Strategic
Nizuc Resort & Spa
Robinson Cano
Roc Nation Sports
TAO

BERLINROSEN
15 Maiden Ln Ste 1600, New York, NY 10038
Tel.: (646) 452-5637
Fax: (646) 200-5733
Web Site: www.berlinrosen.com

Employees: 500

Agency Specializes In: Brand Development & Integration, Digital/Interactive, Media Relations, Media Training, Print, Public Relations, Social Media

David Levine *(COO)*
Lynsey Kryzwick *(Exec VP-Economic Justice & Change)*
Josh Cook *(Sr VP-Digital Engagement)*
Alex Field *(Sr VP-Digital Advocacy)*
Sara Joseph *(Sr VP)*
Samantha Lasky *(Sr VP)*
Dan Levitan *(Sr VP)*
Jessica Siegel *(Sr VP-Broadcast Strategy)*
Alex Navarro-McKay *(Mng Dir-Creative & Campaign Svcs Div)*
Laura Brandon *(VP)*
Danny Massey *(VP)*
Quincey Smith *(VP)*
Jovana Rizzo *(Acct Dir)*
Mark Ro Beyersdorf *(Acct Dir)*
Giovanna Frank-Vitale *(Acct Dir)*
Shruti Sehgal *(Dir-Consumer Tech)*
Margaret Delaney *(Acct Supvr)*
John Axelrod *(Sr Acct Exec-Digital)*
Madeline Kaye *(Sr Acct Exec)*
Jordan Brueckner *(Acct Exec)*
Peter Drummond *(Acct Exec)*
Michael Pauker *(Assoc Acct Exec)*

Accounts:
Cambodian National Rescue Movement Digital Strategic Guidance, Fact Sheets & Backgrounders, Media Relations & Strategic Communications, Messaging, Op-Eds, Press Releases, Videos, Website Development & Meetings; 2018
Jewish Daily Forward
Sidewalk Labs
Two Trees Management
United Auto Workers
Xerox Public Relations

THE BERMAN GROUP
380 Lexington Ave 19th Flr, New York, NY 10168
Tel.: (212) 450-7300
E-Mail: talktous@bermangrp.com
Web Site: www.bermangrp.com

Employees: 50

Agency Specializes In: Brand Development & Integration, Event Planning & Marketing, Graphic Design, Media Relations, Public Relations, Search Engine Optimization, Social Media

Sarah Berman *(Pres)*
Kate Harrington *(Mng Dir)*

Accounts:
New-Goods for Good
New-Habitat for Humanity

BERNIE DIMEO COMMUNICATIONS
5420 N Harlem Ave Fl 1, Chicago, IL 60656
Tel.: (773) 647-1220
Fax: (773) 647-1706
E-Mail: info@berniedimeo.com
Web Site: www.berniedimeo.com

Employees: 5

Agency Specializes In: Brand Development & Integration, Collateral, Crisis Communications, Event Planning & Marketing, Internet/Web Design, Logo & Package Design, Media Relations, Media Training, Public Relations, Social Media

Robin Boesen *(VP)*
Maggie McKeon *(Dir-Art)*

AGENCIES - JANUARY, 2019 — PUBLIC RELATIONS FIRMS

Accounts:
Rocco Shirts

BERNS COMMUNICATIONS GROUP, LLC
475 Park Ave S 29th Fl, New York, NY 10016
Tel.: (212) 994-4660
Fax: (212) 994-4688
E-Mail: sberns@bcg-pr.com
Web Site: www.bernscommunications.com/

Employees: 8

Agency Specializes In: Communications, Corporate Communications, Corporate Identity, Financial, Public Relations, Publicity/Promotions

Stacy R. Berns *(Owner & Pres)*
Michael Mcmullan *(Mng Dir)*
Alissa Heumann *(Sr VP & Dir-Consumer Mktg)*
Melissa H. Jaffin *(Sr VP)*
Danielle Poggi *(VP)*

Accounts:
Andrew Marc
Bluefly
Born Sportswear
Converse Inc.
Donna Karan
Le Sportsac
Smoothmed
Talbots
World Retail Congress

BERRY ECKE ASSOCIATES
93 Spring St Ste 6, Newton, NJ 07860
Tel.: (973) 984-3100
Fax: (973) 984-5559
Web Site: www.berryassociates.com

Employees: 10
Year Founded: 1972

National Agency Associations: PRSA

Agency Specializes In: Business-To-Business, Communications, Consulting, Corporate Communications, Media Relations, Public Relations

Approx. Annual Billings: $1,000,000

Breakdown of Gross Billings by Media: Consulting: $150,000; Corp. Communications: $500,000; Newsp. & Mags.: $100,000; Pub. Rels.: $150,000; Strategic Planning/Research: $100,000

Richard Ecke *(Pres)*
Scott Olson *(Dir-Design)*
Tom Rice *(Dir-Design)*
Susan Scutti *(Acct Exec)*

Accounts:
C.R. Bard, Inc.
Novartis Pharmaceuticals Corp.

BETH DICKSTEIN ENTERPRISES
665 Broadway Ste 704, New York, NY 10012
Tel.: (212) 353-1383
Web Site: www.bdeonline.biz

Employees: 10

Agency Specializes In: Digital/Interactive, Media Buying Services, Print, Public Relations, Social Media

Beth Dickstein *(Founder & CEO)*
Beth Massey *(Dir-PR & Comm)*

Accounts:
ACME Studios Inc
Alessi
Artek
Be Original Americas
Coalesse
Designtex Group Inc.
Flavor Paper
Flos
Fritz Hansen
Haworth, Inc.

BEUTLER INK
1316 3rd St Promenade Ste 301, Santa Monica, CA 90401
Tel.: (424) 238-8000
E-Mail: hello@beutlerink.com
Web Site: www.beutlerink.com

Employees: 20
Year Founded: 2010

Agency Specializes In: Content, Digital/Interactive, Public Relations

William Beutler *(Pres)*
Sheri Cook-Sandve *(Acct Dir)*
Jehoaddan Kulakoff *(Art Dir)*
Pete Hunt *(Strategist-Creative)*

Accounts:
Northwood Hospitality Social Media Agency of Record

BEWLEY COMMUNICATIONS
10310 Majestic Perch Ct, Indianapolis, IN 46234
Tel.: (317) 777-2031
Web Site: www.bewleycomm.com

Employees: 5
Year Founded: 2013

Agency Specializes In: Crisis Communications, Internet/Web Design, Media Relations, Print, Public Relations, Social Media

Timothy Bewley *(Dir-Digital)*
Mary Louise Bewley *(Mgr-Community Engagement)*

Accounts:
ProAct Community Partnership

BEYOND FIFTEEN COMMUNICATIONS, INC.
5319 University Dr Ste 257, Irvine, CA 92612
Tel.: (949) 733-8679
Fax: (949) 271-4595
Web Site: www.beyondfifteen.com

Employees: 20
Year Founded: 2009

Agency Specializes In: Media Relations, Public Relations, Social Media, Strategic Planning/Research

Lauren Ellermeyer *(Co-Founder)*
Leslie Licano *(Co-Founder)*
Marta Bistram *(Grp Mgr-Acct)*
Taylor Byers *(Sr Acct Exec)*
Katherine Shepherd *(Jr Acct Coord)*

Accounts:
AgreeYa Solutions LLC

BGR GROUP
The Homer Building Eleventh Floor South, Washington, DC 20005
Tel.: (202) 333-4936
Fax: (202) 833-9392
E-Mail: information@bgrdc.com
Web Site: www.bgrdc.com

Employees: 60
Year Founded: 1991

Agency Specializes In: Government/Political, Legal Services, Public Relations

Haley Barbour *(Founder & Partner)*
Ed Rogers *(Chm)*
Robert D. Wood *(Pres)*
Lanny Griffith *(CEO)*
Todd Eardensohn *(CFO)*
Loren Monroe *(COO)*
Jeffrey Birnbaum *(Pres-PR)*
Daniel R. Murphy *(Principal & Gen Counsel)*
Maya Seiden *(Principal)*
Bill Viney *(Principal)*
Mark Tavlarides *(Sr VP)*
Frank Ahrens *(VP)*
Justin Rzepka *(VP)*

Accounts:
ACS State & Federal Solutions
Alfa Bank
Caesars Entertainment Strategic Counsel
Clarian Health Partners
Competitor Group
Donald Jordan
DTN Investments

BHAVA COMMUNICATIONS
1351 Ocean Ave, Emeryville, CA 94608
Tel.: (510) 984-1521
E-Mail: tribe@bhavacom.com
Web Site: www.bhavacom.com

Employees: 50
Year Founded: 2009

Agency Specializes In: Brand Development & Integration, Communications, Content, Digital/Interactive, Integrated Marketing, Public Relations, Social Media

Elizabeth Zaborowska *(Founder & CEO)*
Pamela Njissang *(Mng Dir)*
Greg Wise *(Mng Dir-Southwest)*
Lori Bertelli *(VP)*
Duncan Martell *(Dir-Editorial)*
Amber Winans *(Mng Principal)*

Accounts:
Anomali
Avere
Cloudera, Inc
Dtex Systems Group of Companies
Hedvig Inc
Mocana Corp
Puppet
Vlocity Inc

BIANCHI PUBLIC RELATIONS INC.
888 W Big Beaver Rd Ste 777, Troy, MI 48084
Tel.: (248) 269-1122
Fax: (248) 269-8202
E-Mail: bianchipr@bianchipr.com
Web Site: www.bianchipr.com

Employees: 8
Year Founded: 1992

Agency Specializes In: Automotive, Brand Development & Integration, Broadcast, Business Publications, Business-To-Business, Consulting, Corporate Communications, Corporate Identity, Digital/Interactive, E-Commerce, Education, Engineering, Event Planning & Marketing, Exhibit/Trade Shows, Financial, High Technology, Industrial, International, Legal Services, Local Marketing, Magazines, Media Relations, Media Training, New Technologies, Newspaper, Planning

PUBLIC RELATIONS FIRMS — AGENCIES - JANUARY, 2019

& Consultation, Public Relations,
Publicity/Promotions, Real Estate, Retail, Search
Engine Optimization, Strategic Planning/Research,
Trade & Consumer Magazines, Transportation

Approx. Annual Billings: $1,000,000

James Bianchi *(Pres & CEO)*
Jessica Killenberg Muzik *(VP-Acct Svcs)*
Leslie Clark Dagg *(Acct Supvr)*
Adriana Van Duyn *(Acct Supvr)*
Jaclyn Bussert *(Sr Acct Exec)*

Accounts:
Accuride Corp Public Relations; 2012
Adient Public Relations; 1997
ATA National Title Agency Public Relations; 2016
BASF Automotive Coatings Public Relations; 2008
Cooper-Standard Automotive Inc. Public Relations, Social; 2008
Freudenberg-NOK Sealing Technologies Automotive Seals, Corporate & Brand Communications, Public Relations, Simrit; 1992
FRIMO North America Public Relations
Jaffe Raitt Heuer & Weiss, P.C (Public Relations Agency of Record) Media Relations; 2017
KIRCO Public Relations; 2015
Paul Eichenberg Strategic Consulting (Public Relations Agency of Record) Brand Awareness, Media Relations; 2018
Pittsburgh Glass Works Project Work, Public Relations; 2009
Schaeffler Group Automotive Public Relations; 2007
SRG Global, Inc Public Relations, Publicity; 2016
Toptal Automotive & Mobility
Yanfeng Automotive Interiors Public Relations, Social; 2007

BIG INK PR & MARKETING
1409 S Lamar Ste 214, Dallas, TX 75214
Tel.: (214) 485-7300
Fax: (214) 485-7304
E-Mail: jeffrey@biginkpr.com
Web Site: www.biginkpr.com

Employees: 12

Agency Specializes In: Crisis Communications, Event Planning & Marketing

Jeffrey Yarbrough *(CEO)*
Todd Eckardt *(CFO)*

BIG PICTURE MEDIA INC.
85 Delancey St Fl 3, New York, NY 10002
Tel.: (212) 675-3103
Web Site: www.bigpicturemediaonline.com

Employees: 7
Year Founded: 2007

Agency Specializes In: Digital/Interactive, Email, Public Relations, Social Media, Strategic Planning/Research, T.V.

Revenue: $2,500,000

Dayna Ghiraldi *(Owner)*

Accounts:
My Body Sings Electric
Sleeping With Sirens
The Wonder Years

BIG PICTURE PR
128 California Ave, Mill Valley, CA 94941
Tel.: (415) 362-2085
E-Mail: info@bigpicpr.com
Web Site: www.bigpicpr.com

Employees: 7

Agency Specializes In: Brand Development & Integration, Collateral, Content, Event Planning & Marketing, Media Relations, Public Relations, Social Media

Amy Cunha *(Principal)*
Jordan Stanley *(Acct Exec)*

Accounts:
Diamondere
Vionic

BIG SKY COMMUNICATIONS, INC.
2001 Gateway Pl Ste 130W, San Jose, CA 95110
Tel.: (541) 322-6240
E-Mail: info@bigskypr.com
Web Site: www.bigskypr.com

Employees: 13
Year Founded: 1994

Agency Specializes In: Collateral, Corporate Communications, Crisis Communications, Media Relations, Public Relations, Strategic Planning/Research

Revenue: $1,400,000

Colleen Muller Padnos *(Pres)*
Eddie Miller *(Exec VP)*
Nathaniel Magee *(Acct Dir)*
Staci Temple *(Client Svcs Dir)*
Preethi Chandrasekhar *(Sr Acct Mgr)*
Lisa Sloane *(Sr Acct Mgr)*
Paula Kozak *(Mgr-Customer Reference)*
Sheri Seybold *(Sr Client Svcs Dir)*

Accounts:
Adobe Systems, Inc.
Fanfare
Fujitsu
NetApp, Inc.
SeniorNet

BIGFISH COMMUNICATIONS
7 Kent St, Brookline, MA 02445
Tel.: (617) 713-3800
Web Site: bigfishpr.com

Employees: 15
Year Founded: 1999

Agency Specializes In: Brand Development & Integration, Event Planning & Marketing, Internet/Web Design, Public Relations, Social Media

David Gerzof Richard *(Founder & Pres)*
Meredith Chiricosta *(Partner & VP-Accts)*
Jessica Crispo *(Partner & VP)*
Joseph Scarci *(VP-Sls & Mktg-FINsix)*
Brigid Gorham *(Sr Acct Mgr)*
Adriana Howell *(Acct Mgr)*
Meghan Azralon *(Asst Acct Mgr)*

Accounts:
TYLT

BIRNBACH COMMUNICATIONS, INC.
20 Devereux St Ste 3A, Marblehead, MA 01945
Tel.: (781) 639-6701
Fax: (781) 639-6702
E-Mail: birnbach@birnbachcom.com
Web Site: www.birnbachcom.com

Employees: 10
Year Founded: 2001

National Agency Associations: PRSA

Agency Specializes In: Business Publications, Business-To-Business, Communications, Content, Corporate Communications, Health Care Services, Information Technology, Media Relations, Medical Products, New Technologies, Newspapers & Magazines, Podcasting, Promotions, Public Relations, Publicity/Promotions, Social Marketing/Nonprofit

Approx. Annual Billings: $500,000

Breakdown of Gross Billings by Media: Bus. Publs.: 33%; Consumer Publs.: 34%; Newsp. & Mags.: 33%

Norman Birnbach *(Pres)*

Accounts:
Couplets.com; Greenwich, CT; 2006
UNIT4 Business Software PR, Social Media, Thought Leadership

BITNER GOODMAN
800 Corporate Dr, Fort Lauderdale, FL 33334
Tel.: (954) 730-7730
Fax: (954) 730-7130
E-Mail: info@bitnergoodman.com
Web Site: www.bitnergroup.com/

E-Mail for Key Personnel:
President: gary@bitner.com

Employees: 17
Year Founded: 1980

National Agency Associations: PRSA

Agency Specializes In: African-American Market, Automotive, Bilingual Market, Business-To-Business, Collateral, Communications, Consulting, Consumer Marketing, Financial, Graphic Design, Health Care Services, High Technology, Hispanic Market, Medical Products, Public Relations, Publicity/Promotions, Real Estate, Restaurant, Retail, Strategic Planning/Research, Transportation, Travel & Tourism

Gary Bitner *(Partner)*
Elizabeth Moss *(Acct Supvr-PR-Bitner Grp)*

Accounts:
Granite Transformations PR, Social Media
Seminole Casino Coconut Creek
Seminole Hard Rock Hotel & Casino Seminole Gaming Administration
Seminole Tribe of Florida; 2000
Simon Property Group; FL Malls, Outlets & Lifestyle Centers; 2008

BKWLD
808 R St Ste 202 Suite 202, Sacramento, CA 95814
Tel.: (916) 922-9200
E-Mail: info@bkwld.com
Web Site: http://www.bukwild.com/

Employees: 25
Year Founded: 2001

Agency Specializes In: Advertising, Media Relations, Sponsorship

Ryan Vanni *(Founder & CEO)*
Isis Dallis *(Exec VP-Brand Experience)*
Justin Jewett *(VP)*
Jeff Toll *(Exec Creative Dir)*
Jeremy McCain *(Creative Dir-Content)*
Ethan Martin *(Dir-User Strategy)*

Accounts:
The Beach Boys Music Albums Provider
Clif Bar (Digital Agency of Record) Content,

AGENCIES - JANUARY, 2019 — PUBLIC RELATIONS FIRMS

Creative, Website
Hard Hat City Construction Community Services
McDonald's Campaign: "Unexpected Moments",
 McDonald's Breakfast

BLACK BENAK
2829 2Nd Ave S Ste 305, Birmingham, AL 35233
Tel.: (205) 202-5759
E-Mail: hello@blackbenak.com
Web Site: www.blackbenak.com

Employees: 5
Year Founded: 2013

Agency Specializes In: Brand Development & Integration, Content, Event Planning & Marketing, Promotions, Public Relations, Social Media, Strategic Planning/Research

Laurel McQuinn *(Dir-Brand Mgmt)*

Accounts:
Whitlee Mullis Graphic Design

THE BLACK SHEEP AGENCY
1824 Spring St Studio 105, Houston, TX 77007
Tel.: (832) 971-7725
E-Mail: info@theblacksheepagency.com
Web Site: www.theblacksheepagency.com

Employees: 50
Year Founded: 2009

Agency Specializes In: Advertising, Brand Development & Integration, Event Planning & Marketing, Graphic Design, Media Relations, Public Relations, Social Media

Jessica Craft *(Mng Dir)*
Jo Skillman *(Art Dir)*
Sarah Gabbart *(Dir-Content, Strategist-Mktg & Copywriter)*

Accounts:
Janus
Ragin Cajun Restaurant

BLACKBIRD PR
261 5th Ave Fl 22, New York, NY 10016
Tel.: (212) 683-2442
Fax: (212) 683-2022
Web Site: www.blackbird-pr.com

Year Founded: 2009

National Agency Associations: 4A's

Agency Specializes In: Broadcast, Print, Public Relations, Social Media

Melanie Brandman *(Founder & CEO)*
Ross Martin *(CEO)*
Kirsten Magen *(Sr VP)*

Accounts:
Black Tomato (Public Relations Agency of Record)
Blue Waters Resort Public Relations
Mondrian London Public Relations
Morgans Hotel Group
NYLO
The Ritz-Carlton, Bali
XpresSpa Media Relations

BLAKE ZIDELL & ASSOCIATES
321 Dean St 5, Brooklyn, NY 11217
Tel.: (718) 643-9052
E-Mail: info@blakezidell.com
Web Site: www.blakezidell.com

Employees: 5

Agency Specializes In: Public Relations

Ronald Gaskill *(VP)*

Accounts:
Soho Rep

BLANC & OTUS PUBLIC RELATIONS
1001 Front St, San Francisco, CA 94111
Tel.: (415) 856-5100
Fax: (415) 856-5193
Web Site: www.blancandotus.com

Employees: 50
Year Founded: 1985

Agency Specializes In: High Technology, New Technologies, Public Relations, Sponsorship

Tony Hynes *(CEO)*
Shasta Smith *(Principal-PR)*
Kristin Reeves *(VP)*
Simon Jones *(Sr Dir-Oracle Applications, NetSuite & Data Cloud PR)*
Jennifer Pierce *(Acct Dir)*
Neil Torres *(Acct Supvr & Strategist-Media)*
Natalie Pridham *(Acct Supvr)*

Accounts:
CalCEF
Kony Inc
Lyris, Inc; Wilmington, DE
NETQOS
Oracle
Passenger
Proactive Communications
SanDisk
Universal Electronics
Video Egg
Visible Technologies (Agency of Record)
Xactly Corporation

Blanc & Otus Public Relations
206 E 9th St Ste 1850, Austin, TX 78701
Tel.: (512) 691-0650
E-Mail: rweber@blancandotus.com
Web Site: www.blancandotus.com

Employees: 10

Agency Specializes In: Public Relations

BLAST! PR
123 A El Paseo, Santa Barbara, CA 93101
Tel.: (919) 833-9975
Fax: (919) 833-9976
Toll Free: (855) 526-1216
E-Mail: information@blastpr.com
Web Site: www.blastpr.com

Employees: 10
Year Founded: 2000

Agency Specializes In: Communications, Digital/Interactive, E-Commerce, Entertainment, Event Planning & Marketing, Financial, Government/Political, Information Technology, Integrated Marketing, Media Buying Services, Media Planning, Media Relations, Mobile Marketing, Promotions, Public Relations, Publicity/Promotions, Retail, Social Media, Strategic Planning/Research

Kathleen Bagley Formidoni *(Founder & Principal)*
Bryan Formidoni *(Founder & Principal)*
Lana McGilvray *(Principal)*
Matthew Caldecutt *(Sr VP)*
Alexis Roberts *(Sr Dir-PR)*
Shelley Petri *(Acct Dir-PR)*
Caty Posey *(Mgr-Events)*

Hollis Guerra *(Acct Supvr)*
Brook Marlowe *(Specialist-PR)*
Lorene Bagley-Kane *(Sr Content Mgr)*

Accounts:
The Trade Desk, Inc.

BLASTMEDIA
11313 USA Pkwy, Fishers, IN 46037
Tel.: (317) 806-1900
E-Mail: info@blastmedia.com
Web Site: www.blastmedia.com

Employees: 25

Agency Specializes In: Media Relations, Public Relations, Social Media

Lindsey Groepper *(Pres)*
Mendy Werne *(CEO)*
Kimberly Jefferson *(VP)*
Blake Fife *(Creative Dir)*
Meghan Matheny *(Acct Dir)*
Grace Williams *(Acct Dir)*
Kelsey Koralewski *(Acct Mgr)*
Lydia Beechler *(Sr Acct Exec)*
Allyson Johnson *(Sr Acct Exec)*

Accounts:
Adaptive Computing
Appirio (North America Public Relations Agency of Record) Media Relations
Apteligent
CloudPassage Media Relations
Fizziology Media Relations
Kenra Professional
Long John Silver's, LLC (Social Media Agency of Record)
MokaFive
Philips
Scout RFP Intake, Media Relations, Pipeline
SmartFile (Public Relations Agency of Record)
Solavei LLC
TinderBox
Zeiss
Zephyr Public Relations
Zudy Media Relations

BLH CONSULTING
502 Pryor St Ste 301, Atlanta, GA 30312-2767
Tel.: (404) 688-0415
Fax: (404) 688-1425
Web Site: www.blhconsulting.net

E-Mail for Key Personnel:
President: betsy@blhconsulting.net

Employees: 5
Year Founded: 2002

National Agency Associations: PRSA

Agency Specializes In: African-American Market, Bilingual Market, Business-To-Business, Communications, Event Planning & Marketing, Exhibit/Trade Shows, Graphic Design, Hispanic Market, Multimedia, Public Relations, Publicity/Promotions, Strategic Planning/Research

Approx. Annual Billings: $500,000

Amy Bouchard *(Acct Mgr-Retail)*

Accounts:
Concessions International, LLC
GlaxoSmithKline
ING Financial Services
National CASA Association
National Foster Care Month

BLICK & STAFF COMMUNICATIONS
(Acquired & Absorbed by O'Malley Hansen)

PUBLIC RELATIONS FIRMS

Communications)

BLINK PR
1130 E Hallandale Beach Blvd Ste G, Hallandle Beach, FL 33009
Tel.: (305) 490-5911
Web Site: www.blinkpr.com

Employees: 5

Agency Specializes In: Event Planning & Marketing, Media Training, Public Relations, Social Media

Katherine Fleischman *(Pres)*

Accounts:
Callet
Cameo Nouveau
Dr. L, A Happy You
Femme Coiffure
Flipme
Jeffrey James Botanicals
Marissa Del Rosario PR
Out of Print
RUBR Watches
Swell Bottle

BLUE FROG COMMUNICATIONS
275 7th Ave 7th Flr, New York, NY 10001
Tel.: (516) 353-6552
Web Site: www.bluefrogcomm.com

Employees: 5

Agency Specializes In: Brand Development & Integration, Content, Crisis Communications, Event Planning & Marketing, Media Relations, Media Training, Public Relations, Social Media

Jennifer Krosche *(Founder & Pres)*

Accounts:
New-Stephen Joseph Inc

BLUE HERON COMMUNICATIONS
3260 Marshall Ave, Norman, OK 73072
Tel.: (405) 364-3433
Fax: (405) 364-5447
Toll Free: (800) 654-3766
E-Mail: info@blueheroncomm.com
Web Site: www.blueheroncomm.com

Employees: 10
Year Founded: 1987

Agency Specializes In: Advertising, Corporate Communications, Out-of-Home Media, Outdoor, Public Relations, Social Media

Gary Giudice *(Owner)*
Ron Giudice *(VP)*
Josh Ward *(Mgr-Creative & Sr Acct Exec-PR)*
Greg Duncan *(Acct Exec)*

Accounts:
Abu Garcia
Benelli USA (Public Relations Agency of Record) A.Uberti, Benelli, Content, Events, Franchi, Media Relations, News, Promotions, Stoeger, Stoeger Airguns
Berkley
BLACKHAWK!
Boone & Crockett Club
Burris Company, Inc (Agency of Record) Burris, Marketing Communications, Media, Public Relations, Steiner, Strategic; 2017
DSC
National Hunting and Fishing Day
PRADCO Outdoor Brands Fishing
Ranger Boats
Smith & Wesson
Thompson/Center
Winchester Safes
YakGear, Inc Marketing, Public Relations, Railblaza USA; 2018

BLUEIVY COMMUNICATIONS
290 NE 5th Ave, Delray Beach, FL 33483
Tel.: (561) 310-9921
E-Mail: info@blueivycommunications.com
Web Site: www.blueivycommunications.com

Employees: 5
Year Founded: 2011

Agency Specializes In: Communications, Content, Media Relations, Media Training, Public Relations, Social Media

Melissa Perlman *(Pres)*

Accounts:
Fit Food Express
PC Professor Computer Training & Repairs
Signature Veterinary Care

BLUEPOINT VENTURE MARKETING
17 Draper Rd, Wayland, MA 01778
Tel.: (508) 358-6371
Fax: (781) 861-7810
E-Mail: info@bluepointmktg.com
Web Site: www.bluepointmktg.com

Employees: 5

Agency Specializes In: Advertising, Public Relations, Strategic Planning/Research

Alison Moore *(Owner)*
Rob Moore *(Principal)*

Accounts:
Dmailer
HCL Technologies
Ruckus
Sitecore

THE BLUESHIRT GROUP
100 Montgomery St Ste 1600, San Francisco, CA 94104
Tel.: (415) 217-7722
Fax: (415) 217-7721
Web Site: www.blueshirtgroup.com

Employees: 30

Agency Specializes In: Crisis Communications, Investor Relations, Media Relations, Public Relations

Alex Wellins *(Co-Founder & Mng Dir)*
Lisa Laukkanen *(Mng Partner)*
Irmina Blaszczyk *(Mng Dir)*
Chris Danne *(Mng Dir)*
Gary Dvorchak *(Mng Dir)*
Jennifer Jarman *(Mng Dir)*
Brinlea Johnson *(Mng Dir)*
Maria Riley *(Mng Dir)*
Melanie Solomon *(Mng Dir)*
Kim Hughes *(Mng Dir-Media Rels)*
Jeff Fox *(Dir-Media Rels)*

Accounts:
Actions
Analogic Tech
Aruba Networks
Bigband Networks
BMC Select
Broadsoft
CafePress
Cogent Systems
Control4 Corporation
DTS, Inc.
Fitbit Financial Communications, Investor Relations
Immersion Corporation
Keek Inc Communications Strategy
Liquid Holdings Group, Inc. Investor Relations, Media Relations
Mitel
Move
Openwave Systems Inc. Investor Relations
Points International
ReachLocal, Inc. Investor Relations
Scientific Learning Corporation
ServiceSource International, Inc.
SMART Modular Technologies, Inc.
TeleNav, Inc.

Branch

The Blueshirt Group
230 Park Ave 10th Fl, New York, NY 10169
Tel.: (212) 551-1452
Web Site: www.blueshirtgroup.com

Employees: 10

Monica Gould *(Mng Dir)*
Christine Greany *(Mng Dir)*
Brinlea Johnson *(Mng Dir)*
Lindsay Grant Savarese *(Dir-IR)*

Accounts:
MKS Instruments, Inc
SeaChange International

BLUETONE MARKETING & PUBLIC RELATIONS
999 Corporate Dr Ste 100, Ladera Ranch, CA 92694
Tel.: (619) 807-6349
E-Mail: info@bluetonemarketing.com
Web Site: www.bluetonemarketing.com

Agency Specializes In: Broadcast, Collateral, Logo & Package Design, Media Relations, Print, Public Relations, Radio, Social Media, Strategic Planning/Research

Jonathan Abramson *(Pres)*
Susy Sellers *(Mgr-New Accts & Rep-Mktg)*
Virginia Chavez *(Acct Exec)*
Carly Layne *(Acct Exec)*
Ken Coleman *(Copywriter)*

Accounts:
Beforeplay.org
Free Wheelchair Mission
MSHIPCO
Petite My Sweets
Rebecca's House
SprinkleBit

BML PUBLIC RELATIONS
25B Vreeland Rd Ste 215, Florham Park, NJ 07932
Tel.: (973) 337-6395
E-Mail: info@bmlpr.com
Web Site: www.bmlpr.com

Employees: 10

Agency Specializes In: Brand Development & Integration, Crisis Communications, Exhibit/Trade Shows, Media Relations, Public Relations, Social Media

Brian M. Lowe *(Pres & CEO)*
Meredith DeSanti *(VP-Strategy & Creative)*
John Gramuglia *(VP-Acct Mgmt & Ops)*
Tricia Ryan *(VP-Bus Dev)*

AGENCIES - JANUARY, 2019 — PUBLIC RELATIONS FIRMS

Michelle LoGuercio *(Acct Supvr)*
Jillian Verpent *(Acct Supvr)*

Accounts:
Applebee's Neighborhood Grill & Bar
Feld Entertainment, Inc. Disney On Ice, Monster Energy AMA Supercross, Monster Jam
Manischewitz Company (Public Relations Agency of Record) Brand Awareness; 2018
Mountain Creek Resort; 2018
Panera Bread Company
ShopRite Supermarkets
Sky Valley Foods (Agency of Record) Creative, Innovations & Brand Announcements, Product Launches, Public Relations; 2018
Smashburger Master LLC
Villa Italian Kitchen
Wayback Burgers

BOARDROOM COMMUNICATIONS INC.
1776 N Pine Island Rd Ste 320, Fort Lauderdale, FL 33322
Tel.: (954) 370-8999
Fax: (954) 370-8892
E-Mail: bci@boardroompr.com
Web Site: www.boardroompr.com

Employees: 20

Agency Specializes In: Public Relations

Donald Silver *(COO)*
Julie Silver Talenfeld *(Pres-PR)*
Todd Templin *(Exec VP-PR)*
Eddie Dominguez *(Sr VP & Mktg Dir)*
Caren Berg *(Sr VP)*
Jennifer Clarin *(VP-PR)*
Michelle Griffith *(VP)*
Lauren Berger *(Acct Dir)*
Mark Holmes *(Mktg Dir)*
Eric Kalis *(Acct Dir)*
Felipe M. Calderon, III *(Mgr-Multi Media)*
Ashley Kearns *(Mgr-Social Media)*
Sandra Reichman *(Sr Acct Exec-PR)*
Laura Burns *(Specialist-PR & Crisis Comm-Boardroom PR)*
Hannah Colson *(Acct Exec-PR)*
Jasmin Curtiss *(Acct Exec)*
Zoe Haugen *(Specialist-Multi Media & PR)*

Accounts:
Bijou Bay Harbor (Public Relations Agency of Record) Media Relations, Social Media
Florida Medical Center
Minto Communities (Public Relations Agency of Record) Media Relations
SRF Ventures (Public Relations Agency of Record) Media Relations

Branch

Boardroom Communication Inc.
601 Brickell Key Dr Ste 700, Miami, FL 33131
Tel.: (786) 453-8061
Web Site: www.boardroompr.com

Employees: 25

Agency Specializes In: Advertising, Brand Development & Integration, Crisis Communications, Media Relations, Media Training, Public Relations, Social Media

Julie Silver Talenfeld *(Pres)*
Eric Kalis *(Acct Dir)*
Sandra Reichman *(Sr Acct Exec)*

Accounts:
Marina Palms Yacht Club & Residences

BOB GOLD & ASSOCIATES
(d/b/a B G & A)
1640 S Pacific Coast Hwy, Redondo Beach, CA 90277
Tel.: (310) 320-2010
E-Mail: admin@bobgoldpr.com
Web Site: www.bobgoldpr.com

Employees: 15

Agency Specializes In: Brand Development & Integration, Corporate Communications, Crisis Communications, Direct Response Marketing, Exhibit/Trade Shows, Industrial, Local Marketing, Market Research, Media Relations, Media Training, New Product Development, Promotions, Public Relations, Sponsorship, Strategic Planning/Research

Bob Gold *(Founder, Pres & CEO)*
Linda Haugsted *(Sr Acct Mgr)*
Chris Huppertz *(Sr Acct Exec)*

Accounts:
Alliance for Women in Media Southern California Affiliate Public Relations, Publicity
beIN SPORT
BIGO Technology LIKE App; 2018
Caribbean Broadcasting Network Public Relations
Channel Master
Clearleap Communication Strategies
Envivio Global Communications
Global Net Solutions Global Communication, Public Relations & Marketing, S-Badge; 2017
Hitron Technologies Inc Communications, Marketing, Public Relations
Long Beach Grand Cru Public Relations
The Media & Entertainment Services Alliance (Agency of Record)
Ooyala (North American Agency of Record) TV, Video
Penthera
Questex FierceCable, The Pay TV Show; 2018
Residents Medical Communications
SEMrush Communications
Skypicker Public Relations
South Coast Botanic Garden Nature Connects, Publicity
Telit Wireless Solutions, Inc. Global PR, Marketing, Media Relations, Social Media
Toberman Neighborhood Center Kobe and Vanessa Bryant, Publicity
TVGear Public Relations
Viamedia (Agency of Record) Public Relations
ZeeVee, Inc. (Global Agency of Record) Public Relations
ZoneTV Digital, Public Relations

BOCA COMMUNICATIONS
403 Francisco St, San Francisco, CA 94133
Tel.: (415) 738-7718
E-Mail: getresults@bocacommunications.com
Web Site: www.bocacommunications.com

Employees: 50
Year Founded: 2007

Agency Specializes In: Advertising, Business-To-Business, Content, Crisis Communications, Digital/Interactive, Event Planning & Marketing, Health Care Services, Internet/Web Design, Media Relations, Media Training, Public Relations, Search Engine Optimization, Social Media

Kathleen Shanahan *(CEO)*
Merrill Freund *(Exec VP & Gen Mgr)*
Ashley Breinlinger *(Sr VP)*
Sammy Totah *(VP)*
Brigit Valencia *(VP)*
Alissa Vasilevskis *(VP)*
Elyce Ventura *(VP)*
Kimberly Stoddard *(Sr Strategist-Content & Media)*

Accounts:
Boomerang Commerce
Cohesity Inc
DataSift
Huddle
NinthDecimal Inc
Vlocity Inc

BODEN AGENCY
(Formerly BodenPR)
7791 NW 46th St Ste 304, Miami, FL 33166
Tel.: (305) 639-6770
Fax: (866) 334-0145
Web Site: bodenagency.com/

Employees: 20
Year Founded: 2005

Agency Specializes In: Digital/Interactive, Event Planning & Marketing, Graphic Design, Media Relations, Media Training, Public Relations, Social Media

Natalie Boden *(Founder & Pres)*
Gabriel Torrelles *(Creative Dir)*
Janet Careaga *(Acct Supvr)*
Natalie Asorey *(Supvr-Social Media)*
Michelle Kawas *(Acct Exec)*
Anais Sanchez *(Acct Exec-Social Media)*
Linda Soriano *(Acct Exec)*
Wilmarie Velez *(Acct Exec-Social Media)*
Krystal Carey *(Assoc)*
Lauren Gongora *(Sr Supvr)*
Tatiana Marshall *(Spvr)*
Carla Zappala *(Assoc)*

Accounts:
Chobani, LLC Flip yogurt, Greek yogurt, Media Relations, Public Relations Strategy
Delta Dental
Jarden Consumer Solutions (Latin America Agency of Record) Bionaire, Content Marketing, Influencer Relations, Oster, Oster Beauty, Public Relations
McDonald's Corporation (US Hispanic Agency of Record)
PepsiCo
Target

BODENPR
(See Under Boden Agency)

BOHLSENPR INC.
201 S Capitol Ave Ste 600, IndianaPOlis, IN 46225
Tel.: (317) 602-7137
Fax: (317) 536-3775
E-Mail: info@bohlsengroup.com
Web Site: https://bohlsengroup.com/

Employees: 25

Agency Specializes In: Public Relations

Vicki Wilson Bohlsen *(Owner & CEO)*
Andrew Hayenga *(VP-Nonprofit & Corp)*
Andy Wilson *(VP-Events & Entertainment)*
Jordan Overton *(Dir-Online Media)*
Karen Hurt *(Acct Exec)*
David Cordell *(Grp Creative Dir)*
Lauren Parke *(Exec-Acct Svcs)*

Accounts:
Author Solutions Inc.
Authorhive
Center on Philanthropy at Indiana University
Christiana Care
The Hoosier Environmental Council
Indianapolis Opera Media Relations, Public Relations, Publicity
iUniverse

PUBLIC RELATIONS FIRMS

Rainbow's End
Rib America Festival
SAVI
Spirit & Place Festival
The Timmy Foundation
The Vogue

BOLLARE
8935 Beverly Blvd, Los Angeles, CA 90048
Tel.: (310) 246-0983
E-Mail: info@bollare.com
Web Site: www.bollare.com

Employees: 30

Agency Specializes In: Brand Development & Integration, Digital/Interactive, Public Relations

Niki Bonjoukian *(Acct Mgr-VIP)*

Accounts:
Mistress Rocks US Public Relations
Smythe Inc
This Works US Public Relations
ViX Paula Hermanny US Public Relations

BOLT ENTERPRISES
501 Elm St Ste 450, Dallas, TX 75202
Tel.: (214) 238-8045
E-Mail: texas@boltpr.com
Web Site: www.boltpr.com

Employees: 50
Year Founded: 2007

Agency Specializes In: Advertising, Crisis Communications, Event Planning & Marketing, Media Relations, Media Training, New Product Development, Public Relations, Radio, Search Engine Optimization, Social Media

Caroline Callaway *(Pres-PR)*
Jo-Anne Chase *(VP)*
Adrienne Wojtaszek *(Sr Dir-Agency Svcs)*
Dawn Mead *(Acct Mgr)*
Shannon White *(Mgr-PR)*
Nicole Kypraios *(Acct Supvr)*
Annie Meyer *(Acct Exec-Digital)*
Alex Caswell *(Asst Acct Exec)*

Accounts:
New-Darden Concepts Inc Seasons 52
New-Health 2 Humanity Corp
New-Hoot For Kids
New-Meathead Movers Inc
New-Model Prep
New-Pizzarev La Habra
New-Steri-Clean South Carolina
New-The Sufferfest
New-Virginia International Raceway
New-XBAR Fitness

BOLT PUBLIC RELATIONS
9731 Irvine Ctr Dr, Irvine, CA 92618
Tel.: (949) 218-5454
Web Site: www.boltpr.com

Employees: 20

Agency Specializes In: Advertising, Collateral, Crisis Communications, Digital/Interactive, Email, Event Planning & Marketing, Public Relations, Social Media

Brent Callaway *(Owner)*
Jo-Anne Chase *(VP)*
Shannon White *(Mgr-PR)*
Jennifer Magana *(Acct Exec)*

Accounts:
ideaMACHINE Studio (Agency of Record); 2018

Spicy City
Tamarind
TriDerma

Branch

Bolt Public Relations
618 W Jones St Ste 102, Raleigh, NC 27603
(See Separate Listing)

BOND MOROCH
(Formerly Bond Public Relations & Brand Strategy)
3308-B Magazine St, New Orleans, LA 70115
Tel.: (504) 897-0462
Fax: (504) 897-0748
Web Site: www.bondpublicrelations.com

Employees: 25
Year Founded: 2004

Agency Specializes In: Advertising, Brand Development & Integration, Content, Crisis Communications, Event Planning & Marketing, Media Relations, Public Relations, Social Media, Strategic Planning/Research

Jennifer Bond *(Partner)*
Skipper Bond *(Partner)*
Jordan Friedman *(Partner)*
Allison Staub *(Mgr-Digital Media)*
Andrew Freeman *(Acct Supvr)*
Kelsey Hyde *(Sr Acct Exec-Bond PR & Brand Strategy)*
Ally Hodapp *(Acct Exec)*
Ryan Evans *(Mng Supvr)*

Accounts:
Arana Taqueria y Cantina
Cafe Hope
Hard Rock Cafe Foundation, Inc.
The Hotel Modern
Imoto Real Estate Photography
LiveAnswer
Paradigm Investment Group
Saddles Blazin
West Elm

BONEAU/BRYAN-BROWN
1501 Broadway Ste 1314, New York, NY 10036
Tel.: (212) 575-3030
Web Site: www.boneaubryanbrown.com

Employees: 25

Agency Specializes In: Media Training, Public Relations

Michelle Farabaugh *(Acct Exec)*

Accounts:
Amazing Grace Musical

BOOK PUBLICITY SERVICES
15615 Alton Parkway, Irvine, CA 92618
Tel.: (805) 807-9027
Web Site: bookpublicityservices.com

Employees: 3
Year Founded: 2013

Agency Specializes In: Broadcast, Magazines, Newspaper, Newspapers & Magazines, Print, Promotions, Radio, Social Media, T.V.

Kelsey Butts *(Pres)*

Accounts:
Bennett Jacobstein "The Joy of Ballpark Food"
Iain Reading "Kitty Hawk and the Curse of the Yukon Gold"

Lola Smirnova "Twisted"

BOTTOM LINE MARKETING & PUBLIC RELATIONS
600 W Virginia St Ste 100, Milwaukee, WI 53204
Tel.: (414) 270-3000
Web Site: www.blmpr.com

Employees: 10

Agency Specializes In: Brand Development & Integration, Crisis Communications, Government/Political, Media Relations, Media Training, Public Relations, Social Media

Jeffrey Remsik *(Pres & CEO)*
Katie Koeppel *(Specialist-PR)*

Accounts:
Health Payment Systems Inc.

BOXCAR PR
2906 Eastpoint Pkwy, Louisville, KY 40223
Tel.: (502) 805-2006
E-Mail: contact@boxcarpr.com
Web Site: www.boxcarpr.com

Employees: 10

Agency Specializes In: Advertising, Crisis Communications, Event Planning & Marketing, Graphic Design, Internet/Web Design, Media Buying Services, Public Relations, Social Media

Bob Gunnell *(Owner)*

Accounts:
Bionic Gloves (Public Relations Agency of Record)
    Corporate Communications, Media Relations
Blue Equity, LLC
Churchill Downs, Inc.
Dr. Mark Lynn & Associates
J Wagner Group
Louisville Marriott Downtown
Miller Transportation
The Salvation Army
The Voice Tribune
Wehr Constructors Inc
Whiskey Row

BR PUBLIC RELATIONS
144 E 84th St Ste 7G, New York, NY 10028
Tel.: (212) 249-5125
Web Site: www.brpublicrelations.com

Employees: 5

Agency Specializes In: Brand Development & Integration, Consumer Goods, Corporate Communications, Crisis Communications, Media Training, Public Relations, Social Media

Diane Blackman *(Principal)*

Accounts:
Diner en Blanc - New York
Igudesman & Joo
Revolution Movie

THE BRADFORD GROUP
2115 Yeaman Pl Ste 210, Nashville, TN 37206
Tel.: (615) 515-4888
Fax: (615) 515-4889
E-Mail: info@bradfordgroup.com
Web Site: www.bradfordgroup.com

Employees: 50

Agency Specializes In: Brand Development & Integration, Event Planning & Marketing, Media

AGENCIES - JANUARY, 2019 — PUBLIC RELATIONS FIRMS

Relations, Media Training, Public Relations, Social Media, Strategic Planning/Research

Jeff Bradford *(Pres & CEO)*
Gina Gallup *(COO & VP)*
Damon Maida *(Acct Dir)*
Molly Aggas *(Sr Acct Mgr)*

Accounts:
Medalogix

BRAFF COMMUNICATIONS LLC
PO Box 500, Fair Lawn, NJ 07410
Tel.: (201) 612-0707
Fax: (201) 612-0760
E-Mail: mbraff@braffcommunications.com
Web Site: www.braffcommunications.com

Employees: 2
Year Founded: 1993

Agency Specializes In: Business-To-Business, Media Relations, Public Relations, Publicity/Promotions

Mark Braff *(Owner)*

Accounts:
ABC Family
Balihoo
Cason Nightingale
Channel One News
College Television Network
Enversa
Hallmark Channel
Interep
Mondo Media
Regional News Network
Sheridan Broadcasting
Turner Broadcasting
Wizzard Media

BRAITHWAITE COMMUNICATIONS
1500 Walnut St 18th Fl, Philadelphia, PA 19102-3509
Tel.: (215) 564-3200
Fax: (215) 564-3455
E-Mail: info@gobraithwaite.com
Web Site: www.gobraithwaite.com

Employees: 18
Year Founded: 1996

Agency Specializes In: Advertising, Brand Development & Integration, Crisis Communications, Digital/Interactive, Market Research, Media Planning, Media Training

Hugh Braithwaite *(Founder & Pres)*
Jason Rocker *(Principal)*
Sarah Promisloff *(VP)*
Alex Dalgliesh *(Assoc VP)*
Steve Wanczyk *(Assoc VP)*

Accounts:
Aesculap
FMC Corporation
Free Library of Philadelphia
Glenmede Trust Company
Merck
The National Liberty Museum
SEI
Trust
Wawa

BRANDRENEW PR
121 Monument Cir Ste 523, Indianapolis, IN 46204
Tel.: (317) 440-1898
E-Mail: info@brandrenewpr.com
Web Site: www.brandrenewpr.com

Employees: 5

Agency Specializes In: Brand Development & Integration, Event Planning & Marketing, Graphic Design, Media Relations, Print, Public Relations

Cris Dorman *(Principal)*

Accounts:
The Columbia Club
Hotel Tango Artisan Distillery

BRANDSTYLE COMMUNICATIONS
14 E 60th St Ste 407, New York, NY 10022
Tel.: (212) 794-0060
E-Mail: info@brandstylecommunications.com
Web Site: www.brandstyle.com

Employees: 5

Agency Specializes In: Event Planning & Marketing, Media Relations, Public Relations, Sponsorship

Zoe Weisberg Coady *(Founder & CEO)*
Alexandra Martillotta *(VP-Client Svcs)*
Adaline Colton *(Sr Acct Exec)*
Sarah Markowitz *(Sr Acct Exec)*

Accounts:
Bodylogix; 2017
CEP
Cobram Estate Olive Oil
CUR Music
Dr. Armando Hernandez-Rey
Elle Cole Interiors
Eloquii
Fabricut; 2017
Fashion to Figure
Flag & Anthem
Galeries Lafayette; 2017
Gustus Vitae
Handsome Brook Farm
Love Your Melon
Magnises
Moenio
NicholsMD; 2017
Oscar Blandi
Patrick Ta; 2017
Quad Jobs
Quiet Logistics
Riviera Caterers
Salvo Group
Schweid & Sons
Skin by Varley; 2017
Spotfront; 2017
Swipecast; 2017
TokynX LLC; 2018
Vulog Partner; 2018

BRANDWARE PUBLIC RELATIONS
8399 Dunwoody Place Bldg 6 Ste 200, Atlanta, GA 30350-3302
Tel.: (770) 649-0880
Web Site: www.brandwarepr.com

Employees: 10
Year Founded: 2000

Agency Specializes In: Communications, Content, Digital/Interactive, Event Planning & Marketing, Media Relations, Public Relations, Social Media

Jennifer Jones-Mitchell *(Pres)*
Elke Martin *(CEO)*
Charles Mayer *(COO)*
Kristie Schutz *(Dir-Ops)*
Jordan Garofalo *(Sr Acct Exec)*

Accounts:
AAP3 Public Relations
New-American Freedom Distillery (Public Relations Agency of Record) Influencer Campaigns, Regional & National Media Communications; 2018
Ashton Woods Communications Strategy, Planning, Public Relations
Bandago Van Rentals (Public Relations Agency of Record) Media Communications
Cantor, Dolce and Panepinto Law; Buffalo, NY Content Development, Digital Asset, Marketing Communications, Measurement/Analytics, PR, Social & Digital Media Campaign
DealerRater.com
Elco Motor Yachts Public & Media Relations
G2G Collection Public Relations
Johnny Pag Motorcycles
Keith Martin Publications American Car Collector, Content Development, Content Strategy, Social Media Platform, Sports Car Market Magazine; 2018
Lexol Leather Care Communication, Media Relations, Product Introductions, Public Relations Agency of Record, Social Content
Mighty Auto Parts PR
Mizuno Events & Influencer Programs, Media Relations, US Public Relations; 2018
Morris Yachts Media, PR
MyAssist
Okabashi Public Relations
Paris Corporation Jump Starter, N-Series, Public Relations, Weego (Agency of Record)
Pellisari LLC (Public Relations Agency of Record) Consumer Marketing, Media Strategy, Public Relations, ZEMI Aria
RKM Collector Car Auctions
New-SK Lubricants Americas Brand Communications, Media Relations, Public Relations
Sonic Tools USA (Public Relations Agency of Record) B2B Content Marketing, Consumer, Media Strategy

BRAVE PUBLIC RELATIONS
1718 Peachtree St Ste 999, Atlanta, GA 30309
Tel.: (404) 233-3993
Fax: (404) 260-4318
E-Mail: info@bravepublicrelations.com
Web Site: www.bravepublicrelations.com

Employees: 5
Year Founded: 1999

Agency Specializes In: Crisis Communications, Media Relations, Public Relations, Social Media

Kristin Cowart *(Founder & CEO)*
Jennifer Walker *(Mng Dir)*
Becca Meyer *(Jr Acct Exec)*

Accounts:
Aurora Theater (Agency of Record)
Calhoun Premium Outlets
Center for Puppetry Arts (Agency of Record)
The Children's Museum of Atlanta (Agency of Record)
The Fresh Market
LEGOLAND Discovery Center Atlanta (Agency of Record)
MedZed (Agency of Record) At-Home Pediatric Care
North Georgia Premium Outlets
Orangetheory Fitness
Room & Board
Taste of Atlanta

BRAVO GROUP INC.
20 N Market Sq Ste 800, Harrisburg, PA 17101
Tel.: (717) 214-2200
Web Site: www.bravogroup.us

Employees: 40

Agency Specializes In: Brand Development &

PUBLIC RELATIONS FIRMS
AGENCIES - JANUARY, 2019

Integration, Crisis Communications, Digital/Interactive, Media Buying Services, Media Relations, Out-of-Home Media, Outdoor, Print, Public Relations, Strategic Planning/Research

Chris Bravacos *(CEO)*
Megan Madsen *(Mng Dir)*
Rhett Hintze *(COO & Strategist-Tech Procurement)*
Dennis Walsh *(Pres-Govt Rels)*
Sean Connolly *(Sr Dir-Comm)*
Megan Dapp *(Sr Dir)*
Michelle Callanta *(Dir-Media Strategy)*
Amanda Forr *(Dir-Creative Content)*
Steven Kratz *(Dir)*
Ivana Wolfe *(Sr Acct Exec)*
Stefanie Bierzonski *(Analyst-Media News)*
Jen Rehill *(Analyst-Media News)*
Marsha Reisinger *(Analyst-Digital Mktg)*

Accounts:
DOW Chemical
Sunoco Inc

BREAD AND BUTTER PUBLIC RELATIONS
2404 Wilshire Blvd Apt 12F, Los Angeles, CA 90057
Tel.: (213) 739-7985
Web Site: www.breadandbutterpr.com

Employees: 15

Agency Specializes In: Media Relations, Media Training, Promotions, Public Relations

Rachel Mays Ayotte *(Founder & CEO)*
Jenna Benty *(Art Dir)*
Hallie Rosenbloom *(Acct Dir)*
Liz Beck *(Acct Exec)*
Margaret Kercher *(Acct Exec)*
Ashley Mastervich *(Acct Exec)*

Accounts:
Gelato Messina
Hopdoddy

BREAKAWAY COMMUNICATIONS LLC
381 Park Ave S Ste 1216, New York, NY 10016-8806
Tel.: (212) 616-6010
Fax: (212) 457-1144
E-Mail: info@breakawaycom.com
Web Site: www.breakawaycom.com

Employees: 5
Year Founded: 2002

Agency Specializes In: Business-To-Business, Consumer Marketing, Corporate Communications, High Technology, Information Technology, Public Relations

Kelly Fitzgerald *(Co-Founder & Mng Partner)*
Barbara Hagin *(Mng Partner-San Francisco)*
Pamela F. Preston *(Mng Partner-New York)*
Jim Katz *(Principal)*
Tracey Sheehy *(VP)*
Stacey Paris-Bechtel *(Specialist-Media Rels)*
Cameron DeOrdio *(Assoc Acct Exec)*

Accounts:
Alcatel-Lucent
Aruba Networks
Gartner
Info Print Solutions Company
Intel
Paglo

Branch

Breakaway Communications LLC
300 Broadway, San Francisco, CA 94133
Tel.: (415) 358-2480
Fax: (415) 357-9887
E-Mail: info@breakawaycom.com
Web Site: www.breakawaycom.com

Employees: 16

Agency Specializes In: Public Relations

Barbara Hagin *(Mng Partner)*
Stephannie Depa *(Sr Acct Mgr)*

Accounts:
Aruba Networks
NDS Group

BRENER, ZWIKEL & ASSOCIATES, INC.
6901 Canby Ave Ste 105, Reseda, CA 91335
Tel.: (818) 344-6195
Fax: (818) 344-1714
Web Site: www.bzapr.com

Employees: 19
Year Founded: 1991

Agency Specializes In: Media Relations, Media Training, Promotions, Public Relations, Social Media, Strategic Planning/Research

Revenue: $2,000,000

Steve Brener *(Pres)*
Toby Zwikel *(VP)*
Crystal Reiter *(Acct Dir)*
Susie Levine *(Office Mgr)*
Greg Ball *(Sr Acct Exec)*
Dana Gordon *(Sr Acct Exec)*
Damian Secore *(Acct Exec)*
John Beyrooty *(Acct Exec)*
Matt Donovan *(Acct Exec)*
Liz McCollum *(Acct Exec)*
Steve Pratt *(Acct Exec)*

Accounts:
Auto Club Speedway
The Barclays
Beau Rivage
College Football Awards Show
Deutsche Bank Championship
FX Network
Humana Challenge
IndyCar
Kia Classic
Longines
Los Angeles Dodgers
LPGA
Mackie Shilstone
MGM Resorts International
MLB Urban Youth Academy
NFL
NHL
Ojai Valley Tennis Tournament
Omega
Professional Baseball Scouts Foundation
Ricoh Women's British Open
Rose Bowl
Santa Anita Race Track
SCP Auctions
Showtime Sports
Speedo
Time Inc.
United States Tennis Association

BRG COMMUNICATIONS
110 S Union St Ste 300, Alexandria, VA 22314
Tel.: (703) 739-8350
Fax: (703) 739-8340
E-Mail: info@brgcommunications.com
Web Site: www.brgcommunications.com

Employees: 25
Year Founded: 2001

Agency Specializes In: Brand Development & Integration, Media Relations, Public Relations, Social Media, Strategic Planning/Research

Jane Barwis *(Pres & CEO)*
Shannon McDaniel *(Sr VP)*
Laurie Mobley *(Sr VP)*
Cindy Rahman *(Sr VP)*
Maureen Salazar *(Assoc Acct Dir)*

Accounts:
Heart Rhythm Society

BRIAN COMMUNICATIONS
200 Four Falls Corporate Center, Conshohocken, PA 19428
Tel.: (484) 385-2900
Fax: (484) 385-2901
E-Mail: info@briantierney.com
Web Site: www.briancom.com

Employees: 40

Agency Specializes In: Crisis Communications, Event Planning & Marketing, Media Relations, Public Relations, Social Media, Strategic Planning/Research

Matt Broscious *(Exec VP & Partner)*
Edward Mahlman *(Exec VP)*
Scott Hoeflich *(Sr VP)*
Meg Kane *(Sr VP)*
Aimee Tysarczyk *(VP)*
Matt Goldstein *(Assoc VP)*
Rachael McGonigal *(Assoc VP)*
Bill Tierney *(Assoc VP)*
John K. Strain *(Acct Dir)*
Lyndsey Tartaglione *(Sr Acct Supvr)*
Carly Buggy *(Sr Acct Exec)*
Megan Dutill *(Sr Acct Exec)*
Stephanie Fanelli *(Sr Acct Exec)*
Anthony Mallamaci *(Sr Acct Exec)*
Kelley Simon *(Acct Exec)*
Logan J. McGee *(Designer)*

Accounts:
Archdiocese of Philadelphia
Republic Bank

BRICKHOUSE PUBLIC RELATIONS
224 Datura St Ste 404, West Palm Beach, FL 33401
Tel.: (561) 320-2030
E-Mail: info@brickhousepr.com
Web Site: www.brickhousepr.com

Employees: 5
Year Founded: 2011

Agency Specializes In: Brand Development & Integration, Event Planning & Marketing, Media Relations, Public Relations, Social Media, Strategic Planning/Research

David Sabin *(Pres)*

Accounts:
Del Friscos Restaurant Group Inc

BRIDGE GLOBAL STRATEGIES LLC
276 Fifth Ave, New York, NY 10001
Tel.: (212) 583-1043
Fax: (212) 967-1311
E-Mail: lsiegel@bridgeny.com
Web Site: http://www.didit.com/didit-adds-bridge-global-strategies-to-growing-pr-services-group/

Employees: 4

AGENCIES - JANUARY, 2019 — PUBLIC RELATIONS FIRMS

National Agency Associations: PRSA

Agency Specializes In: Affluent Market, Below-the-Line, Broadcast, Business Publications, Business-To-Business, Cable T.V., Children's Market, Collateral, College, Communications, Computers & Software, Consulting, Consumer Goods, Consumer Marketing, Consumer Publications, Content, Corporate Communications, Crisis Communications, E-Commerce, Education, Electronics, Environmental, Event Planning & Marketing, Exhibit/Trade Shows, Financial, Food Service, Government/Political, Health Care Services, High Technology, Hospitality, Household Goods, Information Technology, Integrated Marketing, International, Legal Services, Leisure, Local Marketing, Luxury Products, Magazines, Media Relations, Media Training, Medical Products, Multicultural, New Technologies, Newspaper, Newspapers & Magazines, Pharmaceutical, Planning & Consultation, Promotions, Public Relations, Publicity/Promotions, Radio, Sales Promotion, Social Marketing/Nonprofit, Social Media, Travel & Tourism, Urban Market, Viral/Buzz/Word of Mouth, Women's Market

Approx. Annual Billings: $650,000

Breakdown of Gross Billings by Media: Pub. Rels.: $650,000

Keiko Okano *(VP)*

Accounts:
AnGes MG; Tokyo, Japan Life Sciences; 2011
Guberman Garson; Toronto, Canada Legal Services; 2011
New York Pharma Forum
Nikko Hotels International; Tokyo, Japan Hospitality; 1997

BRIDGEMAN COMMUNICATIONS, INC.
85 Devonshire St 9th Fl, Boston, MA 02109
Tel.: (617) 742-7270
Fax: (617) 742-7548
E-Mail: info@bridgeman.com
Web Site: www.bridgeman.com

E-Mail for Key Personnel:
President: roger@bridgeman.com

Employees: 6
Year Founded: 1986

National Agency Associations: IPREX-PRSA

Agency Specializes In: Advertising, Business-To-Business, Computers & Software, Consumer Marketing, Corporate Communications, Crisis Communications, Direct Response Marketing, E-Commerce, Electronics, Engineering, Health Care Services, High Technology, Industrial, Information Technology, Integrated Marketing, Media Relations, Media Training, New Technologies, Pharmaceutical, Public Relations, Publicity/Promotions, Stakeholders, Technical Advertising, Viral/Buzz/Word of Mouth

Roger Bridgeman *(Pres)*

Accounts:
170 Systems
Agfa Compugraphic
Arthur Blank & Company; Boston, MA Retail & Loyalty Cards; 1996
Ecora
Galorath Technology
Global Grid Forum; Chicago, IL Grid Computing; 2005
HP Data Storage
KellySearch/Reed Business Info; Waltham, MA B2B Online Search Engine; 2003

Kodak Imaging Systems
Raytheon Defense Systems
Texas Instruments; Attleboro, MA; Dallas, TX Sensors & Controls, TI-RFid; 1987
Vasco Data Security
Xionics

BRIMMCOMM, INC.
1301 N Waukegan Rd Ste 103, Deerfield, IL 60015
Tel.: (847) 444-1198
Fax: (847) 444-1197
E-Mail: info@brimmcomm.com
Web Site: www.brimmcomm.com

Employees: 2
Year Founded: 1998

Agency Specializes In: Business-To-Business, Consumer Marketing, Corporate Communications, Direct-to-Consumer, Food Service, Health Care Services, Industrial, Local Marketing, Media Relations, Pharmaceutical, Public Relations, Publicity/Promotions, Retail, Women's Market

Approx. Annual Billings: $500,000

David Brimm *(Founder & Pres)*

Accounts:
Assisting Hands; Naperville, IL Home Care for Seniors; 2011
Charism; Westmont, IL Eldercare Services; 2011
Market Day; IL Food; 2007

BRISTOL PUBLIC RELATIONS, INC.
364 Sevilla Ave, Coral Gables, FL 33134
Tel.: (305) 447-6300
Fax: (888) 401-8878
E-Mail: info@bristolpr.com
Web Site: www.bristolpr.com

Employees: 5

Agency Specializes In: Event Planning & Marketing, Media Relations, Promotions, Public Relations, Social Media

Eloise E. Rodriguez *(Principal-Comm)*
Rafael L. Rodriguez *(VP)*

Accounts:
CBT College
The Children's Trust Family Expo
The Children's Trust
Florida Center for Allergy & Asthma Care
Los Ranchos Steakhouse
Miami-Dade County Fair & Exposition, Inc.
Rasco Klock Perez Nieto

THE BRITTO AGENCY
277 Broadway Ste 110, New York, NY 10007
Tel.: (212) 977-6772
Fax: (212) 977-4350
E-Mail: tba@thebrittoagency.com
Web Site: www.thebrittoagency.com

Employees: 10
Year Founded: 1995

Marvet Britto *(Pres & CEO)*

Accounts:
Ananda Lewis
Eve
Foxy Brown
Kim Cattrall
Mariah Carey

BROADREACH PUBLIC RELATIONS
19 Commercial St, Portland, ME 04101
Tel.: (207) 619-7350
Fax: (888) 251-4930
E-Mail: info@broadreachpr.com
Web Site: www.broadreachpr.com

Employees: 5
Year Founded: 2006

Agency Specializes In: Advertising, Crisis Communications, Event Planning & Marketing, Media Relations, Media Training, Public Relations, Social Media, Strategic Planning/Research

Linda Varrell *(Pres)*

Accounts:
Maine Savings (Agency of Record)

BRODEUR PARTNERS
535 Boylston St Fl 10, Boston, MA 02116
Tel.: (617) 587-2800
Fax: (617) 587-2828
E-Mail: info@brodeur.com
Web Site: www.brodeur.com

Employees: 101
Year Founded: 1985

National Agency Associations: PRSA

Agency Specializes In: Brand Development & Integration, Business-To-Business, Communications, Consulting, Consumer Marketing, Corporate Communications, Corporate Identity, Digital/Interactive, E-Commerce, Electronic Media, Entertainment, Event Planning & Marketing, Government/Political, Health Care Services, High Technology, Information Technology, Internet/Web Design, Investor Relations, Local Marketing, Planning & Consultation, Public Relations, Publicity/Promotions, Sponsorship, Strategic Planning/Research, Trade & Consumer Magazines

John Brodeur *(Chm)*
Andrea Coville *(CEO)*
Steve Marchant *(Partner)*
Renzo Bardetti *(CFO & COO)*
Judy Feder *(Exec VP & Gen Mgr)*
Michael Brewer *(Exec VP)*
Stephen Hodgdon *(Exec VP)*
Jerry Johnson *(Exec VP-Strategic Plng)*
Heather Shea *(VP)*
Cleve Langton *(Chief Partnership Officer)*

Accounts:
American Cancer Society
Avnet
Corning Incorporated
Dartmouth College
Dignity Health
Discovery Education
FM Global Public Relations
GE Digital Cameras
Hankook Tire
Harvard University
Hologic
Hughes
IBM
LSI Corp.; Milpitas, CA
Primarion, Inc.
Ricoh
Robert Wood Johnson Foundation
Sage
Thermo Fisher
United Nations Foundation

Brodeur Partners
2201 E Camelback Rd Ste 515, Phoenix, AZ 85016-4771
Tel.: (480) 308-0300

PUBLIC RELATIONS FIRMS

Fax: (480) 308-0310
Web Site: www.brodeur.com

Employees: 4
Year Founded: 1985

Agency Specializes In: Public Relations

Keith Lindenburg *(Partner)*
Jamie Cohen Ernst *(Sr VP)*
Mollie Jo Holman *(VP)*
Sara Errickson *(Acct Dir)*
Carrie Norton O'Neil *(Acct Dir)*

Accounts:
Avenet, Inc. Avnet Electronics Marketing
Azzurri Technology Ltd
OnScreen; OR; 2007

Brodeur Partners
2101 L St NW, Washington, DC 20037
Tel.: (202) 350-3220
Fax: (202) 775-1801
Web Site: www.brodeur.com

Employees: 15
Year Founded: 1985

Agency Specializes In: Public Relations

Keith Lindenburg *(Partner)*
Jerry Johnson *(Exec VP-Strategic Plng)*
Sara Errickson *(Acct Dir)*

International Offices

Compass Porter Novelli
Diagonal 97 #17-60 Piso 3, Bogota, Colombia
Tel.: (57) 1 635 6074
Fax: (57) 1 255 0498
Web Site: www.porternovelli.com

Employees: 12
Year Founded: 1993

Agency Specializes In: Advertising, Brand Development & Integration, Business-To-Business, Communications, Crisis Communications, Digital/Interactive, Event Planning & Marketing, Financial, Food Service, Government/Political, Graphic Design, High Technology, Investor Relations, Media Relations, Media Training, New Product Development, Planning & Consultation, Public Relations, Publicity/Promotions, Sports Market, Teen Market

Fernando Gastelbondo *(Pres)*

EASTWEST Public Relations
77B Amoy Street, Singapore, 069896 Singapore
Tel.: (65) 6222 0306
Fax: (65) 6222 0124
E-Mail: pr@eastwestpr.com
Web Site: www.eastwestpr.com

Employees: 15

Jim James *(Founder & Chm)*

Accounts:
Avnet Technology Solutions
East West
Great Place to Work Institute Public Relations; 2017
Hao2.eu Brand Positioning, Communications Strategies, Media Relations, Message Development, Social Media Communications
Lehman Brown
Sansan (Southeast Asia Public Relations Agency of Record) Communications Strategy

Lynx Porter Novelli AS
Bryggegata 5, 0250 Oslo, Norway
Tel.: (47) 23 13 14 80
Fax: (47) 23 13 14 81
E-Mail: lynx@lynx.no
Web Site: www.lynx.no

Employees: 9
Year Founded: 1985

Agency Specializes In: Consumer Marketing, Corporate Identity, Health Care Services, High Technology, Public Relations

Turid Viker Brathen *(Mng Dir)*

Prisma Public Relations
Jl Padang No 18, Jakarta, 12970 Indonesia
Tel.: (62) 21 829 5454
Fax: (62) 829 3770
E-Mail: prismapr@prismapr.co.id
Web Site: www.prismapr.co.id

Employees: 30

Agency Specializes In: Public Relations

Rulita Anggraini *(Founder, Pres & Dir)*
Liza Marsin *(Sr Acct Mgr)*

Spark Communications
11/F One Pacific Pl, 140 Sukhumvit Road Klong Toey, Bangkok, 10110 Thailand
Tel.: (66) 2 653 2717
Fax: (66) 2 653 2725
E-Mail: tom@spark.co.th
Web Site: www.spark.co.th

Employees: 15

Tom Athey *(Owner)*

Affiliate

Recognition Public Relations
Level 2 51 Pitt Street, Sydney, NSW 2000 Australia
Tel.: (61) 2 9252 2266
Fax: (61) 2 9252 7388
E-Mail: inforec@recognition.com.au
Web Site: www.recognition.com.au

Employees: 14

Agency Specializes In: Public Relations

Aye Verckens *(Gen Mgr-New York)*

Accounts:
BEA Systems
BSA
BTAS
CommuniCorp Public Relations
Computer Associates
Eclipse
Fuji Xerox Australia
Mincom
RSM
UXC Eclipse PR

THE BROOKLYN BROTHERS
(Acquired by Golin)

THE BROOKS GROUP
10 W 37th St 5th Fl, New York, NY 10018
Tel.: (212) 768-0860
Web Site: www.brookspr.com

Employees: 5

Agency Specializes In: Event Planning & Marketing, Media Relations, Media Training, Promotions, Public Relations, Social Media

Rebecca Brooks *(Pres)*
Pamela Spiegel *(VP)*

Accounts:
Citymeals on Wheels
Dwell Studio
Hampton Forge
The NY Cake Show
Willie Degel

BROTMAN WINTER FRIED COMMUNICATIONS
1651 Old Meadow Rd Ste 500, McLean, VA 22102
Tel.: (703) 748-0300
Fax: (703) 564-0101
E-Mail: wint@bwfcom.com
Web Site: http://aboutbwf.com

E-Mail for Key Personnel:
President: wint@bwfcom.com

Employees: 12
Year Founded: 1969

National Agency Associations: AD CLUB-PRSA

Agency Specializes In: Consumer Marketing, Entertainment, Sports Market

Approx. Annual Billings: $3,000,000

Breakdown of Gross Billings by Media: Event Mktg.: 10%; Print: 10%; Promos.: 20%; Pub. Rels.: 50%; Radio & T.V.: 10%

Charles Brotman *(Chm & CEO)*
Steve Winter *(Pres)*
Kenny Fried *(Partner)*
Brian Bishop *(VP)*
Kerry Lynn Bohen *(VP)*

Accounts:
Casa Noble Tequila
Crime & Punishment Museum
DC United Soccer; Herndon, VA Pro Soccer
Foremost Appliances
Mervis Diamond Importers
Montgomery County Department of Public Works; Rockville, MD
Mr. Wash Brushless Car Wash; Kensington, MD
Octagon
Potbelly Sandwich Works
U.S. Department of Agriculture
Virginia Athletic Trainer's Association
The Washington Design Center

THE BROWER GROUP
(Formerly Brower Miller & Cole)
10250 Constellation Blvd, Los Angeles, CA 90067
Tel.: (949) 509-6551
Fax: (949) 509-6574
E-Mail: jbrower@brower-group.com
Web Site: www.brower-group.com/

E-Mail for Key Personnel:
President: jbrower@browermiller.com

Employees: 10
Year Founded: 1994

Agency Specializes In: Advertising, Brand Development & Integration, Business-To-Business, Collateral, Commercial Photography, Communications, Consulting, Consumer Marketing, Corporate Communications, Corporate Identity, Direct Response Marketing, Electronic Media, Engineering, Entertainment, Environmental,

Event Planning & Marketing, Exhibit/Trade Shows, Fashion/Apparel, Financial, Graphic Design, Local Marketing, Logo & Package Design, Media Buying Services, Out-of-Home Media, Print, Public Relations, Publicity/Promotions, Radio, Real Estate, Restaurant, Retail, Strategic Planning/Research, Travel & Tourism

Approx. Annual Billings: $1,000,000

Breakdown of Gross Billings by Media: Bus. Publs.: $100,000; Cable T.V.: $20,000; Corp. Communications: $100,000; Event Mktg.: $50,000; Exhibits/Trade Shows: $20,000; Graphic Design: $50,000; Newsp. & Mags.: $50,000; Pub. Rels.: $550,000; Radio: $20,000; Worldwide Web Sites: $40,000

Judith Brower Fancher *(Founder)*
Jenn Quader *(Mng Dir & VP-Client Svcs)*
Alexis Astfalk *(Acct Dir)*

Accounts:
Blackband Design Marketing, Public Relations
Muldoon's Irish Pub; Newport Beach, CA Marketing Strategy, PR
Passco Companies Marketing, Public Relations, Website

BROWN PUBLIC RELATIONS LLC
PO Box 740448, New Orleans, LA 70174
Tel.: (769) 218-8577
Web Site: www.brown-pr.com

Employees: 5
Year Founded: 2010

Agency Specializes In: Advertising, Collateral, Crisis Communications, Media Buying Services, Media Relations, Media Training, Public Relations, Radio, Social Media, Strategic Planning/Research

Eddie Brown *(Owner & Principal)*

Accounts:
Church of Christ Holiness USA
Dathan Thigpen
Families & Friends of Louisianas Incarcerated Children
State Education Agency

BROWN+DUTCH PUBLIC RELATIONS, INC.
PO Box 1193, Malibu, CA 90265
Tel.: (310) 456-7151
E-Mail: info@bdpr.com
Web Site: www.bdpr.com

Employees: 5

Agency Specializes In: Crisis Communications, Event Planning & Marketing, Media Training, Promotions, Public Relations

Alyson Dutch *(Founder)*

Accounts:
MacroLife Naturals

BROWNSTONE PR
1315 Walnut St Ste 320, Philadelphia, PA 19107
Tel.: (215) 410-9879

Employees: 10

Agency Specializes In: Media Relations, Media Training, Public Relations, Social Media

Megan R. Smith *(Founder & Pres)*

Accounts:
National Urban League
PECO Energy Company
ResilienC

BRUSTMAN CARRINO PUBLIC RELATIONS
4500 Biscayne Blvd Ste 204, Miami, FL 33137
Tel.: (305) 573-0658
Fax: (305) 573-7077
E-Mail: bcpr@brustmancarrinopr.com
Web Site: www.brustmancarrinopr.com

Employees: 12
Year Founded: 1985

Agency Specializes In: Arts, Entertainment, Event Planning & Marketing, Fashion/Apparel, Graphic Design, Hospitality, Public Relations, Publicity/Promotions, Real Estate, Retail, Travel & Tourism

Larry Carrino *(Pres)*
Karen Barofsky *(VP-Accts)*
Lauren Busch *(VP-Ops)*
Liz Hanes *(Dir-HR & Office Mgr)*

Accounts:
BLT Steak
Blue Star Foods
Goldman Properties
The Hotel
Joey's Italian Cafe
Michael's Genuine Food & Drink
Whole Foods Market

BRYNN BAGOT PUBLIC RELATIONS, LLC
6500 Greenville Ave Ste 680, Dallas, TX 75206
Tel.: (214) 528-5600
Fax: (214) 528-5616
Web Site: www.brynnbagot.com

Employees: 10
Year Founded: 2001

Agency Specializes In: Advertising, Event Planning & Marketing, Media Planning, Media Relations, Media Training, Public Relations

Brynn Bagot Allday *(Pres)*
Elyse Scott *(Acct Exec)*

Accounts:
Adriana Hoyos
Chi Omega Christmas Market
The Dallas Zoological Society
The Family Place Partners Card
Fashionomics
Intellidex Solutions
Junior League of Dallas
MyForce Texas
Nest
The PilatesBarre
Rhonda Sargent Chambers RSC Show Productions
Scardello Artisan Cheese
Thanks-Giving Foundation

BUCHAN COMMUNICATIONS GROUP
(Acquired by WE & Name Changed to WE Buchan)

BUCHANAN PUBLIC RELATIONS
890 County Line Rd, Bryn Mawr, PA 19010
Tel.: (610) 649-9292
Fax: (610) 649-0457
E-Mail: info@buchananpr.com
Web Site: www.buchananpr.com

Employees: 8
Year Founded: 1998

Agency Specializes In: Advertising, Business-To-Business, Crisis Communications, Event Planning & Marketing, Graphic Design, Market Research, Media Relations, Public Relations, Strategic Planning/Research

Anne A. Buchanan *(Pres)*
Nancy Page *(Exec VP)*
Nicole Lasorda *(VP-Client Svcs)*
Megan Keohane *(Asst VP)*
John Reynolds *(Acct Exec)*

Accounts:
Pepper Hamilton LLP
World Affairs Council of Philadelphia

BUFFALO.AGENCY
12700 Sunrise Valley Dr, Reston, VA 20191
Tel.: (703) 761-1444
Fax: (703) 893-3504
E-Mail: hello@buffalo.agency
Web Site: buffalo.agency/

Year Founded: 2001

Agency Specializes In: Brand Development & Integration, Media Relations, Public Relations, Social Media

Rich Katz *(Founder & Mng Dir)*
Joe Steranka *(Chief Strategy Officer)*
Chris VanDuyne *(VP & Assoc Publr)*
Glenn Gray *(VP)*
David Griffith *(VP)*
Jim Headley *(VP)*
Shane Sharp *(VP)*
Ashley Gallitelli *(Mgr-PR-Soft Goods)*

Accounts:
18Birdies (Agency of Record)
American Diabetes Association
Aquatrols (Agency of Record) Data Analytics, Digital Programming, Graphic Design & Production, Marketing Strategy & Planning, Public Rleations
Arccos Golf Digital Marketing, Media Buying, Public Relations
BOYNE Golf Broadcast, Digital, Media Relations, Print, Public Relations
Branson/Lakes Area Convention and Visitors Bureau Branson/Lakes Area Golf, Public Relations
Bridgestone Golf (Agency of Record)
Canadian Rockies Golf Integrated Communications, PR, Social Media
Castle & Cooke Highgate at Seven Oaks, Media, Public Relations
CHAMP Spikes Global Golf PR, Marketing
Chef's Cut Real Jerky Co Deliver Integrated Marketing, Public Relations; 2017
Cordillera Ranch PR, Real Estate
ECCO Brand Awareness, ECCO Sport, Lead Global PR, Marketing Communications, Strategic PR
Eyeking Experiential Marketing, Public Relations, Under Armour; 2018
Foresome Inc.
Galvin Green Public Relations
Gary Player "A Game For Life", Public Relations
Global Value Commerce Integrated Marketing
GolfTEC Brand Communications, Brand Development, Media, Promotions, Public Relations
The Gulf Shores Golf Association Media Relations
Hydrapak Public Relations
Junior Players Golf Academy Consumer & Trade Media; 2018
Keswick Hall Pete Dye Golf, Public Relations
Kolter Homes (Agency of Record)
Lizzie Driver Public Relations
LPGA
Massachusetts Golf Association Brand Strategy,

PUBLIC RELATIONS FIRMS

AGENCIES - JANUARY, 2019

Communications, Creative, Social Media, Strategic Marketing
Myrtle Beach Seaside Resorts Media Relations
Mystical Golf Public Relations
Oglebay Resort & Conference Center Public Relations
PGA National Resort & Spa
PHIT America Broadcast Outlets, Digital, Media Relations, Print, Publicity
Querencia Golf Club & Community (Agency of Record)
Reserva Conchal Beach Resort, Golf & Spa
Rio Verde Community Public Relations
Sailfish Point Public Relations Partner; 2018
Sports Fitness Industry Association (Agency of Record) Public Relations, Social Media
Swannies Event, Public Relations & Marketing; 2017
Tagmarshal (Agency of Record) Data Analytics, Digital Programming, Graphic Design & Production, Marketing Strategy & Planning, Public Rleations
Team Express BaseballExpress.com, External Communications, FootballAmerica.com, Media Planning & Buying, Softball.com, TeamExpress.com
TecTecTec Content, Digital Advertising, Organic & Paid Social Media, Paid Search, Public Relations, Search Engine Optimization
Telluride Ski & Golf Resort Public Relations
Thor Guard Data Analytics, Digital Programming, Graphic Design & Production, Marketing Strategy & Planning, Public Relations
United Soccer League Marketing, Media, Public Relations, Strategy
World Golf Foundation

BUIE & CO
2901 Bee Caves Rd Ste D, Austin, TX 78746
Tel.: (512) 482-8691
Web Site: www.buieco.com

Employees: 10
Year Founded: 2013

Agency Specializes In: Communications, Crisis Communications, Media Relations, Public Relations, Social Media

Jed Buie *(Pres)*
Ashley Kegley Whitehead *(Partner)*
Patti Hixon *(Dir-PR)*

Accounts:
Williamson County

BURNS 360
8144 Walnut Hill Ln Ste 310, Dallas, TX 75231
Tel.: (214) 521-8596
Web Site: www.burns-360.com

Employees: 10
Year Founded: 1989

Agency Specializes In: Brand Development & Integration, Business-To-Business, Content, Digital/Interactive, Public Relations, Search Engine Optimization, Social Media

Michael A. Burns *(Pres & CEO)*
Jennifer Green Moneta *(Mng Partner & Exec VP)*
Lois Weaver *(Creative Dir)*
Raleigh Kung *(Mgr-Digital Mktg)*
Jeff Green *(Ops Dir)*

Accounts:
New-C1S Group, Inc

BURSON-MARSTELLER
(See Under BCW (Burson Cohn & Wolfe))

BUTLER ASSOCIATES
204 E 23rd St, New York, NY 10010-4628
Tel.: (212) 685-4600
Fax: (212) 481-2605
E-Mail: info@butlerassociates.com
Web Site: www.butlerassociates.com

Employees: 10
Year Founded: 1996

Thomas P. Butler *(Owner)*
Denis J. Butler *(Partner)*

Accounts:
BellTel Retirees Inc
Hostelworld Group Communications
Institute for Workplace Studies
NY Area Alliance
NYSCOPBA
ProtectSeniors.Org
Windham Mountain

THE BUZZ AGENCY
104 W Atlantic Ave, Delray Beach, FL 33444
Tel.: (855) 525-2899
Fax: (561) 526-8440
E-Mail: info@thebuzzagency.net
Web Site: www.thebuzzagency.net

Employees: 15

Agency Specializes In: Brand Development & Integration, Corporate Communications, Email, Event Planning & Marketing, Media Relations, Public Relations, Social Media

Julie M. Mullen *(Co-Founder & Partner)*
Elizabeth Kelley Grace *(Co-Founder)*
Debbie Abrams *(Sr VP-PR)*
Enid Atwater *(VP-PR)*
Rachel Papp *(Dir-Social Media)*

Accounts:
AC Hotel Miami Aventura
Advisors Academy Public Relations
Amaize Arepas
AVANT
Aviation Week Events
B&B Franchise Group (Agency of Record) Communications, Public Relations
Banko Cantina Public Relations, Social Media
Bellissima Luxury & Fine Art Services
Big Time Restaurant Group Big City Tavern, City Cellar, City Oyster, Grease, Louie Bossi's, Public Relations
Boca Bacchanal The 11th Annual Boca Bacchanal
Boca West Country Club
Boca West Foundation
BoConcept Furniture
Burger Bar
BYL Network
Call 4 Health
Chamber Music Series
Chris Evert Raymond James Pro Celebrity Tennis Classic Social Media
Citrus Distillers
Clive Daniel Interiors
Congregation B'nai Israel
Consolidated Restaurant Operations
Controls
DCI Discover The Palm Beaches
Delray Beach Open
Digital Media Arts College, Llc.
Dr. Johanna Neuman
Elements Therapeutic Massage
Engel & Volkers
Fresh Meal Plan
Gift of Life
Gigi Stetler/RV of Broward
Habit Burger
Hair Club
Hospital Albert Schweitzer Haiti
Josie's Ristorante
Max's Harvest
Morikami Museum & Japanese Gardens Public Relations, Social Media
Nick's New Haven Style Pizzeria & Bar
Palm Beach County Film & Television Commission
Pig-Sty BBQ
RGF Environmental
Security
Seminole Coconut Creek Casino Sweet Dreams Event
Snow Lizard Products
SunFest
Sunflower Creative Arts
TechKnowledgy2
US Immigration Fund
UTC Climate

BUZZ CREATORS, INC.
400 Columbus Ave 2nd Fl S, Valhalla, NY 10595
Tel.: (914) 358-5080
Web Site: www.buzz-creators.com

Employees: 5
Year Founded: 2009

Agency Specializes In: Brand Development & Integration, Crisis Communications, Event Planning & Marketing, Logo & Package Design, Media Relations, Media Training, Print, Public Relations, Social Media, Strategic Planning/Research

Christina Rae *(Pres)*
Lara Sullivan *(Acct Exec)*

Accounts:
New-Barnes & Noble, Inc.
New-La Jolie Salon, Color Bar & Spa
New-Legal Services of the Hudson Valley
New-Maniatis & Dimopoulos
New-New York Medical College
New-Pentegra Retirement Services
New-Total Fusion Studios
New-Unique Hair Concepts
New-White Plains Linen

BYRNE PR, LLC
4337 Manchester Ave, Saint Louis, MO 63110
Tel.: (314) 737-1847
Web Site: www.byrnepr.net

Employees: 5

Agency Specializes In: Media Relations, Public Relations, Social Media

Paul Byrne *(Principal)*

Accounts:
Shawnee Bluffs Canopy Tour

C&M MEDIA
345 7Th Ave, New York, NY 10001
Tel.: (646) 336-1398
Fax: (646) 336-1401
E-Mail: info@cmmediapr.com
Web Site: www.cmmediapr.com

Employees: 50

Agency Specializes In: Brand Development & Integration, Digital/Interactive, Fashion/Apparel, Public Relations, Social Media

Angela Mariani *(Principal)*

Accounts:
Missoni

C BLOHM & ASSOCIATES INC

AGENCIES - JANUARY, 2019 — PUBLIC RELATIONS FIRMS

5999 Monona Dr, Monona, WI 53716
Tel.: (608) 216-7300
E-Mail: info@cblohm.com
Web Site: www.cblohm.com

Employees: 50

Agency Specializes In: Content, Media Relations, Public Relations, Social Media, Strategic Planning/Research

Charlene Blohm *(Owner, Pres & CEO)*
Emily Embury *(VP)*
Saul Hafenbredl *(Dir-Strategy)*
Lauren West *(Sr Acct Exec)*
Danny Paulmeyer *(Specialist-Mktg)*
Lauren Reid *(Strategist-Mktg)*
Chloe Scheller *(Acct Exec)*

Accounts:
Consortium for School Networking

C. MILAN COMMUNICATIONS
916 Kearny St Zoetrope Bldg, San Francisco, CA 94133
Tel.: (415) 392-6600
E-Mail: info@cmilancomm.com
Web Site: www.cmilancomm.com

Employees: 10
Year Founded: 2005

Agency Specializes In: Media Relations, Public Relations

Charlotte Milan *(Founder & Owner)*

Accounts:
Atelier Melka
Dana Estates
Domaine Carneros
E-cep
Flowers Vineyard & Winery
Grace Family Vineyards
Ladera Vineyards
Melka Wines
Merryvale Vineyards
Napa Valley Vine Trail
Rams Gate Winery
Vineyard 29

C-SQUARED PR, INC.
8071 Slater Ave Ste 255, Huntington Beach, CA 92647
Tel.: (714) 841-6777
Web Site: www.c-squaredpr.com

Employees: 2

Agency Specializes In: Brand Development & Integration, Crisis Communications, Media Relations, Public Relations, Social Media

Barbara Caruso *(Principal)*

Accounts:
Del Taco LLC

C3 COMMUNICATIONS INC
11211 Carmel Creek Rd Ste 3, San Diego, CA 92130
Tel.: (858) 794-6974
E-Mail: info@c3publicrelations.com
Web Site: www.c3publicrelations.com

Employees: 5

Agency Specializes In: Crisis Communications, Event Planning & Marketing, Media Relations, Public Relations, Social Media

Sean Curry *(Owner)*

Accounts:
University of San Diego

C3PR
1269 Oak Creek Way, Sunnyvale, CA 94089
Tel.: (408) 730-8506
Fax: (408) 730-8516
Web Site: www.c3pr.com

Employees: 3
Year Founded: 2002

Agency Specializes In: Advertising, Communications, Media Relations, Public Relations

Mar Junge *(Principal)*
Lisa Bianchi *(Dir-Art)*
Vanessa Bradford *(Acct Mgr-PR)*

Accounts:
Contoural, Inc.
Floor Seal Technology, Inc.
Taos

CALHOUN & COMPANY
3275 Sacramento St, San Francisco, CA 94115
Tel.: (415) 346-2929
E-Mail: info@calhounwine.com
Web Site: www.calhounwine.com

Employees: 5

Agency Specializes In: Media Relations, Public Relations, Social Media

Katie Calhoun *(Pres)*
Michelle Keene *(Acct Dir)*

Accounts:
New-Lodi Winegrape Commission

CALYSTO COMMUNICATIONS
861 Sapphire Ln Sugar Hill, Atlanta, GA 30518
Tel.: (404) 266-2060
Fax: (404) 266-2041
E-Mail: awhittaker@calysto.com
Web Site: www.calysto.com

Employees: 40
Year Founded: 2000

Agency Specializes In: Communications, High Technology, Investor Relations, Public Relations, Strategic Planning/Research

Laura Borgstede *(Founder & CEO)*
Kristine Bennett *(Pres)*
Sue O'Keefe *(Chief Content Officer & Exec VP)*
Rhonda Harris *(Dir-Ops)*

Accounts:
3e Technologies International Analyst & Blogger Relations, Branding, Marketing, Messaging, Public Relations, Social Media
Aquantia
BeQuick Software Brand Awareness, Content Development & Delivery, Media & Analyst Relations, Messaging, Social & Traditional Public Relations, Social Media, Strategic Planning
Certes Networks Communications Strategy, Content Strategy, Public Relations, Social Media
Ceterus Networks
Clearfield Content Development, Media & Analyst Relations, Public Relations, Social Media, Strategic Planning
Comba Telecom Inc Media Relations, Social Media, Strategic Public Relations
Compass Intelligence Content Marketing, PR, Social Media
Encoding.com
Everynet Marketing, Public Relations
Global Wireless Solutions
iBasis Content Marketing, Social Media, Iteroaming.info
Integron Content Marketing, Public Relations
JMango
NetQuest Corporation Global Brand Awareness, Social
One Source Networks
RACO Wireless Marketing Communications, Public Relations, Social Media
SOLiD Technologies Content Media, PR, Social Media
Syntonic Wireless Communications Strategy, Marketing, Public Relations, Social Media
Wolfe
Zipwhip

CAMEO PUBLIC RELATIONS
15 Country Club Ln, Marlboro, NJ 07746
Tel.: (646) 360-3488
E-Mail: info@cameopr.com
Web Site: www.cameopr.com

Employees: 10

Agency Specializes In: Brand Development & Integration, Fashion/Apparel, Public Relations, Social Media

Malorie Kaye *(Pres-Fashion Publicist)*
Ariel Fischer *(VP & Creative Dir)*

Accounts:
IYLIA

CAMPAIGN CONNECTIONS
3801 Lake Boone Trail, Raleigh, NC 27607
Tel.: (919) 834-8994
Fax: (919) 869-2992
E-Mail: info@campaignconnections.com
Web Site: www.campaignconnections.com

Employees: 51

Agency Specializes In: Crisis Communications, Media Training, Public Relations

Brad Crone *(Pres)*
Clark Coggin *(Creative Dir)*

Accounts:
Gene McLaurin

CANDOR
729 W Sheridan Ave #100, Oklahoma City, OK 73102
Tel.: (405) 972-9090
E-Mail: info@candorpr.com
Web Site: www.candorpr.com

Employees: 10
Year Founded: 2012

Agency Specializes In: Crisis Communications, Digital/Interactive, Media Relations, Public Relations, Social Media

Karen Wicker *(Founder & Pres)*
Jim Kessler *(Principal)*
Ally Glavas *(Acct Svcs Dir)*
Alex Joseph *(Dir-Digital Content)*
Jacqueline Sit *(Sr Acct Exec)*
Larisha Hunter *(Acct Exec)*

Accounts:
Greater Oklahoma City Chamber of Commerce

PUBLIC RELATIONS FIRMS

CAPITAL CITY PUBLIC RELATIONS
Cheesman Park, Denver, CO 80206
Tel.: (303) 241-0805
Web Site: www.capitalcitypr.com

Employees: 3
Year Founded: 2013

Agency Specializes In: Collateral, Content, Media Relations, Public Relations, Radio, Social Media, T.V.

Cathie Beck *(Pres)*
Jennifer Shermer *(Sr Writer)*

Accounts:
Anthonys Pizza & Pasta
Balistreri Vineyards
Clayton Early Learning (Agency of Record)
Moonbeam Harvest
Rupert's at the Edge

CAPLAN COMMUNICATIONS
1700 Rockville Pike Ste 400, Rockville, MD 20852
Tel.: (301) 998-6592
E-Mail: ccinfo@caplancommunications.com
Web Site: www.caplancommunications.com

Employees: 5

Agency Specializes In: Environmental, Graphic Design, Media Relations, Public Relations, T.V., Travel & Tourism

Aric Caplan *(Pres)*

Accounts:
Mobile Bay Keeper

CAPONIGRO PUBLIC RELATIONS, INC.
24725 W 12 Mile Rd Ste 110, Southfield, MI 48034
Tel.: (248) 353-3270
Fax: (248) 353-6759
E-Mail: jcap@caponigro.com
Web Site: www.caponigro.com

Employees: 15
Year Founded: 1995

Agency Specializes In: Public Relations

Approx. Annual Billings: $2,500,000

Jeff Caponigro *(Pres & CEO)*
Maribeth Farkas *(Acct Supvr)*

THE CAPSTONE GROUP LLC
1576 Sherman St Ste 300, Denver, CO 80203
Tel.: (303) 860-0555
Web Site: www.capstonegroupllc.com

Employees: 5

Agency Specializes In: Event Planning & Marketing, Public Relations

Moira Cullen *(Partner)*

Accounts:
Colorado Contractors Association

CAPSTRAT
1201 Edwards Mill Rd 1st Fl, Raleigh, NC 27607-3625
Tel.: (919) 828-0806
Fax: (919) 834-7959
E-Mail: webmaster@capstrat.com
Web Site: https://www.ketchum.com/raleigh

E-Mail for Key Personnel:
Creative Dir.: tcoats@capstrat.com

Employees: 110
Year Founded: 1994

National Agency Associations: AMA-COPF-PRSA

Agency Specializes In: Advertising, Advertising Specialties, Brand Development & Integration, Business-To-Business, Collateral, Communications, Consulting, Corporate Communications, Corporate Identity, Digital/Interactive, Education, Electronic Media, Event Planning & Marketing, Government/Political, Graphic Design, Health Care Services, Information Technology, Internet/Web Design, Media Buying Services, New Product Development, Newspaper, Newspapers & Magazines, Pharmaceutical, Print, Production, Public Relations, Publicity/Promotions, Radio, Strategic Planning/Research, T.V., Teen Market

Approx. Annual Billings: $14,200,000

Ken Eudy *(CEO)*
Debbie Reed *(CFO)*
Leslie Bevacqua Coman *(Exec VP-Govt Rels)*
Kyle Sutton *(VP & Dir-Digital Strategy-Ketchum)*
Brandon Goldsworthy *(Sr Art Dir)*

Accounts:
AICPA Campaign: "Book of Wisdom"
Allianz Life Insurance Company Brand Transition
BASF
Blue Cross & Blue Shield of NC
Cotton Incorporated Consumer Marketing Headquarters
Deloitte
GlaxoSmithKline
North Carolina Economic Development Association

CAPTURE MARKETING
153 Park Ave Ste 100, Pewaukee, WI 53072
Tel.: (262) 696-5177
E-Mail: info@capturemarketingllc.com
Web Site: www.capturemarketingllc.com

Employees: 10

Agency Specializes In: Brand Development & Integration, Event Planning & Marketing, Graphic Design, Internet/Web Design, Promotions, Public Relations, Social Media, Sponsorship

Chellee Siewert *(Pres)*
Emily Eskin *(VP-Bus Dev)*
Leslie Atkinson *(Dir-Events & Sponsorship)*
Michelle Bell *(Dir-Events)*
Audra Jacobs *(Dir-Mktg & PR)*
Kelsey Kolb *(Graphic Designer & Coord-Mktg)*

Accounts:
New-Justin J. Watt Foundation
New-Vince Lombardi Cancer Foundation

CARABINER COMMUNICATIONS
4372 Misty Morning Ln, Lilburn, GA 30047
Tel.: (770) 923-8332
Fax: (888) 686-7688
E-Mail: info@carabinerpr.com
Web Site: http://www.carabinercomms.com/

Employees: 15
Year Founded: 2004

Agency Specializes In: Automotive, Business Publications, Business-To-Business, Collateral, Computers & Software, Consulting, Corporate Communications, Corporate Identity, Customer Relationship Management, E-Commerce, Electronic Media, Electronics, Email, Event Planning & Marketing, Health Care Services, High Technology, Information Technology, Integrated Marketing, Internet/Web Design, Investor Relations, Local Marketing, Market Research, Media Relations, Media Training, New Technologies, Newspaper, Newspapers & Magazines, Planning & Consultation, Podcasting, Product Placement, Public Relations, Publicity/Promotions, Search Engine Optimization, Sponsorship, Strategic Planning/Research, Trade & Consumer Magazines

Peter Baron *(Owner)*
Dana Cogan *(VP)*
Suzanne Moccia *(VP)*
Marcy Theobald *(Acct Dir & Strategist)*
Leslie Tentler *(Dir-Editorial & Sr Writer)*
Angela Manzella *(Asst Acct Mgr & Strategist-Social Media & Digital Content)*
Julie Marks *(Strategist-Digital Mktg)*

Accounts:
Applied Software Autodesk Resale; 2008
Blancco Data Erasure & End-of-Life Cycle Solutions; 2008
CardioMEMS
Digital Element
Excel4apps
Five x Five
Fulcrum Ventures
InterSOC Enterprise Security Management Solutions; 2008
JouleX
Oversight Systems, Inc.

CAREN WEST PR, LLC
130 Blvd NE, Atlanta, GA 30312
Tel.: (404) 614-0006
Fax: (404) 522-5115
Web Site: www.carenwestpr.com

Employees: 5
Year Founded: 2005

Agency Specializes In: Brand Development & Integration, Event Planning & Marketing, Graphic Design, Public Relations

Caren West *(Pres)*
Chad David Shearer *(COO & Creative Dir)*
Lauren Klopfenstein *(Specialist-Client Rels)*

Accounts:
The Albert
The Atlanta Dog Wizard
Camp Bisco Music + Art Festival 12
CHC International
Cucina Asellina
Cypress Street Pint & Plate
D.B.A. Barbecue
Diesel Filling Station
The Drafting Table
Eddies Attic
Edgewood Speakeasy
Euphoria Music Festival
Frozen Pints
Genki Noodle & Sushi
The Georgia Theatre
Gucci America Inc.
Magnetic Music Festival
Ocean Catering Company
P'cheen International Bistro & Pub
Park Bar
Pizzeria Vesuvius
Pure Melon
The Real Chow Baby
Sidebar
Soccer in the Streets
STK Atlanta
Sunny's Hair & Wigs
Where's Waldo Bar Crawl
Wild Heaven Craft Beers

AGENCIES - JANUARY, 2019 — PUBLIC RELATIONS FIRMS

CARMA PR
404 Washington Ave Ste 730, Miami Beach, FL 33139
Tel.: (305) 438-9200
E-Mail: megacon@carmapr.com
Web Site: www.carmapr.com

Employees: 25

Agency Specializes In: Entertainment, Event Planning & Marketing, Fashion/Apparel, Hospitality, Public Relations

Lyndsey Cooper *(Principal)*
Chad Fabrikant *(Principal)*
Ashley Jimenez *(VP)*
Jami Baker *(Sr Acct Dir)*
Kimi Hurtado *(Acct Exec)*

Accounts:
The Color Run Miami (Public Relations Agency of Record)
Funkshion Fashion Week Miami Beach (Public Relations Agency of Record)
MegaCon Orlando (Agency of Record) Awareness, Media Relations
Peace Love World

CARNEY COMMUNICATIONS
100 Merrimack St Ste 205 E, Lowell, MA 01852
Tel.: (617) 340-9337
E-Mail: info@carneycommunications.com
Web Site: www.carneycommunications.com

Employees: 5
Year Founded: 2013

Agency Specializes In: Content, Corporate Communications, Crisis Communications, Digital/Interactive, Internet/Web Design, Media Training, Public Relations, Social Media

Sherry Hao *(Dir-Nonprofit Strategy)*

Accounts:
Orangetheory Fitness
Society for Free Radical Biology & Medicine

CARO MARKETING
719 S Los Angeles St Studio 1106, Los Angeles, CA 90014
Tel.: (323) 781-2276
E-Mail: showroom@caromarketing.com
Web Site: www.caromarketing.com

Employees: 7
Year Founded: 2004

Agency Specializes In: Brand Development & Integration, Digital/Interactive, Event Planning & Marketing, Public Relations, Social Media

Caroline Rothwell Gerstein *(Founder & Pres)*

Accounts:
Coye Nokes

CAROLINA PUBLIC RELATIONS/MARKETING, INC.
(See Under Chernoff Newman)

CAROLYN IZZO INTEGRATED COMMUNICATIONS
1 Piermont Ave, Nyack, NY 10960
Tel.: (845) 358-3920
Fax: (845) 358-3927
E-Mail: info@ciicnews.com
Web Site: www.ciicnews.com

Employees: 10

Agency Specializes In: Brand Development & Integration, Broadcast, Business-To-Business, Direct Response Marketing, Logo & Package Design, Print, Product Placement, Promotions, Public Relations, Trade & Consumer Magazines

Carolyn Izzo-Feldman *(Founder & Pres)*
Paola Cuevas *(Acct Dir)*
Amy Sedeno *(Sr Acct Exec)*

Accounts:
The Atlantic Hotel & Spa Positioning & Strategic Communications; 2018
Bohlsen Restaurant Group (Agency of Record) Dynamic Communications, Media; 2018
BreaDr PR, Social Media
Cala Luna Boutique Hotel & Villas Positioning, Social Media, Strategic Communications; 2018
Epoque Hotels Resorts & Hotels
HotelQuando
Krystal Grand Hotels & Resorts Positioning & Strategic Communications; 2017
Los Cabos Convention & Visitors Bureau
Los Cabos Tourism Board Public Relations
Opal Apples (Agency of Record) Creative & Integrated Public Relations, Media; 2017
Quintana Roo Tourism Board (US Public Relations Agency of Record) Consumer Awareness, Crisis Communication, Media, Strategic Counsel; 2018
Rancho San Lucas (Public Relations Agency of Record)
RealBeanz Media Outreach, PR, Social Media, Trade Shows & Events
The Roundhouse (Public Relations Agency of Record)
Thanks Again (Public Relations Agency of Record)
The Time Nyack (Public Relations Agency of Record)
Youareonthelist.com Media Relations, Social Media Counseling, Strategic Brand Partnerships

CARTER WEST PUBLIC RELATIONS
411 Cleveland St Ste 239, Clearwater, FL 33755
Tel.: (727) 288-2159
Fax: (727) 475-8390
Web Site: www.carterwestpr.com

Employees: 5

Agency Specializes In: Event Planning & Marketing, Media Relations, Media Training, Public Relations, Social Media

Sara West Callahan *(Owner)*

Accounts:
Auto USA
Auto/Mate, Inc.
Car Research, Inc.
DealerRater
MPi
The Media Trac
NCM Associates
Redbumper

CARTERTODD & ASSOCIATES, INC.
1233 Washington St Ste 101, Columbia, SC 29201-3221
Tel.: (803) 779-4005
Fax: (803) 978-7543
E-Mail: info@cartertodd.com
Web Site: www.cartertodd.com

Employees: 6
Year Founded: 1998

Agency Specializes In: Collateral, Communications, Consumer Marketing, Event Planning & Marketing, Internet/Web Design, Media Buying Services, Public Relations, Publicity/Promotions

Lorri-Ann Carter *(Pres & CEO)*

Accounts:
AcroSoft Corporation Creative, Industry Analyst Relations, Marketing, Media, Product Branding, Public Relations Agency of Record
AIG Technology
Carolina Carillion Parade
City Center Partnership
DP Professionals
Impact Technologies Group
Integrated Business Systems & Services
National Association of Home Builders
Palmetto Center for Women
USC Columbia Technology Incubator
VC3
World Beer Festival-Columbia

CARUSOPR
77 W Washington St Ste 1900, Chicago, IL 60602
Tel.: (312) 854-7079
Fax: (312) 376-4049
E-Mail: info@carusopr.com
Web Site: carusopr.com

Employees: 10
Year Founded: 2009

Agency Specializes In: Business-To-Business, Communications, Content, Digital/Interactive, Internet/Web Design, Media Relations, Media Training, New Product Development, Public Relations, Social Media

Ellyn Caruso *(Founder, Principal & Creative Dir)*
Michael Nothnagel *(Sr Acct Exec)*
Sheryl Bass *(Specialist-Media Rels)*

Accounts:
New-Carmen D. Caruso
New-Community Brands Holdings LLC GiveSmart
New-Midland States Bancorp Inc
New-Operation Support Our Troops - America
New-Prather Ebler LLP
New-South Side Irish Heritage Foundation
New-Telecom Brokerage Inc.
New-Union League Boys & Girls Clubs
New-Vanillepatisserie.com

CASEY & SAYRE
12517 Venice Blvd, Los Angeles, CA 90066
Tel.: (310) 636-1888
Fax: (310) 636-4888
E-Mail: info@caseysayre.com
Web Site: www.caseysayre.com/

Employees: 15

Agency Specializes In: Public Relations

Barbara Sayre Casey *(CEO)*
Jo Ellen Ashton *(Controller)*
Anne Sage *(Dir-Legal Svcs)*
Meredith Red *(Mgr-AT&T PR-Los Angeles)*

Accounts:
Arent Fox
AT&T Communications Corp.
Conrad N. Hilton Foundation
Lowe Enterprises
The Resmark Companies

CASHMAN & ASSOCIATES
232 N 2Nd St, Philadelphia, PA 19106
Tel.: (215) 627-1060
Fax: (215) 627-1059
E-Mail: info@cashmanandassociates.com
Web Site: www.cashmanandassociates.com

Employees: 18
Year Founded: 2001

Agency Specializes In: Arts, Consumer Marketing, Entertainment, Event Planning & Marketing, Fashion/Apparel, Food Service, Graphic Design, Health Care Services, Media Relations, Pets, Product Placement, Promotions, Public Relations, Real Estate, Retail, Social Marketing/Nonprofit, Sports Market

Nicole A. Cashman *(Pres & CEO)*
Laura Krebs Miller *(VP)*
Alyssa Bonventure *(Acct Exec)*
Sofia Pignitor *(Assoc Acct Exec)*
Shana Saddic *(Assoc Acct Exec)*

Accounts:
AP Bags USA Handbags & Accessories
Atlantic City Alliance
Bernie Robbins Fine Jewelers
Boathouse Row Bar
Boyds
Brandow Clinic
Eventions Productions Event Production
Fresh Salon
GiGi
Glow Salon
The Harnels Foundation Inner-City School Assistance
Hotel Sofitel Philadelphia
Innove Events & Paper Event Design & Stationery
The Kimmel Center for the Performing Arts (Public Agency of Record) 2016 Philadelphia International Festival of the Arts
Niche Media
Omega Optical Eyewear
Philadelphia Park Casino & Racetrack
Philly.com News & Information
The Piazza at Schmidts
Rescue Rittenhouse Spa Day Spa
Select Greater Philadelphia
Tower Investments Urban Development
Trump Marina
Trump Plaza
Trump Tower Philadelphia

CASTER COMMUNICATIONS, INC.
155 Main St, Wakefield, RI 02879
Tel.: (401) 792-7080
Fax: (401) 792-7040
E-Mail: info@castercomm.com
Web Site: www.castercomm.com

Employees: 4

Agency Specializes In: Brand Development & Integration, Communications, Consumer Marketing, Corporate Communications, Crisis Communications, Event Planning & Marketing, Exhibit/Trade Shows, Internet/Web Design, Investor Relations, Local Marketing, Media Relations, Media Training, Public Relations, Social Media

Revenue: $1,000,000

Kimberly Lancaster *(Founder & Pres)*
Alexandra Crabb *(VP)*
Ashley Daigneault *(Acct Dir)*
Erin Phillips *(Acct Mgr)*
Alexandra Gil *(Acct Exec)*
Peter Girard *(Acct Exec)*
Dennis Burger *(Writer-Technical)*
Laura Shubel *(Sr Acct Coord)*

Accounts:
Ametek Electronic Systems Protection
Control4
InFocus Corp.
Sigma Designs, Inc.
SurgeX
Vutec Corporation (Agency of Record) Branding, Content Development, Digital Marketing, Public Relations, Social Media
Z-Wave Alliance

CASTILLO & RUIG COMMUNICATIONS
(d/a/a C&R)
2901 Ocean Park Blvd Ste 217, Santa Monica, CA 90405
Tel.: (310) 664-8840
Fax: (310) 317-7299
E-Mail: llamprecht@discovercrc.com
Web Site: http://candrpr.com/

Employees: 12
Year Founded: 2009

Agency Specializes In: Brand Development & Integration, Public Relations, Search Engine Optimization, Social Media

Spencer Castillo *(Co-Founder)*
Pieter Ruig *(Co-Founder)*
Heidi Baldwin Doak *(VP)*
Alexandra Stanley Ostridge *(Acct Dir)*
Meredith Strodel *(Sr Acct Supvr)*
Kelsey Harrington *(Acct Supvr)*

Accounts:
Andaz Scottsdale
Banyan Tree Hotels & Resorts (Agency of Record)
Chileno Bay Resort & Residences
Dhawa Cayo Santa Maria
Four Seasons Hotels Ltd Four Seasons Oahu, Hualalai Resort
Kimpton Hotel & Restaurant Group

THE CASTLE GROUP
38 Third Ave Charlestown Navy Yard, Boston, MA 02129
Tel.: (617) 337-9500
Fax: (617) 337-9539
E-Mail: info@thecastlegrp.com
Web Site: www.thecastlegrp.com

Employees: 30

Agency Specializes In: Advertising, Advertising Specialties, Brand Development & Integration, Business Publications, Collateral, Corporate Communications, Event Planning & Marketing, Exhibit/Trade Shows, Internet/Web Design, Media Buying Services, Multimedia, Print, Publicity/Promotions, Radio, T.V.

Sandy Lish *(Founder & Principal)*
Wendy Spivak *(Co-Founder & Principal)*
Hilary Allard *(Exec VP)*
Keri McIntosh *(Sr VP)*
Philip Hauserman *(VP)*
Carole McFall *(VP-PR)*
Deborah Spencer *(VP-Events & Mktg)*
Danielle Dickinson *(Sr Dir-Event)*
Andrea Teixeira *(Dir-Bus Dev & Event Mgmt)*
Callie Cleary *(Sr Mgr-Event)*
Elizabeth DiVito *(Mgr-PR & Social Media)*
Maria Ryan *(Mgr-Events & Creative Svcs)*

Accounts:
Deloitte & Touche; 2007
FutureM Public Relations
Pete and Gerry's Organics; Monroe, NH Public Relations

CATAPULT PR-IR, L.L.C.
6560 Gunpark Dr Ste C, Boulder, CO 80301
Tel.: (303) 581-7760
Fax: (303) 581-7762
Toll Free: (866) 700-7760
E-Mail: contact@catapultpr-ir.com
Web Site: www.catapultpr-ir.com

Employees: 7

Agency Specializes In: Business-To-Business, Financial, High Technology, Investor Relations, New Technologies, Public Relations, RSS (Really Simple Syndication)

Terri Douglas *(Co-Founder & Principal)*
Guy Murrel *(Co-Founder & Principal)*
Jeremy Douglas *(Dir-Client Engagement)*

Accounts:
Agile Alliance Media; 2007
BlogFrog Public Relations
CollabNet; Brisbane, CA; 2011
FreeWave Technologies; Boulder, CO; 2006
Inovonics
JNBridge; Boulder, CO; 2007
Platform9 (Public Relations Agency of Record) B2B, Strategic Narrative Marketing, Thought Leadership; 2018
Room 214; Boulder, CO; 2007
Thought Works
Zype Public Relations, Strategic Narrative Marketing

CAUGHERTY HAHN COMMUNICATIONS, INC.
233 Rock Rd Ste 248, Glen Rock, NJ 07452
Tel.: (201) 251-7778
Fax: (201) 251-7776
E-Mail: president@chcomm.com
Web Site: www.chcomm.com

Employees: 2
Year Founded: 1993

National Agency Associations: PRSA

Agency Specializes In: Arts, Business-To-Business, Catalogs, Children's Market, Collateral, Communications, Consulting, Consumer Goods, Consumer Marketing, Corporate Communications, Crisis Communications, Customer Relationship Management, Direct Response Marketing, Direct-to-Consumer, E-Commerce, Event Planning & Marketing, Exhibit/Trade Shows, Faith Based, Fashion/Apparel, Health Care Services, Household Goods, Integrated Marketing, Local Marketing, Magazines, Media Relations, Medical Products, New Product Development, Newspaper, Planning & Consultation, Public Relations, Publicity/Promotions, Publishing, Restaurant, Retail, Search Engine Optimization, Seniors' Market, Social Marketing/Nonprofit, Social Media, Stakeholders, Strategic Planning/Research, Teen Market, Trade & Consumer Magazines, Travel & Tourism, Women's Market

Approx. Annual Billings: $1,000,000

Breakdown of Gross Billings by Media: Corp. Communications: 50%; Pub. Rels.: 25%; Strategic Planning/Research: 25%

John N. Hahn *(Owner)*
Lisa Hahn *(Pres & CEO)*

Accounts:
Highlights for Children; Columbus, OH
Highlights High Five; Honesdale, PA
Johnson Smith Co.; Bradenton, FL
Millard Group, Inc.; Peterborough, NH
NEMOA; Portland, ME
Trainers Warehouse; Natick, MA

CAWOOD
1200 High St Ste 200, Eugene, OR 97401-3222
Tel.: (541) 484-7052
Fax: (541) 345-1474
E-Mail: info@cawood.com
Web Site: www.cawood.com

AGENCIES - JANUARY, 2019 — PUBLIC RELATIONS FIRMS

E-Mail for Key Personnel:
President: liz@cawood.com
Media Dir.: melindad@cawood.com

Employees: 11
Year Founded: 1979

National Agency Associations: PRSA

Agency Specializes In: Advertising, Advertising Specialties, Brand Development & Integration, Communications, Consulting, Corporate Identity, Education, Government/Political, Graphic Design, Health Care Services, High Technology, Internet/Web Design, Logo & Package Design, Media Buying Services, Media Planning, Medical Products, Multimedia, Planning & Consultation, Public Relations, Publicity/Promotions, Radio, Strategic Planning/Research, T.V.

Liz Cawood *(Pres)*
Melinda Dille *(Media Dir)*
Cari Ingrassia *(Art Dir)*
Lindsey Ferguson *(Dir-Bus Dev & Acct Exec)*

Accounts:
Cascade Health Solutions
Mercedes-Benz of Eugene
Oregon Imaging Centers; Eugene, OR Imaging Service
Sure Crop Farm Services

CAYENNE COMMUNICATION
1250 Oakmead Pkwy Ste 210, Sunnyvale, CA 94085
Tel.: (408) 501-8829
Fax: (252) 940-4681
Web Site: www.cayennecom.com

Employees: 4

Agency Specializes In: Advertising, Event Planning & Marketing, Media Relations, Public Relations, Strategic Planning/Research

Michelle Clancy *(Pres)*

Accounts:
Ansys, Inc.
Apache Corporation
Atoptech
AWR Corporation
Berkeley Design Automation, Inc.
Cliosoft
Concept Engineering, Inc.
Gradient, Corp.
Satin Technologies
Tanner EDA
Tuscany Design Automation

CBR PUBLIC RELATIONS
1495 N Maitland Ave, Maitland, FL 32751
Tel.: (407) 834-7777
Fax: (407) 834-7746
E-Mail: info@cbrpr.com
Web Site: www.cbrpr.com

Employees: 15
Year Founded: 1984

Agency Specializes In: Business-To-Business, Corporate Communications, Corporate Identity, Financial, Government/Political, Public Relations

Lori C. Booker *(Owner)*

Accounts:
Insperity

CCH MARKETING & PUBLIC RELATIONS
227 S Orlando Ave Ste 2B, Winter Park, FL 32789
Tel.: (407) 228-1901
E-Mail: info@cchmarketing.com
Web Site: www.cchmarketing.com

Employees: 5

Agency Specializes In: Brand Development & Integration, Content, Email, Media Relations, Public Relations, Search Engine Optimization, Social Media

Cristina Calvet Harrold *(Founder & Pres)*
Bryan Harrold *(VP)*
Cathrina Dionisio *(Mgr-Creative Svcs)*

Accounts:
Armando Soto
Orlando Health

CECE FEINBERG PUBLIC RELATIONS
336 W 37th St Ste 840, New York, NY 10018
Tel.: (212) 939-7265
Fax: (646) 224-2271
E-Mail: cece@feinbergpr.com
Web Site: www.feinbergpr.com

Employees: 6

Agency Specializes In: Entertainment, Fashion/Apparel, Local Marketing, Public Relations

Cece Feinberg *(Owner)*

Accounts:
Crystal Jin Swimwear
Shapeez
The Swimwear Association of Florida
Tees By Tina
V Del Sol
Voga Italia Wines
Vonderbitch Public Relations

CEL PUBLIC RELATIONS INC
3033 Campus Dr Ste E190, MinneaPOlis, MN 55441
Tel.: (763) 559-6058
Toll Free: (888) 235-2780
E-Mail: info@celpr.com
Web Site: www.celpr.com

Employees: 5

Agency Specializes In: Advertising, Brand Development & Integration, Content, Digital/Interactive, Graphic Design, Internet/Web Design, Media Relations, Package Design, Public Relations, Social Media

Cindy Leines *(Founder)*
Nels Johnson *(Exec VP-Sls & Mktg)*
Kari Logan *(VP-PR)*
Scott Rogers *(Art Dir)*
Chelsea Janke *(Dir-Client & School Svcs)*
Carol Scheer *(Specialist-Media Rels)*

Accounts:
Prosperwell Financial

CERRELL ASSOCIATES, INC.
320 N Larchmont Blvd, Los Angeles, CA 90004
Tel.: (323) 466-3445
Fax: (323) 466-8653
Web Site: www.cerrell.com

Employees: 30

National Agency Associations: PRSA

Agency Specializes In: Government/Political, Public Relations, Sponsorship

Approx. Annual Billings: $3,000,000

Breakdown of Gross Billings by Media: Pub. Rels.: $3,000,000

Lee Cerrell *(Owner)*
Mark Wittenberg *(Owner)*
Hal Dash *(Chm & CEO)*
Steve Bullock *(CFO)*
Victor Franco, Jr. *(VP)*
Brandon Stephenson *(VP)*
Tori Wender *(VP)*
Sarah Gutierrez *(Mgr-Acctg & HR)*

Accounts:
Alameda Corridor Transportation Authority (ACTA)
Aquatic Foundation of Metropolitan Los Angeles
BP
California Association of Health Underwriters
California Climate Action Registry
GC Services
Law Enforcement Systems
Qantas Airways
University of Southern California
Watt Commercial Properties

CFM STRATEGIC COMMUNICATIONS, INC.
1001 Sw 5Th Ave Ste 1100, POrtland, OR 97204
Tel.: (503) 294-9120
Fax: (503) 294-9152
Web Site: www.cfm-online.com

E-Mail for Key Personnel:
President: garyc@cfm-online.com

Employees: 50

National Agency Associations: WOMMA

Agency Specializes In: Communications, Consulting, Consumer Marketing, Corporate Identity, Event Planning & Marketing, Government/Political, Public Relations

Gary Conkling *(Pres)*
Tom Eiland *(Partner)*
J.E. Isaac *(Principal)*
Cindy Brown *(Office Mgr)*

Accounts:
Columbia River Pilots
EDS
M/A-COM Private Radio Systems, Inc.
Marion County
Oregon Public Broadcasting
T-Mobile US

Branches

CFM Strategic Communications, Inc.
3621 Augusta National Dr S, Salem, OR 97302
Tel.: (503) 362-8025
Fax: (503) 362-5096
E-Mail: davef@cfmsalem.com
Web Site: www.cfm-online.com

Employees: 1

Agency Specializes In: Public Relations

Gary Conkling *(Pres)*
Joel Rubin *(Partner-Federal Affairs)*
J.E. Isaac *(Principal)*
Dale Penn *(Sr Assoc-Public Affairs)*

Accounts:
Providence

CFM Strategic Communications, Inc.
750 1St St NE, Washington, DC 20002

1465

PUBLIC RELATIONS FIRMS

Tel: (202) 347-9170
Fax: (503) 544-5321
E-Mail: danj@cfmdc.com
Web Site: www.cfm-online.com

Employees: 3

Agency Specializes In: Digital/Interactive, Government/Political, Public Relations, Viral/Buzz/Word of Mouth

Gary Conkling *(Pres)*
Joe Rubin *(Partner-Federal Affairs)*
Alison Santore *(VP-Federal Affairs)*

Accounts:
City of Lacey
Clackamas County
Columbia River Pilots
Darden Restaurants
Hewlett-Packard
Oregon Public Broadcasting
Transcanada

CGPR, LLC
24 Prospect St, Marblehead, MA 01945
Tel.: (781) 639-4924
Fax: (781) 639-4328
Web Site: www.cgprpublicrelations.com

Employees: 5
Year Founded: 1993

Agency Specializes In: Brand Development & Integration, Business-To-Business, Crisis Communications, Event Planning & Marketing, Media Relations, Media Training, Public Relations, Social Media

Chris Goddard *(Pres)*
Craig M. Davis *(COO)*
Jason Silva *(Asst Acct Exec)*

Accounts:
Adidas Outdoor
Applied DNA Sciences, Inc. (Public Relations Agency of Record)

Branch

CGPR
260 Newport Ctr Dr Ste 510, Newport Beach, CA 92660
Tel.: (714) 768-1140
Fax: (781) 640-8387
Web Site: cgprpublicrelations.com

Year Founded: 1993

Agency Specializes In: Communications, Event Planning & Marketing, Exhibit/Trade Shows, Government/Political, Media Relations, Media Training, New Product Development, Public Relations, Social Media, Sponsorship

Angie Matthews *(Sr Acct Exec)*

Accounts:
New-Emerald Expositions Outdoor Retailer
New-Nite Ize Inc
New-Safariland LLC

CHAMBERLAIN HEALTHCARE PUBLIC RELATIONS
450 W 15th St Ste 405, New York, NY 10011
Tel.: (212) 884-0650
Fax: (212) 884-0628
E-Mail: info@chamberlainpr.com
Web Site: www.chamberlainpr.com

Employees: 35
Year Founded: 1993

Agency Specializes In: Health Care Services, Public Relations

Bob Josefsberg *(Exec VP)*

Accounts:
Abbott Laboratories
American Association of Cancer Research
American Society of Hypertension
Boehringer Ingelheim Pradaxa
Eisai
National Lipid Association
Novartis Prexige Pain Reliever
Novavax
Pamlab
Pharmacopeia, Inc.

CHAMPION MANAGEMENT
15455 Dallas Pkwy, Addison, TX 75002
Tel.: (972) 930-9933
Fax: (972) 930-9903
E-Mail: info@championmgt.com
Web Site: www.championmgt.com

Employees: 50

Agency Specializes In: Communications, Event Planning & Marketing, Public Relations

Ladd Biro *(Founder & Co-Principal)*
Eric Spiritas *(Co-Principal)*
Russell Ford *(Sr VP-Mktg)*
Jami Zimmerman *(VP-PR)*
Courtney Mazzella *(Client Svcs Dir)*
Victoria Williams *(Sr Acct Exec)*
Paul Solomons *(Media Planner & Buyer)*

Accounts:
Au Bon Pain Holding Co. Inc.
Bennigan's
CiCi Enterprises LP (Public Relations Agency of Record)
El Fenix
Farmer Brothers Coffee (Public Relation & Social Media Agency of Record)
Fazoli's Management Inc.
Firebird Restaurant Group
FreeRange Concepts
Front Burner Restaurants
Garbanzo Mediterranean Fresh
Genghis Grill
Healthy Dining (Public Relations Agency of Record); 2018
Lone Star Steakhouse
Main Event Entertainment
Nestle Toll House Cafe
Pei Wei Asian Diner Inc. (Public Relations Agency of Record) Crisis Management, General Tso's Chicken, Internal Communications, Media Outreach, Social Media; 2017
Raising Cane's Chicken Fingers
Rave Restaurant Group
Romano's Macaroni Grill
Salata
Snuffer's
Taco John's International, Inc.
Texas Land & Cattle
Walk-On's Bistreaux & Bar
Zoup

CHANGE COMMUNICATIONS
350 Townsend St Ste 720, San Francisco, CA 94107
Tel.: (415) 375-0663
E-Mail: info@bethechangepr.com
Web Site: www.bethechangepr.com

Employees: 5
Year Founded: 2010

Agency Specializes In: Crisis Communications, Digital/Interactive, Public Relations, Social Media

Katy Lim *(Mng Dir-Mktg Comm & PR)*

Accounts:
Drift Innovation

CHANNEL V MEDIA
80 8th Ave Ste 206, New York, NY 10011
Tel.: (212) 680-0179
E-Mail: hello@channelvmedia.com
Web Site: channelvmedia.com

Employees: 10
Year Founded: 2008

Agency Specializes In: Brand Development & Integration, Collateral, Communications, Digital/Interactive, Internet/Web Design, Media Relations, Media Training, New Product Development, Public Relations, Social Media

Gretel Going *(Co-Founder & Pres)*
Kate Fleming *(Founder & Partner)*
Cesar Cruz *(Creative Dir)*
Kieran Powell *(Dir-Media & Analyst Rels)*

Accounts:
New-Albert Technologies Ltd.
New-Bluecore
New-Fortune & Frame
New-Grapeshot
New-iQ Media Group Inc

CHARLES COMMUNICATIONS ASSOCIATES LLC
340 Pine St Ste 504, San Francisco, CA 94104
Tel.: (415) 701-9463
Fax: (415) 777-9464
E-Mail: creativewhizzes@charlescomm.com
Web Site: www.charlescomm.com

Employees: 10
Year Founded: 2003

Agency Specializes In: Brand Development & Integration, Collateral, Crisis Communications, Event Planning & Marketing, Graphic Design, Luxury Products, Print, Promotions, Public Relations, Social Media, Strategic Planning/Research

Kimberly Charles *(Founder)*
Alex Fondren *(Acct Supvr)*

Accounts:
New-Broadside Wines
New-Conegliano Valdobbiadene Prosecco Superiore D.O.C.G (Agency of Record)
New-Crocker & Starr
New-Cycles Gladiator
New-Domaine Carneros
New-Fess Parker Winery & Vineyard
New-Gallica
New-Gonzalez Byass
New-Murrieta's Well
New-Onward Wines & Farmstrong

CHARLES ZUKOW ASSOCIATES LLC
605 Market St, San Francisco, CA 94105
Tel.: (415) 296-0677
Fax: (415) 296-0663
E-Mail: info@charleszukow.com
Web Site: www.charleszukow.com

Employees: 7
Year Founded: 2002

Agency Specializes In: Advertising, Media Buying

AGENCIES - JANUARY, 2019 — PUBLIC RELATIONS FIRMS

Services, Media Planning, Promotions, Public Relations, Sponsorship

Charles Zukow *(Owner)*
Kevin Kopjak *(VP-PR & Mktg)*
John Ferrara *(Fin Mgr)*
Viviana Uribe *(Asst Acct Exec-PR)*

Accounts:
American Conservatory Theater
Beach Blanket Babylon
Cirque du Soleil
Na Lei Hulu I Ka Wekiu
Pooch Hotels
Safeway Holiday Ice Rink
San Francisco Arts Education Project
San Francisco General Hospital Foundation
San Francisco Symphony
Tout Sweet

CHARTWELL AGENCY
120 W State St Ste 305, Rockford, IL 61101
Tel.: (815) 282-9976
Fax: (815) 282-9986
E-Mail: info@chartwell-agency.com
Web Site: www.chartwell-agency.com/

Employees: 3

Agency Specializes In: Advertising, Event Planning & Marketing, Media Buying Services, Media Training, Public Relations, Strategic Planning/Research

Rebecca Epperson *(Pres)*
Emily Hartzog *(VP)*
Karli Smith *(VP)*

Accounts:
A Latino Community Resource Center
Bart Bike For The Arts
Byron Forest Preserve District (Agency of Record) Digital, Public Relations, Social Media, Strategic Communications, Website
Carz R' Us (Agency of Record) Communications, Marketing
Chicago Rockford International Airport
Doculabs
Emmanuel Episcopal Church Marketing & Communications
First Congregational Church
Fitme Wellness
The Frana Group Content, Event Services, Media Planning & Logistics, Media Relations
Gilvydis Vein Clinic (Agency of Record) Digital Advertising, Print, Radio, Television
Gordon Food Service
Impact Advisors
In Home Medical Group Brand Identities, Produce Marketing, Rebranding Initiative
J. Kyle Braid Leadership Foundation
Larson & Darby Group
Medithin Weight Loss Clinics
Monmouth College
Northern Illinois Vein Clinic (Agency of Record) Digital Advertising, Print, Radio, Television
OrthoIllinois Integrated Communications
Reno & Zahm LLP
River District Association
Rockford Area Convention & Visitors Bureau
Rockford Area Economic Development Council
Rockford Area Venues & Entertainment
Rockford Art Museum; 2004
Rockford Bank & Trust Advertising
Rockford Chamber of Commerce
Rockford Gastroenterology Associates (Agency of Record) Communications, Online Presence, Website Content; 2017
Rockford Mutual Insurance Company
Rockford Rescue Mission
Rockford Spine Center
Rockford YMCA
Rockford Youth Initiative, Inc.
Savant Capital Management (Agency of Record) Public Relations
Southern Imperial Inc
XL Academics (Agency of Record) Content Marketing Strategy, Public Relations

Branch

Chartwell Agency
4230 E Towne Blvd Ste 292, Madison, WI 53704
Tel.: (608) 239-0745
Fax: (815) 282-9986
E-Mail: info@chartwell-agency.com
Web Site: www.chartwell-agency.com

Employees: 10

Agency Specializes In: Above-the-Line, Affiliate Marketing, Affluent Market, Agriculture, Arts, Automotive, Brand Development & Integration, Broadcast, Business Publications, Business-To-Business, Cable T.V., Catalogs, Children's Market, Collateral, College, Communications, Computers & Software, Consulting, Consumer Goods, Consumer Marketing, Consumer Publications, Content, Corporate Communications, Cosmetics, Crisis Communications, Customer Relationship Management, Digital/Interactive, Direct Response Marketing, Direct-to-Consumer, E-Commerce, Education, Electronic Media, Electronics, Email, Engineering, Entertainment, Environmental, Event Planning & Marketing, Exhibit/Trade Shows, Experience Design, Fashion/Apparel, Financial, Food Service, Government/Political, Guerilla Marketing, Health Care Services, High Technology, Hospitality, Household Goods, In-Store Advertising, Industrial, Infomercials, Information Technology, Integrated Marketing, International, Legal Services, Leisure, Local Marketing, Luxury Products, Magazines, Market Research, Media Buying Services, Media Planning, Media Relations, Media Training, Medical Products, Men's Market, Multicultural, Multimedia, New Product Development, New Technologies, Newspaper, Over-50 Market, Pharmaceutical, Planning & Consultation, Point of Sale, Print, Production, Production (Print), Promotions, Public Relations, Publicity/Promotions, Publishing, RSS (Really Simple Syndication), Radio, Real Estate, Recruitment, Regional, Restaurant, Retail, Sales Promotion, Seniors' Market, Social Marketing/Nonprofit, Sponsorship, Sports Market, Stakeholders, Strategic Planning/Research, Syndication, T.V., Teen Market, Trade & Consumer Magazines, Transportation, Travel & Tourism, Urban Market, Viral/Buzz/Word of Mouth, Women's Market

Rebecca Epperson *(Pres)*
Elizabeth Lazdins *(Office Mgr)*

Accounts:
Applied Ecological Services
Bacchus Wine Bar & Restaurant
Carlyle Brewing Company
InstallShield Software
LifeStream International
Milwaukee Public Schools
Riviana Foods
Westin Hotels

CHASE COMMUNICATIONS
(Acquired by Levick)

CHEMISTRY
2760 Fifth Ave, San Diego, CA 92103
Tel.: (619) 236-8397
Fax: (619) 236-8497
E-Mail: mixitup@prchemistry.com
Web Site: chemistrypr.com

Employees: 5
Year Founded: 1999

Agency Specializes In: Business-To-Business, Consumer Goods, Consumer Marketing, Corporate Communications, Entertainment, Event Planning & Marketing, Fashion/Apparel, Food Service, Government/Political, Health Care Services, Hospitality, Local Marketing, Luxury Products, Media Relations, Media Training, Public Relations, Real Estate, Restaurant, Retail, Sponsorship, Strategic Planning/Research, Travel & Tourism, Viral/Buzz/Word of Mouth, Women's Market

Audrey Doherty *(Founder)*
Gisell Galan *(Grp Acct Dir)*

Accounts:
Andaz; San Diego
Barona Resort & Casino; San Diego, CA Casino Resort; 2001
Center Parcs (UK) Group plc Creative, Forest Park; 2018
Evolve Saloon
The Glass Door
Hyatt Regency Mission Bay; San Diego, CA Hotel; 2007
Ivy Hotel; San Diego, CA Luxury Hotel; 2006
Kelly Capital
Kerry Foods Campaign: "Adland Gal "
KMA Architecture & Engineering
San Diego Building Owners & Managers Association (BOMA)

CHERNOFF NEWMAN
(Formerly Carolina Public Relations/Marketing, Inc.)
5970 Fairview Rd Ste 610, Charlotte, NC 28210
Tel.: (704) 374-9300
Fax: (704) 374-9330
Toll Free: (866) 526-6382
E-Mail: charlotte@chernoffnewman.com
Web Site: chernoffnewman.com

Employees: 10
Year Founded: 1983

National Agency Associations: PRSA

Agency Specializes In: Public Relations

Louise Dixon *(Pres-PR)*
Adam Bernstein *(Sr VP)*
Amanda DeWeese *(Dir-PR)*
Sig Huitt *(Sr Counselor)*

Accounts:
Philip Morris

Branch

Chernoff Newman
(Formerly Carolina Public Relations/Marketing, Inc.)
1411 Gervais St Fl 5, Columbia, SC 29201
Tel.: (803) 254-8158
E-Mail: columbia@chernoffnewman.com
Web Site: chernoffnewman.com

Employees: 20
Year Founded: 1983

Agency Specializes In: Public Relations

Sara Anders *(VP & Media Dir)*
Molly Holland *(Acct Mgr)*

Accounts:
Bon Secours Health System
Capstone Advancement Partners
Charlotte Housing Authority

PUBLIC RELATIONS FIRMS — AGENCIES - JANUARY, 2019

CHERYL ANDREWS MARKETING COMMUNICATIONS
331 Almeria Ave, Coral Gables, FL 33134-5814
Tel.: (305) 444-4033
Fax: (305) 447-0415
E-Mail: info@cam-pr.com
Web Site: www.cam-pr.com

Employees: 18
Year Founded: 1984

Agency Specializes In: Communications, Public Relations, Travel & Tourism

Cheryl Andrews *(Owner & CEO)*
Ileana Perez *(VP-Fin)*
Jim Stephens *(VP-Creative)*
Jennifer Johnson *(Dir-Client Dev)*
Karen Collazo *(Assoc Dir)*
Nina Zadeh *(Mgr-Social Media)*
Bertha Diaz *(Sr Acct Exec)*
Sara Leiter *(Sr Acct Exec)*
Lauren Liebler *(Acct Exec)*
Shannon Cooney *(Coord-Social Media)*

Accounts:
The Bristol Hotel Panama City (North American Public Relations Agency of Record); 2017
Bucuti Beach Resort & Tera Suite; Aruba
Buenaventura Golf & Beach Resort (North American Public Relations Agency of Record); 2017
Caribbean Journal (Public Relations Agency of Record) Digital, Public Relations, Social Media
Cayo Espanto (Agency of Record) Communications, North America, Social Media Strategy
Club 1 Hotels
Costa Rica Tourism Board Campaign: "Save the Americans", Public Relations
Couples Resorts (North American Public Relations Agency of Record) Couples Negril, Couples San Souci, Couples Swept Away, Couples Tower Isle; 2017
Four Seasons Resort Nevis (North American Public Relations Agency of Record)
Grand Residences Riviera Cancun
Grenada Tourism Authority (North American & Caribbean Public Relations Agency of Record) Communications, Pure Grenada, Social Media Strategy
Hyatt Regency Trinidad
Luxury Collection Hotel & Golf Resort
The Marker Resort (North American Public Relations Agency of Record)
Montserrat Tourist Board Economic Growth, Investment Opportunities, Public Relations
Nuvola (Agency of Record) Business-to-Business Communications, Media Communications & North American Public Relations, Media Relations Strategies; 2018
Ocean Club Resorts
PPI Group (Public Relations Agency of Record) Digital, Public Relations, Social Media
Provident Luxury Suites Fisher Island
Rooster
The Santa Maria (North American Public Relations Agency of Record); 2017
Sirenis Hotels & Resorts (North America Public Relations Agency of Record)
Trinidad & Tobago Tourism Development co.
Trust Hospitality Bianca Sands Resort (Public Relations Agency of Record), Media Communications, Media Relations Strategies; 2018
Unikgo.com
Viceroy Anguilla (Public Relations Agency of Record) Digital, Print, Social Media

CHICAGO DIGITAL
(Acquired by Beckerman Public Relations)

CHILD'S PLAY COMMUNICATIONS
420 Riverside Dr Apt 7B, New York, NY 10025
Tel.: (212) 488-2060, ext. 11
Fax: (212) 488-2059
E-Mail: sa@childsplaypr.com
Web Site: www.childsplaypr.com

Employees: 10
Year Founded: 1988

Agency Specializes In: Children's Market, Collateral, Entertainment, Exhibit/Trade Shows, Guerilla Marketing, Promotions, Public Relations, Publicity/Promotions, Retail, Sales Promotion, Strategic Planning/Research, Teen Market, Viral/Buzz/Word of Mouth, Women's Market

Stephanie Azzarone *(Founder & Pres)*
Selena Rodriguez *(Acct Supvr)*

Accounts:
Aurora World Bogger Outreach, Media Relations
Boolean Girl Tech Media Relations
Bundoo
Captain McFinn & Friends Media Relations, Public Relations
Cheeky Little Media
Creata Blogger, Communication, Marketing, Media Relations, Monster 500
Curiscope Media Relations; 2018
DHX Brands Content, Media, Social Media Strategy
Disney
DK Media Relations
Entertainment One Public Relations, Social Media
Filip Technologies FiLIP2 Wearable Phone
Ganz; Ontario, Canada Public Relations, Tail Towns Friends facebook Game & Gift Collection, Traditional Media
GenerationOn 2016 Family Volunteer Day, Media Relations, Outreach, Social Media
Gund Media
Hasbro
Heinz
Hewlett Packard
iDeaUSA Media Relations, Q Whoo, THE Q
Insensi online, outreach
New-Kabook Outreach, Social Influencers
Kidpik Media Relations, Social Media
New-Kidvelope Traditional Media & Social Influencers
Kiwi Crate
Legacy Games Crayola DJ, Media Relations
littleBits
MAM USA (Agency of Record) Bottles, Oral Care Products, Pacifiers, Teethers, Traditional & Social Media Relations
Mibblio Blogger Outreach, Traditional Media
Microduino Media Relations; 2018
Parents Magazine
Produce for Kids Media Relations, Public Relations
RoomMates Blogger Outreach, Line of Peel & Stick Wall Decal, Magic Hooks, Mirrors, PR, Room Decor
RRKidz; Los Angeles, CA Reading Rainbow
Schleich Media Relations, Outreach, Social Media
New-Scholastic Corporation Klutz, Publicity, STEM Kits
SoCozy Hair Care Social Media
Sylvan Learning Center
Time Inc
Toy State
UrbanHello Media & Influencer Relations, REMI; 2018
Warner Bros
Wildlife Conservation Society
Wunderkind Media & Technology Corp. Marketing, Media Relations, Preggie

CHRISTIE & CO
800 Garden St Ste B, Santa Barbara, CA 93101
Tel.: (805) 969-3744
Fax: (805) 969-3697
Web Site: www.christieand.co/

Employees: 15
Year Founded: 1992

Agency Specializes In: Crisis Communications, Event Planning & Marketing, Exhibit/Trade Shows, Internet/Web Design, Investor Relations, Market Research, Package Design, Print, Production, Public Relations

Revenue: $1,600,000

Gillian Christie *(Founder & CEO)*
Alissa Sears *(VP-Growth & Strategy & Dir-Betterment-Global)*
Ava Ames *(Dir-Comm)*
Lisa Lashaway *(Dir-Market Res)*
Arthur Rumaya *(Co-Dir-Creative)*

Accounts:
Agro Innova Suavva
Icebox Water In a Box Marketing, Public Relations, Social Media
Ips Snacks (Agency of Record) Communications, Marketing
Loving Earth (Agency of Record)
PRO-LAB Allergen Test Kits, Marketing
Rebbl (Agency of Record)
Up Mountain Switchel (Agency of Record)

C.I. VISIONS INC.
281 Ave C Ste 9A, New York, NY 10009
Tel.: (212) 477-4755
Fax: (212) 253-1556
E-Mail: info@civisions.com
Web Site: civisions.com

Employees: 20

Agency Specializes In: Above-the-Line, Advertising, Advertising Specialties, Affiliate Marketing, Affluent Market, African-American Market, Agriculture, Alternative Advertising, Arts, Asian Market, Automotive, Aviation & Aerospace, Below-the-Line, Bilingual Market, Brand Development & Integration, Branded Entertainment, Broadcast, Business Publications, Business-To-Business, Cable T.V., Catalogs, Children's Market, Co-op Advertising, Collateral, College, Commercial Photography, Communications, Computers & Software, Consulting, Consumer Goods, Consumer Marketing, Consumer Publications, Content, Corporate Communications, Corporate Identity, Cosmetics, Crisis Communications, Custom Publishing, Customer Relationship Management, Digital/Interactive, Direct Response Marketing, Direct-to-Consumer, E-Commerce, Education, Electronic Media, Electronics, Email, Engineering, Entertainment, Environmental, Event Planning & Marketing, Exhibit/Trade Shows, Experience Design, Fashion/Apparel, Financial, Food Service, Game Integration, Government/Political, Graphic Design, Guerilla Marketing, Health Care Services, High Technology, Hispanic Market, Hospitality, Household Goods, Identity Marketing, In-Store Advertising, Industrial, Infomercials, Information Technology, Integrated Marketing, International, Internet/Web Design, Investor Relations, LGBTQ Market, Legal Services, Leisure, Local Marketing, Logo & Package Design, Luxury Products, Magazines, Marine, Market Research, Media Buying Services, Media Planning, Media Relations, Media Training, Medical Products, Men's Market, Merchandising, Mobile Marketing, Multicultural, Multimedia, New Product Development, New Technologies, Newspaper, Newspapers & Magazines, Out-of-Home Media, Outdoor, Over-50 Market, Package Design, Paid Searches, Pharmaceutical, Planning & Consultation, Podcasting, Point of Purchase, Point of Sale, Print, Product Placement, Production, Production (Ad,

Film, Broadcast), Production (Print), Promotions, Public Relations, Publicity/Promotions, Publishing, RSS (Really Simple Syndication), Radio, Real Estate, Recruitment, Regional, Restaurant, Retail, Sales Promotion, Search Engine Optimization, Seniors' Market, Social Marketing/Nonprofit, South Asian Market, Sponsorship, Sports Market, Stakeholders, Strategic Planning/Research, Sweepstakes, Syndication, T.V., Technical Advertising, Teen Market, Telemarketing, Trade & Consumer Magazines, Transportation, Travel & Tourism, Urban Market, Viral/Buzz/Word of Mouth, Web (Banner Ads, Pop-ups, etc.), Women's Market, Yellow Pages Advertising

Revenue: $2,000,000

Carol A. Ientile *(Owner)*

Accounts:
Sea Change New York

CINCH PR & BRANDING GROUP
632 Commercial St 2nd Fl, San Francisco, CA 94111
Tel.: (415) 392-2230
E-Mail: info@cinchpr.com
Web Site: www.cinchpr.com

Employees: 10

Agency Specializes In: Event Planning & Marketing, Media Relations, Media Training, Public Relations, Social Media, Strategic Planning/Research

Alli Goldstein *(Founder & Pres)*
Tegan Kopilenko *(Acct Dir)*
Amanda Beck *(Acct Mgr)*

Accounts:
Visit Mendocino County

CINDY RICCIO COMMUNICATIONS, INC.
1133 Broadway Ste 1021, New York, NY 10010
Tel.: (646) 205-3573
E-Mail: info@cricciocomm.com
Web Site: www.cricciocomm.com

Employees: 10
Year Founded: 2007

Agency Specializes In: Corporate Communications, Event Planning & Marketing, Media Relations, Public Relations, Social Media

Cindy Riccio *(Founder & Pres)*
Zeba Rashid *(VP & Dir-Influencer Mktg)*
Dorothy McEntee *(Sr Dir-Health & Wellness)*
Rachel Newman *(Dir-Media Rels & Acct Supvr)*
Vanessa Jeswani *(Dir-Digital Mktg)*
Amira Clement *(Sr Mgr-PR & Influencer Mktg)*
Hollis Byram *(Jr Acct Exec)*
Kathiusca Nunez *(Jr Acct Exec)*
Cristina Tangredi *(Jr Acct Exec)*
Kelly Tick *(Jr Acct Exec)*
Hayley Stocker *(Acct Coord)*

Accounts:
New-Atkins Nutritionals, Inc. SimplyProtein (Agency of Record); 2018
Avon Products, Inc. Avon
BAM Brands USA BeYu (Agency of Record)
Bluwinx
CARE Event
Charles & Colvard Ltd
Chesapeake Bay Candle (Agency of Record) Digital, Influencer Marketing, Public Relations, Social Media; 2017
Cino (Agency of Record) Digital, Influencer Marketing, Public Relations, Social Media
The Coconut Collaborative (Agency of Record); 2018
Coty, Inc. Clairol
DadaABC
Deep River Snacks Better For You (Agency of Record), Honchos, Marketing Communications, Public Relations
Donna Karan International, Inc. DKNY, Donna Karan, Donna Karan Hosiery
Dr. Rosemarie Ingleton Communications, Marketing
New-Earth Science Naturals Ceramedx; 2018
The Echo Design Group, Inc. (Agency of Record); 2018
ESN Group, Inc.; 2018
Hanesbrands Inc. Hanes Hosiery, L'eggs
House of Matriarch (Agency of Record) Marketing Communications, Public Relations
Joules
Joyce & YH LLC ESSENTIAL RINSE Purifying Scalp & Hair Toner by Younghee, Influencer Relations, Social Media
Nicole Andrews Collection (Agency of Record) Public Relations
PACT ORGANIC (Agency of Record)
Patricia Ione Lloyd; 2018
Perfect Corp. (Agency of Record) Consumer, Marketing Communications, Media, Public Relations Strategy, Social
ROAR Organic; 2017
Skin Laser & Surgery Specialists (Agency of Record) Bradley S. Bloom, Public Relations, Thought Leadership
Worthy (Agency of Record) Digital Marketing Communications, Public Relations

CITIZEN RELATIONS
19100 Von Karman Ave Ste 600, Irvine, CA 92612
Tel.: (949) 809-6700
Web Site: us.citizenrelations.com

Employees: 75

National Agency Associations: COPF

Agency Specializes In: Brand Development & Integration, Communications, Public Relations, Sponsorship

Daryl McCullough *(Chm & CEO)*
Laura Bremer *(Mng Dir)*
Kevin King *(Chief Digital Officer)*
Scott Cocchiere *(Exec VP & Exec Creative Dir)*
Blair Arthur *(Exec VP-Strategic Plng & Res)*
Erin Oliver-Georgieff *(Exec VP)*
Emily Johnston *(Sr VP-Integrated Mktg Comm)*
Ive Balins *(VP)*
Rachael George *(VP-Mktg & Experiential Strategy)*
Amanda Hinckley *(VP)*
Nadine Niznik *(Sr Dir)*
Mark McArthur *(Sr Mgr-Media Rels)*

Accounts:
Avery Office Products Supply Services
Cadbury Dentyne Dental Mint
Duracell Battery Mfr, PR, Social Media
General Motors Automobile Mfr
Green & Black's Organic Chocolate Mfr
Hotwire, Inc. Communications, Public Relations; 2018
L.A. Care Health Plan Health Insurance Services
Mondelez International, Inc. Food Products Mfr
Norwegian Cruise Line Norwegian Bliss, Public Relations; 2017
Procter & Gamble Company Cascade, Dawn, Dreft, Febreze, Luvs, MR. Clean, Pampers, Public Relations
Rocky Mountaineer

Branches:

Citizen Relations
5510 Lincoln Blvd # 150, Playa Vista, CA 90094
Tel.: (213) 430-0480
Fax: (213) 430-0494
Web Site: us.citizenrelations.com

Employees: 25
Year Founded: 1992

National Agency Associations: COPF

Agency Specializes In: Business-To-Business, Public Relations

Citizen Relations
600 Lexington Ave Fl 6, New York, NY 10022
Tel.: (212) 613-4900
Fax: (212) 868-7206
Web Site: us.citizenrelations.com

Employees: 20

Agency Specializes In: Public Relations

Scott Cocchiere *(Exec VP & Exec Creative Dir)*

Accounts:
Dreft
Duracell Campaign: "Power those Who Protect us"
GM
Luvs
Pampers
Procter & Gamble Co Old Spice, Public Relations
Sony
Suzuki
Toshiba
Wyndham Worldwide Corporation Communication, Earned Media, Experiential Marketing, Influencer Relations, Super 8 (Public Relations Agency of Record); 2018

Non-US Branches

Citizen Relations
(Formerly Citizen Optimum)
500 King St W, Toronto, ON M5V 1L9 Canada
(See Separate Listing)

Citizen Relations
101 New Cavendish Street, London, W1W 6XH United Kingdom
Tel.: (44) 20 3195 3400
Web Site: www.citizenrelations.com

Employees: 50
Year Founded: 2011

Agency Specializes In: Public Relations, Social Media

Mark Cater *(Pres-EMEA & APAC)*
Helena Fisher *(Mng Dir-UK)*
Scot Devine *(Dir-Strategy & Innovation)*
Catherine Pover *(Acct Mgr)*

Accounts:
AB Electrolux AEG, Awareness & Desirability, Equity-Building Campaigns, Innovative Product Launches, Leveraging Food Influencers, Shopping Decisions, Social Content Creation, Trade News Generation, Traditional & Social Communications, Year-Round Consumer, Zanussi; 2018
Auto Trader PR
Cancer Research UK #ActNowForResearch, Campaign: "Do", Social Media
Clarence Court Public Relations; 2017
New-Ctrip Influencer Programme, Public Relations, Trainpal; 2018
Dr Oetker
New-The Edrington Group Content, Digital, Global Strategic Communications & Public Relations, The Macallan; 2018

PUBLIC RELATIONS FIRMS
AGENCIES - JANUARY, 2019

Gourmet Burger Kitchen Burger: the Opera, Experiential, Media Relations, Public Relations, Social
Hotelier Jurys Inn Public Relations
Moleskine Global Public Relations; 2017
Mums Show Limited
Nestle UK Ltd. Acqua Panna, Integrated Global Campaigns, S.Pellegrino, Sanpellegrino Sparkling Fruit Beverages, Traditional & Digital Public Relations; 2018
The Procter & Gamble Company Fairy, Febreze, Flash
Old Spice Campaign: "Smellcome To Manhood", PR
PULSE "Guybrator", Consumer & Trade PR, Social Strategy
Sky Movies Content, Social Media
TKMaxx

CJ PUBLIC RELATIONS
50 Center St, Southington, CT 06489
Tel.: (860) 676-2266
Fax: (860) 676-2267
Web Site: cjpr.com

Employees: 5
Year Founded: 1991

Agency Specializes In: Automotive, Consumer Marketing, Entertainment, Fashion/Apparel, Food Service, Public Relations, Retail

Approx. Annual Billings: $287,606

Elizabeth Cowles Johnston (Pres)

Accounts:
Cognate Nutritionals
Energize Connecticut
Hartford Marathon Foundation
NU Hartford Marathon
School Nutrition Association of Georgia
School Nutrition Association of Minnesota
United Illuminating

CKC AGENCY
28580 Orchard Lake Rd Ste 210, Farmington Hills, MI 48334
Tel.: (248) 788-1744
Fax: (248) 788-1742
E-Mail: info@ckcagency.com
Web Site: www.ckcagency.com

Employees: 5

Agency Specializes In: Event Planning & Marketing, Internet/Web Design, Media Planning, Media Relations, Public Relations, Social Media

Pat Baskin (Mng Dir)
Alison Schwartz (VP-PR)

Accounts:
Annette J. Benson & Associates
Motor City Comic Con
Shanbom Eye Specialist
Trenton Summer Festival
Von Maur Inc.

CLAIREMONT COMMUNICATIONS
101 S Bloodworth St, Raleigh, NC 27601
Tel.: (615) 294-1886
Web Site: www.clairemontcommunications.com

Employees: 5

Agency Specializes In: Communications, Crisis Communications, Event Planning & Marketing, Media Relations, Public Relations, Social Media

Dana Hughens (CEO)
Cherith Andes (Acct Exec)

Accounts:
Il Palio Ristorante (Agency of Record)
The Siena Hotel (Agency of Record) Communications, Public Relations
Triangle Dairy Queen

CLARITY PR
636 Sixth Ave Ste 410, New York, NY 10011
Tel.: (646) 934-6924
Web Site: clarity.pr

Agency Specializes In: Content, Digital/Interactive, Event Planning & Marketing, Media Training, Podcasting, Public Relations, Social Media, Strategic Planning/Research

Sami Mccabe (Founder & CEO)
Richard Cable (CFO)
Jay Kolbe (Exec VP-Emerging Tech)
Shelley Facius (Mng Dir-UK)
Ruth Sarfaty (Mng Dir-US)
Michael Paffmann (VP-Enterprise)
Sherry Smith (VP-Media, Mobile & Mktg)
Alex Birch (Dir-Client Svcs)
Lisa Kurtz (Sr Acct Mgr)
Kevin Blomberg (Acct Mgr)
Sonia Carneiro (Office Mgr)
Helen Frear (Acct Mgr)
Patrick Pickhan (Acct Mgr)

Accounts:
New-Collective Inc Visto
New-Esports Activate
Hypervsn Content, Events, Global Communications, Reviews & Activations; 2018
New-Mouse
New-NetCents Technology Inc (Public Relations Agency of Record)
World Crypto Con Communications, First World Crypto Con in Las Vegas (Public Relations Agency of Record), Media Strategy & Outreach

CLARK COMMUNICATIONS
38 Commerce Ave SW, Grand Rapids, MI 49503
Tel.: (616) 550-2736
Fax: (616) 458-9600
E-Mail: info@clarkcommunication.com
Web Site: www.clarkcommunication.com

Employees: 2

Craig Clark (Owner)

CLARUS COMMUNICATIONS
7744 Georgetown Chase, Roswell, GA 30075
Tel.: (847) 816-9411
E-Mail: mconklin@teamclarus.com
Web Site: www.teamclarus.com

Employees: 5
Year Founded: 1998

Agency Specializes In: Business-To-Business, Crisis Communications, Media Relations, Media Training, Public Relations, Social Media, Strategic Planning/Research

Mara Conklin (Founder & Pres)
Linda Muskin (Partner)

Accounts:
Clifton Gunderson Public Accounting & Consulting Services
Compendium Brand Awareness
YourEncore

CLEARPOINT AGENCY
511 Saxony Pl Ste 102A, Encinitas, CA 92024-2871
Tel.: (760) 230-2424
Fax: (858) 724-0614
E-Mail: info@clearpointagency.com
Web Site: www.clearpointagency.com

Employees: 7
Year Founded: 2002

Agency Specializes In: High Technology, Information Technology, Public Relations, Publicity/Promotions, Retail

Bonnie Shaw (Pres)
Beth Walsh (VP)
Lisa Bergum (Acct Coord)

Accounts:
5D Robotics PR
Across Systems GmbH
BluFi Direct Mortgage (Agency of Record)
BrandMaker, Inc
Connequity Digital, Marketing Communications, Public Relations
CUSO Financial Services
Drug Information Association Public Relations
New-Great Jones Street Digital Marketing, Media Relations, Public Relations, Social Media; 2017
HERAE
San Diego County Vintners Association Digital Strategy, Public Relations
Synteract HCR Content Development, Graphic Design, Media Relations, Messaging
Zodiac Pool Systems, Inc. Digital & Social Media, Jandy Pro Series, Media Relations, Polaris, Public Relations, Social Media Consumer Campaigns, Zodiac

CLIVE HOFFMAN ASSOCIATES
9149 Larke Ellen Cir, Los Angeles, CA 90035
Tel.: (310) 205-9930
Fax: (310) 205-9932
E-Mail: info@clivehoffmanassociates.com
Web Site: www.clivehoffmanassociates.com

Employees: 2

Agency Specializes In: Corporate Communications, Financial, Real Estate

Clive Hoffman (Pres)
Jill Hoffman (Exec VP)

Accounts:
American National Bank
Arden Realty, Inc.
Deloitte & Touche, LLP
Los Angeles Neighborhood Land Trust
Mortgage Association of California
The RREEF Funds
Southern California Bank
Tishman Realty & Construction
Walker & Associates

CLS STRATEGIES
1850 M St NW, Washington, DC 20036
Tel.: (202) 289-5900
Fax: (202) 289-4141
Web Site: www.clsstrategies.com/

Employees: 40

Agency Specializes In: Business-To-Business, Corporate Identity, Crisis Communications, Government/Political

Approx. Annual Billings: $3,000,000

Brian Berry (Partner)
Robert Chlopak (Partner)
Juan Cortinas (Partner)
Ray De Lorenzi (Partner)

AGENCIES - JANUARY, 2019

PUBLIC RELATIONS FIRMS

Andrew Koneschusky *(Partner)*
Ruth Guerra *(Mng Dir)*
Jennifer Hall *(Mng Dir)*
Tom Carver *(Sr VP)*
Tim Hogan *(Mng Dir-Digital)*

Accounts:
ABC Television
Ace Ltd.
American Association of Medical Colleges
American Dental Association
American Red Cross
Americans for Secure Retirement
Amtrak
Assicurazione Generali, S.p.A.
The Beer Institute
BSML, Inc.
California Poultry Industry Federation
Campaign for Tobacco-Free Kids
CARE
Caremark International
Catholic Health Association
Center for Wine Origins
Comite Interprofessionel du Vin de Champagne
Consejo de Promocion Turistico de Mexico
Corporacion Andina de Fomento
Cruise Lines International Association
E-Stamp Corporation
Federacion de Bodegas del Marco de Jerez
Fernando Henrique Cordoso Brazilian Presidential Campaign
General Electric
Genworth Financial
Global Alliance for TB Drug Development
Google
Government of Brazil
Government of Colombia
Government of Ecuador
Government of Mexico
Government of Nicaragua
Government of Portugal
Government of Spain
GTE
Harvard University
The Health Care Reform Project
Hunt Oil Company of Canada, Inc.
National Association of Broadcasters
National Branded Prepaid Card Association
NBC Television
NetAid
Office of Champagne, USA
Oracle
Personal Watercraft Industry Association
The Pew Center on Global Climate Change
Pfizer, Inc.
The Republic of Congo
Sherry Council of America
Sun Healthcare Group
Techint Group; Argentina
United Nations Foundation
United Nations Programme
Verizon
Wells Fargo Home Mortgage
The World Bank

CLY COMMUNICATION
54 W 40th St, New York, NY 10018
Tel.: (212) 256-1153
E-Mail: office@c-l-y.com
Web Site: www.c-l-y.com

Employees: 20

Agency Specializes In: Brand Development & Integration, Event Planning & Marketing, Public Relations, Social Media

Raffaele Castelli *(CEO)*
Castelli Raffaele *(CEO)*

Accounts:
American Tourister
Converse
Doucce Cosmetics (Agency of Record) Media, Press Relations, Public Relations
Kronaby US Press Relations
Lanybook
L'Oreal Dermablend, US Press
Marco Polo
Michalsky StyleNite
Photowall
Tesiro Jewellery
Volkswagen

CMPR LLC
1600 Rosecrans Ave Bldg 2B 3rd Fl, Manhattan Beach, CA 90266
Tel.: (310) 426-9900
Web Site: www.cmpr.net

Employees: 20
Year Founded: 2004

Agency Specializes In: Event Planning & Marketing, Media Training, Public Relations, Social Media

Steve Webster *(Pres & CEO)*
Rob Tobias *(Sr VP-East Coast Ops & Bus Dev)*
Scott Sims *(VP-Sports Mktg)*
Audrey Capin *(Dir-Bus Ops)*

Accounts:
The Apprentice
The Celebrity Apprentice
One Three TV
Shine America
The Voice

CMW MEDIA
550 W C St Ste 1710, San Diego, CA 92101
Tel.: (858) 264-6600
E-Mail: info@cmwmedia.com
Web Site: cmwmedia.com

Employees: 10
Year Founded: 2014

Agency Specializes In: Advertising, Digital/Interactive, E-Commerce, Event Planning & Marketing, Media Training, Production, Public Relations, Search Engine Optimization, Social Media, Strategic Planning/Research

Andrew Hard *(Founder & CEO)*
Kyle Porter *(Pres)*
Jordan Guzzardo *(Media Dir)*
Cassandra Dowell *(Acct Mgr-PR)*
Aaron Wood *(Acct Mgr-PR)*
Peyton Moon *(Coord-Graphic Design)*
Pablo Perez *(Coord-Graphic Design)*

Accounts:
New-Axim Biotechnologies Inc
New-CURE Pharmaceutical
New-Dixie Botanicals
New-GrowLife Inc
New-HempMeds
New-Kannalife Sciences Inc
New-Kannaway LLC
New-Medical Marijuana Inc
New-Medipure Pharmaceuticals Inc
New-Progressive Care Inc (Public Relations Agency of Record)

COAST PUBLIC RELATIONS
17921 Sky Park Circle Ste G, Irvine, CA 92614
Tel.: (310) 439-9223
E-Mail: info@coastprgroup.com
Web Site: www.coastprgroup.com

Employees: 8
Year Founded: 2011

Agency Specializes In: Brand Development & Integration, Digital/Interactive, Media Relations, Public Relations, Social Media

Jeanne Hoffa *(Pres)*
Kate Franklin *(Dir-PR)*
Andrew Meehan *(Dir-Mktg & Bus Strategy)*
Caroline Tanaka *(Specialist-Media)*

Accounts:
New-Carls Jr. Restaurants LLC.
New-Hardee's Restaurants LLC.

COBURN COMMUNICATIONS
130 W 42nd St Ste 950, New York, NY 10036
Tel.: (212) 730-7277
Fax: (212) 730-4738
E-Mail: winston.beigel@coburnww.com
Web Site: www.coburnww.com

Employees: 30

Agency Specializes In: Entertainment, Food Service, Health Care Services, Luxury Products, Media Planning, Media Relations, Pets, Promotions, Public Relations, Sponsorship, Strategic Planning/Research

Shirine Coburn DiSanto *(Founder & CEO)*
Quinn Daly *(Exec VP)*
Richard Dzioba *(Dir-Licensing)*

Accounts:
The CLIO Awards
CustomInk
Discovery/Animal Planet
Every Day with Rachael Ray
MTV
Rodale
StarKist Media

COHN & WOLFE
(Merged with Burson-Marsteller to Form BCW (Burson Cohn & Wolfe))

COLANGELO & PARTNERS PUBLIC RELATIONS
1010 Ave of the Americas Ste 300, New York, NY 10018
Tel.: (646) 624-2885
Fax: (646) 624-2893
E-Mail: info@colangelopr.com
Web Site: www.colangelopr.com

Employees: 20

Agency Specializes In: Communications, Food Service, Luxury Products, Promotions, Public Relations, Publicity/Promotions, Strategic Planning/Research

Gino Colangelo *(Pres)*
Michael Colangelo *(Treas & VP)*
Sara Gorelick *(VP)*
Paul Yanon *(Acct Dir)*
Juliana Colangelo *(Dir-West Coast & Sr Acct Exec)*
Stephen Schmitz *(Acct Supvr)*
Jennifer Ziplow *(Acct Supvr)*

Accounts:
Amarone Families
Arnaldo Caprai
New-Artesa Vineyards and Winery
Atalanta
Aveniu Brands Artesa
Averna
Avignonesi
Ballymaloe
Berlucchi
Blue Nectar Tequila Media Relations, Social Media

PUBLIC RELATIONS FIRMS — AGENCIES - JANUARY, 2019

B.R. Cohn
C. Mondavi & Family
California Wine Institute
Charles Krug Winery Purple Heart
Colavita USA, Inc (Agency of Record); 2017
Cultivate Wines
Damilano
Domaine Bousquet Media Relations
Garofalo Pasta
Gary's Wine & Marketplace Media Relations, Public Relations
Golden Blossom Honey
Gonzalez Byass
Harlem Spirituals
Il Gattopardo
Kusmi Tea
New-Larkmead Vineyards (Agency of Record) Brand Awareness, Communications Strategy, Influencer & Event Marketing, Media Outreach, Press; 2018
Long Meadow Ranch (Agency of Record) Communications Strategy, Events, Influencer & Experiential Marketing, Media Outreach, Press Trips, Winemaker Tours; 2018
Movimento Turismo Vini Puglia
Mozzarella & Vino
Mulderbosch Vineyards
Napa Valley Vintners
Nocciolata Rigoni Di Asiago Social Media
New-Purple Wine + Spirits
New-Roederer Estate
Sapporo USA Public Relations
Sherry Wine
St. Michael's Food & Wine Festival
Trentodoc (Agency of Record); 2018
Victor Rallo
Vina San Pedro (US Agency of Record) Events, Influencer & Experiential Marketing, Media Outreach, Press Trips, Social Media, Winemaker Tours; 2017
Vinitaly
Vintage Wine Estates
Wagner Family of Wine
Windsor Vineyards
Winery Exchange Media Relations, Ogio, Social Media
Wines of South Africa
Wines of the Veneto

COLETTE PHILLIPS COMMUNICATIONS
One Mckinley Square 46, Boston, MA 02109
Tel.: (617) 357-5777
Fax: (617) 357-7114
Web Site: www.cpcglobal.com

Employees: 7
Year Founded: 1986

Agency Specializes In: Public Relations

Colette A.M. Phillips *(CEO)*

Accounts:
American Red Cross
Blue Cross & Blue Shield of Massachusetts
Chase Manhattan Bank
Foxwoods Resort & Casino
Mass Bay Community College
Nike
Reebok
YWCA Boston

COLTRIN & ASSOCIATES, INC.
1501 Broadway, 27th Floor, New York, NY 10036
Tel.: (212) 221-1616
Fax: (212) 221-7718
Web Site: www.coltrin.com

Employees: 50
Year Founded: 1982

Agency Specializes In: Event Planning & Marketing, Investor Relations, Media Relations, Public Relations

Stephen H. Coltrin *(Chm & CEO)*
Jennifer Coltrin Webb *(COO)*
Susan Surillo *(VP-Exec Svcs & Client Rels)*

Accounts:
eHarmony.com, Inc.
Popeyes Louisiana Kitchen, Inc.

COMBLU INC.
1046 W Kinzie St Ste 300, Chicago, IL 60642
Tel.: (312) 649-1687
Fax: (312) 649-1119
Web Site: comblu.com

Employees: 25
Year Founded: 1978

Agency Specializes In: Brand Development & Integration, Business-To-Business, Consulting, Health Care Services, High Technology, Information Technology, Public Relations, Real Estate, Strategic Planning/Research

Approx. Annual Billings: $2,500,000

Breakdown of Gross Billings by Media: Corp. Communications: 30%; Pub. Rels.: 50%; Strategic Planning/Research: 20%

Kathy Baughman *(Pres)*
Cheryl Treleaven *(Principal & Exec VP)*

Accounts:
American Hospital Association-Financial Solutions, Inc.
CapitalSource
GE Capital Real Estate
Wight + Co.

COMMON GROUND PUBLIC RELATIONS
16690 Swingley Ridge Rd Ste 220, Chesterfield, MO 63017
Tel.: (636) 530-1235
Fax: (636) 530-5995
Web Site: www.commongroundpr.com

Employees: 12

Agency Specializes In: Public Relations

Denise Bentele *(Owner)*
Lynese Hoffman *(CFO)*
Jenna Todoroff *(Mgr-Digital Comm & Acct Supvr)*
Nina Kult *(Acct Supvr)*
Cheri Winchester *(Acct Supvr)*
Pia Reinhold *(Sr Acct Exec)*
Maggie Hallam *(Acct Exec & Strategist-Digital)*

Accounts:
Bethesda Health Group
Brown Smith Wallace, L.L.C.
United Healthcare

COMMONWEALTH CONSULTANTS
8321 Old Courthouse Rd Ste 250, Tysons Corner, VA 22182
Tel.: (703) 827-0800
Web Site: www.cwconsult.com

Employees: 10

Agency Specializes In: Brand Development & Integration, Media Relations, Media Training, Public Relations

Jim Lamb *(Pres)*
Bruce McLeod *(Exec VP)*
Dusty Smith *(Mgr-PR)*

Accounts:
Calvin Cafritz Enterprises

COMMONWEALTH PUBLIC RELATIONS INC.
9 S 12Th St Ste 400, Richmond, VA 23219
Tel.: (804) 510-0039
Fax: (804) 557-3654
E-Mail: mail@commonwealth-pr.com
Web Site: www.commonwealth-pr.com

Employees: 10
Year Founded: 2009

Agency Specializes In: Brand Development & Integration, Business-To-Business, Crisis Communications, Digital/Interactive, Graphic Design, Media Relations, Public Relations, Social Media

Brian Chandler *(Pres)*

Accounts:
PWIA

COMMUNICATIONS 21
834 Inman Vlg Pky Ste 150, Atlanta, GA 30307
Tel.: (404) 814-1330
Fax: (404) 814-1332
E-Mail: info@c21pr.com
Web Site: www.c21pr.com

Employees: 8
Year Founded: 1992

National Agency Associations: AMA-PRSA

Agency Specializes In: Agriculture, Brand Development & Integration, Business-To-Business, Consumer Goods, Consumer Marketing, Corporate Communications, Direct Response Marketing, Email, Environmental, Event Planning & Marketing, Food Service, Health Care Services, High Technology, Internet/Web Design, Legal Services, New Product Development, Public Relations, Publicity/Promotions, Real Estate, Social Marketing/Nonprofit, Transportation

Approx. Annual Billings: $925,000

Breakdown of Gross Billings by Media: Collateral: $127,500; Event Mktg.: $127,500; Promos.: $52,500; Pub. Rels.: $490,000; Worldwide Web Sites: $127,500

Sharon L. Goldmacher *(Pres & CEO)*
Jamie Donaldson *(Dir)*
Maggie McDaniel *(Sr Acct Mgr)*
Jaclyn McDougal *(Sr Acct Mgr)*

Accounts:
Atlanta Botanical Garden; Atlanta, GA Botanical Garden; 2009
The Atlanta Jazz Festival Interactive, Public Relations
Braden Fellman Group; Atlanta, GA Real Estate; 2009
Cousins Properties, Inc.; Atlanta, GA Real Estate Development, Property Management & Sales
Envistacom Digital, Marketing
Fit Foodz
Georgia Society of the American College of Surgeons
Georgia's Clean Air Force; Atlanta, GA Emissions Testing; 2005
NCAA Football; Lexington, KY; 2008
Ogletree, Deakins, Nash, Smoak & Stewart, PC
Oldcastle Architectural Products; Atlanta, GA
Xytex Cryo International Ltd.

AGENCIES - JANUARY, 2019 — PUBLIC RELATIONS FIRMS

THE COMMUNICATIONS AGENCY
450 Massachusetts Ave NW, Washington, DC 20001
Tel.: (202) 742-5923
Web Site: http://tcapr.org/

Agency Specializes In: Advertising, Event Planning & Marketing, Graphic Design, Media Relations, Public Relations, Social Media

Liza Rodriguez *(Art Dir & Graphic Designer)*

Accounts:
World Bank Group

COMMUNICATIONS PACIFIC
1150 S King St Ste 1200, Honolulu, HI 96814
Tel.: (808) 521-5391
Fax: (808) 690-9172
Web Site: www.commpac.com

Employees: 30

Agency Specializes In: Brand Development & Integration, Digital/Interactive, Event Planning & Marketing, Graphic Design, Media Relations, Media Training, Public Relations

Kitty Lagareta *(CEO)*
Russell Pang *(Exec VP)*

Accounts:
Crackin Kitchen

COMMUNIQUE PR
1631 15Th Ave W Ste 220, Seattle, WA 98119
Tel.: (206) 282-4923
Fax: (206) 284-2777
E-Mail: info@communiquepr.com
Web Site: www.communiquepr.com

Employees: 50
Year Founded: 2004

National Agency Associations: COPF

Agency Specializes In: Media Relations, Media Training, Public Relations, Social Media, Strategic Planning/Research

Jennifer Gehrt *(Partner)*
Colleen Moffitt *(Partner)*
Christie Melby *(Sr Acct Exec)*

Accounts:
Lively LLC
Ya Joe (Agency of Record) Public Relations

COMMUNITECH
112 Moore Dr, Canonsburg, PA 15317
Tel.: (412) 221-4550
Fax: (412) 221-5125
E-Mail: info@ctechrocks.com
Web Site: www.ctechrocks.com

Employees: 10

Agency Specializes In: Digital/Interactive, Exhibit/Trade Shows, Print, Public Relations, Strategic Planning/Research

Pam Selker Rak *(Pres)*

COMPLETE PUBLIC RELATIONS
11 Toy St, Greenville, SC 29601
Tel.: (864) 289-9772
E-Mail: info@completepr.net
Web Site: completepr.net

Employees: 10

Year Founded: 2012

Agency Specializes In: Communications, Content, Crisis Communications, Digital/Interactive, Government/Political, Media Relations, Public Relations, Social Media, Strategic Planning/Research

John Boyanoski *(Pres)*
Kaitlyn Hudson *(Creative Dir)*

Accounts:
New-Bandwagon
New-Camp Sevier
New-Greenville Health System
New-Greenville Pool Club
New-Habitat for Humanity of Greenville County
New-LocallyEpic
New-Mountains To Main Street Triathlon & Festival
New-Rebuild Upstate
New-SC Football Hall of Fame
New-Tacos 'n Tequila Fiesta

CONCEPTS INC.
4800 Hampden Lane, Bethesda, MD 20814
Tel.: (240) 482-3709
Web Site: www.conceptscommunications.com/

Employees: 5
Year Founded: 1996

Agency Specializes In: Exhibit/Trade Shows, Graphic Design, Internet/Web Design, Market Research, Media Relations, Public Relations

Karen H. Herson *(Founder & Pres)*
Caitlin Hochul *(Dir-Comm & Client Rels)*
Diana Zeitzer *(Mgr-Disability Content & Outreach)*
Carolyn VanBrocklin *(Specialist-Comm)*

CONE COMMUNICATIONS
855 Boylston St, Boston, MA 02116
Tel.: (617) 227-2111
Fax: (617) 523-3955
E-Mail: jbang@coneinc.com
Web Site: www.conecomm.com
E-Mail for Key Personnel:
President: jbang@coneinc.com

Employees: 100
Year Founded: 1980

National Agency Associations: COPF

Agency Specializes In: Brand Development & Integration, Communications, Consumer Goods, Consumer Marketing, Crisis Communications, Digital/Interactive, Experiential Marketing, Fashion/Apparel, Integrated Marketing, Media Relations, Media Training, Pets , Public Relations, Publicity/Promotions, Retail, Social Marketing/Nonprofit, Social Media, Sponsorship, Teen Market, Viral/Buzz/Word of Mouth, Women's Market

Jens Bang *(Chm)*
Marie O'Neill *(CFO)*
Alison Dasilva *(Exec VP)*
Mike Lawrence *(Exec VP)*
Marc Berliner *(Sr VP)*
Heather Breslau *(Sr VP)*
Eivind Ueland *(VP & Creative Dir)*
Peggy Kochenbach *(VP)*
Amy Russ *(VP)*
Sarah Faith *(Acct Dir)*
Molly Finnegan *(Acct Dir)*
Ryan Raulie *(Creative Dir)*
Chrissy Redmond *(Acct Dir)*
Jenna Walsh *(Dir)*
Molly Owen *(Sr Acct Supvr)*
Caroline Regan *(Acct Supvr)*
Bristol Whitcher *(Acct Supvr)*
Jamie Berman *(Sr Acct Exec)*
Jordan Ingram *(Sr Acct Exec)*
Andrea List *(Sr Supvr-Insights)*

Accounts:
AARP
American Heart Association Nonprofit Marketing
Autism Speaks Nonprofie Marketing
Avon
Ben & Jerry's
Bosch Inspection Technology Inc.
Cheerios
Chicco Juvenile Products
Ecolab Inc.
FIRST
General Mills
Green Mountain Coffee Roasters
HAI Group PR
Hilton Worldwide
ITT/Xylem
Jiffy Lube
Jockey International
Keurig
Lemelson-MIT Program
Lindt Chocolates; 2006
Nature Valley Packaged GoodsF&B
Pan-Mass Challenge (Agency of Record) Media Relations
Purina Tidy Cats
Reebok
Snuggle
Starbucks
Sun Trust
Timberland
Time Warner Cable Inc.
USO Nonprofit Marketing
Wisk
Yoplait USA, Inc.

Branch

Cone Communications LLC
195 Broadway Fl 22, New York, NY 10007
Tel.: (617) 227-2111
Web Site: www.conecomm.com

Employees: 101
Year Founded: 1980

National Agency Associations: COPF

Agency Specializes In: Brand Development & Integration, Corporate Communications, Media Relations, Public Relations, Social Media

Alison Dasilva *(Exec VP)*
Molly Finnegan *(VP)*
Amy Russ *(VP)*
Katie Goudey *(Sr Acct Supvr)*
Molly Owen *(Sr Acct Supvr)*
Katy Cirrone *(Acct Supvr)*

Accounts:
Alcoa Foundation Public Relations
Josh Cellars
Saffron Road Food Media Relations

CONNECT MARKETING, INC.
330 Townsend St Ste 100, San Francisco, CA 94107
Tel.: (415) 222-9691
Fax: (800) 455-8855
E-Mail: info@connectmarketing.com
Web Site: www.connectmarketing.com

Employees: 25
Year Founded: 1989

Agency Specializes In: Communications, Public Relations

Neil Myers *(Pres)*

PUBLIC RELATIONS FIRMS
AGENCIES - JANUARY, 2019

Janeen Bullock *(Mng Partner)*
Mike Bradshaw *(Partner)*
Chris Walker *(Partner)*
Benjamin Jolley *(Acct Dir)*
Holly Hagerman *(Sr Partner)*
Sherri Walkenhorst *(Sr Partner)*

Accounts:
AtHoc
BeyondTrust
The CA Security Council
CoreMedia
Corsa
Elekta
FireFox Group
Forum Systems
goBalto
Igneous
NKK Switches
Nokia Networks
Oversight
Primary Data
Riverbed Technology
Sage
Sivantos
SmartDraw
Sophos
Tail-F
Tempered Networks
Verisign
Wedge Networks

CONNECT PUBLIC RELATIONS
80 E 100 N, Provo, UT 84606
Tel.: (801) 373-7888
Fax: (801) 373-8680
E-Mail: info@connectmarketing.com
Web Site: www.connectmarketing.com/

Employees: 31
Year Founded: 1989

Agency Specializes In: Business-To-Business, Computers & Software, High Technology, Information Technology, Media Relations, Public Relations

Neil Myers *(Pres)*
Janeen Bullock *(Mng Partner)*
Chris Walker *(Partner)*
Benjamin Jolley *(Acct Dir)*
Sherri Walkenhorst *(Sr Partner)*

Accounts:
DreamFactory
F5 Networks
Network Instruments
NKK Switches
RadioTime
Siemens
SunDisk
Symantec

CONNELLYWORKS, INC.
2200 Wilson Blvd, Arlington, VA 22201
Tel.: (571) 323-2585
Fax: (866) 545-0353
E-Mail: info@connellyworks.com
Web Site: www.connellyworks.com

Employees: 10

Agency Specializes In: Advertising, Collateral, Event Planning & Marketing, Exhibit/Trade Shows, Internet/Web Design, Media Planning, Public Relations

Joanne Connelly *(Pres & CEO)*
James Hanson *(Mng Dir)*
Bob Suda *(CFO)*
A. J. Guenther *(Dir-PR)*
John Monroe *(Dir-Brand & Content Strategy)*

Kay Logan *(Acct Mgr)*
David Stegon *(Mgr-Content)*

Accounts:
1105 Government Information Group
AFCEA DC Chapter Bethesda Operations
Centuria
Dev
Federra
Fortress Technologies
FOSE Marketing, PR
Guident
Iron Mountain Incorporated
LexisNexis Risk Solutions

CONRANPR
165 East 32nd Street, New York, NY 10016
Tel.: (212) 447-1010
E-Mail: info@conranpr.com
Web Site: www.conranpr.com

Employees: 5
Year Founded: 1999

Agency Specializes In: Digital/Interactive, Media Planning, Public Relations, Social Media

Gayle Conran *(Pres)*
Everett Potter *(Dir-Editorial)*

Accounts:
The Alfond Inn

CONRIC PR & MARKETING
6216 Whiskey Creek Ste B, Fort Myers, FL 33919
Tel.: (239) 690-9840
E-Mail: info@conricholdings.com
Web Site: www.conricpr.com

Employees: 10

Agency Specializes In: Advertising, Brand Development & Integration, Copywriting, Crisis Communications, Event Planning & Marketing, Graphic Design, Logo & Package Design, Promotions, Public Relations, Publishing

Connie Ramos-Williams *(Pres & CMO)*
Rick Williams *(CFO & Exec VP)*
Javier Fuller *(VP-Web Dev)*
Jaimie Miller *(VP-Mktg)*
Josh Milton *(VP-Media Rels)*
April Bordeaux *(Creative Dir & Art Dir)*
Linda Fiore *(Dir-Adv)*
Joshua Savage *(Acct Mgr-Mktg)*
Landen Drake *(Coord-Mktg)*
Katherine Viloria *(Coord-Mktg)*

Accounts:
New-City of Palms Classic Basketball Tournament
Oasis Senior Advisors (Agency of Record) Brand Strategy, Corporate Marketing; 2018
New-The Rotary Club of Fort Myers South Law & Order Ball

CONSENSUS COMMUNICATIONS, INC.
201 S Orange Ave Ste 950, Orlando, FL 32801-3472
Tel.: (407) 608-5900
Fax: (407) 835-0656
Web Site: www.onmessage.com

Employees: 9

Agency Specializes In: Advertising, Communications, Crisis Communications, Government/Political, Graphic Design, Local Marketing, Media Relations, Public Relations, Strategic Planning/Research

John Sowinski *(Founder & Partner)*

Dan Cunningham *(Producer-Media)*
Christina Morton *(Sr Acct Exec)*

CONSENSUS INC
3900 W Alameda Ave, Burbank, CA 91505
Tel.: (213) 438-1755
Fax: (213) 438-1764
E-Mail: info@consensusinc.com
Web Site: www.consensusinc.com

Employees: 25

Agency Specializes In: Media Relations, Public Relations, Social Media

Josh Gertler *(Pres & CEO)*
Nazan Armenian *(Sr VP)*
Andrea Conant *(VP)*

Accounts:
LAX

CONVENTURES, INC.
1 Design Ctr Pl, Boston, MA 02210-2335
Tel.: (617) 439-7700
Fax: (617) 439-7701
E-Mail: info@conventures.com
Web Site: www.conventures.com

E-Mail for Key Personnel:
President: drhodes@conventures.com

Employees: 17
Year Founded: 1977

Agency Specializes In: Event Planning & Marketing, Government/Political, Public Relations, Publicity/Promotions

Dusty S. Rhodes *(Pres)*
Ted Breslin, Jr. *(CFO & VP)*
Kathleen Chrisom *(VP-Sls & Mktg)*
Joy Bannon *(Acct Dir)*
Sydney Marshall Turner *(Dir-Bus Dev)*
Sara Kalman *(Acct Mgr)*
Alecia Marino *(Acct Mgr-Special Events)*
Samantha Croteau *(Acct Exec)*
Alexandra Greathouse *(Acct Exec)*
David Grilk *(Acct Exec)*
Tyler Skenderian *(Acct Exec)*
Austin Doering *(Asst Acct Coord)*
Taylor Jacobs *(Asst Acct Coord)*
Aric Tao *(Sr Accountant)*

Accounts:
Adopt-A-Student Foundation
Mt. Auburn Hospital
New England Council
Perkins School for the Blind
Suffolk University
The Susan G. Komen Breast Cancer Foundation
Tuft's Health Plan
Tufts Associated Health Plans

CONVERSA
707 N Franklin St Fl 6, Tampa, FL 33602
Tel.: (813) 579-2157
E-Mail: info@conversaco.com
Web Site: www.conversaco.com

Employees: 5

Agency Specializes In: Crisis Communications, Graphic Design, Public Relations, Social Media

Kelsey Lehtomaa Frouge *(Mng Partner)*
Jennifer Dunn *(Dir-PR)*
Alex DiBenigno *(Asst Acct Exec)*

Accounts:
Bloomberg

AGENCIES - JANUARY, 2019   PUBLIC RELATIONS FIRMS

Women's Conference of Florida

COOK & SCHMID
740 13Th St Ste 502, San Diego, CA 92101
Tel.: (619) 814-2370
Fax: (619) 814-2375
Toll Free: (866) 615-9181
E-Mail: info@cookandschmid.com
Web Site: www.cookandschmid.com

Employees: 10
Year Founded: 2001

National Agency Associations: PRSA

Agency Specializes In: Brand Development & Integration, Business-To-Business, Consumer Marketing, Corporate Communications, Entertainment, Environmental, Financial, Health Care Services, High Technology, Investor Relations, Pharmaceutical, Public Relations, Publicity/Promotions, Real Estate, Strategic Planning/Research, Transportation, Travel & Tourism

Revenue: $1,200,000

John Schmid *(Pres & CEO)*
Genevieve Deperio Fong *(Acct Mgr)*
Celeste Sotomayor Schmid *(Strategist-Pub Affairs)*
JoAn Tamares *(Sr Graphic Designer)*

Accounts:
City Tree Christian School Direct Marketing, Social Media Planning
Illumina
Ocean Discovery Institute
San Bernardino County
San Diego Minority Supplier Development Council
San Diego Port District
SCS Engineers; San Diego & Long Beach, CA Public Relations

COOKERLY PUBLIC RELATIONS
3424 Peachtree Rd NE, Atlanta, GA 30326
Tel.: (404) 816-2037
Fax: (404) 816-3037
E-Mail: contactus@cookerly.com
Web Site: www.cookerly.com

Employees: 18

Agency Specializes In: Communications, Consumer Goods, Consumer Marketing, Environmental, Experience Design, Experiential Marketing, Government/Political, Health Care Services, Hospitality, Internet/Web Design, Media Relations, New Technologies, Public Relations, Social Marketing/Nonprofit

Carol Cookerly *(Founder & Pres)*
Stephen M. Brown *(Chief Innovation Officer & Exec VP)*
Jane Stout *(Exec VP)*
Beth McKenna *(Sr VP)*
Tracy Evans Paden *(Sr VP)*
Chip Stewart *(Sr VP-IBC Bank)*
Matt Cochran *(VP)*
Michael Rieman *(VP)*
Emily Rios *(Acct Dir)*
Cindy Meltzer *(Dir-Social Media)*
Tim Pengelly *(Dir-Design)*
Andrew Agan *(Sr Acct Exec)*
Robert Beal *(Sr Acct Exec)*
Kelsey Weiss *(Sr Acct Exec)*
Ben Rickles *(Acct Exec)*
Veazey Tramel *(Asst Acct Exec)*

Accounts:
American Trade Products
Chateau Elan Winery & Resort
Client Profiles

Club Ride Commuter Services Commute Alternatives
Georgia Solar Energy Association
HCA Holdings Inc.
Priority Payment Systems Payment Processing
PT Power
Secure POS Vendor Alliance
Stonebranch
Sun Trust Banks Inc.
U.S. Micro Corporation Collateral & Business Development Support, Media Relations, Message Development
Warbird Consulting Partners
Waste Management Electronics Recycling Awareness

COOKSEY COMMUNICATIONS, INC.
5525 N MacArthur Blvd Ste 530, Irving, TX 75038
Tel.: (972) 580-0662
Fax: (972) 580-0852
E-Mail: info@cookseypr.com
Web Site: www.cookseypr.com

Employees: 10
Year Founded: 1994

National Agency Associations: PRSA

Agency Specializes In: Communications, Legal Services, Public Relations

Approx. Annual Billings: $1,700,000

Gail Cooksey *(Owner)*
Jason Meyer *(Partner & Exec VP)*
Colby Walton *(Partner & Exec VP)*
Michelle Frith Hargis *(VP & Acct Mgr)*
Randy E. Pruett *(VP)*
Michael Landon *(Creative Dir)*
Ashley Sears *(Sr Acct Exec)*
Mallory Wendel *(Sr Acct Exec)*
Allison Chvojan *(Acct Exec)*
Jennifer Janicki *(Acct Coord)*

Accounts:
35W Coalition
City of Irving
Dallas Regional Mobility Coalition
Devon Energy
Fort Worth Chamber of Commerce
Gotshal & Manges LLP
Hillwood Properties
Holland Services
Jackson-Shaw
National Math + Science Initiative
OmniAmerican Bank
Richardson Chamber of Commerce
Sheraton Dallas Hotel
SPCA of Texas
Tarrant Regional Transportation Coalition
United Way of Metropolitan Dallas
United Way Worldwide
Weil Gotshal & Manges, LLP
Whitley Penn, LLP Strategic Communications

COOKSON STRATEGIC COMMUNICATIONS
(Formerly Cookson Stephens Corporation)
36 Lowell St Ste 202, Manchester, NH 03101
Tel.: (603) 782-8192
Web Site: cooksonstrategies.com

Employees: 5
Year Founded: 2010

Agency Specializes In: Collateral, Corporate Identity, Crisis Communications, Digital/Interactive, Internet/Web Design, Media Relations, Media Training, Public Relations, Search Engine Optimization, Social Media

Matthew Cookson *(Pres & CEO)*
Meredith Noyes *(Chief Creative Officer)*

Dia Kalakonas *(Sr Dir-Comm & Client Engagement)*
Marian Caisse *(Project Mgr-Mktg)*
Jen Nickulas *(Comm Mgr)*

Accounts:
CustomScoop
FreePriceAlerts
NH Housing I'm Finding my Financial Freedom Campaign

COOPER HONG INC.
2560 Foxfield Rd Ste 160, Saint Charles, IL 60174
Tel.: (630) 377-2555
Fax: (630) 377-2554
E-Mail: info@cooperhong.com
Web Site: www.cooperhong.com

Employees: 5

Agency Specializes In: Advertising, Brand Development & Integration, Collateral, Corporate Communications, Graphic Design, Internet/Web Design, Media Buying Services, Media Training, Public Relations, Social Media

Jane Cooper *(Pres)*
Timothy Montgomery *(VP)*
Jim Longton *(Media Buyer)*

Accounts:
Jetstream of Houston

COOPER SMITH AGENCY
830 N Bishop Ave, Dallas, TX 75208
Tel.: (214) 329-9191
E-Mail: info@coopersmithagency.com
Web Site: www.coopersmithagency.com

Employees: 10

Agency Specializes In: Communications, Content, Media Relations, Public Relations, Social Media

Cooper Smith Koch *(Principal)*
Tim Williamson *(Media Dir)*

Accounts:
American Olean
Demilec USA Inc
Falcon Construction Advisors
Karastan Rugs
KWA Construction
LATICRETE
Mohawk Industries Dal-Tile
ODL, Inc. Blink Blinds + Glass
Overhead Door Corporation Organic Product Placements, Overhead Door, Public Relations, Social Media, Wayne Dalton
Polar by Clam
Rinnai
Royal Design Studio Stencils
Soci Tile and Sinks
Urban Floor
Vintage Marquee Lights
Warmly Yours
Wayne Dalton Garage Doors Product Placement

CORBIN-HILLMAN COMMUNICATIONS
1776 Broadway Ste 1610, New York, NY 10019
Tel.: (212) 246-6515
Fax: (212) 246-6516
E-Mail: info@corbinpr.com
Web Site: www.corbinpr.com

Employees: 12
Year Founded: 1978

Agency Specializes In: Integrated Marketing, Public Relations

1475

PUBLIC RELATIONS FIRMS — AGENCIES - JANUARY, 2019

Revenue: $1,200,000

Michelle Corbin Hillman *(Founder & CEO)*

Accounts:
Ascentium Corporation
Bacardi B-Live
Clayspray
European Wax Center
GoViral, Inc. (Agency of Record) Diply.com
Harvest Snaps
iCube
K-10+
Peter Max Studios
Planned Parenthood Federation of America PROPER ATTIRE (Condoms)
POP International Galleries PR, Social Media
Potter & Moore Lee Stafford, Public Relations Program
Scent of Wealth
Shecky's Media Media
Stoddard + Partners
The Tanee
Tommy John (Agency of Record) Event Marketing, Public Relations
Valery Joseph
Zazen Bear (Agency of Record) Experiential, Public Relations

CORKTREE CREATIVE
105 Plaza Ct, Edwardsville, IL 62025
Tel.: (618) 656-7333
Web Site: www.corktreecreative.com

Employees: 7
Year Founded: 2009

Agency Specializes In: Advertising, Crisis Communications, Graphic Design, Internet/Web Design, Logo & Package Design, Media Training, Print, Public Relations, Radio, Social Media

Jan Carpenter *(Principal & Dir-Creative)*
Laura Reed *(Principal & Dir-PR)*
Nicole Dicks *(Sr Acct Mgr)*

Accounts:
Butler Home Improvement Print Advertising, Public Relations, Social Media
Fodder Harvest Inc
WA Schickedanz Inc

CORNERSTONE AGENCY, INC.
71 W 23rd St Fl 13, New York, NY 10010
Tel.: (212) 741-7100
Fax: (212) 741-4747
E-Mail: info@cornerstonepromotion.com
Web Site: http://www.cornerstoneagency.com/

Employees: 30
Year Founded: 1997

Agency Specializes In: Public Relations, Publicity/Promotions

Jon Cohen *(CEO)*
Anthony Holland *(COO & CTO)*
Trevor Eld *(Chief Creative Officer-The FADER)*
Grace Gordon *(VP-Strategy)*
Steve Caputo *(Exec Creative Dir)*
Adam C. Cohen *(Acct Dir)*
Felipe Ferreira *(Creative Dir)*
Arturo Garcia *(Acct Dir)*
Shauna Alexander *(Dir-East Coast Brand Partnerships)*
April Candler *(Acct Mgr)*
Shariah McKenzie *(Coord-Integrated Mktg Strategy)*

Accounts:
Babelgum
The Battle for Manhattan
Born Ready Lance Stephenson; 2008
Bushmills
Casio America, Inc. G-SHOCK (Agency of Record), Public Relations, Social Media Strategy
Converse
John Lennon Educational Tour Bus
Major League Soccer (Agency of Record)
Microsoft Corporation
PepsiCo Inc. NFL Pepsi Anthems Campaign
Sonos, Inc.
SportsNet New York SNY Invitational; 2008
Vowch Commonwealth PR
ZUUS Media

CORNERSTONE COMMUNICATIONS
15843 Crabbs Branch Way Ste 102, Rockville, MD 20855
Tel.: (240) 360-0866
E-Mail: info@cornerstonepr.net
Web Site: www.cornerstonepr.net

Agency Specializes In: Advertising, Broadcast, Media Relations, Media Training, Print, Public Relations, Social Media

Brooke Greenwald *(Pres & CEO)*

Accounts:
Epic Real Estate (North American Public Relations & Marketing Strategy Agency of Record)
Parkifi (North American Public Relations & Marketing Strategy Agency of Record)
Wendy Katzen (Public Relations & Marketing Strategy Agency of Record)

CORNERSTONE COMMUNICATIONS LTD.
575 Madison Ave Ste 1006, New York, NY 10022
Tel.: (212) 605-0370
E-Mail: cornerstonepr@gmail.com
Web Site: www.cornerstonepr.com

Employees: 5

Agency Specializes In: Communications, Crisis Communications, Event Planning & Marketing, Internet/Web Design, Media Relations, Public Relations, Sales Promotion, Social Media, Sponsorship

Marsha Palanci *(Owner)*
John Christensen *(Principal)*
Chelsea Thompson *(Sr Acct Exec)*

Accounts:
The Esporao Group
Lieb Cellars Bridge Lane Wines, Digital Media, Marketing, Online, Out-of-Home, Print, Public Relations
The Napa Valley Vintners (East Coast Agency of Record) Digital Media

CORPORATE INK
745 Atlantic Ave Fl 8, Boston, MA 02111
Tel.: (617) 969-9192
Fax: (617) 969-1124
E-Mail: abermar@corporateink.com
Web Site: www.corporateink.com

Employees: 16
Year Founded: 1989

Agency Specializes In: High Technology, Information Technology, Public Relations

Revenue: $2,000,000

Amy Bermar *(Founder & Pres)*
Susan Bassett *(VP)*
Jill McGrath *(Office Mgr)*
Gil Haylon *(Sr Acct Exec)*
Abigail E. Holmes *(Acct Exec)*

Accounts:
Axeda Corp.; 2007
CertiPath TSCP; 2007
MCA Solutions; 2004

COVET PR
750 B St, San Diego, CA 92101
Tel.: (858) 699-3660
Web Site: covetpr.com/

Employees: 20

Sara Brooks *(Founder & CEO)*
Jennifer Yu *(Mng Dir)*
Jessica Antoine *(Acct Exec)*

Accounts:
BLNDN Haircare Products
EPIC Provisions
Once Upon a Farm Organic Baby Food

COWAN & COMPANY COMMUNICATIONS, INC.
20 Bay Street 11th Floor, Toronto, ON M5J 2N8 Canada
Tel.: (416) 462-8773
Fax: (416) 461-9486
Web Site: cowanandcompany.ca/

Employees: 10

Agency Specializes In: Brand Development & Integration, Collateral, Crisis Communications, Digital/Interactive, Event Planning & Marketing, Internet/Web Design, Media Relations, Public Relations, Publicity/Promotions, Strategic Planning/Research

Cathy Cowan *(Owner)*
Margaret Batuszkin *(Dir-Comm)*

Accounts:
Bier Markt
Birks Group Inc Media, Public Relations
CAA
Canoe.ca
Cara Operations Limited
Casey's Grill Bar
Change Lingerie
Costco
East Side Marios
ECO Car
Food Banks Canada
Jamieson Vitamins Jamieson Healthy SLEEP, Social Media
L'Oreal Paris Lancome
Pokemon
Prime Pubs
Shopbot.ca Digital, Marketing, Media Relations, Strategic PR

COYNE PUBLIC RELATIONS
5 Wood Hollow Rd, Parsippany, NJ 07054
Tel.: (973) 588-2000
Fax: (973) 588-2361
E-Mail: tcoyne@coynepr.com
Web Site: www.coynepr.com

Employees: 78

National Agency Associations: COPF

Agency Specializes In: Public Relations, Sponsorship

Approx. Annual Billings: $7,000,000

Rich Lukis *(Pres)*
John Gogarty *(Exec VP)*
Deborah Kelco Sierchio *(Sr VP)*

AGENCIES - JANUARY, 2019 — PUBLIC RELATIONS FIRMS

Stacy Bataille *(VP)*
Norman Booth *(VP)*
Joe Gargiulo *(VP)*
Susan Murphy *(VP)*
Janet Schiller *(VP)*
Ann Smith *(VP-Health Grp)*
Chris Tamburino *(Asst VP)*
Nicole Klein *(Sr Acct Supvr)*
Jennifer Launchi *(Sr Acct Supvr)*
Allison Matteo *(Sr Acct Supvr)*
Danielle Paleafico *(Sr Acct Supvr)*
Brian Farley *(Acct Supvr)*
Colleen Imler *(Acct Supvr)*
Amanda Iodice *(Acct Supvr)*
Stacey Kobeszko *(Acct Supvr)*
Meredith Mandato *(Acct Supvr)*
Stacey White *(Acct Supvr)*
Cristin Johnson *(Sr Acct Exec)*

Accounts:
Allergan
Babiators (Agency of Record) Aces Aviator, Aviator Sunglasses, Creative, Media Relations, Navigator Shades
BabyBjorn Messaging, Traditional & Social Media
Beam Suntory Inc. (Public Relations Agency of Record) Campaign: "Make It With a Cowboy", Hornitos Black Barrel, Sauza 901, Sauza Sparkling Margarita Watermelon, Strategic Media Relations, Tequila
Bimbo Bakeries USA
Casio Computer Co., Ltd.
Casio, Inc.
The Cayman Islands Department of Tourism (Public Relations Agency of Record) Communications, Marketing, Outreach, Press, Social Media, Sponsorship, Strategic Counsel, US Tourism Public Relations
Chrysler
New-Circuit Scribe Brand Awareness, Drone Builder Kit, Influencer Partnerships, Media; 2018
Columbia Business School (Agency of Record) Public Relations
Crystal Light
David's Bridal Media Relations, Program Development & Planning, Public Relations Campaign
Daytona International Speedway
Eggland's Best, Inc.
Emerald Expositions NY Now (Agency of Record), Public Relations
ESPN, Inc.
Express Scripts
GD Midea Holding Company Ltd Midea (US Public Relations Agency of Record)
General Mills
Good Year
The Goodyear Tire & Rubber Company
Hard Rock International Global Public Relations, Hard Rock Cafes
Harlem Globetrotters International, Inc.
Healthy Paws Pet Insurance LLC (Agency of Record) Public Relations
Hong Kong Tourism Board (Agency of Record) Brand Positioning, Crisis Management
Imax Corporation
Ironman
Jockey Campaign: "Get real", Social Outreach
Just Born, Inc. Peeps, Public Relations, Strategy
KEF America (Agency of Record) Communications, Media, Public Relations
LA MARATHON LLC Marketing, PR
LittleBits (Agency of Record) Consumer, Creative, Media Outreach, Product Activations, Public Relations Strategy, Strategic & Traditional Media Relations
Mondelez International, Inc. Capri Sun, Cote-d'Or, Jacobs and Carte Noire, Kraft Cheeses, LU Biscuits, Lacta & Toblerone Chocolates, Maxwell House, Milka, Oreo, Oscar Mayer Meats, Philadelphia Cream Cheese, Ritz, Tang
Motel 6 (PR, Crisis Communications & Social Media Agency of Record)
Nabisco
National Canine Research Council Campaign: "Police and Dog Encounters Video Training Series: Tactical Strategies and Effective Tools to Keep Our Communities Safe and Humane", Influencer Campaigns, Media Relations, Public Relations Agency of Record
National Senior Games Association Development, Public Relations, Strategy
Newman's Own, Inc.
Old Bay
Outrigger Hotels & Resorts
Pacira Pharmaceuticals Exparel
Palmer's (Public Relations Agency of Record) Media, Social Media, Video, Website
Pennzoil Motor Sports
Pepsi
Pfizer Consumer Healthcare
Playmates Toys Hearts for Hearts Girls Brands, Teenage Mutant Ninja Turtles
Quaker State
rain X
Red Robin International, Inc. Red Robin Gourmet Burgers
Shell Rotella Shell Oil
Solstice Sunglasses
South African Tourism
Stratosphere Corporation
Tazo
Timberland (Public Relations Agency of Record) Digital, Media Relations, Press, Strategic Public Relations
Treemote Communications, Media Relations
The United States Golf Association
UPS Media Relations, PR
VTech Program Development
The Walt Disney Company Walt Disney World
Wyndham Worldwide
Yvolution USA (Agency of Record) Media Outreach, Public Relations

CRACKERJACK MEDIA
PO Box 45162, Tampa, FL 33677
Tel.: (813) 344-1770
Web Site: www.crackerjackmedia.com

Employees: 10
Year Founded: 2014

Agency Specializes In: Advertising, Brand Development & Integration, Communications, Copywriting, Event Planning & Marketing, Media Buying Services, Media Planning, Public Relations, Social Media, Strategic Planning/Research

Jessica Fernandez Eckley *(Partner & CEO)*
Jennifer Hasler *(Partner & COO)*

Accounts:
New-Butcher's Mark
New-Cirque du Soleil VOLTA
New-Corbett Preparatory School of IDS
New-Intrepid Powerboats
New-Kinney Fernandez & Boire P.A.
New-Live Nation Entertainment Inc.
New-Moe's Southwest Grill LLC
New-Nathan Sawaya Inc Vinik Family Foundation
New-Tampa Bay Sports Commission 2017 College Football Playoff National Championship

CREATETWO
824 E Glenn Ave, Auburn, AL 36830
Tel.: (334) 246-1535
E-Mail: hello@createtwo.com
Web Site: http://trindgroup.com/

Employees: 5

Agency Specializes In: Collateral, Email, Graphic Design, Internet/Web Design, Media Relations, Print, Promotions, Public Relations, Search Engine Optimization, Social Media

Accounts:
Auburn Downtown Association
Findleys Eatery
Solar Expressions

CREATIVE COMMUNICATIONS CONSULTANTS, INC.
1277 N Morningside Dr, Atlanta, GA 30306
Fax: (404) 898-0424
E-Mail: info@creativecomminc.com
Web Site: www.creativecomminc.com

Employees: 2
Year Founded: 1998

Agency Specializes In: Advertising, Communications, Crisis Communications, Event Planning & Marketing, Internet/Web Design, Local Marketing, Media Relations, Print, Promotions, Social Marketing/Nonprofit, Strategic Planning/Research, Web (Banner Ads, Pop-ups, etc.)

Claudia Brooks D'Avanzo *(Founder & Pres)*
Arielle D'Avanzo *(Sr Acct Mgr)*
Jessica Karp *(Graphic Designer-Digital)*

Accounts:
Bahamas Ministry of Tourism
Coldwell Banker
Georgia Child Care Council
Hill PHOENIX
Kroger
MasterCard International
Morrison Management Specialists
National Marine Manufacturers Association
Physicians Formula Cosmetics

CREATIVE MEDIA MARKETING
594 Broadway Ste 500, New York, NY 10012
Tel.: (212) 979-8884
Fax: (212) 979-8577
Toll Free: (888) 826-6477
E-Mail: cmmstacey@aol.com
Web Site: www.cmmpr.com

Employees: 19

Agency Specializes In: Public Relations

Revenue: $2,000,000

Stacey Miyamoto *(Pres)*
Corinne Pipitone *(VP)*
Lauren Marfoe *(Assoc VP-Digital Strategy)*
Brittany Rupp *(Acct Supvr)*
Jessica Milter *(Sr Acct Exec)*
Kara Scheideler *(Acct Exec)*

Accounts:
Goody
Lamas Beauty Hair & Skin Care; 2008
Valeant Pharmaceuticals International, Inc.

CREATIVE RESPONSE CONCEPTS
2760 Eisenhower Ave 4th Fl, Alexandria, VA 22314
Tel.: (703) 683-5004
Fax: (703) 683-1703
E-Mail: crc@crcpublicrelations.com
Web Site: www.crcpublicrelations.com/

Employees: 23
Year Founded: 1989

Agency Specializes In: Brand Development & Integration, Communications, Corporate Communications, Corporate Identity, Government/Political, Legal Services, Public Relations, Strategic Planning/Research

PUBLIC RELATIONS FIRMS — AGENCIES - JANUARY, 2019

Approx. Annual Billings: $6,000,000

Leif Noren *(Chm)*
Greg Mueller *(Pres)*
Keith Appell *(Sr VP)*
Adam Bromberg *(Sr VP)*
Michael Russell *(Sr VP)*
Mike Thompson, Jr. *(Sr VP)*
Maria E. Hatzikonstantinou *(VP-Accts)*
Jay Hopkins *(Sr Acct Mgr)*
Katie Hughes *(Sr Acct Mgr)*

Accounts:
AT&T Communications Corp.
Chevron
Golden Rule Insurance
I & love & you Influencer Programs, Public Relations, Social Media
Microsoft Corporation
Parents Television Council

CRENSHAW COMMUNICATIONS
36 W 20th St, New York, NY 10011
Tel.: (212) 367-9700
Fax: (212) 367-9701
Web Site: www.crenshawcomm.com

E-Mail for Key Personnel:
President: dorothy@stantoncrenshaw.com

Employees: 15
Year Founded: 1996

National Agency Associations: COPF

Agency Specializes In: Business-To-Business, Communications, Consumer Goods, Corporate Communications, Crisis Communications, Electronic Media, Financial, Health Care Services, High Technology, Public Relations, Publicity/Promotions, Social Marketing/Nonprofit, Social Media, Viral/Buzz/Word of Mouth

Approx. Annual Billings: $2,000,000

Breakdown of Gross Billings by Media: Pub. Rels.: 100%

Dorothy Crenshaw *(CEO)*
George David Drucker *(Partner & Pres-West Coast)*
Chris Harihar *(Partner)*
Marijane Funess *(Dir-Media Rels)*
Cliff Maroney *(Acct Supvr)*

Accounts:
20x200 Public Relations
Alwil Software Avast!
Five Elements Robotics Digital Content, Media Relations, Public Relations
F-Secure Corporation Media Relations Strategy, Outreach, Public Relations; 2018
Fuigo (Public Relations Agency of Record) Content, Media Relations
Greenhouse Software Content Services, Media Relations Strategy, Outreach, Public Relations; 2018
McGraw-Hill Federal Credit Union Media Relations, PR
Mitch-Stuart, Inc Digital, Media Relations, PR
Mosquito 86
Netatmo Content Services, Media Relations, Public Relations
Quiznos
Remedy Health Media, LLC (Public Relations Agency of Record)
Sharp Electronics Corporation
TechMediaNetwork Executive Visibility, Marketing Communications, PR, Traditional & Digital Media Relations
UGallery Digital, Media Relations, PR
Verizon Wireless; Morristown, NJ New York Metropolitan Region Public Relations
Wearsafe Labs Content, Media Relations, Public Relations
Weekly Tasting (Agency of Record) Content, Media Relations, Public Relations; 2017
Xplenty
ZetrOZ, Inc Digital, Media Relations, PR

CRISTOFOLI-KEELING, INC.
310 Culvert St The Edge 4th Fl, Cincinnati, OH 45202
Tel.: (513) 381-3248
Fax: (513) 381-3249
E-Mail: info@cristofolikeeling.com
Web Site: www.cristofolikeeling.com

Employees: 4

National Agency Associations: PRSA

Agency Specializes In: Public Relations

Approx. Annual Billings: $500,000

Ann M. Keeling *(Pres)*

Accounts:
Coppertree Ltd.
dunnhumbyUSA Retail Loyalty Programs
KSS Retail
Larosa's
LPK Brand Design Agency
Marsh, Inc.

CROCKER & CROCKER
1614 19th St, Sacramento, CA 95811
Tel.: (916) 491-3161
E-Mail: info@crockercrocker.com
Web Site: www.crockercrocker.com

Employees: 15

Agency Specializes In: Advertising, Brand Development & Integration, Public Relations, Social Marketing/Nonprofit

Lucy Eidam Crocker *(Partner)*

Accounts:
WEAVEWorks Recycled Fashion
West Sac Flood Protect

CROSS MARKETING
210 Post St Ste 1113, San Francisco, CA 94108
Tel.: (415) 986-0342
Fax: (415) 986-0367
Web Site: www.crossmarketingpr.com

Employees: 12
Year Founded: 2005

Agency Specializes In: Advertising, Collateral, Event Planning & Marketing, Media Planning, Promotions, Public Relations, Social Media

Claudia Ross *(CEO & Principal)*
Vicky Morel *(CFO)*
Christina Soza *(Coord-Acct & Event)*

Accounts:
Drybar

CROSSROADS B2B CONSULTING
(Formerly Crossroads Public Relations)
507 West Peace St, Raleigh, NC 27603
Tel.: (919) 270-8054
Fax: (919) 834-0448
E-Mail: info@crossroadsb2b.com
Web Site: www.crossroadsb2b.com/

Employees: 4

Agency Specializes In: Public Relations

Kristi Lee-John *(Founder)*

Accounts:
Bivarus
Clinipace
Inlet Technologies
Overture Networks
Papa Mojos

CROSSROADS PUBLIC RELATIONS
(See Under Crossroads B2B Consulting)

CROSSWIND COMMUNICATIONS, LLC.
701 Brazos St Ste 550, Austin, TX 78701
Tel.: (855) 277-7963
Fax: (855) 204-6620
E-Mail: info@crosswindpr.com
Web Site: http://www.crosswindpr.com/

Employees: 50

Agency Specializes In: Corporate Communications, Crisis Communications, Digital/Interactive, Internet/Web Design, Investor Relations, Media Relations, Public Relations

Thomas Graham *(Pres)*

Accounts:
GreyCastle Security (Agency of Record)
The Texas A&M University System
Texas Facilities Commission Brand Identity & Marketing, Center Alternative Finance & Procurement

CROSSWIND MEDIA AND PUBLIC RELATIONS
701 Brazos St Ste 1100, Austin, TX 78767
Tel.: (512) 354-2772
Fax: (855) 204-6620
E-Mail: info@crosswindpr.com
Web Site: www.crosswindpr.com

Employees: 50

Agency Specializes In: Brand Development & Integration, Crisis Communications, Digital/Interactive, Event Planning & Marketing, Investor Relations, Media Relations, Public Relations

Thomas Graham *(Pres)*
Katie Carmichael *(VP)*
Adrian Patenaude *(Acct Exec)*

Accounts:
Central Texas Mobility Authority
State Procurement Resource (Agency of Record)

CROWE PR
406 Ninth Ave Ste 304, San Diego, CA 92101
Tel.: (619) 261-1890
E-Mail: info@crowepr.com
Web Site: www.crowepr.com

Employees: 10
Year Founded: 2014

Agency Specializes In: Brand Development & Integration, Content, Corporate Communications, Crisis Communications, Internet/Web Design, Media Relations, Media Training, New Product Development, Public Relations, Social Media

Anna Crowe *(Founder & CEO)*
Margaret Warner *(Mng Dir)*
Sophia Hatef *(Sr Acct Mgr)*
Hayley Kerr *(Acct Mgr)*
Sarah Kinsella *(Strategist-Media)*

AGENCIES - JANUARY, 2019

PUBLIC RELATIONS FIRMS

Accounts:
New-AT&T Inc
AtYourGate (Public Relations Agency of Record) Brand Awareness
BIOS Lighting Brand Reputation & Awareness, Strategy
ChefsBest (Public Relations Agency of Record) Brand Awareness, Strategic Partnership
InstaHealthy Brand Awareness, Brand Positioning, Corporate Communications Support, Media Relations, Public Relations, Social Media Strategy, Thought Leadership
New-Kimpton Hotels & Restaurants
New-MuscleSound
Social Syndicate
New-Vivabarefoot

CULLOTON STRATEGIES
205 W Wacker Dr Ste 1750, Chicago, IL 60606
Tel.: (312) 228-4800
E-Mail: dc@cullotonstrategies.com
Web Site: www.cullotonstrategies.com

Employees: 7

Agency Specializes In: Brand Development & Integration, Crisis Communications, Event Planning & Marketing, Media Relations, Media Training, Paid Searches, Public Relations, Social Media

Dennis Culloton *(Pres & CEO)*
Patrick Skarr *(VP)*
Steve Hamilton *(Dir-Digital Media)*
Andrew Touhy *(Sr Acct Exec)*

Accounts:
New-Freeborn & Peters LLP
Rush Street Gaming
New-Schiller DuCanto & Fleck LLP

CULTIVATE PUBLIC RELATIONS
1308 Rosewood Ave, Austin, TX 78702
Tel.: (512) 213-0212
Web Site: www.cultivatepr.com

Employees: 10
Year Founded: 2008

Agency Specializes In: Communications, Content, Crisis Communications, Event Planning & Marketing, Media Planning, Public Relations, Social Media

Samantha Davidson *(Partner)*
Amanda Sprague *(VP)*
Samantha Foster *(Acct Dir)*
Lindsey LeRoy *(Acct Dir)*

Accounts:
Apis Restaurant
Ozinga Bros Inc. Campaign: "Born to Build", Online, Out-of-Home, Print, Radio, TV

CULVER PUBLIC RELATIONS
3102 Maple Ave Ste 230, Dallas, TX 75201
Tel.: (214) 352-5980
Web Site: www.culverpr.com

Agency Specializes In: Brand Development & Integration, Business-To-Business, Content, Crisis Communications, Event Planning & Marketing, Media Relations, Public Relations, Social Media

Jeanne Culver *(Principal)*

Accounts:
New-RED Development

CURATOR
100 S King St Ste 525, Seattle, WA 98104
Tel.: (206) 973-5570
Web Site: www.curatorpr.com

Employees: 50

Agency Specializes In: Communications, Media Relations, Public Relations, Social Media

Scott Battishill *(Founder & Principal)*
Ann Marie Ricard *(VP & Grp Acct Dir)*
Jennifer Carroll *(Acct Dir)*

Accounts:
Allrecipes.com
The Food & Wine Festival in Ixtapa Zihuatanejo
Macy's, Inc.
Root Metrics
Safeco Insurance Company of America
Seattle's Best Coffee
Starwood Hotels & Resorts Worldwide, Inc.
Washingtons Lottery
West Elm
Whole Foods Market, Inc.

CURLEY & PYNN
258 Southhall Ln Ste 130, Maitland, FL 32751
Tel.: (407) 423-8006
Fax: (407) 648-5869
Web Site: www.thestrategicfirm.com

Employees: 20
Year Founded: 1984

Agency Specializes In: Advertising, Collateral, Identity Marketing, Public Relations

Dan Ward *(Owner & Pres)*
Roger Pynn *(Pres)*
Heather Keroes *(Sr Strategist-Comm)*
Kacie Escobar *(Strategist-Comm)*
Ellie Hodgkins *(Specialist-Comm)*
Vianka McConville *(Strategist-Comm)*

Accounts:
Electronic Arts Inc. EA Sports
Fairwinds Credit Union
Florida High Tech Corridor Council
Florida Power & Light Company
Universal Orlando Resort
University of Central Florida
Walton County Tourist Development Council

CURLEY COMPANY INC
919 18th St NW Ste 925, Washington, DC 20006
Tel.: (202) 263-2574
E-Mail: info@curleycompany.com
Web Site: www.curleycompany.com

Employees: 10
Year Founded: 2002

Agency Specializes In: Content, Crisis Communications, Event Planning & Marketing, Media Relations, Media Training, Public Relations, Social Media

Jennifer Curley *(Pres & CEO)*
Caitlin Donahue *(Sr VP & Head-Digital)*
Greg Wilson *(Sr VP & Creative Dir)*
Elizabeth Curwen *(VP)*
Elizabeth Kadick *(Assoc VP)*

Accounts:
Aspen Dental Management, Inc Public Relations
Counsels Center for Organizational Excellence
L'Oreal USA, Inc. For Women in Science
The McClatchy Company How Does the Road to the White House Lead Through the South, Strategic
National Defense University Foundation 2015 American Patriot Award Gala
New Markets Tax Credit Coalition Media Relations
Rapoza Associates Media Relations

CURRENT LIFESTYLE MARKETING
875 N Michigan Ave Ste 2700, Chicago, IL 60611
Tel.: (312) 929-0500
Web Site: talktocurrent.com

Employees: 75
Year Founded: 2006

National Agency Associations: 4A's

Agency Specializes In: Digital/Interactive, Public Relations, Social Media, Strategic Planning/Research

Virginia Devlin *(Founder & Pres)*
Amy Colton *(Exec VP)*
Leah Hattendorf *(Sr VP-Strategy & Insights)*
Jonathan Kreissman *(Sr VP)*
Alexis Valenti *(Sr VP-Mktg)*
Janeen Davis *(VP-Planning)*
Jennifer Dingman *(VP-Platform Strategy)*
Jennifer Symmonds *(VP-HR)*
Christine Bridger *(Exec Creative Dir)*
Chuck Rachford *(Exec Creative Dir)*
Matthew Sulzer *(Creative Dir)*
Matthew Smith *(Mgr-Client Experience)*
Kenny Roa *(Sr Art Dir)*

Accounts:
Applebee's International, Inc Applebee's Neighborhood Grill & Bar (Public Relations Agency of Record), Planning, Strategic Thinking; 2018
Azamara Club Cruises North America Agency of Record
CEC Entertainment, Inc. Chuck E. Cheese's (Public Relations Agency of Record), Communications, Content, Social Media, Strategic
The Clorox Company Brita, Content Strategy, Public Relations
Coca-Cola
General Mills, Inc.
Getty Images, Inc
Greater Miami Convention & Visitors Bureau (Public Relations Agency of Record)
Hanesbrands Inc.
Heineken USA Strongbow Cider (Public Relations Agency of Record)
The Illinois Council Against Handgun Violence Public Relations
Jo-Ann Stores LLC (Public Relations Agency of Record) Brand Building, Influencer Marketing, Marketing Communications, Social Media; 2018
Megabus.com (North America Public Relations Agency of Record) Media Relations, Strategic Communications
Omni Hotels & Resorts (Public Relations Agency of Record) Brand & Property Awareness, Communications, Creative Programming & Promotions; 2018
Radio Flyer Inc. (Public Relations Agency of Record) Video
Renaissance Hotels
Royal Ridge Fruits Brand Personality, Creative, Product Awareness, Stoneridge Orchards (Public Relations Agency of Record); 2018
Samsung Electronics America, Inc.
The Setai

Branches

Current Lifestyle Marketing
909 3rd Ave Fl 11, New York, NY 10022
(See Separate Listing)

CURVE COMMUNICATIONS
122-1020 Mainland St, Vancouver, BC V6B 2T5

PUBLIC RELATIONS FIRMS — AGENCIES - JANUARY, 2019

Canada
Tel.: (604) 684-3170
Fax: (604) 684-3171
E-Mail: info@curvecommunications.com
Web Site: www.curvecommunications.com

Employees: 11
Year Founded: 2000

Agency Specializes In: Event Planning & Marketing, Exhibit/Trade Shows, Government/Political, T.V.

George Affleck *(Founder & Pres)*
Amanda Bates *(VP)*
Gina Robinson *(Client Svcs Dir)*
Kerry Slater *(Mgr-Special Projects)*

Accounts:
B.C. & Yukon Community Newspapers Association
Inimex
Sinu Cleanse
Sun Peaks Resort
Whistler

CUTLER PR
(Acquired by Kite Hill PR LLC)

CWR & PARTNERS LLP
21 Sheridan Cir, Attleboro, MA 02703
Tel.: (508) 222-4802
Fax: (508) 699-0094
Web Site: www.cwrpartners.com

Year Founded: 2001

Agency Specializes In: Crisis Communications, Media Relations, Media Training, Newspaper, Public Relations, Trade & Consumer Magazines

Veronica Welch *(CEO)*
Melissa Mitchell *(VP-Client Svcs)*
Michelle Thompson *(Sr Dir)*

Accounts:
NuView Systems Inc
SpectraScience Inc Medical Devices Mfr

CYPRESS MEDIA GROUP
PO Box 53198, Atlanta, GA 30355-1198
Tel.: (770) 640-9918
Fax: (770) 640-9819
E-Mail: info@cypressmedia.net
Web Site: www.cypressmedia.net

Employees: 5
Year Founded: 1978

Agency Specializes In: Exhibit/Trade Shows, Radio, T.V.

Randall Whatley *(Pres)*

Accounts:
Atlanta Dog Trainer
City Councilman Rich Dippolito
Gray's Furniture Galleries
Lee, Eadon, Isgett, Popwell & Reardon
Rinck Advertising

D&DPR
1115 Broadway 12th Fl, New York, NY 10010
Tel.: (646) 393-4392
E-Mail: info@dndpr.com
Web Site: www.dndpr.com

Employees: 10

Agency Specializes In: Advertising, Broadcast, Digital/Interactive, Event Planning & Marketing, Media Planning, Media Relations, Print, Public Relations, Social Media, Trade & Consumer Magazines

Nichole Dibenedetto *(Co-Founder)*
Teresa Delaney *(Co-Founder)*

Accounts:
New-Discover Your Italy
New-Forbes Forbes Travel Guide
New-Grand Fiesta Americana Coral Beach Resort & Spa
New-International SOS (Agency of Record)
New-Saba Tourist Bureau
New-Salt Hotels

D. WILLIAMS PUBLIC RELATIONS & EVENT MANAGEMENT GROUP
700 N Green St 303, Chicago, IL 60642
Tel.: (312) 225-8705
Fax: (708) 590-0764
Web Site: www.dwilliamspr.com

Employees: 5

Agency Specializes In: Brand Development & Integration, Event Planning & Marketing, Media Relations, Multicultural, Public Relations

Dionne Williams *(Owner)*

Accounts:
The History Makers
Yana German

DADA GOLDBERG
195 Chrystie St 603F, New York, NY 10002
Tel.: (212) 673-3232
E-Mail: info@dadagoldberg.com
Web Site: www.dadagoldberg.com

Employees: 5

Agency Specializes In: Brand Development & Integration, Content, Event Planning & Marketing, Media Buying Services, Media Planning, Public Relations, Social Media

Rebecca Goldberg *(Co-Owner)*
Samantha Devine *(Sr Mgr)*
Giselle Blanco *(Acct Mgr)*

Accounts:
Arper
Azure

DAHLIA PUBLIC RELATIONS
4678 Lee Hill Dr, Boulder, CO 80302
Tel.: (303) 898-3390
E-Mail: ckemp@dahliapr.com
Web Site: www.dahliapr.com

Year Founded: 2003

Agency Specializes In: Communications, Internet/Web Design, Media Relations, Media Training, Newspapers & Magazines, Public Relations, Strategic Planning/Research

Christy Kemp *(Pres)*

Accounts:
Cavalier Telecommunication Services
Contactual Communication Services
Intellifiber Networks Telecommunication Services
Specops Software Software Inventory & Management Services

DALGAR COMMUNICATIONS GROUP LLC
2800 S Syracuse Way, Denver, CO 80231
Tel.: (303) 695-8180
E-Mail: info@dalgarcommunications.com
Web Site: www.dalgarcommunications.com

Employees: 5

Agency Specializes In: Brand Development & Integration, Collateral, Communications, Crisis Communications, Event Planning & Marketing, Media Relations, Media Training, Public Relations, Social Media, Strategic Planning/Research

Stefanie Dalgar *(Pres)*

Accounts:
A Private Guide
American Mountain Holidays
Clear Creek County
Colorado Dude & Guest Ranch Association
Denver Botanic Gardens
Doxys
Oster Jewelers
SBDC
South Metro Denver Chamber

DALY-SWARTZ PUBLIC RELATIONS
23591 El Toro Rd Ste 215, Lake Forest, CA 92630
Tel.: (949) 470-0075
Web Site: www.dsprel.com

Year Founded: 1986

Agency Specializes In: Brand Development & Integration, Media Relations, Public Relations

Jeffrey Swartz *(Pres)*
Alan Graner *(Partner & Chief Creative Officer)*
Suzie Swartz *(VP)*

Accounts:
TechBiz Connection

DANA AGENCY
2700 N Miami Ave Apt 1006, Miami, FL 33127
Tel.: (305) 758-1110
E-Mail: info@thedanaagency.com
Web Site: www.thedanaagency.com

Employees: 20

Agency Specializes In: Event Planning & Marketing, Graphic Design, Internet/Web Design, Logo & Package Design, Media Relations, Print, Public Relations, Social Media

Cynthia Demos *(Mng Partner)*
Dana Rhoden *(CEO-Food, Fashion, Beauty & Culture)*
Rachel Castro *(Sr Acct Exec)*
Angelica Galan *(Sr Acct Exec)*

Accounts:
AccorHotels Local & National Media Relations, Marketing, Pullman Miami Airport (Public Relations Agency of Record), Special Events
American Social
Charriol
Duracell Quantum Battery
Espanola Way (Public Relations Agency of Record)
El Paseo Hotel, Local & National Media Relations, Marketing, Special Events
MS Turanor PlanetSolar
Novecento Brickell
Pure Barre Miami

DANCIE PERUGINI WARE PUBLIC RELATIONS
808 Travis Ste 1100, Houston, TX 77002
Tel.: (713) 224-9115
Fax: (713) 224-3248

1480

AGENCIES - JANUARY, 2019 — PUBLIC RELATIONS FIRMS

E-Mail: info@dpwpr.com
Web Site: www.dpwpr.com

Employees: 50

Agency Specializes In: Broadcast, Collateral, Media Relations, Media Training, Print, Promotions, Public Relations

Marta Fredricks *(Sr VP)*
Christie Garella *(Acct Dir)*
Jamie Sava *(Acct Dir)*
Katelyn Roche *(Sr Acct Exec)*
Hayden Rome *(Sr Acct Exec)*

Accounts:
Barbara Bush Houston Literacy Foundation

DANIKA COMMUNICATIONS, LLC
15 East Putnam Ave PBM 386, Greenwich, CT 06830
Tel.: (203) 661-3663
E-Mail: info@danikapr.com
Web Site: www.danikapr.com

Employees: 5

Agency Specializes In: Event Planning & Marketing, Public Relations, Social Media, Strategic Planning/Research

Anne Ryan *(Pres)*

Accounts:
Park Hotel Kenmare
Samas Spa

DARBY COMMUNICATIONS
8 Magnolia Ave Ste G1, Asheville, NC 28801
Tel.: (828) 254-0914
Web Site: www.darbycommunications.com

Employees: 5

Agency Specializes In: Out-of-Home Media, Outdoor, Public Relations

Coral Darby *(Founder)*
Angela Robinson *(VP & Sr Acct Exec)*
Julie Bacon *(Head-Acct & Strategist-Digital Media)*
Suzanne Aubel Hermann *(Sr Acct Exec)*

Accounts:
Active Interest Media Digital Advertising, Graphic Design, Public Relations, Rebrand, SNEWS, Social Media Strategy
AquaTech Imaging Solutions (Agency of Record) AxisGo, Digital Marketing, Public Relations; 2018
Astral
Aventura
Backpacker Media Relations, National Parks Centennial Tour (Public Relations Agency of Record)
Cruz Bay Publishing, Inc Digital, Graphic Design, SNEWS (Public Relations Agency of Record), Social Media Strategy, Website
Diamond Brand Gear
Eagle's Nest Outfitters
Ecoths
Feetures
Granite Gear
Headsweats
Hyland's
IceMule Coolers (Public Relations Agency of Record)
Industrial Revolution
New-Johnson Outdoors Carlisle, Media Relations, Ocean Kayak, Old Town, Watercraft Recreation (Public Relations Agency of Record); 2017
LifeSaver (Agency of Record) Global Humanitarian, Liberty Water Bottles, Premium Line of Water Filtration Products, Product Line, Public Relations, Strategy; 2018
The Mann Group GEAR, Profitability Project, Rep Training, Strategic Planning
OverLand Equipment
Paddlesports Retailer Communication, Media Rollga
Sierra Designs
Suspension Experts; Asheville, NC
Tailwind Nutrition (Public Relations Agency of Record)
Trailfoody (Public Relations Agency of Record) Brand Awareness
Vasque

DARNELL WORKS INC
367 Pk St, Boone, NC 28607
Tel.: (828) 264-8898
Web Site: www.darnellworks.com

Employees: 5
Year Founded: 2000

Agency Specializes In: Media Relations, Public Relations, Social Media, Strategic Planning/Research

Roger Darnell *(Principal & Chief Comm Officer)*

Accounts:
Authors & Artists
Brewster Parsons
Cap Gun Collective LLC
Cutters Studios
Envoy
Leviathan Corp.

DASH MEDIA PR
423 W 127th St Ste 7, New York, NY 10027
Tel.: (212) 939-7544
Web Site: www.dashmediapr.com

Employees: 5
Year Founded: 2006

Agency Specializes In: Event Planning & Marketing, Public Relations, Social Media

Donnette Dunbar *(CEO)*

Accounts:
Vince Morgan

DAVID PEARSON ASSOCIATES
625 Biltmore Way Apt 901, Coral Gables, FL 33134
Tel.: (305) 798-8446
Fax: (305) 662-2360
E-Mail: david@davidpearsonassociates.com
Web Site: www.davidpearsonassociates.com

Employees: 5
Year Founded: 1966

Agency Specializes In: Bilingual Market, Business Publications, Collateral, Consulting, Consumer Publications, Direct Response Marketing, Environmental, Government/Political, Hispanic Market, Leisure, Magazines, Newspaper, Newspapers & Magazines, Out-of-Home Media, Outdoor, Planning & Consultation, Public Relations, Publicity/Promotions, Real Estate, Sales Promotion, Seniors' Market, Trade & Consumer Magazines, Travel & Tourism

Approx. Annual Billings: $1,000,000

Breakdown of Gross Billings by Media: Bus. Publs.: $250,000; Mags.: $250,000; Newsp.: $250,000; Radio: $250,000

David Pearson *(Mng Dir)*

Accounts:
La Reserva; Trujillo Bay, Honduras
The Landings; St. Lucia, BWI
Luxury Resorts; Boca Raton, FL
Rose Hall; Montego Bay, Jamaica; 1999
Santa Barbara Plantation

DAVID PR GROUP
9990 SW 77th Ave Ste 304, Miami, FL 33156
Tel.: (305) 255-0035
Fax: (866) 214-6612
E-Mail: john@davidpr.com
Web Site: www.davidpr.com

Employees: 5
Year Founded: 2005

National Agency Associations: PRSA

Agency Specializes In: Business Publications, Business-To-Business, Corporate Communications, Hispanic Market, Over-50 Market, Public Relations, Publicity/Promotions, Seniors' Market

Breakdown of Gross Billings by Media: Pub. Rels.: 100%

John P. David *(Pres)*

Accounts:
Heinz
IRA Financial Group
NSI Insurance Group
Oscar Seikaly
Spotify Campaign: "#thatsongwhen", Marketing, Online, Social Media

DBC PR & SOCIAL MEDIA
(See Under MULTIPLY)

DBC PR+NEW MEDIA
(See Under MULTIPLY)

DCI GROUP
1828 L St NW Ste 400, Washington, DC 20036
Tel.: (202) 546-4242
Fax: (202) 546-4243
Web Site: www.dcigroup.com

Employees: 150

Agency Specializes In: Government/Political, Public Relations

Thomas J. Synhorst *(Chm & Mng Partner)*
Douglas M. Goodyear *(CEO)*
Brian McCabe *(Mng Partner)*
Justin Peterson *(Mng Partner)*
Dan Combs *(Partner)*
Jon Kemp *(Partner)*
Skip Joslin *(Mng Dir)*
Frank Edwards *(CFO)*
Kevin Ivers *(VP-Client Svcs)*
Craig Stevens *(VP)*
Mark Szalay *(VP-Tech)*
Rachelle Grey *(Sr Mgr-Digital)*

Accounts:
Applied Digital
Aquasciences
AT&T Communications Corp.
Blount County Memorial Hospital
Blount County, TN
City of Alcoa, TN
City of Cheyenne
City of Maryville, TN
EchoStar Communications
ExxonMobil Corp.

PUBLIC RELATIONS FIRMS — AGENCIES - JANUARY, 2019

Federal Home Loan Bank of San Francisco
GTECH Corp.

DDR PUBLIC RELATIONS
444 Bedford Rd Ste 201, Pleasantville, NY 10570-3055
Tel.: (914) 747-2500
Fax: (914) 747-2592
E-Mail: ddr@ddrpr.com
Web Site: www.ddrpr.com

Employees: 3
Year Founded: 1989

National Agency Associations: PRSA

Agency Specializes In: Brand Development & Integration, Commercial Photography, Graphic Design, New Product Development, Public Relations, Retail, Strategic Planning/Research

Dawn Dankner-Rosen *(Pres)*

Accounts:
Compass Learning
Coyaba Beach Resort & Spa
JP McHale Pest Control
WeeZee World of Yes I Can Media Relations, Social Media, Strategic Communications
Westchester Italian Cultural Center

DE LA GARZA PUBLIC RELATIONS, INC.
5773 Woodway Dr Ste 296, Houston, TX 77057
Tel.: (713) 622-8818
Fax: (713) 683-8090
E-Mail: info@delagarza-pr.com
Web Site: www.delagarza-pr.com

Employees: 5

National Agency Associations: PRSA

Agency Specializes In: Business-To-Business, Communications, Consumer Marketing, Direct Response Marketing, Event Planning & Marketing, Government/Political, Hispanic Market, Internet/Web Design, Investor Relations, Legal Services, Public Relations, Publicity/Promotions, Sports Market, T.V., Telemarketing

Henry A. de La Garza *(Chm & CEO)*

DEANE/SMITH
209 10th Ave S, Nashville, TN 37203
Tel.: (615) 454-5745
Web Site: www.deanesmith.agency

Employees: 10
Year Founded: 1999

Agency Specializes In: Advertising, Graphic Design, Print, Public Relations, Strategic Planning/Research

Todd Smith *(Co-Founder, Pres & CEO)*

Accounts:
Cybera, Inc.

DEBRA SEIFERT COMMUNICATIONS
11930 NW Dumar Ln, Portland, OR 97229
Tel.: (503) 626-7539
Web Site: www.debraseifert.com

Agency Specializes In: Advertising, Collateral, Communications, Promotions, Public Relations

Debra L. Seifert *(Mng Dir)*

Accounts:
Signal Hound

THE DECKER/ROYAL AGENCY
54 W 40th St Fl 7, New York, NY 10018
Tel.: (646) 650-2180
Fax: (646) 650-2190
Web Site: www.deckerroyal.com

Employees: 5

Agency Specializes In: Crisis Communications, Digital/Interactive, Media Relations, Promotions, Public Relations, Social Media, Strategic Planning/Research

Cathleen Decker *(Co-Founder & Pres)*
Stacy Royal *(Co-Founder & Mng Dir)*
Devyn Barker *(VP)*
Lindsay Stein *(Acct Exec)*

Accounts:
Brendan Vacations
City Wonders Ltd
CostSaver
Department of Culture & Tourism-Abu Dhabi
Le Barthelemy
Reno Tahoe
Royal Champagne Hotel & Spa
Sandals Resorts International
Stylist Julie Sabatino
Trafalgar
Uniworld Boutique River Cruise Collection (Public Relations Agency of Record) U by Uniworld
The Villas at Le Barthelemy; 2018

DEFAZIO COMMUNICATIONS
Sora Bldg 125 E Elm St Ste 200, Conshohocken, PA 19428
Tel.: (484) 534-3306
E-Mail: info@defaziocommunications.com
Web Site: www.defaziocommunications.com

Employees: 10
Year Founded: 2008

Agency Specializes In: Content, Crisis Communications, Internet/Web Design, Media Relations, Media Training, Public Relations, Search Engine Optimization, Social Media, Strategic Planning/Research

Tony DeFazio *(Pres & CEO)*
Maxwell McAdams *(Acct Supvr)*
Kerri Del Collo *(Acct Exec)*

Accounts:
New-Bolt On Technology LLC
New-Flat Rock Global LLC
New-KB Exchange Trust
New-PPB Capital Partners LLC
New-Recovery Centers of America

DELAUNAY COMMUNICATIONS, INC.
2524 Boyer Ave E Apt 212, Seattle, WA 98102
Tel.: (206) 682-3699
Fax: (206) 682-3899
E-Mail: info@delaunay.com
Web Site: www.delaunay.com

Employees: 7

Agency Specializes In: Agriculture, Entertainment, Health Care Services, Public Relations, Trade & Consumer Magazines, Travel & Tourism

Accounts:
Master Builders Associates
PWC Safety,WA
WestPort

DELICIOUS BUZZ COMMUNICATIONS
315 S Coast Hwy 101, Encinitas, CA 92024
Tel.: (858) 224-2460
Web Site: www.deliciousbuzz.com

Employees: 3
Year Founded: 2009

Agency Specializes In: Brand Development & Integration, Event Planning & Marketing, Media Relations, Promotions, Public Relations, Social Media

Tiffany Melone *(Founder)*

Accounts:
Vixen Pop Up Boutique & Fashion Show

DELIGHTFUL COMMUNICATIONS LLC
5407 40Th Ave Sw, Seattle, WA 98136
Tel.: (970) 325-5007
Web Site: www.delightfulcommunications.com

Employees: 10
Year Founded: 2012

Agency Specializes In: Content, Digital/Interactive, Event Planning & Marketing, Public Relations, Social Media

Mel Carson *(Founder & CEO)*

Accounts:
Efesse Business Solutions
Majestic SEO

DELTA MEDIA
350 Sparks St Ste 405, Ottawa, ON K1R 7S8 Canada
Tel.: (613) 233-9191
Fax: (613) 233-5880
E-Mail: info@deltamedia.ca
Web Site: www.deltamedia.ca

Employees: 15
Year Founded: 1991

Agency Specializes In: Bilingual Market, Engineering, Environmental, Government/Political, Health Care Services, Internet/Web Design, Public Relations, Strategic Planning/Research, Transportation

Timothy Kane *(Chm)*
Sheena Pennie *(Pres)*
Karen Bennett *(VP-Client Svcs)*

Accounts:
Association of Universities & Colleges of Canada
Canada Mortgage & Housing Corporation
Canadian Hard of Hearing Association
Independent Living Canada
Perleay Rideau Veterans Health Center
Service Canada
University of Ottawa

DEMONSTRATE PR LLC
3322 Steiner St 2nd Fl, San Francisco, CA 94123
Tel.: (415) 400-4214
E-Mail: hi@demonstratepr.com
Web Site: www.demonstratepr.com

Employees: 10

Agency Specializes In: Brand Development & Integration, Digital/Interactive, Event Planning & Marketing, Public Relations, Social Media

Joseph Hodges *(Founder & CEO)*
Cody Goins *(Sr Mgr-Social Content)*
Kelly Curran *(Acct Supvr)*
Victoria Rainone *(Acct Supvr)*

AGENCIES - JANUARY, 2019 — PUBLIC RELATIONS FIRMS

Accounts:
Aloe Gloe (Agency of Record)
Cool Effect (Agency of Record) Public Relations
CRUX Kitchen
Exit Reality (Agency of Record)
Flywheel Sports Market Street Studio
Modern Oats

DEMOSS
3343 Peachtree Rd, Atlanta, GA 30326
Tel.: (770) 813-0000
E-Mail: inquiry@demoss.com
Web Site: www.demoss.com

Employees: 25
Year Founded: 1991

Agency Specializes In: Advertising, Brand Development & Integration, Crisis Communications, Digital/Interactive, Media Relations, Public Relations

Rob Forrester *(COO)*
Karen Dye *(Dir-PR)*

Accounts:
Passages Exhibit

DENNIS PR GROUP
41 Crossroads Ste 228, West Hartford, CT 06117
Tel.: (860) 523-7500
Fax: (720) 533-7501
Toll Free: (800) 990-6685
E-Mail: info@dennispr.com
Web Site: www.dennispr.com

Employees: 6
Year Founded: 2000

Agency Specializes In: Business-To-Business, Corporate Communications, Crisis Communications, Faith Based, Government/Political, Media Relations, Public Relations, Publicity/Promotions, Travel & Tourism

Approx. Annual Billings: $1,600,000

Breakdown of Gross Billings by Media: Brdcst.: 15%; Newsp. & Mags.: 10%; Pub. Rels.: 75%

Ron Dresner *(Pres)*

Accounts:
Bob's Discount Furniture; Manchester, CT
Connecticut Business Hall of Fame; New Haven, CT
Dutch Iris Resorts
FMAMRadio.com; New York, NY
Jewish Ledger Publications; West Hartford, CT
Sam Gejdenson International
Whistling Bird Resort; Negril, Jamaica
Zer01 Mobile; Las Vegas, NV

DENNY INK
155 W Gill Ave, Jackson, WY 83001
Tel.: (307) 200-6001
Web Site: www.dennyink.com

Employees: 10

Agency Specializes In: Brand Development & Integration, Public Relations

Chris Denny *(Founder & Pres)*
Sam Petri *(Acct Exec)*

Accounts:
Kill Cliff Recovery Drink

DENOR BRANDS & PUBLIC RELATIONS
5000 Mountain Springs Dr Apt 1106, Antioch, TN 37013
Tel.: (615) 928-1909
E-Mail: info@denorbrands.com
Web Site: www.denorbrands.com

Employees: 10
Year Founded: 2010

Agency Specializes In: Brand Development & Integration, Content, Event Planning & Marketing, Internet/Web Design, Promotions, Public Relations, Social Media

Ashley Northington *(Dir)*

Accounts:
Arekah the Goddess Photography

DEPTH PUBLIC RELATIONS
798 N Parkwood Rd, Atlanta, GA 30030
Tel.: (404) 378-0850
Web Site: https://www.depthpr.com/

Employees: 5

Agency Specializes In: Internet/Web Design, Market Research, Public Relations, Search Engine Optimization, Strategic Planning/Research

Kerri S. Milam *(Pres & Sr Strategist)*

Accounts:
Del Mar DataTrac Mortgage Software Development Services
International Document Services Inc Brokerage Services

DEVENEY COMMUNICATIONS
2406 Chartres St, New Orleans, LA 70117
Tel.: (504) 949-3999
Fax: (504) 949-3974
E-Mail: pr@deveney.com
Web Site: www.deveney.com

Employees: 10

John Deveney *(Founder & Pres)*
Chris Costello *(Partner & CFO)*
Joe Snowden *(Chief Strategy Officer)*
Carrie Devries *(Acct Supvr-PR)*
Andy Kutcher *(Supvr-Digital)*
Anne Miller *(Supvr-Adv)*
Denise Davila *(Sr Acct Exec)*
Lindsey R. Andry *(Acct Exec)*
Andy Cole *(Acct Exec)*
Brittany Cruickshank *(Acct Exec)*
Terri D. Kaupp *(Acct Exec)*
Katelyn Sileo *(Acct Exec-Social Media)*
Olivia Parker *(Assoc Acct Exec-Digital)*

Accounts:
Arnaud
Audubon Nature Institute
Cox Communications
Emeril's Homebase Public Relations
Louisiana Office of Tourism
Louisiana State University Museum of Art
Louisiana Travel Promotion Association
New Mexico Tourism (Agency of Record) Public Relations
New Orleans Convention & Visitors Bureau
New Orleans Museum of Art
New Orleans Police Foundation
NFL Youth Education Town
PalmBeach3
Prospect New Orleans Prospect.3
Ralph Brennan Restaurant Group
Ruth's Chris Steak House
Starbucks
Stoli Group USA Bayou Rum (Agency of Record),
Brand Awareness, Communications
Windsor Court Hotel Marketing Campaign, Public Relations, Social Media

DEVINE + PARTNERS
2300 Chesnut St, Philadelphia, PA 19103
Tel.: (215) 568-2525
Fax: (215) 568-3909
Web Site: devinepartners.com

Employees: 10
Year Founded: 2003

Agency Specializes In: Advertising, Communications, Education, Email, Graphic Design, Media Relations, Public Relations, Real Estate, Restaurant, Social Marketing/Nonprofit, Social Media, Sponsorship, Travel & Tourism

Jay Devine *(Pres & CEO)*
Susan Hamilton *(Sr VP)*
Christine Reimert *(Sr VP)*
Brianna Taylor *(VP)*
Paige Knapp *(Asst Acct Exec)*

Accounts:
AMC Institute
Blank Rome
Brown Hill Development
Cabrini College
Computers for Youth
Farmers Restaurant Group National Media Relations; 2017
Maaco
Moore College of Art
On the Water Consortium Messaging Strategy, Organizational Structure; 2017
PECO Economic Development
PGA Tour 2018 BMW Championship at Aronimink Golf Club; 2017
PGW
The Philadelphia Zoo Faris Family Education Center, KidZooU
Saul Ewing Arnstein & Lehr Communications Strategies, Thought Leadership; 2017
Valley Forge Convention & Visitors Bureau PR, Social Media

DEVINE MULVEY LONGABAUGH
1436 U St Nw Ste 401, Washington, DC 20009
Tel.: (202) 337-9600
Fax: (202) 337-9620
Web Site: dmlmessage.com/

Employees: 8
Year Founded: 2000

Agency Specializes In: Advertising, Government/Political, Public Relations, Publicity/Promotions

Tad Devine *(Pres)*
Mark Longabaugh *(Partner)*
Julian Mulvey *(Partner)*
Scott Turner *(VP-Production)*

Accounts:
Bernie Sanders

THE DEVON GROUP
68 White St, Red Bank, NJ 07701
Tel.: (732) 706-0123
Fax: (732) 706-0199
E-Mail: jeanne@devonpr.com
Web Site: http://jeanneachille.com/

Employees: 10
Year Founded: 1994

Agency Specializes In: Business-To-Business, Collateral, Communications, Corporate

PUBLIC RELATIONS FIRMS — AGENCIES - JANUARY, 2019

Communications, High Technology, Information Technology, Public Relations, Publicity/Promotions, Trade & Consumer Magazines

Jeanne Achille *(Founder & CEO)*

Accounts:
Applied Research Corporation
CyberShift
Cynergy Systems
The Human Capital Institute Media
iCIMS
Jobs2Web Public Relations
Kenexa
NelsonHall Business Processing Outsourcing; 2005
Talent Board; Middletown, NJ Candidate Experience Awards

DEVRIES GLOBAL
909 Third Ave, New York, NY 10022
Tel.: (212) 546-8500
Fax: (212) 644-0291
Web Site: www.devriesglobal.com

Employees: 110
Year Founded: 1978

National Agency Associations: 4A's-COPF

Agency Specializes In: Brand Development & Integration, Branded Entertainment, Consumer Goods, Consumer Marketing, Exhibit/Trade Shows, Fashion/Apparel, Household Goods, Integrated Marketing, Public Relations, Social Marketing/Nonprofit, Social Media, Sponsorship, Women's Market

Approx. Annual Billings: $25,000,000 Capitalized

Breakdown of Gross Billings by Media: Pub. Rels.: 100%

Heidi Hovland *(CEO)*
Laura Thomas *(Exec VP-Culture & Influence-London)*
Colby Vogt *(Exec VP-Bus Intelligence-Global)*
William Penn, II *(Sr VP-Fin)*
Simona Margarito *(Mng Dir-Brand Dev)*
Loretta Markevics *(Mng Dir-Creative Intelligence-Global)*
Jessica O'Callaghan *(Mng Dir-North America)*
Lindsay Talley Canto *(VP)*
Yvonne Shaw *(VP-HR & PR)*
Tracy Brosnan *(Creative Dir)*
Thomas Hackett *(Creative Dir)*
Liza Abrams Wisk *(Dir-New Bus Dev)*
Sean Layton *(Sr Acct Supvr)*
Douglas Ruchefsky *(Sr Acct Supvr)*
Andres Vejarano *(Reg Mng Dir-Asia)*

Accounts:
Accolade Wines
Hardys Digital Content Creation, Events, Led Publicity, PR, Press Office, Social Media Community Management
Altar'd State Agile Media Buying, Brand Messaging, Content Development Support, Editorial Planning, Insights & Reporting, Program Development, Public Relations, Social Media Engagement Strategy
Boston Beer Co. Samuel Adams Beer
New-Sephora
E&J Gallo Winery; Modesto, CA Black Swan, Ecco Domani; 2001
Essentia Water Public Relations; 2018
GlaxoSmithKline, Inc.
Global Protection Corp; 2017
IInternational House of Pancakes, Inc. Public Relations
Johnson & Johnson
Markwins Beauty Products Brand Awareness, Creating Strategic, Wet n Wild (Public Relations Agency of Record)
Milk Milk Makeup, US Communications
Procter & Gamble; Cincinnati, OH Bounce, DDF, Downy, Olay, Pantene, Public Relations, Sebastian, Secret (Public Relations), ThermaCare, Tide, Vicks; 1983
SharkNinja Operating LLC Communications Strategy, Influencer Relations, Measurement & Analytics, Media, US Consumer Communications Business; 2018
Tupperware Brands Corporation Tupperware Corporation
Zippo Manufacturing Company

DI MODA PUBLIC RELATIONS
520 Broadway, Santa Monica, CA 90401
Tel.: (310) 288-0077
Fax: (310) 288-0092
E-Mail: info@dimodapr.com
Web Site: www.dimodapr.com

Employees: 2

Agency Specializes In: Brand Development & Integration, Media Training, Public Relations, Social Media

Diana Bianchini *(Owner)*

Accounts:
Project Angel Food

DIALOGO PUBLIC RELATIONS
477 Madison Ave 6th Fl, New York, NY 10022
Tel.: (858) 461-1970
Web Site: http://dialogo360.com

Employees: 20
Year Founded: 2007

Agency Specializes In: Content, Event Planning & Marketing, Media Relations, Public Relations, Social Media

Accounts:
Coco Jack Hispanic Public Relations Agency of Record

DIAMOND PUBLIC RELATIONS
4770 Biscayne Blvd, Miami, FL 33137
Tel.: (305) 854-3544
Web Site: www.diamondpr.com

Employees: 25

Agency Specializes In: Brand Development & Integration, Digital/Interactive, Media Relations, Media Training, Promotions, Public Relations, Social Media, Strategic Planning/Research

Jody Diamond *(Founder & Pres)*
Cheryl Azar *(Fin Dir & Office Dir)*
Kara Rosner *(COO & VP)*
Lisa B. Schwartz *(Dir-Lifestyle, Leisure & Resorts)*
Luisana Suegart *(Dir-Hotels & Leisure-Latin America)*
Jennifer Gillespie *(Sr Acct Exec-PR)*
Liz Eads *(Acct Coord)*

Accounts:
AC Hotel Gainesville Downtown North American Public Relations; 2017
New-Anse Chastanet (Agency of Record) North American Public Relations; 2018
Art Ovation Hotel (Agency of Record North American Public Relations
Barnsley Resort (Agency of Record) North American Public Relations
Caribe Hilton San Juan Brand Awareness, Public Relations; 2018
Casa Palopo
CasaMagna Marriott Puerto Vallarta Resort & Spa (Agency of Record) Public Relations, Social Media
Circa 39
Curacao Tourist Board PR
Ecoventura Galapagos Network
French Leave Eleuthera Public Relations
Frenchman's Reef & Morning Star Marriott Beach (Agency of Record) Broadcast Media Outlets, North American Public Relations, Online, Traditional Print
Georgia's Barnsley Resort (Agency of Record)
Grand Cayman Marriott Beach Resort
Hotel Key West Consumer, Design & Programming, Global, Media, North America Public Relations
Hyatt Hotels Corporation Consumer Awareness, Hyatt Centric South Beach Miami (Agency of Record), North American Public Relations; 2018
New-Jade Mountain (Agency of Record) North American Public Relations; 2018
The Julia (Agency of Record) North American Public Relations
Las Lagunas Boutique Hotel (Public Relations Agency of Record)
Le Meridien Chambers Minneapolis (Agency of Record) Public Relations
Lord Balfour PR, Strategy
Marriott International North American Public Relations, W Punta de Mita (Agency of Record)
Not Your Average Hotel (Agency of Record) North American Public Relations
Ocean Properties, Ltd. PR Campaign
Opal Sands Resort (Agency of Record)
The Palms Hotel & Spa Miami
Renaissance Tuscany Il Ciocco Resort & Spa (Agency of Record) North American Public Relations
Resorts World Bimini (Agency of Record) Awareness, Public Relations
Santa Barbara Beach & Golf Resort
Shaner Hotels AC Hotel Columbus Dublin (Agency of Record)
SLS Baha Mar Consumer Awareness, Public Relations; 2017
South Beach Marriott
Southbridge Hotel & Conference Center North American Public Relations, Social Media
Sun International
W Minneapolis ? The Foshay (Agency of Record) Public Relations
waren

Branch

Diamond Public Relations
7083 Hollywood Blvd Ste 505, Los Angeles, CA 90028
Tel.: (310) 746-6933
E-Mail: info@diamondpr.com
Web Site: www.diamondpr.com

Employees: 25
Year Founded: 2007

Agency Specializes In: Advertising, Brand Development & Integration, Content, Media Relations, Planning & Consultation, Promotions, Public Relations, Search Engine Optimization, Social Media

Jody Diamond *(Pres)*

Accounts:
New-Suncadia Resort

DIAN GRIESEL INC.
335 W 38th St, New York, NY 10018
Tel.: (212) 825-3210
Web Site: www.dgicomm.com

Employees: 50

Agency Specializes In: Content, Crisis Communications, Public Relations, Radio, Social Media, T.V.

Dian Griesel *(Pres)*
Susan Fay Forman *(Sr VP)*
Cheryl Schneider *(Sr VP)*
Laura Radocaj *(Acct Exec)*

Accounts:
Applied DNA Sciences, Inc
Chanticleer Holdings, Inc.

DIANE TERMAN PUBLIC RELATIONS
47 E 77th St, New York, NY 10075
Tel.: (212) 744-6055
E-Mail: info@dianetermanpr.com
Web Site: www.dianetermanpr.com

Employees: 20

Agency Specializes In: Digital/Interactive, Public Relations, Social Media

Diane Terman *(Founder & Pres)*
Deborah Kerner *(Head-Strategic-Beauty Div & Social Media)*
Derek Grover *(Dir-Admin Svcs)*

Accounts:
Maddyloo

DIAZ COMMUNICATIONS
23126 Vineyard Rd, Geyserville, CA 95441
Tel.: (707) 620-0788
Fax: (707) 838-9159
E-Mail: info@diaz-communications.com
Web Site: www.diaz-communications.com

Employees: 2
Year Founded: 2001

Agency Specializes In: Consumer Marketing, Leisure, Public Relations

Revenue: $250,000

Jo Diaz *(Owner)*
Jose Diaz *(Owner)*

Accounts:
Affairs of the Vine
Charles Creek Vineyard
Concannon Vineyard
Happy Camper Wines
Oak Knoll Winery
Wine-Blog.org

DIETCH PR
1923 S Santa Fe Ave, Los Angeles, CA 90021
Tel.: (323) 661-4225
Web Site: www.dietchpr.net

Employees: 10

Agency Specializes In: Brand Development & Integration, Public Relations, Social Media

David Dietch *(Owner)*

Accounts:
Kahlo

DIFFUSION INC
415 Madison Ave 15th Fl, New York, NY 10017
Tel.: (646) 673-8685
Web Site: www.diffusionpr.com

Employees: 20

Agency Specializes In: Advertising, Brand Development & Integration, Communications, Digital/Interactive, Public Relations, Social Media

Ivan Ristic *(Pres)*
Kate Ryan *(Mng Dir-US)*
Tim Williams *(Mgr-Campaign)*
Megan Hartwick *(Campaign Dir)*

Accounts:
New-Alice (Public Relations Agency of Record) Communications; 2018
AudioBoom (Agency of Record)
Bevi (Public Relations Agency of Record) Consumer Research, Media, Strategic Media Relations, Vision
Burrow (Public Relations Agency of Record) Chaise Sectional, Corporate Branding & Awareness, Ottoman; 2018
Canary Connect, Inc. (Public Relations Agency of Record) Brand Awareness, Event Activations, Media Relations
Clapit (Agency of Record) Public Relations
CogniToys
CyberLink Public Relations Agency of Record
Electron Wheel (Public Relations Agency of Record); 2017
Engage Studio (Public Relations Agency of Record) Brand Awareness; 2018
New-Fundera (North American Public Relations Agency of Record) Brand Awareness; 2018
Ghostery (North America Public Relations Ageny of Record) Integrated Communications; 2018
HiringSolved Brand Awareness
Informa (US Agency of Record) Content Marketing, Media Relations, Ovum, Pharma Intelligence
Liligo (Agency of Record) Brand Awareness, Communications, Creative
Luta Bloggers, Brand Ambassador Engagement, Media
M3D (Agency of Record) Traditional Media Relations
Meural (Agency of Record) Digital, Media Relations, Strategic
Moven (Public Relations Agency of Record) Consumer, Social Media
Phenix (Agency of Record) Brand Awareness, Public Realtions, Strategic Media Relations; 2018
Quizlet (Public Relations Agency of Record) Brand Awareness; 2017
Reed Exhibitions Brand Awareness, ISC West, On-Site Media, Social Media, Thought Leadership
Room (Agency of Record) Activations, Announcement Support, Integrated Product Reviews Program, Media Outreach; 2018
SevenRooms (Agency of Record) Thought Leadership; 2018
Skulpt (Agency of Record) National Media, Skulpt Aim
Topdeck Travel (Agency of Record) Brand Awareness, Social Media, Strategic Media Relations
Tresorit Public Relations Agency of Record
Tsu (Public Relations Agency of Record) Communications
USA Today Network Public Relations

DIFFUSION PR
10250 Constellation Blvd 3rd Fl, Los Angeles, CA 90067
Tel.: (213) 318-4500
E-Mail: hello@diffusionpr.com
Web Site: www.diffusionpr.com

Year Founded: 2018

Agency Specializes In: Brand Development & Integration, Communications, Content, Event Planning & Marketing, Media Relations, Media Training, Public Relations, Publishing, Search Engine Optimization, Social Media

Jerry Shumway *(Coord-Campaign)*
Ashton Galstad *(Sr Campaign Mgr)*

Accounts:
New-CyberLink Corp.
New-Electron Wheel
New-LegalZoom.com Inc. (North American Public Relations Agency of Record)
New-Quizlet Inc
uShip (Public Agency of Record) Media Relations, Public Relations; 2018

DIGENNARO COMMUNICATIONS
18 W 21st St 6th Fl, New York, NY 10010
Tel.: (212) 966-9525
E-Mail: info@digennaro-usa.com
Web Site: www.digennaro-usa.com

Employees: 35
Year Founded: 2006

Agency Specializes In: Brand Development & Integration, Business-To-Business, Event Planning & Marketing, Media Relations, Public Relations, Social Media

Samantha DiGennaro *(Founder & CEO)*
Andrea Kerekes *(Mng Dir & Exec VP)*
Mark T. Martin *(CFO)*
Erin Donahue *(Sr VP & Grp Dir)*
Michael Burgi *(Sr VP-Content)*
Sara Vinson *(Assoc VP)*
Samantha Schoenholtz *(Acct Dir)*

Accounts:
Dunn's River Brands
New-Pandora

THE DINGES GANG, LTD.
421 Chapel Hill Ln, Northfield, IL 60093
Tel.: (847) 386-6953
E-Mail: info@dingesgang.com
Web Site: www.dingesgang.com

Agency Specializes In: Communications, Public Relations

Barnaby Dinges *(Pres)*

Accounts:
Jim Beam Brands Co.

DINI VON MUEFFLING COMMUNICATIONS
1133 Broadway Ste 332, New York, NY 10010
Tel.: (646) 650-5004
E-Mail: press@dvmcpr.com
Web Site: dvmcpr.com

Employees: 50
Year Founded: 2015

Agency Specializes In: Brand Development & Integration, Content, Event Planning & Marketing, Media Relations, Media Training, Production, Public Relations, Social Marketing/Nonprofit, Social Media, Strategic Planning/Research

Dini von Mueffling *(Founder & CEO)*
Caroline Hartman *(Acct Mgr)*
Janine Brady *(Acct Dir)*
Brittany Colvin *(Assoc Acct Exec)*
Jennifer Constantine *(Assoc Acct Exec)*

Accounts:
New-Monica Lewinsky
New-Sandy Hook Promise
New-Wag Labs Inc

PUBLIC RELATIONS FIRMS

DITTOE PUBLIC RELATIONS, INC.
5420 N College Ave, Indianapolis, IN 46220
Tel.: (317) 202-2280
Fax: (317) 202-2290
Web Site: www.dittoepr.com

Employees: 7

Revenue: $1,000,000

Chris Dittoe *(Co-Founder & Pres)*
Christy Chen *(Partner & VP-Acct Svcs)*
Megan Custodio *(Partner & VP)*
Lauren Kinzler Sanders *(Partner & VP-Acct Svcs)*
Ashley Eggert *(Acct Dir)*
Greta Snell *(Dir-Accts)*
Britny Kalule *(Sr Acct Mgr)*
Kasie Pieri *(Sr Acct Mgr)*
Rachel Huffman Stanley *(Sr Acct Mgr)*
Lauryn Gray *(Mgr-Client Success)*
Sophie Maccagnone *(Acct Exec)*
Vanessa Staublin *(Acct Exec)*
Skylar Whitney *(Acct Exec)*

Accounts:
Atlas Van Lines; Evansville, IN Public Relations
Bella Sara
CareerScribe
ExactTarget
Klipsch
Rev Trax
Scott Jones
Senario
Zotec Partners

DIXON/DAVIS MEDIA GROUP
1028 33rd St NW Ste 300, Washington, DC 20007
Tel.: (202) 265-7900
Fax: (202) 265-2881
E-Mail: info@dixondavismedia.com
Web Site: www.dixondavismedia.com

Employees: 5

Agency Specializes In: Communications, Consulting, Media Relations, Public Relations, Strategic Planning/Research

Mark Waner *(Dir-Strategic Comm)*

Accounts:
Hillary Clinton for President

DIXON JAMES COMMUNICATIONS
109 N Marion St #200, Oak Park, IL 60301
Tel.: (708) 848-8058
E-Mail: info@dixon-james.com
Web Site: www.dixon-james.com

Employees: 10
Year Founded: 2009

Agency Specializes In: Below-the-Line, Business Publications, Collateral, Consumer Publications, Email, Local Marketing, Newspaper, Promotions, Search Engine Optimization, Social Media, Sponsorship, Sweepstakes, Web (Banner Ads, Pop-ups, etc.)

Jim Heininger *(Founder & Principal)*

Accounts:
BurtchWorks; 2014
Cantata Adult Life Services; 2008
Enova; 2008
McDonald's Corporation; 2003

DKC NEW YORK
261 5th Ave, 2nd Fl, New York, NY 10016
Tel.: (212) 685-4300
Fax: (212) 685-9024
E-Mail: ny@dkcnews.com
Web Site: www.dkcnews.com

Employees: 150
Year Founded: 1991

Agency Specializes In: Corporate Communications, Crisis Communications, Integrated Marketing, Public Relations, Publicity/Promotions

Sean F. Cassidy *(Pres)*
John Marino *(Mng Partner & Dir)*
Joseph DePlasco *(Partner & Mng Dir)*
William Cunningham *(Mng Dir)*
Jeffrey Klein *(Mng Dir)*
Matthew Traub *(Mng Dir)*
Liz Anklow *(Exec VP)*
Bruce Bobbins *(Exec VP)*
Rachel Carr *(Exec VP)*
Robert Leonard *(Exec VP)*
Ed Tagliaferri *(Exec VP)*
Dusty Bennett *(Sr VP-Events & Production)*
Julie Matic *(Sr VP-HangarFour)*
Brian Moriarty *(Sr VP)*
Michael Paluszek *(Sr VP)*
Brian Reinert *(Sr VP)*
Eva Ross *(Sr VP)*
Gary Baronofsky *(VP-Media)*
Sebastian Moreira *(Dir-Digital Content)*
Michael Moschella *(Dir-Analytics)*
Tamarah Strauss *(Acct Supvr)*
Elizabeth Lloyd *(Sr Acct Exec)*

Accounts:
AARP
AOL
BET
BMW of North America, LLC (US Public Relations Agency of Record) Corporate Communications; 2018
Citigroup Inc.
Continuum Health Partners
Delta Air Lines Public Relations
Discord (Agency of Record) Consumer Awareness, Public Relations; 2017
Dyson
Esquire Magazine
New-European Wax Center (Public Relations Agency of Record) Consumer-Facing Activations & Events, Content Creation, Creative, Placements, Public Relations Strategy, Strategic Media Relations
Gannett
The Jefferson (Agency of Record) Public Relations, Strategies
Jet.com
Keds
The London West Hollywood Public Relation
L'Oreal Paris
Meetinghouse Production
Moet Hennessy Belvedere Vodka, Event Support, Influencer Seeding, Traditional Media Relations; 2017
Mondelez International, Inc. TASSIMO
National Football League PR
New-New Balance
Public Broadcasting Service
Rep The Squad Public Relations; 2017
Sports Illustrated
Ulta Consumer Publicity
Visit Florida Inc (Domestic Public Relations Agency of Record) Communications Strategy, Creative, Media & Influencer Relations; 2018
Visit West Hollywood (Public Relations Agency of Record) Communications Strategy
X Factor

Branches

DKC Los Angeles
700 N San Vicente Blvd, West Hollywood, CA 90069
Tel.: (310) 280-2013
Fax: (310) 280-2014
E-Mail: la@dkcnews.com
Web Site: www.dkcnews.com

Employees: 300

Agency Specializes In: Digital/Interactive, Public Relations, Social Media

Molly Currey *(Exec VP)*
Ivy Mollenkamp *(Exec VP-Entertainment)*
Taryn Owens *(Sr VP-Entertainment Div)*
Chris Regan *(Sr VP-Film & Digital Entertainment)*
Karen Silberg *(Sr VP)*
Courtney Greenberg *(VP)*
Missy Greenberg *(VP)*
Max Puro *(VP)*
Wendy Zaas *(Gen Mgr & Dir-Entertainment)*
Christopher Hills *(Sr Acct Exec)*

Accounts:
Syco Productions

DKC
539 Bryant St Ste 301, San Francisco, CA 94107
Tel.: (415) 549-8427
Fax: (415) 549-8426
E-Mail: sf@dkcnews.com
Web Site: www.dkcnews.com

Employees: 500

Agency Specializes In: Advertising, Content, Digital/Interactive, Entertainment, Fashion/Apparel, Food Service, Health Care Services, Hospitality, Integrated Marketing, Media Relations, Public Relations, Sports Market

Joan Touchstone *(VP)*

Accounts:
Airbnb, Inc
Scribd Inc

DKC
3000 K St Nw Ste 250, Washington, DC 20007
Tel.: (202) 552-5442
E-Mail: dc@dkcnews.com
Web Site: www.dkcnews.com

Employees: 300
Year Founded: 1991

Agency Specializes In: Brand Development & Integration, Content, Crisis Communications, Digital/Interactive, Event Planning & Marketing, Graphic Design, Internet/Web Design, Media Relations, Public Relations, Social Media

Chris Canning *(Exec VP)*

Accounts:
New-AARP

DNA CREATIVE COMMUNICATIONS
110 Edinburgh Ct Ste A, Greenville, SC 29607
Tel.: (864) 235-0959
Fax: (864) 235-1304
Web Site: www.dnacc.com

Employees: 3
Year Founded: 1997

Agency Specializes In: Integrated Marketing, Logo & Package Design, Media Training, Out-of-Home Media, Outdoor, Print, Public Relations, T.V.

Debbie Nelson *(Founder & CEO)*
Sonya Brown *(Dir-Creative)*

AGENCIES - JANUARY, 2019 — PUBLIC RELATIONS FIRMS

Janice Baddley *(Sr Acct Mgr)*

Accounts:
CommunityWorks Carolina
Institute for Child Success
Mobile Meals of Spartanburg
Public Education Partners of Greenville County
Renewable Water Resources
University Center of Greenville

DOERR ASSOCIATES
31 Church St, Winchester, MA 01890
Tel.: (781) 729-9020
Fax: (781) 729-9060
Web Site: www.mdoerr.com

Employees: 4

Agency Specializes In: Public Relations, Real Estate

Revenue: $1,200,000

Maureen Doerr *(Owner)*
Alexandra Fiore *(Art Dir)*
Joan Wilking *(Creative Dir)*
Janet Carvalho *(Mgr-Acctg)*

Accounts:
Berkley Investments
Tyco International

DONLEY COMMUNICATIONS
30 Vesey St Ste 1705, New York, NY 10007
Tel.: (212) 751-6126
Fax: (212) 935-6715
Web Site: www.donleycomm.com

Employees: 10

Agency Specializes In: Crisis Communications, Event Planning & Marketing, Media Relations, Media Training, Public Relations

Newton W. Lamson *(Pres & CEO)*
Anna Ray-Jones *(VP)*
Kristie Gee *(Coord-Diversity & Preconstruction Dept)*
Shane Stack *(Sr Coord-Mktg)*

Accounts:
Abacus Finance
Amalgamated Bank
Brookings Management Group
Care to Care
Dash Financial
Direct Foreign Exchange
FBR Capital Markets Corporation
Fuel Cell Today
Johnson Matthey Ceramics Inc.
Milliman Inc

THE DOOR, LLC
37 W 17th St 5th Fl, New York, NY 10011
Tel.: (646) 340-1760
E-Mail: info@thedooronline.com
Web Site: www.thedooronline.com

Employees: 75
Year Founded: 2008

Agency Specializes In: Brand Development & Integration, Event Planning & Marketing, Graphic Design, Media Relations, Media Training, Public Relations, Social Media

Charlie Dougiello *(Co-Founder & CEO)*
Danielle Pagano McGunagle *(Mng Dir-Hospitality)*
Elizabeth Janis *(Assoc VP)*
Allyson Berkowitz *(Sr Dir)*

Accounts:
FAO Schwarz (Public Relations Agency of Record) General Consulting, Media Relations, Social Media; 2018
Shake Shack

DOTTED LINE COMMUNICATIONS
206 W 96th Ste 2C, New York, NY 10025
Tel.: (646) 596-7502
E-Mail: info@dottedlinecomm.com
Web Site: www.dottedlinecomm.com

Employees: 6

Agency Specializes In: Event Planning & Marketing, Media Training, Promotions, Public Relations

Darcy Cobb *(Co-Founder & Mng Partner)*
Aimee Yoon *(Mng Partner)*
Christie Hach *(Acct Dir)*
Fehmida Bholat *(Acct Supvr)*
Denise Welch *(Assoc Partner)*

Accounts:
Buzz Logic
Captivate Network
Citysearch
Coupons.com
Demandbase
Doxo Campaign: "Connect with Businesses like you Connect with Friends"
FlipKey
Harris Interactive
Jumio
nrelate
Partech International
The Search Agency
Smartertravel.com
Sprig.com (A Division of WRNI)
United Way
Urbanspoon

Branch

Dotted Line Communications
227 N Bowling Green, Los Angeles, CA 90049
Tel.: (310) 472-8600
E-Mail: info@dottedlinecomm.com
Web Site: www.dottedlinecomm.com

Employees: 7

Darcy Cobb *(Co-Founder & Mng Partner)*
Stephanie Cooley *(Acct Dir)*
Nikki Neumann *(Acct Supvr)*

Accounts:
CrownPeak

DOUBLE FORTE
351 California St Ste 450, San Francisco, CA 94104
Tel.: (415) 863-4900
Fax: (415) 863-4994
Web Site: www.double-forte.com

Employees: 25

Agency Specializes In: Corporate Communications, Crisis Communications, Event Planning & Marketing, Media Relations, Public Relations, Social Media, Sponsorship

Lee McEnany Caraher *(Pres & CEO)*
Bill Orr *(Chief Strategy Officer & Exec VP)*
Maggie Zeman *(Sr VP & Mng Dir-The Barn Grp)*

Accounts:
Clover Sonoma

Comedy Central; 2018
Drync
Entertainment Software Association
The Hess Collection Hess Family Wine Estate
Jaunt Creative
LEVELSleep
Marriott International AC Hotel San Jose
Navitas Naturals
Neoglyphic Entertainment
NLF Media
Saison Beauty
Silver Spring Foods
Superfly; 2018
The Void
Zenni Optical
Zoosk Inc.

DOVETAIL PUBLIC RELATIONS
15951 Los Gatos Blvd Ste 16, Los Gatos, CA 95032
Tel.: (408) 395-3600
Fax: (408) 395-8232
Web Site: www.dovetailpr.com

Employees: 5
Year Founded: 1993

Agency Specializes In: Communications, Consulting, Event Planning & Marketing, Financial, Health Care Services, Newspaper, Publicity/Promotions, Strategic Planning/Research, Trade & Consumer Magazines

Keri McKie *(Mgr-Fin & HR)*
Corey Olesen *(Sr Partner)*

Accounts:
Avast!
CyberPatrol
Knowledge Genie
Smashwords

DOVETAIL SOLUTIONS
1407 Larimer St Ste 200, Denver, CO 80202
Tel.: (720) 226-9595
Fax: (720) 221-9213
Web Site: www.dovetailsolutions.com

Employees: 10

Agency Specializes In: Brand Development & Integration, Crisis Communications, Public Relations, Social Media

Andy Boian *(Founder & CEO)*
Hannah Morris *(Partner-Client Svcs)*

Accounts:
Daniels College of Business
University of Denver

DPA COMMUNICATIONS
284 N St, Boston, MA 02113
E-Mail: hello@dpacommunications.com
Web Site: dpacommunications.com

Employees: 10
Year Founded: 2012

Agency Specializes In: Brand Development & Integration, Communications, Content, Event Planning & Marketing, Public Relations, Search Engine Optimization, Social Media, Strategic Planning/Research

Dominic Amenta *(Founder & Principal)*
Lisa Bell *(Partner & Exec VP)*
Anthony Mastracci *(Acct Dir)*
Zach Galasso *(Acct Exec)*

Accounts:

PUBLIC RELATIONS FIRMS
AGENCIES - JANUARY, 2019

New-Adhark
New-Feeding The Turkeys Inc Vice Cream
New-Haymakers For Hope
New-The Irish Film Festival
New-Kane's Donuts
New-Sunday River Skiway Corp.
New-Veterans Legal Services

DPK PUBLIC RELATIONS
957 NASA Parkway Ste 915, Houston, TX 77058
Tel.: (832) 467-2904
Toll Free: (800) 596-8708
Web Site: www.dpkpr.com

Employees: 1
Year Founded: 2003

Agency Specializes In: Content, Crisis Communications, Media Relations, Media Training, Public Relations

Dan Keeney *(Pres)*

Accounts:
New-ERHC Energy Inc.

DPR GROUP, INC.
7200 Bank Court, Frederick, MD 21703
Tel.: (240) 686-1000
Fax: (240) 686-0600
E-Mail: info@dprgroup.com
Web Site: www.dprgroup.com

Employees: 10
Year Founded: 1998

Agency Specializes In: Brand Development & Integration, Business-To-Business, Communications, Consulting, Corporate Identity, Direct Response Marketing, Education, Exhibit/Trade Shows, Financial, High Technology, Industrial, Information Technology, Internet/Web Design, Investor Relations, Logo & Package Design, New Product Development, Newspapers & Magazines, Planning & Consultation, Public Relations, Publicity/Promotions, Strategic Planning/Research, Trade & Consumer Magazines, Transportation

Dan Demaree *(Founder & Pres)*
Liz Palm *(Mktg Dir)*
Heather Andrews *(Acct Exec)*

Accounts:
4Sight Technologies Inc Marketing, Media Relations, PR
CRG Medical Marketing, Media Relations, Strategic Public Relations
CX North America Information Services Marketing, Public Relations
DHA Group Marketing, Strategic Public Relations
Engage Marketing, Public Relations
Merkle

Branch

DPR Group, Inc.
200 Cascade Point Ln Ste 104, Cary, NC 27513
Tel.: (919) 678-9200
Fax: (919) 678-9255
E-Mail: mperkins@dprgroup.com
Web Site: www.dprgroup.com

Employees: 3

Agency Specializes In: Public Relations

Dan Demaree *(Founder & Pres)*

Accounts:
Oncology Partners LLC

DQMPR
79 Madison Ave, New York, NY 10016
Tel.: (212) 598-1160
E-Mail: info@dqmpr.com
Web Site: www.dqmpr.com

Employees: 5

Agency Specializes In: Event Planning & Marketing, Media Relations, Promotions, Public Relations, Strategic Planning/Research

Yves Gentil *(Pres)*
Katie Papadopoulos *(Assoc VP)*
Stephanie D'Adamo *(Sr Acct Mgr)*

Accounts:
St. Barth Properties, Inc. (Public Relations Agency of Record)

DRA COLLECTIVE
717 East Maryland Ave #110, Phoenix, AZ 85014
Tel.: (602) 956-8834
Web Site: www.dracollective.com

Employees: 7
Year Founded: 1986

Agency Specializes In: Brand Development & Integration, Content, Crisis Communications, Event Planning & Marketing, Media Relations, Public Relations, Social Media

Denise D. Resnik *(Founder & CEO)*
Michelle McGinty *(Pres)*
Rachael Myer Curley *(Acct Dir)*

Accounts:
New-LGE Design Build

DRESNER ALLEN CARON
200 Park Ave Fl 17, New York, NY 10166
Tel.: (212) 691-8087
Fax: (212) 691-8116
Web Site: http://dresnerco.biz
E-Mail for Key Personnel:
President: rene@dresnerallencaron.com

Employees: 15
Year Founded: 1981

Agency Specializes In: Corporate Communications, Investor Relations, Public Relations

Rene Caron *(Pres)*
Michael Mason *(VP)*
Mark Reilly *(Assoc-Acct)*

Accounts:
Axion Power International
BIOLASE, Inc.
Box Ships, Inc
Caragenia
CleanEquity Monaco
DecisionPoint Systems, Inc.
Digirad Corp.
Emrise Corp
Fusion
Gentherm
HeartWave International Inc
Innovative Biodefense Inc.
Leatt Corp.
MDxHealth
National Technical Systems
Omagine, Inc.
Paragon Shipping Inc.
Rheonix, Inc.
Sonendo, Inc.

DRESNER CORPORATE SERVICES
20 N Clark St Ste 3550, Chicago, IL 60602
Tel.: (312) 726-3600
E-Mail: scarr@dresnerco.com
Web Site: www.dresnerco.biz

Employees: 30
Year Founded: 1992

Agency Specializes In: Investor Relations

Steven D. Carr *(Mng Dir)*
Kristine Walczak *(Sr VP-IR)*
David E. Gutierrez *(Head-PR & Corp Dev)*
Stephen Mullin *(Dir-Mktg & Bus Dev)*

Branch

Dresner Allen Caron
200 Park Ave Fl 17, New York, NY 10166
(See Separate Listing)

DRIVEN 360
26111 Ynez Rd Unit C-3, Temecula, CA 92591
Tel.: (310) 374-6177
E-Mail: info@godriven360.com
Web Site: www.drivenpublicrelations.com

Employees: 5

Agency Specializes In: Brand Development & Integration, Communications, Consulting, Digital/Interactive, Entertainment, Fashion/Apparel, High Technology, Hospitality, Media Planning, Media Relations, Mobile Marketing, Public Relations, Social Media, Strategic Planning/Research

Michael Caudill *(Pres & CEO)*
Flora Caudill *(CFO & VP)*
Andrew de Lara *(Exec VP-Strategic Comm & Brand Mktg)*
Robert Knoll *(VP & Dir-Ops)*
Maggie Underwood *(Mgr-HR)*

Accounts:
Borla Performance (Agency of Record) Branding, Marketing, Media, Social Media, Strategic Public Relations
The Creative Bar
Decked
Inland Empire Auto Show
Maisberger
Monster Moto Strategic
Mosi Bicycles
NADAguides.com
Rachel John Media Relations, Social Media
Rainguard Water Sealer (Agency of Record)
Renovo Motors, Inc. Renovo Coupe
Sena Bluetooth
Weego Media Plan, Strategic Public Relation
Zero Motorcycles

DROESE PUBLIC RELATIONS
1345 Chemical St, Dallas, TX 75207
Tel.: (214) 752-4444
E-Mail: info@droesepr.com
Web Site: www.droesepr.com

Employees: 50

Agency Specializes In: Brand Development & Integration, Event Planning & Marketing, Media Relations, Public Relations

Kelle Knight *(Acct Dir)*

DROTMAN COMMUNICATIONS

1488

AGENCIES - JANUARY, 2019 — PUBLIC RELATIONS FIRMS

368 Veterans Memorial Hwy Ste 8, Commack, NY 11725
Tel.: (631) 462-1198
Fax: (631) 462-2257
E-Mail: info@drotmanpr.com
Web Site: www.drotmanpr.com

Employees: 2

Agency Specializes In: Consulting, Public Relations, Sports Market

Doug Drotman *(Pres)*

Accounts:
Strat-O-Matic Game Co., Inc.

DSTREET
1400 16th St 16 Market Sq Ste 400, Denver, CO 80202
Tel.: (303) 722-9552
E-Mail: info@dstreetpr.com
Web Site: www.dstreetpr.com

Employees: 8
Year Founded: 2004

Agency Specializes In: Brand Development & Integration, Crisis Communications, Media Relations, Media Training, Public Relations, Search Engine Optimization, Social Media

Jennifer Dulles *(CEO)*
Krista Pontius *(Strategist-Media)*

Accounts:
Fenix Lighting
LSR

DUBLIN & ASSOCIATES
(See Under Dublin Strategies Group)

DUBLIN STRATEGIES GROUP
(Formerly Dublin & Associates)
454 Soledad Ste 300, San Antonio, TX 78205
Tel.: (210) 387-3113
Web Site: dublinstrategies.com/

Employees: 11
Year Founded: 1982

Agency Specializes In: Automotive, Event Planning & Marketing, Financial, Food Service, Public Relations, Publicity/Promotions, Strategic Planning/Research, Travel & Tourism

James R. Dublin *(Chm & CEO)*
Edna Strey *(Controller-Dublin & Assocs)*
Rose Marie Eash *(Sr Acct Mgr-Dublin & Assocs)*

Accounts:
Southwest Foundation for Biomedical Research

DUE NORTH MARKETING COMMUNICATIONS INC
PO Box 102, Omena, MI 49674
Tel.: (231) 386-9206
Web Site: www.duenorthmarketing.net

Employees: 5
Year Founded: 2004

Agency Specializes In: Internet/Web Design, Print, Public Relations, Radio, Social Media, T.V.

Ruth Steele-Walker *(Pres)*
Scott Walker *(VP)*

Accounts:
Dan Brady Painting Tricks of the Trade

DUFFEY COMMUNICATIONS, INC.
3379 Peachtree Rd Ne Ste 740, Atlanta, GA 30326
Tel.: (404) 266-2600
Fax: (404) 262-3198
E-Mail: info@duffey.com
Web Site: www.duffey.com

Employees: 35
Year Founded: 1984

Agency Specializes In: Business-To-Business, Consumer Marketing, Government/Political, High Technology, Public Relations, Sponsorship

Approx. Annual Billings: $7,200,000

Sherri Fallin Simmons *(Pres & CEO)*
Allen Haynes *(Dir-PR)*

DUKAS LINDEN PUBLIC RELATIONS, INC.
100 W 26th St 2nd Fl, New York, NY 10001
Tel.: (212) 704-7385
Fax: (212) 242-3646
E-Mail: info@dlpr.com
Web Site: dlpr.com/

Employees: 20
Year Founded: 2003

Agency Specializes In: Communications, Corporate Communications, Public Relations

Approx. Annual Billings: $800,000

Breakdown of Gross Billings by Media: Pub. Rels.: $800,000

Richard Dukas *(Chm & CEO)*
Seth Linden *(Pres & Partner)*
Zach Leibowitz *(Exec VP)*
Sean Dougherty *(Sr VP)*
Stephanie Dressler *(Sr VP-PR, Wealth & Asset Mgmt)*
Zach Kouwe *(Sr VP)*

Accounts:
PublicRoutes
Raymond James (Agency of Record)

DUREE & COMPANY
10620 Griffin Rd Ste 208, Fort Lauderdale, FL 33328
Tel.: (954) 723-9350
Fax: (954) 723-9535
E-Mail: info@dureeandcompany.com
Web Site: www.dureeandcompany.com

Employees: 5
Year Founded: 1999

Agency Specializes In: Advertising, Collateral, Media Relations, Promotions, Public Relations, Radio, Search Engine Optimization, Social Media

Duree Ross *(Pres)*
Chrissy Cox *(VP)*
Jenna Reed *(Dir-Ops)*
Ana Maria Colmenares *(Acct Mgr)*
Louise Hendry *(Acct Exec)*
Caroline Williams *(Acct Exec)*
Jennifer Davis *(Copywriter)*

Accounts:
The Crockett Foundation
Gimme A Burger
Optiwow
Riva Condominiums Fort Lauderdale
Tsukuro

DUX PUBLIC RELATIONS
PO Box 1329, Canton, TX 75103
Tel.: (903) 865-1078
E-Mail: info@duxpr.com
Web Site: www.duxpr.com

E-Mail for Key Personnel:
Public Relations: kevin@duxpr.com

Employees: 2
Year Founded: 2001

National Agency Associations: PRSA

Agency Specializes In: Business Publications, Business-To-Business, Communications, Consulting, Consumer Publications, Corporate Identity, Education, Event Planning & Marketing, Exhibit/Trade Shows, Food Service, High Technology, Information Technology, Magazines, Newspaper, Newspapers & Magazines, Pets, Planning & Consultation, Public Relations, Publicity/Promotions, Radio, Restaurant, Retail, Strategic Planning/Research, T.V., Trade & Consumer Magazines

Kevin Tanzillo *(Owner)*
Kristine Tanzillo *(Pres & CEO)*

Accounts:
Sprint Nextel

DVL SEIGENTHALER
700 12th Ave S Ste 400, Nashville, TN 37203
Tel.: (615) 244-1818
Fax: (615) 780-3301
Web Site: http://dvlseigenthaler.com/

Employees: 80
Year Founded: 1980

Agency Specializes In: Advertising, Public Relations

Approx. Annual Billings: $11,000,000

Beth Courtney *(Pres)*
Ronald Roberts *(CEO & Mng Partner)*
Nelson Eddy *(Mng Partner-Creative)*
Amy Seigenthaler *(Mng Partner)*
Katie Seigenthaler *(Mng Partner)*
John Seigenthaler *(Partner)*
Sarah Brawner *(Client Svcs Dir)*
Ted Cass *(Art Dir-Creative Svcs Dept)*
Tom Gatlin *(Art Dir-Creative Svcs Dept)*
Yasmin Mohammed *(Dir-Brdst)*
Francie Fisher *(Acct Supvr)*
Tiffany Childress *(Sr Acct Exec)*
Karen Higbee Orne *(Sr Acct Exec)*
Trisha Boyd *(Coord-Adv)*

Accounts:
Airbus DS Communications
AMSURG
Bridgestone Americas, Inc.
Brown-Forman
Electronic Recyclers International
Goodwill Industries of Middle Tennessee
The J.M. Smucker Company
LifePoint Hospitals, Inc.
Metropolitan Nashville Airport Authority
Nashville Electric Service
Natural Resources Defense Council
Regions Financial Corp.
Singer Sewing Company

DYNAMO COMMUNICATIONS
650 5th St Ste 513, San Francisco, CA 94107
Tel.: (650) 526-8226
E-Mail: howdy@dynamopr.com
Web Site: www.dynamopr.com

PUBLIC RELATIONS FIRMS

Employees: 50

Agency Specializes In: Brand Development & Integration, Broadcast, Content, Digital/Interactive, Event Planning & Marketing, Graphic Design, Media Relations, Print, Production, Public Relations

Stefana Ailioaie *(Sr Acct Exec-UK)*

Accounts:
New-Airbus North America Holdings, Inc. A3 by Airbus, Communications, Heritage; 2018
New-Mobvoi Inc Ticwatch E & S Smartwatches

E3 COMMUNICATIONS
551 Franklin St, Buffalo, NY 14202
Tel.: (716) 854-8182
Fax: (716) 816-0900
E-Mail: info@e3communications.com
Web Site: www.e3communications.com

Employees: 5
Year Founded: 2001

Agency Specializes In: Communications, Crisis Communications, Event Planning & Marketing, Media Relations, Media Training, Public Relations, Social Media

Earl V. Wells, III *(Pres)*
Brian A. Gould *(VP)*
Jennifer Tuttle *(Dir-Pub Affairs)*
Laura E. Jacobs *(Sr Acct Supvr)*

Accounts:
Absolut Facilities, Inc.
Ahold USA
Beech-Nut Nutrition Corporation
Buffalo Philharmonic Orchestra
Cohen & Lombardo
Community Health Foundation of Western & Central New York
CUBRC
Erie County Water Authority
Giant Food Stores/Martin's Food Markets
Healthcare Information Xchange of New York
HEALTHeLINK
Honeywell
Interboro Insurance
Kleinhan's Music Hall
Lawley Insurance
Malcolm Pirnie
Mount St. Mary's Hospital & Health Center
National Grid
Neighborhood Health Center
New Directions Youth and Family Services
New York State Public High School Athletic Association
Niagara County Industrial Development Agency
Niagara Falls Water Board
NOCO Energy Corporation
NOCO Express Shops
Olin Corporation
People, Inc.
Praxis
Pyramid Companies
Pyrotek
School Administrators Association of New York State
The Vinyl Institute

EAG SPORTS MANAGEMENT
909 N Sepulveda Blvd, El Segundo, CA 90245
Tel.: (310) 301-4274
Fax: (310) 301-4275
Web Site: www.eagsportsmanagement.com

Employees: 5

Agency Specializes In: Crisis Communications,
Event Planning & Marketing, Public Relations, Social Media

Denise L. White *(CEO)*

Accounts:
Anthony Pettis
Christen Press
Patrick Peterson
Tyrann Mathieu

EAST 2 WEST COLLECTIVE
(Formerly Much & House Public Relations)
11022 Santa Monica Blvd Ste 350, Los Angeles, CA 90025
Tel.: (323) 965-0852
Fax: (323) 965-0390
E-Mail: admin@e2wcollective.com
Web Site: www.e2wcollective.com

Employees: 20

Agency Specializes In: Event Planning & Marketing, Print, Public Relations, Radio, Social Media

Sharon House *(Co-Owner)*
Elizabeth Much *(Co-Owner)*

Accounts:
W3 The Future

EASTWICK COMMUNICATIONS
(Acquired by & Name Changed to Hotwire)

EBERLY & COLLARD PUBLIC RELATIONS
455 Glen Iris Dr NE Loft U, Atlanta, GA 30308-2957
Tel.: (404) 574-2900
Fax: (404) 574-2905
E-Mail: info@eberlycollardpr.com
Web Site: www.eberlycollardpr.com

Employees: 20

Agency Specializes In: Advertising, Brand Development & Integration, Graphic Design, Integrated Marketing, Media Relations, Public Relations, Social Media

Don Eberly *(Owner)*

Accounts:
Big River Industries
Stevens & Wilkinson

ED LEWI AND ASSOCIATES
472 Albany Shaker Rd, Albany, NY 12211
Tel.: (518) 383-6183
Fax: (518) 383-6755
E-Mail: info@edlewi.com
Web Site: www.edlewi.com

Employees: 5

Agency Specializes In: Advertising, Crisis Communications, Event Planning & Marketing, Media Relations, Media Training, Promotions, Public Relations, Social Media

Mark Bardack *(Pres)*
Caitlin Merrill *(Specialist-PR)*
Juliann Goronkin *(Coord-Office, Event & Mktg)*

Accounts:
Alpin Haus
Hannaford Brothers Co.
New York Racing Association
Uhy LLP

The Wesley Community

EDELMAN
200 E Randolph St Fl 63, Chicago, IL 60601-6705
Tel.: (312) 240-3000
Fax: (312) 240-2900
E-Mail: chicago@edelman.com
Web Site: www.edelman.com

Employees: 5,500
Year Founded: 1952

National Agency Associations: COPF-PRSA

Agency Specializes In: Public Relations, Sponsorship

Approx. Annual Billings: $445,000,000

Rachel Winer *(Pres-Chicago)*
Jahna Lindsay-Jones *(Exec VP & Head-Client Relationship)*
Zac Rybacki *(Exec VP & Exec Creative Dir)*
Kristena Lucky *(Exec VP-Brand Practice)*
Steve Yuan *(Exec VP-Integrated Analytics & Innovation)*
Jenny Heinrich *(Sr VP & Dir-Influencer Mktg)*
AJ Goodman *(Sr VP-Media, Corp & Pub Affairs)*
Felicia Joy *(Sr VP-Corp Affairs & Transformation)*
Kris McDermott *(Sr VP-ECommerce)*
Aniesia Williams *(Sr VP)*
Leif Fescenmeyer *(VP & Dir-Plng)*
Erin Fitzgerald *(VP)*
Angela Salerno-Robin *(VP)*
Erin Severson *(VP)*
Kevin Coleman *(Gen Mgr-Health)*
Katie Spring *(Gen Mgr)*
David Armano *(Dir-Strategy)*
Rachel Nemerovski *(Sr Acct Supvr-Brand Mktg)*
Maggie Shepherd *(Acct Supvr-Fin Svcs & Capital Markets)*
Janice Gebhardt *(Sr Acct Exec)*
Bridget Ryan *(Sr Acct Exec)*
Gabriela Padilla *(Acct Exec)*

Accounts:
Adobe Systems Incorporated
American Marketing Association Marketing
Arby's Restaurant Group, Inc Public Relations
Barilla
BucketFeet
Businessolver
Butterball, LLC
California Walnut Board Communications, Public Relations Agency of Record, Social Agency of Record, Social Media
California Walnut Commission Communications, Public Relations Agency of Record, Social Agency of Record, Social Media
Campbell Soup Co Public Relations
Cigna Public Relations
CKE Restaurants Inc. Crisis Communication
The Clorox Company Brita
The Coca-Cola Company Fairlife, Public Relations
ConAgra Foods Banquet
New-The Consulate General of Poland Communications
Darden Restaurants Longhorn Steakhouse, Olive Garden
eBay
ExteNet Systems, Inc. Communications, Content Creation, Media, Public Relations Agency of Record
Florida Department of Citrus Florida Citrus, Marketing, Public Relations
General Electric
GNC PR
Greyhound (Agency of Record); 2007
H&R Block, Inc. (Public Relations Agency of Record); 2018
Heineken USA Amstel, Brand PR, Cider, Corporate Communications, Corporate Public Relations, Dos Equis, Heineken, Media Relations,

AGENCIES - JANUARY, 2019 — PUBLIC RELATIONS FIRMS

Reputation Management
Hewlett-Packard Company Corporate Communications, Global Communications, Global Corporate & Product Public Relations
Johnson & Johnson Family of Companies Johnson & Johnson
KFC Corporation Public Relations
Kimberly-Clark Corporation GoodNites, Huggies Pure & Natural, Pull-Ups
LEGO
Mondelez International, Inc. Campaign: "Do What You Do", Kraft Singles
National Dairy Council
Navigant Thought Leadership
Nestle USA PR
Nissan
PayPal (Global Public Relations Agency of Record) Communications
PepsiCo, Inc. Quaker Oats
Planet Fitness Cause Marketing
Principal Financial Group
Recreational Equipment, Inc. Public Relations
Royal Dutch Shell plc Creative, Shell Global Commercial, Shell Retail
Rug Doctor Public Relations Strategies
Samsung
S.C. Johnson & Son, Inc. Campaign: "Great Expectations", Digital, Public relations, Shopper Marketing, Social Media
The Scotts Miracle-Gro Company The Scotts Company
Smiths Detection Asia Pacific PR Agency of Record
Sonos, Inc. (Global Agency of Record) Media Relations, Planning, Strategy, Tech Public Relations, Thought Leadership; 2018
Southwest Airlines Community Outreach Programs
Starbucks Corporation Communications
Symantec (Agency of Record) Norton, PR
Taco Bell Corp.
Unilever United States, Inc. Dove
United Airlines (Public Relations Agency of Record)
U.S. Dairy
Viacom Corporate Communications

North America Branches:

Blue Worldwide
607 14th St NW, Washington, DC 20005
Tel.: (202) 905-0710
Web Site: blueadvertising.com

Employees: 5

Agency Specializes In: Public Relations

Robert McKernan *(Pres)*
Diane Bancroft *(Exec VP-SMS)*
Nancy Wright *(Sr VP)*
John Verzemnieks *(Sr Dir-Art)*
Kathy Coffey *(Art Dir)*

Edelman Portland
520 SW Yamhill St 8th Fl, Portland, OR 97204
Tel.: (503) 227-5767
Web Site: www.edelman.com

Employees: 100
Year Founded: 2002

Agency Specializes In: Advertising, Brand Development & Integration, Communications, Public Relations

Kent Hollenbeck *(Exec VP-Corp-Pacific NW & Deputy Gen Mgr)*

Accounts:
Tree Top, Inc.

Edelman Public Relations
1201 Louisiana St Ste 830, Houston, TX 77002
(See Separate Listing)

Edelman
214 King Street W Suite 600, Toronto, ON M5H 3S6 Canada
Tel.: (416) 979-1120
Fax: (416) 979-0176
E-Mail: toronto@edelman.com
Web Site: www.edelman.com

Employees: 100
Year Founded: 1972

Agency Specializes In: Public Relations

Lisa Kimmel *(Pres & CEO)*
Andrew Simon *(Chief Creative Officer-Canada)*
Dave Fleet *(Exec VP & Head-Digital-Natl Practice)*
David Ryan *(Exec VP-Fin Comm)*
Catherine Yuile *(Exec VP-Insights & Analytics)*
Tristan Roy *(Mng Dir-Digital-Canada, Latin & South America)*
Leilah Ambrose *(VP & Creative Dir)*
Jordan Markowski *(VP-Digital)*
Gillian Todd-Messinger *(VP-Corp Comm)*
Melissa Turlej *(VP-Digital, Tech & Corp)*
Bianca Boyd *(Sr Acct Dir-Client Strategy)*
Sherri-Lynn Brown *(Acct Dir-Earned & Client Strategy)*
Hira Gomes *(Art Dir)*
Hilary Bassett *(Sr Acct Mgr)*
Samantha Campana *(Sr Acct Mgr)*
Lindsay Marett Leoni *(Sr Acct Mgr)*
Victoria Neufeld *(Acct Mgr-Digital & Brand)*

Accounts:
AstraZeneca
Cancer Care Ontario
Cara Foods
Expedia.ca
Ford of Canada
Government of Ontario
Heart & Stroke
HP Canada
Kraft Canada Kraft Peanut Butter, Public Relations
Mondelez International, Inc.
Pfizer Canada
Red Bull
Sirius Canada
Sonos, Inc. (Agency of Record) Consumer, Corporate & Culture Public Relations, Technology; 2018
Teacher's Private Capital
Telus Public Relations
YUM! Brands, Inc. Communications

Edelman
1000 Sherbrooke West Suite 1900, Montreal, QC H3A 3G4 Canada
Tel.: (514) 844-6665
Fax: (514) 844-2588
E-Mail: montreal@edelman.com
Web Site: www.edelman.com

Employees: 30
Year Founded: 1972

Agency Specializes In: Public Relations

Joanna Wilson *(Exec VP & Head-Natl Practice-Health)*
Caroline Chevrier *(Sr VP-Health)*
Andrean Gagne *(VP)*
Eve Laurier *(Exec Dir)*
Catherine Pouliot *(Acct Dir-Germany)*
Will Ko *(Sr Graphic Designer)*

Accounts:
Canadian Association of Optometrists
J&J
Janssen
Myeloma
Otsuka
Pfizer

Edelman
1035 Cambie St 2nd Fl, Vancouver, BC V6B 5L7 Canada
(See Separate Listing)

Edelman
201 Baldwin Ave, San Mateo, CA 94401-3914
Tel.: (650) 762-2800
Fax: (650) 762-2801
E-Mail: silicon.valley@edelman.com
Web Site: www.edelman.com

Employees: 170
Year Founded: 1992

Agency Specializes In: High Technology, Public Relations

Sara Azadi *(Mng Dir, Exec VP & Strategist-Client)*
Michael Casey *(Exec VP-Plng)*
Stacy Sommer *(Exec VP)*
Marissa Sandell *(Acct Supvr)*

Accounts:
Adobe PR, Software
Energous Corporation (Communications Marketing Agency of Record) Communications, Content, Media
Palm Inc.
Samsung Semiconductor
Serena
Synaptics

Edelman
921 11th St Ste 250, Sacramento, CA 95814
Tel.: (916) 442-2331
Fax: (916) 447-8509
E-Mail: sacramento@edelman.com
Web Site: www.edelman.com

Employees: 13
Year Founded: 1994

National Agency Associations: COPF

Agency Specializes In: Government/Political, Public Relations

Christi Black-Davis *(Exec VP)*
Matt Notley *(VP)*
Alicia Eagan *(Sr Acct Supvr)*
Candace Koehler *(Sr Acct Supvr)*
Breana Landman *(Acct Supvr)*
Jordyn Anderson *(Sr Acct Exec)*

Accounts:
Adobe Systems Incorporated
Kaiser Permanente

Edelman
5900 Wilshire Blvd 24th & 25th Floors, Los Angeles, CA 90036
Tel.: (323) 857-9100
Fax: (323) 857-9117
E-Mail: los.angeles@edelman.com
Web Site: www.edelman.com

Employees: 125
Year Founded: 1965

Agency Specializes In: Entertainment, Public Relations, Sponsorship

James Williams *(Exec VP & Gen Mgr)*
Jordan Atlas *(Exec VP & Exec Creative Dir)*
Deborah Kazenelson Deane *(Exec VP)*

PUBLIC RELATIONS FIRMS
AGENCIES - JANUARY, 2019

Lindsay Garrison *(Sr VP)*
Brandon LaChance *(Sr VP-Digital)*
Meagan Timms *(Sr VP-Digital)*
Cindy Chapman *(VP & Exec Producer)*
Matt Navitsky *(VP & Media Dir)*
Christopher Swanson *(VP & Creative Dir)*
Kelson Berkus *(VP-Creative Strategy)*
Liz Budd *(VP-Digital)*
Victoria Gerken *(VP)*
Jessica Clifton *(Head-Digital-US)*
Ryan Peal *(Head-Worldwide HP Product Team & Exec Strategist-Client)*
Will Collie *(Gen Mgr-Southern California)*
Andrew Schwalb *(Dir-Influencer Rels & Bus Affairs-US)*
Brittney Sochowski Hefner *(Sr Acct Supvr-Xbox & Mgr-Client Knowledge-Microsoft)*
Anu Kher *(Sr Acct Supvr-Corp & Pub Affairs)*
Maggie Nonnenkamp *(Sr Acct Supvr)*
Katie Zinn *(Sr Acct Supvr-Digital)*
Chris Happel *(Supvr-Media)*
Julie Blakley *(Assoc Creative Dir & Copywriter)*

Accounts:
Dr Pepper Snapple Group, Inc. Corporate Communications, Sunkist
Microsoft Corporation; Redmond, WA Zune
New Mexico Department of Tourism
Skype
Starbucks Public Relations
Symantec Corporation
Volkswagen AG
Western Digital Corporation

Edelman
525 Market St Ste 1400, San Francisco, CA 94105
Tel.: (415) 222-9944
Fax: (415) 222-9924
E-Mail: san.francisco@edelman.com
Web Site: www.edelman.com

Employees: 80
Year Founded: 1984

National Agency Associations: COPF

Agency Specializes In: Public Relations

Tom Parker *(Chief Creative Officer)*
Kristine Boyden *(Pres-US Western Reg)*
Liz Foster *(Exec VP)*
Aaron Noffsinger *(Exec VP & Grp Creative Dir)*
Martha Feingold *(Sr VP & Media Dir)*
Adrian Eyre *(Sr VP)*
Diane Henry *(Sr VP)*
Danielle Clark *(Mng Dir-Strategic Bus Dev-US)*
Andy McKinney *(Mng Dir-Digital)*
Heather Daval *(VP-Enterprise Tech)*
Douglas Myers *(VP)*
Rochelle Snyder *(VP)*
Lisa Villarosa *(VP-Digital)*
Kevin Page *(Head-Performance Mktg & Dir-Paid Media)*
Lucy Allen *(Gen Mgr)*
Mark Karayan *(Acct Supvr-Media)*
Alexis Louie *(Acct Supvr)*
Cherise Adkins *(Supvr-Media)*
Andi Bean *(Sr Acct Exec)*
Libby Freeman *(Sr Acct Exec)*
Raelle Alfaro *(Acct Exec)*

Accounts:
Adobe Systems Inc. Adobe Photoshop, Campaign: "Photoshop Murder Mystery"
Advanced Micro Devices, Inc Campaign: "AMD Steals Intel's Spotlight", Public Relations
Charles Schwab
The Clorox Company Brita, Environmental
eBay, Inc.
Hawaiian Airlines PR
Hewlett-Packard Company
HootSuite Digital Marketing, Media Relations, PR
Immersion Corporation

Microsoft Campaign: "A Year in the Like"
The North Face, Inc. Media Buying, Public Relations
ServiceNow Thought Leadership, US Communications; 2017
Starbucks
Trilliant (Agency of Record)

Edelman
International Sq 1875 Eye St NW Ste 900, Washington, DC 20006-5422
Tel.: (202) 371-0200
Fax: (202) 371-2858
E-Mail: washington.dc@edelman.com
Web Site: www.edelman.com

Employees: 160
Year Founded: 1969

National Agency Associations: COPF

Agency Specializes In: Public Relations, Sponsorship

Darci Vetter *(Vice Chm-Agriculture, Food & Trade & Gen Mgr-Pub Affairs)*
Peter Segall *(Mng Dir)*
Sean Neary *(Exec VP & Grp Head-Corp Affairs & Fin Comm)*
Jeff Surrell *(Exec VP & Gen Mgr-Corp & Pub Affairs)*
Amy Malerba Hemingway *(Exec VP)*
Jackie Kahn *(Exec VP-Client Strategy)*
Dina Cappiello *(Sr VP & Dir-Editorial)*
Cathy Barry-Ipema *(Sr VP-Health Practice)*
Antoinette Forbes *(Sr VP & Client Head-Health)*
Jeremy Gosbee *(Sr VP)*
Neely Dockins *(VP)*
Justin Hyde *(VP)*
Sarah V. Swinehart *(VP-Media)*
Hilary Teeter *(VP)*
Julio Valeriano *(VP)*
Tom Cochran *(Gen Mgr-Digital & Integrated Mktg)*
Matt Wagner *(Mgr-Client Relationship)*
Pheniece Jones *(Sr Acct Supvr)*
Joe Malunda *(Sr Acct Supvr-Digital Health)*
Lindsey Neary *(Sr Acct Supvr-Corp)*
Kia Seals *(Sr Acct Supvr)*
Breanne Van Nostrand *(Acct Supvr)*
Alicia Youngshin Kim *(Sr Supvr-Korea)*

Accounts:
100 Lives Foundation National Commemoration of the Armenian Genocide Centennial, Public Relations
The Dannon Company Public Relations
Home Matters
Microsoft Corporation Microsoft Office, Windows Vista
The Nature Conservancy
The Red Cross

Edelman
1221 Brickell Ave Ste 1140, Miami, FL 33131
Tel.: (305) 358-3767
Fax: (305) 358-1270
E-Mail: miami@edelman.com
Web Site: www.edelman.com

Employees: 30
Year Founded: 2009

Agency Specializes In: Public Relations

Allison Hannon Cirullo *(Sr VP-Consumer Mktg)*
Sarah Porter *(Acct Supvr)*
Gabriela Carrero *(Sr Acct Exec)*

Accounts:
Bayer
Disney
HBO

Johnson & Johnson
Microsoft
Novartis
Roche
Starbucks
Symantec
Unilever

Edelman
1075 Peachtree St NE Ste 3100, Atlanta, GA 30309
Tel.: (404) 262-3000
Fax: (404) 264-1431
E-Mail: atlanta@edelman.com
Web Site: www.edelman.com

Employees: 72
Year Founded: 1994

National Agency Associations: COPF

Agency Specializes In: Public Relations, Sponsorship

Steven Behm *(Pres-South)*
Rick Khanna *(VP & Assoc Creative Dir)*
Anna Lipmann *(VP-Digital Plng)*
Amy Salloum *(VP-Corp Comm)*
Mallory Stone *(VP-Consumer Brands)*
Kristin Wooten *(VP)*
Pete Heid *(Creative Dir)*
Christopher Perkowski *(Sr Mgr-Paid Social)*
Ashlee Glenn *(Sr Acct Supvr)*
Jenna Farmer *(Acct Supvr)*
Nicholas Theccanat *(Acct Supvr-Fin Comm & Capital Markets)*
Rebecca Yi *(Acct Supvr)*
Jillian Craig *(Sr Acct Exec-Health Practice)*
Telleen Gegner *(Sr Acct Exec)*
Katey McGarr *(Sr Planner-Comm)*
Caitlin Vaiskauskas *(Acct Exec-Health)*

Accounts:
Char-Broil
Equifax Inc. Data Breach Crisis; 2017
Newell Brands Inc. Crock-pot
Tiffany & Co.

Edelman
250 Hudson St, New York, NY 10013
Tel.: (212) 768-0550
Fax: (212) 704-0128
E-Mail: new.york@edelman.com
Web Site: www.edelman.com

Employees: 700
Year Founded: 1960

National Agency Associations: COPF

Agency Specializes In: Public Relations, Sponsorship

Suzy Kiwala *(Mng Dir)*
Steven Slivka *(Chief Creative Officer)*
Jimmie Stone *(Chief Creative Officer)*
Jennifer Graham Clary *(Exec VP & Grp Head-Corp Affairs & Advisory Svcs)*
Tyler Cunningham *(Exec VP & Grp Head-Health)*
Gi-Gi Downs *(Exec VP & Head-Plng-New York)*
Jeremy Bernstein *(Exec VP & Exec Creative Dir)*
Adam Hirsch *(Exec VP-Digital)*
Larry Koffler *(Exec VP-Bus & Social Purpose)*
Debbie Lobel *(Exec VP)*
Carol O'Hehier *(Exec VP-HR)*
Anne Erhard *(Sr VP-Bus & Social Purpose)*
Rodrigo Moran *(Sr VP & Grp Creative Dir)*
Jocelyn Kahn Oliva *(Sr VP)*
Rhian Aidala Ryan *(Sr VP-Performance Mktg)*
Chuck Salter *(Sr VP & Deputy Dir-Editorial)*
Yocasta Shames *(Sr VP)*
Chris Manzini *(Mng Dir-Corp & Pub Affairs Practice)*

AGENCIES - JANUARY, 2019 — PUBLIC RELATIONS FIRMS

Katie Gray *(VP-Client Svcs)*
Susan Rotante *(VP-Brand Practice)*
Marissa Florindi Solan *(VP)*
Gil Kuruneri *(Creative Dir)*
Samantha Wilco *(Creative Dir)*
Lauren Aziz *(Sr Acct Supvr)*
Kaitlynn Grady *(Acct Supvr)*
Jessie Kramer *(Acct Supvr)*
Jennifer Pack *(Acct Supvr)*
Danielle Stein *(Acct Supvr-Digital Strategy & Insights-Samsung)*
Kimberly Mai *(Sr Acct Exec)*
Ari Okonofua *(Sr Acct Exec-Brand Practice)*
John Boles *(Sr Planner-Brand, Comm, Corp & Pub Affairs)*
Kash Ayodele *(Analyst-Insights, Digital, Corp & Pub Affairs)*
Whitney Austin *(Sr Coord-Resource)*

Accounts:
A&E Television Networks, LLC
American Heart Association Inc. (Global Public Relations Agency of Record); 2017
AstraZeneca Pharmaceuticals LP Crestor
Broadridge Financial Solutions Inc.
Chobani (Public Relations Agency of Record)
Church & Dwight Arm & Hammer Essentials, Trojan
Cincinnati Children's Hospital "Buckle Up for Life"
GE Healthcare
Girl Scouts of the USA
Hawaii Tourism USA; 2018
Heineken
Hewlett-Packard Company Family Portraits
HomeGoods
Humana
ITT Industries
Jim Beam Campaign: "Sue The Bears"
Kellogg's
Microsoft Games Console, Kinect For Xbox 360
Motorola Enterprise Mobility; Holtsville, NY; 2005
Newell Rubbermaid Corporate Public Relations
Ocean Power Technologies, Inc; Pennington, NJ
Office Depot, Inc. Project Based
Pfizer, Inc. Chantix
Samsung Electronics Global Public Relations
Samsung Telecommunications America, LLC
Spence Diamond Earned Media Strategy; 2018
Staples PR
Toyota "Buckle Up for Life"
Unilever "Self-Esteem Weekend", Axe Brand Promotion, Baby Dove, Ben & Jerry's, Campaign: "Dove Go Sleeveless", Campaign: "Parading with You with More Style", Campaign: "Real Moments", Dove, Dove Men+Care, Global Digital, Public Relations, Social Media
Vital Strategies
Weight Watchers International, Inc. Global Consumer Public Relations, Strategic Counsel; 2018

Edelman
1845 Woodall Rodgers Fwy Ste 1200, Dallas, TX 75201
Tel.: (214) 520-3555
Fax: (214) 520-3458
Web Site: www.edelman.com

Employees: 20
Year Founded: 1983

National Agency Associations: COPF

Agency Specializes In: Public Relations, Sponsorship

Denisha Stevens *(Exec VP-Consumer Mktg)*
Anne Tramer Brownlee *(Sr VP & Head-Brand Practice)*
Randy King *(Sr VP-Strategic Plng)*
Vanessa Astros *(VP-Corp Comm)*
Jackie Hopkins *(Gen Mgr)*
Cyndi Krisfalusi *(Sr Mgr-Recruiting)*

Lauren Leger *(Acct Supvr)*
Caitlin Piper *(Acct Supvr)*
Rachel Warner *(Acct Supvr)*
Amanda Whitlock *(Acct Supvr)*
Elizabeth Feigenbaum *(Sr Acct Exec)*
Emily Good *(Sr Acct Exec)*
Tyler Norton *(Planner-Strategic)*

Accounts:
Access Pharmaceuticals MuGard
ACU
Advanced Micro Devices, Inc.
Freeman
Heelys Inc.
Hilton Anatole
The International Association of Exhibitions & Events (Agency of Record) Media Relations
KFC
Project Management Institute
T-Mobile US
Texas Oncology
Viva Wyndham

Edelman
1601 5Th Ave Ste 2400, Seattle, WA 98101
Tel.: (206) 223-1606
Fax: (206) 467-7978
E-Mail: seattle@edelman.com
Web Site: www.edelman.com

Employees: 100
Year Founded: 1992

National Agency Associations: COPF

Agency Specializes In: Public Relations, Sponsorship

Will Ludlam *(Exec VP & Gen Mgr)*
Katie Goldberg *(Sr VP & Head-West Coast Food & Beverage)*
Jen Anderson *(Sr VP-Measurement & Insights)*
Mike Schaffer *(Sr VP)*
Kate Riley *(VP)*
Eddie Rehfeldt *(Exec Creative Dir)*
Lauren Pinney *(Sr Acct Supvr & Mgr-Global Knowledge)*
Samantha Eisen *(Acct Supvr)*
Mike Cohen *(Sr Acct Exec)*
Abbey Daniel *(Sr Acct Exec-Digital)*
Courtney L'Ecuyer *(Sr Acct Exec)*
Courtney Ramirez *(Sr Acct Exec-Xbox Platform)*
Ingrid Mui *(Sr Media Planner-Paid)*

Accounts:
Allen Institute for Brain Science
Brooks Sports
Fred Hutchinson Cancer Research Center
Microsoft
Recreational Equipment, Inc.
Seattle Seahawks
Spring Wireless
Starbucks Corporation Starbucks Corporation, Via
Viking Cruises
Washington Wine Commission
Wyoming Office of Tourism (Public Relations Agency of Record) Event Support, Media; 2018

ZENO Group
140 Broadway Ste 3920, New York, NY 10005
(See Separate Listing)

Branch

ZENO Group
Hammersley House, 5-8 Warwick St, London, W1B 5LX United Kingdom
Tel.: (44) 20 3047 2380
Web Site: www.zenogroup.com

Employees: 10

Year Founded: 1998

Agency Specializes In: Brand Development & Integration, Communications, Digital/Interactive, Public Relations

Steve Earl *(Mng Dir-Europe)*
Gurjit Hothi *(Sr Acct Dir)*
Claire Pay *(Dir)*
Dominique King *(Assoc Dir)*
Emily Morrison *(Sr Acct Exec)*

Accounts:
ASUS Tablets
Blue Diamond Almonds Almond Breeze, Almond Milk, Iced Coffee, Media, Public Relations, Snack Almonds
Lenovo
LPK Public Relations
Six Physio Physio Services
Stork Home Conception Aid
Taj Hotels Public Relations
Tidal Music Streaming

International Branches:

Edelman Brussels
Avenue Marnix 28, B-1000 Brussels, Belgium
Tel.: (32) 2 227 6170
Fax: (32) 2 227 6189
E-Mail: brussels@edelman.com
Web Site: www.edelman.be

Employees: 25
Year Founded: 1995

Agency Specializes In: Government/Political, Public Relations

Gurpreet Brar *(Gen Mgr)*
Xavier Aerts *(Dir-IT-EMEA)*
Adam Almirall *(Acct Mgr)*
Caroline Giraud *(Acct Mgr)*
Sunniva D'Aloya *(Sr Acct Exec-Pub Affairs-Consumer Practice)*

Accounts:
Bose
BT
Bunge
Business Software Alliance
Chevron
Danone
European Justice Forum (EJF)
Eurostar
Fediol
GE
Johnson & Johnson
The Nielsen Company
Novartis
Shell
VF

Edelman Deportivo
Rosenlundsgatan 29A, SE-118 36 Stockholm, Sweden
Tel.: (46) 8 54 54 55 70
E-Mail: hello@deportivo.se
Web Site: www.edelmandeportivo.com

Employees: 35
Year Founded: 2010

Agency Specializes In: Advertising, Internet/Web Design, Media Relations, Public Relations, Social Media

Stefan Ronge *(Chief Creative Officer)*
Martin Jon Adolfsson *(Creative Dir)*
Cecilia Reimann Meller *(Client Dir)*
Sofie Segerborg *(Sr Supvr-Media)*

PUBLIC RELATIONS FIRMS

Accounts:
Adidas
H&M Foundation Video, Website
Hovding
iZettle
Mynewsdesk.com
Philips
Renault
UNICEF Sweden Campaign: "Escape Ends Her", Video, Website

Edelman Frankfurt
Niddastrasse 91, D-60329 Frankfurt am Main, Germany
Tel.: (49) 694012540
Web Site: www.edelmanergo.com

Employees: 50
Year Founded: 1970

Agency Specializes In: Public Relations

Martin Floerkemeier *(Mng Dir)*
Gabriele Stoewe *(Fin Dir-Germany & Mgr-Sys-Europe)*
Sophia Gorges *(Exec Dir-Edelman.ergo GmbH)*
Katrin Weisbach *(Dir-Health)*
Daya Houdayer *(Sr Acct Mgr)*
Yasmin Akbal *(Acct Mgr)*
Bjoern Christian Hasse *(Mgr-Global Client Relationship)*

Edelman
Via Varese 11, 20121 Milan, Italy
(See Separate Listing)

Edelman
18th Fl Ferrum Tower, Suha Dong Jungu, Seoul, Korea (South)
Tel.: (82) 2 725 2001
Fax: (82) 2 725 2007
E-Mail: seoul@edelman.com
Web Site: www.edelman.kr

Employees: 45
Year Founded: 1996

Agency Specializes In: Brand Development & Integration, Corporate Communications, New Product Development, Public Relations

Jang Sungbin *(Mng Dir)*

Accounts:
Samsung Electronics Co., Ltd. Public Relations, Samsung Mobiles

Edelman
3rd Floor Toranomon 45 MT Bldg, 5-1-5 Toranomon Minato-ku, Tokyo, 105-001 Japan
Tel.: (81) 3 6403 5200
Fax: (81) 3 6403 5201
E-Mail: japan@edelman.com
Web Site: www.edelman.jp

Employees: 50

Agency Specializes In: Brand Development & Integration, Consumer Marketing, Crisis Communications, Event Planning & Marketing, Financial, Government/Political, International, Media Planning, Media Relations, Media Training, Product Placement, Public Relations, Publicity/Promotions, Strategic Planning/Research

Ross Rowbury *(Pres & CEO)*
Deborah Hayden *(Reg Dir-Capital Markets & M&A-APAC)*
Amy Naoko Morita *(Brand Dir)*
Akiko Asami *(Acct Supvr)*
Yu Timmering *(Sr Acct Exec)*
Shawn Koji Mullins *(Strategist-Client)*
Yuko Yamahira *(Acct Exec)*

Edelman
Huguenot House 37 Saint Stephens Green, Dublin, 2 Ireland
Tel.: (353) 1 678 9333
Fax: (353) 1 661 4408
E-Mail: dublin@edelman.com
Web Site: www.edelman.ie

Employees: 25
Year Founded: 1981

Agency Specializes In: Public Relations

Joe Carmody *(Mng Dir)*
Feargal Purcell *(Dir-Pub Affairs)*
Jennifer Hyland *(Assoc Dir)*

Accounts:
Abbott
British Midland
Diageo
Discover Science & Engineering
Eircom Phonewatch
Enterprise Ireland
EU Jet Airlines
Glanbia Consumer Foods
Hosting365
Mars North America
Mars Petcare
PepsiCo
Pfizer
Rabobank Ireland
Reckitt Benckiser
Sky Ireland
SMA Nutrition
Sustainable Energy Ireland
Visa Europe
Vodafone
Zamano

Edelman
Southside 105 Victoria Street, London, SW1E 6QT United Kingdom
Tel.: (44) 20 3047 2000
Fax: (44) 20 3047 2507
Web Site: www.edelman.com

Employees: 349
Year Founded: 1967

Agency Specializes In: Public Relations

Lord Myners *(Chm)*
Michael Stewart *(Vice Chm-Global)*
Michele O'Neill *(Partner-Strategy)*
Rachel Bower *(Mng Dir)*
Jonathan Hargreaves *(Mng Dir)*
Jimmie Stone *(Chief Creative Officer)*
Carol Potter *(Pres/CEO-EMEA & CIS)*
Ed Williams *(CEO-UK & Ireland)*
Jeremy Bernstein *(Exec VP & Exec Creative Dir)*
Sallyanne Pillay *(Exec VP-Brand)*
David Mercer *(Sr VP & Dir)*
Bengt R Asplund, III *(Sr VP & Grp Creative Dir)*
Christopher Krautler *(Sr VP-Brand)*
Cara Tocci *(Sr VP-Brand Media & Strategy)*
Kate Hawker *(Mng Dir-Health Brands)*
Mel Hinds *(Mng Dir-Brand)*
Lisa Kovitz *(Mng Dir-Consumer Media-US)*
Will Walden *(Mng Dir-Pub Affairs)*
Bart Williams *(VP & Exec Producer)*
Tanya Leis *(VP-Digital)*
Susan Rotante *(VP-Brand)*
Elizabeth Tagge *(Sr Dir & Head-Real Estate)*
Toby Gunton *(Gen Mgr-Creative & Digital)*
Hugh Taggart *(Gen Mgr-Corp Affairs)*
Ruth Warder *(Gen Mgr-Brand)*
Justin Westcott *(Gen Mgr-Tech, Healthcare & Bioscience)*
Tim Weber *(Exec Dir)*
Andrew Wilson *(Exec Dir-Purpose)*
Katy Evans *(Sr Dir)*
Ben Lock *(Sr Dir-Affairs-Intl)*
Alan Maine *(Sr Dir-Health)*
James Morris *(Sr Dir)*
Abi Lloyd *(Acct Dir)*
Ryan Reddick *(Creative Dir)*
Robyn Segal *(Art Dir-Creative)*
Indy Selvarajah *(Creative Dir)*
Mark McGinn *(Dir-Brand & Social Purpose)*
Gerry Wisniewski *(Dir)*
Craig Woodhouse *(Dir-Pub Affairs)*
Emma Coughlan *(Assoc Dir-Healthcare)*
Alex Garvey *(Assoc Dir)*
Paula Herreros *(Assoc Dir)*
Virginia Landau *(Assoc Dir)*
Andra Pintiliuc *(Sr Mgr-Partnership)*
Astrid Dickinson *(Sr Acct Mgr)*
Robert Etheridge *(Acct Mgr)*
Alex Larkinson *(Sr Acct Exec)*
Michael Clayton *(Acct Exec)*

Accounts:
Advanced Micro Devices, Inc (EMEA Communications Agency of Record) Global Public Relations
Asics
Assura Financial Communication & Public Affairs
AstraZeneca
Atos Media, Technology
The Aurora Prize
Climate-KIC Public Relations
Danone
The Elders
Facebook PR
Hanesbrands Inc. Playtex
Heineken UK Limited Desperados
Hometrack Messaging, Public Relations, Strategy
Johnson & Johnson
Malala Yousafzai
Microsoft B2b Comms
Novartis
PayPal Communications
Sanofi
Shell
New-Sky UK Corporate Communications; 2018
Starbucks
TripAdvisor Corporate B2B, Digital, Public Affairs
Unilever Campaign: "Every Child Has The Right To Play", Dove, Global, Omo
Vue Cinemas Communications
Walk Free Foundation
Workspace Group PLC Corporate Communications
World Gold Council

Edelman
Paseo de la Castellana 91-5A Pta, Edificio Centro 23, Madrid, 28046 Spain
Tel.: (34) 915560154
Fax: (34) 915560557
E-Mail: madrid@edelman.com
Web Site: www.edelman.com

Employees: 52
Year Founded: 1995

Agency Specializes In: Public Relations

Miguel Angel Aguirre Borrallo *(Gen Mgr-Spain)*
Jordi Ballera *(Dir)*
David Moran *(Dir-Edelman Digital-Spain)*
Pelayo Alonso *(Sr Acct Mgr)*
Beatriz Clavero *(Sr Acct Mgr-Travel & Tourism)*
Irene Cervera *(Acct Mgr)*
Yrene Cuadrado *(Acct Mgr)*
Juan Salgueiro Montero *(Acct Mgr)*
Ines Perez Caamano *(Sr Acct Exec)*
Montse Masgoret *(Grp Coord)*

Accounts:
Air Liquide

AGENCIES - JANUARY, 2019 — PUBLIC RELATIONS FIRMS

Astra Zeneca
Avis
eBay
Hewlett Packard Corporate Communications
Johnson & Johnson
Mahou San Miguel
Mylan
Ryanair
Shire
Volkswagen

Edelman
Santa Margarita #108 Piso 1, Col Del Valle, Mexico, DF 03100 Mexico
Tel.: (52) 55 5350 1500
Fax: (52) 55 5350 1555
E-Mail: mexico.df@edelman.com
Web Site: www.edelman.com/office/mexico-city

Employees: 60
Year Founded: 1994

Agency Specializes In: Public Relations

Eduardo Cisneros *(VP-Creative)*
Sergio Sanchez *(VP-Strategic Plng)*
Jocelyn Diaz *(Acct Supvr)*

Edelman
Pelkovenstrasse 147, 80992 Munich, Germany
Tel.: (49) 89 41 30 16
Web Site: www.edelmanergo.com

Employees: 20

Agency Specializes In: Public Relations

Dirk Heerdegen *(Mng Dir-Strategies & Corp)*
Andreas Martin *(Mng Dir-Corp Reputation)*
Martina Pennekamp *(Mng Dir-Ops-Germany)*
Hande Guler *(Creative Dir)*
Susanne Richardsen *(Sr Acct Mgr)*

Accounts:
C&A Corporate Account, Strategic Planning

Edelman
Level 7 1 York Street, Sydney, NSW 2000 Australia
Tel.: (61) 2 9241 3131
Fax: (61) 2 9221 2676
E-Mail: australia@edelman.com
Web Site: www.edelman.com

Employees: 35
Year Founded: 1987

Agency Specializes In: Public Relations

Fern Canning-Brook *(Mng Dir)*
Kate Ferguson *(COO & Chief Client Officer)*
Steven Spurr *(CEO-Australia)*
Diarmid Farquhar *(Head-Paid Media)*
Jamil Bhatti *(Creative Dir)*
Kathryn Browne *(Brand Dir)*
Brian Shrowder *(Sr Counsel)*

Accounts:
ABN AMRO
Adobe
Audi Australia (Public Relations Agency of Record) Brand Awareness, Creative, Media Strategy
CBA
Chobani Australian Public Relations, Brand Communications, Content Production, Corporate Affairs, Digital Design, Earned Media, Government Relations, Influencer Engagement, Integrated Campaigns; 2017
CSL
New-Danone Activia Yoghurt, Aptamil Toddler Milk, Brand Communications, Consumer, Corporate, Healthcare, Nutricia, Public Relations; 2018
Deliveroo Corporate Communications & Public Affairs, Public Relations; 2018
DiDi Corporate & Brand Communications, Public Relations; 2018
Disney
Dubai Tourism Brand Partnerships, Communications Strategy, Earned Media, Influencer Engagement, Influencer Management, Integrated Campaigns, Integrated Communications, Public Relations
GlaxoSmithKline Panadol
Gumtree.com.au PR
HP Australia
Huggies
iiNet
Kellogg's Australia Public Relations
KFC Public Relations
Kleenex
LinkedIn Public Relations
Nikkei Asian Review Campaign: "Tea"
Nissan Global
Nivea
Origin
PayPal Integrated Marketing Campaign, Public Relations
Pfizer
QT Hotels & Resorts Below-the-Line Marketing, Online, Public Relations
REA Group Corporate & Brand communications, Public Relations; 2018
Samsung Electronics (Public Relations Agency of Record)
Shell Retail
Telstra Corporation Ltd. Consumer & Sponsorship
Tourism Fiji
Unilever Dove, Public Relations, Simple, St Ives, Tresemme, Vaseline

Edelman
10F No 36 Pateh Road Sec 3, Taipei, 105 Taiwan
Tel.: (886) 2 2570 7588
Fax: (886) 2 2570 7379
E-Mail: taipei@edelman.com
Web Site: www.edelman.com

Employees: 20
Year Founded: 1997

Agency Specializes In: Public Relations

Kuang-kai Peter Tou *(Gen Mgr-Taiwan)*

Edelman
Rm 3301 Office Tower A Beijing Fortune Plaza, No 7 Dongsanhaun Zhonglu, Chaoyang District, Beijing, 100020 China
Tel.: (86) 10 5828 6588
Fax: (86) 10 5828 6566
E-Mail: beijing@edelman.com
Web Site: www.edelman.com

Employees: 100
Year Founded: 1985

Agency Specializes In: Public Relations

Cindy Tian *(Vice Chm-A-P Reg)*
Bob Grove *(COO & Chief Client Officer-Asia Pacific)*
Mark Wang *(Mng Dir-Beijing)*
Daniel Yang *(Bus Dir)*
Bridget Hong *(Assoc Dir)*

Edelman
6th Floor, Vatika Triangle, Sushant Lok-1, Block - A, Gurgaon, Haryana India
Tel.: (91) 124 413 1400
Web Site: www.edelman.com

Employees: 80

Kunal Arora *(Mng Dir)*
Rakesh Thukral *(Mng Dir)*
Medha Girotra *(Head-Pub Affairs-Delhi)*
Deepshikha Sinha *(Acct Mgr)*
Amanda Mooney *(Assoc Creative Dir)*

Accounts:
Energy Efficient Services Limited Communication Strategy, Creative
IndiaFirst Life Insurance (Social Media Agency of Record) Communications, Social Media
Infosys Limited Global Public Relations; 2018
Pepsico Brand Communications

Edelman
Media Park Kampnagel Barmbeker Str 4, 22303 Hamburg, Germany
Tel.: (49) 40356206000
Web Site: www.edelmanergo.com

Employees: 35
Year Founded: 1995

Agency Specializes In: Public Relations

Martin Floerkemeier *(Mng Dir)*
Anja Guckenberger *(Deputy Mng Dir-Hamburg & Head-Strategy & Creative-Germany)*
Andreas Kloevekorn *(Mng Dir-Digital)*
Felix Mueller *(Grp Dir-Digital)*
Katie Carter *(Dir-Global Specialist Talent)*
Annelies Peiner *(Dir)*

Edelman
3F Want Want Plaza, 211 Shi Men Yi Lu, Shanghai, Shanghai 200041 China
Tel.: (86) 21 6193 7588
Fax: (86) 21 6193 7566
E-Mail: shanghai@edelman.com
Web Site: www.edelman.com

Employees: 42
Year Founded: 1992

Agency Specializes In: Public Relations

Jeffrey Yu *(Pres-China)*
Jesse Lin *(CEO-Asia Pacific)*
Melinda Po *(Mng Dir-Shanghai)*
Alex Lam *(Gen Mgr-Shanghai-Guangzhou)*
Kok Kuan Tan *(Sr Dir-Singapore)*
Natalie Xu *(Dir-HR)*
Bridget Hong *(Assoc Dir)*
Tracy Cuixiao Jiang *(Assoc Dir)*
Rui Xu *(Coord)*

Accounts:
Adidas Consumer Public Relations; 2018

Edelman
Gustaz Mahlerplein 66a, 1082 MA Amsterdam, Netherlands
Mailing Address:
PO Box 7913, 1008 AC Amsterdam, Netherlands
Tel.: (31) 20 30 10 980
Fax: (31) 20 30 10 981
E-Mail: nl@edelman.com
Web Site: www.edelman.com

Employees: 70
Year Founded: 1993

Agency Specializes In: Public Relations, Sponsorship

Wieteke Beerepoot *(COO)*
Anouk Benden *(Acct Dir-Health)*
Harald Boersma *(Dir)*
Sabina Ernst *(Mgr-HR)*

PUBLIC RELATIONS FIRMS — AGENCIES - JANUARY, 2019

Edelman
Passeig De Gracia 86, 3A planta, 08008 Barcelona, Spain
Tel.: (34) 93 488 1290
Fax: (34) 93 215 0767
E-Mail: barcelona@edelman.com
Web Site: www.edelman.com

Employees: 20
Year Founded: 1995

Agency Specializes In: Health Care Services, Pharmaceutical, Public Relations

David Pastor Ussetti *(Art Dir & Designer-Digital)*
Patricia Madrigal *(Acct Dir)*
Carla Mir *(Acct Dir-Corp & Crisis Div)*
Laura Toha Planisoles *(Acct Mgr-Corp & Crisis Comm Dept)*
Montse Masgoret *(Grp Coord)*

Edelman
Room 707 Dongshan Plaza 69 Xianlie Zhong Road, Guangzhou, 510095 China
Tel.: (86) 20 8732 2111
Fax: (86) 20 8732 2119
E-Mail: guangzhou@edelman.com
Web Site: www.edelman.com

Employees: 11
Year Founded: 1992

Agency Specializes In: Public Relations

Wang Crystal *(Sr Dir-Natl Crisis & Risk Mgmt)*
Karen Huang *(Sr Mgr)*

Edelman
701 Central Plaza 18 Harbour Rd, Hong Kong, China (Hong Kong)
Tel.: (852) 2804 1338
Fax: (852) 2804 1303
E-Mail: hongkong@edelman.com
Web Site: www.edelman.com

Employees: 65
Year Founded: 1986

Agency Specializes In: Public Relations

Ian McCabe *(Vice Chm)*
Adrian Warr *(Mng Dir)*
Bob Grove *(COO & Chief Client Officer-Asia Pacific)*
Chadd McLisky *(Mng Dir-Corp Practice-Asia Pacific)*
Carolyn Hammond *(Dir & Head-Brand)*
Yeelim Lee *(Gen Mgr-Predictive Intelligence-Singapore)*
Irene Chua *(Assoc Dir)*
Nick Day *(Assoc Dir)*
Bill Ho *(Grp Creative Dir)*

Accounts:
Alvarez & Marsal (Public Relations Agency of Record) Awareness, Public Relations
AXA An Shing Investment, Protection & Retirement Solutions, Strategic Communications
British Airways
Dairy Farm Jasons Food & Living, Market Place by Jasons, Media, Oliver's the Delicatessen, ThreeSixty
New-Huawei Technologies Co., Ltd. Influencer Marketing, Media, Public Relations, Strategic Planning; 2018
Ikea Hong Kong Brand Marketing, PR
ING Investment
KAYAK Media Relations, Media Strategy, Public Relations, Social Media
OKAY.com Media Relations, Public Relations Agency of Record, Strategy
Qantas Airways
Savannah College of Art & Design Media, Public Relations
Sony Pictures Television Public Relations
UPS

Edelman
Rua Joaquim Floriano N 820 20 andar, Sao Paulo, SP 04534-003 Brazil
Tel.: (55) 11 3017 5300
Fax: (55) 11 3078 5230
E-Mail: sao.paulo@edelman.com
Web Site: www.edelman.com.br

Employees: 50
Year Founded: 1997

Agency Specializes In: Public Relations

Richard Edelman *(Pres)*
Martin Montoya *(CEO)*
Natalia Martinez *(Exec VP-Bus Dev & Mktg-Latin America)*
Cristina Schachtitz *(Exec VP)*
Marcilia Ursini *(Exec VP-Mktg Engagement)*
Rafael Ryuiti Akao *(Head-Tech & Acct Mgr)*
Frederico Badue *(Dir-Admin & Fin)*
Paula Nadal *(Sr Mgr-Plng & Digital Strategy)*
Nicole Evangelista Nanci *(Sr Acct Exec)*
Raquel Ticianelli *(Acct Exec)*

Edelman
111 Somerset Unit 14-03, Singapore, 238164 Singapore
Tel.: (65) 6733 1110
Fax: (65) 6733 5550
E-Mail: singapore@edelman.com
Web Site: www.edelman.com

Employees: 50
Year Founded: 1989

Agency Specializes In: Public Relations

Rupen Desai *(Vice Chm-Asia Pacific, Middle East & Africa)*
Iain Twine *(Vice Chm-Reputation)*
John Kerr *(CEO)*
Jackie Xu *(Mng Dir)*
Remona Duquesne *(Chief Strategy Officer-Singapore)*
Ranjit Jathanna *(Chief Strategy Officer-Asia Pacific, Middle East & Africa)*
Celevel Butler *(Mng Dir-Integrated Brand-SEA)*
Amanda Goh *(Mng Dir-Global Client Experience-Asia Pacific)*
Delicia Tan-Seet *(Mng Dir-Client Growth & Innovation)*
Tony Tao *(Mng Dir-Reputation)*
Daryl Ho *(Sr Dir & Head-Digital)*
Aaron Phua *(Exec Creative Dir)*
Joanna Poulton *(Reg Dir-Media Ops & Performance-APAC)*
Hitesh Mehta *(Bus Dir)*
Amanda Maryann Colaco *(Dir-Client)*
Nisha Sivan *(Dir-Strategy-Brand)*
Stacey Rodrigues *(Assoc Dir-Editorial)*
Cara Foong *(Acct Mgr)*

Accounts:
BlackBerry Campaign: "How Love Built a Social Media Megabrand", Social Media
EA Mobile Communications, Public Relations
GlaxoSmithKline Plc Panadol
Johnson & Johnson Johnson & Johnson Vision
Marina Bay Sands
Microsoft
Ministry of Manpower Marketing Communications
Ministry of National Development
Samsung Electronics America, Inc.
SHELL
Singapore Sports Hub Pte Ltd Digital Engagement, Events Management, Media Relations, PR
Singapore Tourism Board (Agency of Record) "Singapore: Inside Out", PR, Strategy
Starbucks Corporation
Zespri

Edelman
Brunnsgatan 21B, 111 38 Stockholm, Sweden
Tel.: (46) 8 54 54 55 70
Fax: (46) 8 54 54 55 71
E-Mail: stockholm@edelman.com
Web Site: www.edelman.com

Employees: 15
Year Founded: 2000

Agency Specializes In: Public Relations

Mattias Ronge *(Chm)*
Stefan Ronge *(Chief Creative Officer)*
Sandra Aberg *(Media Dir)*
Amanda Lindgren *(Deputy Mgr)*

Accounts:
IQ The Sexometer
Taxi Stockholm Campaign: "Taxi charter"

Edelman
Paraguay 610 Piso 29, C1057AAH Buenos Aires, Argentina
Tel.: (54) 11 4315 4020
Fax: (54) 11 4311 7161
E-Mail: buenosaires@edelman.com
Web Site: www.edelman.com.ar

Employees: 35
Year Founded: 1997

Agency Specializes In: Public Relations

Natalia Quintana *(Sr Dir-Brand PR & Media Rels)*

Accounts:
Amadeus
New-Argentina G20, Global Media; 2018
AstraZeneca
Bain & Company
Bridgestone
CESSI
Citrix
Lenovo
Manpower Group
Mastercard
Metlife
MetLife
Norton Symantec
Oracle
Orange
S.C. Johnson
Tyco
Universal

Edelman
45-9 The Boulevard Mid Valley City, Lingkaran Syed Putra, 59200 Kuala Lumpur, Malaysia
Tel.: (60) 3 2287 8689
Fax: (60) 3 2287 0234
E-Mail: edelman.kl@edelman.com
Web Site: www.edelman.com

Employees: 28
Year Founded: 1984

Agency Specializes In: Public Relations

Mazuin Zin *(Mng Dir)*
Sahana Prabhakar *(Dir-Health)*
Sailesh Wadhwa *(Chief Strategist)*

Accounts:
AstraZeneca PLC

AGENCIES - JANUARY, 2019 — PUBLIC RELATIONS FIRMS

Microsoft Corporation
New-Novartis
P.T. Unilever Indonesia Tbk
Samsung Group
Unilever N.V.

Elan Edelman
(Formerly Edelman)
54 Rue de Monceau, 75008 Paris, France
Tel.: (33) 1 56 69 75 00
Fax: (33) 1 56 69 75 75
Web Site: www.elanedelman.com

Employees: 40
Year Founded: 1989

Agency Specializes In: Corporate Identity, Crisis Communications, Direct-to-Consumer, Government/Political, Media Relations, Medical Products, Promotions, Public Relations, Sponsorship

Marion Darrieutort *(CEO)*
Benoit Viala *(CEO)*
Elise Cognacq *(Sr Mgr-Corp & Integrated Comm)*

Accounts:
Sodexo (Global Public Relations Agency of Record) France, UK & Ireland, US; 2018

Europe:

AMI Communications
Tyn 4/641, 110 00 Prague, 1 Czech Republic
Tel.: (420) 234 124 112
Fax: (420) 234 124 120
E-Mail: management@amic.cz
Web Site: www.amic.cz

Employees: 70
Year Founded: 1995

National Agency Associations: APRA-ICCO

Agency Specializes In: Consulting, Crisis Communications, Investor Relations, Media Relations, Media Training, Public Relations

Milan Hejl *(Mng Partner)*
Marek Stransky *(Mng Partner)*
Dana Favaro *(Acct Mgr)*

Communique
Ryvangs Alle 50, DK-2900 Hellerup, Denmark
Tel.: (45) 3698 3400
E-Mail: info@communique.dk
Web Site: communique.dk

Employees: 16
Year Founded: 1972

Agency Specializes In: Public Relations

Frans Grandjean *(Dir)*

Africa:

Edelman South Africa
11 Ralda Rd, Blairgowrie, 2194 Randburg, 2125 South Africa
Mailing Address:
PO Box 3674, Randburg, 2125 South Africa
Tel.: (27) 11 504 4000
Fax: (27) 11 886 2474
Web Site: www.edelman.com/office/johannesburg

Employees: 25
Year Founded: 1987

Agency Specializes In: Communications, Public Relations

Kate Wolfe *(Sr VP & Head-Content & Editorial Strategy-Atlanta)*
Jocelyn Newmarch *(Acct Dir)*
Deeran Moodley *(Dir-Fin & HR)*
Bridget Kemps *(Sr Acct Mgr)*
Gaole Bogatsu *(Sr Acct Exec)*
Joseph J. Akhidenor *(Asst Acct Exec)*

Accounts:
Dewswana
Edward Nathan Friedland
HSRC
IAVI
IDION
KFC
Levi Strauss
North-West Parks
Novartis Consumer Health
Southern Sun
Statistics SA
Total SA
Tsogo Sun/Montecasino
Visa International
Woolworths

Middle East:

Edelman DABO
Villa 162a 2d Street, Al Wasl Road, Dubai, United Arab Emirates
Tel.: (971) 43444901
Fax: (971) 43444898
E-Mail: info@edelmandabo.com
Web Site: http://edelman.ae/

Employees: 100
Year Founded: 2004

Agency Specializes In: Digital/Interactive, Event Planning & Marketing, Public Relations

Omar Qirem *(CEO)*
Tod Donhauser *(Head-Client Strategy-San Francisco)*
Dan Leach *(Creative Dir)*
Alex Apthorpe *(Dir-Brand Experience & Creative)*
Paul Slinger *(Dir)*
Bhavna Thapar *(Dir-Consumer)*
Claire Lawson *(Assoc Dir)*

Accounts:
Art Dubai
Bayerische Motoren Werke Aktiengesellschaft Stay Alert Stay Alive Campaign
Canon (U.K.) Ltd.
Equinix, Inc.
HSBC Bank Middle East Limited
Jumeirah Restaurants LLC
JW Marriott Marquis
Nokia Corporation
Qantas Airways Limited

Wolf Press & Public Relations
65 Yigal Alon St, Tel Aviv, 67443 Israel
Tel.: (972) 3 561 0808
Fax: (972) 3 561 1666
E-Mail: info@wolfppr.com
Web Site: www.wolfppr.com

E-Mail for Key Personnel:
President: roni@wolfppr.com

Employees: 10
Year Founded: 1992

Agency Specializes In: Public Relations

Roni Wolf *(Founder & CEO)*
Erez Bank *(Partner & Deputy CEO)*

Keren Shamir *(Sr Acct Mgr)*
Galit Zahavi *(Sr Acct Mgr)*
Ori Shtuden *(Mgr-Social Media & Acct Mgr)*

Accounts:
Energtek Inc PR Campaign

Pacific:

IndoPacific Edelman
Recapital Bldg 3rd Fl Jl Adityawarman Kav 55, Kebayoran Baru, Jakarta, 12160 Indonesia
Tel.: (62) 21 721 59000
Fax: (62) 21 727 81919
E-Mail: ipe@indopacedelman.com
Web Site: www.edelman.id

Employees: 90
Year Founded: 1993

Agency Specializes In: Public Relations

Geeta Ramachandran *(Brand Dir)*

Accounts:
Asus Indonesia Communications Strategy

EDELMAN PUBLIC RELATIONS
1201 Louisiana St Ste 830, Houston, TX 77002
Tel.: (713) 970-2100
Fax: (713) 970-2140
Web Site: www.edelman.com

Employees: 45
Year Founded: 1981

Agency Specializes In: Business-To-Business, Health Care Services, Internet/Web Design, Public Relations

Jamie Kaplan *(Sr VP-Southwest Reg)*
Juan Labaqui *(VP)*

Accounts:
Tyco Flow Control
Whole Foods Market

EDGE COMMUNICATIONS, INC.
5419 Hollywood Blvd Ste 727, Los Angeles, CA 90027
Tel.: (323) 469-3397
Fax: (323) 645-7054
E-Mail: info@edgecommunicationsinc.com
Web Site: www.edgecommunicationsinc.com

Employees: 20
Year Founded: 1996

National Agency Associations: PRSA

Agency Specializes In: Advertising, Advertising Specialties, Alternative Advertising, Brand Development & Integration, Business Publications, Business-To-Business, Communications, Consulting, Consumer Marketing, Digital/Interactive, E-Commerce, Electronic Media, Electronics, Entertainment, Event Planning & Marketing, Exhibit/Trade Shows, Health Care Services, High Technology, Information Technology, Integrated Marketing, Internet/Web Design, Local Marketing, Market Research, Media Relations, Media Training, New Technologies, Public Relations, Publicity/Promotions, Search Engine Optimization, Social Marketing/Nonprofit, Social Media

Approx. Annual Billings: $1,200,000

Ken Greenberg *(Principal)*
Sara Flint *(Mgr-Acctg & Ops)*

PUBLIC RELATIONS FIRMS — AGENCIES - JANUARY, 2019

Accounts:
- Green Plug; San Ramon, CA Green electronics;Gadgets;Power;Energy;Environment; Consumer electronics;Smart power;Smart grid; 2009
- Ocean Media; Huntington Beach, CA Advertising;Advertising agency;Media planning;Media buying;TV advertising;Radio advertising;Direct response;DRIV ;ROI; 2011
- SteelHouse; Los Angeles, CA Online advertising;Behavioral targeting;Retargeting;Remarketing;Online shopping trends;Online retail;Ecommerce; 2011
- uSamp; Encino, CA Online surveys;Market research;Surveys;Online research; 2009
- Velodyne Acoustics, Inc
- WebVisible; Irvine, CA SEO;Web marketing;Online marketing;Web search;Search engine;SEM;Small business marketing; 2010
- Woodbury University

EDIBLE INK, INC.
168 N Clinton St Ste 618413, Chicago, IL 60661
Tel.: (847) 462-8489
E-Mail: info@edibleinkpr.com
Web Site: www.edibleinkpr.com

Employees: 5
Year Founded: 2008

Agency Specializes In: Advertising, Event Planning & Marketing, Promotions, Public Relations

Britt Roehm *(Owner)*

Accounts:
- Bakersfield
- KIND Snacks The KIND Foundation
- Taco Joint
- ZED451
- Zocalo Restaurant & Tequila Bar

EFFECTIVE IMMEDIATELY PR
325 Broadway Ste 303, New York, NY 10007
Tel.: (212) 777-6727
E-Mail: info@ei-pr.com
Web Site: www.effectiveimmediatelypr.com

Employees: 25

Agency Specializes In: Event Planning & Marketing, Media Training, Print, Public Relations, Social Media

Accounts:
- Terry Manning

E.H. ANDERSON PUBLIC RELATIONS
801 Wooded Acres Dr, Waco, TX 76710
Tel.: (254) 772-5909
E-Mail: info@ehandersonpr.com
Web Site: www.ehandersonpr.com

Employees: 5
Year Founded: 2002

Agency Specializes In: Advertising, Broadcast, Media Relations, Print, Public Relations, T.V.

Liz Anderson *(Owner)*
Bage Anderson *(Dir-Video)*

Accounts:
- Care Net Pregnancy Center of Central Texas

THE EHRHARDT GROUP
365 Canal St Ste 1750, New Orleans, LA 70130
Tel.: (504) 558-0311
Fax: (504) 558-0344
E-Mail: malcolm@theehrhardtgroup.com
Web Site: www.theehrhardtgroup.com

Employees: 25
Year Founded: 1996

Agency Specializes In: Business-To-Business, Corporate Communications, Crisis Communications, Market Research, Media Relations, Media Training, Public Relations, Social Marketing/Nonprofit, Strategic Planning/Research

Marc Ehrhardt *(Sr VP)*
Marianne Ortiz *(Acct Svcs Dir)*
Erin Doucette *(Acct Mgr)*
Rona Hoang *(Sr Acct Exec & Coord-Intern)*
Haley Olver *(Sr Acct Exec)*
Account Exec *(Acct Exec)*
Jim Lestelle *(Sr Counsel)*

Accounts:
- Capital One Bank
- Gordon Biersch Restaurant
- Harmony Oaks Apartments
- Louisiana Credit Union League
- The Roosevelt Hotel
- Waste Management

EILEEN KOCH & COMPANY, INC.
9350 Wilshire Blvd Ste 323, Beverly Hills, CA 90212
Tel.: (310) 441-1000
Fax: (310) 441-3030
E-Mail: eileen@eileenkoch.com
Web Site: www.eileenkoch.com

Employees: 4

Agency Specializes In: Advertising, Brand Development & Integration, Entertainment, Event Planning & Marketing, Fashion/Apparel, Local Marketing, Magazines, Media Relations, Product Placement, Production (Ad, Film, Broadcast), Public Relations, Publishing, Sports Market, T.V.

Eileen Koch *(Founder & CEO)*

Accounts:
- Brian Wright
- Deanna Shapiro
- Dennis Logan Band
- DJ Mix Master Miguel
- Kourosh Zolani
- Linette Beaumont
- Mother-in-Law Hell
- Starbrite Music Supervision
- WritingRoom.com, LLC.

EIN COMMUNICATIONS
5109 Connecticut Ave Nw Unit 4, Washington, DC 20008
Tel.: (202) 775-0200
Web Site: www.eincomm.com

Employees: 5
Year Founded: 1980

Agency Specializes In: Brand Development & Integration, Corporate Communications, Crisis Communications, Event Planning & Marketing, Media Relations, Public Relations, Social Media

Marina Ein *(Founder & Pres)*

Accounts:
- Sprinkles

EISBRENNER PUBLIC RELATIONS
333 W 7th St, Royal Oak, MI 48067
Tel.: (248) 554-3500
E-Mail: info@eisbrenner.com
Web Site: www.eisbrenner.com

Employees: 28

Agency Specializes In: Advertising, Brand Development & Integration, Communications, Digital/Interactive, Event Planning & Marketing, Media Relations, Public Relations, Social Media, Sponsorship

Ray Eisbrenner *(Chm)*
Lauren Eisbrenner *(Pres)*
Tom Eisbrenner *(Pres)*
Christine Olszewski *(Dir-Special Projects)*
Lisa Litinas *(Office Mgr)*
Melissa Zula *(Mgr-Acctg)*
Gretchen Klosterman *(Sr Acct Exec)*
Brittney Popa *(Sr Acct Exec)*
Lori Eldridge *(Sr Graphic Designer)*
Denise Sobh *(Asst Acct Exec)*

Accounts:
- Dana Inc
- Eberspaecher North America
- Fabtech
- Henniges Automotive
- IAV Automotive Engineering Inc
- Lightning Hybrids
- Linamar
- Magna International
- Michigan Science Center
- MSX International
- PwC
- Robert Bosch LLC
- Square One Education Network

ELASTICITY
1101 Lucas Ave Ste 202, Saint Louis, MO 63101
Tel.: (314) 561-8253
E-Mail: hello@goelastic.com
Web Site: www.goelastic.com

Employees: 25
Year Founded: 2009

Agency Specializes In: Brand Development & Integration, Content, Crisis Communications, Digital/Interactive, Media Relations, Media Training, Public Relations, Social Media

Brian Cross *(Mng Partner)*
Andrew Barnett *(Partner & Dir-Digital Strategy)*
Aaron Perlut *(Partner)*
Rachael Powell *(VP-Social Strategy)*
Angela Cross *(Sr Dir-Creative)*
Ashton L. Beck *(Dir-Social Response)*

Accounts:
- Ballpark Village
- CafePress.com, Inc.
- Charter Communications
- H&R Block
- Soft Surroundings
- St. Louis County Economic Development Partnership
- St. Louis Regional Chamber
- Suddenlink
- Turtle Beach

ELEMENT-R PARTNERS LLC
28955 W Midway St, Cary, IL 60013
Tel.: (847) 639-8300
Fax: (847) 639-8333
E-Mail: info@rurelevant.com
Web Site: www.rurelevant.com

Employees: 5

Agency Specializes In: Advertising, Digital/Interactive, Event Planning & Marketing, Graphic Design, Internet/Web Design, Media Relations, Media Training, Public Relations, Social Media, Strategic Planning/Research

AGENCIES - JANUARY, 2019 — PUBLIC RELATIONS FIRMS

Susan Duensing *(Co-Founder & Partner)*
Bob Reed *(Head-Comm Strategy)*

Accounts:
Capsys Technologies
Covance Laboratories
Innocorp
Integrated Document Technologies Inc
Integrated Project Management Company, Inc.
Nortek Security & Control LLC

ELEVATE COMMUNICATIONS
137 Newbury St 3rd Fl, Boston, MA 02116
Tel.: (617) 536-8695
E-Mail: info@elevatecom.com
Web Site: www.elevatecom.com

Employees: 50
Year Founded: 2003

Agency Specializes In: Business-To-Business, Communications, Crisis Communications, Digital/Interactive, Event Planning & Marketing, Media Relations, Public Relations, Social Media, Sponsorship, Strategic Planning/Research

Keith Gainsboro *(CEO & Partner)*
John Gates *(Partner & COO)*
Erin Evanoka *(VP)*
Stacy Grisinger *(VP)*

Accounts:
New-Boston Red Sox Baseball Club Limited Partnership
New-New England Revolution
New-Rode Architects
New-SANTANDER HOLDINGS USA INC.
New-Senet
New-Spartan Race
New-Tess Gerritsen

ELEVATE INC.
4115 W Spruce St, Tampa, FL 33607
Tel.: (813) 364-4769
E-Mail: info@elevate-inc.com
Web Site: www.elevate-inc.com

Employees: 5
Year Founded: 2011

Agency Specializes In: Public Relations, Social Media

Lisa Samuels *(Sr Mgr-Creative Ops)*
Paul Bruney *(Mgr-Consumer Insights)*

Accounts:
Trinity Graphic Inc.

ELIZABETH CHRISTIAN PUBLIC RELATIONS
8008 Spicewood Lane, Austin, TX 78759
Tel.: (512) 472-9599
Fax: (512) 472-9699
Web Site: www.echristianpr.com

Employees: 50

Agency Specializes In: Brand Development & Integration, Crisis Communications, Event Planning & Marketing, Graphic Design, Media Planning, Media Relations, Public Relations, Social Media, Strategic Planning/Research

Elizabeth Christian *(Pres & CEO)*
Kristin Marcum *(CEO)*
Meg Meo *(Sr VP-Acct Mgmt)*
Kathleen Smith *(Sr VP-Bus Affairs)*
Levente McCrary *(VP-Acct Mgmt)*
Erin Ochoa *(VP-Acct Mgmt)*

Rachel Wyatt *(Creative Dir)*
Katherine Harris *(Dir)*
Lia Pette *(Acct Supvr)*

Accounts:
Concordia University
Trinity University
United Way for Greater Austin

ELLE COMMUNICATIONS
1300 Factory Pl #306, Los Angeles, CA 90013
Tel.: (855) 438-3553
Fax: (858) 876-1992
E-Mail: info@ellecomm.com
Web Site: www.ellecomm.com

Employees: 15
Year Founded: 2008

Agency Specializes In: Crisis Communications, Event Planning & Marketing, Media Relations, Public Relations, Social Media, Strategic Planning/Research

Danielle Finck *(Founder & CEO)*
Silvie Snow-Thomas *(VP-Impact)*
Sarah London *(Mgr-Strategy)*
Megan Noller *(Sr Strategist-Acct)*

Accounts:
ESPEROS
MiiR
Parcel & Journey
Raven + Lily
Soko
Sseko Designs

ELLIPSES PUBLIC RELATIONS INC
1300 Clay St Ste 600, Oakland, CA 94612
Tel.: (510) 735-9667
Web Site: www.ellipsespr.com

Employees: 7
Year Founded: 2007

Agency Specializes In: Brand Development & Integration, Event Planning & Marketing, Media Relations, Public Relations, Social Media

Diana G. Haven *(Pres & CEO)*

Accounts:
Fog City
Half Moon Bay Brewing Company
La Condesa Napa Valley
Nicks Cove Restaurant
Parallel 37
Urban Putt

ELMORE PR
311 W. Saulnier St, Houston, TX 77019
Tel.: (713) 524-0661
Web Site: www.elmorepr.com

Employees: 50
Year Founded: 1992

Agency Specializes In: Brand Development & Integration, Content, Digital/Interactive, Media Relations, Media Training, Public Relations, Social Media, Strategic Planning/Research

Susan Elmore *(Pres)*
Melissa Arredondo *(Acct Mgr)*
Rachel Compton *(Acct Mgr)*
Laura Park *(Acct Mgr)*
Kimberly Tarleton *(Acct Mgr)*
Nataly Torres *(Asst Acct Mgr)*
Norma Diaz *(Asst Acct Mgr)*

Accounts:

New-Buffalo Bayou Partnership
New-Career & Recovery Resources, Inc.
New-Discovery Green Conservancy
New-The Periwinkle Foundation
New-Rice University

EMERGING INSIDER
222 W Merchandise Mart Plz, Chicago, IL 60654
Tel.: (312) 933-5205
Web Site: emerginginsider.com

Employees: 5
Year Founded: 2013

Agency Specializes In: Brand Development & Integration, Crisis Communications, Public Relations, Social Media, Strategic Planning/Research

Zach Weiner *(CEO)*
Max Markovstev *(COO)*

Accounts:
iPowow
Iris.TV Public Relations

EMERGING MEDIA PR
305 Madison Ave Ste 1050, New York, NY 10165
Tel.: (212) 922-5885
Fax: (212) 656-1206
Web Site: www.emergingmediapr.com

Employees: 6
Year Founded: 2002

Agency Specializes In: Public Relations

Susan Lindner *(Founder & CEO)*

Accounts:
Advantages (Agency of Record) Public Relations, Strategic, Thought Leadership
Babbler (Agency of Record) Corporate Communications, Marketing, Media, Public Relations, Strategic Messaging
CatalystWeb
Equitrac Corp. (Agency of Record)
iOffice (Agency of Record) Public Relations, Strategic, Thought Leadership
Microgaming
National City
Notegraphy (Agency of Record) Marketing, Media, Public Relations, Strategic, Thought Leadership
Prime Poker
TargetSpot
Xcel Brands, Inc. Communications Agency of Record, Media, Public Relations, Strategic Messaging

EMSI PUBLIC RELATIONS
3748 Turman Loop Ste 101, Wesley Chapel, FL 33544
Tel.: (727) 443-7115
Fax: (813) 994-9380
Toll Free: (800) 881-7342
E-Mail: info@emsincorporated.com
Web Site: www.emsincorporated.com

Employees: 20
Year Founded: 1990

Agency Specializes In: Brand Development & Integration, Content, Digital/Interactive, Financial, Media Training, Print, Public Relations, Radio, Social Media, T.V.

Marsha Friedman *(CEO)*
Rachel Friedman *(Dir-News & Experts)*
Steve Friedman *(Mgr-Bus Dev)*
Brittany Thomas *(Mgr-News & Experts)*
Jay York *(Sr Strategist-Digital Mktg)*

PUBLIC RELATIONS FIRMS — AGENCIES - JANUARY, 2019

Miguel Lantigua *(Strategist-Social Media)*
Becky Lofgren *(Coord-Digital Design)*

Accounts:
New-Alex Joyce
New-Benjamin Lupu
New-Blakely Trettenero
New-Chuck Price
New-Dave Stein
New-David Rosell
New-Henry Hutcheson

ENC MARKETING & COMMUNICATIONS
1751 Pinnacle Dr, McLean, VA 22102
Tel.: (703) 288-1620
Fax: (703) 288-1637
E-Mail: info@encmarketing.com
Web Site: www.encstrategy.com

Employees: 15
Year Founded: 1992

Agency Specializes In: Advertising, Brand Development & Integration, Collateral, Communications, Consulting, Digital/Interactive, Direct Response Marketing, Electronic Media, Event Planning & Marketing, Government/Political, Internet/Web Design, Logo & Package Design, Public Relations, Strategic Planning/Research, Telemarketing

Eva Neumann *(Pres & CEO)*
Matthew Arozian *(VP-Strategy & Creative Svcs)*

Accounts:
AAC
Booz Allen Hamilton
Kforce
Oracle
RedHat
SAIC
Tower Software
Unisys

ENCHANTED PR
2195 Defoors Hill Rd Ste F, Atlanta, GA 30318
Tel.: (678) 499-0297
Web Site: enchantedpr.net

Year Founded: 2012

Agency Specializes In: Brand Development & Integration, Event Planning & Marketing, Media Training, Public Relations, Social Media

Christal Jordan *(COO)*
Kassia Ishmael *(Jr Acct Exec)*

Accounts:
Scarzeo

ENDICOTT & CO PR
4245 North Central Expy Ste 430, Dallas, TX 75205
Tel.: (214) 526-3848
Web Site: www.endicottpr.com

Employees: 50

Agency Specializes In: Brand Development & Integration, Business-To-Business, Crisis Communications, Logo & Package Design, Media Relations, Media Training, Public Relations, Social Media

Lisa Endicott *(Owner & Pres)*
Kelley Beckham *(Dir-Ops)*

Accounts:
The Wade Smith Foundation

ENGAGE
814 King St Ste 400, Alexandria, VA 22314
Tel.: (202) 560-5903
Web Site: enga.ge

Year Founded: 2007

Agency Specializes In: Brand Development & Integration, Collateral, Digital/Interactive, Event Planning & Marketing, Internet/Web Design, Out-of-Home Media, Pharmaceutical, Production

Erik Rapprich *(Pres)*
Nick Schaper *(CEO)*
Maggie Larkin *(Mng Dir)*
Shane Helm *(Chief Creative Officer)*
Ryan Fraase *(Dir-Projects)*
Regan Opel *(Dir-Client Strategy)*
Caleb Fisher *(Mgr-Creative Svcs)*
Riley Bechdel *(Sr Strategist-Client)*
Elizabeth Butz *(Strategist-Digital Comm)*
Andrew Shult *(Strategist-Client Digital)*
Ryan Slater *(Sr Designer-Visual)*

Accounts:
American Enterprise Institute
Energy API
ExxonMobil
Facebook
Google
Haven Properties Inc.
Pfizer
Smithsonian
Sprint
US Chamber of Commerce

ENGSTROM PUBLIC RELATIONS
14722 102nd Ave NE, Bothell, WA 98011
Tel.: (425) 487-0682
Fax: (425) 939-5286
Web Site: www.engstrompr.com

Employees: 2
Year Founded: 1998

Agency Specializes In: Brand Development & Integration, Media Training, Public Relations, Social Media, Strategic Planning/Research

Cheryl Engstrom *(Co-Founder & Pres)*

Accounts:
Bellevue Square
Dolan Designs
Pendleton Woolen Mills
Washington State Housing Finance Commission

ENROOT PR
3011 Ave N 2nd Fl, Brooklyn, NY 11210
Tel.: (646) 270-6177
Web Site: www.enrootpr.com

Employees: 2

Agency Specializes In: Email, Podcasting, Public Relations, Radio, Social Media

Accounts:
The Cube Guys

ENROUTE COMMUNICATIONS
20 W 20th St Second Fl Ste P-12, New York, NY 10011
Tel.: (917) 438-7096
E-Mail: info@enroutecommunications.com
Web Site: www.enroutecommunications.com

Employees: 10
Year Founded: 2013

Agency Specializes In: Advertising, Communications, Event Planning & Marketing, Media Relations, Outdoor, Print, Public Relations, Social Media, T.V., Travel & Tourism

Carlos Lopez *(Founder & Pres)*
Gustavo Rivas-Solis *(VP)*

Accounts:
New-Costa Sur Resort & Spa
Patagonia Camp Celebrity Influencer Component, Interviews, Media Relations, Press Release Development & Distribution, Press Trips & Tours; 2018
New-The Puerto Vallarta Tourism Board
New-Villa Premiere Boutique Hotel & Romantic Getaway
New-Visit San Miguel De Allende

ENTERTAINMENT FUSION GROUP
6420 Wilshire Blvd Ste 620, Los Angeles, CA 90048
Tel.: (310) 432-0020
Fax: (310) 432-0029
Web Site: www.efgpr.com

Employees: 25
Year Founded: 2001

Agency Specializes In: Advertising, Entertainment, Event Planning & Marketing, Guerilla Marketing, Integrated Marketing, Market Research, Media Relations, Mobile Marketing, Product Placement, Public Relations, Publicity/Promotions, Strategic Planning/Research

Rembrandt Flores *(Mng Partner)*

Accounts:
Ad.ly (Agency of Record)
Vital Action Water (Agency of Record)

ENVIRONICS COMMUNICATIONS INC.
(Name Changed to Proof Strategies Inc.)

EPIC PR GROUP
218 N Lee St Ste 206 A, Alexandria, VA 22314
Tel.: (703) 299-3404
E-Mail: info@epicprgroup.com
Web Site: http://itsepic.com

Employees: 50

Agency Specializes In: Brand Development & Integration, Crisis Communications, Media Training, Public Relations

Adele Gambardella-Cehrs *(CEO)*
Brian Carter *(Dir-Digital Media)*

Accounts:
American Society of Association Executives

EPOCH 5 PUBLIC RELATIONS
755 New York Ave, Huntington, NY 11743
Tel.: (631) 427-1713
Fax: (631) 427-1740
E-Mail: lsinger@epoch5.com
Web Site: www.epoch5.com

Employees: 16

Agency Specializes In: Public Relations

Katherine Heaviside *(Pres)*
Kathleen Caputi *(Sr VP)*
Andrew Kraus *(Sr VP-Strategy)*
Lloyd Singer *(Sr VP)*
Audrey Cohen *(VP)*
Jaclyn Savage *(Acct Mgr)*

AGENCIES - JANUARY, 2019 — PUBLIC RELATIONS FIRMS

Peggy Kalia *(Acct Supvr)*

Accounts:
Bethpage Federal Credit Union
Cablevision Systems Corp.
Island Harvest Branding, Marketing, Public Relations
Salenger, Sack, Schwartz & Kimmel; Woodbury, NY Law Firm; 2007

ERICHO PUBLIC RELATIONS
333 Mamaroneck Ave Ste 222, White Plains, NY 10605
Tel.: (914) 834-2199
Fax: (914) 834-2203
Web Site: erichopr.com/

Employees: 10

Agency Specializes In: Communications, Crisis Communications, Direct Response Marketing, Event Planning & Marketing, Graphic Design, Media Relations, Promotions, Public Relations

Eric Yaverbaum *(Pres & CEO)*

Accounts:
American Express Gift Cheques
Bell Atlantic
General Cigar
HarperCollins
IKEA Home Furnishings
Juice Energy
Motto Magazine
National Hockey League
Tappening
TransAct Energy Corporation (Agency of Record) Global Communication Strategy, ZEWOP; 2018
Trillium Health Products
Zeigler's Apple Cider

ESTES PUBLIC RELATIONS
1938 Frankfort Ave, Louisville, KY 40206
Tel.: (502) 721-0335
Web Site: www.estespr.com

Employees: 9

Agency Specializes In: Crisis Communications, Email, Event Planning & Marketing, Media Relations, Media Training, Promotions, Public Relations

Jamie Estes *(Pres)*
Julie Brooks *(Office Mgr)*
Tammie Franck *(Sr Acct Exec)*
Jaimie Schapker *(Acct Exec-PR)*
Jesse Hendrix-Inman *(Assoc-PR)*

ETCHED COMMUNICATION
3302 Canal St, Houston, TX 77003
Tel.: (832) 940-7265
E-Mail: etchedaffect@etchedcomm.com
Web Site: www.etchedcomm.com

Employees: 10
Year Founded: 2014

Agency Specializes In: Brand Development & Integration, Broadcast, Business-To-Business, Communications, Media Relations, Print, Public Relations, Social Media, Strategic Planning/Research, Viral/Buzz/Word of Mouth

Toni Harrison *(Pres & CEO)*

Accounts:
New-Blue Moon Brewing Company
New-City Year Chicago
New-Houston-Galveston Area Council

EUCALYPT MEDIA
PO Box 6773, Scarborough, ME 04070
Tel.: (207) 749-6814
Web Site: eucalyptmedia.com

Employees: 2
Year Founded: 2007

Agency Specializes In: Business Publications, Collateral, Consumer Publications, Custom Publishing, Digital/Interactive, Direct Response Marketing, Email, Magazines, Newspapers & Magazines, Print, Publishing, Search Engine Optimization, Trade & Consumer Magazines, Viral/Buzz/Word of Mouth

Approx. Annual Billings: $130,000

Jeff Hawkins *(Partner)*
Kathryn Hawkins *(Principal)*

Accounts:
The Atlantic Porsche; 2012
Bizo Targeted Display Marketing Solution; 2011
Goldfarb Center, Colby College; 2013
Husson University; 2010
Instore iPad Point of Sale Solution; 2013
YarcData; 2013

EVANS COMMUNICATIONS
4417 N 40Th St Ste 200, Phoenix, AZ 85018
Tel.: (602) 448-5483
Fax: (602) 200-9053
Web Site: www.evanscommunications.com

Year Founded: 2003

Agency Specializes In: Communications, Event Planning & Marketing, Graphic Design, Media Buying Services, Media Planning, Media Training, Print, Public Relations

Accounts:
American Red Cross-Grand Canyon Chapter
Arizona Latino Research Enterprise
Association for Corporate Growth
ASU Lodestar Center
Avana Capital
Barrett-Jackson Classic Car Auction
Biltmore Preparatory Academy
BioAccel
Childrens Angel Foundation
Desert Island Restaurants
Devereux Arizona
Dr. Andrew Nava
Healthcare Trust of America Inc
Kitchen Sink Studios
Ling & Louies Asian Bar & Grill
Mario E Diaz & Associates
Native American Connections
OMR Builders & OMR Services
Paradise Valley Unified School District
Paul Dembow for Paradise Valley Town Council
Pearson Digital Education
Phoenix Indian Center
Phoenix Union High School District
Plaza Companies
Scott LeMarr
SkySong The ASU Scottsdale Innovation Center
Tony Rivero for Peoria City Council
Tryst Cafe
Valley Leadership
Valley of the Sun United Way
The Wolff Companies
Your Source Financial

EVERGREEN PR
51 Mount Bethel Rd, Warren, NJ 07059
Tel.: (908) 322-1100
E-Mail: info@evergreenpr.com
Web Site: www.evergreenpr.com

Employees: 5

Agency Specializes In: Public Relations

Robert Wilson *(Sr VP-Mdsg Sls)*
Andria Lykogiannis *(Office Mgr)*

Accounts:
NJPAC
Paper Mill Playhouse

EVINS COMMUNICATIONS, LTD.
635 Madison Ave, New York, NY 10022-1009
Tel.: (212) 688-8200
Fax: (212) 935-6730
E-Mail: info@evins.com
Web Site: www.evins.com
E-Mail for Key Personnel:
President: louise.evins@evins.com

Employees: 45
Year Founded: 1988

Agency Specializes In: Brand Development & Integration, Broadcast, Business Publications, Business-To-Business, Cable T.V., Children's Market, Communications, Consulting, Consumer Marketing, Consumer Publications, Corporate Identity, Cosmetics, Direct Response Marketing, Entertainment, Event Planning & Marketing, Fashion/Apparel, Health Care Services, High Technology, Information Technology, Leisure, Magazines, Merchandising, New Product Development, Newspapers & Magazines, Pharmaceutical, Public Relations, Publicity/Promotions, Restaurant, Retail, Strategic Planning/Research, T.V., Teen Market, Trade & Consumer Magazines, Travel & Tourism

Mathew L. Evins *(Chm)*
Diane Briskin *(Pres)*
Louise Evins *(CEO)*
David Harrison *(Sr VP)*
Robert Schaltenbrand *(Sr VP)*
Matthew Berritt *(VP-Lifestyle Grp)*
Drew Tybus *(VP-Food, Spirits & Wine Grp)*

Accounts:
Amarula (US Public Relations Agency of Record) Media; 2017
Bache-Gabrielsen (US Public Relations Agency of Record) Communications
Bonnete Consulting Incorporated Brand & Category Analytics, Brand Positioning, Commercial & Trade Launches, Industry Relations, Liberation de Paris wines, Marketing & Program Planning, Media Initiatives Nationwide, New Grove Rum, Strategic Management, Trois Rivieres Rhums; 2018
Clear & Cut Phocus Brand Building, Consumer & Retail Trade, Digital Media Strategy, Public Relations, US Media; 2017
Jet Linx Aviation (Agency of Record) Communications, Strategic Marketing
John Currence (Public Relations & Marketing Agency of Record)
Leica Camera
Louis Jadot
Luggage Free (Agency of Record) Marketing Communications, Strategic Partnership; 2018
Maker's Mark Distillery, Inc. Digital & Social Media, Direct-to-Consumer, TV, Website
NYLON Media (Agency of Record) Media Relations, NYLON.com, SIMPLY, Socialyte, Strategic Partnerships & Events; 2018
One Warm Coat (Marketing Communications & Public Relations Agency of Record) Online & Social Media; 2018

EVOKE MARKETING

PUBLIC RELATIONS FIRMS — AGENCIES - JANUARY, 2019

192 Lexington Ave Ste 245, New York, NY 10016
Tel.: (212) 802-1411
Web Site: www.evokeny.com

Employees: 4
Year Founded: 2015

Agency Specializes In: Brand Development & Integration, Digital/Interactive, Event Planning & Marketing, Luxury Products, Media Relations, Print, Public Relations, Social Media

Accounts:
Cooperstown Distillery
Mochidoki

EVOLUTIONARY MEDIA GROUP
3920 Fountain Ave, Los Angeles, CA 90029
Tel.: (323) 658-8700
Fax: (323) 658-8750
Web Site: www.emgpr.com

Employees: 4

Agency Specializes In: Brand Development & Integration, Public Relations

Eric Orrantia *(Mng Partner)*
Alanna Navitski *(Acct Exec)*

Accounts:
Studio Collective

EVOLVEMKD
49 W 24th St 7th Fl, New York, NY 10010
Tel.: (646) 517-4220
E-Mail: info@evolvemkd.com
Web Site: www.evolvemkd.com

Employees: 50
Year Founded: 2014

Agency Specializes In: Brand Development & Integration, Communications, Content, Digital/Interactive, Event Planning & Marketing, Media Relations, Promotions, Public Relations, Social Media, Trade & Consumer Magazines

Megan Driscoll *(CEO)*
Andrea Wytish *(Sr VP-Digital & Influencer Rels)*
Adeena Fried *(VP)*
Joanna Campbell *(Sr Strategist-Digital, Ads & Analytics)*

Accounts:
New-CBDForLife
New-Dermarche Labs LLC
New-Manuka Doctor
New-Merz North America Inc Xeomin

EXPONENT PR
400 First Ave N Ste 700, Minneapolis, MN 55401
Tel.: (612) 305-6003
Fax: (612) 305-6501
E-Mail: info@exponentpr.com
Web Site: www.exponentpr.com

Employees: 25
Year Founded: 2005

Agency Specializes In: Brand Development & Integration, Digital/Interactive, Media Relations, Public Relations, Social Media

Tom Lindell *(Mng Dir)*
Tara Niebeling *(Acct Supvr)*
Blaire Hoven *(Sr Acct Exec)*
Steve Bailey *(Assoc Acct Dir)*
Allison Kyriagis *(Assoc Acct Dir)*
John Poferl *(Assoc Acct Dir)*
Lia Sherman *(Assoc Acct Dir)*

Accounts:
Aveda
Caribou Coffee Event Marketing, Media Relations, PR
Cenex
CHS
Florida's Natural Growers (Public Relations Agency of Record) Communications Strategy, Media Relations
KINKY Liqueur Brand Awareness, Media Relations, Social Media
Medtronic Foundation
New-MTD Products, Inc. Cub Cadet (Agency of Record), Influencer Engagement, Media Relations, Residential, Commercial & Utility Vehicle Lines of Business, Social Media Content; 2018
Nestle Purina
The North American Olive Oil Association
Novartis Animal Health
Novartis
Peanut & Tree Nut Processors Association
Recreational Boating & Fishing Foundation (Public Relations Agency of Record) Media Relations
Terra Delyssa Olive Oil
The University of Nebraska Robert B. Daugherty Water for Food Institute
Wells Enterprises
Winfield Solutions
Wolfgang Puck

EXPOSED PR & EVENTS LLC
420 Se 19Th St, Fort Lauderdale, FL 33316
Tel.: (954) 900-3691
Web Site: www.exposedprandevents.com

Employees: 5
Year Founded: 2010

Agency Specializes In: Advertising, Event Planning & Marketing, Media Relations, Public Relations

Kori Sumner *(Dir-Ops)*

Accounts:
Culinary Related Entertainment & Marketing
Rok:Brgr Burger Bar + Gastropub

FAISS FOLEY WARREN
100 N City Pkwy Ste 750, Las Vegas, NV 89106
Tel.: (702) 933-7777
Fax: (702) 933-1261
Web Site: www.ffwpr.vegas

Employees: 11
Year Founded: 1990

National Agency Associations: PRSA

Agency Specializes In: Government/Political, Public Relations

Linda Faiss *(Pres)*
Melissa Warren *(Partner)*
Helen Foley *(Principal)*
Karen Griffin *(VP-Pub Affairs)*
Marsha MacEachern Tempesta *(Dir-Social Media & Video)*
Mckinzie A. Cogswell *(Sr Acct Exec-PR)*
Amy Spanbauer Maier *(Sr Acct Exec-PR)*
Lisa Robinson *(Sr Acct Exec)*
Susan Black *(Acct Exec)*
Katie Mccarthy Finnerty *(Acct Coord-PR)*

Accounts:
Cox Communications
International Academy of Design and Technology
Pardee Homes
Southern Nevada Water Authority

FALK ASSOCIATES
1120 W Belmont, Chicago, IL 60657
Tel.: (773) 883-2580
Fax: (773) 975-1999
E-Mail: contact@falkpr.com
Web Site: www.falkpr.com

Employees: 5

Agency Specializes In: Event Planning & Marketing, Media Relations, Promotions, Public Relations, Social Media

Amy Falk *(Pres)*

Accounts:
New Moms Inc

FALLON THATCHER
424 Findlay St, Cincinnati, OH 45202
Tel.: (513) 621-7676
E-Mail: hello@fallonthatcher.com
Web Site: www.fallonthatcher.com

Employees: 10

Agency Specializes In: Brand Development & Integration, Digital/Interactive, Event Planning & Marketing, Print, Public Relations

Micah Paldino *(CEO)*

Accounts:
FRCH Design Worldwide
Sundry & Vice

FALLS COMMUNICATIONS
50 Public Sq 25th Fl, Cleveland, OH 44113
Tel.: (216) 696-0229
Fax: (216) 696-0269
Web Site: www.fallscommunications.com

E-Mail for Key Personnel:
President: rfalls@robertfalls.com
Creative Dir.: slesko@robertfalls.com

Employees: 30
Year Founded: 1989

National Agency Associations: PRSA

Agency Specializes In: Collateral, Communications, Consumer Marketing, Corporate Identity, Exhibit/Trade Shows, Financial, Government/Political, Graphic Design, Investor Relations, Logo & Package Design, Media Relations, Multimedia, New Product Development, Planning & Consultation, Public Relations, Sports Market, Strategic Planning/Research

Robert Falls *(Pres & CEO)*
Julianne Brosien *(Sr VP & Dir-Organizational Effectiveness)*
Jennifer Allanson *(Sr VP)*
Brian Bloom *(Sr VP)*
Chris Lynch *(Sr VP)*
Todd Morgano *(Sr VP)*
Eileen Petridis *(Sr VP)*
Jamie Dalton *(VP)*
Evelyn Greene *(Dir-Market Res)*
Janel Hlebak *(Acct Exec)*
Keith Mabee *(Grp Pres-Corp Comm & IR)*

Accounts:
Ave Maria University
Mace Security International, Inc. (Communications Agency of Record) Investor Relations
Moen Incorporated
Northwood University

FAMA PR, INC.
250 Northern Ave Ste 300, Boston, MA 02110

AGENCIES - JANUARY, 2019 — PUBLIC RELATIONS FIRMS

Toll Free: (866) 326-2552
E-Mail: info@famapr.com
Web Site: www.famapr.com

Employees: 35
Year Founded: 2002

Agency Specializes In: Public Relations

Approx. Annual Billings: $4,000,000

Breakdown of Gross Billings by Media: Pub. Rels.: 100%

Matt Flanagan *(Founder & Partner)*
Keith Watson *(Co-Founder & Partner)*
Gail Scibelli *(Sr VP)*
Ted Weismann *(Sr VP)*
Whitney Parker *(VP)*
Caitlin Mattingly *(Acct Dir)*
Eric Searle *(Acct Dir)*
Chrissy Azevedo *(Acct Mgr)*
Emily Mong *(Acct Mgr)*
Alison Dessert *(Acct Exec)*

Accounts:
Allurent
AppNeta
BluePort
boSox Club
Cashstar
Courion
Covergence
CyberArk
Dining In
Imprivata, Inc
Ipswitch
ITA Software
Limelight Networks
matchmine
New England Clear Energy Council
NGDATA
New-O'Reilly
Organic
Ping Identity Corporation
QuickPlay Media
Sedo
ShopAdvisor
Symphony Metreo
Threat Stack
Triad Retail Media; Tampa, FL
Trialpay
Veracode
VidSys

FARRAR PUBLIC RELATIONS, INC.
5924 Forrest Ln, Fort Worth, TX 76112-1043
Tel.: (817) 937-1557
E-Mail: nancy@farrarpr.com
Web Site: www.farrarpr.com/

Employees: 1
Year Founded: 1999

Nancy Farrar *(Pres)*

FAULHABER COMMUNICATIONS
666 Greenwich St Ste 821, New York, NY 10014
Tel.: (917) 434-6576
E-Mail: usa@faulhabercommunications.com
Web Site: www.faulhabercommunications.com

Employees: 20

Agency Specializes In: Digital/Interactive, Event Planning & Marketing, Public Relations, Social Media

Christine Faulhaber *(Pres/CEO-Canada)*
Rachel Finamore *(Acct Coord)*

Accounts:
Bacardi
Barber & Co.
Charlotte Tilbury Beauty Canada Agency of Record
Dermalogica
Donnelly Group
National Bank
Native Shoes
Ted Baker

FAYE CLACK COMMUNICATIONS INC.
108a Royal York Road, Toronto, ON M8V 2V1 Canada
Tel.: (416) 255-6879
E-Mail: info@fayeclack.com
Web Site: www.fayeclack.com

Employees: 20
Year Founded: 1978

Agency Specializes In: Agriculture, Bilingual Market, Brand Development & Integration, Business-To-Business, Co-op Advertising, Communications, Consulting, Consumer Marketing, Event Planning & Marketing, Exhibit/Trade Shows, Food Service, In-Store Advertising, Merchandising, Point of Purchase, Point of Sale, Public Relations, Publicity/Promotions, Restaurant, Retail, Strategic Planning/Research

Approx. Annual Billings: $2,500,000

Virginia Zimm *(Pres)*
Pereina Choudhury *(Acct Dir)*

Accounts:
California Department of Agriculture
California Walnut Commission
Canola Council
Foreign Agricultural Service; Canada Agri-Food Products; 1999
National Watermelon Promotional Board; Canada; 2004
Ontario Apple Growers
Ontario Red Tart Cherries
Ontario Tender Fruit Producers' Marketing Board Grapes, Peaches, Pears, Plums, Sweet/Sour Cherries; 1978
Stonemill Bakehouse
Trade Commission of Spain
USA Rice Federation; Canada; 1997

THE FEAREY GROUP
1809 7Th Ave Ste 1212, Seattle, WA 98101
Tel.: (206) 343-1543
Fax: (206) 622-5694
E-Mail: tfg@feareygroup.com
Web Site: www.feareygroup.com

Employees: 15
Year Founded: 1981

National Agency Associations: PRSA

Agency Specializes In: Government/Political, Industrial, Public Relations

Aaron Blank *(CEO)*
Laura Tufts *(VP)*
Chris Guizlo *(Dir)*
Christine Nettles *(Dir-Admin)*
Jacque Seaman *(Dir)*
Olivia Fuller *(Mgr-Internship Program & Acct Exec)*
Madalyn Chau *(Asst Acct Exec)*

Accounts:
Allen Institute for Brain Science
Arthritis Foundation
The Landing
Lyfe Kitchen Media Relations, Outreach, Public Relations
Safeway
Sleep Medicine Associates
Swedish Medical Center
TalkingRain Sparkling Ice
Teragren
Thornton Place
UnitedHealthcare
Urban Land Institute
Virginia Mason
Vulcan Inc.

FEED MEDIA PUBLIC RELATIONS
7807 E 24th Ave, Denver, CO 80238
Tel.: (303) 388-8460
E-Mail: contact@feedmedia.com
Web Site: https://www.feedmedia.com/

Employees: 20
Year Founded: 2002

Agency Specializes In: Crisis Communications, Guerilla Marketing, Media Relations, Media Training, Public Relations, Social Media

Stefanie Jones *(Founder & Pres)*
Derek Jones *(Founder & COO)*

Accounts:
OZ Architecture

FEINTUCH COMMUNICATIONS
245 Park Ave, New York, NY 10167
Tel.: (212) 808-4900
Fax: (212) 808-4915
E-Mail: info@feintuchpr.com
Web Site: www.feintuchcommunications.com

Employees: 10
Year Founded: 2009

Agency Specializes In: Corporate Identity, Event Planning & Marketing, Exhibit/Trade Shows, Graphic Design, Investor Relations, Media Relations, Media Training, Product Placement, Public Relations, Strategic Planning/Research

Henry Feintuch *(Founder & Pres)*
Richard Roher *(Mng Partner)*
Richard Anderson *(Sr Mng Dir & Head-Fin Svcs Practice)*
Scott Gordon *(Mng Dir)*
Doug Wright *(Sr Acct Dir)*

Accounts:
Antel Communications (Agency of Record) Public Relations
AptoVision (Agency of Record) Public Relations
BasisCode
Blue Fountain Media Public Relations
BlueHornet Public Relations
BorderX Lab, Inc. (Public Relations Agency of Record) Integrated Strategic Relations, Marketing; 2018
The Center for Emotional Marketing (Public Relations Agency of Record) Corporate Positioning, Thought Leadership
ChargeItSpot Consumer Public Relations
Convene
Dobleas PR
Glebar Company (Public Relations Agency of Record)
Global Systems Integration Marketing, PR
GSI, Inc. Marketing, PR
Hanger Network Green Marketing Services
HDMI Licensing (Public Relations Agency of Record in North America) Media Relations
Healbe (Public Relations Agency of Record) Media Relations, Outreach, Social Media, Strategy
Internet Advertising Institute (Agency of Record) Web Based Education & Training Portal
Kenaz Translations (Agency of Record) Corporate Website, Media Relations
Klarna (North America Public Relations Agency of

PUBLIC RELATIONS FIRMS

Record) Social Media
LDR PR
Leclanche (North American Public Relations Agency of Record) Investor Relations
Legrand
LifeThreads LLC (Agency of Record) Communications
Maxine Morgan Eyewear (Agency of Record)
MIIAtech Marketing & Public Relations Campaign
MPOWER Financing (Public Relations Agency of Record)
Provide Support, LLC; New York, NY PR & Marketing
Silicon Line GmbH International Public Relations; 2018
Smartclip LLC.
SmrtGuard (Agency of Record) Strategic Communications Campaign
Synthesis Energy Systems, Inc. Public Relations
TheMediaDash.com, Inc.; Westport, CT Media, Strategic Communications
Travelex Currency Solutions North American Program; 2018
Visioneer, Inc. (Agency of Record) Public Relations
ZeeVee, Inc. (Global Public Relations Agency of Record) Strategic Relations Program; 2018

FELDSCHER HORWITZ PUBLIC RELATIONS
(Formerly Sharla Feldscher Public Relations)
325 Cherry St 2nd F3 Eves Dr Ste 305, Marlton, NJ 08053
Tel.: (215) 627-0801
Web Site: www.fhpublicrelations.com

Employees: 10

Agency Specializes In: Event Planning & Marketing, Media Relations, Public Relations, Social Media

Sharla Feldscher *(Pres)*
Hope Horwitz *(VP)*
Wendi Schweiger *(Mgr-PR)*

Accounts:
Andrea Green Music
Charitydine
DePue Brothers Band
Eddie Bruce
Enchantment Theatre Company
Erin Dickins
Goldenbergs Peanut Chews
Jacobs Music Company
Japan America Society
Journey Cafe

FELICE + WHITNEY AGENCY
(Formerly Tony Felice PR & Marketing)
1021 E Washington St, Phoenix, AZ 85034
Tel.: (602) 359-0626
E-Mail: info@tfelicewhitney.com
Web Site: www.felicewhitney.com

Employees: 5
Year Founded: 2008

Agency Specializes In: Brand Development & Integration, Internet/Web Design, Media Buying Services, Media Training, Public Relations, Social Media

Tony Felice *(Pres)*

Accounts:
1 Smart Life LLC
Fobie Friends

THE FERRARO GROUP
9205 W Russell Rd Ste 340, Las Vegas, NV 89148

Tel.: (702) 367-7771
Fax: (702) 367-7773
Web Site: www.theferrarogroup.com/

Employees: 10

Agency Specializes In: Public Relations

Greg Ferraro *(Founder & Pres)*
Barbara Smith Campbell *(Principal)*
Robert Ostrovsky *(Principal)*
Holly Lobelson Silvestri *(Principal)*
Nicole Willis-Grimes *(Dir-Pub Affairs)*
Jared Austin *(Reg Mgr-Social Media)*
Joe Rahmeyer *(Office Mgr)*
Krista Gilbertson *(Sr Acct Exec-PR)*
Raquel Sanchez *(Sr Acct Exec-PR)*
Lauren Silverstein *(Sr Acct Exec)*
Krystal Pyatt *(Acct Exec-PR & Social Media)*
Gabriele McGregor *(Coord-Pub Affairs)*

Accounts:
Crazy Pita Rotisserie & Grill (Agency of Record) Marketing, Media Communications, Public Relations, Social Media
Dunkin' Donuts
Grand Canyon Development Partners
JAG Nevada
JPMorgan Chase
WestCare
Western Elite
Western Governors University (Agency of Record)

FETCH PR
1250 W Augusta Blvd 1st Fl, Chicago, IL 60642
Tel.: (312) 554-5023
Web Site: www.fetch-pr.com

Employees: 5

Agency Specializes In: Brand Development & Integration, Event Planning & Marketing, Media Training, Public Relations, Social Media

Lina Khalil *(Partner)*

Accounts:
Academy for Urban School Leadership

FETCHING COMMUNICATIONS
PO Box 222, Tarpon Springs, FL 34688
Tel.: (877) 703-3824
Fax: (888) 537-3564
E-Mail: hello@fetchingcommunications.com
Web Site: www.fetchingcommunications.com

Employees: 10
Year Founded: 2003

Agency Specializes In: Brand Development & Integration, Business-To-Business, Exhibit/Trade Shows, Internet/Web Design, Promotions, Public Relations, Search Engine Optimization, Social Media, Strategic Planning/Research

Kristen Levine *(Sr VP-Pet & Veterinary Practice)*
Shannon Stevens *(Acct Mgr)*
Jillian Cameron *(Sr Acct Exec)*

Accounts:
Amazing Pet Expos
The American College of Veterinary Internal Medicine
The American College of Veterinary Ophthalmologists
Applebrook Animal Hospital
Avenelle Turner
Bark Busters Home Dog Training
Bideawee
biOrb
Calico Group
Charleston Veterinary Referral Center
CheapPetDrugs.com PR, Social Media, Website design
CityVet (Agency of Record)
Day by Day Pet Caregiver Support Public Relations, Social Media, Strategic Positioning
DOGTV
Emergency Animal Clinic of Arizona Public Relations, Social Media, Strategic Positioning
Farewell Products Farewell Pet Kit, Press Kit
John Paul Pet Media Relations
K9 Fit Club
Kuranda Beds
The Language of Dogs Media, Social Media
Natural Paws
NutralifePet Blogger Outreach, SAMe, Social Media
Pet Dental Services
Pet Sitters International Media Relations
PetHub, Inc
PetSafe Public Relations, Social Media, Website Design
PETSYNC Education Services Public Relations, Social Media, Website Design
Reach-in Technologies iPet Companion
Scout & Zoe's
ThunderWorks
Torus
Veterinary Practice Partners
VetSpecialists.com
Voyce Pro
Waggers, Inc. Waggers' TenderMoist Cat Food
Washington Laight Business Solutions, LLC Brochure Design, Consulting, Public Relations, Writing
Women in the Pet Industry Network
Yabozi Products, LLC

FICOMM PARTNERS, LLC
11755 Wilshire Blvd Ste 1250, Los Angeles, CA 90025
Tel.: (310) 593-4220
E-Mail: connect@ficommpartners.com
Web Site: www.ficommpartners.com

Employees: 5

Agency Specializes In: Brand Development & Integration, Content, Logo & Package Design, Public Relations, Radio, T.V.

Accounts:
New-First Foundation

FINEMAN PR
150 Post St Ste 620, San Francisco, CA 94108
Tel.: (415) 392-1000
Fax: (415) 392-1099
E-Mail: mfineman@finemanpr.com
Web Site: www.finemanpr.com

E-Mail for Key Personnel:
President: mfineman@finemanpr.com
Creative Dir.: mfineman@finemanpr.com

Employees: 15
Year Founded: 1988

Agency Specializes In: Agriculture, Bilingual Market, Communications, Consumer Goods, Consumer Marketing, Corporate Communications, Crisis Communications, Education, Engineering, Hispanic Market, Local Marketing, Media Relations, Media Training, Multicultural, Public Relations, Publicity/Promotions, Sponsorship, Strategic Planning/Research

Breakdown of Gross Billings by Media: Pub. Rels.: 100%

Michael Fineman *(Pres & Dir-Creative)*
Travis Taylor *(Exec VP)*
Lorna Bush *(Sr VP)*

AGENCIES - JANUARY, 2019 — PUBLIC RELATIONS FIRMS

Heidi White *(VP)*
Karmina Zafiro *(VP)*
Serene Buckley *(Sr Dir & Dir-Content Strategy)*
Kelsey Frost *(Sr Acct Exec)*

Accounts:
American Humane Association
Antioch University Santa Barbara
Athletic Heart of San Francisco Sports Cardiology Practice
Autism Research Institute Autism is Treatable, Media Outreach
Dunkin' Donuts (Northern & Central California Agency of Record)
Fabric Restoration Service Team
Faust Winery
Foster Farms Events Support, Public Relations
Guckenheimer; Redwood City, CA Brand Awareness, Media Relations
Habitat Horticulture
HealthRIGHT 360 Public Awareness
HNTB Corporation B2B
KonaRed
Lynmar Estate Culinary Offerings, Estate, Wine
Materra & Cunat Family Vineyards
Mission Economic Development Agency
National Marine Manufacturers Association 2015 Progressive Insurance San Francisco Boat Show
Olympus Calistoga LLC Issues Management
The Pacific Companies Marketing, Messaging
Pro Ecuador Media
Quintessa wines Brand Awareness, Media Relations
Renteria Wines Brand Message
Roadhouse Winery Brand Development, Traffic-Building
The San Francisco Marathon
Spelletich Family Winery Brand Awareness, Media Relations
Truchard Vineyards Brand Awareness, Media Relations
UC Hastings College of Law Issues Management
Zaca Mesa

FINGERPRINT
107 N Swall Dr Apt 105, Los Angeles, CA 90048
Tel.: (310) 276-7500
Fax: (310) 276-7965
E-Mail: info@fingerprintcommunications.net
Web Site: www.fingerprintcom.net

Employees: 20

Agency Specializes In: Event Planning & Marketing, Public Relations, Social Media

Accounts:
Ryka
Sears

FINSBURY
1345 Ave of the Americas, New York, NY 10105
Tel.: (646) 805-2000
E-Mail: enquiries@finsbury.com
Web Site: www.finsbury.com/

Employees: 100

Agency Specializes In: Crisis Communications, Investor Relations, Public Relations

Roland Rudd *(Chm)*
Michael Gross *(CEO)*
Winnie Lerner *(Deputy CEO & Mng Patner-North America)*
Sydney Ann Neuhaus *(Mng Partner-New York)*
Edward Adler *(Partner)*
Sara Evans *(Partner)*
Kal Goldberg *(Partner)*
Peter Land *(Partner)*
Charles Nathan *(Partner)*

Paul Holmes *(CEO-North America)*
Jeremy Pelofsky *(Sr VP)*
Chris Gee *(Mng Dir-North America)*
Jeff Heckelman *(VP)*
Megan Kennedy *(VP)*
Karla Wagner *(Head-HR & Talent)*
Max Gross *(Assoc Dir)*
Amy Schultz *(Assoc Dir)*

Accounts:
AppNexus
Dick's Sporting Goods, Inc (Corporate Agency of Record) Strategy; 2018
Independence Bancshares, Inc. Media
International Enterprise Singapore Marketing Communications, Online, Public Relations, Social Media
J. Walter Thompson Public Relations

FIRECRACKER PR
586 S Brea Blvd, Brea, CA 92821
Tel.: (626) 965-7800
Fax: (949) 269-0610
Toll Free: (888) 317-4687
E-Mail: info@firecrackerpr.com
Web Site: www.firecrackerpr.com

Employees: 5
Year Founded: 2004

Agency Specializes In: Content, Direct Response Marketing, Public Relations, Search Engine Optimization, Social Media

Edward Yang *(Mng Partner)*

Accounts:
New-Cognetyx Inc
New-Comtrend Corporation
New-Mosaic451
New-TreadWright

THE FIRM PUBLIC RELATIONS & MARKETING
6157 S Rainbow Blvd, Las Vegas, NV 89118
Tel.: (702) 739-9933
Fax: (702) 739-9779
E-Mail: thefirm@thefirmpr.com
Web Site: www.thefirmpr.com

Employees: 10
Year Founded: 1993

National Agency Associations: PRSA

Agency Specializes In: Event Planning & Marketing, Health Care Services, Luxury Products, Media Relations, Media Training, Public Relations, Retail, Social Media, Sponsorship, Travel & Tourism

Jasen Woehrle *(Sr VP)*
Jesse Scott *(Sr Specialist-PR)*

Accounts:
AAA Nevada Public Relations
Bally Technologies PR
Comprehensive Cancer Centers of Nevada
Global Gaming Expo (G2E)
NVPR Nevada Public Radio Corp.; Las Vegas, NV
Southern Nevada Health & Immunization Coalition
Treasure Island

FISCHTANK
32 Broadway, New York, NY 10004
Tel.: (646) 699-1414
E-Mail: info@fischtankpr.com
Web Site: www.fischtankpr.com

Employees: 10

Agency Specializes In: Advertising, Graphic Design, Public Relations, Search Engine Optimization

Matthew Bretzius *(Pres & Partner)*
Eric Fischgrund *(CEO)*
Kyle Evans *(Acct Mgr)*

Accounts:
3DIcon
Alliance BioEnergy Plus, Inc (Public Relations & Marketing Agency of Record) Marketing Strategy
BIOLIFE4D (Agency of Record) Marketing & Communications, National & Trade Media Outreach; 2017
Grabbr (Agency of Record) Advertising, General Awareness, Marketing & Communications, National & Trade Media Outreach
Revolution Lighting Technologies, Inc.
SITO Mobile
Zoomph

FISHBURN
(Acquired by Fleishman-Hillard & Name Changed to Fleishman-Hillard Fishburn)

FISHER VISTA, LLC
PO Box 10, Capitola, CA 95010
Tel.: (831) 685-9700
E-Mail: info@fishervista.com
Web Site: http://www.hrmarketer.com/

Employees: 10

Agency Specializes In: Brand Development & Integration, Content, Public Relations, Social Media

Accounts:
EmployeeScreenIQ

FISHMAN PUBLIC RELATIONS
3400 Dundee Rd.Ste. 300, Northbrook, IL 60062
Tel.: (847) 945-1300
Fax: (847) 945-3755
E-Mail: sfish@fishmanpr.com
Web Site: www.fishmanpr.com

Employees: 19

Agency Specializes In: Public Relations, Sponsorship

Brad Fishman *(CEO)*
Debra Vilchis *(COO)*
Sara Faiwell *(VP)*
Kelly McNamara *(VP)*
Julianne Stevenson *(VP)*

Accounts:
Complete Nutrition
Corner Bakery Cafe Public Relations
Marco's Pizza
TITLE Boxing Club
Unishippers Global Logistics, LLC

THE FISKE GROUP
9442 Capital of Texas Highway N Arboretum Plaza One Ste 500, Austin, TX 78759
Tel.: (512) 331-7755
E-Mail: info@thefiskegroup.com
Web Site: www.thefiskegroup.com

Year Founded: 2006

Agency Specializes In: Brand Development & Integration, Media Relations, Public Relations, Social Media

Darlene Fiske *(Owner)*

PUBLIC RELATIONS FIRMS

Accounts:
New-Lake Austin Spa Resort

FITZ & CO
423 W 14th St 429-2F, New York, NY 10014
Tel.: (212) 627-1455
Fax: (212) 627-0654
E-Mail: artpr@fitzandco.com
Web Site: fitzandco.art/

Employees: 30
Year Founded: 1995

Agency Specializes In: Brand Development & Integration, Event Planning & Marketing, Media Relations, Public Relations, Social Media

Sara Fitzmaurice *(Pres & CEO)*
Rebecca Taylor *(Exec VP)*

Accounts:
Storm King Art Center

FLACKABLE LLC
1701 Walnut St Ste 704, Philadelphia, PA 19103
Tel.: (215) 429-8569
Toll Free: (866) 225-0920
E-Mail: info@flackable.com
Web Site: www.flackable.com

Employees: 10

Agency Specializes In: Brand Development & Integration, Content, Media Relations, Media Training, Public Relations, Search Engine Optimization, Social Media, Strategic Planning/Research

Brian Hart *(Founder & Pres)*
Binh Nguyen *(Sr Acct Exec)*
Kaitlyn Smith *(Acct Exec)*
Isabella Abiuso *(Asst Acct Exec)*
Jenna Faccenda *(Acct Coord)*

Accounts:
Chapman Associates
Chris Markowski
Equity Concepts (Integrated Communications Agency of Record) Content Strategy, Media Relations
Local Life Agents (Integrated Communications Agency of Record) Content Strategy, Media Relations
Vesticor Advisors (Integrated Communications Agency of Record) Brand Marketing, Digital Strategy, Media Relations, Public Relations

FLASHPOINT PUBLIC RELATIONS, LLC
2475 3rd St Ste 253, San Francisco, CA 94107
Tel.: (415) 551-9620
E-Mail: info@flashpointpr.com
Web Site: www.flashpointpr.com

Employees: 20
Year Founded: 2005

Agency Specializes In: Media Relations, Public Relations, Social Media, Sponsorship

Christopher Downing *(Owner & Principal)*
Jennifer Colton *(Principal)*
Karen Nolan *(Sr VP)*
Leah Barash *(Dir)*

Accounts:
LEGO Systems, Inc.
Looxcie
Shutterfly, Inc.
Solar Components Corp.

FLEISHMANHILLARD INC.
200 N Broadway, Saint Louis, MO 63102-2730
Tel.: (314) 982-1700
Fax: (314) 982-0586
Web Site: fleishmanhillard.com/

Employees: 400
Year Founded: 1946

National Agency Associations: COPF

Agency Specializes In: Above-the-Line, Advertising, Advertising Specialties, African-American Market, Agriculture, Alternative Advertising, Arts, Asian Market, Bilingual Market, Brand Development & Integration, Branded Entertainment, Business-To-Business, Communications, Consumer Marketing, Content, Corporate Communications, Corporate Identity, Crisis Communications, Customer Relationship Management, Digital/Interactive, Direct-to-Consumer, Education, Electronic Media, Entertainment, Environmental, Event Planning & Marketing, Experience Design, Fashion/Apparel, Financial, Food Service, Government/Political, Graphic Design, Health Care Services, High Technology, Hispanic Market, Identity Marketing, Infomercials, Information Technology, Integrated Marketing, International, Internet/Web Design, Investor Relations, LGBTQ Market, Legal Services, Leisure, Logo & Package Design, Marine, Market Research, Media Planning, Media Relations, Media Training, Medical Products, Mobile Marketing, Multicultural, Multimedia, New Product Development, Newspaper, Newspapers & Magazines, Over-50 Market, Pharmaceutical, Planning & Consultation, Point of Purchase, Product Placement, Production (Ad, Film, Broadcast), Production (Print), Public Relations, Publicity/Promotions, Radio, Regional, Sales Promotion, Seniors' Market, Social Marketing/Nonprofit, South Asian Market, Sponsorship, Sports Market, Strategic Planning/Research, Sweepstakes, T.V., Teen Market, Telemarketing, Trade & Consumer Magazines, Transportation, Travel & Tourism, Viral/Buzz/Word of Mouth, Women's Market, Yellow Pages Advertising

Ryan Brown *(Partner-Strategy & Brand Content & Sr VP)*
Whaewon Choi *(Partner & Sr VP)*
Jim Mayfield *(Partner, Sr VP & Grp Creative Dir)*
Kristen Whipple *(Partner & Sr VP)*
Jim Woodcock *(Partner-Sports Bus & Sr VP)*
Fred Rohlfing *(CFO, Sr Partner & Exec VP)*
Marla Dicandia *(Sr Partner, COO-Central Reg & Sr VP)*
Jeff Davis *(Sr VP & Sr Partner-Bus Dev-Americas)*
Donald Etling *(Sr Partner & Sr VP)*
Jack Farmer *(Sr Partner & Sr VP)*
Matt Groch *(Sr VP)*
Terry Hoffmann *(Sr VP-Pub Affairs & Engagement)*
Marty Richter *(Sr VP)*
Buck Smith *(Sr VP)*
Dianna Kraus *(Mng Dir-Sports Practice-Global)*
Joanne Wong *(Mng Dir-Bus Dev-Asia Pacific)*
Cara Elsas *(Sr Partner & Head-Brand Mktg Practice)*
Molly Hulsey *(Acct Dir-Fishburn-UK)*
Joyce Fogerty *(Dir)*
Amanda Abukhader *(Acct Supvr)*
Amanda Rast *(Acct Supvr)*
Hannah Shirley *(Sr Acct Exec)*
Alexis Tull *(Analyst-Digital Mktg & Paid Media)*
Danielle Zeis *(Analyst-Digital Mktg)*
Mark Mortell *(Chief Global Client Leadership Officer)*
Janise Murphy *(Chief Practice Officer)*
Lynn Oppelt *(Sr Partner-HR Bus)*

Accounts:
American Petroleum Institute
Anheuser-Busch InBev Media, US Corporate Public Relations
Arby's Foundation Awareness, Public Relations; 2018
Ascension Health
Avaya Content
Boy Scouts of America (Agency of Record) Campaign: "Build an Adventure", Campaign: "Rocketman", Digital, Hispanic Youth, Marketing, PSA, Print, Social Media
Buffalo Wild Wings; Minneapolis, MN Public Relations
Build-A-Bear Workshop, Inc Communication, Event Support, Influencer Engagement, Media Relations; 2017
Crocs, Inc. (Public Relations Agency of Record)
The Emma L. Bowen Foundation (Agency of Record) Content, Digital Media Strategy, Public Relations, Social Media Strategy
Enterprise
Federal Trade Commission
Gatorade Campaign: "Inside Endurance"
General Motors Cadillac, GM Corporate Communications (Public Relations Agency of Record), Public Relations, Strategic Communications
Great Wolf Resorts
Hallmark
Lenovo Group Limited
National Mango Board (Public Relations Agency of Record)
Procter & Gamble Tide
Select Comfort Corporation Sleep Number (PR Agency of Record)
New-United States Army Public Relations; 2018
New-Western Union Corporate Reputation, Global Public Relations, Integrated Communications

United States

Fleishman-Hillard Inc.
4 Studebaker, Irvine, CA 92618
Tel.: (949) 855-5997
Web Site: fleishmanhillard.com/

Employees: 50

David Goldman *(Partner & Sr VP)*
Geoff Mordock *(Partner & Sr VP)*
Anne Leverdier *(VP)*

Fleishman-Hillard Inc.
3919 30Th St, San Diego, CA 92104
Tel.: (619) 237-7700
Fax: (619) 235-9994
Web Site: fleishmanhillard.com/

Employees: 20

National Agency Associations: COPF

Agency Specializes In: Communications

Susan Veidt *(Pres-US Central Reg & Gen Mgr-St. Louis Office)*
Yusuf Hatia *(Mng Dir-Client Svc)*
Brittany Porrazzo *(VP)*
Mark Larson *(Acct Supvr)*

Fleishman-Hillard Inc.
500 Capitol Mall, Sacramento, CA 95814
Tel.: (916) 441-7606
Fax: (916) 441-7622
E-Mail: dan.barber@fleishman.com
Web Site: fleishmanhillard.com/

Employees: 18

National Agency Associations: COPF

Agency Specializes In: Communications, Public Relations

AGENCIES - JANUARY, 2019　　　　　　　　　　　　　　　　　　　　　　　　　　　PUBLIC RELATIONS FIRMS

Yusuf Hatia *(Mng Dir)*
Yvonne Park *(Mng Dir)*
Joanne Wong *(Mng Dir)*
Dan Barber *(Sr Partner, Sr VP & Gen Mgr)*
Alexa Meadows *(Acct Supvr)*

Fleishman-Hillard Inc.
12777 W Jefferson Blvd Ste 120, Los Angeles, CA 90066
Tel.: (310) 482-4270
Fax: (310) 482-4271
E-Mail: mary.yousef@fleishman.com
Web Site: fleishmanhillard.com/

Employees: 15

National Agency Associations: COPF

Agency Specializes In: Communications, Sponsorship

Isobel Coney *(Partner & Sr VP)*
Yusuf Hatia *(Mng Dir)*
Yvonne Park *(Mng Dir)*
Joanne Wong *(Mng Dir)*
Emily Frager *(Sr Partner, Sr VP & Gen Mgr)*

Accounts:
U.S.A. Gymnastics
YWCA of the USA

Fleishman-Hillard Inc.
720 California St Fl 6, San Francisco, CA 94108
Tel.: (415) 318-4000
Fax: (415) 318-4010
E-Mail: larry.kamer@fleishman.com
Web Site: fleishmanhillard.com

Employees: 50

National Agency Associations: COPF

Agency Specializes In: Communications, Public Relations, Sponsorship

Brandi Harrington *(Partner-Social & Innovation & Sr VP)*
J.J. Carter *(Pres-US East, US West, Canada & Mexico)*
Meredith Bradshaw *(Sr VP-Digital)*
Kristin Kryway Hollins *(Sr Partner & Sr VP)*
Tala Chmiel *(VP)*
Jane Dam *(VP)*
Caitlin Garlow *(VP)*
Tim O'Keeffe *(Sr Partner & Gen Mgr)*
Erin Hartwig *(Acct Supvr)*
Alexander Romero-Wilson *(Acct Supvr-Social & Innovation)*
Joshua Luebke *(Mng Supvr)*
Lin Shen *(Mng Supvr)*

Accounts:
AT&T, Inc.
California Public Utilities Commission Energy Upgrade California Program, Public Relations, Social
EA Sports Campaign: "Support Madden NFL 12"
Hispanic Scholarship Fund
Visa

Fleishman-Hillard Inc.
2 Alhambra Plz Ste 600, Coral Gables, FL 33134
Tel.: (305) 520-2000
Fax: (305) 520-2001
Web Site: fleishmanhillard.com/

Employees: 20

Agency Specializes In: Communications, Public Relations

Isabel Abislaiman *(Partner & Sr VP)*
Adriana Sinta-Huerta *(Partner & Reg Dir-Latin America)*
Susan Veidt *(Pres-US Central Reg & Gen Mgr-St. Louis Office)*
Patricia Alvarado *(Sr VP)*
Jorge Diaz De Villegas *(Sr Partner & Sr VP)*
Adriana Infante *(VP)*
Jose Resendez *(Acct Supvr & Strategist-Publicist & Digital)*

Accounts:
Pan-American Life Insurance Company 100th Anniversary "100 Years of Promises Kept"

Fleishman-Hillard Inc.
3500 Lenox Rd Ne Ste 1900, Atlanta, GA 30326
Tel.: (404) 659-4446
Fax: (404) 659-4452
E-Mail: kaplank@fleishman.com
Web Site: fleishmanhillard.com/

Employees: 20

National Agency Associations: COPF

Agency Specializes In: Communications, Sponsorship

Paul Dusseault *(Sr Partner & Sr VP)*
Jerry Tolk *(Sr Partner & Gen Mgr)*

Accounts:
Aflac
AT&T Communications Corp.
Cricket Wireless LLC Media Outreach
Gas South Crisis Management, Media Relations, Public Relations, Thought Leadership
Newell Rubbermaid, Inc.
Zep, Inc. Media

Fleishman-Hillard Inc.
200 E Randolph St 37th Fl, Chicago, IL 60601
Tel.: (312) 729-3700
Web Site: fleishmanhillard.com/

Employees: 76

National Agency Associations: COPF

Agency Specializes In: Communications, Public Relations, Sponsorship

Brett McCall *(Partner, Sr VP & Exec Creative Dir)*
Tom Laughran *(Partner & Sr VP)*
Jack Yeo *(Partner & Sr VP)*
Laura Shulman *(Sr VP & Head-Food & Nutrition Practice Grp)*
Marjorie Benzkofer *(Mng Dir-Reputation Mgmt Practice)*
Brian Carr *(VP-Insights & Analytics)*
Maxine Winer *(Sr Partner & Gen Mgr)*
Maureen Adduci *(Dir & Office Mgr)*
Rachel Coleman *(Mng Supvr)*
Katie Pearson *(Mng Supvr)*

Accounts:
The Allstate Foundation Campaign: "Power of the Purple Purse"
The Gatorade Company Campaign: "Beat the Heat", Campaign: "Gatorade Goes Inside Endurance", Campaign: "Workout Water", G Series, Propel, Public Relation
General Motors Company Chevrolet
Get Covered Illinois Affordable Care Act, PR
Illinois Office of Tourism PR
Quaker Oats (Public Relations Agency of Record)

FleishmanHillard Inc.
290 Congress St Fl 6, Boston, MA 02210
(See Separate Listing)

Fleishman-Hillard Inc.
60 S 6Th St Ste 2750, Minneapolis, MN 55402
Tel.: (612) 337-0354
Fax: (612) 337-0355
Web Site: fleishmanhillard.com/

Employees: 37

National Agency Associations: COPF

Agency Specializes In: Communications

Steve Hickok *(Sr Partner & Sr VP)*
David Hakensen *(Sr VP-Minneapolis & St Paul)*
Sarah Young *(VP-Internal Comm)*

Fleishman-Hillard Inc.
2405 Grand Blvd Ste 1000, Kansas City, MO 64108
Tel.: (816) 474-9407
Fax: (816) 474-7783
E-Mail: warren.dudley@fleishman.com
Web Site: fleishmanhillard.com/

Employees: 100

National Agency Associations: COPF

Agency Specializes In: Communications, Public Relations, Sponsorship

Steven Walker *(Partner & Sr VP)*
Mary Bosco Heinrich *(Sr VP)*
Andrea Margolin *(Sr VP-Social & Innovation)*
Kevin Koestner *(VP & Creative Dir)*
Andrea Myers *(VP)*
Harald Simons *(Head-Global Client)*
Erica Davis *(Mng Supvr)*
Mandy Levings *(Sr Partner)*

Accounts:
Agro-Farma, Inc. Chobani Greek Yogurt
Applebee's Services, Inc. Applebee's International, Inc.
Bayer Corporation
Hallmark Cards
Procter & Gamble Pet Care Iams

Fleishman-Hillard Inc.
1201 Edwards Mill Rd Ste 301, Raleigh, NC 27607
Tel.: (919) 457-0744
Fax: (919) 457-0741
E-Mail: britt.carter@fleishman.com
Web Site: fleishmanhillard.com/

Employees: 25

National Agency Associations: COPF

John Graham *(Chm)*
Yvonne Park *(Mng Dir)*
Joanne Wong *(Mng Dir)*
Caroline Wunnerlich *(Mng Dir)*
Andrea Marshall Moody *(Sr Partner, Sr VP & Gen Mgr)*
Jayme Owen *(Sr VP)*
Elizabeth Romero *(Sr VP)*
Yusuf Hatia *(Mng Dir-Client Svc)*
Kristen Bilger *(Mng Supvr)*

Fleishman-Hillard Inc.
6000 Fairview Rd Ste 315 SouthPark Towers, Charlotte, NC 28210-2225
Tel.: (704) 556-2626
Fax: (704) 556-2621
Web Site: fleishmanhillard.com/

Employees: 57
Year Founded: 2003

National Agency Associations: COPF

PUBLIC RELATIONS FIRMS

Cameron Shields *(Sr VP-PR)*
Alex Huffman Baumann *(VP)*
Kristen Bilger *(Mng Supvr)*
Brittany Melvin *(Mng Supvr)*

Fleishman-Hillard Inc.
220 E 42nd St 12th Fl, New York, NY 10017-5806
Tel.: (212) 453-2000
Fax: (212) 453-2020
Web Site: fleishmanhillard.com/

Employees: 100

National Agency Associations: COPF

Agency Specializes In: Communications, Public Relations, Sponsorship

Mary Curtin *(Partner & Sr VP)*
Paul Dalessio *(Partner & Sr VP)*
Karen Eisenberg *(Partner-Talent Dev & Sr VP)*
Emily K. Graham *(Partner & Sr VP)*
Chris Nelson *(Partner & Head-Crisis-Americas)*
Steven Schwadron *(Partner)*
Ephraim Cohen *(Sr Partner, Sr VP & Gen Mgr-New York)*
Richard Dale *(Sr Partner, Sr VP & Dir-Plng-Global)*
Alyssa Garnick *(Sr Partner & Sr VP)*
Emily Kirszrot *(Sr VP-Consumer Mktg)*
Laura Snearly Elliott *(VP)*
Jacob Porpossian *(VP-Creative Strategy, Social & Innovation)*
Ann Quattrochi *(VP & Sr Creative Dir-Bus Dev Svcs)*
George Westberg *(Mgr)*
Shane Willett *(Mgr)*
Lauren Price *(Mng Supvr)*

Accounts:
Agro-Farma, Inc. Chobani Greek Yogurt
American Dental Association Global Strategic Communications
Anheuser-Busch InBev Media, US Corporate Public Relations
Barnes & Noble Nook Color
Bayer AG
Boar's Head Provisions Co., Inc.
Bose
Carnival Corporation
Caron Treatment Centers (Agency of Record) Public Relations, Social Engagement, Strategic Communications
CIGNA Corporation
The Dannon Company, Inc.
Food & Drug Administration PR
Hewlett-Packard
Johnson & Johnson
LivingSocial
The Procter & Gamble Company Tide
Pure TalkUSA Campaign: "Jeremy"
Samsung Global Mobile
The Singapore Tourism Board

Fleishman-Hillard Inc.
1999 Bryan St Ste 3400, Dallas, TX 75201
Tel.: (214) 665-1300
Fax: (214) 953-3944
E-Mail: mullinar@fleishman.com
Web Site: fleishmanhillard.com/

Employees: 130

National Agency Associations: COPF

Agency Specializes In: Public Relations, Sponsorship

Candace Peterson *(Partner, Sr VP & Mng Dir-Brand Mktg)*
Janise Murphy *(Chief Practice Officer)*
Richard Mullinax *(Sr Partner, Exec VP & Dir-Energy & Utilities)*
Lauren Walters *(Sr Partner, Sr VP & Gen Mgr)*

Heather Alexander *(Sr VP)*
Rob Boles *(Sr VP)*
Andy Shaw *(Sr VP)*
Meredith Suntich *(Sr VP)*
Mike Cearley *(Mng Dir-Social & Innovation-Global)*
Jamie Greenheck *(Mng Dir-Food, Beverage & Agriculture)*
Michelle Malina *(Acct Supvr)*
Jillian Emens *(Mng Supvr)*
Claire Jameson *(Mng Supvr)*

Fleishman-Hillard Inc.
Williams Tower 2800 Post Oak Blvd Ste 6060, Houston, TX 77056-6111
Tel.: (713) 513-9500
Fax: (713) 961-3316
E-Mail: jamie.greenheck@fleishman.com
Web Site: fleishmanhillard.com/

Employees: 20

National Agency Associations: COPF

Agency Specializes In: Communications, Public Relations

Yusuf Hatia *(Mng Dir)*
Yvonne Park *(Mng Dir)*
Joanne Wong *(Mng Dir)*
Jamie Greenheck *(Mng Dir-Food, Beverage & Agriculture-Global)*
Jennifer Reeves *(Mng Supvr)*

Greer, Margolis, Mitchell, Burns & Associates (GMMB)
3050 K St NW, Washington, DC 20007
Tel.: (202) 338-8700
Fax: (202) 338-2334
E-Mail: gmmb_dc@gmmb.com
Web Site: www.gmmb.com

Employees: 250

National Agency Associations: 4A's

Agency Specializes In: Communications, Government/Political, Media Buying Services, Public Relations, Publicity/Promotions, Sponsorship

Daniel Jester *(Partner-Political Campaigns & Media Plng)*
John Gundlach *(Sr VP & Mng Dir-Creative & Brand Strategy)*
Adam Ferrari *(Sr VP & Sr Producer)*
Jessica Selander *(Sr VP & Creative Dir)*
Sara Amalfitano *(Sr VP & Dir-Project Mgmt)*
Trudi Benford *(Sr VP & Dir-Creative Svcs)*
Saakshi Monga *(Sr VP & Dir-Digital Media)*
Angy Peterson *(Sr VP-Digital Strategy & Content & Dir)*
Michelle Austin *(Sr VP-Brand Positioning & Issue Comm)*
Jesse Demastrie *(Sr VP)*
Sarah Green *(Sr VP)*
Melissa Morales *(Sr VP)*
Meredith Potter *(Sr VP-Corp Social Impact)*
Joe Brener *(VP & Dir)*
Margaret Cody *(VP-Res & Plng)*
Don Corrigan *(Creative Dir)*
Rivka Garver *(Dir-Digital Media)*
John Rimel *(Acct Supvr)*
Anna Goldstein *(Supvr-Digital Media)*
Abebe Kebede *(Sr Acct Exec)*
Jenny Selzer *(Sr Acct Exec)*
Sabena Toor *(Planner-Digital & Buyer)*
Kelly Polce *(Sr Media Buyer)*

Accounts:
AARP
Corporation for National & Community Service Digital Strategy, FEMA Corps, National Media Outreach Campaign

Dave Thomas Foundation for Adoption Campaign: "Unadoptable is Unacceptable"
Hillary Clinton (Lead Agency)
Save Darfur Coalition
VISA Corporate Identity
Washington State Department of Health

Lois Paul & Partners
828 W 6th St, Austin, TX 78703
Tel.: (512) 638-5300
Fax: (512) 638-5310
E-Mail: info@lpp.com
Web Site: www.lpp.com

Employees: 10
Year Founded: 1986

Agency Specializes In: Communications, Public Relations, Sponsorship

Christine Simeone *(Exec VP)*

Accounts:
Aspen Technology
Blabbelon
Bomgar
CleanFUEL
Freescale Semiconductor
Kronos Inc.
LANDesk Software
National Instruments
RADVISION (Agency of Record)
Scuderi Group
Skyonic Corporation

Stratacomm, Inc.
3000 Town Ctr Ste 2650, Southfield, MI 48075
Tel.: (248) 975-2800
Fax: (248) 975-2820
E-Mail: info@stratacomm.net
Web Site: www.stratacomm.net

Employees: 10

Agency Specializes In: Communications, Sponsorship

Bill Buff *(Mng Partner)*
Charlotte Seigler *(Partner & Sr VP)*
Kristin Calandro Tyll *(Partner & Sr VP)*
Karah Davenport *(VP)*
Brooke Ziomek *(Acct Dir)*
Nicole Pelto *(Acct Supvr)*
Marcella Dudek *(Acct Exec)*

Accounts:
Seeing Machines Media, Media Relations, Press, Strategic Communications
Tognum America Inc. MTU, MTU Onsite Energy, Media Relations, Positioning, Trade Show Support

TogoRun
220 E 42nd St 12th Fl, New York, NY 10017
Tel.: (212) 883-9080
Fax: (212) 453-2070
Web Site: www.togorun.com

Employees: 50
Year Founded: 1993

Agency Specializes In: Communications, Health Care Services, Public Relations, Sponsorship

Gloria M. Janata *(Pres & Sr Partner)*
Ian Race *(Sr VP)*
Diana Haugen *(VP & Dir-Brand Mktg)*
Lizzy Belz *(Acct Supvr)*

Accounts:
GlaxoSmithKline, Inc.

AGENCIES - JANUARY, 2019 — PUBLIC RELATIONS FIRMS

L'Oreal
Rx Response (Agency of Record) Marketing, Strategic Communications Planning, Website

Canada

Fleishman-Hillard
100 Queen Street 13th Floor, Ottawa, ON K1P 1J9 Canada
Tel.: (613) 238-2090
Fax: (613) 238-9380
E-Mail: michael.vonherff@fleishman.ca
Web Site: fleishmanhillard.com

Employees: 12

Agency Specializes In: Communications, Government/Political, Public Relations

Gordon Taylor Lee *(Partner, Sr VP & Gen Mgr)*
Kevin Macintosh *(Partner & Sr VP)*

Accounts:
Enercare Communications
Mars Canada Ben's Beginners, Contest Facilitation, M&Ms, Public Relations, Social Media, Uncle Ben's

Fleishman-Hillard
33 Bloor Street E Ste 1500, Toronto, ON M4W 3H1 Canada
Tel.: (416) 214-0701
Fax: (416) 214-0720
Web Site: fleishmanhillard.com

Employees: 40
Year Founded: 1993

Agency Specializes In: Communications, Public Relations

Angela Carmichael *(Pres)*
Jennifer Atkinson *(Partner & Sr VP-Reputation Mgmt)*
Anne Marie Quinn *(Partner & Sr VP)*
John Capobianco *(Sr Partner, Sr VP & Head-Natl Practice-Pub Affairs)*
Helene Larochelle *(Sr VP & Creative Dir)*
Caroline Bretsen *(Sr VP)*
Leslie Walsh *(Sr VP-Reputation Mgmt)*
Lindsey Gillard *(VP)*
Samia Makhlouf *(Assoc VP)*

Accounts:
Aden+Anais (Public Relations Agency of Record)
Energizer
Foraco (Agency of Record) Communications Strategy
Ontario Road Builder's Association Content, Media Buying, Public Relations, Video

Fleishman-Hillard
777 Hornby St Ste 1920, Vancouver, BC V6Z 1S4 Canada
Tel.: (604) 688-2505
Fax: (604) 688-2519
E-Mail: ellen.bird@fleishman.ca
Web Site: fleishmanhillard.com

Employees: 20

Agency Specializes In: Communications, Government/Political, Public Relations

Jennifer Torney *(Partner & Sr VP)*
Mark Reder *(Sr Partner, Sr VP & Gen Mgr)*
Jackie Asante *(Sr VP)*
Jeffrey Ferrier *(VP)*
Jeremy Twigg *(Acct Dir)*

High Road Communications
100 Queen St ste 1300, Ottawa, ON K1Y 4S1 Canada
Tel.: (613) 236-0909
Fax: (613) 236-2117
Web Site: www.highroad.com

Employees: 23
Year Founded: 1996

Agency Specializes In: Communications, Public Relations

Katherine Fletcher *(Sr Partner, Mng Dir & Sr VP)*
Lesley Sturla *(VP)*

Accounts:
Enercare Communications
Solace Systems
Virgin Mobile (Agency of Record) Public Relations Strategy

High Road Communications
360 Adelaide St W 4th Fl, Toronto, ON M5V 1R7 Canada
Tel.: (416) 368-8348
Fax: (416) 368-6253
E-Mail: jcreally@highroad.com
Web Site: www.highroad.com

Employees: 100

Agency Specializes In: Communications, High Technology, Public Relations

Patrick Gladney *(Partner & Chief Strategy Officer)*
Adrienne Connell *(Partner & Sr VP)*
Neil Johnson *(Partner & Exec Creative Dir)*

Accounts:
American Express Campaign: "Building Brand With Big Ideas"
Canadian Internet Registry Authority
Canon
Canpages
Clarks Canada Content Creation, Public Relations, Social
Ferrero Canada Nutella
First Asset
Insertech
Nike Influencer Programs, Media Relations
Pavilion Financial
Sobeys Campaign: "Better Food For All", Digital, PR, Social
TransferWise (Agency of Record) Media
Women's College Hospital Foundation (Agency of Record) Advertising, Digital Strategy, Media Buying, Media Relations

High Road Communications
3575 Blvd St-Laurent Ste 200, Montreal, QC H2X 2T7 Canada
Tel.: (514) 908-0110
Fax: (514) 86-6 8981
Web Site: www.highroad.com

Employees: 100

Agency Specializes In: Communications, Government/Political, Public Relations

Nathalie Bergeron *(Sr VP)*

Accounts:
The Bank of Nova Scotia
Keen Canada (Public Relations Agency of Record) National Media & Influencer Relations; 2018
Ludia (Agency of Record) PR

Europe

Fleishman-Hillard Czech Republic
Lomnickeho 1705/9, 14 000 Prague, Czech Republic
Tel.: (420) 2 2423 2650
Fax: (420) 2 2423 2653
E-Mail: radek.marsik@fleishmaneurope.com
Web Site: http://fleishmanhillard.cz/

Employees: 20
Year Founded: 1998

National Agency Associations: APRA-ICCO

Agency Specializes In: Communications, Public Relations

Roman Pavlik *(CEO)*
Radek Marsik *(Sr VP & Gen Mgr)*
Kamil Fiser *(Art Dir)*
Marcel Bodnar *(Dir-Client)*
Lenka Aliapuliu *(Acct Mgr)*

Fleishman-Hillard Fishburn
(Formerly Fishburn)
Barkside 2 100 Southwark Street, London, SE1 0SW United Kingdom
Tel.: (44) 20 7092 2222
E-Mail: hello@thisisfishburn.com
Web Site: www.fhflondon.co.uk/

Employees: 20
Year Founded: 2004

Agency Specializes In: Automotive, Below-the-Line, Brand Development & Integration, Children's Market, Communications, Consumer Goods, Crisis Communications, Event Planning & Marketing, Leisure, Media Relations, Media Training, Product Placement, Public Relations, Teen Market, Travel & Tourism

Jim Donaldson *(CEO)*
Ali Gee *(Deputy CEO)*
Michael Hartt *(Partner, Dir & Head-Affairs-Intl)*
Tim Snowball *(Partner, Dir & Head-Pub Affairs)*
Stephanie Bailey *(Sr Partner-Corp & Mng Dir)*
John Gisborne *(Sr Partner & Mng Dir)*
Leah Katz *(Sr VP-New York)*
Claudia Bate *(Head-Fin Svcs & Fintech)*
Lauren Winter *(Head-Brand & Consumer Mktg)*
Kevin O'Sullivan *(Exec Creative Dir)*
Hannah Cambridge *(Acct Dir)*
Lyndsay Haywood *(Dir-Bus Dev)*
Ludo Baynham-Herd *(Assoc Dir)*
Tomos Davies *(Assoc Dir)*
Christopher McElwain *(Assoc Dir)*
Louise McHenry *(Assoc Dir)*
Nick DeLuca *(Sr Partner-London)*

Accounts:
Balvenie
BBC Children in Need
Brazil's Nuts PR
British Telecom PLC
Build-A-Bear UK Brand Awareness, UK Press Office, UK Public Relations; 2018
Cereal Partners Worldwide
Clear Channel International Advertising, Communications, Marketing
Danone
E&J Gallo
ERA
Flanders Investment & Trade Media Relations; 2017
G4S Digital, Social
General Mills Cheerios
GoPro; 2018
Gruppo Campari Aperol Spritz, Guideline Management, Media Content Planning, PR
Halo Foods Honey Monster, PR
Hotels.com
Jacksonville Jaguars
Lycos

PUBLIC RELATIONS FIRMS

Nestle Nesquik
Nintendo
RSPCA
Sing Up
Skyscanner UK Public Relations
Smurfitt Kappa
Tesco Bank
Tie Break Tens Brand, Digital, Social Channels, Social Profile; 2018
Wolff Olins
Youth Music

Fleishman-Hillard Germany
Herzog-Wilhelm-Strasse 26, D-80331 Munich, Germany
Tel.: (49) 89 230 31 60
Fax: (49) 89 230 31 631
Web Site: http://fleishmanhillard.de/

Employees: 20
Year Founded: 1994

Agency Specializes In: Communications, Public Relations

Dirk Krieger *(Mng Dir & CFO)*
Hanning Kempe *(Gen Mng Dir)*

Fleishman-Hillard Italy
Via Solari 11, 20144 Milan, Italy
Tel.: (39) 02 31804 1
Fax: (39) 02 3361 4827
Web Site: http://fleishmanhillard.it/

Employees: 20
Year Founded: 1996

Agency Specializes In: Communications, Public Relations

Massimo Moriconi *(Gen Mgr & Partner)*
Angela Zeverino *(Sr Acct Mgr)*
Chiara Laudicina *(Acct Mgr)*
Carlo Patassi *(Acct Mgr)*
Barbara Papini *(Specialist-Comm, Mktg & Institutional Rels)*

Accounts:
Expedia
GoFundMe Pan-European Consumer Communications

Fleishman-Hillard Poland
ul Burakowska 5/7, 01-066 Warsaw, Poland
Tel.: (48) 22 532 95 40
Fax: (48) 22 434 24 90
Web Site: http://fleishmanhillard.pl/

Employees: 20

Agency Specializes In: Communications, Public Relations

Magda Dziak-Woyda *(Acct Dir)*

Fleishman-Hillard
35 Square de Meeus, B-1000 Brussels, Belgium
Tel.: (32) 2230 0545
Fax: (32) 2230 5706
E-Mail: caroline.wunnerlich@fleishmaneurope.com
Web Site: http://fleishmanhillard.eu/

Employees: 70

Agency Specializes In: Communications, Government/Political, Public Relations

Donald Ricketts *(Partner & Head-Fin Svcs, Sr VP)*
Caroline Wunnerlich *(Mng Dir)*
Teresa Calvano *(Sr VP & Dir)*
Bertrand Huet *(Sr VP-Fin Svcs Pub Affairs)*
David Turier *(VP)*
Annette Simson *(Sr Creative Mgr & Head-Production)*
Jane Gimber *(Acct Dir)*

FleishmanHillard Dublin
15 Fitzwilliam Quay, Dublin, 4 Ireland
Tel.: (353) 1 618 8444
Fax: (353) 1 660 2244
Web Site: fleishmanhillard.ie/

Employees: 30

Agency Specializes In: Communications, Public Relations

Ann Coyne *(Fin Dir-EMEA)*
James Dunny *(Dir & Head-Crisis & Issues Mgmt-EMEA)*
Astrid Brennan *(Head-FH Boutique-PR & Client Dir)*
Rhona Blake *(Gen Mgr)*
Julian Davis *(Dir)*

Accounts:
Allianz Worldwide Care Global Public Relations
AS Roma Stadio Della Roma
Chevrolet Campaign: "Sponsorship of Manchester United", Public Relation
Expedia
GoFundMe Pan-European Consumer Communications; 2018
Philips
WhatClinic.com Global Communications

FleishmanHillard France
37 rue de la Biensaisance, 75008 Paris, France
Tel.: (33) 1 47 42 19 56
Fax: (33) 1 42 66 39 59
Web Site: http://fleishmanhillard.fr/

Employees: 40
Year Founded: 1987

Agency Specializes In: Communications, Public Relations

Accounts:
Autodesk Ltd.
Bose
Expedia, Inc.

FleishmanHillard Group Ltd.
40 Long Acre, Covent Garden, London, WC2E 9LG United Kingdom
Tel.: (44) 20 7306 9000
Fax: (44) 20 7497 0096
Web Site: http://fleishmanhillard.eu/

Employees: 140
Year Founded: 1988

Agency Specializes In: Communications, Public Relations

Paul Haugen *(Partner & Dir-Plng-EMEA)*
Brandy Fleming *(Mng Dir & Sr Partner-Creative Strategy & Consumer)*
Rafi Qadar Khan *(Sr VP & Gen Mgr-India)*
Nick Andrews *(Sr Partner & Sr VP)*
Sherawaye Hagger *(Head-Luxe & Dir-Consumer Brand Team)*
Lesley Anderson *(Dir-Brand)*
Sophie Scott *(Sr Partner & Dir)*
Claire Twohill *(Dir-Social, Innovation & Creative Strategy)*
Tania Chuppe *(Sr Acct Exec-PR)*

Accounts:
American Football team
Autodesk
Avaya Intel
Aviva Insurance
Barnes & Noble Nook E-Reader, Nook HD, Nook HD+
Bernard Hodes Corporate Reputation
Bose
British Insurance Brokers Association Public Affairs
The Carlyle Group Public Affairs
Chobani Greek Yogurt PR, Social Media Campaign
Colief
Crocs
Crosscare Limited Communications, Content Development, Online, Social Strategy
CytoSport, Inc. Consumer Public Relations, Content, MUSCLE MILK PROTEIN
Dorco
Freeview
Gardena
GoFundMe
Hallmark Cards Communications, Forever Friends, Online Media
Illinois Office of Tourism Blogger Relations, Consumer & Trade Media, PR
Jacksonville Jaguars, Ltd.
Johnson & Johnson
Krispy Kreme
Lebara
MGA Entertainment Little Tikes, PR, Social Media Campaign
Mimecast Analyst Relations, PR
National Funding Scheme Consumer Brand, Digital Donation Box
Nike Campaign: "Designed to Move", Public Affairs
P&G Pampers
Santander UK Public Affairs
Seagate Technology plc (Public Relations Agency of Record)
Singapore Airlines
Sorenson Communications Campaign: "VRS Today!"
Starwood Hotels
Symington's Ainsley Harriott, Digital, PR, Social Media
TCS
Velcro Consumer & Trade Media Relations
Western Union

South Africa

Fleishman-Hillard/South Africa
15 Georgian Crescent Ground Floor, PO Box 71181, Bryanston, 2021 Johannesburg, South Africa
Tel.: (27) 1 1 548 2000
Fax: (27) 1 1 706 7320
E-Mail: kevin.welman@fleishman.co.za
Web Site: fleishmanhillard.com/

Employees: 50
Year Founded: 1985

Agency Specializes In: Communications, Public Relations

Sharon Piehl *(Partner & Mng Dir)*
Joan Theodorides *(Fin Dir)*
Jared Carneson *(Head-Social & Innovation & Reg Dir-Middle East)*

Accounts:
MMI Holdings Corporate Communications, Public Relations; 2018
Nike
Nokia

Asia & Australia

BlueCurrent Hong Kong
Suite 1501, Cityplaza 4, 12 Taikoo Wan Road, Taikoo Shing, China (Hong Kong)

AGENCIES - JANUARY, 2019 — PUBLIC RELATIONS FIRMS

Tel.: (852) 2513 0279
Web Site: bluecurrentgroup.com/

Employees: 10

Agency Specializes In: Advertising

Chris Plowman *(Partner & Sr VP)*
James Hacking *(Sr VP & Plng Dir-Strategic)*
Cheryl Pan *(Sr Acct Mgr)*
Tim Fung *(Acct Mgr)*

Accounts:
Brand Hong Kong Campaign: "Our Hong Kong", Creative
Urban Land Institute Asia Pacific Content Creation, Digital, Event Management, PR, Social

BlueCurrent Japan
Nichirei Higashi-Ginza Bldg 7F, 6-19-20 Tsukiji Chuo-Ku, Tokyo, 104-0045 Japan
Tel.: (81) 03-6204-4141
Fax: (81) 62785781
E-Mail: smi.onuki@bluecurrentpr.com
Web Site: www.bluecurrentprjapan.com/

Employees: 10

Nakasato Shinobu *(Sr Acct Mgr)*
Kazuya Hirai *(Sr Acct Exec)*
Saki Yoshimura *(Sr Acct Exec)*

Accounts:
GoPro Marketing, Social Media

Fleishman-Hillard Guangzhou
3707 F Center Plz No 161 Linhe Road W, Tianhe District, Guangzhou, China
Tel.: (86) 20 3825 1368
Fax: (86) 20 3825 1585
Web Site: http://fleishmanhillard.cn

Employees: 4

Agency Specializes In: Communications, Public Relations

Ricky Wu *(Acct Dir)*

Fleishman-Hillard Hong Kong Ltd.
Suite 1501 Cityplaza 4 12 Taikoo Wan Road, Taikoo Shing, China (Hong Kong)
Tel.: (852) 2530 0228
Fax: (852) 2845 0363
E-Mail: rachel.catanach@fleishman.com
Web Site: www.fleishmanhillard.com/

Employees: 75
Year Founded: 1997

Agency Specializes In: Communications, Public Relations

Patrick Yu *(Partner, Sr VP, Deputy Gen Mgr & Head-AP-Fin & Pro Svcs Sector)*
Geoff Bilbrough *(Partner, Sr VP & Gen Mgr)*
Lynne Anne Davis *(Pres-Asia Pacific)*
Kitty Lee *(Sr VP)*
Carmen Yu *(Sr VP)*
Helena He *(Gen Mgr-Digital & Social Engagement)*
Rachel Catanach *(Pres/Sr Partner-Greater China)*

Accounts:
Beyond Ventures (Public Relations Agency of Record) Communications Services, Media Relations; 2017
City of Dreams
Comvita
Dassault Falcon Corporate Communications, Media Relations, Public Relations
Easy Line Up Communications, Media Relations
GoHome Media Relations, Public Relations
Gome Campaign: "Lights on Gome"
Hitachi Data Systems Public Relations
Hong Kong Asia Film Financing Forum Communication Strategy, Public Relations, Social Media
Ista Brand Image
LJ International Financial Communications, Investor Relations, Strategic Counsel
Nike
Standard & Poor's Media Relations, S&P 500, S&P GSCI, S&P Indices, Strategic Consulting
Turkish Airlines Communications, Media Relations, Public Relations
Walt Disney Company China; 2007

Fleishman-Hillard/Japan
Nichirei Higashi-Ginza Building 7F 6-19-20, Tsukiji Chuo-Ku, Tokyo, 104-0045 Japan
Tel.: (81) 3 3524 4600
Fax: (81) 3 3524 4602
E-Mail: tanakas@fleishman.com
Web Site: www.fleishman.co.jp

Employees: 45
Year Founded: 1997

Agency Specializes In: Communications, Public Relations

Shin Tanaka *(Pres-Japan & Sr Partner)*
Yoko Sumida *(VP)*
Yufuko Toyoda *(Sr Acct Mgr)*
Akihiro Nojiri *(Specialist-Pub Affairs)*
Rie Sugiyama *(Acct Exec)*

Fleishman-Hillard Korea
24th Fl City Air Tower 159-9 Samsung-Dong, Kangnam-Ku, Seoul, 135-973 Korea (South)
Tel.: (82) 251 869 02
Fax: (82) 225 186 904
E-Mail: yvonne.park@fleishman.com
Web Site: fleishmanhillard.com/

Employees: 40
Year Founded: 1998

Agency Specializes In: Communications, Public Relations

Sarah Ha *(Sr VP)*
Sam Kim *(Sr Acct Mgr)*
Annie Lee *(Asst Acct Exec)*

Fleishman-Hillard Link Ltd.
Room 3006 Jianwai SOHO Office Tower B 39 East Third Ring Road, Chaoyang District, Beijing, 100022 China
Tel.: (86) 10 5869 1666
Fax: (86) 10 5869 5088
Web Site: http://fleishmanhillard.cn

Employees: 100
Year Founded: 1994

Agency Specializes In: Communications, Public Relations

Yu Li *(Partner-Talent Dev & Sr VP-APAC)*
Jerry Zou *(Sr VP)*
Judy Wei *(Gen Mgr-Consumer Svcs)*
Graham Fordyce *(Exec Creative Dir-China)*
Josephine Wang *(Acct Dir)*
Jun Sun *(Sr Acct Mgr)*

Fleishman-Hillard Link, Ltd.
1 Grand Gateway 1 Hongqiao Rd, Xu Hui District, Shanghai, 200003 China
Tel.: (86) 21 6407 0066
Fax: (86) 21 6407 1155
E-Mail: lih@fleishman.com
Web Site: http://fleishmanhillard.cn

Employees: 15
Year Founded: 1997

Agency Specializes In: Communications, Public Relations

Lewis Yisi Liu *(Partner, Sr VP & Gen Mgr)*
Miranda Cai *(Partner & Gen Mgr)*
Rachel Hsueh *(Sr Partner & COO)*

Fleishman-Hillard Malaysia
Suite 1702 Level 17 Centrepoint South The Boulevard, Mid Valley city Lingkaran Sye, 59200 Kuala Lumpur, Malaysia
Tel.: (60) 3 2283 2730
Fax: (60) 3 2283 2750
E-Mail: kuk@fleishman.com
Web Site: fleishmanhillard.com/

Employees: 13
Year Founded: 1997

Agency Specializes In: Communications, Public Relations

Fleishman-Hillard Manila
4/F Zeta Building 191 Salcedo Street, Legaspi Village Makati City, Manila, Philippines
Tel.: (63) 2 813 0559
Fax: (63) 2 813 0634
Web Site: fleishmanhillard.com/

Employees: 4
Year Founded: 1998

Agency Specializes In: Communications, Public Relations

Theresa Defensor *(VP)*

Fleishman-Hillard Pte. Ltd.
20 Kallang Avenue, Level 8, PICO Creative Centre, Singapore, 339411 Singapore
Tel.: (65) 6339 1066
Fax: (65) 6424 6355
Web Site: fleishmanhillard.com/

Employees: 30
Year Founded: 1996

Agency Specializes In: Communications, Public Relations

Khoo Yin *(Sr VP & Gen Mgr-Singapore)*
Brian West *(Mng Dir-Crisis Mgmt-Global)*

Accounts:
Bose
Genzyme Corporation Synvisc
Philips Consumer Lifestyle Campaign: "Transforming Fried Cooking in Southeast Asia"
Scoot Corporate Communications, Media Relations

Fleishman-Hilliard Inc.
Hero Building II, 7/F J1 Jend Gatot, Jakarta, 12870 Indonesia
Tel.: (62) 21 8296768
Fax: (62) 21 8317786
Web Site: http://fleishmanhillard.co.id

Employees: 50

Louisa Tuhatu *(Partner, Sr VP & Gen Mgr)*

Branches

Public Relations Firms

PUBLIC RELATIONS FIRMS

FleishmanHillard Inc.
1615 L St NW Ste 1000, Washington, DC 20036
Tel.: (202) 659-0330
Fax: (202) 296-6119
Web Site: fleishmanhillard.com

Employees: 10

Agency Specializes In: Government/Political, Sponsorship

Geoffrey Basye *(Partner-Pub Affairs & Sr VP)*
Emilie Moghadam Dworkin *(Partner & Sr VP)*
Brandi Harrington *(Partner-Social & Innovation & Sr VP)*
Peter Klaus *(Partner & Sr VP)*
Mark Senak *(Partner & Sr VP)*
Robert Hoopes *(Pres-VOX Global & Gen Mgr)*
Kris Balderston *(Pres-Global Pub Affairs & Strategic Engagement)*
Gwen Foutz *(Sr Partner, Sr VP & Head-Social & Innovation-Global)*
Elizabeth Cook *(Sr Partner & Sr VP)*
Jennifer Mitchell Doncev *(Sr VP-Social & Innovation)*
Ann Hinshaw *(VP)*
Michael Adolph *(Sr Partner & Creative Dir)*
Lindsay Bollea *(Acct Supvr)*
Adriane Groggins *(Sr Acct Exec)*
Mimi Murphy *(Sr Acct Exec)*
Julia Schroeder *(Sr Acct Exec-Social Analytics)*
Claire Gilpin *(Mng Supvr)*
Ashley Simms *(Mng Supvr-Pub Sector)*

Accounts:
Approva
Bloomberg Government Campaign: "Capital Meets Capitol"
The Department of Homeland Security Cybersecurity & Communications, Strategic Outreach
The Procter & Gamble Company Tide
Vocera Communications; 2007
White House Office Of National Drug Control Policy Teen Anti-Drug Campaign

FLIPSIDE GROUP
(Acquired by Weber Shandwick)

FLOCK & RALLY
701 Whaley St Loft 202, Columbia, SC 29201
Tel.: (803) 348-8861
E-Mail: info@flockandrally.com
Web Site: www.flockandrally.com

Employees: 50
Year Founded: 2010

Agency Specializes In: Advertising, Event Planning & Marketing, Print, Public Relations, Social Media, Strategic Planning/Research

Tracie Broom *(Co-Founder & Partner)*
Debi Schadel *(Partner)*

Accounts:
Brian Maynor

FOCUSED COMMUNICATIONS CO., LTD.
(Acquired by Allison & Partners)

FOLSOM & ASSOCIATES
44 Montgomery St Ste 3710, San Francisco, CA 94104
Tel.: (415) 978-9909
Web Site: www.folsomandassociates.com

Employees: 5
Year Founded: 1993

Agency Specializes In: Crisis Communications, Event Planning & Marketing, Media Relations, Media Training, Public Relations, Social Media, Strategic Planning/Research

Sam Folsom *(Pres)*
Lisa Klinck-Shea *(VP)*

Accounts:
B R Cohn Winery Inc.
Biltmore Wines
Gary Farrell Winery
Geyser Peak Winery
Helfrich
La Follette
Lobels
Mandolin
Mumm Napa
Quivira Vineyards, Llc.
Robert Mondavi Winery
Steelhead Vineyards
Stinson Vineyards
Waterstone Winery

THE FONTAYNE GROUP
PO Box 751, Marysville, CA 95901
Fax: (310) 496-2937
Toll Free: (800) 841-0850
E-Mail: wired@fontayne.com
Web Site: www.fontayne.com

E-Mail for Key Personnel:
President: cynthia@fontayne.com

Employees: 7
Year Founded: 1982

Agency Specializes In: Advertising, Aviation & Aerospace, Consulting, Consumer Marketing, E-Commerce, Electronic Media, Event Planning & Marketing, Information Technology, Internet/Web Design, Leisure, Print, Public Relations, Publicity/Promotions, Travel & Tourism

Cynthia L. Fontayne *(CEO & Creative Dir)*

Accounts:
Austrian National Tourist Office; 1982

FOODMINDS LLC
328 S Jefferson St Ste 750, Chicago, IL 60661
Tel.: (312) 258-9500
Fax: (312) 258-9501
E-Mail: interns@foodminds.com
Web Site: www.foodminds.com

Employees: 30
Year Founded: 2006

Agency Specializes In: Brand Development & Integration, Communications, Food Service, Graphic Design, Public Relations, Strategic Planning/Research

Laura Cubillos *(Founder & Partner)*
Susan Pitman *(Founder & Exec VP)*
Jose A. Cubillos *(Sr VP-Bus Dev)*
Erin DeSimone *(Sr VP)*
Bree Flammini *(Sr VP)*
Kathryn Harrington *(Sr VP)*
Michelle Kijek *(Sr VP)*
Sarah Levy *(VP)*
Allison Mikita *(Sr Dir)*
Sherry Watkins *(Mgr-Events)*
Laurie Hainley *(Sr Acct Exec)*
Mitch Kanter *(Chief Science Officer)*

Accounts:
New-Alliance for Potato Research and Education
The American Dairy Products Institute; 2018
Produce for Better Health Foundation (Agency of Record) Brand Positioning, Consumer Influencer Engagement, Digital Ecosystem Strategy & Activation, Industry Outreach, Stakeholder & Consumer Research; 2018

FOREFRONT COMMUNICATIONS GROUP INC
9 Warren Rd, Maplewood, NJ 07040
Tel.: (973) 761-0960
E-Mail: info@forefrontcomms.com
Web Site: www.forefrontcomms.com

Employees: 3
Year Founded: 2016

Agency Specializes In: Brand Development & Integration, Business-To-Business, Content, Digital/Interactive, Event Planning & Marketing, Media Relations, Print, Public Relations, Social Media, Strategic Planning/Research

Mark Dowd *(Mng Partner)*
Michael Kingsley *(Sr VP)*

Accounts:
New-Dash Financial LLC
Security Traders Association (Agency of Record) Media Relations, Messaging, Strategic Communications

FORTE PR
511 S 7th St, Las Vegas, NV 89101
Tel.: (702) 898-2547
Web Site: www.forteprlv.com

Employees: 5
Year Founded: 2005

Agency Specializes In: Brand Development & Integration, Crisis Communications, Media Relations, Public Relations, Social Media, Strategic Planning/Research

Stephanie Forte *(Founder)*
Graham McMurry *(Specialist-PR & Social Media)*
Leslie Salguero *(Specialist-PR & Social Media)*
Gina Traficant *(Acct Exec)*

Accounts:
CLIF Bar CrossVegas (Public Relations Agency of Record) Strategic Planning, Traditional Media Strategy
Essentia Water
Fitmoo Inc (Public Relations Agency of Record)
Girl Nation (Public Relations Agency of Record) Social Media, Traditional Public Relations
Las Vegas Ski & Snowboard Resort
Lee Canyon National Communications
The Meadows School
Momentum Indoor Climbing (Agency of Record) Brand Awareness, Public Relations
Skye Canyon (Public Relations Agency of Record) Social Media
Southern Highlands Social Media

FORTUNE PUBLIC RELATIONS
2319 California St, Berkeley, CA 94703
Tel.: (510) 548-1097
Fax: (510) 841-7006
Web Site: fortunepublicrelations.com

Employees: 1

Agency Specializes In: Food Service, Media Relations, Public Relations

Deborah Fortune *(Co-owner)*
Thomas Walton *(Owner)*

Accounts:
Boncora Biscotti

AGENCIES - JANUARY, 2019   PUBLIC RELATIONS FIRMS

Cybele's Free to Eat
GimMe Health Organic Roasted Seaweed
Musco Family Olive Co.

FOUR LEAF PUBLIC RELATIONS LLC
2989 Stony Point Rd, Charlottesville, VA 22911
Tel.: (434) 972-7278
Web Site: www.fourleafpr.com

Employees: 10

Agency Specializes In: Event Planning & Marketing, Media Relations, Public Relations, Social Media, Strategic Planning/Research

Suzanne E. Henry *(CEO)*

Accounts:
The Outdoor Power Equipment Institute Look Before You Pump

FOX GREENBERG PUBLIC RELATIONS
48 W 21st St Ste 1000, New York, NY 10010
Tel.: (212) 334-1212
Fax: (212) 334-5924
E-Mail: info@foxgreenberg.com
Web Site: www.foxgreenberg.com

Employees: 6
Year Founded: 2003

Agency Specializes In: Broadcast, Entertainment, Event Planning & Marketing, Fashion/Apparel, Food Service, Hospitality, Media Relations, Product Placement, Public Relations, Real Estate, Social Marketing/Nonprofit, Sponsorship, Strategic Planning/Research, Web (Banner Ads, Pop-ups, etc.)

Michelle Fox *(Owner)*
Sarah Greenberg *(Owner)*
Kacy Shaw *(Acct Dir-Natl)*
Lauren Hedstrom *(Acct Exec)*
Gina Lengeling *(Acct Exec)*

Accounts:
BizBash Marketing, Public Relations
Niche Media Group, LLC
Prive Salon

FRANCHISE ELEVATOR
3400 Dundee Rd Ste 300, Northbrook, IL 60062
Tel.: (847) 945-1300
Fax: (847) 945-3755
Web Site: www.franchiseelevator.com

Employees: 5

Agency Specializes In: Crisis Communications, Media Training, Public Relations

Michael Misetic *(Mng Partner)*

Accounts:
Persona Neapolitan Pizzeria

FRANCO PUBLIC RELATIONS GROUP
400 Renaissance Ctr Ste 1000, Detroit, MI 48243
Tel.: (313) 567-2300
Fax: (313) 567-4486
E-Mail: info@franco.com
Web Site: www.franco.com

Employees: 16
Year Founded: 1964

Agency Specializes In: Experiential Marketing, Public Relations

Approx. Annual Billings: $3,000,000

Tina Kozak *(Pres)*
Dan F. Ponder *(CEO)*
Tina Benvenuti Sullivan *(Sr VP)*
Rene Cizio *(Acct Mgr)*
Joe Ferlito *(Acct Mgr)*
Ann Marie Fortunate *(Acct Supvr)*
Andrea Kenski *(Acct Supvr)*
Daniel Horn *(Sr Acct Exec)*
Erica Swoish *(Sr Acct Exec)*
Lauren Connor *(Acct Exec)*
Geoffrey Geist *(Specialist-Digital Mktg)*

Accounts:
Allied Printing Company
Applebee's Neighborhood Grill & Bar; Detroit, MI
Arbor Hospice
AutomotiveMastermind
Avalon International Breads
The Bird and the Bread
Blue Tractor BBQ & Brewery Mash
Brooks Kushman P.C.
Buddy's Pizza; Detroit, MI
Chevrolet Detroit Belle Isle Grand Prix Social Media
Feld Entertainment Family Entertainment
Grow Michigan
Henry Ford Estate-Fairlane
Hines Management Co. (Reniassance Center)
Inergy
International Transmission Co.
ITC Holdings Corp
Materialise Event Coordination, Media Relations, Public Relations
Michigan International Speedway
Milford Downtown Development Authority Commercial District Revitalization
The Oakland: Art Novelty Company
Powers Distributing
RTT USA, Inc
The Salvation Army Eastern Michigan Div. (Pro Bono)
The Salvation Army of Southeast Michigan Adult Rehabilitation Center
Santorini Estiatorio
Security Credit Union
Tera Networks
Vinology
YWCA of Metropolitan Detroit

FRANK PR
15 Maiden Ln Ste 608, New York, NY 10038
Tel.: (646) 861-0843
Web Site: www.frankpublicity.com

Employees: 50
Year Founded: 2008

Agency Specializes In: Advertising, Event Planning & Marketing, Public Relations, Social Media

Lina Plath *(Principal)*
Stephanie Davidson *(VP-Publicity)*

Accounts:
Hamptons Film Festival
NY Comedy Festival
SnagFilms
WWE Studios

FRAZIERHEIBY, INC.
1500 Lake Shore Dr Ste 300, Columbus, OH 43204
Tel.: (614) 481-7534
Fax: (614) 481-8261
E-Mail: info@frazierheiby.com
Web Site: www.frazierheiby.com

Employees: 10
Year Founded: 1983

Agency Specializes In: Brand Development & Integration, Crisis Communications, Graphic Design, Internet/Web Design, Local Marketing, Logo & Package Design, Public Relations, Strategic Planning/Research

Bryan Haviland *(Pres & CEO)*
Douglas Frazier *(Chief Strategy Officer)*
Kathleen Anthony *(VP)*
Ann Mulvany *(Acct Dir)*
Whitney Somerville *(Acct Dir)*
Wesleigh Mowry *(Sr Graphic Designer)*

Accounts:
Ohio Corn Growers
Ohio Soybean Council; OH Direct Marketing, Media Kit, Media Relations, Soy Oil Ohio, Website
Sport Imports; Columbus, OH
Steptoe & Johnson

FREEBAIRN & COMPANY PUBLIC RELATIONS
3384 Peachtree Rd, Atlanta, GA 30326
Tel.: (404) 237-9945
Fax: (404) 231-2214
Toll Free: (800) 715-9435
E-Mail: cgriffith@freebairn.com
Web Site: www.freebairn.com

E-Mail for Key Personnel:
President: jfreebairn@freebairn.com
Public Relations: jtillinghast@freebairn.com

Employees: 20
Year Founded: 1980

National Agency Associations: PRSA

Agency Specializes In: Brand Development & Integration, Business Publications, Business-To-Business, Communications, Consulting, Consumer Marketing, Consumer Publications, Corporate Communications, Corporate Identity, Digital/Interactive, Electronic Media, Event Planning & Marketing, Exhibit/Trade Shows, Financial, Health Care Services, High Technology, Industrial, Information Technology, Internet/Web Design, Logo & Package Design, Magazines, New Product Development, Planning & Consultation, Point of Sale, Public Relations, Publicity/Promotions, Sports Market, Strategic Planning/Research

Approx. Annual Billings: $4,000,000

John C. Freebairn *(Pres)*
Mack Kirkpatrick *(Creative Dir)*
Jean G. Cobb *(Mgmt Supvr)*
Julie Kahle *(Dir-Media & Digital Strategy)*
Jay Tillinghast *(Acct Exec-PR)*
Don Patton *(Sr Art Dir)*

Accounts:
AG First
The Baddour Center
Chamberlin Edmonds; Atlanta, GA Healthcare Revenue Recovery Services
Mana
Terry College of Business
Walker
YKK AP

FREESTYLE MEDIA INC
206 6th Ave, Des Moines, IA 50309
Tel.: (515) 528-2704
E-Mail: info@freestylepr.com
Web Site: www.freestylepr.com

Employees: 5

Agency Specializes In: Brand Development & Integration, Corporate Communications, Media Relations, Media Training, Public Relations

PUBLIC RELATIONS FIRMS — AGENCIES - JANUARY, 2019

David Splivalo *(Principal)*

Accounts:
Alliance Technologies
Caleris, Inc.
Cellcontrol
Farrells Extreme Bodyshaping
Iowa State
The ISU Research Park
Smashwords
Stickley on Security
Tikly
Vivisimo

FRESH COMMUNICATIONS
200F Main St Ste 306, Stoneham, MA 02180
Tel.: (617) 299-3366
Web Site: freshcommunications.com

Employees: 10
Year Founded: 2016

Agency Specializes In: Brand Development & Integration, Content, Corporate Communications, Event Planning & Marketing, Food Service, Media Relations, New Product Development, Promotions, Public Relations, Social Media, Strategic Planning/Research

Stephanie Ferrari *(Co-Founder)*
Sheri Kasper *(Co-Founder)*

Accounts:
New-The Country Hen
New-Energybits.com Recoverybits
New-Gerbs Pumpkin Seeds Co. Inc
New-MXO Global Inc
New-Medterra (Agency of Record)
New-Swerve Sweetener
New-Verde Farms LLC

THE FRESH IDEAS GROUP
3550 Frontier Ave Ste A2, Boulder, CO 80301
Tel.: (303) 449-2108
Fax: (303) 247-0058
E-Mail: info@freshideasgroup.com
Web Site: www.freshideasgroup.com

Employees: 12

Agency Specializes In: Public Relations, Social Media

Glenda Catron *(Acct Dir & Mgr-Client Svcs)*
Anne Matzke *(Creative Dir)*
Ashley Greco *(Acct Mgr)*
Emily Smith *(Acct Mgr)*
Linda Parks *(Specialist-Creative)*

Accounts:
Burpee Gardens
Conscious Alliance

FRONTIER STRATEGIES LLC
529 Pear Orchard Rd Ste C, Ridgeland, MS 39157
Tel.: (601) 856-1544
Fax: (601) 856-1625
Web Site: www.frontier.ms

Employees: 6

Agency Specializes In: Public Relations

Josh Gregory *(Co-Owner)*
Mary Lee *(Creative Dir)*
Daniel Luter *(Graphic Designer & Designer-Web)*

Accounts:
College Savings Mississippi
Community Bank
Florence Gardens
Gregg Harper
Michael Guest
Mike Randolph
Mississippi Development Authority; Jackson, MS
Mississippi Republican Party
Neopolis Development
Phil Bryant
Randy Bubba Pierce

FSB CORE STRATEGIES
1800 J St, Sacramento, CA 95811
Tel.: (916) 448-4234
Fax: (916) 448-5933
E-Mail: kristy@fsbcorestrategies.com
Web Site: www.fsbcorestrategies.com

Employees: 13
Year Founded: 2003

Agency Specializes In: Advertising, Consumer Marketing, Government/Political, Health Care Services, High Technology, Planning & Consultation, Public Relations

Jeff Flint *(Pres & CEO)*
Kristy Babb *(Partner)*
Cherri Spriggs-Hernandez *(CMO & Principal)*
Jerry Amante *(Gen Counsel & Sr VP)*
Bill Romanelli *(Sr VP-Pub Affairs)*
David Murillo *(VP & Dir-Association Mgmt Svcs)*
William Hixson *(Mgr-Association Ops)*
Alex Burrola *(Acct Supvr)*
Megan Robison *(Sr Acct Exec & Specialist-Events)*
Rosana Torres *(Asst Acct Exec)*
Rachael DiCicco *(Acct Coord)*

Accounts:
Allstate
Association of California Life & Health Insurance Companies
Coalition for California Jobs
PhRMA

FTI CONSULTING
Wall St Plz 88 Pine St 32nd Fl, New York, NY 10005
Tel.: (212) 850-5600
Fax: (212) 850-5790
Web Site: www.fticonsulting.com/

Employees: 75
Year Founded: 1982

Agency Specializes In: Brand Development & Integration, Communications, Consumer Marketing, Corporate Identity, Financial, Graphic Design, Health Care Services, High Technology, Investor Relations, Logo & Package Design, New Product Development, Public Relations, Real Estate

Mark McCall *(Sr Mng Dir & COO-Strategic Comm-Global)*
David Roady *(Sr Mng Dir & Head-M&A-Strategic Comm-Americas)*
Bryan Armstrong *(Sr Mng Dir)*
Raina Gajjar *(Mng Dir & Deputy Head-Fin Svcs)*
William Berkowitz *(Mng Dir)*
Kevin Condron *(Mng Dir)*
Peter DeCaro *(Mng Dir)*
Allan Kaufman *(Mng Dir)*
Hansol Kim *(Mng Dir)*
Liz Park *(Mng Dir)*
Sudhi Rao *(Mng Dir)*
Patricia Woodbury *(Mng Dir)*
John Yozzo *(Mng Dir)*
Jeffrey Amling *(Sr Mng Dir-Bus Dev & Mktg)*
Doug Donsky *(Sr Mng Dir-Strategic Comm)*
Christa Hart *(Sr Mng Dir-Retail & Consumer Products Practice Leadership)*
Brent McGoldrick *(Sr Mng Dir-Strategic Comm)*
Elliot Sloane *(Sr Mng Dir-Strategic Comm)*
Carolyn Hudson *(Mng Dir-Strategic Comm)*
Will Steere *(Mng Dir-Strategic Comm)*
Effie Veres *(Mng Dir-Strategic Comm)*
Alicia Jones *(Sr Dir-Web Mktg)*
Alan Numsuwan *(Sr Dir-Mktg, Ops & Corp Fin)*
Tom Papas *(Dir-Design)*
Russell Craig *(Sr Mktg Dir)*

Accounts:
Alliance Data Systems Corporation
Monro Muffler Brake, Inc.
The Tractor Supply Company
New-Virginia Commercial Space Flight Authority Aerospace Research, Commercial Space Activity, Consulting Services, Economic Development; 2018

FTI Consulting
The Courtyard 33 Broadway, Nedlands, WA 6009 Australia
Tel.: (61) 8 9386 1233
Fax: (61) 8 9386 1715
Web Site: www.fticonsulting.com/

Employees: 7
Year Founded: 1993

Agency Specializes In: Public Relations

Kelly Trenfield *(Sr Mng Dir)*
Andrew Weatherley *(Mng Dir)*
Joanne Dunn *(Sr Mng Dir-Corp Fin & Restructuring)*
Cameron Morse *(Mng Dir-Corp & Pub Affairs)*
Matthew Glennon *(Sr Dir)*
Shane Murphy *(Sr Dir-Strategic Comm)*

FTI Consulting
200 State St 2nd Fl, Boston, MA 02109
Tel.: (617) 897-1500
Fax: (617) 747-3636
Web Site: www.fticonsulting.com

Employees: 10

Agency Specializes In: Public Relations, Sponsorship

Bryan Armstrong *(Sr Mng Dir)*
Stephen J. Burlone *(Sr Mng Dir)*
Robert Fraga *(Sr Mng Dir)*
Chris George *(Sr Mng Dir)*
Mark Grover *(Sr Mng Dir)*
Kevin McCadden *(Sr Mng Dir)*
Ellen Smith *(Sr Mng Dir)*
John Sullivan *(Sr Mng Dir)*
Brian Christie *(Mng Dir)*
Melanie Sureau *(Mng Dir)*
Gabriel Bresler *(Sr Mng Dir-Corp Fin)*
Mollie Hawkes *(Mng Dir-IR & Comm)*
Angela Navarro *(Sr Dir-Mktg Programs)*
Abaigeal Healy *(Sr Mgr-IR & Corp Comm)*

Accounts:
Kratos Defense & Security Solutions, Inc

FTI Consulting Inc.
227 W Monroe St Ste 900, Chicago, IL 60602
Tel.: (312) 553-6700
Fax: (312) 553-6740
Web Site: www.fticonsulting.com/

Employees: 48

Agency Specializes In: Corporate Communications, Investor Relations

AGENCIES - JANUARY, 2019 — PUBLIC RELATIONS FIRMS

Bryan Armstrong *(Sr Mng Dir)*
Angie Gorman *(Mng Dir)*
Geoff Serednesky *(Mng Dir)*
Jeffrey S Amling *(CMO & Head-Bus Dev)*
Christine DiBartolo *(Sr Mng Dir-Strategic Comm)*
Tilden Katz *(Mng Dir-Crisis Comm & Issues Mgmt Practice)*
Jessica Roston *(Sr Dir-Strategic Comm)*
Shannon Steinmetzer *(Sr Dir-Mktg & Tech Practice)*
Shannon Marciano *(Dir-Mktg Ops)*

Accounts:
Ace Hardware Media Relations
New-Global Brass & Copper

FTI Consulting
50 California St Ste 1900, San Francisco, CA 94111
Tel.: (415) 283-4200
Fax: (415) 293-4411
Web Site: www.fticonsulting.com

Employees: 10

Agency Specializes In: Investor Relations, Public Relations

Edward Westerman *(COO-FLC Global & Sr Mng Dir)*
Eric Poer *(Sr Mng Dir & Co-Head-Securities, Acctg & Regulatory)*
David R. Alfaro *(Sr Mng Dir)*
Gregory Attiyeh *(Sr Mng Dir)*
Robert Brunner *(Sr Mng Dir)*
Shelly Irvine *(Sr Mng Dir)*
Brian Napper *(Sr Mng Dir)*
Jaco Sadie *(Sr Mng Dir)*
Daryl Teshima *(Sr Mng Dir)*
Micah Trilling *(Mng Dir)*
Sophie Ross *(CEO-FTI Tech)*
Andrew J. Hinkelman *(Sr Mng Dir-Corp Fin)*
Jennifer Byrne *(Mng Dir-Corp Fin & Restructuring)*

Accounts:
FEMA
FTI Consulting

FUJITA & MIURA PUBLIC RELATIONS INC
PO Box 3996, Lihue, HI 96766
Tel.: (808) 245-3677
Fax: (808) 245-3602
E-Mail: info@fmpr.net
Web Site: www.fmpr.net

Employees: 5
Year Founded: 2000

Agency Specializes In: Advertising, Brand Development & Integration, Collateral, Crisis Communications, Event Planning & Marketing, Media Relations, Print, Promotions, Public Relations, Social Media

Jenny Fujita *(Partner)*
Joy Miura Koerte *(Partner)*

Accounts:
Kauai Community College

FULL CIRCLE PUBLIC RELATIONS
102 Trade St, Greer, SC 29651
Tel.: (864) 672-9614
Fax: (864) 672-9619
E-Mail: info@fullcirclepr.com
Web Site: www.fullcirclepr.com

Employees: 4
Year Founded: 2009

Agency Specializes In: Communications, Event Planning & Marketing, Media Relations, Public Relations, Social Media, Strategic Planning/Research

Liza Jones *(Partner)*
Kim Banks *(Client Svcs Dir)*

Accounts:
Milliken & Company
Rack Room Shoes

FULL SCALE MEDIA
276 5th Ave Ste 704, New York, NY 10001
Tel.: (212) 537-9236
Fax: (866) 297-6067
E-Mail: info@fullscalemedia.com
Web Site: www.fullscalemedia.com

Employees: 3

Agency Specializes In: Advertising, Content, Promotions, Public Relations, Search Engine Optimization, Social Media, Strategic Planning/Research

Allison Kugel *(Creative Dir)*

Accounts:
The Grand Healthcare System
M Boutique International
Project Overlord

FURIA RUBEL COMMUNICATIONS
2 Hidden Ln Bldg 2, Doylestown, PA 18901
Tel.: (215) 340-0480
Fax: (215) 340-0580
E-Mail: gina@furiarubel.com
Web Site: www.furiarubel.com

Employees: 7
Year Founded: 2002

National Agency Associations: PRSA

Agency Specializes In: Business-To-Business, Cable T.V., Communications, Health Care Services, Hispanic Market, Legal Services, Pharmaceutical, Planning & Consultation, Public Relations, Publicity/Promotions, Strategic Planning/Research, Yellow Pages Advertising

Gina Furia Rubel *(Pres & CEO)*
Sarah Larson *(Exec VP)*
Caitlan McCafferty *(Acct Dir-PR)*
Stefanie Caccese *(Dir-Mktg & Ops)*
Rose Strong *(Office Mgr)*
Amy Williams *(Mgr-Content Mktg)*
Heather Truitt *(Sr Graphic Designer)*

Accounts:
20nine Design
Broadband Consumer Services
Bucks County Bar Association
Bucks County Covered Bridges Festival
Chamberlain Hrdlicka Legal Marketing, Public Relations, Strategic Planning
Citrin Cooperman
Corodemus & Corodemus
Curtin & Heefner LLP (Agency of Record)
Elephant's Eye Bucks County Artist Studio Tour; 2008
Feldman Shepherd
First Federal of Bucks County (Agency of Record)
First Savings Bank of Perkasie (Agency of Record)
Furia & Turner; Philadelphia, PA
The Grain Exchange
Harmony Clean
Hepatitis B Foundation
Hope C. Lefeber LLC Legal Marketing, Public Relations, Strategic Planning
iQ Media Corp.
The James A. Michener Art Museum
Newman ADR Legal Marketing, Public Relations, Strategic Planning
Panitch Schwarze Belisario & Nadel Legal Marketing, Public Relations, Strategic Planning
Peacock Keller
Putney Food Co-op
Roland & Schlegel, LLC (Agency of Record)
Stampone D'Angelo Renzi DiPiero
Twilight Wish Foundation; Doylestown, PA; 2003
Veritext Legal Solutions Public Relations
White & Williams LLP
Willig, Williams & Davidson; Philadelphia, PA
Women's Business Forum; Doylestown, PA; 2003
Womens Resource Center

FUSION PUBLIC RELATIONS
PO Box 302, New York, NY 10018
Tel.: (212) 651-4200
Fax: (212) 840-0505
E-Mail: info@fusionpr.com
Web Site: www.fusionpr.com

Employees: 35

Agency Specializes In: Advertising, Brand Development & Integration, Corporate Communications, Crisis Communications, Local Marketing, Media Relations, Media Training, Newspaper, Public Relations, Search Engine Optimization, Strategic Planning/Research, Viral/Buzz/Word of Mouth, Web (Banner Ads, Pop-ups, etc.)

Revenue: $2,000,000

Jordan Chanofsky *(Founder & CEO)*
Robert Geller *(Pres)*
Brian Janson *(Asst Acct Exec)*

Accounts:
Nationwide Building Society
Sierra Atlantic
Xpertdoc

Branches

Fusion Public Relations, Inc.
12121 Wilshire Blvd Ste 303, Los Angeles, CA 90025
Tel.: (310) 481-1431
Fax: (310) 481-1432
Web Site: www.fusionpr.com/

Employees: 10

Jorge Lajara *(Controller)*
Mark Prindle *(Sr Acct Supvr)*

FYN PUBLIC RELATIONS
407 N Lincoln St, Loveland, CO 80537
Tel.: (970) 682-2420
Web Site: www.fynpr.com

Employees: 3

Agency Specializes In: Digital/Interactive, Event Planning & Marketing, Media Planning, Media Relations, Media Training, Public Relations, Strategic Planning/Research

Nicole Yost *(Founder & Pres)*

Accounts:
Tutor Doctor Front Range

G&T COMMUNICATIONS, INC.
116 N Water St, Boone, NC 28607
Tel.: (828) 268-0073

PUBLIC RELATIONS FIRMS
AGENCIES - JANUARY, 2019

E-Mail: info@gtcom-pr.com
Web Site: http://gotopublicrelations.com/

Employees: 10

Agency Specializes In: Advertising, Communications, Crisis Communications, Digital/Interactive, Internet/Web Design, Logo & Package Design, Planning & Consultation, Public Relations, Social Media, Strategic Planning/Research

Maggie Tilley *(Founder & Pres)*
Katie Grubb *(VP-Client Svcs)*
Melinda Self *(Art Dir)*
Casey Willis *(Specialist-Digital Svcs)*

Accounts:
New-NOVEC (Agency of Record)

GAFFNEY BENNETT PUBLIC RELATIONS
1 Liberty Square, New Britain, CT 06051
Tel.: (860) 229-0301
Fax: (860) 225-4627
Web Site: www.gbpr.com

Employees: 10

Agency Specializes In: Brand Development & Integration, Crisis Communications, Media Relations, Media Training, Public Relations, Social Media, Strategic Planning/Research

Patrick Kinney *(Partner)*
Patrick McGloin *(Partner)*
Hank Spring *(Partner)*

Accounts:
NBCUniversal

GALLAGHER PR
4115 Blackhawk Plz Cir Ste 100, Danville, CA 94506
Tel.: (925) 648-2014
Web Site: www.gallagherpr.com

Agency Specializes In: Content, Media Relations, Public Relations, Social Media, Strategic Planning/Research

Kevin Gallagher *(Mng Partner)*
Fiona Hughes *(Sr Acct Dir)*
Nora Murray *(Sr Acct Dir)*
Emily Roderick *(Sr Acct Exec)*

Accounts:
WibiData

GAME DAY COMMUNICATIONS
700 W Pete Rose Way, Cincinnati, OH 45203
Tel.: (513) 929-4263
Fax: (513) 929-0245
Web Site: www.gamedaypr.com

Employees: 50

Agency Specializes In: Event Planning & Marketing, Media Relations, Public Relations, Social Media, Strategic Planning/Research

Betsy Ross *(Pres)*
Pam McFarland *(Dir-Event Mktg)*

Accounts:
Major League Baseball All-Star Game

GARRITY GROUP PUBLIC RELATIONS LLC
4110 Wolcott Ave NE Ste B, Albuquerque, NM 87109
Tel.: (505) 898-8689
Fax: (505) 294-5919
E-Mail: info@garritypr.com
Web Site: www.garritypr.com

Employees: 5

Agency Specializes In: Collateral, Crisis Communications, Event Planning & Marketing, Graphic Design, Internet/Web Design, Media Relations, Public Relations, Social Media

Tom Garrity *(Pres & CEO)*
Amanda Molina *(VP)*
Lily Quezada *(Dir-PR)*

Accounts:
BeWellNM Advertising, Communications, Digital Design, Public Relations, Research, Website
Fiery Foods Show

GBG & ASSOCIATES
500 W Harbor Dr, San Diego, CA 92101
Tel.: (619) 255-1661
Fax: (619) 255-8597
Web Site: www.gbgandassociates.com

Employees: 4
Year Founded: 1978

Agency Specializes In: Advertising, Event Planning & Marketing, Media Relations, Public Relations, Social Media, Strategic Planning/Research

Georgi Bohrod *(Pres)*

Accounts:
Travel To Go

GBK PRODUCTIONS
143 S Almont Dr, Los Angeles, CA 90048
Tel.: (323) 933-9989
Fax: (323) 933-9199
E-Mail: info@gbkkr.com
Web Site: www.gbkproductions.com

Employees: 30

Agency Specializes In: Event Planning & Marketing, Public Relations

Gavin Keilly *(CEO)*

Accounts:
M TV

GBRITT P.R. & MARKETING
PO Box 2809, South Portland, ME 04116
Tel.: (207) 775-2126
Fax: (207) 774-1653
E-Mail: jim@gbritt.com
Web Site: www.gbritt.com

Employees: 5

Agency Specializes In: Faith Based, Public Relations

Gillian Britt *(Owner)*
James Britt *(Partner)*

Accounts:
Back Bay Grill
McTeague Higbee
Portland Ballet
Portland Harbor Hotel
Portland Symphony Orchestra

GCK PARTNERS
(Name Changed to Battalion)

GEAR COMMUNICATIONS
48 Elm St, Stoneham, MA 02180
Tel.: (781) 279-3200
Fax: (781) 279-3201
Web Site: www.gearcommunications.com

Employees: 5
Year Founded: 2009

Agency Specializes In: Crisis Communications, Email, Event Planning & Marketing, Media Relations, Media Training, Public Relations, Social Media

Jennifer Gear *(Pres)*
Connie Swaebe *(Partner & COO)*
Kerry Keohane *(Mgr-Special Project)*
Megan Cunningham *(Sr Acct Exec)*
Audrey Genest *(Asst Acct Exec)*

Accounts:
The Arc of MA
Coppermill Kitchen
CyndiBands
Flex Innovation Hotshot, Public Relations; 2017
Magic Chef
Michelle Stacy
Orlando Pita
Reliable Corporation
T3 Hair Styling Products

GEBEN COMMUNICATION
143 E Main St # 200, Columbus, OH 43215
Tel.: (614) 364-2888
Web Site: www.gebencommunication.com

Employees: 50
Year Founded: 2009

Agency Specializes In: Communications, Crisis Communications, Email, Media Relations, Public Relations, Social Media

Heather Whaling *(Founder & Pres)*
Devin Hughes *(Head-Client Insights)*
Tyler Durbin *(Dir-Strategy & Bus Dev)*
Beth Green *(Acct Mgr)*
Heather Phillips *(Acct Mgr)*
Tara Parsell *(Supvr-Media Rels)*
Lexi Messenger *(Strategist-Creative)*
Miranda Scott *(Strategist-Social Media)*

Accounts:
Columbus Marathon
Sysomos

GEIGER & ASSOCIATES PUBLIC RELATIONS INC
1846 Junwin Ct, Tallahassee, FL 32308
Tel.: (850) 942-6685
Fax: (850) 942-1057
E-Mail: info@geigerpr.com
Web Site: www.geigerpr.com

Year Founded: 1985

Agency Specializes In: Public Relations

Debbie Geiger *(Pres)*
Andrea Bebout *(VP)*

Accounts:
The Roanoke Valley Convention & Visitors Bureau

GEOFFREY WEILL ASSOCIATES
29 Broadway Rm 2205, New York, NY 10006
Tel.: (212) 288-1144
Fax: (212) 288-5855
E-Mail: info@geoffreyweill.com

Web Site: www.geoffreyweill.com

Employees: 11

Agency Specializes In: Advertising, Collateral, Consulting, Crisis Communications, Direct-to-Consumer, Event Planning & Marketing, Exhibit/Trade Shows, International, Internet/Web Design, Media Buying Services, Media Planning, Media Relations, Print, Production (Print), Public Relations, Radio, Sponsorship, T.V., Telemarketing, Web (Banner Ads, Pop-ups, etc.)

Geoffrey Weill *(Pres)*
Ann-Rebecca Laschever *(Exec VP)*
Mark Liebermann *(Sr VP)*
Beth Levin *(Sr Acct Exec)*

Accounts:
Algodon Mansion
Aman Resorts
Aqua Expeditions; Peru
Ashford Castle; Ireland
Beau-Rivage Palace
Cape Grace Hotel; Cape Town, South Africa
Classic Journeys Public Relations; 2018
DouroAzul PR
Eleven Experience International Public Relations
Heckfield Place North America Public Relations; 2018
Hotel Hassler Roma
IsramWorld
Japan National Tourism Organisation United States Public Relations; 2018
Jet Airways
London Perfect Public Relations
MedjetAssist Public Relations
Monastero Santa Rosa Public Relations
Nandana Private Resort
Ovolo Hotels Public Relations; 2018
Paris Made Perfect Media Relations
QT Sydney Public Relations
The Royal Portfolio Public Relations; 2017
Schloss Elmau US Public Relations; 2018
The Set Public Relations
SHA Wellness Clinic Public Relations
Soneva Resorts & Residences Public Relations
Thomson Family Adventures Public Relations; 2018
Thomson Safaris Public Relations; 2018
Visit Denmark

GEORGE COHEN COMMUNICATIONS
96 Anawan Ave, West Roxbury, MA 02132
Tel.: (617) 325-0011
Web Site: www.gccpr.com

Employees: 5
Year Founded: 1993

Agency Specializes In: Communications, Event Planning & Marketing, Media Training, Public Relations, Social Media

George Cohen *(Pres)*
Tamara Gruber *(Partner)*
Amelie Johnson *(Dir-PR)*

Accounts:
Checkpoint Systems, Inc.
FitLinxx
Lumesse
Neotys
OATSystems
VaultLogix

GEORGE H. SIMPSON COMMUNICATIONS
280 Madison Ave, New York, NY 10006
Tel.: (203) 521-0352
E-Mail: george@georgesimpson.com
Web Site: georgesimpson.com/

Agency Specializes In: High Technology, Media Relations, Media Training, New Technologies, Public Relations

George Simpson *(Pres)*

Accounts:
Adaptly
Connexity, Inc.
PushSpring

GERMINDER & ASSOCIATES INC.
747 3rd Ave 2nd Fl, New York, NY 10017
Tel.: (212) 367-2170
Web Site: www.germinder.com

Employees: 5

Agency Specializes In: Advertising, Content, Digital/Interactive, Media Relations, Promotions, Public Relations, Social Media, Strategic Planning/Research

Accounts:
Assisi Animal Health Public Relations
Cat Writers Association (Agency of Record)
Dog Writers Association of America (Agency of Record) Strategic Counsel
Fear Free, LLC (Public Relations Agency of Record) Digital Media, Fear Free Happy Homes, Fearful to Fear Free, National & Local Market Media Relations, Strategic Counsel, Trade; 2017

GET INK PR
7300 Biscayne Blvd Ste 100, Miami, FL 33138
Tel.: (305) 777-2340
E-Mail: info@getinkpr.com
Web Site: www.getinkpr.com

Employees: 5

Agency Specializes In: Brand Development & Integration, Crisis Communications, Media Relations, Public Relations, Social Media

Accounts:
New-Whole Foods Market

GETO & DEMILLY, INC.
276 5th Ave Ste 806, New York, NY 10001
Tel.: (212) 686-4551
Fax: (212) 213-6850
E-Mail: pr@getodemilly.com
Web Site: www.getodemilly.com

Employees: 15
Year Founded: 1980

Agency Specializes In: Arts, Communications, Crisis Communications, Event Planning & Marketing, Government/Political, Health Care Services, LGBTQ Market, Media Relations, Public Relations, Real Estate

Michele deMilly *(Principal)*
Ethan Geto *(Principal)*
Michael Gough *(Controller)*
Mark Benoit *(Sr Acct Exec)*
Laura Dolan *(Acct Exec)*
Julie Hendricks *(Acct Exec)*
Maya Kremen *(Acct Exec)*
Cristiana Pena *(Acct Exec)*
Daniel White *(Acct Exec)*

Accounts:
Common Ground
Fisher Brothers Real Estate
Jewish Home Lifecare; New York; 2007
Local 802, American Federation of Musicians
Sportime Tennis Center at Randall's Island
Zeckendorf Realty

GG BENITEZ & ASSOCIATES PUBLIC RELATIONS INC.
10755F Scripps Poway Pkwy Ste 537, San Jose, CA 92131
Tel.: (858) 621-0691
Web Site: www.ggbenitezpr.com

Employees: 10
Year Founded: 2008

Agency Specializes In: Brand Development & Integration, Crisis Communications, Event Planning & Marketing, Public Relations, Social Media

G. G. Benitez *(Founder & CEO)*

Accounts:
Carousel Designs
Fun Kins
Mabels Labels
Net Nanny Software International Inc.
Open Me
Pleygo
Posh Mommy
Shaidee

GHIDOTTI COMMUNICATIONS
400 W Capitol Ave, Little Rock, AR 72201
Tel.: (501) 777-3509
Web Site: www.ghidotticommunications.com

Employees: 10

Agency Specializes In: Crisis Communications, Event Planning & Marketing, Media Planning, Media Relations, Public Relations, Social Media, Strategic Planning/Research

Natalie Ghidotti *(Pres & CEO)*
Kathryn Heller *(Dir-Client Svcs)*
Allyson Pittman Gattin *(Acct Exec)*
Candice Hickman *(Media Planner)*

Accounts:
Outlets at Little Rock

GHOST COMMUNICATIONS
1010 W Lk St, Minneapolis, MN 55408
Tel.: (612) 839-9730
E-Mail: info@ghost-pr.com
Web Site: www.ghost-pr.com

Employees: 5

Agency Specializes In: Brand Development & Integration, Public Relations, Social Media, Strategic Planning/Research

Steve Gill *(Pres)*

Accounts:
Lifetrack Resources

GIANT NOISE
1208 E 7th St 1st Fl, Austin, TX 78702
Tel.: (512) 382-9017
E-Mail: hello@giantnoise.com
Web Site: www.giantnoise.com

Employees: 50

Agency Specializes In: Media Relations, Media Training, Public Relations, Social Media, Strategic Planning/Research

Elaine Garza *(Principal)*
Courtney Knittel *(Exec VP)*
Natalia Prieto *(Acct Dir)*

PUBLIC RELATIONS FIRMS — AGENCIES - JANUARY, 2019

Lynnette Montemayor *(Acct Exec)*

Accounts:
Austin Food & Wine Alliance
The Hightower
Olamaie
The Texas Book Festival Public Relations, Social Media

GIBSON COMMUNICATIONS, INC.
2145 W Charleston St, Chicago, IL 60647
Tel.: (773) 278-7700
Fax: (773) 278-7750
E-Mail: information@gibsoncommunications.com
Web Site: www.gibsoncommunications.com

Employees: 5

Glynis Gibson *(Pres & CEO)*
Chere Gibson *(Partner)*

Accounts:
Airis Computer Corporation
Cat Hospital of Chicago
Companion Worlds
JELCO, Inc
Jelco, Inc.
Mondo
Norvax
Palindrome
Progio
Video Furnace
Zenith Data Systems

GILES COMMUNICATIONS, LLC
2975 Westchester Ave Ste 402, Purchase, NY 10577
Tel.: (914) 644-3500
Fax: (914) 696-4120
E-Mail: info@giles.com
Web Site: www.giles.com

Employees: 15
Year Founded: 1986

Agency Specializes In: Communications, Event Planning & Marketing, Exhibit/Trade Shows, High Technology, Internet/Web Design, Investor Relations, Multimedia, Public Relations

Peter Giles *(Pres)*

Accounts:
Carlson and Carlson Inc.
Michael Colina
NAMM (the National Association of Music Merchants)
NewTek
Yamaha Corporation of America
Yamaha Electronics Corp.

GILLIES & ZAISER
2259 Compass Pointe S Wynd, Leland, NC 28451
Tel.: (212) 724-7783
E-Mail: media@gilliesandzaiser.com
Web Site: www.gilliesandzaiser.com

Employees: 10
Year Founded: 1979

Agency Specializes In: Brand Development & Integration, Commercial Photography, Consulting, Event Planning & Marketing, Media Relations, New Product Development, Promotions, Public Relations, Social Media, Travel & Tourism

Elliot Gillies *(Pres)*
Lauren Frye *(Sr Acct Exec)*

Accounts:
New-French Country Waterways Ltd
New-The Hibernean Hospitality Group
New-Library Hotel Collection
New-Luxury Scotland Limited
New-Mulino Italian Kitchen & Bar
New-Scenic Emerald Waterways
New-Star Clippers (Public Relations Agency of Record)

GINNY RICHARDSON PUBLIC RELATIONS
15 Salt Creek Ln Ste 122, Hinsdale, IL 60521
Tel.: (630) 789-8555
Fax: (630) 789-9911
E-Mail: info@gr-pr.com
Web Site: www.gr-pr.com

Employees: 2
Year Founded: 1979

Agency Specializes In: Media Relations, Public Relations, Social Media

Ginny Richardson *(Pres)*
Andy Richardson *(VP)*

GIOMBETTI PUBLIC RELATIONS
30060 Rancho California Rd Ste 240, Temecula, CA 92591
Tel.: (612) 355-0512
Web Site: www.giombettipr.com

Employees: 1
Year Founded: 2001

Agency Specializes In: Brand Development & Integration, Corporate Communications, Crisis Communications, Public Relations, Social Media, Strategic Planning/Research

Accounts:
Cherry Blooms

GLA COMMUNICATIONS
343 Millburn Ave Ste 206, Millburn, NJ 07041
Tel.: (973) 564-8591
E-Mail: info@glapr.com
Web Site: www.glapr.com

Employees: 10
Year Founded: 1986

Agency Specializes In: Brand Development & Integration, Communications, Digital/Interactive, Electronics, Event Planning & Marketing, Media Relations, New Product Development, Public Relations, Social Media, Strategic Planning/Research

Pam Golden *(Founder & Pres)*
Karen Addis *(Sr VP)*
Donna Austi *(Specialist-Media Rels)*
Rick Sacks *(Strategist)*

Accounts:
New-Wonder Women Tech

GLOBAL-5, INC.
(d/b/a Global-5 Communications)
2180 W State Rd 434 Ste 1150, Longwood, FL 32779
Tel.: (407) 571-6789
Fax: (407) 571-6777
Toll Free: (800) 570-5743
E-Mail: info@global-5.com
Web Site: www.global-5.com

Employees: 12
Year Founded: 1995

Agency Specializes In: Advertising, Affiliate Marketing, Automotive, Aviation & Aerospace, Brand Development & Integration, Broadcast, Business Publications, Business-To-Business, Collateral, Commercial Photography, Communications, Consulting, Corporate Communications, Crisis Communications, Custom Publishing, Customer Relationship Management, Electronic Media, Event Planning & Marketing, Government/Political, Graphic Design, High Technology, Identity Marketing, In-Store Advertising, Information Technology, Integrated Marketing, Internet/Web Design, Logo & Package Design, Market Research, Media Buying Services, Media Planning, Media Relations, Media Training, Multimedia, New Technologies, Out-of-Home Media, Planning & Consultation, Point of Purchase, Point of Sale, Promotions, Publishing, Regional, Sales Promotion, Social Marketing/Nonprofit, Sponsorship, Strategic Planning/Research, T.V., Transportation

Jenni Luke *(CFO)*
Matt Hamill *(COO & Exec VP)*
Christopher Patton *(VP & Dir)*
C. J. Stankiewicz *(Dir-Creative Svcs)*
Jerame Rief *(Mgr-IT & Specialist-Security)*
Jane O'Dowd *(Supvr-Comm & Outreach)*
Kathy Yarosh *(Supvr-Video Production)*

Accounts:
AAA
BMW
Federal Highway Administration
Florida Department of Transportation District 5
Honda
LYNX
Mercedes-Benz
Transportation Security Administration
U.S Air Force

GLOBAL RESULTS COMMUNICATIONS
201 E Sandpoint Ste 650, Santa Ana, CA 92707
Tel.: (949) 608-0276
Fax: (949) 955-3616
E-Mail: grc@globalresultspr.com
Web Site: www.globalresultspr.net

Employees: 10

Agency Specializes In: Communications, Public Relations

Lora Wilson *(Mng Dir)*
Valerie Christopherson *(Principal)*

Accounts:
151 Advisors PR, Social Media Campaign
Actility Analyst Relations, Brand Awareness, Media, Public Relations, Strategic
CellTrust Brand Awareness, Public Relations, Strategic Media
Chalk Digital Brand Awareness, Media Relations, Strategic Communications
Epson America Epson Moverio, Strategic PR
HM Medical Analyst Relations, Media, Strategic Communication
INSTEON Analyst Relations, Strategic Media
LSN Mobile Brand Awareness, Media Relations
Maestrano Media
mGage Brand Awareness, Public Relations, Strategic Media
The Mobile Marketing Association
Myriad Analyst Relations, Event Coordination, Media Relations, Social Media Strategy, Trade Show
Nuance Inc.
Numerex Brand Awareness, Public Relations, Strategic Media
Predii Analyst Relations, Brand Awareness, Media, Public Relations, Strategic
Somo Case Studies, Events, Marketing, PR, Strategic Media Relation
Tagga Analyst Relations, Brand Awareness,

AGENCIES - JANUARY, 2019   PUBLIC RELATIONS FIRMS

Media, Public Relations, Strategic
View Technologies Media Relations, Social Media, Strategic Communication
Voxox Analyst Relations, Cloud Phone, Consumer Solutions, Media, SMB, Telecoms
WDS PR

GLOBAL STRATEGY GROUP, LLC
215 Park Ave S 15th Fl, New York, NY 10003
Tel.: (212) 260-8813
E-Mail: info@globalstrategygroup.com
Web Site: www.globalstrategygroup.com

Employees: 100

Agency Specializes In: Corporate Communications, Crisis Communications, Digital/Interactive, Media Relations, Public Relations, Strategic Planning/Research

Jon Silvan *(Founder, CEO & Partner)*
Jefrey Pollock *(Pres)*
Marc Litvinoff *(Mng Partner)*
Tanya Meck *(Partner & Mng Dir)*
Jim Papa *(Partner & Head-Washington DC)*
Nick Gourevitch *(Partner)*
Julie Hootkin *(Partner)*
Justin Lapatine *(Partner-Pub Affairs)*
Scott Elder *(Principal)*
Dana Yeganian *(Exec VP)*
Robert Bibel *(Sr VP-Fin)*
Erin Billings *(Sr VP-Comm & Pub Affairs)*
James Delorey *(Sr VP-Res)*
Marjorie McCarthy *(Sr VP-Mktg & Bus Dev)*
Selma Attride *(VP-HR)*
John Schiumo *(VP)*

Accounts:
Airbnb
Congressional Special Elections
ESPN
PhRMA
Utilidata (Communications & Public Relations Agency of Record) Press
Valeant Pharmaceuticals

Branch

Global Strategy Group LLC
2608 2nd Ave Ste 293, Seattle, WA 98121
Tel.: (206) 438-3109
E-Mail: info@globalstrategygroup.com
Web Site: www.globalstrategygroup.com

Agency Specializes In: Advertising, Communications, Crisis Communications, Digital/Interactive, Social Media, Stakeholders, Strategic Planning/Research

Marc Litvinoff *(Mng Partner)*
Josh Chaitin *(Mng Dir & Sr VP)*

Accounts:
New-The Bill & Melinda Gates Foundation
New-Seattle Cancer Care Alliance
New-Subaru Corporation
New-Vulcan Inc.

GLOBALFLUENCY
4151 Middlefield Rd, Palo Alto, CA 94303
Tel.: (650) 328-5555
Fax: (650) 328-5016
E-Mail: donovan@globalfluency.com
Web Site: http://www.globalfluency.us/

Employees: 55
Year Founded: 1987

Agency Specializes In: Consulting, Consumer Marketing, Public Relations, Publicity/Promotions

Approx. Annual Billings: $8,500,000

Bryan DeRose *(VP-Bus Dev)*
Monica Noriega *(Controller)*
Mary Anne Hensley *(Dir-Content & Mktg Programs)*

Accounts:
Customer Experience Board; Palo Alto, CA
MarketClik; Palo Alto, CA
Wilocity; Sunnyvale, CA

GLODOW NEAD COMMUNICATIONS, LLC.
1700 Montgomery St Ste 203, San Francisco, CA 94111
Tel.: (415) 394-6500
E-Mail: info@glodownead.com
Web Site: www.glodownead.com

Employees: 18
Year Founded: 1999

Agency Specializes In: Brand Development & Integration, Crisis Communications, Event Planning & Marketing, Media Training, Public Relations, Social Media

Revenue: $2,000,000

John Glodow *(Partner)*
Jeff Nead *(Partner)*
Lori Puccinelli Stern *(Dir-Strategic Rels)*
Hwee Peng Yeo *(Dir-Asian Markets-Singapore)*

Accounts:
iCARS
Starwood Hotels & Resorts Worldwide, Inc.

GMG PUBLIC RELATIONS INC
23 Blauvelt St, Nanuet, NY 10954
Tel.: (845) 627-3000
Web Site: www.gmgpr.com

Employees: 2
Year Founded: 1991

Agency Specializes In: Advertising, Collateral, Internet/Web Design, Media Relations, Public Relations, Social Media

Risa Hoag *(Pres & Planner)*

Accounts:
Monster Mini Golf

GOFF PUBLIC
255 E Kellogg Blvd Ste 102, Saint Paul, MN 55101
Tel.: (651) 292-8062
Fax: (651) 292-8091
Web Site: www.goffpublic.com

Employees: 16
Year Founded: 1978

Agency Specializes In: Crisis Communications, Event Planning & Marketing, Media Relations, Media Training, Public Relations, Social Media, Strategic Planning/Research

Revenue: $1,500,000

Chris Georgacas *(Pres & CEO)*
Heidi Larson *(CFO & Principal)*
Jennifer Hellman *(COO & Principal)*
Lynda Lisenby *(Acct Dir)*
Sara Thatcher *(Acct Dir)*
Chris Duffy *(Dir-Media Rels)*
Elizabeth Emerson *(Dir-Govt Rels)*
Jake Loesch *(Sr Acct Exec)*
Madeleine Rush *(Acct Exec)*

Pierre Willette *(Acct Exec)*

Accounts:
Minnesota Innocence Project

GOLDBERG MCDUFFIE COMMUNICATIONS, INC.
250 Park Ave Fl 7, New York, NY 10177-0799
Tel.: (212) 705-4211
Fax: (212) 980-5228
E-Mail: bookpr@goldbergmcduffie.com
Web Site: www.goldbergmcduffie.com

Employees: 5

Lynn Goldberg *(CEO)*
Kathleen Carter Zrelak *(VP & Dir-Publicity)*

Accounts:
Library of America

GOLDIN SOLUTIONS
928 Broadway Ste 900, New York, NY 10010
Tel.: (212) 319-3451
E-Mail: info@goldinsolutions.com
Web Site: http://www.goldin.com/

Employees: 50

Agency Specializes In: Brand Development & Integration, Crisis Communications, Media Relations, Public Relations, Social Media

John Eddy *(Sr VP)*
Corinne Cagide *(Dir-Media Strategy)*
Grace Parker *(Sr Strategist-Media)*
Allison Bartella *(Strategist-Media)*
Luke Matheney *(Strategist-Media)*

Accounts:
iboss Inc.
Kargo

GOLDMAN & ASSOCIATES
2428 Almeda Ave Ste 170, Norfolk, VA 23513
Tel.: (757) 625-2518
Fax: (757) 625-4336
E-Mail: info@goldmanandassociates.com
Web Site: www.goldmanandassociates.com

Employees: 11
Year Founded: 1967

Agency Specializes In: Public Relations

Dean S. Goldman *(Owner & Pres)*
Audrey Knoth *(Exec VP)*
Scott McCaskey *(Acct Dir)*

Accounts:
Government
Information Technology Industries

GOLIN
875 N. Michigan Ave 26th Fl, Chicago, IL 60611
Tel.: (312) 729-4000
Fax: (312) 729-4010
E-Mail: ptrocks@golin.com
Web Site: www.golin.com

Employees: 150
Year Founded: 1956

National Agency Associations: 4A's-AAF-COPF

Agency Specializes In: Brand Development & Integration, Business-To-Business, Communications, Consumer Marketing, Corporate Communications, Environmental, Event Planning & Marketing, Financial, Food Service,

PUBLIC RELATIONS FIRMS

Government/Political, Health Care Services, Pets, Pharmaceutical, Public Relations, Publicity/Promotions, Sponsorship, Sports Market, Strategic Planning/Research, Travel & Tourism

Brian Snyder *(Exec VP & Exec Dir-Digital)*
Natalie Sundquist *(Sr VP & Exec Dir-HR & US Talent Mgmt)*
Mike D'Amico *(Sr VP & Grp Creative Dir)*
Amy Kennedy *(Sr VP)*
Samantha Schwarz *(Sr VP)*
Kristen Kelley *(VP & Dir)*
Jesse Dienstag *(Head-Plng & Exec Dir)*
MaryBeth Adduci *(Exec Creative Dir-US)*
Ron D'Innocenzo *(Exec Creative Dir)*
Kate Knox *(Exec Dir)*
AJ Livsey *(Exec Dir-Plng)*
Hertha Meyer *(Exec Dir-Res & Analytics)*
Denise Paleothodoros *(Exec Dir-Bus Dev)*
Elizabeth Quenneville *(Exec Dir-Internal Comm)*
Karin Rose *(Exec Creative Dir-US)*
Margaret Stanford Shubny *(Exec Dir)*
Jillian Collins Bohr *(Dir-US Growth)*
Samantha Carlson *(Dir-Digital)*
Tiffany Everett *(Dir-Digital)*
Virginia Lewis *(Dir)*
Sarah Davis Spearing *(Dir-HR)*
Simon Landon *(Sr Mgr & Acct Supvr)*
Cory Zielke *(Sr Mgr)*
Angela Chang *(Mgr-Digital Analytics)*
Emily Davis *(Mgr-Healthcare)*
Erin Gallagher *(Exec Mktg Dir)*
Ryan Richert *(Exec Media Dir)*

Accounts:
American Frozen Food Institute PR
Astellas Pharma US, Inc. Immunology, Organ Donation, Public Relations; 2008
BP Consumer PR, US Fuels; 2008
Catalist LLC
Crayola LLC Public Relations
Discover Financial Services Global Agency of Record
Dow Chemical Dow Building & Construction, Dow Building Solutions, Dow Construction Chemicals, PR
General Mills; Minneapolis, MN Fiber One
Harmonix Guerrilla Marketing, Social Media, Special Events
Humana Inc (Public Relations Agency of Record)
IndyCar Series
Kevita, Inc. Public Relations
Las Vegas Sands Corporation Sands Eco 360 Global Sustainable Program
Matrixx Initiatives, Inc.; Scottsdale, AZ
MATTEL, INC. Barbie, Hot Wheels, Media Relations, Public Relations
McDonald's Corporation Campaign: "National Hiring Day: I Love My McJob", Public Relations, Sirloin Burger, Social, Videos
National Peanut Board (Public Relations Agency of Record) Advertising, Client Engagements, Consumer, Content Creation, Digital, Marketing, Social Media, Traditional Advertising
NBTY, Inc (Agency of Record) Brand Awareness, Consumer Marketing, Media Relations, Social Media
Nintendo of America 3DS, Campaign: "How PR Proved That Seeing Is Believing", PR, Wii
Owens Corning
PepsiCo Inc. Baja Blast, LifeWTR, Mountain Dew, Public Relations
Ronald McDonald House Charities
Sargento Foods (Agency of Record)
Schwan's Bakery Inc.
Society of Actuaries PR
Sprint (US Strategic Communications & Creative Services Agency of Record) Media Relations
State of Florida Department of Citrus; Lakeland, FL
Symmetricom
Tier 3
Toyota Motor Sales Campaign: "Real Camry/Virtual Reveal"
Tyson Foods, Inc.; Springdale, AR
Unilever; Englewood Cliffs, NJ Bertolli, Breyers, Campaign: "Selling Pleasure, Not Ice Cream", Klondike, Magnum Ice Cream, Public Relations, Social Media
Wal-Mart Stores, Inc (Public Relations Agency of Record) Brand PR
The Waters Corp
WhiteWave Foods Content, Creative, Events, Horizon Organic (Public Relations Agency of Record), In-Store, Media, Packaging, Public Relations, Silk (Public Relations Agency of Record), Social, Strategy
The Wrigley Company

Americas

The Brooklyn Brothers
7 W 22Nd St Fl 7, New York, NY 10010
(See Separate Listing)

Golin
700 S Flower St Ste 2400, Los Angeles, CA 90017
Tel.: (213) 623-4200
Fax: (213) 895-4746
Web Site: www.golin.com

Employees: 80
Year Founded: 1973

National Agency Associations: 4A's-COPF

Agency Specializes In: Communications, Public Relations, Sponsorship

Deanne Yamamoto *(Mng Dir)*
Stephen Jones *(Exec VP & Head-Catalyst Community)*
Lindsay Peterson *(Exec VP-PR & Digital Comm-Canada)*
Sarah Ingram *(Sr VP & Exec Media Dir)*
Lori Small *(VP & Dir)*
Jennifer Baker-Asiddao *(Exec Dir)*
Alison Holt Brummelkamp *(Exec Dir-Integrated Media & Influencer Engagement)*
Charlie Coney *(Exec Creative Dir-West Coast Reg)*
Len Kendall *(Exec Dir-Nintendo-America)*
Lisa Zlotnick *(Exec Dir-Media Rels-Nintendo of America)*
Shannon Nelson *(Dir-HR-Western Reg & Canada)*
Chelsea Levy *(Sr Mgr)*
Chad Nishimura *(Sr Mgr)*
Cristina Samiley *(Sr Mgr-Media)*
Jillian Barwick *(Mgr)*

Accounts:
B3 Fit, Inc 'R.I.P.P.E.D', PR
Cunard Campaign: "Media Manager"
Kaiser Permanente Public Relations; 2008
Nestle USA Butterfinger, Campaign: "Concession Stands to the Big Screen!", SweeTarts
Nintendo of America, Inc.
Toyota Motor Sales, U.S.A., Inc.
VTech Communications, Inc.

Golin
600 Battery St, 3rd Fl, San Francisco, CA 94111
Tel.: (415) 318-4360
E-Mail: ssimkrause@golin.com
Web Site: www.golin.com

Employees: 10
Year Founded: 1982

National Agency Associations: 4A's-COPF

Agency Specializes In: Communications, High Technology, Public Relations, Sponsorship

Matt Lackie *(Mng Dir & Pres-Global Tech Practice)*
Deanne Yamamoto *(Mng Dir)*
Matt Neale *(CEO-Vision)*
Stephen Jones *(Exec VP & Head-Catalyst Community)*
Eva Wong *(VP-Consumer Practice & Dir)*
Jennifer Baker-Asiddao *(Exec Dir)*
Alison Holt Brummelkamp *(Exec Dir-Integrated Media & Influencer Engagement)*
Brooke Badger *(Dir-Consumer & Mktg)*
Stephanie Cirigliano *(Sr Mgr)*
Caroline Dettman *(Chief Creative & Community Officer)*

Accounts:
Clif Bar Inc. Company & Brand Initiatives, Public Relations
Counsyl

Golin
4500 Biscayne Blvd Ph, Miami, FL 33137
Tel.: (305) 573-9955
Fax: (305) 573-1649
E-Mail: iabrams@golin.com
Web Site: www.golin.com

Employees: 11

National Agency Associations: 4A's-COPF

Agency Specializes In: Communications, Public Relations

Ian Abrams *(Exec VP & Exec Dir)*
Shannon Varroney *(VP & Acct Dir)*
Katie Castillo *(Media Dir)*
Zach Schmitz *(Creative Dir)*
Alexandra Blasser *(Sr Mgr)*
Darlene Smiley *(Office Mgr)*
Andrea Raffles *(Mgr)*

Accounts:
Alberta Cancer Board Tobacco Control & Cessation; 2008
American Cancer Society, Florida Division; 2008
The American Legacy Foundation
Auxilium Pharmaceuticals
BBC Mundo; 2008
Enterprise Florida
Florida Dept. of Citrus PR
International Kids Foundation; 2008
Jackson Memorial Foundation Philanthropic Program; 2008
Staples

Golin
1575 Northside Dr NW Bldg 200 Ste 200, Atlanta, GA 30318
Tel.: (404) 880-4600
Fax: (404) 523-3483
E-Mail: kcosgrove@golin.com
Web Site: www.golin.com

Employees: 25
Year Founded: 1956

National Agency Associations: 4A's-COPF

Agency Specializes In: Communications, Public Relations

Kathy Cosgrove *(Mng Dir)*
Mark Dvorak *(Exec VP & Exec Dir)*

Accounts:
American Peanut Council
Flowers Foods
Georgia Department of Economic Development; 2008
Grand Ole Opry PR
Morehouse School of Medicine; Atlanta, GA (Agency of Record) Branding, Communication, Direct Marketing, Media Relations, Message Development, Strategic Counsel, Support, Website Content Redevelopment
National Peanut Board (Public Agency of Record)

AGENCIES - JANUARY, 2019 — PUBLIC RELATIONS FIRMS

Advertising, Client Engagements, Consumer, Content Creation, Digital, Marketing, Social Media, Special Events, Trade Engagement, Traditional Advertising
United Egg Producers

Golin
733 10Th St Nw Ste 600, Washington, DC 20001
Tel.: (410) 558-2103
Fax: (410) 558-2188
E-Mail: jdixon@golin.com
Web Site: www.golin.com

Employees: 4

National Agency Associations: COPF

Agency Specializes In: Public Relations

Neal Flieger *(Mng Dir)*
Deanne Yamamoto *(Mng Dir)*
Tara Greco *(Exec Dir-Social Purpose)*
Tyler McDonald *(Sr Mgr-Explorer)*
Carly Green *(Mgr-Digital)*

Golin
919 3rd Ave 15th Fl, New York, NY 10022
Tel.: (212) 373-6000
Fax: (212) 373-6001
E-Mail: ttelloni@golin.com
Web Site: www.golin.com

Employees: 25
Year Founded: 1985

National Agency Associations: 4A's-COPF

Agency Specializes In: Communications, Public Relations

Matt Neale *(CEO)*
Dawn Langeland *(Mng Dir & Head-New York)*
Neera Chaudhary *(Pres-Healthcare-Global)*
Jackie Miller *(VP & Media Dir)*
Hollie Pantano *(Exec Dir)*
Laura Russo *(Exec Dir-New York Media Practice)*
Jon Silver *(Exec Dir-Digital & Social Media)*
Sarah Vellozzi *(Exec Dir)*
Naylet Aguayo *(Dir)*
Ashley Edwards *(Dir-Media Rels-Nintendo of America)*
Shae Sneed Karp *(Dir-PR & Consumer Mktg)*
Julia Blumenthal *(Sr Mgr-Media)*
Alison Hoachlander *(Sr Mgr-Corp)*
Margenett Moore-Roberts *(Chief Diversity & Inclusion Officer)*

Accounts:
AccuWeather, Inc Digital Media, Public Relations, Social Media
Blythedale Children's Hospital Public Relations Strategy, Strategic Communications
GlaxoSmithKline Consumer Healthcare Alli, Aquafresh, NicoDerm, Nicorette, Sensodyne, TUMS
Kayak
Olympus America Inc.; 2007
Stoli Group USA PR Strategy, Stolichnaya Vodka
Unilever Lipton

Golin
13455 Noel Rd, Dallas, TX 75240
Tel.: (972) 341-2500
Fax: (972) 341-2501
E-Mail: gporter@golin.com
Web Site: www.golin.com

Employees: 25

National Agency Associations: 4A's-COPF

Agency Specializes In: Public Relations,

Sponsorship

Alex Tan *(Mng Dir)*
Jeff Beringer *(Head-Digital-Global)*
Corey Jones *(Exec Creative Dir)*
Stephanie Matthews *(Exec Dir-Real-Time Engagement)*
Lisa Zlotnick *(Exec Dir-Media Rels-Nintendo of America)*
Danielle Bickelmann *(Dir-Consumer Mktg)*
Mariam Shahab *(Dir-Digital Strategy)*
Kendall Huber *(Sr Mgr-PR)*
Traci Thurmond *(Sr Mgr-Digital)*
Carissa Dagleish *(Mgr-Community)*

Accounts:
Adobe Social Media
The Boy Scouts of America Integrated Communication; 2018
Essilor of America, Inc. (Public Relations Agency of Record) Consumer Marketing, Corporate Communications, Creative

Golin
2200 Clarendon Blvd Ste 1100, Arlington, VA 22201
Tel.: (703) 741-7500
Fax: (703) 741-7501
E-Mail: lbailey@golin.com
Web Site: www.golin.com

Employees: 30

Agency Specializes In: Public Relations

Accounts:
First Candle
McDonald's
Rosetta Stone Language-Learning Software; 2008
United Postal Service

Europe, Middle East & Africa

Action Global Communications
6 Kondilaki Street, 1090, Nicosia, Cyprus
Mailing Address:
PO Box 24676, 1302 Nicosia, Cyprus
Tel.: (357) 22 818884
Fax: (357) 22 873632
E-Mail: george.k@actionprgroup.com
Web Site: www.actionprgroup.com

Employees: 50

Agency Specializes In: Public Relations

Tony Christodoulou *(Founder & CEO)*
Michalis Aspris *(CFO)*
Rebecca Theodorou *(Head-Intl Client Hub)*
Dimitris Ioannides *(Gen Mgr-Action Digital Agency)*
Amanda Chick *(Acct Dir-Client Hub-Intl)*
Natalie Christophidou *(Acct Dir)*
Kathy Christodoulou *(Dir & Mgr-Bus Dev)*
Koulla Kakopierou *(Sr Acct Mgr)*
Leslie Savva *(Acct Exec-PR)*

Accounts:
Handy's Security Systems Digital Communications Strategy, Email Marketing, Public Relations, Social Media

Golin
Capricorn Tower 7th Fl, PO Box 116462, Sheikh Zayed Rd, Dubai, United Arab Emirates
Tel.: (971) 4 332 3308
Fax: (971) 4 331 6733
E-Mail: yvafeas@golin.com
Web Site: www.golin.com

Employees: 22

Year Founded: 2004

Agency Specializes In: Event Planning & Marketing, Media Relations, Public Relations

Yiannis Vafeas *(Mng Dir)*

Golin
Square d"Orleans, 80 rue Taitbout, 75439 Paris, France
Tel.: (33) 140415600
Fax: (33) 140415656
Web Site: www.golin.com

Employees: 10

Agency Specializes In: Advertising

Accounts:
The Biomedecine Agency
Foods International OVOmaltine, Twinings, La Tisaniere, & Jordans
The French Ministry for Agriculture
State of Florida Department of Citrus
Texas Instruments Content Marketing, Digital, Media Relations, Social Media

Golin
Fox Court, 14 Gray's Inn Road, London, WC1X 8WS United Kingdom
Tel.: (44) 20 7067 0600
Fax: (44) 870 990 5447
Web Site: www.golin.com

Employees: 200

Bibi Hilton *(Mng Dir)*
Lynda Tay *(Grp Fin Dir)*
Jonathan Hughes *(CEO-Intl)*
Emily Luscombe *(Deputy Mng Dir)*
Nick Bishop *(Head-Corp Strategy)*
Victoria Brophy *(Exec Dir)*
Tom Glover *(Exec Dir-Media)*
Alex Michael *(Exec Dir-Social & Content)*
Alex Wood *(Exec Creative Dir)*
Rebecca Hall *(Grp Dir-HR)*
Alex Purcell *(Creative Dir)*
Eleana Stayer *(Dir)*
Felicity Jones *(Mgr-PR)*

Accounts:
AB InBev UK Leffe, Stella Artois
Baringa Partners Corporate Communications, Media
New-Cifas Creative Media, Public Relations, Thought Leadership
Danone Ltd. (UK) Campaign: "World's Tastiest Spoon", Content Creation, Creative, Digital, Evian, Oykos, Press, Public Relations, Social Media, Social Strategy, Volvic
De'Longhi Group Braun, Consumer Public Relations, De'Longhi, Kenwood, Social Media, Traditional & Social Media
Diageo Consumer PR, Smirnoff
Dimension Data (Global Lead Agency) Campaign Support, Public Relations, Social Media, UK & Ireland Press Office
Dorco Brand Awareness, Razors
Dow Chemical
Dr Schar Consumer PR, DS-gluten-free, Glutafin
EMC PR
Expedia
The Financial Times Advertising, Digital
Globalaw International PR
Hyatt Hotels Corp Corporate Communications
The Kraft Heinz Company Baby Food, Heinz Tomato Ketchup & Sauces, Soups & Beans, UK Consumer Public Relations
Lastminute.com Campaign: "Love Living Last Minute", Consumer PR, Media
Merck Global Corporate Narrative; 2018
Mondelez International Cadbury, Cadbury

PUBLIC RELATIONS FIRMS

Crispello, Campaign: "Joyville", Consumer PR, Creme Egg, Dairy Milk, Digital, Experiential, Green & Black, In-Store, OOH, Outdoor, Press, Public Relations, Sampling, Social, Social Media, TV, VOD
Neff Public Relations
Nokia
Omega Pharma Consumer & Trade Media, Jungle Formula, Nytol, Over-the-Counter, Solpadeine
Orange
Premier Inn Bookings, Brand Awareness, Consumer Public Relations
Reckitt Benckiser MegaRed Omega-3 Krill Oil, PR
Rosetta Stone Language-Learning Software; 2008
Texas Instruments Content Marketing, Digital, Media Relations, Social Media
TotallyMoney.com PR
Unilever Lipton, Magnum, PR, Social Media
Vets Now Consumer Public Relations, Strategy
WaterWipes Advertising, Brand, CRM, Content, Creative & Strategic Developments, Digital, Media, Public Relations, Social, Website; 2018
William Hill Consumer PR
Worldpay Corporate Public Relations
Wrigleys

Asia Pacific

Golin
17th Floor China Life Tower 16 Chao Yang Men Wai Street, Beijing, 100020 China
Tel.: (86) 10 8569 9898
Fax: (86) 10 8569 9988
E-Mail: eddie.yang@golin.com
Web Site: www.golin.com

Employees: 15

Eddie Yang *(VP & Gen Mgr)*
Duoduo Xu *(Sr Mgr-Corp Comm & Pub Affairs)*

Accounts:
Florentina Village Consumer & Corporate Communication

Golin
18/F HuaiHai Plz, 1045 HuaiHai Zhong Rd, Shanghai, 200031 China
Tel.: (86) 21 2411 0088
Fax: (86) 21 2411 0066
E-Mail: schin@golin.com
Web Site: www.golin.com

Employees: 30

Sarah Chin *(Mng Dir & Head-Consumer)*
Eddi Yang *(VP & Gen Mgr)*
Winnie Yang *(Sr Mgr)*

Accounts:
Florentia Village Digital, Public Relations
Forterra Trust Communication, Digital, Marketing, Media, Public Relations, Strategic, The Place
Nippon Paint
Unilever Dove, Lux

Golin
Unit 2408-09 Guangdong Telecom Plaza, No 18 Zhongshan Er Road, Guangzhou, 510080 China
Tel.: (86) 20 8888 8098
Fax: (86) 20 8888 8099
Web Site: golin.com

Employees: 100

Erica Liang *(Sr Acct Mgr)*

Golin
40A Orchard Rd #07-01, The MacDonald House, Singapore, 238838 Singapore
Tel.: (65) 6235 3121
Fax: (65) 6836 3121
Web Site: www.golin.com

Employees: 20

Agency Specializes In: Public Relations

Tarun Deo *(Mng Dir-Singapore & Southeast Asia)*
Simon Ruparelia *(Head-Digital-Asia)*
Shouvik Prasanna Mukherjee *(Exec Creative Dir)*

Accounts:
Asia Pacific Breweries Communications, Digital, Guinness Draught, Guinness Foreign Extra Stout
Ben & Jerry's Radio, Social Media
Carlsberg Singapore Brand Marketing, Carlsberg, Carlsberg Special Brew, Connor's, Corona, Jolly Shandy, Kronenbourg, PR, SKOL, Somersby, Tetley's
DesignSingapore Council
Grab Communications Strategy, Media Relations
The Health Promotion Board PR
IMCD
McDonald's Public Relations; 2008
Nestle Singapore Pte. Ltd Nespresso
Nippon Paint Social Media
Twitter Analytics, Digital, Media, Public Relations, Social Media

Golin
8/F Oxford House, Taikoo Place, 979 King's Road, Quarry Bay, China (Hong Kong)
Tel.: (852) 2522 6475
Web Site: golin.com

Employees: 35

Jane Morgan *(Mng Dir)*
Jonathan Hughes *(CEO-Intl)*
Ben Evetts *(Exec Dir-Tech & B2B)*
Ema Linaker *(Exec Dir-Digital)*
Stephen Millikin *(Exec Dir-B2C Practice)*

Accounts:
Deliveroo Corporate Profiling & Public Affairs, Government Relations, Public Relations, Special Events & Launches, Stakeholder Relations, Strategic Public Communications; 2018
The Economist (Public Relations Agency of Record) Communications, Marketing
FOX Networks Group Corporate & Consumer Communications, Media
Naked Hub Communications, Community Events, Consumer Media Relations, Corporate, Public Relations; 2018
Oracle Asia Pacific Public Relations, Ccontent, Communications, Digital
Pacsafe Content, Digital, Public Relations
Pernod Ricard Global Travel Retail Public Relations; 2018
Zespri International limited Creative, Direct Consumer Engagements, Planning Influencer

GOODEN GROUP
2611 Kelley Pointe Parkway, Edmond, OK 73013
Tel.: (405) 715-3232
Web Site: http://goodengroup.com/

Employees: 50
Year Founded: 1985

Agency Specializes In: Public Relations

Brent Gooden *(Pres)*
Jane Braden *(Mng Dir)*
Katy Gustafson *(Mng Dir)*
Tristan Shutt *(Mng Dir)*
Valerie Gooden *(CFO)*

Mary Ellen Kilpatrick *(Sr Acct Dir)*
Kathleen Foster *(Coord-Event)*
Ben Ehrlich *(Sr Creative Dir)*

Accounts:
New-Renewable Power Direct LLC

GOODMAN MEDIA INTERNATIONAL, INC.
750 7th Ave 28th Fl, New York, NY 10016
Tel.: (212) 576-2700
Fax: (212) 576-2701
E-Mail: info@goodmanmedia.com
Web Site: www.goodmanmedia.com

Employees: 30

Agency Specializes In: Advertising, Advertising Specialties, Consulting, Environmental, Event Planning & Marketing, Multimedia, Publicity/Promotions, Sponsorship, T.V.

Tom Goodman *(Pres & CEO)*
Regine Labossiere *(Mng Dir)*
Marie Vogliano *(CFO)*
Sabrina Strauss *(COO)*
Virginia Anagnos *(Exec VP)*
Liane Ramirez-Swierk *(Sr VP)*
Amy Jaick *(Exec Dir-GMI Digital)*
John Lee *(Exec Dir)*
John Michael Kennedy *(Sr Counsel)*

Accounts:
Abbott Point of Care i-STAT Medical Diagnostic System; 2007
ABC News
American Library Association
The Buoniconti Fund
Charles H. Revson Foundation
Children's Book Council; 2008
Discover Magazine; 2007
Free to Chose Media The Power of the Poor Documentary; 2008
GE (General Electric) General Electric Theater Television Series
GQ
Grand Central Terminal; New York, NY Event, Media, Retail
Greater Boston Physicians For Social Responsibility Environmental Threats to Healthy Aging Study
HDNet Dan Rather Reports; 2007
Island Press; 2008
The John Merck Fund
Latinum Network Consumer Media Relations
Lifetime
Lincoln Center for the Performing Arts
MAD Magazine Totally MAD
Mailman School of Public Health
McCormick Distilling Co. 360 Vodka; 2007
MediaPost MEDIA Magazine; 2008
Mental Health Association of New York
MSNBC
Nabbr, Inc.
National Geographic
National NeighborWorks Association
NCC Media Trade & Consumer Business
Next Avenue NextAvenue.org
PBS Michael Feinstein's American Songbook, Pioneers of Television
Penguin Books Madeline & The Cats of Rome; 2008
Private Communications Corporation National Media Relations
Rauch Foundation
Research Corporation; 2007
Scholastic National Media Outreach
SmartPower MyGulfAction.com (Agency of Record), Not-for-Profit Energy Efficiency, Online Campaign, Social Media Campaign
Starmount Life Insurance Company
Student Conservation Association
Time Warner
TLC

AGENCIES - JANUARY, 2019 — PUBLIC RELATIONS FIRMS

TRA, Inc.
TV Guide Magazine National Publicity
Walter Dean Myers; 2006
WNBA
World Science Festival

GOODMAN PUBLIC RELATIONS
1995 E Oakland Pk Blvd, Fort Lauderdale, FL 33306-1147
Tel.: (954) 446-0800
Fax: (954) 446-0801
Web Site: www.goodmanpr.com

Employees: 20

Agency Specializes In: Advertising, Brand Development & Integration, Corporate Identity, Crisis Communications, Media Buying Services, Media Relations, Media Training, Public Relations, Search Engine Optimization, Social Media

Michael Goodman *(Founder & Owner)*
Fran Folic *(VP-Lifestyle & Entertainment)*
Beth Zuckerkorn *(VP-Graphic Comm)*
Kelley Santiago *(Acct Mgr-PR)*
Robert Wagenseil *(Mgr-Social Media & Acct Exec)*

Accounts:
Fort Lauderdale Gay Men's Chorus Marketing Services, Public Relations; 2018
The Galleria
Rock 'n' Roll Fantasy Camp Marketing Services, Public Relations; 2018
The Salvation Army Fort Lauderdale Marketing Services, Public Relations; 2018
South Florida Regional Transportation Authority
South Florida Wildlife Center Marketing Services, Public Relations; 2018

GORDON C JAMES PUBLIC RELATIONS
5080 N 40Th St Ste 350, Phoenix, AZ 85018
Tel.: (602) 274-1988
Fax: (602) 274-2088
E-Mail: info@gcjpr.com
Web Site: www.gcjpr.com

Employees: 12

Agency Specializes In: Event Planning & Marketing, Media Relations, Media Training, Public Relations, Social Media

Gordon James *(Pres)*
Brian O'Malley *(Dir-Events & Sr Acct Exec)*
Trisha Anthony *(Acct Exec)*

Accounts:
Florence Crittenton of Arizona
Maricopa Health Foundation

GORGEOUS MEDIA GROUP
7551 Melrose Ave Ste 7, Los Angeles, CA 90046
Tel.: (323) 782-9000
Fax: (323) 658-6189
E-Mail: info@gorgeousmediagroup.com
Web Site: www.gorgeousmediagroup.com

Employees: 5

Agency Specializes In: Crisis Communications, Media Training, Public Relations, Strategic Planning/Research

Versa Manos *(Pres)*
Alexander Salewicz *(VP-Bus)*

Accounts:
Galvanized Souls

GRAHAM & ASSOCIATES INC.
PO Box 22454, Carmel, CA 93922
Tel.: (415) 986-7212
Fax: (415) 986-7216
Web Site: www.graham-associates.com

Employees: 5

Agency Specializes In: Brand Development & Integration, Media Relations, Public Relations

Masha Rumer *(Sr Acct Exec)*

Accounts:
Hulk Energy Technology

GRAMERCY COMMUNICATIONS
24 4Th St, Troy, NY 12180
Tel.: (518) 326-6400
Fax: (518) 514-1551
Web Site: www.gramercycommunications.com

Employees: 20

Agency Specializes In: Advertising, Crisis Communications, Media Training, Public Relations

Andrew Mangini *(Sr VP-Pub Affairs)*
Charles Wiff *(VP)*

Accounts:
Rivers Casino and Resort Schenectady; 2017

GRAPEVINE PR
8033 Sunset Blvd Ste 831, West Hollywood, CA 90046
Tel.: (323) 386-2300
Fax: (323) 872-5187
E-Mail: info@theprgrapevine.com
Web Site: www.theprgrapevine.com

Employees: 1

Agency Specializes In: Advertising, Event Planning & Marketing, Media Relations, Media Training, Public Relations, Social Media

Steven Le Vine *(Pres & CEO)*

Accounts:
CJ Reycraft, Jr., Public Relations
Mano a Mano (Agency of Record) Public Relations
Mara Marini
Nicole Russin
Universal Broadcasting Network

GRAVINA, SMITH, MATTE & ARNOLD MARKETING AND PUBLIC RELATIONS
12474 Brantley Commons Court, Fort Myers, FL 33907
Tel.: (239) 275-5758
Fax: (239) 275-6501
E-Mail: info@gsma.pro
Web Site: http://gsma.pro/

Year Founded: 1983

Agency Specializes In: Brand Development & Integration, Crisis Communications, Event Planning & Marketing, Government/Political, Media Relations, Public Relations, Strategic Planning/Research

Angela Bell *(Assoc Partner)*
Jennifer Hamilton *(Assoc Partner)*

Accounts:
New-Barbara Bush Foundation for Family Literacy

GRAY PUBLIC RELATIONS
616 Overview Ln, Franklin, TN 37064
Tel.: (615) 497-1799
Web Site: www.graypr.com

Employees: 10

Agency Specializes In: Advertising, Graphic Design, Media Relations, Print, Public Relations, Social Media

Amy Kovar *(Principal)*

Accounts:
Banded

GRAYLING
8455 Beverly Blvd Ste 300, Los Angeles, CA 90048
Tel.: (323) 648-5420
Web Site: www.grayling.com

Employees: 20

Agency Specializes In: Brand Development & Integration, Communications, Corporate Communications, Digital/Interactive, Investor Relations, Public Relations, Social Media

Ashton Shurson *(Acct Supvr)*

Accounts:
Sun Edison, LLC (US Agency of Record)
Transcosmos America Inc.
VAIO Corp.

GRAYLING CONNECTING POINT
500 Howard St Ste 450, San Francisco, CA 94105
Tel.: (415) 442-4018
Fax: (415) 442-0288
Web Site: http://www.grayling.com/

Employees: 20
Year Founded: 1985

Agency Specializes In: Communications, Consulting, Public Relations, Strategic Planning/Research

Accounts:
ACD Systems
Affinova
AvantGo
Craiglist Foundation
Nexaweb Technologies, Inc.
Rambus
Virtual Iris

GRAYLING GLOBAL
102 Madison Ave Fl 12, New York, NY 10016
Tel.: (646) 284-9400
Fax: (646) 284-9494
E-Mail: jacinta.gauda@us.grayling.com
Web Site: www.grayling.com

Employees: 35

Agency Specializes In: Investor Relations, Public Relations

Debbie Morgan *(Head-Internal Comm)*

Accounts:
Bioniche Life Sciences Inc.
Brasil Telecom S.A.
Codice Software Corporate Communications
North American Insulation Manufacturers
NRG Energy
Satyam Computer Services Limited
Techonomy Media Inc (Public Relations Agency of Record)
Third Millennium Russia Fund

PUBLIC RELATIONS FIRMS — AGENCIES - JANUARY, 2019

Branch

Grayling
500 Howard St Ste 450, San Francisco, CA 94105
Tel.: (415) 593-1400
Fax: (415) 402-0237
Web Site: http://www.grayling.com/

Employees: 50
Year Founded: 1999

Jacinta Gauda *(Principal-Jacinta Gauda & Company)*
Sharon Barclay *(Sr VP)*
Brigit Carlson *(Acct Supvr)*

Accounts:
Anomali Media, North American Communications; 2018
DG FastChannel Executive Positioning, Media Strategy, Public Relations, Search, Social Media, Video
Echelon Corporation
GreenStar Hub Media Relations, Social, Strategic Communications
Knewton
Lending Club
LivingSocial
Sidecar Media Relations, Social, Strategic Communications

GREEN OLIVE MEDIA LLC
165 Ottley Dr Ne, Atlanta, GA 30324
Tel.: (404) 815-9327
Fax: (404) 815-9328
E-Mail: info@greenolivemedia.com
Web Site: www.greenolivemedia.com

Employees: 25
Year Founded: 1998

Agency Specializes In: Consumer Marketing, Email, Event Planning & Marketing, Promotions, Public Relations, Social Media

Jeffrey Moore *(Partner)*
Meggan Talley *(Dir-Design & Branding)*

Accounts:
Taqueria del Sol

GREENOUGH COMMUNICATIONS
1 Brook Streeet, Watertown, MA 02472
Tel.: (617) 275-6500
Fax: (617) 275-6501
E-Mail: greenough@greenoughcom.com
Web Site: www.greenough.biz

Employees: 30
Year Founded: 1999

Phil Greenough *(CEO)*
Jamie Parker *(Chief Mission Officer)*
Ed Coletti *(Exec VP-Ops)*
Brad Puffer *(Sr VP)*
Rachel Robbins *(Sr VP)*
Paul Greenough *(VP-IT)*
Scott Bauman *(Gen Mgr)*
Jen Heady *(Acct Dir)*
Amy Legere *(Acct Dir)*
Karen Laverty *(Dir-Comm, New Bus Dev PR, Mktg & Acct Mgmt)*
Ben Kulis *(Project Mgr & Strategist-Content Mktg)*
Christine Williamson *(Mgr-Media Rels)*
Ira Kantor *(Acct Supvr)*
Maria Kucinski *(Acct Supvr)*
Brian Lowe *(Supvr-Acct Svcs)*

Accounts:
Advanced Pharmacy Concepts
Aprimo (Agency of Record) Business and Marketing Strategies, Influencer Relations, Social Media and Marketing
Artists For Humanity Media Relations
Bridgewell (Agency of Record)
CareWell Urgent Care Brand Awareness, PR
CoalTek (Agency of Record) Marketing, Traditional & Social Media Relations
ConnectWise; Tampa, FL Integrated Marketing, Media Relations
Conservation Services Group Clean Energy Programs, Content Development, Media Relations, Social Media Strategy
Day Pitney LLP
EcoCAR: The NeXt Challenge (Agency of Record)
Edge Dynamics; Redwood City, CA; Newtown, PA Channel Commerce Management Solutions; 2006
Exact Online Analyst Relations, Awards, Social Marketing, Trade, Vertical Media Relations
Fazenda Coffee Roasters Social Media, Traditional Media
Harvest Power (Agency of Record)
Hydroid, LLC
Inovalon (Agency of Record)
LabTech; Tampa, FL Integrated Marketing, Media Relations
Lovin' Spoonfuls (Agency of Record)
The Lowell Institute (Agency of Record)
The Museum of World War II (Agency of Record)
Myriant Marketing, PR, Social Media
New England Clean Energy Council (Agency of Record)
Quest Software Inc.
Right90
Shure
Smartleaf
Speechworks
Texas Instruments
Tribridge Media, Public Relations
UC4 Software (Agency of Record); 2008
Unica Corp. Enterprise Marketing Management; 2004
Velocity Technology Solutions (Agency of Record) Social CRM, Social Media, Traditional Media Relations
Verizon
New-Virtusa Corporation
WBUR (Agency of Record)
Worldwide TechServices; Tewksbury, MA (Agency of Record)
WorldWinner Online Casual Game Competitions; 2008

GREENSMITH PUBLIC RELATIONS LLC
4000 Legato Rd Ste 1100, Fairfax, VA 22033
Tel.: (703) 623-3834
Web Site: www.greensmithpr.com

Employees: 10
Year Founded: 2000

Agency Specializes In: Event Planning & Marketing, Media Training, Public Relations, Social Media

Mike Smith *(CEO)*
Cheryl Vosburg *(VP)*
Alexis Janney *(Sr Acct Exec)*

Accounts:
Mobility Lab
National Fish & Wildlife Foundation
Nextility

GREGORY FCA
27 W Athens Ave Ste 200, Ardmore, PA 19003
Tel.: (610) 642-8253
Fax: (610) 649-9029
Toll Free: (800) 499-4734
E-Mail: doug@gregoryfca.com
Web Site: www.gregoryfca.com

Employees: 40
Year Founded: 1991

National Agency Associations: COPF

Agency Specializes In: Business-To-Business, Corporate Communications, Financial, Investor Relations, Public Relations, Publicity/Promotions, Real Estate, Transportation

Approx. Annual Billings: $4,000,000

Breakdown of Gross Billings by Media: Pub. Rels.: $4,000,000

Gregory Matusky *(Founder, Pres & CEO)*
Douglas Rose *(Partner & COO)*
Joseph Anthony *(Pres-Fin Svcs & Partner)*
Joe Hassett *(Sr VP-IR)*
Mike Lizun *(Sr VP-PR)*
Jimmy Moock *(Sr VP)*
Katie Kennedy *(VP)*
Matthew McLoughlin *(VP)*
Leigh Minnier *(VP)*
Cassandra Olszewski *(VP)*
Brian McDermott *(Assoc VP-Media & IR Strategy)*
Jesse Kennedy *(Creative Dir)*
Julie Parise *(Dir-Brdcst Svcs)*
Jacob Tulsky *(Dir-Bus Dev & Mktg)*
Stephen Vujevich *(Dir-Digital Strategy)*
Leah Katsanis *(Acct Supvr)*
Sarah May *(Acct Supvr)*
Alexander Nye *(Acct Supvr)*
Lindsay Ambrose Cavanaugh *(Sr Acct Exec)*
Britni Coe *(Sr Acct Exec)*
Jessica Emery *(Sr Acct Exec)*
Matthew Fleischl *(Acct Exec)*
Katie Lamb *(Acct Exec)*
Darby Rowe *(Acct Exec)*
Alexandra Spurgeon *(Acct Exec)*

Accounts:
Dranoff
Evolve IP
Grom Social Enterprises, Inc. (Integrated Investor Relations & Public Relations Agency of Record)
LA Weight Loss
MeetMe, Inc IR, PR
MetroStar Systems, Inc. Brand Awareness, PR, Zoomph
Mitsubishi
Moxy Vote
NFP
Nutrisystem, Inc.; Fort Washington, PA (Investor Relations Agency of Record)
Pilot Freight Services
Safeguard
SAP
ScripsAmerica, Inc. (Investor Relations Agency of Record)
Unisys
Universal Display; Princeton, NJ
USA Technologies, Inc.
Willow Financial
YOH

GRIFFIN & COMPANY
1776 Wilson Blvd Fl 5, Arlington, VA 22209
Tel.: (202) 625-2515
E-Mail: info@griffinco.com
Web Site: www.griffinco.com

Employees: 50

Agency Specializes In: Brand Development & Integration, Crisis Communications, Media Relations, Public Relations, Social Media

Accounts:
Mitsubishi Electric Cooling & Heating

AGENCIES - JANUARY, 2019 — PUBLIC RELATIONS FIRMS

GRIFFIN360
(Formerly Griffin Integrated Communications)
260 5th Ave 6th Fl, New York, NY 10001
Tel.: (212) 481-3456
Fax: (212) 684-0606
Web Site: griffin360.com/

Employees: 15
Year Founded: 1982

Agency Specializes In: Consumer Marketing, Electronic Media, Entertainment, Government/Political, High Technology, Public Relations, Retail

Approx. Annual Billings: $5,000,000

Robert Griffin *(Pres)*
Jessica Passananti *(Grp Acct Dir)*

Accounts:
Advanced Micro Devices
AKG Acoustics Professional & Consumer Microphones & Headphones
Arriflex
Crown Audio
Eventide Music Recording Equipment
Fairlight Digital Audio Workstation Manufacturer
Fostex
Hitachi Interactive Software Interactive White Boards & Tablets
JBL Professional Professional Loudspeaker Systems
Periscope Book Lights
The Response Network
Studer-Soundcraft

GRISKO
410 N Michigan Ave, Chicago, IL 60611
Tel.: (312) 724-8100
Fax: (312) 335-0103
E-Mail: info@grisko.com
Web Site: www.grisko.com

Employees: 20
Year Founded: 1995

Agency Specializes In: Public Relations

Carolyn Grisko *(Pres & CEO)*
Terri Cornelius *(VP-PR)*
Elisabeth Woodard *(Acct Dir-Mktg & Acct Supvr)*

Accounts:
Chicago & Illinois Bar Foundations
The Chicago Housing Authority (CHA) Affordable Senior Housing Units
Chicago Transit Authority Brand Development, Community Outreach, Marketing, Media, Public Relations
Equal Justice Illinois Campaign
Mayor's Hemispheric Forum
PhRMA Pharmaceutical Trade Association
R.M. Chin & Associates
Ventra (Agency of Record) Marketing Communications

GROUNDFLOOR MEDIA, INC.
1923 Market St, Denver, CO 80202
Tel.: (303) 865-8110
Fax: (303) 253-9763
E-Mail: pr@groundfloormedia.com
Web Site: http://groundfloormedia.com/

Employees: 30
Year Founded: 2001

Agency Specializes In: Crisis Communications, Event Planning & Marketing, Industrial, Internet/Web Design, Media Relations, Media Training, Public Relations, Sponsorship, Strategic Planning/Research

Brian Dally *(Co-Founder & CEO)*
Ramonna Robinson *(Pres)*
Jim Licko *(VP)*
Carissa McCabe *(VP)*
Gil Rudawsky *(VP)*
Jeremy Story *(VP)*
Wendy Artman *(Sr Dir-Comm)*
Amanda Brannum *(Sr Dir-Comm)*
Lauren Cook *(Sr Dir-Social Media & Digital Strategy)*
Amy Moynihan *(Sr Dir-Comm)*
Emily Port *(Sr Dir-Comm)*
Kristina Reilly *(Sr Dir-Bus Ops)*
Carolann Samuels *(Sr Dir-Comm)*
Jennefer Traeger *(Sr Dir-Comm)*
Jon Woods *(Sr Dir-Social Media & Digital Strategy)*
Elise Bishop *(Dir-Comm)*
Ben Hock *(Dir-Creative Svcs-Center Table)*
Adrienne Aragon Schafer *(Dir-Digital Strategy-CenterTable)*
Shelbi Warner *(Dir-Fin)*
Tricia Bennett *(Sr Mgr-PR)*

Accounts:
34 Degrees; Denver, CO Online Content Development, Optimization, PR, Strategic Planning
Alliance for Early Success Digital, Logo, Strategic Counsel, Website Development
Alta Colleges
Door to Door Organics Media Relations
Earth Balance Media Relations
Starbucks Coffee Company; Gulch Helena, MT

GROUNDSWELL PR
1630 Meeting St Ste 102, Charleston, SC 29405
Tel.: (307) 699-4459
E-Mail: info@groundswellpr.com
Web Site: www.groundswellpr.com

Agency Specializes In: Brand Development & Integration, Content, Event Planning & Marketing, Media Planning, Public Relations, Social Media

Caroline Kelm *(Partner)*
Dax Kelm *(Partner)*
Elizabeth Gerken *(Acct Mgr)*
Allison Hopper *(Acct Mgr)*

Accounts:
I Heart Keenwah
Tortuga (Public Relations Agency of Record) Media Relations, National Brand Awareness; 2018

GROUP GORDON
747 3rd Ave 32nd Fl, New York, NY 10017
Tel.: (212) 780-0200
E-Mail: info@groupgordon.com
Web Site: groupgordon.com

Employees: 50
Year Founded: 2005

Agency Specializes In: Broadcast, Communications, Content, Digital/Interactive, Media Relations, Media Training, Print, Public Relations, Social Media, Strategic Planning/Research

Jeremy Robinson-Leon *(Pres)*
Michael Gordon *(CEO & Principal)*
Andrew Jarrell *(Chief Strategy Officer)*
Lana Gersten *(Chief Client Officer & Principal)*
John Keaten *(Principal)*
Elizabeth Gemdjian *(Sr VP-Bus Dev)*
Anna Clark *(VP)*
Jordan Miller *(VP-Ops)*
Linda Gordon *(Dir-Strategic Initiatives)*

Accounts:
New-American Heart Association Inc.
New-Benjamin N. Cardozo School of Law
New-Bridges Fund Management Ltd
New-Cava Group Inc.
New-Columbia University Medical Center Columbia Children's Health
New-Denham Wolf Real Estate Services Inc
New-HERE to HERE
New-IASLC
New-Public Health Solutions
New-The Trust

GS STRATEGY GROUP
800 W Main St Ste 1420, Boise, ID 83702
Tel.: (208) 342-1545
Fax: (208) 336-2007
Web Site: www.gsstrategygroup.com

Employees: 5

Agency Specializes In: Brand Development & Integration, Crisis Communications, Internet/Web Design, Print, Public Relations, Social Media, Strategic Planning/Research

Greg Strimple *(Pres)*
Brooks Kochvar *(Partner)*
Brad Wing *(Principal)*

Accounts:
Idaho Health Insurance

GUNPOWDER INC.
440 Wells St, Delafield, WI 53018
Tel.: (844) 984-3645
E-Mail: letstalk@ignitewithpowder.com
Web Site: www.gunpowderinc.com

Employees: 10

Agency Specializes In: Brand Development & Integration, Communications, Content, Crisis Communications, Event Planning & Marketing, Media Relations, Public Relations, Social Media, Strategic Planning/Research, Trade & Consumer Magazines

Ryan Chuckel *(Founder)*
Jeff Degen *(Co-Founder)*

Accounts:
Beretta
Cabela's
Costa Del Mar Costa Sunglasses
New-GoPro
Humminbird
The International Game Fish Association Public Relations, Social Media; 2018
New-Johnson Controls International PLC Optima
Mercury Marine
New-Minn Kota Motors
New-Ravin Crossbows
New-Under Armour Inc.
New-Weatherby Inc.

GUTENBERG COMMUNICATIONS
(See Under Lumina Communications)

GUTENBERG COMMUNICATIONS
(See Under Lumina Communications)

GUTHRIE/MAYES
545 S 3rd St, Louisville, KY 40202
Tel.: (502) 584-0371
Fax: (502) 584-0207
E-Mail: pr@guthriemayes.com
Web Site: www.guthriemayes.com

Employees: 12
Year Founded: 1977

PUBLIC RELATIONS FIRMS

Agency Specializes In: Education, Government/Political, Health Care Services, Medical Products, Pharmaceutical, Public Relations, Publicity/Promotions

Andy Eggers *(Owner & Principal)*
Dan Hartlage *(Principal)*
Clair Nichols *(Principal)*
Ashley Brauer *(VP)*
Tiffany Murray *(Asst Acct Mgr)*

Accounts:
Louisville Regional Airport Authority; 1977
National Center for Family Literacy
Toyota Motor Manufacturing; 1996

H2 PUBLIC RELATIONS
3021 N Allen Ave, Chicago, IL 60618
Tel.: (858) 232-1874
Web Site: www.h2publicrelations.com

Employees: 5
Year Founded: 2007

Agency Specializes In: Event Planning & Marketing, Media Relations, Promotions, Public Relations, Social Media

Heidi Hageman *(Founder & Pres)*

Accounts:
Cohn Restaurant Group

HAGER SHARP INC.
1030 15th St NW Ste 600E, Washington, DC 20005
Tel.: (202) 842-3600
Fax: (202) 842-4032
E-Mail: kcassida@hagersharp.com
Web Site: www.hagersharp.com

Employees: 25
Year Founded: 1973

Agency Specializes In: Communications, Government/Political

Approx. Annual Billings: $3,800,000

Barbara Davis Blum *(Chm)*
Jennifer Wayman *(Pres & CEO)*
Walter Watts *(CFO)*
Debra Silimeo *(Exec VP)*
Trish Taylor *(Exec VP-Health)*
Christina Mazzola Nicols *(Sr VP & Dir-Plng, Res & Evaluation)*
David J. Hoff *(Sr VP)*
Aaron Murphy *(VP & Creative Dir)*
Elizabeth Osborn *(VP)*
Mike Gallagher *(Creative Dir)*

Accounts:
Educational Testing Service Communication
National Cancer Institute
National Center for Education Statistics National Assessment of Educational Progress
National Diabetes Education Program
National Institute of Diabetes & Digestive & Kidney Diseases
Safe & Sound Schools
U.S. Department of Health & Human Services Marketing, Media, Office on Women's Health

HALL COMPANY
161 W 23rd St 3rd Fl, New York, NY 10011
Tel.: (212) 684-1955
E-Mail: hall@hallpr.com
Web Site: hallpr.com

Year Founded: 1996

Agency Specializes In: Media Relations, Public Relations, Social Media

Steven Hall *(Owner & Partner)*
Sam Firer *(Partner)*

Accounts:
Tasca Chino

HALL STRATEGIES
217 5th Ave N Ste 200, Nashville, TN 37219
Tel.: (615) 242-8856
Fax: (615) 242-8857
Web Site: www.hallstrategies.com

Employees: 10

Agency Specializes In: Media Relations, Public Relations, Social Media, Strategic Planning/Research

Joe Hall *(Owner)*
Abby Trotter *(Partner)*

Accounts:
Anderson Benson Insurance & Risk Management
Live Nation

HALLDIN PUBLIC RELATIONS
2409 L St, Sacramento, CA 95816
Tel.: (916) 781-0650
E-Mail: info@halldinpr.com
Web Site: www.halldinpr.com

Employees: 8
Year Founded: 1999

Agency Specializes In: Content, Crisis Communications, Media Relations, Print, Public Relations, Social Media

Bill Halldin *(Pres)*
Ron Trujillo *(Sr VP)*
Sofia Gutierrez *(VP)*
Jeffrey Weidel *(VP)*

Accounts:
Aurora Diagnostics
New-Pharmaceutical Strategies Group

HAMILTON INK
637 E Blithedale Ave, Mill Valley, CA 94941
Tel.: (415) 381-8198
Fax: (415) 381-3319
E-Mail: publicity@hamiltoninkpr.com
Web Site: www.hamiltoninkpr.com

Employees: 5
Year Founded: 1980

Agency Specializes In: Crisis Communications, Event Planning & Marketing, Media Relations, Media Training, Print, Public Relations, T.V.

Stephanie Clarke *(Pres)*
Clara Franco *(Principal-PR)*

Accounts:
Mill Valley Film Festival

HANDCRAFTED PR
53 Monroe St, Brooklyn, NY 11238
Tel.: (347) 689-2111
Web Site: www.handcraftedpr.com

Employees: 5

Agency Specializes In: Brand Development & Integration, Collateral, Event Planning & Marketing, Media Training, Public Relations, Social Media

Ana Jovancicevic *(Owner & Pres)*

Accounts:
Becherovka Herbal Liqueuer
Foragers City Grocer
Foragers City Table
Greenhook Ginsmiths
Innis Gunn
The Pitch & Fork
Rhum Clement
Silk Rd Tavern
Simon Ford

THE HANNON GROUP
137 National Plaza Ste 300, Fort Washington, MD 20745
Tel.: (301) 839-2744
E-Mail: info@thehannongroup.com
Web Site: www.thehannongroup.com

Employees: 25

Agency Specializes In: Government/Political, Public Relations, Strategic Planning/Research

Sandra Wills Hannon *(Founder & Owner)*
Jillian Fisher *(Sr VP)*
Kristin Cone *(VP & Sr Mgr-Strategic Comm)*
Joshua Logelin *(Acct Mgr)*
Christina Stowers *(Acct Supvr-Dept Energy-US)*

Accounts:
Centers for Disease Control & Prevention

HANSER & ASSOCIATES PUBLIC RELATIONS
4401 Westown Pkwy, West Des Moines, IA 50266
Mailing Address:
4401 Westown Pkwy Ste 212, West Des Moines, IA 50266-1037
Tel.: (515) 224-1086
Fax: (515) 224-0991
Toll Free: (800) 340-6434
E-Mail: hanser@hanser.com
Web Site: www.hanser.com

E-Mail for Key Personnel:
President: rhanser@hanser.com

Employees: 8
Year Founded: 1996

National Agency Associations: COPF

Agency Specializes In: Business-To-Business, Communications, Consumer Goods, Consumer Marketing, Crisis Communications, Event Planning & Marketing, Exhibit/Trade Shows, Financial, Health Care Services, Integrated Marketing, Media Buying Services, Media Planning, Media Relations, Media Training, Pharmaceutical, Planning & Consultation, Promotions, Public Relations, Strategic Planning/Research, Travel & Tourism, Viral/Buzz/Word of Mouth

Ronald Hanser *(Chm)*
Ryan Hanser *(Pres)*
Bonnie Hanser *(COO & Principal)*

Accounts:
Catholic Health System
City of West Des Moines
College Savings Iowa
EMCO Enterprises
Hawkins Construction Company
HOK
Hubbell Realty Company
Iowa Health System
Iowa Pharmacy Association
MidAmerican Energy Company

AGENCIES - JANUARY, 2019 — PUBLIC RELATIONS FIRMS

RegenaCorp
Roche Pharmaceuticals
Upper Iowa University
West Bancorporation
World Technologies

HANSON & SCHWAM PUBLIC RELATIONS
9350 Wilshire Boulevard Ste 315, Beverly Hills, CA 90212
Tel.: (310) 248-4488
Web Site: www.hspr.biz

Agency Specializes In: Brand Development & Integration, Public Relations

Gene Schwam *(Owner & Pres)*

Accounts:
Barbara Eden

HARDEN COMMUNICATIONS PARTNERS
11881 Skyline Blvd, Oakland, CA 94619
Tel.: (510) 635-4150
Fax: (510) 969-4980
Web Site: www.hardenpartners.com

Employees: 10

Agency Specializes In: Brand Development & Integration, Communications, Crisis Communications, Digital/Interactive, Event Planning & Marketing, Media Relations, Media Training, Public Relations

Patricia Harden *(Mng Partner)*
Liam Collopy *(Exec VP)*

Accounts:
Fireman's Fund Insurance Company
Freed Associates
John Muir Health (Agency of Record) Medical Services
RS Investments

HARRISON & SHRIFTMAN LLC
141 W 36th St 12th Fl, New York, NY 10018
Tel.: (917) 351-8600
Fax: (917) 351-8601
E-Mail: contact@hs-pr.com
Web Site: www.hs-pr.com

Employees: 40
Year Founded: 1995

Agency Specializes In: Fashion/Apparel, Public Relations, Publicity/Promotions, Sponsorship, Travel & Tourism

Elizabeth Harrison *(CEO & Principal)*
Liz Santillanes *(VP)*
Amanda Anderson *(Sr Acct Exec-Lifestyle, Spirits & Music)*
Chelsea Ensel *(Sr Acct Exec-Travel & Hospitality)*

Accounts:
BlackBerry
BooHoo
Chic Outlet Shopping
China Center
Christie's Events Strategy, Hispanic
Dylans Candy Bar
Eleven by Venus Williams Events, Media Relations, Social Media, Website
Ferrari
Great American Cookies
Grey Goose Vodka
Harbor Footwear
Kairo Society
Lane Bryant
Marble Slab Creamery
Playstation
Prada
Pretzel Maker
Saint Regis Hotels
Sebago
SLS Hotels
Tone
Traub
New-Visit Florida Broadcast, Digital, General Guidance & Recommendations, Outreach, Social, Traditional Travel Media
W Hotels
Waterford
Wolfgang Puck

Branches

Harrison & Shriftman
6899 Collins Ave Unit 1506, Miami Beach, FL 33141
Tel.: (310) 754-4850
E-Mail: contact@hs-pr.com
Web Site: www.hs-pr.com

Employees: 12
Year Founded: 1998

Agency Specializes In: Advertising

Elizabeth Harrison *(CEO & Principal)*
Jaimee Marano *(Dir-Experiential Mktg)*

Accounts:
W Hotels

Harrison & Shriftman
429 Lenox Ave, Miami Beach, FL 33139
Tel.: (305) 534-0008
Fax: (305) 534-0158
Web Site: www.hs-pr.com/

Employees: 12
Year Founded: 2001

Agency Specializes In: Public Relations, Real Estate, Retail

Accounts:
Bal Harbour Shops
Black Berry
Lacoste
Palms
W South Beach
William Rast

HARVEST PUBLIC RELATIONS
1300 Se Stark St Ste 214, Portland, OR 97214
Tel.: (503) 274-0086
Fax: (503) 961-7055
Web Site: www.harvest-pr.com

Employees: 50

Agency Specializes In: Crisis Communications, Event Planning & Marketing, Public Relations, Social Media, Strategic Planning/Research

Heidi Nelson *(Owner & Principal)*
Amy Wood *(Partner & Mng Dir)*
Kim Bedwell *(VP & Grp Acct Dir)*
Eric Davis *(VP & Grp Acct Dir-Creative Strategy)*
Adriane Rippberger *(Acct Dir-Consumer Digital)*
Trista Cady *(Acct Supvr)*
Anna Wagner Schliep *(Sr Acct Exec)*

Accounts:
Marrone Bio Innovations (Marketing Communications Agency of Record) Content Strategy, Digital, Media Relations, Social Media
The Mushroom Council (Agency of Record) Consumer Public Relations
Willamette Egg Farms LLC

THE HATCH AGENCY
25 Maiden Ln 6th Fl, San Francisco, CA 94108
Tel.: (415) 655-3015
E-Mail: info@thehatchagency.com
Web Site: www.thehatchagency.com

Employees: 25
Year Founded: 2012

Agency Specializes In: Crisis Communications, Media Training, Public Relations, Social Media, Strategic Planning/Research, Viral/Buzz/Word of Mouth

Melissa Garrett *(Sr Acct Exec)*

Accounts:
New-Benchmark
Dropbox
Sovos Brands Michael Angelo's Gourmet Foods, Packaging Design, Rao's Specialty Foods

HAVAS FORMULA
810 Parkview Dr N, El Segundo, CA 90245
Tel.: (310) 578-7050
Fax: (310) 578-7077
E-Mail: lainfo@formulapr.com
Web Site: havasformula.com

Employees: 15

Agency Specializes In: Brand Development & Integration, Branded Entertainment, Communications, Multicultural, Public Relations, Sports Market

Revenue: $15,000,000

Michael A. Olguin *(Pres & CEO)*
Alexis McCance *(CFO)*
Adrienne Cadena *(Pres-Havas Street)*
Emily Porter *(Pres-West)*
Katie Lippman *(Sr VP-Consumer East)*
Ditas Mauricio *(Sr VP-Consumer West)*
Taryn Finley *(VP)*
Anita Gomes *(VP-Tech PR)*
Tara Reid *(VP)*
Mia West *(VP-Publicity)*
Krista Lamp *(Dir-Buzzlounge)*
Andrew Brudnicki *(Sr Acct Supvr)*
Lissette Calveiro *(Sr Acct Supvr)*
Alexis Dremonas *(Sr Acct Supvr)*
Clair Casey *(Acct Supvr)*
Aileen Donovan *(Acct Exec)*

Accounts:
76 Lubricants
Abandon Interactive Entertainment Freaky Creatures; 2007
AirDrives Earphones; 2007
Aqua Lung Aqua Sphere, Brand Awareness, PR
Bioserie (Agency of Record)
Boostcase Brand Awareness, Media, Strategic Public Relations
Bulldog Gin
Carrington Farms (Ageny of Record) Brand Strategy, Creative Content Development, Editorial Integrations, Influencer Marketing, National Media Outreach, Paid Social Media, Product Seeding; 2018
CJ Foods (North American Agency of Record) Social Media, Traditional PR
The Colorado Center for Reproductive Medicine (Public Relations Agency of Record) Brand Messaging, Earned Media Strategy, Influencer Engagement, Influencer Strategy, National Brand; 2018
Cost Plus World Market
New-Criteo

PUBLIC RELATIONS FIRMS — AGENCIES - JANUARY, 2019

Delicato Family Vineyards Noble Vines, Public Relations
Dunkin' Donuts Media
Heathrow Airport Media, Social
High Brew (Public Relations Agency of Record) Media Relations, Traditional Media Outreach
Ingersoll Rand Nexia, Public Relations, Schlage
Jaguar Land Rover North America LLC (Agency of Record) Automotive & Lifestyle Public Relations
JC's (Public Relations Agency of Record) Brand Activation, Event, National Media Relations
New-JPMorgan Chase
Kashi
Kendall Oil
Lamps Plus, Inc (Public Relations Agency of Record) Brand Partnerships, Brand Storytelling, E-Commerce, Expert Positioning, In-Store, Influencer Program, Media Outreach, Thought Leadership; 2018
Liquid Nutrition National PR Strategy
MobiTV
Monoprice (Public Relations Agency of Record) Ecommerce Site (Generic Brand Consumer Electronics)
mophie, Inc.
Music Television
Neuro Drinks Bliss Drink
Ormco Corporation
Panda Restaurant Group, Inc. Panda Express, Public Relations, Social Media
Pert Plus (Agency of Record) Rebranding
Popchips
Prairie Organic Spirits
Puma Cobra Golf, Media Outreach
RE/MAX International, Inc (Public Relations Agency of Record) Expert Positioning, Influencer Program, National & Regional Media Relations
Shure (Agency of Record)
Snap Infusion North American Advertising
Sport Chalet
Taco Bell Corporate Reputation, Influencer Engagement, Public Relations
UV Vodka
New-Wag Activation, Public Relations, Social

Branch

Havas Formula
(Formerly Formulatin)
200 Hudson St Ste 7, New York, NY 10013
(See Separate Listing)

HAVAS PR
200 Madison Ave, New York, NY 10016
Tel.: (212) 367-6800
Fax: (212) 367-7154
Web Site: www.havaspr.com

Employees: 110
Year Founded: 1935

National Agency Associations: COPF

Agency Specializes In: Agriculture, Automotive, Brand Development & Integration, Business-To-Business, Children's Market, Collateral, Communications, Consulting, Consumer Goods, Consumer Marketing, Corporate Communications, Corporate Identity, Cosmetics, Crisis Communications, Electronics, Event Planning & Marketing, Fashion/Apparel, Guerilla Marketing, Health Care Services, High Technology, Hispanic Market, Household Goods, Industrial, Integrated Marketing, Leisure, Media Relations, Medical Products, Men's Market, Multicultural, New Technologies, Over-50 Market, Pharmaceutical, Planning & Consultation, Public Relations, Publicity/Promotions, Retail, Seniors' Market, Sponsorship, Strategic Planning/Research, Teen Market, Transportation, Travel & Tourism, Viral/Buzz/Word of Mouth, Women's Market

James Wright (Chm-Havas PR Collective)
Katie McSorley (Pres-Mid-Atlantic)
Stacey Gandler (Exec VP-Healthcare)
Melanie Klausner (Sr VP)
Kellyn Curtis (Assoc VP)
Brandon Thomas (Assoc VP-US)
Jomarie Fecci (Creative Dir)
Alyssa Carfi (Acct Supvr)
Joseph Giumarra (Acct Supvr)
Nikki Kria (Acct Supvr)
Taylor Jeffrey (Sr Acct Exec)
Kelsey Hamel (Acct Exec)
Troy P. Thompson (Acct Exec)

Accounts:
Au Bon Pain Gluten-Free Products
B&G Foods Gluten-Free CLVR Bars
Barnacle Parking Enforcement (Agency of Record) Strategic Communications
Bayer MaterialScience; 1994
Cabot Creamery
Colliers International
Coty (Corporate Communications Agency of Record) Strategic Messaging
The Economist Group
Epic Hearing Healthcare
Lymphoma & Leukemia Society
National Lipid Association
#Giving Tuesday
Orig3n, Inc. (Public Relations Agency of Record) LifeCapsule, LifeProfiles
Pirate Brands Pirate's Booty Gluten-Free Products
Ruby Rocket's Fruit & Vegetable Frozen Snacks
True Food Kitchen Public Relations; 2018
United Nations Foundation

Branches

Havas PR North America
166 Valley St Ste 6M103, Providence, RI 02909
Tel.: (401) 999-3768
Web Site: www.havaspr.com

Employees: 100

Agency Specializes In: Public Relations

Jaclyn Phillips (Assoc-Digital Investment)

Accounts:
Commerce Corporation
ORIG3N (Public Relations Agency of Record) LifeCapsule, LifeProfiles
Rhode Island Commerce Corporation Campaign: "Cooler and Warmer"

Havas PR
4455 E Camelback Rd Ste E150, Phoenix, AZ 85018
Tel.: (541) 261-8189
E-Mail: PRinfo@havasww.com
Web Site: us.havaspr.com/

Employees: 50
Year Founded: 2015

Stephanie Clarke (VP)
Audrey Arbogast (Sr Acct Exec)
Janice Vega (Sr Acct Exec)

Accounts:
Big Lots
Fox Restaurant Concepts (Agency of Record)
Indigenous Peoples Law and Policy Program
SocialWhirled

Havas PR
4 PPG Pl 2nd Fl, Pittsburgh, PA 15222
Tel.: (412) 456-4305
Fax: (412) 456-4310
E-Mail: katie.mcsorley@havasww.com
Web Site: www.havaspr.com

Employees: 16

National Agency Associations: COPF

Agency Specializes In: Brand Development & Integration, Business-To-Business, Communications, Consulting, Industrial, Public Relations

Kathleen McSorley (Pres-Mid-Atlantic)
Lesley Sillaman (Sr VP)
Melissa Rieger (VP)
Julianne Muszynski (Assoc VP)
Stacey Simon (Acct Supvr)
Deanna Tomaselli (Acct Supvr)
Bre Stephens (Sr Acct Exec)
Catherine Clements (Asst Acct Exec)
Jacob Gnieski (Asst Acct Exec)
Megha Pai (Asst Acct Exec)

Accounts:
Bayer AG
Covestro

One Green Bean
Level 1 276 Devonshire Street, Surry Hills, Sydney, NSW 2010 Australia
Tel.: (61) 280201800
Fax: (61) 296991036
Web Site: onegreenbean.com

Employees: 100

Agency Specializes In: Digital/Interactive, Public Relations

Kat Thomas (Founder & Exec Creative Dir)
Will Allen (Mng Partner-Social)
Claire Salvetti (Mng Dir)
Matt Buchanan (Mng Dir-London)
Alistair Ferrier (Head-Production)
Caty Gorman (Sr Acct Dir)
Kirsty McGorty (Grp Acct Dir)
Natalie Helm (Bus Dir)
Sariyah Jalaluddin (Acct Dir)
Caeli Keating (Acct Dir)
Florence Ambrose (Acct Mgr)

Accounts:
Audible
Ben & Jerry's
Coca-Cola Australia Experiential, Integrated Marketing Campaign, Online Video, Out-of-Home, Public Relations, Social Media, TV
Colgate-Palmolive Company Colgate, Palmolive
CommBank
The Commonwealth Bank
Costa Public Relations
GM Holden Ltd Holden
Google
Heathrow Public Relations
IKEA Campaign: "Hundstol", Campaign: "Matresses"
Innis & Gunn
Kimberley Clark
Lego Toys Mfr
Maurice Blackburn Creative
Meat & Livestock Australia Conquering Your Fear, Creative, Public Relations
Mondelez Public Relation
Mount Franklin
Mutti Parma
Nando's
National Heart Foundation Public Relations; 2018
NBN Network
Nike Public Relations
Nokia Nokia 3310, Public Relations, Social
OPSM
Origin Energy
Pacific Brands Campaign: "Search for Australia's

AGENCIES - JANUARY, 2019 — PUBLIC RELATIONS FIRMS

Well Worn Volleys"
Pernod Ricard Brancott Estate, Campo Viejo, Global Public Relations, Influencer Strategy, Jacob's Creek
Pfizer Campaign: "The Tarmy"
Playstation
Red Bull
Ski & Ride NZ Campaign: "Snow Addicts", Public Relations, Social Media
Sony Computer Entertainment PlayStation (Lead Public Relations Agency)
The Steinhoff Group Campaign Implementation, PEP&CO, Poundland, Press, Public Relations, Social Media; 2017
New-Sydney Water Public Relations, Social
Tourism Australia
Tourism Western Australia
Uber Public Relations
Unilever
Vegemite
Virgin Holidays Customer Marketing, Public Relations, Seize the Holiday, Social Strategy
Warner Brothers Interactive Entertainment Gaming Entertainment Services
Weight Watchers Australia Public Relations, Publicity, Social Media
Westfield

HAVEN TOWER
212 26th St Ste 103, Santa Monica, CA 90402
Tel.: (424) 652-6520
E-Mail: info@haventower.com
Web Site: www.haventower.com

Employees: 10

Agency Specializes In: Advertising, Brand Development & Integration, Broadcast, Content, Crisis Communications, Financial, Media Training, Production, Public Relations, Social Media

Joseph Kuo (Pres & Mng Partner)
Jessica Caris (Partner)
Mary Osako (Partner)
Michael Madden (Mgr-Admin)

Accounts:
New-CCR Wealth Management, LLC
New-Cetera Financial Group, Inc
New-INVEST Financial Corporation
New-Invest in Others Charitable Foundation
New-National Planning Holdings, Inc.
New-The Strategic Financial Alliance, Inc

HAWKINS INTERNATIONAL PUBLIC RELATIONS
119 W 23rd St Ste 401, New York, NY 10011
Tel.: (212) 255-6541
Fax: (212) 255-6716
Web Site: www.hawkpr.com

Employees: 15

Agency Specializes In: Digital/Interactive, Internet/Web Design, Media Relations, Public Relations, Social Media

Revenue: $1,500,000

Jennifer Hawkins (Founder, Pres & CEO)
Corey Finjer Bennett (COO)
Lucy Zepp (Mng Dir-West Coast)
Anne-Cecile Blanchot (VP-Media Rels)
Martha Carrera (VP)
Catherine Colford (VP)
Jamie Goldstein (VP)
Amy Newcomb (VP)
Danielle Hale Scott (VP)
Ebony Atherton (Acct Supvr)
Andrea Capodilupo (Specialist-Corp Comm)

Accounts:
Accor Hotels
Digital Air Strike
Dream Downtown
Dream Midtown
Happier
Hotel Guanahani & Spa
John Hall's
JW Marriott Venice
Kaptivating
La Compagnie
Lake Arrowhead Resort & Spa
Montage Hotels & Resorts
Mountain Lodges of Peru
Novotel New York Times Square
Sofitel
Tradewind Aviation
The Tryall Club
Wilderness Safaris

HAYSLETT GROUP
50 Glenlake Pkwy Ste 430, Atlanta, GA 30328
Tel.: (770) 522-8855
Fax: (770) 522-8898
E-Mail: chayslett@hayslettgroup.com
Web Site: www.hayslettgroup.com

Employees: 15
Year Founded: 1994

Agency Specializes In: Public Relations, Sponsorship, Web (Banner Ads, Pop-ups, etc.)

Charles Hayslett (Owner)
Judy Hayslett (Chief Admin Officer)
Jessica Hayslett Moseley (Sr Acct Mgr)

Accounts:
Arnall Golden Gregory LLP Legal Services
Chamberlain Hrdlicka Legal Services
Georgia Association of REALTORS Real Estate Services
McCarthy Building Companies Commercial Construction Services
Sumter Regional Hospital Healthcare Services

HAYTER COMMUNICATIONS
7805 Broadstone Pl SW, Port Orchard, WA 98367
Tel.: (360) 313-7070
E-Mail: media@hayterpr.com
Web Site: www.hayterpr.com

Employees: 10

Agency Specializes In: Event Planning & Marketing, Market Research, Media Training, Public Relations, Social Media, Sports Market

Ryan Hayter (Pres)
Tara Yant (Sr Acct Dir)
Elana Rabin (Sr Acct Mgr)

Accounts:
Danner
Helly Hansen
Heroclip (Public Relations Agency of Record) Media Relations; 2017
K2 Sports (Agency of Record) Creative, Marketing Campaigns
Lululemon Lululemon Men
MSR
Outdoor Tech
Platypus
SealLine
Therm-a-Rest
Uvex
Wagner Custom

HEMSWORTH COMMUNICATIONS
1011 E Las Olas Blvd, Fort Lauderdale, FL 33301
Tel.: (954) 716-7614
Web Site: www.hemsworthcommunications.com

Employees: 10

Agency Specializes In: Brand Development & Integration, Crisis Communications, Event Planning & Marketing, Media Relations, Media Training, Print, Promotions, Public Relations, Strategic Planning/Research

Samantha Jacobs (Founder & Pres)
Lacey Outten (Dir)
Kayla Louttit (Sr Acct Exec)

Accounts:
AmaWaterways
Best Western Hotels & Resorts (Agency of Record) Public Relations
Coral Hospitality
Gridiron Grill-Off Food, Wine & Music Festival (Agency of Record) Media Relations, On-Site Media, Tactical Promotions; 2018
Howard Hospitality Group Corporate Communications, Media, Public Relations Strategies, YARA
Margaritaville Holdings, LLC
Massanutten Resort (Public Relations Agency of Record) Media Relations; 2018
Oasis Travel Network (Agency of Record) National PR; 2018
Orion Span Aurora Station, Brand Partnerships, Public Relations Strategy; 2018
Pearl Beach Club (Agency of Record) Communications Strategy, Media Relations, Social Media
Sefira Capital (Agency of Record); 2018
Smart Cruiser (Agency of Record) National Consumer Media; 2018
Sonesta Bayfront Hotel Coconut Grove
Sonesta Fort Lauderdale Beach
WorldCruise.cn

HENRY & GERMANN PUBLIC AFFAIRS LLC
Edgewood Grange Hall 1669 Edgewood Rd Ste 207, Yardley, PA 19067
Tel.: (215) 493-1426
Fax: (215) 493-1427
Web Site: www.hgpa.com

Employees: 5
Year Founded: 1980

National Agency Associations: PRSA

Agency Specializes In: Business-To-Business, Consulting, Corporate Identity, Environmental, Government/Political, Health Care Services, Planning & Consultation, Public Relations, Restaurant, Strategic Planning/Research, Transportation

Approx. Annual Billings: $1,000,000

Kelly Henry (Principal)
John McKeegan (VP)

Accounts:
Johnson & Johnson
McDonald's Corporation
PECO Energy
PPG
Wine Institute

HENSON CONSULTING, INC.
(Name Changed to Agency H5)

HERMAN & ALMONTE PUBLIC RELATIONS, LLC
1430 Broadway, New York, NY 10018
Tel.: (212) 616-1190
Fax: (212) 725-0172
E-Mail: info@herman-almontePR.com

PUBLIC RELATIONS FIRMS — AGENCIES - JANUARY, 2019

Web Site: www.herman-almontepr.com/

Employees: 5
Year Founded: 1986

Agency Specializes In: Advertising, Advertising Specialties, Affluent Market, Alternative Advertising, Arts, Below-the-Line, Business Publications, Business-To-Business, Cable T.V., Catalogs, Co-op Advertising, Collateral, College, Commercial Photography, Communications, Consulting, Consumer Publications, Corporate Communications, Corporate Identity, Crisis Communications, Custom Publishing, Direct Response Marketing, Electronic Media, Event Planning & Marketing, Financial, Government/Political, Guerilla Marketing, High Technology, Information Technology, Integrated Marketing, Internet/Web Design, Investor Relations, Leisure, Logo & Package Design, Media Buying Services, Media Planning, Media Relations, Media Training, Multimedia, New Product Development, Newspaper, Planning & Consultation, Production (Print), Promotions, Public Relations, Publicity/Promotions, Recruitment, Regional, Retail, Sales Promotion, Search Engine Optimization, Seniors' Market, Strategic Planning/Research, Syndication, T.V., Teen Market, Trade & Consumer Magazines, Transportation, Travel & Tourism, Viral/Buzz/Word of Mouth, Web (Banner Ads, Pop-ups, etc.), Women's Market

Paula Herman *(Partner)*
Mario Almonte *(Principal)*

HERMANOFF PUBLIC RELATIONS
23537 Shagwood Dr, Bingham Farms, MI 48025
Tel.: (248) 330-7829
Fax: (248) 485-6033
E-Mail: sandyh@hermanoff.net
Web Site: www.hermanoff.net

E-Mail for Key Personnel:
President: sandyh@hermanoff.net

Employees: 7
Year Founded: 1985

National Agency Associations: PRSA

Agency Specializes In: African-American Market, Automotive, Brand Development & Integration, Business-To-Business, Communications, Consulting, Consumer Marketing, Corporate Communications, Education, Entertainment, Environmental, Event Planning & Marketing, Food Service, Government/Political, Health Care Services, Information Technology, Local Marketing, Medical Products, New Product Development, Pharmaceutical, Public Relations, Publicity/Promotions, Real Estate, Restaurant, Retail, Sports Market, Strategic Planning/Research, Transportation, Travel & Tourism

Sandy Hermanoff *(Pres & CEO)*

HIGH RISE PR
600 LUTON DR, Glendale, CA 91206
Tel.: (347) 689-2461
E-Mail: info@highrisepr.com
Web Site: www.highrisepr.com

Year Founded: 2009

Agency Specializes In: Print, Public Relations, T.V.

Alexandra Baker *(Founder & CEO)*

Accounts:
Absolut Vodka
Dr. Martens

HIGH VIEW COMMUNICATIONS INC.
422 Richards St 3rd Fl, Vancouver, BC V6B 2Z3 Canada
Tel.: (416) 322-5897
E-Mail: info@highviewcommunications.com
Web Site: www.highviewcommunications.com

Employees: 10
Year Founded: 2002

Agency Specializes In: Crisis Communications, Media Relations, Media Training, Public Relations

Ann Gallery *(Founder & Pres)*

Accounts:
Carrera y Carrera
Dream Water Products Canada
Ford Motor Company of Canada, Limited
Rakuten Kobo Public Relations
Xylitol Canada Inc Xyla Sweetener

HIGHWIRE PUBLIC RELATIONS
727 Sansome St, San Francisco, CA 94111
Tel.: (415) 963-4174
E-Mail: connect@highwirepr.com
Web Site: www.highwirepr.com/

Employees: 50

Agency Specializes In: Media Relations, Media Training, Public Relations

Carol Carrubba *(Principal)*
Kathleen Gratehouse *(Principal)*
Bob Finlayson *(Exec VP)*
Mallory Cloutier *(VP)*
Christine McKeown Elswick *(VP)*
Melissa Roxas *(VP)*
Mike Taylor *(VP-Enterprise-Highwire Tech PR)*
Megan Grasty *(Sr Acct Mgr)*
Brittany Votto *(Acct Mgr)*
Robert Smith *(Acct Exec)*

Accounts:
Akamai; 2017
AppDirect
Appian; 2017
Arity; 2017
i.am+; 2017
International Business Machines Corporation
Polaris Wireless Software Services
Rubrik; 2017
SoftLayer Technologies
Sunrun; 2017
Sustainable Energy Technologies Ltd Solar Inverter Mfr & Distr
Xero

HILL+KNOWLTON STRATEGIES
825 3rd Ave 24th Fl, New York, NY 10022
Tel.: (212) 885-0300
Fax: (212) 885-0570
Web Site: www.hkstrategies.com

Employees: 120
Year Founded: 1927

National Agency Associations: COPF

Agency Specializes In: Public Relations, Sponsorship

Jack Martin *(Chm & CEO)*
Mark Thorne *(Vice Chm & COO-Global)*
Lars Erik Gronntun *(Co-Pres)*
Richard Millar *(Co-Pres)*
Amy Rosenberg *(Mng Dir & Head-Media Rels Svc-US)*
Nan Dong *(Mng Dir & Dir-Fin Comm Practice-China)*
Lisa Cradit *(Mng Dir)*
Kavita G Rao *(Pres/CEO-India)*
Sconaid McGeachin *(CEO-Africa & Sr VP-EMEA)*
Claudia Gioia *(CEO-Latin America)*
Molly O'Neill *(Exec VP & Head-US MarComm Practice)*
Jennifer Mylett *(Sr VP)*
Alia Faraj-Johnson *(Mng Dir-Florida)*
Nancy Fitzsimmons *(Mng Dir-Corp & Crisis)*
Valerie Barbosa *(Head-Talent & Mktg-Latin America)*
Anthony Filomena *(Sr Assoc-Consumer PR)*

Accounts:
20th Century Fox Home Entertainment (Agency of Record) Campaign: "The Sandlot"
Aflac Public Relations
All Nippon Airways Co., Ltd. US Public Relations
AmericaSpeaks; 2007
Best Buy
CA Technologies Corporate Communications
Dalian Wanda Group (Global Public Relations Agency of Record) Communications Strategy; 2017
Del Monte Nature's Recipe
Deloitte
Dillard University; 2008
Emirates (Agency of Record) Consumer, Travel Trade and Corporate Communications
Ford Motor Company
GEROVA Financial Group, Ltd (Communications Agency of Record) Communications Strategy, Investor Relations
Godiva Chocolatier (Global Corporate Public Relations Agency of Record); 2018
Harold Hamm Diabetes Center
Informatica Digital Media, Global PR, Media Relations, Social
InterContinental Hotels Corporate & Brand PR
International Monetary Fund Global Reach; 2008
Lee Jeans (US Agency of Record) Content, Media Relations, Social Media, Strategy
LG Electronics
Mazda North American Operations (Agency of Record)
Miami Beach Visitor & Convention Authority (Agency of Record) Brand Awareness, Strategic Media
Motorola Solutions, Inc.
NES Group
North American Working Group Brand Positioning, Messaging Strategy
PeaceJam Foundation Campaign: "One Billion Acts of Peace"
Procter & Gamble (Global Agency of Record) Corporate Communications, Corporate Media Relations, Crisis Management, Internal Communications, Issue Prevention, Message & Content Development, Public Relations
Rio Tinto plc; London, UK; 2007
Royal Dutch Shell plc Creative, Shell Global Commercial, Shell Retail; 2018
SanDisk
Schneider Electric Global Public Relations; 2017
The Snoring Center (Agency of Record) Public Relations, Traditional & Social Media Programs
Tata Communications
TomTom, Inc.
Unilever UK Foods Hellmann's Mayonnaise, Ragu Express
Western Red Cedar Lumber Association; Vancouver; 2007

Offices

Blanc & Otus Public Relations
1001 Front St, San Francisco, CA 94111
(See Separate Listing)

Group SJR
466 Lexington Ave Frnt 4, New York, NY 10017

AGENCIES - JANUARY, 2019 — PUBLIC RELATIONS FIRMS

Tel.: (212) 885-0500
Web Site: www.groupsjr.com/

Employees: 150

Agency Specializes In: Content, Digital/Interactive, Sponsorship

Tom Blim *(Partner)*
Margaret Sullivan *(Partner)*
Matthew Van Dusen *(Partner)*
Dan Erstad *(Mng Dir)*
Erin Gentry *(Chief Client Officer)*
Anthony Sheehan *(VP-Canada)*
Shahar Fridman *(Sr Dir & Head-Media)*
Evan Segerman *(Sr Acct Dir)*
Andrew W. Haim *(Acct Dir)*
Erica Petri *(Acct Dir)*

Accounts:
CBRE Group "Blueprint", Digital
Dell
GE
The Motion Picture Association of America
TED
Xerox

H+K Strategies
255 Alhambra Cir Ste 330, Miami, FL 33134
Tel.: (305) 443-5454
Web Site: www.hkstrategies.com

Employees: 15

Agency Specializes In: Communications, Corporate Identity, Public Relations, Social Media

Mark Thorne *(Vice Chm & COO-Global)*
Cori Rice *(Pres)*
Michael Kehs *(Mng Dir-Energy & Industrials)*
Frances Ramos *(Acct Supvr)*

Accounts:
Miami Beach Visitor & Convention Authority Public Relations Agency of Record
The Puerto Rico Tourism Company Public Relations

Hill+Knowlton Strategies
3200 Bristol St Ste 300, Irvine, CA 92626
Tel.: (949) 223-2300
Fax: (949) 752-2130
E-Mail: erica.amestoy@hkstrategies.com
Web Site: www.hkstrategies.com

Employees: 20

National Agency Associations: COPF

Agency Specializes In: Public Relations

Nurha Hindi *(Sr VP)*

Hill + Knowlton Strategies
60 Green St, San Francisco, CA 94111
Tel.: (415) 281-7120
Fax: (415) 281-7121
E-Mail: questions@hkstrategies.com
Web Site: www.hkstrategies.com

Employees: 35

National Agency Associations: COPF

Agency Specializes In: Public Relations, Sponsorship

Rick Foote *(Sr VP-Digital)*
Barbara Melchin *(VP-HR-Western Reg)*
Kevin Elliott *(Dir-Risk & Crisis Comm Practice-US)*

Accounts:
Dolby Laboratories (Agency of Record)
Informatica Digital, Global PR, Media Relations, Social
VMware

Hill + Knowlton Strategies
607 14th St NW Ste 300, Washington, DC 20005-2000
Tel.: (202) 333-7400
Fax: (202) 333-1638
Web Site: www.hkstrategies.com

Employees: 60

National Agency Associations: COPF

Agency Specializes In: Public Relations

Rebecca Francis Ballard *(Mng Dir & Head-Comm & Culture)*
Joe Householder *(Mng Dir)*
Richard Keil *(Exec VP-Global Corp Practice)*
Rebecca Fannin *(Sr VP)*
Lauren Olsen Herchert *(VP)*
Jennifer Capps *(Dir)*

Accounts:
Adidas
American Natural Gas Alliance
American Red Cross
BBMG Corporation
eBay; 2007
HP China
Johnson & Johnson
Nestle
Prince William Health System
Robinsons
Virgin

Hill + Knowlton Strategies
201 E Kennedy Blvd Ste 1611, Tampa, FL 33602-5117
Tel.: (813) 221-0030
Fax: (813) 229-2926
E-Mail: harry.costello@hkstrategies.com
Web Site: www.hkstrategies.com

Employees: 20

National Agency Associations: COPF

Agency Specializes In: Public Relations

James Fuller *(Pres, CEO & Exec VP)*
Ron Bartlett *(Mng Dir-Florida)*
Susan Thurston *(Acct Exec)*

Accounts:
Adidas
BBMG Corporation
Florida Healthcare
Johnson & Johnson
Novartis
Virgin

Hill + Knowlton Strategies
222 Merchandise Mart Plz Ste 275, Chicago, IL 60654
Tel.: (312) 255-1200
Fax: (312) 255-3030
Web Site: www.hkstrategies.com

Employees: 45

National Agency Associations: COPF

Agency Specializes In: Public Relations

Maruta M. Capozzi *(Mng Dir & Specialist-Consumer Mktg)*
Meghan Hodgdon *(Principal-Consumer Mktg Practice)*
Jennifer Eidson *(Sr VP-Corp Practice-Chicago)*
Brent Curry *(Dir)*
Cathleen Bleers Westley *(Dir)*
Amy Dalkoff *(Sr Acct Supvr)*
Madonna Duncan *(Sr Acct Supvr)*
Tracy Straub *(Sr Acct Supvr)*

Hill + Knowlton Strategies
1001 Fannin St Ste 4500, Houston, TX 77002
Tel.: (713) 752-1900
Fax: (713) 752-1930
Web Site: www.hkstrategies.com

Employees: 12

National Agency Associations: COPF

Agency Specializes In: Public Relations

Amy Mcmichael Paddock *(Mng Dir)*
Merrill Davis *(Exec VP & Gen Mgr-Austin)*
Marvin Singleton *(Exec VP & Gen Mgr-Dallas)*
Melanie Laurence Martin *(Head-Project, Creative & Digital & Acct Dir)*
Luke Marchant *(Dir)*
Katie Boshart *(Sr Acct Supvr)*

Hill + Knowlton Strategies
221 Yale Ave N, Seattle, WA 98109
Tel.: (415) 281-7146
Fax: (509) 744-3355
E-Mail: questions@hkstrategies.com
Web Site: www.hkstrategies.com

Employees: 3
Year Founded: 1986

Agency Specializes In: Government/Political, Public Relations

Norman Y. Mineta *(Vice Chm)*
Peter Zandan *(Vice Chm)*
Ruth Clark *(Dir-HR-Global)*

Hill + Knowlton Strategies
6300 Wilshire Blvd Ste 110, Los Angeles, CA 90048
Tel.: (310) 633-9400
Fax: (310) 633-9401
Web Site: www.hkstrategies.com

Employees: 40

Agency Specializes In: Public Relations, Sponsorship

Larry Krutchik *(Gen Mgr-Los Angeles & Costa Mesa)*

Accounts:
Avery Dennison

PBN Hill + Knowlton Strategies
607 14th ST NW, Washington, DC 20005
(See Separate Listing)

Branches

PBN Hill + Knowlton Strategies
3 Uspensky Pereulok Bldg 4, Moscow, Russia
Tel.: (7) 495 775 0077
Fax: (7) 495 775 0075
Web Site: http://www.hkstrategies.com/kazakhstan/en/about/

Employees: 30

Myron Wasylyk *(CEO)*
Maria Kuzkina *(VP-Client Svcs & Head-Russian*

PUBLIC RELATIONS FIRMS — AGENCIES - JANUARY, 2019

Branch Office)
Anton Gubnitsyn *(VP-Govt Rels)*
Dominic Fean *(Dir-Pub Affairs)*
Maria Lyamsheva *(Dir-Mktg Comm)*
Uliana Isakova *(Sr Analyst-Media)*

Accounts:
Alibaba Alibaba.com, Aliexpress.com, Public Relations

Wexler & Walker Public Policy Associates
1317 F St NW Ste 600, Washington, DC 20004-1105
Tel.: (202) 638-2121
Fax: (202) 638-7045
E-Mail: melberg@wexlerwalker.com
Web Site: www.wexlerwalker.com

Employees: 53
Year Founded: 1986

Agency Specializes In: Government/Political, Public Relations

Dale W. Snape *(Vice Chm)*
Tom Carpenter *(Mng Dir & Sr VP)*
Jody Hoffman *(Mng Dir & Sr VP)*
R. D. Folsom *(Sr VP)*
Robert Healy *(Sr VP)*

Accounts:
Analogic Corporation
Ball Aerospace & Technologies
DigitalGlobe Inc
General Motors Corporation
Hughes Communications
RC2 Corporation
Skyterra

Canada

H+K Strategies
1100 Rene Levesque Blvd W Ste 600, Montreal, QC H3B 4N4 Canada
Tel.: (514) 395-0375
Fax: (514) 395-1999
Web Site: www.hkstrategies.com

Employees: 15

Agency Specializes In: Public Relations

Julie Perrier *(Sr Dir)*

Accounts:
3M Canada (Public Relations Agency of Record)
B2B Communications, Campaign: "Tweet Machine", Media Relations
Louisiana Pacific

Hill+Knowlton Strategies
55 Metcalfe St Ste 1100, Ottawa, ON K1P 6L5 Canada
Tel.: (613) 238-4371
Fax: (613) 238-8642
Web Site: hkstrategies.ca/

Employees: 45

Agency Specializes In: Public Relations

Sheila Wisniewski *(Pres & CEO)*
Rob Mariani *(Sr VP)*
Michelle Mclean *(Sr VP-Health & Wellness)*
Craig Rowsell *(VP & Grp Head-Procurement & Trade)*
Kevin Bosch *(VP-Public Affairs Grp)*
Jason MacDonald *(VP-Corp Comm)*
David Rodier *(VP-Strategic Leadership)*
Jaime Shulman *(VP-Events & Experiential Mktg)*

Ellis Westwood *(VP)*
Melissa Pasi *(Sr Acct Dir)*
Ruth Clark *(Dir-HR-Global)*
Boyd Neil *(Sr Strategist Digital)*

Accounts:
Cineplex Entertainment (Public Relations Agency of Record)
IKEA International A/S Government Relations, IKEA Canada (Public Relations Agency of Record), National Corporate Communications Strategy, Ongoing Strategic Counsel; 2018
Imagination Park Entertainment Inc Communications
Motorola Mobility Canada Public Relations & Digital
National Inquiry into Missing & Murdered Indigenous Women & Girls Strategic Communications; 2017
Thomas Cook Canada

Hill + Knowlton Strategies
Ste 300 Watermark Tower 530 8th Ave SW, Calgary, AB T2P 3S8 Canada
Tel.: (403) 299-9380
Fax: (403) 299-9389
Web Site: www.hkstrategies.com

Employees: 20

Agency Specializes In: Public Relations

Tonie Chaltas *(COO)*
Joy Jennissen *(Chief Client Officer)*
Marie Rajic *(Sr VP & Gen Mgr-Prairie Reg)*
Sarah Andrewes *(Sr VP)*
Janice Foreman *(Sr VP)*
Jane Shapiro *(Sr VP)*
Tim Moro *(VP)*
Julie Perrier *(Sr Dir)*

Accounts:
Allied Bakeries
Debswana; UK
HP Photo Big Bang; Europe
Lock & Lock; China
Pfizer Detrol; Puerto Rico
Sega Sonic
Smithsonian; US

HKDP Communications & Public Affairs
580 Grand Allee E Ste 240, Quebec, QC G1R 2K2 Canada
Tel.: (418) 523-3352
Fax: (418) 521-1548
Web Site: fr.hkstrategies.ca

Employees: 30

Agency Specializes In: Public Relations

Argentina

Hill & Knowlton de Argentina
Lavalle 1675, Piso 7, Oficina 8, Ciudad Autonoma de, 1654 Buenos Aires, Argentina
Tel.: (54) 11 4737 2300
Fax: (54) 11 4737 2300
Web Site: www.hkstrategies.com

Employees: 10

Agency Specializes In: Public Relations

Maria Dolores Frias *(Acct Exec)*

Brazil

Hill & Knowlton Brazil
Rua Andre Ampere 34 8 andar, Sao Paulo, SP 04562-080 Brazil
Tel.: (55) 11 5503 2860
Fax: (55) 11 5505 9487
E-Mail: smagri@hillandknowlton.com
Web Site: www.hkstrategies.com

Employees: 25

Agency Specializes In: Public Relations

Accounts:
Embraer (Global Agency of Record)
Lenovo Group Limited
Yahoo! Inc.

Chile

Hill & Knowlton Strategies
(Formerly Hill & Knowlton Captiva)
Av Ricardo Lyon 1262, Providencia, Santiago, Chile
Tel.: (56) 2 29127900
Fax: (56) 2 372 0427
Web Site: www.hkstrategies.com

Employees: 30

Agency Specializes In: Communications, Corporate Communications, Crisis Communications, Financial, Market Research, Media Relations, Public Relations, Publicity/Promotions

Pamela Leonard *(Gen Mgr)*

Mexico

Hill + Knowlton Strategies Mexico
Prol Paseo de la Reforma No 490 1st Fl, 01210 Mexico, DF Mexico
Tel.: (52) 55 9177 1860
Web Site: www.hkstrategies.com

Employees: 25

Agency Specializes In: Public Relations

Daniel Karam *(CEO)*
Haide Garcia *(CFO)*
Claudia Gioia *(Pres/CEO-Latin America)*
Mariana Tuis *(Dir-Strategic Plng)*

Puerto Rico

Hill & Knowlton
PO Box 2126, San Juan, PR 00922-2126
Tel.: (787) 474-2525
Fax: (787) 474-2552
E-Mail: jennifer.wolff@hillandknowlton.com
Web Site: www.hkstrategies.com

Employees: 10

Agency Specializes In: Public Relations

Amy McMichael Paddock *(Mng Dir)*
Merrill Davis *(Exec VP & Gen Mgr-Austin)*
Rebecca Fannin *(Sr VP)*
Lauren Olsen Herchert *(VP)*
Cathleen Bleers Westley *(Dir)*

Belgium

Hill + Knowlton Strategies
Neo Building, Rue Montoyer 51 Box 7, B-1000 Brussels, Belgium
Tel.: (32) 2 737 95 00
Fax: (32) 2 737 95 01
E-Mail: brussels-info@hkstrategies.com

AGENCIES - JANUARY, 2019 — PUBLIC RELATIONS FIRMS

Web Site: http://www.hkstrategies.com/belgium/en/

Employees: 50

Agency Specializes In: Public Relations

Thomas Tindemans *(Chm)*
Melanie Faithfull Kent *(CEO)*
Julie Santens *(VP-Fin-EMEA)*
Caroline De Wolf *(Dir)*
Jeroen van Seeters *(Dir-Strategy-Europe)*
Katia Delvaille *(Assoc Dir)*
Ellen Hof *(Assoc Dir)*
Olivia Schwarz *(Acct Mgr)*

Accounts:
Visa (Public Relations Agency) Communications, Strategy

France

Hill & Knowlton/Thompson Corp.
88 Avenue Charles de Gaulle, CEDEX, 922522 Neuilly-sur-Seine, France
Tel.: (33) 1 41 05 44 00
Fax: (33) 1 41 05 44 02
E-Mail: contact@hillandknowlton.com
Web Site: www.hkstrategies.com

Employees: 40

Agency Specializes In: Financial, Government/Political, Investor Relations, Media Relations, Public Relations

Anne Le Brouster *(Deputy Mng Dir)*
Corinne Got *(Gen Mgr-France)*
Erwann Le Page *(Dir-Strategy & Pub Affairs)*
Marina Quesnel *(Dir-Admin & Fin)*

Germany

Hill+Knowlton Strategies
Schwedlerstrasse 6, 60314 Frankfurt, Germany
Tel.: (49) 69 97 362 0
Fax: (49) 69 73 086 6
Web Site: http://www.hkstrategies.com/germany/en

Employees: 20
Year Founded: 1963

Agency Specializes In: Public Relations

Rudiger Maessen *(CEO)*
Miriam Holbe-Finkelnburg *(Mng Dir & Head-Mktg Comm & Brand PR)*
Andre Wigger *(Mng Dir & Head-Change, Employee Engagement & Bus Dev)*
Thomas Wimmer *(Mng Dir)*
Catherine Dachert-Tessier *(CFO)*
Alexander Otto Serrano *(Head-Creative & Digital)*
Claudia Muller *(Acct Dir)*
Jo Klein *(Dir-Corp Comm)*
Insa Vanessa Hartmann *(Mgr-Employee Comm)*

Accounts:
eToro Integrated Communications
Singapore Tourism Board
Veeam

Greece

PubliCom/Hill + Knowlton Strategies
Charilaou Trikoupi & Xenias 5 Street, Amarousiou, 145 62 Athens, Greece
Tel.: (30) 21 0 628 1800
Fax: (30) 21 0 628 1820
Web Site: www.hkstrategies.gr

Employees: 15

Agency Specializes In: Public Relations

Eleni Constantinidi *(CEO)*

Accounts:
Sotheby's

Italy

Hill & Knowlton Gaia
Via Nomentana 257, 00161 Rome, Italy
Tel.: (39) 06 440 4627
Fax: (39) 06 440 4604
Web Site: www.hkstrategies.com/

Employees: 10

Agency Specializes In: Communications, Public Relations

Maria Luisa De Petris *(Acct Mgr)*
Alessia Calvanese *(Sr Acct Exec-PR)*
Federica d'Amato *(Jr Acct Exec-PR)*

Hill & Knowlton Italy
Via Paolo Lomazzo 19, 20154 Milan, Italy
Tel.: (39) 02 31914 1
Fax: (39) 02 3453 7197
E-Mail: cesare.valli@hillandknowlton.com
Web Site: www.hkstrategies.com

Employees: 40

Agency Specializes In: Public Relations

Sandro Pello *(VP)*
Nicolo Michetti *(Head-Digital & Mgr)*
Gianpaolo Bertocchi *(Controller-Fin)*
Alessandra Favilli *(Dir-Corp Comm)*

Netherlands

Hill+Knowlton Strategies B.V.
Weerdestein 20, 1083 GA Amsterdam, Netherlands
Mailing Address:
Postbus Box 87360, 1080 JJ Amsterdam, Netherlands
Tel.: (31) 204044707
Fax: (31) 206449736
E-Mail: Ingo.Heijnen@hkstrategies.com
Web Site: http://www.hkstrategies.com/netherlands/en/

Employees: 40
Year Founded: 1972

Agency Specializes In: Public Relations

Ingo Heijnen *(Chm)*
Robin Den Hoed *(Dir-Corp Comm)*
Anthony Hellegers *(Dir-Comm-Pub Affairs)*
Jeroen Van Seeters *(Dir-Strategy-Europe)*
Paul Kok *(Assoc Dir)*
Monique Landman-Bovenkamp *(Assoc Dir-Change & Project Mgmt)*
Kareth Weaver *(Assoc Dir-Lifestyle & Mktg PR)*
Sabine Post-De Jong *(Practice Head-Fin & M&A Comm)*

Accounts:
BlackBerry
BlackRock
KPN
McDonald's
NetApp
Nutricia

Poland

Hill+Knowlton Strategies Poland
Ul Adama Branickiego 17, 02-972 Warsaw, Poland
Tel.: (48) 22 536 38 00
Fax: (48) 22 536 38 01
E-Mail: public.warsaw@hkstrategies.com
Web Site: http://www.hkstrategies.com/poland/

Employees: 39

Agency Specializes In: Pets, Public Relations

Agnieszka Dziedzic *(CEO)*
Katarzyna Lutkiewicz *(Gen Dir)*

Spain

Hill+Knowlton Strategies
Paseo de la Castellana 130, 28046 Madrid, Spain
Tel.: (34) 914351122
Web Site: http://www.hkstrategies.com/

E-Mail for Key Personnel:
President: cuadrado@hillandknowlton.com

Employees: 20

Agency Specializes In: Public Relations

Arnau Vidal *(Creative Dir)*
Monica Navas Grane *(Dir-Healthcare Practice-Spain)*
Xavier Mortes *(Dir-Consumer Div)*
Adriana Diaz Covaleda *(Sr Acct Exec)*

Accounts:
eToro Integrated Communications

Hill & Knowlton Espana, S.A.
Corsega Street 329 6th Floor, 08037 Barcelona, Spain
Tel.: (34) 93 410 82 63
Fax: (34) 93 439 55 27
Web Site: www.hkstrategies.com/

Employees: 15

Agency Specializes In: Public Relations

Eloisa Alonso *(Pres-Strategies-Spain)*
Joan Ramon Vilamitjana *(CEO-Spain)*
Palmira Munoz *(Head-Tech Practice & Acct Dir)*

United Kingdom

Hill+Knowlton Strategies
The Buckley Building 49, Clerkenwell Green, London, EC1R 0EB United Kingdom
Tel.: (44) 20 7413 3000
Fax: (44) 20 7413 3111
E-Mail: info@hillandknowlton.com
Web Site: www.hkstrategies.com

Employees: 300
Year Founded: 1952

Agency Specializes In: Communications, Corporate Identity, Financial, Government/Political, Health Care Services, High Technology, Pharmaceutical, Public Relations, Social Media

Stefano Pistone *(Partner-Bus & Reg Dir-IT-EMEA & APAC)*
Matt Bright *(Mng Dir)*
Ian Withington *(Grp Mng Dir)*
Simon Shaw *(Chief Creative Officer)*
Simon Whitehead *(CEO-UK)*

PUBLIC RELATIONS FIRMS — AGENCIES - JANUARY, 2019

Alison Eyles-Owen *(Exec VP)*
Jason Frayne *(Sr VP-New Bus & Mktg-EMEA)*
Charlie Morgan *(Mng Dir-Tech-UK)*
Alex Silcox *(Mng Dir-Integrated Creative Svcs)*
Tim Luckett *(Head-Global Practice-Crisis Comm & Risk Mgmt)*
Sam Lythgoe *(Head-Global Mktg & Bus Dev)*
Andy Sutherden *(Head-Global Sport & Partnership Mktg)*
Claire Wood *(Sr Acct Dir)*
Hayley Myles *(Acct Dir)*
Karen Butcher *(Dir)*
Freddy Davis *(Dir-Tech)*
Verity Dephoff *(Dir-UK)*
Victoria Entwistle *(Dir-People & Purpose Practice)*
Fiona Hughes *(Dir-Integrated Comm)*
Candace Kuss *(Dir-Social Media)*
Robert Roessler *(Dir-Tech)*
Eleanor Sullivan *(Dir-Creative Strategy)*
Jessica Walsh *(Dir)*
Alex Bishop *(Assoc Dir)*
Nick Fishleigh *(Assoc Dir)*
Suzannah Greenwood *(Assoc Dir-Energy & Industrials)*
Elle Baird *(Sr Acct Mgr)*
Naomi Davidson *(Sr Acct Mgr)*
Lauren Lepke-Brown *(Sr Acct Mgr)*
James Underdown *(Jr Acct Exec)*
Henry Groundes-Peace *(Sr Assoc Dir)*
Claire Holden *(Sr Assoc Dir)*

Accounts:
Activision Blizzard, Inc. International Coordination, UK Public Relations; 2018
Amazon Web Services
Autoglass B2B Comm, Brand Awareness, Digital
Aviva UKA Academy
Brand South Africa
British Airways PLC Consumer Public Relations; 2018
British Olympic Association Campaign: "Bring on the Great"
Campari UK
Cision Communications, EMEA; 2017
Dong Energy Corporate PR, Public Affairs
England Rugby 2015
E.ON UK plc Public Relations
eToro Integrated Communications
Ford of Europe
GlaxoSmithKline Plc Consumer, Human Performance Lab
Hermes Fund Managers
Hotels.com (Agency of Record) Media Relations, Public Relations
HSBC Sports
Huawei Technologies Co., Ltd Global Communications, Social Media
Hymans Robertson
Intel Corporation U.K. Ltd.
New-InterContinental Hotels Group PR
International Airlines Group Advertising, Customer Loyalty, Design, Digital Transformation, Media, Production
Lawn Tennis Association Integrated Marketing
Mondelez International, Inc. Advertising, Chips Ahoy, Digital, In-Store, Out-of-Home, Public Relations, Ritz Crisp & Thin, Sampling, TV, Video
NOT JUST A LABEL PR, Website
RenewableUK Digital Communications, Media Relations, Research
Skipton Building Society Public Relations
United Arab Emirates Global Public Relations, Strategic Communications; 2018
Visa Europe (Public Relations Agency) Communications, Strategy

Bahrain

Gulf Hill & Knowlton
Building 655, Road 3614, Block 346, P.O. Box 1596, Address Tower, Office 52, Fl 5, Al Seef Manama, Bahrain
Tel.: (973) 17 533532
Fax: (973) 17 533370
Web Site: www.hkstrategies.com

Employees: 10

Agency Specializes In: Public Relations

Mohammad Almail *(Sr Acct Exec)*

United Arab Emirates

Gulf Hill & Knowlton
PO Box 50653, Dubai, United Arab Emirates
Tel.: (971) 4 33 44 930
Fax: (971) 4 33 44 923
Web Site: www.hkstrategies.com

Employees: 50

Agency Specializes In: Public Relations

Andrew Bone *(Chief Strategy Officer)*
Bashar AlKadhi *(CEO-Middle East, North Africa & Turkey)*
Lisa Welsh *(Mng Dir-Reg Ops-Middle East & North Africa)*
Iman Issa *(Deputy Gen Mgr-UAE & Reg Dir-Corp & Brand)*
Fadwa Al Hashimi *(Acct Dir-Hill & Knowlton Strategies)*
Timothy Hurst *(Dir-Eneregy & Indus-Middle East & North Africa)*
Jo Agnew *(Sr Acct Mgr)*
Marwan Abu-Ghanem *(Reg Media Dir)*

Accounts:
Dulsco
New-Mubadala Masdar, Public Relations; 2018

Hong Kong

Hill & Knowlton Hong Kong Ltd.
36/F PCCW Tower Taikoo Place 979 Kings Road, Quarry Bay, China (Hong Kong)
Tel.: (852) 2894 6321
Fax: (852) 2576 3551
E-Mail: dmaguire@hkstrategies.com
Web Site: www.hkstrategies.com

Employees: 100

Agency Specializes In: Public Relations

KW Lam *(Mng Dir)*
QC Liang *(Pres/CEO-China)*
Kristy Chan *(Deputy Mng Dir)*
James Liu *(VP-Ford & Lincoln)*
Jo Wong *(Head-Integrated Mktg Svc)*
Zhao Nancy *(Acct Dir)*
Qian Ouyang *(Acct Dir-Weida PR)*
Rachel Wu *(Acct Mgr)*

Accounts:
Crocs China, Korea, Press, Public Relations Strategy
Finnair PR
Microsoft Hong Kong Public Relations

Japan

Hill + Knowlton Strategies
3-5-27 Roppongi Minato-Ku, Yamada Roppongi Building 8F, Tokyo, 106-0032 Japan
Tel.: (81) 3 4520 5800
Fax: (81) 3 4520 5801
Web Site: www.hkstrategies.com/

Employees: 30
Year Founded: 1958

Agency Specializes In: Communications, Public Relations

Edward Yakumo *(Dir-PR)*
Benjamin Roitblat *(Assoc Dir)*

Accounts:
Expedia
Nikon
Rio Tinto

Malaysia

Hill & Knowlton (SEA) Sdn. Bhd.
7th floor Wisma Genting, Jalan Sultan Ismail, Kuala Lumpur, 50250 Malaysia
Tel.: (60) 3 2026 0899
Fax: (60) 3 2026 0699
Web Site: www.hkstrategies.com

Employees: 50

Agency Specializes In: Public Relations

Michelle Tham *(Mng Dir)*
Kharis Idris *(Head-Tech & Digital Practice & Acct Dir)*

Accounts:
GlobalOne Communications Strategy, Consumers, Integrated Communications, Maybank Championship Malaysia Golf 2017, Media, Public Relations
Huawei Malaysia Branding Strategy, Consultancy Services & Execution, Consumer Business Group, Honor, Local Communications Strategy, Marketing & Branding Strategy, Media Relations & Planning, Public Relations, Strategic Communications

Singapore

Hill & Knowlton (SEA) Pvt. Ltd.
50 Scotts Road, #04-01, 228242 Singapore, Singapore
Tel.: (65) 6338 2881
Fax: (65) 6339 2738
E-Mail: jimtay@hillandknowlton.com.sg
Web Site: www.hkstrategies.com

Employees: 50

Agency Specializes In: Public Relations

Vivian Lines *(Chm-Asia Pacific, Vice Chm-Global & Co-Head-Client Svc)*
Thomas Goh *(Chief Innovation Officer)*
Michelle Tham *(Mng Dir-Singapore & Malaysia)*
Pamela Teo *(Reg Dir-HR-APAC)*
Rebekah Orme *(Dir-Bus Dev & Mktg-APAC)*

Accounts:
Experia Events IMDEX Asia, Integrated Communications, Singapore Airshow
Nikon Singapore Content Strategy, Public Relations
PropertyGuru Public Relations
PyeongChang 2018 Olympic & Paralympic Games Content Communications, Media, Strategic Counsel
Singapore Learning Festival

Thailand

H+K Strategies Thailand
Unit 14C 14th Fl Q House Ploenjit Bldg 598

AGENCIES - JANUARY, 2019 — PUBLIC RELATIONS FIRMS

Ploenchit Rd, Lumpini Pathumwan, Bangkok, 10330 Thailand
Tel.: (66) 2 627 3501
Fax: (66) 2 627 3510
E-Mail: kungpakorn@hkstrategies.com
Web Site: www.hkstrategies.com

Employees: 40

Agency Specializes In: Public Relations

Suthatip Boonsaeng *(Acct Dir)*

Australia & New Zealand

Hill & Knowlton Australia Pty. Ltd.
Level 13 338 Pitt Street, Sydney, NSW 2000 Australia
Tel.: (61) 2 9268 0242
Fax: (61) 2 9268 0243
E-Mail: info@hillandknowlton.com.au
Web Site: http://www.hkstrategies.com/australia/en-au/about/

Employees: 45
Year Founded: 1946

Agency Specializes In: Communications, Government/Political, Investor Relations, Public Relations

Sian Jenkins *(Client Svcs Dir)*
Marcha van den Heuvel *(Client Svcs Dir)*

Accounts:
Air New Zealand PR
Cancer Council of Australia
Ciudad De Mexico Tourism (Public Relations Agency of Record) Strategic
Coca-Cola
Edgewell Personal Care Banana Boat
goCatch Consumer Communications
Honda Australia Public Relations
HSBC Bank
Kellogg Apple Jacks
Krispy Kreme
Latitude Financial of Australia
LG Electronics
National Indigenous Development Centre
Roche
TomTom
Wrigley's

HILLSTROMPR INC
253 N 1st Ave, Sturgeon Bay, WI 54235
Tel.: (920) 818-0153
Fax: (920) 839-2688
Web Site: www.hillstrompr.com

Agency Specializes In: Crisis Communications, Event Planning & Marketing, Media Planning, Public Relations, Social Media

Jane Hillstrom *(CEO)*

Accounts:
United Dairy Industry of Michigan

HILSINGER MENDELSON PUBLIC RELATIONS
8916 Ashcroft Ave, Los Angeles, CA 90048
Tel.: (323) 931-5335
Fax: (323) 938-5335
E-Mail: hmiwest@aol.com
Web Site: hilsingermendelson.com

Employees: 2

Agency Specializes In: Promotions, Public Relations, Publicity/Promotions, Publishing

Judy Hilsinger *(CEO)*

Accounts:
Anne Geddes
Dr. Jeffry Life
Joan Lunden
National Geographic Books
National Geographic Traveler
Nigella Lawson
Parade Magazine
Peter Matthiessen
Stephen J. Cannell
Susan Miller

Branch

Hilsinger Mendelson Public Relations
245 5th Ave Ste 1401, New York, NY 10016
Tel.: (212) 725-7707
Fax: (212) 725-7708
E-Mail: hmi@hmieast.com
Web Site: hilsingermendelson.com

Employees: 50

Agency Specializes In: Advertising, Print, Public Relations, Publicity/Promotions

Sandi Mendelson *(CEO)*
David Kass *(VP & Exec Dir-Publicity)*
Deborah Jensen *(Dir-Coordinating Comm)*
Renee Gulotta *(Office Mgr)*

Accounts:
Anne Geddes

HIMLE RAPP & COMPANY INC
(Name Changed to Rapp Strategies)

HKA INC MARKETING COMMUNICATIONS
150 Yorba St, Tustin, CA 92780
Tel.: (714) 426-0444
E-Mail: info@hkamarcom.com
Web Site: www.hkamarcom.com

Employees: 10

Agency Specializes In: Content, Media Relations, Public Relations, Social Media, Strategic Planning/Research

Hilary Kaye *(Founder & Pres)*
Kevin Twer *(Pres & Partner)*
Andrew King *(Sr Acct Mgr)*
Sara Johnston *(Acct Mgr)*

Accounts:
Fish & Tsang LLP
Laura's House

HMA PUBLIC RELATIONS
3610 N 44th St Ste 110, Phoenix, AZ 85018
Tel.: (602) 957-8881
Fax: (602) 957-0131
E-Mail: shanson@hmapr.com
Web Site: www.hmapr.com

Employees: 6
Year Founded: 1991

National Agency Associations: PRGN-PRSA

Agency Specializes In: Public Relations

Scott Hanson *(Pres)*
Abbie Fink *(VP & Gen Mgr)*
Alison Bailin Batz *(Sr Acct Exec)*
Grace Flemer *(Acct Coord)*

Accounts:
Arizona Fall League
Boys & Girls Clubs of Greater Scottsdale
Harrah's Ak-Chin Casino Resort
Partnership for Drug Free America
SMACNA Arizona
Subway Restaurants
W.J. Maloney Plumbing Co., Inc.

HODGES PARTNERSHIP
1805 E Broad St, Richmond, VA 23223
Tel.: (804) 788-1414
Fax: (804) 788-0085
Web Site: www.hodgespart.com

Employees: 50
Year Founded: 2002

Agency Specializes In: Business-To-Business, Media Relations, Public Relations, Social Media

Jon Newman *(Owner)*
Josh Dare *(Principal)*
Megan Irvin *(Acct Mgr)*
Paulyn Ocampo *(Acct Mgr)*
Kelsey Leavey *(Acct Coord-PR)*

Accounts:
Collared Greens

THE HOFFMAN AGENCY
325 S 1St St, San Jose, CA 95113
Tel.: (408) 286-2611
Fax: (408) 286-0133
E-Mail: llau@hoffman.com
Web Site: www.hoffman.com

E-Mail for Key Personnel:
President: lhoffman@hoffman.com

Employees: 100
Year Founded: 1987

National Agency Associations: COPF-PRSA

Agency Specializes In: Asian Market, Brand Development & Integration, Broadcast, Business Publications, Business-To-Business, Communications, Computers & Software, Consulting, Consumer Marketing, Content, Corporate Communications, Corporate Identity, Crisis Communications, Digital/Interactive, E-Commerce, Electronic Media, Electronics, Environmental, Exhibit/Trade Shows, Financial, High Technology, Information Technology, International, Internet/Web Design, Legal Services, Magazines, Market Research, Media Relations, Media Training, Medical Products, New Technologies, Out-of-Home Media, Planning & Consultation, Podcasting, Public Relations, Publicity/Promotions, Radio, Search Engine Optimization, Social Media, Sponsorship, Stakeholders, Strategic Planning/Research, T.V., Trade & Consumer Magazines, Viral/Buzz/Word of Mouth

Approx. Annual Billings: $9,500,000

Breakdown of Gross Billings by Media: Pub. Rels.: 100%

Lou Hoffman *(Pres & CEO)*
Steve Burkhart *(Pres-North America)*
Kymra Knuth *(VP)*
Kali Myrick *(Sr Acct Dir)*
Justin Gillespie *(Acct Mgr)*
Sarah MacKenzie *(Acct Mgr)*

Accounts:
Business France Event, La French Tech, Media Relations, North America & Asia, Public Relation, Social Media, Strategic Communications

1535

PUBLIC RELATIONS FIRMS — AGENCIES - JANUARY, 2019

IDT
Intelepeer
Loring Ward
PayPal
RAE Systems
SuVolta
Virtual PBX
Xilinx

Branches

The Hoffman Agency
Burex Kyobashi Suite 515 2-7-14 Kyobashi, Chuo-ku, Tokyo, 104-0031 Japan
Tel.: (81) 3 5159 2145
Fax: (81) 3 5159 2166
E-Mail: snomura@hoffman.com
Web Site: www.hoffman.com

Employees: 15
Year Founded: 1998

Agency Specializes In: Asian Market, Brand Development & Integration, Broadcast, Business-To-Business, Communications, Computers & Software, Consulting, Consumer Marketing, Corporate Communications, Electronic Media, Electronics, High Technology, Information Technology, International, Media Training, New Technologies, Public Relations

Shingo Nomura *(Gen Mgr)*
Masayuki Ando *(Acct Dir)*
Hiromi Matsuda *(Acct Exec)*

The Hoffman Agency
The Horton Mix Third Floor 86-90 Paul Street, London, EC2A 4NE United Kingdom
Tel.: (44) 20 3137 9480
Web Site: www.hoffman.com

E-Mail for Key Personnel:
President: lhoffman@hoffman.com

Employees: 10
Year Founded: 2000

Agency Specializes In: Asian Market, Broadcast, Business-To-Business, Communications, Computers & Software, Consulting, Consumer Marketing, Corporate Communications, Crisis Communications, Electronic Media, High Technology, Media Relations, Media Training, New Technologies, Public Relations

Mark Pinsent *(Mng Dir-Europe)*

The Hoffman Agency
CITIC Bldg 19 Jianguomenwai St Ste 2104, Beijing, 100004 China
Tel.: (86) 10 6507 0985
Fax: (86) 10 6586 8950
Web Site: www.hoffman.com

Employees: 9
Year Founded: 1999

Agency Specializes In: Asian Market, Brand Development & Integration, Business-To-Business, Communications, Computers & Software, Consulting, Consumer Marketing, Corporate Communications, Corporate Identity, Crisis Communications, E-Commerce, Electronic Media, Electronics, High Technology, Information Technology, International, Media Relations, Media Training, New Technologies, Public Relations, Viral/Buzz/Word of Mouth

Jason Cao *(Gen Mgr-China)*
Linda Li *(Acct Mgr)*
Wen Mao *(Office Supvr)*

Accounts:
Ecolab Public Relations, Strategic Communications

The Hoffman Agency
The Workstation 16th Fl 43 Lyndhurst Terrace, Central, China (Hong Kong)
Tel.: (852) 2581 9380
Fax: (852) 2581 9389
E-Mail: ctang@hoffman.com
Web Site: www.hoffman.com

Employees: 20

Agency Specializes In: Asian Market, Brand Development & Integration, Business-To-Business, Communications, Computers & Software, Consulting, Consumer Marketing, Corporate Identity, Crisis Communications, E-Commerce, Electronic Media, Electronics, High Technology, Information Technology, International, Media Relations, Media Training, New Technologies, Planning & Consultation, Public Relations, Viral/Buzz/Word of Mouth

Caroline Hsu *(Mng Dir-APAC)*
Lydia Lau *(VP-Ops)*
Marc Sparrow *(Gen Mgr)*

Accounts:
Alexander Mann Solutions
AppsFlyer (Agency of Record) Brand Positioning, Communications
Bosch Public Relations
Business France
FiftyThree (Agency of Record)
FindDoc (Agency of Record) Public Relations, Strategy
Fuji Xerox (Public Relations Agency of Record) Media Outreach
Kellett School
LiquaVista
Net One Systems
Nutanix Marketing Communications, Public Relations
OKI
Solarwinds
Sony
TeamQuest Public Relations, Strategic
New-Thales
Wearable IoT World Marketing Communications, Media, Public Relations
Withings (Agency of Record) Brand Awareness, Communications, Media

The Hoffman Agency
175A Bencoolen St, 08-01/02 Burlington Sq, Singapore, 189650 Singapore
Tel.: (65) 6252 2866
Fax: (65) 6252 2811
E-Mail: mjutahkiti@hoffman.com
Web Site: www.hoffman.com

Employees: 7
Year Founded: 1987

Agency Specializes In: Asian Market, Broadcast, Computers & Software, Consulting, Consumer Marketing, Corporate Communications, Corporate Identity, Electronic Media, Electronics, High Technology, Information Technology, International, Media Relations, Media Training, New Technologies, Public Relations

Shawn Balakrishnan *(Gen Mgr)*
Maureen Tseng *(Gen Mgr)*
Rasheed Abu Bakar *(Acct Dir)*
Jacintha Ng *(Acct Dir)*
Adele Soh *(Sr Acct Mgr)*

Accounts:
AsiaMalls Management Pte Ltd Press, Public Relations
The Association of Chartered Certified Accountants (PR & Social Media Agency of Record) Content Development, Corporate Communications, Strategic Counsel
Brother International Singapore (Agency of Record) Media Relations, Product Awareness, Strategic Counsel
comGateway PR
Geneco (Public Relations Agency of Record) Media Outreach, Messaging, Reputation Management; 2018
HireRight (Public Relations Agency of Record) Brand Awareness, Corporate Communications, Media, Strategic Counsel
Ikea (Public Relations Agency of Record) Communications, Media Relations, Public Relations, Retailer, Social Media, Strategic Counsel
Karhoo (Agency of Record) Public Relations
Lazada (Singapore Public Relations Agency of Record) Strategic
LEGOLAND Malaysia Resort (Agency of Record) Public Relations, Strategic Counsel
Lien AID Brand Positioning, Media Relations, Media Strategies, Message Development, PR, Social Media Outreach
Nippon Paint (Agency of Record) Marketing, Public Relations
OANDA Brand Awareness, Media Strategy, PR
Piaggio Asia Pacific (Public Relations Agency of Record) Communications Strategy
Red Hat Media Strategy, Public Relations
Reed Exhibitions (Agency of Record) Build Eco Xpo, Mostra Convegno Expocomfort, Strategic Communications
Sentosa Development Corporation Public Relations; 2017
Sitecore (Agency of Record) Creative, Digital Marketing, Public Relations Outreach, Strategic Counsel
USG Boral (Asia Pacific Public Relations Agency of Record) Brand Awareness, Media, Strategic Counsel
Women in Tech (Asia) (Public Relations Agency of Record); 2018

The Hoffman Agency
203 SE Park Plaza Dr Ste 115, Vancouver, WA 98684
Tel.: (408) 286-2611
Web Site: www.hoffman.com

Employees: 75
Year Founded: 1987

Agency Specializes In: Brand Development & Integration, Business-To-Business, Content, Crisis Communications, Media Planning, Media Relations, Media Training, Public Relations, Search Engine Optimization, Social Media

Kymra Knuth *(VP)*
Kali Myrick *(Sr Acct Dir)*
Carey Kerns *(Sr Acct Mgr)*

Accounts:
New-Nautilus, Inc.

HOLLYWOOD AGENCY
(Formerly Hollywood Public Relations)
36 Cordage Park Circle, Plymouth, MA 02060
Tel.: (774) 773-9571
Web Site: hollywoodagency.com

Employees: 15
Year Founded: 2005

Agency Specializes In: Corporate Identity, Crisis Communications, Event Planning & Marketing, Media Relations, Media Training, Public Relations, Social Media

AGENCIES - JANUARY, 2019 — PUBLIC RELATIONS FIRMS

Darlene Hollywood *(Principal)*
Courtney Curzi *(Sr VP)*
Jeff Dillow *(Sr VP)*
Brooks B. Wallace *(Head-PR-West Coast)*
Monica Higgins *(Acct Dir)*
Beth Gibbons *(Acct Mgr)*
Mary-Catherine Citarelli *(Sr Acct Exec)*
Jacqueline Dunn *(Sr Acct Exec)*
Joanna Weinstein *(Sr Acct Exec)*

Accounts:
American Blanket Company
BoardProspects.com Media Relations
Born Free
DigitalX
The Edge Fitness Clubs
Fine Cooking Social Positioning
Fusion Worldwide (Agency of Record)
Guidant Financial Group, Inc. Strategy
HBX Communication Strategy, Thought leadership
JMATEK North America, LLC Dehumidifiers, Evaporative Air Coolers, Portable Air Conditioners
NorthPage Media Relations
Ovuline (Agency of Record); Boston, MA Media Relations, Ovia Fertility, Ovia Pregnancy
Parfums de Coeur
PlanetShoes.com
Runkeeper Media Relations
Samsonite Lipault Paris
SecureCircle (Agency of Record) Communications Strategy, Media Relations, Speaking & Award Programs; 2018
Summer Infant, Inc
TOMY International, Inc
Vesper Technologies (Agency of Record) Communications Strategy, Media Relations, Speaking & Award Programs

HOLLYWOOD PUBLIC RELATIONS
(Name Changed to Hollywood Agency)

THE HONIG COMPANY
4804 Laurel Canyon Blvd, Studio City, CA 91607
Tel.: (818) 986-4300
Fax: (818) 981-3141
E-Mail: info@honigcompany.com
Web Site: www.honigcompany.com

Employees: 6
Year Founded: 2002

Steve Honig *(Pres)*

Accounts:
Ernst & Young
Fiore Films
Inception Media Group
Marty Ingels
Shirley Jones
Victoria Gotti
Zowie Bowie

HOPKINS PR
2017 Young St Ste 101, Dallas, TX 75201
Tel.: (214) 828-0066
Web Site: www.hopkinspr.com

Employees: 10

Agency Specializes In: Crisis Communications, Digital/Interactive, Event Planning & Marketing, Media Relations, Media Training, Public Relations

Marilyn Pippin *(Pres)*

Accounts:
Universal Technical Institute, Inc.

HOT SCHATZ PR
701 Harpeth Trace Dr, Nashville, TN 37221
Tel.: (615) 782-0078
E-Mail: info@hotschatzpr.com
Web Site: www.hotschatzpr.com

Agency Specializes In: Event Planning & Marketing, Media Buying Services, Promotions, Public Relations

Schatzi Hageman *(Owner)*

Accounts:
The Alabama Band
Jamie ONeal
Jimbeau Hinson
Momentum Label Group
Rachele Lynae
Robert Mirabal
Steve Azar

HOTWIRE
16 W 22nd St 12th Fl, New York, NY 10010
Tel.: (646) 738-8960
Web Site: https://www.hotwireglobal.com

Employees: 70

Agency Specializes In: Brand Development & Integration, Digital/Interactive, Media Planning, Media Relations, Public Relations

Christa Conte *(Sr VP & Head-Digital Commerce-North America)*
Craig Gottlieb *(Sr VP-Bus Dev)*
Sarah Kalhorn *(Sr Dir)*
John O'Leary *(Dir)*
Jennifer Headley *(Sr Acct Mgr)*
Elyse Nourry *(Sr Program Mgr)*

Accounts:
Hostelworld Group Plc Content Creation, Crisis Communications, Global Communications, Influencer Relations, Integrated Creative, Public Relations, Thought Leadership; 2018
Indeed
WobbleWorks Inc. 3Doodler (UK & US Communications Agency of Record)

Branch

Hotwire
(Formerly Eastwick Communications)
222 Kearny St Ste 400, San Francisco, CA 94108
Tel.: (408) 470-4850
Fax: (650) 396-4430
Toll Free: (877) 314-0873
Web Site: https://www.hotwireglobal.com/

Employees: 30

Agency Specializes In: High Technology

Neha Parikh *(Pres)*
Barbara Bates *(CEO)*
Heather Kernahan *(Pres-North America)*
Sahana Jayaraman *(Exec VP & Head-Brand Strategy & Digital)*
Heather Craft *(Exec VP)*
Suzanne Chan *(Sr VP & Head-Strategy Grp)*
Laura Macdonald *(Sr VP & Head-Consumer-North America)*
Andrew Corcione *(Sr VP)*
Erin McCabe *(Sr VP-Client Dev)*
Keith Parker *(VP)*
Lindsay Riddell *(VP-Corp & Exec Comm)*
Jason Brown *(Sr Dir)*
Alex Davis *(Sr Dir-Bus Dev)*
Stephanie Kays *(Sr Dir)*
Katie Lay *(Sr Dir-Customer Engagement Mktg)*
Coline Boudeville *(Mktg Dir-Online Partner)*

Accounts:
4C Insights
7Park Data
New-Anki; 2018
Avalara
BMC Software
Bridgelux Inc.
Certain
New-Clio; 2018
The Complex Systems Modeling Company
Dev Bootcamp
Dialpad
Fujitsu Computer Systems
Fujitsu
iManage
Integral Ad Science
Keeper Security
Looker
Lucid Imagination
Nasdaq Entrepreneurial Center
New Teacher Center
Nutanix, Inc
Seagate Technology, Inc.
New-Sengled U.S. Market; 2018
Sierra Wireless
Sitecore
Spredfast
Tech21
United Rentals
Velocity Worldwide
Zignal Labs

HOWARD COMMUNICATIONS INC
289 Hwy Cc, Elsberry, MO 63343
Tel.: (573) 898-3422
Fax: (573) 898-3407
Web Site: www.howardcommunications.com

Employees: 5

Agency Specializes In: Communications, Public Relations, Social Media

Kevin Howard *(Pres)*
Elaine Howard *(Principal)*
Andrew Howard *(Acct Exec)*
Laura Robinson *(Acct Coord)*
Katie Howard *(Asst-Acct)*

Accounts:
Browning Crossbows (Public Relations Agency of Record)
FireDisc Cookers (Public Relations Agency of Record)
Kent Cartridge Advertising, Outdoor Media, Public Relations; 2018
Signature Products Group Public Relations
STI International, Inc. (Public Relations Agency of Record)
United States Concealed Carry Association

HOWARD RUBEN PR
12522 Moorpark St, Studio City, CA 91604
Tel.: (818) 823-1971
Fax: (818) 445-4543
Web Site: www.howardrubenpr.com

Year Founded: 1991

Agency Specializes In: Brand Development & Integration, Collateral, Communications, Event Planning & Marketing, Media Relations, Public Relations, Social Media, Strategic Planning/Research

Howard Ruben *(CEO)*
Jeffrey Graubard *(Sr Specialist-Media)*

Accounts:
Goldwin America

THE HOYT ORGANIZATION

PUBLIC RELATIONS FIRMS

23001 Hawthorne Blvd Ste 200, Torrance, CA 90505
Tel.: (310) 373-0103
Fax: (310) 378-9805
E-Mail: helpdesk@hoytorg.com
Web Site: www.hoytorg.com

Employees: 15

Agency Specializes In: Brand Development & Integration, Crisis Communications, Logo & Package Design, Media Planning, Media Relations, Media Training, Public Relations, Social Media

Leeza Hoyt *(Pres)*

Accounts:
HGA Architects & Engineers

HP PR
234 5th Ave, New York, NY 10001
Tel.: (631) 553-1370
Web Site: www.hp-pr.com

Employees: 5

Agency Specializes In: Event Planning & Marketing, Media Relations, Media Training, Public Relations, Social Media

Helen Patrikis *(Founder & Pres)*

Accounts:
Amy's Bread
The Fearrington House
Langdon Hall
Manoir Hovey
National Greece Tourism Office
North Fork Table & Inn Public Relations
Swallow Restaurant Group Public Relations
The Wickaninnish Inn

HPR, INC.
3771 Rio Rd, Carmel, CA 93923
Tel.: (831) 375-1747
Fax: (831) 655-8749
E-Mail: khunter@hunter-pr.com
Web Site: www.hunter-pr.com

Employees: 7
Year Founded: 1990

Agency Specializes In: Event Planning & Marketing, Public Relations, Real Estate, Sports Market, Travel & Tourism

Karen Moraghan *(Pres)*
Kristen Hunter *(VP)*
Kerry Maveus *(Mgr-Asset)*
Corrin Sullivan *(Mgr-Media Database)*
Ed Vyeda *(Sr Acct Exec)*
Doug Thompson *(Sr Writer)*

Accounts:
The Art of Living Well
AT&T Pebble Beach National Pro-Am Media Center; Pebble Beach, CA
Bayonet & Black Horse Golf Courses
Bedford Springs Resort
California Golf Writers Association Annual Awards Dinner; Pebble Beach, CA
Camp Reveille; Maine
The First Tee Open Media Center; Pebble Beach, CA
The Golf Courses at Hershey Resorts; Hershey, PA
Hershey Country Club & Spring Creek Golf Course
John Fought Golf Course Architecture; Scottsdale, AZ
Pebble Beach Resorts; Pebble Beach, CA Golf Courses
Rancho San Carlos Education Foundation
Reynolds Plantation; Greensboro, GA
The Ritz-Carlton Dove Mountain
Santa Lucia Preserve; Carmel, CA
The Shawnee Inn and Golf Resort
The Spa at The Ritz-Carlton Resort; Dove Mountain
Spa Shawnee and Salon
United States Golf Association; Far Hills, NJ
Villas of Grand Cypress
Wintergarden Spa
Wintergreen Resort
Women's Wellness; PA

Branch

HPR, Inc.
57 Toppin Dr, Hilton Head, SC 29926
Tel.: (843) 836-5880
Fax: (908) 876-4845
E-Mail: kmoraghan@hunter-pr.com
Web Site: www.hunter-pr.com

E-Mail for Key Personnel:
President: kmoraghan@hunter-pr.com

Employees: 10
Year Founded: 1990

Agency Specializes In: Event Planning & Marketing, Public Relations, Sports Market, Travel & Tourism

Karen Moraghan *(Pres)*

Accounts:
Grand Cypress
La Costa Resort and Spa
Reynolds Plantation
Wellness Lifestyles
Wintergarden Spa
Wintergreen Resort

HUE & CRY
79 Madison Ave Ste 435, New York, NY 10016
Tel.: (646) 838-0292
E-Mail: info@huecryagency.com
Web Site: www.huecryagency.com

Employees: 50

Agency Specializes In: Brand Development & Integration, Print, Public Relations, Social Media

Magnus Hierta *(Founder & Exec Creative Dir)*
Carla Burt *(Owner)*
Christine Ehly *(Acct Dir)*
Sean McClintock *(Creative Dir)*

Accounts:
Azamara Club Cruises US Public Relations
Casa Angelina
Fiskars Global Press Office, Waterford; 2017
M Social
Mondrian London
Mr & Mrs Smith
Pulitzer Amsterdam
Relief Riders International

HUNTER OUTDOOR COMMUNICATIONS
P.O. Box 717, Boerne, TX 78006
Tel.: (830) 755-4308
Web Site: www.hunteroc.com

Employees: 10

Agency Specializes In: Event Planning & Marketing, Media Relations, Public Relations

Karen Lutto *(Pres)*
Mike Nischalke *(VP)*

Accounts:
New-BLOCK Targets
New-FeraDyne Outdoors LLC
New-Outdoor Edge
New-Shooter 3D Targets
New-Steyr Arms, Inc.
New-Vero Vellini Gun Slings & Straps

HUNTER PUBLIC RELATIONS
41 Madison Ave, New York, NY 10010-2202
Tel.: (212) 679-6600
Fax: (212) 679-6607
E-Mail: info@hunterpr.com
Web Site: www.hunterpr.com

E-Mail for Key Personnel:
President: gleong@hunterpr.com

Employees: 55
Year Founded: 1989

Agency Specializes In: Public Relations, Sponsorship

Grace Leong *(CEO & Partner)*
Donetta Allen *(Partner)*
Erin Hanson *(Partner)*
Jonathan Lyon *(Partner)*
Mark Newman *(Partner)*
Gigi Russo *(Partner)*
Samara Farber Mormar *(Exec VP-Bus Dev)*
Michael J. Lamp *(Sr VP-Social & Digital Media)*
Elizabeth Mitolo *(Sr VP)*
Rebecca Brand *(VP)*
Morgan Calef *(VP)*
Jennifer Mestayer *(VP)*
Melody Snellgrove Palatucci *(VP)*
Alexandra Rosenzweig *(Dir-Entertainment & Sports Media Strategy)*
Drew Farrar *(Sr Acct Supvr)*
Maggie Beaudouin *(Acct Supvr)*
Jaylan Ochoa *(Acct Supvr)*
Christopher Swenson *(Sr Acct Exec)*
Matt MacPherson *(Sr Strategist-Social & Digital Media)*

Accounts:
3M; 1997
Amazon AmazonFresh, Benefit Value, Holiday Initiatives, Marketing Communications, Prime Membership, Public Relations, Voice Shopping; 2017
Arm & Hammer
Can Manufacturers Institute
Diageo
E. & J. Gallo Winery
Facebook
Johnson & Johnson
McIlhenny Company Tabasco; 1989
McNeil CHC
Mondelez International, Inc. Cheddar Explosion; 1990
Mrs. T's Pierogies
Outback Steakhouse
Pompeian, Inc.
Post Cereal Company; 1998
Post Holdings, Inc. Post Consumer Brands
Premier Protein
Purell
Red Bull
Simmons Bedding Company LLC
Smithfield Packing Company
Sperry
TOMS

HUNTER VALMONT PR
130 Corridor Rd #3119, Ponte Vedra Beach, FL 32004
Tel.: (904) 866-7543
E-Mail: info@huntervalmontpr.com
Web Site: www.huntervalmontpr.com

AGENCIES - JANUARY, 2019 — PUBLIC RELATIONS FIRMS

Employees: 5
Year Founded: 2003

Agency Specializes In: Advertising, Brand Development & Integration, Digital/Interactive, Graphic Design, Internet/Web Design, Logo & Package Design, Media Relations, Public Relations, Social Media

Hunter Valmont *(Pres & CEO)*

Accounts:
Seventhman Web Design

HUTCHENS PR
430 Tavara Pl, San Diego, CA 92106
Tel.: (619) 236-0200
Fax: (619) 236-0230
E-Mail: info@hutchenspr.com
Web Site: www.hutchenspr.com

Employees: 7

Agency Specializes In: Crisis Communications, Media Relations, Public Relations, Social Media

Lucia Stone *(VP)*

Accounts:
The John Corcoran Foundation

HVM COMMUNICATIONS
1133 Broadway Ste 332, New York, NY 10010
Tel.: (866) 472-5510
Web Site: www.h-vm.com

Employees: 10

Agency Specializes In: Brand Development & Integration, Content, Event Planning & Marketing, Media Relations, Media Training, Public Relations, Social Marketing/Nonprofit, Social Media

Laura Henson *(Founder & Pres)*

Accounts:
Jill Heller Jewelry
Pirch

HWH PUBLIC RELATIONS
1173A 2nd Ave #397, New York, NY 10065
Tel.: (212) 355-5049
Fax: (212) 593-0065
E-Mail: info@hwhpr.com
Web Site: www.hwhpr.com

Employees: 30
Year Founded: 1977

Agency Specializes In: Corporate Identity, Event Planning & Marketing, New Product Development, Public Relations, Sponsorship

Approx. Annual Billings: $4,000,000

Lois Whitman-Hess *(Founder & Pres)*
Eliot Hess *(Chm & CEO)*
Jason Henriques *(VP-Client Svcs)*

Accounts:
Aanvex
Classical Archives
Helen of Troy; El Paso, TX
Hot Tools
IRiver; 2008
Royal Consumer Business Products
Samsung Information Systems of America

I-ADVIZE CORPORATE COMMUNICATIONS, INC.
80 Broad St Ste 2503, New York, NY 10004
Tel.: (212) 406-3690
Fax: (212) 509-7711
E-Mail: info@i-advize.com
Web Site: www.i-advize.com

Employees: 5

Agency Specializes In: Investor Relations, Public Relations

Maria Barona-Squilanti *(Mng Dir)*
Melanie Carpenter *(Mng Dir)*
Rafael Borja *(Sr VP)*

Accounts:
BBVA Bancomer
Compania de Minas Buenaventura S.A.A.
Credicorp
Cristalerias de Chile
LAN Airways SA

I DO PR
1115 Broadway Fl 12, New York, NY 10010
Tel.: (212) 603-9197
E-Mail: info@idopr.com
Web Site: www.idopr.com

Employees: 10

Agency Specializes In: Brand Development & Integration, Content, Event Planning & Marketing, Exhibit/Trade Shows, Media Relations, Public Relations, Social Media

Sasha Bravin *(CEO)*

Accounts:
Yael Designs

ICR
761 Main Ave, Norwalk, CT 06851
Tel.: (203) 682-8268
E-Mail: info@icrinc.com
Web Site: www.icrinc.com

Employees: 4

Agency Specializes In: Crisis Communications, Digital/Interactive, Entertainment, Financial, Health Care Services, Information Technology, Investor Relations, Market Research, Media Relations, Public Relations, Real Estate, Retail

Don Duffy *(Pres)*
Thomas M. Ryan *(CEO)*
Timothy Dolan *(Mng Partner & Head-Tech Grp)*
Michael Fox *(Mng Partner)*
Bo Park *(Partner & Head-Tech PR Grp)*
Allison C. Malkin *(Sr Mng Dir)*
Michael Bowen *(Mng Dir)*
Terri Clevenger *(Mng Dir)*
Brad Cohen *(Mng Dir)*
Jean Fontana *(Mng Dir)*
David Galper *(Mng Dir)*
Jessica Liddell *(Mng Dir)*
Greg McDowell *(Mng Dir)*
Kevin McLaughlin *(Mng Dir)*
Lyndon Park *(Mng Dir)*
Terry Quinn *(Mng Dir)*
John Sorensen *(COO)*
Sara Ball *(Sr VP)*
Anthony DePasquale *(Sr VP-Digital)*
Brian Ruby *(Sr VP)*
Kara Smith *(Sr VP)*
Tim Streeb *(Sr VP)*
Brittany Fraser *(VP)*
Kate Ottavio *(Acct Dir)*
Caitlin Burke *(Dir-Mktg & Events)*
Stephanie Palumbo *(Acct Supvr)*

Accounts:
American Eagle Outfitters
Blackbaud
Chipotle
Circuit City
New-Container Store Group
Green Dot Corporation
J. Crew Group, Inc.
Kenexa
LookSmart, Ltd.; San Francisco, CA
Metabolix
Multiband Corporation
Noodles & Co Publicity
Octane Fitness
Sentient Jet
Serta Simmons Bedding
ShopKeep
SoulCycle Financial Communications
Swisher Hygiene
Tangoe, Inc
Titan Machinery
Virtusa Corporation
Zoe's Kitchen

ID PUBLIC RELATIONS
7060 Hollywood Blvd 8th Fl, Los Angeles, CA 90028
Tel.: (323) 822-4800
Fax: (323) 822-4880
E-Mail: info@id-pr.com
Web Site: www.id-pr.com

Employees: 50

Agency Specializes In: Brand Development & Integration, Communications, Digital/Interactive, Event Planning & Marketing, Public Relations

Kelly Bush Novak *(Founder & CEO)*
Mara Buxbaum *(Pres)*
Lisa Halliday *(Chief Comm Officer)*
Allison Elbl *(Sr VP-Music & Brands)*
Michael Braun *(VP)*
Natalie Bruss *(VP-Digital Strategy)*
Sara Serlen *(VP-Film, TV & Content)*
Lauren Felsenstein *(Dir)*
Sheri Goldberg *(Dir-Film)*
Rachel Karten *(Sr Acct Exec-Talent)*
Lindsay Krug *(Sr Acct Exec)*
Rebecca Sides *(Sr Acct Exec)*
Andrea Sumpter *(Sr Acct Exec-FILM)*
Maria Caserio *(Sr Strategist-Creative)*
Amanda Haller *(Acct Exec-Brand Strategy)*
Taylor Johnson *(Acct Exec)*

Accounts:
UNICEF USA

THE IDEA WORKSHOP LIMITED
460 Richmond St W Ste 602, Toronto, ON M5V 1Y1 Canada
Tel.: (416) 504-3977
Fax: (416) 504-1608
E-Mail: idea@ideaworkshop.ca
Web Site: www.ideaworkshop.ca

Employees: 50
Year Founded: 1997

Agency Specializes In: Advertising, Brand Development & Integration, Content, Crisis Communications, Event Planning & Marketing, Media Buying Services, Media Relations, Public Relations, Search Engine Optimization, Social Media

Justin Young *(Partner)*
Jon Packer *(Mng Dir)*
Danielle Mason *(Acct Dir)*
Samantha Ventresca *(Dir)*

Accounts:
New-Shimmerman Penn LLP

PUBLIC RELATIONS FIRMS — AGENCIES - JANUARY, 2019

IDENTITY MARKETING & PUBLIC RELATIONS, LLC
30700 Telegraph Rd Ste 1475, Bingham Farms, MI 48025-4590
Tel.: (248) 258-2333
Fax: (248) 258-1942
Web Site: www.identitypr.com

Employees: 22
Year Founded: 1998

Mark Winter *(Pres)*
Andrea Trapani *(Partner)*
Erin Robinson *(Acct Dir)*
Brandon Chesnutt *(Dir-Digital & Dev)*
Oliver Higgs *(Dir-Editorial)*
Michele Dickens *(Assoc Dir-Art)*
Andrea Conrad *(Acct Mgr-Social Media)*
Chris Austin *(Sr Acct Exec)*
Amanda Braniecki *(Sr Acct Exec)*
Katherine Higgins *(Sr Acct Exec)*
Courtney Howell *(Sr Acct Exec-Social)*
Katie Land *(Sr Acct Exec-Media Rels & Mktg)*
Morgan Mark *(Acct Exec)*
Michael Olson *(Designer-Digital)*
Kelsey Cleary *(Asst Acct Exec)*

Accounts:
Baker Katz
Dialogue Marketing
Hunt Leibert
iGroup
Midway Companies; Houston, TX International Real Estate, Investment; 2008
Powerlink Facilities Management Services; Detroit, MI
RCS Real Estate Advisors; New York, NY
S3 Entertainment Group; Ferndale, MI Film Production Services; 2008
Tax Appeal Team
Tri-Land Properties, Inc. Property Management, Retail Development; 2008

IDENTITY MEDIA CO
814 Ponce De Leon Blvd Ste 407, Coral Gables, FL 33134
Tel.: (786) 281-3259
E-Mail: info@identitymediaco.com
Web Site: www.identitymediaco.com

Employees: 20

Agency Specializes In: Event Planning & Marketing, Graphic Design, Integrated Marketing, Internet/Web Design, Promotions, Public Relations, Search Engine Optimization, Social Media, Strategic Planning/Research

Ana C. Rivera *(Founder & Pres)*

Accounts:
Steak Brasil
Well Groomed Gentleman

IGNITE PUBLIC RELATIONS, LLC
333 Gellert Blvd Ste 218, Daly City, CA 94015
Tel.: (650) 227-3280
Fax: (650) 227-3283
E-Mail: info@ignitepr.com
Web Site: www.ignitepr.com

Employees: 4

Agency Specializes In: Event Planning & Marketing, Media Relations, Media Training, Public Relations, Social Media, Strategic Planning/Research

Carmen Hughes *(Principal)*
Kimberly Weber *(Sr Acct Dir)*

Accounts:
Daisy Brand
Fortumo
FortyCloud
Telerik

IMAGE ONE PUBLIC RELATIONS
1 Research Ct Ste 450, Rockville, MD 20850
Tel.: (301) 519-8040
Fax: (301) 519-8001
E-Mail: mail@imageonepr.com
Web Site: www.imageonepr.com

Employees: 3
Year Founded: 2003

Bill Weger *(Founder & Sr Partner)*

Accounts:
Circle Solutions
Collective Protection Inc.
Lockheed Martin
Lockheed Martin Aspen Systems
Lockheed Martin Aspen Systems Corp
Midway Alarms
Rampf Molds
Washington Times

IMAGE UNLIMITED COMMUNICATIONS, LTD.
46 Waltham St, Boston, MA 02118
Tel.: (617) 423-4624
E-Mail: news@iucboston.com
Web Site: www.iucboston.com

Employees: 5

Agency Specializes In: Advertising, Branded Entertainment, Consumer Goods, Direct Response Marketing, Graphic Design, Logo & Package Design, Public Relations, Restaurant, Search Engine Optimization, Social Media

JP Faiella *(CEO)*

Accounts:
New-Air Canada
New-Cardio High
New-Massachusetts Restaurant Association
New-Met Restaurant Group
New-Saltie Girl
New-Sowo Boston
New-Terramia Ristorante
New-Wine Riot

IMAGEWORKS STUDIO
3859 Centerview Dr Ste 400, Chantilly, VA 20151
Tel.: (703) 378-0000
Fax: (703) 968-5560
E-Mail: sales@imageworksstudio.com
Web Site: www.imageworkscreative.com

Employees: 10

Agency Specializes In: Public Relations

Scott Margenau *(CEO)*
Aimee Aryal *(Office Mgr & Copywriter)*
Amber White *(Designer-Web)*

Accounts:
Adiva
Allstate Insurance Company
Bean Tree Learning
Concept Solutions
Eden Technologies
FlexRN
The Loyalton Group
Sheaterra Organics
Vorsight

IMILLER PUBLIC RELATIONS
221 Harbor Hill Mamaroneck, New York, NY 10543
Tel.: (866) 307-2510
E-Mail: info@imillerpr.com
Web Site: www.imillerpr.com

Employees: 50

Agency Specializes In: Crisis Communications, Digital/Interactive, Event Planning & Marketing, Media Relations, Public Relations, Social Media

Ilissa Miller *(Founder & CEO)*
Sandra de Novellis *(VP-Engagement Strategy & Bus Dev)*
Mindy Gibson *(VP-Client Rels)*
Jennifer Hartley *(VP-Bus Process Mgmt)*
Cheryl Kemp *(VP-Events)*
Joanna Soucy *(VP-Strategic Dev)*
Kaleigh Farmer *(Mgr-Event Mktg)*
Jennifer M. Strame *(Mgr-Affiliate Mktg)*

Accounts:
AquaComms
EdgeConneX Marketing Communications, Strategic Marketing

IMMEDIACY PUBLIC RELATIONS INC
1208 US 1, North Palm Beach, FL 33408
Tel.: (561) 776-7659
E-Mail: info@immediacypr.com
Web Site: www.immediacypublicrelations.com

Employees: 4

Agency Specializes In: Collateral, Event Planning & Marketing, Graphic Design, Internet/Web Design, Media Buying Services, Media Relations, Media Training, Public Relations

Cheryl K. Crowley *(Founder)*

Accounts:
Adelphia, Inc.
American Red Cross
Arthritis Foundation
Ballet Florida, Inc.
Bamboo Clothiers
Bankrate, Inc.
Burman Critton Luttier & Coleman Law Firm
Chuck Shaw
Dillard's Inc.
Easter Seals Florida
Everglades Foundation
Family Zone
Florida Atlantic University
Forum Club of the Palm Beaches
Genesis Partners, Lp.
Grassy Waters
Great Deals in My City
Haile Shaw & Pfaffenberger Law Firm
Hanley Center
Hospice of Palm Beach County
Jacek Gancarz
La Z Boy Furniture Galleries
Levenger Company
Literacy Coalition of Palm Beach County
The Lords Place
Michael Brown
The Northern Trust Company
NPC Improvement District
Palm Beach Casino Line
Palm Beach County Aquarium Corp
Palm Beach Fine Craft Show
Palm Beach Zoo
Park Avenue BBQ & Grille Inc.
PGA Commons
Poinciana Day School
RosettaStone Fine Arts
Woodrow Wilson International Center for Scholars

WPBF News 25

IMPACT COMMUNICATIONS
2007 W 91st St Ste 201, Leawood, KS 66206
Tel.: (913) 649-5009
Fax: (866) 565-2935
Toll Free: (800) 974-7753
E-Mail: info@impactcommunications.org
Web Site: www.impactcommunications.org

Employees: 20

Agency Specializes In: Event Planning & Marketing, Graphic Design, Internet/Web Design, Logo & Package Design, Public Relations

Marie Swift *(Pres & CEO)*
Allison Niday *(Principal)*

Accounts:
AllBackoffice Consulting LLC

IMPACT CONSULTING ENTERPRISES
172 S Clinton St, East Orange, NJ 07018
Tel.: (973) 337-2028
E-Mail: info@eimpactconsulting.com
Web Site: www.eimpactconsulting.com

Employees: 10
Year Founded: 1989

Agency Specializes In: African-American Market, Communications, Content, Crisis Communications, Digital/Interactive, Event Planning & Marketing, Internet/Web Design, Media Relations, Public Relations, Social Media, Strategic Planning/Research

Cheryl McCants *(Pres & CEO)*
Marce Zuchovicki *(CFO)*
Jacquelyn Graham *(Dir-Ops)*
DeShara Hickman *(Mgr-Events)*
N. Justine Hunter *(Mgr-Digital Content & Mktg)*
Courtney McCants *(Writer-Creative)*

Accounts:
New-New York & New Jersey Minority Supplier Council (Agency of Record)

IMPACT PR & COMMUNICATIONS, LTD.
2 LaGrange Ave Ste 209, Poughkeepsie, NY 12603
Tel.: (845) 462-4979
E-Mail: info@prwithimpact.com
Web Site: prwithimpact.com

Agency Specializes In: Brand Development & Integration, Communications, Content, Digital/Interactive, Event Planning & Marketing, Magazines, Public Relations, Search Engine Optimization, Social Media, T.V.

Filomena Fanelli *(Founder & CEO)*
Kate Johnston Wark *(Exec VP)*
Sandi Sonnenfeld *(Assoc VP)*
Karen Maserjian Shan *(Acct Mgr)*
Kristin Delia *(Sr Acct Exec)*
Cheryl Sloofman *(Sr Acct Exec)*

Accounts:
New-The Arc of Dutchess
New-Astor Services for Children & Families
New-Carol Gordon Consulting
New-Edna St. Vincent Millay Society
New-Feldman Kleidman Coffey Sappe & Regenbaum LLP
New-Greystone Programs Inc.
New-Tompkins Financial Advisors
New-Tompkins Mahopac Bank
New-Yorkville Sports Association

THE IMPETUS AGENCY
50 Washington St, Reno, NV 89503
Tel.: (775) 322-4022
Web Site: www.theimpetusagency.com

Employees: 10
Year Founded: 2010

Agency Specializes In: Advertising, Crisis Communications, Event Planning & Marketing, Graphic Design, Media Training, Public Relations, Social Media

Tierra Bonaldi *(Partner)*
Julie Rowe *(Principal)*
Jamie Baxter *(Dir)*
Ashlee Verba *(Acct Coord)*

Accounts:
Bionic Pet Products
Pets Add Life

INDICATE MEDIA
25 Broadway, New York, NY 10004
Tel.: (516) 206-2374
E-Mail: tech@indicatemedia.com
Web Site: www.indicatemedia.com

Employees: 3

Agency Specializes In: Brand Development & Integration, Content, Public Relations

Todd Barrish *(Founder & Pres)*
Peter Moran *(Sr VP)*

Accounts:
Towerstream Corp.
Unmetric

INDRA PUBLIC RELATIONS
630 1St Ave Apt 22D, New York, NY 10016
Tel.: (646) 593-7211
Fax: (646) 430-8411
Web Site: www.indrapr.com

Employees: 10

Agency Specializes In: Crisis Communications, Digital/Interactive, Event Planning & Marketing, Public Relations, Social Media, Sponsorship

M. J. Pedone *(Founder & Pres)*
Joanna Virello *(Dir-Media Rels)*

Accounts:
Aquacai USA (Public Relations Agency of Record)
Berenice Electrolysis & Personal Beauty Center
Deron Williams
Erik Coleman (Public Relations & Talent Management Agency of Record)
Jala Bars Greek Yogurt, Public Relations Agency of Record
James Valenti
MAXILLOFACIAL Surgery Services Public Relations Agency of Record
The THRIVE Network (Agency of Record)
Trent Tucker

INFUSED PR & EVENTS
33228 W 12 Mile Rd Ste 102, Farmington Hills, MI 48334
Tel.: (248) 914-4578
E-Mail: info@infusedpr.com
Web Site: www.infusedpr.com

Agency Specializes In: Brand Development & Integration, Event Planning & Marketing, Media Relations, Public Relations, Social Media

Tatiana Grant *(Pres)*

Accounts:
Trainers Total Fitness

INGEAR PUBLIC RELATIONS INC
1299 E 4500 S, Salt Lake City, UT 84117
Tel.: (954) 392-6990
Fax: (801) 266-0778
Web Site: www.ingearpr.com

Employees: 10

Agency Specializes In: Advertising, Brand Development & Integration, Collateral, Communications, Email, Internet/Web Design, Media Relations, Multimedia, Public Relations, Social Media

Veronica Esbona *(Pres)*
Dave Netz *(COO)*
Peggy Blaze *(Acct Dir)*
Peter Schuyler *(Acct Mgr)*
Steven Jenkins *(Acct Exec)*

Accounts:
Atlona Technologies Electronics Products Mfr & Distr
BenQ Corporation
BTX Technologies Inc Surgical & Medical Instrument Mfr
Core Brands Aton, BlueBOLT, Furman Sound, NIles, Panamax, Sunfire, Xantech
Guifx LLC Touch Screen Products Mfr
HoverCam Integrated Marketing Communications, Public Relations
Luxul Brand Awareness, Media Relations & Content Marketing; 2017
PLUS Corporation of America Public Relations
Pro Control Public Relations, Social Media, Trade Press
Remote Technologies Inc House Hold Products Mfr
Revolabs Inc Wireless Audio Products Mfr & Distr
Women In CE
X2O Media Inc

INGENEUS PR
1303 Briarlake Ct NE, Atlanta, GA 30345
Tel.: (404) 548-1390
E-Mail: info@ingeneuspr.com
Web Site: ignpr.com/

Employees: 5
Year Founded: 2012

Agency Specializes In: Brand Development & Integration, Event Planning & Marketing, Media Buying Services, Media Relations, Media Training, Public Relations, Social Media

Ronnika Ann Joyner *(Pres & Head-Publicist)*

Accounts:
Miles D Mealing & Nu Movement
Sleeper Recruit
We Train Atlanta

INK & ROSES
232 Madison Ave Ste 1204, New York, NY 10016
Tel.: (212) 661-1287
Fax: (212) 875-1672
Web Site: www.inkandroses.com

Employees: 50
Year Founded: 2004

Agency Specializes In: Brand Development & Integration, Content, Crisis Communications, Digital/Interactive, Event Planning & Marketing, Internet/Web Design, Media Relations, Media Training, Public Relations, Social Media

PUBLIC RELATIONS FIRMS

Sheara Reich *(Partner)*
Candice Weissman *(VP)*

Accounts:
BABYZEN North America (Public Relations Agency of Record) Media & Influencer Relations, Retail, Social Media Integrations, Sponsorship, YOYO+
The Fragrance Foundation Public Relations, Social Media; 2018
New-Healthy mama
New-Johnson & Johnson
miBrite (Public Relations Agency of Record)
Mustela
Ricola USA, Inc (Agency of Record) Public Relations
Rogaine
Tu'el Skin Care Consumer & Trade Public Relations; 2018

INK PUBLIC RELATIONS
2717 S Lamar Blvd Apt 1087, Austin, TX 78704
Tel.: (512) 382-8980
E-Mail: hello@ink-pr.com
Web Site: https://www.ink-co.com/

Employees: 50

Agency Specializes In: Brand Development & Integration, Media Relations, Public Relations, Social Media

Kari Hernandez *(Co-Founder & Pres)*
Starr Million Baker *(CEO)*
Blair Poloskey *(VP)*
Emily Grossman *(Creative Dir)*
Ariel Miller *(Sr Acct Mgr)*
Allyse Sanchez *(Sr Acct Mgr)*
Hilary Livingston *(Acct Mgr)*
Shelley Nall *(Acct Mgr)*
Rachel Murphy *(Mgr-Content)*
Helen Murphy *(Sr Acct Supvr)*
Candice Eng *(Acct Supvr)*
Caitlin New *(Acct Supvr)*
Sara Lasseter *(Sr Acct Exec)*
Joey Held *(Strategist-Content & Social Media)*
Gabrielle Mehan *(Acct Exec)*
Cassie Morien *(Strategist-Content & Social Media)*
Madison Scullin *(Specialist-Digital)*
Abby O'Connor *(Asst Acct Exec & Assoc-Res)*

Accounts:
Austin Technology Council
CipherLoc Corporation (Global Agency of Record) Brand Identity, Marketing Communications, Press, Public Relations, Social Media
Run for the Water

INKHOUSE MEDIA + MARKETING
221 Crescent St, Waltham, MA 02453
Tel.: (781) 966-4100
Fax: (781) 642-7742
E-Mail: info@inkhouse.net
Web Site: inkhouse.com

Employees: 101
Year Founded: 2007

Agency Specializes In: Collateral, Communications, Crisis Communications, Media Training, Podcasting, Public Relations, Search Engine Optimization, Social Media, Strategic Planning/Research

Beth Monaghan *(Co-Founder & CEO)*
Jason Morris *(Pres)*
Tina Cassidy *(Chief Content Officer & Exec VP)*
Nicole Bestard *(Exec VP & Gen Mgr-New York)*
Susan Elsbree *(Sr VP)*
Ed Harrison *(Sr VP-Enterprise Tech Practice)*
Dan O'Mahony *(Sr VP)*
Lauren Arnold *(VP)*
Anne Baker *(VP)*
Clodagh Boyle *(VP-Mktg)*
Kari Hulley *(VP)*
Mike Parker *(VP)*
Kara Michael Pinato *(VP)*
Angela Trapasso *(VP-Digital Mktg Practice)*
Kate Bachman *(Acct Dir)*
Stephanie Fergione *(Acct Dir)*
Jill Rosenthal *(Acct Dir)*
Shayna Chapel *(Acct Mgr)*
Rachel Nelson *(Acct Mgr)*
Caty Dickensheets *(Mgr-Media Strategy)*
Brittany Hendrickson *(Sr Acct Exec)*
Shannon Reed *(Sr Acct Exec)*
Zachary Spirer *(Sr Acct Exec)*
Harrison Calato *(Asst Acct Exec)*

Accounts:
Fiksu, Inc.
Fiverr Advertising, Digital, Marketing
Hexadite
meQuilibrium

Branch

InkHouse
256 W 38th St, New York, NY 10018
Tel.: (646) 975-5142
E-Mail: nyc@inkhouse.com
Web Site: www.inkhouse.com

Agency Specializes In: Business-To-Business, Collateral, Communications, Content, Event Planning & Marketing, Media Relations, Media Training, New Product Development, Public Relations, Social Media

Nicole Bestard *(Exec VP & Gen Mgr)*

Accounts:
New-Neoscapec
salesforce.com, inc. Environment & Sustainability Communications

INKINCPR
10561 Barkley St Ste 600, Overland Park, KS 66212
Tel.: (913) 602-8531
Web Site: www.inkincpr.com

Employees: 50
Year Founded: 1997

Agency Specializes In: Broadcast, Communications, Content, Digital/Interactive, Media Relations, Media Training, Print, Production, Public Relations, Search Engine Optimization, Social Media

Dick Grove *(Founder & CEO)*
Ryan Gerding *(Pres & COO)*
Cindy West *(VP & Dir-Ops)*

Accounts:
Alan David Custom
Copsdirect
Steve Griggs

INKLINK MARKETING
7950 Nw 155Th St Ste 108, Miami Lakes, FL 33016
Tel.: (305) 631-2283
Fax: (954) 793-4973
E-Mail: kmiller@inklinkmarketing.com
Web Site: www.inklinkmarketing.com

Employees: 16
Year Founded: 2012

Agency Specializes In: Above-the-Line, Brand Development & Integration, Branded Entertainment, Business Publications, Cable T.V., Collateral, Consumer Publications, Crisis Communications, Digital/Interactive, Electronic Media, Email, Event Planning & Marketing, Guerilla Marketing, In-Store Advertising, Local Marketing, Magazines, Media Relations, Media Training, Mobile Marketing, Newspaper, Newspapers & Magazines, Out-of-Home Media, Outdoor, Paid Searches, Point of Purchase, Print, Product Placement, Production, Promotions, Public Relations, Social Media, Sponsorship, T.V., Trade & Consumer Magazines, Viral/Buzz/Word of Mouth

Kim Miller *(Pres)*
Kampi Chaleunsouk *(Sr VP-Client Svcs)*
Catherine Diaz *(Acct Exec)*
Jessica Chacoff *(Coord-Mktg)*

Accounts:
Church's Chicken (Public Relations Agency of Record) Crisis Communications, Grand Openings, PR; 2014
Fishbowl Media Relations, Social Media; 2015
Forever Yogurt Communications, Marketing; 2016
The Krystal Company (Public Relations & Promotions Agency of Record) Local Store Marketing, PR, Promotions; 2014
MIC Food PR; 2012
On The Border PR; 2016
Ovation Brands PR, Promotions; 2012
Tropical Smoothie Cafe Grand Opening Support, PR; 2015

INNER CIRCLE LABS
(Acquired & Absorbed by Highwire Public Relations)

INSIDE OUT PR
PO Box 775772, Steamboat Springs, CO 80477
Tel.: (970) 291-4155
E-Mail: info@insideout-pr.com
Web Site: www.insideout-pr.com

Agency Specializes In: Communications, Content, Event Planning & Marketing, Graphic Design, Media Relations, Promotions, Public Relations, Social Media

Paige Boucher *(Founder, Owner & Partner)*
Erin Brosterhous *(Owner & Partner)*

Accounts:
Mystery Ranch (Communications Agency of Record)
Wigwam Mills Inc Global Media & Brand Communications, Lifestyle & Classics, Peak 2 Pub, Rod & Rifle; 2018

INSIDER MEDIA MANAGEMENT
10544 Pebble Cove Ln, Boca Raton, FL 33498
Tel.: (561) 995-6560
E-Mail: inquiry@insidermediamgmt.com
Web Site: www.insidermediamanagement.com

Employees: 3
Year Founded: 2010

Agency Specializes In: Advertising, Brand Development & Integration, Crisis Communications, Guerilla Marketing, Media Relations, Media Training, Print, Public Relations, Radio, Social Media

J. P. Hervis *(Pres)*

Accounts:
The American Stamp Dealers Association Campaign: "The Stamp Love", PR
Anne Rodgers Kiss and Tell, PR
Everglades Holiday Park Public Relations Agency

AGENCIES - JANUARY, 2019 — PUBLIC RELATIONS FIRMS

of Record
The Heart Health Foundation
Hodas Law (Public Relations Agency of Record)
Lauri Valjakka
LifeSafety Management (Public Relations Agency of Record)
Lighthouse Recovery Institute Media, Public Relations Agency of Record
Maureen Whelihan Kiss and Tell, PR
The Tax Defense Network PR, Social Media
University Research and Review (Public Relations Agency of Record)
ZOE Sports Public Relations

INSTITUTIONAL MARKETING SERVICES
51 Locust Ave Ste 304, New Canaan, CT 06840
Tel.: (203) 972-9200
Web Site: www.institutionalms.com

Employees: 5

Agency Specializes In: Public Relations

John Nesbett (Founder & Pres)
Jennifer Belodeau (VP)

Accounts:
New-Hudson Technologies, Inc.
IEC Electronics Corp.
Shenandoah Telecommunications, Inc
XPEL Technologies Corp

INTEGRATE AGENCY
(Acquired by Wellington Group)

INTEGRATED CORPORATE RELATIONS, INC.
761 Main Ave, Norwalk, CT 06851
Tel.: (203) 682-8200
Fax: (203) 682-8201
Web Site: www.icrinc.com

Employees: 200
Year Founded: 1998

Agency Specializes In: Communications, Corporate Communications, Financial, Investor Relations, Sponsorship

Don Duffy (Pres)
Michael Fox (Pres)
Timothy Dolan (Mng Partner)
John Mills (Partner)
Allison C. Malkin (Sr Mng Dir)
Joseph Teklits (Sr Mng Dir)
Timothy Kane (Mng Dir & Head-Digital Branding Practice)
Philip Denning (Mng Dir)
Anton Nicholas (Mng Dir)
Alecia Pulman (Mng Dir)
John Rouleau (Mng Dir)
Caitlin Burke (Dir-Mktg & Events)

Accounts:
American Eagle Outfitters
Blackbaud
Chipotle
Circuit City
Del Frisco's Restaurant Group, Inc.
Fushi Copperweld
ICU Medical
Jamba Juice
Kellwood
MarineMax, Inc
Metabolix
Open Energy
Quiksilver
Rocky Brands, Inc
Ruby Tuesday, Inc
Sealy
Skullcandy, Inc.
Synchronoss
Town Sports International
Tractor Supply Company

Branches

Integrated Corporate Relations - Boston
20 Custom House St Ste 930, Boston, MA 02110
Tel.: (617) 956-6725
Fax: (617) 956-6726
E-Mail: info@icrinc.com
Web Site: icrinc.com

Employees: 4

David Galper (CEO)
John Mills (Partner)
Brad Cohen (Mng Dir)
Jacques Cornet (Mng Dir)
Phil Denning (Mng Dir)
Jean Fontana (Mng Dir)
Brendon Frey (Mng Dir)
Raphael Gross (Mng Dir)
Evelyn Infurna (Mng Dir)
Anton Nicholas (Mng Dir)
John Rouleau (Mng Dir)
Scott Van Winkle (Mng Dir)
John Sorensen (COO)
Don Duffy (Pres-Leisure, Gaming, Fin Svcs & Restaurants)
Thomas M. Ryan (CEO-Leisure, Entertainment & Restaurants)

Accounts:
American Eagle Outfitters
American Oriental Bioengineering Inc
Chipotle
Crocs, Inc.
Glu Mobile Inc.
Jefferies
LifeVantage Corporation
Nature's Sunshine Products
Points International Ltd.
Raymond James
Restaurant Partners, LLC
Visa U.S.A
Warnaco Group
Wedbush

Integrated Corporate Relations - New York
350 Park Ave 5th Fl, New York, NY 10022
Tel.: (212) 753-2138
Fax: (212) 753-2114
Web Site: icrinc.com/en

Employees: 150

Don Duffy (Pres)
Thomas Ryan (CEO)
Timothy Dolan (Mng Partner)
Joseph Teklits (Mng Partner-Retail & Consumer)
Bo Park (Partner & Head-Tech PR)
Phil Denning (Partner)
John Mills (Partner)
Brad Cohen (Sr Mng Dir)
Raphael Gross (Mng Dir)
Staci Strauss Mortenson (Mng Dir)
Rodny Nacier (Mng Dir)
Alecia Pulman (Mng Dir)
John Sorensen (COO)
James Heins (Sr VP & Head-PR-Healthcare)
Jean Fontana (Mng Dir-Retail, Apparel & Footwear)
Brendon Frey (Mng Dir-Retail, Apparel & Footwear)
Anton Nicholas (Mng Dir-Retail, Clean Tech, Indus, Bus & Fin Svcs)
Scott Tangney (Mng Dir-Corp Comm Grp)
Alexis Blais (Acct Dir)

Accounts:
Affinity Gaming LLC
Avon Products Public Relations; 2018
Brightcove
CaesarStone
Cutera, Inc.
Interactive Intelligence
J. Crew Group, Inc
Lifeway Foods, Inc.
lululemon Athletica Inc
Medifast, Inc.
New York & Company, Inc.
Primo Water Corporation
Shake Shack Inc.
United Natural Foods, Inc.

Integrated Corporate Relations - Beijing
Unit 805 Tower 1 Prosper Center No 5 Guanghua Road, Chao Yang District, Beijing, 100020 China
Tel.: (86) 10 6583 7500
Fax: (86) 10 8523 3001
Web Site: icrinc.com

Edmond Lococo (Sr VP)

Accounts:
Sinovac Biotech Ltd

INTERFACEPR.COM
7926 Talladega Spring Ln, Richmond, TX 77469
Tel.: (713) 454-9995
Fax: (832) 550-2705
E-Mail: contact@interfacepr.com
Web Site: interfacepr.com

Employees: 10

Mark Brimm (Principal & Dir-Interactive Mktg)

Accounts:
Heller Networks

INTERMARKET COMMUNICATIONS
425 Madison Ave Ste 600, New York, NY 10017-1110
Tel.: (212) 888-6115
Fax: (212) 888-6157
E-Mail: information@intermarket.com
Web Site: www.intermarket.com

Employees: 20
Year Founded: 1986

Agency Specializes In: Financial, Public Relations

Breakdown of Gross Billings by Media: Pub. Rels.: 100%

Martin B. Mosbacher (CEO & Mng Partner)
William Ferri (Mng Partner)
Matt Zachowski (Mng Partner & Exec Chm)
Michael Gelormino (Sr VP)
Jade Faugno (VP)
Corey Jefferson (Mgr-Admin Ops)
Eleis Brennan (Sr Acct Supvr)

Accounts:
Bank Leumi
BondDesk Group LLC
Bryn Mawr College
Charles Schwab
Columbia University's School of Public & International Affairs
Com
Duco
ECU Line
FXDD Global
ICap
Keefe, Bruyette & Woods, Inc.
RBC Wealth Management
RealtyMogul.com

PUBLIC RELATIONS FIRMS — AGENCIES - JANUARY, 2019

INTERPROSE INC.
2635 Steeplechase Dr, Reston, VA 20191
Tel.: (703) 860-0577
Fax: (703) 860-1623
E-Mail: info@interprosepr.com
Web Site: www.interprosepr.com

Employees: 20

Agency Specializes In: Public Relations

Revenue: $50,000,000

Vivian Kelly *(Founder & CEO)*
Cathy Palmen *(Pres)*
John Wengler *(Sr VP-Mktg)*
Melissa Drozdowski *(Dir-Social Media)*
Brian Walker *(Acct Mgr)*
Rachel De Frank *(Graphic Designer & Coord-Project)*
Renee Ayer *(Sr Program Dir)*
Kelly Brandner *(Sr Program Dir)*
Lisa McCausland *(Sr Program Dir)*
Becky Obbema *(Sr Program Dir)*
Melissa Power *(Sr Program Dir)*
Minu Seshasayee *(Sr Program Dir)*

Accounts:
Amedia Networks
Atreaus Systems
Cambrian
Cisco Systems; Herndon, VA; 2002
Clarabridge; Reston, VA; 2006
Ethernet Alliance
Hatteras Networks
Pair Gain
Polaris Wireless; Mountain View, CA
Strangeloop Networks; Vancouver, BC; 2007
Tera Burst
Viewgate

INTERSTAR MARKETING & PUBLIC RELATIONS
610 Grove St, Fort Worth, TX 76102-5555
Tel.: (817) 332-6522
Fax: (817) 334-0125
E-Mail: cw@interstargroup.com
Web Site: www.interstargroup.com
E-Mail for Key Personnel:
President: js@interstargroup.com

Employees: 10
Year Founded: 1975

National Agency Associations: AAF-PRSA

Agency Specializes In: Automotive, Aviation & Aerospace, Broadcast, Business Publications, Collateral, Communications, Consulting, Consumer Marketing, Consumer Publications, Education, Event Planning & Marketing, Exhibit/Trade Shows, Financial, Health Care Services, High Technology, Leisure, Public Relations, Publicity/Promotions, Restaurant, Retail, Trade & Consumer Magazines, Transportation, Travel & Tourism

Approx. Annual Billings: $6,000,000

Jane E. Schlansker *(Pres & CEO)*

Accounts:
Child Care Associates
Renfro Foods, Inc.; Fort Worth, TX Salsa, Specialty Food Products
Trail Care Associates

INTREPID
375 W 200 S Ste 275, Salt Lake City, UT 84101
Tel.: (801) 481-9482
Fax: (801) 481-9483
E-Mail: intrepid@intrepidagency.com
Web Site: www.intrepidagency.com

Employees: 50
Year Founded: 1996

Agency Specializes In: Advertising, Crisis Communications, Digital/Interactive, Media Buying Services, Media Relations, Public Relations

Mike Grass *(Owner)*
Chris Thomas *(Pres)*
Leigh Gibson *(Acct Dir)*
Anne Williams *(Acct Dir)*
Angela Shelby *(Media Planner & Media Buyer)*

Accounts:
The Art Institute of Salt Lake City
Daniels Summit Lodge
Hotel Park City
Levi Strauss & Co.
Resorts West, G P

INVESTORCOM INC.
65 Locust Ave, New Canaan, CT 06840
Tel.: (203) 972-9300
E-Mail: jgrau@investor-com.com
Web Site: https://investor-com.com/

Employees: 10
Year Founded: 2000

Agency Specializes In: Corporate Communications, Financial, Investor Relations, Media Relations, Public Relations

Approx. Annual Billings: $2,500,000

Breakdown of Gross Billings by Media: Corp. Communications: 25%; Other: 75%

John Glenn Grau *(Pres & CEO)*
Douglas Jaffe *(Mng Dir)*

IRIS PR SOFTWARE
4105 N 20th St, Phoenix, AZ 85016
Tel.: (866) 869-6645
E-Mail: info@myirispr.com
Web Site: www.irispr.com/

Employees: 10

Agency Specializes In: Crisis Communications, Event Planning & Marketing, Media Relations, Public Relations, Social Media

Aly Saxe *(Founder & CEO)*

Accounts:
Firehost
Flypaper
Infusionsoft

ISABELLI MEDIA RELATIONS
320 W Ohio St, Chicago, IL 60654
Tel.: (312) 878-1222
Web Site: imrchicago.com

Employees: 15
Year Founded: 2011

Agency Specializes In: Graphic Design, Media Relations, Media Training, Public Relations, Social Media

Janet Isabelli Wilkerson *(CEO & Partner)*
John Wilkerson *(COO & Partner)*
Sarah Sackett *(Sr Acct Dir)*
Joseph Fandel *(Dir-Multimedia)*
Jordan Slack *(Acct Exec)*

Accounts:
Mk Restaurant

ISSA PR
611 Broadway Rm 838, New York, NY 10012
Tel.: (646) 369-9221
E-Mail: info@issa-pr.com
Web Site: www.issa-pr.com

Employees: 5

Agency Specializes In: Brand Development & Integration, Event Planning & Marketing, Public Relations

Viet N'Guyen *(Founder & CEO)*

Accounts:
BMW BMW Art Guide by Independent Collectors; 2017
Finnish Tech, Design & Art (Agency of Record) The House of Finland
Grand Hyatt Playa del Carmen (Agency of Record) Events, Public Relations, Strategic Partnerships; 2018
I am Queen Mary; 2018
Millesima (Public Relations Agency of Record)
Novalia (Agency of Record) Public Relations, Sponsorships, Strategic Partnerships
Pernod Ricard USA, Inc. Absolut, Elyx (Agency of Record)
Project Promise (Agency of Record) Communications; 2018
START
Try The World Spain & Holiday Gourmet Boxes

IT GIRL PUBLIC RELATIONS
255 Howland Canal, Venice, CA 90291
Tel.: (310) 577-1122
Fax: (310) 821-6227
E-Mail: juliette@itgirlpublicrelations.com
Web Site: www.itgirlpublicrelations.com

Employees: 5
Year Founded: 1998

Agency Specializes In: Event Planning & Marketing, Public Relations, Publicity/Promotions

Juliette Harris *(CEO)*

Accounts:
Kelly Rowland
Los Angeles Lightning
Mark Harwell

IVIE COMMUNICATIONS, LLC
P.O. Box 544, El Granada, CA 94018
Tel.: (650) 712-0141
Fax: (650) 712-0142
Web Site: www.iviecommunications.com

Year Founded: 1996

Agency Specializes In: Internet/Web Design, Logo & Package Design, Media Planning, Print, Public Relations

Jill Ivie *(Principal)*

Accounts:
New-GSC Logistics, Inc.
Port of Stockton Advertising, Creation of Original Photography & Illustration, Customer-Related Marketing Communications, Direct Marketing, Media Planning, Print Materials, Public Relations, Strategic Marketing Plans, Trade Show Booth

IVY PUBLIC RELATIONS

AGENCIES - JANUARY, 2019 — PUBLIC RELATIONS FIRMS

216 E Simpson Ave, Fresno, CA 93704
Tel.: (559) 917-4476
E-Mail: info@ivypublicrelations.com
Web Site: www.ivypublicrelations.com

Employees: 1

Agency Specializes In: Collateral, Graphic Design, Public Relations, Social Media

Accounts:
Adventure Cat Sailing Charters
Bright Power Inc
Kquinn Designs
Lemi Shine
Music in the Vineyards

J LAUREN PR LLC
21 E 6Th St Unit 415, Tempe, AZ 85281
Tel.: (480) 626-8290
Web Site: www.jlaurenpr.com

Agency Specializes In: Broadcast, Print, Public Relations, Radio, Social Media

Jan Bracamonte *(Owner & Pres)*

Accounts:
Amara Resort & Spa
Royal Palms Resort
T Cooks
Thirty Five Dolores

JACKSON SPALDING
750 N Saint Paul St Ste 1700, Dallas, TX 75201
Tel.: (214) 269-4400
E-Mail: dallas@jacksonspalding.com
Web Site: www.jacksonspalding.com

Employees: 50

Agency Specializes In: Advertising, Brand Development & Integration, Broadcast, Digital/Interactive, Graphic Design, Logo & Package Design, Media Buying Services, Print, Public Relations, Social Media, Sponsorship

Kim Hardcastle *(Partner)*
Traci Buch Messier *(Partner)*
Joanna Singleton *(Partner)*
Kathryn Brand *(Office Mgr)*

Accounts:
The Mattress Firm, Inc. (Public Relations & Social Media Agency of Record)

Branch

Jackson Spalding
1100 Peachtree St NE 18th Flr, Atlanta, GA 30309
Tel.: (404) 724-2500
Fax: (404) 874-6545
E-Mail: atlanta@jacksonspalding.com
Web Site: www.jacksonspalding.com

Employees: 200
Year Founded: 1995

Agency Specializes In: Brand Development & Integration, Crisis Communications, Graphic Design, Internet/Web Design, Logo & Package Design, Media Buying Services, Media Relations, Public Relations, Search Engine Optimization, Social Media

Trudy Baker Kremer *(Partner)*
Whitney Ott *(Partner)*
Gene Crosby *(COO)*
Mike Martin *(Chief Creative Officer)*
Randall Kirsch *(Principal)*
Bo Spalding *(Principal)*
Adrienne Morgan *(Head-Content Mktg)*
Lacey Creaser *(Dir-Digital)*
Rita Izaguirre *(Dir-HR)*
Mart Martin *(Strategist-Brand)*
Emily Jennings *(Coord-HR)*

Accounts:
New-Chick-fil-A
New-Childrens Healthcare of Atlanta
New-tvsdesign

JAFFE
580 County Rd 129, Stephenville, TX 76401
Tel.: (877) 808-9600
Fax: (970) 797-1734
Web Site: www.jaffepr.com

Employees: 50
Year Founded: 1978

Agency Specializes In: Broadcast, Communications, Content, Cosmetics, Crisis Communications, Media Relations, Print, Public Relations, Search Engine Optimization, Social Media

Terry M. Isner *(Owner/CEO-Mktg & Branding)*
Melinda Wheeler *(Owner/CEO-Fin & Ops)*
Vivian Hood *(CEO & Head-PR)*
Lisa Mazer Altman *(Sr VP-PR)*
Carlos Arcos *(Sr VP-PR)*
Liz Bard Lindley *(Sr VP)*
Michelle McCormick *(Sr VP-PR)*
Joi Neike *(Sr VP-Mktg & Bus Dev)*
Kathy O'brien *(Sr VP-PR)*
Sue Remley *(Sr VP-Mktg & Bus Dev)*
Randy Labuzinski *(VP-PR & Mgr-LexSpeak)*
Bethany Early *(VP-PR)*
Stephanie Kantor Holtzman *(VP-PR)*
Jennifer Faivre *(Mgr-CRM & Admin Support)*
Susan Holmes *(Mgr-Rankings-Lawyers)*
Judi Orenstein *(Coord-Res)*

Accounts:
New-Kirton McConkie PC

JAFFE COMMUNICATIONS
312 North Ave E Ste 5, Cranford, NJ 07016
Tel.: (973) 315-0300
Fax: (908) 292-1177
Web Site: www.jaffecom.com

Employees: 20
Year Founded: 2002

Agency Specializes In: Brand Development & Integration, Crisis Communications, Event Planning & Marketing, Internet/Web Design, Media Relations, Media Training, Print, Public Relations

Bruno Tedeschi *(Principal)*

Accounts:
New-Keeping Babies Safe

JAM COLLECTIVE
220 Halleck St Ste 120A, San Francisco, CA 94129
Tel.: (415) 839-7546
E-Mail: culprits@jamcollective.net
Web Site: www.jamcollective.net/

Employees: 50
Year Founded: 1998

Agency Specializes In: Brand Development & Integration, Public Relations, Social Media, Strategic Planning/Research

Julie Atherton *(Founder & Principal)*
Julie Campagnoli *(Dir-PR)*
Sara Murphy *(Dir-Digital Comm)*

Accounts:
Icebreaker
Leatherman Tool Group, Inc.
Lifeproof
MiiR (Public Relations Agency of Record) Social Media
Mountain Hardwear
Moving Comfort
Oru Kayak (Public Relations Agency of Record)
Osmo (Public Relations Agency of Record)
Osprey Packs
OtterBox Products LLC
prAna (Public Relations Agency of Record) Communications Strategy; 2018
Seavees (Agency of Record)
Smartwool (Public Relations Agency of Record); 2017
Snow Peak
Sunski
Vasque
Vuarnet (US Public Relations Agency of Record)
Yakima Products Inc

JAMES HOGGAN & ASSOCIATES, INC.
#510-1125 Howe St, Vancouver, BC V6Z 2K8 Canada
Tel.: (604) 739-7500
Fax: (604) 736-9902
E-Mail: info@hoggan.com
Web Site: www.hoggan.com

Employees: 8
Year Founded: 1984

Agency Specializes In: Brand Development & Integration, Communications, Consulting, Corporate Communications, Corporate Identity, Environmental, Event Planning & Marketing, Financial, Food Service, Government/Political, High Technology, Investor Relations, Planning & Consultation, Public Relations, Publicity/Promotions, Strategic Planning/Research

James Hoggan *(Pres)*

Accounts:
A&W Food Services of Canada Inc.
Dalai Lama Center For Peace & Education
Outdoor Adventures Vizsla
Vancouver Aquarium

JANE OWEN PR
408 N Doheny Ste 6, Los Angeles, CA 90048
Tel.: (424) 279-9424
Web Site: www.janeowenpr.net

Employees: 12
Year Founded: 2011

Agency Specializes In: Event Planning & Marketing, Public Relations

Jane Owen *(CEO)*

Accounts:
Exofab
Jase Whitaker

JASCULCA/TERMAN AND ASSOCIATES
730 N Franklin St Ste 510, Chicago, IL 60654
Tel.: (312) 337-7400
Fax: (312) 337-8189
E-Mail: info@jtpr.com
Web Site: www.jtpr.com

Employees: 50
Year Founded: 1981

PUBLIC RELATIONS FIRMS — AGENCIES - JANUARY, 2019

Agency Specializes In: Event Planning & Marketing, Government/Political, Sponsorship

Richard J. Jasculca *(Co-Founder & Chm)*
Jim Terman *(Co-Founder & Vice Chm)*
Mary Kelley Patrick *(CEO & Mng Partner)*
Holly Bartecki *(Sr VP-Creative & Strategic Dev)*
Carly Bradford *(VP-Events & Advance-Intl)*
Colleen Mastony *(VP-Media Strategies)*
Marci May *(VP)*
Katelyn Yoshimoto *(VP)*
Jennifer Hutchison *(Acct Dir)*
Febie Cabanlit *(Dir-Acctg)*
James Chase *(Dir-Accts)*
Jordan Troy *(Acct Exec)*

Accounts:
Benefit Chicago
Morton Arboretum
National Council of State Boards of Nursing
Shakespeare 400 Chicago
Step Therapy Legislation

JAYMIE SCOTTO & ASSOCIATES LLC (JSA)
PO Box 20, Middlebrook, VA 24459
Mailing Address:
PO BOX 20, Middlebrook, VA 24459-0020
Tel.: (866) 695-3629
Fax: (201) 624-7316
Toll Free: (866) 695-3629
E-Mail: pr@jaymiescotto.com
Web Site: http://www.jsa.net//

Employees: 25
Year Founded: 2005

Agency Specializes In: Event Planning & Marketing, Internet/Web Design, Media Planning, Media Training, Mobile Marketing, Public Relations

Jaymie Scotto Cutaia *(Founder & CEO)*
Lisa Garrison *(Exec VP-Fin & Bus Ops)*
Karissa Campbell *(VP-Mktg & Acct Strategy)*
Vanessa Eixman *(VP-Bus Dev)*
Dean Perrine *(VP-Client Strategy & Mgmt)*
Courtney Burrows *(Acct Dir)*
Terri Goggins *(Dir-Events)*
Daniel Highet *(Dir-Content)*
Jaclyn Riback Levy *(Dir-Acct & Res Dept)*
Candace Sipos *(Acct Mgr)*
Sarah Branner *(Acct Coord)*
Katie Estep *(Acct Coord)*
Shannon Ashe-Law *(Coord-Mktg & Events)*

Accounts:
451 Research Telecom Analyst Firm; 2014
ColoAtl Meet Me Room Operator; 2010
DECIX Global IX Peering Fabric; 2012
Faction IAAS Cloud Service Provider; 2014
FirstLight Lit Fiber Provider; 2013
GlobeNet Subsea Connectivity Between Americas; 2007
Hibernia Networks High Bandwidth Connectivity; 2005
Lightower Lit Services; 2008
NYI Internet Service Provider; 2013
PEG Bandwidth Network Infrastructure Solutions; 2013
RCN Data, Voice & Video Services; 2013
Telehouse America Data Center & Meet Me Room Services; 2008
ViaWest Data Center Services; 2011

JC MARKETING ASSOCIATES INC.
467 Main St PO Box 289, Wakefield, MA 01880-0589
Tel.: (781) 245-7070
Fax: (781) 245-1086
E-Mail: annhadley@jcmarketingassociates.com
Web Site: www.jcmarketingassociates.com

Employees: 7
Year Founded: 1964

Agency Specializes In: Advertising, Consulting, Event Planning & Marketing, Exhibit/Trade Shows, Financial, Graphic Design, Internet/Web Design, Pets, Public Relations, Real Estate, Restaurant

Approx. Annual Billings: $650,000

Breakdown of Gross Billings by Media: Bus. Publs.: $15,000; Collateral: $55,000; D.M.: $20,000; Newsp.: $50,000; Pub. Rels.: $300,000; Yellow Page Adv.: $10,000

Ann Hadley *(Pres)*
Jayne D'Onofrio *(VP)*
Carolyn Dydzulis *(Office Mgr)*

Accounts:
Best Western Lord Wakefield
IT Works
Massachusetts Highway Association
Municipal Light Departments
Quashnet Valley Condominiums; Mashpee, MA
Reading Municipal Light Department; Reading, MA
Saugus Federal Credit Union
The Savings Bank
Wakefield Department of Public Works

Branch

JCM Events
PO Box 289, Wakefield, MA 01880-0589
Tel.: (781) 245-7070
Fax: (781) 245-1086
E-Mail: lhadley00@aol.com
Web Site: www.jcmarketingassociates.com

Employees: 4
Year Founded: 2001

Agency Specializes In: Event Planning & Marketing

Ann Hadley *(Pres)*

JC PUBLIC RELATIONS, INC.
(Name Changed to JConnelly, Inc.)

JCIR
116 E 16th St 11th Fl, New York, NY 10003-2112
Tel.: (212) 835-8500
Fax: (212) 835-8525
E-Mail: info@jcir.com
Web Site: www.jcir.com

Employees: 50

Joseph N. Jaffoni *(Founder & Pres)*
Richard Land *(Sr Mng Dir)*
Norberto Aja *(Mng Dir)*
James Leahy *(Mng Dir)*
Jennifer Neuman *(Mng Dir)*

Accounts:
Agilysys, Inc.
Ballantyne Strong, Inc.
Beasley Broadcast Group, Inc.
BJ's Restaurants, Inc
Carmike Cinemas, Inc.
Cinemark Holdings, Inc.
EFA Partners
Eldorado Resorts, Inc
Everi Holdings Inc
Mad Catz Interactive, Inc. Investor Relations
Multimedia Games, Inc.
Nexstar Broadcasting Group, Inc.
Penn National Gaming, Inc.
Perfumania Holdings Inc.
Revel Entertainment, LLC
REX American Resources Corporation
Scientific Games Corporation
SFX Entertainment, Inc
TransAct Technologies Incorporated

JCONNELLY, INC.
(Formerly JC Public Relations, Inc.)
1 Gatehall Dr Ste 107, Parsippany, NJ 07054-4514
Tel.: (973) 850-7300
Fax: (973) 732-3523
E-Mail: info@jconnelly.com
Web Site: jconnelly.com

Employees: 12

Agency Specializes In: Brand Development & Integration, Collateral, Crisis Communications, Event Planning & Marketing, Media Relations, Media Training, Product Placement, Public Relations, Strategic Planning/Research, Trade & Consumer Magazines

Jennifer Connelly *(CEO)*
Karen Pellicone *(Chief Admin Officer)*
Ray Hennessey *(Chief Innovation Officer)*
Ryan Smith *(Exec VP-Consumer, Lifestyle & Fin)*
Steven Stoke *(Mng Dir-Video Content)*
Patty Buchanan *(VP-Fin)*
Kyle Kappmeier *(VP)*
Erin Morrissey Mandzik *(Asst VP-Consumer)*
Robert Keane *(Dir-Editorial)*
Michaela Morales *(Acct Supvr)*
Carol Anne Harves *(Corp Officer)*

Accounts:
ALM Media Properties, LLC
Envestnet, Inc.
Hightower Advisors

JEFF DEZEN PUBLIC RELATIONS
13 E Coffee St, Greenville, SC 29601
Tel.: (864) 233-3776
Fax: (864) 370-3368
Web Site: www.jdpr.com

Employees: 50
Year Founded: 1991

Agency Specializes In: Collateral, Content, Crisis Communications, Media Relations, Public Relations, Social Media

Jeff Dezen *(Pres)*
Matt Lochel *(Dir-Media & Content Strategies)*
Terry Pearson *(Office Mgr)*
Wendy Huston *(Sr Acct Exec)*
Jared Kelowitz *(Sr Acct Exec)*
Drew Dezen *(Acct Exec)*

Accounts:
Cobra Puma Golf (Public Relations Agency of Record) Content Development, Media Relations, Public Relations, Strategic Planning
Golf Beats Cancer (Public Relations Agency of Record) Brand Development, Content Creation, National-Level Media Relations, Social Media Services, Strategic Planning; 2018
New-Jobe's Company (North America Public Relations Agency of Record); 2018
Kentwool (Public Relations Agency of Record) Content Development, KentWool Performance, Marketing Communications, Media Relations, Strategic Planning
Serola Biomechanics, Inc Brand Development, Communications, Public Relations, Social Media, Strategic Planning
Vom Fass USA

THE JEFFREY GROUP
1111 Lincoln Rd 8th Fl, Miami Beach, FL 33139
Tel.: (305) 860-1000

AGENCIES - JANUARY, 2019
PUBLIC RELATIONS FIRMS

Fax: (305) 532-2590
E-Mail: miami@jeffreygroup.com
Web Site: www.jeffreygroup.com

Employees: 32
Year Founded: 1993

National Agency Associations: COPF

Agency Specializes In: Communications, Event Planning & Marketing, Experiential Marketing, Hispanic Market, Public Relations, Sponsorship

Approx. Annual Billings: $5,500,000 Fees Only

Jeffrey R. Sharlach *(Chm)*
Brian Burlingame *(CEO)*
Asher Levine *(Mng Dir-Ops-USA)*
Giancarlo Sopo *(Sr Acct Mgr)*

Accounts:
Airbus
Amazon
American Airlines
Cengage Learning Communications, Content Development, Media Relations, Online
Facebook
Hilton
Instagram
Johnnie Walker
Johnson & Johnson
Kaspersky Lab
KitchenAid Awareness, Communications, Marketing
Marriott International (Latin America Public Relations Agency of Record) Corporate & Brand Communications, Events, Press
Miami Marlins Corporate Communications
Sony
TD Bank Hispanic PR
Victaulic B2B Public Relations, Social Media, Trade Show
Visit Florida (Agency of Record) Influencer Marketing, Media Relations
Xerox

Branches

Jeffrey Group Mexico
Homero 1343 No 402, Col Los Morales Polanco, Mexico, CP 11540 Mexico
Tel.: (52) 55 5281 1121
Fax: (52) 55 5281 1448
E-Mail: echacon@jeffreygroup.com
Web Site: www.jeffreygroup.com

Employees: 18

Agency Specializes In: Public Relations

Mauricio Gutierrez *(Mng Dir)*
Mariana Villarreal *(Chief Strategy Officer & Exec Dir)*
Georgina Vazquez Riosvelasco *(Sr Acct Mgr)*
Maria Eugenia Caamano *(Acct Mgr)*

Accounts:
Samsung Group Corporate Communication & Public Relations, Design & Execute Communication Strategies; 2018

The Jeffrey Group Brazil
Joaquim Floriano 466 5 cj 508 Itaim Bibi, 04534-002 Sao Paulo, SP Brazil
Tel.: (55) 11 2165 1655
Fax: (55) 11 2165 1642
E-Mail: info@tjgmail.com
Web Site: www.jeffreygroup.com

Employees: 30

Agency Specializes In: Public Relations

Claudia Cardoso *(Acct Dir)*
Leticia Suzuki *(Acct Dir)*
Vanessa Caccianiga *(Sr Acct Mgr)*
Marilia Bianchini *(Acct Mgr)*
Danilo Brasil *(Sr Acct Exec)*

Accounts:
Bayer Bayer CropScience, Customer Relations Program, HealthCare Groups

The Jeffrey Group Argentina
Talcahuano 833 Piso 8 G, C1013AAP Buenos Aires, Argentina
Tel.: (54) 11 4813 1130
Fax: (54) 11 4814 5480
E-Mail: info@tjgmail.com
Web Site: www.jeffreygroup.com

Employees: 8
Year Founded: 1993

Agency Specializes In: Hispanic Market, Promotions, Public Relations, Publicity/Promotions

Diego Campal *(Head-Market-Argentina & Reg Dir-Pub Affairs)*

Accounts:
T-Mobile US

The Jeffrey Group New York
1111 Lincoln Rd Ste 800, Miami Beach, FL 33139
Tel.: (212) 620-4100
Fax: (212) 918-9038
E-Mail: mvaldesfauli@tjgmail.com
Web Site: www.jeffreygroup.com

Employees: 6
Year Founded: 2006

National Agency Associations: COPF

Agency Specializes In: Below-the-Line, Business-To-Business, Hispanic Market, Multicultural, Public Relations, Publicity/Promotions, Viral/Buzz/Word of Mouth

Jeffrey Sharlach *(Chm & CEO)*

Accounts:
Abbott
AirBus
American Airlines
Clorox
Diageo Jose Cuervo
Fox Hispanic Media Campaign: "Latino Entertainment. American Attitude."
T-Mobile US
Volkswagen Group of America, Inc.

JELENA GROUP
1765 Duke St, Alexandria, VA 22314
Tel.: (703) 566-9243
E-Mail: contact@jelenagroup.com
Web Site: www.jelenagroup.com

Employees: 8
Year Founded: 1984

Agency Specializes In: Brand Development & Integration, Integrated Marketing, Media Relations, Public Relations, Social Media

Jennifer Elena *(Founder)*
Evelyn Iraheta *(Head-Ops)*
Renee Johnson *(Acct Dir)*

Accounts:
New-Massachusetts Mutual Life Insurance Company

JENERATION PR
4335 Van Nuys Blvd Ste 108, Sherman Oaks, CA 91423
Tel.: (818) 501-1205
E-Mail: buzz@jenerationpr.com
Web Site: www.jenerationpr.com

Employees: 2
Year Founded: 2005

Agency Specializes In: Event Planning & Marketing, Public Relations, Social Media

Jennifer Berson *(Founder & Pres)*

Accounts:
Olivine
Skip Hop (Public Relations Agency of Record) Influencer Outreach, Social Media
Twistband Inc

JENNA COMMUNICATIONS LLC
1908 Green St # 2F, Philadelphia, PA 19130
Tel.: (484) 238-0355
Web Site: www.jennacommunications.com

Employees: 10
Year Founded: 2007

Agency Specializes In: Crisis Communications, Email, Event Planning & Marketing, Media Relations, Media Training, Public Relations, Search Engine Optimization, Social Media, Strategic Planning/Research

Jennifer Sherlock *(Pres)*

Accounts:
Casey Cares Foundation
Doreen Taylor
NetCost Market

JERRY THOMAS PUBLIC RELATIONS
200 E Randolph St Ste 5100, Chicago, IL 60601
Tel.: (312) 275-5801
Fax: (312) 967-5883
E-Mail: info@jerrythomaspr.com
Web Site: www.jerrythomaspr.com

Agency Specializes In: Crisis Communications, Event Planning & Marketing, Media Relations, Media Training, Public Relations

Jerry Thomas *(Pres)*

Accounts:
Diversity MBA Magazine

JESSICA AUFIERO COMMUNICATIONS
110 East 25th St, New York, NY 10010
Tel.: (212) 832-7000
E-Mail: info@ja-pr.com
Web Site: www.ja-pr.com

Employees: 3
Year Founded: 2011

Agency Specializes In: Brand Development & Integration, Event Planning & Marketing, Media Relations, Public Relations, Social Media, Strategic Planning/Research

Jessica Aufiero *(Principal)*

Accounts:
Airstream 2 Go
Artisan
Borgo Egnazia
Eli Zabar

PUBLIC RELATIONS FIRMS — AGENCIES - JANUARY, 2019

Kittichai
Masseria Cimino
Masseria San Domenico
Obika Mozzarella Bar
San Domenico House
San Domenico a Mare

JESSON + COMPANY COMMUNICATIONS INC.
77 Bloor St W, Toronto, M5S 1M2 Canada
Tel.: (416) 323-7828
Fax: (416) 923-0226
Toll Free: (855) 811-7828
E-Mail: info@jessonco.com
Web Site: www.jessonco.com

Employees: 50
Year Founded: 2002

Agency Specializes In: Event Planning & Marketing, Media Relations, Public Relations, Strategic Planning/Research

Barbara Jesson *(Pres)*
Nicola Blazier *(VP)*
Sharyn Thomas-Counce *(VP)*
Ken Anderson *(Sr Acct Dir)*
Shauna Frampton *(Acct Dir)*
Ronica Sajnani *(Dir-Meetings & Travel Trade)*

Accounts:
Arbonne International LLC Marketing, PR
CAVIRTEX BitAccess Bitcoin Teller Machines, Bitcoin Currency, Canadian Agency of Record, Contest, Marketing, Merchant Solutions, Online Trading, Pre-Paid MasterCards, Trade Shows
Clayoquot Wilderness Resort (Agency of Record)
Mill Street Brewery

J.F. MILLS & WORLDWIDE
6106 E Yale Ave, Denver, CO 80222
Tel.: (303) 639-6186
Fax: (303) 639-1125
E-Mail: jfmills@jfmillsworldwide.com
Web Site: www.jfmillsworldwide.com

Employees: 7
Year Founded: 1995

Agency Specializes In: Business-To-Business, Corporate Communications, Digital/Interactive, E-Commerce, Exhibit/Trade Shows, Financial, Health Care Services, High Technology, Information Technology, International, Media Planning, Media Relations, Media Training, New Product Development, Newspapers & Magazines, Product Placement, Public Relations, Publicity/Promotions, Real Estate, Sales Promotion, Travel & Tourism

Approx. Annual Billings: $750,000

Breakdown of Gross Billings by Media: Corp. Communications: $750,000

James F. Mills *(Principal)*

Accounts:
Skins Global

JFK COMMUNICATIONS INC.
71 Tamarack Cir, Skillman, NJ 08401
Tel.: (609) 456-0822
Web Site: www.jfkhealth.com

Employees: 5

Patricia Burns *(CEO)*
John F. Kouten *(CEO)*
Peter Steinberg *(Dir-Editorial Svcs)*

Accounts:
Aerocrine
American Cancer Society
Eisai, Inc.
Eusa Pharma (USA) Inc.; 2007
EUSA Pharma, Inc
Fujirebio Diagnostics Inc.; Malvern, PA; 2008
GE Healthcare Medical Diagnostics
Ligand Pharmaceuticals
MDS Pharma Services
Novartis Oncology
PharmaNet Development Group
Terumo Medical Corporation
Theravance

JG BLACK BOOK OF TRAVEL
594 Broadway Ste 1001, New York, NY 10012
Tel.: (212) 967-5895
Fax: (212) 967-9723
Toll Free: (888) 241-9763
E-Mail: info@jgblackbook.com
Web Site: jgblackbook.com

Employees: 18
Year Founded: 2002

Agency Specializes In: Brand Development & Integration, Collateral, Promotions, Public Relations, Social Media

Revenue: $2,100,000

Jena Gardner *(Pres & CEO)*
Alexandra Avila *(Pres)*
Cathy Courtney *(Exec VP-Mktg & Comm)*
Andrew Martell *(VP-Branding & Creative)*
Tania Popovic *(Dir-Indus Rels-Latin America)*
Natacha Tonissoo *(Dir-PR)*

Accounts:
British Virgin Islands Media Relations, Public Relations, Trade
Delfin Amazon Cruises Media & Trade Relations, Public Relations; 2018
Le Quartier Francais Leeu Estates (North American Agency of Record), Leeu House (North American Agency of Record), Public Relations, Strategic Marketing

J.GRIFFITH PUBLIC RELATIONS
5535 Memorial Dr Ste F, Houston, TX 77007
Tel.: (713) 568-5376
Fax: (713) 449-2931
Web Site: www.jgriffithpr.com

Employees: 10
Year Founded: 2006

Agency Specializes In: Brand Development & Integration, Digital/Interactive, Event Planning & Marketing, Experiential Marketing, Public Relations, Social Media

Julie O. Griffith *(Principal & Head-Creative)*

Accounts:
Naturally Happy Hair

JILL SCHMIDT PR
191 Waukegan Rd Ste 205, Northfield, IL 60093
Tel.: (847) 904-2806
Web Site: www.jillschmidtpr.com

Employees: 51

Agency Specializes In: Event Planning & Marketing, Media Relations, Public Relations, Social Media

Jill Schmidt *(Pres)*
Stephanie Jimenez *(Sr VP)*
Matt Bevenour *(Acct Exec)*
Brandon Kazimer *(Acct Exec)*
Aly Nardini *(Client Dir)*

Accounts:
New-Datalink Corporation

JJR MARKETING, INC
2135 CityGate Ln Ste 300, Naperville, IL 60563
Tel.: (630) 445-2333
E-Mail: info@jjrmarketing.com
Web Site: www.jjrmarketing.com

Employees: 5

Agency Specializes In: Brand Development & Integration, Broadcast, Business-To-Business, Content, Digital/Interactive, Print, Public Relations, Social Media

Jackie Camacho-Ruiz *(Owner & Dir-Make-It-Happen)*
Juan Pablo Ruiz *(Creative Dir)*
Marie Lazzara *(Mgr-PR)*

Accounts:
New-American Combustion Service, Inc.
New-The Fox Valley Entrepreneurship Center
New-Linguanational Translations, Inc.
New-Transformational Growth Partners

JMPR, INC.
5850 Canoga Ave Ste 300, Woodland Hills, CA 91367
Tel.: (818) 992-4353
Fax: (818) 992-0543
E-Mail: reception@jmprpublicrelations.com
Web Site: www.jmprpublicrelations.com

Employees: 12
Year Founded: 1977

Agency Specializes In: Automotive, Brand Development & Integration, E-Commerce, Electronic Media, Entertainment, Event Planning & Marketing, Public Relations, Publicity/Promotions, Sponsorship

Joseph Molina *(Pres)*
Breanna Buhr *(Sr VP)*
Sanaz Marbley *(VP)*
Alexandra Domecq *(Sr Acct Exec)*
Jessica Shein *(Acct Exec)*
Devon Zahm *(Acct Exec)*

Accounts:
3M Auto (Public Relations Agency of Record)
The ACCEL Performance Group
Airstream, Inc.
AMA Pro Flat Track (Agency of Record) Communications, Marketing, Media
Amelia Island Concours d'Elegance
New-Answer Financial (Agency of Record) Communications, Marketing, Public Relations
AutoWeb (Public Relations Agency of Record) Brand Strategies, Creative, Media Relations
Barrett-Jackson Auction Company Media Relations, Public Relations
Bel-Ray
Bentley Motors
Beverly Hills Motoring Accessories (Agency of Record) Media Relations, Public Relations, Strategic
Boyd Gaming Public Relations
Bugatti Automobiles
Calumet Packaging Media Relations, Trade Media, TruFuel
CarBlip (Agency of Record) Planning & Awareness; 2018
Classic Industries
Coker Group Media
Concorso Italiano (Agency of Record) Social Media Strategy, Sponsor Relations; 2018

AGENCIES - JANUARY, 2019 — PUBLIC RELATIONS FIRMS

Driven Performance Brands Classic Industries (Agency of Record), Hurst Performance Vehicles (Agency of Record), Media Relations, Meguiar's (Agency of Record), Pep Boys (Agency of Record), Public Relations, Royal Purple (Agency of Record), SEMA Show (Agency of Record)
EagleRider (Public Relations Agency of Record)
EVgo (Agency of Record) Creative
Fast Toys Club Media
Foose Design (Agency of Record) Media Relations; 2004
Funrise Customer, Media Relations, Strategy, TONKA
Galpin Motors, Inc.
Gunther Werks (Agency of Record) 400R, Public Relations; 2018
Haynes Manuals, Inc (Public Relations Agency of Record); 2017
Hubject (Agency of Record) US Market; 2018
IDQ, Inc. AC Pro, Media Relations, do-it-yourself
Infiniti JX, Lifestyle Communications, Media Relations, Sedan
Larte Design Media Relations, North America Agency of Record
Live Media Group (Agency of Record) Media
Los Angeles Auto Show Strategic Communications
Los Angeles Modern Auctions (Agency of Record) Media Relations
McLaren Automotive (North American Agency of Record) Public Relations
Meguiar's, Inc.
Mercedes-Benz Vans
Mullin Automotive Museum Automotive Television Program
NanoHiFi Brand Awareness, Media Outreach
Omix-ADA, Inc. Brand Awareness, Consumer Tradeshows, Events, Media Outreach, Media Relations
Orchex
Petersen Automotive Museum
Piaggio Aero
Prestolite Performance ACCEL, Brand Awareness, Consumer Media Relations, Mr. Gasket, Trade
Prestone Products Corporation (Public Relations Agency of Record) Media Outreach, Planning
The Quail, A Motorsports Gathering (Agency of Record) Media, Social Media
RECARO North America, Inc.
Red Bull Global Rallycross
Red Line Synthetic Oil (Agency of Record) Product Launches & Sponsorship, Social Media; 2018
RelayCars (Agency of Record) Creative, Integrated Campaigns; 2018
Royal Purple Brand Development, Events & Consumer Tradeshows, Media Outreach
SlamStop
Stack's Bowers Galleries Media Outreach
Strider Sports International (Agency of Record) Media Outreach, Outdoor

JMR CONNECT
10 G St NE Ste 710, Washington, DC 20002
Tel.: (202) 904-2048
E-Mail: info@jmrconnect.net
Web Site: www.jmrconnect.net

Employees: 50

Agency Specializes In: Brand Development & Integration, Content, Corporate Communications, Crisis Communications, Digital/Interactive, Financial, Investor Relations, Media Relations, Public Relations, Social Media

Mostafa Razzak *(CEO & Principal)*
Thomas Graham *(Partner-Worldwide)*
Glenn Wiener *(Partner)*
Jennifer Zullo *(Creative Dir)*
Jay McCall *(Dir-Editorial Content)*
Lance Miller *(Dir-Interactive)*

Accounts:
New-Enghouse Interactive
New-Yorktel

JOELE FRANK, WILKINSON BRIMMER KATCHER
140 E 45th St 37th Fl, New York, NY 10017
Tel.: (212) 355-4449
Fax: (212) 355-4554
E-Mail: info@joelefrank.com
Web Site: www.joelefrank.com

Employees: 65
Year Founded: 2000

Agency Specializes In: Corporate Communications, Crisis Communications, Investor Relations, Public Relations, Sponsorship

Matthew Sherman *(Pres & Partner)*
Joele Frank *(Mng Partner)*
Eric Brielmann *(Partner)*
Andrew Brimmer *(Partner)*
Steve Frankel *(Partner)*
Michael Freitag *(Partner)*
James Golden *(Partner-New York)*
Daniel Katcher *(Partner)*
Tim Lynch *(Partner)*
Jamie Moser *(Partner)*
Meaghan Repko *(Partner)*
Andrew Siegel *(Partner)*
Sharon Stern *(Partner)*
Kelly Sullivan *(Partner)*
Ed Trissel *(Partner)*
Amy Feng *(Mng Dir)*
Leigh Parrish *(Mng Dir)*
Adam Pollack *(Mng Dir)*
Larry Klurfeld *(COO)*
Eric Kaplan *(Creative Dir)*
Jillian Kary *(Dir)*

Accounts:
Arlington Asset Investment Corp.
BioScrip
Carmike Cinemas, Inc.
Chipotle Public Relations Counsel
Gleacher & Company, Inc. Media
Keurig Green Mountain, Inc.
Kroll
MYR Group Inc.
Rouse Properties, Inc
salesforce.com, inc Strategic Counsel
Tenet Healthcare Corporation
The Williams Companies, Inc.

JONES PUBLIC AFFAIRS, INC
15 Broad St Ste 512, Boston, MA 02109
Tel.: (617) 945-9072
E-Mail: info@jpa.com
Web Site: www.jpa.com

Employees: 25

Agency Specializes In: Crisis Communications, Digital/Interactive, Event Planning & Marketing, Internet/Web Design, Media Relations, Media Training, Paid Searches, Public Relations, Social Media, Strategic Planning/Research

Accounts:
New-Atlas Venture
New-The New England Journal of Medicine

JONES SOCIAL PUBLIC RELATIONS
1018 N Hayworth Ave Apt 4, W Hollywood, CA 90046
Tel.: (213) 221-1100
E-Mail: info@jonessocialpr.com
Web Site: www.jonessocialpr.com

Employees: 7

Agency Specializes In: Brand Development & Integration, Content, Crisis Communications, Digital/Interactive, Event Planning & Marketing, Media Buying Services, Public Relations, Social Media, Strategic Planning/Research

Accounts:
New-Steve Seigel
New-Win-Win App Inc.

JONESWORKS INC.
211 E 43rd St Ste 1501, New York, NY 10017
Tel.: (212) 839-0111
E-Mail: info@jonesworksinc.com
Web Site: www.jonesworks.com

Employees: 50
Year Founded: 2011

Agency Specializes In: Brand Development & Integration, Digital/Interactive, Public Relations

Michelle Bower *(VP)*
Victoria Luyckx *(Acct Exec)*
Matt Murray *(Acct Exec)*

Accounts:
BeautyKind
Billboard Media Group
Eleven by Venus Williams
Hilarity for Charity
Mestiza New York
nugg Beauty
Pencils of Promise
Trust Fund Beauty
Venus Williams
Wtrmln Wtr
XO Group Inc

JOTO PR
411 Cleveland St Ste 204, Clearwater, FL 33755
Tel.: (888) 202-4614
Web Site: www.jotopr.com

Employees: 5
Year Founded: 2009

Agency Specializes In: Crisis Communications, Email, Internet/Web Design, Market Research, Public Relations, Social Media, Strategic Planning/Research

Karla Jo Helms *(CEO)*
Ashley Richardson *(COO)*

Accounts:
Actionable Intelligence Technologies
BodyHealth
Centers of Integrative Medicine and Healing
Clearstream, LLC Antimicrobial, Media, Public Relations
Consumer Energy Solutions, Inc.
D-Mar General Contracting and Development
eConsumerServices
Elements Fitness
ePlanet Communications Public Relations
Flower Secret NanoFreeze Technology; 2018
Handymen for All
NuView Life Sciences, Inc
Payscout, Inc
Quadrant Information Services Communications, Social Media
SCI Distribution, LLC Campaign: "Every Drop Counts"
Skinspirations
Sports Facilities Advisory PR
Sterling
Stratus Video Interpreting
Sunstate Labs Dazz
Tampa Bay Accounting and Associates
Ultatel; 2018

PUBLIC RELATIONS FIRMS
AGENCIES - JANUARY, 2019

JPR COMMUNICATIONS
20750 Ventura Blvd, Woodland Hills, CA 91364
Tel.: (818) 884-8282
Fax: (818) 884-8868
E-Mail: info@jprcom.com
Web Site: www.jprcom.com

Employees: 15
Year Founded: 1991

Agency Specializes In: High Technology, Public Relations

Judy Smith *(Owner)*
Mark Smith *(Partner & Exec VP)*
Dan Miller *(Sr Acct Dir)*
Matt Walker *(Dir-Writing)*
Gary Smith *(Acct Mgr)*

Accounts:
C2C; Springfield, MA
Caringo; Austin, TX
FalconStor Software
NetEx
Ocarina Networks; San Jose, CA

THE JPR GROUP LLC
80 Park St, Montclair, NJ 07042
Tel.: (973) 980-0100
E-Mail: info@jprgroup.com
Web Site: www.jprgroup.com

Agency Specializes In: Communications, Content, Crisis Communications, Event Planning & Marketing, Graphic Design, Internet/Web Design, Media Relations, Production, Public Relations, Social Media

Jeanine Genauer *(Principal-PR)*
Jeff Witchel *(Creative Dir)*
Ellen Lazer *(Designer-Web)*
Howard Kleinman *(Assoc-Digital Mktg)*

Accounts:
New-APC International LLC
New-Fordham Universitys Graduate School of Education
New-Hackensack Meridian Health Mountainside Medical Center
New-Juniper Communities
New-The Reutlinger Community

JSH&A PUBLIC RELATIONS
(Acquired & Absorbed by L.C. Williams & Associates, LLC)

JTS COMMUNICATIONS, INC.
7802 Sw 50Th Ct, Miami, FL 33143
Tel.: (305) 740-8191
Fax: (212) 419-3894
Toll Free: (866) 740-8191
Web Site: www.jtscom.com

Employees: 5
Year Founded: 2003

Agency Specializes In: Brand Development & Integration, Communications, Content, Digital/Interactive, Graphic Design, Media Training, Public Relations

Juan Thomas Sanchez *(Mng Partner)*

Accounts:
Entic LLC

JUDGE PUBLIC RELATIONS
960A Harbor Lk Ct, Safety Harbor, FL 34695
Tel.: (727) 463-1295
E-Mail: contact@judgepr.com
Web Site: www.judgepr.com

Employees: 4
Year Founded: 2013

Agency Specializes In: Crisis Communications, Media Relations, Media Training, Public Relations, Social Media, Strategic Planning/Research

James Judge *(Pres & CEO)*

Accounts:
Carlson, Meissner, Hart & Hayslett
Clegg Insurance Group

JZPR
42 Northridge Rd, Santa Barbara, CA 93105
Tel.: (805) 845-4068
Web Site: www.jzpr.com

Employees: 5

Agency Specializes In: Broadcast, Print, Public Relations

Jennifer Zacharias *(Principal)*

Accounts:
Granada Books
Reed Floors & Interiors
Urban Wine Trail

K PUBLIC RELATIONS LLC
99 Hudson, New York, NY 10013
Tel.: (646) 756-4217
Fax: (646) 688-3017
E-Mail: contact@kpr-nyc.com
Web Site: www.kpr-nyc.com

Employees: 5

Agency Specializes In: Brand Development & Integration, Public Relations, Social Marketing/Nonprofit, Social Media

Accounts:
LookBooker
Neocutis

K. SUTHERLAND PR
14988 Sand Canyon Ave Studio 8, Irvine, CA 92618
Tel.: (949) 328-4895
Web Site: www.ksutherlandpr.com

Employees: 4

Agency Specializes In: Collateral, Content, Corporate Communications, Crisis Communications, Logo & Package Design, Media Relations, Media Training, Public Relations, Social Media

Kerry Sutherland *(Principal)*

Accounts:
Hyper Pet
imoova.com
Kurgo
Nutram
Paw Pods
Pawalla
Pearl Resorts of Tahiti Public Relations Strategies; 2018
Wondercide

Branch

K. Sutherland PR
201 W Liberty St Ste 207, Reno, NV 89501
Tel.: (775) 391-0118
Web Site: www.ksutherlandpr.com

Employees: 5

Agency Specializes In: Brand Development & Integration, Crisis Communications, Digital/Interactive, Internet/Web Design, Media Relations, Media Training, Public Relations, Social Media

Kerry Sutherland *(Principal)*

Accounts:
Carson Tahoe Health
Planet Dog (Agency of Record) Public Relations

K2 KRUPP KOMMUNICATIONS, INC
636 Ave of the Americas 4th Fl, New York, NY 10011
Tel.: (212) 886-6700
Fax: (212) 265-4708
E-Mail: jgarbowski@kruppnyc.com
Web Site: www.kruppkommunications.com

Employees: 16
Year Founded: 1996

Agency Specializes In: Affluent Market, African-American Market, Brand Development & Integration, Branded Entertainment, Broadcast, Business Publications, Business-To-Business, Cable T.V., Children's Market, Collateral, College, Communications, Consulting, Consumer Goods, Consumer Marketing, Consumer Publications, Content, Corporate Communications, Corporate Identity, Cosmetics, Customer Relationship Management, Digital/Interactive, Entertainment, Event Planning & Marketing, Experience Design, Faith Based, Fashion/Apparel, Financial, Game Integration, Guerilla Marketing, Health Care Services, Hospitality, Household Goods, Identity Marketing, Integrated Marketing, Internet/Web Design, Leisure, Local Marketing, Luxury Products, Magazines, Media Relations, Media Training, Medical Products, Men's Market, Multicultural, Multimedia, New Product Development, Over-50 Market, Pharmaceutical, Print, Product Placement, Promotions, Public Relations, Publicity/Promotions, Publishing, Radio, Real Estate, Regional, Restaurant, Retail, Sales Promotion, Seniors' Market, Social Marketing/Nonprofit, Social Media, Sponsorship, Strategic Planning/Research, T.V., Teen Market, Trade & Consumer Magazines, Travel & Tourism, Tween Market, Urban Market, Viral/Buzz/Word of Mouth, Women's Market

Approx. Annual Billings: $5,000,000

Breakdown of Gross Billings by Media: Pub. Rels.: 100%

Heidi Krupp *(CEO)*
Steve Schonberg *(Mng Dir)*
Darren Lisiten *(COO)*
Lara B. Cohn *(VP)*
Dina White *(VP-Media Rels)*
Eric Engram *(Controller)*
Jennifer Garbowski *(Dir-Bus Dev)*
Li Wang *(Dir-Digital)*

Accounts:
Armondo Montelongo
Big City Moms, Inc
Bret Michaels
Danny Ruderman (Agency of Record)
David Monn (Agency of Record)
Dr. Jen Ashton
Dr. Mikhail Varshavski (Agency of Record)
Dr. Partha Nandi
Farnoosh Torabi Brand Management, National Media Relations

AGENCIES - JANUARY, 2019 — PUBLIC RELATIONS FIRMS

Gaia (Agency of Record)
Glimmer Body Art, LLC
HEAL (Agency of Record)
Healthline Media, Inc (Agency of Record)
Jason Neubauer Strategic Communications, The Santa Claus Affect (Agency of Record); 2017
Karla Dennis Brand Management, National Media Relations
Man Made Music
Moll Anderson
Nerium International Brand Management, Communications Strategy, Media outreach, Public Relations
Prelude (Agency of Record)
Taste of Home
Thomas John
Weight Watchers Weight Watchers Online for Men

KANATSIZ COMMUNICATIONS INC
10 Mar del Rey, San Clemente, CA 92673
Tel.: (949) 443-9300
Fax: (949) 443-2215
E-Mail: info@kcomm.com
Web Site: www.kcomm.com

Employees: 20

Agency Specializes In: Event Planning & Marketing, Government/Political, Public Relations, Search Engine Optimization, Social Marketing/Nonprofit, Social Media

Lei Lani Fera (Chief Creative Officer)
Heather Reeves (Sr VP-PR-Messaging, Writing & Media Rels)
Dave Holscher (VP-PR)
Rachel Reenders (VP-PR)

Accounts:
Evite

KAPLOW
19 W 44th St 6th Fl, New York, NY 10036
Tel.: (212) 221-1713
Fax: (212) 768-1960
E-Mail: email-liz@kaplowpr.com
Web Site: www.kaplow.com

Employees: 60

National Agency Associations: COPF

Agency Specializes In: Brand Development & Integration, Digital/Interactive, Public Relations, Publicity/Promotions, Publishing, Sponsorship

Evan B. Jacobs (Owner)
Liz Kaplow (Pres & CEO)
Randi Liodice (Chief Strategy Officer)
Brian McIver (Sr VP)
Danielle Felice (VP)
Chris Livingston (VP-Tech)
Jee Nah Walker (VP-Retail, Consumer & Lifestyle Brands)
Adrienne Stewart (Sr Dir-Integrated Strategy)
Jacqueline Agosta Karas (Sr Acct Dir)
Megan Brown (Acct Exec)

Accounts:
Conair Product Launch
Mark
Skype Campaign: "Skype Brings You Closer to Home"
Stitch Fix
Target

KAPOR HAMILTON PUBLIC RELATIONS
2512 28Th St Apt 105, Santa Monica, CA 90405
Tel.: (310) 295-1189
Web Site: www.khpublicrelations.com

Employees: 2

Dawn Hamilton (Co-Owner)
Rachel Kapor (Owner)

Accounts:
Asics

KARBO COMMUNICATIONS
601 Fourth St Ste 204, San Francisco, CA 94107
Tel.: (415) 255-6510
E-Mail: info@karbocom.com
Web Site: www.karbocom.com

Employees: 20

Agency Specializes In: Brand Development & Integration, Content, Event Planning & Marketing, Guerilla Marketing, Media Relations, Media Training, Social Media

Julie A. Karbo (Founder & CEO)
Margaret Pereira (Sr VP)
Pouneh Lechner (VP)

Accounts:
Abbyy
eBay Advertising
IoT World (Public Relations Agency of Record)
Logitech
Nexenta Systems
TDK Corporation (US Operations Marketing & Public Relations Agency of Record) Branding, Content Development, Media & Analyst Relations, Opportunistic Public Relations, Social Media
Townsquared

KARL JAMES & COMPANY
1002 W Lake St Ste 2, Chicago, IL 60607
Tel.: (312) 924-3731
Web Site: www.karljames.com

Employees: 20
Year Founded: 1999

Agency Specializes In: Advertising, Brand Development & Integration, Business-To-Business, Crisis Communications, Digital/Interactive, Event Planning & Marketing, Print, Public Relations, Social Media, T.V.

Karl Robe (Principal)

Accounts:
New-GS Global Resources, Inc
New-J.W. Winco, Inc.
New-Mukwonago Area School District

KARLA OTTO
545 W 25th St, New York, NY 10001
Tel.: (212) 255-8588
E-Mail: info.newyork@karlaotto.com
Web Site: www.karlaotto.com

Employees: 500

Agency Specializes In: Brand Development & Integration, Digital/Interactive, Event Planning & Marketing, Public Relations

Marlene Cimicato Capron (VP-PR & Design)
Federica Parruccini (Sr Dir-PR)
Evan Rome (Sr Acct Mgr)
Erica Morelli (Acct Mgr)

Accounts:
Stuart Weitzman

THE KARMA AGENCY
230 S Broad St, Philadelphia, PA 19102
Tel.: (215) 790-7800
Fax: (215) 790-9751
E-Mail: hello@karmaverse.com
Web Site: karmaagency.com

Employees: 20

Agency Specializes In: Advertising, Education, Government/Political, Legal Services

Revenue: $2,000,000

Caroline Kennedy (Pres)
Kate Allison (CEO)
Natalie Kay (Grp Acct Dir)
Heather Dougherty (Acct Dir)
Ford Haegele (Creative Dir)
Tracy Thompson (Creative Dir)
Bruce Boyle (Exec Strategist-Comm)

Accounts:
The Academy of Music
American Lung Association
The Barnes Foundation
The Curtis Institute of Music
ElephantLibrary.org
Longwood Gardens
Opera Philadelphia
Philharmonic Symphony Society of New York Inc; 2018
TWC Group

KARV COMMUNICATIONS
5 Bryant Park 10th Flr, New York, NY 10018
Tel.: (212) 333-0275
E-Mail: info@karvcommunications.com
Web Site: www.karvcommunications.com

Employees: 8
Year Founded: 2012

Agency Specializes In: Communications, Crisis Communications, Media Relations, Media Training, Public Relations

Andrew Frank (Founder & Pres)
Eric Andrus (Exec VP)

Accounts:
New-Transit Wireless

KATALYST PUBLIC RELATIONS
663 Valley Ave Ste 202, Solana Beach, CA 92075
Tel.: (858) 481-5107
Fax: (858) 481-5107
E-Mail: info@katalyst-pr.com
Web Site: www.katalyst-pr.com

Employees: 7
Year Founded: 2009

Agency Specializes In: Digital/Interactive, Event Planning & Marketing, Public Relations, Social Media

Katherine Randall (Owner)

Accounts:
The Cat Eye Club
I Love Poke Festival
Souplantation & Sweet Tomatoes
Yoga Six

KATHY DAY PUBLIC RELATIONS
2440 Maylen Cir, Anchorage, AK 99516
Tel.: (907) 229-2470
Web Site: www.kdprvirtual.com

Employees: 1

PUBLIC RELATIONS FIRMS
AGENCIES - JANUARY, 2019

Agency Specializes In: Crisis Communications, Event Planning & Marketing, Media Relations, Print, Public Relations, Radio

Kathy Day *(Pres)*
Elizabeth Odom *(Partner)*

Accounts:
Kenai River Sportfishing Association
The Salvation Army

KATHY HERNANDEZ & ASSOCIATES
2567 Porterview Way, Orlando, FL 32812
Tel.: (407) 381-0428
E-Mail: kathy@khapr.com
Web Site: www.khapr.com

Employees: 3
Year Founded: 2006

Agency Specializes In: Crisis Communications, Media Relations, Public Relations, Strategic Planning/Research

Kathy A. Hernandez *(Pres)*

Accounts:
American Resort Development Association
Dominican Republic National Hotel
The Family of Orange Lake Resorts
Lifestyle Holidays Vacation Resort
Pak UrDerm Travel Kit

KATHY SCHAEFFER AND ASSOCIATES, INC.
PO Box 243, Omena, MI 49674
Tel.: (312) 251-5100
Fax: (312) 251-0081
E-Mail: smart@ksapr.com
Web Site: www.ksapr.com

Employees: 5

Agency Specializes In: Crisis Communications, Event Planning & Marketing, Media Relations, Media Training, Public Relations, Search Engine Optimization, Social Media

Kathy Schaeffer *(Pres)*

Accounts:
American Veterinary Medical Foundation

KAYE COMMUNICATIONS INC.
1515 S Federal Hwy Ste 103, Boca Raton, FL 33432-7404
Tel.: (561) 392-5166
Fax: (561) 392-5842
E-Mail: greatideasbegin@kcompr.com
Web Site: www.kcompr.com

Employees: 8

Agency Specializes In: Public Relations

Bonnie S. Kaye *(Founder, Pres & Sr Strategist)*
Jon Kaye *(COO & Sr Strategist-Mktg)*

Accounts:
Boca Raton Bridge Hotel
Boca Raton Resort & Club
Boston Market
California Pizza Kitchen
Cartier
Downtown Boca
Federal Realty Investment Trust Marketing, Public Relations
The Grand Estate Collection
Lifestyle Vacation Incentives
Loews Hotels
Muvico Theaters
Promise Healthcare
Radisson Aruba Resort & Casino
Royal Palm Place
Town Center at Boca Raton

KB NETWORK NEWS
201 E 69Th St Apt 12J, New York, NY 10021
Tel.: (212) 777-3455
Fax: (212) 352-2195
Web Site: www.kbnetworknews.com

Employees: 7

Agency Specializes In: Brand Development & Integration, Hospitality, Public Relations, Strategic Planning/Research

Karine Bakhoum *(Founder & Pres)*

KB WOODS PUBLIC RELATIONS
2633 E Indian School Rd Ste 410, Phoenix, AZ 85016
Tel.: (602) 606-7047
Web Site: http://kbwoods.com

Employees: 2

Agency Specializes In: Crisis Communications, Event Planning & Marketing, Market Research, Media Buying Services, Promotions, Public Relations, Social Media

Keith Woods *(Pres)*

Accounts:
Pat Moran
Private Client Group LLC
Start Fresh Executive Recovery

KC PROJECTS
2719 18th Place S, Birmingham, AL 35209
Tel.: (205) 937-3777
E-Mail: info@kcprojects.net
Web Site: www.kcprojects.net

Employees: 12
Year Founded: 2011

Agency Specializes In: Brand Development & Integration, Digital/Interactive, Event Planning & Marketing, Media Relations, Public Relations, Social Media

Krista Conlin Robinson *(Founder & Pres)*

Accounts:
The Amandas
Gus Mayer

KCD, INC.
475 10Th Ave Fl 8, New York, NY 10018
Tel.: (212) 590-5100
Fax: (212) 590-5101
Web Site: www.kcdworldwide.com

Employees: 25
Year Founded: 1985

Agency Specializes In: Cosmetics, Event Planning & Marketing, Fashion/Apparel, Food Service, Public Relations, Travel & Tourism

Ed Filipowski *(Co-Pres)*
Rachna Shah *(Partner & Mng Dir-PR & Digital)*
Renee Barletta *(Partner)*
Kerry Youmans *(Partner)*
Marty Griffeth *(Sr VP-Fin)*
Nan Richards *(Mng Dir-UK)*
Julie Beynon *(VP-PR)*
Michelle Viau *(Dir-Fashion Svcs)*
Sarah Yoon *(Dir-Publicity)*
Madigan McGovern *(Coord-PR)*
Andria Arizmendi *(Sr Publicist)*
Charlotte Buchanan *(Jr Publicist)*
Walker Inge *(Sr Publicist)*
Claire Juden *(Sr Publicist)*
Nathan Kovach *(Sr Publicist)*
Lauren Paris *(Dept Mgr)*

Accounts:
3.1 Phillip Lim
Alexander McQueen
AMI - Alexandre Mattiussi
Anna Sui
Aurelie Bidermann
Banana Republic
Brioni
Chloe
Derek Lam
Fausto Puglisi
Givenchy
Gucci
Isabel Marant
Marc Jacobs
McQueen
Nina Ricci
Peter Pilotto
Puma
Rag & Bone
Rosie Assoulin
Sergio Rossi
Tabitha Simmons
Thakoon
Victoria Beckham
Victoria's Secret
Zac Posen

KCD PUBLIC RELATIONS
610 West Ash St, San Diego, CA 92101
Tel.: (619) 955-7759
E-Mail: info@kcdpr.com
Web Site: www.kcdpr.com

Employees: 15
Year Founded: 2009

Agency Specializes In: Content, Media Relations, Print, Public Relations, Social Media

Kevin Dinino *(Pres)*
Jarrad Serafine-Clark *(Partner & Dir-Creative Svcs)*
Philippa Ushio *(Mng Dir)*
Matthew Bires *(VP-PR-Los Angeles)*
Max Hill *(Production Mgr)*
Kelly Gardner *(Acct Exec)*
Becky Parker *(Acct Coord)*

Accounts:
1st Global
The Advisor Center Media Relations
AIG Advisor Group (Agency of Record) Communications, Strategic
Brain Corporation Communications, Content Marketing, Public Relations
James Mapes
Millennium Trust Company (Agency of Record) Communication; 2018
Pavia Systems, Inc.
San Diego Cyber Center of Excellence (Public Relations Agency of Record) Communications
Toppan Vite New York
TwinRock Partners

KCSA STRATEGIC COMMUNICATIONS
420 5Th Ave Rm 302, New York, NY 10018
Tel.: (212) 682-6300
Fax: (212) 697-0910
E-Mail: info@kcsa.com
Web Site: www.kcsa.com

Employees: 35
Year Founded: 1969

1552

AGENCIES - JANUARY, 2019 — PUBLIC RELATIONS FIRMS

Agency Specializes In: Communications, Investor Relations, Public Relations

Todd Fromer *(Mng Partner)*
Lewis Goldberg *(Mng Partner)*
Jeffrey Goldberger *(Mng Partner)*
Cynthia Salarizadeh *(Mng Partner)*
Danielle DeVoren *(Mng Dir)*
Joseph Septon *(CFO)*
Phil Carlson *(Mng Dir-IR Dept)*
Caitlin Kasunich *(VP)*
Katie Bertram *(Dir-Digital & Social Media)*
Kathryne Hunter *(Sr Acct Exec)*

Accounts:
3Power Energy Group
4Kids Entertainment, Inc.; New York, NY
ACG New York (Public Relations Agency of Record) Media Relations
ACORN
ADDvantage Technologies Group
Adspace Networks; Burlingame, CA
Attitude Drinks (Agency of Record)
Attunity Ltd.
BioRestorative Therapies
Bixby Energy Systems
Canadian Oil Recovery & Remediation Enterprises Ltd. Communication, Investor Relations Programs
Cascal N.V.
Cellufun
Champions Basketball League Communications, Investor Relations, Public Relations, Social Media; 2017
ChyronHego
Dewey Electronics Corp.; Oakland, NJ
East Coast Diversified Corporation Communication Strategy, Investor Relations, Public Relations
Electronic Motors Corporation
FTE Networks, Inc Investor Relations, Public Relations, Vision & Strategy; 2018
GAIN Capital Group (Agency of Record)
Generation Mortgage
Genesis Lease Limited; Shannon, Ireland
Global Traffic Network; New York, NY
Golden Leaf Holdings
ICM Registry Public Relations
IDX Capital
IEEE (Institute of Electrical & Electronics Engineers, Inc.)
IncrediMail, Ltd.; Tel Aviv, Israel
Index Oil and Gas Inc.
Insite Security Inc.; New York, NY
iPass, Inc.
Jet Support Services, Inc.; Chicago, IL
KYP Systems, Inc. Public Relations, iKYP; 2008
LaBranche & Co Inc.; New York, NY
Lighting Science Group Corp.
Linkstorm; New York, NY Online Advertising System; 2007
MagneGas Corporation
Marchon Eyewear, Inc. Communications Campaign, Marchon3D, Public Relations
MedLink International, Inc. Investor Relations, Strategic Counsel
MG Concepts; Central Islip, NY
MGT Capital Investments, Inc.
Midland Oil & Gas, Ltd.
MobileBits Investor Relations, PR, Pringo Connect
Napco Security Systems, Inc.
NeuLion Inc.
Ophthalmic Imaging Systems; Sacramento, CA
Optibase Ltd.; Herzliyah, Israel
Pala Interactive LLC (Public Relations Agency of Record) Communications, Digital, Media, PalaCasino.com, PalaPoker.com, Social Media
Pennsylvania Real Estate Investment Trust; Philadelphia, PA
PFSweb, Inc
PolyMet Mining Corp.; Hoyt Lakes, MN
Pura Naturals Inc. Investor Relations, Strategic Communications; 2017
Ra Medical Systems Corporate & Strategic Communications
Radiant Oil & Gas Investor Relations
Rand Worldwide
RM Santilli Foundation MagneGas, MagneHydrogen, Media Outreach
RR Media Investor Relations
SDKA International Public Relations
ShiftPixy, Inc. (Public & Investor Relations Agency of Record)
SIGA Technologies Inc.; New York, NY
Silver Touch Investor Relations Program, Strategic Counsel
Sino Agro Food, Inc. Communications Strategy, Financial Communication, Investor Relations, Strategic Counsel
Skywire Software
SMTP, Inc Strategic Investor Relations
Solis Tek Corporate Communications, Strategic
SpectrumDNA, Inc.; Park City, UT Investor Relations, Public Relations
New-Sunniva Inc. Investor Relations, Strategic & Corporate Communications
Tanenbaum-Harber
Terra Tech
TimefireVR Investor Relations, Strategic Communications
Ubiquity
Viridian Capital Advisors
VSP Global
Wendy's/Arby's Group, Inc.
WisdomTree Investments; New York, NY
YTB International, Inc.; Wood River, IL

KEATING & CO.
285 West Broadway Ste 460, Florham Park, NJ 10013
Tel.: (212) 925-6900
E-Mail: rkeating@keatingco.com
Web Site: www.keatingco.com

Employees: 13
Year Founded: 1969

National Agency Associations: PRSA

Agency Specializes In: Brand Development & Integration, Business Publications, Business-To-Business, Collateral, Communications, Corporate Communications, Corporate Identity, Exhibit/Trade Shows, Financial, Government/Political, Health Care Services, High Technology, Information Technology, Leisure, Magazines, Newspapers & Magazines, Pharmaceutical, Public Relations, Strategic Planning/Research, T.V., Travel & Tourism

Rick Keating *(Principal)*

Accounts:
Allergan, Inc.
Bass
British Airways
Emirates
New-HazelTree
Nice
Nikon
Skanska
Wealth Touch

KEITH SHERMAN & ASSOCIATES, INC.
234 W 44th St Ste 1004, New York, NY 10036
Tel.: (212) 764-7900
Fax: (212) 764-0344
Web Site: www.ksa-pr.com

E-Mail for Key Personnel:
President: keith@ksa-pr.com

Employees: 7
Year Founded: 1989

National Agency Associations: PRSA

Agency Specializes In: Cable T.V., Communications, Corporate Communications, Entertainment, Event Planning & Marketing, LGBTQ Market, Newspapers & Magazines, Public Relations, Publicity/Promotions, Travel & Tourism

Keith Sherman *(Owner)*
Brett Oberman *(Acct Exec)*
Scott Klein *(Publicist)*

Accounts:
54 BELOW Media Relations
The Sheen Center for Thought & Culture; 2018

THE KELLER GROUP LIMITED
7826 Leary Way NE Ste 201, Redmond, WA 98052
Tel.: (425) 898-2700
Fax: (425) 898-2727
E-Mail: info@thekellergroup.com
Web Site: www.thekellergroup.com

Employees: 10
Year Founded: 2002

Agency Specializes In: Crisis Communications, Event Planning & Marketing, Government/Political, Media Relations, Media Training, Print, Public Relations, Social Media, T.V.

Lee Keller *(Pres & CEO)*

Accounts:
New-Medical Teams International

KELLEY CHUNN & ASSOC.
Hibernian Hall 184 Dudley St Ste 106, Boston, MA 02119
Tel.: (617) 427-0997
Fax: (617) 427-3997
Toll Free: (866) 427-0997
E-Mail: kc4info@aol.com
Web Site: www.kelleychunn.com

Employees: 3
Year Founded: 1991

National Agency Associations: PRSA

Agency Specializes In: African-American Market, Asian Market, Bilingual Market, Brand Development & Integration, Collateral, Communications, Consulting, Corporate Identity, Entertainment, Event Planning & Marketing, Financial, Government/Political, Health Care Services, Hispanic Market, Media Buying Services, Planning & Consultation, Public Relations, Strategic Planning/Research

Accounts:
Black Ministerial Alliance of Greater Boston
Boston Public Health Commission
Central Boston Elder Services
Emerson College
Gillette
Harvard School of Public Health
The MA Department of Public Health
MassHousing
Nellie Mae Education Foundation
The New England Conservatory
Third Sector of New England

KELLOGG & CAVIAR LLC
25 Broadway, New York, NY 10004
Tel.: (646) 389-5235
E-Mail: info@kelloggandcaviar.com
Web Site: www.kelloggandcaviar.com

Employees: 10

Agency Specializes In: Content, Digital/Interactive,

PUBLIC RELATIONS FIRMS

Public Relations, Search Engine Optimization

Elizabeth Kellogg *(Dir)*

Accounts:
Pizza Beach
Untamed Sandwiches

KELLY OLIVER PR INC
859 N Madison St Ste 101, Arlington, VA 22205
Tel.: (703) 307-9404
E-Mail: info@kellyoliverpr.com
Web Site: www.kellyoliverpr.com

Employees: 10
Year Founded: 2013

Agency Specializes In: Content, Media Relations, Media Training, Public Relations

Kelly Oliver *(Pres)*

Accounts:
Parents Television Council

KELTON RESEARCH
12121 Bluff Creek Dr # 150, Playa Vista, CA 90094
Tel.: (310) 479-4040
Fax: (310) 815-8109
Toll Free: (888) 853-5866
E-Mail: contact@keltonresearch.com
Web Site: keltonglobal.com

Employees: 30
Year Founded: 2003

Agency Specializes In: Advertising, Market Research, Public Relations, Strategic Planning/Research

Gareth Schweitzer *(Co-Founder & Pres)*
Tom Bernthal *(Founder & CEO)*
Nicole Brandell *(Partner-Brand & Mktg Strategy)*
Martin Eichholz *(Partner-Insights & Strategy)*
Jen Pevar *(VP-Quantitative Res & Strategy)*
Angela Wiggins *(VP-Fin)*
Esther Thomas *(Sr Dir-Res & Strategy)*
John Wise *(Sr Dir-Cultural Insights & Brand Strategy)*
Collin Arnold *(Art Dir-Kelton Global)*
Whitney Dunlap-Fowler *(Dir-Cultural Insights)*
Jasmeet Gill *(Dir-Insights & Strategy)*
John Phillips *(Dir-Design Res & Strategy)*
Hannah Lee *(Assoc Dir-Res & Strategy)*
Jessie Sims *(Assoc Dir-Brand Dev)*
Dana Kim *(Mgr-Qualitative Res)*
Connor Van Dyke *(Mgr-Quantitative Res)*
Chiara Baldanza *(Sr Assoc-Mktg)*

Accounts:
Bank of America
Hilton Worldwide
Logitech
McDonald's
Microsoft Corporation
NASA
P&G
Samsung

KEMPERLESNIK
500 Skokie Blvd 4th Fl, Northbrook, IL 60062
Tel.: (847) 850-1818
Fax: (847) 559-0406
E-Mail: info@kemperlesnik.com
Web Site: www.kemperlesnik.com

Employees: 30
Year Founded: 1979

National Agency Associations: BMA-PRSA

Agency Specializes In: Advertising, Event Planning & Marketing, Government/Political, Investor Relations, Public Relations, Sports Market

Josh Lesnik *(Pres)*
Steven Skinner *(CEO)*
Amy Littleton *(Co-Mng Dir & Exec VP)*
Tom Valdiserri *(Co-Mng Dir & Exec VP)*
David Gough *(VP-Sports & Events)*
Steve Knipstein *(VP)*
Cybil Rose *(VP-PR)*
Scot Thor *(VP-Content)*
Christie Zielinski *(VP)*
Megan Godfrey *(Grp Acct Dir-PR)*
Rob Christenson *(Mgr-Event)*
Elizabeth Epstein *(Acct Exec)*

Accounts:
AON Corporation
Aon eSolutions
Big Cedar Lodge Brand Messaging & Public Relations
Brunswick Billiards Brand Awareness, PR, Social Media
Forsythe Solutions Group
Jackman Reinvention Events, Media Relations, Social Media
New-Linea Communications, Public Relations
Maui Visitors Bureau
PFS (Agency of Record)
Prescient Solutions; Chicago, IL (Agency of Record) Brand Awareness, Media Relations Programs, Social Media Program
Primland Resort (Agency of Record) Advertising, Branding, Marketing, Media Relations, Outdoor, Social Media
Restore Social Media
Sea Island Company Public Relations
Silvies Valley Ranch Brand Position, Marketing, Public Relations
The State Farm Chicago Legends Event, Public Relations, Sponsorship & Marketing
Streamsong Resort Golf Operations, Media Relations
Vistage International Media Relations, Public Relations, Social Media Strategies
Wilson Golf Wilson Golf; 2007

KEO MARKETING INC
1 E Washington St, Phoenix, AZ 85004
Tel.: (480) 413-2090
Fax: (480) 413-1267
E-Mail: info@keomarketing.com
Web Site: keomarketing.com/

E-Mail for Key Personnel:
President: shelia@keomarketing.com
Creative Dir.: dave@keomarketing.com
Media Dir.: sue@keomarketing.com
Production Mgr.: dave@keomarketing.com
Public Relations: shelia@keomarketing.com

Employees: 10
Year Founded: 2000

National Agency Associations: AMA-BMA

Agency Specializes In: Affiliate Marketing, Brand Development & Integration, Business-To-Business, Collateral, Consulting, Content, Corporate Communications, Digital/Interactive, Direct Response Marketing, Direct-to-Consumer, E-Commerce, Electronic Media, Graphic Design, Information Technology, Integrated Marketing, Internet/Web Design, LGBTQ Market, Logo & Package Design, Media Buying Services, Media Planning, Mobile Marketing, Multimedia, Paid Searches, Pharmaceutical, Planning & Consultation, Podcasting, Print, Production (Print), Public Relations, Publicity/Promotions, RSS (Really Simple Syndication), Regional, Retail, Sales Promotion, Search Engine Optimization, Social Marketing/Nonprofit, Strategic Planning/Research, Syndication, Technical Advertising, Teen Market, Viral/Buzz/Word of Mouth, Web (Banner Ads, Pop-ups, etc.), Women's Market, Yellow Pages Advertising

Approx. Annual Billings: $2,000,000

Sheila Kloefkorn *(Pres & CEO)*

Accounts:
Avnet Electronics Distributor; 2009
CyrusOne Inc; 2011
Honeywell Industrial Automation & Control Solutions; 2010
OneNeck IT Services Managed Hosting & Application Development; 2009
Regions Financial Banking; 2009

KERMISH-GEYLIN PUBLIC RELATIONS
4 Park St, Harrington Park, NJ 07640
Tel.: (201) 750-3533
Fax: (201) 750-2010
E-Mail: info@kgpr.com
Web Site: www.kgpr.com

Employees: 10

David Ferroni *(Gen Mgr-Midwest)*
Andrew Schupack *(Gen Mgr-PR-New England Office)*
Rachel Geylin *(Supvr-Social Media)*

Accounts:
BMW Group Financial Services Communications, Media Relations
Don Schumacher Racing U.S. Army NHRA Top Fuel Team
Porsche Cars North America

KETCHUM
1285 Ave of the Americas, New York, NY 10019
Tel.: (646) 935-3900
Fax: (646) 935-4482
Web Site: https://www.ketchum.com/

Employees: 280
Year Founded: 1923

National Agency Associations: COPF

Agency Specializes In: Affiliate Marketing, Asian Market, Brand Development & Integration, Business Publications, Business-To-Business, Cable T.V., Children's Market, Communications, Consulting, Consumer Goods, Consumer Marketing, Corporate Identity, Cosmetics, Crisis Communications, Customer Relationship Management, Direct-to-Consumer, E-Commerce, Electronic Media, Entertainment, Event Planning & Marketing, Exhibit/Trade Shows, Fashion/Apparel, Financial, Food Service, Government/Political, Graphic Design, Health Care Services, High Technology, Hispanic Market, Household Goods, Industrial, Information Technology, Integrated Marketing, International, Internet/Web Design, Investor Relations, Legal Services, Leisure, Market Research, Media Planning, Media Relations, Media Training, Medical Products, Multicultural, Multimedia, Pharmaceutical, Podcasting, Product Placement, Public Relations, Publicity/Promotions, RSS (Really Simple Syndication), Retail, Search Engine Optimization, Sponsorship, Sports Market, Strategic Planning/Research, Transportation, Travel & Tourism, Women's Market

Scott Proper *(Partner, CFO & COO-North America)*
Hilary McKean *(Pres-North America & Partner)*
Tamara Norman *(Partner, Mng Dir-Fin & Pros Svcs & Head-Marketplace-NY)*
Kiersten Zweibaum *(Partner & Mng Dir-Growth)*
Amanda Kowal Kenyon *(Chief Organizational*

AGENCIES - JANUARY, 2019 — PUBLIC RELATIONS FIRMS

Effectiveness Officer & Partner)
Courtney Nally *(Exec VP-Entertainment)*
Mindy Lance *(Sr VP & Creative Dir)*
Patrick Wixted *(Sr VP & Client Svcs Dir-Ketchum Sports & Entertainment)*
Dana Glaser *(Sr VP & Dir-Media Network)*
Don Bartholomew *(Sr VP-Digital & Social Media Res)*
Kate Durkin *(Sr VP-Influencer Mktg & Media Strategy)*
Joseph Guarino *(Sr VP-Food & Wellness-NY)*
Amy Podurgiel *(VP & Acct Dir)*
Justin Coffin *(VP & Grp Mgr-Digital Media)*
Ryan Oleson *(VP & Client Dir)*
Tommy Ringhofer *(VP-Talent Buying)*
Jordan Newsome *(Assoc Dir-Digital Strategy)*
Valerie Pritchard *(Assoc Dir-Digital Strategy)*
Dorothy Carter *(Mgr-CTN Production)*
Abbye Lakin *(Acct Supvr)*
Joanna Zimmerman *(Acct Supvr)*
Katie Dilyard *(Sr Acct Exec)*
Courtney Drakes *(Sr Acct Exec-Corp & Consumer Comm)*
Rebecca Pineiro *(Sr Acct Exec-Corp & Tech)*
Ariella Broitman *(Acct Exec-Influencer Strategy)*
Christine Beggan *(Mng Acct Supvr)*
Laura Hargrove *(Mng Acct Supvr)*
John Paluszek *(Sr Counsel)*

Accounts:
7-Eleven
Adapt Pharma, Inc. Narcan
Best Buy Co. Geek Squad
Brinker International, Inc. Chili's Grill & Bar (Agency of Record)
California Strawberry Commission
Chase Card Services
Chase
Cleveland Clinic PR
Clorox Healthcare
ConAgra Foods
Coty Koleston, Wella
Daisy Brand Cottage Cheese; Dallas, TX Digital, Message Development, PR, Research & Analytics
Eastman Kodak Company
FedEx Corporation
Frito-Lay Doritos, Lay's, Public Relations, Social & Digital, Tostitos
Genentech, Inc.
Gillette External Relations, PR
H&R Block, Inc.
Heartland Food Products Brand Marketing, Digital, Splenda (Public Relations Agency of Record)
Hershey Co. Communications, Reese's, Social
Hyundai Motor America Genesis, Public Relations, Strategic Counsel
Ikea Public Relations
International Trucks Navistar
Kimberly-Clark Corporation Campaign: "Achoo", Kleenex, Public Relations
Kohler Co. (Public Relations Agency of Record) Corporate & Consumer Brand Communication, Social Media, Strategic Counsel
Koninklijke Philips Electronics N.V.
The Kraft Heinz Company Philadelphia
MasterCard Consumer PR
Mattel
Maytag
National Honey Board
National Safety Council
Nestle Dreyer's, Drumstick, Haagen-Dazs
Outdoorsy (Agency of Record) US & Canadian Public Relations; 2018
Pernod Ricard USA (Entertainment Marketing Agency of Record) Digital, Malibu Island Spiced, Music Marketing, Strategy, Television
Pfizer Campaign: "Take The Right Steps To A Healthier You with Centrum"
Procter & Gamble Global Olympic PR
Sharp Electronics Corporation
Singapore Economic Development Board
Sony Computer Entertainment America LLC Campaign: "The Nathan Drake Half-Tuck"
Splenda (PR Agency of Record)
Toshiba
Toshiba America Medical Systems Inc.
Truth Initiative
TuneIn (Public Relations Agency of Record) Media; 2017
U.S. Cellular Public Relations
U.S. Farmers & Ranchers Alliance
Visit Florida Broadcast, Digital, General Guidance & Recommendations, Outreach, Social, Traditional Travel Media
Wal-Mart
Weight Watchers International, Inc. Communications
Wendy's Campaign: "Pretzel Cheeseburger", Public Relations
Whirlpool Corporation
Young Living Essential Oils

U.S. Branches:

Access Brand Communications
(Formerly Access Emanate Communications)
650 California St, San Francisco, CA 94108
(See Separate Listing)

Capstrat
1201 Edwards Mill Rd 1st Fl, Raleigh, NC 27607-3625
(See Separate Listing)

Ketchum
12777 W Jefferson Blvd Ste 120, Los Angeles, CA 90066
Tel.: (310) 437-2600
Fax: (310) 437-2599
Web Site: https://www.ketchum.com/

Employees: 60

Agency Specializes In: Sponsorship

Kevin Oates *(Partner & Mng Dir-Transportation)*
Christy Salcido *(Sr VP & Brand Dir)*
Kimberly Mabe *(VP & Dir-Digital Strategy)*
Jennifer Reinhard *(VP & Sr Specialist-Media)*
Elizabeth Villafan *(Acct Supvr)*
Travis Culver *(Mng Acct Supvr)*
Jill Knepper Shenitzer *(Mng Specialist-Media & Consumer Brand Mktg)*

Ketchum
1050 Battery St, San Francisco, CA 94111
Tel.: (310) 437-2516
Fax: (415) 984-6102
E-Mail: dave.chapman@ketchum.com
Web Site: www.ketchum.com/

Employees: 100

National Agency Associations: COPF

Agency Specializes In: Brand Development & Integration, Consumer Marketing, Electronic Media, Event Planning & Marketing, Exhibit/Trade Shows, New Product Development, Point of Purchase, Point of Sale, Public Relations, Sponsorship, Strategic Planning/Research

Hilary McKean *(Reg Pres & Partner)*
Lisa Sullivan *(Partner, Exec VP & Dir-Tech Sector)*
Melissa Kinch *(Sr VP, Partner & Dir)*
James Lin *(Sr VP & Creative Dir-Digital)*
Angela Fernandez *(Sr VP & Dir-Creative & Strategic Plng)*
Cheryl Damian *(Sr VP-Corp Comm & Sustainability)*
Adrianna Hosford *(Sr VP-Reputation, Tech & Health)*
Michele Lanza *(Sr VP-Global Talent Acq)*
Kate Mesmer *(VP & Acct Dir)*
Emily Coy *(VP)*
Grainne Sweetman *(VP)*
Tia Woodward *(VP & Client Dir)*
Rayanne Zackery *(VP)*
Steve Siegelman *(Exec Creative Dir)*
Julie Ferriot Hines *(Dir-Ketchum Social Responsibility)*
Suzanne Maloney *(Assoc Dir)*
Lindsey Warriner *(Acct Supvr-Consumer Food & Nutrition)*
Alyson Barnes *(Mng Acct Supvr)*

Accounts:
California Dried Plum Board
California Milk Advisory Board; 2008
Chase Card Services
The Clorox Company
Generation NEXT Franchise Brands, Inc Public Relations, Reis & Irvy's; 2017
Haagen Dazs
Kikkoman International Inc.
Liberty Mutual Group; Boston, MA
Mattel, Inc.
TomTom (US Public Relations Agency of Record) Strategic Counsel; 2018
Zeltiq Aesthetics (Public Relations Agency of Record) CoolSculpting, Media Relations

Ketchum
1615 L Street NW, Washington, DC 20036
Tel.: (202) 835-8800
Fax: (202) 835-8879
Web Site: www.ketchum.com/

Employees: 120

National Agency Associations: COPF

Agency Specializes In: Corporate Identity, Government/Political, Health Care Services, High Technology, Legal Services

Christopher Handler *(Partner & Dir-Practice-Social Mktg)*
Liz McLean *(Partner & Dir)*
Sean Fitzpatrick *(Sr VP-Pub Affairs)*
Whitney Press *(Sr VP)*
Samantha Stark *(Sr VP)*
Juanita Thompson *(VP & Creative Dir)*
Rebekah Yeager *(VP & Grp Mgr-Pub Sector)*
Erica Saviano Tsioutas *(VP & Sr Specialist-Media)*
Jennifer Colpitts Ayers *(VP & Grp Mgr-Pub & Corp Affairs)*
Jessica Frost *(VP & Grp Mgr-Strategic & Creative Plng)*
Chad Giron *(VP & Grp Mgr-Digital Strategy & Acct Mgmt)*
KayAnn P. Schoeneman *(Head-Marketplace-DC & Dir-Pub Affairs)*
Rachel Winer *(Dir-Digital Paid Media)*
Ameesha Durham *(Assoc Dir)*
Cristina Goizueta *(Sr Acct Exec-Issues & Crisis Team)*
Laura Benvenuto *(Acct Exec)*
Melissa Mowery *(Acct Exec)*

Accounts:
American Legacy Foundation Campaign: "Truth", Public Relations
Aspen Dental Management, Inc. Public Relations
Centers for Medicare & Medicaid Services
Clorox
New-The Colorectal Cancer Alliance (Public Relations Agency of Record); 2018
Department of Health & Human Services IT Promo
The Embassy of Ecuador Economic Development, Tourism, Trade
Geek Squad
Gillette
The Hertz Corporation
Kodak Graphic Communications Group
Legacy Campaign: "Ugly Truth", Digital, Public

PUBLIC RELATIONS FIRMS — AGENCIES - JANUARY, 2019

Relations Agency of Record, Social Media
Library of Congress 2015 National Book Festival, Media Relations
Penn State University
Pfizer
Vladimir V. Putin Public Relations

Ketchum
3500 Lenox Rd, Atlanta, GA 30326
Tel.: (404) 879-9071
Fax: (404) 879-9001
E-Mail: info@ketchum.com
Web Site: www.ketchum.com/

Employees: 50

National Agency Associations: COPF

Agency Specializes In: Brand Development & Integration, Consumer Marketing, Corporate Identity, Electronic Media, Hispanic Market, Investor Relations, Public Relations, Sponsorship, Sports Market

Lauren Butler *(Sr VP-Brand Mktg)*
Marissa Kandel *(VP & Specialist-Media-Ketchum PR)*
Jenn Bins *(VP)*
Lauren Knox *(VP-Ketchum PR)*
Diana Garza Ciarlante *(Dir-Atlanta)*
Alex Fencl *(Acct Supvr)*
Madilene Lake *(Sr Acct Exec)*
Kristin Copeland *(Mng Acct Supvr)*

Accounts:
Build-A-Bear (Public Relations Agency of Record); 2015
The Clorox Company
Cox Communications
Eastman Kodak Company
FedEx Corporation
Georgia-Pacific
Hewlett Packard Enterprise (Agency of Record)
The Home Depot
Husqvarna Chainsaws, Garden Tractors, Lawn Mowers, Public Relations, Trimmers
IBM
Manheim
Medtronic Inc.
St. Jude's Children's Research Hospital

Ketchum
200 E Randolph, Chicago, IL 60601
Tel.: (312) 228-6800
Fax: (312) 228-6868
Web Site: www.ketchum.com/

Employees: 50

National Agency Associations: COPF

Agency Specializes In: Brand Development & Integration, Communications, Public Relations, Strategic Planning/Research

Corinne Gudovic *(Partner & Mng Dir)*
Kim Essex *(Partner & Mng Dir-Food Agriculture & Ingredient)*
Alison Borgmeyer *(Partner & Dir-Food & Cultivate)*
Denise Kaufmann *(Partner & Dir-Client Dev-North America)*
Tera Miller *(Partner & Dir-Strategic & Creative Plng)*
Peter Fleischer *(Partner)*
Kelly Sauter *(Sr VP & Dir-Bus Dev)*
Drew Ferguson *(Sr VP-Creative & Strategy)*
Lauren Sugarman *(Sr VP-Strategic & Creative Plng)*
Amit Wadehra *(Sr VP-Digital)*
Caroline Friedman *(VP)*
Jillian Howard *(VP)*
Ilana Shenitzer *(VP & Grp Mgr)*
Stephanie Tennessen *(VP)*

Kristin Neuckranz *(Sr Acct Supvr)*
Julia Darrenkamp *(Acct Supvr)*
Kelsey McGovern *(Acct Supvr)*
Sarah de Jong *(Sr Acct Exec)*
Maureen Ray *(Sr Acct Exec)*
Caitlin Strauss Gustman *(Sr Strategist-Digital & Paid Media)*
Olivia Tarleton *(Acct Exec)*
Caiti Bieberich *(Mng Acct Supvr)*
Jeffrey Campbell *(Assoc Creative Dir)*

Accounts:
Ardent Mills
Beam Global Wine & Spirits
ConAgra Foods, Inc.
Constellation Brands Corona Extra
Friskies
Frito-Lay, Inc. Cheetos, Doritos, Public Relations
General Mills Hamburger Helper
Horizon Organic
Kimberly-Clark Corporation Campaign: "Someone Needs One.", Cottonelle Bath Tissue, Kleenex, Kleenex Brand Facial Tissue, Public Relations, Scott Brand Bath Tissue & Paper Towels, Viva Brand Paper Towels
Razor Scooters
Wendy's Campaign: "Pretzel Cheeseburger"
Whirlpool Corporation Affresh, Amana Brands, Campaign: "Every Day, Care", Maytag, PR, Whirlpool, Whirlpool Water Filtration
WhiteWave, Inc.

Ketchum
912 Ford Duquesne Boulevard, Pittsburgh, PA 15222-5488
Tel.: (412) 456-3712
Fax: (412) 456-3834
E-Mail: info@ketchum.com
Web Site: www.ketchum.com/

Employees: 20

National Agency Associations: COPF

Agency Specializes In: Business-To-Business, Communications, Consumer Marketing, High Technology, Public Relations, Sponsorship

Bill Visone *(CFO)*
Pete Donina *(Exec VP-IT)*

Accounts:
American Iron & Steel Institute (AISI)
Best Buy
Canned Manufacturer's Institute

Ketchum
Harwood Ctr 1999 Bryan St Ste 2500, Dallas, TX 75201
Tel.: (214) 259-3400
Fax: (214) 259-3450
Web Site: https://www.ketchum.com/

Employees: 12

National Agency Associations: COPF

Agency Specializes In: Brand Development & Integration, Corporate Identity, High Technology, Hispanic Market, Sports Market

Jamey Peters *(Partner & Dir-Ketchum South)*
Bill Visone *(CFO)*

Accounts:
Build-A-Bear
Nokia

Foreign Branches:

Ketchum Canada
33 Bloor St E Ste 1607, Toronto, ON M4W 3H1 Canada
Tel.: (416) 355-7400
Fax: (416) 355-7420
E-Mail: Geoffrey.rowan@ketchum.com
Web Site: https://www.ketchum.com/

Employees: 40

Agency Specializes In: Brand Development & Integration, Communications, Consumer Marketing, Health Care Services, High Technology, Public Relations

Erin Manning *(Sr VP-Brand Mktg)*
Bill Zucker *(Mng Dir-Midwest & Canada)*
Emma Capombassis *(Gen Mgr & Dir)*
Jarrad Blyth *(Sr Mgr-Digital & Analytics)*
Michaela DiMarcantonio *(Acct Exec)*
Robbin Parcker *(Sr Graphic Designer)*
Jake McCann *(Assoc Acct Exec)*

Accounts:
Avokia Inc.
Beiersdorf Canada Inc.
Borden Ladner Gervais
Ceridian
ConAgra
IBM
Kodak Graphic Communications Group
Lenovo Inc.
Nokia
White Wave Foods

Ketchum ICON Singapore
28 Maxwell Rd, #03-03 RedDot Traffic Bldg, Singapore, 069120 Singapore
Tel.: (65) 6220 2623
Fax: (65) 6220 0610
E-Mail: enquiries@ketchum.com.sg
Web Site: https://www.ketchum.com/singapore

Employees: 50

John Bailey *(Mng Dir)*
Bill Visone *(CFO)*
Renee Bender *(Sr VP-Creative & Digital)*

Accounts:
adidas; Singapore Public Relations
Applied Materials
Arup
Barclays Singapore Open PR
Baskin-Robbins Marketing, Public Relations
The Boeing Company
Boeing
Breast Cancer Foundation
Bridgestone
Carlson Hotels Worldwide Park Plaza Sukhumvit
Garuda Indonesia
GlaxoSmithKline
Hilton Worldwide
Kodak Graphic Communications Group
Lufthansa
Nippon Paint Corporate Branding, Media Relations, Public Relations
Overseas Union Enterprise Ltd.
Siemens Pte Ltd
Westpac
Wildlife Reserves Singapore

Ketchum Pleon Public Affairs
Avenue des Arts 44, 1040 Brussels, Belgium
Tel.: (32) 2 213 40 40
Fax: (32) 2 213 40 49
E-Mail: hermann.drummer@pleon.com
Web Site: https://www.ketchum.com/

Employees: 15

Agency Specializes In: Government/Political, Public Relations

AGENCIES - JANUARY, 2019 — PUBLIC RELATIONS FIRMS

Peter Otten *(Partner & Mng Dir)*
Bram Smets *(Dir-Bus Dev)*
Adriaan Snauwaert *(Acct Mgr)*
Jordy Van Overmeire *(Acct Mgr)*

Ketchum Pleon Roma
Via Cassia 1081, 00189 Rome, Italy
Tel.: (39) 06 3026 0341
Fax: (39) 06 3026 0344
Web Site: https://www.ketchum.com/

Employees: 3

Agency Specializes In: Public Relations

Ketchum Pleon
35-41 Folgate Street, London, E1 6BX United Kingdom
Tel.: (44) 207 611 3500
Fax: (44) 207 479 5657
Web Site: https://www.ketchum.com/

Employees: 150
Year Founded: 1981

Agency Specializes In: Public Relations

Deirdre Murphy *(Mng Dir)*

Accounts:
Dwell Public Relations, Social Media
FedEx
Geek Squad
IBM
IMEDEEN PR
Roche
World Economic Forum

Ketchum Pleon
Amsterdamseweg 206, 1182 HL Amstelveen, NL-1070 Netherlands
Tel.: (31) 20 487 4000
Fax: (31) 20 669 7265
E-Mail: tim.deboer@pleon.com
Web Site: https://www.ketchum.com/

Employees: 45

Agency Specializes In: Public Relations

Accounts:
G6 Hospitality LLC

Ketchum Pleon
Bahnstrasse 2, 40212 Dusseldorf, Germany
Tel.: (49) 211 9541 0
Fax: (49) 211 5516 51
E-Mail: timo.sieg@pleon.com
Web Site: https://www.ketchum.com/

Employees: 100
Year Founded: 1996

Agency Specializes In: Public Relations

Sabine Huckmann *(CEO)*
Eliza Mahr *(Acct Mgr-Corp Affairs)*

Ketchum-Public Relations Ltd.
10/F Tower A, Vantone Center, No 6, Chaowal Street, Chaoyang District, Beijing, 100020 China
Tel.: (86) 10 5907 0055
Fax: (86) 10 5907 0188
E-Mail: info@knprbj.com
Web Site: https://www.ketchum.com/

Employees: 30

Agency Specializes In: Brand Development & Integration, Corporate Identity, Health Care Services, High Technology, Public Relations

Tiffany Hu *(Sr VP)*
Bruce Shu *(Mng Dir-China)*

Ketchum-Public Relations
Rm 2707-2710 Tower One Kerry Everbright City, No 218 Tian Mu Rd W, Shanghai, 200070 China
Tel.: (86) 21 5289 5838
Fax: (86) 21 5289 5363
E-Mail: info@knprsh.com
Web Site: https://www.ketchum.com/

Employees: 90

Agency Specializes In: Brand Development & Integration, Corporate Identity, Crisis Communications, Health Care Services, High Technology, Public Relations

Eunice Wong *(Chief Growth Officer)*
Prince Zhang *(CEO-Greater China)*
Tiffany Hu *(Sr VP)*
Emma Chen *(VP-Corp Comm)*

Ketchum-Public Relations
Room 2003 Peace World Plaza 362-366 Huanshi Dong Lu, Guangzhou, 510060 China
Tel.: (86) 20 8387 0810
Fax: (86) 20 8385 2476
E-Mail: eddi.yang@knprgz.com
Web Site: https://www.ketchum.com/

Employees: 15

Agency Specializes In: Brand Development & Integration, Communications, Corporate Identity, Health Care Services, High Technology, Public Relations

Joe Tong *(Gen Mgr)*

Ketchum-Public Relations
33rd Floor Two Chinachem Exchange Square, 338 King's Road, North Point, China (Hong Kong)
Tel.: (852) 2566 1311
Fax: (852) 2510 8199
E-Mail: info@knprhk.com
Web Site: https://www.ketchum.com/

Employees: 40

Agency Specializes In: Brand Development & Integration, Communications, Corporate Identity, Event Planning & Marketing, Health Care Services, High Technology, Investor Relations, Public Relations, Strategic Planning/Research

Kenneth Chu *(Partner & CEO)*
Simeon Mellalieu *(Partner-Client Dev-Asia Pacific)*

Accounts:
FedEX
GP Batteries
ISACA
Kodak Graphic Communications Group

Ketchum Publico
Neulinggasse 37, A-1030 Vienna, Austria
Tel.: (43) 1 717 860
Fax: (43) 1 717 86 60
E-Mail: office@ketchum-publico.at
Web Site: https://www.ketchum.com/

Employees: 40

Agency Specializes In: Public Relations

Saskia Wallner *(CEO & Mng Dir)*

Accounts:
T-Mobile US

Ketchum Seoul
24th Fl City Air Tower, 159-9 Samsung-Dong Kangnam Ku, Seoul, Korea (South)
Tel.: (82) 2 2016 7114
Fax: (82) 2 516 4938
Web Site: https://www.ketchum.com/

Employees: 70
Year Founded: 1993

Yonnie Woo *(Partner & Mng Dir)*

Ketchum Spain
Luchana 23 4, 28010 Madrid, Spain
Tel.: (34) 91 788 3200
Fax: (34) 91 788 3299
E-Mail: ketchum.spain@ketchumpleon.com
Web Site: https://www.ketchum.com/

Employees: 100

Agency Specializes In: Communications, Consumer Marketing, Corporate Identity, Environmental, Financial, Health Care Services, High Technology, Public Relations

Tony Noel *(Chm & CEO)*
Rosa Fernandez Conde *(Assoc Dir)*
Ana Gonzalez *(Assoc Dir)*

Accounts:
LINE Corporation

Ketchum
Via Leto Pomponio, n. 3/5, 20121 Milan, Italy
Tel.: (39) 02 6241 1911
Fax: (39) 02 2901 1411
E-Mail: info@ketchum.it
Web Site: www.ketchum.com/milan

Employees: 32

Agency Specializes In: Brand Development & Integration, Communications, Corporate Identity, Financial, Health Care Services, High Technology, Publicity/Promotions

Lucia Ricchetti *(COO & Bus Dir)*
Silvia Cattaneo *(Sr Acct Dir)*
Andrea Cornelli *(Exec Pres-Italy)*

Accounts:
Rome 2024 Olympic Public Relations

Ketchum
54 Rue de Clichy, CEDEX, 75009 Paris, 08 France
Tel.: (33) 1 53 32 56 01
Fax: (33) 1 53 32 56 28
Web Site: https://ketchumfrance.wordpress.com/

Employees: 65
Year Founded: 1994

Agency Specializes In: Public Relations

Christelle Lepietre *(Dir-Customer)*
Alain Rousseau *(Dir-Corp Affairs)*
Bastien Rousseau *(Acct Mgr)*

Ketchum
Bankside 3 90 Southwark St, London, SE1 0SW United Kingdom

Public Relations Firms

1557

PUBLIC RELATIONS FIRMS
AGENCIES - JANUARY, 2019

Tel.: (44) 20 7611 3500
Fax: (44) 20 7611 3501
Web Site: www.ketchum.com/

Employees: 200

Agency Specializes In: Brand Development & Integration, Communications, Consumer Marketing, Corporate Identity, Electronic Media, Graphic Design, Health Care Services, High Technology, Public Relations

Jo-Ann Robertson *(CEO & Partner)*
Mark Hume *(Partner, CFO & COO-Europe)*
Susan Smith *(Partner & Mng Dir-Brand Community)*
Clare Pring *(Partner & Dir-Client)*
Deirdre Murphy *(Mng Dir)*
Gavin Cooper *(CFO)*
Bert Moore *(Chief Strategy Officer & Chief Innovation Officer)*
Con Franklin *(Mng Dir-Healthcare)*
Jamie Robertson *(Mng Dir-Corp Reputation)*
Olly Smee *(Creative Dir-Content)*
Chris Martin *(Dir-Pub Affairs)*
Tara Munday *(Dir-Food & Beverage Practice-Europe)*
Kirsty Sachrajda *(Dir-HR)*
Mark Walsh *(Dir-Consumer-London)*
Darren Young *(Dir-Corp & Tech)*
Lucy Jones *(Sr Acct Mgr)*
Holly Malthouse *(Sr Acct Mgr)*
Georgina Wolfson *(Acct Mgr)*
Meli Shannon *(Sr Acct Exec)*
Stephen Waddington *(Chief Engagement Officer)*

Accounts:
AstraZeneca Atacand
Braun
Britvic/Pepsi
Cambridge Consultants Media Relations
New-Carbon Disclosure Project Communications Programme; 2018
Dwell Public Relations, Social Media
Ecco Consumer Communications, UK Press
FedEx
Gillette for Women
HBO
Hertz Consumer PR, Press, Product Communications, Special Projects
LINE Corporation
MasterCard Europe Campaign: "Dirty Cash", Multimedia, Press, Public Relations, Social Media, Video
Max Factor
The Movember Foundation Communications, Public Relations
Nissan UEFA Super Cup, Union of European Football Associations Champions League
Orange
Perfect World Ice Cream PR, Social Media
Pfizer Lipitor
RingCentral PR
Roche HIV Pharmaceuticals
Samsung UK Public Relations; 2017
Saxony
Sony
Svenska Cellulosa Aktiebolaget Libresse
Tint Event Management, Hospitality & Travel, Printing & Publishing, Retail & Ecommerce
UCB

Ketchum
R Alvaro Rodrigues 182-2 andar, Brooklin, Sao Paulo, SP 04582-000 Brazil
Tel.: (55) 11 5096 4334
Fax: (55) 11 5096 4335
E-Mail: rp@ketchum.com.br
Web Site: https://www.ketchum.com/

Employees: 130
Year Founded: 1987

Agency Specializes In: Brand Development & Integration, Communications, Electronic Media, Health Care Services, High Technology, Public Relations

Jerry Olszewski *(Sr Partner & Chief Client Officer)*
Anderson Borges *(Creative Dir)*
Rosana Monteiro *(Dir)*

Accounts:
Ananse
Friboi

KETNER GROUP
3737 Executive Center Dr Ste 210, Austin, TX 78731
Tel.: (512) 794-8876
E-Mail: info@ketnergroup.com
Web Site: www.ketnergroup.com

Employees: 10

Agency Specializes In: Collateral, Media Training, Public Relations, Retail, Social Media

Jeff Ketner *(Pres)*
Catherine Seeds *(Partner & Sr VP)*
Mariana Fischbach *(Acct Mgr)*
Aidan Griffin *(Acct Supvr)*
Adrienne Newcomb *(Acct Supvr)*

Accounts:
360pi
Order Dynamics

KEYBRIDGE COMMUNICATIONS
1722 A Wisconsin Ave NW Ste 21, Washington, DC 20007
Tel.: (202) 471-4228
E-Mail: info@keybridge.biz
Web Site: www.keybridgecommunications.com

Employees: 25
Year Founded: 2003

Agency Specializes In: Graphic Design, Media Training, Public Relations, Radio, Social Media

Sam Ryan *(CEO)*
David White *(COO)*
Robby Schrum *(VP)*
Laura Bentz *(Dir-Bus Dev)*
Mike McElhaney *(Dir-Web Dev)*
Rich Zeoli *(Dir-Media Trng)*

Accounts:
Fitdeck, Inc.
Republic of Honduras Media Outreach, Monitoring; 2017

KFD PUBLIC RELATIONS
594 Broadway Rm 601, New York, NY 10012
Web Site: www.kfdpr.com/

Employees: 10
Year Founded: 2012

Agency Specializes In: Public Relations

Kelly Fobar Davis *(Founder)*
Candice Hufler *(Acct Exec)*
Adrienne Gallus *(Acct Coord-PR)*

Accounts:
bkr Public Relations
Glow Recipe Public Relations
Juice Beauty Public Relations
Michelle Phan Public Relations

KIDSTUFF PUBLIC RELATIONS
9504 Union Valley Rd, Black Earth, WI 53515
Tel.: (608) 767-1102
Fax: (608) 767-1103
E-Mail: info@kidstuffpr.com
Web Site: www.kidstuffpr.com

Year Founded: 1994

Agency Specializes In: Event Planning & Marketing, Media Relations, Media Training, Public Relations

Lisa Orman *(Owner)*

Accounts:
Brixy Marketing, Public Relations
Famosa Group
Sugar Lulu

KIMBALL COMMUNICATIONS LLC
1730 Walton Rd Ste 200, Blue Bell, PA 19422
Tel.: (610) 559-7585
Fax: (610) 559-7796
E-Mail: info@kimballpr.com
Web Site: www.kimballpr.com

Employees: 10
Year Founded: 1995

Agency Specializes In: Communications, Crisis Communications, Media Relations, Public Relations, Publicity/Promotions

Gary Kimball *(Pres)*
Rod Hughes *(VP)*
Eileen Coyne *(Sr Mgr-PR)*
Lisa Kimball *(Strategist & Writer)*
Samantha Kimball *(Strategist-Content)*
Elizabeth Rubino *(Coord-Media Rels)*

Accounts:
Alain Pinel Realtors Public Relations
Amanda DiChello Public Relations Strategy
American Association of Law Libraries Leadership Development, Media Relations, Public Relations, Social Media
Angel Flight East Event, Leadership Strategies, Media Relations
Association of Immunization Managers Communications
Brownyard Group
Ecopax PR, Strategy
Health Care Council Of Lehigh Valley Strategic Communications
The Infusion Center of Pennsylvania Public Relations, Social Media
The Insurance Industry Charitable Foundation Global Business Media, Trade Press
Invision
Landmark Hospitality Public Relations
Michaelson Capital Partners LLC Media Outreach, Public Relations
Mutter Museum of The College of Physicians of Philadelphia
Napco
Pennsylvania & Indiana Lumbermens Mutual Insurance Companies Public Relations, Social Media
PMA Companies
Russell Program Managers; Westminster, MD
Sorilito Foods LLC In-House Social Media, PR
Themis Advocates Group Public Relations Consulting, Social Media Strategy
Vera Track

KING + COMPANY
101 5th Ave, New York, NY 10003
Tel.: (212) 561-7450
Fax: (212) 561-7461
E-Mail: info@kingcompr.com
Web Site: www.kingcompr.com/

AGENCIES - JANUARY, 2019 — PUBLIC RELATIONS FIRMS

Employees: 20

Agency Specializes In: Public Relations

Revenue: $2,000,000

Judith R. King *(Founder & Owner)*
Micheal Richards *(Partner & COO)*
Caren Browning *(Partner & Exec VP)*

Accounts:
Alaris Health Public Relations
amFAR
Biomarkers Consortium
BlueCava (Agency of Record)
BUZZMEDIA
City Harvest
The Cult of Individuality
Dachis Group
emortal.com (Agency of Record) Software Applications
Engage121 (Agency of Record)
Flu Near You PR
fluid; 2007
Friends of Hudson River Park/Hudson River Park Trust Media, Public Relations
Fullstack Academy (Agency of Record) Media, Public Relations
GOOD Integrated Media; 2008
Helen Diller Family Foundation
Jeffrey Scheuer The Big Picture; 2007
Juice from the Raw (Agency of Record) Public Relations
Kidz Bop (Agency of Record)
Kiva Brand Awareness, Media Relations, Securing National & international Placements
Leveraging Investment in Creativity Branding, Messaging
Luxury Retreats Public Relations
Lymphoma Research Foundation Media, Public Relations
New York Code + Design Academy Public Relations
Qtrax; 2007
Rensselaer Polytechnic Institute (Agency of Record) Molecules to the Max!
Scarpasa (Agency of Record) Lifestyle, Luxury & Consumer Sectors, Online Shoe Store, Public Relations Campaign
Sonar (Agency of Record)
Tapad PR Campaign
ThinkPaint (Agency of Record) B2B Strategic Public Relations, Trade Media
Tourette Syndrome Association Media, Public Relations
Tracx PR
University of California; San Francisco, CA Helen Diller Family Comprehensive Cancer Center Research Building
Visiting Nurse Service of New York

KIP MORRISON & ASSOCIATES
101 S Robertson Blvd 213, Los Angeles, CA 90048
Tel.: (310) 274-6726
Web Site: www.kipmorrison.com

Employees: 10

Agency Specializes In: Brand Development & Integration, Media Relations, Public Relations

Kip Morrison *(Pres)*

Accounts:
The Ecology Center

KIRVIN DOAK COMMUNICATIONS
5230 W Patrick Ln, Las Vegas, NV 89118
Tel.: (702) 737-3100
Fax: (702) 737-1222
E-Mail: info@kirvindoak.com
Web Site: www.kirvindoak.com/

Employees: 24
Year Founded: 1989

Agency Specializes In: Digital/Interactive, Event Planning & Marketing, Media Relations, Promotions, Public Relations, Social Media

Revenue: $2,200,000

Bill Doak *(Partner)*
Dave Kirvin *(Partner)*
Debbi Greer *(Sr VP-Mktg)*
Terri L. Maruca *(Sr VP)*
Natalie Mounier *(VP)*
Rachel Henry *(Acct Dir-PR)*
Judy Chappell *(Media Planner & Media Buyer)*
Cody Webb *(Coord-Media)*

Accounts:
Insomniac
MGM Grand Detroit

KITE HILL PR LLC
55 Broadway, New York, NY 10006
Tel.: (646) 760-2038
Web Site: www.kitehillpr.com

Employees: 25

Agency Specializes In: Advertising, Communications, Content, Crisis Communications, Media Relations, Media Training, Public Relations, Social Media

Tiffany Guarnaccia *(Founder & CEO)*
Michael Deleo *(Sr Acct Exec)*

Accounts:
Crowdtap
Exponential Interactive
Tapad

Branch

Cutler PR
19 W 44th St Ste 1405, New York, NY 10036
Tel.: (212) 220-2534
E-Mail: info@cutlerpr.co
Web Site: www.cutlerpr.co

Employees: 12
Year Founded: 2009

Agency Specializes In: Brand Development & Integration, Digital/Interactive, Media Relations, Print, Public Relations, Search Engine Optimization, Social Media

Jennifer Fugel *(Specialist-Acct)*

Accounts:
AudioBurst (Public Relations Agency of Record) Media Relations, Public Relations
Bivid (Public Relations Agency of Record) Media Relations, Public Relations
Duda (Public Relations Agency of Record)
Glassbox (Agency of Record)
Oomph (Public Relations Agency of Record)
Real (Public Relations Agency of Record) Media Relations, Public Relations
StartApp Media Relations
Wise Data Media (Agency of Record)
Zive (Agency of Record)

KIVVIT
730 N Franklin St Ste 404, Chicago, IL 60654
Tel.: (312) 664-0153
E-Mail: info@kivvit.com
Web Site: www.kivvit.com

Employees: 101
Year Founded: 2002

Maggie Moran *(Mng Partner)*
Eric Sedler *(Mng Partner)*
Judy Erwin *(Mng Dir)*
Sarah Hamilton *(Mng Dir)*
Eric Herman *(Mng Dir)*
Kent Holland *(Mng Dir)*
Sophie McCarthy *(Mng Dir)*
Tracy Schmaler *(Mng Dir)*
Zach Silber *(Chief Innovation Officer)*
Grace Turiano *(Principal & Sr Supvr)*
Jeff Philips *(Dir & Gen Mgr-Chicago)*
Andy Oare *(Sr Dir-Digital)*
Bryan De Angelis *(Dir)*
Kelly Penton *(Dir)*

Accounts:
Aluminum Association

Branches

Kivvit
608-612 Cookman Ave Unit 5, Asbury Park, NJ 07712
Tel.: (732) 280-9600
E-Mail: info@kivvit.com
Web Site: www.kivvit.com

Employees: 101

Agency Specializes In: Advertising, Brand Development & Integration, Crisis Communications, Digital/Interactive, Media Training, Paid Searches, Public Relations, Social Media

Chris Donnelly *(Principal)*

Accounts:
Water Infrastructure Protection Act

KOCH COMMUNICATIONS
1 E Sheridan Ave, Oklahoma City, OK 73104
Tel.: (405) 815-4027
Web Site: www.kochcomm.com

Employees: 50

Agency Specializes In: Crisis Communications, Market Research, Media Relations, Public Relations, Social Media

Steve Church *(Mng Dir)*
Jenny Herzberger *(Exec VP)*
Brooke Green *(VP-Digital Media)*
Shaundra North *(VP-Client Svcs)*
Krista Crouch *(Acct Dir)*
Natalie Powers *(Acct Dir)*
Amber Theinert *(Acct Dir)*
Nick Trougakos *(Acct Dir)*
Jared Miller *(Dir-Interactive Media)*
Gina Campbell *(Mgr-Bus Dev & Traffic)*
Thomas Larson *(Mgr-Media Rels)*
Kaci Eckel *(Strategist-Digital Media)*
Jared Gallagher *(Acct Exec-Digital)*
Katie Lenhart *(Acct Exec-Digital)*
Dusky Hamm *(Creative Mgr)*

Accounts:
Oklahoma 529 College Savings Plan

KOENIG ADVERTISING PUBLIC RELATIONS
118 Julian Place, Syracuse, NY 13210
Tel.: (315) 475-1603
Fax: (315) 475-1613

Web Site: www.koenig-adpr.com

Employees: 10

Agency Specializes In: Event Planning & Marketing, Exhibit/Trade Shows, Graphic Design, Media Buying Services, Media Planning, Print, Public Relations, Radio, Sales Promotion, T.V.

Stewart Koenig *(Pres)*
Judy Schmid *(Mgr-Acct & Office)*

Accounts:
The Syracuse Diocese Catholic Schools

KOLT COMMUNICATIONS, INC.
2104 Jolly Rd Ste 200, Okemos, MI 48864
Tel.: (517) 706-0001
Web Site: www.koltcommunications.com

Employees: 5

Robert Kolt *(Pres & CEO)*
Narine Manukova *(Dir-Adv & Mktg)*

Accounts:
CMS Energy

KONNECT PUBLIC RELATIONS
888 S Figueroa St, Los Angeles, CA 90017
Tel.: (213) 988-8344
Fax: (213) 988-8345
E-Mail: info@konnect-pr.com
Web Site: http://konnectagency.com/

Employees: 40
Year Founded: 2009

Agency Specializes In: Event Planning & Marketing, Promotions, Public Relations, Social Media

Sabina Gault *(CEO)*
Amanda Bialek *(VP)*
Shelby Lopaty Robinson *(Brand Mgr)*
Kim Le *(Mgr)*
Tara Lopez *(Mgr-HR Benefits)*
Amanda Molina *(Mgr-PR)*
Brandy Shuman *(Acct Supvr)*
Jillian Wong *(Acct Supvr)*
Rebecca Campbell *(Sr Acct Exec)*
Katie Rubino *(Sr Acct Exec)*
Jordan Massanari *(Acct Exec)*

Accounts:
Capriotti's Sandwich Shop
Fresh Healthy Vending International, Inc. (Agency of Record) Irvy's frozen yogurt kiosks, Media Relations, Public Relations, Reis
Goddard Systems, Inc Brand Positioning, Consumer Media Relations
High Brew Media
Kapital K
Krave Jerky Media
Menchie's (Agency of Record) Media Relations, PR
Rhythm Superfoods Public Relations

KORTENHAUS COMMUNICATIONS, INC.
75 Newbury St, Boston, MA 02116
Tel.: (617) 536-5352
Fax: (617) 536-8883
E-Mail: info@kortenhaus.com
Web Site: www.kortenhaus.com

Employees: 12
Year Founded: 1984

Agency Specializes In: Advertising, Direct Response Marketing, Electronic Media, Email, Event Planning & Marketing, Hospitality, Internet/Web Design, Local Marketing, Media Planning, Merchandising, Promotions, Public Relations, Retail, Strategic Planning/Research

Lynne M. Kortenhaus *(Pres & CEO)*
Steven Pellegrino *(Principal)*

Accounts:
Bambara
The Catered Affair
Commonwealth Worldwide Chauffeured Transportation
Kimpton Hotels & Restaurants
Loews Boston Hotel
Onyx Hotel
Simon Property Group
Starwood Hotels & Resorts Worldwide, Inc. aloft

KOVAK LIKLY COMMUNICATIONS
23 Hubbard Rd, Wilton, CT 06897
Tel.: (203) 762-8833
Fax: (203) 762-9195
E-Mail: info@klcpr.com
Web Site: www.klcpr.com

Employees: 15
Year Founded: 1985

Agency Specializes In: Brand Development & Integration, Communications, Corporate Communications, Crisis Communications, Event Planning & Marketing, Local Marketing, Media Training, Public Relations, Publicity/Promotions, Strategic Planning/Research

Bruce Likly *(Principal)*
Elizabeth Likly *(Principal)*

Accounts:
CD PHP
Celltech
Cochlear
Ferring Pharmaceuticals
Sanofi-Aventis Research & Development
Sheffield

KP PUBLIC RELATIONS
1201 K St Ste 800, Sacramento, CA 95814
Tel.: (916) 448-2162
Fax: (916) 448-4923
E-Mail: mburns@ka-pow.com
Web Site: www.ka-pow.com

Employees: 30
Year Founded: 1996

Agency Specializes In: Public Relations

Michael Burns *(Partner)*
Eloy Z. Garcia *(Partner)*
Ed Manning *(Partner)*
Eric R. Newman *(Partner)*
Jonathan Ross *(Partner)*
Brian White *(VP-Legislative Affairs)*
Patrick George *(Dir-Media Rels)*

Accounts:
Afton Chemical Corporation
California Correctional Peace Officers Association
California Restaurant Association
Citi
Gencorp
Google, Inc.

KRAUSE TAYLOR ASSOCIATES, LLC
201 Main St, Los Altos, CA 94022
Tel.: (408) 981-2429
Fax: (408) 918-9090
Web Site: www.krause-taylor.com

Employees: 10

Year Founded: 1996

Agency Specializes In: Communications, Media Relations, Public Relations

Barbara Krause *(Co-Owner)*
Betty Taylor *(Owner)*

Accounts:
Aggregate Knowledge
Blue Planet Run
Garage Technology Ventures
Numenta

KREAB
Scandinavian House 2-6 Cannon Street, London, EC4M 6XJ United Kingdom
Tel.: (44) 207 074 1800
Fax: (44) 207 554 1499
Web Site: www.kreab.com

Employees: 45
Year Founded: 1991

Agency Specializes In: Corporate Communications, Financial, Government/Political, Public Relations

Chris Philipsborn *(Mng Partner)*
Robert Speed *(Partner)*
Jeremy Walker *(Fin Dir-Global)*
Matthew Jervois *(Head-Fin Svcs-London & Sr Dir-Corp & Fin Comm)*
Thomas Poston *(Dir)*

Accounts:
Brintons Corporate Communications
The Camco Group
Cellnex Telecom Communications Strategy, Media Relations
Ernst & Young Media Communications
EuroTunnel
Ffrees Communications Strategy, Public Affairs
Institutional Limited Partners Association Communications, Media Relations, Public Affairs

Branches

Kreab Barcelona
C Mandri 36 bajos, 08022 Barcelona, Spain
Tel.: (34) 93 418 5387
Fax: (34) 93 212 6533
Web Site: www.kreab.com/barcelona

Employees: 3

Agency Specializes In: Media Relations, Public Relations

Carmen Basagoiti *(Partner)*
Teresa Lloret Parellada *(Partner)*
Gonzalo Torres Martin *(Dir-Fin Comm)*

Kreab Brussels
Av de Tervueren 2, B-1040 Brussels, Belgium
Tel.: (32) 2 737 6900
Fax: (32) 2 737 6940
Web Site: www.kreab.com

Employees: 40

Agency Specializes In: Public Relations

Karl Isaksson *(Mng Partner)*
Mark Foster *(Partner)*
Simona Amati *(Dir & Sr Mgr-Fin Svcs)*
Clara Bruck *(Dir)*
Veerle Abeel *(Office Mgr)*
Hannalena Ivarsson *(Deputy Mng Partner)*

AGENCIES - JANUARY, 2019 — PUBLIC RELATIONS FIRMS

Kreab Helsinki
Etelaesplanadi 18, 00130 Helsinki, Finland
Tel.: (358) 9 228 441
Fax: (358) 9 228 4240
Web Site: www.kreab.com

Employees: 28

Matti Saarinen *(Chm)*

Kreab Hong Kong
19/F Kinwick Centre 32 Hollywood Road, Suite 1902-04, Central, China (Hong Kong)
Tel.: (852) 2 2523 7189
Fax: (852) 2 2810 1239
E-Mail: hongkong@kreab.com
Web Site: www.kreab.com/hong-kong

Employees: 9

Agency Specializes In: Financial, Government/Political, Public Relations

Sophie Sophaon *(Mng Partner)*
Phyllis Tam Suk Ling *(Fin Dir)*

Kreab Madrid
Capitan Haya 38, Edificio Cuzco II-8, Madrid, 28020 Spain
Tel.: (34) 91 702 71 70
Fax: (34) 91 308 24 67
Web Site: www.kreab.com/madrid

Employees: 10

Agency Specializes In: Financial, Government/Political

Carmen Basagoiti Pastor *(Partner)*
Jaime Olmos *(Dir-Pub Affairs)*
Francisco Calderon Silva *(Dir-Corp Comm)*
Manuel Garcia Vila *(Dir)*
Jose Luis Gonzalez *(Assoc Dir-Fin Comm)*

Kreab Singapore
24 Raffles Place #21-05 Clifford Centre, Singapore, 048621 Singapore
Tel.: (65) 6339 9110
Fax: (65) 6339 9578
Web Site: www.kreab.com/singapore

Employees: 8

Agency Specializes In: Financial, Government/Political, Public Relations

Vanessa Ho *(Assoc Dir)*
Evangelina Wee *(Assoc Dir)*

Kreab Tokyo
Shibakoen Ridge Bldg 1-8-21 Shibakoen, Tokyo, Minato-ku 105-0011 Japan
Tel.: (81) 35 404 0640
Fax: (81) 3 5408 3225
Web Site: www.kreab.com

Employees: 36
Year Founded: 1985

Agency Specializes In: Communications, Financial, Public Relations

Masami Doi *(Partner)*
Nanami Watanabe *(Dir)*
Kayoko Harada *(Mgr-Acctg)*
Kaori Iwasaki *(Office Administrator)*

KREPS DEMARIA, INC.
220 Alhambra Cir Ste 310, Coral Gables, FL 33134
Tel.: (305) 663-3543
Fax: (305) 663-9802
E-Mail: info@krepspr.com
Web Site: www.krepspr.com

Employees: 12
Year Founded: 1987

Agency Specializes In: Crisis Communications, Event Planning & Marketing, Media Relations, Public Relations

Revenue: $1,100,000

Sissy DeMaria Koehne *(Pres)*
Israel Kreps *(CEO)*
Cindi Perantoni *(Sr VP)*
Veronica Villegas *(VP)*
Monica Kelly *(Acct Exec-PR & Social Media)*

Accounts:
Bellini Williams Island
HomeServices of America Inc

KUNDELL COMMUNICATIONS
210 W 89 St, New York, NY 10024
Tel.: (212) 877-2798
Fax: (212) 877-3387
E-Mail: kundellcom@nyc.rr.com
Web Site: www.kundellcommunications.com

Employees: 6

Agency Specializes In: Advertising, Broadcast, Business-To-Business, Collateral, Communications, Consulting, Corporate Communications, Email, Internet/Web Design, Media Relations, Multimedia, Newspaper, Print, Production, Public Relations, Radio, Strategic Planning/Research, T.V.

Linda Kundell *(Owner)*
Edwina Arnold *(Specialist-PR)*
Roberta Chopp Rothschild *(Specialist-PR)*
Patty Tobin *(Specialist-Media Placement)*

Accounts:
Homeric Tours Social Media
US Travel Insurance Association

KURMAN COMMUNICATIONS, INC.
345 N Canal St Ste 1404, Chicago, IL 60606-1366
Tel.: (312) 651-9000
Fax: (312) 651-9006
E-Mail: kurmanstaff@kurman.com
Web Site: www.kurman.com

Employees: 8
Year Founded: 1983

National Agency Associations: PRSA

Agency Specializes In: Automotive, Bilingual Market, Brand Development & Integration, Business Publications, Business-To-Business, Cable T.V., Children's Market, Collateral, Communications, Consulting, Consumer Marketing, Consumer Publications, Corporate Identity, Cosmetics, Digital/Interactive, Direct Response Marketing, Electronic Media, Email, Entertainment, Event Planning & Marketing, Experience Design, Fashion/Apparel, Food Service, Guerila Marketing, Health Care Services, High Technology, Hispanic Market, Hospitality, LGBTQ Market, Leisure, Magazines, Newspaper, Newspapers & Magazines, Over-50 Market, Planning & Consultation, Podcasting, Print, Public Relations, Publicity/Promotions, RSS (Really Simple Syndication), Radio, Real Estate, Restaurant, Retail, Seniors' Market, Sports Market, Strategic Planning/Research, T.V., Teen Market, Trade & Consumer Magazines, Travel & Tourism, Urban Market, Women's Market

Breakdown of Gross Billings by Media: Collateral: 10%; Event Mktg.: 15%; Local Mktg.: 25%; Pub. Rels.: 50%

Lee A. Barrie *(VP)*

Accounts:
Chicago French Market
Crowne Plaza, Chicago Metro
Dine, Chicago, IL Restaurant; 2008
Doubletree Arlington Heights; Chicago, IL Hotel; 2006
Karma; 2005

KUSZMAUL DESIGN & PR INC
1637 Savannah Hwy, Charleston, SC 29407
Tel.: (864) 706-9612
Web Site: www.kuszmauldesignpr.com

Employees: 10
Year Founded: 2012

Agency Specializes In: Advertising, Collateral, Corporate Identity, Graphic Design, Internet/Web Design, Logo & Package Design, Print, Promotions, Public Relations, Social Media

Katherine Kuszmaul *(Owner & Designer)*

Accounts:
Converse Deli & Converse Deli West
Moonshadow Kennel

KWE PARTNERS, INC.
1581 Brickwell Ave, Miami, FL 33129
Tel.: (305) 476-5424
Fax: (305) 577-8686
E-Mail: pr@kwepr.com
Web Site: www.kwegroup.com

E-Mail for Key Personnel:
President: escalera@kwegroup.com

Employees: 4
Year Founded: 1979

National Agency Associations: HSMAI-PRSA

Agency Specializes In: Affluent Market, Business-To-Business, Communications, Consulting, Consumer Marketing, Hispanic Market, Hospitality, Internet/Web Design, Leisure, Media Relations, Public Relations, Publicity/Promotions, Restaurant, Retail, Travel & Tourism, Women's Market

Karen Weiner Escalera *(Pres & Sr Strategist)*

Accounts:
Adriana Hoyos Social Media Marketing
Aloft Miami Doral Public Relations
Bertram Yachts & Ferretti Group Social Media Marketing
Cindy Christensen Home Design Marketing, Public Relations, Web Site
Velas Resorts; Mexico Marketing, Public Relations, Social Media

KYNE
252 W 37Th St Rm 501, New York, NY 10018
Tel.: (212) 594-5500
E-Mail: info@kyne.com
Web Site: www.kyne.com

Employees: 25

Agency Specializes In: Health Care Services, Media Relations, Public Relations, Social Marketing/Nonprofit

PUBLIC RELATIONS FIRMS

David Kyne *(Founder & CEO)*
Maureen Byrne *(Exec VP & Gen Mgr-New York)*
Wendy Woods-Williams *(Exec VP)*
Amy Burstyn *(Sr VP)*
Michael Grela *(Sr VP)*
Michele Kleinmann *(Sr VP)*
Amanda Mulally *(Sr VP)*
Julie O'Donnell *(Head-Digital-Global)*
Susan McGowan *(Fin Mgr)*

Accounts:
CDC Foundation
We Are Africa United

LA TORRE COMMUNICATIONS
409 N 2nd St, Harrisburg, PA 17101
Tel.: (717) 234-1333
Fax: (717) 635-9816
Web Site: www.latorrecommunications.com

Employees: 5

Agency Specializes In: Collateral, Consulting, Crisis Communications, Media Relations, Media Training, Print, Public Relations

David La Torre *(Founder)*

Accounts:
Agora Cyber Charter School
American Eagle Paper Mills
Bion Environmental Technologies, Inc.
Dunkin' Brands Group, Inc. Dunkin' Donuts
P3 Power Group
Penn State University
Pennsylvania State Troopers Association
Worth & Co., Inc.

LAFAMOS PR & BRANDING
4657 Hollywood Blvd, Hollywood, CA 90027
Tel.: (323) 668-9383
E-Mail: contact@lafamos.com
Web Site: www.lafamos.com

Employees: 10

Agency Specializes In: Brand Development & Integration, Public Relations, Social Media

Amanda Blide *(Dir-Publicity)*

Accounts:
Ben Mauro

LAFORCE
(Formerly LaForce & Stevens)
41 E 11th St 6th Fl, New York, NY 10003
Tel.: (212) 367-8008
Fax: (212) 242-9565
Web Site: laforce.nyc

Employees: 75
Year Founded: 1995

Agency Specializes In: Brand Development & Integration, Consumer Marketing, Fashion/Apparel, Public Relations, Sponsorship, Strategic Planning/Research, Travel & Tourism

James Laforce *(Founder & Pres)*
Rebecca Gordon *(Exec VP-Ops)*
Olita Mills *(Sr VP)*
Stacy Forgang *(VP)*
Jennifer Hinchey *(VP)*
Lindsay Porter *(VP)*
Shauna Mayer Solum *(VP)*
Michelle Lockhart Piccolo *(Acct Dir)*
Lyndsey Havens *(Dir-Brands)*
Edward Padron *(Dir)*
Elizabeth Blumenthal *(Sr Acct Exec & Specialist-Media)*

Lauren Lonson *(Sr Acct Exec)*
Sage Stargrove *(Sr Strategist-Digital)*

Accounts:
The 3M Company Post-It, Public Relations
Banana Republic
B.R. Guest Restaurants
CKE Restaurants Inc. (Public Relations Agency of Record) Brand Storytelling, CSR, Carl's Jr, Carl's Jr. El Diablo Thickburger, Corporate Communication, Executive & Leadership Strategies, Hardee's, Hardee's Hot Chicken Sandwich, Media Relations; 2018
Dream Bangkok
Keds
Lalique
Levi Strauss & Co Dockers
LinkedIn
Perry Ellis
The President Hotel
Target
Viceroy Miami
WET

LAGES & ASSOCIATES INC.
15635 Alton Parkway Ste 125, Irvine, CA 92618
Tel.: (949) 453-8080
Fax: (949) 453-8242
Web Site: www.lages.com

Employees: 7

Agency Specializes In: Brand Development & Integration, Event Planning & Marketing, Media Training, Public Relations, Social Media

Beverly J. Lages *(Pres)*
Dena Kotowski *(Sr Acct Exec)*

Accounts:
Toshiba America Electronic Components

LAK PR
1251 Ave of the Americas, New York, NY 10020
Tel.: (212) 575-4545
Fax: (212) 575-0519
E-Mail: llinden@lakpr.com
Web Site: www.lakpr.com

E-Mail for Key Personnel:
Chairman: lkaplan@lakpr.com
President: salschuler@lakpr.com

Employees: 40

Agency Specializes In: Corporate Communications, Financial, Government/Political, Public Relations

Lloyd Kaplan *(Chm)*
Lisa Linden *(Pres & CEO)*
Colleen Roche *(Mng Dir & Principal)*
Hannah Arnold *(Principal)*
Richard Edmonds *(Sr VP & Dir-Real Estate Group)*
Angel Fahy *(Sr VP)*
Ilyse Fink *(Sr VP)*
Sharon Horowitz *(Sr VP)*
David Simpson *(Sr VP)*

Accounts:
Aberdeen Group, Inc.; Boston, MA
CQ Roll Call
Hostess Brands Inc. (Public Relations Agency of Record)

LAMBERT & CO.
(Formerly Lambert, Edwards & Associates, Inc.)
47 Commerce Ave SW, Grand Rapids, MI 49503
Tel.: (616) 233-0500
Fax: (616) 233-0600
Web Site: lambert.com

Employees: 25

Agency Specializes In: Automotive, Consumer Marketing, Education, Financial, Health Care Services, Investor Relations

Jeffrey Lambert *(Founder & CEO)*
Rob Dwortz *(Pres)*
Matt Jackson *(Partner & Mng Dir)*
Jeremy Bakken *(Sr Dir)*
Mike Houston *(Sr Dir-IR & Fin Comm)*
Salim Bourget *(Dir-Creative & Digital Svcs)*
Arlen-Dean Gaddy *(Dir-Bus Dev-Natl)*
Mindy Dyk *(Specialist-Digital & Graphic Designer)*
Drew Hall *(Coord-IR)*
Elise Pelletier *(Coord)*
Andrew Sedlar *(Coord-IR)*

Accounts:
Blackford Capital
New-Boulder Canyon Authentic Foods
New-Bubbies Experiential Events, Multimedia Content Development, Social Media Management, Spanning Earned Media, Website Activations; 2018
New-Cafe Valley
Entertainment Strategic Communication Planning
Flint Community Schools (Agency of Record) Strategic & Comprehensive Communications
New-Gluten Free Bar
Great Expressions Dental Centers Expert Positioning, Media Relations, Strategic Counsel
Greatland Corp.
New-Green Giant Fresh Experiential Events, Multimedia Content Development, Social Media Management, Spanning Earned Media, Website Activations; 2018
HBO Branding, Crisis Communications, Media Relations, Social Media, Strategic Counsel
Huron Capital Public Relations
New-MGP Ingredients, Inc.
Michigan Department of Education
Michigan's University Research Corridor Marketing Communications, Public Affairs, Social Media Development
New-Moose Tracks Ice Cream
New-New Holland Brewing Experiential Events, Multimedia Content Development, Social Media Management, Spanning Earned Media, Website Activations; 2018
New-Old Orchard Brands
Peak Resorts, Inc. Investor Relations
Perceptron
Recaro Automotive Seating Digital, Social Media, Strategy, Traditional Media
New-Stroh Brewery Company
Wright & Filippis Designed Brochures, Internal & External Communications, Marketing, Media, Newsletters, Radio Spots, Research, Signage, Videos, Website

Subsidiaries

Lambert Edwards & Associates
1420 Broadway 1st Fl, Detroit, MI 48226
Tel.: (313) 309-9500
Web Site: www.lambert-edwards.com

Employees: 20

Agency Specializes In: Communications, Corporate Communications, Investor Relations, Media Relations, Public Relations, Social Media, Strategic Planning/Research

William Nowling *(Partner & Mng Dir)*
Brad Warner *(Sr Dir)*
Candice Bowman *(Dir-Bus Dev)*
Dave Goodman *(Designer-UI)*
Kristen Davis *(Coord)*
Tonie Wells *(Coord)*

Accounts:

AGENCIES - JANUARY, 2019 — PUBLIC RELATIONS FIRMS

Arbe Robotics Communications Initiatives; 2018
Belle Tire Distributors; 2018
Continental Automotive Systems
Downtown Detroit Partnership (Public Relations & Social Media Agency of Record)
Founders Junior Council
North American International Auto Show
Spartan Motors, Inc.
Varroc Lighting Systems Creative & Strategic Communications; 2018

Lambert Edwards & Associates
215 S Washington Sq Ste 210, Lansing, MI 48933
Tel.: (517) 316-0210
Fax: (517) 316-7590
E-Mail: mail@lambert-edwards.com
Web Site: www.lambert-edwards.com

Employees: 30

Agency Specializes In: Collateral, Communications, Exhibit/Trade Shows, Public Relations

Don Hunt *(Partner & Mng Dir)*
Steve Groenink *(Mng Dir & COO)*
Bob Burton *(Mng Dir-Fin Comm practice)*
Matthew Jackson *(Mng Dir-Integrated Mktg & Consumer PR)*
Joe DiBenedetto *(Sr Dir-Consumer Practice)*
Chelsea Dubey *(Dir-Bus Dev)*
Clare Liening *(Dir-PR)*

Accounts:
Axios Mobile Assets Corporation External Public Relations, Internal Communications
Cascade Engineering
DuPont Automotive
HEAT (Help Eliminate Auto Theft)
Iserv
Rubbermaid
Saleen
Smokefree Air
Tecumseh

LAMBERT, EDWARDS & ASSOCIATES, INC.
(Name Changed to Lambert & Co.)

LANDIS COMMUNICATIONS INC.
1388 Sutter St Ste 901, San Francisco, CA 94109
Tel.: (415) 561-0888
Fax: (415) 561-0778
E-Mail: david@landispr.com
Web Site: www.landispr.com

Employees: 20
Year Founded: 1990

Agency Specializes In: Advertising, Arts, Business-To-Business, Communications, Consumer Goods, Corporate Communications, Corporate Identity, Crisis Communications, E-Commerce, Education, Entertainment, Environmental, Event Planning & Marketing, Fashion/Apparel, Financial, Food Service, Guerilla Marketing, Health Care Services, Hospitality, Household Goods, LGBTQ Market, Leisure, Local Marketing, Luxury Products, Marine, Media Relations, Media Training, Multicultural, Podcasting, Public Relations, Publicity/Promotions, Retail, Social Marketing/Nonprofit, Strategic Planning/Research, Transportation, Travel & Tourism, Viral/Buzz/Word of Mouth

Approx. Annual Billings: $10,000,000

David Landis *(Pres & CEO)*
Sean Dowdall *(CMO & Gen Mgr)*
David Cumpston *(Client Svcs Dir)*
Ashley Boarman *(Acct Supvr)*

Accounts:
California Bank & Trust
Cibo
Dolmen Property Group Public Relations
Global Alzheimer's Platform
Lucile Packard Children's Hospital Stanford (Agency of Record) Marketing, Media Buying, Media Planning, Public Relations, Social
Merck
Museum of the African Diaspora "MoAD in the Neighborhood"
Native Trails (Agency of Record) Public Relations, Social
NorthStar Memorial Group
On Lok, Inc. Brand Awareness
Port of San Francisco Public Relations
Positive Resource Center Public Relations, Social
Save The Redwoods League
Troon Pacific Inc
UC San Francisco Public Relations, UCSF Mission Bay Hospitals
UDR, Inc. 399 Fremont Street, Communications Strategy
Velodyne LiDAR (Agency of Record); 2018
Walmart Northern California Public Relations

LANE PR
905 SW 16th Ave, Portland, OR 97205
Tel.: (503) 221-0480
Fax: (503) 221-9765
E-Mail: info.portland@lanepr.com
Web Site: www.lanepr.com

Employees: 28
Year Founded: 1990

Agency Specializes In: Advertising, Hospitality

Revenue: $3,000,000

Wendy Lane Stevens *(Mng Partner)*
Lisa Heathman *(Partner)*
Shannon Brewer Riggs *(Partner)*
Claire Castellanos *(VP)*
Vicki Stavrum *(Controller)*
Stephanie Celenza *(Assoc VP)*
Kristin Heilman-Long *(Assoc VP)*
Jill Williams *(Dir-Mktg & Bus Dev)*
Megan Moran *(Acct Exec)*

Accounts:
Agri Beef
Applegate Brand Awareness, Media Outreach, Paid Social Initiatives, Sales Efforts, Strategic Partnerships; 2018
Balanced Body (Public Relations Agency of Record) Blogger, Digital Marketing, Media, Social Media
Brasada Ranch
Charles & Colvard Investor Relations
Consumer Cellular
Craft Brewers Alliance, Inc.
DA Davidson
Digital Domain Media Group Public Relations
Dutch Bros Coffee Regional Public Relations; 2018
EFI Recycling
Heathman Hotel; Portland, OR
Heathman Restaurant; Portland, OR Cuisine
InFocus; Portland, OR
International Olive Council Digital Marketing, Educational Events, Health, Influencer Relations, Media; 2018
Marine Stewardship Council Consumer Engagement, Influencer Partnerships, Media Relations, Sponsored Content, US Communications; 2018
Miller Nash LLP
Network Redux; Portland, OR
Northwest Cherries
One Degree Organics
Orchard Supply Hardware Stores
Oregon Ryegrass, Tall Fescue & Fine Fescue Commissions Branding, Consumer PR Campaign, Integrated Communications, Media Relations, Natural Turf, Online Marketing
Paulson Investment Company; Portland, OR Financial Services
Portland Roasting Coffee
Regal Springs Tilapia
Respect Your Universe
Roundarch
Steaz
Sterling Bank Creative Campaigns, Digital, Traditional PR
Travel Oregon Media Relations, Public Relations, Strategy
Travel Portland Public Relations
Widmer Brothers Brewing
ZAGG iFrogz
Zupan's Markets Events & Promotions, Media, PR

Branch

Lane Marketing
415 Madison Ave 15th Fl, New York, NY 10017
Tel.: (212) 302-5365
Fax: (646) 673-8401
E-Mail: info.newyork@lanepr.com
Web Site: www.lanepr.com

Employees: 6

Agency Specializes In: Public Relations

Wendy Lane Stevens *(Mng Partner)*
Lisa Heathman *(Partner)*
Shannon Brewer Riggs *(Partner)*
Claire Castellanos *(VP)*
Malisa Meresman *(VP)*
Kelly Rasmussen *(Editor-Copy & Acct Supvr)*
Jill Williams *(Dir-Mktg & Bus Dev)*
Vanessa Jovel *(Sr Acct Exec)*
Ashlee Simpson *(Sr Acct Exec)*
Ben Touger *(Acct Exec)*

Accounts:
The Heathman Hotel
Integra Telecom
Redhook Brewery
Thoma Bravo, LLC
Umpqua Bank
Wines from Spain

LANGDON FLYNN COMMUNICATIONS
(See Under Allied Integrated Marketing)

LARGEMOUTH COMMUNICATIONS, INC.
1007 Slater Rd, Ste 150, Durham, NC 27703
Tel.: (919) 459-6450
Fax: (919) 573-9139
Web Site: www.largemouthpr.com/

Employees: 12
Year Founded: 2005

Agency Specializes In: Public Relations

Brandon Bryce *(Pres)*
Sarah Osment *(Dir-Strategic Accts)*
Mark Van Hook *(Dir-Strategic Accts)*
Kelly Maicon *(Acct Supvr)*
Julie Colman *(Sr Acct Exec)*
Bernadette Miller *(Sr Acct Exec)*
Jennifer Caro *(Acct Exec)*
Greyson Feurer *(Acct Exec)*
Jami Sowers *(Acct Exec)*
Hope Torruella *(Acct Exec)*
Lauren Pershke *(Acct Coord)*

Accounts:
CORT
Eye Care Associates Digital, Media Relations, Public Relations, Social Media, Strategy
Hooters

PUBLIC RELATIONS FIRMS — AGENCIES - JANUARY, 2019

Kangaroo Express
North Carolina Restaurant & Lodging Association Media Relations, Media Strategy, Public Relations, Strategic
Old Chicago
The Pantry Inc.; Cary, NC Salute Our Troops
Rho Media Relations, Public Relations
Sensus Water, Gas & Electric Business Units

LATITUDE
20 W 20Th St Fl 2, New York, NY 10011
Tel.: (212) 633-2047
Fax: (212) 633-2086
Web Site: www.latitude-intl.com

Employees: 10

Agency Specializes In: Crisis Communications, Exhibit/Trade Shows, Internet/Web Design, Media Training, Public Relations

Jeremy Carroll *(Co-Founder & Pres)*

Accounts:
Quito Tourism

LAUNCHIT PUBLIC RELATIONS
1804 Garnet Ave Ste 416, San Diego, CA 92109
Tel.: (858) 490-1050
E-Mail: info@launchitpr.com
Web Site: www.launchitpr.com

Employees: 3
Year Founded: 2000

Agency Specializes In: Advertising, Email, Internet/Web Design, Print, Promotions, Public Relations

Susan Fall *(Owner)*

Accounts:
MacroPoint
TrakLok Inc

LAURA BURGESS MARKETING
PO Box 13978, New Bern, NC 28561
Tel.: (252) 288-5805
Fax: (252) 288-5806
E-Mail: info@lauraburgess.com
Web Site: www.lauraburgess.com

Employees: 5

Agency Specializes In: Advertising, Corporate Communications, Event Planning & Marketing, Market Research, Media Buying Services, Public Relations, Social Media

Eric Burgess *(Owner & Partner)*

Accounts:
Eagle Imports Inc (Agency of Record) Bersa Firearms, Comanche Pistols, Metro Arms Corporation
Maryland Firearms Training Academy, LLC (Agency of Record) Advertising Strategy, Marketing, Public Relations, Social Media

LAVOIE STRATEGIC COMMUNICATIONS GROUP, INC.
One Thompson Sq, Boston, MA 02109
Tel.: (617) 347-8800
E-Mail: info@lavoiegroup.com
Web Site: www.lavoiehealthscience.com

Employees: 9
Year Founded: 2001

Agency Specializes In: Corporate Communications, Crisis Communications, Health Care Services, Medical Products, Public Relations

Donna LaVoie *(Pres & CEO)*
Nancy Biddle *(Dir-Creative Strategic Design)*
Lisa DeScenza *(Dir-HR & Talent)*
Kathy Vigneault *(Acct Supvr)*
Alison Chen *(Sr Acct Exec)*

Accounts:
BIO; 2014
Commonwealth of Massachusetts Event Planning, Marketing, Public Relations
Cortendo AB Metabolic Orphan; 2014
Cydan Development Orphan Drug Accelerator; 2014
DARA BioScience Oncology Supportive Care Products; 2011
Depexium Pharmaceuticals Diabetic Foot Ulcer; 2015
NewLink Genetics Immunotherapy, Infectious Disease; 2015
NewLink Pharmaceutials S.p.A. Central Nervous System; 2015
Novadaq Technologies Imaging Technology; 2011
Xcovery Oncology; 2009

LAVOIEHEALTHSCIENCE
One Thompson Sq, Boston, MA 02129
Tel.: (617) 374-8800
E-Mail: info@lavoiehealthscience.com
Web Site: lavoiehealthscience.com/

Employees: 25
Year Founded: 2001

Agency Specializes In: Advertising, Brand Development & Integration, Content, Crisis Communications, Event Planning & Marketing, Investor Relations, Media Relations, Public Relations

Donna L. LaVoie *(Pres & CEO)*
Douglas Russell *(Sr VP & Gen Mgr)*
Sharon Correia *(Sr VP-Integrated Comm)*
Ella Deych *(Asst VP-Fin & Ops)*
Paul Sagan *(Asst VP-IR & Corp Comm)*
Nancy Biddle *(Dir-Creative Strategic Design)*
Lisa DeScenza *(Dir-HR & Talent)*
Chiara Russo *(Dir-IR)*
Katie Gallagher *(Acct Mgr-PR & Mktg)*
Kathy Vigneault *(Acct Supvr)*

Accounts:
Ampio Pharmaceuticals, Inc. Integrated Public & Investor Relations, Strategic Communications; 2017
BioAxone BioSciences, Inc Content Development, Digital, Investor & Business Development Access, Investor & Corporate Communications, Local & National Media Relations, Public Relations, Thought Leadership
Biotechnology Innovation Organization
New-Carmell Therapeutics
Cydan Development
New-Emmaus Life Sciences, Inc. (Strategic Communications Agency of Record); 2018
Fusion Pharmaceuticals
Imara
Integrity Applications; 2017
Iota BioSciences; 2017
Landos Biopharma
LEO Science & Tech Hub
Life Sciences Corridor; 2018
Major Global Pharmaceutical Company Content Development, Digital, Investor & Business Development Access, Investor & Corporate Communications, Local & National Media Relations, Public Relations, Thought Leadership
MicroPort Orthopedics Content Development, Digital, Investor & Business Development Access, Investor & Corporate Communications, Local & National Media Relations, Public Relations, Thought Leadership
NewLink Genetics
Newron Pharmaceuticals
Oncocyte
Origenis GmbH
Oticon Inc (U.S. Consumer Public Relations Agency of Record) Media Relations
New-PathMaker Neurosystems
Savara Pharmaceuticals; 2017
New-Scioto Biosciences
Sincerus Pharmaceuticals Prescriber's Choice, Inc; 2018
New-SIRION Biotech
New-Symbiotix Biotherapies
Triumvira Immunologics
Xcovery
XenoTherapeutics (Agency of Record) Strategic Communications; 2018
Xontogeny LLC; 2017

LAWRENCE RAGAN COMMUNICATIONS, INC.
316 N Michigan Ave Ste 400, Chicago, IL 60601-3774
Tel.: (312) 960-4100
Fax: (312) 861-3592
Toll Free: (800) 878-5331
E-Mail: cservice@ragan.com
Web Site: www.ragan.com

Employees: 20
Year Founded: 1970

Agency Specializes In: Public Relations

Revenue: $2,000,000

Mark Ragan *(CEO)*
Mandy Zaransky Hurst *(CMO & COO)*
Roula Amire *(VP)*
Yolanda Maggi *(VP-Conferences & Events)*
Jennifer Mazurek *(Dir-Mktg Svcs)*

Accounts:
Shel Holtz Webinars; 2007

L.C. WILLIAMS & ASSOCIATES, LLC
150 N Michigan Ave 38th Fl, Chicago, IL 60601-7558
Tel.: (312) 565-3900
Fax: (312) 565-1770
Toll Free: (800) 837-7123
E-Mail: info@lcwa.com
Web Site: www.lcwa.com

E-Mail for Key Personnel:
President: kdahlborn@lcwa.com

Employees: 25
Year Founded: 1985

National Agency Associations: COPF

Agency Specializes In: Business-To-Business, Communications, Consulting, Consumer Marketing, Corporate Communications, Corporate Identity, Financial, Graphic Design, Industrial, Investor Relations, Local Marketing, New Product Development, Newspapers & Magazines, Public Relations, Publicity/Promotions, Retail, Sponsorship, Strategic Planning/Research, Trade & Consumer Magazines

Approx. Annual Billings: $4,000,000

Breakdown of Gross Billings by Media: Pub. Rels.: $4,000,000

Kim Blazek Dahlborn *(Pres & CEO)*
Barbara Thul *(CFO)*
Allison Kurtz *(Exec VP)*
Shannon Quinn *(Exec VP)*
Mary Moster *(Sr VP)*

AGENCIES - JANUARY, 2019 — PUBLIC RELATIONS FIRMS

Tim Young *(Client Svcs Dir)*
Hunter Hackett *(Acct Supvr)*
Lindsey Lucenta *(Acct Supvr)*
Mary Velan *(Acct Supvr)*
Matt Kasik *(Sr Acct Exec)*
Hannah Cheney *(Acct Exec)*
Rebecca Raudabaugh *(Acct Exec)*
Brian Shutters *(Asst Acct Exec)*
Debra Baum *(Sr Client Svcs Dir)*

Accounts:
Admiral at the Lake
American Nurses Association
Beam Suntory
Boise Paper
Conagra Brands
Culligan International
DAP
Electrolux Floor Care
Eureka
First Alert
Jarden Safety & Security
Monessen
Pergo, Inc.; 2002
Snow Joe
Stepan Co.; 1985
Theater Wit
Thodos Dance Chicago
Timeline Theatre Co.
Trex
UnitedHealthcare of Illinois

LCH COMMUNICATIONS
18 Crestwood Rd, Port Washington, NY 11050
Tel.: (516) 767-8390
Fax: (516) 944-7369
E-Mail: lisa@lchcommunications.com
Web Site: www.lchcommunications.com

Employees: 5
Year Founded: 1998

Agency Specializes In: Asian Market, Computers & Software, Consumer Goods, High Technology, Luxury Products, Media Relations, Public Relations, Publicity/Promotions

Lisa Hendrickson *(Founder & Pres)*

Accounts:
Excel Aire
Oxbridge Communications, Inc.
Stacy Blackman Consulting
Symbio Group; Beijing, China Software Product Development Software

LEAP PUBLIC RELATIONS
1035 Pearl St # 305, Boulder, CO 80302
Tel.: (720) 295-3271
E-Mail: info@leappr.com
Web Site: http://leapstrategically.com

Employees: 20
Year Founded: 2010

Agency Specializes In: Crisis Communications, Media Relations, Public Relations, Social Media, Strategic Planning/Research

Merredith Branscombe *(Strategist)*

Accounts:
Fon

THE LEDLIE GROUP
200 Ashford Ctr N Ste 205, Atlanta, GA 30338
Tel.: (404) 266-8833
Fax: (404) 266-9620
E-Mail: info@theledliegroup.com
Web Site: www.theledliegroup.com

E-Mail for Key Personnel:
President: joe.ledlie@theledliegroup.com

Employees: 11
Year Founded: 1998

Agency Specializes In: Aviation & Aerospace, Brand Development & Integration, Business-To-Business, Communications, Corporate Communications, Corporate Identity, Crisis Communications, Environmental, Event Planning & Marketing, Legal Services, Media Relations, Media Training, Medical Products, Planning & Consultation, Public Relations, Sponsorship, Trade & Consumer Magazines, Transportation, Women's Market

Joseph M.A. Ledlie *(Pres)*

Accounts:
A. Montag & Associates
Amedisys
Archdiocese of Atlanta
ASTI
AT&T Communications Corp.
DAL Global Services
Delta Air Lines
Digital Insight
Earth University Foundation
EnergySouth
Ethikos
Firethorn Holdings, LLC
Hotel Chocolat
InComm
Karcher
King & Spalding
Manheim
Northern Leasing Systems
Popeyes Chicken & Biscuits

LEE & ASSOCIATES, INC.
21201 Victory Blvd Ste 145, Canoga Park, CA 91303
Tel.: (323) 938-3300
Fax: (323) 938-3305
E-Mail: pr@leeassociates.com
Web Site: www.leeassociates.com

Employees: 9
Year Founded: 1950

National Agency Associations: PRSA

Agency Specializes In: Advertising, Advertising Specialties, Agriculture, Bilingual Market, Brand Development & Integration, Broadcast, Business Publications, Business-To-Business, Cable T.V., Co-op Advertising, Collateral, Communications, Computers & Software, Consulting, Consumer Goods, Consumer Marketing, Consumer Publications, Corporate Communications, Cosmetics, Crisis Communications, Direct Response Marketing, Direct-to-Consumer, E-Commerce, Education, Electronic Media, Email, Event Planning & Marketing, Exhibit/Trade Shows, Fashion/Apparel, Financial, Food Service, Guerila Marketing, Health Care Services, High Technology, Hispanic Market, Hospitality, Household Goods, In-Store Advertising, Industrial, Infomercials, Integrated Marketing, Leisure, Local Marketing, Logo & Package Design, Luxury Products, Magazines, Market Research, Media Buying Services, Media Planning, Media Relations, Media Training, Medical Products, Men's Market, Merchandising, Multimedia, New Product Development, New Technologies, Newspaper, Newspapers & Magazines, Out-of-Home Media, Over-50 Market, Package Design, Pharmaceutical, Planning & Consultation, Point of Purchase, Point of Sale, Print, Product Placement, Production, Production (Ad, Film, Broadcast), Production (Print), Promotions, Public Relations, Publicity/Promotions, Radio, Restaurant, Retail, Sales Promotion, Search Engine Optimization, Seniors' Market, Strategic Planning/Research, Sweepstakes, T.V., Trade & Consumer Magazines, Travel & Tourism

Approx. Annual Billings: $4,000,000

Breakdown of Gross Billings by Media: E-Commerce: 10%; Pub. Rels.: 70%; Radio & T.V.: 10%; Trade & Consumer Mags.: 10%

Leo Pearlstein *(Founder & Pres)*
Howard Pearlstein *(Co-Owner & Principal)*
Frank Pearlstein *(Principal & VP)*

Accounts:
California Salmon Council
Morehouse Foods; Los Angeles, CA Mustard
Mrs. Cubbison's Foods, Inc.; Los Angeles, CA Croutons, Poultry Dressing Mixes

LEESBURG PR
3904 N Druid Hills Rd Ste 311, Decatur, GA 30033
Tel.: (404) 687-0400
E-Mail: info@leesburgpr.com
Web Site: www.leesburgpr.com

Employees: 5
Year Founded: 2002

Agency Specializes In: Brand Development & Integration, Media Relations, Public Relations, Strategic Planning/Research

Amanda Leesburg *(Pres)*

Accounts:
Get a Job Skateboards
Healthy Green Schools
Mind-FX
Sky Zone Trampoline
Tin Laser Aesthetic & Wellness Spa
UnCorked Glass
Wagging Green

LEFF & ASSOCIATES
2646 Danforth Ln, Decatur, GA 30033
Tel.: (404) 861-4769
Web Site: www.leffassociates.com

Employees: 10

Agency Specializes In: Crisis Communications, Event Planning & Marketing, Media Relations, Media Training, Public Relations, Strategic Planning/Research

Mitch Leff *(Pres)*

Accounts:
All About Developmental Disabilities
Boys & Girls Clubs of America
Boys & Girls Clubs of Metro Atlanta
Cardlytics
Hedgepeth Heredia Crumrine & Morrison
Radiance Solar
Sterling Risk Advisors
UHY Advisors
The Walker School

LEGEND PR
373 Pk Ave S 3rd Flr, New York, NY 10016
Tel.: (212) 679-6844
Web Site: www.legendpr.com

Employees: 20
Year Founded: 2012

Agency Specializes In: Content, Digital/Interactive, Media Relations, Public Relations, Social Media

Public Relations Firms

PUBLIC RELATIONS FIRMS

Mike Surabian *(Sr VP)*
Lisa Horn *(VP)*

Accounts:
Dean Foods Public Relations, Social Media
Dole Fruit Bowl
Ferrara Candy Company

LER PUBLIC RELATIONS
580 Broadway Rm 309, New York, NY 10012
Tel.: (212) 242-2069
E-Mail: info@lerpr.com
Web Site: www.lerpr.com

Employees: 6

Agency Specializes In: Brand Development & Integration, Event Planning & Marketing, Public Relations, Strategic Planning/Research

Accounts:
Phoenix Keating
Resort West
Thaddeus O'Neil

LESIC & CAMPER COMMUNICATIONS
172 E State St Ste 410, Columbus, OH 43215
Tel.: (614) 224-0658
Fax: (614) 232-8328
E-Mail: prteam@lesiccamper.com
Web Site: www.lesiccamper.com

Employees: 6
Year Founded: 2002

Agency Specializes In: Public Relations

Nancy Lesic *(Owner)*
Jenny Camper *(Pres)*
Mark Rickel *(VP)*
Angela Snyder *(Sr Acct Exec)*

Accounts:
Credit Suisse
Dots
Fairmount
First Interstate
Flats East Bank
Gateway Economic Development Corp.
International Trucks
NOPEC
Ohio Dental Association
Ohio Department of Taxation
OhioHealth
Pfizer
PhRMA

Branch

Lesic & Camper Communications
812 Huron Rd Ste 460, Cleveland, OH 44115-1123
Tel.: (216) 696-7686
Fax: (216) 696-7687
E-Mail: prteam@lesiccamper.com
Web Site: www.lesiccamper.com

Employees: 10

Agency Specializes In: Public Relations

Steve Luttner *(VP)*
Meagan Meyer Mulloy *(Sr Acct Exec)*

Accounts:
Cleveland-Cuyahoga County Port Authority
Credit Suisse
Dots
Fairmount
Firepanel

Flats
Greater Cleveland Partnership
Nopec
Pfizer
PPA
Vorys

LESLEY FRANCIS PR
33 Park of Commerce Blvd, Savannah, GA 31405
Tel.: (912) 429-3950
Web Site: www.lesleyfrancispr.com

Agency Specializes In: Event Planning & Marketing, Internet/Web Design, Media Relations, Public Relations, Strategic Planning/Research

Lesley Francis *(Founder & CEO)*

Accounts:
Asbury Memorial Theatre
Family Promise of Greater Savannah Copywriting, Event Planning, Marketing, Media Relations, Social Media, Website Updates & Maintenance; 2018
Maritime Bethel

LEVENSON & BRINKER PUBLIC RELATIONS
2100 Ross Ave, Dallas, TX 75201
Tel.: (214) 932-6000
Fax: (214) 880-0628
E-Mail: s.levenson@levensonbrinkerpr.com
Web Site: www.levensongroup.com

Employees: 20

Agency Specializes In: Public Relations

Stanley Levenson *(CEO)*

Accounts:
The Austonian
The Beck Group Marketing, Public Relations
Bostons Gourmet Pizza
Hope Cottage
Pollo Campero
Trammell Crow Company

LEVERAGE PR
111 Congress Ave Ste 400, Austin, TX 78701
Tel.: (855) 505-7360
E-Mail: info@leverage-pr.com
Web Site: www.leverage-pr.com

Employees: 10

Agency Specializes In: Internet/Web Design, Public Relations, Social Media

Joy Schoffler *(Chief Strategy Officer)*

Accounts:
Alliance of Merger Acquisition Advisors Media Relations, Public Relations, Social Media
BBC Easy Marketing, Media, PR, Thought Leadership
EarlyShares Media, National, PR, Social Media, Thought Leadership
The Finovate Group FinovateFall 2016 (Agency of Record), FinovateSpring 2017 (Agency of Record)
GATE Global Impact Inc Marketing, Media Relations, Public Relations
Givelocity
Invested.In
Nymbus
The South by Southwest Interactive Festival Communication, Media Relations Outreach, SXSW Accelerator (Agency of Record)
Student Loan Genius (Public Relations Agency of Record) Media Strategy, Strategic Planning

TransCard (Public Relations Agency of Record) Media Relations

LEVICK
1900 M St NW Ste 400, Washington, DC 20036
Tel.: (202) 973-1300
Fax: (202) 973-1301
E-Mail: info@levick.com
Web Site: www.levick.com

Employees: 75
Year Founded: 1998

Richard Levick *(Chm & CEO)*
Julie Chase *(Chm-Corp Comm Practice)*
Jack Deschauer *(Sr VP)*
Megan Gabriel *(Sr VP)*
Timothy Gay *(Sr VP)*
Steve Kalan *(Sr VP-Bus Dev)*
Dan Rene *(Sr VP)*
Larry Smith *(Sr VP)*
Andrew Ricci *(VP)*
Jennifer Tong *(VP)*

Accounts:
Advertising Age
AshleyMadison.com Crisis Communications, Public Relations
Banner Health
Bloomberg BusinessWeek
Bloomberg
CBS News
CoreBrand; New York, NY
ESPN
Eversheds LLP
National Volunteer Firefighters Council
The New York Times
The Nigerian Government Campaign: "#BringBackOurGirls", Public Relations
Politico
PRWeek
Roger Clemens
South Korea Ministry for Trade & Energy Events & Meetings, Media Outreach, Social Media, US Korea Free Trade Agreement
Special Olympics
Stew Leonard's
The Wall Street Journal
Washington Business Journal

Branch

Chase Communications - A Levick Company
(Formerly Chase Communications)
535 Mission St Fl 14, San Francisco, CA 94105
Tel.: (415) 433-0100
Fax: (415) 433-0240
Web Site: www.levick.com

Employees: 15

Agency Specializes In: Advertising, Broadcast, Collateral, Communications, Crisis Communications, Email, Event Planning & Marketing, Exhibit/Trade Shows, Investor Relations, Media Planning, Media Relations, Media Training, Print, Public Relations, Sponsorship, Strategic Planning/Research

Felicia Brown *(VP)*

Accounts:
American Liver Foundation
Aton Pharma Inc.
Axis
Crystal City B.I.D
Em Johnson Interest
Heller+Manus Architects
MRP Realty
One Rincon Hill
SF Flex

Urban West Associates

LEWIS PUBLIC RELATIONS
(Name Changed to Three Box Strategic Communications, Inc.)

LEWIS PULSE
575 Market St, San Francisco, CA 94105
Tel.: (415) 432-2400
Fax: (650) 565-9801
E-Mail: info@lewispulse.com
Web Site: http://www.teamlewis.com/

Employees: 20
Year Founded: 2004

Revenue: $3,100,000

Gugs Sarna *(Head-Digital Ops-UK)*
Courtney Imel *(Sr Mgr-Digital Mktg)*

Accounts:
Cisco
CloudBees, Inc.
Cloudera
Couchio
McAfee
Revolution Analytics
SAP
SolarWorld AG
WildPackets, Inc

LEXICON COMMUNICATIONS CORP.
520 Bellmore Way, Pasadena, CA 91103
Tel.: (626) 683-9200
Fax: (622) 628-1960
E-Mail: information@lexiconcorp.com
Web Site: www.crisismanagement.com
E-Mail for Key Personnel:
President: sfink@lexiconcorp.com

Employees: 15
Year Founded: 1983

Agency Specializes In: Brand Development & Integration, Business Publications, Business-To-Business, Communications, Consulting, Consumer Goods, Consumer Marketing, Consumer Publications, Corporate Communications, Corporate Identity, Crisis Communications, Customer Relationship Management, Direct-to-Consumer, Education, Environmental, Event Planning & Marketing, Food Service, Government/Political, Health Care Services, Industrial, Legal Services, Media Relations, Media Training, Multimedia, Newspaper, Newspapers & Magazines, Pharmaceutical, Planning & Consultation, Promotions, Public Relations, Publicity/Promotions, Real Estate, Restaurant, Sales Promotion, Sports Market, Strategic Planning/Research, Transportation, Travel & Tourism

Approx. Annual Billings: $1,000,000

Steven B. Fink *(Pres & CEO)*

LFB MEDIA GROUP
50 W 23rd St 7th Fl, New York, NY 10010
Tel.: (646) 455-0042
E-Mail: info@lfbmediagroup.com
Web Site: www.lfbmediagroup.com

Employees: 20
Year Founded: 2009

Agency Specializes In: Brand Development & Integration, Event Planning & Marketing, Public Relations

Ashley Chejade-Bloom *(Founder & Principal)*
Selmin Arat *(Pres)*
Erin Brunner *(Sr Dir)*
Priya Bhambri *(Dir-West Coast)*
Carly Ginsberg *(Acct Exec)*

Accounts:
Hotel Indigo Lower East Side New York; 2018
MADE Hotel; 2018
Moxy Times Square (Agency of Record) Events, Influencer Engagement, Lifestyle-Driven Media Relations, Marketing Strategies, Partnerships, Programming
POUND; 2017
Viceroy Hotel Group Brand Strategy, Public Relations

LFPR LLC
200 Spectrum Center Dr Ste 300, Irvine, CA 92618
Tel.: (949) 502-6200
E-Mail: irvine@lfpr.com
Web Site: www.lfpr.com

Employees: 12

Agency Specializes In: Content, Corporate Communications, Crisis Communications, Event Planning & Marketing, Media Relations, Public Relations, Social Media

Shana Starr *(Principal)*
David Feistel *(Mng Acct Exec)*

Accounts:
derma e Public Relations Agency of Record, Strategic Communication
Sage Software, Inc.

LG-PR PUBLIC RELATIONS
14007 S Bell Rd Ste 110, Homer, IL 60491
Tel.: (312) 473-5477
E-Mail: info@lg-pr.com
Web Site: www.lg-pr.com

Employees: 5

Agency Specializes In: Brand Development & Integration, Crisis Communications, Media Relations, Media Training, Public Relations, Social Media

Lisa Gunggoll *(Principal)*

Accounts:
Casa of Will County
Catholic Extension
Teski

LIBERTY COMMUNICATIONS
156 2nd St, San Francisco, CA 94105
Tel.: (415) 852-6930
E-Mail: info@libertycomms.com
Web Site: www.libertycomms.com

Employees: 10

Agency Specializes In: Corporate Communications, Digital/Interactive, Event Planning & Marketing, Public Relations, Search Engine Optimization, Social Media

Suzanne Hirsh *(Acct Dir)*

Accounts:
CastBox Communications, North American Public Relations; 2017
Exact Ventures Brand Awareness, Public Relations, Social Media, Thought Leadership, Website
FutureDial Communications, Public Relations

InReality Public Relations
iTalent

LIGHT YEARS AHEAD
8812 Hollywood Hills Rd, Los Angeles, CA 90046
Tel.: (323) 650-2201
Web Site: www.lightyearsahead.com

Employees: 8

Agency Specializes In: Advertising, Broadcast, Media Planning, Print, Public Relations

Bette Light *(Pres)*
Megan Brown Bennett *(Exec VP)*
Chloe Licht *(Sr VP)*
Jan Sheehan *(Creative Dir)*

Accounts:
Binaca Breath Fresheners
CapriClear
Clear Poreformance Hair Care
Dr. Fresh Personal Care Products
Dr. Kens Natural Oral Care
Eyedoll Chatter
Fincher Dermatology & Cosmetic Surgery
Kelo-cote
Orazyme Mouthwash
Out of Africa Shea Butter Skin Care

LIGHTSPEED PUBLIC RELATIONS
422 Atlantic Ave, Brooklyn, NY 11217
Tel.: (917) 770-9435
E-Mail: info@lightspeedpr.com
Web Site: www.lightspeedpr.com

Employees: 5

Agency Specializes In: Content, Event Planning & Marketing, Media Relations, Media Training, Public Relations, Social Media

Ethan Rasiel *(CEO)*
Amanda Proscia *(Mng Dir)*
Josh Rasiel *(Creative Dir)*
Frances Del Valle *(Acct Supvr)*
Michael Farino *(Specialist-Media)*

Accounts:
4C Insights Inc
VSN Mobil

LIGNE AGENCY
947 N La Cienega Blvd Ste L, Los Angeles, CA 90069
Tel.: (310) 652-5030
Fax: (424) 644-8230
E-Mail: info@ligneagency.com
Web Site: www.ligneagency.com

Employees: 5
Year Founded: 2009

Agency Specializes In: Brand Development & Integration, Public Relations

Meredith Xavier *(Founder & Principal)*
Yuri Xavier *(Pres-Ligne Atelier)*

Accounts:
Stonehurst Construction, Inc.

THE LILIAN RAJI AGENCY
55 Pharr Rd NW Ste A304, Atlanta, GA 30305
Tel.: (646) 789-4427, ext. 701
E-Mail: lilianraji@lmrpr.com
Web Site: www.lmrpr.com

Employees: 6
Year Founded: 2003

PUBLIC RELATIONS FIRMS — AGENCIES - JANUARY, 2019

Agency Specializes In: Affluent Market, Arts, Automotive, Aviation & Aerospace, Brand Development & Integration, Branded Entertainment, Collateral, Communications, Consulting, Consumer Goods, Consumer Marketing, Consumer Publications, Corporate Communications, Cosmetics, Customer Relationship Management, Direct-to-Consumer, Electronics, Entertainment, Event Planning & Marketing, Exhibit/Trade Shows, Experience Design, Fashion/Apparel, Guerilla Marketing, Hospitality, Household Goods, Identity Marketing, International, Leisure, Local Marketing, Luxury Products, Magazines, Media Buying Services, Media Planning, Media Relations, Men's Market, Merchandising, New Product Development, Newspaper, Newspapers & Magazines, Planning & Consultation, Product Placement, Promotions, Public Relations, Publicity/Promotions, Real Estate, Regional, Restaurant, Retail, Social Marketing/Nonprofit, Social Media, Sponsorship, Strategic Planning/Research, T.V., Trade & Consumer Magazines, Transportation, Travel & Tourism, Viral/Buzz/Word of Mouth, Women's Market

Approx. Annual Billings: $250,000

Breakdown of Gross Billings by Media: Consulting: $50,000; Event Mktg.: $50,000; Pub. Rels.: $125,000; Strategic Planning/Research: $25,000

Lilian M. Raji *(Pres)*

Accounts:
Aaron Faber Gallery Jewelry & Watch Retailer; 2012
Claudio Pino Fine Jewelry; 2012
CREA Gallery Interior Design, Jewelry, Gallery, Art; 2012
French Trade Commission; New York, NY Fine Jewelry; 2009
Mathon Paris; Paris, France Fine Jewelry; 2008
OYOBox Luxury Eyewear Organizer Fine Accessories; 2014
Prestige Promenade Fine Jewelry; 2012
Quebec Trade Delegation Fine Jewelry; 2012
S.T. Dupont; Paris, France Leather Goods, Lighters, Men's Accessories, Pens; 2009

LINDA GAUNT COMMUNICATIONS
72 Madison Ave 9th Fl, New York, NY 10016
Tel.: (212) 810-2894
E-Mail: info@lindagaunt.com
Web Site: www.lindagaunt.com

Employees: 50

Agency Specializes In: Digital/Interactive, Event Planning & Marketing, Media Relations, Public Relations, Social Media

Linda Gaunt *(Owner)*
Maggie Long *(VP)*
Lauren Alef *(Sr Acct Mgr)*

Accounts:
Hunter Boots
Kendra Scott

LINDA ROTH PR
2451 18th St NW 2nd Fl, Washington, DC 20009
Tel.: (202) 888-3570
Fax: (202) 888-3566
Web Site: lindarothpr.com

Employees: 5

Agency Specializes In: Crisis Communications, Event Planning & Marketing, Graphic Design, Media Relations, Media Training, Public Relations, Social Media

Linda Roth *(Pres)*
Anthony Hesselius *(VP)*

Accounts:
Bar Dupont

LINHART PUBLIC RELATIONS
1514 Curtis St Ste 200, Denver, CO 80202
Tel.: (303) 620-9044
Fax: (303) 620-9043
E-Mail: info@linhartpr.com
Web Site: www.linhartpr.com

Employees: 15

National Agency Associations: COPF-ICOM

Agency Specializes In: Public Relations, Sponsorship

Approx. Annual Billings: $2,111,000

Paul Raab *(Mng Partner)*
Carri Clemens *(Partner & CFO)*
Kelly Womer *(Partner & Sr VP)*
Kelly Janhunen *(Partner & Sr Acct Dir)*
Ashley Campbell *(Sr Acct Dir)*
Jennifer Tilliss *(Acct Dir)*
Emma Garten *(Acct Supvr)*
Tassi Herrick *(Acct Supvr)*
Jake Kubie *(Sr Acct Exec)*
Kelly Nash *(Sr Acct Exec)*
Shannon Hughes *(Acct Exec)*
Miranda King *(Strategist-Digital Media)*
Libby Pinkerton *(Acct Exec)*
Emily Rado *(Acct Exec)*
Dani Row *(Acct Exec)*
Noel Runkle *(Specialist-Digital Media)*

Accounts:
Alagasco
Aurora Organic Dairy
Black Hills Energy
Celestial Seasonings (Agency of Record) Brand Awareness, Digital Strategy & Engagement, Events, Kombucha, Media & Blogger Relations
Cemex, Inc.
Chipotle Mexican Grill Brand Strategists, Field Marketing, Quick-Gourmet Restaurant
Comcast
CoreSite Realty Corporation Media Relations
Crestone Peak Resources
Crocs
DSM Nutritional Products Strategic Communications
Employers Council
FirstBank
Ganeden Biotech
GOED
Graebel Companies, Inc.
GTC Nutrition
Johns Manville
Making Colorado Media Relations, Social Media Engagement
Meyer Natural Foods (Public Relations Agency of Record) Media Relations
Midstream Energy Holdings
MWH Global Global Engineering & Consulting Firm
New West Physicians Medical Practice Management
Panera Bread Bakery-Cafes
Rudi's Organic Bakery Campaign: "Let's Doodle Lunch", PR
Southwest Airlines
United Healthcare
WhiteWave Foods Horizon Organic Milk, Silk Soymilk

LION & ORB
23838 Pacific Coast Hwy Ste 639, Malibu, CA 90265
E-Mail: press@lionandorb.com
Web Site: www.lionandorb.com

Employees: 10
Year Founded: 2015

Agency Specializes In: Advertising, Brand Development & Integration, Content, Digital/Interactive, Logo & Package Design, Media Relations, Production (Ad, Film, Broadcast), Public Relations, Real Estate, Social Media

Audie Chamberlain *(Founder & CEO)*
Michael McNamara *(Exec Creative Dir)*

Accounts:
New-Adwerx (Agency of Record)
Contactually (Agency of Record) Industry Relations, Media Relations, Partnerships, Strategic Development; 2017
New-Giveback Homes
New-Roofshoot LLC

LIPPE TAYLOR
215 Park Ave S 16th Fl, New York, NY 10003
Tel.: (212) 598-4400
Fax: (212) 598-0620
E-Mail: lippetaylor@lippetaylor.com
Web Site: www.lippetaylor.com

Employees: 60
Year Founded: 1988

National Agency Associations: COPF

Agency Specializes In: Public Relations, Sponsorship

Paul Dyer *(Pres)*
Phil Ayoub *(CFO)*
Nick Taylor *(Officer-Innovation Tech)*
Adriana Nova *(Sr VP & Creative Dir)*
Elisabeth Bromberg *(Sr VP-Digital & Social)*
Lauren McGinnis *(Sr VP)*
Stacey Mellus *(Sr VP-Integrated Production)*
Nicholas T. Pattakos, Sr *(Sr VP-Fin)*
Phoebe Malles Ward *(Sr VP-Beauty)*
Kimberly Chen *(VP)*
Monique Dinor *(VP-Media)*
Kara DeBuona *(Grp Acct Dir-Digital)*
Jenna Rotner Drucker *(Acct Dir)*
Corinne Waite *(Dir-Influencer Mktg)*
Jennifer Gauthier *(Sr Acct Supvr)*
Alexis Fabricant *(Acct Supvr)*
Chelsea Keyes *(Sr Acct Exec-Beauty Team)*
Elise Donini *(Sr Strategist-Media)*
Keri Madonna *(Grp Mgr)*
Yun Yu *(Grp Mgr)*

Accounts:
Allergan
Anthem Health
Built PR, Social Media Strategy & Content, Strategic Alliances
Chrysler
Elizabeth Arden, Inc.
FaceCake Marketing Technologies Brand Awareness; 2008
Freeman Beauty Direct-to-Consumer Sampling, Influencer Outreach, PR
Galderma Laboratories, L.P. Cetaphil, Differin
IKEA
Jenny Craig
Medicis Restylane Cosmetic Dermal Filler, Ziana; 2006
Procter & Gamble
Remington
SculpSure
Shaklee
Shionogi Osphena
Tampax
Taylor Precision Products, Inc Public Relations

AGENCIES - JANUARY, 2019 — PUBLIC RELATIONS FIRMS

LIPPERT/HEILSHORN & ASSOCIATES, INC.
800 Third Ave 17th Fl, New York, NY 10022
Tel.: (212) 838-3777
Fax: (212) 838-4568
E-Mail: klippert@lhai.com
Web Site: www.lhai.com

Employees: 25

Agency Specializes In: Corporate Communications, Investor Relations, Media Relations

Keith L. Lippert *(Founder, Partner & CEO)*
John W. Heilshorn *(Partner)*
Jody Burfening *(Mng Dir)*
Peter Mirabella *(CFO, Principal & VP)*
Kim Sutton Golodetz *(Principal & Sr VP)*
Carolyn Capaccio *(Sr VP)*
Harriet C. Fried *(Sr VP)*

Accounts:
Cambium Learning Group, Inc.
General Electric Co. Job Opportunities, Media Relations
International Stem Cell Corporation
Schiff Nutrition International, Inc. Invester Relations

THE LIPPIN GROUP
11601 Wilshire Blvd Ste 1900, Los Angeles, CA 90025
Tel.: (323) 965-1990
Fax: (323) 965-1993
E-Mail: losangeles@lippingroup.com
Web Site: www.lippingroup.com

Employees: 50
Year Founded: 1986

Agency Specializes In: Consulting, Entertainment, Public Relations

Richard B. Lippin *(Chm & CEO)*
Pamela Ruben Golum *(Pres-Entertainment)*
George Cabico *(Sr VP)*
David H. Gardner *(Sr VP)*
Megan Levy *(VP)*

Accounts:
BBC Technology
Brian Wilson
Compact Disc Group
Futurist
Jennifer Fisher Jewelry
Kenny Wayne Shepherd
Live Nation Entertainment
loudENERGY.com
Microsoft WebTV
Picture Pipeline
PricewaterhouseCoopers Global Entertainment
Sony DVD
Wyler Designs
Yowza

Branches

The Lippin Group
300 Park Ave Fl 12, New York, NY 10022
Tel.: (212) 986-7080
Fax: (212) 986-2354
E-Mail: newyork@lippingroup.com
Web Site: www.lippingroup.com

Employees: 7
Year Founded: 1987

Agency Specializes In: Consulting, Entertainment, Public Relations

Don Ciaramella *(Pres-Corp Comm)*
Matt Biscuiti *(Sr VP)*
Katie Fuchs *(VP)*
Dana Gaiser *(Acct Exec)*

Accounts:
NYTVF Media Relations, Red Carpet PR, Thought Leadership

The Lippin Group
31 Southampton Row, London, WC1B 5HJ United Kingdom
Tel.: (44) 203 008 5405
Fax: (44) 203 008 6011
E-Mail: london@lippingroup.com
Web Site: www.lippingroup.com

Employees: 5
Year Founded: 1993

Agency Specializes In: Consulting, Entertainment, Public Relations

Debbie Lawrence *(Mng Dir)*

LITTLE GREEN PICKLE
107 SE Washington St Ste 150, Portland, OR 97214
Tel.: (503) 894-8695
Web Site: www.littlegreenpickle.com

Employees: 10

Agency Specializes In: Brand Development & Integration, Event Planning & Marketing, Food Service, Print, Public Relations, Radio, T.V.

Jannie Huang *(Owner)*
Brooke Adams *(VP)*

Accounts:
New-FINEX Cast Iron Cookware Co.

LITZKY PUBLIC RELATIONS
320 Sinatra Dr, Hoboken, NJ 07030
Tel.: (201) 222-9118
Fax: (201) 222-9418
E-Mail: mlitzky@litzkypr.com
Web Site: www.litzkypr.com

Employees: 30

Michele Litzky *(Founder & CEO)*
Josslynne Lingard Welch *(Pres)*
Marissa Connelly *(Acct Supvr)*
Kaylie Easton *(Acct Supvr)*
Kelsey Wheeler *(Sr Acct Exec)*
Christie Damato *(Acct Exec)*
Alyssa Hackmann *(Acct Exec)*
Sara McGovern *(Jr Acct Exec)*
Maria Sallustio *(Jr Acct Exec)*
Kelsey Wojdyla *(Jr Acct Exec)*

Accounts:
American Mensa (Agency of Record) Trade & Consumer Media; 2018
Art Skills, Inc Cause Marketing, Creative, Crisis Communications, Digital, Event Development, Media Relations
Baby Alive
Buntoppers Cause Marketing, Creative, Crisis Communications, Digital, Event Development, Media Relations
Easy Bake
Funrise Toy Corporation Media Relations, PR
FurReal
Hasbro, Inc.
Kamik (Global Agency of Record) Global Communications Strategy, Public Relations
Mamas & Papas Brand Awareness, Media Outreach, Social Media
My Little Pony
Playskool
SwimWays Corporation (Agency of Record) Leisure & Recreational Water Products
Time to Play
Toy Industry Association Cause Marketing, Creative, Crisis Communications, Digital, Event Development, Media Relations, Play Fair

LIVE WIRE MEDIA RELATIONS, LLC
2800 S Shirlington Rd, Arlington, VA 22206
Tel.: (703) 519-1600
Web Site: www.livewiredc.com

Employees: 10

Agency Specializes In: Media Relations, Media Training, Print, Public Relations

Chryssa Zizos *(Pres & CEO)*

Accounts:
Briana Scurry

LIZ LAPIDUS PUBLIC RELATIONS
The Bradley Bldg 772 Edgewood Ave NE, Atlanta, GA 30307
Tel.: (404) 688-1466
Fax: (404) 681-5204
E-Mail: info@lizlapiduspr.com
Web Site: www.lizlapiduspr.com

Employees: 5

Agency Specializes In: Brand Development & Integration, Event Planning & Marketing, Media Relations, Media Training, Public Relations, Social Media

Liz Lapidus *(Owner)*
Hilary Harmon *(Acct Mgr)*

Accounts:
Antico Pizza
Watershed on Peachtree

LOIS PAUL & PARTNERS
1 Beacon St, 2nd Fl, Boston, MA 02108
Tel.: (617) 986-5700
Fax: (781) 782-5999
E-Mail: info@lpp.com
Web Site: www.lpp.com

Employees: 101
Year Founded: 1986

Agency Specializes In: Business Publications, Business-To-Business, Communications, Electronic Media, High Technology, Information Technology, Magazines, Media Training, Newspaper, Newspapers & Magazines, Print, Product Placement, Public Relations, Strategic Planning/Research

Melissa Zipin *(Mng Dir & Exec VP-Healthcare)*
Christine Simeone *(Exec VP)*
P. J. Lee *(Sr Acct Exec)*

Accounts:
Arbor Networks
CleanFUEL
Medidata Solutions

Branch

Lois Paul & Partners
828 W 6th St, Austin, TX 78703
Tel.: (512) 638-5300
Fax: (512) 638-5310
E-Mail: info@lpp.com

PUBLIC RELATIONS FIRMS — AGENCIES - JANUARY, 2019

Web Site: www.lpp.com

Employees: 10
Year Founded: 1986

Agency Specializes In: Communications, Public Relations, Sponsorship

Christine Simeone *(Exec VP)*

Accounts:
Aspen Technology
Blabbelon
Bomgar
CleanFUEL
Freescale Semiconductor
Kronos Inc.
LANDesk Software
National Instruments
RADVISION (Agency of Record)
Scuderi Group
Skyonic Corporation

LOLA RED PR
107 N Washington Ave Ste 200, Minneapolis, MN 55401
Tel.: (612) 333-1723
Web Site: www.lolaredpr.com

Employees: 15
Year Founded: 2000

Agency Specializes In: Communications, Media Relations, Media Training, Public Relations, Social Media, Strategic Planning/Research

Alexis Walsko *(Founder & Owner)*

Accounts:
Best Cheese Corporation Parrano Cheese; 2013
Creative Kidstuff Toys; 2009
Home Franchise Concepts Budget Blinds, Inc., Premier Garage, Tailored Living, LLC; 2014
J.R. Watkins (Agency of Record)
Sunny Delight Beverages Co. Sparking Fruit 2O, Sparkling Fruit2O Lime Twists; 2014
YOXO Toys Toys; 2015

LORRIE WALKER PUBLIC RELATIONS
1633 E Elm Rd, Lakeland, FL 33801
Tel.: (863) 614-0555
Web Site: www.lorriewalkerpr.com

Employees: 5

Agency Specializes In: Media Relations, Public Relations, Social Media

Lorrie Delk Walker *(Pres)*

Accounts:
FITniche

LOTUS823
2 Corbett Way, Eatontown, NJ 07724
Tel.: (732) 212-0823
Web Site: www.lotus823.com

Employees: 15
Year Founded: 2009

Agency Specializes In: Communications, Internet/Web Design, Public Relations, Social Media

Allison Hernandez *(Co-Founder & Mng Partner)*
David Hernandez *(Mng Partner)*
Nancy Kohlreiter *(COO)*
Beth Gard *(Sr Mgr-Client Rels & Ops)*
Erin Cunningham *(Sr Acct Mgr)*
Nicole Cobuzio *(Sr Acct Exec)*

Heather Hewit *(Sr Acct Exec)*

Accounts:
Biscotti Inc.
Gumdrop Cases Media Relations
Healbe Brand Awareness, Public Relations
Knomo Public Relations, Social Media
Life n Soul Content Marketing, Public Relations, Social Media
Maverick Industries Social Media, Traditional Public Relations
RCA Online Brand Visibility, Social Media

LOU HAMMOND & ASSOCIATES, INC.
39 E 51st St, New York, NY 10022-5916
Tel.: (212) 308-8880
Fax: (212) 891-0200
E-Mail: lha@lhammond.com
Web Site: www.louhammond.com

E-Mail for Key Personnel:
President: louh@lhammond.com

Employees: 40
Year Founded: 1984

Agency Specializes In: Event Planning & Marketing, Food Service, Public Relations, Restaurant, Retail, Travel & Tourism

Approx. Annual Billings: $6,300,000

Lou Hammond *(Founder & Chm)*
Stephen Hammond *(Pres)*
Terence Gallagher *(Pres-Lou Hammond Grp-New York)*
Michael Hicks *(VP)*
Rachel McAllister *(VP)*
Kerstin Hjelm *(Acct Supvr)*
Kelsey Donnelly *(Sr Acct Exec)*

Accounts:
3RD HOME Digital Marketing, Positioning, Public Relations
5Church Charleston
Antigua & Barbuda Tourism Authority Digital Marketing, Positioning, Public Relations; 2017
Avocet Hospitality Group Digital Marketing, Public Relations
Bahamas Paradise Cruise Line Digital Marketing & Positioning, Public Relations; 2018
Balsam Mountain Preserve Digital Marketing & Positioning, Public Relations
Beach Company
The Boar's Head Resort Digital Marketing & Positioning, Public Relations; 2018
BoomTown Digital Marketing, Public Relations
Brightline (Agency of Record) Digital Marketing, Public Relations
Brintons Carpets Digital Marketing, Public Relations
Certified Angus Beef Meat Brand; 2008
Charleston Hospitality Group Digital Marketing, Positioning, Public Relations
Charleston Symphony Orchestra
Chartwell Hospitality Digital Marketing & Positioning, Public Relations; 2018
Cinnamon Bay
City of Lexington Digital Marketing, Public Relations
City of Santa Barbara Digital Marketing, Positioning, Public Relations
Cliff House Maine Digital Marketing & Positioning, Public Relations; 2018
Coastal Expeditions Digital Marketing & Positioning, Public Relations
Collette; 2018
CompareCards Digital Marketing, Positioning, Public Relations
Crawford High Performance Composites PR, Positioning, Social Marketing
CrowdReach Digital Marketing, Public Relations
Crown of Light
The Cultural Council of Palm Beach
David Citadel Digital Marketing & Positioning, Public Relations; 2018
The Dee Norton Child Advocacy Center, Charleston SC
Deep Water Cay PR, Positioning, Social Marketing
Diageo North America, Inc. Blade & Bow, Digital Marketing & Positioning, Public Relations; 2018
Domestic Estate Management Association
Eagle Rare Bourbon The Eagle Rare Life Award
Elbow Beach, Bermuda Digital Marketing, Positioning, Public Relations
Elior North America Digital Marketing, Positioning, Public Relations; 2017
Emerson Resorts
Five Gables Inn & Spa
Flightgiftcard Digital Marketing & Positioning, Public Relations; 2018
Foxwoods Resorts Casino
Gaillard Center
Geneva Tourism Brand Awareness
Gibbes Museum of Art
Grand Luxury Group Digital Marketing & Positioning, Public Relations; 2018
Greenwich, CT Digital Marketing, Positioning, Public Relations; 2017
GROHE America Digital Marketing, Positioning, Public Relations
Groupe Lucien Barriere
Guayas Province; Ecuador; 2008
Guayas Tourism
Gurney's Inn
Halls Hospitality
Haunted Attraction Association Digital Marketing, Positioning, Public Relations
The High Concepts of the High Lonesome Ranch Digital Marketing, Positioning, Public Relations
High Country Rugs
Hilton Orlando Bonnet Creek; 2008
Holiday Isle Beach Resort & Marina Positioning, Public Relations, Social Marketing
Hornblower Cruises & Events New York Digital Marketing & Positioning, Public Relations
Hotel Ella; Austin, TX
Hotel Le Bristol
Hotelgift Digital Marketing & Positioning, Public Relations; 2018
Housing Solutions
Howard Miller; Zeeland, MI Clocks; 1995
Hunter Douglas Inc. Carole Fabrics, Duette Window Fashions, Horizontal Blinds Div., Pleated Shades Div., Silhouette Window Shadings, Vertical Blinds Div.; 1989
Visit Sacramento
INFONewHaven
The Inn at Dos Brisas
JW Marriott Guanacaste Resort & Spa, Costa Rica Digital Marketing, Positioning, Public Relations
JW Marriott Minneapolis Mall of America
Kentucky Department of Tourism Brand Awareness, Broadcast Exposure, Marketing Communications, Media Relationships, Social Media Partnerships, Special Events
The Kimberly Hotel
Lampe Berger Paris Digital Marketing, Public Relations
L'Apogee Courchevel
Le Massif de Charlevoix
Le Meridien Cancun Resort & Spa; 2008
Leo Trippi Digital Marketing & Positioning, Public Relations; 2018
Lincoln Road Digital Marketing & Positioning, Public Relations
Localike Digital Marketing & Positioning, Public Relations
Lulan Artisans Textiles; 2008
M3; 2018
Mamilla Hotel Digital Marketing & Positioning, Public Relations; 2018
Mandarin Oriental Hotel Group; Causeway Bay, Hong Kong; 1987
Mansion at Peachtree; Atlanta, GA Residence/Hotel Tower; 2008
The Market at Grelen; 2018

AGENCIES - JANUARY, 2019 — PUBLIC RELATIONS FIRMS

Market New Haven Historic Destination; 2008
McCall Farms Digital Marketing, Positioning, Public Relations
MGM Grand at Foxwoods
Montgomery Area Chamber of Commerce
Montreal Highlights & Jazz Festivals
Mount Washington Resort at Bretton Woods
Nantahala Outdoor Center Digital Marketing, Positioning, Public Relations
Naples, Marco Island, Everglades CVB; 2008
Nassau Paradise Island Promotion Board
Natural World Safaris Digital Marketing & Positioning, Public Relations; 2018
New Hampshire Division of Travel & Tourism Development Media
New York Foundation For Senior Citizens Advertising, Creative, Digital Marketing & Positioning, Public Relations, Social Media Services; 2018
Norfolk Convention & Visitors Bureau
North American Properties Lorelei, Media Relations
Oceania Cruises (Agency of Record) Cruise Line, Marketing Communications
Oheka Castle Hotel & Estate Positioning, Public Relations, Social Marketing
Omni La Mansion Del Rio
Panama City Digital Marketing, Public Relations
Paradise Coast Positioning, Public Relations, Social Marketing
Paradise Island Tourism Development Association
Patton Hospitality Management PR, Positioning, Social Marketing
Pink Sands Resort Digital Marketing, Positioning, Public Relations
PlanSource Digital Marketing, Positioning, Public Relations
The Polar Express Digital Marketing & Positioning, PR
Premier Rail Collection Digital Marketing & Positioning, PR
Providence Tourism Council
Prysmian Group North America
Quore
Rail Europe, Inc. (Agency of Record)
Redding CVB Digital Marketing, Positioning, Public Relations; 2017
Regent Seven Seas Cruises
Sandals Resorts International Beach Resorts
Santa Barbara
Sea Pines Community Services Associates Sea Pines Plantation; 2018
Seatrade Cruise Global
Sir Cliff Richard
SnapCap Digital Marketing, Public Relations
Snowmass Tourism Digital Marketing, Public Relations
Sonoma County Tourism Bureau, Vintners, Winegrape Commission
St. Regis Deer Valley
St. Regis Resort & Residences; Miami, FL Condo & Hotel Development; 2008
Tivoli Properties
Tourism Saint Barths Digital Marketing, Public Relations
Tourism Santa Fe Public Relations, Strategic Planning
The Umstead Hotel & Spa
Uncommon Journeys PR, Positioning, Social Marketing
UNITERS North America Digital Marketing, Positioning, Public Relations
Urbangreen Digital Marketing & Positioning, PR
Visit Alexandria Digital Marketing, Public Relations
Visit Natchez Digital Marketing, Positioning, Public Relations
VisitNorfolk
The Waldorf-Astoria; New York, NY The Waldorf Towers; 1990
Waldorf-Astoria Orlando; 2008
Wall Pops
Warwick International Hotels Digital Marketing, Public Relations
Wild Dunes Resort; Charleston, SC
Wilson Associates Architectural Design; 2008

LOUDMAC CREATIVE
98 S Highland Ave Unit 1802, Tarpon Springs, FL 34689
Tel.: (786) 693-2886
Fax: (305) 407-1221
E-Mail: loudmac@gmail.com
Web Site: www.loudmac.com

Employees: 5

Agency Specializes In: Advertising, Affiliate Marketing, Alternative Advertising, Brand Development & Integration, Business Publications, Business-To-Business, Cable T.V., Catalogs, Collateral, Communications, Consulting, Consumer Goods, Consumer Marketing, Consumer Publications, Content, Corporate Communications, Corporate Identity, Crisis Communications, Custom Publishing, Direct Response Marketing, Direct-to-Consumer, E-Commerce, Email, Exhibit/Trade Shows, Graphic Design, Guerilla Marketing, Identity Marketing, Infomercials, Integrated Marketing, Internet/Web Design, Local Marketing, Logo & Package Design, Media Buying Services, Media Planning, Media Relations, Media Training, New Product Development, Newspaper, Newspapers & Magazines, Package Design, Paid Searches, Planning & Consultation, Podcasting, Print, Promotions, Public Relations, Publicity/Promotions, RSS (Really Simple Syndication), Retail, Sales Promotion, Strategic Planning/Research, T.V., Technical Advertising, Telemarketing, Viral/Buzz/Word of Mouth, Web (Banner Ads, Pop-ups, etc.)

Brian McLeod *(Owner)*

Accounts:
42nd Street Studios
International Technology Transfer, Inc. (ITT)
Invent-Tech, Invention Technologies, Inc.
LandMark Productions

LOVIO GEORGE INC.
681 W Forest Ave, Detroit, MI 48201-1113
Tel.: (313) 832-2210
Fax: (313) 831-0240
E-Mail: ideas@loviogeorgeinc.com
Web Site: www.loviogeorge.com/index.htm

Employees: 15
Year Founded: 1979

Agency Specializes In: Advertising, Communications, Direct Response Marketing, Graphic Design, Public Relations

Christina Lovio-George *(Pres & CEO)*
Marlene Bruder *(CFO)*
John George *(VP & Creative Dir)*
Heather George *(VP-Integrated Mktg)*

Accounts:
Cadillac Coffee
Detroit Festival of the Arts
Detroit Riverfront Conservancy
Detroit Symphony Orchestra
EWI Worldwide
Exhibit Works; Livonia, MI Exhibit & Museum Design
Ilitch Holdings
The Parade Company
Wayne State University; Detroit, MI School of Business; 2000

LPC, INC
2307 Kinney Rd, Austin, TX 78704
Tel.: (512) 444-2066
E-Mail: research@lpcprint.com
Web Site: www.lpcprint.com

Year Founded: 1998

Agency Specializes In: Collateral, Communications, Consumer Goods, Content, Event Planning & Marketing, Internet/Web Design, Print, Production, Public Relations, Social Media, Technical Advertising

Jennifer Dochstader *(Co-Founder & Partner)*
David Walsh *(Co-Founder & Principal)*

Accounts:
New-Tag & Label Manufacturers Institute, Inc (Agency of Record)

LT PUBLIC RELATIONS
917 SW Oak St Ste 303, Portland, OR 97205
Tel.: (503) 477-9215
Web Site: www.ltpublicrelations.com

Employees: 10

Agency Specializes In: Content, Crisis Communications, Media Relations, Media Training, Public Relations, Social Media, Strategic Planning/Research

Casey Boggs *(Pres)*

Accounts:
Cabelas Tualatin
Luke-Dorf

LUCAS PUBLIC AFFAIRS
1215 K St Ste 1010, Sacramento, CA 95814
Tel.: (916) 492-2707
Web Site: lucaspublicaffairs.com

Employees: 50
Year Founded: 2006

Agency Specializes In: Advertising, Communications, Crisis Communications, Digital/Interactive, Exhibit/Trade Shows, Government/Political, Media Relations, Social Marketing/Nonprofit, Social Media, Strategic Planning/Research

Donna Lucas *(Pres & CEO)*
Carri Ziegler *(Sr VP)*
Travis Taylor *(Sr VP)*
Justin Knighten *(VP)*
Miroslava de la O. *(Dir-Ops)*
Rebecca Sloan *(Acct Supvr)*
Matt Mahon *(Acct Supvr)*
Michelle Baker *(Acct Exec)*
Daisy Castellon *(Acct Exec)*
Jordan Stout *(Acct Exec)*

Accounts:
New-Best Buddies International
New-Team Maria

LUCKY BREAK PUBLIC RELATIONS
5812 W 3rd St, Los Angeles, CA 90036
Tel.: (323) 602-0091
E-Mail: info@luckybreakpr.com
Web Site: www.luckybreakpr.com

Year Founded: 2010

Agency Specializes In: African-American Market, Brand Development & Integration, Communications, Digital/Interactive, Event Planning & Marketing, Health Care Services, Multicultural, Public Relations, Social Marketing/Nonprofit, Strategic Planning/Research, Travel & Tourism

Mike Stommel *(Founder & Principal)*

PUBLIC RELATIONS FIRMS — AGENCIES - JANUARY, 2019

Alfredo Diaz *(Principal)*
Ashley Mason-Greene *(Principal)*
Kris Ferraro *(Principal)*
Dave Croy *(Principal-Design)*

Accounts:
New-Brass Ring Spirit Brands LLC Whiskey Girl
New-Bulletproof Labs
New-The Cavalier
New-Covenant House California
New-Dark Corner Distillery
New-Escape Room LA
New-Tabanero
New-Trade Vic's
New-Tradervics Ventures
New-The Willows

LUKAS PARTNERS
11915 P St Ste 100, Omaha, NE 68137
Tel.: (402) 895-2552
E-Mail: info@lukaspartners.com
Web Site: www.lukaspartners.com

Employees: 10
Year Founded: 1973

Agency Specializes In: Event Planning & Marketing, Public Relations, Social Media

Joan Lukas *(Owner & Pres)*
Tom McLaughlin *(Partner & VP)*
Kevin Schuster *(Dir-Client Accts)*
Caroline Gran *(Sr Acct Exec)*
Diane Knicky *(Sr Acct Exec)*

Accounts:
Bank of the West
Outlook Nebraska Inc
U.S. Cellular

LUMINA COMMUNICATIONS
(Formerly Gutenberg Communications)
555 8Th Ave Rm 2210, New York, NY 10018
Tel.: (212) 239-8475
Fax: (212) 239-8476
E-Mail: info@gutenbergpr.com
Web Site: luminapr.com/

Employees: 40

Agency Specializes In: Public Relations

Harjiv Singh *(Co-Founder & Co-CEO-Gutenberg Comm)*
Hugh Burnham *(CEO)*
Michael Gallo *(Mng Dir)*
Liana Hawes *(VP-Media Strategy)*
Brianne Fortuna *(Assoc Dir)*

Accounts:
BeyondTrust
Group FMG
Total Defense, Inc.

LUNTZ GLOBAL
1401 K St NW, Washington, DC 20005
Tel.: (703) 330-3784
Web Site: www.luntzglobal.com/

Employees: 50

Agency Specializes In: Brand Development & Integration, Communications, Corporate Communications, Crisis Communications, Product Placement, Public Relations

Frank Luntz *(Founder & Pres)*
Alyssa Salvo *(Pres)*
Phillip J. Morris *(VP)*
Suzanne Conte *(Media Dir)*

Accounts:
AARP
CBS
CKE Restaurants
Delta
HBO
Hilton Worldwide
Nascar
Pfizer
Pramount Pictures
The Walt Disney Company

LUXURIA PUBLIC RELATIONS
1761 Hotel Cir S Ste 226, San Diego, CA 92108
Tel.: (619) 487-0363
E-Mail: contact@luxuriapr.com
Web Site: www.luxuriapr.com

Employees: 2

Agency Specializes In: Collateral, Event Planning & Marketing, Media Relations, Media Training, Public Relations, Social Media

Jamie Paris *(Partner)*

Accounts:
Blo
Blow Hookah
Lupita Morales
Togally

LYNN ARONBERG PUBLIC RELATIONS
525 S Flagler Drive, West Palm Beach, FL 33401
Tel.: (305) 509-9958
Web Site: lynnaronberg.com/

Employees: 5

Agency Specializes In: Event Planning & Marketing, Internet/Web Design, Media Relations, Public Relations, Social Media

Lynn Aronberg *(Owner)*
Rob Jaynes *(VP-Mktg)*
Ashton Landgraf *(VP-Ops)*
Neil Reynolds *(Dir-European Ops)*

Accounts:
Beth Bentley

LYNOTT & ASSOCIATES
2240 E Cobalt Dr Unit 12, Saint George, UT 84790
Tel.: (303) 460-8080
Fax: (303) 460-7272
E-Mail: info@lynottpr.com
Web Site: www.lynottpr.com

Year Founded: 1986

Agency Specializes In: Advertising, Corporate Communications, Crisis Communications, Media Relations, Public Relations, Strategic Planning/Research

Yvonne Lynott *(Partner)*
Greg Lynott *(Sr Partner)*

Accounts:
Conduant Digital Recording Services
Core logic SafeRent

LYONS PUBLIC RELATIONS, LLC
10410 N Kensington Pkwy Ste 305, Kensington, MD 20895
Tel.: (301) 942-1306
Fax: (301) 942-1361
E-Mail: info@lyonspr.com
Web Site: www.lyonspr.com

Employees: 20

Agency Specializes In: Broadcast, Media Buying Services, Media Relations, Public Relations, Radio, T.V.

Dan Lyons *(Pres)*
Mercedes Marx *(Mng Dir)*
Kelsey Stone *(Acct Exec)*

Accounts:
Kaiser Permanente

M&C SAATCHI PUBLIC RELATIONS
88 Pine St Fl 30, New York, NY 10005
Tel.: (646) 619-2797
Fax: (917) 208-6325
Web Site: mcsaatchipublicrelations.com

Employees: 40
Year Founded: 1995

Agency Specializes In: Communications, Public Relations

Rob Shepardson *(Co-Chm)*
Lenny Stern *(Co-Chm)*
Richard Barker *(Exec VP)*
Laura Bonnema *(Acct Supvr)*
Brittany Pearson *(Acct Supvr)*
Amanda Skudlarek *(Sr Creative Dir)*

Accounts:
Alzheimer's Association Public Relations Strategy, Rita Hayworth Gala
Association of Volleyball Professionals Media Outreach
Bentley Motors (Communications Agency of Record)
Capcom Resident Evil 7: Biohazard, Street Fighter V
The Financial Times Brand Campaign, CRM & Audience Development, Out-of-Home
GameHedge (US Communications Agency of Record) Brand, Digital, Media Relations
General Electric
Green Park Brands Communications, Hippeas (Agency of Record)
IT'Sugar Communications Strategy, Consumer Awareness, Public Relations
MegaRed Campaign: "Whose Heart Do You Love"
The National Center for Entrerpreneurship & Innovation
New York Cosmos Gala, Media Outreach, Strategy
NYC Pride Campaign: "Virtual Pride Day"
Pernod Ricard
PROFOOT Marketing
Reckitt Benckiser
Schiff Nutrition
Sonos, Inc.; 2018
Thomson & Scott Skinny (US Communications Agency of Record) Consumer
Ubersense Media, PR, Strategic Development
Ubisoft Entertainment S.A. International Media, Starlink: Battle for Atlas, UK Public Relations
Ugg PR
United States Olympic Committee

M&G/ERIC MOWER + ASSOCIATES
845 3rd Ave, New York, NY 10022
Tel.: (212) 980-9060
Fax: (212) 759-6521
Web Site: https://www.mower.com/

Employees: 15

National Agency Associations: 4A's

Mary Gendron *(Mng Dir & Sr VP)*
Patricia Nugent *(Grp VP-PR)*
Jamie Scalici *(Acct Dir-PR)*
Lucy Vlahakis *(Dir-Content)*

AGENCIES - JANUARY, 2019 PUBLIC RELATIONS FIRMS

Gerard Mctigue *(Acct Exec-PR)*
Brock Talbot *(Acct Exec-PR)*

Accounts:
Pelcor PR
Trump Hotel Las Vegas
Trump International Hotel & Tower Chicago
Trump SoHo New York

M&P FOOD COMMUNICATIONS, INC.
PO Box 10010, Chicago, IL 60610
Tel.: (312) 201-9101
Fax: (312) 201-9161
E-Mail: foodexperts@mpfood.com
Web Site: www.mpfood.com

Employees: 10
Year Founded: 1987

Agency Specializes In: Collateral, Communications, Event Planning & Marketing, Exhibit/Trade Shows, Health Care Services, Local Marketing, Media Relations, Product Placement, Public Relations, Radio, Sponsorship, Strategic Planning/Research

Brenda McDowell *(Owner)*

Accounts:
Dreamfields Foods Pasta
Seneca Foods Corporation
United Dairy Industry Association
Wilton Enterprises, Inc

M GROUP STRATEGIC COMMUNICATIONS
7 World Trade Center 46th Flr 250 Greenwich St, New York, NY 10007
Tel.: (212) 266-0190
E-Mail: info@mgroupsc.com
Web Site: www.mgroupsc.com

Employees: 6

Agency Specializes In: Communications, Corporate Communications, Crisis Communications, Investor Relations, Media Relations, Public Relations, Social Media

Jay Morakis *(Pres & CEO)*
Glenn Wiener *(Partner-IR, Media Rels & Internal Comm)*
Thomas Graham *(Mng Dir-Media Rels)*
Amy Shey Jacobs *(Mng Dir-Lifestage Consumer, Branding & Experiential Events)*
Torie Von Alt *(Mng Dir-Corp Positioning, Crisis Comm & Thought Leadership)*
Matthew Luckwitz *(Dir-Content Creation & Collateral Matls)*
Jennifer Zullo *(Dir-Graphic Design, Collateral Matls & Corp Branding)*

Accounts:
New-Benitec Biopharma Limited

M. SILVER/A DIVISION OF FINN PARTNERS
747 3rd Ave Fl 23, New York, NY 10017-2803
Tel.: (212) 754-6500
Fax: (212) 754-6711
E-Mail: info@msilver-pr.com
Web Site: https://www.finnpartners.com/about/brands/m-silver.html

E-Mail for Key Personnel:
President: virginia@msilver-pr.com

Employees: 40
Year Founded: 1970

Agency Specializes In: Business-To-Business, Communications, Consumer Marketing, Corporate Communications, Crisis Communications, Event Planning & Marketing, Guerilla Marketing, Hospitality, Integrated Marketing, Luxury Products, Media Relations, Media Training, Pets , Podcasting, Promotions, Public Relations, Publicity/Promotions, Social Marketing/Nonprofit, Strategic Planning/Research, Trade & Consumer Magazines, Travel & Tourism, Viral/Buzz/Word of Mouth

Approx. Annual Billings: $4,500,000

Maria Brewer *(VP)*

Accounts:
Aviva Hotels
Capella Washington, D.C Events, Media Development, Promotions, Strategic Partnerships
Epic
Hotel Sierra
Interjet Events, Media Development, Promotions, Strategic Partnerships
Jumeirah International
Lodge Works
One Atlantic
The Polo Club of Boca Raton Events, Media Development, Promotions, Strategic Partnerships
Pure Solutions LLC
The Residences at the Ritz-Carlton; Grand Cayman
Sheraton Nassau
Singapore Tourism Board
St. Giles Hotel New York Brand Strategy, Media Relations, Promotions & Business Partnerships, Public Relations, Social Media Communications, Special Events
St. Regis Resort Events, Media Development, Promotions, Strategic Partnerships
Turkey
Westin Rocoki; Dominican Republic

Branch

M. Silver Associates Inc.
110 E Broward Blvd Ste 1950, Fort Lauderdale, FL 33301-3532
Tel.: (954) 765-3636
Fax: (954) 765-3441
E-Mail: rosalie@msilver-pr.com
Web Site: https://www.finnpartners.com/about/brands/m-silver.html

Employees: 7

Agency Specializes In: Public Relations

Morris Silver *(CEO)*

Accounts:
Aruba
Epic Hotel
Hotel Sierra
Lodge Works
The Palmyra
The Plaza
Singapore Tourism Board
Turkey
Weastin

M-SQUARED PUBLIC RELATIONS
241 W Wieuca Rd Ste 260, Atlanta, GA 30342
Tel.: (404) 303-7797
E-Mail: hello@msquaredpr.com
Web Site: www.msquaredpr.com

Employees: 10

Agency Specializes In: Brand Development & Integration, Crisis Communications, Event Planning & Marketing, Media Relations, Public Relations

Marsha Middleton *(Pres & CEO)*
Michelle Labovitz *(Acct Exec)*

Accounts:
Chef Linkie Marais
Four Seasons Hotel Atlanta

M18 PUBLIC RELATIONS
119 W 23rd St Ste 500, New York, NY 10011
Tel.: (212) 604-0318
E-Mail: info@m18pr.com
Web Site: www.m18pr.com

Employees: 25
Year Founded: 2010

Agency Specializes In: Hospitality, Public Relations, Real Estate

Michael Tavani *(Co-Founder)*
Joey Arak *(Partner)*
Nicola Amos *(Dir-Hospitality)*
Christina Cherry *(Assoc Dir)*
Elena Gaudino *(Assoc Dir-Real Estate)*
Brittany Wechsler *(Sr Acct Exec)*
Natalie Weiner *(Acct Exec)*
Brooke Goldberg *(Acct Coord)*

Accounts:
Chelsea Improvement Company
The Line Hotel; Los Angeles
Macklowe Properties 432 Park Avenue Luxury Apartments
The NoMad Hotel; New York

MACCABEE GROUP, INC.
211 N 1st St Ste 425, Minneapolis, MN 55401
Tel.: (612) 337-0087
Fax: (612) 337-0054
E-Mail: paul@maccabee.com
Web Site: maccabee.com

Employees: 5
Year Founded: 1996

Agency Specializes In: Communications, Crisis Communications, Direct Response Marketing, Event Planning & Marketing, Government/Political, Identity Marketing, Internet/Web Design, Local Marketing, Magazines, Media Relations, Media Training, Newspaper, Pets , Public Relations, Publicity/Promotions, Radio, Social Marketing/Nonprofit, Sponsorship, T.V.

Paul Maccabee *(Owner & Pres)*
Gwen Chynoweth *(Chief Talent Officer & Exec VP)*
Jean M. Hill *(Sr VP)*
Jessica Petrie *(Acct Mgr)*
Megan Benedict *(Acct Exec)*
Jenna Croymans *(Asst Acct Exec)*

Accounts:
Bercom, Inc. Handy Paint Products
Cushman & Wakefield/NorthMarq
GNP Company
Health e fx Public Relations, Social Media Marketing
ImpediMed Limited Content Marketing, Public Relations, Social Media
LifeSpeak Inc US Public Relations & Marketing Communications
Mall of America Edina Realty, FlyOver America, Public Relations, Social Media Marketing
Manchester Airports Group Public Relations
Minneapolis Marriott Southwest Hotel Blue Birch Restaurant, Public Relations, Social Media Marketing

1573

PUBLIC RELATIONS FIRMS
AGENCIES - JANUARY, 2019

National Theatre for Children
PeopleNet
RBA
RiverMend Health Corporate Communications, Media Relations, Public Relations, Social Media Marketing
Start Fresh Recovery Program Communications, Media Relations, Public Relations, Social Media Marketing
TDX Tech Public Relations, Social Media Marketing

MACIAS PR
349 5th Ave, New York, NY 10016
Tel.: (646) 770-0541
Web Site: www.maciaspr.com

Employees: 10

Agency Specializes In: Crisis Communications, Internet/Web Design, Newspaper, Public Relations, Social Media

Mark Macias *(Founder & Owner)*

Accounts:
Provident Loan

MADEIRA PUBLIC RELATIONS
15019 Madeira Way #86254, Madeira Beach, FL 33738
Tel.: (800) 516-7713
Web Site: www.madeirapr.com

Employees: 5
Year Founded: 2011

Agency Specializes In: Content, Crisis Communications, Media Training, Public Relations, Social Media

Heather Grzelka *(Principal)*
Janan Talafer *(Acct Coord-Healthy Air Campaign)*

Accounts:
New-The ALS Association

MAHOGANY BLUE PR
2729 Merrillee Dr Ste 413, Fairfax, VA 22031
Tel.: (312) 375-2752
Web Site: www.mahoganybluepr.com

Agency Specializes In: Media Relations, Public Relations, Social Media

Angel West *(Specialist-PR & Digital Mktg)*

Accounts:
Blush Wedding & Event Planning

MAIER & WARNER PUBLIC RELATIONS
90 Church St, Rockville, MD 20850
Tel.: (301) 424-4141
Web Site: www.maierwarnerpr.com

Employees: 5

Agency Specializes In: Advertising, Brand Development & Integration, Collateral, Communications, Crisis Communications, Graphic Design, Logo & Package Design, Media Relations, Media Training, Public Relations

Kristine Warner *(Mng Partner)*
Charlie Maier *(Partner)*
Jennifer Shepherd *(CFO)*

Accounts:
JBG Companies

MAKOVSKY INTEGRATED COMMUNICATIONS
16 E 34th St 15th Fl, New York, NY 10016
Tel.: (212) 508-9600
Fax: (212) 751-9710
E-Mail: info@makovsky.com
Web Site: www.makovsky.com

Employees: 50
Year Founded: 1979

National Agency Associations: CIPR

Agency Specializes In: Business-To-Business, Electronic Media, Financial, Health Care Services, High Technology, Investor Relations, Sponsorship

Ken Makovsky *(Pres)*
Robbin Goodman *(Partner & Exec VP)*
Michael Kaczmarski *(CFO & Exec VP-Severn Bank)*
Stacey Jaffe Wachtfogel *(Chief HR Officer & Exec VP)*
Douglas Hesney *(Exec VP & Head-Fin & Pro Svcs Practice)*
Rob Schachter *(Exec VP & Deputy Head-Health)*
Lee A Davies *(Sr VP & Client Svcs Dir-Health Practice)*
Andrea Morgan *(Sr VP)*
Chris Mitchell *(Dir-Gen Acctg)*

Accounts:
Alexion Pharmaceuticals
Amarin Corporation
Aspex Eyewear (Agency of Record) EasyClip, EasyTwist, Greg Norman, Messaging, Strategy, Takumi
ATM Corporation
Bausch & Lomb, Inc.
Charles Schwab & Co., Inc.
Corporate Resource Services, Inc. Communications, Media Relations Strategy, Public & Investor Relations Agency of Record
Dataram Corporation Communications Campaign
Docent, Inc.
Equities First Holdings Branding, Corporate Identity, Interactive, Public Relations, Reputation Management, Social Media, Website
Frank Crystal & Company Branding, Corporate Identity, Interactive, Marketing, Public Relations, Social Media, Website
The Future In Focus Press, Public Relations
General Motors Asset Management
Johnson & Johnson
LC Connect
Metropolitan Museum of Art
National Financial Partners
Neoprobe Corp.
PogoCam
Publicis Healthcare
Rocket Racing League Public Relations
Russell Reynolds Associates (Agency of Record); 2008
Touchstone Funds
TradeWeb
Trinseo
Weiss, Peck & Greer
Yasheng Group

MALEN YANTIS PUBLIC RELATIONS
PO Box 4868, Vail, CO 81658
Tel.: (970) 949-7919
E-Mail: info@myprco.com
Web Site: www.myprco.com

Employees: 2
Year Founded: 2007

Agency Specializes In: Brand Development & Integration, Crisis Communications, Media Training, Public Relations, Social Media

Kristin Yantis *(Principal)*

Accounts:
Black Tie Ski Rentals
Resort at Squaw Creek

MANA MEANS ADVERTISING & PUBLIC RELATIONS
1088 Bishop St Ste 1209, Honolulu, HI 96813
Tel.: (808) 521-1160
Fax: (808) 521-1104
E-Mail: info@manameansadvertising.com
Web Site: www.manameansadvertising.com

Employees: 10

Agency Specializes In: Public Relations

Janet M. Scheffer *(Pres & CEO)*
Richard Scheffer *(Creative Dir)*

Accounts:
Century 21
G P Roadway Solutions
Hawaii Yacht Club
Hawaiian Eye Center
Security One
SMEI

MANIFEST
79 Madison Ave, New York, NY 10016
Tel.: (646) 893-3009
E-Mail: hello@manifest.nyc
Web Site: www.manifest.rocks

Employees: 10

Agency Specializes In: Brand Development & Integration, Content, Digital/Interactive, Graphic Design, Media Relations, Public Relations, Social Media

Eric Goodstadt *(Pres)*
Jessica Becker *(Mng Dir)*
David Barron *(CFO & COO)*
Liz Koman *(CMO)*
Sacha Reeb *(Chief Creative Officer)*
Shaun Beaumont *(VP-Brand)*
David Watsky *(Acct Dir)*
Lucy Rogers *(Mgr-Campaigns)*
Jennifer Marder *(Grp Publr-Manifest Media Ventures)*

Accounts:
Alamo Rental Car
Amtrak
Badi Global Communication; 2018
BrewDog Public Relations Strategy
Burger & Lobster
CDW Corporation
Closed on Mondays
Delta Faucet
Glug Creative Community, Design, Global Public Relations
Hot Octopuss
La Tasca
Marriott International, Inc. JW Marriott
Mayo Clinic
Morph Costumes
Nestle Purina PetCare Company Purina
The Plum Guide The Michelin Guide; 2018
Staples
Sugru
Viber
William Reed International Wine Challenge

MANNFOLK PR
606 N Larchmont Blvd Ste 206, Los Angeles, CA 90004
Tel.: (323) 460-2633
Web Site: www.mannfolkpr.com

AGENCIES - JANUARY, 2019 — PUBLIC RELATIONS FIRMS

Employees: 12
Year Founded: 2000

Agency Specializes In: Advertising, Brand Development & Integration, Event Planning & Marketing, Media Relations, Public Relations, Social Media, Strategic Planning/Research

Dorothy Mannfolk *(Owner)*

Accounts:
Evaluna Blogs, Digital, Media Outreach, Social Media, Website; 2017
Pink Basis

MANTRA PUBLIC RELATIONS, INC.
110 W 26th St 3rd Fl, New York, NY 10001
Tel.: (212) 645-1600
Fax: (212) 989-6459
Toll Free: (800) 556-9495
E-Mail: info@mantrapublicrelations.com
Web Site: www.mantrapublicrelations.com

Employees: 3
Year Founded: 1987

Agency Specializes In: Affluent Market, Arts, Automotive, Aviation & Aerospace, Broadcast, Business-To-Business, Cable T.V., Children's Market, Communications, Computers & Software, Consulting, Consumer Goods, Consumer Publications, Corporate Communications, Corporate Identity, Cosmetics, Crisis Communications, Digital/Interactive, Education, Electronic Media, Electronics, Engineering, Entertainment, Environmental, Event Planning & Marketing, Faith Based, Fashion/Apparel, Financial, Food Service, Government/Political, Health Care Services, High Technology, Hospitality, Household Goods, Industrial, Information Technology, International, LGBTQ Market, Leisure, Luxury Products, Magazines, Media Relations, Media Training, Medical Products, Men's Market, Multicultural, New Product Development, New Technologies, Newspaper, Newspapers & Magazines, Over-50 Market, Pets, Pharmaceutical, Planning & Consultation, Print, Product Placement, Public Relations, Publicity/Promotions, Radio, Real Estate, Restaurant, Retail, Seniors' Market, Social Media, Strategic Planning/Research, T.V., Teen Market, Trade & Consumer Magazines, Transportation, Travel & Tourism, Tween Market, Urban Market, Women's Market

Approx. Annual Billings: $1,000,000

Breakdown of Gross Billings by Media: Fees: $1,000,000

Gaye Carleton *(Founder & Pres)*

Accounts:
Cascade Coil Drapery Architectural Products
inFormed Space; Sonoma, CA Non Functional Furniture for the Staging Industry; 2011
Portico West; San Francisco, CA Real Estate Development; 2001

MAPLES COMMUNICATIONS, INC.
2591 Acero, Mission Viejo, CA 92691-2784
Tel.: (949) 276-7119
Fax: (949) 855-3566
E-Mail: info@maples.com
Web Site: www.maples.com

Employees: 13
Year Founded: 1993

National Agency Associations: PRSA

Agency Specializes In: High Technology

Robert Maples *(Pres)*

Accounts:
(ISC)2
Atlantic
Cisco Consumer Business Group (Agency of Record)
Fujitsu Microelectronics
Networks-in-Motion

MARC GENDRON PR
28 Rockland St, Wellesley Hills, MA 02481
Tel.: (781) 237-0341
Fax: (866) 735-8272
Web Site: http://mgpr.net/

Year Founded: 1997

Agency Specializes In: Brand Development & Integration, Business-To-Business, Digital/Interactive, Media Relations, Media Training, Public Relations, Social Media

Marc Gendron *(Pres)*

Accounts:
New-RiskSense, Inc.

MARCH COMMUNICATIONS
226 Causeway St 4th Fl, Boston, MA 02114
Tel.: (617) 960-9875
Fax: (617) 960-9876
E-Mail: info@marchpr.com
Web Site: https://www.marchcomms.com/

Employees: 30

Agency Specializes In: Communications, Content, Digital/Interactive, Public Relations, Search Engine Optimization, Social Media, Sponsorship

Martin Jones *(CEO)*
Cheryl Gale *(Mng Partner)*
Jodi Petrie *(Exec VP-Consumer Innovation)*
Juliana Allen *(Sr VP)*
Parry Headrick *(Sr VP-Mktg & Comm)*
Erica Frank *(VP)*
James Gerber *(Acct Dir)*
Stephanie Jackman *(Acct Dir)*
Caroline Black *(Dir-Digital Strategy)*
Andrew Grzywacz *(Mgr-Content)*
Hanah Johnson *(Acct Supvr)*
Samantha Powers *(Acct Supvr)*
Alex Jafarzadeh *(Sr Acct Exec)*
Hailey Melamut *(Sr Acct Exec)*
Kalyn Schieffer *(Sr Acct Exec)*

Accounts:
3Q Digital Content Marketing, Email Marketing
Analog Devices
ArcTouch Content Marketing, Email Marketing
ASG Software Solutions
Brand Protect
Cambridge Consultants
Canonical
CloudSigma
CSR
Deep Information Sciences Content Marketing, Email Marketing
New-Drift Public Relations; 2018
Duracell
Dynatrace (North America Communications & Public Relations Agency of Record) Content, Thought Leadership; 2018
Fasetto Content Marketing, Email Marketing
FitNatic Content Marketing, Email Marketing
Ladder Brand Awareness, Public Relations; 2018
LEGO Education
Marxent
MathWorks

Mimecast Public Relations
New-Mindbreeze Public Relations; 2018
Mobally
New-Neurala Public Relations; 2018
New-Notarize Public Relations; 2018
Open-Xchange
OriginGPS Content Marketing, Email Marketing
OrthoLite
New-PROS Public Relations; 2018
The Rey3 Design Collaborative Brand Messaging, Marketing Communications, Public Relations, Social Media
Scredible Content Marketing, Email Marketing
Sidekick Digital, Public Relations, Social Campaigns; 2018
Sophos (North America Public Relations Agency of Record) Creative, Events, Media, Strategic Planning
Taykey Public Relations
ThirdChannel Media & Influencer Programs; 2018
Trapit
New-Vault Public Relations; 2018
YO At Home Fertility Test Global Marketing Campaign, Paid Digital, Public Relations, Social; 2018
New-Zillion Public Relations

MARDIKS PUBLIC RELATIONS
128 Willow St, Brooklyn, NY 11201
Tel.: (646) 283-5273
Web Site: www.mardikspr.com

Employees: 10

Agency Specializes In: Brand Development & Integration, Business-To-Business, Communications, Content, Digital/Interactive, Event Planning & Marketing, Investor Relations, Media Relations, Public Relations, Social Media, Travel & Tourism

Charles Mardiks *(Pres & Mng Dir)*
Elisa Fershtadt *(Specialist-PR & Media Comm)*
Stacey Zable *(Specialist-Mktg Content)*

Accounts:
New-Condor Airlines
New-Fareness LLC
New-GroundLink Holdings LLC
New-Safari Pros Group
New-Team San Jose
New-Thomas Cook Airlines Ltd
Visit Sarasota County; 2017
New-Wendy Wu Tours USA

MARGIE KORSHAK INC.
875 N Michigan Ave Ste 1535, Chicago, IL 60611
Tel.: (312) 751-2121
Fax: (312) 751-1422
E-Mail: ledwards@korshak.com
Web Site: www.korshak.com

E-Mail for Key Personnel:
President: mkorshak@korshak.com
Media Dir.: lplumbtree@korshak.com

Employees: 30
Year Founded: 1969

Agency Specializes In: Advertising, Brand Development & Integration, Business Publications, Children's Market, Communications, Consulting, Consumer Marketing, Consumer Publications, Electronic Media, Entertainment, Event Planning & Marketing, Fashion/Apparel, Graphic Design, Magazines, Media Buying Services, Newspaper, Newspapers & Magazines, Print, Public Relations, Publicity/Promotions, Radio, Restaurant, Retail, Sports Market, T.V., Trade & Consumer Magazines, Travel & Tourism

Approx. Annual Billings: $2,500,000

PUBLIC RELATIONS FIRMS

Breakdown of Gross Billings by Media: Radio: $1,250,000; T.V.: $1,250,000

Margie Korshak *(Chm)*
Janie Goldberg-Dicks *(Pres)*
Carleigh Rinefierd *(Grp Supvr)*

Accounts:
Elizabeth Arden Salon
Encyclopedia Britannica, Inc.
Exhale Spa
Gap
Illinois Lottery
Illinois Office of Tourism
J. Brach Corporation
Lettuce Entertain You Enterprises Restaurants; Chicago, IL; 1997
McDonald Owners of Chicagoland & N.W. Indiana; Chicago, IL; 1997
McDonald's Corporation
Piper Sonoma Wines
Pump Room
Sofitel
Spago
The Upjohn Company

MARIA CHRISSOVERGIS PUBLIC RELATIONS
567 St Claude Pl, Jacksonville, FL 32259
Tel.: (904) 762-4573
E-Mail: info@mcpragency.com
Web Site: www.mcpragency.com

Employees: 5
Year Founded: 2012

Agency Specializes In: Advertising, Content, Event Planning & Marketing, Internet/Web Design, Media Planning, Media Relations, Media Training, Public Relations, Social Media, Strategic Planning/Research

Maria Chrissovergis *(Owner & Creative Dir)*
Jennifer Cline *(VP)*
Anastasia Mann *(Mgr-Digital Mktg)*

Accounts:
Cote Renard Architecture
Dunes Properties
Kiawah & Seabrook Real Estate & Rentals
Orangetheory Fitness
Paradise Key
Point Pleasant Resort
Youth Crisis Center

MARINA MAHER COMMUNICATIONS
830 3rd Ave, New York, NY 10022
Tel.: (212) 485-6800
Fax: (212) 355-6318
Web Site: http://www.hellommc.com

E-Mail for Key Personnel:
President: mmaher@mahercomm.com

Employees: 150
Year Founded: 1983

National Agency Associations: COPF

Agency Specializes In: Brand Development & Integration, Branded Entertainment, Broadcast, Business Publications, Children's Market, Collateral, College, Communications, Consulting, Consumer Goods, Consumer Marketing, Consumer Publications, Content, Copywriting, Corporate Communications, Corporate Identity, Cosmetics, Crisis Communications, Digital/Interactive, Direct-to-Consumer, Entertainment, Event Planning & Marketing, Exhibit/Trade Shows, Experience Design, Experiential Marketing, Fashion/Apparel, Food Service, Graphic Design, Health Care Services, Household Goods, Identity Marketing, Integrated Marketing, Local Marketing, Luxury Products, Magazines, Market Research, Media Buying Services, Media Planning, Media Relations, Media Training, Medical Products, Men's Market, Mobile Marketing, Multimedia, New Product Development, Newspaper, Newspapers & Magazines, Over-50 Market, Pharmaceutical, Planning & Consultation, Public Relations, Publicity/Promotions, Radio, Regional, Retail, Social Marketing/Nonprofit, Social Media, Sponsorship, Stakeholders, Strategic Planning/Research, T.V., Teen Market, Trade & Consumer Magazines, Tween Market, Urban Market, Viral/Buzz/Word of Mouth, Women's Market

Ali Brafman Kohut *(Partner & VP)*
Joydeep Dey *(Chief Strategy Officer)*
Diane Fakhouri *(Chief People Officer)*
Edwin Endlich *(Sr VP & Dir-Content Mktg)*
Samantha Halpern *(Sr VP)*
Rachel Lenore *(Sr VP)*
Amy Wein *(Sr VP)*
Lisa Fern-Talbot *(Mng Dir-Healthcare Strategy & Bus Dev)*
David Richeson *(Mng Dir-Digital Strategy & Innovation)*
Kristin Daly *(VP & Sr Project Mgr)*
Tamiko Evans *(VP-Mktg & Bus Dev)*
Lily M Hoffman *(VP & Assoc Creative Dir)*
Louise Molony *(VP)*
Thomas LaBelle *(Mgr-Healthcare Media & Acct Supvr)*
Alexandra Kahrer *(Sr Acct Supvr)*
Stacey Levine *(Acct Supvr & Strategist-Media Influence)*
Noelle Carnevale *(Acct Supvr)*
Jenna Hreshko *(Acct Supvr)*
Andrea Restrepo Llano *(Sr Acct Exec-Digital)*
John Colucci *(Assoc Strategist)*
Matthew Rotker *(Grp Sr VP-Fin)*
Lindsey Thompson *(Grp Sr VP)*

Accounts:
Bayer Aleve, Aspirin, Claritin, Dr. Scholls
Celgene Abraxane, Otezla
Coty CoverGirl
Eisai Epilepsy Franchise
Galderma Aesthetics & Correctives
Johnson & Johnson Acuvue, Corporate
Merck Corporate, Merck Manuals, Merck for Mothers, Women's Health
The Procter & Gamble Company Fabric Care, Head & Shoulders, Herbal Essences, P&G Olympics, Venus

MARIPOSA COMMUNICATIONS
379 W Broadway Fl 5, New York, NY 10012
Tel.: (212) 534-7939
E-Mail: info@mariposa-communications.com
Web Site: www.mariposa-communications.com

Employees: 10

Agency Specializes In: Digital/Interactive, Public Relations, Social Media

Liz Anthony *(Founder & Pres)*

Accounts:
Kiel James Patrick
Rosena Sammi Jewelry

THE MARKET CONNECTION
20051 SW Birch St, Newport Beach, CA 92660
Tel.: (949) 851-6313
Fax: (949) 833-0253
E-Mail: tmc@tmcauto.com
Web Site: www.tmcauto.com

Employees: 2
Year Founded: 1986

Agency Specializes In: Advertising, Automotive, Collateral, Consulting, Consumer Publications, Corporate Communications, Event Planning & Marketing, Graphic Design, Media Relations, Public Relations, Publicity/Promotions, Publishing, Trade & Consumer Magazines

Accounts:
Toyo Tire USA Corp.; Cypress, CA Toyo Tires

MARKETCOM PUBLIC RELATIONS, LLC
36 E 23rd St 3rd Fl, New York, NY 10010
Tel.: (212) 537-5177
E-Mail: lbrophy@marketcompr.com
Web Site: www.marketcompr.com

Employees: 8

Greg Miller *(Founder & Pres)*
Laura Brophy *(Dir-Client Svcs & New Bus Dev)*
Sue Mattison *(Mgr-Client Support)*
Joan Motyka *(Sr Writer)*
Rosalia Scampoli *(Sr Media Dir)*

Accounts:
Altus Capital Partners
Association Junior League International
Canon Communications LLC; 2006
DMi Partners
GNC Financial Communications
J.G. Wentworth; 2007
Park Madison Partners
Summit Business Media

MARKETING MAVEN PUBLIC RELATIONS, INC.
2390 C Las Posas Rd Ste 479, Camarillo, CA 93010
Tel.: (310) 994-7380
Fax: (310) 868-0222
E-Mail: info@marketingmavenpr.com
Web Site: http://www.marketingmaven.com/

Employees: 30
Year Founded: 2009

Agency Specializes In: Direct Response Marketing, Event Planning & Marketing, Hispanic Market, Internet/Web Design, Public Relations, Search Engine Optimization, Social Media

Lindsey Carnett *(Pres & CEO)*
Aljolynn Sperber *(Mng Dir)*
Phil Rarick *(COO)*
John Carnett *(VP-Bus Dev)*
Frank Tortorici *(Sr Acct Exec)*
Valeria Velasco *(Acct Exec)*

Accounts:
American Beverage Consortium
Bulu Box
Crypto Invest Summit Media Relations, Public Relations
Ignite-TEK Communications, Consumer, Marketing, Offline, Online, Public Relations
Los Angeles Travel & Adventure Show Publicity
Platekompaniet North American Branding
Women Presidents' Organization (Agency of Record) Public Relations; 2018
Woof Washer 360

MARLO MARKETING COMMUNICATIONS
38 Chauncy St, Boston, MA 02111
Tel.: (617) 375-9700
Fax: (617) 375-9797
E-Mail: info@marlomc.com
Web Site: marlomarketing.com

Employees: 20

AGENCIES - JANUARY, 2019 — PUBLIC RELATIONS FIRMS

Agency Specializes In: Public Relations

Lisa LaMontagne MacGillivray *(Mng Dir)*
Karen Wong *(COO)*
Marlo Fogelman *(Principal)*
Ann Peterson *(Exec VP-Consumer Products & Pro Svcs)*
Matthew Evans *(VP-Creative)*
Brianne Johanson *(VP-Consumer & Lifestyle Div)*
Ariel Sasso *(VP-Restaurants, Travel & Hospitality)*
Christina Berlinguet *(Acct Mgr-Consumer Products & Pro Svcs)*
Cait Hagaman *(Acct Mgr)*
Kiersten Kane *(Acct Mgr-Creative)*
Destiny Sibert *(Acct Mgr)*

Accounts:
Ames Street Deli
Andegavia Cask Wines National Media Communications
Backbar (Agency of Record)
Cameron Mitchell Restaurant Group
Canti Prosecco
The Envoy Hotel Marketing Campaign, Media Relations, Social Media
Grand Amore Hotel and Spa Marketing, Public Relations
Journeyman (Agency of Record)
Latitude Beverage Company 90+ Cellars, Mija Sangria, Trade Outreach
LimoLiner LLC Advertising, Marketing, Public Relations, Social Media
Locke-Ober Yvonne's
Margaritas Management Group (Agency of Record)
The Mary Jane Group CannaCamp, Media
Motto Sparkling Matcha Tea Social Media
National Amusements, Inc.
Northbridge Companies
Privateer Rum Consumer & Trade Events, National & Regional Media Communications
Simply7 Snacks (Agency of Record) National & Regional Marketing Public Relations
South Hollow Spirits
StarChefs International Chefs Congress 10th Annual Congress, Media Relations
Study
WeWork Boston
Zoo New England

MAROON PUBLIC RELATIONS
8825 Stanford Blvd, Columbia, MD 21045
Tel.: (443) 864-4246
Fax: (443) 864-4266
E-Mail: info@maroonpr.com
Web Site: www.maroonpr.com

Employees: 13
Year Founded: 2006

Agency Specializes In: Sports Market

John Maroon *(Founder & CEO)*
Mitchell Schmale *(COO)*
Eve Hemsley Butt *(Sr Acct Exec)*
Katy Ford *(Sr Acct Exec)*
Alex Jackson *(Sr Acct Exec)*
Monique Ianos Smallow *(Sr Acct Exec)*
Rebecca Butcher *(Coord-Multimedia)*

Accounts:
Anacostia Watershed Society
Atlantic League of Professional Baseball Clubs, Inc. Brand Development, Media Relations, Social Media, Strategic Communications
Authobahn Indoor Speedway
Babe Ruth Museum
Big Cork Vineyards Digital Media Marketing, Media Relations, Social Marketing
Carluccio's Event Support, Media Buying, Media Relations, Social Media
Catholic Charities of the Archdiocese of Washington Brand Development, Media Relations
The Colonial Athletic Association Media Relations, Social Media, Strategic Partnerships
Decisive Communications Marketing Communications
Famous Dave's Event Support, Marketing, Media Buying, Media Relations, Public Relations, Social Media
Feherty's Troops First Foundation (Agency of Record) Media Relations, Program Development, Social Media Marketing
The First Tee of Baltimore Marketing Communications
Ford Gum & Machine Co. Big League Chew (Agency of Record), Media, Public Relations, Social Media
Foxboys Hospitality Group Media Relations
Geier Financial Group
Hard Rock Cafe
Hero Rush Market-to-Market, National Media Relations, Social Media, Strategic Partnership
HMC Incorporated (Public Relations Agency of Record) Media Relations
House of Ruth Maryland Marketing Communications
Jamie Moyer Baseball Pitcher, Media Relations
Ladies Professional Golf Association
Legacy Direct
Madd Gear
Maryland Horse Breeders Association (Public Relations Agency of Record) Digital Content Creation, Events, Media Relations, Social Media Management, Video Production; 2018
Maryland Live! Casino
MBRT
MDMEP
Mid-Atlantic Nursery Trade Show Media Relations, Social Media
Mission BBQ
MNS Group
New Day USA
The Oregon Grille
Players' Philanthropy Fund PR
POWERHANDZ Marketing Communications
Revtown Media Relations, National Public Relations, Social Media, Strategic; 2018
Ripken Baseball Social Media
Roy Rogers Restaurants (Public Relations Agency of Record) Brand Marketing, Experiential, Media Relations, Social Media
Sagamore Racing Digital Content Creation, Fan Cultivation, Marketing, Media Relations, Partnership Development, Public Relations, Social Media Management, Three Diamond Club
ShakeUp Marketing Communications
Share Our Strength Digital Media Marketing, Media Relations, Social Marketing
Towson University Athletics
Under Armour All-America Baseball Game
United States Polo Association Media Relations
U.S. Soccer Foundation Digital Media Marketing, Media Relations, Social Marketing
USPA Global Licensing Inc.
Walmart Public Relations

MARSHALL FENN COMMUNICATIONS LTD.
890 Yonge St Ste 300, Toronto, ON M4W 3P4 Canada
Tel.: (416) 962-3366
Fax: (416) 962-3375
E-Mail: info@marshall-fenn.com
Web Site: www.marshall-fenn.com

Employees: 20
Year Founded: 1955

Agency Specializes In: Advertising, Digital/Interactive, Direct Response Marketing, Entertainment, Event Planning & Marketing, Market Research, Media Planning, Promotions, Public Relations

Approx. Annual Billings: $23,000,000

Jim Kabrajee *(Owner & CEO)*
Paul Chater *(Owner)*
David Zbar *(Pres)*
Rizwan Siddiqui *(Comptroller)*
Monika Capriotti *(Sr Dir-Interactive Art)*
Lesley Dikeos *(Acct Dir)*
Tammy Silny *(Media Dir)*
Mike Vinakmens *(Co-Creative Dir)*
Lindsay McLeod *(Dir-Digital Strategy)*
Sarah Page *(Acct Mgr)*
Kelly Bart *(Acct Supvr)*
Simone Quartarone *(Media Planner & Media Buyer)*
Ryan Franklin *(Sr Graphic Designer)*

MARTIN DAVISON PUBLIC RELATIONS
477 Main St, Buffalo, NY 14203
Tel.: (716) 604-7772
Web Site: https://mdavison.com/

Employees: 5

National Agency Associations: 4A's

Agency Specializes In: Crisis Communications, Media Training, Public Relations

Matt Davison *(Mng Partner-Martin Davison PR)*
John Mackowiak *(Dir-PR & Pub Affairs)*
Christine Denham *(Sr Mgr-PR)*
Kailey Kolozsvary *(Mgr-PR)*

Accounts:
43North
Niagara Falls Bridge Commission

MARTIN FLORY GROUP
PO Box 360, Gurnee, IL 60031
Tel.: (847) 662-9070
Fax: (847) 336-7126
E-Mail: info@martinflory.com
Web Site: www.martinflory.com

Agency Specializes In: Out-of-Home Media, Outdoor, Public Relations

Laura Martin *(Pres)*

Accounts:
Parkit 360 Media
TideSlide

MARY BETH WEST COMMUNICATIONS
3401 Russ Cir St C, Alcoa, TN 37701
Tel.: (865) 982-6626
E-Mail: info@marybethwest.com
Web Site: www.marybethwest.com

Employees: 10
Year Founded: 2003

Agency Specializes In: Advertising, Digital/Interactive, Print, Public Relations, Social Media

Sarah Merrell *(Dir-Comm)*

Accounts:
Sugarlands Distilling Company

MAVERICK PUBLIC RELATIONS
37 Madison Ave, Toronto, ON M5R 2S2 Canada
Tel.: (416) 640-5525
Fax: (416) 640-5524
Web Site: www.wearemaverick.com

Employees: 14

Agency Specializes In: Communications, Corporate

PUBLIC RELATIONS FIRMS
AGENCIES - JANUARY, 2019

Communications, Crisis Communications, Entertainment, Exhibit/Trade Shows, Experiential Marketing, Financial, Food Service, Government/Political, Health Care Services, Investor Relations, Leisure, Media Relations, Media Training, Promotions, Public Relations, Real Estate, Sponsorship, Travel & Tourism

Gerry Riddell *(Owner)*
Julie Rusciolelli *(Pres)*
Anne Mullen *(Office Mgr)*

Accounts:
Evian
Moneris
Richtree Natural Market Restaurants PR
Royal Winter Agricultural Fair (Agency of Record) PR
Sleeping Children Around the World

MAX BORGES AGENCY
3050 Biscayne Blvd Ste 701, Miami, FL 33137
Tel.: (305) 374-4404
Fax: (305) 402-6373
E-Mail: info@maxborgesagency.com
Web Site: www.maxborgesagency.com

Employees: 25

National Agency Associations: COPF

Agency Specializes In: Computers & Software, Electronics, High Technology, Public Relations

Max Borges *(Pres)*
Matt Shumate *(Sr VP)*
Tiffany DesMarais *(VP)*
Brad Hobbs *(VP)*
Jessica Darrican *(Sr Acct Dir)*
Valerie Fuentes *(Acct Dir)*
Alexandra Nguy *(Acct Dir)*
Nichole Teixeira *(Sr Acct Exec)*

Accounts:
Ambient
AOC (Agency of Record)
Archos (Agency of Record)
AT&T Mobility (National Social Agency of Record)
AT&T Cricket (National Social Agency of Record)
Bracketron (Agency of Record)
Clarion
Custom Electronic Design & Installation Association (Agency of Record)
Goal Zero Public Relations
Jaybird (Agency of Record)
Jorno (Agency of Record) Pocket-Sized, Folding, Bluetooth Keyboard
Kanex (Agency of Record)
Keyport Inc. (Agency of Record)
Monster Arts, Inc Communications, Marketing, Media Relations, Public Relations Agency of Record
Moshi (Agency of Record)
Motrr
MSI (Agency of Record)
Music Wizard Group; Boulder, CO Blackline GPS
Musubo
MyPix2Canvas
NetSecure (Agency of Record)
NuForce (Agency of Record)
Numark Industries (Agency of Record)
OGIO International, Inc. Marketing, Marketing Campaign, Silencer Golf Bag, Social Media, TV
Palo Alto Audio
Pandora
Party Poker (National Social Agency of Record)
PLX Devices (Agency of Record) Consumer Electronics
Polar (Agency of Record) Experiential
Portable Sound Laboratories (Agency of Record) Portable Speaker Systems
PowerSkin Public Relations
PowerSkin (Agency of Record)
RageGage (Agency of Record)
Root Four Imagination (Agency of Record) Automotive Consumer Electronics
Safe Skies (Agency of Record)
Samson
ScheduALL Public Relations
Sculpteo (Agency of Record) 3D Custom Printing Service
SmartShopper (Agency of Record) Marketing Communications, PR
SpareOne Public Relations
Stem Innovation (Agency of Record) Marketing Communications, PR
SuperTooth (Agency of Record) Marketing Communications, PR
Swissvoice Public Relations
Urbanears
V-MODA (Agency of Record)
Verbatim Americas, LLC; Charlotte, NC (Agency of Record) Marketing Communications, Media Relations, Public Relations
VeriFone Systems, Inc.
Vogel's (Agency of Record)
Wattbike (Agency of Record)
Zepp Labs (National Social Agency of Record)
Zero1 (Agency of Record)
Zibra
Zound Industries Urban Ears

MAXIMUM EXPOSURE PUBLIC RELATIONS & MEDIA
50 Tice Blvd, Woodcliff Lake, NJ 07677-7654
Tel.: (201) 573-0300
Fax: (201) 573-0376
E-Mail: info@maximumexposurepr.com
Web Site: www.maximumexposurepr.com

E-Mail for Key Personnel:
President: renee@maximumexposurepr.com

Employees: 5
Year Founded: 1986

Agency Specializes In: Advertising Specialties, African-American Market, Brand Development & Integration, Business Publications, Business-To-Business, Collateral, Communications, Consumer Marketing, Consumer Publications, Corporate Identity, Cosmetics, Direct Response Marketing, E-Commerce, Education, Electronic Media, Entertainment, Event Planning & Marketing, Exhibit/Trade Shows, Fashion/Apparel, Food Service, Graphic Design, Hispanic Market, Infomercials, Internet/Web Design, LGBTQ Market, Logo & Package Design, Magazines, Media Buying Services, Medical Products, New Product Development, Newspaper, Newspapers & Magazines, Over-50 Market, Print, Public Relations, Publicity/Promotions, Real Estate, Retail, Seniors' Market, Sweepstakes, T.V., Teen Market, Trade & Consumer Magazines, Transportation, Travel & Tourism

Renee Sall *(Owner & Pres)*

Accounts:
Calko Medical Center
Confections of a Rock Star Bakery
Gramercy Pain Management
The Marcal Group
Modiani Kitchens
New Image Camps
Ron White Memory Training
The Style Duo
USA Memory Championship

MAXWELL PR
3934 Sw Corbett Ave, Portland, OR 97239
Tel.: (503) 231-3086
Fax: (503) 231-3089
E-Mail: info@maxwellpr.com
Web Site: www.maxwellpr.com

Employees: 7
Year Founded: 1997

National Agency Associations: PRSA-WOMMA

Agency Specializes In: Public Relations

Jennifer Maxwell-Muir *(Founder)*
Vicky Hastings *(Mng Dir)*
Samantha Burton *(Acct Dir)*
Kevin Lee *(Acct Dir)*
Erika Simms *(Acct Dir)*
Emma Alpaugh *(Acct Supvr)*
Marta Drevniak *(Acct Supvr)*
Jessica Lyness *(Acct Supvr)*
Josie Curtis *(Sr Acct Exec)*
Jessica Robnett *(Sr Acct Exec)*
Niki Inouye *(Strategist-Social Media & Analyst)*
Katie Mcmullin *(Acct Exec)*
Sara Stewart *(Acct Exec)*

Accounts:
Alima Pure
Argyle Winery
Astoria-Warrenton Chamber of Commerce
Columbus Foods Public Relations
Dave's Killer Bread Media, National Brand Building, Social Advertising
Diamond Foods Diamond of California, National Brand Building
Kettle Brands
Kettle Foods (Agency of Record)
La Terra Fina
McMenamins Pubs Breweries & Historic Hotels Media, Tourism Communications
Oregon Cherry Growers
Pacific Natural Foods
Pamela's Products Company Profile, Product Awareness
Traditional Medicinals Company Profile, Product Awareness
Travel Oregon
USA Dry Pea & Lentil Council Consumer Awareness, Media Engagement, Social Media
Willamette Valley Visitors Association

THE MAYFIELD GROUP
PO Box 13293, Tallahassee, FL 32317
Tel.: (850) 421-9007
E-Mail: info@mayfieldpr.com
Web Site: www.mayfieldpr.com

Employees: 10

Agency Specializes In: Event Planning & Marketing, Media Relations, Media Training, Public Relations, Social Marketing/Nonprofit, Strategic Planning/Research

Autumn Mayfield *(Founder)*
Nancy Click *(Acct Dir)*
Katie Kole *(Acct Dir)*

Accounts:
Cotoncolors
Sheraton Bay Point Resort (Agency of Record) Media Relations, Public Relations; 2018

MCBRIDE PUBLIC RELATIONS
5 Arastradero Rd, Portola Valley, CA 94028
Tel.: (650) 926-9852
Fax: (650) 926-9853
E-Mail: connect@mcbridepr.com
Web Site: www.mcbridepr.com

Employees: 2

Agency Specializes In: Content, Digital/Interactive, Print, Public Relations

Cat McBride *(Jr Partner)*
Sandra McBride *(Sr Partner)*

AGENCIES - JANUARY, 2019 — PUBLIC RELATIONS FIRMS

Accounts:
New-Key Technology

MCCLENAHAN BRUER COMMUNICATIONS
220 Nw 8Th Ave, POrtland, OR 97209
Tel.: (503) 546-1000
Fax: (503) 546-1001
E-Mail: info@mcbru.com
Web Site: www.mcbru.com

Employees: 20
Year Founded: 1993

National Agency Associations: PRSA

Agency Specializes In: High Technology

Kerry McClenahan *(CEO)*
Elizabeth Schulte *(Counsel-Comm)*

Accounts:
Altium
Itanium Solutions Alliance (Agency of Record)
ON Semiconductor Public Relations
Reaction Design
SMSC

MCCLOUD & ASSOCIATES PR
4834 26th Ave N, Saint Petersburg, FL 33713
Tel.: (727) 385-0691
Web Site: www.mccloudpra.com

Employees: 5
Year Founded: 1995

Agency Specializes In: Crisis Communications, Media Relations, Media Training, Promotions, Public Relations, Strategic Planning/Research

Hubert McCloud *(Founder & Chief Creative Officer)*

Accounts:
Hot City Records LLC

MCCULLOUGH PUBLIC RELATIONS, INC.
3570 Executive Dr Ste 104, Uniontown, OH 44685
Tel.: (330) 244-9980
Fax: (330) 244-9981
Web Site: www.mcculloughpr.com

Employees: 8

Agency Specializes In: Automotive, Public Relations

Shari Arfons *(Pres & CEO)*
Becky Shephard *(Dir-Ops)*

Accounts:
American Force Wheels Aftermarket Light Truck Wheels
ARE Fiberglass Truck Caps and Tonneau Covers
Corsa Performance Exhausts Automotive, Truck Performance Exhaust Systems
Lingenfelter Performance Engineering; Decatur, IN Experts in Performance Engine Design, Building and Installation
Maradyne High Performance Cooling Fans, Blowers, AC/DC Motors & Heaters
Prolong Super Lubricants Advanced Automotive Engine & Fuel Treatments
Standards Testing Labs; Massillon, OH Independent Testing Facility for Tires, Wheels & Automotive Components

THE MCDONNELL GROUP INC.
515 E Crossville Rd Ste 260, Roswell, GA 30075
Tel.: (770) 645-1334 (Media Rels)
Fax: (770) 645-1334
E-Mail: inquiry@themcdonnellgroup.com
Web Site: www.themcdonnellgroup.com

Employees: 20

Agency Specializes In: Public Relations, Strategic Planning/Research

Charlotte McDonnell *(Chm)*
Don McDonnell *(CEO)*
Nancy Broe *(VP-PR & Content Mktg)*
Whitney Kellogg McDonnell *(Mgr-PR)*

Accounts:
ABB
Advanced Control Systems Inc. Grid Automation & System Solutions
GridMaven Utility Solutions GridMaven Network Manager, Media Relations, Public Relations
KEMA Business-to-Business Communications, Public Relations, Strategic Media Relations
Line Imaging
MEDecision
OSIsoft
Powel
Riskpoynt Brand Awareness, Content, Media, Social Media
Signum Group Enterprise Asset Management Services
Utility Associates
Utility Integration Solutions Inc. Utility Industry Business Integration Services

MCDOUGALL COMMUNICATIONS LLC
2423 Monroe Ave 2nd Fl, Rochester, NY 14618
Tel.: (585) 441-0202
E-Mail: info@mcdougallpr.com
Web Site: www.mcdougallpr.com

Employees: 5
Year Founded: 2011

Agency Specializes In: Crisis Communications, Media Training, Public Relations, Social Media

Michael McDougall *(Pres)*

Accounts:
3Pound Health
Bergmann Associates
Boylan Code
CooperVision, Inc
International Association of Contact Lens Educators
The New York Golf Trail
Pura Naturals
Transcat, Inc.

MCGRATH/POWER
75 E Santa Clara St Ste 600, San Jose, CA 95113
Tel.: (408) 727-0351
Fax: (408) 885-9317
Web Site: www.mcgrathpower.com

Employees: 20

Agency Specializes In: E-Commerce, Electronic Media, High Technology, Information Technology, Public Relations, Publicity/Promotions

Jonathan Bloom *(CEO)*
Kathryn Quigley Walker *(Partner & Sr VP-Client Svc)*
Derek James *(Partner & VP)*
Jill Hamilton *(Mgr-People, Culture & Ops)*
Allyson Scott *(Acct Supvr)*

Accounts:
Abode Systems Communications
Apriva Social Media
Blackfire Research (Agency of Record) Analyst Relations, Communications, Influencer Relations, Media Relations, Messaging Development, Social Media Programming, Strategy
C4 Distro; 2018
Cisco
Cision Ltd. (Public Relations Agency of Record) Traditional Social Media; 2018
Clearswift Communications, Social Media, Traditional Media
Cognitive Networks
Constance Therapeutics Branding, Communications, Influencer Relations, Marketing, Social Media
DayMen Brand Awareness, Communications, Consumer, Strategy
The Fannie & John Hertz Foundation (Agency of Record) Communications Messaging, Content Development, Marketing, Media, Social Media
Federated Wireless (Agency of Record) Analyst Relations, Communications Strategy, Content Development, External Communications, Industry Awards, Influencer Relations, Media Relations, Messaging Development, Social Media Programming, Speaking Engagements
Fusion Garage (Agency of Record) Grid-10 Tablet
GuardianEdge
The Handpicked Company Branding, Marketing & Communications Services, Strategy Development; 2018
IDA Ireland
INXPO
IoTium Communications Strategy, Social Media Channels, Strategy & Messaging Development, Traditional Media
LeanKit
LiveOps Corporate & Product Communications, Social & Traditional Media, Strategy Development
Lowepro
Mellanox Technologies (Agency of Record) Analyst Relations Strategy, Awards, Communications, Tradeshow, Traditional Media
Monitronics Consumer Communications, Media, public Relations
Monkeybars PR
Moovweb PR
New Teacher Center External Communications, Media
Open Networking Foundation (Agency of Record) Media Relations, Messaging, PR, Social Media, Strategy
Rainmaker Systems
SanDisk
Silver Creek Valley Country Club Community Communications; 2017
SST/ShotSpotter
SupplyPro, Inc (Agency of Record) Analyst Relations, Industry Awards, Influencer Relations, Messaging Development, Social Media, Speaking Engagements, Strategy Implementation, Traditional Media Relations
TIVO
Ubiquity, Inc Branding, Communications, U.S. Agency of Record
Velocify
Vodafone
Wave2Wave Solution Corporation Media Relations, Social Media

MCKEEMAN COMMUNICATIONS
8480 Honeycutt Rd Ste 200, Raleigh, NC 27615
Tel.: (800) 806-0977
Web Site: www.mckeemancommunications.com

Employees: 5

Agency Specializes In: Brand Development & Integration, Content, Crisis Communications, Event Planning & Marketing, Internet/Web Design, Logo & Package Design, Media Relations, Package Design, Public Relations, Social Media

PUBLIC RELATIONS FIRMS
AGENCIES - JANUARY, 2019

Kim McKeeman *(Founder & CEO)*
Caroline Schmid *(Acct Dir)*
Whitney Williams *(Acct Supvr & Mgr-Social Media)*
Leah Galloway *(Sr Acct Exec)*

Accounts:
New-Chuy's
Dixon Foods Group Public Relations; 2018
Drybar, LLC; 2018
F&D Huebner Public Relations; 2018
Futures Unlimited Public Relations; 2018
Hissho Sushi (Public Relations Agency of Record); 2018
New-Limited Stores LLC
New-The Oyster Bar & Grill
ParVentures Public Relations; 2018
Showmars; 2018

MCKENDALL COMMUNICATIONS
7519 Dunfield Ave, Los Angeles, CA 90045
Tel.: (310) 641-1556
Web Site: www.mckendall.com

Employees: 5

Agency Specializes In: Event Planning & Marketing, Media Relations, Media Training, Public Relations, Social Media, Strategic Planning/Research

Lisa McKendall *(Pres & Partner)*
Lauren Yacker *(Sr VP)*
Shannon Kalvig *(VP)*
Paul June *(Specialist-Strategic Socially Digital Mktg)*

Accounts:
Idea Health & Fitness Association Idea World Fitness Convention

MCKENZIE WORLDWIDE
4800 SW Meadows Rd Ste 300, Lake Oswego, OR 97035
Tel.: (503) 625-3680
Fax: (503) 217-6180
Web Site: www.mckenzieworldwide.com

Employees: 10

Agency Specializes In: Brand Development & Integration, Crisis Communications, Internet/Web Design, Media Relations, Media Training, Public Relations, Social Media

Megan McKenzie *(Pres & CEO)*
Brian Edwards *(VP)*

Accounts:
New-E-Spirit Inc

MCNEELY BROCKMAN PUBLIC RELATIONS
611 Commerce St Cityspace Ste 3000b, Nashville, TN 37203
Tel.: (615) 742-8100
Web Site: www.mcneelybrockmanpr.com

Employees: 10
Year Founded: 2018

Agency Specializes In: Crisis Communications, Media Relations, Media Training, Public Relations, Strategic Planning/Research

Mark McNeely *(Partner)*
Kelly Brockman *(Partner)*
Sarah Missimer *(Acct Exec)*

Accounts:
New-Benesch
New-Southern Carton Company

MCNEELY, PIGOTT & FOX
(Name Changed to MP&F Strategic Communications)

MCNEIL, GRAY & RICE
1 Washington Mall, Boston, MA 02108-2603
Tel.: (617) 367-0100
Fax: (617) 367-0160
E-Mail: info@gr2000.com
Web Site: www.mcneilgrayandrice.com/index.php

Employees: 35
Year Founded: 1989

Agency Specializes In: Business-To-Business, High Technology, Public Relations

Robert Mcneil *(Principal)*
Susan Rice McNeil *(Principal)*
Judi Handel *(VP)*

Accounts:
3M
Acrilex
Adchem
Ames Rubbers
Anderson Power Products
APEM Components, Inc.
Beta Max Inc.
Carl Zeiss
Carlo Gavazzi
Cintec
Cognex
Cole Hersee; Boston, MA Vehicle, Off-Highway, Industrial & Marine Electrical & Electronic Switches, Connectors & Related Products
Extech Data
FCI-BURNDY
Goss
Hawe Hydraulics
Hendrix
Honeywell Notifier, Silent Knight
Hypertherm
ICM Controls
Kerk Motion Products
Koch Knight
Koch Membrane
Koch Unifin
Krohne
Lista International Corporation; Holliston, MA Distributor of Industrial Storage Products, Office & Lab Furniture
Metcar
Microfluidics
Millipore Corporation
Neopost
Notifier
Schroeder
Standard Knapp
Sultzer Mixpac
Symmons
Telequip
Watson Marlow/Bredel Pumps, Inc.; Wilmington, MA Peristaltic & Hose Pumps

MCNEIL WILSON COMMUNICATIONS, INC.
(Name Changed to Anthology Marketing Group, Inc.)

MCNEILL COMMUNICATIONS GROUP INC.
(Acquired by Steinreich Communications)

MCNEILL COMMUNICATIONS GROUP INC.
202 Neal Pl, High Point, NC 27262
Tel.: (336) 884-8700
Fax: (336) 884-4141
E-Mail: brosso@mcneillcommunications.com
Web Site: www.mcneillcommunications.com

E-Mail for Key Personnel:
President: kmh@mcneillcommunications.com

Employees: 15

National Agency Associations: PRSA

Agency Specializes In: Business Publications, Children's Market, Consumer Publications, Event Planning & Marketing, Exhibit/Trade Shows, Graphic Design, Magazines, Newspaper, Newspapers & Magazines, Public Relations, Publicity/Promotions, Trade & Consumer Magazines

Breakdown of Gross Billings by Media: Graphic Design: 20%; Pub. Rels.: 80%

Kristin Hawkins *(VP)*

THE MCRAE AGENCY
2130 Vallecitos, La Jolla, CA 92037
Tel.: (480) 990-0282
Fax: (858) 459-1227
Web Site: www.mcraeagency.com

Employees: 2
Year Founded: 1995

National Agency Associations: PRSA

Agency Specializes In: Public Relations

Beth McRae *(Pres)*

Accounts:
Solatube International Inc. Tubular Skylights

Branch

The McRae Agency
5150 E Orchid Ln, Paradise Vly, AZ 85253
Tel.: (480) 990-0282
Fax: (480) 990-0048
Web Site: www.mcraeagency.com

Employees: 10

Agency Specializes In: Public Relations

Elizabeth Mcrae *(Pres)*

MCS HEALTHCARE PUBLIC RELATIONS
110 Allen Rd Ste 303, Basking Ridge, NJ 07920
Tel.: (908) 234-9900
Fax: (908) 470-4490
Web Site: www.mcspr.com

Employees: 30
Year Founded: 1985

Agency Specializes In: Communications, Health Care Services, Public Relations

Eliot Harrison *(Pres)*
Joe Boyd *(CEO)*
Chad Hyett *(Exec VP)*
Jennifer McGuire Silvent *(Sr VP)*
Laura de Zutter *(VP)*
Karen Dombek *(VP)*
Amanda Merced *(Client Svcs Dir)*

Accounts:
BD
Genentech; South San Francisco, CA Activase, Cathflo, TNKase
Horizon Blue Cross Blue Shield of New Jersey Public Relations
MannKind Corporation

AGENCIES - JANUARY, 2019 — PUBLIC RELATIONS FIRMS

Merck
Reckitt Benckiser

MEDIA & COMMUNICATIONS STRATEGIES INC.
9200 Falls Chapel Way, POtomac, MD 20854
Tel.: (301) 793-1480
Web Site: www.macstrategies.com

Employees: 5

Agency Specializes In: Content, Corporate Communications, Crisis Communications, Event Planning & Marketing, Internet/Web Design, Media Relations, Media Training, Public Relations, Search Engine Optimization

Scott Sobel *(Pres)*
Cindi Flahive-Sobel *(VP)*

Accounts:
Indian National Bar Association (Public Relations Agency of Record)

MEDIA FRENZY GLOBAL
2300 Lakeview Pkwy Ste 700, Alpharetta, GA 30009
Tel.: (678) 916-3973
E-Mail: info@mediafrenzyglobal.com
Web Site: www.mediafrenzyglobal.com

Employees: 5

Agency Specializes In: Brand Development & Integration, Communications, Content, Public Relations, Social Media

Sarah Tourville *(Founder & CEO)*
Katie Kern *(Partner & COO)*
Dan OBrien *(Dir-Res & Content)*

Accounts:
AMMUNITIONagency Brand Awareness, Media Counsel, Public Relations; 2018
City of Alpharetta (Public Relations Agency of Record)
InfoMart (Agency of Record) Brand Awareness, Public Relations; 2018
in/PACT (Agency of Record) Brand Awareness, GoodCoin, Media & Analyst Relations, Strategic Creative; 2018
LNL Systems (Agency of Record) Branding, Content Creation, Digital, Public Relations, Social Advertising, Social Media
OneSpring LLC (Public Relations Agency of Record) Brand Awareness, Executive Positioning, Media Relations, Thought Leadership
PPRO Group Awards Programs, Awareness, Brand Recognition, Content Development, Creative and Multifaceted Campaigns, Public Relations, Robust Thought Leadership, Speakers Bureau; 2018
Pyramid Solutions
Unosquare (Agency of Record) Brand Awareness, Thought Leadership; 2017
Velociti Facility Services (Communications Agency of Record)
You Are Here Labs (Agency of Record) Brand Awareness, Content Marketing, Media Relations, Public Relations; 2018

MEDIA PLAYGROUND PR
845 S Los Angeles St, Los Angeles, CA 90014
Tel.: (213) 250-6200
E-Mail: info@mediaplaygroundpr.com
Web Site: www.mediaplaygroundpr.com

Employees: 12
Year Founded: 2003

Agency Specializes In: Event Planning & Marketing, Exhibit/Trade Shows, Media Relations, Public Relations, Social Media, Strategic Planning/Research

Kimberly Goodnight *(Owner)*

Accounts:
The Autry Odd Market

THE MEDIA PUSH
3039 W Peoria Ave Ste C 102-149, Phoenix, AZ 85029
Tel.: (602) 418-8534
Web Site: www.themediapush.com

Employees: 10

Agency Specializes In: Print, Public Relations, Radio, Social Media, T.V.

Charlotte Shaff *(Owner)*

Accounts:
J Philipp Centers for Family & Cosmetic Dentistry

MEDIA RELATIONS, INC.
350 W Burnsville Pkwy, Burnsville, MN 55337
Tel.: (952) 697-5269
Web Site: www.publicity.com

Employees: 40
Year Founded: 1987

Agency Specializes In: Business-To-Business, Content, Digital/Interactive, Internet/Web Design, Public Relations, Search Engine Optimization, Social Media

Lonny Kocina *(CEO)*
Margo Jordan *(Acct Exec-Media Rels)*
Robin Kocina *(COO/CFO-Media Rels)*

Accounts:
New-Pine Brothers
New-TwinSpires

MEDIA SOLSTICE MARKETING & PUBLIC RELATIONS
158 Pke St Ste 5, Port Jervis, NY 12771
Tel.: (845) 430-1396
E-Mail: info@mediasolstice.com
Web Site: www.mediasolstice.com

Employees: 5
Year Founded: 2011

Agency Specializes In: Advertising, Collateral, Digital/Interactive, Event Planning & Marketing, Internet/Web Design, Media Planning, Media Relations, Public Relations, Social Media, Strategic Planning/Research

Jessica Gardner *(Pres)*

Accounts:
Amazein Cabo Race

MEDIASOURCE
1800 W Fifth Ave, Columbus, OH 43212
Tel.: (614) 932-9950
Fax: (614) 932-9920
E-Mail: info@mediasourcetv.com
Web Site: www.mediasourcetv.com

Employees: 50

Agency Specializes In: Brand Development & Integration, Media Relations, Public Relations

Lisa Arledge Powell *(Pres)*
Kevin Volz *(Mgr-Analytics)*
Drew Schaar *(Asst Mgr-Media Rels)*

Accounts:
The Ohio State University Wexner Medical Center

MELISSA LIBBY & ASSOCIATES
1425 Ellsworth Industrial Blvd Ste 10, Atlanta, GA 30318
Tel.: (404) 816-3068
Web Site: www.melissalibbypr.com

Employees: 5

Agency Specializes In: Event Planning & Marketing, Media Relations, Public Relations, Social Media

Melissa Libby *(Pres)*
Tuan Huynh *(VP)*
Emily Robinson *(Client Svcs Dir)*
Mandy Betts *(Dir-Social Media)*
Brandon Amato *(Client Svcs Mgr)*
Fletcher Martin *(Acct Exec)*

Accounts:
Masti
Rays Restaurants

MELROSE PR
3605 Kelton Ave, Los Angeles, CA 90034
Tel.: (310) 260-7901
E-Mail: info@melrosepr.com
Web Site: www.melrosepr.com

Employees: 10
Year Founded: 2012

Agency Specializes In: Broadcast, Event Planning & Marketing, Print, Public Relations, Social Media

Kelley Weaver *(CEO)*

Accounts:
Zipit Bedding

THE MEPR AGENCY
935 East Trinity Lane, Nashville, TN 37207
Tel.: (615) 592-6377
E-Mail: info@mepragency.com
Web Site: www.mepragency.com

Employees: 10
Year Founded: 2006

Agency Specializes In: Advertising, Brand Development & Integration, Collateral, Corporate Communications, Event Planning & Marketing, Graphic Design, Internet/Web Design, Media Buying Services, Public Relations, Social Media

Kia Jarmon *(Dir)*

Accounts:
Jarmon Transportation

MERCURY LABS
3141 Locust St Ste 400, Saint Louis, MO 63103
Tel.: (800) 652-6014
Web Site: http://mercury-labs.com/

Employees: 10

Agency Specializes In: Media Relations, Media Training, Public Relations, Social Media, Strategic Planning/Research

Chris Lawing *(Dir-Photography)*
Ollie Clerc *(Mgr-Bus)*

PUBLIC RELATIONS FIRMS

Accounts:
Employers Council on Flexible Compensation Marketing Communications
The Saint Louis Art Museum

MERCURY PUBLIC AFFAIRS
200 Varick St Rm 600, New York, NY 10014
Tel.: (212) 681-1380
Fax: (212) 681-1381
E-Mail: info@mercurypublicaffairs.com
Web Site: www.mercuryllc.com

Employees: 50

Agency Specializes In: Government/Political, Public Relations

Fernando Ferrer *(Co-Chm)*
Antonio Villaraigosa *(Co-Chm)*
Kieran Mahoney *(CEO)*
Michael DuHaime *(Partner)*
John Gallagher *(Partner)*
Michael McKeon *(Partner)*
Michael Soliman *(Partner)*
Ben Feller *(Mng Dir)*
Jan Feuerstadt *(Mng Dir)*
Jonathan Greenspun *(Mng Dir)*
Glenn Gritzner *(Mng Dir)*
Patrick G. Halpin *(Mng Dir)*
John Lonergan *(Mng Dir)*
Patrick McCarthy *(Mng Dir)*
Rachel Noerdlinger *(Mng Dir)*
Erin Pelton *(Mng Dir)*
Daniel Burling *(Sr VP)*
John Collins *(Sr VP)*
Nicole A. Flotteron *(Sr VP)*

Accounts:
AT&T Communications Corp.
Distilled Spirits Council
Government of Nigeria Bilateral Diplomatic, Economic Relations, Security Relations
Keyspan Energy
Republic of Cameroon Consulting & Management Services, Government Relations, Lobbying & Media Relations, Media Issues Management; 2018
Vanguard Health Systems

Branches

Mercury Public Affairs
770 L St Ste 1440, Sacramento, CA 95814
Tel.: (916) 444-1380
Fax: (916) 265-1869
E-Mail: info@mercuryllc.com
Web Site: mercuryllc.com/

Employees: 15

Paul Bauer *(Partner)*
Duncan McFetridge *(Partner)*
Fabian Nunez *(Partner)*
Tracy Arnold *(Mng Dir)*
Ben Feller *(Mng Dir)*
Conor Fennessy *(Mng Dir)*
Adam Keigwin *(Mng Dir)*
Vince Galko *(Sr VP)*

Mercury Public Affairs
444 S Flower St Ste 3675, Los Angeles, CA 90071
Tel.: (213) 624-1380
Fax: (213) 624-1387
Web Site: www.mercuryllc.com

Employees: 40

Agency Specializes In: Advertising, Broadcast, Crisis Communications, Digital/Interactive, Media Relations, Print, Public Relations, Social Media

Glenn Gritzner *(Mng Dir)*

Accounts:
Golden Boy Promotions (Agency of Record)

Mercury Public Affairs
300 Tingey St Se Ste 202, Washington, DC 20003
Tel.: (202) 551-1440
Fax: (202) 551-9966
Web Site: www.mercuryllc.com

Employees: 3

Agency Specializes In: Communications, Government/Political, Public Relations

Fernando Espuelas *(Co-Chm)*
David Vitter *(Co-Chm)*
Kieran Mahoney *(Mng Partner)*
Vin Weber *(Partner)*
Conor Fennessy *(Mng Dir)*
Adam Keigwin *(Mng Dir)*
Bryan Lanza *(Mng Dir)*
Michael McSherry *(Mng Dir)*

Mercury Public Affairs
300 Tingey St Se # 202, Washington, DC 20003
Tel.: (202) 551-1440
Fax: (202) 551-9966
Web Site: www.mercuryllc.com

Employees: 15

Kirill Goncharenko *(Pres)*
Michael DuHaime *(Partner)*
Brian Lanza *(Mng Dir)*
John Lonergan *(Mng Dir)*
Vincent Galko *(Sr VP)*
Vicky Vadlamani *(Sr VP)*

Accounts:
PAM Media Foreign Relations

MERITUS MEDIA
2400 Lincoln Ave, Altadena, CA 91001
Tel.: (626) 296-6218
Fax: (626) 296-6301
Web Site: www.meritusmedia.com

Employees: 4
Year Founded: 2008

Agency Specializes In: Content, Digital/Interactive, Media Relations, Public Relations, Social Media

Sally Falkow *(Strategist)*
Joe Kutchera *(Strategist-Content)*

Accounts:
Cafe Mango Six
Lucy's
Mizuno USA, Inc. The Mizuno Running Mezamashii

MERRITT GROUP
8251 Greensboro Dr Ste 600, McLean, VA 22102
Tel.: (703) 390-1500
Fax: (703) 860-2080
E-Mail: hr@merrittgrp.com
Web Site: www.merrittgrp.com

Employees: 30
Year Founded: 1996

Agency Specializes In: High Technology, Public Relations

Alisa Valudes *(CEO & Sr Partner)*
John Conrad *(Partner & Exec VP)*
Thomas Rice *(Partner & Exec VP)*
Jayson Schkloven *(Partner & Sr VP)*
Michelle Schafer *(Sr VP-Security Practice)*
Laura Asendio *(Sr Acct Exec)*
Julie Orsini *(Sr Acct Exec)*
Rebecca Horky *(Acct Exec-Security)*

Accounts:
Alion Science and Technology Corporation
Apptix
ARTEL
Blue Coat Systems, Inc.
Elluminate
Fortify Software Inc.
MANDIANT
MedAssurant, Inc.
Metastrom
Microsoft Federal
Microsoft PS
NIPTE
PGP
ServiceBench
Software AG
Vangent
Varent
Verint
Verizon

MESEREAU PUBLIC RELATIONS
7912 Windwood Way, Parker, CO 80134
Tel.: (720) 842-5271
Fax: (720) 842-5273
Web Site: www.mesereaupr.com

Year Founded: 1996

Agency Specializes In: Crisis Communications, Event Planning & Marketing, Media Relations, Public Relations

Mona Mesereau *(Principal)*
Tom Mesereau *(Principal)*

Accounts:
Buffalo Bills Cody / Yellowstone Country
Far & Away Adventures
Furnace Creek Resort
Grand Canyon National Park Lodges
Idaho Rocky Mountain Ranch
Ohio State Park Lodges
Xanterra Parks & Resorts
Yellowstone Association Institute
Yellowstone National Park Lodges

METHOD COMMUNICATIONS
47 W 200 S Ste 402, Salt Lake City, UT 84101
Tel.: (801) 461-9790
Fax: (801) 461-9791
Web Site: www.methodcommunications.com

Employees: 26
Year Founded: 2010

Agency Specializes In: Crisis Communications, Media Training, Public Relations, Social Media

David Parkinson *(Co-Founder & CEO)*
Jacob Moon *(Co-Founder, Partner & Gen Mgr)*
Alex Koritz *(Partner)*
Jenni Holladay *(Sr VP-Mktg)*
Clayton Blackham *(VP)*
Katy Kenealy *(VP)*

Accounts:
Bitglass
Cylance
Goal Zero
Jetpac
Mastery Connect
MokiMobility

AGENCIES - JANUARY, 2019 — PUBLIC RELATIONS FIRMS

Tongal

Branch

Method Communications
214 Grant Ave Ste 301, San Francisco, CA 94108
(See Separate Listing)

METIS COMMUNICATIONS INC.
294 Washington St, Boston, MA 02108
Tel.: (617) 236-0500
E-Mail: info@metiscomm.com
Web Site: www.metiscomm.com

Employees: 25
Year Founded: 2005

Agency Specializes In: Content, Media Relations, Public Relations, Social Media

Rachel Sullivan *(Mktg Dir)*
Christina Andrade *(Dir-Ops)*
Justine Boucher *(Acct Mgr)*
Sylvie Tse *(Acct Mgr)*

Accounts:
Clearsky Data
Crimson Hexagon
DataGravity Inc
KeyInfo
Maxwell Technologies, Inc
Water Defense

METRO PUBLIC RELATIONS
6555 Barton Ave Ste 540, Los Angeles, CA 90038
Tel.: (310) 601-3211
E-Mail: info@metropublicrelations.com
Web Site: metropublicrelations.com

Employees: 50
Year Founded: 2006

Agency Specializes In: Business-To-Business, Communications, Consulting, Consumer Marketing, Digital/Interactive, Event Planning & Marketing, Production, Public Relations

Laura Giangiulio Michael *(Pres, Partner & COO)*
Dana Block *(Sr VP-Digital Entertainment & Consumer Tech)*
Tess Finkle *(CEO)*
Robin Leventhal *(Asst Acct Exec)*
Tommy Fortmann *(Acct Exec)*
Talia Smith *(Coord)*
Andrew Valdes *(Acct Supvr)*

Accounts:
New-Brandon Rogers
New-Fine Brothers Entertainment
New-Joey Graceffa
New-LOL Network
New-Massah David
New-Miatta David Johnson
New-SoulPancake
New-Streamys
New-Vidcon
New-Yeardley Smith

METZGER ALBEE PUBLIC RELATIONS
2503 Walnut St Ste 301, Boulder, CO 80302
Tel.: (303) 786-7000
Fax: (303) 786-7456
E-Mail: info@metzgeralbee.com
Web Site: https://mapr.agency/

Employees: 12
Year Founded: 1991

Agency Specializes In: High Technology, Public Relations

Doyle Albee *(Pres & CEO)*
Amy Sigrest *(COO & Dir-Digital Mktg)*
Bill Rigler *(VP-Client Svcs)*
Amy Leger *(Acct Exec)*
Lindey Miller *(Sr Acct Coord)*

Accounts:
Acroname
AllSource Analysis
Clip Interactive
CryptoTestament Communications, Content Development Strategy, Public & Social Media Relations, Website Development
CTEK
DAVINCI Communications, Content Development Strategy, Public & Social Media Relations, Website Development
Email on Acid
FlowMotion Communications, Content Development Strategy, Public & Social Media Relations, Website Development
Frontline Aerospace
Goldsystems
Green Garage PR, Social Media
Hythane Co.
Komen for the Cure
Krimston Communications, Content Development Strategy, Public & Social Media Relations, Website Development
Lumyer Communications, Content Development Strategy, Public & Social Media Relations, Website Development
Massively Parallel Technologies
Morphis
Phunware Communications, Content Development Strategy, Public & Social Media Relations, Website Development
Silver Creek Systems
SQFT
Techtonic Group

MFA PR
(Formerly Missy Farren & Associates Ltd)
30 Irving Place, New York, NY 10003
Tel.: (212) 528-1691
E-Mail: info@mfaltd.com
Web Site: www.mfaltd.com

Employees: 120

Agency Specializes In: Consumer Goods, Corporate Communications, Event Planning & Marketing, Health Care Services, Hospitality, Media Relations, Media Training, Public Relations, Social Marketing/Nonprofit, Social Media, Sports Market, Strategic Planning/Research, Travel & Tourism

Missy Farren *(Founder & CEO)*
Greg Kincheloe *(CFO)*
Karen Clough *(COO)*
Caroline Andrew *(Sr VP)*
Megan Tyler *(Acct Mgr & Sr Strategist-Entertainment)*
Betsy Carlson *(Sr Acct Exec)*

Accounts:
Back on My Feet (Agency of Record)
New-Cannondale
Care2
Charles & Colvard
New-Chatham Bars Inn
New-Confluence Outdoor
Dart Real Estate (Agency of Record)
Gwynnie Bee Communications, Consumer Public Relations, Executive Positioning; 2018
Klarna US Public Relations; 2018
Megpies (Agency of Record) Awareness
New-Mountain Collective
National Alliance on Mental Illness Strategy & Counsel; 2018
No Kid Hungry Chefs Cycle and Cook

New-NutriBullet
New-Peet's Coffee
Polaris Industries Inc. Polaris Timbersled; 2018
Quidd Profile Licensing Partnerships; 2018
Roam Fitness
New-Schwinn
Skins Inc
Squaw Valley National Buzz; 2018
Stance
Traeger Grills (Agency of Record) Brand, Media
US Ski & Snowboard US Ski & Snowboard Athletes, Victory Media Tours; 2018
Westin Hotels & Resorts PR

MICHAEL J. LONDON & ASSOCIATES
4 Daniels Farm Rd Ste 330, Trumbull, CT 06611
Tel.: (203) 261-1549
Fax: (203) 459-1032
E-Mail: mjlondon@aol.com
Web Site: www.mjlondon.com

Employees: 3
Year Founded: 1990

Agency Specializes In: Advertising, Brand Development & Integration, Business-To-Business, Consulting, Consumer Marketing, Corporate Communications, Corporate Identity, Event Planning & Marketing, Investor Relations, Public Relations, Publicity/Promotions

Michael London *(Chm)*
Diane Casaretti *(Acct Exec)*
Emmanuel S. Forde *(Sr Partner)*

Accounts:
The Auto Body Association of Connecticut
Consumers for Dental Choice; Washington, DC Consumer Advocates
Kostoff, Kostoff & Bieder
Tremont & Sheldon, PC

MICHAEL MEYERS PUBLIC RELATIONS
2821 Crow Canyon Rd Ste 102, San Ramon, CA 94583
Tel.: (925) 551-8080
Fax: (925) 551-8282
E-Mail: michael@mmpr.com
Web Site: www.mmpr.com

Employees: 2

Agency Specializes In: Digital/Interactive, Entertainment, Public Relations

Michael Meyers *(Owner)*

MICHELE MARIE PR
1261 Broadway Rm 801, New York, NY 10001
Tel.: (646) 863-3923
Fax: (646) 863-3937
Web Site: www.michelemariepr.com

Employees: 50

Agency Specializes In: Brand Development & Integration, Event Planning & Marketing, Media Planning, Public Relations, Social Media

Jill Cooper *(Founder)*
Carol Evelyn Moniz *(Dir-Editorial)*

Accounts:
Complet
Daniel Rainn
Julie Brown Designs
Kekkai
Lunya Communications, Press
Maumero
Maya Geller

PUBLIC RELATIONS FIRMS — AGENCIES - JANUARY, 2019

MILLDAM PUBLIC RELATIONS
PO Box 206, Concord, MA 01742
Tel.: (978) 369-0406
Web Site: www.milldampr.com

Employees: 5

Agency Specializes In: Event Planning & Marketing, Newspapers & Magazines, Public Relations, Social Marketing/Nonprofit, Social Media

Adam Waitkunas *(Pres)*

Accounts:
Bluestone Energy Services
The Critical Facilities Summit
Future Facilities
Hurricane Electric
OpTerra Energy Services
Upsite Technologies

MILLER MAXFIELD INC
133 Mission St Ste 101, Santa Cruz, CA 95060
Tel.: (831) 227-6469
Web Site: www.millermaxfield.com

Employees: 5
Year Founded: 2002

Agency Specializes In: Advertising, Collateral, Graphic Design, Internet/Web Design, Logo & Package Design, Media Relations, Media Training, Public Relations, Social Media, Strategic Planning/Research

Bill Maxfield *(Principal)*
Paula Maxfield *(Principal)*
Eva Zeno *(Art Dir)*
Jennifer Murray *(Sr Acct Mgr)*

Accounts:
Coastal Watershed Council
San Lorenzo River Alliance
Santa Cruz Womens Health Center

MILLER PR
8455 Beverly Blvd Ste 400, Los Angeles, CA 90048
Tel.: (323) 761-7220
Fax: (323) 761-7230
E-Mail: info@miller-pr.com
Web Site: www.miller-pr.com

Employees: 12

Agency Specializes In: Brand Development & Integration, Crisis Communications, Event Planning & Marketing, Public Relations, Social Media

Dawn Miller *(Founder & CEO)*

Accounts:
Funny or Die Inc

MILLER PUBLIC RELATIONS
1209 Hall Johnson Rd, Colleyville, TX 76034
Tel.: (817) 281-3440
Fax: (817) 281-3442
Web Site: www.millerpublicrelations.com

Employees: 17

Agency Specializes In: Advertising, Internet/Web Design, Logo & Package Design, Media Training, Public Relations, Social Media

Cyndi Miller *(Founder & CEO)*
Doug Miller *(COO)*

Accounts:
Balin Eye & Laser Center
ClearNailz
Destination Beauty of Texas
Destination Health
Foundation i4
Heart Test Laboratories
Hoopes Vision
Kleiman Evangelista Eye Center
Mann Eye Institute & Laser Center
The Medical Record Group
Omaha Eye & Laser Institute
R. Chris Kuhne
RPM xConstruction LLC
Southwest Age Intervention Institute
Surgical Specialists of Charlotte
USMD Prostate Cancer Center
Virginia Eye Consultants
Webb-Barton & Associates

THE MILLERSCHIN GROUP
3250 University Dr Ste 115, Auburn Hills, MI 48326
Tel.: (248) 276-1970
E-Mail: jmillerschin@millerschingroup.com
Web Site: www.millerschingroup.com

Employees: 8
Year Founded: 1998

Agency Specializes In: Advertising, Consumer Goods, Crisis Communications, Email, Event Planning & Marketing, Exhibit/Trade Shows, Graphic Design, Information Technology, Investor Relations, Local Marketing, Media Relations, Newspaper, Public Relations, Publishing, Social Marketing/Nonprofit, Strategic Planning/Research, Web (Banner Ads, Pop-ups, etc.)

Ellie Millerschin *(Pres & CEO)*
John Millerschin *(COO)*
Richard Pacini *(Sr VP)*
Steve Plumb *(VP & Dir-Editorial)*
John Tews *(VP)*
Byron Pope *(Dir-Editorial)*
Dena Meldrum *(Mgr-Graphic Design)*
Jeanne Sommerfield *(Mgr-Acctg)*
James Pyne *(Asst Acct Exec)*
David Smith *(Sr Counsel)*

Accounts:
Mitsubishi Electric Automotive America
RheTech
SKF
Witzenmann USA

MINDSHARE PR
One First St Ste 2, Los Altos, CA 94022
Tel.: (650) 800-7160
Fax: (650) 800-7161
E-Mail: info@mindsharepr.com
Web Site: www.mindsharepr.com

Employees: 10

Agency Specializes In: Business-To-Business, Media Relations, Public Relations, Social Media

Heather Fitzsimmons *(Principal)*
Wilson Craig *(Sr VP & Gen Mgr)*
Pam Robinson *(VP)*
Eleni Laughlin *(Sr Acct Dir)*
Donatella Pizzulli *(Mgr-Strategy & Plng-Abbott Nutrition)*

Accounts:
New-i3forum

MIRAMAR EVENTS
1327 Livingston Ave, Pacifica, CA 94044
Tel.: (650) 726-3491
Fax: (650) 726-5181
E-Mail: tim@miramarevents.com
Web Site: www.miramarevents.com

Employees: 6
Year Founded: 1986

Agency Specializes In: Event Planning & Marketing, Publicity/Promotions

Approx. Annual Billings: $10,000,000

Breakdown of Gross Billings by Media: Mags.: $1,000,000; Newsp.: $2,000,000; Other: $5,000,000; Radio: $1,000,000; T.V.: $1,000,000

Timothy R. Beeman *(Chm & CEO)*

Accounts:
A La Carte & Art; Mountain View, CA Festival; 1995
Half Moon Bay Pumpkin Festival; Half Moon Bay, CA Festival; 1971
Millbrae Art & Wine Festival; Millbrae, CA Festival; 1971
Mountain View Art & Wine Festival Festival; 1972
Pacific Coast Dream Machines Show; Half Moon Bay, CA Classic Car & Air Show; 1990
The Safeway World Championship Pumpkin Weigh-off Festival; 1974

MJ LILLY ASSOCIATES LLC
30 Schermerhorn St Ste 1, Brooklyn Heights, NY 11201
Tel.: (718) 855-1853
Fax: (718) 855-1843
Web Site: www.mjlilly.com

Employees: 5

Agency Specializes In: Brand Development & Integration, Graphic Design, Media Planning, Media Training, Print, Public Relations, Social Media

Maria Lilly *(Principal)*

Accounts:
Experian Capital Markets

MK COMMUNICATIONS INC
350 W Hubbard St Ste 200, Chicago, IL 60654
Tel.: (312) 822-0505
Fax: (312) 822-0568
Web Site: www.mkcpr.com

Employees: 5
Year Founded: 1983

Agency Specializes In: Advertising, Corporate Communications, Crisis Communications, Internet/Web Design, Media Relations, Print, Public Relations, Strategic Planning/Research

Marilyn Katz *(Pres)*
Lindsey Lerner *(Creative Dir)*

Accounts:
The Chicago Conservation Center Fine Art Care Services
Chicago Housing Authority Public Housing Services
Chicagoans Against War & Injustice Anti Terrorism Services
City of Chicago Department of Housing Housing Services
Hispanic Housing Development Corporation Housing Programs Administration Services
O2Diesel Additive Fuel Developers
Perspectives Charter School Educational Services
Residential Land Fund Equity Capital Fund Suppliers

AGENCIES - JANUARY, 2019 — PUBLIC RELATIONS FIRMS

MMI PUBLIC RELATIONS
(Name Changed to BAERING)

MML INC.
137 Bay St Bungalow #4 and #5, Santa Monica, CA 90405
Tel.: (310) 664-0600
Fax: (310) 664-0500
Web Site: www.mmlpr.com

Employees: 7
Year Founded: 2001

Agency Specializes In: Cosmetics, Fashion/Apparel, Public Relations

Merritt Meade Loughran *(Pres)*
Claire Nilsson *(VP)*
Kelly Sullivan *(VP)*
Kim Perry *(Dir)*
Jenna Smith *(Acct Mgr-Beauty)*
Holly Curtis *(Acct Supvr)*
Katherine Burks *(Acct Exec)*

Accounts:
Arcona; 2007
Blackbird Backery
Chobani
ESPN
Jane Magazine
Mix 1
Patio Culture
The Tea Spot
Xgames

MO DESIGN
3025 Hilton Rd, Ferndale, MI 48220
Tel.: (248) 556-5799
E-Mail: info@lessismo.com
Web Site: www.lessismo.com

Employees: 5
Year Founded: 2007

Agency Specializes In: Advertising, Collateral, Digital/Interactive, Internet/Web Design, Media Relations, Media Training, Out-of-Home Media, Outdoor, Print, Public Relations, Social Media

Blake Moore *(Sr Partner)*

Accounts:
WellnessMats

MOBILITY PUBLIC RELATIONS, LLC.
(Name Changed to The Audienci Group)

MOLISE PR
7100 N Odell Ave, Chicago, IL 60631
Tel.: (313) 549-3137
E-Mail: info@molisepr.com
Web Site: www.molisepr.com

Agency Specializes In: Brand Development & Integration, Graphic Design, Media Relations, Public Relations, Social Media

Michelle Molise *(Principal-Chicago PR Firm)*

Accounts:
Amfar Aids Research
Balani Custom Clothiers
The Dobbins Group
First Look for Charity
Garrett Popcorn
Gene & Georgetti
Home Scout Realty
Imerman Angels
Lawry's Restaurants, Inc.
Real Urban Barbeque

MOMENTUM COMMUNICATIONS GROUP
1010 Ave of the Americas Ste 300, New York, NY 10018
Tel.: (646) 561-2245
E-Mail: info@momentum-cg.com
Web Site: www.momentum-cg.com

Employees: 8

Agency Specializes In: Content, Event Planning & Marketing, Internet/Web Design, Media Relations, Media Training, Public Relations, Social Media

Jim Miller *(Pres)*
Gino Colangelo *(Exec VP)*
Ed Velandria *(Creative Dir-UX Design & Branding)*
Eric Katzman *(Sr Acct Exec)*

Accounts:
Children of Promise
The Philharmonia Orchestra of New York Advertising, Marketing, Public Relations, Publicity, Social Media

MOMENTUM MEDIA PR
299 Pearl St Ste 402, Boulder, CO 80302
Tel.: (617) 875-5553
E-Mail: info@momentummediapr.com
Web Site: www.momentummediapr.com

Employees: 3
Year Founded: 2000

Agency Specializes In: Advertising, Digital/Interactive, Event Planning & Marketing, Media Planning, Media Training, Public Relations, Social Media, Strategic Planning/Research

Alycia Cavadi *(Founder & Principal)*
Bethany Mousseau *(Dir-PR)*

Accounts:
Bogs Footwear Brand Awareness, Public Relations
Club Ride Apparel (Public Relations Agency of Record)
Darn Tough Vermont (Public Relations Agency of Record) Digital Media
Niche Snowboards
Omeals (Public Relations Agency of Record) Brand Awareness, Digital, Media, Social
Outdoor Industry Association (Public Relations Agency of Record) Digital
Reima Ltd (US Agency of Record) Digital Influencers, Experiential Events, Media Relations, Social Media Strategy; 2018
SealSkinz Brand Awareness, Digital, Public Relations, Social Media
Superfeet (Public Relations Agency of Record) Brand Awareness, Brand Communications
Teva

MONTAGNE COMMUNICATIONS
814 Elm St Ste 205, Manchester, NH 03101
Tel.: (603) 644-3200
Fax: (603) 644-3216
Web Site: www.montagnecom.com

Employees: 8
Year Founded: 2007

Agency Specializes In: Advertising, Event Planning & Marketing, Internet/Web Design, Media Planning, Media Relations, Public Relations, Social Media, Strategic Planning/Research

Scott Tranchemontagne *(Pres)*
E. J. Powers *(Exec VP)*
Tessa Kurman Ali *(Acct Mgr)*
Jeff Mucciarone *(Sr Acct Exec)*
Grace Ames *(Acct Exec-Strategic Comm)*

Accounts:
WWPass Corp

MONTNER TECH PR
180 Post Rd E Ste 206, Westport, CT 06880
Tel.: (203) 226-9290
Web Site: www.montner.com

Employees: 5

Agency Specializes In: Brand Development & Integration, Business-To-Business, Content, Internet/Web Design, Media Relations, Public Relations, Search Engine Optimization, Social Media

Adrian Loth *(Acct Supvr)*

Accounts:
New-Smart Card Alliance

MORGAN MARKETING & PUBLIC RELATIONS LLC
2832 Zell Dr, Laguna Beach, CA 92651
Tel.: (949) 261-2216
Fax: (949) 261-2272
Web Site: www.mmpr.biz

Employees: 5
Year Founded: 1991

National Agency Associations: PRSA

Agency Specializes In: Affluent Market, Business Publications, Communications, Consumer Publications, Corporate Communications, Crisis Communications, Direct Response Marketing, Event Planning & Marketing, Food Service, Hispanic Market, Luxury Products, Media Relations, Media Training, Public Relations, Publicity/Promotions, Real Estate, Restaurant, Social Media

Approx. Annual Billings: $900,000

Melinda Morgan Kartsonis *(Principal)*

Accounts:
Arizona Canning Company Branding, Recipe Development
BRAVO BRIO Restaurant Group BRIO Tuscan Grille, Marketing, Public Relations
Daphne's Greek Cafe; San Diego, CA
Del Taco
Embarcadero California Bistro; Rancho Santa Margarita, CA Marketing, Media Relations
Hawaiian Host AlohaMacs, Media Relations, Public Relations
Juice It Up! In-store, Marketing, Public Relations
Lugano Diamonds; Newport Beach, CA
Maro Wood Grill
Panda Restaurant Group Panda Express, Panda Inn Mandarin Cuisine
Pieology (Public Relations Agency of Record) Communications Strategy, Media Relations
Ramirez International; Newport Beach, CA
Tamarind of London Marketing, Media Relations, PR
Tastee Freez
True Food Kitchen
Wienerschnitzel (Public Relations Agency of Record) Marketing, Public Relations, Social Media
Wildfish Seafood Grille

MOTION PR
221 N LaSalle St, Chicago, IL 60601
Tel.: (312) 670-8949
Fax: (773) 409-7171

PUBLIC RELATIONS FIRMS

E-Mail: contact@motionpr.net
Web Site: www.motionpr.net

Employees: 25
Year Founded: 2006

Agency Specializes In: Collateral, Event Planning & Marketing, Media Relations, Media Training, Public Relations, Strategic Planning/Research

Kimberly Eberl *(Owner)*
Bonni Pear *(Exec VP & Dir-Entertainment & Lifestyle Brands)*
Wheatley Marshall *(Sr VP)*
Jeanine Riedl *(VP)*
Pete Herrnreiter *(Dir-Digital)*
Kevin Lints *(Acct Mgr)*
Erin McGraw *(Acct Supvr)*
Derek Serafin *(Acct Supvr)*
Erin Baebler *(Acct Exec)*
Caroline Baumgartner *(Grp Mgr)*

Accounts:
Alpina and Advocate Construction
Chicago Sun Times; 2017
Exelon Corporation Digital, Public Relations; 2018
Eyeneer TV
Food Genius
Hefty Party Cups; 2017
Michael Best & Friedrich
Red Bull
Shoreline Sightseeing
Trattoria Gianni Chicago
Truluck's Restaurant Group Seafood, Steakhouse
Whirlpool Corporation Gladiator

MOUNT & NADLER, INC.
425 Madison Ave, New York, NY 10017
Tel.: (212) 759-4440
Fax: (212) 371-0787
E-Mail: mountnadler@aol.com
Web Site: www.mountandnadler.com

Employees: 5
Year Founded: 1980

Agency Specializes In: Financial, Public Relations

Hedda C. Nadler *(Owner)*
Burt Hurvich *(VP)*

Accounts:
Ballon, Stoll, Bader & Nadler, PC; 1982
LJ Oldfest & Co
Wintergreen

MOVEMENT MEDIA
2900 Georgia Ave Nw, Washington, DC 20001
Tel.: (202) 641-0277
E-Mail: info@wearemovementmedia.com
Web Site: www.wearemovementmedia.com

Employees: 5

Agency Specializes In: Event Planning & Marketing, Media Training, Promotions, Public Relations, Social Media

Michelle Klingler *(Specialist-Media Res)*
Lauren Stansbury *(Sr Comm Mgr)*

Accounts:
Organic Consumers Association Fair World Project

MP&F STRATEGIC COMMUNICATIONS
(Formerly McNeely, Pigott & Fox)
611 Commerce St Ste 3000, Nashville, TN 37203
Tel.: (615) 259-4000
Fax: (615) 259-4040
Toll Free: (800) 818-6953
E-Mail: info@mpf.com

Web Site: www.mpf.com

Employees: 70
Year Founded: 1987

Agency Specializes In: Public Relations, Sponsorship

Jennifer Brantley *(Partner)*
Alice Pearson Chapman *(Partner)*
Katy Varney *(Partner)*
Mandy Cawood Hickey *(VP)*
Mary Ruth Raphael *(VP)*
Brooks Harper *(Art Dir)*
Deborah Armour *(Dir-IT)*
Roger Shirley *(Dir-Editorial & Res)*
Danielle Hall *(Acct Mgr)*
Stacy Carr Alcala *(Acct Supvr)*
Lindsey Ganson *(Acct Supvr)*
Leigh Kelley Lindsey *(Acct Supvr)*
Erin Mercer *(Acct Supvr)*
Ben Baden *(Sr Acct Exec)*
Jessica Darden *(Sr Acct Exec)*
Selby McRae Graepel *(Sr Acct Exec)*
Amanda Reinbold *(Sr Acct Exec)*
Laura Haynes *(Acct Exec)*
Thomas Mulgrew *(Acct Exec)*
Emily Peoples *(Strategist-Digital Adv)*
Kelly Maslan *(Media Buyer)*
Michelle Fowler *(Asst Acct Exec)*
Marti Molpus *(Sr Art Dir)*
Lynn Vincent *(Sr Art Dir)*

Accounts:
AT&T Communications Corp.
CSX Transportation
Hennessy Industries
Kirkland's
Lilly USA
Nashville Area Chamber of Commerce
United States Department of Labor Job Corps

MPRM PUBLIC RELATIONS
5670 Wilshire Blvd Ste 2500, Los Angeles, CA 90036
Tel.: (323) 933-3399
Fax: (323) 939-7211
E-Mail: info@mprm.com
Web Site: www.mprm.com

Employees: 31

Agency Specializes In: Business Publications, Business-To-Business, Cable T.V., Children's Market, Communications, Consulting, Corporate Identity, Digital/Interactive, E-Commerce, Entertainment, Event Planning & Marketing, Exhibit/Trade Shows, Financial, Public Relations, Publicity/Promotions, Sponsorship, Teen Market, Trade & Consumer Magazines

Rachel McCallister *(Chm)*
Mark Pogachefsky *(Pres)*
Alan Amman *(COO & Exec VP)*
Alex Klenert *(Sr VP-Film Practice)*
Inma Carbajal *(VP-Hispanic Mktg-MPRM Comm)*
Leif Helland *(VP)*
Caitlin McGee *(VP)*
Natalie Yallouz *(Exec Dir)*
Courtney Dolliver *(Dir-Publicity)*
Sara Tehrani *(Sr Acct Exec)*
Scott Mayer *(Acct Exec-Publicity)*

Accounts:
ABC Family
Apparition
AT&T Hello Lab
Google Inc. Google Play
Outfest
RMG Networks; San Francisco, CA (Agency of Record)
Sharp Electronics Corporation
Strand Releasing

MRB PUBLIC RELATIONS
2 E Main St Fl 3, Freehold, NJ 07728-2289
Tel.: (732) 758-1100
Fax: (732) 933-0993
E-Mail: info@mrb-pr.com
Web Site: http://www.mrbpr.com/

Employees: 10

Agency Specializes In: Above-the-Line, Advertising, Advertising Specialties, Affiliate Marketing, Affluent Market, African-American Market, Agriculture, Alternative Advertising, Arts, Asian Market, Automotive, Aviation & Aerospace, Below-the-Line, Bilingual Market, Brand Development & Integration, Branded Entertainment, Broadcast, Business Publications, Business-To-Business, Cable T.V., Catalogs, Children's Market, Co-op Advertising, Collateral, College, Commercial Photography, Communications, Computers & Software, Consulting, Consumer Goods, Consumer Marketing, Consumer Publications, Content, Corporate Communications, Corporate Identity, Cosmetics, Crisis Communications, Custom Publishing, Customer Relationship Management, Digital/Interactive, Direct Response Marketing, Direct-to-Consumer, E-Commerce, Education, Electronic Media, Electronics, Email, Engineering, Entertainment, Environmental, Event Planning & Marketing, Exhibit/Trade Shows, Experience Design, Fashion/Apparel, Financial, Food Service, Game Integration, Government/Political, Graphic Design, Guerilla Marketing, Health Care Services, High Technology, Hispanic Market, Hospitality, Household Goods, Identity Marketing, In-Store Advertising, Industrial, Infomercials, Information Technology, Integrated Marketing, International, Internet/Web Design, Investor Relations, LGBTQ Market, Legal Services, Leisure, Local Marketing, Logo & Package Design, Luxury Products, Magazines, Marine, Market Research, Media Buying Services, Media Planning, Media Relations, Media Training, Medical Products, Men's Market, Merchandising, Mobile Marketing, Multicultural, Multimedia, New Product Development, New Technologies, Newspaper, Newspapers & Magazines, Out-of-Home Media, Outdoor, Over-50 Market, Package Design, Paid Searches, Pharmaceutical, Planning & Consultation, Podcasting, Point of Purchase, Point of Sale, Print, Product Placement, Production, Production (Ad, Film, Broadcast), Production (Print), Promotions, Public Relations, Publicity/Promotions, Publishing, RSS (Really Simple Syndication), Radio, Real Estate, Recruitment, Regional, Restaurant, Retail, Sales Promotion, Search Engine Optimization, Seniors' Market, Social Marketing/Nonprofit, South Asian Market, Sponsorship, Sports Market, Stakeholders, Strategic Planning/Research, Sweepstakes, Syndication, T.V., Technical Advertising, Teen Market, Telemarketing, Trade & Consumer Magazines, Transportation, Travel & Tourism, Urban Market, Viral/Buzz/Word of Mouth, Web (Banner Ads, Pop-ups, etc.), Women's Market, Yellow Pages Advertising

Breakdown of Gross Billings by Media:
Audio/Visual: 10%; Collateral: 5%; Event Mktg.: 5%; Pub. Rels.: 80%

Michael Becce *(Pres & CEO)*

Accounts:
Alteva PR

MSI COMMUNICATIONS
3501 Denali St Ste 202, Anchorage, AK 99503-4039
Tel.: (907) 569-7070
Fax: (907) 569-7090

AGENCIES - JANUARY, 2019 — PUBLIC RELATIONS FIRMS

E-Mail: info@msialaska.com
Web Site: www.msialaska.com/

E-Mail for Key Personnel:
President: laurie@msialaska.com
Media Dir.: geri@msialaska.com

Employees: 22

Agency Specializes In: Brand Development & Integration, Communications, Corporate Identity, Crisis Communications, Integrated Marketing, Media Planning, Media Relations, Package Design, Public Relations, Strategic Planning/Research, Web (Banner Ads, Pop-ups, etc.)

Laurie Fagnani *(Pres)*
Lana Johnson *(Sr VP)*
Jim Coe *(VP)*
Geri Groeneweg *(Media Dir)*
Bryan Meshke *(Dir-Web)*

Accounts:
Anchorage Convention & Visitor's Bureau
BP Exploration (Alaska)
Carlile Transportation Systems
Department of Commerce, Community, & Economic Development
Koniag, Inc.
Nana Development Corporation
Teck Resources Limited

MSLGROUP
375 Hudson St, New York, NY 10014
Tel.: (646) 500-7600
Web Site: www.mslgroup.com

E-Mail for Key Personnel:
President: mark.hass@mslpr.com

Employees: 1,300
Year Founded: 1938

National Agency Associations: COPF

Agency Specializes In: Public Relations, Sponsorship

Stephanie Smith *(Chief Dev Officer, Chief Client Officer & Acct Dir-Netflix Global)*
Amy Cheronis *(Chief Integration Officer)*
Renee Wilson *(Pres-North American)*
Guillaume Herbette *(CEO-France)*
Diana Littman *(CEO-US)*
Danielle Wuschke *(COO-US & Exec VP-Global Practices & Sectors)*
Keith A. Strubhar *(Exec VP & Head-Pub Affairs-US & DC)*
Vincent Dente *(Exec VP & Exec Creative Dir-US)*
D. Archibald Smart *(Exec VP)*
Rema Vasan *(Exec VP & Client Dir-P&G-Global)*
Risa Burgess *(Sr VP & Head-Client Engagement-Boston)*
Danielle Dunne *(Sr VP-Consumer)*
Lynsey Elve *(Sr VP)*
Gina Larson *(Sr VP-Talent)*
Tony Osborn *(Sr VP-Employee Practice)*
Nicole Scull *(Sr VP-Consumer)*
Jenifer Slaw *(Sr VP-Media Rels & Consumer)*
Katie Stevens *(Sr VP-P&G Global Ops)*
Drew Wehrle *(Sr VP)*
Steve Bryant *(Mng Dir-Seattle & Dir-Food & Beverage)*
Erin Dorr *(VP-Digital & Social Strategy & Head-Digital-Chicago)*
Allison Ross *(VP & Dir-Comm)*
Iya Bleyman *(VP)*
Alan Danzis *(VP-Media Rels)*
Rebecca Price *(VP)*
Wyeth Ruthven *(VP)*
Tiasha Stevenson *(VP)*
Chris Arco *(Dir-Fin)*
Brian Burgess *(Dir-Corp Practice-US)*
Michael Echter *(Dir-Corp Comm)*
Howard Tu *(Assoc Dir-Analytics)*
David Biss *(Sr Acct Supvr)*
Michael Cowen *(Sr Acct Supvr)*
Jolyn Koehl *(Sr Acct Supvr)*
Gina Ribaudo *(Sr Acct Supvr-Corp Affairs)*
Shawn Jackson, II *(Acct Supvr)*
Hannah Van Malssen *(Acct Supvr)*
Melanie Garvey *(Sr Acct Exec)*
Megan Schleicher *(Acct Exec-Digital)*

Accounts:
3M
Abbott Laboratories Campaign: "Mother 'Hood", Digital, Similac
Accuray Incorporated
Adecco
Adidas
Air France-KLM Group
Allergen
Ann Inc. Ann Taylor, Ann Taylor Loft
AstraZeneca
AVG Technologies (Agency of Record)
Bayer AG
Berlex
Best Buy
BLACK GIRLS ROCK
Braeburn Pharmaceuticals Probuphine
Citigroup Inc.
Clinique; 2008
Cloudmark
Coca-Cola Refreshments USA, Inc.
Dow Chemical
The Emirates Group Arabian Adventures, Dnata, Emirates Skywards, SkyCargo
Encore Capital Group, Inc. Global Public Relations, Government Affairs, Investor Relations Efforts, Media Relations, Reputation Management Program
Esurance, Inc. Media Planning & Buying
Ferrero
General Motors Chevrolet Campaign: "Steering Influencers into the Sonic Driver's Seat", Information Systems & Services, Parts & Operations, Regional PR Services
GlaxoSmithKline
GMAC Commercial Mortgage
Home Depot
John Morrell Food Group
Johnson & Johnson
JP Morgan Fleming Asset Management
JP Morgan Private Bank
Kellogg's Toaster Pastries
Labatt USA LLC
LaSalle Investment Management PR, Profile & Brand Awareness
LittleThings (Public Relations Agency of Record)
March of Dimes Foundation Creative, Imbornto Cause Marketing Campaign, Out-of-Home, PR, PSAs, Social Media, Strategy
Mayo Clinic International Marketing; 2018
The Mexico Tourism Board PR
Nestle
Nike
Nokia
Novartis Pharmaceuticals Corporation
PayPal (North America Ageny of Record) North American PR
Pepsico
Pfizer
Philips Electronics North America Corporation Philips Consumer Lifestyle
Procter & Gamble Align, Always, Beauty Care, Campaign: "Like a Girl", Dawn, Fabric & Home Care, Feminine Care, Health & Oral Care, Oral Care, Oral-B, Pet Food, Prilosec, Public Relations, Vicks
The Public Relations Society of America Mobile App for Ethics
Puma
Rogers
Sanofi-Aventis Rimonabant, Uroxatral
Solvay
Sunkist Growers Sunkist Lemons
TruGreen (Public Relations Agency of Record)
Community Relations, Government Relations, Marketing, Media Relations
United Services Automobile Association Public Relations
Western Union
World Gold Council

North America

Manning Selvage & Lee
175 Bloor Street E Suite 801, North Tower, Toronto, ON M4W 3R8 Canada
Tel.: (416) 967-3702
Fax: (416) 967-6414
E-Mail: francine.raymond@mslworldwide.com
Web Site: www.mslgroup.com

Employees: 36
Year Founded: 1989

Agency Specializes In: Public Relations

Mia Pearson *(CEO)*
Renee Duncan *(Acct Dir)*
Marni Zaretsky *(Sr Acct Mgr)*

Accounts:
Emirates PR
Enbridge Gas Distribution
Fujifilm Canada
Janssen-Ortho/Ortho Biotech
Loblaw Companies President's Choice
PayPal
Philips
Procter & Gamble
Rogers Cable
Rogers Wireless
Sanofi Aventis

Manning Selvage & Lee
2029 Century Park East Ste 1750, Los Angeles, CA 90067
Tel.: (310) 461-0383
Web Site: northamerica.mslgroup.com

Employees: 28

National Agency Associations: COPF

Agency Specializes In: Public Relations

Jim Weinrebe *(Exec VP)*
Mercedes Carrasco *(Sr VP & Head-Tech Practice-North America)*
Mark McClennan *(Sr VP & Head-Consumer Tech Practice, Bus & Fin Svcs Practice)*
Greg Eppich *(Sr VP)*
Melody Kimmel *(Sr VP-Media Trng)*
Jayme Maniatis *(Sr VP)*
Vickie Fite *(Dir-Multicultural Practice)*
Patty McClain *(Sr Acct Supvr)*

Accounts:
Best Buy
Del Monte Foods Kibbles & Bits
DineEquity, Inc.
Nestle Nutrition Division
OpenTV
Procter & Gamble
Red Bull
Sunkist Growers

Manning Selvage & Lee
1170 Peachtree St NE Ste 400, Atlanta, GA 30309-7677
Tel.: (404) 875-1444
Fax: (404) 892-1274
E-Mail: kyle.farnham@mslworldwide.com
Web Site: northamerica.mslgroup.com

Employees: 50

PUBLIC RELATIONS FIRMS

Year Founded: 1965

National Agency Associations: COPF

Agency Specializes In: Public Relations

Daphne Hoytt *(Chief Diversity & Inclusion Officer)*
Eileen Ziesemer *(Dir-Consumer Practice-US)*
Jennifer Barabas *(Acct Supvr)*
Ashley Pilgrim *(Acct Supvr)*

Accounts:
ADP
ARC
Artlite
AT&T Southeast
BB&T
Best Buy
GDEcD
Heidelberg USA, Inc.
The Home Depot
Roche
UPS Capital
UPS Supply Chain Solutions

Manning Selvage & Lee
222 Merchandise Mart Plz Ste 4-150, Chicago, IL 60654
Tel.: (312) 861-5200
Fax: (312) 861-5252
E-Mail: joel.curram@mslpr.com
Web Site: northamerica.mslgroup.com

Employees: 26

National Agency Associations: COPF

Agency Specializes In: Public Relations

Jim Weinrebe *(Exec VP)*
Lynsey Elve *(Sr VP)*
Erin Dorr *(VP-Digital & Social Strategy & Head-Digital-Chicago)*
Ariel Tishgart *(Dir-Strategy)*
Patty McClain *(Sr Acct Supvr)*
Lily Gedney Merritt *(Acct Supvr)*

Accounts:
The Allstate Corporation Allstate Foundation Purple Purse
American Society of Home Inspectors
DeVry University Inc.
General Mills
Kellogg School of Management
Masco Corporation
Reynolds Packaging Group; 2006
Ronald McDonald House Charities of Chicagoland and Northwest Indiana Public Relations, Social Media Marketing

MSL Seattle
424 2nd Ave W, Seattle, WA 98119-4013
Tel.: (206) 285-5522
Fax: (206) 272-2497
Web Site: northamerica.mslgroup.com

Employees: 239

National Agency Associations: COPF

Agency Specializes In: Business-To-Business, Children's Market, Event Planning & Marketing, Exhibit/Trade Shows, Food Service, Health Care Services, Pharmaceutical, Public Relations, Publicity/Promotions, Restaurant, Teen Market

Greg Eppich *(Sr VP)*
Vicki Nesper *(Sr VP)*
Jennifer Egurrola Leggett *(Sr Acct Exec)*

Accounts:
DuPont Crop Protection
Mori Building Company

T-Mobile US Campaign: "Alter Ego"

North Strategic
380 Wellington St W, Toronto, ON M5V 1E7 Canada
(See Separate Listing)

Qorvis MSLGROUP
1201 Connecticut Ave NW Ste 500, Washington, DC 20036
(See Separate Listing)

International

20:20 MSL
14th Floor, Urmi Estate, 95, GanapatraoKadamMarg, Lower Parel (W), Mumbai, 400 013 India
Tel.: (91) 22 3965 1700
Fax: (91) 22 3965 1777
E-Mail: chetan@2020india.com
Web Site: www.2020india.com

Employees: 300
Year Founded: 1989

Viju George *(Mng Dir)*
Rekha Rao *(Gen Mgr)*
Ketan Pote *(Acct Dir)*

Accounts:
Adobe Systems Incorporated Analyst Relations, Brand & Product Communications Strategy, Corporate Reputation Management, Digital, Media Relations, Outreach Programs, Public Relations, Social; 2018
Canon
Chhattisgarh Tourism Board Engagement Campaign, Strategic Communications
Cognizant
Ferns N Petals Brand Awareness
Foodpanda Media Communications, Strategic Public Relations
Hay Group Brand Awareness, Strategic Communications
Intel Corporation
Shop CJ Media Communications, Strategic Public Relations

Andreoli/MS&L
Av Ibirapuera, 2332 Torre 1 - 14 andar, Moema, 04028-002 Sao Paulo, SP Brazil
Tel.: (55) 11 3169 9300
Fax: (55) 11 3169 9317
E-Mail: andreoli@andreolimsl.com.br
Web Site: http://www.mslgroupandreoli.com.br/

Employees: 70
Year Founded: 1993

Agency Specializes In: Event Planning & Marketing, Public Relations

Josh Shapiro *(VP-MSL Grp Latin America)*

Accounts:
Adidas Brazuca, Campaign: "All Day and All of the Night"
PayPal
Souza, Cescon, Barrieu & Flesch

Epic MSLGROUP
10th Floor Fredman Towers, 13 Fredman Drive, Johannesburg, South Africa
Tel.: (27) 117844790
Web Site: www.epicmslgroup.com

Employees: 50
Year Founded: 2007

Agency Specializes In: Brand Development & Integration, Corporate Communications, Digital/Interactive, Email, Event Planning & Marketing, Internet/Web Design, Investor Relations, Media Relations, Media Training, Public Relations

Elian Wiener *(CEO)*
Gavin Etheridge *(Mng Dir)*
Cara Kruger *(Sr Acct Dir)*
Sergio dos Santos *(Dir-Strategy & Bus Dev)*

Accounts:
Cipla Medpro South Africa Limited
Cipla
DHL Express
DHL
MMI Holdings Brand Communications, Momentum, Public Relations; 2018
Nedbank
Old Mutual
Samsung

Hollander en Van der Mey/MS&L
Villa Vronesteijn Oosteinde 237, 2271 EG Voorburg, The Hague Netherlands
Tel.: (31) 70 354 90 00
Fax: (31) 70 350 31 45
E-Mail: info@hvdm.nl
Web Site: www.hvdm.nl

Employees: 10
Year Founded: 1951

Agency Specializes In: Government/Political, Public Relations

Accounts:
Samsung Group

JKL Copenhagen
Amaliegade 41 A, DK-1256 Copenhagen, Denmark
Tel.: (45) 33 38 56 80
Fax: (45) 33 38 56 99
Web Site: www.jklgroup.com

Employees: 11

Agency Specializes In: Public Relations

JKL Stockholm
Sveavagen 24-26, PO Box 1405, 111 84 Stockholm, Sweden
Tel.: (46) 8 696 12 00
Fax: (46) 8 696 00 15
E-Mail: info@jklgroup.com
Web Site: www.jklgroup.com

Employees: 57
Year Founded: 1985

Agency Specializes In: Public Relations

Magnus Wistam *(CEO)*
Per Ola Bosson *(Partner)*
Henrik Nilsson *(Mng Dir-Gothenburg)*

Manning, Selvage & Lee Frankfurt
Otto Messmer St 1, 60431 Frankfurt, Germany
Tel.: (49) 69 6612 456 0
Fax: (49) 69 6612 456 8399
E-Mail: info@mslpr.de
Web Site: northamerica.mslgroup.com

Employees: 15
Year Founded: 1988

Agency Specializes In: Public Relations

AGENCIES - JANUARY, 2019 — PUBLIC RELATIONS FIRMS

Wigan Salazar *(CEO-Germany)*
Philip Maravilla *(Mng Dir-Bus Dev)*

Accounts:
Schott AG Global PR

Manning Selvage & Lee London
55 Whitfield Street, London, W1T 4AH United Kingdom
Tel.: (44) 20 3219 8700
Fax: (44) 2078783030.
E-Mail: info@mslgroup.com
Web Site: www.mslgroup.co.uk

Employees: 50
Year Founded: 1987

National Agency Associations: PRCA

Agency Specializes In: Consumer Marketing, Corporate Communications, Crisis Communications, Health Care Services, Public Relations

James Parsons *(Co-CEO)*
Lance Moylan *(Fin Dir)*
Jason Frank *(CEO-UK)*
Simon Condon *(Deputy Mng Dir-Consumer)*
Andrea Donovan *(Mng Dir-Consumer Practice)*
Jonathan Lomax *(Mng Dir-Corp Comm & Reputation Mgmt)*
Dominic Payling *(Head-Plng & Insight)*
Anthony Poncier *(Head-Social & Digital-EMEA)*
Alexandra Sananes *(Sr Acct Dir)*
Al Baird *(Creative Dir)*
James Hoyle *(Creative Dir)*
Madelien Scholten *(Art Dir)*
Tom Bell *(Dir-Corp)*
Liam O'Keefe *(Dir-Corp Reputation)*
James Warren *(Dir-Dev)*
Claire Hutchings *(Mktg Mgr)*
Helena Heras Delgado *(Copywriter)*
Massimiliano Rossi *(Planner)*
Joseph Luffman *(Assoc Creative Dir-London)*

Accounts:
AkzoNobel Brand Strategy, Digital Strategy, Global Communications & Public Affairs, Public Relations
Arcelik Beko, Public Realtions; 2017
Atos
AVG
New-Butlin's Limited Public Relations; 2018
Coca-Cola
Danone
General Mills
GsK
Lily Gabriella PR, Trade Press
Michelin
Nestle Cereal Partners
Novartis
Procter & Gamble
Renault
Retina Implant
RichRelevance
Siemens
Slendertone

MS&L China
12F 01-03 Prospect Center West, 5 Guanghua Road, Beijing, 100020 China
Tel.: (86) 10 8573 0688
Fax: (86) 10 6588 0668
E-Mail: john.hong@sh.mslpr.com
Web Site: northamerica.mslgroup.com/

Employees: 500

Agency Specializes In: Public Relations

Accounts:
Allergan Botox, Communications, Natrelle
Cola-Cao Consumer
Keppel Land China Corporate Communications
Netflix Public Relations
New Balance
Nu Skin Digital, Social
Paul & Shark
Perfetti Van Melle Campaign: "Sweeten China with Small Acts of Kindness"
Ping An Financial Technology Brand Awareness

MS&L France
15 rue Bleue, CEDEX, 75341 Paris, 09 France
Tel.: (33) 1 55 33 4300
Fax: (33) 155 33 42 44
Web Site: mslgroup.com

Employees: 25
Year Founded: 1997

Agency Specializes In: Public Relations

MS&L Italia
Via Bernina 34, 20158 Milan, Italy
Tel.: (39) 02 773 3661
Fax: (39) 02 773 36360
E-Mail: post@mslgroup.com
Web Site: www.mslgroup.it/

Employees: 50
Year Founded: 1961

Agency Specializes In: Public Relations

Germano Calvi *(Head-Strategy)*
Marco Fornaro *(Head-Digital)*
Giusi Viani *(Bus Dir-MS&L Grp)*
Kim Piquet *(Exec Planner-Strategic)*

Accounts:
Dompe Public Relations

MS&L Japan
14F JR Tokyu Meguro Blg, 3-1-1 Kami-Osaki Shinagawa-ku, Tokyo, 141-0021 Japan
Tel.: (81) 3 5719 8901
Fax: (81) 357198919
Web Site: mslgroup.com

Employees: 30

Agency Specializes In: Asian Market

Eric Hess *(Mng Dir)*
Kiminori Takeuchi *(Deputy Mng Dir)*

MS&L Shanghai
19F SOHO Donghai Plaza, 299 Tongren Road, Shanghai, 200040 China
Tel.: (86) 21 51699311
Fax: (86) 2152370401
Web Site: http://asia.mslgroup.com/

Employees: 100

Glenn Osaki *(Pres-Asia)*
Charlotta Lagerdahl-Gandolfo *(Reg Dir-Bus-MSLGroup Asia)*
Benjamin Tan *(Reg Dir-Client Engagement & Dev-Asia)*

MSL Warsaw
Platinum Business Park Woloska 9, 02-583 Warsaw, Poland
Tel.: (48) 22 444 48 30
Fax: (48) 22 444 48 31
Web Site: www.mslgroup.pl

Employees: 15
Year Founded: 1999

Agency Specializes In: Consumer Marketing, Event Planning & Marketing, Public Relations

MSL
Jan van Goyenkade 10, 1075 HP Amsterdam, Netherlands
Tel.: (31) 20 305 59 00
Fax: (31) 20 305 59 46
Web Site: mslgroup.nl

Employees: 40
Year Founded: 1973

Agency Specializes In: Communications, Financial, Government/Political, Industrial, Investor Relations, Public Relations

Alex De Vries *(Dir-Media Rels)*
Fieke Kalkman *(Office Mgr)*

Accounts:
AkzoNobel Global Communications

MSLGroup
ul Domaniewska 42, Warsaw, 02-672 Poland
Tel.: (48) 22 278 38 00
E-Mail: kontakt@mslgroup.com
Web Site: www.mslgroup.pl

Employees: 80

Sebastian Stepak *(Mng Dir)*
Sebastian Hejnowski *(CEO-Central & Eastern Europe)*
Renata Toczyska-Seliga *(Deputy Mng Dir)*

Muchnik, Alurralde, Jasper & Assoc./MS&L
Callao 1046 Piso 4, Buenos Aires, C1023AAQ Argentina
Tel.: (54) 11 5031 1300
Fax: (54) 11 5031 1301
E-Mail: laura.muchnik@mslpr.com
Web Site: northamerica.mslgroup.com

Employees: 50

Agency Specializes In: Public Relations

Laura Muchnik *(Founder)*
Karina Riera *(Owner)*
Ruiz Paula *(Partner & Gen Dir)*
Evelyn Botti *(Acct Dir)*
Sol Vigna *(Acct Dir)*
Fernanda Curat Alvarado *(Dir-Corp Affairs)*
Belen Nunez Ferreira *(Dir-Consumer Accts)*
Mariana Garavaglia *(Assoc Mktg Dir)*

MSR COMMUNICATIONS
832 Sansome St 2nd Fl, San Francisco, CA 94111-1558
Tel.: (415) 989-9000
Fax: (415) 989-9002
Toll Free: (866) 247-6172
E-Mail: info@msrcommunications.com
Web Site: www.msrcommunications.com

Employees: 10
Year Founded: 1999

Agency Specializes In: Business-To-Business, Corporate Communications, Corporate Identity, Information Technology, Internet/Web Design, Public Relations

Mary Shank Rockman *(CEO & Principal)*
Chris Blake *(Acct Dir)*
Crisel Ortiz *(Acct Mgr)*
Michael Burke *(Acct Supvr)*

PUBLIC RELATIONS FIRMS — AGENCIES - JANUARY, 2019

Accounts:
Aback
AirBed & Breakfast (Agency of Record)
Arbia
Autonomy Pleasanton
Bluxome Street Winery
California Exotics Novelties Consumer Brand Awareness, Public Relations; 2018
CLustrix
Connect Solutions
CPP, Inc.
Cynny
EPI24
Face Time
Financial Navigator
Infochimps
Infoworks (Agency of Record) Media & Analyst Relations; 2018
JangoMail (Agency of Record)
Janrain
Kentico Software
Kinek PR
LIM
LogTrust
Meta TV
mybotto
Sendmail PR
Ubiquiti Networks
Virtual Clarity
Waterline Data

MUCH & HOUSE PUBLIC RELATIONS
(Name Changed to East 2 West Collective)

MUELLER COMMUNICATIONS INC
1749 N Prospect Ave, Milwaukee, WI 53202
Tel.: (414) 390-5500
Fax: (414) 390-5515
Web Site: www.muellercommunications.com

Employees: 50

Agency Specializes In: Corporate Communications, Crisis Communications, Media Relations, Public Relations, Social Media

Lori Richards *(Pres & Partner)*
Carl Mueller *(Pres)*
James Madlom *(COO & Partner)*
Elizabeth A. Hummitzsch *(Client Svcs Dir)*
Natalie Verette *(Dir-Pro Dev & Sr Acct Exec)*
Phill Trewyn *(Sr Acct Exec)*
Rachel Kern *(Acct Exec)*
Elyise Brigman *(Asst Acct Exec)*
Amelia Venegas *(Coord-Admin Svcs)*

Accounts:
Local Initiatives Support Corporation

MUIRFIELD PARTNERS
(Acquired by Prosek Partners & Name Changed to Prosek)

MULTIPLY
(Formerly DBC PR+New Media)
3247 Q St NW, Washington, DC 20007
Tel.: (202) 298-8044
Toll Free: (888) 294-5008
E-Mail: hello@wearemultip.ly
Web Site: wearemultip.ly

Employees: 25
Year Founded: 2000

Agency Specializes In: Digital/Interactive, Event Planning & Marketing, Media Relations, Public Relations, Social Media, Sponsorship

Jessica Phlipot *(Pres)*

Dan Baum *(CEO)*

Accounts:
Ace Hardware Consumer PR
Kilbeggan
Q Drinks (Public Relations Agency of Record)

Branch

MULTIPLY
(Formerly DBC PR & Social Media)
28 W 27th St Ste 705, New York, NY 10001
(See Separate Listing)

MURPHY O'BRIEN, INC.
(d/b/a Murphy O'Brien Public Relations)
11444 Olympic Blvd Ste 600, Los Angeles, CA 90064
Tel.: (310) 453-2539
Fax: (310) 264-0083
E-Mail: info@murphyobrien.com
Web Site: www.murphyobrien.com

Employees: 35
Year Founded: 1989

National Agency Associations: PRSA

Agency Specializes In: Leisure, Public Relations, Real Estate, Travel & Tourism

Karen Murphy O'Brien *(Chm & CEO)*
Allyson Rener *(Pres)*
Stacy Lewis *(Exec VP)*
Rachel Esserman *(Sr VP)*
Laura Millett *(Sr VP)*
Kimi Ozawa *(Sr VP)*
Emily Warner *(Mng Dir-Real Estate Collection)*
Ashley Felts *(VP-Digital)*
Jennifer Evans Gardner *(VP)*
Mary J. Salcido *(Sr Acct Dir)*
Bryan Hansen *(Acct Supvr)*
Katie Chalmers *(Acct Exec)*

Accounts:
Abano Grand Hotel
Alohilani Resort
Andaz Maui Strategic PR Campaigns
Arizona Biltmore A Waldorf Astoria Resort
Auberge Resorts
Bolthouse Farms
Bruxie Gourmet Waffle Sandwiches
Casey's Cupcakes
The Cheesecake Factory, Inc.
Chileno Bay Resort & Residences
Cinepolis Luxury Cinemas
Coeur d'Alene Resort; Coeur d'Alene, ID
Conrad Bora Bora Nui
Eau Palm Beach Resort & Spa
Esperanza Resort & Villas
Farmhouse Inn
Flor de Cana
Four Seasons Resort Punta Mita
Gansevoort Turks + Caicos
Gibson International (Agency of Record) Public Relations
The Grafton on Sunset
Hilton Palacio del Rio
Hilton Worldwide Hilton Worldwide, Media Relations, Public Relations; 2010
Hirsch Bedner Associates Design Consultants
HKS Hospitality Group
Hollywood Roosevelt Hotel
Honua Kai Resort & Spa
Hotel Casa del Mar
Hotel Figueroa
Hotel Jackson
Hotel Jerome
Hotel Wailea
Hotel ZaZa Dallas, Houston
Hotel Zephyr
Hunt Valley Inn
Hyatt Regency
Ice Cream Lab
La Quinta, A Waldorf Astoria Resort
Laurus Corporation
Les Clefs d'Or
Mayacama
Montelucia Resort & Spa
Napa Valley Festival del Sole
Nekupe Sporting Resort and Retreat
Never Too Hungover
Ocean Avenue South
Ojai Valley Inn & Spa; Ojai, CA
Pacific Eagle Holdings Cavalleri
The Palazzo, Las Vegas
Palisade Capital Management Design
Paul Ferrante
The Peninsula Hotels
Peninsula Papagayo
The Pizza Studio; Los Angeles, CA
PizzaRev (Strategic Communications Agency of Record)
Plaza La Reina
Preferred Hotel Group
Prince Resorts Hawaii
Pullman Miami Airport
Quail Lodge & Gold Club
QUIGG
Serafina Beach Hotel
Solage
The St. Regis Monarch Beach
Thompson Seattle
Union Station Hotel
The Venetian, Las Vegas
Ventana Big Sur
Wailea Beach Resort ? Marriott Maui

MUTO COMMUNICATIONS, LLC
PO Box 537, Port Jefferson, NY 11777
Tel.: (631) 849-4301
Fax: (631) 849-4301
E-Mail: info@mutocomm.com
Web Site: www.mutocomm.com

Employees: 5
Year Founded: 2000

Agency Specializes In: Consumer Goods, Entertainment, High Technology, Luxury Products

Approx. Annual Billings: $1,500,000

Breakdown of Gross Billings by Media:
Audio/Visual: $1,500,000

Paul Muto *(Pres & Mng Dir)*
Paul Fredrickson *(Dir-Bus Dev)*

Accounts:
3D Mediacast; Fairfield, NJ
Atlantic Technology (International public Relations Rgency of Record); 2018
Oasis Home Theatre Seating; Toronto, CA
Seymour-Screen Excellence; Ames, IA
Triad Speakers, Inc.; Portland, OR

MWWPR
1 Meadowlands Plz, East Rutherford, NJ 07073
Tel.: (201) 507-9500
Fax: (201) 507-0092
Toll Free: (800) 724-7602
E-Mail: mattermore@mww.com
Web Site: www.mww.com

Employees: 200
Year Founded: 1986

Agency Specializes In: Communications, Consumer Marketing, Government/Political, Public Relations, Sponsorship

Michael W. Kempner *(Founder & CEO)*
Bret Werner *(Pres & Chief Client Officer)*

AGENCIES - JANUARY, 2019 — PUBLIC RELATIONS FIRMS

Gina Ormand *(Chief People Officer & Exec VP)*
Tara Naughton *(Exec VP & Head-Consumer Practice)*
Michelle Gordon *(Sr VP-Res & Insights)*
Brian Hague *(Sr VP)*
Leslie Linton *(Sr VP)*
Robyn Schweitzer *(VP)*
Alanna Dillon Suda *(VP)*
Mark Umbach *(VP)*
Loren Waldron *(VP-Bus Dev Svcs)*

Accounts:
1800 Flowers
New-Air New Zealand Limited
New-Amicus Therapeutics, Inc.
New-AppNexus Inc.
New-Arccos Golf, LLC
New-Arctic Zero, Inc.
Atkins Nutritionals Low Carbohydrate Food Program
New-Avid Media
Ball Park Franks
New-Bio-Reference Laboratories, Inc
New-Brockmans Gin
New-Churchill Downs Racetrack, LLC
ConnectOne Bank
New-Cox Automotive
D'Artagnan
New-E. & J. Gallo Winery
New-Fetch Media Limited
New-Focus Features
Healthcare Trust of America
The Hillshire Brands Company
New-Hilton Worldwide
Honeywell
Hughes Network Systems LLC (Global Public Relations Agency of Record) Communications, Content Creation, Digital Marketing, Influencer Relations, Public Affairs, Social, Thought Leadership; 2017
iGPS
New-Jack in the Box
New-Loot Crate
New-Men's Wearhouse
New-Moose Toys
New-Nature's Bounty
New-New Jersey Transit Communications Strategy; 2018
New-News UK & Ireland
Nextag, Inc.; San Mateo, CA (Agency of Record) Brand Positioning, Consumer Lifestyle Marketing, Corporate Communications, Corporate Reputation, Executive Eminence, Social Media
Nikon
New-Omron Healthcare, Inc.
New-Primesight
New-Qdoba Restaurant Corporation
Red Lobster
New-RetailMeNot Inc.
New-Rite Aid Corporation
New-Shutterstock
New-Skyrocket Toys
New-Sony Pictures Consumer Products
Stoli Group USA LLC Cenote Tequila, Corporate Communications, Elit, Kentucky Owl Bourbon, Loch Lomond Scotch Whisky, Public Relations, Stoli Vodka, Thought Leadership; 2018
Subaru of America
Subaru of America Lifestyle Marketing
New-Tesla, Inc.
New-TIDAL
New-TomTom, Inc.
New-Tyson Foods
New-Unison
Virgin America Inc.
New-Waste Management

Offices

MWWPR
660 S Figueroa St Ste 1400, Los Angeles, CA 90017
Tel.: (213) 486-6560
Fax: (213) 486-6501
E-Mail: cking@mww.com
Web Site: www.mww.com

Employees: 22

Agency Specializes In: Communications, Consumer Marketing, Public Relations

Stephen Macias *(Sr VP)*
Sheena Stephens *(VP)*
Jillian McMenamin *(Acct Dir)*
Annie Provenzano *(Sr Acct Exec)*

Accounts:
Agent Ace Brand Awareness
Asolva; Los Angeles, CA Business Process Management Solutions; 2007
Barefoot Wine & Bubbly (Public Relations Ageny of Record) Content, Crisp White, Moscato, Rose Spritzers, Summer Red
Digiboo Brand Awareness, Public Relations
Edmunds.com Public Relations
Gay Men's Chorus Of Los Angeles (Public Relations Agency of Record) "Alive Music Project", "Outside Voices", "the it gets better Tour", Marketing, Strategic Media Relations
Here Media OUT Magazine, The Advocate
The Israel Ministry of Tourism (North America Public Relations Agency of Record) Media Relations, Social Media, Strategic Communications, Strategy
Jack in the Box Inc. (Public Relations Agency of Record)
Kendall-Jackson Wine Estates Campaign: "Goes Well with Friends", Creative, K-J Recommends
Loot Crate (Agency of Record) Integrated Communications Strategy
Los Angeles Department of Public Health
Mercury Insurance Group Home & Auto Insurance; 2008
Paul Katami & Jeff Zarrillo Public Relations
Runtastic Social Media Outreach
Sanuk National Brand Communications, PR
New-St. Baldrick's Foundation (Agency of Record) Advocacy Marketing, Content Strategy, Media & Influencer Relations, Public Relations, Thought Leadership; 2018

MWWPR
99 Osgood Pl Ste 100, San Francisco, CA 94133
Tel.: (415) 464-6422
Web Site: www.mww.com

Employees: 10
Year Founded: 2007

Karen Clyne *(Exec VP, Head-Tech Practice & Gen Mgr-Western Reg)*

Accounts:
Arccos Golf
Azumio
BACtrack Product Awareness
Blurb
DHgate Media Relations
Eventbrite; San Francisco, CA Eventbrite Mobile App, Public Relations
Nimbuzz Brand Messaging/Positioning
NQ Mobile Inc. Brand Awareness, Digital, Marketing Public Relations, Technology
Opera Software Communications, Public Relations
Qualpay
RetailMeNot, Inc
Synqera
Therachat
Twist
Wize Commerce

MWWPR
901 New York Ave NW Ste 310 W, Washington, DC 20001
Tel.: (202) 600-4570
E-Mail: dsmith@mww.com
Web Site: www.mww.com

Employees: 14

Agency Specializes In: Communications, Consumer Marketing, Government/Political, Public Relations

Joseph Rubin *(Sr VP-Govt Affairs & PR)*
Joel Payne *(VP-Corp Comm)*
Erin Bzymek *(Acct Supvr)*

MWWPR
205 N Michigan Ave, Chicago, IL 60601
Tel.: (312) 981-8540
Fax: (312) 853-0955
Web Site: www.mww.com

Employees: 15

Agency Specializes In: Communications, Consumer Marketing, Public Relations, Sponsorship

John Digles *(Exec VP & Gen Mgr)*
Rory Swikle *(Sr VP-CorpSumer)*
Lori Price Abrams *(VP-Govt Rels)*
Nick Wille *(VP-Consumer Lifestyle Mktg)*

Accounts:
Affiliated Managers Group, Inc
American Water Works Company
Arctic Zero Inc (Public Relations Agency of Record) "Fit Frozen Desserts", Communications, Marketing, Media, Strategic
AutoReturn
Biolase
Emnos B2B, Media Relations, Public Relations
Glanbia
Healthways
The Hershey Company
Hoopla Digital Digital Counsel, Influencer Outreach, Marketing, Media, Public Relations, Trade relations
Johnson & Johnson
National Parkinson Foundation Media, Social Media
NBTY, Inc. Osteo Bi-Flex
Omron Healthcare (Agency of Record) Media, Social
Samsung Mobile
Sleep Innovations, Inc
United Nurses Associations of California
Walgreen

MWWPR
222 W State St Ste 306, Trenton, NJ 08608
Tel.: (609) 396-0067
Fax: (609) 396-2272
E-Mail: kfrechette@mww.com
Web Site: www.mww.com

Employees: 10

Agency Specializes In: Communications, Consumer Marketing, Government/Political, Public Relations

Rich Levesque *(Sr VP & Gen Mgr)*
Lori Price Abrams *(VP-Govt Rels)*

Accounts:
Health Promotion Council of Southeastern Pennsylvania; Philadelphia, PA; 2008

MWWPR
304 Park Ave S, New York, NY 10010

PUBLIC RELATIONS FIRMS — AGENCIES - JANUARY, 2019

Tel.: (212) 704-9727
Fax: (212) 704-0917
Toll Free: (866) 304-7035
E-Mail: mattermore@mww.com
Web Site: www.mww.com

Employees: 248
Year Founded: 1986

Agency Specializes In: Communications, Consumer Marketing, Public Relations

Michael W. Kempner *(Founder & CEO)*
Bret Werner *(Pres)*
William Starace *(CFO & Exec VP)*
Carreen Winters *(Chm-Reputation Mgmt & Chief Strategy Officer)*
Gina Ormand Cherwin *(Chief People Officer & Exec VP)*
Tara Naughton *(Exec VP & Head-Consumer)*
William Murray *(Exec VP & Dir-Pub Affairs-Natl)*
Joe Flores *(Exec VP)*
Andrew Garson *(Exec VP-Entertainment)*
Parker Ray *(Exec VP & Chief Strategist-Digital)*
Dawn Lauer *(Mng Dir-B2B Practice & Sr VP)*
Carl Sorvino *(Sr VP & Exec Creative Dir)*
Jackie Burton *(Sr VP-Corp Comm)*
Cecilia Coakley *(Sr VP)*
Jackie Glick *(Sr VP)*
Leslie Linton *(Sr VP)*
Lori Robinson *(Sr VP)*
Rebekah Burgess-Smith *(VP-Paid Media)*
Sara Ghazaii *(VP-Corp Comm & Mktg)*
Susan Goodell *(VP)*
Brian DiFeo *(Sr Dir-Influencer Strategy)*
Daniel Brett Kennedy *(Sr Producer-Content & Creative)*
Carolyn Lasky *(Acct Supvr-Digital Strategy)*
Colleen Mattingly *(Acct Supvr)*
Jacqueline Zygadlo *(Sr Acct Exec-Corp Comm & Healthcare)*

Accounts:
1-800-Flowers.com
21st Century Fox
AdRoll
Air New Zealand
Arctic Zero PR Agency of Record
Atkins
BBC
Booking.com Brand Awareness, PR
Brown-Forman Corporation
Discovery Networks
Gay Men's Chorus of Los Angeles
Golfsmith International
Haier America
Harry & David (Public Relations Agency of Record) Social Media Strategy
Here Media Inc.
The Israel Ministry of Tourism (North America Public Relations Agency of Record) Media Relations, Social Media, Strategic Communications, Strategy
JCP&L (First Energy)
The Lisa Colagrossi Foundation (Agency of Record)
Men's Wearhouse
Microsoft Corporation
Monster Energy
News UK
Nikon, Inc.
Opera Media Works
Red Lobster Public Relations
Samsung
SKETCHERS USA
Subaru of America, Inc. (Agency of Record) Lifestyle Marketing, Media Relations
Thomas Jefferson University
TomTom, Inc. (Public Relations & Social Media Agency of Record) Brand Awareness, Strategic Communications
Tyson Foods
US Bank National Association
US Bank (Public Relations Agency of Record) Brand Awareness, Communications, Media
Veea Inc. (Global Agency of Record) Content Development, Creative, Integrated Communications, Media & Influencer Relations, Social & Digital Marketing, Video Production; 2018
The Weather Channel

MWWPR
One McKinney Plz 3232 McKinney Ave, Dallas, TX 75204
Tel.: (972) 231-2990
Fax: (972) 231-9442
E-Mail: info@mww.com
Web Site: www.mww.com

Employees: 10

Accounts:
Johnson & Johnson
McDonald's
Nikon, Inc.
RAVE Restaurant Group (Public Relations Agency of Record) Brand Awareness, Media Relations Strategy, Strategic Communications, Thought Leadership
Samsung
Volkswagen Group of America, Inc.
New-Whole Foods Market, Inc. (Public Relations Agency of Record) Creative, Crisis Support, Media Relations, Message Development & Monitoring, Strategic Campaign; 2018

MWWGroup@Deutsch
111 8th Ave, New York, NY 10011-5201
Tel.: (212) 981-7600
Fax: (212) 981-7525
Web Site: http://www.deutsch.com/

Employees: 750

Agency Specializes In: Event Planning & Marketing, Government/Political, Public Relations, Publicity/Promotions

Jeff White *(CMO-North America)*

Subsidiaries

Carlton Fields Jorden Burt
1 State St Ste 1800, Hartford, CT 06103
Tel.: (860) 392-5000
Fax: (860) 392-5058
Web Site: www.carltonfields.com

Employees: 22

James Jorden *(Mng Partner)*
Kate Barth *(Sr Mgr-PR)*

MWW UK
56A Poland St, 2nd Fl, London, W1F 7NN United Kingdom
Tel.: (44) 207 046 6080
Web Site: http://mwwuk.com/

Employees: 50

Agency Specializes In: Advertising

Patrick Herridge *(Chm)*
Rebecca Blinston-Jones *(Mng Dir)*
Gareth Davies *(VP-Digital Strategy)*
Pippa Ellis *(Sr Acct Dir)*
Devika Mistry *(Acct Dir)*
Kedesh Mather *(Dir-Comm & PR)*
Robert Mitchell *(Dir)*
Jessie Allen *(Assoc Dir)*

Accounts:
AdRoll
Archant Advertising, Creative, Media, Public Relations, Strategic
Brand Licensing Europe National & International Awareness
Curzon Cinemas Awareness
Glaad
Licensing Industry Merchandisers Association
Magnetic Public Relations, Social Media
Mindshare UK Public Relations
Mobolize Corporate, Social Communications, Thought Leadership, Trade
News International Marketing, Media Relations
News UK
Opera Mediaworks Communications, Trade
Outdoor Media Centre
Primesight Out-of-Home Media
Sky Media Sky AdSmart
TechUK External Communications

NADEL PHELAN, INC.
269 Mt Hermon Rd Ste 107, Scotts Valley, CA 95066
Tel.: (831) 439-5570
Fax: (831) 439-5575
E-Mail: info@nadelphelan.com
Web Site: www.nadelphelan.com

Employees: 20
Year Founded: 1993

Agency Specializes In: Public Relations

Paula Phelan *(CEO)*
Fred Nadel *(COO & VP)*
Cara A. Sloman *(Exec VP)*
Sean Wood *(Dir-Bus Dev)*
Shannon Tierney *(Acct Mgr)*

Accounts:
ATEME PR
Enova Technology Public Relations
Microsoft
SOTI Inc. Media, Public Relations

Branch

Nadel Phelan, Inc.
405 Lexington Ave, New York, NY 10174
Tel.: (831) 439-5570
Fax: (831) 439-5575
E-Mail: info@nadelphelan.com
Web Site: nadelphelan.com

Employees: 25

Agency Specializes In: Public Relations

NANCY MARSHALL COMMUNICATIONS
151 Capitol St, Augusta, ME 04330
Tel.: (207) 623-4177
Fax: (207) 623-4178
E-Mail: info@marshallpr.com
Web Site: www.marshallpr.com

Employees: 17
Year Founded: 1991

Agency Specializes In: Public Relations

Approx. Annual Billings: $1,000,000

Nancy Marshall *(CEO)*
Charlene Williams *(VP & Gen Mgr)*
Whitney Moreau *(Acct Supvr)*
Megan Crowder *(Acct Coord & Strategist-Social Media)*
Jennifer Boes *(Specialist-Integrated Mktg Comm)*
Jessica Donahue *(Acct Exec)*

AGENCIES - JANUARY, 2019 — PUBLIC RELATIONS FIRMS

Greg Glynn *(Acct Exec)*
Liz LeClair *(Graphic Designer & Acct Coord)*
Dianne Chamberlain *(Acct Coord)*

Accounts:
Maine Beer & Wine Distributors Association; 2010
Maine Children's Home; 2010
Maine Office of Tourism; 1993
The Orvis Company, Inc (Agency of Record) Public Relations
Summit Natural Gas of Maine; 2012

NATIONAL PUBLIC RELATIONS
2001 McGill College Ave Ste 800, Montreal, QC H3A 1G1 Canada
Tel.: (514) 843-7171
Fax: (514) 843-6976
E-Mail: info-mtl@national.ca
Web Site: www.national.ca

Employees: 550
Year Founded: 1976

Agency Specializes In: Communications, Corporate Communications, Crisis Communications, Digital/Interactive, Graphic Design, Investor Relations, Media Relations, Media Training, Public Relations, Social Media

Revenue: $67,000,000

Andrew T. Molson *(Chm)*
Jean-Pierre Vasseur *(Pres & CEO)*
Beth Diamond *(Mng Partner)*
Luc Ouellet *(Mng Partner)*
Serge Paquette *(Mng Partner)*
Doris Juergens *(Partner & VP-Strategy-Natl)*
Royal Poulin *(CFO & Exec VP)*
Andre Bouthillier *(Exec VP & Dir-Pub Affairs & Govt Rels Grp)*
Stephanie Lyttle *(VP)*

Accounts:
Amazon.com
AstraZeneca
BC Hydro
Boehringer Ingelheim
Bristol-Myers Squibb
Canadian Energy Pipeline Association
Chevron
Danone Canada (Agency of Record) Public Relations, Social Media
Enbridge
Fiera Capital
Ford
GlaxoSmithKline
Global Salmon Initiative
GMCR Canada
Hewlett-Packard
Home Hardware
Ivanhoe Cambridge
Janssen
Juvenile Diabetes Research Foundation
Kohler Canada
McDonald's Restaurants of Canada
Merck Serono
Microsoft
National Bank of Canada
Nestle Waters Canada

Branches:

Axon
Parkshot House, 5 Kew Road, Richmond, Surrey TW9 2PO United Kingdom
(See Separate Listing)

Axon
230 Park Ave S 3rd Fl, New York, NY 10003-1566
(See Separate Listing)

NATIONAL Public Relations
130, Slater St, Ste 400, Ottawa, ON K1P 6L2 Canada
(See Separate Listing)

NATIONAL Public Relations
140 Grande Allee Est Ste 302, Quebec, QC G1R 5M8 Canada
(See Separate Listing)

NATIONAL Public Relations
800 6th Ave SW Ste 1600, Calgary, AB T2P 3G3 Canada
(See Separate Listing)

NATIONAL Public Relations
1701 Hollis St Ste L101, Halifax, NS B3J 3M8 Canada
(See Separate Listing)

NATIONAL Public Relations
310 Front St W 5th Fl, Toronto, ON M5V 3B5 Canada
(See Separate Listing)

NATIONAL Public Relations
931 Fort St 4th Fl, Victoria, BC V8W 2C4 Canada
Tel.: (250) 361-1713
Fax: (250) 384-2102
E-Mail: info-vic@national.ca
Web Site: www.national.ca

Employees: 500

Agency Specializes In: Crisis Communications, Public Relations

NATIONAL Public Relations
One Bentall Centre Ste 620 505 Burrard St, Box 34, Vancouver, BC V6C 1M4 Canada
(See Separate Listing)

SHIFT Communications LLC
20 Guest St Ste 200, Brighton, MA 02135
(See Separate Listing)

Branch

madano partnership
76 Great Suffolk Street, Southwalk, London, SE1 0BL United Kingdom
Tel.: (44) 20 7593 4000
Fax: (44) 20 7928 7102
E-Mail: info@madano.com
Web Site: www.madano.com

Employees: 30

Agency Specializes In: Communications, Market Research

Andy Eymond *(Founder & Partner)*
Michael Evans *(Mng Partner)*
Dominic Weeks *(Head-Tech)*
Philip Armstrong *(Acct Dir)*
Tom Reynolds *(Acct Dir)*
Darran Messem *(Dir-Transport & Sustainable Dev)*
Jonathan Oldershaw *(Dir-Insights & Intelligence)*
Sarah Park *(Sr Assoc Dir-Specialist Built Environment Practice)*
Kelvin Morgan *(Acct Mgr)*
Oliver Buckley *(Sr Assoc Dir-Energy Practice)*

Accounts:
Tees Valley Unlimited Carbon Capture Storage, Communications Services
Urenco

NAUTILUS COMMUNICATIONS , INC.
PO Box 1600, Vienna, VA 22183
Tel.: (703) 938-4540
Fax: (703) 938-8524
E-Mail: info@nautiluscommunications.com
Web Site: www.nautiluscommunications.com

Agency Specializes In: Public Relations

Connie Kotke *(Principal)*
Allyson Horst *(Mktg Dir-Intl)*
Andi Harris *(Dir-Art)*
Laurel Thomas *(Dir-Online Res)*

Accounts:
Americans Charities
Ashoka: Innovators for the Public
Council of Better Business Bureaus
Generations of Hope Development Corp.
Humane Farm Animal Care

NECTAR COMMUNICATIONS
200 Pine St Fl 8, San Francisco, CA 94104
Tel.: (415) 399-0181
E-Mail: info@nectarpr.com
Web Site: www.nectarpr.com

Employees: 40
Year Founded: 2008

Agency Specializes In: Communications, Content, Media Training, Public Relations, Social Media

Rachel Petersen *(Partner)*
Tracy Sjogreen *(Partner)*
Freya Petersen *(VP)*
Ashley Carlson *(Dir)*
Nicole Estrada *(Sr Acct Exec)*
Kent Bravo *(Acct Exec)*

Accounts:
Autodesk Public Relations
Biba
ClearSlide
LinkedIn Corporation
Platfora
Quip
VMware, Inc.
Workday, Inc.

THE NEELY AGENCY INC
5670 Wilshire Blvd, Los Angeles, CA 90036
Tel.: (323) 252-9173
Web Site: www.theneelyagency.com

Employees: 4

Agency Specializes In: Advertising, Brand Development & Integration, Event Planning & Marketing, Public Relations, Social Media

Sheri D. Neely *(CEO)*

Accounts:
The Bar Kays
Marcus L. Matthews
Personal Praise

NEHLSEN COMMUNICATIONS
3000 16th St, Moline, IL 61265
Tel.: (309) 736-1071
Web Site: www.ncpr.com

Employees: 8

Agency Specializes In: Brand Development & Integration, Collateral, Content, Digital/Interactive,

PUBLIC RELATIONS FIRMS

Graphic Design, Internet/Web Design, Print, Public Relations, Social Media, Strategic Planning/Research

Nancy Nehlsen *(Pres)*

Accounts:
MCA Chicago
Quad City Electrical Training Center

THE NEIBART GROUP
20 Jay St Ste 820, Brooklyn, NY 11201
Tel.: (718) 875-2300
Fax: (718) 228-6108
E-Mail: info@neibartgroup.com
Web Site: www.neibartgroup.com

Employees: 15

Agency Specializes In: Content, Media Relations, Public Relations

Emma Murphy *(Principal)*
David Neibart *(Principal)*
Kerstin Osterberg *(Principal)*
Morgan Cretella *(Assoc Acct Supvr)*

Accounts:
New-iCapital Network

NEOTROPE
4332 W 230th St, Torrance, CA 90505-3411
Tel.: (310) 373-4856
Fax: (509) 355-3090
Toll Free: (866) 473-5924
E-Mail: info@neotrope.com
Web Site: www.neotrope.com

Employees: 4
Year Founded: 1983

National Agency Associations: PRSA

Agency Specializes In: Digital/Interactive, Electronic Media, Fashion/Apparel, High Technology, Internet/Web Design, Multimedia, Public Relations, Trade & Consumer Magazines, Travel & Tourism

Revenue: $1,000,000

Chris Simmons *(Founder & CEO)*

Accounts:
ACSIA Partners
Bash Foo
Depth Public Relations
EPIC Insurance Brokers
Insight Research Corp.
Profundity Communications
Voices.com

NETPR, INC.
132 Emerald Rdg, Santa Rosa Beach, FL 32459
Tel.: (850) 267-2231
Fax: (850) 267-4971
E-Mail: info@netpr.net
Web Site: www.netpr.net

Employees: 2

Agency Specializes In: Exhibit/Trade Shows, Game Integration, Internet/Web Design, Magazines, Public Relations, Publicity/Promotions, Publishing, Real Estate

Kimberly Maxwell *(Pres & CEO)*

Accounts:
Babies-n-town
Jolly Bay Inc

SoftLetter
SoWalbikes.com

NEVINS & ASSOCIATES
32 West Rd, Towson, MD 21204
Tel.: (410) 568-8800
Fax: (410) 568-8804
E-Mail: info@nevinspr.com
Web Site: www.nevinspr.com

Employees: 12
Year Founded: 1983

Agency Specializes In: Advertising, Collateral, Communications, Crisis Communications, Event Planning & Marketing, Financial, Government/Political, Investor Relations, Market Research, Media Relations, Point of Purchase, Print, Radio, Sales Promotion, T.V.

Kirstie Durr *(Sr VP)*
Matthew R. Hombach *(Sr VP)*
Alessandra Moscucci *(Acct Exec)*

Accounts:
AT&T Communications Corp.
Babar & Celeste Cosmetics
Comcast Cablevision, Inc.
Comcast Online Communications
Morton's The Steak House; Chicago, IL Community Relations, Event Planning, Media Relations
PrimeStar Satellite
Teleport Communications Group
The Travel Channel

NEW HARBOR GROUP
1 Davol Sq Ste 300, Providence, RI 02903
Tel.: (401) 831-1200
E-Mail: info@nharbor.com
Web Site: www.nharbor.com

Employees: 10

Agency Specializes In: Brand Development & Integration, Crisis Communications, Integrated Marketing, Media Relations, Public Relations

David Preston *(Founder & Owner)*

Accounts:
Rhode Island Housing

NEW LIFE COMMUNICATIONS
1302 Planters Grove Lane, North Myrtle Beach, SC 29582
Tel.: (336) 880-7066
Web Site: www.newlifepublicrelations.com

Employees: 10
Year Founded: 2010

Agency Specializes In: Brand Development & Integration, Collateral, Event Planning & Marketing, Internet/Web Design, Logo & Package Design, Media Planning, Media Training, Public Relations, Social Media, Strategic Planning/Research

Accounts:
AdvantageWest
Bridlewood Executive Suites
Hip Chics
Hope Mental Health
Wrights Care Services
YWCA of High Point

NEWBERRY PUBLIC RELATIONS & MARKETING INC
1445 Wampanoag Trl Ste 104, East Providence, RI 02915
Tel.: (401) 433-5965

Fax: (401) 431-5965
Web Site: www.newberrypr.com

Employees: 10

Agency Specializes In: Advertising, Collateral, Crisis Communications, Logo & Package Design, Media Relations, Media Training, Public Relations, Social Media, Strategic Planning/Research

Elisabeth N. Galligan *(Founder & Pres)*

Accounts:
Ocean State Job Lot

NEWGROUND PR & MARKETING
4712 Admiralty Way Ste 271, Marina Del Rey, CA 90292
Tel.: (310) 437-0045
E-Mail: info@newgroundco.com
Web Site: www.newgroundco.com

Employees: 10
Year Founded: 2011

Agency Specializes In: Broadcast, Event Planning & Marketing, Print, Public Relations, Social Media

Shelley Miller *(Pres)*
Carol Ruiz *(Principal)*
Jamie Latta Corson *(VP-Content & Social)*
Katy Biggerstaff *(Mgr-PR)*

Accounts:
Forrest Performance Group

NEWMAN COMMUNICATIONS
125 Walnut St Ste 205, Watertown, MA 02472-4050
Tel.: (617) 921-1903
Fax: (617) 254-9088
E-Mail: getbookpublicity@newmancom.com
Web Site: www.newmancom.com

E-Mail for Key Personnel:
President: david.ratner@newmancom.com

Employees: 20
Year Founded: 1989

National Agency Associations: PRSA

Agency Specializes In: Consulting, Corporate Communications, Media Relations, Public Relations, Publicity/Promotions

Robert Newman *(Pres)*

Accounts:
City Capital Corporation
Grand Central Publishing
Harper Collins
Houghton Mifflin Harcourt Publishing Company
John Wiley
The Penguin Group

NEWMANPR
2140 S Dixie Hwy Ste 203, Miami, FL 33133
Tel.: (305) 461-3300
Toll Free: (855) 446-7935
E-Mail: info@newmanpr.com
Web Site: www.newmanpr.com

Employees: 5
Year Founded: 1946

Agency Specializes In: Content, Crisis Communications, Event Planning & Marketing, Logo & Package Design, Media Relations, Print, Public Relations, Search Engine Optimization, Social Media, T.V.

Stuart Newman *(Founder & CEO)*
Andy Newman *(Sr VP)*
Buck Banks *(VP)*
Julie Ellis *(VP)*
Ashley Serrate *(Mgr-Media Rels-FL Keys & Key West)*
Carol Shaughnessy *(Sr Acct Exec)*
Laura Myers *(Acct Exec)*

Accounts:
New-Carnival Cruise Lines
New-Costa Crociere S.p.A.
New-The Florida Keys & Key West
New-Holland America Line Inc.

NEWSMARK PUBLIC RELATIONS INC.
20423 State Rd 7 Ste F6-289, Boca Raton, FL 33498
Tel.: (561) 852-5767
Fax: (561) 852-8733
E-Mail: pr@newsmarkpr.com
Web Site: http://www.newsmarkpr.com/

Employees: 5
Year Founded: 2003

National Agency Associations: PRSA

Agency Specializes In: Advertising, Affluent Market, African-American Market, Brand Development & Integration, Business Publications, Business-To-Business, Collateral, Communications, Consulting, Corporate Communications, Corporate Identity, Crisis Communications, Education, Environmental, Faith Based, Fashion/Apparel, Financial, Government/Political, Graphic Design, Health Care Services, Hospitality, Internet/Web Design, Investor Relations, Legal Services, Local Marketing, Logo & Package Design, Luxury Products, Media Buying Services, Media Relations, New Product Development, New Technologies, Over-50 Market, Planning & Consultation, Promotions, Public Relations, Publicity/Promotions, Real Estate, Retail, Search Engine Optimization, Social Marketing/Nonprofit, Social Media, Sports Market, Strategic Planning/Research

Approx. Annual Billings: $500,000

Breakdown of Gross Billings by Media: Bus. Publs.: 20%; Cable T.V.: 30%; Internet Adv.: 15%; Pub. Rels.: 30%; Radio: 5%

Mark Hopkinson *(Owner)*

Accounts:
BallenIsles Country Club; Palm Beach Gardens, FL Golf, Lifestyle, Spa, Tennis; 2009
Community Foundation; West Palm Beach, FL Non-Profit Services; 2008
Mark A. Tepper, P.A; Fort Lauderdale, FL Legal Services; 2007
Stephen Burrows; New York, NY Designer Fashion; 2004
The Technological University of America; Broward, Miami Dade, Palm Beach, FL Education Services; 2010

NEWTON O'NEILL COMMUNICATIONS
5508 Fort Benton Dr, Austin, TX 78735
Tel.: (512) 494-6178
Web Site: www.newtononeill.com

Employees: 10
Year Founded: 2009

Agency Specializes In: Event Planning & Marketing, Graphic Design, Media Relations, Public Relations, Social Media

Lisa O'Neill *(Principal)*

Accounts:
Benolds Jewelers
Casa Brasil Coffees
Finn & Porter
H4M
Jardin De Ninos Interlingua
The Leukemia & Lymphoma Society
Liberty Tavern
Motostalgia
Rallyhood
Whislers

NEXT STEP COMMUNICATIONS
291 Washington St, Westwood, MA 02090
Tel.: (781) 326-1741
E-Mail: hiya@nextstepcomms.com
Web Site: www.nextstepcomms.com

Employees: 5
Year Founded: 2014

Agency Specializes In: Brand Development & Integration, Content, Public Relations, Social Media

Cassie Smith *(VP)*
Jessika Parry *(Sr Acct Exec)*

Accounts:
New-PipelineRx

NICKERSON PR
470 Atlantic Ave, Boston, MA 02210
Tel.: (617) 848-4225
Web Site: www.nickersonpr.com

Employees: 20
Year Founded: 2003

Agency Specializes In: Brand Development & Integration, Email, Event Planning & Marketing, Internet/Web Design, Media Relations, Public Relations, Search Engine Optimization, Social Media, Strategic Planning/Research

Lisa A. Nickerson *(Founder & Principal)*
Matthew Cooney *(Dir-Social Media & Emerging Tech)*

Accounts:
Tocci Building Corporation

NICOLL PUBLIC RELATIONS
PO Box 246, East Walpole, MA 02032
Tel.: (781) 762-9300
Fax: (781) 255-7777
E-Mail: lucette@nicollpr.com
Web Site: www.nicollpr.com

Employees: 6

Agency Specializes In: Public Relations

Lucette Nicoll *(Pres)*
John Nicoll *(Principal)*

Accounts:
Bowers & Wilkins
JL Audio
Meridian
Pure Music
Rotel
Total Mobile Audio
Tributaries

NIKE COMMUNICATIONS, INC.
75 Broad St Ste 510, New York, NY 10004
Tel.: (212) 529-3400
Fax: (212) 353-0175
E-Mail: info@nikecomm.com
Web Site: www.nikecomm.com

E-Mail for Key Personnel:
President: ninak@nikecomm.com
Creative Dir.: peterm@nikecomm.com

Employees: 30
Year Founded: 1984

National Agency Associations: PRSA

Agency Specializes In: Automotive, Brand Development & Integration, Consumer Marketing, Event Planning & Marketing, Fashion/Apparel, Hospitality, Leisure, Luxury Products, Promotions, Public Relations, Publicity/Promotions, Real Estate, Strategic Planning/Research, Trade & Consumer Magazines, Travel & Tourism, Women's Market

Breakdown of Gross Billings by Media: Pub. Rels.: 100%

Nina Kaminer *(Pres)*
Abby Vinyard *(VP & Head-Digital)*
Ross Matsubara *(VP & Dir-Style)*
Kathryn Archambault *(VP)*
Brian Boye *(VP)*
Callie Shumaker Stanton *(VP)*
Pieter van Vorstenbosch *(VP)*
Kimberly Hanson *(Asst VP)*
Erin Jaffe *(Asst VP)*
Amelia Lovaglio *(Asst VP)*
Felicia Lu *(Asst VP)*
Demetria White *(Sr Dir-Comm, Culture & Creative Accelerator)*
Sandra Carreon-John *(Dir-Brand Mktg & Comm)*
Amber Appelbaum *(Acct Supvr)*
Chelsea Slavin *(Acct Supvr)*
Kristin Archambeau *(Sr Acct Exec)*
Jennifer Mendelsohn *(Sr Acct Exec)*

Accounts:
Exclusive Resorts, LLC
Geox
Miraval Resort & Spa
Moet Hennessy Wines
Robert Mondavi Wines
Rosewood Hotels & Resorts LLC
Vertu

NINICO COMMUNICATIONS
255 N Market St Ste 246, San Jose, CA 95110
Tel.: (408) 594-0758
Web Site: www.ninicocommunications.com

Employees: 1
Year Founded: 2011

Agency Specializes In: Advertising, Brand Development & Integration, Collateral, Crisis Communications, Experiential Marketing, Media Planning, Print, Public Relations, Radio, Social Media, T.V.

Nicholas Adams *(Pres)*
Tess Mooney *(Creative Dir)*

Accounts:
Crew Silicon Valley

NKPR
87 Walker St Ste 6B, New York, NY 10013
Tel.: (917) 691-7262
E-Mail: info@nkpr.net
Web Site: www.nkpr.net

Employees: 25
Year Founded: 2002

Agency Specializes In: Advertising, Content, Crisis Communications, Digital/Interactive, Promotions, Public Relations, Social Media, Strategic Planning/Research

PUBLIC RELATIONS FIRMS — AGENCIES - JANUARY, 2019

Natasha Koifman *(Pres)*
Bunmi Adeoye *(VP-Canada)*
Erin Poetschke *(Dir-Ops-Canada)*
Rebecca Kogon *(Mgr-Bus Dev & Strategic Partnerships-Canada)*

Accounts:
Natural Balance Foods Eat Nakd, Media Relations, Public Relations, Strategic Communications
Patrick Assaraf (North American Public Relations Agency of Record) Brand Strategy, Event Management, Media Relations, Outreach, Strategic Counsel
Sim Group (North America Public Relations Agency of Record) Digital Media, Strategic
Sympli (Public Relations Agency of Record) Digital, Media Relations, Strategic Planning
YourTea.com

NOBLES GLOBAL COMMUNICATIONS LLC
820 Howard St, Marina Del Rey, CA 90292
Tel.: (310) 795-0497
Fax: (323) 443-1283
E-Mail: info@noblesgc.com
Web Site: www.noblesgc.com

Employees: 10
Year Founded: 2006

Agency Specializes In: Corporate Communications, Digital/Interactive, Internet/Web Design, Print, Public Relations

Laura Nobles *(Founder & CEO)*
Julie A. Johnson *(Chief Strategy Officer)*

Accounts:
Calhoun Vision

NOLAN/LEHR GROUP
112 E 17Th St Apt 1W, New York, NY 10003
Tel.: (212) 967-8200
Fax: (212) 967-7292
Web Site: www.nolanlehrgroup.com/

Employees: 4
Year Founded: 1972

Agency Specializes In: Education, Engineering, Environmental, Event Planning & Marketing, Public Relations

Approx. Annual Billings: $900,000

Breakdown of Gross Billings by Media: Pub. Rels.: $900,000

Donald Lehr *(Owner & Pres)*
Nolan Haims *(Principal)*

Accounts:
The American Friends of Australian Koala Foundation Publishing; Australia; 1988
Forum on Religion & Ecology; 1998
National Engineers' Week; Washington, DC; 1996
Templeton Prize ; PA; 1991

NOREEN HERON & ASSOCIATES
1528 W Fullerton Ave, Chicago, IL 60614
Tel.: (773) 477-7666
Fax: (773) 477-7388
E-Mail: nheron@heronpr.com
Web Site: http://heronagency.com/

E-Mail for Key Personnel:
President: nheron@heronpr.com

Employees: 7
Year Founded: 2000

Agency Specializes In: Public Relations

Noreen Heron *(Pres)*
Lianne Wiker *(Exec VP)*

Accounts:
Baileys
Final Fantasy
Geja's Cafe
The Hunt Club
Hyatt Hotels
Marriott Theatre
SPACE
Theatre at the Center

NORTH STRATEGIC
(Acquired by MSLGROUP)

NORTH STRATEGIC
380 Wellington St W, Toronto, ON M5V 1E7 Canada
Tel.: (416) 895-9269
E-Mail: info@northstrategic.com
Web Site: www.northstrategic.com

Employees: 50
Year Founded: 2011

Agency Specializes In: Communications, Media Relations, Public Relations, Social Media

Victoria Freeman *(VP)*
Wendie Godbout *(VP)*
Danna Barak *(Sr Acct Dir)*
Lorena Cordoba *(Sr Acct Dir)*
Justin Creally *(Strategist-Creative)*
Amy Shanfield *(Planner)*

Accounts:
Air Miles (Public Relations & Social Media Agency of Record)
Cadillac Fairview Public Relations, Social Media
Canadian Tire Corporation Limited Public Relations
Nestle Purina PetCare Canada Public Relations, Purina One, Purina Puppy Chow
Shomi Campaign: "#ANewSocietyRises"
Sport Chek Public Relations, Social
Ticketmaster Communication, Influencer Strategy, Public Relations
Tim Hortons #WarmWishes, Public Relations, Social
Twitter Canada (Public Relations Agency of Record)
New-Ubisoft Canada Public Relations

NORTHEAST MEDIA ASSOCIATES
141 Brigham St, South Portland, ME 04106
Tel.: (207) 653-0365
Web Site: www.nemediaassociates.com

Agency Specializes In: Logo & Package Design, Multimedia, Public Relations, T.V.

Angie Helton *(Pres)*

Accounts:
Downeast Energy
Mad Girl world
Wright Express

NORTHSTAR
501-I S Reino Rd Ste 380, Thousand Oaks, CA 91320
Tel.: (805) 498-5880
Fax: (805) 498-5246
E-Mail: sheryl@northstar-ccm.com
Web Site: www.northstar-ccm.com/

Employees: 1
Year Founded: 2005

Agency Specializes In: Public Relations, Publicity/Promotions

Sheryl Northrop *(Pres)*

Accounts:
Lisa Loeb

NORTHWEST POLITE SOCIETY
1100 E Pike St 3rd Flr, Seattle, WA 98122
Tel.: (206) 660-0678
E-Mail: info@nwpolitesociety.com
Web Site: www.nwpolitesociety.com

Employees: 15
Year Founded: 2012

Agency Specializes In: Advertising, Experiential Marketing, Public Relations, Social Media

Hans Kehl *(COO)*
Chuck Zimmerman *(Principal & Client Svcs Dir)*

Accounts:
New-Montucky Cold Snacks

NORTHWEST STRATEGIES
441 W 5th Ave, Anchorage, AK 99501
Tel.: (907) 563-4881
Fax: (907) 562-2570
E-Mail: info@nwstrat.com
Web Site: www.nwstrat.com

Employees: 18
Year Founded: 1987

Agency Specializes In: Advertising, Advertising Specialties, Internet/Web Design, Public Relations, Strategic Planning/Research

Saba Adley *(Media Dir)*
Amanda Estes *(Client Svcs Dir)*
Tim Woolston *(Dir-PR)*
Kristi Kordewick *(Mgr-HR & Office)*
Shawn McCalip *(Mgr-Interactive & Video Production)*
Stephanie Johnson *(Sr Art Dir)*

Accounts:
Alaska Regional Hospital
Cook Inlet Region Inc.; Anchorage, AK; 1989

NOW + ZEN PUBLIC RELATIONS
589 8th Ave 9th Fl, New York, NY 10018
Tel.: (212) 564-2122
E-Mail: info@nowandzenpr.com
Web Site: www.nowandzengroup.com

Employees: 50

Agency Specializes In: Brand Development & Integration, Public Relations

Christine Caravana *(Sr Acct Exec)*

Accounts:
iHome

NOYD COMMUNICATIONS INC
220 N Aviation Blvd, Manhattan Beach, CA 90266
Tel.: (310) 374-8100
Fax: (310) 347-4209
E-Mail: info@noydcom.com
Web Site: www.noydcom.com

Employees: 8

Agency Specializes In: Advertising, Brand Development & Integration, Event Planning &

Marketing, Internet/Web Design, Package Design, Public Relations, Social Media, Strategic Planning/Research

Jim Noyd *(Pres)*
Michael Wood *(VP)*

Accounts:
Questyle Audio
RIVA Audio
Vizio

NRPR GROUP
8500 Wilshire Blvd Ste 700 B, Beverly Hills, CA 90211
Tel.: (424) 274-3689
E-Mail: info@nrprgroup.com
Web Site: www.nrprgroup.com

Employees: 50

Agency Specializes In: Content, Digital/Interactive, Event Planning & Marketing, Media Training, New Product Development, Public Relations, Publicity/Promotions, Search Engine Optimization, Social Media, Strategic Planning/Research

Nicole Rodrigues *(Founder & CEO)*
Anita Yardemian *(Acct Dir-Consumer Div)*
Lynda Starr *(Dir-Marcoms)*
Christopher Van Nest *(Mgr-Social Media & Specialist-PR)*
Cadie Carroll *(Mgr-Bus Dev & Mktg)*
Jennifer Buonantony *(Sr Acct Exec)*
Alex Anderson *(Acct Exec-Mktg)*
Delia Mendoza *(Acct Exec)*
Leila Radan *(Strategist-Social Media)*
Brooke Sullivan *(Coord-Creative)*

Accounts:
New-AVETTA Global
Beautytap; 2018
Camilla d'Errico New York Comic Con 2018; 2018
Dialpad; 2017
Eric Hogensen; 2017
HSG Campaigns; 2017
New-Lookhu
New-MobiTV
New-Neurovalens
Olga Lorencin Skin Care; 2017
New-Slang N' Friendz
Soul Machines Business Development
StreaMe Messaging, Positioning; 2018
TenMoreVotes; 2017
New-Vroozi

NUFFER SMITH TUCKER PUBLIC RELATIONS
4045 Third Ave Ste 200, San Diego, CA 92103
Tel.: (619) 296-0605
Fax: (619) 296-8530
E-Mail: results@nstpr.com
Web Site: www.nstpr.com

Employees: 26
Year Founded: 1974

Agency Specializes In: Agriculture, Brand Development & Integration, Consumer Marketing, Crisis Communications, E-Commerce, Electronics, Event Planning & Marketing, Exhibit/Trade Shows, Graphic Design, Internet/Web Design, Media Relations, Media Training, New Product Development, Planning & Consultation, Public Relations, Social Marketing/Nonprofit, Strategic Planning/Research, Web (Banner Ads, Pop-ups, etc.)

Approx. Annual Billings: $3,500,000

Tom Gable *(Vice Chm)*
Bill Trumpfheller *(Pres)*

Kerry Tucker *(CEO)*
Price Adams *(VP)*
Teresa Siles *(VP)*
Natalie Haack *(Acct Supvr)*
Ryan Hall *(Acct Supvr)*
Sarah Czarnecki *(Sr Acct Exec)*
Tracy Moehnke *(Sr Acct Exec)*
Rebecca Schmidt *(Sr Acct Exec)*
Paul Worlie *(Specialist-Govt Rels & Pub Affairs)*
Katie McLaughlin *(Acct Coord)*

Accounts:
Dairy Council of California
San Diego Foundation Public Service, Video
San Diego Public Library Foundation Campaign: "Buy-A-Brick", PR
Sony Electronics
WD-40 Company

NYHUS COMMUNICATIONS LLC
720 3rd Ave Fl 12, Seattle, WA 98104
Tel.: (206) 323-3733
Fax: (206) 323-7004
E-Mail: info@nyhus.com
Web Site: www.nyhus.com

Employees: 20
Year Founded: 2004

National Agency Associations: COPF

Agency Specializes In: Communications, Public Relations, Social Media

Revenue: $2,500,000

Roger Nyhus *(Pres & CEO)*
Amy Snow Landa *(Acct Supvr)*

Accounts:
IPREX

O&M CO.
PO Box 3620925, New York, NY 10129
Tel.: (212) 695-7400
Fax: (212) 695-0876
Web Site: www.oandmco.com

Employees: 25
Year Founded: 2006

Agency Specializes In: Public Relations

Rick Miramontez *(Pres)*

Accounts:
Kinky Boots

OCG PR
101 Summit Ave Ste 208, Fort Worth, TX 76102
Tel.: (817) 332-0404
Fax: (817) 531-1520
E-Mail: info@ocgpr.com
Web Site: www.ocgpr.com

Year Founded: 2009

Agency Specializes In: Content, Graphic Design, Internet/Web Design, Public Relations, Social Media, Strategic Planning/Research

Tonya Veasey *(CEO)*

Accounts:
Dr. Cherie LeFevre

O'CONNELL & GOLDBERG
1955 Harrison St, Hollywood, FL 33020
Tel.: (954) 964-9098
Fax: (954) 964-9099

E-Mail: info@oandgpr.com
Web Site: oandgpr.com

Employees: 14
Year Founded: 1993

Agency Specializes In: Event Planning & Marketing, Media Relations, Media Training, Newspaper, Promotions, Public Relations, Publicity/Promotions

Revenue: $1,300,000

Barbara Goldberg *(Partner)*
Kirsten Paindiris *(Creative Dir)*
Jeff Bray *(Sr Editor & Acct Supvr)*
Sasha Blaney *(Sr Acct Exec)*

Accounts:
Anthony's Coal Fired Pizza
Aventura Mall
Bricks & Mayors, Inc.
The Continental Group
Da Vinci on the Ocean
Destin Commons Public Relations, Social Media
Goldstein Law Group PR, Social Media
Macys
Noble House
The Orange Bowl Committee
Paradise Island
Tiffany & Co
Toll Brothers, Florida East Division PR
Turnberry Associates
Turnberry Retail Division
Viceroy Miami PR
W Fort Lauderdale
Zyscovich Architects

O'CONNELL COMMUNICATIONS LLC
31068 N 134th Dr Office A, Peoria, AZ 85383
Tel.: (708) 482-0212
E-Mail: dan@oconnellpr.com
Web Site: www.oconnellpr.com

Year Founded: 1994

Agency Specializes In: Advertising, Business-To-Business, Content, Digital/Interactive, Event Planning & Marketing, Graphic Design, Public Relations, Search Engine Optimization, Social Media, Trade & Consumer Magazines

Dan O'Connell *(Pres)*

Accounts:
New-BitFlow, Inc
New-Chromasens GmbH
ElectricitySites.com; 2017
New-Emerson Electric Co.
New-Emerson Industrial Automation Appleton Electric
New-Honeywell International Inc.
New-Ideal Industries, Inc.
New-Moxa Inc
New-Nonconductive Tool Company LLC
New-Rockford Systems, Inc.
Symphonica; 2017
Tattile; 2017
New-Toshiba America Information Systems, Inc.

OFFLEASH
(Formerly Kulesa Faul Inc.)
107 S B St Ste 330, San Mateo, CA 94401
Tel.: (650) 340-1979
Fax: (650) 340-1849
E-Mail: info@offleashpr.com
Web Site: offleashpr.com/

Employees: 14
Year Founded: 2003

Agency Specializes In: Communications, Public

PUBLIC RELATIONS FIRMS — AGENCIES - JANUARY, 2019

Relations, Social Media

Revenue: $1,300,000

Robin Bulanti *(Pres)*
Joanna Kulesa *(Principal)*
Julie Tangen *(EVP)*
Scott Lechner *(Dir-Media Rels)*
Tanaya Lukaszewski *(Dir)*
Cathy Wright *(Dir)*

Accounts:
cloudshare
Dell Kace
Jitterbit
Modelmetrics
Qumulo
up time software

OGAN/DALLAL ASSOCIATES, INC.
530 Fashion Ave Uppr 2, New York, NY 10018
Tel.: (212) 840-0888
Fax: (212) 840-8849
E-Mail: info@odapr.com
Web Site: www.odapr.com

Employees: 8
Year Founded: 1986

Agency Specializes In: Consumer Marketing, Public Relations

Evelyn Dallal *(Pres)*

Accounts:
Agraria Home
Badgley Mischka; New York, NY; 1991
Marsia Holzer Studio

OGILVY
(Formerly Ogilvy Public Relations Worldwide)
636 11th Ave, New York, NY 10036
Tel.: (212) 880-5200
Fax: (212) 370-4636
Web Site: www.ogilvy.com

Employees: 2,500
Year Founded: 1980

National Agency Associations: COPF-PRSA

Agency Specializes In: Brand Development & Integration, Communications, Public Relations

Peter Hirsch *(Partner-Consulting)*
April Lynne Scott *(Mng Dir & Exec VP)*
Sandra Salas *(Mng Dir & Sr Strategist-Brand)*
Jennifer Risi *(Chief Comm Officer & Mng Dir-Ogilvy Media Influence-Worldwide)*
Michael Briggs *(Exec VP & Head-Insight & Strategy-Ogilvy PR-North America)*
Gaston Terrones Dimant *(Exec VP & Head-Corp Practice)*
Christopher Myles *(Exec VP & Grp Dir-Consumer Mktg)*
Melissa Karp Smith *(Exec VP & Grp Dir-Brand Mktg)*
Brooke Blashill *(Sr VP & Head-The Boutique)*
Sarah Block *(Sr VP)*
Jeannine Feyen *(Sr VP-Brand Mktg Grp)*
Lisa Hill *(Sr VP)*
Jennifer Scott *(Mng Dir-Ogilvy USA Res & Intelligence)*
Betsy Stark *(Mng Dir-Content & Media Strategy)*
Andrea Romero *(VP-Media Influence)*
Tola St. Matthew-Daniel *(VP-Media Influence)*
Shruti Tiwari *(Sr Dir-Engagement Plng)*
Nicholas Iverson *(Acct Dir)*
James E. Hall *(Dir-Social Strategy)*
Kai D. Wright *(Dir-Consulting)*
Jessa Gianotti *(Acct Supvr)*
Stuart Smith *(Exec Partner)*

Accounts:
ADP Automatic Data Processing, Inc.
The American Society for Quality Campaign: "A World of Quality - Building a New Brand Positioning"
Bayer Healthcare
Bitdefender (Agency of Record)
Brand USA (Global Media Relations Agency of Record) America's Musical Journey, Consumer Public Relations, Content, GoUSA TV, Social Media, Strategic
Brocade Communications
Castrol Castrol Index, EDGE, GTX, Media Relations
Centers for Disease Control & Prevention (CDC)
CFA Institute (Public Relations Agency of Record) Communications
Consejo De Promocion Turistica De Mexico Campaign: "The Place You Thought You Knew"
Core Technologies Campaign: "Built for the Assembly Line"
DECA
Dow Jones & Company
Dupont
EarthLink, Inc.
Endo Health Solutions, Inc PR
FEMA
Ford Motor Company
Great American Cookies
Hitachi Data Systems; 2007
J & J
Kimberly-Clark Huggies
Lance Armstrong Foundation LiveStrong Cancer Awareness Campaign
LensCrafters
LG LG Text Ed Campaign, Public Relations
Lipton
The Lisa Colagrossi Foundation (Agency of Record)
The Los Cabos Tourism Board Media Relations, Strategic Counsel, Trade Events; 2017
Mattel Campaign: "It's Your Word Against Ours!"
Mazatlan Public Relations
Merck
The Mexican State of Sinaloa
National Institute of Health
Navis, LLC
Nestle Campaign: "Share the Joy of Reading"
Novartis
Pfizer, Inc. Celebrex
SAVVIS, Inc.
Seven Stars Cloud Group, Inc Corporate Financial Communications, Global Finance Community, Investor Relations, Marketing; 2017
Shutterstock Images LLC; New York, NY
Silicon Image
Standard Innovation Corporation Media Relations, PR, Thought Leadership
Sunglass Hut
SunPower Corporation
Themis Media
Unilever Campaign: "Singin' In The Rain"
United States Department of Health & Human Services
United States Department of Justice
Virgin America
VTech
YieldBuild
Zebra Technologies Corporation

United States

Feinstein Kean Healthcare
245 1St St Ste 10, Cambridge, MA 02142
Tel.: (617) 577-8110
Fax: (617) 577-8985
E-Mail: marcia.kean@fkhealth.com
Web Site: www.fkhealth.com

Employees: 50

Agency Specializes In: Sponsorship

Marcia A. Kean *(Chm-Strategic Initiatives)*
Patrick O'Grady *(Sr VP-Creative Svcs)*
Amy Phillips *(VP)*

Ogilvy Atlanta
(Formerly Ogilvy PR/Atlanta)
3340 Peachtree Rd NE Ste 300, Atlanta, GA 30326
Tel.: (404) 881-2300
Fax: (404) 881-2349
Web Site: www.ogilvy.com

Employees: 20

National Agency Associations: COPF

Agency Specializes In: Public Relations, Sponsorship

Brian Smith *(Sr VP)*
Victoria Barksdale *(VP)*
Kristina Zelisko *(Acct Dir-Strategy, Content & Social)*
Julia Simonini *(Acct Supvr)*
Kristin Wellmer *(Assoc Creative Dir)*

Accounts:
Boy Scouts Campaign: "Glasses", Campaign: "Knife", Campaign: "Smirk", Flashlight
Frozen Pints Campaign: "Regifting", Campaign: "Snow Day", Campaign: "Virginia"
NexCen Brands Public Relations, Zoosk

Ogilvy
(Formerly Ogilvy PR Worldwide)
1530 J St, Sacramento, CA 95814
Tel.: (916) 231-7700
Fax: (916) 418-1515
Web Site: www.ogilvy.com

Employees: 25

National Agency Associations: COPF

Agency Specializes In: Public Relations

Carol Lyn Colon *(VP-Corp & Pub Affairs)*
Kiersten Popke *(Dir)*

Accounts:
California Community Colleges
Covered California (Agency of Record) Communications, Content Creation, Media Relations, Public Relations, Social Media
Energy Upgrade California Public Relations

Ogilvy
(Formerly Ogilvy PR Worldwide)
555 17th St 3rd Fl, Denver, CO 80202
Tel.: (303) 615-5070
Fax: (303) 615-5075
Web Site: www.ogilvy.com

Employees: 13

National Agency Associations: COPF

Michael McFadden *(Exec VP-Digital Transformation & Head-Experience Design-USA)*
Kabira Cher Ferrell *(Exec VP-Influence & Strategy)*
Steve Mudd *(VP & Dir-Mktg Strategy)*
Kelly Hanratty *(Exec Dir)*
Bryn Lowe *(Acct Mgr)*
Erica Ellingsen *(Sr Analyst-Fin)*

Accounts:
EVOL Foods Brand Marketing, Media Relations, Social Media
IBM

AGENCIES - JANUARY, 2019 — PUBLIC RELATIONS FIRMS

Ogilvy
(Formerly Ogilvy PR)
2425 Olympic Blvd Ste 2200W, Santa Monica, CA 90404
Tel.: (310) 280-2200
Web Site: www.ogilvy.com

Employees: 18

National Agency Associations: 4A's

Agency Specializes In: Public Relations

Accounts:
Lunera Lighting; Redwood City, CA
   Communications Strategy, Influencer Outreach, Message Development, Thought Leadership
Ostara Nutrient Recovery Technologies Inc
   Communications Strategy, Influencer Outreach, Message Development, Thought Leadership
Project Frog Communications Strategy, Influencer Outreach, Message Development, Thought Leadership
Search Optics (Agency of Record) Strategic Marketing
Tourism Fiji Creative, PR
ZeaChem Inc Communications Strategy, Influencer Outreach, Message Development, Thought Leadership

Ogilvy
(Formerly Ogilvy PR)
111 Sutter St 11th Fl, San Francisco, CA 94104-4541
Tel.: (415) 677-2700
Fax: (415) 677-2770
Web Site: www.ogilvy.com

Employees: 40

Agency Specializes In: Public Relations

Kate Brooks *(Sr VP)*
Dan La Russo *(Mng Dir-San Francisco & Denver & Grp Dir-Tech Practice)*
Taylor VanAllen *(VP & Strategist-Social Media)*
Ola Beilock *(VP)*
Frankie Tobin *(VP)*
David Okubo *(Acct Supvr)*
Kiersten Popke *(Acct Supvr)*
Amanda Niklowitz *(Sr Acct Exec)*

Accounts:
Autonomy Systems Ltd.
Avigilon Corporate Communications, Media Relations, Product PR, Thought Leadership
BMC Software Analyst Relations, Corporate Communications, Digital, Global Public Relations, Media Relations, Social Media
Lithium Technologies (Agency of Record)
SAVVIS, Inc.
Silicon Graphics International (Agency of Record) Brand Awareness
Silicon Image
Storage Networking Industry Association
SunPower Corporation
The Tech Museum of Innovation
Virgin America
YieldBuild

Ogilvy
(Formerly Ogilvy PR)
350 W Mart Ctr Dr 11th Fl, Chicago, IL 60654
Tel.: (312) 397-6000
Fax: (312) 397-8841
Web Site: www.ogilvy.com

Employees: 35

National Agency Associations: 4A's-COPF

Agency Specializes In: Public Relations, Sponsorship

Michele Anderson *(Grp Mng Dir & Head-PR & Influence-USA)*
Sandra Saias *(Mng Dir & Sr Strategist-Brand)*
Philippe Berthelot *(Mng Dir-UAE)*
Bradley Silber *(VP)*
Jordan Bustin *(Acct Supvr)*
Claire Kutanovski *(Acct Supvr-Social)*

Accounts:
American Express
CDW Corporation Campaign: "North Pole"
Ethicon
GlaxoSmithKline
Hitachi Data Systems
Jelmar, LLC
LG Electronics
McGraw-Hill Education (Public Relations Agency of Record) ALEKS, Media Relations, Mobile, Online, SmartBook, Social, Social Media, Traditional Media
Sam's Club
Team Gleason
Unilever
University of Chicago
Zebra Technologies (Agency of Record)

Ogilvy
(Formerly Ogilvy Public Relations Worldwide)
1111 19th St NW 10th Fl, Washington, DC 20036
Tel.: (202) 729-4000
Fax: (202) 729-4001
Web Site: www.ogilvy.com

Employees: 200

National Agency Associations: 4A's-COPF

Kathy Baird *(Grp Mng Dir)*
Kai Fang *(Exec VP & Exec Creative Dir)*
Tony Silva *(Exec VP & Grp Dir-Social Change)*
Lily Eng *(Sr VP & Head-Media Team-West Coast)*
Natalie Adler *(Sr VP)*
Kate Brooks *(Sr VP)*
Lisa Miller *(Sr VP-Social Change)*
Jamie Moeller *(Mng Dir-Pub Affairs Practice)*
Carol Lyn Colon *(VP-Corp & Pub Affairs)*
Kate Hull Fliflet *(VP-Social Change)*
Racquel Garcia-Pertusa *(VP)*
Valerie Vardaro *(Sr Producer-Digital)*
Haylee Bazik *(Acct Supvr)*

Accounts:
American Chemistry Council
BP Public Affairs
Bristol-Myers Squibb
Centers for Disease Control and Prevention Choose Respect Initiative, Dating Matters; 2007
Centers for Medicare & Medicaid Services
CSC Holdings, LLC; Falls Church, VA
Dupont
E.I. du Pont de Nemours & Company
Family Online Safety Institute
FEMA Immersed
Hitachi Data Systems
Lance Armstrong Foundation
LG Electronics
Luxottica
Medtronic
National Cancer Institute
National Crop Insurance Services
National Institutes of Health
Recreational Boating and Fishing Foundation Campaign: "Take Me Fishing", Media Outreach, PR
Savvis, Inc. (Agency of Record)
The Storage Networking Industry Association (SNIA)
Tandberg
United Service Organizations (Agency of Record)
United States Department of Homeland Security
United Way of the National Capital Area
Virgin America (Agency of Record) Corporate Communications, Crisis Communications, Digital, Public Relations
YMCA of Metropolitan Washington (Agency of Record) Mission-Focused Branding; 2010

Austria

Ogilvy
(Formerly Ogilvy PR)
Bachosengasse 8, A-1190 Vienna, Austria
Tel.: (43) 190 100
Fax: (43) 1 90 100 300
Web Site: www.ogilvy.com

Employees: 70

Belgium

Ogilvy
(Formerly Ogilvy Public Relations Worldwide)
Boulevard de l'Imperatrice 13 Keizerinlaan, 1000 Brussels, Belgium
Tel.: (32) 2 545 6600
Fax: (32) 2 545 6610
Web Site: www.ogilvy.com

Employees: 70

Agency Specializes In: Health Care Services, Technical Advertising

Alessandra Teston *(Head-PR)*

Accounts:
Lessius Hogeschool Mechelen Campaign: "KloutBattle"

Czech Republic

Ogilvy
(Formerly Ogilvy PR)
Privozni 2a, Prague, 7 1 7000 Czech Republic
Tel.: (420) 2 199 8111
Fax: (420) 2 199 8333
Web Site: www.ogilvy.com

Employees: 33

National Agency Associations: APRA-ICCO

Agency Specializes In: Public Relations

Dita Stejskalova *(Owner)*
Lucie Kantorikova *(Acct Exec)*
Michaela Prchlikova *(Reg Acct Mgr)*

Germany

Ogilvy Healthworld GmbH
Am Handelshafen 2-4, 40221 Dusseldorf, Germany
Mailing Address:
Postfach 190024, 40110 Dusseldorf, Germany
Tel.: (49) 211-49700701
Web Site: www.ogilvy.de

Employees: 20
Year Founded: 1986

Agency Specializes In: Advertising, Advertising Specialties, Alternative Advertising, Below-the-Line, Brand Development & Integration, Branded Entertainment, Broadcast, Business Publications, Business-To-Business, Catalogs, Co-op Advertising, Communications, Consulting, Consumer Goods, Consumer Publications, Content, Corporate Communications, Corporate Identity, Cosmetics, Crisis Communications, Custom Publishing, Customer Relationship Management, Direct Response Marketing, Direct-to-Consumer, E-Commerce, Education, Email,

PUBLIC RELATIONS FIRMS
AGENCIES - JANUARY, 2019

Entertainment, Environmental, Event Planning & Marketing, Exhibit/Trade Shows, Food Service, Graphic Design, Guerilla Marketing, Health Care Services, Hospitality, Identity Marketing, In-Store Advertising, Integrated Marketing, International, Internet/Web Design, LGBTQ Market, Local Marketing, Logo & Package Design, Market Research, Media Relations, Medical Products, Men's Market, Merchandising, Mobile Marketing, New Product Development, Out-of-Home Media, Outdoor, Over-50 Market, Package Design, Pets, Pharmaceutical, Planning & Consultation, Podcasting, Point of Purchase, Point of Sale, Print, Product Placement, Production (Ad, Film, Broadcast), Promotions, Public Relations, Publicity/Promotions, Radio, Sales Promotion, Seniors' Market, Social Marketing/Nonprofit, Social Media, Sponsorship, Technical Advertising, Teen Market, Telemarketing, Web (Banner Ads, Pop-ups, etc.), Women's Market, Yellow Pages Advertising

Helmut Hechler *(CFO)*
Mona Tillinger *(Head-HR)*

Greece

Ogilvy
(Formerly Ogilvy PR Worldwide)
7 Granikou Street, Maroussi, 15125 Athens, Greece
Tel.: (30) 210 6199 286
Fax: (30) 210 6199 281
Web Site: www.ogilvy.com

Employees: 10

Agency Specializes In: Advertising, Public Relations

Maria Dimopoulou *(Bus Dir-Asset Ogilvy)*

Ireland

Wilson Hartnell (WH)
6 Ely Pl, Dublin, 2 Ireland
Tel.: (353) 1 669 0030
Fax: (353) 1 669 0039
E-Mail: info@wilsonhartnell.ie
Web Site: www.wilsonhartnell.ie

Employees: 40
Year Founded: 1971

Agency Specializes In: Public Relations

Roddy Guiney *(Chm)*
Lorraine Dwyer *(Head-Lifestyle PR & Dir)*
Sharon Murphy *(Dir & Head-Consumer)*
Ciara Kennedy *(Acct Dir)*

Accounts:
Diageo Ireland
Etihad Airways Corporate Relations, Public Relations, Sports Sponsorship
Marks & Spencer
National Lottery
Safefood

Italy

Ogilvy S.p.A.
(Formerly Ogilvy & Mather S.p.A.)
Via Lancetti 29, 20158 Milan, Italy
Tel.: (39) 02 607 891
Fax: (39) 02 607 8954
Web Site: www.ogilvy.com

Employees: 250

Agency Specializes In: Advertising, Public Relations

Guerino Delfino *(Chm & CEO)*
Giuseppe Mastromatteo *(Chief Creative Officer)*
Federica De Paoli *(Acct Dir)*
Giulia Calderoni *(Acct Supvr-Ogilvy Interactive)*
Emmanuele Rossi *(Acct Supvr-Digital)*
Arianna Moscardini *(Acct Exec)*
Carlotta Piccaluga *(Acct Exec)*
Michael Berger *(Grp Chief Digital Officer)*

Spain

Ogilvy Comunicacion
(Formerly Ogilvy & Mather Comunicacion)
Enrique Larreta 2, 28036 Madrid, Spain
Tel.: (34) 91 398 4710
Fax: (34) 91 398 4727
Web Site: www.ogilvy.com

E-Mail for Key Personnel:
President: borja.puig@ogilvy.com

Employees: 100

Jesus Valderrabano *(CEO)*
Javier Oliete Vivas *(Mng Dir-Neo@Ogilvy-Spain)*
Jose Escobar Escudero *(Head-Digital)*
Javier Senovilla *(Creative Dir-Madrid)*

Accounts:
Ford Motor Company Bi-xenon Lights, Campaign: "It won't last long.6200 discount only till the end of the month.", Campaign: "Olor a nuevo", Corporate Event, Ford Coupe Cabriolet, Ford Focus Rs, Ford Ka, Ford Mondeo, Powershift
Turespana

Bassat, Ogilvy Comunicacion
(Formerly Bassat, Ogilvy & Mather Comunicacion)
Josep Tarradellas 123-2nd Fl, 08029 Barcelona, Spain
Tel.: (34) 93 495 9444
Fax: (34) 93 495 9445
E-Mail: salvador.aumedes@ogilvy.com
Web Site: www.ogilvy.es

Employees: 50
Year Founded: 1991

Agency Specializes In: Advertising, Communications, Digital/Interactive, Health Care Services, Publicity/Promotions, Sales Promotion

Camil Roca *(Exec Creative Dir)*
Sergio Eransus Araiz *(Creative Dir & Art Dir)*
German Milanesi *(Creative Dir)*
Boris Puyana Pla *(Art Dir)*
Francesc Talamino *(Creative Dir)*
Jose Luis Salazar *(Mgr-Customer Svc)*
Paulo Areas *(Gen Creative Dir)*

Accounts:
Channel 3 Telethon Campaign: "Death should be the end of life. Not cancer"
Iberia
International Saeta Travelling

European Headquarters

Ogilvy
(Formerly Ogilvy PR Worldwide)
10 Cabot Square, Canary Wharf, London, E14 4QB United Kingdom
Tel.: (44) 20 7309 1000
Fax: (44) 20 7309 1001
Web Site: www.ogilvy.com

Employees: 80

Agency Specializes In: Public Relations

Anna Burns *(Mng Partner)*
Nicky Law *(Mng Partner-Brand Mktg & Tech)*
Serge Vaezi *(Chief Strategy Officer & Chief Creative Officer-UK & EMEA)*
Thiago Jacon *(Sr Dir-Creative Art)*
Tim Fallon *(Reg Dir-Govt & Intl Affairs-MENA)*
Kirstin Wright *(Acct Dir)*
Geoff Neilly *(Dir-Creative Svcs-Ogilvy Primary Contact)*
Jodie Palmer *(Sr Acct Exec)*

Accounts:
Addison Lee Media
Bacardi Group Bombay Sapphire Gin, Consumer Public Relations, Grey Goose Vodka
Captain Morgan for Western Europe
Confused.com Consumer, Content, Integrated Communications, PR, Social Media
Ford UK Campaign: "Unlearn", Public Relations
Google UK
Guinness
Huawei Public Relations
Inmarsat Global Limited Corporate & Consumer Public Relations, European Aviation Network, Jet Connex, SwiftBroadband Safety services
InterContinental Hotels Group Global Marketing
Maastricht University Campaign: "The Burger That Will Change the World", Cultured Beef, Media, TV
National Social Marketing Centre Global Strategy
Puma Public Relations
Reed Smith Thought Leadership
TK Maxx Public Relations
United Nations Campaign: "Momentum for Change"
Volvo
WGSN (Global Public Relations Agency of Record)
YouTube, LLC Brand Marketing

Headquarters

Ogilvy
(Formerly Ogilvy Public Relations Worldwide)
23rd Floor The Center 99 Queens Road, Central, China (Hong Kong)
Tel.: (852) 2567 4461
Fax: (852) 2885 3227
E-Mail: clara.shek@ogilvy.com
Web Site: www.ogilvy.com

E-Mail for Key Personnel:
President: christopher.graves@ogilvy.com

Employees: 40

Agency Specializes In: Business-To-Business, Communications, Consumer Marketing, Government/Political

Clara Shek *(Mng Dir)*
Howard Jones *(Gen Mgr)*
Terence Nip *(Acct Dir)*

Accounts:
Logitech
Ocean Park Public Relations
Real Estate Developers Association

Australia

Opr
(Formerly Ogilvy PR Worldwide)
Level 2 72 Christie Street, Saint Leonards, NSW 2065 Australia
Tel.: (61) 2 8281 3292
Fax: (61) 2 8281 3829
Web Site: www.ogilvy.com

Employees: 20

AGENCIES - JANUARY, 2019 — PUBLIC RELATIONS FIRMS

Kieran M. Moore *(Chm)*
Richard Brett *(CEO)*
Megan Caulfield *(Mng Partner-Employee Experience)*
Fiona Forbes *(Mng Partner-Corp)*
Tania Jayesuria *(Mng Partner-Health)*
Marie-Claire Maple *(Mng Partner-BtoB)*
Rachel Stanton *(Mng Partner-Behavioural Change & Life Agency)*
Nino Tesoriero *(Mng Partner-Corp)*
Jacqui Abbott *(Mng Dir)*
Leon Beswick *(Mng Dir)*
Graham White *(Mng Dir)*
Jacquie Potter *(Chief Growth Officer)*
Bridget Jung *(Exec Creative Dir)*
Bronte Tarn-Weir *(Sr Acct Dir)*
Madeleine Hanley *(Acct Dir)*
Kate Forbes *(Dir)*
Jessica Smart *(Dir-Australia)*
Shruti Dhalwala *(Sr Acct Mgr)*
Liz Johns *(Acct Mgr)*
Katherine Scott *(Chief Influence Officer)*

Accounts:
Bacardi-Martini (Public Relations Agency of Record) 42 Below, Bombay Sapphire, Creative, Dewar, Event, Grey Goose, Influencer Relationships & Experiential, Partnerships, St-Germain, Strategy Development
Canon Australia Public Relations
Citrix
DuPon
EarthLink
eBay Inc.
Ford
Hitachi Data Systems
LG Electronics
Mars, Incorporated Dolmio
Microsoft (Consumer Agency of Record) Communications, Social, Xbox Australia
MYOB Limited (Agency of Record) Brand Communications, Business-to-Business, Communications Strategies
Novell
Telstra International Global Public Relations
Uniden
Veda PR Campaign
Wotif

China

Ogilvy
(Formerly Ogilvy PR Worldwide)
Room 1901-1904 19th Floor Jinbao Tower, No 89 Jinbao Street, Beijing, 10005 China
Tel.: (86) 10 8520 6688
Fax: (86) 10 8520 6600
E-Mail: scott.kronick@ogilvy.com
Web Site: www.ogilvy.com

Employees: 500

Colleen Cheng *(Sr VP & Bus Dir-Natl)*
Simon Webb *(Sr VP)*
Kevin Lee *(VP)*
Wei Wang *(VP)*
Haowei Zhang *(VP)*
Rick Zhao *(VP)*
Lin Huang *(Sr Acct Dir)*
Daisy Xuan *(Assoc Dir)*

Accounts:
Beijing 2022 Winter Olympics Global Public Relations; 2017
Caterpillar China (Agency of Record) Corporate Brand Campaign, Digital, Print, Public Relations Wanda
The World Economic Forum "Summer Davos", Media Outreach, Media Relations, Public Relations, Social Media Strategy

Ogilvy
(Formerly Ogilvy PR Worldwide)
26th Floor The Center, 989 Changle Road, Shanghai, 200031 China
Tel.: (86) 21 2405 1888
Fax: (86) 21 2405 1880
E-Mail: debby.cheung@ogilvy.com
Web Site: www.ogilvy.com

Employees: 250

Debby Cheung *(Pres)*
Ella Chan *(Grp Mng Dir)*
Martin Coppola *(Head-Social Creative-Asia Pacific)*
Fiona Kao *(Grp Acct Dir)*

Accounts:
Costa Cruises
ECCO
Korean Air Global Branding

Ogilvy
(Formerly Ogilvy PR Worldwide)
Bldg 12 No 1 Xia Shi Zhi Street, Fangcun Ave Liwan District, Guangzhou, 510613 China
Tel.: (86) 20 8113 6288
Fax: (86) 20 8113 6055
E-Mail: frangelica.liang@ogilvy.com
Web Site: www.ogilvy.com

Employees: 500

Agency Specializes In: Public Relations

Wei Wang *(VP)*

India

Ogilvy Mumbai
(Formerly Ogilvy PR Worldwide, Mumbai)
11th Floor Oberoi Commerz International Business Park Oberoi Garden, City Off Western Express Hwy, Gurgaon (East), Mumbai, 400 063 India
Tel.: (91) 22 4434 4700
Fax: (91) 22 4434 4710
E-Mail: deepali.girdhar@ogilvy.com
Web Site: www.ogilvy.com

Employees: 50

Agency Specializes In: Public Relations

Arijit Sengupta *(Pres)*

Accounts:
ITC Limited Savlon

Ogilvy
(Formerly Ogilvy PR Worldwide)
11th Floor Oberoi Commerz International Business Park, Off Western Express Highway, Mumbai, 400 063 India
Tel.: (91) 22 4434 4700
E-Mail: arijit.sengupta@ogilvy.com
Web Site: www.ogilvy.com

Employees: 50

Sonia Khurana *(Sr VP & Head-Customer Engagement-OgilvyRED India)*
Abigail Dias *(VP-Strategic Plng)*
Chinmay Raut *(Creative Dir)*
M. Siddharth *(Acct Dir)*
Shraddha Upadhyay *(Acct Dir)*

Ogilvy
(Formerly Ogilvy PR Worldwide)
Level - 06 Fifth Floor Bagmane Laurel 65/2 Bagmane Teck Park, CV Raman Nagar Byrasandra, Bengaluru, 560 093 India
Tel.: (91) 44 4434 4700

Fax: (91) 44 4434 4710
Web Site: www.ogilvy.com

Employees: 50

Agency Specializes In: Public Relations

Sivaramakrishnan Dandapani *(Acct Dir)*

Malaysia

Ogilvy
(Formerly Ogilvy PR Worldwide)
Level 11 Menara Milenium 8 Jalan Damanlela, Bukit Damansara, Kuala Lumpur, 50490 Malaysia
Tel.: (60) 3 2718 8288
Fax: (60) 3 2710 6966
E-Mail: rajan.moses@ogilvy.com
Web Site: www.ogilvy.com

Employees: 50

Agency Specializes In: Public Relations

Philippines

Ogilvy
(Formerly Ogilvy PR Worldwide)
15th Floor Philamlife Tower 8767 Paseo de Roxas, Makati, Metro Manila 1200 Philippines
Tel.: (63) 2 885 0001
Fax: (63) 885 0030
E-Mail: leah.huang@ogilvy.com
Web Site: www.ogilvy.com

Employees: 16

Agency Specializes In: Public Relations

Leah Huang *(Mng Dir-Corp Branding)*
Lu-Ann Fuentes-Bajarias *(Bus Dir & Dir-Editorial & Comm Svcs-Corp Branding)*
Kirsten Hannah Tejuco *(Sr Mgr-Media Rels-Pulse Comm)*
Patricia Quintero *(Acct Mgr)*

Accounts:
Ford
Johnson & Johnson BONAMINE, PR & Digital Campaign
Nike

Sri Lanka

Ogilvy
(Formerly Ogilvy PR Worldwide)
No 16 Barnes Pl, Colombo, Sri Lanka
Tel.: (94) 11 2675 016
Fax: (94) 11 2697 635
E-Mail: manilka.philips@ogilvy.com
Web Site: www.ogilvy.com

Employees: 100

Agency Specializes In: Public Relations

Ogilvy Taiwan
(Formerly Ogilvy Public Relations Taiwan)
3F No 89 Song Ren Road, Taipei, 110 Taiwan
Tel.: (886) 277451688
Fax: (886) 277451598
Web Site: www.ogilvy.com.tw

Employees: 80

Agency Specializes In: Public Relations

Abby Hsieh *(Mng Dir)*

PUBLIC RELATIONS FIRMS

Wei Hsiang *(Mng Dir-Era Ogilvy PR)*
Adonis Chang *(VP)*
James Kuo *(VP)*
Kate Lee *(Grp Acct Dir)*
Janette Sung-En Huang *(Acct Dir)*
Teresahl Liu *(Dir-Plng)*
Kelly Chen *(Acct Mgr)*

Accounts:
UPS

Kenya

Ogilvy
(Formerly Ogilvy PR Worldwide)
CVS Plaza 3rd Floor Lenara Rd, PO Box 30280, 00100 Nairobi, Kenya
Tel.: (254) 20 271 7750
Fax: (254) 20 271 7610
E-Mail: info@ogilvy.co.ke
Web Site: www.ogilvy.com

Employees: 10

Humphrey Melita *(Acct Exec-Kenya)*

United Arab Emirates

Memac Ogilvy
(Formerly Memac Ogilvy PR)
Al Attar Bus Tower 24th Fl, PO Box 74170, Shiekh Zayed Rd, Dubai, United Arab Emirates
Tel.: (971) 43320002
Fax: (971) 43050306
Web Site: www.memacogilvy.com

Employees: 50

Bernard Abou Nader *(Grp Acct Dir)*
Atul Shenoy *(Client Svcs Dir)*
Sami Moutran *(Dir-PR-UAE)*
Juliana Paracencio *(Reg Creative Dir)*

Accounts:
Arqaam Capital
Coco Collection (Agency of Record)
DuPont
Google Mena
International Potato Center
Jam Jar
Volkswagen

OKEEFFE
1415 Central Parkway, Cincinnati, OH 45214
Tel.: (513) 221-1526
E-Mail: info@okeeffepr.com
Web Site: www.okeeffepr.com

Employees: 10

Agency Specializes In: Content, Public Relations, Social Media

Dan OKeeffe *(Pres)*
Dale Justice *(VP-Client Svcs)*
Kim Sheridan *(Sr Acct Mgr-PR)*
Jocelyn Summers *(Mgr-PR & Content)*

Accounts:
Greater Cincinnati & Northern Kentucky Film Commission

O'KEEFFE & CO.
921 King St, Alexandria, VA 22314
Tel.: (703) 883-9000
Fax: (703) 883-9007
E-Mail: info@okco.com
Web Site: www.okco.com/

Employees: 65
Year Founded: 1997

Agency Specializes In: Collateral, Communications, Event Planning & Marketing, Government/Political, Graphic Design, High Technology, Internet/Web Design, Public Relations, Publicity/Promotions

Approx. Annual Billings: $10,000,000

Janice Clayton *(Acct Dir)*
Gail Emery *(Acct Dir)*
Johanna King Schmitt *(Acct Dir)*

Accounts:
Adobe
Brocade
CDW Corporation
Citrix
Commuter Choice
Curam Software, Ltd.
Data Path
Federal Open Source Alliance Hewlett-Packard, Intel, Red Hat
Google
GovMark Council
Guidance Software
Intel
Intelligent Decisions
Lexmark
Mechanical Protection Plan
Meri Talk
Merlin International
Oracle
Rim
Riverbed
Symantec
Telework Exchange
Transurban; 2008
Unisys; 2008

Branches

O'Keeffe & Co.
1430 Dresden Dr #335, Atlanta, GA 30319
Tel.: (404) 254-5881
Web Site: www.okco.com

Employees: 51

Agency Specializes In: Public Relations

Janice Clayton *(Acct Dir)*
Gail Repsher Emery *(Acct Dir)*

O'Keeffe & Co.
15783 Summit Rock Way, Portland, OR 97015
Tel.: (503) 658-7396
Web Site: www.okco.com

Employees: 50

Agency Specializes In: Public Relations

Gail Emery *(Acct Dir)*

Accounts:
CDW Corporation

O'Keeffe & Co.
99 San Gabriel Drive, Rochester, NY 14610
Tel.: (585) 271-1141
Fax: (703) 883-9007
E-Mail: info@okco.com
Web Site: www.okco.com

Employees: 1

Agency Specializes In: Public Relations

Steve O'Keeffe *(Founder & Principal)*
Martin Nott *(Acct Dir)*

Accounts:
CDW Corporation

OLMSTEAD WILLIAMS COMMUNICATIONS, INC.
10940 Wilshire Blvd Ste 1210, Los Angeles, CA 90024
Tel.: (310) 824-9000
Fax: (310) 824-9007
E-Mail: info@olmsteadwilliams.com
Web Site: www.olmsteadwilliams.com

Employees: 7
Year Founded: 2008

Agency Specializes In: Crisis Communications, Media Relations, Media Training, Public Relations, Social Media

Tracy Williams *(Pres & CEO)*

Accounts:
BankWorks (Agency of Record)
Brentwood Associates
Bruin Biometrics
Creative Care
CrowdOut Capital LLC (Agency of Record) Draft Content, Media Relations, Messaging, Thought Leadership Campaigns; 2018
Cynvenio Biosystems
DreamHammer, Inc.
Ernst & Young LLP
Geneva Healthcare
The Great Courses
Ice Energy
Lido Advisors (Agency of Record) Draft Content, Media Relations, Messaging, Thought Leadership Campaigns; 2018
SmartMetric
T+ink
TaskUs (Agency of Record)
University of California-Los Angeles Sustainable Technology & Policy Program
USC Marshall School of Business

O'MALLEY HANSEN COMMUNICATIONS
(Formerly Blick & Staff Communications)
667 Delmar Blvd, Saint Louis, MO 63130
Tel.: (314) 721-8121
Web Site: www.omalleyhansen.com

Employees: 25

Agency Specializes In: Event Planning & Marketing, Public Relations, Social Media

Kelly Fitzgibbon O'Malley *(Owner)*

Accounts:
Better Life
Brado Creative Insight
ZeaVision

ON 3 PUBLIC RELATIONS
200 W College Ave Ste 210, Tallahassee, FL 32301
Tel.: (850) 391-5040
Fax: (850) 224-5040
Web Site: www.on3pr.com

Employees: 5

Agency Specializes In: Advertising, Collateral, Corporate Communications, Media Training, Public Relations

Christina Johnson *(Pres)*

AGENCIES - JANUARY, 2019   PUBLIC RELATIONS FIRMS

Accounts:
Central Florida Partnership

ONE7 COMMUNICATIONS
5565 S Decatur Blvd, Las Vegas, NV 89118
Tel.: (702) 472-7692
Fax: (702) 472-7694
E-Mail: info@one7communications.com
Web Site: www.one7communications.com

Employees: 10

Agency Specializes In: Event Planning & Marketing, Graphic Design, Media Buying Services, Media Planning, Media Relations, Print, Promotions, Public Relations, Social Media, Strategic Planning/Research

Dawn Britt *(Founder, CEO & Principal)*
Carrie Giverson *(VP)*

Accounts:
Double Helix Wine
Metro Pizza Social Media & Marketing, Strategic Public Relations
Spoon Bar & Kitchen
Urban Turban (Agency of Record) Marketing Campaigns, Strategic Public Relations

O'NEILL AND ASSOCIATES
31 New Chardon St, Boston, MA 02114
Tel.: (617) 646-1000
Fax: (617) 646-1290
Toll Free: (866) 989-4321
E-Mail: marketing@oneillandassoc.com
Web Site: www.oneillandassoc.com

Employees: 50

Agency Specializes In: Brand Development & Integration, Communications, Crisis Communications, Digital/Interactive, Government/Political, Media Relations, Public Relations, Social Media

John Cahill *(Vice Chm)*
Matthew C. Irish *(Vice Chm)*
Cosmo Macero *(Vice Chm)*
Thomas P. O'Neill *(CEO)*
Shelly O'Neill *(COO)*
Hugh Drummond *(Sr VP-Mktg)*
James B. Dunbar *(Sr VP)*
Peter Goelz *(Sr VP)*
Carlos Iturregui *(Sr VP)*
Benjamin Josephson *(Sr VP-Govt Rels Practice)*
Andrew Paven *(Sr VP)*
Suzanne Morse *(VP)*
Christopher Niles *(VP-Govt Rels)*

Accounts:
New-Boston Pride Committee

ONPR
PO Box 50428, Bellevue, WA 98015
Tel.: (425) 454-6840
Fax: (503) 802-4401
E-Mail: email@onpr.com
Web Site: onpr.com

Employees: 10

Agency Specializes In: Communications, Event Planning & Marketing, Exhibit/Trade Shows, High Technology, Investor Relations, New Product Development, Public Relations, Strategic Planning/Research

Jody Peake *(CEO)*
Dave Wilson *(CFO, COO & Principal)*

Accounts:
Fujitsu

OPTIMA PUBLIC RELATIONS LLC
PO Box 101134, Anchorage, AK 99510
Tel.: (907) 440-9661
Fax: (504) 889-9898
Web Site: www.optimapublicrelations.com

Agency Specializes In: Advertising, Crisis Communications, Graphic Design, Internet/Web Design, Logo & Package Design, Media Relations, Print, Public Relations, Social Media, T.V.

Tom T. Anderson *(Partner)*
Eugene Harnett *(Dir-Comm)*
Cecil Sanders *(Dir-Creative Design)*

Accounts:
Alaska Pacific University
Alaska Police & Fire Chaplains Ministries
Anchorage CHARR
Burkeshore Marina Inc.
Inlet Keeper
Lime Solar
Mat-Su Farm Bureau
Matanuska Electric Association, Inc.
Midnight Sun Oncology
Northwest Arctic Borough

ORCA COMMUNICATIONS UNLIMITED, LLC.
(d/b/a Orca Communications)
4700 S Mill Ave Ste 5, Tempe, AZ 85282
Tel.: (480) 422-0034
E-Mail: info@orcapr.com
Web Site: www.orcacommunications.com

Employees: 11
Year Founded: 2002

Agency Specializes In: Corporate Communications, Media Relations, Public Relations, Radio, Social Media, Strategic Planning/Research, T.V.

Revenue: $1,000,000

Julia Hutton *(Founder)*
Drew Stevens *(CEO)*
Julie Simon *(Sr VP)*
Wendy Roberts *(Mng Dir-PR & VP)*
Valery Lodato *(VP)*
Tana Siebold *(Creative Dir)*
Melissa Beckman *(Acct Exec-PR)*
Lisa Kelly *(Acct Exec)*
Kim Krigsten *(Acct Exec)*
Kate Kukler *(Acct Exec-PR)*

Accounts:
Boxxle
EarHero
Tiny Hands Jewelry

ORSI PUBLIC RELATIONS
1158 Greenacre Ave, Los Angeles, CA 90046
Tel.: (323) 874-4073
Fax: (323) 874-8796
E-Mail: info@orsipr.com
Web Site: www.orsipr.com

Employees: 10

Agency Specializes In: Crisis Communications, Event Planning & Marketing, Media Relations, Public Relations, Social Media, Strategic Planning/Research

Janet Orsi *(Pres)*
Greg Lutchko *(Sr VP)*
Dyann Hawkins *(VP)*
Wanda Moreno *(Office Mgr)*

Accounts:
Hello Kitty
O'Shaughnessey
Terlato Wines

OUTCAST COMMUNICATIONS
123 Townsend St Ste 500, San Francisco, CA 94107
Tel.: (415) 392-8282
Fax: (415) 392-8281
E-Mail: info@outcastpr.com
Web Site: https://www.theoutcastagency.com/

E-Mail for Key Personnel:
Public Relations: newbusiness@outcastpr.com

Employees: 65
Year Founded: 1997

Agency Specializes In: Business-To-Business, Computers & Software, Corporate Communications, Crisis Communications, High Technology, Information Technology, Media Relations, Media Training, New Technologies, Public Relations, Social Media, Sponsorship, Viral/Buzz/Word of Mouth

Approx. Annual Billings: $8,000,000

Breakdown of Gross Billings by Media: Consulting: $8,000,000

Elizabeth McNichols *(Partner & COO)*
Becky Porter *(Partner)*
Darlyn Phillips *(CFO)*
Devon Corvasce *(Sr VP)*
Kerry Walker *(Sr VP)*
Jessica Williams *(Sr VP-Media Rels)*
Angela D'Arcy *(VP)*
Meg D'Incecco *(VP-Media Strategy)*
Amity Gay *(VP)*
Aziza Johnson *(VP)*
Melika Mizany *(VP)*
Carla M Nikitaidis *(VP)*
Christina Valencia *(VP)*
Erica Billups *(Acct Dir)*
Laura Breen *(Acct Dir)*
Lindsay Littlejohn *(Acct Dir)*
David Racusin *(Acct Dir)*
Nina Suthers *(Acct Dir)*
Kristin Swenson *(Acct Dir)*
Kayla Wood *(Acct Dir)*
Flora Anderson *(Dir)*
David Johnson-Igra *(Dir-Content)*
Jane Park *(Dir-Corp & Tech Comm)*
Gwendolyn Poor *(Dir)*
Jennifer Zawadzinski *(Dir-Media Strategy)*
Marika Apelo *(Acct Supvr)*
Alberto Gestri *(Acct Supvr)*
Caitlin Hudspeath *(Sr Acct Exec)*

Accounts:
Amazon
EMC; Hopkinton, MA Data Storage; 2004
Facebook
Pinterest PR
SoFi, Inc
Ubisoft

OUTHOUSE PR
111 Broadway 11 Fl, New York, NY 10006
Tel.: (212) 349-8543
Fax: (212) 964-4934
E-Mail: info@outhousepr.com
Web Site: www.outhousepr.com

Agency Specializes In: Fashion/Apparel, Public Relations

Jennifer Jones *(Co-Founder & Mng Partner)*

Accounts:

1603

SAINT By Sarah Jane
Tourneau

OUTOFTHEBLUE ADVERTISING
(Acquired by rbb Communications)

OUTSIDE PR
207 2nd St, Sausalito, CA 94965
Tel.: (415) 887-9325
Fax: (415) 887-9621
Web Site: www.outsidepr.com

Employees: 8

Agency Specializes In: Crisis Communications, Event Planning & Marketing, Public Relations, Social Media

Gordon Wright *(Founder & Pres)*
Jessica Smith *(VP)*
Massimo Alpian *(Acct Dir-PR)*
Deena Betcher *(Acct Dir)*

Accounts:
Allen Sports (Public Relations Agency of Record)
AlterG
Backcountry (Agency of Record)
Beachbody, LLC Beachbody Performance (Agency of Record), Event Marketing, Publicity
Bia Sport (Agency of Record) Media
Bryton Sport (Public Relations Agency of Record)
Buff USA
Bulls Bikes USA (Public Relations Agency of Record)
CamelBak Pursuit Series
Cotopaxi
Deckers Outdoor Corporation Hoka One One (Lifestyle & Fitness Agency of Record), Outdoor Retailer, Public Relations, Story-Telling, The Running Event; 2018
New-DownTek Sustainable Down Source
Easy Camp US (Public Relations Agency of Record)
Epson
GU Energy
Halo Neuroscience (Agency of Record); 2018
Hydrapak
Icebreaker
Injinji
King Oscar
Kora
Moji
Omegawave
New-One Eleven (Agency of Record) North America Public Relations & Communications Strategy
Pearl Izumi
Red Bull
Road ID
Rocky Mountain Underground
The San Francisco Marathon
Sparta Science
StreetStrider
Torch Apparel
Ultimate Direction (Public Relations Agency of Record)

PAC/WEST COMMUNICATIONS
8600 SW St Helens Dr Ste 100, Wilsonville, OR 97070
Tel.: (503) 685-9400
Fax: (503) 685-9405
Web Site: www.pacwestcom.com

Employees: 50

Agency Specializes In: Event Planning & Marketing, Internet/Web Design, Public Relations, Social Media

Paul Phillips *(Owner & Pres)*
Nancy Phillips *(Co-Owner)*
Chris West *(Sr VP-Ops)*
Kelly Bantle *(VP)*
Ryan Tribbett *(VP-Govt Affairs)*
Mark Truax *(VP)*
Patti Gilbert *(Controller)*
Rashad Henry *(Sr Acct Mgr)*
Alison Attebery *(Acct Mgr)*
Angie Blacker *(Acct Mgr)*
Dan Cushing *(Acct Mgr)*
Brock Hulse *(Asst Acct Mgr)*
Patrick Pratt *(Acct Mgr)*
Mary Williams *(Acct Mgr)*
Kevin Maloney *(Mgr-New Media)*
Anne Johnson *(Asst Acct Mgr-Admin Support-Gov Affairs Team)*
Briana Springer *(Asst Acct Mgr)*

Accounts:
Coalition for a Healthy Oregon

Branch

Pac/West Communications
1775 Sherman St Ste 2780, Denver, CO 80203
Tel.: (720) 259-4625
Web Site: www.pacwestcom.com

Agency Specializes In: Brand Development & Integration, Crisis Communications, Digital/Interactive, Event Planning & Marketing, Government/Political, Graphic Design, Logo & Package Design, Media Relations, Search Engine Optimization, Strategic Planning/Research

Hans Schaler *(Asst Acct Mgr)*
Andrew Dunkley *(Acct Mgr)*
Tricia Oakes *(Asst Acct Mgr)*
Mark Truax *(VP)*
Patrick Pratt *(Acct Mgr)*
Chad Biele *(Acct Mgr)*

Accounts:
New-Coloradans for Responsible Energy Development
New-Colorado Apartment Association
New-Colorado Cattlemen's Agricultural Land Trust

PACE PUBLIC RELATIONS
157 Columbus Ave, New York, NY 10023
Tel.: (212) 254-4730
E-Mail: info@pacepublicrelations.com
Web Site: www.pacepublicrelations.com

Employees: 6
Year Founded: 2010

Agency Specializes In: Internet/Web Design, Media Relations, Media Training, Print, Public Relations, Radio, T.V.

Annie Scranton *(Founder & Pres)*
Susan Scranton *(Dir)*
Meghan Powers *(Sr Acct Mgr)*
Caroline Kropke *(Asst Acct Exec)*

Accounts:
Dr. Denise Jagroo
Jeanne Kelly
The Security Brief
World Golf Network

PAGE COMMUNICATIONS
308 Westport Rd, Kansas City, MO 64111
Tel.: (816) 531-7243
Web Site: www.pagecomms.com

Employees: 5

Agency Specializes In: Brand Development & Integration, Event Planning & Marketing, Public Relations, Social Media

Lee Page *(Principal)*
Julia R. Armstrong *(Sr Acct Exec-PR)*
Sarah Lehman *(Sr Acct Exec-PR)*
Breanne Fritcher *(Acct Exec-PR)*
Adrienne Strobel *(Acct Exec-PR)*
Katlin Spoon *(Acct Coord-PR)*
Abi White *(Acct Coord-PR)*

Accounts:
Cooper's Hawk Winery & Restaurant Media, PR
Disney on Ice Media, PR
Feld Entertainment, Inc.
Kansas City Power & Light District
Kansas City Restaurant Week
Legends Outlets Kansas City
Monster Jam Media, PR
Red Door Grill
The Roasterie, Inc.
UnitedHealthcare

PAIGE PR
2519 Palo Pinto Dr, Houston, TX 77080
Tel.: (832) 566-6503
E-Mail: paige@paigepr.com
Web Site: www.paigepr.com

Employees: 10

Agency Specializes In: Content, Event Planning & Marketing, Media Relations, Public Relations, Social Media, Strategic Planning/Research

Paige Donnell *(Principal)*
Kristen Quinn *(Dir-PR)*
Grace Murphy *(Acct Exec)*

Accounts:
Acorn International
Associated Credit Union of Texas

PAIGE WOLF MEDIA & PUBLIC RELATIONS
419 S 12th St, Philadelphia, PA 19147
Tel.: (215) 413-3790
Web Site: www.paigewolf.com

Employees: 10
Year Founded: 2002

Agency Specializes In: Communications, Event Planning & Marketing, Media Relations, Public Relations, Social Media

Paige Wolf *(Owner)*

Accounts:
Career Wardrobe
CarrierClass Green Infrastructure
Haddonfield Crafts & Fine Art Festival
Juju Salon & Organics
Maya Van Rossum
Mi Casita Spanish Preschool
The Wardrobe Boutique

PALE MORNING MEDIA, LLC
PO Box 1834, Waitsfield, VT 05673
Tel.: (802) 583-6069
E-Mail: hello@palemorning.com
Web Site: www.palemorningmedia.com

Employees: 10
Year Founded: 2001

Agency Specializes In: Event Planning & Marketing, Print, Public Relations, Social Media, Strategic Planning/Research

Drew Simmons *(Pres)*

AGENCIES - JANUARY, 2019 — PUBLIC RELATIONS FIRMS

Michael Collin *(Dir-Pale Morning Media-East)*
Chris Hrenko *(Acct Mgr)*

Accounts:
Aquapac
Stormy Kromer Public Relations

PAN COMMUNICATIONS
255 State St, Boston, MA 02109
Tel.: (617) 502-4300
Fax: (978) 474-1903
E-Mail: info@pancomm.com
Web Site: www.pancommunications.com

Employees: 60
Year Founded: 1995

National Agency Associations: COPF-PRSA

Agency Specializes In: Business-To-Business, Children's Market, Communications, Computers & Software, Consumer Goods, Consumer Publications, Corporate Communications, Corporate Identity, Crisis Communications, Digital/Interactive, Direct Response Marketing, E-Commerce, Electronics, Environmental, Event Planning & Marketing, Exhibit/Trade Shows, Fashion/Apparel, Financial, Health Care Services, High Technology, Household Goods, Investor Relations, Luxury Products, Media Relations, Media Training, Mobile Marketing, Newspaper, Newspapers & Magazines, Pharmaceutical, Planning & Consultation, Podcasting, Public Relations, Publicity/Promotions, Real Estate, Recruitment, Retail, Search Engine Optimization, Social Marketing/Nonprofit, Social Media, Strategic Planning/Research, Transportation, Travel & Tourism

Approx. Annual Billings: $5,500,000

Philip A. Nardone, Jr. *(Founder, Pres & CEO)*
Mark Nardone *(Principal & Exec VP)*
Elizabeth Famiglietti *(Exec VP-HR)*
Megan Kessler *(Sr VP & Acct Dir)*
Lisa Astor *(Sr VP)*
Darlene Doyle *(Sr VP)*
Dan Martin *(Sr VP-Healthcare)*
Nikki Festa O'Brien *(Sr VP)*
David Bowker *(VP-Tech Practice)*
Matthew Briggs *(VP)*
Michele Frost *(VP-Digital)*
Jennifer Bonney *(Creative Dir)*
Emily Holt *(Dir)*
Michael O'Connell *(Dir-Content Creation & Execution)*
Lisa DeStefano *(Mgr-PR-Intl)*
Lindsay Schwimer *(Mgr-Media Rels Strategy)*
Alyssa Tyson *(Mgr-Digital Mktg)*
Kate Connors *(Sr Acct Supvr)*
Ashley Wallace Jones *(Sr Acct Supvr-Mktg)*
Jenny Radloff *(Sr Acct Supvr)*
Kelli Beale Fletcher *(Acct Supvr)*
Danielle Kirsch *(Acct Supvr)*
Molly Golden *(Sr Acct Exec)*
Dina Faye Magdovitz *(Sr Acct Exec)*
Alice Sol *(Sr Acct Exec)*
Kayla Fedorowicz *(Acct Exec)*

Accounts:
908 Devices
Acquia; Andover, MA
Acronis
Acsis, Inc.; Marlton, NJ
Alegeus
Alexander Mann
Arcadia Solutions
Ariba (Agency of Record)
Attivio; Newton, MA Active Intelligence Engine; 2008
Axios Systems; Herndon, VA
Bandwidth Agency of Record
Bazaarvoice
Best Doctors; Boston, MA (Agency of Record)
Beyond.com; King of Prussia, PA; 2007
Biocodex
New-Black Duck Software
BlazeMeter
Boxever
Brazilian Footwear
Burns & Levinson; Boston, MA
Cambridge Biomarketing
Cambridge Healthtech Institute
Capsule Tech, Inc.
Carbonite Content Development, Digital Media, PR, Strategy
Caserta Concepts; New Canaan, CT
ChoiceStream
Cloud Technology Partners
CloudBees
CloudHealth Technologies
CloudSense PR
CODY Systems, Inc.; Pottstown, PA
Cogito
CommerceCX; 2018
Conduit Systems; Lincoln, RI
Coverys
Crowe Paradis Services Corp.
Custora; 2018
New-Cymmetria
DiCicco, Gulman & Company (Agency of Record)
Dyadic
Flexera
Forbes Summit Group Forbes Under 30 Summit
New-Fuze
GigaTrust Corporation
Glytec Systems
Harvard Business Publishing
Health Dialog
HighGround
hybris Software (North America Public Relations Agency of Record)
iGATE Corporation
Inpixon (Agency of Record) Brand Visibility & Awareness, Indoor Positioning Market, Strategic Integrate
Keepity
Kogeto
Loft Inc Content, Marketing, Media Relations, Rooomy (Public Relations Agency of Record)
LoopPay Inc
Maestro Health (Public Relations Agency of Record)
MassChallenge Media Relations, National Positioning, National Public Relations; 2017
New-Mercury Systems
MobileIron (Public Relations Agency of Record) Brand Awareness
Motricity, Inc.; Bellevue, WA
nfrastructure
NGINX
NICE Systems
ONvocal
Outerlink Global Solutions; Wilmington, Mass.
Panzura
PAREXEL International Corporation
Pendo
Perspecsys (Public Relations Agency of Record) Communications, Digital Media
Phononic (Agency of Record) Social; 2018
Pneuron Corp
Portnox
Profitect
New-PROS
Quanterix
Qvidian
Radial (North American Agency of Record)
Random House Digital
SDL Content Marketing, Global Public Relations Strategy, Social Media
Signiant
Solstice Mobile
SS&C
Tahzoo
Tiffany & Co
Travelers Insurance
TriCore Solutions Advertising, B2B, Content Marketing, Media Relations, Media Strategy, Paid Media
Universal Wilde
UpWell Health; 2018
Valassis
Veracity Payment Solutions; Atlanta, GA
Verisae
Wholly Guacamole; Saginaw, TX Campaign: "Check Your Choice"
ZeroFox

Branch

PAN Communications
(Formerly Vantage PR)
100 California St Ste 725, San Francisco, CA 94111
Tel.: (415) 984-1970
Fax: (415) 984-1971
Web Site: www.pancommunications.com/

Employees: 25
Year Founded: 1990

Agency Specializes In: Brand Development & Integration, Exhibit/Trade Shows, Media Relations, Podcasting, Strategic Planning/Research, Travel & Tourism

Phil Carpenter *(Mng Dir & Exec VP)*
Katie Blair *(VP)*
Catherine Doyle *(VP)*
Laura Beauregard *(Sr Acct Supvr)*
Kristina Lazarakis *(Sr Acct Supvr)*
Staci Didner *(Sr Acct Exec)*
Sydney Holmquist *(Sr Acct Exec)*
Rebecca Haynes *(Specialist-Digital Mktg)*
Beth Logan *(Asst Acct Exec)*

Accounts:
AppDirect (Agency of Record); 2018
Blue Sky Networks; La Jolla, CA Breaking World Records Without Breaking the Bank
CALMAC
CooTek Media Relations, TouchPal Keyboard
eTelemetry; Annapolis, MD
Florida Venture Forum
Gotootie (Agency of Record) Media
Mobiletron (Agency of Record) Brand Awareness, Cloud Security, Desktop Security, Internet of Things, Product Innovation; 2017
NGINX (Agency of Record); 2018
SearchYourCloud
Sift Science (Agency of Record); 2018
SOMS Technologies
Voxbone Public Relations
Xelerated Carrier Ethernet ASSP-Based Chipsets; 2008

PANTIN/BEBER SILVERSTEIN PUBLIC RELATIONS
89 NE 27th St, Miami, FL 33137
Tel.: (305) 856-9800
Fax: (305) 857-0027
E-Mail: leslie@thinkbsg.com
Web Site: www.thinkbsg.com

E-Mail for Key Personnel:
President: leslie@thinkbsg.com
Public Relations: Sarah@thinkbsg.com

Employees: 13
Year Founded: 1972

Agency Specializes In: Automotive, Bilingual Market, Brand Development & Integration, Broadcast, Business-To-Business, Children's Market, Collateral, Communications, Consulting, Consumer Marketing, Consumer Publications, Event Planning & Marketing, Fashion/Apparel, Government/Political, Health Care Services, Hispanic Market, Integrated Marketing, Investor

PUBLIC RELATIONS FIRMS
AGENCIES - JANUARY, 2019

Relations, Legal Services, Local Marketing, Magazines, Media Relations, Media Training, Medical Products, New Product Development, Pharmaceutical, Promotions, Public Relations, Publicity/Promotions, Radio, Real Estate, Restaurant, Retail, Seniors' Market, Social Media, Sponsorship, Sweepstakes, Travel & Tourism

Approx. Annual Billings: $1,600,000

Breakdown of Gross Billings by Media: Pub. Rels.: $1,600,000

Leslie Pantin, Jr. *(Pres)*
Bruce Noonan *(Pres-Travel Grp)*
Joe Perz *(Exec VP & Creative Dir)*
Christine Bucan *(Exec VP-PR)*
Vicki Penn *(Media Dir)*

Accounts:
Cuba Nostalgia
Great Florida Bank
McDonald's of South Florida
North Broward Hospital District
PGT Custom Windows, Doors, Patio Rooms
Ronald McDonald House Charities

PARADIGM ASSOCIATES
PO Box 364248, San Juan, PR 00936-4248
Tel.: (787) 782-2929
Fax: (787) 774-5722
E-Mail: mail@paradigmpr.com
Web Site: www.paradigmpr.com

E-Mail for Key Personnel:
President: gramis@paradigmpr.com
Creative Dir.: gramis@paradigmpr.com
Media Dir.: titaramirez@paradigmpr.com
Production Mgr.: framis@paradigmpr.com

Employees: 13
Year Founded: 1998

National Agency Associations: AAF

Agency Specializes In: Above-the-Line, Automotive, Below-the-Line, Bilingual Market, Brand Development & Integration, Branded Entertainment, Business-To-Business, Collateral, Consumer Marketing, Corporate Identity, Crisis Communications, Customer Relationship Management, Direct Response Marketing, Direct-to-Consumer, Entertainment, Event Planning & Marketing, Exhibit/Trade Shows, Graphic Design, Health Care Services, Hispanic Market, Hospitality, Integrated Marketing, Logo & Package Design, Luxury Products, Media Buying Services, Media Planning, Package Design, Production (Ad, Film, Broadcast), Production (Print), Promotions, Public Relations, Publicity/Promotions, Real Estate, Restaurant, Retail, Sales Promotion, Sponsorship, Sports Market, Sweepstakes, Teen Market, Travel & Tourism, Viral/Buzz/Word of Mouth

Guillermo J. Ramis *(Pres & CEO)*
Tita Ramirez *(Sr VP)*
Lorena Casado *(Creative Dir)*
Yessica Rodriguez *(Acct Exec)*

Accounts:
After Dark Films
Caribbean Cinemas
Costa Caribe
The Document Company
F & R Construction
FOCUS Films
Grupo Cacho
Gutierrer Latimer
IDI Group
Ivan Tort - Villa Del Este
Jose Rodas
Kianvel Development
Lema Developers
Lionsgate Films

Margo Farms
Paramount Pictures/DreamWorks SKG
Premiere Films
Rogue Pictures
Saint John's School
Stella Group
Universal Pictures
Vistalago Inc. (Joe Velez)
The Weinstein Company

PARAGON PUBLIC RELATIONS LLC
1 Newark St Ste 20A, Hoboken, NJ 07030
Tel.: (646) 558-6226
E-Mail: info@paragonpr.com
Web Site: www.paragonpr.com

Employees: 50
Year Founded: 2012

Agency Specializes In: Content, Financial, Internet/Web Design, Market Research, Media Relations, Media Training, Public Relations, Search Engine Optimization, Social Media, Web (Banner Ads, Pop-ups, etc.)

Simon Hylson-Smith *(Founder & CEO)*
Patrick Sutton *(Exec VP)*
Melissa Even *(Sr VP-Mktg)*
P. J. Kinsella *(VP-Media Rels)*
Michelle Eliseo *(Dir-Mktg)*
Colleen Hylson-Smith *(Dir-Ops)*
Kelly Leuck *(Dir-Global Admin)*

Accounts:
New-Sage Advisory Services Ltd Co

PARAMOUNT PUBLIC RELATIONS, INC.
345 N Canal St Ste C202, Chicago, IL 60606
Tel.: (312) 544-4190
E-Mail: info@paramountpr.com
Web Site: www.paramountpr.com

Employees: 5
Year Founded: 2003

Agency Specializes In: Event Planning & Marketing, Media Relations, Media Training, Promotions, Public Relations, Social Media

Jessica Prah *(Founder & Principal)*

Accounts:
Big Red Public Relations
Solixir

PARRIS COMMUNICATIONS, INC.
4510 Belleview Ste 110, Kansas City, MO 64111
Tel.: (816) 931-8900
Fax: (816) 931-8991
E-Mail: parris@parriscommunications.com
Web Site: www.parriscommunications.com

Employees: 11
Year Founded: 1997

Agency Specializes In: Brand Development & Integration, Crisis Communications, Media Relations, Media Training, Public Relations, Social Media

Revenue: $1,000,000

Roshann Parris *(Founder & CEO)*
Laurie Roberts *(Pres)*
Kelly Cooper *(Acct Svcs Dir)*
Cadie Connors *(Acct Supvr)*
Kelsey Rockey *(Acct Supvr)*
Melissa Gall *(Acct Exec)*

Accounts:
Shawnee Mission Medical Center Public Relations

PASCALE COMMUNICATIONS LLC
47 Bay Edge Ct, Fairfield, CT 06824
Tel.: (412) 526-1756
Web Site: www.pascalecommunications.com

Employees: 25

Agency Specializes In: Investor Relations, Public Relations, Social Media

Georgette M. Pascale *(Founder & CEO)*
Kara Stephens *(Sr Acct Dir)*
Cassandra Dump *(Acct Dir & Specialist-Trade Media)*
Jessica Griffith *(Dir-Pro Practice)*
Jamie Hall *(Dir-PR)*
Richard Hicks *(Acct Mgr-Digital)*
Gratia Maley *(Mgr-Social Media)*
Ursula Meyer *(Team Head-PC Acctg)*

Accounts:
Imprimis Pharmaceuticals
Lumenis, Ltd.
Mederi Therapeutics (Public Relations AOR)
  Stretta Therapy
Ora

PASSANTINO ANDERSEN
42305 10th St W, Lancaster, CA 93534
Tel.: (661) 538-1100
Web Site: www.passantinoandersen.com

Employees: 10
Year Founded: 2007

Agency Specializes In: Brand Development & Integration, Event Planning & Marketing, Media Relations, Promotions, Public Relations

Pam Clark *(Gen Mgr)*
Randy Terrell *(Dir-Pub Affairs)*
Dave Saltman *(Sr Acct Exec)*

Accounts:
City of Redlands
Golden Hills Community Services District

PAULA BIEHLER PR
1100 W 6th St Suite C, Austin, TX 78703
Tel.: (512) 328-3935
E-Mail: talk@paulabiehler.com
Web Site: www.paulabiehler.com

Employees: 10

Agency Specializes In: Public Relations

Paula Biehler *(Mng Partner)*

Accounts:
VOX Table

PCG ADVISORY GROUP
535 5th Ave 24th Fl, New York, NY 10017
Tel.: (646) 863-6341
E-Mail: info@pcgadvisory.com
Web Site: www.pcgadvisory.com

Employees: 25
Year Founded: 2008

Agency Specializes In: Corporate Communications, Digital/Interactive, Media Relations, Public Relations, Social Media, Strategic Planning/Research

Jeff Ramson *(Founder & CEO)*
Stephanie Prince *(Mng Dir)*
Kirin Smith *(COO)*

AGENCIES - JANUARY, 2019 — PUBLIC RELATIONS FIRMS

Gregory Barton *(Mng Dir-Digital Svcs)*
Vivian Cervantes *(Mng Dir-Capital Markets)*
Chuck Harbey *(Mng Dir-Corp Advisory)*
Adam Holdsworth *(Mng Dir-Capital Market Strategies)*
Christine J. Petraglia *(Mng Dir-IR)*
Jeffrey Hart *(Dir-Market Intelligence)*

Accounts:
Amedica Corporation (Agency of Record)
Content Checked Holdings, Inc. Investor Relations, Public Relations, Social Media
Energtek Inc. (Agency of Record) Corporate Communications, Digital
Global Equity International Digital, Investor Relations, Social Media, Strategic Communications
iAnthus Capital Management (Investor Relations & Public Relations Agency of Record) Digital, Social Media Communications
Integrated Media Technology Limited (US Investor and Corporate Communications Agency of Record); 2018
IntelliCell BioSciences (Strategic Communications & Public Relations Agency of Record)
IsoRay, Inc (Investor, Public & Digital Communications Agency of Record)
Kirin International Holding, Inc. (US Investor Relations Agency of Record) Corporate Communications, Digital Media, Public Relations, Social Media
Meridian Waste Solutions Inc. (Investor Relations, Social Media & Public Relations Agency of Record)
NewBridge Global Ventures, Inc (Investor Relations & Corporate Communications Agency of Record)
Novogen Investor Relations
Ocean Thermal Energy Corporation (Agency of Record) Advisory Services, Corporate Communications, Investor Relations
Pivot Pharmaceuticals Inc. (Agency of Record) Digital, Public Relations, Social Media, Strategic
ProBility Media Corp. Digital, Investor Relations, Social Media Communications Strategies
Rock Creek Pharmaceuticals, Inc.
TapImmune Inc. (Agency of Record) Investor Relations, Public Relations, Social Media Relations
Youngevity International, Inc (Agency of Record) Corporate Communications Services, Investor Relations

PEAK COMMUNICATORS
403-1155 Robson Street, Vancouver, BC V6E 1B5 Canada
Tel.: (604) 689-5559
Fax: (604) 689-5519
E-Mail: info@peakco.com
Web Site: www.peakco.com

Employees: 10

Agency Specializes In: Communications, Crisis Communications, Event Planning & Marketing, Local Marketing, Media Relations, Media Training, Public Relations, Strategic Planning/Research

Alyn Edwards *(Partner)*
Ross Sullivan *(Partner)*
Shael Gelfand *(VP)*

Accounts:
7-Eleven Campaign: "So Long, Winter!"
BC Housing
Chard Developments
City of Trail
Enbridge
Heffel Fine Art Auction House
HSBC Canada
ParkLane Homes
Quattro
Squamish Nation
Telus
Transport Canada
Tri City Group-Paradise Trails

PEARL PR GROUP
311 N Robertson Blvd Ste 688, Beverly Hills, CA 90211
Tel.: (310) 275-3227
E-Mail: info@pearlprgroup.com
Web Site: www.pearlprgroup.com

Employees: 5
Year Founded: 2007

Agency Specializes In: Brand Development & Integration, Event Planning & Marketing, Media Relations, Public Relations, Social Media

Lauren Song *(CEO & Partner)*

Accounts:
Lanvin Inc.
NYX Cosmetics

PELOTON SPORTS INC.
3000 Old Alabama Rd Ste 119-348, Alpharetta, GA 30022
Tel.: (678) 362-6228
E-Mail: prinfo@pelotonsports.net
Web Site: www.pelotonsports.net

Employees: 5
Year Founded: 1998

Agency Specializes In: Event Planning & Marketing, Media Relations, Public Relations, Social Media, Strategic Planning/Research

Jackie Tyson *(Pres)*
Brad Olson *(Sr VP-Member Experience)*

Accounts:
24 Hours of Booty of Atlanta
Historic Roswell Criterium
Larry H. Miller Tour of Utah
USA Cycling Professional Championships
Uncle Shucks

PENMAN PR, INC.
5114 Balcones Woods Dr 307, Austin, TX 78759
Tel.: (512) 815-2573
E-Mail: penman@penmanpr.com
Web Site: www.penmanpr.com

Employees: 10

Agency Specializes In: Brand Development & Integration, Crisis Communications, International, Media Relations, Newspaper, Product Placement, Real Estate

Patti D. Hill *(Founder)*
Dana Summers *(Mng Partner)*

Accounts:
Aquatic Fitness Swim & Snorkel
The Nova Sleep Center
Procyrion, Inc. Public Relations Agency of Record
QuantumDigital Digital

PEOPLE MAKING GOOD
3 Main St Ste 214, Burlington, VT 05401
Tel.: (802) 863-3929
E-Mail: info@peoplemakinggood.com
Web Site: www.peoplemakinggood.com

Employees: 50
Year Founded: 2006

Agency Specializes In: Broadcast, Event Planning & Marketing, Print, Public Relations, Social Media

Nicole Junas Ravlin *(Partner)*
Claire Storrs *(Dir-PR)*

Accounts:
Blakes All Natural Foods
Boloco Restaurant Group
Darn Tough Vermont
Duchy Originals
Gibbon Slacklines
Les Trois Petits Cochons (Public Relations Agency of Record) Communications
Northfield Savings Bank Inc.
The Republic of Tea
Small Dog Electronics
Vermont Maple Sugar Makers
Walkers Shortbread, Inc.

PEPPERCOMM
470 Park Ave S 5th Fl, New York, NY 10016
Tel.: (212) 931-6100
Fax: (212) 931-6159
E-Mail: nyc@peppercomm.com
Web Site: www.peppercomm.com

Employees: 80
Year Founded: 1995

National Agency Associations: COPF-PRSA

Agency Specializes In: Automotive, Business-To-Business, Communications, Computers & Software, Consulting, Consumer Goods, Consumer Marketing, Corporate Identity, Crisis Communications, Digital/Interactive, Education, Electronics, Event Planning & Marketing, Financial, Guerilla Marketing, Health Care Services, High Technology, Information Technology, Internet/Web Design, Media Relations, Media Training, New Product Development, Podcasting, Public Relations, Publicity/Promotions, Sponsorship, Sports Market, Strategic Planning/Research, Viral/Buzz/Word of Mouth

Approx. Annual Billings: $13,000,000

Steve Cody *(Founder & CEO)*
Maggie O'Neill *(Chief Client Officer, Partner & Mng Dir)*
Jacqueline Kolek *(Partner & Gen Mgr)*
Deborah Brown *(CMO & Mng Dir)*
Melissa Vigue *(Sr VP)*
Steve King *(Sr Dir-Digital Strategy)*
Mitch Bombardier *(Art Dir)*
Trisha Bruynell *(Dir)*
Alena Caras *(Dir-Mktg Svcs)*
Joseph Checkler *(Dir-Media Rels)*
Matt Purdue *(Dir-Content Strategy)*
Paul Merchan *(Sr Mgr-Client Relationships)*
Matthew Panichas *(Sr Mgr)*
Courtney Moed *(Sr Acct Exec)*

Accounts:
Avon 39
Blucora
BMW of North America Mini USA, PR
Ernst & Young
FreshDirect
Henkel Corporation
J.H. Cohn; 2006
Money Management Institute Media, Strategic
Sharp Electronics Corporation (Public Relations Agency of Record) Carousel Countertop, Communications, Digital, Media Relations, Microwave Drawer, Plasmacluster, Social, SuperSteam, Tradeshows & Event; 2017
Sharpe Dry Goods Co., Inc.
Steelcase
T.G.I. Friday's Restaurants Communication Strategies, Public Relations, Social Media, Support Digital, The World Bartender Championship

PUBLIC RELATIONS FIRMS
AGENCIES - JANUARY, 2019

Branches

Peppercomm
425 California St Ste 1250, San Francisco, CA 94104
Tel.: (415) 438-3600
Fax: (415) 438-2130
Web Site: peppercomm.com

Employees: 9

National Agency Associations: COPF

Agency Specializes In: Automotive, Communications, Computers & Software, Consumer Goods, Digital/Interactive, Education, Electronics, Entertainment, Environmental, Health Care Services, High Technology, Internet/Web Design, Media Relations, Media Training, Public Relations, Social Marketing/Nonprofit, Viral/Buzz/Word of Mouth

Ann Barlow *(Pres & Mng Dir-Employee Engagement)*
Michael Dresner *(CEO-Brand Squared Licensing)*

Accounts:
Foreversafe; 2007
Solazyme; 2008

WalekPeppercomm
317 Madison Ave Ste 2300, New York, NY 10017
(See Separate Listing)

PERI MARKETING & PUBLIC RELATIONS, INC.
1777 Larimer St Apt 1302, Denver, CO 80202
Tel.: (303) 298-7374
Fax: (303) 295-7374
Web Site: www.perimarketing.com

Employees: 5

Agency Specializes In: Advertising, Brand Development & Integration, Collateral, Event Planning & Marketing, Media Relations, Public Relations

Paula Peri Tiernan *(Founder & Pres)*
Dianna Barrett *(Dir-Creative)*

Accounts:
Denver Health Foundation

PERITUS PUBLIC RELATIONS
2829 2nd Ave S Ste 335, Birmingham, AL 35233
Tel.: (205) 267-6673
E-Mail: connect@perituspr.com
Web Site: www.perituspr.com

Employees: 15
Year Founded: 2014

Agency Specializes In: Brand Development & Integration, Content, Crisis Communications, Digital/Interactive, Graphic Design, Internet/Web Design, Logo & Package Design, Media Relations, Public Relations, Search Engine Optimization

Louise Crow Oliver *(Owner & Pres)*
Erin Vogt *(Acct Supvr)*
Sally Immel *(Sr Acct Rep)*

Accounts:
Freshwater Land Trust

PERKETT PR, INC.
34 Cohasset Ave, Marshfield, MA 02050
Tel.: (781) 834-5852
Fax: (708) 570-6178
E-Mail: info@perkettpr.com
Web Site: wp.perkettpr.com/

Employees: 3

Agency Specializes In: Communications, Event Planning & Marketing, Exhibit/Trade Shows, Graphic Design, Investor Relations, Media Relations, Public Relations, Social Marketing/Nonprofit, Viral/Buzz/Word of Mouth

Vic Miller *(Dir-Digital Production)*

Accounts:
Accuray
Contactual
DesignerPages.com
GiftGirl
Helium
Hitechclub.com
Intranets.com
Juniper Networks
Lotame
Marketing Communications Systems
Marteleron
Salesnet
StreamBase
TeleMessage
TrueAdvantage
Unisphere Networks
WaveMark, Inc.

THE PERRY GROUP
321 S Main St Ste 302, Providence, RI 02903
Tel.: (401) 331-4600
E-Mail: info@perrypublicrelations.com
Web Site: www.perrypublicrelations.com

Employees: 10

Agency Specializes In: Crisis Communications, Media Relations, Media Training, Public Relations, Social Media

Gregg Perry *(Pres)*
Siobhan Carroll *(Sr VP)*

Accounts:
Garden City Center

PERRY STREET COMMUNICATIONS
150 W 28th St Ste 1404, New York, NY 10001
Tel.: (212) 741-0014
Fax: (212) 741-0013
Web Site: www.perryst.com

Employees: 5
Year Founded: 2006

Agency Specializes In: Crisis Communications, Media Relations, Public Relations

Jonathan Morgan *(Pres)*

Accounts:
Duff & Phelps
Varsity Brands

PIERCE MATTIE PUBLIC RELATIONS
62 W 45th St Fl 3, New York, NY 10036
Tel.: (212) 243-1431
Fax: (212) 243-7795
E-Mail: joshua@piercemattie.com
Web Site: www.piercemattie.com

Employees: 13

Agency Specializes In: Cosmetics, Fashion/Apparel, Medical Products, Public Relations

Pierce Mattie *(CEO)*
Serge Gurin *(Mng Partner-Pierce Mattie Comm)*
Sonya Hartland *(Mng Partner)*
Roman Iakoubtchik *(Fin Dir)*
Joshua Blaylock *(Dir-Bus Dev)*
Melissa Galandak *(Dir-Special Projects)*
Stephanie Salimbene *(Assoc Acct Supvr)*

Accounts:
butter LONDON Nail Care; 2008
David Tishbi Jewelry
Every Man Jack Men's Personal Care Products
Joico Hair Care Products
Ootra

PIERPONT COMMUNICATIONS, INC.
1800 W Loop S Ste 800, Houston, TX 77027-3210
Tel.: (713) 627-2223
Fax: (713) 627-2224
E-Mail: info@piercom.com
Web Site: www.piercom.com

Employees: 20
Year Founded: 1987

Agency Specializes In: Communications, Consumer Marketing, Government/Political, Health Care Services, High Technology, Investor Relations, Media Relations, Public Relations

Approx. Annual Billings: $4,000,000

Philip A. Morabito *(CEO)*
Brian Banks *(CFO)*
Clint Woods *(COO)*
Chris Jones *(Sr VP)*
Sally Ramsay *(Sr VP)*
Chris Ferris *(VP-Digital Strategy)*
Meghan Gross *(VP)*
Elysa Nelson *(VP)*
Dave Stump *(VP-Bus Dev)*
Dori Albora *(Mktg Dir)*
David Gonzalez *(Acct Supvr)*
Krystal Patout *(Acct Supvr)*
Victoria Turek *(Acct Supvr)*
Travis Lawson *(Sr Acct Exec)*
Amy Lach *(Acct Exec)*
Linda Madden *(Acct Exec)*
Hunter Dodson *(Asst Acct Exec)*
Tyler Sumrall *(Asst Acct Exec)*
Irma Gray *(Asst-Admin)*

Accounts:
Elephant Insurance Brand Awareness, Media Relations
Group 1 Automotive, Inc.
LyondellBasell
NRG
Odyssey OneSource
Opportune
Petrobras
Reliant
Trinity University

Branch

Pierpont Communications, Inc.
10900-B Stonelake Blvd Ste 110, Austin, TX 78759-6035
Tel.: (512) 448-4950
Fax: (512) 448-9479
E-Mail: info@piercom.com
Web Site: www.piercom.com

Employees: 5

Agency Specializes In: Communications, Consumer Marketing, Government/Political, Health Care Services, High Technology, Investor Relations, Media Relations, Public Relations

Phil Morabito *(Owner)*
Mike Gehrig *(VP & Gen Mgr-Austin)*
Shannon Campbell *(Acct Supvr)*
Sylvester Palacios, Jr. *(Acct Supvr)*
Hunter Dodson *(Acct Exec)*
Morgan Moritz *(Asst Acct Exec)*

Accounts:
Odyssey OneSource

PILMERPR LLC
184 E 2000 N, Orem, UT 84057
Tel.: (801) 369-7535
Web Site: www.pilmerpr.com

Employees: 10

Agency Specializes In: Content, Graphic Design, Media Relations, Public Relations, Social Media

John Pilmer *(CEO)*

Accounts:
Brent Brown Toyota

PILOT COMMUNICATIONS GROUP LLC
PO Box 95, Newburyport, MA 01950
Tel.: (617) 201-9200
Web Site: www.pilotcommsgroup.com

Employees: 5

Agency Specializes In: Brand Development & Integration, Content, Corporate Identity, Event Planning & Marketing, Internet/Web Design, Logo & Package Design, Market Research, Media Relations, Public Relations, Social Media

Jim Barbagallo *(Owner)*

Accounts:
KettlePizza
Wenham Museum

PINEAPPLE PUBLIC RELATIONS
5238 Peachtree Rd, Atlanta, GA 30341
Tel.: (404) 237-3761
Fax: (770) 454-6607
Web Site: www.pineapple-pr.com

Employees: 5

Agency Specializes In: Content, Crisis Communications, Media Relations, Public Relations, Social Media

Deborah Stone *(Owner & Pres)*
Melissa Webb *(Acct Dir)*
Haley Barton *(Acct Mgr)*
Brianna Wagenbrenner *(Acct Mgr)*

Accounts:
Brunswick Islands

PINGER PR AT POWERS
1 W 4th St 5th Fl, Cincinnati, OH 45202-3623
Tel.: (513) 721-5353
Fax: (513) 721-0086
E-Mail: cpowers@powersagency.com
Web Site: www.powersagency.com
E-Mail for Key Personnel:
Public Relations: dlally@powersagency.com

Employees: 15
Year Founded: 1986

National Agency Associations: PRSA

Agency Specializes In: Advertising, Advertising Specialties, Automotive, Brand Development & Integration, Broadcast, Business Publications, Business-To-Business, Cable T.V., Children's Market, Consumer Marketing, Consumer Publications, Corporate Identity, Digital/Interactive, Direct Response Marketing, E-Commerce, Electronic Media, Entertainment, Event Planning & Marketing, Exhibit/Trade Shows, Financial, Graphic Design, Health Care Services, Information Technology, Internet/Web Design, Magazines, Media Buying Services, Medical Products, New Product Development, Newspapers & Magazines, Out-of-Home Media, Outdoor, Pharmaceutical, Print, Public Relations, Restaurant, Retail, Strategic Planning/Research, T.V., Telemarketing, Yellow Pages Advertising

Charles Powers *(Chm)*
Terry Dillon *(VP & Creative Dir)*
Katie Hummel Copeland *(Acct Supvr)*

Accounts:
Airport Fast Park
Cincinnati Opera
Frisch's; Cincinnati, OH Big Boy Restaurants; 1997
Golden Corral Buffet & Grill; 2000

PINKSTON GROUP
5270 Shawnee Rd Ste 102, Alexandria, VA 22312
Tel.: (703) 879-1605
E-Mail: info@pinkstongroup.com
Web Site: www.pinkstongroup.com

Employees: 30

Agency Specializes In: Crisis Communications, Event Planning & Marketing, Public Relations, Social Media

Christian Pinkston *(Founder & Partner)*
David Fouse *(Partner)*
Sean McCabe *(Partner)*
Derek Sarley *(VP)*
Bradford Williamson *(Sr Acct Exec)*

Accounts:
Hillsdale College
Reputation Institute Media Strategy, Public Relations

PINSTRIPE MARKETING
695 Central Ave, Saint Petersburg, FL 33701
Tel.: (727) 214-1555
Web Site: www.pinstripemarketing.com

Employees: 5
Year Founded: 1998

Agency Specializes In: Advertising, Brand Development & Integration, Event Planning & Marketing, Internet/Web Design, Media Buying Services, Media Relations, Media Training, Promotions, Public Relations, Social Media

Ginger Reichl *(Pres)*

Accounts:
Cushman & Wakefield, Inc.
McQueen & Siddall LLP
Shriners Hospitals for Children
Tampa Convention Center

PIONEER STRATEGIES
PO Box 1986, Leland, NC 28451
Tel.: (866) 545-5856
Web Site: www.pioneerstrategies.com

Employees: 5

Agency Specializes In: Content, Corporate Identity, Graphic Design, Internet/Web Design, Logo & Package Design, Media Relations, Public Relations, Social Media, Strategic Planning/Research

Frank L. Williams *(Pres & Sr Strategist)*

Accounts:
Cox Law Firm

PIPELINE COMMUNICATIONS
277 Valley Way, Montclair, NJ 07042
Tel.: (917) 763-8069
Web Site: www.pipecomm.com

Employees: 5
Year Founded: 1994

Agency Specializes In: Brand Development & Integration, Media Relations, Public Relations, Social Media

Robin Hoffman *(Owner)*
Mark J. Pescatore *(VP)*

Accounts:
New-Fujifilm Holdings Corporation

PIPELINE PUBLIC RELATIONS & MARKETING
68233 SE 18th ave Ste d, Portland, OR 97202
Tel.: (503) 546-7811
Fax: (503) 546-7915
E-Mail: Tim@pipelineprm.com
Web Site: www.pipelineprm.com

Employees: 1
Year Founded: 2008

Agency Specializes In: Advertising, Market Research, Media Buying Services, Media Planning, Media Relations, Print, Public Relations, Strategic Planning/Research, Trade & Consumer Magazines, Web (Banner Ads, Pop-ups, etc.)

Accounts:
Contact Industries

PIPER & GOLD PUBLIC RELATIONS
313 1/2 E Grand River Ave, Lansing, MI 48906
Tel.: (517) 999-0820
E-Mail: info@piperandgold.com
Web Site: www.piperandgold.com

Employees: 8

Agency Specializes In: Media Relations, Public Relations, Social Media

Kate Snyder *(Owner & Sr Strategist)*

Accounts:
Ingham County Land Bank

PIRATE GIRL PR
415 W Vine Ave Ste 1, Knoxville, TN 37902
Tel.: (865) 621-5800
Web Site: www.pirategirlpr.com

Agency Specializes In: Advertising, Brand Development & Integration, Media Buying Services, Media Planning, Print, Public Relations

Jennifer Holder *(Owner)*

Accounts:
Evergreen Services Gentry Griffey Funeral Chapel, Capital Funeral Home & Lindsey Funeral Home
First National Bank
Knoxville Catering
The Shrimp Dock

PUBLIC RELATIONS FIRMS — AGENCIES - JANUARY, 2019

Susan Dodd, MD PLLC
The Trust Company

PIROZZOLO COMPANY PUBLIC RELATIONS
30 Newbury St Ste 3, Boston, MA 02116
Tel.: (617) 959-4613
Fax: (781) 235-9898
E-Mail: info@pirozzolo.com
Web Site: www.pirozzolo.com

Employees: 5
Year Founded: 1980

Agency Specializes In: Corporate Communications, New Technologies, Public Relations

Helmut Nollert *(Mng Dir)*
Dick Pirozzolo *(Mng Dir)*
Michael Salius *(Dir-Natl)*

Accounts:
Duke Energy
Morpheus Technologies
Philips International
Rypos, Inc.
Whitesmoke Inc.
Wilmington Trust Company

PITCH PRESS
1351 Seabridge Ln, Oxnard, CA 93035
Tel.: (310) 559-8228
E-Mail: admin@pitchpress.com
Web Site: www.pitchpress.com

Year Founded: 2004

Agency Specializes In: Brand Development & Integration, Broadcast, Public Relations, Social Media

Pam Roberts *(Owner & Partner)*

Accounts:
Bzees
Naya Shoes

PITCH PUBLIC RELATIONS
PO Box 11027, Chandler, AZ 85248
Tel.: (480) 263-1557
Web Site: www.pitchpublicrelations.com

Employees: 10
Year Founded: 2011

Agency Specializes In: Media Training, Public Relations, Social Media, Strategic Planning/Research

Ann Noder *(Pres & CEO)*
Jackie Copp *(VP-PR)*

Accounts:
TeetherTops

PIVOT PR
130 Morgan Bluff Rd, Mooresville, NC 28117
Tel.: (704) 774-9271
Web Site: www.pivotpublicrelations.com

Employees: 2

Agency Specializes In: Content, Crisis Communications, Event Planning & Marketing, Internet/Web Design, Media Relations, Public Relations, Social Media

Drew Porcello *(Pres & CEO)*

Accounts:

Charlotte School of Law
Sales Performance International, Inc.
Strategic Management Decisions

PKPR
307 7th Ave Ste 1604, New York, NY 10001
Tel.: (212) 627-8098
Web Site: www.pkpr.com

Employees: 5
Year Founded: 2006

Agency Specializes In: Advertising, Digital/Interactive, Event Planning & Marketing, Public Relations, Social Media

Patrick Kowalczyk *(Pres)*
Jenny Chang *(Acct Dir)*

Accounts:
Advertising Age
Arts Brookfield
Brooklyn CSA+D
Caplow Childrens Prize
Cultural Services of the French Embassy
Dayton Literary Peace Prize
Dumbo Arts Festival
Fractured Atlas
Gawker Media Group
Internet Week New York

PLAN A PR & MARKETING, INC
1420 E Concord St, Orlando, FL 32803
Tel.: (407) 905-0608
Fax: (407) 902-0667
E-Mail: info@planapr.com
Web Site: www.planapr.com

Employees: 10

Agency Specializes In: Advertising, Brand Development & Integration, Corporate Communications, Digital/Interactive, Event Planning & Marketing, Graphic Design, Hospitality, Public Relations, Real Estate, Social Media

Andrea Mane *(Pres)*
Regina Marston *(Sr Dir-West Coast)*
Sally Fritch-Castro *(Sr Acct Dir)*
Cathy Watanabe *(Art Dir)*
Mark Howbrook *(Mgr-Media Rels)*

Accounts:
New-Angie Hospitality (Agency of Record)
New-Assa Abloy Hospitality
ProfitSword, LLC (Agency of Record) Marketing Strategies, Public Relations; 2018
New-The Rainmaker Group, Inc

PLANA ZUBIZARRETA GROUP
490 Campana Ave, Coral Gables, FL 33156
Tel.: (305) 600-4181
Fax: (305) 600-4182
Web Site: www.zubizarretagroup.com

Employees: 5
Year Founded: 2008

Agency Specializes In: Media Relations, Media Training, Print, Public Relations, Social Media, T.V.

Eduardo Plana *(Pres)*
Aymee Y. Zubizarreta *(CEO)*
Sacha Suarez *(Mktg Mgr)*

Accounts:
Pulpo Media

PLANET PR
270 Lafayette St Ste 800, New York, NY 10012

Tel.: (212) 404-4444
Fax: (212) 324-1234
E-Mail: info@planetpr.com
Web Site: www.planetpr.com

Year Founded: 2006

Agency Specializes In: Advertising, Brand Development & Integration, Corporate Communications, Event Planning & Marketing, Media Relations, Public Relations, Social Media

Matthew Rich *(Founder & Principal)*

Accounts:
Steven Assael

PLATINUM PR
114 E German St Ste 200, Shepherdstown, WV 25443
Tel.: (304) 876-8321
E-Mail: info@platinumpr.com
Web Site: www.platinumpr.com

Employees: 10

Agency Specializes In: Brand Development & Integration, Collateral, Communications, Corporate Identity, Event Planning & Marketing, Internet/Web Design, Media Relations, Public Relations, Publicity/Promotions

Sandy Sponaugle *(Pres & CEO)*

Accounts:
Charles County Department of Economic Development
Constructing Change Energy Efficiency Homes Tour
Maryland Economic Development Association

PMBC GROUP
345 N Maple Dr Ste 105, Beverly Hills, CA 90210
Tel.: (310) 777-7546
E-Mail: info@pmbcgroup.com
Web Site: www.pmbcgroup.com

Employees: 25
Year Founded: 2012

Agency Specializes In: Brand Development & Integration, Corporate Communications, Event Planning & Marketing, Media Relations, Public Relations, Social Media

Ola Danilina *(Founder & CEO)*
Judy Dixon *(VP)*
Nathalie Nourian *(Acct Dir)*

Accounts:
AireLive (Agency of Record) Brand Awareness, Communication, Consumer, Media Relations, Mobile, Social Media, Strategic, Video Sharing
Anomo
Carnivore Club (Agency of Record) Media Relations, Public Relations
ContentChecked Inc (Agency of Record) Consumer, Corporate Communications, Media, SugarChecked, Thought Leadership
Echo Labs (Agency of Record) Biowearable Blood Monitoring Device, Media Relations, Press, Strategic, Thought Leadership
Emogi (Agency of Record) Corporate Communications, Media Relations, Thought Leadership
Farbe Technik (Agency of Record) Media Relations, Strategic, Thought Leadership
First Hardware Accelerator (Public Relations Agency of Record)
FortuneBuilders (Public Relations Agency of Record)
Graphiti (Agency of Record) Consumer, Street-Art

AGENCIES - JANUARY, 2019 — PUBLIC RELATIONS FIRMS

Inspired Social Media App, Thought Leadership
Hang With Inc
Hilton & Hyland
Ibotta
InviteUp (Agency of Record) Media Relations, Strategic, Thought Leadership
JetMe (Agency of Record) Media, Press, Thought Leadership
Linktune (Public Relations Agency of Record)
Locca
MaxSold (Public Relations Agency of Record) Brand Awareness
MeetMindful (Public Relations Agency of Record) Brand Awareness, Consumer Press, Media Relations
Minkasu (Public Relations Agency of Record) Consumer Media
Momentage
NextCore Corporation (Agency of Record) KOOM VR app, NOON VR Headset, Public Relations
Onestop Internet (Agency of Record) Brand Awareness, Branding, Public Relations
OwnZones (Agency of Record) Brand Awareness, Consumer Press, Content, Media Relations
PeeqSee Brand Awareness
Pipeliner
Rain on Request (Agency of Record) Indiegogo Campaign
Reach (Agency of Record) Media Relations
Rhubarb Studios (Public Relations Agency of Record) Consumer Media
Rufus Labs (Agency of Record) Media Relations, Rufus Cuff Wrist Communicator, Strategic Thought Leadership
Sonavation (Public Relations Agency of Record) Media, Thought Leadership
Strivr Public Relations
SurveyMe Consumer Public Relations
Tape (Public Relations Agency of Record) Brand Awareness, Media Relations
Todd Mitchem Companies (Public Relations Agency of Record) Consumer Media
Tooshlights (Agency of Record) Campaign: "Tooshlights Launch", Media Relations, Social Media Outreach, tooshlights.com
Trendy Butler (Agency of Record) Media Awareness
Virtual Piggy Media, Oink Teen Wallet, Strategic Public Relations, Strategic Thought Leadership
Viterbi School of Engineering (Agency of Record) "The Next MacGyver", Media Relations, Strategic, TV
Vizor (Public Relations Agency of Record) Public Relations

POINT TAKEN COMMUNICATIONS
1616 N Market St, Jacksonville, FL 32206
Tel.: (904) 419-9216
Web Site: www.pointtakenpr.com

Employees: 5
Year Founded: 2013

Agency Specializes In: Collateral, Consumer Publications, Direct Response Marketing, Email, Exhibit/Trade Shows, Guerilla Marketing, Local Marketing, Magazines, Mobile Marketing, Multimedia, Newspaper, Newspapers & Magazines, Out-of-Home Media, Outdoor, Podcasting, Print, Production, Production (Print), Promotions, Search Engine Optimization, Social Media, Sponsorship, T.V., Viral/Buzz/Word of Mouth, Web (Banner Ads, Pop-ups, etc.)

Approx. Annual Billings: $100,000

Michelle Guglielmo Gilliam *(Pres)*

Accounts:
Clay County Humane Society Inc PR; 2014
Kishek Interiors Web Design; 2015
The Old Dog House Content Marketing, Email Marketing, PR, Web Design; 2014
Pet Paradise Event Production; 2015
Professional Educator's Network of Florida Marketing Strategy; 2017
Spectrum Stone Designs Content Marketing, Email Marketing, PR, Web Design; 2013
Women's Center of Jacksonville Capital Campaign Management; 2017

POLISHED PIG MEDIA
PO Box 8961, Roanoke, VA 24014
Tel.: (917) 463-3833
Web Site: www.polishedpigmedia.com

Employees: 2
Year Founded: 2012

Agency Specializes In: Broadcast, Content, Crisis Communications, Media Relations, Media Training, Print, Promotions, Public Relations, Social Media

Jason Caslow *(Exec Dir)*
Ashley DeGroff Zink *(Exec Dir)*
Adi Noe *(Acct Dir)*
Charlotte Strode *(Sr Acct Mgr)*
Lauren Ferguson *(Acct Mgr)*
Sarah Sporn *(Acct Mgr)*
Skelly Stevens *(Acct Mgr)*
Courtney Hinton *(Acct Coord)*

Accounts:
Virginia Wine

POLK & COMPANY
1650 Broadway Ste 506, New York, NY 10019
Tel.: (917) 261-3988
E-Mail: contact@polkandco.com
Web Site: www.polkandco.com

Employees: 50

Agency Specializes In: Graphic Design, Media Relations, Media Training, Public Relations, Social Media

Matt Polk *(Founder & Pres)*

Accounts:
Roundabout Theatre Company

THE POLLACK PR MARKETING GROUP
1901 Ave of the Stars Ste 1040, Los Angeles, CA 90067
Tel.: (310) 556-4443
Fax: (310) 286-2350
E-Mail: info@ppmgcorp.com
Web Site: https://ppmgcorp.com/

Employees: 13
Year Founded: 1985

National Agency Associations: PRSA

Agency Specializes In: Automotive, Aviation & Aerospace, Brand Development & Integration, Business-To-Business, Consulting, Consumer Goods, Consumer Marketing, Corporate Identity, Direct-to-Consumer, E-Commerce, Electronics, Event Planning & Marketing, Exhibit/Trade Shows, Fashion/Apparel, Financial, Food Service, High Technology, Household Goods, Information Technology, Internet/Web Design, Investor Relations, Legal Services, Luxury Products, Market Research, Media Relations, Multimedia, Planning & Consultation, Public Relations, Publicity/Promotions, Restaurant, Retail, Social Marketing/Nonprofit, Strategic Planning/Research, Transportation, Travel & Tourism, Viral/Buzz/Word of Mouth

Noemi Pollack *(Founder & CEO)*
Stefan Pollack *(Pres)*
Jackie Liu *(Acct Supvr)*

Accounts:
Altra Biofuels; Los Angeles, CA Alternative Fuels
American Public Gardens Association Brand Outreach, Public Relations
Axiotron, Inc. Modbook; 2007
Bob Evans Farms, Inc BEF Foods, Public Relations
Bob Hope USO Awareness
The Center for Client Retention Marketing, Public Relations
D.A.R.E. America Regional Media Relations; 2018
Docupace Technologies Marketing, Public Relations
Dynamite Data Public Relations
ESI Ergonomic Solutions (Agency of Record) Branding, Public Relations
Fiesta Parade Floats; Irwindale, CA (Agency of Record)
GoodJanes (Public Relations, Social & Marketing Agency of Record) Blogger & Influencer Relations, Media, Skincare; 2018
Guidon Performance Solutions Strategic Marketing Communications, Traditional & Social Media
Inclusion Inc. (Agency of Record) Traditional & Social Media Relations
Keller Fay Group Brand Awareness, PR
Koi Design; Santa Monica, CA (Agency of Record)
LegalShield (Agency of Record)
LeisureLink
Luxe Hotels Community Relations, Media Relations, Public Relations, Social Media Strategy, Website Content & Creation
LuxeYard Brand Awareness, Media Relations
Market Track
Mitchell International, Inc (Agency of Record); 2017
National Notary Association
Netafim USA Market Awareness, Marketing Strategy, PR
New-Oakwood (Agency of Record) Public Relations; 2018
Pocket Radar (Agency of Record)
Rain Bird Corp. Consumer Products Div.; Los Angeles, CA
RedZone Consumer, Map
RKF; Los Angeles, CA
RoundTrip; 2008
Santa Monica Convention & Visitors Bureau (Agency of Record)
Scouler & Company Marketing, Public Relations
SodaStream USA (Health & Wellness Agency of Record) Public Relations
Stiles Associates Public Relations
United Service Organizations Barbecue for the Troops, Dance for the Troops, Marketing, Media, PR, PSA
U.S. Digital Gaming Digital
Wellbeing Project (Public Relations Agency of Record)
The Writer Consultancy Marketing, Public Relations

Branch

The Pollack PR Marketing Group
373 Pk Ave S 6th Flr, New York, NY 10016
Tel.: (212) 601-9341
Fax: (212) 481-0296
E-Mail: info@ppmgcorp.com
Web Site: https://ppmgcorp.com/

Employees: 50
Year Founded: 1985

Agency Specializes In: Brand Development & Integration, Business-To-Business, Content, Crisis Communications, Event Planning & Marketing, Internet/Web Design, Media Relations, Media Training, Public Relations, Social Media

Jeff Monford *(Mng Dir)*

PUBLIC RELATIONS FIRMS — AGENCIES - JANUARY, 2019

Stephanie Goldman *(Acct Supvr)*

Accounts:
New-The Center For Client Retention

POLLOCK COMMUNICATIONS
205 E 42nd St, New York, NY 10017
Tel.: (212) 941-1414
Fax: (212) 334-2131
Web Site: www.lpollockpr.com/

Employees: 16
Year Founded: 1991

Agency Specializes In: Event Planning & Marketing, Integrated Marketing, Local Marketing, Media Relations, Media Training, Product Placement, Public Relations, Retail, Strategic Planning/Research

Revenue: $1,700,000

Louise Pollock *(Pres)*
Emily Blasi *(VP)*
Alexandra Oppenheimer Delvito *(VP)*
Stephanie Baber *(Sr Acct Exec)*
Shruti Shah *(Sr Acct Exec)*

Accounts:
Ajinomoto Food Ingredients, LLC
American Society for Hypertension
BackJoy
Brassica Protection Products, LLC
California Walnut Board; 2018
Cranberry Institute
Cranberry Marketing Committee
Danone Institute International
EAS Sports Nutrition
Eating Disorder Recovery Specialists
Fifty50 Foods
Gourmet Factory Capatriti Olive Oil
Green Mountain at Fox Run
Huel (Agency of Record) Media Outreach; 2018
Moon Cheese (Agency of Record) Traditional & Digital Influencers; 2018
PepsiCo Global Nutrition Group
Prestige Brands Beano, FiberChoice
Purdue Products
Tea Council of the USA, Inc.
USA Rice Federation
Whey Protein Research Consortium

THE PONTES GROUP
2048 E Sample Rd, Lighthouse Point, FL 33064
Tel.: (954) 960-6083
Web Site: www.thepontesgroup.com

Employees: 5

Agency Specializes In: Brand Development & Integration, Collateral, Event Planning & Marketing, Internet/Web Design, Logo & Package Design, Media Relations, Print, Public Relations, Social Media

Lais Pontes *(Owner & Principal)*

Accounts:
Robert Matthew

POPULAR PRESS MEDIA GROUP
468 N Camden Dr Ste 105, Beverly Hills, CA 90210
Tel.: (310) 860-7774
E-Mail: media@ppmg.fin
Web Site: http://www.popularpressmediagroup.com

Employees: 2

Agency Specializes In: Brand Development & Integration, Public Relations, Social Media

Michelle Czernin von Chudenitz *(Founder & CEO)*
Jessica Kill *(Partner)*

Accounts:
Jean-Claude Van Damme
Justin Daly

PORCH LIGHT PUBLIC RELATIONS
1111 E 54th St Ste 143, Indianapolis, IN 46220
Tel.: (317) 493-1105
E-Mail: contact@porchlightpr.com
Web Site: www.porchlightpr.com

Agency Specializes In: Brand Development & Integration, Content, Event Planning & Marketing, Media Relations, Public Relations, Social Media

Myranda Annakin *(Partner)*
Jennifer Chan *(Partner)*

Accounts:
CloudOne
Menchies Frozen Yogurt

PORTAVOCE PR
2888 Loker Ave E Ste 107, Carlsbad, CA 92010
Tel.: (760) 814-8194
E-Mail: portavoce@portavocepr.com
Web Site: www.portavocepr.com

Employees: 10

Agency Specializes In: Commercial Photography, Communications, Content, Corporate Communications, Health Care Services, Media Relations, New Product Development, Production, Public Relations, Strategic Planning/Research

Carla Vallone *(Pres)*

Accounts:
New-DASAN Zhone Solutions
New-Girls Inc. of San Diego
New-Les Mills International Ltd
New-Vettec Inc Vettec Hoof Care

PORTER LEVAY & ROSE, INC.
7 Penn Plz Ste 810, New York, NY 10001
Tel.: (212) 564-4700
Fax: (212) 244-3075
E-Mail: info@plrinvest.com
Web Site: www.plrinvest.com

Employees: 12
Year Founded: 1970

Agency Specializes In: Investor Relations, Public Relations

Revenue: $1,600,000

Michael J. Porter *(Pres)*
Lucille Belo *(COO)*
Marlon Nurse *(Sr VP-IR)*
Gloria Crispo *(Coord-Client)*

Accounts:
The Amacore Group, Inc
Premier Biomedical, Inc. Communications Strategies
Provectus

PORTER NOVELLI
7 World Trade Center 250 Greenwich St 36th Fl, New York, NY 10007
Tel.: (212) 601-8000
Fax: (212) 601-8101
Web Site: www.porternovelli.com

Employees: 200
Year Founded: 1972

National Agency Associations: COPF-PRSA

Agency Specializes In: Advertising, Bilingual Market, Brand Development & Integration, Business-To-Business, Communications, Computers & Software, Consulting, Consumer Goods, Consumer Marketing, Corporate Communications, Corporate Identity, Crisis Communications, Customer Relationship Management, Digital/Interactive, Direct Response Marketing, E-Commerce, Education, Electronics, Entertainment, Environmental, Event Planning & Marketing, Exhibit/Trade Shows, Fashion/Apparel, Financial, Game Integration, Government/Political, Health Care Services, High Technology, Hispanic Market, Hospitality, Identity Marketing, Information Technology, Integrated Marketing, International, Leisure, Local Marketing, Luxury Products, Market Research, Media Relations, Media Training, Medical Products, Men's Market, Mobile Marketing, Multicultural, Multimedia, New Product Development, New Technologies, Over-50 Market, Pharmaceutical, Podcasting, Public Relations, Publicity/Promotions, Real Estate, Restaurant, Retail, Search Engine Optimization, Seniors' Market, Social Marketing/Nonprofit, Social Media, Sponsorship, Sports Market, Stakeholders, Strategic Planning/Research, Teen Market, Urban Market, Women's Market

Breakdown of Gross Billings by Media: Pub. Rels.: 100%

Brad MacAfee *(CEO)*
Maura Bergen *(Exec VP & Head-US Health)*
Katherine Wetzel *(Exec VP & Dir-Client Rels)*
Mark Amone *(Exec VP-Fin)*
Sally Barton *(Exec VP)*
Kate Cusick *(Exec VP-Global Bus Dev & Mktg)*
Alison DaSilva *(Exec VP)*
Sean Smith *(Exec VP-Reputation Mgmt-Global)*
Ravi Sunnak *(Exec VP-Sustainable Dev Goals)*
Greg Jawski *(Sr VP & Head-Corp Reputation & Fin Svcs-North America)*
Adele Myers *(Sr VP & Dir-Creativity)*
Kelsey Hammonds *(Sr VP)*
Raj Krishnamurthy Iyer *(Sr VP-Strategy & Plng)*
Diana Scott *(Sr VP)*
Brian Thompson *(Sr VP)*
Martha Kate Ginsberg *(VP & Sr Producer-Creative-Knowledge & Brand Assets Comm)*
Tara LaVoun *(VP)*
Jamie Yacco *(VP-Health)*
Johnna Graddy *(Sr Mgr-Admin)*
Suzy An *(Acct Mgr)*
Kate Johnston *(Acct Mgr)*
Erica Baldwin *(Acct Supvr)*

Accounts:
Abundant Forests Alliance
ADT Fire & Security PLC
Almond Board of California & Ortholite
Amgen
Analog Devices
AstraZeneca
Centers for Medicare & Medicaid Services National Multimedia Education Campaign
Centre for Disease Control
Dow Chemical
Editas Medicine (Agency of Record) EM22, Social Media, Strategic Planning, Traditional Media; 2018
Federal Deposit Insurance Corporation
Feeding America (Public Relations Agency of Record)
Glass Packaging Institute Campaign: "Upgrade to Glass", Digital
GlaxoSmithKline
Hospital for Special Surgery
Interbrand

AGENCIES - JANUARY, 2019 — PUBLIC RELATIONS FIRMS

John Theurer Cancer Center (Agency of Record) Social Media, Strategic Planning & Branding, Traditional Media
Johnson & Johnson
McDonald's Restaurants
Merck
Monster.com (Agency of Record)
NetApp Messaging, Strategy
Novartis Pharmaceuticals Corporation
NYCxDESIGN Event Sponsorships, Media Relations, Programming
Ole Smoky Tennessee Distillery Brand Awareness, Media Relations
Panasonic Consumer Electronics (Public Relations Agency of Record) Communications, Consumer; 2017
Penske
Pernod Ricard USA Absolut Vodka
Pfizer, Inc.
Procter & Gamble
Qualcomm
Reckitt Benckiser Airwick, Brand Building, Corporate Communications, Durex, Finish, Media Relations, Public Relations, Resolve, Social Media Programming, Strategic Planning, Woolite, d-CON
SanDisk PR
Shire Pharmaceuticals
T-Mobile USA "Subtitles with Joel McHale", Campaign: "Jump"
Treo Solutions PR
Uncle Ben's Ben's Beginners Cooking Contest
UNICEF Event Planning, Market Visibility, Strategic Communications

Porter Novelli-Austin
828 W 6th St # 101, Austin, TX 78703-5420
Tel.: (512) 527-9881
Fax: (512) 527-9891
Web Site: www.porternovelli.com

Employees: 20
Year Founded: 2000

National Agency Associations: COPF

Agency Specializes In: Business-To-Business, Consumer Publications, Corporate Identity, Event Planning & Marketing, Government/Political, High Technology, Planning & Consultation, Public Relations

Jessica Kendra *(Mgr-Analytics)*

Accounts:
Hewlett-Packard
PricewaterhouseCoopers

Porter Novelli-Bay Area-San Francisco
550 3rd St, San Francisco, CA 94107
Tel.: (415) 975-2200
Fax: (415) 975-2201
Web Site: www.porternovelli.com

Employees: 75
Year Founded: 1988

National Agency Associations: COPF

Agency Specializes In: Business-To-Business, Consumer Marketing, Digital/Interactive, Event Planning & Marketing, Government/Political, Health Care Services, High Technology, Investor Relations, Public Relations, Sponsorship

Dave Black *(Partner & Mng Dir)*
Kylie Banks *(Sr Acct Exec)*

Accounts:
Hewlett Packard
HGST
Wells Fargo

Porter Novelli-Boston
290 Congress St Fl 6, Boston, MA 02210
Tel.: (617) 897-8200
Fax: (617) 897-8203
Web Site: www.porternovelli.com

Employees: 35
Year Founded: 1991

National Agency Associations: COPF

Agency Specializes In: Consumer Marketing, Corporate Identity, Government/Political, Health Care Services, High Technology, Public Relations, Sponsorship

Byron Calamese *(Mng Dir)*
Andrew MacLellan *(Sr VP)*

Porter Novelli-Chicago
200 E Randolph St, Chicago, IL 60601
Tel.: (312) 552-6300
Fax: (312) 856-8807
Web Site: www.porternovelli.com

Employees: 5
Year Founded: 1972

National Agency Associations: COPF

Agency Specializes In: Digital/Interactive, Event Planning & Marketing, Public Relations, Sponsorship, Sports Market, Strategic Planning/Research

Eddie Garrett *(Exec VP-Global Digital Strategies)*
Jodi Degyansky *(VP)*

Accounts:
Alzheimer's Association The Alzheimer's Association
CDC
HP
Johnson & Johnson
McDonald's

Porter Novelli-Ft. Lauderdale
950 S Pine Island Rd Ste 1054, Plantation, FL 33324
Tel.: (954) 883-3788
Fax: (954) 727-8439
Web Site: www.porternovelli.com

Employees: 15
Year Founded: 1996

National Agency Associations: COPF

Agency Specializes In: Children's Market, Consumer Marketing, Digital/Interactive, Event Planning & Marketing, Government/Political, Health Care Services, High Technology, Teen Market

Karen Ovseyevitz *(Pres-Latin America)*
Erin Osher *(Mng Dir-Seattle)*
Jennifer Harmes *(VP)*

Accounts:
Procter & Gamble Tide
UPS Communications

Porter Novelli-Irvine
4 Studebaker, Irvine, CA 92618
Tel.: (949) 583-2600
Fax: (949) 583-2601
Web Site: www.porternovelli.com

Employees: 5
Year Founded: 1975

National Agency Associations: COPF

Agency Specializes In: Consumer Marketing, Corporate Identity, Government/Political, Public Relations

Bill Kolberg *(Partner & Mng Dir-Southern California)*

Porter Novelli-Los Angeles
5353 Grosvenor Blvd, Los Angeles, CA 90066
Tel.: (310) 444-7000
Fax: (310) 444-7004
Web Site: www.porternovelli.com

Employees: 20
Year Founded: 1973

National Agency Associations: COPF

Agency Specializes In: Children's Market, Entertainment, Event Planning & Marketing, Food Service, Leisure, Multicultural, Public Relations, Sports Market, Teen Market

Linda Shipkey Martin *(Partner)*
Jimmy Szczepanek *(Partner)*
Patrick Resk *(CFO)*
Fred Shank *(Exec VP & Head-Consumer Practice-West Coast)*
Jana Leigh Thomas *(Exec VP-Global Organizational Change & Effectiveness)*
Jess Schmidt *(Sr VP)*
Deanne Weber *(Sr VP)*
Strahan Wallis *(Mng Dir-Southern California)*
Sarah Lewis *(Acct Mgr)*
Marissa Girolamo *(Acct Supvr)*

Accounts:
Almond Board of California
McDonald's Operators' Association of Southern California
National Honey Board (Public Relations Agency of Record) Education on Honey, Media & Influencer Relations, Strategic Plan Development
Qualcomm

Porter Novelli Public Services
1615 L St Nw, Washington, DC 20036
Tel.: (202) 973-5800
Fax: (202) 973-5858
Web Site: www.porternovelli.com

Employees: 120
Year Founded: 1972

National Agency Associations: COPF-PRSA

Agency Specializes In: Business-To-Business, Financial, Government/Political, Public Relations

Jennifer Swint *(Pres & Partner)*
Liz Fitzgerald *(Partner & Exec Creative Dir)*
Mary Christ-Erwin *(Partner)*
Colleen Connors *(Exec VP & Head-Talent)*
Justin Greeves *(Exec VP-Res & Svcs)*
Rosemary McGillan *(Exec VP-Health & Social Mktg)*
Carrie Schum *(Exec VP-Strategic Plng)*
Nyree Wright *(Exec VP-Corp Comm & Reputation Mgmt)*
Shey White *(Sr VP & Dir-Creative Production)*
Anthony LaFauce *(VP-Digital Comm Grp)*
Anthony Gauthier *(Acct Supvr-Paid Media & Digital Strategy)*
John Maher *(Acct Supvr-Paid Media)*
Maggie May Graham *(Chief of Staff)*

Accounts:
Alliance for Potato Research & Education
The Almond Board of California
Bel Brands BabyBel, Laughing Cow
Compassion & Choices Media Relations
Pharmavite (Agency of Record)

PUBLIC RELATIONS FIRMS

Porter Novelli-San Diego
3111 Camino del Rio N Ste 400, San Diego, CA 92108
Tel.: (619) 687-7000
Web Site: www.porternovelli.com

Employees: 2
Year Founded: 1992

National Agency Associations: COPF

Agency Specializes In: Consumer Marketing, Government/Political, Public Relations

Dave Black *(Partner & Mng Dir)*
Erin Osher *(Mng Dir-Seattle)*
Hailey Thompson *(VP)*

Porter Novelli-Seattle
710 2nd Ave Ste 1200, Seattle, WA 98104
Tel.: (206) 727-2880
Fax: (206) 727-3439
Web Site: www.porternovelli.com

Employees: 26
Year Founded: 1997

National Agency Associations: COPF

Agency Specializes In: Consumer Marketing, Government/Political, Health Care Services, High Technology, Public Relations

Erin Osher *(Mng Dir)*
Fred Shank *(Exec VP & Head-Consumer Practice-West Coast)*
Kristin Fontanilla *(VP)*
Gina Lindblad *(VP)*
Patricia Trask *(VP-HR)*
Joe Gurriere *(Acct Mgr)*
Fraser MacPherson *(Sr Acct Exec)*
Jeff Wilson *(Sr Acct Exec)*
Sam Hardy *(Assoc Creative Dir)*

Accounts:
Hewlett-Packard
Hotwire, Inc.
T-Mobile

Porter Novelli
3500 Lenox Rd Alliance Ctr Ste 1400, Atlanta, GA 30326
Tel.: (404) 995-4500
Fax: (404) 995-4501
Web Site: www.porternovelli.com

Employees: 50
Year Founded: 1997

National Agency Associations: COPF

Agency Specializes In: Business-To-Business, Consumer Marketing, Government/Political, Health Care Services, High Technology, Public Relations, Sponsorship

Melissa Kraus Taylor *(Partner-Learning & Dev-Global)*
Conroy Boxhill *(Mng Dir)*
Jana Thomas *(Exec VP)*
Elisabeth Lovett *(Sr VP)*
Shelly Spoeth *(Sr VP)*
Mark Avera *(VP)*
Amanda Rue *(Acct Mgr)*
Kaylea Bowers *(Mgr-Analytics)*

Accounts:
Centers for Disease Control & Prevention
Clean Air Campaign
Coalition for Responsible Energy
Georgia's State Road & Tollway Authority State Agency Programs
HP
The National Center for Civil and Human Rights Innovative Cultural Institution
Piedmont Healthcare Digital Strategies, Executive Visibility, Issues Management, Market Research, Media Relations, Physician Marketing, Public Relations, Strategic Planning
Sage Software; Irvine, CA

Voce Communications
75 E Santa Clarita St 7th Fl, San Jose, CA 95113
(See Separate Listing)

The Americas

Argentina Porter Novelli
Reconquinsta 723 2 FL, Buenos Aires, C1058AAC Argentina
Tel.: (54) 11 5554 7200
Fax: (54) 11 5554 7299
E-Mail: info@porternovelli.com
Web Site: www.porternovelli.com

Employees: 50
Year Founded: 1999

Agency Specializes In: Business-To-Business, Children's Market, Communications, Consumer Marketing, Corporate Identity, Financial, Government/Political, Health Care Services, High Technology, Investor Relations, Public Relations, Sports Market, Teen Market

Diego Mendez Canas *(Pres)*
Aldo Leporati *(Partner & Mng Dir)*
Paola Gemmati *(COO)*
Josefina Moresco *(Acct Dir)*

Compass Porter Novelli
Diagonal 97 #17-60 Piso 3, Bogota, Colombia
Tel.: (57) 1 635 6074
Fax: (57) 1 255 0498
Web Site: www.porternovelli.com

Employees: 12
Year Founded: 1993

Agency Specializes In: Advertising, Brand Development & Integration, Business-To-Business, Communications, Crisis Communications, Digital/Interactive, Event Planning & Marketing, Financial, Food Service, Government/Political, Graphic Design, High Technology, Investor Relations, Media Relations, Media Training, New Product Development, Planning & Consultation, Public Relations, Publicity/Promotions, Sports Market, Teen Market

Fernando Gastelbondo *(Pres)*

Martec Porter Novelli
La Fontaine 36, Chapultepec Polanco, 11560 Mexico, DF Mexico
Tel.: (52) 55 5010 3200
Fax: (52) 55 5010 3201
Web Site: www.porternovelli.com

Employees: 60
Year Founded: 1993

Agency Specializes In: Advertising, Consumer Marketing, Health Care Services, High Technology, Public Relations

Sandra Kleinburg *(Partner & Mng Dir)*
Jose Luis Diaz *(Dir-Client Svc)*

Accounts:
Veeam

Porter Novelli-Toronto
33 Bloor Street East Suite 1450, Toronto, ON M4W 3H1 Canada
Tel.: (416) 423-6605
Fax: (416) 423-5154
Web Site: www.porternovelli.com

Employees: 22
Year Founded: 1993

Agency Specializes In: Consumer Marketing, Health Care Services, High Technology, Pharmaceutical, Planning & Consultation, Public Relations, Teen Market

Maria Antonopoulos *(Sr VP-Consumer & Health)*
Eric Tang *(Mng Dir-Canada)*
Melissa Arnold *(VP)*
Jim Black *(VP-Tech)*
Rachael Crowell *(VP-Health & Wellness)*
Michael Margiotta *(VP-Consumer)*

Accounts:
Pfizer Canada
Timberland

Porter Novelli
455 Granville St Ste 300, Vancouver, BC V6C 1T1 Canada
Tel.: (604) 602-6401
Fax: (604) 681-0093
Web Site: www.porternovelli.com

Employees: 4
Year Founded: 2000

Agency Specializes In: Consumer Marketing, Government/Political, Health Care Services, High Technology, Public Relations

Janie Mercky *(Acct Supvr)*

Accounts:
Yellowpages Group

Europe/Middle East/Africa

APRA Porter Novelli
111 Georgi S Rakovski Str, Sofia, 1000 Bulgaria
Tel.: (359) 2 981 41 90
Fax: (359) 2 987 8079
E-Mail: alamanov@apraagency.com
Web Site: www.apraagency.com

Employees: 18
Year Founded: 1994

Agency Specializes In: Public Relations

Rumena Kazakova *(Media Planner)*
Krassimira Hristoskova *(Sr Comm Mgr)*
Tomislav Tsolov *(Sr Partner)*

F&H Porter Novelli
Brabanter Str 4, 80805 Munich, Germany
Tel.: (49) 89 121 750
Fax: (49) 89 121 751 97
E-Mail: info@f-und-h.de
Web Site: www.fundh.de

Employees: 50
Year Founded: 1989

Agency Specializes In: Consumer Marketing, Corporate Identity, Health Care Services, High Technology, Public Relations

Helmut Freiherr Von Fircks *(CEO)*

AGENCIES - JANUARY, 2019 — PUBLIC RELATIONS FIRMS

Farner Consulting AG
Oberdorfstrasse 28, 8001 Zurich, Switzerland
Tel.: (41) 1 266 6767
Fax: (41) 1 266 6700
E-Mail: info@farner.ch
Web Site: www.farner.ch

Employees: 50
Year Founded: 1951

Agency Specializes In: Public Relations

Roman Geiser *(CEO & Mng Partner)*
Philipp Skrabal *(Partner & Chief Creative Officer-Leiter Farner Werbung)*
Daniel Heller *(Partner)*
Jacqueline B. Moeri *(Partner)*
Roland Oberhauser *(CFO)*
Chris Cartwright *(Head-Corp & Practice-Intl)*

Accounts:
Sonos, Inc.; 2018

FTC
48 Rue Jacques-Dalphin, CH-1227 Carouge, Switzerland
Tel.: (41) 22 348 1411
Fax: (41) 22 348 1456
E-Mail: geva@ftc.ch
Web Site: www.ftc.ch

Employees: 2
Year Founded: 1951

Agency Specializes In: Corporate Communications, Public Relations

Francois Huguenet *(Assoc Dir)*
Pierre-Alain Rattaz *(Assoc Dir)*

Gitam Porter Novelli
Gitam House 8 Raul Walenberg St, 69719 Tel Aviv, Israel
Tel.: (972) 3 576 5757
Fax: (972) 3 576 5747
Web Site: www.porternovelli.com

Employees: 16
Year Founded: 1979

Agency Specializes In: Public Relations

Orna Gourell *(Mng Dir)*
Nadav Cohen-Keidar *(Acct Dir)*
Shmuel Dovrat *(Acct Mgr)*

IKON Porter Novelli
7 Ethnikis Antistasseos Halandri, Athens, 152 32 Greece
Tel.: (30) 210 68 37670
Fax: (30) 210 68 31 821
Web Site: www.porternovelli.com

Employees: 15
Year Founded: 1994

Agency Specializes In: Public Relations

Elena Savva *(Pres)*
Elia Liataki *(Gen Mgr)*

Lynx Porter Novelli AS
Bryggegata 5, 0250 Oslo, Norway
Tel.: (47) 23 13 14 80
Fax: (47) 23 13 14 81
E-Mail: lynx@lynx.no
Web Site: www.lynx.no

Employees: 9
Year Founded: 1985

Agency Specializes In: Consumer Marketing, Corporate Identity, Health Care Services, High Technology, Public Relations

Turid Viker Brathen *(Mng Dir)*

Pagoda Porter Novelli
4 Eyre Place, Edinburgh, EH3 5EP United Kingdom
Tel.: (44) 131 556 0770
Fax: (44) 131 558 9463
E-Mail: info@pagodapr.com
Web Site: www.pagodapr.com

Employees: 10

Agency Specializes In: Communications, Government/Political, Media Relations, Strategic Planning/Research

Ian Coldwell *(Chm)*
Angela Casey *(Mng Dir)*
Holly Russell *(Sr Acct Dir)*
Lynne Ziarelli *(Sr Acct Dir)*
Callum Chomczuk *(Acct Dir)*
Barbara Fraser *(Dir-Editorial)*
Anne McMunn *(Assoc Dir)*
Alie Simpson *(Acct Mgr)*
Lorna Saunders *(Mgr-Consultancy)*

Accounts:
Alliance Boots
ASDA Group Limited Planning Communications; 2018
Bell Geospace Media Relations, Online, Public Relations, SEO, Social Media
The Crown Estate
Cupar North Consortium
New-Cuthbert White
New-Cycling Scotland
Draw
Dundas Castle Public Relations
Electoral Commission
Exova
First Scotrail
New-Gillespie Macandrew Public Relations; 2018
Health Technology Wales
McCarthy & Stone
Novo Nordisk
Roche Diagnostics
Scottish Land Commission Communications, Media; 2018
Transport Scotland
Unique Venues of Edinburgh Social Media
Waitrose
WSTA

Porter Novelli-London
31 St Petersburgh Pl, London, W2 4LA United Kingdom
Tel.: (44) 20 7853 2222
Fax: (44) 20 7853 2244
Web Site: www.porternovelli.com

Employees: 75
Year Founded: 1973

Agency Specializes In: Consumer Marketing, Corporate Identity, Health Care Services, High Technology, Public Relations

Fenella Grey *(Chm)*
Nick Propper *(COO & Chief Client Officer)*
Jayme McCormick *(Dir & Head-Health)*
Charlie de Mierre *(Creative Dir)*
George Hickling *(Acct Dir)*
Matthew Foster *(Dir-Global Comm)*
Gordon Carver *(Assoc Dir)*
Neil Hardman *(Acct Mgr)*
John Orme *(Sr Partner-EMEA)*

Accounts:
Almond Board of California
Association of Plastic Manufacturers (APME)
British Airways
British Fruit Juice Association Public Relations, SEO
BT
Cereal Partners
Concerto Software
EBay B2B & Corporate External Communications, Creative, Digital, Planning
The Economist Group Limited Alliance Building, Content Development, Media Relations, Public Relations; 2018
Eidos Interactive Ltd.
Gillette Group UK
Gillette Venus
GlaxoSmithKline
HGST
Johnson & Johnson Global CSR; 2017
Kepak Brand Reputation Management, Consumer Public Relations, New Product Launches, Rustlers, Social Media; 2017
Logitech
Mars, Incorporated Dolmio, Extra, UK Consumer Public Relations, Wrigley
NHS
Novartis Pharmaceuticals
Novell
Pampers
Sainsbury's Corporate Communications
Shell Chemicals UK
UCC Europe B2B
ViiV Healthcare Corporate Communication
William Grant & Sons

Porter Novelli-Paris
28 Rue Broca, 75005 Paris, France
Tel.: (33) 1 70 69 04 40
Fax: (33) 1 449 49 798
Web Site: www.porternovelli.com

Employees: 8
Year Founded: 1998

Agency Specializes In: Advertising, Business-To-Business, Consumer Marketing, Financial, Food Service, Government/Political, Health Care Services, High Technology, Investor Relations, Public Relations, Publicity/Promotions

Porter Novelli
Av 5 de Outubro 10 2 Esq, 1050-056 Lisbon, Portugal
Tel.: (351) 21 313 61 00
Fax: (351) 21 313 61 01
Web Site: www.porternovelli.com

Employees: 16
Year Founded: 1986

Agency Specializes In: Consumer Marketing, Corporate Identity, Health Care Services, High Technology, Public Relations

Mariana Victorino *(Mng Dir)*
Sofia Lages Fernandes *(Dir-Comm)*

Porter Novelli
San Vicente Martir 16, 46002 Valencia, Spain
Tel.: (34) 96 394 39 42
Fax: (34) 96 394 39 41
Web Site: www.porternovelli.com

E-Mail for Key Personnel:
President: juanmas@com-empresarial.com

Employees: 9
Year Founded: 1986

PUBLIC RELATIONS FIRMS — AGENCIES - JANUARY, 2019

Agency Specializes In: Consumer Marketing, Corporate Identity, Health Care Services, High Technology, Public Relations

Juan Ivars *(Mng Dir-Valencia Office)*
Maite Ruiz de Vinaspre *(Acct Dir)*

Porter Novelli
Paseo de Gracia 56 ,6, 08037 Barcelona, Spain
Tel.: (34) 93 457 1300
Fax: (34) 93 457 2609
Web Site: www.porternovelli.com

Employees: 5
Year Founded: 1986

Agency Specializes In: Consumer Marketing, Corporate Identity, Health Care Services, High Technology, Public Relations

Gerardo Gonzalez Amago *(Head-Practice & Acct Mgr)*
Marta Ubeda-Portugues *(Brand Mktg Mgr)*
Natividad Fradejas *(Mgr-Community & Sr Acct Exec)*

Report Porter Novelli
Piazza Grandi 24, 20135 Milan, Italy
Tel.: (39) 02 701 5161
Fax: (39) 02 701 5162 22
E-Mail: info@rpn.it
Web Site: http://www.porternovelli.com

Employees: 17
Year Founded: 1990

Agency Specializes In: Public Relations

Natale Arcuri *(Pres & CEO)*

R.I.M. Porter Novelli
36 bld 4 B Novodmitrovskaya st office centre Khrustalny, 127015 Moscow, Russia
Tel.: (7) 495 783 0826
Fax: (7) 495 783 5867
E-Mail: mail@rim-pn.ru
Web Site: www.rim-pn.ru

Employees: 34
Year Founded: 2002

Agency Specializes In: Communications, Corporate Identity, Government/Political, Public Relations

Igor Pisarsky *(Chm & Partner)*
Jacob Minevich *(CEO & Partner)*

Asia Pacific

Bangkok PR Porter Novelli
622 Emporium Tower Fl 22/4, Sukhumvit Rd, Bangkok, 10110 Thailand
Tel.: (66) 2 664 9500
Fax: (66) 2 664 9515
E-Mail: contact@bangkokpr.com
Web Site: www.bangkokpr.com

Employees: 14
Year Founded: 1995

Agency Specializes In: Public Relations

Hasan I. Basar *(Partner & Mng Dir)*

Bentley Porter Novelli-Shanghai
International Rm 2012 Cloud Nine International Plz, No1018 Changning Road, Shanghai, 200042 China

Tel.: (86) 1058 6969 48
Fax: (86) 21 6327 6001
Web Site: www.porternovelli.com

Employees: 400
Year Founded: 2000

Agency Specializes In: Advertising, Consumer Marketing, Government/Political, Health Care Services, High Technology, Public Relations

Porter Novelli Australia-Melbourne
Level 14 Como Centre 644 Chapel Street, South Yarra, VIC 3141 Australia
Tel.: (61) 3 9289 9555
Fax: (61) 3 9289 9556
E-Mail: pkent@porternovelli.com.au
Web Site: www.porternovelli.com.au

Employees: 20
Year Founded: 1995

Agency Specializes In: Consumer Marketing, Corporate Identity, Health Care Services, High Technology, Public Relations

Peter Kent *(CEO)*
Patrick Mcclelland *(Mng Partner & Head-Agribusiness)*
Arj Ganeshalingam *(Mng Dir)*
Nick Propper *(COO & Chief Client Officer)*
Alexandra Berriman *(Acct Exec)*

Accounts:
ADA Victoria
Australian Tax Office Public Relations; 2018
Baileys
CSR Smart Sweetener
Disney
Fermiscan
Gillette Australia
Integral Energy
Pharmalink
Visa
VisaEntertainment.com.au

Porter Novelli-Beijing
12A Prime Tower NO22 Chaowai Street, Chaoyang District, Beijing, 100020 China
Tel.: (86) 10 8565 8508
Fax: (86) 10 8565 8899
Web Site: www.porternovelli.com

Employees: 50
Year Founded: 1996

Agency Specializes In: Consumer Marketing, Government/Political, Health Care Services, High Technology

Accounts:
Reckitt Benckiser 'Normalization', CSR programs, Durex, Social Media Strategy

Porter Novelli New Zealand-Auckland
Zone 23 110/23 Edwin St Mt Eden, PO Box 108 188, Symonds St, Auckland, 1024 New Zealand
Tel.: (64) 9 632 0500
Fax: (64) 9 632 0501
E-Mail: info@porternovelli.co.nz
Web Site: porternovelli.kiwi

Employees: 15
Year Founded: 1992

Agency Specializes In: Public Relations, Publicity/Promotions

Sarah Williams *(Mng Dir)*
Jane Luscombe *(Exec Dir)*
Louise Wright-Bush *(Exec Dir)*

Accounts:
Amnesty International Campaign: "Connection Denied", Public Relations
Fonterra
Kapiti Ice Cream
Microsoft
Visa International
Vodafone

Porter Novelli Sydney
Clemenger Building Ground Floor, 118-120 Pacific Highway, Saint Leonards, NSW 2065 Australia
Tel.: (61) 2 8987 2100
Fax: (61) 2 8987 2142
E-Mail: tim.parker@porternovelli.com.au
Web Site: www.porternovelli.com.au

Employees: 30
Year Founded: 1996

Agency Specializes In: Public Relations

Accounts:
Frucor
Hutchison Mobiles
Starbucks
Visa

The PRactice Porter Novelli
812 7th Fl Oxford Towers, Airport Rd, Bengaluru, 560 17 India
Tel.: (91) 80 2520 3759
Fax: (91) 80 2520 3759, ext. 35
E-Mail: shane@the-practice.net
Web Site: www.the-practice.net

Employees: 70
Year Founded: 2000

Agency Specializes In: Communications, Event Planning & Marketing, Government/Political, High Technology, Planning & Consultation, Public Relations

Nandita Lakshmanan *(Founder & Chm)*
Abhijit Kaur *(Pres-Consumer)*
Sukhmani Bikram *(VP-Healthcare & Social Innovation)*
Geraldine DeBrass-Ee *(Head-Client Ops)*
Ritika Kar *(Head-Client Relationship)*
Sameer Khair *(Head-Vertical & Client Relationship)*
Rejoy Leen *(Head-Client Ops)*
Priyanka Pandey *(Head-Client Ops)*
Advait Soman *(Head-Client Relationship)*
Walini Dsouza *(Mgr-Accts)*
Toolika Lawrence-VanBuerle *(Sr Acct Exec)*
Sylvia Mason *(Planner-Creative)*

Accounts:
Hp India Campaign: "Hp Write&Read"
India Life Hewitt

PORTLAND PR LTD
437 Madison Ave 12th Fl, New York, NY 10022
Tel.: (212) 415-3036
E-Mail: info@portland-communications.com
Web Site: www.portland-communications.com

Year Founded: 2009

Agency Specializes In: Advertising, Brand Development & Integration, Communications, Content, Digital/Interactive, Media Relations, Media Training, Paid Searches, Public Relations, Social Media, Strategic Planning/Research

Alfred Jackson *(Partner)*
Charles McLean *(Partner)*

Accounts:

New-Convergys Corporation (Global Agency of Record)

THE POWELL GROUP
10000 N Central Expressway, Dallas, TX 75231
Tel.: (214) 522-6005
Fax: (214) 953-0792
E-Mail: bp@powellgroup.net
Web Site: www.powellgroup.net

Employees: 6

Agency Specializes In: Business-To-Business, Consumer Goods, Public Relations, Retail, Social Marketing/Nonprofit, Sponsorship

Becky Powell-Schwartz *(Founder & CEO)*
Kathleen Stevens *(Fin Mgr)*

POWER PR
20521 Earl St, Torrance, CA 90503
Tel.: (310) 787-1940
Fax: (310) 787-1970
E-Mail: johne@powerpr.com
Web Site: www.powerpr.com

Employees: 35
Year Founded: 1995

Agency Specializes In: Business-To-Business, Industrial, Public Relations

John W. Elliott *(Founder & Pres)*
Heather Metcalfe *(CFO & VP)*
Jeff Elliot *(Head-Ops)*

Accounts:
Cilantro Animation Studios
Lasering USA
Off Shore Molds, Inc.
Spiralock

POWERHOUSE PR
1231 E Dyer Rd Ste 238, Santa Ana, CA 92705
Tel.: (949) 261-2216
E-Mail: hello@powerhouse-pr.com
Web Site: http://powerhousecomm.com/

Employees: 10

Agency Specializes In: Brand Development & Integration, Commercial Photography, Content, Copywriting, Event Planning & Marketing, Local Marketing, Media Relations, New Product Development, Public Relations, Social Media

Kristin Daher *(Pres)*
Chelsea McKinney *(Sr Acct Exec)*
Samantha Wilson *(Sr Acct Exec)*
Katelyn McLeod *(Assoc Acct Exec)*

Accounts:
New-Boudin Bakery
New-Brio Coastal
New-Del Taco Restaurants, Inc
New-The Galardi Group Inc Wienerschnitzel
New-Hamburger Stand
Jimboy's Tacos, Inc Brand Awareness, Brand Refresh, Consumer & Franchise Awareness; 2017
New-Juice It Up
The Literacy Project Media Relations
Mountain Mike's Pizza , LLC Consumer & Franchise Awareness
New-Philly's Best
New-Pieology Pizzeria
Retail Food Group Consumer Awareness, Creative Communication, Gloria Jean's Coffees, Grind Coffee House,, Lead public Relations Programs; 2018
New-Social Costa Mesa

New-Tastee Freez
WOLO WanderSnacks (Public Relations Agency of Record) Creative Communications, Public Relations & Influencer Programs, Strategy; 2018

POWERS BRAND COMMUNICATIONS LLC
995 Old Eagle School Rd Ste 301, Wayne, PA 19087
Tel.: (610) 644-1022
E-Mail: hello@powersbc.com
Web Site: www.powersbc.com

Employees: 10
Year Founded: 2012

Agency Specializes In: Content, Corporate Communications, Crisis Communications, Public Relations, Social Media

Vince Powers *(Pres)*
Ann Powers Reilly *(Principal)*
Jennifer Carney *(Acct Mgr)*

Accounts:
Boyds LP; 2017
Corps Team; 2017
Global Safety First, LLC; 2017
Gute Financial Services
Multifamily & Healthcare Finance, LLC; 2017
One Global Design
Philanthropy Network Greater Philadelphia

PPR WORLDWIDE
303 2nd St S Tower 8th Flr, San Francisco, CA 94107
Tel.: (415) 268-1605
E-Mail: sfinfo@pprww.com
Web Site: www.pprww.com

Employees: 20
Year Founded: 1970

Agency Specializes In: Brand Development & Integration, Content, Event Planning & Marketing, Public Relations

Accounts:
New-NewCo

THE PR BOUTIQUE
1934 W Gray St Ste 301, Houston, TX 77019
Tel.: (713) 599-1271
Fax: (713) 599-1281
E-Mail: info@theprboutique.com
Web Site: www.theprboutique.com

Employees: 4
Year Founded: 2005

Agency Specializes In: Public Relations

Gretchen Brice *(Founder & Partner-Central Texas)*
Emily Hanley *(Sr Acct Exec)*
Kirby Cohen *(Acct Exec)*
Rachel Ebersole *(Acct Exec)*
Lesley Ford *(Acct Exec)*
Trevor Thompson *(Acct Exec)*

PR/DNA
14503 Aranza Dr, La Mirada, CA 90638
Tel.: (714) 521-4400
Fax: (714) 521-3400
E-Mail: info@prdna.com
Web Site: www.prdna.com

E-Mail for Key Personnel:
President: cpflanzer@prdna.com
Creative Dir.: vsummers@prdna.com
Public Relations: KMason@prdna.com

Employees: 6
Year Founded: 1984

Agency Specializes In: Advertising, Automotive, Business Publications, Business-To-Business, Collateral, Communications, Consulting, Direct Response Marketing, Graphic Design, High Technology, Internet/Web Design, Logo & Package Design, Magazines, Newspaper, Newspapers & Magazines, Public Relations, Publicity/Promotions, Strategic Planning/Research, Trade & Consumer Magazines, Transportation

Breakdown of Gross Billings by Media: Pub. Rels.: 80%; Trade & Consumer Mags.: 20%

Chris Pflanzer *(Pres)*

Accounts:
Advantage
CIE American, Inc.
Ensyc Technologies
Image Arts Foundation
Lavon
Leepers Spare Products
Lexus; 1997
Marriott Residence Inn
Max Moulding
Maxon
Metro
Natural Life
Select University Technologies Inc.
Traveland.com; Los Angeles, CA Travel Agency; 2001
WynStar
Your Life

PR ON CALL
5 Oak Crescent St, POughkeepsie, NY 12601
Tel.: (845) 635-9828
E-Mail: info@proncall.com
Web Site: www.proncall.com

Employees: 3

Agency Specializes In: Brand Development & Integration, Content, Event Planning & Marketing, Graphic Design, Internet/Web Design, Logo & Package Design, Media Relations, Public Relations, Social Media

Accounts:
New-Presage Biosciences

PR REVOLUTION LLC
355 Eisenhower Pkwy Ste 204, Livingston, NJ 07039
Tel.: (646) 807-4565
Web Site: www.prrevolution.com

Agency Specializes In: Content, Crisis Communications, Digital/Interactive, Event Planning & Marketing, Internet/Web Design, Media Relations, Public Relations, Search Engine Optimization, Social Media, Strategic Planning/Research

Elyse Bender-Segall *(CEO)*

Accounts:
Novus Acquisition & Development Corp

PRA PUBLIC RELATIONS
8316 N Lombard St Ste 443, Portland, OR 97203
Tel.: (503) 298-9749
Web Site: www.prapublicrelations.com

Employees: 10

Agency Specializes In: Brand Development &

PUBLIC RELATIONS FIRMS

Integration, Content, Crisis Communications, Media Relations, Public Relations, Search Engine Optimization

Accounts:
Western Union

PRAYTELL
1000 Dean St, Brooklyn, NY 11238
Tel.: (347) 844-9471
E-Mail: hello@praytellagency.com
Web Site: www.praytellagency.com/

Employees: 45
Year Founded: 2013

Agency Specializes In: Communications, Digital/Interactive, Public Relations, Social Media

Andy Pray *(Founder)*
Beth Cleveland *(Mng Partner)*
Claudio Taratuta *(Mng Partner)*
Jill Todd *(CFO)*
Scott Schneider *(Chief Creative Officer)*
Ryan Delafosse *(VP-Creative Strategy)*
Katelyn Driscoll *(VP-Acct Strategy)*
Kelly Gordon-Kaufman *(VP-Acct Strategy)*
Rhea Woods *(VP-Influencer Mktg)*
Nate Jaffee *(Head-Strategy)*
Sarah Chavey *(Sr Dir-Acct Strategy)*
Jon Chew *(Creative Dir)*
Maggie Lee *(Producer-Creative & Video)*
Stefan Embry *(Dir-Acct Strategy)*
Jeannie Crofts Evanchan *(Dir-Acct Strategy)*
Jade Mangahis *(Dir-Acct Strategy)*
Kaitlin Novell *(Dir-Acct Strategy)*
Katie Siff *(Dir-Creative Strategy)*
Justin Jahng *(Acct Supvr-Strategy)*
Shira Underberger *(Acct Supvr-Strategy)*
Sigvard Alarcon *(Supvr-Brand Strategy)*
Paige Halleland *(Sr Strategist-Acct)*
Grace Kang *(Assoc Creative Dir)*

Accounts:
New-Carvel Corporation (Public Relations Agency of Record) CSR, Influencer Campaigns, Measurement, Ongoing Media Relations, Strategic Planning; 2018
New-Cinnabon, Inc. (Public Relations Agency of Record) CSR, Influencer Campaigns, Measurement, Ongoing Media Relations, Strategic Planning; 2018
Elysian Brewing Co (Agency of Record); 2018
Fender Musical Instruments Consumer Events, Organic Partnerships, Public Relations, Strategic Influencer Program; 2018
Fifth Generation, Inc (Public Relations Agency of Record) Content Strategy, Event Outreach, Influencer Relations, Public Relations, Tito's Handmade Vodka
Gametime
Gold Eagle Co.
Google Waze
Guitar Center (Agency of Record) Content Development, Marketing, Public Relations
The High End
Kobalt
Logitech
The MAC AIDS Fund
New-McAlister's Deli (Public Relations Agency of Record) CSR, Influencer Campaigns, Measurement, Ongoing Media Relations, Strategic Planning; 2018
New-Moe's Southwest Grill, LLC (Public Relations Agency of Record) CSR, Influencer Campaigns, Measurement, Ongoing Media Relations, Strategic Planning; 2018
New-Schlotzsky's, Ltd. (Public Relations Agency of Record) CSR, Influencer Campaigns, Measurement, Ongoing Media Relations, Strategic Planning; 2018
SnagFilms
SoundCloud
Twitter
Virgin Atlantic
Zappos, Inc.

PRCG/HAGGERTY LLC
45 Broadway 31st Fl, New York, NY 10006
Tel.: (212) 683-8100
Fax: (212) 683-9363
E-Mail: mail@prcg.com
Web Site: www.prcg.com

E-Mail for Key Personnel:
President: jhaggerty@prcg.com

Employees: 13
Year Founded: 1982

Agency Specializes In: Consumer Marketing, Public Relations

Approx. Annual Billings: $3,000,000

Andrew Van Sant *(Sr Mgr-Digital)*

Accounts:
Abbott Laboratories
Barclays Bank
EVA Dimensions
Linear Technology
London School of Economics
Wilshire Blvd. Partners, LLC

PRECISE COMMUNICATIONS
55 Ivan Allen Jr Blvd NW, Atlanta, GA 30308
Tel.: (404) 331-2002
Fax: (678) 538-6501
E-Mail: info@precisecomm.net
Web Site: www.precisecomm.net

Employees: 10
Year Founded: 2002

Agency Specializes In: Brand Development & Integration, Media Relations, Media Training, Public Relations, Social Media

Alexis Davis Smith *(Pres & CEO)*
Janice Lusky Greenspan *(Exec VP-Hispanic Media Rels-US)*
Tracey Bowen *(Sr VP)*

Accounts:
The Coca-Cola Company
Opendoor Labs, Inc Marketing, Media Relations; 2017
Toyota Industries North America, Inc.

PREFERRED PUBLIC RELATIONS & MARKETING
2630 S Jones Blvd, Las Vegas, NV 89146
Tel.: (702) 254-5704
Fax: (702) 242-1205
Web Site: www.preferredpublicrelations.com

Employees: 20

National Agency Associations: IPREX-PRSA-Women In Communications

Agency Specializes In: Arts, Brand Development & Integration, Consulting, Content, Corporate Communications, Corporate Identity, Crisis Communications, Entertainment, Event Planning & Marketing, Exhibit/Trade Shows, Financial, Food Service, Guerilla Marketing, Market Research, Media Planning, Media Relations, Media Training, Medical Products, Public Relations, Real Estate, Retail, Travel & Tourism

James Woodrow *(COO)*
Danika McCauley *(Specialist-PR)*

Accounts:
American Civil Liberties Union of Nevada (Agency of Record) Public Relations
Batali & Bastianich Hospitality Group (Agency of Record) Public Relations
Darling Tennis Center (Agency of Record) Public Relations
Downtown Grand Hotel & Casino (Public Relations & Promotional Agency of Record)
Grape Street Cafe, Wine Bar & Cellar (Agency of Record) Public Relations
Jan Rouven
LAKA Manicure Express Media Relations, PR
Momenti Spirited Ice Creams (Agency of Record) Public Relations
Morton's The Steakhouse
Peter Max
RT Drapery and Furniture Business Development, Public Relations
Urban Turban
Vivid Vodka
Winder Farms

PREMIER AGENCY
1954 Airport Rd Ste 208, Atlanta, GA 30341
Tel.: (404) 792-3841
Web Site: www.premieragencyinc.com

Employees: 7
Year Founded: 2008

Agency Specializes In: Brand Development & Integration, Crisis Communications, Graphic Design, Internet/Web Design, Logo & Package Design, Media Relations, Media Training, Public Relations, Social Media

Mandy Nicholas *(Pres)*
Justin Epstein *(CEO)*
Natalie Macking *(Dir-Ops)*

Accounts:
ESPN Images
Fit Radio
The Gerber Group Inc
Popeye's Chicken & Biscuits
Porsche Cars North America, Inc.
Starbucks Corporation

PRESCOTT PUBLIC RELATIONS
629 Old Love Point Rd, Stevensville, MD 21666
Tel.: (443) 249-7868
Web Site: www.prescottpr.com

Employees: 5

Agency Specializes In: Advertising, Collateral, Content, Corporate Communications, Digital/Interactive, Logo & Package Design, Media Relations, Print, Public Relations, Social Media

Carolyn Prescott Cordrey *(Pres)*

Accounts:
Avergan Foundation

PRICHARD COMMUNICATIONS
620 SW 5th Ave Ste 702, Portland, OR 97204
Tel.: (503) 517-2773
Fax: (866) 288-7857
Web Site: www.prichardcommunications.com

Employees: 6

Agency Specializes In: Media Relations, Public Relations, Search Engine Optimization, Social Media, Strategic Planning/Research

Mac Prichard *(Pres)*
Jenna Cerruti *(Mng Dir & VP)*
Erin Stutesman *(Acct Mgr)*

AGENCIES - JANUARY, 2019

PUBLIC RELATIONS FIRMS

Anneka Winters *(Fin Mgr)*
Rachel Scher *(Specialist-Mktg)*

Accounts:
The Green House Project

PRIM COMMUNICATIONS
5729 S Depew Cir, Littleton, CO 80123
Tel.: (303) 902-3023
Web Site: www.primcommunications.com

Employees: 10

Agency Specializes In: Advertising, Brand Development & Integration, Content, Event Planning & Marketing, Internet/Web Design, Logo & Package Design, Media Training, Public Relations, Social Media, T.V.

Gretchen TeBockhorst *(Founder)*
Lauren DeFilippo *(Mgr-Creative)*
Kelly Stoker *(Acct Mgr)*

Accounts:
New-Bradford Heap Restaurant Group Wild Standard
New-CB IP, LLC
New-Clementines Salon
New-Floyds 99 Barbershop
New-Milk & Honey
New-Roadhouse Boulder Depot
New-Spuntino
New-Tastes Great Inc Colterra
New-Tstreet Roadhouse
New-Wazee Lounge & Supper Club

PRIORITY PUBLIC RELATIONS
2118 Wilshire Blvd Ste 835, Santa Monica, CA 90403
Tel.: (310) 954-1375
Fax: (661) 964-0344
E-Mail: info@prioritypr.net
Web Site: www.prioritypr.net

Employees: 8
Year Founded: 1990

Agency Specializes In: Broadcast, Cable T.V., Corporate Communications, Entertainment, Event Planning & Marketing, Exhibit/Trade Shows, Media Relations, Promotions, Public Relations, Publicity/Promotions, Social Media

Jeff Pryor *(Pres)*
Kristien Brada-Thompson *(Mng Dir & VP)*

Accounts:
2C Media
Alterna TV
Castalia Communications
Merimax, Inc
Rainbow Media
Rainmaker Entertainment; Vancouver, BC
Thunderbird

PRO COMMUNICATIONS
15 W Market St Ste 201, Louisville, KY 40202
Tel.: (502) 562-1969
Web Site: www.prprocom.com

Employees: 5

Agency Specializes In: Communications, Crisis Communications, Event Planning & Marketing, Graphic Design, Logo & Package Design, Public Relations, Social Media

Polly Moter *(Specialist-PR)*

Accounts:
Signarama Downtown

PRODUCTIVITY PR INC.
22801 Ventura Blvd Ste 207, Woodland Hills, CA 91364
Tel.: (818) 223-9046
Fax: (818) 223-9197
Toll Free: (800) 321-4928
Web Site: www.productivitypr.com

Employees: 5

Agency Specializes In: Content, Media Relations, Promotions, Public Relations, Social Media

Tracey Rosen *(Pres & CEO)*

Accounts:
Ecovacs Robotics

THE PROFESSIONAL IMAGE INCORPORATED
10 Hughes Ste A200, Irvine, CA 92618
Tel.: (949) 768-1522
Fax: (949) 768-1060
E-Mail: pr@theprofessionalimage.com
Web Site: www.theprofessionalimage.com

Employees: 5
Year Founded: 1988

Agency Specializes In: Collateral, Consulting, Corporate Identity, Internet/Web Design, Logo & Package Design, Magazines, Medical Products, Merchandising, Pharmaceutical

Giles Raine *(VP)*

PROOF STRATEGIES INC.
(Formerly Environics Communications Inc.)
1101 Connecticut Ave Nw Ste 450, Washington, DC 20036
Tel.: (202) 296-2002
Fax: (202) 331-1324
E-Mail: hello@getproofusa.com
Web Site: https://www.getproof.com/

Employees: 165
Year Founded: 1994

Agency Specializes In: Communications, Consumer Marketing, Digital/Interactive, Government/Political, Public Relations

Bruce MacLellan *(CEO)*
Mimi Carter *(Sr VP & Gen Mgr-US)*
Josh Cobden *(Sr VP-Corp & Fin Practice-Canada)*
Vanessa Cohen *(Sr VP-Tech Practice-Canada)*
Vanessa Eaton *(Sr VP-Canada)*
Greg MacEachern *(Sr VP-Govt Rels-Toronto)*
Patti Sweet *(VP-Digital Strategy)*

Accounts:
American Chemical Society Green Chemistry Institute Chemical Manufacturer, Formulator's Industry Segment, National PR, Pharmaceutical Awareness
America's Promise Alliance
EBay
Fusion Social, Traditional Marketing
Google Canada (Public Relations Agency of Record) English & French Media Relations, Public Affairs, Social Media; 2017
Natural Products Association Media Strategy, Messaging, PR
Northern Virginia Technology Council Public Relations
WE ACT for Environmental Justice PR

PROPHETA COMMUNICATIONS
70 E Tenth St Ste 6P, New York, NY 10003

Tel.: (212) 901-6914
Web Site: propheta.com/

Employees: 20

Kevin A. Mercuri *(Founder & Pres)*

Accounts:
Alto Group Holdings Gold Mining Operations
Constellation Asset Advisors, Inc.
Trell Aviation

PROSEK PARTNERS
1552 Post Rd, Stratford, CT 06824
Tel.: (203) 254-1300
Fax: (203) 254-1330
Web Site: www.prosek.com

Employees: 42

National Agency Associations: COPF

Agency Specializes In: Business-To-Business, Consumer Marketing, Corporate Communications, Education, Financial, Government/Political, Graphic Design, Health Care Services, Industrial, Investor Relations, Public Relations, Publishing

Thomas J Rozycki *(Mng Dir)*
Shelby Landesberg *(Fin Dir)*
Vu D. Chung *(Sr VP)*
Catherine Wooters *(Sr VP)*
Amanda Lake *(VP)*
Dave Zamba *(Creative Dir)*
Aaron Steinfeld *(Sr Art Dir)*

Accounts:
Braemar Energy Ventures
GE Corporate Financial Services
The Hartford
OppenheimerFunds (Public Relations Agency of Record) Public Relations
Swiss Re (North American Agency of Record)

Prosek Partners
(Formerly Muirfield Partners)
10877 Wilshire Blvd Ste 1200, Los Angeles, CA 90024
Tel.: (310) 785-0810
Web Site: www.prosek.com

Employees: 5

Agency Specializes In: Crisis Communications, Media Relations, Public Relations

Mickey Mandelbaum *(Partner)*
Kristin Cole *(Assoc VP)*
Bonnie Paresa *(Acct Exec)*
Rebecca Shpektor *(Asst Acct Exec)*

Accounts:
New-Calera Capital

Prosek Partners
105 Madison Ave Fl 7, New York, NY 10016
Tel.: (212) 279-3115
Fax: (212) 279-3117
Web Site: www.prosek.com

Employees: 30

National Agency Associations: COPF

Jennifer Prosek *(Mng Partner)*
Karen Niovitch Davis *(Partner)*
Caroline Gibson *(Partner)*
Caroline Harris *(Partner)*
Mark Kollar *(Partner)*
Russell Sherman *(Partner)*

Public Relations Firms

PUBLIC RELATIONS FIRMS — AGENCIES - JANUARY, 2019

Josette Robinson *(Mng Dir & Chm-Diversity & Inclusiveness)*
Hal Bienstock *(Mng Dir)*
Josh Passman *(Mng Dir)*
Brian Schaffer *(Mng Dir)*
Nadia Damouni *(Sr VP)*
Emily Tracy *(Sr VP)*
Aleka Bhutiani *(VP)*
Ciara Brinkmann *(Assoc VP)*
Danielle Elliott Collins *(Assoc VP)*
Mark J. LaVoie *(Assoc VP)*
Susan Etkind *(Dir-Content Creation)*
Amanda Silverstein *(Mgr-HR)*
Emilie Lehan *(Acct Supvr)*
Alex Shippee *(Sr Strategist-Digital Media)*
Luke Willoughby *(Specialist-Digital Media)*
Bernardo Torres *(Assoc Creative Dir)*

Accounts:
Auerbach Grayson & Company, LLC
D.A. Davidson
GE Financial Services
Hennion & Walsh (Public Relations Agency of Record) Brand Awareness, Content Development, Media Relations, SmartTrust, Social Media, Thought Leadership
Imagine Software Content Creation, Media Relations, Public Relations, Strategic Message Development
Royal Bank of Scotland
Synchrony Financial (Public Relations Agency of Record) Media Relations, Thought Leadership

PROSIO COMMUNICATIONS
1544 Eureka Rd Ste 210, Roseville, CA 95661
Tel.: (916) 251-1280
Fax: (916) 251-1290
E-Mail: info@prosiopr.com
Web Site: www.prosiopr.com

Employees: 15
Year Founded: 2013

Agency Specializes In: Advertising, Crisis Communications, Event Planning & Marketing, Media Relations, Public Relations, Social Media

Lori M. Prosio *(Pres & CEO)*
Christopher Townsend *(Mgr-Bus Ops)*
Alma Murphy *(Acct Supvr)*
Lindsay Pangburn *(Acct Supvr)*
Aaron Samson *(Acct Exec)*
Daniel Dedoshka *(Asst-Acct)*
Sarah Hines *(Asst-Acct)*
Linsey Momet *(Asst-Acct)*
Andrea Rodriguez *(Asst-Acct)*

Accounts:
7-Eleven
Bay Area Air Quality Management District Advertising, Community Outreach, Public Relations, Spare the Air Program; 2018
California Office of Traffic Safety Statewide Public Education
Danny Oliver Foundation
El Dorado County Water Agency
International Sportsmen's Expo
Patra Corporation
Roseville Area Chamber of Commerce
Sacramento Business Journal
Sacramento Metropolitan Air Quality Management District
Susan G. Komen Sacramento Valley
UC Davis Health System
Van Dermyden Maddux Law Corporation
Yuba Water Agency

PROSPER FOR PURPOSE
710 Jefferson Ave Ste 105B, Cleveland, OH 44113
Tel.: (216) 465-2043
Web Site: www.prosperforpurpose.com

Employees: 8
Year Founded: 2013

Agency Specializes In: Brand Development & Integration, Event Planning & Marketing, Media Relations, Public Relations, Social Media, Strategic Planning/Research

Lorraine Schuchart *(Founder & CEO)*
Jenny Kelley *(COO & VP)*
Kathryn Perkins *(Dir-PR)*

Accounts:
New-West Side Catholic Center

PROSPER STRATEGIES
1350 N Wells St Ste A311, Chicago, IL 60625
Tel.: (312) 834-3361
E-Mail: hello@prosperstrategies.com
Web Site: www.prosper-strategies.com/

Employees: 5
Year Founded: 2012

Agency Specializes In: Event Planning & Marketing, Media Relations, Public Relations, Social Media

Alyssa Conrardy *(Founder & Pres)*
Rachel Cali *(Sr Acct Exec)*
Katie Nuckolls *(Sr Acct Exec & Assoc-Bus Dev)*

Accounts:
Hannah's Bretzel
Positive H2O
Zazoo kids

PROVEN MEDIA
748 Easy St Ste 12, Carefree, AZ 85377
Tel.: (480) 221-7995
E-Mail: provenmediaservices@gmail.com
Web Site: www.provenmediaservices.com

Employees: 10
Year Founded: 2008

Agency Specializes In: Advertising, Communications, Content, Digital/Interactive, Event Planning & Marketing, Media Planning, Media Relations, Public Relations, Social Media, Sponsorship

Kim Prince *(CEO)*
Neko Catanzaro *(VP-Brand & Creative Strategy)*

Accounts:
Compassionate Certification Centers (Agency of Record); 2017
New-Marijuana Industry Trade Association of Arizona (Agency of Record)
Southeast Cannabis Conference & Expo (Agency of Record)
New-Southwest Cannabis Conference & Expo (Agency of Record)
World Medical Cannabis Conference & Expo (Agency of Record); 2017

PROVIDENCE STRATEGIC CONSULTING, INC.
2600 F St, Bakersfield, CA 93301
Tel.: (661) 327-1698
Fax: (661) 327-1697
Web Site: provconsult.com

Employees: 10
Year Founded: 2004

Agency Specializes In: Advertising, Brand Development & Integration, Commercial Photography, Communications, Digital/Interactive, Event Planning & Marketing, Government/Political, Graphic Design, Internet/Web Design, Media Relations, Production, Production (Print), Public Relations, Social Media, Strategic Planning/Research, Women's Market

Tracy Leach *(Pres & CEO)*
Nancy Anderson *(Office Mgr)*
JJ Gallagher *(Mgr-Bus Dev)*
Aaryck Enriquez *(Specialist-Digital Mktg)*
Rachel Glauser *(Specialist-Comm)*

Accounts:
New-Goodwill Industries International Inc.
New-Interim HealthCare of Bakersfield Bakersfield Senior Placement
New-Kern Citizens for Energy
New-Oildale Mutual Water Company
New-Valley Children's Healthcare

PROVOCATEUR MEDIA
2340 Pacific Ave, San Francisco, CA 94115
Tel.: (415) 513-5883
E-Mail: info@provocateur-media.com
Web Site: www.provocateur-media.com

Employees: 4
Year Founded: 2009

Agency Specializes In: Advertising, Brand Development & Integration, Event Planning & Marketing, Internet/Web Design, Media Training, Public Relations, Social Media

Accounts:
Blackbird Bar
Dadascope
Destination Saratoga
Dress For Success
East Bay Vintners Alliance
LUX SF
Range
Union Square

PRX DIGITAL SILICON VALLEY
991 W Hedding St Ste 201, San Jose, CA 95126
Tel.: (408) 287-1700
Fax: (408) 556-1487
E-Mail: results@prxdigital.com
Web Site: prxdigital.com/

E-Mail for Key Personnel:
President: Brenna_Bolger@prxdigital.com

Employees: 25
Year Founded: 1975

Agency Specializes In: Asian Market, Bilingual Market, Brand Development & Integration, Broadcast, Business-To-Business, Collateral, Communications, Consumer Marketing, Corporate Identity, Digital/Interactive, Direct Response Marketing, E-Commerce, Education, Electronic Media, Entertainment, Environmental, Event Planning & Marketing, Government/Political, Graphic Design, Health Care Services, High Technology, Hispanic Market, Industrial, Information Technology, Internet/Web Design, LGBTQ Market, Logo & Package Design, Medical Products, Newspaper, Newspapers & Magazines, Out-of-Home Media, Outdoor, Pharmaceutical, Production, Public Relations, Publicity/Promotions, Radio, Restaurant, Strategic Planning/Research, T.V., Trade & Consumer Magazines, Travel & Tourism

Approx. Annual Billings: $2,600,000

Breakdown of Gross Billings by Media: Other: $150,000; Production: $450,000; Pub. Rels.: $2,000,000

AGENCIES - JANUARY, 2019 — PUBLIC RELATIONS FIRMS

Brenna Bolger *(Founder & CEO)*
Bill Kugler *(Sr VP)*
Lanor Maune *(Dir-Content Mktg & Acct Mgr)*
Sonja Bree *(Acct Mgr)*

Accounts:
Apple Inc.
Blue Cross of California
California Parkinson's Foundation
Cupertino Inn
Cypress Semiconductor
Orchard Supply Hardware
Santa Clara Valley Health & Hospital System
Valley Health Plan
Valley Medical Center Foundation

PUBLICCITY PR
26700 Lahser Rd Ste 405, Southfield, MI 48033
Tel.: (248) 663-6166
Web Site: www.publiccitypr.net

Employees: 5
Year Founded: 2008

Agency Specializes In: Media Relations, Public Relations, Social Media, Strategic Planning/Research

Hope Brown *(Principal)*
Jason Brown *(Principal)*
Monica Cheick *(Acct Dir)*
Kristin Mullen *(Acct Mgr)*

Accounts:
Baron Chocolatier (Agency of Record) Community Relations, Media Relations
Barton Malow Company
Life Time Athletic
Medical Weight Loss Clinic

PUBLICHAUS
925 N La Brea Ave 4th Fl, Los Angeles, CA 90038
Tel.: (323) 521-4340
E-Mail: connect@publichausagency.com
Web Site: publichausagency.com

Employees: 10
Year Founded: 2017

Agency Specializes In: Content, Crisis Communications, Digital/Interactive, Email, Event Planning & Marketing, Media Relations, Media Training, Public Relations, Publicity/Promotions, Social Media

Ryan Croy *(Founder)*

Accounts:
New-Chevron Corporation Techron
New-Homemade Meals LLC

THE PUBLICITY AGENCY
3903 Northdale Blvd Ste 150 W, Tampa, FL 33624
Tel.: (813) 948-7767
E-Mail: info@thepublicityagency.com
Web Site: www.thepublicityagency.com

Employees: 5

Agency Specializes In: Crisis Communications, Public Relations, Social Media

Glenn Selig *(Founder)*

Accounts:
Beauty TV

PUBLICITY MATTERS
75 Whiteladies Road, Clifton, Bristol, BS8 2NT
United Kingdom
Tel.: (44) 117 3178206
Fax: (44) 1275 770702
E-Mail: info@publicitymatters.com
Web Site: www.publicitymatters.com

Employees: 8

Agency Specializes In: Public Relations

Rob Cave *(Dir)*

PUDER PUBLIC RELATIONS LLC
26 Broadway Ste 931, New York, NY 10004
Tel.: (212) 558-9400
Web Site: www.puderpr.com

Employees: 10

Agency Specializes In: Advertising, Digital/Interactive, Event Planning & Marketing, Media Relations, Media Training, Public Relations, Strategic Planning/Research

Arik Puder *(Founder & Pres)*
Joe Berkofsky *(CEO)*

Accounts:
World Jewish Congress

PUGNACIOUS PR
2520 San Jose Ave, San Francisco, CA 94112
Tel.: (415) 317-7100
Web Site: www.pugpr.com

Employees: 1
Year Founded: 2013

Agency Specializes In: Advertising, Brand Development & Integration, Crisis Communications, Event Planning & Marketing, Logo & Package Design, Media Relations, Media Training, Public Relations, Social Media, Strategic Planning/Research

Spencer Moore *(Principal)*
Kevin Plottner *(Dir-Creative)*

Accounts:
Leanlix

PURDUE MARION & ASSOCIATES
1333 N Buffalo Dr Unit 220, Las Vegas, NV 89128
Tel.: (702) 222-2362
Fax: (702) 222-2386
E-Mail: info@purduemarion.com
Web Site: www.purduemarion.com

Employees: 15
Year Founded: 2002

Agency Specializes In: Brand Development & Integration, Crisis Communications, Event Planning & Marketing, Media Relations, Media Training, Public Relations, Social Media, Strategic Planning/Research

Bill Marion *(Partner)*
Lynn Purdue *(Partner)*
Michele Voelkening *(VP)*
Nancy Katz *(Dir-PR)*
Donna Palladino *(Dir-Events)*
Gina Thompson *(Dir-Admin)*

Accounts:
Seasons Funeral Planning Services

PURE COMMUNICATIONS, INC.
1015 Ashes Dr Ste 204, Wilmington, NC 28405
Tel.: (910) 509-3970
Web Site: http://www.purecommunications.com/

Employees: 25

Agency Specializes In: Crisis Communications, Digital/Interactive, Graphic Design, Internet/Web Design, Investor Relations, Media Relations, Public Relations, Social Media

Anita Kawatra *(Mng Dir)*
Matthew Clawson *(Mng Dir-IR)*
Benjamin Navon *(Acct Dir-W2O Grp)*

Accounts:
Accelerator Corporation
Ivenix, Inc.
Nektar Therapeutics
Nurix
Pliant Therapeutics
Third Rock Ventures

PURPLE ORANGE LLC
1155 Gregory Lane, Jackson, WY 83001
Tel.: (307) 413-8667
Fax: (307) 733-0184
E-Mail: peeltheorange@purpleorangepr.com
Web Site: www.peeltheorange.com

Employees: 10
Year Founded: 2009

Agency Specializes In: Brand Development & Integration, Public Relations

Chris Dickey *(Owner & Principal)*

Accounts:
New-Kammok

PURPLE PR
120 Wooster Street, New York, NY 10012
Tel.: (212) 858-9888
E-Mail: enquiries@purplepr.com
Web Site: www.purplepr.com

Employees: 75

Agency Specializes In: Digital/Interactive, Event Planning & Marketing, Public Relations

Emilie Furda *(Sr VP-Lifestyle Grp)*
Carolyn Batista *(Dir-Fashion)*
Meline Agabaian *(Acct Mgr)*
Isobel Macondray *(Acct Mgr-Beauty)*
Erin Bukowski *(Acct Exec)*
Tori Oliva *(Jr Acct Mgr)*

Accounts:
Frank Ocean

PUSHKIN PUBLIC RELATIONS, LLC
1416 Larimer St Ste 200, Denver, CO 80202
Tel.: (303) 733-3441
Fax: (303) 733-4236
E-Mail: info@pushkinpr.com
Web Site: www.pushkinpr.com

Employees: 5
Year Founded: 1997

Agency Specializes In: Crisis Communications, Media Relations, Media Training, Public Relations, Social Media, Strategic Planning/Research

Jon Pushkin *(Owner)*

Accounts:
Colorado Division of Insurance
RK Mechanical, Inc.

QORVIS MSLGROUP

PUBLIC RELATIONS FIRMS — AGENCIES - JANUARY, 2019

1201 Connecticut Ave NW Ste 500, Washington, DC 20036
Tel.: (202) 496-1000
Fax: (202) 496-1300
E-Mail: info@qorvis.com
Web Site: www.qorvis.com

Employees: 100
Year Founded: 2000

Agency Specializes In: Advertising, Communications, Government/Political, Graphic Design, Investor Relations, Public Relations, Sponsorship, Strategic Planning/Research

Michael J. Petruzzello *(Founder & Pres)*
Esther Smith *(Partner)*
Sol Levine *(Mng Dir & VP-Tokyo)*
Keith A. Strubhar *(Exec VP & Head-Pub Affairs-US)*
Elissa Dodge *(Exec VP)*
Ron Faucheux *(Exec VP)*
Chuck Alston *(Sr VP & Dir-Pub Affairs)*
Shereen Soghier *(Sr VP)*
Cassie Elliot *(VP & Creative Dir-Adv)*
Maria Abad *(VP)*
Kara Hauck *(VP-Pub Affairs)*
Kristen Thomaselli *(VP-Pub Affairs)*
Julia Kettle Larson *(Dir-HR)*
Andrew Rugg *(Dir)*
Dan Bleier *(Sr Acct Supvr)*
Rachel Ryan *(Sr Acct Supvr-France)*
Monica Khattar *(Acct Supvr)*
Christian Theuer *(Acct Supvr)*
Kevin Chaffee *(Sr Acct Exec)*
Shannon Quinn *(Sr Acct Exec)*
Anthony Dykes *(Acct Exec)*
John Ganjei *(Acct Exec-Digital)*
Latoria Jones *(Analyst-Client Fin)*

Accounts:
AAMCO Campaign: "Trust"
Adobe
AMGA (Public Relations Agency of Record Integrated Marketing, Thought Leadership
Association of Community Affiliated Plans
Beam Global Spirits & Wine Business & Trade Communications
BGR Consumer Awareness, Media Outreach, Media Relations, Messaging, Research, The Burger Joint
eBay
Embassy of Libya Public Relations
First Horizon Bank
Google
Gov 2.0 Expo
Kingdom of Saudi Arabia
LSU Medical Center Hospitals (pro bono)
Marca Pais Campaign: "MexicoToday"
Mount Vernon Estate and Gardens Campaign: "Website"
National Safety Council Advertising, Creative, Media Relations, MyCarDoesWhat.org, Strategies
Pearson Assessments
Pratt & Whitney
Raytheon
Smithsonian Craft Show
Society for Human Resources Management
The Sugar Association
SunRocket; Vienna, VA
Unitranche Fund LLC
University of Iowa Public Policy Center Creative, MyCarDoesWhat.org, Strategies
The Washington Animal Rescue League Consumer Marketing, Public & Media Relations
YouthAIDS (pro bono)

QUADRANT TWO PUBLIC RELATIONS
7000 JFK Blvd E Ste 25 I, Guttenberg, NJ 07093
Tel.: (646) 234-7196
E-Mail: info@q2pr.com
Web Site: www.q2pr.com

Employees: 7
Year Founded: 1994

Approx. Annual Billings: $850,000

Jose Manuel de Jesus *(Owner & Pres)*

QUINN & CO.
48 W 38Th St, New York, NY 10018
Tel.: (212) 868-1900
Fax: (212) 465-0849
Web Site: www.quinn.pr

Employees: 40

National Agency Associations: COPF

Agency Specializes In: Brand Development & Integration, Crisis Communications, Food Service, Media Relations, Media Training, Product Placement, Public Relations, Publicity/Promotions, Real Estate, Sponsorship, Strategic Planning/Research

Florence Quinn *(Pres)*
John Frazier *(Chief Strategy Officer)*
Morgan Painvin *(Exec VP)*
Lara Berdine *(Sr VP)*
Vanessa Morin *(VP)*
Cassandra Small *(VP)*
Anna Tabakh *(VP)*
Daniella Turchin *(VP)*
Kara McKenna *(Assoc VP)*
Casey Galasso *(Acct Supvr)*
Ashley Lagzial *(Acct Supvr)*
Brooke Shaughnessy *(Acct Supvr)*

Accounts:
AKA Brand The Algonquin Hotel
Amway Grand Plaza
Atout France Communications, Press & Media Relations, Strategy
Finger Lakes, NY
Flagstone Property Group, LLC (Public Relations Agency of Record)
Fort Worth, TX
Lexington, Kentucky
New Orleans Marriott
Occidental Hotels & Resorts
South Beach, FL
Tourism Authority of Thailand Public Relations; 2017
The Westin New York at Times Square
Wildlife Conservation Society "96 Elephants", Public Relations
Wyndham Rewards

Branch

Quinn
811 W 7th St, Los Angeles, CA 90017
Tel.: (424) 273-8855
Web Site: www.quinn.pr

Employees: 10

Agency Specializes In: Brand Development & Integration, Content, Digital/Interactive, Public Relations, Social Media

Accounts:
New-Lucas Museum of Narrative Art
New-XOJET, Inc.

QUINN/BREIN COMMUNICATIONS
403 Madison Ave N Ste 101, Bainbridge Island, WA 98110
Tel.: (206) 842-8922
Fax: (206) 842-8909
E-Mail: ginger@quinnbrein.com
Web Site: www.quinnbrein.com

Employees: 4
Year Founded: 1979

Agency Specializes In: Consumer Marketing, Entertainment, Government/Political, High Technology, Public Relations, Publicity/Promotions, Travel & Tourism

Approx. Annual Billings: $1,000,000

Breakdown of Gross Billings by Media: Newsp.: $50,000; Pub. Rels.: $850,000; Radio: $100,000

Ginger Vaughan *(VP)*

Accounts:
Cardinal Logistics
The Grand Ole Opry
Old Farmer's Almanac; Dublin, NH; 1991

QUINN GILLESPIE & ASSOCIATES LLC
1110 Vermont Ave Nw # 11, Washington, DC 20005
Tel.: (202) 457-1110
Fax: (202) 457-1130
E-Mail: jmanley@qga.com
Web Site: qga.com/

Employees: 32
Year Founded: 2000

Agency Specializes In: Government/Political, Planning & Consultation, Public Relations

Jack Quinn *(Chm)*
Jim Manley *(Sr Dir)*

Accounts:
T-Mobile US

QUIXOTE RESEARCH, MARKETING & PUBLIC RELATIONS
3107 Brassfield Rd, Greensboro, NC 27410
Tel.: (336) 605-0363
Fax: (336) 665-8137
E-Mail: cmattina@quixotegroup.com
Web Site: www.quixotegroup.com

Employees: 12
Year Founded: 1999

Agency Specializes In: Fashion/Apparel, Food Service

Kim Doran *(Founder & CEO)*
Chuck Mattina *(Owner)*
Lisa Kornblum *(Office Mgr)*
Rachel Lalli *(Acct Exec)*
Jennifer Whisnant *(Acct Exec)*

Accounts:
Acce
CR Home
Detroit Diesel
Mederma
Pulaski
Unifi

R&J STRATEGIC COMMUNICATIONS
1140 Rte 22 E Ste 200, Bridgewater, NJ 08807
Tel.: (908) 722-5757
Fax: (908) 722-5776
Web Site: www.randjsc.com

Employees: 18
Year Founded: 1986

National Agency Associations: AMA-IABC-NJ Ad Club-PRSA

AGENCIES - JANUARY, 2019 — PUBLIC RELATIONS FIRMS

Agency Specializes In: Corporate Communications, Crisis Communications, Electronics, Health Care Services, Integrated Marketing, Investor Relations, Market Research, Media Planning, Media Relations, Medical Products, Public Relations, Publicity/Promotions, Social Marketing/Nonprofit, Viral/Buzz/Word of Mouth

Approx. Annual Billings: $2,650,000

Breakdown of Gross Billings by Media: Pub. Rels.: 100%

Scott Marioni *(Pres)*
John Lonsdorf *(CEO)*
Steve Guberman *(VP-Creative & Digital Svcs)*
Tiffany Miller *(VP)*
Tim Gerdes *(Dir-Digital Svcs)*
Tracey Benjamini *(Acct Supvr)*
Alexandra Bagasevich *(Sr Acct Exec)*
Dan Johnson *(Sr Acct Exec)*
Maria Bayas *(Strategist-Digital Acct)*
Nicholas Laplaca *(Acct Exec)*
Rebecca A. Smith *(Acct Exec)*
Cristina Trecate *(Acct Exec)*
Jessica Cummings *(Acct Coord)*
Briana King *(Acct Coord-Digital)*
Ashlee Weingarten *(Acct Coord)*

Accounts:
Aerocrine, Inc. NIOX MINO, Public Relations
New-Alfred Sanzari Enterprises (Public Relations & Digital Marketing Agency of Record) Brand Recognition & Awareness, Integrated Communications Strategy, Social; 2018
Amber Sky Home Mortgage Media Relations, PR, Social Media
American Properties Realty, Inc.; Iselin, NJ (Agency of Record)
Ammon Labs (Marketing Agency of Record) Ammon Foundation, Crisis Communications Strategy, Integrated Communications Strategy, Media Relations, Multi-Media Strategy, Public Relations, Thought Leadership, Traditional & Paid Media, Website & Social Media Management; 2018
Audio Bone (Agency of Record)
Berje; Bloomfield, NJ; 2008
BITS Limited; Northport, NY Media Relations, Public Relations, Publicity Campaign
Bogen Imaging
Care Plus NJ, Inc. (Public Relations & Digital Marketing Agency of Record) Media Relations, Multi-Media Strategy; 2018
Circle Squared Alternative Investments (Public Relations Agency of Record)
Coffee Bean Direct Brand Awareness, Brand Identity, PR
Cure Auto Insurance (Agency of Record)
Dancker, Sellew & Douglas Branding, Internal & External Communications, PR
Falcon Safety Products (Digital Marketing Agency of Record) Digital Marketing, Dust-Off, Social Media
GameChanger Products (Agency of Record) Audio Bone Headphones; 2008
HouseMaster; Bound Brook, NJ Home Inspection Services; 2007
Impact Unlimited
Integrity House
iPEC Media, Strategic PR
IPlay America & Encore Event Center; Freehold, NJ Media Relations, Public Relations
Jersey Artisan Distilling Brand Identity, Communication Strategy, PR
Manfrotto Distribution, Inc Public Relations Agency of Record
Mobelisk Brand Awareness, Brand Identity, PR
National Fire Sprinkler Association; 2006
New Jersey Community Mental Health Coalition Public Awareness
New Jersey Veterinary Medical Association Strategic
NJ Fire Sprinkler Advisory Board; North Brunswick, NJ; 2006
NJ PURE (Agency of Record)
Novadebt
Ocean County Sports Medicine Digital Media, Public Relations, Social Media, Website Design
Polaroid (Public Relations & Digital Marketing Agency of Record) Public Relations, Social Media
Profeta Farms (Agency of Record) Advertising, Search Engine Marketing, Social Media aAvertising, Traditional & Digital Media, Traditional Public Relations, Website; 2017
Promark International Inc.; Bartlett, IL Cool-Lux, Norman, Photogenic, Public Relations, Smith-Victor
Raritan Bay Medical Center (Agency of Record)
Samsung
Somerset Medical Center Digital Imaging Products, Far Hills Race Meeting, Sleep for Life; 2008
Somfy Systems, Inc.; Dayton, NJ Motors & Control Systems for Awnings, Blinds, Shutters, Public Relations
St. Francis Veterinary Center Public Relations
Torcon Construction Company; 1985
Trutek Corp.; Somerville, NJ (Agency of Record)
United Bank Card Payment & Transaction Processing; 2006
Vetstreet Inc (Public Relations Agency of Record) Brand Diagnostic, Media Relations
The Women's Center For Entrepreneurship Corporation Campaign: "We're Storming Back", Hurricane Sandy Disaster Relief Program, Media Relations, Public Relations, Social Media
Zebra Pen Corp Public Relations Agency of Record

R/P MARKETING PUBLIC RELATIONS
1500 Timberwolf Dr, Holland, OH 43528
Tel.: (419) 241-2221
Web Site: www.r-p.com

Employees: 30

Agency Specializes In: Brand Development & Integration, Crisis Communications, Digital/Interactive, Media Relations, Media Training, Print, Public Relations, Radio, Social Media, Strategic Planning/Research

Jenny Plumadore *(Partner & CFO)*
Andrea Durfey *(VP-Strategic Comm)*
Alex Hall *(Art Dir)*
Mary Feasel *(Dir-Support Svcs)*
Angie Coakley *(Supvr-Client Rels)*
Jessica Lashley *(Sr Art Dir)*
Jan Rogers *(Asst Office Mgr)*

Accounts:
Libbey, Inc.

RACEPOINT GLOBAL
53 State St 4th Fl, Boston, MA 02109
Tel.: (617) 624-3200
E-Mail: agencymarketing@racepointglobal.com
Web Site: racepointglobal.com

Employees: 125
Year Founded: 2003

Agency Specializes In: Health Care Services, High Technology, Public Relations, Publicity/Promotions

Larry Weber *(Chm & CEO)*
Karen Lew Bouchard *(Chief HR Officer & Exec VP-Admin Ops)*
Daniel Carter, Jr. *(Exec VP & Mng Dir-North America)*
Anne Mara Potts *(Exec VP-Client Svcs)*
Margo Monnier *(Sr VP-Mktg)*
Jennifer Signorini *(Sr VP)*
Stacey Forman *(VP-Integrated Production)*
Suzy Hill *(VP-Media Plng & Buying)*
Kelly Houston *(VP-Talent Mgmt)*
Ginger Ludwig *(VP-Mktg & Bus Dev)*
Tom Parnell *(VP-PR)*
Laura Smith *(VP-Mktg Acct Svcs)*
John Gonnella *(Exec Creative Dir)*
Elli Vandegrift *(Assoc Dir-Integrated Production)*
Samantha Doherty *(Sr Acct Exec)*
Anna Roesler *(Sr Acct Exec)*
Alexandra Bruce *(Sr Media Planner)*

Accounts:
1World Online Content Development, Media Relations, Social Media, Strategic Counsel & Management, Thought Leadership; 2017
Advance Medical Content Development, Media Relations, Social Media, Strategic Counsel & Management, Thought Leadership; 2017
AT&T
BioConnect Content Development, Media Relations, Social Media, Strategic Counsel & Management, Thought Leadership; 2017
blocher
BlogHer
Case Farms Content Development, Media Relations, Social Media, Strategic Counsel & Management, Thought Leadership; 2017
Cloud9 Analytics
Curaspan
Dassault Systemes
Digital Globe
eHarmony
Evariant
Fanista; 2008
Gamma Medica
GenoSpace
Harmony
Healing for People
HealthEdge
Helicos Biosciences
Huawei Brand Awareness, Digital, Honor, Huawei Device USA (Agency of Record), Public Relations
Intelligent Energy Corporate Affairs, Fuel Cell Technology, Trade & Consumer PR
International Business Machines Corporation
IST Energy
Jiff Inc.
NuGEN Inc.
Open Source Digital Voting Foundation
Panasonic System Communications Company of North America Mobility Business (Public Relations Agency of Record), Social Media, Toughbook, Toughpad
PC Helps
Plasma Surgical
PPG Glidden
RISC-V Content Development, Media Relations, Social Media, Strategic Counsel & Management, Thought Leadership; 2017
Sagentia
Samsung
ShareFile
SiCortex; 2008
Snapily
Sonus Networks
Southland Industries Content Development, Media Relations, Social Media, Strategic Counsel & Management, Thought Leadership; 2017
Spinal Modulation
Stanford Children's Health
Stratus Video
SumTotal Systems
Tangoe, Inc.
taptu
TechSmith
Thermo Fisher Scientific Global PR, Social Media
Thing5
TriNetX Content Development, Media Relations, Social Media, Strategic Counsel & Management, Thought Leadership; 2017
VolitionRx

Branches

PUBLIC RELATIONS FIRMS — AGENCIES - JANUARY, 2019

Racepoint Global
8th Floor The Broadway, 54-62 Lockhart Road, Wanchai, China (Hong Kong)
Tel.: (852) 3111 9988
Fax: (852) 3111 3312
E-Mail: agencymarketing@racepointglobal.com
Web Site: www.racepointglobal.com

Employees: 20

Agency Specializes In: Public Relations

Andrew Laxton *(Exec VP & Mng Dir-Asia & Europe)*
Sarah Xu *(Acct Mgr & Assoc Dir-SAE)*
Emma Rennell *(Acct Mgr)*
June Jin *(Sr Acct Exec)*
Liang Zhao *(Acct Coord)*

Accounts:
Applied Materials Content Creation, Integrated Communications Strategy, Media Relations, Social Media Management; 2018
China Mobile International Mobile Virtual Network Operator Solutions; 2018
MediaTek; 2018
Medix Global Brand Awareness, Integrated Communications Strategy; 2018
Warrior Sports Media, Strategy Development

Racepoint Global
1150 18th St NW, Washington, DC 20036
Tel.: (202) 517-1390
Web Site: racepointglobal.com

Employees: 10
Year Founded: 2003

Agency Specializes In: Content, Integrated Marketing, Public Relations

Lindsay Murphy *(VP)*

Accounts:
ARM

Racepoint Global
Metro Building 2nd Fl, 1 Butterwick, London, W6 8DL United Kingdom
Tel.: (44) 02088112474

Employees: 50
Year Founded: 2003

Agency Specializes In: Content, Integrated Marketing, Public Relations

Andrew Laxton *(Exec VP & Mng Dir-Europe & Asia)*
Jenna Keighley *(Sr VP)*
Deepika Bharadwa *(VP)*

Accounts:
Hudl
Mozilla
Redbricks Media, Trade Publications

Racepoint Global
717 Market St 6th Flr, San Francisco, CA 94103
Tel.: (415) 694-6700
Web Site: www.racepointglobal.com

Employees: 20
Year Founded: 2003

Agency Specializes In: Brand Development & Integration, Content, Crisis Communications, Digital/Interactive, Event Planning & Marketing, Graphic Design, Internet/Web Design, Print, Public Relations, Search Engine Optimization

Anne Potts *(Mng Dir-Global & Exec VP-Branding, Adv & Bus Transformation)*
Allison De Leo *(VP)*
Lisa Kennedy *(VP-Earned Media)*
Amanda Clardy *(Acct Supvr)*
Mackenzie Whitfield *(Acct Exec)*
Rj Bardsley *(Chief Strategist-Tech Practice-Global)*

Accounts:
New-Lattice Semiconductor
Rambus Inc

RACHEL KAY PUBLIC RELATIONS
320 S Cedros Ave Ste 500, Solana Beach, CA 92075
Tel.: (877) 975-3423
E-Mail: info@rkpr.net
Web Site: www.rachelkaypr.com

Employees: 10
Year Founded: 2007

Agency Specializes In: Advertising, Business-To-Business, Content, Digital/Interactive, Event Planning & Marketing, Media Relations, Print, Public Relations, Social Media

Rachel Kay *(Founder & Pres)*
Natalie Terashima *(Mng Partner)*
Malena Whetro *(Sr Acct Exec)*
Megan Busch *(Acct Exec)*

Accounts:
New-Alter Eco
Amazing Grass
New-Bare Foods Co
New-Coromega
Crazy Cuisine
Drazil Foods LLC
New-Drink Eat Well, LLC Hilary's
New-Enjoy Life Foods
New-Gaia Herbs, LLC
New-Good Health Natural Products
New-New Zealand Premium Beef Jerky
NextFoods GoodBelly
New-Our Little Rebellion
New-Starwood Hotels & Resorts Worldwide, Inc Royal Hawaiian

RADIX COLLECTIVE
527 W 7TH St, Los Angeles, CA 90014
Tel.: (310) 390-3017
E-Mail: hello@radixcollective.com
Web Site: www.radixcollective.com

Employees: 2
Year Founded: 2012

Agency Specializes In: Content, Digital/Interactive, Event Planning & Marketing, Media Relations, Media Training, Public Relations

Nicole Jordan *(Founder & CEO)*

Accounts:
New-Belkin International Inc.

RAFFETTO HERMAN STRATEGIC COMMUNICATIONS LLC
1111 3Rd Ave Ste 1810, Seattle, WA 98101
Tel.: (206) 264-2400
Web Site: www.rhstrategic.com

Employees: 50

Agency Specializes In: Brand Development & Integration, Digital/Interactive, Internet/Web Design, Public Relations, Search Engine Optimization, Social Media

David C. Herman *(Pres)*
John K. Raffetto *(CEO)*
Jason Poos *(VP)*
Kara Lundberg *(Head-Talent Dev & Acct Dir)*
Holly Zuluaga Noland *(Acct Dir)*
Holly Zuluaga *(Acct Dir)*
Brandon Blackwell *(Sr Strategist-Media)*
Sarah R. Horowitz *(Sr Strategist-Media)*

Accounts:
Edifecs
MorphoTrust USA

Branch

Raffetto Herman
1400 Eye St NW 230, Washington, DC 20005
Tel.: (202) 379-0545
E-Mail: info@rhstrategic.com
Web Site: www.rhstrategic.com

Employees: 25
Year Founded: 2007

Agency Specializes In: Brand Development & Integration, Digital/Interactive, Public Relations

Jennifer Boone Bemisderfer *(Mng Dir)*
Jason Poos *(VP)*
Jenny Wang *(Acct Supvr)*
Kevin Eike *(Sr Acct Exec)*
Sarah R. Horowitz *(Sr Strategist-Media)*

Accounts:
BoldIQ

RAINIER COMMUNICATIONS
287 Turnpike Rd Ste 200, Westborough, MA 01581
Tel.: (508) 475-0025
Fax: (508) 475-0201
Web Site: www.rainierco.com

Employees: 50
Year Founded: 1993

Agency Specializes In: Communications, Digital/Interactive, High Technology, Internet/Web Design, Media Relations, Media Training, New Product Development, Public Relations, Social Media, Strategic Planning/Research, Trade & Consumer Magazines

Steve Schuster *(Founder & CEO)*
Michelle Allard McMahon *(Acct Dir)*
Jenna Beaucage *(Acct Mgr)*
Colin Boroski *(Dir-Content)*
Mary Lynch Cadwallader *(Acct Dir)*
Marianne Dempsey *(Acct Dir)*
Alan Ryan *(Acct Dir)*
Joanne Stanway *(Acct Dir)*

Accounts:
New-Foresight Autonomous Holdings Ltd
New-Macom
New-Sckipio Technologies
New-Versasec AB
New-Vicor Corporation
New-vXchnge

RAKER GOLDSTEIN USA LLC
(Name Changed to RG Narrative)

RAM COMMUNICATIONS
105 Holly St, Cranford, NJ 07016
Tel.: (908) 272-3930
Fax: (908) 272-3931
Web Site: www.rampr.com

Employees: 5
Year Founded: 1993

Agency Specializes In: Media Relations, Public Relations

Accounts:
New-Polymer Logistics

RANDALL PR, LLC
4701 SW Admiral Way Ste 308, Seattle, WA 98116
Tel.: (206) 402-4328
Fax: (206) 467-0212
E-Mail: info@randallpr.com
Web Site: www.randallpr.com

Employees: 6
Year Founded: 2001

Agency Specializes In: Public Relations

Approx. Annual Billings: $750,000

Lori Randall *(Owner)*
Jordan Randall *(Exec VP-Randall Capital Grp)*
Colin Baugh *(Acct Exec)*

Accounts:
Barrio Restaurant; Seattle, WA; 2008
Cafe Flora; Seattle, WA; 2008
El Gaucho Steakhouse; Portland, OR; Seattle & Tacoma, WA; 2005
Esquin Wine Merchants; Seattle, WA; 2001
Inn at El Gaucho; Seattle, WA Restaurant
Purple Cafe & Wine Bar; Kirkland, WA; Woodinville, WA Restaurant

RANDLE COMMUNICATIONS
500 Capitol Mall, Sacramento, CA 95814
Tel.: (916) 448-5802
Fax: (916) 448-5872
E-Mail: info@randlecommunications.com
Web Site: www.randlecommunications.com

Employees: 20
Year Founded: 2001

Agency Specializes In: Communications, Crisis Communications, Media Relations, Public Relations, Social Media, Strategic Planning/Research

Jeff Randle *(Pres & CEO)*
Mitch Zak *(Partner)*
Margeaux Cardona *(Mng Dir)*
Kevin Riggs *(Sr VP)*
Julie Phillips *(VP-Pub Affairs)*
Erin Dunlay *(Dir)*
Ana Helman *(Dir-Strategic Alliances & Partnerships)*
Kellie Randle *(Dir-Special Projects)*
Mike Gazda *(Acct Mgr)*
Lindsey Goodwin *(Acct Mgr)*
Andrea Hansen *(Acct Exec)*
Scot Murdoch *(Acct Exec)*
Jenna Sharp *(Acct Coord)*

Accounts:
Golden State Water Company

RAPP STRATEGIES
(Formerly Himle Rapp & Company Inc)
333 S 7Th St Ste 2120, MinneaPOlis, MN 55402
Tel.: (612) 843-4500
Fax: (612) 843-4555
E-Mail: info@himlerapp.com
Web Site: https://www.rappstrategies.com/

Employees: 20
Year Founded: 1982

Agency Specializes In: Communications, Crisis Communications, Digital/Interactive, Email, Event Planning & Marketing, Media Relations, Media Training, Print, Public Relations, Social Media

Todd Rapp *(Pres & CEO)*

Accounts:
New-Capella University, Inc.
New-Minnesota Department of Transportation

RASKY BAERLEIN STRATEGIC COMMUNICATIONS
(Name Changed to Rasky Partners, Inc.)

RASKY PARTNERS, INC.
(Formerly Rasky Baerlein Strategic Communications)
70 Franklin St 3rd Fl, Boston, MA 02110
Tel.: (617) 443-9933
Fax: (617) 443-9944
Web Site: www.rasky.com

Employees: 30
Year Founded: 1989

National Agency Associations: COPF

Agency Specializes In: Sponsorship

Larry Rasky *(Chm & CEO)*
Jeffrey Terrey *(Partner & Sr VP-Govt Rels Practice)*
Justine Griffin *(Mng Dir)*
Brian Tomlinson *(CFO & Sr VP)*
Ron Walker *(COO)*
Michael Morris *(Gen Counsel & Sr VP-Pub Affairs Practice)*
Doug Bailey *(Sr VP)*
Bethany Bassett *(Sr VP)*
George F. Cronin *(Sr VP)*
Kristen Cullen *(Sr VP-Pub Affairs)*
Graham Shalgian *(Sr VP)*
Jessica Beeson Tocco *(Sr VP)*
Eric Weber *(Sr VP)*
Jessica DiMartino *(VP-Mktg)*
Kristyn Anderson *(Assoc VP)*
Andy Hoglund *(Assoc VP)*
Dianna Walsh *(Assoc VP)*
Caroline Baker *(Mgr-HR)*
Meghan Post *(Sr Acct Exec)*
Andrew Weld *(Acct Coord)*
Zach Burrus *(Sr Assoc-Mktg)*

Accounts:
The American Cancer Society, New England Division
Boston Bruins; 2005
Boston Center for Adult Education Public Relations
Boston Power
Caritas Christi Health Care Public Relations; 2008
EnergyConnect; 2008
Government of Georgia Trade Relations
Lasell College Public Relations
LoJack Corp.; 2006
MASCOMA
Massachusetts Institute of Technology
MasterCard International
MIT
Museum of Science; 2005
Northeastern
The Screening for Mental Health, Inc.
Valence Technology, Inc (Agency of Record)

Branch

Rasky Partners Inc
555 11th St NW Ste 401, Washington, DC 20004
Tel.: (202) 530-7700
E-Mail: raskypartners@rasky.com
Web Site: www.rasky.com

Employees: 100

Agency Specializes In: Communications, Corporate Communications, Crisis Communications, Digital/Interactive, Government/Political, Internet/Web Design, Media Relations, Media Training, Public Relations, Social Media

Bethany Bassett *(Sr VP)*
Jessica Tocco *(Sr VP-Govt Rels)*
Alexandra Wich *(VP)*

Accounts:
New-Veolia Energy North America LLC

RATIONAL 360, INC.
1828 L St NW Ste 640, Washington, DC 20036
Tel.: (202) 470-5337
E-Mail: info@rational360.com
Web Site: www.rational360.com

Employees: 25

Agency Specializes In: Advertising, Crisis Communications, Media Buying Services, Public Relations, Strategic Planning/Research

Patrick Dorton *(Mng Partner)*
Peter Barden *(Partner)*
Don Marshall *(Partner)*
Brian Bartlett *(Sr VP)*
Beth Dozier *(VP)*

Accounts:
Peter G. Peterson Foundation

RAVE COMMUNICATIONS INC
611 Wilson Ave Ste 4A, Pocatello, ID 83201
Tel.: (208) 235-4270
Fax: (208) 235-4286
E-Mail: rave@ravecommunications.com
Web Site: www.ravecommunications.com

Agency Specializes In: Advertising, Digital/Interactive, Industrial, Public Relations

Greg Gunter *(Owner)*
John Wilford *(Mng Dir-UK)*

Accounts:
J.R. Simplot Co Food Processing Services

RAZ PUBLIC RELATIONS
3101 Ocean Pk Blvd Ste 303, Santa Monica, CA 90405
Tel.: (310) 450-1482
Fax: (310) 450-5896
E-Mail: info@razpr.com
Web Site: www.razpr.com

Employees: 7

Agency Specializes In: Event Planning & Marketing, Media Relations, Media Training, Public Relations, Social Media

Frances Ratliff *(Acct Dir)*
Katie Adams *(Acct Supvr)*
Shannon Deoul *(Sr Acct Exec)*
Stephanie Solares *(Acct Exec)*

Accounts:
Autodesk Media
Biscuit Filmworks
Shotgun Software
Wongdoddy

RBB COMMUNICATIONS
(Formerly rbb Public Relations)

PUBLIC RELATIONS FIRMS

355 Alhambra Cir Ste 800, Miami, FL 33134
Tel.: (305) 448-7450
Fax: (305) 448-5027
E-Mail: christine.barney@rbbcommunications.com
Web Site: rbbcommunications.com

Employees: 22
Year Founded: 1975

National Agency Associations: COPF

Agency Specializes In: Digital/Interactive, Exhibit/Trade Shows, Public Relations, Publicity/Promotions, Sponsorship, Travel & Tourism

Lisa K. Ross *(Pres & Partner)*
Christine M. Barney *(CEO & Mng Partner)*
Abdul Muhammad, II *(Partner & Chief Digital Officer)*
Tina R. Elmowitz *(Partner & Exec VP)*
Sandra Fine Ericson *(Partner, Sr VP & Dir-Results Measurement)*
Jeanine Karp *(Partner & VP)*
Josh Merkin *(Partner & VP)*
Maite Velez-Couto *(Partner & VP)*
Sandra Fine *(Sr VP & Dir-Results Measurement)*
Lauren Bernat *(VP-Acct Svcs)*
Julie Jimenez *(Sr Acct Dir)*
Rafael Sangiovanni *(Sr Producer-Digital & Social Media)*
Luisa Yen *(Acct Mgr)*
Alli Lee *(Project Mgr-Digital)*
Diane Galvez *(Mgr-Acctg)*
Ana Marquez *(Sr Acct Exec)*
Elizabeth Prats *(Sr Acct Exec)*
Stephanie Schwartz *(Sr Acct Exec)*
Hannah Bursack *(Acct Exec)*
Alyssa Nieves *(Acct Exec)*
Danielle Salerno *(Acct Exec-Adv)*
Alyssa Valleau *(Acct Exec)*

Accounts:
Activ Doctors Online Media Outreach, Strategic Public Relations Campaign
AMResorts Campaign: "Choose Your Own Escape", Dreams Resorts & Spas, Secrets Resorts & Spas, Sunscape Resorts & Spas; 2008
Apple Leisure Group Media Relations, Public Relations
Arnstein & Lehr Public Relations
Ascendo Resources (Agency of Record)
Baltus Collection (Agency of Record) Brand Management, Media Outreach, Strategic Public Relations
Brown & Brown, Inc Brown & Brown Insurance (Agency of Record); 2018
Canyon Ranch Hotel & Spa; Miami Beach, FL (Agency of Record) Boutique Hotel
DubLi.com Marketing, Promotions, Strategic Public Relations
Florida Marlins
Florida Power & Light
Global Keratin
GolTV Consumer & Trade Awareness, PR
Hampton by Hilton
Home2 Suites
Homewood Suites Public Relations
Mars, Incorporated M&M's
PriceTravel Marketing, Media Outreach, Promotions Campaign, Strategic Public Relations
The Richman Group Media Relations, Richman Signature Properties (Agency of Record), Strategic Integrated Marketing
Sawgrass Mills (Agency of Record)
Starbucks Corporation
Tavistock Restaurant Group (Agency of Record) Community Affairs, Strategic Public Relations; 2018
Verizon Wireless
VITAS Healthcare Corp. (Agency of Record) Media Relations, Public Relations

Branches

OutOfTheBlue Advertising
355 Alhambra Cir Ste 800, Coral Gables, FL 33134
(See Separate Listing)

SpiderBoost Communications
(Formerly SpiderBoost Interactive)
155 S Miami Ave Penthouse 2B, Miami, FL 33130
(See Separate Listing)

R.C. AULETTA & CO.
59 E 54th St, New York, NY 10022-4271
Tel.: (212) 355-0400
Fax: (212) 355-0835
Web Site: www.auletta.com

Employees: 5
Year Founded: 1965

Agency Specializes In: Brand Development & Integration, Broadcast, Business-To-Business, Communications, Consulting, Consumer Marketing, Consumer Publications, Direct Response Marketing, Event Planning & Marketing, Exhibit/Trade Shows, Fashion/Apparel, Financial, Food Service, Health Care Services, High Technology, Legal Services, Leisure, Medical Products, Planning & Consultation, Public Relations, Publicity/Promotions, Real Estate, Recruitment, Restaurant, Retail, Sports Market, Strategic Planning/Research, Travel & Tourism

Richard C. Auletta *(Pres)*
Brian Downey *(VP)*
Jason Solomon *(VP)*

Accounts:
The American Academy of Matrimonial Lawyers
New York Mets
Sterling Stamos

RCW MEDIA GROUP
11500 Tennessee Ave Ste 101, Los Angeles, CA 90064
Tel.: (323) 979-8417
E-Mail: info@rcwmediagroup.com
Web Site: www.rcwmediagroup.com

Employees: 5

Agency Specializes In: Brand Development & Integration, Event Planning & Marketing, Public Relations, Strategic Planning/Research

Accounts:
Illume Spa

READE COMMUNICATIONS GROUP
850 Waterman Ave, Providence, RI 02915-0039
Mailing Address:
PO Box 15030, Providence, RI 02915
Tel.: (401) 433-7000
Fax: (401) 433-7001
Web Site: www.reade.com

E-Mail for Key Personnel:
President: creade@reade.com

Employees: 35
Year Founded: 1973

Agency Specializes In: Aviation & Aerospace, Business-To-Business, Engineering, High Technology, Industrial, Internet/Web Design, Pharmaceutical, Transportation

Approx. Annual Billings: $1,375,000

Breakdown of Gross Billings by Media: Adv. Specialities: $50,000; Bus. Publs.: $500,000; E-Commerce: $150,000; Foreign: $100,000; Internet Adv.: $500,000; Worldwide Web Sites: $75,000

Karen Ramos *(Sls Mgr-Reade Advanced Matls-Eastern Reg)*
Charles Reade, Jr. *(Mgr)*
Elisabeth Reade Law *(Coord-Sls & Mktg)*

Accounts:
Boron, S.B., Ltd.; Chicago, IL Metals
Boy Scouts of America; Irving, TX
F.& A.M.-RI; East Providence, RI Fraternity
Harvard Business School Association-SENE; Providence, RI Alumni Group; 1998
Herreshoff Marine Museum; Bristol, RI America's Cup Hall of Fame
Nano Materials, Inc.; Burrington, RI Nano-Sized Inorganic Materials; 1996
Narragansett Boat Club; Providence, RI Community Service
Providence Preservation Society; Providence, RI Historical Preservations
Reade International Corp.; Riverside, RI Advanced Materials
Reynolds Metals Co.; Richmond, VA
Technical Specialties, Inc.; Bristol, RI Electronics; 1995
ULTRAM International; Denver, CO Nanocrystal Materials
Washington Mills Electro Minerals Corp.; North Grafton, MA High Tech Minerals

Branch

Reade West
1680 O'Malley Dr, Sparks, NV 89501
Mailing Address:
PO Box 12820, Reno, NV 89434
Tel.: (775) 352-1000
Fax: (775) 352-1001
E-Mail: rcg@reade.com
Web Site: www.reade.com

Employees: 4
Year Founded: 1984

Agency Specializes In: Advertising, Automotive, Business-To-Business, Digital/Interactive, E-Commerce, High Technology, Identity Marketing, International, Internet/Web Design, Pharmaceutical, Technical Advertising

Bethany Satterfield *(VP & Reg Mgr-Reade Advanced Matls)*
Charles Reade *(Mgr)*
Elisabeth Reade Law *(Coord-Sls & Mktg)*

RED BANYAN GROUP
1701 W Hillsboro Blvd Ste 205, Deerfield Bch, FL 33442
Tel.: (954) 379-2115
E-Mail: info@redbanyan.com
Web Site: www.redbanyan.com

Employees: 10

Agency Specializes In: Brand Development & Integration, Crisis Communications, Media Relations, Public Relations, Search Engine Optimization, Strategic Planning/Research

Evan Nierman *(Founder & Principal)*
Robbin Lubbehusen *(VP-Ops)*
Michele Anapol *(Dir-Content)*
Pamela Armstrong *(Dir-Accts)*
Kelcey Kintner *(Dir-Media Strategy)*
Melissa Ayluardo *(Sr Mgr-Social Media)*
Elian Dombey *(Acct Exec)*

AGENCIES - JANUARY, 2019 — PUBLIC RELATIONS FIRMS

Jodie Singer *(Acct Exec)*

Accounts:
Lennar Corporation Lennar Palm Atlantic; 2018
The Lerman Law Firm

RED ENERGY PUBLIC RELATIONS
100 E Saint Vrain St Ste 205, Colorado Springs, CO 80903
Tel.: (719) 465-3565
E-Mail: contactus@redenergypr.com
Web Site: www.redenergypr.com

Employees: 15
Year Founded: 2008

Agency Specializes In: Advertising, Brand Development & Integration, Crisis Communications, Event Planning & Marketing, Exhibit/Trade Shows, Graphic Design, Media Training, Public Relations, Social Media, Strategic Planning/Research

Amy Sufak *(Pres)*
Cortney Quintero *(Dir-PR)*
Vella Murch *(Acct Mgr-Svc)*
Ellie Rodriguez *(Sr Acct Exec)*

Accounts:
Peak Professional Contractors

RED FAN COMMUNICATIONS
200 E 32nd St, Austin, TX 78705
Tel.: (512) 551-9253
E-Mail: info@redfancommunications.com
Web Site: www.redfancommunications.com

Employees: 50
Year Founded: 2008

Agency Specializes In: Brand Development & Integration, Content, Crisis Communications, Media Training, Public Relations, Social Media

Kathleen Lucente *(Founder & Pres)*
Mimi A. Fernandez *(Dir-Client Success)*
Stephanie Trusler *(Dir-Fin & Ops)*
Emma Chase *(Sr Acct Exec)*
Lindsay Mason *(Sr Acct Exec)*
Rebecca Bowman *(Acct Exec)*

Accounts:
Austin Gives
Ben Milam Whiskey
BlackEyed Distilling Co Media Alerts, Media Relations, Messaging, Press Releases, Project Briefs, Social Media, Storyline Strategy; 2018
CBANC Network
New-OutboundEngine; 2018
New-Repair Pricer; 2018
Suerte

RED HOUSE COMMUNICATIONS
1908 Sarah St, Pittsburgh, PA 15203
Tel.: (412) 481-7275
E-Mail: gblint@redhousecom.com
Web Site: www.redhousecomm.com

Employees: 50

Agency Specializes In: Communications, Public Relations

Gloria Blint *(Pres & CEO)*
Terry McLane *(CFO & Gen Mgr)*
Pete Baird *(VP & Dir-Media)*
Karen Lightell *(Dir-PR)*

Accounts:
M2M Project

RED JAVELIN COMMUNICATIONS INC
30 Pelham Island Rd, Sudbury, MA 01776
Tel.: (978) 440-8392
Fax: (978) 440-7032
E-Mail: info@redjavelin.com
Web Site: www.redjavelin.com

Employees: 20

Agency Specializes In: Brand Development & Integration, Content, Corporate Identity, Crisis Communications, Media Relations, Public Relations, Social Media

Lisa Allocca *(Co-Founder & Pres)*
Dana Harris *(Co-Founder)*
Emma Gardner *(Writer-Based, Media Rels & Content Mktg-UK)*

Accounts:
American Science and Engineering, Inc.
M-Files

RED LIGHT PR
1627 N Gower St Ste 1, Los Angeles, CA 90028
Tel.: (323) 463-3160
E-Mail: info@redlightpr.com
Web Site: www.redlightpr.com

Employees: 25
Year Founded: 2002

Agency Specializes In: Advertising, Digital/Interactive, Event Planning & Marketing, Public Relations, Social Media

Jen Phillips *(Owner)*
Matt Ambrose *(Dir-Showroom)*

Accounts:
Lady Lux

RED PR
The Soho Bldg, New York, NY 10012
Tel.: (212) 431-8873
Fax: (212) 431-8906
E-Mail: red@red-pr.com
Web Site: www.red-pr.com

Employees: 10
Year Founded: 2000

Agency Specializes In: Brand Development & Integration, Communications, Crisis Communications, Event Planning & Marketing, Graphic Design, Internet/Web Design, Media Relations, Media Training, Public Relations, Social Media

Julia Labaton *(Owner & Pres)*
Charity Guzofski *(VP)*
Delilah Owens *(Acct Mgr)*

Accounts:
ABBA Pure Performance Haircare
Andrea DeSimone
Color Design
Cricket Hair Tools
DIY Good Dye Young, Social Media
Gelish Gel-Polish
GROH
Louvelle Consumer Public Relations, US Media Relations
Love Sun Body (Agency of Record); 2018
MB45 Communications, Marketing
MOP Haircare
Morgan Taylor Professional Nail Lacquer Brand Visibility
Nail Harmony Inc. Brand Awareness, Gelish Soak-Off Gel Polish
Ouidad
Phuse
Preciosa Products
Ramy Beauty Therapy
Zotos Professional AGEbeautiful National PR Campaign, Product Awareness

RED SHOES PR
400 N Richmond St, Appleton, WI 54911
Tel.: (920) 574-3253
Web Site: www.redshoespr.com

Employees: 50
Year Founded: 2008

Agency Specializes In: Content, Crisis Communications, Media Relations, Public Relations, Social Media

Lisa Cruz *(Owner & Pres)*
Maria Nelson *(Dir)*
Dian Johnson *(Office Mgr)*
Meagan Hardwick *(Acct Supvr)*
Danielle Scidmore *(Assoc-Acct)*

Accounts:
Catalpa Health

RED SKY PUBLIC RELATIONS
1109 W Main St, Boise, ID 83702
Tel.: (208) 287-2199
Fax: (208) 287-2198
Web Site: www.redskypr.com

Employees: 15
Year Founded: 2008

Agency Specializes In: Advertising, Communications, Corporate Communications, Media Relations, Public Relations, Social Media, Strategic Planning/Research

Chad Biggs *(Partner & VP-Corp Comm & Content)*
Lynda Bruns *(Partner & VP-Client Svc)*
Tracy Bresina *(CFO)*
Amber Broeckel *(Acct Exec)*
Julie Chigbrow *(Acct Exec)*
Gloria Miller *(Acct Exec)*

Accounts:
Idaho STAR Motorcycle Safety Program Vehicle Training Center
Project Athena Foundation Organisation
Sunvalleyharvestfestival Hotels & Restaurants Services
Western States Equipment Agricultural & Industrial Equipment Dealers

REDCHIP COMPANIES, INC.
1017 Maitland Ctr Commons Blvd, Maitland, FL 32751
Fax: (407) 644-0758
Toll Free: (800) 733-2447
E-Mail: chrystina@redchip.com
Web Site: www.redchip.com

Employees: 25

Agency Specializes In: Advertising, Affiliate Marketing, Alternative Advertising, Brand Development & Integration, Business Publications, Business-To-Business, Catalogs, Communications, Consulting, Consumer Publications, Content, Customer Relationship Management, Email, Event Planning & Marketing, Exhibit/Trade Shows, Financial, Graphic Design, Internet/Web Design, Investor Relations, Market Research, Media Buying Services, Media Relations, Multimedia, Newspapers & Magazines, Podcasting, Public Relations, Radio, Sponsorship, Strategic Planning/Research, T.V., Telemarketing

Public Relations Firms

PUBLIC RELATIONS FIRMS
AGENCIES - JANUARY, 2019

Revenue: $10,000,000

Dave Gentry *(Pres & CEO)*
Jon Cunningham *(VP)*
Devin Tipton *(Media Dir)*
Paul Kuntz *(Dir-Comm)*

Accounts:
ONE Bio, Corp.; Miami, FL Public & Investor Relations

REDPOINT MARKETING PUBLIC RELATIONS INC.
75 Broad St, New York, NY 10004
Tel.: (212) 229-0119
Fax: (212) 229-0364
E-Mail: info@redpointpr.com
Web Site: www.redpointpr.com

Employees: 15
Year Founded: 2002

Agency Specializes In: Sponsorship

Victoria Feldman de Falco *(Owner & Principal)*
Christina Miranda *(Principal)*
Ross Evans *(VP)*
Gina Dolecki *(Acct Dir)*
Stephanie Strommer *(Acct Exec)*

Accounts:
Affinia Hotels
Crock-Pot Tools
Cunard Line
Denihan Hospitality Group
Loews Philadelphia Hotel; Philadelphia, PA
Oceania Cruises
Outrigger Hotels & Resorts
Prestige Cruise Holdings (Agency of Record) Media Relations, Oceania Cruises, Regent Seven Seas Cruises, Social Media
Saybrook Point Inn & Spa
Simon Pearce
SYTA Youth Foundation
The Woodstock Inn & Resort

REED PUBLIC RELATIONS
1720 W End Ave Ste 320, Nashville, TN 37203
Tel.: (615) 645-4320
Web Site: www.reedpublicrelations.com

Employees: 6

Agency Specializes In: Content, Crisis Communications, Event Planning & Marketing, Media Relations, Media Training, Public Relations, Social Media, Strategic Planning/Research

Lauren Reed *(Founder)*
Katie Adkisson *(VP-Accts)*
Victoria Ross *(VP)*
Rachel Davis *(Sr Acct Mgr)*
Claire Osburn *(Acct Mgr)*
Callie Smith *(Acct Mgr)*
Jennifer Poythress *(Mktg Mgr)*
Macey Cleary *(Acct Coord)*

Accounts:
Back to Nature Foods
Berry Farms EyeCare
HOPE International
Jeff Ruby's Steakhouse
The Look Facial Aesthetics
O'Charley's
PANDORA Jewelry
Snyder's of Hanover
TBHC Delivers

REEVES LAVERDURE PUBLIC RELATIONS
7000 W Palmetto Park Rd, Boca Raton, FL 33433

Tel.: (561) 483-7040
Fax: (561) 750-6818
E-Mail: dreeves@reevespr.com
Web Site: www.reevespr.com

Employees: 3
Year Founded: 1994

Agency Specializes In: Brand Development & Integration, Crisis Communications, Event Planning & Marketing, Media Relations, Media Training, Public Relations, Publicity/Promotions, Viral/Buzz/Word of Mouth

David Reeves *(Pres)*

Accounts:
Association Financial Services
Bauman Medical Group
Bryason Realty Corporation
CHB Industries
Cutco
James DiGeorgia & Associates
Kadey Krogen
RV Sales of Broward
Shapiro, Blasi, Wasserman & Gora P.A.
Stanton Chase
True World
Walker Design & Construction

REGAN COMMUNICATIONS GROUP
106 Union Wharf, Boston, MA 02109
Tel.: (617) 488-2800
Fax: (617) 488-2830
E-Mail: info@regancomm.com
Web Site: www.regancomm.com

Employees: 30

Agency Specializes In: Direct Response Marketing, Government/Political, Media Buying Services, Public Relations, Sponsorship, Strategic Planning/Research

George K. Regan *(Chm)*
Alan Eisner *(Pres)*
Julie Kahn *(Pres)*
Joanna Roffo *(Mng Dir)*
Casey Sherman *(Pres-Regan Mktg)*
Lindsay Rotondi *(Sr VP)*
Sarah Cox *(VP)*
Kara Crowley *(VP)*
Lauren O'Shea *(VP & Team Head)*
Mary W. Stengel *(VP-Brand & Media Strategy)*
Elizabeth Fragala *(Asst VP)*
Elyse Phelan *(Acct Supvr)*
Sean Gonsalves *(Sr Acct Exec)*
Megan McKay *(Sr Acct Exec)*
Katelyn O'Sullivan *(Sr Acct Exec)*

Accounts:
Bank of America
Be Bold, Be Bald!
Besito Mexican Restaurant
Boston Celtics
Boston Park Plaza Hotel
Classic Harbor Line
FitHouse
Friendly's Ice Cream
Legal Sea Foods
Malcolm Baldrige Foundation Marketing, PR
Mintz Levin
Mix 985
Mohegan Sun
New England Center for Homeless Veterans
Ninety Nine
Randolph Engineering, Inc. Brand Awareness, PR
Restaurant City
SBLI
Simon Malls
StairMaster
Suffolk
Weeli Com

Willowbend Real Estate & Country Club; Mashpee, MA Public Relations

Branches

Pierce-Cote Advertising
683 Main St Unit C, Osterville, MA 02655
(See Separate Listing)

Quinn & Hary Marketing
PO Box 456, New London, CT 06320
(See Separate Listing)

Regan Communications Group
270 S Central Blvd Ste 200B, Jupiter, FL 33458
Tel.: (561) 935-9953
Web Site: www.regancomm.com

Employees: 50

Agency Specializes In: Consulting, Crisis Communications, Media Relations, Media Training, Public Relations

Alan Eisner *(Pres)*
George K. Regan *(Pres)*
Joanna Roffo *(Mng Dir)*
Mariellen Burns *(Chief Strategy Officer)*
Casey Sherman *(Pres-Regan Mktg)*
Lisa Doucet-Albert *(Sr VP)*
Sandrine Sebag *(Sr VP)*
Kate Barba Murphy *(VP)*
Marci Tyldesley *(VP)*

Accounts:
Legal Sea Foods
Suffolk Construction

REIDY COMMUNICATIONS
447 Manzanita Ave, Corte Madera, CA 94925-1517
Tel.: (415) 891-8300
Fax: (415) 532-2521
E-Mail: info@reidycommunications.com
Web Site: www.reidycommunications.com

Employees: 5

Agency Specializes In: Media Relations, Media Training, Public Relations, Strategic Planning/Research

Dan Reidy *(Principal)*
Jen Reidy *(Head-Media Coaching)*

Accounts:
Health Integrated Inc
Interwoven
Neoforma
Onyx Software
Out Systems
Rogue Wave Software, Inc Software Solutions
RPX Corporation
Vitria

REILLY CONNECT
20 W Kinzie St Ste 1700, Chicago, IL 60654
Tel.: (312) 600-6780
Web Site: www.reillyconnect.com

Employees: 7
Year Founded: 1996

Agency Specializes In: Advertising, Advertising Specialties, Brand Development & Integration, Business-To-Business, Communications, Consulting, Consumer Goods, Consumer Marketing, Content, Corporate Communications, Corporate Identity, Cosmetics, Crisis

Communications, Digital/Interactive, Direct Response Marketing, Education, Electronic Media, Fashion/Apparel, Health Care Services, Hospitality, Identity Marketing, Integrated Marketing, Internet/Web Design, Media Buying Services, Media Planning, Media Relations, Media Training, Medical Products, Men's Market, Over-50 Market, Paid Searches, Pharmaceutical, Planning & Consultation, Production (Ad, Film, Broadcast), Public Relations, Publicity/Promotions, Social Marketing/Nonprofit, Social Media, Strategic Planning/Research, Technical Advertising, Viral/Buzz/Word of Mouth, Women's Market

Susan J. Reilly *(Pres)*

Accounts:
Abbott
American Academy of Dermatology
Amlactin
Astellas Pharma
Baxster
Biocodex
Caremark Rx
Chicago Tribune
Hyatt
McDonald's
The Newberry
Northern Illinois University
Portillo's
Procter & Gamble
Ronald McDonald House
Uno Pizzeria and Grill Advertising, Brand Activations, Creative Development, Radio, Television

REINGOLD, INC.
433 E Monroe Ave, Alexandria, VA 22301
Tel.: (202) 333-0400
Web Site: www.reingold.com

Employees: 140
Year Founded: 1985

Agency Specializes In: Communications, Digital/Interactive, Internet/Web Design, Media Relations, Public Relations, Social Media, Strategic Planning/Research

Janet Reingold *(Founder)*
Kevin Miller *(Partner & Principal)*
Joseph Ney *(Partner & Creative Dir)*
Jack Benson *(Partner)*
Amy Squire Buckley *(Principal)*
Al Reingold *(Principal)*
Erin Damour *(VP-Digital Mktg)*
Doug Gardner *(VP-Web & Tech)*
Joseph LaMountain *(VP)*
Lynn Schneider-Sullivan *(VP)*
Barbara Wells *(VP)*
Sarah Knoepfler *(Dir)*
John Otmany *(Dir-Digital Mktg)*
Erica Galliger *(Sr Accountant)*
William Goodman *(Assoc-Digital Mktg)*
Zachary Schwartz *(Assoc-Digital Mktg)*
Cassandra Shaw *(Sr Assoc-Digital Media)*
James Yoon *(Assoc-Digital Mktg)*

Accounts:
The Department of Veterans Affairs

THE REIS GROUP, LLC
1300 19th St NW Ste 600, Washington, DC 20036
Tel.: (202) 868-4000
E-Mail: info@thereisgroup.com
Web Site: www.thereisgroup.com

Employees: 20
Year Founded: 2016

Agency Specializes In: Brand Development & Integration, Event Planning & Marketing, Media Relations, Public Relations, Search Engine Optimization

Sharon Reis *(Principal)*
Tamara Moore *(VP)*
Lauren K. Musiol *(VP)*
Andrea Holmes *(Dir-Ops)*
Sarah Beth Cloar *(Acct Supvr)*
Kathleen Petty *(Sr Acct Exec)*
Stephanie Wight *(Sr Acct Exec)*

Accounts:
New-American Gastroenterological Association
New-Banner Alzheimers Institute

RELEVANCE INTERNATIONAL
151 W 30Th St Fl 9, New York, NY 10001
Tel.: (212) 257-1500
E-Mail: hello@relevanceinternational.com
Web Site: relevanceinternational.com/

Employees: 50

Agency Specializes In: Brand Development & Integration, Digital/Interactive, Public Relations, Search Engine Optimization, Social Media, Strategic Planning/Research

Suzanne Rosnowski *(Founder & CEO)*
Mitchell Breindel *(Dir-PR)*
Michael Goodwin *(Dir)*

Accounts:
Blue Star Jets
Pinkwater Select
The Royal Atlantis Residences (Agency of Record) Public Relations, Strategic & Creative Global Communications; 2018
Sotheby's International Realty Affiliates (Public Relations Agency of Record) Brand Positioning
The World's 50 Best Restaurants (Global Agency of Record) Event Support, Global Brand Strategy, Media & Influencer Relations, Strategic & Creative Global Communications; 2018

RELEVANT COMMUNICATIONS LLC
2901 Clint Moore Rd Ste 210, Boca Raton, FL 33496
Tel.: (561) 715-9525
Fax: (561) 866-0167
Web Site: relevantcommunications.net

Employees: 10
Year Founded: 1999

Agency Specializes In: Brand Development & Integration, Digital/Interactive, Event Planning & Marketing, New Product Development, Public Relations, Publicity/Promotions, Social Media

Allison Zucker-Perelman *(Founder & CEO)*
Joey Amato *(VP-Emerging Media)*
Hailey C. Perelman *(Dir-Editorial Content Strategy & Emerging Trends)*
Jesse Walker *(Mgr-Digital Media)*

Accounts:
New-Autumn De Forest
New-Bernie Taupin
New-Dr. Seuss
New-Hard Rock Cafe International Inc. Hard Rock Hotel
New-Jumper Maybach
New-Lauren Monroe (Public Relations Agency of Record)
New-Mickey Hart
New-Paul Stanley
New-Peter Max
New-Rick Allen

RELEVANT PUBLIC RELATIONS, LLC
1535 Richmond Ave, Staten Island, NY 10314
Tel.: (718) 682-1509
E-Mail: info@relevantpr.com
Web Site: www.relevantpr.com

Employees: 5
Year Founded: 2009

Agency Specializes In: Brand Development & Integration, Email, Internet/Web Design, Media Relations, Multimedia, Print, Public Relations, Radio, Social Media, T.V.

Barton Horowitz *(Pres)*

Accounts:
Dr. Victoria Veytsman
Michael J. Lacqua Marketing, Public Awareness, Public Relations; 2018
Provence Public Relations

REMEDY COMMUNICATIONS
6242 Ferris Sq, San Diego, CA 92121
Tel.: (858) 366-4827
E-Mail: info@remedypr.com
Web Site: www.remedypr.com

Employees: 3
Year Founded: 2011

Agency Specializes In: Event Planning & Marketing, Media Relations, Public Relations, Social Media

Accounts:
Ridegemont Outfitters Public Relations
SPY Inc

REPUTATION LIGHTHOUSE
14900 Avery Ranch Blvd Ste C 200-307, Austin, TX 78717
Tel.: (512) 832-8588
Fax: (512) 218-8707
E-Mail: info@replighthouse.com
Web Site: www.replighthouse.com

Employees: 10
Year Founded: 2003

Agency Specializes In: Corporate Communications, Crisis Communications, Event Planning & Marketing, Media Relations, Promotions, Public Relations, Sponsorship, Strategic Planning/Research

Bonnie Caver *(Pres)*
Russell Caver *(VP-Strategic Plng & Brand)*

RES PUBLICA GROUP
444 N Michigan AveSte 3600, Chicago, IL 60611
Tel.: (312) 755-3535
Fax: (312) 755-1462
Web Site: www.respublicagroup.com

Employees: 25

Agency Specializes In: Brand Development & Integration, Crisis Communications, Event Planning & Marketing, Graphic Design, Internet/Web Design, Media Relations, Media Training, Public Relations, Social Media

Julia Sznewajs *(Mng Partner)*
Mike Spitzer *(VP & Creative Dir)*
Steve Patterson *(VP)*
Kevin Owens *(Acct Supvr)*
Ashley Pawlak *(Acct Supvr)*
Jennifer Scully *(Sr Acct Exec)*
Zachary Schmidt *(Assoc-Creative)*

Accounts:

PUBLIC RELATIONS FIRMS — AGENCIES - JANUARY, 2019

New-Breakthru Beverage Group
New-Shedd Aquarium

RESOLUTE CONSULTING
40 N Central Ave Ste 1400, Phoenix, AZ 85004
Tel.: (602) 748-4136
Web Site: www.resoluteconsulting.com

Employees: 10

Agency Specializes In: Crisis Communications, Event Planning & Marketing, Graphic Design, Internet/Web Design, Media Relations, Media Training, Paid Searches, Public Relations, Social Media

Greg Goldner *(CEO)*
Lisa Fernandez *(VP)*
Ashley Lynch *(Sr Acct Exec)*

Accounts:
New-Equality Arizona

RESOLUTE DIGITAL
(Acquired by Weber Shandwick)

RESOLUTE PR
36 E Cameron St, Tulsa, OK 74103
Tel.: (918) 212-9914
E-Mail: info@resolutepr.com
Web Site: www.resolutepr.com

Employees: 7

Agency Specializes In: Advertising, Brand Development & Integration, Event Planning & Marketing, Internet/Web Design, Logo & Package Design, Media Buying Services, Media Relations, Public Relations, Radio, Social Media

Nicole Morgan *(CEO)*
Ally Lightle *(Acct Exec)*

Accounts:
Bios Corporation

RESONANCE PR
6664 E Green Lk Way, Seattle, WA 98103
Tel.: (206) 369-2612
Web Site: www.resonance-pr.com

Employees: 10

Agency Specializes In: Brand Development & Integration, Crisis Communications, Exhibit/Trade Shows, Graphic Design, Internet/Web Design, Media Planning, Media Training, Public Relations, Social Media, Strategic Planning/Research

Lear Mason *(Owner & Creative Dir)*
Ralph Fascitelli *(Pres)*
Jamie Markopoulos *(Acct Exec)*

Accounts:
Fierce Inc.
SquareHub
Visible Brands

RESOUND MARKETING
315 W 36th St, New York, NY 10018
Tel.: (609) 279-0050
E-Mail: makesomenoise@resoundmarketing.com
Web Site: www.resoundmarketing.com

Employees: 20
Year Founded: 2003

Agency Specializes In: Brand Development & Integration, Public Relations, Social Media

Ilana Friedmann Zalika *(Founder & CEO)*
Rich Gallagher *(VP)*
Ashley Willis *(Acct Dir)*
Daniel Capawana *(Acct Mgr)*
Andrea Recine *(Acct Exec)*

Accounts:
Location3 (Public Relations Agency of Record)
New-MediaBrix
Treasure Data (Public Relations Agency of Record)

Branch

Resound Marketing
100 Canal POinte Blvd Ste 110, Princeton, NJ 08540
Tel.: (609) 279-0050
Fax: (877) 505-2258
Toll Free: (877) 505-2258
E-Mail: makesomenoise@resoundmarketing.com
Web Site: www.resoundmarketing.com

Employees: 4
Year Founded: 2003

Agency Specializes In: Public Relations

Marni Bahniuk *(VP)*
Ashley Willis *(Acct Dir)*
Daniel Capawana *(Acct Mgr)*
Alexis Fried *(Acct Supvr)*
Alexa August *(Acct Exec)*
Kyle Celeste *(Acct Exec)*
Marissa O'Brien *(Acct Exec)*
Sara Preto *(Acct Exec)*

Accounts:
Antepo, Inc.
Archi-Tech Systems
Babble
Baby Talk
Braidio (Public Relations Agency of Record) Business Media
C+A Global (Public Relations Agency of Record) Brand Awareness, Earned & Paid Media, Marketing Creativity
Caliper (Public Relations Agency of Record)
CampHill Foundation
Connections Cafe
Cool Mom Picks
Decisio Health (Public Relation Agency of Record)
DIFRwear (Agency of Record) Media
Dipe n' Go (Agency of Record)
FOX News
GameOn Technology
Good.Co Public Relations
Green Guide
Kiwi
Martha
MediaBrix (Agency of Record)
NBC TODAY show
New Jersey Chapter of the American Marketing Association (Agency of Record) Awareness
Palo Alto Software (Public Relations Agency of Record)
Parenting
Parents
Real Estate.com
Real Simple
Revelation Generation
Sakar International, Inc (Public Relations Agency of Record) Altec Lansing, Social Media Marketing, Trade Show, Vivitar
Salt Creek Grille
SHL (Agency of Record) Analyst Relations, Media Relations
Smiling Planet (Agency of Record)
Sourcenext (US Public Relations Agency of Record)
Springboard (Public Relations Agency of Record) Communications, Marketing
THISA (Trusted Healthcare Information Solutions Alliance); 2005
Thrive
Today
Treasure Data (Public Relations Agency of Record) Media
TreeHugger
UC Berkeley's Marketing
USA Today
XStreamHD

RESULTS PUBLIC RELATIONS
108 Hickory Hill Rd, North Andover, MA 01845
Tel.: (978) 725-3637
Web Site: www.resultspr.net

Employees: 10

Agency Specializes In: Media Training, Public Relations, Search Engine Optimization, Social Media

Elyse Familant *(Pres)*

Accounts:
New-Caradigm

REVOLUTION PUBLIC RELATIONS
2345 SE Ivon St, Portland, OR 97202
Tel.: (503) 380-8292
Fax: (503) 233-1452
E-Mail: rebecca@revolutionpr.com
Web Site: www.revolutionpr.com

Employees: 5

Agency Specializes In: Communications, Public Relations, Strategic Planning/Research

Rebecca Haas *(Principal)*
Jennifer Karkar Ritchie *(Principal)*
Shauna Nuckles *(Dir-Austin)*

Accounts:
Art with Heart
Attenex
Backyard Box
Bakon Vodka
Clementine
DepotPoint
Fresh Bistro
kaarsKoker
Noetix
Sleep Country USA
Taco Del Mar

RF BINDER
950 3rd Ave, New York, NY 10022
Tel.: (212) 994-7600
Fax: (212) 994-7541
E-Mail: cynthia.rhea@rfbinder.com
Web Site: www.rfbinder.com

Employees: 80
Year Founded: 2001

Agency Specializes In: Sponsorship

Amy Binder *(CEO)*
Josh Gitelson *(Exec Mng Dir)*
Atalanta Rafferty *(Exec Mng Dir)*
David Schraeder *(Exec Mng Dir-Corp & Fin Svcs Practice)*
Jacqueline Wilson *(Exec Mng Dir-Strategic Initiatives)*
Amy Grosheider *(Mng Dir)*
Amy Vittorio *(Mng Dir)*
David Weinstock *(Chief Creative Officer)*
Karina Frayter *(Mng Dir-Media)*

Accounts:
Ameriprise; 2006

AGENCIES - JANUARY, 2019 — PUBLIC RELATIONS FIRMS

CVS Health; 2010
Dunkin' Donuts; 2005
edX; 2013
German Wine Institute; 2005
Johnson & Johnson; 2003
Planet Fitness Public Relations
Talenti Gelato & Sorbetto; 2011

RFPR, INC.
6399 Wilshire Blvd Ste 412, Los Angeles, CA 90048
Tel.: (323) 933-4646
Fax: (323) 933-5229
E-Mail: Rfpr@rf-pr.com
Web Site: www.rf-pr.com

Year Founded: 2002

Agency Specializes In: Brand Development & Integration, Media Planning, Print, Product Placement, Public Relations

Zack Tanck *(Acct Exec)*

Accounts:
Capriotti's
Chocolate Box Cafe
Crustacean Restaurant
Dockers
Ecogear
KPG Solutions Inc
Mercedes-Benz

RG NARRATIVE
(Formerly Raker Goldstein USA LLC)
575 8Th Ave Fl 11, New York, NY 10018
Tel.: (212) 863-4108
Fax: (201) 784-1448
E-Mail: info@rgnarrative.com
Web Site: rgnarrative.com/

Employees: 5
Year Founded: 1986

Agency Specializes In: Co-op Advertising, Corporate Identity, Event Planning & Marketing, Media Relations, Public Relations, Strategic Planning/Research

Heidi Raker *(Founder & Mng Dir)*
Stuart Goldstein *(Mng Dir)*

Accounts:
Bonefish Grill
Holy Name Hospital
McCormick & Schmick's Seafood Restaurant
Whole Foods Market

RHINO PUBLIC RELATIONS
164 Bay Rd, Hamilton, MA 01982
Tel.: (617) 279-2466
Web Site: www.rhinopr.com

Employees: 5
Year Founded: 2004

Agency Specializes In: Advertising, Brand Development & Integration, Collateral, Logo & Package Design, Media Relations, Media Training, Promotions, Public Relations, Social Media

Susan Riley Shelby *(Pres & CEO)*
Michele Spiewak *(Acct Dir)*

Accounts:
Integrated Interiors, Inc.

RHUMBLINE COMMUNICATIONS
254 Commercial St Ste 105, Portland, ME 04101
Tel.: (207) 450-9943
E-Mail: info@rhumblinecommunications.com
Web Site: rhumblinecom.com

Employees: 5
Year Founded: 2011

Agency Specializes In: Advertising, Brand Development & Integration, Internet/Web Design, Public Relations, Social Media

Nicole Jacques *(Owner & Strategist-Mktg)*

Accounts:
Brooklin Boat Yard, Inc.
Front Street Shipyard
Maine Built Boats
Rockport Marine, Inc.
Southport Boats
W-Class Yacht Company

RIALTO COMMUNICATIONS
2003 Western Ave Ste 600, Seattle, WA 98121
Tel.: (206) 599-6099
Fax: (888) 823-6476
E-Mail: info@rialtocommunications.com
Web Site: www.rialtocommunications.com

Employees: 10
Year Founded: 2003

Agency Specializes In: Brand Development & Integration, Corporate Identity, Public Relations

Accounts:
3DGrid
CHITA
Cortex Medical Management Systems
eSurg.com
HealthKey
iMedica
Pacific Telecom
Stevens Healthcare
T-Mobile US

RICHARDS PARTNERS
2801 North Central Expressway, Dallas, TX 75204-3663
Tel.: (214) 891-5700
Fax: (214) 891-5230
E-Mail: ruth_fitzgibbons@richards.com
Web Site: www.richardspartners.com

Employees: 25
Year Founded: 1994

National Agency Associations: WOMMA

Agency Specializes In: Advertising, Affluent Market, Bilingual Market, Brand Development & Integration, Broadcast, Business-To-Business, Collateral, Communications, Consulting, Consumer Goods, Consumer Marketing, Corporate Communications, Corporate Identity, Digital/Interactive, Direct Response Marketing, Event Planning & Marketing, Financial, Graphic Design, Health Care Services, Hispanic Market, In-Store Advertising, Integrated Marketing, Investor Relations, Logo & Package Design, Luxury Products, Magazines, Media Relations, Media Training, Newspaper, Newspapers & Magazines, Out-of-Home Media, Outdoor, Point of Purchase, Point of Sale, Print, Public Relations, Publicity/Promotions, Real Estate, Restaurant, Retail, Sales Promotion, Social Marketing/Nonprofit, Strategic Planning/Research, Teen Market, Travel & Tourism

Approx. Annual Billings: $10,000,000

Stacie Barnett *(Principal)*
Ruth Miller Fitzgibbons *(Principal)*
George McCane *(Principal)*

Accounts:
Advance Auto Parts
Behringer Harvard; Addison, TX Real Estate Investments; 2005
CEC Entertainment, Inc. Chuck E Cheese's
Dallas Marathon
FCA US LLC
Hyatt Regency
Recreation Vehicle Industry Association Go Rving
Reunion Tower
The Salvation Army Public Relations
Sub-Zero/Wolf Appliances; Madison, WI Home Appliances; 2001

RICHESON COMMUNICATIONS LLC
37 N Orange Ave Ste 500, Orlando, FL 32801
Tel.: (407) 616-8108
Web Site: www.prfirmorlando.com

Employees: 5

Agency Specializes In: Brand Development & Integration, Event Planning & Marketing, Media Relations, Promotions, Public Relations

Laura Richeson *(Founder)*

Accounts:
Aerosim Flight Academy

RICHMOND PUBLIC RELATIONS
1601 5Th Ave Ste 1100, Seattle, WA 98101
Tel.: (206) 682-6979
Fax: (206) 682-7062
E-Mail: general@richmondpublicrelations.com
Web Site: https://www.richmondpublicrelations.com/

Employees: 15
Year Founded: 1992

Agency Specializes In: Public Relations

Lorne Richmond *(CEO)*

Accounts:
CondoCompare, Inc.
Joey's Restaurant
Sencadia
The Sheraton Hotel & Towers
Tom Douglas Restaurant
Tulalip Resort Casino

RIGGS PARTNERS
750 Meeting St, West Columbia, SC 29169
Tel.: (803) 799-5972
Fax: (803) 779-8447
E-Mail: info@riggspartners.com
Web Site: www.riggspartners.com

Employees: 8
Year Founded: 1987

National Agency Associations: Second Wind Limited

Agency Specializes In: Public Relations

Ryon Edwards *(Partner & Designer)*
Tom Barr *(Partner)*
Cathy Monetti *(Partner)*
Kevin Smith *(Partner)*
Kevin Archie *(Art Dir & Graphic Designer)*
Michael Powelson *(Creative Dir)*
Katy Miller *(Acct Exec)*
Lyn Barbour *(Media Planner)*
Linda Hargett *(Media Planner)*

Accounts:
Atherton Baptist Homes
Central Carolina Community Foundation

PUBLIC RELATIONS FIRMS — AGENCIES - JANUARY, 2019

Girl Scouts of South Carolina
Goodwill Industries of Upstate
Protection and Advocacy for People with Disabilities Campaign: "Dennis"
Yesterdays Restaurant

RINCK ADVERTISING
2 Great Falls Plz, Auburn, ME 04210
Tel.: (207) 755-9470
Fax: (207) 755-9473
E-Mail: info@rinckadvertising.com
Web Site: www.rinckadvertising.com

Employees: 20

Laura Davis *(Owner)*
Peter Rinck *(CEO)*
Kathleen de Silva *(COO & Dir-Acct Svc)*
Karly Eretzian *(Creative Dir)*
Sue Schenning *(Art Dir)*
Katie Greenlaw *(Dir-PR)*
Sarah Irish Bird *(Mgr-Social Media)*
Kevin Gove *(Mgr-PR)*
Doug Morin *(Mgr-Digital)*
Kristel Wagner *(Mgr-PR)*
Heather Cyr *(Acct Exec)*
Elizabeth Daniels *(Acct Exec)*
Vicky Ayer *(Media Planner & Media Buyer)*
Mariah Rinck *(Media Planner)*
Catherine Brezinski *(Coord-Traffic)*
Lawrence Rinck *(Chief Inspiration Officer)*

Accounts:
American Beverage Corporation
Amtrak Downeaster
Bluewater Sea Foods
Daily's Cocktails
Dean Foods Company
Dempsey Challenge
Garelick Farms, LLC
Green Mountain Coffee Roasters, Inc.
Harvey
Hope & Healing
iParty
Lehigh Valley
Little Hug Fruit Barrels
Maine Cancer Foundation
McDonald's
Norway Savings Bank
Over the Moon
Owner/Operator Association
The Patrick Dempsey Center for Cancer
Tuscan Dairy Farms
University of Southern Maine

RIPLEY PR LLC
357 Ellis Ave, Maryville, TN 37804
Tel.: (865) 977-1973
Web Site: www.ripleypr.com

Employees: 10
Year Founded: 2013

Agency Specializes In: Content, Corporate Communications, Event Planning & Marketing, Media Relations, Media Training, Promotions, Public Relations, Social Media, Strategic Planning/Research

Heather Ripley *(Founder & CEO)*
William Mattern *(Pres)*
Celeste Vlok *(Sr Brand Mgr)*
J. D. Sizemore *(Acct Supvr)*

Accounts:
Cherokee Millwright, Inc.
Real Time Reviews (Public Relations Agency of Record); 2017
Regional Engine-MFG (Public Relations & Marketing Agency of Record)

Branch

Orange Orchard
357 Ellis Ave, Maryville, TN 37804
Tel.: (865) 977-1973
Web Site: www.orangeorchardpr.com

Year Founded: 2018

Agency Specializes In: Brand Development & Integration, Communications, Content, Corporate Communications, Event Planning & Marketing, Exhibit/Trade Shows, Media Relations, Media Training, Public Relations, Social Media

Heather Ripley *(Co-Founder & CEO)*
Bill Mattern *(Co-Founder, Pres & CFO)*
JD Sizemore *(Acct Dir-Svcs)*
Joel Davis *(Supvr-Content & Sr Specialist-Content)*
Amanda Greever *(Specialist-PR)*
Matthew Everett *(Specialist-PR)*
Grayson Shockley *(Brand Mgr)*
Chris Martin *(Specialist-PR)*
Kristin Hankins *(Specialist-Social Media)*
Kaitlyn Clark *(Specialist-PR)*

Accounts:
New-Born Free USA (Public Relations Agency of Record)

RL PUBLIC RELATIONS + MARKETING
(See Under ROX United Public Relations)

RLF COMMUNICATIONS LLC
532 S Elm St # 200, Greensboro, NC 27406
Tel.: (336) 553-1800
Fax: (336) 553-1735
Web Site: www.rlfcommunications.com

Employees: 15
Year Founded: 2007

Agency Specializes In: Advertising, Crisis Communications, Graphic Design, Media Relations, Print, Promotions, Public Relations, Social Media

Monty Hagler *(Owner)*
Michelle Rash *(VP-Fin & Pro Svcs Brands)*
Greg Monroy *(Creative Dir)*
David French *(Mgmt Supvr)*
Brianna LaRouche *(Comm Mgr & Coord-Internship)*
Madison Croxson *(Comm Mgr)*
Renee Harvey *(Sr Comm Mgr)*

Accounts:
3C Inc
American Founders Bank
Chesapeake Convention & Visitors Bureau
Chesapeake Economic Development
CNL Financial Group, Inc.
The Greensboro Partnership
MasterShield
Smith Moore LLP
Vestagen Technical Textiles LLC
Woozie

RLM PUBLIC RELATIONS, INC.
228 E 45 Street, New York, NY 10017
Tel.: (212) 741-5106
Fax: (212) 741-5139
E-Mail: info@rlmpr.com
Web Site: www.rlmpr.com

Employees: 25
Year Founded: 1991

Agency Specializes In: Public Relations

Richard Laermer *(Founder & CEO)*

Accounts:
Adbrite
American Bible Society
Anystream
Chegg
ClearOne Communications
Cole Haan
HotChalk
Intellivent Group
Sesame Workshop
Smith & Nephew
SmugMug
Sterling Group
Weathernews Wireless
WhittmanHart

ROARMEDIA
55 Miracle Mile Ste 330, Coral Gables, FL 33134
Tel.: (305) 403-2080
Fax: (305) 774-9982
E-Mail: info@roarmedia.com
Web Site: www.roarmedia.com

Employees: 25
Year Founded: 2005

Agency Specializes In: Automotive, Communications, Internet/Web Design, Media Relations, Paid Searches, Real Estate, Search Engine Optimization, Strategic Planning/Research

Jolie Balido-Hart *(Pres)*
Jacques Hart *(CEO)*
Stephanie Romanach *(Acct Exec)*

Accounts:
Houses.com

ROBERTSON COMMUNICATIONS CORP.
30211 Avenida de las Banderas 2nd Fl, Rancho Santa Margarita, CA 92688
Tel.: (949) 766-6789
Web Site: www.robertsoncomm.com

Employees: 1
Year Founded: 2012

Agency Specializes In: Brand Development & Integration, Public Relations, Social Media

Scott Robertson *(Founder & CEO)*

Accounts:
Moore Benefits, Inc.

ROBIN LEEDY & ASSOCIATES
141 Tompins Ave, Pleasantville, NY 10570
Tel.: (914) 241-0086
Fax: (914) 242-2061
E-Mail: rrusso@robinleedyassociates.com
Web Site: www.rlacollective.com/

Employees: 10
Year Founded: 1986

Agency Specializes In: Health Care Services, Internet/Web Design, Media Relations, Public Relations, Sponsorship

Revenue: $15,000,000

Robin Russo *(Pres & Partner)*
Alyson O'Mahoney *(Partner & Exec VP)*
Ashley Hughes *(Mktg Mgr)*

Accounts:
Cirrus Healthcare Products, LLC EarPlanes
FeverAll
Keri Lotion

AGENCIES - JANUARY, 2019 — PUBLIC RELATIONS FIRMS

Konsyl
Matrixx Initiatives, Inc. Consumer PR, Online Marketing, Social Media, Zicam
Mentholatum Softlips
Oxy Skin Care
Replens
Stopain Cold
VSL#3

ROCKAWAY PR
8325 Ne 2Nd Ave Ste 216, Miami, FL 33138
Tel.: (305) 751-9641
Web Site: www.rockawaypr.com

Employees: 20
Year Founded: 2005

Agency Specializes In: Brand Development & Integration, Event Planning & Marketing, Public Relations, Social Media

Alexis Knapp *(Principal)*
Dana Gidney *(Dir)*
Heather McPherson *(Dir-New Bus & Dev-Central Florida)*
Christine Procel-Cohen *(Acct Mgr)*

Accounts:
Margaritaville
Villa Azur

ROCKORANGE
5200 Blue Lagoon Dr, Miami, FL 33126
Tel.: (305) 731-2224
Web Site: www.rockorange.com

Employees: 25
Year Founded: 2013

Agency Specializes In: Above-the-Line, Affluent Market, Agriculture, Arts, Automotive, Below-the-Line, Bilingual Market, Brand Development & Integration, Branded Entertainment, Broadcast, Business Publications, Collateral, Communications, Consumer Goods, Consumer Marketing, Consumer Publications, Content, Corporate Communications, Crisis Communications, Digital/Interactive, Direct-to-Consumer, Education, Email, Entertainment, Experiential Marketing, Fashion/Apparel, Food Service, Graphic Design, Guerilla Marketing, Hispanic Market, Hospitality, Identity Marketing, Integrated Marketing, Internet/Web Design, LGBTQ Market, Leisure, Local Marketing, Logo & Package Design, Luxury Products, Magazines, Media Relations, Media Training, Medical Products, Men's Market, Multicultural, Multimedia, Newspaper, Newspapers & Magazines, Over-50 Market, Paid Searches, Planning & Consultation, Point of Purchase, Point of Sale, Print, Production (Ad, Film, Broadcast), Production (Print), Promotions, Public Relations, Publicity/Promotions, Radio, Restaurant, Retail, Social Marketing/Nonprofit, Social Media, Strategic Planning/Research, T.V., Teen Market, Travel & Tourism, Tween Market, Urban Market, Women's Market

Approx. Annual Billings: $4,000,000

Miguel Piedra *(Mng Partner & Principal)*
David Naranjo *(Principal-Mng)*
Alyssa Bushey *(Sr VP)*
Ray Munoz *(VP-Ops & Client Svcs)*
Paulina Naranjo *(VP-Media & PR)*
David Quinones *(VP-Editorial & Content)*
Sam Rodriguez *(Creative Dir)*
Stefanie Arufe *(Dir-Bus Dev & Social Media)*

Accounts:
Bloomin Brands Dine Rewards Loyalty Program; 2016
Burger King Burger King MacLamore Foundation; 2013
Casa de Campo Casa de Campo Hotel & Resort; 2015
City of Miami Beach Anti-Litter Campaign - "Mr MB Fit"; 2015
GMCVB (Greater Miami Convention & Visitors Bureau) Miami's Monthly Deals; 2015
Hyatt Grand Hyatt Playa del Carmen Resort; 2015
KitchenAid Coffee Products, Stand Mixers; 2015
Maaco Franchising, Inc.
Versy Versy Social Media Platform; 2016
Zoological Foundation Miami Zoological Foundation Miami; 2015

ROEPKE PUBLIC RELATIONS
530 N 3Rd St Ste 330, MinneaPOlis, MN 55401
Tel.: (612) 677-1717
E-Mail: info@roepkepr.com
Web Site: www.roepkepr.com

Employees: 20

Agency Specializes In: Communications, Public Relations

Katherine Roepke *(Pres)*
Natalie Howell *(VP-Corp Comm)*

Accounts:
Starkey Laboratories, Inc.
Ti Sento Milano Public Relations Counsel
Victory Energy

ROGERS FINN PARTNERS
1875 Century Park E Ste 200, Los Angeles, CA 90067-2504
Tel.: (310) 552-6922
Fax: (310) 552-9052
E-Mail: ron@finnpartners.com
Web Site: https://www.finnpartners.com/about/brands/rogers.html

Employees: 100
Year Founded: 1978

Agency Specializes In: Automotive, Bilingual Market, Brand Development & Integration, Business-To-Business, Communications, Consumer Marketing, Corporate Identity, E-Commerce, Education, Entertainment, Environmental, Event Planning & Marketing, Fashion/Apparel, Financial, Food Service, Government/Political, Health Care Services, Hispanic Market, Industrial, Investor Relations, LGBTQ Market, Newspaper, Public Relations, Real Estate, Retail, Sponsorship, Strategic Planning/Research, Teen Market, Transportation, Travel & Tourism

Approx. Annual Billings: $11,000,000

Brenda Lynch *(Sr Partner)*

Accounts:
B/S/H (Bosch & Thermador)
Bandai America
Bosch
The California Endowment
Dole Packaged Foods
Health Net Inc.; 2001
iGo, Inc.; Scottsdale, AZ Public Relations
The Jim Henson Company
Port of Los Angeles Clean Truck Program
University of Denver
Whole Foods Market

ROHATYNSKI-HARLOW PUBLIC RELATIONS LLC
118 W Clinton St # B, Howell, MI 48843
Tel.: (313) 378-6570
Web Site: www.roharpr.com

Agency Specializes In: Business-To-Business, Crisis Communications, Graphic Design, Media Relations, Multimedia, Public Relations, Strategic Planning/Research

Joe Rohatynski *(Owner)*

Accounts:
North American International Auto Show (Public Relations Agency of Record)

ROMANELLI COMMUNICATIONS
2 College St, Clinton, NY 13323
Tel.: (800) 761-3944
E-Mail: info@romanelli.com
Web Site: www.romanelli.com

Employees: 10

Agency Specializes In: Brand Development & Integration, Crisis Communications, Digital/Interactive, Logo & Package Design, Print, Public Relations, Radio, Social Media

Joe Romanelli *(Pres)*
Beth Romanelli-Hapanowicz *(VP)*
Bernie Freytag *(Dir-Creative)*
Susan Delaney-Ellis *(Mgr-Acctg)*
Joshua Clemmons *(Media Planner)*

Accounts:
First Source Federal Credit Union
Good Nature Brewing
Utica Coffee Roasting Company

RON SONNTAG PUBLIC RELATIONS
9406 N 107th St, Milwaukee, WI 53224
Tel.: (414) 354-0200
Fax: (414) 354-5317
Toll Free: (800) 969-0200
E-Mail: ron@rspr.com
Web Site: www.rspr.com

E-Mail for Key Personnel:
President: ron@rspr.com

Employees: 12
Year Founded: 1980

National Agency Associations: PRSA

Agency Specializes In: Advertising, Business-To-Business, Collateral, Communications, Consumer Publications, Corporate Identity, Digital/Interactive, Direct Response Marketing, Event Planning & Marketing, Exhibit/Trade Shows, Internet/Web Design, Logo & Package Design, Multimedia, Planning & Consultation, Print, Public Relations, Publicity/Promotions, Radio, Recruitment, T.V., Telemarketing, Trade & Consumer Magazines, Yellow Pages Advertising

Revenue: $23,000,000

Ron Sonntag *(Chm & CEO)*
Dave Amoroso *(VP)*
Mark McLaughlin *(Dir-Media Rels)*
Kandi Korth *(Office Mgr)*
Lindsay Schultz *(Acct Exec)*

ROOP & CO.
50 Public Sq, Cleveland, OH 44113
Tel.: (216) 902-3800
Fax: (216) 902-3800
E-Mail: info@roopco.com
Web Site: www.roopco.com

E-Mail for Key Personnel:
President: jroop@roopco.com
Creative Dir.: ldechant@roopco.com

1633

PUBLIC RELATIONS FIRMS — AGENCIES - JANUARY, 2019

Public Relations: bkostka@roopco.com

Employees: 9
Year Founded: 1996

National Agency Associations: PRSA

Agency Specializes In: Automotive, Aviation & Aerospace, Brand Development & Integration, Business-To-Business, Collateral, Communications, Consulting, Consumer Marketing, Corporate Communications, Corporate Identity, Event Planning & Marketing, Exhibit/Trade Shows, Financial, Graphic Design, Health Care Services, Industrial, Investor Relations, Legal Services, Logo & Package Design, Media Relations, Medical Products, Multimedia, New Product Development, Newspaper, Out-of-Home Media, Outdoor, Print, Production, Public Relations, Publicity/Promotions, Radio, Real Estate, Restaurant, Sales Promotion, Social Media, T.V., Transportation, Travel & Tourism, Viral/Buzz/Word of Mouth

Approx. Annual Billings: $10,000,000

Breakdown of Gross Billings by Media: Bus. Publs.: 5%; Exhibits/Trade Shows: 5%; Graphic Design: 33%; Plng. & Consultation: 10%; Pub. Rels.: 47%

James J. Roop *(Pres)*
Brad Kostka *(Sr VP)*
Lynn DeChant *(Dir-Graphic Design)*
Amanda O'Neil *(Acct Supvr)*
Kathryn Casciato *(Sr Acct Exec)*

Accounts:
Alego Health; Cleveland, OH; 2011
Alilyfe Racing
B&F Capital Markets; Cleveland, OH Interest Rate Swaps; 2005
Caliber Jet; Cleveland, OH Fractional Jet Ownership/Usage; 2012
Cell Phone Repair
Cleveland School of Science & Medicine; Cleveland, OH Public High School; 2006
Cleveland Thermal; Cleveland, OH
CM Wealth
Collins & Scanlon PC; Cleveland, OH Law Firm; 1998
The Euclid Chemical Company
Fairport Asset Management
Fiber Reinforced Concrete Association
Fisher & Phillips LLP; Cleveland, OH Legal Services; 2011
Grace Hospital; Cleveland, OH Long Term Acute Care Hospital; 2012
The Hermit Club
HWH Architects, Engineers; Cleveland, OH; 2006
Jacobs Real Estate Services
Key Bank; Cleveland OH Capital Markets, Global Treasury, Institutional Banking
Kirtland Capital Partners; Cleveland, OH
Linsalata Capital Partners
Malachi House
Ohio Aerospace Institute; Berea, OH; 2006
O'Neill Foundation
Republic Steel
RPM International; 1996
Servel
Ticer Technologies
Tremco Commercial Sealants & Waterproofing
Tremco Inc.
Tremco Roofing & Building Maintenance

ROSE COMMUNICATIONS
10601 E Bend Rd, Union, KY 41091-8163
Tel.: (859) 331-0794
Fax: (859) 331-6941
E-Mail: info@rosecommunicate.com
Web Site: www.rosecommunicate.com

Employees: 5

Agency Specializes In: Business-To-Business, Communications, Corporate Communications, Crisis Communications, Email, Integrated Marketing, Media Planning, Media Relations, Newspaper, Newspapers & Magazines, Public Relations, Publicity/Promotions

Rosemary Weathers Burnham *(Pres)*

Accounts:
Cincinnati Park Board; Cincinnati, OH
KZF Design; Cincinnati, OH
Partnership for a Drug-Free America; New York, NY
Paul Hemmer Companies
Scripps Howard Foundation; Cincinnati, OH
St. Elizabeth Medical Center
Transit Authority of Northern Kentucky

ROSE COMMUNICATIONS, INC.
80 River St Ste 4C, Hoboken, NJ 07030-5619
Tel.: (201) 656-7178
Fax: (201) 221-8734
E-Mail: rostmann@rosecomm.com
Web Site: www.rosecomm.com

Employees: 7
Year Founded: 2003

Agency Specializes In: Business-To-Business, Collateral, Crisis Communications, Event Planning & Marketing, Exhibit/Trade Shows, Media Planning, Media Relations, Media Training, Public Relations, Strategic Planning/Research, Viral/Buzz/Word of Mouth

Revenue: $1,000,000

Rosemary Ostmann *(Pres & CEO)*
Lisa Trapani *(Sr VP)*
Jennifer Leckstrom *(VP)*
Kelsey BaRoss *(Acct Supvr)*
Stephanie Shaw *(Acct Exec)*

Accounts:
Apex Tool Group (Agency of Record) Social Media Strategy, Traditional Media Relations
BlueRidge Bank
EMM Group
GearWrench
Guardian Industries Corp.
Nucletron; Columbia, MD Media Relations Program, Public Relations

THE ROSE GROUP
9925 Jefferson Blvd 2nd Fl, Culver City, CA 90232
Tel.: (310) 280-3710
Fax: (310) 280-3715
E-Mail: info@therosegrp.com
Web Site: https://www.therosegrp.com/

Employees: 5

Agency Specializes In: Public Relations

Elana Weiss-Rose *(Co-Founder)*
Jeff Warden *(Pres & CEO)*
Christopher Tobia *(CFO & VP)*
Bonnie Lippincott *(COO & VP-Ops)*
Catherine Chuck *(VP-Mktg & PR)*
Paul Rockelmann *(VP-HR)*
Robert Fuller *(Dir-IT)*
Kimberly Graham *(Dir-Property & Legal Svcs)*
Paul Trzaska *(Dir-Risk Mgmt & People Svcs)*
Bob Wernik *(Dir-Talent Acq)*
David Corrigan *(Mgr-IT)*

ROSE+MOSER+ALLYN PUBLIC RELATIONS
7144 E Stetson Dr Ste 400, Scottsdale, AZ 85251
Tel.: (480) 423-1414
Fax: (480) 423-1415
E-Mail: info@rosemoserallynpr.com
Web Site: www.rosemoserallynpr.com

Employees: 8

Agency Specializes In: Crisis Communications, Event Planning & Marketing, Government/Political, Public Relations

Jennifer Moser *(Founder & Principal)*

Accounts:
Pollack Investments

THE ROSEN GROUP
44 Wall St, New York, NY 10005
Tel.: (212) 255-8455
Fax: (212) 255-8456
E-Mail: thelma@rosengrouppr.com
Web Site: www.rosengrouppr.com

E-Mail for Key Personnel:
President: lori@rosengrouppr.com

Employees: 21
Year Founded: 1984

Agency Specializes In: Public Relations

Approx. Annual Billings: $800,000

Breakdown of Gross Billings by Media: D.M.: $400,000; Pub. Rels.: $280,000; T.V.: $120,000

Diane Stefani *(Exec VP)*
Emily Boak *(VP)*
Abby Berman Cohen *(VP)*
Thelma Rogel *(Mgr)*
Jacob Streiter *(Acct Supvr)*
Thomas Giordonello *(Acct Exec)*

Accounts:
The American Hotel & Lodging Association
Association for Applied Sport Psychology (Agency of Record) Brand Awareness, Media Relations, Social Media, Thought Leadership
Atlantic Monthly
Brewers Association
College Savings Plans Network Section 529
Cooking Light Magazine; 1987
ELDR
Focus Products Group
International Fund for Animal Welfare
Kiplinger's Personal Finance Magazine; Washington, DC Magazine; 1989
Live Well Network
O'Reilly Media
PC Magazine
PCMag Digital Network
SGPTV
Terra USA
WorkPlace Media
World Almanac

Branch

The Rosen Group
1150 Connecticut Ave NW Ste 900, Washington, DC 10036
Tel.: (202) 862-4355
Fax: (215) 623-1986
E-Mail: thelma@rosengrouppr.com
Web Site: www.rosengrouppr.com

Employees: 2

Agency Specializes In: Public Relations

Lori Rosen *(Founder & Pres)*
Diane Stefani *(Exec VP)*

AGENCIES - JANUARY, 2019 — PUBLIC RELATIONS FIRMS

Jacob Streiter (Acct Supvr)
Laura Stevens (Acct Exec)

Accounts:
The Atlantic
Brewers Association
Custom Content Council
IFAW
The James Beard Foundation

ROSICA STRATEGIC PUBLIC RELATIONS
21-00 Route 208 South, Fair Lawn, NJ 07410
Tel.: (201) 843-5600
Fax: (201) 843-5680
E-Mail: pr@rosica.com
Web Site: www.rosica.com

Employees: 15
Year Founded: 1980

Agency Specializes In: Brand Development & Integration, Education, Event Planning & Marketing, Fashion/Apparel, Food Service, New Product Development, Public Relations, Retail, Sports Market, Strategic Planning/Research, Travel & Tourism

Christopher Rosica (Pres)
Kathy Carliner (Sr VP-Consumer Mktg)
Terese Kelly Greer (VP-Media Rels-Rosica Comm)

Accounts:
Boys & Girls Club (Public Relations Agency of Record) Corporate Communications, Media Relations, Strategy
Communities In Schools
Habitat for Humanity
Jamail Larkins
Kaleidoscope of Hope
Kinder Morgan
Makari Skincare
National Computer Systems
Ness Technologies
Nice-Pak
Pfizer; 2008
Salvation Army
United Way
Vcom

ROSLAN & CAMPION PUBLIC RELATIONS
200 Broadway, New York, NY 10038
Tel.: (212) 966-4600
Fax: (212) 966-5763
E-Mail: info@rc-pr.com
Web Site: www.rc-pr.com

Employees: 13
Year Founded: 1989

Agency Specializes In: Entertainment, Event Planning & Marketing, Public Relations

Eileen Campion (Pres)
Joseph Dera (CEO)

Accounts:
Nova
Scripps Networks

ROSS & LAWRENCE PUBLIC RELATIONS
445 Park Ave, New York, NY 10022
Tel.: (212) 308-3333
Fax: (212) 207-8096
E-Mail: kpross@rosslawpr.com
Web Site: www.rosslawpr.com

Employees: 5
Year Founded: 1966

Agency Specializes In: Financial, Legal Services, Public Relations, Real Estate

Guy Lawrence (Mng Dir)

Accounts:
Freshfield Brukhaus Deringer
Watermark Capital Partners, LLC
W.P. Carey & Company LLC

ROUNTREE GROUP COMMUNICATIONS MANAGEMENT
2550 Northwinds Pkwy, Alpharetta, GA 30009
Tel.: (770) 645-4545
Fax: (770) 645-0147
E-Mail: admin@rountreegroup.com
Web Site: www.rountreegroup.com

Employees: 7
Year Founded: 1985

Agency Specializes In: Automotive, Business Publications, Business-To-Business, Communications, Consumer Marketing, Corporate Communications, Digital/Interactive, Financial, Health Care Services, Hospitality, Local Marketing, Luxury Products, Media Training, Medical Products, Newspaper, Public Relations, Real Estate, Restaurant, Retail, Social Media, Strategic Planning/Research, Teen Market, Tween Market

Don Rountree (Pres)
Lesley Gamwell (Sr Mgr-Integrated Comm)
Lisa Hester (Sr Acct Mgr)
Krista Beres (Acct Supvr)
Caroline Graham (Acct Exec)
Casey Cargle (Acct Coord)

Accounts:
Arbor Terrace
Bright's Creek Golf Glub
Engineered Floors, LLC
Exterior Insulation & Finish Systems B2B
Firebirds Wood Fired Grill Media Relations, Strategy
Fisher & Phillips LLP Agency of Record, B2B
Historic Banning Mills (Agency of Record) Media Relations
Jasper Contractors
Kasasa Communications
Pay Governance LLC
Pickron Orthodontic Care Consumer

ROX UNITED PUBLIC RELATIONS
(Formerly RL Public Relations + Marketing)
300 Pacific Coast Hwy Ste 200, Huntingtn Bch, CA 92648
Tel.: (310) 473-4422
Web Site: www.roxunited.com

Employees: 20

Agency Specializes In: Public Relations, Sponsorship

Roxana Lissa (Founder & Pres)
Lisa Ruiz-Rogers (Mng Dir)
Ana Ceron (VP)
Alicia Lee (Brand Dir)

Accounts:
California Milk Processor Board (Public Relations Agency of Record)
Delta Air Lines, Inc.
Domino's
Foster Farms
Fresh & Easy Neighborhood Market
Fuji Film
GlaxoSmithKline
Johnny Rockets (Public Relations Agency of Record) Communications, Strategic Public Relations
MercuryMedia
National Honey Board
Natural History Museum
Nike
Sea World Parks & Entertainment
Sundial
Umbral
Yager

Branch

ROX United Public Relations
(Formerly RL Public Relations + Marketing)
104 5Th Ave Fl 10, New York, NY 10011
Tel.: (212) 715-1695
Web Site: www.roxunited.com

Employees: 5

Accounts:
Acineken
Clarins
Delta Air Lines Community Outreach, Hispanic, Hispanic Media, Latin America & Caribbean Flights
Domino's Pizza Hispanic, Marketing, Media & Community Relations, National & Local PR, Strategic Counsel
FujiFilm
Heineken
MercuryMedia
Nike
Sea World Parks & Entertainment
Verizon

RPR PUBLIC RELATIONS INC.
5951 Wellesley Pk Dr 404, Boca Raton, FL 33433
Tel.: (786) 290-6413
Web Site: www.romanopr.com

Agency Specializes In: Brand Development & Integration, Media Relations, Public Relations, Publicity/Promotions, Social Media

Joe Romano (Partner)
Ria Romano (Partner)
Adrianna Gambino (Dir-Tech Clients)
Marion Louise Ivers (Dir-Consumer Products)
Jackie Rockefeller (Acct Supvr)

Accounts:
Charmulet Brand Awareness, Key Brand Messages, Media Relations, North American Public Relations, Strategic Communications; 2017
GettinLocal Branding, Media Relations, Public Relations, Strategic Communications; 2018
Independent Merchant Group
MCA Inc (Agency of Record)
Puori Brand Awareness, Branding, Media Relations, Public Relations, Push Key Brand Messages, Strategic Communications; 2018
Real Time Pain Relief HEMP Oil Plus, Real Time HOMEOPATHIC LIP Balm, Real Time PET Formula, Real Time SPORTS Cream, Social Media Influencer Campaign
Renesans New York (Agency of Record) Brand Messages, Media Relations, Public Relations, Strategic Communications
Sober Network Inc (Agency of Record) Brand Messages, ClientCareSolutions.com, Digital, FlexDek.net, Halfwayhouses.com, Interventionstrategies.net, Media Relations, Public Relations, RecoveryCoaches.com, RecoveryZones.com, Sober.com, Sobercoin, Soberhouses.com, Strategic Communications Counsel

RUANE COMMUNICATIONS, INC.
200 S Wacker Dr Ste 3100, Chicago, IL 60606
Tel.: (815) 717-8968

PUBLIC RELATIONS FIRMS — AGENCIES - JANUARY, 2019

Web Site: www.ruanecommunications.com

Employees: 5

Agency Specializes In: Communications, Public Relations, Social Media

John Ruane (Pres)

Accounts:
Chicago White Sox Ltd.

RUBENSTEIN ASSOCIATES, INC.
825 Eighth Ave, New York, NY 10019-7416
Tel.: (212) 843-8000
Fax: (212) 843-9200
E-Mail: info@rubenstein.com
Web Site: www.rubenstein.com

Employees: 200
Year Founded: 1954

Agency Specializes In: Public Relations, Sponsorship

Steven Rubenstein (Pres)
Susan Arons (Mng Dir)
Suzanne Halpin (Mng Dir)
Thomas Keaney (Chief Strategy Officer)
Howard J. Rubenstein (Principal)
Gary Lewi (Sr Exec VP)
Amanda Deveaux (Sr VP)
Stefan Prelog (Sr VP)
Heather Silverberg Resnicoff (Sr VP)
Jennifer Young (Sr VP-HR)
Nataliya Yakushev (VP-Digital)
Hillary Karsten (Assoc VP)
Mike Stouber (Assoc VP)
Julia Tomkins (Sr Acct Exec)

Accounts:
ABC, Inc.
AECOM
Al Roker Productions
Apollo Global Management, LLC
Association for a Better Long Island
Association for a Better New York
Beats Electronics LLC
Beth Israel Medical Center
BMW of North America Auto Shows, BMW I Communications, Golf Initiatives, Marketing Communications
Cathedral of Saint John the Divine
Chipotle Public Relations
Chrysler Building
City University of New York
Coalition of One Hundred Black Women
Columbia University
Consolidated Edison Company of New York
Countdown Entertainment New Year's Eve Ball Dropping in Times Square
CytoSorbents Corporation; 2017
Danielle Steel
Fleet Week
Fordham University
Grove Street Advisors
Guggenheim Museum
Henry Schein, Inc.
Hunter College
Ideal Properties Group
Intrepid Sea Air Space Museum
The Lefrak Organization
Lotus Capital Partners; 2017
MacAndrews & Forbes Group
Madame Tussaud's NY
Maimonides Medical Center
Metropolitan Opera
Mount Airy Casino Resort
Mount Sinai Hospital
Muriel Siebert & Co.
Museum of Jewish Heritage: A Living Memorial to the Holocaust
New York City Marathon
New York City Police Foundation
New York-Presbyterian Healthcare System; New York, NY
New York Yankees
News America Marketing
News Corporation Limited
NY Presbyterian/Weill Cornell Medical Center
One Hundred Black Men, Inc.
Paramount Pictures Corporation
Partnership for New York City
Patsy's Italian Restaurant
Quinnipiac University Poll
Rockefeller Center Christmas Tree Lighting
Rockefeller Center
Rutherford Place
Saint Johns' University
Samson Capital Advisors
SIGA Technologies, Inc.
Silverstein Properties
Synergy Global Forum; 2017
Tavistock Restaurant Group
Tishman Speyer Properties
Tribeca Films
Vornado Realty Trust
Walt Disney Corporation
Wells Real Estate Funds, Inc.; Norcross, GA
Whitney Museum of American Art
Worldwide Pants-Late Show with David Letterman
Yankees Entertainment & Sports Network, LLC; New York

Subsidiary

Rubenstein Public Relations
1301 Avenue Of The Americas Fl 10, New York, NY 10019
Tel.: (212) 843-8000
Fax: (212) 843-9200
Web Site: www.rubensteinpr.com/

Employees: 25

Agency Specializes In: Public Relations

Richard Rubenstein (Pres)
Michael Isaacson (CFO)
Kristie Galvani (Exec VP & Grp Head-Corp Comm)
Shay Pantano (Sr VP & Head-Dept-Beauty, Health & Wellness)
Gerry Casanova (Sr VP & Client Svcs Dir)
Kathryn Green (VP & Dir-New Bus Dev)
Amy Rosen (VP)
Roxanne Ducas (Dir-Comm)
Diana Ziskin (Acct Mgr-PR)

Accounts:
African Lion & Environmental Research Trust Pro Bono
Alkamind (Agency of Record)
Altec Lansing (Agency of Record) Media
American Society of Interventional Pain Physicians Pain Management & Minimally-Invasive Techniques
Annual Village Halloween Parade (Agency of Record) Public Relations
The Apple Building Condominium
Apple-Metro, Inc
ARK Development, LLC
Astro Gallery of Gems (Agency of Record)
BioHiTech Global Media
BiVi Sicilian Vodka (Public Relations Agency of Record) Communications, Media Relations
Bizzi & Partners
The Blue Card
Brian Cuban
British Basketball Association Integrated Marketing
Brown Harris Stevens
Butler Burgher Group
Calamos Investments Media Relations
Carol Alt
The Centurion
Charles Rutenberg, LLC (Agency of Record) Public Relations
Contemporary Art Collection
Continental Properties
The Cutting Room (Agency of Record) Communications Strategy, Media
CytoSorbents Corporation; 2017
David Fisher Rotating Tower; 2008
Dr. Suzanne Levine
Eight O'Clock Coffee Media Relations
Fireapps Brand Awareness, Media Coverage
Fundrise
Greencard Creative
GreenHouse Holdings, Inc.; San Diego, CA (Agency of Record)
Halstead Property
HAP Investments Real Estate
The Helmsley Hotel Mindy's Restaurant
Hospitality Holdings
Iconosys, Inc.; Laguna Hills, CA SMS Replier
Ideal Properties Group Real Estate
JMJ Holdings Residential Development
Julius Nasso Media Strategies
Karim Rashid
Kingsbridge National Ice Center
The Lennon Report (Agency of Record)
Lotus Capital Partners; 2017
Luciano Pavarotti Foundation USA Events, Media Relations, Philanthropic Partnerships
Magnolia Bakery
Maritz Motivation Solutions
The Mark Company; San Francisco, CA Marketing, Strategic Planning
Mayshad Foundation (Agency of Record) Media Relations; 2017
MIPIM
Miss Universe Organization
Moon River Studios (Agency of Record)
Mount Airy Casino Resort (Agency of Record)
Nardello & Co Media Relations
The National Urban Technology Center (Agency of Record) Social; 2017
Nederlander Worldwide Entertainment RENT (Agency of Record)
NeoStem, Inc
NestSeekers International
New York Residence
Philip Stein
Phipps & Co
Pier 59 Studios
Prodigy International
RLTY NYC
Rutherford Place Real Estate
SG Blocks, Inc
Sharon Parker Look Out Cancer... Here I Come
Sheldon Good & Company
Siras Development
Somerset Partners LLC; 2007
South Beach Group; FL Vacation Destination
Synergy Global Forum; 2017
Tofutti Brands Brand Awareness
US Mortgage Corporation (Agency of Record) Media
US Rare Earths, Inc.
New-Village Halloween Parade Public Relations
VMMA Paul Szyarto (Agency of Record), Targeted Media Outreach
World Business Lenders Brand Awareness, Media Coverage
World Series of Fighting (Agency of Record) Events, Strategic Communications Worldwide
Zenthea Dental
ZoneManhattan.com

RUBIN COMMUNICATIONS GROUP
4540 Princess Anne Rd Ste 114, Virginia Bch, VA 23462
Tel.: (757) 456-5212
Fax: (757) 456-5224
Web Site: www.rubincommunications.com

Employees: 50

Agency Specializes In: Advertising, Event Planning

AGENCIES - JANUARY, 2019 — PUBLIC RELATIONS FIRMS

& Marketing, Graphic Design, Internet/Web Design, Media Buying Services, Media Relations, Media Training, Public Relations, Social Media

Joel Rubin *(Pres)*
Sara Jo Rubin *(COO)*
Danny Rubin *(VP)*
Jessica Woolwine *(Creative Dir)*

Accounts:
Achievable Dream Academy
Cintas Corporation
Diamonds Direct
Virginia Dental Association

RUBY MEDIA GROUP
15 Broad St, New York, NY 10005
Tel.: (914) 268-8645
Web Site: www.rubymediagroup.com

Employees: 3

Agency Specializes In: Advertising, Collateral, Content, Graphic Design, Leisure, Media Planning, Media Relations, Promotions, Public Relations, Social Media

Kris Ruby *(Founder & Pres)*

Accounts:
The Crowne Plaza Hotel White Plains

RUDER FINN INC.
301 E 57th St, New York, NY 10022-2900
Tel.: (212) 593-6400
Fax: (212) 593-6397
E-Mail: info@ruderfinn.com
Web Site: www.ruderfinn.com

Employees: 500
Year Founded: 1948

Agency Specializes In: Public Relations, Sponsorship

Approx. Annual Billings: $99,000,000

David Finn *(Chm & Pres)*
Dena Merriam *(Vice Chm)*
Kathy Bloomgarden *(CEO)*
Rowan Benecke *(Chief Growth Officer)*
Michael Schubert *(Chief Innovation Officer)*
Lisa Gabbay *(Pres-Design & Creative Dir)*
Fred Hawrysh *(Exec VP & Head-Integrated Comm)*
Keith Hughes *(Exec VP & Head-Corp Practice-US)*
Cliff Berman *(Exec VP & Dir-Consumer Mktg)*
Maryam Ayromlou *(Exec VP-Media Strategy & Content)*
Jennifer Essen *(Exec VP)*
Anne Glauber *(Exec VP)*
Laura Ryan *(Exec VP-Corp Comm Practice)*
Rachel Spielman *(Exec VP-Storytelling & Media)*
Mary Coyle *(Sr VP & Strategist-Media Rels)*
Kate Fisher *(Sr VP)*
James Walker *(Grp VP-Corp Comm-Social Engagement & Digital Content)*
Kate Hardin *(VP)*
Tejas Totade *(Head-Emerging Technologies)*
Constantine Frangos *(Creative Dir)*
Molly Dobbins *(Sr Acct Supvr)*

Accounts:
3I
Ad Council
Alliance Data Systems
Bristol-Myers Squibb
Caribou Coffee Public Relations
Cengage Learning Communications, Digital, Global Brand Positioning, Media Relations, Message Development, Thought Leadership
Citi

Jamaica Tourist Board
Kenneth Cole Productions Media, Website
Kyocera Mita America, Inc.
Lafco Enterprise (Public Relations Agency of Record) Content Development, Media Relations, Thought Leadership
North Face
Novartis Corporation Public Relations
Palm, Inc.
Twinings Tea
Weight Watchers International, Inc.

Subsidiaries

Polskin Arts & Communications Counselors
301 E 57th St, New York, NY 10022-2900
Tel.: (212) 593-6475
Fax: (212) 715-1507
E-Mail: rfnewyork@ruderfinn.com
Web Site: www.polskinarts.com

Employees: 300

Amanda Domizio *(Sr VP)*
Amy Wentz *(Sr VP)*
Kate Lydecker *(VP)*
Maura Klosterman *(Sr Acct Supvr)*
Katherine Orsini Slovik *(Acct Exec)*

Finn Partners
301 E 57th St, New York, NY 10022
(See Separate Listing)

RF Binder
950 3rd Ave, New York, NY 10022
(See Separate Listing)

Ruder Finn Healthcare
301 E 57th St, New York, NY 10022-2900
Tel.: (212) 593-6400
Fax: (646) 792-4442
E-Mail: healthcare@ruderfinn.com
Web Site: www.ruderfinn.com

Employees: 400

Kevin Silverman *(Sr VP & Dir-Healthcare Innovation)*
David Brooks *(Sr VP-Digital & Social Health)*
Nina Scherr *(Sr VP)*

Accounts:
Affymetrix
Johnson & Johnson
Medtronic
Sanofi-Aventis
Schering-Plough
UCB
Vertex

Ruder Finn
655 Commercial St, San Francisco, CA 94111
Tel.: (415) 223-8290
Web Site: www.ruderfinn.com

Employees: 20

Agency Specializes In: Advertising, Brand Development & Integration, Digital/Interactive, Media Relations, Public Relations

Sharon Keating *(VP-Ops)*

Accounts:
Belkin (Agency of Record) Strategic Communications
The Bodyshop
Bridgelux (Agency of Record) Marketing, Thought Leadership
Cengage Learning Communications, Digital, Global Brand Positioning, Media Relations, Message Development, Thought Leadership
Hytera
Intel Corporation
Macromedia
Mindjet Spigit
Monohm
Seagate Technology
TriNet

U.S. Network:

RF Binder Partners
160 Gould St Ste 115, Needham, MA 02494-2300
Tel.: (781) 455-8250
Fax: (781) 455-8233
E-Mail: nancy.moss@rfbinder.com
Web Site: www.rfbinder.com

Employees: 8

National Agency Associations: COPF

Agency Specializes In: Sponsorship

Josh Gitelson *(Exec Mng Dir)*
Atalanta Rafferty *(Exec Mng Dir)*
Eva Pereira *(Sr Mng Dir)*
Stephanie O'Gara *(Mng Dir)*
Amanda Harris *(Dir)*
Jill Metzger *(Dir)*
Etty Lewensztain *(Mgr)*

Accounts:
Back to Nature Foods Back to Nature, SnackWell's
Center for Reintegration
Dunkin' Brands Group, Inc. Dunkin Donuts
Friends of the High Line
TIAA-CREF

Rogers Finn Partners
1875 Century Park E Ste 200, Los Angeles, CA 90067-2504
(See Separate Listing)

European Network:

Ruder Finn UK, Ltd.
2nd Floor 1 Bedford Street, London, WC2E 9HG
United Kingdom
Tel.: (44) 20 7438 3050
Fax: (44) 207 462 8999
E-Mail: mail@ruderfinn.co.uk
Web Site: www.ruderfinn.co.uk

Employees: 35

Nick Leonard *(Mng Dir-UK)*
Alison Denham *(Dir-HR)*
Robin Grainger *(Dir-Connected Comm)*
Emma Morton *(Sr Strategist-Media)*

Accounts:
Creative Skills For Life Bloggers, Digital
Gavi Alliance
Meningitis Research Foundation
Meningitis Trust
Meningitis UK
Novartis
Pfizer
Puressentiel Public Relations
Rosetta Stone Enterprise & Education PR

Asian Network:

Ruder Finn Asia Limited
Room 101 Office Building East Lake Villas 35

PUBLIC RELATIONS FIRMS

Dongzhimenwai Main Street, Dongcheng
District, Beijing, 100027 China
Tel.: (86) 10 6462 7321
Fax: (86) 10 6462 7327
E-Mail: info@ruderfinnasia.com
Web Site: www.ruderfinnasia.com

Employees: 80

Grace Liang *(VP & Gen Mgr-Guangzhou Branch)*
Judy Guo *(Gen Mgr)*

Accounts:
Forbes Travel Guide Communications; 2018
The Philadelphia Orchestra Communications, Public Relations
Volkswagen Group "push-to-pass engine boost", Audi R8 LMS Cup, Creating Content, GT Asia Series, Media, On-Site Media, Press Releases, Public Relations, Social-Networking, Supporting Materials

Ruder Finn Asia Limited
2nd Floor Block 7 789 Huang Pi Nan Road, Shanghai, 200025 China
Tel.: (86) 21 5383 1188
Fax: (86) 21 6248 3176
Web Site: www.ruderfinnasia.com

Employees: 80

Eric Jin *(CFO)*
Elan Shou *(CEO-Reg)*
Tony Dong *(Sr VP & Gen Mgr-Shanghai)*
Gao Ming *(Sr VP & Gen Mgr-Luxury Practice-China)*
Kok Wing Tham *(Sr VP-Integration & Engagement)*
Cathy Gu *(Mng Dir-Thunder Comm-Shanghai & VP)*
Grace Liang *(VP & Gen Mgr-Guangzhou Branch)*
Wayne Chen *(Sr Acct Dir & Head-Premium Lifestyle Practice-Shanghai)*
Jackie Wen *(Sr Acct Exec)*

Accounts:
Blancpain
Boucheron
De Beers
Diesel
Heifer China Communications, Digital Public Relations

Ruder Finn Asia Limited
1 Coleman Street #08-11 The Adelphi, Singapore, 179803 Singapore
Tel.: (65) 6235 4495
Fax: (65) 6235 7796
E-Mail: sallehm@ruderfinnasia.com
Web Site: www.ruderfinn.com

Employees: 16
Year Founded: 1996

Agency Specializes In: Public Relations

Martin Alintuck *(Mng Dir-Southeast Asia)*
Antoine Monod *(VP-Activation)*
Trevor Hawkins *(Sr Counsel)*

Accounts:
Braun Public Relations, Social Media, oCoolTec
E27 Echelon Asia Summit, Media Relations, Public Relations
Feiyue Media Communications, Media Strategy, Public Relations
Lexus Media Communications
PropertyGuru Communications, Public Relations
RTG Holding LiHO, Strategic Communications; 2017
Singapore Computer Society Media Relations, Public Relations

Suntec City Mall Communications Strategy, Media Relations

RUNSWITCH PUBLIC RELATIONS
9300 Shelbyville Rd, Louisville, KY 40222
Tel.: (502) 365-9917
E-Mail: info@runswitchpr.com
Web Site: www.runswitchpr.com

Employees: 12
Year Founded: 2012

Agency Specializes In: Advertising, Crisis Communications, Event Planning & Marketing, Logo & Package Design, Media Buying Services, Media Planning, Media Training, Public Relations, Social Media, Strategic Planning/Research

Ready to win? Engage the RunSwitch. They are ready to activate the public relations mechanisms you need to achieve your business, legislative, communications, and marketing goals. They deliver what matters most in business or politics: a winning strategy.

Gary Gerdemann *(Co-Founder & Principal)*
Scott Jennings *(Principal)*
Ben Keeton *(Sr VP)*
Kaylee Price *(VP)*
Katrina Gallagher *(Sr Acct Dir)*
Allie Martin *(Acct Dir)*
Kathryn Parrish *(Acct Dir)*
Katherine Kington North *(Sr Acct Exec)*
Austin Birge *(Acct Exec)*
Kalli Plump *(Acct Exec)*
Katie Holston *(Acct Coord)*

Accounts:
New-Dare to Care Food Bank
New-Kentucky Farm Bureau
Long John Silver's, LLC
New-Marsy's Law for Kentucky

RUSSELL PUBLIC COMMUNICATIONS
6890 E Sunrise Drive, Tucson, AZ 85750
Tel.: (520) 232-9840
E-Mail: info@russellpublic.com
Web Site: www.russellpublic.com

Employees: 5

Agency Specializes In: Advertising, Event Planning & Marketing, Logo & Package Design, Media Relations, Media Training, Out-of-Home Media, Outdoor, Public Relations, Radio, Strategic Planning/Research

Matt Russell *(Pres & CEO)*
Shelly McGriff *(Mgr-Fin)*

Accounts:
Veria Living

THE RUTH GROUP
757 Third Ave, New York, NY 10017
Tel.: (646) 536-7000
E-Mail: info@theruthgroup.com
Web Site: www.theruthgroup.com

Employees: 25

Agency Specializes In: Media Relations, Public Relations, Social Media

Carol Ruth *(Founder, Pres & CEO)*
Tram Bui *(Sr VP-IR)*
Sharon Choe *(Sr VP)*
Lee Roth *(Sr VP)*
Kirsten Thomas *(Sr VP)*
Chris Nardo *(VP)*

Alexander Lobo *(Sr Acct Exec)*

Accounts:
Endologix, Inc
iCad, Inc.
Nemaura Medical, Inc Investor & Public Relations Counsel, sugarBEAT; 2018
Oragenics, Inc.

S&S PUBLIC RELATIONS, INC.
150 N Upper Wacker Drive, Chicago, IL 60606
Tel.: (847) 955-0700
Toll Free: (800) 287-2279
E-Mail: information@sspr.com
Web Site: www.sspr.com

E-Mail for Key Personnel:
President: steve@sspr.com

Employees: 75
Year Founded: 1978

Agency Specializes In: Business Publications, Business-To-Business, E-Commerce, Education, Entertainment, Exhibit/Trade Shows, Financial, Food Service, High Technology, Information Technology, Newspaper, Newspapers & Magazines, Planning & Consultation, Public Relations, T.V., Trade & Consumer Magazines

Approx. Annual Billings: $0

Mindy Franklin *(Sr VP)*
Lindsey Pugh *(Head-Strategy)*

Branch

S&S Public Relations, Inc.
120 N Tejon St Ste 201, Colorado Springs, CO 80903
Tel.: (719) 634-1180
Fax: (719) 634-1184
Web Site: sspr.com

Employees: 7

Agency Specializes In: Public Relations

Accounts:
iLighter inc
iWave
Lifeway Foods
Nobscot
Patagonia
Soda Club
Sunbelt Software

S. GRONER ASSOCIATES, INC.
100 W Broadway Ste 290, Long Beach, CA 90802
Tel.: (562) 597-0205
Web Site: www.sga-inc.net

Employees: 20

Agency Specializes In: Brand Development & Integration, Graphic Design, Internet/Web Design, Media Relations, Public Relations, Strategic Planning/Research

Stephen Groner *(Pres)*

Accounts:
Orange County Senior Center
Watts Re:Imagined

SAGON-PHIOR
2107 Sawtelle Blvd, West Los Angeles, CA 90025
Tel.: (310) 575-4441
Fax: (310) 575-4995
E-Mail: info@sagon-phior.

AGENCIES - JANUARY, 2019 — PUBLIC RELATIONS FIRMS

Web Site: www.sagon-phior.com

Employees: 23

Agency Specializes In: Above-the-Line, Advertising, Advertising Specialties, Affiliate Marketing, Affluent Market, African-American Market, Agriculture, Alternative Advertising, Arts, Asian Market, Automotive, Aviation & Aerospace, Below-the-Line, Bilingual Market, Brand Development & Integration, Branded Entertainment, Broadcast, Business Publications, Business-To-Business, Cable T.V., Catalogs, Children's Market, Co-op Advertising, Collateral, College, Commercial Photography, Communications, Computers & Software, Consulting, Consumer Goods, Consumer Marketing, Consumer Publications, Content, Corporate Communications, Corporate Identity, Cosmetics, Crisis Communications, Custom Publishing, Customer Relationship Management, Digital/Interactive, Direct Response Marketing, Direct-to-Consumer, E-Commerce, Education, Electronic Media, Electronics, Email, Engineering, Entertainment, Environmental, Event Planning & Marketing, Exhibit/Trade Shows, Experience Design, Faith Based, Fashion/Apparel, Financial, Food Service, Game Integration, Government/Political, Graphic Design, Guerilla Marketing, Health Care Services, High Technology, Hispanic Market, Hospitality, Household Goods, Identity Marketing, In-Store Advertising, Industrial, Infomercials, Information Technology, Integrated Marketing, International, Internet/Web Design, Investor Relations, LGBTQ Market, Legal Services, Leisure, Local Marketing, Logo & Package Design, Luxury Products, Magazines, Marine, Market Research, Media Buying Services, Media Planning, Media Relations, Media Training, Medical Products, Men's Market, Merchandising, Mobile Marketing, Multicultural, Multimedia, New Product Development, New Technologies, Newspaper, Newspapers & Magazines, Out-of-Home Media, Outdoor, Over-50 Market, Package Design, Paid Searches, Pets , Pharmaceutical, Planning & Consultation, Podcasting, Point of Purchase, Point of Sale, Print, Product Placement, Production, Production (Ad, Film, Broadcast), Production (Print), Promotions, Public Relations, Publicity/Promotions, Publishing, RSS (Really Simple Syndication), Radio, Real Estate, Recruitment, Regional, Restaurant, Retail, Sales Promotion, Search Engine Optimization, Seniors' Market, Shopper Marketing, Social Marketing/Nonprofit, Social Media, South Asian Market, Sponsorship, Sports Market, Stakeholders, Strategic Planning/Research, Sweepstakes, Syndication, T.V., Technical Advertising, Teen Market, Telemarketing, Trade & Consumer Magazines, Transportation, Travel & Tourism, Tween Market, Urban Market, Viral/Buzz/Word of Mouth, Web (Banner Ads, Pop-ups, etc.), Women's Market, Yellow Pages Advertising

Glenn Sagon *(CEO & Partner)*
Rio Phior *(Partner & Chief Creative Officer)*
Russ Coon *(Dir-Interactive Media)*
Mathieu Fischer *(Dir-Acct & Project)*
Bill Fate *(Sr Creative Dir)*

Accounts:
American Heart Association
American State Bank
Buckley
Cynvenio Biosystems
Decusoft Software Solutions
DirecTV
F&M Bank
Gelson's Supermarkets
Golden State Medicare Healthcare
Granite Investments
Irvine Company
McCormick Distilling
Microsoft
Nonhuman Rights Project
Organyc Feminine Hygiene Products
Pininfarina
Princess Cruises
Southern California Reproductive Centers
StoneCalibre Private Investments
WaveJet Propulsion Systems
Zero G Colony/Virgin Galactic

Branches

Sagon-Phior
32500 Monterey Dr, Union City, CA 94587
Tel.: (510) 684-2090
Fax: (510) 487-1043
E-Mail: rrasey@sagon-phior.com
Web Site: www.sagon-phior.com

Employees: 15

Glenn Sagon *(CEO & Partner)*

Sagon-Phior
5 Georgia Ln, Croton on Hudson, NY 10520
Tel.: (510) 684-2090
Fax: (510) 487-1043
E-Mail: rrasay@sagon-phior.com
Web Site: www.sagon-phior.com

Employees: 50

Rick Rasay *(Mng Dir)*

Sagon-Phior
4004 Timberbrook Ct, Arlington, TX 76015
Tel.: (214) 794-7224
Fax: (310) 575-4995
Web Site: www.sagon-phior.com

Employees: 50
Year Founded: 1986

Glenn Sagon *(CEO & Partner)*

Accounts:
American Heart Association Fundraising
American Mensa Membership
Cathay Bank Finance
CBS Sports Secret Golf Entertainment TV & App
Irvine Company Real Estate
Kroeger/Gelson's Supermarkets Food & Beverage
Metabolife Health
Microsoft Software
Nissin Foods Food/Packaging
Princess Cruises Cruises
Rodney Strong Estate Vineyards Wine
Valley Presbyterian Hospital Healthcare

SAHL COMMUNICATIONS, INC.
1 W Broad St Ste 904, Bethlehem, PA 18018
Tel.: (484) 353-9859
E-Mail: info@sahlcomm.com
Web Site: www.sahlcomm.com

Employees: 10
Year Founded: 2009

Agency Specializes In: Crisis Communications, Event Planning & Marketing, Internet/Web Design, Media Planning, Media Relations, Media Training, Public Relations, Search Engine Optimization, Social Media

Kim Plyler *(CEO)*
Robert T. Gardner *(Sr VP-Ops)*

Accounts:
Veterans Empowered To Protect African Wildlife

SALLY FISCHER PUBLIC RELATIONS
330 W 58th St Ste 509, New York, NY 10019
Tel.: (212) 246-2977
Web Site: www.sallyfischerpr.com

Employees: 5

Agency Specializes In: Corporate Communications, Event Planning & Marketing, Media Relations, Public Relations, Social Media

Sally Fischer *(Founder & Pres)*

Accounts:
The Bauers Hotel
Hotel Santavenere
Umbra

SALMONBORRE GROUP LTD.
223 W Jackson Blvd, Chicago, IL 60606
Tel.: (847) 582-1610
E-Mail: info@salmonborre.com
Web Site: www.salmonborre.com

Employees: 5

Agency Specializes In: Event Planning & Marketing, Media Relations, Promotions, Public Relations, Social Media, Strategic Planning/Research

Deb Salmon *(Owner)*

Accounts:
Tomy

SALTERMITCHELL INC.
117 S Gadsden St, Tallahassee, FL 32301
Tel.: (850) 681-3200
Fax: (850) 681-7200
Web Site: https://www.saltermitchell.com/

Employees: 25

Agency Specializes In: Crisis Communications, Internet/Web Design, Public Relations, Social Marketing/Nonprofit, Social Media

Peter Mitchell *(Chm & Chief Creative Officer)*
April Salter *(Pres & COO)*
Heidi Otway *(Partner, VP & Dir-PR & Social Media)*
Christene Jennings *(COO-Marketing for Change)*
Karen Ong *(Creative Dir)*
Robert Bailey *(Dir-Res)*

Accounts:
IPREX
Kitson & Partners
Plum Creek
Tampa Bay Estuary Program

SAMANTHA CRAFTON PUBLIC RELATIONS
73 W Monroe St, Chicago, IL 60603
Tel.: (847) 502-2001
E-Mail: info@samanthacrafton.com
Web Site: www.samanthacrafton.com

Employees: 5

Agency Specializes In: Brand Development & Integration, Event Planning & Marketing, Media Relations, Media Training, Promotions, Public Relations, Social Media

Samantha Crafton *(Founder & Principal)*

Accounts:
Renee Frances Jewelry

PUBLIC RELATIONS FIRMS

SAMMIS & OCHOA
110 E Houston St, San Antonio, TX 78205
Tel.: (210) 390-4284
Fax: (210) 399-0767
E-Mail: info@sammisochoa.com
Web Site: www.sammisochoa.com

Employees: 10
Year Founded: 2010

Agency Specializes In: Event Planning & Marketing, Media Relations, Public Relations, Social Media, Strategic Planning/Research

Mario Ochoa *(Co-Owner)*
Ali Benevento *(Acct Mgr)*
Victoria Reyna *(Acct Mgr)*

Accounts:
Big Red Dog Engineering

SANDBOX STRATEGIES
1123 Broadway Ste 1017, New York, NY 10010
Tel.: (212) 213-2451
Web Site: www.sandboxstrat.com

Employees: 15

National Agency Associations: 4A's

Agency Specializes In: Market Research, Media Planning, Public Relations, Social Media

Rob Fleischer *(Partner)*
Corey Wade *(Partner)*
Shaun Norton *(Dir-PR)*

Accounts:
Activision
SteelSeries

SANDRA EVANS & ASSOCIATES
3001 Bridgeway Ste K 211, Sausalito, CA 94965
Tel.: (415) 887-9230
E-Mail: sandra@seandassoc.com
Web Site: sandraevansandassociates.com

Year Founded: 2001

Agency Specializes In: Above-the-Line, Advertising, Alternative Advertising, Below-the-Line, Collateral, Communications, Print, Production (Ad, Film, Broadcast), Public Relations

Approx. Annual Billings: $160,000

Sandra Evans *(Founder, Creative Dir & Project Mgr)*
Maryanne Townsend *(Gen Mgr & Controller)*
Katie Lee *(Acct Coord)*

Accounts:
Black Turtle Lodge; Costa Rica
Bridge Brands Chocolate
Charles Schwab
Clare Computer Solutions
Golden Gate Opera
Grocery Outlet, Inc.
iHear Medical
Kitchen Table Bakers
KMD Architects
McCann Erickson
San Francisco Chocolate Factory
San Mateo Count Event Center
San Mateo County Fair
Soma Beverage Company, LLC
Tommy's Original Margarita Mix, Inc.
Two Leaves & a Bud Tea Company

SANDY HILLMAN COMMUNICATIONS
1122 Kenilworth Dr Ste 303, Baltimore, MD 21204
Tel.: (410) 339-5100
Web Site: www.hillmanpr.com

Employees: 25

Agency Specializes In: Brand Development & Integration, Content, Crisis Communications, Media Relations, Print, Public Relations

Sandy Hillman *(Pres)*
Lauren Walbert *(VP)*
Harry Hammel *(Sr Acct Exec)*
Hillary Schrum *(Sr Acct Exec)*

Accounts:
New-Horseshoe Casino Baltimore

SANTA CRUZ COMMUNICATIONS INC.
3579 E Foothill Blvd Ste 776, Pasadena, CA 91107
Tel.: (626) 538-4330
Web Site: www.santacruzpr.com

Employees: 5
Year Founded: 2001

Agency Specializes In: Event Planning & Marketing, Media Relations, Media Training, Print, Public Relations, Social Media

Claudia Santa Cruz *(Pres)*
Danixa Lopez *(Dir-PR)*

Accounts:
Telemundo

SARAH HALL PRODUCTIONS INC
145 Hudson St Ste 404, New York, NY 10013
Tel.: (212) 597-9200
E-Mail: info@sphny.com
Web Site: www.shpny.com

Employees: 10
Year Founded: 1994

Agency Specializes In: Brand Development & Integration, Communications, New Product Development, Public Relations, Publicity/Promotions, Social Media

Sarah Hall *(Pres)*
Sarah Meyer *(Sr Acct Exec)*

Accounts:
New-Elliot Sloan (Agency of Record)
Jerry Buting (Agency of Record) Publicity; 2018
National Theatre Live (Agency of Record) US Publicity; 2018

SARD VERBINNEN & CO.
630 3rd Ave 9th Fl, New York, NY 10017
Tel.: (212) 687-8080
Fax: (212) 687-8344
Web Site: www.sardverb.com

Employees: 100

Agency Specializes In: Crisis Communications, Investor Relations, Media Relations

George Sard *(Chm & CEO)*
Peter Rose *(Vice Chm)*
Paul Verbinnen *(Pres)*
David Harris *(Mng Dir & CFO)*
James Barron *(Mng Dir)*
Matt Benson *(Mng Dir)*
Ellen Davis *(Mng Dir)*
Denise Des Chenes *(Mng Dir)*
Brooke Gordon *(Mng Dir)*
Stephen Pettibone *(Mng Dir)*
Stephanie Pillersdorf *(Mng Dir)*
Bob Rendine *(Mng Dir)*
James Tully *(Mng Dir)*
Robin Weinberg *(Mng Dir)*
Emily Claffey *(Principal)*
Pamela Greene *(Principal)*
Adam Shapiro *(Principal-Digital Strategy)*
Steven Balet *(Mng Dir-Strategic Governance Advisors)*
Andrew Cole *(Mng Dir-New York)*
Anna Cordasco *(Mng Dir-New York)*
Marc Minardo *(Mng Dir-Digital Comm Grp)*

Accounts:
21st Century Oncology, Inc
Angus Chemical Company
Bridge Growth Partners, LLC
Colfax Corporation
Cowen Group, Inc
CTI Foods
Danaher Corp Public Relations
DraftKings
Eddie Bauer
Forest Laboratories, Inc.; New York, NY
FXI-Foamex Innovations
Globecomm Systems Inc
GNC Holdings Inc.
New-Hycroft
Infinium Capital Management
Integrated Device Technology, Inc.; San Jose, CA
Leerink Partners
Morgans Hotel Group Co.
Phillips Pet Food & Supplies
Spectrum Brands
Takata Corp
Univision Communications Inc. Corporate Communications
Valeant Pharmaceuticals International, Inc.

Branches

Sard Verbinnen & Co
10250 Constellation Blvd Fl 12, Los Angeles, CA 90067
Tel.: (310) 201-2040
Fax: (310) 557-3093
E-Mail: info@sardverb.com
Web Site: www.sardverb.com

Employees: 15
Year Founded: 1992

Agency Specializes In: Advertising, Brand Development & Integration, Content, Crisis Communications, Investor Relations, Media Relations, Social Media

Alyssa Linn *(Principal)*
Cassandra Bujarski *(Mng Dir-Los Angeles)*
Steven Goldberg *(Mng Dir-Los Angeles)*
Matt Reid *(Mng Dir-Los Angeles)*

Accounts:
New-Pulse Electronics

Sard Verbinnen & Co
475 Sansome St Ste 1750, San Francisco, CA 94111
Tel.: (415) 618-8750
Web Site: www.sardverb.com

Employees: 50
Year Founded: 1992

Agency Specializes In: Advertising, Communications, Crisis Communications, Financial, Investor Relations, Legal Services, Media Relations, Media Training, Production (Ad, Film, Broadcast), Social Media, Strategic Planning/Research

John Christiansen *(Mng Dir & Co-Head-West*

AGENCIES - JANUARY, 2019 — PUBLIC RELATIONS FIRMS

Coast Offices)
Megan Bouchier *(Mng Dir)*
Meghan Gavigan *(Mng Dir)*
Paul Kranhold *(Mng Dir)*
Scott Lindlaw *(Mng Dir)*
Peter Siwinski *(Mng Dir)*
David Isaacs *(Principal-San Francisco)*
Leah Polito *(VP)*
Reze Wong *(VP)*

Accounts:
Buffalo Wild Wings Media; 2017
NorthStar Asset Management Group Inc
SoftBank Group Corp

Sard Verbinnen & Co.
190 S LaSalle St Ste 1600, Chicago, IL 60603
Tel.: (312) 895-4700
Fax: (312) 895-4747
E-Mail: info@sardverb.com
Web Site: www.sardverb.com

Employees: 101
Year Founded: 1992

Agency Specializes In: Advertising, Content, Crisis Communications, Media Relations, Media Training, Social Media

Bryan Locke *(Mng Dir)*
Jacob Crows *(Principal)*
Jenny Gore *(Principal-Greater Chicago)*

Accounts:
Landauer, Inc.
New-SIRVA, Inc.

SASS PUBLIC RELATIONS INC.
374 Lincoln Ctr, Stockton, CA 95207
Tel.: (209) 957-7277
E-Mail: info@sasspr.com
Web Site: www.sasspr.com

Employees: 7
Year Founded: 2006

Agency Specializes In: Advertising, Collateral, Event Planning & Marketing, Graphic Design, Internet/Web Design, Public Relations

Carrie Sass *(Pres)*
Cesar Larios *(Sr Designer-Graphic & Web)*

Accounts:
Flair Boutique

SAVVY INC.
2601 Woodley Pl Nw Apt 814, Washington, DC 20008
Tel.: (207) 482-0637
Fax: (207) 221-1076
Toll Free: (888) 957-4777
E-Mail: info@savvy-inc.com
Web Site: www.savvy-inc.com

Employees: 5
Year Founded: 2000

Agency Specializes In: Consulting, Crisis Communications, Government/Political, Public Relations, Publicity/Promotions

Dennis Bailey *(Pres)*

Accounts:
480 Digital
Apple Inc.
CAP Quality Care
Grid Solar
Head Start Programs
Pike Industries

SAWMILL MARKETING PUBLIC RELATIONS
7 Erwood Ct, Baltimore, MD 21212
Tel.: (410) 372-0827
Web Site: www.sawmillmarketing.com

Agency Specializes In: Crisis Communications, Media Relations, Media Training, Public Relations, Social Media

Susan Anthony *(Partner)*

Accounts:
Capitol Communicator

SAXUM PUBLIC RELATIONS
6305 Waterford Blvd, Oklahoma City, OK 73118
Tel.: (405) 608-0445
Web Site: www.saxum.com

Employees: 14
Year Founded: 2004

National Agency Associations: COPF

Agency Specializes In: Experiential Marketing, Public Relations

Revenue: $1,200,000

Debbie Schramm *(Pres)*
Renzi C. Stone *(CEO)*
Dan Martel *(Chief Creative Officer & Sr VP)*
Tosha Lackey *(VP-Fin)*
Amy Pyles *(VP-Digital)*
Lindsay Vidrine *(Head-Bus-Consumer & Health Practice & Sr Acct Dir)*
Erick Worrell *(Sr Dir-Bus Dev)*
Houda Elyazgi *(Sr Acct Dir)*
Jason Acock *(Acct Dir)*
Lisa K. Lloyd *(Supvr-Media Rels)*
Tempie DeVaughn Farmer *(Sr Art Dir)*

Accounts:
Hobby Lobby Stores
Promotional Products Association International (Agency of Record) Integrated Communications

SBPR CORP.
500 SE 17th St Ste 325, Fort Lauderdale, FL 33316
Tel.: (954) 566-1522
Fax: (954) 566-1524
E-Mail: info@sbprcorp.com
Web Site: www.sbprcorp.com

Employees: 1

Agency Specializes In: Custom Publishing, Media Relations, Product Placement, Public Relations, Publicity/Promotions, Web (Banner Ads, Pop-ups, etc.)

Patrick Bennett *(Creative Dir)*

Accounts:
Gulfstream International Airlines Media Relations, Public Relations, Publicity

SCHMALZ COMMUNICATIONS
84 Nicole Dr, Brick, NJ 08724
Tel.: (732) 785-9317
E-Mail: info@schmalzcommunications.com
Web Site: schmalzcommunications.com/

Agency Specializes In: Event Planning & Marketing, Media Relations, Public Relations

Accounts:
Independence LED Lighting

SCHMIDT PUBLIC AFFAIRS
917 Prince St, Alexandria, VA 22314
Tel.: (703) 548-0019
Fax: (703) 997-0757
Web Site: www.schmidtpa.com

Employees: 50

Agency Specializes In: Brand Development & Integration, Crisis Communications, Digital/Interactive, Event Planning & Marketing, Media Relations, Public Relations, Social Media

John Schmidt *(Principal)*
Erin Schmidt *(Acct Supvr)*
Emily Adler *(Acct Exec)*
Sarah Ann Rhoades *(Acct Exec)*

Accounts:
American Kidney Fund
Kool Smiles (Agency of Record) Campaign "Smile On"

SCHNEIDER ASSOCIATES
2 Oliver St Ste 402, Boston, MA 02109
Tel.: (617) 536-3300
Fax: (617) 536-3180
E-Mail: launch@schneiderpr.com
Web Site: www.schneiderpr.com

Employees: 23
Year Founded: 1980

National Agency Associations: PRSA

Agency Specializes In: Business-To-Business, Consumer Marketing, Corporate Communications, Crisis Communications, Integrated Marketing, Media Training, Public Relations, Publicity/Promotions, Social Media

Approx. Annual Billings: $3,670,000

Breakdown of Gross Billings by Media: Pub. Rels.: $3,670,000

Philip Pennellatore *(Pres)*
Joan Schneider *(CEO & Creative Dir)*
Sean Hennessey *(VP & Dir-Media)*
Don Martelli *(VP-Digital Integration)*
Robin Reibel *(Media Dir-Consumer)*
Tom Ryan *(Mktg Dir)*
Ariel Ferrante *(Acct Supvr)*
Victoria Morris *(Acct Supvr)*
Heidi Auvenshine *(Acct Exec)*
Laura Faccone *(Coord-Integrated Mktg & Design)*

Accounts:
AAA Southern New England
Atlantic Management
Baskin-Robbins
Baystate Financial
Cassidy Turley FHO
Child & Family Services
Divco West
Ecotech Institute
Hanover Company
Hebrew SeniorLife
John Wm Macy's Cheese Sticks
Massachusetts Institute of Technology
Metropolitan Properties
Mosquito Magnet
National Development
New England College of Business & Finance
New England Confectionery Company
Northeastern University's Custom Executive Education Program
Patriot Construction Services
Penn Foster
Posternak Blankstein & Lund

PUBLIC RELATIONS FIRMS — AGENCIES - JANUARY, 2019

Rampart Investments
Rockland Trust
Sleep Innovations
Sunstar GUM
University of Pittsburgh's College of Business Administration
UPromise
Virginia College
Westwood Station
Zeo Inc.

SCHNUR ASSOCIATES, INC.
25 W 45th St Ste 1405, New York, NY 10036
Tel.: (212) 489-0600
Fax: (212) 489-0203
Web Site: www.schnurassociates.com

Employees: 20
Year Founded: 1992

Agency Specializes In: Advertising, Brand Development & Integration, Crisis Communications, Digital/Interactive, Event Planning & Marketing, Internet/Web Design, Media Relations, Print, Public Relations, Social Media

Zeesy Schnur *(Pres)*
Ethan Schnur *(CEO)*
Joel Schnur *(Sr VP)*

Accounts:
New-Brain Tumor Foundation

SCHWARTZ MEDIA STRATEGIES
1101 Brickwell Ave, Miami, FL 33131
Tel.: (305) 858-3935
Fax: (305) 858-3925
Web Site: www.schwartz-media.com

Employees: 15

Agency Specializes In: Advertising, Crisis Communications, Event Planning & Marketing, Market Research, Media Planning, Media Relations, Public Relations, Strategic Planning/Research

Tadd Schwartz *(Pres)*
Aaron W. Gordon *(Partner)*
Alisha Marks Tischler *(Exec VP)*
Yudi Fernandez *(VP)*
Jaclyn Messina *(VP)*
Kelly Magee *(Acct Dir)*
Allie Schwartz-Grant *(Acct Dir)*
Karina Castano *(Sr Acct Exec)*
Lucas Seiler *(Sr Acct Exec)*
Victoria Cela *(Acct Coord)*

Accounts:
13th Floor Investments
Apollo Bank
Bilzin Sumberg
BrickellHouse
Coconut Grove Business Improvement District
Continental Real Estate Companies Real Estate Development Services
Espacio USA
The Florida Bar
Havana Cabana Resort at Key West
Hospitality Operations Inc.
InterContinental Miami Hotel Media Relations, Social Media, Targeted Marketing Initiatives
Jones Lang LaSalle Media Relations, Social Media, Targeted Marketing Initiatives
J.P. Morgan
Leesfield & Partners P.A. Insurance Services
Lydecker Diaz
Miami Beckham United
Miami Downtown Development Authority (Agency of Record) Digital Media, Marketing, Media relations, Public Relations
Pinnacle Housing Group Media Relations, Social Media, Targeted Marketing Initiatives
Podhurst Orseck P.A. Financial Advisory Services
Resorts World Miami
Skanska USA
Wal-Mart Media Relations, Social Media, Targeted Marketing Initiatives
Westin Fort Lauderdale Beach Resort

SCHWARTZ PUBLIC RELATIONS ASSOCIATES, INC.
30 Lincoln Plaza, New York, NY 10023
Tel.: (212) 677-8700
Fax: (212) 254-2507
E-Mail: info@schwartzpr.com
Web Site: www.schwartzpr.com

E-Mail for Key Personnel:
President: barry@schwartzpr.com

Employees: 13
Year Founded: 1961

Agency Specializes In: Brand Development & Integration, Business Publications, Business-To-Business, Children's Market, Communications, Consulting, Consumer Marketing, Consumer Publications, Corporate Identity, Digital/Interactive, Entertainment, Event Planning & Marketing, Exhibit/Trade Shows, Financial, Graphic Design, Information Technology, Internet/Web Design, Investor Relations, Leisure, Magazines, Newspaper, Newspapers & Magazines, Planning & Consultation, Public Relations, Publicity/Promotions, Radio, Strategic Planning/Research, T.V., Teen Market

Approx. Annual Billings: $2,700,000

Breakdown of Gross Billings by Media: Pub. Rels.: 100%

Barry Schwartz *(Pres)*

Accounts:
DVD Expo; Los Angeles, CA; 2003
Evident
InterAct Accessories
Monroe Mendelsohn Research; New York, NY; 2005
NanoBusiness Alliance; Chicago, IL; 2002
National Life Group
New Adventures, Inc. Toys; 2005
New York Game Factory ; New York, NY Games; 2004
NewBay Media
TechSmith Corporate PR
Value Added Institute

SCOOTER MEDIA
132 W 6th St, Covington, KY 41011
Tel.: (859) 414-6882
E-Mail: info@scootermediaco.com
Web Site: www.scootermediaco.com

Employees: 5
Year Founded: 2012

Agency Specializes In: Event Planning & Marketing, Media Relations, Public Relations, Social Media

Shannan Boyer *(Founder)*
Bridget Kochersperger *(Sr Acct Exec)*

Accounts:
Reach Usa
Whisper Diaper Pail

SCORR MARKETING
2201 Central Ave Ste A, Kearney, NE 68847-5346
Tel.: (308) 237-5567
Fax: (308) 236-8208
E-Mail: scorr@scorrmarketing.com
Web Site: www.scorrmarketing.com

Employees: 30
Year Founded: 2003

Agency Specializes In: Advertising, Agriculture, Business Publications, Business-To-Business, Collateral, Communications, Corporate Communications, Crisis Communications, Email, Event Planning & Marketing, Exhibit/Trade Shows, Guerilla Marketing, Integrated Marketing, Local Marketing, Logo & Package Design, Market Research, Media Buying Services, Media Planning, Media Relations, Media Training, Out-of-Home Media, Print, Promotions, Public Relations, Publicity/Promotions, Search Engine Optimization, Social Marketing/Nonprofit, Social Media, Strategic Planning/Research, Web (Banner Ads, Pop-ups, etc.)

Krystle Buntemeyer *(Pres)*
Cinda Orr *(CEO)*
Ben Rowe *(Chief Creative Officer & Sr VP)*
Lea LaFerla *(VP-Mktg Svcs)*
Brook Pierce *(Sr Dir-Creative Svcs & Internal Mktg)*
Cherie Squires *(Sr Dir-Program Mgmt)*
Christine Wigert *(Sr Dir-Program & Acct Svcs)*
Drake Sauer *(Art Dir)*
Dallas Bacon *(Mgr-Office & Ops Support)*
Caitlin Cooper *(Mgr-Bus Dev)*
Dee Fuehrer *(Mgr-Trade Show & Event)*
Holli Kroeker *(Mgr-PR & Media)*
Braeden Tyma *(Designer-Motion)*

Accounts:
Accelerated Vision Marketing
ACR Image Metrix
Cenduit Marketing
Chiltern
Cryoport Systems Inc. (Agency of Record) Marketing Strategy
ExecuPharm, Inc. Marketing
Firecrest Clinical (Agency of Record)
Frenova Renal Research
Harlan Contract Research Services Branding, Strategy
LabConnect, LLC Branding
PharmaNet
Princess Posy
Ricerca
Skilled Care Pharmacy (Agency of Record)
TKL Research Inc.
Zyantus (Agency of Record)

SCOTT CIRCLE COMMUNICATIONS, INC.
1900 L St NW Ste 705, Washington, DC 20036
Tel.: (202) 695-8225
E-Mail: info@scottcircle.com
Web Site: www.scottcircle.com

Employees: 25

Agency Specializes In: Event Planning & Marketing, Media Relations, Public Relations, Strategic Planning/Research

Laura Gross *(Principal)*
Jeffrey Shulman *(Principal)*
Kellie Murphy *(Sr VP)*
Dee Donavanik *(VP)*
Noa Rabinowitz *(VP-Events)*

Accounts:
Let Freedom Ring 50th Anniversary of the March on Washington

SCOTT PUBLIC RELATIONS
21201 Victory Blvd Ste 270, Canoga Park, CA 91303
Tel.: (818) 610-0270

AGENCIES - JANUARY, 2019   **PUBLIC RELATIONS FIRMS**

Fax: (818) 710-1816
E-Mail: inquiry@scottpublicrelations.com
Web Site: www.scottpublicrelations.com

Employees: 12

Agency Specializes In: Health Care Services, Media Relations, Public Relations, Strategic Planning/Research

Joy Scott *(Pres)*
Bill Colacurcio *(Dir-Programs & Bus Dev-CEU Institute-Natl)*
Deborah Dominguez *(Strategist-Mktg & Branding)*

Accounts:
CEP America
IPC The Hospitalist Company, Inc
Metagenics, Inc.; San Clemente, CA
One Call Medical, Inc.
The Phoenix Group

SE2
900 S Broadway Ste 310, Denver, CO 80209
Tel.: (303) 892-9100
Web Site: https://se2communications.com/

Employees: 20

Agency Specializes In: Advertising, Brand Development & Integration, Digital/Interactive, Public Relations, Radio, T.V.

Eric Anderson *(President)*
Susan Morrisey *(CEO)*
Brandon Zelasko *(VP-Strategy & Ops)*
Amy Guttmann *(Creative Dir)*
Laura Bernero *(Strategist-Owned Media)*

Accounts:
American College of Veterinary Internal Medicine
Colorado Apartment Association
Colorado Department of Human Services
Colorado School of Mines Alumni Association
Donor Alliance

SEEDLING COMMUNICATIONS
PO Box 302199, Austin, TX 78703
Tel.: (512) 215-8977
E-Mail: info@seedling-communications.com
Web Site: www.seedling-communications.com

Employees: 10
Year Founded: 2010

Agency Specializes In: Event Planning & Marketing, Public Relations, Social Media

Marcus Whitaker *(Dir-Branding & Bus Affairs)*

Accounts:
Gary Cash
Head for the Cure

SELIGMAN BRAND STRATEGIES
5080 PGA Blvd Ste 213, Palm Beach Gardens, FL 33418
Tel.: (561) 630-7739
E-Mail: info@sbrandstrategies.com
Web Site: http://thesbsagency.com/

Employees: 5

Agency Specializes In: Advertising, Brand Development & Integration, Collateral, Communications, Graphic Design, Media Relations, Public Relations, Social Media

Alyson Seligman *(Owner & Pres)*

Accounts:
The City of West Palm Beach
Jupiter Medical Center

SEVAG PUBLIC RELATIONS
107 W Lancaster Ave Ste 202, Wayne, PA 19087
Tel.: (215) 285-1531
Web Site: www.sevagcreative.com

Year Founded: 2010

Agency Specializes In: Brand Development & Integration, Event Planning & Marketing, Graphic Design, Public Relations, Social Media

Kristy Sevag *(Owner)*

Accounts:
Forage American Brasserie

SEVENTWENTY STRATEGIES
1220 19th St NW Ste 300, Washington, DC 20036
Tel.: (202) 962-3955
Fax: (202) 962-0995
E-Mail: info@720strategies.com
Web Site: https://720strategies.com/

Employees: 20

Agency Specializes In: Branded Entertainment, Digital/Interactive, Media Planning, Public Relations, Social Media

Pam Fielding *(Founder)*
Vlad Cartwright *(Pres)*
Kim Sullivan *(Sr VP-Client Svcs)*

Accounts:
American Association of Nurse Practitioners (Agency of Record) Advertising, Public Relations, Strategic Communications
Bree's Sweet Treats

SEYFERTH & ASSOCIATES INC.
40 Monroe Ctr NW, Grand Rapids, MI 49503
Tel.: (616) 776-3511
Fax: (616) 776-3502
Toll Free: (800) 435-9539
E-Mail: info@seyferthpr.com
Web Site: www.seyferthpr.com

E-Mail for Key Personnel:
Media Dir.: zalewski@sstpr.com

Employees: 62
Year Founded: 1984

Agency Specializes In: Brand Development & Integration, Corporate Identity, Event Planning & Marketing, Exhibit/Trade Shows, Government/Political, Investor Relations, Public Relations, Publicity/Promotions

Ginny M. Seyferth *(Founder & Pres)*
Eileen McNeil *(Principal & VP-Community & Pub Affairs)*
Karen Kirchenbauer *(Principal)*
Dan Spaulding *(Principal)*
Regina Daukss *(VP-Fin)*
Tyler Lecceadone *(VP)*
Cynthia Domingo *(Acct Supvr)*
Bill Herbst *(Sr Acct Exec)*
Sarah Lennon *(Sr Acct Exec)*
Chris Zoladz *(Sr Acct Exec)*
Natasha Alvarez *(Acct Exec)*
Kyle Moroney *(Sr Writer)*
Michael Zalewski *(Sr Counsel)*

Accounts:
Detroit Medical Center
The Henry Ford
Irwin Union Bank
McDonald's Corp.
Taubman
X-Rite

SEYMOUR PR
411 Hackensack Ave Ste 200, Hackensack, NJ 07601
Tel.: (201) 478-6360
E-Mail: info@seymourpr.com
Web Site: www.seymourpr.com

Employees: 5

Agency Specializes In: Brand Development & Integration, Content, Crisis Communications, Event Planning & Marketing, Graphic Design, Media Relations, Media Training, Public Relations, Social Media

Ilya Welfeld *(Owner & Chief PR Officer)*
Joan Buyce *(VP-New Bus & Sr Strategist)*
Stephanie Rogers *(Sr Acct Dir & Mgr-Social Media)*

Accounts:
Glossy Productions

SHARLA FELDSCHER PUBLIC RELATIONS
(See Under Feldscher Horwitz Public Relations)

SHARON MERRILL
77 Franklin St, Boston, MA 02110
Tel.: (617) 542-5300
Fax: (617) 423-7272
E-Mail: info@investorrelations.com
Web Site: www.investorrelations.com

Employees: 25

Agency Specializes In: Corporate Communications, Crisis Communications, Investor Relations, Media Relations, Media Training, Public Relations

Sharon F. Merrill *(Chm & CEO)*
David C. Calusdian *(Pres)*
Maureen T. Wolff *(CEO)*
David M. Reichman *(Sr VP-IBC Bank)*
Scott Solomon *(Sr VP)*

Accounts:
Astro-Med, Inc.
New-Cynosure, Inc.
TRC Companies, Inc

SHEA COMMUNICATIONS
18 E 41St St, New York, NY 10017
Tel.: (212) 627-5766
Fax: (212) 627-5430
E-Mail: info@sheacommunications.com
Web Site: www.sheacommunications.com

Employees: 5

Agency Specializes In: Advertising, Collateral, Event Planning & Marketing, Government/Political, Legal Services, Local Marketing, Planning & Consultation, Real Estate, Strategic Planning/Research

Richard P. Shea *(Pres)*
George Shea *(CEO)*

Accounts:
Ethical Culture Fieldston School
Great American Seafood Cook Off
Heiberger & Associates
Japan Sumo Association
Louise Phillips Forbes/Halstead Property Company
Louisiana Seafood Board
Monday Properties

PUBLIC RELATIONS FIRMS — AGENCIES - JANUARY, 2019

Municipal Art Society
Newman Real Estate Institute
River to River Festival
Robert K. Futterman
Rose Associates
Rosenberg & Estis LLC
White Acre Equities

SHERIDAN PUBLIC RELATIONS LLC
709 W Main St Ste 1, Franklin, TN 37064
Tel.: (615) 472-8879
Web Site: www.sheridanpr.com

Employees: 9

Agency Specializes In: Brand Development & Integration, Communications, Crisis Communications, Internet/Web Design, Media Relations, Public Relations, Social Media, Strategic Planning/Research

Jay Sheridan *(Pres)*
Laura Braam *(Principal)*
Chad Schmidt *(Principal)*
Maggie Forester *(Sr Acct Exec)*
Makenzy Davis *(Assoc Acct Exec)*

Accounts:
Kraft Enterprise Systems
Pucketts Boat House

SHERRI JONES PUBLIC RELATIONS
95 W Main St Ste 5-162, Chester, NJ 07930
Tel.: (800) 573-8831
Web Site: www.sherrijonesmba.com/the-publicist/

Year Founded: 2010

Agency Specializes In: Brand Development & Integration, Event Planning & Marketing, Media Relations, Public Relations, Social Media

Sherri Jones *(CEO & Sr Brand Mgr)*

Accounts:
Industri Designs

SHIFT COMMUNICATIONS
125 5th Ave, New York, NY 10003
Tel.: (646) 756-3700
Fax: (646) 756-3710
Web Site: www.shiftcomm.com

Employees: 7

Agency Specializes In: Corporate Communications, Media Relations, Public Relations, Social Media

Alan Marcus *(Mng Dir)*
Christopher Penn *(VP-Mktg Tech)*
Meghan Burek *(Sr Acct Mgr)*
Mary McGuire *(Sr Acct Mgr)*
Emily Sloan *(Sr Acct Exec)*

Accounts:
Canadian Club
New-Corcentric
H&R Block
Hawaii Visitors & Convention Bureau
Lionel Trains
Metromile
Mountainside
Pacific Gas and Electric Company
Simply Measured (Public Relations Agency of Record) Media, Positioning, Social Media
SOLS
Splash
Suburban Propane
T-Mobile
W.C. Bradley Co. Char-Broil, Digital Marketing, Public Relations

SHIFT COMMUNICATIONS LLC
20 Guest St Ste 200, Brighton, MA 02135
Tel.: (617) 779-1800
Fax: (617) 779-1899
E-Mail: jim@shiftcomm.com
Web Site: www.shiftcomm.com

Employees: 150
Year Founded: 2003

Agency Specializes In: Public Relations

Approx. Annual Billings: $10,000,000

Amy Anderson Lyons *(Mng Partner)*
Jim Joyal *(Principal)*
Paula Finestone *(Exec VP-Ops)*
Annie Perkins *(Sr VP-Consumer & Healthcare)*
Amanda Munroe *(VP)*
Jennifer Purcell *(VP-Austin)*
Matthew Raven *(VP-Mktg Tech)*
Julie Staadecker *(VP)*
Cathy Summers *(VP-Acct Svcs)*
Defausha Hampton *(Acct Dir)*
Natalie Townsend *(Acct Dir)*
Amanda Grinavich *(Sr Mgr-Mktg Tech)*
Elizabeth Iannotti *(Sr Acct Mgr)*
Emily Adams *(Acct Mgr)*
Maria Baez *(Acct Mgr)*
Stephanie Chan *(Acct Mgr)*
Taylor Gallagher *(Acct Mgr)*

Accounts:
ADARA Networks
Ad:Tech (Agency of Record)
AOL
Appia
Appirio
Authoria
Axceler
Beam Global Wine & Spirits, Inc. Public & Media Relations
BearingPoint
Bigcommerce Press
Bing
Canadian Club Public Relations
The Churchill Club
Citrix
Collective Bias
ConnectEDU
DeKuyper Public Relations
Ektron
Everbank
Fuhu
FutureM
GoDaddy
H&R Block Block Talk, Content Strategy, Social Media
Hoover's, Inc. Public Relations
Imogo Mobile Technologies Corp. Public Relations, Social Media
IntelliResponse Company Awareness
Johnson & Johnson
Joss & Main Brand Awareness, Consumer Acquisition
Kaspersky
Lionel Trains Digital Strategy, Social Media
Logitech
MassChallenge
McDonald's Public Relations, Social Media
McKesson
MedeAnalytics
MetTel Media Relations, Social Media
Mimecast
NeatReceipts
Novell, Inc
Oakley
Overstock.com
Pitney Bowes Business Insight Social Media
Publix
Quantum Corporation
Quiznos; 2010
Rapid7 Campaign: "Go Big or Go Home"
RealNetworks, Inc.; 2007
RSA Security Conference (Agency of Record)
Rubicon Project; Los Angeles, CA
Salesforce.com
Scout
Shimano
Slimming World
Techcrunch DISRUPT (Agency of Record)
Topo Athletic
Toyota Strategic Planning
Travelocity.com
Trip Advisor
uLocate
Wayfair.com PR
Wells Fargo
Whole Foods
Yelp
Yodlee

Branches

SHIFT Communications
275 Sacramento St, San Francisco, CA 94111
(See Separate Listing)

SHIFT Communications
120 Saint James Ave, Boston, MA 02116
Tel.: (617) 779-1800
E-Mail: cwolverton@shiftcomm.com
Web Site: www.shiftcomm.com

Employees: 135
Year Founded: 2003

Agency Specializes In: Public Relations, Sponsorship

Jim Joyal *(Partner)*
Annie Perkins *(Sr VP-Consumer & Healthcare)*
Cathy Summers *(Sr VP-Acct Svcs)*
Dan Brennan *(VP-Acct Svcs)*
Katie McGraw *(VP-Healthcare)*
Amanda Munroe *(VP)*
Peter Buhler *(Creative Dir)*
Leah Ciappenelli *(Dir-HR)*
Vivian Ni *(Sr Acct Exec)*

Accounts:
Citrix
Decision Resources Group
Demandbase
Foxwoods Resort Casino (Public Relations Agency of Record)
Hawaii Visitors & Convention Bureau Social Media Agency of Record
Hood
McDonald's (Agency of Record) Event Execution, Media Relations, Public Relations
McKesson Healthcare Solutions
Medullan
Orchard Supply Hardware Hardware Stores
Red Hat
Rockport (Public Relations Agency of Record) Media, Social
RSA Conference
Sermo
SharkNinja
SteelHouse
T-Mobile Cellular Service
Toyota New England Auto
Webroot
Wente Family Estates; Livermore, CA Brand Awareness, Double Decker, Offline, Social Media
Whole Foods Market Grocery

Shift Communications
125 5th Ave, New York, NY 10003
(See Separate Listing)

AGENCIES - JANUARY, 2019 — PUBLIC RELATIONS FIRMS

SHIFT COMMUNICATIONS LLC
(Acquired by NATIONAL Public Relations)

SHORE FIRE MEDIA
32 Court St Ste 1600, Brooklyn, NY 11201
Tel.: (718) 522-7171
Fax: (718) 522-7242
E-Mail: info@shorefire.com
Web Site: www.shorefire.com

Employees: 25

Agency Specializes In: Digital/Interactive, Public Relations, Social Media

Marilyn Laverty *(Pres)*
Rebecca Shapiro *(VP)*

Accounts:
Emily Kinney Music

SHOTWELL PUBLIC RELATIONS
820 Aptos Ridge Circle, Watsonville, CA 95076
Tel.: (408) 666-9200 (Mobile)
E-Mail: jay@shotwellpr.com
Web Site: www.shotwellpr.com

Employees: 1

Agency Specializes In: Brand Development & Integration, Communications, Consumer Marketing, Exhibit/Trade Shows, Graphic Design, Investor Relations, New Product Development, Production, Public Relations, Publicity/Promotions

Jay Shotwell *(CEO)*
Ray Chancellor *(Creative Dir-ContentX)*
Valerie Foster *(Sr Acct Exec)*

Accounts:
Advanced Recognition Technologies
Aisys Ltd.
AITech International
AITech Micro
ALPS Electric (USA), Inc.
Ampro Computers
Appshop
Atlas Peak Olive Oil
Avatar Peripherals
Bradmark
BTC Corporation
Cemaphore Internet Products & Services
Concept Kitchen
Concurrent Controls, Inc.
Creative Digital Research
CSR
CTX Opto
cyLogistics Telephony, Communications & Wireless Systems
Daewoo/Cordata
DataZONE
DURECT
Emulation Technologies
EUROM FlashWare Solutions
Finland Global Software III
Galil Motion Control
Hewlett Packard
Honeywell Bull Italia
Internet Image
IO Data Device, Inc.
KAO Infosystems
KSI (Korean Software Incubator)
M-Systems FlashDisk Pioneers
Memorex Computer Supplies
Micro-Frame Technologies
Mirapoint
Nav-Tec
NetAPP
OPTi
Ornetix Network Products
PacBell
Pacom International
Pioneer New Media Technologies
Plantronics
Puccini Restaurant Group
RDC Networks
Redwood Mortgage
Rockliffe, Inc.
Sanrad
Scalant Systems
Sceptre Technologies
Shinko Technologies
Siemens
Smart & Friendly
Solar Semiconductor
Solid Data Systems
Tryllian
WebGear
Zedeon, Inc.
ZF Micro Devices

SHOUT PUBLIC RELATIONS
1032 W 18th Ste A-4, Costa Mesa, CA 92627
Tel.: (949) 574-1440
Web Site: www.shoutpr.com

Employees: 7
Year Founded: 1997

Agency Specializes In: Advertising, Brand Development & Integration, Event Planning & Marketing, Media Relations, Public Relations, Social Media

Accounts:
Cozy Orange
Elle Mer
SIMBI Publicity

SHUMAN & ASSOCIATES INC
850 7Th Ave Ste 1006, New York, NY 10019
Tel.: (212) 315-1300
Fax: (212) 757-3005
E-Mail: shumanpr@shumanassociates.net
Web Site: www.shumanassociates.net

Employees: 5

Agency Specializes In: Communications, Public Relations, Radio, Strategic Planning/Research, T.V.

Constance Shuman *(Pres)*

Accounts:
Alexander Fiterstein
The All-Star Orchestra
Berliner Philharmoniker
Gilmore Festival
James Conlon
Jennifer Koh
Kirill Gerstein
The Metropolitan Opera
The Minnesota Orchestra
Orchestre de la Suisse Romande
Orpheus Chamber Orchestra
San Francisco Opera
San Francisco Symphony
Shai Wosner
Spoleto Festival USA
Stephen Hough
Tobias Picker
Utah Symphony
Wu Man

SIBRAY PUBLIC RELATIONS
115 White Ave, Beckley, WV 25801
Tel.: (304) 575-7390
E-Mail: contact@sibraypr.com
Web Site: www.sibraypr.com

Employees: 10

Agency Specializes In: Content, Internet/Web Design, Media Relations, Public Relations, Search Engine Optimization, Social Media

Accounts:
Vagabond Kitchen

THE SILVER MAN GROUP INC.
213 W Institute Place Ste 501, Chicago, IL 60610
Tel.: (312) 932-9950
Web Site: www.silvermangroupchicago.com

Employees: 5

Agency Specializes In: Media Relations, Public Relations

Beth Silverman *(Pres)*
Elizabeth Neukirch *(VP)*
Caitlin Jagodzinski *(Sr Acct Exec)*

Accounts:
American Theater Company
The Gift Theatre Company

SIMPLY THE BEST PUBLIC RELATIONS
301 Yamato Rd Ste 1240, Boca Raton, FL 33431
Tel.: (954) 261-2149
Web Site: http://www.simplythebestpr.com/

Employees: 5

Agency Specializes In: Advertising, Local Marketing, Public Relations

Kim Morgan-Vagnuolo *(Pres)*
Adam Goodkin *(CFO)*

Accounts:
Alpha Impact Windows & Doors (Public Relations Agency of Record)
American Asset Management (Public Relations & Social Media Agency of Record)
Aubio Life Sciences Aubio For Cold Sore Treatment (Agency of Record)
Barbara Sanchez Public Relations Agency of Record
Beaulieu-Fawcett Law Group PA (Agency of Record) Media
Benjamin Mach (Agency of Record) Media
Cheese Culture A whey of Life Cheese Store
Cheri Florance PR
Decolav Household Fruniture Store
Dr. Paul Inselman PR
The English Tap & Beer Garden Cocktails & Other Drinks Bar
Enlightened Living Medicine (Public Relations Agency of Record)
ESO Decorative Plumbing (Agency of Record)
Gabi Rose LLC
Global Boatworks, LLC Luxuria (Agency of Record)
Green Planet Festival (Agency of Record)
Jennifer Bradley Co. PR
Josef's Table Public Relations
Key College Digital
La Difference Cosmetics (Agency of Record) Anti-Aging Moisturizer, Beauty Press, Instant Face Lift
LA Via Ristorante & Bar (Agency of Record)
L'etoile
Lichi-Zelman Style Interiors PR
Marcello Sport (Agency of Record)
Mark Scheinberg (Agency of Record)
Meatball Room PR
Palm Beach Orthopaedic Institute PR
Rex Nichols Architects (Agency of Record) Public Relations, Social Media
Salon Sora PR, Social Media
Scanabilities Ventures PR
Silberman Endodontics Public Relations
Simply the Best (Agency of Record) Women's

PUBLIC RELATIONS FIRMS — AGENCIES - JANUARY, 2019

Luxury Fashion Designs
South Florida Introductions (Agency of Record) Public Relations, Social Media
South Florida Luxury Home Team (Agency of Record) Public Relations, Social Media
Steven Presson (Agency of Record) Public Relations, Social Media
Top Shelf Holdings (Agency of Record) Besado Tequila
Wightman Construction PR

SIMPSON COMMUNICATIONS LLC
2889 Torrington Rd, Shaker Heights, OH 44122
Tel.: (216) 991-4297
Web Site: simpsoncomm.wordpress.com

Employees: 10
Year Founded: 2003

Agency Specializes In: Crisis Communications, Media Relations, Media Training, Public Relations, Social Media, Strategic Planning/Research

Kristen Simpson *(Pres)*

Accounts:
The Automotive Lift Institute
DE-STA-CO PR

SINGER ASSOCIATES INC
47 Kearny St 2nd Fl, San Francisco, CA 94108
Tel.: (415) 227-9700
Fax: (415) 348-8478
E-Mail: info@singersf.com
Web Site: www.singersf.com

Employees: 20
Year Founded: 2000

Agency Specializes In: Advertising, Corporate Communications, Crisis Communications, Event Planning & Marketing, Media Buying Services, Media Relations, Media Training, Public Relations, Sponsorship, Strategic Planning/Research

Sam Singer *(Pres)*
Sharon Rollins Singer *(CFO)*
Adam A. Alberti *(Exec VP)*
Jason Barnett *(Sr VP)*
Erin Souza *(Dir-Bus Ops)*
Mike Aldax *(Sr Acct Exec)*

Accounts:
City of Milpitas Communications
Recology

SIREN PR LLC
2609 Crooks Rd, Troy, MI 48084
Tel.: (586) 212-4792
Web Site: www.siren-pr.com

Employees: 5
Year Founded: 2012

Agency Specializes In: Brand Development & Integration, Crisis Communications, Event Planning & Marketing, Logo & Package Design, Media Relations, Media Training, Public Relations, Social Media, Strategic Planning/Research

Adela Piper *(Co-Founder)*
Lindsey Walenga *(Co-Founder)*
Kristen Bujold *(Sr Acct Exec)*

Accounts:
Cranbrook Institute of Science Advertising, Communication Strategy, Media Relations
Detroit Bikes
LJPR Financial Advisors Media Relations, Social Media, Website

SITRICK & CO.
11999 San Vicente Blvd Ste 440, Los Angeles, CA 90049
Tel.: (310) 788-2850
Fax: (310) 788-2855
E-Mail: info@sitrick.com
Web Site: www.sitrick.com

Employees: 50

Michael S. Sitrick *(Chm & CEO)*
Holly Baird *(Partner)*
Tom Becker *(Dir-New York)*
Angela Pruitt *(Specialist-Crisis Comm)*

Accounts:
Alex Rodriguez
Embassy of Qatar Public Communications; 2018
Resources Connection, Inc.

SKAI BLUE MEDIA
30 S 15th St Ste 1500, Philadelphia, PA 19102
Tel.: (215) 625-7988
Web Site: www.skaibluemedia.com

Employees: 50

Rakia Reynolds *(Pres)*
Javier Alonzo *(Creative Dir)*
Christanna Ciabattoni *(Sr Acct Exec)*
Lisa Rediker *(Sr Acct Exec)*
Leah Sinderbrand *(Jr Acct Exec)*

Accounts:
United By Blue

SKIRT PR
2320 North Damen Ave 2D, Chicago, IL 60647
Tel.: (773) 661-0700
Web Site: www.skirtpr.com

Employees: 25

Agency Specializes In: Cosmetics, Fashion/Apparel, Social Media, Women's Market

Adrienne Eckert Petersen *(CEO)*
Alexa Rosenberg *(Sr Acct Exec)*
Chapin Konsler *(Office Dir)*

Accounts:
Barre Bee Fit
Birchbox
Brides, Bubbles + Bliss
Brideside.com
Carasco Photography
Carats & Cake
Chicago Toy and Game Group
Giftbar.com
Hair Essentials
Indie Lee
Jo Malone London
Lincoln Park Zoo
Lurie Children's Hospital
Paul Stuart
Peruvian Connection
Thompson Chicago
Travel + Leisure
Westfield
WhatRUWearing.net

SLATE COMMUNICATIONS
2301 Research Blvd Ste 204A, Fort Collins, CO 80526
Tel.: (970) 797-2015
Fax: (970) 797-4924
E-Mail: info@slatecommunications.com
Web Site: www.slatecommunications.com

Employees: 6

Agency Specializes In: Brand Development & Integration, Event Planning & Marketing, Graphic Design, Internet/Web Design, Public Relations, Social Media

Kim Newcomer *(Founder & CEO)*
Ryan Burke *(Founder & Creative Dir)*
Dan Check *(Vice Chm)*

Accounts:
Alliance for Innovation

SLICE COMMUNICATIONS
111 Independence Mall E, Philadelphia, PA 19106
Tel.: (215) 600-0050
E-Mail: info@slicecommunications.com
Web Site: www.slicecommunications.com

Employees: 15
Year Founded: 2008

Agency Specializes In: Public Relations, Social Media

Cassandra Bailey *(CEO)*
Elysse Ciccone *(Acct Mgr-PR)*

Accounts:
Atlas Bronze Brand Awareness, Media Relations, Social Media Outreach, Strategic Content Development
BBQ Guru
Be Well Philly
BLT Architects
Bookbinder Specialties
Business Leaders Organized for Catholic Schools
Godshall's Quality Meats
Invisible Sentinel
JBGR Retail Brand Awareness, Media Relations, Social Media Outreach, Strategic Content Development
Michener Art Museum
National Association for Catering and Events Brand Awareness, Media Relations, Social Media Outreach, Strategic Content Development
The NoBowl Feeding System
Philadelphia Society of Human Resource Management
Saxbys Coffee
Sisters of Saint Francis Brand Awareness, Media Relations, Social Media Outreach, Strategic Content Development
Smithwise
Spark Energy
STP Investment Services
StratIS Brand Awareness, Media Relations, Social Media Outreach, Strategic Content Development
Waffatopia
Yards Brewing Company

SLOANE & COMPANY LLC
7 Times Sq Tower 17th Fl, New York, NY 10036
Tel.: (212) 486-9500
Fax: (212) 486-9094
E-Mail: info@sloanepr.com
Web Site: www.sloanepr.com

Employees: 25
Year Founded: 1998

Agency Specializes In: Communications, Consulting, Exhibit/Trade Shows, Financial, Investor Relations, Public Relations

Revenue: $5,000,000

Ariel Kouvaras *(Pres)*
Joshua Hochberg *(Mng Dir & Head-IR & Capital Markets)*
Michael Boccio *(Mng Dir)*
Darren Brandt *(Mng Dir)*

AGENCIES - JANUARY, 2019 — PUBLIC RELATIONS FIRMS

Whit Clay *(Mng Dir)*
John Hartz *(Mng Dir)*
Nevin Reilly *(Mng Dir)*
Dan Zacchei *(Mng Dir)*
Christopher P. Albert *(Sr VP & Head-Digital Strategy & Analysis)*
Jenn Dahm *(Sr VP & Head-Strategic Insights & Pub Affairs)*
Erica Bartsch *(Sr VP)*
Armel Leslie *(Sr VP)*
Daniel Landsman *(VP-Ops)*
Hayley Milbourn *(VP)*
Janet Reinhardt *(VP)*
Roger Sauerhaft *(VP)*
Meghan Warren *(Specialist-Strategic Comm Professional & Content Mktg)*

Accounts:
AMC Networks
Ascent Capital Group, Inc.
Athenahealth
CIENA
EPIX
Green Mountain Coffee Roasters Corporate Public Relations, Strategic Financial
HelloFresh SE (Corporate Public Relations Agency of Record); 2018
Imax Corporation
Immunomedics
New York Life Insurance Company (Public Relations Agency of Record)
Ryman Hospitality Properties, Inc.
The Street, Inc.
Take Care Health Systems
Tivo, Inc.; Alviso, CA Corporate PR
Vangent, Inc.
Walgreen Co.

SLOWEY MCMANUS COMMUNICATIONS
11 Beacon St Ste 340, Boston, MA 02108
Tel.: (617) 523-0038
Fax: (617) 523-0068
Web Site: www.sloweymcmanus.com

Employees: 5
Year Founded: 2006

Agency Specializes In: Collateral, Corporate Communications, Crisis Communications, Internet/Web Design, Media Relations, Media Training, Public Relations, Social Media

Jeff Roberts *(Mng Partner)*
James McManus *(Principal)*
Dominic F. Slowey *(Principal)*
Travis Small *(Sr VP)*
Katie Kinne *(VP)*
Hannah Walford *(Sr Acct Exec)*
Maija McManus *(Acct Exec)*

Accounts:
Association for Behavioral Healthcare

SMALL GIRLS PR
150 W 22nd St 11th Fl, New York, NY 10011
Tel.: (347) 599-0550
E-Mail: bigbiz@smallgirlspr.com
Web Site: www.smallgirlspr.com

Employees: 50
Year Founded: 2010

Agency Specializes In: Brand Development & Integration, Communications, Event Planning & Marketing, Exhibit/Trade Shows, Experiential Marketing, Media Relations, Public Relations, Strategic Planning/Research

Mallory Blair *(Co-Founder & CEO)*
Bianca Caampued *(Co-Founder & Creative Dir)*
Erica Mayyasi *(VP)*
Annie Jackson *(Assoc Dir)*

Madison Sorah *(Specialist-Media)*

Accounts:
Ellevest, Inc
Norma Kamali, Inc
Smarties Candy Company Outreach; 2017

SMART CONNECTIONS PR
PO Box 453, Rising Sun, MD 21911
Tel.: (410) 658-8246
E-Mail: info@smartconnectionspr.com
Web Site: www.smartconnectionspr.com

Employees: 5

Agency Specializes In: Corporate Communications, Media Relations, Media Training, Public Relations, Search Engine Optimization, Social Media

Joanne Hogue *(Partner)*
Dina Grills Petrosky *(Partner)*

Accounts:
Gridstore

SMARTMARK COMMUNICATIONS, LLC
1717 Langhorne Newtown Rd # 201, Langhorne, PA 19047
Tel.: (215) 504-4272
Fax: (215) 504-0872
E-Mail: info@smartmarkusa.com
Web Site: smartmarkglobal.com

Year Founded: 2000

Agency Specializes In: Communications, Public Relations, Strategic Planning/Research

Juliet Shavit *(Pres & CEO)*

Accounts:
IneoQuest Technologies
NetCracker Technology
Wynntek

SMARTMARKETING COMMUNICATIONS
7836 Hermanson Pl NE, Albuquerque, NM 87110
Tel.: (505) 293-3553
Web Site: www.smartmarketingcommunications.com

Employees: 5

Agency Specializes In: Advertising, Graphic Design, Public Relations, Social Media

Lucy Rosen *(Pres)*
Lindsay Doyle *(VP-Creative Svcs)*
Ellen Linnemann *(VP-PR & Client Svcs)*

Accounts:
American Association of Nurse Life Care Planners
Ouchies Bandages
Pal-O-Mine

SMITH MARKETING GROUP
1608 W Campbell Ave Ste 196, Campbell, CA 95008
Tel.: (408) 866-5517
Fax: (408) 866-5513
E-Mail: info@smithmarketinggroup.com
Web Site: www.smithmarketinggroup.com

Employees: 10

National Agency Associations: PRSA

Agency Specializes In: Advertising, Advertising Specialties, Alternative Advertising, Brand Development & Integration, Business-To-Business, Collateral, Communications, Consulting, Corporate Identity, Crisis Communications, Custom Publishing, Direct-to-Consumer, Entertainment, Event Planning & Marketing, Graphic Design, Guerilla Marketing, Logo & Package Design, Media Planning, Media Relations, Media Training, Merchandising, Mobile Marketing, Multimedia, Newspapers & Magazines, Planning & Consultation, Print, Production (Ad, Film, Broadcast), Public Relations, Real Estate, Recruitment, Web (Banner Ads, Pop-ups, etc.)

Karen R. Smith *(Pres & CEO)*

Accounts:
Campbell Chamber of Commerce
Campbell European Motors
Hewlett Packard
The Kane Group
Palm Bay Dental Group
Sheridan Enterprises
Silicon Valley Temps
Tech Team 2 Go

SMITH PUBLIC RELATIONS
4205 Via Marina, Marina Del Rey, CA 90292
Tel.: (310) 849-5573
Fax: (310) 822-6424
Web Site: www.smithpr.com

Employees: 1

Agency Specializes In: Brand Development & Integration, Media Relations, Public Relations, Social Media, Strategic Planning/Research

Steve Smith *(Owner)*

Accounts:
Pacific Shore Holdings Inc (Marketing & Public Relations Agency of Record)

SMOAK PUBLIC RELATIONS
105 N Spring St Ste 111, Greenville, SC 29601
Tel.: (864) 235-8330
Fax: (864) 235-8296
Web Site: www.smoakpr.com

Employees: 15

Agency Specializes In: Event Planning & Marketing, Media Relations, Public Relations, Social Media

Katherine Smoak Davis *(Owner)*
Kerry Glenn *(Sr Acct Exec)*
Maddy Varin *(Acct Exec)*

Accounts:
Presbyterian College

SNACKBOX LLC
510 S Congress Ave, Austin, TX 78704
Tel.: (512) 643-2291
Web Site: www.snackbox.us

Employees: 7

Agency Specializes In: Logo & Package Design, Media Relations, Print, Public Relations, Social Media

Eric Oltersdorf *(Principal)*
Jenna Gruhala Oltersdorf *(Principal)*
Jeff Salzgeber *(Sr Specialist-Media)*
Jamie Hooker *(Acct Exec)*
Mark Moseley *(Sr Engr-Software)*

Accounts:
Smoothie King Franchises, Inc.

PUBLIC RELATIONS FIRMS
AGENCIES - JANUARY, 2019

SOCIALWRX
2100 Grand Ste 301, Kansas City, MO 64110
Tel.: (816) 550-4382
E-Mail: info@socialwrx.com
Web Site: https://www.socialworxpr.com/

Agency Specializes In: Brand Development & Integration, Media Relations, Public Relations, Social Media

Jenny Kincaid *(Owner)*

Accounts:
Core Athletic
Hotel Phillips (Public Relations Agency of Record) Brand Awareness, Communications Strategy, Strategic Counsel
MODbath

SOLOMON MCCOWN & COMPANY, INC.
177 Milk St Ste 610, Boston, MA 02109
Tel.: (617) 695-9555
Fax: (617) 695-9505
E-Mail: hsolomon@solomonmccown.com
Web Site: www.solomonmccown.com

Employees: 20
Year Founded: 2003

National Agency Associations: PRSA

Agency Specializes In: Brand Development & Integration, Business-To-Business, Corporate Communications, Corporate Identity, Education, Health Care Services, Legal Services, Public Relations, Real Estate, Restaurant, Retail, Strategic Planning/Research, Travel & Tourism

Approx. Annual Billings: $2,085,000

Ashley McCown *(Owner)*
Helene Solomon *(CEO)*
Daniel Cence *(Sr VP)*
Jan E. Goldstein *(Sr VP)*
Michelle Mastrobattista *(Sr VP-Creative & Client Svcs)*
Jonathan J. Pappas *(VP)*
T. J. Winick *(VP)*
Jillian Youngblood *(VP)*

Accounts:
Allston Brighton Community Development Corporation
American Academy of Arts & Sciences
Local Initiatives Support Corporation (LISC)
UMass Memorial Medical Center

SOLOMON TURNER PUBLIC RELATIONS
36 Four Seasons Shopping Ctr Ste 346, Chesterfield, MO 63017
Tel.: (314) 205-0800
Web Site: www.solomonturner.com

Employees: 5

Agency Specializes In: Brand Development & Integration, Media Relations, Public Relations

Steve Turner *(Principal-Traditional & Social Media PR-St. Louis)*

Accounts:
Northwestern Mutual

SOUTHARD COMMUNICATIONS
111 John Street, New York, NY 10038
Tel.: (212) 777-2220
Fax: (212) 993-5811
E-Mail: info.ny@southardinc.com
Web Site: www.southardinc.com

Employees: 15
Year Founded: 1994

Agency Specializes In: Public Relations

Revenue: $3,500,000

Kelley Devincentis *(Sr VP)*
Scott Goldberg *(VP)*

Accounts:
American Pool Player's Assoc.
AudibleKids
CB Richard Ellis
Choice Collectables
eCarrot
Elemental Path
Farah USA
The Irish Fairy Door Company
iZZi Gadgets Inc
KLC School Partnerships
LeapFrog
Maverix USA
Maverix
Para'Kito
School Zone Publishing Little Scholar Kids Tablet
SleepBelt

SPARK PUBLIC RELATIONS
2 Bryant St Ste 100, San Francisco, CA 94105
Tel.: (415) 962-8200
Fax: (415) 522-0330
E-Mail: info@sparkpr.com
Web Site: www.sparkpr.com

Employees: 100
Year Founded: 1999

Agency Specializes In: Investor Relations, Media Relations, Social Media

Donna Burke *(Founder & Owner)*
Alan Soucy *(CEO)*
Diane Schreiber *(Sr Mng Dir)*
Heather Gore *(Exec VP)*
Tim Turpin *(Exec VP)*
Jeff Koo *(VP)*
Cameron McPherson *(VP-Fin)*
Lawrence Smalheiser *(VP-PR)*
Alexa Alioto *(Dir-Content)*
Michael Celiceo *(Dir)*

Accounts:
Activision Blizzard, Inc.
Blinkx
Crosslink Capital
Index Ventures
Seedcamp
Skydeck
Sungevity
Verdezyne, Inc.
Ving

SPARKPR
30 W 26th St 4th Fl, New York, NY 10010
Tel.: (646) 833-0308
E-Mail: newyork@sparkpr.com
Web Site: www.sparkpr.com

Employees: 100

Agency Specializes In: Content, Digital/Interactive, Internet/Web Design, Media Relations, Public Relations, Social Media

Greg Chiemingo *(Sr VP)*
Olga Orda *(Sr VP)*
Chuck Thegze *(VP-New Bus)*
Kristen Buckley *(Dir)*
Casey Craig *(Sr Acct Exec)*

Accounts:
Steaz (Public Relations Agency of Record)

SPEAKEASY STRATEGIES
77 Geary St 5th Flr, San Francisco, CA 94108
Tel.: (415) 548-6535
E-Mail: hello@speakeasystrategies.com
Web Site: www.speakeasystrategies.com

Employees: 4

Agency Specializes In: Business-To-Business, Content, Media Training, Public Relations, Social Media

Chad Torbin *(Principal)*

Accounts:
New-8x8, Inc.

SPEAKERBOX COMMUNICATIONS
8603 Westwood Center Dr, Vienna, VA 22182
Tel.: (703) 287-7800
E-Mail: info@speakerboxpr.com
Web Site: www.speakerboxpr.com

Employees: 20
Year Founded: 1999

Agency Specializes In: High Technology, Media Relations, Public Relations, Strategic Planning/Research

Lisa Throckmorton *(COO)*
Jennifer Edgerly *(VP)*
Katie Hanusik *(VP-Bus Dev)*
Pete Larmey *(VP)*
Jessica Lindberg *(Client Svcs Dir)*
Cristina Upston *(Dir-HR)*
Casey Dell'Isola *(Acct Exec)*

Accounts:
HighPoint Global
Intel
Juniper Networks
O3b Networks Limited
Red Hat Software Operating System Software
Revature (Communications Agency of Record) Integrated Communications, Online

Surety

SPECOPS COMMUNICATIONS, INC.
1201 Bdwy, New York, NY 10001
Tel.: (212) 518-7721
E-Mail: info@specopscomm.com
Web Site: www.specopscomm.com

Employees: 6
Year Founded: 2012

Agency Specializes In: Branded Entertainment, Broadcast, Communications, Content, Corporate Communications, Crisis Communications, Digital/Interactive, Exhibit/Trade Shows, Game Integration, Guerilla Marketing, Local Marketing, Media Relations, Newspaper, Print, Public Relations, Search Engine Optimization, Social Media

Adam J. Handelsman *(Founder & CEO)*
Mackenzie Mills *(VP)*

Accounts:
Acacia Research Corporation Media Relations; 2012
Gladiator Solutions Digital Outreach, Media Relations; 2016
Inspired eLearning Media Relations; 2015
Origins Recovery Centers Media Relations, PR; 2012
Rudy Reyes Management, Media Relations; 2012

AGENCIES - JANUARY, 2019 — PUBLIC RELATIONS FIRMS

Society Living Media Relations; 2016
We Heart It (WHI) Digital Outreach, Media; 2015

SPECTOR & ASSOCIATES, INC.
85 Broad St Fl 16, New York, NY 10004
Tel.: (212) 943-5858
Fax: (212) 430-3849
E-Mail: info@spectorandassociates.net
Web Site: spectorpr.com

Employees: 18
Year Founded: 1991

Agency Specializes In: Sponsorship

Revenue: $1,600,000

Barry Spector *(Creative Dir)*

Accounts:
AT&T Communications Corp.
Bayer
eCaring Public Relations
Forest Laboratories Inc.
Homewatch CareGivers Marketing, Public Relations
ITT
Logos Technologies Inc.; Arlington, VA Public Affairs, Public Relations
Philips

SPECTRUM SCIENCE COMMUNICATIONS, INC.
2001 Pennsylvania Ave NW, Washington, DC 20006
Tel.: (202) 955-6222
Fax: (202) 955-0044
E-Mail: info@spectrumscience.com
Web Site: www.spectrumscience.com

Employees: 30
Year Founded: 1996

National Agency Associations: COPF-PRSA

Agency Specializes In: Government/Political, Health Care Services, Medical Products, Pharmaceutical, Public Relations

Approx. Annual Billings: $8,500,000

Michelle Gross *(Pres)*
Jonathan Wilson *(CEO)*
Scott Chesson *(COO)*
Michelle Strier *(Chief Strategy Officer)*
Robert Oquendo *(Chief Innovation Officer)*
Jon Higgins *(Chief Engagement Officer)*
Mary Conway *(Exec VP-Media Strategy)*
Pamela Lippincott *(Exec VP)*
Amanda Sellers *(Exec VP)*
Jacelyn Seng *(Exec VP)*
David Zitlow *(Exec VP)*
Liz Bryan *(Sr VP)*
Megan Lustig *(Sr VP)*
Darby Pearson *(Sr VP)*
Phyllis Tate *(Sr VP)*
Rosalba Cano *(VP)*
Jennifer Gordon *(VP-Media)*
Lauren Fulk *(Acct Dir)*
Darby Saxena *(Acct Supvr)*
Ariel Kramer *(Analyst-Social Media)*

Accounts:
Alnylam Pharmaceuticals Biopharmaceuticals
AlterG Rehabilitation Technology
American College of Chest Physicians
Arthur G. James Cancer Hospital
Biogen Idec
DePaul University Athletics
DUSA Pharmaceuticals, Inc; Wilmington, MA
International Business Machines Corporation Thought Leadership, Watson Health; 2018

Kennedy Krieger Institute
Maxim Health Systems
Pfizer
Procter & Gamble

SPELLING COMMUNICATIONS
3415 S Sepulveda Blvd, Los Angeles, CA 90034
Tel.: (310) 838-4010
Web Site: www.spellcom.com

Employees: 5

Agency Specializes In: Content, Media Relations, Public Relations, Social Media

Dan Spelling *(Owner)*
Brian McWilliams *(VP)*
W. Jason Grimley *(Sr Acct Supvr)*

Accounts:
Level 5 Beverage Company, Inc "Good-for-You", Coffee Boost, Public Relations Agency of Record, The Herbal Collection, Vitamin Creamer, VitaminFIZZ

THE SPI GROUP LLC
165 Passaic Ave Ste 410, Fairfield, NJ 07004
Tel.: (973) 244-9191
Fax: (973) 244-9193
E-Mail: sgoodman@spigroup.com
Web Site: www.spigroup.com

Employees: 16
Year Founded: 1997

National Agency Associations: PRSA

Agency Specializes In: Brand Development & Integration, Business-To-Business, Collateral, Communications, Consulting, Consumer Marketing, Electronic Media, Exhibit/Trade Shows, Graphic Design, Health Care Services, Information Technology, Internet/Web Design, Production, Public Relations, Publicity/Promotions, Real Estate, Sales Promotion, Sweepstakes, Trade & Consumer Magazines

Approx. Annual Billings: $12,000,000 Capitalized

James Koppenal *(Mng Dir)*
Sonali Munjal *(Mng Dir)*
Steve E. Goodman *(Gen Mgr)*
Ellen English *(Sr Dir)*
Ollie Hartsfield *(Sr Dir-Comm Strategy & Editorial)*
Pam Pizarro *(Art Dir)*
Amanda Feliu *(Dir)*
Tom Gilbert *(Dir)*
Dana Haase *(Dir-Project Mgmt)*
Heather Norian *(Dir-HR & Fin)*
Michael Dooley *(Sr Mgr)*
Will Brucella *(Acct Mgr)*
Brittany Martello *(Acct Mgr-Digital)*

Accounts:
BOC Group
Caucus Educational Corporation
Coldwell Banker Real Estate Corporation
Consumer Management Systems
Cytec
GE Lighting; Cleveland, OH; 1999
Key Bank
Marsh USA, Inc.
Merck; Whitehouse Station, NJ; 2002
NJ Shares; Ewing, NJ; 1999
Novartis; Switzerland
Pfizer; New York, NY; 1998
Sony

SPIDERBOOST INTERACTIVE
(Acquired by rbb Communications & Name Changed to SpiderBoost Interactive)

SPIN COMMUNICATIONS
18 E Blithedale Ave Ste 26, Mill Valley, CA 94941
Tel.: (415) 380-8390
Fax: (415) 380-8375
Web Site: www.spinpr.com

Employees: 2
Year Founded: 1998

Agency Specializes In: Crisis Communications, Email, Event Planning & Marketing, Media Training, Public Relations, Radio, Strategic Planning/Research, T.V.

DeeDee Taft *(Principal)*
Shelbi Okumura *(Sr Acct Exec)*
Hope Timberlake *(Acct Exec)*

Accounts:
Bay to Breakers
Beijing International Triathlon
Familyevents.com
Hot Rod
Jack London Inn
Motor Trend Auto Shows, LLC
Serramonte Center
Silicon Valley Auto Dealers Association
Strictly Sail Pacific

SPOTLIGHT MEDIA RELATIONS
244 Fifth Ave Ste B276, New York, NY 10001
Tel.: (212) 489-8774
E-Mail: info@spotlightmediarelations.com
Web Site: www.spotlightmediarelations.com

Employees: 10

Agency Specializes In: Event Planning & Marketing, Media Relations, Media Training, Public Relations, Social Media

Jill Budik *(Pres)*

Accounts:
Kristen Levine
Limor Suss

THE SPR AGENCY
6730 N Scottsdale Rd Ste 240, Paradise Valley, AZ 85253
Tel.: (480) 648-1770
E-Mail: info@thespragency.com
Web Site: www.thespragency.com

Employees: 10
Year Founded: 2007

Agency Specializes In: Advertising, Content, Public Relations, Search Engine Optimization, Social Media

Al Stevens *(Pres)*
Christy Stevens *(VP)*
Morgan Hawkins *(Acct Exec)*

Accounts:
Arizona Orthopaedic Associates
Corso Law Group Digital Marketing, Public Relations, Social Media, Strategy
Darling Homes Inc
OrthoArizona
Preston's Steakhouse, North Scottsdale (Agency of Record)
Skin & Cancer Center of Scottsdale (Agency of Record)
Soilworks
Taylor Morrison Phoenix

SPR ATLANTA
(Acquired & Absorbed by The Wilbert Group)

PUBLIC RELATIONS FIRMS

SPREAD PR
477 Madison Ave Fl 6, New York, NY 10022
Tel.: (212) 696-0006
E-Mail: info@spreadpr.net
Web Site: www.spreadpr.net

Employees: 5

Agency Specializes In: Event Planning & Marketing, Media Relations, Promotions, Public Relations

Stephanie Somogyi Miller *(Partner)*

Accounts:
Weitzner Limited

SPRINGBOARD COMMUNICATIONS
17 N Main St, Marlboro, NJ 07746
Tel.: (732) 863-1900
Fax: (732) 863-1915
E-Mail: info@springboardpr.com
Web Site: www.springboardpr.com

Employees: 10
Year Founded: 1995

Agency Specializes In: Event Planning & Marketing, Public Relations

Domenick Cilea *(Pres)*

Accounts:
Advanced Wellness
Alloy Software
ATEN Technology
BUMI
EasyVista
Ericom Software
EtherFAX
Innovi Mobile
Mercedes Distribution Center
MetaWatch
Quickcomm
ReferStar
Synchronoss Technologies
UXC ECLIPSE
Wally World Media

SPRINGER ASSOCIATES PR
4 Valley Trl, Croton on Hudson, NY 10520
Tel.: (212) 354-4660
Fax: (212) 354-7588
Web Site: www.springerassociatespr.com

Agency Specializes In: Entertainment, Public Relations, T.V.

Gary Springer *(Principal)*

Accounts:
The Gazillion Bubble Show

SPRITZ LLC
660 Sacramento St Ste 200, San Francisco, CA 94111
Tel.: (415) 221-2875
E-Mail: info@spritzsf.com
Web Site: www.spritzsf.com

Employees: 15

Agency Specializes In: Brand Development & Integration, Digital/Interactive, Event Planning & Marketing, Internet/Web Design, Media Relations, Public Relations, Search Engine Optimization, Social Media

Beth Schnitzer *(Co-Founder & Partner)*
Raghu Shivaram *(Co-Founder)*
Kimberly Hathaway *(Dir-PR & Content Dev)*

Accounts:
Twenty Five Lusk

SPROCKET COMMUNICATIONS
3254 Larimer St, Denver, CO 80205
Tel.: (303) 495-2883
Web Site: www.sprocketcommunications.com

Employees: 7
Year Founded: 2006

Agency Specializes In: Communications, Event Planning & Marketing, Media Buying Services, Public Relations, Social Media

Aubrey Gordon *(Pres)*
Emily Loss *(Strategist-Social Media & Content)*

Accounts:
Atticus Denver
Eon Office
Trelora

SS PR
105 E Moreno Ave Ste 101, Colorado Spgs, CO 80903
Tel.: (847) 955-0700
Fax: (847) 955-7720
Toll Free: (800) 287-7720
Web Site: www.sspr.com

Employees: 101

Heather Kelly *(Co-Pres)*
Hanni Itah *(Dir-Media Rels)*
Nicole Dicks *(Acct Exec)*

Accounts:
GestureTek Inc.
Lifeway Foods
Nobscot
Norlight
Poweron Software

SSPR
150 N Upper Wacker Dr Ste 2010, Chicago, IL 60606
Tel.: (800) 287-2279
Web Site: www.sspr.com

Employees: 101
Year Founded: 1978

Agency Specializes In: Brand Development & Integration, Content, Crisis Communications, Graphic Design, Media Relations, Media Training, Public Relations, Search Engine Optimization, Social Media

Heather Kelly *(CEO)*
Kelley Heider *(VP-Innovation)*
Hanni Itah *(Dir-Media Rels)*
Jake Katz *(Dir-Strategy)*
Jocelyn Linde *(Dir-Client Rels)*
Mallory Vasquez *(Dir-Client Rels)*

Accounts:
New-GoFundMe
New-Terapeak

STALWART COMMUNICATIONS
10601-G Tierrasanta Blvd, San Diego, CA 92124
Tel.: (858) 300-6168
E-Mail: info@stalwartcom.com
Web Site: www.stalwartcom.com

Employees: 2
Year Founded: 2006

Agency Specializes In: Crisis Communications, Event Planning & Marketing, Media Relations, Media Training, Public Relations, Strategic Planning/Research

David B. Oates *(Pres)*

Accounts:
Calentix Technologies
Envision Solar International, Inc.
Fitwall
Gap Intelligence
The Glenner Memory Care Centers
HearTV (Agency of Record) Brand Awareness
Jacob Tyler
Jerome's Furniture (Agency of Record) Community Relations, Marketing, Media Relations
LightBridge Hospice
MedaPoint, Inc. Advertising, Marketing, Public Relations
Medsphere Systems Corporation
NoteVault
Redit

STANDING PARTNERSHIP
1610 Des Peres Rd, Saint Louis, MO 63131
Tel.: (314) 469-3500
Fax: (314) 469-3512
Web Site: standingpartnership.com/

Employees: 23
Year Founded: 1991

Agency Specializes In: Advertising, Agriculture, Brand Development & Integration, Business-To-Business, Collateral, Communications, Consulting, Corporate Communications, Corporate Identity, Crisis Communications, Education, Electronic Media, Environmental, Event Planning & Marketing, Financial, Food Service, Government/Political, Health Care Services, Hospitality, Identity Marketing, Industrial, Integrated Marketing, International, Internet/Web Design, Investor Relations, Media Relations, Media Training, New Technologies, Pharmaceutical, Planning & Consultation, Public Relations, RSS (Really Simple Syndication), Recruitment, Search Engine Optimization, Social Marketing/Nonprofit, Sponsorship, Stakeholders, Strategic Planning/Research, Transportation, Travel & Tourism, Viral/Buzz/Word of Mouth

Approx. Annual Billings: $3,000,000

Breakdown of Gross Billings by Media: Pub. Rels.: 100%

Melissa Lackey *(Pres & CEO)*
Linda Locke *(Partner & Sr VP)*
Beth Rusert *(Partner & Sr VP)*
Julie Steininger *(Sr VP)*
Ashlyn Brewer *(VP)*
Mihaela Grad *(VP)*
Nick Sargent *(Dir-Digital Strategy)*
Lindsay Auer *(Mgr)*
Andrea Mollett Shea *(Mgr)*

Accounts:
Anheuser Busch
Charlottesville Albermarle Airport
Colliers Turley Martin Tucker
Delaware North Companies; Buffalo, NY
Flexsys
Harrah's St. Louis
LDI Integrated Pharmaceutical Services
Maritz
Monsanto Company
MS Govern
MySci Traveling Science Program; 2005
Partnership for a Drug-Free America
Praxair Distribution, Inc.

AGENCIES - JANUARY, 2019 — PUBLIC RELATIONS FIRMS

Premier Bank
Private Residences at Chase Park Plaza
Ranken Jordan Pediatric Specialty Hospital
Ranken Technical College
Saint Louis Children's Hospital
Saint Louis Mills
St. John's Mercy Medical Center
St. Loius County Economic Council
St. Louis Rams
UniGroup, Inc.
United Van Lines
Virginia High School League
Washington University Science Outreach
World Agricultural Forum

STANTON COMMUNICATIONS, INC.
1875 Connecticut Ave Nw Fl 10, Washington, DC 20009
Tel.: (202) 223-4933
Fax: (202) 223-1375
E-Mail: washingtonoffice@stantoncomm.com
Web Site: www.stantoncomm.com

Employees: 40
Year Founded: 1989

National Agency Associations: COPF-PRSA

Agency Specializes In: Business-To-Business, Communications, Consumer Marketing, Education, Electronics, Environmental, Event Planning & Marketing, Financial, Food Service, Government/Political, Health Care Services, High Technology, Information Technology, Legal Services, Medical Products, Planning & Consultation, Public Relations, Publicity/Promotions, Radio, Retail, Sponsorship, Strategic Planning/Research, Travel & Tourism

Approx. Annual Billings: $1,000,000

Lori Russo *(Pres)*
Peter V. Stanton *(CEO)*
Megan Berry *(VP & Creative Dir)*

Accounts:
Al Smith Memorial Foundation Public Affairs
American Nurses Association
American Registry for Internet Numbers
The American Statistical Association Public Relations
The Arc of Delaware County
Asbury Communities Public Relations, Strategic Communications
Compass Learning
Consumer Electronics Association Brand Building, Consumer Marketing, Media, Strategic Counsel
ELS Educational Services Communication Strategy
Fraunhofer IIS Brand Building, Consumer Marketing, Marketing Communications, Media Relations, Strategic Counsel
The International Coach Federation (Global Public Relations Agency of Record)
Madda Fella (Agency of Record)
Maryland Live (Agency of Record) Communications, Media Relations, Promotions
MorganFranklin Consulting; 2008
Pepco
Quad/Graphics
Sprint; 2002
WellDoc BlueStar, Media Relations, Strategic Counsel
W.L. Gore & Associates; 2002

Branches

Stanton Communications
300 E Lombard St Ste 1440, Baltimore, MD 21202
Tel.: (410) 727-6855
Fax: (410) 727-6156
E-Mail: baltimoreoffice@stantoncomm.com
Web Site: www.stantoncomm.com

Employees: 10
Year Founded: 1992

National Agency Associations: COPF-PRSA

Agency Specializes In: Brand Development & Integration, Business-To-Business, Communications, Consumer Marketing, Corporate Communications, Crisis Communications, Digital/Interactive, Education, Electronics, Environmental, Event Planning & Marketing, Financial, Food Service, Health Care Services, High Technology, Information Technology, Legal Services, Media Planning, Medical Products, Planning & Consultation, Public Relations, Publicity/Promotions, Radio, Travel & Tourism

Lori Russo *(Pres)*
Amy Bowman *(VP)*

Accounts:
Airforwarders Association
Alstom
Atlantic City Electric
CareLogistics
Corinthian Colleges
Delmarva Power
Department of Veterans Affairs
eInstruction
Maryland Department of Business & Economic Development
MorganFranklin
Pendrell Corporation
Pepco
Southland Industries
Sprint
TCF Bank
Vertis Communications
W.L. Gore & Associates

Stanton Communications
400 Madison Ave 14th Fl Ste D, New York, NY 10017
Tel.: (212) 616-3601
Fax: (212) 616-3612
E-Mail: newyorkoffice@stantoncomm.com
Web Site: www.stantoncomm.com

Employees: 15
Year Founded: 1989

National Agency Associations: COPF-PRSA

Agency Specializes In: Brand Development & Integration, Business-To-Business, Communications, Consumer Marketing, Corporate Communications, Crisis Communications, Digital/Interactive, Education, Electronics, Environmental, Event Planning & Marketing, Financial, Food Service, Government/Political, Health Care Services, High Technology, Information Technology, Legal Services, Media Relations, Medical Products, Planning & Consultation, Public Relations, Travel & Tourism

Cara Greene *(VP)*

Accounts:
The Arc of Delaware County
Atlantic City Electric
Corinthian Colleges
Delmarva Power
eInstruction
Maryland Department of Business & Economic Development
MorganFranklin
Pendrell Corporation
Pepco
Southland Industries
TCF Bank

STARFISH PUBLIC RELATIONS
1715 Via El Prado Ste 54, Redondo Beach, CA 90277
Tel.: (310) 429-8868
E-Mail: info@starfish-pr.com
Web Site: www.starfish-pr.com

Employees: 2
Year Founded: 2002

Agency Specializes In: Digital/Interactive, Media Relations, Public Relations, Social Media

Angela Moore *(Pres)*

Accounts:
AAA Appraisal Management Company
Habitat for Humanity International, Inc.

STC ASSOCIATES
210 5th Ave, New York, NY 10010
Tel.: (212) 725-1900
Fax: (212) 725-1975
E-Mail: newyork@stcassociates.com
Web Site: www.stcassociates.com

E-Mail for Key Personnel:
President: sophie@stcassociates.com
Creative Dir.: laurent@stcassociates.com

Employees: 25
Year Founded: 1992

Agency Specializes In: Advertising, Bilingual Market, Brand Development & Integration, Business-To-Business, Collateral, Communications, Consulting, Consumer Marketing, Corporate Identity, Digital/Interactive, Direct Response Marketing, E-Commerce, Event Planning & Marketing, Exhibit/Trade Shows, Fashion/Apparel, Food Service, Graphic Design, High Technology, Internet/Web Design, Leisure, Logo & Package Design, Print, Production, Public Relations, Publicity/Promotions, Real Estate, Restaurant, Sales Promotion, Strategic Planning/Research, Trade & Consumer Magazines, Travel & Tourism

Approx. Annual Billings: $4,000,000

Breakdown of Gross Billings by Media: Adv. Specialities: 10%; Comml. Photography: 10%; Consulting: 10%; Event Mktg.: 10%; Exhibits/Trade Shows: 10%; Graphic Design: 10%; Internet Adv.: 10%; Point of Sale: 10%; Pub. Rels.: 10%; Worldwide Web Sites: 10%

Sophie Ann Terrisse *(CEO-Global)*
Claire Butkus *(VP-Brand & Market Strategy)*
Keila Taveras-Rodriguez *(Art Dir & Mgr-Studio)*

Accounts:
AIG
Boswell Group
FRS Health Energy
Global Crossing; New York, NY
Great Spirits Co.; Queens, NY
KDDI America
Switch and Data
Tony Werneke Fine Antiques
VanCleef & Arpels
VSNL International
Weight Watchers
Whitney Museum of American Art
Wild Turkey Bourbon

STEINREICH COMMUNICATIONS
477 Madison Ave Ste 510, New York, NY 10022
Tel.: (201) 498-1600
Fax: (201) 498-1590
E-Mail: info@scompr.com
Web Site: www.scompr.com

1651

PUBLIC RELATIONS FIRMS

Employees: 15
Year Founded: 2002

Agency Specializes In: Consumer Goods, Fashion/Apparel, Financial, Health Care Services, Retail, Social Marketing/Nonprofit, Travel & Tourism

Stan Steinreich *(Pres & CEO)*
Ariella Steinreich *(Sr VP)*
Larry Thomas *(Mgr-Content-High Point)*

Accounts:
13th Annual Herzliya Conference
Archroma Color Atlas, North America
ButcherBox Public Relations
Israel Baseball Association Media, Public Relations
Israel Healthcare Foundation Public Relations
The Jerusalem Post Public Relations
Karmaloop Media, Public Relations
Kore Tulum Retreat and Spa Resort (Agency of Record) Global Media, Media Relations
Polart Designs (US Public Relations Agency of Record)
Red Dress Boutique (Public Relations Agency of Record)
Response Expo (Agency of Record)
Safaricom Marathon Public Relations

Subsidiary

McNeill Communications Group Inc.
202 Neal Pl, High Point, NC 27262
(See Separate Listing)

STEPHEN BRADLEY & ASSOCIATES, LLC
1322 County Rd 44, Birmingham, AL 35205
Tel.: (205) 933-6676
Web Site: www.pralabama.com

Year Founded: 1995

Agency Specializes In: Crisis Communications, Event Planning & Marketing, Media Relations, Public Relations, Search Engine Optimization, Social Media

Stephen E. Bradley *(Pres)*
Lynn Sampson *(Acct Mgr)*

Accounts:
Synagro

STERLING COMMUNICATIONS
750 University Ave Ste 100, Los Gatos, CA 95032
Tel.: (408) 395-5500
Fax: (408) 395-5533
E-Mail: more@sterlingpr.com
Web Site: https://sterlingpr.com/

Employees: 25

Agency Specializes In: Public Relations

Mark Bonham *(VP)*
Lisa K. Hawes *(VP-Pub & Media Rels)*
Kawika Holbrook *(VP)*
Tiffany Schaar *(VP-Ops & Employee Dev)*
Adriana Adriana *(Acct Dir)*
Monica Lawton *(Sr Acct Exec)*
Lauren Reis *(Acct Exec)*

Accounts:
Actional
AIMetrix
Amber Networks
Attensity
Avolent
IXOS
Knome (Agency of Record)
Mercado
NETGEAR

STERN STRATEGY GROUP
186 Wood Ave S, Iselin, NJ 08830
Tel.: (908) 276-4344
Fax: (908) 276-7007
E-Mail: hello@sternstrategy.com
Web Site: sternstrategy.com/

Employees: 28
Year Founded: 1985

National Agency Associations: PRSA

Agency Specializes In: Business-To-Business, Consulting, Corporate Communications, Corporate Identity, Crisis Communications, Health Care Services, High Technology, Media Relations, Medical Products, Promotions, Public Relations, Social Marketing/Nonprofit

Susan Stern *(Owner)*
Tara Zwicker Baumgarten *(Sr VP)*
Joan Bosisio *(Sr VP)*
Ned Ward *(Sr VP)*
Whitney Jennings *(Sr Acct Exec)*

Accounts:
B. Braun Medical, Inc.; 2007
Ben Heineman; 2008
Bracco Diagnostics Inc.; 2007
Clay Christensen
Convia (Herman Miller); 2006
Farient Advisors; 2009
Greg Unruh; 2009
GS1 US; 2009
Harvard Business Review Brand Awareness, Business Media Relations, Digital, Direct Engagement, Marketing, Media
Henry Chesbrough, PhD
London Business School; 2006
LRN; 2008
MdOnline; 2009
Michael Howe; 2009
Michael Porter
The Mohawk Group Flooring; 2007
Nancy Koehn; 2009
ORC Worldwide; 2007
Prime Resources Group; 2010
The RBL Group
TruePoint

Branch

Stern Strategy Group
45 Prospect St, Cambridge, MA 02139
Tel.: (908) 276-4344
Fax: (617) 761-4601
Web Site: sternstrategy.com/

Employees: 20

Agency Specializes In: African-American Market, Brand Development & Integration, Business Publications, Business-To-Business, Communications, Consulting, Consumer Marketing, Consumer Publications, Corporate Communications, Crisis Communications, Education, Electronic Media, Environmental, Financial, Government/Political, Health Care Services, High Technology, Hospitality, Identity Marketing, Industrial, Information Technology, International, Magazines, Media Relations, Media Training, Medical Products, Multicultural, Multimedia, New Technologies, Newspaper, Newspapers & Magazines, Planning & Consultation, Podcasting, Product Placement, Promotions, Public Relations, Publicity/Promotions, Publishing, Radio, Real Estate, Search Engine Optimization, Social Marketing/Nonprofit, Sponsorship, Strategic Planning/Research, T.V., Trade & Consumer Magazines, Travel & Tourism, Viral/Buzz/Word of Mouth

Jennifer Zottola *(Dir-Editorial)*

Accounts:
AT&T Consumer Products
Fisher & Phillips
Pension Real Estate Association (PREA)

STEVE NGUYEN & ASSOCIATES
9107 Wilshire Blvd Ste 450, Beverly Hills, CA 90210
Tel.: (424) 335-4555
E-Mail: info@sna-pr.com
Web Site: www.sna-pr.com

Employees: 5

Agency Specializes In: Brand Development & Integration, Crisis Communications, Digital/Interactive, Media Buying Services, Media Planning, Media Training, Public Relations

Steve Nguyen *(Chm/CEO-UK)*

Accounts:
Great One Cookie Company

STIMPSON COMMUNICATIONS
P.O. Box 5174, Wayland, MA 01778
Tel.: (508) 647-0705
Web Site: www.stimpsoncommunications.com

Employees: 5

Agency Specializes In: Content, Crisis Communications, Event Planning & Marketing, Media Relations, Media Training, Public Relations, Social Media

Henry Stimpson *(Owner)*

Accounts:
New-GoodWorks Insurance

STIR COMMUNICATIONS
1111 Park Centre Blvd Ste 402, Miami, FL 33169
Tel.: (305) 407-1723
Fax: (305) 407-1729
E-Mail: info@stir-communications.com
Web Site: www.stir-communications.com

Employees: 20
Year Founded: 2004

Agency Specializes In: Advertising, Collateral, Event Planning & Marketing, Internet/Web Design, Podcasting, Print, Promotions, Radio, T.V., Web (Banner Ads, Pop-ups, etc.)

Greg Salsburg *(CEO)*
Patricia Micek *(CFO)*

STOREY
159 Bleecker St Frnt A, New York, NY 10012
Tel.: (212) 463-7207
E-Mail: info@ourstorey.net
Web Site: www.ourstorey.net

Employees: 10

Agency Specializes In: Brand Development & Integration, Content, Public Relations, Social Media

Accounts:
Beats Electronics LLC
The Gap, Inc.

AGENCIES - JANUARY, 2019　　　　　　　　　　　　　　　　　　　　　　　　PUBLIC RELATIONS FIRMS

STORY PARTNERS
1000 Potomac St NW, Washington, DC 20007
Tel.: (202) 706-7800
Fax: (202) 706-7805
Web Site: www.storypartnersdc.com

Employees: 20
Year Founded: 2010

Agency Specializes In: Advertising, Brand Development & Integration, Content, Crisis Communications, Digital/Interactive, Graphic Design, Internet/Web Design, Print, Public Relations, Social Media

Gloria Story Dittus *(Chm)*
Debra Cabral *(CEO)*
Trudi Boyd *(Exec VP)*
Carrie Blewitt *(Sr VP)*
Tamara Hinton *(Sr VP)*
Betsy Thibaut Stephenson *(Sr VP)*
Robert Philips *(VP-Digital & Social Media)*

Accounts:
AdvaMed

STRATEGIC COMMUNICATIONS GROUP
1750 Tysons Blvd Ste 1500, McLean, VA 22102
Tel.: (703) 289-5139
E-Mail: pr@gotostrategic.com
Web Site: www.gotostrategic.com

E-Mail for Key Personnel:
President: mhausman@gotostrategic.com

Employees: 15
Year Founded: 1995

Agency Specializes In: Advertising, Brand Development & Integration, Business-To-Business, Collateral, Communications, Consulting, Corporate Identity, Direct Response Marketing, Event Planning & Marketing, Graphic Design, High Technology, Information Technology, Internet/Web Design, Logo & Package Design, Production, Public Relations, Recruitment, Technical Advertising

Marc Hausman *(Pres & CEO)*
Shany Seawright *(Sr VP)*
Nikki Robinson *(Dir-Fin & Admin)*
Jenna Sindle *(Dir)*

Accounts:
Acuity Mobile; 2007
Altron; 2008
Aptara
BearingPoint
British Telecom
Broadsoft
CX Act, Inc. Social Media Campaign
Cyveillance
GlobeRanger
GovDelivery
Inmarsat
Knight Sky Satellite & Wireless Networks; 2007
Merchant Link
Microsoft
Microspace Communications
Monster
Oracle America, Inc.
Solera Networks (Agency of Record)
Spirent Communications
Stanley
TerraGo Technologies
WellDoc Communications
Wireless Matrix
Zebra Technologies Card Printing Solutions; 2008

STRATEGIC OBJECTIVES
184 Front Street E 4th Floor, Toronto, ON M5A 4N3 Canada
Tel.: (416) 366-7735
Fax: (416) 366-2295
E-Mail: contactus@strategicobjectives.com
Web Site: www.strategicobjectives.com

Employees: 40
Year Founded: 1983

Agency Specializes In: Crisis Communications, Digital/Interactive, Media Relations, Public Relations, Social Media, Strategic Planning/Research

Judy Lewis *(Co-Founder & Exec VP)*
Deborah Weinstein *(Pres)*
Victor Anastacio *(CFO)*
Michael Shipticki *(VP)*
Patti Diamond *(Acct Dir)*
Sarah Leone *(Acct Dir)*
Shane Mckenna *(Acct Mgr)*
Vanessa Powell *(Acct Mgr)*

Accounts:
A&W Public Relations
Build-A-Bear
Carlsberg Canada Belgian Abbey Beer, Carlsberg, Cultural Influence Programs, Grimbergen Dubbel Draught, Kronenbourg, Kronenbourg Blanca, Media Relations, Somersby Cider
DMTI Spatial (Public Relations Agency of Record)
DuBreton (Public Relations Agency of Record) Campaign: "Quick & Healthy Choices"
Kraft Canada
Kruger Paper Products LP Cashmere, Experiential, Media Outreach, Scotties, SpongeTowels
M&M Meat Shops
Oxford Learning Centre
Pfizer Canada Detrol, Viagra
Pizza Hut Canada
Sears Canada (Public Relations Agency of Record) Campaign: "Everything"
Second Cup (Public Relations Agency of Record)

STRATEGIC VISION LLC
677 Main St, Suwanee, GA 30024
Tel.: (404) 380-1079
E-Mail: info@strategicvision.biz
Web Site: http://www.strategicvisionpr.com/

Employees: 10
Year Founded: 2001

Agency Specializes In: Brand Development & Integration, Crisis Communications, Graphic Design, Media Relations, Public Relations, Social Media

Peter J. Bates *(Pres)*
David Johnson *(CEO)*
Katie Norris *(Exec VP)*

Accounts:
Chandler AQUA-OH, National Media & Branding
DecisionPoint Wellness (Agency of Record) Media Relations, Public Relations
Dr. Keith Kantor
Guy Gilchrist
Nutritional Addiction Mitigation Eating & Drinking

STRAUSS MARKETING
5757 W Lovers Ln Ste 215, Dallas, TX 75209
Tel.: (214) 352-6700
E-Mail: info@strausspr.com
Web Site: http://www.strausspr.com/

Employees: 10
Year Founded: 2000

Agency Specializes In: Brand Development & Integration, Collateral, Crisis Communications, Email, Event Planning & Marketing, Graphic Design, Media Buying Services, Media Training, Public Relations, Social Media

Jenifer Strauss *(Founder & Partner)*
Nicki Patel *(Dir-Ops)*

Accounts:
Gehan Homes Marketing, PR, Strategy
The Saxton Group

STRAUSS RADIO STRATEGIES, INC.
National Press Bldg Ste 1163 529 14th St NW, Washington, DC 20045
Tel.: (202) 638-0200
Fax: (202) 638-0400
Web Site: http://www.straussmedia.com/

Employees: 13

Agency Specializes In: Communications, Consulting, Public Relations, Radio, Sponsorship, Strategic Planning/Research

Richard Strauss *(Pres)*
Zach Seidenberg *(Sr Acct Mgr)*
Jeff King *(Acct Mgr & Mgr-Los Angeles)*
David Sands *(Sr Acct Exec)*
Rachael Shackelford *(Acct Exec)*
Lorilee Victorino *(Assoc Acct Exec)*

Accounts:
AARP
Consumer Electronics Association
Democratic National Convention Media Relations, Radio, Television
General Motors
National League of Cities
US Conference of Mayors

Branch

Strauss Radio Strategies, Inc.
262 W 38th St Ste 803, New York, NY 10018
Tel.: (212) 302-1234
Fax: (212) 302-1235
Toll Free: (888) 638-0220
Web Site: http://www.straussmedia.com/

Employees: 20

Raul Martinez *(Acct Dir)*
Jeff King *(Acct Mgr & Mgr-Los Angeles)*
David Sands *(Sr Acct Exec)*
Rachael Shackelford *(Acct Exec)*

STUART ROWLANDS PR
7774 Skyhill Dr, Los Angeles, CA 90068
Tel.: (323) 850-1088
Fax: (323) 850-8219
Web Site: www.stuartrowlandspr.com

Employees: 1

Agency Specializes In: Crisis Communications, Event Planning & Marketing, Public Relations, Radio, Social Media, T.V.

Stuart Rowlands *(Pres & CEO)*

Accounts:
CXC Simulations
Duke University Marine Laboratory
Lucas Oil Products Inc
MAVTV
UFWC
Wagon Wheel Village

STUNTMAN PUBLIC RELATIONS
285 W Broadway, New York, NY 10013
Tel.: (212) 242-0002

PUBLIC RELATIONS FIRMS
AGENCIES - JANUARY, 2019

E-Mail: info@stuntmanpr.com
Web Site: www.stuntmanpr.com

Employees: 10

Agency Specializes In: Advertising, E-Commerce, Media Relations, Public Relations

Neil Alumkal *(Founder & Pres)*
Elana Levin *(Assoc VP)*

Accounts:
75 Grand
The Bedford
Francois Payard PR
The Frisky
Just Chill
Kanon Organic Vodka
Mellow Mushroom Pizza Bakers
Mexicue Public Relations
Panache Beverages Alibi American Whiskey, PR
Riazul Premium
Talent Maven

STURGES WORD COMMUNICATIONS
810 Baltimore Ave, Kansas City, MO 64105-1718
Tel.: (816) 221-7500
Fax: (816) 221-2174
E-Mail: info@sturgesword.com
Web Site: www.sturgesword.com

Employees: 8
Year Founded: 1995

Agency Specializes In: Advertising, Advertising Specialties, Brand Development & Integration, Business-To-Business, Collateral, Communications, Consulting, Consumer Marketing, Consumer Publications, Corporate Communications, Corporate Identity, Digital/Interactive, E-Commerce, Entertainment, Event Planning & Marketing, Exhibit/Trade Shows, Fashion/Apparel, Financial, Food Service, Graphic Design, Health Care Services, High Technology, In-Store Advertising, Internet/Web Design, Investor Relations, LGBTQ Market, Legal Services, Leisure, Local Marketing, Logo & Package Design, Media Buying Services, New Product Development, Over-50 Market, Planning & Consultation, Public Relations, Real Estate, Recruitment, Restaurant, Retail, Sales Promotion, Seniors' Market, Strategic Planning/Research, Travel & Tourism

Melissa Sturges *(Principal)*
Linda Word *(Principal)*
Michelle Cheesman *(Sr Acct Mgr)*
Katie Garcia *(Acct Mgr)*

Accounts:
Cloverland Electric Cooperative
Enterprise Bank & Trust; 2001
Jo Carrol Energy

STYLE HOUSE PR
44 Wall St Ste 703, New York, NY 10005
Tel.: (212) 444-8177
Web Site: http://www.stylehouse.co/

Employees: 5
Year Founded: 2006

Agency Specializes In: Brand Development & Integration, Event Planning & Marketing, Media Training, Public Relations, Social Media

Janna Meyrowitz Turner *(Founder & Pres)*

Accounts:
Oasis
TULA

SUBJECT MATTER
1121 14th St NW 5th Fl, Washington, DC 20005
Tel.: (202) 544-8400
Web Site: teamsubjectmatter.com

Employees: 70
Year Founded: 1998

Agency Specializes In: Advertising, Digital/Interactive, Public Relations, Strategic Planning/Research

Nicole Cornish *(Pres & COO)*
John Buckley *(CEO)*
Steve Elmendorf *(Partner)*
Paul Frick *(Partner)*
Dan Sallick *(Partner)*
Carlos Roig *(Exec VP-Strategy)*
Hastie Afkhami *(Sr VP & Head-Digital)*
Audrey Chang *(Sr VP-Strategic Comm)*
Steve Jost *(Sr VP-Content Strategy)*
Dianne Riddle Mikeska *(Sr VP-Strategic Plng)*
John Siniff *(Sr VP-Content)*
Joy Burks *(VP-Media)*
Katie Boehret *(Sr Dir-Content)*
Sandra Torres *(Sr Dir-Brdcst Strategy)*
Tim Doyle *(Acct Dir)*
Stephanie Moore *(Acct Dir)*
Mike Nelson *(Acct Dir)*
Rebekah Pepper *(Media Dir)*
Jason Free *(Dir & Video Editor)*
Maggie Allard *(Acct Mgr)*
Virginia Gamboa *(Sr Specialist-Media Rels)*
Megan Denneny *(Specialist-Media)*
Brendan Kiviat *(Specialist-Media)*
Natalie Adams *(Asst-Media)*
Patrick Everson *(Assoc Creative Dir)*
Wayne Johnson *(Assoc Creative Dir-Interactive)*

Accounts:
Association of American Railroads
Everytown for Gun Safety
MetLife
Nestle
Robert Wood Johnson Foundation
Tedmed
U.S. Census Bureau

SUE PROCKO PUBLIC RELATIONS
5969 Washington Blvd # 2B, Culver City, CA 90232-7324
Tel.: (310) 836-6200
Fax: (323) 653-5013
E-Mail: info@spprinc.com
Web Site: www.spprinc.com

Employees: 12
Year Founded: 1991

Agency Specializes In: Internet/Web Design, Public Relations, Social Media

Sue Procko *(Founder)*
Tim Williams *(Sr Acct Exec)*
Melinda Giordano *(Coord-Res)*

Accounts:
AVN Media
Overture Films

SUITE PUBLIC RELATIONS
252 Java St, Brooklyn, NY 11222
Tel.: (646) 504-9566
E-Mail: info@suitepublicrelations.com
Web Site: www.suitepublicrelations.com

Employees: 5
Year Founded: 2005

Agency Specializes In: Brand Development & Integration, Collateral, Media Relations, Media Training, Public Relations, Social Media, Strategic Planning/Research

Janelle Langford *(Creative Dir)*

Accounts:
Allison Mitchell
CASA de MODA
Zachary

SULLIVAN & ASSOCIATES
419 Main St Ste 149, Huntington Beach, CA 92648
Tel.: (714) 374-6174
Fax: (714) 374-6175
E-Mail: info@sullivanpr.com
Web Site: www.sullivanpr.com

Employees: 2

Agency Specializes In: Crisis Communications, Public Relations, Social Media

Barbara Apple Sullivan *(Pres & Mng Partner)*
Andrea Sampson *(Sr Acct Mgr & Specialist-PR & Comm)*
Byeol Yeo *(Project Mgr & Acct Exec)*

Accounts:
ADP
Biotheranostics, Inc
Cornell Tech
Crown Castle
The School of American Ballet
New-Stryker Corporation
TD Ameritrade
Thomson Reuters

SUNSHINE SACHS
136 Madison Ave 17th Fl, New York, NY 10016
Tel.: (212) 691-2800
E-Mail: info@sunshinesachs.com
Web Site: www.sunshinesachs.com

Employees: 200

Agency Specializes In: Communications, Entertainment, Fashion/Apparel, Public Relations, Sports Market

Shawn Sachs *(CEO)*
Dani Dalesandro *(Sr VP)*
Andrew Stein *(Sr VP)*
Melissa Baer *(VP)*
Jessica Berger *(VP)*
Lauren Asher *(Sr Acct Dir)*
Stephanie Sipe *(Sr Acct Dir)*
Matthew Lawrence *(Acct Dir-TV, Film & Content)*
Allie Zamaria *(Acct Dir)*
Teddy Duvall *(Acct Mgr)*
Sinead Conlon *(Sr Acct Exec)*
Max Lifton *(Acct Exec)*

Accounts:
Ben Affleck
Canon USA Public Relations
Justin Timberlake
Leonardo DiCaprio
Natalie Portman
Time's Up Communications; 2018

SURE MEDIA GROUP, LLC
13428 Maxella Ave Ste #273, Marina Del Rey, CA 90292
Tel.: (323) 452-3122
E-Mail: pr@suremediagrp.com
Web Site: http://www.suremediagroup.com/

Employees: 4

Agency Specializes In: Brand Development & Integration, Event Planning & Marketing, Media

AGENCIES - JANUARY, 2019 — PUBLIC RELATIONS FIRMS

Training, Public Relations, Social Media

De Anne Blackmon *(Mng Dir)*

Accounts:
New-Black Arts Los Angeles

SUTHERLANDGOLD GROUP
315 Pacific Ave, San Francisco, CA 94133
Tel.: (415) 934-9600
Fax: (800) 886-7452
E-Mail: scott@sutherlandgold.com
Web Site: www.sutherlandgold.com

Employees: 25
Year Founded: 2002

Agency Specializes In: Consulting, High Technology, Information Technology, Media Training, Planning & Consultation, Strategic Planning/Research

Lesley Gold *(Co-Founder & CEO)*
Scott Sutherland *(Co-Founder)*
Emilie Pires *(VP)*
Katie Warmuth *(Dir)*

Accounts:
Blekko
Brash Entertainment
Brightcove
Chegg PR
Lookout
Opensky
Pinger
Velti Media, PR
Wetpaint

SUZANNE COLLIER PUBLIC RELATIONS
3680 Skylark Way, Brea, CA 92823
Tel.: (714) 572-1498
Fax: (714) 242-9220
E-Mail: info@collierpr.com
Web Site: www.collierpr.com

Agency Specializes In: Brand Development & Integration, Media Relations, Public Relations

Suzanne Collier *(Principal)*

Accounts:
New-IGEL Technology

SWANK PUBLIC RELATIONS
4223 W Lake St Ste 342, Chicago, IL 60624
Tel.: (773) 982-8124
E-Mail: info@swankpublishing.com
Web Site: www.swankpublishing.com

Employees: 5

Agency Specializes In: Brand Development & Integration, Event Planning & Marketing, Public Relations

Briahna Gatlin *(Owner)*
Jeremy Horn *(Mgr-Content)*
Carol G. Johnson *(Asst Project Mgr)*

Accounts:
I Am Beeware
Marcus Kincy

SWANSON COMMUNICATIONS
1425 K St NW Ste 350, Washington, DC 20005
Tel.: (202) 783-5500
E-Mail: contact@swansonpr.com
Web Site: www.swansonpr.com

Employees: 5

Year Founded: 1997

Agency Specializes In: Event Planning & Marketing, Public Relations, Social Media, Strategic Planning/Research, Travel & Tourism

Kelly Swanson *(Pres)*
Lisa Milner Goldberg *(VP)*
Sam Jackson *(Acct Exec)*
Andrew Roberts *(Acct Exec)*

Accounts:
Mayweather Promotions

SWORDFISH COMMUNICATIONS
5 Stoneleigh Dr, Laurel Springs, NJ 08021
Tel.: (856) 767-7772
Fax: (866) 801-7772
E-Mail: info@swordfishcomm.com
Web Site: www.swordfishcomm.com

Employees: 1

Agency Specializes In: Advertising, Crisis Communications, Exhibit/Trade Shows, Media Relations, Media Training, Public Relations, Radio, Travel & Tourism

Approx. Annual Billings: $2,000,000

Accounts:
Alzheimer's Association
BeBalanced Hormone Weight Loss Center Media Relations, Public Relations, Social
BTB Security (Agency of Record) Public Relations
Coatings for Industry Inc.; Souderton, PA Publicity
Gourmet Ads Trade Publicity Campaign
Lifespan Care Management, LLC (Public Relations Agency of Record)
McRoskey Mattress Company Public Relations
Optimum Strategies LLC
Street Corner (Agency of Record)
Sumo Heavy Industries; Philadelphia, PA Public Relations Campaign
The Wine Room

SYMPOINT COMMUNICATIONS
21 N Oak Forest Dr, Asheville, NC 28803
Tel.: (503) 567-9677
Fax: (866) 454-7462
E-Mail: info@sympoint.com
Web Site: https://sympoint.com/

Employees: 2
Year Founded: 2004

Agency Specializes In: Communications, Corporate Communications, Corporate Identity, Public Relations, Strategic Planning/Research

Peter ter Horst *(Co-Founder & Pres)*

Accounts:
Crystal River Weaving
Greeson & Fast
The Q Fund

TALLGRASS PUBLIC RELATIONS
4912 Technopolis Dr, Sioux Falls, SD 57106
Tel.: (605) 275-4075
Web Site: www.tallgrasspr.com

Employees: 50

Agency Specializes In: Brand Development & Integration, Event Planning & Marketing, Media Relations, Print, Public Relations, Social Media

Seth Menacker *(Acct Mgr)*
Mike Edgette *(Mgr-Social Media)*
Mark Hanes *(Sr Acct Exec)*

Keira Rodriguez *(Sr Strategist-Media)*
Richard Krueger *(Strategist-Media)*

Accounts:
Fragmob.com

TANDEM PR
471 W Main St # 301, Louisville, KY 40202
Tel.: (502) 587-7220
Fax: (502) 587-7223
E-Mail: info@tandemagency.com
Web Site: www.tandemagency.com

Employees: 5
Year Founded: 2005

Agency Specializes In: Advertising, Brand Development & Integration, Crisis Communications, E-Commerce, Event Planning & Marketing, Graphic Design, Internet/Web Design, Media Relations, Media Training, Public Relations

Sandra Frazier *(CEO)*
Michael Tierney *(COO)*
Claudia Coffey *(Acct Dir)*
Tim Lawson *(Dir-Client Svcs)*

Accounts:
New-The Kentucky Center
New-University of Louisville
New-YUM! Brands, Inc.

THE TASC GROUP
153 W 27th St Ste 405, New York, NY 10001
Tel.: (646) 723-4344
Fax: (646) 723-4525
E-Mail: info@thetascgroup.com
Web Site: www.thetascgroup.com

Employees: 50

Agency Specializes In: Crisis Communications, Digital/Interactive, Media Relations, Media Training, Public Relations, Social Media

Lawrence Kopp *(Pres)*
Ann Kaiser *(Sr Acct Exec)*

Accounts:
New-Heather Heyer Foundation
United Way of NYC

TAYLOR
350 Fifth Ave Ste 3800, New York, NY 10118
Tel.: (212) 714-1280
Fax: (212) 695-5685
E-Mail: newyork@taylorstrategy.com
Web Site: www.taylorstrategy.com

Employees: 100
Year Founded: 1984

National Agency Associations: COPF

Agency Specializes In: Public Relations, Sponsorship, Sports Market

Approx. Annual Billings: $23,000,000

Tony Signore *(CEO & Mng Partner)*
Bryan Harris *(Mng Partner & COO)*
Mark Beal *(Mng Partner)*
Mike Costabile *(Mng Partner)*
John Liporace *(Mng Partner)*
Carla Wilke *(Chief Strategy Officer & Chief Integration Officer)*
Jon Resnik *(Chief Creative Officer)*
Tony Esposito *(Chief Revenue Officer)*
Brianna Kauffman *(VP-Digital Strategy)*
Mike Macias *(Mgr-Social Media)*

PUBLIC RELATIONS FIRMS
AGENCIES - JANUARY, 2019

Accounts:
Activision
Allstate Insurance
Capital One
Comcast
Diageo Crown Royal, Guinness, Public Relations, Smirnoff
IBM
Keurig
Mercedes-Benz Media Relations, Sports Specialty
Nestle Purina
Procter & Gamble
PVH
Tempur Sealy

Branch

Taylor
10150 Mallard Creek Rd Ste 300, Charlotte, NC 28262
Tel.: (704) 548-8556
Fax: (704) 548-0873
E-Mail: charlotte@taylorstrategy.com
Web Site: www.taylorstrategy.com

Employees: 30

National Agency Associations: COPF

Agency Specializes In: Public Relations, Sponsorship

Tony Signore *(CEO & Mng Partner)*
Bryan Harris *(Mng Partner & COO)*
John Liporace *(Mng Partner)*
Maeve Hagen *(Pres-Taylor Charlotte)*
Nicole Anastasi *(Exec VP)*
Jessie Snider *(VP)*
Dave Finn *(Acct Dir)*

Accounts:
Activision
Capital One
Comcast
Diageo Crown Royal, Guinness, Smirnoff
DraftKings, Inc. (Public Relations Agency of Record); 2017
IBM
Keurig
Nestle Purina
PVH

TAYLOR & COMPANY
1024 S Robertson Blvd Ste 201, Los Angeles, CA 90035
Tel.: (310) 247-1099
Fax: (310) 247-8147
E-Mail: info@taylor-pr.com
Web Site: www.taylor-pr.com

Employees: 25
Year Founded: 1994

Agency Specializes In: Brand Development & Integration, Content, Digital/Interactive, Event Planning & Marketing, Media Relations, Public Relations, Social Media

Julie D. Taylor *(Principal)*
Donna Peters *(Acct Exec-PR)*
Heidi Simonian *(Acct Exec)*

Accounts:
New-CO Architects
New-Dan Brunn Architecture
New-Form4 Architecture
New-Rios Clementi Hale Studios

TAYLOR JOHNSON
6333 W Howard, Niles, IL 60714
Tel.: (312) 245-0202
Fax: (312) 245-9205
E-Mail: info@taylorjohnson.com
Web Site: www.taylorjohnson.com

Employees: 15

Agency Specializes In: Advertising, Brand Development & Integration, Event Planning & Marketing, Internet/Web Design, Media Relations, Public Relations, Social Media

Emily Johnson *(Pres)*
Kim Manning *(VP)*
Abe Tekippe *(Mgr-PR)*
Sarah Lyons *(Sr Acct Exec)*
Kelly Shumaker *(Sr Acct Exec)*

Accounts:
1000 South Clark
Amata Office Centers
New-Belgravia Group
New-Bisnow Chicago; 2018
Blueprint Healthcare Real Estate Advisors
New-Bond Companies
The Design Bar; 2018
Downtown Apartment Company; 2018
Edge Home
New-Englewood Construction
New-Fifield Companies
Ginsberg Jacobs LLC
The Habitat Company
New-Interra Realty
John Greene Enterprises
Kinzie Real Estate Group
New-Lend Lease Corporation Limited
Marcus & Millichap
Mark Goodman & Associates Inc; 2018
MZ Capital Partners
ON Collaborative; 2017
Optima, Inc Public Relations; 2018
Pangea Real Estate
Pullman Neighborhood
Renovo Financial
Spaces Real Estate; 2018

TBC, INC./PR DIVISION
900 S Wolfe St, Baltimore, MD 21231
Tel.: (410) 347-7500
Fax: (410) 986-1322
E-Mail: ac@tbc.us
Web Site: www.tbc.us

E-Mail for Key Personnel:
Public Relations: bburkhardt@tbc.us

Employees: 7
Year Founded: 1974

National Agency Associations: PRSA

Agency Specializes In: Business-To-Business, Event Planning & Marketing, Government/Political, Health Care Services, Publicity/Promotions, Retail, Sports Market, Travel & Tourism

Approx. Annual Billings: $2,000,000

Howe Burch *(Pres)*
Brent Burkhardt *(Exec VP & Mng Dir-PR)*
Valerie Holstein *(Supvr-Media)*
Beth Williams *(Sr Media Planner & Buyer)*

Accounts:
DuClaw Brewing
Hair Cuttery
Hollywood Casino Aurora
Hollywood Casino Charlestown
Hollywood Casino Joliet
Hollywood Casino Lawrenceburg
MinuteClinic
Smyth Jewelers

TC PUBLIC RELATIONS
One N LaSalle St Ste 600, Chicago, IL 60602
Tel.: (312) 422-1333
Web Site: www.tcpr.net

Employees: 6

Agency Specializes In: Content, Crisis Communications, Media Relations, Media Training, Public Relations, Search Engine Optimization, Social Media

Thomas Ciesielka *(Pres)*

Accounts:
New-Latherow & Duignan Law Office
New-Thomas More Society

TCGPR
250 Ferrand Dr 4th Fl, Toronto, ON M3C 3G8 Canada
Tel.: (416) 696-9900
Fax: (416) 696-9897
Toll Free: (800) 267-4476
E-Mail: deisenstadt@tcgpr.com
Web Site: www.tcgpr.com

Employees: 8
Year Founded: 1973

Agency Specializes In: Consumer Goods, Event Planning & Marketing, Government/Political, Local Marketing, Media Relations, Public Relations, Real Estate

Rhoda Eisenstadt *(Mng Partner)*

Accounts:
Aspen Ridge
Heathwood
L-EAT GROUP PR
Marshall Mattress Public Relations
Ritz-Carlton
Rosseau Residences (Agency of Record) Public Relations

TCI-SMITH PUBLICITY
1930 E Marlton Pike Ste I-46, Cherry Hill, NJ 08003
Tel.: (856) 489-8654
Fax: (856) 504-0136
E-Mail: info@smithpublicity.com
Web Site: www.smithpublicity.com

Employees: 10

Sandra Poirier Smith *(Pres)*
Mike Onorato *(Exec Dir-Publicity Svcs)*
Erin MacDonald-Birnbaum *(Dir-Publicity Strategy & Sr Acct Exec)*
Corinne Moulder *(Dir-Bus Dev)*
Lynn Coppetelli *(Publicist)*

Accounts:
Arabella Publishing, LLC
Dr. Rossiter
Key Publishing House
Manarin Investment Counsel, Ltd
New Neighborhoods Publishing Company, LLC

TEAGUE COMMUNICATION
28005 Smyth Dr Ste 112, Valencia, CA 91355
Tel.: (661) 297-5292
Fax: (661) 702-9705
E-Mail: info@teaguecommunications.com
Web Site: www.teaguecommunications.com

Employees: 4
Year Founded: 1991

Agency Specializes In: Public Relations

AGENCIES - JANUARY, 2019 — PUBLIC RELATIONS FIRMS

Daryn N. Teague *(Owner)*

Accounts:
Martindale-Hubbell
Mullin Consulting
National Register Publishing
Sinaiko Healthcare Consulting

TEAK MEDIA & COMMUNICATION
840 Summer St Ste 305A, Boston, MA 02127
Tel.: (617) 269-7171
E-Mail: info@teakmedia.com
Web Site: www.teakmedia.com

Employees: 5

Agency Specializes In: Advertising, Crisis Communications, Media Relations, Promotions, Public Relations, Social Media, Strategic Planning/Research

Jackie Herskovitz Russell *(Founder & Pres)*
Diana Brown McCloy *(VP-PR)*
Allison Epstein *(Acct Dir)*
Deborah Halperin Colbert *(Sr Acct Exec)*
Deborah Halperin *(Sr Acct Exec)*

Accounts:
AmeriCann, Inc Public Relations; 2018
Boston Marathon Jimmy Fund Walk
YMCAs of Greater Boston

TEAM VISION
4348 Waialae Ave, Honolulu, HI 96816
Tel.: (808) 536-0416
Fax: (808) 536-1381
E-Mail: info@teamvision.com
Web Site: www.teamvision.com

Employees: 22

Agency Specializes In: Public Relations

Craig Carapelho *(Pres & CEO)*
Kyle Osaki *(Production Mgr)*
Christine Strobel *(Mgr-Social Mktg)*
Greg Yoshikane *(Designer-Web)*

Accounts:
Castle & Cooke
Genergraphics
Island of Lana'i
The Kohala Center
Paradise Cove Luau

TECH IMAGE LTD.
330 N Wabash Ave Ste 2000, Chicago, IL 60611
Tel.: (847) 279-0022
Fax: (847) 279-8922
Toll Free: (888) 4-TECH-PR
E-Mail: info@techimage.com
Web Site: https://www.techimage.com/

Employees: 10
Year Founded: 1993

Agency Specializes In: Business-To-Business, E-Commerce, High Technology, Information Technology, Planning & Consultation, Public Relations

Approx. Annual Billings: $25,000,000

Breakdown of Gross Billings by Media: Pub. Rels.: 100%

Michael A. Monahan *(Pres)*
Andy Ambrosius *(Acct Mgr)*
Matthew Pera *(Acct Mgr)*
Lydia Castillo *(Assoc-Digital Media)*

Accounts:
Allstate Insurance
BladeRoom USA Digital, PR, Social Media Marketing
Bosch eBike Systems
Cisco Systems, Inc.
Comptia
Digital Recognition Network & Vigilant Solutions
Forsythe Technology
GlobalSpec; Troy, NY
Gravitant Digital, PR, Social Media Marketing
Infogix Digital, PR, Social Media Marketing
Initiate Systems
International Business Systems Digital, PR, Social Media Marketing
Language Analysis System; Herndon, VA Name Recognition Software
The Marketing Executives Networking Group (Agency of Record)
Mopria Alliance
NEC Display Solutions of America
Omnivex
Oval Brand Fire Products
Robert Bosch Tool Corporation (Public Relations Agency of Record) Content Development, Media Relations, Skilsaw, Social Media
SAVO Group
TmaxSoft
Vision Solutions Digital, PR, Social Media Marketing
VMUG Digital, PR, Social Media Marketing

TELLEM GRODY PUBLIC RELATIONS, INC.
30765 Pacific Coast Hwy Ste 243, Malibu, CA 90265
Tel.: (310) 313-3444
Fax: (310) 775-9721
Web Site: www.tellemgrodypr.com

Employees: 4
Year Founded: 1994

Agency Specializes In: Crisis Communications, Entertainment, Public Relations

Dan Grody *(Partner)*
John Tellem *(Partner)*
Susan Tellem *(Partner)*

Accounts:
Alton Brown Live: Eat Your Science
ALTON BROWN LIVE! The Edible Inevitable Tour
Anthony Bourdain On Tour: The Hunger
Aurora World Inc.
Blue September
BuildMyBod
California Community Church
California Poison Control System
DrumChannel
The Fresh Beat Band
Guardian Safety Solutions International, Inc.
The Illusionists: Turn of the Century
The Jim Henson Company Pajanimals Live!
Lord of the Dance
Marina Plastic Surgery Associates
Nitro Circus Live
Nurses Lounge PR, Social Media
Octonauts Live! & the Deep Sea Volcano Adventure
Rudolph the Red-Nosed Reindeer: The Musical
SportsBettingExperts.com

TERRA PUBLIC RELATIONS
65 Mercill Ave Ste 14 C, Jackson, WY 83001
Tel.: (307) 733-8777
Fax: (307) 699-4572
Web Site: www.terrapublicrelations.com

Employees: 10
Year Founded: 2008

Agency Specializes In: Corporate Communications, Event Planning & Marketing, Media Relations, Public Relations, Social Media

Alli Noland *(Founder)*
Lori Crabtree *(Acct Exec)*

Accounts:
Mountain Khakis North America Media Relations & Strategy; 2018
Nuu-Muu Media Relations, Public Relations, Strategy
USA Colab
Wasatch Powder Monkeys
White Sierra (Agency of Record) Media, Public Relations

TEUWEN COMMUNICATIONS
133 W 25th St Ste 4W, New York, NY 10001
Tel.: (212) 244-0622
E-Mail: info@teuwen.com
Web Site: www.teuwen.com

Employees: 5

Agency Specializes In: Brand Development & Integration, Event Planning & Marketing, Promotions, Public Relations, Social Media

Geert Teuwen *(Co-Founder & Creative Dir)*
Stephanie Teuwen *(Pres-Food, Wine, Spirits PR & Mktg)*
Marisa Jetter *(Assoc Dir)*
Cassidy Havens *(Sr Acct Supvr)*
Erica Brancato *(Acct Coord)*

Accounts:
Allegrini
Amy's Kitchen
Aquavit
Athenee
Bordeaux Wines
Bureau National Interprofessional du Cognac (Agency of Record)
Champagne Laurent-Perrier
Champagne Laurent-Perrier (Agency of Record) Media Relations, Public Relations, Strategic Press Events
Conseil Interprofessionnel du Vin de Bordeaux (Public Relations Agency of Record) Consumer, Media Relations, Press
Cotes de Bordeaux
Elena Walch
Falesco
Gigondas
GRK Fresh Greek
Le Botaniste
Le Pain Quotidien
Long Island Wine Council
North Square
The Original Chevre
Paso Robles Wine Country Alliance (Agency of Record)
Rhone Valley Wines
Saint Emilion Pomerol Fronsac
San Marzano (United States Agency of Record) Events, Press Relations, Social Media
Vivoli
Wines Of Alsace (Agency of Record) Brand Identity, Consumer, Digital, Logo, Media, Social Media, Trade, Website

TEXT 100 GLOBAL PUBLIC RELATIONS
100 Montgomery St Ste 1101, San Francisco, CA 94104
Tel.: (415) 593-8400
Fax: (415) 593-8401
E-Mail: info@text100.com
Web Site: https://www.text100.com/

Employees: 55
Year Founded: 1981

PUBLIC RELATIONS FIRMS

National Agency Associations: COPF-PRSA

Agency Specializes In: High Technology, Public Relations, Sponsorship

Approx. Annual Billings: $50,000,000

Breakdown of Gross Billings by Media: Pub. Rels.: $50,000,000

Laurie Eisendrath *(CFO)*
Rod Cartwright *(Exec VP & Reg Dir-Europe, Middle East & Africa)*
Jeppe Christensen *(Sr VP & Head-Content & Social Media)*
Steve Astle *(Sr VP)*
Carolina Noguera *(Gen Mgr)*

Accounts:
Adobe Systems Inc
BlackBerry Global PR
Brightstar Global Brand Marketing, Communications & Creative
Cisco
International Business Machines Corporation
Kroll Ontrack Inc
Marvell Technology Group (Global Public Relations Agency of Record) Communications Strategy, Content Creation, Media Relations, Social Media; 2017
Mercedes-Benz Research & Development North America (Agency of Record) Digital Content Creation, Influencers, Internal Communications, Public Relations, Social Media, Web Design & Development
MTV
Schneider Electric (Public Relations Agency of Record)
Staples Advantage Business-to-Business, PR
TOSY Robotics (Agency of Record) Content Creation, Design, Influencer Relations, Media Relations, Social Media
Veritas Technologies (Agency of Record)
Xerox Communication, Marketing

United States

Text 100 Boston Corp.
31 Milk St Ste 201, Boston, MA 02109
Tel.: (617) 399-4980
Fax: (617) 723-1045
E-Mail: kenp@text100.com
Web Site: https://www.text100.com/

Employees: 15
Year Founded: 1997

National Agency Associations: COPF

Agency Specializes In: Public Relations

Ken Peters *(Exec VP & Head-Client Experience-North America)*

Accounts:
CloudHealth Technologies (Public Relations Agency of Record) Content Creation, Influencer Relations Program, Social Media, Targeted Media; 2018

Text 100 New York Corp.
352 Park Ave S 7th Fl, New York, NY 10010
Tel.: (212) 529-4600
Fax: (212) 989-7149
E-Mail: info@text100.com
Web Site: https://www.text100.com/

Employees: 50
Year Founded: 2000

National Agency Associations: COPF

Agency Specializes In: Public Relations

James Beechinor-Collins *(Chief Digital Officer)*
Adam Selwyn *(Creative Dir-North America)*

Accounts:
Adobe
British Airways
Cisco
Citrix
DigitalOcean, Inc
Earthlink
Facebook
FUJIFILM Holdings Corporation
IBM
Lenovo Local Market
Paypal

Text 100 Rochester Corp.
352 Park Ave S, New York, NY 10010
Tel.: (212) 871-3950
Web Site: www.text100.com/

Employees: 29
Year Founded: 1997

National Agency Associations: COPF

Agency Specializes In: Public Relations, Sponsorship

Brian Carnevale *(VP)*
Jessica Troskosky *(VP)*
Nicole Fachet *(Gen Mgr)*
Carolina Noguera *(Gen Mgr)*
Bethany Latta *(Sr Acct Dir)*

Accounts:
SolarWinds, Inc.
Xerox

Germany

Text 100 Munich GmbH
Nymphenburgerstrasse 168, 80634 Munich, Germany
Tel.: (49) 89 99 83 700
Fax: (49) 89 982 888 1
E-Mail: ines.bieger@text100.de
Web Site: https://www.text100.com/

Employees: 24
Year Founded: 1992

Agency Specializes In: Public Relations

Claudia Keller *(Reg Office Mgr-EMEA)*

Italy

Text 100 Milan S.R.L.
Piazza Principessa Clotilde 8, 20121 Milan, Italy
Tel.: (39) 02202021
Fax: (39) 0220404655
E-Mail: text100@text100.it
Web Site: https://www.text100.com/

Employees: 12
Year Founded: 1997

Agency Specializes In: Public Relations

Accounts:
Airbnb
Amazon Web Services
AOC
eBay
Harman
Lebara
MathWorks
MMD
Quip
Skype
Sony Digital Cinema
TP Vision
Vodafone
Woox

Spain

Text 100 Madrid S.L.
Plaza de Colon n2 Torre 1, Planta 17, 28046 Madrid, Spain
Tel.: (34) 91 561 94 15
Fax: (34) 91 561 61 25
E-Mail: virginia.huerta@text100.com
Web Site: https://www.text100.com/

Employees: 20
Year Founded: 1997

Agency Specializes In: Public Relations

Ana Reyes *(Acct Mgr)*

Australia

Text 100 Sydney
Level 28 100 Miller St., NSW 2060 Sydney, Australia
Tel.: (61) 2 9956 5733
Fax: (61) 2 9956 5406
E-Mail: info@text100.com
Web Site: https://www.text100.com/

Employees: 40
Year Founded: 1998

Agency Specializes In: Public Relations

Karen Coleman *(Mng Dir-Australia & New Zealand)*

Accounts:
Adobe
Choosi Communications Program
Cisco
Deakin College Digital Marketing & Content
Engineers Australia
Epsilon
IBM Content
Macquire Telecom
Media Access Australia PR'
Mitsubishi Electric
National Football League Marketing Strategy, TV
NetApp (Local Agency of Record)
Optus
Petronas
Rode Microphones
Siemens
Sydney Festival
Symantec
Yahoo 7
Zebra Technologies (Asia Pacific Agency of Record) Public Relations

China

Text 100 Hong Kong
Ste 3805 Level 38 Hopewell Center, 183 Queens Rd E, Wanchai, China (Hong Kong)
Tel.: (852) 2821 8694
Fax: (852) 2866 6220
Web Site: https://www.text100.com/

Employees: 7

Agency Specializes In: Public Relations

AGENCIES - JANUARY, 2019 — PUBLIC RELATIONS FIRMS

Rosemary Merz *(Mng Dir & VP)*
Geralynn Wong *(Dir-Digital Svcs)*

Accounts:
Foodpanda Communications, Content Marketing, Media Relations, Strategic
Four Seasons Hotels Digital, Email Marketing
Loupedeck Brand, Content Marketing, Public Relations; 2018
Meltwater Public Relations
PURCELL Public Relations; 2018
QD Vision Build Awareness, Communications
Rakuten Digital Communications, PR
Xero Limited Strategic Communications; 2018
Zebra Technologies Public Relations

Text 100 Shanghai
Unit 2005 Ascenda Plz, 333 Tian Yao Qiao Rd, Shanghai, 200030 China
Tel.: (86) 21 6289 8585
Fax: (86) 21 6426 3986
E-Mail: tt.yang@text100.com.cn
Web Site: https://www.text100.com/

Employees: 10

Agency Specializes In: Public Relations

Meiling Yeow *(Mng Dir-Southeast Asia)*
Tina Kan *(Sr Acct Exec)*

Text 100 India Pvt. Ltd.
2nd Fl TDI Centre Plot No.7, near Appolo Hospital, Jasola, New Delhi, 110 025 India
Tel.: (91) 11 406 12000
Fax: (91) 11 406 12052
Web Site: https://www.text100.com/

Employees: 60
Year Founded: 1996

Agency Specializes In: Public Relations

Sunayna Malik *(Mng Dir-India & Sr VP-APAC)*
Pooja Parikh *(Dir-HR)*
Aleem Abbasi *(Sr Mgr-Admin)*
Prerna Kalra *(Assoc Acct Mgr)*

Accounts:
Facebook
Nanu Communications Strategy, Marketing, Public Relations
NetApp
Virgin Mobile USA, Inc.
Xerox
Zebra Technologies Public Relations

Singapore

Text 100 Singapore Pvt. Ltd.
146 Robinson Road, #05-01, Singapore, 068909 Singapore
Tel.: (65) 6603 9000
Fax: (65) 6557 2467
E-Mail: info@text100.com
Web Site: https://www.text100.com/offices/apac/singapore/

Employees: 25
Year Founded: 1998

Agency Specializes In: Experience Design, Public Relations

Mabel Chiang *(Mng Dir)*
Lee Nugent *(Exec VP & Reg Dir-APAC)*
Marc Ha *(Mng Dir-Client Strategy & Bus Dev-APAC)*
Yeow Mei Ling *(Mng Dir-Southeast Asia)*
Lee Devine *(Creative Dir-APAC)*

Richard Parkinson *(Creative Dir)*

Accounts:
Adobe
Alipay
Cloudera
Gartner
iQNECT Integrated Communications, Paid Media, Social Media
NetApp (APAC Lead Agency) Brand Narrative, Communications, Content, Integrated Communications Strategy, Marketing; 2017
OMRON Content Marketing, Social Media, Website
PropertyGuru
Qlik Technologies Inc. Brand Narrative, Public Relations, Social Media; 2018
Red Hat
Rolls-Royce Content Marketing, Digital, Integrated Communications Strategy, Social Media, Southeast Asia, Storytelling; 2017
Skyscanner Creative & Storytelling, Public Relations; 2018
Swift
Symantec
Xero Limited Strategic Communications; 2018
Zebra Technologies Public Relations
Zuji (Agency of Record) Corporate Communications Programme

THEPRGUY
2446 E Goldenrod St, Phoenix, AZ 85048
Tel.: (480) 382-9201
Web Site: www.theprguy.com

Employees: 1
Year Founded: 1993

Agency Specializes In: Crisis Communications, Public Relations, Search Engine Optimization, Social Media

David Kirk *(Pres)*

Accounts:
Bristol-Myers Squibb Company

THINK TANK PR & MARKETING
727 N 1St St Ste 340, Saint Louis, MO 63102
Tel.: (618) 288-0088
Fax: (618) 288-0088
Web Site: www.thinktankprm.com

Employees: 25
Year Founded: 2006

Agency Specializes In: Brand Development & Integration, Event Planning & Marketing, Internet/Web Design, Print, Public Relations, Social Media

Trish Cheatham *(CEO)*
Kevin Zimarik *(Creative Dir)*
Ben Eversmann *(Sr Graphic Designer)*
Tina Tebbe *(Copywriter)*

Accounts:
Edwardsville Illinois Police Department
Jack Schmitt Chevrolet of Wood River
Madison Mutual Insurance Company
Quit as Desired
Team Med Global Consulting

THINKPR
10 E 23rd St Ste 200, New York, NY 10010
Tel.: (212) 343-3920
Fax: (212) 343-0185
Web Site: www.thinkpublicrelations.com

Employees: 25

Agency Specializes In: Brand Development & Integration, Media Relations, Public Relations, Search Engine Optimization, Social Media, Sponsorship

Reshma Patel *(Founder)*
Elaine Drebot-Hutchins *(Pres)*

Accounts:
Aulta
Vestiaire collective

THINKZILLA
2425 W Loop S Ste 200, Houston, TX 77027
Tel.: (888) 509-1145
Web Site: www.itsthinkzilla.com

Employees: 10

Agency Specializes In: Brand Development & Integration, Event Planning & Marketing, Internet/Web Design, Media Relations, Public Relations, Social Media

Accounts:
Alan Powell
The Daily Bread Church (Public Relations Agency of Record) Marketing
Michael Sterling
Tayo Reed Party Bands USA Entertainment (Public Relations Agency of Record), Strategy, Tayo Reed's Performing Arts Center (Public Relations Agency of Record), Tayo Reed's Preschool of the Arts (Public Relations Agency of Record)

THIRD STREET MEDIA GROUP
1520 Wilshire Blvd, Los Angeles, CA 90048
Tel.: (323) 651-3200
Web Site: www.thirdstreetmediagroup.com

Agency Specializes In: Corporate Communications, Media Training, Public Relations

Bill Harrison *(Founder & Partner)*

Accounts:
Popchips (Agency of Record)

THOMAS J. PAYNE MARKET DEVELOPMENT
865 Woodside Way PO Box 281525, San Mateo, CA 94401-1611
Tel.: (650) 340-8311
Fax: (650) 340-8568
E-Mail: info@tjpmd.com
Web Site: www.tjpmd.com

E-Mail for Key Personnel:
President: tpayne@tjpmd.com

Employees: 8
Year Founded: 1986

Agency Specializes In: Agriculture, Communications, Consulting, Food Service, Industrial, New Product Development, Public Relations

Thomas Payne *(Owner)*

Accounts:
APEDA; New Delhi, India
California Raisin Marketing Board; Fresno, CA
Cultivated Blueberry Group
Flax Council of Canada; Winnipeg
Freshwater Fish Marketing Corporation of Canada
Industrial Development Corporation
Land O'Lakes International Dairy Division; Honduras
Mozambique, Cashew Industry
National Honey Board; Longmont, CO
North American Blueberry Council

USAID; Washington DC.
Walnut Marketing Board
World Bank; Washington DC
The World Bank; Washington, DC

THOMAS PUBLIC RELATIONS INC
734 Walt Whitman Rd Ste 403, Melville, NY 11747
Tel.: (631) 549-7575
Fax: (631) 549-1128
E-Mail: info@thomaspr.com
Web Site: www.thomas-pr.com

Employees: 5

Agency Specializes In: Brand Development & Integration, Crisis Communications, Event Planning & Marketing, Public Relations, Search Engine Optimization, Social Media

Karen Laughlin *(Principal)*

Accounts:
Dok Solution LLC Event Planning, Press Relations, Trade Show Public Relations
GameSir Mobile Devices, Public Relations Strategies, Smartphones
Interworks Unlimited Inc
Irvine Mobility
Rocketcases

THOMPSON & BENDER
1192 Pleasantville Rd, Briarcliff Manor, NY 10510
Tel.: (914) 762-1900
Fax: (914) 762-4617
E-Mail: liz@thompson-bender.com
Web Site: www.thompson-bender.com

Employees: 12

Agency Specializes In: Advertising, Print, Production (Print), Public Relations, Publicity/Promotions

Dean Bender *(Pres)*
Jessica Apicella *(Mgr-Mktg & Promos)*
Nikki D'Aleo *(Sr Acct Exec)*

Accounts:
Community Mutual Savings Bank
Ginsburg Development Companies
Harvest-on-Hudson
Iona College
The Journal News
Provident Bank
Regeneron

THOMPSON & CO. PUBLIC RELATIONS
600 Barrow St, Anchorage, AK 99501
Tel.: (907) 561-4488
Fax: (907) 563-3223
E-Mail: info@thompsonpr.com
Web Site: www.thompsonpr.com/

Employees: 8
Year Founded: 1989

Agency Specializes In: Public Relations, Transportation, Travel & Tourism

Jennifer Thompson *(Pres & CEO)*
Gary Scott *(Exec VP)*
Meghan Aftosmis *(VP-New York)*
Liz Jenkins Baker *(VP-Houston)*
Ariel Walsh *(Dir-Ops & Anchorage)*
Ally Day *(Acct Mgr-Anchorage)*
Bri Kelly *(Acct Mgr)*
Stephanie Plieness *(Acct Mgr)*
Abby Cooper *(Acct Exec)*
Shannon Sadler *(Acct Exec)*

Accounts:

Alaska Railroad Corporation
Alaska Travel Industry Association
Alaska USA Federal Credit Union
Anchorage Economic Development Corporation
Anchorage Police Department Employees Association
Anchorage Project Access
EpicQuest
General Communication, Inc.
Icy Strait Point

THOMSON COMMUNICATIONS
100 S Main St Ste 100-J, Middleton, MA 01949
Tel.: (978) 808-7700
Fax: (978) 739-9570
E-Mail: info@thomsoncommunications.com
Web Site: www.thomsoncommunications.com

Employees: 5

Agency Specializes In: Content, Event Planning & Marketing, Integrated Marketing, Public Relations, Social Media, Sponsorship

David Thomson *(Principal)*

Accounts:
Northeast Arc

THOUGHT FOR FOOD & SON LLC
186 Shawmut Ave, Marlborough, MA 01752
Tel.: (508) 303-5094
Web Site: www.tffandson.com

Year Founded: 2005

Agency Specializes In: Corporate Identity, Crisis Communications, Event Planning & Marketing, Graphic Design, Internet/Web Design, Logo & Package Design, Media Relations, Public Relations, Social Media, Strategic Planning/Research

Alan Casucci *(Pres & CEO)*

Accounts:
Dells Maraschino Cherries (Agency of Record) Campaign: "Everything Taste Better with a Dells Maraschino Cherry"
Golden Girl Granola (Agency of Record) Design, Public Relations, Social Media
Macknight Food Group (Agency of Record) Outreach, Public Relations, Social Media Marketing

THREE BOX STRATEGIC COMMUNICATIONS, INC.
(Formerly Lewis Public Relations)
12222 Merit Dr Ste 1030, Dallas, TX 75251
Tel.: (214) 635-3000
Fax: (214) 635-3030
Toll Free: (866) 398-4516
E-Mail: hi@threeboxstrategic.com
Web Site: https://www.threeboxstrategic.com/

Employees: 3

Agency Specializes In: Public Relations

Amanda Lewis Hill *(Principal)*
Blake Lewis *(Principal)*
Christi Chesner Matthys *(Acct Svcs Dir)*

Accounts:
Alon USA Energy, Inc.
Infomart Data Centers (Agency of Record) Media Relations, Strategic Messaging

THREE GIRLS MEDIA, INC.
700 Sleater Kinney Rd SE Ste B-249, Lacey, WA 98503
Tel.: (408) 218-2391
E-Mail: info@threegirlsmedia.com
Web Site: www.threegirlsmedia.com

Employees: 50

Agency Specializes In: Brand Development & Integration, Media Relations, Public Relations, Social Media

Erika Taylor Montgomery *(CEO)*

Accounts:
Lark & Leaf Tea

THRIVE PR
6012 Reef Point Ln Ste L, Fort Worth, TX 76135
Tel.: (817) 236-6075
Web Site: www.thrivepublicrelations.com

Employees: 2
Year Founded: 2003

Agency Specializes In: Brand Development & Integration, Consulting, Corporate Communications, Corporate Identity, Media Relations, Public Relations, Strategic Planning/Research

Laura Kayata *(Dir-Branding & Graphic Design)*
Coleen Spalding *(Mgr-PR & Acct Mgr)*

Accounts:
Access Trips
Bizstarters

TIER ONE PARTNERS
29 Turning Mill Rd, Lexington, MA 02420
Tel.: (781) 861-5249
Fax: (781) 274-0117
E-Mail: info@tieronepr.com
Web Site: www.tieronepr.com

Employees: 18
Year Founded: 2003

Agency Specializes In: Automotive, Brand Development & Integration, Business-To-Business, Communications, Consumer Marketing, Corporate Communications, Corporate Identity, Education, Event Planning & Marketing, Exhibit/Trade Shows, Health Care Services, High Technology, Legal Services, Public Relations, Strategic Planning/Research

Approx. Annual Billings: $1,500,000

Breakdown of Gross Billings by Media: Pub. Rels.: $1,500,000

Marian Sly Hughes *(Mng Partner)*
Sue Parente *(Mng Partner)*
Kathleen Wilson *(Mng Partner)*
Sarah Mees *(Sr Acct Dir & Head-Energy Tech & Sustainability Practice)*
Colleen Irish *(Sr Acct Dir)*
Matt McCarthy *(Acct Mgr)*

Accounts:
Aegis Media
Collibra (Public Relations & Social Media Agency of Record)
Comverse, Inc. (Agency of Record) Communications, Investor Relations Strategy, Public Relations, Social Media, Thought Leadership
Continuum
CP-Desk Positioning/Messaging
CRICO/RMF Strategies (Agency of Record)
DA-Desk (Agency of Record)
Entegris; 2018

AGENCIES - JANUARY, 2019 — PUBLIC RELATIONS FIRMS

Everbridge Social Media
Fluent Public Relation
Formicary Collaboration Group Thought Leadership
Hospital IQ Operations Planning & Management Platform; 2017
Isobar
Jingit Social Media
Kaz Inc.
Koko FitClub
LimoLiner; 2003
Lojack; 2003
Mobiquity Public Relations
Newtopia Hyper-Personalized Metabolic Syndrome; 2017
Optaros Thought Leadership
Percussion Software
PhoneFusion Business Communications; 2008
Pixily
Ports Direct Positioning/Messaging
ProSential Group Social Media
Qstream; 2018
Springpad Communications Strategy
Trade King
Veson Nautical
Vidergize Public Relation
VirginHealthmiles
Weemba (Agency of Record)
WillowTree Apps Public Relation

TILSON PR
1001 Nw 51St St Ste 300, Boca Raton, FL 33431
Tel.: (561) 998-1995
Fax: (561) 998-1790
Toll Free: (888) 397-7878
E-Mail: info@tilsonpr.com
Web Site: www.tilsonpr.com

Employees: 10

Agency Specializes In: Collateral, Email, Event Planning & Marketing, Internet/Web Design, Newspaper, Print, Promotions, Public Relations, Publicity/Promotions, Radio, Sponsorship, Strategic Planning/Research, T.V., Web (Banner Ads, Pop-ups, etc.)

Tracy Tilson *(Founder & Pres)*
Britt Monroe Bradford *(Sr VP)*
Jackie Guzman *(VP)*
Maru Acosta *(Acct Mgr & Specialist-Multicultural)*
Carly Schulman *(Acct Mgr)*

Accounts:
BJ's Wholesale Club
Bonefish Grill PR
Dunkin Donuts
Lollyphile Public Relations
RiverWalk Resort at Loon Mountain; 2017
Seven Birches Winery; 2017
Staples Inc.; 2008
STS Inks (Agency of Record) B2B, Content, Public Relations, Trade
The Venetian Delray Beach Open, Lifestyle, PR, Travel

TOMMASI PR
11 Bear Hill Rd, Windham, NH 03087
Tel.: (603) 893-5878
Web Site: www.tommasipr.com

Agency Specializes In: Crisis Communications, Event Planning & Marketing, Media Relations, Media Training, Public Relations, Social Media

Accounts:
Cosmas Fireboots
Kayland
My Good Dog
Quabaug Corporation
QuaBoing
Vibram FiveFingers

TONY FELICE PR & MARKETING
(Name Changed to Felice + Whitney Agency)

TOOL GUY PR
1715 Santa Cruz Ave, Menlo Park, CA 94025
Tel.: (650) 327-1641
Fax: (928) 447-1811
E-Mail: kevin@toolguypr.com
Web Site: http://www.tgprllc.com/

Year Founded: 2002

Agency Specializes In: Communications, Content, Media Relations, Public Relations

Kevin Wolf *(Pres)*

Accounts:
Aeroprise
Cloud Sherpas
Integrify
NetEnrich
Precise
Verifi
Workstream
Xora Mobile Resource Management Services

TOPFIRE MEDIA
905 W 175th St 3rd Fl, Homewood, IL 60430
Tel.: (708) 249-1090
Fax: (708) 957-2395
E-Mail: info@topfiremedia.com
Web Site: www.topfiremedia.com

Employees: 50

Agency Specializes In: Brand Development & Integration, Business-To-Business, Communications, Content, Email, Internet/Web Design, Media Relations, Public Relations, Search Engine Optimization, Social Media

Matthew Jonas *(Pres & Mng Partner)*
Amy Kent *(Specialist-Media Rels)*

Accounts:
New-Dale Carnegie & Associates, Inc.
New-Friends of Recovery United NFP
New-R Taco
New-River Street Sweets
New-Savannah Candy Kitchen
New-Sunny Days In-Home Care, Inc

TORRES MULTICULTURAL COMMUNICATIONS
801 E Washington St, Phoenix, AZ 85004
Tel.: (602) 354-3430
E-Mail: info@torresmulticultural.com
Web Site: www.torresmulticultural.com

Employees: 1

Agency Specializes In: Collateral, Crisis Communications, Media Planning, Public Relations, Social Media, Strategic Planning/Research

Tania Torres *(Pres & CEO)*

Accounts:
One Arizona

TOUCHDOWN PR
9600 Great Hills Trail Ste 150W, Austin, TX 78759
Tel.: (512) 502-3075
E-Mail: info@touchdownpr.com
Web Site: www.touchdownpr.com

Employees: 50
Year Founded: 2006

Agency Specializes In: Brand Development & Integration, Content, Digital/Interactive, Media Relations, Public Relations, Social Media

Alyssa Pallotti *(Sr Acct Supvr)*

Accounts:
New-Cloudian, Inc.
Nexsan

TR CUTLER, INC.
3032 S Oakland Forest Dr Ste 2803, Fort Lauderdale, FL 33309-5684
Tel.: (954) 486-7562
Fax: (954) 739-4602
Toll Free: (888) 902-0300
E-Mail: trcutler@trcutlerinc.com
Web Site: www.trcutlerinc.com

Employees: 43
Year Founded: 1998

Agency Specializes In: Advertising, Alternative Advertising, Automotive, Brand Development & Integration, Business Publications, Business-To-Business, Communications, Consulting, Consumer Marketing, Consumer Publications, Content, Corporate Communications, Corporate Identity, Cosmetics, Crisis Communications, Customer Relationship Management, Direct Response Marketing, E-Commerce, Electronic Media, Engineering, Event Planning & Marketing, Exhibit/Trade Shows, Food Service, Government/Political, High Technology, Hispanic Market, Identity Marketing, Industrial, Information Technology, International, Internet/Web Design, LGBTQ Market, Magazines, Market Research, New Product Development, New Technologies, Newspaper, Newspapers & Magazines, Planning & Consultation, Print, Public Relations, Publicity/Promotions, Publishing, Regional, Retail, Search Engine Optimization, Sponsorship, Strategic Planning/Research, Technical Advertising, Trade & Consumer Magazines, Travel & Tourism

Approx. Annual Billings: $25,000,000

Breakdown of Gross Billings by Media: Consulting: $19,000,000; D.M.: $1,000,000; Strategic Planning/Research: $5,000,000

Thomas R. Cutler *(Founder)*

Accounts:
AccountingSoftware411 Manufacturing Accounting Software; 2005
Advanced Manufacturing; Canada Manufacturing Media; 2005
American Machinist Machining Media; 2004
Automation Weekly Automation Media; 2004
AutomationMedia; Canada Automation; 2005
Business Excellence Manufacturing Media; 2007
Canadian Management; Canada Management Content; 2005
Canadian Packaging Packaging Media; 2007
Catalyst CAD Technology Manufacturing; 2004
Control Engineering Engineering Media; 2005
Design Product News Manufacturing Design Media; 2007
DestinationCRM CRM Software; 2008
DM Review Distribution Software; 2006
ETO Institute Engineer-to-Order Content; 2004
Focus Marketing Manufacturing Software; 2005
Food & Beverage Journal Food & Beverage Manufacturing Technology'; 2009
Food Engineering Food Manufacturing Software; 2005
Food Quality Food Quality Software; 2005
Industrial 2.0; India Industrial Software; 2004

PUBLIC RELATIONS FIRMS

AGENCIES - JANUARY, 2019

Industrial Automation Vietnam; Vietnam Industrial Automation Technology Solutions; 2011
Industrial Automation; India Manufacturing Technology; 2009
Industrial Connect; Canada Technology Solutions for the Industrial Sector; 2009
Industrial Distribution Industrial Distribution Software; 2005
Industrial Electronics Today; India Technolgoy Solutions for Industrial Automation; 2011
Industrial Engineer Technology Solutions Impacting Industrial Engineers; 2007
Inside Six Sigma Six Sigma Content; 2007
The Machinist Industrial Content; 2006
Manufacturing & Logistics IT; UK Manufacturing & Logistics Content; 2005
Material Management & Distribution; Canada Material Management & Distribution Content; 2006
MetalForming MetalForming Content; 2005
Moldmaking Technology Moldmaking Technology Content; 2003
Plant Magazine/IT For Industry; Canada Manufacturing Software Content; 2003
Plastics Business Plastics Business Content; 2007
Plastics News Plastics News Content; 2005
Quality Assurance Quality Assurance Software; 2008
Quality Digest Quality Digest Content; 2005
Software Magazine Software Content; 2005
Supply Chain 2.0; India Supply Chain Software; 2008
Times Food Processing Journal; India Food Manufacturing Content; 2007
World Trade Manufacturing in World Trade; 2005

TRACTION PUBLIC RELATIONS
1513 6th St Ste 202, Santa Monica, CA 90401
Tel.: (310) 453-2050
E-Mail: info@tractionpr.com
Web Site: www.tractionpr.com

Employees: 15

Agency Specializes In: Game Integration, Public Relations

David Tractenberg *(Pres)*
Jeremy Roll *(CFO)*
Ben Skerker *(Sr VP)*
Karla Costner *(Dir)*

Accounts:
1C Company
Atomic Games; Raleigh, NC (Agency of Record) Six Days In Fallujah
HP/Compaq
KontrolFreek
Li-Fi, Inc.
Mind Control Software
NexGen
Thrustmaster
Timeplay
Wahoo Studios
Winifred Phillips

TRANSMEDIA GROUP
240 W Palmetto Pk Rd Ste 300, Boca Raton, FL 33432
Tel.: (561) 750-9800
Fax: (561) 750-4660
Web Site: www.transmediagroup.com

Employees: 14
Year Founded: 1981

National Agency Associations: IPRA

Agency Specializes In: Affluent Market, Arts, Bilingual Market, Broadcast, Business Publications, Business-To-Business, Cable T.V., Collateral, Communications, Consulting, Consumer Goods, Consumer Marketing, Consumer Publications, Cosmetics, Crisis Communications, Customer Relationship Management, Direct Response Marketing, Direct-to-Consumer, Education, Electronic Media, Email, Entertainment, Environmental, Event Planning & Marketing, Faith Based, Financial, Food Service, Graphic Design, Guerilla Marketing, Health Care Services, High Technology, Hispanic Market, Hospitality, Infomercials, International, Internet/Web Design, Legal Services, Leisure, Luxury Products, Magazines, Media Relations, Media Training, Medical Products, Men's Market, Multicultural, New Technologies, Newspaper, Newspapers & Magazines, Out-of-Home Media, Outdoor, Over-50 Market, Pets , Pharmaceutical, Print, Product Placement, Public Relations, Publicity/Promotions, Radio, Real Estate, Regional, Restaurant, Retail, Seniors' Market, Social Marketing/Nonprofit, T.V., Trade & Consumer Magazines, Travel & Tourism, Urban Market, Viral/Buzz/Word of Mouth, Web (Banner Ads, Pop-ups, etc.), Women's Market

Approx. Annual Billings: $1,000,000

Breakdown of Gross Billings by Media: Other: 10%; Pub. Rels.: 90%

Thomas J. Madden *(Founder & CEO)*
Adrienne Mazzone *(Pres)*
Angela Madden *(CFO & VP)*
Marisela D'Baldriche *(Pres-Versatile Talent Div)*
Dawn Kimball *(Exec VP)*
Sonja Warner *(VP-Global Mktg & Corp Comm)*
Bruria Angel *(Dir-PR-US & Israel)*
Vanessa Rutigliano *(Dir-Ops)*
Danielle Stoecker *(Dir-PR)*

Accounts:
Bike America (Agency of Record) Public Relations
Caretta Therapeutics Publicity, Venodol
DataJack, Inc.
Digital Media Arts College Publicity Program
New-DUAIV Public Relations; 2018
Fabulously50 Publicity
Greyson International
The Hotel Barclay
Karawan
The Palm Beach International Film Festival (Agency of Record) Public Relations
Simon Sales LLC FamilySignal, Media Relations, Social Media
Zenith Technologies Soniclean

TREBLE PUBLIC RELATIONS
906 E 5th St Ste 105, Austin, TX 78702
Tel.: (512) 485-3016
Web Site: www.treblepr.com

Employees: 50

Agency Specializes In: Brand Development & Integration, Media Relations, Public Relations

Ethan Parker *(Founder & CEO)*
Michael Kellner *(Sr VP)*
Drea Knufken *(Dir)*
Danielle Garton *(Acct Coord)*

Accounts:
Jahia Solutions

TREVELINO/KELLER
981 Joseph E Lowery Blvd Nw Ste 100, Atlanta, GA 30318
Tel.: (404) 214-0722
Fax: (404) 214-0729
E-Mail: dtrevelino@trevelinokeller.com
Web Site: www.trevelinokeller.com

Employees: 20
Year Founded: 2003

Genna Keller *(Principal)*
Dean Trevelino *(Principal)*
Heather Graham Hood *(Exec VP)*
Christy Olliff Booth *(VP)*
Kelly Galinsky *(VP)*
Lisa Williams *(VP-Fin & Ops)*
Colleen Murphy Jones *(Acct Dir)*
Jason Gilbreth *(Acct Supvr)*
Elisa Suri *(Acct Supvr)*
Sarah Bell *(Sr Acct Exec)*
Lauren Sullivan Shankman *(Sr Specialist-Media)*

Accounts:
Aesara
Airdog, Inc
Atlanta Bread (Marketing Agency of Record) Creative, Digital Marketing, Strategy
Atlanta Tech Village Marketing, Public Relations
Belgard Campaign Development, Content Development Strategy, Media Relations, Public Relations
Bibby Financial Services (North American Agency of Record) Media, Messaging, Public Relations, Social Marketing, Strategy
Bluegiga Public Relations
Boneheads Grilled Fish & Piri Piri Chicken Marketing, PR
Caffeine and Octane Creative, Digital, Public Relations; 2018
Ciox Health (Marketing Agency of Record) Content Development, Executive Visibility, Media Relations, Strategic Branding
College Football Hall of Fame (Public Relations Agency of Record) Marketing, Media Relations, Public Relations, Social Media
Corner Bakery Cafe B2B Public Relations, Marketing Agency of Choice
Create Your Cupcake (Public Relations & Marketing Agency of Record) Creative
CustomerCentric Selling Public Relations Strategy
Discovery Point Child Development Centers
eaHELP, LLC (Public Relations Agency of Record) Media Relations
EVO
ExamMed Marketing Strategy, Media Relations, Public Relations, Social Media
FactorTrust Communications Strategy, Marketing, PR
FotoIN Mobile Corporation Public Relations Agency of Record
The Gathering Spot (Public Relations & Digital Marketing Agency of Record)
GetOne Rewards Inc Public Relations
Great Parents Academy Marketing Agency of Record, Math Program, Public Relations Agency of Record, Strategy
Great Wraps Public Relations
Harken Health
Humrun (Agency of Record) Marketing Strategy
Innovolt Analyst & Media Relations, Public Relations, Social Media Strategy
Insightpool PR
Johnny Rockets
KidsLink Media Relations, Public Relations, Social Media Strategy, Trade
NG1 Technologies (Public Relations Agency of Record) Marketing, Media Relations, Social Media
Sakrete Brand Awareness, Content Development Strategy, Media Relations, Public Relations, Social Media; 2018
Savi Provisions Integrated Communications Strategy, Marketing, Rebranding
Shavewise (Agency of Record)
SOC Telemed Brand Identity; 2018
Soupman, Inc. Marketing, Public Relations Agency of Record, Social Media, The Original SoupMan
Staymobile
StoryMark Life StoryMark
Stretch Zone Brand Awareness, Public Relations; 2018
Venetia Partners Branding, Content, Creative, Marketing

AGENCIES - JANUARY, 2019 — PUBLIC RELATIONS FIRMS

TRIPLE 7 PUBLIC RELATIONS, LLC.
11693 San Vicente Blvd 333, Los Angeles, CA 90049
Tel.: (310) 571-8217
E-Mail: info@triple7pr.com
Web Site: www.triple7pr.com

Employees: 10
Year Founded: 2007

Agency Specializes In: Brand Development & Integration, Entertainment, Public Relations, T.V.

Carrie Simons Kemper *(Pres & CEO)*

Accounts:
Pardee Properties

TRIPLEPOINT
595 Market St Ste 1340, San Francisco, CA 94105
Tel.: (415) 955-8500
Fax: (415) 955-8501
E-Mail: info@triplepointpr.com
Web Site: www.triplepointpr.com

Employees: 20

Agency Specializes In: Entertainment, Game Integration

Eddiemae Jukes *(Partner)*
Quinn Wageman *(Partner)*
Andrew Karl *(Acct Dir)*
Gentry Brown *(Acct Supvr)*
Justin Rende *(Sr Acct Exec)*
Jesse Bandeen *(Acct Exec)*

Accounts:
Armor Games
Deadline Games
Didmo
Evony
Exit Games
Fantage
GC Developer's Conference
Groove Games
himojo
joymax
Net Devil
Nyko
Red Studios 5
Sega

TRIZCOM, INC.
17950 Preston Rd, Dallas, TX 75252
Tel.: (972) 247-1369
Web Site: www.trizcom.com

Employees: 10
Year Founded: 2008

Agency Specializes In: Communications, Crisis Communications, Event Planning & Marketing, Media Relations, Media Training, Public Relations, Social Media

Jo Trizila *(Pres & CEO)*
Jeffrey Cheatham *(Sr Acct Supvr)*
Karen Carrera *(Sr Acct Exec)*
Kim Novino *(Acct Exec)*

Accounts:
Aidan Gray (Agency of Record)
Beatrix Prive
Fan Expo Dallas (Public Relations Agency of Record) Awareness, Strategic
Firearms Legal Protection (Public Relations Agency of Record)
Grenadier Homes
HELPS International (Agency of Record) Outreach
Heroes for Children (Agency of Record)
HipLogiq Social Marketing, SocialCentiv, SocialCompass
Ideal Feet Public Relations
Legacy ER & Urgent Care (Public Relations Agency of Record)
North Texas Enterprise Center (Agency of Record)
Revtech (Public Relations Agency of Record)
Solis Mammography (Public Relations Agency of Record)
Soulman's Bar-B-Que (Public Relations Agency of Record)
Star Medical Center
Taco Bueno (Agency of Record) Media
Transformation, Inc. (Agency of Record) Media Outreach, Public Relations

TROSPER COMMUNICATIONS LLC
2275 Corp Cir Ste 275, Henderson, NV 89074
Tel.: (702) 965-1617
Web Site: www.trospercommunications.com

Employees: 4
Year Founded: 2010

Agency Specializes In: Advertising, Brand Development & Integration, Internet/Web Design, Public Relations, Social Media

Elizabeth Trosper *(Principal-PR, Mktg & Design)*
Shayna Moreno *(Specialist-Client & Media Rels)*

Accounts:
Ashcraft & Barr LLP
Las Vegas Professional Fire Fighters

TRUE BLUE COMMUNICATIONS
3000 Gulf to Bay Blvd Ste 401, Clearwater, FL 33759
Tel.: (727) 726-3000
Web Site: www.truebluecommunications.com

Employees: 4
Year Founded: 2010

Agency Specializes In: Brand Development & Integration, Content, Event Planning & Marketing, Internet/Web Design, Media Training, Public Relations, Search Engine Optimization, Social Media

Noelle Fox *(Principal & Pres)*
Kasey Brennan *(Acct Exec)*

Accounts:
Give Day Tampa Bay

TRUE POINT COMMUNICATIONS
14800 Landmark Blvd Ste 250, Dallas, TX 75254
Tel.: (972) 380-9595
E-Mail: sayhello@truepointagency.com
Web Site: truepointagency.com

Employees: 15
Year Founded: 2006

Agency Specializes In: Crisis Communications, Media Relations, Media Training, Public Relations, Social Media, Strategic Planning/Research

Jessica Nunez *(Pres)*
Blair Reich Krumme *(Acct Supvr)*
Sohana Kutub *(Acct Supvr)*
Dana Rueda *(Sr Acct Exec)*

Accounts:
Naturalizer

TRUTH NORTH MARKETING + PUBLIC RELATIONS
(Formerly TWsquared LLC)
939 N Magnolia Ave, Orlando, FL 32803
Tel.: (407) 930-5908
Web Site: betruenorth.com

Employees: 5

Agency Specializes In: Brand Development & Integration, Collateral, Crisis Communications, Internet/Web Design, Media Relations, Media Training, Public Relations, Strategic Planning/Research

Lorri Shaban *(Pres)*

Accounts:
Space Coast Office of Tourism

TSM DESIGN
293 Bridge St Ste 222, Springfield, MA 01103
Tel.: (413) 731-7600
Fax: (413) 730-6689
E-Mail: info@tsmdesign.com
Web Site: www.tsmdesign.com

Employees: 6

Agency Specializes In: Advertising, Brand Development & Integration, Collateral, Digital/Interactive, Environmental, Package Design, Radio

Nancy Urbschat *(Principal)*
Janet Bennett *(Mktg Dir)*
Deborah Walsh *(Creative Dir)*

Accounts:
Reeds Landing Homeage & Healthcare Services
Sunshine Village Brand Development

TTC GROUP
160 Front St, New York, NY 10038
Tel.: (646) 290-6400
E-Mail: info@ttcominc.com
Web Site: www.ttcominc.com

Employees: 10

Agency Specializes In: Public Relations

Revenue: $1,000,000

Accounts:
Arotech Corporation
EMCORE Corporation
Faro

TUCKER & ASSOCIATES
8150 N Central Expy Ste 1265, Dallas, TX 75206
Tel.: (214) 252-0900
Web Site: www.tuckerpr.com

Employees: 50
Year Founded: 1999

Agency Specializes In: Brand Development & Integration, Business-To-Business, Media Relations, Media Training, Public Relations

Lori Tucker *(Owner)*

Accounts:
La Fonda on the Plaza

TUCKER/HALL, INC.
One Tampa City Center Ste 2760, Tampa, FL 33602
Tel.: (813) 228-0652
Fax: (813) 228-9757
Web Site: www.tuckerhall.com

Public Relations Firms

PUBLIC RELATIONS FIRMS — AGENCIES - JANUARY, 2019

Employees: 25
Year Founded: 1990

Agency Specializes In: Business-To-Business, Content, Crisis Communications, Digital/Interactive, Media Relations, Public Relations, Search Engine Optimization, Social Media, Strategic Planning/Research

Thomas Hall *(Chm)*
William E. Carlson *(Pres)*
Darren Richards *(COO)*
John Finotti *(VP)*
Keith Rupp *(VP)*

Accounts:
New-HMS Ferries, Inc.

TUERFF-DAVIS ENVIROMEDIA
2021 E 5Th St, Austin, TX 78702
Tel.: (512) 476-4368
Fax: (512) 476-4392
E-Mail: careers@enviromedia.com
Web Site: www.enviromedia.com

Employees: 36
Year Founded: 1997

Agency Specializes In: Experiential Marketing

Approx. Annual Billings: $12,000,000

Valerie Davis *(CEO & Principal)*
Millie Salinas *(Principal)*

Accounts:
Dell, Inc.
Green Mountain Energy Co. Natural Energy; 2004
LCRA
OSU

TUNHEIM PARTNERS
1100 Riverview Tower 8009 34th Ave S, Minneapolis, MN 55425
Tel.: (952) 851-1600
Fax: (952) 851-1610
E-Mail: info@tunheim.com
Web Site: www.tunheim.com

Employees: 30
Year Founded: 1990

National Agency Associations: COPF-PRSA

Agency Specializes In: Communications, Public Relations

Approx. Annual Billings: $4,500,000

Breakdown of Gross Billings by Media: Pub. Rels.: 100%

John Blackshaw *(Pres & COO)*
Kathryn Tunheim *(CEO & Principal)*
Emmett Coleman *(Partner-Strategic)*
Susan Eich *(Partner-Strategic)*
Arick Wierson *(Partner-Strategic)*
Brian Ortale *(CFO)*
Pat Milan *(Chief Creative Officer & Exec VP)*
Patrick Lilja *(Dir-Digital Integration)*
Lindsay Schroeder Treichel *(Chief Transformation Officer)*

Accounts:
Select Comfort Corporation Media Relations, Sleep Number (Public Relations Agency of Record), Strategic
Target Stores

TURNER PUBLIC RELATIONS
1614 15th St 4th Fl, Denver, CO 80202
Tel.: (303) 333-1402
Fax: (303) 333-4390
E-Mail: info@turnerpr.com
Web Site: https://www.turnerpr.com/

Employees: 10
Year Founded: 2005

Agency Specializes In: Advertising, Print, Production (Print), Public Relations

Angela Berardino *(Chief Strategy Officer & Chief Integration Officer)*
Kelsey Comstock *(VP)*
Adel Grobler *(VP-Travel)*
Campbell Levy *(VP-Media Rels)*
Deborah Park *(VP-Travel & Tourism)*
Tyler Wilcox *(Producer-Digital Content & Copywriter)*
Christine Turner *(Dir-South Africa)*
Katie Bonneau *(Sr Acct Supvr)*
Molly Early *(Sr Acct Supvr)*
Caitlin Martz *(Sr Acct Supvr)*
Ashley Cox *(Sr Acct Exec)*
Stephanie Munarriz *(Sr Acct Exec)*
Whitt Kelly *(Acct Exec)*
Kirstin Koszorus *(Acct Exec)*
Alex Aberman *(Sr Media Mgr)*

Accounts:
Ariat International PR
Ballast Time Instruments PR
Barcelo Hotel Group (North America Agency of Record) Allegro Hotels, Barcelo Bavaro Grand Resort, Barcelo Hotels & Resorts, Barcelo Maya Grand Resort, Occidental Hotels & Resorts, Royal Hideaway Luxury Hotels & Resorts, Strategic Media Relations
Bermuda Tourism Authority Public Relations, Social Media
Bern Unlimited PR
The Carneros Inn
Emu US Public Relations Agency of Record
Fenix Outdoor
Brunton
Hanwag
Primus
Filson Digital Communications, Marketing, Public Relations
Generator Hostels PR
Gociety
The Hoxton Williamsburg
Hyatt Playa Del Carmen
Hyatt Hyatt House Naples/5th Avenue, Hyatt Regency Aurora-Denver Conference Center
Kappa USA PR
Kimpton Seafire Resort and Spa
Oliberte Public Relations Agency of Record
Pure Barre (Agency of Record)
Pure Fix Cycles
Q&A Residential Hotel
Smith Fork Ranch
Sunriver Resort
Vidanta
Visit South Walton
Westgate Park City
World Nomads (Agency of Record)

Branch

Turner Public Relations
250 W 39Th St Rm 1602, New York, NY 10018
Tel.: (212) 889-1700
Fax: (212) 889-1277
E-Mail: info@turnerpr.com
Web Site: https://www.turnerpr.com/

Employees: 25

Agency Specializes In: Out-of-Home Media, Outdoor, Public Relations, Real Estate, Travel & Tourism

Mariana DiMartino *(Sr VP-Lifestyle)*
Leslie Rummel *(Sr VP)*
Melanie Dennig *(VP)*
Megan Brown *(Sr Dir)*
Katie Kulczyk *(Sr Dir-Active Lifestyle)*
Samantha Mittman *(Sr Acct Supvr)*
Lauren Ryback *(Sr Acct Supvr)*
Megan Warner *(Sr Acct Supvr)*

Accounts:
Adam's Rib Ranch
Airwalk
Allegro Hotels
Alternative Apparel PR
Bermuda Tourist Authority
Boast USA Cultural Engagement, Event Planning, Product Awareness, Trade Activations
Deckers Brands Sanuk
Duluth Trading Company (Agency of Record) National Consumer Public Relations
Hertz Europe ltd
Hidden Meadow Ranch
Hotel Teatro
New-The Hoxton Williamsburg Content, Digital, Marketing, Social Media, Strategy
JayBird PR
Marriott International, Inc. AC Hotels Time Square, Hotel Ivy, Moxy; 2018
Michael Antonio Footwear
Nebraska Tourism Commission
Obermeyer
REI Adventures
Solaz, A Luxury Collection Resort, Los Cabos
TOMS Shoes
Tupelo Convention & Visitors Bureau; 2018
Unique Hotels of Belize; 2018
Visit Hamilton County, Indiana; 2018
Visit Houston; 2018
Visit SLO CAL; 2018
Waldorf Astoria Park City Media Relations, Strategic Social Media Planning

TWSQUARED LLC
(Name Changed to Truth North Marketing + Public Relations)

TYLER BARNETT PUBLIC RELATIONS
8484 Wilshire Blvd Ste 242, Beverly Hills, CA 90211
Tel.: (323) 937-1951
Fax: (323) 659-1903
E-Mail: info@tylerbarnettpr.com
Web Site: www.tylerbarnettpr.com

Employees: 5

Agency Specializes In: Automotive, Brand Development & Integration, Entertainment, Graphic Design, Media Planning, T.V.

Tyler Barnett *(Owner)*
Matt Wolf *(Mng Dir)*
Teesha Noelle Murphy *(Creative Dir)*

Accounts:
Butler & Associates (Agency of Record) Investigation Services

UGLY DOG MEDIA INC.
1164 E Victoria St, South Bend, IN 46614
Tel.: (574) 344-2056
Web Site: www.uglydogmedia.com

Employees: 20

Agency Specializes In: Content, Corporate Communications, Internet/Web Design, Public Relations, Search Engine Optimization, Social Media

Dan Blacharski *(Pres)*

AGENCIES - JANUARY, 2019 — PUBLIC RELATIONS FIRMS

Accounts:
Schoolie.com

UNSER COMMUNICATIONS
9083 Hollow Green Dr, Las Vegas, NV 89129
Tel.: (702) 466-3539
Web Site: www.unsercommunications.com

Employees: 2

Agency Specializes In: Brand Development & Integration, Content, Crisis Communications, Market Research, Media Relations, Promotions, Public Relations, Social Media, Strategic Planning/Research

Austin Porsborg *(Acct Dir)*

Accounts:
Tease Boutique Salon

UPRAISE MARKETING & PR
111 Maiden Ln Ste 540, San Francisco, CA 94108
Tel.: (415) 397-7600
E-Mail: info@upraisepr.com
Web Site: www.upraisepr.com

Employees: 10
Year Founded: 2003

Agency Specializes In: Broadcast, Content, Event Planning & Marketing, Internet/Web Design, Logo & Package Design, Media Relations, Print, Public Relations, Social Media

Tim Johnson *(Pres)*
Ari Brosowsky *(Acct Dir)*
Victoria Guimarin *(Acct Dir)*

Accounts:
IRI Group
Vector Resources

UPROAR PR
55 W Church St Ste 201, Orlando, FL 32801
Tel.: (321) 236-0102
Web Site: www.uproarpr.com

Employees: 25
Year Founded: 2011

Agency Specializes In: Brand Development & Integration, Exhibit/Trade Shows, Media Relations, Production, Public Relations, Social Media

Mike Harris *(Pres & COO)*
Catriona Harris *(CEO)*
Ashley Moore *(VP)*
Tory Patrick *(VP)*
Kendall Wayland *(VP-Ops)*
Emily Kruszewski *(Acct Dir)*
Laura Poe *(Dir-Digital Mktg & Healthcare PR)*
Sara Sublousky *(Acct Mgr)*
Frank Wolff *(Acct Mgr)*
Brittany Johnson *(Sr Acct Exec)*

Accounts:
3dcart Media
A. Duie Pyle Social Media Strategy
New-Align Business Advisory Services (Agency of Record) Brand Awareness, Strategic Communications, Traditional & Non-Traditional Local Media; 2018
Boxtera
Duo-Gard Strategic Media Relations
Edu(k)ate (Agency of Record) Media Relations, Strategic Partnerships; 2017
Epoch Lacrosse (Agency of Record) Creative Media Relations, Strategic Partnerships, Thought Leadership
FlightScope Marketing, Media Relations
Flossolution Media Relations, Social Media
Front Burner Brands, Inc. Communications, Creative, Media Relations, Public Relations, Social Media, Strategic
Fusionetics (Agency of Record)
Green Light Fire Bag Media, Strategy
Harbor House of Central Florida
Hoar Construction Brand Awareness, Strategic Communications; 2018
Hyperice Brand Awareness, Media Outreach, Social Media Strategies, VYPER
New-Insurance Office of America (Agency of Record) Brand Awareness, Strategic Communications, Traditional & Non-Traditional Local Media; 2018
Jeremy Affeldt jeremyaffeldt.com; 2018
Lunar Brand Awareness, Strategic Communications; 2018
Make-A-Wish Foundation of Central and Northern Florida
MedZone (Agency of Record)
Milestone Sports (Agency of Record)
Mio Global (Agency of Record)
Monticello Vineyards
myHealthSphere Brand Awareness, Dooo, Media Outreach, Social Media Strategies
P-Squared Gallery Strategy
The Pickle Juice Company (Agency of Record) Brand Awareness, Media Relations, Strategic
Shadowman Sports (Agency of Record) Brand Awareness, Media, Public Relations
ShotTracker
New-Special Olympics International, Inc. 2022 Special Olympics USA Games (Agency of Record), Brand Awareness, Public Relations, Traditional & Non-Traditional Media Relations
The Sports & Fitness Industry Association
Tessemae's All-Natural Media Relations, Strategic Brand-Building Counsel
ThriftDee PR, Strategic Counsel
VERT (Agency of Record) Brand Awareness, Media Relations, Strategic
Vista Clinical Diagnostics Media Outreach, Press, Public Relations, Social Media Strategies
Wela (Agency of Record) Media Relations, Strategic Partnerships; 2017

UPSPRING PR
276 Fifth Ave, New York, NY 10001
Tel.: (646) 722-8146
E-Mail: stories@upspringpr.com
Web Site: www.upspringpr.com

Employees: 50
Year Founded: 2009

Agency Specializes In: Communications, Digital/Interactive, Event Planning & Marketing, Exhibit/Trade Shows, Hospitality, Media Relations, Public Relations, Real Estate, Social Media, Sponsorship, Strategic Planning/Research

Sarah Nelkin *(Founder & Pres)*
Tiffany Rafii *(Founder & CEO)*
Jennifer Fiorenza *(Mng Dir & VP)*
Jana Schiowitz Montero *(VP-Comm)*
Ashleya Fidler Bond *(Sr Dir-Comm)*
Christian Rizzo *(Sr Dir-Comm)*
Caroline Saba *(Sr Dir-Comm)*
Vanessa Stone *(Sr Dir-Comm)*
Terese Nguyen *(Dir-Comm)*
Abbie Parker *(Dir-Digital)*
Cody Suher *(Dir-Comm)*
Jeremi Clemons *(Mgr-Digital Content & Community)*
Ashley Guttuso *(Sr Acct Exec)*
Matthew Marin *(Acct Exec)*

Accounts:
New-Juniper Networks Inc
New-Lolliprops Inc Tempaper
New-Nemo Tile Company Inc
New-Original BTC
New-Pantone Inc. Pantone Light
New-Parts & Labor Design
New-Skram
New-Sonneman A way of light
New-Studio 3877
New-Studio Dunn

UPTOWN PR
4861 Magazine St, New Orleans, LA 70115
Tel.: (504) 496-8314
E-Mail: info@uptown-pr.com
Web Site: www.uptown-pr.com

Employees: 5
Year Founded: 2011

Agency Specializes In: Brand Development & Integration, Event Planning & Marketing, Media Relations, Public Relations, Social Media

Genevieve J. Douglass *(Founder & Exec Dir)*

Accounts:
Ben Vaughn
Guest Law Firm
The Kupcake Factory
Nola Tiles
RioMar Seafood
Skip N' Whistle
Tallulahs Designs

URIAS COMMUNICATIONS
5050 N 40th St, Phoenix, AZ 85018
Tel.: (480) 751-5569
Web Site: www.uriascommunications.com

Employees: 7

Agency Specializes In: Digital/Interactive, Event Planning & Marketing, Media Buying Services, Media Planning, Public Relations, Radio, T.V.

Lisa Urias *(Pres)*
Christine Kaercher *(Assoc)*

Accounts:
Arizona Public Service Company

VAN EPEREN & COMPANY
11333 Woodglen Drive, Rockville, MD 20852
Tel.: (301) 836-1516
Fax: (301) 581-7272
E-Mail: info@veandco.com
Web Site: www.vaneperen.com/

Employees: 8

Agency Specializes In: Collateral, Communications, Education, Event Planning & Marketing, Exhibit/Trade Shows, Financial, Government/Political, Health Care Services, Hospitality, Information Technology, Internet/Web Design, Media Relations, Multimedia, Newspaper, Public Relations, Real Estate, Retail, Social Marketing/Nonprofit, T.V.

Laura Van Eperen *(CEO)*
Jeffrey Davis *(Mng Dir)*
Hillarie Turner *(VP)*
Emily McDermott *(Project Mgr & Acct Supvr)*
Brooke Whitson *(Project Mgr & Strategist-Digital)*
Caterina Ore *(Project Mgr-Mktg)*
Lisa Nelson *(Strategist-Media & Media Buyer)*

Accounts:
New-Maryland Municipal League Crisis Communications Consulting Services; 2018
Tech Council of Maryland BIO+Tech16 Conference, Digital Marketing

PUBLIC RELATIONS FIRMS

VANDER HOUWEN PUBLIC RELATIONS, INC.
2800 Elliott Ave, Seattle, WA 98121
Tel.: (206) 949-4364
Fax: (206) 236-1715
E-Mail: boyd@vhpr.com
Web Site: www.vhpr.com

Employees: 10

Boyd Vander Houwen *(Owner)*

Accounts:
Baker Boyer Bank
City Bank
First Mutual Bank
First Sound Bank
Frontier Bank
GA Creative
Homestead Capital
Pacific Crest Savings Bank
Pacific Northwest Salmon Center

THE VANDIVER GROUP INC.
16052 Swingley Ridge Road, Saint Louis, MO 63017
Tel.: (314) 991-4641
Fax: (314) 991-4651
E-Mail: tvg@vandivergroup.com
Web Site: www.vandivergroup.com

Employees: 20

Agency Specializes In: Media Relations, Media Training, Public Relations, Social Media

Donna Vandiver *(Pres & CEO)*
Amy Crump *(CFO)*
Andrew Likes *(Sr VP)*
Heather Murdick *(Dir-Creative Content)*
Nate Shyrock *(Mgr-Digital Strategy)*
Andrew Woodcock *(Acct Exec)*

Accounts:
Community Service Public Relations Council

VANGUARD PUBLIC AFFAIRS, INC.
215 S Washington Sq Ste 230, Lansing, MI 48933
Tel.: (517) 657-3944
Web Site: www.vanguard-pa.com

Employees: 5

Agency Specializes In: Brand Development & Integration, Digital/Interactive, Internet/Web Design, Investor Relations, Media Relations, Public Relations

T. J. Bucholz *(Pres & CEO)*
Katherine Erickson *(Sr VP)*

Accounts:
Nyman Turkish

VANTAGE PR
(Acquired by & Name Changed to PAN Communications)

VARALLO PUBLIC RELATIONS
640 Spence Ln Ste 122, Nashville, TN 37217
Tel.: (615) 367-5200
Fax: (615) 367-5888
Web Site: www.varallopr.com

Employees: 7
Year Founded: 1991

Agency Specializes In: Internet/Web Design, Media Relations, Public Relations, Social Media

Deborah Varallo *(Owner & Pres)*
Jennifer Kernan *(Dir-Strategic Plng)*
Elizabeth Howe *(Acct Exec)*

Accounts:
Nashville Lawn & Garden Show

VARCOM SOLUTIONS LLC
12125 Windsor Hall Way, Herndon, VA 20170
Tel.: (571) 434-8466
Fax: (571) 434-8467
Web Site: www.varcom.com

Employees: 10

Agency Specializes In: Advertising, Consulting, Media Relations, Out-of-Home Media, Outdoor, Public Relations, Sales Promotion

Accounts:
Congressional Hispanic Leadership Institute Training Services
Core180 Telecom Network Integration Services
Sabianet Marketing Communications, Media Relations, Messaging, Public Relations

VAULT COMMUNICATIONS, INC.
630 W Germantown Pike Ste 400, Plymouth Meeting, PA 19462
Tel.: (610) 641-0395
Fax: (610) 941-0580
Web Site: www.vaultcommunications.com

Employees: 30

Agency Specializes In: Public Relations

Kate Shields *(Pres)*
Gina Kent *(VP)*
Kaitlin Cavanaugh Moyer *(VP)*
Patricia Rowe Stofanak *(VP)*
Chelsey Manko *(Assoc VP)*
Ariel Vegotsky *(Assoc VP)*
Sara DeViva *(Dir-Creative Strategy)*
Abby Rizen *(Dir-Media Strategy)*
Katy Bradley *(Acct Mgr)*
Danielle Corrato *(Acct Mgr)*
Stephanie Kensy *(Acct Mgr)*
Amanda Polyak *(Acct Mgr)*
Lauren Wattie *(Acct Mgr)*
Allie Artur *(Sr Acct Exec)*
Meagan Dominick *(Sr Acct Exec)*
Amanda Michelson *(Sr Acct Exec)*
Kellsey Turner *(Sr Acct Exec)*
Benjamin Guell *(Acct Exec)*
Rachel Jakubowitcz *(Specialist-Media Rels)*
Shannon Rosiak *(Acct Exec)*
Kelly Hackenbrack *(Asst Acct Exec)*
Craig Rogers *(Sr Art Dir)*

Accounts:
Acosta
Bancroft
Cancer Treatment Centers of America
Decision Strategies International
Discover Lehigh Valley (Agency of Record) Marketing Strategy
Gwynedd-Mercy University
Rita's Italian Ice (Public Relations Agency of Record) First Day of Spring, Social Media
Saxbys Coffee; Broomall, PA
Sesame Place
Triose
Village of Rosemont, PA (Public Relations Agency of Record)

VEHR COMMUNICATIONS, LLC
700 Walnut St Ste 450, Cincinnati, OH 45202-2011
Tel.: (513) 381-8347

Fax: (513) 381-8348
Toll Free: (877) 381-8347
E-Mail: nvehr@vehrcommunications.com
Web Site: www.vehrcommunications.com

Employees: 20

Agency Specializes In: Communications, Corporate Communications, Corporate Identity, Crisis Communications, Digital/Interactive, Event Planning & Marketing, Exhibit/Trade Shows, Government/Political, Internet/Web Design, Investor Relations, Media Relations, Media Training, Newspaper, Public Relations, Viral/Buzz/Word of Mouth

Revenue: $110,000,000

Laura Phillips *(Pres & Partner)*
Nick Vehr *(CEO)*
Michael Perry *(VP-Content Strategy)*
Grace Ring *(Creative Dir)*
Suzanne Buzek *(Acct Mgr)*
Sandy Daugherty *(Office Mgr)*
Jackie Koopman *(Acct Mgr)*
Sarah Sampson *(Acct Mgr)*
Lindsay Horan *(Mktg Mgr)*
Karen Bells *(Sr Acct Exec)*
Dan W. Guttridge *(Acct Exec)*
Mikayla Williams *(Acct Coord)*

Accounts:
3CDC
AdvancePierre Foods, Inc.
Cincinnati Union Bethel
City of Cincinnati
Comey & Shepherd
Franklin Savings
GBBN Architects
Government Strategies Group, LLC
Modern Office Methods
Winegardner & Hammons, Inc.

VELOCITAS, INC.
10355 Sw 135Th St, Miami, FL 33176
Tel.: (305) 854-6999
Web Site: www.velocitas.com

Employees: 2
Year Founded: 2002

Agency Specializes In: Advertising, Brand Development & Integration, Broadcast, Collateral, Digital/Interactive, Logo & Package Design, Print, Public Relations

Patricia Beitler *(Pres)*
Pamela Ossa-Kane *(Dir-Mktg Comm)*

Accounts:
Balaboosta's Bakery
The Bath Club
The CFO Alliance
Clinicare Medical Centers
Cross Country Healthcare, Inc.
HR Solutions, Inc.
Jackson Lewis
Kaptur
Kreative Kontent
MDO Partners (Agency of Record) Events, Media, Public Relations
Mia Shoes, Inc.
ORT America
The Playroom Gallery
Publix Super Markets, Inc.

VERASONI WORLDWIDE
271 Us Highway 46 Ste H203, Fairfield, NJ 07004
Tel.: (973) 287-6868
Web Site: www.verasoni.com

Employees: 10

AGENCIES - JANUARY, 2019 — PUBLIC RELATIONS FIRMS

Year Founded: 2005

Agency Specializes In: Advertising, Crisis Communications, Public Relations, Social Media, Strategic Planning/Research

Abe Kasbo *(CEO)*

Accounts:
Georgia Pacific Dental
Hixson-Burris Media

VERDE BRAND COMMUNICATIONS
120 W Pearl St, Jackson, WY 83001
Tel.: (970) 259-3555
Fax: (970) 259-6999
E-Mail: info@verdepr.com
Web Site: www.verdepr.com

Employees: 50

Agency Specializes In: Brand Development & Integration, Communications, Content, Exhibit/Trade Shows, Media Relations, Public Relations

Kristin Carpenter-Ogden *(Founder & CEO)*
Keith Cozzens *(Sr Dir-Customer Acq, Active Outdoor & Lifestyle)*
Lisa Mullen *(Sr Dir-Integrated Svcs)*
Dave Simpson *(Sr Acct Exec & Dir-Agency)*
Lauren Haber *(Dir)*
Craig Randall *(Dir-Integrated Svcs)*
Laura Friedland *(Acct Mgr)*
Alex Hunt *(Acct Mgr)*
Stefanie Walters *(Acct Mgr)*
W. Jordan Wilsted *(Acct Mgr)*
Rebecca Katz *(Acct Exec)*
Jenn Neubert *(Coord-Ops)*

Accounts:
Active Brands Brand Awareness, Branding, Dahlie (Integrated Media Relations & Brand Communications Agency of Record), Storytelling; 2018
AR Devices, LLC (Agency of Record) GogglePal
Bikes Belong Content Solutions Services, Digital Marketing, Green Lane Project, PR, PeopleForBikes.org
Cascade Designs, Inc Brand & Product Awareness, Brand Communications Strategy, Creative, Integrated Media Relations, Media Relations, PackTowl (Public Relations Agency of Record), Platypus (Public Relations Agency of Record), SealLine (Public Relations Agency of Record), Therm-a-Rest (Public Relations Agency of Record); 2018
Diamondback Bicycles
G-Form Brand Awareness, Strategy
Howler Brothers Brand Messaging
iShoxs (Agency of Record) Integrated Communications Strategy
Izip (Public Relations & Brand Communications Agency of Record)
Kari Traa (Agency of Record) Bbrand Storytelling, Creative Communication, Media Relations, North America, Strategic Public Relations & Communications
New-Katadyn Group (North American Agency Of Record) AlpineAire, Brand Awareness, Katadyn, Optimus
KEEN Inc (Public Relations & Brand Communications Agency of Record)
LEM Helmets Content Creation, Direct-to-Consumer E-Com Strategy, Email Marketing, Influencer Campaigns, Integrated Brand Communications, Marketing, Paid Media, Public Relations, Social Media, Website Development; 2018
Mountain Safety Research (Public Relations & Communications Agency of Record) Integrated Communications Strategies, MSR Global Health, Media Relations; 2018
Pearl Izumi (Public Relations & Brand Communications Agency of Record) Digital Content, Strategy
ProEditors.com (Agency of Record)
Reynolds Cycling (Agency of Record)
RinseKit (Agency of Record) Communications Strategy, Outdoor
RockyMounts, Inc Brand Awareness, Strategy
Rovr Products (Communications Agency of Record) Public Relations
Selk'bag USA (Public Relations Agency of Record)
Slumberjack Media Relations, Public Relations
Sweet Protection (Public Relations & Communications Agency of Record)
Uncharted Supply Co (Public Relations Agency of Record) Digital Initiatives, Strategic & Creative Public Relations; 2018

VERSION 2.0 COMMUNICATIONS
154 Grand St, New York, NY 10013
Tel.: (646) 760-2896
Web Site: www.v2comms.com

Employees: 2

Agency Specializes In: Content, Media Relations, Public Relations, Social Media

Kristen Leathers *(VP)*

Accounts:
Berklee Institute of Creative Entrepreneurship
Joule Unlimited

VIBRANCE PR
65 Enterprise Ste 385F, Aliso Viejo, CA 92656
Tel.: (949) 330-6922
Web Site: www.vibrancepr.com

Employees: 10
Year Founded: 2006

Agency Specializes In: Brand Development & Integration, Content, Crisis Communications, Event Planning & Marketing, Exhibit/Trade Shows, Media Relations, Media Training, Public Relations, Social Media

Kara Udziela *(Owner & Sr Strategist-PR)*

Accounts:
New-Stocksy United

VISINTINE & RYAN PR
2224 Mason Ln, Manchester, MO 63021-7801
Tel.: (314) 821-8232
Fax: (314) 821-3616
Web Site: www.visintineandryan.com

Employees: 10

Agency Specializes In: Public Relations

Janet Ryan *(Principal)*
Leslie Adcock *(Acct Rep & Creative Dir)*
Sarah Stiehr *(Acct Exec & Strategist-Social Media)*

VISION CRITICAL
22 W 21St St Fl 8, New York, NY 10010
Tel.: (212) 402-8222
Fax: (212) 402-8221
E-Mail: info@visioncritical.com
Web Site: https://www.visioncritical.com/

Employees: 60

Agency Specializes In: Communications, Experiential Marketing, Public Relations

Tyler Douglas *(CMO & Chief Strategy Officer-Canada)*
Alan Price *(CTO)*
Marco Bussadori *(Chief Revenue Officer-North America)*
Kelly Hall *(Chief Customer Officer)*
Scott Miller *(Pres/CEO-Vision Critical-Canada)*
Katie Colombo *(Dir-Sls, Media & Entertainment)*

Accounts:
Deere & Company

VISITECH PR
2000 E 21st Ave, Denver, CO 80205
Tel.: (303) 752-3552
Fax: (303) 752-0822
E-Mail: info@visitechpr.com
Web Site: www.visitechpr.com

Employees: 10
Year Founded: 1998

Agency Specializes In: Education, Event Planning & Marketing, Exhibit/Trade Shows, Financial, Government/Political, Health Care Services, Hospitality, Media Relations, New Technologies, Public Relations, Retail, Strategic Planning/Research, Telemarketing

Lisa Wilson *(Founder & CEO)*
Kendra Westerkamp *(VP)*

Accounts:
American Roamer (Agency of Record) Brand Messaging, MapELEMENTS, Planning, Positioning, Public Relations, Traditional & Social Media
Aurora Networks
Edgeware Partners
Mosaik Solutions

VISTRA COMMUNICATIONS
PO Box 1620, Lutz, FL 33548
Tel.: (813) 961-4700
E-Mail: info@consultvistra.com
Web Site: www.consultvistra.com

Employees: 25

Agency Specializes In: Brand Development & Integration, Media Relations, Public Relations, Social Media

Brian Butler *(Pres & CEO)*
Jamie Needham *(Sr VP-Mktg & Comm)*
Tim Boatright *(Creative Dir)*
Alicia Boyd *(Mktg Comm Mgr)*
Julie Capobianco *(Sr Acct Exec)*

Accounts:
Integral Energy
Paralyzed Veterans of America

VOCE COMMUNICATIONS
75 E Santa Clarita St 7th Fl, San Jose, CA 95113
Tel.: (408) 738-7840
Fax: (408) 738-7858
E-Mail: info@vocecomm.com
Web Site: vocecommunications.com

Employees: 40
Year Founded: 1999

Agency Specializes In: Communications, Consumer Marketing, Experiential Marketing, Financial, High Technology, Public Relations, Publicity/Promotions, Sponsorship

Julie Joseph *(VP)*
Jeff Urquhart *(VP)*
Jessica Kerr *(Acct Mgr)*

PUBLIC RELATIONS FIRMS

Accounts:
Citrix Systems, Inc. (Agency of Record) Public Relations
Fujitsu
Ketera
LucidEra
NetApp, Inc.
Network Physics
Peerflix
Sony Computer Entertainment America LLC Campaign: "Recapturing Authenticity"

VOLUME PUBLIC RELATIONS
Tuscany Plaza 6312 S Fiddlers Green Cir Ste 400N, Greenwood Village, CO 80111
Tel.: (720) 529-4850
E-Mail: info@volumepr.com
Web Site: www.volumepr.com

Employees: 12
Year Founded: 2001

Agency Specializes In: Public Relations

Elizabeth Edwards *(Founder & Pres)*

Accounts:
Big Mo
Corvis
DIGI Tech Systems
IphoneappQuotes.com
KPN Qwest
Mary Jane's Relaxing Soda
Pumpkin Masters
Quiet Light Brokerage Marketing, Messaging, PR
Sony & BMG Entertainment
The Western Golf Association 2014 BMW Championship

VORTICOM INC
216 E 47th St 28th Fl, New York, NY 10017
Tel.: (212) 532-2208
Web Site: www.vorticom.com

Agency Specializes In: Media Buying Services, Media Relations, Public Relations

Nancy Thompson *(Pres)*
Ron Thompson *(VP)*

Accounts:
AlliedBarton Security Services
American Vanadium Marketing Communications, Media, Public Relations
IBC Advanced Alloys Corp

VOX OPTIMA LLC
6565 Americas Pkwy Ne Ste 200, Albuquerque, NM 87110
Tel.: (866) 499-2947
E-Mail: info@voxoptima.com
Web Site: www.voxoptima.com

Employees: 25
Year Founded: 2005

Agency Specializes In: Crisis Communications, Event Planning & Marketing, Media Planning, Media Relations, Media Training, Public Relations, Social Media, Strategic Planning/Research

Merritt Hamilton Allen *(Owner & Exec Dir)*
Gary Potterfield *(Mng Dir-Ops)*

Accounts:
The National Association of Development Companies (Agency of Record)

VOX PUBLIC RELATIONS
PO Box 425, Walterville, OR 97489
Tel.: (541) 302-6620
Fax: (541) 302-6622
E-Mail: admin@voxprpa.com
Web Site: www.voxprpa.com

Employees: 10
Year Founded: 1995

Agency Specializes In: Event Planning & Marketing, Government/Political, Media Relations, Public Relations

Amber Williamson *(Dir-PR)*

Accounts:
Chalk Hill Estate Vineyards and Winery
City of Springfield, Oregon
Espwa Fe Viv

VOX SOLID COMMUNICATIONS
1912 S 10th St, Las Vegas, NV 89142
Tel.: (702) 586-2137
Web Site: www.wearevoxsolid.com

Employees: 7
Year Founded: 2011

Agency Specializes In: Communications, Public Relations, Social Media

Marina Nicola *(Owner & Partner)*
Adrianne Offermann *(Specialist-PR & Res)*
Alyssa Egeskov *(Acct Coord)*

Accounts:
Andre's Bistro & Bar
Batali & Bastianich Hospitality Group (Agency of Record) Broadcast, Online, Print, Public Relations
Brian James Women's Footwear PR
Cannabition; 2018
Downtown Grand Las Vegas Hotel & Casino Public Relations, Social Media
Ferraro's Italian Restaurant & Wine Bar
Hospitality Sales & Marketing Association International (Agency of Record) Public Relations, Social Media
Madame Tussauds Las Vegas Public Relations, Social Media
The Mob Museum

VP+C PARTNERS
35 E Broadway, New York, NY 10002
Tel.: (212) 966-3759
E-Mail: info@vpcpartners.com
Web Site: www.vpcpartners.com

Employees: 50

Agency Specializes In: Digital/Interactive, Event Planning & Marketing, Public Relations, Social Media, Strategic Planning/Research

Mark Veeder *(Founder & Chief Creative Officer)*
Margaux Caniato *(Chief Brand Officer & Principal)*
Esther Perman *(Principal & Chief Editor)*
Michelle Shen *(VP)*
Meghan Dockendorf *(Acct Dir)*

Accounts:
Crosby St Studios
Davis & Warshow Inc.
Dornbracht USA, Inc.
Forty One Madison
Interface, Inc.
JCPenney Public Relations
Rocky Mountain
St Charles of NY
Technogel
USAI

VPE PUBLIC RELATIONS
316 W 2Nd St Ste 1202, Los Angeles, CA 90012
Tel.: (626) 403-3200
Fax: (626) 403-1700
Web Site: http://vpepr.com/

Employees: 15
Year Founded: 1988

National Agency Associations: COPF

Agency Specializes In: Advertising, Education, Event Planning & Marketing, Media Training, Publicity/Promotions, Sales Promotion, Strategic Planning/Research

Patricia Perez *(Principal)*
Maricela Cueva *(VP)*

Accounts:
AbilityFirst
American Academy of Ophthalmology
Building Healthy Communities Eastern Coachella Valley
Disneyland Resort
Edison
Hulu
JustFab Inc.
Latin American Multimedia Corporation Dos y Dos Live Action Bilingual Television Series for Children 2-7 (Agency of Record)
McDonald's Hispanic
Nestle
Valley Presbyterian Hospital

WACHSMAN PR
40 Exchange Pl Ste 1310, New York, NY 10005
Tel.: (212) 835-2511
E-Mail: newyork@wachsmanpr.com
Web Site: http://wachsman.com

Employees: 50
Year Founded: 2015

Agency Specializes In: Brand Development & Integration, Broadcast, Business-To-Business, Content, Crisis Communications, Media Relations, Media Training, Public Relations, Real Estate, Viral/Buzz/Word of Mouth

David Wachsman *(Founder & CEO)*
Michael Chang *(Mng Dir-Strategic Advisory Grp-New York)*
Emma Walker *(Mng Dir-Dublin)*
Amy Longo *(Acct Dir-New York)*
Jesse Platz *(Acct Dir-New York)*
Franklin Bi *(Assoc Dir-Strategic Advisory Grp)*
Kerry Close *(Acct Supvr)*

Accounts:
New-Agentic Group LLC
New-CakeCodes
New-CoinSource, LLC
New-The Dash Network
New-Decentral Jaxx
New-Iconomi Inc
New-Keepkey
New-Patch Homes Inc.

WAGSTAFF WORLDWIDE
5443 Fountain Ave, Los Angeles, CA 90029
Tel.: (323) 871-1151
Fax: (323) 871-1171
Web Site: www.wagstaffworldwide.com

Employees: 30
Year Founded: 2000

Agency Specializes In: Communications, Public Relations, Social Media

Revenue: $3,100,000

AGENCIES - JANUARY, 2019 — PUBLIC RELATIONS FIRMS

Mary Wagstaff *(Pres)*
Nadia Al-Amir Galatro *(Mng Partner)*
Lisa Hollinger *(VP & Partner-Admin)*
Kelsey Beniasch *(Mng Dir)*
Trisha Cole *(Mng Dir)*
Andrea Jackson *(Mng Dir)*
Vanessa Kanegai *(Mng Dir)*
David Spiegelman *(VP & Creative Dir-Wagstaff Digital)*
Heather Barbod *(VP)*
Gary Knight *(VP-Admin)*
Maite Conway Ross *(Head-Bus Dev)*

Accounts:
Akaryn Hospitality Management Services Public Relations
Beverly Hills Conference & Visitors Bureau (Agency of Record) Public Relations
Plan Check
Portillo's
Visit Carlsbad (US Public Relations Agency of Record)

Branch

Wagstaff Worldwide
130 W 29Th St Fl 11, New York, NY 10001
Tel.: (212) 227-7575
Fax: (212) 227-9375
Web Site: www.wagstaffworldwide.com

Employees: 50

Agency Specializes In: Brand Development & Integration, Event Planning & Marketing, Internet/Web Design, Logo & Package Design, Media Relations, Public Relations, Social Media

Jessica Rodriguez *(Partner & Mng Dir)*
Heather Barbod *(VP)*
Amanda Hathaway *(VP)*
Juliana Pesavento *(Exec Dir)*
Elizabeth Hamel *(Sr Acct Supvr)*
Jessica Levine *(Acct Exec)*
Margit Malacrida *(Acct Exec)*

Accounts:
New-Saltaire Oyster Bar

THE WAKEMAN AGENCY
445 Hamilton Ave Ste 1102, White Plains, NY 10601
Tel.: (212) 500-5953
E-Mail: info@thewakemanagency.com
Web Site: www.thewakemanagency.com

Employees: 10
Year Founded: 2003

Agency Specializes In: Communications, Corporate Communications, Event Planning & Marketing, Media Relations, Public Relations

Vanessa Wakeman *(CEO)*
Tameka Mullins *(Mgr-Social Media)*
Kristen Trojel *(Mgr-Bus Dev)*

Accounts:
SENetwork (Public Relations Agency of Record)

WALEKPEPPERCOMM
317 Madison Ave Ste 2300, New York, NY 10017
Tel.: (212) 931-6100
Fax: (212) 889-7174
E-Mail: twalek@peppercomm.com
Web Site: peppercomm.com

Employees: 14

Ted Birkhahn *(Pres)*

Deborah Brown *(Partner, Mng Dir & CMO)*
Maggie O'Neill *(Partner & Mng Dir-New York Office)*
Jacqueline Kolek *(Partner-New York & Gen Mgr)*
Sara Whitman *(Mng Dir)*
Ann Barlow *(Pres-Peppercomm Strategic Comm-West Coast)*
Michael Dresner *(CEO-Brand Squared Licensing New York Office)*

Accounts:
Abax Global Capital
Custom House Group
Dow Jones Newswires
Everest Capital
First Eagle Investment Management Media Relations
GFI Group Inc.; 2007
The Little Book of Market Wizards
Marinus Capital Advisors
New York Hedge Fund Roundtable
Oppenheimer & Co. Inc
Prologue Capital
Roc Capital Management
Trust Company of America Media Relations, Messaging, Social Media
Venor Capital Management

WALKER SANDS COMMUNICATIONS
55 W Monroe St, 3925, Chicago, IL 60661
Tel.: (312) 267-0066
Fax: (312) 876-1388
Web Site: www.walkersands.com

Employees: 100
Year Founded: 2001

National Agency Associations: COPF

Agency Specializes In: Corporate Communications, Crisis Communications, Event Planning & Marketing, Internet/Web Design, Media Training, Public Relations, Search Engine Optimization, Sponsorship

Ken Gaebler *(Founder & CEO)*
Mike Santoro *(Pres)*
Will Kruisbrink *(Partner & VP)*
Annie Gudorf *(Partner & Sr Acct Dir)*
Erin R. Jordan *(Partner & Sr Acct Dir)*
Allison Ward *(Partner & Sr Acct Dir)*
Courtney Beasley *(VP-Mktg)*
Andrew Cross *(VP)*
John Fairley *(VP-Digital Svcs)*
Dave Parro *(VP-Strategy & Branding)*
Matt Brown *(Sr Dir-Digital Mktg)*
Daniel Laloggia *(Dir-Demand Generation)*
Meg Avril *(Sr Acct Mgr)*
Liza Massingberd *(Acct Mgr)*
Nykia Tanniehill *(Acct Mgr)*
Hannah Diaz *(Sls Mgr)*
Holly Stehlin *(Mgr-HR)*
Rosie Gillam *(Sr Acct Exec)*
Jennifer Mulligan *(Sr Acct Exec)*
Hayley Tharp *(Sr Assoc-Paid Digital Mktg)*

Accounts:
BizBuySell
Computing Technology Industry Association
Corigelan
Dieselpoint
eCoupled
Enterworks (Public Relations Agency of Record) Brand Awareness, Communications, Marketing, News Announcements, Thought Leadership
Episerver
Evzdrop
Extended Care Information Network
Lanworth
Legacy.Com, Inc
LifeWatch
Miller Heiman Group (Global Agency of Record); 2018

MyWebGrocer
Ottawa Wireless
Points International Ltd.
SceneTap
SurePayroll

WALL STREET COMMUNICATIONS
1299 E 4500 S, Salt Lake City, UT 84124
Tel.: (801) 266-0077
Fax: (801) 266-0778
E-Mail: info@wallstcom.com
Web Site: www.wallstcom.com

Employees: 25
Year Founded: 1996

Agency Specializes In: Local Marketing, Media Buying Services, Public Relations, Web (Banner Ads, Pop-ups, etc.)

Chris Lesieutre *(Pres)*
Sunny Branson *(Gen Mgr-Client Svcs)*
Lyndsey Albright *(Sr Acct Mgr)*
Elisabetta Fernandez *(Acct Mgr)*

Accounts:
Archimedia Technology Content Marketing, Media Relations
BeckTV Content Marketing, Media Relations
Bexel Broadcast, Entertainment, Media, Outreach, Public Relations, Strategic Content Marketing
Calrec Audio
ChyronHego
Cobalt Digital (Global Content Marketing Agency of Record)
Decentrix Inc Advertising, Brand Awareness, Broadcast, Digital Media, Global Public Relations
Dejero Content Marketing, Media Relations, PR
Forbidden Technologies Plc PR
Osprey Video (Agency of Record) Brand, Content Marketing, Global Public Relations, Strategic Media Relations
Quantum
Riedel Communications PR
Society of Motion Picture and Television Engineers Global PR, Media Relations
Sonoris (International Content Marketing Agency of Record) Case Studies, Contributed Articles, Press Announcements, Related Materials; 2017
Utah Scientific
VidOvation (Agency of Record) Brand Awareness, Content Marketing Services, Public Relations
Vimond Media Solutions Marketing, Public Relations
VitecEV (Strategic Content Marketing & Public Relations Agency of Record)
Vogo Content Marketing
Vogo (Content Marketing Agency of Record) Communications, Marketing, Public Relations
Wazee Digital (Content Marketing Agency of Record) Communications, Content Marketing, Strategic

WALSH PUBLIC RELATIONS
305 Knowlton St, Bridgeport, CT 06608
Tel.: (203) 292-6280
E-Mail: info@walshpr.com
Web Site: www.walshpr.com

Employees: 5
Year Founded: 1997

Agency Specializes In: Brand Development & Integration, Corporate Communications, Crisis Communications, Logo & Package Design, Promotions, Public Relations, Social Media

Gregory Walsh *(Pres)*

Accounts:
Endless Games International Outreach, Trade &

PUBLIC RELATIONS FIRMS
AGENCIES - JANUARY, 2019

Consumer Awareness; 2018
MasterPieces, Inc MasterPieces Puzzles
Tactic Games USA
Tucker Toys

WALT & COMPANY
2105 S Bascom Ave Ste 240, Campbell, CA 95008
Tel.: (408) 369-7200
Fax: (408) 369-7201
E-Mail: info@walt.com
Web Site: www.walt.com

E-Mail for Key Personnel:
President: bwalt@walt.com

Employees: 18
Year Founded: 1991

Agency Specializes In: Business Publications, Business-To-Business, Computers & Software, Consumer Marketing, Corporate Identity, Crisis Communications, E-Commerce, Electronics, High Technology, Information Technology, Investor Relations, Media Relations, Media Training, Public Relations, Social Media, Strategic Planning/Research

Approx. Annual Billings: $2,500,000

Breakdown of Gross Billings by Media: Pub. Rels.: 100%

Robert Walt *(Pres)*
Cyndi Babasa *(Partner & Sr VP)*
Merritt Woodward *(Partner & Sr VP)*
Jane Fainer *(VP)*
Jeannie Gustlin *(VP-HR)*

Accounts:
Actions Semiconductor Co, Ltd. Public Relations
Acxiom Corporation (Public Relations & Social Media Agency of Record)
Chefling (Public Relations Agency of Record) Communications Strategy, Industry Leadership Positioning, Media & Analyst Relations, Partner & Customer Relations; 2018
D-Link Systems, Inc. (Agency of Record)
DreamWave (Public Relations Agency of Record) Creative, Media & Analyst Relations, Product Launches; 2018
Epson America, Inc. Printers, Projectors; Scanners
EquiFi Corporation (Public Relations Agency of Record) Communications Strategy, Industry Leadership Positioning, Media & Analyst Relations, Partner & Customer Relations, Product Launch Campaigns, Social Media; 2018
FleetUp (Public Relations Agency of Record) Media & Analyst Relations, Social Media
Guardzilla (Public Relations Agency of Record) Communications Strategy, Industry & Channel Leadership Positioning, Media & Analyst Relations, Product Launch Campaigns; 2018
Hubitat, Inc. (Public Relations Agency of Record) CES Support, Communications Services, Media & Analyst Relations, Product Launches, Product Review Management; 2018
Humanity (Public Relations Agency of Record) Communications Strategy Development, Industry & Channel Leadership Programs, Media & Analyst Relations, Media Content, Partnership & Customer Relations, Product Launch Campaigns; 2018
Powervision Robot Corporation (Public Relations & Social Media Communications Agency of Record) Marketing, PowerEgg
Ronald McDonald House at Stanford
Seal Software Public Relation, Social Media
Violin Memory, Inc. (US Public Relations Agency of Record) Strategic Communications

WARD
5959 W Loop S Ste 510, Bellaire, TX 77401
Tel.: (713) 869-0707
Web Site: www.wardcc.com

Employees: 50

Agency Specializes In: Brand Development & Integration, Corporate Communications, Corporate Identity, Crisis Communications, Media Relations, Media Training, Public Relations, Search Engine Optimization, Social Media, Strategic Planning/Research

Deborah Ward Buks *(Pres)*
Lynn Hancock *(Sr VP)*

Accounts:
Capsa Ventures Fourth&
Greyrock Energy
Sotherly Hotels Inc. The Whitehall
The Village School

WARD CREATIVE COMMUNICATIONS, INC.
5959 W Loop S Ste 510, Bellaire, TX 77401
Tel.: (713) 869-0707
Web Site: www.wardcc.com

Employees: 12
Year Founded: 1989

Agency Specializes In: Advertising, Brand Development & Integration, Collateral, Corporate Communications, Corporate Identity, Crisis Communications, Media Relations, Media Training, Public Relations, Social Media

Revenue: $1,100,000

Lynn Hancock *(Sr VP)*
Gwen Hambrick *(VP-Admin)*

Accounts:
Hydrogen Group Communications
International Energy Agency's Gas & Oil Technologies Implementing Agreement Communications
Kraton Polymers
Next Level Urgent Care Communications
North Dakota LNG Communications
Pricelock
Quanta Services, Inc.
VIV Solutions Communications

WARNER COMMUNICATIONS
41 Raymond St, Manchester, MA 01944
Tel.: (978) 526-1960
Fax: (978) 526-8206
E-Mail: office@warnerpr.com
Web Site: www.warnerpr.com

Employees: 7

Carin Warner *(Founder)*
Erin Vadala *(Pres)*
Ariane Wolff *(VP)*
Vashti Brotherhood *(Creative Dir)*
Sadie Smith *(Sr Specialist-Acct)*

Accounts:
All Stars Project, Inc. (Agency of Record) Event Promotion Strategy, Thought Leadership, Traditional & Digital Media Relations
Caliper
Cambridge Associates
Confluence
Cumberland Farms
Energy Bombs (Agency of Record) Brand Awareness, Media Relations
Focus Financial Partners
New-Green Mountain College (Agency of Record) Brand Awareness, Stakeholder Communications, Strategic Public Relations
Gulf Oil, LLP Diesel Fuel, Gas Stations, Heating Oil, Kerosene; 2006
Iguacu (Agency of Record) Branding, Digital Communications, Public Relations
Institute for Supply Management Marketing Communications, Social Media, Strategic Public Relations, Thought Leadership; 2017
Maguire Associates; Bedford, MA; 2005
Mass Mutual
MIT Sloan CIO Symposium (Agency of Record)
NineSigma Social & Traditional Media
Olivia's Organics
Omegabright
Outsell; Burlingame, CA; 2005
O'verlays Media Relations, Public Relations
PreVeil (Agency of Record) Brand Awareness, Social Media Marketing Communications, Strategic Public Relations; 2017
Saucony
SeaMarket
Sentinel Benefits
Unpakt (Agency of Record) Media Relations
Voltaire
Watson Wyatt Worldwide
WellPet
WorkUp Branding, Media Relations
Wymans

WARSCHAWSKI
1501 Sulgrave Ave Ste 350, Baltimore, MD 21209
Tel.: (410) 367-2700
Fax: (410) 367-2400
E-Mail: info@warschawski.com
Web Site: https://warschawski.com/

Employees: 15
Year Founded: 1996

National Agency Associations: PRSA

Agency Specializes In: Advertising, Brand Development & Integration, Business-To-Business, Collateral, Communications, Consulting, Consumer Goods, Consumer Marketing, Corporate Communications, Corporate Identity, Crisis Communications, Digital/Interactive, Direct Response Marketing, Direct-to-Consumer, E-Commerce, Event Planning & Marketing, Fashion/Apparel, Food Service, Government/Political, Integrated Marketing, Internet/Web Design, Investor Relations, Logo & Package Design, Media Relations, Media Training, Out-of-Home Media, Outdoor, Product Placement, Promotions, Public Relations, Publicity/Promotions, Retail, Search Engine Optimization, Social Marketing/Nonprofit, Sponsorship, Sports Market, Strategic Planning/Research, Travel & Tourism, Web (Banner Ads, Pop-ups, etc.)

David Warschawski *(Founder & CEO)*
Shana Harris *(COO)*
Sarah Sawyer *(Gen Counsel)*
Rachel Henderson *(Vice Pres)*
Sam Ruchlewicz *(VP-Digital Strategy & Data Analytics)*
Lukas Sieber *(VP-Intl Mktg)*
Lauren Scheib *(Creative Dir)*
Justin Barber *(Dir-Interactive Design)*
Elisa Giorgi *(Dir-Digital)*
Ben Plum *(Dir-Design Dev)*
Nhu Nguyen *(Sr Designer-Multimedia)*
Corin Tahinos *(Sr Designer)*

Accounts:
Alex Cooper Auctioneers (Agency of Record) Digital Marketing, Integrated Marketing Communications
Biologics Consulting Group (Agency of Record) Advertising, Brand Strategy, Public Relations
The Casper Firm LLC Crisis Communications, Design, Public Relations
New-Chesapeake Utilities Corporation

AGENCIES - JANUARY, 2019 — PUBLIC RELATIONS FIRMS

Chiron Technology Services (Agency of Record) Advertising, Public Relations, Social Media
Comprehensive Housing Assistance, Inc (Agency of Record) Digital Marketing Strategy, Website
Concurrent Technologies Corp. (Agency of Record)
Danfoss Marketing Communications Strategy
Deep Seek (Agency of Record) Brand Position, Messaging, Positioning, Website
New-Dora's Naturals
New-Eberly Poultry Farms
Global Telecom Brokers Strategic Brand Positioning
Greenspring Associates (Agency of Record) Brand Recognition, Integrated Marketing Communications, Thought Leadership Positioning
GridLion Logo, Strategic Brand Positioning, Website
Icelandic Glacial Natural Spring Water Brand Strategy, Integrated Marketing, Media Relations, Social Media
ImQuest BioSciences Inc. Brand Positioning, Brand Research, Collateral Material, Key Messaging, Website Creation, imquestbio.com
New-Janet, Janet & Suggs, LLC
Johnson, Mirmiran & Thompson (Agency of Record) Strategic Brand Positioning; 2017
The KEYW Holding Corporation (Agency of Record) Integrated Marketing Communications
The Law Offices of Evan K. Thalenberg, P.A. Advertising, Creative, Digital Strategy, Marketing Communications, Media Relations
New-LendIt Fintech (Agency of Record) Integrated Marketing Communications
McGregor Industries (Agency of Record) Digital, Integrated Marketing Communications, Public Relations
Nu Look Home Design Brand Strategy, Strategic Positioning
PinnacleCare Strategic Brand Position, Website; 2017
Pixelligent Technologies Strategic Marketing Communications, Website
Pompeian Brand Strategy, Public Relations
Responsive Data Solutions Brand Strategy, Media, Website Redesign
Robert Talbott, Inc. Communications, Marketing, Strategic Brand Positioning
Sap on Tap (Agency of Record) Brand Positioning, Integrated Marketing Campaigns
The Topps Company Baseball Cards, Marketing Communications Strategy
Track&Field (US Marketing & Communications Agency of Record) Media Relations, Retail Events, Social Media
Xcel Brands, Inc. Marketing Communications

WATER & WALL GROUP, LLC
19 W 21St St Rm 1202, New York, NY 10010
Tel.: (212) 625-2363
Web Site: www.waterandwallgroup.com

Employees: 5
Year Founded: 2012

Agency Specializes In: Brand Development & Integration, Communications, Crisis Communications, Media Relations, Public Relations, Social Media, Strategic Planning/Research

Andrew Healy *(Partner)*
Scott Sunshine *(Partner)*
Matt Kirdahy *(Sr VP)*

Accounts:
8of9 Consulting Branding, Media Relations, Messaging, PR, Positioning
HFP Capital Markets
The Investor Stewardship Group Communications, Content Marketing, Logo, Media Relations, Social Media, Website
Lear Capital Media Relations, PR, Speaking Engagements
NEPC Branding, Events, Local Community, Media Relations, Messaging, Positioning
Trishield Capital Management Branding, Media Relations, Messaging, PR, Positioning
Wolfe Research Branding, Communications Counsel, Media Relations, Positioning

WATERHOUSE PUBLIC RELATIONS
735 Broad St Ste 1004, Chattanooga, TN 37402
Tel.: (423) 643-4977
Fax: (423) 648-2929
E-Mail: info@waterhousepr.com
Web Site: www.waterhousepr.com

Employees: 10
Year Founded: 1996

Agency Specializes In: Public Relations

Marissa Bell *(Acct Exec)*

Accounts:
Alexian Brothers of the Southeast
Chattanooga Metropolitan Airport Authority

WATERSHED COMMUNICATIONS
909 Ne Brazee St Apt 5, POrtland, OR 97212
Tel.: (503) 827-6564
E-Mail: info@watershedcom.com
Web Site: www.watershedcom.com

Employees: 10
Year Founded: 1999

Agency Specializes In: Brand Development & Integration, Communications, Media Relations, Public Relations

Lisa Donoughe *(Principal)*

Accounts:
Hard Frescos (Public Relations Agency of Record) Public relations
Redd (Public Relations Agency of Record); 2017
SoCo Creamery

WAYMAKER
532 N. Main St, Gainesville, FL 32605
Tel.: (352) 377-8973
E-Mail: info@thinkwaymaker.com
Web Site: www.thinkwaymaker.com

Employees: 5

Agency Specializes In: Brand Development & Integration, Corporate Communications, Digital/Interactive, Print, Public Relations, Social Media, Strategic Planning/Research

Tracy Bachmann *(Pres & CEO)*

Accounts:
First Magnitude Brewing Company

WCG
50 Francisco St Ste 400, San Francisco, CA 94133
Tel.: (415) 362-5018
Fax: (415) 362-5019
Web Site: www.wcgworld.com

Employees: 30

Agency Specializes In: Corporate Communications, Corporate Identity, Crisis Communications, Integrated Marketing, Media Relations, New Technologies, Pharmaceutical

Mike Nelson *(Mng Dir & Head-West Coast Healthcare)*
Paul Laland *(Mng Dir)*
David Witt *(Mng Dir-W2O Grp)*

Accounts:
3M Health Care
3M Worldwide
Anacor Pharmaceuticals
BMC Software Global PR, Media
Genentech
Genomic Health
Iomai Corp.
Metabolex
Novacea
Nuvelo
Oncology Therapeutics Network
Pharmacyclics
Regeneron Pharmaceuticals, Inc.
Topica Pharmaceuticals, Inc.
VIA Pharmaceuticals; 2008

Branch

WCG
199 Water St, New York, NY 10038
Tel.: (212) 301-7200
Fax: (212) 867-3249
E-Mail: info@wcgworld.com
Web Site: www.wcgworld.com

Employees: 25
Year Founded: 2006

Agency Specializes In: Health Care Services, Public Relations, Sponsorship

Kara Turtinen *(Acct Mgr-Healthcare)*

Accounts:
Actelion Pharmaceuticals

WE
225 108th Ave NE, Bellevue, WA 98004
Tel.: (425) 638-7000
Fax: (425) 638-7001
Toll Free: (800) 938-8136
E-Mail: talktowe@we-worldwide.com
Web Site: https://www.we-worldwide.com/

Employees: 766
Year Founded: 1983

Agency Specializes In: Brand Development & Integration, Broadcast, Communications, Environmental, Financial, Graphic Design, Health Care Services, High Technology, Internet/Web Design, Media Planning, Media Relations, Media Training, Podcasting, Public Relations, Sponsorship, Viral/Buzz/Word of Mouth, Web (Banner Ads, Pop-ups, etc.)

Approx. Annual Billings: $98,500,000 (Fee Income)

Melissa Waggener Zorkin *(Founder & CEO)*
Corey Kalbfleisch *(CFO)*
Katie Huang Shin *(Chief Strategy Officer & Pres-Tech)*
Dawn Beauparlant *(Chief Client Officer)*
Tiffany Cook *(Pres-Consumer Sector-North America)*
Stephanie Marchesi *(Pres-Health Sector & Eastern Reg)*
Kass Sells *(Pres-North America)*
Alan VanderMolen *(Pres-Intl)*
Philip Channon *(COO-Intl)*
Scott Friedman *(Exec VP-Tech)*
Melissa Havel *(Exec VP-Tech Practice)*
Ray Page *(Exec VP-Digital & Experience Tech-North America)*
Matthew Ashworth *(Sr VP & Gen Mgr-Seattle)*
Cameron Bays *(VP)*

PUBLIC RELATIONS FIRMS

Hava M Jeroslow *(VP)*
Amber Mizell *(VP-Digital Consulting)*
Brandon Sanford *(VP)*
Jennie Ho *(Acct Dir)*
Glenn Pena *(Dir-Digital Media Strategy)*
Sarah Elson *(Acct Mgr)*

Accounts:
Advanced Micro Devices
Apptio
Brother
F5 Networks (Communications Agency of Record)
Honeywell
iRobot Corp. (Agency of Record) Braava, Communications Strategy, Consumer Product, Corporate, Executive Communications, Media Relations, Press, Roomba Vacuum; 2017
K2
Kymeta
McDonald's Corporation
Microsoft Campaign: "Mission to MARS", Mobile Communications Business
Shire
Ste. Michelle Wine Estates (Public Relations Agency of Record)
T-Mobile US
VoiceBox
Volvo Automotive
Woodford Reserve Bourbon

Branches

WE Buchan
(Formerly Buchan Communications Group)
Level 13 Fawkner Centre 499 St Kilda Road, Melbourne, VIC 3004 Australia
Tel.: (61) 3 9866 4722
Fax: (61) 3 9867 1716
E-Mail: melbourne@buchanwe.com.au
Web Site: www.buchanwe.com.au

Employees: 50
Year Founded: 1985

Agency Specializes In: Communications, Public Relations

Tom Buchan *(Founder)*
Rebecca Wilson *(CEO)*
Gemma Hudson *(Mng Dir)*
Nichole Provatas *(Head-Digital & Social)*
Kyahn Williamson *(Head-Investor Comm)*
Emma David *(Acct Dir)*
Alicia Eu *(Acct Dir)*
Hannah Heather *(Acct Dir-Consumer)*
Katie Mackenzie *(Acct Dir)*
Alex Mills *(Acct Dir-Digital & Social-Adobe)*
David Coupland *(Dir-Creative & Strategy)*
Liz Hebditch *(Sr Acct Mgr)*
Nick Lyon *(Sr Acct Mgr-Digital & Social)*
Matthew Lee *(Acct Mgr)*
Nicola Hanlon *(Mgr-Social Media)*

Accounts:
Adobe
Allianz Australia
Australian Taxation Office
Bayer
China Southern Airlines
Cotton On Group Communication
dorsaVi
eHarmony Strategic Communications
New-GI Dynamics
HCF Communications Strategy, Public Relations
Iconic Group
Jax Tyres (Public Relations Agency of Record)
JDRF
New-Jenny Craig (Public Relations Agency of Record) Classic & Rapid Results, Strategic Communications; 2018
New-Joco Cups
Perpetual
Tonga Tourism
Walden Farms

WE
Tower House Fourth Floor, 10 Southampton Street, London, WC2E 7HA United Kingdom
Tel.: (44) 2076323800
Fax: (44) 2076323801
E-Mail: talktowe@we-worldwide.com
Web Site: https://www.we-worldwide.com/

Year Founded: 1983

Agency Specializes In: Communications, Public Relations, Social Media

Ruth Allchurch *(Mng Dir-UK)*
Marcus Sorour *(VP-Client Svcs-Intl)*
Laura Gillen *(Head-Tech-UK)*
Tom Woods *(Acct Dir)*
Annabel Kerr *(Sr Acct Mgr)*

Accounts:
Amcor Direct Marketing, Executive Communications, Influencer Outreach, Social Media, US & Europe Content Marketing Programme; 2018
BenevolentAI Content Marketing, Integrated Communications, Strategic Media Relations; 2018
Capgemini UK (Agency of Record) Communications, International Group Public Relations
Collinson Latitude Global Communications
Digital Shoreditch Communications
Forest Stewardship Council
Infosecurity Europe Content Creation, Media Relations, Online Community Engagement
Marine Stewardship Council Strategic & Content Development; 2017
New-Mettrr Technologies Brand, Corporate & Social PR
Sennheiser Communications Branding, Content Development, Media Relations, Public Relations, Sales, Social Media
Siemens PLM Marketing, Solid Edge, UK Communications
Transversal
Xerox Limited

WE
Sandstrasse 33, D-80335 Munich, Germany
Tel.: (49) 89 628175 0
Fax: (49) 89 628175 11
E-Mail: beichner@we-worldwide.com
Web Site: https://www.we-worldwide.de/

Employees: 22
Year Founded: 1998

Daniel Blank *(Head-Digital & Tech & Deputy Gen Mgr)*
Sibylle Greiser *(Sr Acct Exec)*

WE
Room 1901-07 19/F Tai Yau Building, Johnston Road, Wan Chai, Hong Kong, China (Hong Kong)
Tel.: (852) 2578 2823
Fax: (852) 2578 2849
Web Site: www.we-worldwide.com/

Employees: 30

Anne Geronimi *(Mng Dir-Hong Kong & Reg Head-Brands)*
David Hunt *(Mng Dir-China)*
Winnie Lai *(VP-China)*
Kevin Hartnett *(Head-Strategy)*

Accounts:
7-Eleven
AdAsia Holdings Communications, Greater China
Carlsberg A/S Communications Partner, Erdinger, Events, HK Yau, Kronenbourg 1664, Media Relations Programme, Message, Strategic
Cole Haan
Dondonya Digital, Event Management
F5 Networks
Hitachi Data Systems
Hong Kong Cyberport Management Company
iRobot Corp. (Agency of Record) Braava, Communications Strategy, Consumer Product, Corporate, Executive Communications, Media Relations, Press, Roomba Vacuum; 2017
Kowloon Watch Company Content Creation, Event Management, Media Engagement
Lenovo Group Limited Asia Pacific, Consumer, Public Relations
Magnetic Asia Clockenflap Music & Arts Festival, Content, Media Relations, Public Relations
MTR Corporation Limited; 2018
Samsonite American Tourister, Corporate Communications, Digital, Event Management, PR, Samsonite Black Label, Samsonite Red
Sen-ryo Digital, Social Media
Shire Pharmaceutical
Skype PR
Sony PR, PlayStation, Tablets, Xperia Smartphones
Zuji Hong Kong Travel Business; 2008

WE
3 Pickering St, #02-50 Mankin Row, China Square Central, Singapore, 048660 Singapore
Tel.: (65) 6303 8466
Fax: (65) 6303 8477
Web Site: www.we-worldwide.com/

Jeremy Seow *(Mng Dir-Singapore)*
Shefali Srinivas *(VP & Head-Health-Asia Pacific)*
Ivy Esquero *(Reg Dir-Insights & Analytics-APAC)*
Czarina Mae J. Cabuyadao *(Sr Acct Mgr)*

Accounts:
Akamai
Amadeus (Asia Pacific Agency of Record)
Aruba
Changi Airport Group Digital Communications Strategy, Strategic Counsel
Elsevier
FWD Singapore Communications, Influencer Partnerships, Media Relations, Public Relations, Strategic Content Creation
Health Promotion Board Public Relations
Hootsuite (Agency of Record) Marketing, Media Relations
INFINITI Brand, INFINITI LAB, Media, Social
Lenovo Analysis & Reporting, Content Creation, Executive Communications, Hong Kong Public Relations, Influencer Programs
Pacific Place of Swire Properties (Public Relations Agency of Record
Qatar Airways
Risis
Roche
RSA
Shire
Transitions Optical (Public Relations & Social Media Agency of Record)
Virgin Active

WE
575 Market St, San Francisco, CA 94105
Tel.: (415) 547-7000
Fax: (415) 547-7001
E-Mail: talktowe@we-worldwide.com
Web Site: https://www.we-worldwide.com/

Employees: 20

National Agency Associations: COPF

Agency Specializes In: Public Relations

AGENCIES - JANUARY, 2019 — PUBLIC RELATIONS FIRMS

Katie Huang Shin *(Exec VP-Client Dev & Chief Strategist)*
Jason Clarke *(Sr VP-Bus Dev)*
Maile Lyons *(Sr VP)*
Romeo Quintana, Jr *(VP-Insight & Analytics & Head-Tech Sector)*
Pia Chatterjee *(VP)*
Trevor Jonas *(VP-Digital Consulting)*
Phil Missimore *(VP)*
Steve Kerns *(Gen Mgr)*
Jordan Byrnes *(Acct Dir)*
Holly Lancaster *(Acct Dir)*
Jessie Wong *(Acct Dir)*
Caitlin Valtierra *(Sr Acct Exec)*

Accounts:
Autonet Mobile PR
AVG Technologies
F5
Honeywell
Limelight Networks, Inc; Tempe,AZ
Lithium Technologies (Communications Agency of Record)
Microsoft
Move PR
Ste. Michelle Wine Estates
Tallie (Public Relations & Communications Agency of Record)
VSP
YuMe Thought Leadership

WE
110 Leroy St 9th Fl, New York, NY 10014
Tel.: (212) 551-4800
Fax: (212) 551-4801
E-Mail: talktowe@we-worldwide.com
Web Site: https://www.we-worldwide.com/

Employees: 25

National Agency Associations: COPF

Corey Kalbfleisch *(CFO)*
Bill Schultz *(Exec VP & Interim Gen Mgr)*
Marisa Lalli *(Sr VP & Gen Mgr)*
Kona Luseni Barrasso *(Sr VP-Tech)*
Kristen Berry *(VP)*
Kristen Jordan-Poinsette *(VP-Health)*
Angie Lunde *(VP)*
Aaron Petras *(VP-Corp & Partner Ops)*
Cathleen Witter *(VP)*
Alexander Kruse *(Acct Dir-Volvo Cars & iRobot)*
Meaghan R. Murphy *(Acct Mgr)*
Kate Vorys *(Acct Mgr)*
Julia Mangin *(Sr Acct Exec)*
Alison Yochum *(Sr Partner-HR Bus)*

Accounts:
Brother International B2B, B2C, Brand Awareness, Creative, Home Office & Small Office Printers, Influencer & Analyst Relations, Measurement, Media Relations, Public Relations, Scanners, Strategic Planning, Supplies, Thought Leadership; 2017
CA Technologies CSR, Crisis Communications, Digital, Executive Communications, Global Government Relations, Influencer Relations, Internal Communications, Product Solutions Communication, Social
Drambuie Liqueur Co.
HTC
KEF America Brand Promotion, M Series Line of Headphones, X Series Computer Speakers
New-McDonald's Corporation
Mercedes-Benz USA LLC
Samsung
Shire
T-Mobile US
Tabula Rasa HealthCare
Toshiba
Tupperware
UNCL PR, Sales Strategy
Volvo Cars of North America (Public Relations Agency of Record) XC90 SUV
William Grant & Sons Inc. Balvenie, Glenfiddich

WE
3 Centerpointe Dr Ste 300, Lake Oswego, OR 97035
Tel.: (503) 443-7000
Fax: (503) 443-7001
E-Mail: talktowe@we-worldwide.com
Web Site: https://www.we-worldwide.com/

Employees: 300

National Agency Associations: COPF

Agency Specializes In: Public Relations, Sponsorship

Julie Allport *(Exec VP)*
Mel Havel *(Exec VP-Tech Practice)*
Alison O'Brien *(Exec VP)*
Jamie Jang *(VP)*
Sarah Marshall *(VP)*

Accounts:
Microsoft

WE
823 Congress Ave Ste 1414, Austin, TX 78701
Tel.: (512) 527-7000
Fax: (512) 527-7001
E-Mail: talktowe@we-worldwide.com
Web Site: https://www.we-worldwide.com/

Employees: 25

National Agency Associations: COPF

Agency Specializes In: Public Relations

Matt Trocchio *(Gen Mgr & Sr VP-Tech)*
Mindy Nelson *(VP)*
Shannon Roarke *(VP)*
Heather Lynne Scott *(VP-Customer Insights)*

Accounts:
Austin Technology Council; 2008
Jebsen
Microsoft
Shire
T-Mobile US
Toshiba
Xplore Technologies Corp. Creative Campaigns

WEBER & ASSOCIATES PUBLIC RELATIONS
648 Balmoral Ln, Inverness, IL 60067
Tel.: (847) 705-1802
Fax: (847) 705-0109
E-Mail: cpweber@weberpr.com
Web Site: www.weberpr.com

Employees: 2

Agency Specializes In: Public Relations

Charles Weber *(Pres)*

Accounts:
Abbott Laboratories
American Academy of Implant Dentistry
American College of Physicians
American Pain Society
American Society of Health-System Pharmacists
Bayer Diagnostics
CTI Molecular Imaging, Inc.
Eli Lilly & Company
International Technidyne Corp.
Ortho-Clinical Diagnostics
Siemens Nuclear Medicine Group

WEBER SHANDWICK
909 3rd Ave, New York, NY 10022
Tel.: (212) 445-8000
Fax: (212) 445-8001
E-Mail: jmurphy@webershandwick.com
Web Site: www.webershandwick.com

Employees: 2,400
Year Founded: 1921

National Agency Associations: 4A's-COPF

Agency Specializes In: African-American Market, Asian Market, Automotive, Aviation & Aerospace, Bilingual Market, Brand Development & Integration, Broadcast, Business-To-Business, Children's Market, College, Communications, Computers & Software, Consulting, Consumer Goods, Consumer Marketing, Corporate Communications, Cosmetics, Crisis Communications, Digital/Interactive, E-Commerce, Electronics, Entertainment, Environmental, Event Planning & Marketing, Fashion/Apparel, Financial, Food Service, Government/Political, Guerilla Marketing, Health Care Services, High Technology, Hispanic Market, Household Goods, Industrial, Information Technology, Integrated Marketing, International, Internet/Web Design, Investor Relations, Leisure, Luxury Products, Media Relations, Media Training, Multicultural, Multimedia, Over-50 Market, Pharmaceutical, Podcasting, Promotions, Public Relations, Publicity/Promotions, Radio, Real Estate, Retail, Seniors' Market, Social Marketing/Nonprofit, Sponsorship, Sports Market, Strategic Planning/Research, Teen Market, Transportation, Travel & Tourism, Viral/Buzz/Word of Mouth, Web (Banner Ads, Pop-ups, etc.), Women's Market

Jill Tannenbaum *(Chief Comm & Mktg Officer)*
Ranny Cooper *(Pres-Pub Affairs)*
Barbara Box *(Exec VP & Head-North America Strategy-Healthcare)*
Peter Duda *(Exec VP & Co-Head-Issues & Crisis Practice)*
Spencer Ante *(Exec VP-Digital Content & Editorial Strategy)*
Alice Diaz *(Exec VP-Travel & Lifestyle Practice)*
Marc Drechsler *(Exec VP-Fin Comm, Corp Issue & Crisis)*
Sarah Tyre *(Exec VP-Crisis & Corp Issues)*
Matthew Robson *(Sr VP & Mgmt Supvr-Digital)*
Antoinette Bramlett *(Sr VP-Digital)*
Vince Koh *(Sr VP-Commerce & Conversion)*
Katie Krum *(Sr VP-Integrated Media Strategy)*
Michael Presson *(Sr VP-Digital Health)*
Tracy Richards *(Sr VP-Digital Growth & Dev)*
James Ellington *(VP)*
Abbey Fortney *(VP-Talent Acq)*
Amy Jackson *(VP)*
Audrey Mangia *(VP)*
Olivia Offner *(VP-Corp Reputation & Brand)*
Benjamin Pfeffer *(VP)*
George Wright *(VP)*
Lara Ziobro *(VP-Digital & Social Mktg)*
Danny Robinson *(Grp Dir-Creative)*
Sydney Norton *(Grp Acct Dir)*
Raiven Delisle *(Art Dir)*
Michael Henry *(Acct Dir)*
Debbie Mudd *(Creative Dir)*
Kerry Berkbigler Ayers *(Dir-Bus Affairs)*
Kelly Clow *(Sr Mgr-Fin Affairs)*
Ashley Kellam *(Sr Mgr)*
Liesl Lipford *(Acct Exec)*
Sanna Lengholm *(Assoc Creative Dir)*
Kevin Merrill *(Grp Project Mgr)*
James Richards *(Grp Mgr-Bus Dev)*

Accounts:
The American Academy of Periodontology
American Airlines Campaign: "I Believe in American"
American Cancer Society (Agency of Record) Strategic Communications

Public Relations Firms

1673

PUBLIC RELATIONS FIRMS

AGENCIES - JANUARY, 2019

The Bahamas Ministry of Tourism (Public Relations Agency of Record) Ccommunications, Crisis Communications, Digital Planning, Strategy
Bank of America CSR, Corporate Communications
Boehringer Ingelheim Corporation
Columbia Sportswear Company Public Relations; 2018
CVS/Pharmacy
New-Experian (North America Public Relations)
ExxonMobil Lubricants & Specialties
FedEx
Fisher-Price, Inc. (Lead Creative & Public Relations Agency) Campaign: "Share the Joy", Campaign: "The Best Possible Start Begins With Love", Campaign: "Wishes for Baby", Imaginext, Laugh & Learn, Little People
Fontainebleau Miami Beach
General Motors Chevrolet (Public Relations Agency of Record)
GlaxoSmithKline Consumer Healthcare Excedrin (Public Relations, Digital, Creative & Social Agency of Record), Flonase
New-Hanesbrands Inc
Honeywell
InterContinental Hotels Group
International Business Machines Corporation Forums, Global, IBM Watson Content Hub, Major Events, Metrics, Newsroom, Stakeholder Engagement
Jarden Corp ICR, Media
Yankee Candle
Johnson & Johnson
Kohl PR
Lenovo Moto
Lockheed Martin
Mars, Inc; McLean, VA M&M's, Snicker
Mattel Barbie, UNO
McCormick & Company Corporate & Consumer Public Relations, Global Media Relations, Thought Leadership
Mexico City Tourism Promotion Fund (North American Public Relations Agency of Record) Branding, Content Development, Media, Social, Strategy
Microsoft EMEA
Microsoft
Milk Processor's Education Program
Mondelez International, Inc. Content Series: "Now We're Newtons", Newtons, Oreo, Public Relations, Vea
Motorola Mobility LLC Motorola, Inc.
The National Mango Board (Creative Consumer Agency of Record) Digital, Integrated Marketing & Communications, Strategic Marketing; 2017
New York Life Insurance Company Consumer Marketing Communications, Public Relations
Newell Brands Inc.
Ocean Spray Cranberries Inc. B-to-B PR, Ingredient Technology Group
Panera Bread Company Public Relations
PepsiCo Inc. AMP Energy, Diet Pepsi, Mountain Dew, PR, Pepsi Next, Sierra Mist, SoBe
Pfizer
The Professional Squash Assn
Royal Caribbean Cruises Ltd. Royal Caribbean International
Samsung Electronics
Sealed Air Corporation Corporate Communications
Siemens Corp
Siemens
State Farm (Public Relations Agency of Record)
Studytracks
Technicolor Content Creation
TIAA Public Relations
TripAdvisor (Agency of Record) PR
Unilever United States, Inc. ALL, Degree, Hellmann's, Pond's, Rexona, US Public Relations
U.S. Postal Service PR
Verizon Public Relations
World Squash Federation Public Relations, Strategic Counsel
Yum! Brands

United States

Cassidy & Associates/Weber Shandwick Government Relations
733 10th St NW, Washington, DC 20001
Tel.: (202) 347-0773
Fax: (202) 347-0785
Toll Free: (888) 347-0773
E-Mail: info@cassidy.com
Web Site: www.cassidy.com

Employees: 95
Year Founded: 1975

National Agency Associations: 4A's

Agency Specializes In: Government/Political

Gerald Cassidy *(Founder)*
Kai Anderson *(Co-Chm)*
Barry Rhoads *(Pres)*
Jordan Bernstein *(COO)*
Christopher Ferguson *(Exec VP & Exec Creative Dir)*
Terry Paul *(Exec VP & Dir-Defense)*
Dan McNamara *(Exec VP)*
Barbara Sutton *(Exec VP)*
Russell J. Thomasson *(Exec VP)*
Gregory Young *(Sr VP-Integrated Comm Plng & Head-Paid Media)*
Nicole Diresta *(Sr VP)*
Michelle Greene *(Sr VP)*
Amelia K. Jenkins *(Sr VP)*
Susann Edwards *(VP)*
Christy Evans *(VP)*
Kaleb Froehlich *(VP)*
Janie Wise *(VP)*

Accounts:
Arab Republic of Egypt
Bell Legal Group
ClearPath
Department of Health and Human Service Americans the Affordable Care Act
Egypt's Powerful General Intelligence Service Crisis Management Counsel, Lobbying & Media Relations, Social Media
Ford Foundation And Independent National Electoral Commission Campaign: "Free and Fair Elections in Nigeria"
Hess Corporation
Morgan City Harbor & Terminal District Of Morgan City, La
National Association of Counties
Tri Alpha Energy
Tyntec Inc

Powell Tate-Weber Shandwick
733 Tenth St NW, Washington, DC 20001
Tel.: (202) 383-9700
Fax: (202) 383-0079
E-Mail: rcooper@webershandwick.com
Web Site: www.webershandwick.com

Employees: 100

National Agency Associations: 4A's

Agency Specializes In: Government/Political, Public Relations, Sponsorship

Pam Jenkins *(Chm)*
Paul Massey *(Pres)*
Tom Beckman *(Chm-Global Creative Collective & Exec Creative Dir-Prime)*
Jennifer Sosin *(Chm-Strategy & Insights)*
Cindy Drucker *(Exec VP-Sustainability & Energy)*
Joe Farren *(Exec VP)*
Sally Squires *(Sr VP, Mgmt Supvr & Dir-Food, Nutrition & Wellness Comm)*
M.P. Gay *(Sr VP)*
Gregory McCarthy *(Sr VP)*
Bruce McConnel *(Sr VP-Client Experience & Digital)*
Karen Oliver *(Sr VP)*
Carly Whiteside *(Sr VP)*
Zoe Hollister Williams *(VP-Integrated Project Mgmt)*
Timothy Ryan *(Gen Mgr)*
Christopher Ferguson *(Exec Creative Dir-Washington)*
Lance Morgan *(Sr Strategist-Comm)*
Amy Leonardi *(Grp Creative Dir)*

Accounts:
American Cancer Society (Public Relations & Strategic Communications Agency of Record)
District of Columbia Health Benefit Exchange Authority
Papa John's International, Inc Communications Strategy
Pepsico
PoliPulse

ReviveHealth
Ste 214, Nashville, TN 37203
(See Separate Listing)

Rogers & Cowan
8687 Melrose Ave 7th Fl, Los Angeles, CA 90069
Tel.: (310) 854-8100
Fax: (310) 854-8106
E-Mail: prjobsla@rogersandcowan.com
Web Site: www.rogersandcowan.com

Employees: 85
Year Founded: 1950

Agency Specializes In: Business-To-Business, Cable T.V., Communications, Consumer Marketing, Corporate Identity, Cosmetics, E-Commerce, Entertainment, Event Planning & Marketing, Exhibit/Trade Shows, Fashion/Apparel, Financial, Food Service, Health Care Services, High Technology, Leisure, Magazines, Newspapers & Magazines, Pharmaceutical, Point of Purchase, Point of Sale, Public Relations, Publicity/Promotions, Restaurant, Retail, Sales Promotion, Sponsorship, Sports Market, Strategic Planning/Research, Sweepstakes, Syndication, T.V., Teen Market, Trade & Consumer Magazines, Travel & Tourism

Alan Nierob *(Co-Pres)*
Mark Owens *(CEO)*
Fran Curtis *(Exec VP)*
Dennis Dembia *(Exec VP)*
Steve Doctrow *(Exec VP-Entertainment Mktg)*
Alisa Granz *(Exec VP-Consumer)*
Maureen Oconnor *(Exec VP-Entertainment)*
Sallie Olmsted-Mackinnon *(Exec VP)*
Jeff Raymond *(Exec VP)*
Melissa Schumer *(Exec VP-Digital Entertainment & Tech)*
Craig Greiwe *(Sr VP & Head-Digital)*
Holly Beverly *(VP-Mktg)*
Amanda White *(VP)*
Nicole Wool *(VP-Publicity & Digital Mktg)*
Fraser Sinclair *(Head-HR Div)*
Laura Potesta *(Acct Supvr)*

Accounts:
New-The Alfred Mann Foundation
British Academy of Film & Television Arts Los Angeles (Agency of Record) BAFTA Student Film Awards, BAFTA TV Tea Party, BAFTA Tea Party, British Academy Britannia Awards, Publicity, Strategic Counsel; 2018
Children's Miracle Network; 2007
Coca-Cola
Dylan's Candy Bar (Agency of Record)
Entertainment Industries Council Strategic Marketing
Fiskar Automotive; 2008

AGENCIES - JANUARY, 2019   PUBLIC RELATIONS FIRMS

GenAudio Inc. (Agency of Record) AstoundSound
Heineken USA Inc (Agency of Record) Amstel Light, Dos Equis, Entertainment Public Relations, Heineken, Heineken Light, Integrated Partnerships, Product Placement, Red Stripe, Strategic Integration, Strongbow, Tecate, Tiger; 2018
The Miami International Film Festival (Agency of Record)
Microsoft
Mondelez International, Inc.
Nitto Tire
Target Public Relations
TEDMED, LLC.
WebSafety Inc. (Agency of Record)

Rogers & Cowan
919 3rd Ave 18th Fl, New York, NY 10022
Tel.: (310) 854-8100
Fax: (212) 445-8477
E-Mail: inquiries@rogersandcowan.com
Web Site: www.rogersandcowan.com

Employees: 22

National Agency Associations: 4A's

Agency Specializes In: Business-To-Business, Cable T.V., Communications, Consumer Marketing, Corporate Identity, Cosmetics, Entertainment, Event Planning & Marketing, Fashion/Apparel, Leisure, Magazines, Newspapers & Magazines, Point of Purchase, Point of Sale, Public Relations, Publicity/Promotions, Sales Promotion, Strategic Planning/Research, Sweepstakes, Syndication, T.V., Trade & Consumer Magazines, Travel & Tourism

Fran Curtis *(Exec VP)*
Cara Hutchison *(VP)*
John Reilly *(VP-Music)*
Danielle Thur *(VP)*
Jessica Sciacchitano *(Dir-Sports & Entertainment)*
Melissa Howard *(Acct Supvr)*
Jamie Reisman *(Acct Supvr)*
Lauren Weissman *(Acct Supvr)*

Accounts:
Academy of Interactive Arts & Sciences
The Coca-Cola Company Diet Coke
Colburn School
Dylan's Candy Bar (Agency of Record)
IMAX; 2008
Kohl's
Lindsay Lohan
OK! Magazine; 2006
Phat Fashions (Agency of Record)

Sawmill
733 10th St NW Ste 500, Washington, DC 20001
Tel.: (202) 585-2932
Fax: (202) 383-0079
Web Site: sawmill.webershandwick.com

Employees: 25

National Agency Associations: 4A's

Agency Specializes In: Public Relations

Lauren Albrecht *(Acct Dir)*

Accounts:
Bristol-Myers Squibb
C.V. Starr & Co., Inc.
MasterCard
Merck Serono International SA
Microsoft

Sawmill
919 3rd Ave, New York, NY 10022
Tel.: (212) 445-8200

Fax: (212) 445-8291
Web Site: sawmill.webershandwick.com

Employees: 200

National Agency Associations: 4A's

Agency Specializes In: Public Relations

Gail Heimann *(Pres)*
Josh Rose *(Chief Creative Officer-Multi-Platform Campaigns)*
Tom Beckman *(Chm-Global Creative Collective & Exec Creative Dir-Prime)*
Paul Jensen *(Pres-North American Corp Practice)*
Jon Stone *(Creative Dir)*

Accounts:
Colombian Coffee; 2004

Weber Shandwick-Atlanta
1 Buckhead Plz 3060 Peachtree Rd NW Ste 520, Atlanta, GA 30305
Tel.: (404) 266-7555
Fax: (404) 231-1085
Web Site: www.webershandwick.com

Employees: 10
Year Founded: 1987

National Agency Associations: 4A's-COPF

Agency Specializes In: Communications, Public Relations, Sponsorship, Strategic Planning/Research

Frank Okunak *(COO)*
Cathy Calhoun *(Chief Client Officer)*
Abby Gold *(Chief HR Officer)*
Chris Perry *(Chief Digital Officer)*
Laura Schoen *(Chm-Latin America & Pres-Global Healthcare Practice)*
Ranny Cooper *(Pres-Pub Affairs)*
Mac Cullen *(Sr VP-Analytics)*
Rachel Cain *(Acct Dir)*

Accounts:
Amerisave Mortgage; 2003
Porter-Cable Corp.

Weber Shandwick-Austin
3030 Olive St # 300, Dallas, TX 75219
Tel.: (512) 794-4700
Fax: (512) 794-6380
E-Mail: gwise@webershandwick.com
Web Site: www.webershandwick.com

Employees: 10
Year Founded: 1998

National Agency Associations: 4A's-COPF

Agency Specializes In: Public Relations

Carrie Lauterstein *(Sr VP)*
Lara Stott *(Sr VP)*

Accounts:
American Airlines
Bpex
Horizon

Weber Shandwick-Baltimore
729 E Pratt St Ste 100, Baltimore, MD 21202
Tel.: (410) 558-2100
Fax: (410) 558-2188
E-Mail: kokeefe@webershandwick.com
Web Site: www.webershandwick.com

Employees: 35

National Agency Associations: 4A's-COPF

Agency Specializes In: Digital/Interactive, Public Relations

Charles Fitzgibbon *(Exec VP)*
Christopher Durban *(Sr VP & Creative Dir)*
Jodi Swartz *(Sr VP-Digital)*
Vanessa Wickham-Baker *(Sr VP-Paid Plng & Buying)*
Dan Brenner *(VP-Digital Strategy & Platforms)*
Hee Suk Ko *(Dir-Digital)*
Rachel Pelzer *(Mgr-Client Experience)*
Kaitlyn McCoach *(Acct Exec)*

Accounts:
BGE
Centers for Medicare & Medicaid Services Insurance Exchanges Awareness
Honeywell, Inc.
Johns Hopkins University School of Professional Studies in Business & Education; 2004
State of Maryland

Weber Shandwick-Boston/Cambridge
101 Main St 8th Fl, Cambridge, MA 02142
Tel.: (617) 661-7900
Fax: (617) 661-0024
E-Mail: mspring@webershandwick.com
Web Site: www.webershandwick.com

Employees: 100

National Agency Associations: 4A's-COPF

Agency Specializes In: Public Relations, Sponsorship

Micho Spring *(Chm-Global Corp Practice & Pres-New England)*
Ian Cohen *(Pres-Content Creation & Innovation & Exec Producer)*
Julie Hall *(Exec VP & Gen Mgr)*
Stacey Bernstein *(Exec VP & Dir-Digital Health)*
Dorree Gurdak *(Exec VP)*
Gerard LaFond *(Exec VP-Client Experience Digital)*
Peter Mancusi *(Exec VP)*
Sue Howland *(Sr VP)*
Bevin Wallace *(VP)*
Isabel Hardy *(Gen Mgr-Boston)*
Lilian Ma *(Acct Dir-Client Experience)*
Sam Mazzarelli *(Acct Dir)*
Taylor Ramsey *(Acct Dir)*
Kate Weissman *(Acct Dir)*
Michelle Duncan *(Dir-Digital)*
Heather Robertson *(Dir-Paid Plng & Buying)*
Lindsay Hawley *(Sr Mgr-Client Experience)*
Kelly Vesty *(Mgr)*
Erin Loonan *(Sr Designer)*

Accounts:
The Allstate Corporation
Boston Heart Diagnostics
Iron Mountain Incorporated
Maine Lobster Advertising, Digital, Integrated Marketing, Social, Spanning Public Relations
Ocean Spray Cranberries, Inc.
QlikTech International

Weber Shandwick-Chicago
676 N St Clair Ste 1000, Chicago, IL 60611
Tel.: (312) 988-2400
Fax: (312) 988-2363
Web Site: www.webershandwick.com

Employees: 150

National Agency Associations: 4A's-COPF

Agency Specializes In: Public Relations, Sponsorship

Cori McKeever Ashford *(Exec VP & Head-Chicago Healthcare Practice)*
Obele Hinsley *(Exec VP & Head-Client Experience*

PUBLIC RELATIONS FIRMS

Digital & Innovation-Central Reg)
Randa Stephan *(Exec VP & Head-NY Digital Practice)*
Michael Wehman *(Exec VP-Client Experience)*
Jeff Immel *(Sr VP & Creative Dir)*
Molly Roenna *(Sr VP-HR)*
Bryan Brown *(VP-Client Experience Digital)*
Matthew Clay *(VP-Plng)*
Gloria Delgadillo *(VP-Client Experience)*
Lindsay Henry *(VP)*
Nancy Kibort *(VP-Influence)*
Caroline Lainio *(VP)*
C. J. Nielsen *(VP-Consumer)*
Sarah Yaffe *(Head-Bus Dev-Central GEO)*
David Emery *(Acct Dir-Analytics)*
DeNeatra Love *(Acct Dir-Social Media-Tracfone Wireless Telecom)*
Tyler Davis *(Dir-Integrated Project Mgmt)*
Alan Kercinik *(Dir-Brand Transformation-North America)*
Jane Munro *(Mgr-Client Experience Digital)*
Erin Minoff *(Acct Suprv)*
Morgan Abercrombie *(Sr Acct Exec)*
Janet Helm *(Strategist-Nutrition-North America)*
Emma Arnold *(Assoc Creative Dir)*
Kate Sullivan *(Assoc Creative Dir)*

Accounts:
Big Ten Conference Counsel, Guidance
BPEX
Campbell Soup Company; Camden, NJ Campaign: "Take Back Your 24th Hour", Stamp Out Hunger Food Drive, V8 Fusion, V8 V-Fusion + Energy
GlaxoSmithKline Tums
Horizon
KFC
New-Mars Petcare (Agency of Record) Campaign: "Mix Maniacs", Cesar, Iams, Nutro
McCormick & Company Executive Engagement, Global PR, Grill Mates, Lawry's, McCormick masterbrand, Media Relations, Thought Leadership, Zatarain's; 2007
Pedigree Pet Adoption
Save The Children
Stratasys Media Relations
Unilever
Walgreens Public Relations

Weber Shandwick-Dallas
1717 9th St Ste 1600, Dallas, TX 75201
Tel.: (469) 375-0200
Fax: (972) 868-7671
E-Mail: kluce@webershandwick.com
Web Site: www.webershandwick.com

Employees: 80

National Agency Associations: 4A's-COPF

Agency Specializes In: Public Relations, Sponsorship

Jennifer Cho *(Exec VP & Gen Mgr-Southwest)*
Carrie Lauterstein *(Sr VP)*
Alison McMillon *(Sr VP)*
Joe Childress *(VP & Exec Producer)*
Beth Pedersen *(Creative Dir)*
Maggie Caudle *(Sr Mgr)*

Accounts:
American Airlines
BPEX
CSL Biotherapist
Electrolux
Horizon
IndoorDIRECT
Revlimid

Weber Shandwick-Denver
999 18th St Ste 3000, Denver, CO 80202
Tel.: (303) 346-9150
Fax: (303) 526-9514

Web Site: www.webershandwick.com

Employees: 20

National Agency Associations: 4A's-COPF

Agency Specializes In: Consumer Goods, Financial, Health Care Services, High Technology, Public Relations

Hugh Williams *(Exec VP)*
Jessica Weidensall *(VP)*
Kara Tagle *(Acct Dir)*
Casey Westlake *(Grp Mgr)*

Accounts:
Colorado Education Association (Strategic Communications Agency of Record)

Weber Shandwick-Detroit
360 W Maple Rd, Birmingham, MI 48009
Tel.: (248) 203-8000
Fax: (248) 203-8018
E-Mail: sstein@webershandwick.com
Web Site: www.webershandwick.com

Employees: 25

National Agency Associations: 4A's-COPF

Agency Specializes In: Automotive, Public Relations, Sponsorship

Steve Janisse *(Exec VP)*
Stan Stein *(Exec VP)*
Janet Tabor *(Exec VP)*
Ellyn Damiani *(Sr VP & Deputy Gen Mgr)*
Tida Ball *(Sr VP)*
Mara Mazzoni *(Sr VP-Digital)*
Derek Chappo *(VP-Client Experience Digital)*
Cindy Kamerad *(VP)*
Andy Schueneman *(Gen Mgr)*
Allyson Molina *(Sr Mgr)*
Samantha Saracco *(Sr Mgr-Digital)*
Daniel Stocking *(Sr Mgr-Media Rels)*
Kelsey Webster *(Copywriter)*
Tony Kause *(Grp Creative Dir)*
Zach Takenaga *(Assoc Creative Dir)*

Accounts:
MGM Grand Detroit (Public Relations Agency of Record)

Weber Shandwick-Los Angeles
8687 Melrose Ave 7th Fl, Los Angeles, CA 90069
Tel.: (310) 854-8200
Fax: (310) 854-8201
E-Mail: aazarloza@webershandwick.com
Web Site: www.webershandwick.com

Employees: 28

National Agency Associations: 4A's-COPF

Agency Specializes In: Public Relations, Sponsorship

Heidi Noble Stewart *(Exec VP & Head-Consumer-West)*
Jim Wetmore *(Exec VP & Head-Health Practice-West)*
Scott Davis *(Sr VP-Client Experience)*
Michael Hope *(Sr VP)*
Jose Nerio *(Sr VP-HR)*
Jacqueline Karis *(VP)*
Ramiro Padilla Klein *(Acct Dir-Strategy & Plng)*
Jolie Dotta *(Sr Project Mgr-Digital)*
Andre Espinoza *(Project Mgr-Digital)*
Natalie Hamlin *(Mgr-Client Experience)*
Anna Romano *(Acct Suprv)*

Accounts:
Amdocs Inc; Chesterfield, MO

Budget Blinds
Carl's Jr.
City of Hope; Duarte, CA Marketing, Public Relations, Strategic Communications Program
General Motors Western Region Campaign: "Drive-Thru Finals with Chevy"
Los Angeles 2024 Olympic & Paralympic Bid Committee Global Communications
Namco Bandai Games America; 2008

Weber Shandwick-Minneapolis
510 Marquette Ave Fl 13, MinneaPOlis, MN 55402
Tel.: (952) 832-5000
Fax: (952) 831-8241
Web Site: www.webershandwick.com

Employees: 150

National Agency Associations: 4A's-COPF

Agency Specializes In: Public Relations

Sara Gavin *(Pres)*
Lorenz Esguerra *(Exec VP & Gen Mgr-Minneapolis)*
David Krejci *(Exec VP-Digital Crisis & Issues-North America)*
Nancy Longley *(Exec VP)*
Eric Pehle *(Exec VP)*
Amanda St. Clair *(Sr VP-Integrated Digital & Tech Solutions)*
Joe Childress *(VP & Exec Producer)*
Maggie Mae McKeon *(VP & Assoc Creative Dir)*
Angela Gassett *(Grp Acct Mgr)*
Michael Kontry *(Assoc Exec Producer)*

Accounts:
Amway Corporation Research & Development
BAE Systems (Agency of Record)
Bpex
CSL Bio Therapies
Daily Management Inc
Horizon
The Link Pro Bono
Mall of America
Mentoring Partnership of Minnesota Pro Bono
Minnesota Department of Human Services
National Marrow Donor Program "Be the Match Marrowthon"
Revlimid
Stratasys Media Relations
Syngenta Seeds Inc. (Agency of Record)
Taste of the NFL
U.S. Department of Treasury

Weber Shandwick-Saint Louis
555 Washington Ave, Saint Louis, MO 63101
Tel.: (314) 436-6565
Fax: (314) 622-6212
Toll Free: (800) 551-5971
E-Mail: mabel@webershandwick.com
Web Site: www.webershandwick.com

Employees: 20

National Agency Associations: 4A's-COPF

Agency Specializes In: Public Relations

Dave Collett *(Exec VP & Gen Mgr)*
Sean Hixson *(Sr VP)*
Jacklyn Barron *(Sr Mgr)*
Lindsey Herzog *(Sr Mgr-Client Experience)*
Sam Cosner *(Mgr-Media Rels)*
Brad Fitzgerald *(Mgr-Digital)*
Morgan Galbraith *(Mgr)*
Callie Rapp *(Mgr-Client Experience)*
Gabby Deitsch *(Acct Suprv)*
Alex Snow *(Sr Acct Exec)*
Arielle Claypool *(Sr Assoc-Client Experience)*
Tom Gavin *(Assoc-Media Rels & Consumer Practice)*
Greg Rusert *(Jr Assoc-Influence)*

AGENCIES - JANUARY, 2019 — PUBLIC RELATIONS FIRMS

Accounts:
BPEX
CSL Biotherapies
Hardee's
Horizon
Revlimid

Weber Shandwick-San Francisco
600 Battery St, San Francisco, CA 94111
Tel.: (415) 262-5950
Fax: (415) 262-5982
Web Site: www.webershandwick.com

Employees: 20

National Agency Associations: 4A's-COPF

Agency Specializes In: Public Relations, Sponsorship

Luca Penati *(Pres-West)*
Ze Schiavoni *(CEO-Brazil)*
Lee Anderson-Brooke *(Exec VP & Head-Tech-West Coast)*
Wayne Hickey *(Exec VP & Sr Strategist-Tech)*
Liz Keller *(Exec VP)*
Kristin Marlow *(Exec VP)*
James Walker *(Sr VP-Tech)*
Emily Caruso *(VP-Employee Engagement & Change Mgmt)*
Elaine Ordiz *(VP-Corp & Tech Practice)*
Tyler Morris *(Sr Mgr-Digital & Paid Media)*

Accounts:
Atlassian (US Public Relations Agency of Record); 2018
GlobalLogic
Hitachi
OneRoof Energy Brand Awareness
Sony Electronics
Taleo (Agency of Record)

Weber Shandwick-Seattle
605 5th Ave S Ste 900, Seattle, WA 98104
Tel.: (425) 452-5400
Fax: (425) 452-5397
E-Mail: csheldon@webershandwick.com
Web Site: www.webershandwick.com

Employees: 50

National Agency Associations: 4A's-COPF

Agency Specializes In: Public Relations

Michelle Maggs *(Exec VP & Gen Mgr)*
Brooke Shepard *(Exec VP-North America Incite Plng & Exec Creative Dir-Seattle)*
Rose Berg *(Exec VP-Integrated Healthcare)*
Autumn Lerner *(Sr VP-Health & Social Impact)*
Reese McGillie *(Sr VP-Analytics)*
Cynthia Yee *(Sr VP-Strategy & Plng)*
Jonathan Yang *(VP-Digital Mktg & Strategy)*
Mary Sullivan *(Acct Dir)*
Brittney Basden *(Sr Mgr-Digital)*
Sarah Nolan *(Assoc-Client Experience)*

Accounts:
Amazon.com, Inc.
Brammo (Agency of Record)
Function(X) Campaign: "Viggle"
LifeWise Health Plan of Washington Integrated Marketing
Microsoft
Samsung
Washington Discover Pass

Weber Shandwick-Sunnyvale
150 Mathilda Pl Ste 302, Sunnyvale, CA 94086
Tel.: (408) 530-8400
Fax: (408) 530-8474

E-Mail: jhammel@webershandwick.com
Web Site: www.webershandwick.com

Employees: 20

National Agency Associations: COPF

Agency Specializes In: Public Relations, Sponsorship

Dave Reddy *(Exec VP-Earned Media Strategy)*
Erin Patton *(Sr VP & Head-Healthcare Practice-San Francisco)*

Accounts:
NETGEAR US Public Relations

Resolute Digital
601 W 26Th St Rm 1515, New York, NY 10001
(See Separate Listing)

Canada

Weber Shandwick
130 Albert St Ste 802, Ottawa, ON K1P 5G4 Canada
Tel.: (613) 230-2220
Fax: (613) 230-3874
E-Mail: tault@webershandwick.com
Web Site: www.webershandwick.com

Employees: 12

Agency Specializes In: Public Relations

Accounts:
Home Depot of Canada
Johnson & Johnson
McNeil Consumer Healthcare
Nestle Canada
Novartis Ophthalmics

Weber Shandwick
207 Queen's Quay W Ste 400, Toronto, ON M5J 1A7 Canada
Tel.: (416) 964-6444
Fax: (416) 964-6611
E-Mail: tensor@webershandwick.com
Web Site: www.webershandwick.com

Employees: 40

Agency Specializes In: Public Relations

Greg Power *(CEO)*
Adam Wall *(Pres-The X Practice-Americas)*
Robyn Adelson *(Exec VP-Strategy & Creative)*
Andrea Dart *(Sr VP & Head-Social Impact)*
David Akermanis *(VP-Strategic Plng)*
Kyle Brown *(VP-Strategic Plng)*
Jennifer McLeod *(VP-Consumer)*
Ian Roberts *(VP-Corp Practice)*
Jennifer Wasley *(VP-Media Strategy)*
Sandra D'Ambrosio *(Head-Client Experience-Canada)*
Valerie Mendonca *(Sr Acct Dir)*
Amanda Santino *(Sr Acct Dir)*
Craig Ritchie *(Creative Dir)*
Toru Levinson *(Dir)*
Rosie McGregor *(Dir)*
Michael Kohn *(Sr Mgr-Integrated Media)*
Jennifer Young *(Office Mgr)*

Accounts:
Johnson & Johnson
Manulife Financial Corporation Public Relations
McCormick Canada (Digital Agency of Record) Content, Public Relations, Social Media, Social Media Strategy, Video, Website
McDonald's
Rdio

Royal Bank of Canada Media Outreach

Belgium

Weber Shandwick
Ave Cortenbergh 100, B 1000 Brussels, Belgium
Tel.: (32) 2 2300775
Fax: (32) 2 894 90 69
E-Mail: info@webershandwick.com
Web Site: webershandwick.be/

Employees: 45

Agency Specializes In: Communications, Public Relations

Nora Lawton *(Co-Mng Dir)*
Laurent Chokouale Datou *(Chm-Pub Affairs-Europe)*
Erik Lenaers *(Head-Belgian Market & Assoc Dir)*
Christian Prior *(Acct Dir-Corp & Consumer Comm)*
Kevin Scheers *(Acct Dir-Integrated Media)*
Monica Vicente Cristina *(Dir-Corp & Pub Affairs-Brussels)*

Cyprus

Action PR Cyprus
Kondilaki 6, PO Box 24676, 1090 Nicosia, Cyprus
Tel.: (357) 2 281 8884
Fax: (357) 2 2 87 3634
E-Mail: action@actionprgroup.com
Web Site: www.actionprgroup.com

Employees: 35
Year Founded: 1971

Agency Specializes In: Communications, Public Relations

Michalis Aspris *(CFO)*
Rebecca Theodorou *(Head-Intl Client Hub-Action Global Comm)*
Kathy Christodoulou *(Dir & Mgr-Bus Dev & Action Global Comm)*
Dimitris Ioannides *(Dir)*
Tony Christodoulou *(Founder/CEO-Action Global Comm)*

Accounts:
British Airways PLC Public Relations; 1970
Classic Burger Joint Brand Communications, Digital Marketing, Digital Media, Media Relations, Press, Public Relations, Strategic Communications

Czech Republic

Weber Shandwick
Narodni 25, 110 000 Prague, Czech Republic
Tel.: (420) 272 657 146
Fax: (420) 221 085 361
E-Mail: webershandwick@webershandwick.cz
Web Site: www.webershandwick.com

Employees: 12

National Agency Associations: APRA

Agency Specializes In: Public Relations

Vitezslav Horak *(Mng Dir)*
Sylva Sulaimanova *(Acct Mgr)*
Martin Moc *(Sr Specialist-PR & Media Rels)*
Marke Takohoutkova *(Acct Exec)*

Germany

PUBLIC RELATIONS FIRMS
AGENCIES - JANUARY, 2019

Weber Shandwick
Schonhauser Allee 37 Geb P, 10435 Berlin, Germany
Tel.: (49) 30 20 35 10
Fax: (49) 30 20 35 129
E-Mail: cfischoeder@webershandwick.com
Web Site: www.webershandwick.de

Employees: 12

Agency Specializes In: Public Relations

Christiane Schulz *(CEO-Germany)*
Julian Lambertin *(Exec VP-Global Strategy & Insights)*
Bernhard Hofer *(Dir-Project Mgmt & Head-EE-Ops)*
Barbel Hestert-Vecoli *(Acct Dir)*
Marco Wieck *(Acct Dir-Digital)*
Johanna Hille *(Assoc Dir-Employee Engagement)*
Sabine Lorenz *(Assoc Dir-Consumer Mktg)*
Matthias Wowtscherk *(Sr Mgr-Media Rels)*

Weber Shandwick
Seidlstrabe 26, 80335 Munich, Germany
Tel.: (49) 89 38 01 79 0
Fax: (49) 89 38 01 79 22
E-Mail: kontakt@webershandwick.com
Web Site: www.webershandwick.de

Employees: 40

Agency Specializes In: Public Relations

Olaf Pempel *(Mng Dir & Head-Practice-Consumer Mktg Germany)*
Julian Lambertin *(Exec VP-Strategy & Insights-Global)*
Torsten Rotharmel *(Mng Dir-Healthcare)*
Holger Wilke *(Head-Tech & Dir)*
Philipp Hanke *(Acct Dir)*
Stefanie Vogl *(Acct Dir)*
Katharina Meyer *(Dir-Client Experience)*
Jan Moller *(Dir-Bus Dev & Strategic Plng)*
Stefanie Horst *(Sr Acct Mgr)*

Weber Shandwick
Hohenzollernring 79-83, 50672 Cologne, Germany
Tel.: (49) 221 94 99 18 0
Fax: (49) 228 72 27 10
E-Mail: info@webershandwick.com
Web Site: www.webershandwick.de

Employees: 30

Agency Specializes In: Public Relations

Jan Dirk Kemming *(Chief Creative Officer-Europe)*
Torsten Rotharmel *(Mng Dir-Healthcare)*
Thorsten Dub *(Head-Cologne & Dir)*
Sabine Lorenz *(Assoc Dir-Consumer Mktg)*
Julia Kiefaber *(Planner-Strategic)*

Greece

Action Global Communications
49-51 Ypsilantou Str, Kolonaki, 11521 Athens, Greece
Tel.: (30) 210 724 0160
Fax: (30) 210 722 3417
E-Mail: hellasinfo@actionprgroup.com
Web Site: www.actionprgroup.com

Employees: 4

Aggeliki Kiofiri *(Acct Dir)*

Hungary

Weber Shandwick
Montevideo utca 10, 1037 Budapest, Hungary
Tel.: (36) 1 887 8350
Fax: (36) 1 887 8370
E-Mail: ws@webershandwick.hu
Web Site: www.webershandwick.hu

Employees: 13

Agency Specializes In: Government/Political, Public Relations

Ervin Szucs *(Mng Dir)*

Ireland

Weber Shandwick-FCC
Hambleden House 19-26 Lower Pembroke Street, Dublin, 2 Ireland
Tel.: (353) 6798600
E-Mail: smolloy@webershandwick.com
Web Site: webershandwick.ie/

Employees: 13
Year Founded: 1989

Agency Specializes In: Public Relations

Siobhan Molloy *(Mng Dir)*
Rachel Friend *(CEO-UK & Ireland)*
Mary McCarthy *(Dir)*

Accounts:
Department of Finance & Personnel Northern Ireland PR

Italy

Weber Shandwick
Via Magazzini Generali, 18, 00154 Rome, Italy
Tel.: (39) 06 8404 341
Fax: (39) 06 840434 1
E-Mail: fgarbagnati@webershandwick.com
Web Site: www.webershandwick.it/

Employees: 12
Year Founded: 1978

Agency Specializes In: Public Relations

Furio Garbagnati *(CEO-Italy)*
Eleonora Pellegrini de Vera *(Exec VP)*
Patrizia Accornero *(Sr VP)*
Cristiana Montani Natalucci *(Acct Dir)*

Weber Shandwick
Via Pietrasanta 14, 20141 Milan, Italy
Tel.: (39) 02 573781
Fax: (39) 02 57378402
E-Mail: fgarbagnati@webershandwick.com
Web Site: www.webershandwick.it

Employees: 75
Year Founded: 1976

Agency Specializes In: Public Relations

Linda Bulgheroni *(Mng Dir)*
Annamaria Ferrari *(Mng Dir)*
Furio Garbagnati *(CEO-Italy)*
Giulia Mentore *(Sr VP-Consumer & Digital Comm)*
Marika Caputo *(Acct Dir-Consumer Mktg Practice)*
Novella D'Incecco *(Acct Dir)*
Simona Mercandalli *(Acct Dir)*
Paola Farina *(Sr Acct Mgr)*
Valentina Nozza *(Acct Mgr)*
Laura Vecchi *(Acct Mgr-Consumer & Digital)*
Giovanna Giacalone *(Sr Acct Exec)*
Federica Mancini *(Sr Acct Exec)*
Valentina Crovetti *(Sr Acct)*

Germana Mancino *(Assoc Grp Dir)*

The Netherlands

Weber Shandwick
Koninginnegracht 23, 2514 AB Hague, Netherlands
Tel.: (31) 70 31 21 070
Fax: (31) 70 364 3770
E-Mail: aboyen@webershandwick.com
Web Site: www.webershandwick.com

Employees: 15

Agency Specializes In: Public Relations

Hafida Abahai *(CEO-Netherlands)*
Paul Ten Broeke *(Creative Dir)*
Jesarela Pronk *(Office Mgr)*

Slovenia

Pristop Group d.o.o.
Trubarjeva cesta 79, 1000 Ljubljana, Slovenia
Tel.: (386) 1 23 91 200
Fax: (386) 1 23 91 210
E-Mail: pristop@pristop.si
Web Site: www.pristop.si

Employees: 100
Year Founded: 1991

Agency Specializes In: Brand Development & Integration, Communications, Electronic Media, Public Relations

Primoz Pusar *(CEO)*
Saso Dimitrievski *(Partner)*
Aljosa Bagola *(Exec Creative Dir)*
Matija Kocbek *(Art Dir)*
Ales Razpet *(Sr Partner)*

Accounts:
Droga Kolinska Atlantic Grupa
Festival of Migrant Film Campaign: "Moby, Bambi, Birds"
Infokart
Mini Teater
Robert Waltl
Sveta Vladar
Zavarovalnica Triglav

South Africa

Gillian Gamsy International
Houghton Pl 51 W St, Houghton, Johannesburg, South Africa
Tel.: (27) 11 728 1363
Fax: (27) 11 728 6613
E-Mail: dlg@ggisa.com
Web Site: www.ggisa.com

Employees: 13
Year Founded: 1983

Agency Specializes In: Public Relations

Gillian Gamsy *(CEO)*
Jennifer Stein *(Mng Dir)*

Sweden

Prime Public Relations
Slussplan 9, Stockholm, SE-100 64 Sweden
Tel.: (46) 8 503 146 00
Fax: (46) 8 503 146 99
E-Mail: info@primegroup.com
Web Site: www.primegroup.com

AGENCIES - JANUARY, 2019 — PUBLIC RELATIONS FIRMS

Employees: 130

Agency Specializes In: Brand Development & Integration, Crisis Communications, Media Training, Public Relations

Therese Bohlin *(CEO)*
Krister Nilsson *(Deputy CEO)*
Peter Lindgren *(Partner & Dir-Creative-Prime)*
Karin Schollin *(Partner)*
Marcus Wenner *(Head-Plng)*
Charlotte Witte *(Sr Partner-Prime & United Minds & Head-Mktg Comm)*
Maria Appelryd *(Grp Dir & Key Acct Mgr-PR)*
Magnus Klang *(Art Dir-Mktg Comm)*
Petter Lublin *(Creative Dir)*
Jacqueline Arthur *(Acct Mgr & Specialist-Media)*
Cecilia von Beetzen *(Project Mgr-Strategic & Mktg Comm)*
Fredrick Lewandowski *(Strategist-Digital, Content & Mktg Comm)*
Amanda Engstrom *(Planner-Mktg Comm)*

Accounts:
ACO Campaign: "Beauty Share"
Civil Rights Defenders Campaign: "Civil Rights Captcha"
Comfort Campaign: "Plumbers without Borders"
Electrolux Vac From The Sea
Ikea
Lulea Business Agency Campaign: "The Node Pole"
McDonald's Public Relations
Mondelez International, Inc. Aladdin Chocolate, Campaign: "Sweet Memory", Marabou
Scandic Hotels
Visit Sweden

Switzerland

Weber Shandwick
Passage Malbuisson 15, 1211 Geneva, Switzerland
Tel.: (41) 22 879 8500
Fax: (41) 22 879 8510
E-Mail: contactch@webershandwick.com
Web Site: www.webershandwick.com

Employees: 15

Agency Specializes In: Public Relations

Greg Prager *(Mng Dir-Switzerland)*
Damini Khosla *(Acct Dir)*

UK

Flipside Group
Smithbrook Barns, Cranleigh, Surrey GU6 8LH United Kingdom
Tel.: (44) 1483 274141
Fax: (44) 1483 277709
E-Mail: info@flipsidegroup.com
Web Site: www.flipsidegroup.com/#/home

Employees: 50

Agency Specializes In: Advertising, Broadcast, Digital/Interactive, Email, Experience Design, Experiential Marketing, Internet/Web Design, Media Planning, Mobile Marketing, Multimedia, Social Media, Strategic Planning/Research, Web (Banner Ads, Pop-ups, etc.)

Scott Tunbridge *(Dir-Video Production)*
Tim Mangles *(Buyer-Print)*

Weber Shandwick Financial
Fox Court 14 Gray's Inn Road, London, WC1X 8WS United Kingdom
Tel.: (44) 20 7067 0000
Fax: (44) 870 990 5441
Web Site: www.webershandwick.co.uk

Employees: 300

Agency Specializes In: Communications, Financial, Investor Relations

Rachael Pay *(Mng Dir-Health-EMEA)*
Kate Sarginson *(Mng Dir-Consumer Mktg)*
Stephen Finch *(Head-Client Experience Corp, Fin & Pub Affairs & Sr Dir)*
Stuart Lambert *(Dir-Integrated Media)*
Nick Oborne *(Dir-Fin PR)*
Josie Whittle *(Assoc Dir)*

Accounts:
Agilent
Ashmore Investment Management Ltd.
Asian Citrus Industries
Barclays
Big Yellow Group PLC
Braun
British Gas
Care UK Plc
Clinton Cards PLC
EDF Energy
Endace Limited
FireOne Group plc
Integrated Asset Management
Mastercard Advisers
MSTV
Opel Meriva
OXFAM
Royal Bank of Scotland
Ultra Electronics
United Biscuits

Weber Shandwick UK
Fox Court 14 Gray's Inn Rd, London, WC1X 8WS United Kingdom
Tel.: (44) 20 7067 0000
Fax: (44) 870 990 5441
Web Site: www.webershandwick.co.uk

Employees: 300
Year Founded: 1968

Agency Specializes In: Public Relations

Marcus Dyer *(Grp Mng Dir)*
Emma Thompson *(Chm-Consumer Mktg-UK)*
Stephan Morgan *(Exec VP & Reg Dir-Asia Pacific)*
Elizabeth Gladwin *(Mng Dir-Analytics)*
Patricia McDonald *(Mng Dir-Strategy & Insight)*
Kate Sarginson *(Mng Dir-Consumer Mktg)*
Brian Tjugum *(Mng Dir-Social Impact-EMEA)*
Rachel Vidaic *(VP-Client Experience & Consumer Mktg)*
James Nester *(Exec Creative Dir-UK & EMEA)*
Kelly Bishop *(Sr Acct Dir)*
Emma Pointer *(Acct Dir-Corp & Pub Affairs)*
Luke Walker *(Creative Dir)*
Anthony Basker *(Dir)*
Lotty Chudley *(Dir-Digital)*
Nadia Saint *(Dir-Digital & Social Media)*
Laura Starr *(Dir-Health)*
Victoria Marsden *(Assoc Dir)*
Wendy Mitchell *(Assoc Dir)*
Sophie Nicholas *(Assoc Dir)*
Dan Bird *(Sr Acct Mgr)*
Jen Rook *(Sr Acct Mgr)*

Accounts:
Abbott Laboratories PR, Public Affairs
Action Aid UK Social, Video
Avis Budget Group Brand Communications
ByPost.com Public Relations
Colt
Creative Content UK "Education Programme", Consumer PR, Corporate PR, Social PR
Dialogue Group (Public Relations Agency of Record) Strategic Communications
Exxon Mobil Corporation
Fireflock.com Crowdfunding, Public Relations
Getty Images Content Marketing, Media Relations
GlaxoSmithKline Advertising, Campaign: "Couple/Specialist", Campaign: "The Migraine Experience", Content, Digital, Excedrin, Public Relations
New-HSBC Holdings plc
Keep Britain Tidy Strategic Communications
Liverpool Waterfront Raise Awareness
MeetingRooms.com (Public Relations Agency of Record) Content, Global Communications Strategy, Media Relations
Microsoft Mediaroom
Netflix UK Consumer Public Relations; 2018
Pearson plc Public Relations
Quintiq
Shred-It Public Relations
New-Sky UK Corporate Communications; 2018
SNR Denton Media Outreach, PR
TINT (European Agency of Record) Media Relations, Strategic Communications
Tokyo 2020 Bid Committee Comms PR Strategy
Trustly Creative Communications, Operational, Strategic; 2018
United Nations Volunteers programme Media
Vauxhall Motors Social Media, Social Strategy
Virgin Atlantic Creative Development, Social Media, UK Consumer Public Relations
Westfield B2B, Corporate Communications, Press, Strategic Planning
Whyte & Mackay The Dalmore
Wickes Public Relations

Weber Shandwick
32-38 Linenhall Street, Belfast, BT2 8BG United Kingdom
Tel.: (44) 28 9034 7300
Fax: (44) 28 9076 1012
E-Mail: bboal@webershandwick.com
Web Site: www.webershandwick.co.uk

Employees: 12
Year Founded: 1992

Agency Specializes In: Public Relations

Ross Williamson *(Mng Dir-Weber Shandwick NI)*
Elaine O'Shaughnessy *(Acct Dir)*
Emma Pointer *(Acct Dir-Corp & Pub Affairs)*
Bella Davies-Heard *(Assoc Dir)*
Chris Harris *(Assoc Dir)*
Catherine Mallaband *(Assoc Dir)*
Marta Saez *(Assoc Dir-Comm)*
Sally Phillips *(Sr Acct Mgr)*

Accounts:
Down Royal Race Course

Weber Shandwick
58 Queens Rd, Aberdeen, Scotland AB15 4YE United Kingdom
Tel.: (44) 1224 806600
Fax: (44) 1224 208823
E-Mail: jmacdonald@webershandwick.com
Web Site: webershandwick.co.uk/#/home/

Employees: 7

Agency Specializes In: Public Relations

Andrew Jones *(Sr VP)*
Lindsay Jepp *(Assoc Dir-Energy Practice-EMEA)*
Julie Brander *(Sr Mgr-Influence)*

Accounts:
Subsea 7
Talisman Energy

Weber Shandwick

PUBLIC RELATIONS FIRMS

9 York Place, Edinburgh, Scotland EH1 3EB
United Kingdom
Tel.: (44) 131 556 6649
Fax: (44) 131 556 6741
E-Mail: hroaa@webershandwick.com
Web Site: www.webershandwick.co.uk

Employees: 25

Agency Specializes In: Public Relations

Moray Macdonald *(Mng Dir)*
Stacey Bridges *(Acct Dir)*
Richard Bright *(Dir)*
Harry Hussain *(Dir-PR-Edinburgh)*
Stewart Argo *(Assoc Dir)*
Luke Skipper *(Assoc Dir-Pub Affairs)*
Nick Hanlon *(Sr Mgr-Client Experience)*
Jenna Ciancia *(Sr Acct Mgr)*
Steven Flanagan *(Sr Acct Mgr)*
Jamie Bannerman *(Acct Mgr)*
Laura Hamilton *(Acct Mgr)*
Lorna Irvine *(Acct Mgr)*

Accounts:
Quality Meat Scotland (Lead Integrated Marketing Communications Agency) Digital Advertising, Out of Home, Press, Public Relations, Radio, Scotch Beef PGI, Scotch Lamb PGI, Social Media, Specially Selected Pork, TV Commercial; 2018

Weber Shandwick
2 Jordan St Knott Mill, Manchester, M1 54PY
United Kingdom
Tel.: (44) 161 238 9400
Fax: (44) 161 228 3076
E-Mail: jleah@webershandwick.com
Web Site: www.webershandwick.co.uk

Employees: 30

Agency Specializes In: Public Relations

Heather Blundell *(Mng Dir-Manchester)*
Gearoid Cashman *(Acct Dir)*
Owen LaBeck *(Creative Dir)*
Anna Varley Jones *(Dir-Consumer Mktg)*
Dean Gallagher *(Assoc Dir-Client Experience)*
Amy Hopkinson *(Assoc Dir)*
Emma Savage *(Office Mgr)*

Accounts:
Advanced Supply Chain Retail Trade
Aldi Wrinklestop.co.uk
Bernard Matthews Ltd. Consumer, Digital, Marketing, Media Strategy
Bloembureau Holland
Burnley
Dream Gran Castillo Resort Online, Traditional
Food North Wales Consumer PR
Hancocks PR
Iceland Foods Consumer Marketing, Corporate Communications, Public Relations
Kick4Change
Macdonald Hotels
Manchester Business School
National Trust Wales Porth y Swnt
North West Ambulance Service Creative, Marketing, Patient Transport Service, Public Relations, Radio Advertising, Social Media
PortAventura World Parks & Resort Marketing, Media Relations, Public Relations, Strategy
Rhug Estate Brand Positioning, PR
The Salvation Army Creative Communications Strategy
Sealed Air
Tourism Partnership North Wales Outdoor
Transline Group Communications, Public Relations
Warburtons Free From
Zip World Integrated Media, Social Media

Argentina

Nueva Comunicacion-Weber Shandwick
Colon 1428 Piso 2 - Dptos A y B, S2000 Rosario, Santa Fe Argentina
Tel.: (54) 341 448 1403
Fax: (54) 341 447 1159
E-Mail: nuevaros@citynet.net.ar
Web Site: www.webershandwick.com

Employees: 20
Year Founded: 1997

Agency Specializes In: Advertising, Communications, Magazines, Media Buying Services, Out-of-Home Media, Outdoor, Print, Public Relations, Radio, T.V.

Matteo Goretti *(Dir Gen-Accts)*
Marcela Ibiricu *(Dir Gen-Accts)*
Maria Belen Millan *(Mng Dir)*
Jill Murphy *(Chief Bus Dev Officer)*
Maria O'Toole *(Sec)*
Corina Tareni *(Exec Dir)*
Tom Beckman *(Creative Dir)*
Ivan Damianovich *(Dir-New Comm)*
Daniel Gonzalez *(Dir-Surveys)*

Brazil

Gaspar & Asociados
Rua Dona Ana Helena de Sales Gusmao, 230, Sao Paulo, 01457-040 Brazil
Tel.: (55) 11 3037 3220
Fax: (55) 11 3812 6284
E-Mail: contato@gaspar.com.br
Web Site: www.gaspar.com.br

Employees: 3

Agency Specializes In: Public Relations

Heloisa Picos *(VP)*

Weber Shandwick Brazil
(Formerly Publicom)
Torre De Rio Sul, Rau Lauro Muller 116, CJ 1206 Botafogo, CEP 22290-160 Brazil
Tel.: (55) 21 2543 3388
Fax: (55) 21 2543 6565
Web Site: www.webershandwick.com

Employees: 150

Agency Specializes In: Public Relations

Roberto Tucci *(COO & CFO)*

Weber Shandwick Brazil
(Formerly Publicom)
Ed Sudameris Av Eng Luiz Carlos Berrini, 1297 - 3 andar, Sao Paulo, CEP 04571-010 Brazil
Tel.: (55) 11 5505 1628
Fax: (55) 11 5505 7426
Web Site: www.webershandwick.com

Employees: 40

Agency Specializes In: Public Relations

Ian Castello Branco *(Dir-Insights)*

Chile

Extend Comunicaciones-Weber Shandwick
Rosario Norte 555 Piso 12, Las Condes, Santiago, Chile
Tel.: (56) 2 437 77 00
Fax: (56) 2 448 12 36
E-Mail: mvelasco@extend.cl
Web Site: www.extend.cl

Employees: 70

Agency Specializes In: Public Relations

Isabel Hohlberg *(Partner & Chief Comml Officer)*
Nora Van Der Schraft *(Partner & Dir-Strategic)*
Ana Maria Velasco *(Partner & Dir-New Bus)*

Uruguay

Nueva Comunicacion-Weber Shandwick
Ellauri 1212, 11300 Montevideo, Uruguay
Tel.: (598) 2 707 9956
Fax: (598) 2 707 9957
E-Mail: correo@nuevacomunicacion.com.uy
Web Site: www.webershandwick.com

Employees: 12

Agency Specializes In: Communications, Public Relations

Leticia Pena *(Acct Dir)*
Veronica Garcia Mansilla *(Dir)*

Australia

Weber Shandwick
166 William St, Wooloomooloo, Sydney, NSW 2011 Australia
Tel.: (61) 2 9994 4450
Fax: (61) 2 9994 4025
E-Mail: irumsby@webershandwick.com
Web Site: www.webershandwick.com

Employees: 26

Agency Specializes In: Public Relations

Ian Rumsby *(Chm-Australia & Chief Strategy Officer-Asia Pacific)*
Brian Keenan *(Sr VP-Plng)*
Kelly Lane *(Dir-Editorial Svcs)*

Accounts:
AA
BPEX
CSL Biotherapies
Horizon
Kensington PR
Lenovo Social Media Strategy
Revimid
Weight Watchers

China

Weber Shandwick
Unit 706 -707 7F China Life Tower, 16 Chaoyangmen Rd Chaoyang, Beijing, 100022 China
Tel.: (86) 10 8580 2022
Fax: (86) 10 8580 4834
E-Mail: dliu@webershandwick.com
Web Site: www.webershandwick.cn

Employees: 100

Agency Specializes In: Public Relations

Lydia Lee *(Pres-China)*
Xiaodong Wang *(Exec VP)*
Antony Cheng *(Sr VP & Head-Digital & Social Media Comm-China)*
Cecilia Liang *(Sr VP-Massachusetts)*

AGENCIES - JANUARY, 2019 — PUBLIC RELATIONS FIRMS

Song Li *(VP)*
Xing Yang *(Acct Dir-Corp & Pub Affairs & Acct Mgr)*
Emma Huang *(Acct Dir)*
Hellen Shen *(Acct Dir)*

Accounts:
Airport City Manchester Investor Relations, Media, Profiling, Road Show
CJ Corporation Communications, Creative, Marketing, Public Relations

Weber Shandwick
18/F HuaiHai Plaza, 1045 HuaiHai Zhong Rd, Shanghai, 200031 China
Tel.: (86) 21 2411 0000
Fax: (86) 20 8888 8099
Web Site: www.webershandwick.cn

Employees: 10

Agency Specializes In: Public Relations

Wansan Tsai *(VP)*
Mark Rasmussen *(Creative Dir)*
Adeline Ong *(Assoc Dir)*
Jie Lin *(Acct Mgr)*

Accounts:
California Walnut Commission Full-Spectrum PR, Offline, Online
Montblanc PR

Weber Shandwick
Unit 3301B Guangdong Telecom Plz 18 Zhongshan Er Rd, Yuexiu District, Guangzhou, 510080 China
Tel.: (86) 20-8888 8310
Fax: (86) 20 8327 6157
Web Site: www.webershandwick.cn

Employees: 10

Agency Specializes In: Consulting, Public Relations

Hong Kong

Weber Shandwick
10/F Oxford House Taikoo Place, 979 King's Rd, Quarry Bay, China (Hong Kong)
Tel.: (852) 2845 1008
Fax: (852) 2868 0224
E-Mail: jfin@webershandwick.com
Web Site: www.webershandwick.com

Employees: 50

Agency Specializes In: Public Relations

Albert Shu *(Mng Dir)*
Elizabeth Warr *(Sr VP & Dir)*
Penny Cheung *(VP & Dir)*

Accounts:
British Consulate-General Hong Kong Campaign : "GREAT", Public Relations
Computer Associates Management Software; 2005 Harvard
Hong Kong Polytechnic University
Hong Kong University of Science & Technology
Moet Hennessy Diageo Baileys, Johnnie Walker, Public Relations, Smirnoff, The Singleton
The Savannah College of Art and Design PR
Tencent Holdings Limited International Public Relations

India

Corporate Voice-Weber Shandwick
No 2561 16th D Main HAL II Stage, Indiranagar, Bengaluru, 560 008 India
Tel.: (91) 80 2525 3891
Fax: (91) 80 525 3887
E-Mail: shiv@corvoshandwick.co.in
Web Site: www.webershandwick.com

Employees: 50

Agency Specializes In: Public Relations

Mabel Phoon *(Exec VP-Singapore)*
Rohan Kanchan *(Mng Dir-Consulting & Strategy-India)*
Kaveri Mandanna *(Acct Dir)*
Kavitha Kini *(Sr Acct Mgr)*
Surabi Shetty *(Sr Acct Mgr)*
Shaila Srivastava *(Acct Mgr)*

Accounts:
Goldman Sachs (Indian Public Relations Agency of Record) Communications

Weber Shandwick
Vilco Ctr B Wing 4th Fl No 8 Subash Rd, Near Garware House, Vile Parle, Mumbai, 400 057 India
Tel.: (91) 22 4031 1200
Fax: (91) 220 202 2391
Web Site: www.webershandwick.asia

Employees: 50

Agency Specializes In: Public Relations

Valerie Pinto *(CEO)*
Rohan Kanchan *(Mng Dir-Consulting & Strategy-India)*

Accounts:
American Airlines
AXA
BPEX
CSL Biotherapies
CVS Caremark
Horizon Fuel Cell Technologies
Mattel Toys Barbie, Communication, Corporate Reputation Management, Creative Content, Digital Marketing, Fisher Price, Hot Wheels, Social, Strategy
Population Services International Communication Revlimid
Wrigley India Boomer, Double Mint, Media Relations, Orbit, PR Strategy, Stakeholder Communication

Weber Shandwick
No 212 Second Floor Okhla Industrial Estate, Phase III, New Delhi, 110 020 India
Tel.: (91) 11 4050 1200
Fax: (91) 269 368 36
Web Site: www.webershandwick.com

Employees: 51

Agency Specializes In: Public Relations

Manosh Mukherjee *(CFO & Exec Dir)*
Arpana Kumar Ahuja *(Exec VP-Strategy & Market Dev-India)*
Reegal Ranjan *(VP-Integrated Media)*
Deepti Bhadoria *(Acct Dir)*
Mansi Molasi *(Acct Dir)*

Accounts:
Hitachi
LG
MSD
Nestle India
Population Services International Communications; 2017
Spencer
Whirlpool
Zippo

Indonesia

Weber Shandwick
PT Inpurema Konsultama Gedung BRI II Lt 16, Jl Jend Sudirman Kav 44-46, Jakarta, 10210 Indonesia
Tel.: (62) 21 5290 6550
E-Mail: dsaleh@webershandwick.com
Web Site: www.webershandwick.com

Employees: 50
Year Founded: 2003

Agency Specializes In: Public Relations

Tursiana Setyohapsari *(Exec VP)*
Herry Cahyono *(Gen Mgr)*
Helina Wulandari *(Office Mgr)*

Japan

Weber Shandwick
Mita Kokusai Bldg 13th Fl 1-4-28 Mita, Minato-ku, Tokyo, 108-0073 Japan
Tel.: (81) 3 5427 7311
Fax: (81) 3 5427 7310
E-Mail: wswjapan@webershandwick.com
Web Site: www.webershandwick.com

Employees: 60
Year Founded: 1959

Agency Specializes In: Public Relations

Hitoshi Shioya *(Vice Chm)*
Campbell Hanley *(Exec VP)*
Toshiya Takata *(Sr VP)*
Tyler Kim *(Mng Dir-Korea)*
Kaz Ito *(Acct Mgr)*
Reina Matsushita *(Acct Supvr)*
Yuka Tsukagoshi *(Acct Supvr)*

Malaysia

Weber Shandwick
4-01 4th Fl Wisma LYL No 12 Jalan 51A/223, 46100 Petaling Jaya, Malaysia
Tel.: (60) 3 7843 3100
Fax: (60) 3 7843 3199
E-Mail: rkhoo@webershandwick.com
Web Site: www.webershandwick.com

Employees: 25
Year Founded: 1994

Agency Specializes In: Public Relations

Rozani Jainudeen *(Mng Dir-Malaysia)*
Adli Abdul Karim *(VP)*
Joanna Ooi *(VP)*
Kelvin Jude Muthu *(Sr Acct Dir)*

Philippines

Weber Shandwick
10/F JAKA Bldg 6780 Ayala Ave, Makati City, Manila, 1200 Philippines
Tel.: (63) 2 817 5670
E-Mail: info@webershandwick.com
Web Site: www.webershandwick.com

Employees: 15

Agency Specializes In: Public Relations

PUBLIC RELATIONS FIRMS — AGENCIES - JANUARY, 2019

Accounts:
Unilab Biogesic for Kids

Singapore

Weber Shandwick
40A Orchard Rd, #07-01 The MacDonald House, Singapore, 238838 Singapore
Tel.: (65) 6825 8000
Fax: (65) 6822 8000
E-Mail: bjolly@webershandwick.com
Web Site: www.webershandwick.com

Employees: 50

Agency Specializes In: Public Relations

Darren Burns *(Vice Chm-Asia Pacific)*
Vanessa Ho Nikolovski *(Chm-Client Svcs-Asia Pacific, Mng Dir & Head-Client Experience)*
Margaret Cunico *(Mng Dir)*
Baxter Jolly *(CEO-Asia Pacific)*
Debbie Chin *(VP-Consumer Practice)*
Ali Grayeli *(Reg Exec Creative Dir-APAC)*

Accounts:
BPEX
Changi Airport Group Public Relations
CSL Biotherapies
Horizon
New-King Power Marketing, PR
MasterCard
Navteq Digital Map Data
Netflix Public Relations
Rolls-Royce PR

WEINBERG HARRIS & ASSOCIATES
623 W 34th St Ste 101-102, Baltimore, MD 21211
Tel.: (410) 243-1333
Fax: (410) 243-1334
Web Site: www.weinbergharris.com

Employees: 12
Year Founded: 1991

Agency Specializes In: Crisis Communications, Event Planning & Marketing, Investor Relations, Media Relations, Media Training, Promotions

Gregory Harris *(Partner)*
Kate Bowers *(VP-Client Svcs)*
Mary Miles *(Sr Acct Mgr)*

Accounts:
The Ritz-Carlton Residences

WEINSTEIN PR
4200 Obrist Rd, The Dalles, OR 97058
Tel.: (541) 296-5910
Web Site: www.weinsteinpr.com

Employees: 50
Year Founded: 2007

Agency Specializes In: Brand Development & Integration, Logo & Package Design, Media Training, Print, Public Relations, Radio, Social Media, T.V.

Lee Weinstein *(Pres-US)*
Melinda Weinstein *(VP)*
Julie Beals *(Project Mgr, Copywriter & Editor)*
Laurie Walker *(Assoc-Comm)*

Accounts:
Chimps Inc
Curt Faus Corporation
Historic Columbia River Highway & State Trail Social Media, Strategic Counsel, Video Production

WEISS PR INC
101 N Haven St Ste 301, Baltimore, MD 21224
Tel.: (443) 451-7144
Fax: (443) 451-7010
E-Mail: info@weisspr.com
Web Site: www.weisspr.com

Employees: 5

Agency Specializes In: Brand Development & Integration, Content, Crisis Communications, Email, Graphic Design, Media Relations, Public Relations, Social Media, Strategic Planning/Research

Ray Weiss *(Pres)*
Jessica Tiller *(Exec VP)*
Matthew Pugh *(VP)*

Accounts:
DDG Influencer Relations, Marketing, Media Relations, Public Relations, Social Media, Strategic Communications Planning
Mind Over Machines Influencer Relations, Marketing, Media relations, Public Relations, Strategic Communications Planning, social Media
OpalStaff
PLDA Interiors
Research Square
SafeMonk
TrainACE
Verne Global
Wynyard Group (U.S. Agency of Record) Influencer Relations, Marketing, Media Relations, Public Relations, Social Media, Strategic Communications Planning

WELLINGTON GROUP
4105 Medical Pkwy Ste 206, Austin, TX 78756
Tel.: (512) 371-8955
Web Site: www.wellingtongrouppr.com

Employees: 50
Year Founded: 2007

Agency Specializes In: Brand Development & Integration, Content, Graphic Design, Internet/Web Design, Logo & Package Design, Public Relations, Social Media

Rachel Hoffman *(Sr Acct Exec)*

Accounts:
Avocare

Branch

Integrate Agency
1702 Taylor St Ste 200, Houston, TX 77007
Tel.: (713) 225-0880
E-Mail: info@integrateagency.com
Web Site: integrateagency.com/

Employees: 50

Agency Specializes In: Corporate Communications, Public Relations, Social Media

Allie Herzog Danziger *(Pres)*
Mary Adler *(VP-Ops)*
Molly LeCronier *(Acct Dir)*
Ahna Gavrelos *(Acct Supvr)*
Julia Atkins *(Sr Acct Exec-PR)*
Shelby Butler *(Acct Exec-Social Media)*
Molly Hollomon *(Acct Exec-PR)*
Paige Sanders *(Acct Exec-Social Media)*

Accounts:
Houston Humane Society

Penner Houston

WESTFOURTH COMMUNICATIONS
1530 Wilson Blvd Ste 720, Arlington, VA 22209
Tel.: (202) 898-0995
E-Mail: info@gowestfourth.com
Web Site: www.westfourthcommunications.com

Employees: 10
Year Founded: 2007

Agency Specializes In: Advertising, Brand Development & Integration, Communications, Content, Internet/Web Design, Media Relations, Print, Public Relations, Social Media, Strategic Planning/Research

Donald Meyer *(Founder & Pres)*
Kristin Francini Walter *(VP)*
Meghan Gallery *(Creative Dir)*

Accounts:
New-Aerospace Industries Association
New-American Association of Port Authorities
New-Bridges to Independence
New-CGI Group Inc

WESTWIND COMMUNICATIONS
1310 Maple St, Plymouth, MI 48170
Tel.: (734) 667-2090
Fax: (734) 455-7090
E-Mail: scottlorenz@westwindcos.com
Web Site: www.westwindcos.com

Employees: 20

Agency Specializes In: Public Relations

Scott Lorenz *(Pres)*

Accounts:
ABC Nightly News
CNN
Good Morning America
The Wall Street Journal

WHAT'S UP PUBLIC RELATIONS
3333 E Florida Ste 35, Denver, CO 80210
Tel.: (406) 579-7909
Web Site: www.whatsuppr.com

Agency Specializes In: Advertising, Brand Development & Integration, Collateral, Corporate Identity, Event Planning & Marketing, Media Planning, Promotions, Public Relations

Beth Cochran *(Founder)*

Accounts:
AFM
BlackRapid Inc (Agency of Record)
Cocoon
Dakota Grizzly (Agency of Record) Communicate, Outdoor, Retail, Trade
Deuter USA Inc.
FITS Sock Co
GearLab Outdoor (Agency of Record); 2018
Gramicci
Hans Saari Memorial Fund
Hero Kits
Highland Trading Co. Inc Sportube (Agency of Record)
Krimson Klover (Agency of Record) Public Relations
Nuwa
Outdoor Industry Association

WHEELHOUSE PR
1545 N Main St, Fort Worth, TX 76164
Tel.: (817) 945-1450

1682

AGENCIES - JANUARY, 2019 — PUBLIC RELATIONS FIRMS

E-Mail: info@wheelhousepr.com
Web Site: www.wheelhousepr.com

Employees: 10
Year Founded: 2004

Agency Specializes In: Brand Development & Integration, Digital/Interactive, Direct Response Marketing, Media Relations, Public Relations

Julie Curtis *(Pres-Brand Partnerships)*
Sarah Campbell *(VP-Brand Partnerships)*

Accounts:
New-Billy Bob's Texas
New-The Bubble
New-Funky Town Music & Film Festival

WHITE WATER AGENCY
3801 PGA Blvd Ste 600, Palm Beach Gardens, FL 33410
Tel.: (561) 440-7559
E-Mail: info@whitewateragency.com
Web Site: www.whitewateragency.com

Employees: 5
Year Founded: 2010

Agency Specializes In: Brand Development & Integration, Entertainment, Event Planning & Marketing, Internet/Web Design, Print, Public Relations, Search Engine Optimization, Social Media

Whitney Woznick *(Owner)*
Nicole Zaccagnini *(Acct Exec)*

Accounts:
Tipsy Salonbar

WHITEGATE PR
1322 E 14th S 3B, Brooklyn, NY 11230
Tel.: (619) 414-9307
Fax: (858) 605-1673
Web Site: www.whitegatepr.com

Employees: 10

Agency Specializes In: Brand Development & Integration, Email, Event Planning & Marketing, Media Relations, Media Training, Public Relations, Publicity/Promotions, Search Engine Optimization, Strategic Planning/Research

Dana Humphrey *(Owner)*

Accounts:
Artists in the Kitchen (Agency of Record) Tour Operating Services
Bark Baby Bark
BH Pet Gear Calm Coat, Marketing Outreach, PR
Carole M. Amber "The Gift of the Ladybug"
Chief Furry Officer Social Media
Chocolate Sauce Books (Agency of Record) Media Relations Programs, Now I Know
Clear Conscience Pet
Cooper's Pack
CoverCouch.com
CritterZone Marketing Outreach
Deja Vu (Agency of Record) Event Marketing Plan, Public Relations Support
Dina L. Wilcox "Why Do I Feel This Way? What Your Feelings Are Trying To Tell You, Book Launch
Dog Fashion
Dog Rocks (Agency of Record)
Dr. Catherine Reid, DMV Veterinary Practice
Elegant Linen USA
Evermore Pet Food Inc. Animal Products Mfr
Holistic Touch Therapy
International Cat Association Marketing Outreach
Jeff Magic Dating Advisory Services
Jorge Bendersky (Agency of Record)
K9 Cakery (Agency of Record) Media Relations Programs
K9 Fit Club (Agency of Record)
LE Portfolio (Agency of Record) Marketing, Strategic PR
LMB Designs (Agency of Record)
Lucky Dog Cuisine Inc.
MetroGuest.com (Agency of Record) Online Services
Money.Net
Paranormal Pooch (Agency of Record) Media Relations
ParkingTicket.com Worry Free Parking
Paul Nathan Groomed
Pawz Dog Boots LLC Safespot Locking Leash
Peaceable Kingdom Essentials Media Relations
Pet Remedy (Agency of Record)
Pet Wall of Fame
PetCareRx Marketing, Public Relations
PetCraftStore.com
Ruby & Jack's Doggy Shack Local Marketing
Savorian Wines (Agency of Record) Strategic Public Relations
Spa Aura; Hoboken, NJ PR
Spirituality is Sexy (Agency of Record) Media Relations Programs, Spiritually Rich & Sexy
Twigo Pet ID Tag
Wendi Finn A Beginner's Guide to On-line Security

WICKED CREATIVE
6173 S Rainbow, Las Vegas, NV 89118
Tel.: (702) 868-4545
Web Site: www.wickedcreative.com

Employees: 25
Year Founded: 2007

Agency Specializes In: Collateral, Crisis Communications, Event Planning & Marketing, Media Training, Public Relations, Social Media, Strategic Planning/Research

Stephanie Wilson *(Pres)*
Lauren Cahlan *(Acct Dir)*
Taylor Goldberg *(Acct Exec)*
Sidney Stewart *(Acct Exec-PR)*
Megan Roberts *(Asst Acct Exec)*

Accounts:
Poppy Den

WIDMEYER COMMUNICATIONS
1129 NW 20th St Ste 200, Washington, DC 20036
Tel.: (202) 667-0901
Fax: (202) 667-0902
Web Site: www.widmeyer.com

Employees: 40

National Agency Associations: COPF

Agency Specializes In: Advertising, Brand Development & Integration, Corporate Communications, Digital/Interactive, Government/Political, Graphic Design, Multimedia, Public Relations, Strategic Planning/Research

Margaret Dunning *(Mng Partner)*
Jason F. Smith *(Mng Partner)*
Christine Messina-Boyer *(Sr Partner & Exec VP)*
Ken Sain *(Sr VP)*
Rachel Zaentz *(VP)*

Accounts:
Adelphi University
The American Energy Innovation Council
American Federation of Teachers
Arizona Board of Regents
Coca-Cola Refreshments USA, Inc.
The College Board
Connecticut College
Foundation for Newark's Future
The Knight Commission on Intercollegiate Athletics
Mayo Clinic Thought Leadership
National Board for Professional Teaching Standards
National Inventors Hall of Fame Foundation
National Vocabulary Championship; 2006
Pfizer
Samuel Curtis Johnson Graduate School of Management Strategic Communications Planning
Shepherd University
Smithsonian American Art Museum
Steelcase Education Solutions Planning, Strategic Communications
The U.S. Consumer Product Safety Commission Campaign: "Pool Safely", Public Education Campaign
U.S. Department of Education's National Math Advisory Panel; 2006
U.S. Department of Health & Human Services Poison Exposure Prevention; 2005
W.K. Kellogg Foundation

Branch

Widmeyer Communications
301 E 57Th St Fl 4, New York, NY 10022
Tel.: (212) 260-3401
Fax: (212) 260-3402
E-Mail: henry.engleka@widmeyer.com
Web Site: www.widmeyer.com

Employees: 25

Agency Specializes In: Advertising, Health Care Services, Pharmaceutical

Marina Stenos *(Partner & Sr VP)*
Jacqueline Lipson *(VP-Education)*
Lydia J. Voles *(VP)*
Amy Katzel *(Asst VP)*

Accounts:
Health Research Incorporated
U.S. Army Community Management, Digital, Educational Outreach Program, Marketing, Media Relations, Social Media, Strategic Communications

THE WILBERT GROUP
1718 Peachtree St Nw Ste 1048, Atlanta, GA 30309
Tel.: (404) 748-1250
E-Mail: info@thewilbertgroup.com
Web Site: www.thewilbertgroup.com

Employees: 21
Year Founded: 2009

Agency Specializes In: Communications, Media Relations, Media Training, Public Relations, Social Media

Caroline Wilbert *(Pres)*
Mark Braykovich *(Exec VP)*
Hadley Creekmuir *(VP)*
Liana Moran *(VP)*

Accounts:
Camana Bay
Cooper Carry
Cortland Partners
Franklin Street
FrontDoor Communities
Hubzu
KontrolFreek
Multi Housing Advisors
North American Properties
Renewvia Energy

Public Relations Firms

1683

PUBLIC RELATIONS FIRMS

WILDROCK PUBLIC RELATIONS
2120 Milestone Dr Ste 103, Fort Collins, CO 80525
Tel.: (970) 449-6870
Web Site: www.wildrockpr.com

Employees: 7

Agency Specializes In: Brand Development & Integration, Digital/Interactive, Email, Event Planning & Marketing, Media Relations, Media Training, Promotions, Public Relations, Search Engine Optimization, Social Media

Kristin Golliher *(Founder & CEO)*
Alicia Beard *(Pres & Partner)*
Annika Deming *(Mgr-Client Support)*
Lauren Albin *(Specialist-Acct)*
Amanda Ford *(Acct Exec)*

Accounts:
Studio Be Salons

WILKINSON + ASSOCIATES
(Formerly WilkinsonShein Communications)
5877 Washington Blvd, Arlington, VA 22205
Tel.: (703) 907-0010
E-Mail: info@wilkinsonshein.com
Web Site: wilkinson.associates/

Employees: 10
Year Founded: 2003

Agency Specializes In: Business-To-Business, Event Planning & Marketing, Exhibit/Trade Shows, High Technology, Information Technology, Public Relations, Publicity/Promotions, Trade & Consumer Magazines

Leah Wilkinson *(Partner)*

Accounts:
Codex Development
DLT Solutions
InfoZen
LGS; 2006
Mintera; 2006
NextPoint Networks, Inc.
NXTcomm; 2007
ObjectVideo
OFC/NFOEC
Opnext, Inc.; NJ; 2004
OSA; 2006
RBN Inc.; San Francisco, CA; 2004
RollStream
Standard Solar
Telus

WILKINSON FERRARI & COMPANY
1336 South 1100 East, Salt Lake City, UT 84105
Tel.: (801) 364-0088
Fax: (801) 364-0072
E-Mail: info@wfandco.com
Web Site: www.wfandco.com

Employees: 50
Year Founded: 1993

Agency Specializes In: Advertising, Crisis Communications, Event Planning & Marketing, Government/Political, Graphic Design, Media Buying Services, Media Planning, Media Relations, Media Training, Public Relations

Lindsey Ferrari *(Partner)*
Cindy Gubler *(Partner)*
Brian J. Wilkinson *(Partner)*
Barry Huddleston *(Creative Dir)*
Mimi Charles *(Mgr-Pub Involvement)*
Hilary Dent *(Acct Coord)*
Hilary Robertson *(Acct Coord)*

Accounts:
Arthur Andersen
BruWest Enterprises
Camco Construction, Inc
Hamlet Homes
HDR Inc.
Holiday Expeditions
Kennecott Land
Metropolitan Water District of Salt Lake & Sandy
Mountainland Association of Governments Long Range Transportation Plan
Rowland Hall
University of Utah Health Sciences
Utah Arts Festival
Utah Department of Transportation
Utah Veterinary Medical Association

WILKINSONSHEIN COMMUNICATIONS
(Name Changed to Wilkinson + Associates)

WILLS & ASSOCIATES
3 Bethesda Metro Ste 700, Bethesda, MD 20814
Tel.: (301) 767-0220
Fax: (240) 465-0733
Web Site: www.wills-pr.com

Employees: 5

Agency Specializes In: Public Relations

Brad Wills *(CEO)*

Accounts:
Actix
Believe Wireless
BoxTone
Cernium
Defywire
Equal Footing Foundation
G.S. Proctor & Associates
Gerretson LLC
Global Wireless Solutions
MedChi

WILSON PUBLIC RELATIONS
4111 East Madison St, Seattle, WA 98112
Tel.: (206) 409-6735
Web Site: www.tamarawilson.com

Employees: 10
Year Founded: 1996

Accounts:
Greek Gods
Healeo
Il Fornaio-Seattle
Ivar's Seafood Bar
Kid Valley Hamburgers & Shakes
Morton's Steak House; Seattle, WA Beef, Cocktails; 2006
New Castle
New Urban Eats
Palomino Restaurants
The Paramount Hotel
Power Play
The Rock Wood-Fired Pizza
Sorrento Hotel
Talking Rain Beverage Company Twist
Terra Vista
Washington State Fruit Commission
Washington Trust Bank

WILSON STRATEGIC
19101 36Th Ave W Ste 203, Lynnwood, WA 98036
Tel.: (425) 361-2118
E-Mail: info@wilsonstrategic.com
Web Site: www.wilsonstrategic.com

Employees: 10

Year Founded: 2004

Agency Specializes In: Crisis Communications, Digital/Interactive, Event Planning & Marketing, Graphic Design, Health Care Services, Market Research, Media Relations, Public Relations, Social Media, Strategic Planning/Research

Accounts:
New-Stoel Rives LLP

WILT PR
137 E Main St Ste 200, Springfield, OH 45502
Tel.: (937) 688-3878
Fax: (937) 521-1958
Web Site: https://shift-ology.com/

Employees: 10
Year Founded: 2008

Agency Specializes In: Collateral, Crisis Communications, Event Planning & Marketing, Graphic Design, Internet/Web Design, Media Relations, Public Relations, Social Media, Strategic Planning/Research

Melanie Wilt *(Owner)*
Emily Bennett *(Acct Mgr)*

Accounts:
AgReliant Genetics LLC
Ohio AgriBusiness Association

WINNING STRATEGIES PUBLIC RELATIONS
550 Broad St Ste 910, Newark, NJ 07102-4517
Tel.: (973) 799-0200
Fax: (973) 799-0210
E-Mail: mcqueeny@winningstrategy.com
Web Site: www.winningstrat.com

Employees: 30
Year Founded: 1997

National Agency Associations: PRSA

Agency Specializes In: Brand Development & Integration, Communications, Corporate Communications, Crisis Communications, Electronic Media, Email, Government/Political, Internet/Web Design, Media Relations, Public Relations, Publicity/Promotions, RSS (Really Simple Syndication), Search Engine Optimization, Social Media, Travel & Tourism, Viral/Buzz/Word of Mouth, Web (Banner Ads, Pop-ups, etc.)

Approx. Annual Billings: $6,668,455

James McQueeny *(Chm & Pres)*
Ben Martin *(VP-Client Svcs)*
Suzanne Rowland *(VP)*

Accounts:
Horizon Blue Cross Blue Shield of New Jersey
New Jersey Manufacturers Insurance Company
Verizon

Branches

Princeton Public Affairs Group, Inc.
160 W State St, Trenton, NJ 08608-1102
Tel.: (609) 396-8838
Fax: (609) 989-7491
E-Mail: ppag@ppag.com
Web Site: www.ppag.com

Employees: 25

Agency Specializes In: Government/Political

Norris Clark *(Mng Partner)*

AGENCIES - JANUARY, 2019 — PUBLIC RELATIONS FIRMS

Bradley Brewster *(Partner)*

Winning Strategies Washington
409 7th St NW, Washington, DC 20004
Tel.: (202) 589-0800
Fax: (202) 589-1288
E-Mail: info@wswdc.com
Web Site: www.wswdc.com

Employees: 10

Michael Merola *(Founder & Partner)*
Donna Mullins *(Mng Partner)*
Laura Lay *(Principal & Dir-Grants)*
Robert Zucker *(Principal)*

WINUK COMMUNICATIONS
25 Brian Ct, Carmel, NY 10512
Tel.: (845) 277-1160
Fax: (845) 277-1168
E-Mail: jay@winukpr.com
Web Site: www.winukpr.com

Year Founded: 1994

Agency Specializes In: Brand Development & Integration, Communications, Crisis Communications, Media Relations, Public Relations, Strategic Planning/Research

Jay S. Winuk *(Pres)*

Accounts:
Alacra, Inc.
Amtrak
Columbia-Presbyterian Medical Center
DestinyUSA
MyGoodDeed
TyRx Pharma Inc.

WIRED ISLAND INTERNATIONAL LLC
146 Seabreeze Cir, Jupiter, FL 33477
Tel.: (408) 876-4418
E-Mail: info@wiredisladnpr.com
Web Site: wiredislandpr.com

Employees: 5

Agency Specializes In: Digital/Interactive, Graphic Design, Internet/Web Design, Public Relations, Search Engine Optimization, Social Media

Toni Sottak *(Mng Dir)*

Accounts:
The Athena Group Inc

WIRED PR GROUP
221 E Indianola Ave, Phoenix, AZ 85012
Tel.: (602) 758-0750
E-Mail: info@wiredprgroup.com
Web Site: www.wiredprgroup.com

Employees: 7
Year Founded: 2008

Agency Specializes In: Brand Development & Integration, Content, Event Planning & Marketing, Internet/Web Design, Media Relations, Media Training, Print, Public Relations, Social Media, T.V.

Kristin Hege *(Co-Founder & Pres)*
Beth Cochran *(Owner)*
Deb Caron *(Sr Acct Mgr)*

Accounts:
New-Ryver, Inc

WIRESIDE COMMUNICATIONS
1901 E Franklin St Ste 111, Richmond, VA 23223
Tel.: (804) 612-5393
E-Mail: info@wireside.com
Web Site: www.wireside.com

Employees: 10
Year Founded: 2004

Agency Specializes In: Public Relations, Social Media, Strategic Planning/Research

Joya Subudhi *(Founder & Partner)*

Accounts:
NTT America, Inc.

WISE PUBLIC RELATIONS
77 Bleecker St Ste C2-23, New York, NY 10012
Tel.: (212) 777-3235
Web Site: www.wisepublicrelations.com

Employees: 5
Year Founded: 2007

Agency Specializes In: Broadcast, Crisis Communications, Media Relations, Public Relations, Search Engine Optimization, Social Media

Harrison Wise *(Founder & Pres)*
John McCartney *(Mng Dir-West Coast)*
Robert Zimmerman *(Exec Dir-Strategic Initiatives)*
Michael Lindenberger *(Sr Specialist-Media Rels)*

Accounts:
Adtheorent
Apple Inc. Matt's Pantry
Dynamic Video LLC
Influenster
Infocore Inc
Kiip, Inc.
Legolas Media, Inc.
Liverail
Mediamorph
My6sense
New York Technology Council, Inc.
PPC Associates
Spruce Media
Yieldex

WISER STRATEGIES
836 E Euclid Ave Ste 308, Lexington, KY 40502
Tel.: (859) 269-0123
E-Mail: info@wiserstrategies.com
Web Site: www.wiserstrategies.com

Employees: 7

Agency Specializes In: Advertising, Crisis Communications, Event Planning & Marketing, Internet/Web Design, Logo & Package Design, Media Relations, Media Training, Promotions, Public Relations, Social Media

Nancy Wiser *(Pres)*
Katie McDaniel *(Coord-Mktg & PR)*

Accounts:
Rockcastle Regional Hospital

WITECK COMMUNICATIONS
2120 L St NW Ste 850, Washington, DC 20037
Tel.: (202) 887-0500
Fax: (202) 887-5633
E-Mail: info@witeck.com
Web Site: www.witeck.com

Employees: 7
Year Founded: 1993

Agency Specializes In: Advertising, Automotive, Communications, Crisis Communications, Health Care Services, LGBTQ Market, Market Research, Media Relations, Production (Print), Social Marketing/Nonprofit, Sponsorship

Bob Witeck *(Pres)*

Accounts:
American Airlines
Aspen Institute
Bacardi Global Brands
CTIA-The Wireless Association
Disney
Evan Kemp Associates, Inc
GSK Abreva
Interstate Natural Gas Association
Jaguar
LandRover
McGraw-Hill Publishing
MTV Affiliate Sales, Logo
National AIDS Fund
Sunrise Senior Living
Volvo
WalMart
Wells Fargo

THE WOLCOTT COMPANY
6475 E Pacific Coast Hwy 467, Long Beach, CA 90803
Tel.: (213) 200-1563
Web Site: www.thewolcottcompany.com

Employees: 5
Year Founded: 2008

Agency Specializes In: Crisis Communications, Media Relations, Media Training, Public Relations

Denis Wolcott *(Pres)*
Elhadj Kabine Kante *(Auditor-Fin)*

Accounts:
UCLA

WOLF-KASTELER
Sunset Media Ctr 6255 Sunset Boulevard ste 1111, Los Angeles, CA 90028
Tel.: (310) 205-0618
Web Site: www.wk-pr.com

Employees: 50
Year Founded: 1989

Agency Specializes In: Event Planning & Marketing, Public Relations, T.V.

Graehme Morphy *(Partner-Entertainment & Social Impact)*
Samantha R. Hill *(Sr VP)*
Stephanie Kazanjian *(Acct Exec)*

Accounts:
Entertainment Industry Foundation

WONACOTT COMMUNICATIONS, LLC
4419 Van Nuys Blvd, Sherman Oaks, CA 91403
Tel.: (310) 477-2871
E-Mail: info@wonacottpr.com
Web Site: www.wonacottpr.com

Employees: 10

Agency Specializes In: Corporate Communications, Crisis Communications, Digital/Interactive, Integrated Marketing, Media Relations, Product Placement, Public Relations

Jason Wonacott *(Founder & CEO)*
Johner Riehl *(VP & Creative Dir)*

Accounts:

PUBLIC RELATIONS FIRMS — AGENCIES - JANUARY, 2019

Equity Risk Partners
Fantage.com, Inc. Media Relations, Messaging, Public Relations, Strategy
Meteor Games; 2010
NHN USA
PSYCLOPS
Sanrio Digital
Sleepy Giant
Tethys Solutions
Tritton Technologies Gaming Audio Technology, Public Relations

THE WOODS & CO
59 E 54Th St Rm 22, New York, NY 10022
Tel.: (212) 838-1878
E-Mail: info@thewoodsandco.com
Web Site: www.thewoodsandco.com

Employees: 50
Year Founded: 2013

Agency Specializes In: Event Planning & Marketing, Internet/Web Design, Media Relations, Public Relations

Susan Woods *(Principal)*
Sheila Hulsey *(VP-Bus Dev)*
Mallory Liebhaber *(VP)*

Accounts:
2Xu

WORD PR + MARKETING
(Formerly WordenGroup)
125 N Cache 2nd Fl, Jackson, WY 83001
Tel.: (307) 734-5335
E-Mail: info@wordenprmarketing.com
Web Site: wordprmarketing.com/

Year Founded: 1997

Agency Specializes In: Arts, Broadcast, Internet/Web Design, Print, Public Relations, Social Media, Travel & Tourism

Amy Stark *(Co-Pres)*

Accounts:
Brooks Lake Lodge & Spa
Landing Resort & Spa
The Sierra Nevada Resort & Spa
Tahoe Resort
Wildlife Expeditions of Teton Science Schools Public Relations
WRJ Design Design

WORDENGROUP
(See Under Word PR + Marketing)

WORDSWORTH COMMUNICATIONS
538 Reading Rd, Cincinnati, OH 45202
Tel.: (513) 271-7222
Web Site: www.wordsworthweb.com

Employees: 20

Agency Specializes In: Content, Crisis Communications, Event Planning & Marketing, Public Relations, Social Media

Steve Kissing *(Pres)*
Bridget Castellini *(Partner & Head-Social Media & Measurement)*
Lauren E Doyle *(VP)*
Andi Ferguson *(VP)*
Brianne Kistler *(Sr Acct Exec)*
Klare Williamson *(Sr Acct Exec)*

Accounts:
Verizon Wireless

WORDWRITE COMMUNICATIONS
411 7th Ave Ste 1125, Pittsburgh, PA 15219
Tel.: (412) 246-0340
Fax: (412) 246-0342
E-Mail: info@worldwritepr.com
Web Site: www.wordwritepr.com

Employees: 6
Year Founded: 2002

Agency Specializes In: Business-To-Business, Communications, Consulting, Corporate Communications, Corporate Identity, Crisis Communications, Digital/Interactive, Health Care Services, Investor Relations, Media Training, Public Relations, Publicity/Promotions, Social Marketing/Nonprofit, Social Media, Strategic Planning/Research

Approx. Annual Billings: $800,000

Breakdown of Gross Billings by Media: Pub. Rels.: $900,000

Paul Furiga *(Pres & CEO)*
Jeremy Church *(Partner & VP-Media & Content Strategies)*
Brenda Furiga *(CFO & VP)*
Hollie Geitner *(VP-Client Svcs)*
Erin O'Connor *(Acct Supvr-PR)*
Robin Rectenwald *(Sr Acct Exec)*
Louis Spanos *(Acct Exec)*

Accounts:
Buck Consultants
New-Carnegie Library of Pittsburgh
Family Eye Care
Fragasso Financial Advisors
Kennametal
New-Kennywood
Koppers Inc Industrial Material Supplier
Light of Life Rescue Mission
New-MedAccess PA
New-MedExpress
MPW Industrial Services (Agency of Record) Media Relations, Strategic Communications, Thought Leadership
New-New Pig
Pfizer Inc
Redstone Highlands (Agency of Record)
New-Waldron Private Wealth
New-The Waterfront
West Penn Allegheny Health System
New-The YMCA of Greater Pittsburgh

WORKHOUSE
133 West 25th St #3W, New York, NY 10001
Tel.: (917) 930-5802
E-Mail: info@workhousepr.com
Web Site: www.workhousepr.net

Employees: 22
Year Founded: 1999

Agency Specializes In: Advertising, Affluent Market, Arts, Brand Development & Integration, Branded Entertainment, Collateral, Communications, Consumer Marketing, Corporate Communications, Corporate Identity, Crisis Communications, Digital/Interactive, Entertainment, Event Planning & Marketing, Fashion/Apparel, Graphic Design, Guerilla Marketing, Identity Marketing, Integrated Marketing, Leisure, Local Marketing, Luxury Products, Media Relations, Media Training, Men's Market, Promotions, Public Relations, Publicity/Promotions, Retail, Social Media, Teen Market, Travel & Tourism, Tween Market, Viral/Buzz/Word of Mouth, Women's Market

Approx. Annual Billings: $5,432,543

Breakdown of Gross Billings by Media: Pub. Rels.: 100%

Adam Nelson *(Owner)*

Accounts:
Amazonas Promotional Campaigns, Public Relations
Amy Laurent
Antojeria La Popular
AvroKO (Agency of Record) Public Relations
B Michael America Public Relations
Copperwood Estate Integrated Promotional Campaigns, Public Relations
Doughboy Bake Shop; New York, NY (Agency of Record) Integrated Promotional Campaigns, Public Relations, Special Events
Genesis Publications Marketing, PR
GoldRun PR
Grupo MYT (Agency of Record) Promotional Campaigns, Public Relations, Special Events
Jung Sik (Agency of Record) Promotional Campaigns, Public Relations, Special Events
Karmaloop Digital Counsel, Marketing, Media, Public Relations, Trade Relations
La Cerveceria (Agency of Record) Integrated Promotional Campaign, Public Relations, Special Events
Lot71; New York, NY (Agency of Record) Promotional Campaigns, Public Relations, Special Events
Luster Integrated Promotional Campaigns, Promotions, Public Relations, Special Events
Mealku; New York, NY Promotional Campaigns, Public Relations, Special Events
Miz Mooz; New York, NY Fashion, Shoes; 2010
Niu Noodle House Promotional Campaigns, Public Relations
Obakki Marketing, Public Relations
The Obakki Foundation Marketing, Public Relations
Omhu; New York, NY Aids for Daily Living, Designer; 2010
Plan B
Simplissimus; New York, NY (Agency of Record) Promotional Campaigns, Public Relations, Special Events
Symbolic Collection PR, Promotional Campaigns, Ronnie Wood Art Exhibit
TEDxEast (Agency of Record) Promotional Campaigns, Public Relations
teNeues Publishing Group;Germany Books; 2010
The Tutu Project Promotional Campaigns, Public Relations, Special Events
Voila 76 Country Kitchen Promotional Campaigns, Public Relations, Special Events
Wantful Promotional Campaigns, Public Relations

WRAGG & CASAS PUBLIC RELATIONS, INC.
1221 Brickell Ave Ste 730, Miami, FL 33131
Tel.: (305) 372-1234
Fax: (305) 372-8565
E-Mail: info@wraggcasas.com
Web Site: www.wraggcasas.com

Employees: 17
Year Founded: 1991

Agency Specializes In: Brand Development & Integration, Business-To-Business, Communications, Consumer Marketing, Corporate Identity, Event Planning & Marketing, Government/Political, Graphic Design, Internet/Web Design, Public Relations

Ray Casas *(Pres)*
Jeanmarie Ferrara *(Exec VP)*
Melissa Lichtenheld *(Grp Acct Dir)*
Mery Lewis *(Creative Dir)*
Angie Diaz *(Sr Acct Exec)*

Accounts:

AGENCIES - JANUARY, 2019   PUBLIC RELATIONS FIRMS

Akerman Senterfitt
Commerce Bank
Dade Community Foundation
The DJamoos Group
Everest University
Fiduciary Trust International
Florida Power & Light
Gables Water Way
Gunster Yoakley
K. Hovnanian Enterprises
The Melissa Institute
Merrill-Stevens
Merrill-Stevens
Ocean Bank
ONYX Florida/Montenay Power Corp.
Plum Creek Timber Co.
Plum Creek Timber Co.
Podhurst Orseck
Rossman, Baumberger, Reboso & Spier, P.A.
Shutts & Bowen, LLP
Stearns Weaver Miller
United States Sugar Corporation

Branches

Wragg & Casas Public Relations, Inc.
27499 Riverview Ctr Blvd Ste 115, Bonita Springs, FL 34134
Tel.: (239) 444-1724
Fax: (239) 444-1723
Web Site: www.wraggcasas.com

Employees: 3

Agency Specializes In: Public Relations

Ray Casas *(Pres)*
Jeanmarie Ferrara *(Exec VP)*
Gail Rayos *(Mng Dir-Central Florida)*

Wragg & Casas Public Relations, Inc.
941 W Morse Blvd Ste 100, Winter Park, FL 32789
Tel.: (407) 244-3685
Fax: (407) 244-3671
E-Mail: info@wraggcasas.com
Web Site: www.wraggcasas.com

Employees: 2

Agency Specializes In: Public Relations

Accounts:
American Express Bank, Ltd.
American Red Cross
Colonial Bank

WRITE2MARKET
659 Auburn Ave NE Ste 158, Atlanta, GA 30312
Tel.: (404) 419-6677
Web Site: www.write2market.com

Employees: 10
Year Founded: 2006

Agency Specializes In: Communications, Content, Media Relations, Promotions, Public Relations, Social Media

Jean-Luc Vanhulst *(Pres)*
Paul Snyder *(VP-Healthcare)*
Ben Mitchell *(Acct Dir-Tech & Retail)*
Thomas Lane *(Sr Acct Supvr)*
Carla Etheridge *(Sr Acct Exec)*

Accounts:
ASP Global
Curant Health
Dune Medical Devices
Global Center for Medical Innovation
Health Connect South

Isoray, Inc
Southeastern Medical Device Association
   Awareness & Audience Development
T3 Labs
TVTalk

WYATT BRAND
(Acquired & Absorbed by Elizabeth Christian Public Relations)

XA, THE EXPERIENTIAL AGENCY, INC.
875 N Michigan Ave Ste 2929, Chicago, IL 60611
Tel.: (312) 397-9100
Fax: (312) 573-1313
E-Mail: info@expagency.com
Web Site: www.experientialagency.com/

Employees: 20

Agency Specializes In: Brand Development & Integration, Digital/Interactive, Event Planning & Marketing, Experiential Marketing, Graphic Design, Public Relations, Social Media

Armon Lewis *(Dir-Bus Dev & Strategic Partnerships)*

Accounts:
Allium
Deca Restaurant & Bar
Food Mafia
Four Seasons Hotel
Jake Melnicks Chicago
Japonais by Morimoto
Joffrey Ballet Chicago
Le Colonial
Ritz-Carlton Chicago
Saks Fifth Avenue
Sola
Sophies
Tanta Chicago
TSG Chicago
Virgin Hotels
William Grant & Sons

XANTHUS COMMUNICATIONS LLC
357 Garfield St, Seattle, WA 98109
Tel.: (206) 284-4122
Web Site: www.xanthuscom.com

Employees: 10
Year Founded: 2003

Agency Specializes In: Event Planning & Marketing, Internet/Web Design, Media Relations, Media Training, Public Relations, Strategic Planning/Research

Patricia M. Vaccarino *(Mng Partner)*
Josue Mora *(Brand Mgr)*

Accounts:
Brian Bozlinski
Garvey Schubert Barer
TimeXtender Consulting

XENOPHON STRATEGIES
1901 L St NW, Washington, DC 20036
Tel.: (202) 289-4001
Fax: (202) 777-2030
Web Site: https://xenophonstrategies.com/

Employees: 25
Year Founded: 2000

National Agency Associations: COPF

Agency Specializes In: Aviation & Aerospace, Consumer Marketing, Government/Political, Publicity/Promotions

Approx. Annual Billings: $28,000,000

David A. Fuscus *(Pres & CEO)*
Robert Brady *(Mng Dir)*
Mark Hazlin *(Sr VP)*
Jennifer June Lay *(VP)*

Accounts:
Air Evac EMS
The Air Transport Association
Airbus Industries of North America
The Church Alliance
Computing Research Association
The Salvation Army
Solebury Township
United States Coast Guard
Williams-Sonoma

XHIBITION
26 Broadway, New York, NY 10004
Tel.: (347) 624-8533
E-Mail: office@xhibition.com
Web Site: xhibition.com

Employees: 10
Year Founded: 2014

Agency Specializes In: Brand Development & Integration, Content, Digital/Interactive, Internet/Web Design, Logo & Package Design, Print, Production, Public Relations, Radio, Social Media

Ross Belfer *(Founder & Dir-PR)*
Nestor E. Lara Baeza *(Dir-New York)*
Rachael Workman *(Sr Acct Supvr)*
Andrew Wasserstein *(Acct Exec)*
Mara Mcgowan *(Acct Exec)*
Abby Matlin *(Asst Acct Exec)*
Alexandra Mathiot *(Acct Exec)*

Accounts:
New-The Brown Hotel
New-Extraordinary Journeys
New-The Golden Hour
New-The High Line Hotel
New-R2M Corp Hotel Montefiore
New-Routier (Agency of Record)
New-The Setai Tel Aviv (Agency of Record)

XPOSURE PR
1191 Appleford Ln, Burlington, ON L7P 3M1 Canada
Tel.: (905) 339-2209
Fax: (905) 339-0099
E-Mail: jane@xposurepr.com
Web Site: www.xposurepr.com

Employees: 10

Agency Specializes In: Crisis Communications, Exhibit/Trade Shows, Media Relations, Public Relations

Jane Wilcox *(Owner & Pres)*

Accounts:
The Canadian Institute of Chartered Accountants
CIPS (Canada)
FICPI
Nike 6.0 Action Sports

YAEGER PUBLIC RELATIONS
1020 Warburton Ave, Yonkers, NY 10701
Tel.: (914) 423-7972
Fax: (914) 423-1623
E-Mail: fredyaeger@yaegerpr.com
Web Site: www.yaegerpr.com

Employees: 4

PUBLIC RELATIONS FIRMS — AGENCIES - JANUARY, 2019

Agency Specializes In: Advertising, Collateral, Corporate Identity, Crisis Communications, Digital/Interactive, Electronic Media, Internet/Web Design, Logo & Package Design, Media Buying Services, Media Planning, Media Relations, Media Training, Print, Publicity/Promotions, T.V.

Fred Yaeger *(Pres)*

Accounts:
Bronx Museum of the Arts
Community Hospital at Dobbs Ferry
Hudson Valley Hyperbarics
Morris Heights Health Center
New York Eye and Ear Infirmary
United Hospital Fund
Westchester Vein Center

YC MEDIA
231 W 29th St, New York, NY 10001
Tel.: (212) 609-5009
E-Mail: info@ycmedia.com
Web Site: www.ycmedia.com

Employees: 10
Year Founded: 2000

Agency Specializes In: Brand Development & Integration, Crisis Communications, Media Relations, Media Training, Public Relations, Social Media, Strategic Planning/Research

Kim Yorio *(Owner & Principal)*
Aimee Bianca *(Chief Media Officer & VP)*

Accounts:
Mirabeau

YOUNG & ASSOCIATES
1750 Tysons Blvd 4th Fl, McLean, VA 22102
Tel.: (301) 371-6995
E-Mail: info@yapr.com
Web Site: www.yapr.com

Employees: 10
Year Founded: 1982

Agency Specializes In: Event Planning & Marketing, Media Relations, Product Placement, Promotions, Public Relations, Publishing, Search Engine Optimization, Social Marketing/Nonprofit, Strategic Planning/Research, Telemarketing, Travel & Tourism

Jennifer MacLeid Qotb *(Owner & Principal)*
Meggan Manson *(Principal)*
Jennifer Mirabile *(VP)*
Eve Sheridan *(VP)*

Accounts:
In Case of Crisis Strategic PR
Pace Harmon
StartWire
Telmetrics
Wolfe Domain Analyst & Blogger Relations, Media, Public Relations

YOUR PEOPLE LLC
25121 Scotia Rd, Huntington Woods, MI 48070
Tel.: (248) 376-0406
Web Site: www.yourppl.com

Employees: 5
Year Founded: 2007

Agency Specializes In: Brand Development & Integration, Content, Event Planning & Marketing, Logo & Package Design, Media Relations, Print, Public Relations, Radio, Social Media, T.V.

Lynne Meredith Golodner *(Owner & Chief Creative Officer)*

Accounts:
New-COTS
New-Fred Astaire Dance Studios
New-Jewish Senior Life
New-Samaritas
New-Village in the Woods
New-WXYZ-TV

ZABLE FISHER PUBLIC RELATIONS
7050 W Palmetto Pk Rd 15-637, Boca Raton, FL 33433
Tel.: (561) 445-6075
Web Site: www.zfpr.com

Employees: 5

Agency Specializes In: Media Relations, Public Relations, Social Media

Margie Zable Fisher *(Pres)*

Accounts:
Stain Rx

ZAG COMMUNICATIONS
4060D Peachtree Rd Ste 534, Atlanta, GA 30319
Tel.: (678) 799-8279
E-Mail: info@zagcommunications.com
Web Site: www.zagcommunications.com

Employees: 5

Agency Specializes In: Corporate Communications, Crisis Communications, Financial, Investor Relations, Local Marketing, Media Planning, Media Relations, New Technologies, Product Placement, Public Relations, Strategic Planning/Research, Travel & Tourism

Zenobia Austin Godschalk *(CEO)*
Laura Armistead *(Strategist-Mktg)*

Accounts:
Cloud Security Alliance
Voke

ZAPWATER COMMUNICATIONS
118 N Peoria St 4th Fl, Chicago, IL 60607-2394
Tel.: (312) 943-0333
Fax: (312) 943-0852
E-Mail: david@zapwater.com
Web Site: www.zapwater.com

Employees: 15
Year Founded: 2004

Agency Specializes In: Communications, Public Relations

Approx. Annual Billings: $500,000

David M. Zapata *(Founder & Pres)*
Mayra Bacik *(CFO)*
Carrie Lannon *(Chief Brand Officer)*
Jennifer Lake *(Sr VP)*
Morgan Bellock *(VP)*
Brigid Parr *(Acct Dir)*
Stephanie Poquette *(Dir-Social Media)*
Stephanie Reay *(Acct Supvr)*

Accounts:
AC Hotels Chicago Marketing Communications, Media Relations, Social Media
Advanced Clinicals Community Management, Event Management, Media Relations, Social Media, Strategic Partnerships
Ball Horticultural Digital Media, Media Relations, Public Relations, Social Media, Strategic Communications
Birdies (Public Relations Agency of Record)
New-Birgit Klein Interiors (Agency of Record)
Casa Kimberly
The City of La Paz (US Public Relations Agency of Record) Influencer Relations, Media Relations, Social Media
CMK Companies, Ltd Public Relations, Riverline
Coco Prive Private Island (US Public Relations Agency of Record) Influencer Relations, Media Relations, Press Office, Strategic Partnerships, Targeted Events
Columbus Tap
Dana Hotel & Spa Campaign: "Zombie Takeover"
Del Frisco's Double Eagle Steak House Campaign: "Del Frisco's Steaks Out Chicago"
Downsize Fitness Campaign: "Downsize for Life", Campaign: "Downsizing The Obesity Epidemic"
e+o Food & Drink Campaign: "The Food Buddha Does The Dish"
New-Ecoco Inc (Public Relations Agency of Record) Events & Partnerships, Influencer Relations, Media Relations; 2018
Fairmont Mayakoba Riviera Maya (United States Public Relations Agency of Record)
Farmer's Fridge (Public Relations Agency of Record) Creative, Events & Partnership, Influencer Outreach, Media Relations, Publicity
Finnair Plc (US Public Relations & Marketing Agency of Record) Communications, Creative, Influencer Relations, Media Relations
Forum Studio Media Relations, Trade
Fresh Thyme Farmers Markets (Public Relations Agency of Record) Marketing Communications, Media Relations, Social Media
Gilt Campaign: "Chicago's GILTy Pleasure", Event Management, Gilt City, Influencer Relations, PR, Partnership Development, Social Media
Glenapp Castle (United States Public Relations Agency of Record) Influencer Engagement, Media Relations, Strategic Partnerships
Grand Geneva Resort
Greektown Chicago Influencer Relations, Media Relations, Public Relations, Social Media, Strategic Partnerships
Haberdash for Men Campaign: "The Brand to Follow"
Henry & Belle Digital Strategy, Marketing, Media Relations, Social Media
Hyatt Hotels Corporation Hyatt Regency Indian Wells Resort & Spa, Hyatt Regency by the Mall of America
Hyphen Sleep (Public Relations Agency of Record) E-Commerce, Media Relations, Strategic
Icelandair Media Relations
Jak & Peppar (Public Relations Agency of Record) Marketing Communications, Media Relations
Jewelers Mutual Insurance Company Brand Awareness, Strategic PR
Perfect Circle Jewelry Insurance Brand Awareness, Consumer PR
Jins Eyewear
Kimpton Hotel & Restaurant Group Boleo, Fisk & Co., Influencer Relations & Activations, Kimpton Gray Hotel, Media Relations, Partnerships, Strategic Events
La Sultana Hotels Signature (United States Public Relations Agency of Record); 2018
Lakeview Chamber of Commerce Brand Awareness, Influencer Engagement, Media Relations, Special Service Area 27
Levy Restaurants Influencer Support, National Media Relations, Partnerships & Events, Spiaggia Complex; 2017
LYFE Kitchen Campaign: "LYFE Begins in Southern California"
Marriott International, Inc. Indianapolis Marriott Downtown, Marriott Marquis Chicago, Media Relations, Public Relations, Social Media, Strategic Partnerships
Mat McLachlan Battlefield Tours (US Agency of Record) Media Relations, Public Relations
Mount Cinnamon Resort & Beach Club Influencer Engagement, Media Relations, Strategic Partnerships; 2018

AGENCIES - JANUARY, 2019 — PUBLIC RELATIONS FIRMS

National Tourism Organization of Serbia Media
Nothing But The Fruit (Public Relations Agency of Record); 2017
NOW Foods Digital, Influencer Relations, Media
Oars + Alps Event Management, Marketing Communications, Media Relations, Social Media, Strategic Partnerships
New-Oilixia Skincare (Public Relations Agency of Record) Events & Partnerships, Influencer Relations, Media Relations; 2018
Pabst Brewing Co Old Style Beer
Pacifica Hotel Company; 2017
The Peninsula Chicago Outreach, Public Relations, Shanghai Terrace, The Lobby
Room & Board Campaign: "There's No Place Like Home", Event Planning, Marketing, Media Relations, Public Relations, Social Media
The Safe + Fair Food Company (Public Relations Agency of Record)
Skydeck Chicago (Public Relations Agency of Record); 2018
Spikeball, Inc. (Public Relations Agency of Record) Media Relations, Outreach, Strategic Communications
Swissotel Chicago
TheTieBar.com Campaign: "Fit to Be Tied"
Thread Experiment Marketing Communications, Media Relations
TieTheKnot.org Campaign: "Tie The Knot for Equality"
Tre Rivali
Unison (Public Relations Agency of Record) Brand Awareness, Influencer Relations, Media Relations, Strategic Partnerships, Targeted Events
Uptown United Events & Strategic Partnerships, Influencer Relations, Media Relations, Public Relations; 2018
Utopian Luxury Vacation Homes Influencer Engagement, Media Relations, Social Media; 2017
Veggie Grill Events, Influencer Relations, Media Relations, Partnerships, Public Relations
Visit Finland (USA Agency of Record) Marketing
Visit Luxembourg
West Town Chamber of Commerce (Agency of Record); 2018
New-Winky Lux; 2018
World Airways (Public Relations Agency of Record) Events & Partnerships, Influencer Targeting, Media Relations, Social Media; 2017

Branch

Zapwater Communications Inc
11601 Wilshire Blvd Ste 500, Los Angeles, CA 90025
Tel.: (310) 562-4182
Web Site: www.zapwater.com

Employees: 25

Agency Specializes In: Content, Digital/Interactive, Event Planning & Marketing, Media Relations, Public Relations, Social Media

David Zapata *(Pres)*

Accounts:
Birgit Klein Interiors (Public Relations Agency of Record) Influencer Relations, Media Relations, Social Media Management
Casa Kimberly
The City of La Paz Influencer Relations, Media Relations, Social Media
Coco Prive Private Island
Glenapp Castle
Hollywood & Highland (Public Relations Agency or Record) Digital Content, Media Relations
JINS Eyewear Media Relations
La Sultana Signature Hotels
Mount Cinnamon Resort & Beach Club (US Public Relations Agency of Record) Influencer Engagement, Media Relations, Strategic Partnerships; 2018
PrivateFly (US Public Relations Agency of Record) Events & Partnerships, Media Relations; 2018
Visit Finland (USA Public Relations Agency of Record) Media Relations, Press

ZENO GROUP
140 Broadway Ste 3920, New York, NY 10005
Tel.: (212) 299-8888
Fax: (212) 462-1026
E-Mail: more@zenogroup.com
Web Site: www.zenogroup.com

Employees: 20
Year Founded: 1998

Agency Specializes In: Public Relations, Sponsorship

Barby Siegel *(CEO)*
Jim Goldman *(Exec VP)*
Bret Walrath *(Exec VP)*
Karen Kearns *(Sr VP-Integrated Mktg & Digital Engagement)*
Danielle McNally *(Sr VP)*
Tyler Pennock *(Sr VP-Digital Health)*
Sarah Rosanova *(Sr VP)*
Greg Tedesco *(Sr VP-Digital Mktg)*
Therese Caruso *(Mng Dir-Global Strategy & Insights)*
Steve Earl *(Mng Dir-Europe)*
Suresh Raj *(Mng Dir-Global Bus Dev)*
Mark Shadle *(Mng Dir-Corp Affairs)*
Ame Wadler *(Mng Dir-Healthcare)*
Jacqi Moore Richardson *(VP)*
Katie Rie *(Dir-Digital Strategy)*
Rachel Vrettos *(Dir-Healthcare)*
Sarah Bellissimo *(Office Mgr)*
Julie Tahan *(Mgr-Paid Social)*
Alicia Clarke *(Sr Acct Supvr)*
Leslie Knobloch *(Acct Supvr)*

Accounts:
Anheuser-Busch InBev Bud Light, Natural Light
New-Britax Child Safety Inc
New-Elkay Manufacturing Company
New-Goodyear Global
HelloFresh SE (Consumer Public Relations Agency of Record); 2018
Hershey Co. Communications, Public Relations, Social
Intel
Irish Breeze Public Relations, Social Engagement, Strategy, WaterWipes
Lenovo Group Ltd (Global Agency of Record) North American Product & Corporate; 2017
Netflix
New-Oak Street Health LLC
Pepperidge Farm Milano, Public Relations
New-Pilot Corporation
New-Rana Meal Solutions Inc
New-Royal Philips Electronics
salesforce.com, inc. (Public Relations Agency of Record) Corporate Communications, US Product & Solutions Communications; 2017
New-Scotts
New-Sears Holdings Co.
New-The Second City Inc
New-Starbucks Global
TGI Friday?s Inc
New-Turtlewax
New-Worthington Industries Inc
New-YUM! Brands

Branches

3 Monkeys/Zeno
(Formerly 3 MONKEYS COMMUNICATIONS)
2 Sharaton St, Medius House, London, W1F HBH United Kingdom
Tel.: (44) 207 009 3100
E-Mail: hello@3-monkeys.co.uk
Web Site: www.3monkeyszeno.com

Employees: 75
Year Founded: 2003

Agency Specializes In: Advertising, Brand Development & Integration, Strategic Planning/Research

Martin Godfrey *(Mng Dir-Health & Wellness Div)*
Christine Jewell *(Mng Dir-UK)*
Hugh Burrows *(Head-Digital Integration)*
Steve Earl *(Head-Tech)*
Stuart Yeardsley *(Creative Dir)*
Dan Noctor *(Dir-Digital Content)*
Amy Parry *(Dir-Consumer & Brand)*
Anna Speight *(Dir-Consumer & Brand)*
Robert Stone *(Dir-Digital Strategy & Innovation)*
Adam Clatworthy *(Assoc Dir-Tech)*
Sam Kane *(Assoc Dir-Corp & Bus)*
Alex Perry *(Assoc Dir)*
Gillian Stark *(Assoc Dir)*
Jessica Beales *(Acct Mgr)*
Abhishake Gandhi *(Acct Mgr)*
Rosie Wardale *(Acct Mgr-PR)*

Accounts:
AB InBev UK Budweiser, Corona, Cubanisto
Age UK Consumer Media, PR Strategy
Barratt Developments Barratt Homes
British United Provident Association Ltd.
Castrol
Coca-Cola Enterprises
DFS Furniture Ltd.
Dropbox Public Relations
Etsy Media
FMCG
Here Technologies Communications; 2018
HIT Entertainment "Always On" Content Strategy, Digital, Fireman Sam, Mike the Knight, Social Media Strategy, Thomas & Friends
Honeywell Consumer, Social Media, Traditional Media
Kerry Foods Consumer Public Relations, Richmond
Lenovo UK Consumer PR, Ultrabooks
Met Office Press, Vertical Business
Microsoft Consumer PR, Social Media, Trade Marketing
Morrisons Beers, MKitchen, Public Relations, Rebranding, Spirits, Wines
Nationwide
NatWest
Novartis
Okta Brand Awareness, Public Relations
New-PageGroup B2B, Consumer & Integrated Communications, Content, Michael Page, Multi-Channel Activity, Page Executive, Page Outsourcing, Page Personnel, Public Relations, Social Media; 2018
Red Ant Brand Development, Digital, PR
Royal Institute of Chartered Surveyors
Shooting Star CHASE Strategic PR
Snow + Rock Brand Awareness, Creative, Cycle Surgery, Runners Need, Strategic
Snowflake Analyst Relations, Media; 2017
Standard Life Communications, Creative, Public Relations
Starbucks Communications
Three
Trend Micro
Trustpilot PR
United Biscuits Britain, CSR, Consumer PR, McVitie, PR
uSwitch.com Energy, Press, Public Relations
Zyxel (Lead Public Relations Agency) Content Marketing, European Communications, Thought Leadership

Zeno Group
501 Colorado Blvd Ste 305, Santa Monica, CA

PUBLIC RELATIONS FIRMS — AGENCIES - JANUARY, 2019

90401
Tel.: (310) 566-2290
Fax: (310) 566-2299
Web Site: www.zenogroup.com

Employees: 20

Agency Specializes In: Public Relations, Sponsorship

Todd Irwin *(Mng Dir)*
Angela Alvarez *(Exec VP-Consumer)*
Michael Brito *(Exec VP)*
Jay Joyer *(Sr VP)*
John Moore *(Sr VP-Media Strategy)*
Liz Risoldi *(Sr VP)*
Leilani Sweeney *(Sr VP)*
Liz Fernandez *(VP)*
Danielle Siemon *(VP-Consumer Tech)*
Ashley Wallace *(VP-Consumer)*
Melinda Watts *(VP)*
Nadia Hernandez *(Dir-Multicultural Engagement-SAS)*
Heather Ribeiro *(Sr Acct Supvr)*
Mary Dallas Jameson *(Acct Supvr)*
Karla Gonzalez *(Sr Acct Exec)*
Jillian Hunt *(Sr Acct Exec)*

Accounts:
The Clorox Company
El Pollo Loco PR
Evolution Fresh
Kia Motors America Public Relations
LeEco
Nature's Path Foods, Inc.
Pinkberry
Shopify (Agency of Record)

Zeno Group
3222 N St NW 5th Fl, Washington, DC 20007
Tel.: (202) 965-7800
Fax: (202) 298-5988
E-Mail: heather.gartman@zenogroup.com
Web Site: www.zenogroup.com

Employees: 12

Monica Lourenci *(Gen Mgr-Brazil)*

Accounts:
Abbott
AT&T Communications Corp.
Discovery Communications
Merck
Pfizer
Pizza Hut

Zeno Group
130 E Randolph St Ste 3000, Chicago, IL 60601
Tel.: (312) 396-9700
Fax: (312) 222-1561
E-Mail: info@zenogroup.com
Web Site: www.zenogroup.com

Employees: 25

Agency Specializes In: Public Relations, Sponsorship

Sabrina Friedman Crider *(Exec VP & Mgr-Client Relationship & New Bus Dev)*
Missy Denja Maher *(Exec VP-Consumer Mktg)*
Allison McClamroch *(Exec VP)*
Elizabeth Pigg *(Exec VP)*
Joanna Krupa *(Sr VP-Corp)*
Sarah Rosanova *(Sr VP)*
Leilani Sweeney *(Sr VP)*
Greg Tedesco *(Sr VP-Digital Mktg)*
Jackie Kohlhagen *(VP-Digital)*
Hannah Pomatto *(VP)*
Kamal Bosamia *(Dir & Strategist-Media)*
Ray Madrigal *(Office Mgr)*

Liz Fernandez *(Sr Acct Supvr)*
Natalie Poston *(Sr Acct Supvr)*
Heather Ribeiro *(Sr Acct Supvr)*
John Arango *(Acct Supvr)*
Blair Hickey *(Acct Supvr-Corp Affairs)*
Mary Dallas Jameson *(Acct Supvr)*
Pepe Maldonado *(Acct Supvr)*
Maureen Murray *(Acct Supvr)*
Anna Zalas *(Acct Supvr)*
Eva Glas *(Sr Acct Exec-Consumer Tech)*
Lauren Mucci *(Sr Acct Exec)*

Accounts:
Cepia LLC (Agency of Record) Zhu Zhu Pets
Easterseals (Communications Agency of Record) Branding
Garrett Popcorn Event Execution, Influencer Engagement, Media Outreach, Social Media Strategy
Narrative Science (Agency of Record)
Perfetti Van Melle USA, Inc.
Pilot Flying J
Porter Airlines
Scotts Miracle-Gro
Seattle Coffee Company
Starbucks Corporation Seattle's Best Coffee
Turtle Wax, Inc. Campaign: "WaxOnShirtOff", Turtle Wax Ice
Williamson-Dickie Manufacturing Co. Dickies Work Clothes, Williamson-Dickie Manufacturing Co.
World Kitchen Corelle, CorningWare, PR, Pyrex

ZENZI COMMUNICATIONS
2235 Encinitas Blvd, Encinitas, CA 92024
Tel.: (760) 635-9320
E-Mail: info@zenzi.com
Web Site: www.zenzi.com

Employees: 12
Year Founded: 2002

Sarah Znerold Hardwick *(Founder & CEO)*
Julie Lyons *(Pres)*
Arianne Brandt *(Acct Dir)*
Tenaya Wickstrand *(Acct Exec)*
Graham Hill *(Sr Researcher)*

Accounts:
Keep a Breast
Parascript Automated Check & Remittance Processing, Forms Processing, Fraud Detection & Prevention, Mail Processing

ZINGPR
2995 Woodside Rd Ste 400, Woodside, CA 94062
Tel.: (650) 369-7784
Web Site: www.zingpr.com

Employees: 1

Agency Specializes In: Media Relations, Print, Public Relations, Radio, Social Media, T.V.

Tim Cox *(Founder)*

Accounts:
Other World Computing

ZLOKOWER COMPANY LLC
333 7th Ave 6th Fl, New York, NY 10001
Tel.: (212) 863-4193
Fax: (212) 863-4141
E-Mail: harry@zlokower.com
Web Site: www.zlokower.com

Employees: 6

Agency Specializes In: Advertising, Collateral, Electronic Media, Entertainment, Financial, Government/Political, Health Care Services, Internet/Web Design, Investor Relations, Print,

Real Estate, Social Marketing/Nonprofit

Harry Zlokower *(Pres)*
Gail Horowitz *(Sr VP)*
Dave Closs *(VP)*

Accounts:
BAI Global
Center for Hearing and Communication
East Coast Venture Capital
Equity Now
GemEx Corporation
GeneLink, Inc
Hearts on Fire Diamonds
HMS Associates
Medallion Financial Corp
Townhouse Management Company

ZORCH INTERNATIONAL, INC.
223 W Erie St Ste 5Nw, Chicago, IL 60654
Tel.: (312) 751-8010
Fax: (877) 471-0527
E-Mail: newvendorrequests@zorch.com
Web Site: www.zorch.com

Employees: 22
Year Founded: 2002

Agency Specializes In: Brand Development & Integration, Merchandising

Revenue: $24,515,175

Mike Wolfe *(CEO)*
Marci Chapman *(CIO)*
Katie Geise *(Sr VP-Acct Mgmt)*
Catherine Scare *(Sr VP-Supply Chain)*
Lauren Senter *(Sr VP-Bus Dev)*
Julie Trost *(VP-Ops)*
Joe Hosler *(Dir-Brand & Creative Svcs)*
Bonnie Bannon *(Acct Mgr)*
Meghan McManigal *(Acct Mgr)*

Accounts:
Chase
Citigroup

1690

PERSONNEL INDEX

A

Aal, Scott, Partner & Creative Dir -- CHEMISTRY CLUB, San Francisco, CA, pg. 205

Aardahl, James, Acct Dir -- GREENLIGHT MEDIA & MARKETING, LLC, Hollywood, CA, pg. 435

Aasman, Zeke, Dir-Creative Strategies -- Aasman Brand Communications, Whitehorse, Canada, pg. 16

Abadi, Mike, Assoc Creative Dir -- THE GATE WORLDWIDE NEW YORK, New York, NY, pg. 411

Abadi, Sara, Acct Dir -- DDB Chicago, Chicago, IL, pg. 268

Abasbek, Azim, Art Dir -- DDB Group Germany, Berlin, Germany, pg. 274

Abbas, Mushahid, Media Dir -- Interactive Avenues Pvt. Ltd., Mumbai, India, pg. 542

Abbate, Karen, Creative Dir -- J. WALTER THOMPSON, New York, NY, pg. 553

Abbenda, Catherine, VP & Creative Dir -- Cramer-Krasselt, New York, NY, pg. 237

Abbott, Emma, VP & Acct Supvr-Social Media & PR -- GKV COMMUNICATIONS, Baltimore, MD, pg. 421

Abbott, Erin, Acct Dir -- Jack Morton Worldwide, Detroit, MI, pg. 568

Abbott, Jeff, Exec VP & Media Dir -- Chemistry Atlanta, Atlanta, GA, pg. 205

Abbott, Scott, Creative Dir -- MARKER SEVEN, INC., San Francisco, CA, pg. 681

Abd Karim, Ferohaizal, Head-Creative -- FCB Kuala Lumpur, Kuala Lumpur, Malaysia, pg. 374

Abdou, Ahmed, Art Dir -- Impact BBDO, Cairo, Egypt, pg. 104

Abe, Mitsushi, Creative Dir -- DENTSU INC., Tokyo, Japan, pg. 289

Abe, Tatsunori, Creative Dir-Strategic -- DENTSU INC., Tokyo, Japan, pg. 289

Abegglen, Ryan, Creative Dir -- PIVOT MARKETING, Indianapolis, IN, pg. 874

Abelson, Dennis, Partner & Creative Dir -- MATRIX PARTNERS LTD., Chicago, IL, pg. 693

Aberg, Sandra, Media Dir -- Edelman, Stockholm, Sweden, pg. 1496

Abiola, Demi, Acct Dir-Press -- PHD MEDIA UK, London, United Kingdom, pg. 1363

Abou-Khaled, Joe Abou, Reg Creative Dir -- Impact BBDO, Beirut, Lebanon, pg. 106

Abouhamad, Khalil, Creative Dir -- FP7 Jeddah, Jeddah, Saudi Arabia, pg. 708

Abracen, Jeff, VP & Creative Dir -- BAM STRATEGY, Montreal, Canada, pg. 87

Abraham, Ben, Strategist-Creative -- ISTRATEGYLABS, Washington, DC, pg. 1265

Abraham, Jules, Dir-PR -- CORE IR, Garden City, NY, pg. 231

Abrahams, Nethaam, Art Dir -- MullenLowe South Africa, Johannesburg, South Africa, pg. 777

Abramovitz, Bill, Partner & Creative Dir -- BIOTICA LLC, Cincinnati, OH, pg. 131

Abrams, Adrienne, Sr Dir-Creative Svcs -- 3Q DIGITAL, San Mateo, CA, pg. 8

Abrams, Amanda, Creative Dir -- TEAM ONE USA, Los Angeles, CA, pg. 1095

Abrams, Debbie, Sr VP-PR -- THE BUZZ AGENCY, Delray Beach, FL, pg. 1460

Abrams, Rachel, Sr Writer & Creative Dir -- Cossette B2B, Toronto, Canada, pg. 233

Abramson, Jennifer, Acct Dir-Digital -- DAC GROUP, Louisville, KY, pg. 257

Abrantes, Alexandre, Assoc Creative Dir & Copywriter -- PUBLICIS NEW YORK, New York, NY, pg. 912

Abreu, Izabel, Art Buyer -- F.biz, Sao Paulo, Brazil, pg. 1183

Abrol, Manasvi, Creative Dir -- Leo Burnett India, Mumbai, India, pg. 629

Abukhader, Amanda, Acct Supvr -- FLEISHMANHILLARD INC., Saint Louis, MO, pg. 1506

Acar, Serhan, Creative Dir -- Havas Worldwide Istanbul, Istanbul, Turkey, pg. 482

Acevedo, Andres, Assoc Creative Dir -- THE COMMUNITY, Miami, FL, pg. 223

Acevedo, Andres, Assoc Creative Dir -- The Community, Buenos Aires, Argentina, pg. 224

Acharya, Anurag, Creative Dir & Copywriter -- J. Walter Thompson, Kolkata, India, pg. 557

Achata Bottger, Anne Ginette, Acct Dir -- Y&R Peru, Lima, Peru, pg. 1207

Achatz, Karin, Art Dir -- Heye & Partner GmbH, Munich, Germany, pg. 274

Ackerman, Mark, VP & Acct Supvr -- ACKERMAN MCQUEEN, INC., Oklahoma City, OK, pg. 21

Ackermann, Karl, Creative Dir -- J. WALTER THOMPSON, New York, NY, pg. 553

Ackmann, Nicole, Exec Creative Dir -- THREAD CONNECTED CONTENT, Minneapolis, MN, pg. 1102

Acock, Jason, Acct Dir -- SAXUM PUBLIC RELATIONS, Oklahoma City, OK, pg. 1641

Acosta, Alex, Mng Partner-Creative -- McCann Erickson Central, Solihull, United Kingdom, pg. 712

Acosta, Nicolas, Creative Dir-TotalWork -- Sancho BBDO, Bogota, Colombia, pg. 102

Acree, Charissa, Mgr-PR -- PRICEWEBER MARKETING COMMUNICATIONS, INC., Louisville, KY, pg. 889

Acton, Jeff, Acct Exec -- STARKMEDIA INC., Milwaukee, WI, pg. 1292

Acuff, Erin, Media Dir -- INSIGHT CREATIVE GROUP, Oklahoma City, OK, pg. 535

Acuna, Cristobal, Art Dir -- BBDO Chile, Santiago, Chile, pg. 102

Acuna, Gabriel, Acct Exec -- CULTURESPAN MARKETING, El Paso, TX, pg. 253

Adachi, Kohei, Acct Supvr -- Wieden + Kennedy Japan, Tokyo, Japan, pg. 1166

Adachi, Yohey, Assoc Creative Dir -- Wieden + Kennedy Japan, Tokyo, Japan, pg. 1166

Adair, Adrienne, Head-Creative -- MMI AGENCY, Houston, TX, pg. 751

Adali, Bora, Art Dir -- Saatchi & Saatchi Istanbul, Istanbul, Turkey, pg. 980

Adam, Daniella, Art Dir & Sr Designer -- J. Walter Thompson Inside, Sydney, Australia, pg. 566

Adame, Charlene, Media Planner & Media Buyer -- CROSSMEDIA, New York, NY, pg. 1317

Adami, Elis, Acct Supvr -- Publicis Brasil Communicao, Sao Paulo, Brazil, pg. 906

Adami, Kellie, Mng Partner-New Bus Dev -- DIXON SCHWABL ADVERTISING, Victor, NY, pg. 309

Adami, Simone, Art Dir -- J. Walter Thompson Milan, Milan, Italy, pg. 560

Adams, Bill, Creative Dir -- POTTS MARKETING GROUP LLC, Anniston, AL, pg. 884

Adams, Chris, Creative Dir -- WOLFGANG LOS ANGELES, Venice, CA, pg. 1174

Adams, Coniah, Media Dir-Boeing -- TMP Worldwide/Advertising & Communications, Chicago, IL, pg. 1107

Adams, Corey, Producer-Creative -- FRENCH/WEST/VAUGHAN, INC., Raleigh, NC, pg. 398

Adams, Earl, Acct Dir -- FCB New York, New York, NY, pg. 365

Adams, Jeremy, Assoc Creative Dir & Writer -- LEO BURNETT WORLDWIDE, INC., Chicago, IL, pg. 621

Adams, John, Art Dir -- BEDFORD ADVERTISING INC., Carrollton, TX, pg. 120

Adams, Katie, Acct Supvr -- RAZ PUBLIC RELATIONS, Santa Monica, CA, pg. 1625

Adams, Kieran, Art Dir -- TBWA Melbourne, Melbourne, Australia, pg. 1088

Adams, Meredith Deery, Media Planner -- WRAY WARD MARKETING COMMUNICATIONS, Charlotte, NC, pg. 1187

Adams, Michele, Sr VP & Creative Dir -- GIANT CREATIVE/STRATEGY, LLC, San Francisco, CA, pg. 418

Adams, Stuart, Media Planner -- SWANSON RUSSELL ASSOCIATES, Lincoln, NE, pg. 1064

Adamson, Maggie, Mgr-Traffic -- THE CREATIVE DEPARTMENT, Cincinnati, OH, pg. 241

Adcock, Leslie, Acct Rep & Creative Dir -- VISINTINE & RYAN PR, Manchester, MO, pg. 1667

Addison, Jordon, Art Dir -- STONE WARD, Little Rock, AR, pg. 1050

Adducci, Brian, Founder, Partner & Chief Creative Officer -- CAPSULE BRAND DEVELOPMENT, Minneapolis, MN, pg. 188

Adduci, MaryBeth, Exec Creative Dir-US -- GOLIN, Chicago, IL, pg. 1519

Adelson, Robyn, Exec VP-Strategy & Creative -- Weber Shandwick, Toronto, Canada, pg. 1677

Adeola, Leanna, Acct Supvr -- BORSHOFF, Indianapolis, IN, pg. 148

Adewumi, Kemi, Acct Dir -- WALRUS, New York, NY, pg. 1150

Adiletti, Lauren, Acct Exec -- LEVERAGE MARKETING GROUP, Newtown, CT, pg. 634

Adin, Chiara, Co-Founder & Chief Creative Officer -- NA COLLECTIVE, New York, NY, pg. 783

Adiwiyoto, Dimas, VP & Acct Dir -- FCB New York, New York, NY, pg. 365

Adkins, David, Creative Dir -- THE BARBER SHOP MARKETING, Addison, TX, pg. 88

Adkins, Doug, Chief Creative Officer -- HUNT ADKINS, Minneapolis, MN, pg. 514

Adkins, Fred, Pres & Chief Creative Officer -- FRED AGENCY, Atlanta, GA, pg. 396

Adkins, George, Creative Dir -- NAARTJIE MULTIMEDIA, Columbus, GA, pg. 783

Adkins, Mark, Creative Dir -- CLARK/NIKDEL/POWELL, Winter Haven, FL, pg. 212

Adler, David, Sr VP & Creative Dir -- AREA 23, New York, NY, pg. 67

Adler, Emily, Acct Exec -- SCHMIDT PUBLIC AFFAIRS, Alexandria, VA, pg. 1641

Adler, Jennifer, Dir-PR -- THE JAMES AGENCY, Scottsdale, AZ, pg. 570

Adler, Mark, Assoc Dir-Creative -- DONER, Southfield, MI, pg. 314

Adler, Stan, Creative Dir -- STAN ADLER ASSOCIATES, New York, NY, pg. 1042

Adley, Saba, Media Dir -- NORTHWEST STRATEGIES, Anchorage, AK, pg. 1596

Adolfo, Ricardo, Exec Creative Dir -- Ogilvy Japan K.K., Tokyo, Japan, pg. 825

Adolph, Michael, Sr Partner & Creative Dir -- FleishmanHillard Inc., Washington, DC, pg. 1512

Adriana, Adriana, Acct Dir -- STERLING COMMUNICATIONS, Los Gatos, CA, pg. 1652

Adsit, Bob, Sr VP & Creative Dir -- FCB HEALTH, New York, NY, pg. 376

Aeschbach, Jared, Acct Dir-Sponsorship Strategy-Comcast -- GMR MARKETING LLC, New Berlin, WI, pg. 1403

af Ornas, Erik Hiort, Art Dir -- Saatchi & Saatchi, Stockholm, Sweden, pg. 980

Afanador, Juan, Creative Dir -- McCann Erickson Corp. S.A., Bogota, Colombia, pg. 702

Affiq, Yuza Dannial, Acct Exec -- McCann Erickson (Malaysia) Sdn. Bhd., Kuala Lumpur, Malaysia, pg. 706

Afifi, Azadeh, Art Dir -- DECCA DESIGN, San Jose, CA, pg. 284

Afonso, Victor, Creative Dir -- FCB Lisbon, Lisbon, Portugal, pg. 367

Afridi, Saks, Head-Grp Creative & Art Dir -- MERKLEY+PARTNERS, New York, NY, pg. 733

Agapova, Daria, Grp Head-Creative -- BBDO Moscow, Moscow, Russia, pg. 107

Agarwal, Rajat, Assoc Creative Dir -- Ogilvy, New Delhi, India, pg. 825

Agbuya, Gerardo, Art Dir -- JOHN ST., Toronto, Canada, pg. 579

Agee, Sara Miles, Producer-Creative Integrated -- Lewis Communications, Mobile, AL, pg. 636

Agerbeek, Richard, Creative Dir -- SWEDEN UNLIMITED, New York, NY, pg. 1294

Aggergaard, Tobias Lykke, Exec Creative Dir -- TBWA Copenhagen, Copenhagen, Denmark, pg. 1080

Agius, Ollie, Art Dir-Film -- Cheil Worldwide Inc., Seoul, Korea (South), pg. 462

Agliardo, Peter, Sr VP & Grp Creative Dir -- DDB HEALTH, New

1691

AGENCIES — PERSONNEL INDEX

York, NY, pg. 267

Agnel, Franck, Acct Dir -- Publicis Conseil, Paris, France, pg. 898

Agnellini, Alessandro, Assoc Creative Dir & Art Dir -- Ogilvy (Singapore) Pvt. Ltd., Singapore, Singapore, pg. 827

Agostini, Freddy, Art Dir -- Lapiz, Chicago, IL, pg. 622

Aguayo, Berto, Sr Producer-Creative -- MADWELL, Brooklyn, NY, pg. 670

Agudelo, Jacqueline, Acct Dir -- NORTH 6TH AGENCY, INC., New York, NY, pg. 798

Aguerri, Manuel Castillo, Art Dir-Creative -- LOLA MullenLowe, Madrid, Spain, pg. 542

Aguiar, Paulo, Creative Dir -- Publicis Brasil Communicao, Sao Paulo, Brazil, pg. 906

Aguilar, Orlando, Art Dir -- McCann Erickson (Peru) Publicidad S.A., Lima, Peru, pg. 707

Aguinaldo, Daryll, Media Buyer -- ICON MEDIA DIRECT, Van Nuys, CA, pg. 1331

Aguinaldo, Mel, Assoc Creative Dir -- Campaigns & Grey, Makati, Philippines, pg. 447

Aguirre, Catalina, Acct Supvr -- Ponce Buenos Aires, Buenos Aires, Argentina, pg. 543

Aguirre, Cesar Aburto, Creative Dir -- McCann Erickson S.A. de Publicidad, Santiago, Chile, pg. 701

Aguirre, Eddi, Assoc Creative Dir -- McCann Erickson Mexico, Mexico, Mexico, pg. 706

Agurcia, Daniela, Acct Exec -- OMNI DIRECT INC., Miami, FL, pg. 835

Agurto, Monica, Sr Media Buyer -- VSBROOKS, Coral Gables, FL, pg. 1147

Ah Tow, Jason, Art Dir -- 303 MullenLowe, Sydney, Australia, pg. 773

Ahluwalia, Sapna, Creative Dir -- BBH Mumbai, Mumbai, India, pg. 93

Ahmad, Nadia, Sr Dir-Creative & Art -- WIEDEN + KENNEDY, INC., Portland, OR, pg. 1163

Ahmed, Ben Abdelghaffar, Art Dir -- J. Walter Thompson, Tunis, Tunisia, pg. 554

Ahmed, Mehnaz, Media Dir -- MullenLowe Rauf, Karachi, Pakistan, pg. 776

Ahmet, Evren, Acct Dir -- M&C SAATCHI PLC, London, United Kingdom, pg. 658

Ahrens, Cori, VP & Acct Dir -- SPM MARKETING & COMMUNICATIONS, La Grange, IL, pg. 1035

Ahrens, Greg, VP & Co-Creative Dir -- SKAR ADVERTISING, Omaha, NE, pg. 1018

Ahrens, Laurie, Creative Dir -- Momentum, Saint Louis, MO, pg. 755

Aikens, Kyle, Creative Dir, Strategist & Designer-UX -- CREATIVE MULTIMEDIA SOLUTIONS LLC, Washington Crossing, PA, pg. 1247

Ainsley, Craig, Creative Dir & Writer -- Anomaly, London, United Kingdom, pg. 59

Ainsley, Craig, Creative Dir & Writer -- Anomaly, London, United Kingdom, pg. 721

Ainsworth, Katie, Exec Creative Dir -- COSSETTE COMMUNICATIONS, Vancouver, Canada, pg. 232

Aipa, Moses, Creative Dir & Strategist-Brand -- ICONOCLAST ARTIST MANAGEMENT LLC, New York, NY, pg. 519

Aitken, Casey, Creative Dir -- J. Walter Thompson Inside, Atlanta, GA, pg. 565

Ajelli, Francesca, Acct Exec & Coord-Social Media -- Leo Burnett Co., S.r.l., Milan, Italy, pg. 625

Ajello, Tom, Sr Partner & Chief Creative Officer -- VIVALDI, New York, NY, pg. 1142

Akbay, Selin, Acct Exec -- Havas Worldwide Istanbul, Istanbul, Turkey, pg. 482

Akesson, Samuel, Art Dir -- Forsman & Bodenfors, Stockholm, Sweden, pg. 722

Akeyson, Dagny, Acct Supvr -- FIONA HUTTON & ASSOCIATES, Studio City, CA, pg. 382

Akin, Abby, Media Buyer -- ADSMITH COMMUNICATIONS, Springfield, MO, pg. 33

Akin, Oktar, Creative Dir -- Markom/Leo Burnett, Istanbul, Turkey, pg. 627

Akinaga, Hiroshi, Creative Dir -- DENTSU INC., Tokyo, Japan, pg. 289

Akinyi, Susan Linet, Acct Exec -- Y&R New York, New York, NY, pg. 1198

Akkarajindanon, Pathida, Grp Head-Creative -- J. Walter Thompson, Shanghai, China, pg. 555

Akoleowo, Olakunle, Creative Dir-West Africa -- 140 BBDO, Cape Town, South Africa, pg. 108

Akram, Kamran, Sr Designer -- Southpaw, Tunbridge Wells, United Kingdom, pg. 463

Al Dimanshi, Dana, Acct Exec -- TBWA Raad, Dubai, United Arab Emirates, pg. 1088

Al'Shamal, Fahad Mecca, Art Dir -- FCB Jakarta, Jakarta, Indonesia, pg. 373

Al-Jorani, Caleb, Creative Dir-Netherlands -- Wieden + Kennedy, London, United Kingdom, pg. 1165

Al-Jorani, Caleb, Creative Dir -- Wieden + Kennedy Amsterdam, Amsterdam, Netherlands, pg. 1164

Al-Naqeeb, Manaf, Creative Dir-Digital -- DAILEY & ASSOCIATES, West Hollywood, CA, pg. 258

Alabiso, Katie, Acct Supvr -- HOFFMAN AND PARTNERS, Braintree, MA, pg. 505

Alam, Faraz, Sr Creative Dir -- Ogilvy, Bengaluru, India, pg. 823

Alan, Francis, Art Dir -- Almap BBDO, Sao Paulo, Brazil, pg. 101

Alandt, Philip, Sr VP & Acct Dir -- J. Walter Thompson U.S.A., Inc., Fort Washington, PA, pg. 567

Alarcon, Adriano, Creative Dir-Latam -- DM9DDB, Sao Paulo, Brazil, pg. 271

Alardin, Kristine, Media Buyer -- FREED ADVERTISING, Sugar Land, TX, pg. 397

Alatorre, Sean, Partner, VP & Creative Dir -- NEURON SYNDICATE, Santa Monica, CA, pg. 790

Alauddin, Maria, Acct Dir -- ADPEARANCE INC., Portland, OR, pg. 1233

Alawusa, Peju, Art Dir & Graphic Designer -- ADRENALIN, INC, Denver, CO, pg. 32

Albano, Rick, Chief Creative Officer -- SWIFT AGENCY, Portland, OR, pg. 1066

Albano, Rose, Media Planner -- GROUPM NORTH AMERICA & CORPORATE HQ, New York, NY, pg. 1322

Albaran, Mercy, Acct Dir -- Fenton, San Francisco, CA, pg. 377

Albarran, Letty, Exec VP & Exec Creative Dir-Copy -- HAVAS HEALTH & YOU, New York, NY, pg. 474

Albatran, Mohammed, Art Dir -- Targets/Leo Burnett, Riyadh, Saudi Arabia, pg. 627

Albers, Trey, Creative Dir-Copy -- HEARTBEAT DIGITAL, New York, NY, pg. 492

Albert, Joe, Art Dir -- WIEDEN + KENNEDY, INC., Portland, OR, pg. 1163

Albert, Lauren, Acct Coord -- DUNN&CO, Tampa, FL, pg. 326

Albert, Matt, Art Dir -- MLT CREATIVE, Tucker, GA, pg. 749

Albert, Thierry Tudela, Creative Dir -- Wieden + Kennedy Amsterdam, Amsterdam, Netherlands, pg. 1164

Albertelli, Sarah, Acct Dir -- J. Walter Thompson Inside, New York, NY, pg. 566

Alberti, Jane Marie, Dir-Creative Svcs -- DERSE INC., Milwaukee, WI, pg. 292

Alberts, Roxanne, Acct Exec -- SPARK44, Los Angeles, CA, pg. 1226

Ablas, Andrew, Art Dir -- Rethink, Toronto, Canada, pg. 951

Albrecht, Lauren, Acct Dir -- Sawmill, Washington, DC, pg. 1675

Albright, Katelyn, Media Planner & Media Buyer -- ASHER MEDIA, INC., Addison, TX, pg. 1308

Albright, Lrichard, Assoc Creative Dir -- LAWLER BALLARD VAN DURAND, Birmingham, AL, pg. 616

Albro, Geoff, VP-Creative -- SPARKS MARKETING CORP., Philadelphia, PA, pg. 1032

Albuquerque, Dario, Exec Creative Dir -- Saatchi & Saatchi, Dubai, United Arab Emirates, pg. 980

Alcala, Laura, Art Dir -- Ogilvy, Mexico, Mexico, pg. 821

Alcala, Stacy Carr, Acct Supvr -- MP&F STRATEGIC COMMUNICATIONS, Nashville, TN, pg. 1586

Alchin, Todd, Partner & Sr Strategist-Creative -- NOBLE PEOPLE, New York, NY, pg. 796

Alcock, Mikael, Art Dir -- BARTLE BOGLE HEGARTY LIMITED, London, United Kingdom, pg. 92

Alderman, Mackenzie, Acct Exec -- BBDO New York, New York, NY, pg. 99

Alderman, Steve, Sr Mgr-PR -- GODWIN ADVERTISING AGENCY, INC., Jackson, MS, pg. 427

Alderman, Steve, Sr Mgr-PR -- GODWINGROUP, Gulfport, MS, pg. 427

Aldrich, Andrew, VP-PR -- BONNIE HENESON COMMUNICATIONS, INC., Owings Mills, MD, pg. 146

Aldridge, Lee, Creative Dir -- SPARK44, Los Angeles, CA, pg. 1226

Aldridge, Todd, Art Dir -- LUQUIRE GEORGE ANDREWS, INC., Charlotte, NC, pg. 657

Aldritt, Ben, Acct Exec-Subway Restaurants -- NEMER FIEGER, Minneapolis, MN, pg. 788

Alegre, April, Art Dir-Select World – SelectNY.Paris, Paris, France, pg. 1001

Aleman, Ileana, Chief Creative Officer -- BVK/MEKA, Miami, FL, pg. 179

Aleo, Kristen, Media Buyer & Planner -- SOUND COMMUNICATIONS, INC., New York, NY, pg. 1369

Alepuz, Pucho, Creative Dir -- Vinizius/Y&R, Barcelona, Spain, pg. 1203

Alesci, Laura, Dir-Creative Strategy & Content -- HAVAS SPORTS & ENTERTAINMENT, Atlanta, GA, pg. 1260

Alexander, Joelle, Acct Coord -- CLM MARKETING & ADVERTISING, Boise, ID, pg. 214

Alexander, Mimi, Mgr-PR -- MEMAC Ogilvy, Kuwait, Kuwait, pg. 830

Alexander, Rob, Creative Dir -- OFFICE, San Francisco, CA, pg. 809

Alexander, Stuart, Grp Head-Creative -- Leo Burnett Sydney, Sydney, Australia, pg. 628

Alexander, Toni, Pres & Creative Dir -- INTERCOMMUNICATIONS INC., Newport Beach, CA, pg. 538

Alexandre, Joao, Art Dir -- DM9DDB, Sao Paulo, Brazil, pg. 271

Alexiou, Maria, Creative Dir -- McCann Erickson Athens, Athens, Greece, pg. 704

Alfaro Alpizar, Jose David, Editor-Creative -- Garnier BBDO, San Jose, Costa Rica, pg. 102

Alfaro, Raelle, Acct Exec -- Edelman, San Francisco, CA, pg. 1492

Alford, Alex, Acct Coord -- The Corkery Group, Inc., New York, NY, pg. 230

Alford, Suzanne, Sr Creative Dir -- ALFORD ADVERTISING INC, New Orleans, LA, pg. 44

Alger, Jed, Co-Founder, Creative Dir & Copywriter -- MUST BE SOMETHING INC, Portland, OR, pg. 780

Alger, Wade, Exec Creative Dir -- TBWA Chiat Day New York, New York, NY, pg. 1078

Ali, Carolina, Acct Dir -- Wunderman, Washington, DC, pg. 1198

Ali, Melissa, Media Planner -- POSTERSCOPE, New York, NY, pg. 884

Ali, Noufal, Exec Creative Dir -- FP7, Muscat, Oman, pg. 707

Alifakioti, Christina, Acct Dir -- Bold Ogilvy Greece, Athens, Greece, pg. 815

Alifakioti, Christina, Acct Dir -- OgilvyOne Worldwide, Athens, Greece, pg. 815

Alija, Carlos, Creative Dir -- Wieden + Kennedy, London, United Kingdom, pg. 1165

Alkema, Brigid, Exec Creative Dir -- Clemenger BBDO Wellington, Wellington, New Zealand, pg. 113

Alkintar, Tameem, Acct Dir -- ASDA'A Burson - Marsteller, Dubai, United Arab Emirates, pg. 1444

Allaben, Kathryn, Acct Exec -- WHITE HAT AGENCY, Austin, TX, pg. 1161

Allan, Lee, Creative Dir -- GAGE, Minneapolis, MN, pg. 1403

Allanson, Logan, Creative Dir-Innovation -- Impact BBDO, Dubai, United Arab Emirates, pg. 109

Allbee, Scott, Art Dir -- NEW RIVER COMMUNICATIONS, INC., Fort Lauderdale, FL, pg. 791

Allebach, Jamie, CEO & Chief Creative Officer -- ALLEBACH COMMUNICATIONS, Souderton, PA, pg. 45

Allen, Bill, Grp Creative Dir -- TETHER, INC., Seattle, WA, pg. 1097

Allen, Brian, Creative Dir -- Havas Worldwide Canada, Montreal, Canada, pg. 477

Allen, Bryan, Sr VP & Creative Dir -- IGNITION INTERACTIVE, Los Angeles, CA, pg. 523

Allen, Catherine, Creative Dir -- ZULU ALPHA KILO, Toronto, Canada, pg. 1216

Allen, Douglas, Acct Supvr -- STANTON, New York, NY, pg. 1042

Allen, Drew, Principal & Creative Dir -- PEPPERSHOCK MEDIA PRODUCTIONS, LLC., Nampa, ID, pg. 862

Allen, Emlyn, Creative Dir -- HUDSON ROUGE, New York, NY, pg. 511

Allen, Hope, CEO & Dir-Creative -- ALLEN & PARTNERS, Plainfield, NJ, pg. 46

Allen, Jaclyn, Acct Dir-Buxom Cosmetics -- JWALK, New York, NY, pg. 586

Allen, Jodie, Acct Dir -- Mccann, Sydney, Australia, pg. 700

Allen, Lee, Acct Dir -- MullenLowe London, London, United Kingdom, pg. 775

Allen, Matthew, Partner & Creative Dir -- REVOLVE, Bedford, Canada, pg. 953

Allen, Maureen, Media Dir -- DOLABANY COMMUNICATIONS GROUP, Norwood, MA, pg. 313

Allen, Michele, Principal & Creative Dir -- CRUX CREATIVE, Milwaukee, WI, pg. 251

Allen, Nancy, VP & Acct Dir -- &BARR, Orlando, FL, pg. 55

Allen, Nick, Assoc Dir-Creative -- Commonwealth, Detroit, MI, pg. 698

Allen, Nicole, Acct Supvr & Ops Mgr -- UWG, Brooklyn, NY, pg. 1129

PERSONNEL INDEX — AGENCIES

Allen, Skeek, VP & Creative Dir -- AD PARTNERS INC., Tampa, FL, pg. 24

Allen, Toby, Partner-Creative -- Abbott Mead Vickers BBDO, London, United Kingdom, pg. 109

Allen, Todd, Pres & Exec Creative Dir -- TODD ALLEN DESIGN, Elkhart, IN, pg. 1108

Allenby, Patrick, Dir-Art & Creative -- Young & Rubicam Australia/New Zealand, Sydney, Australia, pg. 1199

Aller, Matt, Partner & Creative Dir -- BRANDHIVE, Salt Lake City, UT, pg. 156

Allex, Brian, Creative Dir -- EXCITANT HEALTHCARE ADVERTISING, Woodstock, GA, pg. 355

Alleyne, Lizzie, Acct Dir -- Adam & EveDDB, London, United Kingdom, pg. 281

Allgeier, Taylor, Acct Exec -- MPG MEDIA SERVICES, Louisville, KY, pg. 1353

Allinson, Rachel, Art Dir & Designer -- THE MEYOCKS GROUP, West Des Moines, IA, pg. 736

Allison, Amanda, Acct Supvr-Product, Tech & Motorsports-Audi of America -- PMK*BNC, New York, NY, pg. 543

Allumbaugh, Ginny, Media Buyer -- ANDERSON PARTNERS, Omaha, NE, pg. 58

Allwein, Danielle, Acct Dir -- SLEEK MACHINE, LLC, Boston, MA, pg. 1020

Alm, Dave, Assoc Creative Dir -- BBDO PROXIMITY, Minneapolis, MN, pg. 97

Alm, David, Assoc Creative Dir -- BBDO Minneapolis, Minneapolis, MN, pg. 98

Almanza, Diego, Exec Creative Dir -- Sancho BBDO, Bogota, Colombia, pg. 102

Almazan, James, Acct Exec -- WONGDOODY, Seattle, WA, pg. 1175

Almeida, Dalatando, Art Dir -- Abbott Mead Vickers BBDO, London, United Kingdom, pg. 109

Almeida, Greg, Exec VP, Exec Creative Dir & Copywriter -- MMB, Boston, MA, pg. 750

Almeida, Joe, Art Dir -- Circus Grey, Lima, Peru, pg. 444

Almeida, Stephanie, Acct Dir -- Rauxa, New York, NY, pg. 933

Almirante, Marcos, Assoc Creative Dir -- Global Team Blue, London, United Kingdom, pg. 423

Almonroeder, Kimberly, VP & Acct Dir -- MCCANN, New York, NY, pg. 697

Almuna, Tomas, Creative Dir -- Conill Advertising, Inc., El Segundo, CA, pg. 227

Alomia, Danitra, Sr Mgr-PR -- REVERB COMMUNICATIONS INC., Twain Harte, CA, pg. 952

Alonso, Sergio, Creative Dir -- ELEPHANT, San Francisco, CA, pg. 335

Alonso, Susanne, Acct Dir -- DDB LATINA PUERTO RICO, San Juan, PR, pg. 267

Alonzo, Javier, Creative Dir -- SKAI BLUE MEDIA, Philadelphia, PA, pg. 1646

Alpaugh, Emma, Acct Supvr -- MAXWELL PR, Portland, OR, pg. 1578

Alpert, Margaux, Media Dir -- HEALIX, New York, NY, pg. 491

Alpian, Massimo, Acct Dir-PR -- OUTSIDE PR, Sausalito, CA, pg. 1604

Alshazly, Faten, Principal & Chief Creative Officer -- WEUSTHEM INC., Halifax, Canada, pg. 1160

Alt, Patricia, Acct Dir -- HUGHESLEAHYKARLOVIC, Saint Louis, MO, pg. 513

Altan, Marissa, Mgr-Brdcst-Local TV & Supvr -- CANVAS WORLDWIDE, New York, NY, pg. 1314

Altman, Eli, Creative Dir -- A HUNDRED MONKEYS INC, Berkeley, CA, pg. 15

Altman, Lisa Mazer, Sr VP-PR -- JAFFE, Stephenville, TX, pg. 1545

Altman, Melissa, Media Planner & Buyer-Digital -- SERINO COYNE LLC, New York, NY, pg. 1003

Altomare, Ingrid, Acct Dir -- Y&R Italia, srl, Milan, Italy, pg. 1203

Altun, Cem, Art Dir -- Y&R Turkey, Istanbul, Turkey, pg. 1204

Alvarado, Daniel, Creative Dir -- BBDO Guatemala, Guatemala, Guatemala, pg. 103

Alvarez, Alyssa, Acct Supvr -- SapientRazorfish Chicago, Chicago, IL, pg. 1288

Alvarez, Armando, Partner & Creative Dir -- VIVA + IMPULSE CREATIVE CO, El Paso, TX, pg. 1141

Alvarez, Audel, Creative Dir -- M8 AGENCY, Miami, FL, pg. 666

Alvarez, Danny, Grp Dir-Creative -- DAVID The Agency, Miami, FL, pg. 261

Alvarez, Felipe, Art Dir -- Grey: REP, Bogota, Colombia, pg. 444

Alvarez, Juan Pablo, VP-Creative -- Ogilvy, Bogota, Colombia, pg. 820

Alvarez, Leandro, Creative Dir-Large-McDonald's -- TBWA Lisbon, Lisbon, Portugal, pg. 1084

Alvarez, Lupita, Coord-Creative -- WE BELIEVERS, New York, NY, pg. 1155

Alvarez, Miguel, Art Dir -- DEEPSLEEP STUDIO, Miami, FL, pg. 286

Alvarez, Natasha, Acct Exec -- SEYFERTH & ASSOCIATES INC., Grand Rapids, MI, pg. 1643

Alvarez, Norma, Acct Dir -- NOBOX MARKETING GROUP, INC., Miami, FL, pg. 796

Alvarez, Orlando, Gen Creative Dir -- Publicidad Comercial, La Libertad, El Salvador, pg. 543

Alves, Daniel, Assoc Dir-Creative -- CARMICHAEL LYNCH, Minneapolis, MN, pg. 189

Alves, Ricardo, Art Dir -- Y&R Portugal, Lisbon, Portugal, pg. 1203

Alves, Sandra, Art Dir -- Ogilvy, Sao Paulo, Brazil, pg. 819

Alviar, Rona, Media Buyer & Media Planner -- MEDIA BUYING SERVICES, INC., Phoenix, AZ, pg. 1341

Alviti, Celia, Acct Exec -- Matter Communications, Boston, MA, pg. 694

Amadeo, Jim, Creative Dir -- MECHANICA, Newburyport, MA, pg. 725

Amador, Victor, Creative Dir -- Y&R Miami, Miami, FL, pg. 1205

Amani, Ardel, Acct Dir -- BARTLE BOGLE HEGARTY LIMITED, London, United Kingdom, pg. 92

Amato, Dawn, Chief Creative Officer -- SLIGHTLY MAD, Northport, NY, pg. 1021

Amavizca, Bernardo, Art Dir -- CORD MEDIA, Palm Desert, CA, pg. 231

Amber, Renee, Sr Creative Dir -- Pilot, Marina Del Rey, CA, pg. 871

Ambos, Kristina, Acct Supvr -- Finn Partners Ltd., Germering, Germany, pg. 381

Ambrogna, Barbara, Acct Exec -- Y&R Peru, Lima, Peru, pg. 1207

Ambrose, Jason, Exec Creative Dir -- R/GA, Austin, TX, pg. 927

Ambrose, Leilah, VP & Creative Dir -- Edelman, Toronto, Canada, pg. 1491

Amelchenko, Paul, Grp Creative Dir -- PUBLICIS.SAPIENT, Boston, MA, pg. 913

Amende, Monte, Creative Dir -- TDG COMMUNICATIONS, Deadwood, SD, pg. 1094

Amenta, Valentina, Creative Dir -- D'Adda, Lorenzini, Vigorelli, BBDO, Milan, Italy, pg. 106

Ames, Grace, Acct Exec-Strategic Comm -- MONTAGNE COMMUNICATIONS, Manchester, NH, pg. 1585

Ameye, Alex, Art Dir -- TBWA Brussels, Brussels, Belgium, pg. 1080

Amidi, Omid, Assoc Creative Dir -- JOHANNES LEONARDO, New York, NY, pg. 1266

Amin, Sonia, Art Dir -- LOOKTHINKMAKE, Austin, TX, pg. 651

Aminzadeh, Aryan, Creative Dir -- BARRETTSF, San Francisco, CA, pg. 91

Amir, Ruth, CMO & Dir-New Bus -- SILTANEN & PARTNERS, El Segundo, CA, pg. 1013

Amiscaray, Rochelle L., Media Planner & Media Buyer -- GATESMAN, Pittsburgh, PA, pg. 412

Amodeo, Lou, VP-Creative, UX & Design -- RISE INTERACTIVE, Chicago, IL, pg. 960

Amodeo, Silvia, Head-Digital Project & Acct Dir -- Ogilvy Healthworld Barcelona, Barcelona, Spain, pg. 832

Amoneau, Florian, Art Dir -- J. Walter Thompson France, Neuilly-sur-Seine, France, pg. 559

Amoni, Orianna, Art Dir & Sr Designer -- HIPERVINCULO, Weston, FL, pg. 501

Amorim, Ricardo, Creative Dir -- AllofUs, London, United Kingdom, pg. 711

Amorim, Silvio, Creative Dir -- DPZ-Duailibi, Petit, Zaragoza, Propaganda S.A., Sao Paulo, Brazil, pg. 906

Amorim, Silvio, Creative Dir -- DPZ-Duailibi, Petit, Zaragoza, Propaganda S.A., Sao Paulo, Brazil, pg. 21

Amow, James, Creative Dir -- Publicis Caribbean, Port of Spain, Trinidad & Tobago, pg. 907

Ampe, Cory, Head-Content & Acct Supvr -- JIGSAW LLC, Milwaukee, WI, pg. 576

Ampe, Peter, Partner-Creative -- FamousGrey, Groot-Bijgaarden, Belgium, pg. 439

Amseyan, Carlos, Exec Creative Dir -- Impact BBDO, Dubai, United Arab Emirates, pg. 109

Amsler, Marty, Mng Partner & Grp Creative Dir -- BAILEY LAUERMAN, Omaha, NE, pg. 84

An, Angelo, Dir-Creative & Art -- M&C SAATCHI PLC, London, United Kingdom, pg. 658

Anacker, Steven, Dir-Creative -- PALMER AD AGENCY, San Francisco, CA, pg. 851

Anastasia, Vuchetich, Grp Head-Creative -- BBDO Moscow, Moscow, Russia, pg. 107

Anchietta, Yoshua Leon, Creative Dir -- Garnier BBDO, San Jose, Costa Rica, pg. 102

Anda, Maeden, Assoc Creative Dir -- PRECISIONEFFECT, Boston, MA, pg. 887

Anda, Maeden, Assoc Creative Dir -- precisioneffect, Santa Ana, CA, pg. 887

Anders, Sara, VP & Media Dir -- Chernoff Newman, Columbia, SC, pg. 1467

Anders, Sara, VP & Media Dir -- CHERNOFF NEWMAN, Columbia, SC, pg. 206

Andersen, Kristen, VP & Acct Dir -- HILL HOLLIDAY/NEW YORK, New York, NY, pg. 501

Andersen, Kurt, Acct Exec -- HARRIS, BAIO & MCCULLOUGH INC., Philadelphia, PA, pg. 469

Andersen, Luke, Art Dir -- MISSION MEDIA, LLC, Baltimore, MD, pg. 747

Andersen, Mark, Grp Creative Dir & Writer -- COLLE+MCVOY, Minneapolis, MN, pg. 219

Anderson, Alex, Acct Exec-Mktg -- NRPR GROUP, Beverly Hills, CA, pg. 1597

Anderson, Alisa, Project Mgr-Mktg & PR -- PURE BRAND COMMUNICATIONS, LLC, Denver, CO, pg. 916

Anderson, Allie, Acct Supvr -- GS&F, Nashville, TN, pg. 453

Anderson, Anita, Sr VP & Acct Dir -- Doner, Playa Vista, CA, pg. 724

Anderson, Anita, Sr VP & Acct Dir -- Doner, Playa Vista, CA, pg. 315

Anderson, Brent, Creative Dir -- MMGY GLOBAL, Kansas City, MO, pg. 750

Anderson, Brent, Chief Creative Officer -- TBWA\Media Arts Lab, Los Angeles, CA, pg. 1078

Anderson, Cassandra, Creative Dir -- DDB New York, New York, NY, pg. 269

Anderson, Chelsea, Assoc Creative Dir -- GREY GROUP, New York, NY, pg. 438

Anderson, Cheri, Partner & Dir-Production & Creative Svcs -- UNTITLED WORLDWIDE, New York, NY, pg. 1128

Anderson, Christina, Acct Dir -- Kinetic, London, United Kingdom, pg. 1338

Anderson, Chuck, VP & Grp Creative Dir -- MKTG INC., Chicago, IL, pg. 749

Anderson, Coleman, Acct Exec & Producer-Video -- IMMOTION STUDIOS, Fort Worth, TX, pg. 527

Anderson, Danielle, Acct Coord -- CTP, Boston, MA, pg. 252

Anderson, Daryl, Creative Dir -- CLARK CREATIVE GROUP, Omaha, NE, pg. 212

Anderson, Deb, Supvr-Brdcst -- CLARITY COVERDALE FURY ADVERTISING, INC., Minneapolis, MN, pg. 211

Anderson, Derek, Grp Creative Dir -- VML, Chicago, IL, pg. 1145

Anderson, Doug, Sr Copywriter-Creative -- ZION & ZION, Tempe, AZ, pg. 1213

Anderson, Ian, Partner & Dir-PR -- BACKBONE MEDIA LLC, Carbondale, CO, pg. 1437

Anderson, Jake, Acct Dir -- FAST HORSE, Minneapolis, MN, pg. 362

Anderson, Jason, Creative Dir -- NEATHAWK DUBUQUE & PACKETT, Richmond, VA, pg. 787

Anderson, Jason, Creative Dir -- Neathawk Dubuque & Packett, Roanoke, VA, pg. 787

Anderson, Jeff, Creative Dir -- CATALYST MARKETING DESIGN, Fort Wayne, IN, pg. 195

Anderson, Jeff, Exec Creative Dir -- GREY NEW YORK, New York, NY, pg. 438

Anderson, Jessica, VP & Acct Dir -- Havas Media, Boston, MA, pg. 1327

Anderson, Jill, Sr Acct Exec-PR -- SVM PUBLIC RELATIONS & MARKETING COMMUNICATIONS, Providence, RI, pg. 1064

Anderson, Jon, Sr Editor-Creative -- VIEWPOINT CREATIVE, Newton, MA, pg. 1137

Anderson, Kaleen, Art Dir -- NORTH, Portland, OR, pg. 797

Anderson, Kathryn, Assoc Creative Dir -- GODFREY ADVERTISING, Lancaster, PA, pg. 426

Anderson, Keith, Exec Creative Dir -- OGILVY, New York, NY, pg. 809

Anderson, Kim Cremer, Acct Dir -- Havas Media, Boston, MA, pg. 1327

Anderson, Kristin Marie, Sr Acct Dir-New Bus -- IN MARKETING SERVICES, Norwalk, CT, pg. 529

Anderson, Lauren Taylor, Media Planner & Media Buyer -- SKAR ADVERTISING, Omaha, NE, pg. 1018

Anderson, Mallorie, Acct Exec-PR -- J.O. DESIGN, Fort Worth, TX,

AGENCIES — PERSONNEL INDEX

pg. 577
Anderson, Matthew, CEO & Exec Creative Dir -- STRUCK, Salt Lake City, UT, pg. 1055
Anderson, Matthew, CEO & Exec Creative Dir -- Struck, Portland, OR, pg. 1055
Anderson, Michele, Grp Mng Dir & Head-PR & Influence-USA -- Ogilvy, Chicago, IL, pg. 1599
Anderson, Miles, Creative Dir -- HORICH HECTOR LEBOW, Hunt Valley, MD, pg. 508
Anderson, Peter, Creative Dir -- HORNALL ANDERSON, Seattle, WA, pg. 509
Anderson, Rachel, Creative Dir -- 454 CREATIVE, Irvine, CA, pg. 9
Anderson, Ryan, Partner & Creative Dir -- FLUID ADVERTISING, Bountiful, UT, pg. 389
Anderson, Tachelle, Media Planner -- MOXIE, Atlanta, GA, pg. 1274
Anderson, Tayler, Acct Coord -- THE MARTIN AGENCY, Richmond, VA, pg. 687
Anderson, Therese, Media Planner & Buyer -- LOVE ADVERTISING INC., Houston, TX, pg. 652
Anderson, Thomas, Acct Exec -- NEMER FIEGER, Minneapolis, MN, pg. 788
Anderson, Tim, VP & Acct Dir -- DUDNYK HEALTHCARE GROUP, Horsham, PA, pg. 324
Anderson, Tracy, VP-PR & Engagement Mktg -- BURRELL, Chicago, IL, pg. 176
Anderson, Viviana, Acct Supvr -- Wunderman, Santiago, Chile, pg. 1190
Andersson, Tove, Art Dir -- DDB Stockholm, Stockholm, Sweden, pg. 280
Andes, Cherith, Acct Exec -- CLAIREMONT COMMUNICATIONS, Raleigh, NC, pg. 1470
Ando, Masayuki, Acct Dir -- The Hoffman Agency, Tokyo, Japan, pg. 1536
Andrade, Felipe, Grp Creative Dir -- Rapp Brazil, Sao Paulo, Brazil, pg. 932
Andrade, Guilherme, Acct Exec -- NEO\@OGILVY LOS ANGELES, Playa Vista, CA, pg. 789
Andrade, Leonardo, Planner-Creative -- Publicis Brasil Communicao, Sao Paulo, Brazil, pg. 906
Andrade, Reymundo, Creative Dir -- 72andSunny, Amsterdam, Netherlands, pg. 11
Andrae, Garrett, Principal & Creative Dir -- LARSON O'BRIEN MARKETING GROUP, Bethel Park, PA, pg. 611
Andreae, Eric, Art Dir -- JAJO, INC., Wichita, KS, pg. 570
Andrejco, Stefan, Creative Dir -- Wiktor/Leo Burnett, s.r.o., Bratislava, Slovakia, pg. 627
Andren, Jennifer, VP & Media Dir -- PARTNERSHIP OF PACKER, OESTERLING & SMITH (PPO&S), Harrisburg, PA, pg. 856
Andreozzi, Michael, Acct Dir -- BARTON F. GRAF, New York, NY, pg. 94
Andres, Vicky, Art Dir -- 31,000 FT, Addison, TX, pg. 6
Andrew, Charmaine, Dir-New Bus & Comm -- Team Saatchi/Saatchi & Saatchi Healthcare, Sydney, Australia, pg. 983
Andrew, Nick, Acct Dir -- Abbott Mead Vickers BBDO, London, United Kingdom, pg. 109
Andrew, Ray, Creative Dir -- POP-DOT MARKETING, Madison, WI, pg. 882
Andrews, Charlene, Acct Exec -- FOUNDRY, Reno, NV, pg. 394
Andrews, Connie, Coord-Creative & Brand Mgmt -- THE RICHARDS GROUP, INC., Dallas, TX, pg. 956
Andrews, Heather, Acct Exec -- DPR GROUP, INC., Frederick, MD, pg. 1488
Andrews, Jade, Art Dir -- Havas London, London, United Kingdom, pg. 482
Andrews, Jon, Exec Creative Dir -- Possible London, London, United Kingdom, pg. 1281
Andrews, Julian, Creative Dir -- TBWA Auckland, Auckland, New Zealand, pg. 1091
Andrews, Kiera, Media Planner -- KSM South, Austin, TX, pg. 1337
Andrews, Kristine, Assoc Creative Dir -- ARNOLD WORLDWIDE, Boston, MA, pg. 69
Andrews, Michael, Creative Dir -- M&C Saatchi, Sydney, Australia, pg. 661
Andrews, Mitzi, Dir-Creative -- THE ROGERS AGENCY, Chesapeake, VA, pg. 966
Andrews, Scott, Creative Dir -- TBWA\London, London, United Kingdom, pg. 1086
Andrieu, Kory, Supvr-Creative -- PARTNERS+NAPIER, Rochester, NY, pg. 855
Andrist, Ryan, Acct Dir -- THE INTEGER GROUP - DENVER, Lakewood, CO, pg. 1406

Andros, Nadine, Acct Dir -- J. WALTER THOMPSON, New York, NY, pg. 553
Andrus, Andruya, Creative Dir -- Publicis Indonesia, Jakarta, Indonesia, pg. 910
Andry, Katherine, Acct Supvr -- ZEHNDER COMMUNICATIONS, INC., New Orleans, LA, pg. 1210
Andry, Lindsey R., Acct Exec -- DEVENEY COMMUNICATIONS, New Orleans, LA, pg. 1483
Ang, Pauline, Grp Head-Creative -- M&C Saatchi, Kuala Lumpur, Malaysia, pg. 662
Angel, Bruria, Dir-PR-US & Israel -- TRANSMEDIA GROUP, Boca Raton, FL, pg. 1662
Angeles, Marcela, Creative Dir -- CIRCUS MARKETING, Santa Monica, CA, pg. 208
Angelescu, Irina, Acct Dir -- DDB Bucharest, Bucharest, Romania, pg. 279
Angell, Betty, Media Dir -- BURGESS ADVERTISING & MARKETING, Falmouth, ME, pg. 174
Angell, Karen, Acct Supvr-Client Svcs -- HORNALL ANDERSON, Seattle, WA, pg. 509
Angelo, Carl, Art Dir -- Uncle Grey A/S, Arhus, Denmark, pg. 440
Angelo, Davia, Art Dir -- M&C SAATCHI PLC, London, United Kingdom, pg. 658
Angland, Greg, Media Dir -- NORBELLA INC., Boston, MA, pg. 1354
Anglin, Andrea, Project Mgr & Strategist-PR -- BASELINE CREATIVE, Wichita, KS, pg. 95
Angrisani, Geena, Media Planner -- Campbell Ewald Los Angeles, West Hollywood, CA, pg. 541
Angrisani, Matt, Acct Supvr -- Wieden + Kennedy New York, New York, NY, pg. 1165
Angulo, Janeth Vazquez, Creative Dir-Associated Art -- Grey Mexico, S.A. de C.V, Mexico, Mexico, pg. 444
Angus, Paul, Creative Dir -- Adam & EveDDB, London, United Kingdom, pg. 281
Angus, Paul, Art Dir -- Y&R London, London, United Kingdom, pg. 1204
Anhut, Christian, Exec Creative Dir -- Grey, Frankfurt, Germany, pg. 440
Anita, Elizabeth, Mgr-Traffic -- Leo Burnett Malaysia, Kuala Lumpur, Malaysia, pg. 631
Ankowski, Andy, Assoc Creative Dir -- PULSAR ADVERTISING, INC., Beverly Hills, CA, pg. 915
Annick, Mark, VP-News & PR -- ANDROVETT LEGAL MEDIA AND MARKETING, Dallas, TX, pg. 1432
Ansari, Samira, Grp Creative Dir -- GREY GROUP, New York, NY, pg. 438
Ansley, James, Creative Dir -- GREY VANCOUVER, Vancouver, Canada, pg. 449
Anthony, Kiran, Exec Creative Dir -- Ogilvy India, Mumbai, India, pg. 824
Anthony, Kiran, Exec Creative Dir -- Ogilvy India, Chennai, India, pg. 823
Anthony, Kyle, Assoc Creative Dir -- BARKLEY, Kansas City, MO, pg. 90
Anthony, Trisha, Acct Exec -- GORDON C JAMES PUBLIC RELATIONS, Phoenix, AZ, pg. 1523
Antill, Kieran, Exec Creative Dir -- J. Walter Thompson Australia, Richmond, Australia, pg. 554
Antillon, Chepe, Creative Dir -- Garnier BBDO, San Jose, Costa Rica, pg. 102
Antkowiak, Jeff, Chief Creative Officer -- ADG CREATIVE, Columbia, MD, pg. 29
Antoine, Jessica, Acct Exec -- COVET PR, San Diego, CA, pg. 1476
Anton, Cristian, Art Dir -- Publicis, Bucharest, Romania, pg. 901
Anton, Rob, Art Dir -- Fallon Minneapolis, Minneapolis, MN, pg. 360
Antonelli, Dan, Pres & Chief Creative Officer -- GRAPHIC D-SIGNS INC, Washington, NJ, pg. 433
Antoniadis, Alexandros, Exec Creative Dir-Art -- Grey Group Germany, Dusseldorf, Germany, pg. 440
Antonini, Alessandro, Exec Creative Dir & Creative Dir-Global -- Leo Burnett Co., S.r.l., Milan, Italy, pg. 625
Antonini, Alessandro, Exec Creative Dir -- Leo Burnett Co. S.r.l., Turin, Italy, pg. 625
Antonini, Alessandro, Exec Creative Dir & Creative Dir-Global -- Leo Burnett Rome, Rome, Italy, pg. 625
Antonioli, Felipe, Art Dir -- Ogilvy, Sao Paulo, Brazil, pg. 819
Antoszewski, Kuba, Mgr-PR -- Millward Brown SMG/KRC, Warsaw, Poland, pg. 743
Anttila, Sami, Art Dir -- Hasan & Partners Oy, Helsinki, Finland, pg. 703
Anzaldua, Athena, Media Buyer -- BRIGGS & CALDWELL, Houston, TX, pg. 163

Anzenberger, Kathleen, Art Dir -- JENNINGS & COMPANY, Chapel Hill, NC, pg. 575
Aoun, Rayyan, Exec Creative Dir -- J. Walter Thompson, Dubai, United Arab Emirates, pg. 563
Apaliski, Jason, Exec Creative Dir -- PEREIRA & O'DELL, San Francisco, CA, pg. 863
Apap, George, Acct Dir-Digital -- PHD Canada, Toronto, Canada, pg. 1364
Aparicio, Javier, Art Dir -- MullenLowe SSP3, Bogota, Colombia, pg. 777
Apellaniz, Jessica, VP-Creative Svcs -- Ogilvy, Mexico, Mexico, pg. 821
Apelo, Marika, Acct Supvr -- OUTCAST COMMUNICATIONS, San Francisco, CA, pg. 1603
Apitz, Shanna, Creative Dir -- HUNT ADKINS, Minneapolis, MN, pg. 514
Apiwatmongkol, Danai, Art Dir -- J. Walter Thompson Thailand, Bangkok, Thailand, pg. 559
Apostolovich, Mike, Art Dir -- DAVIS HARRISON DION, INC., Chicago, IL, pg. 265
Appelbaum, Amber, Acct Supvr -- NIKE COMMUNICATIONS, INC., New York, NY, pg. 1595
Appelmann, Sean, Creative Dir -- FABCOM, Scottsdale, AZ, pg. 357
Appelryd, Maria, Grp Dir & Key Acct Mgr-PR -- Prime Public Relations, Stockholm, Sweden, pg. 1678
Appendino, Gustavo, Acct Exec -- DAVID, Sao Paulo, Brazil, pg. 261
Apple, Heather, Assoc Creative Dir -- SWIFT AGENCY, Portland, OR, pg. 1066
Apple, Michael, Acct Dir -- J. Walter Thompson U.S.A., Inc., Dallas, TX, pg. 566
Appleby, Jack, Dir-Creative Strategy -- PETROL ADVERTISING, Burbank, CA, pg. 866
Applegate, Tina Arguelles, Acct Dir-Google -- FIREWOOD MARKETING, San Francisco, CA, pg. 383
April, Rochelle, Head-Brdcst & Content -- J. Walter Thompson Cape Town, Cape Town, South Africa, pg. 554
Apthorpe, Alex, Dir-Brand Experience & Creative -- Edelman DABO, Dubai, United Arab Emirates, pg. 1497
Aquart, Bashan, Exec Creative Dir -- AKA NYC, New York, NY, pg. 42
Aquilino, Liz, Acct Exec -- 360PR+, Boston, MA, pg. 1422
Aquino, Abi, Exec Creative Dir -- MullenLowe Philippines, Manila, Philippines, pg. 776
Aquino, Arthur, Assoc Dir-Creative -- BBDO Guerrero, Makati, Philippines, pg. 114
Aragon, Cesar, Art Dir -- DIESTE, Dallas, TX, pg. 299
Aragon, Oscar, Art Dir -- Y&R Miami, Miami, FL, pg. 1205
Araiz, Sergio Eransus, Creative Dir & Art Dir -- Bassat, Ogilvy Comunicacion, Barcelona, Spain, pg. 816
Araiz, Sergio Eransus, Creative Dir & Art Dir -- Bassat, Ogilvy Comunicacion, Barcelona, Spain, pg. 1600
Arakawa, Alexandre, Art Dir -- DM9DDB, Sao Paulo, Brazil, pg. 271
Aram, Mohammad, Art Dir -- TBWA Raad, Dubai, United Arab Emirates, pg. 1088
Arambulo, Angela, Creative Dir -- PROJECT 2050, New York, NY, pg. 892
Aramini, Steven, Creative Dir -- FOUNDRY, Reno, NV, pg. 394
Aramis, Fred, Assoc Creative Dir -- TBWA North America, New York, NY, pg. 1079
Aran, Jaqueline, Acct Exec -- THE COMMUNITY, Miami, FL, pg. 223
Araneta, Tina, Copywriter & Assoc Creative Dir -- MullenLowe Philippines, Manila, Philippines, pg. 776
Arango Trujillo, Ana Maria, Acct Dir -- Sancho BBDO, Bogota, Colombia, pg. 102
Arango, John, Acct Supvr -- Zeno Group, Chicago, IL, pg. 1690
Aranibar, Ricardo, Art Dir -- McCann Erickson (Peru) Publicidad S.A., Lima, Peru, pg. 707
Arantes, Lucas, Copywriter-Creative -- J. Walter Thompson, Sao Paulo, Brazil, pg. 563
Arantes, Raul, Art Dir -- Wieden + Kennedy, Shanghai, China, pg. 1166
Arao, Kensui, Creative Dir -- Ogilvy Japan K.K., Tokyo, Japan, pg. 825
Araujo, F Hauck, Creative Dir & Art Dir -- Almap BBDO, Sao Paulo, Brazil, pg. 101
Araujo, Gabriel, Chief Creative Officer -- Ogilvy NV/SA, Brussels, Belgium, pg. 813
Araujo, Viton, Creative Dir -- FCB Lisbon, Lisbon, Portugal, pg. 367
Araya, Felipe, Creative Dir -- Publicis Chile SA, Santiago, Chile, pg. 906

PERSONNEL INDEX — AGENCIES

Araya, Sergio, Art Dir -- Prolam Y&R S.A., Santiago, Chile, pg. 1206

Arbeene, Rebecca, Acct Dir -- COPACINO + FUJIKADO, LLC, Seattle, WA, pg. 230

Arber, Adam, Assoc Creative Dir & Sr Copywriter -- AKQA, INC., San Francisco, CA, pg. 1234

Arbid, Joanne Raydan, Assoc Creative Dir -- TBWA Raad, Dubai, United Arab Emirates, pg. 1088

Arbos, Alfonso, Assoc Creative Dir -- Lowe MENA, Dubai, United Arab Emirates, pg. 773

Arbuaratna, Bhanu, Assoc Dir-Creative -- BBDO New York, New York, NY, pg. 99

Arcade, Samantha, Co-Creative Dir -- THE BURNS GROUP, New York, NY, pg. 175

Arceo, Antonio Meraz, Acct Dir -- LEGION ADVERTISING, Irving, TX, pg. 619

Arch, T. J., Assoc Creative Dir -- Juniper Park/TBWA, Toronto, Canada, pg. 1079

Archer, Nico, Acct Dir -- DH, Spokane, WA, pg. 298

Archer, Stevie Maple, Creative Dir -- BIG SPACESHIP, Brooklyn, NY, pg. 129

Archibald, Sam, Art Dir -- REVOLVE, Bedford, Canada, pg. 953

Archibald, Timothy, Acct Dir -- MKTG, INC., New York, NY, pg. 1412

Archie, Kevin, Art Dir & Graphic Designer -- RIGGS PARTNERS, West Columbia, SC, pg. 1631

Arcos, Carlos, Sr VP-PR -- JAFFE, Stephenville, TX, pg. 1545

Arcos, Donette, Media Dir -- PEAKBIETY, BRANDING + ADVERTISING, Tampa, FL, pg. 860

Arcoverde, Leonardo, Art Dir -- McCann Erickson / SP, Sao Paulo, Brazil, pg. 701

Arcuri, Christopher, Assoc Mgr-Print Production -- PETER MAYER ADVERTISING, INC., New Orleans, LA, pg. 866

Ardito, Rick, Exec Creative Dir -- MCGARRYBOWEN, New York, NY, pg. 716

Areas, Paulo, Gen Creative Dir -- Bassat, Ogilvy Comunicacion, Barcelona, Spain, pg. 816

Areas, Paulo, Gen Creative Dir -- Bassat, Ogilvy Comunicacion, Barcelona, Spain, pg. 1600

Areas, Paulo, Creative Dir -- LOLA MullenLowe, Madrid, Spain, pg. 542

Arellano, Pablo, Art Dir -- Clemenger BBDO Wellington, Wellington, New Zealand, pg. 113

Arellano, Rafael, Creative Dir-Mexico -- MARKETLOGIC, Doral, FL, pg. 1411

Arena, Nicole, Media Dir -- LATINWORKS MARKETING, INC., Austin, TX, pg. 612

Arenas, Diego, Creative Dir -- Grey: REP, Bogota, Colombia, pg. 444

Arez, Joana, Exec Creative Dir -- Publicis Publicidade Lda., Lisbon, Portugal, pg. 901

Argueta, Javier Suarez, Exec Creative Dir -- M&C Saatchi, Berlin, Germany, pg. 661

Arguijo, Fran, Art Dir -- DDB Barcelona S.A., Barcelona, Spain, pg. 280

Arguijo, Fran, Art Dir -- DDB Madrid, S.A., Madrid, Spain, pg. 280

Argyrakis, George, Acct Dir-Digital -- OgilvyOne Worldwide, Athens, Greece, pg. 815

Arias, Paula, Acct Dir -- Sancho BBDO, Bogota, Colombia, pg. 102

Arias, Sebastian, Art Dir -- Grey Argentina, Buenos Aires, Argentina, pg. 443

Arias, Sebastian Bautista, Art Dir -- Sancho BBDO, Bogota, Colombia, pg. 102

Arico-Torreno, Mirko, Art Dir & Copywriter -- MEMAC Ogilvy, Dubai, United Arab Emirates, pg. 831

Ariza, Carlos A., Assoc Partner & Media Dir-Dailey Adv -- DAILEY & ASSOCIATES, West Hollywood, CA, pg. 258

Ariza, Kayla, Acct Exec -- STRAWBERRYFROG, New York, NY, pg. 1054

Arjona, Catalina, Acct Dir -- McCann Erickson Corp. S.A., Bogota, Colombia, pg. 702

Arlia, Andres, Creative Dir -- MCGARRYBOWEN, New York, NY, pg. 716

Arlia, Andres, Creative Dir -- mcgarrybowen, Chicago, IL, pg. 718

Arm, Laura, Acct Dir -- Young & Rubicam Brands, San Francisco, San Francisco, CA, pg. 1199

Armano, Kara, Sr Acct Mgr-PR -- BACKBONE MEDIA LLC, Carbondale, CO, pg. 1437

Armata, Natalie, Co-Founder & Creative Dir -- GIANTS & GENTLEMEN, Toronto, Canada, pg. 418

Armbruster, Steven, Partner & Creative Dir -- REDSTONE COMMUNICATIONS INC., Omaha, NE, pg. 944

Armelino, Anne, VP & Media Dir -- MINT ADVERTISING, Clinton, NJ, pg. 746

Armenta, Felix, Asst Creative Dir -- OH PARTNERS, Phoenix, AZ, pg. 833

Armitage, Grace, Acct Mgr-PR -- Hills Balfour, London, United Kingdom, pg. 750

Armstead, Jonathan, Acct Supvr -- SPIRE AGENCY, Dallas, TX, pg. 1034

Armstrong, Claire Bloxom, Dir-PR -- PAVLOV, Fort Worth, TX, pg. 859

Armstrong, Dane, Acct Supvr -- LG2, Montreal, Canada, pg. 639

Armstrong, Jeff, Creative Dir -- SLEIGHT ADVERTISING INC, Omaha, NE, pg. 1020

Armstrong, Julia R., Sr Acct Exec-PR -- PAGE COMMUNICATIONS, Kansas City, MO, pg. 1604

Armstrong, Mary, Acct Supvr -- RED URBAN, Toronto, Canada, pg. 942

Armstrong, Patti, Exec VP & Media Dir -- MEDIA BROKERS INTERNATIONAL, INC., Alpharetta, GA, pg. 1341

Armstrong, Philip, Acct Dir -- madano partnership, London, United Kingdom, pg. 1593

Armstrong, Robert, Creative Dir -- SPIRO & ASSOCIATES MARKETING, ADVERTISING & PUBLIC RELATIONS, Fort Myers, FL, pg. 1034

Armstrong, Sarah, Acct Dir -- AFG&, New York, NY, pg. 37

Arnaldo, Monica, Media Planner & Media Buyer -- CATALYST MARKETING COMPANY, Fresno, CA, pg. 195

Arnaouty, Osama, Assoc Creative Dir -- AMA Leo Burnett, Cairo, Egypt, pg. 624

Arnaud, Remi, Art Dir -- HAVAS, Puteaux, France, pg. 472

Arnaudet, Renaud, Art Dir -- TBWA Paris, Boulogne-Billancourt, France, pg. 1081

Arnazzi, John, Dir-New Bus Dev -- JOE AGENCY, Los Angeles, CA, pg. 578

Arner, Hannah, Acct Exec -- TPN INC., Dallas, TX, pg. 1418

Arnett, Rebecca, Acct Exec -- GROUP 7EVEN, Valparaiso, IN, pg. 451

Arnold, Alfred, VP & Creative Dir -- LEWIS ADVERTISING, INC., Rocky Mount, NC, pg. 635

Arnold, Caron, Creative Dir -- FUSION MARKETING, Saint Louis, MO, pg. 404

Arnold, Collin, Art Dir-Kelton Global -- KELTON RESEARCH, Playa Vista, CA, pg. 1554

Arnold, Dan, Media Buyer -- J. LINCOLN GROUP, The Woodlands, TX, pg. 552

Arnold, Dana, Partner, Mng Dir-Austin & Dir-PR & Social Media -- HIEBING, Madison, WI, pg. 498

Arnold, Dave, Exec Creative Dir -- Pereira & O'Dell, New York, NY, pg. 863

Arnold, Edwina, Specialist-PR -- KUNDELL COMMUNICATIONS, New York, NY, pg. 1561

Arnold, Emma, Assoc Creative Dir -- Weber Shandwick-Chicago, Chicago, IL, pg. 1675

Arnot, Andrew, Acct Dir -- DEUTSCH, INC., New York, NY, pg. 294

Aronson, Michael, Assoc Dir-Creative & Copywriter -- DENTSUBOS, Montreal, Canada, pg. 291

Arozian, Matthew, VP-Strategy & Creative Svcs -- ENC MARKETING & COMMUNICATIONS, McLean, VA, pg. 1500

Arrighi, Chris, Coord-Digital Media Creative & Bus -- DEVITO/VERDI, New York, NY, pg. 296

Arrigoni, Romain, Art Dir -- BETC, Paris, France, pg. 479

Arroliga, Alexandra, Acct Supvr -- SPARK44, Los Angeles, CA, pg. 1226

Arroyo, Alexander, Art Dir -- LEO BURNETT WORLDWIDE, INC., Chicago, IL, pg. 621

Arroyo, Vanesa Sanz, Creative Dir -- Young & Rubicam, S.L., Madrid, Spain, pg. 1203

Arsenault, Kara, Acct Exec -- HAWK MARKETING SERVICES, Moncton, Canada, pg. 489

Arsiray, Ekin, Grp Head-Creative -- Markom/Leo Burnett, Istanbul, Turkey, pg. 627

Art, Brian, Art Dir -- FERGUSON ADVERTISING INC., Fort Wayne, IN, pg. 378

Artemenko, Maksym, Grp Head-Creative -- MullenLowe Moscow, Moscow, Russia, pg. 775

Arter, Holly, Media Dir -- THIRD DEGREE ADVERTISING, Norman, OK, pg. 1100

Arther, Rachel, Acct Supvr -- COHN MARKETING, Denver, CO, pg. 217

Arthur, Nathin, Creative Dir -- YOUTECH & ASSOCIATES, Naperville, IL, pg. 1209

Arthur, Priscilla, Acct Dir -- CARMICHAEL LYNCH, Minneapolis, MN, pg. 189

Arthurs, Paul, Art Dir -- TBWA\Dublin, Dublin, Ireland, pg. 1083

Arunanondchai, Kusuma, Art Dir -- J. Walter Thompson Thailand, Bangkok, Thailand, pg. 559

Arvidson, Justin, Acct Supvr -- Ogilvy, Chicago, IL, pg. 811

Arvidson, Philip, Art Dir -- B-REEL, Stockholm, Sweden, pg. 1239

Arvizu, Andy, Acct Exec -- ARVIZU ADVERTISING & PROMOTIONS, Phoenix, AZ, pg. 73

Arzt, Christopher, Assoc Creative Dir -- Digital Kitchen, Seattle, WA, pg. 301

Asad, Maryam, Acct Exec -- DDB Canada, Toronto, Canada, pg. 267

Asada, Daisuke, Art Dir & Designer -- Wieden + Kennedy Japan, Tokyo, Japan, pg. 1166

Asai, Masaya, Sr Creative Dir-Japan -- TBWA\Media Arts Lab, Los Angeles, CA, pg. 1078

Asami, Akiko, Acct Supvr -- Edelman, Tokyo, Japan, pg. 1494

Asan, Ozge, Acct Exec -- Havas Worldwide Istanbul, Istanbul, Turkey, pg. 482

Asawasirisilp, Supada, Acct Exec -- GREYnj United, Bangkok, Thailand, pg. 448

Asbury, William, Acct Dir -- BRIGHTWAVE MARKETING, Atlanta, GA, pg. 164

Aschaker, Dana, Acct Exec-Client Svcs -- GMR MARKETING LLC, New Berlin, WI, pg. 1403

Asensio, Danny, Creative Dir & Art Dir-UK -- THE&PARTNERSHIP, New York, NY, pg. 55

Ash, Alyssa, Dir-Creative Svcs -- AOR, INC., Denver, CO, pg. 62

Ash, Greg, Chief Creative Officer & Principal -- 160VER90, Philadelphia, PA, pg. 2

Ash, Kevin J., Principal & Dir-Creative -- KEVIN J. ASH CREATIVE DESIGN, LLC, Northwood, NH, pg. 593

Ashbourne, Laurie, Creative Dir -- STRATEGIC MARKETING INC., Palm Beach Gardens, FL, pg. 1053

Ashburn, Kurt, Acct Dir -- MILLER BROOKS, Zionsville, IN, pg. 742

Asher, Larry, Principal & Creative Dir -- WORKER BEES, INC., Seattle, WA, pg. 1177

Ashley, Michael, VP & Grp Creative Dir -- Digitas, Atlanta, GA, pg. 1252

Ashlock, Jason, VP & Creative Dir -- MCCANN, New York, NY, pg. 697

Ashman, Melissa, Mgr-Program & Creative Ops -- Sapient, Melbourne, Australia, pg. 915

Ashour, Ibrahim, Art Dir -- AMA Leo Burnett, Cairo, Egypt, pg. 624

Ashour, Maram, Art Dir -- MEMAC Ogilvy, Dubai, United Arab Emirates, pg. 831

Ashton, Kim, Acct Dir -- IDEAOLOGY ADVERTISING INC., Marina Del Rey, CA, pg. 521

Ashton, Michael, Creative Dir -- THE&PARTNERSHIP, New York, NY, pg. 55

Ashworth, Jimmy, Exec Creative Dir -- NEATHAWK DUBUQUE & PACKETT, Richmond, VA, pg. 787

Ashworth, Jimmy, Exec VP-Creative -- Neathawk Dubuque & Packett, Roanoke, VA, pg. 787

Ashworth, Matt, Creative Dir -- TBD, San Francisco, CA, pg. 1076

Askar, Marwa, Creative Dir -- Horizon FCB Cairo, Cairo, Egypt, pg. 370

Askew, Patti, Dir-Print Production -- FAIRCOM NEW YORK, New York, NY, pg. 359

Askren, Andy, Partner & Exec Creative Dir -- GRADY BRITTON, Portland, OR, pg. 430

Aslam, Arshad, Exec Creative Dir -- Ogilvy, Karachi, Pakistan, pg. 830

Aslam, Hasheer, Art Dir -- J. Walter Thompson Singapore, Singapore, Singapore, pg. 558

Aslan, Hogir, Acct Dir-Nord DDB -- DDB Stockholm, Stockholm, Sweden, pg. 280

Asplund, Bengt R, III, Sr VP & Grp Creative Dir -- Edelman, London, United Kingdom, pg. 1494

Assadian, Chermine, Creative Dir -- J. Walter Thompson, London, United Kingdom, pg. 562

Assouline, Arnaud, Creative Dir & Copywriter -- BETC, Paris, France, pg. 479

Astfalk, Alexis, Acct Dir -- THE BROWER GROUP, Los Angeles, CA, pg. 1458

Astogar, Camilo, Creative Dir -- McCann Erickson (Peru) Publicidad S.A., Lima, Peru, pg. 707

Astolpho, Fabio, Exec Creative Dir -- F.biz, Sao Paulo, Brazil, pg. 1183

Astorgue, Eric, Art Dir -- BETC, Paris, France, pg. 479

Atallah, Marc, Art Dir-Digital & Creative -- W & Cie, Boulogne-Billancourt, France, pg. 473

Ataman, Gabriella, Acct Exec -- HANLON CREATIVE, Kulpsville, PA, pg. 465

Athayde, Edson, CEO & Chief Creative Officer -- FCB Lisbon, Lisbon, Portugal, pg. 367
Atherton, Ebony, Acct Supvr -- HAWKINS INTERNATIONAL PUBLIC RELATIONS, New York, NY, pg. 1529
Atherton, Manty, Dir-PR -- Flamingo, London, United Kingdom, pg. 306
Atilla, Kaan, Creative Dir -- Doner, Playa Vista, CA, pg. 724
Atilla, Kaan, Creative Dir -- Doner, Playa Vista, CA, pg. 315
Atkin, Lynsey, Creative Dir & Copywriter -- Havas London, London, United Kingdom, pg. 482
Atkin, Lynsey, Creative Dir -- Havas Worldwide London, London, United Kingdom, pg. 483
Atkins, Julia, Sr Acct Exec-PR -- Integrate Agency, Houston, TX, pg. 1682
Atkinson, Anthony, Grp Creative Dir -- LEO BURNETT COMPANY LTD., Toronto, Canada, pg. 620
Atkinson, Connie, VP & Sr Producer-Brdcst -- GLOBAL TEAM BLUE, Dearborn, MI, pg. 423
Atkinson, Dale, Art Dir -- CREATIVE ENERGY GROUP INC, Johnson City, TN, pg. 241
Atkinson, Holly, Sr Copywriter & Acct Coord -- ADSMITH COMMUNICATIONS, Springfield, MO, pg. 33
Atkinson, Pat, Art Dir -- CAIN & COMPANY, Rockford, IL, pg. 182
Atlas, Jordan, Exec VP & Exec Creative Dir -- Edelman, Los Angeles, CA, pg. 1491
Atnip, Tim, Assoc Creative Dir -- GRAHAM OLESON, Colorado Springs, CO, pg. 432
Attewell, Bryn, Grp Creative Dir-Europe -- Global Team Blue, London, United Kingdom, pg. 423
Attia, Gabrielle, Assoc Dir-Creative -- BBDO New York, New York, NY, pg. 99
Attia, Gabrielle, Assoc Creative Dir -- BBDO WORLDWIDE INC., New York, NY, pg. 97
Attwood, Kemp, Partner & Creative Dir -- AREA 17, Brooklyn, NY, pg. 1238
Atunwa, Ranti, Creative Dir -- TBWA Concept Unit, Lagos, Nigeria, pg. 1087
Atwater, Enid, VP-PR -- THE BUZZ AGENCY, Delray Beach, FL, pg. 1460
Aubol, Todd, Acct Exec -- BVK DIRECT, Colleyville, TX, pg. 179
Aubol, Todd, Acct Exec -- BVK Direct, Milwaukee, WI, pg. 179
Auboyneau, Guillaume, Art Dir -- Y&R Paris, Boulogne, France, pg. 1202
Aud, Adam, Art Dir -- PLANIT, Baltimore, MD, pg. 877
Aude, Astrid, Acct Supvr -- Ogilvy, Paris, France, pg. 814
Audet, Cedric, Assoc Creative Dir & Copywriter -- JOHN ST., Toronto, Canada, pg. 579
Audibert, Geraldine, Acct Dir -- Publicis Activ Annecy, Metz-Tessy, France, pg. 898
August, Alexa, Acct Exec -- Resound Marketing, Princeton, NJ, pg. 1630
August, Gina, VP & Media Dir -- Mortenson Safar Kim, Milwaukee, WI, pg. 761
August, Gina, VP & Media Dir -- MORTENSON SAFAR KIM, Indianapolis, IN, pg. 761
Augustine, Dan, Creative Dir -- EPIC CREATIVE, West Bend, WI, pg. 343
Augusto, Rafael, Creative Dir -- Radius Leo Burnett, Dubai, United Arab Emirates, pg. 627
Aultz, Christine, Acct Dir -- BOOYAH ADVERTISING, Denver, CO, pg. 1241
Aumiller, Denis, Mng Dir-Creative -- LEHIGH MINING & NAVIGATION, Bethlehem, PA, pg. 619
Auriol, Stephane, Acct Dir -- MARC USA CHICAGO, Chicago, IL, pg. 677
Aust, Amy, Rep-PR -- THE JAMES AGENCY, Scottsdale, AZ, pg. 570
Aust, Susan Touchette, Acct Dir -- VERMILION INC., Boulder, CO, pg. 1134
Austin, Jon, Exec Creative Dir -- Host, Sydney, Australia, pg. 486
Austin, Lauren, Exec Creative Dir -- MKG, New York, NY, pg. 749
Austin, Tim, Chief Creative Officer -- TPN INC., Dallas, TX, pg. 1418
Auvenshine, Heidi, Acct Exec -- SCHNEIDER ASSOCIATES, Boston, MA, pg. 1641
Auzannet, Cedric, Art Dir -- Publicis Conseil, Paris, France, pg. 898
Avdic, Meta Pavlin, Acct Dir -- Futura DDB, Ljubljana, Slovenia, pg. 279
Avellaneda, Diana, Art Dir -- Sancho BBDO, Bogota, Colombia, pg. 102
Avendano, Andrea, Art Dir -- McCann Erickson Corp. S.A., Bogota, Colombia, pg. 702
Avent-Wells, Lucy, Producer-Creative -- The&Partnership London, London, United Kingdom, pg. 56
Aveyard, Martin, Assoc Creative Dir -- TRAPEZE COMMUNICATIONS, Victoria, Canada, pg. 1114
Aviles, Jorge, Acct Coord-Experiential -- TDW+CO, Seattle, WA, pg. 1094
Aviles, Stephanie Marie, Acct Dir -- QUAKER CITY MERCANTILE, Philadelphia, PA, pg. 920
Avramov, Silvia, Partner & Creative Dir -- EAST HOUSE CREATIVE, Hackensack, NJ, pg. 328
Avramov, Youlian, Partner & Creative Dir -- EAST HOUSE CREATIVE, Hackensack, NJ, pg. 328
Avrea, Darren, Chm & Exec Creative Dir -- AVREAFOSTER, Dallas, TX, pg. 80
Awad, Mike, Assoc Creative Dir -- Fortune Promoseven-Lebanon, Beirut, Lebanon, pg. 706
Awala, Jolomi, Assoc Creative Dir-West Africa -- 140 BBDO, Cape Town, South Africa, pg. 108
Axeman, Matthew, Assoc Creative Dir -- GATESMAN, Pittsburgh, PA, pg. 412
Ayad, Momen, Art Dir -- MEMAC Ogilvy, Kuwait, Kuwait, pg. 830
Ayala, Lillian, VP & Acct Dir -- VANGUARDCOMM, East Brunswick, NJ, pg. 1130
Ayala, Nora, Acct Supvr -- GALLEGOS UNITED, Huntington Beach, CA, pg. 408
Ayass, Tariq, Creative Dir-Leo Burnett MEA & Studio M -- Radius Leo Burnett, Dubai, United Arab Emirates, pg. 627
Aydin, Ayse, Exec Creative Dir -- Y&R Turkey, Istanbul, Turkey, pg. 1204
Ayer, Vicky, Media Planner & Media Buyer -- RINCK ADVERTISING, Auburn, ME, pg. 1632
Ayers, Caitlin, Assoc Creative Dir -- GYRO CINCINNATI, Cincinnati, OH, pg. 458
Ayers, David, Dir-PR -- Z MARKETING PARTNERS, Indianapolis, IN, pg. 1209
Aylward, Brynna, Assoc Creative Dir -- Energy BBDO, Chicago, IL, pg. 100
Ayrault, Terry, Chief Creative Officer -- THE JRT AGENCY, Farmington Hills, MI, pg. 583
Azevedo, Rafael Voltolino, Art Dir -- DDB Brazil, Sao Paulo, Brazil, pg. 271
Aziza, Monique, Media Dir -- Active International (Europe) S.A.R.L., Paris, France, pg. 1306
Azizi, Emina, Reg Acct Dir-Beograd -- McCann Erickson Group, Belgrade, Serbia, pg. 708
Azlan, Usamah, Assoc Creative Dir -- M&C Saatchi, Kuala Lumpur, Malaysia, pg. 662
Azucena, Marco, Acct Dir -- Lapiz, Chicago, IL, pg. 622
Azzi, Dany, Exec Creative Dir -- FP7 Jeddah, Jeddah, Saudi Arabia, pg. 708

B

Baba, Marcin, Creative Dir -- FCB Zurich, Zurich, Switzerland, pg. 368
Babbitt, Tess, Acct Exec -- FCB Chicago, Chicago, IL, pg. 364
Babcock, Julie, Assoc Creative Dir -- ART MACHINE, Hollywood, CA, pg. 71
Babcock, Samantha, Media Buyer & Coord-Special Projects -- HARRISON MEDIA, Clinton Township, MI, pg. 469
Baber, Muhammad, Grp Head-Creative -- J. Walter Thompson, Karachi, Pakistan, pg. 558
Baber, Tyler, Acct Dir -- CREATIVE MULTIMEDIA SOLUTIONS LLC, Washington Crossing, PA, pg. 1247
Babineaux, Blair, Art Dir -- SCHAEFER ADVERTISING CO., Fort Worth, TX, pg. 994
Babinet, Remi, Chm & Creative Dir-Global -- Havas Worldwide Southeast Asia, Singapore, Singapore, pg. 485
Babooram, Nashira, Media Dir -- SPARK, Tampa, FL, pg. 1031
Babu, Christina, Acct Exec -- OBSIDIAN PUBLIC RELATIONS, Memphis, TN, pg. 805
Babuchenko, Anastasia, Acct Supvr -- BBDO Moscow, Moscow, Russia, pg. 107
Bac, Tien, Creative Dir -- Ogilvy (Vietnam) Ltd., Ho Chi Minh City, Vietnam, pg. 828
Bacco, Laura, Media Planner & Buyer-Integrated -- HAVAS MEDIA, New York, NY, pg. 1324
Baccollo, Dom, Creative Dir -- MCCANN, New York, NY, pg. 697
Baccollo, Dominick, Creative Dir -- McCann New York, New York, NY, pg. 698
Bach, Eric, Head-Team-Adv & PR & Designer-Multimedia & A&V Production -- A. BRIGHT IDEA, Bel Air, MD, pg. 1425
Bacharach, Jason, Acct Dir -- SOURCE COMMUNICATIONS, Hackensack, NJ, pg. 1029
Bachelier, Andrew, VP & Acct Dir -- LEO BURNETT DETROIT, INC., Troy, MI, pg. 621
Bachman, Donna, Media Dir -- COHLMIA MARKETING, Wichita, KS, pg. 217
Bachman, Kate, Acct Dir -- INKHOUSE MEDIA + MARKETING, Waltham, MA, pg. 1542
Bacino, Brian, Chief Creative Officer -- BAKER STREET ADVERTISING, San Francisco, CA, pg. 85
Baciulis, Simas, Acct Dir -- Adell Taivas Ogilvy, Vilnius, Lithuania, pg. 816
Back, Juliane, Acct Dir -- McCann Erickson Deutschland, Frankfurt am Main, Germany, pg. 703
Backes, Steve, Acct Exec -- JELLYFISH, Baltimore, MD, pg. 574
Backus, Sara, Creative Dir -- KERIGAN MARKETING ASSOCIATES, INC., Mexico Beach, FL, pg. 592
Badamo, Joanna, Sr Strategist-Creative -- AGENCYEA, Chicago, IL, pg. 40
Badger, Chris, Creative Dir -- J. Walter Thompson, Sydney, Australia, pg. 554
Badger, Madonna, Founder & Chief Creative Officer -- BADGER & WINTERS, INC., New York, NY, pg. 83
Badia, Jaume, Exec Creative Dir -- DDB Barcelona S.A., Barcelona, Spain, pg. 280
Badia, Jaume, Exec Creative Dir -- DDB Madrid, S.A., Madrid, Spain, pg. 280
Badiu, Alin, Art Dir -- Leo Burnett & Target SA, Bucharest, Romania, pg. 626
Badovinus, Marisa, Acct Dir -- LIFT AGENCY, San Francisco, CA, pg. 639
Badri, Hicham, Assoc Creative Dir -- LAMBESIS, INC., La Jolla, CA, pg. 608
Bae, Shang Woo, Acct Exec -- TBWA Korea, Seoul, Korea (South), pg. 1092
Baebler, Erin, Acct Exec -- MOTION PR, Chicago, IL, pg. 1585
Baechler, John, VP & Dir-Creative -- HANNA & ASSOCIATES INC., Coeur D'Alene, ID, pg. 465
Baek, Marc, Creative Dir -- Cheil Worldwide Inc., Seoul, Korea (South), pg. 462
Baena, Johanna, Acct Coord -- MIRESBALL, San Diego, CA, pg. 747
Baer, Ali, Acct Exec -- PAVLOV, Fort Worth, TX, pg. 859
Baer, Brad, Creative Dir-Environments & Dir-Strategy -- BLUECADET INTERACTIVE, Philadelphia, PA, pg. 1241
Baer, Celeste, Acct Dir -- Cummins&Partners, Saint Kilda, Australia, pg. 253
Baer, Stephen, Mng Partner & Head-Creative Strategy & Innovation -- THE GAME AGENCY, New York, NY, pg. 409
Baffi, Kim, VP & Creative Dir -- BBDO San Francisco, San Francisco, CA, pg. 99
Bagby, Mike, Creative Dir-Retail Design -- DOE-ANDERSON, Louisville, KY, pg. 312
Bagdadi, Jack Daniel, Creative Dir -- MARKHAM & STEIN UNLIMITED, Miami, FL, pg. 685
Baggley, Matt, Acct Supvr -- Anomaly, Toronto, Canada, pg. 59
Baggley, Matt, Acct Supvr -- Anomaly, Toronto, Canada, pg. 722
Baghdassarian, Laurent, Art Dir -- Y&R Paris, Boulogne, France, pg. 1202
Baginsky, Abe, Creative Dir -- Mother New York, New York, NY, pg. 763
Bagley, Jeff, Creative Dir -- Riester, Park City, UT, pg. 958
Bagliani, Anthony, Creative Dir -- RDA INTERNATIONAL, New York, NY, pg. 935
Baglioni, Daniele, Art Dir -- DDB S.r.L. Advertising, Milan, Italy, pg. 276
Bagola, Aljosa, Exec Creative Dir -- Pristop Group d.o.o., Ljubljana, Slovenia, pg. 1678
Bagri, Akhilesh, Creative Dir -- Radius Leo Burnett, Dubai, United Arab Emirates, pg. 627
Bahaa, Ahmed, Art Dir -- Saatchi & Saatchi, Cairo, Egypt, pg. 977
Bahen, Debra, Media Planner & Media Buyer -- SPURRIER MEDIA GROUP, Richmond, VA, pg. 1370
Bahler, Lucy, Acct Exec -- mcgarrybowen, Chicago, IL, pg. 718
Bahng, Caroline, Media Dir -- SCREEN STRATEGIES MEDIA, Fairfax, VA, pg. 999
Bailey, Ben, Creative Dir -- Wieden + Kennedy, London, United Kingdom, pg. 1165
Bailey, Don, Art Dir -- THE BUNTIN GROUP, Nashville, TN, pg. 173
Bailey, Don, Art Dir -- BUNTIN OUT-OF-HOME MEDIA, Nashville, TN, pg. 1312
Bailey, Heather, Media Planner & Media Buyer -- THE COMMUNICATIONS GROUP, Little Rock, AR, pg. 223
Bailey, Jason, Acct Exec -- MEDIASSOCIATES, INC., Sandy Hook, CT, pg. 1351
Bailey, Michael, Creative Dir -- PLAN LEFT LLC, Nashville, TN, pg.

PERSONNEL INDEX — AGENCIES

876
Bailey, Molly, Art Dir -- Totalcom, Inc., Huntsville, AL, pg. 1111
Bailey, Paul, Mgr-Creative -- mcgarrybowen, London, United Kingdom, pg. 717
Bailey, Ryan, Creative Dir -- BANOWETZ + COMPANY INC., Dallas, TX, pg. 88
Bailey, Steve, Partner & Creative Dir -- SPITBALL LLC, Red Bank, NJ, pg. 1034
Bailey, Tariq, Art Dir -- Ogilvy Cape Town, Cape Town, South Africa, pg. 829
Baillie, Marian, Acct Supvr -- 6 DEGREES INTEGRATED COMMUNICATIONS, Toronto, Canada, pg. 10
Bain, Sean, Acct Dir-Strategic -- NAS Recruitment Communications, Saint Louis, MO, pg. 785
Bains, Raj, Art Dir -- McCann Healthcare Sydney, Sydney, Australia, pg. 700
Baio, Chris, Acct Exec & Strategist-Media -- WHITEMYER ADVERTISING, INC., Zoar, OH, pg. 1161
Baiocco, Rob, Chief Creative Officer -- THE BAM CONNECTION, Brooklyn, NY, pg. 86
Baird, Al, Creative Dir -- Manning Selvage & Lee London, London, United Kingdom, pg. 1589
Baird, Rob, Founder & Co-Chief Creative Officer -- PREACHER, Austin, TX, pg. 886
Baird, Sharon, Mgr-Exhibit Solutions-Creative Svcs -- LEGGETT & PLATT INC., Carthage, MO, pg. 1223
Baizen, Amanda, VP & Acct Dir -- EP+Co, New York, NY, pg. 343
Bajaj, Avinash, Creative Dir -- J. Walter Thompson, Chennai, India, pg. 557
Bajec, Dennis, Chief Creative Officer -- IBM iX, Columbus, OH, pg. 518
Bajwa, Hari, Creative Dir -- AKQA, Inc., London, United Kingdom, pg. 1234
Bakar, Rasheed Abu, Acct Dir -- The Hoffman Agency, Singapore, Singapore, pg. 1536
Bake, Albrecht, Creative Dir -- J. Walter Thompson, Bogota, Colombia, pg. 564
Baker, Andrew, Dir-Creative Tech -- CACTUS, Denver, CO, pg. 181
Baker, Bonnie, VP & Creative Mgr-Print, Digital, Animation, Video & Brdcst -- Grey Healthcare Group, Kansas City, MO, pg. 417
Baker, Chad, VP-Creative -- THE MEYOCKS GROUP, West Des Moines, IA, pg. 736
Baker, Chris Ryan, Art Dir -- CAYENNE CREATIVE, Birmingham, AL, pg. 197
Baker, Cindy, Art Dir -- BAKER COMMUNICATIONS ADVERTISING/MARKETING/PUBLIC RELATIONS, Lexington, KY, pg. 85
Baker, Claire, Creative Dir -- Drum OMG, London, United Kingdom, pg. 1363
Baker, Erica, Acct Supvr -- FIREHOUSE, INC., Dallas, TX, pg. 1402
Baker, Erica, Acct Dir-ShopperWorks -- GEOMETRY GLOBAL, Bentonville, AR, pg. 415
Baker, Gabbi, Acct Dir -- OGILVY, New York, NY, pg. 809
Baker, Gabbi, Acct Dir -- OgilvyOne Worldwide New York, New York, NY, pg. 812
Baker, Jeremy, Acct Exec -- CK ADVERTISING, Cape Coral, FL, pg. 210
Baker, John, Acct Dir -- PARTNERS & SPADE, New York, NY, pg. 855
Baker, Julia, VP-PR -- PHASE 3 MARKETING & COMMUNICATIONS, Atlanta, GA, pg. 867
Baker, Kerry, Sr VP & Creative Dir -- DDB HEALTH, New York, NY, pg. 267
Baker, Kristen, Acct Dir -- DNA SEATTLE, Seattle, WA, pg. 311
Baker, Maggie, Acct Exec -- FLYNN WRIGHT, Des Moines, IA, pg. 390
Baker, Michele Moninger, Dir-PR -- CHERESKIN COMMUNICATIONS, Encinitas, CA, pg. 206
Baker, Michelle, Acct Exec -- LUCAS PUBLIC AFFAIRS, Sacramento, CA, pg. 1571
Baker, Mollie, Sr Art Dir -- DOUG CARPENTER + ASSOCIATES, Memphis, TN, pg. 318
Baker, Nikki, Exec Creative Dir -- Fallon New York, New York, NY, pg. 360
Baker, Olivia, Acct Supvr -- GSD&M, Austin, TX, pg. 453
Baker, Philip, CEO-Creative -- STAPLEGUN, Oklahoma City, OK, pg. 1042
Baker, Shannon, Acct Coord -- ALLEBACH COMMUNICATIONS, Souderton, PA, pg. 45
Baker, Stacy, Acct Supvr -- AB+C, Wilmington, DE, pg. 16
Baker, Tonya, Acct Exec -- CREATIVE ENERGY GROUP INC, Johnson City, TN, pg. 241

Baker-Olson, Maya, Media Planner -- GRP MEDIA, INC., Chicago, IL, pg. 1324
Bakhtiar, Zaulin, Grp Head-Creative -- FCB Kuala Lumpur, Kuala Lumpur, Malaysia, pg. 374
Bakri, Salah, Acct Dir -- TBWA Raad, Dubai, United Arab Emirates, pg. 1088
Baksa, Aaron, Art Dir -- FVM STRATEGIC COMMUNICATIONS, Plymouth Meeting, PA, pg. 406
Baku, Gullit, Head-Creative -- SID LEE, Paris, France, pg. 1010
Balarin, Ana, Partner, Chief Creative Officer & Exec Creative Dir -- MOTHER LTD., London, United Kingdom, pg. 762
Balarin, Hermeti, Exec Creative Dir -- MOTHER LTD., London, United Kingdom, pg. 762
Balazova, Alexandra, Media Buyer-TV -- Optimedia, Bratislava, Slovakia, pg. 1389
Balbino, Breno, Art Dir -- Leo Burnett Tailor Made, Sao Paulo, Brazil, pg. 623
Balbresky, Jordan, Acct Exec -- RUSHTON GREGORY COMMUNICATIONS, Lee, NH, pg. 972
Balch, Chip, Creative Dir -- THE MONOGRAM GROUP, Chicago, IL, pg. 756
Baldanza, Jamie, Assoc Creative Dir -- THE SAWTOOTH GROUP, Red Bank, NJ, pg. 992
Baldauf, Kathy, Assoc Media Dir-Brdcst -- BRUNNER, Pittsburgh, PA, pg. 169
Baldenko, Elise, Media Planner -- MINTZ & HOKE COMMUNICATIONS GROUP, Avon, CT, pg. 746
Baldini, Isabelle, Dir-Customer & New Bus -- Superunion, Paris, France, pg. 1063
Baldosea, Eddie, Art Dir -- DDB Worldwide Colombia S.A., Bogota, Colombia, pg. 272
Baldrich, Gloria, Art Dir -- Grey Barcelona, Barcelona, Spain, pg. 442
Baldwin, Bruce, Creative Dir -- TBWA Melbourne, Melbourne, Australia, pg. 1088
Baldwin, Cara, Acct Exec -- FUSION MARKETING, Saint Louis, MO, pg. 404
Baldwin, David, Co-Founder & CEO -- BALDWIN&, Raleigh, NC, pg. 85
Baldwin, Erica, Acct Supvr -- PORTER NOVELLI, New York, NY, pg. 1612
Baldwin, Kelly Wolf, Exec Dir-PR & Social Media -- NEFF + ASSOCIATES, INC., Philadelphia, PA, pg. 788
Baldwin, Marie, Art Dir-Digital -- PRAIRIE DOG/TCG, Kansas City, MO, pg. 886
Baldwin, Sierra, Acct Exec -- DCI-West, Aurora, CO, pg. 296
Balgos, Joshua, Co-Founder & Creative Dir -- FACULTY NY LLC, Brooklyn, NY, pg. 357
Baliga, Avinash, Assoc Dir-Creative -- DDB New York, New York, NY, pg. 269
Ball, Ashley, Exec VP & Dir-Creative -- Ackerman McQueen, Inc., Colorado Springs, CO, pg. 21
Ball, Ashley, Exec VP & Dir-Creative -- ACKERMAN MCQUEEN, INC., Oklahoma City, OK, pg. 21
Ball, Bob, Exec Creative Dir -- MASTERWORKS, Poulsbo, WA, pg. 692
Ball, John, Partner & Creative Dir -- MIRESBALL, San Diego, CA, pg. 747
Ball, Kim, Mgr-PR -- Ogilvy, Paris, France, pg. 814
Balla, Greg, Pres & Creative Dir -- ZENMARK VERBAL DESIGN, San Francisco, CA, pg. 1211
Ballance, Feargal, Partner-Creative -- Adam & EveDDB, London, United Kingdom, pg. 281
Ballard, Caroline, Acct Coord -- FIELDTRIP, Louisville, KY, pg. 379
Ballarini, Maximiliano, Creative Dir -- Ogilvy Argentina, Buenos Aires, Argentina, pg. 819
Ballerio, Agustin, Supvr-Creative -- Contrapunto, Madrid, Spain, pg. 108
Ballinger, Molly, Acct Exec -- HIP ADVERTISING, Springfield, IL, pg. 501
Balloussier, Eduardo, Supvr-Creative -- FCB HEALTH, New York, NY, pg. 376
Balmaceda, Byron, Creative Dir -- TBWA Costa Rica, San Jose, Costa Rica, pg. 1092
Balogh, Zsolt, Head-Creative & Innovation Team -- DDB Budapest, Budapest, Hungary, pg. 275
Balogun, Toheeb, Art Dir -- DDB Casers, Lagos, Nigeria, pg. 278
Balows, Scott, Creative Dir -- mcgarrybowen, Chicago, IL, pg. 718
Balzano, Thiago, Assoc Creative Dir -- AKQA, Inc., Washington, DC, pg. 1234
Balzer, Jennifer, Sr Creative Dir -- BUBBLEUP, LLC., Spring, TX, pg. 171
Bamford, Chris, Dir-Strategy & Creative -- Freud Communications,

London, United Kingdom, pg. 902
Ban, Jean, Exec VP-Integrated Acct Svcs & Head-Practice, PR & Social Media -- COLMAN BROHAN DAVIS, Chicago, IL, pg. 220
Bandeen, Jesse, Acct Exec -- TRIPLEPOINT, San Francisco, CA, pg. 1663
Bandlish, Jay, Creative Dir -- Energy BBDO, Chicago, IL, pg. 100
Bandy, Patti Nelson, Art Dir -- IMMOTION STUDIOS, Fort Worth, TX, pg. 527
Banerjee, Ananyo, Creative Dir -- J. Walter Thompson, Kolkata, India, pg. 557
Banerjee, Anindya, Exec Creative Dir -- FCB Ulka, Mumbai, India, pg. 373
Banerjee, Bipasha, VP & Exec Creative Dir -- J. Walter Thompson, Kolkata, India, pg. 557
Banham, Paul, Pres-McCann Creative Council-MEA & Exec Creative Dir-Dubai -- FP7, Dubai, United Arab Emirates, pg. 710
Banion, Brittany, Acct Exec -- SHADOW PR, New York, NY, pg. 1005
Bank, Adam, Creative Dir -- THINKHOUSE, Huntington, NY, pg. 1100
Bank, Joyce, Partner & Creative Dir-Mktg -- THINKHOUSE, Huntington, NY, pg. 1100
Banks, Angie, Acct Dir -- Moroch, San Antonio, TX, pg. 759
Banks, Claire, Acct Dir -- J. Walter Thompson, London, United Kingdom, pg. 562
Banks, Yemina, Acct Dir -- Wavemaker, Madrid, Spain, pg. 1383
Bankston, Jennifer, Art Dir -- FIREHOUSE, INC., Dallas, TX, pg. 1402
Bannecke, David, Sr VP & Head-Creative & Co-Office-St Louis -- Momentum, Saint Louis, MO, pg. 755
Bannick, Shena, Creative Dir -- CROWN SOCIAL AGENCY, Seattle, WA, pg. 251
Bannon, Joy, Acct Exec -- CONVENTURES, INC., Boston, MA, pg. 1474
Bannon, Kirk, Art Dir & Creative Dir -- BBDO Dublin, Dublin, Ireland, pg. 105
Bannon, Kristyn, VP & Acct Dir -- Y&R New York, New York, NY, pg. 1198
Benny, Rudy, Partner & Creative Dir -- TATTOO PROJECTS, Charlotte, NC, pg. 1074
Banowetz, Leon, Pres & Exec Creative Dir -- BANOWETZ + COMPANY INC., Dallas, TX, pg. 88
Bansley, Adam, Owner & Creative Dir -- EMPIRE MEDIA GROUP, Monroe, WI, pg. 339
Banuelos, Joseph, VP & Creative Dir -- DEVICEPHARM, Irvine, CA, pg. 296
Banwell, Bonn, Creative Dir -- RED CIRCLE AGENCY, Minneapolis, MN, pg. 938
Banzil, Joel, Creative Dir -- MullenLowe Philippines, Manila, Philippines, pg. 776
Bappe, Mark, Creative Dir -- CTP, Boston, MA, pg. 252
Baptiste, Jim, Acct Dir -- MATTER COMMUNICATIONS, Newburyport, MA, pg. 694
Barabas, Jennifer, Acct Supvr -- Manning Selvage & Lee, Atlanta, GA, pg. 1587
Barac-Roth, Claudia, Assoc Dir-Creative & Art -- MARRINER MARKETING COMMUNICATIONS, INC., Columbia, MD, pg. 686
Barak, Guy, Acct Supvr -- McCann Erickson, Tel Aviv, Israel, pg. 705
Baraldi, Fabio, Art Dir -- BBDO Proximity Berlin, Berlin, Germany, pg. 105
Baranovic, Vesna, Creative Dir -- DDB Group Germany, Berlin, Germany, pg. 274
Barbacovi, Jason, Assoc Creative Dir -- DELOITTE DIGITAL, Seattle, WA, pg. 1249
Barbaro-Benabib, Donna, Exec Coord-Creative -- YOUNG & RUBICAM, New York, NY, pg. 1197
Barber, Tennessee, Art Dir -- M&C Saatchi Abel, Cape Town, South Africa, pg. 660
Barber, Tracey, Mng Partner-Mktg & New Bus -- OgilvyOne Worldwide Ltd., London, United Kingdom, pg. 819
Barbercheck, Dan, Pres & Exec Creative Dir -- RED7E, Louisville, KY, pg. 942
Barberio, Alexandra, Art Dir -- STRAWBERRYFROG, New York, NY, pg. 1054
Barbieri, Benedetta, Media Dir -- ZenithOptimedia, Milan, Italy, pg. 1389
Barbosa, Bruno de Carvalho, Creative Dir -- Publicis Graffiti, Buenos Aires, Argentina, pg. 906
Barbosa, Leonardo, Creative Dir -- GREY NEW YORK, New York, NY, pg. 438
Barbour, Christi, Buyer-Brdcst -- LEWIS MEDIA PARTNERS, Richmond, VA, pg. 639
Barbour, Lyn, Media Planner -- RIGGS PARTNERS, West Columbia,

1697

AGENCIES — PERSONNEL INDEX

SC, pg. 1631

Barboutis, Yiannis, Creative Dir -- FCB Gnomi, Athens, Greece, pg. 367

Barbuto, Angela, Acct Dir -- 6 DEGREES INTEGRATED COMMUNICATIONS, Toronto, Canada, pg. 10

Barcelo, Daniela, Acct Supvr -- Lapiz, Chicago, IL, pg. 622

Barcelos, Marcelo, Exec Creative Dir -- DPZ-Duailibi, Petit, Zaragoza, Propaganda S.A., Sao Paulo, Brazil, pg. 906

Barcelos, Marcelo, Exec Creative Dir -- DPZ-Duailibi, Petit, Zaragoza, Propaganda S.A., Sao Paulo, Brazil, pg. 21

Barcia, Jillian, Acct Exec -- GREY NEW YORK, New York, NY, pg. 438

Barcinas, Edward Patrick, Art Dir -- BALDWIN & OBENAUF, INC., Somerville, NJ, pg. 86

Barczak, Dan, Chief Creative Officer -- HYPERQUAKE, Cincinnati, OH, pg. 516

Bardill, Kimberly, Art Dir & Sr Graphic Designer -- MORVIL ADVERTISING & DESIGN GROUP, Wilmington, NC, pg. 762

Bardot, Christophe, Art Dir & Designer -- TANEN DIRECTED ADVERTISING, Norwalk, CT, pg. 1072

Bare, Wade, Acct Exec -- MeringCarson, San Diego, CA, pg. 731

Bareche, Mohamed, Creative Dir -- Leo Burnett France, Paris, France, pg. 898

Bareche, Mohamed, Creative Dir -- Publicis Conseil, Paris, France, pg. 898

Barefoot, Ashley, Mgr-Creative Resource -- PREACHER, Austin, TX, pg. 886

Barela, Kenny, Creative Dir -- The Marketing Arm, Los Angeles, CA, pg. 682

Barendse, Alison, Acct Supvr -- MXM, Culver City, CA, pg. 781

Bares, Jordi, Creative Dir -- Ogilvy, Ltd., London, United Kingdom, pg. 818

Barfoot, Jeff, Mng Principal & Creative Dir -- RBMM, Dallas, TX, pg. 934

Barger, Jim, Partner & Acct Exec -- MEDIALINKS ADVERTISING, Findlay, OH, pg. 728

Barissever, Selmi, Exec Creative Dir -- Leo Burnett Co. S.r.l., Milan, Italy, pg. 625

Barissever, Selmi, Exec Creative Dir -- Leo Burnett Co. S.r.l., Turin, Italy, pg. 625

Barke, Kim, Sr VP & Grp Creative Dir -- FCB HEALTH, New York, NY, pg. 376

Barker, Jimmy, Assoc Creative Dir -- OMELET LLC, Culver City, CA, pg. 835

Barker, Steve, Partner & Creative Dir -- BARKER & CHRISTOL ADVERTISING, Murfreesboro, TN, pg. 90

Barker-Evans, Janet, Sr VP & Exec Creative Dir -- Epsilon, Arlington, VA, pg. 346

Barkey, Chuck, VP & Creative Dir -- CHEMISTRY COMMUNICATIONS INC., Pittsburgh, PA, pg. 205

Barkhuizen, Katie, Art Dir -- Ogilvy Cape Town, Cape Town, South Africa, pg. 829

Barkhuizen, Ryan, Grp Head-Creative & Art Dir -- Ogilvy Cape Town, Cape Town, South Africa, pg. 829

Barkley, Nik, Creative Dir -- HATCH MARKETING, Boston, MA, pg. 471

Barlar, David, Dir-Creative Svcs -- LAM-ANDREWS INC., Nashville, TN, pg. 608

Barlow, Jamie, VP-Creative Tech -- SPARKS MARKETING CORP, Philadelphia, PA, pg. 1032

Barlow, Sean, Chief Creative Officer -- CUNDARI INTEGRATED ADVERTISING, Toronto, Canada, pg. 254

Barna, Cristina, Art Dir -- Pereira & O'Dell, New York, NY, pg. 863

Barna, Fesus, Art Dir -- Friends\TBWA, Bucharest, Romania, pg. 1084

Barnard, Chris, Creative Dir-Digital -- MCGARRAH JESSEE, Austin, TX, pg. 716

Barnes, Alex, Acct Dir -- CROSSMEDIA, New York, NY, pg. 1317

Barnes, Allison, Media Dir -- MISTRESS, Santa Monica, CA, pg. 747

Barnes, Ben, Creative Dir -- LENZ MARKETING, Decatur, GA, pg. 620

Barnes, Billy, Creative Dir & Copywriter -- THE STONE AGENCY, Raleigh, NC, pg. 1050

Barnes, Colin, Art Dir -- BRUNET-GARCIA ADVERTISING, INC., Jacksonville, FL, pg. 169

Barnes, David, Art Dir -- JAN KELLEY MARKETING, Burlington, Canada, pg. 571

Barnes, Derek, Co-Chief Creative Officer -- DDB New York, New York, NY, pg. 269

Barnes, Justin, Exec Creative Dir -- J. Walter Thompson International, Auckland, New Zealand, pg. 558

Barnes, Kirsten, Acct Dir -- FCB Inferno, London, United Kingdom, pg. 369

Barnes, Lauren, Acct Dir -- Mccann, Sydney, Australia, pg. 700

Barnes, Marc, Dir-PR -- KINGS ENGLISH LLC, Greensboro, NC, pg. 596

Barnes, Matthew, Joint Exec Creative Dir -- Ogilvy Johannesburg (Pty.) Ltd., Johannesburg, South Africa, pg. 829

Barnes, Wade, Art Dir -- M&C Saatchi Abel, Cape Town, South Africa, pg. 660

Barnett, Augustus, Pres & Dir-Creative -- AUGUSTUS BARNETT ADVERTISING/DESIGN, Fox Island, WA, pg. 77

Barnett, Emma, Art Dir -- WIEDEN + KENNEDY, INC., Portland, OR, pg. 1163

Barnett, Gabby, Media Buyer -- MUDD ADVERTISING, Cedar Falls, IA, pg. 770

Barnett, Guy, Chief Creative Officer -- THE BROOKLYN BROTHERS, New York, NY, pg. 167

Barnett, Jonathan, Head-Strategic Mktg & Acct Dir -- CACTUS, Denver, CO, pg. 181

Barnett, Samantha, Acct Exec -- THE MARKETING ARM, Dallas, TX, pg. 682

Barnfield, Michael, Partner-Creative -- DDB Sydney Pty. Ltd., Ultimo, Australia, pg. 270

Barnwell, Mike, Chief Creative Officer -- FCB AFRICA, Johannesburg, South Africa, pg. 375

Barnwell, Mike, Chief Creative Officer -- FCB Cape Town, Cape Town, South Africa, pg. 375

Barocas, Lisa Marie, Acct Supvr -- KGBTEXAS, San Antonio, TX, pg. 593

Baron, Mike, Sr VP & Grp Creative Dir -- PARTNERS+NAPIER, Rochester, NY, pg. 855

Baron, Pat, Chief Creative Officer -- McCann Erickson Advertising Pty. Ltd., Melbourne, Australia, pg. 700

Baroni, Mike, Creative Dir -- IN MARKETING SERVICES, Norwalk, CT, pg. 529

BaRoss, Kelsey, Acct Supvr -- ROSE COMMUNICATIONS, INC., Hoboken, NJ, pg. 1634

Barr, Dane, Dir-PR & Influence -- Ogilvy Advertising, Kuala Lumpur, Malaysia, pg. 826

Barr, Devin, Acct Dir -- MBT MARKETING, Portland, OR, pg. 696

Barratt, Andrew, Acct Exec -- OgilvyOne Worldwide, Madrid, Spain, pg. 817

Barraza, Walter, Co-Founder & Creative Dir -- WALO CREATIVE, INC, Dallas, TX, pg. 1150

Barre, Brittany, Acct Supvr -- Wunderman, Washington, DC, pg. 1198

Barrea, Gabriel, Art Dir -- FCB Sao Paulo, Sao Paulo, Brazil, pg. 370

Barreras, Alejandro, Creative Dir -- PINTA, New York, NY, pg. 872

Barrero, Paola, Creative Dir -- J. Walter Thompson, Bogota, Colombia, pg. 564

Barreto, Andrea, Assoc Dir & Acct Supvr-Social Media -- ADLUCENT, Austin, TX, pg. 30

Barrett, Andrew, Art Dir -- GREY NEW YORK, New York, NY, pg. 438

Barrett, Carol, Media Dir -- HART, Columbus, OH, pg. 469

Barrett, Chris, Art Dir -- RAIN43, Toronto, Canada, pg. 929

Barrett, Dianna, Dir-Creative -- PERI MARKETING & PUBLIC RELATIONS, INC., Denver, CO, pg. 1608

Barrett, Jessica, Acct Dir -- THE INTEGER GROUP-DALLAS, Dallas, TX, pg. 1405

Barrett, Maria, Mgr-New Bus Dev -- INTERMEDIA ADVERTISING, Woodland Hills, CA, pg. 539

Barrett, Richard, Creative Dir -- Ogilvy, Ltd., London, United Kingdom, pg. 818

Barrett, Russell, Mng Partner & Chief Creative Officer -- BBH Mumbai, Mumbai, India, pg. 93

Barrett, Ryan, Acct Coord -- NEMO DESIGN, Portland, OR, pg. 789

Barrett, Steve, Exec Creative Dir -- TETHER, INC., Seattle, WA, pg. 1097

Barretto, Luiz Gustavo, Art Dir -- Wunderman, Sao Paulo, Brazil, pg. 1190

Barrie, Bob, Partner & Creative Dir -- BARRIE D'ROZARIO DILORENZO, Minneapolis, MN, pg. 92

Barrientos, Tessa, Acct Supvr -- TRACYLOCKE, Dallas, TX, pg. 1113

Barrineau, David, Creative Dir -- AKA NYC, New York, NY, pg. 42

Barrios, Myriam, Art Dir -- McCann Erickson Mexico, Mexico, Mexico, pg. 706

Barron, Noah, Creative Dir -- ONIRACOM CORP, Santa Barbara, CA, pg. 841

Barroso, Albert, Assoc Creative Dir -- MOSES INC., Phoenix, AZ, pg. 762

Barrote, Jorge, Creative Dir -- J. Walter Thompson, Lisbon, Portugal, pg. 561

Barrows, Lena, Art Dir -- Wieden + Kennedy New York, New York, NY, pg. 1165

Barrows, Lisa, Acct Exec -- B CREATIVE GROUP INC., Baltimore, MD, pg. 82

Barry, Ian, Chief Creative Officer -- LANETERRALEVER, Phoenix, AZ, pg. 610

Barry, Kelley, Creative Dir -- PIXELETTE STUDIOS, Berkeley, CA, pg. 874

Bart, Aaron, VP-Creative Svcs -- 3Q DIGITAL, San Mateo, CA, pg. 8

Bart, Kelly, Acct Supvr -- MARSHALL FENN COMMUNICATIONS LTD., Toronto, Canada, pg. 1577

Bartalucci, Paolo, Assoc Creative Dir -- Publicis Italia, Milan, Italy, pg. 899

Bartalucci, Paolo, Assoc Creative Dir -- Publicis Networks, Milan, Italy, pg. 900

Bartecki, Holly, Sr VP-Creative & Strategic Dev -- JASCULCA/TERMAN AND ASSOCIATES, Chicago, IL, pg. 1545

Barth, Elizabeth, Creative Dir -- THREESPOT MEDIA, LLC, Washington, DC, pg. 1295

Barth, Kate, Sr Mgr-PR -- Carlton Fields Jorden Burt, Hartford, CT, pg. 1592

Barthuel, Antoine, Creative Dir -- M&C Saatchi, Paris, France, pg. 661

Bartle, Rosann, Sr VP & Exec Creative Dir -- DRUM, INC., Atlanta, GA, pg. 322

Bartley, Scott M., Partner & Creative Dir -- BARTLEY & DICK, New York, NY, pg. 94

Bartley, Tyler, Art Dir -- Energy BBDO, Chicago, IL, pg. 100

Bartman, Mark, Assoc Creative Dir -- INTERMARK GROUP, INC., Birmingham, AL, pg. 539

Barto, Josh, Assoc Creative Dir -- PUBLICIS HAWKEYE, Dallas, TX, pg. 1282

Barto, Pat, Mgr-Traffic & Production -- LOVE & COMPANY, INC., Frederick, MD, pg. 653

Bartoe, Desiree, VP & Grp Acct Dir-PR & Social Media -- GATESMAN, Pittsburgh, PA, pg. 412

Bartolini, Robin, Assoc Creative Dir -- VITRO, San Diego, CA, pg. 1141

Bartolo, Carla, Acct Supvr -- KENNA, Mississauga, Canada, pg. 592

Bartolomeo, Atalie Hafez, Acct Dir -- SAATCHI & SAATCHI, New York, NY, pg. 975

Bartron, Adie, Acct Exec -- OLIVER RUSSELL, Boise, ID, pg. 835

Baryliuk, Andrea, Acct Supvr -- MCKIM, Winnipeg, Canada, pg. 719

Basckin, Raphael, Creative Dir -- droga5, London, United Kingdom, pg. 322

Basile, Chris, Art Dir -- KZSW ADVERTISING, Setauket, NY, pg. 605

Basile, Francesco, Assoc Creative Dir -- Publicis Italia, Milan, Italy, pg. 899

Basile, Maria, Art Dir -- CDHM ADVERTISING, Stamford, CT, pg. 198

Basirico, James, VP & Assoc Creative Dir-Art -- Havas Worldwide New York, New York, NY, pg. 476

Basker, Jane, Mgr-Scheduling & Traffic -- PATHFINDERS ADVERTISING & MARKETING GROUP, Mishawaka, IN, pg. 857

Baskin, Elizabeth, CEO & Exec Creative Dir -- TRIBE, Atlanta, GA, pg. 1116

Baskinger, Kim Ann, Exec Creative Dir -- HAVAS WORLDWIDE, New York, NY, pg. 475

Bass, Austin, Creative Dir -- BASS ADVERTISING, Sioux City, IA, pg. 95

Bass, Emma, Acct Dir -- J. Walter Thompson, London, United Kingdom, pg. 562

Bass, Ira, Media Buyer -- INSPIRE CREATIVE STUDIOS, Wilmington, NC, pg. 535

Bass, Meghann, Assoc Creative Dir-Digital -- THE WONDERFUL AGENCY, Los Angeles, CA, pg. 1228

Bass, Samantha, Acct Exec -- ESB ADVERTISING, Chantilly, VA, pg. 349

Bassett, Shannon, Acct Supvr -- WALZ TETRICK ADVERTISING, Mission, KS, pg. 1151

Bassil, Beth, Sr Mgr-PR -- JENNIFER BETT COMMUNICATIONS, New York, NY, pg. 574

Bassiri, Reza, Chief Creative Officer & Creative Dir -- Carre Noir, Suresnes, France, pg. 898

Basso, Jose, Acct Exec -- GMG ADVERTISING, Miami, FL, pg. 425

Bastien, Baumann, Grp Creative Dir -- OGILVY, New York, NY, pg. 809

Bastien, Etienne, Sr VP & Chief Creative Officer -- Ogilvy Montreal,

PERSONNEL INDEX — AGENCIES

Montreal, Canada, pg. 812

Bastos, Tiago, Sr Art Dir-Creative -- F.biz, Sao Paulo, Brazil, pg. 1183

Bastufan, Burtay, Acct Exec -- Havas Worldwide Istanbul, Istanbul, Turkey, pg. 482

Batchelor, Brian, Founder & Creative Dir -- BRASCO DESIGN + MARKETING, Raleigh, NC, pg. 160

Bate, Will, Art Dir & Copywriter-creative -- M&C SAATCHI PLC, London, United Kingdom, pg. 658

Bateman, Patti, Assoc Creative Dir -- HMH, Portland, OR, pg. 504

Bateman, Tim, Creative Dir -- PHENOMENON, Los Angeles, CA, pg. 868

Bateman, Tricia, Acct Supvr & Project Mgr -- ADG CREATIVE, Columbia, MD, pg. 29

Batenhorst, Julia, VP & Acct Dir -- DIGITAS, San Francisco, CA, pg. 302

Bates, Chuck, Dir-PR -- DGS MARKETING ENGINEERS, Fishers, IN, pg. 297

Bates, Kimberly, Media Buyer -- AD RESULTS, Houston, TX, pg. 24

Bath, Gurjit, Dir-New Bus Dev -- Active Media Services Canada Inc., Toronto, Canada, pg. 1306

Bath, Tim, Dir-Creative Ops -- Publicis UK, London, United Kingdom, pg. 902

Bath, Vic, Art Dir -- RETHINK, Vancouver, Canada, pg. 951

Bati, Ali, Exec Creative Dir -- Leo Burnett & Target SA, Bucharest, Romania, pg. 626

Batista, Dave, Partner & Chief Creative Officer -- BEAM, Boston, MA, pg. 1240

Batista, Dave, Partner & Chief Creative Officer -- BEAM INTERACTIVE, Boston, MA, pg. 1240

Batka, Jennifer, Media Dir -- BLUE 449, New York, NY, pg. 1310

Batla, Iraj Fraz, Exec Creative Dir-West -- DDB Mudra Group, Mumbai, India, pg. 275

Batlle, Daniel, Creative Dir -- NATCOM MARKETING, Miami, FL, pg. 785

Batra, Kapil, Head-Creative -- McCann Erickson India, New Delhi, India, pg. 705

Battaglia, Marc, Creative Dir -- DEMI & COOPER ADVERTISING, Elgin, IL, pg. 288

Battaglia, Roberto, Exec Creative Dir -- GreyUnited, Milan, Italy, pg. 441

Batten, Justin, Art Dir -- FCB New York, New York, NY, pg. 365

Battersby, william, Creative Dir -- AKQA, Inc., London, United Kingdom, pg. 1234

Battistel, Hugo, Creative Dir -- Havas Worldwide Brussels, Brussels, Belgium, pg. 478

Battistel, Hugo, Creative Dir -- Havas Worldwide Digital Brussels, Brussels, Belgium, pg. 478

Battistoni, Anne, Acct Dir -- Source Communications, Vista, CA, pg. 1029

Battoo, Aparna, Acct Dir -- Wieden + Kennedy India, New Delhi, India, pg. 1166

Baude, Martin, Creative Dir -- TBWA\ AB Stockholm, Stockholm, Sweden, pg. 1085

Baude, Martin, Art Dir -- TBWA Stockholm, Stockholm, Sweden, pg. 1085

Baudenbacher, Beat, Principal & Chief Creative Officer -- LOYALKASPAR, New York, NY, pg. 654

Baudet-Botella, Jonathan, Dir-Creative & Art -- BETC, Paris, France, pg. 479

Bauer, Emma, Acct Exec -- PLANIT, Baltimore, MD, pg. 877

Bauer, Gregg, Exec Creative Dir -- WILLIAM MILLS AGENCY, Atlanta, GA, pg. 1168

Bauer, Jay, Creative Dir -- INSIGHT CREATIVE INC., Green Bay, WI, pg. 535

Bauer, Mary Ann, Partner & Dir-Creative Design -- VISIONMARK COMMUNICATIONS, Baltimore, MD, pg. 1139

Bauer, Ollie, Assoc Creative Dir -- SPACE150, Minneapolis, MN, pg. 1031

Bauer, Paul J., Strategist-SEO Local Listings & Acct Exec-Digital Mktg -- LINKMEDIA 360, Independence, OH, pg. 642

Baugh, Colin, Specialist-PR-Beverage & Lifestyle -- DRINKPR, San Francisco, CA, pg. 320

Baugh, Colin, Acct Exec -- RANDALL PR, LLC, Seattle, WA, pg. 1625

Baughman, Terry, Creative Dir -- LATITUDE, Dallas, TX, pg. 1408

Bauman, Cecilia, Acct Dir -- TBWA Stockholm, Stockholm, Sweden, pg. 1085

Bauman, Christian, Partner & Chief Creative Officer -- H4B Chelsea, New York, NY, pg. 474

Baumgard, Michelle, Art Dir -- MARKHAM & STEIN UNLIMITED, Miami, FL, pg. 685

Baumgartner, Lisa, Acct Supvr -- PARTNERS+NAPIER, Rochester, NY, pg. 855

Baunhuber, Kym, Art Dir -- CERAMI WORLDWIDE COMMUNICATIONS, INC., Fairfield, NJ, pg. 200

Bautista, Francisco, Grp Creative Dir -- Teran TBWA, Mexico, Mexico, pg. 1092

Bautista, Jao, Creative Dir & Copywriter -- Publicis JimenezBasic, Makati, Philippines, pg. 910

Bautista, Maan, Creative Dir -- McCann Erickson (Philippines), Inc., Manila, Philippines, pg. 707

Baxter, Kristin, Creative Dir -- MASONBARONET, Dallas, TX, pg. 691

Bayer, Brandon, Creative Dir -- WONDERSAUCE, New York, NY, pg. 1302

Bayett, Kelly, Creative Dir -- Deutsch LA, Los Angeles, CA, pg. 294

Bayfield, Chas, Creative Dir -- J. Walter Thompson, London, United Kingdom, pg. 562

Bayley, Julie, Media Buyer -- SRCPMEDIA, Alexandria, VA, pg. 1039

Baylinson, Lisa, Creative Dir -- SUASION COMMUNICATIONS GROUP, Somers Point, NJ, pg. 1057

Bayne, Nick, Exec Creative Dir -- Vladimir Jones, Denver, CO, pg. 1142

Baynham, Maggie, Producer-Creative -- HUMANAUT, Chattanooga, TN, pg. 514

Baynham, Richard, Creative Dir -- INGO, Stockholm, Sweden, pg. 442

Bayraktar, Onder, Creative Dir -- Ogilvy, Istanbul, Turkey, pg. 817

Bazik, Haylee, Acct Supvr -- Ogilvy, Washington, DC, pg. 1599

Bazin-Vinson, Clara, Art Dir -- McCann Erickson Paris, Clichy, France, pg. 703

Bazluke, Paula, VP & Media Dir -- HMC ADVERTISING LLC, Richmond, VT, pg. 504

Baztan, Leyre Gomez, Art Dir -- TBWA Espana, Barcelona, Spain, pg. 1085

Bea, Danger, Creative Dir -- BBH LA, West Hollywood, CA, pg. 93

Beach, Bob, VP-Creative Svcs -- J.T. MEGA FOOD MARKETING COMMUNICATIONS, Minneapolis, MN, pg. 584

Beach, Chris, Creative Dir -- WILDERNESS AGENCY, Fairborn, OH, pg. 1167

Beachler, Sara Ebel, Assoc Creative Dir -- ABELSON-TAYLOR, INC., Chicago, IL, pg. 17

Beadle, Erik, Dir-Creative Ops -- LIQUIDHUB, INC., New York, NY, pg. 644

Beale, Oli, Exec Creative Dir -- Anomaly, London, United Kingdom, pg. 59

Beale, Oli, Exec Creative Dir -- Anomaly, London, United Kingdom, pg. 721

Beall, Julie, Creative Dir -- PROPAC, Plano, TX, pg. 893

Beals, Ryan, Art Dir -- THE RICHARDS GROUP, INC., Dallas, TX, pg. 956

Beam, Jake, Mng Partner & Creative Dir -- ROCK CANDY MEDIA, Austin, TX, pg. 964

Beaman, Zach, Pres & Creative Dir -- CONCEPT ENVY, Waukesha, WI, pg. 226

Beamer, Mike, Creative Dir & Copywriter -- FCB GLOBAL, New York, NY, pg. 363

Beanan, Chris, Art Dir -- SRH MARKETING, Milwaukee, WI, pg. 1039

Bear, Bridget, Acct Exec -- EG INTEGRATED, Omaha, NE, pg. 332

Bear, Chelsea, Acct Exec -- FISH CONSULTING, INC., Ft Lauderdale, FL, pg. 384

Bear, George, Dir-Creative Svcs -- George P. Johnson (UK) Ltd, Kingston, United Kingdom, pg. 416

Beard, Steve, VP & Creative Dir -- BORSHOFF, Indianapolis, IN, pg. 148

Beard, Tony, Pres & Chief Creative Officer -- PRICEWEBER MARKETING COMMUNICATIONS, INC., Louisville, KY, pg. 889

Bearden, Monique, Acct Supvr -- JACKSON MARKETING GROUP, Greenville, SC, pg. 569

Beason, Lauren, Media Buyer -- BLR/FURTHER, Birmingham, AL, pg. 138

Beato, Luca, Assoc Creative Dir -- Grey Italia S.p.A, Milan, Italy, pg. 441

Beaton, Lewis, Art Dir -- Leo Burnett London, London, United Kingdom, pg. 627

Beatty, Kim, Assoc Media Buyer -- BIG COMMUNICATIONS, INC., Birmingham, AL, pg. 128

Beatty, Whitney, VP-Creative-Experiential -- Publicis Experiences, Chicago, IL, pg. 896

Beauchamp, Monique, Acct Supvr -- DAVID The Agency, Miami, FL, pg. 261

Beaudet, Ariane-Andree, Acct Dir -- TAXI, Montreal, Canada, pg. 1075

Beaudoin, Jim, Creative Dir -- AKQA, Inc., Washington, DC, pg. 1234

Beaudouin, Maggie, Acct Supvr -- HUNTER PUBLIC RELATIONS, New York, NY, pg. 1538

Beaulieu, Bob, Pres-Creative -- BEAULIEU ADVERTISING & DESIGN INC, North Scituate, MA, pg. 119

Beaulieu, Brian, Assoc Creative Dir -- RUMBLETREE, North Hampton, NH, pg. 972

Beaumont, Philip, Creative Dir-Europe -- The&Partnership London, London, United Kingdom, pg. 56

Beaupre, Greg, Creative Dir -- PERISCOPE, Minneapolis, MN, pg. 864

Beautrais, Emily, Creative Dir -- Clemenger BBDO Wellington, Wellington, New Zealand, pg. 113

Beauvais, Francisco Javier Perez, Art Dir -- DDB Chile, Santiago, Chile, pg. 271

Beaver, Tommy, Assoc Creative Dir -- BLUEZOOM, Greensboro, NC, pg. 142

Beavers, Austin, Art Dir -- MASONBARONET, Dallas, TX, pg. 691

Beberman, Jeff, Grp Dir-Creative -- MullenLowe, El Segundo, CA, pg. 772

Becher, Irina, Creative Dir -- Leo Burnett & Target SA, Bucharest, Romania, pg. 626

Bechtloff, Jeff, VP & Media Dir -- M/K ADVERTISING PARTNERS, LTD., New York, NY, pg. 664

Bechtoldt, Stephan, Assoc Creative Dir -- WORLDMEDIA INTERACTIVE, Miami, FL, pg. 1177

Beck, Jeffrey, Creative Dir -- VML, Chicago, IL, pg. 1145

Beck, Katie, Dir-PR & Digital Media-Mktg & PR -- STYLE ADVERTISING, Birmingham, AL, pg. 1057

Beck, Leah, Art Dir -- PART FOUR LLC, Los Angeles, CA, pg. 1279

Beck, Liz, Acct Exec -- BREAD AND BUTTER PUBLIC RELATIONS, Los Angeles, CA, pg. 1456

Beck, Tyrone, Creative Dir -- Saatchi & Saatchi, Johannesburg, South Africa, pg. 979

Beck, Tyrone, Creative Dir -- Saatchi & Saatchi, Cape Town, South Africa, pg. 979

Becker, Alvaro, Exec Creative Dir -- Prolam Y&R S.A., Santiago, Chile, pg. 1206

Becker, Christoph, CEO & Chief Creative Officer -- GYRO, New York, NY, pg. 457

Becker, Christopher, Acct Supvr-Media -- JUST MEDIA, INC., Emeryville, CA, pg. 1336

Becker, Greg, Art Dir -- BRAND INNOVATION GROUP, Fort Wayne, IN, pg. 155

Becker, Jack, Partner, Creative Dir & Strategist-Brand -- ELEMENT ADVERTISING LLC, Asheville, NC, pg. 335

Becker, Josh, Art Dir -- HOWERTON+WHITE, Wichita, KS, pg. 510

Becker, Nicolas, Exec Creative Dir -- Havas Worldwide Dusseldorf, Dusseldorf, Germany, pg. 480

Beckerling, Tim, Creative Dir -- Net#work BBDO, Gauteng, South Africa, pg. 108

Beckett, Alec, Partner-Creative -- NAIL COMMUNICATIONS, Providence, RI, pg. 783

Beckett, Anna, Acct Supvr -- Publicis Experiences, Chicago, IL, pg. 896

Beckman, Eric, Art Dir -- GODFREY ADVERTISING, Lancaster, PA, pg. 426

Beckman, Melissa, Acct Exec-PR -- ORCA COMMUNICATIONS UNLIMITED, LLC., Tempe, AZ, pg. 1603

Beckman, Tom, Creative Dir -- Nueva Comunicacion-Weber Shandwick, Rosario, Argentina, pg. 1680

Beckman, Tom, Chm-Global Creative Collective & Exec Creative Dir-Prime -- Powell Tate-Weber Shandwick, Washington, DC, pg. 1674

Beckman, Tom, Chm-Global Creative Collective & Exec Creative Dir-Prime -- Sawmill, New York, NY, pg. 1675

Becky, Sucha, Art Dir -- DESIGN ARMY, Washington, DC, pg. 292

Bedinghaus, Elliott, VP-Creative -- SPARK, Tampa, FL, pg. 1031

Bedoya, Andrea, Acct Dir -- Publicis UK, London, United Kingdom, pg. 902

Bedway, Tom, Creative Dir -- BURKHOLDER/FLINT, Columbus, OH, pg. 175

Beebe, Adam, Acct Exec -- ARENA COMMUNICATIONS, Salt Lake City, UT, pg. 67

Beebe, Justin, Media Planner -- THE ARCHER GROUP, Wilmington, DE, pg. 65

Beebe, Laura Knight, Art Dir -- BOONEOAKLEY, Charlotte, NC, pg. 147

Beechy, Mark, Exec Creative Dir -- RED INTERACTIVE AGENCY, Santa Monica, CA, pg. 1284

AGENCIES — PERSONNEL INDEX

Beegle, Christy, Assoc Creative Dir -- PP+K, Tampa, FL, pg. 885
Beeler, Chuck, Dir & Sr Strategist-PR -- EMA Public Relations Services, Syracuse, NY, pg. 347
Beeler, Chuck, Dir & Sr Strategist-PR -- ERIC MOWER + ASSOCIATES, Syracuse, NY, pg. 346
Beeli, Patrick, Creative Dir -- Havas Worldwide Zurich, Zurich, Switzerland, pg. 482
Beere, Shelley, Acct Supvr -- HIEBING, Madison, WI, pg. 498
Beesley, Claire, Dir-PR -- Wieden + Kennedy Amsterdam, Amsterdam, Netherlands, pg. 1164
Beesley, Valerie, Acct Supvr -- BLOOM COMMUNICATIONS, Austin, TX, pg. 137
Beezley, Mauriahh, VP & Grp Creative Dir -- Saatchi & Saatchi X, Springdale, AR, pg. 976
Beggs, Jonathan, Chief Creative Officer -- Saatchi & Saatchi, Johannesburg, South Africa, pg. 979
Beggs, Jonathan, Chief Creative Officer -- Saatchi & Saatchi, Cape Town, South Africa, pg. 979
Behbehani, Erin, Acct Exec -- AGENCYEA, Chicago, IL, pg. 40
Behera, Srikant, Assoc Creative Dir -- Ogilvy, New Delhi, India, pg. 825
Behera, Srikant, Assoc Creative Dir -- Ogilvy India, Chennai, India, pg. 823
Behr, Mario, Pres & Creative Dir -- GREEN DOT ADVERTISING & MARKETING, Miami, FL, pg. 435
Beke, James Kwaku, Art Dir -- BBH LA, West Hollywood, CA, pg. 93
Bekerman, Sara, Assoc Dir-Creative Strategy -- CODE AND THEORY, New York, NY, pg. 217
Bekkering, Herman, Creative Dir-Natl -- PATTISON OUTDOOR ADVERTISING, Oakville, Canada, pg. 858
Beland, Alex, Art Dir -- SID LEE, Montreal, Canada, pg. 1010
Belanger, Danae, Assoc Creative Dir -- O'KEEFE REINHARD & PAUL, Chicago, IL, pg. 834
Belanger, Martin, Mng Dir & Exec Creative Dir -- UNION, Toronto, Canada, pg. 1126
Belanger, Richard, Head-Creative & Deputy Creative Dir -- Cossette Communication-Marketing (Montreal) Inc., Montreal, Canada, pg. 233
Belcher, Randy, Exec Creative Dir -- DONER, Southfield, MI, pg. 314
Belfer, Margaret, Acct Dir -- BIGEYEDWISH LLC, New York, NY, pg. 131
Belfer, Ross, Founder & Dir-PR -- XHIBITION, New York, NY, pg. 1687
Belhumeur, Pilar, Exec Creative Dir -- GREATER THAN ONE, New York, NY, pg. 434
Belibag, Bozkurt, Art Dir -- MullenLowe Istanbul, Istanbul, Turkey, pg. 774
Belisario, Ryan, Acct Exec -- SAATCHI & SAATCHI, New York, NY, pg. 975
Belk, Howard, Co-CEO & Chief Creative Officer -- SIEGEL+GALE, New York, NY, pg. 1011
Belko, Tomas, Exec Creative Dir -- Ogilvy, Prague, Czech Republic, pg. 813
Belko, Tomas, Exec Creative Dir -- Ogilvy Czech, Prague, Czech Republic, pg. 813
Bell, Barbie, Acct Exec -- DAVIS ADVERTISING, INC., Worcester, MA, pg. 263
Bell, Diana, Acct Dir -- RAPP, New York, NY, pg. 931
Bell, Gaelen, VP-Social Mktg & PR -- MSI, Chicago, IL, pg. 769
Bell, Jenna, Acct Exec -- AVID MARKETING GROUP, Rocky Hill, CT, pg. 1397
Bell, Jim, Creative Dir -- FORGE WORLDWIDE, Boston, MA, pg. 392
Bell, Lisa, Chief Creative Officer -- TIVOLI PARTNERS, Asheville, NC, pg. 1105
Bell, Logan, Assoc Dir-Creative -- HOOK STUDIOS LLC, Ann Arbor, MI, pg. 1260
Bell, Marissa, Acct Exec -- WATERHOUSE PUBLIC RELATIONS, Chattanooga, TN, pg. 1671
Bell, Mike, Chief Creative Officer & VP -- TRICOMB2B, Dayton, OH, pg. 1117
Bell, Peter, Exec Creative Dir -- TRACTION FACTORY, Milwaukee, WI, pg. 1112
Bellamy, Kathy, Media Dir -- THE WOOD AGENCY, San Antonio, TX, pg. 1175
Bellavia, Kristen, Acct Supvr -- Geometry Global, Chicago, IL, pg. 415
Bellemare, Jay, Creative Dir -- PANNOS MARKETING, Bedford, NH, pg. 852
Bellerive, David, VP-Creative & Interactive -- PHOENIX GROUP, Regina, Canada, pg. 869
Bellew, Bonner, Chief Creative Officer -- SODA & LIME LLC, Los Angeles, CA, pg. 1027
Bellgardt, Ryan, Pres & Creative Dir -- BOILING POINT MEDIA, Oklahoma City, OK, pg. 144
Bellini, Enrico, Art Dir & Supvr-Creative -- Publicis Networks, Milan, Italy, pg. 900
Bellini, Giuliano, Creative Dir -- MRM Worldwide, Milan, Italy, pg. 768
Bellmore, Jacqueline, Sr Producer-Brdcst -- MCCANN CANADA, Toronto, Canada, pg. 712
Bello, Johan, Exec Creative Dir -- Acne Advertising, Stockholm, Sweden, pg. 1249
Belloir, Katharine, Acct Dir -- BALDWIN&, Raleigh, NC, pg. 85
Bellotti, Fernando, Pres-Argentina & Creative Dir-Latin America -- Leo Burnett Mexico S.A. de C.V., Mexico, Mexico, pg. 624
Bellringer, Cory, Grp Head-Creative -- Saatchi & Saatchi, Auckland, New Zealand, pg. 984
Bellville, Corinne, VP-Strategic Partnerships & New Bus -- RAUXA, Costa Mesa, CA, pg. 933
Belmont, Dick, Producer & Creative Dir -- INSIGHT MARKETING COMMUNICATIONS, Wallingford, CT, pg. 535
Belmonte, Gianluca, Assoc Creative Dir -- FCB Milan, Milan, Italy, pg. 367
Belsinger, Kelli, Acct Dir -- DUDNYK HEALTHCARE GROUP, Horsham, PA, pg. 324
Belt, Megan, Acct Dir-PR -- ERVIN & SMITH, Omaha, NE, pg. 348
Belton, Victoria L, Acct Exec -- STAMP IDEA GROUP, LLC, Montgomery, AL, pg. 1042
Beltran, Alejandro, Creative Dir -- Ogilvy, Mexico, Mexico, pg. 821
Beltran, Esteban, Art Dir -- Sancho BBDO, Bogota, Colombia, pg. 102
Beltran, Maximiliano, Acct Supvr-Digital -- Del Campo Nazca Saatchi & Saatchi, Buenos Aires, Argentina, pg. 981
Beltrone, Elinor, Art Dir & Assoc Creative Dir -- THE GATE WORLDWIDE NEW YORK, New York, NY, pg. 411
Belz, Kassi, VP-PR -- DALTON AGENCY JACKSONVILLE, Jacksonville, FL, pg. 258
Belz, Lizzy, Acct Supvr -- TogoRun, New York, NY, pg. 1508
Bemis, Todd, VP-Digital Creative -- One & All, Atlanta, GA, pg. 838
Ben Kimkhi, Ronen, Art Dir -- FCB Shimoni Finkelstein, Tel Aviv, Israel, pg. 370
Benavides, Alan Daniel, Art Dir -- Leo Burnett Mexico S.A. de C.V., Mexico, Mexico, pg. 624
Benavides, Pablo Sanchez, Creative Dir-Tech -- DDB Barcelona S.A., Barcelona, Spain, pg. 280
Benbehe, Alexis, Creative Dir -- DDB Paris, Paris, France, pg. 273
Bench, Becca, Acct Coord -- BLAINE WARREN ADVERTISING LLC, Las Vegas, NV, pg. 133
Benckini, Karen, Media Dir -- CLAPP COMMUNICATIONS, Baltimore, MD, pg. 211
Benden, Anouk, Acct Dir-Health -- Edelman, Amsterdam, Netherlands, pg. 1495
Bender, Jesse, Acct Dir -- ALLEBACH COMMUNICATIONS, Souderton, PA, pg. 45
Bender, Matt, Art Dir -- 2E CREATIVE, Saint Louis, MO, pg. 4
Bender, Renee, Sr VP-Creative & Digital -- Ketchum ICON Singapore, Singapore, Singapore, pg. 1556
Bender, Whitney, Dir-Creative Ops -- DUDNYK HEALTHCARE GROUP, Horsham, PA, pg. 324
Bendz, Lovisa Friman, Acct Supvr -- Acne Advertising, Stockholm, Sweden, pg. 1249
Benedict, Cathy, Acct Exec -- BENEDICT ADVERTISING, Daytona Beach, FL, pg. 122
Benedict, Jillian, Supvr-Creative -- EMA Public Relations Services, Syracuse, NY, pg. 347
Benedict, Megan, Acct Exec -- MACCABEE GROUP, INC., Minneapolis, MN, pg. 1573
Benedum, Rita Sweeney, Acct Dir -- Possible, Seattle, WA, pg. 1189
Benedum, Rita Sweeney, Acct Dir -- Possible, Seattle, WA, pg. 1181
Benevides, Vico, Exec Creative Dir-Ford-Latam -- GLOBAL TEAM BLUE, Dearborn, MI, pg. 423
Benford, Trudi, Sr VP & Dir-Creative Svcs -- Greer, Margolis, Mitchell, Burns & Associates (GMMB), Washington, DC, pg. 1508
Beniflah, Madeline, Media Dir -- ACENTO ADVERTISING, INC., Santa Monica, CA, pg. 20
Benivegna, Marybeth, Editor & Sr Creative Dir -- PILOT, New York, NY, pg. 871
Benjamin, Malorie, VP & Media Dir -- QUINLAN & COMPANY, Buffalo, NY, pg. 923
Benjamin, Michael, Creative Dir -- ANTHEM BRANDING, Boulder, CO, pg. 61
Benjamini, Tracey, Acct Supvr -- R&J STRATEGIC COMMUNICATIONS, Bridgewater, NJ, pg. 1622
Benko, Milly, Acct Supvr -- LEO BURNETT COMPANY LTD., Toronto, Canada, pg. 620
Bennet, Marli, Acct Supvr -- J. WALTER THOMPSON CANADA, Toronto, Canada, pg. 565
Bennett, Belinda, Acct Dir -- Havas London, London, United Kingdom, pg. 482
Bennett, Dan, Partner & Creative Dir -- ELEMENT ELEVEN, Nixa, MO, pg. 335
Bennett, Emily, Acct Dir -- Saatchi & Saatchi EMEA Region Headquarters, London, United Kingdom, pg. 980
Bennett, Emily, Acct Dir -- Saatchi & Saatchi London, London, United Kingdom, pg. 980
Bennett, Lisa, Chief Creative Officer -- LAUGHLIN/CONSTABLE, INC., Milwaukee, WI, pg. 613
Bennett, Myron, Dir-Creative Svcs -- THIRD WAVE DIGITAL, Macon, GA, pg. 1101
Bennett, Nathan, Acct Dir -- Kinetic, London, United Kingdom, pg. 1338
Bennett, Patrick, Creative Dir -- SBPR CORP., Fort Lauderdale, FL, pg. 1641
Bennett, Susan, Partner & Exec Creative Dir -- SIMPLE TRUTH COMMUNICATION PARTNERS, Chicago, IL, pg. 1015
Bennett, Tim, VP-PR -- MARCUS THOMAS LLC, Cleveland, OH, pg. 679
Bennett, Tricia, Sr Mgr-PR -- GROUNDFLOOR MEDIA, INC., Denver, CO, pg. 1525
Benoudiz, Anais, Art Dir -- FCB New York, New York, NY, pg. 365
Benson, Paul, Art Dir -- Lonsdale Saatchi & Saatchi, Port of Spain, Trinidad & Tobago, pg. 982
Bentley, Jeff, Principal & Creative Dir -- BLUE C, Costa Mesa, CA, pg. 138
Bentley, Perry Ryan, VP & Creative Dir -- GRAFITZ GROUP NETWORK, Huntington, WV, pg. 431
Bentley, Tim, Sr Dir-Creative Services -- FUSE, LLC, Winooski, VT, pg. 404
Benton, Sean, VP & Creative Dir -- PARTNERS CREATIVE, Missoula, MT, pg. 855
Benty, Jenna, Art Dir -- BREAD AND BUTTER PUBLIC RELATIONS, Los Angeles, CA, pg. 1456
Benvenuto, Laura, Acct Exec -- Ketchum, Washington, DC, pg. 1555
Benzikri, Aviv, Acct Supvr -- BBR Saatchi & Saatchi, Ramat Gan, Israel, pg. 977
Benzion, Adrianne, Art Dir -- RPA, Santa Monica, CA, pg. 970
Beovides, Hilda, Media Buyer -- GMG ADVERTISING, Miami, FL, pg. 425
Beran, Paul F., Pres, CEO & Creative Dir -- ADVERTEL, INC., Pittsburgh, PA, pg. 35
Berbari, Alejandro, Partner, Sr VP & Exec Creative Dir -- MARCA MIAMI, Coconut Grove, FL, pg. 677
Berberich, Garrett, Acct Exec -- HIMMELRICH PR, Baltimore, MD, pg. 501
Bercelli, Andre, Art Dir -- Rapp Brazil, Sao Paulo, Brazil, pg. 932
Berendt, Filip, Creative Dir-Digital -- DDB Warsaw, Warsaw, Poland, pg. 279
Berenson, Daniel, Assoc Creative Dir -- CP+B BOULDER, Boulder, CO, pg. 235
Beres, Jennifer, VP-Creative Ops & Production -- PADILLA, Minneapolis, MN, pg. 849
Beres, Krista, Acct Supvr -- ROUNTREE GROUP COMMUNICATIONS MANAGEMENT, Alpharetta, GA, pg. 1635
Beretta, Monica, Art Buyer -- Y&R Sao Paulo, Sao Paulo, Brazil, pg. 1205
Beretta, Rafael, Art Dir -- FCB Sao Paulo, Sao Paulo, Brazil, pg. 370
Berg, Ashley, Media Buyer-Digital -- HIEBING, Madison, WI, pg. 498
Berg, Beth, Sr VP & Acct Dir -- GREY GROUP, New York, NY, pg. 438
Berg, Dylan, Creative Dir -- R/GA Los Angeles, North Hollywood, CA, pg. 926
Berg, Jeff, Creative Dir -- HABERMAN & ASSOCIATES, INC., Minneapolis, MN, pg. 460
Berg, Jon, Art Dir -- WOO CREATIVE LLC, Delray Beach, FL, pg. 1175
Berg, Leah, Acct Supvr -- CRAMER-KRASSELT, Chicago, IL, pg. 237
Berg, Leah, Acct Supvr -- Cramer-Krasselt, Milwaukee, WI, pg. 237
Bergan, Gregg, Owner & Chief Creative Officer -- PURE BRAND COMMUNICATIONS, LLC, Denver, CO, pg. 916
Bergdahl, John, Art Dir -- Forsman & Bodenfors, Stockholm, Sweden, pg. 722
Bergen, Carolyn, Creative Dir -- O'KEEFE REINHARD & PAUL, Chicago, IL, pg. 834

PERSONNEL INDEX — AGENCIES

Berger, Lauren, Acct Dir -- BOARDROOM COMMUNICATIONS INC., Fort Lauderdale, FL, pg. 1453

Berger, Lucila, Art Dir -- BBDO Argentina, Buenos Aires, Argentina, pg. 101

Berger, Molly, Media Dir -- Wavemaker, San Francisco, CA, pg. 1380

Berger, Paul, Acct Dir -- OBI CREATIVE, Omaha, NE, pg. 805

Bergevin, Kristen, VP-PR -- PHELPS, Playa Vista, CA, pg. 867

Berggard, Goran, Acct Dir -- Havas Worldwide Granath, Stockholm, Sweden, pg. 481

Berggren, Phil, Art Dir -- ARCHER COMMUNICATIONS, INC., Rochester, NY, pg. 65

Berglund, Fabian, Exec Creative Dir -- Anomaly Amsterdam, Amsterdam, Netherlands, pg. 59

Bergman, Hilary, Acct Supvr -- THE BURNS GROUP, New York, NY, pg. 175

Bergmann, Robyn, Grp Head-Creative & Creative Dir -- Ogilvy Johannesburg (Pty.) Ltd., Johannesburg, South Africa, pg. 829

Bergquist, Kate, Assoc Creative Dir -- MCCANN, New York, NY, pg. 697

Bergqvist, Erik, Partner-Creative & Exec Creative Dir -- Acne Advertising, Stockholm, Sweden, pg. 1249

Bergstresser, Jessica, Assoc Creative Dir -- DIGITAS, Boston, MA, pg. 1250

Bergum, Lisa, Acct Coord -- CLEARPOINT AGENCY, Encinitas, CA, pg. 1470

Berjawi, Ali, Media Dir -- Initiative Dubai, Dubai, United Arab Emirates, pg. 1334

Berke, Carole, Owner, Media Dir & Negotiator-Media -- CAROLE BERKE MEDIA SERVICES, Portland, OR, pg. 191

Berke, David, Acct Dir -- FUEL PARTNERSHIPS, Boca Raton, FL, pg. 401

Berkel, Paula, Media Dir -- AMP AGENCY, Boston, MA, pg. 1236

Berkey, Melissa, Assoc Creative Dir -- BIGFISH CREATIVE GROUP, Scottsdale, AZ, pg. 131

Berkey, Nicole, Media Planner & Media Buyer -- GARRISON HUGHES, Pittsburgh, PA, pg. 410

Berkheimer, Sarah, Art Dir -- CACTUS, Denver, CO, pg. 181

Berkley, Abigail, Acct Supvr -- LEO BURNETT COMPANY LTD., Toronto, Canada, pg. 620

Berkley, Sarah, Art Dir -- DDB Chicago, Chicago, IL, pg. 268

Berkun, Fawne, Exec Creative Dir -- TAG CREATIVE, New York, NY, pg. 1070

Berkus, Kelson, VP-Creative Strategy -- Edelman, Los Angeles, CA, pg. 1491

Bermudez, Alejandro, Exec Creative Dir -- McCann Erickson Corp. S.A., Bogota, Colombia, pg. 702

Bermudez, Alejandro, Exec Creative Dir -- McCann Erickson Corp. (S.A.), Medellin, Colombia, pg. 702

Berna, Tomas Ferrandiz, Sr Creative Dir -- Tiempo BBDO, Barcelona, Spain, pg. 108

Bernadelli, Maureen, Media Dir -- COATES KOKES, Portland, OR, pg. 216

Bernal, Maria, VP & Creative Dir -- Lapiz, Chicago, IL, pg. 622

Bernard, Thomas, Art Dir -- Publicis Conseil, Paris, France, pg. 898

Bernardo, Alessandro, Exec Creative Dir -- F.biz, Sao Paulo, Brazil, pg. 1183

Bernardo, Rachel, Acct Exec -- VaynerMedia, San Francisco, CA, pg. 1299

Bernast, Johann, Creative Dir -- BETC, Paris, France, pg. 479

Bernbaum, Alexis, Assoc Creative Dir -- BLAST RADIUS, New York, NY, pg. 134

Bernbaum, Alexis, Assoc Creative Dir -- BLAST RADIUS INC., San Francisco, CA, pg. 135

Berne, Tom, Gen Mgr & Art Dir -- THIS IS CROWD LTD, Detroit, MI, pg. 1101

Bernedo, Victor, Art Dir -- M&C Saatchi, Santa Monica, CA, pg. 662

Bernesby, Chris, Creative Dir -- AREA 23, New York, NY, pg. 67

Bernhard, Dennis, Acct Supvr -- ZIMMERMAN ADVERTISING, Fort Lauderdale, FL, pg. 1212

Bernhardt, Karen, Creative Dir & Art Dir -- VENDI ADVERTISING, La Crosse, WI, pg. 1133

Bernhart, Erika, Acct Exec -- KENNA, Mississauga, Canada, pg. 592

Bernick, Andrea, Dir-Creative Dev & Producer -- 7ATE9 ENTERTAINMENT, Los Angeles, CA, pg. 12

Bernier, Alex, Creative Dir -- SID LEE, Montreal, Canada, pg. 1010

Bernier, Brian, Assoc Creative Dir -- PJA, Cambridge, MA, pg. 874

Bernier, Jean-Francois, Pres & Creative Dir -- ALFRED COMMUNICATIONS, Montreal, Canada, pg. 44

Bernique, Josee, Acct Dir & Sr Art Buyer -- BBDO MONTREAL, Montreal, Canada, pg. 97

Berns, Mark, Art Dir -- ROBERT J. BERNS ADVERTISING LTD., Park Ridge, IL, pg. 963

Bernstein, David, Chief Creative Officer -- THE GATE WORLDWIDE NEW YORK, New York, NY, pg. 411

Bernstein, Elizabeth, Head-New Bus -- McCann Erickson Advertising Ltd., London, United Kingdom, pg. 711

Bernstein, Jeremy, Exec VP & Exec Creative Dir -- Edelman, London, United Kingdom, pg. 1494

Bernstein, Jeremy, Exec VP & Exec Creative Dir -- Edelman, New York, NY, pg. 1492

Berrien, Lacey, Dir-PR -- ALLEN & GERRITSEN, Boston, MA, pg. 45

Berriman, Alexandra, Acct Exec -- Porter Novelli Australia-Melbourne, Yarra, Australia, pg. 1616

Berrio, Angela, Media Planner -- Havas Media, Miami, FL, pg. 1327

Berrios, Edwin, Creative Dir -- DDM ADVERTISING INC, Miami, FL, pg. 283

Berro, Sarah, Exec Writer-Creative-Arabic -- Impact BBDO, Dubai, United Arab Emirates, pg. 109

Berroya, Paw, Creative Dir -- Publicis JimenezBasic, Makati, Philippines, pg. 910

Berry, Caitlin, Acct Exec-PR -- INFERNO, Memphis, TN, pg. 530

Berry, Craig, Assoc Creative Dir -- ESPARZA ADVERTISING, Albuquerque, NM, pg. 349

Berry, Jason, Creative Dir -- J. Walter Thompson, London, United Kingdom, pg. 562

Berry, Lauren, Acct Coord-PR -- INFERNO, Memphis, TN, pg. 530

Berry, Megan, VP & Creative Dir -- STANTON COMMUNICATIONS, INC., Washington, DC, pg. 1651

Berry, Ralph, Sr VP-PR -- SULLIVAN BRANDING, Memphis, TN, pg. 1059

Berry-Sellers, Madison, Media Planner -- MACDONALD MEDIA, Portland, OR, pg. 666

Berstler, Aaron, Grp Acct Dir-Bus PR -- KOHNSTAMM COMMUNICATIONS, Saint Paul, MN, pg. 600

Berta, Gabriel, Art Dir -- R/GA Sao Paulo, Sao Paulo, Brazil, pg. 926

Bertalot, Christina, Acct Supvr -- COATES KOKES, Portland, OR, pg. 216

Bertelli, Bruno, CEO-Italy & Chief Creative Officer-Publicis Worldwide -- Publicis, Rome, Italy, pg. 900

Bertelli, Bruno, Exec Creative Dir -- Publicis Italia, Milan, Italy, pg. 899

Bertelli, Bruno, Exec Creative Dir -- Publicis Networks, Milan, Italy, pg. 900

Bertelli, Bruno, Exec Creative Dir -- Publicis S.R.L., Milan, Italy, pg. 900

Berthault, Matthieu, Art Dir -- Publicis Conseil, Paris, France, pg. 898

Berthiaume, Cathy, Creative Dir -- SABA AGENCY, Bakersfield, CA, pg. 986

Bertino, Fred, Pres & Chief Creative Officer -- MMB, Boston, MA, pg. 750

Bertram, Jana Uhlarikova, Acct Dir -- ANOMALY, New York, NY, pg. 59

Bertrand, Patrick, Art Dir -- Mikado S.A., Luxembourg, Luxembourg, pg. 900

Bertrand, Victor, Creative Dir -- FCB CREA, Tegucigalpa, Honduras, pg. 371

Bertuccio, Eric, Creative Dir & Writer -- Havas Worldwide-Strat Farm, New York, NY, pg. 477

Bertz, Traci, Dir-Creative Svcs -- OSBORN & BARR COMMUNICATIONS, Saint Louis, MO, pg. 844

Berzina, Liene, Creative Dir & Copywriter -- DDB Latvia, Riga, Latvia, pg. 276

Besancon, Claire, Assoc Creative Dir -- McCann Erickson Paris, Clichy, France, pg. 703

Besch, Marianne, Mng Dir & Exec Creative Dir-San Francisco -- MCGARRYBOWEN, New York, NY, pg. 716

Besecker, Chelsea, Bus Mgr & Acct Coord -- PLAN A ADVERTISING, Wilmington, NC, pg. 875

Besenzoni, Diego, Art Dir -- Publicis Impetu, Montevideo, Uruguay, pg. 907

Besnier, Ignacio, Art Dir -- Prolam Y&R S.A., Santiago, Chile, pg. 1206

Bessell, Scott, Creative Dir -- SONNHALTER, Cleveland, OH, pg. 1028

Bessire, Jeremy, Dir-Creative Svcs -- DIRECT MARKETING SOLUTIONS, Portland, OR, pg. 304

Bessler, Larry, Chief Creative Officer -- RPM ADVERTISING, Chicago, IL, pg. 971

Bessler, Larry, Chief Creative Officer -- RPM/Las Vegas, Las Vegas, NV, pg. 971

Best, Johanna, Media Dir -- PHD MEDIA UK, London, United Kingdom, pg. 1363

Best, Marie-Eve, Creative Dir -- BLEUBLANCROUGE, Montreal, Canada, pg. 136

Best, Wayne, Creative Dir -- SAATCHI & SAATCHI, New York, NY, pg. 975

Betancourt, Aimee, Acct Dir -- Wieden + Kennedy Amsterdam, Amsterdam, Netherlands, pg. 1164

Betancourt, Anderson, Art Dir -- Sancho BBDO, Bogota, Colombia, pg. 102

Betcher, Deena, Acct Dir -- OUTSIDE PR, Sausalito, CA, pg. 1604

Betcher, Katherine, Dir-Art & Creative -- HANSON WATSON ASSOCIATES, Moline, IL, pg. 466

Betoulaud, Gregoire, Creative Dir -- Carre Noir, Suresnes, France, pg. 898

Bettencourt, Brian, Sr Creative Dir -- WATT INTERNATIONAL, INC., Toronto, Canada, pg. 1154

Bettin, Chris, Grp Creative Dir -- TM ADVERTISING, Dallas, TX, pg. 1106

Bettman, Gary, Sr VP & Producer-Brdcst -- THE MILLER GROUP, Los Angeles, CA, pg. 742

Betz, Bryan, Art Dir -- DRINKCAFFEINE, Madison, CT, pg. 1253

Betz, Jane D., Creative Dir-Art -- ABELSON-TAYLOR, INC., Chicago, IL, pg. 17

Beuche, Frances, Creative Dir -- RED TETTEMER O'CONNELL & PARTNERS, Philadelphia, PA, pg. 941

Beugen, Joan, Founder & Sr Creative Dir -- CRESTA CREATIVE, Chicago, IL, pg. 247

Beugen, Joan, Founder & Sr Creative Dir -- Cresta West, Los Angeles, CA, pg. 247

Beukema, Michael, Creative Dir -- SQUIRES & COMPANY, Dallas, TX, pg. 1038

Beuvry, Julien, Art Dir -- DDB Paris, Paris, France, pg. 273

Bevenour, Matt, Acct Exec -- JILL SCHMIDT PR, Northfield, IL, pg. 1548

Beverlin, Sarah, Acct Dir -- JNA ADVERTISING, Overland Park, KS, pg. 577

Bevilaqua, Adrianna, Mng Dir & Chief Creative Officer -- M. BOOTH & ASSOCIATES, New York, NY, pg. 663

Bey, Allen, Creative Dir -- AYZENBERG GROUP, INC., Pasadena, CA, pg. 81

Bey, Tyler, Media Planner -- FALLON WORLDWIDE, Minneapolis, MN, pg. 359

Beyer, Sean, Creative Dir -- WALTER F. CAMERON ADVERTISING INC., Hauppauge, NY, pg. 1151

Beyhl, Jake, Creative Dir -- SIMANTEL, Peoria, IL, pg. 1014

Beyhum, Toufic, Creative Dir -- Advantage Y&R, Windhoek, Namibia, pg. 1207

Beynon, Julie, VP-PR -- KCD, INC., New York, NY, pg. 1552

Beyrooty, John, Acct Exec -- BRENER, ZWIKEL & ASSOCIATES, INC., Reseda, CA, pg. 1456

Bezak, Brano, Dir-Creative Team -- Istropolitana Ogilvy, Bratislava, Slovakia, pg. 816

Bezerra, Marco, Exec Creative Dir -- J. Walter Thompson, Dubai, United Arab Emirates, pg. 563

Bezzant, Lisa, Acct Dir -- OGILVY HEALTHWORLD-TORONTO, Toronto, Canada, pg. 833

Bhadoria, Deepti, Acct Dir -- Weber Shandwick, New Delhi, India, pg. 1681

Bhagat, Manoj, Grp Creative Dir -- DDB Mudra Group, Mumbai, India, pg. 275

Bhalla, Vikas, Creative Dir -- HOOK STUDIOS LLC, Ann Arbor, MI, pg. 1260

Bhambhani, Vivek, Sr Creative Dir -- Grey (India) Pvt. Ltd., Mumbai, India, pg. 446

Bhambhani, Vivek, Creative Dir -- MullenLowe Lintas Group, Mumbai, India, pg. 774

Bhanu, Chitra, Creative Dir-Copy -- J. Walter Thompson, Mumbai, India, pg. 556

Bhardwaj, Prateek, Creative Dir-Natl -- McCann Erickson India, Mumbai, India, pg. 704

Bhasin, Gautam, Sr Creative Dir -- Grey (India) Pvt. Pty. Ltd. (Delhi), Gurgaon, India, pg. 446

Bhat, Keshav, Art Dir -- Havas Southeast Asia, Singapore, Singapore, pg. 487

Bhat, Nakul, Acct Exec -- Happy mcgarrybowen, Bengaluru, India, pg. 717

Bhatia, Divya, Sr Creative Dir -- Ogilvy, New Delhi, India, pg. 825

Bhatt, Hiten, Creative Dir-Design -- Rapp London, London, United Kingdom, pg. 932

Bhattacharya, Parixit, Mng Partner-Creative -- TBWA India, Mumbai, India, pg. 1090

Bhattacharya, Swati, Chief Creative Officer -- FCB Ulka, Gurgaon,

AGENCIES   PERSONNEL INDEX

India, pg. 373
Bhattacharya, Swati, Chief Creative Officer -- FCB Ulka, Mumbai, India, pg. 373
Bhattacharyya, Sandipan, Chief Creative Officer -- Grey (India) Pvt. Ltd., Mumbai, India, pg. 446
Bhatti, Jamil, Creative Dir -- Edelman, Sydney, Australia, pg. 1495
Bhengra, Sudhir, Creative Dir -- Rediffusion Wunderman, New Delhi, India, pg. 1191
Bhide, Pranav, Creative Dir-McCann Worldgroup -- McCann Erickson India, Mumbai, India, pg. 704
Bhimekar, Kapil, Assoc Creative Dir -- Team/Y&R HQ Dubai, Dubai, United Arab Emirates, pg. 1205
Bhimwal, Arjun Dominic, Creative Dir -- Grey (India) Pvt. Pty. Ltd. (Delhi), Gurgaon, India, pg. 446
Bholat, Fehmida, Acct Supvr -- DOTTED LINE COMMUNICATIONS, New York, NY, pg. 1487
Bhowmik, Jatishankar, Art Dir -- J. Walter Thompson, Kolkata, India, pg. 557
Bianca, Davide, Creative Dir -- RPA, Santa Monica, CA, pg. 970
Bianco, Katherine, Acct Exec -- PROOF ADVERTISING, Austin, TX, pg. 893
Bianconi, Alessio, Art Dir -- MCCANN WORLDGROUP S.R.L, Milan, Italy, pg. 715
Bichler, Paul, Exec Creative Dir -- Saatchi & Saatchi New York, New York, NY, pg. 976
Bickers, Anna, Media Planner & Media Buyer -- Dalton Agency Atlanta, Atlanta, GA, pg. 258
Biddle, Graham, Creative Dir -- SPAWN IDEAS, Anchorage, AK, pg. 1032
Biddle, Nancy, Dir-Creative Strategic Design -- LAVOIE STRATEGIC COMMUNICATIONS GROUP, INC., Boston, MA, pg. 1564
Biddle, Nancy, Dir-Creative Strategic Design -- LAVOIEHEALTHSCIENCE, Boston, MA, pg. 1564
Biebel, Margaret, Acct Exec -- BBDO San Francisco, San Francisco, CA, pg. 99
Bieber, Elizabeth, Creative Dir -- AKQA, Inc., Washington, DC, pg. 1234
Biedenharn, Tom, Specialist-PR -- WILDERNESS AGENCY, Fairborn, OH, pg. 1167
Bieger, Mike, Dir-PR -- FOCUS MEDIA INC, Goshen, NY, pg. 1402
Biela, Martin, Exec Creative Dir -- McCann Erickson Brand Communications Agency, Frankfurt am Main, Germany, pg. 703
Biela, Martin, Exec Creative Dir -- McCann Erickson Deutschland, Frankfurt am Main, Germany, pg. 703
Biela, Martin, Exec Creative Dir -- MRM Worldwide, Frankfurt, Germany, pg. 768
Bielienkov, Valentyn, Art Dir -- Havas Worldwide Kiev, Kiev, Ukraine, pg. 482
Bielmann, Jessica, VP & Acct Dir -- QUINLAN & COMPANY, Buffalo, NY, pg. 923
Bierman, David, Grp Creative Dir & Copywriter -- Campbell Ewald San Antonio, San Antonio, TX, pg. 541
Bierman, Robert, Mgr-Creative Ops -- FALK HARRISON, Saint Louis, MO, pg. 359
Bierschenk, Hugo, Grp Creative Dir -- BBH NEW YORK, New York, NY, pg. 115
Bigay, Benjamin, Art Dir -- Leo Burnett France, Paris, France, pg. 898
Bigay, Benjamin, Art Dir -- Publicis Conseil, Paris, France, pg. 898
Biggerstaff, Katy, Mgr-PR -- NEWGROUND PR & MARKETING, Marina Del Rey, CA, pg. 1594
Bigness, Kristin, Sr Creative Mgr -- SEER INTERACTIVE, Philadelphia, PA, pg. 1001
Bikova, Maria, Creative Dir -- Huts J. Walter Thompson Sofia, Sofia, Bulgaria, pg. 559
Bilbrey, Robyn, Project Mgr & Media Buyer -- LEAP CREATIVE INC., Kennesaw, GA, pg. 618
Bilenchi, Erin, Media Dir -- STACKPOLE & PARTNERS ADVERTISING, Newburyport, MA, pg. 1041
Bilicki, Justin, Creative Dir -- ANOMALY, New York, NY, pg. 59
Biller, Mark, Creative Dir -- THE AGENCY MARKETING GROUP, Charlotte, NC, pg. 38
Billig, Jeff, Creative Dir -- MITTCOM LTD., Needham, MA, pg. 748
Billington, Simon, Exec Dir-Creative & Digital -- LEWIS COMMUNICATIONS LIMITED, London, United Kingdom, pg. 637
Bills, Jennifer, Creative Dir -- O'KEEFE REINHARD & PAUL, Chicago, IL, pg. 834
Bills, Sarah, Assoc Creative Dir -- GLOBAL TEAM BLUE, Dearborn, MI, pg. 423
Billups, Erica, Acct Dir -- OUTCAST COMMUNICATIONS, San Francisco, CA, pg. 1603
Billyeald, Adam, Art Dir -- McCann Erickson, Oslo, Norway, pg. 707

Bilow, Ben, Sr Dir-Creative -- MSTONER, INC., Chicago, IL, pg. 770
Bilyk, Rachel, Acct Supvr -- EDGE MARKETING, Chicago, IL, pg. 331
Binay, Hope, Media Dir -- Starcom Worldwide, Makati, Philippines, pg. 1374
Binder, Sian, Partner-Creative -- DDB Sydney Pty. Ltd., Ultimo, Australia, pg. 270
Bingemann, Pip, Media Dir -- CUTWATER, San Francisco, CA, pg. 255
Bingham, Jamie Golden, Acct Coord -- MALLOF, ABRUZINO & NASH MARKETING, Carol Stream, IL, pg. 673
Bingham, Max, Art Dir -- Anomaly, Toronto, Canada, pg. 59
Bingham, Max, Art Dir -- Anomaly, Toronto, Canada, pg. 722
Bingham, Quincy, Acct Dir -- BE FOUND ONLINE, Chicago, IL, pg. 117
Binns, Becky, Project Mgr-AE, Media Planner & Buyer -- ZIZZO GROUP, INC., Milwaukee, WI, pg. 1214
Bins, Charles, Sr Mgr-PR -- HAP MARKETING SERVICES, INC., Eatontown, NJ, pg. 466
Binyildiz, Ergin, Deputy Creative Dir -- 4129Grey, Istanbul, Turkey, pg. 442
Binyildiz, Ergin, Chief Creative Officer -- Havas Worldwide Istanbul, Istanbul, Turkey, pg. 482
Biondi, Cheryl, VP & Creative Dir -- DMW WORLDWIDE LLC, Chesterbrook, PA, pg. 311
Biondo, Emily, Art Dir -- BATES CREATIVE GROUP, Silver Spring, MD, pg. 95
Bira, Lia, Art Dir -- McCann Erickson Romania, Bucharest, Romania, pg. 708
Birchfield, Craig, Creative Dir -- JAMES & MATTHEW, Shirley, MA, pg. 571
Bird, Andy, Chief Creative Officer -- PUBLICIS NEW YORK, New York, NY, pg. 912
Bird, Andy, Chief Creative Officer -- PUBLICIS USA, New York, NY, pg. 912
Bird, Brandon, Creative Dir-Environmental Design -- MOTIV, Boston, MA, pg. 763
Bird, Carrie, Acct Dir -- BARBER MARTIN AGENCY, Richmond, VA, pg. 88
Bird, Duncan, Exec Creative Dir -- GLOW INTERACTIVE, INC., New York, NY, pg. 424
Birdsall, Connie, Creative Dir-Global -- LIPPINCOTT, New York, NY, pg. 643
Birdsong, Troy, Pres & Chief Creative Officer -- BIRDSONG CREATIVE, Franklin, TN, pg. 131
Bires, Matthew, VP-PR-Los Angeles -- KCD PUBLIC RELATIONS, San Diego, CA, pg. 1552
Birge, Austin, Acct Exec -- RUNSWITCH PUBLIC RELATIONS, Louisville, KY, pg. 1638
Birkelid, Stian, Art Dir -- McCann Erickson, Oslo, Norway, pg. 707
Birkholz, Jessica, Media Dir -- MEDIA BRIDGE ADVERTISING, MinneaPOlis, MN, pg. 725
Birkinshaw, Adrian, Exec Creative Dir -- Global Team Blue, London, United Kingdom, pg. 423
Birnbaum, Jeffrey, Pres-PR -- BGR GROUP, Washington, DC, pg. 1449
Birney, Daniel, Assoc Creative Dir -- LEO BURNETT DETROIT, INC., Troy, MI, pg. 621
Biros, JD, Partner & Creative Dir -- SUDDEN IMPACT MARKETING, Westerville, OH, pg. 1058
Bisaccia, Mariann, Assoc Creative Dir -- FCB HEALTH, New York, NY, pg. 376
Bishop, Abbey, Acct Exec -- AGENCYSACKS, New York, NY, pg. 40
Bishop, Alanna, Media Planner -- Abbott Mead Vickers BBDO, London, United Kingdom, pg. 109
Bishop, Denise, Media Planner & Media Buyer -- THE GRAHAM GROUP, Lafayette, LA, pg. 431
Bishop, Erin, Art Dir -- OBERLAND, New York, NY, pg. 804
Bishop, Joseph, Creative Dir -- CANNONBALL, Saint Louis, MO, pg. 187
Bishop, Pip, Head-Creative -- Y&R London, London, United Kingdom, pg. 1204
Biskin, Lisa, Creative Dir -- SMITHGIFFORD, Falls Church, VA, pg. 1024
Bisono, Keisy, Acct Supvr -- SPARK44, Los Angeles, CA, pg. 1226
Bisquera, Erico, Creative Dir -- PENNA POWERS, Salt Lake City, UT, pg. 861
Bisseret-Foucher, Melanie, Head-New Bus & Acct Dir -- Publicis, Zurich, Switzerland, pg. 901
Bissonnette, Chris, Grp Dir-Creative -- McCann Detroit, Birmingham, MI, pg. 699

Bistrian, Carmen, Mgr-Creative & Creative PR -- McCann Erickson Romania, Bucharest, Romania, pg. 708
Bistrong, Allison, Creative Dir & Head-Brand & Mktg -- SapientRazorfish Miami, Miami, FL, pg. 914
Biswas, Sukanta, Supvr-Creative -- J. Walter Thompson, Kolkata, India, pg. 557
Bittinger-Melito, Christina, Assoc Creative Dir -- ADG CREATIVE, Columbia, MD, pg. 29
Bizier, Jim, Creative Dir -- BRAND CONTENT, Boston, MA, pg. 154
Bjork, Paul, Creative Dir -- SWIFT AGENCY, Portland, OR, pg. 1066
Bjorklund, Erik, Creative Dir -- Commonwealth, Detroit, MI, pg. 698
Bjorkman, Lincoln, Chief Creative Officer -- Rauxa, New York, NY, pg. 933
Black, Bryan, Partner & Exec Creative Dir -- BRANDFIRE, New York, NY, pg. 156
Black, Jason, Exec Creative Dir -- COLE & WEBER UNITED, Seattle, WA, pg. 218
Black, Kristine, Acct Dir -- GRIP LTD., Toronto, Canada, pg. 450
Black, Natalie, Acct Coord -- PLETH, Batesville, AR, pg. 877
Black, Sally, Acct Dir -- The&Partnership London, London, United Kingdom, pg. 56
Black, Susan, Acct Exec -- FAISS FOLEY WARREN, Las Vegas, NV, pg. 1502
Blackburn, Barnaby, Creative Dir & Writer -- 72ANDSUNNY, Playa Vista, CA, pg. 11
Blackburn, Michael, Exec Creative Dir -- CONCEPT ARTS, Hollywood, CA, pg. 225
Blackley, Cam, Chief Creative Officer -- M&C Saatchi, Sydney, Australia, pg. 661
Blackley, Cam, Chief Creative Officer -- M&C Saatchi, Melbourne, Australia, pg. 662
Blackman, Amanda LaFollette, Sr VP-Creative Strategy & Experiential Design -- AKA NYC, New York, NY, pg. 42
Blackstone, Allison, Creative Dir -- GARRANDPARTNERS, Portland, ME, pg. 410
Blackstone, Tim, Creative Dir-Digital -- ETHOS MARKETING & DESIGN, Westbrook, ME, pg. 351
Blaho, Daniel, Founder & Creative Dir -- DSB CREATIVE, Tulsa, OK, pg. 1254
Blain, Christy, Sr VP & Grp Dir-Creative -- FRANK ABOUT WOMEN, Winston Salem, NC, pg. 395
Blain, Christy, Sr VP & Grp Creative Dir -- MullenLowe, Winston Salem, NC, pg. 772
Blainvaux, Chloe Le, Acct Exec-Select World -- SelectNY.Paris, Paris, France, pg. 1001
Blair, Chad, Acct Dir -- TDG COMMUNICATIONS, Deadwood, SD, pg. 1094
Blair, Chris, VP & Creative Dir -- B&Y Magnetic, Evansville, IN, pg. 150
Blais, Alexis, Acct Dir -- Integrated Corporate Relations - New York, New York, NY, pg. 1543
Blake, Chris, Acct Dir -- MSR COMMUNICATIONS, San Francisco, CA, pg. 1589
Blake, Jennifer, Acct Exec -- SURPRISE ADVERTISING, Portland, ME, pg. 1063
Blake, Lauren, Media Planner -- Wavemaker, Los Angeles, CA, pg. 1380
Blake, Robin, Art Dir -- MCLELLAN MARKETING GROUP, Urbandale, IA, pg. 720
Blakley, Julie, Assoc Creative Dir & Copywriter -- Edelman, Los Angeles, CA, pg. 1491
Blakney, Gerry, VP-Creative & Creative Dir -- EROI, INC., Portland, OR, pg. 348
Blanc, Alejandro, Exec Creative Dir -- Ogilvy Argentina, Buenos Aires, Argentina, pg. 819
Blanchard, Brad, Acct Coord -- SOKAL MEDIA GROUP, Raleigh, NC, pg. 1027
Blanco, Aymara, Acct Dir-Tesco & Absolut -- BARTLE BOGLE HEGARTY LIMITED, London, United Kingdom, pg. 92
Blanco, Solange, Acct Dir -- The Community, Buenos Aires, Argentina, pg. 224
Bland, Jerry, Art Dir -- J. Walter Thompson, London, United Kingdom, pg. 562
Bland, Trent, Dir-Creative & Copywriter -- OTEY WHITE & ASSOCIATES, Baton Rouge, LA, pg. 845
Blandford, Bob, Creative Dir -- Haygarth Group, London, United Kingdom, pg. 931
Blaney, Bill, Creative Dir -- SMM ADVERTISING, Smithtown, NY, pg. 1024
Blaney, Michael, Creative Dir -- THE WOO, Culver City, CA, pg. 1175
Blank, Brandon, Grp Creative Dir -- BAREFOOT PROXIMITY, Cincinnati, OH, pg. 89

PERSONNEL INDEX — AGENCIES

Blank, Cameron, Acct Dir -- BLUE SKY AGENCY, Atlanta, GA, pg. 140

Blankenship, Brian, Creative Dir-Interactive -- THE BALCOM AGENCY, Fort Worth, TX, pg. 85

Blasczyk, Sascha, Acct Dir -- Lewis, Munich, Germany, pg. 637

Blaseby, Peter, Acct Dir -- BARTLE BOGLE HEGARTY LIMITED, London, United Kingdom, pg. 92

Blaszczak, Emilia, Acct Dir -- FCB Bridge2Fun, Warsaw, Poland, pg. 367

Blatchley, Ryan, Acct Dir -- OCEAN MEDIA INC., Huntington Beach, CA, pg. 1355

Blattry, Nicolas, Creative Dir -- Heimat Werbeagentur GmbH, Berlin, Germany, pg. 1082

Blatz, Jesse, Creative Dir -- TEAM ONE USA, Los Angeles, CA, pg. 1095

Blau, Diana, VP & Acct Dir -- GREY GROUP, New York, NY, pg. 438

Blauner, Patrick, Acct Supvr -- PROXIMITY CHICAGO, Chicago, IL, pg. 895

Blaze, Jackie, Creative Dir -- GREY GROUP, New York, NY, pg. 438

Blaze, Peggy, Acct Dir -- INGEAR PUBLIC RELATIONS INC, Salt Lake City, UT, pg. 1541

Blazier, Nick, Art Dir -- FOURTH IDEA, Buffalo, NY, pg. 394

Blears, Mark, Exec VP & Acct Dir -- LEO BURNETT WORLDWIDE, INC., Chicago, IL, pg. 621

Bledel, Francisco, Creative Dir -- Publicis Graffiti, Buenos Aires, Argentina, pg. 906

Bleeden, John, Sr VP & Exec Producer-Creative -- FCB Chicago, Chicago, IL, pg. 4

Bless, Nicole, Art Dir -- STACKPOLE & PARTNERS ADVERTISING, Newburyport, MA, pg. 1041

Bleuer, Dorothy, Media Planner & Media Buyer -- CROWLEY WEBB, Buffalo, NY, pg. 250

Blevins, Claire, Art Dir -- RIVERS AGENCY, Chapel Hill, NC, pg. 961

Blevins, Dani Barish, Acct Dir-Integrated -- THE TERRI & SANDY SOLUTION, New York, NY, pg. 1097

Blevins, Lisa, VP & Media Dir -- HAWORTH MARKETING + MEDIA, Minneapolis, MN, pg. 1328

Blewett, Neil, Creative Dir -- Anomaly, Toronto, Canada, pg. 59

Blewett, Neil, Creative Dir -- Anomaly, Toronto, Canada, pg. 722

Bligh, Caroline, Acct Supvr -- BECKERMAN PUBLIC RELATIONS, Hackensack, NJ, pg. 1446

Blitman, Rick, Assoc Creative Dir -- TINSLEY ADVERTISING, Miami, FL, pg. 1104

Blitz, Jared, Creative Dir -- ADVANTAGE SPONSORSHIP AND BRAND EXPERIENCE AGENCY, Stamford, CT, pg. 34

Blitz, Matthew, Creative Dir -- M&C Saatchi Abel, Cape Town, South Africa, pg. 660

Blizard, Megan, Coord-Traffic -- FKQ ADVERTISING + MARKETING, Clearwater, FL, pg. 386

Block, Julia, Acct Dir -- FISH CONSULTING, INC., Ft Lauderdale, FL, pg. 384

Block, Sarah, Sr VP & Creative Dir -- LEO BURNETT WORLDWIDE, INC., Chicago, IL, pg. 621

Blom, Heather, Producer-Brdcst -- RETHINK, Vancouver, Canada, pg. 951

Blomberg, Brad, Acct Exec -- MEDIA ONE ADVERTISING/MARKETING, Sioux Falls, SD, pg. 727

Blomquist, Melissa, VP & Acct Dir -- MRM MCCANN, New York, NY, pg. 766

Blood, Jake, Art Dir -- Saatchi & Saatchi, Auckland, New Zealand, pg. 984

Bloom, Andrew, Chief Creative Officer -- Mirum Africa, Cape Town, South Africa, pg. 1272

Bloom, Joel, Creative Dir -- Atmosphere Proximity, New York, NY, pg. 98

Bloom, Rob, VP & Creative Dir -- &BARR, Orlando, FL, pg. 55

Blore, Mick, Chief Creative Officer -- McCann Worldgroup Johannesburg, Johannesburg, South Africa, pg. 709

Blotsky, Penny, Media Buyer -- KK BOLD, Bismarck, ND, pg. 597

Blount, Keilyn, Assoc Creative Dir -- PREACHER, Austin, TX, pg. 886

Blount, Tim, Creative Dir -- STINK STUDIOS, Brooklyn, NY, pg. 1049

Bluethmann, Jacquie Goetz, Consultant-Creative -- THE ALLEN LEWIS AGENCY, LLC, Farmington Hills, MI, pg. 1430

Blum, Holly, VP & Assoc Creative Dir -- OGILVY COMMONHEALTH WORLDWIDE, Parsippany, NJ, pg. 832

Blum, Michael, Pres & Dir-Creative -- MARTINO BLUM, Fallston, MD, pg. 689

Blumberg, Jay, Creative Dir -- SOURCELINK, Itasca, IL, pg. 1030

Blume, Bill, Media Dir -- ROBERTS COMMUNICATIONS INC., Rochester, NY, pg. 963

Blumenau, Jake, Creative Dir -- PUBLICIS NEW YORK, New York, NY, pg. 912

Blumette, Emily, Art Dir -- Munroe Creative Partners, New York, NY, pg. 779

Blunt, George, Sr VP & Acct Dir -- ACTIVE INTERNATIONAL, Pearl River, NY, pg. 1305

Blurton, Paul, Chief Creative Officer -- INVNT, New York, NY, pg. 546

Blute, Jayne, Media Buyer -- TCAA, Cincinnati, OH, pg. 1093

Boak, Helen, Sr VP & Creative Dir -- REVHEALTH, Morristown, NJ, pg. 952

Boarman, Ashley, Acct Supvr -- LANDIS COMMUNICATIONS INC., San Francisco, CA, pg. 1563

Boarts, Alan, Principal & Sr Creative Dir -- A TO Z COMMUNICATIONS, INC, Pittsburgh, PA, pg. 15

Boate, Carol, Acct Supvr -- Tribal Worldwide Toronto, Toronto, Canada, pg. 1296

Boatright, Tim, Creative Dir -- VISTRA COMMUNICATIONS, Lutz, FL, pg. 1667

Bobb, Michelle, Media Buyer -- MEDIA WORKS, LTD., Baltimore, MD, pg. 1344

Bobryk, Matt, Sr Creative Dir -- XPERIENCE COMMUNICATIONS, Dearborn, MI, pg. 1194

Boccara, Hugo, Acct Exec -- Wieden + Kennedy Amsterdam, Amsterdam, Netherlands, pg. 1164

Boccardi, Paolo, Creative Dir-Digital -- MCCANN WORLDGROUP S.R.L., Milan, Italy, pg. 715

Boccassini, Cristiana, Chief Creative Officer -- Publicis, Rome, Italy, pg. 900

Boccassini, Cristiana, Chief Creative Officer & Exec Creative Dir -- Publicis Italia, Milan, Italy, pg. 899

Boccassini, Cristiana, Exec Creative Dir -- Publicis Networks, Milan, Italy, pg. 900

Boccia, Casey, Creative Dir -- DEVANEY & ASSOCIATES, Owings Mills, MD, pg. 295

Bochner, Brian, Acct Supvr-Integrated Mktg Strategy -- 360I, New York, NY, pg. 6

Bockli, Laura Moreau, Art Dir -- J. Walter Thompson France, Neuilly-sur-Seine, France, pg. 559

Bodak, Will, Acct Exec -- LEO BURNETT COMPANY LTD., Toronto, Canada, pg. 620

Bodet, Florian, Creative Dir -- OMELET LLC, Culver City, CA, pg. 835

Bodi, Tamara, Dir-PR & Social Media -- MCKIM, Winnipeg, Canada, pg. 719

Bodker, Kimberly, Acct Supvr -- BERNSTEIN-REIN ADVERTISING, INC., Kansas City, MO, pg. 125

Bodkin, Aisling, Strategist-Creative -- OUR MAN IN HAVANA, Brooklyn, NY, pg. 845

Bodnar, Evgeniya, Acct Dir -- Provid BBDO, Kiev, Ukraine, pg. 109

Bodoh, Sophie, Creative Dir -- Wieden + Kennedy, London, United Kingdom, pg. 1165

Boe, Amy, Grp Creative Dir -- Possible Los Angeles, Playa Vista, CA, pg. 1281

Boeck, Jenna, Acct Exec -- MNI TARGETED MEDIA INC., Stamford, CT, pg. 1352

Boedeker, Erin, Mgr-PR & Content -- OSBORN & BARR COMMUNICATIONS, Saint Louis, MO, pg. 844

Boehnke, Richard, Assoc Creative Dir -- Publicis Toronto, Toronto, Canada, pg. 904

Bogart, Colleen, Media Dir -- MARTINO FLYNN LLC, Pittsford, NY, pg. 689

Bogea, John, Art Dir -- Ogilvy, Sao Paulo, Brazil, pg. 819

Boggins, Luke, Creative Dir -- Leo Burnett, Ltd., London, United Kingdom, pg. 624

Boggins, Luke, Creative Dir -- Leo Burnett London, London, United Kingdom, pg. 627

Boggis, Tamara, Assoc Creative Dir -- Zimmerman Advertising, Downers Grove, IL, pg. 1213

Bogitsh, Florence Lousqui, Dir-PR -- NORTH 6TH AGENCY, INC., New York, NY, pg. 798

Bogle, Iain, Creative Dir -- BLOHM CREATIVE PARTNERS, East Lansing, MI, pg. 137

Bogle, Julie, Acct Coord -- BOHAN, Nashville, TN, pg. 144

Bogusky, Alex, Co-Founder & Chief Engr-Creative -- CP+B BOULDER, Boulder, CO, pg. 235

Bohan, Allison, Acct Exec -- BOHAN, Nashville, TN, pg. 144

Bohinec, Robert, Creative Dir -- Futura DDB, Ljubljana, Slovenia, pg. 279

Bohling, Ember, Acct Exec -- THE INTEGER GROUP - DENVER, Lakewood, CO, pg. 1406

Bohochik, Emily, Partner & Acct Supvr -- SHINE UNITED LLC, Madison, WI, pg. 1008

Boissinot, Julien, Art Dir -- Publicis Conseil, Paris, France, pg. 898

Boixader, Albert Sanfeliu, Creative Dir -- TBWA Espana, Madrid, Spain, pg. 1085

Bojara, Carri, Acct Supvr -- THE STONE AGENCY, Raleigh, NC, pg. 1050

Bokuniewicz, Carol, Dir-Creative & Branding -- STEPHAN PARTNERS, INC., Hastings Hdsn, NY, pg. 1046

Boland, Nicole, Creative Dir -- VIRGEN ADVERTISING, CORP., Henderson, NV, pg. 1138

Bolen, Rory, Creative Dir, Project Mgr, Copywriter & Producer -- BAD MONKEY CIRCUS, Aurora, IL, pg. 83

Bolin, Anton, Art Dir -- DDB Denmark, Copenhagen, Denmark, pg. 272

Bolin, Anton, Art Dir -- DDB Stockholm, Stockholm, Sweden, pg. 280

Bolin, Scott, Creative Dir -- BOLIN MARKETING, Minneapolis, MN, pg. 145

Bolivar, Andres, Creative Dir -- Young & Rubicam Bogota, Bogota, Colombia, pg. 1206

Bollea, Lindsay, Acct Supvr -- FleishmanHillard Inc., Washington, DC, pg. 1512

Bolles, JP, Creative Dir -- SANDWICH VIDEO, Los Angeles, CA, pg. 990

Bolliger, Thomas, Dir-Creative -- OgilvyOne AG, Zurich, Switzerland, pg. 817

Bolls, Emily, Acct Dir -- OFFICE, San Francisco, CA, pg. 809

Bolognesi, Barbara, Media Planner-Online -- Wavemaker, Milan, Italy, pg. 1382

Bolt, Ashley, Acct Dir -- Havas Media, London, United Kingdom, pg. 1326

Bolton, Darren, Exec Creative Dir -- OgilvyOne Worldwide Ltd., London, United Kingdom, pg. 819

Bolton, Greg, Creative Dir -- SID LEE, Paris, France, pg. 1010

Bolton, Jim, Partner & Deputy Exec Creative Dir -- The&Partnership London, London, United Kingdom, pg. 56

Bolton, Jim, Creative Dir -- Y&R London, London, United Kingdom, pg. 1204

Bombardier, Mitch, Art Dir -- PEPPERCOMM, New York, NY, pg. 1607

Bomediano, Bruno, Exec Creative Dir -- Horizon FCB Dubai, Dubai, United Arab Emirates, pg. 369

Bommarito, Nick, Assoc Creative Dir -- FUSION MARKETING, Saint Louis, MO, pg. 404

Bonato, Donna, Principal & Creative Dir -- SILVER CREATIVE GROUP, Norwalk, CT, pg. 1014

Boncompagni, Luca, Assoc Creative Dir -- Publicis, Rome, Italy, pg. 900

Bond, Emily, Acct Dir -- BERLIN CAMERON UNITED, New York, NY, pg. 124

Bondanza, Tammy, VP & Media Dir-Integrated -- PJA Advertising + Marketing, San Francisco, CA, pg. 874

Bondarenko, Anastasya, Acct Dir -- SPN Ogilvy Communications Agency, Moscow, Russia, pg. 816

Bonder, Daniel, Exec Creative Dir -- ADAM&EVEDDB, New York, NY, pg. 25

Bondini, Axelle Basso, Media Planner -- IPG MEDIABRANDS, New York, NY, pg. 547

Bone, Brady, Creative Dir -- TEAM CREATIF USA, Charlotte, NC, pg. 1095

Bone, Katie, Acct Dir -- NOVITA COMMUNICATIONS, New York, NY, pg. 801

Bonelli, Fabian, Chief Creative Officer -- Publicis Panama, Panama, Panama, pg. 907

Bonesteel, Laura, Acct Dir -- LEAP STRATEGIC MARKETING, LLC, Waukesha, WI, pg. 618

Bonet, Maria, Acct Supvr -- Lapiz, Chicago, IL, pg. 622

Boneta, Maureen, Assoc Creative Dir -- TIPPIT & MOO ADVERTISING, Houston, TX, pg. 1105

Bonfils, Berengere, Acct Dir -- Gyro Paris, Paris, France, pg. 458

Bongioanni, Lucas, Creative Dir -- BBH NEW YORK, New York, NY, pg. 115

Bongiovanni, Brad, Pres & Chief Creative Officer -- ROCKIT SCIENCE AGENCY, Baton Rouge, LA, pg. 965

Bonifer, Dennis, VP & Creative Dir -- CURRENT360, Louisville, KY, pg. 255

Bonilla, Javier, Reg Creative Dir -- GREY GROUP, New York, NY, pg. 438

Bonilla, Javier, Grp Dir-Creative -- GREY NEW YORK, New York, NY, pg. 438

Bonilla, Juan, Sr VP & Head-New Bus Dev -- Walton Isaacson, New York, NY, pg. 1151

Bonilla, Tony, VP & Creative Dir -- HYC/MERGE, Chicago, IL, pg. 515

AGENCIES — PERSONNEL INDEX

Bonn, Frederic, Exec Creative Dir-East -- ICROSSING NEW YORK, New York, NY, pg. 1261
Bonnan, Zach, Assoc Creative Dir -- DDB Chicago, Chicago, IL, pg. 268
Bonnema, Laura, Acct Supvr -- M&C SAATCHI PUBLIC RELATIONS, New York, NY, pg. 1572
Bonner, Daniel, Chief Creative Officer-Global -- Wunderman, London, United Kingdom, pg. 1193
Bonner, David, Chief Creative Officer -- ON IDEAS, INC., Jacksonville, FL, pg. 838
Bonner, Kevin, Art Dir -- VERMILION INC., Boulder, CO, pg. 1134
Bonney, Jennifer, Creative Dir -- PAN COMMUNICATIONS, Boston, MA, pg. 1605
Bono, Brian, Assoc Creative Dir -- CAMPBELL EWALD, Detroit, MI, pg. 185
Bonomo, Bill, Art Dir -- O2KL, New York, NY, pg. 803
Bonse, Carina, Art Dir -- Ogilvy Johannesburg (Pty.) Ltd., Johannesburg, South Africa, pg. 829
Bontke, Jacqui, Art Dir -- MERKLEY+PARTNERS, New York, NY, pg. 733
Bonura, Justin, Partner, Creative Dir & Copywriter -- CERBERUS AGENCY, New Orleans, LA, pg. 201
Bonventure, Alyssa, Acct Exec -- CASHMAN & ASSOCIATES, Philadelphia, PA, pg. 1463
Bonvenuto, Stefanie, Acct Dir & Mgr-Relationship -- Epsilon, Cincinnati, OH, pg. 346
Book, Pat, Acct Dir-Experiential Mktg -- THE MARKETING ARM, Dallas, TX, pg. 682
Booker, Alex, VP & Creative Dir -- MullenLowe, New York, NY, pg. 772
Boone, Danny, Dir-Art & Creative -- BERGMAN GROUP, Glen Allen, VA, pg. 123
Boone, Michael, Principal & Acct Dir -- LAUNCH AGENCY, Carrollton, TX, pg. 614
Boonkate, Yannapat, Art Dir -- J. Walter Thompson Thailand, Bangkok, Thailand, pg. 559
Boonsaeng, Suthatip, Acct Dir -- H+K Strategies Thailand, Bangkok, Thailand, pg. 1534
Boontham, Jiratchana, Acct Exec -- GREYnj United, Bangkok, Thailand, pg. 448
Boonyagate, Chanyutt, Exec Creative Dir -- Leo Burnett, Bangkok, Thailand, pg. 631
Boonyanate, Thasorn, Head-Content & Digital & Creative Dir -- J. Walter Thompson Thailand, Bangkok, Thailand, pg. 559
Boord, Brian, VP & Grp Creative Dir -- PERISCOPE, Minneapolis, MN, pg. 864
Boos, Kenneth A., Acct Exec -- HAROLD WARNER ADVERTISING, INC., Buffalo, NY, pg. 468
Booth, Colin, Creative Dir -- Adam & EveDDB, London, United Kingdom, pg. 281
Booth, Colin, VP & Exec Creative Dir -- AMP AGENCY, Boston, MA, pg. 1236
Booth, Colin, VP & Exec Creative Dir -- AMP Agency, New York, NY, pg. 1237
Booth, Tony, Exec VP & Dir-Creative Ops -- LEO BURNETT DETROIT, INC., Troy, MI, pg. 621
Boprey, Luc, Head-Creative -- THREE21, Orlando, FL, pg. 1295
Boracchia, Simona, Acct Dir -- Saatchi & Saatchi, Milan, Italy, pg. 978
Borchardt, John, Dir-Brdcst -- COLLE+MCVOY, Minneapolis, MN, pg. 219
Borde, Manuel, Exec Creative Dir -- TBWA Raad, Dubai, United Arab Emirates, pg. 1088
Bordeaux, April, Creative Dir & Art Dir -- CONRIC PR & MARKETING, Fort Myers, FL, pg. 1474
Borden, Joshua, Art Dir -- RDA INTERNATIONAL, New York, NY, pg. 935
Borders, Christine, VP-Creative Svcs -- BULLDOG CREATIVE SERVICES, Huntington, WV, pg. 172
Borga, Mariana, Creative Dir -- J. Walter Thompson, Sao Paulo, Brazil, pg. 563
Borges, Anderson, Creative Dir -- Ketchum, Sao Paulo, Brazil, pg. 1558
Borges, Gabriela, Acct Dir-Sanofi Grp -- Publicis Brasil Communicao, Sao Paulo, Brazil, pg. 906
Borgida, Lane, Acct Supvr -- TEAM EPIPHANY, New York, NY, pg. 1095
Borgstrom, Joakim, Exec Creative Dir -- BBH Singapore, Singapore, Singapore, pg. 94
Borgulenko, Yulia, Sr Copywriter-Creative -- Havas Worldwide Kiev, Kiev, Ukraine, pg. 482
Borkenhagen, Lynn, Media Dir -- HIEBING, Madison, WI, pg. 498
Borko, Lacy, Acct Dir -- deutschMedia, New York, NY, pg. 295
Boroff, Jerome, Creative Dir -- WC&G AD LOGIC, Atlanta, GA, pg. 1154
Boron-Pembleton, Gloria, Media Dir -- GELIA-MEDIA, INC., Williamsville, NY, pg. 414
Borosky, Michael, Founder & Creative Dir -- ELEVEN INC., San Francisco, CA, pg. 336
Borowski, Rachel, Acct Supvr-PR -- GATESMAN, Pittsburgh, PA, pg. 412
Borra, Julian, Exec Creative Dir-Saatchi Sustainability -- Saatchi & Saatchi Pro, London, United Kingdom, pg. 981
Borrego, Christina, Dir-PR -- RIESTER, Phoenix, AZ, pg. 958
Borrell, Rodolfo, Creative Dir -- J. Walter Thompson, Bogota, Colombia, pg. 564
Borrell, Rodolfo, Chief Creative Officer & VP -- Pages BBDO Santo Domingo, Dominican Republic, pg. 102
Bort, Travis, Owner & Creative Dir -- ABC CREATIVE GROUP, Syracuse, NY, pg. 17
Borysewicz, Anna Zuzanna, Acct Supvr -- Saatchi & Saatchi, Warsaw, Poland, pg. 979
Borza, Tyler J., Acct Supvr -- GROK, New York, NY, pg. 451
Borzilova, Maria, Creative Dir -- BBDO Moscow, Moscow, Russia, pg. 107
Bos, Chloe, Acct Dir -- THE MARTIN AGENCY, Richmond, VA, pg. 687
Boscacci, Davide, Exec Creative Dir -- Publicis Italia, Milan, Italy, pg. 899
Bosch, Arnau, Creative Dir -- TBWA\Media Arts Lab, Los Angeles, CA, pg. 1078
Bosch, Crystal, Media Buyer -- FLINT COMMUNICATIONS, Fargo, ND, pg. 388
Bosch, Fred, Creative Dir & Head-Digital Innovation -- LOLA MullenLowe, Madrid, Spain, pg. 542
Bosch, Tom, VP & Creative Dir -- PureRED/Ferrara, Tucker, GA, pg. 918
Bose, Avik, Assoc Creative Dir -- Ogilvy, New Delhi, India, pg. 825
Boso, Elena, Acct Supvr -- DDB S.r.L. Advertising, Milan, Italy, pg. 276
Boso, Elena, Acct Supvr -- Verba S.r.l. Advertising, Milan, Italy, pg. 276
Bossen, Dana, Acct Exec -- PADILLA, Minneapolis, MN, pg. 849
Bossin, Jeff, VP & Grp Creative Dir -- INNOCEAN USA, Huntington Beach, CA, pg. 534
Bostoen, Jeroen, Exec Creative Dir -- TBWA Brussels, Brussels, Belgium, pg. 1080
Boston, Brooke, Acct Supvr -- SAATCHI & SAATCHI, New York, NY, pg. 975
Bostrom, Nancy, Specialist-PR & Content Mktg -- 919 MARKETING COMPANY, Holly Springs, NC, pg. 13
Bostwick, Gary, Assoc Creative Dir -- THE VARIABLE AGENCY, Winston Salem, NC, pg. 1131
Boswell, Amy, Media Planner & Buyer -- Havas People London, London, United Kingdom, pg. 483
Boswell, Joe, Acct Dir-Fin-John Deere -- TWO RIVERS MARKETING, Des Moines, IA, pg. 1124
Boswell, Matt, Creative Dir -- SPARK, Tampa, FL, pg. 1031
Boswell, Scott, VP & Exec Creative Dir -- DOE-ANDERSON, Louisville, KY, pg. 312
Boswell, Zac, Head-Creative -- AUXILIARY ADVERTISING & DESIGN, Grand Rapids, MI, pg. 79
Bosworth, Marc, Art Dir -- GRETEMAN GROUP, Wichita, KS, pg. 437
Botan, Adrian, Pres-Creative Leadership Council -- McCann Erickson Worldwide, London, United Kingdom, pg. 712
Botarel, Mihai, Partner & Creative Dir -- RXM CREATIVE, New York, NY, pg. 973
Botelho, Marcos, Sr Copywriter-Creative -- RPA, Santa Monica, CA, pg. 970
Botet, Beatriz, Creative Dir & Art Dir -- TBWA Espana, Madrid, Spain, pg. 1085
Bott, Amy, Acct Coord -- AGENCYEA, Chicago, IL, pg. 40
Bottaro, Lauren, Acct Exec-PR & Social Media -- GKV COMMUNICATIONS, Baltimore, MD, pg. 421
Bottcher, Chad, Pres & Dir-Creative -- MINDVOLT, Athens, AL, pg. 746
Botte, Gustavo, Creative Dir -- Leo Burnett Buenos Aires, Buenos Aires, Argentina, pg. 623
Bottenus, Jason, Exec Creative Dir -- PERISCOPE, Minneapolis, MN, pg. 864
Bottger, Eduardo, Pres, Principal & Exec Dir-Creative -- AL PUNTO ADVERTISING, INC., Tustin, CA, pg. 43
Botti, Evelyn, Acct Dir -- Muchnik, Alurralde, Jasper & Assoc./MS&L, Buenos Aires, Argentina, pg. 1589
Bottiau, Jeremie, Exec Creative Dir -- Y&R Paris, Boulogne, France, pg. 1202
Bottlinger, Rachel, Art Dir -- Leo Burnett USA, Chicago, IL, pg. 622
Bou, Aleix, Creative Dir -- Contrapunto, Madrid, Spain, pg. 108
Bouchacourt, Lani, Acct Dir -- MASTERMINDS, Egg Harbor Township, NJ, pg. 692
Bouchard, Harry, Creative Dir-Brand Activation -- BCP LTD., Montreal, Canada, pg. 117
Bouchard, Ryann, Mgr-PR -- DIXON SCHWABL ADVERTISING, Victor, NY, pg. 309
Boucher, Brielle, Acct Exec -- D3 NYC, New York, NY, pg. 256
Bouchie, Andrew, Creative Dir -- MullenLowe, New York, NY, pg. 772
Boudeau, Nicolas, Art Dir -- MullenLowe Paris, Paris, France, pg. 776
Boudreau, Wil, Chief Creative Officer -- THE&PARTNERSHIP, New York, NY, pg. 55
Bougueret, Emmanuelle, Art Dir -- Publicis Conseil, Paris, France, pg. 898
Bouillon, Xavier, Creative Dir -- J. Walter Thompson, Brussels, Belgium, pg. 559
Boulais, Marie-Claude, Art Dir -- ZIP COMMUNICATION INC, Montreal, Canada, pg. 1214
Boulianne, Cloe, Acct Exec-Client -- DENTSUBOS, Montreal, Canada, pg. 291
Boulos, Kristy, VP & Acct Supvr -- MATRIX PARTNERS LTD., Chicago, IL, pg. 693
Bourada, Caitlin, Acct Dir -- JOHN ST., Toronto, Canada, pg. 579
Bourassa, Paula, Acct Exec -- MCCABE DUVAL + ASSOCIATES, Harpswell, ME, pg. 697
Bourget, Salim, Dir-Creative & Digital Svcs -- LAMBERT & CO., Grand Rapids, MI, pg. 1562
Boustani, Yasmina, Art Dir -- FP7, Dubai, United Arab Emirates, pg. 710
Boutebel, Sebastien, Creative Dir -- McCann Erickson Advertising Ltd., London, United Kingdom, pg. 711
Boutebel, Sebastien, Creative Dir -- McCann Erickson Paris, Clichy, France, pg. 703
Boutwell, John, Art Dir -- BRINK, Tucson, AZ, pg. 1243
Bouvat-Johnson, Jen, Acct Exec -- Epsilon, Lafayette, CO, pg. 345
Bouwman, Jason, Media Buyer -- LANDERS & PARTNERS, INC., Clearwater, FL, pg. 609
Bovin, Kelli, Acct Dir -- ICF Olson, Chicago, IL, pg. 518
Bovington, Rob, Assoc Dir-Creative -- J. Walter Thompson, London, United Kingdom, pg. 562
Bowden, Monte, Creative Dir -- AMPERAGE, Cedar Falls, IA, pg. 53
Bowden, Simon, Chief Creative Officer -- AMERICAN ROGUE, Santa Monica, CA, pg. 52
Bowen, Ben, Acct Dir -- JIBE MEDIA, Salt Lake City, UT, pg. 576
Bowen, Don, Creative Dir -- Leo Burnett, Ltd., London, United Kingdom, pg. 624
Bowen, Jesse, Assoc Creative Dir -- BARKLEY, Kansas City, MO, pg. 90
Bowen, KJ, Sr Partner & Creative Dir -- Ogilvy New York, New York, NY, pg. 811
Bowen, Tammy, Media Dir -- GODWINGROUP, Gulfport, MS, pg. 427
Bowen-Lowe, Lynne, Acct Dir -- PRICEWEBER MARKETING COMMUNICATIONS, INC., Louisville, KY, pg. 889
Bower, Marshall Ryan, Art Dir -- CHANDELIER, New York, NY, pg. 202
Bower, Nicola, Art Dir -- FCB Johannesburg, Johannesburg, South Africa, pg. 375
Bowers, Bill, Creative Dir-Interactive -- TOLLESON DESIGN, INC., San Francisco, CA, pg. 1108
Bowles, Ashley, Sr Acct Exec-PR -- SULLIVAN BRANDING, Memphis, TN, pg. 1059
Bowles, Loella, Acct Dir -- Adam & EveDDB, London, United Kingdom, pg. 281
Bowling, Jim, Assoc Creative Dir -- COMMERCE HOUSE, Dallas, TX, pg. 221
Bowling, Liz, Acct Dir -- THE ABBI AGENCY, Reno, NV, pg. 1425
Bowlus, Ann, Partner & Creative Dir -- UNIT PARTNERS, San Francisco, CA, pg. 1127
Bowman, Brian, Creative Dir -- TROLLBACK + COMPANY, New York, NY, pg. 1119
Bowman, Glenn, Art Dir, Creative Dir & Designer -- PARADISE ADVERTISING & MARKETING, Saint Petersburg, FL, pg. 853
Bowman, Glenn, Creative Dir -- Paradise Advertising & Marketing-Naples, Naples, FL, pg. 853
Bowman, Rebecca, Acct Exec -- RED FAN COMMUNICATIONS, Austin, TX, pg. 1627
Bowness, Mollie, Acct Dir -- LUCKY GENERALS, London, United Kingdom, pg. 656

PERSONNEL INDEX — AGENCIES

Bowser, Ken, Chief Creative Officer & Exec VP -- BRANDSTAR, Deerfield Beach, FL, pg. 158
Box, Daniel, Creative Dir -- KNI, San Francisco, CA, pg. 1267
Box, Patrick, Acct Exec-Digital Media -- THE MORAN GROUP LLC, Baton Rouge, LA, pg. 757
Boxberger, Theresa, Acct Exec-Digital -- L7 CREATIVE, Carlsbad, CA, pg. 606
Boyadjian, Ana, Acct Exec -- Deutsch LA, Los Angeles, CA, pg. 294
Boyce, Carmen, VP & Acct Dir -- BVK-Tampa, Tampa, FL, pg. 179
Boyce, Debbie, Acct Dir -- Veritas Communications, Inc., Toronto, Canada, pg. 723
Boyd, Eric, Assoc Dir-Creative -- TWOFIFTEENMCCANN, San Francisco, CA, pg. 1124
Boyd, Leigh, Acct Supvr -- FIELDTRIP, Louisville, KY, pg. 379
Boyd, Terry, Assoc Creative Dir -- 88/BRAND PARTNERS, Chicago, IL, pg. 13
Boyer, Evan, Acct Supvr -- FRENCH/WEST/VAUGHAN, INC., Raleigh, NC, pg. 398
Boylan, Gary, Creative Dir -- Havas Worldwide Dublin, Dublin, Ireland, pg. 480
Boylan, Tom, Owner & Creative Dir -- BOYLAN POINT AGENCY, Santa Rosa, CA, pg. 150
Boyle, Abigail, Acct Exec -- THE VIMARC GROUP, Louisville, KY, pg. 1138
Boyle, Lindsey, Acct Dir -- MOXIE COMMUNICATIONS GROUP, New York, NY, pg. 765
Boynton, Jane, Creative Dir -- Landor Associates, New York, NY, pg. 610
Boynton, Kevin, VP & Creative Dir -- METROPOLIS ADVERTISING, Orlando, FL, pg. 736
Boynton, Kyle, Creative Dir -- Imagination (USA) Inc., Dearborn, MI, pg. 526
Boynton, Vanessa, Acct Dir -- MATTER COMMUNICATIONS, Newburyport, MA, pg. 694
Bozic, Goran, Creative Dir -- McCann Erickson, Zagreb, Croatia, pg. 702
Bozick, Kimberly, Acct Supvr-Interactive -- MARC USA, Pittsburgh, PA, pg. 676
Bozkurt, Ozan Can, Grp Head-Creative -- TBWA Istanbul, Istanbul, Turkey, pg. 1088
Bozza, Francesco, Chief Creative Officer -- FCB Milan, Milan, Italy, pg. 367
Bozzardi, Azeglio, Assoc Creative Dir -- Publicis, Rome, Italy, pg. 900
Bozzardi, Azeglio, Creative Dir-Digital -- Publicis Italia, Milan, Italy, pg. 899
Bozzolini, Letizia, Assoc Dir-Creative -- Leo Burnett Sydney, Sydney, Australia, pg. 628
Braasch, Laura Cooling, Acct Dir-Client Partnership -- ANSIRA, Chicago, IL, pg. 1396
Braatz, Stephanie, Creative Dir -- HUGHES MEDIA, Atlanta, GA, pg. 1261
Brabender, John, Chief Creative Officer -- BRABENDERCOX, Leesburg, VA, pg. 151
Brabham, Ashley E., Acct Supvr -- Campbell Ewald Los Angeles, West Hollywood, CA, pg. 541
Braccia, Nick, Creative Dir -- CAMPFIRE, New York, NY, pg. 186
Bracha-Landau, Reni, Acct Supvr -- BBR Saatchi & Saatchi, Ramat Gan, Israel, pg. 977
Brachman, Erin, Acct Exec -- CALIBER CREATIVE, LLC, Dallas, TX, pg. 183
Bradbury, David, Assoc Creative Dir -- OgilvyOne Worldwide Ltd., London, United Kingdom, pg. 819
Bradbury, Lauren, Acct Supvr -- THE SELLS AGENCY, INC., Little Rock, AR, pg. 1002
Bradbury, Victoria, Acct Dir -- Anomaly Amsterdam, Amsterdam, Netherlands, pg. 59
Braden, Alyssa, Acct Exec-PR -- ZEHNDER COMMUNICATIONS, INC., New Orleans, LA, pg. 1210
Bradford, Bianca, Sr VP & Acct Dir -- Leo Burnett USA, Chicago, IL, pg. 622
Bradford, Bianca, Sr VP & Acct Dir -- LEO BURNETT WORLDWIDE, INC., Chicago, IL, pg. 621
Bradford, Vanessa, Acct Mgr-PR -- C3PR, Sunnyvale, CA, pg. 1461
Bradley, Kelly, Acct Exec-PR & Social Media -- COLMAN BROHAN DAVIS, Chicago, IL, pg. 220
Bradley, Mikio, Creative Dir -- 72andSunny, Brooklyn, NY, pg. 12
Bradley, Morgan, Acct Dir -- BAROKAS PUBLIC RELATIONS, Seattle, WA, pg. 1438
Bradley, Patrice, Founder, CEO & Creative Dir -- SWIM CREATIVE, Duluth, MN, pg. 1067
Bradley, Randy, VP & Creative Dir -- JORDAN ASSOCIATES, Oklahoma City, OK, pg. 582
Bradley, Richard, Chief Creative Officer-APAC -- PROJECT, Auburn Hills, MI, pg. 891
Bradley, Summer, Acct Dir-Publicist -- THE CONFLUENCE, Los Angeles, CA, pg. 226
Bradnick, Shane, Chief Creative Officer -- TBWA Auckland, Auckland, New Zealand, pg. 1091
Brady, Alice, Assoc Creative Dir -- CLEAN DESIGN, INC., Raleigh, NC, pg. 212
Brady, Dave, Creative Dir -- Colenso BBDO, Auckland, New Zealand, pg. 114
Brady, Jana, Acct Supvr -- THE RAMEY AGENCY LLC, Jackson, MS, pg. 930
Brady, Janine, Acct Dir -- DINI VON MUEFFLING COMMUNICATIONS, New York, NY, pg. 1485
Brady, Kate, Media Dir -- REVOLUTION MARKETING, LLC, Chicago, IL, pg. 953
Brady, Kevin, Creative Dir -- BATTERY, Los Angeles, CA, pg. 96
Brady, Kristin, Acct Exec-Digital -- AVID MARKETING GROUP, Rocky Hill, CT, pg. 1397
Brady, Sean Paul, Acct Supvr -- DOUG&PARTNERS INC., Toronto, Canada, pg. 318
Brady, Tim, Pres & Creative Dir -- ELLINGSEN BRADY ADVERTISING (EBA), Milwaukee, WI, pg. 337
Braga, Cristina, Acct Dir -- Wavemaker, Lisbon, Portugal, pg. 1383
Braga, Filipe, Creative Dir -- Isobar Brazil, Sao Paulo, Brazil, pg. 549
Braga, Joao, Chief Creative Officer -- J. Walter Thompson Thailand, Bangkok, Thailand, pg. 559
Braga, Mateus, Exec Creative Dir -- Isobar Brazil, Sao Paulo, Brazil, pg. 549
Brailey, Chris, Creative Dir -- M&C Saatchi, Sydney, Australia, pg. 661
Braimi, Muhamed, Art Dir -- Havas Worldwide Dusseldorf, Dusseldorf, Germany, pg. 480
Brake, Ernie, Acct Dir -- TARGET, Saint John's, Canada, pg. 1073
Brake, Ernie, Acct Dir -- TARGET MARKETING & COMMUNICATIONS INC., Saint John's, Canada, pg. 1073
Braley, Michael, Creative Dir -- BRALEY DESIGN, Brooklyn, NY, pg. 153
Bram, Austin, Acct Exec -- DRIVE SOCIAL MEDIA, Saint Louis, MO, pg. 1254
Bramlet, Morgan, Principal & Head-Creative -- BLUE FUSION, Washington, DC, pg. 139
Brancato, Erica, Acct Coord -- TEUWEN COMMUNICATIONS, New York, NY, pg. 1657
Branch, Clint, Art Dir -- ELISCO ADVERTISING, INC., Pittsburgh, PA, pg. 347
Branche, Desmond, Sr Project Mgr-Creative -- MOVEMENT STRATEGY, Denver, CO, pg. 1274
Brand, Steve, Art Dir -- BRADLEY & MONTGOMERY ADVERTISING, Indianapolis, IN, pg. 152
Brandenburg, Jenny, Media Buyer -- INSIGHT CREATIVE INC., Green Bay, WI, pg. 535
Brandenburg, Levi, Acct Supvr -- RED PEPPER, INC., Nashville, TN, pg. 940
Brandes, Paula, Acct Dir -- SUBLIME COMMUNICATIONS LLC, Stamford, CT, pg. 1057
Brandner, Simeon, Art Dir -- Havas Worldwide Geneva, Geneva, Switzerland, pg. 482
Brando, Freddie, Copywriter-Creative -- Publicis Publicidade Lda., Lisbon, Portugal, pg. 901
Brandt, Arianne, Acct Dir -- ZENZI COMMUNICATIONS, Encinitas, CA, pg. 1690
Brandt, Caroline Hirota, Media Dir -- Wunderman, Sao Paulo, Brazil, pg. 1190
Brandt, Kimberly, Acct Dir -- HERMAN ADVERTISING, Fort Lauderdale, FL, pg. 497
Brandt, Michael, Grp Creative Dir -- SapientRazorfish Atlanta, Atlanta, GA, pg. 1287
Brannen, Kellsie, Acct Exec -- CURA STRATEGIES, Arlington, VA, pg. 254
Branner, Sarah, Acct Coord -- JAYMIE SCOTTO & ASSOCIATES LLC (JSA), Middlebrook, VA, pg. 1546
Brannon, Matthew, Sr Mgr-PR -- SWBR, INC., Bethlehem, PA, pg. 1065
Branta, Ingrida, Art Dir -- DDB Latvia, Riga, Latvia, pg. 276
Brantman, Ashley, Acct Dir -- INTERSPORT INC, Chicago, IL, pg. 544
Branvold, Paula, Acct Supvr -- WONGDOODY, Seattle, WA, pg. 1175
Brashear, Todd, VP-Creative -- MCC, Dallas, TX, pg. 697
Brashears, Victoria, Acct Dir -- GRAPEVINE DESIGNS, Lenexa, KS, pg. 1404
Brasil, Karine, Head-Campaign & Creative Dir -- Hogarth Worldwide, New York, NY, pg. 1180
Brasil, Karine, Head-Campaign & Creative Dir -- Hogarth Worldwide, New York, NY, pg. 506
Brasileiro, Bruno, VP & Assoc Creative Dir -- AREA 23, New York, NY, pg. 67
Brasser, Molly, Acct Exec -- DDB San Francisco, San Francisco, CA, pg. 269
Brassine, Bill, Media Dir -- BRANDIENCE LLC, Cincinnati, OH, pg. 156
Bratskeir, Rob, Exec VP, Creative Dir & Gen Mgr-New York -- 360PR+, New York, NY, pg. 1422
Bratton, Jason, Partner & Art Dir -- LUCKYFISH, Atlanta, GA, pg. 656
Brauer, Alex, Acct Dir -- FISH MARKETING, Portland, OR, pg. 385
Brauer, Amanda, Media Planner -- SLINGSHOT, LLC, Dallas, TX, pg. 1021
Braun, Ken, Founder & Chief Creative Officer -- LOUNGE LIZARD WORLDWIDE, Patchogue, NY, pg. 652
Brauneis, Eric, Acct Supvr -- SCHAFER CONDON CARTER, Chicago, IL, pg. 995
Brauneisen, Alicia, Media Dir -- WALTER F. CAMERON ADVERTISING INC., Hauppauge, NY, pg. 1151
Braunstein, Layne, Founder & Chief Creative Officer -- FAKE LOVE, Brooklyn, NY, pg. 1256
Brauten, Hanne, Acct Dir -- Wavemaker, Oslo, Norway, pg. 1383
Braveman, Stephanie Sills, VP & Acct Dir -- GREY GROUP, New York, NY, pg. 438
Bravo, Giselle, Acct Supvr -- O2IDEAS, INC., Birmingham, AL, pg. 803
Bravo, Kent, Acct Exec -- NECTAR COMMUNICATIONS, San Francisco, CA, pg. 1593
Bravo-Campbell, Andrea, Dir-Creative Ops -- COLUMN FIVE, Irvine, CA, pg. 221
Braxton, Alex, Creative Dir -- SAATCHI & SAATCHI, New York, NY, pg. 975
Bray, David, Sr Art Dir & Acct Exec -- 360 GROUP, Indianapolis, IN, pg. 6
Bray, Jeff, Sr Editor & Acct Supvr -- O'CONNELL & GOLDBERG, Hollywood, FL, pg. 1597
Braybrooke, Catherine, Acct Dir -- REYNOLDS & ASSOCIATES, El Segundo, CA, pg. 953
Brayson, Caroline, Acct Dir -- LAUNCHSQUAD, San Francisco, CA, pg. 615
Brazao, Bruno, Art Dir -- DPZ-Duailibi, Petit, Zaragoza, Propaganda S.A., Sao Paulo, Brazil, pg. 906
Brazao, Bruno, Art Dir -- DPZ-Duailibi, Petit, Zaragoza, Propaganda S.A., Sao Paulo, Brazil, pg. 21
Brazelton, Ryan, Exec Creative Dir -- INTERBRAND DESIGN FORUM, Cincinnati, OH, pg. 538
Brazier, Ben, Art Dir -- Ogilvy, Sao Paulo, Brazil, pg. 819
Brazier, Paul, Chm & Chief Creative Officer -- Abbott Mead Vickers BBDO, London, United Kingdom, pg. 109
Breard, Kent, Acct Dir -- HILL HOLLIDAY, Boston, MA, pg. 500
Breaux, Blake, Art Dir -- OTEY WHITE & ASSOCIATES, Baton Rouge, LA, pg. 845
Brechtel, Erika, Creative Dir -- CITRUS STUDIOS, Santa Monica, CA, pg. 209
Brecker, Danielle, VP & Acct Dir -- PUBLICIS USA, New York, NY, pg. 912
Breckley, Sean, Acct Dir -- QUENZEL & ASSOCIATES, Fort Myers, FL, pg. 922
Bredberg, Maja, Strategist-PR -- Forsman & Bodenfors, Stockholm, Sweden, pg. 722
Bredemeijer, Niels, Head-Creative-Netherlands -- J. WALTER THOMPSON, New York, NY, pg. 553
Bredice, Dustin, Creative Dir -- THE INTEGER GROUP - DENVER, Lakewood, CO, pg. 1406
Breen, Chris, Partner & Chief Creative Officer -- Chemistry Atlanta, Atlanta, GA, pg. 205
Breen, Laura, Acct Dir -- OUTCAST COMMUNICATIONS, San Francisco, CA, pg. 1603
Breen, Liz, Creative Dir & Copywriter -- VIEWPOINT CREATIVE, Newton, MA, pg. 1137
Breen, Susan, Assoc Creative Dir -- WHITESPACE CREATIVE, Akron, OH, pg. 1161
Breeze, Shannon, Acct Dir -- 140 BBDO, Cape Town, South Africa, pg. 108
Bregonzio, Francesca, Media Planner -- Kinetic, Milan, Italy, pg. 1337
Brehm, Matt, Acct Exec -- DATAXU, INC., Boston, MA, pg. 1317
Brehm, Patty, CEO-Direct Mktg -- DIDIT, Mineola, NY, pg. 1250
Breihan, Annie, Acct Exec -- PROOF ADVERTISING, Austin, TX,

AGENCIES — PERSONNEL INDEX

pg. 893
Breindel, Mitchell, Dir-PR -- RELEVANCE INTERNATIONAL, New York, NY, pg. 1629
Breinig, Megan, Sr Acct Exec-PR -- DECIBEL BLUE, Scottsdale, AZ, pg. 285
Brekke, Dennis, Creative Dir-Interactive -- LINNIHAN FOY ADVERTISING, Minneapolis, MN, pg. 642
Brelig, Kristen, Acct Supvr -- HEINRICH MARKETING, Denver, CO, pg. 493
Bremer, Bjorn, Chief Creative Officer -- Ogilvy Frankfurt, Frankfurt, Germany, pg. 814
Bremner, Scott, Creative Dir -- SILTANEN & PARTNERS, El Segundo, CA, pg. 1013
Brenek, Gene, Creative Dir & Assoc Creative Dir -- GSD&M, Austin, TX, pg. 453
Brenes, Leane, Founder & Creative Dir -- BRENESCO LLC, New York, NY, pg. 161
Brenman, Jack, Acct Dir -- Leo Burnett London, London, United Kingdom, pg. 627
Brenman, Susan, Acct Exec -- CGT MARKETING LLC, Amityville, NY, pg. 201
Brennan, Astrid, Head-FH Boutique-PR & Client Dir -- FleishmanHillard Dublin, Dublin, Ireland, pg. 1510
Brennan, Jennifer, Acct Dir -- 360PR+, Boston, MA, pg. 1422
Brennan, Kasey, Acct Exec -- TRUE BLUE COMMUNICATIONS, Clearwater, FL, pg. 1663
Brennan, Keri, Acct Exec -- ENGELBRECHT ADVERTISING, LLC., Chico, CA, pg. 341
Brennan, Mary, Acct Dir -- ATREBOR GROUP, New York, NY, pg. 1435
Brennan, Maureen, VP-PR & Social Media -- MSI, Chicago, IL, pg. 769
Brennan, Tim, Acct Supvr -- JENNINGS & COMPANY, Chapel Hill, NC, pg. 575
Brennen, Timothy, Creative Team -- SUPERCOOL CREATIVE, Los Angeles, CA, pg. 1062
Brenner, Beth, VP & Acct Dir -- OGILVY COMMONHEALTH MEDICAL EDUCATION, Parsippany, NJ, pg. 831
Brenner, Sara, Acct Exec -- XENOPSI, New York, NY, pg. 1303
Brentnall, Mark, Dir-Creative -- LEADING EDGES, Meridian, MS, pg. 618
Bresenden, Paul, Pres & Creative Dir -- 454 CREATIVE, Irvine, CA, pg. 9
Breshears, Jason, Creative Dir -- J. LINCOLN GROUP, The Woodlands, TX, pg. 552
Bresler, Desi, Controller & Media Buyer -- DVA ADVERTISING, Bend, OR, pg. 326
Breslin, Gary, Creative Dir -- HAVAS WORLDWIDE CHICAGO, Chicago, IL, pg. 488
Breslin, Rachel, Acct Supvr -- RP3 AGENCY, Bethesda, MD, pg. 970
Bresnahan, Stephanie, Acct Exec -- Amperage, Wausau, WI, pg. 53
Bressler, Dean, Partner & Creative Dir -- ROCKETLAWNCHAIR, Milwaukee, WI, pg. 965
Breton, Pete, Exec Creative Dir -- Anomaly, Toronto, Canada, pg. 59
Breton, Pete, Exec Creative Dir -- Anomaly, Toronto, Canada, pg. 722
Brettholle, Dan, Creative Dir -- APPLE BOX STUDIOS, Pittsburgh, PA, pg. 64
Breunig, Andreas, Creative Dir -- BBDO Dusseldorf, Dusseldorf, Germany, pg. 105
Brewer, Adam, Art Dir -- Juniper Park/TBWA, Toronto, Canada, pg. 1079
Brewer, Becky, Acct Dir -- CHANDELIER, New York, NY, pg. 202
Brewer, Scott, Grp Creative Dir -- GSD&M Chicago, Chicago, IL, pg. 454
Brewer, Toby, Creative Dir -- The&Partnership London, London, United Kingdom, pg. 56
Brewis, Crystal, Art Dir -- Anomaly, Toronto, Canada, pg. 59
Brewis, Crystal, Art Dir -- Anomaly, Toronto, Canada, pg. 722
Brewster, Neil, Art Dir -- FUSIONFARM, Cedar Rapids, IA, pg. 404
Brey, Mary, Acct Exec -- PINNACLE ADVERTISING, Schaumburg, IL, pg. 872
Breyer, Gavin, Assoc Dir-Creative -- BBDO New York, New York, NY, pg. 99
Brezinski, Catherine, Coord-Traffic -- RINCK ADVERTISING, Auburn, ME, pg. 1632
Brian, Marion, Art Dir -- Ogilvy South Africa (Pty.) Ltd., Johannesburg, South Africa, pg. 829
Brice, Steve, Acct Exec -- IMG COLLEGE, Winston Salem, NC, pg. 527
Briceno, Carlos, Creative Dir -- Sancho BBDO, Bogota, Colombia,

pg. 102
Briceno, Tara, Acct Dir -- TMP Worldwide/Advertising & Communications, Coral Gables, FL, pg. 1107
Brickel, Darren, Creative Dir -- Sandbox, Kansas City, MO, pg. 989
Bricker, Caitlin, Acct Dir -- BUTLER, SHINE, STERN & PARTNERS, Sausalito, CA, pg. 177
Brickley, Miles R., Acct Exec -- FCB New York, New York, NY, pg. 365
Brida, Jay, Dir-Creative & Copy -- THE DESIGNORY, Long Beach, CA, pg. 293
Bridenbaugh, Kristen, Acct Dir -- PARTNERS+NAPIER, Rochester, NY, pg. 855
Bridger, Christine, Exec Creative Dir -- CURRENT LIFESTYLE MARKETING, Chicago, IL, pg. 1479
Bridges, Jenny, Acct Dir -- 90OCTANE, Denver, CO, pg. 13
Bridges, Kaitlyn, Coord-PR -- TOUCHPOINT COMMUNICATIONS, Charleston, SC, pg. 1111
Bridges, Kristi, Pres & Chief Creative Officer -- THE SAWTOOTH GROUP, Red Bank, NJ, pg. 992
Bridges, Kristi, Pres & Chief Creative Officer -- Sawtooth Health, Woodbridge, NJ, pg. 993
Bridges, Stacey, Acct Dir -- Weber Shandwick, Edinburgh, United Kingdom, pg. 1679
Bridwell, Robert, Creative Dir -- LONDON : LOS ANGELES, El Segundo, CA, pg. 650
Brienza, Giulio, Dir-Client Creative -- D'Adda, Lorenzini, Vigorelli, BBDO, Milan, Italy, pg. 106
Briere, Alain, Assoc Dir-Creative -- TBWA\Media Arts Lab, Los Angeles, CA, pg. 1078
Brigante, Farah, Creative Dir -- The Marketing Arm, New York, NY, pg. 682
Briggs, Katie, Mgr-PR -- CROWLEY WEBB, Buffalo, NY, pg. 250
Briggs, Martin, Assoc Creative Dir -- ERIC MOWER + ASSOCIATES, Syracuse, NY, pg. 346
Briggs, Michael, Exec VP & Head-Insight & Strategy-Ogilvy PR-North America -- OGILVY, New York, NY, pg. 1598
Bright, Adam, Sr Art Dir -- Team One USA, Oak Brook, IL, pg. 1095
Bright, Will, Grp Creative Dir -- O'KEEFE REINHARD & PAUL, Chicago, IL, pg. 834
Brighton, Katy, Sr VP-Creative Ops -- Sterling Brands, New York, NY, pg. 307
Brigido, Fabio, Head-Art & Creative Dir-Global -- LOLA MullenLowe, Madrid, Spain, pg. 542
Brignola, Chris, Exec VP & Exec Creative Dir -- Laughlin/Constable New York, New York, NY, pg. 614
Brignou, Loic, Acct Dir -- ZIP COMMUNICATION INC, Montreal, Canada, pg. 1214
Briks, Vlada, Acct Dir -- WOMEN'S MARKETING INC., Westport, CT, pg. 1174
Brillhart, Jenna, Art Dir -- XAXIS, LLC, New York, NY, pg. 1302
Brillson, Lindsay, Creative Dir -- RED ANTLER, Brooklyn, NY, pg. 938
Brindley, Dan, Creative Dir -- OSBORN & BARR COMMUNICATIONS, Saint Louis, MO, pg. 844
Brinkhus, Dave, Creative Dir -- TRIGHTON INTERACTIVE, Ocoee, FL, pg. 1297
Brinkworth, Katie, Creative Dir -- BBDO San Francisco, San Francisco, CA, pg. 99
Brist, Kaylee, Acct Coord -- HOT DISH ADVERTISING, Minneapolis, MN, pg. 509
Brittain, Megan, Acct Supvr -- GS&F, Nashville, TN, pg. 453
Britto, Victor, Supvr-Creative -- F.biz, Sao Paulo, Brazil, pg. 1183
Broad, Brianna, Acct Supvr -- KGLOBAL, Washington, DC, pg. 594
Broadfoot, Bob, Art Dir -- J. WALTER THOMPSON, New York, NY, pg. 553
Broadfoot, Rob, Partner & Creative Dir -- MOCK, Atlanta, GA, pg. 752
Brocious, Kory, Art Dir -- BBDO WORLDWIDE INC, New York, NY, pg. 97
Brock, Julia, Media Planner & Buyer -- HABERMAN & ASSOCIATES, INC., Minneapolis, MN, pg. 460
Brock, Nancy, Mgr-Traffic -- TRUE MEDIA, Columbia, MO, pg. 1376
Brocker, Ginny, Assoc Dir-PR & Social Media -- HIEBING, Madison, WI, pg. 498
Brocker, Jennifer, Chief Creative Officer -- STEPHENS & ASSOCIATES ADVERTISING, INC., Overland Park, KS, pg. 1047
Brockett, Matthew, Pres & Creative Dir -- BROCKETT CREATIVE GROUP, INC., New Hartford, NY, pg. 165
Brockhoff, Libby, Founder, CEO & Creative Dir -- ODYSSEUS ARMS, San Francisco, CA, pg. 808

Brocklesby, Nathan, Acct Dir -- The&Partnership London, London, United Kingdom, pg. 56
Brockway, Rachel, Acct Supvr-PR -- SERENDIPIT, Phoenix, AZ, pg. 1003
Broda, Debbie, Acct Dir -- DDB New York, New York, NY, pg. 269
Brodell, Jessica, Acct Exec -- UNDERTONE, New York, NY, pg. 1126
Broderick, Amanda, Partner & Acct Mgr-PR & Social Media -- HIEBING, Madison, WI, pg. 498
Brodie, Nicole, Acct Supvr -- Sandbox, Kansas City, MO, pg. 989
Brodie, Nicole, Acct Supvr -- SANDBOX CHICAGO, Chicago, IL, pg. 989
Brodie, Paul, Mng Dir-Creative -- TROIKA DESIGN GROUP, Los Angeles, CA, pg. 1119
Brodsky, Alyson, Mgr-PR -- MATRIX PARTNERS LTD., Chicago, IL, pg. 693
Broe, Nancy, VP-PR & Content Mktg -- THE MCDONNELL GROUP INC., Roswell, GA, pg. 1579
Broeckel, Amber, Acct Exec -- RED SKY PUBLIC RELATIONS, Boise, ID, pg. 1627
Broeke, Paul Ten, Creative Dir -- Weber Shandwick, Hague, Netherlands, pg. 1678
Broekhuizen, Ian, Creative Dir -- Leo Burnett Sydney, Sydney, Australia, pg. 628
Brogan, Brooke, Sr Mgr-PR -- BrandLinkDC, Washington, DC, pg. 1398
Brogan, Erin, Acct Supvr -- ADAM&EVEDDB, New York, NY, pg. 25
Brogan, Tanya, Acct Exec -- PLUSMEDIA, LLC, Danbury, CT, pg. 878
Brogdon, Brandon, Acct Supvr -- BEDFORD ADVERTISING INC., Carrollton, TX, pg. 120
Broggi, Ariel, VP & Creative Dir -- SOMETHING MASSIVE, Los Angeles, CA, pg. 1291
Broitman, Ariella, Acct Exec-Influencer Strategy -- KETCHUM, New York, NY, pg. 1554
Brokamp, Mike, Acct Supvr -- PUBLICIS NEW YORK, New York, NY, pg. 912
Bromwich, Amanda, VP & Acct Dir -- TBWAWorldHealth, Chicago, IL, pg. 1077
Broner, Nichelle, Acct Supvr -- Pulsar Advertising, Inc., Washington, DC, pg. 915
Bronnimann, Peter, Creative Dir -- Publicis, Zurich, Switzerland, pg. 901
Bronson, Tiffany, Acct Dir -- AdFarm, Kansas City, MO, pg. 29
Bronson, Tiffany, Acct Exec -- AdFarm, Fargo, ND, pg. 29
Bronstorph, Alexis, Exec Creative Dir -- TAXI, Toronto, Canada, pg. 1075
Bronzan, Forest, Exec VP-CRM, Email & Creative Svcs -- ELITE SEM, New York, NY, pg. 1320
Brooks, Brianna, Acct Dir -- H&L PARTNERS, San Francisco, CA, pg. 459
Brooks, Drew, Dir-Design & Assoc Creative Dir -- Doner, Playa Vista, CA, pg. 724
Brooks, Drew, Dir-Design & Assoc Creative Dir -- Doner, Playa Vista, CA, pg. 315
Brooks, Heather, VP & Creative Dir -- DIGITAS, Boston, MA, pg. 1250
Brooks, Isa, Media Planner -- AKQA, INC., San Francisco, CA, pg. 1234
Brooks, Mallory, Acct Supvr -- BLUE SKY AGENCY, Atlanta, GA, pg. 140
Brooks, Paula, Sr VP, Media Dir & Client Svcs Dir -- JL MEDIA, INC., Union, NJ, pg. 1336
Brooks, Will, Acct Exec -- RED MOON MARKETING, Charlotte, NC, pg. 940
Brooks-Dutton, Ben, Dir-Creative Plng -- Freud Communications, London, United Kingdom, pg. 902
Brookson, Dwayne, Dir-Creative -- BRAND MATTERS INC., Toronto, Canada, pg. 155
Brophy, Laura, Dir-Client Svcs & New Bus Dev -- MARKETCOM PUBLIC RELATIONS, LLC, New York, NY, pg. 1576
Brorson, Alonna, Acct Supvr -- SPAWN IDEAS, Anchorage, AK, pg. 1032
Broscious, David, Sr VP & Creative Dir -- GKV COMMUNICATIONS, Baltimore, MD, pg. 421
Brosnan, Tracy, Creative Dir -- DEVRIES GLOBAL, New York, NY, pg. 1484
Brosowsky, Ari, Acct Dir -- UPRAISE MARKETING & PR, San Francisco, CA, pg. 1665
Bross, Jon, Media Dir -- VLADIMIR JONES, Colorado Springs, CO, pg. 1142
Brossa, Ana, Exec Creative Dir -- McCann Erickson S.A., Barcelona, Spain, pg. 710

1706

PERSONNEL INDEX — AGENCIES

Brosseau, Isabelle, Exec Dir-Creative Svcs-Montreal -- SID LEE, Montreal, Canada, pg. 1010
Brotherhood, Vashti, Creative Dir -- WARNER COMMUNICATIONS, Manchester, MA, pg. 1670
Brothers, Paul, Pres & Sr Creative Dir -- BROTHERS & CO., Tulsa, OK, pg. 167
Brothers, Robert John Francis, Exec VP & Creative Dir -- BANDUJO ADVERTISING & DESIGN, New York, NY, pg. 87
Brotze, Tracy, Acct Dir -- WEST ADVERTISING, Alameda, CA, pg. 1159
Broude, Chad, Co-Founder & Exec Creative Dir -- HIGHDIVE ADVERTISING, Chicago, IL, pg. 499
Broughman, Ashley, Acct Dir -- Deutsch LA, Los Angeles, CA, pg. 294
Brourman, Paul, CEO & Chief Creative Officer -- SPONGE, LLC, Evanston, IL, pg. 1035
Brown, Aaron, Grp Creative Dir -- PureRED, Princeton, NJ, pg. 918
Brown, Alex, Acct Dir -- Adam & EveDDB, London, United Kingdom, pg. 281
Brown, Alex, Acct Dir -- Wavemaker - EMEA HQ, London, United Kingdom, pg. 1381
Brown, Alexander, Art Dir -- THE BURNS GROUP, New York, NY, pg. 175
Brown, Amanda, Acct Exec -- STEPHENS DIRECT, Kettering, OH, pg. 1047
Brown, Bonica, Art Dir -- AD CETERA, INC., Addison, TX, pg. 23
Brown, Christopher, Art Dir -- BENSIMON BYRNE, Toronto, Canada, pg. 123
Brown, Chuck, Acct Supvr -- BLATTEL COMMUNICATIONS, San Francisco, CA, pg. 135
Brown, Claire, Acct Exec -- MCGARRAH JESSEE, Austin, TX, pg. 716
Brown, Colin, Assoc Creative Dir -- TAXI, Toronto, Canada, pg. 1075
Brown, Daniel, Owner & Creative Dir -- HARVEST CREATIVE, Memphis, TN, pg. 471
Brown, Daniel, Creative Dir -- TRUE NORTH INTERACTIVE, San Francisco, CA, pg. 1298
Brown, David, Exec Creative Dir -- ADAM&EVEDDB, New York, NY, pg. 25
Brown, Devin, Art Dir -- SULLIVAN HIGDON & SINK INCORPORATED, Wichita, KS, pg. 1059
Brown, Emma, Sr Acct Exec-PR -- THE VARIABLE AGENCY, Winston Salem, NC, pg. 1131
Brown, Erika, Sr Strategist-Creative -- CERCONE BROWN CURTIS, Boston, MA, pg. 201
Brown, Evan, Assoc Creative Dir -- TBWA Los Angeles, Los Angeles, CA, pg. 1078
Brown, Gentry, Acct Supvr -- TRIPLEPOINT, San Francisco, CA, pg. 1663
Brown, Jane, Creative Dir -- EMOTIVE BRAND, Oakland, CA, pg. 339
Brown, Jason, Acct Supvr -- ADHOME CREATIVE, London, Canada, pg. 30
Brown, Jason, Dir-PR -- THE COMMUNICATIONS GROUP, Little Rock, AR, pg. 223
Brown, Jay, Partner & Creative Dir -- ENLARGE MEDIA GROUP, Los Angeles, CA, pg. 341
Brown, Jess, Grp Creative Dir -- PLANIT, Baltimore, MD, pg. 877
Brown, Jesse, Art Dir -- BARTON F. GRAF, New York, NY, pg. 94
Brown, Jill, Sr VP & Media Dir -- ASHER AGENCY, INC., Fort Wayne, IN, pg. 73
Brown, Jill, Sr VP & Media Dir -- Asher Agency, Inc., Lexington, KY, pg. 74
Brown, Joseph, Assoc Creative Dir-Copy -- MCCANN TORRE LAZUR WEST, San Francisco, CA, pg. 714
Brown, Kalie, Acct Dir -- ADCETERA GROUP, Houston, TX, pg. 27
Brown, Kat, Acct Dir -- OGILVY, New York, NY, pg. 809
Brown, Kelly Stinson, Media Dir -- MERKLE INC., Columbia, MD, pg. 732
Brown, Kendra, Media Planner & Media Buyer -- DICOM, INC., Saint Louis, MO, pg. 1318
Brown, Kevin, Creative Dir & Writer -- NONBOX, Hales Corners, WI, pg. 797
Brown, Kevin, Dir-Creative Resource -- WE ARE UNLIMITED, Chicago, IL, pg. 1155
Brown, Lauren, Sr Strategist-Brand & PR -- R+M, Cary, NC, pg. 927
Brown, Leah, Acct Exec -- S&A COMMUNICATIONS, Cary, NC, pg. 974
Brown, Marcus, Creative Dir -- PREACHER, Austin, TX, pg. 886
Brown, Matthew, Acct Dir -- TRUE NORTH INTERACTIVE, San Francisco, CA, pg. 1298

Brown, Megan, Acct Exec -- KAPLOW, New York, NY, pg. 1551
Brown, Ned, Chief Creative Officer -- BADER RUTTER & ASSOCIATES, INC., Milwaukee, WI, pg. 83
Brown, Rob, Exec Creative Dir -- McCann Erickson Advertising Ltd., London, United Kingdom, pg. 711
Brown, Ronnie, Chief Creative Officer -- Doremus (United Kingdom), London, United Kingdom, pg. 317
Brown, Samantha, Creative Dir -- DDB San Francisco, San Francisco, CA, pg. 269
Brown, Sarah, Acct Supvr -- Olson Engage, Minneapolis, MN, pg. 518
Brown, Scott, VP & Creative Dir -- BATTERY, Los Angeles, CA, pg. 96
Brown, Sherri-Lynn, Acct Dir-Earned & Client Strategy -- Edelman, Toronto, Canada, pg. 1491
Brown, Sierra, Acct Exec -- DEVELOPMENT COUNSELLORS INTERNATIONAL, LTD., New York, NY, pg. 296
Brown, Sonya, Dir-Creative -- DNA CREATIVE COMMUNICATIONS, Greenville, SC, pg. 1486
Brown, Stefanie, Acct Exec-Strategic Comm -- Neathawk Dubuque & Packett, Roanoke, VA, pg. 787
Brown, Teddy, Exec VP & Exec Creative Dir -- FCB/RED, Chicago, IL, pg. 365
Brown-Hallman, Julie, Art Dir & Graphic Designer -- THE LETTER M MARKETING, Guelph, Canada, pg. 633
Browne, Chris, Assoc Creative Dir -- TBWA North America, New York, NY, pg. 1079
Browne, Pat, Acct Dir -- ANDERSON DDB HEALTH & LIFESTYLE, Toronto, Canada, pg. 57
Brownell, Abigail, Acct Exec -- NEMER FIEGER, Minneapolis, MN, pg. 788
Brownell, Mike, Creative Dir -- SCHAFER CONDON CARTER, Chicago, IL, pg. 995
Browness, Sophie, Art Dir & Copywriter -- Saatchi & Saatchi London, London, United Kingdom, pg. 980
Browning, Kiley, Art Dir -- FREESTYLE CREATIVE, Moore, OK, pg. 397
Brownstein, Berny, Founder, Chm & Chief Creative Officer -- BROWNSTEIN GROUP, Philadelphia, PA, pg. 168
Broyard, Ayiko, Acct Dir -- WALTON / ISAACSON, Culver City, CA, pg. 1151
Brozak, Bill, Acct Dir-PR -- PERISCOPE, Minneapolis, MN, pg. 864
Brubacher, Alex, Art Dir -- MEKANISM, San Francisco, CA, pg. 729
Brubaker, Dave, Dir-On-Air Creative -- SJI ASSOCIATES, INC., New York, NY, pg. 1018
Brubaker, Tod, Dir-Creative & Copywriter -- KELLEY HABIB JOHN, Boston, MA, pg. 591
Bruce, Neil, Creative Dir -- TWOFIFTEENMCCANN, San Francisco, CA, pg. 1124
Bruckner, Jason, Creative Dir -- Scanad, Nairobi, Kenya, pg. 1182
Brucksch, Kira, Head-New Bus -- facts & fiction GmbH, Cologne, Germany, pg. 1191
Bruckstein, Michael, Sr Partner & Media Dir -- NEO\@OGILVY LOS ANGELES, Playa Vista, CA, pg. 789
Brudnok, Beverly, Mgr-Bus Dev & Acct Exec -- PORETTA & ORR, INC., Doylestown, PA, pg. 883
Brueckner, Jordan, Acct Exec -- BERLINROSEN, New York, NY, pg. 1448
Bruges, Zena, Dir-Creative Svcs -- McCann Erickson Worldwide, London, United Kingdom, pg. 712
Bruhns, Konstanze, Creative Dir -- BBDO Dusseldorf, Dusseldorf, Germany, pg. 105
Bruker, Mark, Creative Dir -- Ogilvy, Chicago, IL, pg. 811
Brumbeloe, Alan, Pres & Dir-Creative -- BRUM ADVERTISING, Birmingham, AL, pg. 169
Brumbeloe, Stephanie, Mgr-Traffic & Acctg -- BRUM ADVERTISING, Birmingham, AL, pg. 169
Brumbley, Kyle, Creative Dir -- MEDIA MIX, Jacksonville, FL, pg. 727
Brumfield, Tori, VP & Acct Supvr -- EVANS, HARDY & YOUNG INC., Santa Barbara, CA, pg. 352
Brummer, Kevin, Sr VP-Creative -- SEED STRATEGY, INC., Crestview Hills, KY, pg. 1000
Brunati, Paola, Acct Dir -- FCB Milan, Milan, Italy, pg. 367
Brune, Mike, Exec VP & Creative Dir -- OGILVY COMMONHEALTH WORLDWIDE, Parsippany, NJ, pg. 832
Bruneau, Romain, Acct Dir-Intl -- CLM BBDO, Boulogne-Billancourt, France, pg. 104
Bruner, Michael, Sr Creative Dir -- ODNEY, Bismarck, ND, pg. 808
Bruner, Mike, Sr Creative Dir -- Odney Advertising-Minot, Minot, ND, pg. 808
Brunet, Felix-Antoine, Art Dir -- DDB Canada, Toronto, Canada,

pg. 267
Brunina, Inta, Art Dir -- TBWA Latvija, Riga, Latvia, pg. 1083
Bruniquel, Frederic, VP & Creative Dir -- Havas Worldwide Canada, Montreal, Canada, pg. 477
Brunner, Babette, Art Dir -- DDB Vienna, Vienna, Austria, pg. 274
Brunner, Leticia, Media Dir -- REYNOLDS & ASSOCIATES, El Segundo, CA, pg. 953
Brunner, Max, Acct Exec -- Ogilvy, Dusseldorf, Germany, pg. 814
Brunner, Mikki, Exec Creative Dir-NIVEA -- FCB Hamburg, Hamburg, Germany, pg. 366
Bruno, Lindsay, Assoc Creative Dir -- DIAMOND MERCKENS HOGAN, Kansas City, MO, pg. 299
Brunoni, Gaia, Acct Dir -- Wunderman, Boulogne-Billancourt, France, pg. 1191
Bruns, Kim, Supvr-Creative -- HITCHCOCK FLEMING & ASSOCIATES, INC., Akron, OH, pg. 502
Brunson, Sean, Partner-Creative -- ACME BRAND STUDIO, Winter Park, FL, pg. 22
Brust, Sean, Sr Producer-Creative -- AYZENBERG GROUP, INC., Pasadena, CA, pg. 81
Brux, Bruno, Creative Dir -- Grey, Sao Paulo, Brazil, pg. 443
Bruyn, Simon, Assoc Creative Dir -- TBWA\Chiat\Day Los Angeles, Los Angeles, CA, pg. 1077
Bryan, Dan, Acct Exec -- B2C ENTERPRISES, Roanoke, VA, pg. 82
Bryan, Jesse, CEO & Creative Dir -- BELIEF LLC, Seattle, WA, pg. 121
Bryan, Marion, Art Dir -- Ogilvy Johannesburg (Pty.) Ltd., Johannesburg, South Africa, pg. 829
Bryan, Sean, Grp Creative Dir -- MCCANN, New York, NY, pg. 697
Bryan, Susan, Acct Dir -- STAMP IDEA GROUP, LLC, Montgomery, AL, pg. 1042
Bryant, Kevin W., Acct Exec-Natl -- Summit Marketing, Lenexa, KS, pg. 1061
Bryant, Megan, Acct Coord -- GILBREATH COMMUNICATIONS, INC., Houston, TX, pg. 420
Bryant, Mel, Grp Creative Dir-Writing & Strategy -- PRICEWEBER MARKETING COMMUNICATIONS, INC., Louisville, KY, pg. 889
Bryn, Lee, Acct Supvr -- BBR Saatchi & Saatchi, Ramat Gan, Israel, pg. 977
Brzozowski, Lukasz, Mng Dir-Creation & Creative -- Ogilvy, Dusseldorf, Germany, pg. 814
Brzozowski, William, Acct Exec -- MERKLEY+PARTNERS, New York, NY, pg. 733
Bucan, Christine, Exec VP-PR -- PANTIN/BEBER SILVERSTEIN PUBLIC RELATIONS, Miami, FL, pg. 1605
Bucchianeri, Julia, Asst Acct Exec -- HB/Eric Mower + Associates, Newton, MA, pg. 348
Buccianti, Elizabeth, Dir-PR -- SIX DEGREES, Orlando, FL, pg. 1017
Buccini, Jennifer, Art Dir -- ZAG INTERACTIVE, Glastonbury, CT, pg. 1303
Buchan, Debbie, Art Dir & Designer -- DOREMUS, New York, NY, pg. 316
Buchan, Ken, Creative Dir -- TBWA Sydney, Sydney, Australia, pg. 1089
Buchanan, Angie, VP & Acct Supvr -- HOFFMAN YORK, Milwaukee, WI, pg. 506
Buchanan, Eric, Art Dir -- GRAPEVINE COMMUNICATIONS INC, Sarasota, FL, pg. 432
Buchanan, Martin, Partner & Exec Creative Dir -- TRONE BRAND ENERGY, INC., High Point, NC, pg. 1119
Buchanan, Scott, Principal & Strategist-Creative -- THINK NOCTURNAL LLC, Exeter, NH, pg. 1099
Buchanan, Victoria, Exec Creative Dir -- Tribal Worldwide London, London, United Kingdom, pg. 1296
Buchele, Mark, Media Dir -- GRAGG ADVERTISING, Kansas City, MO, pg. 431
Buchner, Caroline, Acct Dir -- TBWA Health A.G., Zurich, Switzerland, pg. 1085
Buck, David, Pres & Creative Dir -- CROWLEY WEBB, Buffalo, NY, pg. 250
Buck, Peter, Exec Creative Dir -- SPARK44, Los Angeles, CA, pg. 1226
Buck, Rob, Dir-Creative -- SHERRY MATTHEWS ADVOCACY MARKETING, Austin, TX, pg. 1007
Buckhurst, Matthew, Creative Dir -- FutureBrand, London, United Kingdom, pg. 405
Buckingham, Jamie, Grp Head-Creative -- McCann Detroit, Birmingham, MI, pg. 699
Buckingham, Jamie, Grp Head-Creative -- McCann Erickson Central, Solihull, United Kingdom, pg. 712
Buckingham, Nicholas, Assoc Creative Dir -- TBWA\Chiat\Day Los Angeles, Los Angeles, CA, pg. 1077

AGENCIES — PERSONNEL INDEX

Buckland, David, Acct Dir -- JOHNSONRAUHOFF, Saint Joseph, MI, pg. 581

Buckland, David, Acct Dir -- JohnsonRauhoff Marketing Communications, Benton Harbor, MI, pg. 581

Buckler, Claudia, Acct Exec -- JOHN ST., Toronto, Canada, pg. 579

Buckley, Aaron, Creative Dir -- 61 CELSIUS, Hot Springs, AR, pg. 10

Buckley, Nadine, Dir-Creative Svcs -- MCGILL BUCKLEY, Ottawa, Canada, pg. 718

Buckley, Pat, Partner & Mng Creative Dir -- THE JOHNSON GROUP, Chattanooga, TN, pg. 580

Buckley, Tanya, Acct Dir -- Magna Carta, Johannesburg, South Africa, pg. 1087

Budd, Josh, Chief Creative Officer -- NO FIXED ADDRESS, INC., Toronto, Canada, pg. 795

Budd, Robin, Art Dir -- ZOOM CREATES, Hillsboro, OR, pg. 1215

Buddingh, Rebecca, Mgr-PR -- Allison & Partners, San Diego, CA, pg. 721

Buddingh, Rebecca, Mgr-PR -- Allison & Partners, San Diego, CA, pg. 1431

Budinsky, Thomas, Sr Creative Dir & Acct Mgr -- WRL ADVERTISING, INC., Canton, OH, pg. 1188

Budney, Mike, Creative Dir -- PILOT, New York, NY, pg. 871

Buechler, Chad, Supvr-Print Production -- ANDERSON DDB HEALTH & LIFESTYLE, Toronto, Canada, pg. 57

Buechner, Lindsey, Acct Supvr -- 90OCTANE, Denver, CO, pg. 13

Buer, Christian, Assoc Creative Dir -- SID LEE, Toronto, Canada, pg. 1010

Buferne, Fabien, Acct Dir -- SID LEE, Paris, France, pg. 1010

Buffington, Nikki, Acct Dir -- RILEY HAYES ADVERTISING, Minneapolis, MN, pg. 959

Bugg, Amy, Acct Supvr -- THE LACEK GROUP, Minneapolis, MN, pg. 606

Bugler, Lucy, Acct Dir -- Y&R London, London, United Kingdom, pg. 1204

Buhler, Peter, Creative Dir -- SHIFT Communications, Boston, MA, pg. 1644

Buhrman, Chris, Exec Creative Dir -- HANSON DODGE INC., Milwaukee, WI, pg. 466

Bui-McCoy, Jennie, Mgr-Pub Rels -- ANDROVETT LEGAL MEDIA AND MARKETING, Dallas, TX, pg. 1432

Bujold, Martin, Head-Creative -- Geometry Global, Montreal, Canada, pg. 415

Bukilica, Jason, Acct Dir -- MJR CREATIVE GROUP, Fresno, CA, pg. 749

Bukovinsky, Shannon, Media Dir -- R&R Partners, Salt Lake City, UT, pg. 925

Bukowski, Erin, Acct Exec -- PURPLE PR, New York, NY, pg. 1621

Bukowski, Jessica, Acct Dir -- Sullivan Higdon & Sink Incorporated, Kansas City, MO, pg. 1060

Bulakites, Laine, Acct Dir -- BOOYAH ADVERTISING, Denver, CO, pg. 1241

Bull, Josh, Art Dir -- McKinney New York, New York, NY, pg. 719

Bullard, Nicky, Chm & Chief Creative Officer -- MRM London, London, United Kingdom, pg. 767

Bullard, Sharon, Acct Coord -- HOWERTON+WHITE, Wichita, KS, pg. 510

Bullen, Dave, Creative Dir -- MONO, Minneapolis, MN, pg. 755

Buller, Patrick, Assoc Creative Dir -- R&R Partners, Salt Lake City, UT, pg. 925

Bulmer, Dominique, Creative Dir & Copywriter -- BLEUBLANCROUGE, Montreal, Canada, pg. 136

Bulskamper, Malte, Creative Dir -- Heimat Werbeagentur GmbH, Berlin, Germany, pg. 1082

Bulthuis, Dieuwer, Head-Creative -- Ubachswisbrun J. Walter Thompson, Amsterdam, Netherlands, pg. 560

Bunaidi, Ronald, Art Dir -- BBH Singapore, Singapore, Singapore, pg. 94

Bundock, Emma, Acct Dir -- Doner, London, London, United Kingdom, pg. 315

Bundock, Emma, Acct Dir -- Doner, London, London, United Kingdom, pg. 722

Bundock, Jake, Assoc Creative Dir -- Cossette Communication-Marketing, Toronto, Canada, pg. 234

Bundy, Stacy, Acct Exec -- O'BRIEN ET AL. ADVERTISING, Virginia Beach, VA, pg. 805

Bunk, Matt, Sr VP-Creative Dev -- DANIEL BRIAN ADVERTISING, Rochester, MI, pg. 259

Bunker, David, Dir-Creative Content -- THE ABBI AGENCY, Reno, NV, pg. 1425

Bunker, Robin, Media Buyer-Natl -- STRATEGIC MEDIA INC. Portland, ME, pg. 1053

Bunker, Tim, Assoc Creative Dir -- PUBLICIS HAWKEYE, Dallas, TX, pg. 1282

Bunn, Alexandra, Acct Dir-Breckenridge Brewery, Evolution Fresh & Seattle's Best -- THE INTEGER GROUP - DENVER, Lakewood, CO, pg. 1406

Bunnag, Chayamon, Grp Head-Creative -- Y&R Thailand, Bangkok, Thailand, pg. 1202

Buonaiuto, Lauren, Acct Dir -- ICONOLOGIC, Atlanta, GA, pg. 519

Buonantuono, James, VP & Creative Dir -- MCCANN HEALTH GLOBAL HQ, New York, NY, pg. 713

Bupp, Robert, VP & Creative Dir -- CHEMISTRY COMMUNICATIONS INC., Pittsburgh, PA, pg. 205

Buraczenski, Jenna Bouffard, Acct Exec -- Matter Communications, Boston, MA, pg. 694

Burch, Bob, Art Dir -- THE GEARY COMPANY, Las Vegas, NV, pg. 413

Burch, Jessica, Chief Creative Officer -- AMMUNITION, LLC, Atlanta, GA, pg. 1236

Burch, Renee, Acct Dir -- JLM PARTNERS, Seattle, WA, pg. 577

Burcham, Heather, Media Dir -- BANIK COMMUNICATIONS, Great Falls, MT, pg. 87

Burchfiel, Michelle, Acct Supvr -- ANTHOLOGY MARKETING GROUP, INC., Honolulu, HI, pg. 1433

Burda, Bryan, Acct Exec -- INTERSECTION, New York, NY, pg. 543

Burdette, Lauren, Mgr-PR -- BANDY CARROLL HELLIGE ADVERTISING, Louisville, KY, pg. 87

Bureile, Jason, Creative Dir -- IMRE, Baltimore, MD, pg. 528

Burgeis, Kristen, Acct Exec -- THE SELLS AGENCY, INC., Little Rock, AR, pg. 1002

Burgeis, Kristen, Acct Exec -- The Sells Agency, Inc., Fayetteville, AR, pg. 1002

Burger, Paul, Assoc Creative Dir -- TRILIX MARKETING GROUP, INC., Des Moines, IA, pg. 1117

Burgess, Lisa, Acct Exec -- WE ARE UNLIMITED, Chicago, IL, pg. 1155

Burgess, Mark, Exec VP & Acct Dir -- LEO BURNETT WORLDWIDE, INC., Chicago, IL, pg. 621

Burgess, Matt, Creative Dir -- WongDoody, Culver City, CA, pg. 1175

Burgess, Peyton, Acct Exec -- FRENCH/WEST/VAUGHAN, INC., Raleigh, NC, pg. 398

Burget, Megan, Acct Exec -- FOURTH IDEA, Buffalo, NY, pg. 394

Burgos, Lauren, Acct Exec -- SPOTLIGHT MARKETING COMMUNICATIONS, Orange, CA, pg. 1036

Burk, Jake, Assoc Creative Dir -- NEBO AGENCY LLC, Atlanta, GA, pg. 787

Burk, Jennifer, Media Dir -- HOLT CREATIVE GROUP, Tyler, TX, pg. 507

Burke, Casey, Art Dir -- VaynerMedia, San Francisco, CA, pg. 1299

Burke, Janet, Media Dir -- NEWTON MEDIA, Chesapeake, VA, pg. 1354

Burke, Jim, Founder & Creative Dir -- BURKE ADVERTISING LLC, Bedford, NH, pg. 174

Burke, Joe, Acct Exec -- M5 NEW HAMPSHIRE, Manchester, NH, pg. 665

Burke, Joe, Sr VP & Exec Creative Dir -- MARC USA CHICAGO, Chicago, IL, pg. 677

Burke, Katie, Acct Exec -- AMBASSADOR ADVERTISING AGENCY, Irvine, CA, pg. 50

Burke, Katie, Acct Supvr -- LIFT AGENCY, San Francisco, CA, pg. 639

Burke, Meghan, Media Dir -- COATES KOKES, Portland, OR, pg. 216

Burke, Michael, Acct Supvr -- MSR COMMUNICATIONS, San Francisco, CA, pg. 1589

Burke, Robin, Exec VP & Creative Dir-Original Content-Intl -- IGNITION INTERACTIVE, Los Angeles, CA, pg. 523

Burke, Ryan, Founder & Creative Dir -- SLATE COMMUNICATIONS, Fort Collins, CO, pg. 1646

Burkhardt, Brent, Exec VP & Mng Dir-PR -- TBC, INC./PR DIVISION, Baltimore, MD, pg. 1656

Burkhart, Jessica, Art Dir -- HYC/MERGE, Chicago, IL, pg. 515

Burkholder, Justin, Acct Exec -- Lamar Advertising Company, Richmond, VA, pg. 608

Burkholz, Rod, Owner, Art Dir & Designer -- HELIUS CREATIVE ADVERTISING LLC, Murray, UT, pg. 494

Burkley, Gillian, Sr Producer-Brdcst -- FCB New York, New York, NY, pg. 365

Burks, Katherine, Acct Exec -- MML INC., Santa Monica, CA, pg. 1585

Burkus, Kim, VP & Acct Dir -- Jack Morton Worldwide, New York, NY, pg. 569

Burley, Jonathan, Chief Creative Officer -- Y&R London, London, United Kingdom, pg. 1204

Burma, Sachin, Grp Exec Creative Dir -- Leo Burnett India, New Delhi, India, pg. 630

Burmeister, Julie, Pres & Creative Dir -- THE BURMEISTER GROUP, INC., Atlanta, GA, pg. 175

Burn, David, Founder & Creative Dir -- BONEHOOK, Portland, OR, pg. 146

Burn, Jen, Acct Mgr-PR -- BACKBONE MEDIA LLC, Carbondale, CO, pg. 1437

Burnell, Joan, Mgr-Production & Traffic -- GRAPEVINE COMMUNICATIONS INC., Sarasota, FL, pg. 432

Burness, Kylie, Acct Supvr -- ICF Olson, Chicago, IL, pg. 518

Burnham, Robb, VP & Creative Dir -- KRUSKOPF & COMPANY, INC., Minneapolis, MN, pg. 603

Burns, Benjamin, Dir-Creative Strategy -- QUILLIN ADVERTISING, Las Vegas, NV, pg. 923

Burns, Colin, Acct Exec -- PATHFINDERS ADVERTISING & MARKETING GROUP, Mishawaka, IN, pg. 857

Burns, Gregg, Art Dir -- FULL CIRCLE, Grand Rapids, MI, pg. 401

Burns, Ian, Exec Creative Dir-Global -- HUGE LLC, Brooklyn, NY, pg. 512

Burns, Kristina, Acct Dir -- FRUKT, Los Angeles, CA, pg. 400

Burns, Laura, Specialist-PR & Crisis Comm-Boardroom PR -- BOARDROOM COMMUNICATIONS INC., Fort Lauderdale, FL, pg. 1453

Burns, Matthew J., Acct Exec -- ANNE KLEIN COMMUNICATIONS GROUP, LLC, Mount Laurel, NJ, pg. 1433

Burns, Robin, Acct Dir -- ACENTO ADVERTISING, INC., Santa Monica, CA, pg. 20

Burns, Roy, III, Creative Dir -- LEWIS COMMUNICATIONS, Birmingham, AL, pg. 636

Burns, Sam, Asst Acct Exec-PR -- BOELTER + LINCOLN MARKETING COMMUNICATIONS, Milwaukee, WI, pg. 144

Burns, Scott, VP & Exec Creative Dir -- George P. Johnson Company, Inc., San Carlos, CA, pg. 416

Burns, Sean, Exec Creative Dir-North America -- RED FUSE COMMUNICATIONS, INC., New York, NY, pg. 939

Burns, Shannon, Art Dir & Designer -- DUNCAN CHANNON, San Francisco, CA, pg. 325

Burns, Walt, Creative Dir -- BROADHEAD, Minneapolis, MN, pg. 165

Burris, Jim, Owner & Strategist-Creative -- BURRIS CREATIVE INC, Matthews, NC, pg. 176

Burris, Scott, Assoc Creative Dir -- HEILBRICE, Newport Beach, CA, pg. 493

Burrola, Alex, Acct Supvr -- FSB CORE STRATEGIES, Sacramento, CA, pg. 1514

Burrows, Courtney, Acct Dir -- JAYMIE SCOTTO & ASSOCIATES LLC (JSA), Middlebrook, VA, pg. 1546

Bursack, Hannah, Acct Exec -- RBB COMMUNICATIONS, Miami, FL, pg. 1625

Burstein, Seth, Media Dir -- SWELLSHARK, New York, NY, pg. 1066

Burt, David, Head-Creative & Design -- SKF USA INC., Lansdale, PA, pg. 1226

Burtenshaw, Aran, Art Dir -- Digitas, London, United Kingdom, pg. 1251

Burton, Alice, Creative Dir -- The&Partnership London, London, United Kingdom, pg. 56

Burton, Caroline, Sr VP & Creative Dir -- HARRISON AND STAR LLC, New York, NY, pg. 469

Burton, Chris, Art Dir -- WORKS DESIGN GROUP, Pennsauken, NJ, pg. 1177

Burton, Debbie, Assoc Creative Dir -- SUDLER & HENNESSEY, Montreal, Canada, pg. 1058

Burton, Doug, Founder & Exec Creative Dir -- SALTWORKS, Salt Lake City, UT, pg. 988

Burton, Hugo, Creative Dir & Head-Creative Div -- FACTORY 360, New York, NY, pg. 357

Burton, Jeph, Assoc Creative Dir -- JOHANNES LEONARDO, New York, NY, pg. 1266

Burton, Samantha, Acct Dir -- MAXWELL PR, Portland, OR, pg. 1578

Burton, Trent, Exec Creative Dir -- McCann Calgary, Calgary, Canada, pg. 713

Burtt, Lisa, Acct Dir -- Ove Design & Communications Ltd., Toronto, Canada, pg. 904

Burwinkel, David, Creative Dir-Interactive -- Ackerman McQueen, Inc., Dallas, TX, pg. 21

Bury, Morgan, Strategist-Creative -- LUCI CREATIVE, Lincolnwood, IL, pg. 655

PERSONNEL INDEX — AGENCIES

Burzoni, Daria, Acct Dir -- M&C Saatchi Milan, Milan, Italy, pg. 660
Busby, Becky, Acct Dir -- WILLIAMS-HELDE MARKETING COMMUNICATIONS, Seattle, WA, pg. 1169
Buscemi, Frank, Pres, CEO & Creative Dir -- THE MARX GROUP, San Rafael, CA, pg. 689
Busch, Megan, Acct Exec -- RACHEL KAY PUBLIC RELATIONS, Solana Beach, CA, pg. 1624
Bush, Bobby, Acct Supvr -- YARD, New York, NY, pg. 1303
Bush, Destynee, Asst Acct Coord -- B2 COMMUNICATIONS, Saint Petersburg, FL, pg. 1436
Bush, Jessica, Media Dir -- PROOF ADVERTISING, Austin, TX, pg. 893
Bush, Lauran, Acct Exec -- Geometry Global, Akron, OH, pg. 416
Bushman, Beth, Acct Exec -- STAMP IDEA GROUP, LLC, Montgomery, AL, pg. 1042
Bushman, Fran, VP & Dir-Brdcst -- ALLSCOPE MEDIA, New York, NY, pg. 49
Bushway, Chris, Creative Dir -- GO2 ADVERTISING, Twinsburg, OH, pg. 425
Busman, Lisa, VP & Media Dir -- MEDIA BROKERS INTERNATIONAL, INC., Alpharetta, GA, pg. 1341
Busoms, Fina Sola, Head-New Bus Project & Acct Mgr -- Young & Rubicam, S.L., Madrid, Spain, pg. 1075
Buss, Greg, Acct Mgr-PR & Adv -- GARD COMMUNICATIONS, Portland, OR, pg. 409
Buss, Michael, Creative Dir & Writer -- FIREHOUSE, INC., Dallas, TX, pg. 1402
Bustillo, Helenn, Acct Exec -- PUSH, Orlando, FL, pg. 918
Bustillo-Aruca, Viviana, Acct Supvr -- ALMA, Coconut Grove, FL, pg. 49
Bustin, Jordan, Acct Supvr -- Ogilvy, Chicago, IL, pg. 1599
Bustos, Fernanda Alvarez, Supvr-Creative -- Grey Chile, Santiago, Chile, pg. 443
Buten, Norman, Dir-Creative & Copywriter -- ONEWORLD COMMUNICATIONS, INC., San Francisco, CA, pg. 840
Buth, Kevin, Partner & Creative Dir -- ZAMBEZI, Culver City, CA, pg. 1209
Butko, Jacob, Acct Dir -- SLACK AND COMPANY, Chicago, IL, pg. 1020
Butler, Alexa, Media Planner & Media Buyer -- THE BALCOM AGENCY, Fort Worth, TX, pg. 85
Butler, Anna, Media Buyer -- REED & ASSOCIATES MARKETING, Norfolk, VA, pg. 944
Butler, Carolyn Jennings, Acct Dir -- MARC USA, Pittsburgh, PA, pg. 676
Butler, Dean, Acct Dir & Dir-Media Svcs -- ELEVATOR STRATEGY, Vancouver, Canada, pg. 336
Butler, Diane, Office Mgr & Media Buyer -- ROBERTSON & MARKOWITZ ADVERTISING & PR, Savannah, GA, pg. 964
Butler, Dom, Creative Dir & Art Dir -- McCann Erickson Advertising Ltd., London, United Kingdom, pg. 711
Butler, Fritsl, Producer-Creative -- HUMANAUT, Chattanooga, TN, pg. 514
Butler, Jeff, Acct Exec-PR -- MORTON VARDEMAN & CARLSON, Gainesville, GA, pg. 761
Butler, Mike, Art Dir -- ELEVEN INC., San Francisco, CA, pg. 336
Butler, Morgan, Acct Supvr -- JENNINGS & COMPANY, Chapel Hill, NC, pg. 575
Butler, Murray, Exec Creative Dir -- J. WALTER THOMPSON ATLANTA, Atlanta, GA, pg. 564
Butler, Samantha, Media Planner & Media Buyer -- STONE WARD, Little Rock, AR, pg. 1050
Butler, Sarah, Media Planner & Media Buyer -- HAVAS MEDIA, New York, NY, pg. 1324
Butler, Shelby, Acct Exec-Social Media -- Integrate Agency, Houston, TX, pg. 1682
Butsabakorn, Chatchai, Creative Dir -- J. Walter Thompson Thailand, Bangkok, Thailand, pg. 559
Butt, Richard, Exec VP & Exec Creative Dir -- YOUNG & RUBICAM, New York, NY, pg. 1197
Butterfield, Jessica, Art Dir -- THE COMMUNICATORS GROUP, Keene, NH, pg. 223
Butters, Gareth, Creative Dir -- Leo Burnett London, London, United Kingdom, pg. 627
Butts, Amanda, Sr VP & Creative Dir -- LEO BURNETT WORLDWIDE, INC., Chicago, IL, pg. 621
Butts, Jonathan, Exec Creative Dir -- BLACKWING CREATIVE, Seattle, WA, pg. 133
Buyce, Joan, VP-New Bus & Sr Strategist -- SEYMOUR PR, Hackensack, NJ, pg. 1643
Buyer, Marion, VP-Creative Svcs -- BUYER ADVERTISING, INC., Newton, MA, pg. 178
Buyl, Menno, Art Dir -- TBWA Brussels, Brussels, Belgium, pg. 1080

Bydlak, Jessica, Acct Dir -- Epsilon, New York, NY, pg. 345
Byer, Sharon, Acct Dir-MassMutual -- JOHANNES LEONARDO, New York, NY, pg. 1266
Byers, Gregg, Creative Dir -- LEVEL MPLS, Minneapolis, MN, pg. 633
Byers, Lindsay, Acct Exec -- WILLIAMS RANDALL MARKETING, Indianapolis, IN, pg. 1169
Byers, Scott, Mng Partner-Creative -- LEHIGH MINING & NAVIGATION, Bethlehem, PA, pg. 619
Byles, Nuala, Exec VP & Exec Creative Dir -- Geometry Global, Montreal, Canada, pg. 415
Byrd, David, Creative Dir -- MRM McCann, Salt Lake City, UT, pg. 699
Byrd, Kerri Nagy, Media Dir -- PUSH, Orlando, FL, pg. 918
Byrd, Kevin, Creative Dir -- SCHIFINO LEE ADVERTISING, Tampa, FL, pg. 996
Byrne, Colin, Grp Creative Dir -- Poke, London, United Kingdom, pg. 902
Byrne, Katey, Exec VP & Media Dir -- MEDIA BROKERS INTERNATIONAL, INC., Alpharetta, GA, pg. 1341
Byrne, Mary Kate, Acct Exec -- NAIL COMMUNICATIONS, Providence, RI, pg. 783
Byrne, Philip, Pres & Creative Dir -- SOUBRIET & BYRNE, New York, NY, pg. 1029
Byrne, Tara Lee, Acct Dir & Producer -- DEAD AS WE KNOW IT, Brooklyn, NY, pg. 283
Byrnes, Jordan, Acct Dir -- WE, San Francisco, CA, pg. 1672
Bystrom, Johanna, Acct Dir-Nordic & Mng Project Mgr -- FCB Faltman & Malmen, Stockholm, Sweden, pg. 368
Bystrov, Will, Partner & Sr Creative Dir -- MUSTACHE AGENCY, Brooklyn, NY, pg. 780
Byun, Peter, Creative Dir -- PANCOM INTERNATIONAL, INC., Glendale, CA, pg. 852
Bzymek, Erin, Acct Supvr -- MWWPR, Washington, DC, pg. 1591

C

C.V., Sabu, Assoc Dir-Art & Creative -- Happy mcgarrybowen, Bengaluru, India, pg. 717
Caampued, Bianca, Co-Founder & Creative Dir -- SMALL GIRLS PR, New York, NY, pg. 1647
Caballero, David, Gen Dir-Creative -- SCPF, Barcelona, Spain, pg. 1182
Cabanillas, Carlos Tapia, Art Dir & Creative Dir -- Y&R Peru, Lima, Peru, pg. 1207
Cabatuando, Frances Lim, Copywriter-Creative Copywriting -- BBDO Guerrero, Makati, Philippines, pg. 114
Cabello, Eddy, Exec Creative Dir -- CABELLO ASSOCIATES, Indianapolis, IN, pg. 181
Cabral de Melo, Joao Batista, Dir-New Bus & Mktg -- Paim Comunicacao, Porto Alegre, Brazil, pg. 701
Cabral, Izabella, Assoc Creative Dir -- TBWA/WORLDWIDE, New York, NY, pg. 1077
Cabrera, Dino, Chief Digital Officer & Creative Dir -- Leo Burnett Manila, Makati, Philippines, pg. 631
Cabrera, Greg, Grp Dir-Creative-Client Svcs -- YESLER, Seattle, WA, pg. 1196
Cabrera, Jaime, Sr VP & Exec Creative Dir -- ADVANTAGE SPONSORSHIP AND BRAND EXPERIENCE AGENCY, Stamford, CT, pg. 34
Cabrera, Jose Luis, Acct Supvr -- Wavemaker, Mexico, Mexico, pg. 1384
Cabrera, Paco, Creative Dir -- DDB Barcelona S.A., Barcelona, Spain, pg. 280
Cabrera, Raphael, Art Dir & Sr Graphic Designer -- Gyro Chicago, Chicago, IL, pg. 458
Cacace, Alicia, Media Planner & Buyer -- O'BRIEN ET AL. ADVERTISING, Virginia Beach, VA, pg. 805
Cacaia, Maria, Dir-PR -- FCB Rio de Janeiro, Rio de Janeiro, Brazil, pg. 370
Cacali, Aaron, Grp Creative Dir -- T3, Austin, TX, pg. 1069
Cacciola, Tara, VP-Creative Svcs & Dir -- KALEIDOSCOPE, New York, NY, pg. 586
Cachon, Pablo, Creative Dir-Spain -- Ogilvy, Paris, France, pg. 814
Cadden, Zam, Creative Dir -- WHERE EAGLES DARE, Pittsburgh, PA, pg. 1160
Cadwallader, Mary Lynch, Acct Dir -- RAINIER COMMUNICATIONS, Westborough, MA, pg. 1624
Cady, Colin, Assoc Creative Dir -- THE BRANDON AGENCY, Myrtle Beach, SC, pg. 158
Cady, Daniel, Assoc Creative Dir -- Sandbox, Kansas City, MO, pg. 989
Cady, Trista, Acct Supvr -- HARVEST PUBLIC RELATIONS, Portland, OR, pg. 1527
Caesar, Rohan, Dir-Creative -- FEROCIOUS COW, New York, NY, pg. 378
Cafarelli, Mariano, Acct Dir -- Del Campo Nazca Saatchi & Saatchi, Buenos Aires, Argentina, pg. 981
Cafaro, Morgan, Acct Exec -- BLUE SKY COMMUNICATIONS, New York, NY, pg. 140
Caffelle, Matthew, Creative Dir -- GARRANDPARTNERS, Portland, ME, pg. 410
Caggiano, Jeanie, Exec VP, Head-Bus-UnitedHealthcare & Exec Creative Dir -- LEO BURNETT WORLDWIDE, INC., Chicago, IL, pg. 621
Caggiano, Laura, Owner & Acct Dir-Creative -- BLOOM, San Rafael, CA, pg. 137
Caghassi, Marina, Acct Exec-Intl -- Y&R Paris, Boulogne, France, pg. 1202
Cagliostro, Giuseppe, Media Planner -- Wavemaker, San Francisco, CA, pg. 1380
Cahill, Aaron, Assoc Creative Dir -- VI MARKETING & BRANDING, Oklahoma City, OK, pg. 1135
Cahill, Rachel, Acct Exec -- ENGELBRECHT ADVERTISING, LLC., Chico, CA, pg. 341
Cahill, Sara, Exec Dir-Creative -- STUN CREATIVE, Los Angeles, CA, pg. 1057
Cahlan, Lauren, Acct Dir -- WICKED CREATIVE, Las Vegas, NV, pg. 1683
Cai, Kyle, Assoc Creative Dir -- Leo Burnett Shanghai Advertising Co., Ltd., Shanghai, China, pg. 629
Cai, Li, Art Dir -- MCCANN CANADA, Toronto, Canada, pg. 712
Cai, Ryan, Creative Dir -- WE MARKETING GROUP, Beijing, China, pg. 1228
Caiazzo, Michelle Sprinkel, Acct Supvr -- CRAWFORD STRATEGY, Greenville, SC, pg. 239
Cain, Jon, Assoc Creative Dir & Art Dir -- LUQUIRE GEORGE ANDREWS, INC., Charlotte, NC, pg. 657
Cain, Melissa, Creative Dir -- McCann Erickson Advertising Ltd., London, United Kingdom, pg. 711
Cain, Rachel, Specialist-PR & Social -- BAILEY LAUERMAN, Omaha, NE, pg. 84
Cain, Rachel, Acct Dir -- Weber Shandwick-Atlanta, Atlanta, GA, pg. 1675
Caine, Marlee, Acct Supvr -- Wieden + Kennedy New York, New York, NY, pg. 1165
Caiozzo, Paul, Founder & Chief Creative Officer -- INTERESTING DEVELOPMENT, New York, NY, pg. 538
Caiozzo, Vinnie, Art Dir -- QUIET LIGHT COMMUNICATIONS, Rockford, IL, pg. 923
Caja, Curtis, Art Dir -- DAVID, Sao Paulo, Brazil, pg. 261
Cakir, Ugur, Mng Partner & Chief Creative Officer -- McCann Erickson WorldGroup Turkey, Istanbul, Turkey, pg. 710
Cakste, Daina, Acct Dir -- TBWA Latvija, Riga, Latvia, pg. 1083
Calabro, Robert, Grp Dir-Creative -- ARGONAUT INC., San Francisco, CA, pg. 67
Calabuig, Daniel, Exec Creative Dir -- DDB Barcelona S.A., Barcelona, Spain, pg. 280
Calafell, Ignasi Tudela, Dir-Art & Creative -- Wieden + Kennedy Amsterdam, Amsterdam, Netherlands, pg. 1164
Calamato, Marcos, Art Dir -- WHM CREATIVE, Oakland, CA, pg. 1162
Calcagno, Chris, Pres, Principal & Creative Dir -- SEVENTH POINT, Virginia Beach, VA, pg. 1004
Caldarella, Michele, Media Planner-Interactive -- PHD New York, New York, NY, pg. 1362
Calder, Glen, Dir-PR -- PINNACLE ADVERTISING & MARKETING GROUP, Boca Raton, FL, pg. 872
Calderon, Aileen, Creative Dir -- STRAWBERRYFROG, New York, NY, pg. 1054
Calderon, Christina, COO & Creative Dir -- JB CHICAGO, Chicago, IL, pg. 573
Calderon, Jamie, Creative Dir -- TOLLESON DESIGN, INC., San Francisco, CA, pg. 1108
Calderon, Lukas, Reg Creative Dir -- Leo Burnett Colombia, S.A., Bogota, Colombia, pg. 623
Calderoni, Giulia, Acct Supvr -- Ogilvy, Milan, Italy, pg. 815
Calderoni, Giulia, Acct Supvr-Ogilvy Interactive -- Ogilvy S.p.A., Milan, Italy, pg. 1600
Caldwell, Alex, Creative Dir -- BROLIK, Philadelphia, PA, pg. 1243
Caldwell, Amber, Co-Founder & Creative Dir -- ANCHOR MARKETING & DESIGN, LLC, Fort Worth, TX, pg. 55
Caldwell, Breanna Rotell, Acct Dir -- J. WALTER THOMPSON ATLANTA, Atlanta, GA, pg. 564
Caldwell, Breanna Rotell, Acct Dir -- J. Walter Thompson U.S.A., Inc., Coral Gables, FL, pg. 566
Caldwell, Christian, Chief Creative Officer-Lima & VP -- McCann

1709

AGENCIES — PERSONNEL INDEX

Erickson (Peru) Publicidad S.A., Lima, Peru, pg. 707
Caldwell, Danielle, Acct Supvr -- CRIER COMMUNICATIONS, Beverly Hills, CA, pg. 247
Caldwell, Halie, Strategist-PR -- THE CIRLOT AGENCY, INC., Jackson, MS, pg. 209
Caldwell, Malcolm, Creative Dir -- Leo Burnett Sydney, Sydney, Australia, pg. 628
Caldwell, Phillip, Acct Coord -- SOKAL MEDIA GROUP, Raleigh, NC, pg. 1027
Caldwell, Tiffany, Media Buyer-Digital -- THE SUMMIT GROUP, Salt Lake City, UT, pg. 1060
Caliente, Rachel, VP & Acct Dir -- The Marketing Arm, New York, NY, pg. 682
Calio, Lulo, Exec Creative Dir -- FCB&FiRe Argentina, Buenos Aires, Argentina, pg. 370
Callahan, Edward, Co-founder & Strategist-Creative -- PLANIT, Baltimore, MD, pg. 877
Callahan, Jennifer, VP & Media Dir -- PGR MEDIA, LLC., Boston, MA, pg. 867
Calland, Grace, Acct Supvr -- PIPITONE GROUP, Pittsburgh, PA, pg. 873
Callander, Kate, Acct Dir -- BARTON F. GRAF, New York, NY, pg. 94
Callaway, Caroline, Pres-PR -- BOLT ENTERPRISES, Dallas, TX, pg. 1454
Calle Gomez, Daniel Felipe, Gen Dir-Creative -- DDB Worldwide Colombia S.A., Bogota, Colombia, pg. 272
Calle, Ivan, Exec Creative Dir -- ZUBI ADVERTISING SERVICES, INC., Coral Gables, FL, pg. 1215
Calleja, Jorge, Exec Creative Dir -- Deutsch LA, Los Angeles, CA, pg. 294
Callow, Dana, Exec Creative Dir -- SCOUT MARKETING, Atlanta, GA, pg. 998
Calloway, Craig, Acct Supvr -- THE STARR CONSPIRACY, Fort Worth, TX, pg. 1044
Calman, Kristy, Specialist-Media & Supvr-Brdcst -- DOE-ANDERSON, Louisville, KY, pg. 312
Calnan, Jules, Head-Print Production -- Ogilvy New Zealand, Auckland, New Zealand, pg. 826
Caloca, Melissa, Designer-Creative -- MOMENTUM MARKETING, Charleston, SC, pg. 754
Calogera, Danielle, Acct Dir -- 360I, New York, NY, pg. 6
Calva, Alberto, Creative Dir -- ALMA, Coconut Grove, FL, pg. 49
Calvachi, Andres, Acct Supvr -- CASANOVA PENDRILL, Costa Mesa, CA, pg. 192
Calvanese, Alessia, Sr Acct Exec-PR -- Hill & Knowlton Gaia, Rome, Italy, pg. 1533
Calvert, Adam, VP & Creative Dir -- MULLENLOWE GROUP, Boston, MA, pg. 770
Calvert, Courtney, Acct Dir -- MullenLowe, San Francisco, CA, pg. 772
Calvert, Courtney, Acct Dir -- MULLENLOWE GROUP, Boston, MA, pg. 770
Calvert, Paige, Dir-PR & Corp Comm -- DDB VANCOUVER, Vancouver, Canada, pg. 267
Calvillo, Emily, Creative Dir -- TWEYEN INC, Arlington Heights, IL, pg. 1123
Calvo, Jorge, Copywriter-Creative -- Y&R Miami, Miami, FL, pg. 1205
Calvo, Juan, Creative Dir -- Wunderman, Buenos Aires, Argentina, pg. 1189
Camacho, Carlos, Exec Creative Dir -- J. Walter Thompson, Quarry Bay, China (Hong Kong), pg. 555
Camacho, Carlos Enrique Vargas, Dir-PR-Latin America -- ANDER&CO, Miami, FL, pg. 1432
Camacho, Dina, Acct Exec -- TBWA Lisbon, Lisbon, Portugal, pg. 1084
Camacho, Eduardo, Art Dir -- HAVAS WORLDWIDE, New York, NY, pg. 475
Camacho, Eduardo, Art Dir -- Havas Worldwide New York, New York, NY, pg. 476
Camacho, Enrique, Sr VP & Creative Dir -- MULLENLOWE GROUP, Boston, MA, pg. 770
Camacho, Iwalani, Media Dir -- BRUNET-GARCIA ADVERTISING, INC., Jacksonville, FL, pg. 169
Camacho, Joao, Exec Creative Dir -- TONIC, Dubai, United Arab Emirates, pg. 1109
Camara, Leandro, Creative Dir & Art Dir -- Almap BBDO, Sao Paulo, Brazil, pg. 101
Camara, Michael, Creative Dir -- SapientRazorfish San Francisco, San Francisco, CA, pg. 1288
Camarati, Scott, Dir-Creative -- MARKETING DIRECTIONS, INC., Cleveland, OH, pg. 683
Camarda, Sal, Media Buyer -- Havas Edge, Carlsbad, CA, pg. 476

Camarena, Alejandro Gama, Head-Creative -- Publicis Arredondo de Haro, Mexico, Mexico, pg. 907
Camargos, Guilherme, Creative Dir -- Ogilvy (Singapore) Pvt. Ltd., Singapore, Singapore, pg. 827
Camarota, Phil, Creative Dir -- TracyLocke, Wilton, CT, pg. 1113
Camberos, Francisco, Creative Dir-Emerging Media -- TVGLA, Los Angeles, CA, pg. 1123
Cambiano, Lucas, Exec Creative Dir -- Saatchi & Saatchi, Madrid, Spain, pg. 979
Cambo, Daniel, Dir-Client Creative -- DDB S.r.L. Advertising, Milan, Italy, pg. 276
Cambridge, Hannah, Acct Dir -- Fleishman-Hillard Fishburn, London, United Kingdom, pg. 1509
Camelo, Alejandro, Creative Dir -- FCB&FiRe Colombia, Bogota, Colombia, pg. 371
Cameron, Danielle, Assoc Creative Dir -- BADER RUTTER & ASSOCIATES, INC., Milwaukee, WI, pg. 83
Cameron, Kaitlyn, Media Planner -- DWA, a Merkle Company, Austin, TX, pg. 1319
Cameron, Karley, Sr Producer-Brdcst -- Cummins&Partners, Saint Kilda, Australia, pg. 253
Cammareri, Paola, Acct Supvr -- FCB West, San Francisco, CA, pg. 365
Camozzi, Jake, Exec Creative Dir -- VITRO, San Diego, CA, pg. 1141
Camozzi, Victor, Exec Creative Dir -- VITRO, San Diego, CA, pg. 1141
Camp, Jeanie, Media Dir -- MILLER-REID, INC., Chattanooga, TN, pg. 742
Camp, Roger, Partner & Chief Creative Officer -- CAMP + KING, San Francisco, CA, pg. 185
Campagnoli, Julie, Dir-PR -- JAM COLLECTIVE, San Francisco, CA, pg. 1545
Campana, Diego, Art Dir -- Havas Worldwide Milan, Milan, Italy, pg. 481
Campau, Lindsay, Acct Dir -- Digital Kitchen, Seattle, WA, pg. 301
Campbell, Adam, Art Dir -- BLAKESLEE ADVERTISING, Baltimore, MD, pg. 133
Campbell, Alesia, Acct Exec -- YECK BROTHERS COMPANY, Dayton, OH, pg. 1195
Campbell, Brad, Creative Dir -- MARKET CONNECTIONS, Asheville, NC, pg. 681
Campbell, Cher, Creative Dir -- JOHN ST., Toronto, Canada, pg. 579
Campbell, Chris, Exec Creative Dir -- INTERBRAND CORPORATION, New York, NY, pg. 537
Campbell, Diane, Assoc Dir-Creative -- McCann Detroit, Birmingham, MI, pg. 699
Campbell, Duncan, Art Dir -- jotabequ Advertising, San Jose, Costa Rica, pg. 1348
Campbell, Duncan, Art Dir -- jotabequ Advertising, San Jose, Costa Rica, pg. 444
Campbell, Georgia, Acct Dir -- LIDA, London, United Kingdom, pg. 659
Campbell, Gina, Mgr-Bus Dev & Traffic -- KOCH COMMUNICATIONS, Oklahoma City, OK, pg. 1559
Campbell, Jay, Acct Exec-Natl -- ALCHEMY MEDIA HOLDINGS, LLC, Los Angeles, CA, pg. 44
Campbell, Jeffrey, Assoc Creative Dir -- Ketchum, Chicago, IL, pg. 1556
Campbell, Justin, Grp Creative Dir -- MODERN CLIMATE, MinneaPOlis, MN, pg. 753
Campbell, Kira, Acct Dir -- BOB'S YOUR UNCLE, Toronto, Canada, pg. 143
Campbell, Megan, Acct Dir-Internet Mktg -- VINCODO, Langhorne, PA, pg. 1138
Campbell, Milo, Creative Dir & Copywriter -- Abbott Mead Vickers BBDO, London, United Kingdom, pg. 109
Campbell, Rachel, Art Dir -- ONEMAGNIFY, Detroit, MI, pg. 840
Campbell, Ray, Creative Dir -- SUPEROXYGEN, INC., Los Angeles, CA, pg. 1062
Campbell, Shannon, Acct Supvr -- Pierpont Communications, Inc., Austin, TX, pg. 1608
Campbell, Tom, Creative Dir -- THIEL DESIGN LLC, Milwaukee, WI, pg. 1098
Campbell, Tommy, Sr VP & Sr Creative Dir -- BROTHERS & CO., Tulsa, OK, pg. 167
Campbell, Tyler, Creative Dir -- Young & Rubicam Midwest, Chicago, IL, pg. 1199
Campbell, William, Creative Dir -- Pereira & O'Dell, New York, NY, pg. 863
Campese, Jeff, Partner & Creative Dir -- RED ROCKET STUDIOS, Orlando, FL, pg. 941
Campins, Joaquin, Gen Dir-Creative -- BBDO Argentina, Buenos Aires, Argentina, pg. 101

Campisi, Giuseppe, Art Dir -- Leo Burnett Co. S.r.l., Turin, Italy, pg. 625
Campisto, Jaime Diaz, Creative Dir -- Prolam Y&R S.A., Santiago, Chile, pg. 1206
Campopiano, Javier, Partner & Chief Creative Officer -- FCB Mexico City, Mexico, Mexico, pg. 372
Campos, Dario, Assoc Creative Dir -- DIESTE, Dallas, TX, pg. 299
Campos, Diego, Art Dir -- Garnier BBDO, San Jose, Costa Rica, pg. 102
Campos, Julio, Founder & Exec Creative Dir -- CAMPOS CREATIVE WORKS, Santa Monica, CA, pg. 186
Campos, Kailey, Media Planner -- WongDoody, Culver City, CA, pg. 1175
Campos, Marcos Siqueira, Dir-Creative Art -- Y&R Praha, s.r.o., Prague, Czech Republic, pg. 1205
Camus, Kat, Acct Dir -- Young & Rubicam Philippines, Manila, Philippines, pg. 1201
Canada, Emily, Acct Exec-PR -- The Sells Agency, Inc., Fayetteville, AR, pg. 1002
Canada, Vickie, Creative Dir-Brand -- SFW AGENCY, Winston Salem, NC, pg. 1004
Canady, Lisa, Media Planner -- DVA ADVERTISING, Bend, OR, pg. 326
Canales, Robert, Writer-Creative -- DDB Chile, Santiago, Chile, pg. 271
Canavan, Kelly, Acct Dir -- MADE MOVEMENT LLC, Boulder, CO, pg. 669
Canavan, Mark, Exec VP & Exec Creative Dir -- McCann Detroit, Birmingham, MI, pg. 699
Cancelmo, Chrissy, Media Dir -- BTC MARKETING, Wayne, PA, pg. 171
Canchola, Serafin, Creative Dir -- FUSEBOXWEST, Los Angeles, CA, pg. 404
Cancilla, Chris, Chief Creative Officer -- Arc Worldwide, North America, Chicago, IL, pg. 1397
Canciobello, Alejandro, Reg Creative Dir -- Leo Burnett, Singapore, Singapore, pg. 631
Candanedo, Idy, Acct Dir -- LOPITO, ILEANA & HOWIE, INC., Guaynabo, PR, pg. 652
Candee, Paige, Pres-PR -- 10E MEDIA, Las Vegas, NV, pg. 1
Candido, Jeff, Sr VP & Creative Dir -- Leo Burnett USA, Chicago, IL, pg. 622
Candiotti, Fred, Partner & Creative Dir -- CGT MARKETING LLC, Amityville, NY, pg. 201
Candis, Will, Media Dir -- VINE COMMUNICATIONS INC, Coral Gables, FL, pg. 1138
Candito, Alessandro, Creative Dir -- M&C Saatchi Milan, Milan, Italy, pg. 660
Candler, Brandon, Mgr-Creative Team -- INFINITY MARKETING, Greenville, SC, pg. 531
Canete, Matias Visciglia, Creative Dir & Art Dir -- McCann Erickson S.A., Madrid, Spain, pg. 709
Cani, Luciana, Sr VP & Exec Creative Dir -- Lapiz, Chicago, IL, pg. 622
Canjura, Rodrigo, Gen Creative Dir -- Publicidad Comercial, La Libertad, El Salvador, pg. 543
Canniff, Marty, Sr VP & Exec Creative Dir -- INTOUCH SOLUTIONS, Overland Park, KS, pg. 544
Canning, Kasia Haupt, Creative Dir -- BARTON F. GRAF, New York, NY, pg. 94
Cannon, Alison, Creative Dir -- WUNDERMAN, New York, NY, pg. 1188
Cannon, Christopher, Creative Dir -- THE TERRI & SANDY SOLUTION, New York, NY, pg. 1097
Cannon, Dave, Sr VP-Digital Svcs & Creative Tech -- MOVEO, Chicago, IL, pg. 764
Cannon, Sam, Partner-Strategy & Creative -- MOLIO, INC., Bluffdale, UT, pg. 754
Cannucciari, John-Paul, Assoc Creative Dir -- YOUNG & RUBICAM, New York, NY, pg. 1197
Cano Garcia, Roger, Creative Dir-Barcelona -- TBWA Espana, Barcelona, Spain, pg. 1085
Cano, Adrian, Creative Dir -- PM PUBLICIDAD, Atlanta, GA, pg. 878
Cano, Albert, Grp Creative Dir -- PUBLICIS HAWKEYE, Dallas, TX, pg. 1282
Cano, Jaime, Art Dir -- Prolam Y&R S.A., Santiago, Chile, pg. 1206
Cano, Jill, Media Buyer -- MARC USA CHICAGO, Chicago, IL, pg. 677
Cano, Julio, Art Dir & Mgr-Studio -- WESTON MASON MARKETING, Santa Monica, CA, pg. 1159
Cantalejo, Rodrigo, Dir-Creative & Art -- LEO BURNETT

PERSONNEL INDEX — AGENCIES

BUSINESS, New York, NY, pg. 620
Cantelon, Dan, Art Dir -- TAXI, Toronto, Canada, pg. 1075
Cantero, Jorge, Creative Dir -- TVGLA, Los Angeles, CA, pg. 1123
Cantilo, Joy, VP & Media Dir -- MEDIA BROKERS INTERNATIONAL, INC., Alpharetta, GA, pg. 1341
Canzano, Matt, Exec VP & Deputy Chief Creative Officer -- Commonwealth, Detroit, MI, pg. 698
Caouette, Heather, Dir-Mktg & PR -- AMENDOLA COMMUNICATIONS, Scottsdale, AZ, pg. 51
Capanear, Joe, Sr VP & Creative Dir -- AREA 23, New York, NY, pg. 67
Capanescu, Razvan, Chief Creative Officer -- McCann Erickson Prague, Prague, Czech Republic, pg. 702
Capasso, Michelle, Media Dir -- CONNELLY PARTNERS, Boston, MA, pg. 227
Capel, Fiona, Acct Dir-Mktg -- Havas People Birmingham, Birmingham, United Kingdom, pg. 483
Capitelli, Lori-Ann, Sr VP & Media Dir -- ALLSCOPE MEDIA, New York, NY, pg. 49
Caplan, Judy, Media Dir -- BARKER & CHRISTOL ADVERTISING, Murfreesboro, TN, pg. 90
Caplan, Mel, Acct Dir -- McCann Erickson Advertising Ltd., London, United Kingdom, pg. 711
Caplan, Mel, Acct Dir -- McCann Erickson Worldwide, London, United Kingdom, pg. 712
Capone, Dominic, Acct Exec -- GIOVATTO ADVERTISING & CONSULTING INC., Paramus, NJ, pg. 420
Caporimo, James, Exec Creative Dir -- Y&R New York, New York, NY, pg. 1198
Cappi, Graham, Creative Dir -- Adam & EveDDB, London, United Kingdom, pg. 281
Cappiello, Giuliana, Media Buyer -- MINDSHARE, New York, NY, pg. 1351
Capps, Brooke, Strategist-Content & Creative -- SWELLSHARK, New York, NY, pg. 1066
Capretti, Luca, Art Dir-Digital -- M&C Saatchi Milan, Milan, Italy, pg. 660
Capron, Marlene Cimicato, VP-PR & Design -- KARLA OTTO, New York, NY, pg. 1551
Caputo, Dan, Acct Dir-Birmingham -- McCann Erickson Worldwide, London, United Kingdom, pg. 712
Caputo, Gerard, Chief Creative Officer -- BBH NEW YORK, New York, NY, pg. 115
Caputo, Marika, Acct Dir-Consumer Mktg Practice -- Weber Shandwick, Milan, Italy, pg. 1678
Caputo, Nancy, Acct Dir-Media -- NAS RECRUITMENT INNOVATION, Cleveland, OH, pg. 784
Caputo, Steve, Exec Creative Dir -- CORNERSTONE AGENCY, INC., New York, NY, pg. 1476
Capuzzi, Silvia, Mgr-PR-TBWA & Italia Grp -- TBWA Roma, Rome, Italy, pg. 1083
Caragliano, Kristin, Media Planner -- Blue 449, Indianapolis, IN, pg. 1311
Caraker, Dave, Creative Dir -- IRON CREATIVE COMMUNICATION, San Francisco, CA, pg. 548
Carallo, Monica, Dir-Clients Creative -- D'Adda, Lorenzini, Vigorelli, BBDO, Milan, Italy, pg. 106
Carasa, Victoria, Media Planner -- LATINWORKS MARKETING, INC., Austin, TX, pg. 612
Caraway, Pam, Acct Supvr-PR -- RHEA + KAISER, Naperville, IL, pg. 954
Carbajal, Brenda, Acct Supvr -- LOVE ADVERTISING INC., Houston, TX, pg. 652
Carbajal, Mario, Creative Dir -- McCann Erickson Mexico, Mexico, Mexico, pg. 706
Carballo, Joe, Media Buyer -- Havas Edge, Carlsbad, CA, pg. 476
Carbo, Anne-Sophie, Dir-New Bus-McCann Worldgroup -- McCann Erickson Paris, Clichy, France, pg. 703
Carbone, Noah, Art Dir -- SQ1, Portland, OR, pg. 1037
Carbonella, Suzanne, Acct Supvr -- CRONIN, Glastonbury, CT, pg. 248
Cardenas, Sergio, Art Dir -- TBD, San Francisco, CA, pg. 1076
Cardillo, Charlie, Pres & Creative Dir -- UNDERGROUND ADVERTISING, San Francisco, CA, pg. 1126
Cardona, Karyn, Media Dir -- CK ADVERTISING, Cape Coral, FL, pg. 210
Cardone Velasco, Jose Pablo, Copywriter-Creative -- BBDO Chile, Santiago, Chile, pg. 102
Cardoso, Claudia, Acct Dir -- The Jeffrey Group Brazil, Sao Paulo, Brazil, pg. 1547
Cardoso, Douglas, Art Dir -- Leo Burnett Publicidade, Ltda., Lisbon, Portugal, pg. 626
Cardovillis, Christos, Acct Dir -- McCann Erickson Advertising Ltd., London, United Kingdom, pg. 711

Cardwell, Michael, Founder & Creative Dir -- DIGITAL BREW, Orlando, FL, pg. 300
Careaga, Janet, Acct Supvr -- BODEN AGENCY, Miami, FL, pg. 1453
Careless, Jonathan, Creative Dir -- Cossette B2B, Toronto, Canada, pg. 233
Carethers, Jarek, Exec Creative Dir -- WPP US, New York, NY, pg. 1183
Carew, Justin, Creative Dir -- Mccann, Sydney, Australia, pg. 700
Carey, Ben, Creative Dir -- Anomaly, London, United Kingdom, pg. 59
Carey, Ben, Creative Dir -- Anomaly, London, United Kingdom, pg. 721
Carey, Bruce, Creative Dir -- J. WALTER THOMPSON INSIDE, Los Angeles, CA, pg. 565
Carey, Rick, VP & Creative Dir -- HART, Columbus, OH, pg. 469
Carey, Shannon, Assoc Creative Dir -- GRIFFIN & ASSOCIATES, Albuquerque, NM, pg. 449
Carey, Steffany, Grp Creative Dir -- THE BARBARIAN GROUP, New York, NY, pg. 88
Carey, Tom, Creative Dir -- Landor Associates, North Sydney, Australia, pg. 1199
Carfi, Alyssa, Acct Supvr -- HAVAS PR, New York, NY, pg. 1528
Carfi, Alyssa, Sr Assoc-PR -- INTERBRAND, Cincinnati, OH, pg. 537
Cargal, Chuck, Pres-Style Adv, Mktg & PR -- STYLE ADVERTISING, Birmingham, AL, pg. 1057
Cargle, Casey, Acct Coord -- ROUNTREE GROUP COMMUNICATIONS MANAGEMENT, Alpharetta, GA, pg. 1635
Caridi, Christine, Acct Dir-IBM -- OGILVY, New York, NY, pg. 809
Carl, Christian, Exec Creative Dir-Global -- YOUNG & RUBICAM, New York, NY, pg. 1197
Carlberg, Chuck, Principal-Brand Creative -- RICHARDS/CARLBERG, Houston, TX, pg. 956
Carlberg, Gayl, Co-Principal & Creative Dir -- RICHARDS/CARLBERG, Houston, TX, pg. 956
Carless, Henry, Acct Dir -- mcgarrybowen, London, United Kingdom, pg. 717
Carley, Brian, Mng Partner & Chief Creative Officer -- ROKKAN, New York, NY, pg. 966
Carlos, Juan, Chief Creative Officer -- Badillo Nazca Saatchi & Saatchi, Guaynabo, PR, pg. 982
Carlotti, Nicolas, Acct Dir -- CLM BBDO, Boulogne-Billancourt, France, pg. 104
Carlson, Bill, Grp Creative Dir -- ROKKAN, New York, NY, pg. 966
Carlson, Brigit, Acct Supvr -- Grayling, San Francisco, CA, pg. 1524
Carlson, Scott, Co-Founder & Chief Creative Officer -- VAN'S GENERAL STORE, New York, NY, pg. 1131
Carlson, Tina, Exec VP & Creative Dir -- MORTON VARDEMAN & CARLSON, Gainesville, GA, pg. 761
Carlson, Valerie, Exec Creative Dir -- Possible Los Angeles, Playa Vista, CA, pg. 1281
Carlsson, Patric, Acct Dir -- Initiative Universal Stockholm, Stockholm, Sweden, pg. 1333
Carlton, Jim, Chief Creative Officer -- Geometry Global, Akron, OH, pg. 416
Carlton, Jim, Chief Creative Officer -- Geometry Global, Chicago, IL, pg. 415
Carlton, Jim, Chief Creative Officer -- GEOMETRY GLOBAL NORTH AMERICA HQ, New York, NY, pg. 415
Carlton, Rory, Owner & Creative Dir -- ARKETI GROUP, Atlanta, GA, pg. 68
Carlton, Scott, VP & Assoc Creative Dir-Digital & 360 -- SAATCHI & SAATCHI WELLNESS, New York, NY, pg. 985
Carluen, Alec, Art Dir -- SID LEE, Toronto, Canada, pg. 1010
Carmi, Elio, Creative Dir -- Carmi & Ubertis Design S.R.L., Casale Monferrato, Italy, pg. 899
Carmichael, Kent, Assoc Creative Dir -- LEO BURNETT WORLDWIDE, INC., Chicago, IL, pg. 621
Carmona, Jessica, Media Dir -- NORBELLA INC., Boston, MA, pg. 1354
Carmona, Raisa Collazo, Acct Exec -- FCB West, San Francisco, CA, pg. 365
Carncross, Ashley, Coord-Creative -- STREAM COMPANIES, Malvern, PA, pg. 1054
Carnevale, Noelle, Acct Supvr -- MARINA MAHER COMMUNICATIONS, New York, NY, pg. 1576
Carney, Jennifer, Creative Dir -- DIRECT ASSOCIATES, Natick, MA, pg. 303
Carney, Kelsey, Assoc Creative Dir -- CUKER, Solana Beach, CA, pg. 252
Carney, Mia, Acct Supvr -- MBT MARKETING, Portland, OR, pg. 696

Caro, Jennifer, Acct Exec -- LARGEMOUTH COMMUNICATIONS, INC., Durham, NC, pg. 1563
Carolan, Onagh, Head-Brdcst -- TBWA\Dublin, Dublin, Ireland, pg. 1083
Carolini, Gino, Creative Dir -- CODE AND THEORY, New York, NY, pg. 217
Carollo, Kathy, Acct Dir -- DRIVEN SOLUTIONS INC., Pleasant Rdg, MI, pg. 321
Caron, Gael, Art Dir -- J. Walter Thompson France, Neuilly-sur-Seine, France, pg. 559
Carosello, Meg, Head-PR & Social Media & Sr Acct Mgr -- CAPTIVA MARKETING, LLC., Saint Louis, MO, pg. 188
Carp, Charlene, Acct Exec -- FOUNDRY, Reno, NV, pg. 394
Carpender, Valerie, Art Dir -- THE STABLE, Minneapolis, MN, pg. 1041
Carpenter, Charles, Creative Dir -- WIGWAM CREATIVE, Denver, CO, pg. 1166
Carpenter, Jan, Principal & Dir-Creative -- CORKTREE CREATIVE, Edwardsville, IL, pg. 1476
Carpenter, Kristen, Acct Supvr-Penn Natl Gaming -- MARKETING PERFORMANCE GROUP, Boca Raton, FL, pg. 1340
Carpenter, Mark, Partner & Exec VP-Creative Strategy & Production Svcs -- SKAR ADVERTISING, Omaha, NE, pg. 1018
Carpenter, Michelle, Media Dir -- HAVAS MEDIA, New York, NY, pg. 1324
Carpenter, Timothy K., Acct Supvr -- GREY GROUP, New York, NY, pg. 438
Carr, Candace, Creative Dir -- AXIOM MARKETING COMMUNICATIONS, Bloomington, MN, pg. 80
Carr, James, Art Dir -- BBDO Dublin, Dublin, Ireland, pg. 105
Carr, James, Acct Supvr -- DAC GROUP, Louisville, KY, pg. 257
Carr, Jeremy, Partner-Creative -- Havas Worldwide London, London, United Kingdom, pg. 483
Carr, Lucy, Media Planner-Integrated -- MERKLEY+PARTNERS, New York, NY, pg. 733
Carr, Sara, Art Dir -- BARTON F. GRAF, New York, NY, pg. 94
Carrasco, Brenda, Acct Dir -- Publicis Arredondo de Haro, Mexico, Mexico, pg. 907
Carrasco, Ivan, VP-Creative Svcs -- Ogilvy, Mexico, Mexico, pg. 821
Carrasco, Rebecca, Head-Creative-The Publicis Neighbourhood -- Publicis Australia, Sydney, Australia, pg. 907
Carraway, Chris, Art Dir & Creative Dir -- Ogilvy, Chicago, IL, pg. 811
Carreno, Cesar Agost, CEO & Chief Creative Officer-Mexico & Miami -- Ogilvy, Mexico, Mexico, pg. 821
Carriere, Helene, Art Dir -- ANDERSON DDB HEALTH & LIFESTYLE, Toronto, Canada, pg. 57
Carrillo Fabra, Juan Antonio, Creative Dir -- DDB Barcelona S.A., Barcelona, Spain, pg. 280
Carrillo Fabra, Juan Antonio, Creative Dir -- DDB Madrid, S.A., Madrid, Spain, pg. 280
Carrillo, Rafael Huicochea, Creative Dir -- VML Mexico, Mexico, Mexico, pg. 1144
Carrillo-Harry, Joni, Media Planner & Buyer-Integrated -- RICHTER7, Salt Lake City, UT, pg. 957
Carrington, Jessica, Acct Dir -- Havas People Birmingham, Birmingham, United Kingdom, pg. 483
Carrion, Ligia, Media Planner -- Havas Media, Miami, FL, pg. 1327
Carroll, Chitra, Art Dir -- JOHN APPLEYARD AGENCY, INC., Pensacola, FL, pg. 578
Carroll, Eoin, Acct Exec -- Kinetic, Chicago, IL, pg. 1338
Carroll, Jennifer, Acct Dir -- CURATOR, Seattle, WA, pg. 1479
Carroll, Jon, Creative Dir -- INSIGHT MARKETING DESIGN, Sioux Falls, SD, pg. 535
Carroll, Julie, Acct Supvr -- ADAM&EVEDDB, New York, NY, pg. 25
Carroll, Morgan, Exec Chm-Creative, Exec VP & Mng Dir-Chicago -- DIGITAS, Boston, MA, pg. 1250
Carroll, Morgan, Exec Chm-Creative, Exec VP & Mng Dir-Chicago -- Digitas, Chicago, IL, pg. 1252
Carroll, Philip, Dir-Creative Svcs -- re:fuel, Monmouth Jct, NJ, pg. 945
Carroll, Philip, Dir-Creative Svcs -- RE:FUEL, New York, NY, pg. 944
Carroll, Ryan, Sr VP & Grp Creative Dir -- GSD&M Chicago, Chicago, IL, pg. 454
Carroll, Shane, Acct Dir -- IN MARKETING SERVICES, Norwalk, CT, pg. 529
Carrozza, Sheryl, Acct Dir-Media -- HAVAS MEDIA, New York, NY, pg. 1324
Carrus, Jeremy A., Creative Dir -- CREATIVE PRODUCERS GROUP, Saint Louis, MO, pg. 245
Carson, Carly, Acct Supvr -- PMG WORLDWIDE, LLC, Fort Worth,

1711

AGENCIES — PERSONNEL INDEX

TX, pg. 878

Carson, Greg, Partner & Chief Creative Officer -- MeringCarson, San Diego, CA, pg. 731

Cartelli-Burrow, Amanda, Creative Dir -- FRED AGENCY, Atlanta, GA, pg. 396

Carter, Anita, Mgr-Creative Svcs -- BURDETTE KETCHUM, Jacksonville, FL, pg. 173

Carter, Don, Creative Dir -- ADAMS & KNIGHT, INC., Avon, CT, pg. 25

Carter, Elliot, Acct Exec -- KGLOBAL, Washington, DC, pg. 594

Carter, James, Creative Dir -- Clemenger BBDO Melbourne, Melbourne, Australia, pg. 111

Carter, Jessica, Acct Dir -- DRAKE COOPER INC., Boise, ID, pg. 319

Carter, Leanne, Acct Supvr -- KENNA, Mississauga, Canada, pg. 592

Carter, Marilyn, Dir-Creative Svcs -- SHERRY MATTHEWS ADVOCACY MARKETING, Austin, TX, pg. 1007

Cartmell, Sam, Deputy Exec Creative Dir -- Ogilvy, Ltd., London, United Kingdom, pg. 818

Carus, Chris, Art Dir -- Bookmark Content, London, United Kingdom, pg. 1186

Caruso, Brian, Assoc Creative Dir -- ADAM&EVEDDB, New York, NY, pg. 25

Caruso, Ellyn, Founder, Principal & Creative Dir -- CARUSOPR, Chicago, IL, pg. 1463

Caruso, Jessie, Creative Dir -- YESLER, Seattle, WA, pg. 1196

Caruso, John, Partner & Chief Creative Officer -- MAGNANI CARUSO DUTTON, New York, NY, pg. 670

Caruso, Joseph, Creative Dir -- DORN MARKETING, Geneva, IL, pg. 317

Carvajal, Amy, Exec Creative Dir -- J. WALTER THOMPSON, New York, NY, pg. 553

Carvajal, Amy, Exec Creative Dir -- J. WALTER THOMPSON U.S.A., INC., New York, NY, pg. 566

Carvajal, Camilo, Gen Dir-Creative-Publics Colombia -- Publicis-CB, Bogota, Colombia, pg. 906

Carvajal, Cristian Gomez, Dir-Acct & New Bus -- BBDO Chile, Santiago, Chile, pg. 102

Carvalhaes, Bruno Bicalho, Art Dir -- TBWA Paris, Boulogne-Billancourt, France, pg. 1081

Carvalheiro, Hugo, Art Dir -- BBDO Portugal, Lisbon, Portugal, pg. 107

Carvalho, Julianna, Acct Exec -- F/Nazca Saatchi & Saatchi, Sao Paulo, Brazil, pg. 981

Carver, Andrea, Acct Supvr -- LUCKIE & COMPANY, Birmingham, AL, pg. 655

Carver, Joanna, Exec Creative Dir -- GREY GROUP, New York, NY, pg. 438

Carver, Joanna, Exec Creative Dir -- GREY NEW YORK, New York, NY, pg. 438

Casabella, Amanda, Assoc Creative Dir -- ARCHER MALMO, Memphis, TN, pg. 65

Casaceli, Lauren, Acct Supvr -- ALLEN & GERRITSEN, Boston, MA, pg. 45

Casadevall, Luis, Copywriter-Creative -- Havas Worldwide Southern Spain, Madrid, Spain, pg. 481

Casado, Lorena, Creative Dir -- PARADIGM ASSOCIATES, San Juan, PR, pg. 1606

Casales, Nancy, Sr Acct Exec-PR -- THE SAN JOSE GROUP, Winnetka, IL, pg. 989

Casali, Eloi, Media Planner -- Abbott Mead Vickers BBDO, London, United Kingdom, pg. 109

Casanova, Casey, Acct Dir -- BORDERS PERRIN NORRANDER INC, Portland, OR, pg. 147

Casao, Lucas, Creative Dir -- ARNOLD WORLDWIDE, Boston, MA, pg. 69

Casaretti, Diane, Acct Exec -- MICHAEL J. LONDON & ASSOCIATES, Trumbull, CT, pg. 1583

Casarreal, Oscar, Creative Dir -- Teran TBWA, Mexico, Mexico, pg. 1092

Casassus, Eduardo, Art Dir -- Grey Chile, Santiago, Chile, pg. 443

Cascarina, Jason, Deputy Exec Creative Dir -- Proximity Worldwide & London, London, United Kingdom, pg. 111

Case, Bob, Chief Creative Officer -- THE LAVIDGE COMPANY, Phoenix, AZ, pg. 616

Case, Daniel, Exec Creative Dir -- AUXILIARY ADVERTISING & DESIGN, Grand Rapids, MI, pg. 79

Case, Pete, Chief Creative Officer & Creative Dir -- Ogilvy Johannesburg (Pty.) Ltd., Johannesburg, South Africa, pg. 829

Casebolt, Sarah, VP-New Bus -- HAVAS WORLDWIDE, New York, NY, pg. 475

Casella, Katie, Acct Exec -- BOONEOAKLEY, Charlotte, NC, pg. 147

Caselnova, Lisa, Dir-Creative Svcs -- DIMASSIMO GOLDSTEIN, New York, NY, pg. 302

Casera, Frank, Creative Dir -- BRYAN MILLS LTD., Toronto, Canada, pg. 170

Caserio, Maria, Sr Strategist-Creative -- ID PUBLIC RELATIONS, Los Angeles, CA, pg. 1539

Caserta, Joseph, Pres & Chief Creative Officer -- DSC (DILEONARDO SIANO CASERTA) ADVERTISING, Philadelphia, PA, pg. 323

Casey, Amy, Acct Exec -- THE MARKETING ARM, Dallas, TX, pg. 682

Casey, Clair, Acct Supvr -- HAVAS FORMULA, El Segundo, CA, pg. 1527

Casey, Steve, Exec Creative Dir -- MARTIN WILLIAMS ADVERTISING INC., Minneapolis, MN, pg. 688

Casey, Susan, Media Dir -- DEVANEY & ASSOCIATES, Owings Mills, MD, pg. 295

Cash, Jada, Assoc Creative Dir-Integrated Strategy -- LOSASSO INTEGRATED MARKETING, Chicago, IL, pg. 652

Cash, Jennifer, Coord-PR -- DRS & ASSOCIATES, Studio City, CA, pg. 322

Cashman, Gearoid, Acct Exec -- Weber Shandwick, Manchester, United Kingdom, pg. 1680

Caspari, Matt, Partner & Creative Dir -- CASPARI MCCORMICK, Wilmington, DE, pg. 193

Casper, Eliza, Acct Supvr-PR -- PERISCOPE, Minneapolis, MN, pg. 864

Cass, Ted, Art Dir-Creative Svcs Dept -- DVL SEIGENTHALER, Nashville, TN, pg. 1489

Cassaro, Gina, Art Dir -- VML, Inc., Atlanta, GA, pg. 1143

Cassaro, Gina, Art Dir -- VML, INC., Kansas City, MO, pg. 1143

Cassella, John, Creative Dir -- THE SUTTER GROUP, Lanham, MD, pg. 1064

Cassese, Marco, Partner & Chief Creative Officer -- ACENTO ADVERTISING, INC., Santa Monica, CA, pg. 20

Cassi, R. J., Art Dir & Graphic Designer -- LEVLANE ADVERTISING/PR/INTERACTIVE, Philadelphia, PA, pg. 635

Cassidy, Marie-Therese, Exec Creative Dir-Consumer Brands -- FutureBrand, London, United Kingdom, pg. 405

Cassidy, Nicole, Acct Dir -- BLISSPR, New York, NY, pg. 136

Cassidy, Zane, Assoc Creative Dir -- The Marketing Arm, Los Angeles, CA, pg. 682

Cassini, Michael, VP-Creative -- PINNACLE ADVERTISING & MARKETING GROUP, Boca Raton, FL, pg. 872

Cassis, Francisco, Exec Creative Dir -- LOLA MullenLowe, Madrid, Spain, pg. 542

Castagnola, Claudio, Art Dir -- J. WALTER THOMPSON, New York, NY, pg. 553

Castagnone, Stefano, Dir-Client Creative & Copywriter -- DDB S.r.L. Advertising, Milan, Italy, pg. 276

Castan, Marc, Art Dir -- TBWA Espana, Barcelona, Spain, pg. 1085

Castaneda, Clarissa, Acct Exec-PR -- NOISY TRUMPET, San Antonio, TX, pg. 1277

Castaneda, John, Assoc Creative Dir -- Gyro Chicago, Chicago, IL, pg. 458

Castaneda, Lizther Ann, Assoc Creative Dir -- BBDO Guerrero, Makati, Philippines, pg. 114

Castaneda, Sebastian, Gen Dir-Creative -- J. Walter Thompson, Buenos Aires, Argentina, pg. 563

Castano, Viviana, Dir-Creative -- ZUVI CREATIVE LLC, Orlando, FL, pg. 1217

Castellano, Jeffrey, Exec Creative Dir -- IBM IX, New York, NY, pg. 517

Castellanos, David, VP-Creative -- DDB Mexico, Mexico, Mexico, pg. 277

Castellanos, Diego, Art Dir -- McCann Erickson Corp. S.A., Bogota, Colombia, pg. 702

Castellanos, Edgar, Art Dir -- MediaCom Vienna, Vienna, Austria, pg. 1345

Castellanos, Karla, Media Buyer -- Allied Integrated Marketing, Atlanta, GA, pg. 48

Castellanos, Lorena, Acct Exec -- Y&R Peru, Lima, Peru, pg. 1207

Castello, Nick, Media Planner & Media Buyer -- JAY ADVERTISING, INC., Rochester, NY, pg. 573

Castellon, Daisy, Acct Exec -- LUCAS PUBLIC AFFAIRS, Sacramento, CA, pg. 1571

Castelluccio, Kimberly, Media Planner -- SPRINGBOX, LTD., Austin, TX, pg. 1037

Castelot, Michael, Assoc Creative Dir -- Alcone Marketing Group, Wilton, CT, pg. 1395

Castiglione, Aaron, Creative Dir -- ANDERSON ADVERTISING & PUBLIC RELATIONS, Scottsdale, AZ, pg. 56

Castillo, Antonio, Creative Dir -- Contrapunto, Madrid, Spain, pg. 108

Castillo, Jairo Rubiano, Creative Dir -- Sancho BBDO, Bogota, Colombia, pg. 102

Castillo, Katie, Media Dir -- Golin, Miami, FL, pg. 1520

Castillo, Letty, Acct Coord -- RAIN43, Toronto, Canada, pg. 929

Castle, Dave, Mgr-Traffic -- ADBAY, Casper, WY, pg. 27

Castro, Adam, Acct Dir -- STEPHENS & ASSOCIATES ADVERTISING, INC., Overland Park, KS, pg. 1047

Castro, Andrea, Art Dir -- jotabequ Advertising, San Jose, Costa Rica, pg. 1348

Castro, Andrea, Art Dir -- jotabequ Advertising, San Jose, Costa Rica, pg. 444

Castro, Felix, Creative Dir -- THE WOW FACTOR, INC., Studio City, CA, pg. 1178

Castro, Noel, Mng Dir & Chief Creative Officer -- Havas Life Metro, New York, NY, pg. 474

Castro, Rachel, Acct Supvr -- THE COMMUNITY, Miami, FL, pg. 223

Castro, Romerio, Art Dir -- Wunderman, Sao Paulo, Brazil, pg. 1190

Castro, Tomas, Art Dir -- Saatchi & Saatchi, Madrid, Spain, pg. 979

Caswell, Michael, Acct Exec -- EDITION STUDIOS, LLC, Minneapolis, MN, pg. 331

Catacutan, Arianne, Acct Dir-Digital -- Ogilvy Healthworld, Sydney, Australia, pg. 832

Catalano, Rob, Principal & Exec Creative Dir -- B&P ADVERTISING, Las Vegas, NV, pg. 81

Catalinac, Kate, Creative Dir -- BBDO San Francisco, San Francisco, CA, pg. 99

Catanese, Antonio Siracusano, Sr Creative Dir -- FCB Caracas, Caracas, Venezuela, pg. 372

Catanzaro, Neko, VP-Brand & Creative Strategy -- PROVEN MEDIA, Carefree, AZ, pg. 1620

Cates, Elizabeth, Acct Dir -- HUMANAUT, Chattanooga, TN, pg. 514

Cates, Elizabeth, Acct Dir -- VAYNERMEDIA, New York, NY, pg. 1299

Cates, Laura, Media Planner & Media Buyer -- THE VIMARC GROUP, Louisville, KY, pg. 1138

Cathel, Karen, Sr VP & Exec Creative Dir -- DONER, Southfield, MI, pg. 314

Cathey, Aaron, Assoc Creative Dir -- MEKANISM, San Francisco, CA, pg. 729

Catletti, Sarah, Acct Supvr -- R&R Partners, Reno, NV, pg. 925

Cato, Jon, Partner & Strategist-Creative AF -- OBJECT9, Atlanta, GA, pg. 805

Catoire, David, Assoc Creative Dir -- MESH DESIGN, Baton Rouge, LA, pg. 734

Catron, Glenda, Acct Dir & Mgr-Client Svcs -- THE FRESH IDEAS GROUP, Boulder, CO, pg. 1514

Cau, Jia, Acct Exec -- BBDO Toronto, Toronto, Canada, pg. 100

Caudle, Rosalyn, Acct Exec -- RAWLE MURDY ASSOCIATES, INC., Charleston, SC, pg. 934

Caulfield, Ben, Media Planner & Media Buyer -- RED COMMA MEDIA, INC., Madison, WI, pg. 1367

Cavada, Francisco, Exec Creative Dir -- Prolam Y&R S.A., Santiago, Chile, pg. 1206

Cavalieri, Chris, Assoc Creative Dir -- MULLENLOWE GROUP, Boston, MA, pg. 770

Cavallaro, Michael, Art Dir -- MUNROE CREATIVE PARTNERS, Philadelphia, PA, pg. 779

Cavanaugh, Alyssa, Art Dir -- TBWA Chiat Day New York, New York, NY, pg. 1078

Cavanaugh, Eric, Creative Dir -- George P. Johnson Company, Inc., Boston, MA, pg. 416

Cavanaugh, Kyle, Assoc Creative Dir -- Publicis Seattle, Seattle, WA, pg. 905

Cavanaugh, Kyle, Assoc Creative Dir -- Publicis Seattle, Seattle, WA, pg. 913

Cavanaugh, Mark, Acct Dir -- SMITH, Spokane, WA, pg. 1022

Caven, Dan, Media Planner -- Saatchi & Saatchi London, London, United Kingdom, pg. 980

Cavender, Jim, Art Dir -- RMR & ASSOCIATES, INC., Rockville, MD, pg. 962

Caverno, Kate, Acct Supvr -- MORSEKODE, Minneapolis, MN, pg. 761

Cavicchioli, Regine, Art Dir -- Publicis, Zurich, Switzerland, pg. 901

Cavicchioli, Regine, Art Dir -- Publicis Dialog Zurich, Zurich, Switzerland, pg. 901

Cavin, Ross, Creative Dir -- WOLFGANG LOS ANGELES, Venice,

PERSONNEL INDEX — AGENCIES

CA, pg. 1174

Cavner, Becky, Acct Coord -- ANGLIN PUBLIC RELATIONS, INC., Oklahoma City, OK, pg. 1433

Cavoli, Eric, Creative Dir -- CASHMAN & KATZ INTEGRATED COMMUNICATIONS, Glastonbury, CT, pg. 193

Cawley, Tim, Co-Founder & Chief Creative Officer -- SLEEK MACHINE, LLC, Boston, MA, pg. 1020

Cazacu, Cristina, Art Dir -- Friends\TBWA, Bucharest, Romania, pg. 1084

Ceballos, Leonardo Gonzalez, Acct Dir -- Wavemaker, Medellin, Colombia, pg. 1384

Ceballos, Leonardo Gonzalez, Acct Dir -- Wavemaker, Bogota, Colombia, pg. 1384

Cebryk, Craig, Acct Dir -- ACART COMMUNICATIONS, INC., Ottawa, Canada, pg. 19

Cecchini, Cara, Art Dir -- GREY NEW YORK, New York, NY, pg. 438

Cecere, Joe, Pres & Chief Creative Officer -- LITTLE & COMPANY, Minneapolis, MN, pg. 645

Cecil, Christopher, Founder & Creative Dir -- SLANT MEDIA LLC, Greenville, SC, pg. 1020

Cedeno, Paola, Acct Supvr -- Y&R Miami, Miami, FL, pg. 1205

Ceder, Leslie, Acct Exec -- WINSTANLEY PARTNERS, Lenox, MA, pg. 1171

Cela, Victoria, Acct Coord -- SCHWARTZ MEDIA STRATEGIES, Miami, FL, pg. 1642

Celeste, Kyle, Acct Exec -- Resound Marketing, Princeton, NJ, pg. 1630

Cenci, Carolina, Acct Supvr -- Saatchi & Saatchi, Rome, Italy, pg. 978

Cendales, Christian Avendano, Art Dir -- Sancho BBDO, Bogota, Colombia, pg. 102

Cenoz, Juan, Creative Dir -- Young & Rubicam, S.L., Madrid, Spain, pg. 1203

Center, Katie, Acct Coord -- ABZ CREATIVE PARTNERS, Charlotte, NC, pg. 18

Centroni, Nicolas, Creative Dir -- J. Walter Thompson, Buenos Aires, Argentina, pg. 563

Ceo, Carl, VP-Creative -- MRM MCCANN, New York, NY, pg. 766

Ceradini, David, Pres & Chief Creative Officer -- CERADINI BRAND DESIGN, Brooklyn, NY, pg. 200

Cerami, Charles, Acct Exec -- THE ALISON GROUP, North Miami Beach, FL, pg. 1396

Cerasoli, Sherry, Acct Coord -- MORGAN & MYERS, INC., Waukesha, WI, pg. 758

Cerasoli, Sherry, Acct Coord -- Morgan & Myers, Inc., Waterloo, IA, pg. 758

Cerdeira Castro, Miguel Angel, Gen Dir-Creative -- Grey Chile, Santiago, Chile, pg. 443

Cereda, Lori, Dir-Creative Talent -- Syneos Health Communications, Irving, TX, pg. 1068

Cerezo, Fernando, Art Dir & Creative Dir -- McCann Erickson S.A., Madrid, Spain, pg. 709

Ceria, Arthur, Founder & Exec Creative Dir -- CREATIVE FEED, San Francisco, CA, pg. 242

Ceric, Claudine Guertin, Assoc Creative Dir -- SIMPLE TRUTH COMMUNICATION PARTNERS, Chicago, IL, pg. 1015

Cerino, Alanna, Acct Supvr -- INTOUCH SOLUTIONS, Overland Park, KS, pg. 544

Cermak, Dave, Creative Dir -- TRUNGALE EGAN + ASSOCIATES, Chicago, IL, pg. 1120

Cernochova, Patricia, Media Buyer-OOH & Print -- Optimedia, Buenos Aires, Argentina, pg. 1388

Cernuto, Nicoletta, Assoc Creative Dir -- J. Walter Thompson, Rome, Italy, pg. 560

Ceron, Julio, Assoc Creative Dir -- Publicis Arredondo de Haro, Mexico, Mexico, pg. 907

Cerri, Martin, Grp Creative Dir -- Conill Advertising, Inc., El Segundo, CA, pg. 227

Cerrutti, Francisco, Art Dir -- Wunderman, Buenos Aires, Argentina, pg. 1189

Cervantes, Jaime Jara, Creative Dir -- GODIVERSITY, New York, NY, pg. 427

Cervantes, Paola, Acct Supvr -- LA AGENCIA DE ORCI & ASOCIADOS, Santa Monica, CA, pg. 606

Cervantes, Sara, Acct Dir -- Y&R Peru, Lima, Peru, pg. 1207

Cesano, Paolo, Creative Dir -- J. Walter Thompson Milan, Milan, Italy, pg. 560

Cesar, Edu, Art Dir -- Ogilvy, Sao Paulo, Brazil, pg. 819

Cesareo, Mario, Creative Dir -- Cossette Communication-Marketing, Quebec, Canada, pg. 234

Cesnick, Megan, Acct Exec -- STRONG, Birmingham, AL, pg. 1055

Cespedes, Ariadna, Copywriter-Creative -- Contrapunto, Madrid, Spain, pg. 108

Cespedes, Nicolas, Art Dir -- Prolam Y&R S.A., Santiago, Chile, pg. 1206

Cevallos, Ivan, Acct Dir -- AL PUNTO ADVERTISING, INC., Tustin, CA, pg. 43

Chaar, Wissam, Assoc Creative Dir -- Impact BBDO, Jeddah, Saudi Arabia, pg. 108

Chacon, Jhon, Creative Dir -- Ogilvy, Bogota, Colombia, pg. 820

Chadwick, Amy, Acct Dir -- McCann Erickson Bristol, Bristol, United Kingdom, pg. 711

Chadwick, George, Pres & Creative Dir -- VERY, INC., Menlo Park, CA, pg. 1135

Chadwick, Jason, Art Dir -- TBWA/Manchester, Manchester, United Kingdom, pg. 1086

Chadwick, Philip, Dir-Creative Svcs -- SUN & MOON MARKETING COMMUNICATIONS, INC., New York, NY, pg. 1061

Chae, Sam, Creative Dir -- CLEVERBIRD CREATIVE INC, Morton Grove, IL, pg. 213

Chafetz, Hannah, Acct Exec -- LEO BURNETT COMPANY LTD., Toronto, Canada, pg. 620

Chaffer, Elliott, Exec Creative Dir -- TROLLBACK + COMPANY, New York, NY, pg. 1119

Chaiken, Erin, Acct Exec -- MOTIVE, Denver, CO, pg. 764

Chaikin, Ronny, Acct Supvr -- BBR Saatchi & Saatchi, Ramat Gan, Israel, pg. 977

Chaimoungkalo, Keeratie, Exec Creative Dir -- Leo Burnett, Bangkok, Thailand, pg. 631

Chain, Sarah, Acct Dir -- GAVIN ADVERTISING, York, PA, pg. 413

Chakela, Kamohelo, Art Dir -- Ogilvy Johannesburg (Pty.) Ltd., Johannesburg, South Africa, pg. 829

Chakravarty, Ashish, Chief Creative Officer -- Contract Advertising (India) Limited, Mumbai, India, pg. 555

Chalari, Anna, Art Dir -- Bold Ogilvy Greece, Athens, Greece, pg. 815

Chaldecott, Axel, Creative Dir -- J. Walter Thompson, London, United Kingdom, pg. 562

Chalkley, Jules, Exec Creative Dir -- Ogilvy EMEA, London, United Kingdom, pg. 818

Challis, Laura, Media Planner -- TRUE NORTH INTERACTIVE, San Francisco, CA, pg. 1298

Chalmers, Corey, Exec Creative Dir-New Zealand -- Saatchi & Saatchi, Wellington, New Zealand, pg. 985

Chalmers, Corey, Exec Creative Dir & Copywriter -- Saatchi & Saatchi, Auckland, New Zealand, pg. 984

Chalmers, Katie, Acct Exec -- MURPHY O'BRIEN, INC., Los Angeles, CA, pg. 1590

Chamberlain, David, Exec Creative Dir-North America -- MOMENTUM WORLDWIDE, New York, NY, pg. 754

Chamberlain, Dianne, Acct Coord -- NANCY MARSHALL COMMUNICATIONS, Augusta, ME, pg. 1592

Chamberlin, Florence, Principal & Creative Dir -- FLEK, INC., Saint Johnsbury, VT, pg. 387

Chamberlin, Mark, Dir-Mktg & PR -- ARMSTRONG CHAMBERLIN, Haysville, KS, pg. 69

Chambers, Audrey, Acct Supvr -- ACROBATANT, Tulsa, OK, pg. 22

Chambers, Clayton, Creative Dir -- WILLIAMS MEDIA GROUP, Lisbon, IA, pg. 1169

Chambers, J., Creative Dir -- RODGERS TOWNSEND, LLC, Saint Louis, MO, pg. 965

Chambers, Leah, Acct Supvr -- KOCH CREATIVE GROUP, Wichita, KS, pg. 1223

Chambers, Melissa, Acct Exec -- STEALTH CREATIVE, Saint Louis, MO, pg. 1044

Chambers, Todd, VP & Grp Creative Dir -- THE FRANK AGENCY INC, Overland Park, KS, pg. 395

Chammas, David, Acct Dir -- Impact BBDO, Kuwait, Kuwait, pg. 107

Champa, Tracee, VP & Acct Dir -- NEW HONOR SOCIETY, Saint Louis, MO, pg. 791

Champley, Conor, Assoc Creative Dir -- GREY GROUP, New York, NY, pg. 438

Chan, Alex, Creative Dir, Strategist-Creative & Designer -- STUDIO BLACK TOMATO, New York, NY, pg. 1056

Chan, Carman, Acct Supvr -- Myriad Travel Marketing, New York, NY, pg. 782

Chan, Emma, Grp Creative Dir -- Lowe, Quarry Bay, China (Hong Kong), pg. 773

Chan, Kenny, Art Dir -- BUTCHER SHOP CREATIVE, San Francisco, CA, pg. 177

Chan, Kevin, Grp Creative Dir -- THE BARBARIAN GROUP, New York, NY, pg. 88

Chan, Peter, Art Dir -- MIDNIGHT OIL CREATIVE, Burbank, CA, pg. 739

Chan, Pierre, Creative Dir -- COSSETTE COMMUNICATIONS, Vancouver, Canada, pg. 232

Chan, Scott, Dir-Creative & Exec Producer -- WHIRLED, Venice, CA, pg. 1160

Chance, Chris, Creative Dir & Art Dir -- Ogilvy EMEA, London, United Kingdom, pg. 818

Chancellor, Ray, Creative Dir-ContentX -- SHOTWELL PUBLIC RELATIONS, Watsonville, CA, pg. 1645

Chandan, Divya, Art Dir -- FCB Ulka, Mumbai, India, pg. 373

Chandler, Hannah, Mgr-Traffic -- SCOPPECHIO, Louisville, KY, pg. 997

Chandler, Leigh, Partner & Creative Dir -- VAULT49, New York, NY, pg. 1132

Chandler, Liz, VP-PR -- LUQUIRE GEORGE ANDREWS, INC., Charlotte, NC, pg. 657

Chandler, Matt, Partner-Creative -- DDB Sydney Pty. Ltd., Ultimo, Australia, pg. 270

Chandler, Sebastian, Acct Supvr -- PEREIRA & O'DELL, San Francisco, CA, pg. 863

Chandra, Harwin, Creative Dir -- Syzygy UK Ltd, London, United Kingdom, pg. 1182

Chaney, Sarah, Acct Coord -- Woodruff, Kansas City, MO, pg. 1176

Chang, Grace, Acct Dir -- Millward Brown Taiwan, Taipei, Taiwan, pg. 744

Chang, Hilary, Acct Exec & Copywriter -- HOT DISH ADVERTISING, Minneapolis, MN, pg. 509

Chang, I-Fei, Exec Dir-Creative-Taipei -- J. Walter Thompson, Taipei, Taiwan, pg. 559

Chang, Jenny, Creative Dir -- PKPR, New York, NY, pg. 1610

Chang, Winnie, Creative Dir -- J. WALTER THOMPSON, New York, NY, pg. 553

Chanowitz, Jennifer, Exec VP & Acct Dir -- GREY GROUP, New York, NY, pg. 438

Chansky, Rachel, Art Dir -- BIGBUZZ MARKETING GROUP, New York, NY, pg. 130

Chanthai, Sarita, Grp Head-Creative -- BBDO Bangkok, Bangkok, Thailand, pg. 115

Chanthakitnukul, Kroekkiat, Art Dir -- BBDO Bangkok, Bangkok, Thailand, pg. 115

Chanthalansy, Chanse, Exec Dir-Brdcst Production -- PP+K, Tampa, FL, pg. 885

Chao, Rus, Creative Dir -- R/GA San Francisco, San Francisco, CA, pg. 926

Chapdelaine, Maggie, Acct Dir -- MIRUM LLC, San Diego, CA, pg. 1272

Chapin, Jud, Exec Dir-Creative -- COMBS & COMPANY, Little Rock, AR, pg. 221

Chapin, Sarah, Media Planner & Media Buyer -- EXPLORE COMMUNICATIONS, Denver, CO, pg. 1321

Chaplin, Tiffany, Acct Dir -- Zimmerman Advertising, New York, NY, pg. 1213

Chapman, Alisa, Media Buyer & Media Planner -- MEDIA WORKS, LTD., Baltimore, MD, pg. 1344

Chapman, Curtis, Jr Copywriter-Creative -- ARRIVALS + DEPARTURES, Toronto, Canada, pg. 1238

Chapman, Doug, Sr VP & Creative Dir -- PRECISIONEFFECT, Boston, MA, pg. 887

Chapman, Jon, Creative Dir -- Havas Lynx, London, United Kingdom, pg. 474

Chapman, Kirstie, Acct Exec -- MCGARRYBOWEN, New York, NY, pg. 716

Chapman, Lisa, Pres & Exec Creative Dir -- LATCHA+ASSOCIATES, Farmington Hills, MI, pg. 611

Chapman, Sandy, Sr VP & Media Dir -- FREEBAIRN & CO., Atlanta, GA, pg. 397

Chapman, Susan, Ops Mgr-Creative Svcs -- LEGGETT & PLATT INC., Carthage, MO, pg. 1223

Chappell, Judy, Media Planner & Media Buyer -- KIRVIN DOAK COMMUNICATIONS, Las Vegas, NV, pg. 1559

Chappell, Sam, Assoc Creative Dir -- Saatchi & Saatchi Australia, Sydney, Australia, pg. 983

Chapple, Liam, Creative Dir -- CRAMER-KRASSELT, Chicago, IL, pg. 237

Chapuis, Emeric, Creative Dir -- FCB CHANGE, Paris, France, pg. 366

Charland, Melissa, Art Dir -- DDB Canada, Toronto, Canada, pg. 267

Charles, Allan, Chm & Chief Creative Officer -- TBC INC., Baltimore, MD, pg. 1076

Charles, Emily, Acct Exec -- MAVEN COMMUNICATIONS LLC, Philadelphia, PA, pg. 695

Charles, Sophie, Assoc Creative Dir -- Lonsdale Saatchi & Saatchi, Port of Spain, Trinidad & Tobago, pg. 982

Charley, Terra, Acct Dir -- THE LACEK GROUP, Minneapolis, MN, pg. 606
Charlton, Emily, Acct Exec -- PUBLICIS NEW YORK, New York, NY, pg. 912
Charlton, Peter, Co-Founder & Chief Creative Officer -- RICOCHET PARTNERS, INC., Portland, OR, pg. 957
Charlton, Rob, Pres & Acct Supvr -- CHARLTON MARKETING INC, Portland, OR, pg. 204
Charney, Amanda, Acct Supvr -- HOW FUNWORKS LLC, Oakland, CA, pg. 510
Charoensombut-Amorn, Valundh, Art Dir -- Leo Burnett, Bangkok, Thailand, pg. 631
Charoux, Chris, Creative Dir -- DDB South Africa, Johannesburg, South Africa, pg. 280
Charpie, Anne-Camille, Bus Mgr-Brdcst -- HAVAS MEDIA, New York, NY, pg. 1324
Charron, Jarrod, Acct Dir -- PHD Canada, Toronto, Canada, pg. 1364
Chartoff, Adam, VP & Acct Dir -- Havas Media, Boston, MA, pg. 1327
Chase, Bob, Dir-PR -- GELIA-MEDIA, INC., Williamsville, NY, pg. 414
Chase, Donna, Strategist-Creative -- HERMAN ADVERTISING, Fort Lauderdale, FL, pg. 497
Chase, Jeff, Creative Dir -- WALZ TETRICK ADVERTISING, Mission, KS, pg. 1151
Chase, Melissa, Media Dir -- DECIBEL MEDIA, Boston, MA, pg. 285
Chassaignac, Henry, Pres & Exec Creative Dir -- Zehnder Communications, Nashville, TN, pg. 1211
Chaswal, Abhishek, Exec Creative Dir -- McCann Erickson India, New Delhi, India, pg. 705
Chatchaiganan, Siravich, Grp Head-Creative -- GREYnj United, Bangkok, Thailand, pg. 448
Chatchavalkijkul, Nicharee, Acct Exec -- GREYnj United, Bangkok, Thailand, pg. 448
Chathukutty, Athul, Creative Dir -- Happy mcgarrybowen, Bengaluru, India, pg. 717
Chattanachotikul, Supparerk, Art Dir -- J. Walter Thompson Thailand, Bangkok, Thailand, pg. 559
Chaudhury, Malini, Creative Dir -- BBDO India, Gurgaon, India, pg. 112
Chauhan, Pradyumna, Creative Dir-Natl -- McCann Erickson India, Mumbai, India, pg. 704
Chauhan, Ulka, VP-New Bus Dev & Strategic Plng -- Rediffusion Y&R Pvt. Ltd., Mumbai, India, pg. 1200
Chauncey, Tyler, Acct Exec -- THE INTEGER GROUP - DENVER, Lakewood, CO, pg. 1406
Chauton, Jaime Chavarri, Gen Dir-Creative -- J. Walter Thompson, Madrid, Spain, pg. 561
Chavan, Pramod, Assoc Creative Dir -- Ogilvy, Bengaluru, India, pg. 823
Chavarri, Jaime, Exec Creative Dir -- DDB Madrid, S.A., Madrid, Spain, pg. 280
Chavarria, Stacia, Acct Exec -- DRUMROLL, Austin, TX, pg. 323
Chaves, Juan Pablo, Art Dir -- J. Walter Thompson, Santiago, Chile, pg. 564
Chavez R., Daniela, Art Dir -- FIRSTBORN, New York, NY, pg. 384
Chavez, Stevan, Art Dir -- GOODBY, SILVERSTEIN & PARTNERS, San Francisco, CA, pg. 428
Chavez, Virginia, Acct Exec -- BLUETONE MARKETING & PUBLIC RELATIONS, Ladera Ranch, CA, pg. 1452
Chavkin, Arielle, Media Dir -- NOBLE PEOPLE, New York, NY, pg. 796
Chawda, Priyanka, Art Dir -- Havas People London, London, United Kingdom, pg. 483
Chechelova, Maria, Acct Dir -- Leo Burnett Moscow, Moscow, Russia, pg. 626
Checket, Marc, Art Dir -- CALYPSO, Portsmouth, NH, pg. 184
Chee, David, Exec Creative Dir-Digital -- J. Walter Thompson, Shanghai, China, pg. 555
Chee, Kooichi, Art Dir -- BBH Singapore, Singapore, Singapore, pg. 94
Cheek, Zachary, Acct Supvr-Social & Content Mktg -- ICF Olson, Chicago, IL, pg. 518
Cheeseman, Robyn, Acct Supvr -- DOREMUS, New York, NY, pg. 316
Cheesman, Emily, Acct Dir -- FLYWHEEL, New York, NY, pg. 390
Cheetham, Julia, Dir-Creative Ops -- M&C SAATCHI PLC, London, United Kingdom, pg. 658
Cheick, Monica, Acct Dir -- PUBLICCITY PR, Southfield, MI, pg. 1621
Chen, Allison, Specialist-PR -- ARCHER MALMO, Memphis, TN, pg. 65

Chen, Cee, Art Dir -- Wieden + Kennedy, Shanghai, China, pg. 1166
Chen, Chris, Chief Creative Officer-Isobar China Group -- wwwins Isobar, Shanghai, China, pg. 550
Chen, Ian, Creative Dir -- J. Walter Thompson, Taipei, Taiwan, pg. 559
Chen, Jane, Acct Dir -- BBH China, Shanghai, China, pg. 93
Chen, Josh, Principal & Creative Dir -- CHEN DESIGN ASSOCIATES INC, Oakland, CA, pg. 205
Chen, Vencent, Assoc Creative Dir -- Havas Worldwide Shanghai, Shanghai, China, pg. 486
Chen, YP, Grp Head-Creative -- MullenLowe Profero Ltd., Shanghai, China, pg. 776
Cheney, Hannah, Acct Exec -- L.C. WILLIAMS & ASSOCIATES, LLC, Chicago, IL, pg. 1564
Cheng, Halo, Grp Creative Dir -- THE GATE WORLDWIDE NEW YORK, New York, NY, pg. 411
Cheng, Josephine, Mgr-Creative & Sr Designer -- THE PARTICIPATION AGENCY, New York, NY, pg. 1279
Cheng, Natalie, Media Planner -- Havas Media, Miami, FL, pg. 1327
Cheng, Tim, Chief Creative Officer -- Grey Singapore, Singapore, Singapore, pg. 448
Chengan, Delane, Art Dir -- M&C Saatchi Abel, Cape Town, South Africa, pg. 660
Chenier, Anne-Claude, Creative Dir -- Cossette Communication-Marketing (Montreal) Inc., Montreal, Canada, pg. 233
Chennault, Carrie, Art Dir -- MANSELL MEDIA, Clinton, MS, pg. 675
Cheong, Elizabeth, Acct Exec -- Geometry Global, Chicago, IL, pg. 415
Cheong, Eugene, Chief Creative Officer-Asia Pacific -- Ogilvy Advertising, Singapore, Singapore, pg. 827
Cheong, Eugene, Chief Creative Officer-Asia Pacific -- Ogilvy Asia/Pacific, Central, China (Hong Kong), pg. 823
Cherba, Haley, Acct Dir -- NAS Recruitment Communications, Los Angeles, CA, pg. 785
Cherland, Michelle, Assoc Creative Dir -- COLLE+MCVOY, Minneapolis, MN, pg. 219
Chernikoff, Lisa, Acct Dir -- AMENDOLA COMMUNICATIONS, Scottsdale, AZ, pg. 51
Chernin, Lisa, Creative Dir -- THE MIXX, New York, NY, pg. 748
Cherry, Judd, Assoc Creative Dir -- XENOPSI, New York, NY, pg. 1303
Cherry, Robert, Chief Creative Officer -- SEED STRATEGY, INC., Crestview Hills, KY, pg. 1000
Chesler, Kerri, Acct Dir -- Lida, Sydney, Australia, pg. 660
Chesne, Julien, Art Dir -- J. Walter Thompson France, Neuilly-sur-Seine, France, pg. 559
Chester, Craig, Exec Creative Dir -- Team Saatchi/Saatchi & Saatchi Healthcare, Sydney, Australia, pg. 983
Cheung, Gabriel, Creative Dir -- R/GA Los Angeles, North Hollywood, CA, pg. 926
Cheung, Melody, Acct Dir -- GOODBY, SILVERSTEIN & PARTNERS, San Francisco, CA, pg. 428
Chevalier, Barbara, Art Buyer -- TBWA Paris, Boulogne-Billancourt, France, pg. 1081
Chevalier, Patrick, Creative Dir -- NOT MAURICE, Venice, CA, pg. 801
Chevez, Robert, Acct Dir -- WESTBOUND COMMUNICATIONS, INC., Orange, CA, pg. 1159
Chew, Donevan, Exec Creative Dir -- BBDO Malaysia, Kuala Lumpur, Malaysia, pg. 113
Chew, Gregory, Founder & Creative Dir -- DAE ADVERTISING, INC., San Francisco, CA, pg. 257
Chew, Jon, Creative Dir -- PRAYTELL, Brooklyn, NY, pg. 1618
Chew, Rachel, Acct Dir -- Naga DDB Sdn. Bhd., Petaling Jaya, Malaysia, pg. 277
Chewning, Chiny, VP & Exec Creative Dir -- SapientRazorfish Miami, Miami, FL, pg. 914
Chi, Do Hoang Linh, Acct Supvr -- Hakuhodo & Saigon Advertising Co., Ltd., Ho Chi Minh City, Vietnam, pg. 463
Chia, Jeremy, Exec Creative Dir -- Publicis Singapore, Singapore, Singapore, pg. 911
Chia, Melody, Acct Dir -- J. Walter Thompson Australia, Richmond, Australia, pg. 554
Chia, Uma Rudd, Creative Dir -- Ogilvy (Singapore) Pvt. Ltd., Singapore, Singapore, pg. 827
Chiabrando, Stefano, Art Dir -- Ogilvy, Sao Paulo, Brazil, pg. 819
Chiaffrino, Fabien, Art Dir -- Publicis Conseil, Paris, France, pg. 898
Chiam, Valerie, VP-Partner Integration & New Bus -- TEAM EPIPHANY, New York, NY, pg. 1095

Chiapolini, Julien, Exec Creative Dir -- McCann Erickson Paris, Clichy, France, pg. 703
Chiappardi, Giovanni, Acct Dir -- MANHATTAN MARKETING ENSEMBLE, New York, NY, pg. 675
Chiappe, Adam, Creative Dir -- Saatchi & Saatchi London, London, United Kingdom, pg. 980
Chiari, Alberto, Acct Dir-Intl -- ZenithOptimedia Interactive Direct, Milan, Italy, pg. 1388
Chick, Amanda, Acct Dir-Client Hub-Intl -- Action Global Communications, Nicosia, Cyprus, pg. 1521
Chigbrow, Julie, Acct Exec -- RED SKY PUBLIC RELATIONS, Boise, ID, pg. 1627
Chikayama, Satoshi, Sr Creative Dir -- TBWA/Hakuhodo, Tokyo, Japan, pg. 1090
Chikiamco, Arick, Creative Dir -- ADCETERA GROUP, Houston, TX, pg. 27
Chikvaidze, Sopho, Acct Dir -- Momentum, Atlanta, GA, pg. 755
Childers, Justin, Media Dir -- HANNA & ASSOCIATES INC., Coeur D'Alene, ID, pg. 465
Childers, Kelly, Acct Dir -- Deutsch LA, Los Angeles, CA, pg. 294
Childress, Brandi, Media Planner & Media Buyer -- CJRW NORTHWEST, Springdale, AR, pg. 210
Childress, Brandi, Media Planner & Media Buyer -- CRANFORD JOHNSON ROBINSON WOODS, Little Rock, AR, pg. 238
Chilton, Joshua, Copywriter-Creative Svcs -- RUNYON SALTZMAN & EINHORN, Sacramento, CA, pg. 972
Chimes, Anna, Creative Dir -- Fitch:London, London, United Kingdom, pg. 385
Chin, Christina, Media Dir-Plng -- KWG, New York, NY, pg. 604
Chin, Joel, Creative Dir -- Tribal Worldwide Singapore, Singapore, Singapore, pg. 1297
Chin, Leanna, Media Dir -- CMI MEDIA, LLC, King of Prussia, PA, pg. 215
Chin, Waverly, Media Planner -- BACKBONE MEDIA LLC, Carbondale, CO, pg. 1437
Chinoy, Fred, Acct Supvr -- CLEAN SHEET COMMUNICATIONS, Toronto, Canada, pg. 213
Chiodo, Bryan, Media Buyer-Brdcst-Natl -- ICON INTERNATIONAL INC., Stamford, CT, pg. 1330
Chiong, Alex, Sr VP & Creative Dir -- FCBCURE, Parsippany, NJ, pg. 376
Chiorando, Rick, CEO & Chief Creative Officer -- AUSTIN & WILLIAMS, Hauppauge, NY, pg. 78
Chisnall, Kate, Assoc Creative Dir -- McCann Healthcare Sydney, Sydney, Australia, pg. 700
Chittenden, Olivia, Acct Dir -- Adam & EveDDB, London, United Kingdom, pg. 281
Chiu, Chris, Chief Creative Officer -- DDB, Singapore, Singapore, pg. 279
Chiu, Kevin, Exec Creative Dir -- Saatchi & Saatchi, Beijing, China, pg. 983
Chiu, Mike, Head-Creative -- Hakuhodo Hong Kong Ltd., North Point, China (Hong Kong), pg. 462
Chlaika, Montassar, Creative Dir -- Leo Burnett France, Paris, France, pg. 898
Chlaika, Montassar, Creative Dir -- Publicis Conseil, Paris, France, pg. 898
Cho, Carolyn, Acct Dir -- Fallon London, London, United Kingdom, pg. 360
Cho, Jaehyun, Art Dir -- THE TERRI & SANDY SOLUTION, New York, NY, pg. 1097
Cho, Marcus, VP & Creative Dir -- ES ADVERTISING, Los Angeles, CA, pg. 348
Cho, Namju, Acct Dir -- Fenton, San Francisco, CA, pg. 377
Cho, Samantha, Acct Dir -- JWALK, New York, NY, pg. 586
Cho, Yu Ming, Creative Dir -- Grey Shanghai, Shanghai, China, pg. 446
Chodrow, Dan, Exec VP & Exec Creative Dir -- Leo Burnett USA, Chicago, IL, pg. 622
Choi, Doug, Art Dir -- HAPPY MEDIUM, Des Moines, IA, pg. 467
Choi, Gayoung, Art Dir -- Cheil Worldwide Inc., Seoul, Korea (South), pg. 462
Choi, Heejeong, Acct Supvr -- TBWA Korea, Seoul, Korea (South), pg. 1092
Choi, Hyewon, Art Dir -- TBWA Melbourne, Melbourne, Australia, pg. 1088
Choi, Joe, Grp Creative Dir -- TBWA Asia Pacific, Quarry Bay, China (Hong Kong), pg. 1089
Choi, Jung, Sr VP-Creative -- MMI AGENCY, Houston, TX, pg. 751
Choi, Richard, Acct Dir -- AAAZA, Inc., Los Angeles, CA, pg. 31
Choi, Sally, Acct Dir -- IW GROUP, INC., West Hollywood, CA, pg. 551
Choi, Sarah, Creative Dir -- ADASIA COMMUNICATIONS, INC., Englewood Cliffs, NJ, pg. 27

PERSONNEL INDEX — AGENCIES

Choi, Vicky, Media Dir -- Zenith Los Angeles, Santa Monica, CA, pg. 1392

Choi, Wain, Chief Creative Officer & Sr VP -- Cheil Worldwide Inc., Seoul, Korea (South), pg. 462

Chomczuk, Callum, Acct Dir -- Pagoda Porter Novelli, Edinburgh, United Kingdom, pg. 1615

Chomsinsub, Shanah, Assoc Creative Dir -- CORD MEDIA, Palm Desert, CA, pg. 231

Chong, Watson, Acct Exec -- KENNA, Mississauga, Canada, pg. 592

Chong, Weilun, Art Dir -- TBWA Singapore, Singapore, Singapore, pg. 1091

Chonkar, Samir, Head-Creative-Mumbai -- Everest Brand Solutions, Mumbai, India, pg. 1200

Choo, Janson, Creative Dir-Asia Pacific -- BBH Singapore, Singapore, Singapore, pg. 94

Choo, Kenny, Chief Creative Officer-Beauty, Oral Care, P&G -- Saatchi & Saatchi, Shanghai, China, pg. 983

Choong, Alan, Art Dir -- TBWA Singapore, Singapore, Singapore, pg. 1091

Chopra, Disha Dhami, Acct Dir -- Ogilvy, New Delhi, India, pg. 825

Choremi, Nicholas, Art Dir -- TBWA Chiat Day New York, New York, NY, pg. 1078

Chotitat, Smach, Art Dir -- Leo Burnett, Bangkok, Thailand, pg. 631

Chotivithayaporn, Jit-aree, Acct Dir -- J. Walter Thompson Thailand, Bangkok, Thailand, pg. 559

Choucair, Alexandre, Creative Dir -- H&C, Leo Burnett, Beirut, Lebanon, pg. 625

Choudhari, Manoj, Creative Dir -- EGGFIRST, Mumbai, India, pg. 333

Choudhary, Puran, Assoc Creative Dir -- Leo Burnett India, Mumbai, India, pg. 629

Choudhury, Pereina, Acct Dir -- FAYE CLACK COMMUNICATIONS INC., Toronto, Canada, pg. 1503

Choudhury, Sayantan, Exec Creative Dir -- J. Walter Thompson, Mumbai, India, pg. 556

Chovanec, Tina, Dir-Creative -- IMAGE MAKERS ADVERTISING INC, Brookfield, WI, pg. 524

Chow, Tracy, Creative Dir -- AGENDA, Hong Kong, China (Hong Kong), pg. 1190

Chow, Tracy, Creative Dir -- AGENDA, Hong Kong, China (Hong Kong), pg. 1179

Chowdhury, Partha, Sr Dir-Creative -- J. Walter Thompson, Kolkata, India, pg. 557

Choy, Justin, Acct Supvr -- GREY NEW YORK, New York, NY, pg. 438

Chreih, Ana, Acct Dir -- Publicis, Bucharest, Romania, pg. 901

Chrissovergis, Maria, Owner & Creative Dir -- MARIA CHRISSOVERGIS PUBLIC RELATIONS, Jacksonville, FL, pg. 1576

Christ, Matthew, Media Dir -- CHAPPELLROBERTS, Tampa, FL, pg. 202

Christ, Samuel, Exec Creative Dir -- Wirz Werbung AG, Zurich, Switzerland, pg. 109

Christensen, Aaron, Assoc Creative Dir -- ERVIN & SMITH, Omaha, NE, pg. 348

Christensen, Debbie, Creative Dir -- BROADHEAD, Minneapolis, MN, pg. 165

Christensen, Kristie, Acct Dir -- COLE & WEBER UNITED, Seattle, WA, pg. 218

Christian, Antoine, Art Dir -- AKQA, Inc., Portland, OR, pg. 1235

Christian, April, Dir-Creative Project Mgmt -- GMR MARKETING LLC, New Berlin, WI, pg. 1403

Christian, James, Exec Creative Dir -- George P. Johnson Company, Inc., Torrance, CA, pg. 416

Christian, Kevin, Media Dir -- TANGIBLE MEDIA, INC., New York, NY, pg. 1375

Christiano, Tara, Acct Mgr & Media Buyer -- MBT MARKETING, Portland, OR, pg. 696

Christiansen, Dave, VP & Creative Dir -- SWANSON RUSSELL ASSOCIATES, Lincoln, NE, pg. 1064

Christiansen, Sophie, Acct Dir -- J. Walter Thompson, London, United Kingdom, pg. 562

Christiansson, Carl, Acct Dir -- Mobiento, Stockholm, Sweden, pg. 1249

Christie, Jaylen, Dir-PR -- MOXE, Winter Park, FL, pg. 765

Christman, Lacey Jae, Creative Dir -- CARLING COMMUNICATIONS, San Diego, CA, pg. 189

Christmann, Tom, Chief Creative Officer -- DIMASSIMO GOLDSTEIN, New York, NY, pg. 302

Christopher, Devin, Acct Supvr -- FCB HEALTH, New York, NY, pg. 376

Christophersen, Verdell, Creative Dir -- ANDROVETT LEGAL MEDIA AND MARKETING, Dallas, TX, pg. 1432

Christopherson, Ashleigh, Acct Exec -- BADER RUTTER & ASSOCIATES, INC., Milwaukee, WI, pg. 83

Christophidou, Natalie, Acct Dir -- Action Global Communications, Nicosia, Cyprus, pg. 1521

Chrumka, Robin, Creative Dir -- McCann Detroit, Birmingham, MI, pg. 699

Chrysostomou, Christiana, Acct Dir -- De Le Ma/ McCann Erickson, Nicosia, Cyprus, pg. 702

Chu, Christina, Sr Acct Exec-PR -- HMH-Charlotte N.C., Charlotte, NC, pg. 504

Chu, Daniel, Chief Creative Officer & Exec VP -- MRM McCann, Salt Lake City, UT, pg. 699

Chu, Grace, Exec Creative Dir -- BADGER & WINTERS, INC., New York, NY, pg. 83

Chu, Jackson, Designer-Creative -- ARTEFACT, Seattle, WA, pg. 72

Chua, Audrey, Acct Exec -- Grey Group Malaysia, Kuala Lumpur, Malaysia, pg. 447

Chua, Sally, Acct Exec -- J. Walter Thompson Singapore, Singapore, Singapore, pg. 558

Chuang, Penny, Principal & Creative Dir -- ADVENTIUM, LLC, New York, NY, pg. 34

Chuck, Catherine, VP-Mktg & PR -- THE ROSE GROUP, Culver City, CA, pg. 1634

Chuecos, Ricardo, Assoc Creative Dir -- THE BRAVO GROUP HQ, Miami, FL, pg. 160

Chuecos, Ricardo, Assoc Creative Dir -- Y&R Miami, Miami, FL, pg. 1205

Chung, Beryl, Art Dir -- Ogilvy (China) Ltd., Shanghai, China, pg. 822

Chung, Chris, Creative Dir -- PART FOUR LLC, Los Angeles, CA, pg. 1279

Chung, Erin Boram, Art Dir-Interactive & Designer -- HAVAS WORLDWIDE, New York, NY, pg. 475

Chung, Janice, Media Dir -- J. Walter Thompson Inside, Houston, TX, pg. 565

Chung, Janice, Media Dir -- J. WALTER THOMPSON INSIDE, Los Angeles, CA, pg. 565

Chung, Jeannie, Creative Dir -- GREY GROUP, New York, NY, pg. 438

Chung, Nicola, Creative Dir -- FCB Shanghai, Shanghai, China, pg. 372

Chuppe, Tania, Sr Acct Exec-PR -- FleishmanHillard Group Ltd., London, United Kingdom, pg. 1510

Church, Colleen, VP & Dir-PR -- Osborn & Barr, Kansas City, MO, pg. 844

Churcher, Jed, Creative Dir -- Publicis Toronto, Toronto, Canada, pg. 904

Churchill, Gaelyn, Creative Dir -- Ogilvy New Zealand, Auckland, New Zealand, pg. 826

Churchill-Brown, Tom, Art Dir -- Ogilvy Sydney, Saint Leonards, Australia, pg. 821

Churchwell, Ally, Producer-Brdcst -- J. WALTER THOMPSON, New York, NY, pg. 553

Chusid, Robert, Acct Dir -- MILNER BUTCHER MEDIA GROUP, Los Angeles, CA, pg. 1351

Chvojan, Allison, Acct Exec -- COOKSEY COMMUNICATIONS, INC., Irving, TX, pg. 1475

Cianciosi, Alyssa, Acct Exec -- MINTZ & HOKE COMMUNICATIONS GROUP, Avon, CT, pg. 746

Ciardha, Kelsey O., Art Dir -- CALYPSO, Portsmouth, NH, pg. 184

Ciatti, Hannes, Co-Founder & Exec Creative Dir -- JOHNXHANNES, New York, NY, pg. 581

Ciauro, Deborah, Sr VP & Creative Dir -- OGILVY COMMONHEALTH WORLDWIDE, Parsippany, NJ, pg. 832

Cicale, Mike, Creative Dir -- GREY GROUP, New York, NY, pg. 438

Cicalini, Barbara, Reg Creative Dir -- Grey Italia S.p.A, Milan, Italy, pg. 441

Cicalini, Barbara, Reg Creative Dir -- GreyUnited, Milan, Italy, pg. 441

Cicco, Adam, Assoc Creative Dir & Copywriter -- MARC USA, Pittsburgh, PA, pg. 676

Ciccocioppo, David W., Creative Dir -- REDROC AUSTIN, Austin, TX, pg. 943

Ciccone, Elysse, Acct Mgr-PR -- SLICE COMMUNICATIONS, Philadelphia, PA, pg. 1646

Cicero, Aimee, Mgr-PR Events -- BROWNSTEIN GROUP, Philadelphia, PA, pg. 168

Cicero, Eric, Art Dir -- Juniper Park/TBWA, Toronto, Canada, pg. 1079

Cid, Adriana Gonzalez, Acct Exec -- LOLA MullenLowe, Madrid, Spain, pg. 542

Cid, Clara, Media Planner & Buyer-Digital -- CAYENNE CREATIVE, Birmingham, AL, pg. 197

Ciecierska, Agata, Acct Dir -- BBDO, Warsaw, Poland, pg. 107

Cieply, Rick, Acct Supvr -- PARTNERS+NAPIER, Rochester, NY, pg. 855

Cierco, Nerea, Creative Dir -- DDB Barcelona S.A., Barcelona, Spain, pg. 280

Cierco, Nerea, Exec Creative Dir -- DDB Madrid, S.A., Madrid, Spain, pg. 280

Ciereck, Lauren, Acct Coord -- ChaseDesign, LLC, Skaneateles, NY, pg. 755

Ciesa, Lauren, Pres, COO & Dir-Creative & Acct -- CIESADESIGN, Lansing, MI, pg. 208

Cifuentes, Mario Virguez, Art Dir -- Ogilvy, Bogota, Colombia, pg. 820

Cima, Chris, Creative Dir -- BARKLEY, Kansas City, MO, pg. 90

Cimillo, Haley, Jr Art Dir -- NIGHT AFTER NIGHT, New York, NY, pg. 794

Cimmino, Craig, Exec Creative Dir -- MCGARRYBOWEN, New York, NY, pg. 716

Cimorosi, David, Assoc Creative Dir -- BENCHWORKS, Chestertown, MD, pg. 122

Cinco, Patrick, Creative Dir -- RED DOOR INTERACTIVE, INC., San Diego, CA, pg. 939

Cindric, Sandra, Acct Dir -- McCann Erickson, Zagreb, Croatia, pg. 702

Cinquepalmi, Luca, Exec Creative Dir -- Poke, London, United Kingdom, pg. 902

Cinquepalmi, Luca, Exec Creative Dir -- Publicis, Rome, Italy, pg. 900

Cinquepalmi, Luca, Exec Creative Dir -- Publicis Italia, Milan, Italy, pg. 899

Cinquepalmi, Luca, Exec Creative Dir-Publicis Milan Italy -- Publicis Networks, Milan, Italy, pg. 900

Cioppa, Retha, Acct Supvr -- GSD&M, Austin, TX, pg. 453

Cioppa, Ryan, Acct Exec-Sports Strategy -- OPTIMUM SPORTS, New York, NY, pg. 842

Cipolla, Leslie, Acct Exec -- AIGNER/PRENSKY MARKETING GROUP, Allston, MA, pg. 1429

Cipolla, Nikki, Acct Dir -- ALLEBACH COMMUNICATIONS, Souderton, PA, pg. 45

Cipollina, Brian, Media Planner & Media Buyer -- CROSSMEDIA, New York, NY, pg. 1317

Cipriano, Teco, Assoc Creative Dir -- Ogilvy, Sao Paulo, Brazil, pg. 819

Circolo, Bruno, Art Dir -- DSC (DILEONARDO SIANO CASERTA) ADVERTISING, Philadelphia, PA, pg. 323

Ciregia, Gabriele, Art Dir -- Publicis Italia, Milan, Italy, pg. 899

Ciresi, Tony, Exec VP & Acct Dir -- GEOMETRY GLOBAL NORTH AMERICA HQ, New York, NY, pg. 415

Cirilli, Dominick, Exec VP & Dir-Creative -- CUMMINS, MACFAIL & NUTRY, INC., Somerville, NJ, pg. 254

Cirrone, Julian, Creative Dir-Create -- M&C SAATCHI PLC, London, United Kingdom, pg. 658

Cirrone, Katy, Acct Supvr -- Cone Communications LLC, New York, NY, pg. 1473

Cishek, Dan, Grp Creative Dir -- TracyLocke, Wilton, CT, pg. 1113

Cisneros, Eduardo, VP-Creative -- Edelman, Mexico, Mexico, pg. 1495

Ciszek, Corey, Creative Dir -- EPSILON, Chicago, IL, pg. 344

Citarella, Mickey, Acct Dir -- STERLING RICE GROUP, Boulder, CO, pg. 1047

Citriniti, Dario, Art Dir-Digital -- Publicis Italia, Milan, Italy, pg. 899

Citro, Sofia, Acct Supvr -- Leo Burnett Buenos Aires, Buenos Aires, Argentina, pg. 623

Citroni, Pete, Art Dir -- TBWA Sydney, Sydney, Australia, pg. 1089

Civanbay, Azize, Acct Dir -- Medina/Turgul DDB, Beyoglu, Turkey, pg. 281

Claessen, Sean, Exec VP-Strategy & Exec Creative Dir -- BOND BRAND LOYALTY, Mississauga, Canada, pg. 145

Clainos, Niki, Assoc Creative Dir -- DUNCAN CHANNON, San Francisco, CA, pg. 325

Clair, Jennifer, Acct Exec -- DW ADVERTISING, Bloomfield, CT, pg. 326

Clampffer, Gregg, Creative Dir -- 72andSunny, Amsterdam, Netherlands, pg. 11

Clapp, Jenna, Acct Supvr -- AMP Agency, New York, NY, pg. 1237

Clardy, Amanda, Acct Supvr -- Racepoint Global, San Francisco, CA, pg. 1624

Clarin, Jennifer, VP-PR -- BOARDROOM COMMUNICATIONS INC., Fort Lauderdale, FL, pg. 1453

AGENCIES — PERSONNEL INDEX

Clark, Amy, Dir-Creative Svcs -- BEEHIVE PR, Saint Paul, MN, pg. 1447

Clark, Craig, Assoc Creative Dir -- TOLLESON DESIGN, INC., San Francisco, CA, pg. 1108

Clark, Dave, Exec Creative Dir -- CHANDELIER, New York, NY, pg. 202

Clark, Dave, Exec Creative Dir -- YARD, New York, NY, pg. 1303

Clark, David, Exec Creative Dir -- PIA AGENCY, Carlsbad, CA, pg. 870

Clark, David, Principal & Creative Dir -- STATION8 BRANDING, Tulsa, OK, pg. 1044

Clark, Frank, Dir-Creative -- SQUARE TOMATO, Seattle, WA, pg. 1038

Clark, Jim, Partner & Creative Dir -- BLIND SOCIETY, Scottsdale, AZ, pg. 136

Clark, Kaitlyn, Specialist-PR -- Orange Orchard, Maryville, TN, pg. 1632

Clark, Laura Louise Suzanne, Art Dir -- Drum OMG, London, United Kingdom, pg. 1363

Clark, Nigel, Creative Dir -- Leo Burnett Sydney, Sydney, Australia, pg. 628

Clark, Ryan, Acct Supvr -- BFG COMMUNICATIONS, Bluffton, SC, pg. 126

Clark, Scott, Creative Dir -- LEGGETT & PLATT INC., Carthage, MO, pg. 1223

Clark, Sean, Creative Dir-DMW Direct -- DMW WORLDWIDE LLC, Chesterbrook, PA, pg. 311

Clark, Stephanie, Acct Dir -- DAVID The Agency, Miami, FL, pg. 261

Clark, Todd, Assoc Creative Dir -- SKYLINE MEDIA GROUP, Oklahoma City, OK, pg. 1019

Clarke, Christopher, Creative Dir-BBH Sport -- BARTLE BOGLE HEGARTY LIMITED, London, United Kingdom, pg. 92

Clarke, Clancey, Mgr-Traffic -- THE BARBER SHOP MARKETING, Addison, TX, pg. 88

Clarke, Clinton, Creative Dir -- DESANTIS BREINDEL, New York, NY, pg. 292

Clarke, Darren, Chief Creative Officer -- MCCANN CANADA, Toronto, Canada, pg. 712

Clarke, Devon, Jr Dir-Creative Art -- ARRIVALS + DEPARTURES, Toronto, Canada, pg. 1238

Clarke, Fiona, Mgr-PR -- Hills Balfour, London, United Kingdom, pg. 750

Clarke, Rebecca, Acct Dir -- TBWA\Dublin, Dublin, Ireland, pg. 1083

Clarke, Robyn, Art Dir -- ILLUMINATION ADVERTISING INC., Clearwater, FL, pg. 524

Clarke, Rosanne, Acct Dir -- BBDO Dublin, Dublin, Ireland, pg. 105

Clarke, Tim, Creative Dir -- VAYNERMEDIA, New York, NY, pg. 1299

Classen, Erin, Acct Exec -- ALLISON & PARTNERS-WASHINGTON D.C., Washington, DC, pg. 48

Claudio, Alina, Acct Supvr-AgencyRx -- DDB HEALTH, New York, NY, pg. 267

Claudio, Javier, Assoc Creative Dir -- Y&R Puerto Rico, Inc., San Juan, PR, pg. 1207

Clawson, Catherine, Acct Exec -- MOMENTUM WORLDWIDE, New York, NY, pg. 754

Claxton, Christine, Acct Dir -- R/GA, New York, NY, pg. 925

Clay, Brandi, Sr Media Planner-Digital & Media Buyer -- ZION & ZION, Tempe, AZ, pg. 1213

Clay, Ella, Acct Dir -- droga5, London, United Kingdom, pg. 322

Clay, Sheldon, Creative Dir -- Carmichael Lynch Relate, Minneapolis, MN, pg. 190

Claypool, Scott, Art Dir -- UNANIMOUS, Lincoln, NE, pg. 1125

Clayton, Janice, Acct Dir -- O'Keeffe & Co., Atlanta, GA, pg. 1602

Clayton, Janice, Acct Dir -- O'KEEFFE & CO., Alexandria, VA, pg. 1602

Clayton, Lauren, Acct Exec -- MOREHEAD DOTTS RYBAK, Corpus Christi, TX, pg. 757

Clayton, Michael, Acct Exec -- Edelman, London, United Kingdom, pg. 1494

Clazie, Ian, Co-Founder & Chief Creative Officer -- READY STATE LLC, San Francisco, CA, pg. 936

Cleary, Macey, Acct Coord -- REED PUBLIC RELATIONS, Nashville, TN, pg. 1628

Cleary, Mark, Creative Dir -- Wunderman, Singapore, Singapore, pg. 1192

Cleary, Sharon, Creative Dir -- GALLEGOS UNITED, Huntington Beach, CA, pg. 408

Cleeremans, Catherine, Acct Supvr -- BUZZSAW ADVERTISING & DESIGN INC., Irvine, CA, pg. 178

Clegg, Tim, Exec Creative Dir -- Digitas, London, United Kingdom, pg. 1251

Clem, Selina, Acct Supvr -- THE ATKINS GROUP, San Antonio, TX, pg. 75

Clement, Amira, Sr Mgr-PR & Influencer Mktg -- CINDY RICCIO COMMUNICATIONS, INC., New York, NY, pg. 1469

Clement, Cameron, VP & Exec Creative Dir -- TWINOAKS, Plano, TX, pg. 1124

Clement, Siva, Acct Dir -- The&Partnership London, London, United Kingdom, pg. 56

Clements, Karin, Acct Supvr -- GLYNNDEVINS ADVERTISING & MARKETING, Kansas City, MO, pg. 424

Clements, Katie, Assoc Creative Dir -- CALDWELL VANRIPER, Indianapolis, IN, pg. 182

Clements, Stephen, Chief Creative Officer -- Y MEDIA LABS, Redwood City, CA, pg. 1195

Clemmons, Joshua, Media Planner -- ROMANELLI COMMUNICATIONS, Clinton, NY, pg. 1633

Clewett, Tony, Exec Creative Dir -- FCB Auckland, Auckland, New Zealand, pg. 374

Click, Nancy, Acct Dir -- THE MAYFIELD GROUP, Tallahassee, FL, pg. 1578

Clifford, Erin, Acct Exec-Digital -- BLUE WATER, Greenbelt, MD, pg. 1241

Clift, Lynn, Grp Dir-Plng, Creative & Brand Strategy -- whiteGREY, Cremorne, Australia, pg. 445

Climer, Nicholas, Mng Partner & Exec Creative Dir -- RAPP, New York, NY, pg. 931

Climer, Nicholas, Mng Partner & Exec Creative Dir -- Rapp Dallas, Irving, TX, pg. 931

Climons, Steve, Founder, Pres & Dir-Creative -- CROSSOVER CREATIVE GROUP, Pinole, CA, pg. 250

Clinciu, Silviu Theodor, Acct Exec -- FCB Bucharest, Bucharest, Romania, pg. 367

Cline, Bryce, Creative Dir -- ANOMALY, New York, NY, pg. 59

Cline, Nick, Creative Dir -- Stink Studios, London, United Kingdom, pg. 1050

Clinger, Aaron, Sr VP, Creative Dir & Dir-Digital -- MULLENLOWE GROUP, Boston, MA, pg. 770

Cloar, Sarah Beth, Acct Supvr -- THE REIS GROUP, LLC, Washington, DC, pg. 1629

Clonts, Mackie, Acct Dir -- AMELIE COMPANY, Denver, CO, pg. 51

Clormann, Lorenz, Creative Dir -- Publicis, Zurich, Switzerland, pg. 901

Clormann, Lorenz, Creative Dir -- Publicis Dialog Zurich, Zurich, Switzerland, pg. 901

Close, Kerry, Acct Supvr -- WACHSMAN PR, New York, NY, pg. 1668

Clugston, Ross, Exec Creative Dir -- SUPERUNION, New York, NY, pg. 1062

Clutterbuck, William, Vice Chm & Head-Fin Svcs & Litigation PR -- Maitland/AMO, London, United Kingdom, pg. 484

Co, Jaclyn, Art Dir -- VML, INC., Kansas City, MO, pg. 1143

Co, Michelle, Art Dir -- BBDO Guerrero, Makati, Philippines, pg. 114

Coad, Richard M., Chief Creative Officer -- MDB COMMUNICATIONS, INC., Washington, DC, pg. 720

Coates, Nick, Dir-Creative Consultancy -- C Space, London, United Kingdom, pg. 305

Coats, David, VP & Exec Creative Dir -- SLINGSHOT, LLC, Dallas, TX, pg. 1021

Cobb, Chris, Creative Dir -- SPACE150, Minneapolis, MN, pg. 1031

Cobb, Daniel, Assoc Creative Dir -- HAVAS WORLDWIDE CHICAGO, Chicago, IL, pg. 488

Cobos, Horacio, Owner & Creative Dir -- REVEL, Richardson, TX, pg. 952

Cobos, Horacio, Owner & Creative Dir -- REVEL UNITED, Richardson, TX, pg. 952

Coburn, Jeff, Sr VP & Dir-Creative Strategy -- Momentum, Saint Louis, MO, pg. 755

Cocchiere, Scott, Exec VP & Exec Creative Dir -- Citizen Relations, New York, NY, pg. 1469

Cocchiere, Scott, Exec VP & Exec Creative Dir -- CITIZEN RELATIONS, Irvine, CA, pg. 1469

Cochran, Amanda, Creative Dir -- DAGGER, Atlanta, GA, pg. 1247

Cochran, Steve, Exec Creative Dir -- Colenso BBDO, Auckland, New Zealand, pg. 114

Cochran, Zak, Acct Dir -- Brunner, Atlanta, GA, pg. 170

Cochrane, Kate, Assoc Dir-Creative -- THE MILLER GROUP, Los Angeles, CA, pg. 742

Cocito, Beto, Creative Dir-Audi Intl-Barcelona -- DDB Argentina, Buenos Aires, Argentina, pg. 270

Cocito, Beto, Creative Dir-Audi Intl -- DDB Chile, Santiago, Chile, pg. 271

Cockrell, Katie, Acct Supvr -- MRM Worldwide, San Francisco, CA, pg. 767

Coderque, Luis, Creative Dir -- BRUCE MAU DESIGN, Toronto, Canada, pg. 169

Cody, Rob, Creative Dir -- VML, Chicago, IL, pg. 1145

Cody, Samantha, VP & Acct Dir -- Razorfish Health, Philadelphia, PA, pg. 1287

Coe, Katie, Acct Supvr -- MCGARRYBOWEN, New York, NY, pg. 716

Coego, Erick, Dir-Creative & Art -- GMG ADVERTISING, Miami, FL, pg. 425

Coelho, Alex, Dir-Integrated Creative -- Isobar Brazil, Sao Paulo, Brazil, pg. 549

Coelho, Andre Duarte, Assoc Creative Dir -- Saatchi & Saatchi, Cape Town, South Africa, pg. 979

Coelho, John, Acct Dir-Lexus Natl Adv -- TEAM ONE USA, Los Angeles, CA, pg. 1095

Coelho, Jorge, Exec Creative Dir -- Ogilvy Portugal, Lisbon, Portugal, pg. 816

Coelho, Luis, Creative Dir -- Wunderman, Lisbon, Portugal, pg. 1192

Coelho, Paulo, Co-Pres & Chief Creative Officer -- DM9DDB, Sao Paulo, Brazil, pg. 271

Coffaro, John, Acct Supvr -- RAPPORT WORLDWIDE, New York, NY, pg. 1366

Coffee, Kaitlyn, Art Dir -- GREENLIGHT, Dallas, TX, pg. 435

Coffey, Claudia, Acct Dir -- TANDEM PR, Louisville, KY, pg. 1655

Coffey, Kathy, Art Dir -- BLUE ADVERTISING LLC, Washington, DC, pg. 138

Coffey, Kathy, Art Dir -- Blue Worldwide, Washington, DC, pg. 1491

Coffey, Megan, Chief Creative Officer -- SPRINGBOX, LTD., Austin, TX, pg. 1037

Coffre, Christophe, Pres-Havas Paris & Creative Dir -- HAVAS, Puteaux, France, pg. 472

Coggin, Clark, Creative Dir -- CAMPAIGN CONNECTIONS, Raleigh, NC, pg. 1461

Coggle, Sally, Creative Dir -- Clemenger BBDO Melbourne, Melbourne, Australia, pg. 111

Cogswell, Mckinzie A., Sr Acct Exec-PR -- FAISS FOLEY WARREN, Las Vegas, NV, pg. 1502

Cohan, Alia, Acct Exec -- MCGARRYBOWEN, New York, NY, pg. 716

Cohen, Adam, Mng Partner & Exec Creative Dir -- CONCENTRIC HEALTH EXPERIENCE, New York, NY, pg. 225

Cohen, Adam C., Acct Dir -- CORNERSTONE AGENCY, INC., New York, NY, pg. 1476

Cohen, Bob, Creative Dir -- R/GA San Francisco, San Francisco, CA, pg. 926

Cohen, Chris Ryan, Assoc Creative Dir -- MCCANN HEALTH GLOBAL HQ, New York, NY, pg. 713

Cohen, Dee Dee, Media Dir -- BLARE INC., Metairie, LA, pg. 134

Cohen, Edmond, Creative Dir -- NEWKIRK COMMUNICATIONS, INC., Philadelphia, PA, pg. 792

Cohen, Jed, Creative Dir -- TBWA\Media Arts Lab, Los Angeles, CA, pg. 1078

Cohen, Kirby, Acct Exec -- THE PR BOUTIQUE, Houston, TX, pg. 1617

Cohen, Kobi, Creative Dir -- BBR Saatchi & Saatchi, Ramat Gan, Israel, pg. 977

Cohen, Linda Welter, CEO & Strategist-Brand Mktg & PR -- THE CALIBER GROUP, Tucson, AZ, pg. 183

Cohen, Meredith, Dir-Print Production -- THE SEIDEN GROUP, New York, NY, pg. 1001

Cohen, Nick, Partner & Creative Dir -- MAD DOGS & ENGLISHMEN, Oakland, CA, pg. 668

Cohen, Paul, Exec Creative Dir -- Adam & EveDDB, London, United Kingdom, pg. 281

Cohen, Ramiro Rodriguez, Gen Dir-Creative -- BBDO Argentina, Buenos Aires, Argentina, pg. 101

Cohen, Ryan, Acct Supvr -- MILLER ADVERTISING AGENCY INC., New York, NY, pg. 741

Cohen, Samantha, Assoc Strategist-Social Media Creative -- AGENCY 451, Boston, MA, pg. 1427

Cohen, Shelby, Acct Exec -- TBC INC., Baltimore, MD, pg. 1076

Cohen-Keidar, Nadav, Acct Dir -- Gitam Porter Novelli, Tel Aviv, Israel, pg. 1615

Cohn, Russ, Acct Dir -- GIANT SPOON, Los Angeles, CA, pg. 418

Cohn, Stu, Creative Dir -- LIMEGREEN MOROCH, LLC, Chicago, IL, pg. 640

Cohrs, Hillary, Ops Mgr & Acct Supvr -- Yamamoto, Minneapolis, MN, pg. 723

PERSONNEL INDEX — AGENCIES

Coimbra, Bobby, Pres & Creative Dir -- Ogilvy, Caracas, Venezuela, pg. 821

Cojocaru, Ion, Creative Dir -- Saatchi & Saatchi, Dubai, United Arab Emirates, pg. 980

Colar, Laura, Assoc Dir-PR & Influencer Strategy -- SCHAFER CONDON CARTER, Chicago, IL, pg. 995

Colasurdo, Giuseppe, Acct Dir -- TBWA Italia, Milan, Italy, pg. 1083

Colbert, Brian, Assoc Creative Dir -- HYC/MERGE, Chicago, IL, pg. 515

Colbourne, Richard, Creative Dir -- THE ADDISON GROUP, Suffolk, VA, pg. 29

Colburn, Sandra, Acct Supvr -- AGENCY59, Toronto, Canada, pg. 39

Coldagelli, Nick, Creative Dir -- PERISCOPE, Minneapolis, MN, pg. 864

Cole, Abraham, Deputy Creative Dir -- SO&U Saatchi & Saatchi, Lagos, Nigeria, pg. 978

Cole, Amye, Media Dir -- BILLUPS WORLDWIDE, Lake Oswego, OR, pg. 1309

Cole, Andy, Acct Exec -- DEVENEY COMMUNICATIONS, New Orleans, LA, pg. 1483

Cole, Brittany, Acct Dir-Integrated -- SPERO MEDIA, New York, NY, pg. 1033

Cole, Jeff, Sr Producer-Creative & Digital Media -- IDEA HALL, Costa Mesa, CA, pg. 520

Cole, Jeff, VP & Creative Dir -- THREE ATLANTA, Atlanta, GA, pg. 1102

Cole, Marty, Sr Creative Dir -- PUBLICIS EXPERIENCES, Seattle, WA, pg. 896

Cole, Morgan, Media Planner -- BACKBONE MEDIA LLC, Carbondale, CO, pg. 1437

Cole, Nick, Copywriter-Creative -- Young & Rubicam Australia/New Zealand, Sydney, Australia, pg. 1199

Cole, Salina, Assoc Creative Dir -- PUBLICIS NEW YORK, New York, NY, pg. 912

Cole, Tim, Dir-Creative & Art -- MCGARRAH JESSEE, Austin, TX, pg. 716

Colella, Chiara, Acct Exec -- STUDIO BLACK TOMATO, New York, NY, pg. 1056

Coleman, Clay, Assoc Creative Dir -- SLINGSHOT, LLC, Dallas, TX, pg. 1021

Coleman, Jen, Media Buyer -- Charles Ryan Associates, Richmond, VA, pg. 203

Coleman, Kori, Assoc Strategist-Creative -- AGENCYEA, Chicago, IL, pg. 40

Coleman, Kristin, Acct Dir -- NOVITA COMMUNICATIONS, New York, NY, pg. 801

Coleman, Ryan, Grp Creative Dir & Copywriter -- LUQUIRE GEORGE ANDREWS, INC., Charlotte, NC, pg. 657

Coleman, Zac, Creative Dir -- DRIVE SOCIAL MEDIA, Saint Louis, MO, pg. 1254

Colenbrander, Elaine, Creative Dir -- POP, Seattle, WA, pg. 882

Colgrove, William, Founder & Chief Creative Officer -- THREESPOT MEDIA, LLC, Washington, DC, pg. 1295

Colin, Helena, Art Dir-Mid -- Saatchi & Saatchi Australia, Sydney, Australia, pg. 983

Colinet, Fritz, Exec Creative Dir -- RETNA MEDIA INC., Houston, TX, pg. 952

Collado, Jocelyn, Acct Dir -- BECKER COMMUNICATIONS, Honolulu, HI, pg. 1446

Collazos, Jose, Acct Exec-Digital -- OMD Cross Cultural, Miami, FL, pg. 1356

Collesano, Caterina, Art Buyer -- Publicis Italia, Milan, Italy, pg. 899

Collett, Brad, Creative Dir -- DDB New Zealand Ltd., Auckland, New Zealand, pg. 278

Colley, Anita, Art Dir -- Chemistry Atlanta, Atlanta, GA, pg. 205

Colley, Greg, Art Dir -- BBDO Dublin, Dublin, Ireland, pg. 105

Collier, Matt, Creative Dir -- M&C SAATCHI PLC, London, United Kingdom, pg. 658

Collin, Scott, Exec Creative Dir -- HAVIT ADVERTISING, LLC, Arlington, VA, pg. 489

Collin, Susanne, Acct Dir -- Havas Worldwide London, London, United Kingdom, pg. 483

Colling, Darryl, Supvr-Creative -- CROWLEY WEBB, Buffalo, NY, pg. 250

Colling, Tom, Assoc Creative Dir -- BRAND COOL MARKETING INC, Rochester, NY, pg. 154

Collins, Amberly, Acct Supvr -- THE GARAGE TEAM MAZDA, Costa Mesa, CA, pg. 409

Collins, Andrew, Acct Exec -- RED TETTEMER O'CONNELL & PARTNERS, Philadelphia, PA, pg. 941

Collins, Andy, Creative Dir -- LATORRA, PAUL & MCCANN, Syracuse, NY, pg. 613

Collins, Brett, VP & Acct Dir-Ford Enterprise -- GLOBAL TEAM BLUE, Dearborn, MI, pg. 423

Collins, Brian, Founder & Chief Creative Officer -- COLLINS, New York, NY, pg. 220

Collins, Camellia, Chief Creative Officer -- CAMELLIA DIGITAL AGENCY, Bristol, TN, pg. 185

Collins, David, Principal & Creative Dir -- GRAFIK MARKETING COMMUNICATIONS, Alexandria, VA, pg. 431

Collins, Erika, Partner & Sr Dir-New Bus -- Carmichael Lynch Relate, Minneapolis, MN, pg. 190

Collins, James, Assoc Creative Dir -- DIGITAS, Boston, MA, pg. 1250

Collins, Jennifer, Dir-New Bus -- PEAK CREATIVE MEDIA, Denver, CO, pg. 860

Collins, Matt, Creative Dir -- PK NETWORK COMMUNICATIONS, New York, NY, pg. 875

Collins, Parker, Acct Dir -- TBWA Chiat Day New York, New York, NY, pg. 1078

Collins, Reed, Chief Creative Officer -- Ogilvy Advertising, Central, China (Hong Kong), pg. 822

Collins, Rob, Art Dir & Graphic Designer -- COLLINS, New York, NY, pg. 220

Collins, Tom, Assoc Creative Dir -- EMA Public Relations Services, Syracuse, NY, pg. 347

Collons, Brenda, VP & Dir-Strategic Comm & PR -- HYDROGEN ADVERTISING, Seattle, WA, pg. 515

Collyer, Phil, Sr VP & Head-Creative -- JACK MORTON WORLDWIDE, Boston, MA, pg. 567

Colmar, Steve, Exec Creative Dir -- Leo Burnett Publicidade, Ltda., Lisbon, Portugal, pg. 626

Colmar, Steve, Exec Creative Dir -- Publicis Publicidade Lda., Lisbon, Portugal, pg. 901

Colna, Jill, VP-PR -- SVM PUBLIC RELATIONS & MARKETING COMMUNICATIONS, Providence, RI, pg. 1064

Colombo, Chiara, Acct Supvr -- Havas Worldwide Milan, Milan, Italy, pg. 481

Colon, Arturo, Assoc Dir-Creative -- AMUSE DIGITAL, Houston, TX, pg. 1237

Colovin, Stewart, Chief Creative Officer & Exec VP -- MMG, Bradenton, FL, pg. 751

Colovin, Stewart, Exec VP-Creative & Brand Strategy -- MMGY GLOBAL, Kansas City, MO, pg. 750

Colson, Hannah, Acct Exec-PR -- BOARDROOM COMMUNICATIONS INC., Fort Lauderdale, FL, pg. 1453

Coltart, Freddie, Grp Head-Creative -- FCB Auckland, Auckland, New Zealand, pg. 374

Colton, Christopher, Creative Dir -- GSD&M, Austin, TX, pg. 453

Colvin, Alan, Creative Dir -- CUE INC, Minneapolis, MN, pg. 252

Comand, Cristian, Creative Dir -- Y&R Italia, srl, Milan, Italy, pg. 1203

Comastri, Nicolas, Art Dir -- TBWA Corporate, Boulogne-Billancourt, France, pg. 1081

Combest, Lauren, Acct Dir -- GOODWAY GROUP, Jenkintown, PA, pg. 1322

Combs, Allison, Acct Supvr -- IN MARKETING SERVICES, Norwalk, CT, pg. 529

Combs, Amanda, Acct Supvr -- SWIFT AGENCY, Portland, OR, pg. 1066

Combs, Josh, Exec Creative Dir -- AKQA, Inc., Portland, OR, pg. 1235

Combs, Sean, Creative Dir -- THE BLUE FLAME AGENCY, New York, NY, pg. 139

Comer, Kevin, Partner-Creative -- AMPLE, LLC, Cincinnati, OH, pg. 54

Comez, Keith, Art Dir -- Ace Saatchi & Saatchi, Makati, Philippines, pg. 985

Comitis, John, Dir-Creative -- VBAT, Amsterdam, Netherlands, pg. 1182

Commandatore, Dana, Exec VP & Exec Dir-Creative Ops -- deutschMedia, New York, NY, pg. 295

Comoglio, Bob, Sr Art Dir -- QOOQOO, Irvine, CA, pg. 920

Compton, Anna, Strategist-PR & Social Media -- OVATION PR & ADVERTISING, Washington, DC, pg. 847

Compton, Brett, VP & Creative Dir -- RED CLAY INTERACTIVE, Buford, GA, pg. 1284

Comte-Liniere, Jean-Baptiste, Exec Creative Dir -- Publicis Shanghai, Shanghai, China, pg. 908

Conaghan, Benjamin, Art Dir -- VML, Chicago, IL, pg. 1145

Conant, Christine, Art Dir & Sr Graphic Designer -- MARKETING EDGE GROUP, North Brunswick, NJ, pg. 683

Conant, Teresa, Mgr-Brdcst -- NORBELLA INC., Boston, MA, pg. 1354

Conciatore, Matthew, Mng Partner & Creative Dir -- IMPULSE CONCEPT GROUP, Norwalk, CT, pg. 528

Conciatore, Sean, Exec VP & Creative Dir -- NATREL COMMUNICATIONS, Parsippany, NJ, pg. 786

Condie, Todd, Creative Dir -- THE TERRI & SANDY SOLUTION, New York, NY, pg. 1097

Condon, John, Founder & Chief Creative Officer -- THE DISTILLERY PROJECT, Chicago, IL, pg. 304

Condrick, Mike, Creative Dir -- THE WONDERFUL AGENCY, Los Angeles, CA, pg. 1228

Condroyer, Heloise, Art Dir -- DESIGN ARMY, Washington, DC, pg. 292

Cone, Malia, Acct Exec -- SPACE150, Minneapolis, MN, pg. 1031

Coney, Charlie, Exec Creative Dir-West Coast Reg -- Golin, Los Angeles, CA, pg. 1520

Congdon, Emily, Art Dir -- BRIGHTON AGENCY, INC., Saint Louis, MO, pg. 164

Conger, Kelli, Media Dir -- FLYNN WRIGHT, Des Moines, IA, pg. 390

Congleton, Rosalind, Acct Dir-Publicity -- ALLIED INTEGRATED MARKETING, Las Vegas, NV, pg. 1430

Congleton, Rosalind, Acct Dir-Publicity -- ALLIED INTEGRATED MARKETING, Cambridge, MA, pg. 47

Conigliaro, Thomas, VP & Assoc Creative Dir -- FCB HEALTH, New York, NY, pg. 376

Conjerti, Frank, Creative Dir -- QUINLAN & COMPANY, Buffalo, NY, pg. 923

Conklin, Lisa, Mgr-PR -- REPLACEMENTS, LTD., McLeansville, NC, pg. 1225

Conley, Brian, Acct Dir -- LUCKIE & COMPANY, Birmingham, AL, pg. 655

Conlin, Elizabeth, Sr VP & Acct Dir -- RE:GROUP, INC., Ann Arbor, MI, pg. 945

Connell, Brad, Art Dir -- WAX PARTNERSHIP, Calgary, Canada, pg. 1154

Connell, Denise, Sr Producer-Brdcst -- J. Walter Thompson, London, United Kingdom, pg. 562

Connell, Jennifer, Acct Supvr -- MEDIASPOT, INC., Corona Del Mar, CA, pg. 1350

Connelly, Bill, Creative Dir -- DOE-ANDERSON, Louisville, KY, pg. 312

Connelly, Marissa, Acct Supvr -- LITZKY PUBLIC RELATIONS, Hoboken, NJ, pg. 1569

Connelly, Natalie, VP & Acct Dir -- BBDO WORLDWIDE INC., New York, NY, pg. 97

Conner, Catherine, Media Planner -- MOXIE, Atlanta, GA, pg. 1274

Conner, James, Creative Dir -- DDB New Zealand Ltd., Auckland, New Zealand, pg. 278

Conning, Rosie, Acct Exec -- TBWA/Manchester, Manchester, United Kingdom, pg. 1086

Connolly, Lauren, Creative Dir -- BBDO New York, New York, NY, pg. 99

Connolly, Mary, Acct Supvr -- deutschMedia, New York, NY, pg. 295

Connor, Eric, Assoc Creative Dir -- MICROMASS COMMUNICATIONS INC, Cary, NC, pg. 738

Connor, Lauren, Acct Exec -- FRANCO PUBLIC RELATIONS GROUP, Detroit, MI, pg. 1513

Connors, Cadie, Acct Supvr -- PARRIS COMMUNICATIONS, INC., Kansas City, MO, pg. 1606

Conrad, Rebecca, Acct Exec -- VaynerMedia, San Francisco, CA, pg. 1299

Conrado, Ana, Art Dir -- Almap BBDO, Sao Paulo, Brazil, pg. 101

Conran, Christopher, Head-Creative -- STEVENS ADVERTISING, Grand Rapids, MI, pg. 1048

Considine, Jim, Acct Exec -- MPG MEDIA SERVICES, Louisville, KY, pg. 1353

Consiglio, Dan, Partner & Exec Creative Dir -- DOWNTOWN PARTNERS CHICAGO, Chicago, IL, pg. 318

Conte, Donna, Acct Coord -- JL MEDIA, INC., Union, NJ, pg. 1336

Conte, Suzanne, Media Dir -- LUNTZ GLOBAL, Washington, DC, pg. 1572

Conti, Vincent, Exec Creative Dir & Strategist-Online Mktg -- THE IDEA FACTORY, New York, NY, pg. 520

Contijoch, Elisabet, Acct Dir -- Millward Brown Spain, Madrid, Spain, pg. 743

Continanza, Stella, Acct Supvr -- Havas Worldwide New York, New York, NY, pg. 476

Contini, Cailean, Acct Dir -- GREATER THAN ONE, New York, NY, pg. 434

Contreras Amoretti, Michael Kevin, Art Dir -- Y&R Peru, Lima, Peru, pg. 1207

Contreras, Diego, Creative Dir -- Sancho BBDO, Bogota, Colombia, pg. 102

1717

AGENCIES — PERSONNEL INDEX

Contreras, Erica-Renee, Acct Dir -- Moroch, San Antonio, TX, pg. 759
Contreras, Kevin, Art Dir -- McCann Erickson (Peru) Publicidad S.A., Lima, Peru, pg. 707
Conway, Christopher, Art Dir -- SCOTT, INC. OF MILWAUKEE, Milwaukee, WI, pg. 998
Conway, Peggy, VP & Media Dir -- LOVE COMMUNICATIONS, Salt Lake City, UT, pg. 653
Conway, Scott C., Creative Dir -- MeringCarson, San Diego, CA, pg. 731
Coogan, Lianne, Supvr-Creative -- THE MARTIN GROUP, LLC., Buffalo, NY, pg. 688
Cook, Dayton, Art Dir -- INNER SPARK CREATIVE, Auburn, AL, pg. 533
Cook, Jon, Media Planner -- Saatchi & Saatchi London, London, United Kingdom, pg. 980
Cook, Matt, Assoc Creative Dir -- THE VARIABLE AGENCY, Winston Salem, NC, pg. 1131
Cook, Spencer, Assoc Creative Dir & Copywriter -- PHENOMENON, Los Angeles, CA, pg. 868
Cook, Valorie, Acct Supvr -- BILLUPS WORLDWIDE, Lake Oswego, OR, pg. 1309
Cook-Sandve, Sheri, Acct Dir -- BEUTLER INK, Santa Monica, CA, pg. 1449
Cooke, Andy, Art Dir -- Ogilvy Sydney, Saint Leonards, Australia, pg. 821
Cooke, Frances, Art Dir -- Clemenger BBDO Wellington, Wellington, New Zealand, pg. 113
Cooke, Mary, Media Planner & Media Buyer -- CROWLEY WEBB, Buffalo, NY, pg. 250
Cookson, Scott, Exec Creative Dir -- AYZENBERG GROUP, INC., Pasadena, CA, pg. 81
Cooley, Jill, Exec VP & Acct Dir -- MRM Worldwide, Birmingham, MI, pg. 767
Cooley, Stephanie, Acct Dir -- Dotted Line Communications, Los Angeles, CA, pg. 1487
Cooley, Will, Sr Partner & Media Dir -- GROUPM NORTH AMERICA & CORPORATE HQ, New York, NY, pg. 1322
Coolman, Sarah, Acct Dir -- WILLIAM MILLS AGENCY, Atlanta, GA, pg. 1168
Coomer, David, Chief Creative Officer -- CORNETT INTEGRATED MARKETING SOLUTIONS, Lexington, KY, pg. 232
Cooney, Scott, Creative Dir -- BBH NEW YORK, New York, NY, pg. 115
Cooper, Abby, Acct Exec -- THOMPSON & CO. PUBLIC RELATIONS, Anchorage, AK, pg. 1660
Cooper, Alan, Pres-New Bus Dev -- Eisenberg & Associates, Dallas, TX, pg. 334
Cooper, Christie, Creative Dir -- DDB New Zealand Ltd., Auckland, New Zealand, pg. 278
Cooper, Courtney, Mgr-Creative Ops -- BESON 4 MEDIA GROUP, Jacksonville, FL, pg. 125
Cooper, Dan, Creative Dir -- BOZELL, Omaha, NE, pg. 150
Cooper, Jaclyn, Acct Supvr -- JOHN ST., Toronto, Canada, pg. 579
Cooper, Jay, Creative Dir-Design Lab -- SERINO COYNE LLC, New York, NY, pg. 1003
Cooper, John, VP-Creative & Co-Dir-Creative -- ESTEY-HOOVER INC. ADVERTISING-PUBLIC RELATIONS, NewPort Beach, CA, pg. 350
Cooper, Katherine, Acct Coord -- LEAPFROG SOLUTIONS, INC., Alexandria, VA, pg. 618
Cooper, Nicole, Media Planner & Buyer -- COPP MEDIA SERVICES INC, Wichita, KS, pg. 231
Cooper, Paul, Assoc Creative Dir -- BRAND TANGO INC., Deerfield Beach, IL, pg. 155
Cooper, Peter, Art Dir -- SPARK44, Los Angeles, CA, pg. 1226
Cooper, Rachel, Acct Supvr-Media Rels -- Olson Engage, Minneapolis, MN, pg. 518
Cooper, Stephanie Sohol, Acct Dir -- BLACKWING CREATIVE, Seattle, WA, pg. 133
Cooper, Todd, VP & Creative Dir -- DIAZ & COOPER ADVERTISING INC, Miami, FL, pg. 299
Cooter, Scott, Creative Dir -- ALLEBACH COMMUNICATIONS, Souderton, PA, pg. 45
Copacino, Chris, Acct Dir & Head-Bus Dev -- COPACINO + FUJIKADO, LLC, Seattle, WA, pg. 230
Copacino, Jim, Co-Founder & Chief Creative Officer -- COPACINO + FUJIKADO, LLC, Seattle, WA, pg. 230
Copeland, Grant, Pres & Chief Creative Officer -- WORX BRANDING & ADVERTISING, Prospect, CT, pg. 1178
Copeland, Katie Hummel, Acct Supvr -- PINGER PR AT POWERS, Cincinnati, OH, pg. 1609
Copeland, Kris, Creative Dir -- GCG MARKETING, Fort Worth, TX, pg. 413
Copeland, Paul, Exec Creative Dir-APAC & China -- Saatchi & Saatchi, Shanghai, China, pg. 983
Copelin, Nick, Acct Dir -- WILL & GRAIL, Kansas City, MO, pg. 1168
Copertino, Giuseppe, Media Dir -- Spark Foundry, Los Angeles, CA, pg. 1366
Coplen, Dani, Exec VP-Creative -- THE INTEGER GROUP, LLC, Lakewood, CO, pg. 536
Copp, Jackie, VP-PR -- PITCH PUBLIC RELATIONS, Chandler, AZ, pg. 1610
Coppens, Carle, Sr VP & Creative Dir -- Havas Worldwide Canada, Montreal, Canada, pg. 477
Coppens, Sophie, Acct Exec -- Headline Publishing Agency, Antwerp, Belgium, pg. 1080
Coppola, Martin, Head-Social Creative-Asia Pacific -- Ogilvy, Shanghai, China, pg. 1601
Coral, Paula, Art Dir -- THE COMMUNITY, Miami, FL, pg. 223
Corapi, Sarah, Acct Exec -- SCHAFER CONDON CARTER, Chicago, IL, pg. 995
Corazza, Fred, Art Dir -- Ogilvy Sydney, Saint Leonards, Australia, pg. 821
Corazzini, Adriann, Acct Exec -- AGUILLON & ASSOCIATES LLC, San Antonio, TX, pg. 1428
Corbeille, Michael, Exec VP & Exec Creative Dir -- SIMONS MICHELSON ZIEVE, INC., Troy, MI, pg. 1015
Corbelle, Matias, Creative Dir -- Del Campo Nazca Saatchi & Saatchi, Buenos Aires, Argentina, pg. 981
Corbett, James, Creative Dir -- IPG MEDIABRANDS, New York, NY, pg. 547
Corbett, Katherine, Acct Dir -- Clarion Communications, London, United Kingdom, pg. 1185
Corbin, Jason, Assoc Creative Dir -- LEWIS COMMUNICATIONS, Birmingham, AL, pg. 636
Corbitt, Carl, Exec Creative Dir -- Chemistry Atlanta, Atlanta, GA, pg. 205
Corcoran, Joe, Head-Creative -- Anomaly, London, United Kingdom, pg. 59
Corcoran, Joe, Head-Creative -- Anomaly, London, United Kingdom, pg. 721
Corcoran, Peter, Creative Dir -- STEPHENS & ASSOCIATES ADVERTISING, INC., Overland Park, KS, pg. 1047
Cordeiro, Lucas, Creative Dir & Art Dir -- Publicis Brasil Communicao, Sao Paulo, Brazil, pg. 906
Cordeiro, Victoria, Acct Coord -- DUFFY & SHANLEY, INC., Providence, RI, pg. 324
Cordell, Amy, Coord-Production & Media Buyer -- STEELE & ASSOCIATES, INC., Pocatello, ID, pg. 1045
Cordell, David, Grp Creative Dir -- BOHLSENPR INC., IndianaPOlis, IN, pg. 1453
Corder, Ernest, Pres & Chief Creative Officer -- REDROC AUSTIN, Austin, TX, pg. 943
Cordora, Bern, Art Dir -- BBDO Guerrero, Makati, Philippines, pg. 114
Cordova, Christine, Mgr-PR -- FOCUS MEDIA INC, Goshen, NY, pg. 1402
Cordova, Rolando, Creative Dir -- FITZGERALD & CO, Atlanta, GA, pg. 386
Coreas, Victor, Art Dir -- FOCUS MEDIA INC, Goshen, NY, pg. 1402
Corless, Andrea, Art Dir -- SANDBOX CHICAGO, Chicago, IL, pg. 989
Corley, Chris, Exec Creative Dir -- VML, Kalamazoo, MI, pg. 1300
Corley, Michelle, Art Dir -- DUNCAN MCCALL, INC., Pensacola, FL, pg. 325
Cormie, Adrienne, Partner & Exec Dir-Creative -- SPIN ADVERTISING, Ann Arbor, MI, pg. 1034
Corna, Lauren, Acct Supvr -- KARSH & HAGAN COMMUNICATIONS, INC., Denver, CO, pg. 588
Cornea, Ioana, Art Dir -- PKP BBDO, Vienna, Austria, pg. 103
Cornelius, Jason, Creative Dir-Brand Experience -- Grey Hong Kong, North Point, China (Hong Kong), pg. 446
Cornelius, Terri, VP-PR -- GRISKO, Chicago, IL, pg. 1525
Cornett, Charlotte, Media Planner & Buyer-Digital -- CORNETT INTEGRATED MARKETING SOLUTIONS, Lexington, KY, pg. 232
Cornette, John, Exec VP & Exec Creative Dir -- EP+Co, New York, NY, pg. 343
Cornette, Kristi, Media Buyer -- ADWERKS, Sioux Falls, SD, pg. 36
Cornils, Julia, Acct Dir -- FCB Hamburg, Hamburg, Germany, pg. 366
Cornish, Sarah, Acct Dir & Bus Dir -- TBWA Sydney, Sydney, Australia, pg. 1089
Cornish, Tiffiney, Founder, Creative Dir & Designer -- TC CREATIVES LLC, Woodland Hills, CA, pg. 1093
Cornmell, Dave, Creative Dir -- mcgarrybowen, London, United Kingdom, pg. 717
Cornwell, Kevin, Creative Dir -- BIGFISH CREATIVE GROUP, Scottsdale, AZ, pg. 131
Corr, David, Exec VP & Exec Creative Dir -- PUBLICIS HEALTHCARE COMMUNICATIONS GROUP, New York, NY, pg. 911
Corr, David, Exec VP & Exec Creative Dir -- PUBLICIS USA, New York, NY, pg. 912
Corrales, Danny, Creative Dir -- HAVAS WORLDWIDE, New York, NY, pg. 475
Corrales, Marcela Zapata, Art Dir -- Young & Rubicam Bogota, Bogota, Colombia, pg. 1206
Correa, Daniel, Creative Dir & Art Dir -- Impact BBDO, Dubai, United Arab Emirates, pg. 109
Correa, Katerina, Media Planner -- MODCO MEDIA, New York, NY, pg. 753
Correa, Memo, Creative Dir -- SANDERS\WINGO ADVERTISING, INC., El Paso, TX, pg. 989
Correa, Milton, Grp Creative Dir -- ELEPHANT, San Francisco, CA, pg. 335
Correa, Paulo, Assoc Creative Dir -- Campaigns & Grey, Makati, Philippines, pg. 447
Correa, Percy Chavarry, Art Dir -- Y&R Peru, Lima, Peru, pg. 1207
Correa, Tomas, Creative Dir -- Leo Burnett Tailor Made, Sao Paulo, Brazil, pg. 623
Corredor, Diana, Acct Dir -- Wavemaker, Medellin, Colombia, pg. 1384
Corredor, Diana, Acct Dir -- Wavemaker, Bogota, Colombia, pg. 1384
Corredor, Hugo, VP-Creative -- Sancho BBDO, Bogota, Colombia, pg. 102
Correia, Augusto, Strategist-Creative -- DDB Sydney Pty. Ltd., Ultimo, Australia, pg. 270
Correia, Helder, Media Buyer -- KWG, New York, NY, pg. 604
Corrigan, Don, Creative Dir -- Greer, Margolis, Mitchell, Burns & Associates (GMMB), Washington, DC, pg. 1508
Corsaro, Ricardo, Creative Dir -- McCann Erickson S.A. de Publicidad, Santiago, Chile, pg. 701
Cortavarria, Jefferson, Creative Dir & Copywriter -- Y&R Peru, Lima, Peru, pg. 1207
Cortes, Luis, Creative Dir -- DIGITAL STYLE TECHNOLOGIES, San Diego, CA, pg. 1250
Cortes, Trinidad, Acct Dir -- Havas Worldwide Southern Spain, Madrid, Spain, pg. 481
Cortesini, Luca, Exec Creative Dir -- DDB S.R.L. Advertising, Milan, Italy, pg. 276
Cortez - Fox, Jessica, Mgr-PR -- FKQ ADVERTISING + MARKETING, Clearwater, FL, pg. 386
Cortina, Jerges, Assoc Creative Dir -- CSI GROUP, INC., Montvale, NJ, pg. 251
Corwin, Ellissa, Acct Supvr -- ROKKAN, New York, NY, pg. 966
Cory, Aviram, Art Dir-3D -- FCB Shimoni Finkelstein, Tel Aviv, Israel, pg. 370
Corzo, Paul, Creative Dir -- PURPLE GROUP, Chicago, IL, pg. 918
Cosentino, Courtney, Exec Creative Dir -- PILOT, New York, NY, pg. 871
Cosentino, Debbie, Art Dir -- LINX COMMUNICATIONS CORP., Smithtown, NY, pg. 642
Cosenza, Kimberly, Acct Supvr -- DUDNYK HEALTHCARE GROUP, Horsham, PA, pg. 324
Cosgrove, Adrian, Creative Dir -- Owens DDB, Dublin, Ireland, pg. 276
Cosgrove, Katie, Acct Dir -- ICF Olson, Chicago, IL, pg. 518
Cosgrove, Rick, Exec Creative Dir -- AGENCYEA, Chicago, IL, pg. 40
Cosgrove, Ryan, Acct Coord -- CSI GROUP, INC., Montvale, NJ, pg. 251
Cosgrove-Moloney, Eileen, Acct Dir -- Y&R London, London, United Kingdom, pg. 1204
Cosic, Vladimir, Creative Dir-Digital -- McCann Erickson Group, Belgrade, Serbia, pg. 708
Cosico, Caleb, Art Dir -- BBDO Guerrero, Makati, Philippines, pg. 114
Cosmelli, Dario, VP & Acct Dir -- GREY NEW YORK, New York, NY, pg. 438
Cosper, Eric, Creative Dir -- MEKANISM, San Francisco, CA, pg. 729
Coss, Reed, Grp Creative Dir -- SapientRazorfish Atlanta, Atlanta, GA, pg. 1287
Cossio, Mimi, Sr Mgr-Print Production & Producer -- ALMA, Coconut

PERSONNEL INDEX — AGENCIES

Grove, FL, pg. 49

Costa, Fernando, Supvr-Creative -- Ogilvy Portugal, Lisbon, Portugal, pg. 816

Costa, Ravi, Assoc Creative Dir -- FCB Kuala Lumpur, Kuala Lumpur, Malaysia, pg. 374

Costa, Roberta, Acct Dir -- YOUNG & RUBICAM, New York, NY, pg. 1197

Costabile, Bob, Chief Creative Officer -- BIGBUZZ MARKETING GROUP, New York, NY, pg. 130

Costanza, Bob, Chief Creative Officer & Principal -- SCOUT MARKETING, Atlanta, GA, pg. 998

Costanzi, Angela, Sr VP-Creative Tech -- MOVEO, Chicago, IL, pg. 764

Costanzo, Francesca, Acct Supvr -- J. Walter Thompson, Rome, Italy, pg. 560

Costarides, Nicholas, Assoc Creative Dir -- Ogilvy, Playa Vista, CA, pg. 811

Coste, Raysa, Acct Dir -- Pages BBDO, Santo Domingo, Dominican Republic, pg. 102

Costello, Ashley, Acct Dir -- STACKPOLE & PARTNERS ADVERTISING, Newburyport, MA, pg. 1041

Costello, Erin, Assoc Creative Dir -- RPA, Santa Monica, CA, pg. 970

Costello, Jonina, Mgr-PR -- FULL-THROTTLE COMMUNICATIONS INC., Moorpark, CA, pg. 402

Costello, Lynn, Media Buyer -- OH PARTNERS, Phoenix, AZ, pg. 833

Costello, Mike, Creative Dir -- BBDO San Francisco, San Francisco, CA, pg. 99

Costello, Patricia, Creative Dir -- ON BOARD EXPERIENTIAL MARKETING, Sausalito, CA, pg. 1413

Coto, Raphael, VP-Creative Svcs -- SIGNATURE BRAND FACTORY, Milldale, CT, pg. 1013

Cotta, Breno, Creative Dir & Copywriter -- Scanad, Nairobi, Kenya, pg. 1182

Cottam, Tommy, Acct Dir -- Publicis, Rome, Italy, pg. 900

Cottam, Tommy, Acct Dir-Heineken-Global -- Publicis Italia, Milan, Italy, pg. 899

Cottam, William, Creative Dir -- McCann Erickson Advertising Ltd., London, United Kingdom, pg. 711

Cotter, Dylan, Exec Creative Dir -- BBDO Dublin, Dublin, Ireland, pg. 105

Cotti, Leonardo, Dir-Client Creative -- Saatchi & Saatchi, Milan, Italy, pg. 978

Cottier, Brian, Partner, Dir-Creative & Designer -- SOVRN, Boise, ID, pg. 1030

Cottrell, Katelyn, Acct Exec -- SCHAFER CONDON CARTER, Chicago, IL, pg. 995

Cottrell, Noel, Chief Creative Officer -- FITZGERALD & CO, Atlanta, GA, pg. 386

Cottrell, Noel, Chief Creative Officer -- FITZGERALD MEDIA, Atlanta, GA, pg. 1321

Cotu, Chris, Creative Dir -- LEROY & ROSE, Santa Monica, CA, pg. 633

Couagnon, Nicolas, Exec Creative Dir -- ZAKKA, Boulogne-Billancourt, France, pg. 1082

Couch, Kevin, Creative Dir -- MANGOS, Conshohocken, PA, pg. 674

Couchman, Brent, Co-Founder & Creative Dir -- MONIKER INC., San Francisco, CA, pg. 755

Coughlin, Brenna, Media Planner -- GROUPM NORTH AMERICA & CORPORATE HQ, New York, NY, pg. 1322

Coughlin, Megan, Creative Dir -- SCHAFER CONDON CARTER, Chicago, IL, pg. 995

Couldwell, Emily, Acct Dir -- Helia, Cirencester, United Kingdom, pg. 473

Couldwell, Emily, Acct Dir -- Helia, Cirencester, United Kingdom, pg. 484

Coulter, Cyrus, Creative Dir -- R/GA Los Angeles, North Hollywood, CA, pg. 926

Coupland, David, Dir-Creative & Strategy -- WE Buchan, Melbourne, Australia, pg. 1672

Courant, Nicolas, Exec Creative Dir -- Ogilvy (Singapore) Pvt. Ltd., Singapore, Singapore, pg. 827

Cournoyer, Shawn, Creative Dir -- G MEDIA STUDIOS, Providence, RI, pg. 406

Court, Amy, Media Dir -- SPIRO & ASSOCIATES MARKETING, ADVERTISING & PUBLIC RELATIONS, Fort Myers, FL, pg. 1034

Court, Rachel, Acct Exec -- BENEDICT ADVERTISING, Daytona Beach, FL, pg. 122

Courtemanche, Julie, VP & Media Dir -- Cossette Communication-Marketing (Montreal) Inc., Montreal, Canada, pg. 233

Courtemanche, Olivier, Creative Dir -- J. Walter Thompson France, Neuilly-sur-Seine, France, pg. 559

Courtman, Roxanne, Acct Dir -- Publicis UK, London, United Kingdom, pg. 902

Courtney, Andalyn, Grp Creative Dir -- CROWLEY WEBB, Buffalo, NY, pg. 250

Courtney, Ann, Media Dir -- THE CALIBER GROUP, Tucson, AZ, pg. 183

Courtney, Hannah, Acct Dir-Experiential-Sport & Entertainment -- M&C SAATCHI PLC, London, United Kingdom, pg. 658

Courty, Juliette, Art Dir -- Ogilvy, Paris, France, pg. 814

Coury, Maryanne, Media Dir -- THE JONES AGENCY, Palm Springs, CA, pg. 581

Coutain, Tracy, Acct Dir -- FAIRCOM NEW YORK, New York, NY, pg. 359

Coutinho, Joao, Exec Creative Dir -- RED FUSE COMMUNICATIONS, INC., New York, NY, pg. 939

Coutinho, Joao, Exec Creative Dir-North America -- YOUNG & RUBICAM, New York, NY, pg. 1197

Coutino, Jake, Art Dir -- R/GA, Austin, TX, pg. 927

Couto, Vinny, Art Dir -- GLOBAL TEAM BLUE, Dearborn, MI, pg. 423

Coutroulis, Niko, Creative Dir -- HILL HOLLIDAY/NEW YORK, New York, NY, pg. 501

Covelli, Scott, Supvr-PR -- EPIC CREATIVE, West Bend, WI, pg. 343

Coveny, Kelly, Chief Creative Officer -- MILKSONO LLC, South Norwalk, CT, pg. 740

Covington, Rob, Creative Dir -- IDYLLWILD ADVERTISING, Sandy, UT, pg. 522

Covrig, Kara, Specialist-Media & Acct Coord -- CLARK CREATIVE GROUP, Omaha, NE, pg. 212

Coward, Katie, Art Dir -- PEREIRA & O'DELL, San Francisco, CA, pg. 863

Cowdy, Travis, VP & Exec Creative Dir -- DentsuBos, Toronto, Canada, pg. 291

Cowie, James, Grp Creative Dir -- DEUTSCH, INC., New York, NY, pg. 294

Cowie, James, Grp Creative Dir -- Deutsch New York, New York, NY, pg. 295

Cowing, Monica, Acct Exec -- ZEEKEE INTERACTIVE, Birmingham, AL, pg. 1303

Cox, Darren, Creative Dir -- SPOTCO, New York, NY, pg. 1036

Cox, Elaine, Exec Creative Dir -- HEAT, San Francisco, CA, pg. 492

Cox, John Michael, Assoc Dir-Creative Content -- The Marketing Arm, Los Angeles, CA, pg. 682

Cox, Kara, Coord-Traffic -- TRICOMB2B, Dayton, OH, pg. 1117

Cox, Kimberly, Sr Mgr-PR -- GARFIELD GROUP, Philadelphia, PA, pg. 410

Cox, Lauren, Asst Media Buyer -- BANDY CARROLL HELLIGE ADVERTISING, Louisville, KY, pg. 87

Cox, Mandi, Acct Dir -- SPARKLOFT MEDIA, Portland, OR, pg. 1031

Cox, Monica, Acct Supvr-Fin -- THE MARTIN AGENCY, Richmond, VA, pg. 687

Cox, Rachel, Acct Exec -- OVERDRIVE INTERACTIVE, Boston, MA, pg. 1279

Cox, Simon, Creative Dir -- J. Walter Thompson, Sydney, Australia, pg. 554

Cox, Stephanie, Acct Exec -- COLMAN BROHAN DAVIS, Chicago, IL, pg. 220

Cox, Steve, Creative Dir -- HMH, Portland, OR, pg. 504

Coxen, Lauren, Acct Coord -- FERGUSON ADVERTISING INC., Fort Wayne, IN, pg. 378

Coyle, Alex, Art Dir -- SPARK, Tampa, FL, pg. 1031

Coyle, Kara, Creative Dir -- Ogilvy New York, New York, NY, pg. 811

Coyle, Maria, Acct Dir -- MRM MCCANN, New York, NY, pg. 766

Coyne, Eileen, Sr Mgr-PR -- KIMBALL COMMUNICATIONS LLC, Blue Bell, PA, pg. 1558

Coyne, Lauren, Acct Supvr-Ford Car & SUV Brand -- GLOBAL TEAM BLUE, Dearborn, MI, pg. 423

Crabb, Nancy, Dir-Creative Svcs -- THE STARR CONSPIRACY, Fort Worth, TX, pg. 1044

Crabbe, Sarah, Head-PR -- NO FIXED ADDRESS, INC., Toronto, Canada, pg. 795

Crabtree, Lori, Acct Exec -- TERRA PUBLIC RELATIONS, Jackson, WY, pg. 1657

Crabtree, Matt, Partner & Creative Dir -- McCann Erickson Advertising Ltd., London, United Kingdom, pg. 711

Craig, Colin, Assoc Partner-Creative -- GRIP LTD., Toronto, Canada, pg. 450

Craig, Colleen, Acct Supvr -- GARRANDPARTNERS, Portland, ME, pg. 410

Craig, Hannah, Acct Dir -- TALK.GLOBAL, London, United Kingdom, pg. 663

Craig, Katherine, Acct Dir -- SID LEE, Toronto, Canada, pg. 1010

Craig, Kathryn, Acct Dir -- DMW WORLDWIDE LLC, Chesterbrook, PA, pg. 311

Craig, Mary, Acct Exec -- Havas Edge Portland, Carlsbad, CA, pg. 476

Craighead, Michael, Assoc Creative Dir -- WALTON / ISAACSON, Culver City, CA, pg. 1151

Cramer, Adam, Principal, Sr VP & Dir-Creative -- KELLEY HABIB JOHN, Boston, MA, pg. 591

Cramer, Garth, Assoc Creative Dir -- BOELTER + LINCOLN MARKETING COMMUNICATIONS, Milwaukee, WI, pg. 144

Cramer, Ryan, CEO, Partner & Creative Dir -- NEURON SYNDICATE, Santa Monica, CA, pg. 790

Craner, Nate, Creative Dir -- THE INTEGER GROUP - DENVER, Lakewood, CO, pg. 1406

Cranswick, Leila, Art Dir -- 303 MullenLowe, Sydney, Australia, pg. 773

Craven, Jerry, Sr VP-Creative Svcs -- UPSHOT, Chicago, IL, pg. 1128

Craven, Michael, Deputy Creative Dir-McCann Manchester -- McCann-Erickson Communications House Ltd, Macclesfield, Prestbury, United Kingdom, pg. 712

Craw, Adam, Acct Dir -- CARMICHAEL LYNCH, Minneapolis, MN, pg. 189

Crawford, Amy, VP & Acct Dir -- ROCKIT SCIENCE AGENCY, Baton Rouge, LA, pg. 965

Crawford, Brooke Baumer, Acct Dir -- GRIFFIN COMMUNICATIONS GROUP, Seabrook, TX, pg. 449

Crawford, David, Head-Brand Grp Creative -- THE RICHARDS GROUP, INC., Dallas, TX, pg. 956

Crawford, Erin, Co-Founder & Creative Dir -- ONTOGENY ADVERTISING & DESIGN LLC, Mosinee, WI, pg. 841

Crawford, Justin, Sr VP & Creative Dir -- Deutsch LA, Los Angeles, CA, pg. 294

Crawford, Kennedy, Acct Supvr -- Ogilvy, Toronto, Canada, pg. 812

Crawford, Molly Molina, VP & Grp Creative Dir -- Digitas, Atlanta, GA, pg. 1252

Crawford, Pam, VP & Media Dir -- MEDIA BROKERS INTERNATIONAL, INC., Alpharetta, GA, pg. 1341

Crawford, Steve, Exec Creative Dir -- DDB Melbourne Pty. Ltd., Melbourne, Australia, pg. 270

Crawford, Steve, Exec Creative Dir -- Rapp Melbourne, Richmond, Australia, pg. 933

Crawford, Tyler, Acct Dir-Integrated -- Crossmedia, Los Angeles, CA, pg. 1317

Crawford-Andrus, Andi, Dir-Creative Svcs -- TACTICAL MAGIC, Memphis, TN, pg. 1070

Crawforth, Darren, Exec Creative Dir -- Ogilvy (China) Ltd., Shanghai, China, pg. 822

Creally, Justin, Strategist-Creative -- NORTH STRATEGIC, Toronto, Canada, pg. 1596

Creamer, Scott, Founder & Creative Dir -- SCREAMER CO., Austin, TX, pg. 999

Creane, Michael, Acct Dir -- Chameleon PR, London, United Kingdom, pg. 305

Credeur, Raymond, Creative Dir -- THE GRAHAM GROUP, Lafayette, LA, pg. 431

Credle, Susan, Chief Creative Officer-Global -- FCB GLOBAL, New York, NY, pg. 363

Creedon, Des, Creative Dir -- TBWA\Dublin, Dublin, Ireland, pg. 1083

Creek, Rob, Exec Creative Dir -- ENVISIONIT MEDIA, Chicago, IL, pg. 342

Creet, Simon, Partner & Chief Creative Officer -- THE HIVE, Toronto, Canada, pg. 503

Cregan, Shawn, Creative Dir -- YELLOW SUBMARINE MARKETING COMMUNICATIONS INC., Pittsburgh, PA, pg. 1196

Cremer, Mauricio, Assoc Creative Dir -- GREENLIGHT, Dallas, TX, pg. 435

Cremer, Nathan, Art Dir -- CREATIVE DIMENSIONS, Cincinnati, OH, pg. 241

Crespi, Lorenzo, Exec Creative Dir -- Leo Burnett Co., S.r.l., Milan, Italy, pg. 625

Crespi, Lorenzo, Exec Creative Dir -- Leo Burnett Co. S.r.l., Turin, Italy, pg. 625

Crespo, Joaquim, Creative Dir -- Vinizius/Y&R, Barcelona, Spain, pg. 1203

Crespo, Joe, Acct Dir -- ATEN DESIGN GROUP, INC., Denver, CO, pg. 1238

Cribelier, Jean-christophe, Creative Dir -- Carre Noir, Suresnes, France, pg. 898

Criddle, Leanna, Acct Supvr -- PUBLICIS NEW YORK, New York,

NY, pg. 912
Crider, Sabrina Friedman, Exec VP & Mgr-Client Relationship & New Bus Dev -- Zeno Group, Chicago, IL, pg. 1690
Crilly, John, Acct Dir -- BRAND INNOVATION GROUP, Fort Wayne, IN, pg. 155
Crisell, Luke, Creative Dir -- GSD&M, Austin, TX, pg. 453
Cristiana, Boccassini, Exec Creative Dir -- Publicis Networks, Milan, Italy, pg. 900
Crncich, Tony, VP-Adv & Direct Mktg -- ARCANE, Calgary, Canada, pg. 65
Croft, Dan, Creative Dir-Web Svcs -- LMD AGENCY, Laurel, MD, pg. 648
Crofton, Liz, Dir-Creative & Brdcst Svcs -- GRIP LTD., Toronto, Canada, pg. 450
Croke, Lauren, Acct Exec-Global Growth & Digital Production -- HAVAS WORLDWIDE, New York, NY, pg. 475
Cronin, Dawn, Acct Dir -- Havas People Birmingham, Birmingham, United Kingdom, pg. 483
Cronin, Markham, Founder, Partner & Chief Creative Officer -- MARKHAM & STEIN UNLIMITED, Miami, FL, pg. 685
Cronin, Mike, VP & Assoc Creative Dir -- KRUSKOPF & COMPANY, INC., Minneapolis, MN, pg. 603
Cronwright, Cuanan, Creative Dir & Copywriter -- GREY NEW YORK, New York, NY, pg. 438
Cropsal, Elise, Asst Dir-Creative & Design -- LG2, Montreal, Canada, pg. 639
Crosby, James, Creative Dir -- McCann Erickson Advertising Ltd., London, United Kingdom, pg. 711
Crosby, Jerstin, Art Dir-Social Media -- FRENCH/WEST/VAUGHAN, INC., Raleigh, NC, pg. 398
Cross, Angela, Sr Dir-Creative -- ELASTICITY, Saint Louis, MO, pg. 1498
Cross, Erin, Acct Dir -- J. WALTER THOMPSON, New York, NY, pg. 553
Cross, Jennifer, VP & Acct Dir -- MullenLowe, Winston Salem, NC, pg. 772
Cross, Jeremy, Assoc Creative Dir -- SAPIENTRAZORFISH NEW YORK, New York, NY, pg. 1286
Cross, Julian, Exec Creative Dir -- Digitas Health London, London, United Kingdom, pg. 1251
Cross, Stephen, Creative Dir -- mcgarrybowen, London, United Kingdom, pg. 717
Crossin, Molly, Acct Dir -- MADWELL, Brooklyn, NY, pg. 670
Croteau, Lauren, Assoc Creative Dir -- THE VIA AGENCY, Portland, ME, pg. 1136
Croteau, Samantha, Acct Exec -- CONVENTURES, INC., Boston, MA, pg. 1474
Crouch, Krista, Acct Dir -- KOCH COMMUNICATIONS, Oklahoma City, OK, pg. 1559
Crouse, Tyler, Acct Exec -- DAC GROUP, Louisville, KY, pg. 257
Crow, Alan, Buyer-Brdcst -- Campbell Ewald Los Angeles, West Hollywood, CA, pg. 541
Crowder, Megan, Acct Coord & Strategist-Social Media -- NANCY MARSHALL COMMUNICATIONS, Augusta, ME, pg. 1592
Crowell, Scott, Partner & Creative Dir -- RED RACER ADVERTISING, Dallas, TX, pg. 941
Crowley, Ned, Chief Creative Officer-US -- MCGARRYBOWEN, New York, NY, pg. 716
Crowther, Zoe, Dir-Mktg & New Bus -- Leo Burnett, Ltd., London, United Kingdom, pg. 624
Crowther, Zoe, Dir-Mktg & New Bus -- Leo Burnett London, London, United Kingdom, pg. 627
Crozier, Jessica, Dir-PR & Social Media Content -- INQUEST MARKETING, Kansas City, MO, pg. 534
Crudup, Janai, Acct Exec -- Chemistry Atlanta, Atlanta, GA, pg. 205
Cruickshank, Brittany, Acct Exec -- DEVENEY COMMUNICATIONS, New Orleans, LA, pg. 1483
Crum, Marina, Media Planner -- Campbell Ewald Los Angeles, West Hollywood, CA, pg. 541
Crum, Molly, Acct Supvr -- REDROC AUSTIN, Austin, TX, pg. 943
Crump, Mesha, Acct Exec -- OBSIDIAN PUBLIC RELATIONS, Memphis, TN, pg. 805
Cruse, Kurt, Creative Dir -- ORBIT MEDIA STUDIOS, Chicago, IL, pg. 844
Crusham, Tom, Assoc Creative Dir -- SourceLink, Los Angeles, CA, pg. 1030
Cruthirds, Jason, Creative Dir -- DOGWOOD PRODUCTIONS, INC., Mobile, AL, pg. 313
Cruz, Bob, Creative Dir -- J. Walter Thompson, Makati, Philippines, pg. 558
Cruz, Cesar, Creative Dir -- CHANNEL V MEDIA, New York, NY, pg. 1466
Cruz, Eric, Exec Creative Dir -- AKQA, Inc., Shanghai, China, pg. 1234
Cruz, Imelda, Media Buyer -- REZONATE MEDIA INC., Long Beach, CA, pg. 954
Cruz, Jay, Creative Dir -- ENVOY, Irvine, CA, pg. 342
Cruz, Jeff, Chief Creative Officer & Exec VP -- MRM Worldwide, Birmingham, MI, pg. 767
Cruz, Michelle, Media Dir -- PLUSMEDIA, LLC, Danbury, CT, pg. 878
Cruz, Richard, Art Dir -- DAVID The Agency, Miami, FL, pg. 261
Cruz, Thiago, Creative Dir -- Publicis Italia, Milan, Italy, pg. 899
Cruz, Xzenia, Creative Dir -- McCann Erickson (Philippines), Inc., Manila, Philippines, pg. 707
Crye, Emily, Acct Supvr -- PARAMORE THE DIGITAL AGENCY, Nashville, TN, pg. 854
Csurgo, Balazs, CEO-Creative Svcs-Hungary -- Havas Worldwide Budapest, Budapest, Hungary, pg. 480
Cuadras, Olaf, Creative Dir -- DDB Barcelona S.A., Barcelona, Spain, pg. 280
Cubano, Erika, Acct Exec -- PACE ADVERTISING, New York, NY, pg. 848
Cubel, Eduard, Creative Dir -- McCann Erickson S.A., Madrid, Spain, pg. 709
Cubillos, Ruben, Creative Dir & Designer -- A BIG CHIHUAHUA, INC., San Antonio, TX, pg. 14
Cucuzza, Kathryn, Media Planner-Integrated -- MULLENLOWE GROUP, Boston, MA, pg. 770
Cudd, Mitch, Dir-New Bus -- MINDSTORM COMMUNICATIONS GROUP, INC., Charlotte, NC, pg. 745
Cude, Jonathan, Partner & Chief Creative Officer -- McKinney New York, New York, NY, pg. 719
Cudiamat, Jana, Acct Exec -- UNTITLED WORLDWIDE, New York, NY, pg. 1128
Cuervo, Rebecca, Media Buyer -- ANTHONY BARADAT & ASSOCIATES, Miami, FL, pg. 61
Cueto, Jaime, VP-Creative Svcs -- TBWA/Colombia Suiza de Publicidad Ltda, Bogota, Colombia, pg. 1092
Cueva, Veronica, Acct Dir -- Conill Advertising, Inc., El Segundo, CA, pg. 227
Cuevas, Daniela, Partner & Creative Dir -- THE SPARK GROUP, New York, NY, pg. 1291
Cuevas, Meredith, Acct Dir -- ARCHER MALMO AUSTIN, Austin, TX, pg. 66
Cuevas, Paola, Acct Dir -- CAROLYN IZZO INTEGRATED COMMUNICATIONS, Nyack, NY, pg. 1463
Cuevas, Sebastian, Creative Dir -- Sancho BBDO, Bogota, Colombia, pg. 102
Cuffaro, Frankie, Acct Exec -- Adam & EveDDB, London, United Kingdom, pg. 281
Cuker, Aaron, CEO & Chief Creative Officer -- CUKER, Solana Beach, CA, pg. 252
Culbertson, David, Sr VP & Creative Dir -- MELT, Atlanta, GA, pg. 730
Culic, Dan, Acct Dir-Digital -- RETHINK, Vancouver, Canada, pg. 951
Cullen, Matt, Chief Creative Officer -- Digitas, Kwun Tong, China (Hong Kong), pg. 1252
Cullipher, David, Pres & Creative Dir -- SABERTOOTH INTERACTIVE, Venice, CA, pg. 1286
Culp, Brian, Creative Dir -- DDB Chicago, Chicago, IL, pg. 268
Culpepper, Chip, Owner & Chief Creative Officer -- MANGAN HOLCOMB PARTNERS, Little Rock, AR, pg. 674
Culver, David, VP-PR -- BTC MARKETING, Wayne, PA, pg. 171
Cummings, Bryan, Chief Creative Officer -- THE GARRIGAN LYMAN GROUP, INC, Seattle, WA, pg. 410
Cummings, Carl, Mng Dir-Creative -- MACDOUGALL BIOMEDICAL COMMUNICATIONS, INC., Wellesley, MA, pg. 666
Cummings, Daniel, Assoc Creative Dir -- ZULU ALPHA KILO, Toronto, Canada, pg. 1216
Cummings, Jessica, Acct Coord -- R&J STRATEGIC COMMUNICATIONS, Bridgewater, NJ, pg. 1622
Cummings, Joey, Founder, CEO, Chief Creative Officer & Chief Strategic Officer -- THE JOEY COMPANY, Brooklyn, NY, pg. 578
Cummings, Rachelle, Creative Dir -- BELIEF LLC, Seattle, WA, pg. 121
Cumyn, Anna, Art Dir -- SID LEE, Toronto, Canada, pg. 1010
Cuneo, Bob, Pres & Chief Creative Officer -- BRADO CREATIVE INSIGHT, Saint Louis, MO, pg. 152
Cunha, Vinicius, Assoc Creative Dir & Art Dir -- Ogilvy (Singapore) Pvt. Ltd., Singapore, Singapore, pg. 827
Cunningham, Gary, Exec Grp Dir-Integrated Creative Services -- AFG&, New York, NY, pg. 37
Cunningham, Geoff, Jr., Creative Dir -- MICROARTS, Greenland, NH, pg. 738
Cunningham, Hannah, Art Dir & Copywriter -- Leo Burnett London, London, United Kingdom, pg. 627
Cunningham, Kim, Art Dir -- SPARK STRATEGIC IDEAS, Charlotte, NC, pg. 1031
Cunningham, Kimberly, Acct Supvr -- MEADSDURKET, San Diego, CA, pg. 724
Cunningham, Margaret, Creative Dir-Social Media -- CUNNINGHAM GROUP, Montgomery, AL, pg. 254
Cunningham, Michelle, Acct Exec-Association Mgmt-Denver -- KELLEN COMMUNICATIONS, New York, NY, pg. 590
Cunningham, Ryan, Creative Dir -- AKA NYC, New York, NY, pg. 42
Cunningham-Long, Stephanie, Media Dir -- LEAPFROG ONLINE, Evanston, IL, pg. 618
Cuny, Pierre-Andre, Art Dir & Creative Dir -- TBWA Corporate, Boulogne-Billancourt, France, pg. 1081
Curatolo, Dana, Acct Dir -- LAURA DAVIDSON PUBLIC RELATIONS, INC., New York, NY, pg. 615
Cureton, Chris, Art Dir -- BIRDSONG GREGORY, Charlotte, NC, pg. 131
Curielcha, Gabo, Creative Dir & Designer -- 72ANDSUNNY, Playa Vista, CA, pg. 11
Curioni, Juan Pablo, Exec Creative Dir -- McCann Erickson, Buenos Aires, Argentina, pg. 700
Curley, Leah, Dir-Creative -- 3H COMMUNICATIONS INC., Oakville, Canada, pg. 7
Curley, Rachael Myer, Acct Dir -- DRA COLLECTIVE, Phoenix, AZ, pg. 1488
Curp, Brian, Media Dir -- BROADSTREET, New York, NY, pg. 1398
Curran, Kelly, Acct Supvr -- DEMONSTRATE PR LLC, San Francisco, CA, pg. 1482
Curreri, Giordano, Dir-Client Creative -- Ogilvy, Milan, Italy, pg. 815
Currie, Tony, Creative Dir-Connected Experiences -- THE IMAGINATION GROUP, London, United Kingdom, pg. 525
Currin, Dan, Media Dir -- FCB Auckland, Auckland, New Zealand, pg. 374
Curry, Mak, Assoc Creative Dir -- mcgarrybowen, Shanghai, China, pg. 718
Curry, Matthew, Chief Creative Officer -- BUTLER, SHINE, STERN & PARTNERS, Sausalito, CA, pg. 177
Curry, Stephen, Exec Creative Dir -- LEWIS COMMUNICATIONS, Birmingham, AL, pg. 636
Curtis, Holly, Acct Supvr -- MML INC., Santa Monica, CA, pg. 1585
Curtis, John, Creative Dir -- TCAA, Dedham, MA, pg. 1093
Curtis, Kyle, Grp Creative Dir -- R&R PARTNERS, Las Vegas, NV, pg. 924
Curtiss, Jasmin, Acct Exec -- BOARDROOM COMMUNICATIONS INC., Fort Lauderdale, FL, pg. 1453
Cury, Felipe, Art Dir -- DDB Berlin, Berlin, Germany, pg. 274
Cusac, Brian, Principal & Chief Creative Officer -- DRIVEN SOLUTIONS INC., Pleasant Rdg, MI, pg. 321
Cusciotta, Thomas, Founder & Chief Creative Officer -- SIXSPEED, Minneapolis, MN, pg. 1017
Cusso, Alejandro, Art Dir -- Ogilvy, Bogota, Colombia, pg. 820
Custodio, Carl, Art Dir -- ECHO FACTORY, Pasadena, CA, pg. 329
Cuthbert, Will, Art Dir -- TAXI, Toronto, Canada, pg. 1075
Cutmore, Brooke, Copywriter-Creative -- OgilvyOne Worldwide Ltd., London, United Kingdom, pg. 819
Cutter, Rich, Sr VP, Grp Creative Dir-Digital -- EP+CO, Greenville, SC, pg. 343
Cuyler, Greta, Acct Exec-PR -- CREATIVE MARKETING ALLIANCE INC., Princeton Junction, NJ, pg. 243
Cuyler, Rachel, Assoc Dir-Creative -- VML, INC., Kansas City, MO, pg. 1143
Cuzner, Lauralee, Acct Dir -- Leo Burnett Melbourne, Melbourne, Australia, pg. 628
Cvetkovic, Bozidar, Creative Dir -- FCB Afirma, Belgrade, Serbia, pg. 368
Cwiertny, Eric M., Creative Dir -- GEARSHIFT ADVERTISING, Costa Mesa, CA, pg. 413
Cygan, Sarah, Acct Dir -- OLOGIE, Columbus, OH, pg. 835
Cymerint, Jeffrey, Dir-New Bus Dev -- SHAZAAAM LLC, West Bloomfield, MI, pg. 1006
Cyr, Heather, Acct Exec -- RINCK ADVERTISING, Auburn, ME, pg. 1632
Czaplewski, Jeff, Acct Exec -- GEOMETRY GLOBAL NORTH AMERICA HQ, New York, NY, pg. 415
Czorny, Michael, Coord-Media & Traffic -- JKR ADVERTISING & MARKETING, Maitland, FL, pg. 576
Czyz, Magda, Producer-Brdcst -- Wieden + Kennedy Amsterdam, Amsterdam, Netherlands, pg. 1164

PERSONNEL INDEX — AGENCIES

D

D'Alfonso, Julio, Assoc Dir-Creative -- BBDO WORLDWIDE INC., New York, NY, pg. 97

d'Amato, Federica, Jr Acct Exec-PR -- Hill & Knowlton Gaia, Rome, Italy, pg. 1533

D'Amato, Maria, Creative Dir -- GSD&M, Austin, TX, pg. 453

D'Amato, Olivia, Media Buyer & Analyst -- SMITH BROTHERS AGENCY, LP, Pittsburgh, PA, pg. 1023

D'Amico, Mike, Sr VP & Grp Creative Dir -- GOLIN, Chicago, IL, pg. 1519

D'Andrea, Filippo, Acct Supvr -- Publicis Italia, Milan, Italy, pg. 899

D'Andrea, Filippo, Acct Exec -- Publicis Networks, Milan, Italy, pg. 900

D'Angelo, Daria, Acct Dir -- M&C Saatchi Milan, Milan, Italy, pg. 660

D'Angelo, Matt, Creative Dir-Digital -- MARTINO FLYNN LLC, Pittsford, NY, pg. 689

D'Aprile, Mariana, Acct Dir -- DAVID The Agency, Miami, FL, pg. 261

D'Arcy, Daniel, Creative Dir -- JONES KNOWLES RITCHIE, New York, NY, pg. 582

D'Aversa, Stefan, Assoc Creative Dir -- DENTSUBOS, Montreal, Canada, pg. 291

D'Elboux, Marcelo, Creative Dir -- Publicis Brasil Communicao, Sao Paulo, Brazil, pg. 906

D'Elia, Lisa, Art Dir & Dir-Design -- MILLENNIUM COMMUNICATIONS, INC., Syosset, NY, pg. 741

D'Erasmo, Maria Belen, Acct Exec -- Leo Burnett Buenos Aires, Buenos Aires, Argentina, pg. 623

D'Errico, Kathy, Acct Exec -- Signal Outdoor Advertising, Roswell, GA, pg. 1012

d'Espagnac, Francois, Acct Dir -- McCann Erickson Advertising Ltd., London, United Kingdom, pg. 711

D'Incecco, Novella, Acct Dir -- Weber Shandwick, Milan, Italy, pg. 1678

D'Innocenzo, Ron, Exec Creative Dir -- GOLIN, Chicago, IL, pg. 1519

D'mello, Godwin, Creative Dir -- DDB Mudra Group, Mumbai, India, pg. 275

D'Mello, Shyamashree, Exec Creative Dir -- Publicis Beehive, Mumbai, India, pg. 909

D'Rozario, Chris, Exec Creative Dir -- TEAM ONE USA, Los Angeles, CA, pg. 1095

D'Rozario, Stuart, CEO & Chief Creative Officer -- BARRIE D'ROZARIO DILORENZO, Minneapolis, MN, pg. 92

D'souza, Karen, Assoc Dir-Creative -- BBDO New York, New York, NY, pg. 99

D'Souza, Rohan, Head-Creative -- Publicis Ambience Mumbai, Mumbai, India, pg. 909

da Silva, Anders, Creative Dir -- HAVAS WORLDWIDE CHICAGO, Chicago, IL, pg. 488

da Silva, Anders, Creative Dir -- Havas Worldwide New York, New York, NY, pg. 476

Da Silva, Jeffrey, Partner & Exec Creative Dir -- SID LEE, Toronto, Canada, pg. 1010

Da Silva, Nour, Creative Dir & Copywriter -- FLYING MACHINE, New York, NY, pg. 389

Dabaghi, Farid, Acct Dir -- MMI AGENCY, Houston, TX, pg. 751

Daboub, Jon, Media Buyer -- 22SQUARED, Atlanta, GA, pg. 4

DaCosta, Lucille, Art Dir & Creative Dir -- SHORE CREATIVE GROUP, Long Branch, NJ, pg. 1009

Dacyshyn, Chris, Grp Creative Dir -- Ogilvy, Toronto, Canada, pg. 812

Daemen, Terrin, Art Dir -- WILLIAM JOSEPH COMMUNICATIONS, Calgary, Canada, pg. 1168

Daeschner, Marisa, Acct Exec -- GKV COMMUNICATIONS, Baltimore, MD, pg. 421

Dagg, Leslie Clark, Acct Supvr -- BIANCHI PUBLIC RELATIONS INC., Troy, MI, pg. 1449

Dagli, Ilker, Creative Dir -- Y&R Turkey, Istanbul, Turkey, pg. 1204

Dahan, Sharon, Acct Exec -- Gitam/BBDO, Tel Aviv, Israel, pg. 106

DaHarb, Kelsey, Jr Art Dir -- McCann New York, New York, NY, pg. 698

Dahilig, Niko, Creative Dir -- ETA ADVERTISING, Long Beach, CA, pg. 350

Dahill, Katie, VP & Acct Dir -- SS+K AGENCY, New York, NY, pg. 1039

Dahl, Mikael, Art Dir -- McCann Stockholm, Stockholm, Sweden, pg. 710

Dahl, Scott, VP & Grp Creative Dir -- PERISCOPE, Minneapolis, MN, pg. 864

Dahl, Tanya, Creative Dir -- GIANT PROPELLER, Burbank, CA, pg. 1259

Dahlqvist, Andreas, Chief Creative Officer-NORD DDB -- DDB Denmark, Copenhagen, Denmark, pg. 272

Dahlqvist, Andreas, Chief Creative Officer -- DDB Stockholm, Stockholm, Sweden, pg. 280

Dai, David, Acct Dir -- Leo Burnett Shanghai Advertising Co., Ltd., Shanghai, China, pg. 629

Daigle, Jamie, Acct Dir -- OPPERMAN WEISS, New York, NY, pg. 842

Daigneault, Ashley, Acct Dir -- CASTER COMMUNICATIONS, INC., Wakefield, RI, pg. 1464

Dailey, Leyla, Chief Creative Officer -- Young & Rubicam Midwest, Chicago, IL, pg. 1199

Dailey, Leyla Touma, Chief Creative Officer -- CAVALRY AGENCY, Chicago, IL, pg. 197

Dainese, Livio, Co-CEO & Chief Creative Officer -- Wirz Werbung AG, Zurich, Switzerland, pg. 109

Dale, Clarissa, Art Dir & Copywriter -- Adam & EveDDB, London, United Kingdom, pg. 281

Dale, Marilyn, VP-Creative & Digital -- SUNSTAR, Alexandria, VA, pg. 1062

Dalencon, Daniela, Acct Dir -- Prolam Y&R S.A., Santiago, Chile, pg. 1206

Dalin, Carl, Co-Founder, Partner & Art Dir -- TBWA Stockholm, Stockholm, Sweden, pg. 1085

Dallicardillo, Steve, Mgr-Social Media Traffic -- PROGRESSIVE MARKETING DYNAMICS, LLC, Boonton, NJ, pg. 891

Dalsgaard, Toby, Dir-Creative Svcs -- GOCONVERGENCE, Orlando, FL, pg. 426

Dalton, Dom, Acct Dir -- JOHANNES LEONARDO, New York, NY, pg. 1266

Dalton, Ryanne, Dir-PR -- NOISY TRUMPET, San Antonio, TX, pg. 1277

Dalton, Stephen, Creative Dir -- WORKINPROGRESS, Boulder, CO, pg. 1177

Dalvi, Vinicius, Assoc Dir-Creative -- Publicis, Rome, Italy, pg. 900

Daly, Bridget, VP-Client Svcs & Acct Dir -- IDEAS COLLIDE INC., Scottsdale, AZ, pg. 521

Daly, Raven, Assoc Creative Dir -- Publicis Toronto, Toronto, Canada, pg. 904

Daly, Sean, Art Dir -- FOURTH IDEA, Buffalo, NY, pg. 394

Dam, Mervyn Ten, Creative Dir -- ACHTUNG, Amsterdam, Netherlands, pg. 1232

Damanik, Christoph, Creative Dir-Traditional & Digital -- Havas Worldwide Dusseldorf, Dusseldorf, Germany, pg. 480

Damari, Shiran, Art Dir -- BBR Saatchi & Saatchi, Ramat Gan, Israel, pg. 977

Damasceno, Paulo, Creative Dir & Art Dir -- DAVID, Sao Paulo, Brazil, pg. 261

Damato, Christie, Acct Exec -- LITZKY PUBLIC RELATIONS, Hoboken, NJ, pg. 1569

Damian, Trapper, Acct Dir -- BURRELL, Chicago, IL, pg. 176

Damiani, Jovita, Assoc Creative Dir -- TCP-TBWA Indonesia, Jakarta, Indonesia, pg. 1090

Damiani, Rebecca, Acct Exec -- JOHN ST., Toronto, Canada, pg. 579

Damman, Dave, Chief Creative Officer -- LEVEL MPLS, Minneapolis, MN, pg. 633

Dana, Sean, Grp Creative Dir -- EMPOWER MEDIAMARKETING, Cincinnati, OH, pg. 1320

Dana, Tatiana Romero, Acct Supvr -- REPUBLICA HAVAS, Miami, FL, pg. 947

Dandapani, Sivaramakrishnan, Acct Dir -- Ogilvy, Bengaluru, India, pg. 1601

Dang, Toan, Assoc Creative Dir -- AGENCY CREATIVE, Dallas, TX, pg. 38

Dangelmaier, Michael, Grp Creative Dir -- KARO GROUP, INC., Calgary, Canada, pg. 588

Dani, Amod, Exec Creative Dir -- Leo Burnett Orchard, Bengaluru, India, pg. 630

Daniel, Alexis, Acct Dir -- BRIGHTWAVE MARKETING, Atlanta, GA, pg. 164

Daniel, Anna, Acct Dir -- Forsman & Bodenfors, Stockholm, Sweden, pg. 722

Daniel, Kerney, Sr Mgr-Print Production -- THE INTEGER GROUP - DENVER, Lakewood, CO, pg. 1406

Daniel, Rebecca, Partner-Creative -- BBH Mumbai, Mumbai, India, pg. 93

Daniel, Sara B, Specialist-PR -- E.W. BULLOCK ASSOCIATES, Pensacola, FL, pg. 354

Daniel, Stephane, Creative Dir & Copywriter -- Havas Worldwide Brussels, Brussels, Belgium, pg. 478

Daniel, Stephane, Creative Dir & Copywriter -- Havas Worldwide Digital Brussels, Brussels, Belgium, pg. 478

Daniel, Streadbeck, Assoc Creative Dir -- MULLENLOWE GROUP, Boston, MA, pg. 770

Daniels, Doug, Art Dir -- QUANGO, Portland, OR, pg. 921

Daniels, Elizabeth, Acct Exec -- RINCK ADVERTISING, Auburn, ME, pg. 1632

Daniels, Jeff, Acct Supvr -- CALLAHAN CREEK, INC., Lawrence, KS, pg. 183

Daniels, Kelly, Acct Dir -- Possible, Seattle, WA, pg. 1189

Daniels, Kelly, Acct Dir -- Possible, Seattle, WA, pg. 1181

Daniels, Morgan, Assoc Creative Dir -- PULSAR ADVERTISING, INC., Beverly Hills, CA, pg. 915

Daniels, Theresa, Acct Exec -- MAN MARKETING, Carol Stream, IL, pg. 674

Daniels, Trina, Acct Coord -- ACCESS ADVERTISING + PR, Roanoke, VA, pg. 19

Danielski, Stefan, Principal & Creative Dir -- SMA NYC, New York, NY, pg. 1021

Danielson, Alexandra, Dir-Art & Acct Exec -- M.R. DANIELSON ADVERTISING LLC, Saint Paul, MN, pg. 766

Danielson, Michael, CEO & Creative Dir -- M.R. DANIELSON ADVERTISING LLC, Saint Paul, MN, pg. 766

Dankis, Matt, Acct Dir -- Adam & EveDDB, London, United Kingdom, pg. 281

Danley-Greiner, Kristin, Specialist-PR -- ALBERS COMMUNICATIONS GROUP, Omaha, NE, pg. 1429

Danner, Courtney, Acct Dir-Digital -- Aisle Rocket Studios, Palatine, IL, pg. 42

Danner, Linda, Sr Creative Dir -- PILOT, New York, NY, pg. 871

Danovitz, Malaika, Sr VP, Creative Dir & Copywriter -- PUBLICIS NEW YORK, New York, NY, pg. 912

Dante, Alessandro, Art Dir-Rome -- Saatchi & Saatchi, Milan, Italy, pg. 978

Danylak, Greg, Supvr-Creative -- MASON MARKETING, INC, Penfield, NY, pg. 691

Danzig, Esther, Dir-Creative Mgmt -- CP+B BOULDER, Boulder, CO, pg. 235

Danzig, Marie Ewald, Head-Creative & Delivery -- BLUE STATE DIGITAL, Washington, DC, pg. 140

Daorai, Paruj, Exec Creative Dir & Art Dir -- Leo Burnett, Bangkok, Thailand, pg. 631

Daou, Mario, Creative Dir -- MEMAC Ogilvy, Kuwait, Kuwait, pg. 830

Daoudi, Sarah, Art Dir -- NOBOX MARKETING GROUP, INC., Miami, FL, pg. 796

Dapito, Laura, Art Dir & Graphic Designer -- DO GOOD MARKETING, LLC, Ridgewood, NJ, pg. 312

Dardagan, Sanja, Assoc Creative Dir -- GLOBAL TEAM BLUE, Dearborn, MI, pg. 423

Darden, Kelly, Acct Supvr -- INTERMARK GROUP, INC., Birmingham, AL, pg. 539

Dardenne, Matt, Owner & Creative Dir -- RED SIX MEDIA, Baton Rouge, LA, pg. 941

Daril, Ginger, Sr Acct Exec-PR -- THE SELLS AGENCY, INC., Little Rock, AR, pg. 1002

Darlow, Thomas, Grp Head-Creative -- Colenso BBDO, Auckland, New Zealand, pg. 114

Darma, Farhan, Art Dir -- Havas Southeast Asia, Singapore, Singapore, pg. 487

Darma, Farhan, Art Dir -- Havas Worldwide Southeast Asia, Singapore, Singapore, pg. 485

Darmory, Suzanne, Exec Creative Dir-Zeta Global -- Acxiom LLC, Conway, AR, pg. 541

Darmstaedter, Erika, Chief Client Officer & Acct Dir-Beiersdorf -- FCB Hamburg, Hamburg, Germany, pg. 366

Darnai, Linda, Acct Dir -- J. Walter Thompson Budapest, Budapest, Hungary, pg. 560

Darovec, Peter, Creative Dir -- Istropolitana Ogilvy, Bratislava, Slovakia, pg. 816

Darrenkamp, Julia, Acct Supvr -- Ketchum, Chicago, IL, pg. 1556

Darretta, Jeannine, Creative Dir -- WILSON CREATIVE GROUP, INC., Naples, FL, pg. 1170

Darvall, Cinnamon, Head-Brdcst -- McCann Erickson Advertising Pty. Ltd., Melbourne, Australia, pg. 700

Darvall, Cinnamon, Head-Brdcst -- McCann Erickson Worldwide, London, United Kingdom, pg. 712

Darwall, Bjarne, Strategist-PR -- Forsman & Bodenfors, Stockholm, Sweden, pg. 722

Das, RajDeepak, Chief Creative Officer-South Asia & Mng Dir-India -- Leo Burnett India, Mumbai, India, pg. 629

Das, Shruti, Art Dir & Creative Dir -- BBH Mumbai, Mumbai, India, pg. 93

Dasgupta, Nilanjan, Exec VP & Exec Creative Dir -- Rediffusion Y&R Pvt. Ltd., Mumbai, India, pg. 1200

Dasgupta, Sarasij, Sr Creative Dir -- J. Walter Thompson, Kolkata,

AGENCIES — PERSONNEL INDEX

India, pg. 557
Dasgupta, Saurav, Creative Dir -- Hakuhodo Percept Pvt. Ltd., Mumbai, India, pg. 463
DaSilva, Aaron, Exec Creative Dir -- PJA, Cambridge, MA, pg. 874
Dasseville, Antoine, Art Dir -- Ogilvy Montreal, Montreal, Canada, pg. 812
DaSylva-LaRue, Jean-Francois, Creative Dir -- TANK, Montreal, Canada, pg. 1072
Date, Tushar, Assoc Creative Dir -- CP+B LA, Santa Monica, CA, pg. 235
Datta, Subhashish, Exec Creative Dir-North -- DDB Mudra, New Delhi, India, pg. 276
Datta, Subhashish, Exec Creative Dir -- DDB Mudra Group, Mumbai, India, pg. 275
Dattalo, Frank, Exec Creative Dir -- ORGANIC, INC., San Francisco, CA, pg. 1278
Daubert, Alison Gillanders, Assoc Creative Dir -- LP&G MARKETING, Tucson, AZ, pg. 654
Daugherty, Shannon, Assoc Creative Dir -- SCHERMER, INC., Minneapolis, MN, pg. 995
Daughters, Jenny, Creative Dir -- CLEVELAND DESIGN, Quincy, MA, pg. 213
Daughtry, Kate, Creative Dir -- RAWLE MURDY ASSOCIATES, INC., Charleston, SC, pg. 934
Dauksis, Ryan J., Art Dir, Editor-Video & Designer-Web -- ALLEBACH COMMUNICATIONS, Souderton, PA, pg. 45
Daum, Nik, Art Dir -- HUMANAUT, Chattanooga, TN, pg. 514
Daun, Sue, Exec Creative Dir -- Interbrand, London, United Kingdom, pg. 537
Dauphinee, Jason, Creative Dir -- ECLIPSE CREATIVE INC., Victoria, Canada, pg. 330
DauSchmidt, Shelley, Acct Supvr -- LINDSAY, STONE & BRIGGS, INC., Madison, WI, pg. 641
Dautel, Stacy, Acct Supvr -- THE WEINSTEIN ORGANIZATION, INC., Chicago, IL, pg. 1157
Dauteuille, Yves, Creative Dir -- Publicis Activ Annecy, Metz-Tessy, France, pg. 898
Davaris, Bill, Art Dir & Creative Dir -- MADRAS GLOBAL, New York, NY, pg. 670
Dave, Alm, Assoc Creative Dir -- BBDO Minneapolis, Minneapolis, MN, pg. 98
Dave, Jivan, Art Dir -- FEREBEE LANE & CO., Greenville, SC, pg. 378
Davenport, Jason, Co-Founder & Creative Dir -- GOING INTERACTIVE, Roswell, GA, pg. 427
Davenport, Kevin, Partner & Creative Dir -- CORDERO & DAVENPORT ADVERTISING, San Diego, CA, pg. 231
Davenport, Mark, Acct Dir -- INTERACTIVE STRATEGIES, Washington, DC, pg. 537
Daver, Yohan, Creative Dir & Copywriter -- BBH Mumbai, Mumbai, India, pg. 93
Davia, Richard, Mng Dir-Creative & Branding -- (ADD)VENTURES, Providence, RI, pg. 29
David, Cristina, Acct Exec -- MullenLowe Romania, Bucharest, Romania, pg. 777
David, Derrick, Art Dir -- EAG ADVERTISING & MARKETING, Kansas City, MO, pg. 328
David, Emma, Acct Dir -- WE Buchan, Melbourne, Australia, pg. 1672
David, James, Sr Creative Dir -- George P. Johnson (Australia) Pty., Ltd., Sydney, Australia, pg. 417
David, Michal, VP & Acct Dir -- BBDO San Francisco, San Francisco, CA, pg. 99
Davidge, Nick, Exec Creative Dir -- GREENLIGHT MEDIA & MARKETING, LLC, Hollywood, CA, pg. 435
Davidow, Cody, Acct Supvr -- mcgarrybowen, Chicago, IL, pg. 718
Davidson, Becky, Acct Dir -- NELSON SCHMIDT, Milwaukee, WI, pg. 788
Davidson, Catherina, Acct Exec -- DVL SEIGENTHALER, Nashville, TN, pg. 326
Davidson, Mike, Exec Creative Dir -- LYONS CONSULTING GROUP, LLC, Chicago, IL, pg. 1269
Davies, Cherie, Sr VP & Grp Dir-Creative -- FCB Chicago, Chicago, IL, pg. 364
Davies, Phoebe, Acct Dir-Digital Display -- Starcom UK, London, United Kingdom, pg. 1373
Davies, Rich, Pres & Partner-Creative -- VREELAND MARKETING & DESIGN, Yarmouth, ME, pg. 1146
Davies, Steve, Dir-Creative Design -- Havas London, London, United Kingdom, pg. 482
Davila, Carlos, Creative Dir -- JMD COMMUNICATIONS, San Juan, PR, pg. 577
Davila, Cristina, Dir-Creative & Art -- TBWA Espana, Madrid, Spain, pg. 1085

Davila, Morris, Creative Dir -- LATINWORKS MARKETING, INC., Austin, TX, pg. 612
Davila, Tere, Partner & Creative Dir -- LOPITO, ILEANA & HOWIE, INC., Guaynabo, PR, pg. 652
Davin, Jean Charles, Creative Dir -- TBWA Corporate, Boulogne-Billancourt, France, pg. 1081
Davis, Andrew, Creative Dir -- OOTEM, INC., San Francisco, CA, pg. 841
Davis, Andrew, Acct Exec -- SOKAL MEDIA GROUP, Raleigh, NC, pg. 1027
Davis, Andy, Creative Dir -- OgilvyOne Worldwide Ltd., London, United Kingdom, pg. 819
Davis, Benjamin, Exec Creative Dir-Queensland -- Mccann, Sydney, Australia, pg. 700
Davis, Betsy, Acct Exec -- GIBENS CREATIVE GROUP, Tupelo, MS, pg. 419
Davis, Brandon, Co-Founder & Creative Dir -- BLOCK CLUB INC., Buffalo, NY, pg. 137
Davis, Brock, Chief Creative Officer -- MARTIN WILLIAMS ADVERTISING INC., Minneapolis, MN, pg. 688
Davis, Bryan, Assoc Creative Dir -- MEKANISM, San Francisco, CA, pg. 729
Davis, Chris, Partner-Creative -- SWIZZLE COLLECTIVE, Austin, TX, pg. 1067
Davis, Diane, Mng Partner & Creative Svcs Dir -- ACROBATANT, Tulsa, OK, pg. 22
Davis, EB, Grp Creative Dir -- AKQA, INC., San Francisco, CA, pg. 1234
Davis, Eric, VP & Grp Acct Dir-Creative Strategy -- HARVEST PUBLIC RELATIONS, Portland, OR, pg. 1527
Davis, Gina, Media Planner & Media Buyer -- ZIZZO GROUP, INC., Milwaukee, WI, pg. 1214
Davis, Harry, Acct Dir-SEO -- PHD MEDIA UK, London, United Kingdom, pg. 1363
Davis, Joel, Grp Creative Dir -- DELL BLUE, Round Rock, TX, pg. 1221
Davis, Jonathan, Art Dir -- TKO ADVERTISING, Austin, TX, pg. 1106
Davis, Jordan, Media Buyer -- COLLING MEDIA LLC, Scottsdale, AZ, pg. 220
Davis, Joshua, Owner & Creative Dir -- JOHNNY LIGHTNING STRIKES AGAIN LLC, Kansas City, MO, pg. 579
Davis, Josie, Acct Dir-Beats By Dre -- Anomaly, London, United Kingdom, pg. 59
Davis, Josie, Acct Dir-Beats By Dre -- Anomaly, London, United Kingdom, pg. 721
Davis, Kate, Acct Dir & Creative Dir -- BRALEY DESIGN, Brooklyn, NY, pg. 153
Davis, Kathleen, Media Dir -- TCAA, Cincinnati, OH, pg. 1093
Davis, Kathy, Media Dir -- FASONE & PARTNERS, Kansas City, MO, pg. 362
Davis, Kevin Drew, Chief Creative Officer-Chicago & Canada -- Wunderman, Chicago, IL, pg. 1188
Davis, Kristi, Acct Supvr -- GRAHAM OLESON, Colorado Springs, CO, pg. 432
Davis, Kyle, Acct Supvr -- MICROMASS COMMUNICATIONS INC, Cary, NC, pg. 738
Davis, Laura, Art Dir -- MBT MARKETING, Portland, OR, pg. 696
Davis, Lindsay, Acct Exec -- WORLDLINK MEDIA, Los Angeles, CA, pg. 1177
Davis, Lori, Dir-PR & Mktg Content -- AMPERAGE, Cedar Falls, IA, pg. 53
Davis, Matt, Creative Dir -- Saatchi & Saatchi, Dallas, TX, pg. 977
Davis, Matt, Creative Dir -- Saatchi & Saatchi Los Angeles, Torrance, CA, pg. 975
Davis, Megan, Media Buyer -- CHEVALIER ADVERTISING, INC., Lake Oswego, OR, pg. 206
Davis, Melissa Durfee, Media Dir -- GREENRUBINO, Seattle, WA, pg. 436
Davis, Noah, Exec Creative Dir -- DOOR NUMBER 3, Austin, TX, pg. 316
Davis, Paul, Exec Creative Dir -- OLOGIE, Columbus, OH, pg. 835
Davis, Ryan, Art Dir -- TEAM ONE USA, Los Angeles, CA, pg. 1095
Davis, Simone, Acct Supvr -- MACDONALD MEDIA, New York, NY, pg. 1339
Davis, Simone, Acct Supvr -- MACDONALD MEDIA, Portland, OR, pg. 666
Davis, Stacey, Creative Dir-Copy -- CADIENT GROUP, Malvern, PA, pg. 182
Davis, Steve, Creative Dir -- THE DESIGNORY, Long Beach, CA, pg. 293
Davis, Suzanne, Art Dir -- JEFFREY SCOTT AGENCY, Fresno, CA, pg. 574

Davison, Matt, Mng Partner-Martin Davison PR -- MARTIN DAVISON PUBLIC RELATIONS, Buffalo, NY, pg. 1577
Dawes, Curtis, Creative Dir -- ESPN CREATIVEWORKS, New York, NY, pg. 349
Dawes, Glenn, Exec Dir-Creative -- ADFARM, Calgary, Canada, pg. 29
Dawid, Catherine, Head-Production Design & Art Dir -- Publicis Toronto, Toronto, Canada, pg. 904
Dawkins, Deanne, Acct Dir -- TMP Worldwide/Advertising & Communications, Toronto, Canada, pg. 1107
Dawkins, Jane, Acct Dir-Sls & Mktg -- Hills Balfour, London, United Kingdom, pg. 750
Dawson, Brandi, Acct Exec -- ACCESS ADVERTISING + PR, Roanoke, VA, pg. 19
Dawson, Elizabeth, Creative Dir -- JUST MEDIA, INC., Emeryville, CA, pg. 1336
Dawson, Lori, Media Dir -- BURFORD COMPANY ADVERTISING, Richmond, VA, pg. 173
Dawson, Tamara, VP & Media Dir -- MCCANN CANADA, Toronto, Canada, pg. 712
Day, Amanda, Art Dir -- REVEL ADVERTISING, Springfield, MO, pg. 952
Day, Amber, Acct Exec -- THREAD CONNECTED CONTENT, Minneapolis, MN, pg. 1102
Day, Aubrey, Assoc Dir-Creative -- DDB San Francisco, San Francisco, CA, pg. 269
Day, Cathy, Head-Brdcst Production -- Ogilvy Cape Town, Cape Town, South Africa, pg. 829
Day, Christin Crampton, Sr Dir-PR -- BARNHART, Denver, CO, pg. 91
Day, Ed, Producer-Print -- M&C SAATCHI PLC, London, United Kingdom, pg. 658
Day, Gayden, Principal & Exec Creative Dir -- ROCKET RED, Dallas, TX, pg. 965
Day, Glen, Creative Dir -- TRACYLOCKE, Dallas, TX, pg. 1113
Day, Jeff, Art Dir -- FG CREATIVE INC, Palm Desert, CA, pg. 378
Day, Lindsay, Acct Dir -- HAVAS MEDIA, New York, NY, pg. 1324
Day, Stacey, Owner & Creative Dir -- DUNCAN/DAY ADVERTISING, Plano, TX, pg. 325
Day, Tasha, Media Dir -- Starcom, North Hollywood, CA, pg. 1371
Dayaram, Kit, Creative Dir -- Wieden + Kennedy, London, United Kingdom, pg. 1165
Days, Don, Editor-Creative -- VIEWPOINT CREATIVE, Newton, MA, pg. 1137
de Almeida Bottura, Mariana Silveira, Acct Dir -- F/Nazca Saatchi & Saatchi, Sao Paulo, Brazil, pg. 981
de Almeida, Juliano, Art Dir -- MullenLowe Brasil, Sao Paulo, Brazil, pg. 542
De Angeli, Lea, Art Dir -- Publicis Conseil, Paris, France, pg. 898
De Angelo, James, Principal & Exec Creative Dir -- DCF ADVERTISING, New York, NY, pg. 266
de backer, Dylan, Exec Creative Dir -- DDB Amsterdam, Amstelveen, Netherlands, pg. 277
De Bord, Amelia, Acct Dir -- FIXATION MARKETING, Bethesda, MD, pg. 386
De Bruyn, Dries, Assoc Creative Dir -- LDV United, Antwerp, Belgium, pg. 1180
De Bruyn, Dries, Assoc Creative Dir -- LDV United, Antwerp, Belgium, pg. 218
De Castro, Rodrigo, Creative Dir -- DDB New York, New York, NY, pg. 269
De Cherisey, Natacha Olive, Art Dir -- DDB Paris, Paris, France, pg. 273
de Dios Elices, Ivan, Creative Dir -- J. Walter Thompson, Madrid, Spain, pg. 561
De Filippis, Brielle, Acct Exec -- Walton Isaacson, New York, NY, pg. 1151
De Forest, Liz, Acct Dir -- BLISSPR, New York, NY, pg. 136
De Geest, Sophie, Acct Dir -- ABELSON-TAYLOR, INC., Chicago, IL, pg. 17
de Gracia, Vicente Rodriguez, Creative Dir -- TBWA Espana, Madrid, Spain, pg. 1085
De Grood, Doug, Creative Dir -- GABRIEL DEGROOD BENDT, Minneapolis, MN, pg. 407
De Groot, Martijn, Art Dir -- WWAV, Woerden, Netherlands, pg. 933
de Haan, Todd, Creative Dir -- VML, Kalamazoo, MI, pg. 1300
de Jager, Danike, Art Dir & Designer -- Ogilvy Johannesburg (Pty.) Ltd., Johannesburg, South Africa, pg. 829
de Jesus Andrade, Eduardo, Assoc Creative Dir -- Teran TBWA, Mexico, Mexico, pg. 1092
De Jong, Corien, Sr VP & Exec Dir-Creative -- INTERMUNDO MEDIA, Boulder, CO, pg. 539
de Kock, Joshua, Grp Head-Creative -- M&C Saatchi Abel, Cape

PERSONNEL INDEX — AGENCIES

Town, South Africa, pg. 660
De Kuiper, Niels, Creative Dir -- TBWA Company Group, Amsterdam, Netherlands, pg. 1084
De Kuiper, Niels, Art Dir -- TBWA Neboko, Amsterdam, Netherlands, pg. 1084
de la Fosse, Emma, Chief Creative Officer-UK -- Digitas, London, United Kingdom, pg. 1251
de la Herran, Eduardo, Grp Creative Dir -- OGILVY, New York, NY, pg. 809
de la Pena, Pablo Gonzalez, Creative Dir -- BARTLE BOGLE HEGARTY LIMITED, London, United Kingdom, pg. 92
de la Puente, Gabriela Castro, Acct Mgr & Acct Supvr -- DDB Madrid, S.A., Madrid, Spain, pg. 280
de la Rochebrochard, Valerie, Dir-PR -- DDB Communication France, Paris, France, pg. 273
de la Torre, Daniel, Acct Supvr -- McCann New York, New York, NY, pg. 698
De La Torre, Daniel, Acct Supvr -- SENSIS, Los Angeles, CA, pg. 1002
de la Torre, Juan Carlos Gomez, Pres & Gen Dir-Creative -- Circus Grey, Lima, Peru, pg. 444
de la Torre, Juan Carlos Gomez, Pres-Circus Grey & Gen Creative Dir -- Grey GCG Peru S.A.C., Lima, Peru, pg. 444
De La Villehuchet, Christian, Dir-Creative Council-Global -- Havas Worldwide Brussels, Brussels, Belgium, pg. 478
De Lacourt, Fabrice, Creative Dir -- Publicis Communications, Paris, France, pg. 898
De LaGuardia, Gloria, Exec Creative Dir-Global -- RED FUSE COMMUNICATIONS, INC., New York, NY, pg. 939
de Lange, Stephanus, Creative Dir -- Impact BBDO, Dubai, United Arab Emirates, pg. 109
De Leon, Daniel, Creative Dir -- Grey Mexico, S.A. de C.V, Mexico, Mexico, pg. 444
de Leon, Dino, Exec VP & Exec Creative Dir -- IN MARKETING SERVICES, Norwalk, CT, pg. 529
de Leon, Kellie, Acct Dir -- THE MX GROUP, Burr Ridge, IL, pg. 781
De Leon, Leo, Pres & Creative Dir -- BOONE DELEON COMMUNICATIONS, INC., Houston, TX, pg. 147
de Leon, Mario, Creative Dir -- DILYON CREATIVE GROUP, Doral, FL, pg. 302
De Leon, Meg, Acct Dir -- WAX CUSTOM COMMUNICATIONS, Miami, FL, pg. 1154
de Lesseux, Matthieu, CEO-Creative-France -- HAVAS, Puteaux, France, pg. 472
de Lestrade, Robin, Creative Dir -- M&C Saatchi, Paris, France, pg. 661
De Libero, Gianfranco, Assoc Dir-Creative -- BEYOND TOTAL BRANDING, Miami, FL, pg. 126
de Lophem, Florence, Acct Dir -- Publicis Italia, Milan, Italy, pg. 899
de Lucas, Yuste, Art Dir -- TBWA Espana, Madrid, Spain, pg. 1085
De Maayer, Maarten, Copywriter-Creative -- Publicis, Brussels, Belgium, pg. 1397
De Melo, Randy, Assoc Creative Dir -- NO FIXED ADDRESS, INC., Toronto, Canada, pg. 795
De Menezes, Vinicius, Assoc Creative Dir -- Publicis Italia, Milan, Italy, pg. 899
De Meo, Rosalba, Art Dir -- DENTINO MARKETING, Princeton, NJ, pg. 289
De Meyer, Kwint, Creative Dir -- Publicis, Brussels, Belgium, pg. 1397
de Mierre, Charlie, Creative Dir -- Porter Novelli-London, London, United Kingdom, pg. 1615
de Ochoa, Luis Lopez, Creative Dir -- Young & Rubicam, S.L., Madrid, Spain, pg. 1203
de Oliveira, Lucas, Creative Dir -- ARNOLD WORLDWIDE, Boston, MA, pg. 69
de Paiva, Ane-Marie Sylvest, Acct Dir-BBDO -- TBWA Copenhagen, Copenhagen, Denmark, pg. 1080
De Paoli, Federica, Acct Dir -- Ogilvy S.p.A., Milan, Italy, pg. 1600
De Pietri, Emiliano Gonzalez, Exec Creative Dir -- Grey GCG Peru S.A.C., Lima, Peru, pg. 444
De Pietri, Emiliano Gonzalez, Exec Creative Dir -- Grey: REP, Bogota, Colombia, pg. 444
de Pinho, John, Creative Dir -- LPi Communications, Edmonton, Canada, pg. 654
de Queiroz Tatu, Fabiano, Creative Dir -- RPA, Santa Monica, CA, pg. 970
de Quesada, Krysten, Acct Dir -- PINTA USA LLC, Miami Beach, FL, pg. 872
De Raat, Ian, Assoc Creative Dir -- Publicis Australia, Brisbane, Australia, pg. 907

De Ridder, Dieter, Creative Dir -- DDB Group Belgium, Brussels, Belgium, pg. 271
De Ryk, William, Acct Dir -- BARRETTSF, San Francisco, CA, pg. 91
de Seve, Alexis, Acct Supvr -- FIGLIULO&PARTNERS, LLC, New York, NY, pg. 380
de Silva-Ong, C.J., Creative Dir -- TBWA Santiago Mangada Puno, Manila, Philippines, pg. 1091
De Stefani, Stefania, Media Dir-Intl -- ZenithOptimedia, Milan, Italy, pg. 1389
De Stefani, Stefania, Media Dir-Intl -- ZenithOptimedia Interactive Direct, Milan, Italy, pg. 1388
de Tray, Adrien, Creative Dir -- GNET, Los Angeles, CA, pg. 425
De Valck, Sebastien, Creative Dir -- N BBDO, Brussels, Belgium, pg. 103
De Valck, Sebastien, Creative Dir -- Proximity BBDO, Brussels, Belgium, pg. 103
De Veer, Drusilla, Dir-Print Production -- WESTON MASON MARKETING, Santa Monica, CA, pg. 1159
de Villiers, Hagan, Reg Creative Dir -- TBWA Singapore, Singapore, Singapore, pg. 1091
de Villiers, Jean-Pierre, Art Dir -- Ogilvy Cape Town, Cape Town, South Africa, pg. 829
De Vinals, Jose Maria Roca, Chief Creative Officer -- DDB Madrid, S.A., Madrid, Spain, pg. 280
de Vinaspre, Maite Ruiz, Acct Dir -- Porter Novelli, Valencia, Spain, pg. 1615
De Volder, Samuel, Creative Dir-Belgium -- WUNDERMAN, New York, NY, pg. 1188
de Wachter, Willem, Creative Dir -- Publicis, Brussels, Belgium, pg. 1397
de Wet, Andre, Grp Head-Creative & Copywriter -- FCB AFRICA, Johannesburg, South Africa, pg. 375
de Wilde, Dries, Assoc Creative Dir -- Duval Guillaume, Antwerp, Belgium, pg. 897
de Wolf, Stephen, Exec Creative Dir -- Clemenger BBDO Melbourne, Melbourne, Australia, pg. 111
Deacon, Jessica Schaevitz, VP & Acct Dir -- MCCANN WORLDGROUP, New York, NY, pg. 714
Deakin, Jessica, Acct Dir-World Svcs -- M&C SAATCHI PLC, London, United Kingdom, pg. 658
Deakin, Wayne, Exec Creative Dir-EMEA -- Huge, London, United Kingdom, pg. 512
Dean, Ally, Producer-Brdcst -- Saatchi & Saatchi London, London, United Kingdom, pg. 980
Dean, Jackie, Art Dir -- TRAFFIK, Irvine, CA, pg. 1113
Deang, Mellisa, Sr Media Planner & Media Buyer -- R&R PARTNERS, Las Vegas, NV, pg. 924
DeAngelo, Matt, Assoc Creative Dir -- FUSE INTERACTIVE, Laguna Beach, CA, pg. 403
DeAngelo, Tyler, Exec Creative Dir -- STRAWBERRYFROG, New York, NY, pg. 1054
DeBardeleben, Mary Katherine, Acct Exec -- LEADING EDGES, Meridian, MS, pg. 618
DeBernardo, Elisa, Acct Dir -- FKQ ADVERTISING + MARKETING, Clearwater, FL, pg. 386
DeBiase, Judy, VP-Creative Tech -- SMM ADVERTISING, Smithtown, NY, pg. 1024
Deboey, Yves-Eric, Creative Dir -- Publicis Conseil, Paris, France, pg. 898
DeBow, Thomas J., Jr., Pres & Chief Creative Officer -- DEBOW COMMUNICATIONS, LTD., New York, NY, pg. 284
Debrick, Nicole, Acct Supvr -- C3 - CREATIVE CONSUMER CONCEPTS, Overland Park, KS, pg. 181
Debus-Pesquet, Manon, Acct Exec -- CLM BBDO, Boulogne-Billancourt, France, pg. 104
DeCamp, Lashena Huddleston, Partner & Media Dir -- MediaCom US, New York, NY, pg. 1345
DeCandia, Gina, Sr VP & Grp Dir-PR -- SHARP COMMUNICATIONS, New York, NY, pg. 1006
DeCaro, Charles, Creative Dir -- LASPATA DECARO, New York, NY, pg. 611
Decazes, Jacques, Sr Dir-Creative & Art -- BETC, Paris, France, pg. 479
DeCheser, David, VP & Grp Exec Creative Dir -- R/GA, New York, NY, pg. 925
Dechman, Erin, Acct Exec-Digital -- EAG ADVERTISING & MARKETING, Kansas City, MO, pg. 328
Dechman, Erin, Acct Exec-Digital -- ENTREPRENEUR ADVERTISING GROUP, Kansas City, MO, pg. 342
Decker, Carrie, Creative Dir & Designer -- LONGREN & PARKS, Hopkins, MN, pg. 651
Decker, Lisa, Acct Exec -- STEVENS ADVERTISING, Grand Rapids, MI, pg. 1048

Decook, Neil, Acct Exec & Dir-Academy -- BRAND INNOVATION GROUP, Fort Wayne, IN, pg. 155
Dedering, Brian, Assoc Creative Dir -- PUBLICIS HAWKEYE, Dallas, TX, pg. 1282
Deenihan, Bridget, Assoc Creative Dir & Copywriter -- BOHAN, Nashville, TN, pg. 144
Deepak, Meera, Acct Dir -- Tribal Worldwide Chicago, Chicago, IL, pg. 1296
Deer, Adam, Art Dir & Assoc Creative Dir -- Publicis Seattle, Seattle, WA, pg. 905
Deer, Adam, Art Dir & Assoc Creative Dir -- Publicis Seattle, Seattle, WA, pg. 913
Deer, Joanne, VP-Strategic & Creative -- NOW COMMUNICATIONS, Vancouver, Canada, pg. 801
Deering, Amanda, Art Dir -- THE INTEGER GROUP, LLC, Lakewood, CO, pg. 536
Deeter, Linda, Exec VP & Creative Dir -- DEETERUSA, Doylestown, PA, pg. 286
DeFilippo, Lauren, Mgr-Creative -- PRIM COMMUNICATIONS, Littleton, CO, pg. 1619
DeGeorge, Alyssa, Art Dir -- IBEL AGENCY, Columbus, OH, pg. 517
DeGeorge, Lauren, Acct Exec -- MARRINER MARKETING COMMUNICATIONS, INC., Columbia, MD, pg. 686
Degnan, Ashley, Acct Exec -- THE INTEGER GROUP - DENVER, Lakewood, CO, pg. 1406
Degni, Rich, VP & Creative Dir -- SOURCE COMMUNICATIONS, Hackensack, NJ, pg. 1029
Degouy, Floriane, Acct Exec -- DDB Paris, Paris, France, pg. 273
DeGray, John, Assoc Dir-Creative -- AMP Agency, New York, NY, pg. 1237
DeGrote, Paul, VP-Creative Svcs -- AMOBEE, INC., Redwood City, CA, pg. 1236
Deines, Kahrin, Creative Dir -- MEDIA MADE GREAT, Chicago, IL, pg. 1271
Deininger, Bob, Media Dir -- NORBELLA INC., Boston, MA, pg. 1354
Deitsch, Gabby, Acct Supvr -- Weber Shandwick-Saint Louis, Saint Louis, MO, pg. 1676
DeJesus, Ben, Partner & Chief Creative Officer -- NGL COLLECTIVE, New York, NY, pg. 794
Del Brocco, Angela, Strategist-Social Media & Acct Exec -- MURPHYEPSON, INC., Columbus, OH, pg. 780
del Castillo, Judy, Media Buyer -- MERCURY MEDIA, INC., Los Angeles, CA, pg. 730
Del Collo, Kerri, Acct Exec -- DEFAZIO COMMUNICATIONS, Conshohocken, PA, pg. 1482
Del Lama, Henrique, Art Dir -- Almap BBDO, Sao Paulo, Brazil, pg. 101
Del Nero, Daniele, Supvr-Creative -- Leo Burnett Co. S.r.l., Turin, Italy, pg. 625
Del Pizzo, Gaetano, Exec Head-Art & Mgr-Creative -- MCCANN WORLDGROUP S.R.L., Milan, Italy, pg. 715
del Rio, Laura, Acct Exec -- DDB Barcelona S.A., Barcelona, Spain, pg. 280
Del Valle, Frances, Acct Supvr -- LIGHTSPEED PUBLIC RELATIONS, Brooklyn, NY, pg. 1567
Del Villar Acebal, Diego, Acct Dir -- OgilvyOne Worldwide, Mexico, Mexico, pg. 821
dela Cruz, Aissa Stephanie, Grp Head-Creative -- Leo Burnett Manila, Makati, Philippines, pg. 631
Dela Cruz, Maan, Producer-Brdcst -- TBWA Santiago Mangada Puno, Manila, Philippines, pg. 1091
Delabre, Sandrine, Dir-Dev & New Bus -- Y&R France S.A., Boulogne-Billancourt, France, pg. 1202
Delafosse, Ryan, VP-Creative Strategy -- PRAYTELL, Brooklyn, NY, pg. 1618
Delaney, Kathy, Chief Creative Officer-Global-Publicis Healthcare Comm Group -- Publicis Touchpoint Solutions, Yardley, PA, pg. 912
Delaney, Kathy, Chief Creative Officer -- SAATCHI & SAATCHI WELLNESS, New York, NY, pg. 985
Delaney, Margaret, Acct Supvr -- BERLINROSEN, New York, NY, pg. 1448
Delaney, Nicole, Acct Dir -- PARADISE ADVERTISING & MARKETING, Saint Petersburg, FL, pg. 853
Delaney, Nicole, Acct Dir -- Paradise Advertising & Marketing-Naples, Naples, FL, pg. 853
Delarasse, Julien, Art Dir -- TBWA Corporate, Boulogne-Billancourt, France, pg. 1081
deLaski, Katie, Acct Dir -- Hogarth Worldwide, New York, NY, pg. 1180
deLaski, Katie, Acct Dir -- Hogarth Worldwide, New York, NY, pg. 506

1723

AGENCIES — PERSONNEL INDEX

Delaunay, Frederic, Acct Dir -- fullsixadvertising, Levallois-Perret, France, pg. 472
Delehag, Henrik, Creative Dir -- Anomaly, London, United Kingdom, pg. 59
Delehag, Henrik, Creative Dir -- Anomaly, London, United Kingdom, pg. 721
DeLeon, Ken, Pres & Creative Dir -- DELEON GROUP, LLC, Staten Island, NY, pg. 286
Deleuse, Alexander, Strategist-Creative -- GURU MEDIA SOLUTIONS LLC, Sausalito, CA, pg. 456
Delgadillo, Jimena, Acct Dir -- Ogilvy, Mexico, Mexico, pg. 821
Delgado, Daisy, VP & Acct Dir-North America -- PUBLICIS MEDIA, New York, NY, pg. 1365
Delgado, Daniel, Art Dir & Creative Dir -- Sancho BBDO, Bogota, Colombia, pg. 102
Delgado, Javier, Creative Dir -- McCann Erickson (Peru) Publicidad S.A., Lima, Peru, pg. 707
Delgado, Rene, Assoc Creative Dir -- Leo Burnett USA, Chicago, IL, pg. 622
Delgado, Rene, Assoc Creative Dir -- LEO BURNETT WORLDWIDE, INC., Chicago, IL, pg. 621
Delgado, Roberto, Creative Dir -- FCB Mayo, Lima, Peru, pg. 372
Delger, Tim, Art Dir & Grp Creative Dir -- BOHAN, Nashville, TN, pg. 144
Delhey, Judy, Strategist & Media Buyer -- ADRENALIN, INC, Denver, CO, pg. 32
Delhommer, Joseph, Creative Dir -- HAVAS WORLDWIDE, New York, NY, pg. 475
Delhommer, Joseph, Creative Dir -- Havas Worldwide New York, New York, NY, pg. 476
Delich, Katie, Media Buyer -- THE JOHNSON GROUP, Chattanooga, TN, pg. 580
Deligiannis, Dimitris, Creative Dir -- Tribal Worldwide Athens, Athens, Greece, pg. 1296
DeLillo, Jessica, Acct Dir -- Anomaly, Venice, CA, pg. 60
Delio, Gina, Partner & Chief Creative Officer -- TAG CREATIVE, New York, NY, pg. 1070
Delisle, Raiven, Art Dir -- THE MARTIN AGENCY, Richmond, VA, pg. 687
Delisle, Raiven, Art Dir -- WEBER SHANDWICK, New York, NY, pg. 1673
Dell'Anna, Raffaello, Acct Dir -- Leo Burnett Rome, Rome, Italy, pg. 625
Dell'Isola, Casey, Acct Exec -- SPEAKERBOX COMMUNICATIONS, Vienna, VA, pg. 1648
Dellacato, Melissa, Media Planner -- MediaCom US, New York, NY, pg. 1345
Dello Stritto, Mark D., Owner & Creative Dir -- LOADED CREATIVE LLC, Bellefonte, PA, pg. 648
Deloffre, Rachel, Acct Dir -- DCI-West, Aurora, CO, pg. 296
Delorez, Steve, Grp Dir-Creative -- EDGE MARKETING, Chicago, IL, pg. 331
Delost, Elizabeth, Acct Dir -- RAIN43, Toronto, Canada, pg. 929
Delph, Danielle, Art Dir -- WIEDEN + KENNEDY, INC., Portland, OR, pg. 1163
Delsol, Bob, Exec Creative Dir -- ZLRIGNITION, Des Moines, IA, pg. 1214
Deluz, Skye, Art Dir -- Rethink, Toronto, Canada, pg. 951
DelVecchio, Dana, Acct Exec & Media Planner -- SPITBALL LLC, Red Bank, NJ, pg. 1034
DelVecchio, Maria, Creative Dir -- THE CALIBER GROUP, Tucson, AZ, pg. 183
DeMarco, Tony, CEO & Creative Dir -- SIGNATURE COMMUNICATIONS, Philadelphia, PA, pg. 1013
DeMars, Rob, Chief Creative Officer -- MARKETING ARCHITECTS, INC., Minnetonka, MN, pg. 682
DeMastrie, Sam, Art Dir & Designer -- JIBE MEDIA, Salt Lake City, UT, pg. 576
Demata, Eugene, Chief Creative Officer -- Campaigns & Grey, Makati, Philippines, pg. 447
Demeersman, Nicolas, Creative Dir -- CLM BBDO, Boulogne-Billancourt, France, pg. 104
DeMeo, Lee-Ann, Assoc Creative Dir -- INNIS MAGGIORE GROUP, INC., Canton, OH, pg. 533
DeMers, Anna Petrocco, Acct Supvr -- COLEHOUR + COHEN, Seattle, WA, pg. 218
DeMinco, Jessica, Acct Supvr -- Partners+Napier, New York, NY, pg. 856
Demirel, Mehmet, Art Dir -- Ogilvy, Istanbul, Turkey, pg. 817
Demko, Courtney, Media Dir -- SapientRazorfish Atlanta, Atlanta, GA, pg. 1287
Demmer, Catherine, Acct Supvr -- TAXI, Toronto, Canada, pg. 1075
DeMong, Abby, VP & Media Dir -- SPARK FOUNDRY, Chicago, IL, pg. 1369
Dempsey, Marianne, Acct Dir -- RAINIER COMMUNICATIONS, Westborough, MA, pg. 1624
Denaro, Helene, Media Buyer -- ICON INTERNATIONAL INC., Stamford, CT, pg. 1330
DeNatale, Michael, Head-Creative -- COMCAST SPOTLIGHT, Fort Wayne, IN, pg. 221
Denberg, Josh, Partner & Creative Dir -- DIVISION OF LABOR, Sausalito, CA, pg. 308
Dendeevanichsorn, Nattaya, Acct Exec -- GREYnj United, Bangkok, Thailand, pg. 448
Denekas, Steven, VP-Creative -- BASIC AGENCY, San Diego, CA, pg. 95
Denembo, Kiley, Coord-Creative Resource -- MISTRESS, Santa Monica, CA, pg. 747
Deng, Yingzhi, Grp Head-Creative -- DDB, Singapore, Singapore, pg. 279
Denham, Christine, Sr Mgr-PR -- MARTIN DAVISON PUBLIC RELATIONS, Buffalo, NY, pg. 1577
Denick, Julia, Media Planner & Media Buyer -- TBC INC., Baltimore, MD, pg. 1076
Denihan, Brendan, Buyer-Brdcst-Natl -- HAVAS MEDIA, New York, NY, pg. 1324
Denise, Angela, Creative Dir -- THE TERRI & SANDY SOLUTION, New York, NY, pg. 1097
Denman, Nick, Art Dir -- THE RICHARDS GROUP, INC., Dallas, TX, pg. 956
Denne, Lindsey, Acct Dir -- BOLIN MARKETING, Minneapolis, MN, pg. 145
Denney, Bess, VP & Acct Dir -- LEVLANE ADVERTISING/PR/INTERACTIVE, Philadelphia, PA, pg. 635
Dennison-Bunch, Michelle, Art Dir -- BRAND IT ADVERTISING, Spokane, WA, pg. 155
Denniston, Guy, Creative Dir -- Y&R, Auckland, New Zealand, pg. 1192
Denniston, Guy, Creative Dir -- Young & Rubicam Wellington, Wellington, New Zealand, pg. 1200
Densmore, Eric, Sr VP & Acct Dir -- ABELSON-TAYLOR, INC., Chicago, IL, pg. 17
Densmore, Jim, VP & Dir-Creative Svcs -- ARKETI GROUP, Atlanta, GA, pg. 68
Dent, Amanda, Assoc Creative Dir & Copywriter -- ARCHER MALMO, Memphis, TN, pg. 65
Dent, Hilary, Acct Coord -- WILKINSON FERRARI & COMPANY, Salt Lake City, UT, pg. 1684
Dent, Neil, Art Dir -- BBDO Atlanta, Atlanta, GA, pg. 98
Dente, Vincent, Exec VP & Exec Creative Dir-US -- MSLGROUP, New York, NY, pg. 1587
Denten, Matt, Sr VP & Creative Dir -- ARC WORLDWIDE, Chicago, IL, pg. 1397
Dentith, Jessica, Acct Coord -- SWBR, INC., Bethlehem, PA, pg. 1065
Denton, Katie, Creative Dir -- DOBERMAN, New York, NY, pg. 312
Deodhar, Abhinav, Art Dir -- Wieden + Kennedy India, New Delhi, India, pg. 1166
DePagter, Anna, Art Dir -- LEVEL MPLS, Minneapolis, MN, pg. 633
DePalma, David, Sr Dir-Mktg & Creative -- SANTA FE NATURAL TOBACCO ADVERTISING, Santa Fe, NM, pg. 1226
DePew, Jeff, Media Planner & Buyer -- MeringCarson, San Diego, CA, pg. 731
Depreter, Marleen, Acct Dir -- N BBDO, Brussels, Belgium, pg. 103
Derby, Sheriden, Head-Creative Svcs -- TBWA Auckland, Auckland, New Zealand, pg. 1091
Derheim, Katie, Producer-Brdcst -- PERISCOPE, Minneapolis, MN, pg. 864
Derkey, Megan, Acct Supvr -- BELLMONT PARTNERS, Minneapolis, MN, pg. 121
DeRoller, Julie, Sr VP & Dir-Vine Creative Studios -- PARTNERS+NAPIER, Rochester, NY, pg. 855
DeRosa, Mike, Grp Creative Dir -- Organic, Inc., New York, NY, pg. 1278
DeRosa, Trish, Acct Exec -- THE EGC GROUP, Melville, NY, pg. 332
derouault, Thomas, Mng Dir & Exec Creative Dir -- J. Walter Thompson France, Neuilly-sur-Seine, France, pg. 559
Derouet, David, Art Dir -- BETC, Paris, France, pg. 479
Derrick, James, Acct Dir -- Adam & EveDDB, London, United Kingdom, pg. 281
Derrick, Mike, Creative Dir -- THE ADCOM GROUP, Cleveland, OH, pg. 28
Desai, Jasmine, Acct Dir -- EXPOSURE, New York, NY, pg. 356
DeSalvo, Chris, Creative Dir -- TracyLocke, Wilton, CT, pg. 1113
DeSanti, Meredith, VP-Strategy & Creative -- BML PUBLIC RELATIONS, Florham Park, NJ, pg. 1452
DeSantis, Jessica, Acct Dir -- Juniper Park/TBWA, Toronto, Canada, pg. 1079
Descollonges, Justine, Principal & Creative Dir -- HDSF, San Francisco, CA, pg. 491
DeSena, Brian, Acct Exec-Natl -- ALCHEMY MEDIA HOLDINGS, LLC, Los Angeles, CA, pg. 44
Deshayes, Julia, Art Dir -- TBWA Paris, Boulogne-Billancourt, France, pg. 1081
Desikan, Raghu, Creative Dir -- OGILVY HEALTHWORLD, New York, NY, pg. 832
Desimini, Guy, VP & Assoc Creative Dir -- Patients & Purpose, New York, NY, pg. 198
Desimone, Katie, Acct Dir -- THE BARBARIAN GROUP, New York, NY, pg. 88
DeSimone, Rich, VP & Creative Dir -- THE EGC GROUP, Melville, NY, pg. 332
DesLauriers, Amy, Media Dir -- LAWRENCE & SCHILLER, INC., Sioux Falls, SD, pg. 616
Desmettre, Olivier, Exec Creative Dir -- Publicis Conseil, Paris, France, pg. 898
DeSmidt, Kristen, VP-Ops & PR -- DAIGLE CREATIVE, Jacksonville, FL, pg. 257
Dessagne, Benjamin, Creative Dir & Copywriter -- CLM BBDO, Boulogne-Billancourt, France, pg. 104
Dessent, Zack, Art Dir-Digital -- KILLIAN BRANDING, Chicago, IL, pg. 595
Dessert, Alison, Acct Exec -- FAMA PR, INC., Boston, MA, pg. 1502
Dessi, Stefano, Art Dir -- Heimat Werbeagentur GmbH, Berlin, Germany, pg. 1082
DeStasio, Joyce, Acct Dir -- 1 TRICK PONY, Hammonton, NJ, pg. 1
DeStefano, Laraine, Media Buyer-Local -- CARAT USA, INC., New York, NY, pg. 1314
DeStefano, Lisa, Mgr-PR-Intl -- PAN COMMUNICATIONS, Boston, MA, pg. 1605
Detchev, Colleen, Media Dir -- UPSHOT, Chicago, IL, pg. 1128
Determann, Julie, Acct Supvr -- THE WEINSTEIN ORGANIZATION, INC., Chicago, IL, pg. 1157
Dettman, Caroline, Chief Creative & Community Officer -- Golin, San Francisco, CA, pg. 1520
Deur, Vicky, Media Dir -- ARVIZU ADVERTISING & PROMOTIONS, Phoenix, AZ, pg. 73
Deutsch, Ken, Media Dir -- SENSIS, Los Angeles, CA, pg. 1002
Deutsch, Rebecca, Acct Dir -- Lewis, New York, NY, pg. 638
Dev, Anyaa, Creative Dir & Art Dir -- Wieden + Kennedy Amsterdam, Amsterdam, Netherlands, pg. 1164
Dev, Sangita, Creative Dir -- Ogilvy, Hyderabad, India, pg. 824
Devadason, Ajit, Head-Creative -- MADRAS GLOBAL, New York, NY, pg. 670
Devanand, Sadanand, Creative Dir -- Leo Burnett India, New Delhi, India, pg. 630
Devenney, Alasdair, Acct Dir -- Havas People London, London, United Kingdom, pg. 483
Devereaux, Christine, VP & Acct Dir-Svcs -- THE DSM GROUP, Mahwah, NJ, pg. 323
Devereux, Maria, Creative Dir -- Colenso BBDO, Auckland, New Zealand, pg. 114
Devereux, Olivia, Media Dir -- TIER10 MARKETING, Herndon, VA, pg. 1103
Devery-Shaak, Katie, Acct Exec -- THINK COMMUNICATIONS GROUP, LLC, Pipersville, PA, pg. 1099
Devgun, Rohit, Sr Creative Dir -- McCann Erickson India, Mumbai, India, pg. 704
Devin, Machel, Acct Supvr -- STRUCK, Salt Lake City, UT, pg. 1055
Devine, Kaylee Vrem, Acct Supvr -- SPAWN IDEAS, Anchorage, AK, pg. 1032
Devine, Kenny, Acct Exec -- PADILLA, Minneapolis, MN, pg. 849
Devine, Lee, Creative Dir-APAC -- Text 100 Singapore Pvt. Ltd., Singapore, Singapore, pg. 1659
Devine, Rachel, Sr Producer-Brdcst -- Leo Burnett Sydney, Sydney, Australia, pg. 628
Devine, Tim, Exec Creative Dir -- AKQA, Melbourne, Australia, pg. 1235
DeVito, Chris, Partner & Creative Dir -- DEVITO GROUP, New York, NY, pg. 296
DeVito, Michael, Chief Creative Officer -- DEALERON, INC, Rockville, MD, pg. 283
DeVito, Sal, Exec Creative Dir -- DEVITO/VERDI, New York, NY, pg. 296
Devitt, Cedric, Chief Creative Officer -- BIG SPACESHIP, Brooklyn,

PERSONNEL INDEX — AGENCIES

NY, pg. 129
Devitt, Claudia, Acct Supvr -- PUBLICIS NEW YORK, New York, NY, pg. 912
DeViva, Sara, Dir-Creative Strategy -- VAULT COMMUNICATIONS, INC., Plymouth Meeting, PA, pg. 1666
Devlin, Mike, Exec VP & Creative Dir -- FCB HEALTH, New York, NY, pg. 376
deVogelaere, Lexi, Acct Supvr -- VIRTUE WORLDWIDE, Brooklyn, NY, pg. 1139
Devore, Amy, Acct Dir -- BEEHIVE PR, Saint Paul, MN, pg. 1447
DeVoti, Lori Rae, Acct Exec -- CREATIVE ENERGY GROUP INC, Johnson City, TN, pg. 241
Devoto, Alejandro, Creative Dir -- Grey Argentiña, Buenos Aires, Argentina, pg. 443
Devries, Carrie, Acct Supvr-PR -- DEVENEY COMMUNICATIONS, New Orleans, LA, pg. 1483
DeVries, Deborah, Acct Exec -- RECRUITSAVVY, Mahwah, NJ, pg. 938
Devries, Melanie, Acct Exec-PR -- QUILLIN ADVERTISING, Las Vegas, NV, pg. 923
DeWeese, Amanda, Dir-PR -- CHERNOFF NEWMAN, Charlotte, NC, pg. 1467
Deweese, Jim, Assoc Creative Dir -- CURRENT360, Louisville, KY, pg. 255
DeWree, Caroline, Acct Coord -- PUBLICIS HAWKEYE, Dallas, TX, pg. 1282
DeWree, Madeline, Assoc Creative Dir -- DDB San Francisco, San Francisco, CA, pg. 269
Dexter, Jenny, Acct Exec -- MATCHBOOK CREATIVE, Indianapolis, IN, pg. 693
Dexter, Todd, VP & Grp Creative Dir -- PURERED/FERRARA, Stone Mountain, GA, pg. 917
Dey, Nikhil, Pres-PR -- Genesis Burson-Marsteller, Gurgaon, India, pg. 1446
Deyo, Walter, Art Dir-Digital -- CMDS, Colts Neck, NJ, pg. 215
DeYonker, Dennis, Acct Dir-Nestle -- PUBLICIS NEW YORK, New York, NY, pg. 912
DeYoung, Christopher, Creative Dir -- MOBIUM INTEGRATED BRANDING, Chicago, IL, pg. 752
DeYoung, Laurie, Acct Dir -- KING MEDIA, East Lansing, MI, pg. 596
DeYoung, Natalie, Dir-Comm & PR -- WINGARD CREATIVE, Jacksonville, FL, pg. 1170
Dezen, Drew, Acct Exec -- JEFF DEZEN PUBLIC RELATIONS, Greenville, SC, pg. 1546
Dhembare, Vikram, Creative Dir -- McCann Erickson India, Mumbai, India, pg. 704
Dhende, Nishigandh, Creative Dir -- Ogilvy India, Mumbai, India, pg. 824
Dherbecourt, Sophie, Art Dir -- SID LEE, Paris, France, pg. 1010
Di Battista, Antonio, Creative Dir -- J. Walter Thompson Milan, Milan, Italy, pg. 560
Di Bruno, Serena, Assoc Creative Dir -- GreyUnited, Milan, Italy, pg. 441
di Carlo, Luca Scotto, Partner & Exec Creative Dir -- M&C Saatchi Milan, Milan, Italy, pg. 660
Di Cintio, Anna, Art Dir -- TBWA Italia, Milan, Italy, pg. 1083
di Filippo, Giulia, Art Dir -- Publicis Italia, Milan, Italy, pg. 899
Di Giulio, Caroline, Assoc Creative Dir -- THE WOO, Culver City, CA, pg. 1175
Di Gregorio, Thiago, Art Dir & Assoc Creative Dir -- Leo Burnett USA, Chicago, IL, pg. 622
Di Laus, Simone, Assoc Creative Dir -- Publicis Italia, Milan, Italy, pg. 899
Di Laus, Simone, Art Dir -- Publicis Networks, Milan, Italy, pg. 900
Di Modica Swan, Nancy, Acct Exec -- FREESTYLE MARKETING GROUP, Salt Lake City, UT, pg. 398
Di Napoli, Davide, Supvr-Creative -- J. Walter Thompson Milan, Milan, Italy, pg. 560
Di Virgilio, Joe, Dir-Creative Ops -- EMA Public Relations Services, Syracuse, NY, pg. 347
Di Virgilio, Joe, Dir-Creative Ops -- Eric Mower + Associates, Albany, NY, pg. 347
Di Vuono, Nadia, Acct Dir -- Kinetic, London, United Kingdom, pg. 1338
Diallo, Abdoul, Art Dir -- Ogilvy Montreal, Montreal, Canada, pg. 812
Diamond, Denise, Acct Dir -- ONE & ALL, Pasadena, CA, pg. 838
Diamond, Jared, Assoc Creative Dir -- STRAWBERRYFROG, New York, NY, pg. 1054
Diamond, Meaghan, VP & Recruiter-Creative -- MullenLowe, El Segundo, CA, pg. 772
Diamond, Patti, Acct Dir -- STRATEGIC OBJECTIVES, Toronto, Canada, pg. 1653

Diamond, Todd, Exec Creative Dir -- R2INTEGRATED, Campbell, CA, pg. 928
Diaz, Andres, Dir Gen-Creative Digital -- Prolam Y&R S.A., Santiago, Chile, pg. 1206
Diaz, Catherine, Acct Exec -- INKLINK MARKETING, Miami Lakes, FL, pg. 1542
Diaz, Jesus, Creative Dir -- BALDWIN&, Raleigh, NC, pg. 85
Diaz, Jhonattan, Art Dir -- DDB Worldwide Colombia S.A., Bogota, Colombia, pg. 272
Diaz, Jocelyn, Acct Supvr -- Edelman, Mexico, Mexico, pg. 1495
Diaz, Jorgelina, Gen Dir-Creative -- FCB Mayo, Lima, Peru, pg. 372
Diaz, Sonia, Dir-PR & Digital Strategies -- BALSERA COMMUNICATIONS, Coral Gables, FL, pg. 1438
DiBenedetto, Marsha Block, Media Dir -- JVS MARKETING LLC, Jupiter, FL, pg. 585
DiBona, Brendan, Exec Creative Dir -- AKQA, Inc., Washington, DC, pg. 1234
DiCampli, Paul, Creative Dir -- ONEMAGNIFY, Detroit, MI, pg. 840
DiCicco, Rachael, Acct Coord -- FSB CORE STRATEGIES, Sacramento, CA, pg. 1514
Dick, Mary Kate, Art Dir -- PEAK CREATIVE MEDIA, Denver, CO, pg. 860
Dickerman, Jamie, VP-PR -- GRIFFIN & ASSOCIATES, Albuquerque, NM, pg. 449
Dickerson, Adrian, Assoc Creative Dir -- TRIBAL WORLDWIDE, New York, NY, pg. 1295
Dickert, Christine, Media Buyer & Negotiator -- Zenith Chicago, Chicago, IL, pg. 1392
Dickert, Trey, Media Dir -- MEDIA TWO INTERACTIVE, Raleigh, NC, pg. 727
Dicketts, Simon, Exec Creative Dir & Copywriter -- M&C SAATCHI PLC, London, United Kingdom, pg. 1088
Dickey, Maren, Acct Coord -- KUNO CREATIVE, Avon, OH, pg. 604
Dickhaus, Duane, Creative Dir -- SCALES ADVERTISING, Saint Paul, MN, pg. 994
Dickinson, Amy Lynne, Media Dir -- RIGHT PLACE MEDIA, Lexington, KY, pg. 1367
Dicks, Holly, Media Dir -- FUSION92, Chicago, IL, pg. 404
Dicks, Nicole, Acct Exec -- SS PR, Colorado Spgs, CO, pg. 1650
Didwall, Paul, Acct Coord-Social Media Mktg -- MGH, INC., Owings Mills, MD, pg. 736
Diebel, Floyd, Creative Dir -- EMRL, Sacramento, CA, pg. 339
Diefenbach, Annie, Acct Supvr -- RODGERS TOWNSEND, LLC, Saint Louis, MO, pg. 965
Diefenbach, George, Exec Creative Dir -- CREATIVE IMAGE ADVERTISING & DESIGN, INC., Holbrook, NY, pg. 242
Diego Guzman, Juan, Exec Creative Dir & Copywriter -- ALMA, Coconut Grove, FL, pg. 49
Diegor, Martin, Art Dir -- LAIRD+PARTNERS, New York, NY, pg. 607
Diestel, Till, Mng Dir-Creative -- BBDO Proximity Berlin, Berlin, Germany, pg. 105
Dietrich, Cobey, Dir-Adv & PR -- A. BRIGHT IDEA, Bel Air, MD, pg. 1425
Dietrich, Jon, Creative Dir -- Possible, Seattle, WA, pg. 1189
Dietrich, Jon, Creative Dir -- Possible, Seattle, WA, pg. 1181
Dietz, Aaron, Creative Dir -- PEREIRA & O'DELL, San Francisco, CA, pg. 863
Dietz, Kayla, Media Planner -- THE RICHARDS GROUP, INC., Dallas, TX, pg. 956
Dietz, Kelley, Acct Supvr -- BVK, Milwaukee, WI, pg. 178
Dietz, Mandy, Creative Dir -- PEREIRA & O'DELL, San Francisco, CA, pg. 863
Dietz, Philipp, Creative Dir -- TEAM ONE USA, Los Angeles, CA, pg. 1095
Diez, David, Art Dir -- Wieden + Kennedy Japan, Tokyo, Japan, pg. 1166
Difasi, Nicole, Specialist-PR & Brand Mktg -- PARASOL MARKETING, New York, NY, pg. 1413
DiFazio, Abigail, Media Planner -- KRT MARKETING, Lafayette, CA, pg. 603
Difazio, GiGi, Mgr-Print Production -- RONIN ADVERTISING GROUP, Miami, FL, pg. 967
DiFrangia, Jim, Acct Exec -- STEVENS STRATEGIC COMMUNICATIONS, INC., Westlake, OH, pg. 1048
DiFurio, Dana, Acct Supvr -- MASTERMIND MARKETING, Atlanta, GA, pg. 1411
DiGeorge, Arnie, Exec Creative Dir -- R&R Partners, Phoenix, AZ, pg. 925
DiGianfilippo, Melissa, Owner, Partner & Pres-PR -- SERENDIPIT, Phoenix, AZ, pg. 1003
DiGiesi, Kelly, Creative Dir -- VISION CREATIVE GROUP, INC.,

Morris Plains, NJ, pg. 1139
DiGioia, Michael, Creative Dir -- MEDIA MADE GREAT, Chicago, IL, pg. 1271
Diiullo, Shane, Creative Dir -- JUMBOSHRIMP ADVERTISING, INC., San Francisco, CA, pg. 585
Dikeos, Lesley, Acct Dir -- MARSHALL FENN COMMUNICATIONS LTD., Toronto, Canada, pg. 1577
Diks, Jasper, Creative Dir -- DDB Amsterdam, Amstelveen, Netherlands, pg. 277
Diks, Jasper, Creative Dir -- Tribal Worldwide Amsterdam, Amstelveen, Netherlands, pg. 1296
DiLecce, Charlotte, Acct Dir -- Publicis Dialog, Toronto, Canada, pg. 904
Dileep, Divya, Sr VP & Creative Dir -- THE CDM GROUP, New York, NY, pg. 198
Dilek, Metin, Art Dir -- Havas Worldwide Istanbul, Istanbul, Turkey, pg. 482
DiLibero, Devin, Exec Dir-Creative & Digital Solutions -- AMCI, Los Angeles, CA, pg. 305
Dill, Holly, Acct Dir -- ZION & ZION, Tempe, AZ, pg. 1213
Dill, Rebecca, Acct Exec -- FREESTYLE CREATIVE, Moore, OK, pg. 397
Dille, Melinda, Media Dir -- CAWOOD, Eugene, OR, pg. 1464
Dillman, Susan, Strategist-PR -- OCTANE VTM, Indianapolis, IN, pg. 808
Dillon, Casey, Acct Supvr -- CURA STRATEGIES, Arlington, VA, pg. 254
Dillon, Sue, Dir-PR -- WOODRUFF, Columbia, MO, pg. 1175
Dillon, Terry, VP & Creative Dir -- PINGER PR AT POWERS, Cincinnati, OH, pg. 1609
Dillon, Terry, VP & Creative Dir -- POWERS AGENCY, Cincinnati, OH, pg. 885
Dillow, Cristina Maramonte, VP & Acct Dir -- ACTIVE INTERNATIONAL, Pearl River, NY, pg. 1305
Dillow, Jesse, Jr Partner & Creative Dir -- CAMP + KING, San Francisco, CA, pg. 185
Dilworth, Alycia Moller, Acct Dir -- Kinetic, Chicago, IL, pg. 1338
Dimaano, Marco, Assoc Creative Dir -- McCann Erickson (Philippines), Inc., Manila, Philippines, pg. 707
Dimakopoulos, Emily Giordano, VP & Acct Dir -- GREY GROUP, New York, NY, pg. 438
Dimalio, Fabio, Art Dir -- Y&R Roma srl, Rome, Italy, pg. 1203
Dimapindan, Tanya, Art Dir -- 454 CREATIVE, Irvine, CA, pg. 9
DiMarcantonio, Michaela, Acct Exec -- Ketchum Canada, Toronto, Canada, pg. 1556
DiMassimo, Mark, Founder, CEO & Chief Creative Officer -- DIMASSIMO GOLDSTEIN, New York, NY, pg. 302
DiMattia, David, Art Dir -- DODGE ASSOCIATES, INC., Providence, RI, pg. 312
DiMilia, Stephanie, Acct Supvr -- GREY GROUP, New York, NY, pg. 438
Dimitrov, Hristo, Creative Dir -- DDB Sofia, Sofia, Bulgaria, pg. 271
Dimmitt, Jill, Acct Exec -- FORESIGHT GROUP, INC., Lansing, MI, pg. 392
Dimmock, Clare, Acct Dir -- Adam & EveDDB, London, United Kingdom, pg. 281
Dimon, Doug, Sr VP & Grp Creative Dir -- Definition 6, New York, NY, pg. 286
Dinan, William P., Acct Dir -- INTERMARK GROUP, INC., Birmingham, AL, pg. 539
DiNapoli, Rhonda Smith, Pres & Creative Dir -- WORDS AND PICTURES CREATIVE SERVICE, INC., Park Ridge, NJ, pg. 1176
DiNaro, Joy, Sr Dir-PR & Social Media -- AMENDOLA COMMUNICATIONS, Scottsdale, AZ, pg. 51
Dindo, Alan, Sr Dir-Creative Art -- DDB Berlin, Berlin, Germany, pg. 274
Dineen, Molly, Media Dir -- MSI, Chicago, IL, pg. 769
Dingle, Spencer, Assoc Creative Dir -- Cossette Communication-Marketing, Toronto, Canada, pg. 234
Dingman, Mark, Creative Dir-Digital -- MILLENNIUM AGENCY, Manchester, NH, pg. 740
Dinh, Lien, Grp Creative Dir -- TBWA/Vietnam, Ho Chi Minh City, Vietnam, pg. 1092
DiNicola, Anthony, Creative Dir -- SIXSPEED, Minneapolis, MN, pg. 1017
Dinino, Gregg, Dir-PR -- PARTNERS+NAPIER, Rochester, NY, pg. 855
Dinkel, Joel, Creative Dir -- MYTHIC, Charlotte, NC, pg. 782
Dinler, M. Evren, Grp Head-Creative -- Markom/Leo Burnett, Istanbul, Turkey, pg. 627
Dinnerman, Matthew, Partner & Sr Creative Dir -- QUAINTISE, LLC, Scottsdale, AZ, pg. 920

1725

AGENCIES — PERSONNEL INDEX

Dinu, Bogdan, Art Dir -- Geometry Global, Bucharest, Romania, pg. 441

Dinu, Stefania, Acct Exec -- FCB Bucharest, Bucharest, Romania, pg. 367

Dionisi, Daniele, Creative Dir -- M&C Saatchi Milan, Milan, Italy, pg. 660

Dionisi, Emanuela, Acct Dir -- Publicis Italia, Milan, Italy, pg. 899

Dionisio, Cathrina, Mgr-Creative Svcs -- CCH MARKETING & PUBLIC RELATIONS, Winter Park, FL, pg. 1465

DiPaula, Anthony, VP & Creative Dir -- ROKKAN, New York, NY, pg. 966

DiPeri, Andrew, Creative Dir -- TAXI New York, New York, NY, pg. 1075

DiPiazza, Jim, Exec Creative Dir -- WALTON / ISAACSON, Culver City, CA, pg. 1151

DiPietro, Jason, Assoc Creative Dir -- IBM iX, Columbus, OH, pg. 518

DiPisa, Christin, Media Dir -- PGR MEDIA, LLC., Boston, MA, pg. 867

DiPolito, Allisa, Acct Dir -- FISHBAT INC, Bohemia, NY, pg. 385

DiRienz, David, Grp Creative Dir-Copy -- MCGARRYBOWEN, New York, NY, pg. 716

Disbennett, Michael, VP & Creative Dir -- WIDE AWAKE, Reno, NV, pg. 1163

Ditchik, Jen, Sr VP-Creative Adv -- ECLIPSE ADVERTISING, INC., Burbank, CA, pg. 330

Ditchman, Amy, Grp Creative Dir -- SapientRazorfish Chicago, Chicago, IL, pg. 1288

Ditty, Jennifer, Media Buyer -- THE SUMMIT GROUP, Salt Lake City, UT, pg. 1060

Ditzler, Daniel, Pres & Creative Dir -- NEWTON ASSOCIATES MARKETING COMMUNICATIONS, INC., Plymouth Meeting, PA, pg. 793

Dive, Becci, Media Dir -- PHD MEDIA UK, London, United Kingdom, pg. 1363

Divecha, Zarwan, Creative Dir -- FCB Interface, Mumbai, India, pg. 373

Divekar, Swapna, Acct Dir -- Ogilvy, Bengaluru, India, pg. 823

Divialle, Julien, Art Dir-Digital -- Leo Burnett, Suresnes, France, pg. 625

DiVirgilio, Joe, Dir-Creative Ops -- ERIC MOWER + ASSOCIATES, Syracuse, NY, pg. 346

DiVito, Elizabeth, Mgr-PR & Social Media -- THE CASTLE GROUP, Boston, MA, pg. 1464

Dixit, Rachana, Reg Creative Dir -- Leo Burnett India, Mumbai, India, pg. 629

Dixon, Linda, Media Dir -- THE MORAN GROUP LLC, Baton Rouge, LA, pg. 757

Dixon, Louise, Pres-PR -- CHERNOFF NEWMAN, Charlotte, NC, pg. 1467

Dixon, Samantha, Acct Dir -- MullenLowe London, London, United Kingdom, pg. 775

Diyco, Trixie, Exec Creative Dir -- Publicis JimenezBasic, Makati, Philippines, pg. 910

Djabbari, Sascha, Acct Dir-Digital -- Wirz Werbung AG, Zurich, Switzerland, pg. 109

Djordjevic, Nevena, Acct Dir -- GREY CANADA, Toronto, Canada, pg. 437

Djuanda, Susana, Mgr-Media & Acct Exec -- BRENLIN, Norco, CA, pg. 1398

Dmytriw, Gordon, Acct Supvr -- THINK SHIFT, Winnipeg, Canada, pg. 1099

do Nascimento, Marco Antonio, Creative Dir-Art -- Y&R Praha, s.r.o., Prague, Czech Republic, pg. 1205

Doaga, Raluca, Acct Dir -- SUBLIME COMMUNICATIONS LLC, Stamford, CT, pg. 1057

Doak, Eva, Acct Supvr -- WongDoody, Culver City, CA, pg. 1175

Dobbs, Corey, VP & Acct Dir -- GREY NEW YORK, New York, NY, pg. 438

Dobbs, Hannah, Art Dir -- GSD&M, Austin, TX, pg. 453

Dobbs, Justin, VP & Grp Creative Dir -- ARCHER MALMO, Memphis, TN, pg. 65

Dobbs, Linzie, Media Planner -- MARC USA CHICAGO, Chicago, IL, pg. 677

Dobre, Catalin, Chief Creative Officer & Creative Dir-CEE -- McCann Erickson Romania, Bucharest, Romania, pg. 708

Dobrin, Danny, Acct Dir -- PERISCOPE, Minneapolis, MN, pg. 864

Dobrita, Claudiu, Chief Creative Officer & Creative Dir -- FCB Bucharest, Bucharest, Romania, pg. 367

Dobrowsky, Trevor, Assoc Creative Dir -- MINTZ & HOKE COMMUNICATIONS GROUP, Avon, CT, pg. 746

Dobson, John, Acct Supvr -- BARKLEY, Kansas City, MO, pg. 90

Dobson, Tara J, Assoc Creative Dir -- FCB New York, New York, NY, pg. 365

Dock-Brown, Tammy, Acct Dir -- MIGHTY 8TH MEDIA, LLC, Buford, GA, pg. 739

Dockendorf, Meghan, Acct Dir -- VP+C PARTNERS, New York, NY, pg. 1668

Dockery, Will, Founder & Dir-Creative -- RED ROOK ROYAL, Fayetteville, AR, pg. 941

Dockman, Kevin, VP-Creative -- LEAD TO CONVERSION, Hudson, OH, pg. 617

Dodds, Gemma, Acct Dir -- M&C SAATCHI PLC, London, United Kingdom, pg. 658

Dodds, Ginger, Acct Dir -- Shaker Recruitment Advertising & Communications, Inc., Tampa, FL, pg. 1005

Doddy, Hugh, Acct Dir -- TBWA\Dublin, Dublin, Ireland, pg. 1083

Dodenhoff, Annemarie, Creative Dir -- SWBR, INC., Bethlehem, PA, pg. 1065

Dodge, Alex, Acct Dir -- NETWORK AFFILIATES INC., Lakewood, CO, pg. 790

Dodson, Hunter, Acct Exec -- Pierpont Communications, Inc., Austin, TX, pg. 1608

Dodson, Jennifer, Chief Creative Officer -- ADASHMORE CREATIVE, White Marsh, MD, pg. 27

Dodson, Russell, Exec Creative Dir -- BALDWIN&, Raleigh, NC, pg. 85

Dody, Evan, Exec Creative Dir -- Huge, Los Angeles, CA, pg. 512

Doeden, Brian, Creative Dir -- THE ZIMMERMAN GROUP, Hopkins, MN, pg. 1213

Doernemann, Daniel, Exec Creative Dir -- LOYALKASPAR, New York, NY, pg. 654

Doerzbacher, Rob, Assoc Creative Dir -- SMITH BROTHERS AGENCY, LP, Pittsburgh, PA, pg. 1023

Doftert, Jonah, Acct Dir -- SIMPLE TRUTH COMMUNICATION PARTNERS, Chicago, IL, pg. 1015

Doggendorf, Ryan, Creative Dir -- HUGHESLEAHYKARLOVIC, Saint Louis, MO, pg. 513

Doggett, Rory, Creative Dir -- DAVID & GOLIATH, El Segundo, CA, pg. 261

Doggwiler, Tanya Alexandra, VP-Corp Comm & PR -- ZENITH USA, New York, NY, pg. 1391

Doherty, Matthew, Creative Dir -- mcgarrybowen, Chicago, IL, pg. 718

Dohjoka, Akram, Creative Dir -- impact BBDO, Dubai, United Arab Emirates, pg. 109

Dohogne, Maeve, Creative Dir -- HUGHESLEAHYKARLOVIC, Saint Louis, MO, pg. 513

Dojnik, Lisa, Art Dir -- FARM, Depew, NY, pg. 362

Dolak, David, Partner & Chief Creative Officer -- PHOENIX CREATIVE CO., Saint Louis, MO, pg. 1414

Dolan, Jennifer, Acct Dir -- Crossmedia, Philadelphia, PA, pg. 1317

Dolan, Laura, Acct Exec -- GETO & DEMILLY, INC., New York, NY, pg. 1517

Dolan, Meaghan, Media Buyer -- MARC USA CHICAGO, Chicago, IL, pg. 677

Dolan, Michael, Acct Dir-Innovative Technologies -- AMP AGENCY, Boston, MA, pg. 1236

Dolan, Nicole, Media Planner-Programmatic -- MullenLowe Mediahub, Boston, MA, pg. 771

Dold, Emily, VP & Media Dir -- HOFFMAN YORK, Milwaukee, WI, pg. 506

Dold, Laura, Acct Supvr -- JNA ADVERTISING, Overland Park, KS, pg. 577

Dolecki, Gina, Acct Dir -- REDPOINT MARKETING PUBLIC RELATIONS INC., New York, NY, pg. 1628

Dolin, Samantha, Chief Creative Officer-North America -- OGILVY COMMONHEALTH WORLDWIDE, Parsippany, NJ, pg. 832

Dombey, Elian, Acct Exec -- RED BANYAN GROUP, Deerfield Bch, FL, pg. 1626

Domer, Derek, Acct Exec-eDirect -- Media Resources/Boston, Reading, MA, pg. 1343

Domiati, Lyna, Assoc Creative Dir -- impact BBDO, Beirut, Lebanon, pg. 106

Domingo, Cynthia, Acct Supvr -- SEYFERTH & ASSOCIATES INC., Grand Rapids, MI, pg. 1643

Domingues, Murilo, Art Dir -- Y&R Sao Paulo, Sao Paulo, Brazil, pg. 1205

Dominguez, Hugo Gallardo, Creative Dir -- Leo Burnett Co. S.r.l., Turin, Italy, pg. 625

Dominguez, Janet, Dir-PR -- PACO COMMUNICATIONS, INC, Chicago, IL, pg. 849

Dominguez, Juan, Assoc Creative Dir -- OGILVY, New York, NY, pg. 809

Dominguez, Rene, Creative Dir -- MullenLowe Philippines, Manila, Philippines, pg. 776

Dominick, Mike, Media Dir -- CORNETT INTEGRATED MARKETING SOLUTIONS, Lexington, KY, pg. 232

Don, Beverly, Art Dir-Production -- MERKLEY+PARTNERS, New York, NY, pg. 733

Don, Madesyn, Acct Exec -- ARCHER MALMO AUSTIN, Austin, TX, pg. 66

Donabed, Nate, VP & Creative Dir -- ARNOLD WORLDWIDE, Boston, MA, pg. 69

Donahoe, Brian, Acct Exec -- AGENCYEA, Chicago, IL, pg. 40

Donahue, Jessica, Acct Exec -- NANCY MARSHALL COMMUNICATIONS, Augusta, ME, pg. 1592

Donaldson, Carter, Acct Exec -- OH PARTNERS, Phoenix, AZ, pg. 833

Donaldson, Jackie, Acct Exec -- QUINLAN MARKETING COMMUNICATIONS, Carmel, IN, pg. 924

Donaldson, Joanne, Designer-Creative -- MDW ADVERTISING SOLUTIONS INC, Pt Charlotte, FL, pg. 724

Donatelle, Drew, Exec Creative Dir -- HAVAS WORLDWIDE CHICAGO, Chicago, IL, pg. 488

Donatelli, Jennifer, Art Dir & Assoc Dir-Creative -- GREY NEW YORK, New York, NY, pg. 438

Donato, Lisa, Art Dir -- DAVID & GOLIATH, El Segundo, CA, pg. 261

Donato, Rafael, VP & Exec Creative Dir -- DAVID, Sao Paulo, Brazil, pg. 261

Dong, WeiWei, Grp Dir-Creative -- 360i, New York, NY, pg. 6

Donlin, Stephanie, Art Dir -- WHM CREATIVE, Oakland, CA, pg. 1162

Donnelly, Brendan, Creative Dir -- M&C Saatchi, Sydney, Australia, pg. 661

Donnelly, Scott, Acct Supvr -- BRANDNER COMMUNICATIONS, INC., Federal Way, WA, pg. 157

Donnenwirth, Brian, Art Dir & Designer -- LOCOMOTION CREATIVE, Nashville, TN, pg. 649

Donoghoe, Dominique, Acct Supvr -- GCG MARKETING, Fort Worth, TX, pg. 413

Donohoe, Jed, Creative Dir -- Rapp Los Angeles, Los Angeles, CA, pg. 931

Donohue, Christina, Acct Dir -- PJA Advertising + Marketing, San Francisco, CA, pg. 874

Donohue, Marty, Partner & Creative Dir -- FULL CONTACT ADVERTISING, Boston, MA, pg. 402

Donohue, Vanessa, Acct Supvr -- ANTENNA GROUP, INC., San Francisco, CA, pg. 1433

Donovan, Aileen, Acct Exec -- HAVAS FORMULA, El Segundo, CA, pg. 1527

Donovan, April, Partner & Creative Dir -- BLUE COLLAR INTERACTIVE MARKETING, Hood River, OR, pg. 139

Donovan, Belinda, Dir-PR -- ETHOS MARKETING & DESIGN, Westbrook, ME, pg. 351

Donovan, Brian, Creative Dir -- AGENCY 451, Boston, MA, pg. 1427

Donovan, Dan, Exec VP & Creative Dir -- McCann New York, New York, NY, pg. 698

Donovan, Jane, Acct Dir -- KENNA, Mississauga, Canada, pg. 592

Donovan, Matt, Acct Exec -- BRENER, ZWIKEL & ASSOCIATES, INC., Reseda, CA, pg. 1456

Donovan, Rich, Creative Dir -- Lida, Sydney, Australia, pg. 660

Donovan, Thomas, Media Dir -- HAWORTH MARKETING + MEDIA, Minneapolis, MN, pg. 1328

Dontos, Jordan, Assoc Creative Dir & Writer -- SLINGSHOT, LLC, Dallas, TX, pg. 1021

Doolan, Arizona, Art Dir & Creative Dir -- Y&R, Auckland, New Zealand, pg. 1192

Doolan, Arizona, Dir-Creative & Art -- Young & Rubicam NZ Ltd., Auckland, New Zealand, pg. 1199

Dooley, Kyleigh, Coord-Creative Production -- JUICE PHARMA WORLDWIDE, New York, NY, pg. 584

Dooley, Thomas, Founder, CEO & Exec Creative Dir -- TDA_BOULDER, Boulder, CO, pg. 1094

Dooley, Virginia, Acct Supvr -- NEWMARK ADVERTISING, INC., Woodland Hls, CA, pg. 793

Doolittle, David, Exec VP & Creative Dir -- SUSSMAN AGENCY, Southfield, MI, pg. 1064

Dorai, John, Creative Dir -- Hakuhodo Malaysia Sdn. Bhd., Kuala Lumpur, Malaysia, pg. 463

Dorbin, Sariah, VP & Creative Dir -- QUIGLEY-SIMPSON, Los Angeles, CA, pg. 923

Dore, Alessandro, Art Dir -- D'Adda, Lorenzini, Vigorelli, BBDO, Milan, Italy, pg. 106

Dorfman, Bob, Exec VP & Exec Creative Dir -- BAKER STREET ADVERTISING, San Francisco, CA, pg. 85

Doria, Icaro, Chief Creative Officer-US -- ARNOLD WORLDWIDE, Boston, MA, pg. 69

Dorian, Lyndsey, Acct Mgr & Acct Supvr -- BARRETTSF, San

PERSONNEL INDEX — AGENCIES

Francisco, CA, pg. 91
Doring, Nick, Art Dir -- J. Walter Thompson, Sydney, Australia, pg. 554
Dorion, Jac-Martin, Creative Dir -- SIDEWAYS8 INTERACTIVE LLC, Lilburn, GA, pg. 1290
Dorisme, Sabine, Sr Mgr-Traffic -- MERKLEY+PARTNERS, New York, NY, pg. 733
Dorizza, Enrico, Chm & Chief Creative Officer -- J. Walter Thompson, Rome, Italy, pg. 560
Dorney, Devon, Media Planner -- THE MARTIN AGENCY, Richmond, VA, pg. 687
Doroguntsova, Oleksandra, Creative Dir -- Ogilvy, Kiev, Ukraine, pg. 817
Dorsey, Harold, Dir-Creative Svcs -- G&G OUTFITTERS INC., Lanham, MD, pg. 406
Dorsey, Kelly, Assoc Creative Dir -- DIGITAL KITCHEN, Chicago, IL, pg. 301
Dorsey, Stephen, Principal, Strategist-Omni-Channel & Producer-Creative -- DORSEY STUDIOS, Toronto, Canada, pg. 317
Dorsinville, Hans, Chief Creative Officer-North America -- SELECT WORLD, New York, NY, pg. 1001
Doscher, Matt, Acct Dir -- Energy BBDO, Chicago, IL, pg. 100
Dosmann, Greg, Grp Assoc Creative Dir -- MICROMASS COMMUNICATIONS INC, Cary, NC, pg. 738
Doss, Eduardo, Creative Dir -- Ogilvy, Sao Paulo, Brazil, pg. 819
DosSantos, Shawn, Assoc Creative Dir -- GALE PARTNERS, New York, NY, pg. 1258
Dotson, Aaron, Principal & Creative Dir-Elevation -- SWANSON R, Richmond, VA, pg. 1064
Dotterer, Holly, Acct Dir-Corp Affairs -- ICF Olson, Chicago, IL, pg. 518
Douaihy, Collette, Sr VP & Grp Creative Dir -- DIGITAS HEALTH, Philadelphia, PA, pg. 302
Doubet, John, Chief Creative Officer -- DEANHOUSTON, INC., Cincinnati, OH, pg. 284
Douek, Richard, Assoc Creative Dir-Copy -- HAVAS WORLDWIDE, New York, NY, pg. 475
Dougall, Brett, Creative Dir -- GLOBE RUNNER, Addison, TX, pg. 423
Dougherty, Dan, Creative Dir -- TM ADVERTISING, Dallas, TX, pg. 1106
Dougherty, Heather, Acct Dir -- THE KARMA AGENCY, Philadelphia, PA, pg. 1551
Dougherty, Jennyfer Butzen, Acct Supvr & Strategist-Media -- LKH&S, Chicago, IL, pg. 647
Doughty, Scott C, Exec VP & Dir-Creative -- DJ-LA LLC, Los Angeles, CA, pg. 309
Douglas, Kika, Assoc Creative Dir & Copywriter -- DAVID & GOLIATH, El Segundo, CA, pg. 261
Douglas, Wesley E, Co-Founder & Dir-Innovation & Creative -- MADDOCK DOUGLAS, INC., Elmhurst, IL, pg. 668
Douglass, Dave, Exec Creative Dir -- Anomaly, Toronto, Canada, pg. 59
Douglass, Dave, Exec Creative Dir -- Anomaly, Toronto, Canada, pg. 722
Douglass, Sarah, Product Mgr & Acct Exec -- POMEGRANATE, INC, New York, NY, pg. 881
Dousharm, Chris, Dir-Social Media & Acct Exec -- HATCH MARKETING, Boston, MA, pg. 471
Dover, Jodie Reagan, Acct Exec-Field Sls -- CENTRO LLC, Chicago, IL, pg. 1245
Dow, Bob, Dir-Creative Tech -- ADDIS, Berkeley, CA, pg. 28
Dowdeswell, Ryan, Assoc Creative Dir -- PHOENIX GROUP, Regina, Canada, pg. 869
Dowdy, Stephanie, VP & Media Dir -- RIGHT PLACE MEDIA, Lexington, KY, pg. 1367
Dowell, Cassandra, Acct Mgr-PR -- CMW MEDIA, San Diego, CA, pg. 1471
Dowling, Chris, Chief Creative Officer -- ROOM 214, INC., Boulder, CO, pg. 968
Dowling, Liane, Sr Dir-Creative & Art -- Leo Burnett London, London, United Kingdom, pg. 627
Dowling, Matt, Media Dir-Integrated -- AMP AGENCY, Boston, MA, pg. 1236
Dowling, Mike, VP-Creative Svcs -- PAULSEN MARKETING COMMUNICATIONS, INC., Sioux Falls, SD, pg. 859
Downend, Kat, Principal & Creative Dir -- KATALYST CREATIVE MARKETING, Atlanta, GA, pg. 588
Downey, Belinda, Art Dir -- WOMENKIND, New York, NY, pg. 1174
Downey, Catherine, Founder, CEO & Creative Dir -- CATMEDIA, Tucker, GA, pg. 196
Downey, Nathan, Art Dir -- Vladimir Jones, Denver, CO, pg. 1142
Downing, Ali, Acct Supvr -- THE INTEGER GROUP, LLC, Lakewood, CO, pg. 536

Downs, Joshua, Creative Dir -- FORMATIVE, Seattle, WA, pg. 392
Downs, Lucy, Dir-Creative Art -- STRAWBERRYFROG, New York, NY, pg. 1054
Downs, Tim, Exec Creative Dir -- MARTINO FLYNN LLC, Pittsford, NY, pg. 689
Doy, Jeff, Acct Exec -- O'BRIEN ET AL. ADVERTISING, Virginia Beach, VA, pg. 805
Doyle, Amanda, Sr Strategist-Creative -- ISTRATEGYLABS, Washington, DC, pg. 1265
Doyle, Amy, Acct Dir -- McCann Erickson Advertising Ltd., London, United Kingdom, pg. 711
Doyle, Chelsea, Project Mgr & Acct Exec -- ALCONE MARKETING GROUP, Irvine, CA, pg. 1395
Doyle, Chrissy, Acct Exec -- WORLDLINK MEDIA, Los Angeles, CA, pg. 1177
Doyle, Darcy, VP-Creative -- HOFFMAN AND PARTNERS, Braintree, MA, pg. 505
Doyle, Lindsay, VP-Creative Svcs -- SMARTMARKETING COMMUNICATIONS, Albuquerque, NM, pg. 1647
Doyle, Taylor, Acct Supvr -- LAUNDRY SERVICE, New York, NY, pg. 615
Doyle, Tim, Acct Dir -- SUBJECT MATTER, Washington, DC, pg. 1654
Drake, Deborah, Media Dir -- LEHIGH MINING & NAVIGATION, Bethlehem, PA, pg. 619
Drake, Erik, Acct Dir -- SK+G ADVERTISING LLC, Las Vegas, NV, pg. 1018
Drake, Peter, Exec Creative Dir -- Digitas, London, United Kingdom, pg. 1251
Draper, Nick, Media Dir -- Active International Australia Pty Ltd., Sydney, Australia, pg. 1306
Draskovich, Allison, Acct Dir -- MullenLowe, El Segundo, CA, pg. 772
Draughon, Roman, Dir-Creative -- DUFOUR ADVERTISING, Sheboygan, WI, pg. 325
Drayer, Dave, Assoc Creative Dir -- Y&R New York, New York, NY, pg. 1198
Drea, Dizon, Art Dir -- J. Walter Thompson, Makati, Philippines, pg. 558
Dreistadt, Jason, Dir-Creative & Ops -- INFINITY CONCEPTS, Export, PA, pg. 531
Dressler, Stephanie, Sr VP-PR, Wealth & Asset Mgmt -- DUKAS LINDEN PUBLIC RELATIONS, INC., New York, NY, pg. 1489
Drevniak, Marta, Acct Supvr -- MAXWELL PR, Portland, OR, pg. 1578
Drew, Graham, Exec Creative Dir -- Grey Group Malaysia, Kuala Lumpur, Malaysia, pg. 447
Drew, Laura, Acct Coord -- PATHFINDERS ADVERTISING & MARKETING GROUP, Mishawaka, IN, pg. 857
Drewes, Melanie, Acct Dir-Creative Adv -- BPG ADVERTISING, Los Angeles, CA, pg. 151
Drewnowski, Leah, Acct Supvr -- HAVAS WORLDWIDE, New York, NY, pg. 475
Drews-Leonard, Christina, Art Dir & Strategist-Search Engine Optimization -- THE CYPHERS AGENCY, INC., Annapolis, MD, pg. 256
Dreyfuss, Zachary, Media Dir -- 360i, New York, NY, pg. 6
Driesen, Randy, Acct Supvr -- STRATEGIC AMERICA, West Des Moines, IA, pg. 1052
Driggers, Amanda, Acct Dir -- FIREHOUSE, INC., Dallas, TX, pg. 1402
Driggs, Katie, Media Dir -- FEREBEE LANE & CO., Greenville, SC, pg. 378
Drob, Aimee, Acct Supvr -- Havas Worldwide New York, New York, NY, pg. 476
Drohan, Paul, VP-Creative-San Diego -- MIRUM LLC, San Diego, CA, pg. 1272
Drossman, Neil, Creative Dir -- NEEDLEMAN DROSSMAN & PARTNERS, New York, NY, pg. 788
Drouvin, Francois, Art Dir -- Publicis Conseil, Paris, France, pg. 898
Drozynski, Carolyn, Assoc Media Buyer -- BOOYAH ADVERTISING, Denver, CO, pg. 1241
Drucker, Jenna Rotner, Acct Dir -- LIPPE TAYLOR, New York, NY, pg. 1568
Drudi, Fernando, Art Dir -- Publicis Brasil Communicao, Sao Paulo, Brazil, pg. 906
Drukas, Alexander, Assoc Creative Dir -- Doner, Playa Vista, CA, pg. 724
Drukas, Alexander, Assoc Creative Dir -- DONER, Southfield, MI, pg. 314
Drukas, Alexander, Assoc Creative Dir -- Doner, Playa Vista, CA, pg. 315

Drumheller, Jason, Assoc Creative Dir -- HIRSHORN ZUCKERMAN DESIGN GROUP, Rockville, MD, pg. 502
Drummey, Purr, VP-Creative Svcs -- GIANT CREATIVE/STRATEGY, LLC, San Francisco, CA, pg. 418
Drummond, Ashley, Acct Exec -- MASS MEDIA MARKETING, Augusta, GA, pg. 691
Drummond, Gavin, Creative Dir -- CLOUDRAKER, Montreal, Canada, pg. 214
Drummond, James, Acct Dir-Board -- Abbott Mead Vickers BBDO, London, United Kingdom, pg. 109
Drummond, Keith, Exec Creative Dir -- Bookmark Content, London, United Kingdom, pg. 1186
Drummond, Peter, Acct Exec -- BERLINROSEN, New York, NY, pg. 1448
Drust, Stefan, CEO & Exec Creative Dir -- FUSE INTERACTIVE, Laguna Beach, CA, pg. 403
Drzadinski, Carrie, Acct Dir-Healthcare Mktg -- RED BROWN KLE, Milwaukee, WI, pg. 938
Du Toit, Estelle, Acct Dir -- Arc South Africa, Cape Town, South Africa, pg. 903
Duarte, Mitchell, Creative Dir -- 10TH DEGREE, Lake Forest, CA, pg. 1231
Dube, Clay, Acct Dir-Natl -- SMAK, Vancouver, Canada, pg. 1022
Dube, Scott, Creative Dir -- GRIP LTD., Toronto, Canada, pg. 450
Duberry, Katie, Creative Dir -- AGENDA GLOBAL, Albuquerque, NM, pg. 1428
Dubey, Rohit, Grp Creative Dir -- Ogilvy India, Mumbai, India, pg. 824
Dubey, Vivek, Art Dir -- Ogilvy, Bengaluru, India, pg. 823
Dubhashi, Mayuresh, Exec Creative Dir -- Grey (India) Pvt. Ltd., Mumbai, India, pg. 446
Dubin, Chelsea, Acct Dir -- VML, INC., Kansas City, MO, pg. 1143
Dubois, David, Assoc Creative Dir -- THE PITCH AGENCY, Culver City, CA, pg. 873
DuBois, Erin, Creative Dir -- NORTON CREATIVE, Houston, TX, pg. 800
Dubois, Josh, Sr Producer-Creative -- BARKLEY, Kansas City, MO, pg. 90
Dubrick, Mike, Creative Dir -- RETHINK, Vancouver, Canada, pg. 951
Dubs, Jake, Creative Dir -- Pereira & O'Dell, New York, NY, pg. 863
Duchene, Delphine, Acct Dir -- The Marketing Store, Levallois-Perret, France, pg. 1410
Duchniewska-Sobczak, Zuzanna, Exec Creative Dir -- DDB Warsaw, Warsaw, Poland, pg. 279
Duchon, Scott, Chief Creative Officer -- TWOFIFTEENMCCANN, San Francisco, CA, pg. 1124
Duck, Mike, Creative Dir -- NEW WEST LLC, Louisville, KY, pg. 792
Ducker, Craig, Acct Dir -- Geometry Global, Chicago, IL, pg. 415
Duckworth, Martin, Assoc Creative Dir & Sr Copywriter -- OgilvyOne Worldwide Ltd., London, United Kingdom, pg. 819
Duckworth, Mike, Creative Dir -- HEAT, San Francisco, CA, pg. 492
Ducoin, Nicole, Art Dir -- 1 TRICK PONY, Hammonton, NJ, pg. 1
Dudder, Lori, Media Planner -- ADFARM, Calgary, Canada, pg. 29
Dudek, Marcella, Acct Exec -- Stratacomm, Inc., Southfield, MI, pg. 1508
Dudenhoeffer, Lisa Dell, Media Buyer -- TRUE MEDIA, Columbia, MO, pg. 1376
Dudkiewicz, Kat, Assoc Creative Dir -- WE ARE UNLIMITED, Chicago, IL, pg. 1155
Dueck, Joshua, Strategist-Media & Media Buyer -- TAMM + KIT, Toronto, Canada, pg. 1072
Duensing, Laura, Writer-PR -- SWANSON RUSSELL ASSOCIATES, Lincoln, NE, pg. 1064
Duer, Cathy, Media Planner & Media Buyer -- HANNA & ASSOCIATES INC., Coeur D'Alene, ID, pg. 465
Duering, Anja, Exec Creative Dir -- Chemistry Atlanta, Atlanta, GA, pg. 205
Duerr, Matthew, Acct Dir -- MullenLowe, New York, NY, pg. 772
Duerr, Matthew, Acct Dir -- MULLENLOWE GROUP, Boston, MA, pg. 770
Duffy, James, Assoc Creative Dir -- VENABLES, BELL & PARTNERS, San Francisco, CA, pg. 1132
Duffy, Kevin, Pres & Chief Creative Officer -- STRAIGHT NORTH, Downers Grove, IL, pg. 1052
Duffy, Lacey, Sr VP & Acct Supvr -- Ackerman McQueen, Inc., Dallas, TX, pg. 21
Dufresne, Sylvain, Chief Creative Officer & VP -- FCB Montreal, Montreal, Canada, pg. 365
Duft, Ward, CEO, Partner & Dir-Creative -- DUFT WATTERSON, Boise, ID, pg. 325

1727

AGENCIES — PERSONNEL INDEX

Dugan, Anne, Mgr-Traffic -- INFERNO, Memphis, TN, pg. 530
Dugan, Patrick, Creative Dir & Sr Copywriter -- ADAMS & KNIGHT, INC., Avon, CT, pg. 25
Duggan, Becca, Art Dir -- DDB Sydney Pty. Ltd., Ultimo, Australia, pg. 270
Duggan, Sarah, Acct Dir -- FLYTEVU, Nashville, TN, pg. 390
Duggan, Sarah, Copywriter-Creative-OgilvyOne UK -- Ogilvy, Ltd., London, United Kingdom, pg. 818
Duggan, Sarah, Copywriter-Creative -- OgilvyOne Business, London, United Kingdom, pg. 819
Dugow, Len, Pres & Chief Creative Officer -- LGD COMMUNICATIONS, INC., Miami, FL, pg. 639
Duguay, Anthony, Assoc Creative Dir -- ANDERSON DDB HEALTH & LIFESTYLE, Toronto, Canada, pg. 57
Duguay, Anthony, Assoc Creative Dir -- Anderson DDB Sante.Vie.Esprit., Montreal, Canada, pg. 57
Duignan, Conor, Head-Brdcst Production & Exec Producer -- BARRETTSF, San Francisco, CA, pg. 91
Dukart, Simon, Acct Dir -- Grey Argentina, Buenos Aires, Argentina, pg. 443
Duke, Tisha, Acct Exec-Natl -- Intersection, Boston, MA, pg. 543
Duke, Tisha, Acct Exec-Natl -- Intersection, Gardena, CA, pg. 544
Duke, Tisha, Acct Exec-Natl -- Intersection, Seattle, WA, pg. 544
Dula, Michael, Chief Creative Officer -- BRANDINGBUSINESS, Irvine, CA, pg. 157
Dulac, Marcella, Media Dir -- FUSION92, Chicago, IL, pg. 404
Dulle, Samantha, Acct Exec -- FUSION MARKETING, Saint Louis, MO, pg. 404
Duman, Michael, Partner & Co-Creative Dir -- SKAR ADVERTISING, Omaha, NE, pg. 1018
Dumas, Myles, Art Dir & Sr Designer -- NAIL COMMUNICATIONS, Providence, RI, pg. 783
DuMont, Chris, Dir-Creative Capture -- GNET, Los Angeles, CA, pg. 425
Dump, Cassandra, Acct Dir & Specialist-Trade Media -- PASCALE COMMUNICATIONS LLC, Fairfield, CT, pg. 1606
Dumville, Anthony, Assoc Creative Dir -- Spillmann/Felser/Leo Burnett, Zurich, Switzerland, pg. 627
Dunaway, Brian, Creative Dir -- VITRO, San Diego, CA, pg. 1141
Dunbar, Carl, Acct Dir -- McCann Erickson Worldwide, London, United Kingdom, pg. 712
Dunbar, Don, Assoc Creative Dir -- Gyro Chicago, Chicago, IL, pg. 458
Dunbar, Leah Taylor, Assoc Creative Dir -- WE ARE LISTEN LLC, New York, NY, pg. 1301
Duncan, Greg, Acct Exec -- BLUE HERON COMMUNICATIONS, Norman, OK, pg. 1452
Duncan, Mike, CEO & Dir-Creative -- SAGE ISLAND, Wilmington, NC, pg. 987
Duncan, Renee, Acct Dir -- Manning Selvage & Lee, Toronto, Canada, pg. 1587
Duncan, Rob, Partner & Creative Dir -- MUCHO, San Francisco, CA, pg. 770
Duncan, Shannon, Dir-Creative Svcs -- TWOFIFTEENMCCANN, San Francisco, CA, pg. 1124
Duncan, Toiia, Media Buyer -- IGNITE SOCIAL MEDIA, Cary, NC, pg. 1263
Dunford, Dick, Exec Creative Dir -- TBWA\WorldHealth London, London. United Kingdom, pg. 1086
Dungate, Scott, Creative Dir -- Wieden + Kennedy, London, United Kingdom, pg. 1165
Dunham, Lena, Media Buyer -- INFINITY MARKETING, Greenville, SC, pg. 531
Dunkak, Geoff, VP-Creative Svcs -- BUSINESS-TO-BUSINESS MARKETING COMMUNICATIONS, Raleigh, NC, pg. 177
Dunlap, John, Creative Dir & Writer -- BROTHERS & CO., Tulsa, OK, pg. 167
Dunleavy, Lauren, Mgr-PR, Social Media & Events -- ALTITUDE MARKETING, Emmaus, PA, pg. 50
Dunlop, Lewis, Art Dir -- TBWA/Manchester, Manchester, United Kingdom, pg. 1086
Dunn, Dave, Assoc Dir-PR -- GLYNNDEVINS ADVERTISING & MARKETING, Kansas City, MO, pg. 424
Dunn, Jennifer, Dir-PR -- CONVERSA, Tampa, FL, pg. 1474
Dunn, Michael, Grp Creative Dir -- BFG COMMUNICATIONS, Bluffton, SC, pg. 126
Dunn, Mike, Dir-Print Production -- YOUNG & RUBICAM, New York, NY, pg. 1197
Dunn, Ryan, Exec Creative Dir -- CHRLX, New York, NY, pg. 207
Dunn, Troy, Pres & Chief Creative Officer -- DUNN&CO, Tampa, FL, pg. 326
Dunne, Molly, Assoc Dir-Creative -- FRIENDS & NEIGHBORS, MinneaPOlis, MN, pg. 399
Dunning, Amy, Assoc Creative Dir -- Sandbox, Kansas City, MO, pg. 989

Dupasquier, Agathe, Assoc Creative Dir-Beauty Team -- McCann Erickson Paris, Clichy, France, pg. 703
DuPaul-Vogelsang, Cindy, Media Dir -- ODNEY, Bismarck, ND, pg. 808
DuPaul-Vogelsang, Cindy, Media Dir -- Odney Advertising-Minot, Minot, ND, pg. 808
Dupen, Jennifer, Acct Dir -- FCB Auckland, Auckland, New Zealand, pg. 374
Duplay, Adam, Creative Dir-Video -- CORD MEDIA, Palm Desert, CA, pg. 231
Dupont, Stephen, VP-PR & Branded Content -- POCKET HERCULES, Minneapolis, MN, pg. 879
Dupre, Lesley, Acct Dir & Specialist-PR -- THE BALCOM AGENCY, Fort Worth, TX, pg. 85
Dupre, Lisa, Assoc Creative Dir -- Y&R, Auckland, New Zealand, pg. 1192
Dupre, Lisa, Assoc Creative Dir -- Young & Rubicam Wellington, Wellington, New Zealand, pg. 1200
Dupre, Naomi, Art Dir & Designer -- RIGHT ANGLE, Lafayette, LA, pg. 958
Dupuis, Julien, Assoc Dir-Digital -- THE IMAGINATION GROUP, London, United Kingdom, pg. 525
Dupy, Alexandra, Acct Dir -- McCann Erickson Paris, Clichy, France, pg. 703
Duque, Mauricio, Creative Dir -- Publicis, Madrid, Spain, pg. 901
Duran, Danny, Creative Dir-Uber -- 72ANDSUNNY, Playa Vista, CA, pg. 11
Duran, Federico, Exec Creative Dir -- CIRCUS MARKETING, Santa Monica, CA, pg. 208
Duran, Gaston, Copywriter-Creative -- Wunderman, Buenos Aires, Argentina, pg. 1189
Durand, Camille, Editor-Creative -- Digital Kitchen, Seattle, WA, pg. 301
Durand, Carlos, Acct Dir -- THE AXIS AGENCY, Los Angeles, CA, pg. 81
Durban, Christopher, Sr VP & Creative Dir -- Weber Shandwick-Baltimore, Baltimore, MD, pg. 1675
Durcan, Kelly, Dir-PR -- DEVITO/VERDI, New York, NY, pg. 296
Durco, Bryan, Assoc Creative Dir -- Commonwealth, Detroit, MI, pg. 698
Durham, Jeff, Creative Dir & Strategist-Brand -- DW ADVERTISING, Bloomfield, CT, pg. 326
Duriguetto, Carla, Media Planner -- Almap BBDO, Sao Paulo, Brazil, pg. 101
Durkes, Frances, Acct Dir -- Havas Worldwide-Strat Farm, New York, NY, pg. 477
Durkin, Pat, Creative Dir -- O'KEEFE REINHARD & PAUL, Chicago, IL, pg. 834
Durrant, Miranda, Assoc Creative Dir -- SCHERMER, INC., Minneapolis, MN, pg. 995
Durrett, April, Strategist-Creative-UX, CX Strategy & Design -- GERSHONI, San Francisco, CA, pg. 417
Durrett, Jake, Sr Producer-Creative -- GERSHONI, San Francisco, CA, pg. 417
Durst, Larry, Exec Creative Dir -- BRUSHFIRE, INC., Cedar Knolls, NJ, pg. 170
Durst, Larry, Sr VP & Exec Creative Dir -- MARKETSMITH INC, Cedar Knolls, NJ, pg. 685
Dusadeedumkoeng, Nopharit, Creative Dir -- BBDO Bangkok, Bangkok, Thailand, pg. 115
Duster, Skye, Acct Supvr -- Y&R AUSTIN, Austin, TX, pg. 1194
Dutlinger, Andy, Creative Dir -- LRXD, Denver, CO, pg. 1269
Dutra, Chris, Acct Exec -- 919 MARKETING COMPANY, Holly Springs, NC, pg. 13
Dutra, Diogo, Art Dir -- Publicis Brasil Communicao, Sao Paulo, Brazil, pg. 906
Dutt, Surjo, Head-Creative-Natl -- FCB Ulka, Gurgaon, India, pg. 373
Dutt, Surjo, Creative Dir-Natl -- FCB Ulka, Mumbai, India, pg. 373
Dutta, Aritra, Assoc Creative Dir -- Ogilvy Advertising, Singapore, Singapore, pg. 827
Dutta, Joybrato, Grp Head-Creative -- Scarecrow M&C Saatchi, Mumbai, India, pg. 663
Dutta, Rahul, Assoc Creative Dir -- DDB Mudra Group, Mumbai, India, pg. 275
Dutta, Sreemoyee, Acct Dir -- J. Walter Thompson, Kolkata, India, pg. 557
Dutton, Greg, Creative Dir -- WINGNUT ADVERTISING, Minneapolis, MN, pg. 1171
Dutton, Shannon, Media Buyer -- BLUESOHO, New York, NY, pg. 141
Dutton, Sian, Acct Dir -- Havas People Birmingham, Birmingham, United Kingdom, pg. 483

Duttweiler, Toni, Acct Supvr-Operational -- LEO BURNETT WORLDWIDE, INC., Chicago, IL, pg. 621
Duvivier, Laurent, Acct Dir-Nescafe -- Publicis Conseil, Paris, France, pg. 898
Dveirin, Ben, Assoc Creative Dir -- RIESTER, Phoenix, AZ, pg. 958
Dveirin, Ben, Assoc Creative Dir -- Riester, Park City, UT, pg. 958
Dvir, Tom, Acct Supvr -- BBR Saatchi & Saatchi, Ramat Gan, Israel, pg. 977
Dwyer, Amanda, Acct Dir -- EP+CO, Greenville, SC, pg. 343
Dwyer, Amanda, Acct Dir -- EP+Co, New York, NY, pg. 343
Dwyer, Amy, Acct Exec -- LINKMEDIA 360, Independence, OH, pg. 642
Dwyer, Jennifer, Asst Producer-Brdcst -- MULLENLOWE GROUP, Boston, MA, pg. 770
Dwyer, Lorraine, Head-Lifestyle PR & Dir -- Wilson Hartnell (WH), Dublin, Ireland, pg. 1600
Dy, Joe, Asst VP & Exec Creative Dir -- McCann Erickson (Philippines), Inc., Manila, Philippines, pg. 707
Dyck, Kiley, Acct Coord-Agency Svcs -- Think Shift, Portland, OR, pg. 1099
Dye, Karen, Dir-PR -- DEMOSS, Atlanta, GA, pg. 1483
Dykes, Anthony, Acct Exec -- QORVIS MSLGROUP, Washington, DC, pg. 1621
Dykes, David, Media Dir -- BALDWIN&, Raleigh, NC, pg. 85
Dykstra, Julie, Acct Dir -- BARKLEY, Kansas City, MO, pg. 90
Dykstra, Steve, Acct Exec -- KRUEGER COMMUNICATIONS, Venice, CA, pg. 603
Dynes, Brooke, Mgr-Traffic-Acct Svcs -- MESH DESIGN, Baton Rouge, LA, pg. 734
Dyrhaug, John, Dir-Creative -- SCALES ADVERTISING, Saint Paul, MN, pg. 994
Dyson, Amy, Acct Dir -- CRITICAL MASS INC., Calgary, Canada, pg. 248
Dziak, Amanda, Acct Dir -- PUSH22, Bingham Farms, MI, pg. 919
Dziak, Amanda, Acct Dir -- PUSHTWENTYTWO, Pontiac, MI, pg. 919
Dziak-Woyda, Magda, Acct Dir -- Fleishman-Hillard Poland, Warsaw, Poland, pg. 1510
Dzur, Ryan, Art Dir -- TAXI, Toronto, Canada, pg. 1075

E

Eads, Liz, Acct Coord -- DIAMOND PUBLIC RELATIONS, Miami, FL, pg. 1484
Eagle, Jim, Creative Dir -- THE ALTUS AGENCY, Philadelphia, PA, pg. 50
Eagle, Ron, Sr VP-PR -- R&R PARTNERS, Las Vegas, NV, pg. 924
Eagleston, Paul, Creative Dir -- FUEL MARKETING, Salt Lake City, UT, pg. 401
Eakin, Jordan, Assoc Creative Dir -- MCKINNEY, Durham, NC, pg. 719
Eales, Francesca, Designer-Creative & Strategist -- AMPLIFIED DIGITAL AGENCY LLC, Saint Louis, MO, pg. 1237
Earl, Chelsie, Acct Exec -- BUTLER, SHINE, STERN & PARTNERS, Sausalito, CA, pg. 177
Earle, Drex, COO & Creative Dir -- BOUNCE MARKETING AND EVENTS, LLC, Austin, TX, pg. 1398
Earle, Michael, Art Dir -- GIOVATTO ADVERTISING & CONSULTING INC., Paramus, NJ, pg. 420
Early, Bethany, VP-PR -- JAFFE, Stephenville, TX, pg. 1545
Early, Kristina, Media Planner & Media Buyer -- BRIGGS & CALDWELL, Houston, TX, pg. 163
Earnest, Carly, Acct Exec -- PP+K, Tampa, FL, pg. 885
Earnhardt, Alison, Creative Dir -- THE INTEGER GROUP - DENVER, Lakewood, CO, pg. 1406
Eash, Allison, Media Planner & Media Buyer -- THE IDEA MILL, Pittsburgh, PA, pg. 521
Eash, Kendra, Creative Dir-Copy -- AND/OR, Brooklyn, NY, pg. 55
Easley, Hema, Mgr-PR -- FOCUS MEDIA INC, Goshen, NY, pg. 1402
East, Nina, Creative Dir -- J. Walter Thompson International, Auckland, New Zealand, pg. 558
Eastman, Jennie, Media Planner -- BALDWIN&, Raleigh, NC, pg. 85
Easton, Darren, Creative Dir -- THE CYPHERS AGENCY, INC., Annapolis, MD, pg. 256
Easton, Kaylie, Acct Supvr -- LITZKY PUBLIC RELATIONS, Hoboken, NJ, pg. 1569
Eaton, Brian, Art Dir -- mcgarrybowen, Chicago, IL, pg. 718
Ebel, Blake, Founder & Chief Creative Officer -- FEAR NOT AGENCY, Denver, CO, pg. 376
Ebeling, Moritz, Art Dir -- Ogilvy, Dusseldorf, Germany, pg. 814
Ebenstein, Amy, VP-Strategic Comm & Producer-Brdcst & Video –

PERSONNEL INDEX — AGENCIES

Ebersole, Rachel, Acct Exec -- THE PR BOUTIQUE, Houston, TX, pg. 1617

Eby, Erin, Assoc Dir-Art & Creative -- HILL HOLLIDAY, Boston, MA, pg. 500

Eccardt, Catherine, Assoc Creative Dir & Copywriter -- SAATCHI & SAATCHI, New York, NY, pg. 975

Ecevit, Birol, Acct Dir -- Havas Worldwide Istanbul, Istanbul, Turkey, pg. 482

Echevarria, Jesse, Art Dir -- VML-New York, New York, NY, pg. 1144

Echevarria, Marco, Owner & Creative Dir -- BURN CREATIVE, Avery, TX, pg. 175

Echevarria, Tania, Sr Mgr-Creative Ops -- REPUBLICA HAVAS, Miami, FL, pg. 947

Echeverri, Jennifer, Acct Supvr -- Mirum Arkansas, Rogers, AR, pg. 1273

Echeverria, Andres, Creative Dir -- Prolam Y&R S.A., Santiago, Chile, pg. 1206

Echols, Paul, CEO & Creative Dir -- SQUARE205, Denton, TX, pg. 1292

Eckersley, Rica, Creative Dir & Copywriter -- UNION, Toronto, Canada, pg. 1126

Eckert, Carolyn, VP & Acct Dir -- AUSTIN & WILLIAMS, Hauppauge, NY, pg. 78

Eckman, Jon, Grp Creative Dir -- HAVAS WORLDWIDE CHICAGO, Chicago, IL, pg. 488

Eckols, Bruce, Dir-Creative & Art -- CAPPELLI MILES, Lake Oswego, OR, pg. 188

Eckols, Bruce, Dir-Creative & Art -- Cappelli Miles, Eugene, OR, pg. 188

Eckstein, Axel, Exec Creative Dir -- Spillmann/Felser/Leo Burnett, Zurich, Switzerland, pg. 627

Eddings, Caroline, Acct Dir-Florida Lottery, Florida Prepaid & TABS -- ST. JOHN & PARTNERS, Jacksonville, FL, pg. 1040

Eddy, Nelson, Mng Partner-Creative -- DVL SEIGENTHALER, Nashville, TN, pg. 326

Eddy, Nelson, Mng Partner-Creative -- DVL SEIGENTHALER, Nashville, TN, pg. 1489

Edelbring, Henrik, Art Dir -- Wieden + Kennedy Amsterdam, Amsterdam, Netherlands, pg. 1164

Edelman, Ann, VP-PR -- ZEHNDER COMMUNICATIONS, INC., New Orleans, LA, pg. 1210

Edelstein, Lee, Acct Dir -- THE BRANDMAN AGENCY, New York, NY, pg. 157

Edgar, Alan, Exec Creative Dir -- TBWA Durban, Durban, South Africa, pg. 1087

Edgar, Alan, Exec Creative Dir -- TBWA Hunt Lascaris (Durban), Durban, South Africa, pg. 1087

Edgerton, David, Assoc Dir-Creative & Sr Copywriter -- JONES ADVERTISING, Seattle, WA, pg. 581

Edgington, John, Sr Strategist-Creative -- VIVA CREATIVE, Rockville, MD, pg. 1141

Edginton-Vigus, Nigel, Head-Owned Media Copy & Creative Dir -- Global Team Blue, London, United Kingdom, pg. 423

Edinger, Toni, Acct Dir -- HUGHES LEAHY KARLOVIC, Denver, CO, pg. 513

Edinger, Toni, Acct Dir -- HUGHESLEAHYKARLOVIC, Saint Louis, MO, pg. 513

Edling, Zach, Acct Dir -- TENDO COMMUNICATIONS INC., San Francisco, CA, pg. 1096

Edmondson, Maggie, Acct Coord -- MMGY GLOBAL, Kansas City, MO, pg. 750

Edmondston, Sharon, Creative Dir -- M&C Saatchi, Sydney, Australia, pg. 661

Edson, Katie, Acct Dir -- DDB San Francisco, San Francisco, CA, pg. 269

Edu, Michelle, Assoc Creative Dir -- BBDO Guerrero, Makati, Philippines, pg. 114

Edwards, Dana, Acct Supvr -- FRENCH/WEST/VAUGHAN, INC., Raleigh, NC, pg. 398

Edwards, Geoff, VP & Exec Creative Dir -- R/GA Los Angeles, North Hollywood, CA, pg. 926

Edwards, Greg, Creative Dir -- MARC USA, Pittsburgh, PA, pg. 676

Edwards, Josh, Acct Dir-Strategic & Creative -- Havas London, London, United Kingdom, pg. 482

Edwards, Kinney, Exec Creative Dir -- TRIBAL WORLDWIDE, New York, NY, pg. 1295

Edwards, Melanie, VP & Media Dir -- BERLINE, Royal Oak, MI, pg. 124

Edwards, Rusty, Art Dir -- CVA ADVERTISING & MARKETING, INC., Odessa, TX, pg. 255

Edwards, Scott, Exec Creative Dir -- INNIS MAGGIORE GROUP, INC., Canton, OH, pg. 533

Edwards, Scott, Creative Dir-Asia -- The Marketing Store, Quarry Bay, China (Hong Kong), pg. 1410

Edwards, Sergio, Art Dir -- Prolam Y&R S.A., Santiago, Chile, pg. 1206

Edwards, Stephanie, Acct Exec-New Bus Dev -- MULLIN/ASHLEY ASSOCIATES, INC., Chestertown, MD, pg. 778

Edwards, Will, Creative Dir -- J. Walter Thompson, Sydney, Australia, pg. 554

Effinger, Gregory, Art Dir -- CREATIVE BEARINGS, Steamboat Springs, CO, pg. 239

Efrem, Filmawi, Art Dir -- Abbott Mead Vickers BBDO, London, United Kingdom, pg. 109

Egami, Keisuke, Acct Supvr -- TBWA/Hakuhodo, Tokyo, Japan, pg. 1090

Egan, Kendall Karm, Acct Exec & Strategist-Brand -- SILVER CREATIVE GROUP, Norwalk, CT, pg. 1014

Egan, Megan, Sr Acct Exec-PR -- AB+C, Philadelphia, PA, pg. 17

Egan, Shannon, Acct Dir -- TRACTION FACTORY, Milwaukee, WI, pg. 1112

Egan, Tracy, Acct Dir -- MEDIA HORIZONS, INC., Norwalk, CT, pg. 726

Egbert, Michael, Mng Dir & Head-Creative Strategy, Corp & Fin Practice -- BCW (BURSON COHN & WOLFE), New York, NY, pg. 1439

Egerstedt, Gustav, Creative Dir & Art Dir -- Saatchi & Saatchi, Stockholm, Sweden, pg. 980

Egeskov, Alyssa, Acct Coord -- VOX SOLID COMMUNICATIONS, Las Vegas, NV, pg. 1668

Eggan, Claudia, Dir-Brdcst -- HAWORTH MARKETING + MEDIA, Minneapolis, MN, pg. 1328

Eggermont, Gregory, Dir-Digital Creative -- MullenLowe Paris, Paris, France, pg. 776

Eggert, Ashley, Acct Dir -- DITTOE PUBLIC RELATIONS, INC., Indianapolis, IN, pg. 1486

Eggleston, Josh, VP & Exec Producer-Brdcst -- MCKINNEY, Durham, NC, pg. 719

Egloff-Ng, Jean, Head-Copy & Assoc Creative Dir -- Digitas, Kwun Tong, China (Hong Kong), pg. 1252

Egonu, Uchechi, Mgr-Traffic -- 140 BBDO, Cape Town, South Africa, pg. 108

Egozcue, Alejandro, Creative Dir -- LATINWORKS MARKETING, INC., Austin, TX, pg. 612

Ehly, Christine, Acct Dir -- HUE & CRY, New York, NY, pg. 1538

Ehrenfeld, Marlee J., Pres & Chief Creative Officer -- MJE MARKETING SERVICES, San Diego, CA, pg. 749

Ehrens, Art, Creative Dir -- ESB ADVERTISING, Chantilly, VA, pg. 349

Ehrlich, Amy, VP & Acct Dir -- SOURCE COMMUNICATIONS, Hackensack, NJ, pg. 1029

Ehrlich, Ben, Sr Creative Dir -- GOODEN GROUP, Edmond, OK, pg. 1522

Ehrlich, Eric, VP & Exec Creative Dir -- TPN INC., Dallas, TX, pg. 1418

Ehrlich, Lisa, Sr Media Buyer-Direct Response -- KREIGER & ASSOCIATES, Paoli, PA, pg. 1339

Eich, Aftin, Creative Dir-Client Rels -- FACTOR360 DESIGN + TECHNOLOGY, Pierre, SD, pg. 357

Eich, Ande, Art Dir -- TDA_BOULDER, Boulder, CO, pg. 1094

Eicher, Kenny, Exec VP-Creative -- CSI GROUP, INC., Montvale, NJ, pg. 251

Eichler, David, Founder & Creative Dir -- DECIBEL BLUE, Scottsdale, AZ, pg. 285

Eidsmoe, Jacob, VP & Creative Dir -- LAUNCHPAD, Watertown, MA, pg. 615

Eiffe, Alison, Acct Supvr -- HARRISON AND STAR LLC, New York, NY, pg. 469

Eigven, Eddu Enoary, Grp Head-Creative -- Perwanal Saatchi & Saatchi, Jakarta, Indonesia, pg. 982

Eilerts, Clint, Creative Dir -- ARTHUR AGENCY, Carbondale, IL, pg. 72

Eisen, Audrey, Media Dir -- CAPITOL MEDIA SOLUTIONS, Atlanta, GA, pg. 187

Eisen, Samantha, Acct Supvr -- Edelman, Seattle, WA, pg. 1493

Eisenberg, Arlo, Creative Dir -- Eisenberg & Associates, Dallas, TX, pg. 334

Eisenstein, Brad, Creative Dir -- MANHATTAN MARKETING ENSEMBLE, New York, NY, pg. 675

Eisentraut, Cory, Exec Creative Dir -- J. WALTER THOMPSON CANADA, Toronto, Canada, pg. 565

Eiswirth, Darren, Exec Dir-Creative -- ADNORMA LLC, Spring, TX, pg. 1233

Ekberger, Mats, Sr Partner & Acct Dir -- FCB Faltman & Malmen, Stockholm, Sweden, pg. 368

Ekren, Yagiz, Assoc Creative Dir -- J. Walter Thompson, Brussels, Belgium, pg. 559

Ekstrand, Joel, Art Dir -- DDB Stockholm, Stockholm, Sweden, pg. 280

Ekun, Anthony, Exec Creative Dir -- SO&U Saatchi & Saatchi, Lagos, Nigeria, pg. 978

El Chami, Angelo, Sr Creative Dir -- Impact BBDO, Beirut, Lebanon, pg. 106

El Haddad, Amr, Creative Dir -- Impact BBDO, Dubai, United Arab Emirates, pg. 109

El Keiy, Ahmed, Exec Creative Dir -- Impact BBDO, Cairo, Egypt, pg. 104

El Ten, Georges, Strategist-Creative -- FP7, Dubai, United Arab Emirates, pg. 710

El-Mofty, Jared, Creative Dir -- TOM, DICK & HARRY CREATIVE, Chicago, IL, pg. 1108

El-Mofty, Tarek, Assoc Partner & Dir-Creative Svcs -- VSA Partners, Inc., Minneapolis, MN, pg. 1147

ELbosraty, Summer, Creative Dir -- FP7, Muscat, Oman, pg. 707

Eld, Trevor, Chief Creative Officer-The FADER -- CORNERSTONE AGENCY, INC., New York, NY, pg. 1476

Elder, Andrea, Assoc Creative Dir -- ARC WORLDWIDE, Chicago, IL, pg. 1397

Eldred, Charles, Creative Dir -- DMN3, Houston, TX, pg. 311

Eldred, Charles, Creative Dir -- DMN3/Dallas, Dallas, TX, pg. 311

Eldredge, Jillian, Acct Supvr -- Narrative, Los Angeles, CA, pg. 784

Elen, Jason, Acct Supvr-Creative -- Davis-Elen Advertising, Inc., Portland, OR, pg. 264

Eley, Alex, Acct Dir -- BUTLER, SHINE, STERN & PARTNERS, Sausalito, CA, pg. 177

Elfenbein, Elizabeth, Partner & Chief Creative Officer-The Bloc -- THE CEMENTWORKS, LLC, New York, NY, pg. 199

Elfi, Patricio, Exec Creative Dir & Art Dir -- WE BELIEVERS, New York, NY, pg. 1155

Elfman, Lars, Art Dir -- Forsman & Bodenfors, Stockholm, Sweden, pg. 722

Elgarably, Hossam, Creative Dir -- FP7, Muscat, Oman, pg. 707

Elhabashy, Ahmed, Art Dir -- AMA Leo Burnett, Cairo, Egypt, pg. 624

Elias, Iiran, Art Dir -- McCann Erickson, Tel Aviv, Israel, pg. 705

Eliel-Finger, Tara, Dir-New Bus Dev -- TAKE 5 MEDIA GROUP, Boca Raton, FL, pg. 1071

Elimeliah, Craig, Exec Dir-Creative Tech-North America -- VML-New York, New York, NY, pg. 1144

Elisabeth, Cassandra, Acct Exec -- PURE GROWTH, New York, NY, pg. 917

Elizondo, Veronica, Grp Creative Dir -- CONILL ADVERTISING, INC., Miami, FL, pg. 226

Elkaim, Matthieu, Chief Creative Officer -- CLM BBDO, Boulogne-Billancourt, France, pg. 104

Elkin, Greg, Assoc Creative Dir -- YOUNG & RUBICAM, New York, NY, pg. 1197

Elkins, Ann, Acct Dir -- WINGNUT ADVERTISING, Minneapolis, MN, pg. 1171

Elkins, Shelley, Sr VP & Exec Creative Dir -- Jack Morton Worldwide, Chicago, IL, pg. 568

Elkis, Beth Goozman, Sr VP & Creative Dir -- OGILVY COMMONHEALTH WELLNESS MARKETING, Parsippany, NJ, pg. 832

Elkjar, Christopher, Creative Dir-Digital -- CAMPBELL EWALD, Detroit, MI, pg. 185

Ellam, Rachel, Art Dir -- Mother New York, New York, NY, pg. 763

Ellams, J. J., Art Dir -- PHOENIX GROUP, Regina, Canada, pg. 869

Ellen, Elizabeth, Creative Dir -- FIXATION MARKETING, Bethesda, MD, pg. 386

Ellenbogen, Marcy, Media Buyer-Integrated -- THE GARY GROUP, Santa Monica, CA, pg. 411

Ellender, Claire, Acct Exec -- MELT, Atlanta, GA, pg. 730

Ellerton, Nicole, Grp Creative Dir -- LEO BURNETT COMPANY LTD., Toronto, Canada, pg. 620

Ellery, Michael, Sr VP-Creative -- SPARKS MARKETING CORP, Philadelphia, PA, pg. 1032

Ellinger, Max, Creative Dir -- BOLDIUM LLC, Berkeley, CA, pg. 145

Ellingson, Nicole, Assoc Creative Dir -- QUIGLEY-SIMPSON, Los Angeles, CA, pg. 923

Elliot, Cassie, VP & Creative Dir-Adv -- QORVIS MSLGROUP, Washington, DC, pg. 1621

Elliot, Charissa, Assoc Creative Dir-Copy -- 1 TRICK PONY, Hammonton, NJ, pg. 1

Elliot, Fraser, Sr VP & Media Dir -- LANETERRALEVER, Phoenix, AZ, pg. 610

AGENCIES — PERSONNEL INDEX

Elliot, Jackie, Media Dir -- MediaCom Puerto Rico, San Juan, PR, pg. 1348

Elliot, Jeremy, Assoc Creative Dir -- FIRSTBORN, New York, NY, pg. 384

Elliot, Jim, Exec Creative Dir -- GOODBY, SILVERSTEIN & PARTNERS, San Francisco, CA, pg. 428

Elliott, Annie, Assoc Creative Dir -- McCann New York, New York, NY, pg. 698

Elliott, Kyla, Grp Dir-Creative -- PHENOMENON, Los Angeles, CA, pg. 868

Elliott, Nick, Creative Dir -- HAVAS WORLDWIDE, New York, NY, pg. 475

Elliott, Yan, Joint Exec Creative Dir -- The&Partnership London, London, United Kingdom, pg. 56

Ellis, Abi, Exec Creative Dir -- Wunderman, London, United Kingdom, pg. 1193

Ellis, Dan, Reg Creative Dir -- Superunion, Shanghai, China, pg. 1063

Ellis, Drew, Creative Dir -- NJI MEDIA LLC, Alexandria, VA, pg. 1276

Ellis, Jim, Partner, VP & Acct Dir -- SIGNAL INC., Raleigh, NC, pg. 1012

Ellis, Kaeli, Creative Dir -- CLEARPH DESIGN, St Petersburg, FL, pg. 213

Ellis, Kristina, Exec VP & Exec Creative Dir -- GIANT CREATIVE/STRATEGY, LLC, San Francisco, CA, pg. 418

Ellis, Linda, Producer-Print -- SAATCHI & SAATCHI WELLNESS, New York, NY, pg. 985

Ellis, Michelle, Assoc Creative Dir-Copy -- CONNELLY PARTNERS, Boston, MA, pg. 227

Ellis, Nate, Creative Dir -- INNERWORKINGS INC., Chicago, IL, pg. 1405

Ellis, Peter, VP & Creative Dir -- DIF INC., Springfield, MA, pg. 1250

Ellison, Caitlin, Acct Exec -- GO2 ADVERTISING, Twinsburg, OH, pg. 425

Ellison, Lori, Assoc Creative Dir -- HIGH WIDE & HANDSOME, Culver City, CA, pg. 499

Ellisor, Shannon, Acct Exec -- ADVOCATE DIGITAL MEDIA, Victoria, TX, pg. 36

Elliston, Tom, Dir-Global Bus, Acct Dir & Copywriter -- LOLA MullenLowe, Madrid, Spain, pg. 542

Elmer, Nikki, Acct Coord -- KUNO CREATIVE, Avon, OH, pg. 604

Elms, Jared, Exec Creative Dir -- MATTER UNLIMITED LLC, New York, NY, pg. 694

Elmsly, Keri, Chief Creative Officer -- Second Story, Inc., POrtland, OR, pg. 991

Elsom, Cindi, Acct Supvr -- HMH, Portland, OR, pg. 504

Elsom, Jon, Grp Creative Dir -- McCann Erickson Bristol, Bristol, United Kingdom, pg. 711

Elverman, Bill, Dir-PR -- PROM KROG ALTSTIEL INC., Mequon, WI, pg. 892

Elwood, Mark, Exec Creative Dir -- MullenLowe London, London, United Kingdom, pg. 775

Ely, Adrian, Creative Dir -- Leo Burnett Sydney, Sydney, Australia, pg. 628

Emanuel, Laura, Dir-PR -- BROWNSTEIN GROUP, Philadelphia, PA, pg. 168

Embry Selig, Jane, Media Planner & Media Buyer -- CRANFORD JOHNSON ROBINSON WOODS, Little Rock, AR, pg. 238

Emer, Michael, Acct Supvr -- GREY GROUP, New York, NY, pg. 438

Emery, Aaron, Art Dir & Designer -- POCKET HERCULES, Minneapolis, MN, pg. 879

Emery, Chris, Sr VP & Acct Dir -- ARC WORLDWIDE, Chicago, IL, pg. 1397

Emery, David, Acct Dir-Analytics -- Weber Shandwick-Chicago, Chicago, IL, pg. 1675

Emery, Gail, Acct Dir -- O'Keeffe & Co., Portland, OR, pg. 1602

Emery, Gail, Acct Dir -- O'KEEFFE & CO., Alexandria, VA, pg. 1602

Emery, Gail Repsher, Acct Dir -- O'Keeffe & Co., Atlanta, GA, pg. 1602

Emery, Sarah, Acct Dir -- CIVIC ENTERTAINMENT GROUP, LLC, New York, NY, pg. 209

Emley, Donna, Principal & Dir-Creative -- EMLEY DESIGN GROUP, Fort Wayne, IN, pg. 339

Emmett, Brad, Chief Creative Officer -- McCann Detroit, Birmingham, MI, pg. 699

Emmitt, David, VP & Grp Creative Dir -- MRM McCann, Salt Lake City, UT, pg. 699

Emmons, Sharp, Creative Dir -- AROLUXE, Brentwood, TN, pg. 70

Emms, Helena, Acct Dir-Digital & Planner -- Grey Gothenburg, Gothenburg, Sweden, pg. 1182

Emond-Turcotte, Alexandre, Creative Dir -- Ogilvy Montreal, Montreal, Canada, pg. 812

Encina, Matthew, Creative Dir -- BLIND, Santa Monica, CA, pg. 136

Endara, Pablo, Acct Supvr -- Grey Chile, Santiago, Chile, pg. 443

Enderson, Emily, Acct Dir -- HAVAS WORLDWIDE CHICAGO, Chicago, IL, pg. 488

Endo, Daisuke, VP & Creative Dir -- FLYING MACHINE, New York, NY, pg. 389

Endres, Simon, Co-Founder & Chief Creative Officer -- RED ANTLER, Brooklyn, NY, pg. 938

Endy, Michael, Assoc Creative Dir-Copy -- JPL INTEGRATED COMMUNICATIONS, INC., Harrisburg, PA, pg. 583

Enfield, Andrew, Acct Exec -- GLYNNDEVINS ADVERTISING & MARKETING, Kansas City, MO, pg. 424

Eng, Candice, Acct Supvr -- INK PUBLIC RELATIONS, Austin, TX, pg. 1542

Eng, Dennis, Media Planner -- CMI MEDIA, LLC, King of Prussia, PA, pg. 215

Eng, Gunnar, Acct Dir -- BARKER & CHRISTOL ADVERTISING, Murfreesboro, TN, pg. 90

Engel, Carly, Acct Exec -- QOOQOO, Irvine, CA, pg. 920

Engel, Courtney, Sr VP-Activation, Talent & PR -- GREY GROUP, New York, NY, pg. 438

Engelbrecht, Leigh, VP-New Bus Dev -- PROFESSIONAL MEDIA MANAGEMENT, Grand Rapids, MI, pg. 1364

Engelman, Jennifer, Acct Dir -- BORDERS PERRIN NORRANDER INC, Portland, OR, pg. 147

Engels, Bas, Partner-Creative -- TBWA Neboko, Amsterdam, Netherlands, pg. 1084

Engels, Traci, Media Dir-Western Reg Div -- REALWORLD MARKETING, Scottsdale, AZ, pg. 937

Engesser, Stewart, Dir-Concept Creative & Brdcst -- ETHOS MARKETING & DESIGN, Westbrook, ME, pg. 351

Engh, Erica, Acct Exec -- RED CIRCLE AGENCY, Minneapolis, MN, pg. 938

Engle, Nichole, Acct Supvr -- BACKE DIGITAL BRAND MARKETING, Radnor, PA, pg. 82

Engle, Steve, Pres & Chief Creative Officer -- ENGLE CREATIVE SOLUTIONS LLC, Columbia, MO, pg. 341

Englebert, Patti McGuire, Dir-Creative Svcs & Exec Producer -- ENVIROMEDIA SOCIAL MARKETING, Austin, TX, pg. 342

Englehart, Adam, Creative Dir -- NEFF + ASSOCIATES, INC., Philadelphia, PA, pg. 788

Englert, Jack, Exec VP & Exec Creative Dir -- Havas Life Metro, New York, NY, pg. 474

English, Glenda, Pres & Creative Dir -- GMC+COMPANY, New Orleans, LA, pg. 424

English, Heather, VP & Creative Dir -- DEUTSCH, INC., New York, NY, pg. 294

English, Sayre, Acct Exec -- CD&M COMMUNICATIONS, Portland, ME, pg. 198

English, Tanya, Acct Dir -- BBDO Dublin, Dublin, Ireland, pg. 105

English, Tanya, Exec VP & Dir-Brdcst -- ROBERTS + LANGER DDB, New York, NY, pg. 963

Enis, Christopher, Acct Exec -- LINKMEDIA 360, Independence, OH, pg. 642

Ennis, Gary, Creative Dir -- THE BAM CONNECTION, Brooklyn, NY, pg. 86

Ennis, Tadhg, Art Dir -- J. WALTER THOMPSON, New York, NY, pg. 553

Enos, Robert, Media Dir -- ABELSON-TAYLOR, INC., Chicago, IL, pg. 17

Enright, Chelsea, Media Buyer -- THE WARD GROUP, Frisco, TX, pg. 1152

Enriquez-Ponferrada, Cey, Creative Dir -- Leo Burnett Manila, Makati, Philippines, pg. 631

Entler, Evan, Acct Supvr -- MONO, Minneapolis, MN, pg. 755

Enzenberger, Erich, Sr Creative Dir -- PKP BBDO, Vienna, Austria, pg. 103

Epifani, Francesco, Assoc Creative Dir -- Publicis Italia, Milan, Italy, pg. 899

Epifani, Francesco, Assoc Creative Dir -- Publicis Networks, Milan, Italy, pg. 900

Epifani, Francesco, Assoc Creative Dir -- Publicis S.R.L., Milan, Italy, pg. 900

Epstein, Allison, Acct Dir -- TEAK MEDIA & COMMUNICATION, Boston, MA, pg. 1657

Epstein, Elizabeth, Acct Exec -- KEMPERLESNIK, Northbrook, IL, pg. 1554

Epstein, Zachary, Acct Supvr -- THE BURNS GROUP, New York, NY, pg. 175

Erali, Andrea, Art Dir -- RXM CREATIVE, New York, NY, pg. 973

Erb, Kevin, Dir-PR & Social Media & Acct Mgr -- FERGUSON ADVERTISING INC., Fort Wayne, IN, pg. 378

Erceg-Gogic, Nina, Acct Coord -- GIANTS & GENTLEMEN, Toronto, Canada, pg. 418

Erdogan, Ayse Ayd n, Exec Creative Dir -- Y&R Turkey, Istanbul, Turkey, pg. 1204

Eretzian, Karly, Creative Dir -- RINCK ADVERTISING, Auburn, ME, pg. 1632

Ergin, Namik, Grp Head-Creative -- Medina/Turgul DDB, Beyoglu, Turkey, pg. 281

Erhardt, Jamie, Acct Supvr -- THE EGC GROUP, Melville, NY, pg. 332

Erhei, Ben Sun, Chief Creative Officer -- Havas Worldwide Shanghai, Shanghai, China, pg. 486

Ericksen, Jeff, Grp Creative Dir -- NELSON SCHMIDT, Milwaukee, WI, pg. 788

Erickson, Anne, Dir-Media & Creative Svcs -- LASPATA DECARO, New York, NY, pg. 611

Erickson, Brad, Acct Exec -- NEW DAY MARKETING, LTD., Santa Barbara, CA, pg. 1353

Erickson, Brian, Sr VP & Acct Dir -- GREY GROUP, New York, NY, pg. 438

Erickson, Dain, Creative Dir -- RED HOUSE MEDIA LLC, Brainerd, MN, pg. 939

Erickson, Emily, Acct Exec -- IN FOOD MARKETING, Minneapolis, MN, pg. 529

Erickson, Lael, Exec VP-Production & Dir-Creative -- Ackerman McQueen, Inc., Oklahoma City, OK, pg. 21

Erickson, Mara, Acct Supvr -- RDA INTERNATIONAL, New York, NY, pg. 935

Erickson, Neal, Acct Dir -- WE ARE UNLIMITED, Chicago, IL, pg. 1155

Erol, Gokhan, Exec Creative Dir -- Medina/Turgul DDB, Beyoglu, Turkey, pg. 281

Errickson, Sara, Acct Dir -- Brodeur Partners, Washington, DC, pg. 1458

Errickson, Sara, Acct Dir -- Brodeur Partners, Phoenix, AZ, pg. 1457

Errico, Mattia, Art Dir -- FCB Milan, Milan, Italy, pg. 367

Ertel, Whitney, VP-PR -- BORSHOFF, Indianapolis, IN, pg. 148

Ervin, Becky, Creative Dir -- VML, INC., Kansas City, MO, pg. 1143

Ervin, Tom, Principal & Creative Dir -- EG INTEGRATED, Omaha, NE, pg. 332

Erwin, Sara, Art Dir -- CATAPULT MARKETING, Wilton, CT, pg. 196

Erwin, Tara, Mgr-PR -- 15 FINGERS, Buffalo, NY, pg. 2

Esala, Mindi, Media Buyer -- MARKETING ARCHITECTS, INC., Minnetonka, MN, pg. 682

Escalona, Andres, Art Dir -- Grey Chile, Santiago, Chile, pg. 443

Escamilla, Cristian, Creative Dir & Copywriter -- J. Walter Thompson, Santiago, Chile, pg. 564

Escobar, Andres, Art Dir -- Heimat Werbeagentur GmbH, Berlin, Germany, pg. 1082

Escobar, Felipe, Art Dir -- MullenLowe SSP3, Bogota, Colombia, pg. 777

Escobar, Gabriel, Art Dir -- Ogilvy, Bogota, Colombia, pg. 820

Escot, Giovanni, Art Dir-Interactive -- Sky Advertising-Chicago, Oak Park, IL, pg. 1019

Escot, Giovanni, Art Dir-Interactive -- SKY ADVERTISING, INC., Oak Park, IL, pg. 1019

Escovedo, Richie, Acct Dir & Specialist-PR -- THE BALCOM AGENCY, Fort Worth, TX, pg. 85

Escriva, Ana, Acct Dir -- Starcom, Barcelona, Spain, pg. 1373

Escude, Anna Riba, Acct Supvr -- Grey Barcelona, Barcelona, Spain, pg. 442

Escueta, Barbara, Acct Dir -- Ace Saatchi & Saatchi, Makati, Philippines, pg. 985

Esguerra, Alex, Grp Dir-Creative -- Jack Morton Worldwide, Los Angeles, CA, pg. 568

Esguia, Josh, Sr Creative Dir -- AMP Agency, Los Angeles, CA, pg. 1237

EshaghPour, Ayman, Mng Partner & Creative Dir -- NIKALABS, San Jose, CA, pg. 1276

Eshwar, Ravi, Head-Copy & Sr Creative Dir -- BBDO Singapore, Singapore, Singapore, pg. 115

Esling, Deborah, Creative Dir -- UBU ENTERPRISES, Santa Rosa Beach, FL, pg. 1125

Espaldon, Gabriele, Grp Head-Creative -- M&C Saatchi, Kuala Lumpur, Malaysia, pg. 662

Esparza, Melina, Assoc-Creative Media -- CONSORTIUM MEDIA SERVICES, Ventura, CA, pg. 228

Esparza, William, VP & Exec Creative Dir -- R/GA, New York, NY, pg. 925

PERSONNEL INDEX — AGENCIES

Esparza, William, VP & Exec Creative Dir -- R/GA Los Angeles, North Hollywood, CA, pg. 926

Espinal, Melvin, Creative Dir-Digital -- PIXEL LOGIC, INC., San Juan, PR, pg. 874

Espinel, Kattalina, Acct Exec -- Sancho BBDO, Bogota, Colombia, pg. 102

Espinetti, Enrique, Acct Supvr -- FCB New York, New York, NY, pg. 365

Espinosa, Christian, Art Dir -- OgilvyOne Worldwide, Barcelona, Spain, pg. 817

Espinosa, Eduardo, Creative Dir -- DDB Mexico, Mexico, Mexico, pg. 277

Espinosa, Paulina, Acct Dir -- DDB Mexico, Mexico, Mexico, pg. 277

Espinoza, David, Creative Dir -- AYZENBERG GROUP, INC., Pasadena, CA, pg. 81

Espinoza, Fern, Creative Dir -- AYZENBERG GROUP, INC., Pasadena, CA, pg. 81

Espinoza, Isabel, Acct Dir -- Dittborn & Unzueta MRM, Santiago, Chile, pg. 768

Espiritu, Jay, Art Dir -- WIRE STONE LLC, Sacramento, CA, pg. 1172

Espmark, Fredrik, Dir-Creative -- Havas Worldwide Granath, Stockholm, Sweden, pg. 481

Esposito, Giuseppe, Acct Exec -- Publicis Italia, Milan, Italy, pg. 899

Esposito, Jennie, Acct Dir -- J. Walter Thompson, Sydney, Australia, pg. 554

Esposito, Sarah, Media Buyer -- KWG, New York, NY, pg. 604

Esposito, Sebastian, Creative Dir -- J. Walter Thompson, Buenos Aires, Argentina, pg. 563

Essaf, Rich, Art Dir-Interactive -- BACKE DIGITAL BRAND MARKETING, Radnor, PA, pg. 82

Esser, Jason, Assoc Creative Dir -- DIGITAL KITCHEN, Chicago, IL, pg. 301

Essey, Lucille Marie, VP, Exec Creative Dir & Dir-Show -- Jack Morton Worldwide (Hong Kong), Hong Kong, China (Hong Kong), pg. 568

Essig, Grant, Creative Dir -- BRIGHTON AGENCY, INC., Saint Louis, MO, pg. 164

Essig, Perry, Creative Dir -- Juniper Park/TBWA, Toronto, Canada, pg. 1079

Estacio, Julia, Acct Dir -- CONILL ADVERTISING, INC., Miami, FL, pg. 226

Estella, Gerard, Dir-Creative Experience -- NORTH FORTY, Hiawatha, IA, pg. 798

Estemil, Marck E., Founder & Chief Creative Officer -- ME CREATIVE AGENCY, Stratford, CT, pg. 724

Estep, Katie, Acct Coord -- JAYMIE SCOTTO & ASSOCIATES LLC (JSA), Middlebrook, VA, pg. 1546

Estep, Scott, Exec VP & Media Dir -- STEELE+, Atlanta, GA, pg. 1045

Esteves, Laura, Creative Dir -- Y&R Sao Paulo, Sao Paulo, Brazil, pg. 1205

Estrada, Andres, Acct Exec-Sls -- Lamar Advertising Company, Richmond, VA, pg. 608

Estrada, Andres, Creative Dir -- Sancho BBDO, Bogota, Colombia, pg. 102

Estrada, Dave, Creative Dir -- TBWA\Media Arts Lab, Los Angeles, CA, pg. 1078

Estrada, Samuel, Chief Creative Officer & Bus Dir -- McCann Erickson Corp. S.A., Bogota, Colombia, pg. 702

Estrada, Sergio, Art Dir -- MILAGRO MARKETING, San Jose, CA, pg. 740

Estrella, Gustavo, Assoc Creative Dir -- DAVIDSON & BELLUSO, Phoenix, AZ, pg. 263

Etchanique, Juan Ignacio, Creative Dir -- Santo Buenos Aires, Buenos Aires, Argentina, pg. 1181

Etheart, Thibault, Acct Supvr -- DENTSUBOS, Montreal, Canada, pg. 291

Etheridge, Nicole, Media Dir -- LINDSAY, STONE & BRIGGS, INC., Madison, WI, pg. 641

Ethington, Celeste, Acct Coord & Coord-Media -- HEALTHCARE SUCCESS STRATEGIES, Irvine, CA, pg. 492

Ettelson, Felix, Art Dir -- Ogilvy Sydney, Saint Leonards, Australia, pg. 821

Eu, Alicia, Acct Dir -- WE Buchan, Melbourne, Australia, pg. 1672

Euker, Lisa, Mgr-Creative -- RPM, New York, NY, pg. 971

Eure, Renea, Acct Dir -- KIOSK CREATIVE LLC, Novato, CA, pg. 596

Eusebi, Matias, Exec Creative Dir-Argentina -- Leo Burnett Buenos Aires, Buenos Aires, Argentina, pg. 623

Euteneuer, Jeff, Assoc Creative Dir -- SUKLE ADVERTISING, INC., Denver, CO, pg. 1059

Eva, Liz, Creative Dir-Copy -- FIREWOOD MARKETING, San Francisco, CA, pg. 383

Evander, Karen, Acct Exec -- CLAPP COMMUNICATIONS, Baltimore, MD, pg. 211

Evangelista, Tish, Principal & Creative Dir -- CHARACTER, San Francisco, CA, pg. 203

Evangelou, Sav, Exec Creative Dir -- The Marketing Store, London, United Kingdom, pg. 1410

Evans, Claire, Creative Dir -- RATIONAL INTERACTION, Seattle, WA, pg. 1283

Evans, Clark, Founder & Creative Dir -- CAMP, Austin, TX, pg. 185

Evans, Craig, Creative Dir -- 3 SONS MEDIA, Nashville, TN, pg. 5

Evans, Craig, Chief Creative Officer -- Wunderman, Costa Mesa, CA, pg. 1189

Evans, Craig, Chief Creative Officer -- Wunderman Seattle, Seattle, WA, pg. 1189

Evans, Daniel J., Assoc Dir-Creative, Writer, Producer & Strategist -- LOADED CREATIVE LLC, Bellefonte, PA, pg. 648

Evans, Dave, Acct Supvr -- MARCUS THOMAS LLC, Cleveland, OH, pg. 679

Evans, Drake, Art Dir -- FAIRLY PAINLESS ADVERTISING, Holland, MI, pg. 359

Evans, Halbert, VP & Acct Dir -- MERGE BOSTON, Boston, MA, pg. 731

Evans, James, CEO & Creative Dir -- ILLUME COMMUNICATIONS, Baltimore, MD, pg. 524

Evans, Jasmine, Acct Exec -- G7 ENTERTAINMENT MARKETING, Nashville, TN, pg. 407

Evans, Kirk, VP & Assoc Creative Dir -- EVANS, HARDY & YOUNG INC., Santa Barbara, CA, pg. 352

Evans, Kristen, Acct Dir -- RIBBOW MEDIA GROUP, INC., Franklin, TN, pg. 955

Evans, Landon, Creative Dir -- HDE, LLC., Phoenix, AZ, pg. 490

Evans, Lauren, Acct Supvr -- THE TOMBRAS GROUP, Knoxville, TN, pg. 1108

Evans, Lila, Media Buyer -- CVA ADVERTISING & MARKETING, INC., Odessa, TX, pg. 255

Evans, Matthew, VP-Creative -- MARLO MARKETING COMMUNICATIONS, Boston, MA, pg. 1576

Evans, Sandra, Founder, Creative Dir & Project Mgr -- SANDRA EVANS & ASSOCIATES, Sausalito, CA, pg. 1640

Evanson, Aaron, Exec Creative Dir -- VML, Kalamazoo, MI, pg. 1300

Eveleigh, Meagan, Art Dir -- Publicis Toronto, Toronto, Canada, pg. 904

Eveleth, Brent, Sr VP-Design & Creative Dir -- DIGITAS, Boston, MA, pg. 1250

Even, Katie, Acct Supvr -- CIVILIAN, Chicago, IL, pg. 210

Everard, Michael, VP & Grp Creative Dir -- INNOCEAN USA, Huntington Beach, CA, pg. 534

Everett, Dale, Creative Dir -- TROIKA DESIGN GROUP, Los Angeles, CA, pg. 1119

Everett, Lisa, Acct Dir -- THE MX GROUP, Burr Ridge, IL, pg. 781

Everett, Matthew, Specialist-PR -- Orange Orchard, Maryville, TN, pg. 1632

Everett, R. Kyle, Assoc Creative Dir -- ROUNDHOUSE, Portland, OR, pg. 969

Everly, Mark, Acct Dir -- AGENCY 720, Detroit, MI, pg. 37

Everson, Dave, Grp Creative Dir -- PINNACLE ADVERTISING, Schaumburg, IL, pg. 872

Everson, Patrick, Assoc Creative Dir -- SUBJECT MATTER, Washington, DC, pg. 1654

Evin, Onur, Art Dir -- 4129Grey, Istanbul, Turkey, pg. 442

Ewan, Rebecca, VP & Acct Dir -- LEO BURNETT WORLDWIDE, INC., Chicago, IL, pg. 621

Ewing, Caitlin, Exec Creative Dir & Writer -- GREY GROUP, New York, NY, pg. 438

Ewing, Caitlin, Exec Creative Dir -- GREY NEW YORK, New York, NY, pg. 438

Ewing, Stephanie, Media Dir -- BEDFORD ADVERTISING INC., Carrollton, TX, pg. 120

Exec, Account, Acct Exec -- THE EHRHARDT GROUP, New Orleans, LA, pg. 1498

Eyler, Justin, Principal & Creative Dir -- EYLER CREATIVE, Baltimore, MD, pg. 1256

Eyre, Rodger, Creative Dir -- ZULU ALPHA KILO, Toronto, Canada, pg. 1216

Eyre, Sasha, Acct Dir -- Clarion Communications, London, United Kingdom, pg. 1185

Ezeiza, Giselle, Acct Dir -- Grey Argentina, Buenos Aires, Argentina, pg. 443

Ezell, Madeleine, Media Planner-Digital-Verizon Hum & Wireless -- ZENITH USA, New York, NY, pg. 1391

Ezugwu, Uche, Creative Dir -- BARTLE BOGLE HEGARTY LIMITED, London, United Kingdom, pg. 92

F

Fabbri, David, VP-Creative & Integrated Strategy -- LOSASSO INTEGRATED MARKETING, Chicago, IL, pg. 652

Fabbro, Gabriella, Acct Dir -- DAVID The Agency, Miami, FL, pg. 261

Fabricant, Alexis, Acct Supvr -- LIPPE TAYLOR, New York, NY, pg. 1568

Fabricius, Thomas, Creative Dir -- DDB Denmark, Copenhagen, Denmark, pg. 272

Faccenda, Jenna, Acct Coord -- FLACKABLE LLC, Philadelphia, PA, pg. 1506

Fackrell, Andy, Exec Creative Dir -- R/GA, New York, NY, pg. 925

Fackrell, Andy, Exec Creative Dir -- R/GA Los Angeles, North Hollywood, CA, pg. 926

Faden, Sean, VP & Creative Dir -- BAILEY LAUERMAN, Omaha, NE, pg. 84

Fagan, Cynthia, Acct Exec -- Q STRATEGIES, Chattanooga, TN, pg. 920

Fagan, Seamus, Art Dir -- Clemenger BBDO Melbourne, Melbourne, Australia, pg. 111

Fagedes, James, Art Dir -- BRANDHIVE, Salt Lake City, UT, pg. 156

Fager, Maria, Acct Dir -- ANR BBDO, Stockholm, Sweden, pg. 109

Fagerstrom, Jerker, Exec Creative Dir -- Mccann, Sydney, Australia, pg. 700

Fagin, Rachel, Acct Dir -- GOODBY, SILVERSTEIN & PARTNERS, San Francisco, CA, pg. 428

Fagnano, Steve, Media Dir -- GWA/GREGORY WELTEROTH ADVERTISING, Montoursville, PA, pg. 456

Fahey, Niamh, Art Dir -- BBDO Dublin, Dublin, Ireland, pg. 105

Fahrner, Matt, Partner-Creative Ops -- INTROWORKS, INC., Minnetonka, MN, pg. 545

Fair, Chloe, Acct Dir -- BBH Singapore, Singapore, Singapore, pg. 94

Fairbanks, Mark, Grp Creative Dir -- R/GA London, London, United Kingdom, pg. 926

Fairbrother, Ian, Creative Dir -- ARTS & LETTERS CREATIVE CO, Richmond, VA, pg. 73

Faircloth, Candace, Art Dir -- HOW FUNWORKS LLC, Oakland, CA, pg. 510

Fairfield, Clark, Art Dir -- YES& HOLDINGS, LLC, Alexandria, VA, pg. 1196

Fairley, Rose, Producer-Creative -- Wieden + Kennedy, London, United Kingdom, pg. 1165

Faison, Michelle, Acct Supvr -- THE STONE AGENCY, Raleigh, NC, pg. 1050

Faith, Sarah, Acct Dir -- CONE COMMUNICATIONS, Boston, MA, pg. 1473

Fajardo, Alvaro, Art Dir -- AUDIENCEX, Marina Di Rey, CA, pg. 77

Fakhry, Elie, Art Dir -- Fortune Promoseven-Lebanon, Beirut, Lebanon, pg. 706

Falco, Rafael, Art Dir -- J. Walter Thompson, Sao Paulo, Brazil, pg. 563

Falcone, Kat, Media Dir -- THE SUMMIT GROUP, Salt Lake City, UT, pg. 1060

Faledam, Celine, Art Dir -- MISTRESS, Santa Monica, CA, pg. 747

Falen, Steve, VP & Creative Dir -- PARTNERS CREATIVE, Missoula, MT, pg. 855

Falk, Pollyanna, Acct Supvr -- SPARK STRATEGIC IDEAS, Charlotte, NC, pg. 1031

Falk, Rebecca, Acct Dir -- Stein IAS, San Francisco, CA, pg. 1046

Falk, Russell, Assoc Creative Dir -- FVM STRATEGIC COMMUNICATIONS, Plymouth Meeting, PA, pg. 406

Falke, Erik, Creative Dir -- TBWA Neboko, Amsterdam, Netherlands, pg. 1084

Fallara, Stephanie, Acct Exec -- POINT B COMMUNICATIONS, Chicago, IL, pg. 880

Fallon, Doug, Exec Creative Dir -- BBDO WORLDWIDE INC., New York, NY, pg. 97

Fallon, Jennifer, Acct Dir -- Wavemaker, Dublin, Ireland, pg. 1382

Fallon, Matt, Acct Dir -- MMB, Boston, MA, pg. 750

Fallon, Thomas, Creative Dir & Mgr -- PWC DIGITAL SERVICES, New York, NY, pg. 1283

Fallone, Michael, Principal & Creative Dir -- ID29, Troy, NY, pg. 519

Falter, Cory, Chief Creative Officer -- LURE AGENCY, Lakeside, CA, pg. 657

Faltl, Jamie, Acct Supvr -- JOHN ST., Toronto, Canada, pg. 579

Faltman, Magnus, Head-Office & Creative Dir -- FCB Faltman & Malmen, Stockholm, Sweden, pg. 368

AGENCIES — PERSONNEL INDEX

Falusi, Corinna, Partner & Chief Creative Officer -- Mother New York, New York, NY, pg. 763

Falvay, Laszlo, Creative Dir -- Y&R Budapest, Budapest, Hungary, pg. 1205

Fancett, Matt, Acct Supvr -- CAMPBELL MARKETING & COMMUNICATIONS, Dearborn, MI, pg. 186

Fandino, Yago, Creative Dir -- J. Walter Thompson, Buenos Aires, Argentina, pg. 563

Fanelli, Shannon Frampton, Acct Supvr -- FCB/RED, Chicago, IL, pg. 365

Fang, Kai, Exec VP & Exec Creative Dir -- Ogilvy, Washington, DC, pg. 1599

Fanica, Sanziana, Acct Dir-Chevrolet Global Content Studio -- Commonwealth, Detroit, MI, pg. 698

Fanning, Theo, Co-Founder, Partner & Exec Creative Dir -- TRACTION CORPORATION, San Francisco, CA, pg. 1112

Fannon, Fredrick, Creative Dir -- McCann Worldgroup Portugal, Lisbon, Portugal, pg. 708

Fanti, Federico, Exec Creative Dir -- BBDO Guerrero, Makati, Philippines, pg. 114

Fantich, Eric, Dir-Creative -- FANTICH MEDIA GROUP, McAllen, TX, pg. 361

Farabaugh, Michelle, Acct Exec -- BONEAU/BRYAN-BROWN, New York, NY, pg. 1454

Farago, Stew, Assoc Creative Dir & Copywriter -- JAN KELLEY MARKETING, Burlington, Canada, pg. 571

Faraut, Billy, Exec Creative Dir -- J. WALTER THOMPSON, New York, NY, pg. 553

Farber, Julia, Acct Dir -- TRANSLATION LLC, New York, NY, pg. 1113

Farber, Micky, Sr VP-Acct Svcs & Direct Mktg -- FARM, Depew, NY, pg. 362

Fardzinov, Zaur, Creative Dir -- DDB Russia, Moscow, Russia, pg. 279

Farella, Chris, Assoc Dir-Creative & Sr Writer-Creative -- HAWK MARKETING SERVICES, Moncton, Canada, pg. 489

Fares, Firas, Acct Dir -- FP7 Jeddah, Jeddah, Saudi Arabia, pg. 708

Farhang, Omid, Chief Creative Officer -- Momentum, Atlanta, GA, pg. 755

Farhang, Omid, Chief Creative Officer -- MOMENTUM WORLDWIDE, New York, NY, pg. 754

Farhat, Tiffany, Acct Dir -- SIGMA GROUP, Upper Saddle River, NJ, pg. 1011

Faria, Luiz Cesar, Jr., Art Dir -- MullenLowe Brasil, Sao Paulo, Brazil, pg. 542

Farias, Alison, Acct Supvr-Entertainment Content & Interactive Gaming -- B/H IMPACT, Los Angeles, CA, pg. 1436

Farias, Amy, Acct Supvr -- GREENLIGHT MEDIA & MARKETING, LLC, Hollywood, CA, pg. 435

Farias, Reini, Creative Dir -- McCann Erickson Corp. S.A., Bogota, Colombia, pg. 702

Farinella, David, Principal & Strategist-Creative -- FARINELLA, Emeryville, CA, pg. 362

Farinha, Mark, Creative Dir-Content -- Y&R London, London, United Kingdom, pg. 1204

Farkas, Maribeth, Acct Supvr -- CAPONIGRO PUBLIC RELATIONS, INC., Southfield, MI, pg. 1462

Farley, Brian, Acct Supvr -- COYNE PUBLIC RELATIONS, Parsippany, NJ, pg. 1476

Farley, David, Acct Exec -- CAVALRY AGENCY, Chicago, IL, pg. 197

Farley, Jon, Art Dir & Copywriter -- Adam & EveDDB, London, United Kingdom, pg. 281

Faris, Jarrett, Creative Dir -- HIGH WIDE & HANDSOME, Culver City, CA, pg. 499

Farmer, Brandt, Assoc Creative Dir -- FORCE MARKETING LLC, Atlanta, GA, pg. 392

Farmer, Jenna, Acct Supvr -- Edelman, Atlanta, GA, pg. 1492

Farmer, Justin, Grp Creative Dir -- MMGY GLOBAL, Kansas City, MO, pg. 750

Farmer, Ryan, Sr VP & Creative Dir -- MAD GENIUS, Ridgeland, MS, pg. 668

Farquhar, Alyssa, Sr VP & Creative Dir -- Centron, New York, NY, pg. 492

Farquhar, Kelly Welch, Grp Creative Dir -- PROPAC, Plano, TX, pg. 893

Farquhar, Megan, VP & Creative Dir -- Energy BBDO, Chicago, IL, pg. 100

Farquharson, James, Acct Supvr -- ZULU ALPHA KILO, Toronto, Canada, pg. 1216

Farr, Mike, Exec Creative Dir -- Wieden + Kennedy Japan, Tokyo, Japan, pg. 1166

Farrell, Kyle, Media Buyer -- DIRECTAVENUE, Carlsbad, CA, pg. 1319

Farrell, Zachary, Media Dir -- CMI MEDIA, LLC, King of Prussia, PA, pg. 215

Farrelly, Cameron, Chief Creative Officer -- VIRTUE WORLDWIDE, Brooklyn, NY, pg. 1139

Farrington, Fleur, Mgr-Creative Svcs -- M&C Saatchi, Sydney, Australia, pg. 661

Farrington, Oliver, Creative Dir -- Leo Burnett, Ltd., London, United Kingdom, pg. 624

Farrington, Oliver, Creative Dir -- Leo Burnett London, London, United Kingdom, pg. 627

Farthing, Doug, Partner & Chief Creative Officer -- INSIGHT CREATIVE GROUP, Oklahoma City, OK, pg. 535

Fasoli, Carlo Maria, Exec Creative Dir -- SapientRazorfish Milan, Milan, Italy, pg. 1288

Fassett, Wayne, VP, Creative Dir & Writer -- GSW WORLDWIDE, Westerville, OH, pg. 454

Fast, Jessica, Acct Dir -- ABEL COMMUNICATIONS, INC., Baltimore, MD, pg. 1425

Fate, Bill, Sr Creative Dir -- SAGON-PHIOR, West Los Angeles, CA, pg. 1638

Fateen, Naila, Art Dir -- Saatchi & Saatchi, Cairo, Egypt, pg. 977

Fathy, Mohamed, Creative Dir -- Impact BBDO, Cairo, Egypt, pg. 104

Fattore, Luigi, Creative Dir -- Havas Worldwide Milan, Milan, Italy, pg. 481

Fauche-Simon, Charline, Art Dir -- Ogilvy, Toronto, Canada, pg. 812

Faulkenberry, Kevyn, Sr VP & Creative Dir -- Dalton Agency Atlanta, Atlanta, GA, pg. 258

Faulkner, Ivette Marques, Sr VP-PR -- THE ZIMMERMAN AGENCY LLC, Tallahassee, FL, pg. 1213

Faulkner, James, Principal & Creative Dir -- SODAPOP MEDIA LLC, Lewisville, TX, pg. 1027

Faulkner, Joyce, Sr VP & Acct Dir-New Bus -- FITZGERALD MEDIA, Atlanta, GA, pg. 1321

Faurote, Tim, Art Dir -- BOYDEN & YOUNGBLUTT ADVERTISING & MARKETING, Fort Wayne, IN, pg. 150

Faussurier, Pierre-Marie, Exec Creative Dir -- Gyro Paris, Paris, France, pg. 458

Faust, Ria, Acct Dir -- SOCIOFABRICA, San Francisco, CA, pg. 1291

Faust, Russell, VP-Creative Svcs -- THE ST. GREGORY GROUP, INC., Cincinnati, OH, pg. 1040

Fay, Kevin, Media Buyer -- Havas Edge, Carlsbad, CA, pg. 476

Fayad, Mazen, Exec Creative Dir -- J. Walter Thompson, Daiya, Kuwait, pg. 563

Fayed, Salim, Acct Dir -- Fortune Promoseven-Lebanon, Beirut, Lebanon, pg. 706

Fayngor, Stephanie, Media Planner -- HUGE LLC, Brooklyn, NY, pg. 512

Fazzari, Ammiel, Exec Creative Dir -- Leo Burnett Buenos Aires, Buenos Aires, Argentina, pg. 623

Fdez, Dani Garcia, Sr Creative Dir & Art Dir -- SCPF, Barcelona, Spain, pg. 1182

Feath, Deb, Creative Dir -- MCCANN TORRE LAZUR, Parsippany, NJ, pg. 714

Featherstone, Angie, Grp Creative Dir -- McCann Worldgroup (Singapore) Pte Ltd, Singapore, Singapore, pg. 709

Featherstone, Guy, Dir-Creative Design -- Wieden + Kennedy, London, United Kingdom, pg. 1165

Feazell, Haley, Media Dir -- MINDGRUVE, INC., San Diego, CA, pg. 745

Fecci, Jomarie, Creative Dir -- HAVAS PR, New York, NY, pg. 1528

Feczko, Katie, Acct Dir -- Y&R California, San Francisco, CA, pg. 1198

Feder, Laura, Acct Supvr -- FCB West, San Francisco, CA, pg. 365

Federico, David, Chief Creative Officer -- NO FIXED ADDRESS, INC., Toronto, Canada, pg. 795

Federico, Megan, Acct Exec -- CHAPPELLROBERTS, Tampa, FL, pg. 202

Federico, Paul, Creative Dir -- PRINCETON PARTNERS, INC., Princeton, NJ, pg. 890

Fedorenko, Tatiana, Creative Dir -- Leo Burnett Kiev, Kiev, Ukraine, pg. 627

Fedorov, Alexey, Creative Dir -- BBDO Moscow, Moscow, Russia, pg. 107

Fedorowicz, Kayla, Acct Exec -- PAN COMMUNICATIONS, Boston, MA, pg. 1605

Fedyna, Ric, Exec VP-Creative -- WS, Calgary, Canada, pg. 1176

Fedyszyn, Lisa, Co-Exec Creative Dir -- Ogilvy New Zealand, Auckland, New Zealand, pg. 826

Fee, Angela, Acct Supvr -- Anomaly, Toronto, Canada, pg. 59

Fee, Angela, Acct Supvr -- Anomaly, Toronto, Canada, pg. 722

Feehery, Patrick, Creative Dir -- AMELIE COMPANY, Denver, CO, pg. 51

Feeny, Laureen, Creative Dir -- INSTRUMENT, Portland, OR, pg. 536

Fegarsky, Michelle, Media Dir -- HARMELIN MEDIA, Bala Cynwyd, PA, pg. 1324

Fehr, Josh, Exec Creative Dir -- Camp Pacific, Vancouver, Canada, pg. 1248

Fehrenbach, Greg, Principal & Creative Dir -- MATTER CREATIVE GROUP, Cincinnati, OH, pg. 694

Fei, Wei, Chief Creative Officer-China -- FCB Shanghai, Shanghai, China, pg. 372

Fei, Zhao, Partner-Creative -- Publicis (Beijing), Beijing, China, pg. 908

Fei, Zhao, Partner-Creative -- Saatchi & Saatchi, Beijing, China, pg. 983

Feige, Tobias, Exec Creative Dir -- BBDO Dusseldorf, Dusseldorf, Germany, pg. 105

Feiler, Victoria, Art Dir -- FLOURISH INC., Cleveland, OH, pg. 389

Feinberg, Alex, Acct Dir-Digital -- JELLYFISH, Baltimore, MD, pg. 574

Feinberg, Bob, Dir-Creative & Direct Mktg -- STEPHAN PARTNERS, INC., Hastings Hdsn, NY, pg. 1046

Feinberg, Stephen, Chief Creative Officer -- THE SEIDEN GROUP, New York, NY, pg. 1001

Feiner, Melissa, Acct Exec -- DAMN GOOD, Delray Beach, FL, pg. 259

Feingold, Martha, Sr VP & Media Dir -- Edelman, San Francisco, CA, pg. 1492

Feitlin, Todd, Creative Dir & Copywriter -- Mekanism, New York, NY, pg. 730

Felder, Bhara, Acct Dir -- Leo Burnett Indonesia, Jakarta, Indonesia, pg. 630

Feldhouse, John, Art Dir-Corp Mktg -- MIDWEST COMMUNICATIONS & MEDIA, Powell, OH, pg. 1351

Feldman, Debbie, Acct Supvr -- OgilvyOne Worldwide, Chicago, IL, pg. 812

Feldman, Erin, Art Dir -- HERMAN ADVERTISING, Fort Lauderdale, FL, pg. 497

Feldman, Jeremy, Creative Dir & Copywriter -- Atmosphere Proximity, New York, NY, pg. 98

Feldman, Nina, Media Buyer-TV, Radio & Digital -- TCAA, Dedham, MA, pg. 1093

Feldman, Nina, Media Buyer-TV, Radio & Digital -- TCAA, Cincinnati, OH, pg. 1093

Feldman, Shlomit, Acct Dir -- DATAXU, INC., Boston, MA, pg. 1317

Feldmann, Paul, Art Dir -- O'KEEFE REINHARD & PAUL, Chicago, IL, pg. 834

Feleo, Irene, Art Dir -- SPONTANEOUS, New York, NY, pg. 1035

Felice, Christa, VP & Acct Dir -- PUBLICIS NEW YORK, New York, NY, pg. 912

Felice, Christa, VP & Acct Dir -- PUBLICIS USA, New York, NY, pg. 912

Felix, Andre, Exec Creative Dir -- J. Walter Thompson, Lisbon, Portugal, pg. 561

Felix, Mike, Creative Dir -- DDB New Zealand Ltd., Auckland, New Zealand, pg. 278

Fell, Martin, Dir-Creative Svcs -- Publicis Life Brands, London, United Kingdom, pg. 911

Felt, Emilie, Media Buyer -- REALWORLD MARKETING, Scottsdale, AZ, pg. 937

Felter, Cathy, Acct Dir -- SPM MARKETING & COMMUNICATIONS, La Grange, IL, pg. 1035

Feltes, Olena, Acct Exec -- COMCAST SPOTLIGHT, Fort Wayne, IN, pg. 221

Felty, Rick, Principal & Sr Creative Dir -- IVY CREATIVE, Natick, MA, pg. 551

Fencl, Alex, Acct Supvr -- Ketchum, Atlanta, GA, pg. 1556

Feng, Bettina, Head-Brdcst -- DDB, Singapore, Singapore, pg. 279

Fennell, Jim, Dir-PR & Content Svcs -- EISENBERG, VITAL & RYZE ADVERTISING, Manchester, NH, pg. 334

Fenwick, Jon, Creative Dir -- WEB SOLUTIONS INC., Meriden, CT, pg. 1155

Fera, Lei Lani, Chief Creative Officer -- KANATSIZ COMMUNICATIONS INC, San Clemente, CA, pg. 1551

Ferber, Shahar, Acct Exec -- YOUNG & RUBICAM, New York, NY, pg. 1197

Fergione, Stephanie, Acct Dir -- INKHOUSE MEDIA + MARKETING, Waltham, MA, pg. 1542

Ferguson, Becky, VP & Dir-Brdcst Production -- KARSH & HAGAN COMMUNICATIONS, INC., Denver, CO, pg. 588

Ferguson, Bill, Assoc Dir-Creative -- EPSILON, Chicago, IL, pg.

1732

PERSONNEL INDEX — AGENCIES

344

Ferguson, Chris, Acct Dir -- BBDO Dublin, Dublin, Ireland, pg. 105

Ferguson, Christopher, Exec VP & Exec Creative Dir -- Cassidy & Associates/Weber Shandwick Government Relations, Washington, DC, pg. 1674

Ferguson, Christopher, Exec Creative Dir-Washington -- Powell Tate-Weber Shandwick, Washington, DC, pg. 1674

Ferguson, Craig, Creative Dir -- DDB Canada, Toronto, Canada, pg. 267

Ferguson, David, VP & Creative Dir-Scientific Visual Strategy -- HYPHEN DIGITAL, New York, NY, pg. 516

Ferguson, Drew, Sr VP-Creative & Strategy -- Ketchum, Chicago, IL, pg. 1556

Ferguson, Lindsey, Dir-Bus Dev & Acct Exec -- CAWOOD, Eugene, OR, pg. 1464

Ferguson, Roger, Acct Exec -- TDA_BOULDER, Boulder, CO, pg. 1094

Ferguson, Sarah, Acct Dir -- CROSSROADS, Kansas City, MO, pg. 250

Ferguson, William, Partner & Creative Dir -- TWG COMMUNICATIONS, North Bay, Canada, pg. 1123

Ferino, Kyle, Assoc Creative Dir -- 160VER90, Philadelphia, PA, pg. 2

Fern, Jeremy, Acct Exec & Specialist-Higher Ed -- SEVENTH POINT, Virginia Beach, VA, pg. 1004

Fernandes, Alexandre, Creative Dir -- Publicis Brasil Communicao, Sao Paulo, Brazil, pg. 906

Fernandes, Amy, Art Dir -- Ogilvy, Toronto, Canada, pg. 812

Fernandes, Fabio, CEO & Dir-Creative -- F/Nazca Saatchi & Saatchi, Rio de Janeiro, Brazil, pg. 982

Fernandes, Fabio, CEO, Chief Creative Officer & Exec Creative Dir -- F/Nazca Saatchi & Saatchi, Sao Paulo, Brazil, pg. 981

Fernandes, Juliana, Acct Dir -- Ogilvy, Sao Paulo, Brazil, pg. 819

Fernandes, Sandeep, Creative Dir -- TBWA Raad, Dubai, United Arab Emirates, pg. 1088

Fernandes, Vinicius, Assoc Creative Dir -- ARNOLD WORLDWIDE, Boston, MA, pg. 69

Fernandez, Adrian, Art Dir -- MARKETLOGIC, Doral, FL, pg. 1411

Fernandez, Angela, Sr VP & Dir-Creative & Strategic Plng -- Ketchum, San Francisco, CA, pg. 1555

Fernandez, Antonio, Art Dir -- Scanad, Nairobi, Kenya, pg. 1182

Fernandez, Bailey, Acct Supvr -- KERN, Woodland Hills, CA, pg. 593

Fernandez, Chris, VP & Creative Dir -- Allen & Gerritsen, Philadelphia, PA, pg. 46

Fernandez, Cora Perez, Dir-Creative & Art -- THE COMMUNITY, Miami, FL, pg. 223

Fernandez, Daniel Correal, Sr Dir-Art Creative -- Tiempo BBDO, Barcelona, Spain, pg. 108

Fernandez, David, Creative Dir -- McCann Erickson S.A., Madrid, Spain, pg. 709

Fernandez, Diego, Acct Dir -- Prolam Y&R S.A., Santiago, Chile, pg. 1206

Fernandez, Eddy, Creative Dir -- Punto Ogilvy, Montevideo, Uruguay, pg. 821

Fernandez, Henry, Acct Supvr -- M/H VCCP, San Francisco, CA, pg. 664

Fernandez, Javier, Art Dir -- DDB Barcelona S.A., Barcelona, Spain, pg. 280

Fernandez, Lourdes, Dir-Acct & Creative Svcs -- PIL CREATIVE GROUP, INC, Coral Gables, FL, pg. 871

Fernandez, Mateo, Art Dir -- McCann Erickson Paris, Clichy, France, pg. 703

Fernandez, Raquel Martinez, Exec Creative Dir -- McCann Erickson S.A., Madrid, Spain, pg. 709

Fernandez, Rudy, Founder & Dir-Creative -- THE CREATIVE OUTHOUSE, Atlanta, GA, pg. 245

Fernandez, Vanessa, Assoc Creative Dir -- Y&R Puerto Rico, Inc., San Juan, PR, pg. 1207

Fernandez-Famularcano, Bia, Creative Dir -- Publicis JimenezBasic, Makati, Philippines, pg. 910

Fernandez-Famularcano, Bia, Creative Dir -- Publicis Manila, Makati, Philippines, pg. 910

Fernando, Eric, Art Dir -- Leo Burnett Tailor Made, Sao Paulo, Brazil, pg. 623

Fernstrum, Maureen, Acct Supvr-PR & Social -- Cramer-Krasselt, Milwaukee, WI, pg. 237

Fero, Scott, Exec Creative Dir -- DNA SEATTLE, Seattle, WA, pg. 311

Ferrada, Gonzalo, Grp Creative Dir -- Prolam Y&R S.A., Santiago, Chile, pg. 1206

Ferralis, Tomas Cabrera, Creative Dir -- Dittborn & Unzueta MRM, Santiago, Chile, pg. 768

Ferrante, Ariel, Acct Supvr -- SCHNEIDER ASSOCIATES, Boston, MA, pg. 1641

Ferranti, Lisa, Media Dir -- FLOURISH INC., Cleveland, OH, pg. 389

Ferrar, Damian, Sr VP & Exec Creative Dir -- Jack Morton Worldwide, London, United Kingdom, pg. 568

Ferrara, Christina, Art Dir -- SITUATION INTERACTIVE, New York, NY, pg. 1017

Ferrara, Daniel, Acct Dir -- Millward Brown Spain, Madrid, Spain, pg. 743

Ferrara, Karen, Mgr-Print Production & Traffic -- TOUCHPOINTS MARKETING, LLC, Gretna, LA, pg. 1111

Ferraresi, Laura, Media Planner -- Kinetic, Milan, Italy, pg. 1337

Ferrari, Danillo, Sr Dir-Creative Art -- Wunderman, Sao Paulo, Brazil, pg. 1190

Ferrari, Leonardo, Acct Supvr -- Wunderman, Buenos Aires, Argentina, pg. 1189

Ferrari, Lucy, Acct Exec -- MALLOF, ABRUZINO & NASH MARKETING, Carol Stream, IL, pg. 673

Ferrari, Pablo, Grp Creative Dir -- BBDO Mexico, Mexico, Mexico, pg. 103

Ferrarini, Manuel, VP & Creative Dir -- TAM-TAM/TBWA, Montreal, Canada, pg. 1079

Ferraro, Anthony, Media Dir -- Performics, Chicago, IL, pg. 1365

Ferraro, James, Assoc Creative Dir -- BEEBY CLARK + MEYLER, Stamford, CT, pg. 120

Ferraz, Jose, Art Dir -- W+K Sao Paulo, Sao Paulo, Brazil, pg. 1164

Ferraz, Marina, Art Dir -- DAVID The Agency, Miami, FL, pg. 261

Ferreira, Andrea, Art Dir -- Y&R Johannesburg, Bryanston, South Africa, pg. 1208

Ferreira, Felipe, Creative Dir -- CORNERSTONE AGENCY, INC., New York, NY, pg. 1476

Ferreira, John, Sr VP & Gen Mgr-Brand Strategy, Mktg Strategy & Creative -- FINCH BRANDS, Philadelphia, PA, pg. 380

Ferreira, Pedro, Creative Dir -- Y&R Portugal, Lisbon, Portugal, pg. 1203

Ferreira, Rute, Acct Supvr-Digital -- Wavemaker, Lisbon, Portugal, pg. 1383

Ferreira, Sacha, Acct Supvr -- THE COMMUNITY, Miami, FL, pg. 223

Ferreira, Thiago, Art Dir -- DAVID, Sao Paulo, Brazil, pg. 261

Ferreira, Trisha, Acct Dir-Digital -- DAILEY & ASSOCIATES, West Hollywood, CA, pg. 258

Ferrence, Craig, Sr VP & Creative Dir -- GATESMAN, Pittsburgh, PA, pg. 412

Ferrer, Dave, Chief Creative Officer -- J. Walter Thompson, Makati, Philippines, pg. 558

Ferrer, Lily, Acct Dir-P&B -- GROUPM NORTH AMERICA & CORPORATE HQ, New York, NY, pg. 1322

Ferrer, Stephanie, Sr Acct Exec-PR -- THE KNIGHT AGENCY, Scottsdale, AZ, pg. 599

Ferretto, Aldo, Creative Dir -- Publicis Australia, Brisbane, Australia, pg. 907

Ferrier, Kendra, Media Buyer-Natl -- NOVUS MEDIA INC, Plymouth, MN, pg. 1354

Ferris, Alyssa, Media Planner & Media Buyer -- RED COMMA MEDIA, INC., Madison, WI, pg. 1367

Ferris, Jennifer, Acct Mgr-PR -- GELIA-MEDIA, INC., Williamsville, NY, pg. 414

Ferry, Miguel, Mng Partner & Exec Creative Dir -- TPG Direct, Philadelphia, PA, pg. 307

Fershtadt, Elisa, Specialist-PR & Media Comm -- MARDIKS PUBLIC RELATIONS, Brooklyn, NY, pg. 1575

Ferzoco, Amy, Dir-Creative Svcs -- CATMEDIA, Tucker, GA, pg. 196

Fesser, Jorge, Acct Dir-Global -- Wieden + Kennedy Amsterdam, Amsterdam, Netherlands, pg. 1164

Festoso, Christina, Acct Dir -- GREY CANADA, Toronto, Canada, pg. 437

Fesyuk, Marco, Art Dir -- PARTNERS+NAPIER, Rochester, NY, pg. 855

Fetchko, Andrea, Acct Supvr -- JPA HEALTH COMMUNICATIONS, Washington, DC, pg. 583

Fetcu, Mihai, Creative Dir -- Geometry Global, Bucharest, Romania, pg. 441

Feurer, Greyson, Acct Exec -- LARGEMOUTH COMMUNICATIONS, INC., Durham, NC, pg. 1563

Feyerer, Julie, Creative Dir -- FAME, Minneapolis, MN, pg. 361

Feytons, Geert, Art Dir -- TBWA Brussels, Brussels, Belgium, pg. 1080

Feytons, Geert, Art Dir -- TBWA Group, Brussels, Belgium, pg. 1080

Fibkins, Heather, Acct Exec -- MCCANN ECHO NORTH AMERICA, Mountain Lakes, NJ, pg. 713

Ficca, Rebecca, Acct Dir -- QUATTRO DIRECT LLC, Berwyn, PA, pg. 921

Fiddes, Mark, Exec Creative Dir -- Havas Worldwide Middle East, Dubai, United Arab Emirates, pg. 488

Fidelino, R. John, Exec Creative Dir -- InterbrandHealth, New York, NY, pg. 538

Fidelo, Mark, Head-Creative -- Scanad, Nairobi, Kenya, pg. 1182

Fidencio-Ramos, Ana, Media Planner & Buyer -- INTERLEX COMMUNICATIONS INC., San Antonio, TX, pg. 538

Fidler, Matt, Chief Creative Officer -- Charles Ryan Associates, Richmond, VA, pg. 203

Fidoten, Doug, Exec VP & Acct Dir-Canon -- 360I, New York, NY, pg. 6

Fiebke, John, Creative Dir -- Commonwealth, Detroit, MI, pg. 698

Fiedler, Matt, Assoc Dir-Creative -- BBDO New York, New York, NY, pg. 99

Field, Blake, Acct Exec -- Leo Burnett London, London, United Kingdom, pg. 627

Field, Debbie, Media Dir -- GILLESPIE GROUP, Wallingford, PA, pg. 420

Field, Dennis, Creative Dir -- Langland, Windsor, United Kingdom, pg. 911

Field, Joanna, Acct Dir -- GENUINE INTERACTIVE, Boston, MA, pg. 414

Fielding, Emma, Mng Partner-Creative -- Ogilvy, Dublin, Ireland, pg. 815

Fielding, Savannah, Media Planner & Buyer-Digital -- CORNETT INTEGRATED MARKETING SOLUTIONS, Lexington, KY, pg. 232

Fields, Cathy, Acct Supvr -- SIMPLE TRUTH COMMUNICATION PARTNERS, Chicago, IL, pg. 1015

Fields, Diane Y., Dir-Creative Svcs -- YOUNG & RUBICAM, New York, NY, pg. 1197

Fier, Amanda, Acct Mgr-Social Media & PR -- Hiebing-Austin, Austin, TX, pg. 499

Fiester, Janna, Exec Creative Dir -- SANDSTORM DESIGN, Chicago, IL, pg. 1286

Fife, Blake, Creative Dir -- BLASTMEDIA, Fishers, IN, pg. 1451

Figallo, Luis, Creative Dir-Digital -- IMAGINUITY INTERACTIVE, INC., Dallas, TX, pg. 1264

Figueiredo, Luis Felipe, Creative Dir-Publicis Salles Chemistri -- Publicis Brasil Communicao, Sao Paulo, Brazil, pg. 906

Figueroa, David, Assoc Creative Dir -- BBDO Mexico, Mexico, Mexico, pg. 103

Figueroa, Laura, Creative Dir -- ARTEAGA & ARTEAGA, San Juan, PR, pg. 71

Figueroa, Paula, Art Dir -- ATTENTION GLOBAL, New York, NY, pg. 76

Figueroa, Victor Hugo, Gen Creative Dir -- Grey Mexico, S.A. de C.V., Mexico, Mexico, pg. 444

Figurel, Amy, Acct Dir -- 2E CREATIVE, Saint Louis, MO, pg. 4

Fijan, Kim, Mgr-Print Production -- J. WALTER THOMPSON CANADA, Toronto, Canada, pg. 565

Filbry, James, Art Dir -- SPRING ADVERTISING, Vancouver, Canada, pg. 1036

Filgate, Jeremy, Sr VP & Exec Creative Dir -- PUBLICIS USA, New York, NY, pg. 912

Fili, Vicky, Acct Dir-Asset Ogilvy -- Bold Ogilvy Greece, Athens, Greece, pg. 815

Filippo, Gaston, Art Dir -- TBWA Health A.G., Zurich, Switzerland, pg. 1085

Fillingim, Erin, Art Dir -- FITZGERALD & CO, Atlanta, GA, pg. 386

Filliter, Kevin, Assoc Creative Dir -- Cossette Communication-Marketing, Toronto, Canada, pg. 234

Filomena, Anthony, Sr Assoc-Consumer PR -- HILL+KNOWLTON STRATEGIES, New York, NY, pg. 1530

Fimmers, Audra, Art Dir -- ADFARM, Calgary, Canada, pg. 29

Finamore, Ceasar, Assoc Dir-Creative -- BBDO New York, New York, NY, pg. 99

Finamore, Rachel, Acct Coord -- FAULHABER COMMUNICATIONS, New York, NY, pg. 1503

Finch, Jenni, Acct Dir -- Havas Worldwide New York, New York, NY, pg. 476

Finch, Jolyon, Creative Dir -- Publicis UK, London, United Kingdom, pg. 902

Finch, Kristy, Media Dir -- O'MALLEY HANSEN COMMUNICATIONS, Chicago, IL, pg. 1413

Finch, Stephanie, Acct Coord -- CHECKMARK COMMUNICATIONS, Saint Louis, MO, pg. 1220

Finch, Susan, Acct Supvr & Designer -- COMMPRO LLC, Eagle, ID, pg. 222

Fine, Edward, Chief Creative Officer -- YELLOW SUBMARINE MARKETING COMMUNICATIONS INC., Pittsburgh, PA, pg. 1196

AGENCIES — PERSONNEL INDEX

Fine, Morgan, Acct Supvr -- BLISSPR, New York, NY, pg. 136
Fine, Steve, Art Dir -- LOVE AND WAR ASSOCIATES LLC, New York, NY, pg. 653
Finelli, Matt, Creative Dir -- SHOTWELL DIGITAL, Los Angeles, CA, pg. 1009
Finelli, Michelle, Acct Supvr -- BUTLER, SHINE, STERN & PARTNERS, Sausalito, CA, pg. 177
Fineman, Michael, Pres & Dir-Creative -- FINEMAN PR, San Francisco, CA, pg. 1504
Fingerov, Nitzan Cohen, Acct Exec -- BBR Saatchi & Saatchi, Ramat Gan, Israel, pg. 977
Finizio, Matt, Creative Dir -- SLACK AND COMPANY, Chicago, IL, pg. 1020
Fink, Jennifer, VP & Acct Dir -- MASTERMINDS, Egg Harbor Township, NJ, pg. 692
Fink, Rachel, Acct Supvr -- GOLD DOG COMMUNICATIONS, Falls Church, VA, pg. 427
Fink, Samantha, Acct Exec-PR -- OH PARTNERS, Phoenix, AZ, pg. 833
Finke, Michael, VP & Acct Dir -- TOM, DICK & HARRY CREATIVE, Chicago, IL, pg. 1108
Finkei, Eugen, Art Dir -- Y&R Praha, s.r.o., Prague, Czech Republic, pg. 1205
Finkelston, Alli, Acct Exec -- LOVELL COMMUNICATIONS, INC., Nashville, TN, pg. 653
Finlan, Karla, Acct Dir -- LITTLE BIG BRANDS, White Plains, NY, pg. 645
Finley, Anna Marie, Acct Exec -- MORE ADVERTISING, Watertown, MA, pg. 757
Finley, Kathleen, Sr VP & Dir-Print Production -- SIMONS MICHELSON ZIEVE, INC., Troy, MI, pg. 1015
Finley, Molly, Grp Creative Dir -- Cramer-Krasselt, New York, NY, pg. 237
Finn, Dave, Acct Dir -- Taylor, Charlotte, NC, pg. 1656
Finn, Mark, VP & Acct Dir -- ABELSON-TAYLOR, INC., Chicago, IL, pg. 17
Finnegan, Elizabeth, Acct Exec -- BURNS ENTERTAINMENT & SPORTS MARKETING, Evanston, IL, pg. 175
Finnegan, Molly, Acct Dir -- CONE COMMUNICATIONS, Boston, MA, pg. 1473
Finnegan, Patrick, VP & Acct Dir -- SWANSON RUSSELL ASSOCIATES, Lincoln, NE, pg. 1064
Finnerty, Katie Mccarthy, Acct Coord-PR -- FAISS FOLEY WARREN, Las Vegas, NV, pg. 1502
Finnstrom, Karin, Acct Exec -- BRANDSWAY CREATIVE, New York, NY, pg. 159
Fiolitakis, Melina, Art Dir -- FCB Auckland, Auckland, New Zealand, pg. 374
Fiore, Alexandra, Art Dir -- DOERR ASSOCIATES, Winchester, MA, pg. 1487
Fiore, Dave, Chief Creative Officer -- CATAPULT MARKETING, Wilton, CT, pg. 196
Fiorelli, Abbey, Creative Dir -- DIGITAL RELATIVITY, Fayetteville, WV, pg. 301
Fiorentino, Christine, Sr Project Mgr-Creative Dev -- J. WALTER THOMPSON, New York, NY, pg. 553
Fioretti, Greg, Assoc Creative Dir -- Gyro Chicago, Chicago, IL, pg. 458
Fiorino, Carol, Creative Dir -- SAATCHI & SAATCHI WELLNESS, New York, NY, pg. 985
Firestone, Halley, Acct Supvr -- MEDIA WORKS, LTD., Baltimore, MD, pg. 1344
Firth, Matt, Creative Dir -- 72andSunny, Amsterdam, Netherlands, pg. 11
Fischer, Ariel, VP & Creative Dir -- CAMEO PUBLIC RELATIONS, Marlboro, NJ, pg. 1461
Fischer, Brett, VP & Assoc Creative Dir -- FCBCURE, Parsippany, NJ, pg. 376
Fischer, Chuck, VP & Acct Supvr -- GKV COMMUNICATIONS, Baltimore, MD, pg. 421
Fischer, David, Creative Dir -- Spillmann/Felser/Leo Burnett, Zurich, Switzerland, pg. 627
Fischer, Erica, Acct Dir -- W2O GROUP, San Francisco, CA, pg. 1148
Fischer, Franziska, Acct Dir -- DDB Group Germany, Berlin, Germany, pg. 274
Fischer, Jenna, Acct Dir -- B/W/R, Beverly Hills, CA, pg. 1440
Fischer, Kallie, Acct Coord -- TBC INC., Baltimore, MD, pg. 1076
Fischer, Katie, Sr Strategist-Channel, Media Planner-Digital & Buyer -- R&R Partners, El Segundo, CA, pg. 925
Fischer, Lindsay, Creative Dir -- PERISCOPE, Minneapolis, MN, pg. 864
Fischer, Marlon, Creative Dir -- Heimat Werbeagentur GmbH, Berlin, Germany, pg. 1082

Fischer, Matt, VP & Creative Dir -- MOSES INC., Phoenix, AZ, pg. 762
Fischer, Nicole, Acct Supvr -- Padilla, New York, NY, pg. 850
Fischesser, Lindsey, Acct Dir -- JSTOKES AGENCY, Walnut Creek, CA, pg. 584
Fiser, Kamil, Art Dir -- Fleishman-Hillard Czech Republic, Prague, Czech Republic, pg. 1509
Fish, Lindsay, Media Planner & Buyer-Integrated -- OXFORD COMMUNICATIONS, INC., Lambertville, NJ, pg. 847
Fish, Rex, Creative Dir & Writer -- SILTANEN & PARTNERS, El Segundo, CA, pg. 1013
Fish, Roger, Creative Dir -- GREY GROUP, New York, NY, pg. 438
Fishburne, Ardis, Dir-Creative & Acct Exec -- BURFORD COMPANY ADVERTISING, Richmond, VA, pg. 173
Fisher, Brian, VP & Media Dir -- THE WONDERFUL AGENCY, Los Angeles, CA, pg. 1228
Fisher, Caleb, Mgr-Creative Svcs -- ENGAGE, Alexandria, VA, pg. 1500
Fisher, Cinda, Acct Dir -- EAG ADVERTISING & MARKETING, Kansas City, MO, pg. 328
Fisher, Cinda, Acct Dir -- ENTREPRENEUR ADVERTISING GROUP, Kansas City, MO, pg. 342
Fisher, Francie, Acct Supvr -- DVL SEIGENTHALER, Nashville, TN, pg. 1489
Fisher, Hallie, VP-PR -- THE ADCOM GROUP, Cleveland, OH, pg. 28
Fisher, Hannah, Planner-Creative -- The&Partnership London, London, United Kingdom, pg. 56
Fisher, Jamie, Assoc Creative Dir -- THE BALCOM AGENCY, Fort Worth, TX, pg. 85
Fisher, Jody, VP-PR -- AUSTIN & WILLIAMS, Hauppauge, NY, pg. 78
Fisher, Kelly, Media Dir -- 360I, New York, NY, pg. 6
Fisher, Kevin, Acct Dir -- CENTIGRADE INTERNATIONAL LTD., Atlanta, GA, pg. 200
Fisher, Robert, VP & Creative Dir -- DELPHIC DIGITAL, Philadelphia, PA, pg. 1249
Fisher, Robert, VP & Creative Dir -- HERO DIGITAL, San Francisco, CA, pg. 1260
Fisher, Sarah G., Art Dir -- DECODED ADVERTISING, New York, NY, pg. 285
Fisher, Shannon, Partner-Creative -- ACME BRAND STUDIO, Winter Park, FL, pg. 22
Fisher, Stephanie, Creative Dir -- TM ADVERTISING, Dallas, TX, pg. 1106
Fisher, Susan, Acct Dir -- G&S BUSINESS COMMUNICATIONS, New York, NY, pg. 406
Fisher, Tim, Partner-Creative -- ACME BRAND STUDIO, Winter Park, FL, pg. 22
Fishman, Hannah, Exec Creative Dir -- GREY NEW YORK, New York, NY, pg. 438
Fisk, Sara, Media Buyer -- CALLAHAN CREEK, INC., Lawrence, KS, pg. 183
Fiske, Barry, Grp VP, Head-NA Brand Experience Studio & Exec Creative Dir -- SAPIENTRAZORFISH NEW YORK, New York, NY, pg. 1286
Fisler, Parke, Creative Dir & Copywriter -- FISLER COMMUNICATIONS, Newbury, MA, pg. 385
Fister, Amy, Owner & Creative Dir -- FISTER, Saint Louis, MO, pg. 385
Fiszer, Martha Porter, Sr VP & Exec Creative Dir -- RHEA + KAISER, Naperville, IL, pg. 954
Fitch, Matt, Creative Dir -- Adam & EveDDB, London, United Kingdom, pg. 281
Fite, Erica, Founder & Creative Dir -- FANCY LLC, New York, NY, pg. 361
Fittipaldi, Jayson, Pres & Chief Creative Officer -- Nobox Marketing Group, Inc., Guaynabo, PR, pg. 796
Fittipaldi, Jayson, Pres & Chief Creative Officer -- NOBOX MARKETING GROUP, INC., Miami, FL, pg. 796
Fitz-Simon, Adrian, Creative Dir -- Havas Worldwide Dublin, Dublin, Ireland, pg. 480
Fitzgerald, Jackie, Media Buyer -- REALWORLD MARKETING, Scottsdale, AZ, pg. 937
Fitzgerald, Ken, Exec Creative Dir -- CATALYST, SCIENCE + SOUL, Rochester, NY, pg. 195
Fitzgerald, Kyle, Media Planner -- ICON MEDIA DIRECT, Van Nuys, CA, pg. 1331
Fitzgerald, Liz, Partner & Exec Creative Dir -- Porter Novelli Public Services, Washington, DC, pg. 1613
Fitzgerald, Sam, Assoc Creative Dir -- HAVAS WORLDWIDE, New York, NY, pg. 475
Fitzpatrick, Lucas, Assoc Creative Dir -- GMR Marketing, New York, NY, pg. 1404

Fitzpatrick, Madelyn, Head-PR-Intl -- HYLINK DIGITAL SOLUTIONS, Santa Monica, CA, pg. 1261
Fiumara, Jayme, Acct Exec -- JACK NADEL INTERNATIONAL, Westport, CT, pg. 1407
Flachsenhaar, Matt, Sr Creative Dir -- INVNT, New York, NY, pg. 546
Flagg, Danielle, Exec Creative Dir -- ARTS & LETTERS CREATIVE CO, Richmond, VA, pg. 73
Flaherty, Andrea Pena, Sr Producer-Creative Content -- THE DESIGNORY, Long Beach, CA, pg. 293
Flamand, Katie, Acct Exec -- VLADIMIR JONES, Colorado Springs, CO, pg. 1142
Flanigan, Tom, Creative Dir -- FCB Chicago, Chicago, IL, pg. 364
Flannery, Clare, Dir-PR & Media Strategy -- MDB COMMUNICATIONS, INC., Washington, DC, pg. 720
Flannery, Jonathan, Assoc Creative Dir -- JOHANNES LEONARDO, New York, NY, pg. 1266
Flatley, Shannon, Dir-Creative -- BBG&G ADVERTISING, Campbell Hall, NY, pg. 115
Flaviani, Marco, Art Dir & Designer-Cover -- DDB S.r.L. Advertising, Milan, Italy, pg. 276
Fleischi, Matthew, Acct Exec -- GREGORY FCA, Ardmore, PA, pg. 1524
Flemer, Grace, Acct Coord -- HMA PUBLIC RELATIONS, Phoenix, AZ, pg. 1535
Fleming, Alex, Assoc Creative Dir -- Rethink, Toronto, Canada, pg. 951
Fleming, Brandy, Mng Dir & Sr Partner-Creative Strategy & Consumer -- FleishmanHillard Group Ltd., London, United Kingdom, pg. 1510
Fleming, John, Creative Dir -- GNET, Los Angeles, CA, pg. 425
Fleming, Lia, Art Dir -- TRIAD, Cuyahoga Falls, OH, pg. 1115
Fleming, Olga, CEO-Y&R PR -- BCW (BURSON COHN & WOLFE), New York, NY, pg. 1439
Flemming, Andy, Grp Creative Dir -- M&C Saatchi, Sydney, Australia, pg. 661
Flemming, Lauren, VP & Exec Creative Dir -- EPSILON, Chicago, IL, pg. 344
Flemming, P. Scott, VP & Exec Creative Dir -- SULLIVAN HIGDON & SINK INCORPORATED, Wichita, KS, pg. 1059
Flemming, Scott, VP & Exec Creative Dir -- Sullivan Higdon & Sink Incorporated, Kansas City, MO, pg. 1060
Fletcher, Erin, Acct Dir -- EAG ADVERTISING & MARKETING, Kansas City, MO, pg. 328
Fletcher, Kelli Beale, Acct Supvr -- PAN COMMUNICATIONS, Boston, MA, pg. 1605
Fletcher, Oliver, Graphic Designer & Producer-Creative -- THE PARTICIPATION AGENCY, New York, NY, pg. 1279
Fletcher, Ross, Creative Dir -- FIGLIULO&PARTNERS, LLC, New York, NY, pg. 380
Flickinger, Bruce, VP & Creative Dir-Copy -- MAVEN COMMUNICATIONS LLC, Philadelphia, PA, pg. 695
Flinkfelt, Sara, Acct Exec & Media Buyer -- COMMONWEALTH CREATIVE ASSOCIATES, Framingham, MA, pg. 222
Flinn, Eric, Creative Dir -- ONION LABS, Chicago, IL, pg. 840
Flint, Catriona, Acct Exec -- Buchanan Communications Ltd., London, United Kingdom, pg. 1184
Flis, Brian, Creative Dir -- LINNIHAN FOY ADVERTISING, Minneapolis, MN, pg. 642
Flockhart, Angus, Acct Dir -- J. Walter Thompson, London, United Kingdom, pg. 562
Flood, Tim, Exec Creative Dir -- ARNOLD WORLDWIDE, Boston, MA, pg. 69
Flood, Tim, Exec Creative Dir -- ArnoldNYC, New York, NY, pg. 70
Florek, John, VP & Creative Dir -- ARC WORLDWIDE, Chicago, IL, pg. 1397
Florentino, Marcelo, Sr Copywriter-Creative -- J. WALTER THOMPSON ATLANTA, Atlanta, GA, pg. 564
Flores, Alexander, Creative Dir -- TRACYLOCKE, Dallas, TX, pg. 1113
Flores, Armando, Creative Dir -- SS+K AGENCY, New York, NY, pg. 1039
Flores, Gabriel, Creative Dir -- TIPPIT & MOO ADVERTISING, Houston, TX, pg. 1105
Flores, Garrett, Media Planner & Buyer-Digital -- THE COMPANY, Houston, TX, pg. 224
Flores, Israel Ortiz, Creative Dir-Tech -- DDB Madrid, S.A., Madrid, Spain, pg. 280
Flores, Sarah, Acct Dir -- CITIZEN GROUP, San Francisco, CA, pg. 209
Florit, Juan Pablo, Supvr-Creative -- Wunderman, Santiago, Chile, pg. 1190
Flory, Mark, Sr Dir-Creative & Art -- Grey (India) Ltd. (Bangalore), Bengaluru, India, pg. 446

PERSONNEL INDEX — AGENCIES

Flotta, Ignacio, Creative Dir -- DAVID The Agency, Miami, FL, pg. 261

Flowers, Katherine, Media Planner -- SITUATION INTERACTIVE, New York, NY, pg. 1017

Floyd, Jennifer, Dir-Creative Svcs -- CJ ADVERTISING LLC, Nashville, TN, pg. 210

Floyd, Kyle, Creative Dir -- STONE WARD, Little Rock, AR, pg. 1050

Floyde, Latham, Creative Dir & Sr Art Dir -- FABCOM, Scottsdale, AZ, pg. 357

Fluet, Ryan, Creative Dir -- BULLISH, New York, NY, pg. 172

Fluney, Jordan, Acct Dir -- EXPOSURE, New York, NY, pg. 356

Flynn, Chris, Acct Exec -- FCB Toronto, Toronto, Canada, pg. 366

Flynn, Katherine, Acct Exec -- MARTINO FLYNN LLC, Pittsford, NY, pg. 689

Flynn, Kelley, Acct Exec -- RED MOON MARKETING, Charlotte, NC, pg. 940

Flynn, Melissa, Media Planner & Media Buyer -- THE ATKINS GROUP, San Antonio, TX, pg. 75

Foekema, Gerard, Art Dir -- Ubachswisbrun J. Walter Thompson, Amsterdam, Netherlands, pg. 560

Foerster, Drew, Chief Creative Officer -- LOCAL MARKETING SOLUTIONS GROUP, INC., Rolling Meadows, IL, pg. 649

Fogarty, Bill, VP-Creative -- UPSHOT, Chicago, IL, pg. 1128

Fogell, Andrew, CEO & Creative Dir -- VUP MEDIA, Cranston, RI, pg. 1147

Foglia, Billy, Creative Dir -- O'BRIEN ET AL. ADVERTISING, Virginia Beach, VA, pg. 805

Foigel, Hagar, Acct Supvr -- Gitam/BBDO, Tel Aviv, Israel, pg. 106

Foley, Jamie, Acct Supvr -- BVK-Fort Myers, Fort Myers, FL, pg. 179

Foley, Josh, Art Dir -- Ogilvy New Zealand, Auckland, New Zealand, pg. 826

Foley, Tim, Partner & Creative Dir -- FULL CONTACT ADVERTISING, Boston, MA, pg. 402

Folino, Michael, Creative Dir -- BBDO New York, New York, NY, pg. 99

Folkers-Whitesell, Kelli Jo, Media Buyer -- AMPERAGE, Cedar Falls, IA, pg. 53

Folmert, Jana, Creative Dir -- IQUANTI, INC., Jersey City, NJ, pg. 548

Fondren, Alex, Acct Supvr -- CHARLES COMMUNICATIONS ASSOCIATES LLC, San Francisco, CA, pg. 1466

Fondrisi, Lia, Acct Coord -- OH PARTNERS, Phoenix, AZ, pg. 833

Fones, Maddy, Acct Coord -- RYGR, Carbondale, CO, pg. 974

Fonferrier, Marianne, Creative Dir -- TBWA/G1, Boulogne-Billancourt, France, pg. 1081

Fonferrier, Marianne, Creative Dir -- TBWA Paris, Boulogne-Billancourt, France, pg. 1081

Fong, Alyssa, Media Planner & Media Buyer -- NEW & IMPROVED MEDIA, El Segundo, CA, pg. 1353

Fong, Andrew, Head-Creative Grp -- Grey Group Malaysia, Kuala Lumpur, Malaysia, pg. 447

Fong, Jim, Creative Dir -- Ogilvy Advertising, Central, China (Hong Kong), pg. 822

Fong, Jim, Creative Dir -- OgilvyOne Worldwide, Central, China (Hong Kong), pg. 823

Fonseca, Diego, Creative Dir -- BBH NEW YORK, New York, NY, pg. 115

Fonseca, Nancy Anguiano, Acct Dir-Mktg -- MARKETLOGIC, Doral, FL, pg. 1411

Fonseca, Savio, Assoc Creative Dir -- VML Qais, Singapore, Singapore, pg. 1144

Font, Jordi Almuni, Creative Dir -- Vinizius/Y&R, Barcelona, Spain, pg. 1203

Fontaine, Anita, Creative Dir -- Wieden + Kennedy Amsterdam, Amsterdam, Netherlands, pg. 1164

Fontaine, Matt, Assoc Creative Dir-Interactive -- COMMONWEALTH CREATIVE ASSOCIATES, Framingham, MA, pg. 222

Fontana, Aureliano, Creative Dir -- Havas Worldwide Milan, Milan, Italy, pg. 481

Fontana, Aureliano, Assoc Dir-Creative -- Publicis Italia, Milan, Italy, pg. 899

Fontayne, Cynthia L., CEO & Creative Dir -- THE FONTAYNE GROUP, Marysville, CA, pg. 1512

Fontcuberta, Nina, Creative Dir & Art Dir -- Vinizius/Y&R, Barcelona, Spain, pg. 1203

Fontenot, Bridget, Producer-Brdcst -- THE RICHARDS GROUP, INC., Dallas, TX, pg. 956

Foord, Bridgette, Media Dir -- ZION & ZION, Tempe, AZ, pg. 1213

Foote, Betsy, VP & Media Dir -- Geometry Global, Akron, OH, pg. 416

Fopiano, David, Acct Dir-Strategic-SCA Promos -- SCA PROMOTIONS, INC., Dallas, TX, pg. 1415

For, Diego, Creative Dir -- Sancho BBDO, Bogota, Colombia, pg. 102

Forbes, Fredna Lynn, Art Dir-M3 Agency -- MASS MEDIA MARKETING, Augusta, GA, pg. 691

Forbes, Jamie, Acct Exec -- CRUCIAL INTERACTIVE INC., Toronto, Canada, pg. 251

Forbes, Julie, Acct Dir-LVMH Moet Hennessy Louis Vuitton -- Havas Media, Toronto, Canada, pg. 1327

Forbes, Lynn Lynn, Art Dir -- MASS MEDIA MARKETING, Augusta, GA, pg. 691

Forbes, Shane, Creative Dir -- TBWA Hunt Lascaris (Johannesburg), Johannesburg, South Africa, pg. 1087

Force, Mike, Assoc Creative Dir -- HARVEST CREATIVE, Memphis, TN, pg. 471

Ford, Amanda, Creative Dir -- READY SET ROCKET, New York, NY, pg. 936

Ford, Amanda, Acct Exec -- WILDROCK PUBLIC RELATIONS, Fort Collins, CO, pg. 1684

Ford, Brooke, Media Dir -- NEO\@OGILVY LOS ANGELES, Playa Vista, CA, pg. 789

Ford, Joanna, Dir-PR & Social Media-Philadelphia -- AB+C, Philadelphia, PA, pg. 17

Ford, Josh, Assoc Creative Dir -- BOHAN, Nashville, TN, pg. 144

Ford, Lesley, Acct Exec -- THE PR BOUTIQUE, Houston, TX, pg. 1617

Ford, Mark, Creative Dir -- 3HEADED MONSTER, Dallas, TX, pg. 7

Ford, Ryan, Chief Creative Officer & Exec VP -- CASHMERE AGENCY, Los Angeles, CA, pg. 193

Ford, Sara, VP & Media Dir -- STARCOM, New York, NY, pg. 1043

Ford, Tara, Exec Creative Dir -- DDB Sydney Pty. Ltd., Ultimo, Australia, pg. 270

Fordham, Kathy, Acct Dir -- EVOK ADVERTISING, Heathrow, FL, pg. 353

Fordham, Kelly, Acct Dir -- BULLFROG & BAUM, New York, NY, pg. 172

Fordyce, Graham, Exec Creative Dir-China -- Fleishman-Hillard Link Ltd., Beijing, China, pg. 1511

Fordyce, Nev, Assoc Creative Dir -- TBWA Sydney, Sydney, Australia, pg. 1089

Forero, Diego, Art Dir -- Ogilvy, Bogota, Colombia, pg. 820

Forero, Diego Fernando, Creative Dir-Total Work -- Sancho BBDO, Bogota, Colombia, pg. 102

Forget, Camille, Art Dir -- DENTSUBOS, Montreal, Canada, pg. 291

Forkner, Allen, Mgr-PR -- SWANSON RUSSELL ASSOCIATES, Lincoln, NE, pg. 1064

Forli, Ricardo, Acct Supvr -- F/Nazca Saatchi & Saatchi, Sao Paulo, Brazil, pg. 981

Formenti, Christine, Sr Media Buyer-Direct Response -- CRAMER-KRASSELT, Chicago, IL, pg. 237

Fornasari, Federico, Dir-Creative Production -- M&C Saatchi Milan, Milan, Italy, pg. 660

Forr, Amanda, Dir-Creative Content -- BRAVO GROUP INC., Harrisburg, PA, pg. 1455

Forrest, Andy, Creative Dir -- Ogilvy, Ltd., London, United Kingdom, pg. 818

Forrest, Andy, Exec Creative Dir -- Y&R London, London, United Kingdom, pg. 1204

Forrest, Judy E., Mgr-Fin, Media Planner-Print & Buyer -- MARTIN ADVERTISING, Anderson, SC, pg. 687

Forrester, Ursula, Acct Supvr -- LEWIS ADVERTISING, INC., Rocky Mount, NC, pg. 635

Forsell, Alyssa, Acct Dir -- BCW (BURSON COHN & WOLFE), New York, NY, pg. 1439

Forsey, Craig, Assoc Creative Dir -- THE MARKETING DEPARTMENT, London, Canada, pg. 683

Forshaw, Charlotte, VP & Acct Dir -- TBWA/WORLDHEALTH, New York, NY, pg. 1077

Forslund, Kathryn, Exec VP & Acct Exec -- Hellman, Saint Paul, MN, pg. 495

Forsyth, Paul, VP & Creative Dir -- Doner, Cleveland, OH, pg. 315

Forsyth, Paul, VP & Creative Dir -- Doner, Cleveland, OH, pg. 724

Forsythe, Adam, Media Buyer -- THE CREATIVE ALLIANCE, INC., Lafayette, CO, pg. 239

Forte, Danielle, Specialist-PR -- 4M COMMUNICATION, Feasterville Trevose, PA, pg. 1423

Fortes, Aricio, Chief Creative Officer -- DM9DDB, Sao Paulo, Brazil, pg. 271

Fortier, Chelsea, Acct Exec -- CASHMAN & KATZ INTEGRATED COMMUNICATIONS, Glastonbury, CT, pg. 193

Fortier, Vanessa, Exec Creative Dir -- MONO, Minneapolis, MN, pg. 755

Fortin, Marc, VP-Creative & Creative Dir -- LG2, Montreal, Canada, pg. 639

Fortmann, Tommy, Acct Exec -- METRO PUBLIC RELATIONS, Los Angeles, CA, pg. 1583

Fortunate, Ann Marie, Acct Supvr -- FRANCO PUBLIC RELATIONS GROUP, Detroit, MI, pg. 1513

Fortunato, Amy, VP & Assoc Creative Dir-Copy -- AREA 23, New York, NY, pg. 67

Fortune, Gina, Acct Supvr -- MRM PRINCETON, Princeton, NJ, pg. 768

Fortune, Jennifer K, Media Dir -- 15 FINGERS, Buffalo, NY, pg. 2

Fose, Jen, Art Dir -- BATES CREATIVE GROUP, Silver Spring, MD, pg. 95

Foster, Carl, Acct Dir -- 31,000 FT, Addison, TX, pg. 6

Foster, Courtney, Acct Exec -- THE MARKETING ARM, Dallas, TX, pg. 682

Foster, Donna, Assoc Creative Dir & Art Dir -- LEO BURNETT WORLDWIDE, INC., Chicago, IL, pg. 621

Foster, Eric, Creative Dir -- BEDFORD ADVERTISING INC., Carrollton, TX, pg. 120

Foster, John, Acct Exec-Media Strategy-OOH -- EMC OUTDOOR, Newtown Square, PA, pg. 1320

Foster, Kinsley, Acct Exec -- CAYENNE CREATIVE, Birmingham, AL, pg. 197

Foster, Mark James, Art Dir -- SUB ROSA, New York, NY, pg. 1057

Foster, Michael, Acct Supvr -- THE MARTIN AGENCY, Richmond, VA, pg. 687

Foster, Samantha, Acct Dir -- CULTIVATE PUBLIC RELATIONS, Austin, TX, pg. 1479

Foster, Simon, Sr VP & Exec Creative Dir -- MRM MCCANN, New York, NY, pg. 766

Foster, Zach, VP & Grp Head-Creative Strategy & New Bus -- BRADO CREATIVE INSIGHT, Saint Louis, MO, pg. 152

Foth, Ron, Sr VP-Creative -- RON FOTH ADVERTISING, Columbus, OH, pg. 967

Foth, Ron, Jr., Sr VP-Creative -- RON FOTH ADVERTISING, Columbus, OH, pg. 967

Fougere, Bruce, Sr VP & Grp Creative Dir -- Momentum, Chicago, IL, pg. 755

Foulon, Chistian, Creative Dir -- OgilvyHealthcare, Paris, France, pg. 814

Foulon, Christian, Creative Dir -- OgilvyOne, Paris, France, pg. 814

Foulonneau, Valentine, Art Dir -- TBWA Paris, Boulogne-Billancourt, France, pg. 1081

Foulques, Luisa, Acct Supvr -- Havas Media, Miami, FL, pg. 1327

Fouquere, Guillaume, Art Dir -- BETC, Paris, France, pg. 479

Foust, Uriaha, Creative Dir -- MILLER BROOKS, Zionsville, IN, pg. 742

Fouyaxis, Tina, Acct Dir-MYER -- Clemenger BBDO Melbourne, Melbourne, Australia, pg. 111

Fowler, Brenda, Dir-Print Production -- STONE WARD, Little Rock, AR, pg. 1050

Fowler, David, Exec Creative Dir -- OGILVY, New York, NY, pg. 809

Fowler, Ross, Creative Dir -- Ogilvy (Amsterdam) B.V., Amsterdam, Netherlands, pg. 816

Fowler, Samuel, Acct Dir -- VAULT49, New York, NY, pg. 1132

Fowler, Shannon, Acct Exec -- GEOMETRY GLOBAL, Bentonville, AR, pg. 415

Fowles, Eric, CEO & Dir-Creative -- VOLTAGE LTD, Louisville, CO, pg. 1146

Fowles, Hallie, Acct Supvr -- CATAPULT MARKETING, Wilton, CT, pg. 196

Fox, Brian, Creative Dir -- THE MARKETING STORE, Chicago, IL, pg. 1410

Fox, Charlotte, Acct Dir-PR -- Hills Balfour, London, United Kingdom, pg. 750

Fox, Christopher, Assoc Creative Dir -- Possible, Seattle, WA, pg. 1189

Fox, Christopher, Assoc Creative Dir -- Possible, Seattle, WA, pg. 1181

Fox, David, Chief Transformation Officer-Creative Bus -- WPP AUNZ, Saint Leonards, Australia, pg. 1182

Fox, Doreen, Sr Partner & Grp Creative Dir -- OGILVY, New York, NY, pg. 809

Fox, George, Acct Dir -- Adam & EveDDB, London, United Kingdom, pg. 281

Fox, Ken, Principal & Exec Dir-Creative -- 50,000FEET, INC., Chicago, IL, pg. 9

Fox, Kevin, Exec VP & Exec Creative Dir-Canada -- SYNEOS HEALTH, INC., Raleigh, NC, pg. 1068

Fox, Megan, Acct Exec-Sports Mktg -- IMRE, Baltimore, MD, pg. 528

Fox, Russel, Creative Dir -- M&C Saatchi, Melbourne, Australia, pg.

1735

AGENCIES — PERSONNEL INDEX

Fox, Teri, Acct Exec-Sls -- LAMAR ADVERTISING COMPANY, Baton Rouge, LA, pg. 608
Foy, Julia, Acct Supvr -- AGENCY59, Toronto, Canada, pg. 39
Foy, Julia, Acct Supvr -- Agency59 Response, Toronto, Canada, pg. 40
Fozman, Mike, Partner & Creative Dir -- ROSBERG FOZMAN ROLANDELLI ADVERTISING, Jacksonville, FL, pg. 968
Fraczek, Marta, Assoc Creative Dir -- Saatchi & Saatchi, Warsaw, Poland, pg. 979
Fradette, Debbie, Sr Media Planner & Media Buyer -- RON FOTH ADVERTISING, Columbus, OH, pg. 967
Fraguela, Katie, Acct Exec -- BALLANTINES PR, West Hollywood, CA, pg. 1438
Fraire, Peter, Pres, COO & Creative Dir -- MITHOFF BURTON PARTNERS, El Paso, TX, pg. 748
Frame, Christopher, VP & Creative Dir -- Philip Johnson Associates, San Francisco, CA, pg. 875
Frame, Christopher, VP & Creative Dir -- PJA, Cambridge, MA, pg. 874
Frame, Christopher, VP & Creative Dir -- PJA Advertising + Marketing, San Francisco, CA, pg. 874
Frampton, Shauna, Acct Dir -- JESSON + COMPANY COMMUNICATIONS INC., Toronto, Canada, pg. 1548
Franchino, Bruno, Art Dir -- BBH NEW YORK, New York, NY, pg. 115
Francia, Lavinia, Dir-Client Creative -- Ogilvy, Milan, Italy, pg. 815
Francis, David, Pres, CEO, Creative Dir & Dir-SEO, Paid Search & Social Mktg -- SHOREPOINT COMMUNICATIONS, LLC, Wall, NJ, pg. 1009
Francis, Erica, Acct Exec -- AGENCY59, Toronto, Canada, pg. 39
Francis, Mckenzie, Assoc Media Buyer -- OSBORN & BARR COMMUNICATIONS, Saint Louis, MO, pg. 844
Francis, Nick, Dir-Creative-Casual Films -- THEFRAMEWORKS, Birmingham, MI, pg. 1098
Francisco, Julianne, Media Planner -- HEALIX, New York, NY, pg. 491
Franckowiak, Sally, Art Dir & Designer -- PREACHER, Austin, TX, pg. 886
Franco, Bitan, Exec Creative Dir -- Publicis, Madrid, Spain, pg. 901
Franco, Clara, Principal-PR -- HAMILTON INK, Mill Valley, CA, pg. 1526
Franco, Fernando, Gen Dir-Creative -- Saltiveri Ogilvy, Guayaquil, Ecuador, pg. 820
Franco, Fernando, Gen Dir-Creative -- Saltiveri Ogilvy Guayaquil, Quito, Ecuador, pg. 820
Franco, Gilber, Art Dir & Creative Dir -- Sancho BBDO, Bogota, Colombia, pg. 102
Franco, Sandra Murillo, Creative Dir-Avianca Airlines -- DDB Worldwide Colombia S.A., Bogota, Colombia, pg. 272
Francois, Aaron, Media Planner-Integrated -- MEDIACOM, New York, NY, pg. 1344
Frandsen, Laura, Partner & Acct Supvr -- CADE & ASSOCIATES ADVERTISING, INC., Tallahassee, FL, pg. 181
Frangella, Lisa, Media Dir -- NOBLE PEOPLE, New York, NY, pg. 796
Frangos, Constantine, Creative Dir -- RUDER FINN INC., New York, NY, pg. 1637
Frank, Aaron, Assoc Creative Dir -- GMR MARKETING LLC, New Berlin, WI, pg. 1403
Frank, Gerry, Chief Creative Officer -- FRANK STRATEGIC MARKETING, Ellicott City, MD, pg. 396
Frank, Kevin J., Dir-Production & Creative Mgmt -- MSI, Chicago, IL, pg. 769
Frank, Megan, Owner & Exec VP-Creative -- CFX INC, Saint Louis, MO, pg. 201
Frank, Nathan, Co-Founder, Exec Creative Dir & Copywriter -- INTERESTING DEVELOPMENT, New York, NY, pg. 538
Franke, Stephanie, VP & Creative Dir -- Razorfish Health, Philadelphia, PA, pg. 1287
Frankel, Linda, Media Dir -- SOURCE COMMUNICATIONS, Hackensack, NJ, pg. 1029
Franklin, Callie, Media Buyer -- INSIGHT CREATIVE GROUP, Oklahoma City, OK, pg. 535
Franklin, Curtis, Creative Dir -- KENNEDY COMMUNICATIONS, Rancho Mirage, CA, pg. 592
Franklin, Jeff, Acct Coord -- QUANTUM COMMUNICATIONS, Louisville, KY, pg. 921
Franklin, Kate, Dir-PR -- COAST PUBLIC RELATIONS, Irvine, CA, pg. 1471
Franklin, Mark, Art Dir -- Leo Burnett London, London, United Kingdom, pg. 627
Franklin, Michael, Creative Dir -- Ogilvy, Chicago, IL, pg. 811
Frankoski, Gail, Acct Dir -- BRANDHIVE, Salt Lake City, UT, pg. 662

Franks, Julia, Dir-New Bus -- Saatchi & Saatchi EMEA Region Headquarters, London, United Kingdom, pg. 980
Franus, Noel, Exec Creative Dir -- R/GA San Francisco, San Francisco, CA, pg. 926
Franzini, Raphael, Creative Dir -- THE COMMUNITY, Miami, FL, pg. 223
Franzino, Anthony, Creative Dir -- TRACYLOCKE, Dallas, TX, pg. 1113
Fraracci, Matt, Creative Dir -- SID LEE, Toronto, Canada, pg. 1010
Frascheri, Fiorella, Creative Dir -- FCB Montevideo, Montevideo, Uruguay, pg. 372
Fraser, Keith, Partner & Creative Dir -- MARIS, WEST & BAKER, INC., Jackson, MS, pg. 680
Fraser, Kelsey, Acct Exec -- MANHATTAN MARKETING ENSEMBLE, New York, NY, pg. 675
Fraser, Maurus, Creative Dir-UK -- WINKREATIVE, Toronto, Canada, pg. 1171
Fraser, Regan, Art Dir -- McCann Calgary, Calgary, Canada, pg. 713
Fraser, Tyler, Creative Dir -- TRADEMARK PRODUCTIONS, Royal Oak, MI, pg. 1113
Frasketi, Rob, Art Dir -- WASSERMAN MEDIA GROUP, Los Angeles, CA, pg. 1153
Fraticelli, Damian, Creative Dir -- HIGH WIDE & HANDSOME, Culver City, CA, pg. 499
Fratto, Kelli, Acct Supvr-PR -- LOVE COMMUNICATIONS, Salt Lake City, UT, pg. 653
Frauen, Sierra, Media Planner & Media Buyer -- FIRESPRING, Lincoln, NE, pg. 383
Frawley, Amanda, Acct Exec -- Signature Graphics, Porter, IN, pg. 307
Frawley, Jim, Acct Dir-Strategic Svcs -- ADAMS & KNIGHT, INC., Avon, CT, pg. 25
Frayne, Jason, Sr VP-New Bus & Mktg-EMEA -- Hill+Knowlton Strategies, London, United Kingdom, pg. 1533
Fraz, Iraj, Exec Creative Dir -- DDB Mudra Group, Mumbai, India, pg. 275
Fraze, Robert, Assoc Creative Dir -- BAKERY, Austin, TX, pg. 1240
Frease, Ryan, Creative Dir -- MOTIV, Boston, MA, pg. 763
Frechette, Barry, Dir-Creative Svcs -- CONNELLY PARTNERS, Boston, MA, pg. 227
Freda, Jordan, CEO & Creative Dir -- GIANT PROPELLER, Burbank, CA, pg. 1259
Frederick, Andrea, Acct Dir -- AKQA, Inc., Washington, DC, pg. 1234
Fredlund, Alexander, Art Dir -- TBWA\AB Stockholm, Stockholm, Sweden, pg. 1085
Fredrick, Mike, Chief Creative Officer -- NELSON SCHMIDT, Milwaukee, WI, pg. 788
Fredriksson, Wendy, Art Dir -- Ogilvy Cape Town, Cape Town, South Africa, pg. 829
Freedman, Logan, Dir-Creative & Content -- TAKE 5 MEDIA GROUP, Boca Raton, FL, pg. 1071
Freeman, Andrew, Acct Supvr -- BOND MOROCH, New Orleans, LA, pg. 1454
Freeman, Julie, Mng Dir-PR, Social & Experiential Mktg & Exec VP - - MMGY Global, New York, NY, pg. 751
Freeman, Julie, Mng Dir-PR, Social & Experiential Mktg -- NANCY J. FRIEDMAN PUBLIC RELATIONS, INC., New York, NY, pg. 784
Freer, Ashley, Grp Dir & Specialist-PR -- THE BALCOM AGENCY, Fort Worth, TX, pg. 85
Freese, Felix, Creative Dir -- Saatchi & Saatchi, Carouge, Switzerland, pg. 980
Fregoso, Riccardo, Exec Creative Dir -- McCann Erickson Paris, Clichy, France, pg. 703
Freid, Mark, Pres-Creative & Dir-Strategic -- THINK CREATIVE INC., Orlando, FL, pg. 1099
Freistthler, Aimee, Acct Supvr -- BURNS ENTERTAINMENT & SPORTS MARKETING, Evanston, IL, pg. 175
Freitag, Wayne A., Creative Dir -- FORREST & BLAKE INC., Mountainside, NJ, pg. 392
Frej, David, Chief Creative Officer & VP -- OTHERWISE INC, Chicago, IL, pg. 845
French, Mary, Acct Dir -- LAUNDRY SERVICE, New York, NY, pg. 615
French, Rebekkah, Creative Dir -- SPECK COMMUNICATIONS, Dallas, TX, pg. 1033
Fresen, Max, Chief Creative Officer -- BORN, New York, NY, pg. 148
Fresh, Garrett, Dir-Digital Design & Assoc Creative Dir -- BROTHERS & CO., Tulsa, OK, pg. 167
Frey, Robyn, Pres & Creative Dir -- BOLCHALK FREY MARKETING

ADVERTISING & PUBLIC RELATIONS, Tucson, AZ, pg. 144
Freyder, Mike, Creative Dir -- THE MORAN GROUP LLC, Baton Rouge, LA, pg. 757
Freytag, Bernie, Dir-Creative -- ROMANELLI COMMUNICATIONS, Clinton, NY, pg. 1633
Frias, Maria Dolores, Acct Exec -- Hill & Knowlton de Argentina, Buenos Aires, Argentina, pg. 1532
Frickey, Danielle, Acct Exec -- VSBROOKS, Coral Gables, FL, pg. 1147
Friday, Andrea, Acct Dir -- JOHN ST., Toronto, Canada, pg. 579
Friday, Celena, Art Dir -- ELL CREATIVE, Houston, TX, pg. 337
Fridman, Maria, Dir-Creative & Art -- Forsman & Bodenfors, Stockholm, Sweden, pg. 722
Fried, Alexis, Acct Supvr -- Resound Marketing, Princeton, NJ, pg. 1630
Fried, David, Assoc Creative Dir -- EFM AGENCY, San Diego, CA, pg. 332
Friedel, Cyndi, Acct Exec-Online -- GOLDSTEIN GROUP COMMUNICATIONS, Solon, OH, pg. 428
Friedel, Stephanie, Media Buyer & Planner -- MEDIA BROKERS INTERNATIONAL, INC., Alpharetta, GA, pg. 1341
Friedman, Kayla, Acct Supvr -- MCGARRYBOWEN, New York, NY, pg. 716
Friedman, Mark, Chief Creative Officer & Exec VP -- HARRISON AND STAR LLC, New York, NY, pg. 469
Friedman, Mitch, Creative Dir -- THE POINT GROUP, Dallas, TX, pg. 880
Friedman, Nicole, Acct Supvr-PR -- JACOBSON ROST, Milwaukee, WI, pg. 570
Friedrich, Brian, Exec Creative Dir -- AMELIE COMPANY, Denver, CO, pg. 51
Friel-Wimmer, Joanna, VP & Grp Creative Dir -- INTOUCH SOLUTIONS, Overland Park, KS, pg. 544
Friesen, Caroline, Art Dir -- JOHN ST., Toronto, Canada, pg. 579
Frisell, Karin, Art Dir -- Forsman & Bodenfors, Stockholm, Sweden, pg. 722
Fritcher, Breanne, Acct Exec-PR -- PAGE COMMUNICATIONS, Kansas City, MO, pg. 1604
Fritzen, Marcio, Exec Creative Dir -- Ogilvy, Sao Paulo, Brazil, pg. 819
Frizzell, Michael, Assoc Creative Dir -- THREE ATLANTA, Atlanta, GA, pg. 1102
Frizzo, Laura, Creative Dir -- SapientRazorfish Chicago, Chicago, IL, pg. 1288
Froedge, Robert, Creative Dir -- Lewis Communications, Nashville, TN, pg. 637
Froggett, Tom, Acct Exec -- Publicis UK, London, United Kingdom, pg. 902
Frontoni, Corrado, Art Dir & Deputy Creative Dir -- Y&R Roma srl, Rome, Italy, pg. 1203
Frost, Jessica, VP & Grp Mgr-Strategic & Creative Ping -- Ketchum, Washington, DC, pg. 1555
Frost, Karen, VP & Creative Dir -- GATESMAN, Pittsburgh, PA, pg. 412
Froude, Kimberly, Assoc Creative Dir -- EP+Co, New York, NY, pg. 343
Fruehauf, Benjamin, VP & Creative Dir -- MARKETING ARCHITECTS, INC., Minnetonka, MN, pg. 682
Fry, Evan, Head-Creative -- DIGITAL DOVETAIL LLC, Boulder, CO, pg. 300
Fry, Kris, Creative Dir -- CAPITAL GOODS, Denver, CO, pg. 187
Fryer, Jason, Creative Dir -- THE WONDERFUL AGENCY, Los Angeles, CA, pg. 1228
Fu, Winnie, Art Dir -- GroupM China, Shanghai, China, pg. 1323
Fuchs, Alexander, Acct Dir -- Lewis, Munich, Germany, pg. 637
Fuchs, Jessica, Media Planner -- MullenLowe Mediahub, Boston, MA, pg. 716
Fuentes, Ignasi, Dir-Integrated Creative -- Young & Rubicam, S.L., Madrid, Spain, pg. 1203
Fuentes, Valerie, Acct Dir -- MAX BORGES AGENCY, Miami, FL, pg. 1578
Fuerst, Jason, Mgr-Creative Svcs -- RHEA + KAISER, Naperville, IL, pg. 954
Fugate, Bob, Assoc Creative Dir & Copywriter -- ZELLER MARKETING & DESIGN, East Dundee, IL, pg. 1211
Fuge, Carlin, Acct Supvr -- ADFERO GROUP, Washington, DC, pg. 29
Fugleberg, Tom, Co-Founder & Head-Creative -- FRIENDS & NEIGHBORS, Minneapolis, MN, pg. 399
Fujita, Yoko, Creative Dir -- CAMPBELL EWALD, Detroit, MI, pg. 185
Fujita, Yoko, Creative Dir -- Campbell Ewald New York, New York, NY, pg. 541
Fujitsuka, Toshiyuki, Dir-Creative & Planner -- HAKUHODO

PERSONNEL INDEX — AGENCIES

INCORPORATED, Tokyo, Japan, pg. 461

Fukui, Hideaki, Creative Dir -- DENTSU INC., Tokyo, Japan, pg. 289

Fulara, Mark, Assoc Creative Dir & Writer -- CAVALRY AGENCY, Chicago, IL, pg. 197

Fulbrook, John, Grp Creative Dir-Design -- TRANSLATION LLC, New York, NY, pg. 1113

Fulciniti, Luca, Art Dir -- M&C Saatchi Milan, Milan, Italy, pg. 660

Fulena, Dana, VP & Acct Dir -- CRAMER-KRASSELT, Chicago, IL, pg. 237

Fulford, Charles, Exec Creative Dir -- ELEPHANT, San Francisco, CA, pg. 335

Fulga, Manuela, Acct Dir -- Geometry Global, Bucharest, Romania, pg. 441

Fulgenzio, Gloria, Media Dir & Acct Exec -- ENGEL O'NEILL ADVERTISING & PUBLIC RELATIONS, Erie, PA, pg. 340

Fulk, Lauren, Acct Dir -- SPECTRUM SCIENCE COMMUNICATIONS, INC., Washington, DC, pg. 1649

Fulkerson, Gary, Partner & Creative Dir -- DVA ADVERTISING, Bend, OR, pg. 326

Fulks, Kerri, VP-PR Ops -- HCK2 PARTNERS, Addison, TX, pg. 490

Fuller, Amanda, Acct Supvr -- DDB San Francisco, San Francisco, CA, pg. 269

Fuller, Brad, VP, Grp Dir & Sr Strategist-Creative -- BRADO CREATIVE INSIGHT, Saint Louis, MO, pg. 152

Fuller, Dustin, Media Buyer -- DRAKE COOPER INC., Boise, ID, pg. 319

Fuller, Kevin, Acct Dir -- ARCHRIVAL, Lincoln, NE, pg. 66

Fuller, Olivia, Mgr-Internship Program & Acct Exec -- THE FEAREY GROUP, Seattle, WA, pg. 1503

Fuller, Sarah, Assoc Creative Dir -- GENUINE INTERACTIVE, Boston, MA, pg. 414

Funegra, Jose, Creative Dir -- Mother New York, New York, NY, pg. 763

Fung, Frankie, Grp Creative Dir -- J. Walter Thompson, Quarry Bay, China (Hong Kong), pg. 555

Fung, Linda, Art Dir -- EP+CO, Greenville, SC, pg. 343

Funk, Kirsten Ebert, Dir-Mktg, PR, Digital Content & Strategy -- STYLE ADVERTISING, Birmingham, AL, pg. 1057

Funke, Erich, Chief Creative Officer -- THE GARAGE TEAM MAZDA, Costa Mesa, CA, pg. 409

Funkhouser, David, Owner & Creative Dir -- FUNKHAUS, Los Angeles, CA, pg. 403

Funkhouser, Sean, Acct Exec-PR & Copywriter -- LENNON & ASSOCIATES, Burbank, CA, pg. 620

Funston, Jeff, Owner & Creative Dir -- BRAVADA CONSUMER COMMUNICATIONS INC., Waterloo, Canada, pg. 160

Fuqua, H. Lee, Mktg Dir & Acct Exec -- RADIOVISION LP, Denison, TX, pg. 928

Furey, Shannon, Dir-PR -- M STUDIO, Asbury Park, NJ, pg. 665

Furnish, Kathy, Media Planner & Media Buyer -- BANDY CARROLL HELLIGE ADVERTISING, Louisville, KY, pg. 87

Furrell, Aimee, Acct Exec -- STEPHENS & ASSOCIATES ADVERTISING, INC., Overland Park, KS, pg. 1047

Furstenborg, Joni, Dir-Creative & Art -- TBWA PHS, Helsinki, Finland, pg. 1080

Furth, Margaret, Acct Dir -- M/H VCCP, San Francisco, CA, pg. 664

Fusco, Ellie, Sr Art Dir -- ALLEN & GERRITSEN, Boston, MA, pg. 45

Fusco, Liz, Creative Dir -- BROWN BAG MARKETING, Atlanta, GA, pg. 167

Fusetti, Guido, Creative Dir -- ALMA, Coconut Grove, FL, pg. 49

Futcher, Guy, Creative Dir -- M&C Saatchi, Sydney, Australia, pg. 661

Futterer, Devan, Acct Dir-Client Svcs -- MARKETING ARCHITECTS, INC., Minnetonka, MN, pg. 682

G

Gabaldon, Tiffany, Assoc Creative Dir -- ANDERSON MARKETING GROUP, San Antonio, TX, pg. 58

Gabbard, Mary, Mgr-Traffic -- LABOV ADVERTISING, MARKETING AND TRAINING, Fort Wayne, IN, pg. 606

Gabbay, Lisa, Pres-Design & Creative Dir -- RUDER FINN INC., New York, NY, pg. 1637

Gabbay, Pedro Savoi, Art Dir -- W+K Sao Paulo, Sao Paulo, Brazil, pg. 1164

Gabbert, Jill, Acct Exec -- KELLEN COMMUNICATIONS, New York, NY, pg. 590

Gabel, Jeffery, Chief Creative Officer & Mng Partner -- PARTNERS+NAPIER, Rochester, NY, pg. 855

Gable, Curtis, Art Dir -- THE CREATIVE DEPARTMENT, Cincinnati, OH, pg. 241

Gable, Seth, Creative Dir -- ALL TERRAIN, Chicago, IL, pg. 45

Gabor, Torday, Creative Dir -- TBWA Budapest, Budapest, Hungary, pg. 1083

Gaboriau, Jason, Chief Creative Officer & Exec VP -- Doner, Playa Vista, CA, pg. 724

Gaboriau, Jason, Chief Creative Officer & Exec VP -- Doner, Playa Vista, CA, pg. 315

Gabriel, Pat, Creative Dir -- GCG MARKETING, Fort Worth, TX, pg. 413

Gadallah, Khaled, Partner & Exec Creative Dir -- TONIC, Dubai, United Arab Emirates, pg. 1109

Gadea, Luis Garcia, Art Dir -- THE STONE AGENCY, Raleigh, NC, pg. 1050

Gadiyar, Archit, Sr Creative Dir -- Leo Burnett India, Mumbai, India, pg. 629

Gadkar, Alok, Gen Mgr & Exec Creative Dir -- Y&R Miami, Miami, FL, pg. 1205

Gadoua, Alexandre, Assoc Exec Creative Dir -- TANK, Montreal, Canada, pg. 1072

Gadsby, Michael, Partner & Dir-Creative -- O3 WORLD, LLC, Philadelphia, PA, pg. 804

Gadtke, Chelsea, Media Buyer -- CLARITY COVERDALE FURY ADVERTISING, INC., Minneapolis, MN, pg. 211

Gaede, Fred, Chief Creative Officer -- BOOMM! MARKETING & COMMUNICATIONS, La Grange, IL, pg. 146

Gaffney, Cheryl C., Media Dir & Client Svcs Dir -- FORREST & BLAKE INC., Mountainside, NJ, pg. 392

Gaffney, Seth, Founder, Co-Chief Creative Officer & Chief Strategy Officer -- PREACHER, Austin, TX, pg. 886

Gage, Devon, Acct Supvr -- RAWLE MURDY ASSOCIATES, INC., Charleston, SC, pg. 934

Gage, Mark, Assoc Creative Dir -- GMR MARKETING LLC, New Berlin, WI, pg. 1403

Gagne, Katelyn, Media Buyer & Planner -- RUNYON SALTZMAN & EINHORN, Sacramento, CA, pg. 972

Gagne, Krista, Acct Exec-Agency Svcs -- THINK SHIFT, Winnipeg, Canada, pg. 1099

Gagnon, Louis, Dir-Creative -- PAPRIKA COMMUNICATIONS, Montreal, Canada, pg. 852

Gahn, Ashley, Acct Dir -- THE SUNFLOWER GROUP, Lenexa, KS, pg. 1417

Gailey, Alyssa, Acct Exec -- TOWER MARKETING, Lancaster, PA, pg. 1111

Gainsford, Kirk, Chief Creative Officer -- MullenLowe South Africa, Johannesburg, South Africa, pg. 777

Gaiser, Dana, Acct Exec -- The Lippin Group, New York, NY, pg. 1569

Gajardo, Luis, Art Dir, Editor & Designer-Motion -- Prolam Y&R S.A., Santiago, Chile, pg. 1206

Gajjar, Bhavik, Creative Dir -- DDB Chicago, Chicago, IL, pg. 268

Gala, Pawel, Mng Partner-New Bus -- Wavemaker, Warsaw, Poland, pg. 1383

Galacz, Karolina, Creative Dir -- DDB Budapest, Budapest, Hungary, pg. 275

Galan, Oscar, Creative Dir -- TBWA Espana, Barcelona, Spain, pg. 1085

Galan-Dwyer, Bianca, Art Dir -- 303 MullenLowe, Sydney, Australia, pg. 773

Galante, John, VP-Television Programming, Dev & New Bus Dev & Strategist -- BOZEKEN, LLC, Phoenixville, PA, pg. 150

Galasso, Casey, Acct Supvr -- QUINN & CO., New York, NY, pg. 1622

Galasso, Zach, Acct Exec -- DPA COMMUNICATIONS, Boston, MA, pg. 1487

Galati, Tom, Assoc Partner & Creative Dir -- Patients & Purpose, New York, NY, pg. 198

Galaz, Ivan, Art Dir -- OH PARTNERS, Phoenix, AZ, pg. 833

Gale, Joey, Acct Exec -- COPACINO + FUJIKADO, LLC, Seattle, WA, pg. 230

Galeoto, Paige, Creative Dir -- ESTIPONA GROUP, Reno, NV, pg. 350

Galicia, Yolanda C., Acct Supvr-Chevrolet Retail -- CASANOVA PENDRILL, Costa Mesa, CA, pg. 192

Galinato, Maryzyle, Assoc Creative Dir -- MullenLowe Vietnam, Ho Chi Minh City, Vietnam, pg. 778

Galio, Peter, VP & Acct Dir-Digital Mktg -- HUDSON ROUGE, New York, NY, pg. 511

Gall, Andrew, Assoc Dir-Creative -- COPACINO + FUJIKADO, LLC, Seattle, WA, pg. 230

Gall, Jennifer Peterson, Client Svcs Dir-Wallrich Creative Comm -- WALLRICH, Sacramento, CA, pg. 1149

Gall, Melissa, Acct Exec -- PARRIS COMMUNICATIONS, INC., Kansas City, MO, pg. 1606

Gallagher, Bryn, Creative Dir -- Publicis Montreal, Montreal, Canada, pg. 904

Gallagher, Jared, Acct Exec-Digital -- KOCH COMMUNICATIONS, Oklahoma City, OK, pg. 1559

Gallagher, Jillian, Supvr-Creative -- THE MARTIN GROUP, LLC., Buffalo, NY, pg. 688

Gallagher, Katie, Acct Dir -- FIGLIULO&PARTNERS, LLC, New York, NY, pg. 380

Gallagher, Katie, Acct Mgr-PR & Mktg -- LAVOIEHEALTHSCIENCE, Boston, MA, pg. 1564

Gallagher, Katie, Acct Dir -- NAS Recruitment Communications, Acworth, GA, pg. 785

Gallagher, Kelly, VP & Grp Acct Supvr -- PIXACORE, New York, NY, pg. 874

Gallagher, Mike, Creative Dir -- HAGER SHARP INC., Washington, DC, pg. 1526

Gallagher, Scott, Dir-PR -- GARD COMMUNICATIONS, Portland, OR, pg. 409

Gallardo, Anastasia, Acct Supvr -- PRIMARY DESIGN INC, Haverhill, MA, pg. 889

Gallardo, Hugo, Grp Exec Creative Dir -- TBWA Roma, Rome, Italy, pg. 1083

Galle, Klaartje, Assoc Creative Dir -- N BBDO, Brussels, Belgium, pg. 103

Gallery, Meghan, Creative Dir -- WESTFOURTH COMMUNICATIONS, Arlington, VA, pg. 1682

Galletti, Ferdinando, Supvr-Art & Creative -- TBWA Italia, Milan, Italy, pg. 1083

Galli, Kathy, Dir-Creative Svcs -- Ogilvy, Chicago, IL, pg. 811

Galligan, Jim, Assoc Creative Dir -- JK DESIGN, Hillsborough, NJ, pg. 576

Galligan, Sherry, Supvr-Brdcst -- THE MARS AGENCY, Southfield, MI, pg. 686

Gallimore, Megan, Assoc Creative Dir -- COMMCREATIVE, Framingham, MA, pg. 221

Gallinat, Sara, Acct Dir -- MRM MCCANN, New York, NY, pg. 766

Gallino, Micaela, Sr Dir-Creative Art -- JOHANNES LEONARDO, New York, NY, pg. 1266

Gallitelli, Ashley, Mgr-PR-Soft Goods -- BUFFALO.AGENCY, Reston, VA, pg. 1459

Gallmann, Michael, Art Dir -- Advico Y&R AG, Zurich, Switzerland, pg. 1203

Gallo, Diego Verduzco, Creative Dir -- Teran TBWA, Mexico, Mexico, pg. 1092

Gallo, Matthew, Acct Dir -- HIGHDIVE ADVERTISING, Chicago, IL, pg. 499

Gallogly, Payton, Acct Supvr -- Fallon Minneapolis, Minneapolis, MN, pg. 360

Gallos, Christina, Media Dir -- JKR ADVERTISING & MARKETING, Maitland, FL, pg. 576

Galloway, Jon, Creative Dir -- CREATIVE CANNON, Amarillo, TX, pg. 240

Galloway, Maureen, Acct Dir -- OgilvyOne Worldwide, Chicago, IL, pg. 812

Galloway-Davis, Francheska, Assoc Creative Dir -- ARRIVALS + DEPARTURES, Toronto, Canada, pg. 1238

Gallus, Adrienne, Acct Coord-PR -- KFD PUBLIC RELATIONS, New York, NY, pg. 1558

Galonek, Gary, Principal-New Bus Dev -- ALL STAR INCENTIVE MARKETING, INC., Fiskdale, MA, pg. 1396

Galuskova, Jitka, Art Dir -- Ogilvy, Prague, Czech Republic, pg. 813

Galvan, David, Assoc Creative Dir -- SENSIS, Los Angeles, CA, pg. 1002

Galvao, Marcelo, Dir-Creative -- CREAXION, Atlanta, GA, pg. 246

Galvez, Toni, Acct Exec -- AD CLUB, Modesto, CA, pg. 1306

Galvin, Justin, VP, Creative Dir & Copywriter -- ARNOLD WORLDWIDE, Boston, MA, pg. 69

Galvis, Paola, Art Dir -- DDB Worldwide Colombia, S.A., Cali, Colombia, pg. 272

Galvis, Paola, Art Dir -- DDB Worldwide Colombia S.A., Bogota, Colombia, pg. 272

Galyapa, Vlad, Creative Dir -- Provid BBDO, Kiev, Ukraine, pg. 109

Gama, Luiz, Acct Supvr -- F/Nazca Saatchi & Saatchi, Sao Paulo, Brazil, pg. 981

Gamal, Khaled, Art Dir -- Impact BBDO, Jeddah, Saudi Arabia, pg. 108

Gamba, Mariano, Creative Dir -- THE COMMUNITY, Miami, FL, pg. 223

Gamba, Mariano, Creative Dir -- The Community, Buenos Aires, Argentina, pg. 224

Gambaretto, Adrian, Art Dir -- BBDO Argentina, Buenos Aires, Argentina, pg. 101

AGENCIES — PERSONNEL INDEX

Gamble, Jeffry, Chief Creative Officer -- mcgarrybowen, Shanghai, China, pg. 718

Gamble, Max, Creative Dir -- PLAN A ADVERTISING, Wilmington, NC, pg. 875

Gamblin, Olivier, Creative Dir -- Publicis Conseil, Paris, France, pg. 898

Gambolati, Erin, Acct Dir -- CROSSMEDIA, New York, NY, pg. 1317

Gambrell, Ryan, Acct Supvr-Adv Div -- Dalton Agency Atlanta, Atlanta, GA, pg. 258

Gamer, Richard, Creative Dir -- MASON, INC., Bethany, CT, pg. 691

Gamez, Jesus Luque, Exec Creative Dir -- OgilvyOne Worldwide, Madrid, Spain, pg. 817

Gammill, Christal, Acct Dir -- Publicis Dialog Boise, Boise, ID, pg. 905

Gammill, Christal, Acct Dir -- Publicis Dialog Boise, Boise, ID, pg. 913

Gammon, Kevin, Partner & Creative Dir -- TEAK, San Francisco, CA, pg. 1094

Gan, Jason, Art Dir -- ARNOLD WORLDWIDE, Boston, MA, pg. 69

Ganan, Ana, Creative Dir -- McCann Erickson S.A., Madrid, Spain, pg. 709

Gandarillas, Martin, Acct Dir -- Havas Worldwide Mexico, Mexico, Mexico, pg. 485

Gandolf, Stewart, CEO & Creative Dir -- HEALTHCARE SUCCESS STRATEGIES, Irvine, CA, pg. 492

Gangwere, Mike, Assoc Creative Dir -- JAJO, INC., Wichita, KS, pg. 570

Ganjei, John, Acct Exec-Digital -- QORVIS MSLGROUP, Washington, DC, pg. 1621

Gannon, Megan, Art Dir -- MARCUS THOMAS LLC, Cleveland, OH, pg. 679

Gans, Casey, Media Planner -- BLUE CHIP MARKETING WORLDWIDE, Northbrook, IL, pg. 138

Ganser, Matt, Creative Dir -- VSA PARTNERS, INC., Chicago, IL, pg. 1146

Ganson, Lindsey, Acct Supvr -- MP&F STRATEGIC COMMUNICATIONS, Nashville, TN, pg. 1586

Gant, Tim, VP-Creative Svcs -- CSSI CULINARY, Chicago, IL, pg. 251

Ganter, Julie Roth, Acct Supvr -- J. Walter Thompson Inside, Atlanta, GA, pg. 565

Gantner, Mindy, Pres & Media Dir -- EXPLORE COMMUNICATIONS, Denver, CO, pg. 1321

Ganz, Laura Yetter, Acct Dir -- ANALOGFOLK, New York, NY, pg. 55

Ganz, Laura Yetter, Acct Dir -- POSSIBLE NEW YORK, New York, NY, pg. 1280

Gaona, Quino Oneto, Exec Gen Dir-Creative -- Rapp Argentina, Buenos Aires, Argentina, pg. 932

Gapinske, Lisa, Acct Supvr -- SLEEK MACHINE, LLC, Boston, MA, pg. 1020

Garabito, Paco, Assoc Creative Dir -- LOPEZ NEGRETE COMMUNICATIONS, INC., Houston, TX, pg. 651

Garaizabal, Jaime Arostegui, Acct Dir -- Grupo Bassat, Ogilvy, Madrid, Spain, pg. 817

Garaventi, Jim, Founder, Partner & Creative Dir -- MECHANICA, Newburyport, MA, pg. 725

Garbarz, Michelle, Media Buyer -- MALLOF, ABRUZINO & NASH MARKETING, Carol Stream, IL, pg. 673

Garber, Israel, Mng Dir & Exec Creative Dir -- HAVAS WORLDWIDE, New York, NY, pg. 475

Garber, Israel, Mng Dir & Exec Creative Dir -- Havas Worldwide Tonic, New York, NY, pg. 477

Garbutt, Chris, Chief Creative Officer-Global -- TBWA/WORLDWIDE, New York, NY, pg. 1077

Garces, Carolina Parra, Art Dir -- TBWA/Colombia Suiza de Publicidad Ltda, Bogota, Colombia, pg. 1092

Garcia Moya, Hugo Mario, Creative Dir -- Ogilvy, Bogota, Colombia, pg. 820

Garcia, Abe, Creative Dir -- DIESTE, Dallas, TX, pg. 299

Garcia, Alisa Sera, Art Dir -- FCB Toronto, Toronto, Canada, pg. 366

Garcia, Allison, Dir-PR -- DESIGN AT WORK, Houston, TX, pg. 293

Garcia, Andres, Dir-Art & Creative -- Sancho BBDO, Bogota, Colombia, pg. 102

Garcia, Armando, Grp Creative Dir -- ZUBI ADVERTISING SERVICES, INC., Coral Gables, FL, pg. 1215

Garcia, Arturo, Acct Dir -- CORNERSTONE AGENCY, INC., New York, NY, pg. 1476

Garcia, Carlos, Art Dir -- Grey: REP, Bogota, Colombia, pg. 444

Garcia, Chad, VP & Creative Dir-Studio Z -- Zimmerman Advertising, New York, NY, pg. 1213

Garcia, Dennis, Creative Dir -- AD PARTNERS INC., Tampa, FL, pg. 24

Garcia, Eric F., Owner & Creative Dir -- EFG CREATIVE INC., Rio Rancho, NM, pg. 332

Garcia, Erin Hoover, Mgr-New Bus Roll-out -- ROSEN, Portland, OR, pg. 968

Garcia, Gab, Art Dir -- BBDO Guerrero, Makati, Philippines, pg. 114

Garcia, Gabriel, Exec Creative Dir -- LATINWORKS MARKETING, INC., Austin, TX, pg. 612

Garcia, Gus, Media Dir -- BOTTOM LINE MARKETING, Marquette, MI, pg. 149

Garcia, Jacqui, Assoc Dir-Creative -- &BARR, Orlando, FL, pg. 55

Garcia, Jamie, Art Dir-Digital -- FARM, Depew, NY, pg. 362

Garcia, Jillian, Acct Supvr-Mercedes-Benz USA -- Epsilon, New York, NY, pg. 345

Garcia, Mauricio, Creative Dir -- Wunderman, Santiago, Chile, pg. 1190

Garcia, Nestor, Exec Creative Dir -- LOLA MullenLowe, Madrid, Spain, pg. 542

Garcia, Paco, Head-Creative Comm & Branded Content & Creative Dir -- TRIBAL WORLDWIDE, New York, NY, pg. 1295

Garcia, Pedro, Acct Supvr -- CREATIVEONDEMAND, Coconut Grove, FL, pg. 246

Garcia, Ricardo Sanchez, Art Dir -- Grey Mexico, S.A. de C.V, Mexico, Mexico, pg. 444

Garcia, Rizza, Art Dir & Assoc Creative Dir -- Publicis JimenezBasic, Makati, Philippines, pg. 910

Garcia, Silvia Montes, Art Dir -- ENE Life, Barcelona, Spain, pg. 455

Garcia, Suzy, Dir-PR -- SCATENA DANIELS COMMUNICATIONS, INC., San Diego, CA, pg. 994

Garcia, Tom, Creative Dir -- Leo Burnett Belgium, Brussels, Belgium, pg. 624

Garcia, Yirayah, Creative Dir -- UWG, Dearborn, MI, pg. 1129

Gardello, Pierre-Olivier, Art Dir -- Havas Worldwide Geneva, Geneva, Switzerland, pg. 482

Gardiner, Chris, Assoc Creative Dir -- SANDSTROM PARTNERS, Portland, OR, pg. 1286

Gardiner, Daryl, Grp Creative Dir -- DDB VANCOUVER, Vancouver, Canada, pg. 267

Gardiner, Hannah, Acct Supvr -- J PUBLIC RELATIONS, San Diego, CA, pg. 1407

Gardiner, Kendall, Acct Exec -- THE MARTIN AGENCY, Richmond, VA, pg. 687

Gardiner, Lauren, Assoc Strategist-Creative -- REACH AGENCY, Santa Monica, CA, pg. 935

Gardiner, Ryan, Acct Dir -- MCKINNEY, Durham, NC, pg. 719

Gardner, April I., Chief Creative Officer & Chief Strategy Officer -- ARGUS, Boston, MA, pg. 67

Gardner, Audrey, Acct Exec -- EAG ADVERTISING & MARKETING, Kansas City, MO, pg. 328

Gardner, Audrey, Acct Exec -- ENTREPRENEUR ADVERTISING GROUP, Kansas City, MO, pg. 342

Gardner, Joanna, Acct Dir -- E/LA (EVERYTHINGLA), Los Angeles, CA, pg. 327

Gardner, Kelly, Acct Exec -- KCD PUBLIC RELATIONS, San Diego, CA, pg. 1552

Garella, Christie, Acct Dir -- DANCIE PERUGINI WARE PUBLIC RELATIONS, Houston, TX, pg. 1480

Gargan, Julie, Exec Creative Dir -- TVGLA, Los Angeles, CA, pg. 1123

Gargan, Madison, Acct Dir -- FITZGERALD & CO, Atlanta, GA, pg. 386

Gargano, Carolyn, Sr Grp Creative Dir -- W2O GROUP, San Francisco, CA, pg. 1148

Gariepy, Roger, Creative Dir -- DentsuBos, Toronto, Canada, pg. 291

Gariepy, Roger, Creative Dir -- DENTSUBOS, Montreal, Canada, pg. 291

Garin, Sebastian, Exec Creative Dir -- GALLEGOS UNITED, Huntington Beach, CA, pg. 408

Garin, Tomas, Creative Dir -- BBDO Chile, Santiago, Chile, pg. 102

Garland, Helene, Acct Exec -- RECRUITSAVVY, Mahwah, NJ, pg. 938

Garlanger, Kara, Acct Supvr -- 78MADISON, Dayton, OH, pg. 12

Garman, Mark, VP & Creative Dir -- Allen & Gerritsen, Philadelphia, PA, pg. 46

Garnand, Stacy, Acct Dir -- ROUNDHOUSE, Portland, OR, pg. 969

Garneau, Philippe, Pres & Exec Creative Dir -- GWP BRAND ENGINEERING, Toronto, Canada, pg. 456

Garner, Lonnie, Art Dir -- MELT, Atlanta, GA, pg. 730

Garner, Mike, Head-Creative Strategy -- Ogilvy, Dublin, Ireland, pg. 815

Garnett, Amber, Acct Exec -- STRATACOMM, LLC, Washington, DC, pg. 1052

Garnier, Laurie, Exec VP & Exec Creative Dir-Healthcare -- PUBLICIS NEW YORK, New York, NY, pg. 912

Garolera, Gerard, Creative Dir -- RED FUSE COMMUNICATIONS, INC., New York, NY, pg. 939

Garrett, Brian, VP & Media Dir -- LEWIS COMMUNICATIONS, Birmingham, AL, pg. 636

Garrett, Brian, VP & Media Dir -- Lewis Communications, Mobile, AL, pg. 636

Garrett, Stu, Creative Dir -- DOREMUS, New York, NY, pg. 316

Garrido, Luiggi Delgado, Sr Creative Dir -- TBWA Peru, Lima, Peru, pg. 1093

Garrison, Emily, Acct Exec -- Chemistry Atlanta, Atlanta, GA, pg. 205

Garrison, Katy, Grp Head-Creative -- BRUNET-GARCIA ADVERTISING, INC., Jacksonville, FL, pg. 169

Garrity, Patricia, Acct Dir -- Fenton, San Francisco, CA, pg. 377

Garschina, Rosie, Creative Dir -- TROLLBACK + COMPANY, New York, NY, pg. 1119

Garske, Seth, Sr VP & Media Dir -- Spark Foundry, New York, NY, pg. 1366

Garten, Emma, Acct Supvr -- LINHART PUBLIC RELATIONS, Denver, CO, pg. 1568

Garth, Heather, Art Dir -- Swanson Russell Associates, Omaha, NE, pg. 1065

Garton, Danielle, Acct Coord -- TREBLE PUBLIC RELATIONS, Austin, TX, pg. 1662

Garton, Robin, Creative Dir -- The&Partnership London, London, United Kingdom, pg. 56

Garvey, Chris, Creative Dir -- Turner Duckworth, San Francisco, CA, pg. 903

Garvey, Keith, VP & Acct Dir-Mktg-Colangelo Synergy -- COLANGELO, Darien, CT, pg. 218

Garvey, Liz, Creative Dir -- FLYNN WRIGHT, Des Moines, IA, pg. 390

Garvin, Kate, Acct Exec -- J.T. MEGA FOOD MARKETING COMMUNICATIONS, Minneapolis, MN, pg. 584

Gary, Emily Wannarka, Acct Dir -- PROOF ADVERTISING, Austin, TX, pg. 893

Garza, Manny, Creative Dir -- FANTICH MEDIA GROUP, McAllen, TX, pg. 361

Garza, Paco, Pres & Sr Creative Dir -- GARZA CREATIVE GROUP, Dallas, TX, pg. 411

Garza, Raul, Co-Founder & Creative Dir -- TKO ADVERTISING, Austin, TX, pg. 1106

Garza, Sean, Creative Dir -- EISEN MANAGEMENT GROUP, Erlanger, KY, pg. 333

Garzon, Roxane, Media Dir -- CASANOVA PENDRILL, Costa Mesa, CA, pg. 192

Gasbarro, Vincenzo, Partner & Creative Dir -- M&C Saatchi Milan, Milan, Italy, pg. 660

Gasna, Ragne, Acct Dir -- DDB Estonia Ltd., Tallinn, Estonia, pg. 273

Gasowski, Igor, Pres & Chief Creative Officer -- BOLDIUM LLC, Berkeley, CA, pg. 145

Gasper, Debi, CEO & Creative Dir -- THE AD AGENCY, Washington, DC, pg. 23

Gasper, Jim, Partner & Creative Dir -- MEYERS + PARTNERS, Chicago, IL, pg. 736

Gasque, Ken, Creative Dir, Planner-Mktg & Designer -- GASQUE ADVERTISING, INC., West Columbia, SC, pg. 411

Gatdula, Nichi, Art Dir -- Publicis JimenezBasic, Makati, Philippines, pg. 910

Gatdula, Regina, Acct Dir-Client Strategy -- ORION TRADING, New York, NY, pg. 1360

Gatewood, Chris, Exec Creative Dir -- VELOWERKS, San Francisco, CA, pg. 1299

Gathy, Olivia, Acct Dir -- J. Walter Thompson, Brussels, Belgium, pg. 559

Gatlin, Gregory, Art Dir -- ATOMIC WASH, Norcross, GA, pg. 76

Gatlin, Tom, Art Dir-Creative Svcs Dept -- DVL SEIGENTHALER, Nashville, TN, pg. 1489

Gato, Fangchi, Art Dir -- WEDNESDAY, New York, NY, pg. 1156

Gatti, Luis Paulo, Assoc Creative Dir-Dubai -- SAATCHI & SAATCHI, New York, NY, pg. 975

Gatti, Michael, Creative Dir -- GYK ANTLER, Manchester, NH, pg. 457

Gattin, Allyson Pittman, Acct Exec -- GHIDOTTI COMMUNICATIONS, Little Rock, AR, pg. 1517

Gatto, Alexis, Media Dir & Sr Acct Exec -- HERRMANN

PERSONNEL INDEX — AGENCIES

ADVERTISING DESIGN/COMMUNICATIONS, Annapolis, MD, pg. 497
Gatto, Michael, Creative Dir-Digital -- PHIRE GROUP, Ann Arbor, MI, pg. 869
Gaucys, Peter, Chief Creative Officer -- PUBLICIS EXPERIENCES, Seattle, WA, pg. 896
Gaudino, Lou-Anne, Acct Dir-Global -- ANDERSON DDB HEALTH & LIFESTYLE, Toronto, Canada, pg. 57
Gauen, Bob, Creative Dir -- LEINICKE GROUP, Saint Louis, MO, pg. 620
Gauffin, Alexander, Acct Dir -- MediaCom Sverige AB, Stockholm, Sweden, pg. 1347
Gault, Christine, Assoc Creative Dir -- CARMICHAEL LYNCH, Minneapolis, MN, pg. 189
Gaumont, Damon, Creative Dir -- EMERGE INTERACTIVE, Portland, OR, pg. 338
Gaur, Arjuna, Exec Creative Dir -- Leo Burnett India, New Delhi, India, pg. 630
Gauss, Dan, Sr Acct Exec-PR -- KOROBERI, Durham, NC, pg. 1267
Gauss, Mike, Acct Dir -- ARTICULON MCKEEMAN, Raleigh, NC, pg. 1435
Gauthier, Anthony, Acct Supvr-Paid Media & Digital Strategy -- Porter Novelli Public Services, Washington, DC, pg. 1613
Gauthier, Jacob, Art Dir -- RETHINK, Vancouver, Canada, pg. 951
Gauthier, Maddie, Acct Dir -- WAX PARTNERSHIP, Calgary, Canada, pg. 1154
Gauthier, Mallory, Acct Exec -- BBR CREATIVE, Lafayette, LA, pg. 116
Gauthier, Patty, Dir-Creative Svcs -- CATALYST, Providence, RI, pg. 194
Gauthier-Roy, Ariane, Acct Supvr -- Publicis NetWorks, Toronto, Canada, pg. 904
Gavazzoni, Chris, VP-Creative Svcs -- SANDBOX CHICAGO, Chicago, IL, pg. 989
Gavrelos, Ahna, Acct Supvr -- Integrate Agency, Houston, TX, pg. 1682
Gawrysiak, Jacob, Assoc Creative Dir -- ZULU ALPHA KILO, Toronto, Canada, pg. 1216
Gay, Catalina, Acct Exec -- The Community, Buenos Aires, Argentina, pg. 224
Gay, Matt, Art Dir -- Adam & EveDDB, London, United Kingdom, pg. 281
Gaydosh, Kevin, Dir-PR & Planner-Strategic -- O'BRIEN ET AL. ADVERTISING, Virginia Beach, VA, pg. 805
Gayer, Kelly, VP & Creative Dir -- ASHER AGENCY, INC., Fort Wayne, IN, pg. 73
Gayle, Alexis, Creative Dir -- WEST CARY GROUP, Richmond, VA, pg. 1159
Gaylord, Jeff, Acct Dir -- MILLENNIUM COMMUNICATIONS, INC., Syosset, NY, pg. 741
Gaylord, Page, Media Dir -- ANTHOLOGY MARKETING GROUP, Honolulu, HI, pg. 1433
Gaynes, Alex Adema, Creative Dir-Digital -- DDB Barcelona S.A., Barcelona, Spain, pg. 280
Gaynes, Alex Adema, Creative Dir-Digital -- DDB Madrid, S.A., Madrid, Spain, pg. 280
Gaynor, Christopher, Acct Dir & Strategist-Digital -- Wavemaker, Dublin, Ireland, pg. 1382
Gayton, Rick, Art Dir -- Adam & EveDDB, London, United Kingdom, pg. 281
Gearino, Laura, VP & Mgr-Brdcst Bus Affairs -- MCKINNEY, Durham, NC, pg. 719
Gearon, Rowan, VP-Creative Svcs -- ADCETERA GROUP, Houston, TX, pg. 27
Geary, Shaun, Acct Dir -- McCann Erickson Advertising Ltd., London, United Kingdom, pg. 711
Geary, Tom, Partner & Exec Creative Dir -- SCHOOL OF THOUGHT, San Francisco, CA, pg. 996
Gebara, Omar, Creative Dir -- Horizon FCB Kuwait, Kuwait, Kuwait, pg. 369
Gebhardt, Maximilian, Creative Dir -- Anomaly, London, United Kingdom, pg. 59
Gebhardt, Maximilian, Creative Dir -- Anomaly, London, United Kingdom, pg. 721
Gebler, James, Creative Dir -- CLM BBDO, Boulogne-Billancourt, France, pg. 104
Geddes, Nichole, Creative Dir -- TWOFIFTEENMCCANN, San Francisco, CA, pg. 1124
Gedies, Alexa, Acct Exec -- MULLENLOWE GROUP, Boston, MA, pg. 770
Gee, Alan, Chm-Creative -- ARRIVALS + DEPARTURES, Toronto, Canada, pg. 1238
Geherin, Jenna, Acct Exec -- UNDERTONE, New York, NY, pg. 1126
Gehlhausen, Greg, Assoc Creative Dir -- GRAY LOON MARKETING GROUP, INC., Evansville, IN, pg. 433
Gehman, Rebecca, Acct Dir -- DEVELOPMENT COUNSELLORS INTERNATIONAL, LTD., New York, NY, pg. 296
Gehring, Lisa, Acct Supvr -- Geometry Global, Chicago, IL, pg. 415
Gehrke, Robbin, Sr VP-Creative Strategy & Integration -- ONE & ALL, Pasadena, CA, pg. 838
Geile, David, Mng Partner & Creative Dir -- GEILE LEON MARKETING COMMUNICATIONS, Saint Louis, MO, pg. 414
Geis, Lara, Dir-Brdcst -- LAIR, New York, NY, pg. 607
Geise, Allie, Art Dir -- Laughlin/Constable, Inc., Chicago, IL, pg. 614
Geiser, Claire, Acct Supvr -- BUTLER/TILL, Rochester, NY, pg. 1313
Geisler, Alexandra, Acct Exec -- HARVEY & DAUGHTERS, INC./ H&D BRANDING, Sparks, MD, pg. 471
Geisler, Kate, Acct Exec -- MSA: THE THINK AGENCY, Durham, NC, pg. 769
Geisler, Lauren, Sr Art Dir -- Deutsch New York, New York, NY, pg. 295
Geismar, Lauren, Acct Supvr -- FCB West, San Francisco, CA, pg. 365
Gel, Yavuzhan, Creative Dir -- Havas Worldwide Istanbul, Istanbul, Turkey, pg. 482
Gelardi, Jay, Exec Creative Dir -- PHENOMENON, Los Angeles, CA, pg. 868
Gelb, Michael, Media Planner -- ALLSCOPE MEDIA, New York, NY, pg. 49
Gelbecke, Monica, Dir-Mktg & New Bus -- F.biz, Sao Paulo, Brazil, pg. 1183
Gelbrich, Oliver, Dir-Creative & Digital -- Saatchi & Saatchi, Frankfurt am Main, Germany, pg. 977
Gelemanovic, Sasha, Art Dir -- MILLER AD AGENCY, Dallas, TX, pg. 741
Gelfand, Morgan, Art Dir -- THE VIA AGENCY, Portland, ME, pg. 1136
Geli, Jessica, Acct Dir-Singapore -- Publicis Manila, Makati, Philippines, pg. 910
Gelleny, Mario, Art Dir -- RAIN43, Toronto, Canada, pg. 929
Gellos, John, Partner & Creative Dir -- CONCEPT FARM, Long Is City, NY, pg. 226
Gembarski, Robert, Acct Exec-Digital -- SKIVER, Newport Beach, CA, pg. 1019
Genauer, Jeanine, Principal-PR -- THE JPR GROUP LLC, Montclair, NJ, pg. 1550
Genc, Sukran, Art Dir -- Manajans Thompson Istanbul, Istanbul, Turkey, pg. 561
Geneivive, Mike, Mgr-Creative Strategy -- FRACTL, Delray Beach, FL, pg. 395
Genghi, Michele, Creative Dir -- Landor Associates, Milan, Italy, pg. 609
Gengler, Elle, Acct Supvr -- BVK, Milwaukee, WI, pg. 178
Genovese, Domenica, Partner-Creative -- GREATEST CREATIVE FACTOR, Reedsville, PA, pg. 434
Genovesi, Sonia, Acct Exec -- COMUNIKA, Montreal, Canada, pg. 225
Gentile, Katherine, Acct Exec -- MARKETLOGIC, Doral, FL, pg. 1411
Gentile, Kevin, Creative Dir & Art Dir -- GREY GROUP, New York, NY, pg. 438
Gentile, Mike, Exec Creative Dir -- MADISON AVENUE SOCIAL, New York, NY, pg. 669
Geoffrion, Seth H., Founder & Creative Dir -- VRRB INTERACTIVE, Los Angeles, CA, pg. 1146
Geoghegan, Troy, Art Dir -- DDB Canada, Toronto, Canada, pg. 267
George, Angus, Creative Dir -- Ogilvy EMEA, London, United Kingdom, pg. 818
George, Brandon, Assoc Creative Dir -- Digitas, Atlanta, GA, pg. 1252
George, Danielle, Project Mgr & Acct Exec -- DYNAMIC INC, Sheboygan, WI, pg. 327
George, John, VP & Creative Dir -- LOVIO GEORGE INC., Detroit, MI, pg. 1571
George, Jonathan, Creative Dir -- Wieden + Kennedy India, New Delhi, India, pg. 1166
George, Lindsey, Deputy Head-Acct Mgmt & Acct Dir-Bd -- Leo Burnett, Ltd., London, United Kingdom, pg. 624
George, Matt, Creative Dir -- TRACTORBEAM, Dallas, TX, pg. 1112
George, Melanie, Acct Exec -- Asher Agency, Inc., Charleston, WV, pg. 74
Georgi, Matt, VP & Creative Dir -- CALDWELL VANRIPER, Indianapolis, IN, pg. 182
Georgiev, Sergei, Art Dir -- Publicis Marc, Sofia, Bulgaria, pg. 897
Georgieva, Anna, Art Dir -- Publicis Marc, Sofia, Bulgaria, pg. 897
Georgis, Shelby, Creative Dir -- DDB Chicago, Chicago, IL, pg. 268
Ger, Margot, Head-Brdcst & Content Production -- TBWA Melbourne, Melbourne, Australia, pg. 1088
Geraldo, Max, Exec Creative Dir -- ARNOLD WORLDWIDE, Boston, MA, pg. 69
Geranzani, Marco, Dir-Client Creative -- Ogilvy, Milan, Italy, pg. 815
Gerber, James, Acct Dir -- MARCH COMMUNICATIONS, Boston, MA, pg. 1575
Gerber, Scott, Assoc Creative Dir -- Publicis Hawkeye, Charlotte, NC, pg. 1282
Gerchak, Andrew, VP & Creative Dir -- AREA 23, New York, NY, pg. 67
Gerdts, Lori, VP & Creative Dir -- IN FOOD MARKETING, Minneapolis, MN, pg. 529
Gergely, Caroline, Acct Coord -- THE CYPHERS AGENCY, INC., Annapolis, MD, pg. 256
Gerich, Jennifer, Partner-Mktg & New Bus Dev -- CAMPOS CREATIVE WORKS, Santa Monica, CA, pg. 186
Germaine, Lera, Acct Exec -- CLEAN DESIGN, INC., Raleigh, NC, pg. 212
Gerrans, Angie, Acct Dir -- FAIRLY PAINLESS ADVERTISING, Holland, MI, pg. 359
Gerrard, Hana, Dir-Creative Svcs -- McCann-Erickson Communications House Ltd, Macclesfield, Prestbury, United Kingdom, pg. 712
Gerringer, Emily, Acct Exec -- SOKAL MEDIA GROUP, Raleigh, NC, pg. 1027
Gershon, Geva, Art Dir -- McCann Erickson, Tel Aviv, Israel, pg. 705
Gershoni, Gil, Co-Founder & Creative Dir -- GERSHONI, San Francisco, CA, pg. 417
Gerstner, Tony, Acct Dir -- BOHAN, Nashville, TN, pg. 144
Gestri, Alberto, Acct Supvr -- OUTCAST COMMUNICATIONS, San Francisco, CA, pg. 1603
Getachew, Daniel, Acct Dir -- GREENRUBINO, Seattle, WA, pg. 436
Gettelfinger, Megan, Mgr-Print Production -- DOE-ANDERSON, Louisville, KY, pg. 312
Getz, Hannah, Acct Supvr -- M/H VCCP, San Francisco, CA, pg. 664
Geuter, Sam, Acct Dir -- Adam & EveDDB, London, United Kingdom, pg. 281
Gharat, Mahesh, Chief Creative Officer & Copywriter -- Ogilvy, Bengaluru, India, pg. 823
Ghazaly, Yan, Assoc Creative Dir -- Naga DDB Sdn. Bhd., Petaling Jaya, Malaysia, pg. 277
Gheorghe, Monica, Mgr-Traffic -- Geometry Global, Bucharest, Romania, pg. 441
Gheorghiu, Mihnea, Creative Dir-Digital -- Publicis, Bucharest, Romania, pg. 901
Gheorghiu, Mihnea, Creative Dir -- Publicis Italia, Milan, Italy, pg. 899
Ghilino, Luca, Dir-Client Creative -- D'Adda, Lorenzini, Vigorelli, BBDO, Milan, Italy, pg. 106
Ghiretti, Silvia, Acct Supvr -- Publicis, Rome, Italy, pg. 900
Ghorayeb, Malek, Reg Exec Creative Dir-Levant -- H&C, Leo Burnett, Beirut, Lebanon, pg. 625
Ghosh, Aniruddha, Dir-Creative & Art -- Leo Burnett India, New Delhi, India, pg. 630
Ghosh, Rahul, Sr VP & Sr Creative Dir -- Contract Advertising (India) Limited, Mumbai, India, pg. 555
Ghosh, Ronojoy, Creative Dir -- Grey Group Malaysia, Kuala Lumpur, Malaysia, pg. 447
Ghosh, Ronojoy, Creative Dir -- whiteGREY, Cremorne, Australia, pg. 445
Ghosh, Shagorika, Acct Dir -- IW GROUP, INC., West Hollywood, CA, pg. 551
Ghosh, Sumonto, Sr Creative Dir -- J. Walter Thompson, Kolkata, India, pg. 557
Ghosh, Sumonto, Sr Creative Dir -- J. Walter Thompson, Mumbai, India, pg. 556
Giacomo, Guiga, Exec Creative Dir-Brazil -- TRIBAL WORLDWIDE, New York, NY, pg. 1295
Giacomotti, Federica, Acct Supvr -- Y&R Italia, srl, Milan, Italy, pg. 1203
Giambattista, Gerry, VP & Art Dir -- NEWTON ASSOCIATES MARKETING COMMUNICATIONS, INC., Plymouth Meeting, PA, pg. 793
Giambrone, Janine, Acct Supvr -- MENTUS, San Diego, CA, pg.

730
Giambrone, Ken, Principal & Chief Creative Officer -- GIAMBRONE + PARTNERS, Cincinnati, OH, pg. 418
Giambrone, Mark, Principal & Exec Dir-Creative -- GIAMBRONE + PARTNERS, Cincinnati, OH, pg. 418
Giambrone, Voni, Acct Exec -- GAMS COMMUNICATIONS, Chicago, IL, pg. 409
Giancarlini, Cristiano, Media Planner -- Wavemaker, Milan, Italy, pg. 1382
Giandurco, Vincent, Acct Dir -- THE VOICE, Fairfield, CT, pg. 1145
Gianesi, Edgard, Creative Dir -- DAVID, Sao Paulo, Brazil, pg. 261
Gianotti, Jessa, Acct Supvr -- OGILVY, New York, NY, pg. 1598
Gibaldi, Gabriel, Dir-PR -- DISNEY'S YELLOW SHOES CREATIVE GROUP/WALT DISNEY PARKS & RESORTS, Lake Buena Vista, FL, pg. 1221
Gibbons, Anne Peck, Owner & Creative Dir -- GIBBONS/PECK MARKETING COMMUNICATION, Greenville, SC, pg. 419
Gibbons, Kaitlyn, Acct Exec -- GKV COMMUNICATIONS, Baltimore, MD, pg. 421
Gibbons, Roland, Co-Owner & Chief Creative Officer -- GS&F, Nashville, TN, pg. 453
Gibbs, Haley, Acct Exec -- THE ABBI AGENCY, Reno, NV, pg. 1425
Gibbs, Kendall, Acct Dir -- IPROSPECT, Fort Worth, TX, pg. 1335
Giberti, Jim, Pres & Creative Dir -- THE IMAGINATION COMPANY, Bethel, VT, pg. 525
Gibney, Shannon, Assoc Creative Dir -- CP+B BOULDER, Boulder, CO, pg. 235
Gibson, Casey, Project Mgr & Acct Exec -- APPLE ROCK, Greensboro, NC, pg. 1396
Gibson, Dan, Creative Dir -- ARCHRIVAL, Lincoln, NE, pg. 66
Gibson, Greg, Dir-Brdcst Production -- THE RICHARDS GROUP, INC., Dallas, TX, pg. 956
Gibson, Jim, Exec Creative Dir -- LIQUID AGENCY, INC., San Jose, CA, pg. 644
Gibson, John, Creative Dir -- SIGNAL INC., Raleigh, NC, pg. 1012
Gibson, Kristy, Acct Exec -- O'BRIEN ET AL. ADVERTISING, Virginia Beach, VA, pg. 805
Gibson, Leigh, Acct Dir -- INTREPID, Salt Lake City, UT, pg. 1544
Gibson, Melissa, Media Dir & Bus Mgr -- ACCESS ADVERTISING + PR, Roanoke, VA, pg. 19
Gibson, Paige, Media Planner -- ZENITH USA, New York, NY, pg. 1391
Gibson, Randy, Dir-Creative Svcs-The minnow PROJECT -- ARADIUS GROUP, Omaha, NE, pg. 64
Gibson, Shane, Creative Dir -- M&C Saatchi, Sydney, Australia, pg. 661
Gibson, Simon, Assoc Creative Dir -- R/GA, New York, NY, pg. 925
Gidley, Jake, Acct Exec -- Adam & EveDDB, London, United Kingdom, pg. 281
Gier, George, Chief Creative Officer -- Epsilon, Itasca, IL, pg. 345
Gifford, Ryan, Art Dir -- BBH NEW YORK, New York, NY, pg. 115
Gigante, Paul, CEO & Chief Creative Officer -- GIGANTE VAZ PARTNERS ADVERTISING, INC., New York, NY, pg. 419
Giglio, Katelyn, Acct Supvr -- 22squared Inc., Tampa, FL, pg. 4
Gigliotti, Antonio, Creative Dir-Global Fixodent P&G -- Saatchi & Saatchi Healthcare, Milan, Italy, pg. 978
Gigliotti, Cassie, Media Planner -- MullenLowe Mediahub, Boston, MA, pg. 771
Gignac, Christine, Grp Creative Dir -- ANOMALY, New York, NY, pg. 59
Gil, Alexandra, Acct Exec -- CASTER COMMUNICATIONS, INC., Wakefield, RI, pg. 1464
Gilan, Carmel, Art Dir -- BBR Saatchi & Saatchi, Ramat Gan, Israel, pg. 977
Gilbert, Colleen, Media Dir -- SAPIENTRAZORFISH NEW YORK, New York, NY, pg. 1286
Gilbert, John, Group Creative Dir -- QUENCH, Harrisburg, PA, pg. 922
Gilbert, Leigh, Creative Dir -- TBWA\London, London, United Kingdom, pg. 1086
Gilbert, Matthew, Chief Creative Officer -- BAYARD ADVERTISING AGENCY, INC., New York, NY, pg. 96
Gilbert, Rhonda, VP & Acct Dir -- GEOMETRY GLOBAL, Bentonville, AR, pg. 415
Gilbert, William, Assoc Creative Dir -- ZEHNDER COMMUNICATIONS, INC., New Orleans, LA, pg. 1210
Gilbertson, Irina, Acct Dir-Integrated -- THE TERRI & SANDY SOLUTION, New York, NY, pg. 1097
Gilbertson, Krista, Sr Acct Exec-PR -- THE FERRARO GROUP, Las Vegas, NV, pg. 1504
Gilbreth, Jason, Acct Supvr -- TREVELINO/KELLER, Atlanta, GA, pg. 1662

Gilchrist, John, Acct Supvr -- CUTWATER, San Francisco, CA, pg. 255
Gile, Rodney, Creative Dir -- ELLINGSEN BRADY ADVERTISING (EBA), Milwaukee, WI, pg. 337
Giles, Dave, Creative Dir -- THE BAM CONNECTION, Brooklyn, NY, pg. 86
Gilham, Catherine, Media Dir -- Blue 449, Seattle, WA, pg. 1311
Gilham, Catherine, Media Dir -- Blue 449, Plano, TX, pg. 1310
Gilhooly, Thomas, Supvr-Creative -- ERIC MOWER + ASSOCIATES, Syracuse, NY, pg. 346
Gililland, Brian, Partner-Creative -- FREESTYLE CREATIVE, Moore, OK, pg. 397
Gill, Brian, Creative Dir -- SID LEE, Montreal, Canada, pg. 1010
Gill, Slade, Creative Dir -- SAATCHI & SAATCHI, New York, NY, pg. 975
Gill-Erhart, Mariah, Art Buyer & Jr Producer -- MEKANISM, San Francisco, CA, pg. 729
Gillentine, Tricia, Assoc Creative Dir -- SPARKS GROVE, Atlanta, GA, pg. 1032
Gilles, Molly, Acct Supvr -- Ogilvy, Chicago, IL, pg. 811
Gillespie, Andrea, Mgr-PR -- LOSASSO INTEGRATED MARKETING, Chicago, IL, pg. 652
Gillespie, Colin, Art Dir & Sr Designer -- NAIL COMMUNICATIONS, Providence, RI, pg. 783
Gillespie, Jennifer, Sr Acct Exec-PR -- DIAMOND PUBLIC RELATIONS, Miami, FL, pg. 1484
Gillespie, Jordan Noelle, Acct Supvr -- HILL HOLLIDAY/NEW YORK, New York, NY, pg. 501
Gillespie, Sean, VP-Creative -- GILLESPIE GROUP, Wallingford, PA, pg. 420
Gillette, Heather, Acct Supvr -- MINTZ & HOKE COMMUNICATIONS GROUP, Avon, CT, pg. 746
Gilley, Trevor, Art Dir -- Mother New York, New York, NY, pg. 763
Gilliam, Frank, Principal & Creative Dir-Elevation -- SWANSON R, Richmond, VA, pg. 1064
Gillingham, Andrew, Art Dir & Creative Dir -- AGENCY59, Toronto, Canada, pg. 39
Gillingham, Andrew, Creative Dir -- Agency59 Response, Toronto, Canada, pg. 40
Gillis, Bhreigh, Acct Exec -- BBDO Toronto, Toronto, Canada, pg. 100
Gillis, Hannah, Acct Exec & Strategist-Media -- HATCH MARKETING, Boston, MA, pg. 471
Gillis, Kelly, Media Buyer -- MASS MEDIA MARKETING, Augusta, GA, pg. 691
Gillispie, Zebbie, VP & Creative Dir-Digital -- SCOUT MARKETING, Atlanta, GA, pg. 998
Gillotte, Emese, Art Dir -- DDB Budapest, Budapest, Hungary, pg. 275
Gilman, Chris, VP & Creative Dir -- Alcone Marketing Group, Wilton, CT, pg. 1395
Gilman, Jessica, Specialist-PR -- VREELAND MARKETING & DESIGN, Yarmouth, ME, pg. 1146
Gilmore, Gary, Creative Dir-Interactive -- ACCESS ADVERTISING + PR, Roanoke, VA, pg. 19
Gilmore, Matt, Creative Dir -- Possible, Seattle, WA, pg. 1189
Gilmore, Matt, Creative Dir -- Possible, Seattle, WA, pg. 1181
Gimber, Jane, Acct Dir -- Fleishman-Hillard, Brussels, Belgium, pg. 1510
Gines, Guillermo, Chief Creative Officer -- TBWA Espana, Madrid, Spain, pg. 1085
Ginger, Frank, Creative Dir -- Adam & EveDDB, London, United Kingdom, pg. 281
Ginos, Becky, Assoc Creative Dir -- BATTERY, Los Angeles, CA, pg. 96
Ginsberg, Carly, Acct Exec -- LFB MEDIA GROUP, New York, NY, pg. 1567
Ginsberg, Frank, Founder, Chm & CEO-Creative -- AFG&, New York, NY, pg. 37
Ginsberg, Martha Kate, VP & Sr Producer-Creative-Knowledge & Brand Assets Comm -- PORTER NOVELLI, New York, NY, pg. 1612
Ginsborg, Martin Peters, Exec Creative Dir -- Uncle Grey A/S, Arhus, Denmark, pg. 440
Gioffre, Iacopo, Art Dir-Digital -- Publicis Italia, Milan, Italy, pg. 899
Giordano, Anthony, Sr Creative Dir -- Jack Morton Worldwide, Detroit, MI, pg. 568
Giordano, Atria Medina, Acct Dir -- Publicis Arredondo de Haro, Mexico, Mexico, pg. 907
Giordano, Erin, Dir-Brdcst-Natl -- JL MEDIA DIRECT RESPONSE, Union, NJ, pg. 577
Giordano, Mario, Art Dir -- DDB S.r.L. Advertising, Milan, Italy, pg. 276

Giordonello, Thomas, Acct Exec -- THE ROSEN GROUP, New York, NY, pg. 1634
Giovannoli, Marco, Art Dir & Supvr-Stv DDB -- DDB S.r.L. Advertising, Milan, Italy, pg. 276
Gipper, Samantha, Art Dir -- AMPERAGE, Cedar Falls, IA, pg. 53
Giraldo, Lukas Calderon, Creative Dir -- Leo Burnett Colombia, S.A., Bogota, Colombia, pg. 623
Giraldo, Miguel, Creative Dir -- El Taier DDB, Guatemala, Guatemala, pg. 274
Girandola, David, Recruiter-Creative -- 72andSunny, Brooklyn, NY, pg. 12
Girard, Brock, Creative Dir -- WILLIAMS/CRAWFORD & ASSOCIATES, Fort Smith, AR, pg. 1168
Girard, Christine, Art Dir -- Cossette Communication-Marketing (Montreal) Inc., Montreal, Canada, pg. 233
Girard, Mike, Creative Dir -- PEARL BRANDS, Fort Myers, FL, pg. 861
Girard, Peter, Acct Exec -- CASTER COMMUNICATIONS, INC., Wakefield, RI, pg. 1464
Gire, Mack, Art Dir -- TBWA\Chiat\Day Los Angeles, Los Angeles, CA, pg. 1077
Girolamo, Marissa, Acct Supvr -- Porter Novelli-Los Angeles, Los Angeles, CA, pg. 1613
Girouard, Bill, Sr VP & Creative Dir -- ARNOLD WORLDWIDE, Boston, MA, pg. 69
Girouard, Justin, Acct Exec -- JEKYLL AND HYDE, Redford, MI, pg. 574
Giroux, Francois, Chief Creative Officer -- HAWK MARKETING SERVICES, Moncton, Canada, pg. 489
Gislason, Laila, Acct Dir -- CAMPBELL MARKETING & COMMUNICATIONS, Dearborn, MI, pg. 186
Gitau, Erin, Acct Dir -- HUGHESLEAHYKARLOVIC, Saint Louis, MO, pg. 513
Gitlitz, Dan, Sr VP & Grp Creative Dir -- THE ZIMMERMAN AGENCY LLC, Tallahassee, FL, pg. 1213
Gitto, Vicky, Chm & Chief Creative Officer -- Y&R Italia, srl, Milan, Italy, pg. 1203
Giuffrida, Giulia, Acct Dir -- M&C Saatchi Milan, Milan, Italy, pg. 660
Giuggio, Elizabeth, Creative Dir & Copywriter -- GENUINE INTERACTIVE, Boston, MA, pg. 414
Giumarra, Joseph, Acct Supvr -- HAVAS PR, New York, NY, pg. 1528
Giunta, George, VP & Creative Dir -- OGILVY COMMONHEALTH WORLDWIDE, Parsippany, NJ, pg. 832
Gladding, David, Assoc Dir-Digital Creative -- POSTERSCOPE, New York, NY, pg. 884
Gladstone, Doug, CEO & Chief Creative Officer -- BRAND CONTENT, Boston, MA, pg. 154
Gladstone, Marissa, Acct Dir-Wendy's -- MCCANN CANADA, Toronto, Canada, pg. 712
Glantz, Keith, Pres & Chief Creative Officer -- GLANTZ DESIGN INC, Evanston, IL, pg. 421
Glarner, Matt, Creative Dir -- NEW HONOR SOCIETY, Saint Louis, MO, pg. 791
Glasco, Bryan, Media Buyer -- KNOODLE ADVERTISING, Phoenix, AZ, pg. 599
Glaser, Megan, Acct Exec -- PUSH, Orlando, FL, pg. 918
Glasgow, John, Co-Founder & Exec Creative Dir -- VAULT49, New York, NY, pg. 1132
Glasko, Kimberly, Acct Supvr -- GO2 ADVERTISING, Twinsburg, OH, pg. 425
Glasnapp, Mary, Acct Dir -- TRACYLOCKE, Dallas, TX, pg. 1113
Glastetter, Stephanie, Sr Dir & Grp Head-Digital Creative Strategy -- BRADO CREATIVE INSIGHT, Saint Louis, MO, pg. 152
Glaviano, Gregg, Principal & Creative Dir -- GRAFIK MARKETING COMMUNICATIONS, Alexandria, VA, pg. 431
Glazier, Nick, Creative Dir -- TRO, Isleworth, United Kingdom, pg. 307
Gleason, Ashley, Acct Dir-Design -- TANNER + WEST ADVERTISING & DESIGN AGENCY, Owensboro, KY, pg. 1072
Gleason, Dan, Assoc Creative Dir-Copy -- PULSECX, Montgomeryville, PA, pg. 916
Glenn, Barry, Dir-Creative -- Furman, Feiner Advertising, Englewood Cliffs, NJ, pg. 403
Glenn, Stephen, Creative Dir -- Publicis UK, London, United Kingdom, pg. 902
Gley, Ove, Creative Dir -- Heimat Werbeagentur GmbH, Berlin, Germany, pg. 1082
Glicker, Sammy, Assoc Creative Dir -- Doner, Playa Vista, CA, pg. 724
Glicker, Sammy, Assoc Creative Dir -- Doner, Playa Vista, CA, pg. 315

PERSONNEL INDEX — AGENCIES

Glickman, Eric, Exec Creative Dir -- YOUNG & RUBICAM, New York, NY, pg. 1197

Gliha, Christina, Grp Creative Dir -- Juniper Park/TBWA, Toronto, Canada, pg. 1079

Glijn, Bieneke, Producer-Creative -- Havas Worldwide Amsterdam, Amsterdam, Netherlands, pg. 481

Glinsek, Petra, Creative Dir -- Grey Ljubljana d.o.o., Ljubljana, Slovenia, pg. 442

Glover, Carol, Creative Dir-Aka-Champion of Wow -- THE BALCOM AGENCY, Fort Worth, TX, pg. 85

Glover, Jenny, Exec Creative Dir -- Juniper Park/TBWA, Toronto, Canada, pg. 1079

Glover, Sarah, Assoc Dir-Creative & Copywriter -- VML-New York, New York, NY, pg. 1144

Glynn, Greg, Acct Exec -- NANCY MARSHALL COMMUNICATIONS, Augusta, ME, pg. 1592

Glynn, John, Sr Acct Mgr-PR -- THE JAMES AGENCY, Scottsdale, AZ, pg. 570

Gnass, Camron, Founder & Creative Dir -- TRACTION, Lansing, MI, pg. 1112

Gnocchi, Massimo, Creative Dir -- B Fluid, Milan, Italy, pg. 1083

Gochtovtt, Tessa, Acct Supvr-Media -- ASHER AGENCY, INC., Fort Wayne, IN, pg. 73

Gocio, Charlie, Acct Exec -- THE SELLS AGENCY, INC., Little Rock, AR, pg. 1002

Goda, Melissa, Acct Mgr-New Bus Dev -- THINK, INC., Pittsburgh, PA, pg. 1099

Godby, Morgan, Art Dir -- PAVLOV, Fort Worth, TX, pg. 859

Godenzi, Cesar, Creative Dir -- Circus Grey, Lima, Peru, pg. 444

Godfrey, Angela, Acct Supvr -- JACK MORTON WORLDWIDE, Boston, MA, pg. 567

Godfrey, Megan, Grp Acct Dir-PR -- KEMPERLESNIK, Northbrook, IL, pg. 1554

Godinet, Charlie, Dir-Creative & Art -- Colenso BBDO, Auckland, New Zealand, pg. 114

Godown, Zoe, Negotiator-Brdcst-Natl -- MINDSHARE, New York, NY, pg. 1351

Godsey, John, Chief Creative Officer-North America -- VML, Inc., Atlanta, GA, pg. 1143

Godsey, John, Chief Creative Officer-North America -- VML, INC., Kansas City, MO, pg. 1143

Godwin, Alexa, Media Planner & Media Buyer -- CROWLEY WEBB, Buffalo, NY, pg. 250

Godzik, Tony, Creative Dir -- PHIRE GROUP, Ann Arbor, MI, pg. 869

Goebel, Tiffany, Acct Supvr -- SIMPLE TRUTH COMMUNICATION PARTNERS, Chicago, IL, pg. 1015

Goetz, David, Media Planner & Media Buyer -- MARTIN RETAIL GROUP/MARTIN ADVERTISING, Birmingham, AL, pg. 688

Goewey, Heather, Assoc Creative Dir-Copy -- ESROCK PARTNERS, Orland Park, IL, pg. 349

Goff, Jamie L., Acct Dir -- LOSASSO INTEGRATED MARKETING, Chicago, IL, pg. 652

Goff, Kevin, Assoc Creative Dir & Copywriter -- Leo Burnett USA, Chicago, IL, pg. 622

Goffee, Tom, Mgr-New Bus & Digital Content -- FutureBrand, London, United Kingdom, pg. 405

Goffredo, Gabriele, Creative Dir -- DDB S.r.L. Advertising, Milan, Italy, pg. 276

Gogarowska, Karolina, Acct Dir -- Publicis UK, London, United Kingdom, pg. 902

Goger, Jillian, Creative Dir -- Mekanism, New York, NY, pg. 730

Goger, Jillian, Creative Dir -- MEKANISM, San Francisco, CA, pg. 729

Gogu, Manuela, Creative Dir-Integration -- MullenLowe Romania, Bucharest, Romania, pg. 777

Goh, Douglas, Grp Head-Creative -- TBWA Singapore, Singapore, Singapore, pg. 1091

Goh, Jia Ying, Creative Dir -- Publicis Singapore, Singapore, Singapore, pg. 911

Goh, Ray, Creative Dir -- Hakuhodo Malaysia Sdn. Bhd., Kuala Lumpur, Malaysia, pg. 463

Gohel, Suketu, Creative Dir -- Ogilvy, Hyderabad, India, pg. 824

Goicouria, Alejandro, Media Planner -- DECIBEL MEDIA, Boston, MA, pg. 285

Goin, Lisa, Mng Grp Creative Dir -- AVREAFOSTER, Dallas, TX, pg. 80

Going, Ian, Assoc Creative Dir-Copy -- ELEPHANT, San Francisco, CA, pg. 335

Gola, Andre, Creative Dir -- Almap BBDO, Sao Paulo, Brazil, pg. 101

Golbienko, Heather, Art Dir -- JSTOKES AGENCY, Walnut Creek, CA, pg. 584

Gold, Alana, Acct Supvr -- BLISSPR, New York, NY, pg. 136

Gold, Steve, Chief Creative Officer -- GOLD N FISH MARKETING GROUP LLC, Armonk, NY, pg. 428

Goldberg, Alex, Assoc Creative Dir -- Ogilvy Cape Town, Cape Town, South Africa, pg. 829

Goldberg, Alex, Assoc Creative Dir -- Ogilvy South Africa (Pty.) Ltd., Johannesburg, South Africa, pg. 829

Goldberg, Alison, VP & Media Dir -- KREIGER & ASSOCIATES, Paoli, PA, pg. 1339

Goldberg, Brooke, Acct Coord -- M18 PUBLIC RELATIONS, New York, NY, pg. 1573

Goldberg, Keith, Exec Creative Dir -- SULLIVAN BRANDING, Memphis, TN, pg. 1059

Goldberg, Lee, Sr Producer-Brdcst -- LEO BURNETT BUSINESS, New York, NY, pg. 620

Goldberg, Taylor, Acct Exec -- WICKED CREATIVE, Las Vegas, NV, pg. 1683

Golden, Ginny, Grp Creative Dir -- AKQA, Inc., Portland, OR, pg. 1235

Golden, Josh, VP & Sr Dir-Creative -- YES& HOLDINGS, LLC, Alexandria, VA, pg. 1196

Golden, Patrick, Principal & Creative Dir -- BURDETTE KETCHUM, Jacksonville, FL, pg. 173

Golding, Tricia, Planner-Event & Media Buyer -- HOEGGER COMMUNICATIONS, Wichita Falls, TX, pg. 505

Goldman, Bruce, Owner & Creative Dir -- BRIGHT ORANGE ADVERTISING, Pittsburgh, PA, pg. 163

Goldman, Emily, Acct Exec -- INTEGRAL AD SCIENCE, New York, NY, pg. 1335

Goldman, Stephanie, Acct Supvr -- The Pollack PR Marketing Group, New York, NY, pg. 1611

Goldring, Gaynor, Sr Mgr-Traffic -- Leo Burnett, Ltd., London, United Kingdom, pg. 624

Goldrosen, Richard, Dir-Creative Svcs -- PUBLICIS HAWKEYE, Dallas, TX, pg. 1282

Goldsmith, Dea, Principal & Dir-Creative -- ECHO FACTORY, Pasadena, CA, pg. 329

Goldsmith, Dea, Chief Creative Officer -- ECHO-FACTORY INC, Pasadena, CA, pg. 329

Goldsmith, Sara, VP & Creative Dir -- HILL HOLLIDAY, Boston, MA, pg. 500

Goldstein, Andrew, Grp Creative Dir -- SapientRazorfish Miami, Miami, FL, pg. 914

Goldstein, Jake, Assoc Dir-New Bus -- YARD, New York, NY, pg. 1303

Goldstein, Jamie, Chief Creative Officer -- BECCA PR, New York, NY, pg. 1446

Goldstein, Ritchie, Sr VP, Art Dir & Creative Dir -- YOUNG & RUBICAM, New York, NY, pg. 1197

Goldstein-Macadar, Victoria, VP-PR -- RESEARCH DEVELOPMENT & PROMOTIONS, Coral Gables, FL, pg. 948

Goldstien, Abe, Dir-Creative Svcs -- TRILIX MARKETING GROUP, INC., Des Moines, IA, pg. 1117

Goldston, Nancyjane, Founder & Chief Creative Officer -- THE UXB, Beverly Hills, CA, pg. 1129

Goldthorp, Adrian, Sr Creative Dir -- Imagination Australia, Pyrmont, Australia, pg. 526

Goldwein, Robert, Acct Exec & Assoc-Mktg -- JM FOX ASSOCIATES INC, Norristown, PA, pg. 577

Golik, Benjamin, Chief Creative Officer -- LIDA, London, United Kingdom, pg. 659

Golik, Benjamin, Grp Exec Creative Dir-UK -- Rapp London, London, United Kingdom, pg. 932

Gollamudi, Snigdha, VP & Acct Dir -- GREY GROUP, New York, NY, pg. 438

Goller, Shai, VP-Creative Svcs -- Allied Integrated Marketing, San Francisco, CA, pg. 47

Golliver, Felicia, Accountant & Media Buyer -- BLUE OLIVE CONSULTING, Florence, AL, pg. 139

Gollner, Liz, Creative Dir -- MAXX MARKETING, Chicago, IL, pg. 696

Golobart, David Planells, Art Dir -- Contrapunto, Madrid, Spain, pg. 108

Golodner, Lynne Meredith, Owner & Chief Creative Officer -- YOUR PEOPLE LLC, Huntington Woods, MI, pg. 1688

Golomb, Andrew, Founder & Exec Dir-Creative -- OUR MAN IN HAVANA, Brooklyn, NY, pg. 845

Golub, Stephen, VP-Creative Strategy & Accts -- DXAGENCY, Edgewater, NJ, pg. 327

Golzar, Tarah, Media Planner -- LMO ADVERTISING, Arlington, VA, pg. 648

Gomberg, Neal, Creative Dir -- Zimmerman Advertising, Downers Grove, IL, pg. 1213

Gomes, Anita, VP-Tech PR -- HAVAS FORMULA, El Segundo, CA, pg. 1527

Gomes, Eduardo, Art Dir -- PUBLICIS NEW YORK, New York, NY, pg. 912

Gomes, Elisa-Sofia, Art Dir -- Havas Worldwide Middle East, Dubai, United Arab Emirates, pg. 488

Gomes, Gabi, Acct Dir -- ZYNC COMMUNICATIONS INC., Toronto, Canada, pg. 1217

Gomes, Hira, Art Dir -- Edelman, Toronto, Canada, pg. 1491

Gomes, Jose Filipe, Art Dir -- DDB Berlin, Berlin, Germany, pg. 274

Gomes, Nuno, Art Dir -- Ogilvy Portugal, Lisbon, Portugal, pg. 816

Gomez, Alberto Rosa, Exec Creative Dir -- ENE Life, Barcelona, Spain, pg. 455

Gomez, Ariel, Art Dir -- Pages BBDO, Santo Domingo, Dominican Republic, pg. 102

Gomez, Bernardo, Grp Creative Dir -- HAVAS WORLDWIDE CHICAGO, Chicago, IL, pg. 488

Gomez, Bjay, Art Dir -- MullenLowe Philippines, Manila, Philippines, pg. 776

Gomez, Daniel, Acct Exec -- LATIN2LATIN MARKETING + COMMUNICATIONS LLC, Fort Lauderdale, FL, pg. 612

Gomez, Juan, Creative Dir & Acct Supvr -- McCann Erickson Corp. S.A., Bogota, Colombia, pg. 702

Gomez, Juan Pablo, Creative Dir -- THE TERRI & SANDY SOLUTION, New York, NY, pg. 1097

Gomez, Maeca, Creative Dir -- AJL Park, Caracas, Venezuela, pg. 372

Gomez, Nathan, Assoc Creative Dir -- WUNDERMAN WORLD HEALTH, Washington, DC, pg. 1193

Gomez, Noel, Creative Dir -- CIRCUS MARKETING, Santa Monica, CA, pg. 208

Gomez, Stefanie, Art Dir -- MEKANISM, San Francisco, CA, pg. 729

Gomez, Victor, Creative Dir -- McCann Erickson S.A., Madrid, Spain, pg. 709

Goncalves, Alexandre, Art Dir -- Publicis Brasil Communicao, Sao Paulo, Brazil, pg. 906

Goncalves, Jason, Art Dir -- PLAY ADVERTISING, Burlington, Canada, pg. 877

Goncalves, Marco, Art Dir -- Havas Worldwide Digital Portugal, Lisbon, Portugal, pg. 481

Goncalves, Sonia, Acct Supvr -- FCB Lisbon, Lisbon, Portugal, pg. 367

Gondim, Lucas Sousa, Creative Dir & Art Dir -- Grey Chile, Santiago, Chile, pg. 443

Goni, Arturo, Creative Dir -- YOUNG & RUBICAM, New York, NY, pg. 1197

Gonnella, Harry, Grp Creative Dir -- ZIMMERMAN ADVERTISING, Fort Lauderdale, FL, pg. 1212

Gonnella, John, Exec Creative Dir -- RACEPOINT GLOBAL, Boston, MA, pg. 1623

Gonya, Cindy, Acct Exec -- PANNOS MARKETING, Bedford, NH, pg. 852

Gonzaga, Rafael, Creative Dir -- Grey, Sao Paulo, Brazil, pg. 443

Gonzales, Carla Wilson, Dir-Accts & New Bus -- Y&R Peru, Lima, Peru, pg. 1207

Gonzales, Daniele, Grp Creative Dir -- VML, Inc., Atlanta, GA, pg. 1143

Gonzales, Lindsey, Media Planner & Media Buyer -- ZEHNDER COMMUNICATIONS, INC., New Orleans, LA, pg. 1210

Gonzalez, Agustin, Art Dir -- J. Walter Thompson, Caracas, Venezuela, pg. 564

Gonzalez, Alaina, Acct Exec -- EISENBERG, VITAL & RYZE ADVERTISING, Manchester, NH, pg. 334

Gonzalez, Alberto, Founder, Pres & Exec Creative Dir -- PULSAR ADVERTISING, INC., Beverly Hills, CA, pg. 915

Gonzalez, Aracely, Acct Exec -- BOUNCE MARKETING AND EVENTS, LLC, Austin, TX, pg. 1398

Gonzalez, Bruna, Assoc Creative Dir -- Deutsch LA, Los Angeles, CA, pg. 294

Gonzalez, Daniel, Creative Dir -- McCann Erickson Corp. S.A., Bogota, Colombia, pg. 702

Gonzalez, David, Acct Supvr -- PIERPONT COMMUNICATIONS, INC., Houston, TX, pg. 1608

Gonzalez, Giovanni Martinez, VP-Creative -- Sancho BBDO, Bogota, Colombia, pg. 102

Gonzalez, Gustavo, Creative Dir -- Grey Mexico, S.A. de C.V., Mexico, Mexico, pg. 444

Gonzalez, Jimmy, Creative Dir -- WAX CUSTOM COMMUNICATIONS, Miami, FL, pg. 1154

Gonzalez, Kevin, Acct Exec -- DDB California, San Francisco, CA, pg. 57

Gonzalez, Lauren, Acct Supvr -- MERKLEY+PARTNERS, New York, NY, pg. 733

Gonzalez, Lauren Ciallella, Acct Exec -- Munroe Creative

AGENCIES — PERSONNEL INDEX

Partners, New York, NY, pg. 779
Gonzalez, Marcie, Assoc Creative Dir -- INTEGRATED MARKETING WORKS, Costa Mesa, CA, pg. 1406
Gonzalez, Michael, Pres & Creative Dir -- EL CREATIVE, INC., Dallas, TX, pg. 334
Gonzalez, Miguel, Art Dir -- GOODBY, SILVERSTEIN & PARTNERS, San Francisco, CA, pg. 428
Gonzalez, Rod, Grp Creative Dir -- EASTWEST MARKETING GROUP, New York, NY, pg. 329
Gonzalez, Sebastian Benitez, Creative Dir -- Grey: REP, Bogota, Colombia, pg. 444
Gonzalez, Victor, Dir-New Bus -- EL CREATIVE, INC., Dallas, TX, pg. 334
Gonzalez, Yamy, Media Buyer -- 22squared Inc., Tampa, FL, pg. 4
Gonzalez, Yezenia, Acct Supvr -- Olson Engage, Minneapolis, MN, pg. 518
Gonzalez-Rubio, Kathy, Assoc Creative Dir-Creative8 Agency -- STUDIO BRAND COLLECTIVE, Houston, TX, pg. 1056
Good, Katie, Art Dir -- CI DESIGN INC., Milwaukee, WI, pg. 208
Goode, Corinne, Creative Dir -- BBDO San Francisco, San Francisco, CA, pg. 99
Goode, Patricia, Acct Exec-Digital -- SK+G ADVERTISING LLC, Las Vegas, NV, pg. 1018
Goodenow, Jeni, Media Dir -- REALWORLD MARKETING, Scottsdale, AZ, pg. 937
Gooding, Martyn, Creative Dir-Film X Tech -- Jack Morton Worldwide, London, United Kingdom, pg. 568
Goodlett, Jason, Sr Mgr-Project & Digital Creative -- Zenith San Francisco, San Francisco, CA, pg. 1393
Goodling, Sarah L, Supvr-PR & Social Media -- CROSBY MARKETING COMMUNICATIONS, Annapolis, MD, pg. 249
Goodman, Earl, Media Buyer-Print -- TENNESSEE PRESS SERVICE, INC, Knoxville, TN, pg. 1375
Goodman, Erin, Media Buyer -- RED CROW MARKETING INC., Springfield, MO, pg. 939
Goodman, Gillian, Sr Mng Creative Dir & Dir-Luxury Brands -- HIRSHORN ZUCKERMAN DESIGN GROUP, Rockville, MD, pg. 502
Goodman, Lindsey Scott, Dir-PR-Animal Health -- SHEPHERD, Jacksonville, FL, pg. 1007
Goodman, Nick, Acct Dir -- NEO\@OGILVY LOS ANGELES, Playa Vista, CA, pg. 789
Goodman, Whitney, Acct Dir -- YOUNG & RUBICAM, New York, NY, pg. 1197
Goodness, Terri, Creative Dir -- THE GOODNESS COMPANY, Wisconsin Rapids, WI, pg. 429
Goodpaster, Bryan, Sr Creative Dir-Trends & Foresight -- LPK, Cincinnati, OH, pg. 654
Goodwin, Allison, Media Dir -- BLUE CHIP MARKETING WORLDWIDE, Northbrook, IL, pg. 138
Goodwin, Erica, Acct Dir -- ISTRATEGYLABS, Washington, DC, pg. 1265
Goodwin, Jodee, Creative Dir -- THE CREATIVE ALLIANCE, INC., Lafayette, CO, pg. 239
Goodwin, Kelli, Acct Dir -- STERLING RICE GROUP, Boulder, CO, pg. 1047
Goodwin, Mark, Exec Creative Dir -- M&C SAATCHI PLC, London, United Kingdom, pg. 658
Goodwin, Zach, Exec Creative Dir -- ISTRATEGYLABS, Washington, DC, pg. 1265
Goonting, Leonard, Grp Head-Creative -- M&C Saatchi, Singapore, Singapore, pg. 662
Goorvich, Jonathan, VP & Creative Dir-Content -- STARCOM, Chicago, IL, pg. 1370
Goosmann, Tom, Chief Creative Officer -- TRUE NORTH INC., New York, NY, pg. 1119
Goosmann, Tom, Chief Creative Officer -- TRUE NORTH INTERACTIVE, San Francisco, CA, pg. 1298
Gopal, Ashwin, Creative Dir -- TBWA Auckland, Auckland, New Zealand, pg. 1091
Gora, Angela, Pres & Creative Dir -- GORA COMMUNICATIONS, Stonington, CT, pg. 429
Goran, Jill, Sr VP & Creative Dir -- Brierley & Partners, Sherman Oaks, CA, pg. 1186
Goran, Jill, Sr VP & Creative Dir -- Brierley & Partners, Sherman Oaks, CA, pg. 162
Goran, Jill, Sr VP & Creative Dir -- BRIERLEY & PARTNERS, Plano, TX, pg. 162
Goranson, Greg, Assoc Creative Dir & Dir-Studio -- THE LACEK GROUP, Minneapolis, MN, pg. 606
Gorbunoff, Noelle Nocera, Dir-PR -- JENNIFER BETT COMMUNICATIONS, New York, NY, pg. 574
Gordaychik, Kelly, Creative Dir -- FATHOM COMMUNICATIONS, New York, NY, pg. 363

Gordhan, Suhana, Creative Dir -- FCB Johannesburg, Johannesburg, South Africa, pg. 375
Gordon, Ben, Head-New Bus & Mktg -- Wavemaker Global HQ, London, United Kingdom, pg. 1380
Gordon, Dana, Acct Exec -- FKQ ADVERTISING + MARKETING, Clearwater, FL, pg. 386
Gordon, Dave, Creative Dir -- FITZGERALD & CO, Atlanta, GA, pg. 386
Gordon, Emily, Acct Supvr -- GLYNNDEVINS ADVERTISING & MARKETING, Kansas City, MO, pg. 424
Gordon, Grant, Pres & Creative Dir -- KEY GORDON COMMUNICATIONS, Toronto, Canada, pg. 593
Gordon, Jeff, Creative Dir -- ANTIDOTE 71, Sioux City, IA, pg. 62
Gordon, Kathleen Kiegle, Dir-Creative Comm & Initiatives -- DDB WORLDWIDE COMMUNICATIONS GROUP INC., New York, NY, pg. 268
Gordon, Keith, VP & Acct Dir -- MULLENLOWE GROUP, Boston, MA, pg. 770
Gordon, Lisa, Exec VP-PR -- HJMT COMMUNICATIONS, LLC, Long Beach, NY, pg. 503
Gordon, Mary, Acct Dir -- G&S BUSINESS COMMUNICATIONS, New York, NY, pg. 406
Gordon, Michelle, Acct Dir -- TIERNEY COMMUNICATIONS, Philadelphia, PA, pg. 1103
Gordon, Shawn, VP & Media Dir -- LUQUIRE GEORGE ANDREWS, INC., Charlotte, NC, pg. 657
Gordon, Stephen, Creative Dir -- Rapp London, London, United Kingdom, pg. 932
Gordon-Bay, Alisa, Dir-PR -- WINGER MARKETING, Chicago, IL, pg. 1170
Gordy, Becky, Acct Exec -- STONE WARD, Little Rock, AR, pg. 1050
Gore, Christopher, Art Dir -- BBDO Dublin, Dublin, Ireland, pg. 105
Gorecki, Joe, Art Dir -- KEY GORDON COMMUNICATIONS, Toronto, Canada, pg. 593
Gorelick, Jessica, Acct Supvr -- M&C Saatchi, Santa Monica, CA, pg. 662
Goren, Hadar, Acct Exec -- BBR Saatchi & Saatchi, Ramat Gan, Israel, pg. 977
Gorin, David, Media Dir -- J. Walter Thompson Cape Town, Cape Town, South Africa, pg. 554
Goris, Dinah, Sr Producer-Brdcst -- Cramer-Krasselt, Milwaukee, WI, pg. 237
Gorman, Jon, Creative Dir -- Buck NY, New York, NY, pg. 171
Gorodetski, David, Co-Founder, COO & Exec Creative Dir -- SAGE COMMUNICATIONS, McLean, VA, pg. 986
Gorrell, Christopher, Art Dir -- Adams Outdoor Advertising, Peoria, IL, pg. 26
Gorrod, Katie, Acct Exec -- TBWA\London, London, United Kingdom, pg. 1086
Gosendi, Andy, Assoc Creative Dir -- NORTHSTAR DESTINATION STRATEGIES, Nashville, TN, pg. 800
Gossett, Amanda Mills, Acct Supvr -- BFG COMMUNICATIONS, Bluffton, SC, pg. 126
Goswami, Varun, Exec Creative Dir -- Grey (India) Pvt. Pty. Ltd. (Delhi), Gurgaon, India, pg. 446
Gothold, Jon, Partner & Exec Creative Dir -- AMUSEMENT PARK, Santa Ana, CA, pg. 54
Gotz, Chris, Chief Creative Officer-Ogilvy & Mather South Africa -- OgilvyInteractive, Cape Town, South Africa, pg. 830
Gouaux, Allison, Acct Exec -- BEUERMAN MILLER FITZGERALD, INC., New Orleans, LA, pg. 125
Gouin, Kathy, Sr VP & Acct Dir -- G.W. HOFFMAN MARKETING & COMMUNICATIONS, Darien, CT, pg. 1404
Gould, Julia, Acct Exec & Strategist-Digital Media -- MORE ADVERTISING, Watertown, MA, pg. 757
Goulet, Arianne, Acct Exec -- SID LEE, Montreal, Canada, pg. 1010
Goulet, Etienne, Art Dir -- SID LEE, Montreal, Canada, pg. 1010
Goulette, Andrea, Acct Supvr -- Commonwealth, Detroit, MI, pg. 698
Gouraud, Cassandre, Art Dir -- Wieden + Kennedy Amsterdam, Amsterdam, Netherlands, pg. 1164
Gourevitch, Hannah, Acct Dir -- Wieden + Kennedy London, London, United Kingdom, pg. 1165
Gourley, Trevor, Assoc Creative Dir -- GRIP LTD., Toronto, Canada, pg. 450
Gove, Kevin, Mgr-PR -- RINCK ADVERTISING, Auburn, ME, pg. 1632
Govier, Dave, Partner-Creative-Vince -- DDB Sydney Pty. Ltd., Ultimo, Australia, pg. 270
Gow, Janice, Media Buyer -- MERCURY MEDIA, INC., Los Angeles, CA, pg. 730

Gower, Denise, Media Buyer -- MANSI MEDIA, Harrisburg, PA, pg. 1340
Gowland-Smith, Jarrod, Media Dir -- Active International Ltd., London, United Kingdom, pg. 1306
Goya, Javier Agena, Sr Dir-Art & Creative -- Publicis Graffiti, Buenos Aires, Argentina, pg. 906
Grabosky, Herman, Acct Dir -- M8 AGENCY, Miami, FL, pg. 666
Graby, Hope, Dir-PR & Mgr-Client -- SCHEFFEY INC, Lancaster, PA, pg. 995
Graccioli, Sebastian, Exec Creative Dir -- Ogilvy Argentina, Buenos Aires, Argentina, pg. 819
Grace, Beth, Art Dir & Copywriter -- Leo Burnett London, London, United Kingdom, pg. 627
Grace, Brad, Creative Dir -- SPEAK, Hillsboro, OR, pg. 1033
Grace, Lisa, Acct Supvr -- MORE ADVERTISING, Watertown, MA, pg. 757
Grace, Pshone, Media Dir -- MAD GENIUS, Ridgeland, MS, pg. 668
Gracia, Higinio Martinez, CEO-Omnicom PR Grp-Iberia -- OMNICOM GROUP INC., New York, NY, pg. 836
Gradin, Johanna, Acct Dir -- Acne Advertising, Stockholm, Sweden, pg. 1249
Grady, Kaitlynn, Acct Supvr -- Edelman, New York, NY, pg. 1492
Grady, Rachel, Acct Supvr -- M. BOOTH & ASSOCIATES, New York, NY, pg. 663
Graff, Alyssa, Art Dir -- Juniper Park/TBWA, Toronto, Canada, pg. 1079
Graham, Avery, Acct Exec -- MCGARRAH JESSEE, Austin, TX, pg. 716
Graham, Carmen, Acct Dir -- THE COMMUNITY, Miami, FL, pg. 223
Graham, Caroline, Acct Exec -- ROUNTREE GROUP COMMUNICATIONS MANAGEMENT, Alpharetta, GA, pg. 1635
Graham, Galen, Chief Creative Officer -- THE PITCH AGENCY, Culver City, CA, pg. 873
Graham, Hayley, Acct Dir -- DH, Spokane, WA, pg. 298
Graham, Jessica, Acct Dir-Ogilvy Australia -- BADJAR Ogilvy, Melbourne, Australia, pg. 821
Graham, Joanna, Acct Supvr -- 22SQUARED, Atlanta, GA, pg. 4
Graham, Kelly, Acct Dir -- GERSHONI, San Francisco, CA, pg. 417
Graham, Laura, Acct Supvr-Digital -- MOTIVE, Denver, CO, pg. 764
Graham, Mark, Acct Dir -- BBDO Toronto, Toronto, Canada, pg. 100
Graham, Martin, Acct Exec -- IMG COLLEGE, Winston Salem, NC, pg. 527
Graham, Norma, Acct Dir -- NOBOX MARKETING GROUP, INC., Miami, FL, pg. 796
Graham, Steven, Dir-PR -- GODFREY ADVERTISING, Lancaster, PA, pg. 426
Graham, Tawn, Acct Dir -- NORTHLICH, Cincinnati, OH, pg. 799
Graham, Travis, Partner & Creative Dir -- TACO TRUCK CREATIVE, Carlsbad, CA, pg. 1069
Graham, Tristan, Creative Dir -- GOODBY, SILVERSTEIN & PARTNERS, San Francisco, CA, pg. 428
Grainger, Laura, Acct Dir -- McCann-Erickson Communications House Ltd, Macclesfield, Prestbury, United Kingdom, pg. 712
Grais, Ian, Founder & Creative Dir-Natl -- Rethink, Toronto, Canada, pg. 951
Grall, Ellen, Acct Exec -- QUIET LIGHT COMMUNICATIONS, Rockford, IL, pg. 923
Grammatico, Maurizio, Art Dir & Assoc Creative Dir -- SAATCHI & SAATCHI WELLNESS, New York, NY, pg. 985
Grams, Colleen, Acct Dir -- Bader Rutter & Associates, Inc., Lincoln, NE, pg. 83
Granados, Angela, Art Dir -- ICROSSING NEW YORK, New York, NY, pg. 1261
Granados, Maria, Acct Dir -- Millward Brown Spain, Madrid, Spain, pg. 743
Granath, Tomas, Art Dir -- Forsman & Bodenfors, Stockholm, Sweden, pg. 722
Granberg, Lisa, Art Dir & Designer -- TBWA Stockholm, Stockholm, Sweden, pg. 1085
Grandese, Matteo, Creative Dir -- M&C Saatchi Milan, Milan, Italy, pg. 660
Grandi, Domenico, Grp Dir-New Bus -- TBWA Italia, Milan, Italy, pg. 1083
Grandy, John, Dir-Creative Svcs -- THE BOSTON GROUP, Boston, MA, pg. 149
Graner, Alan, Partner & Chief Creative Officer -- DALY-SWARTZ PUBLIC RELATIONS, Lake Forest, CA, pg. 1480
Granger, Tony, Chief Creative Officer-Global -- Armstrong Y&R, Lusaka, Zambia, pg. 1208

PERSONNEL INDEX — AGENCIES

Granger, Tony, Chief Creative Officer-Global -- Young & Rubicam Brands, San Francisco, San Francisco, CA, pg. 1199
Grant, Ben, Editor-Creative -- Cummins&Partners, Saint Kilda, Australia, pg. 253
Grant, Betsy, Acct Suprv -- HMH-Charlotte N.C., Charlotte, NC, pg. 504
Grant, Bill, Founder & Pres-Brand Consultancy & Creative Grp -- BIG BANG ELECTRICAL, Newcastle, WA, pg. 128
Grant, Kiana, Acct Exec -- JOHANNES LEONARDO, New York, NY, pg. 1266
Grant, Nicholas, Acct Dir -- THE INTEGER GROUP-MIDWEST, Des Moines, IA, pg. 1406
Grant, Susan, Acct Dir -- GOODWAY GROUP, Jenkintown, PA, pg. 1322
Grant-Brabson, Chandra, Acct Exec -- 3HEADED MONSTER, Dallas, TX, pg. 7
Grant-Peterkin, Bryony, Acct Dir -- SPARK44, Los Angeles, CA, pg. 1226
Grantz, Emily, Acct Coord -- GRAHAM OLESON, Colorado Springs, CO, pg. 432
Grasser, Martin, Creative Dir -- MUST BE SOMETHING INC, Portland, OR, pg. 780
Grasswick, Jennifer, Acct Exec -- CREATIVE COMMUNICATIONS CONSULTANTS, INC., Minneapolis, MN, pg. 240
Grau, Rodrigo, Chief Creative Officer-Brazil & South Latin -- J. Walter Thompson, Sao Paulo, Brazil, pg. 563
Graves, Thom, Sr VP & Creative Dir -- PIXACORE, New York, NY, pg. 874
Gravolet, Ben, VP-Creative & Strategy -- TOUCHPOINTS MARKETING, LLC, Gretna, LA, pg. 1111
Gray, Allison, Art Dir -- CRITICAL MASS INC., Calgary, Canada, pg. 248
Gray, Andrea Still, Acct Dir -- JPA HEALTH COMMUNICATIONS, Washington, DC, pg. 583
Gray, Annie, Acct Dir -- THE DISTILLERY PROJECT, Chicago, IL, pg. 304
Gray, Carly, Media Dir -- SapientRazorfish Seattle, Seattle, WA, pg. 1288
Gray, Caty Bennett, Acct Dir -- KWT GLOBAL, New York, NY, pg. 604
Gray, Daniel, Creative Dir -- DAILEY & ASSOCIATES, West Hollywood, CA, pg. 258
Gray, Holly, Acct Suprv -- BROTHERS & CO., Tulsa, OK, pg. 167
Gray, Jen Todd, Sr VP-Mktg & Creative Svcs -- HELLOWORLD, A MERKLE COMPANY, Southfield, MI, pg. 495
Gray, Karen M., Assoc Creative Dir -- PARTNERSHIP OF PACKER, OESTERLING & SMITH (PPO&S), Harrisburg, PA, pg. 856
Gray, Kaylie, Acct Exec & Strategist-Social Media -- HEY ADVERTISING, Seattle, WA, pg. 498
Gray, Kristen, Acct Dir -- OPTIMUM SPORTS, New York, NY, pg. 842
Gray, Michael, Pres & Creative Dir -- G&G ADVERTISING, INC., Billings, MT, pg. 406
Gray, Perry, Art Dir -- ACART COMMUNICATIONS, INC., Ottawa, Canada, pg. 19
Gray, Richard, Art Dir -- BUCK LA, Los Angeles, CA, pg. 171
Grayeli, Ali, Reg Exec Creative Dir-APAC -- Weber Shandwick, Singapore, Singapore, pg. 1682
Grayson, Allison, Acct Exec -- PERRY COMMUNICATIONS GROUP, INC., Sacramento, CA, pg. 865
Grayson, Chris, Art Dir -- RED OLIVE, Sandy, UT, pg. 1284
Grayum, Julie Jameson, Dir-PR & Social Media -- LOPEZ NEGRETE COMMUNICATIONS, INC., Houston, TX, pg. 651
Grayum, Julie Jameson, Dir-PR & Social Media -- Lopez Negrete Communications West, Inc., Burbank, CA, pg. 652
Graziano, Steven, Art Dir -- MCGARRYBOWEN, New York, NY, pg. 716
Greathouse, Alexandra, Acct Exec -- CONVENTURES, INC., Boston, MA, pg. 1474
Grebe, Rodrigo, Art Dir -- Prolam Y&R S.A., Santiago, Chile, pg. 1206
Greco, Giovanni, Art Dir -- Publicis Italia, Milan, Italy, pg. 899
Greco, Rodrigo, Creative Dir -- THE COMMUNITY, Miami, FL, pg. 223
Greco, Rodrigo, Creative Dir -- The Community, Buenos Aires, Argentina, pg. 224
Greco, Steve, VP-Creative Svcs -- DON JAGODA ASSOCIATES, INC., Melville, NY, pg. 1401
Greeley, Jon, Acct Dir -- MMB, Boston, MA, pg. 750
Green, Ann, Mng Partner-Creative Dev Practice -- Millward Brown, New York, NY, pg. 744
Green, Ben, Sr Acct Exec-PR -- GLYNNDEVINS ADVERTISING & MARKETING, Kansas City, MO, pg. 424
Green, Jim, Creative Dir -- THE LOOMIS AGENCY, Dallas, TX, pg. 651
Green, Josh, Creative Dir -- Octagon, London, United Kingdom, pg. 807
Green, Kathryn, VP & Dir-New Bus Dev -- Rubenstein Public Relations, New York, NY, pg. 1636
Green, Laura, Sr Mgr-New Bus -- Carmichael Lynch Relate, Minneapolis, MN, pg. 190
Green, Mitch, Assoc Dir-Creative -- FRIENDS & NEIGHBORS, MinneaPOlis, MN, pg. 399
Green, Sally, Media Dir -- LIPOF MCGEE ADVERTISING, Plantation, FL, pg. 643
Greenberg, Gary, Exec Creative Dir -- BROWNSTEIN GROUP, Philadelphia, PA, pg. 168
Greenberg, Michelle, Acct Exec -- CENTRA360, Westbury, NY, pg. 1399
Greenberger, Carol, Dir-Creative Svcs & Ops -- PORETTA & ORR, INC., Doylestown, PA, pg. 883
Greenblatt, Melanie, Acct Suprv -- OGILVY, New York, NY, pg. 809
Greenblatt, Nikolas, Pres & Chief Creative Officer -- 2ONE5 CREATIVE INC, Philadelphia, PA, pg. 5
Greene, Donna L., VP & Acct Dir -- SPM MARKETING & COMMUNICATIONS, La Grange, IL, pg. 1035
Greene, Emily Anderson, Founder & Chief-Creative -- VIVA CREATIVE, Rockville, MD, pg. 1141
Greene, Jonathan, Art Dir -- BLR/FURTHER, Birmingham, AL, pg. 138
Greene, Laura, Acct Suprv-Social -- HAVAS WORLDWIDE CHICAGO, Chicago, IL, pg. 488
Greene, Linda, Creative Dir -- CHILLINGWORTH/RADDING INC., New York, NY, pg. 207
Greene, Nadine, Media Buyer -- PALISADES MEDIA GROUP, INC., Santa Monica, CA, pg. 1361
Greene, Shelby, VP & Media Dir -- THE BRANDON AGENCY, Myrtle Beach, SC, pg. 158
Greenhalgh, Tim, Chief Creative Officer -- FITCH, London, United Kingdom, pg. 385
Greenhalgh, Tim, Chief Creative Officer -- Fitch:London, London, United Kingdom, pg. 385
Greenholt, Mariesa, Art Dir -- RED TETTEMER O'CONNELL & PARTNERS, Philadelphia, PA, pg. 941
Greenidge, Julien, Mgr-Traffic -- Lonsdale Saatchi & Saatchi, Port of Spain, Trinidad & Tobago, pg. 982
Greenlaw, Katie, Dir-PR -- RINCK ADVERTISING, Auburn, ME, pg. 1632
Greenlaw, Liam, Creative Dir -- WASSERMAN & PARTNERS ADVERTISING INC., Vancouver, Canada, pg. 1153
Greenlee, Rachel, Acct Dir -- BBDO WORLDWIDE INC., New York, NY, pg. 97
Greenstein, Cara, Mgr-PR & Social Media -- DOUG CARPENTER + ASSOCIATES, Memphis, TN, pg. 318
Greenstein, Joey, Creative Dir -- JK DESIGN, Hillsborough, NJ, pg. 576
Greenstein, Lara, Creative Dir -- JUICE GROUP, Vancouver, Canada, pg. 584
Greenwald, Dan, Founder & Chief Creative Officer -- WHITE RHINO PRODUCTIONS, INC., Lexington, MA, pg. 1161
Greenwald, Katie, Acct Mgr-PR -- HITCHCOCK FLEMING & ASSOCIATES, INC., Akron, OH, pg. 502
Greenwald, Steven, Media Dir -- Heinrich Hawaii, Honolulu, HI, pg. 493
Greenwald, Steven, Media Dir -- HEINRICH MARKETING, Denver, CO, pg. 493
Greenwald, Tom, Chief Creative Officer -- SPOTCO, New York, NY, pg. 1036
Greenwood, Alisa, Dir-Mktg & Creative Svcs -- COMPASS MARKETING, Annapolis, MD, pg. 224
Greenwood, Rhonda, VP & Dir-PR -- LOVE COMMUNICATIONS, Salt Lake City, UT, pg. 653
Greer, Chris, Art Dir -- GSD&M, Austin, TX, pg. 453
Greer, Taylor, Founder & Creative Dir -- OPANCO, LLC, Dallas, TX, pg. 1278
Greeson, Andrew, Art Dir -- NJI MEDIA LLC, Alexandria, VA, pg. 1276
Greever, Amanda, Specialist-PR -- Orange Orchard, Maryville, TN, pg. 1632
Greeves, Shane, Exec Creative Dir-Global -- FutureBrand, London, United Kingdom, pg. 405
Gregoire, Angelica, Acct Suprv -- Geometry Global, Akron, OH, pg. 416
Gregor, Jean-Pierre, Creative Dir-Integrated -- Saatchi & Saatchi, Frankfurt am Main, Germany, pg. 977
Gregory, Chase, Acct Suprv -- RED MOON MARKETING, Charlotte, NC, pg. 940
Gregory, Dan, Creative Dir -- Havas People Birmingham, Birmingham, United Kingdom, pg. 483
Gregory, Dan, Creative Dir -- Havas People London, London, United Kingdom, pg. 483
Gregory, Hannah Brazee, Founder & Chief Creative Officer -- SHOESTRING, Gardiner, ME, pg. 1009
Gregory, John, Creative Dir -- IMG COLLEGE, Winston Salem, NC, pg. 527
Gregory, Kristin, Acct Dir -- STRATACOMM, LLC, Washington, DC, pg. 1052
Gregory, Mitch, Creative Dir -- PROMEDIA GROUP, New Albany, IN, pg. 893
Gregory, Olivia, Acct Dir -- M&C SAATCHI PLC, London, United Kingdom, pg. 658
Gregory, Paige, Assoc Dir-Creative -- DELL BLUE, Round Rock, TX, pg. 1221
Gregory, Peyton, Art Dir -- THE IDEA CENTER, Richmond, VA, pg. 520
Gregson, Paul, Assoc Creative Dir -- JOHANNES LEONARDO, New York, NY, pg. 1266
Grenier, Felix-Antoine, Acct Dir -- Publicis Montreal, Montreal, Canada, pg. 904
Greninger, Shelby, Acct Exec & Media Planner -- REVEL ADVERTISING, Springfield, MO, pg. 952
Gresham, Aaron, Exec Creative Dir -- BIG COMMUNICATIONS, INC., Birmingham, AL, pg. 128
Greteman, Sonia, Pres & Creative Dir -- GRETEMAN GROUP, Wichita, KS, pg. 437
Grether, Daniel, Grp Creative Dir -- Saatchi & Saatchi, Frankfurt am Main, Germany, pg. 977
Greve, Mel, Sr VP & Dir-Brdcst -- KELLY SCOTT MADISON, Chicago, IL, pg. 1336
Greve, Mel, Sr VP & Dir-Brdcst -- KSM South, Austin, TX, pg. 1337
Grey, Katy, Acct Dir -- J. Walter Thompson, Sydney, Australia, pg. 554
Grice, Caroline, Acct Coord -- THIRD DEGREE ADVERTISING, Norman, OK, pg. 1100
Grice, Jeremy, Assoc Partner & Assoc Creative Dir -- SPRING ADVERTISING, Vancouver, Canada, pg. 1036
Grice, Mike, Principal & Chief Creative Officer -- KEYSTONE MARKETING, Winston Salem, NC, pg. 593
Grice, Mike, Founder & Chief Creative Officer -- WILDFIRE LLC, Winston Salem, NC, pg. 1167
Grider, Gaye, Media Dir -- INSIGHT MARKETING DESIGN, Sioux Falls, SD, pg. 535
Grider, Jon, Creative Dir -- NONBOX, Hales Corners, WI, pg. 797
Grieco, Katie, Acct Exec-PR -- MGH, INC., Owings Mills, MD, pg. 736
Grieco-Ponzo, Carol, Assoc Creative Dir -- ZULLO AGENCY, INC., Princeton, NJ, pg. 1216
Griesedieck, Bill, Assoc Creative Dir -- BRIGHTON AGENCY, INC., Saint Louis, MO, pg. 164
Grieves, Mark, Sr VP & Creative Dir -- Fahlgren Mortine (Dayton), Beavercreek, OH, pg. 358
Griff, Bob, Pres & Creative Dir -- GRIFF/SMC, INC. MEDICAL MARKETING COMMUNICATIONS, Boulder, CO, pg. 449
Griffin, Aidan, Acct Suprv -- KETNER GROUP, Austin, TX, pg. 1558
Griffin, Alison, Acct Suprv-Corp & Pub Affairs -- ICF OLSON, Minneapolis, MN, pg. 518
Griffin, Courtney, VP & Acct Dir -- GREY GROUP, New York, NY, pg. 438
Griffin, Danielle, Acct Exec & Specialist-PR -- COHEN COMMUNICATIONS, Fresno, CA, pg. 217
Griffin, Kyra, Sr Creative Dir -- LAIRD+PARTNERS, New York, NY, pg. 607
Griffin, Matt, Pres-Creative Tech -- VERT MOBILE, Atlanta, GA, pg. 1135
Griffin, Sean, Mgr-PR -- LOSASSO INTEGRATED MARKETING, Chicago, IL, pg. 652
Griffin, Shane, Creative Dir -- LOS YORK, Santa Monica, CA, pg. 652
Griffin, Todd, Principal & Head-Accts & New Bus Dev -- MUSTACHE AGENCY, Brooklyn, NY, pg. 780
Griffith, Charlie, Acct Dir -- BARTLE BOGLE HEGARTY LIMITED, London, United Kingdom, pg. 92
Griffith, Crystal, Media Buyer -- J. LINCOLN GROUP, The Woodlands, TX, pg. 552
Griffith, Julie O., Principal & Head-Creative -- J.GRIFFITH PUBLIC RELATIONS, Houston, TX, pg. 1548
Griffith, Will, Exec Creative Dir -- CREATIVE ENERGY GROUP INC, Johnson City, TN, pg. 241
Griffith-Roach, Ashley, Acct Suprv -- MATRIX MEDIA SERVICES, INC., Columbus, OH, pg. 1340

Griffiths, Jason, Acct Dir -- KENNA, Mississauga, Canada, pg. 592
Grigg, Lynne, Pres & Chief Creative Officer -- THE DESIGNORY, Long Beach, CA, pg. 293
Grignon, Paul, Creative Dir -- MANDALA, Bend, OR, pg. 674
Grigoryeva, Anastasiya, Acct Dir -- SPN Ogilvy Communications Agency, Moscow, Russia, pg. 816
Grigsby, Nathen, Sr Producer-Brdcst -- HYC/MERGE, Chicago, IL, pg. 515
Grilk, David, Acct Exec -- CONVENTURES, INC., Boston, MA, pg. 1474
Grillo, Adebiyi, Art Dir -- 140 BBDO, Cape Town, South Africa, pg. 108
Grillo, Javier Ascue, Art Dir -- Y&R Peru, Lima, Peru, pg. 1207
Grillo, Miguel Angel, Gen Creative Dir-Dominican Republic -- MullenLowe SSP3, Bogota, Colombia, pg. 777
Grimald, Axel, Creative Dir -- Ogilvy (Singapore) Pvt. Ltd., Singapore, Singapore, pg. 827
Grimald, Axel, Exec Creative Dir -- Publicis Singapore, Singapore, Singapore, pg. 911
Grimberg, Joseph, Head-Content Strategy Practice & Creative Dir -- OFFICE OF EXPERIENCE, Chicago, IL, pg. 1277
Grimm, Jennifer, Media Dir -- MARKETING ARCHITECTS, INC., Minnetonka, MN, pg. 682
Grimm, Myles, Assoc Dir-Creative & Digital -- JACKSON MARKETING GROUP, Greenville, SC, pg. 569
Grimsley-Vaz, Ebony, Dir-Creative & Comm -- ABOVE PROMOTIONS COMPANY, Tampa, FL, pg. 18
Grinley, Dan, Principal-Creative -- GRINLEY CREATIVE LLC, Goffstown, NH, pg. 450
Grizzle, Joshua, Acct Coord -- LENZ MARKETING, Decatur, GA, pg. 620
Grodek, Tom, Art Dir -- SHERRY MATTHEWS ADVOCACY MARKETING, Austin, TX, pg. 1007
Groeneweg, Geri, Media Dir -- MSI COMMUNICATIONS, Anchorage, AK, pg. 1586
Groenke, Gaby, Acct Dir-Nivea -- FCB Hamburg, Hamburg, Germany, pg. 366
Groenweghe, Marisa, VP & Creative Dir -- FCB Chicago, Chicago, IL, pg. 364
Grogan, Owen, Acct Supvr -- ATTENTION GLOBAL, New York, NY, pg. 76
Grogan, Rob, Acct Supvr -- DAVIS HARRISON DION, INC., Chicago, IL, pg. 265
Groglio, Kelly, Creative Dir -- MUNGO CREATIVE GROUP, New York, NY, pg. 779
Groh, Lee, Assoc Dir-Creative -- POSSIBLE NEW YORK, New York, NY, pg. 1280
Groh, Remy, Acct Dir-Production -- THE BAIT SHOPPE, New York, NY, pg. 84
Grome, David, Acct Dir -- BUTLER/TILL, Rochester, NY, pg. 1313
Gronblom, Ida, Grp Creative Dir -- ANOMALY, New York, NY, pg. 59
Groome, Kirby, Jr Art Dir -- THE BRANDON AGENCY, Myrtle Beach, SC, pg. 158
Gros, Christoph, Art Dir -- Publicis Activ Annecy, Metz-Tessy, France, pg. 898
Gross, Avery, Exec Creative Dir -- VSA PARTNERS, INC., Chicago, IL, pg. 1146
Gross, Brooke, Acct Supvr -- MEDIA LOGIC, Albany, NY, pg. 726
Gross, Don, Media Dir -- SPIRO & ASSOCIATES MARKETING, ADVERTISING & PUBLIC RELATIONS, Fort Myers, FL, pg. 1034
Gross, Gregory, Partner & Chief Creative Officer -- GREATER THAN ONE, New York, NY, pg. 434
Gross, Mark, Co-Founder & Exec Creative Dir -- HIGHDIVE ADVERTISING, Chicago, IL, pg. 499
Gross, Nigel, Assoc Creative Dir -- PUBLICIS NEW YORK, New York, NY, pg. 912
Grossberg, Josh, Grp Creative Dir -- McCann New York, New York, NY, pg. 698
Grosse, Phillip, Acct Exec -- PATTISON OUTDOOR ADVERTISING, Oakville, Canada, pg. 858
Grossman, Alex, VP-Brand Mktg & Creative Dir -- THE SAGE GROUP, San Francisco, CA, pg. 987
Grossman, Emily, Creative Dir -- INK PUBLIC RELATIONS, Austin, TX, pg. 1542
Grossman, Gary, Dir-Brdcst & Integrated Production -- MERKLEY+PARTNERS, New York, NY, pg. 733
Grossman, Jed, Exec Creative Dir -- ARTS & LETTERS CREATIVE CO, Richmond, VA, pg. 73
Grove, Amy, Creative Mgr -- BAILEY BRAND CONSULTING, Plymouth Meeting, PA, pg. 84
Groves, Adam, Creative Dir -- GIANT SPOON, Los Angeles, CA, pg. 418
Groves, Paul, Creative Dir -- W & Cie, Boulogne-Billancourt, France, pg. 473

Grubb, Emily, Acct Dir -- THE BRANDMAN AGENCY, New York, NY, pg. 157
Grubbs, Elmer, VP & Assoc Creative Dir -- MASON, INC., Bethany, CT, pg. 691
Grube, Renee, Assoc Dir-Print Production -- Digitas Health, New York, NY, pg. 1251
Gruber, Lisa, Sr Mgr-PR -- Jack Morton Worldwide, New York, NY, pg. 569
Grubner, Nicole, Acct Supvr -- Finn Partners, Jerusalem, Israel, pg. 382
Grujicic, Sanya, Assoc Creative Dir -- JOHN ST., Toronto, Canada, pg. 579
Grummett, Tory, Acct Dir -- J. WALTER THOMPSON CANADA, Toronto, Canada, pg. 565
Grummun, Kyle, Creative Dir -- TRACYLOCKE, Dallas, TX, pg. 1113
Gruyer, Hector, Assoc Creative Dir -- ELEPHANT, San Francisco, CA, pg. 335
Grymek, Jerry, Acct Dir -- LMA, Toronto, Canada, pg. 648
Grzelewska, Kinga, Mng Dir & Creative Dir -- MullenLowe Warsaw, Warsaw, Poland, pg. 778
Gschwend, Charlie, Creative Dir -- Wieden + Kennedy Japan, Tokyo, Japan, pg. 1166
Guagliardo, Amanda, Acct Exec -- IMRE, Baltimore, MD, pg. 528
Guagni, Lorenzo, Art Dir -- M&C Saatchi Milan, Milan, Italy, pg. 660
Guan Hin, Tay, Exec Creative Dir-Global -- J. Walter Thompson Singapore, Singapore, Singapore, pg. 558
Guardascione, Carlo, Assoc Creative Dir -- HAVAS WORLDWIDE CHICAGO, Chicago, IL, pg. 488
Guarino, Mike, Dir-Creative -- BSY ASSOCIATES INC, Holmdel, NJ, pg. 170
Gubbels, Sharim, Creative Dir-Social -- Publicis Singapore, Singapore, Singapore, pg. 911
Guberman, Dario, Creative Dir -- Vinizius/Y&R, Barcelona, Spain, pg. 1203
Guberman, Steve, VP-Creative & Digital Svcs -- R&J STRATEGIC COMMUNICATIONS, Bridgewater, NJ, pg. 1622
Guckenberger, Anja, Deputy Mng Dir-Hamburg & Head-Strategy & Creative-Germany -- Edelman, Hamburg, Germany, pg. 1495
Gude, Julian Seery, Pres & Creative Dir -- EXCELER8, West Palm Beach, FL, pg. 355
Gudusky, Kim, Acct Supvr -- OTTO, Norfolk, VA, pg. 845
Guedes, Carlos, Creative Dir -- Mirum Australia, Sydney, Australia, pg. 1273
Guell, Benjamin, Acct Exec -- VAULT COMMUNICATIONS, INC., Plymouth Meeting, PA, pg. 1666
Guelre, Jean, Art Dir -- Y&R Sao Paulo, Sao Paulo, Brazil, pg. 1205
Guemes, Javier, Creative Dir -- LA AGENCIA DE ORCI & ASOCIADOS, Santa Monica, CA, pg. 606
Guemraoui, Rosalyn, Media Buyer-Digital -- ANSON-STONER INC., Winter Park, FL, pg. 60
Guenther, A. J., Dir-PR -- CONNELLYWORKS, INC., Arlington, VA, pg. 1474
Guenther, Andon, Founder & Creative Dir -- ANDON GUENTHER DESIGN LLC, Denver, CO, pg. 58
Guenther, Jd, Creative Dir -- BRIGHTON AGENCY, INC., Saint Louis, MO, pg. 164
Guentzler, Amanda, Acct Exec -- AMG MARKETING RESOURCES INC., Solon, OH, pg. 53
Guerboyan, Hovsep, Creative Dir -- Impact BBDO, Beirut, Lebanon, pg. 106
Guerci, Massimo, Creative Dir-Digital -- Publicis Italia, Milan, Italy, pg. 899
Guerci, Massimo, Creative Dir-Digital -- Publicis Networks, Milan, Italy, pg. 900
Guercio, Jessica, Acct Exec -- MARRINER MARKETING COMMUNICATIONS, INC., Columbia, MD, pg. 686
Guergov, Krassimir, Mng Dir & Head-Creative -- FCB Sofia, Sofia, Bulgaria, pg. 366
Guerin, Cedric, Assoc Creative Dir -- FKQ ADVERTISING + MARKETING, Clearwater, FL, pg. 386
Guerin, Noelle, Acct Dir -- CERCONE BROWN CURTIS, Boston, MA, pg. 201
Guerra, Hollis, Acct Supvr -- BLAST! PR, Santa Barbara, CA, pg. 1451
Guerra, Kelly, Acct Supvr -- PARADOWSKI CREATIVE, Saint Louis, MO, pg. 851
Guerrero, David, Chm-Creative -- BBDO Guerrero, Makati, Philippines, pg. 114
Guerrero, Eduardo, Art Dir -- McCann Erickson Mexico, Mexico, Mexico, pg. 706

Guerrero, Jose, Art Dir -- RED INTERACTIVE AGENCY, Santa Monica, CA, pg. 1284
Guerrero, Mauricio, Exec Creative Dir -- Ogilvy, Bogota, Colombia, pg. 820
Guerrero, Pablo, Dir-Creative -- Teran TBWA, Mexico, Mexico, pg. 1092
Guerriero-Lamy, Annmarie, Acct Exec -- PRIMARY DESIGN INC, Haverhill, MA, pg. 889
Guerry, Peter, Co-Principal & Creative Dir -- BECKER GUERRY, Middletown, NJ, pg. 119
Guertin, Britney, Dir-PR & Social Media -- GRAPEVINE COMMUNICATIONS INC, Sarasota, FL, pg. 432
Guertin, Claudine, Assoc Creative Dir -- SIMPLE TRUTH COMMUNICATION PARTNERS, Chicago, IL, pg. 1015
Guertler, Samuel, Mgr-Creative Svcs -- ACKERMAN MCQUEEN, INC., Oklahoma City, OK, pg. 21
Guessoum, Sarah, Art Dir -- Team/Y&R HQ Dubai, Dubai, United Arab Emirates, pg. 1205
Guevara, Javier Vargas, Art Dir -- DDB Worldwide Colombia, S.A., Cali, Colombia, pg. 272
Guggenbuehl, Mike, Media Planner -- Fallon Minneapolis, Minneapolis, MN, pg. 360
Guggenheimer, Allison, Acct Supvr -- 360I, New York, NY, pg. 6
Guggi, Pamela, Acct Dir -- FARM, Depew, NY, pg. 362
Guglielmo, Rich, Creative Dir-Nashville -- PHASE 3 MARKETING & COMMUNICATIONS, Atlanta, GA, pg. 867
Guglielmo, Rich, Creative Dir -- THE REYNOLDS GROUP, Atlanta, GA, pg. 954
Guhathakurta, Shounak, Sr Dir-Creative -- J. Walter Thompson, Mumbai, India, pg. 556
Guidi, Stefano, Deputy Creative Dir -- M&C Saatchi Milan, Milan, Italy, pg. 660
Guido, Nick, Assoc Creative Dir -- JK DESIGN, Hillsborough, NJ, pg. 576
Guidoboni, Jessica, Acct Supvr -- AUSTIN & WILLIAMS, Hauppauge, NY, pg. 78
Guidry, Joel, Creative Dir -- VITRO, San Diego, CA, pg. 1141
Guillermo, Myra, Acct Dir -- ANSIRA, Saint Louis, MO, pg. 60
Guimaraes, Celina, Acct Dir -- COLMAN BROHAN DAVIS, Chicago, IL, pg. 220
Guimaraes, Eddy, Assoc Dir-Creative -- Publicis, Rome, Italy, pg. 900
Guimaraes, Eddy, Assoc Creative Dir -- Publicis Italia, Milan, Italy, pg. 899
Guimaraes, Luis, Exec Creative Dir -- DDB Mozambique, Maputo, Mozambique, pg. 277
Guimarin, Victoria, Acct Dir -- UPRAISE MARKETING & PR, San Francisco, CA, pg. 1665
Guimond, Julie, Dir-Print Production -- J. Walter Thompson Canada, Montreal, Canada, pg. 553
Guiry, Michael, VP-Creative Svcs -- SHEPHERD, Jacksonville, FL, pg. 1007
Guisti, Dianna, Mgr-PR & Mktg -- 1-800-PUBLIC RELATIONS INC., New York, NY, pg. 1421
Guler, Hande, Creative Dir -- Edelman, Munich, Germany, pg. 1495
Gullen, Victoria, Assoc Media Buyer -- CARAT USA, INC., New York, NY, pg. 1314
Gullickson, Ashley, Acct Supvr -- WUNDERMAN, New York, NY, pg. 1188
Gullixson, Jay, Art Buyer & Producer-Brdcst -- HIEBING, Madison, WI, pg. 498
Gulock, Thom, Exec Creative Dir -- DIALOG DIRECT, Highland Park, MI, pg. 298
Gulsen, Mustafa, Art Dir -- TBWA Istanbul, Istanbul, Turkey, pg. 1088
Gumowska, Kamila, Acct Exec -- BBDO, Warsaw, Poland, pg. 107
Gunderson, Rita Garcia, Art Dir -- 3MARKETEERS ADVERTISING, INC., San Jose, CA, pg. 8
Gunderson, Seth, VP & Exec Creative Dir -- Sullivan Higdon & Sink Incorporated, Kansas City, MO, pg. 1060
Gundlach, John, Sr VP & Mng Dir-Creative & Brand Strategy -- Greer, Margolis, Mitchell, Burns & Associates (GMMB), Washington, DC, pg. 1508
Gundrum, Steve, Chm & Chief Creative Officer -- MATTSON, Foster City, CA, pg. 695
Gundzik, Jay, Exec Creative Dir -- TAXI Vancouver, Vancouver, Canada, pg. 1075
Guney, Mehmet, Creative Dir -- Y&R Turkey, Istanbul, Turkey, pg. 1204
Gunji, On, Creative Dir -- DENTSU INC., Tokyo, Japan, pg. 289
Gunleiksrud, Eiliv, Dir-Creative, Design & Digital -- Saatchi & Saatchi A/S, Oslo, Norway, pg. 979

PERSONNEL INDEX — AGENCIES

Gunn, Charlotte, Acct Dir -- Wieden + Kennedy, London, United Kingdom, pg. 1165
Gunn, Greg, Creative Dir -- BLIND, Santa Monica, CA, pg. 136
Gunn, Paul, Head-Activation & PR -- Colenso BBDO, Auckland, New Zealand, pg. 114
Gunter, Bryan, Chief Creative Officer -- THREE21, Orlando, FL, pg. 1295
Gunther, Shawna, Acct Supvr -- FREESTYLE MARKETING GROUP, Salt Lake City, UT, pg. 398
Gunton, Toby, Gen Mgr-Creative & Digital -- Edelman, London, United Kingdom, pg. 1494
Guo, Lucky, Art Dir -- mcgarrybowen, Shanghai, China, pg. 718
Gupta, Abhishek, Sr Creative Dir -- OgilvyOne Worldwide, New Delhi, India, pg. 825
Gupta, Ira, Creative Dir & Copywriter -- BBH Mumbai, Mumbai, India, pg. 93
Gupta, Rajit, Sr Creative Dir -- McCann Erickson India, Mumbai, India, pg. 704
Gupta, Rishi, Acct Dir -- MATCH MARKETING GROUP, Mississauga, Canada, pg. 693
Gupta, Shouvik, Grp Creative Dir -- Grey (India) Pvt. Ltd., Mumbai, India, pg. 446
Gurarie, Kathleen, Acct Exec -- MILE 9, Calabasas, CA, pg. 740
Gurayca, Merve, Acct Dir -- Wavemaker, Istanbul, Turkey, pg. 1383
Gurisko, Tom, Assoc Creative Dir -- THE JRT AGENCY, Farmington Hills, MI, pg. 583
Gurlides, Tara, Acct Exec -- QOOQOO, Irvine, CA, pg. 920
Gurney, Dallas, Mng Dir-Spark PR & Activation -- PHD New Zealand, Auckland, New Zealand, pg. 1363
Gurney, Lisa, Creative Dir -- DION MARKETING COMPANY, Jacksonville, FL, pg. 303
Gurnow, Karrie, Creative Dir -- TRUTH COLLECTIVE LLC, Rochester, NY, pg. 1120
Gurpinar, Ilkay, Chief Creative Officer -- TBWA Istanbul, Istanbul, Turkey, pg. 1088
Gurtowsky, Pete, Art Dir -- E.W. BULLOCK ASSOCIATES, Pensacola, FL, pg. 354
Guryn, Gosia, Acct Dir -- BBDO, Warsaw, Poland, pg. 107
Gusev, Artem, Art Dir -- Havas Worldwide Kiev, Kiev, Ukraine, pg. 482
Gustafson, Eva, Acct Dir -- Wunderman, Copenhagen, Denmark, pg. 1191
Gustafson, Mike, Owner & Creative Dir -- FIFTY EIGHT ADVERTISING LLC, Atlanta, GA, pg. 379
Gustafson, Nick, Acct Dir -- DUNCAN CHANNON, San Francisco, CA, pg. 325
Gustafsson, Anders, Creative Dir -- ARGONAUT INC., San Francisco, CA, pg. 67
Gustavsen, Matthew, Assoc Creative Dir -- HB/Eric Mower + Associates, Newton, MA, pg. 348
Gustin, Jarrod, Assoc Dir-Creative -- ODYSSEUS ARMS, San Francisco, CA, pg. 808
Gustin, Kevin, VP & Creative Dir -- MEANS ADVERTISING, Birmingham, AL, pg. 725
Gut, Markus, Chief Creative Officer -- Wunderman, Zurich, Switzerland, pg. 1192
Gutelli, Michael, Dir-Creative Content Strategy & Content Studio -- Commonwealth, Detroit, MI, pg. 698
Gutherman, Laurie, Sr Partner & Assoc Dir-Brdcst-Natl -- MINDSHARE, New York, NY, pg. 1351
Guthrie, Emilie, Acct Dir -- GS&F, Nashville, TN, pg. 453
Guthrie, Emily, VP & Media Dir -- GYRO CINCINNATI, Cincinnati, OH, pg. 458
Gutierrez, Andres Luque, Dir-Creative Copy -- Sancho BBDO, Bogota, Colombia, pg. 102
Gutierrez, Aste, Creative Dir -- TBWA\Chiat\Day Los Angeles, Los Angeles, CA, pg. 1077
Gutierrez, Cion, Partner & Sr Dir-Creative -- DAYNER HALL INC., Orlando, FL, pg. 266
Gutierrez, David E., Head-PR & Corp Dev -- DRESNER CORPORATE SERVICES, Chicago, IL, pg. 1488
Gutierrez, Eric, Partner & Chief Creative Officer -- HEY ADVERTISING, Seattle, WA, pg. 498
Gutierrez, Franco, VP-Creative -- KAHN MEDIA, INC., Moorpark, CA, pg. 1407
Gutierrez, Juan Carlos, VP, Head-Design & Grp Creative Dir -- NICKELODEON CREATIVE ADVERTISING, New York, NY, pg. 794
Gutierrez, Kike, Creative Dir -- Publicis Indonesia, Jakarta, Indonesia, pg. 910
Gutierrez, Kike, Exec Creative Dir -- Publicis UK, London, United Kingdom, pg. 902
Gutierrez, Miriam, Creative Dir -- Saatchi & Saatchi, Madrid, Spain, pg. 979

Gutierrez, Nissa, Acct Supvr -- Deutsch LA, Los Angeles, CA, pg. 294
Gutierrez, Nissa, Acct Supvr -- deutschMedia, New York, NY, pg. 295
Gutkowski, Jennifer, Media Planner -- WATAUGA GROUP, Orlando, FL, pg. 1153
Gutman, Ken, Creative Dir -- Havas - San Francisco, San Francisco, CA, pg. 476
Guttmann, Amy, Creative Dir -- SE2, Denver, CO, pg. 1643
Guttridge, Dan W., Acct Exec -- VEHR COMMUNICATIONS, LLC, Cincinnati, OH, pg. 1666
Guy, Jonathan, Assoc Creative Dir -- Cossette B2B, Toronto, Canada, pg. 233
Guy, Katie, Acct Dir -- The&Partnership London, London, United Kingdom, pg. 56
Guyon, Sophie, Creative Dir -- TBWA Paris, Boulogne-Billancourt, France, pg. 1081
Guzman, Alvaro, Creative Dir -- DDB Barcelona S.A., Barcelona, Spain, pg. 280
Guzman, Alvaro, Creative Dir -- DDB Madrid, S.A., Madrid, Spain, pg. 280
Guzzardo, Jordan, Media Dir -- CMW MEDIA, San Diego, CA, pg. 1471
Gwilt, Jessie, Acct Exec -- TRUE NORTH INC., New York, NY, pg. 1119
Gygi, Paul, Creative Dir -- Haygarth Group, London, United Kingdom, pg. 931
Gyoker, Dane, Acct Dir-Digital -- PHD Canada, Toronto, Canada, pg. 1364

H

Ha, Diane, Acct Exec -- FLOURISH INC., Cleveland, OH, pg. 389
Ha, Roy, Assoc Creative Dir -- DDB Worldwide Ltd., Hong Kong, China (Hong Kong), pg. 274
Haack, Natalie, Acct Supvr -- NUFFER SMITH TUCKER PUBLIC RELATIONS, San Diego, CA, pg. 1597
Haack, Natasha, Acct Dir -- SelectNY.Hamburg GmbH, Hamburg, Germany, pg. 1001
Haag, Jim, Exec Creative Dir -- CARLING COMMUNICATIONS, San Diego, CA, pg. 189
Haan, Noel, Exec VP & Exec Creative Dir -- BBDO Minneapolis, Minneapolis, MN, pg. 98
Haanraadts, Jack, Acct Exec -- FINN PARTNERS, New York, NY, pg. 381
Haar, Sarah, Acct Dir -- GODFREY DADICH, San Francisco, CA, pg. 427
Haas, Chris, Assoc Creative Dir -- FLOURISH INC., Cleveland, OH, pg. 389
Haas, Gary, Assoc Partner & Creative Dir -- PLATYPUS ADVERTISING + DESIGN, Pewaukee, WI, pg. 877
Haas, Nick, Creative Dir-Experience Center -- PWC DIGITAL SERVICES, New York, NY, pg. 1283
Haavisto, Yrjo, Project Mgr-Creative Svcs -- McCann Helsinki, Helsinki, Finland, pg. 703
Haazelager, Thomas, Media Dir-AV -- OMD Nederland, Amstelveen, Netherlands, pg. 1358
Haberfield, Lauren, Art Dir -- McCann Erickson Paris, Clichy, France, pg. 703
Habisreitinger, Joann, Media Dir -- ZEHNDER COMMUNICATIONS, INC., New Orleans, LA, pg. 1210
Hach, Christie, Acct Dir -- DOTTED LINE COMMUNICATIONS, New York, NY, pg. 1487
Hachlinski, Eric, Grp Creative Dir -- GEORGE P. JOHNSON COMPANY, INC., Auburn Hills, MI, pg. 416
Hackett, Hunter, Acct Supvr -- L.C. WILLIAMS & ASSOCIATES, LLC, Chicago, IL, pg. 1564
Hackett, Paul, Creative Dir -- REVIVEHEALTH, Nashville, TN, pg. 952
Hackett, Thomas, Creative Dir -- DEVRIES GLOBAL, New York, NY, pg. 1484
Hackforth-Jones, George, Creative Dir -- Abbott Mead Vickers BBDO, London, United Kingdom, pg. 109
Hackler, Jonathan, Creative Dir -- APPLE ROCK, Greensboro, NC, pg. 1396
Hackmann, Alyssa, Acct Exec -- LITZKY PUBLIC RELATIONS, Hoboken, NJ, pg. 1569
Hackney, Spence, Pres & Creative Dir -- PROCLAIM INTERACTIVE, Wilmington, NC, pg. 1282
Haczkiewicz, Anna, Assoc Creative Dir -- MRY, New York, NY, pg. 769
Hadaway, Emily, Acct Supvr -- J. WALTER THOMPSON, New York, NY, pg. 553

Haddad, Chafic, Exec Creative Dir -- J. Walter Thompson, Dubai, United Arab Emirates, pg. 563
Haddad, Dana, Art Dir -- NAIL COMMUNICATIONS, Providence, RI, pg. 783
Hadden, Utahna, VP & Acct Supvr -- ADVANCED MARKETING STRATEGIES, San Diego, CA, pg. 33
Hade, Becca, Acct Dir -- LRXD, Denver, CO, pg. 1269
Hadem, Juliane, Creative Dir -- OGILVY, New York, NY, pg. 809
Hadfield, Paul, Creative Dir-Havas PR UK -- Havas People Manchester, Manchester, United Kingdom, pg. 483
Hadlock, Bryan, Chief Creative Officer -- MARC USA, Pittsburgh, PA, pg. 676
Haefele, Mark, Head-Creative Grp -- Ogilvy Johannesburg (Pty.) Ltd., Johannesburg, South Africa, pg. 829
Haegele, Ford, Creative Dir -- THE KARMA AGENCY, Philadelphia, PA, pg. 1551
Hagan, Deb, Chief Creative Officer -- BARBER MARTIN AGENCY, Richmond, VA, pg. 88
Hagemann, Rob, Acct Dir -- COLLE+MCVOY, Minneapolis, MN, pg. 219
Hagen, Chris, Dir-PR -- FLINT COMMUNICATIONS, Fargo, ND, pg. 388
Hagenheide, Bjorn, Chief Creative Officer -- MediaCom Switzerland, Zurich, Switzerland, pg. 1347
Hager, Andrea, Art Dir -- CREATIVE SPOT, Columbus, OH, pg. 246
Hager, Emily, Sr VP-Creative & Digital -- VOX GLOBAL, Washington, DC, pg. 1146
Hager, Laura, Mgr-PR -- PLANIT, Baltimore, MD, pg. 877
Haggerty, Sean, Grp Creative Dir -- SASQUATCH, Portland, OR, pg. 992
Haggman, Eric, CEO & Dir-Creative -- HAGGMAN, INC., Beverly, MA, pg. 461
Hagopian, Christina, Pres & Creative Dir -- HAGOPIAN INK, New York, NY, pg. 1259
Hagos, Michael, Creative Dir -- INTERESTING DEVELOPMENT, New York, NY, pg. 538
Haguiara, Luciana, Creative Dir-Digital -- Almap BBDO, Sao Paulo, Brazil, pg. 101
Hahn, Greg, Co-Chief Creative Officer -- Adam & EveDDB, London, United Kingdom, pg. 281
Hahn, Greg, Chief Creative Officer -- BBDO WORLDWIDE INC., New York, NY, pg. 97
Hahn, Peter, Exec VP & Creative Dir -- Finn Partners, Washington, DC, pg. 382
Hahn, Steve, Creative Dir -- Ogilvy, Chicago, IL, pg. 811
Hahs, Rebecca, Art Dir & Sr Designer -- RK VENTURE, Albuquerque, NM, pg. 961
Haidar, Aya, Acct Exec -- TBWA Raad, Dubai, United Arab Emirates, pg. 1088
Haider, Ammar, Creative Dir -- J. Walter Thompson, Karachi, Pakistan, pg. 558
Haim, Andrew W., Acct Dir -- Group SJR, New York, NY, pg. 1530
Haines, Addison, Acct Supvr -- RED MOON MARKETING, Charlotte, NC, pg. 940
Haines, Ben, Creative Dir -- IMAGINE THIS, INC., Irvine, CA, pg. 526
Hainsworth, Stanley, Chm & Chief Creative Officer -- TETHER, INC., Seattle, WA, pg. 1097
Haivri, E-ta-i, Head-Digital Creative Team -- Grey Tel Aviv, Tel Aviv, Israel, pg. 441
Hake, Bernd, Acct Supvr -- Mediacom Dusseldorf, Dusseldorf, Germany, pg. 1338
Hake, Bernd, Acct Supvr -- Mediacom Dusseldorf, Dusseldorf, Germany, pg. 1346
Hakim, Marine, Deputy Mng Dir & Head-New Bus -- DDB Communication France, Paris, France, pg. 273
Hakim, Yogi, Creative Dir -- KAMP GRIZZLY, Portland, OR, pg. 586
Halas, Chris, Creative Dir -- Commonwealth, Detroit, MI, pg. 698
Halbert, Maya, Art Dir -- NA COLLECTIVE, New York, NY, pg. 783
Haldeman, Brock, Founder & Exec Creative Dir -- PIVOT DESIGN INC, San Francisco, CA, pg. 873
Hale, Amy, VP-Creative -- FLEK, INC., Saint Johnsbury, VT, pg. 387
Hale, Ben, Acct Supvr -- BOHAN, Nashville, TN, pg. 144
Hale, Edward, Creative Dir -- GLOBE RUNNER, Addison, TX, pg. 423
Hale, Lyndon, Exec Creative Dir-APAC Reg -- Digitas, Kwun Tong, China (Hong Kong), pg. 1252
Hale, Sebastian, Acct Exec -- RAWLE MURDY ASSOCIATES, INC., Charleston, SC, pg. 934
Hales, Stephen A., CEO & Creative Dir -- STEPHEN HALES

AGENCIES — PERSONNEL INDEX

CREATIVE INC, Provo, UT, pg. 1047
Haley, Brooke, Acct Supvr -- CREATIVE NOGGIN, San Antonio, TX, pg. 244
Haley, Debbe, Acct Exec -- SABA AGENCY, Bakersfield, CA, pg. 986
Halim, Firman, Creative Dir -- MullenLowe Indonesia, Jakarta, Indonesia, pg. 774
Halin, Raphael, Art Dir-Creation -- Publicis Conseil, Paris, France, pg. 898
Halkin, Bruce, Media Dir -- MEDIA RESPONSE, INC., Hollywood, FL, pg. 727
Halkova, Patricie, Acct Dir -- Y&R Praha, s.r.o., Prague, Czech Republic, pg. 1205
Hall, Alex, Art Dir -- R/P MARKETING PUBLIC RELATIONS, Holland, OH, pg. 1623
Hall, Andrew, Sr VP & Creative Dir -- KLUNK & MILLAN ADVERTISING INC., Allentown, PA, pg. 599
Hall, Brian, Acct Dir -- Crossmedia, Philadelphia, PA, pg. 1317
Hall, Derek, Acct Dir -- SKIVER, Newport Beach, CA, pg. 1019
Hall, Dustin, Assoc Creative Dir -- FREDERICK SWANSTON, Alpharetta, GA, pg. 397
Hall, Jamie, Dir-PR -- PASCALE COMMUNICATIONS LLC, Fairfield, CT, pg. 1606
Hall, Jane, Acct Dir -- TARGET MARKETING & COMMUNICATIONS INC., Saint John's, Canada, pg. 1073
Hall, Jason, Head-Creative-Naming -- Siegel+Gale, Los Angeles, CA, pg. 1011
Hall, Jim, Media Buyer -- TRUE MEDIA, Columbia, MO, pg. 1376
Hall, Ken, Dir-Creative & Digital -- RENEGADE COMMUNICATIONS, Hunt Valley, MD, pg. 946
Hall, Paige, Acct Dir -- REVEL INTERACTIVE, Grand Junction, CO, pg. 952
Hall, Ryan, Acct Supvr -- NUFFER SMITH TUCKER PUBLIC RELATIONS, San Diego, CA, pg. 1597
Hall, Sarah, Art Dir -- ARC WORLDWIDE, Chicago, IL, pg. 1397
Hall, Sarah, Founder & Partner-Creative Strategy -- HARLEY & CO, New York, NY, pg. 468
Hall, Shelley, Acct Dir -- LATINWORKS MARKETING, INC., Austin, TX, pg. 612
Hall, Terri, Pres & Creative Dir -- DOUBLETAKE STUDIOS, INC., Tampa, FL, pg. 318
Hall, Todd, Acct Dir -- LINKMEDIA 360, Independence, OH, pg. 642
Hall, Tosh, Exec Creative Dir -- JONES KNOWLES RITCHIE, New York, NY, pg. 582
Hall-Lewis, Suzanne, Principal & Creative Dir -- HSC MARKETING, Dallas, TX, pg. 510
Hallahan, Devin, Acct Exec -- GIGUNDA GROUP, INC., Portsmouth, NH, pg. 419
Hallam, Maggie, Acct Exec & Strategist-Digital -- COMMON GROUND PUBLIC RELATIONS, Chesterfield, MO, pg. 1472
Hallee, Andree-Anne, Art Dir & Copywriter -- LG2, Montreal, Canada, pg. 639
Haller, Amanda, Acct Exec-Brand Strategy -- ID PUBLIC RELATIONS, Los Angeles, CA, pg. 1539
Halley, Lauren, Acct Supvr -- SAESHE ADVERTISING, Los Angeles, CA, pg. 986
Hallgren, Andreas, Acct Dir -- Acne Advertising, Stockholm, Sweden, pg. 1249
Halliday, John, Creative Dir -- VENTURE COMMUNICATIONS LTD., Calgary, Canada, pg. 1133
Halliday, Steven, Acct Dir -- Adam & EveDDB, London, United Kingdom, pg. 281
Hallock, Matthew, Head-Creative, Content & Talent Dev -- THE VOICE, Fairfield, CT, pg. 1145
Halloran, John, Dir-Creative Svcs -- Macy + Associates Inc., San Francisco, CA, pg. 667
Halloran, John, Dir-Creative Svcs -- MACY + ASSOCIATES INC., Los Angeles, CA, pg. 667
Hallowell, Lori, VP & Grp Dir-PR -- Bader Rutter & Associates, Inc., Lincoln, NE, pg. 83
Hallsten, Magnus, Creative Dir -- BBH Stockholm, Stockholm, Sweden, pg. 94
Hallstrom, Trisha, Acct Exec -- JACK NADEL, INC., Los Angeles, CA, pg. 1407
Halpern, Jennifer, Acct Dir -- 88/BRAND PARTNERS, Chicago, IL, pg. 13
Haltiwanger, Dana, Media Buyer -- INFINITY MARKETING, Greenville, SC, pg. 531
Halvorsen, Mike, Creative Dir -- PureRED/Ferrara, Tucker, GA, pg. 918
Ham, Julian, Sr Partner, Art Dir & Designer -- OGILVY, New York, NY, pg. 809
Hamaguti, Atsushi, Media Planner -- DENTSU INC., Tokyo, Japan, pg. 289
Hamali, Lina, Sr Copywriter-Creative -- De Le Ma/ McCann Erickson, Nicosia, Cyprus, pg. 702
Hamann, Dean, Art Dir -- Juniper Park/TBWA, Toronto, Canada, pg. 1079
Hamblock, Diana, Art Dir -- QUIET LIGHT COMMUNICATIONS, Rockford, IL, pg. 923
Hambly, Beth, VP & Creative Dir -- GLOBAL TEAM BLUE, Dearborn, MI, pg. 423
Hamburg, Steve, Mng Partner & Chief Creative Officer -- CALCIUM, Philadelphia, PA, pg. 182
Hamby, Stuart, Acct Exec -- Intersection, Boston, MA, pg. 543
Hamdalla, Ahmed, Creative Dir -- J. Walter Thompson Cairo, Cairo, Egypt, pg. 562
Hamel, Kelsey, Acct Exec -- HAVAS PR, New York, NY, pg. 1528
Hamer, Jordan, Assoc Creative Dir -- Cossette Communication-Marketing, Toronto, Canada, pg. 234
Hamer, Lizi, Reg Dir-Creative -- Octagon Sydney, Sydney, Australia, pg. 807
Hamid, Mehr, Creative Dir -- J. Walter Thompson, Karachi, Pakistan, pg. 558
Hamidi, Jamal, Exec Creative Dir-Bus -- DDB China - Shanghai, Shanghai, China, pg. 272
Hamidi, Jamal, Exec Creative Dir-Global Bus -- DDB Worldwide Ltd., Hong Kong, China (Hong Kong), pg. 274
Hamidi, Madjid, Acct Dir -- DDB Canada, Toronto, Canada, pg. 267
Hamill, Alex, Acct Supvr -- BBDO San Francisco, San Francisco, CA, pg. 99
Hamill, Gerri, Head-Brdcst -- J. Walter Thompson Singapore, Singapore, Singapore, pg. 558
Hamill, Patrick, Creative Dir -- BBDO Dublin, Dublin, Ireland, pg. 105
Hamilton, Ashleigh, Art Buyer & Producer-TV, Radio & Print -- Y&R Cape Town, Cape Town, South Africa, pg. 1207
Hamilton, Brad, Grp Creative Dir -- PRAIRIE DOG/TCG, Kansas City, MO, pg. 886
Hamilton, Douglas, Copywriter & Assoc Creative Dir -- BBH NEW YORK, New York, NY, pg. 115
Hamilton, Jonny, Sr VP-Creative & Media Ops -- ADSPACE NETWORKS, INC., New York, NY, pg. 1233
Hamilton, Karen, Dir-Creative Svcs -- MULLER BRESSLER BROWN, Leawood, KS, pg. 778
Hamilton, Keith, Media Dir -- AGENCY 720, Detroit, MI, pg. 37
Hamilton, Kelly, Media Planner & Media Buyer -- HIRONS & COMPANY, Indianapolis, IN, pg. 502
Hamilton, Lauren, Acct Exec -- GLYNNDEVINS ADVERTISING & MARKETING, Kansas City, MO, pg. 424
Hamilton, Rebecca, Media Dir -- Bohemia, Saint Leonards, Australia, pg. 659
Hamilton, Sarah, Art Dir -- SCORCH AGENCY, Saint Louis, MO, pg. 997
Hamlin, Julie, Dir-PR -- BURKHOLDER/FLINT, Columbus, OH, pg. 175
Hamm, Dusky, Creative Mgr -- KOCH COMMUNICATIONS, Oklahoma City, OK, pg. 1559
Hamm, Jon, Chief Creative Officer -- GEOMETRY GLOBAL NORTH AMERICA HQ, New York, NY, pg. 415
Hamm, Jorie, Acct Supvr & Strategist-Channel -- Geometry Global, Chicago, IL, pg. 415
Hammack, Templin, Partner-Creative -- FREESTYLE CREATIVE, Moore, OK, pg. 397
Hammack, Will, Art Dir -- EVB, Oakland, CA, pg. 352
Hammarberg, Markus, Partner & Creative Dir -- STOCKHOLM DESIGN, Studio City, CA, pg. 1050
Hammer, Alaina, Acct Coord -- Sullivan Higdon & Sink Incorporated, Kansas City, MO, pg. 1060
Hammer, Ariel, Creative Dir -- PWC DIGITAL SERVICES, New York, NY, pg. 1283
Hammond, Gabe, Sr Producer-Brdcst-Host & Havas Australia -- Havas Worldwide Sydney, Sydney, Australia, pg. 485
Hammond, Kevin, Creative Dir -- 20NINE DESIGN STUDIOS LLC, Conshohocken, PA, pg. 3
Hammond, Steve, Exec Creative Dir -- H2R AGENCY, Loveland, CO, pg. 459
Hampel, Kristin, Acct Supvr-PR -- GS&F, Nashville, TN, pg. 453
Hampton, Brandon, Creative Dir -- Moxie, Pittsburgh, PA, pg. 1275
Hampton, Defausha, Acct Dir -- SHIFT COMMUNICATIONS LLC, Brighton, MA, pg. 1644
Hampton, Hunter, Assoc Creative Dir -- JOHANNES LEONARDO, New York, NY, pg. 1266
Hampton, Josh, Assoc Creative Dir & Writer-Creative -- QUANTUM COMMUNICATIONS, Louisville, KY, pg. 921
Hamrick, David, Head-Bus Dev & Acct Exec -- BOONEOAKLEY, Charlotte, NC, pg. 147
Hamza, Khaled, Mgr-Creative Svcs -- FP7, Dubai, United Arab Emirates, pg. 710
Hamzah, Asiah, Dir-Creative Svc-Singapore -- McCann Healthcare Singapore, Singapore, Singapore, pg. 709
Han, Bo, Art Dir -- Pereira & O'Dell, New York, NY, pg. 863
Hanback, Clay, Acct Supvr -- FRENCH/WEST/VAUGHAN, INC., Raleigh, NC, pg. 398
Hancock, Adam, Assoc Creative Dir -- MRM McCann, Salt Lake City, UT, pg. 699
Hancock, Leslie, Media Buyer -- ADRENALIN, INC, Denver, CO, pg. 32
Hancock, Rupert, Creative Dir -- Ogilvy New Zealand, Auckland, New Zealand, pg. 826
Hand, Becca, Creative Dir -- PARADIGM MARKETING & CREATIVE, Memphis, TN, pg. 852
Handermann, Amanda, Assoc Creative Dir -- INTERBRAND DESIGN FORUM, Cincinnati, OH, pg. 538
Handjiski, Dejan, Art Dir -- BBDO Dusseldorf, Dusseldorf, Germany, pg. 105
Handler, Lukas, Art Dir -- PKP BBDO, Vienna, Austria, pg. 103
Hanford, Diana, Acct Dir -- PIERSON GRANT PUBLIC RELATIONS, Fort Lauderdale, FL, pg. 870
Hang, Sherry, Dir-Mktg & Creative Svcs -- YECK BROTHERS COMPANY, Dayton, OH, pg. 1195
Hangen, Chad, Assoc Creative Dir -- MELT, Atlanta, GA, pg. 730
Hanggi, Denise, Producer-Print -- WIEDEN + KENNEDY, INC., Portland, OR, pg. 1163
Hanig, Amanda, Creative Dir -- STUN CREATIVE, Los Angeles, CA, pg. 1057
Hanke, Philipp, Acct Dir -- Weber Shandwick, Munich, Germany, pg. 1678
Hankin, Andrew, Assoc Creative Dir -- Ogilvy Sydney, Saint Leonards, Australia, pg. 821
Hanley, Caroline, Acct Supvr -- MullenLowe, El Segundo, CA, pg. 772
Hanley, Laurie, Assoc-PR -- AHA CREATIVE STRATEGIES INC., Gibsons, Canada, pg. 1428
Hanley, Madeleine, Acct Dir -- Opr, Saint Leonards, Australia, pg. 1600
Hanley, Mike, Creative Dir -- BBDO Atlanta, Atlanta, GA, pg. 98
Hanlon, Christopher, Founder & Creative Dir -- HANLON CREATIVE, Kulpsville, PA, pg. 465
Hanlon, Ian, Acct Exec -- RED SIX MEDIA, Baton Rouge, LA, pg. 941
Hanna, Dayne G., Acct Exec-Svc -- HANNA & ASSOCIATES INC., Coeur D'Alene, ID, pg. 465
Hanna, Jeff, VP & Media Dir -- HANNA & ASSOCIATES INC., Coeur D'Alene, ID, pg. 465
Hanna, Jessica, Acct Dir -- ARC WORLDWIDE, Chicago, IL, pg. 1397
Hanna, Tasha, Art Buyer -- HAVAS WORLDWIDE, New York, NY, pg. 475
Hannasch, Heather, Creative Dir -- IW GROUP, INC., West Hollywood, CA, pg. 551
Hanneken, Dave, Partner & Exec Creative Dir -- HOFFMAN YORK, Milwaukee, WI, pg. 506
Hannett, Mike, Art Dir -- Abbott Mead Vickers BBDO, London, United Kingdom, pg. 109
Hanrahan, Colleen, Acct Dir -- Cohn & Wolfe, Los Angeles, CA, pg. 1441
Hanratty, Darcie, Acct Coord -- SMITH, PHILLIPS & DI PIETRO, Yakima, WA, pg. 1024
Hansel, Kristin, Acct Supvr -- JS2 COMMUNICATIONS, Los Angeles, CA, pg. 583
Hansen, Amy, Sr VP & Creative Dir -- HCB HEALTH, Austin, TX, pg. 490
Hansen, Amy, Sr VP & Creative Dir -- HCB HEALTH CHICAGO, Chicago, IL, pg. 490
Hansen, Amy, Dir-Client Svc & PR -- SEROKA, Waukesha, WI, pg. 1003
Hansen, Andrea, Acct Exec -- RANDLE COMMUNICATIONS, Sacramento, CA, pg. 1625
Hansen, Bryan, Acct Supvr -- MURPHY O'BRIEN, INC., Los Angeles, CA, pg. 1590
Hansen, Hans, Founder & Creative Dir -- SOLVE, Minneapolis, MN, pg. 1028
Hansen, Heather, Media Dir -- STRATEGIC MEDIA INC, Portland, ME, pg. 1053
Hansen, Jesper, Art Dir -- Uncle Grey A/S, Arhus, Denmark, pg. 440
Hansen, Jonathan, Assoc Creative Dir -- RODGERS TOWNSEND, LLC, Saint Louis, MO, pg. 965

1746

PERSONNEL INDEX — AGENCIES

Hansen, Kimberly, Art Dir -- STRATA-MEDIA, INC., Laguna Beach, CA, pg. 1052

Hansen, Krista, Creative Dir-Design Grp -- GMR MARKETING LLC, New Berlin, WI, pg. 1403

Hansen, Miriam, Dir-Creative Svcs -- IOSTUDIO, Nashville, TN, pg. 547

Hansen, Sarah Marcus, Acct Dir -- SPOTCO, New York, NY, pg. 1036

Hansen, Shawn, Acct Dir -- SOLVE, Minneapolis, MN, pg. 1028

Hansen, Susan, Acct Dir -- VML, Kalamazoo, MI, pg. 1300

Hanson, Elizabeth, Acct Supvr -- SHARAVSKY COMMUNICATIONS, Lafayette Hill, PA, pg. 1005

Hanson, Gilman, Agency Dir & Strategist-Creative Brand -- HANSON ASSOCIATES, INC., Philadelphia, PA, pg. 466

Hanson, Leanne, Acct Supvr -- PADILLA, Minneapolis, MN, pg. 849

Hanson, Lee, Assoc Creative Dir -- COLLE+MCVOY, Minneapolis, MN, pg. 219

Hanson, Rebecca, Acct Supvr -- BBDO San Francisco, San Francisco, CA, pg. 99

Hanson, Suzanne, Sr Creative Dir -- George P. Johnson Company, Inc., San Carlos, CA, pg. 416

Hanson, Travis, Art Dir -- 3HEADED MONSTER, Dallas, TX, pg. 7

Hansson, Max, Art Dir -- McCann Stockholm, Stockholm, Sweden, pg. 710

Hanstad, Tony, Assoc Creative Dir -- BEAUTY@GOTHAM, New York, NY, pg. 119

Hanthorn, Steve, Creative Dir -- WARREN DOUGLAS, Fort Worth, TX, pg. 1152

Hanzic, Stephen, Assoc Creative Dir -- TBWA Sydney, Sydney, Australia, pg. 1089

Hanzlicek, Jakub, Creative Dir -- Mark BBDO, Prague, Czech Republic, pg. 104

Hao, Dong, Creative Dir -- Wieden + Kennedy, Shanghai, China, pg. 1166

Hao, Rocky, Exec Creative Dir -- Leo Burnett Shanghai Advertising Co., Ltd., Shanghai, China, pg. 629

Hao, Shum Qi, Assoc Creative Dir -- DDB, Singapore, Singapore, pg. 279

Haoxi, Lv, Grp Creative Dir -- BBH China, Shanghai, China, pg. 93

Haque, Azazul, Grp Dir-Creative -- Ogilvy, Bengaluru, India, pg. 823

Hara, Josh, Creative Dir -- IBM iX, Columbus, OH, pg. 518

Hara, Miriam, Chief Creative Officer -- 3H COMMUNICATIONS INC., Oakville, Canada, pg. 7

Harari, Sandi, Exec VP & Creative Dir -- BARKER, New York, NY, pg. 89

Harbison, Collin, Art Dir -- DEARING GROUP, West Lafayette, IN, pg. 284

Harborg, Carl, Assoc Creative Dir -- TBWA/G1, Boulogne-Billancourt, France, pg. 1081

Hardatt, Devina A., Acct Supvr -- TWOFIFTEENMCCANN, San Francisco, CA, pg. 1124

Hardcastle, Tony, Creative Dir -- MullenLowe London, London, United Kingdom, pg. 775

Harder, Don, Assoc Creative Dir -- COLMAN BROHAN DAVIS, Chicago, IL, pg. 220

Hardgrave, Jennifer, Acct Exec -- ACROBATANT, Tulsa, OK, pg. 22

Harding, Annabel, Acct Coord -- RAIN43, Toronto, Canada, pg. 929

Hardison, Lucas, Mgr-Creative -- ELITE SEM, New York, NY, pg. 1320

Hardwick, Kelly, Grp Creative Dir -- SapientRazorfish Chicago, Chicago, IL, pg. 1288

Hardwick, Meagan, Acct Supvr -- RED SHOES PR, Appleton, WI, pg. 1627

Hardwick, Stan, VP & Exec Creative Dir -- Aspen Marketing Services, West Chicago, IL, pg. 344

Hardy, Chips, Creative Dir -- J. Walter Thompson, London, United Kingdom, pg. 562

Hardy, Patrick, Chief Creative Officer -- TIERNEY COMMUNICATIONS, Philadelphia, PA, pg. 1103

Hardy, Penny, Partner & Dir-Creative -- PS, New York, NY, pg. 896

Hardy, Sam, Assoc Creative Dir -- Porter Novelli-Seattle, Seattle, WA, pg. 1614

Hargett, Linda, Media Planner -- RIGGS PARTNERS, West Columbia, SC, pg. 1631

Hariharan, Ramakrishnan, Head-Creative -- Publicis India Communications Pvt. Ltd., Mumbai, India, pg. 909

Harker, Katie, Media Planner -- CACTUS, Denver, CO, pg. 181

Harkey, Taylor, Co-Founder & Exec Creative Dir -- ADJECTIVE & CO, Jacksonville Beach, FL, pg. 30

Harkin, Nick, VP-PR -- CAROL FOX AND ASSOCIATES, Chicago, IL, pg. 190

Harkins, Tim, Creative Dir -- HOOK STUDIOS LLC, Ann Arbor, MI, pg. 1260

Harkleroad, Mandy, Acct Supvr-Affiliate -- KEYPATH EDUCATION, Lenexa, KS, pg. 593

Harkness, Phillip Brendon, Art Dir -- Saatchi & Saatchi Australia, Sydney, Australia, pg. 983

Harlamoff, Nicolas, Art Dir -- HAVAS, Puteaux, France, pg. 472

Harland, Megan, Media Dir -- BROTHERS & CO., Tulsa, OK, pg. 167

Harling, Jonathan, Dir-PR -- GRAY LOON MARKETING GROUP, INC., Evansville, IN, pg. 433

Harlow-Mote, Gina, Media Dir -- THE BARBER SHOP MARKETING, Addison, TX, pg. 88

Harm, Joshua, Acct Coord -- VANTAGEPOINT, INC, Greenville, SC, pg. 1131

Harman, Patti, Art Dir -- FLOURISH INC., Cleveland, OH, pg. 389

Harman-Turner, Kyle, Creative Dir -- MOTHER LTD., London, United Kingdom, pg. 762

Harmeyer, Emily, Art Dir -- ASHER AGENCY, INC., Fort Wayne, IN, pg. 73

Harmon, Jacqueline, Acct Supvr -- CALLAHAN CREEK, INC., Lawrence, KS, pg. 183

Harmon, Mark, Dir-PR & Community Affairs -- MELT, Atlanta, GA, pg. 730

Harmon, Price, Art Dir -- O'BRIEN ET AL. ADVERTISING, Virginia Beach, VA, pg. 805

Harn, Brandon, Assoc Creative Dir -- Ackerman McQueen, Inc., Colorado Springs, CO, pg. 21

Haroutunian, Steve, VP & Dir-Digital Creative Production -- MullenLowe, Winston Salem, NC, pg. 772

Harper, Brooks, Art Dir -- MP&F STRATEGIC COMMUNICATIONS, Nashville, TN, pg. 1586

Harrington, Kelsey, Acct Supvr -- CASTILLO & RUIG COMMUNICATIONS, Santa Monica, CA, pg. 1464

Harrington, Matthew, Dir-Creative Partnerships -- Abbott Mead Vickers BBDO, London, United Kingdom, pg. 109

Harris, Ant, Art Dir -- TBWA/Manchester, Manchester, United Kingdom, pg. 1086

Harris, Beth, Asst Creative Dir -- PEOPLE WHO THINK, Mandeville, LA, pg. 862

Harris, Brad, Assoc Creative Dir & Dir-Design -- CRAMER PRODUCTIONS INC., Norwood, MA, pg. 238

Harris, Brian, Creative Dir -- BRADLEY & MONTGOMERY ADVERTISING, Indianapolis, IN, pg. 152

Harris, Brynn, Sr VP & Acct Dir -- THE GARAGE TEAM MAZDA, Costa Mesa, CA, pg. 409

Harris, Cassandra, Bus Dir-PR & Experiential -- THE IMAGINATION GROUP, London, United Kingdom, pg. 525

Harris, Chris, Sr VP-Creative & Mktg-Brand Action -- GOCONVERGENCE, Orlando, FL, pg. 426

Harris, David, Chief Creative Officer -- gyro London, London, United Kingdom, pg. 458

Harris, Debbie, Acct Supvr-WT Health Div -- WALZ TETRICK ADVERTISING, Mission, KS, pg. 1151

Harris, Elliot, Exec Creative Dir -- Havas London, London, United Kingdom, pg. 482

Harris, Jamie, Acct Dir -- The&Partnership London, London, United Kingdom, pg. 56

Harris, Jay, Art Dir -- ORANGE BARREL, Columbus, OH, pg. 843

Harris, Jeff, Creative Dir -- TRACK, Auckland, New Zealand, pg. 837

Harris, Josh, Coord-Creative -- CASHMERE AGENCY, Los Angeles, CA, pg. 193

Harris, Julie, Head-Creative Svcs & Dir-Strategic Plng -- Lonsdale Saatchi & Saatchi, Port of Spain, Trinidad & Tobago, pg. 982

Harris, Justin, VP & Creative Dir -- THE MARTIN AGENCY, Richmond, VA, pg. 687

Harris, Kyra, Acct Dir -- Charles Ryan Associates, Richmond, VA, pg. 203

Harris, Laurel, Founder, Exec Producer & Creative Dir -- STELLARHEAD, Brooklyn, NY, pg. 1046

Harris, Lindsey, Creative Dir -- MJD INTERACTIVE AGENCY, San Diego, CA, pg. 1273

Harris, Liz, Dir-PR & New Media -- MODERN BRAND COMPANY, Birmingham, AL, pg. 753

Harris, Matt Lane, Creative Dir -- BIG COMMUNICATIONS, INC., Birmingham, AL, pg. 128

Harris, Pat, Creative Dir -- LHWH ADVERTISING & PUBLIC RELATIONS, Myrtle Beach, SC, pg. 639

Harris, Ray, Acct Exec -- MARIS, WEST & BAKER, INC., Jackson, MS, pg. 680

Harris, Scott, Art Dir & Producer -- MADISON + MAIN, Richmond, VA, pg. 669

Harris, Stacey, Acct Dir -- PATHFINDERS ADVERTISING & MARKETING GROUP, Mishawaka, IN, pg. 857

Harris, Terri, Media Planner & Media Buyer -- GWA/GREGORY WELTEROTH ADVERTISING, Montoursville, PA, pg. 456

Harris, Tom, Media Planner -- Abbott Mead Vickers BBDO, London, United Kingdom, pg. 109

Harris, Zoe, Acct Exec -- McCann Erickson Advertising Ltd., London, United Kingdom, pg. 711

Harrison, Ashley, Acct Dir -- ADVERTISING SAVANTS, INC., Saint Louis, MO, pg. 35

Harrison, Chris, Art Dir & Assoc Creative Dir -- BENSIMON BYRNE, Toronto, Canada, pg. 123

Harrison, David, Sr Creative Dir -- Jack Morton Worldwide, San Francisco, CA, pg. 568

Harrison, Greg, Exec Creative Dir -- MOCEAN, Los Angeles, CA, pg. 752

Harrison, James, Assoc Creative Dir -- JOHNSON & SEKIN, Dallas, TX, pg. 580

Harrison, Jason, Partner & Creative Dir -- FREESTYLE MARKETING GROUP, Salt Lake City, UT, pg. 398

Harrison, Kelly, Acct Supvr -- J PUBLIC RELATIONS, San Diego, CA, pg. 1407

Harrison, Natalie, Acct Supvr -- HABERMAN & ASSOCIATES, INC., Minneapolis, MN, pg. 460

Harrison, Robert, Art Dir & Sr Designer-Visual -- Ubachswisbrun J. Walter Thompson, Amsterdam, Netherlands, pg. 560

Harrison, Steve, Pres & Creative Dir -- FALK HARRISON, Saint Louis, MO, pg. 359

Harrison, Sue, Partner & Media Dir -- DAVIS HARRISON DION, INC., Chicago, IL, pg. 265

Harry, Doug, Assoc Creative Dir -- ARNOLD WORLDWIDE, Boston, MA, pg. 69

Harry, Roy, CEO & Creative Dir -- MEDIA II, INC., Northfield, OH, pg. 726

Harshwal, Saloni, Supvr-Art & Creative -- J. Walter Thompson, Mumbai, India, pg. 556

Hart, Adam, Creative Dir & Sr Brand Mgr -- THE BECKET AGENCY, Charleston, SC, pg. 1447

Hart, Becci, Pres-PR -- INTERMARK GROUP, INC., Birmingham, AL, pg. 539

Hart, Gloria S., Media Dir -- SKYLINE MEDIA GROUP, Oklahoma City, OK, pg. 1019

Hart, Jen, Assoc Dir-Creative & Art Dir -- BARRETTSF, San Francisco, CA, pg. 91

Hart, Karen, VP-Creative Strategy -- REACH AGENCY, Santa Monica, CA, pg. 935

Hart, Kelsey, Acct Supvr -- RHEA + KAISER, Naperville, IL, pg. 954

Hart, Kevin, Mng Dir, Sr VP & Creative Dir -- HB/Eric Mower + Associates, Newton, MA, pg. 348

Hart, Michael, Co-Founder, Partner & Co-Chief Creative Officer -- MONO, Minneapolis, MN, pg. 755

Harter, James, Acct Dir -- MORTENSON SAFAR KIM, Indianapolis, IN, pg. 761

Harth, Kelly, Creative Dir -- Flint Interactive, Duluth, MN, pg. 388

Harti, Mahantesh, Assoc Creative Dir -- Ogilvy India, Chennai, India, pg. 823

Hartland-Mahon, Emma, Acct Dir-UK -- J PUBLIC RELATIONS, San Diego, CA, pg. 1407

Hartline, Jana, Dir-PR -- SAATCHI & SAATCHI, New York, NY, pg. 975

Hartman, Chace, Creative Dir -- Pereira & O'Dell, New York, NY, pg. 863

Hartman, Erin, Media Dir -- J. Walter Thompson Inside, New York, NY, pg. 566

Hartman, Erin, Media Dir -- J. Walter Thompson U.S.A., Inc., Coral Gables, FL, pg. 566

Hartmann, Patrik, Creative Dir & Art Dir -- FCB Hamburg, Hamburg, Germany, pg. 366

Hartnady, Kean, Creative Dir -- Ogilvy South Africa (Pty.) Ltd., Johannesburg, South Africa, pg. 829

Hartong, Dana, Acct Dir -- G&S BUSINESS COMMUNICATIONS, New York, NY, pg. 406

Hartsfield, Brett, Art Dir -- R+M, Cary, NC, pg. 927

Hartung, Stefan, Co-Founder & Head-Creative -- IDEAS THAT KICK, Minneapolis, MN, pg. 521

Hartwig, Erin, Acct Supvr -- Fleishman-Hillard Inc., San Francisco, CA, pg. 1507

Harvel, Brittany, Producer-Creative Content -- THE DESIGNORY, Long Beach, CA, pg. 293

Harvey, Aaron, Founder, Partner & Exec Creative Dir -- READY SET ROCKET, New York, NY, pg. 936

Harvey, Greg, Art Dir-Mid Weight -- FCB Inferno, London, United

AGENCIES — PERSONNEL INDEX

Kingdom, pg. 369
Harvey, Morgan, Acct Dir -- MOXIE, Atlanta, GA, pg. 1274
Harvey, Pete, Partner & Exec Creative Dir -- BARRETTSF, San Francisco, CA, pg. 91
Harvey, Ruth, Creative Dir -- HOT DISH ADVERTISING, Minneapolis, MN, pg. 509
Harvey, Todd, Principal & Creative Dir -- MISSION MEDIA, LLC., Baltimore, MD, pg. 747
Harwick, Benjamin, Acct Exec-Endeavor Global Mktg -- Endeavor, New York, NY, pg. 340
Harwood, Chris, Assoc Creative Dir & Copywriter -- REMERINC, Seattle, WA, pg. 946
Harwood, Christopher, Assoc Creative Dir & Copywriter -- REMER INC. CREATIVE MARKETING, Seattle, WA, pg. 946
Hary, Peter, VP & Creative Dir -- QUINN & HARY MARKETING, New London, CT, pg. 924
Hasan, Rakibul, Art Dir -- Grey Bangladesh Ltd., Dhaka, Bangladesh, pg. 445
Haschtmann, Daniel, Exec Creative Dir -- BBDO Dusseldorf, Dusseldorf, Germany, pg. 105
Haschtmann, Daniel, Exec Creative Dir -- BBDO Proximity Berlin, Berlin, Germany, pg. 105
Hasegawa, Tota, Exec Creative Dir -- Wieden + Kennedy Japan, Tokyo, Japan, pg. 1166
Hashiguchi, Yukio, Creative Dir -- DENTSU INC., Tokyo, Japan, pg. 289
Hashim, Iska, Grp Creative Dir -- Leo Burnett Malaysia, Kuala Lumpur, Malaysia, pg. 631
Hashimi, Fadwa Al, Acct Dir-Hill & Knowlton Strategies -- Gulf Hill & Knowlton, Dubai, United Arab Emirates, pg. 1534
Hashimoto, Reietsu, Creative Dir -- DENTSU INC., Tokyo, Japan, pg. 289
Hashimoto, Takeshi, Creative Dir -- I&S BBDO Inc., Tokyo, Japan, pg. 113
Haskell, Chip, Creative Dir -- LOVE COMMUNICATIONS, Salt Lake City, UT, pg. 653
Haslam, Gil, Exec Creative Dir -- TROIKA DESIGN GROUP, Los Angeles, CA, pg. 1119
Hass, Joanna, VP & Acct Dir -- Patients & Purpose, New York, NY, pg. 198
Hassan, Aryana, Acct Exec -- LEO BURNETT COMPANY LTD., Toronto, Canada, pg. 620
Hassett, Shawna, Sr Acct Supvr-PR -- DUFFY & SHANLEY, INC., Providence, RI, pg. 324
Hassler, Tucker, Sr VP & Exec Creative Dir -- ANSIRA, Saint Louis, MO, pg. 60
Hasson, Kai, Creative Dir -- PORTAL A LIMITED, San Francisco, CA, pg. 1280
Hastings, Dawn, Assoc Creative Dir-Copy -- DUDNYK HEALTHCARE GROUP, Horsham, PA, pg. 324
Hastings, Gerald, Assoc Creative Dir -- WONDERSAUCE, New York, NY, pg. 1302
Hastings, Kevin, Acct Exec -- KGLOBAL, Washington, DC, pg. 594
Hatch, Gardner, Supvr-PR -- Woodruff, Red Wing, MN, pg. 1176
Hatch, Sheila, Pres & Creative Dir -- DECCA DESIGN, San Jose, CA, pg. 284
Hatcher, Jessica, Sr Dir-PR & Comm -- NATIONAL HOT ROD ASSOCIATION, Glendora, CA, pg. 1224
Hathaway, Kimberly, Dir-PR & Content Dev -- SPRITZ LLC, San Francisco, CA, pg. 1650
Hattori, Akiyo, Acct Dir -- Y&R, LTD., Toronto, Canada, pg. 1194
Hauge, Jacob, Acct Exec -- ECHOS COMMUNICATIONS, San Francisco, CA, pg. 330
Haugen, Zoe, Specialist-Multi Media & PR -- BOARDROOM COMMUNICATIONS INC., Fort Lauderdale, FL, pg. 1453
Haughey, Tammy, Acct Dir-MeringCarson -- MERING & ASSOCIATES, Sacramento, CA, pg. 731
Haugmard, Jenna, Art Dir -- DDB Paris, Paris, France, pg. 273
Haun, Kristen, Acct Supvr -- SAATCHI & SAATCHI WELLNESS, New York, NY, pg. 985
Hauri, Federico, VP & Exec Creative Dir -- THE BRAVO GROUP HQ, Miami, FL, pg. 160
Hauri, Federico, VP & Exec Creative Dir -- Y&R Miami, Miami, FL, pg. 1205
Haus, Laila, Creative Dir -- PHOENIX GROUP, Regina, Canada, pg. 869
Haus, Susan, Media Dir -- AINSLEY & CO, Baltimore, MD, pg. 41
Hausfeld, Jim, VP & Creative Dir -- THE OHLMANN GROUP, Dayton, OH, pg. 834
Hausman, Amanda, Acct Supvr -- SANTY INTEGRATED, Scottsdale, AZ, pg. 990
Hausman, David, Creative Dir -- Carre Noir, Suresnes, France, pg. 898

Hausman, Jenn, Media Dir -- HMH, Portland, OR, pg. 504
Hausman, Jennifer, Media Dir -- HMH-Charlotte N.C., Charlotte, NC, pg. 504
Haut, Debra, Media Dir -- ADSERVICES INC., Hollywood, FL, pg. 33
Haven, Michaela, Acct Coord -- SPARK STRATEGIC IDEAS, Charlotte, NC, pg. 1031
Havertape, Leanne, Media Planner & Media Buyer -- HIEBING, Madison, WI, pg. 498
Hawayek, Jose, Acct Supvr -- ALMA, Coconut Grove, FL, pg. 49
Hawkins, Alicia, Art Dir -- HIGH TIDE CREATIVE, New Bern, NC, pg. 499
Hawkins, Don, Mgr-Traffic -- GODWINGROUP, Gulfport, MS, pg. 427
Hawkins, Greg, Creative Dir -- Havas - San Francisco, San Francisco, CA, pg. 476
Hawkins, Jill, VP & Assoc Creative Dir -- 360PR+, Boston, MA, pg. 1422
Hawkins, Joe, Creative Dir -- J. Walter Thompson, Sydney, Australia, pg. 554
Hawkins, Luke, Creative Dir -- Ogilvy Sydney, Saint Leonards, Australia, pg. 821
Hawkins, Michael, Assoc Dir-Creative & Art -- DUDNYK HEALTHCARE GROUP, Horsham, PA, pg. 324
Hawkins, Monte, Acct Supvr -- GSD&M, Austin, TX, pg. 453
Hawkins, Morgan, Acct Exec -- THE SPR AGENCY, Paradise Valley, AZ, pg. 1649
Hawkins, Whitnie, Acct Supvr -- GREY GROUP, New York, NY, pg. 438
Hawley, Brooke, Acct Coord -- THE GARAGE TEAM MAZDA, Costa Mesa, CA, pg. 409
Hawley, Carolyn, Acct Dir -- CANALE COMMUNICATIONS, San Diego, CA, pg. 187
Hawley, Kristina, Creative Dir -- THE MANAHAN GROUP, Charleston, WV, pg. 674
Hawley, Laureston, Acct Mgr-PR & Content -- WRAY WARD MARKETING COMMUNICATIONS, Charlotte, NC, pg. 1187
Haworth, Ian, Chief Creative Officer-UK & EMEA -- Wunderman, London, United Kingdom, pg. 1193
Hawrylko, Delphine, Art Dir -- Grey Italia S.p.A, Milan, Italy, pg. 441
Hawthorne, Chris, Media Dir -- THE BALCOM AGENCY, Fort Worth, TX, pg. 85
Hawthorne, Gary, Grp Creative Dir -- PUBLICIS HAWKEYE, Dallas, TX, pg. 1282
Hawthorne, Molly, Assoc Creative Dir -- AVREAFOSTER, Dallas, TX, pg. 80
Hay, David, Acct Exec -- Doremus (San Francisco), San Francisco, CA, pg. 316
Hay, Devon, Acct Dir -- YARD, New York, NY, pg. 1303
Hay, Maureene, Media Dir -- THE DESIGNORY, Long Beach, CA, pg. 293
Hayashi, Dianne, Media Dir -- AKQA, INC., San Francisco, CA, pg. 1234
Hayashi, Jiro, Creative Dir -- Dentsu Y&R Japan, Tokyo, Japan, pg. 1199
Hayashi, Sharon, Acct Dir -- AAAZA, Inc., Los Angeles, CA, pg. 31
Hayden, Christine, Dir-Creative Strategy & US Health -- HALL AND PARTNERS, New York, NY, pg. 463
Hayden, Steph, Art Dir -- CARMICHAEL LYNCH, Minneapolis, MN, pg. 189
Haye, Caroline, Dir-PR -- PHASE 3 MARKETING & COMMUNICATIONS, Atlanta, GA, pg. 867
Hayek, Joyce, Creative Dir -- REBUILD GROUP, Detroit, MI, pg. 938
Hayes, Brian, Creative Dir -- MMB, Boston, MA, pg. 750
Hayes, Deverin, Coord-Creative -- LOVE ADVERTISING INC., Houston, TX, pg. 652
Hayes, Geoffrey, Acct Dir -- Imagination the Americas, New York, NY, pg. 526
Hayes, Lauren, Art Dir -- SRW, Chicago, IL, pg. 1039
Hayes, Michael, Dir-Print Production -- LAMBESIS, INC., La Jolla, CA, pg. 608
Hayman, Erica, VP & Acct Dir -- SOURCE COMMUNICATIONS, Hackensack, NJ, pg. 1029
Haymes, Sandy, Acct Exec -- GATESMAN, Pittsburgh, PA, pg. 412
Haynes, Allen, Dir-PR -- DUFFEY COMMUNICATIONS, INC., Atlanta, GA, pg. 1489
Haynes, Laura, Acct Exec -- MP&F STRATEGIC COMMUNICATIONS, Nashville, TN, pg. 1586
Hays, Gary, Acct Supvr -- KERN, Woodland Hills, CA, pg. 593
Hayward, Bill, Dir-Comm & PR -- MARKETING WORKS, INC., Worthington, OH, pg. 684

Hayward, Mike, Exec Creative Dir -- COPACINO + FUJIKADO, LLC, Seattle, WA, pg. 230
Hazel, Katie, Supvr-Creative -- CROWLEY WEBB, Buffalo, NY, pg. 250
Hazell, Laura, Acct Dir -- Abbott Mead Vickers BBDO, London, United Kingdom, pg. 109
Hazelton, Les, Creative Dir -- NEMER FIEGER, Minneapolis, MN, pg. 788
Hazen, Jessica, Assoc Creative Dir -- R&R PARTNERS, Las Vegas, NV, pg. 924
Hazlitt, Courtney White, Acct Dir-Disney Worldwide -- ECLIPSE ADVERTISING, INC., Burbank, CA, pg. 330
Headlam, Marcus, Acct Supvr -- CATAPULT MARKETING, Wilton, CT, pg. 196
Headley, Lori, Acct Exec -- VILLING & COMPANY, INC., South Bend, IN, pg. 1137
Headon, Amanda, Acct Exec-Sls-Natl -- PATTISON OUTDOOR ADVERTISING, Oakville, Canada, pg. 858
Heady, Jen, Acct Dir -- GREENOUGH COMMUNICATIONS, Watertown, MA, pg. 1524
Healy, Bob, Art Dir -- SCHAFER CONDON CARTER, Chicago, IL, pg. 995
Healy, Claire, Art Dir -- J. WALTER THOMPSON, New York, NY, pg. 553
Healy, Forrest, Principal & Dir-Creative -- HAIL CREATIVE, Seattle, WA, pg. 461
Heap, Ben, Head-Creative Resource -- MOTHER LTD., London, United Kingdom, pg. 762
Heard, Camila, Acct Exec -- ALTERMARK LLC, Miami, FL, pg. 1307
Heard, Kelsey, Art Dir -- DEUTSCH, INC., New York, NY, pg. 294
Hearn, Jamie, Acct Exec -- KOCH CREATIVE GROUP, Wichita, KS, pg. 1223
Heartfield, Ian, Chief Creative Officer -- BARTLE BOGLE HEGARTY LIMITED, London, United Kingdom, pg. 92
Heath, Matt, Co-Founder, CEO, Chief Creative Officer & Copywriter - - PARTY LAND, Los Angeles, CA, pg. 857
Heath, Ted, Creative Dir -- Adam & EveDDB, London, United Kingdom, pg. 281
Heather, Hannah, Acct Dir-Consumer -- WE Buchan, Melbourne, Australia, pg. 1672
Heather, Suki, Creative Dir -- AKQA, Inc., London, United Kingdom, pg. 1234
Heatherly, Jason, Art Dir & Creative Dir -- FIREHOUSE, INC., Dallas, TX, pg. 1402
Heatley, Devin, Assoc Creative Dir -- DAVID & GOLIATH, El Segundo, CA, pg. 261
Heaton, James, Pres & Creative Dir -- TRONVIG GROUP, Brooklyn, NY, pg. 1119
Heber, Vanessa, Art Dir -- CHEIL CANADA, Toronto, Canada, pg. 204
Hebert, Julien, Art Dir & Graphic Designer -- PAPRIKA COMMUNICATIONS, Montreal, Canada, pg. 852
Hecht, Julia, Mgr-Brdcst Traffic -- PROGRESSIVE MARKETING DYNAMICS, LLC, Boonton, NJ, pg. 891
Heck, Chris, Grp Creative Dir -- Aspen Marketing Services, West Chicago, IL, pg. 344
Heck, Lucas, Creative Dir -- J. WALTER THOMPSON ATLANTA, Atlanta, GA, pg. 564
Heckenberger, Annie, VP & Grp Creative Dir -- DIGITAS HEALTH, Philadelphia, PA, pg. 302
Hedgecoth, Mason, Creative Dir -- EP+CO, Greenville, SC, pg. 343
Hedlund, Anna, Media Planner -- STERLING RICE GROUP, Boulder, CO, pg. 1047
Hedstrom, Lauren, Acct Exec -- FOX GREENBERG PUBLIC RELATIONS, New York, NY, pg. 1513
Heffernan, Tracie, Acct Dir-New York Office -- REDHEAD MARKETING & PR, Park City, UT, pg. 943
Heffley, Alicia, Acct Supvr -- BRABENDERCOX, Leesburg, VA, pg. 151
Heffley, Marcie, Acct Exec -- GCG MARKETING, Fort Worth, TX, pg. 413
Heffner, Rick, Media Dir & Sr Acct Exec -- CAIN & COMPANY, Rockford, IL, pg. 182
Hegde, Shravan, Assoc Creative Dir -- ARGONAUT INC., San Francisco, CA, pg. 67
Hegedus, Nicole, Dir-New Bus Dev -- PROSPECT MEDIA GROUP LTD., Toronto, Canada, pg. 1415
Hegener-Carr, Tricia, Art Dir-Digital -- BRABENDERCOX, Leesburg, VA, pg. 151
Hegge, Jamie, Acct Supvr -- LAWRENCE & SCHILLER, INC., Sioux Falls, SD, pg. 616
Heibel, Brian, Art Dir & Designer -- A DAY ADVERTISING, Lititz, PA,

PERSONNEL INDEX — AGENCIES

Heid, Mike, Assoc Creative Dir & Copywriter -- SLEEK MACHINE, LLC, Boston, MA, pg. 1020
Heid, Pete, Creative Dir -- Edelman, Atlanta, GA, pg. 1492
Heideman, Megan, Media Buyer -- FLYNN WRIGHT, Des Moines, IA, pg. 390
Heidle, Eric, Creative Dir -- BANIK COMMUNICATIONS, Great Falls, MT, pg. 87
Heil, Sharon, Creative Dir -- SIMPLE TRUTH COMMUNICATION PARTNERS, Chicago, IL, pg. 1015
Heilemann, Kristoffer, Mng Dir-Creative -- BBDO Dusseldorf, Dusseldorf, Germany, pg. 105
Heinerikson, Katie, Acct Supvr -- DAVID The Agency, Miami, FL, pg. 261
Heins, James, Sr VP & Head-PR-Healthcare -- Integrated Corporate Relations - New York, New York, NY, pg. 1543
Heinze, Derek, Assoc Creative Dir -- R/GA, Chicago, IL, pg. 926
Heinzeroth, Scott, Acct Exec -- HEINZEROTH MARKETING GROUP, Rockford, IL, pg. 493
Heise, Kelly Maise, Acct Supvr -- CAMPBELL EWALD, Detroit, MI, pg. 185
Heisler, Lance, Sr Acct Mgr-PR -- COATES KOKES, Portland, OR, pg. 216
Heiss, Flo, Creative Dir -- Wieden + Kennedy, London, United Kingdom, pg. 1165
Heisz, Jodi, Art Dir -- SIGNALFIRE, LCC, Delavan, WI, pg. 1013
Heitner-Anderson, Sheri, VP & Acct Dir -- ANDERSON ADVERTISING & PUBLIC RELATIONS, Scottsdale, AZ, pg. 56
Heitor, Joana, Acct Dir -- TBWA Shanghai, Shanghai, China, pg. 1090
Heitzinger, Mark, Acct Dir -- FUSE, LLC, Winooski, VT, pg. 404
Heitzman, Tim, Creative Dir -- VOXUS INC., Tacoma, WA, pg. 1146
Helda, Renee, Art Dir -- MR. SMITH AGENCY LLC, Buffalo, NY, pg. 766
Heleni, Sara, Acct Exec -- SKY ADVERTISING, INC., New York, NY, pg. 1019
Helfman, Jonathan, Owner & Creative Dir -- EXIT10, Baltimore, MD, pg. 355
Helgesen, Julie, Art Dir -- BLUE FLAME THINKING, Chicago, IL, pg. 139
Hellens, Candice, VP & Creative Dir -- FCB New York, New York, NY, pg. 365
Heller, Ben, Assoc Dir-Creative -- MEKANISM, San Francisco, CA, pg. 729
Heller, Christopher, Founder, Pres & Creative Dir -- HELIUM CREATIVE, Fort Lauderdale, FL, pg. 494
Heller, Ryan, Art Dir -- HELIUM CREATIVE, Fort Lauderdale, FL, pg. 494
Hellevik, Mark, Creative Dir -- PERISCOPE, Minneapolis, MN, pg. 864
Helm, Shane, Chief Creative Officer -- ENGAGE, Alexandria, VA, pg. 1500
Helms, Barry, Art Dir -- THE OWEN GROUP, Lubbock, TX, pg. 847
Helms, Sarah, Acct Dir -- LUQUIRE GEORGE ANDREWS, INC., Charlotte, NC, pg. 657
Helphand, Megan, Acct Coord -- BENSON MARKETING GROUP LLC, Napa, CA, pg. 123
Helphand, Sam, Dir-Creative Svcs & Production -- IGNITED, El Segundo, CA, pg. 523
Helscher, Katie, Acct Exec-PR & Social Media -- HIEBING, Madison, WI, pg. 498
Helson, Janique, Exec VP & Acct Dir -- GREY GROUP, New York, NY, pg. 438
Helson, Janique, Exec VP & Acct Dir -- GREY NEW YORK, New York, NY, pg. 438
Heltne, Ashley, Acct Dir -- R/GA Los Angeles, North Hollywood, CA, pg. 926
Hembury, Nick, Dir-Creative Svcs -- Sudler & Hennessey Ltd.- London, London, United Kingdom, pg. 1059
Hemingway, Cate, Acct Supvr -- Narrative, Los Angeles, CA, pg. 784
Hemmingsson, Jessica, Acct Dir -- FCB Faltman & Malmen, Stockholm, Sweden, pg. 368
Hemond, Tina, Media Dir -- ACCESS TO MEDIA, Chicopee, MA, pg. 20
Hemp, Joe, Dir-Creative -- SILTANEN & PARTNERS, El Segundo, CA, pg. 1013
Henderson, Anna, Sr Producer-Creative -- J. Walter Thompson, London, United Kingdom, pg. 562
Henderson, Bruce, Chief Creative Officer-Global -- JACK MORTON WORLDWIDE, Boston, MA, pg. 567
Henderson, Evan, Acct Dir -- JOHNSON & SEKIN, Dallas, TX, pg. 580
Henderson, Frank, Acct Dir -- CROSSMEDIA, New York, NY, pg. 1317
Henderson, Jennifer, Creative Dir -- THE HENKER GROUP, LLC., Easton, MD, pg. 496
Henderson, Mark, Assoc Creative Dir -- BADER RUTTER & ASSOCIATES, INC., Milwaukee, WI, pg. 83
Henderson, Reese, Acct Supvr -- TRENDYMINDS INC, Indianapolis, IN, pg. 1115
Henderson, Sam, Art Dir -- Ogilvy New Zealand, Auckland, New Zealand, pg. 826
Hendricks, Danielle, Acct Supvr -- MAGRINO PUBLIC RELATIONS, New York, NY, pg. 671
Hendricks, Haley, Acct Dir-Digital -- GLOBAL TEAM BLUE, Dearborn, MI, pg. 423
Hendricks, Julie, Acct Exec -- GETO & DEMILLY, INC., New York, NY, pg. 1517
Hendricks, Kevin D., Writer-Creative -- TRILION STUDIOS, Lawrence, KS, pg. 1228
Hendricks, Nathan, Chief Creative Officer -- LPK, Cincinnati, OH, pg. 654
Hendrickson, Lauren, Acct Supvr -- BLISSPR, New York, NY, pg. 136
Hendrickx, Vanessa, Art Dir -- Havas Worldwide Brussels, Brussels, Belgium, pg. 478
Hendrix-Inman, Jesse, Assoc-PR -- ESTES PUBLIC RELATIONS, Louisville, KY, pg. 1501
Hendry, Louise, Acct Exec -- DUREE & COMPANY, Fort Lauderdale, FL, pg. 1489
Hendy, Mark, Exec Creative Dir -- Grey, Frankfurt, Germany, pg. 440
Hendy, Mark, Exec Creative Dir -- Grey Group Germany, Dusseldorf, Germany, pg. 440
Heneffe, Renaud, Art Dir -- TONIC, Dubai, United Arab Emirates, pg. 1109
Heneghan, Suzanne, Acct Exec -- Havas Worldwide Dublin, Dublin, Ireland, pg. 480
Heney, Vincent, Partner, VP & Sr Creative Dir-Canada -- NORTHERN LIGHTS DIRECT, Chicago, IL, pg. 799
Heng, Liew Kok, Chief Creative Officer -- FCB Kuala Lumpur, Kuala Lumpur, Malaysia, pg. 374
Hengst, Kyler, Acct Dir -- ADVANTAGE SPONSORSHIP AND BRAND EXPERIENCE AGENCY, Stamford, CT, pg. 34
Hennelly, Susan Schneider, Creative Dir -- MASTERMINDS, Egg Harbor Township, NJ, pg. 692
Hennessey, Steve, Art Dir -- VIVA CREATIVE, Rockville, MD, pg. 1141
Hennessy, Madeleine, Coord-PR -- PACIFIC, San Diego, CA, pg. 1279
Hennisch, Steve, VP & Assoc Creative Dir -- AREA 23, New York, NY, pg. 67
Henrie, Lindsey, Acct Dir -- TRACTORBEAM, Dallas, TX, pg. 1112
Henriques, Anthony, Exec VP & Creative Dir -- MERGE BOSTON, Boston, MA, pg. 731
Henriques, Rod, Creative Dir -- BBDO Dusseldorf, Dusseldorf, Germany, pg. 105
Henriquez Ulloa, Josefa Belen, Acct Exec -- Prolam Y&R S.A., Santiago, Chile, pg. 1206
Henry, Eddy, Chief Creative Officer -- JOHN MANLOVE ADVERTISING, Houston, TX, pg. 579
Henry, Jeffrey, Acct Exec -- M3 GROUP, Lansing, MI, pg. 665
Henry, Justin, Acct Exec -- JACK NADEL INTERNATIONAL, Westport, CT, pg. 1407
Henry, Michael, Acct Dir -- WEBER SHANDWICK, New York, NY, pg. 1673
Henry, Mike, Acct Dir -- Moroch, Sacramento, CA, pg. 759
Henry, Rachel, Acct Dir-PR -- KIRVIN DOAK COMMUNICATIONS, Las Vegas, NV, pg. 1559
Henry, Stephen, Creative Dir -- BRANDNER COMMUNICATIONS, INC., Federal Way, WA, pg. 157
Hensch, Christina, Acct Dir -- LEVELWING, New York, NY, pg. 1268
Hensel, Wendy, Acct Dir -- PRIMACY, Farmington, CT, pg. 889
Hensen, Brad, Grp Creative Dir-JWT -- GLOBAL TEAM BLUE, Dearborn, MI, pg. 423
Hensley, Becky, Acct Dir -- SULLIVAN BRANDING, Memphis, TN, pg. 1059
Hensley, Jonathon, CEO & Chief Creative Officer -- EMERGE INTERACTIVE, Portland, OR, pg. 338
Henson, Chris, Creative Dir -- ACCESS ADVERTISING + PR, Roanoke, VA, pg. 19
Henson, Phil, VP & Creative Dir -- SOMETHING MASSIVE, Los Angeles, CA, pg. 1291
Henthorne, David, Sr VP & Creative Dir -- RON FOTH ADVERTISING, Columbus, OH, pg. 967
Henvey, Tommy, Founder & Chief Creative Officer -- SOMETHING DIFFERENT, Brooklyn, NY, pg. 1028
Hepburn, Aden, Mng Dir & Exec Creative Dir -- VML, Sydney, Australia, pg. 1145
Hepler, Alexandra, Creative Dir -- HIGHER IMAGES INC., Bridgeville, PA, pg. 499
Hepler, Kiersten, Acct Exec -- FVM STRATEGIC COMMUNICATIONS, Plymouth Meeting, PA, pg. 406
Hepp, Nathan, Art Dir-Interactive -- EMI STRATEGIC MARKETING, INC., Boston, MA, pg. 1401
Hepton, Simon, Creative Dir -- McCann Erickson Advertising Ltd., London, United Kingdom, pg. 711
Hepworth, Samantha, Acct Dir -- Agency59 Response, Toronto, Canada, pg. 40
Herawati, Nethie, Mgr-Traffic -- Publicis Indonesia, Jakarta, Indonesia, pg. 910
Herazo, Julio, Creative Dir -- Ogilvy, Cali, Colombia, pg. 820
Herazo, Julio, Creative Dir -- Ogilvy, Bogota, Colombia, pg. 820
Herbots, Laurie, Planner-Traffic -- TBWA Brussels, Brussels, Belgium, pg. 1080
Herczeg, Alfred, Creative Dir -- A TO Z COMMUNICATIONS, INC, Pittsburgh, PA, pg. 15
Heredia, Huevo, Art Dir -- Young & Rubicam, S.L., Madrid, Spain, pg. 1203
Heres, Jakub, Acct Dir -- Y&R Praha, s.r.o., Prague, Czech Republic, pg. 1205
Hereso, Phillip, Assoc Creative Dir -- EVEO INC., San Francisco, CA, pg. 1256
Herfel, Julie, Partner & Dir-Creative Ops -- LINDSAY, STONE & BRIGGS, INC., Madison, WI, pg. 641
Heric, Merima, Acct Supvr -- HEAT, San Francisco, CA, pg. 492
Herink, Ashley, Media Planner -- CLARITY COVERDALE FURY ADVERTISING, INC., Minneapolis, MN, pg. 211
Herisson, Julien, Art Dir -- SID LEE, Montreal, Canada, pg. 1010
Herman, Chelsea, Producer-Creative -- MADWELL, Brooklyn, NY, pg. 670
Herman, Christie, Assoc Creative Dir -- Naga DDB Sdn. Bhd., Petaling Jaya, Malaysia, pg. 277
Herman, Lauren, Sr VP & Creative Dir -- HILL HOLLIDAY/NEW YORK, New York, NY, pg. 501
Herman, Nicole, Acct Dir -- ROKKAN, New York, NY, pg. 966
Hermano, Sunny, Dir-Bus Dev & Integration-Havas Creative APAC - - Havas Worldwide Bangkok, Bangkok, Thailand, pg. 487
Hermel, Elad, Dir-Creative Plng -- Grey Tel Aviv, Tel Aviv, Israel, pg. 441
Hernandez, Ali, Acct Exec -- BORSHOFF, Indianapolis, IN, pg. 148
Hernandez, Armando, Partner & Chief Creative Officer -- MARCA MIAMI, Coconut Grove, FL, pg. 677
Hernandez, Billy, Asst Media Buyer-Brdcst -- Zenith Los Angeles, Santa Monica, CA, pg. 1392
Hernandez, Carlos Jorge, Gen Dir-Creative -- Contrapunto, Madrid, Spain, pg. 108
Hernandez, Clelia, Art Dir -- Mother LA, Los Angeles, CA, pg. 763
Hernandez, Crista, Acct Exec -- ADMEDIA, Burbank, CA, pg. 31
Hernandez, David, Mng Dir & Exec Creative Dir-OgilvyOne Chicago -- Ogilvy, Chicago, IL, pg. 811
Hernandez, Diana, Acct Supvr -- STARMARK INTERNATIONAL, INC., Fort Lauderdale, FL, pg. 1043
Hernandez, Diana I, Art Dir -- DDB LATINA PUERTO RICO, San Juan, PR, pg. 267
Hernandez, Elkin, Art Dir -- Sancho BBDO, Bogota, Colombia, pg. 102
Hernandez, Gabriela, Media Planner -- THE COMPANY, Houston, TX, pg. 224
Hernandez, Holmes, Creative Dir -- GODIVERSITY, New York, NY, pg. 427
Hernandez, Jessica, Media Buyer -- WALKER ADVERTISING, INC., San Pedro, CA, pg. 1148
Hernandez, Jose Ariel, Creative Dir & Writer -- Sancho BBDO, Bogota, Colombia, pg. 102
Hernandez, Lucyed, Art Dir -- LEO BURNETT COMPANY LTD., Toronto, Canada, pg. 620
Hernandez, Maria, Assoc Creative Dir -- PIL CREATIVE GROUP, INC, Coral Gables, FL, pg. 871
Hernandez, Maria, Mgr-Integrated Traffic -- WIEDEN + KENNEDY, INC., Portland, OR, pg. 1163
Hernandez, Nacho, Creative Dir -- Grey Madrid, Madrid, Spain, pg. 442
Hernandez, Rodolfo, Creative Dir -- ELEVATION, Washington, DC, pg. 336
Hernandez, Tommy, Creative Dir -- BREADNBUTTER, Seattle,

AGENCIES — PERSONNEL INDEX

WA, pg. 1243

Herndon, Carleen, VP-Bus Dev & Acct Exec -- MINDSHARE STRATEGIES, Waconia, MN, pg. 745

Hernmarck, Marie, Creative Dir -- Grey Gothenburg, Gothenburg, Sweden, pg. 1182

Herold, Alexandra, Acct Dir -- mcgarrybowen, Chicago, IL, pg. 718

Herr, Matt, Creative Dir -- ANOMALY, New York, NY, pg. 59

Herrasti, Nicolas, Acct Dir -- Ogilvy Argentina, Buenos Aires, Argentina, pg. 819

Herrera, Al, Acct Supvr -- THE WOO, Culver City, CA, pg. 1175

Herrera, Xiomara, Dir-PR & Consumer Engagement -- Ogilvy El Salvador, San Salvador, El Salvador, pg. 820

Herrick, Craig, Exec VP & Exec Creative Dir -- AGENCY 451, Boston, MA, pg. 1427

Herrick, Dan, Acct Exec -- TRUSCOTT ROSSMAN, Lansing, MI, pg. 1120

Herrick, Tassi, Acct Supvr -- LINHART PUBLIC RELATIONS, Denver, CO, pg. 1568

Herrin, Hanna, Acct Supvr -- R2C GROUP, Portland, OR, pg. 927

Herrmann, Alex, Mgr-Creative Studio -- PULSAR ADVERTISING, INC., Beverly Hills, CA, pg. 915

Herrmann, Judi, Pres & Chief Creative Officer -- HERRMANN ADVERTISING DESIGN/COMMUNICATIONS, Annapolis, MD, pg. 497

Herrmann, Matt, Creative Dir -- BVK-Fort Myers, Fort Myers, FL, pg. 179

Herron, Aimee, Media Dir -- THE LOOMIS AGENCY, Dallas, TX, pg. 651

Herron, Lori, Acct Supvr -- FMB ADVERTISING, Knoxville, TN, pg. 390

Herron, Scott, Acct Exec-Creative -- PINCKNEY HUGO GROUP, Syracuse, NY, pg. 871

Hersan, Murat, Art Dir -- Havas Worldwide Istanbul, Istanbul, Turkey, pg. 482

Hersey, Brenna, Acct Supvr -- AMELIE COMPANY, Denver, CO, pg. 51

Hersh, Michael, Acct Exec -- FREDERICK SWANSTON, Alpharetta, GA, pg. 397

Hershauer, Mike, Art Dir -- BLUEFISH, Tempe, AZ, pg. 141

Hershberger, Diana, Acct Supvr -- 3HEADED MONSTER, Dallas, TX, pg. 7

Hershberger, Michelle, Media Buyer -- BERNSTEIN-REIN ADVERTISING, INC., Kansas City, MO, pg. 125

Hershey, Douglas, Creative Dir -- SCHEFFEY INC, Lancaster, PA, pg. 995

Hershey, Summer, Acct Dir -- CACTUS, Denver, CO, pg. 181

Herzer, Brant, Creative Dir -- Young & Rubicam Midwest, Chicago, IL, pg. 1199

Herzog, David, Creative Dir & Graphic Designer -- NIFTIC AGENCY, Washington, DC, pg. 794

Herzog, Joerg, Mng Dir-Creation & Adv & Exec Creative Dir -- TBWA Germany, Dusseldorf, Germany, pg. 1082

Heskett, Kate, Partner & VP-Creative Ops -- STREAM COMPANIES, Malvern, PA, pg. 1054

Hess, Ashley, Media Dir -- MMI AGENCY, Houston, TX, pg. 751

Hess, Chris, Principal & Creative Dir -- MONDO ROBOT, Boulder, CO, pg. 755

Hess, Elizabeth, VP & Acct Dir -- Patients & Purpose, New York, NY, pg. 198

Hesse, Erinn, Acct Supvr -- PLANIT, Baltimore, MD, pg. 877

Hesse, Sabina, Creative Dir & Writer -- CP+B LA, Santa Monica, CA, pg. 235

Hessler, Holly, Sr VP & Grp Dir-Creative -- McCann New York, New York, NY, pg. 698

Hester, Amy, Acct Exec -- BURKHOLDER/FLINT, Columbus, OH, pg. 175

Hesters, Veroniek, Acct Dir -- These Days Y&R, Antwerp, Belgium, pg. 1202

Hestert-Vecoli, Barbel, Acct Dir -- Weber Shandwick, Berlin, Germany, pg. 1678

Hettich, Cuyler, Acct Exec -- CROWLEY WEBB, Buffalo, NY, pg. 250

Hettinger, Greg, Acct Supvr -- DON JAGODA ASSOCIATES, INC., Melville, NY, pg. 1401

Heubach, Russell, Exec Creative Dir -- PICO+, Santa Monica, CA, pg. 870

Heuglin, Bill, Assoc Dir-Creative -- LKH&S, Chicago, IL, pg. 647

Heuglin, Bill, Assoc Dir-Creative -- LKH&S Louisville, Fisherville, KY, pg. 647

Heuss, Caspar, Creative Dir -- Wirz Werbung AG, Zurich, Switzerland, pg. 109

Hewitt, Justin, Mgr-Creative Svcs -- SID LEE, Toronto, Canada, pg. 1010

Hewitt, Victor, Exec VP & Creative Dir -- MORONEY & GILL, INC., New York, NY, pg. 760

Hewson, Katie, Acct Supvr -- THE BUNTIN GROUP, Nashville, TN, pg. 173

Hey, Steve, Grp Head-Creative -- J. Walter Thompson Inside, Sydney, Australia, pg. 566

Heyburn, Gage, Acct Dir -- THE BARBARIAN GROUP, New York, NY, pg. 88

Heyes, Peter, Creative Dir -- Leo Burnett London, London, United Kingdom, pg. 627

Hiatt, Leslie, Acct Exec -- LEADING EDGES, Meridian, MS, pg. 618

Hiatt, Nora, Art Dir -- THE MARLIN NETWORK, INC., Springfield, MO, pg. 685

Hibbs, Jennifer, VP & Acct Dir-Interactive -- MARDEN-KANE, INC., Syosset, NY, pg. 1409

Hickey, Blair, Acct Supvr-Corp Affairs -- Zeno Group, Chicago, IL, pg. 1690

Hickey, Erin, Media Planner -- KELLY SCOTT MADISON, Chicago, IL, pg. 1336

Hickey, Melissa, Acct Supvr -- Alcone Marketing Group, Wilton, CT, pg. 1395

Hickey, Monica, Acct Dir -- IDEAS THAT EVOKE, Madison, WI, pg. 521

Hickling, George, Acct Dir -- Porter Novelli-London, London, United Kingdom, pg. 1615

Hickman, Candice, Media Planner -- GHIDOTTI COMMUNICATIONS, Little Rock, AR, pg. 1517

Hickman, Jay, Dir-PR -- MMI AGENCY, Houston, TX, pg. 751

Hickman, Mike, Assoc Creative Dir -- AKQA, Inc., Washington, DC, pg. 1234

Hicks, Andrea, Acct Supvr -- DRM PARTNERS, INC., Hoboken, NJ, pg. 1319

Hicks, Velia, Coord-Creative -- SIMONS MICHELSON ZIEVE, INC., Troy, MI, pg. 1015

Hierta, Magnus, Founder & Exec Creative Dir -- HUE & CRY, New York, NY, pg. 1538

Higashi, Fabiano Hikaru, Art Dir -- F/Nazca Saatchi & Saatchi, Sao Paulo, Brazil, pg. 981

Higdon, David, Creative Dir -- RED7E, Louisville, KY, pg. 942

Higgason, Kristin, Dir-Creative Svcs -- mcgarrybowen, Chicago, IL, pg. 718

Higgin, Mark, Creative Dir -- M3 GROUP, Lansing, MI, pg. 665

Higgins, Chelsea, Acct Supvr -- SFW AGENCY, Winston Salem, NC, pg. 1004

Higgins, Jerry, Creative Dir -- CORE CREATIVE, INC., Milwaukee, WI, pg. 231

Higgins, Monica, Acct Dir -- HOLLYWOOD AGENCY, Plymouth, MA, pg. 1536

Higgins, Sam, Creative Dir -- Havas Worldwide-Strat Farm, New York, NY, pg. 477

Higgins, Seamus, Exec Creative Dir -- Havas Worldwide Australia, North Sydney, Australia, pg. 485

Higgins, Seamus, Exec Creative Dir -- Havas Worldwide Sydney, Sydney, Australia, pg. 485

Higgins, Seamus, Exec Creative Dir -- Host, Sydney, Australia, pg. 486

Higgins, Tom, Acct Dir -- Optimedia/Blue 449, London, United Kingdom, pg. 1365

Higgins, Zoe, Art Dir -- Havas Worldwide Dublin, Dublin, Ireland, pg. 480

Higginson, Steven, Art Dir -- NEWMAN GRACE INC., Woodland Hills, CA, pg. 792

High, Emily, Media Planner & Media Buyer -- SENSIS, Los Angeles, CA, pg. 1002

Hightower, Kerry, Media Planner -- OOH PITCH INC., New York, NY, pg. 1360

Higlett, Lex, Acct Dir -- Wieden + Kennedy, London, United Kingdom, pg. 1165

Higley, John, Creative Dir & Designer -- HIGLEY DESIGN, Ashland, OR, pg. 500

Hilde, Matt, Media Dir -- BLUE 449, New York, NY, pg. 1310

Hildebrand, Vitor, Art Dir -- Publicis Brasil Communicao, Sao Paulo, Brazil, pg. 906

Hilder, Zach, Exec Creative Dir -- BBH LA, West Hollywood, CA, pg. 93

Hileman, Maria, Dir-Creative Svcs -- MEDIA BRIDGE ADVERTISING, Minneapolis, MN, pg. 725

Hill, Becca, Acct Supvr -- GO2 ADVERTISING, Twinsburg, OH, pg. 425

Hill, Christina, Art Dir -- BURGESS ADVERTISING & MARKETING, Falmouth, ME, pg. 174

Hill, David, Acct Dir-Mktg Sciences -- OMD Chicago, Chicago, IL, pg. 1356

Hill, Dawn, Media Dir -- MEDIA BROKERS INTERNATIONAL, INC., Alpharetta, GA, pg. 1341

Hill, Emma, Exec Creative Dir -- M&C Saatchi, Melbourne, Australia, pg. 662

Hill, James, Media Dir -- PROOF ADVERTISING, Austin, TX, pg. 893

Hill, Joe, Sr Creative -- Leo Burnett Melbourne, Melbourne, Australia, pg. 628

Hill, Kacey, Acct Supvr-PR -- PETER MAYER ADVERTISING, INC., New Orleans, LA, pg. 866

Hill, Katrina, Acct Exec -- CLARK/NIKDEL/POWELL, Winter Haven, FL, pg. 212

Hill, Mary Claire, Acct Exec-PR -- MANGAN HOLCOMB PARTNERS, Little Rock, AR, pg. 674

Hill, Miles, Acct Dir -- BLISSPR, New York, NY, pg. 136

Hill, Nikki, Media Dir -- Laughlin/Constable New York, New York, NY, pg. 614

Hillazli, Yagiz, Art Dir -- FCB Artgroup, Istanbul, Turkey, pg. 368

Hille, Evelyn, Acct Dir -- dBOD, Amsterdam, Netherlands, pg. 1180

Hillman, Anne, Acct Exec -- CKR INTERACTIVE, Campbell, CA, pg. 211

Hillman, Erika Wolfel, Creative Dir -- Energy BBDO, Chicago, IL, pg. 100

Hillmann, Judi, Media Buyer -- WILLIAMS RANDALL MARKETING, Indianapolis, IN, pg. 1169

Hills, Jonathan, Founder & Exec Creative Dir -- DOMANI STUDIOS LLC, New York, NY, pg. 1253

Hillsman, Bill, Pres & Chief Creative Officer -- NORTH WOODS ADVERTISING, Minneapolis, MN, pg. 799

Hilscher, Janice, Media Dir -- THE AMPERSAND AGENCY, Austin, TX, pg. 54

Hilson, Jim, Partner-Creative -- Abbott Mead Vickers BBDO, London, United Kingdom, pg. 109

Hilt, Debbie, Dir-PR -- EG INTEGRATED, Omaha, NE, pg. 332

Hilton, Kerry, CEO & Exec Creative Dir -- HCB HEALTH, Austin, TX, pg. 490

Hinde, Michael, Art Dir -- PRIMARY DESIGN INC, Haverhill, MA, pg. 889

Hindman, Hunter, Founder & Chief Creative Officer -- ARGONAUT INC., San Francisco, CA, pg. 67

Hinds, David, Art Dir -- VI MARKETING & BRANDING, Oklahoma City, OK, pg. 1135

Hines, Eric, Creative Dir -- AMELIE COMPANY, Denver, CO, pg. 51

Hines, Erwin, Creative Dir -- BASIC AGENCY, San Diego, CA, pg. 95

Hines, Robin, Creative Dir -- ROMPH & POU AGENCY, Shreveport, LA, pg. 967

Hines, Ron, Sr VP-Creative Dev & Global Experience Design -- NICKELODEON CREATIVE ADVERTISING, New York, NY, pg. 794

Hinkle, Jeff, Art Dir -- Totalcom, Inc., Huntsville, AL, pg. 1111

Hinkle, Jeff, Art Dir -- TOTALCOM MARKETING, INC., Tuscaloosa, AL, pg. 1110

Hinkley, Hayley, Art Dir -- RETHINK, Vancouver, Canada, pg. 951

Hinrichs, Samantha, Assoc Creative Dir -- THE AMPERSAND AGENCY, Austin, TX, pg. 54

Hinson, Nicole, Acct Exec -- INFERNO, Memphis, TN, pg. 530

Hinson, Paris, Co-Founder & Chief Creative Officer -- PURE MOXIE, San Francisco, CA, pg. 917

Hinson, Paris Mitzi, Co-CEO & Chief Creative Dir -- PUREMOXIE, Suisun City, CA, pg. 917

Hinton, Courtney, Acct Coord -- POLISHED PIG MEDIA, Roanoke, VA, pg. 1611

Hinton, Tory, Dir-PR -- MAIZE MARKETING INC., Los Angeles, CA, pg. 672

Hippelheuser, Catherine, Media Planner -- PP+K, Tampa, FL, pg. 885

Hipple, Erin, Acct Supvr-Southeast -- LAUNCH DIGITAL MARKETING, Naperville, IL, pg. 1268

Hipsz, Peter, Creative Dir -- EFK GROUP, Trenton, NJ, pg. 332

Hirabayashi, Jan, CEO & Creative Dir -- BROADBASED COMMUNICATIONS INC., Jacksonville, FL, pg. 165

Hirby, Ben, Partner & Creative Dir-Digital -- PLANET PROPAGANDA, INC., Madison, WI, pg. 876

Hirneise, Bart, Exec Creative Dir -- AGENCY CREATIVE, Dallas, TX, pg. 38

Hirsch, Andy, Exec Creative Dir -- MERKLEY+PARTNERS, New York, NY, pg. 733

Hirsch, David, Sr VP & Sr Creative Dir -- Jack Morton Worldwide, Detroit, MI, pg. 568

Hirsh, Suzanne, Acct Dir -- LIBERTY COMMUNICATIONS, San Francisco, CA, pg. 1567

Hirsley, Quentin, Assoc Creative Dir -- mcgarrybowen, Chicago, IL,

1750

PERSONNEL INDEX — AGENCIES

pg. 718

Hirst, Kevin, Acct Supvr -- SERINO COYNE LLC, New York, NY, pg. 1003

Hirth, Russ, Dir-Creative -- RADIUS ADVERTISING, Strongsville, OH, pg. 929

Hirunlikid, Natthaphol, Art Dir -- J. Walter Thompson Thailand, Bangkok, Thailand, pg. 559

Hisamichi, Mikiko, Art Dir -- Beacon Communications K.K., Tokyo, Japan, pg. 630

Hisamichi, Mikiko, Art Dir -- Beacon Communications K.K., Tokyo, Japan, pg. 910

Hisle, Chip, Creative Dir -- CARBON8, Denver, CO, pg. 188

Hitchner, Kenneth, Dir-PR & Social Media -- CREATIVE MARKETING ALLIANCE INC., Princeton Junction, NJ, pg. 243

Hite, Karen, Sr VP & Creative Dir -- HILL HOLLIDAY, Boston, MA, pg. 500

Hitner, Zach, Principal & Creative Dir -- HAIL CREATIVE, Seattle, WA, pg. 461

Hix, Laurie, Partner & Creative Dir -- BROGAN & PARTNERS CONVERGENCE MARKETING, Birmingham, MI, pg. 166

Hixon, Patti, Dir-PR -- BUIE & CO, Austin, TX, pg. 1460

Hjelm, Kerstin, Acct Supvr -- LOU HAMMOND & ASSOCIATES, INC., New York, NY, pg. 1570

Hlavinka, Dean, Creative Dir & Art Dir -- 31,000 FT, Addison, TX, pg. 6

Hlebak, Janel, Acct Exec -- FALLS COMMUNICATIONS, Cleveland, OH, pg. 1502

Ho, Adrian, Creative Dir -- McCann Erickson (Malaysia) Sdn. Bhd., Kuala Lumpur, Malaysia, pg. 706

Ho, Alan, Grp Head-Creative -- Hakuhodo Malaysia Sdn. Bhd., Kuala Lumpur, Malaysia, pg. 463

Ho, Austin, Art Dir -- MISTRESS, Santa Monica, CA, pg. 747

Ho, Bill, Grp Creative Dir -- Edelman, Hong Kong, China (Hong Kong), pg. 1496

Ho, Bonnie Bonnie, Media Planner -- TIME ADVERTISING, Millbrae, CA, pg. 1104

Ho, Clara, Creative Dir -- BBDO Hong Kong, Taikoo Shing, China (Hong Kong), pg. 112

Ho, Jennie, Acct Dir -- WE, Bellevue, WA, pg. 1671

Ho, Kathy, Acct Exec -- SHEILA DONNELLY & ASSOCIATES, Honolulu, HI, pg. 1006

Ho, Keith, Mng Dir & Chief Creative Officer -- DDB Worldwide Ltd., Hong Kong, China (Hong Kong), pg. 274

Ho, Kurt, Creative Dir -- CRESCENDO, San Ramon, CA, pg. 247

Ho, Pei Ling, Creative Dir -- Publicis Singapore, Singapore, Singapore, pg. 911

Ho, Yalun, Acct Dir -- MYRIAD TRAVEL MARKETING, Manhattan Beach, CA, pg. 782

Hoar, John, VP-Creative -- Planet Central, Richmond, VA, pg. 876

Hobaica, Noelle, Acct Coord -- OH PARTNERS, Phoenix, AZ, pg. 833

Hobbs, Austin, Assoc Creative Dir -- TWINOAKS, Plano, TX, pg. 1124

Hobbs, Ray, Strategist-Creative -- HOW FUNWORKS LLC, Oakland, CA, pg. 510

Hobin, Sarah, Acct Dir -- LUCID AGENCY, Tempe, AZ, pg. 655

Hobson, Stephen, Assoc Creative Dir & Writer -- KOCH CREATIVE GROUP, Wichita, KS, pg. 1223

Hochanadel, Michael, Acct Supvr-PR & Pub Affairs -- Eric Mower + Associates, Albany, NY, pg. 347

Hochberg, Casey, Acct Dir -- BRANDFIRE, New York, NY, pg. 156

Hochman, William, Acct Exec -- AMERICAN MEDIA CONCEPTS INC., Brooklyn, NY, pg. 52

Hock, Ben, Dir-Creative Svcs-Center Table -- GROUNDFLOOR MEDIA, INC., Denver, CO, pg. 1525

Hock, Matt, Assoc Creative Dir -- GREY GROUP, New York, NY, pg. 438

Hocker, Brett, Exec Creative Dir -- HAMMER CREATIVE, Hollywood, CA, pg. 464

Hodapp, Ally, Acct Exec -- BOND MOROCH, New Orleans, LA, pg. 1454

Hodges, Charles, Founder & Exec Creative Dir -- ARTS & LETTERS CREATIVE CO, Richmond, VA, pg. 73

Hodges, Jon, VP & Exec Creative Dir -- THE SELLS AGENCY, INC., Little Rock, AR, pg. 1002

Hodges, Jon, VP & Exec Creative Dir -- The Sells Agency, Inc., Fayetteville, AR, pg. 1002

Hodges, Patrick, Art Dir -- KASTNER, Los Angeles, CA, pg. 588

Hodgins, Ben, Art Dir & Ops Mgr -- INSIGHT MARKETING DESIGN, Sioux Falls, SD, pg. 535

Hodgkins, Leland, Creative Dir -- CHONG & KOSTER, Washington, DC, pg. 1245

Hodgkiss, Chris, Creative Dir -- Y&R London, London, United Kingdom, pg. 1204

Hodgman, Alec, Acct Exec -- SILTANEN & PARTNERS, El Segundo, CA, pg. 1013

Hodgson, Denise, Office Mgr & Coord-Media & Traffic -- CONSORTIUM MEDIA SERVICES, Ventura, CA, pg. 228

Hodgson, Mike, Partner & Chief Creative Officer -- CAMBRIDGE BIOMARKETING, Cambridge, MA, pg. 184

Hodson, Jocelyn, Dir-PR -- TRICOMB2B, Dayton, OH, pg. 1117

Hodson, Tara, VP & Grp Dir-New Bus -- DIGITAS, Boston, MA, pg. 1250

Hoe, Ong Kien, Exec Creative Dir -- Young & Rubicam Shanghai, Shanghai, China, pg. 1200

Hoedel, Lindsey, Acct Dir -- TRIGGER COMMUNICATIONS & DESIGN, Calgary, Canada, pg. 1117

Hoekstra, Lee Ann, Sr Negotiator-Brdcst -- KELLY SCOTT MADISON, Chicago, IL, pg. 1336

Hoenderboom, Pol, VP & Creative Dir -- BBDO WORLDWIDE INC., New York, NY, pg. 97

Hoeppner, Ben, Art Dir -- BRAND INNOVATION GROUP, Fort Wayne, IN, pg. 155

Hoesli, Alison, Acct Exec-Client Svcs -- NO LIMIT AGENCY, Chicago, IL, pg. 795

Hoffman, Amy, Acct Supvr -- PIERSON GRANT PUBLIC RELATIONS, Fort Lauderdale, FL, pg. 870

Hoffman, Bob, Pres & Chief Creative Officer -- HOFFMAN AND PARTNERS, Braintree, MA, pg. 505

Hoffman, Camila, Creative Dir -- HUE STUDIOS, Binghamton, NY, pg. 512

Hoffman, Cristy, Media Planner & Media Buyer -- MASTERMINDS, Egg Harbor Township, NJ, pg. 692

Hoffman, Lily M, VP & Assoc Creative Dir -- MARINA MAHER COMMUNICATIONS, New York, NY, pg. 1576

Hoffmann, Kathy, Acct Dir -- DICOM, INC., Saint Louis, MO, pg. 1318

Hoffmannbeck, Jennifer, Acct Supvr -- MATRIX MEDIA SERVICES, INC., Columbus, OH, pg. 1340

Hoflich, Daryl, Creative Dir -- PORCARO COMMUNICATIONS, Anchorage, AK, pg. 883

Hofman-Bang, Johanna, Art Dir -- Forsman & Bodenfors, Stockholm, Sweden, pg. 722

Hogan, Rachel, Art Dir & Assoc Creative Dir -- BARKLEY, Kansas City, MO, pg. 90

Hogan, Tim, Exec Creative Dir -- BRANDIENCE LLC, Cincinnati, OH, pg. 156

Hogan, William, Creative Dir -- IMAGE ASSOCIATES LLC, Charleston, WV, pg. 524

Hogerton, Sam, Founder & VP-Creative -- SRH MARKETING, Milwaukee, WI, pg. 1039

Hogfoss, Katie, Media Buyer -- Odney Advertising-Fargo, Fargo, ND, pg. 808

Hogg, Jeremy, Assoc Creative Dir -- Young & Rubicam Australia/New Zealand, Sydney, Australia, pg. 1199

Hoggatt, Hannah, Head-Creative Svcs -- OUTCOLD LLC, Chicago, IL, pg. 846

Hogrefe, David, Acct Dir & Dir-Client Svcs & Dev -- Fitch, Columbus, OH, pg. 385

Hogsett, Keli, Creative Dir -- R/GA, Austin, TX, pg. 927

Hogya, Bernie, Grp Creative Dir -- CAMPBELL EWALD, Detroit, MI, pg. 185

Hoh, Gavin E., Exec Creative Dir -- McCann Erickson (Malaysia) Sdn. Bhd., Kuala Lumpur, Malaysia, pg. 706

Hohlt, Jackie, Coord-Creative -- ADSMITH COMMUNICATIONS, Springfield, MO, pg. 33

Hohman, Deborah, Dir-Local Brdcst & Acct Supvr -- MEDIASPOT, INC., Corona Del Mar, CA, pg. 1350

Hohn, Jen, Creative Dir -- Vladimir Jones, Denver, CO, pg. 1142

Hoke, Chris, Creative Dir -- MARKSTEIN CONSULTING, LLC, Birmingham, AL, pg. 1270

Hola, Lorena, Creative Dir -- Dittborn & Unzueta MRM, Santiago, Chile, pg. 768

Hola, Mayur, Exec VP & Exec Creative Dir -- Contract Advertising (India) Limited, Mumbai, India, pg. 555

Holanova, Milada, Mgr-Traffic -- Ogilvy, Prague, Czech Republic, pg. 813

Holbe-Finkelnburg, Miriam, Mng Dir & Head-Mktg Comm & Brand PR -- Hill+Knowlton Strategies, Frankfurt, Germany, pg. 1533

Holbrook, Hunter, Media Planner -- Mekanism, New York, NY, pg. 730

Holbrook, Phil, Creative Dir -- BARTLE BOGLE HEGARTY LIMITED, London, United Kingdom, pg. 92

Holcomb, Tim, Founder & Chief Creative Officer -- TCREATIVE, INC., Orlando, FL, pg. 1093

Holden, Dave, Chief Creative Officer -- KIOSK CREATIVE LLC, Novato, CA, pg. 596

Holden, James, Creative Dir -- SANDBOX CHICAGO, Chicago, IL, pg. 989

Holewski, Christopher, Assoc Creative Dir -- JK DESIGN, Hillsborough, NJ, pg. 576

Holgate, Kate, VP & Assoc Creative Dir -- STOLTZ MARKETING GROUP, Boise, ID, pg. 1050

Holka, Jordyn, Project Mgr-PR -- CROWLEY WEBB, Buffalo, NY, pg. 250

Holland, Chris, Assoc Creative Dir -- MASTERMINDS, Egg Harbor Township, NJ, pg. 692

Holland, Emily B., Media Planner-Acct Svcs & Brdcst & Buyer -- MARTIN ADVERTISING, Anderson, SC, pg. 687

Holland, Jacqueline, Creative Dir -- HATCH MARKETING, Boston, MA, pg. 471

Holland, Karen, Brand Dir-Creative & Art -- RICHARDS/CARLBERG, Houston, TX, pg. 956

Holland, Laura, Acct Exec -- THE MARTIN AGENCY, Richmond, VA, pg. 687

Holland, Meg, VP & Acct Dir -- NeON, New York, NY, pg. 364

Holland, Nicholas, Acct Coord -- ARPR, Atlanta, GA, pg. 1434

Hollander, Ton, Chief Creative Officer-BBDO Dusseldorf & Proximity -- BBDO Proximity Berlin, Berlin, Germany, pg. 105

Hollenbeck, Emily, Acct Supvr-PR -- DUFFY & SHANLEY, INC., Providence, RI, pg. 324

Holley, Kelly, Acct Supvr -- Fallon Minneapolis, Minneapolis, MN, pg. 360

Hollis-Vitale, Nicole, Sr Producer-Brdcst -- ARNOLD WORLDWIDE, Boston, MA, pg. 69

Hollister, Derek, Exec Creative Dir -- THE ANDERSON GROUP, Sinking Spring, PA, pg. 57

Hollister, Jeremy, Co-Founder & Exec Creative Dir -- PLUS, New York, NY, pg. 878

Hollomon, Molly, Acct Exec-PR -- Integrate Agency, Houston, TX, pg. 1682

Holloway, Lauren, Acct Supvr -- RAWLE MURDY ASSOCIATES, INC., Charleston, SC, pg. 934

Holm, Ashley, Acct Exec -- W A FISHER, CO., Virginia, MN, pg. 1147

Holm, Melissa, Media Buyer -- MARKETSMITH INC, Cedar Knolls, NJ, pg. 685

Holm, Melissa, Media Buyer -- MARKETSMITHS CONTENT STRATEGISTS LLC, New York, NY, pg. 685

Holm, Wilson, Acct Supvr -- Saatchi & Saatchi, Dallas, TX, pg. 977

Holman, Vic, Creative Dir -- QUINN GROUP, Spokane, WA, pg. 924

Holme, Mark, Creative Dir -- HILL & PARTNERS INCORPORATED, East Weymouth, MA, pg. 500

Holmes, Abigail E., Acct Exec -- CORPORATE INK, Boston, MA, pg. 1476

Holmes, Hayley, Acct Exec -- Ackerman McQueen, Inc., Dallas, TX, pg. 21

Holmes, Jeff, CEO & Creative Dir -- 3MARKETEERS ADVERTISING, INC., San Jose, CA, pg. 8

Holmes, Richard, Creative Dir -- mcgarrybowen, London, United Kingdom, pg. 717

Holmes, Scott, Exec Creative Dir -- Digitas, London, United Kingdom, pg. 1251

Holmes, Taylor, Acct Coord -- AKER INK, LLC, Scottsdale, AZ, pg. 1429

Holmgren, Dan, Pres & Creative Dir -- IMAGEMAKERS INC., Wamego, KS, pg. 524

Holroyd, Rupert, Media Planner -- Abbott Mead Vickers BBDO, London, United Kingdom, pg. 109

Holscher, Dave, VP-PR -- KANATSIZ COMMUNICATIONS INC, San Clemente, CA, pg. 1551

Holschuh, Andrea, Dir-PR -- BVK, Milwaukee, WI, pg. 178

Holst, Kelsey, Acct Exec -- J. WALTER THOMPSON CANADA, Toronto, Canada, pg. 565

Holst, Rikard, Art Dir -- INGO, Stockholm, Sweden, pg. 442

Holston, Katie, Acct Coord -- RUNSWITCH PUBLIC RELATIONS, Louisville, KY, pg. 1638

Holt, Kevin, Acct Dir -- AMCI, Los Angeles, CA, pg. 305

Holt, Lauren, Acct Supvr-Perdue Farms -- THE FOOD GROUP, New York, NY, pg. 391

Holt, Ryan, Art Dir -- SWANSON RUSSELL ASSOCIATES, Lincoln, NE, pg. 1064

Holt, Shandra, VP & Creative Dir -- MANZELLA MARKETING GROUP, Bowmansville, NY, pg. 676

Holtby, Joel, Creative Dir -- RETHINK, Vancouver, Canada, pg. 951

Holtby, Joel, Art Dir -- Rethink, Toronto, Canada, pg. 951

Holthaus, Maggie, Acct Supvr -- TPN INC., Dallas, TX, pg. 1418

Holtkotter, Tim, Acct Supvr -- Heimat Werbeagentur GmbH, Berlin, Germany, pg. 1082

AGENCIES — PERSONNEL INDEX

Holtof, Bout, Creative Dir -- TBWA Brussels, Brussels, Belgium, pg. 1080

Holtz, Brittany, Acct Exec -- GOLD DOG COMMUNICATIONS, Falls Church, VA, pg. 427

Holtz, Estefanio, Creative Dir -- PEREIRA & O'DELL, San Francisco, CA, pg. 863

Holtzman, Julie, Media Buyer -- MEDIA DESIGN GROUP LLC, Los Angeles, CA, pg. 1341

Holtzman, Stephanie Kantor, VP-PR -- JAFFE, Stephenville, TX, pg. 1545

Holub, Johanna, Acct Exec -- BELLMONT PARTNERS, Minneapolis, MN, pg. 121

Holub, Sherry, Creative Dir -- JV MEDIA DESIGN, Roseburg, OR, pg. 585

Holz, Rebecca, Acct Dir -- DDB Berlin, Berlin, Germany, pg. 274

Holzman, Stephanie, Media Planner & Media Buyer -- RUNYON SALTZMAN & EINHORN, Sacramento, CA, pg. 972

Homer, Clayton, Art Dir -- BBDO Dublin, Dublin, Ireland, pg. 105

Honda, Masaki, Creative Dir -- I&S BBDO Inc., Tokyo, Japan, pg. 113

Hondl, Scott, Owner & Acct Exec -- JOHNSON GROUP, Saint Cloud, MN, pg. 580

Honey, Ryan, Principal & Creative Dir -- BUCK LA, Los Angeles, CA, pg. 171

Honeycutt, Jessica, Acct Exec -- AMELIE COMPANY, Denver, CO, pg. 51

Honeycutt, Justin, Media Planner -- SOUTHWEST MEDIA GROUP, Dallas, TX, pg. 1369

Honeywell, Ken, Partner & Creative Dir -- WELL DONE MARKETING, Indianapolis, IN, pg. 1158

Hong, Devon Tsz-Kin, Creative Dir -- 72andSunny, Brooklyn, NY, pg. 12

Honig, Shana, Acct Supvr -- BBH NEW YORK, New York, NY, pg. 115

Honkanen, Ossi, Assoc Creative Dir & Mgr-Innovation -- Hasan & Partners Oy, Helsinki, Finland, pg. 703

Hooblal, Elena, Acct Supvr -- RAPPORT WORLDWIDE, New York, NY, pg. 1366

Hood, Jeffrey, Partner & Creative Dir -- TASTE ADVERTISING, BRANDING & PACKAGING, Palm Desert, CA, pg. 1074

Hood, Kat, Art Dir -- ROBINSON CREATIVE INC., Southlake, TX, pg. 964

Hood, Meghan, Acct Supvr -- VML, Chicago, IL, pg. 1145

Hood, Vivian, CEO & Head-PR -- JAFFE, Stephenville, TX, pg. 1545

Hoogerhuis, Katya, Assoc Creative Dir -- SHAW + SCOTT, Seattle, WA, pg. 1289

Hook, Andrew, Chief Creative Officer -- Havas Southeast Asia, Singapore, Singapore, pg. 487

Hook, Andrew, Chief Creative Officer -- Havas Worldwide Southeast Asia, Singapore, Singapore, pg. 485

Hooker, Jamie, Acct Exec -- SNACKBOX LLC, Austin, TX, pg. 1647

Hoong, Yeoh Oon, Creative Dir -- McCann Erickson (Malaysia) Sdn. Bhd., Kuala Lumpur, Malaysia, pg. 706

Hooper, Marta, Creative Dir -- TREVOR PETER COMMUNICATIONS LTD, Toronto, Canada, pg. 1115

Hooton, Bryce, Assoc Creative Dir & Copywriter -- PUBLICIS NEW YORK, New York, NY, pg. 912

Hooven, Bill, Acct Dir-Technical -- THE PEDOWITZ GROUP, Milton, GA, pg. 861

Hooven, Daniel, Sr VP & Creative Dir -- SPENCER ADVERTISING AND MARKETING, Mountville, PA, pg. 1033

Hope, Jake, Art Dir -- RETHINK, Vancouver, Canada, pg. 951

Hope, Valerie, Dir-Integrated Production & Creative Svcs -- WALRUS, New York, NY, pg. 1150

Hopken, Meredith, Acct Dir -- THE DSM GROUP, Mahwah, NJ, pg. 323

Hopkins, Cameron, Art Dir -- BENSIMON BYRNE, Toronto, Canada, pg. 123

Hopkins, Erin, Acct Dir -- J PUBLIC RELATIONS, San Diego, CA, pg. 1407

Hopkins, Greg, Partner & Creative Dir -- CHOPS ADVERTISING, LLC, Murfreesboro, TN, pg. 207

Hopkins, Kyle Anthony, Acct Supvr -- THE PITCH AGENCY, Culver City, CA, pg. 873

Hopkins, Mark, Acct Exec -- TOM SCOTT COMMUNICATION SHOP, Boise, ID, pg. 1108

Hopkinson, Matt, Art Dir -- FCB Inferno, London, United Kingdom, pg. 369

Hopman, Bruce, Creative Dir & Writer -- AMERICAN ROGUE, Santa Monica, CA, pg. 52

Hoppe, Enrico, Creative Dir & Art Dir -- Heimat Werbeagentur GmbH, Berlin, Germany, pg. 1082

Hoppe, Meg, Dir-Content & Creative -- WEIDERT GROUP INC., Appleton, WI, pg. 1156

Hopson, Brian, Creative Dir -- BRIGHTON AGENCY, INC., Saint Louis, MO, pg. 164

Hopson, Jessica, Acct Supvr -- LOVELL COMMUNICATIONS, INC., Nashville, TN, pg. 653

Hor, Yew Pong, Creative Dir -- BBDO Malaysia, Kuala Lumpur, Malaysia, pg. 113

Horak, Markus, Head-Video Practice & Content Svcs & Creative Dir-Digital Mktg -- ACCENTURE INTERACTIVE, New York, NY, pg. 1232

Horan, Brian, Media Planner & Media Buyer -- STREAM COMPANIES, Malvern, PA, pg. 1054

Horgan, Dayna, Acct Supvr -- KENNA, Mississauga, Canada, pg. 592

Horky, Rebecca, Acct Exec-Security -- MERRITT GROUP, McLean, VA, pg. 1582

Hormuth, Christina, Acct Dir -- ARC WORLDWIDE, Chicago, IL, pg. 1397

Horn, Glenn, Creative Dir -- CHAPPELLROBERTS, Tampa, FL, pg. 202

Hornaday, Pacha, Chief Creative Officer -- SOLVE AGENCY, INC., Pismo Beach, CA, pg. 1028

Horne, Colleen, Art Dir -- M/H VCCP, San Francisco, CA, pg. 664

Horne, Kelsey, Exec Creative Dir -- TAXI, Toronto, Canada, pg. 1075

Hornor, Liz, Acct Supvr -- THE DEALEY GROUP, Dallas, TX, pg. 283

Horowitz, Daivd, Dir & Creative Dir -- MEKANISM, San Francisco, CA, pg. 729

Horr, Angela, Acct Exec -- VISION CREATIVE GROUP, INC., Morris Plains, NJ, pg. 1139

Horsfall, Cheryl, Exec Creative Dir -- DDB New York, New York, NY, pg. 269

Horstman, Bryan, Art Dir -- GRAY LOON MARKETING GROUP, INC., Evansville, IN, pg. 433

Horton, Carolyn, Acct Exec -- MPG MEDIA SERVICES, Louisville, KY, pg. 1353

Horton, Dave, Creative Dir -- WOLFGANG LOS ANGELES, Venice, CA, pg. 1174

Horton, Nathan, Creative Dir -- RAMSEY MEDIAWORKS LLC, Joplin, MO, pg. 930

Horut, Jiri, Grp Dir-Creative & Art Dir -- McCann Erickson Prague, Prague, Czech Republic, pg. 702

Hose, Frank, Creative Dir -- Heimat Werbeagentur GmbH, Berlin, Germany, pg. 1082

Hoshikawa, Junya, Art Dir -- DENTSU INC., Tokyo, Japan, pg. 289

Hoskins, Emily, Producer-Creative Content -- THE DESIGNORY, Long Beach, CA, pg. 293

Hoskins, Ginny, Acct Exec -- THE INTEGER GROUP, LLC, Lakewood, CO, pg. 536

Hoskins, Tom, Creative Dir -- Havas Worldwide Sydney, Sydney, Australia, pg. 485

Hosler, Joe, Dir-Brand & Creative Svcs -- ZORCH INTERNATIONAL, INC., Chicago, IL, pg. 1690

Hosler, Samantha, Acct Exec -- Amobee, New York, NY, pg. 1236

Hossain, Mohammad Akrum, Creative Dir -- Grey Bangladesh Ltd., Dhaka, Bangladesh, pg. 445

Hossain, Zubair, Supvr-Creative -- Grey Bangladesh Ltd., Dhaka, Bangladesh, pg. 445

Hosser, Riddy, Art Dir -- DARCI CREATIVE, Portsmouth, NH, pg. 260

Hossfeld, Diana, Acct Exec -- BECCA PR, New York, NY, pg. 1446

Hostetler, Erik, Sr VP & Exec Creative Dir -- Moxie, Pittsburgh, PA, pg. 1275

Hotts, Jonathan, Assoc Creative Dir -- ONEMETHOD INC, Toronto, Canada, pg. 840

Hotz, Jaime, Art Dir -- LUCI CREATIVE, Lincolnwood, IL, pg. 655

Houghton, Nick, Art Dir -- J. Walter Thompson International, Auckland, New Zealand, pg. 558

Houlihan, Kevin, Pres & Chief Creative Officer -- HYC/MERGE, Chicago, IL, pg. 515

Houlston, Sam, Acct Dir-Bd -- Leo Burnett London, London, United Kingdom, pg. 627

House, Colby, Art Dir -- VML-New York, New York, NY, pg. 1144

House, Kerryn, Ops Mgr-MMI PR -- BAERING, Raleigh, NC, pg. 1437

Houseknecht, Eric, Exec Creative Dir -- THE SEIDEN GROUP, New York, NY, pg. 1001

Houston, Jocelyn, Acct Supvr -- BAILEY LAUERMAN, Omaha, NE, pg. 84

Houston, Julie, Media Dir -- TOM SCOTT COMMUNICATION SHOP, Boise, ID, pg. 1108

Houwer, Ralf De, Assoc Dir-Creative -- BUTLER, SHINE, STERN & PARTNERS, Sausalito, CA, pg. 177

Hove, Clay, Creative Dir -- KK BOLD, Bismarck, ND, pg. 597

How, Tan Giap, Head-Art & Assoc Creative Dir -- BBDO Singapore, Singapore, Singapore, pg. 115

How, Zhong, Art Dir -- Wieden + Kennedy, Shanghai, China, pg. 1166

Howard, Aaron, Creative Dir -- Havas London, London, United Kingdom, pg. 482

Howard, Aaron, Creative Dir -- Helia, London, United Kingdom, pg. 473

Howard, Aaron, Creative Dir -- Helia, London, United Kingdom, pg. 484

Howard, Andrew, Acct Exec -- HOWARD COMMUNICATIONS INC, Elsberry, MO, pg. 1537

Howard, Erika, Acct Supvr -- GOLD N FISH MARKETING GROUP LLC, Armonk, NY, pg. 428

Howard, Jamie, Dir-Creative -- PAYNE, ROSS & ASSOCIATES ADVERTISING, INC., Charlottesville, VA, pg. 860

Howard, Jenny, Supvr-PR -- BANDY CARROLL HELLIGE ADVERTISING, Louisville, KY, pg. 87

Howard, Kaili, Specialist-Mktg & Media Buyer -- LITTLE DOG AGENCY INC., Mount Pleasant, SC, pg. 645

Howard, Melissa, Acct Supvr -- Rogers & Cowan, New York, NY, pg. 1675

Howard, Merissa, Media Buyer -- CHARLTON MARKETING INC, Portland, OR, pg. 204

Howard, Mikel, Acct Exec -- SULLIVAN BRANDING, Memphis, TN, pg. 1059

Howarth, Sarah, Acct Dir -- GAGGI MEDIA COMMUNICATIONS, INC., Toronto, Canada, pg. 408

Howayek, Carine, Art Dir -- J. Walter Thompson, Dubai, United Arab Emirates, pg. 563

Howden, Carla, Acct Supvr -- MCCANN CANADA, Toronto, Canada, pg. 712

Howe, A.J., Creative Dir -- Specialist, Bristol, United Kingdom, pg. 837

Howe, Aaron, Grp Creative Dir -- Possible Los Angeles, Playa Vista, CA, pg. 1281

Howe, Bob, Assoc Creative Dir -- ESCAPE POD, Chicago, IL, pg. 349

Howe, Christopher, Art Dir -- MONO, Minneapolis, MN, pg. 755

Howe, Elizabeth, Acct Exec -- VARALLO PUBLIC RELATIONS, Nashville, TN, pg. 1666

Howe, Jordan, Acct Supvr -- THE SUMMIT GROUP, Salt Lake City, UT, pg. 1060

Howe, Melanie, Media Buyer -- KIOSK CREATIVE LLC, Novato, CA, pg. 596

Howe, Richard, Creative Dir -- ART MACHINE, Hollywood, CA, pg. 71

Howell, Cayah, CEO & Partner-Creative -- LIVING PROOF CREATIVE, Austin, TX, pg. 646

Howell, Jo, Grp Head-Creative -- Specialist, Bristol, United Kingdom, pg. 837

Howell, John, Acct Dir -- GEARSHIFT ADVERTISING, Costa Mesa, CA, pg. 413

Howell, Kathy Erp, Creative Dir -- ARTICULON MCKEEMAN, Raleigh, NC, pg. 1435

Howells, John, Creative Dir -- SITUATION INTERACTIVE, New York, NY, pg. 1017

Howes, George, Art Dir -- Colenso BBDO, Auckland, New Zealand, pg. 114

Howes, Kathy, Art Buyer & Sr Producer-Creative -- Proximity Worldwide & London, London, United Kingdom, pg. 111

Howie, Craig, Exec Creative Dir -- Digitas, Kwun Tong, China (Hong Kong), pg. 1252

Howie, Savanna, Acct Exec -- MOXLEY CARMICHAEL, Knoxville, TN, pg. 765

Howindt, Leighton, Acct Exec -- McCann Erickson Advertising Pty. Ltd., Melbourne, Australia, pg. 700

Howlett, Brian, Chief Creative Officer -- AGENCY59, Toronto, Canada, pg. 39

Howlett, Brian, Chief Creative Officer -- Agency59 Response, Toronto, Canada, pg. 40

Howlett, Charlie, Creative Dir -- SCHAEFER ADVERTISING CO., Fort Worth, TX, pg. 994

Howson, Katie Moore, Assoc Creative Dir -- WRAY WARD MARKETING COMMUNICATIONS, Charlotte, NC, pg. 1187

Hoxley, James, Creative Dir -- LIVE & BREATHE, London, United Kingdom, pg. 646

Hoyle, James, Creative Dir -- Manning Selvage & Lee London, London, United Kingdom, pg. 1589

Hoyt, David, Principal & Exec Creative Dir -- TANGELO, Houston,

PERSONNEL INDEX — AGENCIES

TX, pg. 1072
Hoyte, Dhani, Acct Exec -- BAKER PUBLIC RELATIONS, Albany, NY, pg. 1438
Hoyuela, Ashley, Creative Dir -- MUDBUG MEDIA INC., New Orleans, LA, pg. 1275
Hreshko, Jenna, Acct Supvr -- MARINA MAHER COMMUNICATIONS, New York, NY, pg. 1576
Hristov, Radostin, Art Dir -- MullenLowe Swing, Sofia, Bulgaria, pg. 778
Hruby, David, Creative Dir -- LINNIHAN FOY ADVERTISING, Minneapolis, MN, pg. 642
Hrutkay, Bradley, VP & Creative Dir -- Z BRAND, Pittsburgh, PA, pg. 1209
Hrvatin, Bruce, Acct Exec -- E-B DISPLAY CO., INC., Massillon, OH, pg. 327
Hsia, David, Creative Dir -- R/GA Los Angeles, North Hollywood, CA, pg. 926
Hsiang, Wei, Mng Dir-Era Ogilvy PR -- Ogilvy Taiwan, Taipei, Taiwan, pg. 1601
Hsiao, Wendy, Acct Dir -- HOPE-BECKHAM, INC., Atlanta, GA, pg. 508
Hsu, Andy, VP & Grp Creative Dir-Digital -- INNOCEAN USA, Huntington Beach, CA, pg. 534
Hsu, Arthur, Art Dir -- GRAFIK MARKETING COMMUNICATIONS, Alexandria, VA, pg. 431
Hsu, Emily, Media Planner & Buyer -- NEW & IMPROVED MEDIA, El Segundo, CA, pg. 1353
Hsu, Erika Lyons, Acct Dir -- CITRUS STUDIOS, Santa Monica, CA, pg. 209
Hsu, Heidi, Mgr-PR & Promos -- ES ADVERTISING, Los Angeles, CA, pg. 348
Hsu, Stanley, Art Dir -- GYRO, New York, NY, pg. 457
Hu, Lawrence, Art Dir -- TBWA Singapore, Singapore, Singapore, pg. 1091
Huang, Alex, Creative Dir -- Y MEDIA LABS, Redwood City, CA, pg. 1195
Huang, Cavan, Creative Dir -- POSSIBLE NEW YORK, New York, NY, pg. 1280
Huang, Doris, Media Dir -- ADMERASIA, INC., New York, NY, pg. 31
Huang, Elissa, Acct Exec-Social Media -- Conill Advertising, Inc., El Segundo, CA, pg. 227
Huang, Emma, Acct Dir -- Weber Shandwick, Beijing, China, pg. 1680
Huang, Janette Sung-En, Acct Dir -- Ogilvy, Taipei, Taiwan, pg. 828
Huang, Janette Sung-En, Acct Dir -- Ogilvy Taiwan, Taipei, Taiwan, pg. 1601
Huang, Kenny J., Assoc Creative Dir -- Publicis Shanghai, Shanghai, China, pg. 908
Huang, Lisa, Acct Dir -- MCCANN, New York, NY, pg. 697
Huang, Mia, Art Dir -- ANTHEM BRANDING, Boulder, CO, pg. 61
Huang, Shengjie, Assoc Creative Dir -- mcgarrybowen, Shanghai, China, pg. 718
Hubbard, Raven, Acct Supvr -- Grey Healthcare Group, Kansas City, MO, pg. 417
Hubbard, Scott, Acct Dir-Northern Reg -- SPARK44, Los Angeles, CA, pg. 1226
Hubbard, Trevor, CEO & Exec Creative Dir -- BUTCHER SHOP CREATIVE, San Francisco, CA, pg. 177
Hubbard, Trevor, CEO & Exec Creative Dir -- BUTCHERSHOP, San Francisco, CA, pg. 177
Hubbert, Wendy, Assoc Creative Dir -- SANDBOX CHICAGO, Chicago, IL, pg. 989
Huber, Kendall, Sr Mgr-PR -- Golin, Dallas, TX, pg. 1521
Huber, Sharon, Media Dir -- TUREC ADVERTISING ASSOCIATES, INC., Saint Louis, MO, pg. 1122
Hubert, Jenna, Assoc Creative Dir -- KPS3 MARKETING, Reno, NV, pg. 602
Hubich, Mandy, Acct Dir -- THE VARIABLE AGENCY, Winston Salem, NC, pg. 1131
Hubl, Ondrej, Creative Dir -- Saatchi & Saatchi, Prague, Czech Republic, pg. 977
Hubler, Andrea, Acct Exec -- THE OHLMANN GROUP, Dayton, OH, pg. 834
Hubregtse, Dimitri, Creative Dir -- FCB Amsterdam, Amsterdam, Netherlands, pg. 367
Hucek, Brian, Creative Dir -- PLANET PROPAGANDA, INC., Madison, WI, pg. 876
Hudak, Rob, Dir-Interactive Creative -- ZEHNDER COMMUNICATIONS, INC., New Orleans, LA, pg. 1210
Huddleston, Barry, Creative Dir -- WILKINSON FERRARI & COMPANY, Salt Lake City, UT, pg. 1684
Hudec, Erin, Acct Supvr -- FCB Chicago, Chicago, IL, pg. 364

Hudon, Renee, Art Dir -- RESERVOIR, Montreal, Canada, pg. 948
Hudson, Candice, Sr Acct Exec-PR -- COLMAN BROHAN DAVIS, Chicago, IL, pg. 220
Hudson, Cory, Creative Dir -- JELLYFISH, Baltimore, MD, pg. 574
Hudson, Kaitlyn, Creative Dir -- COMPLETE PUBLIC RELATIONS, Greenville, SC, pg. 1473
Hudson, Kimberly, Assoc Creative Dir -- THE LACEK GROUP, Minneapolis, MN, pg. 606
Hudson, Laura, Acct Dir-Client Svcs -- Merkle IMPAQT, Pittsburgh, PA, pg. 733
Hudson, Samantha, Acct Coord -- BOUVIER KELLY INC., Greensboro, NC, pg. 149
Hudson, Tim, Principal & Creative Dir -- BELMONT ICEHOUSE, Dallas, TX, pg. 121
Hudson, Tom, Creative Dir-Global -- MullenLowe London, London, United Kingdom, pg. 775
Huebner, Lisa, Media Dir -- BOELTER + LINCOLN MARKETING COMMUNICATIONS, Milwaukee, WI, pg. 144
Huelsman, Kim, Creative Dir -- CREATIVE PARTNERS, Stamford, CT, pg. 245
Huergo, Michelle, Acct Dir -- INTRIGUE, Melville, NY, pg. 545
Huerta, Dave, Partner & Creative Dir -- TACO TRUCK CREATIVE, Carlsbad, CA, pg. 1069
Huey, Brittany, Art Dir -- TINSLEY CREATIVE, Lakeland, FL, pg. 1105
Huffstutter, Greg, Media Dir -- GEARSHIFT ADVERTISING, Costa Mesa, CA, pg. 413
Hufler, Candice, Acct Exec -- KFD PUBLIC RELATIONS, New York, NY, pg. 1558
Huft, Nathan, Art Dir -- THE WOO, Culver City, CA, pg. 1175
Hugentobler, Marvin, Art Dir -- Publicis, Zurich, Switzerland, pg. 901
Huggett, Paul, Creative Dir -- TETHER, INC., Seattle, WA, pg. 1097
Hughes, Alan, Founder & Chief Creative Officer -- NEXT/NOW, Chicago, IL, pg. 1276
Hughes, Allison, Assoc Creative Dir -- MULLENLOWE GROUP, Boston, MA, pg. 770
Hughes, Anette, Creative Dir -- MIDNIGHT OIL CREATIVE, Burbank, CA, pg. 739
Hughes, Ben, Exec Creative Dir -- STINK STUDIOS, Brooklyn, NY, pg. 1049
Hughes, Bill, Creative Dir-Ops -- MXM, New York, NY, pg. 781
Hughes, Dave, Art Dir -- GARRISON HUGHES, Pittsburgh, PA, pg. 410
Hughes, Deirdre, Partner & Creative Dir -- AGENCY59, Toronto, Canada, pg. 39
Hughes, Dion, Founder & Chief Creative Officer -- PERSUASION ARTS & SCIENCES, Minneapolis, MN, pg. 865
Hughes, Jason, Creative Dir -- FARM, Depew, NY, pg. 362
Hughes, Kelsey, Art Dir -- COSSETTE COMMUNICATIONS, Vancouver, Canada, pg. 232
Hughes, Kristy, Acct Dir -- HAVAS WORLDWIDE CHICAGO, Chicago, IL, pg. 488
Hughes, Melanie, Acct Dir -- Publicis Conseil, Paris, France, pg. 898
Hughes, Miriam, Mgr-Brdcst Bus Affairs -- MCKINNEY, Durham, NC, pg. 719
Hughes, Nancy, Creative Dir -- OGILVY, New York, NY, pg. 809
Hughes, Randy, Sr Partner & Exec Creative Dir -- CARMICHAEL LYNCH, Minneapolis, MN, pg. 189
Hughes, Richard, Chief Creative Officer -- CLEARPH DESIGN, St Petersburg, FL, pg. 213
Hughes, Shannon, Acct Exec -- LINHART PUBLIC RELATIONS, Denver, CO, pg. 1568
Hughes, Teriann, Partner, Exec VP & Media Dir -- DAVIS ELEN ADVERTISING, INC., Los Angeles, CA, pg. 264
Hughes, Toni, Creative Dir -- FCB Johannesburg, Johannesburg, South Africa, pg. 375
Hughes, Tonja, Media Dir -- VERTICAL MARKETING NETWORK LLC, Tustin, CA, pg. 1418
Hughlett, Neal, Creative Dir -- MMB, Boston, MA, pg. 750
Huh, Jane, Acct Supvr -- ADAM&EVEDDB, New York, NY, pg. 25
Huie, Lisa, Acct Dir -- A&C AGENCY, Toronto, Canada, pg. 1424
Huie, Rhonda, Creative Dir -- RE:GROUP, INC., Ann Arbor, MI, pg. 945
Huitsing, Suzanne, Art Dir -- CALDER BATEMAN COMMUNICATIONS LTD., Edmonton, Canada, pg. 182
Hula, Rena Menkes, VP & Creative Dir -- Jack Morton Worldwide, Chicago, IL, pg. 568
Hull, Andre, Creative Dir -- Abbott Mead Vickers BBDO, London, United Kingdom, pg. 109
Hull, Jory, Sr Dir-Creative & Design -- SapientRazorfish Atlanta, Atlanta, GA, pg. 1287

Hull, Kaurina, Acct Dir -- 90OCTANE, Denver, CO, pg. 13
Hullegie, Joey, Creative Dir -- Initiative, Amsterdam, Netherlands, pg. 1334
Hulme, Gary, Art Dir -- TBWA/Manchester, Manchester, United Kingdom, pg. 1086
Hulsey, Molly, Acct Dir-Fishburn-UK -- FLEISHMANHILLARD INC., Saint Louis, MO, pg. 1506
Hultberg, Max, Art Dir -- INGO, Stockholm, Sweden, pg. 442
Hultgren, Sheila, Coord-Traffic -- TUNGSTEN CREATIVE GROUP, Erie, PA, pg. 1121
Hum, Jasmine, Media Dir -- Blue 449, San Francisco, CA, pg. 1311
Human, Gerry, Exec Creative Dir-GBM -- Ogilvy, Ltd., London, United Kingdom, pg. 818
Humbert, Cindy, Media Dir -- IDEAOLOGY ADVERTISING INC., Marina Del Rey, CA, pg. 521
Hummel, Brooke, Acct Supvr -- 97 DEGREES WEST, Austin, TX, pg. 14
Humphrey, Holly, Exec VP & Exec Creative Dir -- YELLOW SUBMARINE MARKETING COMMUNICATIONS INC., Pittsburgh, PA, pg. 1196
Humphrey, Jim, Owner, Pres & Creative Dir -- HUMPHREY ASSOCIATES INC, Tulsa, OK, pg. 514
Humphreys, Quanah, Creative Dir -- FCB/RED, Chicago, IL, pg. 365
Hung, Lisa, Acct Dir -- RED INTERACTIVE AGENCY, Santa Monica, CA, pg. 1284
Hung, Susan, Assoc Creative Dir-Publicis Modem -- Publicis Toronto, Toronto, Canada, pg. 904
Hunt, Danny, Creative Dir -- The&Partnership London, London, United Kingdom, pg. 56
Hunt, Jay, Creative Dir -- HAVAS WORLDWIDE, New York, NY, pg. 475
Hunt, John, Dir-Creative-Worldwide -- TBWA North America, New York, NY, pg. 1079
Hunt, John, Chm-Creative -- TBWA/WORLDWIDE, New York, NY, pg. 1077
Hunt, Kia, Creative Dir -- LUNDMARK ADVERTISING + DESIGN INC., Kansas City, MO, pg. 657
Hunt, Laura, Acct Exec -- JONES & THOMAS, INC., Decatur, IL, pg. 581
Hunt, Lauren, Acct Dir -- EP+CO, Greenville, SC, pg. 343
Hunt, Liz, Dir-PR -- Leo Burnett Sydney, Sydney, Australia, pg. 628
Hunt, Pete, Strategist-Creative -- BEUTLER INK, Santa Monica, CA, pg. 1449
Hunt, Steve, Chief Creative Officer -- CANNONBALL, Saint Louis, MO, pg. 187
Hunt, Tom, Acct Dir -- Chameleon PR, London, United Kingdom, pg. 305
Hunt, Will, Acct Dir -- Wieden + Kennedy, London, United Kingdom, pg. 1165
Hunter, Alan, Owner, Pres & Chief Creative Officer -- PETROL ADVERTISING, Burbank, CA, pg. 866
Hunter, Andrew, Creative Dir -- 360I, New York, NY, pg. 6
Hunter, Bill, Pres & Creative Dir -- WILMINGTON DESIGN COMPANY, Wilmington, NC, pg. 1301
Hunter, Blais, Creative Dir -- Merkle Inc., King of Prussia, PA, pg. 733
Hunter, Gemma, Exec Creative Dir -- MediaCom Australia Pty. Ltd., Melbourne, Australia, pg. 1348
Hunter, Gemma, Exec Creative Dir-Global -- MediaCom Sydney, Sydney, Australia, pg. 1349
Hunter, Greg, Creative Dir -- PREACHER, Austin, TX, pg. 886
Hunter, Larisha, Acct Exec -- CANDOR, Oklahoma City, OK, pg. 1461
Hunter, Perry, VP & Grp Creative Dir -- PureRED/Ferrara, Tucker, GA, pg. 918
Hunter, Stefan, Specialist-Traffic & Implementation -- REPUBLICA HAVAS, Miami, FL, pg. 947
Hunter-Heath, Haley, Acct Exec -- PARTY LAND, Los Angeles, CA, pg. 857
Huot, Edmond, Chief Creative Officer -- THE CHR GROUP, New York, NY, pg. 207
Huppenthal, Jim, Sr VP-Creative Svcs -- Brierley & Partners, Sherman Oaks, CA, pg. 1186
Huppenthal, Jim, Sr VP-Creative Svcs -- Brierley & Partners, Sherman Oaks, CA, pg. 162
Huq, Jaiyyanul, Exec Creative Dir-Vietnam -- Grey Bangladesh Ltd., Dhaka, Bangladesh, pg. 445
Hurd, Arrie, Art Dir -- THE&PARTNERSHIP, New York, NY, pg. 55
Hurd, Ken, Creative Dir -- CRITICAL MASS INC., Calgary, Canada, pg. 248
Hurlbert, Grant, Creative Dir -- ROCKIT SCIENCE AGENCY, Baton Rouge, LA, pg. 965

AGENCIES — PERSONNEL INDEX

Hurley, Brian, Assoc Media Buyer-Natl Video Activation-Gen Motors -- CARAT USA, INC., New York, NY, pg. 1314

Hurley, Emma, Mgr-Production & Art Buyer -- Ogilvy South Africa (Pty.) Ltd., Johannesburg, South Africa, pg. 829

Hurley, Josh, Exec Creative Dir -- FUSION92, Chicago, IL, pg. 404

Hurley, Kathy, Dir-Print Production -- THE INTEGER GROUP-DALLAS, Dallas, TX, pg. 1405

Hurley-Schubert, Victoria, Specialist-PR & Social Media -- CREATIVE MARKETING ALLIANCE INC., Princeton Junction, NJ, pg. 243

Hursey, Juanita, Mgr-Traffic -- SIMONS MICHELSON ZIEVE, INC., Troy, MI, pg. 1015

Hurst, Guido, Dir-Creative & Art -- BEACON HEALTHCARE COMMUNICATIONS, Bedminster, NJ, pg. 118

Hurt, Karen, Acct Exec -- BOHLSENPR INC., IndianaPOlis, IN, pg. 1453

Hurt, Megan, Media Planner & Media Buyer -- SHEEHY & ASSOCIATES, Louisville, KY, pg. 1006

Hurtado, Cristhian Camilo Hurtado, Art Dir -- Ogilvy, Bogota, Colombia, pg. 820

Hurtado, Kimi, Acct Exec -- CARMA PR, Miami Beach, FL, pg. 1463

Huser, Jeff, Creative Dir -- Publicis Indianapolis, Indianapolis, IN, pg. 913

Huser, Jeff, Creative Dir -- Publicis Indianapolis, Indianapolis, IN, pg. 905

Huson, Taryn, Acct Exec -- LUQUIRE GEORGE ANDREWS, INC., Charlotte, NC, pg. 657

Hussain, Harry, Dir-PR-Edinburgh -- Weber Shandwick, Edinburgh, United Kingdom, pg. 1679

Hussein, Saad, Co-Chief Creative Officer & Art Dir -- TBWA Thailand, Bangkok, Thailand, pg. 1092

Hussey, Jason, Copywriter & Coord-Creative -- JKR ADVERTISING & MARKETING, Maitland, FL, pg. 576

Hussey, Joanna, Acct Dir -- CAVALRY AGENCY, Chicago, IL, pg. 197

Huston, Dennis, Art Dir & Mgr-Adv -- CREATIVE RESOURCES GROUP, Plymouth, MA, pg. 245

Hutasankas, Kambhu, Exec Creative Dir -- Creative Juice G1, Bangkok, Thailand, pg. 1092

Hutchens, Emily, Acct Dir -- THE INTEGER GROUP-DALLAS, Dallas, TX, pg. 1405

Hutchins, Theresa, Media Planner-Integrated -- MediaCom USA, Santa Monica, CA, pg. 1345

Hutchinson, Elliot, Mgr-PR -- ZEHNDER COMMUNICATIONS, INC., New Orleans, LA, pg. 1210

Hutchison, Jennifer, Acct Dir -- JASCULCA/TERMAN AND ASSOCIATES, Chicago, IL, pg. 1545

Hutchison, Scott, Creative Dir -- PUBLICIS HAWKEYE, Dallas, TX, pg. 1282

Hutchman Brown, Martha Michaela, Acct Exec -- BTC MARKETING, Wayne, PA, pg. 171

Hutt, Amanda, Acct Dir -- J. WALTER THOMPSON U.S.A., INC., New York, NY, pg. 566

Hutton, Shane, Creative Dir & Copywriter -- ARCANA ACADEMY, Los Angeles, CA, pg. 65

Huysmans, Sarah, Copywriter-Creative -- VVL BBDO, Brussels, Belgium, pg. 103

Hvidsten, Ann Elin, Mng Dir-Creative -- Burson-Marsteller A/S, Oslo, Norway, pg. 1442

Hwang, Grace, Art Dir -- MEKANISM, San Francisco, CA, pg. 729

Hwang, Raymond, VP, Creative Dir-Integrated & Writer -- BATTERY, Los Angeles, CA, pg. 96

Hwang, Seongphil, Creative Dir -- Cheil Worldwide Inc., Seoul, Korea (South), pg. 462

Hwang, YeJoon, Art Dir -- THE PITCH AGENCY, Culver City, CA, pg. 873

Hyde, Andrea, Art Dir & Assoc Dir-Creative -- PETERSON MILLA HOOKS, Minneapolis, MN, pg. 866

Hyde, Jason, VP-Creative & User Experience -- PLASTIC MOBILE, Toronto, Canada, pg. 877

Hyde, Kelsey, Sr Acct Exec-Bond PR & Brand Strategy -- BOND MOROCH, New Orleans, LA, pg. 1454

Hyden, Deb, Media Dir -- CREATIVE COMMUNICATIONS CONSULTANTS, INC., Minneapolis, MN, pg. 240

Hyer, Bruce, Partner & Creative Dir -- ADVENTURE ADVERTISING LLC, Buford, GA, pg. 35

Hygen, Christian, Creative Dir -- Kitchen Leo Burnett, Oslo, Norway, pg. 626

Hyland, Cat, Grp Dir-Creative -- SWIFT AGENCY, Portland, OR, pg. 1066

Hyland, Douglas, Creative Dir -- VITRO, San Diego, CA, pg. 1141

Hynes, Bryan, Creative Dir -- AUSTIN & WILLIAMS, Hauppauge, NY, pg. 78

I

Iabichino, Paolo, Chief Creative Officer -- Ogilvy, Milan, Italy, pg. 815

Iaccarino, Giuseppina, Copywriter-Creative -- GreyUnited, Milan, Italy, pg. 441

Iadanza, Julie, Media Dir -- TARGET ENTERPRISES, INC., Sherman Oaks, CA, pg. 1375

Iamele, Pat, VP & Creative Dir -- NOVA MARKETING, Boston, MA, pg. 801

Ian, Matt, Chief Creative Officer-New York -- MCGARRYBOWEN, New York, NY, pg. 716

Ianno, Joey, Creative Dir -- BARTON F. GRAF, New York, NY, pg. 94

Ianucci, David, Acct Dir -- JAY ADVERTISING, INC., Rochester, NY, pg. 573

Iazzetta, Angela, Acct Supvr -- WINGNUT ADVERTISING, Minneapolis, MN, pg. 1171

Ibanez, Hernan, Assoc Creative Dir -- FCB New York, New York, NY, pg. 365

Ibarra, Rocio, Media Dir -- PHD Los Angeles, Los Angeles, CA, pg. 1362

Ibaviosa, Mark, Creative Dir -- Publicis Singapore, Singapore, Singapore, pg. 911

Ibrahim, Hans, Reg Grp Creative Dir -- Grey Hong Kong, North Point, China (Hong Kong), pg. 446

Ichedef, Gamze, Grp Head-Creative -- TBWA Istanbul, Istanbul, Turkey, pg. 1088

Ickert, Vera, Art Dir -- DDB Berlin, Berlin, Germany, pg. 274

Ide, John, Art Dir & Sr Designer -- HAMMERQUIST STUDIOS, Seattle, WA, pg. 464

Idle, Veronica Johnson, Media Dir -- FIELDTRIP, Louisville, KY, pg. 379

Idoni, Trisha, Art Dir -- E.W. BULLOCK ASSOCIATES, Pensacola, FL, pg. 354

Idris, Kharis, Head-Tech & Digital Practice & Acct Dir -- Hill & Knowlton (SEA) Sdn. Bhd., Kuala Lumpur, Malaysia, pg. 1534

Idso, Sarah, Acct Exec-Social Media -- EPIC CREATIVE, West Bend, WI, pg. 343

Igarashi, Jeanette, Media Dir -- ALWAYS ON COMMUNICATIONS, Pasadena, CA, pg. 50

Igarashi, Taketo, Assoc Creative Dir -- Beacon Communications K.K., Tokyo, Japan, pg. 630

Igarashi, Taketo, Assoc Creative Dir -- Beacon Communications K.K., Tokyo, Japan, pg. 910

Ignazi, Peter, Co-Chief Creative Officer -- Cossette B2B, Toronto, Canada, pg. 233

Ignazi, Peter, Co-Chief Creative Officer -- COSSETTE COMMUNICATIONS, Vancouver, Canada, pg. 232

Igwe, Amaechi, Acct Supvr -- SOCIOFABRICA, San Francisco, CA, pg. 1291

Ikeda, Shinichi, Creative Dir -- I&S BBDO Inc., Tokyo, Japan, pg. 113

Ikram, Syeda Ayesha, Exec Creative Dir -- BBDO Komunika, Jakarta, Indonesia, pg. 113

Ikwuegbu, Duzie, Creative Dir -- DDB Casers, Lagos, Nigeria, pg. 278

Ilander, Leisa, Art Dir -- Ogilvy Sydney, Saint Leonards, Australia, pg. 821

Ilic, Brankica, Art Dir -- Ovation BBDO, Belgrade, Serbia, pg. 108

Ilum, Thomas, Creative Dir -- Uncle Grey A/S, Arhus, Denmark, pg. 440

Imbert, Camille, Creative Dir -- KETTLE, New York, NY, pg. 1267

Imbert, Florent, Exec Creative Dir -- J. WALTER THOMPSON, New York, NY, pg. 553

Imbierowicz, Michal, Exec Creative Dir -- Havas Worldwide Poland, Warsaw, Poland, pg. 481

Imbur, Ellen, Art Dir -- VILLING & COMPANY, INC., South Bend, IN, pg. 1137

Imerman, Krystal, Creative Dir -- D.L. MEDIA INC., Nixa, MO, pg. 309

Imholte, Robin, Pres & Media Dir -- THRIVE ADVERTISING CO., Issaquah, WA, pg. 1102

Imler, Colleen, Acct Supvr -- COYNE PUBLIC RELATIONS, Parsippany, NJ, pg. 1476

Imler, Frank, Art Dir -- FLUID ADVERTISING, Bountiful, UT, pg. 389

Imler, Frank, Art Dir -- FLUID STUDIO, Bountiful, UT, pg. 389

Immanuel, Rangga, Creative Dir -- DDB Indonesia, Jakarta, Indonesia, pg. 276

Immel, Jeff, Sr VP & Creative Dir -- Weber Shandwick-Chicago, Chicago, IL, pg. 1675

Imperati, Gina, Media Planner -- SAPIENTRAZORFISH NEW YORK, New York, NY, pg. 1286

Impey, Simon, Creative Dir -- MEMAC Ogilvy W.L.L., Manama, Bahrain, pg. 830

Imre, Viktor Manuel, Creative Dir -- Havas Worldwide Budapest, Budapest, Hungary, pg. 480

Inda, Brandon, Creative Dir -- STAPLEGUN, Oklahoma City, OK, pg. 1042

Infantas, Evin Vigo, Art Dir -- Quorum Nazca Saatchi & Saatchi, Lima, Peru, pg. 982

Infante, Sergio Diaz, Art Dir -- Ogilvy, Mexico, Mexico, pg. 821

Ingbritson, Mark, Acct Supvr -- CHARLESTON/ORWIG, INC., Hartland, WI, pg. 203

Ingelmo, Sindo, Creative Dir -- BBDO Mexico, Mexico, Mexico, pg. 103

Ingemann, Mette, Acct Dir -- DDB Denmark, Copenhagen, Denmark, pg. 272

Ingeneri, Kristin, Acct Dir & Sr Project Mgr -- FUSE/IDEAS, Winchester, MA, pg. 403

Inglis, Sarah, Art Dir & Assoc Creative Dir -- BAKER STREET ADVERTISING, San Francisco, CA, pg. 85

Ingraham, Sarah, Strategist-Creative -- LUCI CREATIVE, Lincolnwood, IL, pg. 655

Ingram, Chad, Sr VP & Grp Creative Dir -- Geometry Global, Chicago, IL, pg. 415

Ingram, Lindsey, Acct Dir -- CALLAHAN CREEK, INC., Lawrence, KS, pg. 183

Ingram, Travis, Art Dir & Graphic Designer -- CRANIUM 360, Fruita, CO, pg. 238

Ingrassia, Cari, Art Dir -- CAWOOD, Eugene, OR, pg. 1464

Ingwalson, Matt, Exec Creative Dir -- Vladimir Jones, Denver, CO, pg. 1142

Innes, Chantal, VP & Creative Dir -- Havas Life, Toronto, Canada, pg. 474

Inri, Zachery, Acct Dir -- TBWA ISC Malaysia, Kuala Lumpur, Malaysia, pg. 1091

Insco, Jeff, Pres & Exec Creative Dir -- UPBRAND COLLABORATIVE, Saint Louis, MO, pg. 1128

Inselberg, Itai, Creative Dir -- J. WALTER THOMPSON, New York, NY, pg. 553

Intamas, Supaset, Art Dir -- Ogilvy Advertising, Bangkok, Thailand, pg. 828

Inton, Francis, Assoc Creative Dir -- Publicis JimenezBasic, Makati, Philippines, pg. 910

Iodice, Amanda, Acct Supvr -- COYNE PUBLIC RELATIONS, Parsippany, NJ, pg. 1476

Ionescu, Valentin, Art Dir -- MullenLowe Romania, Bucharest, Romania, pg. 777

Iooss, Hedwig, Art Dir -- LAIRD+PARTNERS, New York, NY, pg. 607

Ipsen, Rita, Acct Dir -- GUMAS ADVERTISING, San Francisco, CA, pg. 455

Iqbal, Rehan, Media Dir -- TRUE NORTH INTERACTIVE, San Francisco, CA, pg. 1298

Irani, Shahrukh, Creative Dir -- Publicis India Communications Pvt. Ltd., Mumbai, India, pg. 909

Ireland, Andy, Acct Exec -- FLYNN WRIGHT, Des Moines, IA, pg. 390

Ireland, Robert L., Jr., Partner & Mng Dir-Creative -- SHARP COMMUNICATIONS, New York, NY, pg. 1006

Irias, Frank, Creative Dir -- DAISHO CREATIVE STRATEGIES, Miami, FL, pg. 258

Irish, Casey, Acct Exec -- DYNAMIC INC, Sheboygan, WI, pg. 327

Irobalieva, Stanimira S., Acct Dir -- MullenLowe Swing, Sofia, Bulgaria, pg. 778

Irureta, Ezequiel, Art Dir -- DDB Argentina, Buenos Aires, Argentina, pg. 270

Irvin, Michelle, Media Buyer -- STRATEGIC MEDIA, INC., Clearwater, FL, pg. 1053

Irvine, Steve, Creative Dir -- Coley Porter Bell, London, United Kingdom, pg. 817

Irvine, Steve, Creative Dir -- Coley Porter Bell, London, United Kingdom, pg. 1179

Irwin, Doris, Media Dir -- FIELDTRIP, Louisville, KY, pg. 379

Irwin, Jeremy, CEO & Chief Creative Officer -- AGENCY ZERO, Denver, CO, pg. 39

Irwin, Jonathan, Art Dir -- THE STARR CONSPIRACY, Fort Worth, TX, pg. 1044

Irwin, Julia, Acct Exec -- FIRMANI & ASSOCIATES, Seattle, WA, pg. 383

Isaacman, Ellen, Exec VP-Creative -- GOOD ADVERTISING, INC., Memphis, TN, pg. 428

Isaacs, Jonathan, Chief Creative Officer -- TBWA/WORLDHEALTH, New York, NY, pg. 1077

Isaacs, Steve, Mng Creative Dir-Digital & 360 -- BPG

PERSONNEL INDEX — AGENCIES

ADVERTISING, Los Angeles, CA, pg. 151
Iscan, Kaan, Art Dir -- Medina/Turgul DDB, Beyoglu, Turkey, pg. 281
Isedeh, Gabriel, Media Planner -- FCB HEALTH, New York, NY, pg. 376
Isenberg, Bob, VP-Creative Svcs -- WRL ADVERTISING, INC., Canton, OH, pg. 1188
Isenstein, Sam, Assoc Creative Dir -- FIRSTBORN, New York, NY, pg. 384
Isgrigg, Terri, Coord-New Bus -- BANDY CARROLL HELLIGE ADVERTISING, Louisville, KY, pg. 87
Ishaeik, Aaron, Art Dir -- MJE MARKETING SERVICES, San Diego, CA, pg. 749
Ishola, Ayotunde, Assoc Creative Dir -- DDB Casers, Lagos, Nigeria, pg. 278
Islam, Nurul, Art Dir -- Grey Bangladesh Ltd., Dhaka, Bangladesh, pg. 445
Islam, Shariful, Art Dir -- Grey Bangladesh Ltd., Dhaka, Bangladesh, pg. 445
Isler, Jarard, Art Dir & Graphic Designer -- HILL HOLLIDAY/NEW YORK, New York, NY, pg. 501
Ismert, Ted, Acct Dir-POSSIBLE Mobile -- POSSIBLE NEW YORK, New York, NY, pg. 1280
Isom, Bobby, Acct Supvr-Comcast-Freedom Reg -- GMR Marketing, New York, NY, pg. 1404
Isom, Will, Assoc Dir-Creative & Copywriter -- EP+CO, Greenville, SC, pg. 343
Isom, Will, Assoc Creative Dir & Copywriter -- EP+Co, New York, NY, pg. 343
Isozaki, Valerie, Acct Dir -- VERTICAL MARKETING NETWORK LLC, Tustin, CA, pg. 1418
Israel, David, Mng Dir & Chief Creative Officer -- Sterling Brands, New York, NY, pg. 307
Israel, Gail, Dir-Local Brdcst & Acct Supvr -- MEDIASPOT, INC., Corona Del Mar, CA, pg. 1350
Israel, Sarah, Media Buyer -- BOOYAH ADVERTISING, Denver, CO, pg. 1241
Isteri, Ritva, Art Dir -- SEK & Grey, Helsinki, Finland, pg. 440
Itkowitz, Mark, Sr VP & Exec Creative Dir -- LANETERRALEVER, Phoenix, AZ, pg. 610
Itzkoff, Maximiliano, Partner & Chief Creative Officer -- Santo Buenos Aires, Buenos Aires, Argentina, pg. 1181
Iulita, Elisabetta, Acct Exec -- Leo Burnett Co., S.r.l., Milan, Italy, pg. 625
Iverson, Nicholas, Acct Dir -- OGILVY, New York, NY, pg. 1598
Ives, Andy, Sr Producer-Creative -- BUTCHER SHOP CREATIVE, San Francisco, CA, pg. 177
Ives, Brittany, Media Planner -- ZENITH USA, New York, NY, pg. 1391
Ivory, Joe, Grp Head-Creative -- McCann Detroit, Birmingham, MI, pg. 699
Ivory, Lauren, Acct Dir -- Wieden + Kennedy, London, United Kingdom, pg. 1165
Iwanaga, Alyce, Acct Supvr -- ARC WORLDWIDE, Chicago, IL, pg. 1397
Iyer, Theo, Creative Dir-Melty Cone Video -- MELTY CONE LLC, Brooklyn, NY, pg. 1271
Izquierdo, Damian, Creative Dir -- J. Walter Thompson, Buenos Aires, Argentina, pg. 563
Izurrategui, Aitziber, Acct Supvr -- Wieden + Kennedy Amsterdam, Amsterdam, Netherlands, pg. 1164

J

Jabbour, Jasmine, Acct Dir -- VIRTUE WORLDWIDE, Brooklyn, NY, pg. 1139
Jaccopucci, Alexandra, Acct Dir -- FCB Faltman & Malmen, Stockholm, Sweden, pg. 368
Jachan, Cesar, Exec Creative Dir -- Impact BBDO, Dubai, United Arab Emirates, pg. 109
Jack, Eloise, Copywriter-Creative -- Colenso BBDO, Auckland, New Zealand, pg. 114
Jackman, Stephanie, Acct Dir -- MARCH COMMUNICATIONS, Boston, MA, pg. 1575
Jacks, David, Acct Supvr -- PUBLICIS HAWKEYE, Dallas, TX, pg. 1282
Jacks, David, Acct Supvr -- PUBLICIS NEW YORK, New York, NY, pg. 912
Jackson, Angela, Acct Exec, Planner & Analyst-Data -- A.B. Data, Ltd., Washington, DC, pg. 16
Jackson, Angela, Acct Exec, Planner & Analyst-Data -- A.B. DATA, LTD., Milwaukee, WI, pg. 16
Jackson, Ashley, Media Buyer -- HARRISON MEDIA, Clinton Township, MI, pg. 469
Jackson, Avery, Acct Coord -- DXAGENCY, Edgewater, NJ, pg. 327
Jackson, Brandi Bashford, Media Dir -- O'BRIEN ET AL. ADVERTISING, Virginia Beach, VA, pg. 805
Jackson, Connor, Media Planner -- BACKBONE MEDIA LLC, Carbondale, CO, pg. 1437
Jackson, David, Partner-Creative -- DDB Sydney Pty. Ltd., Ultimo, Australia, pg. 270
Jackson, E. B., Acct Dir -- mcgarrybowen, Chicago, IL, pg. 718
Jackson, Gina, Creative Dir -- TAYLOR WEST ADVERTISING, San Antonio, TX, pg. 1076
Jackson, Jamie R., Supvr-PR -- TWO RIVERS MARKETING, Des Moines, IA, pg. 1124
Jackson, Jim, VP & Grp Creative Dir-Brand Mktg & Pkg -- PERISCOPE, Minneapolis, MN, pg. 864
Jackson, Justin W., Exec VP-PR -- BURNS MCCLELLAN, INC., New York, NY, pg. 175
Jackson, Madison, Assoc Creative Dir -- O'KEEFE REINHARD & PAUL, Chicago, IL, pg. 834
Jackson, Matthew, Mng Dir-Integrated Mktg & Consumer PR -- Lambert Edwards & Associates, Lansing, MI, pg. 1563
Jackson, Rachel, Acct Coord -- FRENCH/WEST/VAUGHAN, INC., Raleigh, NC, pg. 398
Jackson, Sam, Acct Exec -- SWANSON COMMUNICATIONS, Washington, DC, pg. 1655
Jackson, Shawn, II, Acct Supvr -- MSLGROUP, New York, NY, pg. 1587
Jackus, George, Sr VP-Creative -- BALDWIN & OBENAUF, INC., Somerville, NJ, pg. 86
Jacob, Clara, Creative Dir -- PAULSEN MARKETING COMMUNICATIONS, INC., Sioux Falls, SD, pg. 859
Jacobs, Audra, Dir-Mktg & PR -- CAPTURE MARKETING, Pewaukee, WI, pg. 1462
Jacobs, Chris, Assoc Creative Dir -- THE VIA AGENCY, Portland, ME, pg. 1136
Jacobs, Erik, Dir-Creative Studio -- PERISCOPE, Minneapolis, MN, pg. 864
Jacobs, Gary, Creative Dir -- LIVE & BREATHE, London, United Kingdom, pg. 646
Jacobs, Hank, Sr VP & Assoc Creative Dir -- BODDEN PARTNERS, New York, NY, pg. 143
Jacobs, Jan, Co-Founder, CEO & Co-Chief Creative Officer -- JOHANNES LEONARDO, New York, NY, pg. 1266
Jacobs, Jesse, Dir-Creative -- I IMAGINE STUDIO, Chicago, IL, pg. 517
Jacobs, Jesse, Dir-Creative Strategy -- LUMENTUS LLC, New York, NY, pg. 656
Jacobs, Peter, Pres & Creative Dir -- SHARK COMMUNICATIONS, Burlington, VT, pg. 1005
Jacobs, Reger, Art Dir -- TRUTH COLLECTIVE LLC, Rochester, NY, pg. 1120
Jacobs, Shannon, Acct Dir -- DEVICEPHARM, Irvine, CA, pg. 296
Jacobs, Tom, Art Dir & Copywriter -- FamousGrey, Groot-Bijgaarden, Belgium, pg. 439
Jacobsen, Sherri, Creative Dir -- MOCEAN, Los Angeles, CA, pg. 752
Jacobsen, Terje W., Art Dir -- Uncle Grey Oslo, Oslo, Norway, pg. 441
Jacome, Jorge, Assoc Creative Dir-Ford Motor -- GLOBAL TEAM BLUE, Dearborn, MI, pg. 423
Jacon, Thiago, Sr Dir-Creative Art -- Ogilvy, London, United Kingdom, pg. 1600
Jacquemin, Mickael, Dir-Creative & Art -- DDB Paris, Paris, France, pg. 273
Jacques, Barbara, Creative Dir-Branding Design -- Cossette Communication-Marketing (Montreal) Inc., Montreal, Canada, pg. 233
Jacques, Dan, Assoc Creative Dir -- McCann Erickson Hong Kong Ltd., Causeway Bay, China (Hong Kong), pg. 704
Jadhav, Mukesh, Sr Creative Dir -- FCB Interface, Mumbai, India, pg. 373
Jaeckel, Marissa, Acct Dir -- HAVAS WORLDWIDE CHICAGO, Chicago, IL, pg. 488
Jaffer, Shenny, Head-Brdcst & Integrated Production -- J. WALTER THOMPSON CANADA, Toronto, Canada, pg. 565
Jagger, Vix, Creative Dir -- Anomaly, London, United Kingdom, pg. 59
Jagger, Vix, Creative Dir -- Anomaly, London, United Kingdom, pg. 721
Jagielski, Monica, Acct Supvr -- ZIMMERMAN ADVERTISING, Fort Lauderdale, FL, pg. 1212
Jagielski, Patrick, Acct Supvr -- OGILVY, New York, NY, pg. 809
Jagla, Katie Grimshaw, Acct Exec -- SASQUATCH, Portland, OR, pg. 992
Jahanshahi, Chloe, Producer-Print -- Ogilvy, Ltd., London, United Kingdom, pg. 818
Jahara, Guilherme, Chief Creative Officer -- F.biz, Sao Paulo, Brazil, pg. 1183
Jahng, Justin, Acct Supvr-Strategy -- PRAYTELL, Brooklyn, NY, pg. 1618
Jahnke, Lindsey, Creative Dir -- Allied Integrated Marketing, Hollywood, CA, pg. 47
Jain, Piyush, Sr Creative Dir -- Grey (India) Pvt. Pty. Ltd. (Delhi), Gurgaon, India, pg. 446
Jain, Richa, Controller-Creative-Copy -- Happy mcgarrybowen, Bengaluru, India, pg. 717
Jain, Shrivika, Acct Dir -- BIG SPACESHIP, Brooklyn, NY, pg. 129
Jaiswal, Geetanjali, Creative Dir -- Ogilvy, Bengaluru, India, pg. 823
Jakobsson, Ylva Weiber, Acct Dir -- INGO, Stockholm, Sweden, pg. 442
Jakubiak, Jason, VP & Grp Creative Dir -- THE MARS AGENCY, Southfield, MI, pg. 686
Jalaluddin, Sariyah, Acct Dir -- One Green Bean, Sydney, Australia, pg. 1528
Jalbert, Martha, Acct Exec -- VECTOR 5, Fitchburg, MA, pg. 1418
Jales, Marta, Acct Dir -- Y&R London, London, United Kingdom, pg. 1204
Jallick, Shane, Creative Dir -- INTERBRAND, Cincinnati, OH, pg. 537
Jalloh, Mohamed, Media Planner-Strategy -- ZENITH USA, New York, NY, pg. 1391
James, Aimee, Media Buyer -- NEWTON MEDIA, Chesapeake, VA, pg. 1354
James, Ben, Chief Creative Officer -- J. WALTER THOMPSON, New York, NY, pg. 553
James, Brett, Creative Dir & Art Dir -- Abbott Mead Vickers BBDO, London, United Kingdom, pg. 109
James, Duncan, Art Dir -- Havas People London, London, United Kingdom, pg. 483
James, Janine, Pres & Chief Creative Officer -- THE MODERNS, New York, NY, pg. 753
James, Lee, Pres & Chief Creative Officer -- MYTHIC, Charlotte, NC, pg. 782
James, Nicole, Creative Dir -- VIRTUE WORLDWIDE, Brooklyn, NY, pg. 1139
James, Nigel, Acct Dir-Ford & Lincoln Brands -- UWG, Brooklyn, NY, pg. 1129
James, P.A, Assoc Creative Dir -- Spike/DDB, Brooklyn, NY, pg. 269
James, Sijay, Creative Dir-Canada -- ONBEYOND LLC, Fairfax, CA, pg. 838
James, Steve, Creative Dir -- OCTANE VTM, Indianapolis, IN, pg. 808
Jameson, Mary Dallas, Acct Supvr -- Zeno Group, Santa Monica, CA, pg. 1689
Jameson, Mary Dallas, Acct Supvr -- Zeno Group, Chicago, IL, pg. 1690
Jameson, Skylar, Acct Exec -- MARTINO FLYNN LLC, Pittsford, NY, pg. 689
Jamieson, Rob, Grp Creative Dir -- Ogilvy, Chicago, IL, pg. 811
Jamison, Charles N., Jr., Pres & Dir-Brand Strategy & Creative Rels -- FOOTSTEPS, New York, NY, pg. 391
Jamison, Michelle, Acct Supvr -- BENCHWORKS, Chestertown, MD, pg. 122
Janak, Amanda, Acct Dir -- TWO BY FOUR, Chicago, IL, pg. 1124
Janicki, Jennifer, Acct Coord -- COOKSEY COMMUNICATIONS, INC., Irving, TX, pg. 1475
Janik, Nan, Acct Exec -- BRADSHAW ADVERTISING, Portland, OR, pg. 152
Janikowski, Ann, Acct Dir & Strategist -- PHINNEY BISCHOFF, Seattle, WA, pg. 869
Janjic, Anthony, Head-Traffic -- Havas Worldwide Australia, North Sydney, Australia, pg. 485
Janneau, Pierre, Creative Dir -- JOHNXHANNES, New York, NY, pg. 581
Jannon, Eric, VP & Exec Creative Dir-NY -- R/GA, Chicago, IL, pg. 926
Janny, Juli, Art Dir -- DDB Vienna, Vienna, Austria, pg. 274
Janssen-Egan, Amanda, Jr Partner & Media Dir -- JIGSAW LLC, Milwaukee, WI, pg. 576
Janssens, Alain, Mng Partner & Creative Dir -- Publicis, Brussels, Belgium, pg. 897
Janssens, Alain, Mng Partner & Creative Dir -- Publicis, Brussels, Belgium, pg. 1397
Janssens, Steven, Creative Dir -- TBWA Brussels, Brussels, Belgium, pg. 1080
Jaquins, Tiffany, Media Planner -- NOBLE PEOPLE, New York, NY,

AGENCIES — PERSONNEL INDEX

Jaramillo, Edward, Creative Dir -- Sancho BBDO, Bogota, Colombia, pg. 102
Jaramillo, Juan David, Exec Creative Dir -- Sancho BBDO, Bogota, Colombia, pg. 102
Jaramillo, Juliana, Creative Dir -- BMF MEDIA, New York, NY, pg. 142
Jarman, James B., Jr., Pres & Creative Dir -- INNOVA DESIGN & ADVERTISING, Houston, TX, pg. 534
Jarman, Ryan, Art Dir -- DIGITAL BREW, Orlando, FL, pg. 300
Jarnagin, Mary, Bus Mgr-Brdcst Production -- CANNONBALL, Saint Louis, MO, pg. 187
Jarosh, Aaron, Assoc Creative Dir -- BAILEY LAUERMAN, Omaha, NE, pg. 84
Jarosz, Simon, Creative Dir-Beyond Adv -- MediaCom Sydney, Sydney, Australia, pg. 1349
Jarratt, Chris, Partner & Creative Dir -- REVEL ADVERTISING, Springfield, MO, pg. 952
Jarrett, Erin, Acct Supvr -- DNA SEATTLE, Seattle, WA, pg. 311
Jarrett, Jesse, Acct Supvr -- FCB Chicago, Chicago, IL, pg. 364
Jarrin, Chris, Dir-Creative & Art -- Havas Worldwide-Strat Farm, New York, NY, pg. 477
Jarzabek, Jennie, Art Dir -- AMELIE COMPANY, Denver, CO, pg. 51
Jasinowski, Jeff, Assoc Creative Dir -- STIR ADVERTISING & INTEGRATED MARKETING, Milwaukee, WI, pg. 1050
Jasinski, Raymond W., Owner & Creative Dir -- LINEAR CREATIVE LLC, Columbus, OH, pg. 641
Jasli, Eaide, Assoc Creative Dir -- Leo Burnett Malaysia, Kuala Lumpur, Malaysia, pg. 631
Jaso, Maria Carolina, Chief Creative Officer -- ARS DDB Publicidad, Caracas, Venezuela, pg. 283
Jatcko, Beth, Acct Dir-Strategic Accts Portfolio -- 2E CREATIVE, Saint Louis, MO, pg. 4
Jatene, Rodrigo, Chief Creative Officer-Grey West -- GREY SAN FRANCISCO, San Francisco, CA, pg. 449
Jaturonrasmi, Nateepat, Creative Dir -- DDB Worldwide Ltd., Hong Kong, China (Hong Kong), pg. 274
Jauhari, Rahul, Co-Pres & Chief Creative Officer -- Rediffusion Y&R Pvt. Ltd., Mumbai, India, pg. 1200
Jaukovic, Jelica, Acct Dir-Beograd -- McCann Erickson Group, Belgrade, Serbia, pg. 708
Jauregui, Hernan, Chief Creative Officer -- DDB Argentina, Buenos Aires, Argentina, pg. 270
Javier, Chico Jansen, Art Dir -- BBDO Guerrero, Makati, Philippines, pg. 114
Javo, Francisco, Art Dir -- Prolam Y&R S.A., Santiago, Chile, pg. 1206
Jaworowska, Natalia, Sr Acct Exec-PR -- Grey Group Poland, Warsaw, Poland, pg. 441
Jayachandran, Amanda, Assoc Creative Dir -- EMA Public Relations Services, Syracuse, NY, pg. 347
Jayachandran, Amanda, Assoc Creative Dir -- HB/Eric Mower + Associates, Newton, MA, pg. 348
Jayamanna, Dilshara, Sr VP & Exec Creative Dir -- MullenLowe Sri Lanka, Colombo, Sri Lanka, pg. 777
Jaz, Andrew, Creative Dir -- mcgarrybowen, Chicago, IL, pg. 718
Jazhal, Maria, Acct Dir -- Wunderman, Buenos Aires, Argentina, pg. 1189
Jeangout, Diederik, Art Dir -- FamousGrey, Groot-Bijgaarden, Belgium, pg. 439
Jeffas, Tracey, Acct Supvr -- S3, Boonton, NJ, pg. 974
Jefferies, Brenna, Specialist-PR -- PAVLOV, Fort Worth, TX, pg. 859
Jefferies, Nick, Mng Partner & Acct Dir -- Mediacom London, London, United Kingdom, pg. 1347
Jeffers, Johnny, Creative Dir -- HMG CREATIVE, Austin, TX, pg. 1260
Jeffery, Colin, Co-Founder & Chief Creative Officer -- WOLFGANG LOS ANGELES, Venice, CA, pg. 1174
Jeffery, Glenn, Exec Creative Dir -- Grey Group South Africa, Bryanston, South Africa, pg. 443
Jeffries, Cordell, Creative Dir -- OSBORN & BARR COMMUNICATIONS, Saint Louis, MO, pg. 844
Jeffries, Robert, Art Dir -- LOHRE & ASSOCIATES, INCORPORATED, Cincinnati, OH, pg. 650
Jeffries, Sarah, Co-Founder & Creative Dir -- BLENDERBOX INC., Brooklyn, NY, pg. 135
Jeffus, Jordan, Acct Exec -- LOOKTHINKMAKE, LLC, Austin, TX, pg. 651
Jehle, Simone, Acct Supvr -- Wirz Werbung AG, Zurich, Switzerland, pg. 109
Jeleniewski, Julie, Acct Dir -- MICROMASS COMMUNICATIONS INC, Cary, NC, pg. 738

Jelinkova, Anna, Acct Exec -- McCann Erickson Prague, Prague, Czech Republic, pg. 702
Jencks, Robert, Art Dir & Sr Designer -- GREY GROUP, New York, NY, pg. 438
Jendrysik, Ted, Creative Dir -- MECHANICA, Newburyport, MA, pg. 725
Jenkins, Annabel, Sr Acct Exec-PR -- Hills Balfour, London, United Kingdom, pg. 750
Jenkins, Jennie, Media Dir -- SCOPPECHIO, Louisville, KY, pg. 997
Jenkins, Jill, Acct Exec -- PRODIGAL MEDIA COMPANY, Boardman, OH, pg. 890
Jenkins, Jo, Creative Dir -- FCB Inferno, London, United Kingdom, pg. 369
Jenkins, Karen, Dir-PR -- CREATIVE ENERGY GROUP INC, Johnson City, TN, pg. 241
Jenkins, Kim, Acct Exec -- MASS MEDIA MARKETING, Augusta, GA, pg. 691
Jenkins, Lee, Sr VP & Mgr-Creative Studio -- THE GLOVER PARK GROUP, Washington, DC, pg. 423
Jenkins, Liz, Acct Supvr -- CARMICHAEL LYNCH, Minneapolis, MN, pg. 189
Jenkins, Steven, Acct Exec -- INGEAR PUBLIC RELATIONS INC, Salt Lake City, UT, pg. 1541
Jenkins, Whitney, Creative Dir -- AKQA, Inc., Portland, OR, pg. 1235
Jenks, Dylan, Acct Dir -- BLACKLIGHT, INC., New York, NY, pg. 1310
Jenks, Graham, Partner-Creative -- Abbott Mead Vickers BBDO, London, United Kingdom, pg. 109
Jenks, Lyle, Creative Dir -- DRUMROLL, Austin, TX, pg. 323
Jenner, Dave, Creative Dir -- J. Walter Thompson, London, United Kingdom, pg. 562
Jenner, Suzanne, Art Dir -- Ogilvy Johannesburg (Pty.) Ltd., Johannesburg, South Africa, pg. 829
Jennings, Suzanne, Sr VP & Creative Dir -- THE COMPANY, Houston, TX, pg. 224
Jennings, Vann, Creative Dir -- CHEMISTRY COMMUNICATIONS INC., Pittsburgh, PA, pg. 205
Jennus, Tom, Chief Creative Officer -- TRICKEY JENNUS. INC, Tampa, FL, pg. 1117
Jensen, Bob, Creative Dir -- O'KEEFE REINHARD & PAUL, Chicago, IL, pg. 834
Jensen, David, Art Dir -- WRL ADVERTISING, INC., Canton, OH, pg. 1188
Jensen, Emily, Acct Exec -- PATHFINDERS ADVERTISING & MARKETING GROUP, Mishawaka, IN, pg. 857
Jensen, Javier, Art Dir-Marco -- Prolam Y&R S.A., Santiago, Chile, pg. 1206
Jensen, Kara, Principal-Creative -- BOP DESIGN, INC., San Diego, CA, pg. 1398
Jensen, Katie, Grp Dir-Creative -- DDB New York, New York, NY, pg. 269
Jensen, Liesle, Media Buyer -- DRAKE COOPER INC., Boise, ID, pg. 319
Jensen, Paul, Founder, Creative Dir & Copywriter -- ONE TRIBE CREATIVE LLC, Fort Collins, CO, pg. 839
Jenson, Hillary, Acct Supvr -- SHERRY MATTHEWS ADVOCACY MARKETING, Austin, TX, pg. 1007
Jereb, Anze, Exec Creative Dir -- Provid BBDO, Kiev, Ukraine, pg. 109
Jeremias, Carla, Acct Exec -- Tiempo BBDO, Barcelona, Spain, pg. 108
Jernigan, Alex, Exec Creative Dir -- EVEO INC., San Francisco, CA, pg. 1256
Jerrett, Mathew, Exec Creative Dir -- ArnoldNYC, New York, NY, pg. 70
Jessee, Todd, Creative Dir -- BRANDIENCE LLC, Cincinnati, OH, pg. 156
Jessup, Taylor, Art Dir -- 360 GROUP, Indianapolis, IN, pg. 6
Jethi, Nishant, Exec Creative Dir -- Publicis India Communications Pvt. Ltd., Mumbai, India, pg. 909
Jett, Sara, Sr VP & Acct Dir -- GREY GROUP, New York, NY, pg. 438
Jewell, Bridget, Dir-Social Creative -- PERISCOPE, Minneapolis, MN, pg. 864
Jex, Andy, Chief Creative Officer -- TBWA\London, London, United Kingdom, pg. 1086
Jha, Shashank, Grp Creative Dir -- Ogilvy (Eastern Africa) Ltd., Nairobi, Kenya, pg. 828
Jia, Carolyn, Art Dir -- ELEVATOR STRATEGY, Vancouver, Canada, pg. 336
Jilany, Jennifer, Acct Dir -- KENNA, Mississauga, Canada, pg. 592
Jimenez, Abraham, Art Dir -- BBDO Mexico, Mexico, Mexico, pg. 103

Jimenez, Allan, Supvr-Creative -- jotabequ Advertising, San Jose, Costa Rica, pg. 1348
Jimenez, Allan, Supvr-Creative -- jotabequ Advertising, San Jose, Costa Rica, pg. 444
Jimenez, Arnaldo, Art Dir -- RECESS CREATIVE LLC, Cleveland, OH, pg. 938
Jimenez, Camilo, Art Dir & Creative Dir -- MullenLowe SSP3, Bogota, Colombia, pg. 777
Jimenez, Ed, Creative Dir -- BRANDTRUST, Chicago, IL, pg. 159
Jimenez, Eric, Acct Supvr -- THE COMMUNITY, Miami, FL, pg. 223
Jimenez, Lissete, Acct Supvr -- Conill Advertising, Inc., El Segundo, CA, pg. 227
Jimenez, Mel, Acct Dir & Bus Dir -- MullenLowe Philippines, Manila, Philippines, pg. 776
Jimenez, Michelle, Acct Dir -- GEOVISION, Watertown, MA, pg. 417
Jimenez, Valerie, CEO & Creative Dir -- BOLD ENTITY, Dallas, TX, pg. 145
Jimeson, Carly, Acct Exec -- ACKERMAN MCQUEEN, INC., Oklahoma City, OK, pg. 21
Jin Ang, Sheng, Creative Dir & Art Dir -- MullenLowe Asia-Pacific, Singapore, Singapore, pg. 774
Jin Ang, Sheng, Exec Creative Dir -- MullenLowe Singapore, Singapore, Singapore, pg. 777
Jin, Jason, Grp Creative Dir -- TBWA Greater China, Beijing, China, pg. 1089
Jin, Jason, Grp Creative Dir -- TBWA Shanghai, Shanghai, China, pg. 1090
Jobson, Nikki, Assoc Creative Dir -- TAXI, Toronto, Canada, pg. 1075
Joglekar, Siddharth, Grp Head-Creative -- Publicis India Communications Pvt. Ltd., Mumbai, India, pg. 909
Johal, Sian, Acct Dir-Programmatic Activation -- PHD MEDIA UK, London, United Kingdom, pg. 1363
Johannesdottir, Fura, VP & Exec Creative Dir -- Publicis.Sapient, London, United Kingdom, pg. 915
Johannsen, Lara, Mgr-Creative -- WONGDOODY, Seattle, WA, pg. 1175
Johansen, Line Jeanette, Media Planner -- Initiative Universal Media Norway, Oslo, Norway, pg. 1333
Johansen, Michael, Acct Dir -- SET CREATIVE, New York, NY, pg. 1003
Johansson, Gustav, Copywriter-Creative -- Forsman & Bodenfors, Stockholm, Sweden, pg. 722
Johansson, Martin, Acct Exec -- Forsman & Bodenfors, Stockholm, Sweden, pg. 722
Johanson, Susanne, Dir-PR -- DDB Denmark, Copenhagen, Denmark, pg. 272
Johansson, Susanne, Dir-PR -- DDB Stockholm, Stockholm, Sweden, pg. 280
Johns, Jeff, Sr VP-Creative -- SEED STRATEGY, INC., Crestview Hills, KY, pg. 1000
Johns, Sally, Founder & Creative Dir -- SALLY JOHNS DESIGN, Raleigh, NC, pg. 988
Johnsen, Line, Assoc Creative Dir -- TBWA Chiat Day New York, New York, NY, pg. 1078
Johnson, Amelie, Dir-PR -- GEORGE COHEN COMMUNICATIONS, West Roxbury, MA, pg. 1517
Johnson, Ashley, Acct Dir -- TBC INC., Baltimore, MD, pg. 1076
Johnson, Ben, Owner & Creative Dir -- ELEGANT SEAGULLS INC, Marquette, MI, pg. 1255
Johnson, Birgitta, Acct Supvr -- RPA, Santa Monica, CA, pg. 970
Johnson, Bret, Acct Exec -- SOKAL MEDIA GROUP, Raleigh, NC, pg. 1027
Johnson, Bryan, VP-Creative -- MAIER ADVERTISING, INC., Farmington, CT, pg. 672
Johnson, Candice, Media Dir -- CHUMNEY & ASSOCIATES, North Palm Beach, FL, pg. 207
Johnson, Cara, Art Dir -- JOAN, New York, NY, pg. 577
Johnson, Carter, Acct Supvr -- FITZGERALD & CO, Atlanta, GA, pg. 386
Johnson, Chris, Acct Supvr -- PRICEWEBER MARKETING COMMUNICATIONS, INC., Louisville, KY, pg. 889
Johnson, Doug, Acct Exec -- JKR ADVERTISING & MARKETING, Maitland, FL, pg. 576
Johnson, Grant, Principal & Dir-Creative -- SIXSPEED, Minneapolis, MN, pg. 1017
Johnson, Greg, Acct Exec -- CREATIVE BROADCAST CONCEPTS, Saco, ME, pg. 239
Johnson, Hanah, Acct Supvr -- MARCH COMMUNICATIONS, Boston, MA, pg. 1575
Johnson, Ian, Assoc Creative Dir -- R/WEST, Portland, OR, pg.

PERSONNEL INDEX — AGENCIES

927

Johnson, Jan, Dir-Print Production -- THE GLENN GROUP, Reno, NV, pg. 421

Johnson, Jessie, VP & Acct Supvr -- RB OPPENHEIM ASSOCIATES + DIGITAL OPPS, Tallahassee, FL, pg. 934

Johnson, Joe, Creative Dir -- FALLON WORLDWIDE, Minneapolis, MN, pg. 359

Johnson, Joe, Exec Creative Dir -- PUBLICIS USA, New York, NY, pg. 912

Johnson, Joe, Acct Dir -- SHINY ADVERTISING, Wilmington, DE, pg. 1008

Johnson, Joseph, Exec Creative Dir -- PUBLICIS NEW YORK, New York, NY, pg. 912

Johnson, Karen, Acct Dir -- COHN MARKETING, Denver, CO, pg. 217

Johnson, Kent, Partner & Creative Dir -- JOHNSON & SEKIN, Dallas, TX, pg. 580

Johnson, Kristen, Media Dir -- CELTIC, INC., Milwaukee, WI, pg. 199

Johnson, Kristian, Creative Dir -- FABCOM, Scottsdale, AZ, pg. 357

Johnson, Larre, Partner & Creative Dir -- BIG HONKIN' IDEAS (BHI), Los Angeles, CA, pg. 129

Johnson, Lisa, Acct Supvr -- SMALL ARMY, Boston, MA, pg. 1022

Johnson, Macaulay, Art Dir -- Pereira & O'Dell, New York, NY, pg. 863

Johnson, Margo, Creative Dir -- EISENBERG, VITAL & RYZE ADVERTISING, Manchester, NH, pg. 334

Johnson, Matthew, Assoc Creative Dir -- THE INFINITE AGENCY, Irving, TX, pg. 531

Johnson, Matty, Creative Dir -- Landor Associates, North Sydney, Australia, pg. 1199

Johnson, Michael, Creative Dir -- BAILEY LAUERMAN, Omaha, NE, pg. 84

Johnson, Neil, Chm-Creative -- DDB, Singapore, Singapore, pg. 279

Johnson, Neil, Partner & Exec Creative Dir -- High Road Communications, Toronto, Canada, pg. 1509

Johnson, Neil, Creative Dir-Digital -- MASON, INC., Bethany, CT, pg. 691

Johnson, Patrick, VP-Creative -- DIGITAS HEALTH, Philadelphia, PA, pg. 302

Johnson, Paul, Exec Creative Dir -- HAVAS WORLDWIDE, New York, NY, pg. 475

Johnson, Paul, Exec Creative Dir -- Havas Worldwide New York, New York, NY, pg. 476

Johnson, Paul M., Assoc Creative Dir & Sr Copywriter -- LEGGETT & PLATT INC., Carthage, MO, pg. 1223

Johnson, Pete, Exec Creative Dir -- DEUTSCH, INC., New York, NY, pg. 294

Johnson, Pete, Exec Creative Dir -- Deutsch New York, New York, NY, pg. 295

Johnson, Pete, Exec Creative Dir -- NICKELODEON CREATIVE ADVERTISING, New York, NY, pg. 794

Johnson, Renee, Acct Dir -- JELENA GROUP, Alexandria, VA, pg. 1547

Johnson, Richard, Chief Creative Officer & VP -- PRICEWEBER MARKETING COMMUNICATIONS, INC., Louisville, KY, pg. 889

Johnson, Samantha, Media Dir -- LRXD, Denver, CO, pg. 1269

Johnson, Satchi, Acct Dir-B2B Technologies -- TRIER AND COMPANY, San Francisco, CA, pg. 1117

Johnson, Scott, Chief Creative Officer -- DRUM, INC., Atlanta, GA, pg. 322

Johnson, Scott, Creative Dir -- MCCANN CANADA, Toronto, Canada, pg. 712

Johnson, Scott, VP & Acct Dir -- SPOTCO, New York, NY, pg. 1036

Johnson, Steve, VP & Acct Dir -- Swanson Russell Associates, Omaha, NE, pg. 1065

Johnson, Steven, Sr VP-Creative Svcs -- CRAMER PRODUCTIONS INC., Norwood, MA, pg. 238

Johnson, Taylor, Acct Exec -- ID PUBLIC RELATIONS, Los Angeles, CA, pg. 1539

Johnson, Taylor, Acct Exec -- MBT MARKETING, Portland, OR, pg. 696

Johnson, Thomas, Acct Dir -- AxiCom Cohn & Wolfe, London, United Kingdom, pg. 1442

Johnson, Trip, Creative Dir -- PERISCOPE, Minneapolis, MN, pg. 864

Johnson, Tyler, Art Dir -- SWIM CREATIVE, Duluth, MN, pg. 1067

Johnson, Wayne, Assoc Creative Dir-Interactive -- SUBJECT MATTER, Washington, DC, pg. 1654

Johnson, Will, Creative Dir -- Pereira & O'Dell, New York, NY, pg. 863

Johnson, William, CEO & Creative Dir -- JOHNSON GRAY ADVERTISING, Laguna Beach, CA, pg. 580

Johnson, Zivy, Producer-Brdcst -- Hogarth Worldwide, New York, NY, pg. 1180

Johnson, Zivy, Producer-Brdcst -- Hogarth Worldwide, New York, NY, pg. 506

Johnson-Pond, Rebecca, Creative Dir-Panera -- ANOMALY, New York, NY, pg. 59

Johnsson, Robert, Acct Dir -- Forsman & Bodenfors, Stockholm, Sweden, pg. 722

Johnston, Annie, Assoc Creative Dir -- PHENOMENON, Los Angeles, CA, pg. 868

Johnston, Barbara, Creative Dir -- ECLIPSE MARKETING SERVICES, INC., Cedar Knolls, NJ, pg. 330

Johnston, Geoff, Acct Dir -- MJR CREATIVE GROUP, Fresno, CA, pg. 749

Johnston, Laura, Exec Creative Dir -- Geometry Global, Chicago, IL, pg. 415

Johnston, Lorri, Art Dir -- BHW1 ADVERTISING, Spokane, WA, pg. 127

Johnston-Donne, Emma, Acct Dir -- BARTLE BOGLE HEGARTY LIMITED, London, United Kingdom, pg. 92

Johnstone, Kirstie, Partner-Creative Production -- Abbott Mead Vickers BBDO, London, United Kingdom, pg. 109

Johnstone, Liam, Art Dir -- LG2, Montreal, Canada, pg. 639

Jolivel, Arnaud, Creative Dir -- Publicis Conseil, Paris, France, pg. 898

Jolley, Benjamin, Acct Dir -- CONNECT MARKETING, INC., San Francisco, CA, pg. 1473

Jolley, Benjamin, Acct Dir -- CONNECT PUBLIC RELATIONS, Provo, UT, pg. 1474

Jon Adolfsson, Martin, Creative Dir -- Edelman Deportivo, Stockholm, Sweden, pg. 1493

Jones, Alyssa, Media Planner-Integrated -- YOUNG & RUBICAM, New York, NY, pg. 1197

Jones, Amy, Acct Dir -- PINEROCK, New York, NY, pg. 871

Jones, Angela, Creative Dir -- SEED STRATEGY, INC., Crestview Hills, KY, pg. 1000

Jones, Annette, Acct Dir -- SIMANTEL, Peoria, IL, pg. 1014

Jones, Ashley, Mgr-PR Content -- BRUNNER, Pittsburgh, PA, pg. 169

Jones, Barbara Barry, Mgr-Print Production -- THE INTEGER GROUP-DALLAS, Dallas, TX, pg. 1405

Jones, Barry, VP-Creative Svcs -- THE HARMON GROUP, Nashville, TN, pg. 468

Jones, Brian A., Assoc Creative Dir -- Saatchi & Saatchi Los Angeles, Torrance, CA, pg. 975

Jones, Carrie, VP-PR & Social Media -- MEADSDURKET, San Diego, CA, pg. 724

Jones, Cathy Madoc, Acct Dir -- Coley Porter Bell, London, United Kingdom, pg. 817

Jones, Cathy Madoc, Acct Dir -- Coley Porter Bell, London, United Kingdom, pg. 1179

Jones, Chris, Creative Dir -- Deutsch New York, New York, NY, pg. 295

Jones, Chris, Creative Dir -- THE JOHNSON GROUP, Chattanooga, TN, pg. 580

Jones, Christopher, Chief Creative Officer-Red Vodafone-Italy -- WPP US, New York, NY, pg. 1183

Jones, Colleen Murphy, Acct Dir -- TREVELINO/KELLER, Atlanta, GA, pg. 1662

Jones, Corey, Exec Creative Dir -- Golin, Dallas, TX, pg. 1521

Jones, Courtney, Acct Dir -- 360I, New York, NY, pg. 6

Jones, David, Art Dir -- CORNETT INTEGRATED MARKETING SOLUTIONS, Lexington, KY, pg. 232

Jones, David, VP & Creative Dir -- THE VARIABLE AGENCY, Winston Salem, NC, pg. 1131

Jones, Dennis, VP-New Bus -- DESKEY, Cincinnati, OH, pg. 293

Jones, Drew, Mng Dir-Creative -- TWO RIVERS MARKETING, Des Moines, IA, pg. 1124

Jones, Evan, Creative Dir -- BVK, Milwaukee, WI, pg. 178

Jones, Felicity, Mgr-PR -- Golin, London, United Kingdom, pg. 1521

Jones, Frank, Dir-Creative Svcs & Events -- PRIMEDIA INC., Warwick, RI, pg. 1364

Jones, Gary, CEO & Chief Creative Officer -- JONES HUYETT PARTNERS, Topeka, KS, pg. 582

Jones, Iain, Creative Dir -- BAREFOOT PROXIMITY, Cincinnati, OH, pg. 89

Jones, Jake, Art Dir -- PRECISION ADVERTISING, Montreal, Canada, pg. 887

Jones, Jason, Creative Dir -- 50,000FEET, INC., Chicago, IL, pg. 9

Jones, Jeff, Grp Creative Dir -- THE LACEK GROUP, Minneapolis, MN, pg. 606

Jones, Jennifer, VP, Grp Dir-Creative & Copywriter -- LUQUIRE GEORGE ANDREWS, INC., Charlotte, NC, pg. 657

Jones, Jeremy, Exec Creative Dir -- J. WALTER THOMPSON ATLANTA, Atlanta, GA, pg. 564

Jones, Joshua, Art Dir -- LMI ADVERTISING, E Petersburg, PA, pg. 648

Jones, Kevin, Exec Creative Dir -- CP+B LA, Santa Monica, CA, pg. 235

Jones, Kevin, Dir-Creative & Technical -- KPS3 MARKETING, Reno, NV, pg. 602

Jones, Lauren, Media Buyer -- THE BRANDON AGENCY, Myrtle Beach, SC, pg. 158

Jones, Martha, Acct Exec -- KELLEN COMMUNICATIONS, New York, NY, pg. 590

Jones, Mary-Catherine, Creative Dir -- GRADY BRITTON, Portland, OR, pg. 430

Jones, Maxwell, Media Planner-Strategy, Ping, Buying, Execution & Optimization -- DNA SEATTLE, Seattle, WA, pg. 311

Jones, Melissa, CEO & Creative Dir -- DTE STUDIO, New York, NY, pg. 323

Jones, Michael, Creative Dir -- Abbott Mead Vickers BBDO, London, United Kingdom, pg. 109

Jones, Mike, Assoc Creative Dir -- DOUG&PARTNERS INC., Toronto, Canada, pg. 318

Jones, Miller, VP, Creative Dir & Copywriter -- LEO BURNETT WORLDWIDE, INC., Chicago, IL, pg. 621

Jones, Nick, Creative Dir -- GENOME, New York, NY, pg. 1259

Jones, Oliver, Acct Dir -- Adam & EveDDB, London, United Kingdom, pg. 281

Jones, Owen, Media Dir-Intl -- OMD San Francisco, San Francisco, CA, pg. 1356

Jones, Patricia, Media Buyer -- CK ADVERTISING, Cape Coral, FL, pg. 210

Jones, Patrick, Art Dir -- SIGNAL INC., Raleigh, NC, pg. 1012

Jones, Pete, Exec Creative Dir-McCann XBC -- MCCANN, New York, NY, pg. 697

Jones, Rachael, Owner & Media Dir -- SCREEN STRATEGIES MEDIA, Fairfax, VA, pg. 999

Jones, Rob, Acct Dir -- Adam & EveDDB, London, United Kingdom, pg. 281

Jones, Rosalie Lindqvist, Acct Dir -- LUCKY GENERALS, London, United Kingdom, pg. 656

Jones, Rowe, VP-Creative & Production -- JKR ADVERTISING & MARKETING, Maitland, FL, pg. 576

Jones, Simon, Sr Dir-Oracle Applications, NetSuite & Data Cloud PR -- BLANC & OTUS PUBLIC RELATIONS, San Francisco, CA, pg. 1451

Jones, Stef, Partner-Creative -- BIG AL'S CREATIVE EMPORIUM, London, United Kingdom, pg. 128

Jones, Stephanie, VP & Acct Dir-Digital -- INITIATIVE WORLDWIDE, New York, NY, pg. 1332

Jones, Tim, Creative Dir -- CORNETT INTEGRATED MARKETING SOLUTIONS, Lexington, KY, pg. 232

Jones, Tim, Chief Creative Officer -- Havas London, London, United Kingdom, pg. 482

Jones, Tim, Creative Dir -- MORVIL ADVERTISING & DESIGN GROUP, Wilmington, NC, pg. 762

Jones, Tony, VP & Creative Dir -- MRM Worldwide New York, New York, NY, pg. 767

Jones-Lopez, Kiki, Mgr-Production & Traffic -- ESPARZA ADVERTISING, Albuquerque, NM, pg. 349

Jongenelen, Reyn, Creative Dir -- dBOD, Amsterdam, Netherlands, pg. 1180

Jonk, Danielle, Acct Dir -- TBWA Company Group, Amsterdam, Netherlands, pg. 1084

Jontos, Greg, Assoc Creative Dir -- NEWDAY COMMUNICATIONS, Norwalk, CT, pg. 1413

Jordan, Hope, Art Dir -- Wieden + Kennedy New York, New York, NY, pg. 1165

Jordan, Jason, Assoc Creative Dir -- LITTLEFIELD AGENCY, Tulsa, OK, pg. 646

Jordan, Katie, Acct Exec -- M&C Saatchi, Santa Monica, CA, pg. 662

Jordan, Margo, Acct Exec-Media Rels -- MEDIA RELATIONS, INC., Burnsville, MN, pg. 1581

Jordan, Nathan, Creative Dir -- MARKET CONNECTIONS, Asheville, NC, pg. 681

Jordan, Ryan, VP & Creative Dir -- IMRE, Baltimore, MD, pg. 528

Jordan, Ryan, Sr VP & Creative Dir -- IMRE, New York, NY, pg. 529

Jordan, Tre, Acct Supvr -- PUBLICIS NEW YORK, New York, NY, pg. 912

Jorden, Louise, Creative Dir -- THE IMAGINATION GROUP, London, United Kingdom, pg. 525

1757

Jorgensen, Eric, Copywriter-Creative -- TEAM ONE USA, Los Angeles, CA, pg. 1095
Jorgensen, Karen, Pres & Chief Creative Officer -- KALEIDOSCOPE, New York, NY, pg. 586
Jornada, Felipe, Art Dir -- BBDO New York, New York, NY, pg. 99
Jorquera, Rodrigo Pacheco, Art Dir -- DDB Chile, Santiago, Chile, pg. 271
Jorres, Sascha, Art Dir -- Heimat Werbeagentur GmbH, Berlin, Germany, pg. 1082
Jose, Lowell San, Assoc Creative Dir -- Publicis JimenezBasic, Makati, Philippines, pg. 910
Joseph, Hannah Rohini, Head-Creative & Copy -- Publicis India Communications Pvt. Ltd., Mumbai, India, pg. 909
Joseph, Mridula, Controller-Creative -- Ogilvy India, Mumbai, India, pg. 824
Joseph, Mridula, Controller-Creative -- Ogilvy India, Chennai, India, pg. 823
Josephs, Michael, Acct Supvr -- GMR MARKETING LLC, New Berlin, WI, pg. 1403
Josephson, Alan, Art Dir -- Flint Interactive, Duluth, MN, pg. 388
Joshi, Aparna, Acct Supvr -- J. WALTER THOMPSON ATLANTA, Atlanta, GA, pg. 564
Joshi, Kashyap, Sr Creative Dir -- J. Walter Thompson, Mumbai, India, pg. 556
Joshi, Prasoon, Chm-Asia Pacific & CEO/Chief Creative Officer-McCann Worldgroup -- McCann Erickson India, Mumbai, India, pg. 704
Joshpe, Kent, Co-Owner & Creative Dir -- ANTITHESIS ADVERTISING, Rochester, NY, pg. 62
Joss, Jenny, Project Mgr & Acct Exec -- Mando Brand Assurance Limited, Aylesbury, United Kingdom, pg. 1183
Jost, Aric, Creative Dir -- CANNONBALL, Saint Louis, MO, pg. 187
Jou, Terence, Acct Dir -- J. WALTER THOMPSON CANADA, Toronto, Canada, pg. 565
Joubert, David, Partner-Creative -- DDB Sydney Pty. Ltd., Ultimo, Australia, pg. 270
Joubert, Julie Nusloch, Media Dir -- FEIGLEY COMMUNICATIONS, Baton Rouge, LA, pg. 377
Jovanov, Chris, Creative Dir-Digital -- Leo Burnett Melbourne, Melbourne, Australia, pg. 628
Jovanovic, Kristina, Art Dir -- McCann Erickson Group, Belgrade, Serbia, pg. 708
Joveneau, Romain, Art Dir -- SID LEE, Montreal, Canada, pg. 1010
Jovi, Carlos, Creative Dir -- EAG GROUP, Miami, FL, pg. 328
Joy, Jennifer, Acct Exec -- RESULTS DIRECT MARKETING, Wichita, KS, pg. 950
Joyce, Catherine, Acct Dir -- Wavemaker, Dublin, Ireland, pg. 1382
Joyce, Cindy, Art Dir -- MADE BRANDS, LLC, Lakeland, FL, pg. 669
Joyce, Kara, Mgr-Integration & PR -- CROSBY MARKETING COMMUNICATIONS, Annapolis, MD, pg. 249
Joyce, Taylor, Acct Coord -- AGENCYEA, Chicago, IL, pg. 40
Joyce, Thayer, Acct Exec -- Y&R New York, New York, NY, pg. 1198
Ju, Min Ho, Art Dir -- Ogilvy, Seoul, Korea (South), pg. 826
Juan, Idalia San, Acct Dir -- LOPEZ NEGRETE COMMUNICATIONS, INC., Houston, TX, pg. 651
Juan, Noel San, Creative Dir -- Leo Burnett Manila, Makati, Philippines, pg. 631
Juarbe, Christian, Art Dir -- Badillo Nazca Saatchi & Saatchi, Guaynabo, PR, pg. 982
Juarbe, Michelle, Acct Exec -- Nobox Marketing Group, Inc., Guaynabo, PR, pg. 796
Judd, Lori, Creative Dir & Graphic Designer -- CREATIVE IMPACT AGENCY, Encino, CA, pg. 243
Judd, Natalie, Acct Supvr -- 10 THOUSAND DESIGN, Minneapolis, MN, pg. 1
Judd, Steven Paul, Partner-Creative -- FREESTYLE CREATIVE, Moore, OK, pg. 397
Judelson, Marcie, Assoc Creative Dir -- EVEO INC., San Francisco, CA, pg. 1256
Judkins, Bryan, Principal & Grp Dir-Creative -- YOUNG & LARAMORE, Indianapolis, IN, pg. 1196
Judson, Mark, Acct Coord-PR -- ST. JOHN & PARTNERS, Jacksonville, FL, pg. 1040
Julien, Jim, Art Dir -- CREATIVE ENERGY GROUP INC, Johnson City, TN, pg. 241
Julin, Derek, Assoc Creative Dir -- BRUNNER, Pittsburgh, PA, pg. 169
Jullien, Thomas, Creative Dir -- TBWA/United State of Fans, Amsterdam, Netherlands, pg. 1084
Julson, Nancy, Acct Exec-The Refinery Creative -- THE REFINERY, Sherman Oaks, CA, pg. 944
Jump, Suzi, VP & Acct Dir -- MullenLowe, New York, NY, pg. 772
Juncker, Jill, Acct Dir -- CALISE PARTNERS INC., Dallas, TX, pg. 183
Jundi, Udai Al, Mgr-Traffic -- J. Walter Thompson, Damascus, Syria, pg. 563
Juneau, Angelle, Creative Dir -- 31 LENGTHS LLC, New York, NY, pg. 6
Jung, Brian, Chief Creative Officer -- IW GROUP, INC., West Hollywood, CA, pg. 551
Jung, Bridget, Exec Creative Dir -- Opr, Saint Leonards, Australia, pg. 1600
Jung, Calvin, Founder, Owner & Grp Creative Dir -- CREATIVE:MINT LLC, San Francisco, CA, pg. 246
Jung, Teresa, Creative Dir -- Heimat Werbeagentur GmbH, Berlin, Germany, pg. 1082
Junger, Paulo, Creative Dir -- DDB New York, New York, NY, pg. 269
Junger, Paulo, Creative Dir -- DDB WORLDWIDE COMMUNICATIONS GROUP INC., New York, NY, pg. 268
Junior, Antonio, Head-Print Production-Publicis One Portugal -- Publicis Publicidade Lda., Lisbon, Portugal, pg. 901
Junius, Megan, Pres & Creative Dir -- PETER HILL DESIGN, Minneapolis, MN, pg. 866
Juntaratip, Ariyawat, Creative Dir -- Leo Burnett, Bangkok, Thailand, pg. 631
Jurado, Erin, Acct Supvr -- MULLER BRESSLER BROWN, Leawood, KS, pg. 778
Jurkovic, Joseph, Media Dir -- MODCO MEDIA, New York, NY, pg. 753
Jursinic, James, Assoc Creative Dir -- PATHFINDERS ADVERTISING & MARKETING GROUP, Mishawaka, IN, pg. 857
Jussaume, Allan Paul, Acct Coord -- D50 MEDIA, Newton, MA, pg. 257
Just, Chris, VP & Exec Creative Dir -- MARRINER MARKETING COMMUNICATIONS, INC., Columbia, MD, pg. 686
Justice, Jim, Acct Supvr -- 1 TRICK PONY, Hammonton, NJ, pg. 1
Justis, Amber, Exec Creative Dir -- THE WONDERFUL AGENCY, Los Angeles, CA, pg. 1228
Jutras, Alexandre, Art Dir -- Cossette Communication-Marketing (Montreal) Inc., Montreal, Canada, pg. 233

K

Kaarre, Jourdyn, Acct Exec -- ANTHOLOGY MARKETING GROUP, INC., Honolulu, HI, pg. 1433
Kabulin, Stanislav, Art Dir -- Leo Burnett Moscow, Moscow, Russia, pg. 626
Kacenka, Peter, Exec Creative Dir -- Wiktor/Leo Burnett, s.r.o., Bratislava, Slovakia, pg. 627
Kachelhofer, Bradford, Principal & Dir-Creative Content -- MODERN BRAND COMPANY, Birmingham, AL, pg. 753
Kadam, Indrajeet, Creative Dir -- Grey (India) Pvt. Ltd., Mumbai, India, pg. 446
Kadam, Satyajeet, Creative Dir -- DDB Mudra Group, Mumbai, India, pg. 275
Kadavy, Troy, Creative Dir -- 92 WEST, Omaha, NE, pg. 14
Kaddoum, Shadi, Creative Dir-MENA -- Saatchi & Saatchi, Beirut, Lebanon, pg. 978
Kaddoura, Mira, Founder & Exec Creative Dir -- RED MARKETING COMMUNICATIONS, Calabasas, CA, pg. 940
Kadoich, Jeremy, Acct Exec -- Lamar Advertising Company, Richmond, VA, pg. 608
Kadosh, Michal, Acct Exec -- BBR Saatchi & Saatchi, Ramat Gan, Israel, pg. 977
Kadric, Muamera, Media Dir -- McCann Erickson Sarajevo, Sarajevo, Bosnia & Herzegovina, pg. 701
Kaewket, Vorawan, Acct Dir -- GREYnj United, Bangkok, Thailand, pg. 448
Kaewnurachadasorn, Thosaporn, Acct Exec -- TBWA Thailand, Bangkok, Thailand, pg. 1092
Kagan, Maya, Assoc Creative Dir-Adv & Interactive -- BARKER, New York, NY, pg. 89
Kager, Karen, Mgr-Production & Traffic -- BHW1 ADVERTISING, Spokane, WA, pg. 127
Kagitani, Takehiro, Media Planner-Digital Bus Dept -- DENTSU INC., Tokyo, Japan, pg. 289
Kahl, Les, Mng Partner-US & Creative Dir -- AdFarm, Kansas City, MO, pg. 29
Kahle, Brian, Partner & Dir-Creative Svcs -- ADVENTIVE MARKETING, INC., Chicago, IL, pg. 35
Kahn, Adam, Exec Creative Dir-Midwest -- GREY GROUP, New York, NY, pg. 438
Kahn, Joshua, VP, Creative Dir & Copywriter -- ARNOLD WORLDWIDE, Boston, MA, pg. 69
Kahn, Katherine Elizabeth, Acct Dir -- R/GA, New York, NY, pg. 925
Kahrimanian, Camille, Acct Dir -- H&L PARTNERS, San Francisco, CA, pg. 459
Kahyaoglu, Arkin, Creative Dir -- TBWA Istanbul, Istanbul, Turkey, pg. 1088
Kai Qi, Khoo, Acct Dir -- Tribal Worldwide Singapore, Singapore, Singapore, pg. 1297
Kai, Garrett, VP & Acct Dir -- QUESTUS, San Francisco, CA, pg. 922
Kaikobad, Shahvan, Assoc Creative Dir -- Ogilvy India, Mumbai, India, pg. 824
Kaiman, Joel, Acct Dir -- TJM COMMUNICATIONS, Oviedo, FL, pg. 1106
Kaiman, Natalie, Acct Supvr -- 6 DEGREES INTEGRATED COMMUNICATIONS, Toronto, Canada, pg. 10
Kaisar, Zaheer, Art Dir -- Naga DDB Sdn. Bhd., Petaling Jaya, Malaysia, pg. 277
Kaiser, Katie, Acct Supvr -- RHEA + KAISER, Naperville, IL, pg. 954
Kakamu, Masanari, Art Dir -- DENTSU INC., Tokyo, Japan, pg. 289
Kala, Anuj, Creative Dir -- Ogilvy, New Delhi, India, pg. 825
Kalan, Abhijit, Assoc Creative Dir -- Leo Burnett India, Mumbai, India, pg. 629
Kalathara, Tony, Creative Dir -- DAVID The Agency, Miami, FL, pg. 261
Kalia, Peggy, Acct Supvr -- EPOCH 5 PUBLIC RELATIONS, Huntington, NY, pg. 1500
Kalina, Jenna, Acct Coord -- Summit Group, Itasca, IL, pg. 1061
Kalina, Ron, Assoc Creative Dir -- HARRIS, BAIO & MCCULLOUGH INC., Philadelphia, PA, pg. 469
Kalis, Eric, Acct Dir -- Boardroom Communication Inc., Miami, FL, pg. 1453
Kalis, Eric, Acct Dir -- BOARDROOM COMMUNICATIONS INC., Fort Lauderdale, FL, pg. 1453
Kaliser, Christy, Acct Exec -- TIC TOC, Dallas, TX, pg. 1102
Kalish, Ellie, Acct Exec -- TOTAL PROMOTIONS, Highland Park, IL, pg. 1417
Kalish, Matt, Creative Dir -- Anomaly, Venice, CA, pg. 60
Kalita, Mriganka, Assoc Creative Dir-BPG Bates-Dubai -- BPG Group, Dubai, United Arab Emirates, pg. 1179
Kallenbach, Abby, Art Dir -- SULLIVAN HIGDON & SINK INCORPORATED, Wichita, KS, pg. 1059
Kallman, Eric, Co-Founder & Creative Dir -- ERICH & KALLMAN, Larkspur, CA, pg. 348
Kalmanovich, Andrea, Dir-PR -- DECIBEL BLUE, Scottsdale, AZ, pg. 285
Kalogeropoulos, Elena, Acct Dir -- Adam & EveDDB, London, United Kingdom, pg. 281
Kalupski, Kristen, Sr Dir-Mktg, Events & PR -- iCrossing Scottsdale, Scottsdale, AZ, pg. 1263
Kaluzny, Norbert, Acct Dir -- ZenithOptimedia, Warsaw, Poland, pg. 1389
Kam, Nathan, Pres-PR -- ANTHOLOGY MARKETING GROUP, INC., Honolulu, HI, pg. 1433
Kamada, Jessica, Acct Dir-Mobile UA -- BAMBOO, San Francisco, CA, pg. 1309
Kamath, Jay, Co-Founder & Chief Creative Officer -- HAYMAKER, Los Angeles, CA, pg. 489
Kamble, Sachin, Exec Creative Dir -- Leo Burnett India, Mumbai, India, pg. 629
Kaminski, James, Acct Exec -- THE MARLIN NETWORK, INC., Springfield, MO, pg. 685
Kammien, Craig, Sr Creative Dir -- SWITCH, Saint Louis, MO, pg. 1067
Kamp, Bill, Exec Creative Dir -- BURKHEAD BRAND GROUP, Raleigh, NC, pg. 175
Kampf, Linsey, Acct Exec -- RAIN43, Toronto, Canada, pg. 929
Kampman, Wouter, Art Dir -- FCB Amsterdam, Amsterdam, Netherlands, pg. 367
Kamran, Nadia, Sr VP & Grp Creative Dir -- MRM MCCANN, New York, NY, pg. 766
Kamstedt, Peter, Acct Dir -- McCann Stockholm, Stockholm, Sweden, pg. 710
Kana, Erin, Art Dir -- SCHAFER CONDON CARTER, Chicago, IL, pg. 995
Kanaan, Walid, Chief Creative Officer -- TBWA Raad, Dubai, United Arab Emirates, pg. 1088
Kanarek, Monica Noce, Exec VP-Creative -- PUROHIT NAVIGATION, Chicago, IL, pg. 918
Kanazawa, Madeleine, Acct Exec -- ZEESMAN COMMUNICATIONS INC., Beverly Hills, CA, pg. 1210

PERSONNEL INDEX — AGENCIES

Kanchuga, Leslie, Media Planner -- ALLEN & GERRITSEN, Boston, MA, pg. 45

Kandarian, Israel, Exec Creative Dir-North America -- SET CREATIVE, New York, NY, pg. 1003

Kandel, Marissa, VP & Specialist-Media-Ketchum PR -- Ketchum, Atlanta, GA, pg. 1556

Kane, John, Exec Creative Dir-Jameson -- TBWA\Dublin, Dublin, Ireland, pg. 1083

Kane, Kiersten, Acct Mgr-Creative -- MARLO MARKETING COMMUNICATIONS, Boston, MA, pg. 1576

Kane, Lisa Sahd, Mgr-New Bus Dev -- LAMAR ADVERTISING COMPANY, Baton Rouge, LA, pg. 608

Kane, Tommy, Creative Dir -- THE BARBARIAN GROUP, New York, NY, pg. 88

Kang'eri, Joris, Creative Dir -- DDB Amsterdam, Amstelveen, Netherlands, pg. 277

Kang, Elizabeth, VP & Creative Dir -- GODA ADVERTISING, Inverness, IL, pg. 426

Kang, Grace, Assoc Creative Dir -- PRAYTELL, Brooklyn, NY, pg. 1618

Kang, Julia, Acct Dir -- ADASIA COMMUNICATIONS, INC., Englewood Cliffs, NJ, pg. 27

Kang, Tim, Assoc Dir-Art & Creative -- EP+CO, Greenville, SC, pg. 343

Kanjanawadeekul, Wachira, Art Dir -- J. Walter Thompson Thailand, Bangkok, Thailand, pg. 559

Kanjirath, Mihiri, Acct Dir -- Leo Burnett London, London, United Kingdom, pg. 627

Kantekin, Serdar, Grp Creative Dir -- Ogilvy, Dusseldorf, Germany, pg. 814

Kanter, Liz, Pres & Exec Creative Dir -- PIVOT DESIGN INC, San Francisco, CA, pg. 873

Kantor, Ira, Acct Supvr -- GREENOUGH COMMUNICATIONS, Watertown, MA, pg. 1524

Kantorikova, Lucie, Acct Exec -- Ogilvy, Prague, Czech Republic, pg. 1599

Kantorikova, Lucie, Acct Exec -- Ogilvy, Prague, Czech Republic, pg. 813

Kao, Miranda, Acct Dir -- Wunderman, Shanghai, China, pg. 1190

Kao, Miranda, Acct Dir -- Wunderman, Guangzhou, China, pg. 1191

Kapadia, Harsh, Exec Creative Dir -- VML, London, United Kingdom, pg. 1144

Kapasi, Mustafa, Sr Creative Dir -- Scarecrow M&C Saatchi, Mumbai, India, pg. 663

Kapec, Charles, Creative Dir -- NAS RECRUITMENT INNOVATION, Cleveland, OH, pg. 784

Kaplan, Eric, Acct Supvr -- FORMATIVE, Seattle, WA, pg. 392

Kaplan, Eric, Creative Dir -- JOELE FRANK, WILKINSON BRIMMER KATCHER, New York, NY, pg. 1549

Kaplan, Jill, Dir-PR -- LATIN2LATIN MARKETING + COMMUNICATIONS LLC, Fort Lauderdale, FL, pg. 612

Kaplan, Joel, Assoc Partner & Exec Creative Dir -- M/H VCCP, San Francisco, CA, pg. 664

Kaplan, John R., Creative Dir-Strategic -- CENTERLINE DIGITAL, Raleigh, NC, pg. 1244

Kaplan, Josh, Acct Supvr -- ACCESS BRAND COMMUNICATIONS, San Francisco, CA, pg. 19

Kaplow, Lauren, Acct Exec -- KINDLING MEDIA, LLC, Hollywood, CA, pg. 595

kapoor, Amit, Exec Creative Dir -- FP7, Manama, Bahrain, pg. 701

Kapros, Nick, Art Dir -- BUERO NEW YORK, New York, NY, pg. 172

Kapusta, Ted, Creative Dir -- PHENOMENON, Los Angeles, CA, pg. 868

Kapustka, Kyle, Acct Exec -- PADILLA, Minneapolis, MN, pg. 849

Karabulut, Itir, Acct Supvr -- Alice BBDO, Istanbul, Turkey, pg. 109

Karacam, Ozhan, Creative Dir -- FCB Artgroup, Istanbul, Turkey, pg. 368

Karagoz, Yigit, Grp Head-Creative -- TBWA Istanbul, Istanbul, Turkey, pg. 1088

Karakasoglu, Volkan, Creative Dir -- TBWA Istanbul, Istanbul, Turkey, pg. 1088

Karam, Pamela, Art Dir -- Fortune Promoseven-Lebanon, Beirut, Lebanon, pg. 706

Karandikar, Abhijit, Grp Creative Dir -- Ogilvy India, Mumbai, India, pg. 824

Karas, Kate, Dir-Creative & Client Engagement -- PIVOT DESIGN INC, San Francisco, CA, pg. 873

Karasseferian, Marie, Acct Dir -- BAM STRATEGY, Montreal, Canada, pg. 87

Karasyk, Erik, Partner-Creative -- HUSH, Brooklyn, NY, pg. 1261

Karatas, Mark, Exec Creative Dir -- J. Walter Thompson Frankfurt, Frankfurt am Main, Germany, pg. 560

Karayan, Mark, Acct Supvr-Media -- Edelman, San Francisco, CA, pg. 1492

Karelson, Tina, Exec Creative Dir -- RISDALL MARKETING GROUP, Roseville, MN, pg. 959

Karges, Dave, Assoc Dir-Creative & Copy -- THE LACEK GROUP, Minneapolis, MN, pg. 606

Karim, Nadia, Art Dir -- Havas Worldwide Middle East, Dubai, United Arab Emirates, pg. 488

Karimi, Mandy, Sr Media Planner & Media Buyer -- THE JAMES AGENCY, Scottsdale, AZ, pg. 570

Karina, Eva Ayu, Sr Dir-Brdcst -- Leo Burnett Indonesia, Jakarta, Indonesia, pg. 630

Karir, Anand, Sr Creative Dir -- DDB Mudra Group, Mumbai, India, pg. 275

Karl, Andrew, Acct Dir -- TRIPLEPOINT, San Francisco, CA, pg. 1663

Karlberg, Ulrika, Creative Dir -- YARD, New York, NY, pg. 1303

Karlen, Kacy, Creative Dir -- CAPTAINS OF INDUSTRY, Boston, MA, pg. 188

Karls, Amy, Partner, VP & Acct Supvr -- THE LACEK GROUP, Minneapolis, MN, pg. 606

Karlsson, Andre, Assoc Creative Dir -- BARTLE BOGLE HEGARTY LIMITED, London, United Kingdom, pg. 92

Karmakar, Kainaz, Grp Creative Dir -- Ogilvy, New Delhi, India, pg. 825

Karnad, Pranav, Assoc Creative Dir -- Happy mcgarrybowen, Bengaluru, India, pg. 717

Karner, Nick, Acct Coord -- WILDFIRE LLC, Winston Salem, NC, pg. 1167

Karnes, Andi, Dir-Print Production -- SQ1, Portland, OR, pg. 1037

Karnes, Angelique Felice, Art Dir -- MEDIA MATCHED INC, Albuquerque, NM, pg. 726

Karnowsky, Debbie, Exec Creative Dir -- MARICICH BRAND COMMUNICATIONS, Irvine, CA, pg. 679

Karp, Kevin, Creative Dir -- DIMASSIMO GOLDSTEIN, New York, NY, pg. 302

Karp, Shae Sneed, Dir-PR & Consumer Mktg -- Golin, New York, NY, pg. 1521

Karpavicius, Tomas, Creative Dir -- Adell Taivas Ogilvy, Vilnius, Lithuania, pg. 816

Karpitskiy, Tanya, Assoc Creative Dir -- ARNOLD WORLDWIDE, Boston, MA, pg. 69

Karr, Meredith, Assoc Creative Dir -- BARRETTSF, San Francisco, CA, pg. 91

Karstad, David, Creative Dir -- FRANK CREATIVE INC, POrtland, OR, pg. 396

Kasallis, Scott, Creative Dir -- ON ADVERTISING, Phoenix, AZ, pg. 1277

Kasdon, Carter, Art Dir & Assoc Creative Dir -- COMMONWEALTH CREATIVE ASSOCIATES, Framingham, MA, pg. 222

Kasey, Courtney, Partner & Media Dir-Integrated Media Strategy & Plng -- Wavemaker, Los Angeles, CA, pg. 1380

Kasey, Dave, Assoc Creative Dir -- NORTON RUBBLE & MERTZ ADVERTISING, Chicago, IL, pg. 800

Kashani, Dan, Creative Dir-Digital-McCann Tel-Aviv Israel -- McCann Erickson, Tel Aviv, Israel, pg. 705

Kashima, Tricia, Media Dir -- RIESTER, Phoenix, AZ, pg. 958

Kasim, Nazly, Dir-Creative & Art -- HAVAS WORLDWIDE, New York, NY, pg. 475

Kasner, Ryan, Creative Dir -- CLOSERLOOK, INC., Chicago, IL, pg. 214

Kasper, Chris, Acct Supvr -- ARNOLD WORLDWIDE, Boston, MA, pg. 69

Kassa, Emilie Vick, Media Planner & Media Buyer -- NONBOX, Hales Corners, WI, pg. 797

Kassaei, Amir, Chief Creative Officer -- DDB WORLDWIDE COMMUNICATIONS GROUP INC., New York, NY, pg. 268

Kassal, Ronni, Sr VP & Media Dir -- U.S. INTERNATIONAL MEDIA, LLC, Los Angeles, CA, pg. 1378

Kasselman, Heidi, Grp Head-Creative -- Net#work BBDO, Gauteng, South Africa, pg. 108

Kassner, Danyel, Art Dir -- J. Walter Thompson Frankfurt, Frankfurt am Main, Germany, pg. 560

Kastan, Kathy, Creative Dir -- GELIA-MEDIA, INC., Williamsville, NY, pg. 414

Kastranec, Kyle, Creative Dir -- OLOGIE, Columbus, OH, pg. 835

Katianda, Jeffry, Grp Head-Creative -- Matari Advertising, Jakarta, Indonesia, pg. 1201

Katona, Diti, Co-Founder, Partner & Dir-Creative -- CONCRETE DESIGN COMMUNICATIONS INC, Toronto, Canada, pg. 226

Katsanis, Leah, Acct Supvr -- GREGORY FCA, Ardmore, PA, pg. 1524

Katyal, Varun, Sr Dir-Creative -- Ogilvy, Bengaluru, India, pg. 823

Katz, Lawrence, Creative Dir -- DDB South Africa, Johannesburg, South Africa, pg. 280

Katz, Nancy, Dir-PR -- PURDUE MARION & ASSOCIATES, Las Vegas, NV, pg. 1621

Katz, Phillip, Media Dir -- DOREMUS, New York, NY, pg. 316

Katz, Rebecca, Acct Exec -- VERDE BRAND COMMUNICATIONS, Jackson, WY, pg. 1667

Katz, Sloane, Media Planner & Media Buyer -- SK+G ADVERTISING LLC, Las Vegas, NV, pg. 1018

Katzman, David David, Grp Creative Dir -- EPSILON, Chicago, IL, pg. 344

Kauba, Eda, Chief Creative Officer -- Havas Worldwide Digital Prague, Prague, Czech Republic, pg. 478

Kauba, Eda, Chief Creative Officer -- Havas Worldwide Prague, Prague, Czech Republic, pg. 479

Kauffman, Steve, VP & Acct Dir -- Doe-Anderson, Columbus, OH, pg. 313

Kaufman, Jackie, Head-Print Production -- Rapp Dallas, Irving, TX, pg. 931

Kaufman-Lewis, Shari, Acct Dir -- LLOYD & CO., New York, NY, pg. 647

Kaufmann, Adam, Art Dir -- BOLDWERKS, Portsmouth, NH, pg. 145

Kauker, Bill, Grp Creative Dir -- IDEA HALL, Costa Mesa, CA, pg. 520

Kaulen, Frank, Acct Dir-Europe -- LOHRE & ASSOCIATES, INCORPORATED, Cincinnati, OH, pg. 650

Kaupp, Terri D., Acct Exec -- DEVENEY COMMUNICATIONS, New Orleans, LA, pg. 1483

Kaur, Monica, Acct Supvr -- Grey (India) Pvt. Ltd., Mumbai, India, pg. 446

Kause, Tony, Grp Creative Dir -- Weber Shandwick-Detroit, Birmingham, MI, pg. 1676

Kaushik, Naren, Sr Dir-Creative -- Happy mcgarrybowen, Bengaluru, India, pg. 717

Kavale, Mangesh, Assoc Creative Dir -- Grey (India) Pvt. Ltd., Mumbai, India, pg. 446

Kavanagh, Des, Creative Dir & Copywriter -- BBDO Dublin, Dublin, Ireland, pg. 105

Kavanaugh, Ryan, VP & Assoc Creative Dir -- EMG3, Falmouth, ME, pg. 1103

Kavander, Tim, Exec VP & Creative Dir -- Publicis Toronto, Toronto, Canada, pg. 904

Kavelin, Peter, Art Dir -- PULSAR ADVERTISING, INC., Beverly Hills, CA, pg. 915

Kavina, Roshni, Creative Dir -- Publicis India Communications Pvt. Ltd., Mumbai, India, pg. 909

Kavjian, Mary Anne, Acct Exec -- THE MARTIN AGENCY, Richmond, VA, pg. 687

Kawaguchi, Amy, Acct Dir -- Havas Worldwide Australia, North Sydney, Australia, pg. 485

Kawalecki, Erin, Creative Dir -- Tribal Worldwide Toronto, Toronto, Canada, pg. 1296

Kawano, Masataka, Creative Dir -- FIGLIULO&PARTNERS, LLC, New York, NY, pg. 380

Kawas, Michelle, Acct Exec -- BODEN AGENCY, Miami, FL, pg. 1453

Kaya, Erkan, Grp Head-Creative -- Y&R Turkey, Istanbul, Turkey, pg. 1204

Kaye, Marco, Creative Dir -- BARTON F. GRAF, New York, NY, pg. 94

Kaye, Sharon Chow, Assoc Dir-Creative -- TWOFIFTEENMCCANN, San Francisco, CA, pg. 1124

Kazakova, Rumena, Media Planner -- APRA Porter Novelli, Sofia, Bulgaria, pg. 1614

Kazan, Karim, Exec Creative Dir -- Fortune Promoseven-Lebanon, Beirut, Lebanon, pg. 706

Kazan, Kate, Acct Exec-PR -- LUQUIRE GEORGE ANDREWS, INC., Charlotte, NC, pg. 657

Kazanjian, Stephanie, Acct Exec -- WOLF-KASTELER, Los Angeles, CA, pg. 1685

Kazarinoff, Elyse, Creative Dir-Verbal Branding -- Landor Associates, New York, NY, pg. 610

Kazimer, Brandon, Acct Exec -- JILL SCHMIDT PR, Northfield, IL, pg. 1548

Kealani, Taryn, Art Dir & Designer -- PREACHER, Austin, TX, pg. 886

Keane, James, Joint Head-Creative-Ford EMEA -- THE IMAGINATION GROUP, London, United Kingdom, pg. 525

Kearl, Steven, Acct Dir -- TIC TOC, Dallas, TX, pg. 1102

Kearney, Tara, Art Dir -- FORGE WORLDWIDE, Boston, MA, pg. 392

Kearns, Mikaela, Acct Supvr -- M/H VCCP, San Francisco, CA, pg. 664

Keasey, Natasha, Media Planner -- PERICH ADVERTISING +

AGENCIES — PERSONNEL INDEX

DESIGN, Ann Arbor, MI, pg. 864
Keasler, Sam, Head-Creative -- THE MARTIN AGENCY, Richmond, VA, pg. 687
Keathley, Tom, Co-Founder & Exec Creative Dir -- ARRAS KEATHLEY AGENCY, Cleveland, OH, pg. 71
Keating, Caeli, Acct Dir -- One Green Bean, Sydney, Australia, pg. 1528
Keating, Jacki, Mgr-PR -- SPARK STRATEGIC IDEAS, Charlotte, NC, pg. 1031
Keating, Katie, Founder & Creative Dir -- FANCY LLC, New York, NY, pg. 361
Kedrowski, Myles, Art Dir -- ELEGANT SEAGULLS INC, Marquette, MI, pg. 1255
Kee, Daniel, Exec Creative Dir -- MullenLowe Singapore, Singapore, pg. 777
Keehn, Kevin, VP & Creative Dir -- ROKKAN, New York, NY, pg. 966
Keel, Mary, Supvr-Bus Dev & Acct Supvr -- RESEARCH DEVELOPMENT & PROMOTIONS, Coral Gables, FL, pg. 948
Keeler, Jeremy, Sr VP-Creative Ops -- MOCEAN, Los Angeles, CA, pg. 752
Keeley, Caitlin, Assoc Creative Dir -- UNION, Toronto, Canada, pg. 1126
Keen, Suzanne, Creative Dir-New York -- Pereira & O'Dell, New York, NY, pg. 863
Keene, Margaret, Exec Creative Dir -- MullenLowe, El Segundo, CA, pg. 772
Keene, Michelle, Acct Dir -- CALHOUN & COMPANY, San Francisco, CA, pg. 1461
Keepax, Kate, Dir-New Bus & Mktg -- Helia, London, United Kingdom, pg. 473
Keepax, Kate, Dir-New Bus & Mktg -- Helia, London, United Kingdom, pg. 484
Keeton, Wes, Grp Head-Creative -- DOE-ANDERSON, Louisville, KY, pg. 312
Keeven, Jason, Grp Creative Dir -- BRIGHTON AGENCY, INC., Saint Louis, MO, pg. 164
Kefalos, Lisa, Acct Exec -- APPLE BOX STUDIOS, Pittsburgh, PA, pg. 64
Keff, Darren, Creative Dir -- M&C SAATCHI PLC, London, United Kingdom, pg. 658
Keffer, Donna, Acct Dir -- ACROBATANT, Tulsa, OK, pg. 22
Kehoe, Danielle, Sr Rep-New Bus -- CASANOVA PENDRILL, Costa Mesa, CA, pg. 192
Kehoe, Sarah, Asst Media Planner & Media Buyer -- BOELTER + LINCOLN MARKETING COMMUNICATIONS, Milwaukee, WI, pg. 144
Keil, Thomas, Creative Dir -- McCann Erickson Deutschland, Frankfurt am Main, Germany, pg. 703
Keino, Atsuko, Head-Traffic & Project Mgr-Creative -- Ogilvy Japan K.K., Tokyo, Japan, pg. 825
Keisel, Nicole, Art Dir -- SOVRN, Boise, ID, pg. 1030
Keister, Ethan, Art Dir -- ZIZZO GROUP, INC., Milwaukee, WI, pg. 1214
Keiter, Nancy, Art Dir -- O2KL, New York, NY, pg. 803
Keith, Brian, Sr Designer & Assoc Creative Dir -- EL CREATIVE, INC., Dallas, TX, pg. 334
Keith, Jamie, Art Dir -- PRAIRIE DOG/TCG, Kansas City, MO, pg. 886
Keith, Melissa, Media Planner & Buyer -- ABBEY, MECCA & COMPANY, Buffalo, NY, pg. 17
Keith, Richard, VP & Assoc Creative Dir -- G.W. HOFFMAN MARKETING & COMMUNICATIONS, Darien, CT, pg. 1404
Kelberg, Elizabeth, VP & Acct Dir -- BBDO New York, New York, NY, pg. 99
Kelchner, Tara, Media Dir -- 22squared Inc., Tampa, FL, pg. 4
Kelderhouse, Aaron, Creative Dir -- B2C ENTERPRISES, Roanoke, VA, pg. 82
Keleberdenko, Denis, Creative Dir -- Provid BBDO, Kiev, Ukraine, pg. 109
Keller, Denise, Art Dir -- HUGHES & STUART, INC., Greenwood Village, CO, pg. 513
Keller, Kristina, Acct Dir -- Wirestone, LLC, Chicago, IL, pg. 1172
Keller, Kurt, Creative Dir -- PHIRE GROUP, Ann Arbor, MI, pg. 869
Kelley, Austin, Art Dir -- BVK, Milwaukee, WI, pg. 178
Kelley, Brian, VP-PR -- SAGE COMMUNICATIONS, McLean, VA, pg. 986
Kelley, Jeff, Dir-Creative & Engr -- MESS, Chicago, IL, pg. 1271
Kelley, Kyle, Brand Dir-Creative & Art -- THE RICHARDS GROUP, INC., Dallas, TX, pg. 956
Kelley, Monique, Art Dir -- ZULU ALPHA KILO, Toronto, Canada, pg. 1216
Kelley, Shawn, Exec Creative Dir -- HMH-Charlotte N.C., Charlotte, NC, pg. 504

Kelliher, Linda, Creative Dir -- KELLIHER SAMETS VOLK, Burlington, VT, pg. 591
Kelliher, Linda, Creative Dir -- KELLIHER SAMETS VOLK NY, New York, NY, pg. 592
Kellner, Douglas, Acct Dir -- MACIAS CREATIVE, Miami, FL, pg. 666
Kellner, Max, Acct Exec -- IDFIVE, Baltimore, MD, pg. 522
Kellogg, Jan, Acct Dir -- BANDY CARROLL HELLIGE ADVERTISING, Louisville, KY, pg. 87
Kellogg, Rebecca, Acct Exec -- TEXAS CREATIVE, San Antonio, TX, pg. 1098
Kellogg, Ryan, Creative Dir -- Huge, Los Angeles, CA, pg. 512
Kellum, Keith, Art Dir -- ADAMS & LONGINO ADVERTISING, INC., Greenville, NC, pg. 25
Kelly, Bridget, Assoc Creative Dir -- SAATCHI & SAATCHI WELLNESS, New York, NY, pg. 985
Kelly, Christopher, Chief Creative Officer -- Organic, Inc., New York, NY, pg. 1278
Kelly, Diana, Acct Dir -- BRUCE MAU DESIGN, Toronto, Canada, pg. 169
Kelly, Gary, Creative Dir -- Davis-Elen Advertising, Inc., Portland, OR, pg. 264
Kelly, Gina, Art Dir -- Abbott Mead Vickers BBDO, London, United Kingdom, pg. 109
Kelly, Joe, Acct Dir -- OMOBONO, Chicago, IL, pg. 1277
Kelly, Kaitlyn, Acct Dir -- OBERLAND, New York, NY, pg. 804
Kelly, Kevin, Co-Founder, Co-Pres & Chief Creative Officer -- BIGBUZZ MARKETING GROUP, New York, NY, pg. 130
Kelly, Lisa, Acct Exec -- ORCA COMMUNICATIONS UNLIMITED, LLC., Tempe, AZ, pg. 1603
Kelly, Monica, Acct Exec-PR & Social Media -- KREPS DEMARIA, INC., Coral Gables, FL, pg. 1561
Kelly, Paul, Creative Dir -- GLOBAL TEAM BLUE, Dearborn, MI, pg. 423
Kelly, Ryan, Acct Dir -- Vibrant Media Ltd., London, United Kingdom, pg. 1137
Kelly, Shane, Acct Dir -- OVERDRIVE INTERACTIVE, Boston, MA, pg. 1279
Kelly, Shawn, Creative Dir -- BANDUJO ADVERTISING & DESIGN, New York, NY, pg. 87
Kelly, Stephanie, VP & Grp Creative Dir-Strategy -- Digitas, Chicago, IL, pg. 1252
Kelly, Troy, Assoc Creative Dir -- Ackerman McQueen, Inc., Dallas, TX, pg. 21
Kelly, Whitt, Acct Exec -- TURNER PUBLIC RELATIONS, Denver, CO, pg. 1664
Kelsen, Matt, Creative Dir -- ARGONAUT INC., San Francisco, CA, pg. 67
Kelsey, Hayley, Media Dir -- Geometry Global, Akron, OH, pg. 416
Keluskar, Akshay, Art Dir -- BBH Mumbai, Mumbai, India, pg. 93
Kemble, John, Exec VP & Creative Dir -- Dudnyk, Horsham, PA, pg. 324
Kemmer, Dawn, Acct Dir -- OH PARTNERS, Phoenix, AZ, pg. 833
Kemming, Jan Dirk, Chief Creative Officer-Europe -- Weber Shandwick, Cologne, Germany, pg. 1678
Kemp, Kate, Grp Dir-Creative -- Hacker Agency, Seattle, WA, pg. 540
Kemp, Marcus, Creative Dir -- HYPERBOLOUS, New York, NY, pg. 516
Kemp, Paul, Creative Dir -- Ogilvy Japan K.K., Tokyo, Japan, pg. 825
Kemp, Robert, Creative Dir -- DIGITAL EDGE, Jacksonville, FL, pg. 300
Kemper, Kelsey, Acct Dir-PR -- LOOKTHINKMAKE, LLC, Austin, TX, pg. 651
Kempf, Craig, CEO & Creative Dir -- CK COMMUNICATIONS, INC. (CKC), Indialantic, FL, pg. 210
Kempkensteffen, Anika, Creative Dir-Studio -- DDB Berlin, Berlin, Germany, pg. 274
Ken, Danilo, Acct Supvr -- Publicis Brasil Communicao, Sao Paulo, Brazil, pg. 906
Kendall, Christy, Creative Dir -- RED CIRCLE AGENCY, Minneapolis, MN, pg. 938
Kendall, Kylie, Acct Supvr -- MullenLowe, San Francisco, CA, pg. 772
Kendall, Kylie, Acct Supvr -- MULLENLOWE GROUP, Boston, MA, pg. 770
Kenefick, James, Creative Dir -- DEVINE COMMUNICATIONS, Saint Petersburg, FL, pg. 296
Kenger, Dan, Creative Dir-Digital -- GIN LANE MEDIA, New York, NY, pg. 420
Kennaway, Jamie, Creative Dir -- Impact BBDO, Dubai, United Arab Emirates, pg. 109
Kenneally, Dan, Creative Dir -- BBDO WORLDWIDE INC., New

York, NY, pg. 97
Kennedy, Brendan, Sr Mgr-Content-PR -- Eric Mower + Associates, Albany, NY, pg. 347
Kennedy, Cathi, Acct Dir-Experiential Mktg -- PRO MOTION, INC., Chesterfield, MO, pg. 1414
Kennedy, Ciara, Acct Dir -- Wilson Hartnell (WH), Dublin, Ireland, pg. 1600
Kennedy, Daniel Brett, Sr Producer-Content & Creative -- MWWPR, New York, NY, pg. 1591
Kennedy, Erika, Acct Supvr -- DAVIS HARRISON DION, INC., Chicago, IL, pg. 265
Kennedy, Jesse, Creative Dir -- GREGORY FCA, Ardmore, PA, pg. 1524
Kennedy, Joanne, Acct Dir -- Kinetic, London, United Kingdom, pg. 1338
Kennedy, Kristie, Media Buyer -- LEWIS ADVERTISING, INC., Rocky Mount, NC, pg. 635
Kennedy, Kurt, CEO & Exec Creative Dir -- KENNEDY COMMUNICATIONS, Rancho Mirage, CA, pg. 592
Kennedy, Megan, Acct Exec -- RAPPORT WORLDWIDE, New York, NY, pg. 1366
Kennedy, Toby, Assoc Creative Dir -- ADAM&EVEDDB, New York, NY, pg. 25
Kennelly, Mary J., Acct Exec -- ALLEGRA MARKETING & PRINT, Phoenix, AZ, pg. 45
Kennelly, Nolan, Art Dir -- Publicis Toronto, Toronto, Canada, pg. 904
Kenney, John, Exec Creative Dir -- PUBLICIS NEW YORK, New York, NY, pg. 912
Kenny, Dan, Art Dir -- TBWA\London, London, United Kingdom, pg. 1086
Kenny, Ryan, Sr Strategist-Creative -- CALDER BATEMAN COMMUNICATIONS LTD., Edmonton, Canada, pg. 182
Kenny, Stacy, Creative Dir -- EVENTIVE MARKETING, New York, NY, pg. 353
Kenski, Andrea, Acct Supvr -- FRANCO PUBLIC RELATIONS GROUP, Detroit, MI, pg. 1513
Kent, Kelley, Media Dir -- RUNYON SALTZMAN & EINHORN, Sacramento, CA, pg. 972
Kentris, Jordan, Creative Dir-Experience -- Tribal Worldwide Toronto, Toronto, Canada, pg. 1296
Kenyon, Jonathan, Co-Founder & Exec Creative Dir -- VAULT49, New York, NY, pg. 1132
Keogh, Laura, Acct Dir -- Havas Media, London, United Kingdom, pg. 1326
Keppen, Garner, Acct Coord-PR -- INFERNO, Memphis, TN, pg. 530
Kerbuski, Andrea, Acct Exec -- MARTIN WAYMIRE, Lansing, MI, pg. 688
Kercher, Margaret, Acct Exec -- BREAD AND BUTTER PUBLIC RELATIONS, Los Angeles, CA, pg. 1456
Kerj, Adam, Chief Creative Officer-Nordic Reg -- ACCENTURE INTERACTIVE, New York, NY, pg. 1232
Kerkstra, Mario, Art Dir & Designer -- Abbott Mead Vickers BBDO, London, United Kingdom, pg. 109
Kern, Michael, Pres & Exec Creative Dir -- WELIKESMALL, INC, Salt Lake City, UT, pg. 1158
Kern, Rachel, Acct Exec -- MUELLER COMMUNICATIONS INC, Milwaukee, WI, pg. 1590
Kernahan, Malcolm-Guy, Art Dir -- Lonsdale Saatchi & Saatchi, Port of Spain, Trinidad & Tobago, pg. 982
Kernan, Colleen, Dir-PR -- PINCKNEY HUGO GROUP, Syracuse, NY, pg. 871
Kernspeckt, Bjorn, Creative Dir -- BBDO Proximity Berlin, Berlin, Germany, pg. 105
Kerr, Amy, Dir-PR -- MP&A DIGITAL & ADVERTISING, Williamsburg, VA, pg. 766
Kerr, Carolyn, Acct Dir -- JK DESIGN, Hillsborough, NJ, pg. 576
Kerr, Graham, Chm & Exec Creative Dir -- Maher Bird Associates, London, United Kingdom, pg. 1086
Kerr, Haydn, Creative Dir-Digital -- DDB New Zealand Ltd., Auckland, New Zealand, pg. 278
Kerr, Ken, Acct Dir -- BBDO Dublin, Dublin, Ireland, pg. 105
Kerr, Lauren Kuester, Acct Supvr -- Yamamoto, Minneapolis, MN, pg. 723
Kerr, Rob, VP & Exec Creative Dir -- BRIGHT RED\TBWA, Tallahassee, FL, pg. 163
Kerry, Ken, Co-Founder & Exec Creative Dir -- SCRIPT TO SCREEN LLC, Santa Ana, CA, pg. 999
Kerry, Stephen, Assoc Creative Dir -- LEO BURNETT DETROIT, INC., Troy, MI, pg. 621
Kershner, Randy, Assoc Creative Dir & Sr Copywriter -- PACE ADVERTISING, New York, NY, pg. 848
Kertesz, David, Acct Dir -- GOODWAY GROUP, Jenkintown, PA,

1760

PERSONNEL INDEX — AGENCIES

pg. 1322

Kerttula, Gregg, Creative Dir -- LEPOIDEVIN MARKETING, Brookfield, WI, pg. 632

Kerwin, Jonathan, Acct Supvr -- SPARK44, Los Angeles, CA, pg. 1226

Kesling, Khris, Creative Dir -- PAVLOV, Fort Worth, TX, pg. 859

Kessler, Megan, Sr VP & Acct Dir -- PAN COMMUNICATIONS, Boston, MA, pg. 1605

Kessler, Patricia, Media Planner & Media Buyer -- REED SENDECKE KREBSBACH, Madison, WI, pg. 944

Kessler, Stephanie, Creative Dir -- TRIAD ADVERTISING, Canton, MA, pg. 1116

Ketcham, Kelly, Acct Dir -- BLUE FLAME THINKING, Chicago, IL, pg. 139

Ketchum, Damon, Acct Dir -- Moroch, Parkersburg, WV, pg. 760

Ketchum, Matthew, Assoc Creative Dir -- MARRINER MARKETING COMMUNICATIONS, INC., Columbia, MD, pg. 686

Ketmanee, Nonthaporn, Sr Grp Head-Creative -- GREYnj United, Bangkok, Thailand, pg. 448

Ketruangroch, Nuwadee, Creative Dir & Copywriter -- Leo Burnett, Bangkok, Thailand, pg. 631

Kettering, Paola, Media Buyer -- DIRECTAVENUE, Carlsbad, CA, pg. 1319

Kettler, Julie, Acct Dir-IBM & ADP -- CENTERLINE DIGITAL, Raleigh, NC, pg. 1244

Kevreshan, Zdravko, Art Dir-Innovation -- McCann Erickson Group, Belgrade, Serbia, pg. 708

Kganyago, Kgabo, Acct Dir -- FCB Johannesburg, Johannesburg, South Africa, pg. 375

Khan, Irfan, Creative Dir & Copywriter -- ZULU ALPHA KILO, Toronto, Canada, pg. 1216

Khan, Liz, Art Dir -- ROUNDHOUSE, Portland, OR, pg. 969

Khan, Musfar, Art Dir -- Ogilvy, New Delhi, India, pg. 825

Khan, Nadine, Media Dir -- Valdez & Torry Advertising Limited, Port of Spain, Trinidad & Tobago, pg. 444

Khanawuthikarn, Skon, Grp Head-Creative -- Leo Burnett, Bangkok, Thailand, pg. 631

Khanna, Anshumani, Assoc Creative Dir -- BBDO WORLDWIDE INC., New York, NY, pg. 97

Khanna, Rick, VP & Assoc Creative Dir -- Edelman, Atlanta, GA, pg. 1492

Khare, Utsav, Creative Dir -- McCann Erickson India, Mumbai, India, pg. 704

Khattar, Monica, Acct Supvr -- QORVIS MSLGROUP, Washington, DC, pg. 1621

Kheereerak, Denchai, Creative Dir & Copywriter -- Ogilvy Advertising, Bangkok, Thailand, pg. 828

Khodabux, Rayhaan, Art Dir -- BETC, Paris, France, pg. 479

Khorsi, Christophe, Art Dir -- Y&R Paris, Boulogne, France, pg. 1202

Khosid, Philip, Co-Founder & Chief Creative Officer -- BATTERY, Los Angeles, CA, pg. 96

Khosla, Damini, Acct Dir -- Weber Shandwick, Geneva, Switzerland, pg. 1679

Khot, Purnima, Partner-Creative -- BBH Mumbai, Mumbai, India, pg. 93

Khoury, Peter, Chief Creative Officer -- TBWA Hunt Lascaris (Johannesburg), Johannesburg, South Africa, pg. 1087

Khuen, Yee, Exec Creative Dir -- Y&R Hong Kong, Quarry Bay, China (Hong Kong), pg. 1199

Kibling, Emily, Acct Dir -- HIRONS & COMPANY, Indianapolis, IN, pg. 502

Kidd, Kendrick, Creative Dir -- SHEPHERD, Jacksonville, FL, pg. 1007

Kidd, Nick, Art Dir -- TRACYLOCKE, Dallas, TX, pg. 1113

Kidney, Nick, Creative Dir -- BARTLE BOGLE HEGARTY LIMITED, London, United Kingdom, pg. 92

Kidwell, Todd, Art Dir -- BURKHOLDER/FLINT, Columbus, OH, pg. 175

Kiefaber, Libby, Media Planner -- Team One USA, Oak Brook, IL, pg. 1095

Kiefer, Nick, Creative Dir -- NETWAVE INTERACTIVE MARKETING, INC., Point Pleasant, NJ, pg. 790

Kiel, Bob, VP & Creative Dir -- FERGUSON ADVERTISING INC., Fort Wayne, IN, pg. 378

Kieler, Tiffini, Creative Dir -- AMPERAGE, Cedar Falls, IA, pg. 53

Kiersted, Jamie, Assoc Creative Dir -- ZAMBEZI, Culver City, CA, pg. 1209

Kiesel, Ed, Creative Dir -- CK ADVERTISING, Cape Coral, FL, pg. 210

Kiewert, Lorna, Acct Dir -- 3POINTS COMMUNICATIONS, Chicago, IL, pg. 1422

Kij, Joanne M., Sr Mgr-Traffic -- HAROLD WARNER ADVERTISING, INC., Buffalo, NY, pg. 468

Kikuchi, Kana, Art Dir -- I&S BBDO Inc., Tokyo, Japan, pg. 113

Kilcup, Patty, Mgr-PR -- QUISENBERRY, SPOkane Vly, WA, pg. 924

Kiley, Paul, Acct Exec -- EVERETT STUDIOS, Katonah, NY, pg. 353

Kilkelly, Brona, Strategist-Creative -- J. Walter Thompson, Sydney, Australia, pg. 554

Kilkenny, John, Creative Dir -- TBWA\Dublin, Dublin, Ireland, pg. 1083

Killblane, Trevor, Acct Supvr -- STATION8 BRANDING, Tulsa, OK, pg. 1044

Killeen, Gerry, Exec VP & Mng Dir-Creative Svcs -- PUBLICIS NEW YORK, New York, NY, pg. 912

Killen, Janet, Partner & Dir-PR -- ADVENTIVE MARKETING, INC., Chicago, IL, pg. 35

Killorin, Chuck, Creative Dir-Interactive -- MILLENNIUM COMMUNICATIONS, INC., Syosset, NY, pg. 741

Kilpatrick, April, Art Dir -- SIGNAL INC., Raleigh, NC, pg. 1012

Kilty, Amy, Acct Dir -- Wieden + Kennedy, London, United Kingdom, pg. 1165

Kim, Amanda, Acct Exec -- COLISEUM COMMUNICATIONS, North Wales, PA, pg. 218

Kim, Angela EunSung, Art Dir -- ANNEX88, New York, NY, pg. 1237

Kim, Chloe, Art Dir -- GREY CANADA, Toronto, Canada, pg. 437

Kim, Colin, Creative Dir -- BBH NEW YORK, New York, NY, pg. 115

Kim, Han, Grp Dir-Creative -- Geometry Global, Akron, OH, pg. 416

Kim, Inii, Creative Dir -- KING & PARTNERS, LLC, New York, NY, pg. 596

Kim, Jason, Art Dir-The Shop-Google -- FIREWOOD MARKETING, San Francisco, CA, pg. 383

Kim, Joshua, Media Planner-Integrated & Buyer -- Crossmedia, Los Angeles, CA, pg. 1317

Kim, Linda, Creative Dir -- BADGER & WINTERS, INC., New York, NY, pg. 83

Kim M K, Art Dir -- PUBLICIS NEW YORK, New York, NY, pg. 912

Kim, Michelle, VP, Acct Dir, Media Planner & Media Supvr -- Havas Media, Chicago, IL, pg. 1327

Kim, Minsoo, Assoc Creative Dir -- ADASIA COMMUNICATIONS, INC., Englewood Cliffs, NJ, pg. 27

Kim, Nari, Assoc Creative Dir -- TBWA Chiat Day New York, New York, NY, pg. 1078

Kim, Nellie, Partner, VP & Creative Dir -- LG2, Montreal, Canada, pg. 639

Kim, Pam, Exec Creative Dir -- HAVAS WORLDWIDE, New York, NY, pg. 475

Kim, Paul, Art Dir -- DDB New Zealand Ltd., Auckland, New Zealand, pg. 278

Kim, Peter, Partner & Exec Creative Dir -- Mortenson Safar Kim, Milwaukee, WI, pg. 761

Kim, Peter, Partner & Exec Creative Dir -- MORTENSON SAFAR KIM, Indianapolis, IN, pg. 761

Kim, Phillip, Assoc Dir-Creative-Design -- THE STEPHENZ GROUP, INC., San Jose, CA, pg. 1047

Kim, Seontaek, Art Dir -- Cheil Worldwide Inc., Seoul, Korea (South), pg. 462

Kim, Sohee, Media Planner -- Cheil Worldwide Inc., Seoul, Korea (South), pg. 462

Kim, Stephanie, Acct Supvr -- J. WALTER THOMPSON, New York, NY, pg. 553

Kimball-Malone, Kalie, Exec Creative Dir -- THE GARRIGAN LYMAN GROUP, INC, Seattle, WA, pg. 410

Kimbell, Jason, Acct Supvr -- BROWN BAG MARKETING, Atlanta, GA, pg. 167

Kimber, Blair, Creative Dir -- Leo Burnett Melbourne, Melbourne, Australia, pg. 628

Kimsey, Shane, Acct Dir -- TRAFFIK, Irvine, CA, pg. 1113

Kimura, Kentaro, Co-Chief Creative Officer-APAC -- HAKUHODO INCORPORATED, Tokyo, Japan, pg. 461

Kimura, Lori, Media Dir -- MVNP, Honolulu, HI, pg. 780

Kinard, Amy, Art Dir -- THE HARMON GROUP, Nashville, TN, pg. 468

Kincaid, Tristan, Exec Creative Dir -- GREY NEW YORK, New York, NY, pg. 438

Kinder, Jeremy, Exec Creative Dir -- WUNDERMAN, New York, NY, pg. 1188

Kindermann, Wolfgang, Creative Dir -- Pjure Isobar, Vienna, Austria, pg. 550

Kindred, Eunice, Assoc Creative Dir -- NeON, New York, NY, pg. 364

Kinee, Meredith, Assoc Dir-Creative -- VML, INC., Kansas City, MO, pg. 1143

King, Alana, Coord-Traffic -- MULTI-NET MARKETING, INC., Colorado Spgs, CO, pg. 1353

King, Betsy, Acct Supvr -- DDB Chicago, Chicago, IL, pg. 268

King, Briana, Acct Coord-Digital -- R&J STRATEGIC COMMUNICATIONS, Bridgewater, NJ, pg. 1622

King, Dan, Creative Dir-Film -- BLUECADET INTERACTIVE, Philadelphia, PA, pg. 1241

King, Dan, Pres & Exec Creative Dir -- ZGM, Calgary, Canada, pg. 1212

King, Eric, Creative Dir -- R/GA, Chicago, IL, pg. 926

King, Hannah, Art Dir -- DDB Sydney Pty. Ltd., Ultimo, Australia, pg. 270

King, Helen, Art Dir -- Havas Worldwide Sydney, Sydney, Australia, pg. 485

King, Jessica, Acct Exec -- Signal Outdoor Advertising, Roswell, GA, pg. 1012

King, Jonathan, Acct Supvr -- DDB Chicago, Chicago, IL, pg. 268

King, Josh, Art Dir & Copywriter -- Wieden + Kennedy, Shanghai, China, pg. 1166

King, Julia, Acct Dir -- Jack Morton Worldwide, Sydney, Australia, pg. 568

King, Katie, Acct Mgr-PR -- E.W. BULLOCK ASSOCIATES, Pensacola, FL, pg. 354

King, Kayla, Acct Exec-Digital -- ALIPES CME, INC, Boston, MA, pg. 1235

King, Kristina, Mgr-PR -- HUGE LLC, Brooklyn, NY, pg. 512

King, Lindsey, Creative Dir -- CP+B LA, Santa Monica, CA, pg. 235

King, Marilyn, VP-Production & Creative Svcs -- PATTISON OUTDOOR ADVERTISING, Oakville, Canada, pg. 858

King, Marlayn, Creative Dir -- MULLIN/ASHLEY ASSOCIATES, INC., Chestertown, MD, pg. 778

King, Melissa, Mgr-Client Svc & Traffic -- EMC OUTDOOR, Newtown Square, PA, pg. 1320

King, Patrick, Sr Acct Mgr-PR -- BACKBONE MEDIA LLC, Carbondale, CO, pg. 1437

King, Sharri, Media Planner & Buyer -- COPP MEDIA SERVICES INC, Wichita, KS, pg. 231

King, Tom, Principal & Chief Creative Officer -- 23K STUDIOS, Wayne, PA, pg. 4

Kinka, Brittany, Acct Supvr -- DUDNYK HEALTHCARE GROUP, Horsham, PA, pg. 324

Kinkaid, Ryan, VP-Creative -- MARKETING ARCHITECTS, INC., Minnetonka, MN, pg. 682

Kinman, Lili, Acct Exec -- SCOPPECHIO, Louisville, KY, pg. 997

Kinnealy, Karen, Mgr-Creative -- OGILVY COMMONHEALTH WORLDWIDE, Parsippany, NJ, pg. 832

Kinnear, Miku, Assoc Creative Dir-Juice Interactive -- O'KEEFE REINHARD & PAUL, Chicago, IL, pg. 834

Kinnett, Kristina, Office Mgr & Media Buyer -- HARRISON MARKETING & ADVERTISING, Bakersfield, CA, pg. 469

Kinney, Caitlin, Acct Supvr -- FREDERICK SWANSTON, Alpharetta, GA, pg. 397

Kinney, Patty, Dir-Creative Svcs -- FREDERICK SWANSTON, Alpharetta, GA, pg. 397

Kinsella, Patrick, VP-Creative Svcs -- LAIRD+PARTNERS, New York, NY, pg. 607

Kinstan, Psembi, Assoc Creative Dir -- BARTLE BOGLE HEGARTY LIMITED, London, United Kingdom, pg. 92

Kinzelberg, Scott, Acct Exec -- TOTAL PROMOTIONS, Highland Park, IL, pg. 1417

Kiofiri, Aggeliki, Acct Dir -- Action Global Communications, Athens, Greece, pg. 1678

Kipp, Ryerson, Sr VP & Creative Dir -- THE DSM GROUP, Mahwah, NJ, pg. 323

Kiral, Pinar, Art Dir -- Y&R Turkey, Istanbul, Turkey, pg. 1204

Kirby, Jonathan, Acct Exec -- CANNONBALL, Saint Louis, MO, pg. 187

Kirby, Matt, Acct Supvr -- FIREHOUSE, INC., Dallas, TX, pg. 1402

Kircher, Jakob, Media Planner & Buyer -- INQUEST MARKETING, Kansas City, MO, pg. 534

Kirk, Christian, Assoc Creative Dir -- BRIGHTON AGENCY, INC., Saint Louis, MO, pg. 164

Kirk, Jim, Acct Exec -- WORLDLINK MEDIA, Los Angeles, CA, pg. 1177

Kirk, Karlie, Acct Exec-PR -- BRANDNER COMMUNICATIONS, INC., Federal Way, WA, pg. 157

Kirk, Steve, Dir-PR -- The Brooklyn Brothers, London, United Kingdom, pg. 167

Kirkeide, Kristi, VP & Acct Dir -- CP+B BOULDER, Boulder, CO, pg. 235

Kirkelis, Andre, Art Dir -- Leo Burnett Tailor Made, Sao Paulo, Brazil, pg. 623

Kirklys, Stephen, Art Dir -- STUN CREATIVE, Los Angeles, CA, pg. 1057

AGENCIES — PERSONNEL INDEX

Kirkpatrick, Mack, Creative Dir -- FREEBAIRN & COMPANY PUBLIC RELATIONS, Atlanta, GA, pg. 1513
Kirksey, Susan, Media Dir -- GOODWAY GROUP, Jenkintown, PA, pg. 1322
Kirkwood, Kevin, Art Dir -- MARCOM GROUP INC., Mississauga, Canada, pg. 678
Kirma, Hila, Acct Exec -- BBR Saatchi & Saatchi, Ramat Gan, Israel, pg. 977
Kirner, Fabian, Chief Creative Officer -- Grey, Frankfurt, Germany, pg. 440
Kirner, Fabian, Chief Creative Officer -- Grey Group Germany, Dusseldorf, Germany, pg. 440
Kirsanov, Serge, Creative Dir & Dir-Jordan Brand -- LOS YORK, Santa Monica, CA, pg. 652
Kirsch, Danielle, Acct Supvr -- PAN COMMUNICATIONS, Boston, MA, pg. 1605
Kirsch, Nichole, Principal & Media Dir -- FIREHOUSE, INC., Dallas, TX, pg. 1402
Kirsch, Sarah, Acct Supvr -- GREENLIGHT MEDIA & MARKETING, LLC, Hollywood, CA, pg. 435
Kirsch, Tom, Grp Dir-Creative -- THE AMPERSAND AGENCY, Austin, TX, pg. 54
Kirshenblatt, Jason, Grp Creative Dir -- CULT360, New York, NY, pg. 253
Kirta, Nora, Acct Dir -- DDB Latvia, Riga, Latvia, pg. 276
Kirwin, Beatrix, Acct Dir -- MRM MCCANN, New York, NY, pg. 766
Kisker, Tom, VP-Creative -- SEED STRATEGY, INC., Crestview Hills, KY, pg. 1000
Kiss, Eszter, Media Dir -- Starcom Worldwide, Budapest, Hungary, pg. 1373
Kissane, John, Creative Dir -- JACOBS & CLEVENGER, INC., Chicago, IL, pg. 569
Kissell, Dan, Exec VP-New Bus Dev -- Zimmerman Advertising, Downers Grove, IL, pg. 1213
Kissler, Gregory, Assoc Creative Dir -- OGILVY, New York, NY, pg. 809
Kissling, Michel, Art Dir -- TBWA Health A.G., Zurich, Switzerland, pg. 1085
Kistler, Martin, CEO & Chief Creative Dir -- IGNITION BRANDING, Sarasota, FL, pg. 523
Kistler, Martin, Partner & Creative Dir -- IGNITION INTERACTIVE, Los Angeles, CA, pg. 523
Kistner, John, VP & Creative Dir -- LEO BURNETT WORLDWIDE, INC., Chicago, IL, pg. 621
Kisztelinska, Kashka, Art Dir -- VIVA CREATIVE, Rockville, MD, pg. 1141
Kita, Lauren, Acct Supvr -- J PUBLIC RELATIONS, San Diego, CA, pg. 1407
Kitakaze, Masaru, Chief Creative Officer-Worldwide & Dir -- HAKUHODO INCORPORATED, Tokyo, Japan, pg. 461
Kitani, Yusuke, Art Dir -- DENTSU INC., Tokyo, Japan, pg. 289
Kitchen, Anita, Assoc Creative Dir -- JAN KELLEY MARKETING, Burlington, Canada, pg. 571
Kitchen, Lance, Art Dir -- HANCOCK ADVERTISING AGENCY, Nacogdoches, TX, pg. 465
Kitlan, Becky, Creative Dir -- Rauxa, New York, NY, pg. 933
Kittel, Lucie, Acct Supvr-PlayStation & Grubhub -- BBH NEW YORK, New York, NY, pg. 115
Kitterman, Elizabeth, Media Planner & Media Buyer -- POWER CREATIVE, Louisville, KY, pg. 884
Kittikorn, Krai, Creative Dir -- Ogilvy Advertising, Bangkok, Thailand, pg. 828
Kittle, Alan, Sr VP-Creative & Strategy -- Harte-Hanks Direct, Inc., Feasterville Trevose, PA, pg. 471
Kittle, Alan, Exec Creative Dir-Global -- Harte-Hanks, Inc., Wilkes Barre, PA, pg. 470
Kitzmiller, John, Creative Dir -- SEED STRATEGY, INC., Crestview Hills, KY, pg. 1000
Kivihall, Tauno, Creative Dir -- Inorek & Grey, Tallinn, Estonia, pg. 440
Kiyalova, Assem, Art Dir -- TBWA Central Asia, Almaty, Kazakhstan, pg. 1088
Kizilbash, Michael, Creative Dir -- AREA 23, New York, NY, pg. 67
Kjaer, Morten, Creative Dir -- Acne Advertising, Stockholm, Sweden, pg. 1249
Klaas, Katie, Acct Dir -- G&S BUSINESS COMMUNICATIONS, New York, NY, pg. 406
Klainguti, Andrea, Art Dir -- Publicis, Zurich, Switzerland, pg. 901
Klamik, Maura, Acct Supvr -- BEACON HEALTHCARE COMMUNICATIONS, Bedminster, NJ, pg. 118
Klang, Klaudia, Art Dir -- McCann Stockholm, Stockholm, Sweden, pg. 710
Klang, Magnus, Art Dir-Mktg Comm -- Prime Public Relations, Stockholm, Sweden, pg. 1678

Klarstrom, Beckie, Dir-Print Production -- THE DESIGNORY, Long Beach, CA, pg. 293
Klassen, Seth, Co-Founder & Exec Creative Dir -- WONDERSAUCE, New York, NY, pg. 1302
Klausmeier, Travis, Assoc Creative Dir -- Leo Burnett USA, Chicago, IL, pg. 622
Klausmeier, Travis, Assoc Creative Dir -- LEO BURNETT WORLDWIDE, INC., Chicago, IL, pg. 621
Klayman, Neil Steven, Assoc Creative Dir & Sr Copywriter -- HAWTHORNE DIRECT INC., Fairfield, IA, pg. 489
Kleber, Kevin M., VP & Grp Creative Dir -- ALCONE MARKETING GROUP, Irvine, CA, pg. 1395
Kleckner, Rob, Creative Dir -- Publicis Seattle, Seattle, WA, pg. 905
Kleckner, Rob, Creative Dir -- Publicis Seattle, Seattle, WA, pg. 913
Klein, Bob, Exec VP-New Bus & Trade -- CORINTHIAN MEDIA, INC., New York, NY, pg. 1316
Klein, Danny, Creative Dir -- O2KL, New York, NY, pg. 803
Klein, Daryl, Assoc Dir-Creative -- BOB'S YOUR UNCLE, Toronto, Canada, pg. 143
Klein, Hanna, Acct Exec & Designer -- TRUNGALE EGAN + ASSOCIATES, Chicago, IL, pg. 1120
Klein, Kathryn, Founder, CEO & Exec Creative Dir -- AFTER MIDNIGHT, INC, Scotts Valley, CA, pg. 37
Klein, Keith, Chief Creative Officer -- MSA ADVERTISING & PUBLIC RELATIONS, New York, NY, pg. 769
Klein, Kim, Acct Exec -- MAGRINO PUBLIC RELATIONS, New York, NY, pg. 671
Klein, Lauren, Acct Supvr-SC Johnson Glade Acct -- Ogilvy, Chicago, IL, pg. 811
Klein, Ramiro Padilla, Acct Dir-Strategy & Ping -- Weber Shandwick-Los Angeles, Los Angeles, CA, pg. 1676
Kleine, Jay, Acct Dir -- SANDERS\WINGO ADVERTISING, INC., El Paso, TX, pg. 989
Kleinschmidt, Janine, Creative Dir -- FCB Johannesburg, Johannesburg, South Africa, pg. 375
Kleman, Kurt, Creative Dir -- RED BROWN KLE, Milwaukee, WI, pg. 938
Klemet, Sam, Acct Dir -- ARLAND COMMUNICATIONS INC., Carmel, IN, pg. 69
Klemtz, Sergio, Art Dir -- F.biz, Sao Paulo, Brazil, pg. 1183
Kleps, Damon, Art Dir -- ROUTE 1A ADVERTISING, Erie, PA, pg. 969
Kleven, Kristin, Acct Exec -- GRIFFIN COMMUNICATIONS GROUP, Seabrook, TX, pg. 449
Kliebe, Kelly, VP & Grp Creative Dir -- INNOCEAN USA, Huntington Beach, CA, pg. 534
Kligerman, Idan, Creative Dir-Digital -- BBR Saatchi & Saatchi, Ramat Gan, Israel, pg. 977
Kligman, Erin Finestone, Acct Dir -- YARD, New York, NY, pg. 1303
Klimaszewski, Bartek, Creative Dir -- Polska McCann Erickson, Warsaw, Poland, pg. 708
Kline, Adam, Mng Dir-ZEST Adaptics, Exec VP & Creative Dir-JUICE Pharma -- JUICE PHARMA WORLDWIDE, New York, NY, pg. 584
Kline, Adam, Assoc Creative Dir -- Saatchi & Saatchi New York, New York, NY, pg. 976
Kline, Liz, Principal & VP-Acct Svcs & New Bus Dev -- Eisenberg & Associates, Dallas, TX, pg. 334
Klingensmith, Ron, Chief Creative Officer & Exec VP -- SLACK AND COMPANY, Chicago, IL, pg. 1020
Klinger, Daniela, Acct Dir -- McCann Erickson, Tel Aviv, Israel, pg. 705
Klinger, Tim, Creative Dir -- KLEIDON & ASSOCIATES, Akron, OH, pg. 598
Klitenick, Joshua, Acct Supvr -- HEALTHSTAR COMMUNICATIONS, INC., Mahwah, NJ, pg. 492
Kloss, Patti, Acct Exec -- PATHFINDERS ADVERTISING & MARKETING GROUP, Mishawaka, IN, pg. 857
Klossner, Bettina, Art Dir -- TBWA Health A.G., Zurich, Switzerland, pg. 1085
Klotz, David, Creative Dir -- MARKETING REFRESH, Houston, TX, pg. 1270
Kluetz, James, Pres & Chief Creative Officer -- BRAND TANGO INC., Deerfield Beach, IL, pg. 155
Klug, Valter, Founder & Chief Creative Officer -- SAMBA ROCK, Miami Beach, FL, pg. 988
Klumas, Jennifer, Sr Producer-Brdcst -- THE VIA AGENCY, Portland, ME, pg. 1136
Klundt, Darin, Principal & Creative Dir -- KLUNDT HOSMER, Spokane, WA, pg. 598
Klundt, Jean, Partner & Creative Dir -- KLUNDT HOSMER, Spokane, WA, pg. 598

Kluskowski, Darryl, Grp Creative Dir -- J. WALTER THOMPSON, New York, NY, pg. 553
Kluth, Ketti, Specialist-Content Mktg & Writer-Creative -- WALK WEST, Raleigh, NC, pg. 1300
Kluzek, Jennifer, Acct Dir -- PUBLICIS NEW YORK, New York, NY, pg. 912
Kmet-Hunt, Sarah, Creative Dir -- BADER RUTTER & ASSOCIATES, INC., Milwaukee, WI, pg. 83
Knaack, Mike, Dir-PR -- TAIGMARKS INC., Elkhart, IN, pg. 1071
Knaggs, Mike, Sr Creative Dir -- INTERBRAND CORPORATION, New York, NY, pg. 537
Knapp, Peter, Chm & Chief Creative Officer -- Landor Associates, London, United Kingdom, pg. 609
Knauff, Kyle, Acct Supvr -- RP3 AGENCY, Bethesda, MD, pg. 970
Knegt, Alex, Media Dir-Canada -- BEYOND MARKETING GROUP, Santa Ana, CA, pg. 126
Knight, Andy, Creative Dir -- SBC, Columbus, OH, pg. 993
Knight, Ben, Exec Dir-Creative -- MEMAC Ogilvy, Kuwait, Kuwait, pg. 830
Knight, Erica, Pres-PR & Mktg -- THE KNIGHT AGENCY, Scottsdale, AZ, pg. 599
Knight, Katie, Creative Dir -- Colenso BBDO, Auckland, New Zealand, pg. 114
Knight, Kelle, Acct Dir -- DROESE PUBLIC RELATIONS, Dallas, TX, pg. 1488
Knight, Kristal, Creative Dir -- Saatchi & Saatchi, Auckland, New Zealand, pg. 984
Knight, Mary, Principal, Exec Creative Dir & Copywriter -- HYDROGEN ADVERTISING, Seattle, WA, pg. 515
Knight, Robin, Chief Strategy Officer & Exec Creative Dir -- C3 - CREATIVE CONSUMER CONCEPTS, Overland Park, KS, pg. 181
Knightly, June, Acct Exec -- ZOOM CREATES, Hillsboro, OR, pg. 1215
Knipe, Paul, Acct Dir -- VERMILION INC., Boulder, CO, pg. 1134
Knittel, Eric, Assoc Creative Dir -- GSD&M, Austin, TX, pg. 453
Knobloch, Leslie, Acct Supvr -- ZENO GROUP, New York, NY, pg. 1689
Knock, Josh, Media Buyer-Natl -- STRATEGIC MEDIA INC, Portland, ME, pg. 1053
Knorr, Kay, Acct Exec -- BRANDDIRECTIONS, Neenah, WI, pg. 155
Knott, Paul, Creative Dir -- Adam & EveDDB, London, United Kingdom, pg. 281
Knotts, Harry, Acct Supvr -- CROWL, MONTGOMERY & CLARK, North Canton, OH, pg. 250
Knowlton, Patrick, Creative Dir -- GOODBY, SILVERSTEIN & PARTNERS, San Francisco, CA, pg. 428
Knox, Amiee, Acct Dir -- TBWA Auckland, Auckland, New Zealand, pg. 1091
Knox, Katie, Acct Supvr-WT Sports & Recreation -- WALZ TETRICK ADVERTISING, Mission, KS, pg. 1151
Knox, Lauren, VP-Ketchum PR -- Ketchum, Atlanta, GA, pg. 1556
Knox, Michael, Chief Creative Officer -- Grey Hong Kong, North Point, China (Hong Kong), pg. 446
Knox, Stacey Rose, Acct Dir -- PURE BRAND COMMUNICATIONS, LLC, Denver, CO, pg. 916
Knox, Susannah, Art Dir -- GREY NEW YORK, New York, NY, pg. 438
Knudson, Mike, Acct Exec -- HENKINSCHULTZ, Sioux Falls, SD, pg. 496
Knutson, Garth, Acct Dir -- Publicis Seattle, Seattle, WA, pg. 905
Knutson, Garth, Acct Dir -- Publicis Seattle, Seattle, WA, pg. 913
Knutson, Malory, Assoc Acct Exec-PR -- ZION & ZION, Tempe, AZ, pg. 1213
Ko, Jenny, Creative Dir -- BUCK LA, Los Angeles, CA, pg. 171
Koay, John, Co-Exec Creative Dir -- Ogilvy Advertising, Central, China (Hong Kong), pg. 822
Kobayashi, Marie, Acct Supvr -- Beacon Communications K.K., Tokyo, Japan, pg. 630
Kobayashi, Marie, Acct Supvr -- Beacon Communications K.K., Tokyo, Japan, pg. 910
Kobayashi, Marina, Planner-Creative -- DENTSU INC., Tokyo, Japan, pg. 289
Kobeszko, Stacey, Acct Supvr -- COYNE PUBLIC RELATIONS, Parsippany, NJ, pg. 1476
Kobler, Craig, Creative Dir -- DIAMOND MERCKENS HOGAN, Kansas City, MO, pg. 299
Kobler, Patrick, Assoc Creative Dir -- Ackerman McQueen, Inc., Dallas, TX, pg. 21
Koc, Emre, Art Dir -- Medina/Turgul DDB, Beyoglu, Turkey, pg. 281
Kocbek, Matija, Art Dir -- Pristop Group d.o.o., Ljubljana, Slovenia, pg. 1678

1762

PERSONNEL INDEX — AGENCIES

Koch, Maria, Art Dir -- TIC TOC, Dallas, TX, pg. 1102
Koch, Mitchell, Acct Dir -- FAST HORSE, Minneapolis, MN, pg. 362
Kochen, Jonas, Partner & Chief Creative Officer -- VERTIC, New York, NY, pg. 1135
Kochmanski, Doug, Art Dir -- THE IDEA MILL, Pittsburgh, PA, pg. 521
Koci, Milos, Creative Dir -- Havas Worldwide Prague, Prague, Czech Republic, pg. 479
Kocourek, Jenifer, VP & Acct Dir -- LAIRD+PARTNERS, New York, NY, pg. 607
Kocsis, Natalie, Art Dir -- Acne Advertising, Stockholm, Sweden, pg. 1249
Kodrich, Jessica, Art Dir -- SPOTLIGHT MARKETING COMMUNICATIONS, Orange, CA, pg. 1036
Koe, Mike, Assoc Creative Dir -- GRIP LTD., Toronto, Canada, pg. 450
Koecher, Joe, Assoc Creative Dir -- HAVAS WORLDWIDE, New York, NY, pg. 475
Koehl, Anna Corin, Sr Acct Exec-PR -- BEUERMAN MILLER FITZGERALD, INC., New Orleans, LA, pg. 125
Koehler, Kelly, Acct Supvr -- WESTBOUND COMMUNICATIONS, INC., Orange, CA, pg. 1159
Koelfgen, Mark, Exec Creative Dir & Copywriter -- DAVID & GOLIATH, El Segundo, CA, pg. 261
Koeneke, Tracy, Media Dir -- BOZELL, Omaha, NE, pg. 150
Koenig, Marco, Acct Dir-Integrated -- Saatchi & Saatchi Los Angeles, Torrance, CA, pg. 975
Koenn, Amanda, Acct Dir -- SCHIFINO LEE ADVERTISING, Tampa, FL, pg. 996
Koepke, Lori, Media Dir -- FIRESPRING, Lincoln, NE, pg. 383
Koeppel, Andrea, Principal & Chief Creative Officer -- OCREATIVE DESIGN STUDIO, Oconomowoc, WI, pg. 806
Koeppel, Katie, Specialist-PR -- BOTTOM LINE MARKETING & PUBLIC RELATIONS, Milwaukee, WI, pg. 1454
Koestner, Carl, Assoc Creative Dir -- BURRELL, Chicago, IL, pg. 176
Koestner, Kevin, VP & Creative Dir -- Fleishman-Hillard Inc., Kansas City, MO, pg. 1507
Kogovsek, Ana, Art Dir -- Futura DDB, Ljubljana, Slovenia, pg. 279
Koh, Catharina, Acct Supvr-Digital -- RPA, Santa Monica, CA, pg. 970
Koh, Daniel, Partner & Creative Dir -- AGENDA, New York, NY, pg. 40
Koh, Kit, Exec Creative Dir -- BBDO China, Shanghai, China, pg. 112
Kohl, Annette, Media Buyer -- MARTINO FLYNN LLC, Pittsford, NY, pg. 689
Kohler, Kate, Acct Dir -- BREADNBUTTER, Seattle, WA, pg. 1243
Kohlhase, John, Creative Dir -- W A FISHER, CO., Virginia, MN, pg. 1147
Kohm, Sue, Creative Dir -- R/GA, Chicago, IL, pg. 926
Kohnen, Stephanie, Assoc Creative Dir -- WORKINPROGRESS, Boulder, CO, pg. 1177
Kohoutek, Tomas, Assoc Creative Dir -- CROW CREATIVE, New York, NY, pg. 250
Kok, Melina, Creative Dir -- LAIRD+PARTNERS, New York, NY, pg. 607
Kolansky, Alexandra, Art Dir -- FCB Shimoni Finkelstein, Tel Aviv, Israel, pg. 370
Kolarik, Jakub, Head-Creative -- Havas Worldwide Prague, Prague, Czech Republic, pg. 479
Kolassa, Mary Jane, Acct Dir-PR -- PARADISE ADVERTISING & MARKETING, Saint Petersburg, FL, pg. 853
Kolatac, Michael, Assoc Creative Dir -- S3, Boonton, NJ, pg. 974
Kole, Katie, Acct Dir -- THE MAYFIELD GROUP, Tallahassee, FL, pg. 1578
Kollegian, Les, CEO & Chief Creative Officer -- JACOB TYLER BRAND COMMUNICATIONS, San Diego, CA, pg. 569
Koller, Kevin, Creative Dir -- R/GA San Francisco, San Francisco, CA, pg. 926
Kollin, Dani, Creative Dir -- MIDNIGHT OIL CREATIVE, Burbank, CA, pg. 739
Kollin, Jimmy, Chief Creative Officer -- DUFFEY PETROSKY, Farmington Hills, MI, pg. 324
Kolodkin, Leonid, Head-Corp Affairs-SPN Ogilvy PR -- SPN Ogilvy Communications Agency, Moscow, Russia, pg. 816
Kologlu, Alper, Art Dir & Assoc Creative Dir -- TWOFIFTEENMCCANN, San Francisco, CA, pg. 1124
Kolopeaua, Richard, Sr VP & Grp Creative Dir -- Deutsch New York, New York, NY, pg. 295
Kolozsvary, Kailey, Mgr-PR -- MARTIN DAVISON PUBLIC RELATIONS, Buffalo, NY, pg. 1577
Komarnitsky, Steven, VP-New Bus Dev -- ECLIPSE ADVERTISING, INC., Burbank, CA, pg. 330
Kong, James, Acct Exec -- Allied Integrated Marketing, Hollywood, CA, pg. 47
Kong, Mark, Exec Creative Dir-China -- FCB Shanghai, Shanghai, China, pg. 372
Konnor, Clay, Grp Creative Dir -- NELSON SCHMIDT, Milwaukee, WI, pg. 788
Kono, Guto, Creative Dir -- Leo Burnett Mexico S.A. de C.V., Mexico, Mexico, pg. 624
Kono, Yoshihiro, Art Dir -- TBWA/Hakuhodo, Tokyo, Japan, pg. 1090
Konold, Robert A., Sr VP & Grp Creative Dir -- SPM MARKETING & COMMUNICATIONS, La Grange, IL, pg. 1035
Konopasek, Scott C., Media Dir -- NOBLE PEOPLE, New York, NY, pg. 796
Koo, Dan, Art Dir -- Wieden + Kennedy New York, New York, NY, pg. 1165
Kooijmans, Gaston, Creative Dir -- Darwin BBDO, Diegem, Belgium, pg. 103
Koonce, Karen, Acct Exec -- RE:FUEL, New York, NY, pg. 944
Koop, Brooke, Acct Exec & Specialist-Media -- W A FISHER, CO., Virginia, MN, pg. 1147
Koop, Kristen, Assoc Creative Dir -- PUBLICIS NEW YORK, New York, NY, pg. 912
Kootint-Hadiatmodjo, Pritsana, Founder & Creative Dir -- SPOON+FORK, New York, NY, pg. 1035
Kopay, Jeff, Creative Dir -- Deutsch New York, New York, NY, pg. 295
Kopilak, John, Creative Dir -- O2KL, New York, NY, pg. 803
Kopilenko, Tegan, Acct Dir -- CINCH PR & BRANDING GROUP, San Francisco, CA, pg. 1469
Kopjak, Kevin, VP-PR & Mktg -- CHARLES ZUKOW ASSOCIATES LLC, San Francisco, CA, pg. 1466
Kopke, Kathrin, Media Planner -- OMD, Berlin, Germany, pg. 1359
Kopp, Allison Stouffer, Acct Supvr -- VOX GLOBAL, Washington, DC, pg. 1146
Kopp, Lisa, Acct Dir -- Acne Advertising, Stockholm, Sweden, pg. 1249
Koppel, Kerri Levine, Media Dir -- SIGMA GROUP, Upper Saddle River, NJ, pg. 1011
Koranda, Casey, Media Planner -- Team One USA, Oak Brook, IL, pg. 1095
Korecki, Christine, Acct Exec -- DAVIDSON & BELLUSO, Phoenix, AZ, pg. 263
Korfias, Amy, Acct Dir -- HAVAS WORLDWIDE, New York, NY, pg. 475
Korinek, Ondrej, Exec Creative Dir -- MullenLowe GGK, Bratislava, Slovakia, pg. 774
Korn, James, Art Dir -- TODD ALLEN DESIGN, Elkhart, IN, pg. 1108
Kornelatou, Angeliki, Creative Dir -- Bold Ogilvy Greece, Athens, Greece, pg. 815
Korngut, Jennifer, Acct Supvr -- HAVAS HEALTH & YOU, New York, NY, pg. 474
Kornhaas, Ryan, Acct Supvr -- DAC GROUP, Louisville, KY, pg. 257
Kornowski, Shiri, Creative Dir -- SQUAT NEW YORK, New York, NY, pg. 1038
Koroglu, Seren, Creative Dir -- 4129Grey, Istanbul, Turkey, pg. 442
Korolczuk, Jakub, Exec Creative Dir -- Grey Group Poland, Warsaw, Poland, pg. 441
Koros, Agnes, Acct Dir -- DDB Budapest, Budapest, Hungary, pg. 275
Korotaeva, Alina, Acct Dir-Customer Success -- MARCHEX, INC., Seattle, WA, pg. 678
Korsten, Bas, Head-Global Creative-Council -- J. WALTER THOMPSON, New York, NY, pg. 553
Korsten, Bas, Exec Creative Dir & Partner-Creative -- Ubachswisbrun J. Walter Thompson, Amsterdam, Netherlands, pg. 560
Kort, Michael, VP & Grp Dir-Creative -- Jack Morton Worldwide, New York, NY, pg. 569
Korzeniowski, Rick, Exec Creative Dir -- SPM MARKETING & COMMUNICATIONS, La Grange, IL, pg. 1035
Kosatka, Filip, Art Dir -- McCann Erickson Prague, Prague, Czech Republic, pg. 702
Koscho, Jason, VP-Creative Svcs -- QUATTRO DIRECT LLC, Berwyn, PA, pg. 921
Koscielniak, Jennifer, Creative Dir -- BLUE WATER, Greenbelt, MD, pg. 1241
Koscinski, Ron, Creative Dir -- J. FITZGERALD GROUP, Lockport, NY, pg. 552
Kosinski, Greg, Creative Dir -- MICHAEL WALTERS ADVERTISING, Chicago, IL, pg. 738
Koslosky, Lauren, Acct Exec -- MRM MCCANN, New York, NY, pg. 766
Kossakowski, Ted, Assoc Partner & Exec Creative Dir -- Cline, Davis & Mann, Inc., Princeton, NJ, pg. 199
Kosstrin, Jane, Chief Creative Officer -- DOUBLESPACE INC., New York, NY, pg. 1253
Kostandoff, Kit, Acct Dir -- MCCANN CANADA, Toronto, Canada, pg. 712
Kostelnik, Jayme, Acct Exec -- BROKAW INC., Cleveland, OH, pg. 166
Kostenko, Artiom Gelvez, Grp Creative Dir -- MullenLowe Moscow, Moscow, Russia, pg. 775
Koston, Ale, Creative Dir -- Grey, Sao Paulo, Brazil, pg. 443
Kostrzewski, Dan, Dir-Creative & New Bus-Active-Lifestyle -- COLE & WEBER UNITED, Seattle, WA, pg. 218
Koszorus, Kirstin, Acct Exec -- TURNER PUBLIC RELATIONS, Denver, CO, pg. 1664
Koteras, Danny, Creative Dir -- STONE WARD, Little Rock, AR, pg. 1050
Kotob, Zuheir, Art Dir -- J. WALTER THOMPSON CANADA, Toronto, Canada, pg. 565
Kotsokalis, Angela, Sr Designer-Creative -- ENVENTYS PARTNERS, LLC, Charlotte, NC, pg. 342
Kotulis, Brian, Art Dir -- CENTIGRADE INTERNATIONAL LTD., Atlanta, GA, pg. 200
Kotys, Alex, Media Buyer -- ICON INTERNATIONAL INC., Stamford, CT, pg. 1330
Koukkos, George, Creative Dir -- COMMCREATIVE, Framingham, MA, pg. 221
Koukodimos, Tom, Exec Creative Dir -- SID LEE, Toronto, Canada, pg. 1010
Koumae, Keisuke, Art Dir -- Wieden + Kennedy Japan, Tokyo, Japan, pg. 1166
Koumantos, Christos, Creative Dir -- Bold Ogilvy Greece, Athens, Greece, pg. 815
Koundouri, Christina, Art Dir -- OgilvyOne Worldwide, Athens, Greece, pg. 815
Koutsis, Phil, Exec Creative Dir -- MAGNETIC COLLABORATIVE, New York, NY, pg. 671
Kouwenhoven, Michael, Creative Dir -- FCB Amsterdam, Amsterdam, Netherlands, pg. 367
Kovacevich, John, Exec Creative Dir -- DUNCAN CHANNON, San Francisco, CA, pg. 325
Kovach, Kristin, Acct Dir -- CROSSROADS, Kansas City, MO, pg. 250
Kovacs, Laura, Media Planner -- MMGY GLOBAL, Kansas City, MO, pg. 750
Kovalik, Ian, Partner & Creative Dir -- Mekanism, New York, NY, pg. 730
Kovalik, Ian, Partner & Creative Dir -- MEKANISM, San Francisco, CA, pg. 729
Kovanda, Hutson, Exec Creative Dir -- FOODMIX MARKETING COMMUNICATIONS, Elmhurst, IL, pg. 391
Kovarik, Heather, Exec Creative Dir -- MONCUR ASSOCIATES MIAMI, Miami, FL, pg. 1274
Kovarovicova, Katerina, Mgr-Traffic -- Saatchi & Saatchi, Prague, Czech Republic, pg. 977
Kovoor, George, Head-Creative -- OgilvyOne Worldwide, Mumbai, India, pg. 825
Kowalczyk, Jake, Mktg Mgr & Acct Exec -- MCS ADVERTISING, Peru, IL, pg. 720
Kowalczyk, Kamil, Assoc Creative Dir & Writer -- ARGONAUT INC., San Francisco, CA, pg. 67
Kowalski, Bradley, Acct Dir -- Havas Worldwide Digital Canada, Toronto, Canada, pg. 478
Kowalski, Matt, Mgr-New Bus Dev & Data Acquisition -- LIGHTHOUSE LIST COMPANY, Pompano Beach, FL, pg. 640
Kowing, Jon, Assoc Creative Dir -- Sullivan Higdon & Sink Incorporated, Kansas City, MO, pg. 1060
Kowlessar, Lance, Acct Supvr -- SID LEE, Toronto, Canada, pg. 1010
Koyanagi, Yusuke, Art Dir -- DENTSU INC., Tokyo, Japan, pg. 289
Koye, Dennis, Sr VP & Exec Creative Dir -- SOURCE COMMUNICATIONS, Hackensack, NJ, pg. 1029
Kozarovich, Steve, Acct Dir -- PRICEWEBER MARKETING COMMUNICATIONS, INC., Louisville, KY, pg. 889
Kozelj, Marusa, Art Dir -- Futura DDB, Ljubljana, Slovenia, pg. 279
Kozhevnikov, Sergey, Exec Creative Dir -- BBDO Moscow, Moscow, Russia, pg. 107
Koziol, Jonathan, Project Mgr-Creative -- GELIA-MEDIA, INC., Williamsville, NY, pg. 414
Koziol, Richard, Creative Dir -- TURCHETTE ADVERTISING AGENCY LLC, Fairfield, NJ, pg. 1121

AGENCIES — PERSONNEL INDEX

Kozlov, Ruslan, Assoc Creative Dir -- Young & Rubicam FMS, Moscow, Russia, pg. 1205
Kozma, Natalie, Acct Exec -- 5W PUBLIC RELATIONS, New York, NY, pg. 1423
Kraabel, Michael, VP-Creative & User Experience -- BOLIN MARKETING, Minneapolis, MN, pg. 145
Kraemar, Meghan, Assoc Creative Dir -- THE HIVE, Toronto, Canada, pg. 503
Kraemer, Emily, Media Planner -- Zenith Los Angeles, Santa Monica, CA, pg. 1392
Kraft, JJ, Art Dir -- BULLISH, New York, NY, pg. 172
Kraft, Marissa, VP & Creative Dir -- FCB HEALTH, New York, NY, pg. 376
Krairavee, Vanalee, Art Dir -- GREYnj United, Bangkok, Thailand, pg. 448
Krajan, Mark, Grp Creative Dir -- DDB San Francisco, San Francisco, CA, pg. 269
Krajan, Mark, Creative Dir -- TBD, San Francisco, CA, pg. 1076
Krakowsky, Tali, Partner & Exec Creative Dir -- Prophet, San Francisco, CA, pg. 894
Krall, Shannon, VP & Acct Dir -- Patients & Purpose, New York, NY, pg. 198
Kramer, Anna, Chief Creative Officer & Principal -- PNEUMA33, Bend, OR, pg. 879
Kramer, Becky, Media Planner -- NEO\@OGILVY, New York, NY, pg. 789
Kramer, David Jacob, Dir-Creative -- IMPRINT PROJECTS, New York, NY, pg. 528
Kramer, Jessie, Acct Supvr -- Edelman, New York, NY, pg. 1492
Kramer, Mathew, Art Dir -- Wieden + Kennedy, London, United Kingdom, pg. 1165
Kramskaya, Natasha, Assoc Creative Dir -- DECCA DESIGN, San Jose, CA, pg. 284
Kranjec, Brad, Art Dir -- HAVAS WORLDWIDE, New York, NY, pg. 475
Krantz, Ben, VP & Creative Dir -- ATTENTION GLOBAL, New York, NY, pg. 76
Krantz, Wally, Chief Creative Officer-Corp -- FUTUREBRAND, New York, NY, pg. 405
Krasavina, Yana, Acct Dir -- Initiative Moscow, Moscow, Russia, pg. 1333
Krasnova, Polina, Art Dir -- DDB Russia, Moscow, Russia, pg. 279
Krasnow, Jacob, Acct Exec -- MCCANN, New York, NY, pg. 697
Krasts, Kerry, Creative Dir -- MeringCarson, San Diego, CA, pg. 731
Kraupa, Stefanie, Media Dir-Adv & Design -- ELEVATOR STRATEGY, Vancouver, Canada, pg. 336
Kraus, Martin, Art Dir -- McCann Erickson Prague, Prague, Czech Republic, pg. 702
Krause, Amanda, Acct Supvr -- DDB Chicago, Chicago, IL, pg. 268
Krause, Elaine, Sr VP & Creative Dir -- GYK ANTLER, Manchester, NH, pg. 457
Krausman, Christine, Media Dir-Intl -- NOBLE PEOPLE, New York, NY, pg. 796
Krauss, Jim, Acct Exec -- GILLESPIE GROUP, Wallingford, PA, pg. 420
Krauss, Ken, Partner & Creative Dir -- CD&M COMMUNICATIONS, Portland, ME, pg. 198
Kravitz, Ben, Acct Supvr -- R/GA, New York, NY, pg. 925
Krebeck, Chris, Exec Creative Dir -- CHECKMARK COMMUNICATIONS, Saint Louis, MO, pg. 1220
Krebs, Gretchen, Acct Exec-Sls -- IMAGINE THIS, INC., Irvine, CA, pg. 526
Kreider, Katie, Acct Dir -- BLUE STATE DIGITAL, Washington, DC, pg. 140
Kreiner, Troy Curtis, Art Dir -- USE ALL FIVE INC., Venice, CA, pg. 1129
Kreitmann, Paul, Creative Dir -- CLM BBDO, Boulogne-Billancourt, France, pg. 104
Krekeler, Sherri, Grp Creative Dir -- TRACYLOCKE, Dallas, TX, pg. 1113
Kremb, Nayeli, Art Dir -- ANR BBDO, Stockholm, Sweden, pg. 109
Kremen, Maya, Acct Exec -- GETO & DEMILLY, INC., New York, NY, pg. 1517
Kreske, Bartelme, VP & Exec Creative Dir -- J.T. MEGA FOOD MARKETING COMMUNICATIONS, Minneapolis, MN, pg. 584
Kreutz, Julie, Acct Dir -- HEINRICH MARKETING, Denver, CO, pg. 493
Kria, Nikki, Acct Supvr -- HAVAS PR, New York, NY, pg. 1528
Kriefski, Mike, Co-Founder & Exec Creative Dir -- SHINE UNITED, Madison, WI, pg. 1008
Kriegsman, Teresa, Creative Dir -- S&A COMMUNICATIONS, Cary, NC, pg. 974
Krigsten, Kim, Acct Exec -- ORCA COMMUNICATIONS UNLIMITED, LLC., Tempe, AZ, pg. 1603
Krikava, Joe, Assoc Creative Dir -- SMALL ARMY, Boston, MA, pg. 1022
Kringen, Alyssa, Acct Coord-Subway -- NEMER FIEGER, Minneapolis, MN, pg. 788
Kripas, Eric, Assoc Creative Dir -- HAVAS WORLDWIDE CHICAGO, Chicago, IL, pg. 488
Kristiansen, Melissa, Art Dir -- Kitchen Leo Burnett, Oslo, Norway, pg. 626
Kritzer, Hernan, Chief Creative Officer -- Grey Argentina, Buenos Aires, Argentina, pg. 443
Kriz, Nancy, Mgr-PR -- FOCUS MEDIA INC, Goshen, NY, pg. 1402
Krizmancic, Robert, Art Dir -- Futura DDB, Ljubljana, Slovenia, pg. 279
Kroeger, Dan, Creative Dir -- JOHNXHANNES, New York, NY, pg. 581
Kroeker, Chad, Mng Partner & Creative Dir -- CLEARMOTIVE MARKETING GROUP, Calgary, Canada, pg. 213
Kroeker, Holli, Mgr-PR & Media -- SCORR MARKETING, Kearney, NE, pg. 1642
Krogstad, Laura, Media Dir -- STEPHAN & BRADY, INC., Madison, WI, pg. 1046
Krol, Lukasz, Acct Dir -- Polska McCann Erickson, Warsaw, Poland, pg. 708
Krol, Stephanie, Dir-PR -- MATRIX PARTNERS LTD., Chicago, IL, pg. 693
Krongold, Jaclyn, VP & Acct Dir -- SAATCHI & SAATCHI, New York, NY, pg. 975
Kronick, Scott, Pres/CEO-PR-Asia Pacific -- Ogilvy Advertising Beijing, Beijing, China, pg. 822
Kroon, Regina, Producer-Creative -- Havas Worldwide Amsterdam, Amsterdam, Netherlands, pg. 481
Krout, Steph, Assoc Creative Dir -- Razorfish Health, Philadelphia, PA, pg. 1287
Krueger, Jon, Acct Exec -- KELLEN COMMUNICATIONS, New York, NY, pg. 590
Kruger, Carol, VP-PR & Media Svcs -- THE WENDT AGENCY, Great Falls, MT, pg. 1159
Kruger, Kim, Partner & Media Dir -- HIGH TIDE CREATIVE, New Bern, NC, pg. 499
Krulc, Petra, Exec Creative Dir -- Grey Ljubljana d.o.o., Ljubljana, Slovenia, pg. 442
Krull, David, Acct Dir -- THE KANTAR GROUP, New York, NY, pg. 587
Krull, John, Principal, VP & Creative Dir -- SHINE UNITED, Madison, WI, pg. 1008
Krull, Stewart, Exec Creative Dir -- Atmosphere Proximity, New York, NY, pg. 98
Krumina, Ance, Head-Agency PR & Sr Acct Mgr -- DDB Latvia, Riga, Latvia, pg. 276
Krumme, Blair Reich, Acct Supvr -- TRUE POINT COMMUNICATIONS, Dallas, TX, pg. 1663
Krumwiede, Ryan, VP & Acct Dir -- BROADHEAD, Minneapolis, MN, pg. 165
Krupicka, Wendy Brown, Creative Dir -- TOTH BRAND IMAGING, Boston, MA, pg. 1111
Kruse, Alexander, Acct Dir-Volvo Cars & iRobot -- WE, New York, NY, pg. 1673
Kruse, Kelly, Acct Dir -- ODYSSEUS ARMS, San Francisco, CA, pg. 808
Krusz, Rob, Acct Dir -- Havas - San Francisco, San Francisco, CA, pg. 476
Kruszewski, Emily, Acct Dir -- UPROAR PR, Orlando, FL, pg. 1665
Kruszewski, Leanna, Art Dir -- TAGLINE MEDIA GROUP, Tucson, AZ, pg. 1070
Kuan Wai, Yow, Assoc Creative Dir -- McCann Erickson (Malaysia) Sdn. Bhd., Kuala Lumpur, Malaysia, pg. 706
Kubes, Halli, Acct Exec-PR -- Woodruff, Red Wing, MN, pg. 1176
Kubien, Agata, Art Dir -- Wunderman, Buenos Aires, Argentina, pg. 1189
Kubinski, Alexa, Media Planner -- FALLON WORLDWIDE, Minneapolis, MN, pg. 359
Kubis, Matt, Art Dir -- LRXD, Denver, CO, pg. 1269
Kubo, Alexandre Kazuo, Creative Dir-Brazil -- BETC, Paris, France, pg. 479
Kucerova, Tereza, Acct Exec -- OGILVY, New York, NY, pg. 809
Kucerova, Tereza, Acct Exec -- Ogilvy, Prague, Czech Republic, pg. 813
Kucerova, Tereza, Acct Exec -- Ogilvy Czech, Prague, Czech Republic, pg. 813
Kucharski, Jason, Partner & Creative Dir -- SIX DEGREES, Orlando, FL, pg. 1017
Kucinski, Maria, Acct Supvr -- GREENOUGH COMMUNICATIONS, Watertown, MA, pg. 1524
Kucinsky, Ted, Pres & Chief Creative Officer -- CATALYST MARKETING DESIGN, Fort Wayne, IN, pg. 195
Kuckuck, Minda, Supvr-PR -- TWO RIVERS MARKETING, Des Moines, IA, pg. 1124
Kudashkin, Mikhail, Exec Creative Dir -- Leo Burnett Moscow, Moscow, Russia, pg. 626
Kuechenmeister, Emily, Acct Exec -- YUME, Redwood City, CA, pg. 1209
Kuehn, Mark, Dir-Creative Strategy -- ANTHOLOGIE, INC., Milwaukee, WI, pg. 61
Kuehnel, Ken, Creative Dir -- FALK HARRISON, Saint Louis, MO, pg. 359
Kuenzer, Jim, Dir-Creative Strategy -- BOXCAR CREATIVE LLC, Dallas, TX, pg. 1242
Kugel, Allison, Creative Dir -- FULL SCALE MEDIA, New York, NY, pg. 1515
Kugler, Gerald, Creative Dir -- ZULU ALPHA KILO, Toronto, Canada, pg. 1216
Kuhla, Stephanie, CEO & Creative Dir -- ADVANTA ADVERTISING, LLC, Haddonfield, NJ, pg. 34
Kuhn, Levi, Acct Supvr -- SANDBOX CHICAGO, Chicago, IL, pg. 989
Kuhn, Lindsey, Acct Supvr -- GSD&M Chicago, Chicago, IL, pg. 454
Kuhn, Richard, Owner & Exec Creative Dir -- RK VENTURE, Albuquerque, NM, pg. 961
Kuhn, Thomas, Creative Dir -- Grey Group Germany, Dusseldorf, Germany, pg. 440
Kuijpers, Joris, Exec Creative Dir -- DDB Amsterdam, Amstelveen, Netherlands, pg. 277
Kukla, Filip, Grp Creative & Copywriter -- McCann Erickson Prague, Prague, Czech Republic, pg. 702
Kukla, Molly, Mgr-PR -- B/W/R, Beverly Hills, CA, pg. 1440
Kukler, Kate, Acct Exec-PR -- ORCA COMMUNICATIONS UNLIMITED, LLC., Tempe, AZ, pg. 1603
Kuksis, Aia, Acct Supvr -- BIMM COMMUNICATIONS GROUP, Toronto, Canada, pg. 131
Kulakoff, Jehoaddan, Art Dir -- BEUTLER INK, Santa Monica, CA, pg. 1449
Kulakov, Alexander, Creative Dir -- Havas Worldwide Kiev, Kiev, Ukraine, pg. 482
Kulkarni, Manali, Art Dir -- ZULU ALPHA KILO, Toronto, Canada, pg. 1216
Kulkarni, Saurabh, Sr Creative Dir -- Ogilvy India, Chennai, India, pg. 823
Kull, Paula Silva, Acct Supvr -- RITTA, Paramus, NJ, pg. 960
Kult, Nina, Acct Supvr -- COMMON GROUND PUBLIC RELATIONS, Chesterfield, MO, pg. 1472
Kumar, Hemant, Exec Creative Dir -- Leo Burnett Orchard, Bengaluru, India, pg. 630
Kumar, Nisha, Acct Dir -- OMD Canada, Toronto, Canada, pg. 1357
Kumar, Pramod, Media Dir -- Havas Worldwide Middle East, Dubai, United Arab Emirates, pg. 488
Kumar, Ranjeet, Creative Dir -- Isobar India, Mumbai, India, pg. 549
Kumar, Rohan, Creative Dir -- Leo Burnett India, Mumbai, India, pg. 629
Kumar, Sendil, Head-Creative -- MADRAS GLOBAL, New York, NY, pg. 670
Kumar, Senthil, Chief Creative Officer -- J. Walter Thompson, Bengaluru, India, pg. 557
Kumar, Senthil, Chief Creative Officer -- J. Walter Thompson, Mumbai, India, pg. 556
Kumar, Vedansh, Assoc Creative Dir -- MullenLowe Lintas Group, Mumbai, India, pg. 774
Kumari, Anamika, Art Dir -- FCB Ulka, Mumbai, India, pg. 373
Kumbhar, Vijay, Art Dir -- Leo Burnett India, Mumbai, India, pg. 629
Kumetaitis, Giedrius, Art Dir -- Adell Taivas Ogilvy, Vilnius, Lithuania, pg. 816
Kummer, Ali, Mgr-Creative Dev -- AMOBEE, Santa Monica, CA, pg. 1307
Kundathil, Nidhin, Art Dir -- Wieden + Kennedy India, New Delhi, India, pg. 1166
Kunder, Lori, Art Dir -- 120 WEST STRATEGIC COMMUNICATIONS LLC, Reno, NV, pg. 2
Kundu, Liz, Media Planner & Buyer -- BRABENDERCOX, Leesburg, VA, pg. 151
Kundukulam, Sunny Johnny, Assoc Creative Dir -- Publicis India

PERSONNEL INDEX — AGENCIES

Communications Pvt. Ltd., Gurgaon, India, pg. 910

Kung, Giant, Exec Creative Dir -- Ogilvy, Taipei, Taiwan, pg. 828

Kunhardt, Emmie, Acct Supvr -- BALTZ & COMPANY, New York, NY, pg. 1438

Kuni, Katherine, Art Dir -- MCCANN HEALTH GLOBAL HQ, New York, NY, pg. 713

Kunic, Nedim, Acct Exec -- HADROUT ADVERTISING & TECHNOLOGY, Ferndale, MI, pg. 460

Kunimoto, Uno, Art Dir -- Beacon Communications K.K., Tokyo, Japan, pg. 630

Kunimoto, Uno, Art Dir -- Beacon Communications K.K., Tokyo, Japan, pg. 910

Kunkel, Gary, Art Dir -- McCann Detroit, Birmingham, MI, pg. 699

Kunkel, Matthew, Media Dir -- M8 AGENCY, Miami, FL, pg. 666

Kunken, Michele, Exec Creative Dir -- Saatchi & Saatchi New York, New York, NY, pg. 976

Kunnath, Rijin, Sr Designer-Creative -- TBWA Raad, Dubai, United Arab Emirates, pg. 1088

Kuntz, Justin, Owner & Creative Dir -- CREATIVE SOAPBOX, Eugene, OR, pg. 245

Kuntzes, Sascha, Creative Dir -- BBH Singapore, Singapore, Singapore, pg. 94

Kunze, Charlie, Acct Exec -- BBDO New York, New York, NY, pg. 99

Kuo, Lung-An, Acct Dir -- Millward Brown Taiwan, Taipei, Taiwan, pg. 744

Kuper, Carly, VP-PR & Corp Comm -- CMI MEDIA, LLC, King of Prussia, PA, pg. 215

Kurata, Junichi, Art Dir -- HAKUHODO INCORPORATED, Tokyo, Japan, pg. 461

Kurchak, Morgan, Grp Head-Creative -- LEO BURNETT COMPANY LTD., Toronto, Canada, pg. 620

Kurdina, Yulia, Acct Dir -- J. Walter Thompson, Dubai, United Arab Emirates, pg. 563

Kure, Anders, Art Dir -- DDB Denmark, Copenhagen, Denmark, pg. 272

Kurfehs, Robert, Grp Creative Dir -- Organic, Inc., New York, NY, pg. 1278

Kurnia, Fajar, Exec Creative Dir -- Publicis Singapore, Singapore, Singapore, pg. 911

Kurtaran, Sahap, Art Dir -- 4129Grey, Istanbul, Turkey, pg. 442

Kurtz, Valerie, Acct Dir-Chevrolet CLM -- MRM MCCANN, New York, NY, pg. 766

Kuruneri, Gil, Creative Dir -- Edelman, New York, NY, pg. 1492

Kurzak, Manja, Creative Dir-Experience Design & Digital Product Innovation -- SAPIENTRAZORFISH NEW YORK, New York, NY, pg. 1286

Kusano, Denison, Creative Dir -- VSA PARTNERS, INC., Chicago, IL, pg. 1146

Kusay, Ozkan, Grp Head-Creative -- Grey Singapore, Singapore, Singapore, pg. 448

Kushner, Elizabeth, Acct Supvr -- THE BURNS GROUP, New York, NY, pg. 175

Kutanovski, Claire, Acct Supvr-Social -- Ogilvy, Chicago, IL, pg. 1599

Kutschinski, Michael, Chief Creative Officer-Germany & Head-Creative-UX & Commerce -- OgilvyOne GmbH, Frankfurt, Germany, pg. 815

Kutschinski, Michael, Chief Creative Officer-Germany -- OgilvyOne Worldwide Ltd., London, United Kingdom, pg. 819

Kutub, Sohana, Acct Supvr -- TRUE POINT COMMUNICATIONS, Dallas, TX, pg. 1663

Kutzner, Jennifer, Sr Partner & Acct Mgr-Brdcst -- GROUPM NORTH AMERICA & CORPORATE HQ, New York, NY, pg. 1322

Kuzava, John, Strategist-Creative, Consumer Engagement & Experience Design -- XPERIENCE COMMUNICATIONS, Dearborn, MI, pg. 1194

Kuzman, Christian, Art Dir & Copywriter -- Ogilvy Frankfurt, Frankfurt, Germany, pg. 814

Kuznetsov, Andrey, Grp Head-Creative -- BBDO Moscow, Moscow, Russia, pg. 107

Kuzuya, Haruko, Creative Dir & Sr Copywriter -- I&S BBDO Inc., Tokyo, Japan, pg. 113

Kvoras, Roni, Art Dir -- McCann Erickson, Tel Aviv, Israel, pg. 705

Kwak, Julie, Acct Dir -- YOUNG & RUBICAM, New York, NY, pg. 1197

Kwamongwe, Angela, Art Dir -- Ogilvy Johannesburg (Pty.) Ltd., Johannesburg, South Africa, pg. 829

Kwan, Blanche, Acct Exec -- KENNA, Mississauga, Canada, pg. 592

Kwan, Megan, Assoc Creative Dir -- PUBLICIS HAWKEYE, Dallas, TX, pg. 1282

Kwiatkowski, Eric, Acct Supvr -- SAPIENTRAZORFISH NEW YORK, New York, NY, pg. 1286

Kwok, Lan, Grp Creative Dir -- DDB Worldwide Ltd., Hong Kong, China (Hong Kong), pg. 274

Kwon, Alex hyuckjin, Creative Dir-Digital -- Cheil Worldwide Inc., Seoul, Korea (South), pg. 462

Kwon, Ji-hyun, Acct Exec -- Leo Burnett Korea, Seoul, Korea (South), pg. 631

Kwong, Leila, VP & Acct Dir-Media -- ID Media-Los Angeles, West Hollywood, CA, pg. 1331

Kyle, Angela, Head-New Bus-North America -- GYRO, New York, NY, pg. 457

Kyle, Teresa, VP & Assoc Creative Dir -- OGILVY COMMONHEALTH WORLDWIDE, Parsippany, NJ, pg. 832

Kypraios, Nicole, Acct Supvr -- BOLT ENTERPRISES, Dallas, TX, pg. 1454

Kyriacou, Athos, Deputy Mng Dir & Head-New Bus Dev -- Telia & Pavla BBDO, Nicosia, Cyprus, pg. 104

Kyrillos, Georges, Creative Dir -- Impact BBDO, Beirut, Lebanon, pg. 106

L

L'Etang, Samantha, Acct Dir -- M&C Saatchi Abel, Cape Town, South Africa, pg. 660

La Cute, Dan, Acct Supvr -- BBDO Toronto, Toronto, Canada, pg. 100

Laasik, Silvar, Creative Dir -- Zavod BBDO, Tallinn, Estonia, pg. 104

LaBadia, Thomas, Art Dir -- ELECTRUM BRANDING, Fort Lauderdale, FL, pg. 335

Labanowski, Katie, Media Planner & Buyer -- CAMP, Austin, TX, pg. 185

LaBar, David, Dir-Global PR -- ACCENTURE INTERACTIVE, New York, NY, pg. 1232

LaBeck, Owen, Creative Dir -- Weber Shandwick, Manchester, United Kingdom, pg. 1680

LaBelle, Thomas, Mgr-Healthcare Media & Acct Supvr -- MARINA MAHER COMMUNICATIONS, New York, NY, pg. 1576

Laberge, Mario, Creative Dir -- Publicis Montreal, Montreal, Canada, pg. 904

Labous, Alice, Acct Exec -- DDB Canada, Toronto, Canada, pg. 267

Labovitz, Michelle, Acct Exec -- M-SQUARED PUBLIC RELATIONS, Atlanta, GA, pg. 1573

LaBruno, Stacey, Acct Exec-Sls -- GUIDE PUBLICATIONS, Long Branch, NJ, pg. 455

Labuzinski, Randy, VP-PR & Mgr-LexSpeak -- JAFFE, Stephenville, TX, pg. 1545

LaCagnina, Claire H., Acct Supvr-Bliss Integrated Comm -- BLISSPR, New York, NY, pg. 136

Lace, Murray, Acct Exec -- OBSIDIAN PUBLIC RELATIONS, Memphis, TN, pg. 805

Lacerda, Gustavo, Creative Dir -- J. Walter Thompson, Sao Paulo, Brazil, pg. 563

Lacey, Dan, Art Dir -- Adam & EveDDB, London, United Kingdom, pg. 281

Lach, Amy, Acct Exec -- PIERPONT COMMUNICATIONS, INC., Houston, TX, pg. 1608

Lachance, Troy, Exec Creative Dir -- BLUECADET INTERACTIVE, Philadelphia, PA, pg. 1241

Lachat, Erica, Acct Dir -- Ogilvy, Chicago, IL, pg. 811

Lachowicz, David, Creative Dir -- DMI PARTNERS, Philadelphia, PA, pg. 311

Lackey, Stephen, Acct Coord & Strategist-Digital -- POWELL CREATIVE, Nashville, TN, pg. 884

LaClair, Tracey, Mgr-Digital Creative -- MEDIA RESOURCES, LTD., Canton, OH, pg. 1342

Lacombe, Mathieu, Art Dir -- Brad, Montreal, Canada, pg. 812

Lacuesta, Melissa, Media Buyer -- U.S. INTERNATIONAL MEDIA, LLC, Los Angeles, CA, pg. 1378

Lacy, Kristen, Creative Dir & Strategist-Content -- SLACK AND COMPANY, Chicago, IL, pg. 1020

Lada, Jesus, Chief Creative Officer & Dir Gen-Creative -- Havas Worldwide Southern Spain, Madrid, Spain, pg. 481

Ladden, Andrew, Chief Creative Officer -- MADRAS BRAND SOLUTIONS, New York, NY, pg. 669

Ladden, Andrew, Chief Creative Officer -- MADRAS GLOBAL, New York, NY, pg. 670

Ladeira, Kaitlin, Acct Coord-Adv Grp -- ANTHOLOGY MARKETING GROUP, INC., Honolulu, HI, pg. 1433

Ladeveze, Paul, Assoc Dir-Creative Strategy -- Code and Theory, San Francisco, CA, pg. 217

Ladewski, Kimm, Acct Supvr -- MICHAEL WALTERS ADVERTISING, Chicago, IL, pg. 738

LaDuca, Mike, Creative Dir -- LUMINUS MEDIA, LLC, Buffalo, NY, pg. 1269

Lafalla, Matias, Exec Creative Dir -- Del Campo Nazca Saatchi & Saatchi, Buenos Aires, Argentina, pg. 981

Lafave, Joanne, Acct Dir -- DIXON SCHWABL ADVERTISING, Victor, NY, pg. 309

Laffey, June, Chief Creative Officer -- MCCANN HEALTH GLOBAL HQ, New York, NY, pg. 713

Laffray, Celine, Art Dir -- TBWA Paris, Boulogne-Billancourt, France, pg. 1081

Laflamme, Raynald, Art Dir -- LAROUCHE MARKETING COMMUNICATION, Quebec, Canada, pg. 611

Lafleche, Natalie, Media Planner -- ACART COMMUNICATIONS, INC., Ottawa, Canada, pg. 19

LaForce, Julie, Acct Exec -- INTERMARK GROUP, INC., Birmingham, AL, pg. 539

Laforga, Julie, VP & Acct Dir -- MILNER BUTCHER MEDIA GROUP, Los Angeles, CA, pg. 1351

Lafortune, Jenny, Art Dir -- CRAFT, New York, NY, pg. 236

Lafreniere, Kristine, Acct Dir -- UNION, Toronto, Canada, pg. 1126

Lafuenti, Lucia, Acct Dir -- Saatchi & Saatchi, Carouge, Switzerland, pg. 980

Lagalle, Benoit, Art Dir -- CLM BBDO, Boulogne-Billancourt, France, pg. 104

Lagana, Vince, Exec Creative Dir -- Leo Burnett Sydney, Sydney, Australia, pg. 628

Lageson, Steve, VP & Assoc Creative Dir -- WYSE, Cleveland, OH, pg. 1193

Lago, Nereyda, Media Dir -- BVK/MEKA, Miami, FL, pg. 179

Lago, Victor, Asst Creative Dir -- AJ ROSS CREATIVE MEDIA, INC., Chester, NY, pg. 42

Lagoet, Alexandre, Art Dir -- DDB Paris, Paris, France, pg. 273

Lagos, Cynthia, Art Dir -- PUMPED INC, Coral Gables, FL, pg. 916

Lagos, Mario, Exec Creative Dir -- Sancho BBDO, Bogota, Colombia, pg. 102

Lagrange, Kinley, Acct Dir -- WongDoody, Culver City, CA, pg. 1175

Lagzial, Ashley, Acct Supvr -- QUINN & CO., New York, NY, pg. 1622

Laham, Jared, Creative Dir -- IMARC, Amesbury, MA, pg. 1264

Laham, Lindsley, Acct Dir -- MCKINNEY, Durham, NC, pg. 719

Lahde, Suvi, Creative Dir -- SEK & Grey, Helsinki, Finland, pg. 440

Lahoz, Sergio, Art Dir -- TBWA Espana, Barcelona, Spain, pg. 1085

LaHue, Jennifer, Creative Dir -- GORDLEY GROUP, Tucson, AZ, pg. 429

Lai, Awoo, Exec Creative Dir -- BBDO China, Shanghai, China, pg. 112

Lai, Calvin, Assoc Creative Dir -- GALE PARTNERS, New York, NY, pg. 1258

Lai, David, CEO & Creative Dir -- HELLO DESIGN, Culver City, CA, pg. 495

Lai, Pimwadee, Creative Dir -- R/GA, Singapore, Singapore, pg. 926

Lai, Shawnn, Creative Dir -- Ogilvy (Singapore) Pvt. Ltd., Singapore, Singapore, pg. 827

Lai, Shawnn, Creative Dir -- OgilvyOne Worldwide, Singapore, Singapore, pg. 827

Lai, Sunny, Exec Creative Dir -- Leo Burnett Shanghai Advertising Co., Ltd., Shanghai, China, pg. 629

Lai, Vernon, Dir-Creative, Art & Design -- ACART COMMUNICATIONS, INC., Ottawa, Canada, pg. 19

Lail, Christian, Acct Coord -- DVL SEIGENTHALER, Nashville, TN, pg. 326

Laing, Karee, Principal & Chief Creative Officer -- STUDIO BRAND COLLECTIVE, Houston, TX, pg. 1056

Laird, Trey, Founder, Chm & Chief Creative Officer -- LAIRD+PARTNERS, New York, NY, pg. 607

Lakanwal, Yousuf, Acct Exec -- YUME, Redwood City, CA, pg. 1209

Lake, Heidi, Media Dir -- RED HOUSE MEDIA LLC, Brainerd, MN, pg. 939

Lake, Michael, Creative Dir -- DEWAR COMMUNICATIONS INC., Toronto, Canada, pg. 297

Lakeland, Graham, Creative Dir -- Leo Burnett London, London, United Kingdom, pg. 627

Lakin, Abbye, Acct Supvr -- KETCHUM, New York, NY, pg. 1554

Laksanajinda, Gumpon, Art Dir & Creative Dir -- Ogilvy Advertising, Bangkok, Thailand, pg. 828

Lal, Rikesh, Jr Partner & Creative Dir -- CAMP + KING, San Francisco, CA, pg. 185

Lalli, Rachel, Acct Exec -- QUIXOTE RESEARCH, MARKETING & PUBLIC RELATIONS, Greensboro, NC, pg. 1622

AGENCIES   PERSONNEL INDEX

Lallo, Christian, Partner & Chief Creative Officer -- B CREATIVE GROUP INC., Baltimore, MD, pg. 82
Lam, Almon, Exec Creative Dir -- DDB Worldwide Ltd., Hong Kong, China (Hong Kong), pg. 274
Lam, Carmen, Producer-Creative Content -- THE DESIGNORY, Long Beach, CA, pg. 293
Lam, Carol, Pres/Chief Creative Officer-Greater China -- Leo Burnett-Beijing, Beijing, China, pg. 629
Lam, Hunger, Assoc Creative Dir -- AYZENBERG GROUP, INC., Pasadena, CA, pg. 81
Lam, Jeffrey, Art Dir-Interactive -- Wieden + Kennedy Amsterdam, Amsterdam, Netherlands, pg. 1164
Lam, Marco, Grp Creative Dir -- DDB Worldwide Ltd., Hong Kong, China (Hong Kong), pg. 274
Lam, Sharrow, Grp Creative Dir -- Saatchi & Saatchi, Beijing, China, pg. 983
Lam, Simon, Art Dir -- 2E CREATIVE, Saint Louis, MO, pg. 4
Lam, Steve, Creative Dir -- A PARTNERSHIP, New York, NY, pg. 15
LaMaack, Maggie, Acct Dir -- FAST HORSE, Minneapolis, MN, pg. 362
LaMacchia, John, Sr VP & Sr Creative Dir -- BBDO New York, New York, NY, pg. 99
Lamb, Eric, Creative Dir -- RED INTERACTIVE AGENCY, Santa Monica, CA, pg. 1284
Lamb, Jillian, Assoc Creative Dir -- Leo Burnett USA, Chicago, IL, pg. 622
Lamb, Katie, Acct Exec -- GREGORY FCA, Ardmore, PA, pg. 1524
Lambell, Claire, Sr Acct Dir -- Southpaw, Tunbridge Wells, United Kingdom, pg. 463
Lambert, Jenna, Acct Supvr -- OTTO, Norfolk, VA, pg. 845
Lambert, Scott, Grp Creative Dir -- Ogilvy Healthworld, Sydney, Australia, pg. 832
Lambie, Madeline, Partner & Assoc Dir-Creative -- ODYSSEUS ARMS, San Francisco, CA, pg. 808
Lambrechts, Rob, Chief Creative Officer -- Pereira & O'Dell, New York, NY, pg. 863
Lambrechts, Robert, Chief Creative Officer -- PEREIRA & O'DELL, San Francisco, CA, pg. 863
Lamiman, Bridget, Acct Dir -- TOM, DICK & HARRY CREATIVE, Chicago, IL, pg. 1108
Lamke, Maria, Art Dir -- Havas Worldwide Granath, Stockholm, Sweden, pg. 481
Lammert, Greg, Sr Acct Supvr-PR -- RHEA + KAISER, Naperville, IL, pg. 954
Lamond, Patrick, Assoc Creative Dir -- MISSION MEDIA, LLC., Baltimore, MD, pg. 747
Lamonica, Karen, Dir-PR -- 78Madison, Altamonte Springs, FL, pg. 12
Lamont, Graham, Creative Dir -- Ogilvy Johannesburg (Pty.) Ltd., Johannesburg, South Africa, pg. 829
Lampert, Ned, Exec Creative Dir -- SPACE150, Minneapolis, MN, pg. 1031
Lamprecht, Thomas, Chief Creative Officer -- PLUME21, La Jolla, CA, pg. 878
Lamy, Melchior, Principal & Creative Dir -- LEROY & ROSE, Santa Monica, CA, pg. 633
Lanaux, Mary, Acct Supvr -- LUCKIE & COMPANY, Birmingham, AL, pg. 655
Lancaster, Holly, Acct Dir -- WE, San Francisco, CA, pg. 1672
Lancaster, Neil, Creative Dir -- McCann Erickson Advertising Ltd., London, United Kingdom, pg. 711
Lancaster, Neil, Creative Dir -- McCann-Erickson Communications House Ltd, Macclesfield, Prestbury, United Kingdom, pg. 712
Lancaster, Todd, Chief Creative Officer -- GREENLIGHT, Dallas, TX, pg. 435
Lancaster, Trinity, Acct Exec -- CREATIVE ENERGY GROUP INC, Johnson City, TN, pg. 241
Lance, Mindy, Sr VP & Creative Dir -- KETCHUM, New York, NY, pg. 1554
Lancieri, Roberta, Acct Supvr -- Y&R Roma srl, Rome, Italy, pg. 1203
Landa, Amy Snow, Acct Supvr -- NYHUS COMMUNICATIONS LLC, Seattle, WA, pg. 1597
Landa, Megan, Acct Coord -- FOUNDRY, Reno, NV, pg. 394
Landaker, Paul, Acct Dir -- MAGNETO BRAND ADVERTISING, POrtland, OR, pg. 671
Landau, Lorena, Acct Dir -- Contrapunto, Madrid, Spain, pg. 108
Landes-Burris, Stephanie, Creative Dir -- MARCUS THOMAS LLC, Cleveland, OH, pg. 679
Landis, Nancy, Acct Coord -- ALLEBACH COMMUNICATIONS, Souderton, PA, pg. 45
Landivar, Andres, Assoc Creative Dir -- Leo Burnett Mexico S.A. de C.V., Mexico, Mexico, pg. 624
Landman, Breana, Acct Supvr -- Edelman, Sacramento, CA, pg. 1491
Landon, Michael, Creative Dir -- COOKSEY COMMUNICATIONS, INC., Irving, TX, pg. 1475
Landon, Simon, Sr Mgr & Acct Supvr -- GOLIN, Chicago, IL, pg. 1519
Landree, Caroline, Acct Dir-PR -- ICF OLSON, Minneapolis, MN, pg. 518
Landreth, Ron, Creative Dir -- KGBTEXAS, San Antonio, TX, pg. 593
Landries, Sara, Media Buyer -- DRM PARTNERS, INC., Hoboken, NJ, pg. 1319
Landrum, Jason, Acct Exec -- STEPHENS & ASSOCIATES ADVERTISING, INC., Overland Park, KS, pg. 1047
Landry, Baylie, Media Buyer -- THE GRAHAM GROUP, Lafayette, LA, pg. 431
Landry, Jim, Exec Creative Dir -- CLARITY COVERDALE FURY ADVERTISING, INC., Minneapolis, MN, pg. 211
Landsberg, Steve, Co-Founder, Partner & Chief Creative Officer -- GROK, New York, NY, pg. 451
Lane, Gina, Media Planner & Media Buyer -- PRIMARY DESIGN INC, Haverhill, MA, pg. 889
Lane, Sarah, Acct Exec -- IMRE, Baltimore, MD, pg. 528
Lanfranco, Gian Carlo, Creative Dir -- FITZGERALD & CO, Atlanta, GA, pg. 386
Lang, Ben, Creative Dir-Digital -- SPYGLASS BRAND MARKETING, Minneapolis, MN, pg. 1037
Lang, Graham, Chief Creative Officer -- Juniper Park/TBWA, Toronto, Canada, pg. 1079
Lang, Jil-Marie, Art Dir -- BBDO Dusseldorf, Dusseldorf, Germany, pg. 105
Lang, Michel, VP & Creative Dir -- Sandbox, Toronto, Canada, pg. 989
Lang, William, Assoc Dir-Creative -- CGT MARKETING LLC, Amityville, NY, pg. 201
Langdell, Suzy, Acct Dir -- Fallon Minneapolis, Minneapolis, MN, pg. 360
Langdon, Dickon, Creative Dir -- Digitas, Amstelveen, Netherlands, pg. 1253
Lange, Chris, Co-Founder & Co-Chief Creative Officer -- MONO, Minneapolis, MN, pg. 755
Lange, Patrick, Acct Exec -- Team One USA, Oak Brook, IL, pg. 1095
Langer, Alisa, Acct Exec -- BENSON MARKETING GROUP LLC, Napa, CA, pg. 123
Langer, Andy, Chief Creative Officer -- ROBERTS + LANGER DDB, New York, NY, pg. 963
Langer, Deanna, Acct Exec-PR -- MARCUS THOMAS LLC, Cleveland, OH, pg. 679
Langer, Jason, VP & Exec Creative Dir -- RILEY HAYES ADVERTISING, Minneapolis, MN, pg. 959
Langford, Janelle, Creative Dir -- SUITE PUBLIC RELATIONS, Brooklyn, NY, pg. 1654
Langford, Tim, Exec Creative Dir -- IMAGINUITY INTERACTIVE, INC., Dallas, TX, pg. 1264
Langham, Michael, Dir-Creative Svcs -- POLARIS RECRUITMENT COMMUNICATIONS, Miamisburg, OH, pg. 881
Langkay, Alnair, Creative Dir -- Publicis JimenezBasic, Makati, Philippines, pg. 910
Langley, Cait, Acct Exec -- BULLFROG & BAUM, New York, NY, pg. 172
Langley, Ginger, Media Buyer -- AGENCY501 INC., Little Rock, AR, pg. 39
Langlie, Samantha, Coord-Creative Project -- THE SAGE GROUP, San Francisco, CA, pg. 987
Langseth, Olle, Creative Dir -- DDB Stockholm, Stockholm, Sweden, pg. 280
Langsfeld, Benjamin, Creative Dir -- Buck NY, New York, NY, pg. 171
Laniel, JC, Art Dir -- LG2, Montreal, Canada, pg. 639
Lanners, Audrey, Assoc Creative Dir -- MCCANN MINNEAPOLIS, Minneapolis, MN, pg. 713
Lanpher, Lindsey, Creative Dir -- JOAN, New York, NY, pg. 577
Lansbury, Jim, Founder & Chief Creative Officer -- RP3 AGENCY, Bethesda, MD, pg. 970
Lansche, Hunter, Assoc Creative Dir -- DOVETAIL, Saint Louis, MO, pg. 318
Lansford, Maura, Acct Exec -- SOAR COMMUNICATIONS, Salt Lake City, UT, pg. 1026
Lantz, Richard, Art Dir -- RAIN43, Toronto, Canada, pg. 929
Lanza, Daniele, Head-Creative -- ICF OLSON, Minneapolis, MN, pg. 518
Lanzdorf, Matt, Creative Dir -- TEAM ONE USA, Los Angeles, CA, pg. 1095
Laoag, Orville, Assoc Creative Dir -- THINK SHIFT, Winnipeg, Canada, pg. 1099
Lapann, Alicia, Creative Dir -- MOLE STREET, Philadelphia, PA, pg. 1274
Lapenas, Gintas, Partner & Sr Dir-Creative -- Lukrecija BBDO, Vilnius, Lithuania, pg. 107
LaPierre, Emily, Assoc Producer-Brdcst -- ARNOLD WORLDWIDE, Boston, MA, pg. 69
Lapini, Martino, Assoc Creative Dir -- Publicis, Rome, Italy, pg. 900
Laplaca, Nicholas, Acct Exec -- R&J STRATEGIC COMMUNICATIONS, Bridgewater, NJ, pg. 1622
Lara, Nildaly, Acct Exec -- Wavemaker, San Juan, PR, pg. 1385
Laracy, Jessica, Art Dir -- ETHOS MARKETING & DESIGN, Westbrook, ME, pg. 351
Laramy, Kim, Acct Exec & Strategist-Healthcare -- ETHOS MARKETING & DESIGN, Westbrook, ME, pg. 351
Larberg, Chris, Art Dir -- BARKLEY, Kansas City, MO, pg. 90
Largo, Ty, CEO & Creative Dir -- AWE COLLECTIVE, Tempe, AZ, pg. 1435
Larkin, Alison, Acct Exec -- MNI TARGETED MEDIA INC., Stamford, CT, pg. 1352
Larkin, McKenzie, VP & Media Dir -- PGR MEDIA, LLC., Boston, MA, pg. 867
Larkin, Sean, Creative Dir -- 303 MullenLowe, Sydney, Australia, pg. 773
Larkin, Shabazz, Creative Dir -- MATTER UNLIMITED LLC, New York, NY, pg. 694
Larkins, Leslie, Media Planner & Buyer -- Asher Agency, Inc., Charleston, WV, pg. 74
Larmon, Jim, Exec Creative Dir -- SPM MARKETING & COMMUNICATIONS, La Grange, IL, pg. 1035
Larochelle, Helene, Sr VP & Creative Dir -- Fleishman-Hillard, Toronto, Canada, pg. 1509
LaRosa, Gabrielle, Media Planner & Media Buyer -- CROSSMEDIA, New York, NY, pg. 1317
Larrieu, Sophie, Acct Dir -- Publicis Conseil, Paris, France, pg. 898
Larriviere, Antony, Acct Dir -- BAM STRATEGY, Montreal, Canada, pg. 87
Larroquet, Nicolas, Assoc Creative Dir -- Publicis Italia, Milan, Italy, pg. 899
Larsen, Alfonso, Art Dir -- Proiam Y&R S.A., Santiago, Chile, pg. 1206
Larsen, Andy, Partner, VP & Dir-PR -- BOELTER + LINCOLN MARKETING COMMUNICATIONS, Milwaukee, WI, pg. 144
Larsen, Glenn, Creative Dir & Art Dir -- THE GEARY COMPANY, Las Vegas, NV, pg. 413
Larsen, Julie, Acct Exec -- MAC STRATEGIES GROUP, Chicago, IL, pg. 666
Larsen, Stacie, Art Dir -- ZAMBEZI, Culver City, CA, pg. 1209
Larson, Dain, Creative Dir -- MORSEKODE, Minneapolis, MN, pg. 761
Larson, Drew, Assoc Creative Dir -- SIMPLE TRUTH COMMUNICATION PARTNERS, Chicago, IL, pg. 1015
Larson, Kraig, Founder, Partner & Chief Creative Officer -- CICERON, INC., Minneapolis, MN, pg. 1245
Larson, Laura, Creative Dir -- THE PUBLIC RELATIONS & MARKETING GROUP, Patchogue, NY, pg. 896
Larson, Mark, Acct Supvr -- Fleishman-Hillard Inc., San Diego, CA, pg. 1506
Larson, Ronald, CEO & Art Dir -- LARSON O'BRIEN MARKETING GROUP, Bethel Park, PA, pg. 611
Larter, Adam, Acct Dir-Strategic -- STUDIO BLACK TOMATO, New York, NY, pg. 1056
LaRue, Dale, Acct Supvr -- RAIN, New York, NY, pg. 1283
Lascault, Remi, Art Dir -- BETC, Paris, France, pg. 479
LaScola, Hannah, Acct Supvr -- FEREBEE LANE & CO., Greenville, SC, pg. 378
Lasher, Jessica, Assoc Creative Dir -- PHENOMENON, Los Angeles, CA, pg. 868
Laskey, Carly, Acct Supvr -- EVOK ADVERTISING, Heathrow, FL, pg. 353
Lasky, Carolyn, Acct Supvr-Digital Strategy -- MWWPR, New York, NY, pg. 1591
LaSota, Chad, Assoc Creative Dir -- Alcone Marketing Group, San Francisco, CA, pg. 1396
Laspata, Rocco, Creative Dir -- LASPATA DECARO, New York, NY, pg. 611
Lassailly-Ramel, Beatrice, Creative Dir -- Ogilvy, Paris, France, pg. 814
Lassman, Michelle, Grp Creative Dir -- AKQA, INC., San Francisco, CA, pg. 1234

PERSONNEL INDEX — AGENCIES

Last, Richard, Creative Dir -- Global Team Blue, London, United Kingdom, pg. 423

Lastra, Santiago, Art Dir -- Y&R New York, New York, NY, pg. 1198

Lasure, Chad, Acct Dir -- OVERGROUND INC, Charlotte, NC, pg. 847

Laswell, Jane, Creative Dir -- IMBUE CREATIVE, Ewing, NJ, pg. 526

Latendresse, Jamie, Creative Dir -- ZOYES CREATIVE GROUP, Ferndale, MI, pg. 1215

Latif, Summer Dembek, Sr VP & Acct Dir -- HILL HOLLIDAY, Boston, MA, pg. 500

Latshaw, Mike, Assoc Creative Dir -- MCGARRYBOWEN, New York, NY, pg. 716

Lattari, Ellen, Specialist-PR -- AUSTIN & WILLIAMS, Hauppauge, NY, pg. 78

Lattuada, Gerson, Copywriter & Mgr-Creative -- Paim Comunicacao, Porto Alegre, Brazil, pg. 701

Lau, Adam, Exec Creative Dir -- HAVAS WORLDWIDE, New York, NY, pg. 475

Lau, Eric Kwan Tai, Creative Dir & Dir-Visual Intelligence -- SPARKS & HONEY, New York, NY, pg. 1032

Lau, Fanny, Assoc Creative Dir -- McCann Erickson Hong Kong Ltd., Causeway Bay, China (Hong Kong), pg. 704

Lau, Katie, Acct Dir -- AOR, INC, Denver, CO, pg. 62

Lau, Kevin, Creative Dir -- LEO BURNETT DETROIT, INC., Troy, MI, pg. 621

Lau, Louisa, Art Dir -- STUDIO BLACK TOMATO, New York, NY, pg. 1056

Lau, Steven, Assoc Creative Dir-Production -- Rapp Los Angeles, Los Angeles, CA, pg. 931

Lau, Tak Ho, Exec Creative Dir -- Leo Burnett-Guangzhou, Guangzhou, China, pg. 629

Lau, Takho, Mng Dir-Beijing & Exec Creative Dir -- DDB China - Shanghai, Shanghai, China, pg. 272

Laudanska-Tomczak, Maja, Acct Dir-Digital -- BBDO, Warsaw, Poland, pg. 107

Lauderdale, April, Art Dir -- BARTON F. GRAF, New York, NY, pg. 94

Lauen, Helen, VP & Grp Dir-Creative Strategy -- DIGITAS, San Francisco, CA, pg. 302

Laughlin, Jon, Creative Dir -- Laughlin/Constable, Inc., Chicago, IL, pg. 614

Laughlin, Patrick, Creative Dir -- LAUGHLIN/CONSTABLE, INC., Milwaukee, WI, pg. 613

Launie, Anne Marie, Acct Dir -- DIGITAS, Boston, MA, pg. 1250

Laurel, Joaquim, Creative Dir -- VML Qais, Singapore, Singapore, pg. 1144

Laurentino, Andre, Exec Creative Dir -- Ogilvy, Toronto, Canada, pg. 812

Laurentino, Andre, Chief Creative Officer -- Ogilvy EMEA, London, United Kingdom, pg. 818

Lauri, Steve, Pres & Creative Dir -- THE ENGINE ROOM, Aliso Viejo, CA, pg. 341

Lauriha, Michele, Art Dir -- CONDRON & COSGROVE, Scranton, PA, pg. 226

Laux, Steven, Chief Creative Officer & Exec VP -- FORT GROUP INC., Ridgefield Park, NJ, pg. 393

Lauziere, Yvonne, Art Dir -- JDCOMMUNICATIONS INC, Canton, MA, pg. 574

Lava, Joel, Creative Dir-Buster -- STUN CREATIVE, Los Angeles, CA, pg. 1057

Lavayssiere, Adrien, Art Dir -- McCann Erickson Paris, Clichy, France, pg. 703

LaVelle, Desmond, VP & Exec Creative Dir -- PETER MAYER ADVERTISING, INC., New Orleans, LA, pg. 866

Lavenac, Eric, Creative Dir -- Y&R France S.A., Boulogne-Billancourt, France, pg. 1202

Lavenac, Eric, Creative Dir -- Y&R Paris, Boulogne, France, pg. 1202

Laverty, Karen, Dir-Comm, New Bus Dev PR, Mktg & Acct Mgmt -- GREENOUGH COMMUNICATIONS, Watertown, MA, pg. 1524

Lavery, Andrew, Creative Dir -- CRITICAL MASS INC., Calgary, Canada, pg. 248

Lavigne, Maude, Acct Supvr -- DDB Canada, Toronto, Canada, pg. 267

Lavizzari, Leandro, Creative Dir -- FCB CREA, San Salvador, El Salvador, pg. 371

Lavoie, Anne-Marie, Art Dir-Digital & Designer-UI & UX -- FCB Montreal, Montreal, Canada, pg. 365

Law, Amy, Creative Dir -- SWIRL MCGARRYBOWEN, San Francisco, CA, pg. 1067

Law, Daniel, Acct Dir -- DDB Worldwide Ltd., Hong Kong, China (Hong Kong), pg. 274

Law, Larissa, Acct Exec -- ACART COMMUNICATIONS, INC., Ottawa, Canada, pg. 19

Law, Nick, Pres-Comm & Chief Creative Officer-Global -- PUBLICIS GROUPE S.A., Paris, France, pg. 897

Lawal, Elizabeth, Negotiator-Brdcst -- KELLY SCOTT MADISON, Chicago, IL, pg. 1336

Lawler, Brooke, Dir-New Bus -- MIDNIGHT OIL CREATIVE, Burbank, CA, pg. 739

Lawless, Kevin, VP & Creative Dir-Design -- MAVEN COMMUNICATIONS LLC, Philadelphia, PA, pg. 695

Lawless, Sharon, Dir-Print Production -- SMITH & JONES, Troy, NY, pg. 1023

Lawley, Brad, Creative Dir -- FIREFLY CREATIVE, INC., Atlanta, GA, pg. 383

Lawniczak, Nicole, Acct Supvr -- CROWLEY WEBB, Buffalo, NY, pg. 250

Lawrence, Dale, Mgr-Print Production -- Arc South Africa, Cape Town, South Africa, pg. 903

Lawrence, Jennifer, VP & Acct Dir -- PLANET CENTRAL, Huntersville, NC, pg. 876

Lawrence, Leslie, Acct Dir -- TMINUS1 CREATIVE, INC., Exton, PA, pg. 1107

Lawrence, Matthew, Acct Dir-TV, Film & Content -- SUNSHINE SACHS, New York, NY, pg. 1654

Lawrence, Paris, Creative Dir -- R/GA London, London, United Kingdom, pg. 926

Lawrence, Sara, Acct Supvr -- BELMONT ICEHOUSE, Dallas, TX, pg. 121

Lawrie, David, Creative Dir -- Anomaly, London, United Kingdom, pg. 59

Lawrie, David, Creative Dir -- Anomaly, London, United Kingdom, pg. 721

Lawson, Alec, Assoc Creative Dir -- PRIMACY, Farmington, CT, pg. 889

Lawson, Lauren, Acct Supvr -- RIVERS AGENCY, Chapel Hill, NC, pg. 961

Lawson, Marcos, Exec Creative Dir -- WASSERMAN MEDIA GROUP, Los Angeles, CA, pg. 1153

Lawton, Jon, Creative Dir -- Stink Studios, London, United Kingdom, pg. 1050

Lawton, Pete, Creative Dir -- NEBO AGENCY LLC, Atlanta, GA, pg. 787

Lax, Kory, Mng Creative Dir & Creative Dir -- IMAGINASIUM INC., Green Bay, WI, pg. 525

Lay, Jennifer, EVP & Media Dir -- GRP MEDIA, INC., Chicago, IL, pg. 1324

Lay, Jian Yi, Creative Dir -- BBDO Malaysia, Kuala Lumpur, Malaysia, pg. 113

Lay, Kady, Media Planner -- MEDIA DESIGN GROUP LLC, Los Angeles, CA, pg. 1341

Laychock, Jason, Creative Dir -- GIOVATTO ADVERTISING & CONSULTING INC., Paramus, NJ, pg. 420

Layne, Carly, Acct Exec -- BLUETONE MARKETING & PUBLIC RELATIONS, Ladera Ranch, CA, pg. 1452

Layton, Andy, Head-Copy & Assoc Creative Dir -- RED SQUARE GAMING, Mobile, AL, pg. 941

Lazar, Jon, Creative Dir -- DNA SEATTLE, Seattle, WA, pg. 311

Lazarou, Emma, Acct Dir -- Leo Burnett Melbourne, Melbourne, Australia, pg. 628

Lazarovic, Sarah, Creative Dir -- PILOT PMR, Toronto, Canada, pg. 1414

Lazarus, Katharine, Acct Dir -- INFLUENT50, Washington, DC, pg. 532

Lazdins, Ilze, Art Dir -- Geometry Global, Chicago, IL, pg. 415

Lazo, Barbara, Acct Dir -- El Taier DDB, Guatemala, Guatemala, pg. 274

Lazor, Bob, Art Dir -- GARRISON HUGHES, Pittsburgh, PA, pg. 410

Lazor, Molly, Acct Exec -- KIOSK CREATIVE LLC, Novato, CA, pg. 596

Lazzara, Marie, Mgr-PR -- JJR MARKETING, INC, Naperville, IL, pg. 1548

Le Hir, Caroline, Art Dir -- SelectNY.Paris, Paris, France, pg. 1001

Le Roux, Tommy, Creative Dir -- HEAT, San Francisco, CA, pg. 492

Le, Michel, Art Dir -- INTERMARK GROUP, INC., Birmingham, AL, pg. 539

Lea, Alex, Exec Creative Dir -- ROKKAN, New York, NY, pg. 966

Leach, Dan, Creative Dir -- Edelman DABO, Dubai, United Arab Emirates, pg. 1497

Leach, Denise, Acct Supvr-PR -- RHEA + KAISER, Naperville, IL, pg. 954

Leach, Rebecca, VP & Acct Dir -- PUBLICIS NEW YORK, New York, NY, pg. 912

Leah, Jennifer, Art Dir -- HARVEY & DAUGHTERS, INC./ H&D BRANDING, Sparks, MD, pg. 471

Leahy, Joe, Partner & Chief Creative Officer -- HUGHES LEAHY KARLOVIC, Denver, CO, pg. 513

Leahy, Joe, Partner & Chief Creative Officer -- HUGHESLEAHYKARLOVIC, Saint Louis, MO, pg. 513

Leakey, Sara, Acct Dir -- ARC WORLDWIDE, Chicago, IL, pg. 1397

Leal, Lina Maria, Art Dir -- Sancho BBDO, Bogota, Colombia, pg. 102

Leal, Vejurnae, Acct Supvr -- WALTON / ISAACSON, Culver City, CA, pg. 1151

Lean, Allison Menell, Acct Dir -- DAY ONE AGENCY, New York, NY, pg. 266

Lear, Andrew, Sr VP & Creative Dir -- FCB HEALTH, New York, NY, pg. 376

Lear, Mike, Exec VP & Exec Creative Dir -- EP+CO, Greenville, SC, pg. 343

Leary, Aimee, Creative Dir -- VICTORY HEALTHCARE COMMUNICATIONS, Basking Ridge, NJ, pg. 1137

Leavey, Kelsey, Acct Coord-PR -- HODGES PARTNERSHIP, Richmond, VA, pg. 1535

Lebakken, Michael, Acct Dir -- MATTER UNLIMITED LLC, New York, NY, pg. 694

LeBeau, Sarah, Acct Supvr -- COLLE+MCVOY, Minneapolis, MN, pg. 219

Leber, Julie, Acct Supvr -- SPOTLIGHT MARKETING COMMUNICATIONS, Orange, CA, pg. 1036

LeBlanc, Christopher, VP & Exec Creative Dir -- EVOK ADVERTISING, Heathrow, FL, pg. 353

Leblanc, Scott, Creative Dir -- KRAUSE ADVERTISING, Dallas, TX, pg. 602

Lebo, Erin, Strategist-Creative -- HOWARD MILLER ASSOCIATES, INC., Lancaster, PA, pg. 510

Leboeuf, Beau, Acct Exec -- SHERRY MATTHEWS ADVOCACY MARKETING, Austin, TX, pg. 1007

Lebrun, Gary, Sr Creative Dir -- George P. Johnson Company, Inc., Boston, MA, pg. 416

Lebrun, Vincent, Creative Dir -- Superunion, Paris, France, pg. 1063

Lec'hvien, Thomas, Acct Dir-Creative Agency -- SID LEE, Paris, France, pg. 1010

Leccia, Laurent, Creative Dir -- FF NEW YORK, New York, NY, pg. 378

LeClair, Liz, Graphic Designer & Acct Coord -- NANCY MARSHALL COMMUNICATIONS, Augusta, ME, pg. 1592

Leclerc, Mark, Creative Dir -- BORSHOFF, Indianapolis, IN, pg. 148

LeCronier, Molly, Acct Dir -- Integrate Agency, Houston, TX, pg. 1682

Ledbury, Adam, Assoc Creative Dir -- M/H VCCP, San Francisco, CA, pg. 664

Ledebuhr, KyleAnn, Creative Dir -- THE SOLUTIONS GROUP INC., Warren, NJ, pg. 1027

Leder, Steve, Chief Creative Officer -- SCOPPECHIO, Louisville, KY, pg. 997

Ledesma, Carlos, Sr Strategist-Creative -- MAGRINO PUBLIC RELATIONS, New York, NY, pg. 671

Ledford, Katelyn, Acct Supvr -- DDB Chicago, Chicago, IL, pg. 268

LeDoux, B. C., Partner, Mng Dir & Chief Creative Officer -- NOBLE STUDIOS, Las Vegas, NV, pg. 1276

Leduc, Michele, Pres & Chief Creative Officer -- ZIP COMMUNICATION INC, Montreal, Canada, pg. 1214

Lee Jing Lin, Joel Sow, Art Dir -- BBH Singapore, Singapore, Singapore, pg. 94

Lee Ming Lin, Austin, Art Dir -- Grey Group Malaysia, Kuala Lumpur, Malaysia, pg. 447

Lee Vardi, Danielle, Art Dir -- Gitam/BBDO, Tel Aviv, Israel, pg. 106

Lee, Agnes, Assoc Creative Dir -- McCann Erickson Hong Kong Ltd., Causeway Bay, China (Hong Kong), pg. 704

Lee, Benjamin, Creative Dir-Social Media -- DDB, Singapore, Singapore, pg. 279

Lee, Brian, Acct Dir -- OGILVY, New York, NY, pg. 809

Lee, Bruce, Creative Dir -- INTERPLANETARY, New York, NY, pg. 540

Lee, Chelsea, Acct Dir-Social Media -- OMD UK, London, United Kingdom, pg. 1359

Lee, Chris, Creative Dir -- THE BOSTON GROUP, Boston, MA, pg. 149

Lee, Christopher, Grp Creative Dir -- Grey Hong Kong, North Point, China (Hong Kong), pg. 446

Lee, Darren, Grp Dir-Digital Creative -- M&C Saatchi, Kuala Lumpur,

AGENCIES — PERSONNEL INDEX

Lee, Dean, Malaysia, pg. 662
Lee, Dean, Exec Creative Dir -- DDB Canada, Toronto, Canada, pg. 267
Lee, Dean, Exec Creative Dir -- DDB VANCOUVER, Vancouver, Canada, pg. 267
Lee, Dennis, Assoc Creative Dir -- WongDoody, Culver City, CA, pg. 1175
Lee, Dunstan, Grp Head-Creative & Copywriter -- DDB, Singapore, Singapore, pg. 279
Lee, EJ, Creative Dir -- McCann New York, New York, NY, pg. 698
Lee, Esther, Art Dir -- ROBINSON CREATIVE INC., Southlake, TX, pg. 964
Lee, Gary, Creative Dir -- DDB Worldwide Ltd., Hong Kong, China (Hong Kong), pg. 274
Lee, Gary, Art Dir -- Pereira & O'Dell, New York, NY, pg. 863
Lee, Gigi, Chief Creative Officer -- TBWA ISC Malaysia, Kuala Lumpur, Malaysia, pg. 1091
Lee, Giho, Art Dir -- Cheil Worldwide Inc., Seoul, Korea (South), pg. 462
Lee, Hoonki, Acct Dir -- Cheil Worldwide Inc., Seoul, Korea (South), pg. 462
Lee, James K, VP & Creative Dir -- MILLER AD AGENCY, Dallas, TX, pg. 741
Lee, Jason, Exec Creative Dir -- THE VIMARC GROUP, Louisville, KY, pg. 1138
Lee, Jason Chong, Assoc Creative Dir -- Sapient Washington DC, Arlington, VA, pg. 914
Lee, Jeein, Art Dir -- THE TERRI & SANDY SOLUTION, New York, NY, pg. 1097
Lee, Jessica, Creative Dir -- CODE AND THEORY, New York, NY, pg. 217
Lee, Jessica, Creative Dir -- Rauxa, New York, NY, pg. 933
Lee, Junie, Dir-Creative Svcs -- COLUMBIA UNIVERSITY PRESS ADVERTISING GROUP, New York, NY, pg. 1221
Lee, Katie, Acct Coord -- SANDRA EVANS & ASSOCIATES, Sausalito, CA, pg. 1640
Lee, Kevin, Acct Dir -- MAXWELL PR, Portland, OR, pg. 1578
Lee, Kregg, VP & Creative Dir -- VI MARKETING & BRANDING, Oklahoma City, OK, pg. 1135
Lee, Leo, Creative Dir -- Publicis Shanghai, Shanghai, China, pg. 908
Lee, Maggie, Producer-Creative & Video -- PRAYTELL, Brooklyn, NY, pg. 1618
Lee, Margaret, Sr Writer-Creative -- ChaseDesign, LLC, Skaneateles, NY, pg. 755
Lee, Mary, Creative Dir -- FRONTIER STRATEGIES LLC, Ridgeland, MS, pg. 1514
Lee, Matt, Creative Dir -- Almap BBDO, Sao Paulo, Brazil, pg. 101
Lee, Megan, Assoc Creative Dir -- Y&R MEMPHIS, Memphis, TN, pg. 1195
Lee, Nathalie, Acct Exec -- OMG New York, Jersey City, NJ, pg. 1360
Lee, Philip, Grp Creative Dir -- McCann Erickson Hong Kong Ltd., Causeway Bay, China (Hong Kong), pg. 704
Lee, Shannon, Media Planner-Integrated -- MullenLowe, El Segundo, CA, pg. 772
Lee, Shyyi, Art Dir -- Leo Burnett Malaysia, Kuala Lumpur, Malaysia, pg. 631
Lee, Sook, Art Dir -- MASONBARONET, Dallas, TX, pg. 691
Lee, Vicki, Head-Brdcst & Content -- Publicis Australia, Brisbane, Australia, pg. 907
Lee, Vong, Partner & Assoc Creative Dir -- BROGAN & PARTNERS CONVERGENCE MARKETING, Birmingham, MI, pg. 166
Lee, Xander, Creative Dir -- BBH Singapore, Singapore, Singapore, pg. 94
Leech, Helen, Acct Dir -- Young & Rubicam Australia/New Zealand, Sydney, Australia, pg. 1199
Leeper, Emily, Strategist-PR -- BAILEY LAUERMAN, Omaha, NE, pg. 84
Lefebure, Pum, Co-Founder & Creative Dir -- DESIGN ARMY, Washington, DC, pg. 292
Lefever, Koenraad, Creative Dir -- Duval Guillaume, Antwerp, Belgium, pg. 897
Leff, Alanna, Acct Dir -- FAIRCOM NEW YORK, New York, NY, pg. 359
Leff, Sarah, Pres & Creative Dir -- JSL MARKETING & WEB DESIGN LLC, Dallas, TX, pg. 1266
Lefferts, Madeline, Acct Exec -- GREY GROUP, New York, NY, pg. 438
Leffler, Marc, Partner & Creative Dir -- MARIS, WEST & BAKER, INC., Jackson, MS, pg. 680
Lefkowitz, Brian, Exec VP & Exec Creative Dir -- Digitas Health, New York, NY, pg. 1251
Lefkowitz, Mark, Exec VP & Media Dir -- FURMAN ROTH ADVERTISING, New York, NY, pg. 403
Legaspi, Bong, Creative Dir -- McCann Erickson (Philippines), Inc., Manila, Philippines, pg. 707
Legato, Tony, Art Dir -- BUCK LA, Los Angeles, CA, pg. 171
Legein, Teresa, Acct Exec -- THE BOSTON GROUP, Boston, MA, pg. 149
LeGendre, Renee, Acct Supvr -- FAHLGREN MORTINE, Columbus, OH, pg. 358
Leger, Amy, Acct Exec -- METZGER ALBEE PUBLIC RELATIONS, Boulder, CO, pg. 1583
Leger, Lauren, Acct Supvr -- Edelman, Dallas, TX, pg. 1493
Legere, Amy, Acct Dir -- GREENOUGH COMMUNICATIONS, Watertown, MA, pg. 1524
LeGros, Jayme, Acct Supvr -- THE ATKINS GROUP, San Antonio, TX, pg. 75
Leguizamon, Juan, Creative Dir -- Havas Worldwide Dusseldorf, Dusseldorf, Germany, pg. 480
Lehan, Emilie, Acct Supvr -- Prosek Partners, New York, NY, pg. 1619
Lehman, Edward, Dir-Creative & Acct Svcs -- LPNY LTD., New York, NY, pg. 655
Lehman, Sarah, Sr Acct Exec-PR -- PAGE COMMUNICATIONS, Kansas City, MO, pg. 1604
Lehmann, Robert, Founder & Creative Dir -- CROW CREATIVE, New York, NY, pg. 250
Lehmann, Tom, Partner & Creative Dir -- BLUE COLLAR INTERACTIVE MARKETING, Hood River, OR, pg. 139
Lehor, Brandon, Art Dir -- DHX ADVERTISING, INC., Portland, OR, pg. 298
Lehr, Ryan, Sr VP & Creative Dir -- Deutsch LA, Los Angeles, CA, pg. 294
Leibowitz, Jenna, Media Planner -- DIGITAS, San Francisco, CA, pg. 302
Leighton, Scott, Acct Dir -- KETTLE, New York, NY, pg. 1267
Leisher, Devin, Dir-Creative Team, Editor & Producer -- TIER10 MARKETING, Herndon, VA, pg. 1103
Leite, Felipe, Art Dir & Assoc Creative Dir -- Leo Burnett USA, Chicago, IL, pg. 622
Leiviska, Kenneth, Acct Exec-PR -- BOELTER + LINCOLN MARKETING COMMUNICATIONS, Milwaukee, WI, pg. 144
Lekanides, Susan, Producer-Brdcst -- CATAPULT MARKETING, Wilton, CT, pg. 196
Lekhi, Ranjeet, Head-Print Production-India -- TBWA India, Mumbai, India, pg. 1090
Lemarchand, Jordan, Art Dir -- Publicis Conseil, Paris, France, pg. 898
Lemay, Anne-Marie, Art Dir & Designer -- TAM-TAM/TBWA, Montreal, Canada, pg. 1079
Lemay, Catherine, Acct Coord -- PRECISION ADVERTISING, Montreal, Canada, pg. 887
Lemcke, Felix, Exec Creative Dir -- Grey Group Germany, Dusseldorf, Germany, pg. 440
Lemme, Austin, Chief Creative Officer -- ZOG DIGITAL, Phoenix, AZ, pg. 1214
Lemons, Lesli, Media Dir -- SEVENTH POINT, Virginia Beach, VA, pg. 1004
Lemons, Shelby, Art Dir -- GOODBY, SILVERSTEIN & PARTNERS, San Francisco, CA, pg. 428
Lemos, Leandro, Art Dir -- F.biz, Sao Paulo, Brazil, pg. 1183
Lemus, Teresa, Creative Dir-Proximity -- BBDO Mexico, Mexico, Mexico, pg. 103
Lena, Raf, VP & Assoc Creative Dir -- FCB HEALTH, New York, NY, pg. 376
Lendrum, Patrick, Creative Dir -- AKQA, Inc., London, United Kingdom, pg. 1234
Lenfestey, Scott, Assoc Creative Dir -- Commonwealth, Detroit, MI, pg. 698
Lengeling, Gina, Acct Exec -- FOX GREENBERG PUBLIC RELATIONS, New York, NY, pg. 1513
Lengholm, Sanna, Assoc Creative Dir -- WEBER SHANDWICK, New York, NY, pg. 1673
Lenhart, Katie, Acct Exec-Digital -- KOCH COMMUNICATIONS, Oklahoma City, OK, pg. 1559
Lenhart, Patrik, Creative Dir -- DDB Berlin, Berlin, Germany, pg. 274
Lenhart, Patrik, Creative Dir -- DDB Group Germany, Berlin, Germany, pg. 274
Lenig, Matthew, Sr VP & Creative Dir -- 360PR+, Boston, MA, pg. 1422
Lenn, Howard, Grp Creative Dir -- J. WALTER THOMPSON, New York, NY, pg. 553
Lennon, Dan, Creative Dir -- LENNON & ASSOCIATES, Burbank, CA, pg. 620
Lennon, Sara, Media Dir-Strategy -- Vladimir Jones, Denver, CO, pg. 1142
Lent, Ron, Creative Dir -- Atmosphere Proximity, New York, NY, pg. 98
Lent, Ron, Creative Dir -- MOMENT STUDIO, New York, NY, pg. 754
Lentz, David, Sr VP-Creative Strategy -- SPARKS MARKETING CORP, Philadelphia, PA, pg. 1032
Lentz, Michelle, Acct Dir -- PRIMACY, Farmington, CT, pg. 889
Lenz, Rick, Acct Exec -- HILL & PARTNERS INCORPORATED, East-Weymouth, MA, pg. 500
Leon Bonilla, Mario Alberto, Sr Art Dir & Creative Dir -- DDB Worldwide Colombia, S.A., Cali, Colombia, pg. 272
Leon Bonilla, Mario Alberto, Sr Art Dir & Creative Dir -- DDB Worldwide Colombia S.A., Bogota, Colombia, pg. 272
Leon, Cristian, Gen Dir-Creative -- Dittbom & Unzueta MRM, Santiago, Chile, pg. 768
Leon, Henri, Acct Dir-AGL Energy -- McCann Erickson Advertising Pty. Ltd., Melbourne, Australia, pg. 700
Leon, Joey, Developer-Creative -- 10TWELVE, Glenview, IL, pg. 1
Leon, Leyda, Media Planner & Media Buyer -- BARU ADVERTISING, Culver City, CA, pg. 95
Leon, Omar, Creative Dir -- Leo Burnett Mexico S.A. de C.V., Mexico, Mexico, pg. 624
Leonard, Betsy, Acct Dir -- INTOUCH SOLUTIONS, Overland Park, KS, pg. 544
Leonard, Constance, Art Dir -- ORANGEYOUGLAD, Brooklyn, NY, pg. 844
Leonard, Jennifer, Media Buyer -- JERRY DEFALCO ADVERTISING, Maitland, FL, pg. 575
Leonard, Natasha, Acct Exec -- FENTON, New York, NY, pg. 377
Leonardi, Amy, Grp Creative Dir -- Powell Tate-Weber Shandwick, Washington, DC, pg. 1674
Leonardini, Michael, Chief Creative Officer -- THE ABBI AGENCY, Reno, NV, pg. 1425
Leonardis, Lou, Partner & Creative Dir -- TRILLION CREATIVE LLC, Summit, NJ, pg. 1118
Leondi, Rebecca, Media Planner -- MRM Worldwide, San Francisco, CA, pg. 767
Leone, Leo, Exec Creative Dir -- THE BARBARIAN GROUP, New York, NY, pg. 88
Leone, Sarah, Acct Dir -- STRATEGIC OBJECTIVES, Toronto, Canada, pg. 1653
Leone, Tony, Dir-Production & Traffic-AVL, Inc -- DSC (DILEONARDO SIANO CASERTA) ADVERTISING, Philadelphia, PA, pg. 323
Leong, Adam, Assoc Dir-Creative -- THE BARBARIAN GROUP, New York, NY, pg. 88
Leong, Alan, Creative Dir -- J. Walter Thompson Singapore, Singapore, Singapore, pg. 558
Leong, Alan, Head-Art & Assoc Creative Dir-Digital -- Tribal Worldwide Singapore, Singapore, Singapore, pg. 1297
Leong, Terence, Exec Creative Dir -- Leo Burnett, Ltd., London, United Kingdom, pg. 624
Leong, Wai Foong, Chm & Chief Creative Officer -- BBDO China, Shanghai, China, pg. 112
LePere, Julie, Acct Supvr -- Padilla, New York, NY, pg. 850
Lepkowski, Diane, Art Dir -- WEB SOLUTIONS INC., Meriden, CT, pg. 1155
Lepore, George, Assoc Mng Dir & Exec Creative Dir -- H4B Chelsea, New York, NY, pg. 474
Lerch, David, VP & Creative Dir -- AXIOM, Houston, TX, pg. 80
Lerner, Lindsey, Creative Dir -- MK COMMUNICATIONS INC, Chicago, IL, pg. 1584
LeRoy, Lindsey, Acct Dir -- CULTIVATE PUBLIC RELATIONS, Austin, TX, pg. 1479
Lesak-Greenberg, Kirsten, Acct Supvr -- Padilla, New York, NY, pg. 850
Lesiak, Jill, VP & Creative Dir -- OGILVY COMMONHEALTH WORLDWIDE, Parsippany, NJ, pg. 832
Lesley, Lynda, VP & Creative Dir -- THE CIRLOT AGENCY, INC., Jackson, MS, pg. 209
Lessens, Eric, Acct Supvr -- FCB Chicago, Chicago, IL, pg. 364
Lesser, Dave, Sr Creative Dir & Copywriter -- D4 CREATIVE GROUP, Philadelphia, PA, pg. 256
Lessner, Lisa, Creative Dir -- WEINRICH ADVERTISING/COMMUNICATIONS, INC., Clifton, NJ, pg. 1157
Lestan, Jake, VP & Acct Dir -- DDB Chicago, Chicago, IL, pg. 268
Lester, Jason, Art Dir -- QUINLAN MARKETING COMMUNICATIONS, Carmel, IN, pg. 924
Lestinova, Martina, Acct Supvr -- MediaCom Praha, Prague, Czech Republic, pg. 1345
Lestz, Marshall, Creative Dir & Writer -- 31,000 FT, Addison, TX, pg. 6
Letelier, Francisco, Exec Creative Dir -- THE AXIS AGENCY, Los

PERSONNEL INDEX — AGENCIES

Angeles, CA, pg. 81
Letelier, Francisco, VP & Creative Dir -- PHELPS, Playa Vista, CA, pg. 867
Letellier, Jean, Art Dir -- Gyro Paris, Paris, France, pg. 458
Lethcoe, Lance, Assoc Creative Dir -- TWO RIVERS MARKETING, Des Moines, IA, pg. 1124
Letizia, Russell, Acct Exec -- LETIZIA MASS MEDIA, Las Vegas, NV, pg. 633
Leue, Christian, Acct Exec-New Bus -- BENVENUTI PUBLIC RELATIONS, New York, NY, pg. 1448
Leung, Christy, Acct Exec -- Grey Hong Kong, North Point, China (Hong Kong), pg. 446
Leung, John, Dir-Creative Tech -- M&C Saatchi, Santa Monica, CA, pg. 662
Leung, Justin, Creative Dir -- BBH China, Shanghai, China, pg. 93
Leupp, Alicia, Acct Supvr-Social Mktg -- RUNYON SALTZMAN & EINHORN, Sacramento, CA, pg. 972
Lev, Bruce, Partner & Chief Creative Officer -- LEVLANE ADVERTISING/PR/INTERACTIVE, Philadelphia, PA, pg. 635
Lev, Josh, VP & Acct Supvr -- LEVLANE ADVERTISING/PR/INTERACTIVE, Philadelphia, PA, pg. 635
Levant, Susan, Creative Dir -- EXPECT ADVERTISING, INC., Clifton, NJ, pg. 355
Leventhal, Rachel, Acct Dir -- THE WATSONS, New York, NY, pg. 1153
Lever, Martin, Exec Creative Dir -- McCann Erickson Hong Kong Ltd., Causeway Bay, China (Hong Kong), pg. 704
Levesque, Brandon, Acct Dir -- THE MARINO ORGANIZATION, INC., New York, NY, pg. 680
Levesque, Marc, Assoc Creative Dir -- Taxi 2, Toronto, Canada, pg. 1075
Levi, Amy, Pres & Creative Dir -- STRADA ADVERTISING, LLC., Denver, CO, pg. 1052
Levi, Barbara Ruscio, Acct Supvr -- Publicis, Rome, Italy, pg. 900
Levi, Michelle, Acct Exec -- AD PARTNERS INC., Tampa, FL, pg. 24
Levin, Adam, Acct Exec -- Miller Legal Services, Chicago, IL, pg. 742
Levin, Ely, Sr VP & Assoc Creative Dir -- HARRISON AND STAR LLC, New York, NY, pg. 469
Levin, Quinn, Acct Exec -- HAVAS MEDIA, New York, NY, pg. 1324
Levin, Vanessa, Creative Dir -- FUSE/IDEAS, Winchester, MA, pg. 403
Levine, Amanda, Acct Exec-Natl -- INTERSECTION, New York, NY, pg. 543
Levine, Andrew, Pres & Chief Creative Officer -- DEVELOPMENT COUNSELLORS INTERNATIONAL, LTD., New York, NY, pg. 296
Levine, Carissa, Creative Dir -- THE PITCH AGENCY, Culver City, CA, pg. 873
Levine, Diane, Assoc Creative Dir -- THINK CREATIVE INC., Orlando, FL, pg. 1099
Levine, Jessica, Acct Exec -- Wagstaff Worldwide, New York, NY, pg. 1669
Levine, Rachel, Dir-Creative Svcs -- LLOYD & CO., New York, NY, pg. 647
Levine, Stacey, Acct Supvr & Strategist-Media Influence -- MARINA MAHER COMMUNICATIONS, New York, NY, pg. 1576
Levine-Sauerhoff, Tessa, Acct Exec -- ARTEFACT, Seattle, WA, pg. 72
Levis, Anne Marie, Pres & Creative Dir -- FUNK/LEVIS & ASSOCIATES, Eugene, OR, pg. 402
Levison, Dee, Media Planner -- Abbott Mead Vickers BBDO, London, United Kingdom, pg. 109
Levite, Adam, Head-Video & Motion & Creative Dir -- MADWELL, Brooklyn, NY, pg. 670
Levites, Svetlana, Art Dir-Digital -- Yehoshua TBWA, Tel Aviv, Israel, pg. 1088
Levitt, Katie, Creative Dir -- EPICOSITY, Sioux Falls, SD, pg. 344
Levman, Rachel, Acct Dir -- Publicis Brand/Design, Toronto, Canada, pg. 904
Levram, Livna, Dir-Creative -- CHERESKIN COMMUNICATIONS, Encinitas, CA, pg. 206
Levron, Fred, Partner-Creative -- FCB GLOBAL, New York, NY, pg. 363
Levron, Fred, Partner-Worldwide Creative -- FCB New York, New York, NY, pg. 365
Levtzow, Matthew, Media Buyer -- DAILEY & ASSOCIATES, West Hollywood, CA, pg. 258
Levy, Alexa, Acct Dir-Integrated Mktg -- Octagon, Los Angeles, CA, pg. 807
Levy, Amanda Havel, Sr Mgr-Creative Svcs -- Doremus (San Francisco), San Francisco, CA, pg. 316
Levy, Kim, Copywriter-Creative -- Publicis Conseil, Paris, France, pg. 898
Levy, Martine, Mng Dir-PR -- DDB Canada, Toronto, Canada, pg. 267
Levy, Rich, Chief Creative Officer -- FCB HEALTH, New York, NY, pg. 376
Lew, Jolene, Dir-Creative Resource -- MONO, Minneapolis, MN, pg. 755
Lewandowski, Dave, Acct Supvr-PR -- AB+C, Wilmington, DE, pg. 16
Lewensky, Amanda, Acct Supvr -- WALTON / ISAACSON, Culver City, CA, pg. 1151
Lewis, A. J., Chief Creative Officer -- FANOLOGY LLC, Culver City, CA, pg. 361
Lewis, Chad, Acct Exec-Natl -- STREETBLIMPS INC., West Babylon, NY, pg. 1417
Lewis, Chris, Creative Dir & Art Dir -- PART FOUR LLC, Los Angeles, CA, pg. 1279
Lewis, Gene, Partner & Creative Dir -- DIGITAL PULP, New York, NY, pg. 301
Lewis, Gerald, Exec Creative Dir -- Ogilvy EMEA, London, United Kingdom, pg. 818
Lewis, Guy, Creative Dir -- McCann Erickson Paris, Clichy, France, pg. 703
Lewis, James, Acct Exec -- PATTISON OUTDOOR ADVERTISING, Oakville, Canada, pg. 858
Lewis, Jerry, VP & Creative Dir -- BROWN BAG MARKETING, Atlanta, GA, pg. 167
Lewis, Krystal Holster, Acct Dir -- THE BALCOM AGENCY, Fort Worth, TX, pg. 85
Lewis, Kyle, Chief Creative Officer & Sr VP -- THE MORRISON AGENCY, Atlanta, GA, pg. 760
Lewis, Margot, Pres & Dir-Creative -- PLATFORM MEDIA GROUP, Los Angeles, CA, pg. 877
Lewis, Mark, Creative Dir -- Lowe MENA, Dubai, United Arab Emirates, pg. 773
Lewis, Mery, Creative Dir -- WRAGG & CASAS PUBLIC RELATIONS, INC., Miami, FL, pg. 1686
Lewis, Rachel, Acct Supvr -- FETCH, San Francisco, CA, pg. 378
Lewis, Robbie, Creative Dir -- FACT & FICTION, LLC, Boulder, CO, pg. 357
Lewis, Scott, Exec Creative Dir -- EVOKE HEALTH, New York, NY, pg. 354
Lewis, Shawna, Acct Supvr -- MASTERMINDS, Egg Harbor Township, NJ, pg. 692
Lewis, Tom, Principal & Creative Dir -- HIGH TIDE CREATIVE, New Bern, NC, pg. 499
Lewis, Tripp, Dir-New Bus Dev -- Lewis Communications, Nashville, TN, pg. 637
Lewis, Tripp, Dir-New Bus Dev -- LEWIS COMMUNICATIONS, Birmingham, AL, pg. 636
Lewis, Tripp, Dir-New Bus Dev -- Lewis Communications, Mobile, AL, pg. 636
Lewit, Mor, Acct Exec -- BBR Saatchi & Saatchi, Ramat Gan, Israel, pg. 977
Lewman, Mark, Partner & Creative Dir -- NEMO DESIGN, Portland, OR, pg. 789
Leyva, Matthew, Media Buyer -- Havas Edge, Carlsbad, CA, pg. 476
LeZotte, Katey, Acct Exec -- ROBERTSON & MARKOWITZ ADVERTISING & PR, Savannah, GA, pg. 964
Li, Danny, Exec Creative Dir -- mcgarrybowen, Shanghai, China, pg. 718
Li, Ealon, Assoc Creative Dir-China -- Grey Hong Kong, North Point, China (Hong Kong), pg. 446
Li, Irene, Art Dir -- DIESTE, Dallas, TX, pg. 299
Li, Penn, Creative Dir -- SAPIENTRAZORFISH NEW YORK, New York, NY, pg. 1286
Li, Serena, Acct Supvr -- TDW+CO, Seattle, WA, pg. 1094
Li, Zerien, Art Dir -- Havas Worldwide Shanghai, Shanghai, China, pg. 486
Li, Zimo, Grp Creative Dir -- Saatchi & Saatchi, Beijing, China, pg. 983
Lian, Anita, Assoc Dir-Brdcst -- PHD Los Angeles, Los Angeles, CA, pg. 1362
Liang, Marvin, Art Dir -- DDB, Singapore, Singapore, pg. 279
Liao, Lyon, Art Dir -- Havas Worldwide Shanghai, Shanghai, China, pg. 486
Liatos, Nick, Exec Creative Dir -- J. Walter Thompson, Rivonia, South Africa, pg. 554
Liaw, Irwina, Co-Founder & Creative Dir -- MINDENSEMBLE, Houston, TX, pg. 744
Libbey, Matthew, Acct Dir -- SAATCHI & SAATCHI, New York, NY, pg. 975
Liberatori, Mackenzie, Acct Coord -- SWBR, INC., Bethlehem, PA, pg. 1065
Libersat, Jill, Acct Supvr -- CAMP, Austin, TX, pg. 185
Libey, Chris, Assoc Creative Dir -- MICROMASS COMMUNICATIONS INC, Cary, NC, pg. 738
Licata, Michael, Partner & Chief Creative Officer -- MUNROE CREATIVE PARTNERS, Philadelphia, PA, pg. 779
Lich, Sarah, Acct Dir -- LOCATION3 MEDIA, INC., Denver, CO, pg. 649
Lichay, Jordan, Acct Supvr -- TBWA/WORLDWIDE, New York, NY, pg. 1077
Lichtenwalter, David, Art Dir -- HAMPTON CREATIVE, Tulsa, OK, pg. 465
Lichter, Mike, Chief Creative Officer -- CARDWELL BEACH, Brooklyn, NY, pg. 189
Lidster-Burdett, Erika, Sr Mgr-Print Production -- Heinrich Hawaii, Honolulu, HI, pg. 493
Lidster-Burdett, Erika, Sr Mgr-Print Production -- HEINRICH MARKETING, Denver, CO, pg. 493
Liebenstein, Lauri, VP & Acct Dir -- ZIMMERMAN ADVERTISING, Fort Lauderdale, FL, pg. 1212
Liebenthal, John, Creative Dir -- CLM MARKETING & ADVERTISING, Boise, ID, pg. 214
Lieberman, Karl, Exec Creative Dir -- Wieden + Kennedy New York, New York, NY, pg. 1165
Lieberman, Sara, Acct Exec -- SHADOW PR, New York, NY, pg. 1005
Lieberthal, Amy, Assoc Dir-Creative & Copywriter -- GREY NEW YORK, New York, NY, pg. 438
Liebler, Lauren, Acct Exec -- CHERYL ANDREWS MARKETING COMMUNICATIONS, Coral Gables, FL, pg. 1468
Liebowitz, Sarah, VP & Assoc Creative Dir -- AREA 23, New York, NY, pg. 67
Liebregts, Guido, Art Dir -- WWAV, Woerden, Netherlands, pg. 933
Lieman, Todd, Chief Creative Officer -- SKADADDLE MEDIA, Mill Valley, CA, pg. 1018
Lien, Alycia, Acct Coord -- FURMAN ROTH ADVERTISING, New York, NY, pg. 403
Liening, Clare, Dir-PR -- Lambert Edwards & Associates, Lansing, MI, pg. 1563
Liepins, Kat, Acct Dir -- PIVOT DESIGN INC, San Francisco, CA, pg. 873
Liesner, Alex, Acct Dir -- GREENLIGHT, Dallas, TX, pg. 435
Lieu, Alex, Chief Creative Officer -- 42 ENTERTAINMENT, LLC, Pasadena, CA, pg. 8
Lifeset, Ty, Partner & Exec Creative Dir -- ENVOY, Irvine, CA, pg. 342
Lifton, Max, Acct Exec -- SUNSHINE SACHS, New York, NY, pg. 1654
Light, Bill, Exec Creative Dir -- AIRT GROUP, San Rafael, CA, pg. 41
Lightell, Karen, Dir-PR -- RED HOUSE COMMUNICATIONS, Pittsburgh, PA, pg. 1627
Lightfoot, Chris, Acct Exec -- FLYNN WRIGHT, Des Moines, IA, pg. 390
Lightle, Ally, Acct Exec -- RESOLUTE PR, Tulsa, OK, pg. 1630
Lill, Kate, Art Dir -- Young & Rubicam NZ Ltd., Auckland, New Zealand, pg. 1199
Lillejord, Erik, Acct Exec -- LINNIHAN FOY ADVERTISING, Minneapolis, MN, pg. 642
Lilley, Jess, Creative Dir -- Leo Burnett Melbourne, Melbourne, Australia, pg. 628
Lim, Chris, Assoc Creative Dir -- Tribal Worldwide Singapore, Singapore, Singapore, pg. 1297
Lim, Dana, Art Dir -- Saatchi & Saatchi Asia Pacific, Singapore, Singapore, pg. 985
Lim, Dana, Art Dir-Singapore -- Saatchi & Saatchi London, London, United Kingdom, pg. 980
Lim, Jake, Assoc Creative Dir & Designer -- RETHINK, Vancouver, Canada, pg. 951
Lim, James Keng, Creative Dir -- Hakuhodo Singapore Pte. Ltd., Singapore, Singapore, pg. 463
Lim, Katy, Mng Dir-Mktg Comm & PR -- CHANGE COMMUNICATIONS, San Francisco, CA, pg. 1466
Lim, Kelvin, Assoc Creative Dir-Singapore -- Havas Southeast Asia, Singapore, Singapore, pg. 487
Lim, Kelvin, Assoc Creative Dir-Singapore -- Havas Worldwide Southeast Asia, Singapore, Singapore, pg. 485
Lim, Lauren Yrastorza, Creative Dir -- BBDO Singapore, Singapore, Singapore, pg. 115
Lim, Melvyn, Chief Creative Officer -- Ogilvy (Singapore) Pvt. Ltd., Singapore, Singapore, pg. 827
Lim, Nares, Head-Creative Grp & Art Dir -- Leo Burnett, Bangkok, Thailand, pg. 631

AGENCIES — PERSONNEL INDEX

Lim, Niki, Acct Supvr -- BIG COMMUNICATIONS, INC., Birmingham, AL, pg. 128

Lim, Pann, Creative Dir -- Kinetic Design & Advertising Pvt. Ltd., Singapore, Singapore, pg. 1337

Lim, Paul, Exec Creative Dir -- Naga DDB Sdn. Bhd., Petaling Jaya, Malaysia, pg. 277

Lim, Rich, Acct Dir -- AGENDA, New York, NY, pg. 40

Lim, Stan, Exec Creative Dir -- TUS Isobar, Singapore, Singapore, pg. 550

Lim, Susie, Sr VP & Grp Creative Dir -- Wunderman, Costa Mesa, CA, pg. 1189

Lim, Vince, VP & Creative Dir -- McCann New York, New York, NY, pg. 698

Lim, Wee Ling, Creative Dir -- BBDO Malaysia, Kuala Lumpur, Malaysia, pg. 113

Lima, Aline, Acct Dir -- Paim Comunicacao, Porto Alegre, Brazil, pg. 701

Lima, Claudio, Chief Creative Officer-Brazil -- CHEIL NORTH AMERICA, New York, NY, pg. 204

Lima, Eduardo, Creative Dir -- F/Nazca Saatchi & Saatchi, Sao Paulo, Brazil, pg. 981

Lima, Eduardo, Exec Creative Dir -- W+K Sao Paulo, Sao Paulo, Brazil, pg. 1164

Lima, Melissa, Art Dir -- AGENDA GLOBAL, Albuquerque, NM, pg. 1428

Limbaga, Elise, Acct Supvr -- JACOB TYLER BRAND COMMUNICATIONS, San Diego, CA, pg. 569

Limeri, Elizabeth, Assoc Creative Dir -- SANDBOX CHICAGO, Chicago, IL, pg. 989

Limon, Hilda, Media Planner & Media Buyer -- THE BALCOM AGENCY, Fort Worth, TX, pg. 85

Limotte, John, CEO & Exec Creative Dir -- MUSTACHE AGENCY, Brooklyn, NY, pg. 780

Limsiriphan, Dethritt, Art Dir -- TBWA Thailand, Bangkok, Thailand, pg. 1092

Limwanatipong, Puripong, Creative Dir -- Ogilvy Advertising, Bangkok, Thailand, pg. 828

Lin, James, Sr VP & Creative Dir-Digital -- Ketchum, San Francisco, CA, pg. 1555

Lin, Sijia, Acct Dir -- Millward Brown China, Shanghai, China, pg. 743

Lin, Ting, Assoc Creative Dir -- IW GROUP, INC., West Hollywood, CA, pg. 551

Linardatos, Andy, Grp Creative Dir -- Juniper Park/TBWA, Toronto, Canada, pg. 1079

Linares, Patsy I., Pres , Principal & Creative Dir -- PIL CREATIVE GROUP, INC, Coral Gables, FL, pg. 871

Linck, Carolyn, Acct Dir -- ACCESS BRAND COMMUNICATIONS, San Francisco, CA, pg. 19

Lincoln, Luciano, Creative Dir -- Leo Burnett Tailor Made, Sao Paulo, Brazil, pg. 623

Lindborg, Tobias, Art Dir -- DROGA5, New York, NY, pg. 321

Lindemann, Mark, Assoc Creative Dir & Writer -- DAILEY & ASSOCIATES, West Hollywood, CA, pg. 258

Lindemans, Charlotte, Acct Dir -- TBWA Brussels, Brussels, Belgium, pg. 1080

Linders, Michael Ilias, Art Dir -- Ogilvy Cape Town, Cape Town, South Africa, pg. 829

Lindgren, Carly, Media Buyer -- Havas Edge, Carlsbad, CA, pg. 476

Lindgren, Kristofer Gullard, Art Dir -- DDB Stockholm, Stockholm, Sweden, pg. 280

Lindgren, Peter, Partner & Dir-Creative-Prime -- Prime Public Relations, Stockholm, Sweden, pg. 1678

Lindholm, Sophia, Art Dir -- Forsman & Bodenfors, Stockholm, Sweden, pg. 722

Lindman, Martha, Partner & Art Dir -- RDW GROUP INC., Providence, RI, pg. 935

Lindner, Alissa, Acct Supvr -- AUSTIN & WILLIAMS, Hauppauge, NY, pg. 78

Lindner, John, Founder & Creative Dir -- 93 OCTANE, Richmond, VA, pg. 14

Lindsey, Leigh Kelley, Acct Supvr -- MP&F STRATEGIC COMMUNICATIONS, Nashville, TN, pg. 1586

Lineberry, Denise, VP-Mktg & Creative Tech -- APPLE ROCK, Greensboro, NC, pg. 1396

Linehan, Meghan, Acct Dir -- SOMETHING DIFFERENT, Brooklyn, NY, pg. 1028

Linen, Ethan, Acct Supvr -- RAWLE MURDY ASSOCIATES, INC., Charleston, SC, pg. 934

Linero, Benjamin, Mng Partner & Dir-Strategic Creative -- BENAMOR, Miami, FL, pg. 122

Ling, Ben, Creative Dir -- DDB Worldwide Ltd., Hong Kong, China (Hong Kong), pg. 274

Lingan, Ashwin, Creative Dir -- J. Walter Thompson, Mumbai, India, pg. 556

Lingsweiler, Erin, Mgr-Dept-ABD Direct & Acct Exec -- A.B. Data, Ltd., Washington, DC, pg. 16

Lingsweiler, Erin, Mgr-Dept & Acct Exec -- A.B. DATA, LTD., Milwaukee, WI, pg. 16

Linnell, Heather, Sr VP & Grp Creative Dir -- EVOKE HEALTH, New York, NY, pg. 354

Linnemann, Ellen, VP-PR & Client Svcs -- SMARTMARKETING COMMUNICATIONS, Albuquerque, NM, pg. 1647

Linneu, Joao, Creative Dir -- Ogilvy, Ltd., London, United Kingdom, pg. 818

Lino, Maria, Principal & Acct Dir -- THE LATINO WAY, Hartford, CT, pg. 612

Linsley, Pam, Creative Dir -- HIRONS & COMPANY, Indianapolis, IN, pg. 502

Linton, Jonathan, VP & Acct Dir -- Leo Burnett USA, Chicago, IL, pg. 622

Liou, George, Exec Creative Dir -- FCB Taipei, Taipei, Taiwan, pg. 374

Lipari, Frank, Creative Dir -- MKTG, INC., New York, NY, pg. 1412

Lipford, Liesl, Acct Exec -- WEBER SHANDWICK, New York, NY, pg. 1673

Lipinska, Blanka, Creative Dir -- Saatchi & Saatchi, Warsaw, Poland, pg. 979

Lipori, Artur, Assoc Creative Dir -- OGILVY, New York, NY, pg. 809

Lipovsky, Melissa, VP & Creative Dir -- THE BYNE GROUP, Suffern, NY, pg. 179

Lippert, Charlotte, Art Dir -- Publicis Pixelpark, Bielefeld, Germany, pg. 899

Lippert, Haley, Acct Exec -- BAREFOOT PROXIMITY, Cincinnati, OH, pg. 89

Lippman, Jordan, Media Planner & Media Buyer -- FREED ADVERTISING, Sugar Land, TX, pg. 397

Lipski, Jurek, Acct Dir -- SPARKLOFT MEDIA, Portland, OR, pg. 1031

Lipsky, Mark, CEO & Creative Dir -- THE RADIO AGENCY, Newtown Sq, PA, pg. 928

Lipson, Aaron, Assoc Dir-Creative -- McCann Erickson Advertising Pty. Ltd., Melbourne, Australia, pg. 700

Lira, Ingrid, Grp Creative Dir -- BBDO Chile, Santiago, Chile, pg. 102

Lira, Joaquin, Chief Creative Officer -- M8 AGENCY, Miami, FL, pg. 666

Liran, Elias, Art Dir -- McCann Erickson, Tel Aviv, Israel, pg. 705

Lischick, Katie, Acct Exec-PR -- THE CYPHERS AGENCY, INC., Annapolis, MD, pg. 256

Lischwe, Krystle, Sr Acct Exec-PR & Social Influence -- MULLENLOWE GROUP, Boston, MA, pg. 770

Lisech, Aaron, Acct Exec -- CHEVALIER ADVERTISING, INC., Lake Oswego, OR, pg. 206

Lisenby, Lynda, Acct Dir -- GOFF PUBLIC, Saint Paul, MN, pg. 1519

Lisick, Chris, Grp Creative Dir -- BBH NEW YORK, New York, NY, pg. 115

Lisk, Jaime, Acct Dir -- BOATHOUSE GROUP INC., Waltham, MA, pg. 143

Liss, Daniel, Exec Creative Dir -- FAKE LOVE, Brooklyn, NY, pg. 1256

Lissau, Casey, Creative Dir -- Saatchi & Saatchi X, Springdale, AR, pg. 976

Lista, Fabio, Art Dir -- Leo Burnett Co., S.r.l., Milan, Italy, pg. 625

Liston, Tia, Creative Dir -- ADVERTISING SAVANTS, INC., Saint Louis, MO, pg. 35

Liszewski, Brittany, Mgr-Creative Production -- MIRRORBALL, New York, NY, pg. 747

Liszka, James, Acct Dir -- HAWORTH MARKETING + MEDIA, Minneapolis, MN, pg. 1328

Litchfield, Michael, VP, Creative Dir & Strategist-Brand -- Doremus (San Francisco), San Francisco, CA, pg. 316

Litman, Daniel, Art Dir -- OUT THERE ADVERTISING, Duluth, MN, pg. 846

Litoff, Jamie, Acct Supvr -- INTERSPORT INC, Chicago, IL, pg. 544

Litos, Michelle, Creative Dir -- O'KEEFE REINHARD & PAUL, Chicago, IL, pg. 834

Litsinger, Meghan, Acct Supvr -- PARAMORE THE DIGITAL AGENCY, Nashville, TN, pg. 854

Little, Alex, Creative Dir -- McCann New York, New York, NY, pg. 698

Little, Chessie, Media Dir -- THAYER MEDIA, INC., Denver, CO, pg. 1376

Little, Jason, Assoc Dir-Brdcst -- QUIGLEY-SIMPSON, Los Angeles, CA, pg. 923

Little, John, Acct Supvr-Client Strategy -- ENGINE US, New York, NY, pg. 341

Little, Maggie, Creative Dir -- SLINGSHOT INC., Toronto, Canada, pg. 1021

Little, Paul, Creative Dir -- JOHN ST., Toronto, Canada, pg. 579

Little, Peter, Creative Dir -- Ogilvy Johannesburg (Pty.) Ltd., Johannesburg, South Africa, pg. 829

Littleboy, Alice, Acct Dir -- Mccann, Sydney, Australia, pg. 700

Littlefield, Lee, Creative Dir -- ILFUSION INC, Fort Worth, TX, pg. 523

Littlejohn, Barry, Acct Dir -- SIMANTEL, Peoria, IL, pg. 1014

Littlejohn, David, Founder & Chief Creative Officer -- HUMANAUT, Chattanooga, TN, pg. 514

Littlejohn, Lindsay, Acct Dir -- OUTCAST COMMUNICATIONS, San Francisco, CA, pg. 1603

Littlejohn, Scott, Creative Dir -- MARICICH BRAND COMMUNICATIONS, Irvine, CA, pg. 679

Litz, Clare, VP & Creative Dir -- OGILVY COMMONHEALTH WELLNESS MARKETING, Parsippany, NJ, pg. 832

Litzinger, Matthew, Pres & Chief Creative Officer -- RED LION, Toronto, Canada, pg. 940

Liu, Dan, Art Dir -- KING & PARTNERS, LLC, New York, NY, pg. 596

Liu, Davi Sing, Exec Creative Dir -- ENSO COLLABORATIVE LLC, Santa Monica, CA, pg. 341

Liu, Gong, Assoc Creative Dir -- HUDSON ROUGE, New York, NY, pg. 511

Liu, Iris, Creative Dir & Copywriter -- MullenLowe Profero Ltd., Shanghai, China, pg. 776

Liu, Jackie, Acct Supvr -- THE POLLACK PR MARKETING GROUP, Los Angeles, CA, pg. 1611

Liu, Jefferson, Creative Dir -- AKQA, Inc., Washington, DC, pg. 1234

Liu, Kim, Art Dir -- Wieden + Kennedy, Shanghai, China, pg. 1166

Liu, Leo, Exec Creative Dir-Digital -- J. Walter Thompson, Shanghai, China, pg. 555

Liu, Minn, Art Dir -- BBH China, Shanghai, China, pg. 93

Liu, Stephen, Exec Creative Dir -- Grey Beijing, Beijing, China, pg. 445

Liuzzo, Michelle, Art Dir -- GREY GROUP, New York, NY, pg. 438

Livachoff, Diego, Chief Creative Officer -- J. Walter Thompson, Lima, Peru, pg. 564

Lively, Kendra, VP-Creative -- THE REYNOLDS GROUP, Atlanta, GA, pg. 954

Livengood, Heather, Acct Dir -- ORGANIC, INC., San Francisco, CA, pg. 1278

Livermore, Molly Boehm, Acct Exec -- HARLAND CLARKE CORP., San Antonio, TX, pg. 468

Livesey, Adam, Chief Creative Officer -- LEO BURNETT DETROIT, INC., Troy, MI, pg. 621

Livie, Ryan, Acct Dir -- Net#work BBDO, Gauteng, South Africa, pg. 108

Livingston, Dena, Acct Dir -- PARAMORE THE DIGITAL AGENCY, Nashville, TN, pg. 854

Livingston, Katy, Assoc Creative Dir -- CUBIC, Tulsa, OK, pg. 252

Liyu, Minzie, Art Dir & Creative Dir -- J. Walter Thompson Singapore, Singapore, Singapore, pg. 558

Lizun, Mike, Sr VP-PR -- GREGORY FCA, Ardmore, PA, pg. 1524

Llenado, Armando, Exec Creative Dir -- TVGLA, Los Angeles, CA, pg. 1123

Llewellyn, Lauren, Acct Supvr -- Padilla, Richmond, VA, pg. 850

Lloyd, Abi, Acct Dir -- Edelman, London, United Kingdom, pg. 1494

Lloyd, Alex, Acct Exec -- TBWA\Dublin, Dublin, Ireland, pg. 1083

Lloyd, Cathy, Specialist-PR -- THE MEDIA MATTERS INC, Lexington, NC, pg. 726

Lloyd, Douglas, Creative Dir -- LLOYD & CO., New York, NY, pg. 647

Lloyd, Rebecca, Acct Dir -- OMD New Zealand/Auckland, Auckland, New Zealand, pg. 1358

Lloyd, Simon, Creative Dir-Interactive -- Adam & EveDDB, London, United Kingdom, pg. 281

Lluro, German, Media Dir -- Starcom, Detroit, MI, pg. 1372

Lo, Kevin, Assoc Creative Dir -- VML, INC., Kansas City, MO, pg. 1143

Lo, Sheung Yan, Chm-Creative Council-Asia Pacific -- J. Walter Thompson, Shanghai, China, pg. 555

Lobaton, Daniel, Creative Dir -- SAATCHI & SAATCHI, New York, NY, pg. 975

Lobel, Alan, Owner & Creative Dir -- CREATIVE IMPACT AGENCY, Encino, CA, pg. 243

Lobo, Kevin, Sr Creative Dir -- Leo Burnett India, Mumbai, India, pg. 629

Lobosco, Stevie, Media Planner & Media Buyer -- RIESTER, Phoenix, AZ, pg. 958

PERSONNEL INDEX — AGENCIES

Locascio, Brian, VP & Creative Dir -- THE TOMBRAS GROUP, Knoxville, TN, pg. 1108

Locascio, David, VP & Creative Dir -- THE TOMBRAS GROUP, Knoxville, TN, pg. 1108

Loccoz, Quentin Moenne, Art Buyer & Producer-TV -- DDB Paris, Paris, France, pg. 273

Locey, Jason, Chief Creative Officer -- ARRIVALS + DEPARTURES, Toronto, Canada, pg. 1238

Lock, Heath, Art Dir -- M&C Saatchi, Berlin, Germany, pg. 661

Lockamy, Aubrie, Art Dir -- JAJO, INC., Wichita, KS, pg. 570

Lockard, Kyle, Art Dir -- HANLON CREATIVE, Kulpsville, PA, pg. 465

Locke, Georgia, Acct Dir -- BREADNBUTTER, Seattle, WA, pg. 1243

Lockwood, Ryan, Creative Dir -- FAIRLY PAINLESS ADVERTISING, Holland, MI, pg. 359

Lockwood, Sarah, Assoc Creative Dir -- AKQA, Inc., Washington, DC, pg. 1234

Loda, Florencia, Creative Dir -- Grey Argentina, Buenos Aires, Argentina, pg. 443

Lodise, Jim, Creative Dir -- RIDGE MARKETING & DESIGN LLC, Basking Ridge, NJ, pg. 958

Loeb, Jef, Creative Dir, Strategist & Writer -- BRAINCHILD CREATIVE, San Francisco, CA, pg. 152

Loehr, Michelle, Media Dir -- H&L Partners, Saint Louis, MO, pg. 459

Loew, Dave, Exec Creative Dir -- Ogilvy, Chicago, IL, pg. 811

LoFurno, Janet, Creative Dir -- PRAXIS COMMUNICATIONS, INC., Huntingdon Valley, PA, pg. 886

Logan, Bruce, Creative Dir -- B&P ADVERTISING, Las Vegas, NV, pg. 81

Logan, Kari, VP-PR -- CEL PUBLIC RELATIONS INC, Minneapolis, MN, pg. 1465

Loganbill, Kelly, Acct Dir -- Sandbox, Kansas City, MO, pg. 989

Logue, Olivia, Acct Dir -- Leo Burnett London, London, United Kingdom, pg. 627

LoGuercio, Michelle, Acct Supvr -- BML PUBLIC RELATIONS, Florham Park, NJ, pg. 1452

Loguercio, Theresa, Supvr-Post Production & Producer-Creative & Line -- LAIR, New York, NY, pg. 607

Logullo, Jennifer, Exec Specialist & Specialist-Creative Support -- CORECUBED, Asheville, NC, pg. 231

Loh, Benjamin, Art Dir -- SAPIENTRAZORFISH NEW YORK, New York, NY, pg. 1286

Lohkamp, Robin, Supvr-Creative Grp -- TRUTH COLLECTIVE LLC, Rochester, NY, pg. 1120

Lohman, Eric, Creative Dir -- GROW, Norfolk, VA, pg. 453

Lohmann, Marius, Exec Creative Dir -- BBDO Proximity Berlin, Berlin, Germany, pg. 105

Lohrius, Josh, Exec Creative Dir -- Olson Engage, Minneapolis, MN, pg. 518

Loht, Ben, Creative Dir -- TracyLocke, Wilton, CT, pg. 1113

Loiacono, Matthew, Acct Dir -- Aisle Rocket Studios, Palatine, IL, pg. 42

Loibl, Jeff, Creative Dir -- THE DESIGNORY, Long Beach, CA, pg. 293

Loizeau, Jean-Didier, Head-Print Production-Associates -- M&C Saatchi, Paris, France, pg. 661

Lok, Daisy, Acct Supvr -- MEDIASPOT, INC., Corona Del Mar, CA, pg. 1350

Loke, Jon, Exec Creative Dir -- J. Walter Thompson Singapore, Singapore, Singapore, pg. 558

Loken, Molly, Acct Dir -- MONO, Minneapolis, MN, pg. 755

Lokey, Anne, Acct Dir -- 360i, Atlanta, GA, pg. 289

Loli, Walter, Chief Creative Officer -- DDB Chile, Santiago, Chile, pg. 271

Lomas, Bryon, VP & Creative Dir -- GARFIELD GROUP, Philadelphia, PA, pg. 410

Lomb, Michael, Mng Partner & Dir-Creative -- MG LOMB ADVERTISING, INC., Fairport, NY, pg. 736

Lombaer, Trevor, Media Buyer -- ARAGON ADVERTISING, Forest Hills, NY, pg. 64

Lombardi, Mariano, Creative Dir -- Y&R Italia, srl, Milan, Italy, pg. 1203

Lombardi, Mariano, Creative Dir -- Y&R Roma srl, Rome, Italy, pg. 1203

Lombardo, Ken, VP & Assoc Creative Dir -- SGW, Montville, NJ, pg. 1004

Lombardo, Luca, Acct Dir -- DDB S.r.l. Advertising, Milan, Italy, pg. 276

Lon Fung, Soon, Art Dir -- Leo Burnett Malaysia, Kuala Lumpur, Malaysia, pg. 631

Loncaric, Dijana, Acct Exec -- SUDLER & HENNESSEY, Montreal, Canada, pg. 1058

Londono, Camilo, Art Dir -- MullenLowe SSP3, Bogota, Colombia, pg. 777

Long, Ben, Creative Dir -- DARE, London, United Kingdom, pg. 1248

Long, Hollie, Media Planner -- MILLER BROOKS, Zionsville, IN, pg. 742

Long, Kimberly, Media Buyer-Brdcst -- SOUTHWEST MEDIA GROUP, Dallas, TX, pg. 1369

Long, Lisa Moakler, Acct Supvr -- BROWN BAG MARKETING, Atlanta, GA, pg. 167

Long, Michael, Exec Creative Dir -- FCB West, San Francisco, CA, pg. 365

Long, Sarah, Head-PR -- The Brighter Group, London, United Kingdom, pg. 381

Long, Stacey, Sr Designer-Creative -- SANDIA ADVERTISING, Colorado Springs, CO, pg. 990

Longhin, Ellie, Acct Dir -- PHD Toronto, Toronto, Canada, pg. 1362

Longmire, Ahlilah, Dir-PR -- CANOPY BRAND GROUP, New York, NY, pg. 187

Longo, Amy, Acct Dir-New York -- WACHSMAN PR, New York, NY, pg. 1668

Longo, Claudia, Acct Dir -- J. Walter Thompson Milan, Milan, Italy, pg. 560

Longoni, Stefano, Creative Dir -- Red Cell, Milan, Italy, pg. 1181

Longoni, Stefano, Creative Dir -- Red Cell, Milan, Italy, pg. 218

Longoria, Neylu, Acct Dir -- REMEZCLA LLC, Brooklyn, NY, pg. 946

Longstreet, Jamie, Acct Dir-Europe -- The&Partnership London, London, United Kingdom, pg. 56

Longton, Jim, Media Buyer -- COOPER HONG INC., Saint Charles, IL, pg. 1475

Lonn, Andreas, Partner & Creative Dir -- ANR BBDO, Stockholm, Sweden, pg. 109

Lonsbury, Kristin, Media Dir -- KOSE, Minneapolis, MN, pg. 1267

Loo, Adrian, Art Dir -- McCann Worldgroup (Singapore) Pte Ltd, Singapore, Singapore, pg. 709

Looney, Debbie, Art Dir -- LOONEY ADVERTISING AND DESIGN, Montclair, NJ, pg. 651

Looney, Sean, Creative Dir -- LOONEY ADVERTISING AND DESIGN, Montclair, NJ, pg. 651

Loos, Ivan, Assoc Creative Dir -- Publicis Singapore, Singapore, Singapore, pg. 911

Looze, Cathy, Media Dir -- AFFIRM, Pewaukee, WI, pg. 37

LoParco, Melissa, VP & Dir-PR -- CATALYST MARKETING COMMUNICATIONS INC., Stamford, CT, pg. 195

Lopez Farfan, Rodolfo David, Head-Art & Creative Dir -- VML Mexico, Mexico, Mexico, pg. 1144

Lopez, Adriana, Acct Dir-Digital & Social -- THE AXIS AGENCY, Los Angeles, CA, pg. 81

Lopez, Andrew, Art Dir -- MullenLowe SSP3, Bogota, Colombia, pg. 777

Lopez, Arturo, Exec Creative Dir -- Publicis, Madrid, Spain, pg. 901

Lopez, Daniela, Acct Exec -- KGBTEXAS, San Antonio, TX, pg. 593

Lopez, Danixa, Dir-PR -- SANTA CRUZ COMMUNICATIONS INC., Pasadena, CA, pg. 1640

Lopez, Diego, Art Dir -- MullenLowe SSP3, Bogota, Colombia, pg. 777

Lopez, Eyra, Creative Dir -- MINDSTREAM MEDIA, San Diego, CA, pg. 1272

Lopez, Joanna, Grp Creative Dir -- Grey Mexico, S.A. de C.V, Mexico, Mexico, pg. 444

Lopez, Joe, Creative Dir -- AMF MEDIA GROUP, San Ramon, CA, pg. 53

Lopez, Liza, Media Dir -- SODA & LIME LLC, Los Angeles, CA, pg. 1027

Lopez, Raul, Sr Dir-Creative & Art -- Contrapunto, Madrid, Spain, pg. 108

Lopez, Roberto, Supvr-Creative -- McCann Erickson (Peru) Publicidad S.A., Lima, Peru, pg. 707

Lopez, Romina, Acct Dir -- VIVA PARTNERSHIP, Miami, FL, pg. 1141

Lopez, Ron, Creative Dir -- R&R PARTNERS, Las Vegas, NV, pg. 924

Lopez, Salvador, Acct Dir -- Wavemaker, Mexico, Mexico, pg. 1384

Lopez, Walter, Art Dir -- El Taier DDB, Guatemala, Guatemala, pg. 274

Lopez-Lay, Gloriana, Acct Dir -- J. Walter Thompson, London, United Kingdom, pg. 562

Lopuszanski, Piotr, Art Buyer -- Polska McCann Erickson, Warsaw, Poland, pg. 708

Lora, Emilia, Art Dir -- ALMA, Coconut Grove, FL, pg. 49

Loraine, Martin, Creative Dir -- BBDO Dublin, Dublin, Ireland, pg. 105

Lorch, Giovanna, Grp Mgr-Brdcst-Natl -- MEDIA STORM LLC, South Norwalk, CT, pg. 1343

Lord, Tom, Creative Dir -- ICF OLSON, Minneapolis, MN, pg. 518

Loredo, Anthony, Dir-PR -- CENTRO LLC, Chicago, IL, pg. 1245

Lorenz, Jennifer, Acct Supvr -- THE LACEK GROUP, Minneapolis, MN, pg. 606

Lorenz, Suraiya, Art Dir -- BADJAR Ogilvy, Melbourne, Australia, pg. 821

Lorenzetti, Ilaria, Acct Supvr -- Publicis, Rome, Italy, pg. 900

Lorenzo, Lixaida, Creative Dir -- MISTRESS, Santa Monica, CA, pg. 747

Lorenzo, Nicky, Assoc Creative Dir -- OGILVY, New York, NY, pg. 809

Lorenzo, Tom, Creative Dir -- SITUATION INTERACTIVE, New York, NY, pg. 1017

Lorimer, Jo, Acct Dir -- Adam & EveDDB, London, United Kingdom, pg. 281

Lorin, Caroline, Art Dir -- DDB Paris, Paris, France, pg. 273

Lorusso, Pamela, Art Dir -- FORT GROUP INC., Ridgefield Park, NJ, pg. 393

Lorusso, Pietro, Supvr-Creative -- J. Walter Thompson Milan, Milan, Italy, pg. 560

Losada, Francisco, Assoc Creative Dir -- ZUBI ADVERTISING SERVICES, INC., Coral Gables, FL, pg. 1215

Loser, Helga, Mgr-Traffic -- Ogilvy Johannesburg (Pty.) Ltd., Johannesburg, South Africa, pg. 829

Lossgott, Nadja, Partner-Creative -- Abbott Mead Vickers BBDO, London, United Kingdom, pg. 109

Lota, Reg, Creative Dir -- Ace Saatchi & Saatchi, Makati, Philippines, pg. 985

Loth, Adrian, Acct Supvr -- MONTNER TECH PR, Westport, CT, pg. 1585

Lotter, Bibi, VP & Creative Dir -- PUBLICIS USA, New York, NY, pg. 912

Lotterman, Deborah, Chief Creative Officer -- PRECISIONEFFECT, Boston, MA, pg. 887

Lotze, Simon, Creative Dir -- mcgarrybowen, London, United Kingdom, pg. 717

Louie, Alexis, Acct Supvr -- Edelman, San Francisco, CA, pg. 1492

Louie, Sarah, Acct Supvr -- HAVAS WORLDWIDE, New York, NY, pg. 475

Louie, Steven, Creative Dir -- FLIGHTPATH INC, New York, NY, pg. 388

Louie, Wen-Hsiu, Exec Creative Dir -- McCann Erickson Hong Kong Ltd., Causeway Bay, China (Hong Kong), pg. 704

Louis, Charisse, Owner, Creative Dir & Mgr-Digital Design -- CHARENE CREATIVE, Aurora, OH, pg. 203

Louis, Cyril, Creative Dir -- R/GA, Singapore, Singapore, pg. 926

Lourenco, Rui, Chief Creative Officer-Havas Worldwide Digital Portugal -- Havas Experience Lisbon, Lisbon, Portugal, pg. 481

Lourenco, Rui, Chief Creative Officer -- Havas Worldwide Digital Portugal, Lisbon, Portugal, pg. 481

Louria, Lynn, Producer-Brdcst -- THE RICHARDS GROUP, INC., Dallas, TX, pg. 956

Loux, Carly, Acct Exec -- 22SQUARED, Atlanta, GA, pg. 4

Love, Carmen, Creative Dir -- Deutsch LA, Los Angeles, CA, pg. 294

Love, Craig, Creative Dir -- Mother New York, New York, NY, pg. 763

Love, Craig, Reg Creative Dir -- Y&R Hong Kong, Quarry Bay, China (Hong Kong), pg. 1199

Love, DeNeatra, Acct Dir-Social Media-Tracfone Wireless Telecom - - Weber Shandwick-Chicago, Chicago, IL, pg. 1675

Love, Hayley, Acct Dir-Media -- AD2PRO MEDIA SOLUTIONS, Woodland Hills, CA, pg. 25

Love, John, Media Buyer & Planner -- MEDIA WORKS, LTD., Baltimore, MD, pg. 1344

Love, Richard B., Partner & Dir-Creative -- LOVE COMMUNICATIONS, Salt Lake City, UT, pg. 653

Love, Tyler, Sr VP & Acct Dir -- THE LACEK GROUP, Minneapolis, MN, pg. 606

Loveday-Herzinger, Ali, Art Buyer & Exec Producer -- Ogilvy (Singapore) Pvt. Ltd., Singapore, Singapore, pg. 827

Lovelace, Stefen, Acct Dir -- IMRE, Baltimore, MD, pg. 528

Loveless, Stephen, Assoc Creative Dir -- Agency59 Response, Toronto, Canada, pg. 40

Lovell, Larry, Dir-PR -- PETER MAYER ADVERTISING, INC., New Orleans, LA, pg. 866

Lovely, Mark, Assoc Creative Dir -- McCann Calgary, Calgary, Canada, pg. 713

Lovich, Mitch, Acct Dir -- Adam & EveDDB, London, United Kingdom, pg. 281

AGENCIES — PERSONNEL INDEX

Lovitz, Alan, VP & Acct Dir -- BUYER ADVERTISING, INC., Newton, MA, pg. 178
Low, Andrew, Exec Creative Dir -- Ogilvy Advertising Beijing, Beijing, China, pg. 822
Low, George, Creative Dir -- TBWA Hunt Lascaris (Johannesburg), Johannesburg, South Africa, pg. 1087
Low, Selwyn, Creative Dir -- BBH China, Shanghai, China, pg. 93
Lowe, Alyssa Alexandra, Acct Dir -- MOROCH HOLDINGS, INC., Dallas, TX, pg. 758
Lowe, Keith, Art Dir -- SHEPHERD, Jacksonville, FL, pg. 1007
Lowery, Eric, Assoc Creative Dir -- HAVAS WORLDWIDE CHICAGO, Chicago, IL, pg. 488
Lowman, Josh, Founder & Creative Dir -- GOLD FRONT, San Francisco, CA, pg. 427
Lowrey, Ronald, Media Buyer -- J. LINCOLN GROUP, The Woodlands, TX, pg. 552
Lowry, Robin, Creative Dir-CGI-Young & Rubicam & WPP -- Burrows Shenfield, Brentwood, United Kingdom, pg. 1193
Loy, Ken, Creative Dir -- E-B DISPLAY CO., INC., Massillon, OH, pg. 327
Loyd, Blaine, Creative Dir -- TRACYLOCKE, Dallas, TX, pg. 1113
Loyd, Margaret-Parham, VP & Acct Dir -- DEFINITION 6, Atlanta, GA, pg. 286
Loza, Andrea, Art Dir -- WALTON / ISAACSON, Culver City, CA, pg. 1151
Lozada, Giselle, Media Dir -- BVK, Milwaukee, WI, pg. 178
Lozano, Hannah, Acct Coord -- Chemistry Atlanta, Atlanta, GA, pg. 205
Lozano, Marcos, Art Dir -- Grey Madrid, Madrid, Spain, pg. 442
Lozen, Michel, Media Dir -- MCGARRAH JESSEE, Austin, TX, pg. 716
Lu, Blue, Assoc Dir-Creative -- BBH China, Shanghai, China, pg. 93
Lu, Hesky, Creative Dir -- Wieden + Kennedy, Shanghai, China, pg. 1166
Lu, Jun, Art Dir -- WEDNESDAY, New York, NY, pg. 1156
Lu, Minhao, Creative Dir -- Wieden + Kennedy, Shanghai, China, pg. 1166
Lubars, David, Chm & Chief Creative Officer -- BBDO NORTH AMERICA, New York, NY, pg. 97
Lubars, David, Chm & Co-Chief Creative Officer -- BBDO San Francisco, San Francisco, CA, pg. 99
Lubars, David, Chm & Chief Creative Officer -- BBDO WORLDWIDE INC., New York, NY, pg. 97
Lubenow, Lindsey, Media Planner -- COMMIT AGENCY, Chandler, AZ, pg. 221
Lubetkin, Julie, Acct Coord -- VECTOR MEDIA, New York, NY, pg. 1132
Lublin, Petter, Creative Dir -- Prime Public Relations, Stockholm, Sweden, pg. 1678
Luca, Cinquepalmi, Exec Creative Dir -- Publicis Networks, Milan, Italy, pg. 900
Lucar, Renato Baracco, Acct Dir -- Y&R Peru, Lima, Peru, pg. 1207
Lucas, Alex, Exec Creative Dir -- Adam & EveDDB, London, United Kingdom, pg. 281
Lucas, Brianne, Acct Dir -- PLACE CREATIVE COMPANY, Burlington, VT, pg. 875
Lucas, Jamie, Acct Dir -- SQUIRES & COMPANY, Dallas, TX, pg. 1038
Lucas, Jan, Exec Creative Dir -- Grey Group Germany, Dusseldorf, Germany, pg. 440
Lucas, Jason, Exec VP & Exec Creative Dir -- Publicis Seattle, Seattle, WA, pg. 905
Lucas, Jason, Exec VP & Exec Creative Dir -- Publicis Seattle, Seattle, WA, pg. 913
Lucas, Joy, Acct Coord -- COSSETTE COMMUNICATIONS, Vancouver, Canada, pg. 232
Lucas, Sue, Media Dir -- ENGEL O'NEILL ADVERTISING & PUBLIC RELATIONS, Erie, PA, pg. 340
Lucas, Taylor, Art Dir -- EP+CO, Greenville, SC, pg. 343
Lucas, Taylor, Art Dir -- EP+Co, New York, NY, pg. 343
Lucas, Tim, Sr VP & Media Dir -- POWER CREATIVE, Louisville, KY, pg. 884
Lucenta, Lindsey, Acct Supvr -- L.C. WILLIAMS & ASSOCIATES, LLC, Chicago, IL, pg. 1564
Lucero, Lindsey, Acct Dir -- DDB San Francisco, San Francisco, CA, pg. 269
Lucero, Nathaniel, Sr Mgr-Creative-North America -- MAXX MARKETING, Chicago, IL, pg. 696
Lucero-Conklin, Natasha, Sr Acct Mgr-PR -- BACKBONE MEDIA LLC, Carbondale, CO, pg. 1437
Lucey, Dan, Partner-Equity & Exec Creative Dir -- JOAN, New York, NY, pg. 577
Lucey, Nicole, Art Dir & Exec Creative Dir -- THE BURNS GROUP, New York, NY, pg. 175
Luchini, Samuel, Sr VP & Exec Creative Dir -- FCB Chicago, Chicago, IL, pg. 364
Lucia, Dan Santa, Acct Supvr -- MERCURY MEDIA, INC., Los Angeles, CA, pg. 730
Luciano, Sandra, Creative Dir -- Saatchi & Saatchi Los Angeles, Torrance, CA, pg. 975
Luckin, Fran, Chief Creative Officer -- Grey Group South Africa, Bryanston, South Africa, pg. 443
Lucone, Raphael, Art Dir-DPZ&T -- DPZ-Duailibi, Petit, Zaragoza, Propaganda S.A., Sao Paulo, Brazil, pg. 906
Lucone, Raphael, Art Dir-DPZ&T -- DPZ-Duailibi, Petit, Zaragoza, Propaganda S.A., Sao Paulo, Brazil, pg. 21
Ludenhoff, Friso, Creative Dir -- Ubachswisbrun J. Walter Thompson, Amsterdam, Netherlands, pg. 560
Ludlow, Jeffrey, Chief Creative Officer -- BRUCE MAU DESIGN, Toronto, Canada, pg. 169
Luebke, Kim, Partner, Acct Dir & Dir-Acct Svc -- BROGAN & PARTNERS CONVERGENCE MARKETING, Birmingham, MI, pg. 166
Lueck, Christopher, Creative Dir -- THE PEKOE GROUP, New York, NY, pg. 861
Luengamornchai, Cholathis, Copywriter-Creative -- MullenLowe Thailand, Bangkok, Thailand, pg. 778
Luetkehans, Nate, Creative Dir -- MONIKER INC., San Francisco, CA, pg. 755
Luetkehans, Tony, Pres & Creative Dir -- HELLMAN, Waterloo, IA, pg. 494
Luffman, Joseph, Assoc Creative Dir-London -- Manning Selvage & Lee London, London, United Kingdom, pg. 1589
Lufrano, Juan Pablo, Gen Dir-Creative -- Santo Buenos Aires, Buenos Aires, Argentina, pg. 1181
Lugar, Joel, Assoc Creative Dir & Copywriter -- INTERMARK GROUP, INC., Birmingham, AL, pg. 539
Luhrsen, Brittany, Acct Supvr -- ORGANIC, INC., San Francisco, CA, pg. 1278
Luis, Shalimar, Assoc Creative Dir -- KETTLE, New York, NY, pg. 1267
Luisi, Elizabeth, Media Buyer -- CANVAS WORLDWIDE, New York, NY, pg. 1314
Lukas, Scott, Acct Dir -- MMB, Boston, MA, pg. 750
Lukasik, Bob, Exec Creative Dir -- IBM IX, New York, NY, pg. 517
Lukens, Kimberly, Acct Supvr -- JONES ADVERTISING, Seattle, WA, pg. 581
Luker, Jennifer, Media Planner -- SCHAFER CONDON CARTER, Chicago, IL, pg. 995
Luker, Steve, Partner & Creative Dir -- MUTT INDUSTRIES, Portland, OR, pg. 780
Lukjanow, Patrycja, Deputy Creative Dir -- Saatchi & Saatchi, Warsaw, Poland, pg. 979
Lullo, Lindsey, Acct Supvr -- JB CHICAGO, Chicago, IL, pg. 573
Lum, Erin Conron, Acct Dir -- MOIRE MARKETING PARTNERS, Falls Church, VA, pg. 754
Lum, Michael, Acct Coord-Digital Comm -- BECKER COMMUNICATIONS, Honolulu, HI, pg. 1446
Lumsiricharoenchoke, Wisit, Art Dir & Exec Creative Dir -- Ogilvy Advertising, Bangkok, Thailand, pg. 828
Luna, Jordi, Art Dir -- Wieden + Kennedy Amsterdam, Amsterdam, Netherlands, pg. 1164
Lund, Lukas, Assoc Dir-Creative -- Uncle Grey A/S, Arhus, Denmark, pg. 440
Lundberg, Kara, Head-Talent Dev & Acct Dir -- RAFFETTO HERMAN STRATEGIC COMMUNICATIONS LLC, Seattle, WA, pg. 1624
Lundeberg, Karl, Art Dir -- THE SUMMIT GROUP, Salt Lake City, UT, pg. 1060
Lunden, Bethany, Acct Exec & Strategist-Social Media -- BBG&G ADVERTISING, Campbell Hall, NY, pg. 115
Lundstrom, Matt, VP & Creative Dir-Digital -- PALISADES MEDIA GROUP, INC., Santa Monica, CA, pg. 1361
Lundy, Gwenn, Art Dir -- KLUNK & MILLAN ADVERTISING INC., Allentown, PA, pg. 599
Lunetta, Maggie, VP & Media Dir -- HAWORTH MARKETING + MEDIA, Minneapolis, MN, pg. 1328
Lunger, Carol, Acct Supvr-PR -- AB+C, Philadelphia, PA, pg. 17
Luoma, Eric, Co-Founder & Creative Dir -- FELLOW, Minneapolis, MN, pg. 377
Lupo, Santiago Luna, Creative Dir -- WE BELIEVERS, New York, NY, pg. 1155
Luque, Andres, Creative Dir & Writer -- Sancho BBDO, Bogota, Colombia, pg. 102
Luquetti, Hugo, Art Dir -- Aimap BBDO, Sao Paulo, Brazil, pg. 101
Lurie, Shaina Allison, Media Planner & Buyer-Digital -- BOATHOUSE GROUP INC., Waltham, MA, pg. 143
Luthra, Juhi, Media Planner -- CAMPBELL EWALD, Detroit, MI, pg. 185
Lutomsky, Justin, Acct Exec -- THINK SHIFT, Winnipeg, Canada, pg. 1099
Luton, Samantha, Acct Supvr -- PUBLICIS HEALTHCARE COMMUNICATIONS GROUP, New York, NY, pg. 911
Lutz, Elisha, Acct Dir -- IDEAS COLLIDE INC., Scottsdale, AZ, pg. 521
Luyckx, Victoria, Acct Exec -- JONESWORKS INC., New York, NY, pg. 1549
Lv, Haoxi, Grp Creative Dir -- BBH China, Shanghai, China, pg. 93
Ly, Vyvy, Producer-Brdcst -- HAVAS WORLDWIDE CHICAGO, Chicago, IL, pg. 488
Lyman, Wes, Assoc Creative Dir -- PureRED/Ferrara, Tucker, GA, pg. 918
Lynch, Courtney, Sr VP & Assoc Creative Dir -- H4B Chelsea, New York, NY, pg. 474
Lynch, Glenda, Media Planner & Buyer -- STRATEGIC AMERICA, West Des Moines, IA, pg. 1052
Lynch, Jason, Art Dir -- HYPERAKT, Brooklyn, NY, pg. 516
Lynch, Jim, Media Dir -- THE MARTIN GROUP, LLC., Buffalo, NY, pg. 688
Lynch, Katie, Acct Coord -- CRAMER PRODUCTIONS INC., Norwood, MA, pg. 238
Lynch, Kelli, Acct Supvr -- THE STONE AGENCY, Raleigh, NC, pg. 1050
Lynch, Kyle, Acct Supvr -- DAC GROUP, Louisville, KY, pg. 257
Lynch, Matt, Creative Dir -- INSIDE OUT COMMUNICATIONS, Holliston, MA, pg. 534
Lynch, Patrick, Media Planner -- BACKBONE MEDIA LLC, Carbondale, CO, pg. 1437
Lynch, Sarah, Acct Dir -- Epsilon, Wakefield, MA, pg. 345
Lynch, Sharon, Acct Exec -- SHAKER RECRUITMENT ADVERTISING & COMMUNICATIONS, INC., Oak Park, IL, pg. 1005
Lyness, Jessica, Acct Supvr -- MAXWELL PR, Portland, OR, pg. 1578
Lynn Silva, Tricia, Acct Exec-Pub Affairs -- KGBTEXAS, San Antonio, TX, pg. 593
Lynn, Laura, Strategist-PR -- AGENCY 451, Boston, MA, pg. 1427
Lynn, Rachel, Acct Exec -- ZAMBEZI, Culver City, CA, pg. 1209
Lynn, Randy, Partner & Creative Dir-Digital -- MARIS, WEST & BAKER, INC., Jackson, MS, pg. 680
Lyon, Amy, VP & Acct Dir -- GSD&M Chicago, Chicago, IL, pg. 454
Lyon, Mike, Art Dir -- STEELE & ASSOCIATES, INC., Pocatello, ID, pg. 1045
Lyons, Jessica, Acct Dir -- Leo Burnett London, London, United Kingdom, pg. 627
Lyons, Monica, Media Dir -- BRANDTAILERS, Newport Beach, CA, pg. 159
Lyons, Natasha, Art Dir -- BLUEFISH, Tempe, AZ, pg. 141
Lyons, Peter, Sr VP-Creative & Technical Svcs -- D2 CREATIVE, Somerset, NJ, pg. 256
Lyons, Scott, Acct Dir -- Rethink, Toronto, Canada, pg. 951
Lyons, Stefanie, Creative Dir -- HYC/MERGE, Chicago, IL, pg. 515
Lyons, Tom, Exec VP & Creative Dir -- MEKANISM, San Francisco, CA, pg. 729
Lysen, Rebecca, Sr Creative Dir -- NIGHT AFTER NIGHT, New York, NY, pg. 794
Lysle, Lisa, Media Buyer -- SCHEFFEY INC, Lancaster, PA, pg. 995
Lyster, Mackenzie, Acct Exec -- RAIN43, Toronto, Canada, pg. 929
Lytle, Dana, Principal & Creative Dir -- PLANET PROPAGANDA, INC., Madison, WI, pg. 876

M

M., Ermin, Acct Exec -- Saatchi & Saatchi, Dallas, TX, pg. 977
Ma, Kym, Creative Dir -- J. Walter Thompson, Quarry Bay, China (Hong Kong), pg. 555
Ma, Lillian, Acct Dir-Client Experience -- Weber Shandwick-Boston/Cambridge, Cambridge, MA, pg. 1675
Ma, Michael, Exec Creative Dir -- ROKKAN, New York, NY, pg. 966
Ma, Vi, Acct Exec -- AAAZA, Inc., Los Angeles, CA, pg. 31
Ma, Yinbo, Exec Creative Dir -- BBH China, Shanghai, China, pg. 93
MaA, Max, Acct Exec -- Wieden + Kennedy, Shanghai, China, pg. 1166
Maalouf, Marie-Claire, Assoc Creative Dir -- Impact BBDO, Dubai, United Arab Emirates, pg. 109
Maani, Marzuki, Exec Producer-Creative -- M&C Saatchi, Kuala

PERSONNEL INDEX — AGENCIES

Lumpur, Malaysia, pg. 662
Maasri, Natasha Romariz, Creative Dir -- THE&PARTNERSHIP, New York, NY, pg. 55
Mabe, Ronald S., Art Dir -- M&C Saatchi Abel, Cape Town, South Africa, pg. 660
Maben, Michelle, Art Dir -- RED TETTEMER O'CONNELL & PARTNERS, Philadelphia, PA, pg. 941
Mabie, Rebecca, Grp Creative Dir -- HAVIT ADVERTISING, LLC, Arlington, VA, pg. 489
Macadam, Angus, Exec Creative Dir -- mcgarrybowen, London, United Kingdom, pg. 717
MacAdam, Chris, Mgr-Print Production -- BERNSTEIN-REIN ADVERTISING, INC., Kansas City, MO, pg. 125
Macaluso, Tom, Sr VP & Creative Dir -- ANSON-STONER INC., Winter Park, FL, pg. 60
Macarian, Melissa, Art Dir -- CAMP + KING, San Francisco, CA, pg. 185
MacBeth, Jim, Creative Dir -- BERLINE, Royal Oak, MI, pg. 124
Maccagnone, Sophie, Acct Exec -- DITTOE PUBLIC RELATIONS, INC., Indianapolis, IN, pg. 1486
Maccarini, Paolo, Creative Dir -- MCCANN WORLDGROUP S.R.L. Milan, Italy, pg. 715
Maccia, Veronica, Sr Acct Exec-Y&R PR -- BCW (BURSON COHN & WOLFE), New York, NY, pg. 1439
MacDonald, Christine, Media Buyer -- CASHMAN & KATZ INTEGRATED COMMUNICATIONS, Glastonbury, CT, pg. 193
MacDonald, Greta, Acct Dir -- Wunderman, Miami, FL, pg. 1189
MacDonald, Matt, Exec VP & Exec Creative Dir -- BBDO Atlanta, Atlanta, GA, pg. 98
MacDonald, Matt, Exec VP & Exec Creative Dir -- BBDO NORTH AMERICA, New York, NY, pg. 97
Macdonald, Travis, Creative Dir -- GODFREY ADVERTISING, Lancaster, PA, pg. 426
Mace, Justin, Head-Creative -- ST. JOHN & PARTNERS, Jacksonville, FL, pg. 1040
Macedo, Giuliana, Acct Dir -- Publicis Brasil Communicao, Sao Paulo, Brazil, pg. 906
Macena, Daniel, Art Dir & Copywriter -- HIGHDIVE ADVERTISING, Chicago, IL, pg. 499
Macera, Frank, Creative Dir -- TAXI, Toronto, Canada, pg. 1075
Macfarlane, Hannah, Sr Acct Dir-New Bus -- J. Walter Thompson, London, United Kingdom, pg. 562
Macgadie, Colin, Chief Creative Officer -- BDG architecture+design, London, United Kingdom, pg. 1179
MacGibbon, Doug, Pres & Creative Dir -- THE IN-HOUSE AGENCY, INC., Morristown, NJ, pg. 529
MacGuire, Morgan, Coord-Social Media & PR -- VLADIMIR JONES, Colorado Springs, CO, pg. 1142
Machado, Carolina, Acct Dir -- Blackie McDonald, North Sydney, Australia, pg. 1445
Machado, Diego, Founder & Creative Dir -- AKQA, INC., San Francisco, CA, pg. 1234
Machado, Guilherme, Creative Dir & Writer -- DDB Sydney Pty. Ltd., Ultimo, Australia, pg. 270
Machado, Vanessa, Acct Supvr -- Wavemaker, Lisbon, Portugal, pg. 1383
Machak, Joel, Exec Creative Dir -- Crosby Marketing Communications, Bethesda, MD, pg. 249
Machalek, Stephanie, Acct Supvr -- Team Enterprises, Inc., Fort Lauderdale, FL, pg. 723
Machen, Lauren, Acct Dir-PR & Digital Comm -- FUSE, LLC, Winooski, VT, pg. 404
Machuca, Claudia, Media Dir -- ICON MEDIA DIRECT, Van Nuys, CA, pg. 1331
Macias, Bartek, Creative Dir -- Saatchi & Saatchi, Warsaw, Poland, pg. 979
Macias, Evie, Acct Dir -- MARKHAM & STEIN UNLIMITED, Miami, FL, pg. 685
Macias, Leo, Chief Creative Officer -- DDB Worldwide Colombia S.A., Bogota, Colombia, pg. 272
Macias, Marcos, President & Chief Creative Officer -- MACIAS CREATIVE, Miami, FL, pg. 666
Macintosh, Emily, Acct Supvr -- AGENCY 451, Boston, MA, pg. 1427
Macintyre, Lindsay, Dir-New Bus -- Havas Worldwide London, London, United Kingdom, pg. 483
Mack, Stephania, Creative Dir -- CLIENT COMMAND, Cumming, GA, pg. 213
MacKay, Chad, Supvr-Brdcst -- OMD Canada, Toronto, Canada, pg. 1357
Macken, Jan, Exec Creative Dir -- TBWA Brussels, Brussels, Belgium, pg. 1080
Macken, Jan, Exec Creative Dir -- TBWA Group, Brussels, Belgium, pg. 1080

Mackenzie, Chad, Exec Creative Dir-Natl -- whiteGREY, Cremorne, Australia, pg. 445
Mackenzie, Ian, Exec Creative Dir -- FCB Toronto, Toronto, Canada, pg. 366
Mackenzie, Katie, Acct Dir -- WE Buchan, Melbourne, Australia, pg. 1672
Mackereth, David, Creative Dir -- BBDO Minneapolis, Minneapolis, MN, pg. 98
Mackereth, David, Creative Dir -- BBDO PROXIMITY, Minneapolis, MN, pg. 97
Mackie, Al, Chief Creative Officer -- Rapp London, London, United Kingdom, pg. 932
Mackin, Conner, Media Buyer -- Zenith Los Angeles, Santa Monica, CA, pg. 1392
Mackinnon, Angus, Grp Creative Dir -- Poke, London, United Kingdom, pg. 902
Mackintosh, Bob, VP & Exec Creative Dir-Asia Pacific -- R/GA, Singapore, Singapore, pg. 926
Mackler, Jonathan, Creative Dir -- PARTNERS & SPADE, New York, NY, pg. 855
Mackley, Crysta, Media Dir-Universal Theme Parks & Resorts -- Spark Foundry, Los Angeles, CA, pg. 1366
Macko, Ed, Dir-Creative Brand Strategy -- ELLIANCE, Pittsburgh, PA, pg. 1255
Mackowiak, John, Dir-PR & Pub Affairs -- MARTIN DAVISON PUBLIC RELATIONS, Buffalo, NY, pg. 1577
Maclay, Sam, Partner & Creative Dir -- 3 ADVERTISING, Albuquerque, NM, pg. 5
Maclean, Chris, Creative Dir -- Wolff Olins-New York, New York, NY, pg. 1174
Maclean, Diana, Art Dir -- THE BYNE GROUP, Suffern, NY, pg. 179
MacLean, Monica, Acct Coord -- CALDER BATEMAN COMMUNICATIONS LTD., Edmonton, Canada, pg. 182
MacLean, Neil, Creative Dir -- ELEPHANT, San Francisco, CA, pg. 335
MacLeod, Katie, Acct Exec -- 360PR+, Boston, MA, pg. 1422
MacLeod, Lia, Art Dir -- JOHN ST., Toronto, Canada, pg. 579
Macmillan, Dave, Creative Dir -- CENTERLINE DIGITAL, Raleigh, NC, pg. 1244
MacMillin, Andrew, Creative Dir -- FINDSOME & WINMORE, Orlando, FL, pg. 380
MacNerland, Paul, Assoc Dir-Creative -- RHEA + KAISER, Naperville, IL, pg. 954
Macomber, Patrick, Grp Creative Dir -- 160OVER90, Philadelphia, PA, pg. 2
Maconachy, Rachel, Acct Exec -- Portland, London, United Kingdom, pg. 306
Macone, Rene, Creative Dir -- Grey Madrid, Madrid, Spain, pg. 442
Maconochie, Ryan, VP & Grp Creative Dir -- Match Marketing Group, Chicago, IL, pg. 693
Macouzet, Arturo, Assoc Dir-Creative & Art -- GREY NEW YORK, New York, NY, pg. 438
MacPhee, Christine, Acct Supvr -- PHD Canada, Toronto, Canada, pg. 1364
MacRae, Kenn, Creative Dir -- Havas London, London, United Kingdom, pg. 482
Madalone, Chrissy, Acct Dir -- KWG, New York, NY, pg. 604
Madan, Aarti, Acct Dir -- OgilvyOne Worldwide, Mumbai, India, pg. 825
Madanick, Karen, Media Dir -- ANSON-STONER INC., Winter Park, FL, pg. 60
Madariaga, Miguel, Creative Dir -- SCPF, Barcelona, Spain, pg. 1182
Maddalena, Maximiliano, Exec Creative Dir -- Ogilvy Argentina, Buenos Aires, Argentina, pg. 819
Madden, Leo, Creative Dir -- BRIGHTON AGENCY, INC., Saint Louis, MO, pg. 164
Madden, Linda, Acct Exec -- PIERPONT COMMUNICATIONS, INC., Houston, TX, pg. 1608
Maddox, Angie, Partner & Dir-PR -- SEED FACTORY MARKETING, Atlanta, GA, pg. 1000
Madelung, Emily, Media Planner & Media Buyer -- JACOBSON ROST, Milwaukee, WI, pg. 570
Mader, Anne, Assoc Creative Dir -- MRM MCCANN, New York, NY, pg. 766
Madigan, Carrie, Art Dir -- GRAFIK MARKETING COMMUNICATIONS, Alexandria, VA, pg. 431
Madill, Alan, Chief Creative Officer -- Juniper Park/TBWA, Toronto, Canada, pg. 1079
Madison, Jacob, Media Planner -- TEAM ONE USA, Los Angeles, CA, pg. 1095
Madon, Farrokh, Partner-Creative -- J. Walter Thompson Singapore,

Singapore, Singapore, pg. 558
Madon, Valerie, Chm-Singapore & Chief Creative Officer-Southeast Asia -- Havas Southeast Asia, Singapore, Singapore, pg. 487
Madon, Valerie, Chm-Singapore & Chief Creative Officer-Southeast Asia -- Havas Worldwide Southeast Asia, Singapore, Singapore, pg. 485
Madorsky, Tanya, Acct Exec -- HUDSON ROUGE, New York, NY, pg. 511
Madrid, Chase, Creative Dir -- PHENOMENON, Los Angeles, CA, pg. 868
Madrigal, Patricia, Acct Dir -- Edelman, Barcelona, Spain, pg. 1496
Madsen, James, Chief Creative Officer -- QUENCH, Harrisburg, PA, pg. 922
Madsen, Mariah, Media Planner -- FLINT COMMUNICATIONS, Fargo, ND, pg. 388
Maduko, Amanda, Media Buyer -- GOODWAY GROUP, Jenkintown, PA, pg. 1322
Maerov, Jeff, Chief Creative Officer -- VERITONE MEDIA, Costa Mesa, CA, pg. 1134
Maertens, Kiersten, Acct Supvr -- FLYNN WRIGHT, Des Moines, IA, pg. 390
Magana, Jennifer, Acct Exec -- BOLT PUBLIC RELATIONS, Irvine, CA, pg. 1454
Magee, Kelly, Acct Dir -- SCHWARTZ MEDIA STRATEGIES, Miami, FL, pg. 1642
Magee, Nathaniel, Acct Dir -- BIG SKY COMMUNICATIONS, INC., San Jose, CA, pg. 1450
Magee, Shawn, Art Dir -- ARRAY CREATIVE, Akron, OH, pg. 71
Magestro, Mike, Owner & Creative Dir -- MINDSPIKE DESIGN LLC, Milwaukee, WI, pg. 745
Maggi, Alexis, Media Buyer -- ACCESS TO MEDIA, Chicopee, MA, pg. 20
Maggiacomo, Annette, Partner-PR & VP -- DUFFY & SHANLEY, INC., Providence, RI, pg. 324
Magila, Marlene, Grp Assoc Creative Dir -- PACIFIC COMMUNICATIONS, Irvine, CA, pg. 848
Magin, Cory, Creative Dir-UX -- VITAMIN, Baltimore, MD, pg. 1140
Magnusson, Dominique, Art Dir -- Wirz Werbung AG, Zurich, Switzerland, pg. 109
Magrane, Lindsay, Acct Exec -- RETHINK, Vancouver, Canada, pg. 951
Maguire, Chris, Founder-Film & Creative Direction -- RIOT, New York, NY, pg. 959
Mahajan, Jaideep, Head-Creative-Natl -- Rediffusion Y&R Pvt. Ltd., Gurgaon, India, pg. 1201
Mahajan, Jaideep, Head-Natl Creative -- Rediffusion Y&R Pvt. Ltd., Mumbai, India, pg. 1200
Mahajan, Shailender, Sr Creative Dir -- Ogilvy, New Delhi, India, pg. 825
Mahan, Richard, Exec VP & Exec Creative Dir -- DAILEY & ASSOCIATES, West Hollywood, CA, pg. 258
Mahar, Spencer, Art Dir -- GEM ADVERTISING, New Haven, CT, pg. 414
Maher, John, Acct Supvr-Paid Media -- Porter Novelli Public Services, Washington, DC, pg. 1613
Maher, Laura, Acct Dir -- ROBERTS + LANGER DDB, New York, NY, pg. 963
Mahon, Matt, Acct Supvr -- LUCAS PUBLIC AFFAIRS, Sacramento, CA, pg. 1571
Mahoney, Michelle, Acct Dir -- DRAW, London, United Kingdom, pg. 319
Mai, Brandon, Art Dir & Designer -- 72andSunny, Brooklyn, NY, pg. 12
Mai, Franka, Sr Planner-Creative -- Ogilvy, Dusseldorf, Germany, pg. 814
Maiboroda, Ksenia, Acct Dir -- SPN Ogilvy Communications Agency, Moscow, Russia, pg. 816
Maicon, Kelly, Acct Supvr -- LARGEMOUTH COMMUNICATIONS, INC., Durham, NC, pg. 1563
Maida, Damon, Acct Dir -- THE BRADFORD GROUP, Nashville, TN, pg. 1454
Maier, Amy Spanbauer, Sr Acct Exec-PR -- FAISS FOLEY WARREN, Las Vegas, NV, pg. 1502
Maier, Renee, Creative Dir -- TUREC ADVERTISING ASSOCIATES, INC., Saint Louis, MO, pg. 1122
Mailliard, Daniel, Sr VP & Grp Creative Dir -- MCCANN HEALTH GLOBAL HQ, New York, NY, pg. 713
Maina, Peris, Media Buyer-Digital & Programmatic -- OCEAN MEDIA INC., Huntington Beach, CA, pg. 1355
Mainoli, Flavio, Creative Dir -- J. Walter Thompson, Rome, Italy, pg. 560
Maiocchi, Simona, Media Dir -- ZenithOptimedia, Milan, Italy, pg. 1389

1773

AGENCIES — PERSONNEL INDEX

Maiorana, Erin, VP & Creative Dir -- Epsilon, Cincinnati, OH, pg. 346

Mair, Stu, Exec Creative Dir -- FCB New York, New York, NY, pg. 365

Maire, Francis, Media Dir -- Active International (Europe) S.A.R.L., Paris, France, pg. 1306

Majchrowicz, Megan, Acct Dir -- ID Media-Chicago, Chicago, IL, pg. 1331

Majee, Partha, Assoc Creative Dir -- DDB Mudra Group, Mumbai, India, pg. 275

Majewski, Kamil, Creative Dir -- Saatchi & Saatchi, Warsaw, Poland, pg. 979

Majid, Shirin, Exec Creative Dir -- Cake Group Ltd, London, United Kingdom, pg. 473

Majiet, Ashraf, Creative Dir -- M&C Saatchi Abel, Cape Town, South Africa, pg. 660

Major, Robb, Creative Dir-CRA Film -- Charles Ryan Associates, Richmond, VA, pg. 203

Majumdar, Tito, Creative Dir -- Ogilvy, New Delhi, India, pg. 825

Mak, Megan, Media Planner -- AMP AGENCY, Boston, MA, pg. 1236

Maker, Gina, Acct Dir -- CONNECTIVITY MARKETING AND MEDIA AGENCY, Tampa, FL, pg. 227

Makeshina, Daria, Media Planner -- Initiative Moscow, Moscow, Russia, pg. 1333

Maki, Cori, Acct Exec -- ADZ ETC., INC., Menomonee Falls, WI, pg. 37

Maki, Daisuke, Art Dir -- Wieden + Kennedy Japan, Tokyo, Japan, pg. 1166

Maki, Jonathan, Acct Exec -- CERBERUS AGENCY, New Orleans, LA, pg. 201

Makmun, Afianto, Exec Creative Dir -- MullenLowe Indonesia, Jakarta, Indonesia, pg. 774

Makowski, John, Sr VP & Creative Dir -- HARVEY & DAUGHTERS, INC./ H&D BRANDING, Sparks, MD, pg. 471

Maktal, Mesh, Mng Dir-Creative -- THE JOEY COMPANY, Brooklyn, NY, pg. 578

Malacarne, Kelly, Acct Dir -- MKTG, INC., New York, NY, pg. 1412

Malacrida, Margit, Acct Exec -- Wagstaff Worldwide, New York, NY, pg. 1669

Malak, Fouad Abdel, Exec Creative Dir -- TBWA Raad, Dubai, United Arab Emirates, pg. 1088

Malak, Tarik, Founder & Chief Creative Officer -- SWELL, New York, NY, pg. 1066

Malakoff, Ilene, Creative Dir -- EVEO INC., San Francisco, CA, pg. 1256

Malalanayake, Thushara, Art Dir -- Leo Burnett Solutions Inc., Colombo, Sri Lanka, pg. 631

Malan, Nicole, Acct Dir -- FCB Johannesburg, Johannesburg, South Africa, pg. 375

Malave, Grecia, Acct Exec -- SUPERUNION, New York, NY, pg. 1062

Malavia, Vijay, Acct Dir-Digital -- ZIMMERMAN ADVERTISING, Fort Lauderdale, FL, pg. 1212

Malcolm, Doug, VP & Grp Creative Dir-Strategy -- Digitas, Chicago, IL, pg. 1252

Malcolm, Mark, Head-Strategic, Mktg, Design, Creative & Video -- WINGNUT ADVERTISING, Minneapolis, MN, pg. 1171

Maldini, Maria, Dir-Creative Svcs -- GALLEGOS UNITED, Huntington Beach, CA, pg. 408

Maldonado, Joaquin, Dir-Creative Svcs -- Teran TBWA, Mexico, Mexico, pg. 1092

Maldonado, Juan Pablo, Creative Dir -- MullenLowe SSP3, Bogota, Colombia, pg. 777

Maldonado, Luigi, Art Dir -- GUERILLA SUIT, Austin, TX, pg. 455

Maldonado, Pablo, Creative Dir -- Wunderman, Buenos Aires, Argentina, pg. 1189

Maldonado, Pepe, Acct Supvr -- Zeno Group, Chicago, IL, pg. 1690

Malek, Brynn, Art Dir & Assoc Creative Dir -- Doner, Playa Vista, CA, pg. 724

Malek, Brynn, Art Dir & Assoc Creative Dir -- Doner, Playa Vista, CA, pg. 315

Maletti, Gio, Creative Dir -- BERLIN CAMERON UNITED, New York, NY, pg. 124

Malfi, Renee, Acct Dir -- TENET PARTNERS, New York, NY, pg. 1096

Malhan, Madhu, Sr VP-Global Creative Svcs -- FCB GLOBAL, New York, NY, pg. 363

Malheiro, Antonieta, Acct Dir -- Y&R Portugal, Lisbon, Portugal, pg. 1203

Malhoit, Todd, Creative Dir -- SOKAL MEDIA GROUP, Raleigh, NC, pg. 1027

Malhotra, Uday, Acct Supvr -- AYZENBERG GROUP, INC., Pasadena, CA, pg. 81

Malina, Jaroslav, Acct Dir -- McCann Erickson Prague, Prague, Czech Republic, pg. 702

Malina, Michelle, Acct Supvr -- Fleishman-Hillard Inc., Dallas, TX, pg. 1508

Mallarino, Sebastian, VP-Creative-Colombia -- Grey: REP, Bogota, Colombia, pg. 444

Mallinen, Emma, Art Dir -- Wieden + Kennedy Amsterdam, Amsterdam, Netherlands, pg. 1164

Mallof, Antoinette, VP-Creative Svcs -- MALLOF, ABRUZINO & NASH MARKETING, Carol Stream, IL, pg. 673

Mallon, Christina, Acct Supvr -- POSSIBLE NEW YORK, New York, NY, pg. 1280

Mallory, Marrissa, Acct Dir -- J PUBLIC RELATIONS, San Diego, CA, pg. 1407

Malloy, Marc, Media Planner & Media Buyer -- R&R PARTNERS, Las Vegas, NV, pg. 924

Malloy, Mark, Exec Creative Dir -- EMI STRATEGIC MARKETING, INC., Boston, MA, pg. 1401

Malm, Andreas, Sr Partner-Creative -- Forsman & Bodenfors, Stockholm, Sweden, pg. 722

Malmstrom, Paul, Mgr-Creative Direction & Mgmt -- Mother New York, New York, NY, pg. 763

Malo, Kathleen, Media Buyer -- Starcom, Detroit, MI, pg. 1372

Maloka, Monica, Producer-Print -- FCB Johannesburg, Johannesburg, South Africa, pg. 375

Malone, Bryan, Co-Creative Dir -- HOWERTON+WHITE, Wichita, KS, pg. 510

Malone, Donna, Art Dir -- VANTAGEPOINT, INC, Greenville, SC, pg. 1131

Malone, Eliza, Sr Producer-Brdcst -- Leo Burnett Melbourne, Melbourne, Australia, pg. 628

Malone, Mike, Grp Head-Creative -- RICHARDS/CARLBERG, Houston, TX, pg. 956

Maloney, Amy, Exec Creative Dir -- DENTSUBOS, Montreal, Canada, pg. 291

Maloney, Mike, Art Dir -- SCHAFER CONDON CARTER, Chicago, IL, pg. 995

Maloy, Kurt, Creative Dir -- CELTIC MARKETING, INC., Niles, IL, pg. 199

Maltese, Christina, Acct Exec -- Zehnder Communications, Nashville, TN, pg. 1211

Maltzman, Debra, Creative Dir -- THE TERRI & SANDY SOLUTION, New York, NY, pg. 1097

Mammone, Natalie, Creative Dir -- HUGE LLC, Brooklyn, NY, pg. 512

Mamott, Andrew, Creative Dir -- GYRO DENVER, Denver, CO, pg. 459

Mamott, Andrew, Creative Dir -- Gyro Chicago, Chicago, IL, pg. 458

Mamus, John, Chief Creative Officer -- MAMUS, INC., Tampa, FL, pg. 673

Man, Jeffrey, Creative Dir -- PHOENIX MEDIA GROUP INC., New York, NY, pg. 869

Mancera, David Beltran, Art Dir-Digital -- Sancho BBDO, Bogota, Colombia, pg. 102

Mancini, Andre, Art Dir -- DM9DDB, Sao Paulo, Brazil, pg. 271

Mancuso, Bradley, Exec Creative Dir -- GREY GROUP, New York, NY, pg. 438

Mandanna, Kaveri, Acct Dir -- Corporate Voice-Weber Shandwick, Bengaluru, India, pg. 1681

Mandato, Meredith, Acct Supvr -- COYNE PUBLIC RELATIONS, Parsippany, NJ, pg. 1476

Mandelbaum, Jaime, Chief Creative Officer-Europe -- Y&R Paris, Boulogne, France, pg. 1202

Mandelbaum, Jaime, Chief Creative Officer-Europe -- Y&R Praha, s.r.o., Prague, Czech Republic, pg. 1205

Mandelbaum, Jaime, Chief Creative Officer -- Young & Rubicam Ltd., London, United Kingdom, pg. 1204

Mandelbaum, Juan, Pres & Creative Dir -- GEOVISION, Watertown, MA, pg. 417

Mander, Christopher, Acct Supvr -- HAVAS WORLDWIDE, New York, NY, pg. 475

Mandile, Nicole, Creative Dir -- McCann Erickson Advertising Pty. Ltd., Melbourne, Australia, pg. 700

Mandli, Jen, Creative Dir -- THINKINK COMMUNICATIONS, Coral Gables, FL, pg. 1100

Mandru, Raul, Partner & Creative Dir -- RXM CREATIVE, New York, NY, pg. 973

Maness, Amanda, Acct Dir -- RED MOON MARKETING, Charlotte, NC, pg. 940

Maney, Scott, Partner & Chief Creative Officer -- BREAKAWAY, Boston, MA, pg. 161

Manfrede, Christine, Partner & Creative Dir -- DOVETAIL, Saint Louis, MO, pg. 318

Mangada, Melvin, Chief Creative Officer -- TBWA Santiago Mangada Puno, Manila, Philippines, pg. 1091

Mangalindan, Stephanie, Assoc Creative Dir -- Publicis Manila, Makati, Philippines, pg. 910

Mangan, Craig, Founder & Chief Creative Officer -- HOW FUNWORKS LLC, Oakland, CA, pg. 510

Manganiello, Claire, Art Dir -- Mother New York, New York, NY, pg. 763

Mangiafico, Valerio, Art Dir-MENA -- Radius Leo Burnett, Dubai, United Arab Emirates, pg. 627

Manhart, Lisa, CMO-New Bus Dev & Exec VP-Sls & Mktg -- VENTURA ASSOCIATES INTERNATIONAL LLC, New York, NY, pg. 1418

Mani, Krishna, Sr Creative Dir -- Ogilvy, New Delhi, India, pg. 825

Mani, Rajesh, Exec Creative Dir -- McCann Erickson India, Mumbai, India, pg. 704

Manjarres, Aimee, Acct Exec -- ADFERO GROUP, Washington, DC, pg. 29

Manjooran, Katherine Thomas, Acct Exec -- Happy mcgarrybowen, Bengaluru, India, pg. 717

Manke, Robert, Dir-Print Production -- THE REGAN GROUP, Los Angeles, CA, pg. 945

Mankey, Austin, Assoc Creative Dir -- CP+B BOULDER, Boulder, CO, pg. 235

Manklow, Kevin, Creative Dir -- SCRATCH, Toronto, Canada, pg. 999

Manlove, Melody, Mgr-Production & Acct Exec -- JOHN MANLOVE ADVERTISING, Houston, TX, pg. 579

Manmohan, Vidya, Exec Creative Dir -- Grey Group Middle East Network, Dubai, United Arab Emirates, pg. 443

Mann, Hylton, Grp Creative Dir -- Juniper Park/TBWA, Toronto, Canada, pg. 1079

Mann, Jason, Creative Dir -- HAVAS WORLDWIDE CHICAGO, Chicago, IL, pg. 488

Mann, Luanne, Assoc Creative Dir -- FECHTOR ADVERTISING LLC, Columbus, OH, pg. 377

Mann, Steven, Acct Dir-Theatre Parties & Best of Broadway Clubs -- STUBS COMMUNICATIONS COMPANY, New York, NY, pg. 1227

Manna, Sarah, Sr VP & Dir-Art & Print Production -- DEUTSCH, INC., New York, NY, pg. 294

Mannes, Peter, VP-Creative -- CMT CREATIVE MARKETING TEAM, Houston, TX, pg. 216

Mannila, Jukka, Creative Dir -- Hasan & Partners Oy, Helsinki, Finland, pg. 703

Manning, Christer, Partner & Exec Creative Dir -- LIQUIDHUB, INC., New York, NY, pg. 644

Manning, Christopher, Media Dir -- KWG, New York, NY, pg. 604

Manning, Cory, Acct Dir -- STREAM COMPANIES, Malvern, PA, pg. 1054

Manning, Jade, Partner-Creative-Volkswagen Acct -- DDB Melbourne Pty. Ltd., Melbourne, Australia, pg. 270

Manning, James, Creative Dir -- Ogilvy, Ltd., London, United Kingdom, pg. 818

Manning, Jessica, Sr VP-PR -- LOVE ADVERTISING INC., Houston, TX, pg. 652

Manning, Keith, Grp Dir-Creative -- JACK MORTON WORLDWIDE, Boston, MA, pg. 567

Mannion, Sarah, Acct Dir -- Saatchi & Saatchi New York, New York, NY, pg. 976

Manola, Stephanie, Acct Dir -- OUTLOOK MARKETING SERVICES, INC., Chicago, IL, pg. 846

Manon, Jan, Creative Dir -- ELF, Coral Gables, FL, pg. 337

Mansfield, Abby, Creative Dir -- HCB HEALTH, Austin, TX, pg. 490

Mansfield, Abby, Sr VP & Creative Dir -- HCB HEALTH CHICAGO, Chicago, IL, pg. 490

Manship, Darren, Acct Supvr -- MINT ADVERTISING, Clinton, NJ, pg. 746

Manson, Clinton, Exec Creative Dir -- Saatchi & Saatchi Asia Pacific, Singapore, Singapore, pg. 985

Mansour, Jac, Chief Creative Officer -- PINNACLE ADVERTISING, Schaumburg, IL, pg. 872

Mansour, Siobhann, Partner & Media Dir -- UN/COMMON, Sacramento, CA, pg. 1125

Mantha, Anne, Acct Dir -- MVP COLLABORATIVE, Madison Heights, MI, pg. 781

Manuel, Rica, Art Dir -- J. Walter Thompson, Makati, Philippines, pg. 558

Manusutthipong, Kunanun, Art Dir -- TBWA Thailand, Bangkok, Thailand, pg. 1092

Manuszak, Mark, Dir-Creative -- WILLOW MARKETING,

1774

PERSONNEL INDEX — AGENCIES

Indianapolis, IN, pg. 1170

Manz, Samantha, Acct Exec -- CATALYST MARKETING COMMUNICATIONS INC., Stamford, CT, pg. 195

Manzanares, Anthony, Art Dir & Designer-Visual -- Crosby Marketing Communications, Bethesda, MD, pg. 249

Manzano, Jorge, Media Dir -- Punto Ogilvy, Montevideo, Uruguay, pg. 821

Manzella, Keith, VP & Grp Creative Dir -- EASTWEST MARKETING GROUP, New York, NY, pg. 329

Manzi, Guilherme, Art Dir -- FCB Sao Paulo, Sao Paulo, Brazil, pg. 370

Manzione, Tom, Mng Partner & Chief Creative Officer -- THE TOPSPIN GROUP, Princeton, NJ, pg. 1110

Manzotti, Pablo, Creative Dir -- FCB Lisbon, Lisbon, Portugal, pg. 367

Maple, Marie-Claire, Mng Partner-BtoB -- Opr, Saint Leonards, Australia, pg. 1600

Mapp, Steve, Creative Dir -- TBD, San Francisco, CA, pg. 1076

Marais, Anton, Assoc Creative Dir -- Radius Leo Burnett, Dubai, United Arab Emirates, pg. 627

Maranell, Kayla, Acct Mgr & Media Buyer -- INTEGRAL MEDIA INC., Excelsior, MN, pg. 1335

Marange, Patricia, Acct Dir-Affiliate Mktg -- NEO@OGILVY LOS ANGELES, Playa Vista, CA, pg. 789

Maranta, Andres, Head-Art & Dir-Creative Content -- J. Walter Thompson, Bogota, Colombia, pg. 564

Marceau, Bill, Grp Creative Dir -- GSD&M Chicago, Chicago, IL, pg. 454

Marcelina, Ancilla, Art Dir -- Grey Group Indonesia, Jakarta, Indonesia, pg. 447

Marcella, Kyle, Creative Dir -- MOTIV, Boston, MA, pg. 763

Marcelo Ojeda Harvez, Carlos, Editor-Creative -- Dittborn & Unzueta MRM, Santiago, Chile, pg. 768

March, Lauren, Dir-Print Production -- MCKINNEY, Durham, NC, pg. 719

Marchant, Lauren, Acct Supvr -- TRACYLOCKE, Dallas, TX, pg. 1113

Marchesani, Brian, Acct Exec-Mondelez Intl Acct -- THE FOOD GROUP, New York, NY, pg. 391

Marchini, Thomas, VP & Assoc Creative Dir -- CASON NIGHTINGALE CREATIVE COMMUNICATIONS, Rye, NY, pg. 193

Marchitelli, Lauren, Acct Supvr -- REVHEALTH, Morristown, NJ, pg. 952

Marchitto, Kathryn, Media Buyer-Local Brdcst -- ICON INTERNATIONAL INC., Stamford, CT, pg. 1330

Marchitto, Kristina, Mgr-PR -- KONICA MINOLTA BUSINESS SOLUTIONS, Ramsey, NJ, pg. 1223

Marcia, Bryant, Acct Dir -- TWOFIFTEENMCCANN, San Francisco, CA, pg. 1124

Marck, Glenn, Partner-Creative -- MAGNETIC COLLABORATIVE, New York, NY, pg. 671

Marco, Harvey, Co-Pres & Chief Creative Officer -- GALLEGOS UNITED, Huntington Beach, CA, pg. 408

Marco, Venturelli, Exec Creative Dir -- Poke, London, United Kingdom, pg. 902

Marcucci, Patricia, Acct Dir -- BRUCE MAU DESIGN, Toronto, Canada, pg. 169

Marcum, Brooke, Acct Coord -- HOLT CREATIVE GROUP, Tyler, TX, pg. 507

Marcus, Adrian, Partner & Creative Dir -- SOCIALLYIN, Birmingham, AL, pg. 1291

Marderstein, Alyssa, Acct Dir -- BCW (BURSON COHN & WOLFE), New York, NY, pg. 1439

Marek, Carolyn, Media Dir & Acct Mgr -- INTERCOMMUNICATIONS INC., Newport Beach, CA, pg. 538

Marghidanu, Alin, Grp Creative Dir -- Leo Burnett & Target SA, Bucharest, Romania, pg. 626

Margolis, Lee, Creative Dir -- RAUXA, Costa Mesa, CA, pg. 933

Marguccio, Tom, VP & Creative Dir-Success Adv & SL3 Grp -- SCG ADVERTISING & PUBLIC RELATIONS, Haddonfield, NJ, pg. 994

Marholin, Hleb, Exec Creative Dir -- WATSON DESIGN GROUP, Los Angeles, CA, pg. 1301

Marian, Alfonso, Chief Creative Officer -- OGILVY, New York, NY, pg. 809

Mariani, Kristopher, Art Dir -- DRIVE BRAND STUDIO, North Conway, NH, pg. 320

Mariano, Alfredo Goncalves, Creative Dir & Art Dir -- Rapp Brazil, Sao Paulo, Brazil, pg. 932

Mariano, Marcelo, Assoc Creative Dir-Canada -- SAPIENTRAZORFISH NEW YORK, New York, NY, pg. 1286

Mariano, Sasha, Art Dir -- WE ARE SOCIAL INC., New York, NY, pg. 1155

Mariella, Adriana, Acct Supvr -- JOHANNES LEONARDO, New York, NY, pg. 1266

Marin, Jenna, Media Buyer -- REALWORLD MARKETING, Scottsdale, AZ, pg. 937

Marin, Matthew, Acct Exec -- UPSPRING PR, New York, NY, pg. 1665

Marin, Tony, Creative Dir -- VML, Kalamazoo, MI, pg. 1300

Marinaccio, David, Chief Creative Officer -- LMO ADVERTISING, Arlington, VA, pg. 648

Marinero, Mike, Acct Supvr -- WALTON / ISAACSON, Culver City, CA, pg. 1151

Marino, AJ, Acct Exec -- BUTLER, SHINE, STERN & PARTNERS, Sausalito, CA, pg. 177

Marino, Daniel, Partner & Creative Dir -- RAKA, Portsmouth, NH, pg. 930

Marino, Marco, Co-Founder, Partner & Creative Dir -- BLACKJET INC, Toronto, Canada, pg. 133

Marino-Quinn, Suzanne, Acct Supvr-Digital -- Patients & Purpose, New York, NY, pg. 198

Marinus, Frank, Creative Dir -- TBWA Brussels, Brussels, Belgium, pg. 1080

Marinus, Frank, Creative Dir-Belgium -- TBWA Shanghai, Shanghai, China, pg. 1090

Mariotti, Beatrice, Chief Creative Officer & VP -- Carre Noir, Suresnes, France, pg. 898

Maris, Stephanie, Acct Exec -- ANTHOLOGY MARKETING GROUP, Honolulu, HI, pg. 1433

Marjoram, Gary, Art Dir -- MullenLowe London, London, United Kingdom, pg. 775

Mark Lee, David, Art Dir -- TBWA Sydney, Sydney, Australia, pg. 1089

Mark, Claudia, Creative Dir -- DIMASSIMO GOLDSTEIN, New York, NY, pg. 302

Mark, Morgan, Acct Exec -- IDENTITY MARKETING & PUBLIC RELATIONS, LLC, Bingham Farms, MI, pg. 1540

Markchoo, Arayanan, Assoc Creative Dir -- J. Walter Thompson Thailand, Bangkok, Thailand, pg. 559

Markevics, Loretta, Mng Dir-Creative Intelligence-Global -- DEVRIES GLOBAL, New York, NY, pg. 1484

Markham, Nick, Exec Creative Dir -- GLASS & MARKER, Oakland, CA, pg. 421

Markle, Julie, Grp Creative Dir -- Ogilvy, Toronto, Canada, pg. 812

Markley, Melinda, Media Dir -- TMP Worldwide/Advertising & Communications, Chicago, IL, pg. 1107

Marklund, Malin, Acct Dir -- DDB Denmark, Copenhagen, Denmark, pg. 272

Marklund, Malin, Acct Dir -- DDB Stockholm, Stockholm, Sweden, pg. 280

Markman, Sloane, VP & Acct Dir -- Patients & Purpose, New York, NY, pg. 198

Markmann, Amanda, Creative Dir -- ADFERO GROUP, Washington, DC, pg. 29

Markmann, Amanda, VP-Creative -- BrandLinkDC, Washington, DC, pg. 1398

Markopoulos, Jamie, Acct Exec -- RESONANCE PR, Seattle, WA, pg. 1630

Markov, Martin, Creative Dir -- MullenLowe Swing, Sofia, Bulgaria, pg. 778

Markowitz, Sarah, Acct Coord -- BBH NEW YORK, New York, NY, pg. 115

Marks, Jason, Exec Creative Dir -- POSSIBLE NEW YORK, New York, NY, pg. 1280

Markus, Craig, Sr VP & Exec Creative Dir -- Cramer-Krasselt, New York, NY, pg. 237

Marley, Brendan, Acct Dir-Digital Ops -- McCann Calgary, Calgary, Canada, pg. 713

Marlin, Daniela, Acct Dir-Digital -- Wavemaker, Toronto, Canada, pg. 1380

Marlo, Michele, Exec Creative Dir -- ADVANCED MARKETING STRATEGIES, San Diego, CA, pg. 33

Marlowe, Brook, Specialist-PR -- BLAST! PR, Santa Barbara, CA, pg. 1451

Marobella, Paul, Chm/CEO-Creative-North America -- HAVAS WORLDWIDE CHICAGO, Chicago, IL, pg. 488

Marohl, Jon, Art Dir -- PAULSEN MARKETING COMMUNICATIONS, INC., Sioux Falls, SD, pg. 859

Marois, Jeff, Assoc Creative Dir & Writer -- SLEEK MACHINE, LLC, Boston, MA, pg. 1020

Maron, Octavio, Exec Creative Dir -- FETCH, San Francisco, CA, pg. 378

Maroney, Cliff, Acct Supvr -- CRENSHAW COMMUNICATIONS, New York, NY, pg. 1478

Maroon, Haley, Media Planner-Integrated -- THE SEIDEN GROUP, New York, NY, pg. 1001

Marple, Sandy, VP-PR -- NEIMAN MARCUS ADVERTISING, Dallas, TX, pg. 1224

Marples, James, Acct Dir -- Mediacom London, London, United Kingdom, pg. 1347

Marquard, Alex, Acct Supvr -- AREA 23, New York, NY, pg. 67

Marquardt, Allison, Acct Dir-Client Svc -- R2C Group, San Francisco, CA, pg. 928

Marques, Gezo, Creative Dir -- TBWA Lisbon, Lisbon, Portugal, pg. 1084

Marques, Luis, Assoc Creative Dir -- BBDO WORLDWIDE INC., New York, NY, pg. 97

Marquez, Eddy, Art Dir & Designer -- Leo Burnett Colombia, S.A., Bogota, Colombia, pg. 623

Marquez, Yamile, Art Dir -- Teran TBWA, Mexico, Mexico, pg. 1092

Marquis, Blake E., Exec Creative Dir -- MISTRESS, Santa Monica, CA, pg. 747

Marr, Italia, Media Planner -- CMI Media, Parsippany, NJ, pg. 216

Marrazza, Nick, Assoc Creative Dir & Copywriter -- CRAMER-KRASSELT, Chicago, IL, pg. 237

Marrocco, Ludovic, Creative Dir-Rolex -- J. Walter Thompson France, Neuilly-sur-Seine, France, pg. 559

Marroquin, Ana, Gen Creative Dir -- FCB Dos Puntos CREA, Guatemala, Guatemala, pg. 371

Marroquin, Marisol, Acct Exec -- MARKETLOGIC, Doral, FL, pg. 1411

Marrotte, Jay, Sr Creative Dir -- ESPN CREATIVEWORKS, New York, NY, pg. 349

Marsalis, Dana, Acct Exec -- MAD GENIUS, Ridgeland, MS, pg. 668

Marshall, Janine, Acct Exec -- ROBERTSON & PARTNERS, Las Vegas, NV, pg. 964

Marshall, John, VP & Creative Dir -- AGENCY 720, Detroit, MI, pg. 37

Marshall, Lisa, Creative Dir -- MKTG INC., Chicago, IL, pg. 749

Marshall, Matt, Acct Supvr -- CRAMER-KRASSELT, Chicago, IL, pg. 237

Marshall, Nifateria, Acct Supvr -- UWG, Brooklyn, NY, pg. 1129

Marshall, Talia, Assoc Creative Dir -- MCGARRYBOWEN, New York, NY, pg. 716

Martel, Dan, Chief Creative Officer & Sr VP -- SAXUM PUBLIC RELATIONS, Oklahoma City, OK, pg. 1641

Martell, Andrew, VP-Branding & Creative -- JG BLACK BOOK OF TRAVEL, New York, NY, pg. 1548

Martell, Dorn, Exec VP & Creative Dir -- TINSLEY ADVERTISING, Miami, FL, pg. 1104

Martelli, Frank, Creative Dir -- Wunderman, Sydney, Australia, pg. 1190

Marten, Michael, Creative Dir -- FLIPELEVEN LLC, Milwaukee, WI, pg. 389

Marti, Mike, Acct Dir -- SITEWIRE, Tempe, AZ, pg. 1016

Martin, Adeline, Media Dir -- GYRO, New York, NY, pg. 457

Martin, Alison, Media Planner & Buyer -- CHARLTON MARKETING INC, Portland, OR, pg. 204

Martin, Allie, Acct Dir -- RUNSWITCH PUBLIC RELATIONS, Louisville, KY, pg. 1638

Martin, Cesar, Dir-Digital & Print Production -- REALITY2 LLC, Los Angeles, CA, pg. 936

Martin, Charlie, Exec Creative Dir-Europe -- Leo Burnett London, London, United Kingdom, pg. 627

Martin, Chris, Specialist-PR -- Orange Orchard, Maryville, TN, pg. 1632

Martin, Christopher, VP-Creative -- G&S BUSINESS COMMUNICATIONS, New York, NY, pg. 406

Martin, Clint, Creative Dir -- PRICEWEBER MARKETING COMMUNICATIONS, INC., Louisville, KY, pg. 889

Martin, Dan, Acct Supvr -- Hiebing-Austin, Austin, TX, pg. 499

Martin, Daniel, Art Dir -- TBWA Espana, Madrid, Spain, pg. 1085

Martin, David, Acct Supvr -- DIAMOND MERCKENS HOGAN, Kansas City, MO, pg. 299

Martin, David, Pres & Creative Dir -- HYPHEN COMMUNICATIONS, Vancouver, Canada, pg. 516

Martin, Emile, Art Dir & Copywriter -- CLM BBDO, Boulogne-Billancourt, France, pg. 104

Martin, Erica, Acct Dir -- GLOBAL TEAM BLUE, Dearborn, MI, pg. 423

Martin, Fletcher, Acct Exec -- MELISSA LIBBY & ASSOCIATES, Atlanta, GA, pg. 1581

Martin, Greg, III, Exec Creative Dir -- Ace Saatchi & Saatchi, Makati, Philippines, pg. 985

Martin, Hallie, Jr Strategist-Creative -- CODE AND THEORY, New York, NY, pg. 217

Martin, Henry, Assoc Creative Dir -- Ackerman McQueen, Inc., Dallas, TX, pg. 21

Martin, Jamie, Acct Supvr -- DIAMOND MERCKENS HOGAN,

AGENCIES — PERSONNEL INDEX

Kansas City, MO, pg. 299

Martin, Jeff, Creative Dir -- EPIC MARKETING, Draper, UT, pg. 343

Martin, Jeff, Chief Creative Officer & VP -- KARSH & HAGAN COMMUNICATIONS, INC., Denver, CO, pg. 588

Martin, Joe, Dir-Creative Studio -- PRR INC, Seattle, WA, pg. 895

Martin, Joe, Creative Dir -- RED SIX MEDIA, Baton Rouge, LA, pg. 941

Martin, Joseph, Grp Dir-Creative -- McCann Erickson Prague, Prague, Czech Republic, pg. 702

Martin, Kate, Assoc Creative Dir -- BADER RUTTER & ASSOCIATES, INC., Milwaukee, WI, pg. 83

Martin, Kelly, Acct Exec -- FHC MARKETING, Chicago, IL, pg. 1402

Martin, Lance, Chief Creative Officer -- UNION, Toronto, Canada, pg. 1126

Martin, Lindsay, Acct Supvr -- MULLER BRESSLER BROWN, Leawood, KS, pg. 778

Martin, Lisa, Acct Supvr -- ID Media-Los Angeles, West Hollywood, CA, pg. 1331

Martin, Lisa M, Dir-PR -- GRADY BRITTON, Portland, OR, pg. 430

Martin, Lori, Creative Dir -- THE ST. GREGORY GROUP, INC., Cincinnati, OH, pg. 1040

Martin, Lorna, Mgr-Traffic & Production -- PHOENIX GROUP, Regina, Canada, pg. 869

Martin, Malissa, Acct Dir-Digital -- SapientRazorfish Miami, Miami, FL, pg. 914

Martin, Manuel, Gen Creative Dir -- Saltiveri Ogilvy Guayaquil, Quito, Ecuador, pg. 820

Martin, Maria Cencerrado, Acct Dir -- Arnold Madrid, Madrid, Spain, pg. 70

Martin, Melanie Laurence, Head-Project, Creative & Digital & Acct Dir -- Hill + Knowlton Strategies, Houston, TX, pg. 1531

Martin, Mike, Chief Creative Officer -- Jackson Spalding, Atlanta, GA, pg. 1545

Martin, Mike, Creative Dir -- Ogilvy Cape Town, Cape Town, South Africa, pg. 829

Martin, Mike, Dir-Creative -- Ogilvy Johannesburg (Pty.) Ltd., Johannesburg, South Africa, pg. 829

Martin, Phil, Creative Dir -- Abbott Mead Vickers BBDO, London, United Kingdom, pg. 109

Martin, Pilar, Acct Supvr -- Wunderman, Buenos Aires, Argentina, pg. 1189

Martin, Renee, VP-Creative Strategy -- Aisle Rocket Studios, Saint Joseph, MI, pg. 42

Martin, Renee, VP-Creative Strategy -- AISLE ROCKET STUDIOS, Chattanooga, TN, pg. 41

Martin, Renee Kae, VP-Creative Strategy -- Aisle Rocket Studios, Palatine, IL, pg. 42

Martin, Ryan, VP & Acct Dir -- Saatchi & Saatchi New York, New York, NY, pg. 976

Martin, Samantha, Acct Exec & Analyst-Direct Response Media -- U.S. INTERNATIONAL MEDIA, LLC, Los Angeles, CA, pg. 1378

Martin, Tod, Pres & Chief Creative Officer -- THE MARTIN GROUP, LLC., Buffalo, NY, pg. 688

Martin-Cianfano, Jude, Acct Exec-Mktg -- CREATIVE MARKETING ALLIANCE INC., Princeton Junction, NJ, pg. 243

Martin-Evans, Lyranda, VP & Exec Creative Dir -- DentsuBos, Toronto, Canada, pg. 291

Martinangelo, Michael, Acct Exec -- HAVAS WORLDWIDE, New York, NY, pg. 475

Martinet, Thomas, Art Dir -- FCB CHANGE, Paris, France, pg. 366

Martinez, Alex, Principal & Creative Dir -- DEEPSLEEP STUDIO, Miami, FL, pg. 286

Martinez, Alfonso, Creative Dir -- WALKER ADVERTISING, INC., San Pedro, CA, pg. 1148

Martinez, Angelica, Acct Exec-PR -- THE SAN JOSE GROUP, Winnetka, IL, pg. 989

Martinez, Angelica, Acct Dir -- SPIDERBOOST COMMUNICATIONS, Miami, FL, pg. 1292

Martinez, Christian, Assoc Creative Dir -- Publicis Toronto, Toronto, Canada, pg. 904

Martinez, Fiorella, Art Dir -- BENSIMON BYRNE, Toronto, Canada, pg. 123

Martinez, Ignacio, Art Dir -- AYZENBERG GROUP, INC., Pasadena, CA, pg. 81

Martinez, Jacqueline, Sr Acct Exec-PR & Social Media -- OFF MADISON AVE, Phoenix, AZ, pg. 809

Martinez, Karen, Acct Coord -- SIMONS MICHELSON ZIEVE, INC., Troy, MI, pg. 1015

Martinez, Kristina, Exec VP & Creative Dir -- BD&E, Pittsburgh, PA, pg. 117

Martinez, Manuel Galiano, Acct Exec -- DDB Barcelona S.A., Barcelona, Spain, pg. 280

Martinez, Mike, Chief Creative Officer -- DYSTRICK DESIGN, INC., San Jose, CA, pg. 327

Martinez, Oscar, Gen Dir-Creative -- Saatchi & Saatchi, Madrid, Spain, pg. 979

Martinez, Raquel Novoa, Acct Supvr -- GMR Marketing Spain, Madrid, Spain, pg. 1404

Martinez, Raul, Head Creative Dir -- 23 STORIES, New York, NY, pg. 1219

Martinez, Raul, Acct Dir -- Strauss Radio Strategies, Inc., New York, NY, pg. 1653

Martinez, Teresa, Acct Dir -- NORTHLICH PUBLIC RELATIONS, Cincinnati, OH, pg. 799

Martinez-Meyer, Brandi, Acct Exec -- MarketVision, San Antonio, TX, pg. 1412

Martini, Francesco, Creative Dir & Copywriter -- Publicis Italia, Milan, Italy, pg. 899

Martino, David, Exec Creative Dir -- THE DIALOG MARKETING GROUP, Austin, TX, pg. 299

Martins, Daniel Chagas, Art Dir -- Almap BBDO, Sao Paulo, Brazil, pg. 101

Martins, Fred, VP & Creative Dir -- TIZIANI & WHITMYRE, INC., Sharon, MA, pg. 1105

Martins, Joao, Dir-Design Creative -- FCB Lisbon, Lisbon, Portugal, pg. 367

Martins, Victoria, Media Planner -- MODCO MEDIA, New York, NY, pg. 753

Martirez, Trina, Creative Dir -- BBDO Komunika, Jakarta, Indonesia, pg. 113

Martosella, Julie, Acct Supvr -- DUDNYK HEALTHCARE GROUP, Horsham, PA, pg. 324

Martty, Matias, Creative Dir -- Wunderman, Buenos Aires, Argentina, pg. 1189

Martyn, Charles, Dir-New Bus -- J. Walter Thompson, London, United Kingdom, pg. 562

Marulanda, Monica, Exec Creative Dir -- ALMA, Coconut Grove, FL, pg. 49

Marut, Rebecca U., Acct Supvr -- INTERLEX COMMUNICATIONS INC., San Antonio, TX, pg. 538

Marvin, Dan, Creative Dir -- Commonwealth, Detroit, MI, pg. 698

Marx, Anouk, Acct Dir -- Ogilvy (Amsterdam) B.V., Amsterdam, Netherlands, pg. 816

Marzagalli, Andrea, Creative Dir -- Grey Italia S.p.A, Milan, Italy, pg. 441

Masaki, Zak, Creative Dir & Art Dir -- THE GARAGE TEAM MAZDA, Costa Mesa, CA, pg. 409

Mascagni, Liana, Art Dir -- RETHINK, Vancouver, Canada, pg. 951

Mascarenhas, Darryl, Exec Creative Dir -- SPONTANEOUS, New York, NY, pg. 1035

Mascilak, Sierra, Acct Exec-Adv -- PUSH DIGITAL, Charleston, SC, pg. 1283

Masciopinto, Gianni, Art Dir -- GINGER GRIFFIN MARKETING & DESIGN, Cornelius, NC, pg. 420

Masekela, Agisanang, Creative Dir -- Ogilvy Johannesburg (Pty.) Ltd., Johannesburg, South Africa, pg. 829

Maselli, Carmelo, Gen Creative Dir -- Leo Burnett Buenos Aires, Buenos Aires, Argentina, pg. 623

Maselli, Giovanna, Acct Exec -- ANDER&CO, Miami, FL, pg. 1432

Masem, Peter, Creative Dir -- IN PLACE MARKETING, Tampa, FL, pg. 529

Mashatole, Refilwe, Mgr-Traffic -- Ogilvy Johannesburg (Pty.) Ltd., Johannesburg, South Africa, pg. 829

Mashigo, Neo, Partner-Creative -- M&C Saatchi Abel, Cape Town, South Africa, pg. 660

Masi, Eric, Pres & Exec Creative Dir -- TORQUE, Chicago, IL, pg. 1110

Masi, Jennifer, Principal & Dir-Creative Svcs -- TORQUE, Chicago, IL, pg. 1110

Masi, Lindsay, Coord-PR -- BOUVIER KELLY INC., Greensboro, NC, pg. 149

Masiakos, Greg, VP & Acct Dir -- MullenLowe, New York, NY, pg. 772

Masias, Carlos, Sr Dir-Creative -- THE LATINO WAY, Hartford, CT, pg. 612

Masilun, Jeff, Pres, COO & Creative Dir -- MINDSTORM COMMUNICATIONS GROUP, INC., Charlotte, NC, pg. 745

Masino, Kristin, Acct Dir -- FETCH LA, Los Angeles, CA, pg. 378

Maslan, Kelly, Media Buyer -- MP&F STRATEGIC COMMUNICATIONS, Nashville, TN, pg. 1586

Mason, Ben, Assoc Creative Dir -- EPIC CREATIVE, West Bend, WI, pg. 343

Mason, Dana, Acct Exec -- VEST ADVERTISING, Louisville, KY, pg. 1135

Mason, Danielle, Acct Dir -- THE IDEA WORKSHOP LIMITED, Toronto, Canada, pg. 1539

Mason, Jeff, Dir-New Bus Dev & Client Svcs -- CATMEDIA, Tucker, GA, pg. 196

Mason, Lear, Owner & Creative Dir -- RESONANCE PR, Seattle, WA, pg. 1630

Mason, Michael, Creative Dir -- IDEAS COLLIDE INC., Scottsdale, AZ, pg. 521

Mason, Neil, Exec Creative Dir -- George P. Johnson (UK) Ltd, Kingston, United Kingdom, pg. 416

Mason, Ryan, Chief Creative Officer -- CLOSERLOOK, INC., Chicago, IL, pg. 214

Mason, Sylvia, Planner-Creative -- The PRactice Porter Novelli, Bengaluru, India, pg. 1616

Massa, Agustina, Acct Dir -- THE COMMUNITY, Miami, FL, pg. 223

Massad, Elisabeth, Acct Exec -- KRAUSE ADVERTISING, Dallas, TX, pg. 602

Massanari, Jordan, Acct Exec -- KONNECT PUBLIC RELATIONS, Los Angeles, CA, pg. 1560

Massardo, Jacques, Creative Dir -- Ogilvy (Amsterdam) B.V., Amsterdam, Netherlands, pg. 816

Massareto, Domenico, Chief Creative Officer -- Publicis Brasil Communicao, Sao Paulo, Brazil, pg. 906

Massaro, Mary, Art Dir -- ERBACH COMMUNICATIONS GROUP, INC., Lyndhurst, NJ, pg. 346

Masse, Chris, Art Dir -- DUNCAN CHANNON, San Francisco, CA, pg. 325

Massenberg, Marcia, Acct Exec -- BENDURE COMMUNICATIONS INC, Washington, DC, pg. 1448

Masseur, Mark, Principal & Creative Dir -- SYMMETRI MARKETING GROUP, LLC, Chicago, IL, pg. 1067

Masseur, Michael, Dir-PR -- RDW GROUP INC., Providence, RI, pg. 935

Massey, Beth, Dir-PR & Comm -- BETH DICKSTEIN ENTERPRISES, New York, NY, pg. 1449

Massey, Jamie, Art Dir -- TURNPOST CREATIVE GROUP, Omaha, NE, pg. 1122

Massey, Meghan, Acct Dir -- BVK-CHICAGO, Roselle, IL, pg. 179

Massey, Meghan, Acct Dir -- BVK-Fort Myers, Fort Myers, FL, pg. 179

Massinger, Tim, Acct Supvr -- OVERDRIVE INTERACTIVE, Boston, MA, pg. 1279

Mast, Andrew, Specialist-Creative Search -- BE FOUND ONLINE, Chicago, IL, pg. 117

Mastenbrook, Blaine, Acct Exec -- Energy BBDO, Chicago, IL, pg. 100

Masters, Colleene, Acct Exec -- DAC GROUP, Louisville, KY, pg. 257

Masters, Don, Pres & Creative Dir -- MEDIAPLUS ADVERTISING, Ottawa, Canada, pg. 728

Mastervich, Ashley, Acct Exec -- BREAD AND BUTTER PUBLIC RELATIONS, Los Angeles, CA, pg. 1456

Mastin, Nick, Mgr-Print Production -- ARMADA MEDICAL MARKETING, Arvada, CO, pg. 69

Mastobaev, Sergey, Art Dir & Assoc Creative Dir -- MullenLowe Singapore, Singapore, Singapore, pg. 777

Mastracci, Anthony, Acct Dir -- DPA COMMUNICATIONS, Boston, MA, pg. 1487

Mastrangelo, Mary, Acct Supvr -- KENNA, Mississauga, Canada, pg. 592

Mastrobattista, Michelle, Sr VP-Creative & Client Svcs -- SOLOMON MCCOWN & COMPANY, INC., Boston, MA, pg. 1648

Mastroberti, Lea, VP & Acct Dir -- PUBLICIS NEW YORK, New York, NY, pg. 912

Mastromatteo, Giuseppe, Chief Creative Officer -- Ogilvy, Milan, Italy, pg. 815

Mastromatteo, Giuseppe, Chief Creative Officer -- Ogilvy S.p.A., Milan, Italy, pg. 1600

Mastropiero, Analeigh, Media Planner & Media Buyer -- Crossmedia, Los Angeles, CA, pg. 1317

Matas, Raquel Roses, Acct Dir -- TBWA Espana, Barcelona, Spain, pg. 1085

Matejczyk, John, Co-Founder & Exec Creative Dir -- M/H VCCP, San Francisco, CA, pg. 664

Mateos, Wilson, VP-Creative & Exec Creative Dir -- Leo Burnett Tailor Made, Sao Paulo, Brazil, pg. 623

Matheny, Meghan, Acct Dir -- BLASTMEDIA, Fishers, IN, pg. 1451

Mather, Charlotte, Art Dir -- Abbott Mead Vickers BBDO, London, United Kingdom, pg. 109

Mather, Kedesh, Dir-Comm & PR -- MWW UK, London, United Kingdom, pg. 1592

PERSONNEL INDEX — AGENCIES

Mathers, Jonathan, Assoc Creative Dir -- AB+C, Philadelphia, PA, pg. 17
Mathers, Natalie, Art Dir -- LEO BURNETT COMPANY LTD., Toronto, Canada, pg. 620
Mathew, Della, Creative Dir -- OGILVY, New York, NY, pg. 809
Mathew, Robby, Chief Creative Officer -- FCB Interface, Mumbai, India, pg. 373
Mathews, Joanna, Sr Strategist-Creative -- TETHER, INC., Seattle, WA, pg. 1097
Mathews, Kate, Dir-Strategic PR -- Stickyeyes, Leeds, United Kingdom, pg. 548
Mathewson, Stefanie, Acct Dir -- FutureBrand, London, United Kingdom, pg. 405
Mathias, Lucy, Acct Exec -- NOVITA COMMUNICATIONS, New York, NY, pg. 801
Mathias, Orlando, Co-Founder & Exec Creative Dir -- AllofUs, London, United Kingdom, pg. 711
Mathias, Steve, VP & Exec Creative Dir -- J. Walter Thompson, Mumbai, India, pg. 556
Mathieu, Joseph, Media Dir -- ENVISIONIT MEDIA, Chicago, IL, pg. 342
Mathieu, Shelby, Media Buyer -- HILL HOLLIDAY, Boston, MA, pg. 500
Mathiot, Alexandra, Acct Exec -- XHIBITION, New York, NY, pg. 1687
Mathovani, William, Creative Dir -- Saatchi & Saatchi, Dubai, United Arab Emirates, pg. 980
Mathur, Shobhit, Creative Dir-Natl & India -- Hakuhodo Percept Pvt. Ltd., Mumbai, India, pg. 463
Mati, Renzo, Assoc Creative Dir -- Publicis Italia, Milan, Italy, pg. 899
Mati, Renzo, Assoc Creative Dir -- Publicis S.R.L., Milan, Italy, pg. 900
Matice, Jennie, Acct Dir -- TMP Worldwide/Advertising & Communications, New Albany, IN, pg. 1107
Matice, Jennie, Acct Dir -- TMP Worldwide/Advertising & Communications, Glendale, CA, pg. 1107
Matilla, Pablo, Head-Creative & Sr Art Dir -- CONCEPT ARTS, Hollywood, CA, pg. 225
Matisak, Anna, Sr Mgr-Creative Mktg -- RADIUS ADVERTISING, Strongsville, OH, pg. 929
Matises, Todd, Acct Supvr -- LORRAINE GREGORY COMMUNICATIONS, Edgewood, NY, pg. 652
Matone, Stephanie, Acct Supvr -- DDB HEALTH, New York, NY, pg. 267
Matos, Adriano, Exec Creative Dir -- Grey, Sao Paulo, Brazil, pg. 443
Matos, Bruna, Acct Exec -- DAVID, Sao Paulo, Brazil, pg. 261
Matsubara, Ken, Creative Dir -- THE VIA AGENCY, Portland, ME, pg. 1136
Matsuda, Hiromi, Acct Exec -- The Hoffman Agency, Tokyo, Japan, pg. 1536
Matsumiya, Jacob, Acct Dir -- AKA NYC, New York, NY, pg. 42
Matsumoto, Ryosuke, Art Dir -- BANDUJO ADVERTISING & DESIGN, New York, NY, pg. 87
Matsuo, Brent, Art Dir -- LIFT AGENCY, San Francisco, CA, pg. 639
Matsushita, Reina, Acct Supvr -- Weber Shandwick, Tokyo, Japan, pg. 1681
Mattar, Gabriel, Exec Creative Dir -- DDB Berlin, Berlin, Germany, pg. 274
Mattar, Gabriel, Chief Creative Officer-Europe -- INNOCEAN USA, Huntington Beach, CA, pg. 534
Mattei, Fernando, Assoc Creative Dir -- HAVAS WORLDWIDE, New York, NY, pg. 475
Matter, Kim, Media Buyer -- FLINT COMMUNICATIONS, Fargo, ND, pg. 388
Mattera, Erynn, Assoc Creative Dir -- Pereira & O'Dell, New York, NY, pg. 863
Mattern, Christina, Acct Dir -- Publicis Seattle, Seattle, WA, pg. 905
Mattern, Christina, Acct Dir -- Publicis Seattle, Seattle, WA, pg. 913
Matters, Brittany, Mgr-PR Project -- SFW AGENCY, Winston Salem, NC, pg. 1004
Matthews, Drew, Pres & Creative Dir -- THE MATTHEWS GROUP, INC., Bryan, TX, pg. 694
Matthews, Eric, Sr Creative Dir -- FLASH POINT COMMUNICATIONS LLC, Costa Mesa, CA, pg. 387
Matthews, Jenna, Acct Exec -- GEOMETRY GLOBAL, Bentonville, AR, pg. 415
Matthews, Jon, Creative Dir -- Wieden + Kennedy, London, United Kingdom, pg. 1165
Matthews, Muna, Dir-Creative Content -- NORTH FORTY, Hiawatha, IA, pg. 798
Matthews, Sean, Creative Dir -- 72ANDSUNNY, Playa Vista, CA, pg. 11
Mattimore, Tim, VP & Creative Dir -- BBDO Minneapolis, Minneapolis, MN, pg. 98
Mattingly, Caitlin, Acct Dir -- FAMA PR, INC., Boston, MA, pg. 1502
Mattingly, Colleen, Acct Supvr -- MWWPR, New York, NY, pg. 1591
Mattingly, Erin, Assoc Creative Dir -- TRACYLOCKE, Dallas, TX, pg. 1113
Mattler, Lydia, Art Dir -- OSBORN & BARR COMMUNICATIONS, Saint Louis, MO, pg. 844
Mattoso, Frederico, Assoc Creative Dir -- SAATCHI & SAATCHI, New York, NY, pg. 975
Mattoso, Kiko, Assoc Creative Dir -- SAATCHI & SAATCHI, New York, NY, pg. 975
Mattson, Christina, Bus Mgr-Brdcst -- Saatchi & Saatchi New York, New York, NY, pg. 976
Matus, Michael K., CEO & Creative Dir -- TOWER MARKETING, Lancaster, PA, pg. 1111
Matuskova, Petra, Mgr-Traffic -- Ogilvy, Prague, Czech Republic, pg. 813
Matute, Andres, Creative Dir -- PURE MOXIE, San Francisco, CA, pg. 917
Matute, Andres, Creative Dir -- PUREMOXIE, Suisun City, CA, pg. 917
Matyas, Mark, Creative Dir -- THE SIMON GROUP, INC., Sellersville, PA, pg. 1014
Matykiewicz, Michael, Exec Creative Dir -- HYC/MERGE, Chicago, IL, pg. 515
Matz, Scott, Founder, Chief Creative Officer & Dir -- THORNBERG & FORESTER, New York, NY, pg. 1102
Matzell, Thomas, Principal & Creative Dir -- MRW COMMUNICATIONS LLC, Pembroke, MA, pg. 769
Matzenbacher, Patrick, Assoc Creative Dir & Copywriter -- FCB Chicago, Chicago, IL, pg. 364
Matzke, Anne, Creative Dir -- THE FRESH IDEAS GROUP, Boulder, CO, pg. 1514
Matzunaga, Thiago, Art Dir -- DDB Worldwide Colombia S.A., Bogota, Colombia, pg. 272
Maughan, Aaron, Acct Exec -- Manifest, Scottsdale, AZ, pg. 1270
Maule, James, Acct Dir -- SIMPLE TRUTH COMMUNICATION PARTNERS, Chicago, IL, pg. 1015
Maupin, Ross, Grp Creative Dir -- BIG SPACESHIP, Brooklyn, NY, pg. 129
Mauriello, Al, Assoc Creative Dir-Copy -- SENTIENT INTERACTIVE LLC, Florham Park, NJ, pg. 1289
Mauron, Gabriel, Creative Dir -- Havas Worldwide Geneva, Geneva, Switzerland, pg. 482
Mawhinney, Steve, Creative Dir -- JOHN MCNEIL STUDIO, Berkeley, CA, pg. 579
Maxwell, Ken, Partner & Creative Dir -- LDWWGROUP, Dallas, TX, pg. 617
Maxwell, Richard, Acct Dir-Transit -- PAVLOV, Fort Worth, TX, pg. 859
Maxwell, Tony, Sr VP-Promotional Creative & Strategy -- NICKELODEON CREATIVE ADVERTISING, New York, NY, pg. 794
May, Aaron, Assoc Creative Dir -- VML-New York, New York, NY, pg. 1144
May, Alan, Media Dir -- JUST MEDIA, INC., Emeryville, CA, pg. 1336
May, Chris, Exec Creative Dir-West Coast -- ELEPHANT, San Francisco, CA, pg. 335
May, Daniel, Art Dir -- CUBICLE NINJAS, Glen Ellyn, IL, pg. 252
May, Dennis, Chief Creative Officer -- DDB Berlin, Berlin, Germany, pg. 274
May, Dennis, Chief Creative Officer -- DDB Group Germany, Berlin, Germany, pg. 274
May, Oliver, Acct Dir -- The&Partnership London, London, United Kingdom, pg. 56
May, Rebecca, Art Dir -- Rethink, Toronto, Canada, pg. 951
May, Sarah, Acct Supvr -- GREGORY FCA, Ardmore, PA, pg. 1524
Mayen, Miguel, Assoc Creative Dir -- FCB/RED, Chicago, IL, pg. 365
Mayer, Benita, Sr Mgr-Mktg & PR -- Kinetic, Dusseldorf, Germany, pg. 1338
Mayer, Dennis, Acct Dir -- CLEAN SHEET COMMUNICATIONS, Toronto, Canada, pg. 213
Mayer, Josh, Chief Creative Officer -- PETER MAYER ADVERTISING, INC., New Orleans, LA, pg. 866
Mayer, Lauren, Acct Supvr-PR -- BROWNSTEIN GROUP, Philadelphia, PA, pg. 168
Mayer, Scott, Acct Exec-Publicity -- MPRM PUBLIC RELATIONS, Los Angeles, CA, pg. 1586
Mayfield, Jim, Partner, Sr VP & Grp Creative Dir -- FLEISHMANHILLARD INC., Saint Louis, MO, pg. 1506
Mayfield, Todd, Principal & Grp Dir-Creative -- AXIA CREATIVE, Wellington, FL, pg. 80
Mayne, Michele, Assoc Creative Dir-Copy -- DUDNYK HEALTHCARE GROUP, Horsham, PA, pg. 324
Maynes, Leslie, Dir-PR -- TWO RIVERS MARKETING, Des Moines, IA, pg. 1124
Mays, Emily, Art Dir -- INNIS MAGGIORE GROUP, INC., Canton, OH, pg. 533
Mays, Ty, Acct Exec-Contract -- INCHRIST COMMUNICATIONS, Mooresville, NC, pg. 530
Mazar, Mike, Head-Creative & Exec Creative Dir -- WIRE STONE LLC, Sacramento, CA, pg. 1172
Mazar, Ryan, Acct Supvr -- INTOUCH SOLUTIONS, Overland Park, KS, pg. 544
Mazcurek, Martin, Art Dir -- Ogilvy, Dusseldorf, Germany, pg. 814
Mazewski, Michael, Creative Dir -- VISION CREATIVE GROUP, INC., Morris Plains, NJ, pg. 1139
Mazia, Fabio, Exec Creative Dir -- Publicis Graffiti, Buenos Aires, Argentina, pg. 906
Mazur, Kellie, Mgr-PR Acct & Copywriter -- GELIA-MEDIA, INC., Williamsville, NY, pg. 414
Mazzarelli, Sam, Acct Dir -- Weber Shandwick-Boston/Cambridge, Cambridge, MA, pg. 1675
Mc Cue, Cheryl, Acct Exec -- MASONBARONET, Dallas, TX, pg. 691
Mc Loughlin, Eibhin, Acct Dir -- TBWA\Dublin, Dublin, Ireland, pg. 1083
McAdams, Maxwell, Acct Supvr -- DEFAZIO COMMUNICATIONS, Conshohocken, PA, pg. 1482
McAley, Tony, Art Dir -- PARADOWSKI CREATIVE, Saint Louis, MO, pg. 853
McAlister, Lisa, Planner-Creative -- m/SIX, London, United Kingdom, pg. 1323
McAllister, Bryan, Owner & Creative Dir -- FINE DOG CREATIVE, Saint Louis, MO, pg. 380
McAllister, Martin, Sr Copywriter & Creative Dir -- FCB Inferno, London, United Kingdom, pg. 369
McAllister, Stephen, Acct Exec -- GS&F, Nashville, TN, pg. 453
McArthur, Andrea, Acct Dir -- DESTINATION MARKETING, Mountlake Terrace, WA, pg. 294
McArtor, Todd, Grp Head-Creative & Art Dir -- THE RICHARDS GROUP, INC., Dallas, TX, pg. 956
McAtee, Brett, Media Buyer -- MMGY GLOBAL, Kansas City, MO, pg. 750
McAuley, Kelly, Assoc Creative Dir -- ARNOLD WORLDWIDE, Boston, MA, pg. 69
McBride, Chuck, Founder, Chief Creative Officer & Exec Creative Dir -- CUTWATER, San Francisco, CA, pg. 255
McBride, Elizabeth, Acct Exec & Copywriter -- SHERRY MATTHEWS ADVOCACY MARKETING, Austin, TX, pg. 1007
McBride, Matt, Creative Dir -- Possible Los Angeles, Playa Vista, CA, pg. 1281
McBride, Sean, Exec VP & Grp Creative Dir -- ARNOLD WORLDWIDE, Boston, MA, pg. 69
McBride, Stefanie, Art Dir -- ROCK CANDY MEDIA, Austin, TX, pg. 964
McBride, Tonia, Acct Coord -- MORGAN & MYERS, INC., Waukesha, WI, pg. 758
McBrien, Laura, Media Planner -- SEAN TRACEY ASSOCIATES, Portsmouth, NH, pg. 1000
McBurnett, Julie Cazalas, Acct Dir-Moroch Partners -- MOROCH HOLDINGS, INC., Dallas, TX, pg. 758
McCabe, Charlotte, Grp Creative Dir -- MARTINO FLYNN LLC, Pittsford, NY, pg. 689
McCabe, Constance, Principal & Creative Dir -- MCCABE DUVAL + ASSOCIATES, Harpswell, ME, pg. 697
McCabe-Rawls, Trish, Partner & Creative Dir -- CREATIVE NOGGIN, San Antonio, TX, pg. 244
McCafferty, Caitlan, Acct Dir-PR -- FURIA RUBEL COMMUNICATIONS, Doylestown, PA, pg. 1515
McCafferty, John, Pres & Creative Dir -- MCCAFFERTY & CO. ADVERTISING, Louisville, KY, pg. 697
McCaig, John, Pres & Creative Dir -- QUINLAN MARKETING COMMUNICATIONS, Carmel, IN, pg. 924
McCain, Heather, Art Dir -- BOZELL, Omaha, NE, pg. 150
McCain, Jeremy, Creative Dir-Content -- BKWLD, Sacramento, CA, pg. 1450
McCall, Brett, Partner, Sr VP & Exec Creative Dir -- Fleishman-Hillard Inc., Chicago, IL, pg. 1507

AGENCIES — PERSONNEL INDEX

McCall, Cory, Co-Chief Creative Officer & Principal -- 160OVER90, Philadelphia, PA, pg. 2

McCallum, Michael James, VP & Creative Dir -- MUSE COMMUNICATIONS, Santa Monica, CA, pg. 780

McCann, Christopher, Acct Dir -- CROSSMEDIA, New York, NY, pg. 1317

McCann, Stephanie, Acct Dir -- THE IMAGINATION GROUP, London, United Kingdom, pg. 525

McCants, Courtney, Writer-Creative -- IMPACT CONSULTING ENTERPRISES, East Orange, NJ, pg. 1541

McCaren, Pat, Creative Dir -- SWIFT AGENCY, Portland, OR, pg. 1066

McCarthy, Amanda, Acct Supvr -- AKQA, Inc., New York, NY, pg. 1235

McCarthy, Ciaran, Exec Creative Dir -- R/GA, New York, NY, pg. 925

McCarthy, Dan, Exec VP-Strategic & Creative Dev -- ELIAS SAVION ADVERTISING, PUBLIC RELATIONS & INTERACTIVE, Pittsburgh, PA, pg. 337

Mccarthy, Elizabeth, Acct Dir -- ALMA, Coconut Grove, FL, pg. 49

McCarthy, Georgie, Head-Creative -- Wunderman, London, United Kingdom, pg. 1193

McCarthy, Jamie, Chief Creative Officer-Innovation -- THE JRT AGENCY, Farmington Hills, MI, pg. 583

McCarthy, Jessica, Dir-Creative Svcs -- DAVID STARK DESIGN & PRODUCTION, Brooklyn, NY, pg. 262

McCarthy, Mark, VP-Creative -- DEALER INSPIRE, Naperville, IL, pg. 283

McCarthy, Michelle, Acct Exec -- CHARLESTON/ORWIG, INC., Hartland, WI, pg. 203

McCarthy, Ryan, Creative Dir -- GREY GROUP, New York, NY, pg. 438

McCarthy, Stephanie, Assoc Dir-Creative -- DDB New York, New York, NY, pg. 269

McCarthy, Tayler, Assoc Creative Dir -- THE LOOMIS AGENCY, Dallas, TX, pg. 651

McCarthy, Taylor, Assoc Creative Dir -- MCCANN CANADA, Toronto, Canada, pg. 712

McCartney, Bob, Assoc Creative Dir -- RPM ADVERTISING, Chicago, IL, pg. 971

McCaskey, Scott, Acct Dir -- GOLDMAN & ASSOCIATES, Norfolk, VA, pg. 1519

McCathie, Jamie, Creative Dir -- Turner Duckworth, San Francisco, CA, pg. 903

Mccauley, Abie, Acct Dir -- 360I, Atlanta, GA, pg. 289

McCauley, Danika, Specialist-PR -- PREFERRED PUBLIC RELATIONS & MARKETING, Las Vegas, NV, pg. 1618

McCauley, Sean, Art Dir & Graphic Designer -- LOADED CREATIVE LLC, Bellefonte, PA, pg. 648

McClabb, Jill, Creative Dir -- INTERPLANETARY, New York, NY, pg. 540

McClain, Lindsay, Art Dir -- STATION8 BRANDING, Tulsa, OK, pg. 1044

McClean, Erin, Acct Supvr -- SDI MARKETING, Toronto, Canada, pg. 1000

McClear, Brian, VP-Interactive Svcs & Mktg Metrics & Dir-Interactive Creative -- ADAMS & KNIGHT, INC., Avon, CT, pg. 25

McCleary, Kelly, Acct Dir -- SWIFT AGENCY, Portland, OR, pg. 1066

McClellan, Chris, Acct Coord -- YECK BROTHERS COMPANY, Dayton, OH, pg. 1195

McClellan, Jeremy, Art Dir -- Publicis Hawkeye, Charlotte, NC, pg. 1282

McClellan, Kelley, Acct Dir -- Geometry Global, Chicago, IL, pg. 415

McClenney, Jessica, Acct Dir -- MICROMASS COMMUNICATIONS INC, Cary, NC, pg. 738

McCleskey, Erin, Grp Acct Dir-PR -- R&R Partners, El Segundo, CA, pg. 925

McClintock, Sean, Creative Dir -- HUE & CRY, New York, NY, pg. 1538

McCloud, Hubert, Founder & Chief Creative Officer -- MCCLOUD & ASSOCIATES PR, Saint Petersburg, FL, pg. 1579

McCloy, Diana Brown, VP-PR -- TEAK MEDIA & COMMUNICATION, Boston, MA, pg. 1657

McClung, Debbie, Mgr-PR Team & Content -- TWO RIVERS MARKETING, Des Moines, IA, pg. 1124

McClure, Deanna, Office Mgr, Media Planner & Buyer -- ROI MEDIA, Tulsa, OK, pg. 1368

McClure, Lynda, VP-Creative -- 2E CREATIVE, Saint Louis, MO, pg. 4

McClure, Mike, Sr VP-Digital Comm & Exec Creative Dir -- YAFFE GROUP, Southfield, MI, pg. 1195

McClure, Scott, Creative Dir -- R2C GROUP, Portland, OR, pg. 927

McClure, Travis, Acct Dir -- ZIMMERMAN ADVERTISING, Fort Lauderdale, FL, pg. 1212

McCoach, Kaitlyn, Acct Exec -- Weber Shandwick-Baltimore, Baltimore, MD, pg. 1675

McCollester, Hamish, Sr VP & Grp Creative Dir -- Rapp Los Angeles, Los Angeles, CA, pg. 931

McCollum, Liz, Acct Exec -- BRENER, ZWIKEL & ASSOCIATES, INC., Reseda, CA, pg. 1456

McConnell, Beth, Chief Creative Officer -- ZELLMER MCCONNELL ADVERTISING, Austin, TX, pg. 1211

McConnell, Kathryn, Acct Dir -- TIERNEY COMMUNICATIONS, Philadelphia, PA, pg. 1103

McConnell, Lisa, Creative Dir -- BURRELL, Chicago, IL, pg. 176

McConnell, Maggie, Acct Exec -- IN MARKETING SERVICES, Norwalk, CT, pg. 529

McCord, Adam, Media Buyer -- SCOPPECHIO, Louisville, KY, pg. 997

McCormack, Dan, Assoc Creative Dir & Copywriter -- Energy BBDO, Chicago, IL, pg. 100

McCormack, Dan, Creative Dir -- Leo Burnett, Ltd., London, United Kingdom, pg. 624

McCormack, Dan, Creative Dir -- Leo Burnett London, London, United Kingdom, pg. 627

McCormack, Joe, Chief Creative Officer-San Francisco -- Doremus (San Francisco), San Francisco, CA, pg. 316

McCormick, Amanda, Acct Dir -- DIGITAL PULP, New York, NY, pg. 301

McCormick, Jody, Media Dir & Acct Exec -- KINZIEGREEN MARKETING GROUP, Wausau, WI, pg. 596

McCormick, Lance, Chief Creative Officer & VP -- JNA ADVERTISING, Overland Park, KS, pg. 577

McCormick, Michael, VP & Creative Dir -- LOIS GELLER MARKETING GROUP, Miami, FL, pg. 650

McCormick, Michael, Chief Creative Officer -- RODGERS TOWNSEND, LLC, Saint Louis, MO, pg. 965

McCormick, Michelle, Sr VP-PR -- JAFFE, Stephenville, TX, pg. 1545

McCormick, Paul, Dir-New Bus -- DEVITO/VERDI, New York, NY, pg. 296

McCormick, Tom, Chief Creative Officer -- THE BRICK FACTORY, Washington, DC, pg. 1243

McCourt, Jessica, Art Dir -- 1059 CREATIVE, Boston, MA, pg. 1

Mccown, Brent, Assoc Creative Dir -- INTERMUNDO MEDIA, Boulder, CO, pg. 539

McCoy, Gary, Dir-PR -- THE MARX GROUP, San Rafael, CA, pg. 689

McCoy, Kara, Art Dir -- BOONEOAKLEY, Charlotte, NC, pg. 147

McCracken, Catharine, Pres & Chief Creative Officer -- TRELLIS MARKETING, INC, Buffalo, NY, pg. 1115

McCreery, Christy, Art Dir -- MAYCREATE, Chattanooga, TN, pg. 696

McCrimmon, Krista, Creative Dir -- JOHNSON & SEKIN, Dallas, TX, pg. 580

McCrindle, Lauren, Grp Creative Dir -- MCCANN, New York, NY, pg. 697

McCrindle, Lauren, Grp Creative Dir -- McCann New York, New York, NY, pg. 698

McCue, Tony, Assoc Creative Dir -- CANNONBALL, Saint Louis, MO, pg. 187

McCune, Wade, Creative Dir -- CJRW NORTHWEST, Springdale, AR, pg. 210

McCutchen, Brent, Pres & Creative Dir -- STAPLEGUN, Oklahoma City, OK, pg. 1042

McDaniel, Katie, Coord-Mktg & PR -- WISER STRATEGIES, Lexington, KY, pg. 1685

McDaniel, Leanne, Office Mgr & Media Buyer -- BOYDEN & YOUNGBLUTT ADVERTISING & MARKETING, Fort Wayne, IN, pg. 150

McDaniel, Madeline, Acct Exec -- DEVELOPMENT COUNSELLORS INTERNATIONAL, LTD., New York, NY, pg. 296

McDarby, Michael, Acct Coord -- BOC PARTNERS, Middlesex, NJ, pg. 143

McDermott, Emily, Project Mgr & Acct Supvr -- VAN EPEREN & COMPANY, Rockville, MD, pg. 1665

McDermott, Matt, Creative Dir -- IDFIVE, Baltimore, MD, pg. 522

McDermott, Terrance, VP & Media Dir -- SLACK AND COMPANY, Chicago, IL, pg. 1020

McDevitt, Jessica, Acct Dir -- Dudnyk, Horsham, PA, pg. 324

McDevitt, Molly, Acct Exec -- FVM STRATEGIC COMMUNICATIONS, Plymouth Meeting, PA, pg. 406

McDonagh, Nicole Michels, Grp Creative Dir -- Possible, Seattle, WA, pg. 1189

McDonagh, Nicole Michels, Grp Creative Dir -- Possible, Seattle, WA, pg. 1181

McDonagh, Nicole Michels, Grp Dir-Creative -- POSSIBLE NEW YORK, New York, NY, pg. 1280

McDonald, Amy, Acct Dir -- QUATTRO DIRECT LLC, Berwyn, PA, pg. 921

McDonald, Christie, Acct Dir -- ONE NORTH INTERACTIVE, Chicago, IL, pg. 1277

McDonald, Curtis, Creative Dir -- M&C Saatchi, Sydney, Australia, pg. 661

McDonald, Eve, Producer-Brdcst -- TBWA\London, London, United Kingdom, pg. 1086

McDonald, Jill, Acct Dir-Media -- M&K MEDIA, Toronto, Canada, pg. 1339

McDonald, Jim, Acct Dir -- STOREBOARD MEDIA, New York, NY, pg. 1051

Mcdonald, Mark, Head-Creative-India -- Digitas, Mumbai, India, pg. 1252

McDonald, Marty, Dir-Creative -- EGG, Everett, WA, pg. 332

McDonald, Neal, Media Dir -- MULTI MEDIA SERVICES CORP., Alexandria, VA, pg. 1353

McDonald, Paul, Media Dir -- INFINITY CONCEPTS, Export, PA, pg. 531

McDonald, Zack, Creative Dir -- R/GA, Portland, OR, pg. 927

McDonell, Jennifer, Media Planner -- ONEMAGNIFY, Detroit, MI, pg. 840

McDonnell, Ian, Dir-Digital & Social Creative -- CONCEPT ARTS, Hollywood, CA, pg. 225

McDonnell, Whitney Kellogg, Mgr-PR -- THE MCDONNELL GROUP INC., Roswell, GA, pg. 1579

McDonough, Jamie, Acct Supvr -- FITZGERALD & CO, Atlanta, GA, pg. 386

McDonough, Patrick, Creative Dir -- QUIET LIGHT COMMUNICATIONS, Rockford, IL, pg. 923

McDougall, Fiona, Dir-Creative Production -- ONEWORLD COMMUNICATIONS, INC., San Francisco, CA, pg. 840

McDougall, Jennifer, Acct Exec -- MERLIN EDGE INC., Calgary, Canada, pg. 734

McEachern, Matt, Creative Dir -- WALKER BRANDS, Tampa, FL, pg. 1149

McElduff, Erin, Partner & Creative Dir -- JUGULAR LLC, New York, NY, pg. 584

McElhannon, Collin, Acct Exec -- VANTAGEPOINT, INC., Greenville, SC, pg. 1131

McElroy, Kevin, VP-Creative Svcs -- MARKETING RESULTS INC., Henderson, NV, pg. 684

McElroy, Kevin, VP & Sr Grp Creative Dir -- SapientRazorfish Chicago, Chicago, IL, pg. 1288

McEuen, Rachel, Art Dir-Social -- DEUTSCH, INC., New York, NY, pg. 294

McEvady, Andrea, Mgr-New Bus Dev -- ACCESS TO MEDIA, Chicopee, MA, pg. 20

McEvoy, Amy, Acct Dir & Assoc Dir-PR -- RHEA + KAISER, Naperville, IL, pg. 954

McFadden, Kelly, Media Dir -- CMI Media, Parsippany, NJ, pg. 216

Mcfaden, Matt, Art Dir -- TEAM ONE USA, Los Angeles, CA, pg. 1095

McFall, Carole, VP-PR -- THE CASTLE GROUP, Boston, MA, pg. 1464

McFarlane, Tom, Partner-Creative -- M&C Saatchi, Sydney, Australia, pg. 661

McGann, Geoff, Exec Creative Dir -- AMF MEDIA GROUP, San Ramon, CA, pg. 53

McGannon, Dagmar, Media Dir -- MARCUS THOMAS LLC, Cleveland, OH, pg. 679

McGarry, Erin, Acct Supvr -- BUTLER, SHINE, STERN & PARTNERS, Sausalito, CA, pg. 177

McGauran, Laura, Acct Dir -- Wieden + Kennedy, London, United Kingdom, pg. 1165

McGee, Trish, VP-PR -- BOHAN, Nashville, TN, pg. 144

McGill, Stephen, Pres & Creative Dir -- MCGILL BUCKLEY, Ottawa, Canada, pg. 718

McGlone, Greg, Media Dir -- THE RADIO AGENCY, Newtown Sq, PA, pg. 928

McGloughlin, Paul, Acct Dir -- Havas Media, London, United Kingdom, pg. 1326

McGlynn, Shannon, Acct Exec -- MANHATTAN MARKETING ENSEMBLE, New York, NY, pg. 675

McGoldrick, Jack, Pres & Chief Creative Officer -- MCGOLDRICK MARKETING, Medford, MA, pg. 718

Mcgovern, Chelsea, Mgr-PR -- Acne Advertising, Stockholm, Sweden, pg. 1249

McGovern, Kelsey, Acct Supvr -- Ketchum, Chicago, IL, pg. 1556

McGovern, Madigan, Coord-PR -- KCD, INC., New York, NY, pg.

PERSONNEL INDEX — AGENCIES

1552

McGovern, Paige, Acct Dir & Strategist-Cross Media -- OPAD MEDIA SOLUTIONS, LLC, New York, NY, pg. 842

McGowan, Ali, Mgr-PR & Strategy -- (ADD)VENTURES, Providence, RI, pg. 29

Mcgowan, Mara, Acct Exec -- XHIBITION, New York, NY, pg. 1687

McGowan, Matt, Exec VP & Exec Creative Dir -- AGENCY 451, Boston, MA, pg. 1427

McGowan, Seton, VP & Acct Dir -- MullenLowe, Winston Salem, NC, pg. 772

McGowan, Steven, Asst Creative Dir -- NAS RECRUITMENT INNOVATION, Cleveland, OH, pg. 784

McGrann, Richard, Creative Dir -- Abbott Mead Vickers BBDO, London, United Kingdom, pg. 109

McGrath, Casey, Chief Creative Officer -- NIGHT AFTER NIGHT, New York, NY, pg. 794

McGrath, Gavin, Creative Dir -- Y&R London, London, United Kingdom, pg. 1204

McGrath, Michael, Principal, Art Dir & Creative Dir -- HYDROGEN ADVERTISING, Seattle, WA, pg. 515

McGrath-Sing, Michael, Assoc Creative Dir -- CRITICAL MASS INC., Calgary, Canada, pg. 248

McGraw, Erin, Acct Supvr -- MOTION PR, Chicago, IL, pg. 1585

McGreevey, Owen, Acct Exec -- COMPASS MARKETING, Annapolis, MD, pg. 224

McGrogan, Chelsey, Acct Exec -- CHEMISTRY COMMUNICATIONS INC., Pittsburgh, PA, pg. 205

McGuffin, Justin, Creative Dir -- AARS & WELLS, INC., Dallas, TX, pg. 15

McGuinness, Troy, Creative Dir -- Cossette B2B, Toronto, Canada, pg. 233

McGuire, Kyle, Sr Acct Exec-PR & Social Media -- AMF MEDIA GROUP, San Ramon, CA, pg. 53

McGuire, Nell, Art Dir -- SAATCHI & SAATCHI WELLNESS, New York, NY, pg. 985

mcguire, rosie, Grp Creative Dir -- VML, Chicago, IL, pg. 1145

McGuire, Shane, Assoc Dir-Creative -- DELL BLUE, Round Rock, TX, pg. 1221

McGurr, Timothy, Partner-Client & Creative -- ICONOCLAST ARTIST MANAGEMENT LLC, New York, NY, pg. 519

McHale, John, Chief Creative Officer -- PURERED/FERRARA, Stone Mountain, GA, pg. 917

McHale, Kevin, Exec VP & Mng Dir-Creative -- NeON, New York, NY, pg. 364

McHatton, Danny, Creative Dir -- GREY GROUP, New York, NY, pg. 438

McHoull, James, Acct Dir -- Wieden + Kennedy, London, United Kingdom, pg. 1165

McHugh, Rick, Sr VP, Grp Creative Dir & Copywriter -- HILL HOLLIDAY, Boston, MA, pg. 500

McIntyre, Karen, Mng Partner & Grp Creative Dir -- BEAUTY@GOTHAM, New York, NY, pg. 119

Mckain, Courtney, Coord-Creative -- STREAM COMPANIES, Malvern, PA, pg. 1054

McKay, Matt, Exec VP & Exec Creative Dir -- PUBLICIS NEW YORK, New York, NY, pg. 912

McKechnie, Christian, Assoc Creative Dir -- Publicis Australia, Brisbane, Australia, pg. 907

McKechnie, Rory, Creative Dir -- DDB New Zealand Ltd., Auckland, New Zealand, pg. 278

McKee, Benjamin, Acct Dir -- Publicis UK, London, United Kingdom, pg. 902

McKee, Christopher, Creative Dir -- Wunderman, London, United Kingdom, pg. 1193

McKeever, Mike, VP & Creative Dir -- AREA 23, New York, NY, pg. 67

McKelvey, John, Co-Founder & Exec Creative Dir -- JOHNXHANNES, New York, NY, pg. 581

McKenna, Chris, Partner & Exec Creative Dir -- WEE BEASTIE, New York, NY, pg. 1156

McKenna, Jessica, Art Dir -- BURKE ADVERTISING LLC, Bedford, NH, pg. 174

McKenna, Lula, Assoc Dir-Creative -- DELL BLUE, Round Rock, TX, pg. 1221

McKenna, Terry, Creative Dir -- Ogilvy Johannesburg (Pty.) Ltd., Johannesburg, South Africa, pg. 829

McKenna-McWilliams, Carmen, Acct Exec -- Acxiom LLC, Conway, AR, pg. 541

McKenzie, Chad, Exec VP & Creative Dir -- MCKENZIE WAGNER INC., Champaign, IL, pg. 719

McKeon, Maggie Mae, VP & Assoc Creative Dir -- Weber Shandwick-Minneapolis, Minneapolis, MN, pg. 1676

McKeon, Max, Creative Dir -- Colenso BBDO, Auckland, New Zealand, pg. 114

McKeown, Steve, Assoc Creative Dir -- BROKAW INC., Cleveland, OH, pg. 166

McKinley, Heidi, Pres-PR -- THE POINT GROUP, Dallas, TX, pg. 880

Mckinney, Pat, Partner, Chief Creative Officer & Exec VP -- Dalton Agency Atlanta, Atlanta, GA, pg. 258

McKinney, Patrick, Partner, Chief Creative Officer & Exec VP -- DALTON AGENCY JACKSONVILLE, Jacksonville, FL, pg. 258

McKinnis, Jim, Exec Creative Dir -- THE INTEGER GROUP-DALLAS, Dallas, TX, pg. 1405

Mckissick, Gary, Art Dir -- CHARLTON MARKETING INC, Portland, OR, pg. 204

Mckissick, Tyler, Art Dir -- SID LEE, Toronto, Canada, pg. 1010

McLagan, Marnie, Acct Dir -- MRY, New York, NY, pg. 769

McLain, Heather, VP & Dir-PR -- ON IDEAS, INC., Jacksonville, FL, pg. 838

McLane, Madalyn, Acct Supvr -- DEUTSCH, INC., New York, NY, pg. 294

Mclarty, Tim, Pres & Creative Dir -- ONTRACK COMMUNICATIONS, Toronto, Canada, pg. 841

McLaughlin, Katie, Acct Coord -- NUFFER SMITH TUCKER PUBLIC RELATIONS, San Diego, CA, pg. 1597

McLaughlin, Stirling, Creative Dir -- Ogilvy, Chicago, IL, pg. 811

McLaurin, Michael, Co-Founder & Dir-Strategy & Creative -- FIFTEEN DEGREES, New York, NY, pg. 379

McLean, Carolyn, Art Dir -- Epsilon, New York, NY, pg. 345

McLean, David, Dir-PR -- KINGS ENGLISH LLC, Greensboro, NC, pg. 596

McLean, Rory, Creative Dir -- Young & Rubicam Australia/New Zealand, Sydney, Australia, pg. 1199

McLeish, Merle, Media Buyer -- THE WENDT AGENCY, Great Falls, MT, pg. 1159

Mclemore, Nick, Acct Exec -- Adams Outdoor Advertising, Champaign, IL, pg. 26

McLeod, Andy, Creative Dir -- VML-New York, New York, NY, pg. 1144

McLeod, Gavin, Exec Creative Dir -- AKQA, INC., San Francisco, CA, pg. 1234

Mcleod, Lisa, Head-Creative -- Ogilvy, Paris, France, pg. 814

McLeod, Pete, Assoc Creative Dir -- Cossette Communication-Marketing, Quebec, Canada, pg. 234

McMahan, Jeff, Acct Supvr -- INNIS MAGGIORE GROUP, INC., Canton, OH, pg. 533

McMahan, Kelsey, Media Planner -- MACDONALD MEDIA, Portland, OR, pg. 666

McMahon, Jonathan, Co-Exec Creative Dir -- Ogilvy New Zealand, Auckland, New Zealand, pg. 826

McMahon, Michelle Allard, Acct Dir -- RAINIER COMMUNICATIONS, Westborough, MA, pg. 1624

McMahon, Philip, Acct Dir -- LUMENTUS LLC, New York, NY, pg. 656

McMann, Kathy, VP & Art Dir-Production -- ARNOLD WORLDWIDE, Boston, MA, pg. 69

McManus, Maija, Acct Exec -- SLOWEY MCMANUS COMMUNICATIONS, Boston, MA, pg. 1647

McManus, Matt, Acct Exec -- CRAMER-KRASSELT, Chicago, IL, pg. 237

McMenamin, Jillian, Acct Dir -- MWWPR, Los Angeles, CA, pg. 1591

McMillan, Dorothy, Chief Creative Officer -- BOB'S YOUR UNCLE, Toronto, Canada, pg. 143

McMillan, Lynda, Partner & Creative Dir -- ZANDER GUINN MILLAN, Charlotte, NC, pg. 1210

McMillan, Mike, Partner & Chief Creative Officer -- INTROWORKS, INC., Minnetonka, MN, pg. 545

McMillen, Dan, Media Dir -- NL PARTNERS, Portland, ME, pg. 795

McMillen, Michael, VP & Creative Dir -- ARC WORLDWIDE, Chicago, IL, pg. 1397

McMonagle, Kevin, VP & Creative Dir -- WUNDERMAN WORLD HEALTH, Washington, DC, pg. 1193

McMullen, Brendan, Art Dir -- BBDO Toronto, Toronto, Canada, pg. 100

Mcmullin, Katie, Acct Exec -- MAXWELL PR, Portland, OR, pg. 1578

McMunn, Corinne, Media Dir -- GARRISON HUGHES, Pittsburgh, PA, pg. 410

Murdy, Nick, Creative Dir -- PP+K, Tampa, FL, pg. 885

McMurray, Shannon, Acct Exec -- SCOUTCOMMS, Fredericksburg, VA, pg. 999

McMurry, Chris, Sr VP & Dir-PR & Damage Prevention Accts -- MGH, INC., Owings Mills, MD, pg. 736

McMurry, Graham, Specialist-PR & Social Media -- FORTE PR, Las Vegas, NV, pg. 1512

McMurtrey, Chris, VP, Creative Dir & Copywriter -- MCCANN WORLDGROUP, New York, NY, pg. 714

McNally, Kerry, Media Planner -- THE MARTIN AGENCY, Richmond, VA, pg. 687

McNamara, Katie, VP & Acct Dir -- DRM PARTNERS, INC., Hoboken, NJ, pg. 1319

McNamara, Michael, Exec Creative Dir -- LION & ORB, Malibu, CA, pg. 1568

McNamara, Michael Patrick, Dir-Strategic Plng & New Bus -- DEAD AS WE KNOW IT, Brooklyn, NY, pg. 283

McNamee, Gina, Acct Supvr-Home & Housewares -- 5W PUBLIC RELATIONS, New York, NY, pg. 1423

McNany, Scott, Assoc Creative Dir -- PINCKNEY HUGO GROUP, Syracuse, NY, pg. 871

McNaughton, Maeve, Acct Exec -- WINGER MARKETING, Chicago, IL, pg. 1170

McNeel, Brittain, Art Dir -- Fallon New York, New York, NY, pg. 360

McNeely, Brandon, Art Dir -- BACKE DIGITAL BRAND MARKETING, Radnor, PA, pg. 82

McNeill, Ryan, Assoc Creative Dir -- GREY CANADA, Toronto, Canada, pg. 437

McNeill, Tal, Exec Dir-Creative -- GODWIN ADVERTISING AGENCY, INC., Jackson, MS, pg. 427

McNeill, Tal, Sr VP & Grp Dir-Creative -- GODWINGROUP, Gulfport, MS, pg. 427

McNickle, Michelle, Acct Dir -- CD&M COMMUNICATIONS, Portland, ME, pg. 198

McNider, Mary Tyler, Media Dir -- HUDSON ROUGE, New York, NY, pg. 511

McNutt, Ben, Head-Creative -- BUTCHER SHOP CREATIVE, San Francisco, CA, pg. 177

McNutt, Ben, Head-Creative -- BUTCHERSHOP, San Francisco, CA, pg. 177

McPartland, John, Art Dir -- Havas London, London, United Kingdom, pg. 482

McPhee, Robert, Creative Dir -- Heinrich Hawaii, Honolulu, HI, pg. 493

McPhee, Robert L., Creative Dir -- HEINRICH MARKETING, Denver, CO, pg. 493

McPherson, Heather, Dir-New Bus & Dev-Central Florida -- ROCKAWAY PR, Miami, FL, pg. 1633

McPherson, Rachel, Acct Supvr -- Padilla, New York, NY, pg. 850

McQuaid, Ailsa, Acct Dir -- Leo Burnett London, London, United Kingdom, pg. 627

McQuaid, Dave, VP-Creative & Digital -- VANTAGEPOINT, INC, Greenville, SC, pg. 1131

McQuaid, Kathleen, Founder, Pres & Creative Dir -- KATHODERAY MEDIA INC., Greenville, NY, pg. 588

McQuilkin, Charlie, Sr VP & Grp Creative Dir -- Y&R California, San Francisco, CA, pg. 1198

McRae, Matt, Creative Dir -- BLND PUBLIC RELATIONS, Hermosa Beach, CA, pg. 137

McRedmond, Kale, Art Dir -- Publicis Australia, Brisbane, Australia, pg. 907

McShane, Kevin, Chief Creative Officer -- OMNICOM GROUP INC., New York, NY, pg. 836

McSweeney, Vince, Chief Creative Officer -- McCann Detroit, Birmingham, MI, pg. 699

McSweeney, Vince, Chief Creative Officer-Birmingham, Bristol & Milton Keynes -- McCann Erickson Advertising Ltd., London, United Kingdom, pg. 711

McSweeney, Vince, Chief Creative Officer -- McCann Erickson Central, Solihull, United Kingdom, pg. 712

McTighe, Tug, Exec Creative Dir -- DEG, Leawood, KS, pg. 1248

Mctigue, Gerard, Acct Exec-PR -- EMA Public Relations Services, Syracuse, NY, pg. 347

Mctigue, Gerard, Acct Exec-PR -- M&G/ERIC MOWER + ASSOCIATES, New York, NY, pg. 1572

McVey, Alicia, Chief Creative Officer -- SWIFT AGENCY, Portland, OR, pg. 1066

McVey, David, Acct Exec -- RIDE FOR THE BRAND, Fort Worth, TX, pg. 1285

McVey, Lewis, Grp Creative Dir -- HAVAS WORLDWIDE CHICAGO, Chicago, IL, pg. 488

Mdlulwa, Qingqile WingWing, Exec Creative Dir -- Collective ID, Sandton, South Africa, pg. 1179

Meacham, Rob, Acct Exec -- DIXON SCHWABL ADVERTISING, Victor, NY, pg. 309

Meade, Gregg, Assoc Creative Dir -- THE CREATIVE DEPARTMENT, Cincinnati, OH, pg. 241

Meadors, Noah, Art Dir -- SECRET WEAPON MARKETING, Los Angeles, CA, pg. 1000

AGENCIES — PERSONNEL INDEX

Meadows, Alexa, Acct Supvr -- Fleishman-Hillard Inc., Sacramento, CA, pg. 1506

Meadows, Greg, Creative Dir -- TELESCO CREATIVE GROUP, Tonawanda, NY, pg. 1096

Meadows-Rose, Lauren, Media Dir -- HYDROGEN ADVERTISING, Seattle, WA, pg. 515

Meagher, Brooke, Media Buyer -- CREATIVE BROADCAST CONCEPTS, Saco, ME, pg. 239

Meale, Shelby Alexander, Creative Dir -- FP7, Dubai, United Arab Emirates, pg. 710

Means, Gabrey, Co-Founder & Chief Creative Officer -- GROW MARKETING, San Francisco, CA, pg. 453

Mears, Eben, Creative Dir -- MCKINNEY, Durham, NC, pg. 719

Mears, Jen, Acct Supvr -- IOSTUDIO, Nashville, TN, pg. 547

Mecik, Philip, Acct Dir -- Merkle IMPAQT, Pittsburgh, PA, pg. 733

Meckler, Paige, Coord-PR -- CROWLEY WEBB, Buffalo, NY, pg. 250

Meddaugh, Deborah, CFO & Dir-Creative -- MEDDAUGH ADVERTISING INC., Norwell, MA, pg. 725

Medeiros, Caiano, Art Dir -- J. Walter Thompson, Sao Paulo, Brazil, pg. 563

Medeiros, Mark, Exec VP & Creative Dir -- JK DESIGN, Hillsborough, NJ, pg. 576

Medellin, Amy, Acct Dir -- Ogilvy, Chicago, IL, pg. 811

Medici, Bob, Assoc Creative Dir-Crossbrands -- BBDO NORTH AMERICA, New York, NY, pg. 97

Medina, Christina, VP-Creative Svcs -- THE WOOD AGENCY, San Antonio, TX, pg. 1175

Medini, Elena, Officer-Dev, New Bus & Comm -- Y&R Paris, Boulogne, France, pg. 1202

Mednick, Ron, Media Dir -- JL MEDIA, INC., Union, NJ, pg. 1336

Medrows, Firas, Exec Creative Dir -- DDB Dubai, Dubai, United Arab Emirates, pg. 281

Medvedocky, Diego, Chief Creative Officer-Latam -- Grey Argentina, Buenos Aires, Argentina, pg. 443

Medvedocky, Diego, Chief Creative Officer-Latam -- Grey Chile, Santiago, Chile, pg. 443

Medvedocky, Diego, Chief Creative Officer -- jotabequ Advertising, San Jose, Costa Rica, pg. 1348

Medvedocky, Diego, Chief Creative Officer -- jotabequ Advertising, San Jose, Costa Rica, pg. 444

Meehan, Chuck, Exec VP & Exec Creative Dir -- DONER, Southfield, MI, pg. 314

Meehan, Mike, VP-Creative Svcs -- CLARK CREATIVE GROUP, Omaha, NE, pg. 212

Meeks, Natalie, Assoc Creative Dir -- 22squared Inc., Tampa, FL, pg. 4

Meepaibul, Panu, Creative Dir -- Ogilvy Advertising, Bangkok, Thailand, pg. 828

Meers, Shawn, VP-Creative -- CAPTIVA MARKETING, LLC, Saint Louis, MO, pg. 188

Megginson, Tom, Creative Dir -- ACART COMMUNICATIONS, INC., Ottawa, Canada, pg. 19

Megvelidze, Nikolay, Exec Creative Dir -- BBDO Moscow, Moscow, Russia, pg. 107

Mehan, Gabrielle, Acct Exec -- INK PUBLIC RELATIONS, Austin, TX, pg. 1542

Mehler, Ed, Assoc Creative Dir -- FALK HARRISON, Saint Louis, MO, pg. 359

Mehling, Dan, VP-Creative Svcs -- WHITEMYER ADVERTISING, INC., Zoar, OH, pg. 1161

Mehra, Vipul, Assoc Dir-Creative Art -- Happy mcgarrybowen, Bengaluru, India, pg. 717

Mehringer, Jacob, Art Dir -- JOHANNES LEONARDO, New York, NY, pg. 1266

Mehta, Burzin, Grp Creative Dir -- OgilvyOne Worldwide, Mumbai, India, pg. 825

Mehta, Sahil, Supvr-Creative -- Grey (India) Pvt. Pty. Ltd. (Delhi), Gurgaon, India, pg. 446

Meier, Emily, Sr Acct Exec-PR -- MGH, INC., Owings Mills, MD, pg. 736

Meifert, Tom, Creative Dir -- Heimat Werbeagentur GmbH, Berlin, Germany, pg. 1082

Meikle, Bruce, Assoc Creative Dir -- Suburbia Advertising, Delta, Canada, pg. 1058

Meikle, Bruce, Assoc Creative Dir -- SUBURBIA ADVERTISING, Victoria, Canada, pg. 1058

Meilhac, Pierre-Hubert, Mng Dir & Head-PR & Influence -- Ogilvy, Paris, France, pg. 814

Meiri, Lior, Creative Dir -- McCann Erickson, Tel Aviv, Israel, pg. 705

Meissner, Christian, Acct Exec -- GROK, New York, NY, pg. 451

Mekjian, Brian, Creative Dir -- GREY GROUP, New York, NY, pg. 438

Melcon, Lara Bilbao, Acct Dir -- Wavemaker, Valencia, Spain, pg. 1383

Melder, Ant, Exec Creative Dir -- Havas Worldwide Sydney, Sydney, Australia, pg. 485

Mele, Romina, Acct Coord -- J. Walter Thompson, Buenos Aires, Argentina, pg. 563

Melendez, Armando, Acct Exec -- TWOFIFTEENMCCANN, San Francisco, CA, pg. 1124

Melendez, Cristobal, Acct Dir -- LAIRD+PARTNERS, New York, NY, pg. 607

Melendez, Javier, Exec Creative Dir -- DDB Barcelona S.A., Barcelona, Spain, pg. 280

Melentin, Artur, Partner & Chief Creative Officer -- GRAVITY MEDIA, New York, NY, pg. 433

Melingagio, John, Mgr-PR -- BOZELL, Omaha, NE, pg. 150

Melita, Humphrey, Acct Exec-Kenya -- Ogilvy, Nairobi, Kenya, pg. 1602

Mello Mourao, Beatriz Ramos e, Supvr-Trading, Analytics & Brdcst -- PHD Toronto, Toronto, Canada, pg. 1362

Mello, Lydia, Media Dir & Dir-TW Networks -- TIZIANI & WHITMYRE, INC., Sharon, MA, pg. 1105

Mellody, Sarah, Media Planner -- DELUCA FRIGOLETTO ADVERTISING, INC., Honesdale, PA, pg. 288

Melloh, Lindsay, Acct Supvr -- Fallon Minneapolis, Minneapolis, MN, pg. 360

Mellon, Anita, Grp Dir-PR -- IDEA HALL, Costa Mesa, CA, pg. 520

Mellon, Rick, VP-Creative -- MAIER ADVERTISING, INC., Farmington, CT, pg. 672

Mellstrom, Ted Harry, Art Dir -- Forsman & Bodenfors, Stockholm, Sweden, pg. 72

Melnik-Stone, Michelle, Acct Dir -- BRIGHTON AGENCY, INC., Saint Louis, MO, pg. 164

Melnyk-Krysachenko, Pavlo, Art Dir -- Provid BBDO, Kiev, Ukraine, pg. 109

Melograna, Julia, Sr Art Dir -- DROGA5, New York, NY, pg. 321

Melton, Diana, Acct Exec -- EVOKE HEALTH, New York, NY, pg. 354

Melton, Hannah, Acct Exec -- GREY GROUP, New York, NY, pg. 438

Meltzer, Dana, Media Buyer -- Campbell Ewald Los Angeles, West Hollywood, CA, pg. 541

Meltzer, Steve, Dir-Creative-Integrated Comm -- STEPHAN PARTNERS, INC., Hastings Hdsn, NY, pg. 1046

Mencak, Daniel, Art Dir -- DDB Stockholm, Stockholm, Sweden, pg. 280

Mencke, Matthias, Grp Dir-Creative -- Siegel+Gale, Los Angeles, CA, pg. 1011

Menconi, Isabella Perrotat, Art Dir -- Wunderman, Buenos Aires, Argentina, pg. 1189

Mendelson, Bowen, VP & Creative Dir -- Leo Burnett USA, Chicago, IL, pg. 622

Mendes, Rodrigo, Art Dir -- WIEDEN + KENNEDY, INC., Portland, OR, pg. 1163

Mendez, Beni, Creative Dir -- OUTOFTHEBLUE ADVERTISING, Coral Gables, FL, pg. 847

Mendez, Brandon, Art Dir -- DAVID & GOLIATH, El Segundo, CA, pg. 261

Mendez, Elina, Dir-Accts & New Bus Grp -- DDB Argentina, Buenos Aires, Argentina, pg. 270

Mendez, Kako, Creative Dir -- TBWA Los Angeles, Los Angeles, CA, pg. 1078

Mendez, Morgan Westenburg, Acct Coord & Specialist-Digital -- REDSTONE COMMUNICATIONS INC., Omaha, NE, pg. 944

Mendez-Renk, Elissa, Acct Supvr -- FCB HEALTH, New York, NY, pg. 376

Mendiola, Ignacio, Creative Dir -- J. Walter Thompson, Sao Paulo, Brazil, pg. 563

Mendiola, Maddy, Media Buyer -- DRAKE COOPER INC., Boise, ID, pg. 319

Mendonca, Diogo, Art Dir -- DAVID, Sao Paulo, Brazil, pg. 261

Mendonca, Kallee, Dir-New Bus Dev & Acct -- DAVIESMOORE, Boise, ID, pg. 263

Mendosa, Rebecca, Acct Supvr -- PUBLICIS HAWKEYE, Dallas, TX, pg. 1282

Mendoza, Andres, Art Dir -- Grey: REP, Bogota, Colombia, pg. 444

Mendoza, Delia, Acct Exec -- NRPR GROUP, Beverly Hills, CA, pg. 1597

Mendoza, Emily, Acct Coord-Svcs -- NFM+DYUMN, Pittsburgh, PA, pg. 794

Meneguzzo, Anna, Creative Dir -- Leo Burnett Co., S.r.l., Milan, Italy, pg. 625

Menendez, Martin, Acct Dir -- THE BRAVO GROUP HQ, Miami, FL, pg. 160

Meng, Tham Khai, Chief Creative Officer -- Ogilvy Asia/Pacific, Central, China (Hong Kong), pg. 823

Menon, Shubha, Sr Creative Dir -- Ogilvy, New Delhi, India, pg. 825

Menzie, April, Creative Dir -- TSA COMMUNICATIONS, INC., Warsaw, IN, pg. 1121

Mera, Andy, Creative Dir -- GODFREY DADICH, San Francisco, CA, pg. 427

Mercado, Regine, Acct Dir -- MullenLowe Philippines, Manila, Philippines, pg. 776

Mercandalli, Simona, Acct Dir -- Weber Shandwick, Milan, Italy, pg. 1678

Mercedes-Rohena, Mayela, Art Dir -- VML, INC., Kansas City, MO, pg. 1143

Mercer, Erin, Acct Supvr -- MP&F STRATEGIC COMMUNICATIONS, Nashville, TN, pg. 1586

Mercer, Judd, Creative Dir -- ELEVATED THIRD, Denver, CO, pg. 335

Mercier, Sandy, Acct Exec -- PROM KROG ALTSTIEL INC., Mequon, WI, pg. 892

Mercky, Janie, Acct Supvr -- Porter Novelli, Vancouver, Canada, pg. 1614

Meredith, Marissa, Media Dir -- PLUSMEDIA, LLC, Danbury, CT, pg. 878

Mericka, Lindsey, Assoc Media Buyer -- BOOYAH ADVERTISING, Denver, CO, pg. 1241

Mericle, William, Exec Creative Dir -- HAVAS WORLDWIDE CHICAGO, Chicago, IL, pg. 488

Merikallio, Bill, Art Dir -- SCOTT DESIGN INC, Capitola, CA, pg. 998

Merino, Steve, Mng Partner & Chief Creative Dir -- AB+C, Philadelphia, PA, pg. 17

Merkle, Jackie, Acct Coord -- KAHN MEDIA, INC., Moorpark, CA, pg. 1407

Merola, Amy, Art Dir -- SIGNATURE COMMUNICATIONS, Philadelphia, PA, pg. 1013

Merola, Nadia, Assoc Creative Dir -- Critical Mass Inc., Toronto, Canada, pg. 248

Meroni, Flavio, Sr Art Dir & Creative Dir -- FCB Zurich, Zurich, Switzerland, pg. 368

Merrett, Laura, Media Planner -- MINDSHARE, New York, NY, pg. 1351

Merrick, Tom, Chief Creative Officer & Copywriter -- PARADISE ADVERTISING & MARKETING, Saint Petersburg, FL, pg. 853

Merrill, Caitlin, Specialist-PR -- ED LEWI AND ASSOCIATES, Albany, NY, pg. 1490

Merritt, Lily Gedney, Acct Supvr -- Manning Selvage & Lee, Chicago, IL, pg. 1588

Merritt, Patrick, Assoc Creative Dir -- PUBLICIS USA, New York, NY, pg. 912

Mersch, Susan, Sr VP & Grp Creative Dir -- GLOBAL TEAM BLUE, Dearborn, MI, pg. 423

Mertens, Terry, Grp Creative Dir -- PLAN B (THE AGENCY ALTERNATIVE), Chicago, IL, pg. 876

Mertz, Shelby Lane, Acct Exec -- WOODRUFF, Columbia, MO, pg. 1175

Mesmer, Kate, VP & Acct Dir -- Ketchum, San Francisco, CA, pg. 1555

Mesquita, Markito, Art Dir -- F.biz, Sao Paulo, Brazil, pg. 1183

Messano, Michael, VP-Creative & Ops -- GIOVATTO ADVERTISING & CONSULTING INC., Paramus, NJ, pg. 420

Messenger, Lexi, Strategist-Creative -- GEBEN COMMUNICATION, Columbus, OH, pg. 1516

Messer, Larae, Creative Dir -- EM MEDIA INC, Steubenville, OH, pg. 338

Messina, Daniela, Creative Dir & Specialist-Mktg -- MESSINA DESIGN, San Diego, CA, pg. 735

Messina, Mario G., Pres & Chief Creative Officer -- MGM GOLD COMMUNICATIONS, New York, NY, pg. 737

Messner, Kristina, Sr VP-PR & Social Media -- FOCUSED IMAGE, Falls Church, VA, pg. 391

Mestre, Esther, Acct Supvr -- LOLA MullenLowe, Madrid, Spain, pg. 542

Mesz, Juan, Creative Dir -- DDB Argentina, Buenos Aires, Argentina, pg. 270

Methrath, Harshad, Creative Dir -- MP&A DIGITAL & ADVERTISING, Williamsburg, VA, pg. 766

Metz, Katie, Acct Dir-Retail Strategy -- The Marketing Store, London, United Kingdom, pg. 1410

Metz, Peter, Co-Founder & Creative Dir -- SOCKEYE CREATIVE, Portland, OR, pg. 1027

Metzger, Chelsea, Sr Acct Exec-PR & Social Media -- MARTINO FLYNN LLC, Pittsford, NY, pg. 689

Metzger, Nancy, Dir-Traffic -- GUD MARKETING, Lansing, MI, pg.

PERSONNEL INDEX — AGENCIES

Metzl, Meredith, Acct Dir -- ARC WORLDWIDE, Chicago, IL, pg. 1397
Mews, Susan, Acct Dir -- GATESMAN, Pittsburgh, PA, pg. 412
Meyer, Annie, Acct Exec-Digital -- BOLT ENTERPRISES, Dallas, TX, pg. 1454
Meyer, Ellese, Acct Exec-McDonalds USA -- WE ARE UNLIMITED, Chicago, IL, pg. 1155
Meyer, Gillian, Art Dir -- PHOENIX GROUP, Regina, Canada, pg. 869
Meyer, John, Art Dir -- ADCETERA GROUP, Houston, TX, pg. 27
Meyer, Kelsey, Art Dir -- THE INTEGER GROUP-MIDWEST, Des Moines, IA, pg. 1406
Meyer, Kelsey, Acct Exec & Strategist-Digital Mktg -- LEPOIDEVIN MARKETING, Brookfield, WI, pg. 632
Meyer, Megan, Acct Dir -- Leo Burnett USA, Chicago, IL, pg. 622
Meyer, Nicole, Assoc Creative Dir -- PERISCOPE, Minneapolis, MN, pg. 864
Meyer, Rich, Partner & Chief Creative Officer -- STUDIO D MARKETING COMMUNICATIONS, Saint Louis, MO, pg. 1056
Meyer, Staci, Creative Dir -- Sullivan Higdon & Sink Incorporated, Kansas City, MO, pg. 1060
Meyer, Trevor, Creative Dir -- ARCHRIVAL, Lincoln, NE, pg. 66
Meyers, Amy, Media Dir -- APPLE BOX STUDIOS, Pittsburgh, PA, pg. 64
Meyers, Brad, Creative Dir -- TWOFIFTEENMCCANN, San Francisco, CA, pg. 1124
Meyers, Brian, Sr VP & Media Dir -- Starcom, North Hollywood, CA, pg. 1371
Meyers, Gary, Pres & Sr Strategist-Creative -- BLACKWING CREATIVE, Seattle, WA, pg. 133
Meyler, Phill, Creative Dir -- Kitchen Leo Burnett, Oslo, Norway, pg. 626
Meza, Cesar, Creative Dir -- McCann Erickson Corp. S.A., Bogota, Colombia, pg. 702
Meza, Esteban, Copywriter-Creative -- Circus Grey, Lima, Peru, pg. 444
Miano, Molly, Acct Dir -- BUTLER, SHINE, STERN & PARTNERS, Sausalito, CA, pg. 177
Micarelli, Angel, VP & Creative Dir -- CRAMER PRODUCTIONS INC., Norwood, MA, pg. 238
Miccone, Fabiola, Acct Supvr -- Publicis Italia, Milan, Italy, pg. 899
Micek, Chloe, Acct Exec -- ARC WORLDWIDE, Chicago, IL, pg. 1397
Michael, Alison, Sr Strategist-Creative -- HOW FUNWORKS LLC, Oakland, CA, pg. 510
Michaels, Carly, Strategist-Creative -- SITUATION INTERACTIVE, New York, NY, pg. 1017
Michaelson, Ginny, Media Dir & Acct Exec -- REALWORLD MARKETING, Scottsdale, AZ, pg. 937
Michalek, Corey, Creative Dir -- WONDERSAUCE, New York, NY, pg. 1302
Michaluk, Matt, Creative Dir -- Fitch:London, London, United Kingdom, pg. 385
Michaud, Patrick, Deputy Creative Dir -- Cossette Communication-Marketing (Montreal) Inc., Montreal, Canada, pg. 233
Michel, Teresa, Art Dir -- Myriad Travel Marketing, New York, NY, pg. 782
Michele, Picci, Creative Dir-Digital -- Publicis Italia, Milan, Italy, pg. 899
Michelson, Barbara, Head-Brdcst Production -- DEVITO/VERDI, New York, NY, pg. 296
Mickalites, Chenoah, Assoc Creative Dir -- MICROMASS COMMUNICATIONS INC, Cary, NC, pg. 738
Mickalonis, Beth, Assoc Creative Dir-Brand -- CREATIVE COMMUNICATION ASSOCIATES, Troy, NY, pg. 240
Mickenberg, Kim, Assoc Creative Dir -- VSA Partners, New York, NY, pg. 1147
Micklo, Kevin, Media Dir -- PINNACLE ADVERTISING, Schaumburg, IL, pg. 872
Micklow, Jen, Acct Supvr-PR -- BROWNSTEIN GROUP, Philadelphia, PA, pg. 168
Mickova, Iva, Media Buyer-OOH -- Initiative Prague, Prague, Czech Republic, pg. 1333
Micula, Liz-Marie, Acct Exec -- POINT B COMMUNICATIONS, Chicago, IL, pg. 880
Middaugh, Jeff, Creative Dir -- VILLING & COMPANY, INC., South Bend, IN, pg. 1137
Middeleer, Michael, Exec Creative Dir -- VIEWPOINT CREATIVE, Newton, MA, pg. 1137
Middleton, Angela, Creative Dir -- THE MARCUS GROUP, INC., Fairfield, NJ, pg. 678
Middleton, Camille, Acct Dir -- WINGARD CREATIVE, Jacksonville, FL, pg. 1170

Middleton, Heike, Acct Dir -- Y&R, Auckland, New Zealand, pg. 1192
Middleton, Heike, Acct Dir -- Young & Rubicam NZ Ltd., Auckland, New Zealand, pg. 1199
Middleton, Janis, Media Dir-Paid Social -- 22SQUARED, Atlanta, GA, pg. 4
Middleton, Jason, Sr VP & Creative Dir -- TBC INC., Baltimore, MD, pg. 1076
Middleton, Morgan, Assoc Creative Dir -- STATION8 BRANDING, Tulsa, OK, pg. 1044
Midgett, Alex, Mng Partner & Dir-Creative -- ANOROC AGENCY, Raleigh, NC, pg. 60
Mielke, Sarah, Art Dir -- CHARLESTON/ORWIG, INC., Hartland, WI, pg. 203
Mietelski, Steve, Co-Founder & Partner -- THE FANTASTICAL, Boston, MA, pg. 361
Mietz, Jamie, Creative Dir-EMEA -- McCann Erickson Advertising Ltd., London, United Kingdom, pg. 711
Migliaccio, John, Exec Creative Dir -- PIERCE-COTE ADVERTISING, Osterville, MA, pg. 870
Migliozzi, Michael, Mng Partner & Creative Dir -- FORZA MIGLIOZZI, LLC, Hollywood, CA, pg. 393
Migueles, Maggie, Media Buyer-Digital -- HORIZON MEDIA, INC., New York, NY, pg. 1329
Mihalkova, Simona, Acct Exec -- Optimedia, Bratislava, Slovakia, pg. 1389
Mihalow, Joe, Creative Dir -- WASABI RABBIT INC, New York, NY, pg. 1152
Mihill, Kristy, Sr Media Planner & Media Buyer -- AD WORKSHOP, Lake Placid, NY, pg. 24
Mijic, Goranka, Acct Dir -- McCann Erickson, Zagreb, Croatia, pg. 702
Mikes, Craig, Co-Owner & Dir-Creative -- PROOF ADVERTISING, Austin, TX, pg. 893
Miketinas, Robert, Acct Dir -- THE MORAN GROUP LLC, Baton Rouge, LA, pg. 757
Mikker, Meelis, Creative Dir -- DDB Estonia Ltd., Tallinn, Estonia, pg. 273
Mikkola, Amy, Acct Exec -- SCREAM AGENCY, Denver, CO, pg. 999
Mikulsky, Matthew, Dir-Creative & Social Media -- CHATTER CREATIVE, Kirkland, WA, pg. 204
Mikus, James, Chief Creative Officer -- MCGARRAH JESSEE, Austin, TX, pg. 716
Milan, Pat, Chief Creative Officer & Exec VP -- TUNHEIM PARTNERS, Minneapolis, MN, pg. 1664
Milanesi, German, Creative Dir -- Bassat, Ogilvy Comunicacion, Barcelona, Spain, pg. 816
Milanesi, German, Creative Dir -- Bassat, Ogilvy Comunicacion, Barcelona, Spain, pg. 1600
Milanesi, Julian, Creative Dir -- ALMA, Coconut Grove, FL, pg. 49
Milani, Simone, Copywriter-Creative -- Impact BBDO, Dubai, United Arab Emirates, pg. 109
Milanich, Megan, Media Buyer -- BROKAW INC., Cleveland, OH, pg. 166
Milardo, Michael, Exec Creative Dir -- COSSETTE COMMUNICATIONS, Vancouver, Canada, pg. 232
Milazzo, Antoinette, Acct Mgr & Media Buyer -- TUCCI CREATIVE INC, Tucson, AZ, pg. 1121
Milbert, Maya, Media Dir -- KWG, New York, NY, pg. 604
Milburn, Chad, Sr Technologist-Creative -- RECESS CREATIVE LLC, Cleveland, OH, pg. 938
Milby, Ryan, Creative Dir -- FLYTEVU, Nashville, TN, pg. 390
Miles, Danielle, Creative Dir -- IMC, Holmdel, NJ, pg. 1405
Miles, Mickey, Acct Exec -- CAPPELLI MILES, Lake Oswego, OR, pg. 188
Miles, Mickey, Acct Exec -- Cappelli Miles, Eugene, OR, pg. 188
Miles, Paul H., Pres & Creative Dir -- PAUL MILES ADVERTISING, Grand Rapids, MI, pg. 858
Mileti, Ronald, Pres & Creative Dir -- VILOCITY INTERACTIVE, INC., Scottsdale, AZ, pg. 1138
Miletic, Ante, Acct Coord-PR -- LMA, Toronto, Canada, pg. 648
Miley, Tim, Creative Dir -- NOBLE STUDIOS, Las Vegas, NV, pg. 1276
Milfort, Eddy, Sr Designer-Digital & Art Dir -- Host, Sydney, Australia, pg. 486
Milisav, Natasa, Acct Exec -- SRH MARKETING, Milwaukee, WI, pg. 1039
Millar, Alden, Acct Supvr -- 360I, New York, NY, pg. 6
Millard, Leslie, Acct Exec -- FLYNN WRIGHT, Des Moines, IA, pg. 390
Miller, Allison, Creative Dir -- mcgarrybowen, Chicago, IL, pg. 718
Miller, Amy, Acct Supvr -- J. WALTER THOMPSON ATLANTA, Atlanta, GA, pg. 564

Miller, Andrew, Assoc Creative Dir -- OGILVY, New York, NY, pg. 809
Miller, Andrew, Acct Supvr-Media Rels -- Olson Engage, Minneapolis, MN, pg. 518
Miller, Bennett, Creative Dir -- Doremus (San Francisco), San Francisco, CA, pg. 316
Miller, Bev, Acct Exec -- MPG MEDIA SERVICES, Louisville, KY, pg. 1353
Miller, Brent, Assoc Creative Dir -- THE COMMUNICATIONS GROUP, Little Rock, AR, pg. 223
Miller, Cam, Creative Dir -- GOODBY, SILVERSTEIN & PARTNERS, San Francisco, CA, pg. 428
Miller, Casey, Dir-PR -- LOOKTHINKMAKE, LLC, Austin, TX, pg. 651
Miller, Clay, Assoc Creative Dir, Producer & Writer -- VI MARKETING & BRANDING, Oklahoma City, OK, pg. 1135
Miller, Connie, Dir-Creative Svcs -- RAWLE MURDY ASSOCIATES, INC., Charleston, SC, pg. 934
Miller, Courtney, Copywriter-Creative & Coord-Social Media -- DAVIS ADVERTISING, INC., Worcester, MA, pg. 263
Miller, Craig, Sr VP & Grp Creative Dir -- BBDO Atlanta, Atlanta, GA, pg. 98
Miller, Craig, Exec Creative Dir-US -- Match Marketing Group, Chicago, IL, pg. 693
Miller, Danny, Producer-Video Creative -- PATHFINDERS ADVERTISING & MARKETING GROUP, Mishawaka, IN, pg. 857
Miller, Derek, Creative Dir -- SPRY GROUP, Orlando, FL, pg. 1037
Miller, Devon, Acct Supvr -- INNIS MAGGIORE GROUP, INC., Canton, OH, pg. 533
Miller, Dustin, Acct Dir -- MOBILITY QUOTIENT SOLUTIONS INC., Calgary, Canada, pg. 1273
Miller, Glenn, Partner & Creative Dir -- G&M PLUMBING, Anaheim, CA, pg. 406
Miller, Gloria, Acct Exec -- RED SKY PUBLIC RELATIONS, Boise, ID, pg. 1627
Miller, Gregory, Pres & Creative Dir -- MAXWELL & MILLER MARKETING COMMUNICATIONS, Kalamazoo, MI, pg. 695
Miller, Greta, Acct Exec -- THE MARLIN NETWORK, INC., Springfield, MO, pg. 685
Miller, Jackie, VP & Media Dir -- Golin, New York, NY, pg. 1521
Miller, Jason, Creative Dir-Design -- Mother New York, New York, NY, pg. 763
Miller, Jason, Creative Dir -- WILLIAM JOSEPH COMMUNICATIONS, Calgary, Canada, pg. 1168
Miller, Jay, Owner & Creative Dir -- IMAGEHAUS, Minneapolis, MN, pg. 524
Miller, Jeffrey, Acct Dir -- TREVOR PETER COMMUNICATIONS LTD, Toronto, Canada, pg. 1115
Miller, Jessica Dahl, Acct Exec -- REED & ASSOCIATES MARKETING, Norfolk, VA, pg. 944
Miller, Jordan, Media Planner & Media Buyer -- MEDIACOMP, INC., Houston, TX, pg. 1350
Miller, Kari, Acct Supvr, Exec Office Mgr, Sr Media Buyer & Sr Media Planner -- BLOOM ADS INC., Woodland Hills, CA, pg. 137
Miller, Katy, Acct Exec -- RIGGS PARTNERS, West Columbia, SC, pg. 1631
Miller, Kayleigh, Acct Exec -- Team Enterprises, Inc., Fort Lauderdale, FL, pg. 723
Miller, Ken, VP & Grp Dir-Brdcst-Natl -- ICON INTERNATIONAL INC., Stamford, CT, pg. 1330
Miller, Kristen, Acct Exec -- Energy BBDO, Chicago, IL, pg. 100
Miller, Kyle, Creative Dir -- THORNBERG & FORESTER, New York, NY, pg. 1102
Miller, Lori, Sr VP-Creative Strategy -- LEVLANE ADVERTISING/PR/INTERACTIVE, Philadelphia, PA, pg. 635
Miller, Louis Paul, Principal & Creative Dir -- CHARACTER, San Francisco, CA, pg. 203
Miller, Meghan, Acct Dir -- LAUNCH DYNAMIC MEDIA, LLC, Reading, PA, pg. 614
Miller, Michael, Creative Dir -- DAILEY & ASSOCIATES, West Hollywood, CA, pg. 258
Miller, Olivia, Acct Exec -- TBWA Auckland, Auckland, New Zealand, pg. 1091
Miller, Omari J., VP & Creative Dir -- Momentum, Chicago, IL, pg. 755
Miller, Paul, Creative Dir -- ARDENT CREATIVE INC, Fort Worth, TX, pg. 67
Miller, Renee, Pres & Creative Dir -- THE MILLER GROUP, Los Angeles, CA, pg. 742
Miller, Rick, Pres & Creative Dir -- NORTHLIGHT ADVERTISING, Chester Springs, PA, pg. 800
Miller, Steve, Sr VP & Creative Dir -- ONEMETHOD INC, Toronto, Canada, pg. 840

Miller, Steve, Acct Dir -- R2C GROUP, Portland, OR, pg. 927
Miller, Steve, Chief Creative Officer & Sr VP -- Wunderman, Miami, FL, pg. 1189
Miller, Steve, Chief Creative Officer & Sr VP -- WUNDERMAN, New York, NY, pg. 1188
Miller, Tera, Partner & Dir-Strategic & Creative Plng -- Ketchum, Chicago, IL, pg. 1556
Miller, Todd, Dir-PR -- LEVY INDUSTRIAL, Pittsburgh, PA, pg. 635
Miller, Tony, VP & Exec Creative Dir -- ANDERSON DDB HEALTH & LIFESTYLE, Toronto, Canada, pg. 57
Miller, Tony, Acct Exec -- Y&R New York, New York, NY, pg. 1198
Millhollin, Jayme, Acct Dir -- MXM, Culver City, CA, pg. 781
Milligan, Michael, Creative Dir -- BERLIN CAMERON UNITED, New York, NY, pg. 124
Milligan, Stuart, Acct Dir -- JOHN ST., Toronto, Canada, pg. 579
Millis, Jim, Creative Dir -- Campbell Ewald San Antonio, San Antonio, TX, pg. 541
Millman, Adam, Assoc Creative Dir -- Chemistry Atlanta, Atlanta, GA, pg. 205
Millman, Jeffrey I., Chief Creative Officer -- GKV COMMUNICATIONS, Baltimore, MD, pg. 421
Mills, Alex, Acct Dir-Digital & Social-Adobe -- WE Buchan, Melbourne, Australia, pg. 1672
Mills, Dan, Dir-New Bus -- T3, New York, NY, pg. 1069
Mills, Kurt, Assoc Creative Dir -- GOODBY, SILVERSTEIN & PARTNERS, San Francisco, CA, pg. 428
Mills, Megan, Acct Dir -- R/GA, Austin, TX, pg. 927
Mills, Seth, Head-Data Strategy & Creative Tech -- TBWA Chiat Day New York, New York, NY, pg. 1078
Millstein, Jacqueline, Chief Creative Officer & Creative Dir -- RITTA, Paramus, NJ, pg. 960
Milne, Maddie, Acct Exec -- DALTON AGENCY JACKSONVILLE, Jacksonville, FL, pg. 258
Milone, Daniel, Acct Mgr, Mgr-Digital Media & Media Buyer -- MEDIA RESULTS, Wilmington, MA, pg. 727
Milovanovic, Lidija, Assoc Dir-Creative -- McCann Erickson Group, Belgrade, Serbia, pg. 708
Milton, Kent, Grp Creative Dir -- iCrossing Dallas, Dallas, TX, pg. 1262
Min, Susan, Acct Dir -- YOUNG & RUBICAM, New York, NY, pg. 1197
Minaker, Dany, Exec Creative Dir-Latam -- Wunderman, Buenos Aires, Argentina, pg. 1189
Minami, Sayako, Art Dir -- TDA_BOULDER, Boulder, CO, pg. 1094
Minchenko, Zina, Acct Exec -- ELEVATOR STRATEGY, Vancouver, Canada, pg. 336
Mindt, Monte, Creative Dir -- QUISENBERRY, SPOkane Vly, WA, pg. 924
Minett, Joe, Acct Dir -- DRAW, London, United Kingdom, pg. 319
Ming, Toh Han, Exec Creative Dir -- M&C Saatchi, Singapore, Singapore, pg. 662
Mingledorff, Donna, Mgr-Creative Svcs -- AAC Saatchi & Saatchi, Hamilton, Bermuda, pg. 981
Minhas, Raman R.S, Grp Creative Dir -- MullenLowe Lintas Group, Mumbai, India, pg. 774
Minieri, Brett, Creative Dir -- HUDSON ROUGE, New York, NY, pg. 511
Minihan, Bob, Chief Creative Officer & Exec VP -- MERGE BOSTON, Boston, MA, pg. 731
Minisini, Nicolas, Sr Planner-Strategic & Creative -- Superunion, Paris, France, pg. 1063
Minkkinen, Anna, Creative Dir -- LOYALKASPAR, New York, NY, pg. 654
Minnick, Meredith LeFebvre, Acct Exec -- D4 CREATIVE GROUP, Philadelphia, PA, pg. 256
Minoff, Erin, Acct Supvr -- Weber Shandwick-Chicago, Chicago, IL, pg. 1675
Minot, Judy, Creative Dir -- D2 CREATIVE, Somerset, NJ, pg. 256
Minson, Doug, Acct Exec -- HOWERTON+WHITE, Wichita, KS, pg. 510
Minter, Mark, Creative Dir -- BG, West Palm Beach, FL, pg. 127
Mintle, Marc, VP & Creative Dir -- TM ADVERTISING, Dallas, TX, pg. 1106
Minton, Amber, Media Dir -- BEALS CUNNINGHAM STRATEGIC SERVICES, Oklahoma City, OK, pg. 118
Minton, Trevor, VP-Creative -- OPENFIELD CREATIVE, Cincinnati, OH, pg. 842
Mir, Carla, Acct Dir-Corp & Crisis Div -- Edelman, Barcelona, Spain, pg. 1496
Mirabella, Mario S., Owner & Creative Dir -- MSM DESIGNZ INC, Tarrytown, NY, pg. 770
Miranda, Gabriella, Acct Supvr -- M. BOOTH & ASSOCIATES, New York, NY, pg. 663

Mirani, Giorgio, Acct Exec -- J. Walter Thompson Milan, Milan, Italy, pg. 560
Mirchandani, Monisha, Acct Supvr -- TBWA Raad, Dubai, United Arab Emirates, pg. 1088
Mirza, Farhan, Creative Dir -- Y&R Cape Town, Cape Town, South Africa, pg. 1207
Mirza, Zahir, Dir-Integrated Creative & Writer -- DDB Dubai, Dubai, United Arab Emirates, pg. 281
Misail, Vaughn, Exec Creative Dir -- THE BOSTON GROUP, Boston, MA, pg. 149
Mischler, Mande, Acct Dir -- SIMPLE TRUTH COMMUNICATION PARTNERS, Chicago, IL, pg. 1015
Misenheimer, Jeromie, Head-Creative Svcs & Exec Creative Dir -- Digitas Health, New York, NY, pg. 1251
Mishra, Kapil, Exec VP-Contract Adv & Exec Creative Dir -- Contract Advertising (India) Limited, Mumbai, India, pg. 555
Mishra, Richa, Art Dir -- McCann Erickson India, New Delhi, India, pg. 705
Misra, Celia, Acct Supvr -- BREAKAWAY, Boston, MA, pg. 161
Misra, Vasudha, Exec Creative Dir -- BBH Mumbai, Mumbai, India, pg. 93
Misselhorn, Maggie Whalen, VP & Exec Creative Dir -- SIMANTEL, Peoria, IL, pg. 1014
Missimer, Sarah, Acct Exec -- MCNEELY BROCKMAN PUBLIC RELATIONS, Nashville, TN, pg. 1580
Mistretta, Matt, Media Dir -- VELOCITY AGENCY, New Orleans, LA, pg. 1132
Mistry, Devika, Acct Dir -- MWW UK, London, United Kingdom, pg. 1592
Mistry, Sanjiv, Exec Creative Dir-munited//McCann London -- McCann Erickson Advertising Ltd., London, United Kingdom, pg. 711
Mitchell, Andrea, Media Dir -- BORDERS PERRIN NORRANDER INC, Portland, OR, pg. 147
Mitchell, Ben, Acct Dir-Tech & Retail -- WRITE2MARKET, Atlanta, GA, pg. 1687
Mitchell, Colin, Assoc Creative Dir -- FCB West, San Francisco, CA, pg. 365
Mitchell, Dirk, Partner, VP & Creative Dir -- THE ATKINS GROUP, San Antonio, TX, pg. 75
Mitchell, Jay, Creative Dir -- JOHNSON GRAY ADVERTISING, Laguna Beach, CA, pg. 580
Mitchell, Melissa Vogel, Media Dir -- STARCOM, Chicago, IL, pg. 1370
Mitchell, Michelle, Acct Dir -- PHD Canada, Toronto, Canada, pg. 1364
Mitchell, Michelle, Acct Dir -- PHD Toronto, Toronto, Canada, pg. 1362
Mitchell, Peter, Chm & Chief Creative Officer -- SALTERMITCHELL INC., Tallahassee, FL, pg. 1639
Mitchell, Randy, Creative Dir -- BOOMM! MARKETING & COMMUNICATIONS, La Grange, IL, pg. 146
Mitchell, Rhonda, Dir-Creative Svcs -- Ogilvy, Playa Vista, CA, pg. 811
Mitma, Rodrigo, Assoc Creative Dir -- McCann Healthcare Singapore, Singapore, pg. 709
Mitosinkova, Andrea, Media Buyer-TV -- Optimedia, Bratislava, Slovakia, pg. 1389
Mitra, Sourish, Art Dir -- J. Walter Thompson, Kolkata, India, pg. 557
Mitrasinovic, Suzana, Acct Dir -- MRM Worldwide, Frankfurt, Germany, pg. 768
Mitsui, Kyoko, Acct Dir -- Beacon Communications K.K., Tokyo, Japan, pg. 630
Mitsui, Kyoko, Acct Dir -- Beacon Communications K.K., Tokyo, Japan, pg. 910
Mitsunaga, Tracy K., Sr VP & Creative Dir -- MENTUS, San Diego, CA, pg. 730
Mittelstadt, Kathryn, Dir-New Bus Dev -- APPLE ROCK, Greensboro, NC, pg. 1396
Mittler, Cara Civiletti, Acct Dir -- PARTNERS+NAPIER, Rochester, NY, pg. 855
Miura, Takahiro, Planner-PR -- TBWA/Hakuhodo, Tokyo, Japan, pg. 1090
Mixon, Wendy, Art Dir -- MOCK, Atlanta, GA, pg. 752
Miyaki, Russell, Sr VP & Creative Dir -- TMP WORLDWIDE ADVERTISING & COMMUNICATIONS, LLC, New York, NY, pg. 1107
Miyamoto, Mako, Creative Dir -- ROUNDHOUSE, Portland, OR, pg. 969
Miyamoto, Takuya, Art Dir -- I&S BBDO Inc., Tokyo, Japan, pg. 113
Miyanka, Andra, Art Dir -- MullenLowe Indonesia, Jakarta, Indonesia, pg. 774

Miyashita, Ryosuke, Art Dir -- DENTSU INC., Tokyo, Japan, pg. 289
Miyazato, Kamila, Acct Supvr -- Publicis Brasil Communicao, Sao Paulo, Brazil, pg. 906
Mizrahi, Halle, Acct Supvr -- THE TERRI & SANDY SOLUTION, New York, NY, pg. 1097
Mladenova, Ana, Creative Dir -- Havas Worldwide Sofia, Sofia, Bulgaria, pg. 478
Mlotkowski, Elena, Acct Exec -- AOR, INC., Denver, CO, pg. 62
Mlsna, Kelly, Partner & Acct Supvr -- SHINE UNITED, Madison, WI, pg. 1008
Moatlhodi, Thato, Art Dir -- FCB Johannesburg, Johannesburg, South Africa, pg. 375
Moc, Martin, Sr Specialist-PR & Media Rels -- Weber Shandwick, Prague, Czech Republic, pg. 1677
Moceri, Anthony, Assoc Creative Dir -- DONER, Southfield, MI, pg. 314
Mock, Donald J., Mng Partner & Creative Dir -- MOCK, Atlanta, GA, pg. 752
Moczydlowsky, Denise, VP & Acct Dir -- GLOBAL TEAM BLUE, Dearborn, MI, pg. 423
Model, Scott, Creative Dir -- MullenLowe, El Segundo, CA, pg. 772
Modise, Bonolo, Creative Dir -- FCB Johannesburg, Johannesburg, South Africa, pg. 375
Mody, Nasreen, Acct Coord -- BBDO Toronto, Toronto, Canada, pg. 100
Moe, Hans, Acct Dir -- Kitchen Leo Burnett, Oslo, Norway, pg. 626
Moe, J., Art Dir -- DUNCAN CHANNON, San Francisco, CA, pg. 325
Moedano, Hugo, Creative Dir & Art Dir -- TONIC, Dubai, United Arab Emirates, pg. 1109
Moehn, Chris, Creative Dir -- SIMANTEL, Peoria, IL, pg. 1014
Moen, John, VP & Assoc Creative Dir -- TBWA/WORLDHEALTH, New York, NY, pg. 1077
Moessinger, Simone, Creative Dir -- 72andSunny, Amsterdam, Netherlands, pg. 11
Moffat, Sarah, Creative Dir -- Turner Duckworth, San Francisco, CA, pg. 903
Moffatt, Haley, Specialist-Social Media & Acct Coord -- BAKER PUBLIC RELATIONS, Albany, NY, pg. 1438
Moffit, Peter, Assoc Creative Dir -- Wirestone, LLC, Chicago, IL, pg. 1172
Moffitt, Kathryn, Art Dir -- McKinney New York, New York, NY, pg. 719
Mogrelia, Hanoz, Exec Creative Dir-Radiant -- J. Walter Thompson, Mumbai, India, pg. 556
Mohamed, Nasir, Art Dir -- ANDERSON DDB HEALTH & LIFESTYLE, Toronto, Canada, pg. 57
Mohammed, Nadia, Acct Supvr -- KENNA, Mississauga, Canada, pg. 592
Mohammed, Shameem, Head-Creative -- Scanad, Nairobi, Kenya, pg. 1182
Mohammed, Sunny, Art Dir & Assoc Dir-Creative -- DDB Casers, Lagos, Nigeria, pg. 278
Mohammed, Yasmin, Dir-Brdst -- DVL SEIGENTHALER, Nashville, TN, pg. 1489
Mohanty, Sambit, Creative Dir-Natl -- J. Walter Thompson, Chennai, India, pg. 557
Mohanty, Sambit, Creative Dir-Natl -- J. Walter Thompson, Mumbai, India, pg. 556
Mohlin, Katarina, Acct Dir-Digital -- DDB Stockholm, Stockholm, Sweden, pg. 280
Mohs, Sara, Partner, Strategist-Creative & Copywriter -- GEARBOX FUNCTIONAL CREATIVE INC., Saint Cloud, MN, pg. 413
Mohsin, Talha Bin, Grp Creative Dir -- Ogilvy, Bengaluru, India, pg. 823
Moin, Gira, Art Dir -- FCB Toronto, Toronto, Canada, pg. 366
Moine, Olivier, Exec Creative Dir -- Ici Barbes, Paris, France, pg. 1081
Moissi, Mirella, Acct Dir -- OgilvyOne Worldwide, Athens, Greece, pg. 815
Mok, O., Art Dir-Digital -- McCann Erickson Hong Kong Ltd., Causeway Bay, China (Hong Kong), pg. 704
Mokry, Will, Pres & Creative Dir -- WILL MOKRY DESIGN LLC, Austin, TX, pg. 1168
Molasi, Mansi, Acct Dir -- Weber Shandwick, New Delhi, India, pg. 1681
Molho, David, Creative Dir -- 2E CREATIVE, Saint Louis, MO, pg. 4
Molina, Amanda, Mgr-PR -- KONNECT PUBLIC RELATIONS, Los Angeles, CA, pg. 1560
Molina, J. C., Creative Dir -- TENZING COMMUNICATIONS, London, Canada, pg. 1097
Molina, Marioly, Art Dir -- MVC, Ventura, CA, pg. 780
Molina, Matthew, Acct Exec -- MANTERA ADVERTISING,

PERSONNEL INDEX — AGENCIES

Bakersfield, CA, pg. 675
Molina, Siscu, Chief Creative Officer -- Tiempo BBDO, Barcelona, Spain, pg. 108
Molina, Stephanie, Acct Supvr -- J. Walter Thompson, Caracas, Venezuela, pg. 564
Molinos, Javier, Assoc Creative Dir -- J. WALTER THOMPSON ATLANTA, Atlanta, GA, pg. 564
Molise, Michelle, Principal-Chicago PR Firm -- MOLISE PR, Chicago, IL, pg. 1585
Moll, Justin, Creative Dir -- MANGOS, Conshohocken, PA, pg. 674
Moll, Lindsay, Acct Supvr -- Geometry Global, Akron, OH, pg. 416
Moll, Mark, Exec Creative Dir -- MARC USA, Pittsburgh, PA, pg. 676
Molla, Jose, Chief Creative Officer -- The Community, Buenos Aires, Argentina, pg. 224
Molla, Marco, Art Dir -- B Fluid, Milan, Italy, pg. 1083
Moller, Andreas, Acct Dir -- Ubachswisbrun J. Walter Thompson, Amsterdam, Netherlands, pg. 560
Molloy, Brenda, VP & Creative Dir -- OGILVY COMMONHEALTH WORLDWIDE, Parsippany, NJ, pg. 832
Molloy, Jordy, Assoc Creative Dir -- ADAM&EVEDDB, New York, NY, pg. 25
Moloney, Caity, Art Dir -- McCann Erickson Advertising Pty. Ltd., Melbourne, Australia, pg. 700
Moltedo, Sebastian, Creative Dir -- MARCA MIAMI, Coconut Grove, FL, pg. 677
Molter, Amelie, Acct Dir & Customer Mgr -- BETC, Paris, France, pg. 479
Moltsen, Josephine Bie, Acct Dir -- Wunderman, Copenhagen, Denmark, pg. 1191
Monaco, Patti, Sr VP & Acct Dir -- MANGOS, Conshohocken, PA, pg. 674
Monaghan, Jane, Mgr-Creative Ops -- WIEDEN + KENNEDY, INC., Portland, OR, pg. 1163
Monaghan, Jona Cole, Owner & Creative Dir -- ON-TARGET GRAPHICS, Oceano, CA, pg. 838
Monagle, Laura, VP-Client Svcs & PR -- AFFIRM, Pewaukee, WI, pg. 37
Monahan, Jeff, Mng Partner & Creative Dir -- PROPERVILLAINS, Boston, MA, pg. 894
Monahan, Kendall, Exec Creative Dir -- LOSASSO INTEGRATED MARKETING, Chicago, IL, pg. 652
Monahan, Sue, Assoc Creative Dir -- AMG MARKETING RESOURCES INC., Solon, OH, pg. 53
Moncaleano, Eric, Sr VP & Exec Creative Dir -- PUBLICIS HAWKEYE, Dallas, TX, pg. 1282
Moncaleano, Eric, Sr VP & Exec Creative Dir -- PUBLICIS USA, New York, NY, pg. 912
Moncapjuzan, Pascal, Art Dir -- BETC, Paris, France, pg. 479
Monceau, Lena, Art Dir -- TBWA Paris, Boulogne-Billancourt, France, pg. 1081
Moncrief, Justine, Assoc Creative Dir -- HILL HOLLIDAY/NEW YORK, New York, NY, pg. 501
Monden, Tammy, Media Dir -- JORDAN ASSOCIATES, Oklahoma City, OK, pg. 582
Mondol, Subhrakanti, Art Dir -- J. Walter Thompson, Kolkata, India, pg. 557
Mondre, Amanda, Acct Supvr -- Narrative, Los Angeles, CA, pg. 784
Mondschein, Tomas, Mgr-Traffic & Studio -- DDB Prague, Prague, Czech Republic, pg. 272
Mondzi, Khairul, Creative Dir -- BBH Singapore, Singapore, Singapore, pg. 94
Monello, Mike, Chief Creative Officer & VP -- CAMPFIRE, New York, NY, pg. 186
Mongognia, Joe, Exec Creative Dir -- GREY GROUP, New York, NY, pg. 438
Monica, Sam, Creative Dir -- BORGMEYER MARKETING GROUP, Saint Charles, MO, pg. 148
Monies, Jemima, Head-New Bus & PR -- Adam & EveDDB, London, United Kingdom, pg. 281
Monifi, Melanie, Acct Exec -- Deutsch LA, Los Angeles, CA, pg. 294
Monn, Chuck, Grp Creative Dir -- TBWA\Media Arts Lab, Los Angeles, CA, pg. 1078
Monroe, Daniel, Acct Exec -- LHWH ADVERTISING & PUBLIC RELATIONS, Myrtle Beach, SC, pg. 639
Monroe, Ernie, Assoc Dir-Creative -- DAVIESMOORE, Boise, ID, pg. 263
Monroe, Kipp, Partner & Chief Creative Officer -- WHITE & PARTNERS, Tysons Corner, VA, pg. 1160
Monroy, Greg, Creative Dir -- RLF COMMUNICATIONS LLC, Greensboro, NC, pg. 1632
Monroy, Juan David, Art Dir -- MullenLowe SSP3, Bogota, Colombia, pg. 777

Monsalve, Catalina, Art Dir -- Mother New York, New York, NY, pg. 763
Monserrat, Javier Garcia, Exec Creative Dir -- Grey Madrid, Madrid, Spain, pg. 442
Monson, Mitch, Client Partner & Creative Dir -- MOCEAN, Los Angeles, CA, pg. 752
Montagna, Susie, Dir-Floral & Creative Styling -- DAVID STARK DESIGN & PRODUCTION, Brooklyn, NY, pg. 262
Montagne, Anthony, Art Dir & Copywriter -- MOTHER LTD., London, United Kingdom, pg. 762
Montague, Kathie Wright, Media Dir -- MACDONALD MEDIA, Portland, OR, pg. 666
Montague, Kathie Wright, Media Dir -- MacDonald Media/Los Angeles, Encino, CA, pg. 1339
Montalto, Dana, Media Buyer-Fry Hammond Barr -- &BARR, Orlando, FL, pg. 55
Montalvo, Jose Manuel, VP-Creative Svcs -- Ogilvy, Mexico, Mexico, pg. 821
Montanile, Kate, Acct Dir -- GYK Antler, Boston, MA, pg. 457
Montanti, Ryan, Assoc Creative Dir -- ZAMBEZI, Culver City, CA, pg. 1209
Montecuollo, Larissa, Partner & Creative Dir -- TRILLION CREATIVE LLC, Summit, NJ, pg. 1118
Monteforte, Michele, Exec VP-Creative -- Patients & Purpose, New York, NY, pg. 198
Monteiro, Erica, Mgr-New Bus -- FCB Sao Paulo, Sao Paulo, Brazil, pg. 370
Monteiro, Joanna, Chief Creative Officer -- FCB Rio de Janeiro, Rio de Janeiro, Brazil, pg. 370
Monteiro, Joanna, Chief Creative Officer -- FCB Sao Paulo, Sao Paulo, Brazil, pg. 370
Monteiro, Marco, Creative Dir -- FCB Sao Paulo, Sao Paulo, Brazil, pg. 370
Monteiro, Paulo, Assoc Creative Dir -- Y&R New York, New York, NY, pg. 1198
Montemayor, Lynnette, Acct Exec -- GIANT NOISE, Austin, TX, pg. 1517
Montemurro, Ally, Mgr-Creative Project -- Sapient, New York, NY, pg. 914
Montenegro, Claire Homme, Media Planner -- Blue 449, San Francisco, CA, pg. 1311
Montenegro, Jorge Valencia, Creative Dir -- DDB Worldwide Colombia S.A., Bogota, Colombia, pg. 272
Montenegro, Luis Veliz, Art Dir -- McCann Erickson (Peru) Publicidad S.A., Lima, Peru, pg. 707
Montenegro, Teresa, Art Dir -- Wieden + Kennedy Amsterdam, Amsterdam, Netherlands, pg. 1164
Monter, Jeff, VP-Creative Svcs -- INNIS MAGGIORE GROUP, INC., Canton, OH, pg. 533
Monterroso, Herberth, Chief Creative Officer -- Leo Burnett Colombia, S.A., Bogota, Colombia, pg. 623
Montes, Raul, Assoc Creative Dir & Art Dir -- OMELET LLC, Culver City, CA, pg. 835
Montgomery, Adam, Acct Exec -- MOORE COMMUNICATIONS GROUP, Tallahassee, FL, pg. 757
Montgomery, Brock, Exec VP-Creative Svcs -- UPSHOT, Chicago, IL, pg. 1128
Montgomery, Caroline, Acct Exec -- THE LAVIDGE COMPANY, Phoenix, AZ, pg. 616
Monticelli, Chiara, Creative Dir -- Havas Worldwide Milan, Milan, Italy, pg. 481
Montilla, Duilio Perez, Creative Dir -- ARS DDB Publicidad, Caracas, Venezuela, pg. 283
Montoto, Carol, Creative Dir -- IQ AGENCY, Atlanta, GA, pg. 1265
Montoya, Javier, Art Dir -- Y&R Peru, Lima, Peru, pg. 1207
Montrucchio, Francesca, Dir-Clients Creative -- D'Adda, Lorenzini, Vigorelli, BBDO, Milan, Italy, pg. 106
Montsenigos, Mary, Acct Supvr -- BBDO MONTREAL, Montreal, Canada, pg. 97
Montseny, Jordi Comas, Creative Dir -- Tiempo BBDO, Barcelona, Spain, pg. 108
Montt, Nicolas, Art Dir -- BBDO Chile, Santiago, Chile, pg. 102
Monty, Brienne, Acct Dir -- ARCHRIVAL, Lincoln, NE, pg. 66
Monzillo, Marcelo, Creative Dir & Art Dir -- LOLA MullenLowe, Madrid, Spain, pg. 542
Moodley, Sesh, Deputy Exec Creative Dir -- Saatchi & Saatchi Australia, Sydney, Australia, pg. 983
Moody, Dana, Acct Supvr -- FRENCH/WEST/VAUGHAN, INC., Raleigh, NC, pg. 398
Moody, Josh, Art Dir -- WILDERNESS AGENCY, Fairborn, OH, pg. 1167
Moody, Scott, Acct Supvr -- EP+Co, New York, NY, pg. 343
Moody, Sherry, Acct Dir -- TRUE NORTH INTERACTIVE, San Francisco, CA, pg. 1298

Mooge, Ben, Exec Creative Dir -- Havas London, London, United Kingdom, pg. 482
Mooge, Ben, Exec Creative Dir -- Havas Worldwide London, London, United Kingdom, pg. 483
Mooney, Amanda, Assoc Creative Dir -- Edelman, Gurgaon, India, pg. 1495
Mooney, Tess, Creative Dir -- NINICO COMMUNICATIONS, San Jose, CA, pg. 1595
Moonje, Nilay, Grp Dir-Creative -- Ogilvy, Bengaluru, India, pg. 823
Moons, Ivan, Art Dir -- Leo Burnett Belgium, Brussels, Belgium, pg. 624
Mooradian, Julia, Acct Dir -- ENVOY, Irvine, CA, pg. 342
Moore, Aaron, Principal & Creative Dir -- ORANGE ELEMENT, Baltimore, MD, pg. 843
Moore, Andrea, Supvr-Brdcst -- PINNACLE ADVERTISING, Schaumburg, IL, pg. 872
Moore, Anne, VP & Sr Creative Dir -- Jack Morton Worldwide, Detroit, MI, pg. 568
Moore, Brian, Art Dir -- CUBICLE NINJAS, Glen Ellyn, IL, pg. 252
Moore, Brian, Creative Dir -- MJR CREATIVE GROUP, Fresno, CA, pg. 749
Moore, Claire, Acct Exec -- A.B. Data, Ltd., Washington, DC, pg. 16
Moore, Clare, Acct Dir -- Millward Brown Ulster, Belfast, United Kingdom, pg. 744
Moore, Dana, Editor-PR & Content -- VECTOR MEDIA GROUP, New York, NY, pg. 1299
Moore, David, Partner-Creative -- BOZELL, Omaha, NE, pg. 150
Moore, Emily, Assoc Creative Dir -- Havas Media, Chicago, IL, pg. 1327
Moore, Heather, Art Dir -- 3H COMMUNICATIONS INC., Oakville, Canada, pg. 7
Moore, Jarrett, Creative Dir -- INNER SPARK CREATIVE, Auburn, AL, pg. 533
Moore, Jennie, Creative Dir -- WONGDOODY, Seattle, WA, pg. 1175
Moore, Jessica Ring, Acct Exec -- ALLYN MEDIA, Dallas, TX, pg. 49
Moore, Joe, Creative Dir -- TRUTH COLLECTIVE LLC, Rochester, NY, pg. 1120
Moore, John, Creative Dir -- FRENCH/WEST/VAUGHAN, INC., Raleigh, NC, pg. 398
Moore, Jonathan, Creative Dir -- Field Day London, London, United Kingdom, pg. 1326
Moore, Justin, Exec Creative Dir -- FCB West, San Francisco, CA, pg. 365
Moore, Kasey, Assoc Creative Dir -- TPN INC., Dallas, TX, pg. 1418
Moore, Katie, Acct Supvr -- AMUSEMENT PARK, Santa Ana, CA, pg. 54
Moore, Katie, Copywriter-Creative -- J. Walter Thompson Australia, Richmond, Australia, pg. 554
Moore, Kelly, Acct Dir -- Zimmerman Advertising, Los Angeles, CA, pg. 1212
Moore, Kieran M., Chm-Opr & CEO-PR & Pub Affairs -- WPP AUNZ, Saint Leonards, Australia, pg. 1182
Moore, Lisa, Acct Exec & Specialist-SEO -- LKF MARKETING, Kalamazoo, MI, pg. 647
Moore, Matt, Partner & Chief Creative Officer -- OH PARTNERS, Phoenix, AZ, pg. 833
Moore, Melanie, Art Dir -- Ogilvy South Africa (Pty.) Ltd., Johannesburg, South Africa, pg. 829
Moore, Raleigh, Acct Coord-Performance Solutions -- FUSION MARKETING, Saint Louis, MO, pg. 404
Moore, Sophia, Art Dir -- VIRTUE WORLDWIDE, Brooklyn, NY, pg. 1139
Moore, Stephanie, Acct Dir -- SUBJECT MATTER, Washington, DC, pg. 1654
Moore, Stephen, Grp Creative Dir -- McCannBlue, Dublin, Ireland, pg. 705
Moore, William, Acct Dir -- ZOOM ADVERTISING, Chicago, IL, pg. 1215
Moosmann, Pedro, Art Dir -- Spillmann/Felser/Leo Burnett, Zurich, Switzerland, pg. 627
Moquin, Lauren, Media Planner -- CONNELLY PARTNERS, Boston, MA, pg. 227
Mora, Andrea N, Media Buyer -- OCEAN MEDIA INC., Huntington Beach, CA, pg. 1355
Moraes, Tico, Creative Dir -- Ogilvy (Eastern Africa) Ltd., Nairobi, Kenya, pg. 828
Morais, Amy, Creative Dir-Digital -- MARKETING RESULTS INC., Henderson, NV, pg. 684
Morales, Dalia E., Acct Dir -- Wavemaker, San Juan, PR, pg.

AGENCIES — PERSONNEL INDEX

Morales, Gaston, Creative Dir -- TBWA Frederick, Santiago, Chile, pg. 1092
Morales, Iris, Acct Coord -- BOC PARTNERS, Middlesex, NJ, pg. 143
Morales, Isabel, Acct Exec -- GODIVERSITY, New York, NY, pg. 427
Morales, Jenna, Acct Supvr -- FIELDTRIP, Louisville, KY, pg. 379
Morales, Juan, Art Dir -- Grey: REP, Bogota, Colombia, pg. 444
Morales, Michaela, Acct Supvr -- JCONNELLY, INC., Parsippany, NJ, pg. 1546
Morales, Michiko Murakami, Sr VP-PR -- GABRIEL MARKETING GROUP, McLean, VA, pg. 408
Morales, Nestor, Creative Dir -- TBWA/Colombia Suiza de Publicidad Ltda, Bogota, Colombia, pg. 1092
Morales, Sonia, Media Dir-CPG, Telecom & Retail -- Starcom, Detroit, MI, pg. 1372
Moran, Ashley, Sr Acct Mgr-PR -- WRAY WARD MARKETING COMMUNICATIONS, Charlotte, NC, pg. 1187
Moran, Brendan, Creative Dir-Jaguar & Land Rover -- SPARK44, Los Angeles, CA, pg. 1226
Moran, Darren, Chief Creative Officer -- THE WONDERFUL AGENCY, Los Angeles, CA, pg. 1228
Moran, Jamie, Acct Dir -- COLLE+MCVOY, Minneapolis, MN, pg. 219
Moran, Megan, Acct Exec -- LANE PR, Portland, OR, pg. 1563
Moran, Megan, Media Planner -- TDA_BOULDER, Boulder, CO, pg. 1094
Moran, Mike J., Dir-Creative Svcs -- SPEAK CREATIVE, Memphis, TN, pg. 1292
Moran, Rodrigo, Sr VP & Grp Creative Dir -- Edelman, New York, NY, pg. 1492
Morano, Adrian Pipo, Exec Creative Dir -- Maruri GREY, Guayaquil, Ecuador, pg. 444
Moranville, David, Partner & Chief Creative Officer -- Davis Elen Advertising, Arlington, VA, pg. 264
Moranville, David, Partner & Chief Creative Officer -- Davis Elen Advertising Inc, Tukwila, WA, pg. 265
Moranville, David, Co-Pres & Chief Creative Officer -- DAVIS ELEN ADVERTISING, INC., Los Angeles, CA, pg. 264
Moranville, David, Partner & Chief Creative Officer -- Davis-Elen Advertising, Inc., Portland, OR, pg. 264
Morath, Swen, Chief Creative Officer -- Advico Y&R AG, Zurich, Switzerland, pg. 1203
Moraud, Patrice, Creative Dir -- TBWA/Compact, Toulouse, France, pg. 1081
Moravia, Yego, Creative Dir -- STINK STUDIOS, Brooklyn, NY, pg. 1049
Morawski, Hope, Creative Dir -- Merkle Inc., King of Prussia, PA, pg. 733
Morazzani, Lizette, Creative Dir -- R/GA, Chicago, IL, pg. 926
Moreau, Whitney, Acct Supvr -- NANCY MARSHALL COMMUNICATIONS, Augusta, ME, pg. 1592
Moreira Costa, Renato F., Acct Dir -- Grey, Sao Paulo, Brazil, pg. 443
Moreira, A. Chris, Exec Creative Dir -- WE ARE UNLIMITED, Chicago, IL, pg. 1155
Moreira, Andre, Exec Creative Dir-Team Toyota -- The&Partnership London, London, United Kingdom, pg. 56
Moreira, Guilherme, Assoc Creative Dir -- Ogilvy, Sao Paulo, Brazil, pg. 819
Moreland, Matthew, Creative Dir-BBH Sport -- BARTLE BOGLE HEGARTY LIMITED, London, United Kingdom, pg. 92
Morelle, Keka, Creative Dir -- Almap BBDO, Sao Paulo, Brazil, pg. 101
Morelli, Vasco, Creative Dir -- WHM CREATIVE, Oakland, CA, pg. 1162
Morello, Ignazio, Dir-Client Creative -- Saatchi & Saatchi, Rome, Italy, pg. 978
Moreno, Alexis, Acct Coord -- JSTOKES AGENCY, Walnut Creek, CA, pg. 584
Moreno, Andres, Creative Dir -- Arnold Madrid, Madrid, Spain, pg. 70
Moreno, Camilo, Acct Exec -- JOHN ST., Toronto, Canada, pg. 579
Moreno, Carlos, Chief Creative Officer -- Cossette Communications, Halifax, Canada, pg. 233
Moreno, Carlos, Co-Chief Creative Officer -- COSSETTE COMMUNICATIONS, Vancouver, Canada, pg. 232
Moreno, Gonzalo Palavecino, Assoc Creative Dir -- Ogilvy, Chicago, IL, pg. 811
Moreno, Jonathan, Acct Supvr -- PACO COMMUNICATIONS, INC, Chicago, IL, pg. 849
Moreno, Juan, Art Dir -- MullenLowe SSP3, Bogota, Colombia, pg. 1385
Moreno, Luke, Acct Exec -- PROCEED INNOVATIVE, LLC., Schaumburg, IL, pg. 1281
Moreno, Miguel, Brand Dir-Creative -- RICHARDS/LERMA, Dallas, TX, pg. 957
Moresco, Josefina, Acct Dir -- Argentina Porter Novelli, Buenos Aires, Argentina, pg. 1614
Morey, Daniel Lobaton, Creative Dir -- Saatchi & Saatchi New York, New York, NY, pg. 976
Morgan de Aguiar, Joao Henrique, Art Dir -- Publicis Brasil Communicao, Sao Paulo, Brazil, pg. 906
Morgan, Alistair, Creative Dir -- FCB Cape Town, Cape Town, South Africa, pg. 375
Morgan, Brian, Acct Exec -- SOKAL MEDIA GROUP, Raleigh, NC, pg. 1027
Morgan, Clark, Grp Creative Dir -- Huge, Los Angeles, CA, pg. 512
Morgan, Francesca, Acct Exec -- DEEPSLEEP STUDIO, Miami, FL, pg. 286
Morgan, Janelle, Bus Mgr-Adv & PR -- AMELIE COMPANY, Denver, CO, pg. 51
Morgan, Jennifer, Acct Exec -- CRANFORD JOHNSON ROBINSON WOODS, Little Rock, AR, pg. 238
Morgan, Jeremy, Dir-Creative Technologies -- Fenton, San Francisco, CA, pg. 377
Morgan, Ken, Creative Dir -- KENNA, Mississauga, Canada, pg. 592
Morgan, Richard, Exec Creative Dir -- 303 MullenLowe, Sydney, Australia, pg. 773
Morgan, Richard, Creative Dir -- Wunderman, London, United Kingdom, pg. 1193
Morgulis, Shlomo, Acct Supvr -- BECKERMAN PUBLIC RELATIONS, Hackensack, NJ, pg. 1446
Mori, Thomas, Assoc Creative Dir -- GROK, New York, NY, pg. 451
Morillo, Sito, Exec Creative Dir -- Publicis, Madrid, Spain, pg. 901
Morimitsu, Shuji, Acct Exec -- DENTSU INC., Tokyo, Japan, pg. 289
Morin, Hugues, Creative Dir -- Brad, Montreal, Canada, pg. 812
Morin, Vicky, Asst Creative Dir -- Cossette Communication-Marketing (Montreal) Inc., Montreal, Canada, pg. 233
Mork, Angela, Acct Supvr-Strategic Content Dev -- LEPOIDEVIN MARKETING, Brookfield, WI, pg. 632
Morley, Andrew, Head-Art & Art Dir -- Langland, Windsor, United Kingdom, pg. 911
Mornard, Megan, Art Dir -- BARD ADVERTISING, Edina, MN, pg. 89
Mornet-Landa, Celine, Creative Dir -- SID LEE, Paris, France, pg. 1010
Mornet-Landa, Clement, Creative Dir -- SID LEE, Paris, France, pg. 1010
Moro, Cecilia, Art Dir -- Publicis Italia, Milan, Italy, pg. 899
Moro, Hussam, Pres & Chief Creative Officer -- Impact BBDO, Cairo, Egypt, pg. 104
Moro, Monica, Chief Creative Officer & Copywriter -- McCann Erickson S.A., Madrid, Spain, pg. 709
Moron, Cassio, Exec Creative Dir -- J. Walter Thompson, Sao Paulo, Brazil, pg. 563
Morra, Julia, Assoc Creative Dir -- GRIP LTD., Toronto, Canada, pg. 450
Morra, Tim, Exec Dir-Creative -- JADI COMMUNICATIONS, Laguna Beach, CA, pg. 570
Morrell, Brookney, Creative Dir & Acct Mgr -- ASEN MARKETING & ADVERTISING, INC., Knoxville, TN, pg. 73
Morrell, Sara, Acct Coord-PR -- &BARR, Orlando, FL, pg. 55
Morris, Bryan, Sr Creative Dir -- WATT INTERNATIONAL, INC., Toronto, Canada, pg. 1154
Morris, Darren, Acct Dir -- FCB Johannesburg, Johannesburg, South Africa, pg. 375
Morris, Haydn, Exec Creative Dir -- MCGARRYBOWEN, New York, NY, pg. 716
Morris, Jeff, Creative Dir -- THE FLATLAND, Indianapolis, IN, pg. 387
Morris, Kristin, VP & Creative Dir -- DUDNYK HEALTHCARE GROUP, Horsham, PA, pg. 324
Morris, Sarah, Media Planner & Buyer-Digital -- PP+K, Tampa, FL, pg. 885
Morris, Suzanne, Mng Partner & Head-Creative -- SAGEFROG MARKETING GROUP, LLC, Doylestown, PA, pg. 987
Morris, Victoria, Acct Supvr -- SCHNEIDER ASSOCIATES, Boston, MA, pg. 1641
Morrison, Betsy, Creative Dir -- SCOUT MARKETING, Atlanta, GA, pg. 998
Morrison, James, Acct Dir -- ID29, Troy, NY, pg. 519
Morrison, Molly, Editor & Copywriter-Creative -- MANGAN HOLCOMB PARTNERS, Little Rock, AR, pg. 674
Morrison, Nigel, Mgr-Creative & IT -- Specialist, Bristol, United Kingdom, pg. 837
Morrison, Rob, Exec Creative Dir -- Ogilvy Healthworld, Sydney, Australia, pg. 832
Morrison, Tim, Creative Dir -- LPi Communications, Edmonton, Canada, pg. 654
Morriss, Becky, Art Dir -- DDB Melbourne Pty. Ltd., Melbourne, Australia, pg. 270
Morrissey, James, Creative Dir & Copywriter -- CACTUS, Denver, CO, pg. 181
Morrow, Ally, Acct Exec -- FCB New York, New York, NY, pg. 365
Morrow, Jonathan, Creative Dir -- THE MARS AGENCY, Southfield, MI, pg. 686
Morse, Jami Ouellette, Pres & Creative Dir -- IMAJ ASSOCIATES, West Kingston, RI, pg. 526
Morse, Libby, Sr VP & Creative Dir -- LIPMAN HEARNE, INC., Chicago, IL, pg. 643
Morse, Mark, CEO & Chief Creative Officer -- MORSEKODE, Minneapolis, MN, pg. 761
Mort, Tom, Acct Dir -- M&C Saatchi, Sydney, Australia, pg. 661
Mortimer, Matt, Assoc Creative Dir -- R/GA, Chicago, IL, pg. 926
Morton, Indira, Acct Dir -- 160OVER90, Philadelphia, PA, pg. 2
Morvil, Jeff, Pres & Dir-Creative -- MORVIL ADVERTISING & DESIGN GROUP, Wilmington, NC, pg. 762
Mosafi, Alexandra, Dir-New Bus -- Wieden + Kennedy, London, United Kingdom, pg. 1165
Moscardini, Arianna, Acct Exec -- Ogilvy S.p.A., Milan, Italy, pg. 1600
Moscati, Joe, Assoc Creative Dir -- TBC Direct, Inc., Baltimore, MD, pg. 1076
Moscona, Michelle, Pres & Chief Creative Officer -- CAPTURA GROUP, San Diego, CA, pg. 1244
Moscone, Michelle, Dir-Creative Svcs -- JOHANNES LEONARDO, New York, NY, pg. 1266
Moscucci, Alessandra, Acct Exec -- NEVINS & ASSOCIATES, Towson, MD, pg. 1594
Mose, John, Sr VP & Dir-PR & Social Media -- Cramer-Krasselt, Milwaukee, WI, pg. 237
Moseley, Emily, Mgr-PR -- CRAWFORD STRATEGY, Greenville, SC, pg. 239
Moses, Aaron, Creative Dir -- MASSMEDIA CORPORATE COMMUNICATIONS, Henderson, NV, pg. 692
Moses, Jeremy, Dir-Creative -- UNITED LANDMARK ASSOCIATES, INC., Tampa, FL, pg. 1127
Moses, Louie S., Pres & Creative Dir -- MOSES INC., Phoenix, AZ, pg. 762
Moses, Stacy, Art Dir -- MERRICK TOWLE COMMUNICATIONS, Greenbelt, MD, pg. 734
Moshapalo, Kabelo, Exec Creative Dir -- TBWA Hunt Lascaris (Johannesburg), Johannesburg, South Africa, pg. 1087
Moshapalo, Kabelo, Exec Creative Dir -- TBWA South Africa Group, Johannesburg, South Africa, pg. 1087
Mosher, Ian, Creative Dir -- BOYDEN & YOUNGBLUTT ADVERTISING & MARKETING, Fort Wayne, IN, pg. 150
Moskal, Mark, Co-Founder & Exec Creative Dir -- LIVEAREALABS, Seattle, WA, pg. 646
Mosokha, Oksana, Art Dir -- Saatchi & Saatchi Russia, Moscow, Russia, pg. 979
Mosquera, Daniel, Grp Creative Dir -- Grey: REP, Bogota, Colombia, pg. 444
Mosquera, Sebastian, Art Dir -- Punto Ogilvy, Montevideo, Uruguay, pg. 821
Moss, Anthony, Grp Exec Creative Dir -- DDB Melbourne Pty. Ltd., Melbourne, Australia, pg. 270
Moss, David, Acct Exec -- DATAXU, INC., Boston, MA, pg. 1317
Moss, Elizabeth, Acct Supvr-PR-Bitner Grp -- BITNER GOODMAN, Fort Lauderdale, FL, pg. 1450
Moss, Kristi, Media Dir -- PAULSEN MARKETING COMMUNICATIONS, INC., Sioux Falls, SD, pg. 859
Moss, Michele, Sr VP & Creative Dir -- OGILVY COMMONHEALTH WELLNESS MARKETING, Parsippany, NJ, pg. 832
Moss, Steve, Creative Dir-Sr Copywriter -- Publicis UK, London, United Kingdom, pg. 902
Most, Brad, Sr VP & Acct Dir -- HYC/MERGE, Chicago, IL, pg. 515
Mosterio, Joao, Creative Dir -- DM9DDB, Sao Paulo, Brazil, pg. 271
Mota, Judite, Mng Dir & Chief Creative Officer -- Y&R Portugal, Lisbon, Portugal, pg. 1203
Motacek, Martin, Creative Dir -- Wiktor/Leo Burnett, s.r.o., Bratislava, Slovakia, pg. 627
Mote, Carla, Mng Partner & Acct Exec -- RED TETTEMER O'CONNELL & PARTNERS, Philadelphia, PA, pg. 941
Moter, Polly, Specialist-PR -- PRO COMMUNICATIONS, Louisville,

PERSONNEL INDEX — AGENCIES

KY, pg. 1619
Motholo, Modieyi, Acct Dir-Digital & ATL -- Ogilvy Johannesburg (Pty.) Ltd., Johannesburg, South Africa, pg. 829
Motka, Paola, Mgr-Creative Connection -- Saatchi & Saatchi London, London, United Kingdom, pg. 980
Motlong, Craig, Exec Dir-Creative -- SUPER GENIUS LLC, Chicago, IL, pg. 1062
Mott, James, Acct Dir -- McCann-Erickson Communications House Ltd, Macclesfield, Prestbury, United Kingdom, pg. 712
Motta, Daniel, Creative Dir -- DPZ-Duailibi, Petit, Zaragoza, Propaganda S.A., Sao Paulo, Brazil, pg. 906
Motta, Daniel, Creative Dir -- DPZ-Duailibi, Petit, Zaragoza, Propaganda S.A., Sao Paulo, Brazil, pg. 21
Motta, Gabriel Perdomo, Art Dir -- J. Walter Thompson, Bogota, Colombia, pg. 564
Mottershead, Steve, Exec Creative Dir -- SID LEE, Toronto, Canada, pg. 1010
Motti, Enrico, Art Dir -- Impact BBDO, Dubai, United Arab Emirates, pg. 109
Motti, Ricardo, Creative Dir -- Fallon London, London, United Kingdom, pg. 360
Moua, Mao, Assoc Dir-Creative Resource -- LEO BURNETT WORLDWIDE, INC., Chicago, IL, pg. 621
Moulson, Erin, Media Dir -- Performics, Chicago, IL, pg. 1365
Moulton, Alex, Chief Creative Officer -- TROLLBACK + COMPANY, New York, NY, pg. 1119
Mounla, Paola, Creative Dir -- J. Walter Thompson, Beirut, Lebanon, pg. 563
Mountjoy, Jim, Dir-EYE Creative Lab -- BOONEOAKLEY, Charlotte, NC, pg. 147
Moura, Fernanda, Producer-Brdcst -- W+K Sao Paulo, Sao Paulo, Brazil, pg. 1164
Mouralli, Ange, Art Dir-Intern -- CLEAN SHEET COMMUNICATIONS, Toronto, Canada, pg. 213
Mourao, Ilka F, Sr Dir-Creative & Art & Designer -- Ogilvy, Ltd., London, United Kingdom, pg. 818
Mourao, Kleyton, Creative Dir -- Y&R Sao Paulo, Sao Paulo, Brazil, pg. 1205
Moure, Marcos, VP & Creative Dir -- THE BRAVO GROUP HQ, Miami, FL, pg. 160
Moure, Marcos, VP & Creative Dir -- Y&R Latin American Headquarters, Miami, FL, pg. 1198
Moussalli, Jason, Sr Art Dir & Assoc Creative Dir -- BBDO San Francisco, San Francisco, CA, pg. 99
Moussaoui, Leila, Dir-Art & Creative -- TBD, San Francisco, CA, pg. 1076
Mousseau, Bethany, Dir-PR -- MOMENTUM MEDIA PR, Boulder, CO, pg. 1585
Moutran, Sami, Dir-PR-UAE -- Memac Ogilvy, Dubai, United Arab Emirates, pg. 1602
Mouzannar, Bechara, Chief Creative Officer -- Radius Leo Burnett, Dubai, United Arab Emirates, pg. 627
Mowbray, Jordon, Creative Dir -- CRITICAL MASS INC., Calgary, Canada, pg. 248
Mowery, Melissa, Acct Exec -- Ketchum, Washington, DC, pg. 1555
Moy, Leah, Assoc Creative Dir -- GREY VANCOUVER, Vancouver, Canada, pg. 449
Moy-Miller, Tiffany, Grp Dir-Creative -- McCann Detroit, Birmingham, MI, pg. 699
Moya, Jason, Art Dir & Graphic Designer -- LOONEY ADVERTISING AND DESIGN, Montclair, NJ, pg. 651
Moya, Jorge R., Chief Creative Officer -- SOCIEDAD, New York, NY, pg. 1027
Moye, Daniel, Principal & Dir-Creative -- ALIANDA, Marietta, GA, pg. 45
Moyer, Amanda, Acct Dir -- SapientRazorfish Philadelphia, Philadelphia, PA, pg. 1288
Moyer, Devon, Art Dir -- FINCH BRANDS, Philadelphia, PA, pg. 380
Moyer, Tom, Assoc Creative Dir -- MASON MARKETING, INC, Penfield, NY, pg. 691
Mpagazehe, Khari, VP & Acct Dir -- BBDO New York, New York, NY, pg. 99
Mpembe, Fezidingo, Art Dir -- FCB Johannesburg, Johannesburg, South Africa, pg. 375
Mroszczak, Marcin, Partner & Creative Dir -- DDB Warsaw, Warsaw, Poland, pg. 279
Mroszczak, Mateusz, Exec Creative Dir -- BBDO Singapore, Singapore, Singapore, pg. 115
Mruskovic, Steve, Dir-Creative Svcs -- O'SULLIVAN COMMUNICATIONS, Acton, MA, pg. 845
Mucciaccio, Rob, Founder, Partner & Creative Dir -- JUNE ADVERTISING, Omaha, NE, pg. 585

Muckian, Karen, Acct Exec -- TBWA\Dublin, Dublin, Ireland, pg. 1083
Mudd, Debbie, Creative Dir -- WEBER SHANDWICK, New York, NY, pg. 1673
Mudrakartha, Naren Kaushik, Sr Creative Dir -- Happy mcgarrybowen, Bengaluru, India, pg. 717
Mueller, Amanda, Sr VP-PR & Social Media -- CASHMAN & KATZ INTEGRATED COMMUNICATIONS, Glastonbury, CT, pg. 193
Mueller, David, Acct Supvr-Client Consulting & Svcs -- GMR Marketing, Charlotte, NC, pg. 1404
Mueller, Jonathan, Assoc Creative Dir -- BBDO Atlanta, Atlanta, GA, pg. 98
Muench, Susan, Media Buyer -- PINCKNEY HUGO GROUP, Syracuse, NY, pg. 871
Mugita, Keizo, Sr Creative Dir -- J. Walter Thompson Japan, Tokyo, Japan, pg. 557
Mugnaini, Jen, Acct Dir -- STONEARCH, Minneapolis, MN, pg. 1051
Mugnaini, Sergio, Exec Creative Dir -- DPZ-Duailibi, Petit, Zaragoza, Propaganda S.A., Sao Paulo, Brazil, pg. 906
Mugnaini, Sergio, Exec Creative Dir -- DPZ-Duailibi, Petit, Zaragoza, Propaganda S.A., Sao Paulo, Brazil, pg. 21
Muhammad, Adil, Grp Head-Creative -- J. Walter Thompson, Karachi, Pakistan, pg. 558
Muhlbock, Greg, Art Dir -- Geometry Global, Montreal, Canada, pg. 415
Muinde, Albachir, Supvr-Creative -- DDB Mozambique, Maputo, Mozambique, pg. 277
Muir, Kate, Head-New Bus-UK & Europe -- J. Walter Thompson, London, United Kingdom, pg. 562
Muir, Matt, Acct Dir -- COSSETTE COMMUNICATIONS, Vancouver, Canada, pg. 232
Mujaes, Nayef, Sr Creative Dir -- Horizon FCB Riyadh, Riyadh, Saudi Arabia, pg. 370
Mukherjee, Arjun, VP, Exec Creative Dir & Copywriter -- J. Walter Thompson, Kolkata, India, pg. 557
Mukherjee, Rajat, Creative Dir-Natl -- HS Ad, Inc., Seoul, Korea (South), pg. 1201
Mukherjee, Shouvik Prasanna, Exec Creative Dir -- Golin, Singapore, Singapore, pg. 1522
Mulay, Shantanu, Head-Creative Bus -- Interactive Avenues Pvt. Ltd., Mumbai, India, pg. 542
Mulcahey, Rebekah, Acct Supvr -- PARTNERS+NAPIER, Rochester, NY, pg. 855
Muldoon, David, Exec Creative Dir -- XENOPSI, New York, NY, pg. 1303
Muldoon, Molly, Dir-PR -- Siegel+Gale, Los Angeles, CA, pg. 1011
Mulgrew, Thomas, Acct Exec -- MP&F STRATEGIC COMMUNICATIONS, Nashville, TN, pg. 1586
Mulhall, Cheryl, Media Buyer -- SRCPMEDIA, Alexandria, VA, pg. 1039
Mulhearn, Alex, Assoc Creative Dir -- VAYNERMEDIA, New York, NY, pg. 1299
Mull, Aerien, Assoc Creative Dir -- BRUNET-GARCIA ADVERTISING, INC., Jacksonville, FL, pg. 169
Mullen, Anne, Exec VP-Preschool Brand Creative & Mktg, Global Experience Design -- NICKELODEON CREATIVE ADVERTISING, New York, NY, pg. 794
Mullen, Don, Media Dir -- J.T. MEGA FOOD MARKETING COMMUNICATIONS, Minneapolis, MN, pg. 584
Mullen, Joe, Creative Dir -- BUCK LA, Los Angeles, CA, pg. 171
Mullen, Sean, VP & Creative Dir -- HIEBING, Madison, WI, pg. 498
Muller, Christina, Acct Dir -- Heimat Werbeagentur GmbH, Berlin, Germany, pg. 1082
Muller, Claudia, Acct Dir -- Hill+Knowlton Strategies, Frankfurt, Germany, pg. 1533
Muller, Lothar, Creative Dir -- Ogilvy Frankfurt, Frankfurt, Germany, pg. 814
Muller, Mike, Creative Dir & Art Dir -- McCann Worldgroup Johannesburg, Johannesburg, South Africa, pg. 709
Muller-Eberhard, Kristina, Exec Creative Dir -- PLUME21, La Jolla, CA, pg. 878
Muller-Nedebock, Jurgen, Exec Dir-Creative -- maxIIGyroHSR, Munich, Germany, pg. 458
Mullins, Anna, VP & Media Dir -- HAWORTH MARKETING + MEDIA, Minneapolis, MN, pg. 1328
Mullins, Brian, Creative Dir -- KELLIHER SAMETS VOLK, Burlington, VT, pg. 591
Mullins, Brian, Creative Dir -- KELLIHER SAMETS VOLK NY, New York, NY, pg. 592
Mullins, Sam, VP & Creative Dir -- ARNOLD WORLDWIDE, Boston, MA, pg. 69
Mulusa, Tukiya, Acct Exec -- FCB Johannesburg, Johannesburg,

South Africa, pg. 375
Mulvaney, Tim, Art Dir -- BLOHM CREATIVE PARTNERS, East Lansing, MI, pg. 137
Mulvany, Ann, Acct Dir -- FRAZIERHEIBY, INC., Columbus, OH, pg. 1513
Mumaw, Helen, Media Buyer -- THE OHLMANN GROUP, Dayton, OH, pg. 834
Munck, Peter, Exec Creative Dir -- Blast Radius Toronto, Toronto, Canada, pg. 134
Muncy, Austin, VP & Creative Dir -- ROKKAN, New York, NY, pg. 966
Mundt, Trevor, Acct Dir -- OBERLAND, New York, NY, pg. 804
Munevar, Felipe, Art Dir -- DDB Worldwide Colombia S.A., Bogota, Colombia, pg. 272
Mungiguerra, Ashley, Acct Exec -- BIZCOM ASSOCIATES, Plano, TX, pg. 132
Muniz de Souza, Maria Silvia, Acct Dir -- Millward Brown Brazil, Sao Paulo, Brazil, pg. 742
Muniz, Mauricio Mariano Jacoby, Copywriter-Creative -- Publicis Brasil Communicao, Sao Paulo, Brazil, pg. 906
Munne, Luis, Creative Dir-Digital -- TBWA Espana, Madrid, Spain, pg. 1085
Munnik, Chris, Creative Dir -- LEO BURNETT COMPANY LTD., Toronto, Canada, pg. 620
Munoz, Ani, Grp Dir-Creative -- DDB New York, New York, NY, pg. 269
Munoz, Ashley, Acct Supvr -- SILTANEN & PARTNERS, El Segundo, CA, pg. 1013
Munoz, Diego, Creative Dir -- MullenLowe SSP3, Bogota, Colombia, pg. 777
Munoz, Hugo, Creative Dir -- Leo Burnett Mexico S.A. de C.V., Mexico, Mexico, pg. 624
Munoz, Marco Antonio, Creative Dir -- DDB LATINA PUERTO RICO, San Juan, PR, pg. 267
Munoz, Nick, Art Dir -- RICHARDS/CARLBERG, Houston, TX, pg. 956
Munoz, Palmira, Head-Tech Practice & Acct Dir -- Hill & Knowlton Espana, S.A., Barcelona, Spain, pg. 1533
Munoz, Sebastian, Art Dir -- Prolam Y&R S.A., Santiago, Chile, pg. 1206
Munoz-Cadilla, Isabel, VP & Acct Dir -- GREY GROUP, New York, NY, pg. 438
Munro, Jo-Ann, Creative Dir -- MCCANN MONTREAL, Montreal, Canada, pg. 714
Munster, Andreas, Art Dir -- DDB Vienna, Vienna, Austria, pg. 274
Munz, Michael, Pres-PR & Social Grp -- DALTON AGENCY JACKSONVILLE, Jacksonville, FL, pg. 258
Murad, Kiran, Assoc Creative Dir -- MullenLowe Rauf, Karachi, Pakistan, pg. 776
Muraki, Michiru, Planner-PR -- DENTSU INC., Tokyo, Japan, pg. 289
Muratyan, Thibaud, Acct Exec -- Publicis Conseil, Paris, France, pg. 898
Murawsky, Mandy, Media Dir -- STARCOM, New York, NY, pg. 1043
Murdick, Heather, Dir-Creative Content -- THE VANDIVER GROUP INC., Saint Louis, MO, pg. 1666
Murdico, David, Creative Dir -- SUPERCOOL CREATIVE, Los Angeles, CA, pg. 1062
Murdoch, Scot, Acct Exec -- RANDLE COMMUNICATIONS, Sacramento, CA, pg. 1625
Murdoch, Tom, Partner & Creative Dir -- MURDOCH MARKETING, Holland, MI, pg. 779
Murdock, Pam, Acct Dir -- JAN KELLEY MARKETING, Burlington, Canada, pg. 571
Murff, Sharon, Dir-Creative Resources & Svcs -- GIANT SPOON, Los Angeles, CA, pg. 418
Murfield, Michelle, Acct Supvr -- FAHLGREN MORTINE, Columbus, OH, pg. 358
Murillo, Nicolas, Creative Dir -- Sancho BBDO, Bogota, Colombia, pg. 102
Murlidhar, Siddharth, Creative Dir -- CONNELLY PARTNERS, Boston, MA, pg. 227
Murphy, Aaron, VP & Creative Dir -- HAGER SHARP INC., Washington, DC, pg. 1526
Murphy, Alma, Acct Supvr -- PROSIO COMMUNICATIONS, Roseville, CA, pg. 1620
Murphy, Brendan S., Media Buyer -- DIRECTAVENUE, Carlsbad, CA, pg. 1319
Murphy, Brian, Creative Dir -- EAST BANK COMMUNICATIONS INC., Portland, OR, pg. 328
Murphy, Brian, Sr Dir-Creative -- MAYCREATE, Chattanooga, TN, pg. 696
Murphy, Cary, Reg Pres & Grp Creative Dir -- THE BRANDON

AGENCIES   PERSONNEL INDEX

AGENCY, Myrtle Beach, SC, pg. 158
Murphy, Erin, Media Planner -- TRUE NORTH INC., New York, NY, pg. 1119
Murphy, Grace, Acct Exec -- PAIGE PR, Houston, TX, pg. 1604
Murphy, Jennifer, Acct Dir -- RDA INTERNATIONAL, New York, NY, pg. 935
Murphy, Julie, Partner & Sr VP-PR -- SAGE COMMUNICATIONS, McLean, VA, pg. 986
Murphy, Kacie, Acct Exec -- MLB ADVANCED MEDIA, L.P., New York, NY, pg. 1273
Murphy, Kara, Dir-New Bus Dev -- Mirum Minneapolis, Minneapolis, MN, pg. 1273
Murphy, Kathryn, Acct Coord -- PRECISIONEFFECT, Boston, MA, pg. 887
Murphy, Kieron, Media Dir -- Active International Ltd., London, United Kingdom, pg. 1306
Murphy, Kristen, Art Dir -- BADGER & WINTERS, INC., New York, NY, pg. 83
Murphy, Kristen, Acct Exec -- PARADISE ADVERTISING & MARKETING, Saint Petersburg, FL, pg. 853
Murphy, Martha, Dir-PR -- REUBEN RINK, Winston Salem, NC, pg. 952
Murphy, Patrick, Media Dir & Mgr-Market-LA -- Off Madison Ave, Santa Monica, CA, pg. 809
Murphy, Paul, Art Dir -- DAVIS ADVERTISING, INC., Worcester, MA, pg. 263
Murphy, Rob, Creative Dir -- FARM, Depew, NY, pg. 362
Murphy, Shannon, Art Dir -- SOLVE, Minneapolis, MN, pg. 1028
Murphy, Shannon, Assoc Creative Dir -- TBWA Chiat Day New York, New York, NY, pg. 1078
Murphy, Shannon, Creative Dir -- VERTICAL MARKETING NETWORK LLC, Tustin, CA, pg. 1418
Murphy, Teesha Noelle, Creative Dir -- TYLER BARNETT PUBLIC RELATIONS, Beverly Hills, CA, pg. 1664
Murphy, Tonya, Media Dir -- COPACINO + FUJIKADO, LLC, Seattle, WA, pg. 230
Murray, Bret, Art Dir -- TENTH CROW CREATIVE, Burlington, VT, pg. 1097
Murray, Brian, Chief Creative Officer -- Ogilvy, Toronto, Canada, pg. 812
Murray, Dominic, Acct Dir-Grp Creative-Kinetic Active -- KINETIC, New York, NY, pg. 1337
Murray, Doug, Creative Dir -- 360I, New York, NY, pg. 6
Murray, Eric, Creative Dir -- 360 GROUP, Indianapolis, IN, pg. 6
Murray, Iona, Acct Exec-Brand-HSBC -- Saatchi & Saatchi London, London, United Kingdom, pg. 980
Murray, Jackie, VP & Creative Dir -- BRUNNER, Pittsburgh, PA, pg. 169
Murray, Jane, VP & Exec Creative Dir -- RAIN43, Toronto, Canada, pg. 929
Murray, Jessica, Acct Supvr -- AGENCYEA, Chicago, IL, pg. 40
Murray, Jessica, Acct Dir-PR -- R&R PARTNERS, Las Vegas, NV, pg. 924
Murray, Jim, Strategist, Writer & Producer-Brdcst -- THE INK TANK, Toronto, Canada, pg. 533
Murray, Katya, VP & Acct Dir -- CATAPULT MARKETING, Wilton, CT, pg. 196
Murray, Kevin, Chm-PR -- Chime Communications Plc, London, United Kingdom, pg. 1185
Murray, Kristen, Acct Exec -- Targetbase, Greensboro, NC, pg. 1074
Murray, Lauren, Acct Supvr-Earned Media -- BVK DIRECT, Colleyville, TX, pg. 179
Murray, Loriann, VP & Creative Dir -- CRAMER PRODUCTIONS INC, Norwood, MA, pg. 238
Murray, Marcia, Grp Creative Dir -- DDB New York, New York, NY, pg. 269
Murray, Matt, Acct Exec -- JONESWORKS INC., New York, NY, pg. 1549
Murray, Maureen, Acct Supvr -- Zeno Group, Chicago, IL, pg. 1690
Murray, Michael, Exec Creative Dir -- CHEIL CANADA, Toronto, Canada, pg. 204
Murray, Pamela, VP & Dir-Brdcst & Print Traffic -- YOUNG & RUBICAM, New York, NY, pg. 1197
Murray, Paul, Media Dir -- DUFFEY PETROSKY, Farmington Hills, MI, pg. 324
Murray, Ryan, Acct Exec -- ABERNATHY MACGREGOR GROUP-NEW YORK, New York, NY, pg. 1425
Murray, Ryan, Partner & Acct Exec -- SOLVE, Minneapolis, MN, pg. 1028
Murray, Scott M., Sr VP-Creative Content -- MIDNIGHT OIL CREATIVE, Burbank, CA, pg. 739
Murray, Sloane, Acct Exec -- D4 CREATIVE GROUP, Philadelphia, PA, pg. 256
Murrell, Brian, Partner & Creative Dir -- ADCO, Columbia, SC, pg. 28
Murrell, Josh, Creative Dir -- BADJAR Ogilvy, Melbourne, Australia, pg. 821
Murrin, Stephanie, Chief Creative Officer -- ARTCRAFT HEALTH EDUCATION, Flemington, NJ, pg. 71
Murtagh, Lynsey, Acct Dir -- Young & Rubicam Australia/New Zealand, Sydney, Australia, pg. 1199
Murtagh, Melissa, Sr Acct Exec-PR -- AGENCY 451, Boston, MA, pg. 1427
Murtagh, Susan, Acct Dir -- Kinetic, Dublin, Ireland, pg. 1338
Musa, Luiz Alexandre, Creative Dir -- Publicis Brasil Communicao, Sao Paulo, Brazil, pg. 906
Musco, Tre, CEO & Chief Creative Officer -- TESSER INC., San Francisco, CA, pg. 1097
Musich, Brian, Creative Dir -- VML-New York, New York, NY, pg. 1144
Musilli, Manuel, Creative Dir -- Saatchi & Saatchi, Rome, Italy, pg. 978
Musilli, Manuel, Creative Dir -- Saatchi & Saatchi, Milan, Italy, pg. 978
Musinski, Bob, VP-PR, Social Media & Content Mktg -- COLMAN BROHAN DAVIS, Chicago, IL, pg. 220
Musmanno, Anthony, Chief Creative Officer -- THE IDEA MILL, Pittsburgh, PA, pg. 521
Musolf, Rachel, Acct Supvr -- MullenLowe, New York, NY, pg. 772
Musquez, Carlos, Exec Creative Dir -- E/LA (EVERYTHINGLA), Los Angeles, CA, pg. 327
Musser, Emmie, Media Dir -- GUD MARKETING, Lansing, MI, pg. 455
Muth, Carol, Chief Exec Creative Dir -- GAUGER + ASSOCIATES, San Francisco, CA, pg. 412
Muth, Terry, Media Dir-Integrated Ping -- ZIMMERMAN ADVERTISING, Fort Lauderdale, FL, pg. 1212
Mutis, Mauricio, Assoc Creative Dir -- ALMA, Coconut Grove, FL, pg. 49
Muyskens, Sarah, Acct Supvr -- SHERRY MATTHEWS ADVOCACY MARKETING, Austin, TX, pg. 1007
Mye, Geoffrey, Sr Creative Dir -- George P. Johnson Company, Inc., Torrance, CA, pg. 416
Myers, Benjamin, Assoc Creative Dir -- IMRE, New York, NY, pg. 529
Myers, Bianca, Acct Dir -- JOHN ST., Toronto, Canada, pg. 579
Myers, Bill, Dir-New Bus Dev -- THE ARTIME GROUP, Pasadena, CA, pg. 72
Myers, Dan, Dir-Media & Acct Exec -- 360 GROUP, Indianapolis, IN, pg. 6
Myers, Darrel, Creative Dir -- BARNHARDT, DAY & HINES, Concord, NC, pg. 91
Myers, Diane, Acct Dir -- MCKINNEY, Durham, NC, pg. 719
Myers, Jennie, VP & Exec Creative Dir -- DRAKE COOPER INC., Boise, ID, pg. 319
Myers, Laura, Acct Exec -- NEWMANPR, Miami, FL, pg. 1594
Myers, Lisa, Media Dir -- IGNITED, El Segundo, CA, pg. 523
Myers, Megan, Grp Creative Dir -- TREETREE, Columbus, OH, pg. 1114
Myers, Sara, Acct Exec -- ARRAS KEATHLEY AGENCY, Cleveland, OH, pg. 71
Myers, Susan, Acct Supvr -- GCI Health, New York, NY, pg. 1184
Mygind, Dave, Creative Dir -- Havas London, London, United Kingdom, pg. 482
Myles, Hayley, Acct Dir -- Hill+Knowlton Strategies, London, United Kingdom, pg. 1533
Myles, Holly, Acct Supvr -- AUTHENTIC, Richmond, VA, pg. 1239
Mynatt, Melody, Acct Exec -- HOWERTON+WHITE, Wichita, KS, pg. 510
Myrick, Mark, Partner & Creative Dir -- DIGITAL SURGEONS LLC, New Haven, CT, pg. 301
Myrow, Zach, Creative Dir -- Anomaly, Venice, CA, pg. 60
Mytych, Rick, Creative Dir -- SEVENTH POINT, Virginia Beach, VA, pg. 1004

N

N, Sangeetha, Creative Dir-Natl -- R.K. Swamy BBDO, Chennai, India, pg. 112
Nacey, Gina, Pres & Exec Creative Dir -- ADVENTURE ADVERTISING, Minneapolis, MN, pg. 35
Nachumi, Dror, Creative Dir -- McCann Erickson, Tel Aviv, Israel, pg. 705
Nadeau, Lesley, Acct Supvr -- CAMPBELL MARKETING & COMMUNICATIONS, Dearborn, MI, pg. 186
Nadin, Renee, Producer-Brdcst -- Ogilvy Sydney, Saint Leonards, Australia, pg. 821
Nadler, Matt Laguna, Creative Dir -- BFG COMMUNICATIONS, Bluffton, SC, pg. 126
Naef, Anna Mae, Art Dir -- R/WEST, Portland, OR, pg. 927
Naff, Traci, Creative Dir -- WILDFIRE LLC, Winston Salem, NC, pg. 1167
Nagai, Nozomi, Art Dir & Assoc Creative Dir -- TBWA/Hakuhodo, Tokyo, Japan, pg. 1090
Nagel, Sven, Creative Dir & Mgr-Creation -- Berger Baader Hermes GmbH, Munich, Germany, pg. 1202
Nagle, David, Pres & Creative Dir -- A WORK OF ART INC., Coral Springs, FL, pg. 15
Nagle, Steve, Dir-New Bus Dev -- MICHAELSWILDER, Peoria, AZ, pg. 738
Nagy, Paul, Chief Creative Officer -- Young & Rubicam Australia/New Zealand, Sydney, Australia, pg. 1199
Nagy, Ramy, CEO & Creative Dir -- MADEO, Brooklyn, NY, pg. 1269
Naidl, Kristine Lueneburg, Mng Dir-PR & Exec VP -- LAUGHLIN/CONSTABLE, INC., Milwaukee, WI, pg. 613
Naik, Ashish, Exec Creative Dir-L&K Saatchi & Saatchi -- Scarecrow M&C Saatchi, Mumbai, India, pg. 663
Nail, Rusty, VP & Creative Dir -- Grey Healthcare Group, Kansas City, MO, pg. 417
Naima, Lauren, Exec VP & Grp Creative Dir -- FCB HEALTH, New York, NY, pg. 376
Nair, Romit, Head-Creative -- FCB Ulka, Bengaluru, India, pg. 373
Nair, Suresh, Chief Creative Intelligence Officer-Grey Consulting -- GREY GROUP, New York, NY, pg. 438
Nair, Yamini, Creative Dir -- Ogilvy, Bengaluru, India, pg. 823
Naja, Ana, Art Dir -- J. Walter Thompson, Sao Paulo, Brazil, pg. 563
Naja, Ramsey, Chief Creative Officer-MENA Reg -- J. Walter Thompson, Dubai, United Arab Emirates, pg. 563
Naja, Ramsey, Chief Creative Officer-MENA Reg -- J. Walter Thompson Cairo, Cairo, Egypt, pg. 562
Najjar, Habeeb, Art Dir -- Targets/Leo Burnett, Riyadh, Saudi Arabia, pg. 627
Nakade, Masaya, Exec Creative Dir -- AKQA, Inc., London, United Kingdom, pg. 1234
Nakahara, Genta, Assoc Creative Dir -- ESPN CREATIVEWORKS, New York, NY, pg. 349
Nakamura, Lisa, Creative Dir-Design -- COSSETTE COMMUNICATIONS, Vancouver, Canada, pg. 232
Nakano, Bruno, Art Dir & Creative Dir -- FCB West, San Francisco, CA, pg. 365
Nakano, Tomohiko, Producer-Creative -- J. Walter Thompson Japan, Tokyo, Japan, pg. 557
Naksakul, Warangkana, Mgr-Traffic -- GREYnj United, Bangkok, Thailand, pg. 448
Nall, Whitney, Acct Exec -- CLARK/NIKDEL/POWELL, Winter Haven, FL, pg. 212
Nalley, Coleman, Acct Supvr -- EMA Public Relations Services, Syracuse, NY, pg. 347
Nally, Eric, Acct Dir -- SCHAFER CONDON CARTER, Chicago, IL, pg. 995
Nam, Ray, Assoc Creative Dir -- DDB Worldwide Ltd., Hong Kong, China (Hong Kong), pg. 274
Naman, Stephanie, VP & Creative Dir -- LUCKIE & COMPANY, Birmingham, AL, pg. 655
Namchu, Nima D. T., Chief Creative Officer -- Havas Worldwide Gurgaon, Gurgaon, India, pg. 487
Namchu, Nima D.T., Chief Creative Officer -- Havas Worldwide Bangalore, Bengaluru, India, pg. 487
Nance, Deric, Assoc Dir-Creative -- THE MARTIN AGENCY, Richmond, VA, pg. 687
Nancy, Zhao, Acct Dir -- Hill & Knowlton Hong Kong Ltd., Quarry Bay, China (Hong Kong), pg. 1534
Nanda, Dhruv, Assoc Creative Dir & Writer -- OBERLAND, New York, NY, pg. 804
Nandwani, Amit, Exec Creative Dir -- Leo Burnett India, Mumbai, India, pg. 629
Nank, Andrea, Dir-PR -- PHIRE GROUP, Ann Arbor, MI, pg. 869
Nann, Christoph, Chief Creative Officer -- FCB Hamburg, Hamburg, Germany, pg. 366
Nanthavongsa, Tracy, Strategist-Creative -- CRITICAL LAUNCH, LLC, Dallas, TX, pg. 247
Nantz, Garrett, Principal & Creative Dir -- LUXURIOUS ANIMALS LLC, Roswell, GA, pg. 657
Napier, Cassia, Acct Exec -- GREY CANADA, Toronto, Canada, pg. 437
Naples, Michael, Assoc Creative Dir -- MACLYN GROUP, Naperville, IL, pg. 667
Napoleone, Francesco, Creative Dir -- TBWA Italia, Milan, Italy,

PERSONNEL INDEX — AGENCIES

Naporlee, Marybeth, VP & Dir-Creative Svcs -- FALLON MEDICA LLC, Tinton Falls, NJ, pg. 359
Naranjo, Paulina, VP-Media & PR -- ROCKORANGE, Miami, FL, pg. 1633
Narayanan, Sathya, Assoc Creative Dir -- Interactive Avenues Pvt. Ltd., Mumbai, India, pg. 542
Narcisse, Sonata Lee, Acct Exec -- Fenton, San Francisco, CA, pg. 377
Nardini, Hope, Assoc Dir-Creative -- McCann New York, New York, NY, pg. 698
Nardo, Cristiano, Creative Dir -- Leo Burnett Co., S.r.l., Milan, Italy, pg. 625
Narvaez-Arango, Jorge E., VP & Exec Creative Dir -- George P. Johnson Company, Inc., San Carlos, CA, pg. 416
Nascimento, Eliza, Acct Dir -- CAMPBELL EWALD, Detroit, MI, pg. 185
Nash, Andrea, Media Buyer & Specialist-Digital Media -- CLARK CREATIVE GROUP, Omaha, NE, pg. 212
Nash, Brendan, Sr VP & Creative Dir -- ARC WORLDWIDE, Chicago, IL, pg. 1397
Nash, Zoe, Art Dir -- Adam & EveDDB, London, United Kingdom, pg. 281
Nasr, Elie, Art Dir -- J. Walter Thompson, Beirut, Lebanon, pg. 563
Nassar, Andre, Exec Creative Dir -- Leo Burnett Tailor Made, Sao Paulo, Brazil, pg. 623
Nassar, Andre, Reg Exec Creative Dir -- Radius Leo Burnett, Dubai, United Arab Emirates, pg. 627
Nassour, Alex, Art Dir -- Mother New York, New York, NY, pg. 763
Nastase, Hortensia, VP-Creative Svcs -- MullenLowe Romania, Bucharest, Romania, pg. 777
Natalucci, Cristiana Montani, Acct Exec -- Weber Shandwick, Rome, Italy, pg. 1678
Nathan, Edward, Head-Creative & Strategy -- SAPIENTRAZORFISH NEW YORK, New York, NY, pg. 1286
Nathan, Jemma, Acct Dir-London -- Sudler & Hennessey Ltd.- London, London, United Kingdom, pg. 1059
Nathan, Valerie, Owner & Creative Dir -- TRAPEZE COMMUNICATIONS, Victoria, Canada, pg. 1114
Nathanson, Alanna, Co-Founder & Creative Dir -- GIANTS & GENTLEMEN, Toronto, Canada, pg. 418
Nations, Tom, Creative Dir -- NEW HONOR SOCIETY, Saint Louis, MO, pg. 791
Natta, Paul, Media Dir -- SQ1, Portland, OR, pg. 1037
Naude, Meryke, Creative Dir -- MullenLowe Singapore, Singapore, pg. 777
Naugle, Grace, Acct Supvr -- GCI Health, New York, NY, pg. 1184
Naugler, Jane, Media Planner-Integrated -- MullenLowe Mediahub, Boston, MA, pg. 771
Nautiyal, Gaurav, Sr Creative Dir -- Ogilvy, New Delhi, India, pg. 825
Navarrate, Emerson, Exec Creative Dir -- Proiam Y&R S.A., Santiago, Chile, pg. 1206
Navarrete, Patricio, Creative Dir-Santiago -- McCann Erickson S.A. de Publicidad, Santiago, Chile, pg. 701
Navarro, Cindy Marie, Assoc Creative Dir -- FCB Toronto, Toronto, Canada, pg. 366
Navarro, Marc, Art Dir -- TBWA Espana, Barcelona, Spain, pg. 1085
Navarro, Monica, Acct Exec -- CONILL ADVERTISING, INC., Miami, FL, pg. 226
Navarro-McKay, Alex, Mng Dir-Creative & Campaign Svcs Div -- BERLINROSEN, New York, NY, pg. 1448
Navas, Antonio, Partner & Creative Dir -- OPPERMAN WEISS, New York, NY, pg. 842
Navas, Camilo Monzon, Grp Creative Dir -- Grey: REP, Bogota, Colombia, pg. 444
Naver, Simon, Sr Dir-Art & Assoc Dir-Creative -- Uncle Grey A/S, Arhus, Denmark, pg. 440
Navitski, Alanna, Acct Exec -- EVOLUTIONARY MEDIA GROUP, Los Angeles, CA, pg. 1502
Navitsky, Matt, VP & Media Dir -- Edelman, Los Angeles, CA, pg. 1491
Navon, Benjamin, Acct Dir-W2O Grp -- PURE COMMUNICATIONS, INC., Wilmington, NC, pg. 1621
Navot, Noa, Art Dir -- BBR Saatchi & Saatchi, Ramat Gan, Israel, pg. 977
Nawrocki, Brad, Dir-Creative Tech -- HOOK STUDIOS LLC, Ann Arbor, MI, pg. 1260
Nawrocki, Nick, Art Dir -- STEVENS ADVERTISING, Grand Rapids, MI, pg. 1048
Nayak, Karuna, Acct Dir -- FCB Interface, Mumbai, India, pg. 373
Naylor, Nathan, Grp Creative Dir -- BARTON F. GRAF, New York, NY, pg. 94

Nazarenus, Nicole, VP & Acct Dir -- GREY GROUP, New York, NY, pg. 438
Nazarullah, Eddy, Head-Creative -- MullenLowe Malaysia, Petaling Jaya, Malaysia, pg. 775
Nazzaro, Chris, Creative Dir -- TracyLocke, Wilton, CT, pg. 1113
Neace, Amanda, Coord-Brand PR -- THE RICHARDS GROUP, INC., Dallas, TX, pg. 956
Neal, Astrid O, Exec Creative Dir -- Valdez & Torry Advertising Limited, Port of Spain, Trinidad & Tobago, pg. 444
Nealon, Megan, Acct Dir -- THE MARINO ORGANIZATION, INC., New York, NY, pg. 680
Neatherlin, Rob, Grp Creative Dir -- THE MARKETING ARM, Dallas, TX, pg. 682
Nebiker, Kurt, Assoc Creative Dir-Digital Mktg -- PURERED/FERRARA, Stone Mountain, GA, pg. 917
Nebrig, Drew, Acct Supvr -- SERINO COYNE LLC, New York, NY, pg. 1003
Nedeau, Julie Lechleiter, Acct Supvr -- Fahlgren Mortine (Dayton), Beavercreek, OH, pg. 358
Needelman, Dawn, Acct Exec -- COMCAST SPOTLIGHT, Fort Wayne, IN, pg. 221
Needham, Darla, Media Buyer-Accts Payable -- JOBELEPHANT.COM INC., San Diego, CA, pg. 578
Needham, Sammi, VP & Exec Creative Dir -- R/GA, Portland, OR, pg. 927
Neel, Ashley, Creative Dir-Digital -- BOONEOAKLEY, Charlotte, NC, pg. 147
Neely, Jill, Creative Dir-Digital -- OLOGIE, Columbus, OH, pg. 835
Neely, Shan, Creative Dir -- MULLER BRESSLER BROWN, Leawood, KS, pg. 778
Neely, Tyler, Sr Producer-Brdcst & Integrated Campaigns -- BUTLER, SHINE, STERN & PARTNERS, Sausalito, CA, pg. 177
Negrete, Michelle Lopez, Acct Exec -- LOPEZ NEGRETE COMMUNICATIONS, INC., Houston, TX, pg. 651
Nehmen, Peggy S., Owner, Art Dir & Graphic Designer -- NEHMEN-KODNER, Saint Louis, MO, pg. 788
Neil, Amanda, Acct Dir -- ICROSSING NEW YORK, New York, NY, pg. 1261
Neil, Ross, Exec Creative Dir -- McCann Erickson Advertising Ltd., London, United Kingdom, pg. 711
Neilly, Geoff, Dir-Creative Svcs-Ogilvy Primary Contact -- Ogilvy, London, United Kingdom, pg. 1600
Neils, Owen, Art Dir -- BLOHM CREATIVE PARTNERS, East Lansing, MI, pg. 137
Neilson, Craig, Head-Creative Ops -- Leo Burnett London, London, United Kingdom, pg. 627
Neirinckx, Els, Art Dir -- Carre Noir Barcelona, Barcelona, Spain, pg. 901
Neitzel, Kristi Buckham, Mgr-Creative -- THE DISTILLERY PROJECT, Chicago, IL, pg. 304
Nel, Christo, Exec Creative Dir -- Y&R Cape Town, Cape Town, South Africa, pg. 1207
Nel-lo, Enric, Chief Creative Officer -- Grey Madrid, Madrid, Spain, pg. 442
Nelson, Alex, Media Planner & Analyst-Data -- COATES KOKES, Portland, OR, pg. 216
Nelson, Andie, Acct Exec -- THE LACEK GROUP, Minneapolis, MN, pg. 606
Nelson, Anita, Pres & Acct Dir -- IN FOOD MARKETING, Minneapolis, MN, pg. 529
Nelson, Antony, Art Dir -- Adam & EveDDB, London, United Kingdom, pg. 281
Nelson, Brian, Art Dir & Assoc Creative Dir -- DONER, Southfield, MI, pg. 314
Nelson, Brittanie, Media Planner -- MMGY GLOBAL, Kansas City, MO, pg. 750
Nelson, Chris, Dir-Creative -- MKTWORKS, INC., Cold Spring, NY, pg. 749
Nelson, Don, Creative Dir -- TOM, DICK & HARRY CREATIVE, Chicago, IL, pg. 1108
Nelson, Eric, Sr VP & Media Dir -- DICOM, INC., Saint Louis, MO, pg. 1318
Nelson, Gregg, Sr VP & Grp Creative Dir -- ARNOLD WORLDWIDE, Boston, MA, pg. 69
Nelson, Hyedi, Acct Supvr -- BELLMONT PARTNERS, Minneapolis, MN, pg. 121
Nelson, Laura, Dir-PR -- SVM PUBLIC RELATIONS & MARKETING COMMUNICATIONS, Providence, RI, pg. 1064
Nelson, Lindsey, Acct Dir -- RESOLUTION MEDIA, Chicago, IL, pg. 948
Nelson, Lisa, Strategist-Media & Media Buyer -- VAN EPEREN & COMPANY, Rockville, MD, pg. 1665
Nelson, Melissa, Acct Supvr -- Alcone Marketing Group, Wilton, CT, pg. 1395

Nelson, Mike, Acct Dir -- SUBJECT MATTER, Washington, DC, pg. 1654
Nelson, Nick, Creative Dir -- LEVEL MPLS, Minneapolis, MN, pg. 633
Nelson, Scott, Exec Creative Dir -- NELSON CREATIVE, Roswell, GA, pg. 788
Nelson, Ted, Creative Dir -- NORTHSTAR DESTINATION STRATEGIES, Nashville, TN, pg. 800
Nemeno, Gomersindo, Creative Dir -- Horizon FCB Jeddah, Jeddah, Saudi Arabia, pg. 369
Nemeschansky, Mikael, Art Dir -- Hasan & Partners Oy, Helsinki, Finland, pg. 703
Nemeth, Joe, VP-Creative -- TRIAD, Cuyahoga Falls, OH, pg. 1115
Nemetsky, Elyssa, Acct Dir -- MCCANN WORLDGROUP, New York, NY, pg. 714
Neo, Jimmy, Creative Dir -- TBWA Singapore, Singapore, Singapore, pg. 1091
Nerenberg, Jaci, Acct Dir -- Narrative, Los Angeles, CA, pg. 784
Nero, John, VP-PR & Integrated Svcs -- TIZIANI & WHITMYRE, INC., Sharon, MA, pg. 1105
Nesci, Chris, Pres & Exec Creative Dir -- MY BLUE ROBOT, Safety Harbor, FL, pg. 782
Nester, James, Exec Creative Dir-UK & EMEA -- Weber Shandwick UK, London, United Kingdom, pg. 1679
Nestor, Mendy, Dir-PR -- INFINITY CONCEPTS, Export, PA, pg. 531
Netto, Moacyr, Chief Creative Officer -- RAPP, New York, NY, pg. 931
Neu, Brittany, Media Dir -- RED7E, Louisville, KY, pg. 942
Neubert, Danielle, Mgr-Traffic -- ALLEBACH COMMUNICATIONS, Souderton, PA, pg. 45
Neugebauer, Jonathan, Media Planner -- VLADIMIR JONES, Colorado Springs, CO, pg. 1142
Neumann, Nikki, Acct Supvr -- Dotted Line Communications, Los Angeles, CA, pg. 1487
Neuner, Shelby, Acct Supvr -- Moroch, Saint Louis, MO, pg. 759
Neuwirth, Sierra, Sr Designer-Creative -- OMOBONO, Chicago, IL, pg. 1277
Neveau, Eva, Exec Creative Dir -- MXM, Culver City, CA, pg. 781
Neves, Christiano, Dir-Integrated Creative -- J. Walter Thompson, London, United Kingdom, pg. 562
Neves, Rita Cassiano, Art Dir -- Havas Worldwide Digital Portugal, Lisbon, Portugal, pg. 481
Nevil, Rachel, Acct Exec -- SOKAL MEDIA GROUP, Raleigh, NC, pg. 1027
Neville-Towle, Harry, Art Dir -- JOHANNES LEONARDO, New York, NY, pg. 1266
Nevistich, Sandra, VP & Assoc Creative Dir -- HARRISON AND STAR LLC, New York, NY, pg. 469
New, Caitlin, Acct Supvr -- INK PUBLIC RELATIONS, Austin, TX, pg. 1542
New, Cary, Acct Dir-PR -- ARCHER MALMO, Memphis, TN, pg. 65
Newbold, Dave, Partner & Exec Creative Dir -- RICHTER7, Salt Lake City, UT, pg. 957
Newby, Alyson, Assoc Creative Dir -- METHOD SAVVY, Durham, NC, pg. 735
Newby, Noelle, Media Dir -- MCGARRAH JESSEE, Austin, TX, pg. 716
Newcomb, Adrienne, Acct Supvr -- KETNER GROUP, Austin, TX, pg. 1558
Newell, Aaron, Art Dir-Interactive -- INQUEST MARKETING, Kansas City, MO, pg. 534
Newham, Lochie, Art Dir -- J. Walter Thompson Australia, Richmond, Australia, pg. 554
Newman, Ben, Art Dir & Copywriter -- Leo Burnett London, London, United Kingdom, pg. 627
Newman, Cindy, Acct Supvr -- CHERNOFF NEWMAN, Columbia, SC, pg. 206
Newman, Josh, Principal & Creative Dir -- ST8MNT INC., Nashville, TN, pg. 1041
Newman, Rachel, Dir-Media Rels & Acct Supvr -- CINDY RICCIO COMMUNICATIONS, INC., New York, NY, pg. 1469
Newmarch, Jocelyn, Acct Dir -- Edelman South Africa, Randburg, South Africa, pg. 1497
Newport, Katie, Head-Creative & Delivery-DC -- BLUE STATE DIGITAL, Washington, DC, pg. 140
Newquist, Eddie, Chief Creative Officer & Exec VP -- GLOBAL EXPERIENCE SPECIALISTS, INC., Las Vegas, NV, pg. 422
Newton, Conn, Creative Dir -- CRAMER-KRASSELT, Chicago, IL, pg. 237
Newton, Joey, Art Dir -- Havas Worldwide Australia, North Sydney, Australia, pg. 485
Newton, Josh, Art Dir -- GROW, Norfolk, VA, pg. 453

AGENCIES — PERSONNEL INDEX

Ney, Joseph, Partner & Creative Dir -- REINGOLD, INC., Alexandria, VA, pg. 1629

Nez, Richard, Exec VP, Dir-Brdcst Production & Exec Producer -- Zimmerman Advertising, New York, NY, pg. 1213

Ng, Buji, Creative Dir -- Ogilvy Advertising, Central, China (Hong Kong), pg. 822

Ng, Elaine, Sr Negotiator-Brdcst -- DAILEY & ASSOCIATES, West Hollywood, CA, pg. 258

Ng, Fan, Chief Creative Officer -- Saatchi & Saatchi, Guangzhou, China, pg. 983

Ng, Hex, Grp Head-Creative -- TBWA ISC Malaysia, Kuala Lumpur, Malaysia, pg. 1091

Ng, Jacintha, Acct Dir -- The Hoffman Agency, Singapore, Singapore, pg. 1536

Ng, Jeffrey, Acct Dir -- Leo Burnett Shanghai Advertising Co., Ltd., Shanghai, China, pg. 629

Ng, Jimmy, Creative Dir -- MANHATTAN MARKETING ENSEMBLE, New York, NY, pg. 675

Ng, Martin, Creative Dir-Digital -- Leo Burnett Malaysia, Kuala Lumpur, Malaysia, pg. 631

Ng, Michael, Assoc Creative Dir -- CAMP + KING, San Francisco, CA, pg. 185

Ng, Patrick, Grp Head-Creative & Sr Art Dir -- Hakuhodo Singapore Pte. Ltd., Singapore, Singapore, pg. 463

Ng, Ronald, Chief Creative Officer & Exec VP -- ISOBAR, New York, NY, pg. 549

Ng, Sandy, Art Dir -- Grey Group Malaysia, Kuala Lumpur, Malaysia, pg. 447

Ng, Shelly, Pres & Media Buyer -- AMERICAN MASS MEDIA, Chicago, IL, pg. 52

Ng, Vincent, VP & Creative Dir -- AREA 23, New York, NY, pg. 67

Ngcobo, Nhlanhla, Grp Head-Creative -- Ogilvy Johannesburg (Pty.) Ltd., Johannesburg, South Africa, pg. 829

Ngcwama, Sinovuyo, Mgr-Traffic -- Ogilvy Cape Town, Cape Town, South Africa, pg. 829

Ngewu, Mpumelelo Lungile, Art Dir -- M&C Saatchi Abel, Cape Town, South Africa, pg. 660

Nguy, Alexandra, Acct Dir -- MAX BORGES AGENCY, Miami, FL, pg. 1578

Nguyen, Catherine, Media Planner-Paid Social -- Blue 449, Seattle, WA, pg. 1311

Nguyen, Duc, Creative Dir -- TAXI New York, New York, NY, pg. 1075

Nguyen, Joanne, Acct Coord -- IMAGINE THIS, INC., Irvine, CA, pg. 526

Nguyen, Lien, Acct Dir -- IMPRINT PROJECTS, New York, NY, pg. 528

Nguyen, Paul, Creative Dir -- 72ANDSUNNY, Playa Vista, CA, pg. 11

Nguyen, Phong, Art Dir -- MARCUS THOMAS LLC, Cleveland, OH, pg. 679

Nguyen, Theresa Thao, Acct Exec -- ROCKIT SCIENCE AGENCY, Baton Rouge, LA, pg. 965

Ngy, Sitha, Creative Dir -- HEY ADVERTISING, Seattle, WA, pg. 498

Nica, Andrei, Grp Creative Dir -- Graffiti BBDO, Sofia, Bulgaria, pg. 104

Nicdao, Celine, Sr Assoc-Creative Production -- UM LA, Los Angeles, CA, pg. 1377

Nicely, Jesse, Dir-Creative Strategy -- CASHMERE AGENCY, Los Angeles, CA, pg. 193

Niceva, Dominik, VP & Creative Dir-Branding -- RABINOVICI & ASSOCIATES, Hallandle Beach, FL, pg. 928

Nichlani, Aarti, Creative Dir & Copywriter -- J. Walter Thompson Singapore, Singapore, Singapore, pg. 558

Nicholas, George, Creative Dir -- GRAFIK MARKETING COMMUNICATIONS, Alexandria, VA, pg. 431

Nicholls, Andres, Exec Creative Dir-Global -- PROPHET, Atlanta, GA, pg. 894

Nicholls, Sallianne, Dir-Creative Ops -- AUSTIN & WILLIAMS, Hauppauge, NY, pg. 78

Nichols, Casey, Acct Supvr -- LATCHA+ASSOCIATES, Farmington Hills, MI, pg. 611

Nichols, Christopher, Creative Dir -- NL PARTNERS, Portland, ME, pg. 795

Nichols, Jeff, Dir-Creative & Art -- HMH, Portland, OR, pg. 504

Nichols, Kevin M., Acct Supvr -- SKYLINE MEDIA GROUP, Oklahoma City, OK, pg. 1019

Nichols, Kristy, Media Planner -- MACDONALD MEDIA, New York, NY, pg. 1339

Nichols, Scott, VP & Acct Dir -- BROADHEAD, Minneapolis, MN, pg. 165

Nicholson, Liam, Art Dir -- Fallon London, London, United Kingdom, pg. 360

Nicholson, Mark, Creative Dir -- The Martin Agency, London, United Kingdom, pg. 687

Nicholson, Martha, Acct Exec, Media Planner & Buyer -- LKF MARKETING, Kalamazoo, MI, pg. 647

Nickels, Cassandra Brown, Acct Dir -- DIXON SCHWABL ADVERTISING, Victor, NY, pg. 309

Nickerson, Catherine, Acct Supvr -- BBDO Toronto, Toronto, Canada, pg. 100

Nickerson, Heather, Acct Dir -- TBWA/Manchester, Manchester, United Kingdom, pg. 1086

Nickol, Noel, Creative Dir -- DNA SEATTLE, Seattle, WA, pg. 311

Nickrent, Michelle, Asst Acct Mgr-PR -- RHEA + KAISER, Naperville, IL, pg. 954

Nicolau, Lourdes, Acct Supvr -- TBWA Espana, Barcelona, Spain, pg. 1085

Nicolazzo, Richard E., Acct Exec -- BCW (BURSON COHN & WOLFE), New York, NY, pg. 1439

Niculae, Mario, Art Dir -- Friends\TBWA, Bucharest, Romania, pg. 1084

Nie, Lindsay, Head-Creative Tech -- CRAMER PRODUCTIONS INC., Norwood, MA, pg. 238

Niebaum, Jason, Creative Dir -- TM ADVERTISING, Dallas, TX, pg. 1106

Niebeling, Tara, Acct Supvr -- EXPONENT PR, Minneapolis, MN, pg. 1502

Niedosik, Jordan, Media Planner -- HEALIX, New York, NY, pg. 491

Niedzwiecki, Stephen, Founder, Partner & Chief Creative Officer -- YARD, New York, NY, pg. 1303

Nield, Kelly, Principal & Creative Dir -- STEPHEN HALES CREATIVE INC, Provo, UT, pg. 1047

Nieli, Alissa, Art Dir -- KEENAN-NAGLE ADVERTISING, Allentown, PA, pg. 590

Nielsen, Julie, Media Dir -- BILLUPS WORLDWIDE, Lake Oswego, OR, pg. 1309

Nielsen, Keld Lunda, Chief Creative Officer & Mng Dir-EMEA -- The Kantar Group, London, United Kingdom, pg. 587

Nielsen, Lisa, Acct Exec-PR & Media Buy -- HEINZEROTH MARKETING GROUP, Rockford, IL, pg. 493

Nielsen, Nina, VP & Assoc Dir-Creative Svcs -- deutschMedia, New York, NY, pg. 295

Nielsen, Scott, Creative Dir -- MARTOPIA, INC., Saint Charles, IL, pg. 689

Nielsen, Stephanie, Acct Exec -- THE STONE AGENCY, Raleigh, NC, pg. 1050

Niemczyk, Greg, VP & Acct Dir-Bus Dev -- HCB HEALTH CHICAGO, Chicago, IL, pg. 490

Nieminen, Markus, Partner & Dir-Creative & Content -- TBWA PHS, Helsinki, Finland, pg. 1080

Nienow, Michael, Creative Dir -- HDM/ZOOMEDIA, Chicago, IL, pg. 491

Nieto, Alejandro, Assoc Creative Dir -- DIESTE, Dallas, TX, pg. 299

Nieto, Jose, Creative Dir -- ARGUS, Boston, MA, pg. 67

Nieto, Monica, Acct Dir-Total Work -- Sancho BBDO, Bogota, Colombia, pg. 102

Nieuwenhuis, Henk, Creative Dir -- Ogilvy (Amsterdam) B.V., Amsterdam, Netherlands, pg. 816

Nieuwenhuizen, Ross, Assoc Creative Dir -- Mirum Africa, Cape Town, South Africa, pg. 1272

Nieves, Alyssa, Acct Exec -- RBB COMMUNICATIONS, Miami, FL, pg. 1625

Nieves, Martha, Media Dir -- DDB LATINA PUERTO RICO, San Juan, PR, pg. 267

Niguet, Audrey, Acct Dir -- DDB Paris, Paris, France, pg. 273

Nigus, Tammy, VP-Creative -- SUMMIT MARKETING, Saint Louis, MO, pg. 1060

Niizawa, Takayuki, Sr Creative Dir -- TBWA/Hakuhodo, Tokyo, Japan, pg. 1090

Nijhof, Steef, Dir-Creative & Art -- Publicis, Amstelveen, Netherlands, pg. 901

Nikdel, Christine E., Partner & Art Dir -- CLARK/NIKDEL/POWELL, Winter Haven, FL, pg. 212

Nikiforidis, Lazaros, Exec Creative Dir-Europe -- Global Team Blue, London, United Kingdom, pg. 423

Nikiforov, Crystal, Media Dir -- WALTON / ISAACSON, Culver City, CA, pg. 1151

Nikolay, Megvelidze, Chief Creative Officer -- BBDO Moscow, Moscow, Russia, pg. 107

Nikolic, Ana, Acct Dir -- LUNA TBWA Belgrade, Belgrade, Serbia, pg. 1085

Nilsson, Bruce, Exec Creative Dir -- DAVIDSON & BELLUSO, Phoenix, AZ, pg. 263

Nilsson, Victor, Designer-Creative-NORD -- DDB Stockholm, Stockholm, Sweden, pg. 280

Nino, Armando, Art Dir -- Ogilvy, Bogota, Colombia, pg. 820

Nip, Terence, Acct Dir -- Ogilvy, Central, China (Hong Kong), pg. 1600

Nir, Eran, VP-Creative -- Gitam/BBDO, Tel Aviv, Israel, pg. 106

Nisbet, Matthew, Co-Exec Creative Dir -- Ogilvy Advertising, Central, China (Hong Kong), pg. 822

Nisbet, Nikki, Acct Supvr -- DIXON SCHWABL ADVERTISING, Victor, NY, pg. 309

Nishimura, Naoki, Creative Dir -- Beacon Communications K.K., Tokyo, Japan, pg. 630

Nishimura, Naoki, Creative Dir -- Beacon Communications K.K., Tokyo, Japan, pg. 910

Nisler, Farah, Acct Dir -- THE STONE AGENCY, Raleigh, NC, pg. 1050

Nissen, Kate, Grp Mgr-Brdcst -- MEDIA STORM LLC, South Norwalk, CT, pg. 1343

Nissenboim, Josh, Co-Founder & Creative Dir -- FUZZCO INC., Charleston, SC, pg. 405

Nisson, Bob, Chief Creative Officer-McCann -- JAY ADVERTISING, INC., Rochester, NY, pg. 573

Nist, Matt, Acct Exec -- WRL ADVERTISING, INC., Canton, OH, pg. 1188

Nistler, Anna, Media Planner -- DIGITAS, San Francisco, CA, pg. 302

Nistor, Theo, Art Dir -- Friends\TBWA, Bucharest, Romania, pg. 1084

Niswonger, Amy, Creative Dir -- NOVA CREATIVE GROUP, INC., Dayton, OH, pg. 801

Nitipanont, Anuwat, Chief Creative Officer -- BBDO Bangkok, Bangkok, Thailand, pg. 115

Niven, Andrew, Acct Dir -- GroupM EMEA HQ, London, United Kingdom, pg. 1323

Nix, Katie, Acct Exec -- RED MOON MARKETING, Charlotte, NC, pg. 940

Nixon, Jeff, Founder & Creative Dir -- CAMP, Austin, TX, pg. 185

Njozela, TJ, Grp Head-Creative -- Net#work BBDO, Gauteng, South Africa, pg. 108

Njuguna, Tony, Head-Creative -- Scanad, Nairobi, Kenya, pg. 1182

Nkabinde, Sifiso, Art Dir -- TBWA Hunt Lascaris (Johannesburg), Johannesburg, South Africa, pg. 1087

Nobay, David, Founder-Marcel Sydney & Chm-Creative -- Publicis Australia, Brisbane, Australia, pg. 907

Nobili, Simone, Creative Dir -- KASTNER, Los Angeles, CA, pg. 588

Noble, Brett, Art Dir -- FCB Johannesburg, Johannesburg, South Africa, pg. 375

Noble, Illya, Art Dir -- STRATEGICAMPERSAND INC., Toronto, Canada, pg. 1053

Nobles, Greg, Creative Dir -- CREATIVE ENERGY GROUP INC, Johnson City, TN, pg. 241

Noe, Adi, Acct Dir -- POLISHED PIG MEDIA, Roanoke, VA, pg. 1611

Noel, Adam, Creative Dir -- BARTLE BOGLE HEGARTY LIMITED, London, United Kingdom, pg. 92

Noel, Banks, Creative Dir -- BBDO New York, New York, NY, pg. 99

Noel, Jeff, Assoc Creative Dir -- LOOKTHINKMAKE, LLC, Austin, TX, pg. 651

Noel, Nicole, Art Dir -- Lonsdale Saatchi & Saatchi, Port of Spain, Trinidad & Tobago, pg. 982

Noel, Omar Sotomayor, Sr Writer-Creative -- BBH Singapore, Singapore, Singapore, pg. 94

Noel, Ryan, Creative Dir -- BORSHOFF, Indianapolis, IN, pg. 148

Noel, Sam, Media Planner & Media Buyer -- MEDIA WORKS, LTD., Baltimore, MD, pg. 1344

Noer, Tracy Wascoe, Acct Dir -- SHAKER RECRUITMENT ADVERTISING & COMMUNICATIONS, INC., Oak Park, IL, pg. 1005

Noffsinger, Aaron, Exec VP & Grp Creative Dir -- Edelman, San Francisco, CA, pg. 1492

Nogueira, Marcelo, Creative Dir -- Almap BBDO, Sao Paulo, Brazil, pg. 101

Noh, Nick, Art Dir -- RETHINK, Vancouver, Canada, pg. 951

Nolan, Brian, Acct Dir -- Kinetic, Dublin, Ireland, pg. 1338

Nolan, Mary, Media Dir -- DUNCAN MCCALL, INC., Pensacola, FL, pg. 325

Noland, Holly Zuluaga, Acct Dir -- RAFFETTO HERMAN STRATEGIC COMMUNICATIONS LLC, Seattle, WA, pg. 1624

Noland, Tim, Creative Dir -- CALLIS & ASSOC., Sedalia, MO, pg. 184

Nolasco, Enid, Mgr-Creative -- HELIUM CREATIVE, Fort Lauderdale, FL, pg. 494

PERSONNEL INDEX — AGENCIES

Nold, Fabian, Acct Dir -- Wirz Werbung AG, Zurich, Switzerland, pg. 109

Nolte, Andrew, Art Dir -- PEAK CREATIVE MEDIA, Denver, CO, pg. 860

Nondo, James Kudzai, Acct Dir -- Net#work BBDO, Gauteng, South Africa, pg. 108

Nones, Marielle, Assoc Creative Dir -- Publicis JimenezBasic, Makati, Philippines, pg. 910

Nones, Marielle, Assoc Creative Dir -- Publicis Manila, Makati, Philippines, pg. 910

Noonan, Tommy, Exec Creative Dir -- DCX GROWTH ACCELERATOR, Brooklyn, NY, pg. 266

Noone, Tim, Media Dir -- IGNITIONONE, New York, NY, pg. 1263

Noorani, Madhu, Pres-Creative -- MullenLowe Lintas Group, Mumbai, India, pg. 774

Noorlander, Jon, Creative Dir -- DAVID & GOLIATH, El Segundo, CA, pg. 261

Norato, Miguel Andres, Creative Dir -- J. Walter Thompson, Bogota, Colombia, pg. 564

Norbim, Vinicius Dalvi, Assoc Creative Dir -- Publicis Italia, Milan, Italy, pg. 899

Norbury, Joshua, Sr Dir-Creative & Art -- Publicis UK, London, United Kingdom, pg. 902

Norcini, Laura, Acct Dir-Integrated -- BEAUTY\@GOTHAM, New York, NY, pg. 119

Nordin, Melissa, Sr VP & Media Dir -- BLUE SKY AGENCY, Atlanta, GA, pg. 140

Nordstrom, Maria, Acct Dir -- MediaCom Sverige AB, Stockholm, Sweden, pg. 1347

Norell, Steve, Creative Dir -- DRAKE COOPER INC., Boise, ID, pg. 319

Norford, Kathy, VP & Media Dir -- SPAWN IDEAS, Anchorage, AK, pg. 1032

Noriega, Beto, Creative Dir -- Y&R Peru, Lima, Peru, pg. 1207

Norin, Erik, Creative Dir -- Mother New York, New York, NY, pg. 763

Norman, Camille, Media Dir -- ERIC ROB & ISAAC, Little Rock, AR, pg. 348

Norman, Josh, Exec VP & Creative Dir -- TEXAS CREATIVE, San Antonio, TX, pg. 1098

Norman, Justin, Assoc Creative Dir -- Huge, Los Angeles, CA, pg. 512

Norman, Mangus, Acct Dir -- ANR BBDO, Stockholm, Sweden, pg. 109

Norman, Naomi, Creative Dir-Copy -- SHORE CREATIVE GROUP, Long Branch, NJ, pg. 1009

Normandin, Frank, Acct Supvr -- SWIFT AGENCY, Portland, OR, pg. 1066

Normando, Samuel, Assoc Creative Dir -- Publicis Brasil Communicao, Sao Paulo, Brazil, pg. 906

Norori, Norman, Assoc Creative Dir -- ZIMMERMAN ADVERTISING, Fort Lauderdale, FL, pg. 1212

Norquist, Peter, Acct Supvr -- THE MARTIN AGENCY, Richmond, VA, pg. 687

Norris, Dan, Creative Dir -- Wieden + Kennedy, London, United Kingdom, pg. 1165

Norris, Debbie, Media Dir -- HIRSHORN ZUCKERMAN DESIGN GROUP, Rockville, MD, pg. 502

Norris, Kelly, VP & Acct Dir -- GREY GROUP, New York, NY, pg. 438

Norris, Patrick, Art Dir -- Lewis Communications, Nashville, TN, pg. 637

Norris, Sabrina, Acct Supvr -- THE LAVIDGE COMPANY, Phoenix, AZ, pg. 616

Northrop, Shaun, Partner & Creative Dir -- Bovil DDB, Eindhoven, Netherlands, pg. 277

Northrop, Shaun, Partner & Creative Dir -- Bovil DDB, Eindhoven, Netherlands, pg. 1083

Northrup, Marie, Assoc Media Buyer -- BOOYAH ADVERTISING, Denver, CO, pg. 1241

Northrup, Rebecca, Sr Mgr-PR -- AD WORKSHOP, Lake Placid, NY, pg. 24

Norton, Birch, Owner, Partner & Exec Creative Dir -- BEAM, Boston, MA, pg. 1240

Norton, Birch, Owner, Partner & Exec Creative Dir -- BEAM INTERACTIVE, Boston, MA, pg. 1240

Norton, Maritza, Acct Exec-Sls-Natl -- LAMAR ADVERTISING COMPANY, Baton Rouge, LA, pg. 608

Norton, Melissa, Media Dir -- AMUSEMENT PARK, Santa Ana, CA, pg. 54

Norton, Shaun, Dir-PR -- SANDBOX STRATEGIES, New York, NY, pg. 1640

Nosan, Bill, Creative Dir -- BENEDICT ADVERTISING, Daytona Beach, FL, pg. 122

Noser, Sarah, Acct Coord -- BLACK TWIG COMMUNICATIONS, Saint Louis, MO, pg. 132

Nothegger, Christopher, Creative Dir -- Ogilvy, Dusseldorf, Germany, pg. 814

Nott, Martin, Acct Dir -- O'Keeffe & Co., Rochester, NY, pg. 1602

Nouel, Rosalin Torres, Acct Exec -- Grey Chile, Santiago, Chile, pg. 443

Nourian, Nathalie, Acct Exec -- PMBC GROUP, Beverly Hills, CA, pg. 1610

Noury, Chris, Creative Dir -- TRONVIG GROUP, Brooklyn, NY, pg. 1119

Nova, Adriana, Sr VP & Creative Dir -- LIPPE TAYLOR, New York, NY, pg. 1568

Novack, Kurt, Exec Creative DIr -- Leo Burnett, Suresnes, France, pg. 625

Novack, Lauren, Sr VP & Creative Dir -- FCB HEALTH, New York, NY, pg. 376

Novak, Cat, VP-Creative Svcs -- KILLIAN BRANDING, Chicago, IL, pg. 595

Novello, Marisa, Acct Coord -- DARCI CREATIVE, Portsmouth, NH, pg. 260

Novino, Kim, Acct Exec -- TRIZCOM, INC., Dallas, TX, pg. 1663

Novion, Eduardo, Gen Creative Dir -- TBWA Frederick, Santiago, Chile, pg. 1092

Novotny, Shannon, Acct Dir -- BOELTER + LINCOLN MARKETING COMMUNICATIONS, Milwaukee, WI, pg. 144

Nowacki, Sebastian, Head-PR & Activation -- Forsman & Bodenfors, Stockholm, Sweden, pg. 722

Nowak, Adam, Creative Dir -- WONGDOODY, Seattle, WA, pg. 1175

Nowak, Marcin, Creative Dir -- MullenLowe Warsaw, Warsaw, Poland, pg. 778

Nowak-Bunce, Kristina, Dir-New Bus Dev -- BUYER ADVERTISING, INC., Newton, MA, pg. 178

Nowels, Vogue, Creative Dir -- THE SCOTT & MILLER GROUP, Saginaw, MI, pg. 997

Nowikowski, Paul, Assoc Creative Dir -- GOODBY, SILVERSTEIN & PARTNERS, San Francisco, CA, pg. 428

Nowlin, Kary, Acct Exec-Social Media -- NIMBLE WORLDWIDE, Dallas, TX, pg. 794

Noya, Natalia, Acct Dir -- Ogilvy Argentina, Buenos Aires, Argentina, pg. 819

Noyes, Kathryn, Media Buyer -- SRCPMEDIA, Alexandria, VA, pg. 1039

Noyes, Melissa, VP & Media Dir -- YELLIN/MCCARRON, INC., Salem, NH, pg. 1387

Noyes, Meredith, Chief Creative Officer -- COOKSON STRATEGIC COMMUNICATIONS, Manchester, NH, pg. 1475

Nuchia, Ashley, Creative Dir -- NORTON CREATIVE, Houston, TX, pg. 800

Nuckols, Nikki, Founder & Creative Dir -- DOODLE DOG ADVERTISING, Dallas, TX, pg. 316

Nugent, Patricia, Grp VP-PR -- M&G/ERIC MOWER + ASSOCIATES, New York, NY, pg. 1572

Nuggis, Marge, Art Dir -- Kontuur-Leo Burnett, Tallinn, Estonia, pg. 624

Nukui, Michiko, Acct Dir -- McCann Erickson Japan Inc., Tokyo, Japan, pg. 706

Null, Meredith, Sr Mgr-New Bus -- VIRTUE WORLDWIDE, Brooklyn, NY, pg. 1139

Nunes, Cesar, Art Dir-Lisbon -- McCann Worldgroup Portugal, Lisbon, Portugal, pg. 708

Nunes, Fabio, Art Dir -- MullenLowe Brasil, Sao Paulo, Brazil, pg. 542

Nunes, Miguel, Creative Dir -- mcgarrybowen, London, United Kingdom, pg. 717

Nunez C, Julian Andres, Gen Dir-Creative -- El Taier DDB, Guatemala, Guatemala, pg. 274

Nunez, Damian, Creative Dir -- MullenLowe Romania, Bucharest, Romania, pg. 777

Nunez, Natalie, Media Planner -- THE COMPANY, Houston, TX, pg. 224

Nunez, Tony Cruz, Creative Dir & Art Dir -- Y&R Peru, Lima, Peru, pg. 1207

Nungaray, Tiffany, Acct Supvr -- BLAST RADIUS, New York, NY, pg. 134

Nunnemacher, Amy, Dir-PR -- NELSON SCHMIDT, Milwaukee, WI, pg. 788

Nunziato, John, Chief Creative Officer -- LITTLE BIG BRANDS, White Plains, NY, pg. 645

Nurarifin, Nugroho, Exec Creative Dir -- Grey Group Indonesia, Jakarta, Indonesia, pg. 447

Nurko, Kyle, Assoc Creative Dir -- ATTENTION GLOBAL, New York, NY, pg. 76

Nurrie, Ruth, Media Dir -- MAXWELL & MILLER MARKETING COMMUNICATIONS, Kalamazoo, MI, pg. 695

Nuruddin, Ruhiya, Dir-Brdcst & Content Production -- Hogarth Worldwide, New York, NY, pg. 1180

Nuruddin, Ruhiya, Dir-Brdcst & Content Production -- Hogarth Worldwide, New York, NY, pg..506

Nuss, Mark, Chief Creative Officer -- THE ADCOM GROUP, Cleveland, OH, pg. 28

Nussbaum, John, Grp Creative Dir -- HAVAS WORLDWIDE, New York, NY, pg. 475

Nussbaum, John, Grp Creative Dir -- HAVAS WORLDWIDE CHICAGO, Chicago, IL, pg. 488

Nuti, Giacomo, Assoc Creative Dir -- M&C Saatchi, Berlin, Germany, pg. 661

Nutley, Mark, Creative Dir & Writer -- BBDO Dublin, Dublin, Ireland, pg. 105

Nuts, Studio, Creative Dir -- Ogilvy (Eastern Africa) Ltd., Nairobi, Kenya, pg. 828

Nuzbach, Jamie, Creative Dir -- IDEAS COLLIDE INC., Scottsdale, AZ, pg. 521

Nuzum, Krista, Acct Dir -- RED MOON MARKETING, Charlotte, NC, pg. 940

Nuzzo, Danielle, Dir-PR & Social Media -- I.D.E.A., San Diego, CA, pg. 519

Nuzzo, Michael, Sr VP & Exec Creative Dir -- UNITED ENTERTAINMENT GROUP, New York, NY, pg. 1127

Nyberg, Kara, Acct Exec -- THE LACEK GROUP, Minneapolis, MN, pg. 606

Nybo, Craig, Founder, CEO & Creative Dir -- MEDIARIF CORPORATION, Kaysville, UT, pg. 1271

Nybo, Kjetill, Creative Dir -- Kitchen Leo Burnett, Oslo, Norway, pg. 626

Nye, Alexander, Acct Supvr -- GREGORY FCA, Ardmore, PA, pg. 1524

Nyen, Amanda, Media Dir -- FORTYTWOEIGHTYNINE, Rockton, IL, pg. 393

Nyman, Patrik, Assoc Creative Dir -- WEDNESDAY, New York, NY, pg. 1156

O

O Glesby, Marcella, VP-Creative Inspiration -- EDGE MARKETING, Chicago, IL, pg. 331

O' Connor, Fiona, Creative Dir -- Havas Worldwide Johannesburg, Bryanston, South Africa, pg. 488

O'Boyle, Maureen, Acct Dir & Producer -- TAG CREATIVE, New York, NY, pg. 1070

O'Brien, Beth, Grp Head-Creative -- Colenso BBDO, Auckland, New Zealand, pg. 114

O'Brien, Brendan, Assoc Creative Dir -- SMALL ARMY, Boston, MA, pg. 1022

O'Brien, Chelsea, Creative Dir -- OMELET LLC, Culver City, CA, pg. 835

O'Brien, David, Principal & Creative Dir -- PULSE MARKETING & ADVERTISING LLC, Leawood, KS, pg. 916

O'Brien, Gainer, Creative Dir -- DARBY O'BRIEN ADVERTISING, South Hadley, MA, pg. 260

O'Brien, Kate, Acct Dir-PR -- Hills Balfour, London, United Kingdom, pg. 750

O'brien, Kathy, Sr VP-PR -- JAFFE, Stephenville, TX, pg. 1545

O'Brien, Kelley, Grp Acct Dir-PR & Social -- THE VARIABLE AGENCY, Winston Salem, NC, pg. 1131

O'Brien, Marissa, Acct Exec -- Resound Marketing, Princeton, NJ, pg. 1630

O'Brien, Meghan, Acct Dir -- DDB New York, New York, NY, pg. 269

O'Brien, Mike, Assoc Creative Dir -- ISTRATEGYLABS, Washington, DC, pg. 1265

O'Brien, Sue Madigan, Sr VP & Media Dir -- SUSSMAN AGENCY, Southfield, MI, pg. 1064

O'Callaghan, Sean, Acct Exec -- COSSETTE COMMUNICATIONS, Vancouver, Canada, pg. 232

O'Connell, Michael, Assoc Dir-Creative & Copywriter -- CAMPBELL EWALD, Detroit, MI, pg. 185

O'Connell, Paddy, Art Dir -- ESCAPE POD, Chicago, IL, pg. 349

O'Connell, Shannon, Acct Exec -- ACROBATANT, Tulsa, OK, pg. 22

O'Connor, Austin, Assoc Dir-Creative -- HEAT, San Francisco, CA, pg. 492

O'Connor, Chelsey, Art Dir -- TBWA\Dublin, Dublin, Ireland, pg. 1083

O'Connor, Colleen, Acct Supvr -- THE MARKETING ARM, Dallas, TX, pg. 682

O'Connor, Daniel, Acct Exec -- Clarion Communications, London,

AGENCIES — PERSONNEL INDEX

United Kingdom, pg. 1185

O'Connor, Erin, Acct Supvr-PR -- WORDWRITE COMMUNICATIONS, Pittsburgh, PA, pg. 1686

O'Connor, Kelsey, Acct Supvr -- 5W PUBLIC RELATIONS, New York, NY, pg. 1423

O'Connor, Lillian, Assoc Creative Dir -- GREY GROUP, New York, NY, pg. 438

O'Connor, Madeline, Acct Supvr -- BLISSPR, New York, NY, pg. 136

O'Dea, Donal, Creative Dir -- Owens DDB, Dublin, Ireland, pg. 276

O'Donnell, Brittany, Acct Supvr -- SUKLE ADVERTISING, INC., Denver, CO, pg. 1059

O'Donnell, Carey, Pres & Creative Dir -- O'DONNELL AGENCY, West Palm Beach, FL, pg. 808

O'Donnell, Dan, Grp Dir-Creative -- PARTNERS+NAPIER, Rochester, NY, pg. 855

O'Donnell, Katharine, Acct Dir -- Saatchi & Saatchi EMEA Region Headquarters, London, United Kingdom, pg. 980

O'Donnell, Nick, Acct Dir -- BARTLE BOGLE HEGARTY LIMITED, London, United Kingdom, pg. 92

O'Donoghue, Kevin, Assoc Creative Dir -- YOUNG & RUBICAM, New York, NY, pg. 1197

O'Donoghue, Maureen, Acct Exec-Tremor Video DSP -- TELARIA, INC., New York, NY, pg. 1294

O'Dowd, Bernie, Creative Dir -- BATTERY, Los Angeles, CA, pg. 96

O'Dower, Clare, Acct Dir-Strategic -- HANLEY WOOD MARKETING, Minneapolis, MN, pg. 465

O'Driscoll, Jake, Art Dir -- DDB New Zealand Ltd., Auckland, New Zealand, pg. 278

O'Dwyer, Peter, Exec Creative Dir -- Havas Worldwide Dublin, Dublin, Ireland, pg. 480

O'Farrill, Luis Nunez, Creative Dir -- BBDO Mexico, Mexico, Mexico, pg. 103

O'Gaora, Colm, Creative Dir -- BBDO Dublin, Dublin, Ireland, pg. 105

O'Grady, Patrick, Sr VP-Creative Svcs -- Feinstein Kean Healthcare, Cambridge, MA, pg. 1598

O'Hanlon, David, Art Dir -- SJI ASSOCIATES, INC., New York, NY, pg. 1018

O'Hara, Keeley, Dir-Creative Svcs -- MCCANN CANADA, Toronto, Canada, pg. 712

O'Hara, Rosie, Mng Dir & Dir-PR -- MILLER BROOKS, Zionsville, IN, pg. 742

O'Hara-Boyce, Lizzie, Assoc Creative Dir -- M&C SAATCHI PLC, London, United Kingdom, pg. 658

O'Hare, Fergus, Assoc Creative Dir -- Ogilvy, Paris, France, pg. 814

O'Hea, John, Creative Dir -- DAVID & GOLIATH, El Segundo, CA, pg. 261

O'Hea, Michelle, Acct Dir -- BUTLER, SHINE, STERN & PARTNERS, Sausalito, CA, pg. 177

O'Keefe, Aaron, Acct Dir -- MONO, Minneapolis, MN, pg. 755

O'Keefe, Caroline, Acct Exec-Performance Solutions -- FUSION MARKETING, Saint Louis, MO, pg. 404

O'Keefe, Jeff, Assoc Creative Dir -- TBWA\Media Arts Lab, Los Angeles, CA, pg. 1078

O'Keeffe, John, Creative Dir -- WPP PLC, London, United Kingdom, pg. 1178

O'kelly, Mariana, Creative Dir -- Ogilvy Johannesburg (Pty.) Ltd., Johannesburg, South Africa, pg. 829

O'Leary, Meghan, Creative Dir -- GRAPEVINE DESIGNS, Lenexa, KS, pg. 1404

O'Leary, Steve, Creative Dir -- Publicis Conseil, Paris, France, pg. 898

O'Leary, Steve, Creative Dir -- Publicis Hong Kong, Hong Kong, China (Hong Kong), pg. 908

O'Malley, Tim, Art Dir -- STERLING RICE GROUP, Boulder, CO, pg. 1047

O'Neil, Amanda, Acct Supvr -- ROOP & CO., Cleveland, OH, pg. 1633

O'Neil, Carrie Norton, Acct Dir -- Brodeur Partners, Phoenix, AZ, pg. 1457

O'Neil, D. J., CEO & Creative Dir -- HUB STRATEGY AND COMMUNICATION, San Francisco, CA, pg. 511

O'Neill, Carolyn, Chief Creative Officer -- Centron, New York, NY, pg. 492

O'Neill, David, Art Dir -- THE MICHAEL ALAN GROUP, New York, NY, pg. 737

O'Neill, Gregg, VP & Creative Dir -- CRAWFORD STRATEGY, Greenville, SC, pg. 239

O'Neill, Lisa, Assoc Dir-Creative -- Leo Burnett Sydney, Sydney, Australia, pg. 628

O'Neill, Logan, Acct Exec -- BRIGHTLINE ITV, New York, NY, pg. 164

O'Neill, Stuart, Creative Dir -- Tribal Worldwide London, London, United Kingdom, pg. 1296

O'Neill-Gregory, Ben, Acct Exec -- J. Walter Thompson, London, United Kingdom, pg. 562

O'Regan, Leanne Jakubowski, Dir-Comm & PR -- DISNEY'S YELLOW SHOES CREATIVE GROUP/WALT DISNEY PARKS & RESORTS, Lake Buena Vista, FL, pg. 1221

O'Reilly, Brendan, Art Dir -- Owens DDB, Dublin, Ireland, pg. 276

O'Reilly, Brian, Creative Dir -- BEAUTY\@GOTHAM, New York, NY, pg. 119

O'Reilly, Dennis, Exec Creative Dir -- RATIONAL INTERACTION, Seattle, WA, pg. 1283

O'Rourke, Matthew, Chief Creative Officer -- 22SQUARED, Atlanta, GA, pg. 4

O'Rourke, Matthew, Sr VP & Grp Creative Dir -- MCCANN WORLDGROUP, New York, NY, pg. 714

O'Rourke, Philippe, Art Dir -- BOB'S YOUR UNCLE, Toronto, Canada, pg. 143

O'Shaughnessy, Elaine, Acct Dir -- Weber Shandwick, Belfast, United Kingdom, pg. 1679

O'Shaughnessy, Karen, VP & Media Dir -- SAGE COMMUNICATIONS, McLean, VA, pg. 986

O'Sullivan, Kevin, Exec Creative Dir -- Fleishman-Hillard Fishburn, London, United Kingdom, pg. 1509

O'Sullivan, Samantha, Art Dir -- LRXD, Denver, CO, pg. 1269

O'Toole, Kristen, Art Dir & Sr Graphic Designer -- FISH MARKETING, Portland, OR, pg. 385

O'Toole, Lawrence, Assoc Creative Dir -- FULL CONTACT ADVERTISING, Boston, MA, pg. 402

Oade, Anthony, Creative Dir -- GIOVATTO ADVERTISING & CONSULTING INC., Paramus, NJ, pg. 420

Oakley, David, Creative Dir -- BOONEOAKLEY, Charlotte, NC, pg. 147

Obando, Carlos, Creative Dir -- Garnier BBDO, San Jose, Costa Rica, pg. 102

Obayemi, Emmanuel, Art Dir -- DDB Canada, Toronto, Canada, pg. 267

Oberg, Stina Jansdotter, Head-Health & Wellness & Acct Dir -- INGO, Stockholm, Sweden, pg. 442

Oberlander, Bill, Co-Founder & Exec Creative Dir -- OBERLAND, New York, NY, pg. 804

Oberlander, Bill, Founder & Exec Creative Dir -- SHERRY MATTHEWS ADVOCACY MARKETING, Austin, TX, pg. 1007

Oberlander, John, Creative Dir -- OBERLANDER GROUP, Cohoes, NY, pg. 804

Oberman, Brett, Acct Exec -- KEITH SHERMAN & ASSOCIATES, INC., New York, NY, pg. 1553

Oberman, Michael, Founder & Exec Creative Dir -- FUSION IDEA LAB, Chicago, IL, pg. 404

Oberwiler, Dominik, Creative Dir -- Advico Y&R AG, Zurich, Switzerland, pg. 1203

Oborne, Nick, Dir-Fin PR -- Weber Shandwick Financial, London, United Kingdom, pg. 1679

OBrien, Kevin, Acct Dir -- KASTNER, Los Angeles, CA, pg. 588

Ocasio, Casey, Creative Dir -- FLOURISH INC., Cleveland, OH, pg. 389

Ocasio, Diana, Assoc Creative Dir -- VSBROOKS, Coral Gables, FL, pg. 1147

Ochi, Kazuyoshi, Creative Dir -- DENTSU INC., Tokyo, Japan, pg. 289

Ochiai, Kohei, Art Dir -- Beacon Communications K.K., Tokyo, Japan, pg. 630

Ochiai, Kohei, Art Dir -- Beacon Communications K.K., Tokyo, Japan, pg. 910

Ochoa, Jaylan, Acct Supvr -- HUNTER PUBLIC RELATIONS, New York, NY, pg. 1538

Ochoa, Sandra, Acct Exec -- GALLEGOS UNITED, Huntington Beach, CA, pg. 408

Ochsner, Bob, Dir-PR -- AMUSEMENT PARK, Santa Ana, CA, pg. 54

Oclander, Marcelo, Gen Dir-Creative -- Publicis Chile SA, Santiago, Chile, pg. 906

Odell, Benita, Media Buyer -- BLUESOHO, New York, NY, pg. 141

Odell, Cole Moore, Creative Dir -- THE COMMUNICATORS GROUP, Keene, NH, pg. 223

Odia, Seun, Acct Dir-Diageo Brands -- 140 BBDO, Cape Town, South Africa, pg. 108

Odom-Kurtz, Leisa, Dir-Strategic & Creative -- PERSUASION MARKETING & MEDIA, Milton, GA, pg. 865

Odonnell, Eileen, Creative Dir -- ODONNELL COMPANY, New Haven, CT, pg. 808

Odum, Andy, Creative Dir -- CAYENNE CREATIVE, Birmingham, AL, pg. 197

Oelke, Erik, Assoc Creative Dir -- SIXSPEED, Minneapolis, MN, pg. 1017

Oermann, Kim, Creative Dir -- MONCUR ASSOCIATES MIAMI, Miami, FL, pg. 1274

Offen, Gail, Sr VP & Creative Dir -- DONER, Southfield, MI, pg. 314

Offenbartlova, Jana, Acct Dir-Client Svcs -- FCB Czech, Prague, Czech Republic, pg. 366

Offenburger, Tim, Acct Supvr -- Gyro Chicago, Chicago, IL, pg. 458

Offermann, Adrianne, Specialist-PR & Res -- VOX SOLID COMMUNICATIONS, Las Vegas, NV, pg. 1668

Offord, Bob, Acct Dir -- GRAPEVINE DESIGNS, Lenexa, KS, pg. 1404

Ofsevit, Jordan, Acct Supvr -- TRANSLATION LLC, New York, NY, pg. 1113

Ogando, Micky, Principal & Chief Creative Officer -- BAKERY, Austin, TX, pg. 1240

Ogasahara, Takeshi, Creative Dir -- TBWA/Hakuhodo, Tokyo, Japan, pg. 1090

Ogata, Yasushi, VP & Exec Creative Dir -- Grey Group Japan, Tokyo, Japan, pg. 447

Ogawa, Yuto, Creative Dir -- DENTSU INC., Tokyo, Japan, pg. 289

Ogonda, Susan, Acct Exec -- Abbott Mead Vickers BBDO, London, United Kingdom, pg. 109

Ogunlowo, Chris, Creative Dir -- SO&U Saatchi & Saatchi, Lagos, Nigeria, pg. 978

Ogushwitz, Mary Blanton, Acct Dir -- MAGRINO PUBLIC RELATIONS, New York, NY, pg. 671

Oh, Hoon, VP & Creative Dir -- Allen & Gerritsen, Philadelphia, PA, pg. 46

Oh, Hyungkyun, Creative Dir -- Cheil Worldwide Inc., Seoul, Korea (South), pg. 462

Oh, Kate Hyewon, Exec Creative Dir -- Cheil Worldwide Inc., Seoul, Korea (South), pg. 462

Oh, Peter, Creative Dir -- BBDO Bangkok, Bangkok, Thailand, pg. 115

OHara, Alena, Media Dir -- PUBLICIS MEDIA, New York, NY, pg. 1365

Ohlin, Johan, Acct Dir -- MullenLowe Brindfors, Stockholm, Sweden, pg. 774

Ohno, Shingo, Art Dir -- Wieden + Kennedy Japan, Tokyo, Japan, pg. 1166

Okada, Alexandre Alex, Creative Dir-Omo, Persil, Breeze & Dulux -- MullenLowe London, London, United Kingdom, pg. 775

Okada, Yukio, Reg Creative Dir -- J. Walter Thompson Japan, Tokyo, Japan, pg. 557

Okai, Kellie, Art Dir -- TRACTION CORPORATION, San Francisco, CA, pg. 1112

OKelly, Mariana, Exec Creative Dir -- Ogilvy South Africa (Pty.) Ltd., Johannesburg, South Africa, pg. 829

Okeowo, Toluwalope, Acct Supvr -- CROSSMEDIA, New York, NY, pg. 1317

Oki, Geoff, Creative Dir -- HEAVENSPOT, Glendale, CA, pg. 493

Oki, Kei, Creative Dir & Sr Copywriter -- I&S BBDO Inc., Tokyo, Japan, pg. 113

Okubo, David, Acct Supvr -- Ogilvy, San Francisco, CA, pg. 1599

Okubo, Nako, Assoc Creative Dir -- mcgarrybowen, Chicago, IL, pg. 718

Okun, Josh, Partner & Exec Creative Dir -- The Company, Dallas, TX, pg. 224

Okun, Josh, Partner & Exec Creative Dir -- THE COMPANY, Houston, TX, pg. 224

Okun, Maria, Acct Coord -- FORREST & BLAKE INC., Mountainside, NJ, pg. 392

Okun, Michael, Creative Dir-Copy -- FCB Hamburg, Hamburg, Germany, pg. 366

Oladunwo, Olalekan, Art Dir -- SO&U Saatchi & Saatchi, Lagos, Nigeria, pg. 978

Olamai, Farnosh, Art Dir -- CREATIVE PARTNERS, Stamford, CT, pg. 245

Olanow, Anna M., Acct Dir -- THE BARBARIAN GROUP, New York, NY, pg. 88

Olavarrieta, Paco, Partner & Chief Creative Officer -- D EXPOSITO & PARTNERS, LLC, New York, NY, pg. 256

Olberding, Chris, CEO & Partner-Creative -- STATION FOUR, Jacksonville, FL, pg. 1044

Oldaker, Kathy, Sr VP & Media Dir -- GATESMAN, Pittsburgh, PA, pg. 412

Oldfield, Avery, Assoc Creative Dir -- VBP ORANGE, San Francisco, CA, pg. 1132

Oldfield, Avery, Assoc Creative Dir -- VENABLES, BELL & PARTNERS, San Francisco, CA, pg. 1132

Oldfield, Katie, Producer-Creative -- J. Walter Thompson, London, United Kingdom, pg. 562

PERSONNEL INDEX — AGENCIES

Oldham, Christopher, VP-Creative Svcs -- TWIST CREATIVE INC., Cleveland, OH, pg. 1124
Oldham, Sherri, Pres & Creative Dir -- SO CREATIVE, Houston, TX, pg. 1025
Oldroyd, Chelsea, Mgr-PR -- RELIC ADVERTISING, Provo, UT, pg. 945
Olds, Patrick, Assoc Creative Dir -- MOOSYLVANIA MARKETING, Saint Louis, MO, pg. 757
Olen, Jim, Pres & Chief Creative Officer -- DREAMENTIA INC, Los Angeles, CA, pg. 320
Olenik, Jessica, Sr Acct Exec-PR -- NEFF + ASSOCIATES, INC., Philadelphia, PA, pg. 788
Oleszkiewicz, Karry, Media Dir -- RE:GROUP, INC., Ann Arbor, MI, pg. 945
Olguin, Gabriela Paredes, Grp Creative Dir-VectorB -- McCann Erickson Mexico, Mexico, Mexico, pg. 706
Olimpio, Vinny, Creative Dir & Art Dir -- BARTLE BOGLE HEGARTY LIMITED, London, United Kingdom, pg. 92
Olita, Ivan, Founder & Creative Dir -- BRAVO, New York, NY, pg. 1242
Oliva, Abby, Dir-PR -- REVERB COMMUNICATIONS INC., Twain Harte, CA, pg. 952
Olivarez, Roman Carlo, Creative Dir -- MullenLowe Philippines, Manila, Philippines, pg. 776
Olivart, Xavier Paris, Dir-New Bus -- CPM Spain, Barcelona, Spain, pg. 236
Oliveira, Bibiana, Art Buyer -- FCB Sao Paulo, Sao Paulo, Brazil, pg. 370
Oliveira, Fabiano, Creative Dir -- Saatchi & Saatchi, Frankfurt am Main, Germany, pg. 977
Oliveira, Joao, Creative Dir -- J. Walter Thompson, Lisbon, Portugal, pg. 561
Oliver, Bill, Acct Exec -- JACK NADEL INTERNATIONAL, Westport, CT, pg. 1407
Oliver, Meredith, Creative Dir -- MEREDITH COMMUNICATIONS, Raleigh, NC, pg. 731
Olivera, Yuvitza, Acct Dir -- MARCA MIAMI, Coconut Grove, FL, pg. 677
Olivieri, Mary, Exec Creative Dir -- COLMAN BROHAN DAVIS, Chicago, IL, pg. 220
Olivo, Jeff, VP & Acct Dir -- DIGITAS HEALTH, Philadelphia, PA, pg. 302
Ollivier, Jonathan, Assoc Creative Dir & Copywriter -- Ogilvy (Singapore) Pvt. Ltd., Singapore, Singapore, pg. 827
Olma, Frank, Creative Dir -- Mediacom Dusseldorf, Dusseldorf, Germany, pg. 1338
Olma, Frank, Creative Dir -- Mediacom Dusseldorf, Dusseldorf, Germany, pg. 1346
Olmer, Lana, Acct Supvr -- R/GA San Francisco, San Francisco, CA, pg. 926
Olmo, Abel, Acct Supvr -- NeON, New York, NY, pg. 364
Olmos, Jonnathan, Art Dir -- McCann Erickson Corp. S.A., Bogota, Colombia, pg. 702
Olos, Radoslav, Head-Creative Team -- Istropolitana Ogilvy, Bratislava, Slovakia, pg. 816
Olotu, Kayode, Art Dir -- DDB Casers, Lagos, Nigeria, pg. 278
Olschewski, Felicitas, Creative Dir -- 72andSunny, Amsterdam, Netherlands, pg. 11
Olsen, Andrea, Media Planner & Media Buyer -- PRAIRIE DOG/TCG, Kansas City, MO, pg. 886
Olsen, Nate, Art Dir -- HAMPTON CREATIVE, Tulsa, OK, pg. 465
Olsen, Tim, VP & Media Dir -- JSML MEDIA, LLC, Maple Grove, MN, pg. 1336
Olson, Cara, Dir-Direct Mktg & eCRM -- DEG, Leawood, KS, pg. 1248
Olson, Eric, Sr VP & Exec Creative Dir -- FOODMIX MARKETING COMMUNICATIONS, Elmhurst, IL, pg. 391
Olson, Kelly, Acct Supvr -- THE MX GROUP, Burr Ridge, IL, pg. 781
Olson, Kurt, Creative Dir -- Publicis Dialog Boise, Boise, ID, pg. 905
Olson, Kurt, Creative Dir -- Publicis Dialog Boise, Boise, ID, pg. 913
Olson, Liz, Acct Dir -- J. WALTER THOMPSON ATLANTA, Atlanta, GA, pg. 564
Olson, Stephen, Art Dir -- BOLIN MARKETING, Minneapolis, MN, pg. 145
Olsson, Joakim, Partner & Creative Dir -- STOCKHOLM DESIGN, Studio City, CA, pg. 1050
Olszewski, Olivia, Art Dir & Sr Designer -- SQUEAKY WHEEL MEDIA, New York, NY, pg. 1038
Onal, Orkun, Grp Head-Creative -- TBWA Istanbul, Istanbul, Turkey, pg. 1088
Onart, Lianne, Assoc Creative Dir -- DNA SEATTLE, Seattle, WA, pg. 311
Onate, Nacho, Exec Creative Dir -- LOLA MullenLowe, Madrid, Spain, pg. 542
Onesto, Chris, Art Dir -- DUNCAN CHANNON, San Francisco, CA, pg. 325
Onesto, Chris, Art Dir -- TWOFIFTEENMCCANN, San Francisco, CA, pg. 1124
Ong, Aloysius, Dir-Creative & Art -- M&C Saatchi, Singapore, Singapore, pg. 662
Ong, Fiona, Acct Dir -- TBWA Singapore, Singapore, Singapore, pg. 1091
Ong, Jonathan, Assoc Dir-Creative -- THE BARBARIAN GROUP, New York, NY, pg. 88
Ong, Karen, Creative Dir -- SALTERMITCHELL INC., Tallahassee, FL, pg. 1639
Ong, Pearlyn, Grp Head-Creative -- Publicis Asia/Pacific Pte. Ltd., Singapore, Singapore, pg. 907
Ong, Theresa, Reg Creative Dir -- Saatchi & Saatchi Asia Pacific, Singapore, Singapore, pg. 985
Ongpin, Ana Ysabel, Mng Dir-PR & Social Media -- Campaigns & Grey, Makati, Philippines, pg. 447
Ongsano, Ridward, Creative Dir -- Grey Group Indonesia, Jakarta, Indonesia, pg. 447
Ono, Yujin, Art Dir -- IGNITION INTERACTIVE, Los Angeles, CA, pg. 523
Onsager-Birch, Karin, Chief Creative Officer -- FCB West, San Francisco, CA, pg. 365
Onsurez, Aaron, Assoc Creative Dir -- GALLEGOS UNITED, Huntington Beach, CA, pg. 408
Ooi, Jerome, Exec Creative Dir -- TBWA Hong Kong, Hong Kong, China (Hong Kong), pg. 1089
Opacic, Boris, Art Dir -- JOAN, New York, NY, pg. 577
Opad, Amy, Acct Exec -- AFFIRM, Pewaukee, WI, pg. 37
Opfer, Craig, Owner & Creative Dir -- MAGNETO BRAND ADVERTISING, POrtland, OR, pg. 671
Opferkuch, Christina, Acct Dir -- Ogilvy New Zealand, Auckland, New Zealand, pg. 826
Oporto, Tara, Exec VP & Media Dir -- MEDIA BROKERS INTERNATIONAL, INC., Alpharetta, GA, pg. 1341
Opperman, Cali, Acct Exec -- THE BAIT SHOPPE, New York, NY, pg. 84
Oprisan, Victor, Grp Creative Dir -- MullenLowe Romania, Bucharest, Romania, pg. 777
Oram, Charlotte, Acct Dir -- Abbott Mead Vickers BBDO, London, United Kingdom, pg. 109
Orbay, Zeynep, Art Dir -- Wieden + Kennedy Amsterdam, Amsterdam, Netherlands, pg. 1164
Orengel, Ilan, Assoc Creative Dir -- R/GA Sao Paulo, Sao Paulo, Brazil, pg. 926
Orfao, Olga, Acct Dir -- Wunderman, Lisbon, Portugal, pg. 1192
Orhun, Enis, Exec Creative Dir -- C-Section, Istanbul, Turkey, pg. 1204
Ori, Marissa, Assoc Creative Dir -- ABELSON-TAYLOR, INC., Chicago, IL, pg. 17
Orlandi, Alessandro, Creative Dir -- Saatchi & Saatchi, Rome, Italy, pg. 978
Orlandi, Alessandro, Creative Dir -- Saatchi & Saatchi, Milan, Italy, pg. 978
Orlandi, Alessandro, Creative Dir -- Saatchi & Saatchi Healthcare, Milan, Italy, pg. 978
Orlandi, Ezequiel, Creative Dir -- Wunderman, Buenos Aires, Argentina, pg. 1189
Orlando, Matt, COO & Chief Creative Officer -- TAG, Thornhill, Canada, pg. 1070
Orlov, Yaroslav, Exec Creative Dir -- BBDO Moscow, Moscow, Russia, pg. 107
Orlowicz, Kyle, Creative Dir -- PILOT, New York, NY, pg. 871
Ornstein, Andrea, Media Buyer -- Horizon Next, New York, NY, pg. 1330
Orologio, Dominic, Exec VP & Exec Creative Dir -- Cline, Davis & Mann, Inc., Princeton, NJ, pg. 199
Orosa, Noel, Dir-Reg Grp Creative -- Publicis Singapore, Singapore, Singapore, pg. 911
Orosa, Noel, Reg Grp Dir-Creative -- Saatchi & Saatchi Asia Pacific, Singapore, Singapore, pg. 985
Orozco, Alejandro Calero, Creative Dir-Total Work -- Sancho BBDO, Bogota, Colombia, pg. 102
Orozco, Carlos, Acct Dir -- R/GA, Austin, TX, pg. 927
Orr, Jenny, Creative Dir -- MERGE Atlanta, Alpharetta, GA, pg. 731
Orr, Jim, Acct Dir -- PHD Canada, Toronto, Canada, pg. 1364
Orr, John, Dir-PR -- AB+C, Wilmington, DE, pg. 16
Orru, Maryana, Art Buyer & Producer-Creative -- Almap BBDO, Sao Paulo, Brazil, pg. 101
Ortega, Cesar, Acct Supvr -- THE INTEGER GROUP-DALLAS, Dallas, TX, pg. 1405
Ortega, Dave, Creative Dir -- MCKEE WALLWORK & COMPANY, Albuquerque, NM, pg. 718
Ortega, Jamie, Acct Dir-Digital -- M&C Saatchi, Santa Monica, CA, pg. 662
Ortega, Marco, Art Dir -- Prolam Y&R S.A., Santiago, Chile, pg. 1206
Ortega, Sasha, Art Dir -- Cossette Communication-Marketing, Toronto, Canada, pg. 234
Ortega, Tom, Chief Creative Officer -- RIESTER, Phoenix, AZ, pg. 958
Ortega-Foster, Kate, Acct Exec -- ANDERSON ADVERTISING & PUBLIC RELATIONS, Scottsdale, AZ, pg. 56
Ortinau, Justin, Acct Exec -- DRIVE SOCIAL MEDIA, Saint Louis, MO, pg. 1254
Ortinez-Hansen, Julia, Acct Supvr -- BARRETTSF, San Francisco, CA, pg. 91
Ortiz, Alejandro, VP & Creative Dir -- CASANOVA PENDRILL, Costa Mesa, CA, pg. 192
Ortiz, Ana, Art Buyer -- DDB Madrid, S.A., Madrid, Spain, pg. 280
Ortiz, Diego, Gen Creative Dir -- Leo Burnett Colombia, S.A., Bogota, Colombia, pg. 623
Ortiz, Elvia, Acct Supvr -- McCann New York, New York, NY, pg. 698
Ortiz, Irasema, Acct Exec -- INTERLEX COMMUNICATIONS INC., San Antonio, TX, pg. 538
Ortiz, Juan, Acct Coord -- RE:FUEL, New York, NY, pg. 944
Ortiz, Juan Carlos, Chm-Creative-Americas -- DDB WORLDWIDE COMMUNICATIONS GROUP INC., New York, NY, pg. 268
Ortiz, Roxana, Mgr-Creative Ops -- KOOPMAN OSTBO, Portland, OR, pg. 601
Ortman, Patrick, CEO & Creative Dir -- PATRICKORTMAN, INC., Studio City, CA, pg. 1279
Ortmann, Erica, Acct Dir -- OGILVY, New York, NY, pg. 809
Ory, Andre, Acct Dir -- FENTON, New York, NY, pg. 377
Orzechowski, Brian, Acct Exec -- GELIA-MEDIA, INC., Williamsville, NY, pg. 414
Osadchuk, Oksana, Acct Dir -- Adventa Lowe, Kiev, Ukraine, pg. 773
Osborne, Emily, Art Dir -- Colenso BBDO, Auckland, New Zealand, pg. 114
Osborne, Kathleen, Acct Dir -- BAM COMMUNICATIONS, San Diego, CA, pg. 1438
Osborne, Kenny, Creative Dir -- AVREAFOSTER, Dallas, TX, pg. 80
Osborne, Kolby, Art Dir -- Y&R MEMPHIS, Memphis, TN, pg. 1195
Oshima, Hiroshi, Chief Creative Officer -- DDB Japan, Tokyo, Japan, pg. 276
Osholowu, Dosh, Art Dir -- RETHINK, Vancouver, Canada, pg. 951
Osinska, Aleksandra, Mgr-Traffic -- Initiative Universal Warsaw, Warsaw, Poland, pg. 1333
Osinski, Piotr, Assoc Creative Dir -- Saatchi & Saatchi, Warsaw, Poland, pg. 979
Osmond, Keshia, Art Dir -- MullenLowe South Africa, Johannesburg, South Africa, pg. 777
Osmond, Vincent, Creative Dir -- DDB Sydney Pty. Ltd., Ultimo, Australia, pg. 270
Oso, Rodrigo, Creative Dir -- Ogilvy, Mexico, Mexico, pg. 821
Osorio, Alberto, Sr Creative Dir -- Grey Chile, Santiago, Chile, pg. 443
Osorio, Susan, Acct Dir -- ZUBI ADVERTISING SERVICES, INC., Coral Gables, FL, pg. 1215
Ossa Briceno, Nicol Andres, Art Dir -- DDB Worldwide Colombia S.A., Bogota, Colombia, pg. 272
Ostberg, Tommy, Creative Dir -- Grey Gothenburg, Gothenburg, Sweden, pg. 1182
Ostby, Jay, Assoc Creative Dir -- TETHER, INC., Seattle, WA, pg. 1097
Osterloh, Susan, Exec Creative Dir -- MEDTHINK COMMUNICATIONS, Cary, NC, pg. 729
Osterlund-Martin, Dawn, Mgr-Traffic -- HIGH TIDE CREATIVE, New Bern, NC, pg. 499
Ostiglia, Martin, Gen Dir-Creative -- Young & Rubicam, S.L., Madrid, Spain, pg. 1203
Ostiglia, Tomas, Creative Dir-Global & Copywriter -- LOLA MullenLowe, Madrid, Spain, pg. 542
Ostman, Scott, Creative Dir -- EPICOSITY, Sioux Falls, SD, pg. 344
Ostridge, Alexandra Stanley, Acct Dir -- CASTILLO & RUIG COMMUNICATIONS, Santa Monica, CA, pg. 1464
Osuna, Fernando, Chief Creative Officer -- LOPEZ NEGRETE COMMUNICATIONS, INC., Houston, TX, pg. 651

1791

AGENCIES — PERSONNEL INDEX

Otasevic, Milica, Acct Dir -- DDB Berlin, Berlin, Germany, pg. 274
Otchik, Ivan, Art Dir -- BBDO Moscow, Moscow, Russia, pg. 107
Otero, Antonio, Dir-Bus Dev, PR & Comm -- FCB Spain, Madrid, Spain, pg. 368
Otis, Jeanne, Acct Supvr -- Asher Agency, Inc., Charleston, WV, pg. 74
Ots, Kieran, Exec VP & Exec Creative Dir -- Leo Burnett Sydney, Sydney, Australia, pg. 628
Ottati, Miguel, Creative Dir -- CIRCUS MARKETING, Santa Monica, CA, pg. 208
Ottavio, Kate, Acct Dir -- ICR, Norwalk, CT, pg. 1539
Otter, Keith, Exec Creative Dir -- INTERMARK GROUP, INC., Birmingham, AL, pg. 539
Otway, Heidi, Partner, VP & Dir-PR & Social Media -- SALTERMITCHELL INC., Tallahassee, FL, pg. 1639
Otway, Ian, Assoc Creative Dir -- Saatchi & Saatchi Pro, London, United Kingdom, pg. 981
Ouellette, Amanda, Acct Supvr -- DDB Chicago, Chicago, IL, pg. 268
Ouellette, Karl, Art Dir -- Publicis Montreal, Montreal, Canada, pg. 904
Oury, Lauren, Acct Supvr -- DIESTE, Dallas, TX, pg. 299
Outhwaite-Noel, Danielle, Creative Dir -- MOTHER LTD., London, United Kingdom, pg. 762
Ouyang, Qian, Acct Dir-Weida PR -- Hill & Knowlton Hong Kong Ltd., Quarry Bay, China (Hong Kong), pg. 1534
Ovadia, Ron, Strategist-Creative Brand -- AIRT GROUP, San Rafael, CA, pg. 41
Oven, Atara, Acct Dir -- NCOMPASS INTERNATIONAL, West Hollywood, CA, pg. 787
Overbaugh, Mark, Dir-Creative Svcs-Natl -- J. WALTER THOMPSON INSIDE, Los Angeles, CA, pg. 565
Overholt, Tania, Mgr-Creative Resource & Producer -- GRIP LTD., Toronto, Canada, pg. 450
Overkamp, Jamie, Creative Dir -- ESPN CREATIVEWORKS, New York, NY, pg. 349
Overton, Bonnie, Grp Assoc Creative Dir -- MICROMASS COMMUNICATIONS INC, Cary, NC, pg. 738
Overton, Heath, Acct Supvr -- GS&F, Nashville, TN, pg. 453
Overton, Matthew, Art Dir -- PUBLICIS HEALTHCARE COMMUNICATIONS GROUP, New York, NY, pg. 911
Overton, Michael, Partner & Creative Dir -- INFERNO, Memphis, TN, pg. 530
Oviatt, Arlo, Exec Creative Dir -- YOUNG & RUBICAM, New York, NY, pg. 1197
Ovren, Christina Kopp, Acct Dir-Nordic -- MediaCom Sverige AB, Stockholm, Sweden, pg. 1347
Ovsey, Mark, Art Dir -- Tribal Worldwide Toronto, Toronto, Canada, pg. 1296
Owen, Ian, Creative Dir -- The&Partnership London, London, United Kingdom, pg. 56
Owen, Laura, VP & Creative Dir -- Doner, Cleveland, OH, pg. 315
Owen, Laura, VP & Creative Dir -- Doner, Cleveland, OH, pg. 724
Owen, Mack, Pres & Dir-Creative -- THE OWEN GROUP, Lubbock, TX, pg. 847
Owen, Matt, Creative Dir -- Acxiom LLC, Conway, AR, pg. 541
Owens, Geoff, Creative Dir -- BELMONT ICEHOUSE, Dallas, TX, pg. 121
Owens, Kate, Acct Dir-Digital -- SAATCHI & SAATCHI, New York, NY, pg. 975
Owens, Kevin, Acct Supvr -- RES PUBLICA GROUP, Chicago, IL, pg. 1629
Owens, Renee, Assoc Creative Dir -- SFW AGENCY, Winston Salem, NC, pg. 1004
Owens, Sarah, Art Dir -- RIVERS AGENCY, Chapel Hill, NC, pg. 961
Owett, Margot, Exec Creative Dir -- YOUNG & RUBICAM, New York, NY, pg. 1197
Owings, Matt, Acct Exec-Social Media Mktg -- MGH, INC., Owings Mills, MD, pg. 736
Owolawi, Seyi, Assoc Creative Dir -- DDB Casers, Lagos, Nigeria, pg. 278
Oxman, Robert, VP & Dir-Creative Svcs -- PASKILL STAPLETON & LORD, Glenside, PA, pg. 857
Oxte, Carlos, Creative Dir -- BBDO Mexico, Mexico, Mexico, pg. 103
Oyedele, David, Acct Exec -- Abbott Mead Vickers BBDO, London, United Kingdom, pg. 109
Ozan, Michael, CEO & Chief Creative Officer -- TWIST CREATIVE INC., Cleveland, OH, pg. 1124
Ozari, Fulya, Acct Supvr -- Manajans Thompson istanbul, Istanbul, Turkey, pg. 561
Ozbakir, Tolga, Art Dir -- 4129Grey, Istanbul, Turkey, pg. 442
Ozbakir, Tolga, Art Dir -- Medina/Turgul DDB, Beyoglu, Turkey, pg. 281
Ozdych, John, COO & Exec Creative Dir -- REAL INTEGRATED, Troy, MI, pg. 936
Ozkan, Selen, Media Planner -- Abbott Mead Vickers BBDO, London, United Kingdom, pg. 109
Ozmal, Mustafa, Grp Head-Creative -- Y&R Turkey, Istanbul, Turkey, pg. 1204
Ozorio, Fabio, Assoc Creative Dir-Copy -- PUBLICIS USA, New York, NY, pg. 912
Oztunali, Cenk, Creative Dir -- McCann Erickson WorldGroup Turkey, Istanbul, Turkey, pg. 710
Ozura, Vivian, Acct Exec -- ADVANTAGE COMMUNICATIONS, INC., Little Rock, AR, pg. 34

P

Pace, Grant, Exec Dir-Creative -- CTP, Boston, MA, pg. 252
Pace, Kimberly, Supvr-PR -- THE COMPANY, Houston, TX, pg. 224
Pacheco, Alberto, Creative Dir -- BBDO Mexico, Mexico, Mexico, pg. 103
Pacheco, Marco, Creative Dir -- BBDO Portugal, Lisbon, Portugal, pg. 107
Pacheco, Marco, Creative Dir -- TBWA Lisbon, Lisbon, Portugal, pg. 1084
Pacheco, Rodrigo, Art Dir -- BBDO Chile, Santiago, Chile, pg. 102
Pachuta, Ryan, Assoc Mgr-PR -- JENNIFER BETT COMMUNICATIONS, New York, NY, pg. 574
Pacitto, James, Art Dir -- LEO BURNETT COMPANY LTD., Toronto, Canada, pg. 620
Paciulli, Alaina, Dir-Integrated Media & New Bus -- THE SEIDEN GROUP, New York, NY, pg. 1001
Pack, Jennifer, Acct Supvr -- Edelman, New York, NY, pg. 1492
Padden, Julie Block, Media Planner & Media Buyer -- MEDIA WORKS, LTD., Baltimore, MD, pg. 1344
Paddock, Ben, Art Dir-Interactive -- BLENDERBOX INC., Brooklyn, NY, pg. 135
Paddon, Layne Steele, Acct Supvr -- O'KEEFE REINHARD & PAUL, Chicago, IL, pg. 834
Padgett, Amy, Media Planner -- MASS MEDIA MARKETING, Augusta, GA, pg. 691
Padgett, Neil, Creative Dir -- FCB Halesway, Andover, United Kingdom, pg. 376
Padilla, Adam, Pres & Chief Creative Officer -- BRANDFIRE, New York, NY, pg. 156
Padilla, Gabriela, Acct Exec -- EDELMAN, Chicago, IL, pg. 1490
Padrick, Rebecca, Acct Dir -- GROK, New York, NY, pg. 451
Paduanelli, Tiziana, Acct Dir -- Publicis Italia, Milan, Italy, pg. 899
Padula-Hite, Mary, VP & Media Dir -- COMPAS, INC., Cherry Hill, NJ, pg. 1316
Paeglis, Didzis, Acct Dir -- DDB Latvia, Riga, Latvia, pg. 276
Pagano, Alexandre, Creative Dir -- Leo Burnett Tailor Made, Sao Paulo, Brazil, pg. 623
Pagano, Chris, Media Dir -- MERING & ASSOCIATES, Sacramento, CA, pg. 731
Page, David, Acct Exec -- CD&M COMMUNICATIONS, Portland, ME, pg. 198
Page, Mike, Supvr-Creative -- ERIC MOWER + ASSOCIATES, Syracuse, NY, pg. 346
Page, Ted, Principal & Exec Creative Dir -- CAPTAINS OF INDUSTRY, Boston, MA, pg. 188
Pageau, Nanette, Principal & Dir-PR -- KANEEN ADVERTISING & PR, Tucson, AZ, pg. 587
Paget, Nick, Head-Campaigns & Creative Dir -- R/GA London, London, United Kingdom, pg. 926
Pagios, Stephanie, Acct Exec & Coord-Digital Mktg -- BECKER MEDIA, Oakland, CA, pg. 120
Paglieri, Matias, Art Dir -- Wunderman, Buenos Aires, Argentina, pg. 1189
Pagnoni, David, Acct Dir -- Publicis, Amstelveen, Netherlands, pg. 901
Pagnoni, David, Acct-Worldwide -- Publicis, Rome, Italy, pg. 900
Pagnoni, David, Acct Dir-Worldwide -- Publicis Italia, Milan, Italy, pg. 899
Pagnoni, David, Acct Dir-Worldwide -- Publicis S.R.L., Milan, Italy, pg. 900
Pagonis, Panagiotis, Art Dir -- Bold Ogilvy Greece, Athens, Greece, pg. 815
Pagulayan, Crissy, Acct Dir -- RUSTY GEORGE CREATIVE, Tacoma, WA, pg. 973
Paikkari, Laura, Creative Dir -- TBWA PHS, Helsinki, Finland, pg. 1080
Paindiris, Kirsten, Creative Dir -- O'CONNELL & GOLDBERG, Hollywood, FL, pg. 1597
Paine, Sydney, Acct Exec-Clorox -- mcgarrybowen, Chicago, IL, pg. 718
Paine, Tom, Exec Creative Dir -- Y&R, Auckland, New Zealand, pg. 1192
Painter, Sue, Art Dir -- INVNT, New York, NY, pg. 546
Paiva, Felipe, Art Dir -- W+K Sao Paulo, Sao Paulo, Brazil, pg. 1164
Pajewski, Mark, VP & Media Dir -- PLOWSHARE GROUP, INC., Stamford, CT, pg. 878
Pak, Helen, Pres-Toronto & Chief Creative Officer-Canada -- GREY VANCOUVER, Vancouver, Canada, pg. 449
Palacio, Felipe, Art Dir -- Leo Burnett Tailor Made, Sao Paulo, Brazil, pg. 623
Palacios, Claude, Media Dir -- SPARK FOUNDRY, Chicago, IL, pg. 1369
Palacios, Isabel R., Creative Dir -- McCann Erickson Mexico, Mexico, Mexico, pg. 706
Palacios, Juan, Creative Dir -- BBDO Mexico, Mexico, Mexico, pg. 103
Palacios, Sylvester, Jr., Acct Supvr -- Pierpont Communications, Inc., Austin, TX, pg. 1608
Palama, Anna, Creative Dir -- TBWA Italia, Milan, Italy, pg. 1083
Palame, Megan, Acct Supvr -- MORE ADVERTISING, Watertown, MA, pg. 757
Palatini, Richard, Dir-Brand Strategy & Creative -- DELIA ASSOCIATES, Whitehouse, NJ, pg. 287
Palazzolo, Michele, Acct Dir -- G.W. HOFFMAN MARKETING & COMMUNICATIONS, Darien, CT, pg. 1404
Paleczny, Chris, Assoc Creative Dir -- MCCANN CANADA, Toronto, Canada, pg. 712
Palermo, Rafael, Creative Dir -- Wunderman, Sao Paulo, Brazil, pg. 1190
Palin, Addie, Acct Dir -- O'KEEFE REINHARD & PAUL, Chicago, IL, pg. 834
Pallu, Andre, Creative Dir -- FCB Sao Paulo, Sao Paulo, Brazil, pg. 370
Pally, Christianna, Acct Dir & Strategist-Digital -- BCW (BURSON COHN & WOLFE), New York, NY, pg. 1439
Palm, Tim, Creative Dir -- SPYGLASS BRAND MARKETING, Minneapolis, MN, pg. 1037
Palm, Vickie, Sr Dir-Production & Mgr-Creative -- WongDoody, Culver City, CA, pg. 1175
Palma, Domingo, Assoc Creative Dir & Writer -- DIESTE, Dallas, TX, pg. 299
Palma, Gonzalo, Art Dir -- DDB Argentina, Buenos Aires, Argentina, pg. 270
Palmantier, Guillaume, Dir-Film & Producer-Creative -- BETC, Paris, France, pg. 479
Palmar, Andreina Plaza, Acct Supvr -- J. Walter Thompson, Caracas, Venezuela, pg. 564
Palmer, Brande, Media Planner -- TRIAD RETAIL MEDIA, LLC, Saint Petersburg, FL, pg. 1116
Palmer, Klara, Creative Dir -- McCann Erickson Prague, Prague, Czech Republic, pg. 702
Palmer, Kristen, Dir-Creative -- PERRONE GROUP, Braintree, MA, pg. 865
Palmer, Matt, Creative Dir & Copywriter -- PARTNERS+NAPIER, Rochester, NY, pg. 855
Palmer, Richard, Creative Dir -- LITTLE BIG BRANDS, White Plains, NY, pg. 645
Palmer, Scott, Creative Dir -- CRAMER PRODUCTIONS INC., Norwood, MA, pg. 238
Palmer, Shannon, Dir-PR & Social Media -- FKQ ADVERTISING + MARKETING, Clearwater, FL, pg. 386
Palmer, Todd, Pres & Creative Dir -- VIRTUAL FARM CREATIVE INC., Phoenixville, PA, pg. 1138
Palmeri, Chris, Media Planner & Media Buyer -- BUTLER/TILL, Rochester, NY, pg. 1313
Pals, Shawn, Creative Dir -- Yamamoto, Minneapolis, MN, pg. 723
Paltzer, Kristin, Mgr-PR -- CELTIC, INC., Milwaukee, WI, pg. 199
Palumbo, Stephanie, Acct Supvr -- ICR, Norwalk, CT, pg. 1539
Pamungkas, Adam, Grp Creative Dir -- Ogilvy, Jakarta, Indonesia, pg. 825
Panagiotopoulos, Andreas, Art Dir -- Forsman & Bodenfors, Stockholm, Sweden, pg. 722
Panaitescu, Andra, Acct Dir -- MullenLowe Romania, Bucharest, Romania, pg. 777
Panareo, Marco, Deputy Creative Dir -- Y&R Italia, srl, Milan, Italy, pg. 1203
Pancotti, Alessandro, Head-Brdcst -- D'Adda, Lorenzini, Vigorelli, BBDO, Milan, Italy, pg. 106
Pandey, Piyush, Exec Chm & Creative Dir-South Asia -- Ogilvy India, Chennai, India, pg. 823

PERSONNEL INDEX — AGENCIES

Pandey, Vikram, Exec Creative Dir -- Leo Burnett India, Mumbai, India, pg. 629

Pandit, Gautam, Exec Creative Dir -- R.K. Swamy BBDO, Chennai, India, pg. 112

Pandya, Hital, Creative Dir -- Ogilvy, Chicago, IL, pg. 811

Pandya, Pooja, Creative Dir -- OgilvyOne Worldwide, Mumbai, India, pg. 825

Panebianco, Andrew, Assoc Creative Dir -- Allen & Gerritsen, Philadelphia, PA, pg. 46

Panek, Sofia, Acct Dir -- Havas Worldwide Dusseldorf, Dusseldorf, Germany, pg. 480

Panes, Raoul, Chief Creative Officer -- Leo Burnett Manila, Makati, Philippines, pg. 631

Pang, Ben, Art Dir -- CAMP + KING, San Francisco, CA, pg. 185

Pang, Kong Wee, Art Dir & Assoc Creative Dir -- ARCHER MALMO, Memphis, TN, pg. 65

Pang, Lorell, Acct Dir -- Hakuhodo Hong Kong Ltd., North Point, China (Hong Kong), pg. 462

Pangburn, Lindsay, Acct Supvr -- PROSIO COMMUNICATIONS, Roseville, CA, pg. 1620

Panio, Carrie, Acct Dir -- RETHINK, Vancouver, Canada, pg. 951

Panjwani, Nikhil, Creative Dir -- BBH Singapore, Singapore, Singapore, pg. 94

Pankowska, Dorota, Art Dir -- JOHN ST., Toronto, Canada, pg. 579

Pannell, Audrey, VP-Mktg & PR -- STYLE ADVERTISING, Birmingham, AL, pg. 1057

Pano, Angel Trallero, Exec Creative Dir -- Grey Barcelona, Barcelona, Spain, pg. 442

Panozza, Blair, Copywriter-Creative -- Young & Rubicam Australia/New Zealand, Sydney, Australia, pg. 1199

Panteleev, Mikhail, Creative Dir -- MullenLowe Moscow, Moscow, Russia, pg. 775

Pantland, Charles, Creative Dir -- Ogilvy South Africa (Pty.) Ltd., Johannesburg, South Africa, pg. 829

Pantland, Charles, Creative Dir -- TBWA Hunt Lascaris (Johannesburg), Johannesburg, South Africa, pg. 1087

Pantlind, John, Media Dir -- HDM/ZOOMEDIA, Chicago, IL, pg. 491

Panucci, Rodrigo, Assoc Creative Dir -- PUBLICIS NEW YORK, New York, NY, pg. 912

Paonessa, Jay, VP & Creative Dir -- MACLYN GROUP, Naperville, IL, pg. 667

Papageorge, Stephen, Partner & Chief Creative Officer -- MIRRORBALL, New York, NY, pg. 747

Papanikolaou, Theodosis, Exec Creative Dir -- BBDO Athens, Athens, Greece, pg. 105

Papantonopoulou, Lydia, Acct Exec -- Bold Ogilvy Greece, Athens, Greece, pg. 815

Papatsonis, Alexandros, Creative Dir -- Bold Ogilvy Greece, Athens, Greece, pg. 815

Papazov, Gabriella, Acct Supvr -- VaynerMedia, Sherman Oaks, CA, pg. 1299

Papel, Elizabeth, Acct Dir -- BOHAN, Nashville, TN, pg. 144

Papetti, Giulia, Dir-Creative & Art -- Leo Burnett Co., S.r.l., Milan, Italy, pg. 625

Papp, Heather, Sr Media Planner & Media Buyer -- MEDIA BUYING SERVICES, INC., Phoenix, AZ, pg. 1341

Papp, Mary, VP-Media Acct Mgmt & Acct Dir -- HAWTHORNE DIRECT INC., Fairfield, IA, pg. 489

Pappalardo, Jeffrey, Partner & Chief Creative Officer -- CROWLEY WEBB, Buffalo, NY, pg. 250

Pappenfus, Allicia, Acct Supvr -- Moroch, Raleigh, NC, pg. 759

Pappenfus, Allicia, Acct Supvr -- MOROCH HOLDINGS, INC., Dallas, TX, pg. 758

Pappert, Stefani, Media Buyer -- MOTIVATED MARKETING, North Charleston, SC, pg. 764

Paprocki, Joe, Owner & Creative Dir -- PAPROCKI & CO., Atlanta, GA, pg. 852

Papworth, Kim, Exec Creative Dir -- Wieden + Kennedy, London, United Kingdom, pg. 1165

Papworth, Kim, Exec Creative Dir -- Wieden + Kennedy India, New Delhi, India, pg. 1166

Paqueo, Nikki, Assoc Creative Dir -- Publicis JimenezBasic, Makati, Philippines, pg. 910

Paquin, Megan, Dir-PR -- &BARR, Orlando, FL, pg. 55

Parab, Mahesh, Sr Creative Dir -- Ogilvy, Bengaluru, India, pg. 823

Parab, Mahesh, Sr Creative Dir -- Ogilvy India, Mumbai, India, pg. 824

Paraboni, Daria, Art Dir -- Grey Italia S.p.A, Milan, Italy, pg. 441

Paracencio, Juliana, Reg Creative Dir & Art Dir -- MEMAC Ogilvy, Kuwait, Kuwait, pg. 830

Paracencio, Juliana, Reg Creative Dir -- Memac Ogilvy, Dubai, United Arab Emirates, pg. 1602

Paracencio, Juliana, Reg Creative Dir -- MEMAC Ogilvy, Dubai, United Arab Emirates, pg. 831

Paradela, Victoria, Copywriter-Creative -- Punto Ogilvy, Montevideo, Uruguay, pg. 821

Paradis, Alexa, Media Planner -- OCD MEDIA, New York, NY, pg. 805

Paradis, Anne-Marie, Acct Exec & Project Mgr -- Publicis Montreal, Montreal, Canada, pg. 904

Paradis, Eric, Dir-Customer Experience Design & PR -- GAGE, Minneapolis, MN, pg. 1403

Paradise, Liz, Chief Creative Officer -- BRIGHT RED\TBWA, Tallahassee, FL, pg. 163

Paradiso, Gina Lee, Acct Supvr -- GEOMETRY GLOBAL NORTH AMERICA HQ, New York, NY, pg. 415

Parchman, Alan, Acct Dir -- THE BALCOM AGENCY, Fort Worth, TX, pg. 85

Pardavi, Monique, Head-Brdcst -- Havas Worldwide Sydney, Sydney, Australia, pg. 485

Pardiansyah, Fanny, Assoc Creative Dir & Copywriter -- MullenLowe Indonesia, Jakarta, Indonesia, pg. 774

Pardikar, Pallavi, Partner-Creative -- BBH Mumbai, Mumbai, India, pg. 93

Pare-Cova, Charlotte, Acct Supvr -- DENTSUBOS, Montreal, Canada, pg. 291

Parente, Francis, VP & Creative Dir -- DANIELS & ROBERTS, INC., Boynton Beach, FL, pg. 260

Paresa, Bonnie, Acct Exec -- Prosek Partners, Los Angeles, CA, pg. 1619

Parham, Edward S.G., VP-PR -- RUECKERT ADVERTISING, Albany, NY, pg. 972

Pari, Cesare, Exec VP & Creative Dir -- SGW, Montville, NJ, pg. 1004

Paries, Kameron, Art Dir -- R&R PARTNERS, Las Vegas, NV, pg. 924

Parikh, Mita, Media Dir-Digital & Magazine Activation -- Zenith Los Angeles, Santa Monica, CA, pg. 1392

Paris, Matthew, Acct Dir -- Havas London, London, United Kingdom, pg. 482

Parise, David, VP & Creative Dir -- HILL HOLLIDAY/NEW YORK, New York, NY, pg. 501

Parish, Jessica, Sr Mgr-New Bus & Mktg -- Wunderman, London, United Kingdom, pg. 1193

Park, Billy, Owner & Creative Dir -- AD DAWG CREATIVE, Redwood City, CA, pg. 23

Park, Bo, Partner & Head-Tech PR Grp -- ICR, Norwalk, CT, pg. 1539

Park, Bo, Partner & Head-Tech PR -- Integrated Corporate Relations - New York, New York, NY, pg. 1543

Park, Chris, Art Dir -- MCGARRYBOWEN, New York, NY, pg. 716

Park, Heejin, Art Dir -- LEFT FIELD CREATIVE, Saint Louis, MO, pg. 619

Park, Hyunjung, Creative Dir -- Cheil Worldwide Inc., Seoul, Korea (South), pg. 462

Park, James, Creative Dir -- LENNON & ASSOCIATES, Burbank, CA, pg. 620

Park, Joonyong, Chief Creative Officer -- FIRSTBORN, New York, NY, pg. 384

Park, Karen, Acct Supvr -- ADASIA COMMUNICATIONS, INC., Englewood Cliffs, NJ, pg. 27

Park, Rich, Dir-Creative -- WILLIAMS WHITTLE ASSOCIATES, INC., Alexandria, VA, pg. 1169

Park, Scott, Creative Dir -- 6 DEGREES INTEGRATED COMMUNICATIONS, Toronto, Canada, pg. 10

Park, Scott, Principal & Creative Dir -- THE PARK GROUP, Macon, GA, pg. 854

Park, Susanne, Acct Supvr -- Grey Gothenburg, Gothenburg, Sweden, pg. 1182

Park, Taejun, Art Dir -- J. WALTER THOMPSON, New York, NY, pg. 553

Parker, Adrienne, Principal & Head-Strategy & Creative -- PARKER AVENUE, San Mateo, CA, pg. 854

Parker, Adrienne Chalfant, Acct Dir -- RIGHTPOINT, Chicago, IL, pg. 1285

Parker, Andie, Acct Dir -- TMP Worldwide/Advertising & Communications, San Francisco, CA, pg. 1107

Parker, Becky, Acct Coord -- KCD PUBLIC RELATIONS, San Diego, CA, pg. 1552

Parker, Brett, Media Dir -- STONE WARD, Little Rock, AR, pg. 1050

Parker, Chris, Partner-Creative -- INTERPLANETARY, New York, NY, pg. 540

Parker, Clifton, Exec Creative Dir -- ELLEV LLC, Myrtle Beach, SC, pg. 337

Parker, Jc, Exec Creative Dir -- EVOKE HEALTH, New York, NY, pg. 354

Parker, Michelle, Owner & Art Dir -- PARKER BRAND CREATIVE SERVICES, Sulphur, LA, pg. 854

Parker, Pat, Media Dir -- GARMEZY MEDIA, Nashville, TN, pg. 410

Parker, Patrice, Designer-Graphic & Creative -- MELT, Atlanta, GA, pg. 730

Parker, Tom, Chief Creative Officer -- Edelman, San Francisco, CA, pg. 1492

Parkes, Martin, Creative Dir -- McCann Erickson Worldwide, London, United Kingdom, pg. 712

Parkes, Stacey, VP & Assoc Creative Dir -- ROBERTS + LANGER DDB, New York, NY, pg. 963

Parkinson, Richard, Creative Dir -- Text 100 Singapore Pvt. Ltd., Singapore, Singapore, pg. 1659

Parkowski, Alex, Acct Supvr -- AB+C, Wilmington, DE, pg. 16

Parks, Angela, Creative Dir & Graphic Designer -- HIP ADVERTISING, Springfield, IL, pg. 501

Parks, Bruce, Sr VP & Dir-Creative -- Ackerman McQueen, Inc., Oklahoma City, OK, pg. 21

Parks, Bruce, Sr VP & Creative Dir -- Ackerman McQueen, Inc., Dallas, TX, pg. 21

Parks, Bruce, Sr VP-Creative & Creative Dir -- ACKERMAN MCQUEEN, INC., Oklahoma City, OK, pg. 21

Parks, Elena, Acct Supvr -- MARKETSMITH INC, Cedar Knolls, NJ, pg. 685

Parks, Karen, Sr Acct Supvr-Creative -- SIGNATURE ADVERTISING, Memphis, TN, pg. 1013

Parks, Linda, Specialist-Creative -- THE FRESH IDEAS GROUP, Boulder, CO, pg. 1514

Parmann, Andy, Acct Exec-Social Media -- EPIC CREATIVE, West Bend, WI, pg. 343

Parmekar, Lars, Acct Dir -- AIMIA, Minneapolis, MN, pg. 41

Parnell, David, Acct Exec -- Signature Graphics, Porter, IN, pg. 307

Parnell, Tom, VP-PR -- RACEPOINT GLOBAL, Boston, MA, pg. 1623

Parness, Reva, Acct Dir -- OFFICE, San Francisco, CA, pg. 809

Parodi, Carlos Fernandez, Editor-Creative -- Y&R Peru, Lima, Peru, pg. 1207

Parr, Brigid, Acct Dir -- ZAPWATER COMMUNICATIONS, Chicago, IL, pg. 1688

Parr, Kimberly, Dir-PR -- LATORRA, PAUL & MCCANN, Syracuse, NY, pg. 613

Parrish, Joe, Chief Creative Officer -- THE VARIABLE AGENCY, Winston Salem, NC, pg. 1131

Parrish, John, Creative Dir -- MARKETING IN COLOR, Tampa, FL, pg. 683

Parrish, Kathryn, Acct Dir -- RUNSWITCH PUBLIC RELATIONS, Louisville, KY, pg. 1638

Parrish, Lance, Exec Creative Dir -- DDB New York, New York, NY, pg. 269

Parrish, Sydney, Acct Supvr -- CRAWFORD STRATEGY, Greenville, SC, pg. 239

Parrott, Michael, Creative Dir -- MCGARRYBOWEN, New York, NY, pg. 716

Parrotta, Julie, Mgr-PR -- SPARK STRATEGIC IDEAS, Charlotte, NC, pg. 1031

Parruccini, Federica, Sr Dir-PR -- KARLA OTTO, New York, NY, pg. 1551

Parry, Jim, Dir-Creative-Adv -- STEPHAN PARTNERS, INC., Hastings Hdsn, NY, pg. 1046

Parry, Matt, Sr Acct Supvr-PR -- EMA Public Relations Services, Syracuse, NY, pg. 347

Parry, Matt, Sr Acct Supvr-PR -- ERIC MOWER + ASSOCIATES, Syracuse, NY, pg. 346

Parsons, Andy, Art Dir -- BARTLE BOGLE HEGARTY LIMITED, London, United Kingdom, pg. 92

Parsons, Melody, Bus Mgr-Brdcst -- GSD&M, Austin, TX, pg. 453

Parsons, Susan, VP & Acct Dir -- HAVAS MEDIA, New York, NY, pg. 1324

Parten, Bryce, Acct Dir -- IPROSPECT, Fort Worth, TX, pg. 1335

Particelli, Jennifer, Acct Dir-BMW -- Octagon, New York, NY, pg. 806

Partika, Sebastien, Creative Dir -- Wieden + Kennedy Amsterdam, Amsterdam, Netherlands, pg. 1164

Partite, Gina, Acct Supvr -- MARKETSMITH INC, Cedar Knolls, NJ, pg. 685

Partridge, Luke, Creative Dir -- HUDSON ROUGE, New York, NY, pg. 511

Parubrub, Rich, Grp Creative Dir -- BOHAN, Nashville, TN, pg. 144

Parungao, Iya, Art Dir -- MullenLowe Philippines, Manila, Philippines, pg. 776

AGENCIES — PERSONNEL INDEX

Parven, Olivia, Acct Coord -- DVL SEIGENTHALER, Nashville, TN, pg. 326
Parvez, Masud, Acct Dir -- Grey Bangladesh Ltd., Dhaka, Bangladesh, pg. 445
Parzuchowski, Jason, Creative Dir -- THE MARS AGENCY, Southfield, MI, pg. 686
Paschall, Wade, Partner & Creative Dir -- GRENADIER, Boulder, CO, pg. 437
Pascoe, Karyn, Chief Creative Officer -- BEYOND AGENCY, San Francisco, CA, pg. 126
Pascual, Javier, Acct Dir-Integrated -- McCann Erickson S.A., Madrid, Spain, pg. 709
Pasotti, Nick, Creative Dir -- TRENDYMINDS INC, Indianapolis, IN, pg. 1115
Pasquale, Anna Eliav, Acct Supvr -- CMD, Portland, OR, pg. 215
Pasquali, Andre, VP-Creative -- Rapp Brazil, Sao Paulo, Brazil, pg. 932
Pasquariello, Tony, Acct Supvr -- THE EGC GROUP, Melville, NY, pg. 332
Pasquinucci, Rob, Sr Strategist-PR & Content -- INTRINZIC MARKETING + DESIGN INC., Newport, KY, pg. 545
Pass, Vikki, Media Dir -- CATALYST MARKETING COMPANY, Fresno, CA, pg. 195
Passolt, Kevin, VP & Acct Supvr -- HYC/MERGE, Chicago, IL, pg. 515
Pasternak, Anna, Acct Supvr -- BBDO, Warsaw, Poland, pg. 107
Pasternak, Johan, Art Dir -- Saatchi & Saatchi, Warsaw, Poland, pg. 979
Pasteur, Stephanie, Art Dir -- Y&R Paris, Boulogne, France, pg. 1202
Pasumarty, Sudhir, Assoc Creative Dir -- BBH Singapore, Singapore, Singapore, pg. 94
Patankar, Kalpesh, Exec Creative Dir -- Team/Y&R HQ Dubai, Dubai, United Arab Emirates, pg. 1205
Patch, Jeffrey, Exec Creative Dir -- RDW GROUP INC., Providence, RI, pg. 935
Pate, Cody, Art Dir -- VENABLES, BELL & PARTNERS, San Francisco, CA, pg. 1132
Patel, Hema, Acct Dir-UK -- Saatchi & Saatchi, Dubai, United Arab Emirates, pg. 980
Patel, Mitul, Partner-Creative -- BBH Mumbai, Mumbai, India, pg. 93
Patel, Nisha, Acct Mgr-PR -- CRAWFORD STRATEGY, Greenville, SC, pg. 239
Patel, Seema, Exec VP & Acct Dir -- GREY NEW YORK, New York, NY, pg. 438
Patell, Rayomand J., Exec Creative Dir -- Havas Worldwide Mumbai, Mumbai, India, pg. 488
Patenaude, Adrian, Acct Exec -- CROSSWIND MEDIA AND PUBLIC RELATIONS, Austin, TX, pg. 1478
Patera, Juliana, Head-Creative -- VML, London, United Kingdom, pg. 1144
Paterson, Ewan, Exec Creative Dir-BBH Sport -- BARTLE BOGLE HEGARTY LIMITED, London, United Kingdom, pg. 92
Paterson, Michael, Exec Creative Dir -- OGILVY, New York, NY, pg. 809
Pathare, Sanket, Sr Creative Dir -- McCann Erickson India, Mumbai, India, pg. 704
Patil, Makarand, Creative Dir -- DDB Dubai, Dubai, United Arab Emirates, pg. 281
Patil, Niraj, Supvr-Creative -- FCB Ulka, Mumbai, India, pg. 373
Patillo, Sara, Principal-Creative Svcs -- GA CREATIVE INC, Bellevue, WA, pg. 407
Patino, Alejandra, Art Dir -- MullenLowe SSP3, Bogota, Colombia, pg. 777
Patmore, Richard, Creative Dir -- JUMP BRANDING & DESIGN INC., Toronto, Canada, pg. 585
Pato, Cristina, Creative Dir & Art Dir -- DDB Madrid, S.A., Madrid, Spain, pg. 280
Paton, Karen, Media Dir -- DANA COMMUNICATIONS, INC., Hopewell, NJ, pg. 259
Patout, Krystal, Acct Supvr -- PIERPONT COMMUNICATIONS, INC., Houston, TX, pg. 1608
Patrick, Rebecca, Dir-Creative Svcs -- JOAN, New York, NY, pg. 577
Patrick, Sian, Acct Dir-Europe -- Global Team Blue, London, United Kingdom, pg. 423
Patrick, Simone, Sr Creative Dir -- J. Walter Thompson, Kolkata, India, pg. 557
Patriquin, Ben, VP & Creative Dir -- CANALE COMMUNICATIONS, San Diego, CA, pg. 187
Patron, Joshua, Creative Dir -- DIESTE, Dallas, TX, pg. 299
Patronella, Carley Thompson, Media Buyer -- THE CARSON GROUP, Houston, TX, pg. 191

Pattalarungkhan, Apiwat, Creative Dir -- GREYnj United, Bangkok, Thailand, pg. 448
Patten, Mark, Creative Dir -- MASTERPIECE ADVERTISING, Atlantic City, NJ, pg. 692
Patterson, Dorothy Yu, Media Planner -- DWA, a Merkle Company, Austin, TX, pg. 1319
Patterson, Jenn, Acct Supvr -- J. Walter Thompson Inside, Atlanta, GA, pg. 565
Patterson, Jill, Acct Coord -- HAPPY MEDIUM, Des Moines, IA, pg. 467
Patterson, John, Exec VP & Exec Creative Dir -- MGH, INC., Owings Mills, MD, pg. 736
Patterson, Lindsey Hill, Media Dir -- R&R PARTNERS, Las Vegas, NV, pg. 924
Patton, Bill, Exec Creative Dir -- 6AM MARKETING, Madison, WI, pg. 10
Pau, Irene, Art Dir -- RETHINK, Vancouver, Canada, pg. 951
Paul, Amber, Media Planner -- TRILIA MEDIA, Boston, MA, pg. 1117
Paul, Gareth, Exec Creative Dir -- FCB Johannesburg, Johannesburg, South Africa, pg. 375
Paul, Josy, Chm & Chief Creative Officer -- BBDO India, Gurgaon, India, pg. 112
Paul, Kimberly, Acct Dir -- MARCHEX, INC., Seattle, WA, pg. 678
Paul, Mallory McDonald, Acct Exec -- Match Marketing Group, Chicago, IL, pg. 693
Paula Camacho, Maria, Group Creative Dir -- FCB&FiRe Colombia, Bogota, Colombia, pg. 371
Paulen, Adam, Acct Supvr -- SAWYER STUDIOS INC., New York, NY, pg. 993
Paulen, Samantha, Media Planner & Designer-Comm -- INITIATIVE, New York, NY, pg. 1331
Paulino, Elizabeth, Sr VP & Dir-Comm & PR -- OGILVY COMMONHEALTH WORLDWIDE, Parsippany, NJ, pg. 832
Pauls, Bill, Grp VP & Exec Creative Dir -- Sapient Consulting, Atlanta, GA, pg. 991
Paulsen, Sarah, Exec VP & Acct Dir -- LEO BURNETT WORLDWIDE, INC., Chicago, IL, pg. 621
Paulson, Denise, Acct Coord -- THE REGAN GROUP, Los Angeles, CA, pg. 945
Paulson, Stephanie, Exec Creative Dir -- THE STEPHENZ GROUP, INC., San Jose, CA, pg. 1047
Paulter, Jason, Art Dir -- GELIA-MEDIA, INC., Williamsville, NY, pg. 414
Paultre, Gary, Assoc Creative Dir -- BRADLEY & MONTGOMERY ADVERTISING, Indianapolis, IN, pg. 152
Paunovic, Goran, Principal & Creative Dir -- ARTVERSION CREATIVE, Lake Bluff, IL, pg. 1238
Pausback, Don, Creative Dir -- PAUSBACK ADVERTISING, Durham, NC, pg. 859
Pautz, Andrew, Acct Dir -- SOLVE, Minneapolis, MN, pg. 1028
Pavani, Felipe, Creative Dir -- Y&R Sao Paulo, Sao Paulo, Brazil, pg. 1205
Pavarini, Vitor, Mgr-PIng & Creative-Brazil -- Burson-Marsteller, Ltda., Sao Paulo, Brazil, pg. 1444
Pavlik, Mick, Assoc Creative Dir -- SIMPLE TRUTH COMMUNICATION PARTNERS, Chicago, IL, pg. 1015
Pavlov, Elena, Grp Creative Dir-MP -- BEAUTY@GOTHAM, New York, NY, pg. 119
Pavlovic, Dragan, Bus Dir-Creative -- Grey Gothenburg, Gothenburg, Sweden, pg. 1182
Pavone, Giuseppe, Dir-Client Creative -- D'Adda, Lorenzini, Vigorelli, BBDO, Milan, Italy, pg. 106
Pavone, Mary, Media Dir -- SUNDANCE MARKETING, LLC, Webster, NY, pg. 1061
Pavy, Cathi, Partner & Creative Dir -- BBR CREATIVE, Lafayette, LA, pg. 116
Pawar, Bobby, Mng Dir & Chief Creative Officer-South Asia-Publicis Worldwide -- Publicis Ambience Mumbai, Mumbai, India, pg. 909
Pawar, Bobby, Mng Dir & Chief Creative Officer -- Publicis Beehive, Mumbai, India, pg. 909
Pawar, Bobby, Chief Creative Officer-India & Mng Dir-India -- Publicis India Communications Pvt. Ltd., Mumbai, India, pg. 909
Pawela, Tony, VP & Grp Creative Dir -- CAVALRY AGENCY, Chicago, IL, pg. 197
Pawlak, Ashley, Acct Supvr -- RES PUBLICA GROUP, Chicago, IL, pg. 1629
Pawlak, Bart, Exec Creative Dir -- Young & Rubicam Australia/New Zealand, Sydney, Australia, pg. 1199
Pawlak, Kim, VP-Creative Ops -- THE MARS AGENCY, Southfield, MI, pg. 686
Pawlicki, Ronald, Creative Dir -- Imagination the Americas, New York, NY, pg. 526
Pawlik, Arkadiusz, Creative Dir -- TBWA Group Poland, Warsaw, Poland, pg. 1084
Pawlik, Arkadiusz, Creative Dir -- TBWA Warszawa, Warsaw, Poland, pg. 1084
Pawlik, Chris, Creative Dir -- ANDERSON MARKETING GROUP, San Antonio, TX, pg. 58
Pawlowski, Christina, Media Buyer -- DVL SEIGENTHALER, Nashville, TN, pg. 326
Pawlowski, Michal, Creative Dir-Digital-Singapore -- Saatchi & Saatchi, Warsaw, Poland, pg. 979
Paxton, Colleen, Acct Supvr -- GREY NEW YORK, New York, NY, pg. 438
Payen, Clement, Art Dir -- CLM BBDO, Boulogne-Billancourt, France, pg. 104
Payne, Allan, Assoc Creative Dir-Adv -- ANTHOLOGY MARKETING GROUP, Honolulu, HI, pg. 1433
Payne, Andrew Michael, Chief Creative Officer-Interbrand -- BRANDWIZARD, New York, NY, pg. 160
Payne, Andrew Michael, Chief Creative Officer -- Interbrand, London, United Kingdom, pg. 537
Payne, Brantley, Partner & Creative Dir -- UN/COMMON, Sacramento, CA, pg. 1125
Payne, Chrissy, Dir-Creative Svcs -- PEEBLES CREATIVE GROUP, Dublin, OH, pg. 861
Payne, Donna, Acct Exec -- MALONEY STRATEGIC COMMUNICATIONS, Dallas, TX, pg. 673
Payne, Jay, VP-Creative Svcs -- SRCPMEDIA, Alexandria, VA, pg. 1039
Payne, Jeff, Sr VP & Grp Creative Dir -- HUDSON ROUGE, New York, NY, pg. 511
Payne, Oliver, Strategist-Creative & Sr Copywriter -- BURGESS ADVERTISING & MARKETING, Falmouth, ME, pg. 174
Payne, Thomas, Art Dir & Designer -- Wieden + Kennedy Amsterdam, Amsterdam, Netherlands, pg. 1164
Paynter, Ted, Acct Supvr -- HITCHCOCK FLEMING & ASSOCIATES, INC., Akron, OH, pg. 502
Paz, Cecilia, Acct Exec-Intl -- MARKETLOGIC, Doral, FL, pg. 1411
Paz, Javier Garcia, Creative Dir -- Santo Buenos Aires, Buenos Aires, Argentina, pg. 1181
Paz, Joao, Assoc Creative Dir -- ELEPHANT, San Francisco, CA, pg. 335
Paz, Samia Reiter, Acct Supvr -- Y&R Sao Paulo, Sao Paulo, Brazil, pg. 1205
Pazik, Karen, Mgr-Graphic Assets Traffic -- PROGRESSIVE MARKETING DYNAMICS, LLC, Boonton, NJ, pg. 891
Pazolt, Leigh, Art Dir -- RAKA, Portsmouth, NH, pg. 930
Pazos, Ximena, VP & Media Dir -- HISPANIC GROUP, Miami, FL, pg. 502
Peace, Pilar, Creative Dir -- MOTHER LTD., London, United Kingdom, pg. 762
Peacock, Alexandra, Acct Dir -- McCann Erickson Hong Kong Ltd., Causeway Bay, China (Hong Kong), pg. 704
Peaden, Kayla, Acct Supvr-Media -- JUST MEDIA, INC., Emeryville, CA, pg. 1336
Pearce, Jon, Chief Creative Officer -- HUDSON ROUGE, New York, NY, pg. 511
Pearl, Karen, Media Planner -- TEAM ONE USA, Los Angeles, CA, pg. 1095
Pearl, Maayan, Assoc Creative Dir -- DAY ONE AGENCY, New York, NY, pg. 266
Pearl, Melanie, Acct Dir -- UNION, Charlotte, NC, pg. 1298
Pearl, Samantha, Media Planner -- CMI MEDIA, LLC, King of Prussia, PA, pg. 215
Pearman, Tony, CEO & Chief Creative Officer -- ACCESS ADVERTISING + PR, Roanoke, VA, pg. 19
Pearson, Amanda, Acct Dir -- MRM MCCANN, New York, NY, pg. 766
Pearson, Andrew, Creative Dir -- Havas Worldwide Middle East, Dubai, United Arab Emirates, pg. 488
Pearson, Andy, Creative Dir & Copywriter -- HUMANAUT, Chattanooga, TN, pg. 514
Pearson, Anna, Media Planner & Media Buyer -- STONE WARD, Little Rock, AR, pg. 1050
Pearson, Brittany, Acct Supvr -- M&C SAATCHI PUBLIC RELATIONS, New York, NY, pg. 1572
Pearson, Carter, Acct Supvr -- OGILVY, New York, NY, pg. 809
Pearson, Maura, Acct Exec -- GYRO CINCINNATI, Cincinnati, OH, pg. 458
Peaslee, Cheryl, Art Dir -- DAVID JAMES GROUP, Oakbrook Terrace, IL, pg. 262
Peaytt, Heather, Acct Exec -- Asher Agency, Inc., Charleston, WV, pg. 74
Pecego, Guilherme, Creative Dir -- McCann Erickson Hong Kong Ltd., Causeway Bay, China (Hong Kong), pg. 704
Pecina, Mike, Creative Dir -- FIREVINE INC., Edwardsburg, MI, pg.

PERSONNEL INDEX — AGENCIES

383

Peck, Courtney, Acct Coord -- IGNITE SOCIAL MEDIA, Cary, NC, pg. 1263

Peck, Dina, Mng Partner & Exec Creative Dir -- Patients & Purpose, New York, NY, pg. 198

Peck, Emily, Acct Supvr-Red Bull -- KASTNER, Los Angeles, CA, pg. 588

Peck, Jennifer, Acct Dir -- ANVIL MEDIA, INC., Portland, OR, pg. 1307

Peck, Jon, VP-PR -- SACHS MEDIA GROUP, Tallahassee, FL, pg. 986

Peck, Kari, Creative Dir -- Match Marketing Group, Chicago, IL, pg. 693

Pecora, Estefania, Art Dir -- Leo Burnett Buenos Aires, Buenos Aires, Argentina, pg. 623

Peden, Glen, VP & Grp Creative Dir -- MOMENTUM WORLDWIDE, New York, NY, pg. 754

Pedersen, Beth, Creative Dir -- Weber Shandwick-Dallas, Dallas, TX, pg. 1676

Pedersen, Kiersten, Media Planner & Acct Coord -- NOVA MARKETING, Boston, MA, pg. 801

Pedersen, Mary, Creative Dir -- JPL INTEGRATED COMMUNICATIONS, INC., Harrisburg, PA, pg. 583

Pedersen, Olav, Acct Dir -- MediaCom AS, Oslo, Norway, pg. 1346

Pedersen, Per, Chm-Global Creative -- Grey Chile, Santiago, Chile, pg. 443

Pedersen, Per, Chm-Creative -- GREY GROUP, New York, NY, pg. 438

Pedersen, Per, Chm-Creative -- GREYnj United, Bangkok, Thailand, pg. 448

Pederson, Per, Chm-Creative -- Campaigns & Grey, Makati, Philippines, pg. 447

Pedicone, Kristina, Creative Dir -- BLENDERBOX INC., Brooklyn, NY, pg. 135

Pedreira, Margarida, Creative Dir-Digital -- Havas Worldwide Digital Portugal, Lisbon, Portugal, pg. 481

Pedroni, Abigail, Acct Exec -- TBC INC., Baltimore, MD, pg. 1076

Pedzwater, Devin, Creative Dir -- KOVERT CREATIVE, Brooklyn, NY, pg. 601

Peek, Julia, Acct Dir -- FENTON, New York, NY, pg. 377

Peetermans, Ann, Planner-Creative -- VVL BBDO, Brussels, Belgium, pg. 103

Pegelow, Cilla, Acct Supvr -- Forsman & Bodenfors, Stockholm, Sweden, pg. 722

Pegula, Tricia, Media Dir -- DELUCA FRIGOLETTO ADVERTISING, INC., Honesdale, PA, pg. 288

Peischel, Bob, Assoc Creative Dir-Copy -- HOLTON SENTIVAN AND GURY, Ambler, PA, pg. 507

Peitx, Nacho Diaz, Art Dir -- Vinizius/Y&R, Barcelona, Spain, pg. 1203

Peitx, Nacho Diaz, Art Dir -- Young & Rubicam, S.L., Madrid, Spain, pg. 1203

Peitzsch, Cilla, Acct Dir -- Ogilvy (Singapore) Pvt. Ltd., Singapore, Singapore, pg. 827

Pekar, Carol, Partner & Creative Dir -- POUTRAY PEKAR ASSOCIATES, Milford, CT, pg. 884

Pekarsky, Caroline, Media Buyer -- THE TOMBRAS GROUP, Knoxville, TN, pg. 1108

Pekin, Ersin, Grp Head-Creative -- Markom/Leo Burnett, Istanbul, Turkey, pg. 627

Peksen, Bahad?rhan, Creative Dir -- Ogilvy, Istanbul, Turkey, pg. 817

Pelamatti, Alfred, Art Dir -- HAVAS, Puteaux, France, pg. 472

Pelit, Oguzcan, Art Dir -- C-Section, Istanbul, Turkey, pg. 1204

Pelkonen, Satu, Art Dir -- STINK STUDIOS, Brooklyn, NY, pg. 1049

Pelletier, Erica, Acct Supvr -- 88/BRAND PARTNERS, Chicago, IL, pg. 13

Pelley, Maria, Art Dir -- ESROCK PARTNERS, Orland Park, IL, pg. 349

Pellizzon, Cristina, Acct Exec-PR -- AMUSEMENT PARK, Santa Ana, CA, pg. 54

Pelo, Matteo, Head-Creative -- Ogilvy, Milan, Italy, pg. 815

Pelto, Nicole, Acct Supvr -- Stratacomm, Inc., Southfield, MI, pg. 1508

Pelton, Denise, Acct Supvr -- DAILEY & ASSOCIATES, West Hollywood, CA, pg. 258

Pelz, Craig, Creative Dir -- THE INTEGER GROUP - DENVER, Lakewood, CO, pg. 1406

Pena, Carlos Jimenez, Acct Dir -- McCann Erickson Corp. S.A., Bogota, Colombia, pg. 702

Pena, Cristiana, Acct Exec -- GETO & DEMILLY, INC., New York, NY, pg. 1517

Pena, Leticia, Acct Dir -- Nueva Comunicacion-Weber Shandwick, Montevideo, Uruguay, pg. 1680

Pena, Melissa, Acct Dir -- R&R PARTNERS, Las Vegas, NV, pg. 924

Pena, Oscar, Art Dir -- MullenLowe SSP3, Bogota, Colombia, pg. 777

Pendleton, Aaron, VP & Creative Dir-Allstate -- LEO BURNETT WORLDWIDE, INC., Chicago, IL, pg. 621

Pendleton, Kristie, Acct Coord -- DEVELOPMENT COUNSELLORS INTERNATIONAL, LTD., New York, NY, pg. 296

Pendock, Chelsey, Co-Founder & Media Buyer -- INNOVISION ADVERTISING, LLC, New York, NY, pg. 534

Penglengpol, Jiradej, Assoc Dir-Creative -- J. Walter Thompson Thailand, Bangkok, Thailand, pg. 559

Penicaut, Alban, Creative Dir -- HAVAS, Puteaux, France, pg. 472

Penicaut, Alban, Creative Dir -- Havas Digital Factory, Rennes, France, pg. 480

Penicaut, Alban, Creative Dir -- Havas Worldwide-Europe, Puteaux, France, pg. 478

Peninger, Katie, Acct Supvr -- Lewis Communications, Nashville, TN, pg. 637

Penk, Andy, Acct Dir -- TBWA/Manchester, Manchester, United Kingdom, pg. 1086

Penn, Jennifer, Acct Supvr -- SPM COMMUNICATIONS, Dallas, TX, pg. 1034

Penn, Suosdey, Creative Dir -- CHEMISTRY CLUB, San Francisco, CA, pg. 205

Penn, Vicki, Media Dir -- PANTIN/BEBER SILVERSTEIN PUBLIC RELATIONS, Miami, FL, pg. 1605

Penn, Victoria, Media Dir -- BEBER SILVERSTEIN GROUP, Miami, FL, pg. 119

Pennec, Melanie, Creative Dir -- DDB Communication France, Paris, France, pg. 273

Pennec, Melanie, Creative Dir -- DDB Paris, Paris, France, pg. 273

Penney, Jessica, Acct Dir -- CORINTHIAN MEDIA, INC., New York, NY, pg. 1316

Penney, John W., CEO & Creative Dir -- BLACKDOG ADVERTISING, Miami, FL, pg. 132

Pennington, David, Dir-Creative Strategy -- BRADO CREATIVE INSIGHT, Saint Louis, MO, pg. 152

Pennington, Matt, Creative Dir & Producer -- MARKETING FACTORY, Venice, CA, pg. 683

Pennington, Phil, Acct Dir -- GLOBAL TEAM BLUE, Dearborn, MI, pg. 423

Penny, Grant, Art Dir -- GRANT MARKETING, Boston, MA, pg. 432

Pennypacker, Jason, Acct Supvr -- PUSH, Orlando, FL, pg. 918

Pensky, Amber, Acct Dir -- IDEAS COLLIDE INC., Scottsdale, AZ, pg. 521

Penta, Susan, Acct Dir -- INLINE MEDIA, INC., Denver, CO, pg. 1334

Penteado, Fernando, Creative Dir-South America -- McCann Erickson / SP, Sao Paulo, Brazil, pg. 701

Penton, Marty, Sr Producer-Creative -- GS&F, Nashville, TN, pg. 453

Peon, Lucas, Exec Creative Dir -- J. Walter Thompson, London, United Kingdom, pg. 562

Pepper, Rebekah, Media Dir -- SUBJECT MATTER, Washington, DC, pg. 1654

Per-Lee, Claire, Mgr-PR, Digital Media, Style Adv, Mktg & PR -- STYLE ADVERTISING, Birmingham, AL, pg. 1057

Peralta, Daisy, Acct Dir -- M&C Saatchi, Santa Monica, CA, pg. 662

Peralta, Daniel, Producer-Creative -- SENSIS, Los Angeles, CA, pg. 1002

Peraza, Deroy, Principal & Dir-Creative -- HYPERAKT, Brooklyn, NY, pg. 516

Peraza, Karen, Acct Exec -- TBC INC., Baltimore, MD, pg. 1076

Peraza, Winston, Partner & Chief Creative Officer -- CUBIC, Tulsa, OK, pg. 252

Percelay, James, Co-Founder, Producer & Creative Dir -- THINKMODO, INC., New York, NY, pg. 1100

Perdereau, Alexandre, Art Dir -- Publicis Conseil, Paris, France, pg. 898

Pere, Alejandro, Assoc Creative Dir -- THE COMMUNITY, Miami, FL, pg. 223

Perea, Jaime, Creative Dir -- J. Walter Thompson, Bogota, Colombia, pg. 564

Pereira, Carlos, Exec Creative Dir -- MullenLowe Lintas Group, Mumbai, India, pg. 774

Pereira, Santiago, Acct Exec-Interactive Mktg -- MARKETLOGIC, Doral, FL, pg. 1411

Pereira, Tiago, Creative Dir & Copywriter -- ENSO COLLABORATIVE LLC, Santa Monica, CA, pg. 341

Perejoan, Javier Lores, Art Dir -- J. Walter Thompson, Barcelona, Spain, pg. 561

Perel, Yaron, Creative Dir -- BBR Saatchi & Saatchi, Ramat Gan, Israel, pg. 977

Peretz, Kfir, Art Dir -- McCann Erickson, Tel Aviv, Israel, pg. 705

Pereyra, Luciano Griessi, Copywriter-Creative -- ARNOLD WORLDWIDE, Boston, MA, pg. 69

Perez, Aly, Assoc Creative Dir -- MARKHAM & STEIN UNLIMITED, Miami, FL, pg. 685

Perez, Arturo, Assoc Creative Dir -- Y&R Puerto Rico, Inc., San Juan, PR, pg. 1207

Perez, Bridget, Acct Dir & Strategist -- PHINNEY BISCHOFF, Seattle, WA, pg. 869

Perez, Carlos F., Reg Grp Creative Dir -- TBWA\Media Arts Lab, Los Angeles, CA, pg. 1078

Perez, Danielle, Media Dir -- R/WEST, Portland, OR, pg. 927

Perez, David, VP & Strategist-Creative & PR -- MMGY Global, New York, NY, pg. 751

Perez, Fernando, Exec Creative Dir -- Wirz Werbung AG, Zurich, Switzerland, pg. 109

Perez, Frances, Creative Dir -- THE WONDERFUL AGENCY, Los Angeles, CA, pg. 1228

Perez, Jacobo, Creative Dir -- CIRCUS MARKETING, Santa Monica, CA, pg. 208

Perez, Jorge Moreno, Art Dir -- Teran TBWA, Mexico, Mexico, pg. 1092

Perez, Lenin, Chief Creative Officer -- AW Oveja Negra Saatchi & Saatchi, Caracas, Venezuela, pg. 982

Perez, Lolo Ortega, Creative Dir -- Contrapunto, Madrid, Spain, pg. 108

Perez, Monica, Media Planner -- BILLUPS WORLDWIDE, Lake Oswego, OR, pg. 1309

Perez, Nicolas, Art Dir -- Grey: REP, Bogota, Colombia, pg. 444

Perez, Noe, Creative Dir-Digital -- TKO ADVERTISING, Austin, TX, pg. 1106

Perez, Rosanna, Acct Supvr -- THE BRAVO GROUP HQ, Miami, FL, pg. 160

Perich, Ernie, Pres & Creative Dir -- PERICH ADVERTISING + DESIGN, Ann Arbor, MI, pg. 864

Perillo, Fran, Assoc Dir-Creative & Writer -- Proximity Worldwide & London, London, United Kingdom, pg. 111

Perillo, Rob, Exec Creative Dir -- KLUNK & MILLAN ADVERTISING INC., Allentown, PA, pg. 599

Perisho, Seth, Grp Creative Dir -- DELL BLUE, Round Rock, TX, pg. 1221

Perkal, Janine, VP, Acct Dir & Strategist-Mktg & Adv-Branding Steward -- Source Communications, Vista, CA, pg. 1029

Perkel, Chri, Creative Dir -- THERAPY, Culver City, CA, pg. 1098

Perkins, Justin, Acct Coord -- GOLD DOG COMMUNICATIONS, Falls Church, VA, pg. 427

Perkins, Kathryn, Dir-PR -- PROSPER FOR PURPOSE, Cleveland, OH, pg. 1620

Perkins, Matt, Dir-Traffic -- STRATEGIC MEDIA INC, Portland, ME, pg. 1053

Perkins, Monica, Acct Dir -- Harte-Hanks Direct, Inc., Feasterville Trevose, PA, pg. 471

Perlmuter, Tal, VP-Creative -- FCB Shimoni Finkelstein, Tel Aviv, Israel, pg. 370

Perlow, Lauren, Creative Dir -- WORKINPROGRESS, Boulder, CO, pg. 1177

Perls, Leslie, Owner & Creative Dir -- LP&G MARKETING, Tucson, AZ, pg. 654

Permenter, Jason, Creative Dir -- FANTASY INTERACTIVE, INC., New York, NY, pg. 1257

Pernice, Anthony, Sr Mgr-Traffic -- HEALTH SCIENCE COMMUNICATIONS, New York, NY, pg. 491

Pernil, Gola Benjamin Nogueira, Creative Dir -- Almap BBDO, Sao Paulo, Brazil, pg. 101

Pernod, Eric, Creative Dir -- ABELSON-TAYLOR, INC., Chicago, IL, pg. 17

Perota, Rob, Sr VP & Grp Creative Dir -- HARRISON AND STAR LLC, New York, NY, pg. 469

Perrakis, Manolis, Head-Creative Tech -- Ogilvy Advertising, Central, China (Hong Kong), pg. 822

Perrier, Michelle, Media Planner -- MINDGRUVE, INC., San Diego, CA, pg. 745

Perrin, Aimee, Art Dir -- BBH NEW YORK, New York, NY, pg. 115

Perritt, Christian, Creative Dir -- GRAVITY GROUP, Harrisonburg, VA, pg. 433

Perrone, Chris, Creative Dir -- GREY NEW YORK, New York, NY, pg. 438

Perrone, Paolo, Creative Dir -- M&C Saatchi Milan, Milan, Italy, pg. 660

AGENCIES

PERSONNEL INDEX

Perrone, Samantha, Coord-New Bus -- ACTIVE INTERNATIONAL, Pearl River, NY, pg. 1305

Perruchas, Christophe, VP & Creative Dir -- FCB CHANGE, Paris, France, pg. 366

Perry, Jay, Acct Dir -- Leo Burnett, Ltd., London, United Kingdom, pg. 624

Perry, Jay, Acct Dir -- Leo Burnett London, London, United Kingdom, pg. 627

Perry, Keller, Jr Acct Mgr-PR -- THE JAMES AGENCY, Scottsdale, AZ, pg. 570

Perry, Matthew, Assoc Creative Dir -- LEO BURNETT DETROIT, INC., Troy, MI, pg. 621

Perry, Steve, Creative Dir -- BAILEY BRAND CONSULTING, Plymouth Meeting, PA, pg. 84

Perry, William F., Chief Creative Officer -- CARDENAS MARKETING NETWORK INC., Chicago, IL, pg. 188

Perryman, Shannon, VP-Creative Svcs -- ADSMITH COMMUNICATIONS, Springfield, MO, pg. 33

Persak, Laura, Media Planner -- MODCO MEDIA, New York, NY, pg. 753

Pershke, Lauren, Acct Coord -- LARGEMOUTH COMMUNICATIONS, INC., Durham, NC, pg. 1563

Persichilli, Katie, Acct Supvr -- JOAN, New York, NY, pg. 577

Person, Piper, Media Planner -- BOOYAH ADVERTISING, Denver, CO, pg. 1241

Persson, Andre, Creative Dir -- TBWA\ AB Stockholm, Stockholm, Sweden, pg. 1085

Persson, Jennifer, Acct Dir-Adv -- VISION CREATIVE GROUP, INC., Morris Plains, NJ, pg. 1139

Perston, Rua, Creative Dir -- DDB Chicago, Chicago, IL, pg. 268

Perz, Joe, Exec VP & Creative Dir -- PANTIN/BEBER SILVERSTEIN PUBLIC RELATIONS, Miami, FL, pg. 1605

Pesce, Giovanni, Coord-Creative -- Leo Burnett Co., S.r.l., Milan, Italy, pg. 625

Peschell, Marshall, Art Dir -- STRAWBERRYFROG, New York, NY, pg. 1054

Petch, Andrew, Exec Creative Dir -- Ace Saatchi & Saatchi, Makati, Philippines, pg. 985

Peteet, Dean, Founder & Acct Dir -- ATLAS BRANDING & DESIGN INC., Asheville, NC, pg. 75

Peteet, Lisa, Creative Dir -- ATLAS BRANDING & DESIGN INC., Asheville, NC, pg. 75

Peteet, Rex, Exec VP & Creative Dir-Design -- SHERRY MATTHEWS ADVOCACY MARKETING, Austin, TX, pg. 1007

Peteroy, Lauren, Acct Supvr -- B/W/R, New York, NY, pg. 1440

Peters, Ben, Grp Creative Dir-Seattle -- Wunderman, Costa Mesa, CA, pg. 1189

Peters, Dan, Assoc Creative Dir-Nike -- AKQA, INC., San Francisco, CA, pg. 1234

Peters, Daniel, Acct Dir -- BBDO San Francisco, San Francisco, CA, pg. 99

Peters, Donna, Acct Exec-PR -- TAYLOR & COMPANY, Los Angeles, CA, pg. 1656

Peters, Eric, Acct Dir -- George P. Johnson Company, Inc., La Vergne, TN, pg. 416

Peters, Katie, Acct Dir -- INTRINZIC MARKETING + DESIGN INC., Newport, KY, pg. 545

Peters, Mark, Creative Dir -- TBWA\Chiat\Day Los Angeles, Los Angeles, CA, pg. 1077

Peters, Michael, Chief Creative Officer -- SPARK, Tampa, FL, pg. 1031

Peters, Rebecca, Sr Media Planner & Media Buyer -- MORTENSON SAFAR KIM, Indianapolis, IN, pg. 761

Peters, Steven, Supvr-Creative -- EMA Public Relations Services, Syracuse, NY, pg. 347

Petersen, Danika, Acct Exec -- AMUSEMENT PARK, Santa Ana, CA, pg. 54

Petersen, Eduardo, Creative Dir -- TRANSLATION LLC, New York, NY, pg. 1113

Petersen, Julie, Media Dir -- THE WELL ADVERTISING, Chicago, IL, pg. 1158

Petersen, Kerri, Exec VP-Mktg & Creative Svcs -- THE MARX GROUP, San Rafael, CA, pg. 689

Petersen, Shaun, Acct Supvr -- NEW RIVER COMMUNICATIONS, INC., Fort Lauderdale, FL, pg. 791

Petersen, Toby, Creative Dir -- CUTWATER, San Francisco, CA, pg. 255

Peterson, Amanda, Media Dir -- REDSTONE COMMUNICATIONS INC., Omaha, NE, pg. 944

Peterson, Dan, Assoc Dir-Creative -- MEKANISM, San Francisco, CA, pg. 729

Peterson, David, Founder & Exec Creative Dir -- PETERSON MILLA HOOKS, Minneapolis, MN, pg. 866

Peterson, Dory, Acct Dir -- BUTLER/TILL, Rochester, NY, pg. 1313

Peterson, Gary, Partner & Creative Dir -- WAVELENGTH, Columbia, PA, pg. 1154

Peterson, Gavin, Art Dir -- THE INTEGER GROUP - DENVER, Lakewood, CO, pg. 1406

Peterson, Gayle, Partner, Creative Dir & Acct Exec -- BIG CAT ADVERTISING, Novato, CA, pg. 128

Peterson, Hannah, Media Planner -- SQ1, Portland, OR, pg. 1037

Peterson, Jeff, Creative Dir -- ENCITE INTERNATIONAL, Denver, CO, pg. 340

Peterson, Jennifer Pisczak, VP & Acct Dir -- 22SQUARED, Atlanta, GA, pg. 4

Peterson, Laura, Media Dir -- Blue 449, Plano, TX, pg. 1310

Peterson, Lindsay, Exec VP-PR & Digital Comm-Canada -- Golin, Los Angeles, CA, pg. 1520

Peterson, Melissa, Acct Dir -- GALE PARTNERS, New York, NY, pg. 1258

Peterson, Sanjyot, Creative Dir -- GENOME, New York, NY, pg. 1259

Petie, Ryan, Exec Creative Dir -- Publicis Australia, Brisbane, Australia, pg. 907

Petkovic, Alen, Creative Dir -- PETROL ADVERTISING, Burbank, CA, pg. 866

Petr, Tomas, Acct Dir -- MQI Brno, spol. s r.o., Brno, Czech Republic, pg. 1186

Petra, John, Art Dir-Studio -- CALLAN ADVERTISING COMPANY, Burbank, CA, pg. 184

Petrakov, Vasil, Creative Dir -- DDB Sofia, Sofia, Bulgaria, pg. 271

Petrenko, Maria, Founder & Creative Dir -- HADROUT ADVERTISING & TECHNOLOGY, Ferndale, MI, pg. 460

Petri, Erica, Acct Dir -- Group SJR, New York, NY, pg. 1530

Petri, Sam, Acct Exec -- DENNY INK, Jackson, WY, pg. 1483

Petri, Shelley, Acct Dir-PR -- BLAST! PR, Santa Barbara, CA, pg. 1451

Petrie, Michelle, Principal & Dir-Creative -- PETRIE CREATIVE, Raleigh, NC, pg. 866

Petrillo, Nicholas, Acct Exec -- SS+K AGENCY, New York, NY, pg. 1039

Petritz, Cathy, VP & Acct Dir -- NSA Media Group, Inc., Downers Grove, IL, pg. 1332

Petropoulou, Eleftheria, Creative Dir -- McCann Erickson Athens, Athens, Greece, pg. 704

Petroski, Julie, VP & Grp Creative Dir -- TARGETBASE, Irving, TX, pg. 1073

Petruccio, Joe, Co-Chief Creative Officer -- AFG&, New York, NY, pg. 37

Petruni, Paola, Acct Dir -- GreyUnited, Milan, Italy, pg. 441

PETRUS, Alyssa, Acct Exec & Specialist-Media -- THE BALCOM AGENCY, Fort Worth, TX, pg. 85

Petruzelkova, Marketa, Acct Supvr -- Y&R Praha, s.r.o., Prague, Czech Republic, pg. 1205

Pette, Lia, Acct Supvr -- ELIZABETH CHRISTIAN PUBLIC RELATIONS, Austin, TX, pg. 1499

Pettenati, Olivia, Media Planner-Integrated -- MullenLowe Mediahub, Boston, MA, pg. 771

Pettey, Danny, Dir-PR -- SASQUATCH, Portland, OR, pg. 992

Pettis, Rob, Exec Creative Dir -- Skiver, Atlanta, GA, pg. 1019

Pettis, Rob, Exec Creative Dir -- SKIVER, Newport Beach, CA, pg. 1019

Pettit, Bryan, VP & Acct Exec-Digital Signage -- ADRENALINE, INC., Atlanta, GA, pg. 32

Petty, Carolyn, Sr Producer-Print -- MCKINNEY, Durham, NC, pg. 719

Petty, Oskar, Grp Head-Creative -- Ogilvy Cape Town, Cape Town, South Africa, pg. 829

Petty, Shannon, Creative Dir -- INFINITEE COMMUNICATIONS, INC., Atlanta, GA, pg. 531

Pettyjohn, Lindsey, Acct Dir -- BBDO Atlanta, Atlanta, GA, pg. 98

Pewinski, Laura, Art Dir -- Commonwealth, Detroit, MI, pg. 698

Peyraque, Christophe, Creative Dir -- Publicis Conseil, Paris, France, pg. 898

Peyraud, Nikki, Acct Dir -- GURU MEDIA SOLUTIONS LLC, Sausalito, CA, pg. 456

Peyre, Olivier, Co-Founder & Creative Dir -- KETTLE, New York, NY, pg. 1267

Pezza, Christine, Acct Supvr -- MCCANN WORLDGROUP, New York, NY, pg. 714

Pfaff, Lynda, Media Dir -- BARNHART, Denver, CO, pg. 91

Pfannmueller, Felix, Creative Dir -- Heimat Werbeagentur GmbH, Berlin, Germany, pg. 1082

Pfautz, Sabrina, Partner & Creative Dir -- PUSH10, INC., Philadelphia, PA, pg. 919

Pfeifer, Erich, Creative Dir -- VENABLES, BELL & PARTNERS, San Francisco, CA, pg. 1132

Pfeifer, Robin, Acct Supvr -- ADVENTURE ADVERTISING, Minneapolis, MN, pg. 35

Pfister, Katie, Acct Supvr -- 360PR+, New York, NY, pg. 1422

Pfister, Sharon, VP & Acct Supvr -- Asher Agency, Inc., Lexington, KY, pg. 74

Pflederer, Erika, Grp Mng Dir-Digital Production, Print Production & Studio -- mcgarrybowen, Chicago, IL, pg. 718

Pfleger, Julie, Acct Dir -- ERICH & KALLMAN, Larkspur, CA, pg. 348

Pfuhl, Sandy, Art Dir -- Publicis, Zurich, Switzerland, pg. 901

Phadke, Janhavi, Creative Dir -- Havas - San Francisco, San Francisco, CA, pg. 476

Phalon, Patrick, Sr VP & Creative Dir -- PRIMACY, Farmington, CT, pg. 889

Pham, Anh Tuan, Principal & Creative Dir -- FOR OFFICE USE ONLY LLC, New York, NY, pg. 1258

Pham, Benjamin, Co-Founder & Creative Dir -- CHARACTER, San Francisco, CA, pg. 203

Pham, Thuy, Art Dir & Graphic Designer -- THE ATKINS GROUP, San Antonio, TX, pg. 75

Phang, Dennis, Art Dir -- DDB Stockholm, Stockholm, Sweden, pg. 280

Phanichwatana, Asawin, Exec Creative Dir -- GREYnj United, Bangkok, Thailand, pg. 448

Pharris, Patrick, Sr Dir-New Bus Dev -- THE REGAN GROUP, Los Angeles, CA, pg. 945

Phelan, Elyse, Acct Supvr -- REGAN COMMUNICATIONS GROUP, Boston, MA, pg. 1628

Phelan, Wes, Art Dir & Sr Designer -- BANOWETZ + COMPANY INC., Dallas, TX, pg. 88

Phelps, Joshua, Creative Dir -- ARLAND COMMUNICATIONS INC., Carmel, IN, pg. 69

Phethle, Tshegofatso, Art Dir -- M&C Saatchi Abel, Cape Town, South Africa, pg. 660

Philip, Mark, VP & Grp Creative Dir -- DIGITAS, Boston, MA, pg. 1250

Philippart, Joris, Art Dir -- Wieden + Kennedy, London, United Kingdom, pg. 1165

Phillips, Amy, Creative Dir -- PEAKBIETY, BRANDING + ADVERTISING, Tampa, FL, pg. 860

Phillips, Beth, Acct Supvr -- BLOOM COMMUNICATIONS, Austin, TX, pg. 137

Phillips, Brian, VP-Creative -- PULSECX, Montgomeryville, PA, pg. 916

Phillips, Brittany, Acct Exec -- BRIGHTON AGENCY, INC., Saint Louis, MO, pg. 164

Phillips, Christen, Creative Dir -- STUDIO 2 ADVERTISING, Greensburg, PA, pg. 1056

Phillips, Heather, Art Dir -- SPIKER COMMUNICATIONS, INC., Missoula, MT, pg. 1033

Phillips, Jay, Creative Dir -- Abbott Mead Vickers BBDO, London, United Kingdom, pg. 109

Phillips, Jeff, Creative Dir -- THE ANDERSON GROUP, Sinking Spring, PA, pg. 57

Phillips, Matt, Creative Dir -- ORANGESQUARE, Orlando, FL, pg. 844

Phillips, Paul, Creative Dir -- CAIN & COMPANY, Rockford, IL, pg. 182

Phillips, Randy, Acct Dir -- QUATTRO DIRECT LLC, Berwyn, PA, pg. 921

Phillips, Robert, Partner, Acct Mgr & Dir-Creative -- SMITH, PHILLIPS & DI PIETRO, Yakima, WA, pg. 1024

Phillips, Sara, Art Dir -- Wieden + Kennedy Japan, Tokyo, Japan, pg. 1166

Phillips, Tom, Mng Partner & Creative Dir -- EXPOSURE, New York, NY, pg. 356

Phillips, Violet, VP & Creative Dir -- DIGITAS HEALTH, Philadelphia, PA, pg. 302

Phinney, Leslie, CEO & Creative Dir -- PHINNEY BISCHOFF, Seattle, WA, pg. 869

Phior, Rio, Partner & Chief Creative Officer -- SAGON-PHIOR, West Los Angeles, CA, pg. 1638

Phipps, Allison, Art Dir -- ARMADA MEDICAL MARKETING, Arvada, CO, pg. 69

Phipps, Cass, Creative Dir -- GIBENS CREATIVE GROUP, Tupelo, MS, pg. 419

Phipps, Randy, Exec Creative Dir -- HART, Toledo, OH, pg. 470

Phoenix, Leann, VP & Acct Supvr -- COMMONWEALTH CREATIVE ASSOCIATES, Framingham, MA, pg. 222

Phox, Ken, Creative Dir -- OH PARTNERS, Phoenix, AZ, pg. 833

Phua, Aaron, Exec Creative Dir -- Edelman, Singapore, Singapore, pg. 1496

Phuvasitkul, Susan, Assoc Creative Dir-Copy -- SAPIENTRAZORFISH NEW YORK, New York, NY, pg. 1286

PERSONNEL INDEX — AGENCIES

Pia, Cliff, Pres & Chief Creative Officer -- PIA AGENCY, Carlsbad, CA, pg. 870

Piampiano, Jane, Art Buyer -- DDB New York, New York, NY, pg. 269

Piasecki, Michael, Grp Creative Dir -- 2E CREATIVE, Saint Louis, MO, pg. 4

Piasecki, Tricia, Creative Dir -- Cossette B2B, Toronto, Canada, pg. 233

Piattoni, Adrian, Chief Creative Officer -- DDB Argentina, Buenos Aires, Argentina, pg. 270

Picard, Remi, Dir -- DDB Paris, Paris, France, pg. 273

Piccaluga, Carlotta, Acct Exec -- Ogilvy S.p.A., Milan, Italy, pg. 1600

Piccari, Corinne, Media Buyer -- HILL HOLLIDAY/NEW YORK, New York, NY, pg. 501

Picci, Michele, Creative Dir-Digital -- Publicis Italia, Milan, Italy, pg. 899

Piccinini, Marcos, Creative Dir -- J. WALTER THOMPSON ATLANTA, Atlanta, GA, pg. 564

Piccirilli, Micah, Partner & Creative Dir -- PICCIRILLI DORSEY, INC., Bel Air, MD, pg. 870

Piccolo, Joe, Creative Dir -- MCCANN CANADA, Toronto, Canada, pg. 712

Piccolo, Michelle Lockhart, Acct Dir -- LAFORCE, New York, NY, pg. 1562

Pichon, Amelie, Art Dir -- SID LEE, Paris, France, pg. 1010

Pick, Kim, Exec Creative Dir -- Y&R, Auckland, New Zealand, pg. 1192

Pick, Kim, Exec Creative Dir -- Young & Rubicam NZ Ltd., Auckland, New Zealand, pg. 1199

Pick, Wayne, Head-CX & Exec Creative Dir -- Colenso BBDO, Auckland, New Zealand, pg. 114

Pickens, Judy, Media Planner -- Swanson Russell Associates, Omaha, NE, pg. 1065

Pickens, Kali, Acct Dir -- Allison+Partners, Boston, MA, pg. 721

Pickert, Melissa, Mgr-Traffic -- NOVUS MEDIA INC, Plymouth, MN, pg. 1354

Pico, Josh, Media Dir & Sr Media Buyer -- DIRECTAVENUE, Carlsbad, CA, pg. 1319

Picolo, Renato, Art Dir -- FCB Sao Paulo, Sao Paulo, Brazil, pg. 370

Piedra, Sandy, Media Dir -- KINER COMMUNICATIONS, Palm Desert, CA, pg. 595

Pienaar, AJ, Acct Dir -- Millward Brown South Africa, Gauteng, South Africa, pg. 743

Pieper, Doug, Creative Dir-Brdcst -- MAN MARKETING, Carol Stream, IL, pg. 674

Pierach, Jorg, Founder & Creative Dir -- FAST HORSE, Minneapolis, MN, pg. 362

Pierantozzi, Mike, Exec Creative Dir -- McKinney New York, New York, NY, pg. 719

Pierce, Bradley, Acct Dir -- JAYNE AGENCY, Highland Park, IL, pg. 573

Pierce, Brook, Sr Dir-Creative Svcs & Internal Mktg -- SCORR MARKETING, Kearney, NE, pg. 1642

Pierce, Deanna, Media Buyer -- Allied Integrated Marketing, Atlanta, GA, pg. 48

Pierce, Jennifer, Acct Dir -- BLANC & OTUS PUBLIC RELATIONS, San Francisco, CA, pg. 1451

Pierce, Katie, Media Buyer -- CBC ADVERTISING, Saco, ME, pg. 197

Pierce, Katie, Media Buyer -- CREATIVE BROADCAST CONCEPTS, Saco, ME, pg. 239

Pierce, Laurie, Media Dir -- MESH DESIGN, Baton Rouge, LA, pg. 734

Pierce, Patrick, Dir-PR -- OSTER & ASSOCIATES, INC., San Diego, CA, pg. 845

Pierce, Tori, Acct Supvr -- ANOMALY, New York, NY, pg. 59

Pierre, Eric, Creative Dir -- TBWA/G1, Boulogne-Billancourt, France, pg. 1081

Pierson, Christopher, Grp Creative Dir -- JK DESIGN, Hillsborough, NJ, pg. 576

Pierson, Jake, Acct Dir -- MARTINO FLYNN LLC, Pittsford, NY, pg. 689

Pierson, Rachael, Acct Exec & Producer -- SARKISSIAN PARTNERS, New York, NY, pg. 991

Pieske, Heather, Grp Creative Dir -- VIRTUE WORLDWIDE, Brooklyn, NY, pg. 1139

Pignocchi, Cecilia, Art Dir -- Wieden + Kennedy Amsterdam, Amsterdam, Netherlands, pg. 1164

Piipponen, Ossi, Art Dir -- Hasan & Partners Oy, Helsinki, Finland, pg. 703

Pike, Michelle, Acct Dir -- JEKYLL AND HYDE, Redford, MI, pg. 574

Pikoulas, Carolyn, Art Dir -- WILMINGTON DESIGN COMPANY, Wilmington, NC, pg. 1301

PilaV, Azra, Media Dir -- M.I.T.A., Sarajevo, Bosnia & Herzegovina, pg. 897

Pilgrim, Ashley, Acct Supvr -- Manning Selvage & Lee, Atlanta, GA, pg. 1587

Pilgrim, David, Exec Creative Dir -- FOOTSTEPS, New York, NY, pg. 391

Pilhofer, Eric, VP-Creative Solutions -- MARKETING ARCHITECTS, INC., Minnetonka, MN, pg. 682

Pilla, Gary, Creative Dir -- FRANKEL MEDIA GROUP, Newberry, FL, pg. 396

Pilla, Krista, Media Buyer -- BUTLER/TILL, Rochester, NY, pg. 1313

Pilla, Megan, Chief Creative Officer & Chief Content Officer -- BULLDOG DRUMMOND, INC., San Diego, CA, pg. 172

Pillot, Martin, Creative Dir -- DAS GROUP, INC., Pembroke Pines, FL, pg. 260

Pillsbury, Whitney, Chief Creative Officer -- AMMUNITION, LLC, Atlanta, GA, pg. 1236

Pilon, Benoit, Partner, Chief Creative Officer & VP -- TANK, Montreal, Canada, pg. 1072

Pilot, Katie, Acct Supvr -- MCGARRYBOWEN, New York, NY, pg. 716

Piltz, Sascha, Creative Dir -- HAVAS WORLDWIDE, New York, NY, pg. 475

Pimsler, Stephen, Creative Dir -- KARLIN+PIMSLER, New York, NY, pg. 587

Pina, Flavio, Head-Art & Creative Dir -- Lapiz, Chicago, IL, pg. 622

Pinas, Max, Creative Dir -- DEPT AGENCY, Amsterdam, Netherlands, pg. 292

Pinchevsky, Avital, Sr VP & Exec Creative Dir -- FCB Chicago, Chicago, IL, pg. 364

Pinckney, Christopher, Exec Creative Dir -- PINCKNEY HUGO GROUP, Syracuse, NY, pg. 871

Pine, Derek, Creative Dir -- FLYNN WRIGHT, Des Moines, IA, pg. 390

Pineda, Alexander, Art Dir -- TBWA Raad, Dubai, United Arab Emirates, pg. 1088

Pineda, Angelito, Assoc Dir-Brdcst -- OMD Canada, Toronto, Canada, pg. 1357

Pineda, Sasha, Media Planner -- HAVAS MEDIA, New York, NY, pg. 1324

Pineda, Tony, Art Dir -- PACE ADVERTISING, New York, NY, pg. 848

Pineda, Veronica, Acct Dir -- ANDERSON DDB HEALTH & LIFESTYLE, Toronto, Canada, pg. 57

Pinet, Julien, Acct Dir-New Bus Asst-Intl -- CLM BBDO, Boulogne-Billancourt, France, pg. 104

Ping, Loo Yong, Creative Dir -- Ogilvy (Singapore) Pvt. Ltd., Singapore, Singapore, pg. 827

Ping, Ong Shi, Chief Creative Officer -- FCB Kuala Lumpur, Kuala Lumpur, Malaysia, pg. 374

Pinheiro, Andre, Sr Creative Dir -- THINKERBELL, Melbourne, Australia, pg. 1099

Pinheiro, Maicon R., Art Dir -- DM9DDB, Sao Paulo, Brazil, pg. 271

Pinkerton, Libby, Acct Exec -- LINHART PUBLIC RELATIONS, Denver, CO, pg. 1568

Pinkney, Scott, VP & Exec Creative Dir -- Publicis Toronto, Toronto, Canada, pg. 904

Pinkosky, Jana, Acct Dir -- TEAM ONE USA, Los Angeles, CA, pg. 1095

Pinna, Gilmar, Creative Dir -- MullenLowe Brasil, Sao Paulo, Brazil, pg. 542

Pinnell, Hamish, Partner & Creative Dir -- BARTLE BOGLE HEGARTY LIMITED, London, United Kingdom, pg. 92

Pinon, Benoit, Art Dir -- HAVAS, Puteaux, France, pg. 472

Pins, Brianne, VP-PR -- CASHMERE AGENCY, Los Angeles, CA, pg. 193

Pintaude, Giovanni, Exec Creative Dir -- Possible, Budapest, Hungary, pg. 1281

Pinto, Alberto, Acct Dir -- M&C Saatchi Milan, Milan, Italy, pg. 660

Pinto, Clemente, Acct Dir -- Prolam Y&R S.A., Santiago, Chile, pg. 1206

Pinto, Jorge, Copywriter-Creative -- MullenLowe SSP3, Bogota, Colombia, pg. 777

Pinto, Keegan, Head-Creative-West & Creative Dir-Natl -- FCB Ulka, Mumbai, India, pg. 373

Pinto, Marla, Media Dir -- RDW GROUP INC., Providence, RI, pg. 935

Pinto, Nicolette, Acct Dir-Australia -- M&C Saatchi Performance, New York, NY, pg. 660

Pinto, Rodrigo, Partner & Creative Dir -- Paim Comunicacao, Porto Alegre, Brazil, pg. 701

Piotrowski, Pete, Acct Exec -- BOELTER + LINCOLN MARKETING COMMUNICATIONS, Milwaukee, WI, pg. 144

Piper, Caitlin, Acct Supvr -- Edelman, Dallas, TX, pg. 1493

Piperno, Michael, Principal & Dir-Creative -- IMBUE CREATIVE, Ewing, NJ, pg. 526

Pipkin, Brad, Acct Supvr -- DAN PIPKIN ADVERTISING AGENCY, INC., Danville, IL, pg. 259

Piretti, Larry, VP & Media Dir -- TAGTEAM BUSINESS PARTNERS LLC, Rocky Hill, CT, pg. 1070

Pirioux, Thibaut, Art Dir -- DDB Paris, Paris, France, pg. 273

Pirman, Rick, Dir-Creative & Art -- EXPECT ADVERTISING, INC., Clifton, NJ, pg. 355

Pirone, Debbie, Acct Supvr -- MARCUS THOMAS LLC, Cleveland, OH, pg. 679

Pirozhkov, Rita, Media Planner -- CMI Media, Parsippany, NJ, pg. 216

Pisani, Giancarlo, Creative Dir -- SapientRazorfish Boston, Boston, MA, pg. 914

Pisano, James, Creative Dir -- BLUE MOON STUDIOS, West Paterson, NJ, pg. 139

Piscatelli, Katherine, Acct Dir -- YOUNG & RUBICAM, New York, NY, pg. 1197

Pitanguy, Rafael, VP-Creative -- Y&R Sao Paulo, Sao Paulo, Brazil, pg. 1205

Pitegoff, Cathy, Dir-Brdcst Production & Bus Affairs -- HAVAS WORLDWIDE, New York, NY, pg. 475

Pitera, Anna, Acct Supvr -- SERINO COYNE LLC, New York, NY, pg. 1003

Pitino, Sam, VP & Creative Dir -- SMALL ARMY, Boston, MA, pg. 1022

Pitrolo, Enza, Assoc Creative Dir -- ANDERSON DDB HEALTH & LIFESTYLE, Toronto, Canada, pg. 57

Pitsikoulis, Constantine, Chief Creative Officer -- PITBULL CREATIVE, Atlanta, GA, pg. 873

Pittman, Mikal, VP & Creative Dir -- LEO BURNETT WORLDWIDE, INC., Chicago, IL, pg. 621

Pittman, Sis, Creative Dir-Print -- FOCUSED IMAGE, Falls Church, VA, pg. 391

Pittner, Sarah, Acct Dir & Planner -- Mortenson Safar Kim, Milwaukee, WI, pg. 761

Pitton, Cecile, Art Dir -- TBWA/Compact, Toulouse, France, pg. 1081

Pitts, Lynn, Grp Creative Dir & Copywriter -- UWG, Brooklyn, NY, pg. 1129

Pitts, Melissa, Acct Dir -- WUNDERMAN, New York, NY, pg. 1188

Pitz, Arnaud, Creative Dir -- N BBDO, Brussels, Belgium, pg. 103

Pitz, Arnaud, Creative Dir -- Proximity BBDO, Brussels, Belgium, pg. 103

Pitz, Arnaud, Creative Dir -- VVL BBDO, Brussels, Belgium, pg. 103

Pivrnec, Dieter, Exec Creative Dir -- FCB Neuwien, Vienna, Austria, pg. 366

Pivrnec, Dieter, Chief Creative Officer -- MullenLowe GGK, Vienna, Austria, pg. 774

Pizarro, Armando, Creative Dir -- ACENTO ADVERTISING, INC., Santa Monica, CA, pg. 20

Pizarro, Pam, Art Dir -- THE SPI GROUP LLC, Fairfield, NJ, pg. 1649

Pizzato, Daniel, Creative Dir -- Leo Burnett Melbourne, Melbourne, Australia, pg. 628

Pizzo, Gaetano Del, Exec Head-Art & Mgr-Creative -- McCann Erickson Italiana S.p.A., Rome, Italy, pg. 706

Pizzo, Gaetano Del, Exec Head-Art & Mgr-Creative -- McCann Erickson Italiana S.p.A., Rome, Italy, pg. 715

Pizzorno, Rodriguez, Chief Creative Officer -- Badillo Nazca Saatchi & Saatchi, Guaynabo, PR, pg. 982

Pla, Boris Puyana, Art Dir -- Bassat, Ogilvy Comunicacion, Barcelona, Spain, pg. 816

Pla, Boris Puyana, Art Dir -- Bassat, Ogilvy Comunicacion, Barcelona, Spain, pg. 1600

Placella, Monica, Art Dir -- J. Walter Thompson Australia, Richmond, Australia, pg. 554

Placentra, Kate, Art Dir -- Wieden + Kennedy New York, New York, NY, pg. 1165

Plachy, Lisa, Assoc Creative Dir -- VSA PARTNERS, INC., Chicago, IL, pg. 1146

Plain, David, Creative Dir -- MEDIASSOCIATES, INC., Sandy Hook, CT, pg. 1351

Plaisier, Robin, Art Dir -- TBWA Neboko, Amsterdam, Netherlands, pg. 1084

Plank, Torrey, Sr VP & Acct Dir -- ROBERTS + LANGER DDB, New York, NY, pg. 963

Plansky, Daniel, Sr VP & Assoc Creative Dir -- H4B Chelsea, New

AGENCIES — PERSONNEL INDEX

York, NY, pg. 474

Plard, Yoann, Art Dir -- SID LEE, Paris, France, pg. 1010

Platoni, Tom, VP & Creative Dir -- Allied Advertising, Public Relations, New York, NY, pg. 47

Platoni, Tom, VP & Creative Dir -- Allied Integrated Marketing, Kansas City, MO, pg. 48

Platoni, Tom, VP & Creative Dir -- Allied Integrated Marketing, Scottsdale, AZ, pg. 47

Platt, Brian, Creative Dir -- MONO, Minneapolis, MN, pg. 755

Platt, Kelly, Pres & Creative Dir -- DARLING, New York, NY, pg. 260

Plattman, Hal, Assoc Creative Dir -- BIGBUZZ MARKETING GROUP, New York, NY, pg. 130

Platz, Jesse, Acct Dir-New York -- WACHSMAN PR, New York, NY, pg. 1668

Playford, Rich, Art Dir & Assoc Creative Dir -- ARCHER MALMO, Memphis, TN, pg. 65

Plaza, Juan Javier Pena, Exec Creative Dir -- DAVID The Agency, Miami, FL, pg. 261

Pleankrim, Itthipol, Art Dir -- GREYnj United, Bangkok, Thailand, pg. 448

Plehal, Chris, Creative Dir -- RED TETTEMER O'CONNELL & PARTNERS, Philadelphia, PA, pg. 941

Pliego, Jonathan, Assoc Creative Dir -- WE ARE UNLIMITED, Chicago, IL, pg. 1155

Plotniece, Ulrika, Creative Dir -- DDB Latvia, Riga, Latvia, pg. 276

Plotnikova, Maria, Art Dir -- Provid BBDO, Kiev, Ukraine, pg. 109

Plottner, Kevin, Dir-Creative -- PUGNACIOUS PR, San Francisco, CA, pg. 1621

Pluckhahn, Michael, Creative Dir -- BBDO Dusseldorf, Dusseldorf, Germany, pg. 105

Plumbe, Emma, Mgr-PR -- Proximity Worldwide & London, London, United Kingdom, pg. 111

Plumley, Ashley, Dir-Creative Svcs -- GOCONVERGENCE, Orlando, FL, pg. 426

Plump, Kalli, Acct Exec -- RUNSWITCH PUBLIC RELATIONS, Louisville, KY, pg. 1638

Pluntz, Francis, Art Dir -- SID LEE, Paris, France, pg. 1010

Pluta, Brian, Assoc Creative Dir -- GREY NEW YORK, New York, NY, pg. 438

Plymale, John, Creative Dir -- GARD COMMUNICATIONS, Portland, OR, pg. 409

Poblete, Fernando, Creative Dir-California Lottery, Nestle & Carl's Jr. -- CASANOVA PENDRILL, Costa Mesa, CA, pg. 192

Pochucha, Heath, Exec Creative Dir -- PERISCOPE, Minneapolis, MN, pg. 864

Podber, Kris, Acct Exec -- JACK NADEL INTERNATIONAL, Westport, CT, pg. 1407

Poddar, Ashish, Sr Creative Dir -- Leo Burnett India, New Delhi, India, pg. 630

Poddar, Gunjan, Exec Creative Dir -- Leo Burnett India, Mumbai, India, pg. 629

Podurgiel, Amy, VP & Acct Dir -- KETCHUM, New York, NY, pg. 1554

Podwysocki, Gawel, Mgr-Print Production & Studio DTP -- J. Walter Thompson Poland, Warsaw, Poland, pg. 561

Poe, Brian, Media Buyer-Online -- MEDIASSOCIATES, INC., Sandy Hook, CT, pg. 1351

Poe, Laura, Dir-Digital Mktg & Healthcare PR -- UPROAR PR, Orlando, FL, pg. 1665

Poer, Brent, Exec Creative Dir-Content -- ZENITH USA, New York, NY, pg. 1391

Poet, Michele, Art Dir -- DEVANEY & ASSOCIATES, Owings Mills, MD, pg. 295

Poett, Simon, Exec Creative Dir -- The Brooklyn Brothers, London, United Kingdom, pg. 167

Pogson, Michael, Assoc Creative Dir -- Langland, Windsor, United Kingdom, pg. 911

Poindron, Steven, Art Dir -- BETC, Paris, France, pg. 479

Pointer, Emma, Acct Dir-Corp & Pub Affairs -- Weber Shandwick, Belfast, United Kingdom, pg. 1679

Pointer, Emma, Acct Dir-Corp & Pub Affairs -- Weber Shandwick UK, London, United Kingdom, pg. 1679

Poirier, Jordan, Creative Dir -- CONCRETE DESIGN COMMUNICATIONS INC, Toronto, Canada, pg. 226

Poisall, Rachel, Acct Exec -- IMRE, Baltimore, MD, pg. 528

Pok, Mitchell, Head-Creative -- MIGHTYHIVE, San Francisco, CA, pg. 1272

Pokrasso, Leah, Art Dir -- 12FPS, Santa Fe, NM, pg. 2

Polacek, Brian, Exec Creative Dir -- RAGE AGENCY, Westmont, IL, pg. 1283

Polanski, Denise, Creative Dir -- SHAKER RECRUITMENT ADVERTISING & COMMUNICATIONS, INC., Oak Park, IL, pg. 1005

Polar, Humberto, Chief Creative Officer -- Grey Mexico, S.A. de C.V, Mexico, Mexico, pg. 444

Polat, Hasan, Acct Dir -- Wavemaker, Istanbul, Turkey, pg. 1383

Polcari, Mike, Partner & Creative Dir -- THE JOHNSON GROUP, Chattanooga, TN, pg. 580

Polcaro, David, Dir-Creative -- EAST COAST CATALYST, Boston, MA, pg. 328

Pole, Jake, Art Dir-Mid Weight -- McCann Erickson Bristol, Bristol, United Kingdom, pg. 711

Policarpo, I-van, Creative Dir -- Saatchi & Saatchi Asia Pacific, Singapore, Singapore, pg. 985

Policella, Fabrice, Exec Creative Dir-Los Angeles -- SELECT WORLD, New York, NY, pg. 1001

Polis, Eva, VP & Creative Dir -- DDB Canada, Edmonton, Canada, pg. 267

Politi, Jason, Specialist-PR & Mktg -- BAKER PUBLIC RELATIONS, Albany, NY, pg. 1438

Polizogopulos, Eleni, Acct Dir -- McCann Erickson (Peru) Publicidad S.A., Lima, Peru, pg. 707

Polkes, Debra, Assoc Partner & Creative Dir -- THE CDM GROUP, New York, NY, pg. 198

Polkes, Debra, Assoc Partner & Creative Dir -- Cline, Davis & Mann, Inc., Princeton, NJ, pg. 199

Polkinghorne, Ben, Creative Dir -- Abbott Mead Vickers BBDO, London, United Kingdom, pg. 109

Pollack, Michele, Acct Supvr -- BODDEN PARTNERS, New York, NY, pg. 143

Pollack, Patrice, Assoc Creative Dir -- ONEMETHOD INC, Toronto, Canada, pg. 840

Pollack, Robyn Kessler, Acct Coord -- PRECISION ADVERTISING, Montreal, Canada, pg. 887

Pollard, Janice, Dir-Mktg Content & PR -- HELLOWORLD, A MERKLE COMPANY, Southfield, MI, pg. 495

Pollo, Paolo, Creative Dir-Copy -- Y&R Italia, srl, Milan, Italy, pg. 1203

Polom, Cara, Acct Exec -- AGENCY 451, Boston, MA, pg. 1427

Polowczuk, Susan, Sr Acct Exec-PR -- Zehnder Communications, Baton Rouge, LA, pg. 1211

Polychronopoulos, Chris, Grp Creative Dir -- R/GA San Francisco, San Francisco, CA, pg. 926

Pomikal, Miroslav, Creative Dir -- Y&R Praha, s.r.o., Prague, Czech Republic, pg. 1205

Pommery, Gersende, Acct Dir -- Sopexa, London, United Kingdom, pg. 1029

Pon, Kelly, Exec Creative Dir -- BBH China, Shanghai, China, pg. 93

Pondek, Audrey, Designer-Floral & Creative Styling -- DAVID STARK DESIGN & PRODUCTION, Brooklyn, NY, pg. 262

Pong, Hor Yew, Dir-Creative-Hong Kong -- Cheil Worldwide Inc., Seoul, Korea (South), pg. 462

Pongacha, Thanyaluck, Creative Dir -- GREYnj United, Bangkok, Thailand, pg. 448

Pongracz, Erin, Acct Dir -- COSSETTE COMMUNICATIONS, Vancouver, Canada, pg. 232

Pongrakananon, Piti, Creative Dir -- Leo Burnett, Bangkok, Thailand, pg. 631

Pons, Bernardo Rodriguez, Creative Dir -- WING, New York, NY, pg. 1170

Pontillo, Dana, Acct Exec & Writer -- ENGEL O'NEILL ADVERTISING & PUBLIC RELATIONS, Erie, PA, pg. 340

Ponto, Rob, Mgr-PR -- COMCAST SPOTLIGHT, Fort Wayne, IN, pg. 221

Pontz, Corey, Creative Dir -- GRAHAM MEDIA PARTNERS, Wayne, PA, pg. 431

Pony, Milt, Assoc Creative Dir-Horsing Around -- 1 TRICK PONY, Hammonton, NJ, pg. 1

Pool, Phil, Dir-New Bus -- PATRIOT ADVERTISING INC., Katy, TX, pg. 858

Pool, Scott, VP & Dir-Brdcst-Natl -- MARC USA CHICAGO, Chicago, IL, pg. 677

Poole, Cheryl, Media Buyer -- BLAKESLEE ADVERTISING, Baltimore, MD, pg. 133

Poole, Chris, Art Dir -- AGENCY 51, Santa Ana, CA, pg. 37

Poole, Kerstin, Dir-Traffic -- MULTI-NET MARKETING, INC., Colorado Spgs, CO, pg. 1353

Pooley, Shayne, Exec Creative Dir-Ogilvy Redworks -- Ogilvy (Singapore) Pvt. Ltd., Singapore, Singapore, pg. 827

Poonsawat, Patara-on, Art Dir -- Leo Burnett, Bangkok, Thailand, pg. 631

Poor, John, Acct Exec -- YUME, Redwood City, CA, pg. 1209

Poor, Kevin, Sr VP & Creative Dir -- DIX & EATON, Cleveland, OH, pg. 308

Popa, Joseph, Exec Creative Dir -- 88/BRAND PARTNERS, Chicago, IL, pg. 13

Pope, Chloe, Art Dir -- Adam & EveDDB, London, United Kingdom, pg. 281

Pope, Haleigh, Acct Coord -- OTEY WHITE & ASSOCIATES, Baton Rouge, LA, pg. 845

Pope, Seymour, Creative Dir -- Y&R, Auckland, New Zealand, pg. 1192

Popich, Mark, Creative Dir -- FELL SWOOP, INC, Seattle, WA, pg. 1257

Popke, Kiersten, Acct Supvr -- Ogilvy, San Francisco, CA, pg. 1599

Popoola, Toheeb, Art Dir -- DDB Casers, Lagos, Nigeria, pg. 278

Popovic, Vladimir, Acct Dir -- McCann Erickson Group, Belgrade, Serbia, pg. 708

Popper, Robert, Assoc Creative Dir -- GLYNNDEVINS ADVERTISING & MARKETING, Kansas City, MO, pg. 424

Por, Andrea, Art Dir -- ZULU ALPHA KILO, Toronto, Canada, pg. 1216

Porat, Gal, Art Dir -- McCann Erickson, Tel Aviv, Israel, pg. 705

Porebski, Maciej, Exec Creative Dir -- Leo Burnett Warsaw SP.Z.O.O., Warsaw, Poland, pg. 626

Porpossian, Jacob, VP-Creative Strategy, Social & Innovation -- Fleishman-Hillard Inc., New York, NY, pg. 1508

Porrata, Marcos, Art Dir -- Y&R New York, New York, NY, pg. 1198

Porrata, Marcos, Art Dir -- YOUNG & RUBICAM, New York, NY, pg. 1197

Porro, Giovanni, Chief Creative Officer -- Havas Worldwide Milan, Milan, Italy, pg. 481

Porsborg, Austin, Acct Dir -- UNSER COMMUNICATIONS, Las Vegas, NV, pg. 1665

Portales, Jorge, Creative Dir -- DDB Chile, Santiago, Chile, pg. 271

Porte, Olivier, Art Dir -- Saatchi & Saatchi, Suresnes, France, pg. 977

Portello, Sara, Creative Dir -- D'Adda, Lorenzini, Vigorelli, BBDO, Milan, Italy, pg. 106

Porter, Dave, Creative Dir -- MIRAGE ADVERTISING, Monroeville, PA, pg. 747

Porter, Duncan, Exec Creative Dir -- RAIN43, Toronto, Canada, pg. 929

Porter, Gordon, Acct Supvr -- GENUINE INTERACTIVE, Boston, MA, pg. 414

Porter, Matthew, Acct Dir -- ROKKAN, New York, NY, pg. 966

Porter, Rue Ann, Media Dir -- C SUITE COMMUNICATIONS, Sarasota, FL, pg. 180

Porter, Sarah, Acct Supvr -- Edelman, Miami, FL, pg. 1492

Porter, Shelley, Media Dir -- PRAIRIE DOG/TCG, Kansas City, MO, pg. 886

Porterfield, Erin, Sr Dir-Creative -- HOLT CREATIVE GROUP, Tyler, TX, pg. 507

Porterie, Dario, Creative Dir-London -- Santo Buenos Aires, Buenos Aires, Argentina, pg. 1181

Portrait, Daniel, Founder & Exec Creative Dir -- KAMP GRIZZLY, Portland, OR, pg. 586

Portz, Jan C., Creative Dir -- McCann Erickson Brand Communications Agency, Frankfurt am Main, Germany, pg. 703

Porvatova, Tatiana, Acct Dir-Lowe Adventa -- MullenLowe Moscow, Moscow, Russia, pg. 775

Posepna, Katerina, Acct Dir -- DDB Prague, Prague, Czech Republic, pg. 272

Posey, Kathy, Sr Media Buyer-Brdcst -- WYSE, Cleveland, OH, pg. 1193

Posta, Tom, VP & Acct Dir -- Bader Rutter & Associates, Inc., Lincoln, NE, pg. 83

Postrel, Pam, VP & Creative Dir-Animation & Family -- MOCEAN, Los Angeles, CA, pg. 752

Poszywak, Gregory, Art Dir -- LEE TILFORD AGENCY, Austin, TX, pg. 619

Potack, Jesse, Creative Dir -- EP+CO, Greenville, SC, pg. 343

Potak, Kaity, Assoc Creative Dir -- MCCANN HEALTH GLOBAL HQ, New York, NY, pg. 713

Pote, Ketan, Acct Dir -- 20:20 MSL, Mumbai, India, pg. 1588

Potesky, Bob, Partner & Exec Creative Dir -- THE RAMEY AGENCY LLC, Jackson, MS, pg. 930

Potesta, Laura, Acct Supvr -- Rogers & Cowan, Los Angeles, CA, pg. 1674

Pothier, Nancy, Sr Dir-Creative -- STUN CREATIVE, Los Angeles, CA, pg. 1057

Potosnak, Jamie, Owner, Pres & Creative Dir -- ROUTE 1A ADVERTISING, Erie, PA, pg. 969

Potter, Carrie, Sr VP & Creative Dir -- PIXACORE, New York, NY, pg. 874

Potter, Geary, VP-New Bus Dev -- REDDING COMMUNICATIONS LLC, High Point, NC, pg. 943

PERSONNEL INDEX — AGENCIES

Potter, JW, Creative Dir -- JOHNSON & MURPHY, Van Nuys, CA, pg. 579
Potter, Nathanael, Creative Dir -- Adam & EveDDB, London, United Kingdom, pg. 281
Potter, Peggy, Owner & Dir-Creative -- WALKING STAR MARKETING & DESIGN, Cody, WY, pg. 1149
Potter, Stephen, Sr VP & Creative Dir -- GENUINE INTERACTIVE, Boston, MA, pg. 414
Pottgen, Troy, Creative Dir -- RIESTER, Phoenix, AZ, pg. 958
Potthast, Mick, Acct Exec -- Deutsch New York, New York, NY, pg. 295
Potts, Taylor, Creative Dir-Multimedia -- THE BALCOM AGENCY, Fort Worth, TX, pg. 85
Potucek, Laura, Sr VP & Exec Creative Dir -- MAVEN COMMUNICATIONS LLC, Philadelphia, PA, pg. 695
Poulier, Mark, Creative Dir -- Clemenger BBDO Melbourne, Melbourne, Australia, pg. 111
Poulios, Dimitri, VP & Creative Dir -- HYC/MERGE, Chicago, IL, pg. 515
Pouliot, Catherine, Acct Dir-Germany -- Edelman, Montreal, Canada, pg. 1491
Poutanen, Jyrki, Partner & Chief Creative Officer -- TBWA PHS, Helsinki, Finland, pg. 1080
Poutre, Gregory, Art Dir -- IGNITE DESIGN AND ADVERTISING, INC., Rch Cucamonga, CA, pg. 522
Poveda, Jhon Byron, Art Dir -- MullenLowe SSP3, Bogota, Colombia, pg. 777
Powell, Dylan, Creative Dir -- UNLEADED COMMUNICATIONS, INC., Houston, TX, pg. 1127
Powell, Nick, Acct Exec -- KRAUS MARKETING, Morristown, NJ, pg. 602
Powell, Paige, Acct Dir -- Havas Media, Boston, MA, pg. 1327
Powell, Pamela, Acct Dir -- THE HAUSER GROUP INC., Saint Louis, MO, pg. 472
Powelson, Michael, Creative Dir -- RIGGS PARTNERS, West Columbia, SC, pg. 1631
Power, Tyler, Creative Dir -- ARCANE, Calgary, Canada, pg. 65
Powers, Alexandra, Media Planner -- DIGITAS, San Francisco, CA, pg. 302
Powers, Chris, Exec Creative Dir-Arts & Culture -- SITUATION INTERACTIVE, New York, NY, pg. 1017
Powers, Laura, Assoc Creative Dir & Copywriter -- Lewis Communications, Nashville, TN, pg. 637
Powers, Lori, Pres, CEO & Chief Creative Officer -- POWERS AGENCY, Cincinnati, OH, pg. 885
Powers, Maggie, Creative Dir -- GYRO, New York, NY, pg. 457
Powers, Martha, Acct Supvr -- CP+B BOULDER, Boulder, CO, pg. 235
Powers, Michael, Creative Dir-Animation -- CRAMER PRODUCTIONS INC., Norwood, MA, pg. 238
Powers, Natalie, Acct Dir -- KOCH COMMUNICATIONS, Oklahoma City, OK, pg. 1559
Powers, Samantha, Acct Supvr -- MARCH COMMUNICATIONS, Boston, MA, pg. 1575
Poyekar, Sandeep, Creative Dir -- Saatchi & Saatchi, Mumbai, India, pg. 984
Poynton, Malcolm, Chief Creative Officer -- Cheil Worldwide Inc., Seoul, Korea (South), pg. 462
Pozza, Simon Dalla, Art Dir -- Ogilvy Sydney, Saint Leonards, Australia, pg. 821
Pozzi, Elena, Acct Supvr -- Havas Worldwide Milan, Milan, Italy, pg. 481
Pozzi, Matteo, Dir-Client Creative -- DDB S.r.L. Advertising, Milan, Italy, pg. 276
Prabhu, Jag, Creative Dir -- J. WALTER THOMPSON, New York, NY, pg. 553
Pracher, Emily, Art Dir -- GREY NEW YORK, New York, NY, pg. 438
Prada, Luis Fernando, Dir-Creative Digital -- McCann Erickson Corp. S.A., Bogota, Colombia, pg. 702
Prada, Natasha, Media Dir -- Starcom, North Hollywood, CA, pg. 1371
Pradana, Yogi, Creative Dir -- Leo Burnett Indonesia, Jakarta, Indonesia, pg. 630
Pradera, Nuria, Acct Dir -- Publicis, Madrid, Spain, pg. 901
Pradinuk, Carey, Creative Dir -- MCKIM, Winnipeg, Canada, pg. 719
Prager, Ben, Founder & Creative Dir -- PRAGER CREATIVE, New York, NY, pg. 886
Prahin, Andrew, Creative Dir -- The Marketing Arm, Chicago, IL, pg. 682
Prajapati, Mehul, Grp Head-Creative & Copywriter -- Grey (India) Pvt. Ltd., Mumbai, India, pg. 446
Praschak, Kurt, VP-PR -- SCG ADVERTISING & PUBLIC RELATIONS, Haddonfield, NJ, pg. 994
Prasetia, Esa, Art Dir -- BBDO Komunika, Jakarta, Indonesia, pg. 113
Prat, Leo, Exec Creative Dir -- WE BELIEVERS, New York, NY, pg. 1155
Prather, Patricia, Art Dir -- AXIOMPORT, IndianaPolis, IN, pg. 81
Prato, Paul, Grp Creative Dir -- PP+K, Tampa, FL, pg. 885
Pratomo, Cynthia, Creative Dir -- Wolff Olins-New York, New York, NY, pg. 1174
Pratt, Rosa, Media Dir -- HMC ADVERTISING, Chula Vista, CA, pg. 504
Pratt, Steve, Acct Exec -- BRENER, ZWIKEL & ASSOCIATES, INC., Reseda, CA, pg. 1456
Pratt, Whitney, VP-Creative Strategy -- FRANKLIN STREET MARKETING, Richmond, VA, pg. 396
Prax, Siri, Acct Dir -- SCHERMER, INC., Minneapolis, MN, pg. 995
Preble, Kareen, Acct Exec -- BELLEVUE COMMUNICATIONS GROUP, Philadelphia, PA, pg. 1448
Preciado, Maximiliano, Editor-Creative -- Ogilvy, Mexico, Mexico, pg. 821
Predescu, Andreea, Mgr-PR -- McCann Erickson Romania, Bucharest, Romania, pg. 708
Pregont, Christy, Partner & Exec Creative Dir -- MOVEMENT STRATEGY, Denver, CO, pg. 1274
Premutico, Leo, Co-Founder & Co-Chief Creative Officer -- JOHANNES LEONARDO, New York, NY, pg. 1266
Prendergast, Emma, Acct Dir -- Havas London, London, United Kingdom, pg. 482
Prentice, Brian, VP & Creative Dir -- PADILLA, Minneapolis, MN, pg. 849
Presley, Gina, Acct Mgr-PR -- BRIGHTON AGENCY, INC., Saint Louis, MO, pg. 164
Pressman, Nadav, Sr Creative Dir -- McCann Erickson, Tel Aviv, Israel, pg. 705
Prestifilippo, Gina, Acct Exec -- SHAKER RECRUITMENT ADVERTISING & COMMUNICATIONS, INC., Oak Park, IL, pg. 1005
Preston, Chris, Principal, Exec VP & Creative Dir -- PRESTON KELLY, Minneapolis, MN, pg. 888
Preston, Corinne, Creative Dir -- STREAM COMPANIES, Malvern, PA, pg. 1054
Preston, Dawn, Art Dir -- CAIN & COMPANY, Rockford, IL, pg. 182
Preston, Stephanie, Acct Exec -- CONNECTIONS ADVERTISING & MARKETING, Lexington, KY, pg. 227
Preto, Sara, Acct Exec -- Resound Marketing, Princeton, NJ, pg. 1630
Pretorius, Gareth, Creative Dir -- J. Walter Thompson Cape Town, Cape Town, South Africa, pg. 554
Prettyman, Alyssa, Sr Acct Dir & Creative Dir -- SCRATCH MARKETING + MEDIA, Cambridge, MA, pg. 999
Preziosa, Gina, Media Dir -- THE BOSTON GROUP, Boston, MA, pg. 149
Price, Ann Marie, Acct Exec -- SCATENA DANIELS COMMUNICATIONS, INC., San Diego, CA, pg. 994
Price, Annie, Creative Dir -- J. Walter Thompson Australia, Richmond, Australia, pg. 554
Price, Corey, Art Dir & Designer -- ICF OLSON, Minneapolis, MN, pg. 518
Price, Daniel, Assoc Creative Dir -- Deutsch New York, New York, NY, pg. 295
Price, Darcey, Media Dir -- CAPPELLI MILES, Lake Oswego, OR, pg. 188
Price, Darcey, Media Dir -- Cappelli Miles, Eugene, OR, pg. 188
Price, Darren, Art Dir -- VIRTUAL FARM CREATIVE INC., Phoenixville, PA, pg. 1138
Price, Dave, Exec Creative Dir -- McCann-Erickson Communications House Ltd, Macclesfield, Prestbury, United Kingdom, pg. 712
Price, Heather, Creative Dir -- CHERNOFF NEWMAN, Columbia, SC, pg. 206
Price, Larry, Creative Dir -- VISION CREATIVE GROUP, INC., Morris Plains, NJ, pg. 1139
Price, Leanne, Media Buyer-Digital -- GOODWAY GROUP, Jenkintown, PA, pg. 1322
Price, Rob, Co-Founder & Exec Creative Dir -- ELEVEN INC., San Francisco, CA, pg. 336
Price, Sarah Lyons, Acct Exec -- ETHOS MARKETING & DESIGN, Westbrook, ME, pg. 351
Prichard, Justin, Assoc Creative Dir -- SAATCHI & SAATCHI, New York, NY, pg. 975
Prichard, Justin, Assoc Dir-Creative -- Saatchi & Saatchi Los Angeles, Torrance, CA, pg. 975
Prichard, Samantha, Acct Supvr -- LOVELL COMMUNICATIONS, INC., Nashville, TN, pg. 653
Prichard, Zach, VP & Creative Dir-Video -- MAD GENIUS, Ridgeland, MS, pg. 668
Prickett, Dane, Media Dir -- BOOMM! MARKETING & COMMUNICATIONS, La Grange, IL, pg. 146
Priddy, Ben, Creative Dir -- TBWA\Chiat\Day Los Angeles, Los Angeles, CA, pg. 1077
Prideaux, Thomas, Acct Dir -- Fallon London, London, United Kingdom, pg. 360
Pridham, Natalie, Acct Supvr -- BLANC & OTUS PUBLIC RELATIONS, San Francisco, CA, pg. 1451
Priest, Brian, Sr VP & Grp Creative Dir -- UPSHOT, Chicago, IL, pg. 1128
Priester, Sherri, Media Dir -- Otto, Virginia Beach, VA, pg. 845
Priester, Sherri, Media Dir -- OTTO, Norfolk, VA, pg. 845
Prieto, Natalia, Acct Dir -- GIANT NOISE, Austin, TX, pg. 1517
Prieto, Raimundo Silva, Acct Supvr -- Grey Chile, Santiago, Chile, pg. 443
Primachenko, Evgeny, Creative Dir -- Wieden + Kennedy Amsterdam, Amsterdam, Netherlands, pg. 1164
Primack, Laura, VP-Culture & Creative Svcs -- AVATARLABS, Encino, CA, pg. 79
Primc, Matija, Art Dir -- Grey Ljubljana d.o.o., Ljubljana, Slovenia, pg. 442
Prince, Sarah, Media Dir -- GRADY BRITTON, Portland, OR, pg. 430
Principe-Aloi, Desiree, Dir-Print Production -- eg+ Worldwide, Chicago, IL, pg. 1077
Pringle, Ashley, Assoc Creative Dir -- JADI COMMUNICATIONS, Laguna Beach, CA, pg. 570
Pringle, Nick, VP & Grp Exec Creative Dir -- R/GA, New York, NY, pg. 925
Prinsloo, Robert, Art Dir -- M&C Saatchi Abel, Cape Town, South Africa, pg. 660
Prior, Callum, Art Dir -- BARTLE BOGLE HEGARTY LIMITED, London, United Kingdom, pg. 92
Prior, Christian, Acct Dir-Corp & Consumer Comm -- Weber Shandwick, Brussels, Belgium, pg. 1677
Prior, Stephen, Creative Dir-Netherlands -- HS Ad, Inc., Seoul, Korea (South), pg. 1201
Prisilia, Irvine, Creative Dir -- GREYnj United, Bangkok, Thailand, pg. 448
Pritchett, Barbara, Acct Supvr -- BOHAN, Nashville, TN, pg. 144
Pritchett, Chase, Acct Dir -- Anomaly Amsterdam, Amsterdam, Netherlands, pg. 59
Pritzl, Lisa, Dir-Process Mgmt & Art Dir -- PROPHIT MARKETING, Green Bay, WI, pg. 894
Proctor, Charla, Art Dir -- STEVENS ADVERTISING, Grand Rapids, MI, pg. 1048
Proctor, Julia, Acct Dir -- PUBLICIS HAWKEYE, Dallas, TX, pg. 1282
Prokopova, Hana, Acct Dir -- McCann Erickson Prague, Prague, Czech Republic, pg. 702
Promer, Annie, Acct Supvr -- Vladimir Jones, Denver, CO, pg. 1142
Promsuwan, Atltaya, Art Dir -- Ogilvy Advertising, Bangkok, Thailand, pg. 828
Pron, Regina, Sr Media Buyer-Brdcst -- CACTUS, Denver, CO, pg. 181
Propst, Amanda Hughes, Dir-Mktg & Creative Svcs -- INUVO, INC., Little Rock, AR, pg. 1265
Propst, Marilise, Art Dir -- BCA (BRIAN CRONIN & ASSOCIATES INC.), Rye Brook, NY, pg. 116
Prosperi, Bruno, Exec Creative Dir -- Almap BBDO, Sao Paulo, Brazil, pg. 101
Prosser, Luke, Creative Dir-Interactive -- ACKMANN & DICKENSON, MinneaPolis, MN, pg. 21
Proud, Geoff, Creative Dir -- TRANSLATION LLC, New York, NY, pg. 1113
Proud, Mark, Creative Dir -- STEP ONE CREATIVE, Oswego, NY, pg. 1046
Prout, Ben, Dir-New Bus -- Wieden + Kennedy Amsterdam, Amsterdam, Netherlands, pg. 1164
Prouty, Courtney, Acct Exec -- MASS MEDIA MARKETING, Augusta, GA, pg. 691
Provenzano, Gaby, Acct Coord -- B2 COMMUNICATIONS, Saint Petersburg, FL, pg. 1436
Proxmire, Brocky, Acct Exec -- Summit Group, Itasca, IL, pg. 1061
Pruden, Ricci, Acct Supvr -- THE WONDERFUL AGENCY, Los Angeles, CA, pg. 1228
Prudhomme, Paul, Jr Art Dir -- BIG COMMUNICATIONS, INC., Birmingham, AL, pg. 128
Pruett, Jennifer, Dir-Pub & Media Rels & Acct Exec -- HDE, LLC., Phoenix, AZ, pg. 490

AGENCIES — PERSONNEL INDEX

Pruett, Matt, Grp Dir-Creative -- BARKLEY, Kansas City, MO, pg. 90

Pruitt, David, Designer-Creative -- M IS GOOD, Raleigh, NC, pg. 664

Prusha, Brynn, Media Planner & Media Buyer -- ASHER MEDIA, INC., Addison, TX, pg. 1308

Pruzincova, Dora, Creative Dir -- Y&R Praha, s.r.o., Prague, Czech Republic, pg. 1205

Prybula, Nina, Acct Supvr -- INTOUCH SOLUTIONS, Overland Park, KS, pg. 544

Pryor, Kat, Acct Supvr -- JOHANNES LEONARDO, New York, NY, pg. 1266

Publicis, Ceo, Chief Creative Officer -- Publicis Italia, Milan, Italy, pg. 899

Pucci, Felicia, Acct Exec -- LAKE GROUP MEDIA, INC., Armonk, NY, pg. 607

Pucci, John, CMO & Chief Creative Officer -- HAWTHORNE DIRECT INC., Fairfield, IA, pg. 489

Pucci, Marthon, Assoc Creative Dir -- ADAM&EVEDDB, New York, NY, pg. 25

Puckett, Melissa Landsman, Media Dir -- THOMAS PUCKETT ADVERTISING, Las Vegas, NV, pg. 1101

Puebla, Chacho, Partner & Chief Creative Officer -- LOLA MullenLowe, Madrid, Spain, pg. 542

Puech, Anne, Acct Dir -- Havas London, London, United Kingdom, pg. 482

Pugalia, Garima, Supvr-Creative -- Ogilvy, Bengaluru, India, pg. 823

Pugliese, LouAnn, Acct Supvr -- IMPRESSIONS-A.B.A. INDUSTRIES, INC., Mineola, NY, pg. 528

Puglisi-Barley, Joanna, Mgr-PR -- THE SIMON GROUP, INC., Sellersville, PA, pg. 1014

Puiatti, Martin, Art Dir -- Leo Burnett Buenos Aires, Buenos Aires, Argentina, pg. 623

Puig, Carles, Chief Creative Officer -- Grey Chile, Santiago, Chile, pg. 443

Puig, Carles, Exec Creative Dir -- Grey Singapore, Singapore, Singapore, pg. 448

Puig, Lisa, Media Dir-Genesis -- INNOCEAN USA, Huntington Beach, CA, pg. 534

Pujals, Lisa, Creative Dir -- BOUCHARD MCELROY COMMUNICATIONS GROUP INC., Roseville, CA, pg. 149

Pujolas, Pat, Creative Dir -- NORTHLICH PUBLIC RELATIONS, Cincinnati, OH, pg. 799

Pulchin, Howard, Creative Dir & Exec Dir -- APCO Worldwide, New York, NY, pg. 63

Pulwer, Lauren, VP & Acct Dir -- PUBLICIS USA, New York, NY, pg. 912

Pumfery, Aaron, Chief Creative Officer -- EDGE PARTNERSHIPS, Lansing, MI, pg. 331

Pundsack, Jodie, Co-Founder & Strategist-Creative -- GASLIGHT CREATIVE, Saint Cloud, MN, pg. 411

Puphal, Joerg, Mng Dir & Exec Creative Dir -- Publicis Pixelpark, Bielefeld, Germany, pg. 899

Pupo, Marco, Sr VP & Exec Creative Dir -- McCann New York, New York, NY, pg. 698

Puppio, Francisco, Creative Dir & Writer -- 72ANDSUNNY, Playa Vista, CA, pg. 11

Pupshis, Jennifer, Media Buyer -- MEDIA WORKS, LTD., Baltimore, MD, pg. 1344

Purcell, Alex, Creative Dir -- Golin, London, United Kingdom, pg. 1521

Purcell, Karen, Sr VP & Media Dir -- SHERRY MATTHEWS ADVOCACY MARKETING, Austin, TX, pg. 1007

Purdin, Bill, Pres-Adv Agency & Creative Dir -- LEGEND INC., Marblehead, MA, pg. 619

Purdum, Ashley, Dir-PR & Mktg -- NIGHT AFTER NIGHT, New York, NY, pg. 794

Purdy, Luke, Acct Dir -- Wieden + Kennedy Amsterdam, Amsterdam, Netherlands, pg. 1164

Purther, Julianne, Creative Dir -- McCann Detroit, Birmingham, MI, pg. 699

Puruczky, Dawn, Acct Supvr -- ARRAS KEATHLEY AGENCY, Cleveland, OH, pg. 71

Pusca, Barbara, Acct Dir -- Publicis Italia, Milan, Italy, pg. 899

Pusca, Barbara, Acct Dir -- Publicis Networks, Milan, Italy, pg. 900

Pusca, Barbara, Acct Dir -- Publicis S.R.L., Milan, Italy, pg. 900

Puskar, Jeff, Creative Dir -- Possible Los Angeles, Playa Vista, CA, pg. 1281

Putera, Tubagus, Grp Head-Creative -- MullenLowe Indonesia, Jakarta, Indonesia, pg. 774

Putman, Mamie, Dir-Creative Svcs -- ADVENTURE ADVERTISING LLC, Buford, GA, pg. 35

Putnam, Jennifer, Chief Creative Officer -- ALLEN & GERRITSEN, Boston, MA, pg. 45

Putnam, Jennifer, Chief Creative Officer -- Allen & Gerritsen, Philadelphia, PA, pg. 46

Putra, Ichlas Yanuar, Art Dir -- FCB Jakarta, Jakarta, Indonesia, pg. 373

Putri, Dian, Acct Dir -- FCB Jakarta, Jakarta, Indonesia, pg. 373

Puttagio, Marissa, Creative Dir -- EVENTIGE MEDIA GROUP, New York, NY, pg. 352

Putti, Julian, VP & Assoc Creative Dir -- McCann Detroit, Birmingham, MI, pg. 699

Py, Jean-Laurent, Supvr-Creative -- Publicis Conseil, Paris, France, pg. 898

Pyatt, Krystal, Acct Exec-PR & Social Media -- THE FERRARO GROUP, Las Vegas, NV, pg. 1504

Pycherek, Maggie, Assoc Creative Dir-Publicis Hawkeye -- Publicis Toronto, Toronto, Canada, pg. 904

Pyle, Lesly, Mgr-Creative & Copywriter -- BAKER STREET ADVERTISING, San Francisco, CA, pg. 85

Pym, Oliver, Acct Dir -- Wieden + Kennedy, London, United Kingdom, pg. 1165

Pyne, Chrissy, Partner & Creative Dir -- MR. SMITH AGENCY LLC, Buffalo, NY, pg. 766

Pytko, Steve, Sr VP & Dir-Brdcst Production -- SAATCHI & SAATCHI WELLNESS, New York, NY, pg. 985

Q

Qablawi, Sari, Assoc Creative Dir -- Horizon FCB Jeddah, Jeddah, Saudi Arabia, pg. 369

Qian, Frankie, Creative Dir -- Leo Burnett Shanghai Advertising Co., Ltd., Shanghai, China, pg. 629

Qian, Qian, Exec Creative Dir -- GREY GROUP, New York, NY, pg. 438

Qian, Qian, Exec Creative Dir -- GREY NEW YORK, New York, NY, pg. 438

Qiu, Billy, Acct Dir -- Leo Burnett Shanghai Advertising Co., Ltd., Shanghai, China, pg. 629

Quach, Tiffany, Acct Coord -- OCEAN MEDIA INC., Huntington Beach, CA, pg. 1355

Qualley, Hannah, Acct Supvr-IDEAL Electrical -- SCHAFER CONDON CARTER, Chicago, IL, pg. 995

Qualls, Lee Ann, Media Supvr -- AB+C, Wilmington, DE, pg. 16

Quam, Travis, Dir-Creative -- 44 INTERACTIVE, Sioux Falls, SD, pg. 8

Quarles, Brian, Sr VP & Exec Creative Dir -- REVOLUTION MARKETING, LLC, Chicago, IL, pg. 953

Quart, Miriam, Dir-Media & New Bus -- BRANDFIRE, New York, NY, pg. 156

Quartarone, Simone, Media Planner & Media Buyer -- MARSHALL FENN COMMUNICATIONS LTD., Toronto, Canada, pg. 1577

Quattrochi, Ann, VP & Sr Creative Dir-Bus Dev Svcs -- Fleishman-Hillard Inc., New York, NY, pg. 1508

Quayle, Peter, VP & Media Dir -- NEMER FIEGER, Minneapolis, MN, pg. 788

Que, Connie, Acct Dir -- GYRO, New York, NY, pg. 457

Queiroz, Elisangela, Acct Exec -- Wunderman, Sao Paulo, Brazil, pg. 1190

Quek, Jasmine, Dir-Creative Svcs -- BBH Singapore, Singapore, Singapore, pg. 94

Quennoy, Eric, Exec Creative Dir -- Wieden + Kennedy Amsterdam, Amsterdam, Netherlands, pg. 1164

Querolle, Antoine, Art Dir & Copywriter -- Publicis Conseil, Paris, France, pg. 898

Quesada, Marion, Acct Dir -- CLM BBDO, Boulogne-Billancourt, France, pg. 104

Quevedo, Aldo, Principal & Creative Dir -- RICHARDS/LERMA, Dallas, TX, pg. 957

Quezada, Lily, Dir-PR -- GARRITY GROUP PUBLIC RELATIONS LLC, Albuquerque, NM, pg. 1516

Quick, Jim, Pres & Creative Dir -- REDFONT MARKETING GROUP, Concord, NC, pg. 943

Quigley, Thomas, Creative Dir -- VERBAL+VISUAL, New York, NY, pg. 1300

Quilantang, Vince, Art Dir -- DESTINATION MARKETING, Mountlake Terrace, WA, pg. 294

Quimbay, Jonathan, Creative Dir -- MullenLowe SSP3, Bogota, Colombia, pg. 777

Quiney, Jessica, Strategist-Creative -- George P. Johnson (Australia) Pty., Ltd., Sydney, Australia, pg. 417

Quinn, Brian, Assoc Dir-Creative -- NORTON RUBBLE & MERTZ ADVERTISING, Chicago, IL, pg. 800

Quinn, Carol, Acct Dir -- KARSH & HAGAN COMMUNICATIONS, INC., Denver, CO, pg. 588

Quinn, Georgina, Creative Dir -- INTANDEM INC., Greenville, NC, pg. 536

Quinn, Kim, Art Dir -- BLUECADET INTERACTIVE, Philadelphia, PA, pg. 1241

Quinn, Kristen, Dir-PR -- PAIGE PR, Houston, TX, pg. 1604

Quinn, Susan, Media Dir -- UNDERSCORE MARKETING LLC, New York, NY, pg. 1378

Quinones, Ignacio, Chief Creative Officer -- Grey Chile, Santiago, Chile, pg. 443

Quintal, Nelson, Creative Dir -- Cheil Worldwide Inc., Seoul, Korea (South), pg. 462

Quintal, Nicolas, Creative Dir -- RETHINK, Vancouver, Canada, pg. 951

Quintana, Juan Jose, Sr VP & Exec Creative Dir -- LA AGENCIA DE ORCI & ASOCIADOS, Santa Monica, CA, pg. 606

Quintana, Marlaina, Sr VP & Grp Acct Dir-PR -- Cramer-Krasselt, Milwaukee, WI, pg. 237

Quintana, Natalia, Sr Dir-Brand PR & Media Rels -- Edelman, Buenos Aires, Argentina, pg. 1496

Quintero, Cortney, Dir-PR -- RED ENERGY PUBLIC RELATIONS, Colorado Springs, CO, pg. 1627

Quintero, Danielle, Sr Acct Exec-PR -- SHARP COMMUNICATIONS, New York, NY, pg. 1006

Quintero, Juan Manuel, Creative Dir -- Santo Buenos Aires, Buenos Aires, Argentina, pg. 1181

Quintiliani, Dave, Grp Creative Dir -- Y&R New York, New York, NY, pg. 1198

Quintos, Ronald, Art Dir -- Horizon FCB Jeddah, Jeddah, Saudi Arabia, pg. 369

Quirici, Michael, Art Dir -- MEDIA HORIZONS, INC., Norwalk, CT, pg. 726

Quirk, Cara, Creative Dir -- DAY COMMUNICATIONS VANCOUVER, Vancouver, Canada, pg. 265

Quirke, Elaine, Grp Dir-Partnerships & Creative Media -- Wavemaker, Sydney, Australia, pg. 1385

Quiroga, Anderson, Creative Dir -- McCann Erickson Corp. S.A., Bogota, Colombia, pg. 702

Quiroz, German, Creative Dir -- BBDO Chile, Santiago, Chile, pg. 102

Quiroz, German, Creative Dir -- Prolam Y&R S.A., Santiago, Chile, pg. 1206

Quish, Tom, Head-Natl Practice & Sr Grp Creative Dir -- RIGHTPOINT, Chicago, IL, pg. 1285

Quitoni, Lisa, Assoc Dir-Creative & Art -- MCCANN TORRE LAZUR, Parsippany, NJ, pg. 714

Quong, Ed, Creative Dir -- LPI COMMUNICATIONS GROUP INC., Calgary, Canada, pg. 654

Qureshi, Huma, Dir-PR-APAC -- Grey Group Asia Pacific, Singapore, Singapore, pg. 445

Qureshi, Huma, Dir-PR & Corp Comm-AMEA -- Grey Group Malaysia, Kuala Lumpur, Malaysia, pg. 447

Qureshi, Huma, Dir-PR & Corp Comm-Apac -- GREYnj United, Bangkok, Thailand, pg. 448

R

R., Deepika V., Supvr-Creative -- Happy mcgarrybowen, Bengaluru, India, pg. 717

Raab, Henry, VP-PR -- SWBR, INC., Bethlehem, PA, pg. 1065

Raab, Ryan, Creative Dir -- DROGA5, New York, NY, pg. 321

Raach, Martina, Acct Dir -- Wirz Werbung AG, Zurich, Switzerland, pg. 109

Raasch, Kate Miller, Acct Dir -- Laughlin/Constable, Inc., Chicago, IL, pg. 614

Raaum, Fred, Sr Partner & Acct Dir -- FCB Faltman & Malmen, Stockholm, Sweden, pg. 368

Rabdau, James, Partner & Creative Dir -- THE SUMMIT GROUP, Salt Lake City, UT, pg. 1060

Rabe, Lauren, Media Planner -- HAVAS WORLDWIDE CHICAGO, Chicago, IL, pg. 488

Rabe, Tobias, Creative Dir -- Havas Worldwide Dusseldorf, Dusseldorf, Germany, pg. 480

Rabiee, Shaydah, Media Buyer -- BIG COMMUNICATIONS, INC., Birmingham, AL, pg. 128

Rabinovici, Ester, Chief Creative Officer -- RABINOVICI & ASSOCIATES, Hallandle Beach, FL, pg. 928

Rabinowitz, Jacob, Creative Dir -- FURMAN ROTH ADVERTISING, New York, NY, pg. 403

Rabot, Peter, Partner & Exec Creative Dir -- MUNN RABOT LLC, New York, NY, pg. 779

Racano, Debbey, Sr VP & Creative Dir -- LEVLANE ADVERTISING/PR/INTERACTIVE, Philadelphia, PA, pg. 635

Rachel, Philippe, Assoc Creative Dir -- TBWA/G1, Boulogne-Billancourt, France, pg. 1081

Rachello, Riccardo, Art Dir & Designer -- Wieden + Kennedy

PERSONNEL INDEX — AGENCIES

Amsterdam, Amsterdam, Netherlands, pg. 1164
Rachford, Chuck, Exec Creative Dir -- CURRENT LIFESTYLE MARKETING, Chicago, IL, pg. 1479
Rachlitz, Adam, Co-Founder & Dir-Strategy & Creative -- VOL.4, Los Angeles, CA, pg. 1146
Racines, Diozen, Art Dir -- Saltiveri Ogilvy, Guayaquil, Ecuador, pg. 820
Racioppo, Toni, Media Dir -- XENOPSI, New York, NY, pg. 1303
Rackover, Ruthie, Acct Dir -- WAVEMAKER - NA HQ, NEW YORK, New York, NY, pg. 1386
Racusin, David, Acct Dir -- OUTCAST COMMUNICATIONS, San Francisco, CA, pg. 1603
Rad, Julian, Grp Dir-Creative -- Jack Morton Worldwide, San Francisco, CA, pg. 568
Rada, Alicia Pena, Head-New Bus Dev -- Wavemaker, Madrid, Spain, pg. 1383
Rademacher, Lisa, Creative Dir -- Team Enterprises, Inc., Fort Lauderdale, FL, pg. 723
Rader, Kai, Creative Dir -- MONDO ROBOT, Boulder, CO, pg. 755
Radermacher, Zack, Acct Exec -- CRABB RADERMACHER, Atlanta, GA, pg. 236
Radewych, Eugene, Gen Dir-Creative -- MullenLowe Moscow, Moscow, Russia, pg. 775
Radford, Lucy, Acct Dir -- Clarion Communications, London, United Kingdom, pg. 1185
Radhakrishnan, Rashmi, Art Dir -- Happy mcgarrybowen, Bengaluru, India, pg. 717
Radish, Colleen, Acct Supvr -- INFERNO, Memphis, TN, pg. 530
Radner, Zoe, Media Planner -- Havas Media, Boston, MA, pg. 1327
Rado, Emily, Acct Exec -- LINHART PUBLIC RELATIONS, Denver, CO, pg. 1568
Radocaj, Laura, Acct Exec -- DIAN GRIESEL INC., New York, NY, pg. 1484
Radow, Ariel, Acct Exec-PR -- NORTH 6TH AGENCY, INC., New York, NY, pg. 798
Radtke, Charlie, VP & Dir-Creative -- PHOENIX MARKETING INTERNATIONAL, Milwaukee, WI, pg. 869
Radu, Oana, Acct Dir -- Publicis, Bucharest, Romania, pg. 901
Radulescu, Monica, Sr Planner-Creative -- Publicis Italia, Milan, Italy, pg. 899
Radzinski, Jeff, Media Buyer-Digital -- HARRISON MEDIA, Clinton Township, MI, pg. 469
Raevaara, Anton, Art Dir -- SEK & Grey, Helsinki, Finland, pg. 440
Raffaele, Paul, Art Dir -- VIRTUE WORLDWIDE, Brooklyn, NY, pg. 1139
Raffaelli, Giorgia, Art Dir-Digital -- MCCANN WORLDGROUP S.R.L., Milan, Italy, pg. 715
Raffo, Piers, Acct Dir -- BARTLE BOGLE HEGARTY LIMITED, London, United Kingdom, pg. 92
Raftery, Rodney, Creative Dir-Social -- DIGITAS, Boston, MA, pg. 1250
Ragan, Kimberley, Creative Dir -- Colenso BBDO, Auckland, New Zealand, pg. 114
Ragland, Lee, VP & Dir-PR -- GODWIN ADVERTISING AGENCY, INC., Jackson, MS, pg. 427
Ragland, Lee, VP & Dir-PR -- GODWINGROUP, Gulfport, MS, pg. 427
Ragone, Kaitlin, Acct Dir -- THE ADDISON GROUP, Suffolk, VA, pg. 29
Ragsdale, Mary, Acct Exec -- MEDIAURA INC, Jeffersonville, IN, pg. 728
Rahe, Penny, Dir-Brdcst -- BOHAN, Nashville, TN, pg. 144
Rahman, Jeff, Creative Dir-Digital -- THE MARKETING STORE, Chicago, IL, pg. 1410
Rahman, Nurur, Creative Dir -- Grey Bangladesh Ltd., Dhaka, Bangladesh, pg. 445
Rahman, Saniar, Art Dir -- Grey Bangladesh Ltd., Dhaka, Bangladesh, pg. 445
Rahming, Miko, Sr VP-Innovation & Creative -- INTERSECTION, New York, NY, pg. 543
Rahn, Christian Kurt, Art Dir-Digital -- Uncle Grey Oslo, Oslo, Norway, pg. 441
Raia, Andrea, Art Dir -- Publicis Italia, Milan, Italy, pg. 899
Raia, Andrea, Art Dir -- Publicis Networks, Milan, Italy, pg. 900
Raices, Rodrigo, Creative Dir -- Grey Argentina, Buenos Aires, Argentina, pg. 443
Raichman, David, Exec Creative Dir -- OgilvyOne, Paris, France, pg. 814
Raikar, Natasha, Acct Exec -- GKV COMMUNICATIONS, Baltimore, MD, pg. 421
Raileanu, Bogdan, Creative Dir -- Geometry Global, Bucharest, Romania, pg. 441
Rainaldi, George, Acct Exec -- PUBLICIS MEDIA, New York, NY, pg. 1365

Rainey, Mike, VP & Creative Dir -- ZEHNDER COMMUNICATIONS, INC., New Orleans, LA, pg. 1210
Rainone, Victoria, Acct Supvr -- DEMONSTRATE PR LLC, San Francisco, CA, pg. 1482
Rains, Jon, Principal & Creative Dir -- RAINS BIRCHARD MARKETING, Portland, OR, pg. 929
Rainsberger, Beth, Supvr-Brdcst -- ICON INTERNATIONAL INC., Stamford, CT, pg. 1330
Raj, Robin, Founder & Exec Creative Dir -- CITIZEN GROUP, San Francisco, CA, pg. 209
Rakkhatham, Atthapong, Art Dir -- GREYnj United, Bangkok, Thailand, pg. 448
Rakowitsch, Natalia, Acct Dir -- DAVID, Sao Paulo, Brazil, pg. 261
Rakuscek, Janez, Exec Creative Dir -- Luna TBWA, Ljubljana, Slovenia, pg. 1085
Raleigh, Jennifer, Creative Dir -- TENTH CROW CREATIVE, Burlington, VT, pg. 1097
Ramachandran, Subramani, Exec Creative Dir -- McCann Erickson India, Mumbai, India, pg. 704
Ramadan, Jihad, Creative Dir -- Team/Y&R HQ Dubai, Dubai, United Arab Emirates, pg. 1205
Ramadhan, Gilang, Grp Head-Creative -- BBDO Komunika, Jakarta, Indonesia, pg. 113
Ramage, Matthew, Acct Dir -- Havas London, London, United Kingdom, pg. 482
Ramanathan, Sanjay, Creative Dir -- MullenLowe Lintas Group, Mumbai, India, pg. 774
Rambaux, Christophe, Art Dir -- McCann Erickson Paris, Clichy, France, pg. 703
Rambeau, Dee, Chief Creative Officer & VP -- 150PR, Chandler, AZ, pg. 1421
Ramdohr, Josefina Correa, Acct Supvr -- Prolam Y&R S.A., Santiago, Chile, pg. 1206
Ramire, Sherelle, Acct Exec -- Publicis Conseil, Paris, France, pg. 898
Ramirez Arias, Luis Gabriel, Creative Dir -- Ogilvy, Chicago, IL, pg. 811
Ramirez Borja, Rafael Javier, Art Dir -- CIRCUS MARKETING, Santa Monica, CA, pg. 208
Ramirez, Angelita, Acct Supvr -- KGLOBAL, Washington, DC, pg. 594
Ramirez, Carlos E., Dir-Integrated Creative -- Grey Mexico, S.A. de C.V., Mexico, Mexico, pg. 444
Ramirez, Carmen Jamile, Acct Supvr -- MCCANN, New York, NY, pg. 697
Ramirez, Cindy, Mgr-Print Production & Studio -- MARICICH BRAND COMMUNICATIONS, Irvine, CA, pg. 679
Ramirez, Daniela, Acct Supvr -- THE COMMUNITY, Miami, FL, pg. 223
Ramirez, David Correa, Creative Dir -- Ogilvy, Bogota, Colombia, pg. 820
Ramirez, Fernando, Creative Dir -- WATSON DESIGN GROUP, Los Angeles, CA, pg. 1301
Ramirez, Florencia, Art Dir -- DDB Argentina, Buenos Aires, Argentina, pg. 270
Ramirez, Guille, Creative Dir -- DDB Barcelona S.A., Barcelona, Spain, pg. 280
Ramirez, Guille, Creative Dir -- DDB Madrid, S.A., Madrid, Spain, pg. 280
Ramirez, Hector Hernandez, Creative Dir -- CASANOVA PENDRILL, Costa Mesa, CA, pg. 192
Ramirez, Jamile, Acct Exec -- McCann New York, New York, NY, pg. 698
Ramirez, Mary, Mgr-Traffic -- FOODMIX MARKETING COMMUNICATIONS, Elmhurst, IL, pg. 391
Ramirez, Michael, Sr VP & Media Dir -- H&L PARTNERS, San Francisco, CA, pg. 459
Ramirez, Paul, VP & Exec Creative Dir -- Team Enterprises, Inc., Fort Lauderdale, FL, pg. 723
Ramirez, Rafael, Mng Partner & Chief Creative Officer -- NEWLINK GROUP, Miami, FL, pg. 792
Ramirez, Rafael, Art Dir -- Y&R Uruguay, Montevideo, Uruguay, pg. 1207
Ramirez, Rena, Specialist-Lifestyle PR -- DRINKPR, San Francisco, CA, pg. 320
Ramirez, Sergio, Creative Dir -- J. Walter Thompson, Mexico, Mexico, pg. 564
Ramos, Anselmo, Founder & Chief Creative Officer -- DAVID, Sao Paulo, Brazil, pg. 261
Ramos, Anselmo, Founder & Chief Creative Officer -- DAVID The Agency, Miami, FL, pg. 261
Ramos, Beatriz Moreno, Acct Dir -- TBWA Espana, Madrid, Spain, pg. 1085

Ramos, Frances, Acct Supvr -- H+K Strategies, Miami, FL, pg. 1531
Ramos, Francheska Boria, Creative Dir -- BBG&G ADVERTISING, Campbell Hall, NY, pg. 115
Ramos, Joey, Assoc Creative Dir -- BENEDICT ADVERTISING, Daytona Beach, FL, pg. 122
Ramos, Juan, Exec VP & Exec Creative Dir -- MCCANN ECHO NORTH AMERICA, Mountain Lakes, NJ, pg. 713
Ramos, Melissa, Art Dir -- BELMONT ICEHOUSE, Dallas, TX, pg. 121
Ramos, Monique, Acct Supvr -- DRUMROLL, Austin, TX, pg. 323
Ramos, Simona, Assoc Creative Dir -- HEALTHCARE SUCCESS STRATEGIES, Irvine, CA, pg. 492
Ramos, Stephanie, Dir-Creative Svcs -- ZAMBEZI, Culver City, CA, pg. 1209
Ramos, Thady, Dir-New Bus -- Possible London, London, United Kingdom, pg. 1281
Rampersad, Vikash, VP-Creative -- Valdez & Torry Advertising Limited, Port of Spain, Trinidad & Tobago, pg. 444
Ramphal, Hemma, Graphic Designer-Creative -- Lonsdale Saatchi & Saatchi, Port of Spain, Trinidad & Tobago, pg. 982
Rampino, Amber, Creative Dir & Strategist-Mktg -- 19 IDEAS INC., Buffalo, NY, pg. 1421
Ramsden, James, Exec Creative Dir -- Coley Porter Bell, London, United Kingdom, pg. 817
Ramsden, James, Exec Creative Dir -- Coley Porter Bell, London, United Kingdom, pg. 1179
Ramsell, David, Creative Dir -- GRANTSTREET CREATIVE, Dover, OH, pg. 432
Ramsey, Brad, VP & Creative Dir -- THREE ATLANTA, Atlanta, GA, pg. 1102
Ramsey, Matt, Acct Exec-PR -- THE SELLS AGENCY, INC., Little Rock, AR, pg. 1002
Ramsey, Taylor, Acct Dir -- Weber Shandwick-Boston/Cambridge, Cambridge, MA, pg. 1675
Ramsey, Tiffany, Acct Dir -- TIERNEY COMMUNICATIONS, Philadelphia, PA, pg. 1103
Ramskill, John, Exec Creative Dir -- BRANDOPUS, New York, NY, pg. 158
Ranade, Rajdatta, Sr Creative Dir -- FCB Ulka, Mumbai, India, pg. 373
Rance, Kelly, Media Buyer-Integrated -- ICON INTERNATIONAL INC., Stamford, CT, pg. 1330
Rand, David, Mng Partner & Media Dir -- HARRISONRAND ADVERTISING, Guttenberg, NJ, pg. 469
Rand, Matt, Exec Creative Dir -- ARCHER MALMO AUSTIN, Austin, TX, pg. 66
Randall, Chris, VP & Acct Dir -- THE TOMBRAS GROUP, Knoxville, TN, pg. 1108
Randall, Doug, Creative Dir-Corporate Events -- CRAMER PRODUCTIONS INC., Norwood, MA, pg. 238
Randall, Jesse, Pres & Chief Creative Officer -- THE RANDALL BRANDING, Richmond, VA, pg. 930
Randall, Margaret, Art Dir & Graphic Designer -- NEW RIVER COMMUNICATIONS, INC., Fort Lauderdale, FL, pg. 791
Randolph, Kaitlin, Coord-Traffic -- NEBO AGENCY LLC, Atlanta, GA, pg. 787
Randolph, Molly, Acct Exec -- THE BARBAULD AGENCY, Valparaiso, IN, pg. 88
Rands, Jonathan, Art Dir -- Havas London, London, United Kingdom, pg. 482
Rane, Robbie, Art Dir -- Wieden + Kennedy New York, New York, NY, pg. 1165
Ranew, Bob, Creative Dir -- CLEAN DESIGN, INC., Raleigh, NC, pg. 212
Raney, Rebecca, Acct Supvr-Walmart Personal Care -- GEOMETRY GLOBAL, Bentonville, AR, pg. 415
Rangaka, Tseliso, Exec Creative Dir -- Ogilvy Johannesburg (Pty.) Ltd., Johannesburg, South Africa, pg. 829
Rangel, Carlos, Assoc Creative Dir -- GOODBY, SILVERSTEIN & PARTNERS, San Francisco, CA, pg. 428
Ranjo, Erin Phillips, Acct Supvr -- OXFORD COMMUNICATIONS, INC., Lambertville, NJ, pg. 847
Rankin, Chris, Principal-Creative -- CREATIVE SPOT, Columbus, OH, pg. 246
Rankin, Sarah, Sr VP & Media Dir-Digital Grp -- deutschMedia, New York, NY, pg. 295
Ranney, Sarah Barger, Art Dir-Digital -- FCB West, San Francisco, CA, pg. 365
Ransom-Becker, Ingeborg, Media Planner -- SAATCHI & SAATCHI, New York, NY, pg. 975
Rao, Mallika, Acct Supvr -- FCB New York, New York, NY, pg. 365
Raphael, Jossy, Dir-Creative -- Ogilvy, New Delhi, India, pg. 825

AGENCIES — PERSONNEL INDEX

Raposo, Ramiro, Exec Creative Dir -- The Community, Buenos Aires, Argentina, pg. 224
Rappaport, Erick, Media Planner & Media Buyer -- BLOOM ADS INC., Woodland Hills, CA, pg. 137
Rappaport, Sara, Acct Dir -- SAPIENTRAZORFISH NEW YORK, New York, NY, pg. 1286
Rasak, Charlie, Pres & Creative Dir -- CREATIVE RESOURCES GROUP, Plymouth, MA, pg. 245
Rasak, Dawn, CEO & Media Buyer -- CREATIVE RESOURCES GROUP, Plymouth, MA, pg. 245
Rasheed, Roshana, Assoc Creative Dir -- Leo Burnett Solutions Inc., Colombo, Sri Lanka, pg. 631
Rasiel, Josh, Creative Dir -- LIGHTSPEED PUBLIC RELATIONS, Brooklyn, NY, pg. 1567
Rasmussen, Brent, Owner & Art Dir -- COXRASMUSSEN & CROSS MARKETING & ADVERTISING, INC., Eureka, CA, pg. 234
Rasmussen, Dan, Partner, VP & Acct Dir -- LINNIHAN FOY ADVERTISING, Minneapolis, MN, pg. 642
Rasmussen, Julie, Media Dir -- Mortenson Safar Kim, Milwaukee, WI, pg. 761
Rasmussen, Kelly, Editor-Copy & Acct Supvr -- Lane Marketing, New York, NY, pg. 1563
Rasmussen, Mark, Creative Dir -- Weber Shandwick, Shanghai, China, pg. 1681
Rasnak, Samantha, Acct Supvr -- Leo Burnett USA, Chicago, IL, pg. 622
Raso, Michael, Exec Creative Dir -- MCGARRYBOWEN, New York, NY, pg. 716
Rassi, Sara, Acct Dir -- LEAPFROG SOLUTIONS, INC., Alexandria, VA, pg. 618
Rast, Amanda, Acct Supvr -- FLEISHMANHILLARD INC., Saint Louis, MO, pg. 1506
Rastovac, Jana Savic, Creative Dir -- McCann Erickson Group, Belgrade, Serbia, pg. 708
Ratcliffe, Ottilie, Acct Dir -- The Romans, London, United Kingdom, pg. 763
Raterink, Cameron, Art Dir -- RED OLIVE, Sandy, UT, pg. 1284
Rathbone, Shon, Founder & Chm-Creative -- 3HEADED MONSTER, Dallas, TX, pg. 7
Rather, Mary, Acct Exec -- G.W. HOFFMAN MARKETING & COMMUNICATIONS, Darien, CT, pg. 1404
Rathjen, Lindsey, Acct Dir -- Narrative, Los Angeles, CA, pg. 784
Rathke, Kelli, Sr VP & Media Dir -- Cramer-Krasselt, Milwaukee, WI, pg. 237
Ratliff, Frances, Acct Dir -- RAZ PUBLIC RELATIONS, Santa Monica, CA, pg. 1625
Ratner, Brian, Art Dir -- MMB, Boston, MA, pg. 750
Ratner, Naomi, Acct Dir -- RELEVENT PARTNERS LLC, New York, NY, pg. 945
Ratner, Steve, Principal & Creative Dir -- IVY CREATIVE, Natick, MA, pg. 551
Rattenborg, Greg, Chief Creative Officer -- WIRE STONE LLC, Sacramento, CA, pg. 1172
Rattenborg, Greg, Chief Creative Officer -- Wirestone, Fort Collins, CO, pg. 1172
Ratti, Angelo, Creative Dir -- D'Adda, Lorenzini, Vigorelli, BBDO, Milan, Italy, pg. 106
Raube, Nicholla, Creative Dir -- J. Walter Thompson, London, United Kingdom, pg. 562
Raubenheimer, Sophie, Art Dir -- Southpaw, Tunbridge Wells, United Kingdom, pg. 463
Raudabaugh, Rebecca, Acct Exec -- L.C. WILLIAMS & ASSOCIATES, LLC, Chicago, IL, pg. 1564
Raulie, Ryan, Creative Dir -- CONE COMMUNICATIONS, Boston, MA, pg. 1473
Rauschertova, Katerina, Acct Dir -- Ogilvy, Prague, Czech Republic, pg. 813
Raut, Chinmay, Creative Dir -- Ogilvy, Mumbai, India, pg. 1601
Raut, Mukul, Creative Dir -- Leo Burnett India, New Delhi, India, pg. 630
Rave, Robert, Exec Creative Officer & Head-Digital -- CONCEPT ARTS, Hollywood, CA, pg. 225
Raveh, Anahi, Art Dir -- BBR Saatchi & Saatchi, Ramat Gan, Israel, pg. 977
Ravindra, Madhu, Acct Dir -- BIMM COMMUNICATIONS GROUP, Toronto, Canada, pg. 131
Ravindran, Pradeep, Sr Creative Dir -- J. Walter Thompson, Mumbai, India, pg. 556
Ravine, Nick, VP & Dir-Creative -- BRAINSTORMS ADVERTISING & MARKETING, INC., Fort Lauderdale, FL, pg. 153
Rawat, Hari, Controller-Creative -- Ogilvy India, Mumbai, India, pg. 824
Rawlinson, Rachel, Producer-Brdcst -- HILL HOLLIDAY/NEW YORK, New York, NY, pg. 501
Rawson, Phoebe, Acct Exec -- Kinetic, Dublin, Ireland, pg. 1338
Ray, Gordon, Exec Creative Dir-Natl -- M&C Saatchi Abel, Cape Town, South Africa, pg. 660
Ray, John, Acct Exec -- ANVIL MEDIA, INC., Portland, OR, pg. 1307
Ray, Mark, Chief Creative Officer & Principal -- NORTH, Portland, OR, pg. 797
Ray, Sayan, Exec VP & Grp Creative Dir -- CONCENTRIC HEALTH EXPERIENCE, New York, NY, pg. 225
Rayburn, Aaron, Art Dir -- GS&F, Nashville, TN, pg. 453
Rayess, Ribale, Art Dir -- Fortune Promoseven-Lebanon, Beirut, Lebanon, pg. 706
Rayfield, Dan, Creative Dir -- PARADOWSKI CREATIVE, Saint Louis, MO, pg. 853
Raymer, Lori, Sr VP-Creative Svcs -- CERADINI BRAND DESIGN, Brooklyn, NY, pg. 200
Raymond, Luke, Founder & Exec Creative Dir -- VMG CREATIVE, New York, NY, pg. 1143
Raymond, Paul-Emile, Art Dir -- J. Walter Thompson France, Neuilly-sur-Seine, France, pg. 559
Raymond, Tesa, Acct Dir -- FRIENDS & NEIGHBORS, Minneapolis, MN, pg. 399
Raynor, Anna, Acct Exec -- PEREIRA & O'DELL, San Francisco, CA, pg. 863
Raynor, Brooke, Acct Exec -- M2 MARKETING AND MANAGEMENT SERVICES INC., Santa Ana, CA, pg. 665
Raynsford, Linda, Assoc Creative Dir -- JSTOKES AGENCY, Walnut Creek, CA, pg. 584
Rayos, Rachelle, Acct Dir -- McCann Erickson (Philippines), Inc., Manila, Philippines, pg. 707
Rea, Alycia, VP-PR -- THE ZIMMERMAN AGENCY LLC, Tallahassee, FL, pg. 1213
Rea, John, Exec Creative Dir -- HAVAS WORLDWIDE, New York, NY, pg. 475
Rea, John, Exec Creative Dir -- Havas Worldwide Tonic, New York, NY, pg. 477
Reach, Amy L., Chief Creative Officer -- PureRED/Ferrara, Tucker, GA, pg. 918
Reach, Amy L., Chief Creative Ops Officer -- PURERED/FERRARA, Stone Mountain, GA, pg. 917
Read, Ginnie, Assoc Creative Dir -- THREAD CONNECTED CONTENT, Minneapolis, MN, pg. 1102
Read, Ridge, Acct Exec -- RED MOON MARKETING, Charlotte, NC, pg. 940
Reading, Shay, Creative Dir & Copywriter -- Adam & EveDDB, London, United Kingdom, pg. 281
Reagan, Brenda, Assoc Creative Dir -- SANDBOX CHICAGO, Chicago, IL, pg. 989
Reames, Courtney, Acct Dir -- ST. JOHN & PARTNERS, Jacksonville, FL, pg. 1040
Reardon, Kylee, Acct Supvr -- CRAMER PRODUCTIONS INC., Norwood, MA, pg. 238
Reardon, Michael, Acct Dir-Vietnam -- BARRETTSF, San Francisco, CA, pg. 91
Reardon, Paul, Chief Creative Officer -- TBWA Melbourne, Melbourne, Australia, pg. 1088
Reardon, Tara, Acct Dir-Experiential -- FCB Chicago, Chicago, IL, pg. 364
Rearick, Alex, Assoc Creative Dir -- LAPLACA COHEN, New York, NY, pg. 611
Rearick, Amanda, Art Dir -- IBM iX, Columbus, OH, pg. 518
Reay, Stephanie, Acct Supvr -- ZAPWATER COMMUNICATIONS, Chicago, IL, pg. 1688
Rebell, Eugene, Controller-Creative -- Ogilvy India, Mumbai, India, pg. 824
Rebeschini, Marcus, Chief Creative Officer-Asia -- Y&R Thailand, Bangkok, Thailand, pg. 1202
Rebeschini, Marcus, Chief Creative Officer-Asia -- Young & Rubicam Philippines, Manila, Philippines, pg. 1201
Rebilas, Brenda, Sr VP & Creative Dir -- OGILVY COMMONHEALTH WORLDWIDE, Parsippany, NJ, pg. 832
Rebolledo, Oscar Rivera, Art Dir -- BBDO Chile, Santiago, Chile, pg. 102
Rebull, Alejandro, Gen Creative Dir -- Biedermann Publicidad S.A., Asuncion, Paraguay, pg. 707
Recine, Andrea, Acct Exec -- RESOUND MARKETING, New York, NY, pg. 1630
Reckling, Haley Drake, Acct Supvr -- Gyro Chicago, Chicago, IL, pg. 458
Rector, Brent, Principal & Creative Dir -- FUEL CREATIVE GROUP, Sacramento, CA, pg. 401
Rector, David, Creative Dir & Sr Strategist-Mktg -- MRC MEDICAL COMMUNICATIONS, Emerson, NJ, pg. 766
Rector, Jake, Partner & Media Dir -- TILTED CHAIR CREATIVE, Austin, TX, pg. 1104
Rector, Susan, Dir-New Bus Dev -- MRC MEDICAL COMMUNICATIONS, Emerson, NJ, pg. 766
Red, Meredith, Mgr-AT&T PR-Los Angeles -- CASEY & SAYRE, Los Angeles, CA, pg. 1463
Red, Steve, Founder, Pres & Chief Creative Officer -- RED TETTEMER O'CONNELL & PARTNERS, Philadelphia, PA, pg. 941
Reddell, Jennifer, Acct Exec -- AD CLUB, Modesto, CA, pg. 1306
Reddick, Ryan, Creative Dir -- Edelman, London, United Kingdom, pg. 1494
Reddy, Deepti, Acct Supvr -- SAPIENTRAZORFISH NEW YORK, New York, NY, pg. 1286
Redekop, Kathryn, Head-Project Mgmt & Acct Dir -- FIREWOOD MARKETING, San Francisco, CA, pg. 383
Reder, Sarah, Acct Coord -- BAREFOOT PROXIMITY, Cincinnati, OH, pg. 89
Redestowicz, Kamil, Creative Dir -- BBDO, Warsaw, Poland, pg. 107
Redfield, Dana, Media Planner -- HOFFMAN YORK, Milwaukee, WI, pg. 506
Redington, Andy, Acct Dir -- LOCATION3 MEDIA, INC., Denver, CO, pg. 649
Redkar, Abhishek, Art Dir -- Publicis India Communications Pvt. Ltd., Mumbai, India, pg. 909
Redmond, Chrissy, Acct Dir -- CONE COMMUNICATIONS, Boston, MA, pg. 1473
Redmond, Craig, Creative Dir & Copywriter -- ELEVATOR STRATEGY, Vancouver, Canada, pg. 336
Redwood, Geoff, Creative Dir -- JAN KELLEY MARKETING, Burlington, Canada, pg. 571
Reeb, Sacha, Chief Creative Officer -- MANIFEST, New York, NY, pg. 1574
Reed, Aaron, Creative Dir -- GOCONVERGENCE, Orlando, FL, pg. 426
Reed, Allen, Principal & Exec Dir-Creative -- MADE BRANDS, LLC, Lakeland, FL, pg. 669
Reed, Andrew, Creative Dir -- OGILVY, New York, NY, pg. 809
Reed, Jackie, Acct Dir -- EXPOSURE, New York, NY, pg. 356
Reed, James, Assoc Creative Dir -- DECCA DESIGN, San Jose, CA, pg. 284
Reed, Jonathan, Assoc Dir-Creative -- KEYSTONE MARKETING, Winston Salem, NC, pg. 593
Reed, Jonathan, Assoc Creative Dir -- WILDFIRE LLC, Winston Salem, NC, pg. 1167
Reed, Laura, Principal & Dir-PR -- CORKTREE CREATIVE, Edwardsville, IL, pg. 1476
Reed, Louise, Acct Dir -- WEST ADVERTISING, Alameda, CA, pg. 1159
Reed, Martin, Creative Dir -- Young & Rubicam Ltd., London, United Kingdom, pg. 1204
Reed, Mary Kate, Media Dir -- PRICEWEBER MARKETING COMMUNICATIONS, INC., Louisville, KY, pg. 889
Reed, Max, Producer-Creative -- QUEST GROUP, Starkville, MS, pg. 922
Reed, Natalie, Acct Dir -- Ogilvy, Ltd., London, United Kingdom, pg. 818
Reed, Oletta, Acct Dir -- DDB San Francisco, San Francisco, CA, pg. 269
Reed, Sheila, Coord-Mktg & PR -- BRANDING IRON MARKETING, Johnson City, TN, pg. 157
Reed, Susan, Creative Dir -- INTROWORKS, INC., Minnetonka, MN, pg. 545
Reed, Veronica Mikitka, Acct Dir -- MAVEN COMMUNICATIONS LLC, Philadelphia, PA, pg. 695
Reedy, Jamie, Creative Dir -- LRXD, Denver, CO, pg. 1269
Reedy, Matt, Assoc Creative Dir -- BRIGHTON AGENCY, INC., Saint Louis, MO, pg. 164
Reenders, Rachel, VP-PR -- KANATSIZ COMMUNICATIONS INC, San Clemente, CA, pg. 1551
Reese, Brett, Assoc Creative Dir -- AKQA, INC., San Francisco, CA, pg. 1234
Reese, Lauren Dickson, Acct Dir -- RED PEPPER, INC., Nashville, TN, pg. 940
Reeves, Adam, Exec Creative Dir -- TWOFIFTEENMCCANN, San Francisco, CA, pg. 1124
Reeves, Heather, Sr VP-PR-Messaging, Writing & Media Rels -- KANATSIZ COMMUNICATIONS INC, San Clemente, CA, pg. 1551
Reeves, Rana, Creative Dir -- THE BLUE FLAME AGENCY, New York, NY, pg. 139
Regalado, Alexis, Acct Supvr -- REPUBLICA HAVAS, Miami, FL, pg. 947

PERSONNEL INDEX — AGENCIES

Regalado, Preston, Creative Dir -- CUBICLE NINJAS, Glen Ellyn, IL, pg. 252

Regalo, Bruno, Art Dir -- DDB Worldwide Colombia S.A., Bogota, Colombia, pg. 272

Regan, Caroline, Acct Supvr -- CONE COMMUNICATIONS, Boston, MA, pg. 1473

Regan, John, Creative Dir -- FITCH, London, United Kingdom, pg. 385

Reger, Dave, Exec Creative Dir -- mcgarrybowen, Chicago, IL, pg. 718

Regev, Idan, Chief Creative Officer -- BBR Saatchi & Saatchi, Ramat Gan, Israel, pg. 977

Regiani, Sebastian, Creative Dir -- Ogilvy Argentina, Buenos Aires, Argentina, pg. 819

Reginald, Jarrod, Creative Dir -- Ogilvy Advertising, Kuala Lumpur, Malaysia, pg. 826

Rego, Miguel, Exec Creative Dir -- Ogilvy Mozambique, Maputo, Mozambique, pg. 828

Rego, Pedro, Creative Dir -- McCann Erickson S.A., Madrid, Spain, pg. 709

Rehayel, Akram, Art Dir -- Impact BBDO, Kuwait, Kuwait, pg. 107

Rehfeldt, Eddie, Exec Creative Dir -- Edelman, Seattle, WA, pg. 1493

Rehnby, Alexander, Art Dir -- Saatchi & Saatchi, Stockholm, Sweden, pg. 980

Rehne, Stefan, Creative Dir -- DDB Berlin, Berlin, Germany, pg. 274

Reibel, Robin, Media Dir-Consumer -- SCHNEIDER ASSOCIATES, Boston, MA, pg. 1641

Reich, Mikal, Exec Creative Dir -- DEAD AS WE KNOW IT, Brooklyn, NY, pg. 283

Reichard, Mark, Sr VP & Creative Dir -- MCCANN WORLDGROUP, New York, NY, pg. 714

Reichard, Mark, Exec Creative Dir -- SAATCHI & SAATCHI, New York, NY, pg. 975

Reicher, Jerome N., Pres & Creative Dir -- ARRCO MEDICAL MARKETING, Walpole, MA, pg. 71

Reichert, James, Acct Dir -- LIKEABLE MEDIA, New York, NY, pg. 640

Reichman, Sandra, Sr Acct Exec-PR -- BOARDROOM COMMUNICATIONS INC., Fort Lauderdale, FL, pg. 1453

Reid, Bruce, Partner & Dir-New Bus Dev -- STAMP IDEA GROUP, LLC, Montgomery, AL, pg. 1042

Reid, Erin, Acct Dir -- DERSE INC., Milwaukee, WI, pg. 292

Reid, John, Chief Creative Officer -- EVB, Oakland, CA, pg. 352

Reid, John, Sr VP & Exec Creative Dir -- Razorfish Health, Philadelphia, PA, pg. 1287

Reid, Nik, Assoc Creative Dir -- ADHOME CREATIVE, London, Canada, pg. 30

Reid, Sharon, Media Dir -- FLYING A, Pasadena, CA, pg. 1322

Reid, Sue, Art Dir & Graphic Designer -- DO GOOD MARKETING, LLC, Ridgewood, NJ, pg. 312

Reid, Zaneta, Media Dir-Verisign, HTH, My M&M's & UN -- VML-New York, New York, NY, pg. 1144

Reidmiller, Stephen, Assoc Creative Dir -- M&C Saatchi, Santa Monica, CA, pg. 662

Reidy, Dave, VP-Creative -- CLOSERLOOK, INC., Chicago, IL, pg. 214

Reierson, Jennifer, Strategist-PR -- Flint Interactive, Duluth, MN, pg. 388

Reifschneider, Kurt, Creative Dir -- THE GARRIGAN LYMAN GROUP, INC, Seattle, WA, pg. 410

Reifsnyder, Mark, Acct Exec -- TRIAD, Cuyahoga Falls, OH, pg. 1115

Reightley, Lindsey, Mgr-Creative Ops -- WIEDEN + KENNEDY, INC., Portland, OR, pg. 1163

Reigle, Danielle, Acct Exec-Mktg -- THE CYPHERS AGENCY, INC., Annapolis, MD, pg. 256

Reihana, Jessica, Art Dir & Mgr-Social Media -- Saatchi & Saatchi, Auckland, New Zealand, pg. 984

Reilley, Catherine, Media Dir -- DWA, A MERKLE COMPANY, San Francisco, CA, pg. 1319

Reilley, Chris, Owner & Head-Creative -- PARKWAY DIGITAL, Williamsville, NY, pg. 855

Reilley, James, Creative Dir -- DIGITAS HEALTH, Philadelphia, PA, pg. 302

Reilly, Brad, Exec Creative Dir -- Net#work BBDO, Gauteng, South Africa, pg. 108

Reilly, Brendan, Acct Dir -- STREAM COMPANIES, Malvern, PA, pg. 1054

Reilly, Claire, Acct Dir -- JWT Folk, Dublin, Ireland, pg. 560

Reilly, Courtney, Partner & Acct Dir -- UPSHIFT CREATIVE GROUP, Chicago, IL, pg. 1128

Reilly, Kevin, Assoc Creative Dir -- OGILVY, New York, NY, pg. 809

Reilly, Mike, Buyer-Brdcst -- MEDIASSOCIATES, INC., Sandy Hook, CT, pg. 1351

Reilly, Rob, Chm-Global Creative -- McCann New York, New York, NY, pg. 698

Reilly-Sicilian, Lisa, Acct Dir -- FLEMING & COMPANY INC., NewPort, RI, pg. 387

Reilly-Taylor, Claire, VP & Creative Dir -- ENA HEALTHCARE COMMUNICATIONS, Shrewsbury, NJ, pg. 340

Reimer, Harleigh, Acct Dir -- Publicis Australia, Brisbane, Australia, pg. 907

Rein, Ali, Acct Supvr -- Match Marketing Group, Chicago, IL, pg. 693

Reina, Cristina Rodriguez, Creative Dir -- DDB New York, New York, NY, pg. 269

Reina, Rafael, Exec Creative Dir -- OGILVY, New York, NY, pg. 809

Reinaas, Marek, Creative Dir -- Zavod BBDO, Tallinn, Estonia, pg. 104

Reincke, Nicole, Acct Dir -- SAPIENTRAZORFISH NEW YORK, New York, NY, pg. 1286

Reinecke, Erin, Acct Supvr -- GREY CANADA, Toronto, Canada, pg. 437

Reinecke, Sarah, Acct Exec -- DCI-West, Aurora, CO, pg. 296

Reiner, Megan, Creative Dir & Art Dir -- SCALES ADVERTISING, Saint Paul, MN, pg. 994

Reinertson, Liz, Creative Dir -- ICF OLSON, Minneapolis, MN, pg. 518

Reinhard, Matt, Chief Creative Officer -- O'KEEFE REINHARD & PAUL, Chicago, IL, pg. 834

Reinhart, Gino, Assoc Creative Dir -- ADVENTURE ADVERTISING LLC, Buford, GA, pg. 35

Reinhiemer-Mercer, Helen, VP & Media Dir -- JORDAN ASSOCIATES, Oklahoma City, OK, pg. 582

Reis, Kevin, Assoc Creative Dir -- Lonsdale Saatchi & Saatchi, Port of Spain, Trinidad & Tobago, pg. 982

Reis, Lauren, Acct Exec -- STERLING COMMUNICATIONS, Los Gatos, CA, pg. 1652

Reischmann, Julia, Art Dir -- DDB Vienna, Vienna, Austria, pg. 274

Reisdorf, Lauren, Mgr-Project & Traffic -- BISIG IMPACT GROUP, Louisville, KY, pg. 132

Reisinger, Phil, Assoc Creative Dir -- PLANIT, Baltimore, MD, pg. 877

Reisman, Jamie, Acct Supvr -- Rogers & Cowan, New York, NY, pg. 1675

Reiss, Alexander, Exec Creative Dir -- Saatchi & Saatchi, Frankfurt am Main, Germany, pg. 977

Reiter, Crystal, Acct Dir -- BRENER, ZWIKEL & ASSOCIATES, INC., Reseda, CA, pg. 1456

Reiter, Rich, Pres & Exec Creative Dir -- WEITZMAN, INC., Annapolis, MD, pg. 1158

Reiz, Victoria, Acct Dir -- Leo Burnett London, London, United Kingdom, pg. 627

Reizes, Daniel, Acct Exec -- HANLON CREATIVE, Kulpsville, PA, pg. 465

Reizuch, Andrew, Assoc Creative Dir -- SAATCHI & SAATCHI, New York, NY, pg. 975

Rekhi-Sharma, Pooja, Acct Dir-PR -- MEMAC Ogilvy W.L.L., Manama, Bahrain, pg. 830

Rekward, Robert, Creative Dir -- DELICIOUS DESIGN, Bend, OR, pg. 287

Relyea, Britta, Acct Dir -- BLND PUBLIC RELATIONS, Hermosa Beach, CA, pg. 137

Rembielak, Dean, Exec Creative Dir -- GO2 ADVERTISING, Twinsburg, OH, pg. 425

Remensnyder, Derek, Art Dir -- THE DSM GROUP, Mahwah, NJ, pg. 323

Rementeria, Jose, Pres & Creative Dir -- BRAINSWITCH ADVERTISING, Miami, FL, pg. 153

Remer, Dave, CEO & Creative Dir -- REMERINC, Seattle, WA, pg. 946

Remer, David, CEO & Creative Dir -- REMER INC. CREATIVE MARKETING, Seattle, WA, pg. 946

Remeto, Mandy, Media Planner & Media Buyer -- MEDIA WORKS, LTD., Baltimore, MD, pg. 1344

Remias, Lee, Grp Creative Dir -- MCGARRYBOWEN, New York, NY, pg. 716

Remo, Jessica, Acct Supvr -- OGILVY COMMONHEALTH MEDICAL EDUCATION, Parsippany, NJ, pg. 831

Remo, Jessica, Acct Supvr -- OGILVY COMMONHEALTH PAYER MARKETING, Parsippany, NJ, pg. 831

Remo, Jessica, Acct Supvr -- OGILVY COMMONHEALTH WORLDWIDE, Parsippany, NJ, pg. 832

Remsing, Dennis, Art Dir-Interactive -- BUTLER, SHINE, STERN & PARTNERS, Sausalito, CA, pg. 177

Remund, Colby, Chief Creative Officer -- RELIC ADVERTISING, Provo, UT, pg. 945

Renaldo, John, Acct Dir & Sr Mgr-Digital Mktg -- BLUE FOUNTAIN MEDIA, New York, NY, pg. 1241

Renander, Megan, Media Buyer -- CHEVALIER ADVERTISING, INC., Lake Oswego, OR, pg. 206

Renaud, Davy, Art Dir -- TBWA Health A.G., Zurich, Switzerland, pg. 1085

Renaud, Olivier, Art Dir -- McCann Erickson Switzerland, Geneva, Switzerland, pg. 710

Rench, Scott, Assoc Creative Dir -- mcgarrybowen, Chicago, IL, pg. 718

Renee Hall, Gaela, Media Planner & Media Buyer -- THE BARBER SHOP MARKETING, Addison, TX, pg. 88

Rener, Zach, Head-Creative -- GREATEST COMMON FACTORY, Austin, TX, pg. 434

Renfer, Brett, Creative Dir -- BLUECADET INTERACTIVE, Philadelphia, PA, pg. 1241

Reninger, Chrissy, Acct Exec -- KERN, Woodland Hills, CA, pg. 593

Renken, Ashley, Acct Dir -- DEG, Leawood, KS, pg. 1248

Renneker, Hayley, Acct Exec -- SCOPPECHIO, Louisville, KY, pg. 997

Renner, Jon, EVP-Creative Svcs -- MARKETSMITH INC, Cedar Knolls, NJ, pg. 685

Rennoldson, Mark, Acct Dir -- Imagination (USA) Inc., Dearborn, MI, pg. 526

Reno, Adam, Chief Creative Officer -- VIMBY, Van Nuys, CA, pg. 1138

Renta, Enrique, Chief Creative Officer -- DDB LATINA PUERTO RICO, San Juan, PR, pg. 267

Renteria, Raquel Jauregui, Art Dir -- Leo Burnett Mexico S.A. de C.V., Mexico, Mexico, pg. 624

Repasky, Edward, Sr VP & Acct Dir -- MGH, INC., Owings Mills, MD, pg. 736

Repasky, Ellen, VP & Acct Dir-Dalton Agency-Atlanta -- Dalton Agency Atlanta, Atlanta, GA, pg. 258

Repin, Stacy, Acct Supvr -- BILLUPS WORLDWIDE, Lake Oswego, OR, pg. 1309

Repovs, Jernej, Pres & Reg Creative Dir -- Studio Marketing, Ljubljana, Slovenia, pg. 561

Resch, Gary, Exec Creative Dir -- FCB New York, New York, NY, pg. 365

Resendez, Jose, Acct Supvr & Strategist-Publicist & Digital -- Fleishman-Hillard Inc., Coral Gables, FL, pg. 1507

Resenterra, Daniela, Acct Dir-PR -- Hills Balfour, London, United Kingdom, pg. 750

Resler, Jessica, Co-Founder & Creative Dir -- THE PARTICIPATION AGENCY, New York, NY, pg. 1279

Resnik, Jon, Chief Creative Officer -- TAYLOR, New York, NY, pg. 1655

Restrepo, Felipe, Art Dir -- RABINOVICI & ASSOCIATES, Hallandle Beach, FL, pg. 928

Restrepo, Melisa, Acct Dir -- McCann Erickson Corp. S.A., Bogota, Colombia, pg. 702

Retter, Tammy, Grp Head-Creative & Art Dir -- Ogilvy Johannesburg (Pty) Ltd., Johannesburg, South Africa, pg. 829

Reuschle, Carole, VP & Media Dir -- MDB COMMUNICATIONS, INC., Washington, DC, pg. 720

Reuter, Kevin, Creative Dir -- CORD MEDIA, Palm Desert, CA, pg. 231

Revollo, Carlos, Art Dir -- McCann Erickson Corp. S.A., Bogota, Colombia, pg. 702

Revuelta, Jesus, Chief Creative Officer -- FCB Spain, Madrid, Spain, pg. 368

Rey, Agnimita, Acct Supvr -- Happy mcgarrybowen, Bengaluru, India, pg. 717

Rey, Daniella, VP & Acct Dir -- WING, New York, NY, pg. 1170

Rey, Mervyn, Creative Dir -- Ogilvy Advertising, Singapore, Singapore, pg. 827

Reyes Aqueveque, Patricio Andres, Creative Dir -- Prolam Y&R S.A., Santiago, Chile, pg. 1206

Reyes Ramirez, Juan Andres, Art Dir -- McCann Erickson Corp. S.A., Bogota, Colombia, pg. 702

Reyes, Arleth Cueva, Acct Exec -- Y&R Peru, Lima, Peru, pg. 1207

Reyes, Eugenio, Gen Dir-Creative -- J. Walter Thompson, Caracas, Venezuela, pg. 564

Reyes, Leigh, Pres & Chief Creative Officer -- MullenLowe Philippines, Manila, Philippines, pg. 776

Reyes, Olga, Exec Creative Dir -- LOPEZ NEGRETE COMMUNICATIONS, INC., Houston, TX, pg. 651

AGENCIES — PERSONNEL INDEX

Reyes, Paola, Acct Supvr -- BCW (BURSON COHN & WOLFE), New York, NY, pg. 1439

Reyes, Rayna Vihuela, Assoc Creative Dir -- BBDO Guerrero, Makati, Philippines, pg. 114

Reyes, Ricardo, Assoc VP & Creative Dir -- SONSHINE COMMUNICATIONS, Miami, FL, pg. 1029

Reyes, Rodrigo Figueroa, Chm & Chief Creative Officer -- FCB&FiRe Argentina, Buenos Aires, Argentina, pg. 370

Reyes, Tin, Acct Dir -- Publicis JimenezBasic, Makati, Philippines, pg. 910

Reyna, Erika, Acct Dir -- STIRISTA, LLC, San Antonio, TX, pg. 1293

Reyna-Neel, Cristina, Assoc Dir-Creative -- DELL BLUE, Round Rock, TX, pg. 1221

Reynolds, Amy, Media Dir -- WOMEN'S MARKETING INC., Westport, CT, pg. 1174

Reynolds, Andrew, Creative Dir -- Superunion, Central, China (Hong Kong), pg. 1063

Reynolds, Jason, Acct Dir-ICG -- INSIGHT CREATIVE GROUP, Oklahoma City, OK, pg. 535

Reynolds, John, Acct Exec -- BUCHANAN PUBLIC RELATIONS, Bryn Mawr, PA, pg. 1459

Reynolds, Lauren Kloepfer, Acct Dir -- ARC WORLDWIDE, Chicago, IL, pg. 1397

Reynolds, Mary, Sr VP-PR -- PHASE 3 MARKETING & COMMUNICATIONS, Atlanta, GA, pg. 867

Reynolds, Tom, Acct Dir -- madano partnership, London, United Kingdom, pg. 1593

Reynolds, Tyler, Acct Exec -- JACK NADEL INTERNATIONAL, Westport, CT, pg. 1407

Rheault, Ben, Media Buyer -- STRATEGIC MEDIA, INC., Clearwater, FL, pg. 1053

Rhoades, Sarah Ann, Acct Exec -- SCHMIDT PUBLIC AFFAIRS, Alexandria, VA, pg. 1641

Rhode, Andy, Media Dir -- Fallon Minneapolis, Minneapolis, MN, pg. 360

Rhodes, Deb, Mgr-Creative Bus -- BOHAN, Nashville, TN, pg. 144

Rhodes, Kevin, Assoc Creative Dir -- ST. JOHN & PARTNERS, Jacksonville, FL, pg. 1040

Rhyne, Brett, Creative Dir -- THE GLENN GROUP, Reno, NV, pg. 421

Rhyne, Brett, Creative Dir -- WIDE AWAKE, Reno, NV, pg. 1163

Riabov, David, Mng Partner & Partner-Creative -- SCRATCH, Toronto, Canada, pg. 999

Riachi, Odile, Creative Dir -- H&C, Leo Burnett, Beirut, Lebanon, pg. 625

Ribaudo, Ron, Dir-Creative -- MONARCH COMMUNICATIONS INC., Millburn, NJ, pg. 755

Ribeiro, Bruno, Creative Dir -- MullenLowe London, London, United Kingdom, pg. 775

Ribeiro, Ingrid, Dir-PR & Corp Comm -- Ogilvy, Caracas, Venezuela, pg. 821

Ribeiro, Lucas, Creative Dir-Brazil -- BETC, Paris, France, pg. 479

Ribeiro, Marcos, VP & Exec Creative Dir-Global -- GEORGE P. JOHNSON, New York, NY, pg. 416

Ribolla, Lino, Mng Dir-NY & Exec Creative Dir -- PRIMACY, Farmington, CT, pg. 889

Ricca, Lauren, Acct Exec -- ERBACH COMMUNICATIONS GROUP, INC., Lyndhurst, NJ, pg. 346

Ricchi, Alex, Acct Dir -- LEGACY MARKETING PARTNERS, Chicago, IL, pg. 619

Ricci, Pete, VP-Creative & Digital Svcs -- EISENBERG, VITAL & RYZE ADVERTISING, Manchester, NH, pg. 334

Ricciardi, Donna, VP & Acct Dir -- EMA Public Relations Services, Syracuse, NY, pg. 347

Ricciardi, Donna, VP & Acct Dir -- ERIC MOWER + ASSOCIATES, Syracuse, NY, pg. 346

Ricciardi, Donna, VP & Acct Dir -- Eric Mower + Associates, Albany, NY, pg. 347

Riccobono, Kaitlyn, Media Buyer -- FORT GROUP INC., Ridgefield Park, NJ, pg. 393

Rice, Alex, Creative Dir -- TDA_BOULDER, Boulder, CO, pg. 1094

Rice, Emily, Acct Dir -- DIGITAS, San Francisco, CA, pg. 302

Rice, Helen, Co-Founder & Creative Dir -- FUZZCO INC., Charleston, SC, pg. 405

Rice, James, Acct Dir -- BARTLE BOGLE HEGARTY LIMITED, London, United Kingdom, pg. 92

Rice, John, Acct Dir -- MAGRINO PUBLIC RELATIONS, New York, NY, pg. 671

Rice, Liz, Dir-New Bus & Client -- Metro Broadcast Ltd., London, United Kingdom, pg. 1186

Rice, Michelle, Acct Exec -- CRONIN, Glastonbury, CT, pg. 248

Rice-Minoso, Charlie, Acct Exec -- PUBLIC COMMUNICATIONS, INC., Chicago, IL, pg. 896

Rich, Chip, Exec Creative Dir -- Campbell Ewald Los Angeles, West Hollywood, CA, pg. 541

Rich, Chip, Exec Creative Dir -- Campbell Ewald New York, New York, NY, pg. 541

Rich, Jordan Lee, Art Dir -- MISTRESS, Santa Monica, CA, pg. 747

Richard, Aimee, Acct Dir-Agriculture -- KENNA, Mississauga, Canada, pg. 592

Richard, Stacy, Art Dir -- GSW WORLDWIDE, Westerville, OH, pg. 454

Richards, Annie, Acct Dir -- DNA SEATTLE, Seattle, WA, pg. 311

Richards, David, Principal & Creative Dir -- BRING, Green Bay, WI, pg. 165

Richards, Glenn, CEO-Creative -- GEARBOX FUNCTIONAL CREATIVE INC., Saint Cloud, MN, pg. 413

Richards, Josefine, Creative Dir -- INGO, Stockholm, Sweden, pg. 442

Richards, Liz, Art Dir -- Y&R, Auckland, New Zealand, pg. 1192

Richards, Liz, Art Dir-Creative -- Young & Rubicam NZ Ltd., Auckland, New Zealand, pg. 1199

Richards, Suzanne, VP & Grp Creative Dir -- Discovery USA, Chicago, IL, pg. 905

Richards, Tom, Creative Dir -- Havas London, London, United Kingdom, pg. 482

Richards, Wes, Assoc Creative Dir -- DEARDORFF ASSOCIATES, Philadelphia, PA, pg. 284

Richardson, Aaron, Art Dir -- BLUECADET INTERACTIVE, Philadelphia, PA, pg. 1241

Richardson, Chris, Acct Supvr -- MARTIN RETAIL GROUP/MARTIN ADVERTISING, Birmingham, AL, pg. 688

Richardson, Darren, Chief Creative Officer & Exec Creative Dir-Digital-Europe -- Havas Worldwide Digital Dusseldorf, Dusseldorf, Germany, pg. 480

Richardson, Darren, Chief Creative Officer & Exec Creative Dir-Digital-Europe -- Havas Worldwide Dusseldorf, Dusseldorf, Germany, pg. 480

Richardson, Eric, Art Dir -- SHORE CREATIVE GROUP, Long Branch, NJ, pg. 1009

Richardson, Neil, Creative Dir -- Fallon London, London, United Kingdom, pg. 360

Richardson, Neil, Creative Dir -- Leo Burnett, Ltd., London, United Kingdom, pg. 624

Richardson, Ryan, Media Dir -- HUNT ADKINS, Minneapolis, MN, pg. 514

Richie, Thomas, Dir-Creative -- TOM, DICK & HARRY CREATIVE, Chicago, IL, pg. 1108

Richman, Heather, Mng Partner-Creative -- RIPE MEDIA, INC, Los Angeles, CA, pg. 1285

Richmond, Ryan, Media Planner -- SAATCHI & SAATCHI, New York, NY, pg. 975

Richmond, Sally, Assoc Creative Dir -- whiteGREY, Cremorne, Australia, pg. 445

Richter, Carly, Acct Supvr -- WE ARE UNLIMITED, Chicago, IL, pg. 1155

Richter, Thomas, Assoc Creative Dir -- HAVAS WORLDWIDE, New York, NY, pg. 475

Ricketson, Bim, Exec Creative Dir -- George P. Johnson (Australia) Pty., Ltd., Sydney, Australia, pg. 417

Rickey, Sharon, Acct Dir & Exec Acct Mgr -- BERRY NETWORK, INC., Dayton, OH, pg. 125

Rickles, Ben, Acct Exec -- COOKERLY PUBLIC RELATIONS, Atlanta, GA, pg. 1475

Rickus, Melanie, Specialist-PR -- 4M COMMUNICATION, Feasterville Trevose, PA, pg. 1423

Ricque, Carlos, Sr VP-Creative -- DIGITAS, San Francisco, CA, pg. 302

Riddle, Bryan, Sr Designer-Creative -- J. Walter Thompson, London, United Kingdom, pg. 562

Riddle, Dustin, Head-Digital & Acct Dir -- One & All, Atlanta, GA, pg. 838

Riddle, Todd, Chief Creative Officer-Global Markets -- Commonwealth, Detroit, MI, pg. 698

Ridenti, Gina, Grp Exec Creative Dir -- TBWA Italia, Milan, Italy, pg. 1083

Ridgley, Marie, Acct Dir & Planner -- Kantar, London, United Kingdom, pg. 1184

Ridley, Lynn, VP-Creative -- JAN KELLEY MARKETING, Burlington, Canada, pg. 571

Ridolfi, Aline, Creative Dir -- FAKE LOVE, Brooklyn, NY, pg. 1256

Ridsdale, Phil, Acct Dir -- J. Walter Thompson, London, United Kingdom, pg. 562

Riedmiller, Nikki, Acct Supvr -- KAHN MEDIA, INC., Moorpark, CA, pg. 1407

Riefer, Torsten Michael, Creative Dir -- Wunderman, Vienna, Austria, pg. 1190

Riegel, Cecilia, Media Dir -- Callahan Creek, Torrance, CA, pg. 183

Riegel, Cecilia, Media Dir -- CALLAHAN CREEK, INC., Lawrence, KS, pg. 183

Riehl, Johner, VP & Creative Dir -- WONACOTT COMMUNICATIONS, LLC, Sherman Oaks, CA, pg. 1685

Riekhof, Stephanie, VP & Acct Dir -- SWANSON RUSSELL ASSOCIATES, Lincoln, NE, pg. 1064

Riemann, Ted, Owner & Creative Dir -- THE PRIME TIME AGENCY, Gulfport, MS, pg. 889

Riera, Marcelo Con, Gen Dir-Creative -- BBDO Chile, Santiago, Chile, pg. 102

Ries, Laura, Media Dir -- FIGLIULO&PARTNERS, LLC, New York, NY, pg. 380

Riezebeek, Alexander, Assoc Creative Dir -- MEKANISM, San Francisco, CA, pg. 729

Riffault, Herve, Creative Dir -- Publicis Conseil, Paris, France, pg. 898

Riffle, Dallas, Owner & Creative Dir -- DALLAS RIFFLE MEDIA, Cleveland, OH, pg. 258

Riffner, Max, Creative Dir -- B2 INTERACTIVE, Omaha, NE, pg. 82

Rifkin, Hettie, Producer-Creative -- MullenLowe London, London, United Kingdom, pg. 775

Rifkin, Jeff, Sr Creative Dir-North America -- WE ARE ALEXANDER, Saint Louis, MO, pg. 1155

Rigby, Shannon, Acct Exec -- JUMPSTART AUTOMOTIVE MEDIA, San Francisco, CA, pg. 585

Rigg, Coleman, Acct Exec -- FVM STRATEGIC COMMUNICATIONS, Plymouth Meeting, PA, pg. 406

Riggle, Carmen, Acct Exec -- RESULTS DIRECT MARKETING, Wichita, KS, pg. 950

Riggs, Robin, Chief Creative Officer -- RKD GROUP, Richardson, TX, pg. 76

Riggsbee, Taylor, Acct Exec -- SOKAL MEDIA GROUP, Raleigh, NC, pg. 1027

Rigozzi, Alberto, Dir-Client Creative -- DDB S.r.L. Advertising, Milan, Italy, pg. 276

Riippa, John, Buyer-Brdcst -- MARTIN WILLIAMS ADVERTISING INC., Minneapolis, MN, pg. 688

Riley, Bill A., Acct Exec -- SCA PROMOTIONS, INC., Dallas, TX, pg. 1415

Riley, Brittany, Grp Dir-Creative -- Chemistry Atlanta, Atlanta, GA, pg. 205

Riley, Dave, Dir-Digital Art & Creative -- THE MARTIN GROUP, LLC., Buffalo, NY, pg. 688

Riley, David, Pres & Creative Dir -- SQUARE ONE MARKETING, West Hartford, CT, pg. 1037

Riley, Joann, Mgr-Traffic & Print Production -- ALIMED INC, Dedham, MA, pg. 1219

Riley, Martha, Creative Dir -- Ogilvy EMEA, London, United Kingdom, pg. 818

Riley, Rick, Partner & Creative Dir -- PARTNERSRILEY, Bay Village, OH, pg. 856

Riley, Sandra, Supvr-Creative Svcs -- TOMSHEEHAN WORLDWIDE, Reading, PA, pg. 1109

Riley, Sean, Grp Creative Dir -- THE MARTIN AGENCY, Richmond, VA, pg. 687

Riley, Sean, Exec Creative Dir -- McCann Healthcare Singapore, Singapore, Singapore, pg. 709

Rimel, John, Acct Supvr -- Greer, Margolis, Mitchell, Burns & Associates (GMMB), Washington, DC, pg. 1508

Rimoldi, Oli, Art Dir & Copywriter -- MOTHER LTD., London, United Kingdom, pg. 762

Rinck, Mariah, Media Planner -- RINCK ADVERTISING, Auburn, ME, pg. 1632

Rineer, Gregg R., VP-Creative Svcs -- LMI ADVERTISING, E Petersburg, PA, pg. 648

Rineman, Patrick, Acct Dir -- RED MOON MARKETING, Charlotte, NC, pg. 940

Ring, Grace, Creative Dir -- VEHR COMMUNICATIONS, LLC, Cincinnati, OH, pg. 1666

Ring-Janicki, Kristine, Assoc Dir-Print Production & Experiential -- MULLENLOWE GROUP, Boston, MA, pg. 770

Ringler, Tami, Acct Dir -- Mirum Arkansas, Rogers, AR, pg. 1273

Ringqvist, Martin, Sr Partner-Creative & Copywriter -- Forsman & Bodenfors, Stockholm, Sweden, pg. 722

Rinke, Russell J., Creative Dir -- Jack Morton Worldwide, Detroit, MI, pg. 568

Rinna, Fran, Acct Exec -- AQUA MARKETING & COMMUNICATIONS INC., Saint Petersburg, FL, pg. 64

Riommi, Jorg Carlo Nicolo, Coord-Creative-CEE -- Publicis, Bucharest, Romania, pg. 901

Riordan, Tyler, Sr Media Planner & Media Buyer -- Blue 449,

PERSONNEL INDEX — AGENCIES

Indianapolis, IN, pg. 1311
Rios, Adrian, Creative Dir -- Young & Rubicam, S.L., Madrid, Spain, pg. 1203
Rios, Analia, Exec Creative Dir -- J. Walter Thompson, Buenos Aires, Argentina, pg. 563
Rios, Emily, Acct Dir -- COOKERLY PUBLIC RELATIONS, Atlanta, GA, pg. 1475
Rios, Lynette, Art Dir -- LONDON : LOS ANGELES, El Segundo, CA, pg. 650
Rios, Nick, Co-Founder & Creative Dir -- M&R MARKETING GROUP, Macon, GA, pg. 663
Rios, Ramon Sala, Gen Dir-Creative -- TBWA Espana, Barcelona, Spain, pg. 1085
Rioux, Daniel, Media Dir -- PUSH22, Bingham Farms, MI, pg. 919
Rioux, Laura, Partner & Head-Brdcst Production -- RETHINK, Vancouver, Canada, pg. 951
Rippberger, Adriane, Acct Dir-Consumer Digital -- HARVEST PUBLIC RELATIONS, Portland, OR, pg. 1527
Risatti, Heather, Assoc Dir-PR -- GYRO DENVER, Denver, CO, pg. 459
Rischitelli, Bob, Media Buyer -- FIG ADVERTISING & MARKETING, Denver, CO, pg. 379
Risher, Emily, Acct Exec -- SWIFT AGENCY, Portland, OR, pg. 1066
Rispoli, Joe, Acct Dir-Mercedes-Benz -- MERKLEY+PARTNERS, New York, NY, pg. 733
Risser, John, Assoc Creative Dir -- MeringCarson, San Diego, CA, pg. 731
Ritchie, Brian, Exec Creative Dir -- SPACE150, Minneapolis, MN, pg. 1031
Ritchie, Craig, Creative Dir -- Weber Shandwick, Toronto, Canada, pg. 1677
Ritchie, Elizabeth, Acct Dir -- McCann Healthcare Sydney, Sydney, Australia, pg. 700
Ritchie, Kristie, VP-New Bus & Comm -- UPSHOT, Chicago, IL, pg. 1128
Ritt, Mike, VP & Assoc Creative Dir -- SLACK AND COMPANY, Chicago, IL, pg. 1020
Ritter, Koree, Acct Supvr -- BACKE DIGITAL BRAND MARKETING, Radnor, PA, pg. 82
Ritz, Jeppe, Art Dir -- DDB Denmark, Copenhagen, Denmark, pg. 272
Ritz, Peggy, Creative Dir -- Merkle Inc., King of Prussia, PA, pg. 733
Rius, Nicolas Corvino, Art Dir -- Ogilvy Argentina, Buenos Aires, Argentina, pg. 819
Rivard, Diane, Media Dir -- STEVENS ADVERTISING, Grand Rapids, MI, pg. 1048
Rivard, Katie, Assoc Creative Dir -- SapientRazorfish Chicago, Chicago, IL, pg. 1288
Rivas, Soledad, Acct Dir -- BBDO Argentina, Buenos Aires, Argentina, pg. 101
Rivera, Ana, Dir-Event Mktg & PR -- EAG GROUP, Miami, FL, pg. 328
Rivera, Erica, Acct Supvr -- TARGETBASE, Irving, TX, pg. 1073
Rivera, Horacio, Acct Supvr -- OGILVY, New York, NY, pg. 809
Rivera, Ivan, Creative Dir -- Ogilvy, Bogota, Colombia, pg. 820
Rivera, Jose M., Assoc Creative Dir -- DDB LATINA PUERTO RICO, San Juan, PR, pg. 267
Rivera, Melanie, Acct Supvr-The Navy Partnership -- Y&R MEMPHIS, Memphis, TN, pg. 1195
Rivera, Michael, Chief Creative Officer-North America -- THE MARKETING STORE, Chicago, IL, pg. 1410
Rivera, Pamela, Acct Dir -- SWIRL MCGARRYBOWEN, San Francisco, CA, pg. 1067
Rivera, Ricardo, Assoc Creative Dir -- CASANOVA PENDRILL, Costa Mesa, CA, pg. 192
Rivera, Sandra, Coord-Creative -- HAVAS WORLDWIDE, New York, NY, pg. 475
Rivero, Chucky, Grp Creative Dir -- Teran TBWA, Mexico, Mexico, pg. 1092
Riveros, Fernando, Creative Dir -- Grey Madrid, Madrid, Spain, pg. 442
Rivers, Robert, Creative Dir -- HYPE CREATIVE PARTNERS, Los Angeles, CA, pg. 516
Rivest, Sebastien, Creative Dir -- DENTSUBOS, Montreal, Canada, pg. 291
Rivet, Sophie, Acct Dir -- Poke, London, United Kingdom, pg. 902
Rizkallah, Raja, Creative Dir -- Saatchi & Saatchi, Dubai, United Arab Emirates, pg. 980
Rizo, David Alvarez, Creative Dir -- ALMA, Coconut Grove, FL, pg. 49
Rizo, Jessica, Media Planner -- M8 AGENCY, Miami, FL, pg. 666
Rizuto, Rafael, Chief Creative Officer -- TBD, San Francisco, CA, pg. 1076
Rizvi, Sarah, Acct Supvr -- KENNA, Mississauga, Canada, pg. 592
Rizwan, Mohamed, Creative Dir -- Wieden + Kennedy India, New Delhi, India, pg. 1166
Rizzello, Paul, Creative Dir -- J. Walter Thompson, London, United Kingdom, pg. 562
Rizzo, Jovana, Acct Dir -- BERLINROSEN, New York, NY, pg. 1448
Ro Beyersdorf, Mark, Acct Dir -- BERLINROSEN, New York, NY, pg. 1448
Roach, Brian, Art Dir -- MARCUS THOMAS LLC, Cleveland, OH, pg. 679
Roach, Bryan, Chief Creative Officer -- SCORCH AGENCY, Saint Louis, MO, pg. 997
Roach, Kerry, Acct Supvr -- WE ARE UNLIMITED, Chicago, IL, pg. 1155
Roach, Matt, Creative Dir -- Anomaly, London, United Kingdom, pg. 59
Roach, Matt, Creative Dir -- Anomaly, London, United Kingdom, pg. 721
Roalfe, Mark, Chm & Exec Creative Dir -- Y&R London, London, United Kingdom, pg. 1204
Robaglia, Theophile, Art Dir -- CLM BBDO, Boulogne-Billancourt, France, pg. 104
Robb, Susan, Acct Dir & Supvr-Activation -- GAGGI MEDIA COMMUNICATIONS, INC., Toronto, Canada, pg. 408
Robbins, Debra, Media Dir -- LEAD ME MEDIA, Deerfield Beach, FL, pg. 617
Robbins, Emma, Exec Creative Dir -- M&C Saatchi, Melbourne, Australia, pg. 662
Robbins, Robert, Mgr-Print Production -- PUBLICIS USA, New York, NY, pg. 912
Robbins, ZaVious, Acct Supvr -- Moroch, Raleigh, NC, pg. 759
Roberge, Matthias, Dir-Creative -- BOLDWERKS, Portsmouth, NH, pg. 145
Robert, Ahjah, Acct Coord -- FKQ ADVERTISING + MARKETING, Clearwater, FL, pg. 386
Robert, Rodrigues, Partner-Creative -- BBH Mumbai, Mumbai, India, pg. 93
Roberts, Alexis, Sr Creative Dir-PR -- BLAST! PR, Santa Barbara, CA, pg. 1451
Roberts, Amanda, Assoc Creative Dir-Copy -- HILL HOLLIDAY, Boston, MA, pg. 500
Roberts, Andrew, Acct Exec -- SWANSON COMMUNICATIONS, Washington, DC, pg. 1655
Roberts, Ben, Creative Dir -- RYAN MARKETING PARTNERS, LLC, Farmington, CT, pg. 973
Roberts, Bruce, Creative Dir -- TBWA Health A.G., Zurich, Switzerland, pg. 1085
Roberts, Chad, Media Planner -- PHD Los Angeles, Los Angeles, CA, pg. 1362
Roberts, Erica, Exec Creative Dir -- PUBLICIS NEW YORK, New York, NY, pg. 912
Roberts, Guy, Exec Creative Dir -- Saatchi & Saatchi, Auckland, New Zealand, pg. 984
Roberts, Irene, Sr Creative Dir -- INTERNET MARKETING, INC., San Francisco, CA, pg. 540
Roberts, Jacqlyn, Acct Exec-Acct Svcs -- KINETIC, New York, NY, pg. 1337
Roberts, Jeff, Partner & Creative Dir -- MOIRE MARKETING PARTNERS, Falls Church, VA, pg. 754
Roberts, Katie, Mgr-PR -- LOVE ADVERTISING INC., Houston, TX, pg. 652
Roberts, Keith, Founder & Creative Dir -- ZENMAN, Denver, CO, pg. 1211
Roberts, Krista, Art Dir -- QUINLAN & COMPANY, Buffalo, NY, pg. 923
Roberts, Kyle, Partner-Creative -- FREESTYLE CREATIVE, Moore, OK, pg. 397
Roberts, Laura, VP & Acct Dir -- SPM MARKETING & COMMUNICATIONS, La Grange, IL, pg. 1035
Roberts, Paul, Creative Dir -- 72andSunny, Brooklyn, NY, pg. 12
Roberts, Rebecca, Media Planner & Buyer -- Lewis Communications, Mobile, AL, pg. 636
Roberts, Sarah, Art Dir & Graphic Designer -- IRONCLAD MARKETING, West Fargo, ND, pg. 548
Roberts, Ted, Creative Dir -- VIEWPOINT CREATIVE, Newton, MA, pg. 1137
Roberts, Wendy, Mng Dir-PR & VP -- ORCA COMMUNICATIONS UNLIMITED, LLC., Tempe, AZ, pg. 1603
Robertson, Anne, Mng Dir-PR -- THE LAVIDGE COMPANY, Phoenix, AZ, pg. 616
Robertson, Becky, Partner & Media Dir -- BROGAN & PARTNERS CONVERGENCE MARKETING, Birmingham, MI, pg. 166
Robertson, Chris, Mng Partner-Birmingham & Exec Creative Dir -- McCann Detroit, Birmingham, MI, pg. 699
Robertson, Hilary, Acct Coord -- WILKINSON FERRARI & COMPANY, Salt Lake City, UT, pg. 1684
Robertson, Holly, Acct Dir -- GRAPEVINE DESIGNS, Lenexa, KS, pg. 1404
Robertson, Joe, Creative Dir -- KOCH CREATIVE GROUP, Wichita, KS, pg. 1223
Robertson, Luke, Art Dir -- MUCHO, San Francisco, CA, pg. 770
Robertson, Paul, Acct Dir -- Portland, London, United Kingdom, pg. 306
Robertson, Peter, Creative Dir -- MOTHER LTD., London, United Kingdom, pg. 762
Robertson, Ryan Leigh, Acct Dir -- Geometry Global, Chicago, IL, pg. 415
Robertson, Scott, Chm, CEO & Dir-Creative -- ROBERTSON & PARTNERS, Las Vegas, NV, pg. 964
Robertson, Steve, Creative Dir -- Leo Burnett, Ltd., London, United Kingdom, pg. 624
Robertson, Steve, Creative Dir -- Leo Burnett London, London, United Kingdom, pg. 627
Robertson, Travis, Exec VP, Exec Creative Dir & Art Dir -- MMB, Boston, MA, pg. 750
Robillard, Sebastien, Art Dir -- FCB Montreal, Montreal, Canada, pg. 365
Robilliard, Andy, Dir-Creative Svcs -- Colenso BBDO, Auckland, New Zealand, pg. 114
Robin, Joy, Art Dir -- TBWA/G1, Boulogne-Billancourt, France, pg. 1081
Robin, Kenneth, Creative Dir -- THE BROOKLYN BROTHERS, New York, NY, pg. 167
Robinson, Abi, Acct Dir -- Adam & EveDDB, London, United Kingdom, pg. 281
Robinson, Danny, Grp Dir-Creative -- WEBER SHANDWICK, New York, NY, pg. 1673
Robinson, Doug, Art Dir -- CLAY POT CREATIVE, Fort Collins, CO, pg. 212
Robinson, Ed, Creative Dir -- Publicis UK, London, United Kingdom, pg. 902
Robinson, Erin, Acct Dir -- IDENTITY MARKETING & PUBLIC RELATIONS, LLC, Bingham Farms, MI, pg. 1540
Robinson, Jacob, VP & Acct Supvr -- HYC/MERGE, Chicago, IL, pg. 515
Robinson, Jaime, Co-Founder & Chief Creative Officer -- JOAN, New York, NY, pg. 577
Robinson, Jaime, Acct Exec -- Wieden + Kennedy New York, New York, NY, pg. 1165
Robinson, Jane, Sr Specialist-PR & Writer -- ADFARM, Calgary, Canada, pg. 29
Robinson, Julia, Acct Dir -- 6 DEGREES INTEGRATED COMMUNICATIONS, Toronto, Canada, pg. 10
Robinson, Kaila, Media Planner -- Blue 449, Seattle, WA, pg. 1311
Robinson, Kelley, Media Dir -- BRIVIC MEDIA, Houston, TX, pg. 165
Robinson, Laura, Acct Coord -- HOWARD COMMUNICATIONS INC, Elsberry, MO, pg. 1537
Robinson, Laura, Chief Creative Officer -- POWER CREATIVE, Louisville, KY, pg. 884
Robinson, Marissa, Acct Supvr -- PHD Canada, Toronto, Canada, pg. 1364
Robinson, Mendi, Creative Dir -- LAMAR ADVERTISING COMPANY, Baton Rouge, LA, pg. 608
Robinson, Mendi, Creative Dir -- Lamar Advertising Company, Richmond, VA, pg. 608
Robinson, Neil, Co-Founder-Creative -- CHAPTER, San Francisco, CA, pg. 202
Robinson, Oliver, Exec Creative Dir -- FP7, Dubai, United Arab Emirates, pg. 710
Robinson, Paige, Assoc Dir-PR & Influencer Strategy -- SCHAFER CONDON CARTER, Chicago, IL, pg. 995
Robinson, Peggy, Acct Exec & Copywriter -- MILLER ADVERTISING AGENCY INC., New York, NY, pg. 741
Robinson, Rob, Creative Dir -- DRAW, London, United Kingdom, pg. 319
Robinson, Rob, Partner & Creative Dir -- MESS, Chicago, IL, pg. 1271
Robinson, Wayne, Creative Dir -- M&C SAATCHI PLC, London, United Kingdom, pg. 658
Robison, Jen, Creative Dir-North America -- WRG PHILADELPHIA, Philadelphia, PA, pg. 1187
Robledo-Atwood, Blanca, Dir-Bilingual Creative -- WILD CONSORT, INC., Edgewood, IA, pg. 1167
Robles, Leslie, Assoc Creative Dir -- DDB LATINA PUERTO RICO,

San Juan, PR, pg. 267
Roca de Vinals Delgado, Jose Maria, Chief Creative Officer-Spain & VP -- DDB Barcelona S.A., Barcelona, Spain, pg. 280
Roca, Camil, Exec Creative Dir -- Bassat, Ogilvy Comunicacion, Barcelona, Spain, pg. 816
Roca, Camil, Exec Creative Dir -- Bassat, Ogilvy Comunicacion, Barcelona, Spain, pg. 1600
Rocca, Marco, Supvr-Creative -- J. Walter Thompson Milan, Milan, Italy, pg. 560
Rocco, Bianca, Acct Exec -- MCCANN HEALTH GLOBAL HQ, New York, NY, pg. 713
Rocco, Mike, VP & Creative Dir -- LITTLEFIELD AGENCY, Tulsa, OK, pg. 646
Rocha, Elayna, Art Buyer & Producer -- Wunderman, Costa Mesa, CA, pg. 1189
Rocha, Joao, Art Dir -- Y&R Portugal, Lisbon, Portugal, pg. 1203
Rocha, Saulo, Assoc Dir-Creative & Art -- LOLA MullenLowe, Madrid, Spain, pg. 542
Rochette, Hugo, Art Dir -- MEMAC Ogilvy, Dubai, United Arab Emirates, pg. 831
Rochow, Breckenridge, Acct Dir -- BULLFROG & BAUM, New York, NY, pg. 172
Rocino, Ezequiel, Gen Dir-Creative -- McCann Erickson, Buenos Aires, Argentina, pg. 700
Rockefeller, Jackie, Acct Supvr -- RPR PUBLIC RELATIONS INC., Boca Raton, FL, pg. 1635
Rockett, Marie, VP & Grp Creative Dir -- ALLEN & GERRITSEN, Boston, MA, pg. 45
Rockey, Kelsey, Acct Supvr -- PARRIS COMMUNICATIONS, INC., Kansas City, MO, pg. 1606
Rocklin, Nathalie, Media Buyer -- Campbell Ewald New York, New York, NY, pg. 541
Rockwell, Ana, Media Buyer -- AD PARTNERS INC., Tampa, FL, pg. 24
Rodarte, Richard, Acct Dir -- WALTON / ISAACSON, Culver City, CA, pg. 1151
Rodbard, Jason, VP & Creative Dir -- Jack Morton Worldwide (Dubai), Dubai, United Arab Emirates, pg. 567
Roddy, Kevin, Chief Creative Officer -- RINEY, San Francisco, CA, pg. 959
Rodenbeck, Eric, Founder, CEO & Creative Dir -- STAMEN DESIGN, San Francisco, CA, pg. 1042
Roderick, Craig, Creative Dir -- Southpaw, Tunbridge Wells, United Kingdom, pg. 463
Rodgers, Nick, Creative Dir -- ZAMBEZI, Culver City, CA, pg. 1209
Rodgers, Scott, Founder, Partner & Chief Creative Officer -- TIER10 MARKETING, Herndon, VA, pg. 1103
Rodman, Sean, Creative Dir & Chief Writer -- HART, Toledo, OH, pg. 470
Rodocker, Andrew, Assoc Creative Dir -- BRADLEY & MONTGOMERY ADVERTISING, Indianapolis, IN, pg. 152
Rodrigues, Elson, Art Dir -- TBWA\London, London, United Kingdom, pg. 1086
Rodriguez Serra, Silvia Julieta, Creative Dir & Art Dir -- MullenLowe SSP3, Bogota, Colombia, pg. 777
Rodriguez, Anais, Acct Supvr -- VSBROOKS, Coral Gables, FL, pg. 1147
Rodriguez, Angel, Acct Exec-Trainer Comm -- 10FOLD COMMUNICATIONS, Pleasanton, CA, pg. 1421
Rodriguez, Christina, Art Dir -- DDB San Francisco, San Francisco, CA, pg. 269
Rodriguez, Daniel, Exec Creative Dir -- DDB Madrid, S.A., Madrid, Spain, pg. 280
Rodriguez, Dario, Grp Creative Dir -- Publicis Arredondo de Haro, Mexico, Mexico, pg. 907
Rodriguez, Dave, Creative Dir -- AGENDA, New York, NY, pg. 40
Rodriguez, Diana, Acct Exec-Publicist -- LATIN2LATIN MARKETING + COMMUNICATIONS LLC, Fort Lauderdale, FL, pg. 612
Rodriguez, Harold, Creative Dir -- Mass Nazca Saatchi & Saatchi, Tegucigalpa, Honduras, pg. 982
Rodriguez, Iggy, Creative Dir -- Mccann, Sydney, Australia, pg. 700
Rodriguez, Joel, Exec VP & Exec Creative Dir-North America -- MCCANN, New York, NY, pg. 697
Rodriguez, Jose Oscar, Creative Dir-Creative Svcs -- BRANDSTAR, Deerfield Beach, FL, pg. 158
Rodriguez, Leonardo Sanchez, Art Dir -- TBWA/Colombia Suiza de Publicidad Ltda, Bogota, Colombia, pg. 1092
Rodriguez, Lexi, Art Dir -- HAVAS WORLDWIDE CHICAGO, Chicago, IL, pg. 488
Rodriguez, Liza, Art Dir & Graphic Designer -- THE COMMUNICATIONS AGENCY, Washington, DC, pg. 1473

Rodriguez, Luis, Art Dir -- LOPEZ NEGRETE COMMUNICATIONS, INC., Houston, TX, pg. 651
Rodriguez, Luis M., Assoc Creative Dir -- Ogilvy, Playa Vista, CA, pg. 811
Rodriguez, Nanette, Mgr-Production & Traffic -- CREATIVE NOGGIN, San Antonio, TX, pg. 244
Rodriguez, Oddo, Creative Dir-Multimedia -- RABINOVICI & ASSOCIATES, Hallandle Beach, FL, pg. 928
Rodriguez, Patricia, Acct Dir-DMI -- PAPPAS GROUP, Arlington, VA, pg. 852
Rodriguez, Rafael, Acct Dir -- Heinrich Hawaii, Honolulu, HI, pg. 493
Rodriguez, Rafael, Acct Dir -- HEINRICH MARKETING, Denver, CO, pg. 493
Rodriguez, Roberto, Media Planner & Media Buyer -- PROOF ADVERTISING, Austin, TX, pg. 893
Rodriguez, Roly, Principal & Creative Dir -- THE PINK COLLECTIVE, Hollywood, FL, pg. 872
Rodriguez, Sam, Creative Dir -- ROCKORANGE, Miami, FL, pg. 1633
Rodriguez, Selena, Acct Supvr -- CHILD'S PLAY COMMUNICATIONS, New York, NY, pg. 1468
Rodriguez, Sergio, CEO & Chief Creative Officer -- J. Walter Thompson, Rome, Italy, pg. 560
Rodriguez, Steve, Sr VP & Dir-Creative Svcs -- EP+Co, New York, NY, pg. 343
Rodriguez, Yessica, Acct Exec -- PARADIGM ASSOCIATES, San Juan, PR, pg. 1606
Rodzik, Anna, Acct Dir -- ZenithOptimedia, Warsaw, Poland, pg. 1389
Roe, Alberta, Sr Buyer-Brdcst -- MEDIASSOCIATES, INC., Sandy Hook, CT, pg. 1351
Roe, Mike, Reg Creative Dir -- SAPIENTRAZORFISH NEW YORK, New York, NY, pg. 1286
Roebuck, Rachel, Assoc Creative Dir -- AMP Agency, Seattle, WA, pg. 1236
Roedel, Victoria, Sr Strategist-Creative -- LAUNDRY SERVICE, New York, NY, pg. 615
Roeder, Doug, Sr VP-New Bus Dev -- ACTIVE INTERNATIONAL, Pearl River, NY, pg. 1305
Roemmelt, Peter, Exec Creative Dir -- Ogilvy Frankfurt, Frankfurt, Germany, pg. 814
Roesler, Robben, Dir-Creative & Design -- Sandbox, Kansas City, MO, pg. 989
Roettger, Dan, Creative Dir -- MARTIN WILLIAMS ADVERTISING INC., Minneapolis, MN, pg. 688
Rogala, Kim, Acct Exec -- WILLIAMS AND HOUSE, Avon, CT, pg. 1168
Rogers, Brenden, Sr Dir-Mktg & Creative -- STUBS COMMUNICATIONS COMPANY, New York, NY, pg. 1227
Rogers, Cheryl, III, Acct Supvr -- Media Works Charlotte, Davidson, NC, pg. 1344
Rogers, Cindy, Media Buyer -- MARTINO FLYNN LLC, Pittsford, NY, pg. 689
Rogers, Claibourne, Acct Dir -- FISH CONSULTING, INC., Ft Lauderdale, FL, pg. 384
Rogers, Danny, Art Dir -- PULSE CREATIVE LONDON, London, United Kingdom, pg. 916
Rogers, Derek, Art Dir -- SCHAEFER MEDIA & MARKETING, Albany, NY, pg. 995
Rogers, Jules, Creative Dir -- August Media, London, United Kingdom, pg. 902
Rogers, Leia, Creative Dir -- RETHINK, Vancouver, Canada, pg. 951
Rogers, Leia, Creative Dir -- Rethink, Toronto, Canada, pg. 951
Rogers, Madeleine, Acct Coord -- R/GA, New York, NY, pg. 925
Rogers, Matt, Co-Founder, Art Dir & Creative Dir -- PARTY LAND, Los Angeles, CA, pg. 857
Rogers, Paul, Acct Supvr -- ALCONE MARKETING GROUP, Irvine, CA, pg. 1395
Rogers, Scott, Art Dir -- CEL PUBLIC RELATIONS INC, MinneaPOlis, MN, pg. 1465
Rogers, Steve, Exec Creative Dir -- Haygarth Group, London, United Kingdom, pg. 931
Rogers-Goode, Tanner, Grp Creative Dir -- VML-White Salmon, White Salmon, WA, pg. 1144
Rogers-Strahan, Kylie, Acct Exec & Specialist-Digital Mktg -- BLOHM CREATIVE PARTNERS, East Lansing, MI, pg. 137
Roget, Ben, Acct Exec -- KAHN MEDIA, INC., Moorpark, CA, pg. 1407
Rogoski, Beto, Creative Dir -- Y&R Sao Paulo, Sao Paulo, Brazil, pg. 1205
Rogowski, Brittney, Media Dir -- HAWORTH MARKETING + MEDIA, Minneapolis, MN, pg. 1328

Rogowski, Mary Rose, Creative Dir -- PULSECX, Montgomeryville, PA, pg. 916
Rogsten, Channa, Mgr-PR & Planner -- ANR BBDO, Stockholm, Sweden, pg. 109
Rohn, Amy, VP & Dir-PR -- LINDSAY, STONE & BRIGGS, INC., Madison, WI, pg. 641
Rohn, Randy, Creative Dir -- ESWSTORYLAB, Chicago, IL, pg. 350
Rohne, Alexandra, Acct Exec -- THINK SHIFT, Winnipeg, Canada, pg. 1099
Rohner, Trent, Grp Dir-Creative -- VIRTUE WORLDWIDE, Brooklyn, NY, pg. 1139
Rohrer, Jason, Mgr-Creative & Sr Writer -- 3 ADVERTISING, Albuquerque, NM, pg. 5
Roig, Giselle-Marie, Sr Mgr-PR -- BrandLinkDC, Washington, DC, pg. 1398
Roiha, Heli, Art Dir -- SEK & Grey, Helsinki, Finland, pg. 440
Rojas, Boris, Supvr-Creative -- Wunderman, Santiago, Chile, pg. 1190
Rojas, Francisco, Assoc Creative Dir -- CASANOVA PENDRILL, Costa Mesa, CA, pg. 192
Rojas, Gretel, Assoc Dir-Creative -- PIL CREATIVE GROUP, INC, Coral Gables, FL, pg. 871
Rojas, Luis, Art Dir -- J. Walter Thompson, Caracas, Venezuela, pg. 564
Rojas, Miguel, Creative Dir -- Sancho BBDO, Bogota, Colombia, pg. 102
Roldan, Daniela, Acct Exec-Special Projects -- PureRED/Ferrara, Tucker, GA, pg. 918
Rolfe, Adam, Creative Dir -- Rapp London, London, United Kingdom, pg. 932
Rolfe, Tiffany, Co-Chief Creative Officer-US -- R/GA, New York, NY, pg. 925
Rolland, Abigail, Acct Exec -- THE HAUSER GROUP INC., Saint Louis, MO, pg. 472
Rolle, Andre, Art Dir -- MDB COMMUNICATIONS, INC., Washington, DC, pg. 720
Rolli, Paola, Deputy Creative Dir-Milan -- Saatchi & Saatchi, Milan, Italy, pg. 978
Rolling, Brian, Founder & Chief Creative Officer -- SRW, Chicago, IL, pg. 1039
Rollins, Alex, Sr Producer-Creative -- MEDIA BRIDGE ADVERTISING, MinneaPOlis, MN, pg. 725
Rolston, Nicholas, Acct Dir -- BURRELL, Chicago, IL, pg. 176
Roman, Vic, Creative Dir -- BROWN COMMUNICATIONS GROUP, Regina, Canada, pg. 168
Romanach, Stephanie, Acct Exec -- ROARMEDIA, Coral Gables, FL, pg. 1632
Romanelli, Karen, Acct Dir-Mars Chocolate -- THE INTEGER GROUP, LLC, Lakewood, CO, pg. 536
Romanenghi, Stephen, Exec VP & Exec Creative Dir -- STERN ADVERTISING, INC., Cleveland, OH, pg. 1048
Romaniuk, Jessica, Media Dir -- TWO BY FOUR, Chicago, IL, pg. 1124
Romaniuk, Michael, Art Dir -- ZULU ALPHA KILO, Toronto, Canada, pg. 1216
Romano, Anna, Acct Supvr -- Weber Shandwick-Los Angeles, Los Angeles, CA, pg. 1676
Romano, Antonella, Acct Exec -- FCB Milan, Milan, Italy, pg. 367
Romano, Georja, Art Dir -- FCB Johannesburg, Johannesburg, South Africa, pg. 375
Romano, Georja, Art Dir -- TBWA Hunt Lascaris (Johannesburg), Johannesburg, South Africa, pg. 1087
Romano, Nicolas, Creative Dir -- J. Walter Thompson, Sao Paulo, Brazil, pg. 563
Romano, Paige, Media Buyer-Brdcst -- BG, West Palm Beach, FL, pg. 127
Rombolotti, Alice, Media Planner -- Kinetic, Milan, Italy, pg. 1337
Rome, Jamie, Assoc Creative Dir -- GREY GROUP, New York, NY, pg. 438
Romeo, Dominick, Acct Supvr -- LAIRD+PARTNERS, New York, NY, pg. 607
Romera, Julian, Art Dir -- Leo Burnett Mexico S.A. de C.V., Mexico, Mexico, pg. 624
Romero, Adan, Exec Creative Dir -- RAUXA, Costa Mesa, CA, pg. 933
Romero, John, VP & Acct Dir -- George P. Johnson Company, Inc., Torrance, CA, pg. 416
Romero, Luis, Creative Dir -- BBDO New York, New York, NY, pg. 99
Romero, Magali, Acct Supvr -- Wunderman, Buenos Aires, Argentina, pg. 1189
Romero, Santiago, Art Dir -- Sancho BBDO, Bogota, Colombia, pg. 102

PERSONNEL INDEX — AGENCIES

Romero-Salazar, Isabel Garcia-Ajofrin, Acct Exec -- ARCOS COMMUNICATIONS, New York, NY, pg. 66
Romero-Wilson, Alexander, Acct Supvr-Social & Innovation -- Fleishman-Hillard Inc., San Francisco, CA, pg. 1507
Romeu, Allison, Acct Dir -- MCGARRYBOWEN, New York, NY, pg. 716
Rommelfanger, Russell, Partner & Exec Creative Dir -- ENVOY, Irvine, CA, pg. 342
Rommelfanger, Ryan, Partner & Exec Creative Dir -- ENVOY, Irvine, CA, pg. 342
Romney, Roz, Creative Dir -- TBD, San Francisco, CA, pg. 1076
Ronayne, L. A., Creative Dir -- Stink Studios, London, United Kingdom, pg. 1050
Ronca-Shumskas, Pamela, Principal & Creative Dir -- THINK COMMUNICATIONS GROUP, LLC, Pipersville, PA, pg. 1099
ronda, Xavi gimeno, Creative Dir-Barcelona -- McCann Erickson S.A., Barcelona, Spain, pg. 710
Rondinella, Francesca, Acct Exec -- BUSH COMMUNICATIONS, LLC, Pittsford, NY, pg. 176
Ronge, Stefan, Chief Creative Officer -- Edelman, Stockholm, Sweden, pg. 1496
Ronge, Stefan, Chief Creative Officer -- Edelman Deportivo, Stockholm, Sweden, pg. 1493
Ronk, Cindy, Mgr-Traffic -- TSA COMMUNICATIONS, INC., Warsaw, IN, pg. 1121
Ronk, Dirk, Assoc Dir-Creative -- ANDERSON MARKETING GROUP, San Antonio, TX, pg. 58
Ronnung, Evelina, Art Dir -- Forsman & Bodenfors, Stockholm, Sweden, pg. 722
Ronquillo, Mark, Exec VP & Exec Creative Dir -- PUBLICIS USA, New York, NY, pg. 912
Rood, Mitch, Art Dir & Specialist-Graphic -- ADVENTURE ADVERTISING LLC, Buford, GA, pg. 35
Roodenburg, Rod, Partner-Creative -- ION BRAND DESIGN, Vancouver, Canada, pg. 546
Rooney, Ashley, Acct Dir -- SIMONS MICHELSON ZIEVE, INC., Troy, MI, pg. 1015
Rooney, Ed, Acct Dir -- QUATTRO DIRECT LLC, Berwyn, PA, pg. 921
Rooney, Elizabeth, VP & Exec Creative Dir -- INTOUCH SOLUTIONS, Overland Park, KS, pg. 544
Rooney, Jorden, Art Dir -- DIMASSIMO GOLDSTEIN, New York, NY, pg. 302
Rooney, Maliya, Mgr-Creative Resource & Sr Producer -- Padilla, Richmond, VA, pg. 850
Rooney, Rob, Creative Dir -- ROKKAN, New York, NY, pg. 966
Rooney, Robin, Acct Dir -- CLARITY COVERDALE FURY ADVERTISING, INC., Minneapolis, MN, pg. 211
Roope, Nicolas, Exec Creative Dir -- Nurun Spain, Barcelona, Spain, pg. 904
Roope, Nicolas, Exec Creative Dir -- SapientRazorfish Paris, Paris, France, pg. 1287
Roos, Kyley, Creative Dir-Strategic Brand Dev -- Superunion, Johannesburg, South Africa, pg. 1063
Root, Jim, VP & Dir-Art & Creative -- Cramer-Krasselt, Milwaukee, WI, pg. 237
Root, Sara, Acct Supvr -- PRAXIS COMMUNICATIONS, INC., Huntingdon Valley, PA, pg. 886
Rooth, Nick, Creative Dir -- ALCONE MARKETING GROUP, Irvine, CA, pg. 1395
Roper, Noah, Acct Dir -- RED INTERACTIVE AGENCY, Santa Monica, CA, pg. 1284
Roques, Thomas, Art Dir -- Publicis Conseil, Paris, France, pg. 898
Rorke, Jen, Grp Acct Dir -- FRIENDS & NEIGHBORS, Minneapolis, MN, pg. 399
Ros, Mariana Navarrete, Creative Dir -- Teran TBWA, Mexico, Mexico, pg. 1092
Rosa, Stefane, Assoc Acct Dir -- DAVID, Sao Paulo, Brazil, pg. 261
Rosa, Stefane, Assoc Acct Dir -- DAVID The Agency, Miami, FL, pg. 261
Rosa, Steve, Founder, CEO & Chief Creative Officer -- (ADD)VENTURES, Providence, RI, pg. 29
Rosado, Jaime, VP & Reg Creative Dir -- J. Walter Thompson, San Juan, PR, pg. 564
Rosasco, Maria, Acct Dir -- DDB Argentina, Buenos Aires, Argentina, pg. 270
Rosburg, Chris, Acct Dir -- GRAPEVINE DESIGNS, Lenexa, KS, pg. 1404
Rose, Alison, VP-PR -- 48 WEST AGENCY LLC, Phoenix, AZ, pg. 1423
Rose, Bernd, Art Dir -- BBDO Dusseldorf, Dusseldorf, Germany, pg. 105
Rose, Cybil, VP-PR -- KEMPERLESNIK, Northbrook, IL, pg. 1554
Rose, Jackie, Acct Exec-Digital -- RPA, Santa Monica, CA, pg. 970
Rose, Josh, Chief Creative Officer-Multi-Platform Campaigns -- Sawmill, New York, NY, pg. 1675
Rose, Karin, Exec Creative Dir-US -- GOLIN, Chicago, IL, pg. 1519
Rose, Martin, Creative Dir -- MOTHER LTD., London, United Kingdom, pg. 762
Rose, Matt, Creative Dir -- THE MARLIN NETWORK, INC., Springfield, MO, pg. 685
Rose, Melissa, Analyst-Res & Acct Coord-Media -- ESROCK PARTNERS, Orland Park, IL, pg. 349
Rose, Natalie, Creative Dir -- R/GA, New York, NY, pg. 925
Rose, Shannon, Art Dir -- BOLIN MARKETING, Minneapolis, MN, pg. 145
Rose, Szymon, Creative Dir -- Wieden + Kennedy Amsterdam, Amsterdam, Netherlands, pg. 1164
Rosell, Andria, Mng Supvr-PR -- JACOBSON ROST, Milwaukee, WI, pg. 570
Rosen, Jane C., Partner & Chief Creative Officer -- ROSEN, Portland, OR, pg. 968
Rosen, Jared, Media Planner & Buyer -- M&C Saatchi Performance, New York, NY, pg. 660
Rosen, Kelly, Dir-New Bus Dev -- TBWA\Chiat\Day Los Angeles, Los Angeles, CA, pg. 1077
Rosen, Liz, Acct Exec -- BRILLIANT MEDIA STRATEGIES, Anchorage, AK, pg. 164
Rosen, Melissa, Acct Exec -- AGENDA, New York, NY, pg. 40
Rosen, Shari, Sr Acct Exec-PR -- BROWNSTEIN GROUP, Philadelphia, PA, pg. 168
Rosen, Tracy, Art Dir-Intern -- ZAMBEZI, Culver City, CA, pg. 1209
Rosen-Bernstein, Sylve, Assoc Creative Dir & Copywriter -- OUR MAN IN HAVANA, Brooklyn, NY, pg. 845
Rosenbaum, Britt, Art Dir -- CARL BLOOM ASSOCIATES, INC., White Plains, NY, pg. 189
Rosenberg, Dan, Sr Art Dir -- ZAMBEZI, Culver City, CA, pg. 1209
Rosenberg, Eleanor, Strategist-Creative -- Aasman Brand Communications, Whitehorse, Canada, pg. 16
Rosenberg, Heidi, Sr Counsel-PR -- BRANDHIVE, Salt Lake City, UT, pg. 156
Rosenberg, Jason, Assoc Creative Dir -- ELEVEN INC., San Francisco, CA, pg. 336
Rosenberg, Lisa, Chm-Consumer Mktg Practice, Partner & Chief Creative Officer -- Allison & Partners, New York, NY, pg. 1431
Rosenberg, Lisa, Chm-Consumer Mktg Practice, Partner & Chief Creative Officer -- Allison & Partners, New York, NY, pg. 721
Rosenberg, Rowena, Acct Exec -- THE REFINERY, Sherman Oaks, CA, pg. 944
Rosenblatt, Adam, Exec Creative Dir -- MOCEAN, Los Angeles, CA, pg. 752
Rosenbloom, Hallie, Acct Dir -- BREAD AND BUTTER PUBLIC RELATIONS, Los Angeles, CA, pg. 1456
Rosenblum, Lauren, Acct Dir-Digital & Client Svc -- PHD Canada, Toronto, Canada, pg. 1364
Rosenblum, Stephanie, Acct Supvr-Tech -- 5W PUBLIC RELATIONS, New York, NY, pg. 1423
Rosene, James, Partner & Creative Dir -- ERASERFARM, Tampa, FL, pg. 346
Rosenkrans, Brian, Art Dir -- THE WATSONS, New York, NY, pg. 1153
Rosenkranz, Klaudia, Co-Creative Dir -- Saatchi & Saatchi, Budapest, Hungary, pg. 977
Rosenow, Bari, Acct Supvr -- YARD, New York, NY, pg. 1303
Rosenthal, Barry, Pres & Creative Dir -- BR CREATIVE, Hingham, MA, pg. 151
Rosenthal, Jessica, VP & Dir-Brdcst -- MAYOSEITZ MEDIA, Blue Bell, PA, pg. 1340
Rosenthal, Jill, Acct Dir -- INKHOUSE MEDIA + MARKETING, Waltham, MA, pg. 1542
Rosenthal, Rob, Creative Dir -- POLLINATE, Portland, OR, pg. 881
Rosenthal, Sharon, Acct Dir -- M&C Saatchi, Santa Monica, CA, pg. 662
Roser, Fabian, Mng Dir & Exec Creative Dir -- DDB Berlin, Berlin, Germany, pg. 274
Rosiak, Shannon, Acct Exec -- VAULT COMMUNICATIONS, INC., Plymouth Meeting, PA, pg. 1666
Rosica, Mark, Partner, Sr VP & Assoc Creative Dir -- GKV COMMUNICATIONS, Baltimore, MD, pg. 421
Rosier, Marc, Art Dir -- Publicis Conseil, Paris, France, pg. 898
Rosli, Christian, Gen Dir-Creative & Exec Creative Dir -- BBDO Argentina, Buenos Aires, Argentina, pg. 101
Ross, Alexis Brooke, Dir-Ops & Creative Svcs -- CONTEND, Los Angeles, CA, pg. 229
Ross, Andrea, Media Buyer -- MISSISSIPPI PRESS SERVICES, Jackson, MS, pg. 1352
Ross, Charles, Acct Supvr -- H4B Chelsea, New York, NY, pg. 474
Ross, Elana, Media Planner-Integrated -- DENTSU AEGIS NETWORK AMERICAS, New York, NY, pg. 1318
Ross, Jesse, Dir-Creative & Tech -- HABERMAN & ASSOCIATES, INC., Minneapolis, MN, pg. 460
Ross, Keith, Creative Dir & Copywriter -- Atmosphere Proximity, New York, NY, pg. 98
Ross, Kyle, Acct Supvr -- McCann New York, New York, NY, pg. 698
Ross, Maggie, Acct Exec -- CLARK/NIKDEL/POWELL, Winter Haven, FL, pg. 212
Ross, Mike, Assoc Creative Dir -- RIESTER, Phoenix, AZ, pg. 958
Ross, Mike, Assoc Creative Dir -- Riester, Park City, UT, pg. 958
Ross, Pete, Assoc Creative Dir -- GREY CANADA, Toronto, Canada, pg. 437
Ross, Robert, VP & Assoc Creative Dir -- OGILVY HEALTHWORLD, New York, NY, pg. 832
Ross, Sam, Media Buyer -- BOOYAH ADVERTISING, Denver, CO, pg. 1241
Ross, Steph, Acct Dir -- TBWA\London, London, United Kingdom, pg. 1086
Ross, Stephanie, Acct Exec-Content -- HB/Eric Mower + Associates, Newton, MA, pg. 348
Rossano, Jason, VP & Acct Dir -- LEVLANE ADVERTISING/PR/INTERACTIVE, Philadelphia, PA, pg. 635
Rosset, Sara, Art Dir & Sr Copywriter -- Publicis Italia, Milan, Italy, pg. 899
Rossi, Adrian, Exec Creative Dir -- Abbott Mead Vickers BBDO, London, United Kingdom, pg. 109
Rossi, Costanza, Supvr-Creative-Diesel -- Publicis Italia, Milan, Italy, pg. 899
Rossi, Emmanuele, Acct Supvr-Digital -- Ogilvy S.p.A., Milan, Italy, pg. 1600
Rossi, Jameson, Assoc Creative Dir -- Deutsch New York, New York, NY, pg. 295
Rossi, Lynn, Acct Exec -- NO LIMIT AGENCY, Chicago, IL, pg. 795
Rossini, Fernando, Creative Dir -- Wunderman, Buenos Aires, Argentina, pg. 1189
Rossini, Jennifer, Creative Dir -- SID LEE, Toronto, Canada, pg. 1010
Rossler, Fabian, Creative Dir -- Heimat Werbeagentur GmbH, Berlin, Germany, pg. 1082
Rosswaag, Robert, Creative Dir -- J. WALTER THOMPSON, New York, NY, pg. 553
Roth, John, Acct Supvr -- FUSION MARKETING, Saint Louis, MO, pg. 404
Roth, Jonas, Creative Dir -- Adam & EveDDB, London, United Kingdom, pg. 281
Roth, Justin, Creative Dir -- GREY GROUP, New York, NY, pg. 438
Roth, Will, Brand Dir-Creative -- VITRO, San Diego, CA, pg. 1141
Rothenstein, Bonnie, Media Buyer -- CJ ADVERTISING LLC, Nashville, TN, pg. 210
Rothkopf, David, Sr VP & Exec Creative Dir -- MARKETING WERKS, INC., Chicago, IL, pg. 1411
Rothnie, Jim, Dir-New Bus -- McCann Erickson Advertising Ltd., London, United Kingdom, pg. 711
Rothouse, Danielle, Media Buyer -- MEDIA WORKS, LTD., Baltimore, MD, pg. 1344
Rothrock, Chris, Media Dir -- LMO ADVERTISING, Arlington, VA, pg. 648
Rothschild, Anne, Creative Dir -- RENEGADE, LLC, New York, NY, pg. 946
Rothschild, Lisa, Acct Dir -- THE FALLS AGENCY, Minneapolis, MN, pg. 360
Rothschild, Roberta Chopp, Specialist-PR -- KUNDELL COMMUNICATIONS, New York, NY, pg. 1561
Rothweiler, Julie, Exec VP & Acct Dir -- Leo Burnett USA, Chicago, IL, pg. 622
Rothwell, James, VP & Creative Dir -- Wunderman, Washington, DC, pg. 1198
Rotondo, Olivia M., Coord-PR & Res -- Tipping Point Communications Inc., Rochester, NY, pg. 1105
Rotter, Steve H., Chm & Chief Creative Officer -- ROTTER GROUP INC., Huntington, NY, pg. 969
Rouech, Mike, VP-Brand Strategy & Acct Dir -- PHIRE GROUP, Ann Arbor, MI, pg. 869
Roufa, Michelle, Exec Creative Dir -- MCGARRYBOWEN, New York, NY, pg. 716
Rouleau, Rene, VP & Creative Dir -- BIMM COMMUNICATIONS GROUP, Toronto, Canada, pg. 131

1807

AGENCIES — PERSONNEL INDEX

Roullier, Roxane, Acct Dir -- Saatchi & Saatchi, Suresnes, France, pg. 977
Roumegous, Clement, Acct Dir -- BETC, Paris, France, pg. 479
Rouse, Justin, Acct Supvr -- VOXUS INC., Tacoma, WA, pg. 1146
Rousseau, Greg, VP-New Bus Dev -- Bayard Advertising Agency, Inc., Los Angeles, CA, pg. 96
Roussel, Marion, Acct Supvr -- Fallon New York, New York, NY, pg. 360
Roussos, Antonis, Assoc Creative Dir -- OgilvyOne Worldwide, Athens, Greece, pg. 815
Routhier, Melissa, Sr VP & Exec Creative Dir -- DDB Chicago, Chicago, IL, pg. 268
Roux, Alexandra, Acct Dir -- RABINOVICI & ASSOCIATES, Hallandle Beach, FL, pg. 928
Roux, Frederic, Creative Dir -- Digitas, Paris, France, pg. 1252
Roux, Yves, VP & Creative Dir -- FAME, Minneapolis, MN, pg. 361
Rouxel, Jonathan, Partner, Chief Creative Officer-Global & Exec Creative Dir -- BLEUBLANCROUGE, Montreal, Canada, pg. 136
Rovira, Sergi Perez, Creative Dir -- DDB Barcelona S.A., Barcelona, Spain, pg. 280
Rovito, Dana, Acct Supvr -- TURCHETTE ADVERTISING AGENCY LLC, Fairfield, NJ, pg. 1121
Rovner, Mike, Grp Creative Dir -- MCGARRYBOWEN, New York, NY, pg. 716
Row, Dani, Acct Exec -- LINHART PUBLIC RELATIONS, Denver, CO, pg. 1568
Row, Larry, Sr VP & Media Dir -- RON FOTH ADVERTISING, Columbus, OH, pg. 967
Rowan, Greg, Partner & Creative Dir -- TEAK, San Francisco, CA, pg. 1094
Rowcliffe, Steve, Grp Creative Dir -- CRITICAL MASS INC., Calgary, Canada, pg. 248
Rowe, Ben, Chief Creative Officer & Sr VP -- SCORR MARKETING, Kearney, NE, pg. 1642
Rowe, Bryan, Media Planner & Media Buyer -- CORNETT INTEGRATED MARKETING SOLUTIONS, Lexington, KY, pg. 232
Rowe, Darby, Acct Exec -- GREGORY FCA, Ardmore, PA, pg. 1524
Rowe, Erica, Creative Dir -- OBI CREATIVE, Omaha, NE, pg. 805
Rowland, Jessica, Acct Supvr -- SBC, Columbus, OH, pg. 993
Rowland, Teri, Acct Supvr -- JOHNSON GRAY ADVERTISING, Laguna Beach, CA, pg. 580
Rowley, Meghan, Media Planner -- Crossmedia, Philadelphia, PA, pg. 1317
Roxas, Jade, Media Planner -- Campbell Ewald Los Angeles, West Hollywood, CA, pg. 541
Roxas, Miles, Partner & Creative Dir -- SUITS & SANDALS, LLC, Brooklyn, NY, pg. 1293
Roy, Gene, Sr Art Dir-Brdcst -- RON FOTH ADVERTISING, Columbus, OH, pg. 967
Roy, Neel, Exec Creative Dir -- Leo Burnett Orchard, Bengaluru, India, pg. 630
Royall, Stu, Creative Dir -- BARTLE BOGLE HEGARTY LIMITED, London, United Kingdom, pg. 92
Royce, Damian, Exec Creative Dir -- Havas Worldwide Australia, North Sydney, Australia, pg. 485
Royce, Ginna, Pres & Dir-Creative -- BLAINETURNER ADVERTISING, INC., Morgantown, WV, pg. 133
Roytman, Lisa, Acct Dir -- Mother New York, New York, NY, pg. 763
Rozental, Ignacio, Creative Dir -- Wunderman, Buenos Aires, Argentina, pg. 1189
Rozier, Dan, Assoc Creative Dir -- LAUNDRY SERVICE, New York, NY, pg. 615
Rozzi, Alexandra, Media Dir -- Blue 449, San Francisco, CA, pg. 1311
Rozzi, Pino, CEO & Exec Creative Dir -- GreyUnited, Milan, Italy, pg. 441
Ruano, Camilo, Creative Dir -- Ogilvy, Bogota, Colombia, pg. 820
Ruano, Irene Alvarez, Art Dir -- Grey Barcelona, Barcelona, Spain, pg. 442
Ruark, Natalie, Media Buyer -- SCOPPECHIO, Louisville, KY, pg. 997
Ruaychaiudomchok, Parinyawat, Art Dir -- Leo Burnett, Bangkok, Thailand, pg. 631
Ruben, Will, Acct Dir -- 3POINTS COMMUNICATIONS, Chicago, IL, pg. 1422
Rubenacker, Stefanie, Acct Exec -- TBWA Switzerland A.G., Zurich, Switzerland, pg. 1085
Rubenstein, Lauren Gelfman, Acct Dir-Integrated -- THE TERRI & SANDY SOLUTION, New York, NY, pg. 1097
Rubin, Amber, Acct Supvr -- THE DAVID JAMES AGENCY, Thousand Oaks, CA, pg. 262

Rubin, Dan, Assoc Creative Dir -- 2E CREATIVE, Saint Louis, MO, pg. 4
Rubin, Joseph, Sr VP-Govt Affairs & PR -- MWWPR, Washington, DC, pg. 1591
Rubin, Josh, Grp Dir-Creative -- MCGARRYBOWEN, New York, NY, pg. 716
Rubinstein, Joel, Creative Dir -- DENTINO MARKETING, Princeton, NJ, pg. 28
Rubinstein, Moti, Creative Dir -- Adler, Chomski Grey, Tel Aviv, Israel, pg. 440
Ruchakityanon, Kusuma, Creative Dir -- BBDO Bangkok, Bangkok, Thailand, pg. 115
Rucker, Chad, Creative Dir -- JACKSON MARKETING GROUP, Greenville, SC, pg. 569
Rudder, Julie, Acct Dir -- BANDY CARROLL HELLIGE ADVERTISING, Louisville, KY, pg. 87
Ruddy, Geneviève, Acct Exec -- OPTIMUM SPORTS, New York, NY, pg. 842
Ruderman, Loren, Creative Dir -- SENTIENT INTERACTIVE LLC, Florham Park, NJ, pg. 1289
Rudhinata, Devan, Art Dir -- Grey Group Indonesia, Jakarta, Indonesia, pg. 447
Rudie, Nick, Assoc Creative Dir -- SIXSPEED, Minneapolis, MN, pg. 1017
Rudloff, Dominique, Acct Dir -- J. Walter Thompson France, Neuilly-sur-Seine, France, pg. 559
Rudolf, Barbara, Creative Dir -- GRIFFIN & ASSOCIATES, Albuquerque, NM, pg. 449
Rudolf, Michael, Art Dir -- SWANSON RUSSELL ASSOCIATES, Lincoln, NE, pg. 1064
Rudolph, Taryn, Acct Exec -- MELT, Atlanta, GA, pg. 730
Rudzinski, Caroline, Acct Supvr -- CARMICHAEL LYNCH, Minneapolis, MN, pg. 189
Rudzinski, Rick, Sr Creative Dir -- WALTER F. CAMERON ADVERTISING INC., Hauppauge, NY, pg. 1151
Rue, Juliette, Coord-Creative Svcs -- deutschMedia, New York, NY, pg. 295
Rueckert, Chris, Acct Exec -- RUECKERT ADVERTISING, Albany, NY, pg. 972
Rueckert, Dean, Pres-PR -- RUECKERT ADVERTISING, Albany, NY, pg. 972
Rueckert, Jason, Art Dir -- RUECKERT ADVERTISING, Albany, NY, pg. 972
Rueda, Mariela, Head-Art & Exec Creative Dir -- Grey Mexico, S.A. de C.V, Mexico, Mexico, pg. 444
Rueda, Ricardo A., Creative Dir -- Teran TBWA, Mexico, Mexico, pg. 1092
Ruehmer, Krista, Acct Exec-PR -- ZIZZO GROUP, INC., Milwaukee, WI, pg. 1214
Rufach, Jaume, Creative Dir -- McCann Erickson S.A., Madrid, Spain, pg. 709
Rufino, Kenny, Sr VP & Creative Dir -- REQ, Washington, DC, pg. 948
Rufo, Lucio, Exec Creative Dir-Design -- R/GA London, London, United Kingdom, pg. 926
Ruggerio, Richard, Grp Creative Dir -- IBM iX, Columbus, OH, pg. 518
Ruggery, Alaina, Acct Coord -- FRENCH/WEST/VAUGHAN, INC., Raleigh, NC, pg. 398
Ruggieri, Jessica, Assoc Creative Dir -- ALLEN & GERRITSEN, Boston, MA, pg. 45
Ruggiero, Eliza, Acct Exec -- ABERNATHY MACGREGOR GROUP-NEW YORK, New York, NY, pg. 1425
Ruh, Lauren, Acct Coord-PR -- JEFFREY SCOTT AGENCY, Fresno, CA, pg. 574
Ruhnke, Kirk, Creative Dir-Veteran -- Mortenson Safar Kim, Milwaukee, WI, pg. 761
Ruiz, Frank, Art Dir -- MJR CREATIVE GROUP, Fresno, CA, pg. 749
Ruiz, Heather Kristina, Co-Founder & Dir-Creative -- INTERLEX COMMUNICATIONS INC., San Antonio, TX, pg. 538
Ruiz, Isabel Cisneros, Acct Dir -- DDB Barcelona S.A., Barcelona, Spain, pg. 280
Ruiz, Juan Pablo, Creative Dir -- JJR MARKETING, INC, Naperville, IL, pg. 1548
Ruiz-Abogado, Vincent, Creative Dir-Buster -- STUN CREATIVE, Los Angeles, CA, pg. 1057
Rulapaugh, Karen, Media Dir -- R&R Partners, Phoenix, AZ, pg. 925
Rule, Courtney, Strategist-PR -- Leo Burnett Sydney, Sydney, Australia, pg. 628
Rumaya, Arthur, Co-Dir-Creative -- CHRISTIE & CO, Santa Barbara, CA, pg. 1468
Rumbaugh, Jen, Acct Supvr -- QUEUE CREATIVE MARKETING GROUP LLC, Chicago, IL, pg. 923

Rummel, Mitchell, Media Planner -- LATINWORKS MARKETING, INC., Austin, TX, pg. 612
Runco, Patrick, VP & Exec Creative Dir -- LIQUID ADVERTISING, El Segundo, CA, pg. 644
Rundgren, Derek, Creative Dir -- PUBLICIS HAWKEYE, Dallas, TX, pg. 1282
Runfors, Martin, Art Dir -- DDB Stockholm, Stockholm, Sweden, pg. 280
Runion, Andrew, Assoc Creative Dir -- DUDNYK HEALTHCARE GROUP, Horsham, PA, pg. 324
Runkle, Jonathon, Creative Dir -- PHENOMENON, Los Angeles, CA, pg. 868
Runkle, Susannah, Acct Supvr-Social Media & Digital Content -- RAWLE MURDY ASSOCIATES, INC., Charleston, SC, pg. 934
Ruoff, Kelly, Partner & Chief Creative Officer -- OLOGIE, Columbus, OH, pg. 835
Rupert, Emily, Acct Dir -- RE:GROUP, INC., Ann Arbor, MI, pg. 945
Rupp, Brittany, Acct Supvr -- CREATIVE MEDIA MARKETING, New York, NY, pg. 1477
Rusen, Hart, Creative Dir -- MEKANISM, San Francisco, CA, pg. 729
Rusevski, Antonio, Creative Dir -- BSTRO, INC., San Francisco, CA, pg. 1244
Rush, Madeleine, Acct Exec -- GOFF PUBLIC, Saint Paul, MN, pg. 1519
Rush, Shaun, Acct Dir -- J. Walter Thompson International, Auckland, New Zealand, pg. 558
Rush, Yury, Acct Dir -- BLUE FOUNTAIN MEDIA, New York, NY, pg. 1241
Rushe, Shannon, Acct Dir -- McCannBlue, Dublin, Ireland, pg. 705
Rushford, Karen, Media Dir -- GELIA-MEDIA, INC., Williamsville, NY, pg. 414
Rushton, Hagan, Acct Supvr -- VIRTUE WORLDWIDE, Brooklyn, NY, pg. 1139
Russell, Barbara, Acct Supvr -- TWO WEST, INC., Kansas City, MO, pg. 1124
Russell, Ben, Acct Exec -- IN FOOD MARKETING, Minneapolis, MN, pg. 529
Russell, Chrissie Bonaguidi, Sr VP & Acct Dir -- ARC WORLDWIDE, Chicago, IL, pg. 1397
Russell, Ed, Assoc Creative Dir -- ACKERMAN MCQUEEN, INC., Oklahoma City, OK, pg. 21
Russell, Fran, Creative Dir -- INVERVE MARKETING, Lansing, MI, pg. 546
Russell, Joe, Acct Exec -- CROWLEY WEBB, Buffalo, NY, pg. 250
Russell, Julie Morsberger, Acct Exec -- BIG COMMUNICATIONS, INC., Birmingham, AL, pg. 128
Russell, Tom, Assoc Creative Dir -- BADJAR Ogilvy, Melbourne, Australia, pg. 821
Russett, Anna, Creative Dir -- HAVAS WORLDWIDE CHICAGO, Chicago, IL, pg. 488
Russi, Federico, VP-Creative -- Leo Burnett Mexico S.A. de C.V., Mexico, Mexico, pg. 624
Russillo, Jacqueline, Acct Coord -- MINTZ & HOKE COMMUNICATIONS GROUP, Avon, CT, pg. 746
Russo, Becky, Dir-Creative -- DAIGLE CREATIVE, Jacksonville, FL, pg. 257
Russo, Giancarlo, Dir-Creative Svcs -- PINTA, New York, NY, pg. 872
Russo, Jennifer, Assoc Creative Dir -- THE LACEK GROUP, Minneapolis, MN, pg. 606
Russo, Jordan, Acct Dir -- MullenLowe, New York, NY, pg. 772
Russo, Joseph, COO-Omnicom PR Grp -- OMNICOM GROUP INC., New York, NY, pg. 836
Russo, Margaret, Creative Dir -- GREY GROUP, New York, NY, pg. 438
Russo, Rocky, Partner, Creative Dir & Art Dir -- CERBERUS AGENCY, New Orleans, LA, pg. 201
Rust, Anne, Dir-Creative -- THE DEALEY GROUP, Dallas, TX, pg. 283
Rust, Marc, Sr Creative Dir -- BOSTON INTERACTIVE, Charlestown, MA, pg. 1242
Rust, Will, Exec Creative Dir -- Ogilvy Healthworld/Copenhagen, Copenhagen, Denmark, pg. 833
Rustin, Chris, Acct Dir -- J. Walter Thompson, Brussels, Belgium, pg. 559
Ruth, Adam, Assoc Creative Dir -- OXFORD COMMUNICATIONS, INC., Lambertville, NJ, pg. 847
Ruth, Austin, Acct Exec -- BALLANTINES PR, West Hollywood, CA, pg. 1438
Ruth, Nancy, Acct Exec -- GRIFFIN COMMUNICATIONS, INC., Sparks, MD, pg. 450

PERSONNEL INDEX — AGENCIES

Rutherford, April, VP & Creative Dir-Laird Christianson Adv -- ANTHOLOGY MARKETING GROUP, Honolulu, HI, pg. 1433
Rutherford, Kirsten, Creative Dir -- TBWA\Chiat\Day Los Angeles, Los Angeles, CA, pg. 1077
Rutherford, Mandy, Acct Supvr -- 10 THOUSAND DESIGN, Minneapolis, MN, pg. 1
Rutledge, James, Acct Coord -- GRIP LTD., Toronto, Canada, pg. 450
Rutolo, Brian, Assoc Creative Dir & Dir-Photography & Video -- 23K STUDIOS, Wayne, PA, pg. 4
Rutstein, Ashley, Assoc Creative Dir -- LRXD, Denver, CO, pg. 1269
Ruttner, Joanna, Acct Dir -- MERCURY MEDIA, INC., Los Angeles, CA, pg. 730
Ruzzene, Piero, Assoc Dir-Creative -- Saatchi & Saatchi Australia, Sydney, Australia, pg. 983
Ryan, Alan, Acct Dir -- RAINIER COMMUNICATIONS, Westborough, MA, pg. 1624
Ryan, Ben, Creative Dir -- MILLER AD AGENCY, Dallas, TX, pg. 741
Ryan, Chip, Creative Dir & Strategist-Brand -- BRANDDIRECTIONS, Neenah, WI, pg. 155
Ryan, David, Partner & Assoc Creative Dir -- BROGAN & PARTNERS CONVERGENCE MARKETING, Birmingham, MI, pg. 166
Ryan, David, Head-Creative Team & Sr Art Dir -- IGNITE SOCIAL MEDIA, Cary, NC, pg. 1263
Ryan, Erika, Sr Recruiter-Creative -- HAVAS WORLDWIDE CHICAGO, Chicago, IL, pg. 488
Ryan, Jeremy, Exec VP-Creative & Digital Svcs -- LIPMAN HEARNE, INC., Chicago, IL, pg. 643
Ryan, Lizzy, VP & Media Dir -- DIGITAS, San Francisco, CA, pg. 302
Ryan, Maria, Mgr-Events & Creative Svcs -- THE CASTLE GROUP, Boston, MA, pg. 1464
Ryan, Megan, Acct Supvr -- Aisle Rocket Studios, Palatine, IL, pg. 42
Ryan, Richard, Creative Dir -- SOMETHING DIFFERENT, Brooklyn, NY, pg. 1028
Ryan, Sara, Acct Dir-Publicity -- ALLIED INTEGRATED MARKETING, Las Vegas, NV, pg. 1430
Ryan, Spencer, Dir-Creative Svcs -- VAULT49, New York, NY, pg. 1132
Rybacki, Zac, Exec VP & Exec Creative Dir -- EDELMAN, Chicago, IL, pg. 1490
Rybak, Daniel, Acct Exec -- J. Walter Thompson, Sao Paulo, Brazil, pg. 563
Rybak, Stephen, Principal & Creative Dir -- MOREHEAD DOTTS RYBAK, Corpus Christi, TX, pg. 757
Rycyzyn, Anna, Media Planner -- INNOVISION MARKETING GROUP, San Diego, CA, pg. 534
Ryder, Nanci, Pres-PR -- B/W/R, New York, NY, pg. 1440
Ryder, Zac, Creative Dir -- GIANT SPOON, Los Angeles, CA, pg. 418
ryou, sunjoo, Dir-Creative Mgmt -- FCB New York, New York, NY, pg. 365
Rys, Rafal, Assoc Creative Dir -- Saatchi & Saatchi, Warsaw, Poland, pg. 979
Ryser, Maranda, Art Dir -- Vladimir Jones, Denver, CO, pg. 1142
Rytsarskaya, Svetlana, Acct Dir -- SPN Ogilvy Communications Agency, Moscow, Russia, pg. 816

S

Sa, Oswaldo, Assoc Creative Dir -- TBWA Raad, Dubai, United Arab Emirates, pg. 1088
Saad, Siham, Creative Dir -- Horizon FCB Beirut, Beirut, Lebanon, pg. 369
Saad, Sirine, Acct Exec -- GCG MARKETING, Fort Worth, TX, pg. 413
Saari, Steve, Creative Dir -- Lawler Ballard Van Durand, Atlanta, GA, pg. 616
Saarinen, Malin, Art Dir -- CP+B, Gothenburg, Sweden, pg. 235
Saavedra, Ivan, Art Dir -- Sancho BBDO, Bogota, Colombia, pg. 102
Sabbatini, Kerry, Media Buyer -- JEFFREY SCOTT AGENCY, Fresno, CA, pg. 574
Sabean, Sandy, Chief Creative Officer -- WOMENKIND, New York, NY, pg. 1174
Saber-Pacha, Leila, Acct Dir -- FP7 McCann Algeria, Algiers, Algeria, pg. 699
Sabini, Alessandro, Chief Creative Officer & Creative Dir-Nespresso -- McCann Erickson Italiana S.p.A., Rome, Italy, pg. 706
Sabini, Alessandro, Chief Creative Officer & Creative Dir-Nespresso -- McCann Erickson Italiana S.p.A., Rome, Italy, pg. 715
Sabini, Alessandro, Chief Creative Officer & Creative Dir-Nespresso -- MCCANN WORLDGROUP S.R.L., Milan, Italy, pg. 715
Sabioni, Riccardo, Creative Dir -- THE ZIMMERMAN AGENCY LLC, Tallahassee, FL, pg. 1213
Sabo, Adrienne, Creative Dir -- PRODIGAL MEDIA COMPANY, Boardman, OH, pg. 890
Sabo, Lisa, VP & Creative Dir -- SIMONS MICHELSON ZIEVE, INC., Troy, MI, pg. 1015
Sabol, Emily Simpson, Dir-Creative Svcs -- SOKAL MEDIA GROUP, Raleigh, NC, pg. 1027
Sabourin, Jordan, Acct Dir -- MERKLEY+PARTNERS, New York, NY, pg. 733
Sabran, Barbara L., Pres & Creative Dir -- LODICO & COMPANY, Carlisle, MA, pg. 650
Sabran, Brune, Acct Exec -- Ogilvy, Paris, France, pg. 814
Saca-Schader, Erika, Assoc Creative Dir -- WALTON / ISAACSON, Culver City, CA, pg. 1151
Sachdev, Ruchir, Creative Dir -- Saatchi & Saatchi Asia Pacific, Singapore, Singapore, pg. 985
Sachs, Lauren, Acct Dir -- DAY ONE AGENCY, New York, NY, pg. 266
Sackett, Marcy, Grp Mgr-Brdcst -- MEDIA STORM LLC, South Norwalk, CT, pg. 1343
Sackett, Meagan, Acct Supvr -- XENOPSI, New York, NY, pg. 1303
Sacktor, Rose, Art Dir -- JOAN, New York, NY, pg. 577
Sadhu, Neil, Creative Dir -- INTERTREND COMMUNICATIONS, INC., Long Beach, CA, pg. 544
Sadler, Brenna Kriviskey, Exec VP-PR -- LAUGHLIN/CONSTABLE, INC., Milwaukee, WI, pg. 613
Sadler, Danny, Creative Dir -- ACROBATANT, Tulsa, OK, pg. 22
Sadler, Shannon, Acct Exec -- THOMPSON & CO. PUBLIC RELATIONS, Anchorage, AK, pg. 1660
Saelee, Karen, Media Planner & Media Buyer -- UN/COMMON, Sacramento, CA, pg. 1125
Saelen, Tracey, Mgr-Traffic -- DOE-ANDERSON, Louisville, KY, pg. 312
Saenz, Diana, Acct Supvr -- ARC WORLDWIDE, Chicago, IL, pg. 1397
Saetiaw, Matthana, Art Dir -- GREYnj United, Bangkok, Thailand, pg. 448
Safi, Christian, Assoc Creative Dir -- MEMAC Ogilvy, Beirut, Lebanon, pg. 830
Sagaro, Jose, Dir-Video -- DEEPSLEEP STUDIO, Miami, FL, pg. 286
Saginor, Andrew, Mgr-Creative Svcs -- CO-COMMUNICATIONS INC., West Harrison, NY, pg. 1400
Sah, Anadi, Head-Innovation, Creative & Tech -- Isobar India, Mumbai, India, pg. 549
Saha, Anusheela, Grp Creative Dir -- FCB Ulka, Gurgaon, India, pg. 373
Saha, Anusheela, Grp Creative Dir -- FCB Ulka, Mumbai, India, pg. 373
Sahoo, Ajit Kumar, Creative Dir -- Ogilvy India, Mumbai, India, pg. 824
Sahs, Michelle, Media Buyer & Negotiator-Local Activation -- Zenith Chicago, Chicago, IL, pg. 1392
Saia, Cathy, Acct Supvr -- ABELSON-TAYLOR, INC., Chicago, IL, pg. 17
Saini, Ajay, Sr Creative Dir -- Hakuhodo Percept Pvt. Ltd., Mumbai, India, pg. 463
Saini, Chhavi, Controller-Creative -- Ogilvy India, Mumbai, India, pg. 824
Saito, Kaoru, Acct Supvr -- Beacon Communications K.K., Tokyo, Japan, pg. 630
Saito, Kaoru, Acct Supvr -- Beacon Communications K.K., Tokyo, Japan, pg. 910
Saitta, Randy, Exec Creative Dir -- MERKLEY+PARTNERS, New York, NY, pg. 733
Saiyanthan, Abi, Acct Exec-New Bus & Strategist-Content -- ANDERSON DDB HEALTH & LIFESTYLE, Toronto, Canada, pg. 57
Sakagawa, Minami, Art Dir -- DENTSU INC., Tokyo, Japan, pg. 289
Sakakibara, Takayoshi, Acct Exec -- DENTSU INC., Tokyo, Japan, pg. 289
Sakamoto, Glenn, Dir-Creative -- THE UXB, Beverly Hills, CA, pg. 1129
Saklas, Andrew, Creative Dir -- LANMARK360, West Long Branch, NJ, pg. 610
Salah, Bana, Sr Designer-Creative -- Impact BBDO, Dubai, United Arab Emirates, pg. 109
Salas, Karin, Media Dir -- SKAR ADVERTISING, Omaha, NE, pg. 1018
Salcedo, Brian, Creative Dir, Supvr-VFX & Designer -- GIANT PROPELLER, Burbank, CA, pg. 1259
Salcito, Anne-Marie, Acct Supvr -- KARSH & HAGAN COMMUNICATIONS, INC., Denver, CO, pg. 588
Saldanha, Fred, Exec Creative Dir -- ARNOLD WORLDWIDE, Boston, MA, pg. 69
Salem, Ed, Exec Creative Dir -- Swanson Russell Associates, Omaha, NE, pg. 1065
Salema, Ricardo, VP & Exec Creative Dir -- ISOBAR US, Boston, MA, pg. 549
Salembier, Abagael, Acct Supvr -- MRY, New York, NY, pg. 769
Salemme, Lorenzo, Dir-Interactive Acct & New Bus -- Wunderman, Milan, Italy, pg. 1192
Salerno, Danielle, Acct Exec-Adv -- RBB COMMUNICATIONS, Miami, FL, pg. 1625
Salerno, Giada, Acct Dir -- Publicis, Rome, Italy, pg. 900
Salerno, Giada, Acct Dir -- Publicis Italia, Milan, Italy, pg. 899
Salerno, Giada, Acct Dir -- Publicis Networks, Milan, Italy, pg. 900
Salerno, Janine, Assoc Creative Dir-Digital -- OGILVY COMMONHEALTH WORLDWIDE, Parsippany, NJ, pg. 832
Salesa, Annabel, Creative Dir -- Publicis Conseil, Paris, France, pg. 898
Salg, Chris, Creative Dir -- TCREATIVE, INC., Orlando, FL, pg. 1093
Salgado, Emmanuel, Art Dir -- VML Mexico, Mexico, Mexico, pg. 1144
Salguero, Leslie, Specialist-PR & Social Media -- FORTE PR, Las Vegas, NV, pg. 1512
Salim, Anees, Head-Creative-Cochin & Chennai -- FCB Interface, Kochi, India, pg. 373
Salinas, Adrian, Partner & Creative Dir -- ARENAS ENTERTAINMENT, Los Angeles, CA, pg. 67
Salinas, George, VP-Creative Svcs -- ADCETERA GROUP, Houston, TX, pg. 27
Salisbury, Angelica, Acct Dir -- TMP Worldwide/Advertising & Communications, Glendale, CA, pg. 1107
Sallander, Louise, Strategist-Pub Rels -- TBWA Stockholm, Stockholm, Sweden, pg. 1085
Salleh, Ishmael, Art Dir -- BRANDTAILERS, Newport Beach, CA, pg. 159
Sallen, Leah, Acct Dir -- FUSION92, Chicago, IL, pg. 404
Salles, Celio, Creative Dir -- Havas Worldwide Latin America, Sao Paulo, Brazil, pg. 484
Salles, Daniel, Head-Art & Creative Dir -- Radius Leo Burnett, Dubai, United Arab Emirates, pg. 627
Salles, Eduardo, Creative Dir -- MullenLowe Brasil, Sao Paulo, Brazil, pg. 542
Salman, Tamara, Assoc Dir-PR-BPG Cohn & Wolfe -- BPG LLC, Dubai, United Arab Emirates, pg. 832
Salmonsen, Christian, Art Dir -- MEDIA LOGIC, Albany, NY, pg. 726
Salter, Sean, Creative Dir -- MIDNIGHT OIL CREATIVE, Burbank, CA, pg. 739
Salvado, Rita, Chief Creative Officer -- McCann Worldgroup Portugal, Lisbon, Portugal, pg. 708
Salvador, Al, Dir-Creative Svcs -- BBDO Guerrero, Makati, Philippines, pg. 114
Salvador, Fernando, Assoc Dir-Creative -- R/GA San Francisco, San Francisco, CA, pg. 926
Salvaggio, Giovanni, Assoc Creative Dir -- Leo Burnett Co., S.r.l., Milan, Italy, pg. 625
Salvany, Laura Mesa, Acct Exec -- Ogilvy Healthworld Barcelona, Barcelona, Spain, pg. 832
Salvaterra, Nuno, Exec Creative Dir-Publicis Grp -- Publicis Publicidade Lda., Lisbon, Portugal, pg. 901
Salvio, Andrea, Media Planner & Media Buyer -- CATALYST MARKETING COMPANY, Fresno, CA, pg. 195
Salvo, michael, Media Dir -- PHD Los Angeles, Los Angeles, CA, pg. 1362
Salyers, Leah, Art Dir -- MURPHYEPSON, INC., Columbus, OH, pg. 780
Salzberg, Allison, Acct Supvr -- 360PR+, Boston, MA, pg. 1422
Salzer, Kris, Assoc Creative Dir -- ANTHOLOGY MARKETING GROUP, Honolulu, HI, pg. 1433
Samadani, Erica, Exec Dir-PR -- TBWA Los Angeles, Los Angeles, CA, pg. 1078
Samanka, Kelley, Assoc Creative Dir-Art & Design -- CAMPBELL EWALD, Detroit, MI, pg. 185
Samanka, Kelley, Assoc Creative Dir-Art & Design -- Campbell Ewald New York, New York, NY, pg. 541
Samara, Neven, Art Dir -- Fenton, San Francisco, CA, pg. 377
Sambrakos, Panos, Exec Creative Dir -- OgilvyOne Worldwide, Athens, Greece, pg. 815

AGENCIES — PERSONNEL INDEX

Samet, Laura, Mgr-Print Production -- STAN ADLER ASSOCIATES, New York, NY, pg. 1042

Samidin, Hasnah Mohammed, Exec Creative Dir -- J. Walter Thompson, Kuala Lumpur, Malaysia, pg. 558

Sammonds, Jessica, Acct Exec -- The&Partnership London, London, United Kingdom, pg. 56

Sammy, Ryan, Creative Dir -- FRACTL, Delray Beach, FL, pg. 395

Samodio, Sydney, Exec Creative Dir -- McCann Erickson (Philippines), Inc., Manila, Philippines, pg. 707

Samper, Diana, VP & Creative Dir -- WE ARE UNLIMITED, Chicago, IL, pg. 1155

Samper, Julian, Art Dir -- TINSLEY ADVERTISING, Miami, FL, pg. 1104

Sampson, Andrea, Sr Acct Mgr & Specialist-PR & Comm -- SULLIVAN & ASSOCIATES, Huntington Beach, CA, pg. 1654

Sampson, Cory, Acct Supvr-Brand -- THE GARAGE TEAM MAZDA, Costa Mesa, CA, pg. 409

Sams, Matt, VP-Creative Adv -- LEROY & ROSE, Santa Monica, CA, pg. 633

Samson, Aaron, Acct Exec -- PROSIO COMMUNICATIONS, Roseville, CA, pg. 1620

Samson, Jeff, VP & Creative Dir -- ROKKAN, New York, NY, pg. 966

Samson, Jim, Creative Dir & Head-Visual Creative -- THE DRUCKER GROUP, Des Plaines, IL, pg. 322

Samuel, Kanickraj, Dir-Art & Creative -- Happy mcgarrybowen, Bengaluru, India, pg. 717

Samuel, Michelle, Acct Coord -- REUBEN RINK, Winston Salem, NC, pg. 952

Samuels, Lisa, Sr Mgr-Creative Ops -- ELEVATE INC., Tampa, FL, pg. 1499

San Jose, George L., Pres & Chief Creative Officer -- THE SAN JOSE GROUP, Winnetka, IL, pg. 989

San Juan, Mikel, Copywriter-Creative -- Saatchi & Saatchi, Madrid, Spain, pg. 979

San Martin, Oriana, Acct Dir -- The Community, Buenos Aires, Argentina, pg. 224

San Miguel, Javier, Grp Creative Dir -- SENSIS, Los Angeles, CA, pg. 1002

Sanches, Ines, Acct Dir -- Y&R Portugal, Lisbon, Portugal, pg. 1203

Sanches, Luiz, Partner & Chief Creative Officer -- Almap BBDO, Sao Paulo, Brazil, pg. 101

Sanchez, Ana Matilde, Acct Dir -- Leo Burnett Colombia, S.A., Bogota, Colombia, pg. 623

Sanchez, Anais, Acct Exec-Social Media -- BODEN AGENCY, Miami, FL, pg. 1453

Sanchez, Christina, Coord-PR & Special Projects -- THE SIMON GROUP, INC., Sellersville, PA, pg. 1014

Sanchez, Cristina, Grp Creative Dir -- WE ARE UNLIMITED, Chicago, IL, pg. 1155

Sanchez, Fernando Parra, Creative Dir-Coca-Cola -- Ogilvy, Cali, Colombia, pg. 820

Sanchez, Fernando Parra, Creative Dir-Coca-Cola -- Ogilvy, Bogota, Colombia, pg. 820

Sanchez, Juan, Chief Creative Officer & VP -- TBWA Espana, Madrid, Spain, pg. 1085

Sanchez, Julio, Exec Creative Dir -- IMAGERY CREATIVE, Miami, FL, pg. 525

Sanchez, Katlin, Acct Dir -- BBDO Guerrero, Makati, Philippines, pg. 114

Sanchez, Macky Laurens, Art Dir -- J. Walter Thompson, Makati, Philippines, pg. 558

Sanchez, Matt, Art Dir -- DIGITAL RELATIVITY, Fayetteville, WV, pg. 301

Sanchez, Mauricio, Creative Dir -- Ogilvy, Bogota, Colombia, pg. 820

Sanchez, Pedro Andres, Creative Dir -- LEVIATHAN DESIGN, Chicago, IL, pg. 634

Sanchez, Raquel, Sr Acct Exec-PR -- THE FERRARO GROUP, Las Vegas, NV, pg. 1504

Sanchez, Richard W, Art Dir -- GREATEST COMMON FACTORY, Austin, TX, pg. 434

Sanchez, Roehl, Owner, Chief Creative Officer & Exec VP -- BIMM COMMUNICATIONS GROUP, Toronto, Canada, pg. 131

Sanchez, Sandra, Acct Exec -- CASTELLS & ASOCIADOS, Los Angeles, CA, pg. 194

Sanchez, Tarryn, Sr Acct Exec-Creative Inferno -- INFERNO, Memphis, TN, pg. 530

Sanchez, Tin, Exec Creative Dir -- Y&R Peru, Lima, Peru, pg. 1207

Sanchez, Victoria, Acct Exec -- OgilvyOne Worldwide, Buenos Aires, Argentina, pg. 819

Sancton, Lauren, Dir-Digital PR -- MMI AGENCY, Houston, TX, pg. 751

Sand, Jessica, Creative Dir -- SUN & MOON MARKETING COMMUNICATIONS, INC., New York, NY, pg. 1061

Sandall, Ruth, Acct Dir-Press -- PHD MEDIA UK, London, United Kingdom, pg. 1363

Sandell, Marissa, Acct Supvr -- Edelman, San Mateo, CA, pg. 1491

Sander, Christian, Art Dir -- BBDO Dusseldorf, Dusseldorf, Germany, pg. 105

Sander, Leigh, Creative Dir -- COMMERCE HOUSE, Dallas, TX, pg. 221

Sanders, Cecil, Dir-Creative Design -- OPTIMA PUBLIC RELATIONS LLC, Anchorage, AK, pg. 1603

Sanders, Cindy, Media Buyer -- RHEA + KAISER, Naperville, IL, pg. 954

Sanders, Glenn, Exec Creative Dir -- ECLIPSE ADVERTISING, INC., Burbank, CA, pg. 330

Sanders, Grant, VP & Creative Dir -- MINTZ & HOKE COMMUNICATIONS GROUP, Avon, CT, pg. 746

Sanders, Paige, Acct Exec-Social Media -- Integrate Agency, Houston, TX, pg. 1682

Sanders, Scott, Creative Dir -- AIM ADVERTISING, Winfield, PA, pg. 41

Sanderson, Stacy, Media Dir -- INQUEST MARKETING, Kansas City, MO, pg. 534

Sandham, Dave, Media Dir -- GroupM EMEA HQ, London, United Kingdom, pg. 1323

Sandi, Christel, Acct Dir -- Lewis, Paris, France, pg. 637

Sandler, Tessa, Acct Dir -- Philip Johnson Associates, San Francisco, CA, pg. 875

Sandoval, Mags, Deputy Exec Creative Dir -- Campaigns & Grey, Makati, Philippines, pg. 447

Sandoval, Manolo, Grp Creative Dir -- BBDO Mexico, Mexico, Mexico, pg. 103

Sandquist, Karen, Acct Dir -- Havas Media, Chicago, IL, pg. 1327

Sands, Eira, Dir-New Bus & Trng -- TBWA Hunt Lascaris (Durban), Durban, South Africa, pg. 1087

Sands, Katie, VP & Acct Dir -- SWANSON RUSSELL ASSOCIATES, Lincoln, NE, pg. 1064

Sands, Steven, Assoc Dir-Creative -- Longbottom Communications, McLean, VA, pg. 987

Sandstrom, Steve, Exec Creative Dir -- SANDSTROM PARTNERS, Portland, OR, pg. 1286

Sandulescu, Miruna, Acct Dir -- Publicis, Bucharest, Romania, pg. 901

Sandy, Paul, Creative Dir -- SPEAK, Hillsboro, OR, pg. 1033

Saneshige, Norio, Dir-Creative & Acct Exec -- WRL ADVERTISING, INC., Canton, OH, pg. 1188

Sanfilippo, Aaron, Assoc Creative Dir -- TWO BY FOUR, Chicago, IL, pg. 1124

Sanford, AK, Art Dir -- GSD&M, Austin, TX, pg. 453

Sanford, Keegan, Art Dir -- HAVAS WORLDWIDE, New York, NY, pg. 475

Sanford, Mike, Creative Dir -- FECHTOR ADVERTISING LLC, Columbus, OH, pg. 377

Sangeetha, N., Pres-West & Creative Dir-Natl -- R.K. Swamy BBDO, Chennai, India, pg. 112

Sanicola, Fred, Grp Dir-Creative -- MCGARRYBOWEN, New York, NY, pg. 716

Sankovsky, Eric, Acct Exec -- Adams Outdoor Advertising, Bethlehem, PA, pg. 26

Sanmartin, Marjorieth, Creative Dir -- Grey Group Germany, Dusseldorf, Germany, pg. 440

Sann, Alexandra, Creative Dir -- ZAMBEZI, Culver City, CA, pg. 1209

Sanna, Christopher, Co-Founder & Creative Dir -- ATOMIC WASH, Norcross, GA, pg. 76

Sanna, Paulo, Chief Creative Officer -- Wunderman, Sao Paulo, Brazil, pg. 1190

Sano, Bret, Principal-Creative -- CALIBER CREATIVE, LLC, Dallas, TX, pg. 183

Sano, Shogo, Partner & Exec Creative Dir -- C.2K COMMUNICATIONS, Los Angeles, CA, pg. 181

Sanstrom, Jim, Media Dir -- RISDALL MARKETING GROUP, Roseville, MN, pg. 959

Sant'Anna, Victor, Creative Dir -- Y&R Sao Paulo, Sao Paulo, Brazil, pg. 1205

Sant, Chris, Head-Creative -- Ubachswisbrun J. Walter Thompson, Amsterdam, Netherlands, pg. 560

SantaLucia, Laurie, Acct Dir-Client Svcs -- ANDERSON ADVERTISING & PUBLIC RELATIONS, Scottsdale, AZ, pg. 56

Santamaria, Malu, Partner & Acct Dir -- CASTELLS & ASOCIADOS, Los Angeles, CA, pg. 194

Santamarina, Rafael, Exec Creative Dir -- Del Campo Nazca Saatchi & Saatchi, Buenos Aires, Argentina, pg. 981

Santana, Adalberto, Assoc Dir-Creative & Art -- FCB New York, New York, NY, pg. 365

Santana, Joe, Creative Dir -- MKTX INC, Hillsboro, OR, pg. 749

Santana, Stephane, Creative Dir -- CLM BBDO, Boulogne-Billancourt, France, pg. 104

Santarelli, Marco, Assoc Creative Dir -- J. Walter Thompson Milan, Milan, Italy, pg. 560

Santee, Michael, Media Dir -- FAST HORSE, Minneapolis, MN, pg. 362

Santiago, Alexander, Creative Dir -- PureRED/Ferrara, Tucker, GA, pg. 918

Santiago, Desiree, Acct Supvr & Strategist-Media -- BECKERMAN PUBLIC RELATIONS, Hackensack, NJ, pg. 1446

Santiago, Francini, Art Buyer -- Ogilvy, Sao Paulo, Brazil, pg. 819

Santiago, Halina, Art Dir -- Grey Group Indonesia, Jakarta, Indonesia, pg. 447

Santiago, Henrique, Assoc Creative Dir -- THE MARTIN AGENCY, Richmond, VA, pg. 687

Santiago, Johanna, Creative Dir -- J. Walter Thompson, San Juan, PR, pg. 564

Santiago, Kelley, Acct Mgr-PR -- GOODMAN PUBLIC RELATIONS, Fort Lauderdale, FL, pg. 1523

Santiago, Orlando, Sr VP & Acct Dir -- VENTURA ASSOCIATES INTERNATIONAL LLC, New York, NY, pg. 1418

Santiago, Veronica, Dir-Creative -- YOUNNEL ADVERTISING, INC., Stockton, CA, pg. 1208

Santilli, Dino, Creative Dir -- IDEAOLOGY ADVERTISING INC., Marina Del Rey, CA, pg. 521

Santilli, Tracey, Exec VP & Dir-PR Social & Paid Media -- TIERNEY COMMUNICATIONS, Philadelphia, PA, pg. 1103

Santo, Joao Espirito, Reg Creative Dir-Africa -- Ogilvy (Eastern Africa) Ltd., Nairobi, Kenya, pg. 828

Santos, Daniel, Dir-Creative Svcs -- STEIN IAS, New York, NY, pg. 1045

Santos, Dio W., Creative Dir -- Horizon FCB Dubai, Dubai, United Arab Emirates, pg. 369

Santos, Manny, Creative Dir -- DEVITO/VERDI, New York, NY, pg. 296

Santos, Pedro, Acct Exec -- Ogilvy Portugal, Lisbon, Portugal, pg. 816

Santos, Rich De Los, Acct Exec -- Campbell Ewald Los Angeles, West Hollywood, CA, pg. 541

Santos, Vivian, Mng Partner & Dir-Creative -- VSBROOKS, Coral Gables, FL, pg. 1147

Santoso, Erwin, Grp Head-Creative -- J. Walter Thompson, Jakarta, Indonesia, pg. 557

Sanwo, Kayode, Art Dir -- DDB Casers, Lagos, Nigeria, pg. 278

Saotome, Shinichiro, Creative Dir -- DDB Japan, Tokyo, Japan, pg. 276

Sapinski, David, Acct Dir -- SILVERLIGHT DIGITAL, New York, NY, pg. 1368

Saputo, Thomas, Pres & Exec Creative Dir -- SAPUTO DESIGN, INC., Westlake Village, CA, pg. 991

Sarabia, Claudia, Acct Supvr -- THE WOW FACTOR, INC., Studio City, CA, pg. 1178

Sarceda, Manel, Media Planner-Media Plng -- Grey Barcelona, Barcelona, Spain, pg. 442

Sardesai, Amol, Assoc Dir-Creative -- PENNEBAKER, Houston, TX, pg. 862

Sardone, Joe, VP-Creative -- MACDOUGALL BIOMEDICAL COMMUNICATIONS, INC., Wellesley, MA, pg. 666

Sarhadian, Yves, Art Dir -- Publicis Conseil, Paris, France, pg. 898

Sarhi, Moe, Creative Dir -- Impact BBDO, Jeddah, Saudi Arabia, pg. 108

Sarkar, Anuj, Art Dir -- Leo Burnett India, New Delhi, India, pg. 630

Sarkar, Nilanjan, Acct Dir -- J. Walter Thompson, Kolkata, India, pg. 557

Sarkis, Gustavo, Sr VP & Exec Creative Dir -- MullenLowe, El Segundo, CA, pg. 772

Sarlin, Asher, Art Dir -- DOUBLESPACE INC., New York, NY, pg. 1253

Sarlo, Debbie, Media Dir -- LUMENTUS LLC, New York, NY, pg. 656

Sarmiento, Ciro, Chief Creative Officer -- DIESTE, Dallas, TX, pg. 299

Sarmiento, Mauricio, VP-Creative -- Leo Burnett Colombia, S.A., Bogota, Colombia, pg. 623

Sarmiento, Sara, Art Dir -- Leo Burnett Manila, Makati, Philippines, pg. 631

Sarosdy, Grace, Acct Exec -- RAPPORT WORLDWIDE, New York, NY, pg. 1366

Sarrett, Brittany, Creative Dir -- J. WALTER THOMPSON, New York,

PERSONNEL INDEX — AGENCIES

Sartin, Hannah, Acct Exec -- CALLIS & ASSOC., Sedalia, MO, pg. 184

Sartori, Michele, Assoc Creative Dir -- Leo Burnett Co. S.r.l., Turin, Italy, pg. 625

Sasaki, Shinichi, Art Dir -- Dentsu Y&R Japan, Tokyo, Japan, pg. 1199

Sasdy, Anita, Partner-Creative Production -- Abbott Mead Vickers BBDO, London, United Kingdom, pg. 109

Sass, Rebecca, Acct Exec -- NOVITA COMMUNICATIONS, New York, NY, pg. 801

Satitviboon, Nattakit, Art Dir -- GREYnj United, Bangkok, Thailand, pg. 448

Sato, Chie, Mgr-Traffic -- Ogilvy Japan K.K., Tokyo, Japan, pg. 825

Sato, Kevin, Art Dir -- ZULU ALPHA KILO, Toronto, Canada, pg. 1216

Sattelmeyer, Daniel, Partner & Creative Dir -- BARK BARK, Atlanta, GA, pg. 89

Satterfield, Pam, Media Dir -- MARTIN RETAIL GROUP/MARTIN ADVERTISING, Birmingham, AL, pg. 688

Saucedo, Guille, Creative Dir & Art Dir -- LEGION ADVERTISING, Irving, TX, pg. 619

Saucedo, Roberto, Grp Creative Dir -- WE ARE ALEXANDER, Saint Louis, MO, pg. 1155

Saucier, Andy, Exec Creative Dir -- EVOKE HEALTH, New York, NY, pg. 354

Sauer, Drake, Art Dir -- SCORR MARKETING, Kearney, NE, pg. 1642

Saulitis, Mika, Sr Strategist-Creative -- Loyalkaspar Inc, Los Angeles, CA, pg. 654

Saunders, Ann, Acct Supvr -- MARRINER MARKETING COMMUNICATIONS, INC., Columbia, MD, pg. 686

Saunders, Polly Harris, Acct Exec -- Ogilvy, Ltd., London, United Kingdom, pg. 818

Sauret, Jofre Biscarri, Creative Dir -- Contrapunto, Madrid, Spain, pg. 108

Saute, Maxime, Art Dir -- RETHINK, Vancouver, Canada, pg. 951

Sava, Jamie, Acct Dir -- DANCIE PERUGINI WARE PUBLIC RELATIONS, Houston, TX, pg. 1480

Sava, Sann, Exec Creative Dir -- DDB Canada, Toronto, Canada, pg. 267

Savage, Pamela, Sr VP & Creative Dir -- AREA 23, New York, NY, pg. 67

Savelloni, Andrea, Art Dir -- Publicis Italia, Milan, Italy, pg. 899

Savic, Steve, Exec Creative Dir -- CRITICAL MASS INC., Calgary, Canada, pg. 248

Savik, Britta, Acct Dir-SF -- Mono, San Francisco, CA, pg. 756

Saville, Robert, Partner-Creative -- MOTHER LTD., London, United Kingdom, pg. 762

Savion, Ronnie, Co-Founder, Chief Creative Officer & Exec VP -- ELIAS SAVION ADVERTISING, PUBLIC RELATIONS & INTERACTIVE, Pittsburgh, PA, pg. 337

Savrasova, Ekaterina, Grp Head-Creative -- Young & Rubicam FMS, Moscow, Russia, pg. 1205

Savva, Leslie, Acct Exec-PR -- Action Global Communications, Nicosia, Cyprus, pg. 1521

Savvakos, Dimitris, Grp Creative Dir -- OgilvyOne Worldwide, Athens, Greece, pg. 815

Sawant, Kunal, Sr Creative Dir -- Ogilvy, Bengaluru, India, pg. 823

Sawant, Shalmali, Art Dir -- DDB Mudra Group, Mumbai, India, pg. 275

Sawchuk, Ron, VP-Creative Svcs -- MCKIM, Winnipeg, Canada, pg. 719

Saxena, Darby, Acct Supvr -- SPECTRUM SCIENCE COMMUNICATIONS, INC., Washington, DC, pg. 1649

Saxon, Kiki, Acct Dir -- VAULT49, New York, NY, pg. 1132

Saxon, Rachel, Producer-Brdcst -- GOODBY, SILVERSTEIN & PARTNERS, San Francisco, CA, pg. 428

Say, Buse, Art Dir -- Manajans Thompson Istanbul, Istanbul, Turkey, pg. 561

Say, Ugur, Art Dir -- Y&R Turkey, Istanbul, Turkey, pg. 1204

Sayn-Wittgenstein, Peter, Exec Creative Dir -- MIRUM LLC, San Diego, CA, pg. 1272

Scadden, Michael, Acct Exec -- NAVAJO COMPANY, Milpitas, CA, pg. 786

Scaglione, Richard, Strategist-Creative -- LOCOMOTION CREATIVE, Nashville, TN, pg. 649

Scalabre, Aurelie, Art Dir -- BETC, Paris, France, pg. 479

Scalabrin, Elisa, Acct Dir -- J. Walter Thompson Milan, Milan, Italy, pg. 560

Scaletti, Ryan, Acct Dir -- PORETTA & ORR, INC., Doylestown, PA, pg. 883

Scalici, Jamie, Acct Dir-PR -- M&G/ERIC MOWER + ASSOCIATES, New York, NY, pg. 1572

Scalisi, Tanya, Acct Dir -- J PUBLIC RELATIONS, San Diego, CA, pg. 1407

Scallate, Michelle, Acct Dir -- Leo Burnett USA, Chicago, IL, pg. 622

Scallate-Hartley, Michelle, Acct Dir -- LEO BURNETT WORLDWIDE, INC., Chicago, IL, pg. 621

Scaloni, Samantha, Creative Dir -- DDB S.r.l. Advertising, Milan, Italy, pg. 276

Scalzo, Nick, VP & Creative Dir -- S.MARK GRAPHICS FLORIDA INC., Fort Lauderdale, FL, pg. 1022

Scanlon, Katey, Sr Mgr-Brand Impact & Partnerships & Acct Supvr -- ENSO COLLABORATIVE LLC, Santa Monica, CA, pg. 341

Scannell, Kevin, Media Dir -- ACART COMMUNICATIONS, INC., Ottawa, Canada, pg. 19

Scarci, Robert, Creative Dir -- ESROCK PARTNERS, Orland Park, IL, pg. 349

Scardino, Jeff, Creative Dir -- FIGLIULO&PARTNERS, LLC, New York, NY, pg. 380

Scardino, Mike, Chief Creative Officer -- BARNHARDT, DAY & HINES, Concord, NC, pg. 91

Scardulla, Agustin Speroni, Creative Dir & Art Dir -- BBDO Chile, Santiago, Chile, pg. 102

Scassa, Frank, Creative Dir -- CROWL, MONTGOMERY & CLARK, North Canton, OH, pg. 250

Schacherer, Mike, Creative Dir -- LITTLE & COMPANY, Minneapolis, MN, pg. 645

Schachtner, Michael, Exec Creative Dir -- BBDO Dusseldorf, Dusseldorf, Germany, pg. 105

Schaefer, Daniel, Creative Dir -- Wieden + Kennedy Amsterdam, Amsterdam, Netherlands, pg. 1164

Schaefer, Lisa, Media Planner -- MARTIN WILLIAMS ADVERTISING INC., Minneapolis, MN, pg. 688

Schaefer, Vanessa, Pres & Creative Dir -- CLOCKWORK DESIGN GROUP INC., Waltham, MA, pg. 214

Schaeffer, Steve, CEO & Creative Dir -- CREATIVE DIMENSIONS, Cincinnati, OH, pg. 241

Schafer, Andrew, Acct Dir -- MUST BE SOMETHING INC, Portland, OR, pg. 780

Schaffer, Adam, Pres & Creative Dir -- 5IVECANONS, Jacksonville, FL, pg. 10

Schaffer, Tyronne, Creative Dir -- GREY GROUP, New York, NY, pg. 438

Schalit, Michael, Chief Creative Officer -- Net#work BBDO, Gauteng, South Africa, pg. 108

Schalit, Mike, Chief Creative Officer -- 140 BBDO, Cape Town, South Africa, pg. 108

Schalit, Mike, Exec Creative Dir -- Abbott Mead Vickers BBDO, London, United Kingdom, pg. 109

Schaller, Russell, Exec Creative Dir-UK -- Cheil Worldwide Inc., Seoul, Korea (South), pg. 462

Schambow, Daniel, Grp Creative Dir -- BADER RUTTER & ASSOCIATES, INC., Milwaukee, WI, pg. 83

Schannen, Cathy, VP & Acct Dir -- LABOV ADVERTISING, MARKETING AND TRAINING, Fort Wayne, IN, pg. 606

Schapiro, Rob, Chief Creative Officer -- BRUNNER, Pittsburgh, PA, pg. 169

Schapker, Jaimie, Acct Exec-PR -- ESTES PUBLIC RELATIONS, Louisville, KY, pg. 1501

Schardein, Lisa, COO & Creative Dir -- CURRENT360, Louisville, KY, pg. 255

Scharf, Kari, Media Planner -- CLEAN DESIGN, INC., Raleigh, NC, pg. 212

Scharrer, Kathy, Head-Brdcst -- DDB South Africa, Johannesburg, South Africa, pg. 280

Schatz, Mike, Creative Dir -- BLUE SKY AGENCY, Atlanta, GA, pg. 140

Scheer, Eric, Sr VP-Creative -- SEED STRATEGY, INC., Crestview Hills, KY, pg. 1000

Scheer, Jennie, VP & Media Dir -- DIGITAS, Boston, MA, pg. 1250

Scheers, Kevin, Acct Dir-Integrated Media -- Weber Shandwick, Brussels, Belgium, pg. 1677

Scheffer, Richard, Creative Dir -- MANA MEANS ADVERTISING & PUBLIC RELATIONS, Honolulu, HI, pg. 1574

Scheflen, Rick, Sr VP & Creative Dir -- HARRIS, BAIO & MCCULLOUGH INC., Philadelphia, PA, pg. 469

Scheib, Lauren, Creative Dir -- WARSCHAWSKI, Baltimore, MD, pg. 1670

Scheideler, Kara, Acct Exec -- CREATIVE MEDIA MARKETING, New York, NY, pg. 1477

Scheiner, Gary, Chief Creative Officer & Exec VP -- GHG, New York, NY, pg. 417

Scheiner, Steve, Mgr-Print Production -- RITTA, Paramus, NJ, pg. 960

Schell, Tyler, Assoc Creative Dir -- Publicis Toronto, Toronto, Canada, pg. 904

Scheller, Chloe, Acct Exec -- C BLOHM & ASSOCIATES INC, Monona, WI, pg. 1460

Schena, Joseph, Acct Exec -- CBC ADVERTISING, Saco, ME, pg. 197

Schenck, Julie, Acct Supvr -- SYMMETRI MARKETING GROUP, LLC, Chicago, IL, pg. 1067

Schenning, Sue, Art Dir -- RINCK ADVERTISING, Auburn, ME, pg. 1632

Schepleng, Dan, Pres, Creative Dir & Writer -- KAPOWZA, Baltimore, MD, pg. 587

Scher, Michael, Acct Supvr-Publicity, Entertainment Strategy & Dev -- PMK*BNC, Los Angeles, CA, pg. 543

Scher, Taryn, Assoc Creative Dir -- Ogilvy Johannesburg (Pty.) Ltd., Johannesburg, South Africa, pg. 829

Scher, Taryn, Assoc Creative Dir -- Ogilvy South Africa (Pty.) Ltd., Johannesburg, South Africa, pg. 829

Scherbring, Sarah, Acct Dir -- Carmichael Lynch Relate, Minneapolis, MN, pg. 190

Schermer, Scott, Sr Designer-Creative -- OMOBONO, Chicago, IL, pg. 1277

Scheuerpflug, Joerg, Grp Creative Dir-Experience Design -- McCann Erickson Brand Communications Agency, Frankfurt am Main, Germany, pg. 703

Scheumann, Matthew, Art Dir -- THE VIA AGENCY, Portland, ME, pg. 1136

Scheyer, Brian, Partner & Exec Creative Dir -- MORTAR ADVERTISING, San Francisco, CA, pg. 761

Schiavone, Lou, Writer & Creative Dir -- HARVEST CREATIVE SERVICES, Lansing, MI, pg. 471

Schiding, Allison, Strategist-Creative -- STONER BUNTING ADVERTISING, Lancaster, PA, pg. 1051

Schields, Kristin, Acct Dir -- PLANIT, Baltimore, MD, pg. 877

Schieve, Mary, Sr Copywriter & Specialist-PR -- Flint Interactive, Duluth, MN, pg. 388

Schiff, Carly, Acct Dir & Specialist-Web -- BROGAN & PARTNERS CONVERGENCE MARKETING, Birmingham, MI, pg. 166

Schiff, Dave, Chief Creative Officer -- MADE MOVEMENT LLC, Boulder, CO, pg. 669

Schiff, Doug, Chief Creative Officer -- Ogilvy Japan K.K., Tokyo, Japan, pg. 825

Schillaci, Angelo, Art Dir -- JVS MARKETING LLC, Jupiter, FL, pg. 585

Schiller, Chuck, Grp Creative Dir -- THE RICHARDS GROUP, INC., Dallas, TX, pg. 956

Schillinger, Alex, Media Dir -- PHIRE GROUP, Ann Arbor, MI, pg. 869

Schillinger, Jaclyn, Acct Supvr -- RAIN, New York, NY, pg. 1283

Schilloff, Cate, Art Dir -- MINDVOLT, Athens, AL, pg. 746

Schimpff, Sarah, Acct Exec-PR -- J.O. DESIGN, Fort Worth, TX, pg. 577

Schindele, Scott, Acct Dir -- AGENCY CREATIVE, Dallas, TX, pg. 38

Schinder, Amanda, Acct Dir -- BALTZ & COMPANY, New York, NY, pg. 1438

Schindo, Abigail, Acct Exec -- G&S BUSINESS COMMUNICATIONS, New York, NY, pg. 406

Schinzing, Carly, Media Dir -- BASS ADVERTISING, Sioux City, IA, pg. 95

Schipper, Menno, Creative Dir -- Havas Worldwide Amsterdam, Amsterdam, Netherlands, pg. 481

Schlarb, Steffan, Creative Dir -- REDSHIFT, San Francisco, CA, pg. 1248

Schlatter, Marion, Acct Dir -- TBWA Health A.G., Zurich, Switzerland, pg. 1085

Schlatter, Marion, Acct Dir -- TBWA Switzerland A.G., Zurich, Switzerland, pg. 1085

Schlax, Candice, Art Dir -- WE ARE UNLIMITED, Chicago, IL, pg. 1155

Schleder, Carlos, Creative Dir -- DDB Brazil, Sao Paulo, Brazil, pg. 271

Schleder, Carlos, Exec Creative Dir -- DPZ-Duailibi, Petit, Zaragoza, Propaganda S.A., Sao Paulo, Brazil, pg. 906

Schleder, Carlos, Exec Creative Dir -- DPZ-Duailibi, Petit, Zaragoza, Propaganda S.A., Sao Paulo, Brazil, pg. 21

Schleicher, Jamie, Creative Dir -- SEED STRATEGY, INC., Crestview Hills, KY, pg. 1000

Schleicher, Megan, Acct Exec-Digital -- MSLGROUP, New York, NY, pg. 1587

Schlein, Garrett, Supvr-Social Media & PR -- GREATER THAN ONE, New York, NY, pg. 434

Schlenker, Trace, Acct Supvr -- TRIBAL WORLDWIDE, New York, NY, pg. 1295

AGENCIES — PERSONNEL INDEX

Schlocker, Natalie, Dir-Creative -- DRS & ASSOCIATES, Studio City, CA, pg. 322
Schlossberg, Matt, Acct Dir-Digital & Content -- AMENDOLA COMMUNICATIONS, Scottsdale, AZ, pg. 51
Schlyecher, Rob, Partner, Creative Dir & Writer -- SPRING ADVERTISING, Vancouver, Canada, pg. 1036
Schmalfeld, Erin, Head-Creative -- PORTAL A LIMITED, San Francisco, CA, pg. 1280
Schmaling, Taylor, Acct Supvr -- FCB Chicago, Chicago, IL, pg. 364
Schmeling, Andrew, Exec Creative Dir -- VELOWERKS, San Francisco, CA, pg. 1299
Schmelzer, Jessica, Assoc Creative Dir -- CATCHFIRE, Minneapolis, MN, pg. 196
Schmich, Marie, VP & Media Dir -- STEALTH CREATIVE, Saint Louis, MO, pg. 1044
Schmid, Caroline, Acct Dir -- MCKEEMAN COMMUNICATIONS, Raleigh, NC, pg. 1579
Schmidt, Dustin, Assoc Creative Dir -- THIRD DEGREE ADVERTISING, Norman, OK, pg. 1100
Schmidt, Erin, Acct Supvr -- SCHMIDT PUBLIC AFFAIRS, Alexandria, VA, pg. 1641
Schmidt, James Patrick, Media Planner & Buyer -- MINDFIRE COMMUNICATIONS INC, Le Claire, IA, pg. 744
Schmidt, Jim, Sr Creative Dir -- Burson-Marsteller, Washington, DC, pg. 1441
Schmidt, Kara, Acct Dir -- LOSASSO INTEGRATED MARKETING, Chicago, IL, pg. 652
Schmidt, Kelby Mae, Acct Dir -- OBERLAND, New York, NY, pg. 804
Schmidt, Kerry, Media Dir -- CHARLTON MARKETING INC, Portland, OR, pg. 204
Schmidt, Marissa, Art Dir -- TRACK, Auckland, New Zealand, pg. 837
Schmidt, Michael, Creative Dir -- Wirz Werbung AG, Zurich, Switzerland, pg. 109
Schmidt, Michon, Mgr & Producer-Brdcst -- SUKLE ADVERTISING, INC., Denver, CO, pg. 1059
Schmidt, Mike, Art Dir -- SUDDEN IMPACT MARKETING, Westerville, OH, pg. 1058
Schmidt, Zachary, Assoc-Creative -- RES PUBLICA GROUP, Chicago, IL, pg. 1629
Schmidt, Ze Luis, Art Dir -- DDB Worldwide Colombia S.A., Bogota, Colombia, pg. 272
Schmidtberger, Clay, Creative Dir -- BIG CORNER CREATIVE, Wichita, KS, pg. 128
Schmiegel, Casey, Media Buyer -- MEDIA WORKS, LTD., Baltimore, MD, pg. 1344
Schmirler, Cailin, Acct Dir -- BOOYAH ADVERTISING, Denver, CO, pg. 1241
Schmitt, Emily, Acct Supvr -- MULLENLOWE GROUP, Boston, MA, pg. 770
Schmitt, Eric, Mgr-Digital Assets Traffic -- PROGRESSIVE MARKETING DYNAMICS, LLC, Boonton, NJ, pg. 891
Schmitt, Erik, Assoc Creative Dir -- AYZENBERG GROUP, INC., Pasadena, CA, pg. 81
Schmitt, Gabriel, Grp Dir-Creative -- FCB New York, New York, NY, pg. 365
Schmitt, Jennifer, Media Dir & Acct Exec -- SMM ADVERTISING, Smithtown, NY, pg. 1024
Schmitt, Johanna King, Acct Supvr -- O'KEEFFE & CO., Alexandria, VA, pg. 1602
Schmitt, Jorg, Assoc Creative Dir -- Interbrand, Hamburg, Germany, pg. 836
Schmitt, Kevin, Art Dir & Dir-Interactive Svcs -- EFX MEDIA, Arlington, VA, pg. 1319
Schmitz, Stephen, Acct Supvr -- COLANGELO & PARTNERS PUBLIC RELATIONS, New York, NY, pg. 1471
Schmitz, Zach, Creative Dir -- Golin, Miami, FL, pg. 1520
Schnabel, Robert, Art Dir -- AKA NYC, New York, NY, pg. 42
Schneider, Cory, Acct Supvr -- YOUNG & LARAMORE, Indianapolis, IN, pg. 1196
Schneider, Eric, Sr Mgr-New Bus -- FUSION MARKETING, Saint Louis, MO, pg. 404
Schneider, Joan, CEO & Creative Dir -- SCHNEIDER ASSOCIATES, Boston, MA, pg. 1641
Schneider, Jon, Dir-Res & Strategy & Acct Supvr -- VANTAGEPOINT, INC, Greenville, SC, pg. 1131
Schneider, Lauren, Acct Supvr -- GLYNNDEVINS ADVERTISING & MARKETING, Kansas City, MO, pg. 424
Schneider, Martin, Principal & Creative Dir -- SMA NYC, New York, NY, pg. 1021
Schneider, Scott, Creative Dir -- COSSETTE COMMUNICATIONS, Vancouver, Canada, pg. 232

Schneider, Scott, Chief Creative Officer -- PRAYTELL, Brooklyn, NY, pg. 1618
Schneider, Wolfgang, Chief Creative Officer-Germany -- BBDO Dusseldorf, Dusseldorf, Germany, pg. 105
Schneiderman, Larry, Exec VP-Direct Response -- CORINTHIAN MEDIA, INC., New York, NY, pg. 1316
Schnell, Hayley, Acct Exec -- HOT DISH ADVERTISING, Minneapolis, MN, pg. 509
Schnitzler, Adam, Co-Founder & Chief Creative Officer -- S3, Boonton, NJ, pg. 974
Schnobb, Alex, Creative Dir-Environments -- PERENNIAL INC., Toronto, Canada, pg. 863
Schnor, Justin, Partner & Dir-Creative Technical -- FLIPELEVEN LLC, Milwaukee, WI, pg. 389
Schnorf, Heiri, Art Dir -- Wirz Werbung AG, Zurich, Switzerland, pg. 109
Schnurr, Jeannie, Acct Dir -- PEAK SEVEN ADVERTISING, Boca Raton, FL, pg. 860
Schoeb, Sara, Mgr-Production & Traffic -- TIER10 MARKETING, Herndon, VA, pg. 1103
Schoeffler, Eric, Chief Creative Officer-Germany & Exec Creative Dir-Europe -- Havas Worldwide Digital Dusseldorf, Dusseldorf, Germany, pg. 480
Schoeffler, Eric, Chief Creative Officer-Germany & Exec Creative Dir-Europe -- Havas Worldwide Dusseldorf, Dusseldorf, Germany, pg. 480
Schoenberg, Jonathan, Partner, Exec Creative Dir & Copywriter -- TDA_BOULDER, Boulder, CO, pg. 1094
Schoenblatt, Josh, Media Buyer -- FLYNN WRIGHT, Des Moines, IA, pg. 390
Schoeneck, Heidi, Chief Creative Officer -- GEOMETRY GLOBAL NORTH AMERICA HQ, New York, NY, pg. 415
Schoenholtz, Samantha, Acct Dir -- DIGENNARO COMMUNICATIONS, New York, NY, pg. 1485
Schofield, John, Creative Dir -- WONGDOODY, Seattle, WA, pg. 1175
Schofield-Broadbent, Keith, Strategist-Direct Mktg -- ERIC MOWER + ASSOCIATES, Syracuse, NY, pg. 346
Scholl, Michael, Art Dir -- MASLOW LUMIA BARTORILLO ADVERTISING, Wilkes Barre, PA, pg. 690
Scholten, Madelien, Art Dir -- Manning Selvage & Lee London, London, United Kingdom, pg. 1589
Scholtes, Erik, Creative Dir -- VIZWERKS, Portland, OR, pg. 1142
Scholz, Brent, VP & Exec Creative Dir -- INTOUCH SOLUTIONS, Overland Park, KS, pg. 544
Scholz, Ronny, Art Dir-Interactive -- ARCHER MALMO, Memphis, TN, pg. 65
Scholz, Teri, Dir-PR -- ZION & ZION, Tempe, AZ, pg. 1213
Schonberger, Mike, Assoc Creative Dir -- BBDO Toronto, Toronto, Canada, pg. 100
Schoner, Eric, Art Dir -- EXECUTIONISTS, Marina Del Rey, CA, pg. 1256
Schooler, Josh, Creative Dir -- THE RAMEY AGENCY LLC, Jackson, MS, pg. 930
Schoolfield, Susan, Acct Dir & Specialist-PR -- THE BALCOM AGENCY, Fort Worth, TX, pg. 85
Schott, Devin, Media Planner -- AKQA, INC., San Francisco, CA, pg. 1234
Schott, Sean, Art Dir -- Geometry Global, Akron, OH, pg. 416
Schrack, Stacy, Creative Dir -- SHOPTOLOGY INC, Plano, TX, pg. 1009
Schrad, Dan, Creative Dir -- 90OCTANE, Denver, CO, pg. 13
Schrader, Mike, VP & Creative Dir -- TCAA, Cincinnati, OH, pg. 1093
Schragger, Jason, Chief Creative Officer -- SAATCHI & SAATCHI, New York, NY, pg. 975
Schrandt, Stephanie, Acct Supvr -- BOELTER + LINCOLN MARKETING COMMUNICATIONS, Milwaukee, WI, pg. 144
Schreiber, Kelcie, Acct Supvr -- OSBORN & BARR COMMUNICATIONS, Saint Louis, MO, pg. 844
Schreiber, Michael, Mng Partner & Exec Creative Dir -- DDB HEALTH, New York, NY, pg. 267
Schrepfer, Urs, Creative Dir -- Publicis, Zurich, Switzerland, pg. 901
Schrey, Sam, Dir-Creative & Art -- Saatchi & Saatchi, Auckland, New Zealand, pg. 984
Schriver, Philip, Assoc Creative Dir -- ZLRIGNITION, Des Moines, IA, pg. 1214
Schrock, Jay, Creative Dir -- THE CARSON GROUP, Houston, TX, pg. 191
Schroeder, Kevin, Assoc Creative Dir -- Saatchi & Saatchi Los Angeles, Torrance, CA, pg. 975
Schroeder, Kiersten, Sr VP-PR -- BROADHEAD, Minneapolis, MN, pg. 165

Schroeter, Dan, VP & Creative Dir -- ASHER AGENCY, INC., Fort Wayne, IN, pg. 73
Schroeter, Dan, VP & Creative Dir -- Asher Agency, Inc., Lexington, KY, pg. 74
Schuck, Christian, Partner & Exec Creative Dir -- M&C Saatchi, Berlin, Germany, pg. 661
Schuckert, Debbie, Acct Exec -- LINKMEDIA 360, Independence, OH, pg. 642
Schuckman, Amanda, Head-Creative Content & Copywriter -- STRADELLA ROAD, Los Angeles, CA, pg. 1293
Schuldt, Christine, Acct Dir -- LOCATION3 MEDIA, INC., Denver, CO, pg. 649
Schuler, John, Founder & Creative Dir -- EXCLAIM LLC, San Rafael, CA, pg. 355
Schulist, Megan, Creative Dir -- POSSIBLE NEW YORK, New York, NY, pg. 1280
Schuller, Tom, Dir-Creative -- IMMOTION STUDIOS, Fort Worth, TX, pg. 527
Schulman, Alan, Chief Creative Officer-Adv, Mktg & Commerce -- DELOITTE DIGITAL, Seattle, WA, pg. 1249
Schulman, Paul, Exec VP & Dir-Creative Operation -- Y&R Peru, Lima, Peru, pg. 1207
Schulte, Jason, Founder & Creative Dir -- OFFICE, San Francisco, CA, pg. 809
Schultheis, Cameron, Creative Dir -- HAVAS WORLDWIDE CHICAGO, Chicago, IL, pg. 488
Schultheis, Jack, Owner & Creative Dir -- KZSW ADVERTISING, Setauket, NY, pg. 605
Schultheis, Kati, Acct Dir -- THE SEIDEN GROUP, New York, NY, pg. 1001
Schultz, Brad, Chief Creative Officer -- MASON MARKETING, INC, Penfield, NY, pg. 691
Schultz, Courtney, Sr VP & Acct Dir -- THE LACEK GROUP, Minneapolis, MN, pg. 606
Schultz, Evan, Art Dir -- ADAMS OUTDOOR ADVERTISING, Roswell, GA, pg. 26
Schultz, Lindsay, Acct Exec -- RON SONNTAG PUBLIC RELATIONS, Milwaukee, WI, pg. 1633
Schulz, Alex, Acct Exec -- VOX GLOBAL, Washington, DC, pg. 1146
Schulze, Zack, Assoc Creative Dir -- CRAMER-KRASSELT, Chicago, IL, pg. 237
Schum, Diane L., Acct Exec -- SCHUM & ASSOCIATES, McLean, VA, pg. 996
Schum, Guy, Pres & Creative Dir -- SCHUM & ASSOCIATES, McLean, VA, pg. 996
Schumann, Jennifer, Acct Supvr -- Young & Rubicam Midwest, Chicago, IL, pg. 1199
Schupack, Andrew, Gen Mgr-PR-New England Office -- KERMISH-GEYLIN PUBLIC RELATIONS, Harrington Park, NJ, pg. 1554
Schuring, Lionell, Exec Creative Dir -- Grey Amsterdam, Amsterdam, Netherlands, pg. 441
Schurr, Mike, Creative Dir -- FULL CIRCLE, Grand Rapids, MI, pg. 401
Schuster-Rothenhauser, Jill, Acct Dir -- RAPPORT WORLDWIDE, New York, NY, pg. 1366
Schutte, Eric, Exec Creative Dir -- DEVITO/VERDI, New York, NY, pg. 296
Schuyler, Claude, VP & Sr Creative Dir -- THE PAIGE GROUP, Utica, NY, pg. 851
Schwab, Ben, Art Dir -- GEILE LEON MARKETING COMMUNICATIONS, Saint Louis, MO, pg. 414
Schwab, Joey, Creative Dir -- ZOYES CREATIVE GROUP, Ferndale, MI, pg. 1215
Schwabe, Cori, Acct Supvr -- PUBLICIS USA, New York, NY, pg. 912
Schwandner, Kristin, Creative Dir -- RED212, Cincinnati, OH, pg. 942
Schwantes, Andy, Acct Exec & Strategist-Social Media -- OUT THERE ADVERTISING, Duluth, MN, pg. 846
Schwantes, Wendy, Acct Supvr -- PAUL WERTH ASSOCIATES, INC., Columbus, OH, pg. 858
Schwark-Risko, Catherine, Acct Exec -- MARKETING DIRECTIONS, INC., Cleveland, OH, pg. 683
Schwartz, Aaron, Co-Founder & Chief Creative Officer -- HOOK STUDIOS LLC, Ann Arbor, MI, pg. 1260
Schwartz, Alison, VP-PR -- CKC AGENCY, Farmington Hills, MI, pg. 1470
Schwartz, Drew, Acct Dir-Integrated -- THE TERRI & SANDY SOLUTION, New York, NY, pg. 1097
Schwartz, Jaime, Acct Supvr-Brand Stewardship -- ODEN MARKETING AND DESIGN, Memphis, TN, pg. 808
Schwartz, Jay, Chief Creative Officer -- IDEAWORK STUDIOS, Santa Barbara, CA, pg. 522

PERSONNEL INDEX — AGENCIES

Schwartz, Lauren, Acct Dir -- Havas Media, Boston, MA, pg. 1327
Schwartz, Lisa, Acct Dir -- MXM, New York, NY, pg. 781
Schwartz, Wendy, Mgr-New Bus & Sr Copywriter -- LEROY & ROSE, Santa Monica, CA, pg. 633
Schwartz-Grant, Allie, Acct Dir -- SCHWARTZ MEDIA STRATEGIES, Miami, FL, pg. 1642
Schwarz, Erin, Assoc Creative Dir -- HCB HEALTH CHICAGO, Chicago, IL, pg. 490
Schwarz, Stephan, Assoc Creative Dir & Sr Copywriter-Creative -- BETC, Paris, France, pg. 479
Schwarzberg, Marc, Head-Art & Design & Exec Creative Dir -- DAVID & GOLIATH, El Segundo, CA, pg. 261
Schwatka, Mark, Exec VP & Exec Creative Dir -- GREY GROUP, New York, NY, pg. 438
Schweiger, Wendi, Mgr-PR -- FELDSCHER HORWITZ PUBLIC RELATIONS, Marlton, NJ, pg. 1504
Schweighoffer, Eric, VP & Media Dir -- CASHMAN & KATZ INTEGRATED COMMUNICATIONS, Glastonbury, CT, pg. 193
Schweikert, Casey, Assoc Creative Dir -- BBH NEW YORK, New York, NY, pg. 115
Schweitzer, Kurt, Media Dir -- SOUTHWEST MEDIA GROUP, Dallas, TX, pg. 1369
Schwella, Johann, Creative Dir-Digital -- TBWA Hunt Lascaris (Johannesburg), Johannesburg, South Africa, pg. 1087
Schwey, Ian, VP & Exec Creative Dir -- TAG, Thornhill, Canada, pg. 1070
Schwitzer, Rebecca, Acct Dir -- SPACE150, Minneapolis, MN, pg. 1031
Sciancalepore, Jim, VP & Sr Creative Dir -- MEDIA LOGIC, Albany, NY, pg. 726
Scicchitano, Vincent, Acct Dir -- McCann New York, New York, NY, pg. 698
Scinta, Christopher, VP & Creative Dir -- FCB Chicago, Chicago, IL, pg. 364
Sciolla, Angelina, Exec Creative Dir -- BENCHWORKS, Chestertown, MD, pg. 122
Sciortino, Alessandro M, Creative Dir -- MCCANN WORLDGROUP S.R.L., Milan, Italy, pg. 715
Sciortino, Alessandro M., Creative Dir -- McCann Erickson Italiana S.p.A., Rome, Italy, pg. 706
Sciortino, Alessandro M., Creative Dir -- McCann Erickson Italiana S.p.A., Rome, Italy, pg. 715
Scissons, Patrick, Exec Creative Dir -- ZULU ALPHA KILO, Toronto, Canada, pg. 1216
Sciuto, Gabriele, Acct Dir -- Lewis, Milan, Italy, pg. 637
Scobby, Angie, Art Dir & Graphic Designer -- PEPPERSHOCK MEDIA PRODUCTIONS, LLC., Nampa, ID, pg. 862
Scopinich, Emily, Media Dir -- OOH PITCH INC., New York, NY, pg. 1360
Scornajenghi, Alice, Supvr-Creative & Sr Copywriter -- Saatchi & Saatchi, Rome, Italy, pg. 978
Scott, Allyson, Acct Supvr -- MCGRATH/POWER, San Jose, CA, pg. 1579
Scott, Amy, Dir-PR -- Hills Balfour, London, United Kingdom, pg. 750
Scott, Austin, Assoc Creative Dir -- EP+CO, Greenville, SC, pg. 343
Scott, Breanne, Media Planner & Buyer -- M&K MEDIA, Toronto, Canada, pg. 1339
Scott, Brittany, Acct Exec -- JKR ADVERTISING & MARKETING, Maitland, FL, pg. 576
Scott, Claire, Acct Supvr -- CMD, Portland, OR, pg. 215
Scott, Dave, Grp Dir-Creative -- LONDON : LOS ANGELES, El Segundo, CA, pg. 650
Scott, Dave, Sr VP & Creative Dir -- NATREL COMMUNICATIONS, Parsippany, NJ, pg. 786
Scott, Derek, Chief Creative Officer -- DUNHAM+COMPANY, Plano, TX, pg. 326
Scott, Elyse, Acct Exec -- BRYNN BAGOT PUBLIC RELATIONS, LLC, Dallas, TX, pg. 1459
Scott, Gail, Sr VP & Media Dir-SE -- U.S. INTERNATIONAL MEDIA, LLC, Los Angeles, CA, pg. 1378
Scott, Jesse, Sr Specialist-PR -- THE FIRM PUBLIC RELATIONS & MARKETING, Las Vegas, NV, pg. 1505
Scott, Kirsti, Creative Dir -- SCOTT DESIGN INC, Capitola, CA, pg. 998
Scott, Lindy, Acct Dir -- COSSETTE COMMUNICATIONS, Vancouver, Canada, pg. 232
Scott, Mark, Creative Dir -- JOHN ST., Toronto, Canada, pg. 579
Scott, Nadra, Acct Dir -- THE BURMEISTER GROUP, INC., Atlanta, GA, pg. 175
Scott, Nicole, Media Dir -- MERKLE INC., Columbia, MD, pg. 732
Scott, Rachael, Partner & Dir-Creative Strategy-Hugo & Cat -- FUTUREBRAND, New York, NY, pg. 405

Scott, Russell, CEO & Creative Dir -- JETSET STUDIOS, Los Angeles, CA, pg. 575
Scott, Susan, Sr VP & Grp Acct Dir-New Bus Dev -- PUBLICIS HAWKEYE, Dallas, TX, pg. 1282
Scott, Susan, Sr VP & Grp Acct Dir-New Bus Dev -- PUBLICIS USA, New York, NY, pg. 912
Scott-Ford, Ila, Creative Dir-Copy & Strategist-Mktg -- HELLMAN, Waterloo, IA, pg. 494
Scotting, Andrea, Sr Partner & Grp Creative Dir -- OGILVY, New York, NY, pg. 809
Scoville, Randall, VP-Creative Svc Ops -- GSW WORLDWIDE, Westerville, OH, pg. 454
Sciuller, Karie, Acct Dir -- CALIBER CREATIVE, LLC, Dallas, TX, pg. 183
Scutti, Susan, Acct Exec -- BERRY ECKE ASSOCIATES, Newton, NJ, pg. 1449
Seabert, Bob, Creative Dir -- D4 CREATIVE GROUP, Philadelphia, PA, pg. 256
Seagram, Ryan, Acct Supvr -- Leo Burnett USA, Chicago, IL, pg. 622
Seah, Shervin, Grp Head-Creative -- Havas Worldwide Southeast Asia, Singapore, Singapore, pg. 485
Seale, Donna, Sr Media Planner & Media Buyer -- THE VIMARC GROUP, Louisville, KY, pg. 1138
Seaman, Keith, Assoc Creative Dir -- PAVONE, Harrisburg, PA, pg. 859
Seaman, Tony, Creative Dir -- ZIZZO GROUP, INC, Milwaukee, WI, pg. 1214
Searle, Danny, Chm, Chief Creative Officer & Vice Chm-Asia -- BBDO Singapore, Singapore, Singapore, pg. 115
Searle, Eric, Acct Dir -- FAMA PR, INC., Boston, MA, pg. 1502
Sears, Mindy, Creative Dir -- Rapp Los Angeles, Los Angeles, CA, pg. 931
Seaton, Corey D., VP & Creative Dir -- BURRELL, Chicago, IL, pg. 176
Sebastian, Roni, Exec Creative Dir -- RED INTERACTIVE AGENCY, Santa Monica, CA, pg. 1284
Sebbag, Steph, Pres & Chief Creative Officer -- BPG ADVERTISING, Los Angeles, CA, pg. 151
Sechi, Simone, Art Dir -- Verba S.r.l. Advertising, Milan, Italy, pg. 276
Sechrest, Avery, Media Planner -- BLUE SKY AGENCY, Atlanta, GA, pg. 140
Secova, Zuzana, Media Buyer & Planner -- Optimedia, Bratislava, Slovakia, pg. 1389
Seda, Milka, Media Dir -- LOPITO, ILEANA & HOWIE, INC., Guaynabo, PR, pg. 652
Seddelmeyer, Clara, Acct Exec -- GREENLIGHT, Dallas, TX, pg. 435
Seddon, Daniel, Creative Dir -- THE WONDERFUL AGENCY, Los Angeles, CA, pg. 1228
Sedelbauer, Mackenzie, Project Mgr, Acct Exec & Jr Strategist-Brand -- ELEMENT ADVERTISING, LLC, Asheville, NC, pg. 335
Sedeno, Mary, Acct Exec -- GLYNNDEVINS ADVERTISING & MARKETING, Kansas City, MO, pg. 424
Seder, Craig, Exec Creative Dir -- SMITH BROTHERS AGENCY, LP, Pittsburgh, PA, pg. 1023
Sedlacek, Mark, Dir-Creative & Art -- Gyro Chicago, Chicago, IL, pg. 458
Sedmak, Katie, Art Dir -- J. WALTER THOMPSON ATLANTA, Atlanta, GA, pg. 564
Seeker, Kevin, Acct Dir -- BENSUR CREATIVE MARKETING GROUP, Erie, PA, pg. 123
Seese, Guy, Creative Dir-Adidas -- SOCKEYE CREATIVE, Portland, OR, pg. 1027
Seftel, Larry, Creative Dir -- Wieden + Kennedy, London, United Kingdom, pg. 1165
Segal, Robyn, Art Dir-Creative -- Edelman, London, United Kingdom, pg. 1494
Segarra, Lisa, Art Dir -- SUNDIN ASSOCIATES, INC., Natick, MA, pg. 1061
Seger, Sven, Chief Creative Officer-Americas -- FUTUREBRAND, New York, NY, pg. 405
Segers, Murielle, Acct Dir -- Havas Worldwide Digital Brussels, Brussels, Belgium, pg. 478
Segri, Rafael, Assoc Creative Dir -- SAATCHI & SAATCHI, New York, NY, pg. 975
Segura, Pedro, Sr Dir-New Bus Dev -- GO LOCAL INTERACTIVE, LLC, Overland Park, KS, pg. 1259
Segura, Seth, Creative Dir -- BIGEYE AGENCY, Orlando, FL, pg. 130
Sehgal, Sundeep, Sr Creative Dir -- J. Walter Thompson, Chennai, India, pg. 557
Seibold, Jeremy, Creative Dir -- TDA_BOULDER, Boulder, CO, pg. 1094

Seide, Michael, Acct Dir -- ANOMALY, New York, NY, pg. 59
Seidel, Laura, Art Dir -- MARCUS THOMAS LLC, Cleveland, OH, pg. 679
Seidel, Patrick, Assoc Creative Dir -- Ogilvy, Chicago, IL, pg. 811
Seiden, Liza, Acct Exec & Strategist-Brand -- THE SEIDEN GROUP, New York, NY, pg. 1001
Seidl, Fabio, Exec Creative Dir -- VML, INC., Kansas City, MO, pg. 1143
Sein, Raymond, Strategist-Creative -- CODE AND THEORY, New York, NY, pg. 217
Seisser, Tod, Co-Founder & Chief Creative Officer -- GROK, New York, NY, pg. 451
Seita, Jennifer, Dir-PR -- JEFFREY SCOTT AGENCY, Fresno, CA, pg. 574
Seitzberg, Beth, Creative Dir -- D.TRIO, Minneapolis, MN, pg. 323
Seiwert, Christina, Acct Supvr -- LKH&S, Chicago, IL, pg. 647
Seiwert, Christina, Acct Supvr -- LKH&S Louisville, Fisherville, KY, pg. 647
Sekin, Chris, Mng Partner & Exec Creative Dir -- JOHNSON & SEKIN, Dallas, TX, pg. 580
Selamat, Hazwan, Art Dir -- FCB Kuala Lumpur, Kuala Lumpur, Malaysia, pg. 374
Selander, Jessica, Sr VP & Creative Dir -- Greer, Margolis, Mitchell, Burns & Associates (GMMB), Washington, DC, pg. 1508
Selby, Jason, Acct Supvr -- WALZ TETRICK ADVERTISING, Mission, KS, pg. 1151
Selden, Lindsey, Dir-Creative & Sr Designer -- IRON CREATIVE COMMUNICATION, San Francisco, CA, pg. 548
Seldin, Benjamin Y, Assoc Dir-Creative Strategy -- DIGITAS, Boston, MA, pg. 1250
Self, Darcey, Assoc Dir-Creative -- RUNYON SALTZMAN & EINHORN, Sacramento, CA, pg. 972
Self, Josie, Sr Acct Mgr-PR -- Hills Balfour, London, United Kingdom, pg. 750
Self, Melinda, Art Dir -- G&T COMMUNICATIONS, INC., Boone, NC, pg. 1515
Self, Nancy, Creative Dir -- FREED ADVERTISING, Sugar Land, TX, pg. 397
Selling, Ron, Creative Dir -- ALL-WAYS ADVERTISING COMPANY, Bloomfield, NJ, pg. 1396
Sellmeyer, Marty, Assoc Creative Dir -- BRIGHTON AGENCY, INC., Saint Louis, MO, pg. 164
Sells, Lindsey, Supvr-Creative Team Coordination -- DERSE INC., Milwaukee, WI, pg. 292
Selter, Zachary, Art Dir -- POWER CREATIVE, Louisville, KY, pg. 884
Selvarajah, Indy, Creative Dir -- Edelman, London, United Kingdom, pg. 1494
Selwyn, Adam, Creative Dir-North America -- Text 100 New York Corp., New York, NY, pg. 1658
Seman, David Benjamin, Assoc Creative Dir -- MARC USA, Pittsburgh, PA, pg. 676
Sen Gupta, Gresha, Sr Creative Dir -- J. Walter Thompson, Chennai, India, pg. 557
Sen Gupta, Shamik, Creative Dir -- Ogilvy, Bengaluru, India, pg. 823
Sen, Aunindo Anoop, Creative Dir -- FP7, Dubai, United Arab Emirates, pg. 710
Sena, Peter , II, CEO & Chief Creative Officer -- DIGITAL SURGEONS LLC, New Haven, CT, pg. 301
Sengupta, Arijit, Sr Creative Dir -- FCB Ulka, Gurgaon, India, pg. 373
Sengupta, Moeinuk, Creative Dir -- J. Walter Thompson, Kolkata, India, pg. 557
Sengupta, Sabuj, Exec Creative Dir -- Hakuhodo Percept Pvt. Ltd., Mumbai, India, pg. 463
Sengupta, Soham, Acct Dir-Digital -- J. Walter Thompson, Kolkata, India, pg. 557
Sengupta, Sriya, Acct Dir -- Grey (India) Pvt. Ltd., Mumbai, India, pg. 446
Senich, Amie, Acct Dir -- GREY GROUP, New York, NY, pg. 438
Senn, Landon, Designer-Digital Creative -- INFINITY MARKETING, Greenville, SC, pg. 531
Senour, Sarah, Acct Dir -- Aisle Rocket Studios, Palatine, IL, pg. 42
Senovilla, Javier, Creative Dir-Madrid -- Ogilvy Comunicacion, Madrid, Spain, pg. 1600
Sentenac, Serge, Dir-Creative -- TBWA/Compact, Toulouse, France, pg. 1081
Sentucq, Olivier, Acct Dir -- OgilvyOne Worldwide New York, New York, NY, pg. 812
Seokjin, Josh, Sr Art Dir -- Cheil Worldwide Inc., Seoul, Korea (South), pg. 462

AGENCIES — PERSONNEL INDEX

Seow, Roy, Exec Creative Dir -- SAESHE ADVERTISING, Los Angeles, CA, pg. 986
Sepulveda, Carlos, Creative Dir -- APOLLO INTERACTIVE, INC., El Segundo, CA, pg. 64
Sepulveda, Rafael Alegria, Art Dir -- BBDO Chile, Santiago, Chile, pg. 102
Serafin, Derek, Acct Supvr -- MOTION PR, Chicago, IL, pg. 1585
Serafine-Clark, Jarrad, Partner & Dir-Creative Svcs -- KCD PUBLIC RELATIONS, San Diego, CA, pg. 1552
Serafini, Daisy, Art Dir -- ELEVEN INC., San Francisco, CA, pg. 336
Serafini, Sean, Art Dir -- ANTHEM BRANDING, Boulder, CO, pg. 61
Serafino, Paula Zambello, VP & Media Dir -- CTP, Boston, MA, pg. 252
Serdukova, Anastasia, Art Dir -- BBH NEW YORK, New York, NY, pg. 115
Sereni, Jenna, VP-Mktg & Creative Svcs -- WHOSAY, New York, NY, pg. 1162
Sergey, Kozhevnikov, Creative Dir -- BBDO Moscow, Moscow, Russia, pg. 107
Serino, Marco, Acct Dir -- FLY COMMUNICATIONS, New York, NY, pg. 389
Serio, Janine, Sr VP & Assoc Creative Dir -- Havas Life New York, New York, NY, pg. 474
Serken, Ed, VP & Assoc Creative Dir -- AREA 23, New York, NY, pg. 67
Serkin, Mariano, Chief Creative Officer-Europe -- Del Campo Nazca Saatchi & Saatchi, Buenos Aires, Argentina, pg. 981
Serkin, Mariano, Chief Creative Officer-Europe -- Saatchi & Saatchi, Madrid, Spain, pg. 979
Serna, Anthony, VP-Creative -- AGENCY 51, Santa Ana, CA, pg. 37
Serpico, Renata, Acct Coord -- MALLOF, ABRUZINO & NASH MARKETING, Carol Stream, IL, pg. 673
Serpico, Renata, Acct Coord -- MAN MARKETING, Carol Stream, IL, pg. 674
Serra, Fernando, Creative Dir -- J. Walter Thompson, Buenos Aires, Argentina, pg. 563
Serrano, Alexander Otto, Head-Creative & Digital -- Hill+Knowlton Strategies, Frankfurt, Germany, pg. 1533
Serviss, Gary, VP & Creative Dir -- LANETERRALEVER, Phoenix, AZ, pg. 610
Sesen, Kerem, Art Dir -- TBWA Istanbul, Istanbul, Turkey, pg. 1088
Sessa, Stefania, Creative Dir-Milano -- PEOPLE IDEAS & CULTURE, Brooklyn, NY, pg. 862
Seth, Akshay, Sr Creative Dir -- Ogilvy India, Mumbai, India, pg. 824
Sethebe, Tumi, Creative Dir -- Havas Worldwide Johannesburg, Bryanston, South Africa, pg. 488
Sethi, Kanika, Creative Dir -- Ogilvy India, Mumbai, India, pg. 824
Sethi, Trina, Acct Dir -- BBH LA, West Hollywood, CA, pg. 93
Sethna, Delna, Chief Creative Officer-Law & Kenneth -- Saatchi & Saatchi, Mumbai, India, pg. 984
Setree, Karen, Acct Coord -- BLAKESLEE ADVERTISING, Baltimore, MD, pg. 133
Settle, Chris, Exec VP & Dir-Creative Svcs -- DESTINATION MARKETING, Mountlake Terrace, WA, pg. 294
Severe, Patrick, Acct Exec -- ABEL COMMUNICATIONS, INC., Baltimore, MD, pg. 1425
Severson, Courtney, Acct Dir -- FLUID INC., Oakland, CA, pg. 1257
Sewell, Christian, Art Dir -- Adam & EveDDB, London, United Kingdom, pg. 281
Sexton, Carolyn, Art Dir -- LAUNCH AGENCY, Carrollton, TX, pg. 614
Sexton, Charley, Creative Dir -- MOXLEY CARMICHAEL, Knoxville, TN, pg. 765
Sexton, Greg, Acct Supvr-PR -- SANTY INTEGRATED, Scottsdale, AZ, pg. 990
Sexton, Jeannie, Acct Dir -- IN MARKETING SERVICES, Norwalk, CT, pg. 529
Sexton, Jim, Acct Exec -- D&S CREATIVE COMMUNICATIONS INC., Mansfield, OH, pg. 256
Sexton, Kristy, Founder & Chief Creative Officer -- ADCETERA GROUP, Houston, TX, pg. 27
Sexton, Lindsay, Acct Supvr -- THE TOMBRAS GROUP, Knoxville, TN, pg. 1108
Sexton, Sara, Acct Dir-Surgical Portfolio -- 2E CREATIVE, Saint Louis, MO, pg. 4
Seymour, Patrick, Art Dir -- LG2, Montreal, Canada, pg. 639
Seymour, Scott, Chief Creative Officer & VP -- BFG COMMUNICATIONS, Bluffton, SC, pg. 126

Sha, Zhou, Art Dir -- ici Barbes, Paris, France, pg. 1081
Shaar, Faissal, Acct Exec -- FP7, Dubai, United Arab Emirates, pg. 710
Shabaz, Ali, Chief Creative Officer-MENA -- Grey Group Middle East Network, Dubai, United Arab Emirates, pg. 443
Shabaz, Ali, Chief Creative Officer-MENA -- Grey Hong Kong, North Point, China (Hong Kong), pg. 446
Shabaz, Ali, Chief Creative Officer-MENA -- GREYnj United, Bangkok, Thailand, pg. 448
Shabazz, Cecelia, Creative Dir -- THE FOCUS GROUP, Gulfport, MS, pg. 391
Shacham, Melissa, Acct Dir -- YARD, New York, NY, pg. 1303
Shackelford, Rachael, Acct Exec -- Strauss Radio Strategies, Inc., New York, NY, pg. 1653
Shackelford, Rachael, Acct Exec -- STRAUSS RADIO STRATEGIES, INC., Washington, DC, pg. 1653
Shadowens, Ashley, Supvr-Social Media & PR -- FIREHOUSE, INC., Dallas, TX, pg. 1402
Shaffer, Andrew, Assoc Dir-Creative & Sr Copywriter -- BBDO San Francisco, San Francisco, CA, pg. 99
Shaffer, Elizabeth, Art Dir-Creative -- DIO, LLC, York, PA, pg. 302
Shaffer, Galen, Art Dir -- BLAINETURNER ADVERTISING, INC., Morgantown, WV, pg. 133
Shaffer, Leslie, Exec Creative Dir -- Fallon New York, New York, NY, pg. 360
Shaffer, Tj, Creative Dir -- FRIENDS & NEIGHBORS, MinneaPolis, MN, pg. 399
Shaffer, Trevor, Co-Founder & Creative Dir -- INFLIGHT CREATIONS, Scottsdale, AZ, pg. 532
Shafri, Emir, Exec Creative Dir -- Y&R Malaysia, Kuala Lumpur, Malaysia, pg. 1201
Shah, Chandni, Media Buyer -- VSA PARTNERS, INC., Chicago, IL, pg. 1146
Shah, Neville, Grp Creative Dir -- Ogilvy India, Mumbai, India, pg. 824
Shah, Puja, Creative Dir -- COLLE+MCVOY, Minneapolis, MN, pg. 219
Shah, Rachna, Partner & Mng Dir-PR & Digital -- KCD, INC., New York, NY, pg. 1552
Shah, Shazeen, Acct Dir -- J PUBLIC RELATIONS, San Diego, CA, pg. 1407
Shakarian, Alisa, Creative Dir -- CAMBRIDGE BIOMARKETING, Cambridge, MA, pg. 184
Shake, Christine, Media Planner & Media Buyer -- MGH, INC., Owings Mills, MD, pg. 736
Shaker, Daniel, VP-Creative -- SHAKER RECRUITMENT ADVERTISING & COMMUNICATIONS, INC., Oak Park, IL, pg. 1005
Shalles, Scott, Creative Dir-Integrated -- STIR ADVERTISING & INTEGRATED MARKETING, Milwaukee, WI, pg. 1050
Shalom, Kira, Creative Dir -- SAATCHI & SAATCHI, New York, NY, pg. 975
Sham, Helen, Creative Dir -- Ogilvy Advertising, Central, China (Hong Kong), pg. 822
Shamlian, Fred, Founder & Creative Dir -- SHAMLIAN CREATIVE, Media, PA, pg. 1005
Shamon, Pete, Creative Dir & Writer -- HILL HOLLIDAY, Boston, MA, pg. 500
Shams, Tamer, Art Dir -- Team/Y&R HQ Dubai, Dubai, United Arab Emirates, pg. 1205
Shamy, Chelsea, Acct Exec -- DEARING GROUP, West Lafayette, IN, pg. 284
shan, linlin, Acct Dir -- Wieden + Kennedy, Shanghai, China, pg. 1166
Shanahan, Allie, Acct Exec -- RED PEPPER, INC., Nashville, TN, pg. 940
Shands, Joe, Creative Dir -- TBWA Chiat Day New York, New York, NY, pg. 1078
Shands, Joseph, Creative Dir -- BATTERY, Los Angeles, CA, pg. 96
Shang, Kelsey, Art Dir -- INTERESTING DEVELOPMENT, New York, NY, pg. 538
Shank, Brendon, VP & Acct Dir -- DOMUS INC., Philadelphia, PA, pg. 313
Shankar, Amit, Creative Dir-Natl -- Publicis India Communications Pvt. Ltd., Gurgaon, India, pg. 910
Shanker, Ravi, Exec Creative Dir -- FCB Jakarta, Jakarta, Indonesia, pg. 373
Shaon, Syed Gousul Alam, Chief Creative Officer -- Grey Bangladesh Ltd., Dhaka, Bangladesh, pg. 445
Shapiro, Ali, Acct Exec -- NORTH 6TH AGENCY, INC., New York, NY, pg. 798
Shapiro, Kiah, Strategist-Creative -- LUCI CREATIVE, Lincolnwood, IL, pg. 655

Shapiro, Lauren, Assoc Creative Dir -- FARM, Depew, NY, pg. 362
Shapiro, Matt, Assoc Creative Dir -- THE REPUBLIK, Raleigh, NC, pg. 947
Shapiro, Mollie, Acct Supvr -- SITUATION INTERACTIVE, New York, NY, pg. 1017
Shapiro, Neil, Grp Creative Dir -- DDB VANCOUVER, Vancouver, Canada, pg. 267
Shapiro, Pam, Acct Exec -- PIERCE-COTE ADVERTISING, Osterville, MA, pg. 870
Sharma, Harshvardhan, Assoc Dir-Art & Creative -- Grey (India) Pvt. Pty. Ltd. (Delhi), Gurgaon, India, pg. 446
Sharma, Keshni, Sr Dir-Creative & Art -- J. WALTER THOMPSON, New York, NY, pg. 553
Sharma, Manavi, Acct Dir -- BBH Singapore, Singapore, Singapore, pg. 94
Sharma, Pramod, Exec Creative Dir -- Rediffusion Y&R Pvt. Ltd., Mumbai, India, pg. 1200
Sharma, Pranav Harihar, Exec Creative Dir -- Leo Burnett India, Mumbai, India, pg. 629
Sharma, Siddharth, Acct Dir -- Happy mcgarrybowen, Bengaluru, India, pg. 717
Sharon, Kim Wicken, Sr VP & Acct Dir -- Arc Worldwide, North America, Chicago, IL, pg. 1397
Sharon, Rebecca, Media Dir -- NOBLE PEOPLE, New York, NY, pg. 796
Sharp, Ian, Project Mgr & Acct Exec -- ROBERT SHARP & ASSOCIATES, Rapid City, SD, pg. 963
Sharp, Jenna, Acct Coord -- RANDLE COMMUNICATIONS, Sacramento, CA, pg. 1625
Sharp, Johnnie, Media Planner -- GROUPM NORTH AMERICA & CORPORATE HQ, New York, NY, pg. 1322
Sharpe, Pam, VP & Media Dir -- THE PRICE GROUP, INC., Lubbock, TX, pg. 888
Sharpe, Sara, Acct Exec -- JOHANNES LEONARDO, New York, NY, pg. 1266
Sharrieff, Munier, VP & Creative Dir -- BURRELL, Chicago, IL, pg. 176
Shaughnessy, Brooke, Acct Supvr -- QUINN & CO., New York, NY, pg. 1622
Shaughnessy, Mike, Acct Dir -- TMP WORLDWIDE ADVERTISING & COMMUNICATIONS, LLC, New York, NY, pg. 1107
Shaughnessy, Ray, Creative Dir -- Wieden + Kennedy, London, United Kingdom, pg. 1165
Shaw, Angela, Media Dir -- INTOUCH SOLUTIONS, Overland Park, KS, pg. 544
Shaw, Justin, Supvr-Bus-to-Bus PR -- DIXON SCHWABL ADVERTISING, Victor, NY, pg. 309
Shaw, Kacy, Acct Dir-Natl -- FOX GREENBERG PUBLIC RELATIONS, New York, NY, pg. 1513
Shaw, Matt, Acct Dir -- Wieden + Kennedy, London, United Kingdom, pg. 1165
Shaw, Richard, Assoc Creative Dir -- Young & Rubicam Australia/New Zealand, Sydney, Australia, pg. 1199
Shaw, Ryan, VP & Media Dir -- Digitas, Chicago, IL, pg. 1252
Shaw, Simon, Chief Creative Officer -- Hill+Knowlton Strategies, London, United Kingdom, pg. 1533
Shaw, Stephanie, Acct Exec -- ROSE COMMUNICATIONS, INC., Hoboken, NJ, pg. 1634
Shaw, Steven, Creative Dir -- TWENTY FOUR SEVEN, INC., Portland, OR, pg. 1123
Shaw, Tim, Creative Dir -- QUINN FABLE ADVERTISING, New York, NY, pg. 924
Shaw, Yvonne, VP-HR & PR -- DEVRIES GLOBAL, New York, NY, pg. 1484
Shay, Jess, Producer-Print -- ARGONAUT INC., San Francisco, CA, pg. 67
Shay, Steven, Exec Creative Dir-User Experience Design -- iCrossing Chicago, Chicago, IL, pg. 1262
Shay, Steven, Exec Creative Dir-User Experience Design -- iCrossing Dallas, Dallas, TX, pg. 1262
Shea, Anthony, Creative Dir -- TOTH BRAND IMAGING, Boston, MA, pg. 1111
Shea, Emily, Exec Creative Dir -- STEPHAN & BRADY, INC., Madison, WI, pg. 1046
Shea, Meg, Media Buyer -- ANDERSON PARTNERS, Omaha, NE, pg. 58
Shea, Tanner, Creative Dir -- Endeavor, New York, NY, pg. 340
Shea, Terry, Acct Dir -- BRAND DEFINITION, New York, NY, pg. 154
Shearer, Chad David, COO & Creative Dir -- CAREN WEST PR, LLC, Atlanta, GA, pg. 1462
Shearer, Kendall, Acct Supvr -- DIGITAL KITCHEN, Chicago, IL, pg. 301

PERSONNEL INDEX — AGENCIES

Shearer, Norm, Partner & Chief Creative Officer -- CACTUS, Denver, CO, pg. 181

Shearer, Paul, Chief Creative Officer -- BBDO EMEA, London, United Kingdom, pg. 111

Shearer, Paul, Chief Creative Officer -- Impact BBDO, Jeddah, Saudi Arabia, pg. 108

Shearer, Paul, Chief Creative Officer-MENA -- Impact BBDO, Dubai, United Arab Emirates, pg. 109

Shearer, Paul, Chief Creative Officer -- MEMAC Ogilvy, Kuwait, Kuwait, pg. 830

Sheatsley, Kelli, Specialist-PR, Social Media & Events -- ALTITUDE MARKETING, Emmaus, PA, pg. 50

Shedlin, Lindsay, Acct Exec -- NARRATIVE, New York, NY, pg. 784

Sheean, Chip, Co-Founder & Chief Creative Officer -- THEORY SF, San Francisco, CA, pg. 1294

Sheehan, Diana, Media Dir -- CASANOVA PENDRILL, Costa Mesa, CA, pg. 192

Sheehan, Jan, Creative Dir -- LIGHT YEARS AHEAD, Los Angeles, CA, pg. 1567

Sheehan, Kevin, Assoc Creative Dir & Copywriter -- HYC/MERGE, Chicago, IL, pg. 515

Sheehan, Megan, Creative Dir -- INTERESTING DEVELOPMENT, New York, NY, pg. 538

Sheely, Alissa, Acct Dir -- GOODBY, SILVERSTEIN & PARTNERS, San Francisco, CA, pg. 428

Sheen, Mike, Creative Dir -- COATES KOKES, Portland, OR, pg. 216

Sheeran, Carrie, Media Dir -- LEAPFROG ONLINE, Evanston, IL, pg. 618

Sheeran, Rachel, Art Dir -- EP+Co, New York, NY, pg. 343

Shein, Jessica, Acct Exec -- JMPR, INC., Woodland Hills, CA, pg. 1548

Shek, Andrea De Francisco, Assoc Creative Dir -- CORD MEDIA, Palm Desert, CA, pg. 231

Shelby, Angela, Media Planner & Media Buyer -- INTREPID, Salt Lake City, UT, pg. 1544

Shell, Farr, Media Planner & Media Buyer -- MARTIN RETAIL GROUP/MARTIN ADVERTISING, Birmingham, AL, pg. 688

Shell, Jared, Acct Dir -- FCB New York, New York, NY, pg. 365

Shelley, Allyson, Acct Coord -- COLLING MEDIA LLC, Scottsdale, AZ, pg. 220

Shelley, Tim, Creative Dir -- AKQA, INC., San Francisco, CA, pg. 1234

Shelley, Whitney, Mgr-Traffic -- MATCHBOOK CREATIVE, Indianapolis, IN, pg. 693

Shelmerdine, Lily, Acct Supvr -- JOHANNES LEONARDO, New York, NY, pg. 1266

Shelton, Brandon, Assoc Creative Dir -- Woodruff, Kansas City, MO, pg. 1176

Shelton, Jackie, VP-PR -- ESTIPONA GROUP, Reno, NV, pg. 350

Shelton, Josh, Assoc Dir-Creative & Copywriter -- CP+B BOULDER, Boulder, CO, pg. 235

Shemtov, Susan, Creative Dir -- FUZE, Miami, FL, pg. 1258

Shen, Hellen, Acct Dir -- Weber Shandwick, Beijing, China, pg. 1680

Shengjie, Huang, Assoc Creative Dir -- mcgarrybowen, Shanghai, China, pg. 718

Shepard, Brooke, Exec VP-North America Incite Plng & Exec Creative Dir-Seattle -- Weber Shandwick-Seattle, Seattle, WA, pg. 1677

Shepherd, Amanda, Art Dir -- NORTH CHARLES STREET DESIGN ORGANIZATION, Baltimore, MD, pg. 798

Shepherd, Erin, Acct Exec -- THE MARTIN AGENCY, Richmond, VA, pg. 687

Shepherd, Katherine, Jr Acct Coord -- BEYOND FIFTEEN COMMUNICATIONS, INC., Irvine, CA, pg. 1449

Shepherd, Maggie, Acct Supvr-Fin Svcs & Capital Markets -- EDELMAN, Chicago, IL, pg. 1490

Shepherdson, Kirsty, Acct Dir -- TRACK, Auckland, New Zealand, pg. 837

Sheppard, Daniel, Partner & Creative Dir -- SHEPPARD LEGER NOWAK INC., East Providence, RI, pg. 1007

Sheppard, Heather, Acct Supvr -- FAHLGREN MORTINE, Columbus, OH, pg. 358

Sher, Greg, Media Dir -- APOLLO INTERACTIVE, INC., El Segundo, CA, pg. 64

Sheridan, Kim, Sr Acct Mgr-PR -- OKEEFFE, Cincinnati, OH, pg. 1602

Sheridan, Wendi, Acct Supvr -- PACIFIC COMMUNICATIONS GROUP, Torrance, CA, pg. 848

Sheriff, Katie, Asst Mgr-PR & Social -- I.D.E.A., San Diego, CA, pg. 519

Sherlock, Olivia, Acct Supvr -- Fallon Minneapolis, Minneapolis, MN, pg. 360

Sherman, Regina, Dir-Creative -- IMC, Holmdel, NJ, pg. 1405

Sherman, Sarah, Acct Dir -- NINA HALE INC., Minneapolis, MN, pg. 1276

Sherrill, Christina Lee, Dir-Project Mgmt & Mgr-Creative Resources -- SILTANEN & PARTNERS, El Segundo, CA, pg. 1013

Sherry, Eoin, Creative Dir -- MCCANN WORLDGROUP S.R.L. Milan, Italy, pg. 715

Sherstobitoff, Kelly, Acct Dir -- COSSETTE COMMUNICATIONS, Vancouver, Canada, pg. 232

Sherwell, Brian, VP & Grp Dir-Creative & Experience Strategy -- Digitas, Atlanta, GA, pg. 1252

Sherwood, Ben, Exec Creative Dir -- VSA PARTNERS, INC., Chicago, IL, pg. 1146

Sherwood, Bradley, Partner & Creative Dir -- MIGHTY 8TH MEDIA, LLC, Buford, GA, pg. 739

Sherwood, Caitlin, Acct Dir -- ROOM 214, INC., Boulder, CO, pg. 968

Sherwood, Dave, VP & Creative Dir -- CREATIVE MARKETING ALLIANCE INC., Princeton Junction, NJ, pg. 243

Sherwood, Matthew, Assoc Creative Dir -- Patients & Purpose, New York, NY, pg. 198

Shesh, Katy, Creative Dir -- BEAUTY@GOTHAM, New York, NY, pg. 119

Sheterline, John, Creative Dir & Copywriter -- TBWA Singapore, Singapore, Singapore, pg. 1091

Shetler, Brent, Principal & Dir-Creative -- MINDSPACE, Tempe, AZ, pg. 745

Shettigar, Sudarshan, Creative Dir-Digital -- Interactive Avenues Pvt. Ltd., Mumbai, India, pg. 542

Shetty, Akshay, Supvr-Creative -- J. Walter Thompson, Bengaluru, India, pg. 557

Shetty, Bharat, Assoc Dir-Creative Digital -- Happy mcgarrybowen, Bengaluru, India, pg. 717

Shi, Zizi, Grp Head-Creative -- Ogilvy (China) Ltd., Shanghai, China, pg. 822

Shields, Anthony, Team Head-New Bus Dev -- POP LABS, INC, Houston, TX, pg. 883

Shields, Cameron, Sr VP-PR -- Fleishman-Hillard Inc., Charlotte, NC, pg. 1507

Shields, Christine, VP & Media Dir -- THE PAIGE GROUP, Utica, NY, pg. 851

Shields, Ryan, Acct Supvr -- MRM MCCANN, New York, NY, pg. 766

Shifflett, Owen, Art Dir -- VIGET, Falls Church, VA, pg. 1300

Shiffrar, Bob, Assoc Creative Dir-Copy -- PRECISIONEFFECT, Boston, MA, pg. 887

Shifrin, Brittany, Acct Dir -- HAVAS WORLDWIDE CHICAGO, Chicago, IL, pg. 488

Shigetomi, Kenichiro, Art Dir -- Wieden + Kennedy Japan, Tokyo, Japan, pg. 1166

Shih, Minyi, VP & Media Dir -- ZENITH USA, New York, NY, pg. 1391

Shikata, Yukichi, Art Dir -- Beacon Communications K.K., Tokyo, Japan, pg. 630

Shikata, Yukichi, Art Dir -- Beacon Communications K.K., Tokyo, Japan, pg. 910

Shimazu, Yusuke, Creative Dir & Copywriter -- DENTSU INC., Tokyo, Japan, pg. 289

Shimizu, Katsuhiro, Art Dir -- TBWA/Hakuhodo, Tokyo, Japan, pg. 1090

Shimomura, Kenji, Creative Dir -- Saatchi & Saatchi Los Angeles, Torrance, CA, pg. 975

Shin, Hyunjae, Acct Exec -- Cheil Worldwide Inc., Seoul, Korea (South), pg. 462

Shin, Josh Seokjin, Sr Art Dir -- Cheil Worldwide Inc., Seoul, Korea (South), pg. 462

Shin, Rachel, Acct Supvr & Strategist-Digital -- Cohn & Wolfe Austin, Austin, TX, pg. 1441

Shinde, Harshada, Art Dir -- Ogilvy, Bengaluru, India, pg. 823

Shinn, Danielle, Acct Exec -- MNI TARGETED MEDIA INC., Stamford, CT, pg. 1352

Shinnick, Mike, Acct Supvr-Overdrive Interactive -- OVERDRIVE INTERACTIVE, Boston, MA, pg. 1279

Shipley, Ashley, Acct Exec -- MATRIX MEDIA SERVICES, INC., Columbus, OH, pg. 1340

Shipley, Juanita, Acct Dir -- ANDERSON DDB HEALTH & LIFESTYLE, Toronto, Canada, pg. 57

Shipley, Teddy, Creative Dir -- MYTHIC, Charlotte, NC, pg. 782

Shires, Stacey, Acct Dir & Copywriter -- GROUP FIFTY FIVE MARKETING, Detroit, MI, pg. 452

Shirey, Kaila, Media Buyer -- Swanson Russell Associates, Omaha, NE, pg. 1065

Shiriyazdanova, Anastasia, Coord-Traffic -- SCHAFER CONDON CARTER, Chicago, IL, pg. 995

Shirk, Bill, Creative Dir -- THINK TANK COMMUNICATIONS, Johns Creek, GA, pg. 1099

Shirley, Michael, Sr VP & Creative Dir -- Leo Burnett USA, Chicago, IL, pg. 622

Shivakumar, Priya, Creative Dir-Natl -- J. Walter Thompson, Bengaluru, India, pg. 557

Shivka, Ally, Art Dir -- POTRATZ PARTNERS ADVERTISING INC., Schenectady, NY, pg. 884

Shlemmer, Paige, Acct Supvr -- TEAM ONE USA, Los Angeles, CA, pg. 1095

Shoaf, Christine, Exec VP & Acct Dir-Global -- MOMENTUM WORLDWIDE, New York, NY, pg. 754

Shoaf, Logan, Acct Exec -- BIG COMMUNICATIONS, INC., Birmingham, AL, pg. 128

Shockley, Mark, VP & Sr Creative Dir -- ADAMUS MEDIA, Blackwood, NJ, pg. 27

Shoemaker, Robyn, Media Planner -- Blue 449, Indianapolis, IN, pg. 1311

Shoesmith, Jo, Chief Creative Officer -- Campbell Ewald Los Angeles, West Hollywood, CA, pg. 541

Shoham, Maayan Ben, Acct Supvr -- Adler, Chomski Grey, Tel Aviv, Israel, pg. 440

Shon, Joshua, Acct Exec -- IQ 360, Mountain View, CA, pg. 548

Shook, Marjanee, Acct Supvr -- J. WALTER THOMPSON ATLANTA, Atlanta, GA, pg. 564

Shor, David, Creative Dir -- George P. Johnson Company, Inc., Boston, MA, pg. 416

Shore, Kenny, Creative Dir -- THE GEARY COMPANY, Las Vegas, NV, pg. 413

Shore, Kurt, Pres & Chief Creative Officer -- D4 CREATIVE GROUP, Philadelphia, PA, pg. 256

Short, Toni, Dir-New Bus Initiatives -- SIGNAL OUTDOOR ADVERTISING, Orlando, FL, pg. 1012

Shotwell, Jeff, Pres & Creative Dir -- IMAGINE IT MEDIA, Palm Springs, CA, pg. 526

Shouppe, Brigitta, Acct Exec -- B2 COMMUNICATIONS, Saint Petersburg, FL, pg. 1436

Shourie, Rishi, Principal & Creative Dir -- CHARACTER, San Francisco, CA, pg. 203

Showell, Brenda, Acct Dir -- PLANIT, Baltimore, MD, pg. 877

Shponko, Marina, Art Buyer -- BBDO Moscow, Moscow, Russia, pg. 107

Shringy, Hemant, Exec Creative Dir -- BBDO India, Gurgaon, India, pg. 112

Shrivastava, Abhishek, Assoc Creative Dir -- OgilvyOne Worldwide, New Delhi, India, pg. 825

Shroff, Ateet, Creative Dir -- MullenLowe Singapore, Singapore, Singapore, pg. 777

Shroyer, Amy, Acct Exec -- TRICOMB2B, Dayton, OH, pg. 1117

Shryane, Brendan, Art Dir -- McCann-Erickson Communications House Ltd , Macclesfield, Prestbury, United Kingdom, pg. 712

Shryock, Kelly, Acct Exec -- AZIONE PR, Los Angeles, CA, pg. 1436

Shtrahman, Lana, Assoc Dir-Brdcst-Natl -- MINDSHARE, New York, NY, pg. 1351

Shuber, Cassandra, Art Dir -- BBDO Toronto, Toronto, Canada, pg. 100

Shugars, Jenna, Acct Supvr -- EXIT10, Baltimore, MD, pg. 355

Shugrue, Lauren, Sr Mgr-Digital Mktg & Creative Production -- MAMMOTH ADVERTISING LLC, New York, NY, pg. 673

Shuke, Ilisia, Sr VP & Acct Dir -- GREY NEW YORK, New York, NY, pg. 438

Shuldiner, Quentin, Creative Dir -- HOW FUNWORKS LLC, Oakland, CA, pg. 510

Shulow, Allison, Creative Dir -- STONEARCH, Minneapolis, MN, pg. 1051

Shultz, Al, Pres & Creative Dir -- AL SHULTZ ADVERTISING, INC., San Jose, CA, pg. 43

Shum, Jasmine, Acct Exec -- BBDO Hong Kong, Taikoo Shing, China (Hong Kong), pg. 112

Shuman, Brandy, Acct Supvr -- KONNECT PUBLIC RELATIONS, Los Angeles, CA, pg. 1560

Shuman, Mike, Creative Dir -- MCCANN CANADA, Toronto, Canada, pg. 712

Shumilak, Marie, Acct Supvr -- &BARR, Orlando, FL, pg. 55

Shun, Matsuzaka, Head-McCann NEXT & McCann Millennials APAC & Dir-Digital Creative -- McCann Erickson (Malaysia) Sdn. Bhd., Kuala Lumpur, Malaysia, pg. 706

Shune, Lee Tak, Exec Creative Dir -- Publicis (Malaysia) Sdn. Bhd., Petaling Jaya, Malaysia, pg. 910

Shuquan, Liu, Assoc Creative Dir -- Wunderman, Shanghai, China, pg. 1190

Shurson, Ashton, Acct Supvr -- GRAYLING, Los Angeles, CA, pg.

AGENCIES — PERSONNEL INDEX

Shuster, Karen, VP & Media Dir -- DUFFY & SHANLEY, INC., Providence, RI, pg. 324
Shvedun, Julia, Acct Dir -- Provid BBDO, Kiev, Ukraine, pg. 109
Shymko, Scott, Art Dir & Assoc Creative Dir -- CLEAN SHEET COMMUNICATIONS, Toronto, Canada, pg. 213
Siachoque, Guillermo, Art Dir -- Young & Rubicam Bogota, Bogota, Colombia, pg. 1206
Siakimotu, Gavin, Creative Dir -- Y&R, Auckland, New Zealand, pg. 1192
Siakimotu, Gavin, Creative Dir -- Young & Rubicam Wellington, Wellington, New Zealand, pg. 1200
Siber, Omer, Grp Head-Creative -- Markom/Leo Burnett, Istanbul, Turkey, pg. 627
Siberon, Angel, Art Dir -- ADCOM GROUP, INC., Guaynabo, PR, pg. 28
Sibert, Gregg, Owner & Creative Dir -- SILVER COMMUNICATIONS, INC., New York, NY, pg. 1014
Sica, Martin, Gen Creative Dir -- TBWA/Guatemala, Guatemala, Guatemala, pg. 1092
Sicam, Mike, Creative Dir -- OgilvyOne Worldwide, Manila, Philippines, pg. 827
Siceloff, Alana, Acct Coord -- B2 COMMUNICATIONS, Saint Petersburg, FL, pg. 1436
Siciliano, Italo, Grp Head-Creative -- TrackDDB, Toronto, Canada, pg. 931
Siciliano, Rhona, Asst VP & Media Dir -- TURCHETTE ADVERTISING AGENCY LLC, Fairfield, NJ, pg. 1121
Sicklinger, Philip, Creative Dir -- BBH NEW YORK, New York, NY, pg. 115
Sicko, Matt, VP & Creative Dir -- LANETERRALEVER, Phoenix, AZ, pg. 610
Siddharth, M., Acct Dir -- Ogilvy, Mumbai, India, pg. 1601
Sideris, Yannis, Exec Creative Dir -- Bold Ogilvy Greece, Athens, Greece, pg. 815
Sides, Brandon, Creative Dir -- PHENOMENON, Los Angeles, CA, pg. 868
Sidharta, Paul, Exec Creative Dir -- TCP-TBWA Indonesia, Jakarta, Indonesia, pg. 1090
Sidhu, Gurdev Singh, Sr Creative Dir -- Havas Worldwide Gurgaon, Gurgaon, India, pg. 487
Sidman, Meredith, Acct Supvr -- BALTZ & COMPANY, New York, NY, pg. 1438
Sidoti, Brenda, Media Dir -- BENEDICT ADVERTISING, Daytona Beach, FL, pg. 122
Sidwell, Samantha Test, Acct Supvr -- COLE & WEBER UNITED, Seattle, WA, pg. 218
Sie, Waimuk, Assoc Creative Dir -- Atmosphere Proximity, New York, NY, pg. 98
Siebern, Natalie, Media Planner & Media Buyer -- Crossmedia, Los Angeles, CA, pg. 1317
Siebert, Frederic, Art Dir -- Ogilvy, Paris, France, pg. 814
Siebert, Lisa, Acct Supvr-PR -- STEPHENS & ASSOCIATES ADVERTISING, INC., Overland Park, KS, pg. 1047
Siebold, Tana, Creative Dir -- ORCA COMMUNICATIONS UNLIMITED, LLC., Tempe, AZ, pg. 1603
Siedband, Brian, Sr VP & Creative Dir -- Leo Burnett USA, Chicago, IL, pg. 622
Siedband, Brian, Sr VP & Creative Dir -- LEO BURNETT WORLDWIDE, INC., Chicago, IL, pg. 621
Siedlik, Taylor, Acct Exec -- SLEIGHT ADVERTISING INC, Omaha, NE, pg. 1020
Siefer, Alison, Acct Dir -- BERRY NETWORK, INC., Dayton, OH, pg. 125
Sieg, Michelle, Art Dir -- MISTRESS, Santa Monica, CA, pg. 747
Siegel, Adam, Creative Dir -- SEED STRATEGY, INC., Crestview Hills, KY, pg. 1000
Siegel, Ciara, Acct Dir -- Saatchi & Saatchi New York, New York, NY, pg. 976
Siegel, Jeff, Creative Dir -- ZAMBEZI, Culver City, CA, pg. 1209
Siegel, Jessica, Sr VP-Broadcast Strategy -- BERLINROSEN, New York, NY, pg. 1448
Siegel, Paul, Acct Dir -- TDA_BOULDER, Boulder, CO, pg. 1094
Siegel, Peter, Exec VP & Exec Creative Dir -- PACIFIC COMMUNICATIONS, Irvine, CA, pg. 848
Siegelman, Steve, Exec Creative Dir -- Ketchum, San Francisco, CA, pg. 1555
Siegers, Michael, Art Dir -- ZULU ALPHA KILO, Toronto, Canada, pg. 1216
Siemann, Maria, Media Planner & Media Buyer -- R/GA, Chicago, IL, pg. 926
Sienaert, Niels, Assoc Creative Dir -- FCB Chicago, Chicago, IL, pg. 364
Sierralta, Addhemar, Assoc Creative Dir -- WE ARE UNLIMITED, Chicago, IL, pg. 1155
Siers, Steve, Dir-Creative Svcs -- CALLAN ADVERTISING COMPANY, Burbank, CA, pg. 184
Sieu, Tom, Creative Dir -- CIBO, San Francisco, CA, pg. 1245
Sievers, Jason, Creative Dir -- DAVIESMOORE, Boise, ID, pg. 263
Siff, Katie, Dir-Creative Strategy -- PRAYTELL, Brooklyn, NY, pg. 1618
Sigege, Jabulani, Creative Dir -- M&C Saatchi Abel, Cape Town, South Africa, pg. 660
Sigers, Shanteka, Creative Dir -- GSD&M, Austin, TX, pg. 453
Sigman, Nicole, Media Buyer & Coord-PR -- E.W. BULLOCK ASSOCIATES, Pensacola, FL, pg. 354
Sikonski, Julie, Art Dir -- DEG, Leawood, KS, pg. 1248
Sikorski, Andy, Acct Dir -- RABINOVICI & ASSOCIATES, Hallandle Beach, FL, pg. 928
Silberman, Cary, Creative Dir -- O'BERRY CAVANAUGH, Bozeman, MT, pg. 804
Silburn, Lovisa, Creative Dir -- MullenLowe London, London, United Kingdom, pg. 775
Silcox, Alex, Mng Dir-Integrated Creative Svcs -- Hill+Knowlton Strategies, London, United Kingdom, pg. 1533
Sileo, Katelyn, Acct Exec-Social Media -- DEVENEY COMMUNICATIONS, New Orleans, LA, pg. 1483
Silimela, Thando, Art Dir -- Ogilvy Johannesburg (Pty.) Ltd., Johannesburg, South Africa, pg. 829
Silliman, Heather, Acct Dir -- EAG ADVERTISING & MARKETING, Kansas City, MO, pg. 328
Silliman, Heather, Acct Dir -- ENTREPRENEUR ADVERTISING GROUP, Kansas City, MO, pg. 342
Silny, Tammy, Media Dir -- MARSHALL FENN COMMUNICATIONS LTD., Toronto, Canada, pg. 1577
Silva Coz, Macarena, Acct Exec -- Publicis Brasil Communicao, Sao Paulo, Brazil, pg. 906
Silva Guimaraes, Bruno Augusto, Creative Dir -- DUNN&CO, Tampa, FL, pg. 326
Silva, Rui, Chief Creative Officer -- BBDO Portugal, Lisbon, Portugal, pg. 107
Silva, Rui, Creative Dir -- TBWA Lisbon, Lisbon, Portugal, pg. 1084
Silvani, Mariangela, Creative Dir -- Grey, Sao Paulo, Brazil, pg. 443
Silveira, Alexandre, Head-Customer Experience & Creative Dir -- Wunderman, Sao Paulo, Brazil, pg. 1190
Silver, Bex, Producer-Creative -- SWIFT AGENCY, Portland, OR, pg. 1066
Silver, Jamie, Assoc Creative Dir -- SOCIALFLY, LLC, New York, NY, pg. 1026
Silver, Randy, Sr Strategist-Creative & Brand -- EFK GROUP, Trenton, NJ, pg. 332
Silverberg, Jonathan, Art Dir -- LEVENSON GROUP, Dallas, TX, pg. 634
Silverglate, Isaac, Grp Exec Creative Dir -- R/GA, New York, NY, pg. 925
Silverman, Mark, Acct Dir -- BODDEN PARTNERS, New York, NY, pg. 143
Silverman, Mia, Art Dir -- Saatchi & Saatchi London, London, United Kingdom, pg. 980
Silverson, Erik, Assoc Creative Dir -- GSW WORLDWIDE, Westerville, OH, pg. 454
Silvestri, Phil, Mng Dir & Chief Creative Officer -- Havas Worldwide Tonic, New York, NY, pg. 477
Silvia, Michael, Creative Dir & Writer -- DUFFY & SHANLEY, INC., Providence, RI, pg. 324
Simbrom, Michael, Creative Dir -- COMMUNICATION STRATEGY GROUP & BRANDTELLING, Smithtown, NY, pg. 223
Simchak, Paula, Creative Dir -- Y&R AUSTIN, Austin, TX, pg. 1194
Simcox, Sarah, Acct Dir -- Kinetic, London, United Kingdom, pg. 1338
Simel, Dylan, Art Dir -- TRANSLATION LLC, New York, NY, pg. 1113
Siminerio, Tony, VP & Creative Dir -- BRUSHFIRE, INC., Cedar Knolls, NJ, pg. 170
Siminerio, Tony, VP & Creative Dir -- MARKETSMITH INC, Cedar Knolls, NJ, pg. 685
Simkins, Patrick, Creative Dir -- MullenLowe, El Segundo, CA, pg. 772
Simmons, Alyssa, Acct Exec -- 3HEADED MONSTER, Dallas, TX, pg. 7
Simmons, Anna, Acct Exec -- CRAWFORD STRATEGY, Greenville, SC, pg. 239
Simmons, Chelsea, Acct Exec -- ACKERMAN MCQUEEN, INC., Oklahoma City, OK, pg. 21
Simmons, Emily, Acct Dir -- AGENDA, New York, NY, pg. 40
Simmons, Laurie, Acct Supvr -- ANTHOLOGY MARKETING GROUP, Honolulu, HI, pg. 1433
Simms, Erika, Acct Dir -- MAXWELL PR, Portland, OR, pg. 1578
Simoes Nogueira, Silas Felipe, Art Dir -- Y&R Sao Paulo, Sao Paulo, Brazil, pg. 1205
Simoes, Darren, Art Dir -- THE JAMES AGENCY, Scottsdale, AZ, pg. 570
Simoes, Fabio, Exec Creative Dir-Digital -- FCB Sao Paulo, Sao Paulo, Brazil, pg. 370
Simoes, Luiz Vicente, Reg Creative Dir -- Lapiz, Chicago, IL, pg. 622
Simoes, Luiz Vicente, Reg Creative Dir & Copywriter -- MEMAC Ogilvy, Kuwait, Kuwait, pg. 830
Simoes, Renato, Exec Creative Dir -- W+K Sao Paulo, Sao Paulo, Brazil, pg. 1164
Simon, Andrew, Chief Creative Officer-Canada -- Edelman, Toronto, Canada, pg. 1491
Simon, Crystal, Art Dir -- JOHNSON GROUP, Saint Cloud, MN, pg. 580
Simon, Dave, Creative Dir -- ROSENBERG ADVERTISING, Lakewood, OH, pg. 968
Simon, Eve, Creative Dir -- BEACONFIRE RED, Arlington, VA, pg. 118
Simon, Hailey, Art Dir -- CACTUS, Denver, CO, pg. 181
Simon, Kelley, Acct Exec -- BRIAN COMMUNICATIONS, Conshohocken, PA, pg. 1456
Simon, Lindsay, Acct Dir-South Central Reg -- AGENCY 720, Detroit, MI, pg. 37
Simon, Mark, Chief Creative Officer -- YAFFE GROUP, Southfield, MI, pg. 1195
Simon, Paul, Creative Dir -- LIQUID AGENCY, INC., San Jose, CA, pg. 644
Simon, Rebecca, Acct Supvr -- LEO BURNETT COMPANY LTD., Toronto, Canada, pg. 620
Simon, Stacey, Acct Supvr -- Havas PR, Pittsburgh, PA, pg. 1528
Simoncic, Steve, Chief Creative Officer -- JACOBSON ROST, Milwaukee, WI, pg. 570
Simonetti, Francesco, Assoc Creative Dir -- Leo Burnett Co., S.r.l., Milan, Italy, pg. 625
Simonian, Ashod, Creative Dir -- NORTH, Portland, OR, pg. 797
Simonian, Heidi, Acct Exec -- TAYLOR & COMPANY, Los Angeles, CA, pg. 1656
Simonian, Ian, VP-Digital & Print Production -- WESTON MASON MARKETING, Santa Monica, CA, pg. 1159
Simonich, Melanie, VP & Creative Dir -- ARNOLD WORLDWIDE, Boston, MA, pg. 69
Simonini, Julia, Acct Supvr -- Ogilvy Atlanta, Atlanta, GA, pg. 1598
Simos-Dziewonska, Claudia, Mgr-Creative -- Horizon Media, Inc., Los Angeles, CA, pg. 1329
Simpson, Alex, Acct Dir -- BBDO Dublin, Dublin, Ireland, pg. 105
Simpson, Bob, Dir-Creative & Writer -- RETHINK, Vancouver, Canada, pg. 951
Simpson, Erik, Partner & Creative Dir -- ESD & ASSOCIATES, San Antonio, TX, pg. 349
Simpson, Grant, Creative Dir -- Laughlin/Constable, Inc., Chicago, IL, pg. 614
Simpson, Ian, Creative Dir -- ZULU ALPHA KILO, Toronto, Canada, pg. 1216
Simpson, Jeff, Assoc Creative Dir & Art Dir -- ARRIVALS + DEPARTURES, Toronto, Canada, pg. 1238
Simpson, Nicholas, Acct Coord -- KAHN MEDIA, INC., Moorpark, CA, pg. 1407
Simpson, Rebecca, Reg Head-Relationship, PR & Mktg -- SapientRazorfish Hong Kong, Quarry Bay, China (Hong Kong), pg. 1288
Simpson, Steve, Chief Creative Officer -- Ogilvy North America, New York, NY, pg. 811
Simrell, Andrea, Mgr-PR -- VANTAGEPOINT, INC, Greenville, SC, pg. 1131
Sims, Leslie, Chief Creative Officer -- RED FUSE COMMUNICATIONS, INC., New York, NY, pg. 939
Sims, Natalie, Creative Dir -- IMPRINT PROJECTS, New York, NY, pg. 528
Simson, Annette, Sr Creative Mgr & Head-Production -- Fleishman-Hillard, Brussels, Belgium, pg. 1510
Sinay, Matias, Copywriter-Creative -- Rapp Argentina, Buenos Aires, Argentina, pg. 932
Sinclair, Alex, Creative Dir-Content & Editorial -- IBM iX, Chicago, IL, pg. 517
Sinclair, Ann, Art Dir -- SCHIFINO LEE ADVERTISING, Tampa, FL, pg. 996
Sinclair, Caroline, Strategist-Creative -- ODYSSEUS ARMS, San Francisco, CA, pg. 808
Sinclair, Dawn, Sr Art Dir & Mgr-Creative Svcs -- GRIGG GRAPHIC

PERSONNEL INDEX — AGENCIES

SERVICES, INC., Southfield, MI, pg. 450
Sinclair, Joe, Founder & Chief Creative Officer -- The Romans, London, United Kingdom, pg. 763
Sinclair, Julie Nash, Acct Dir -- TWOFIFTEENMCCANN, San Francisco, CA, pg. 1124
Sindelar, Roman, Mng Partner & Chief Creative Officer -- PKP BBDO, Vienna, Austria, pg. 103
Sindhi, Saf, Creative Dir -- Ogilvy Johannesburg (Pty.) Ltd., Johannesburg, South Africa, pg. 829
Sindhi, Safaraaz, Grp Head-Creative -- Ogilvy Cape Town, Cape Town, South Africa, pg. 829
Sines, Lauren, Sr Mgr-Digital Creative Strategy -- BRADO CREATIVE INSIGHT, Saint Louis, MO, pg. 152
Singer, Alyssa, Acct Dir -- FENTON, New York, NY, pg. 377
Singer, Alyssa, Acct Dir -- Fenton, San Francisco, CA, pg. 377
Singer, Jodie, Acct Exec -- RED BANYAN GROUP, Deerfield Bch, FL, pg. 1626
Singh, Amit, Creative Dir -- Isobar India, Mumbai, India, pg. 549
Singh, Arshdeep, Acct Dir -- Wieden + Kennedy India, New Delhi, India, pg. 1166
Singh, Arvind, Art Dir & Sr Graphic Designer -- MERLIN EDGE INC., Calgary, Canada, pg. 734
Singh, Gurdev, Assoc Dir-Art & Creative -- Grey (India) Pvt. Pty. Ltd. (Delhi), Gurgaon, India, pg. 446
Singh, Swati, Supvr-Creative -- FCB Ulka, Mumbai, India, pg. 373
Singh, Vinay, Assoc Creative Dir -- DDB Mudra Group, Mumbai, India, pg. 275
Singleton, Ben, Partner & Dir-PR -- BIOTICA LLC, Cincinnati, OH, pg. 131
Singleton, Heidi, Chief Creative Officer -- NEW HONOR SOCIETY, Saint Louis, MO, pg. 791
Singleton, Kelsie, Mng Partner & Art Dir-Digital & UX -- ROCK CANDY MEDIA, Austin, TX, pg. 964
Singow, Scott, Assoc Creative Dir -- THE GATE WORLDWIDE NEW YORK, New York, NY, pg. 411
Sinko, Donna R., Sr VP-Digital & Creative Svcs -- SWBR, INC., Bethlehem, PA, pg. 1065
Sinn, Jessica, Dir-New Bus -- Wieden + Kennedy, Shanghai, China, pg. 1166
Siolka, Taylor, Creative Dir -- R/WEST, Portland, OR, pg. 927
Siomporas, Karin Jorgensen, Supvr-PR & Integration -- CROSBY MARKETING COMMUNICATIONS, Annapolis, MD, pg. 249
Sipes, Dan, Acct Supvr -- DIESTE, Dallas, TX, pg. 299
Siphamla, Monde, Art Dir -- FCB AFRICA, Johannesburg, South Africa, pg. 375
Sippel, John, Jr., Art Dir-Digital -- HUDSON ROUGE, New York, NY, pg. 511
Sirgo, Chris, Art Dir -- CROWL, MONTGOMERY & CLARK, North Canton, OH, pg. 250
Siriamornsook, Wasin, Acct Exec -- Ogilvy Advertising, Bangkok, Thailand, pg. 828
Sirichankachorn, Piyakan, Grp Head-Creative -- BBDO Bangkok, Bangkok, Thailand, pg. 115
Siripakdee, Panupak, Grp Head-Creative -- Leo Burnett, Bangkok, Thailand, pg. 631
Sirisak, Pannawat, Acct Dir -- Millward Brown Thailand, Bangkok, Thailand, pg. 744
Sirotiak, Lori, Mgr-Traffic -- STEPHENS & ASSOCIATES ADVERTISING, INC., Overland Park, KS, pg. 1047
Sitser, Matt, Partner & Acct Dir -- THE SHOP AGENCY, Dallas, TX, pg. 1009
Sivakumar, Mai, Acct Supvr -- RAIN43, Toronto, Canada, pg. 929
Siwach, Ravinder, Exec Creative Dir -- McCann Erickson India, New Delhi, India, pg. 705
Siy, Bryan, Exec Creative Dir -- TBWA Santiago Mangada Puno, Manila, Philippines, pg. 1091
Sizemore, J. D., Acct Supvr -- RIPLEY PR LLC, Maryville, TN, pg. 1632
Sizemore, JD, Acct Dir-Svcs -- Orange Orchard, Maryville, TN, pg. 1632
Sizer, John, Acct Dir -- LANETERRALEVER, Phoenix, AZ, pg. 610
Sjoberg, Michelle, Assoc Creative Dir -- DDB California, San Francisco, CA, pg. 57
Sjobergh, Jens, Creative Dir -- Deutsch LA, Los Angeles, CA, pg. 294
Sjoenell, Pelle, Chief Creative Officer-Global -- BARTLE BOGLE HEGARTY LIMITED, London, United Kingdom, pg. 92
Sjoenell, Pelle, Chief Creative Officer-Worldwide -- BBH LA, West Hollywood, CA, pg. 93
Sjolseth, Raymond, Founder & Creative Dir -- 10TWELVE, Glenview, IL, pg. 1
Skaggs, Bradley, Creative Dir -- SKAGGS CREATIVE, New York, NY, pg. 1018
Skaggs, Jonina, Art Dir -- SKAGGS CREATIVE, New York, NY, pg. 1018

Skalsky, Chris, Acct Supvr -- Commonwealth, Detroit, MI, pg. 698
Skar, Ola Bagge, Art Dir-Production -- Saatchi & Saatchi A/S, Oslo, Norway, pg. 979
Skelding, Amy, Head-PR -- The Brighter Group, London, United Kingdom, pg. 381
Skelton, Ethan, Art Dir -- Commonwealth, Detroit, MI, pg. 698
Skelton, Harry, Art Dir -- Colenso BBDO, Auckland, New Zealand, pg. 114
Skenderian, Tyler, Acct Exec -- CONVENTURES, INC., Boston, MA, pg. 1474
Skhirtladze, Irakli, Creative Dir -- McCann Erickson Georgia, Tbilisi, Georgia, pg. 703
Skibiak, Matt, Creative Dir -- Wieden + Kennedy, Shanghai, China, pg. 1166
Skidgel, Jennifer, Dir-Creative Assets & Content -- LEO BURNETT WORLDWIDE, INC., Chicago, IL, pg. 621
Skillman, Jo, Art Dir -- THE BLACK SHEEP AGENCY, Houston, TX, pg. 1451
Skinner, Dave, Creative Dir -- OGILVY, New York, NY, pg. 809
Skinner, David, Exec Creative Dir -- LEO BURNETT WORLDWIDE, INC., Chicago, IL, pg. 621
Skinner, Jason, Grp Creative Dir -- GS&F, Nashville, TN, pg. 453
Skinner, Tom, Exec Creative Dir-BBH Direct -- BARTLE BOGLE HEGARTY LIMITED, London, United Kingdom, pg. 92
Skipper, Michael, Acct Exec -- RED MOON MARKETING, Charlotte, NC, pg. 940
Sklar, Josh, Pres & Creative Dir -- HERESY, LLC, Austin, TX, pg. 496
Skochdopole, Angie, Media Dir -- BROADHEAD, Minneapolis, MN, pg. 165
Skodis, Kirk, Founder & Creative Dir -- REAL PIE MEDIA, Georgetown, CT, pg. 936
Skonieczny, Molly, Creative Dir -- TOLLESON DESIGN, INC., San Francisco, CA, pg. 1108
Skow-Lindsey, Sasha, Acct Supvr -- ASHER AGENCY, INC., Fort Wayne, IN, pg. 73
Skrabal, Philipp, Partner & Chief Creative Officer-Leiter Farner Werbung -- Farner Consulting AG, Zurich, Switzerland, pg. 1615
Skudlarek, Amanda, Sr Creative Dir -- Clear, New York, NY, pg. 659
Skudlarek, Amanda, Sr Creative Dir -- M&C SAATCHI PUBLIC RELATIONS, New York, NY, pg. 1572
Sky, Jordan, Creative Dir -- Saatchi & Saatchi, Wellington, New Zealand, pg. 985
Sky, Jordan, Creative Dir -- Saatchi & Saatchi, Auckland, New Zealand, pg. 984
Slack, Jordan, Acct Exec -- ISABELLI MEDIA RELATIONS, Chicago, IL, pg. 1544
Slack, Mark, Creative Dir -- Saatchi & Saatchi London, London, United Kingdom, pg. 980
Slade, Kristina, VP & Exec Creative Dir -- THE COMMUNITY, Miami, FL, pg. 223
Slagle, Jean-Luc, Creative Dir -- SCOPE CREATIVE AGENCY, Bakersfield, CA, pg. 997
Slagle, Katie, Acct Dir -- LMD AGENCY, Laurel, MD, pg. 648
Slaight, Cortney, Acct Exec -- LAWRENCE & SCHILLER, INC., Sioux Falls, SD, pg. 616
Slapke, Jessica, Acct Exec-Acct Svcs -- BLUEFISH, Tempe, AZ, pg. 141
Slater, Mark J., Assoc Creative Dir -- CRAMER PRODUCTIONS INC., Norwood, MA, pg. 238
Slatkin, Alexandra, Acct Exec -- KERN, Woodland Hills, CA, pg. 593
Slattery, Kerianne, Mgr-Comm & PR -- OGILVY COMMONHEALTH INSIGHTS & ANALYTICS, Parsippany, NJ, pg. 831
Slatyer, Amanda, Sr Producer & Dir-Brdcst -- J. Walter Thompson, Sydney, Australia, pg. 554
Slaughter, Janet, Media Dir -- THE ST. GREGORY GROUP, INC., Cincinnati, OH, pg. 1040
Slavcheva, Velichka, Acct Dir-Euro RSCG -- Havas Worldwide Sofia, Sofia, Bulgaria, pg. 478
Slavich, Tambry Reed, Sr Mgr-PR -- Zehnder Communications, Baton Rouge, LA, pg. 1211
Slavich, Tambry Reed, Sr Mgr-PR -- ZEHNDER COMMUNICATIONS, INC., New Orleans, LA, pg. 1210
Slavin, Ana, Acct Dir -- FETCH, San Francisco, CA, pg. 378
Slavin, Anya, VP & Acct Dir -- Havas Media, Boston, MA, pg. 1327
Slavin, Chelsea, Acct Supvr -- NIKE COMMUNICATIONS, INC., New York, NY, pg. 1595
Sleiman, Rheanne, Acct Supvr -- COSSETTE COMMUNICATIONS, Vancouver, Canada, pg. 232
Slingerland, Ann, Acct Supvr -- Havas Life Metro, Chicago, IL, pg. 474

Slipsky, Laura, Art Dir -- MICROMASS COMMUNICATIONS INC, Cary, NC, pg. 738
Slivka, Steven, Chief Creative Officer -- Edelman, New York, NY, pg. 1492
Slivka, Vlado, Creative Dir -- Mark BBDO, Prague, Czech Republic, pg. 104
Sloan, David, Assoc Creative Dir & Copywriter -- MCKINNEY, Durham, NC, pg. 719
Sloan, Meagan, Acct Supvr -- BROWNSTEIN GROUP, Philadelphia, PA, pg. 168
Sloan, Rebecca, Acct Supvr -- LUCAS PUBLIC AFFAIRS, Sacramento, CA, pg. 1571
Sloan, Trevor, Sr VP & Grp Creative Dir -- WUNDERMAN WORLD HEALTH, Washington, DC, pg. 1193
Sloat, Rebecca, Creative Dir -- THE STABLE, Minneapolis, MN, pg. 1041
Sloboda, Gary, Partner & Exec Dir-Creative -- BANDY CARROLL HELLIGE ADVERTISING, Louisville, KY, pg. 87
Slody, E., Exec Creative Dir -- I.D.E.A., San Diego, CA, pg. 519
Sloggett, Jordan, Acct Exec -- KENNA, Mississauga, Canada, pg. 592
Slosberg, Rob, Creative Dir -- DEVITO/VERDI, New York, NY, pg. 296
Slot, Matthijs, Partner & Creative Dir -- TBWA Neboko, Amsterdam, Netherlands, pg. 1084
Slotkin, Alex, Assoc Creative Dir & Copywriter -- LAUNCH AGENCY, Carrollton, TX, pg. 614
Slovacek, Pavel, Art Dir -- Havas Worldwide Prague, Prague, Czech Republic, pg. 479
Slovik, Katherine Orsini, Acct Exec -- Polskin Arts & Communications Counselors, New York, NY, pg. 1637
Sluijters, Gijs, Creative Dir -- Ogilvy (Amsterdam) B.V., Amsterdam, Netherlands, pg. 816
Smagala, Catherine, Acct Supvr -- MP&A DIGITAL & ADVERTISING, Williamsburg, VA, pg. 766
Smalheiser, Lawrence, VP-PR -- SPARK PUBLIC RELATIONS, San Francisco, CA, pg. 1648
Small, Chandra Diggs, Acct Dir -- Matlock Advertising & Public Relations-NY, New York, NY, pg. 693
Smalley, Ashley, Acct Dir -- INTOUCH SOLUTIONS, Overland Park, KS, pg. 544
Smallwood, Scott, Acct Dir-Client Svc -- OLOGIE, Columbus, OH, pg. 835
Smaragdi, Christina, Acct Dir -- PHD MEDIA UK, London, United Kingdom, pg. 1363
Smart, Dwain, Assoc Creative Dir -- HANNA & ASSOCIATES INC., Coeur D'Alene, ID, pg. 465
Smart, Nick, Media Planner-Integrated -- PP+K, Tampa, FL, pg. 885
Smart, Tom, Assoc Creative Dir -- SYMMETRI MARKETING GROUP, LLC, Chicago, IL, pg. 1067
Smaul, Jeff, Pres & Creative Dir -- MILE 9, Calabasas, CA, pg. 740
Smee, Olly, Creative Dir-Content -- Ketchum, London, United Kingdom, pg. 1557
Smichowski, Caitlin, Art Dir -- THE TOMBRAS GROUP, Knoxville, TN, pg. 1108
Smiertka, David, VP-Creative -- SPARKS MARKETING CORP., Philadelphia, PA, pg. 1032
Smigielski, Robb, Exec Creative Dir -- VML, London, United Kingdom, pg. 1144
Smillie, Theresa, Art Dir -- CONSTRUCTION MARKETING INC., Sarasota, FL, pg. 228
Smit, Hannah, Creative Dir -- Wieden + Kennedy Amsterdam, Amsterdam, Netherlands, pg. 1164
Smith, Aamir, Assoc Dir-Creative & Digital -- THE GATE WORLDWIDE NEW YORK, New York, NY, pg. 411
Smith, Amber, Acct Exec -- THE ATKINS GROUP, San Antonio, TX, pg. 75
Smith, Andrew, Acct Exec -- WEB SOLUTIONS INC., Meriden, CT, pg. 1155
Smith, Andy, Creative Dir -- J. Walter Thompson, London, United Kingdom, pg. 562
Smith, Angie, VP & Media Dir -- MARIS, WEST & BAKER, INC., Jackson, MS, pg. 680
Smith, Anna Hodges, Pres & Acct Exec -- HODGES ASSOCIATES, INC., Fayetteville, NC, pg. 505
Smith, Ariel, Acct Supvr -- WONGDOODY, Seattle, WA, pg. 1175
Smith, Ashley, Art Dir -- 2930 CREATIVE, Dallas, TX, pg. 4
Smith, Ben, Creative Dir -- Ogilvy Sydney, Saint Leonards, Australia, pg. 821
Smith, Brandon E., Media Buyer -- BUTLER/TILL, Rochester, NY, pg. 1313
Smith, Brian, Acct Exec-Natl -- SUMMIT MARKETING, Saint Louis, MO, pg. 1060

AGENCIES — PERSONNEL INDEX

Smith, Brooke, Sr Media Planner & Media Buyer -- CLM MARKETING & ADVERTISING, Boise, ID, pg. 214
Smith, Chantal, Creative Dir -- GEOMETRY GLOBAL NORTH AMERICA HQ, New York, NY, pg. 415
Smith, Chris, Copywriter & Producer-Brdcst -- B&P ADVERTISING, Las Vegas, NV, pg. 81
Smith, Clare-Louise, Acct Dir -- FUTUREBRAND, New York, NY, pg. 405
Smith, Cleve, Assoc Creative Dir -- O2IDEAS, INC., Birmingham, AL, pg. 803
Smith, Colleen, Mgr-Creative Staffing-West Reg -- SAPIENTRAZORFISH NEW YORK, New York, NY, pg. 1286
Smith, Corrie, Acct Dir -- T3, Austin, TX, pg. 1069
Smith, Cortney, Acct Exec -- SAY IT LOUD, Orlando, FL, pg. 993
Smith, Courtney, Co-Founder & Exec Creative Dir -- PURE MATTER, San Jose, CA, pg. 917
Smith, Dan, Principal & Acct Dir -- FLIGHT PATH CREATIVE, Traverse City, MI, pg. 388
Smith, Dan, Creative Dir -- TETHER, INC., Seattle, WA, pg. 1097
Smith, Dani, Art Dir & Designer -- BLUE FUSION, Washington, DC, pg. 139
Smith, Daniel K, Art Dir -- TBWA Sydney, Sydney, Australia, pg. 1089
Smith, David, Sr Creative Dir -- ADVERTISING SAVANTS, INC., Saint Louis, MO, pg. 35
Smith, David, Art Dir & Specialist-Adv -- SMITH ADVERTISING AND DESIGN, Winnipeg, Canada, pg. 1022
Smith, Debra, Media Buyer -- SLEIGHT ADVERTISING INC, Omaha, NE, pg. 1020
Smith, Diana, Acct Supvr & Sr Copywriter -- WICK MARKETING, Austin, TX, pg. 1163
Smith, Dusty, Mgr-PR -- COMMONWEALTH CONSULTANTS, Tysons Corner, VA, pg. 1472
Smith, Elizabeth, Acct Dir -- iCrossing Chicago, Chicago, IL, pg. 1262
Smith, Erica, VP-Content & Creative -- LIVE NATION, Saint Louis, MO, pg. 1223
Smith, Ferdinand, III, CEO & Exec Creative Dir -- JAY ADVERTISING, INC., Rochester, NY, pg. 573
Smith, Glenn, Creative Dir -- Southpaw, Tunbridge Wells, United Kingdom, pg. 463
Smith, Greg, Art Dir -- FERGUSON ADVERTISING INC., Fort Wayne, IN, pg. 378
Smith, Greg, Chief Creative Officer -- THE VIA AGENCY, Portland, ME, pg. 1136
Smith, Hal, Creative Dir -- KLEBER & ASSOCIATES MARKETING & COMMUNICATIONS, Atlanta, GA, pg. 598
Smith, Hayley, Art Dir -- McCann Erickson Prague, Prague, Czech Republic, pg. 702
Smith, Heather, VP-PR -- AGENCY 451, Boston, MA, pg. 1427
Smith, Heather, Acct Exec -- BRAND INNOVATION GROUP, Fort Wayne, IN, pg. 155
Smith, Jackie, Acct Supvr -- SCHAFER CONDON CARTER, Chicago, IL, pg. 995
Smith, James, Acct Exec -- JKR ADVERTISING & MARKETING, Maitland, FL, pg. 576
Smith, Jen, Creative Dir -- T3, Austin, TX, pg. 1069
Smith, Jena, Acct Coord -- CURRENT360, Louisville, KY, pg. 255
Smith, Jenna, Assoc Creative Dir -- Ogilvy Cape Town, Cape Town, South Africa, pg. 829
Smith, Jennifer, Acct Supvr -- PHD Canada, Toronto, Canada, pg. 1364
Smith, Jill, Media Buyer -- DRAKE COOPER INC., Boise, ID, pg. 319
Smith, Jimmy, Chm, Partner & Chief Creative Officer -- AMUSEMENT PARK, Santa Ana, CA, pg. 54
Smith, Joellen, Art Dir -- TBWA\Chiat\Day Los Angeles, Los Angeles, CA, pg. 1077
Smith, Joshua, Acct Dir-Didit DM -- DIDIT, Mineola, NY, pg. 1250
Smith, Joyce, Assoc Creative Dir -- SLACK AND COMPANY, Chicago, IL, pg. 1020
Smith, Justin, Art Dir -- PHASE 3 MARKETING & COMMUNICATIONS, Atlanta, GA, pg. 867
Smith, Kailey, Media Planner & Buyer-Digital -- SERINO COYNE LLC, New York, NY, pg. 1003
Smith, Kaitlyn, Acct Exec -- FLACKABLE LLC, Philadelphia, PA, pg. 1506
Smith, Kara, Creative Dir -- THE WENDT AGENCY, Great Falls, MT, pg. 1159
Smith, Kelly, VP & Acct Dir -- ZIMMERMAN ADVERTISING, Fort Lauderdale, FL, pg. 1212
Smith, Kendall, Acct Exec & Coord-Social Media -- GINGER GRIFFIN MARKETING & DESIGN, Cornelius, NC, pg. 420
Smith, Kenna, Project Mgr-Creative & Writer -- KANEEN ADVERTISING & PR, Tucson, AZ, pg. 587
Smith, Kerry, VP & Acct Dir -- NSA Media Group, Inc., Downers Grove, IL, pg. 1332
Smith, Kieran, Strategist-Creative -- OMD UK, London, United Kingdom, pg. 1359
Smith, Kimberly, Creative Dir & Copywriter -- THE LOOMIS AGENCY, Dallas, TX, pg. 651
Smith, Kristen, VP & Art Dir -- THE IMAGINATION COMPANY, Bethel, VT, pg. 525
Smith, Lauren, Sr Acct Exec-PR, Content & Social Media -- HIEBING, Madison, WI, pg. 498
Smith, Leah, Media Buyer -- BRIGGS & CALDWELL, Houston, TX, pg. 163
Smith, Lindsey, Acct Mgr-PR -- PINCKNEY HUGO GROUP, Syracuse, NY, pg. 871
Smith, Lindsey, Founder & Co-Chief Creative Officer -- SMITH BROTHERS AGENCY, LP, Pittsburgh, PA, pg. 1023
Smith, Mackenzie, Acct Supvr -- FRENCH/WEST/VAUGHAN, INC., Raleigh, NC, pg. 398
Smith, Maria Salvador, Exec Creative Dir -- M&C Saatchi, Santa Monica, CA, pg. 662
Smith, Martin, Creative Dir -- Cheetham Bell, Manchester, United Kingdom, pg. 561
Smith, Matt, Creative Dir -- BELMONT ICEHOUSE, Dallas, TX, pg. 121
Smith, Matty, Creative Dir -- TBWA Chiat Day New York, New York, NY, pg. 1078
Smith, Meghan, Art Dir -- GRETEMAN GROUP, Wichita, KS, pg. 437
Smith, Mel, Acct Dir -- RAIN, New York, NY, pg. 1283
Smith, Mercedes, Acct Dir -- TIERNEY COMMUNICATIONS, Philadelphia, PA, pg. 1103
Smith, Merry Michael, Media Dir -- BIG COMMUNICATIONS, INC., Birmingham, AL, pg. 128
Smith, Michael, Art Dir -- REDHYPE, Greenville, SC, pg. 943
Smith, Michael, Partner & Creative Dir -- ZIG MARKETING, Cleveland, OH, pg. 1212
Smith, Mike, Owner & Creative Dir -- MINDFIRE COMMUNICATIONS INC, Le Claire, IA, pg. 744
Smith, Morgan, Acct Exec -- ARMENT DIETRICH, INC., Chicago, IL, pg. 69
Smith, Neil, Head-New Bus -- 360I, New York, NY, pg. 6
Smith, Neil, Head-New Bus -- 360i, Atlanta, GA, pg. 289
Smith, Paul, Reg Creative Dir -- Ogilvy, Ltd., London, United Kingdom, pg. 818
Smith, Peter, Reg Exec Creative Dir-Asia Pacific -- Ogilvy Healthworld, Sydney, Australia, pg. 832
Smith, Rachel, Acct Supvr -- FCBCURE, Parsippany, NJ, pg. 376
Smith, Rachel Drescher, Acct Dir -- TRACYLOCKE, Dallas, TX, pg. 1113
Smith, Rebecca A., Acct Exec -- R&J STRATEGIC COMMUNICATIONS, Bridgewater, NJ, pg. 1622
Smith, Richard L, III, Principal & Creative Dir -- GAGA MARKETING, Stevenson, MD, pg. 408
Smith, Riley McBride, Acct Dir -- Allison+Partners, Boston, MA, pg. 721
Smith, Robert, Acct Exec -- HIGHWIRE PUBLIC RELATIONS, San Francisco, CA, pg. 1530
Smith, Robinson, Creative Dir -- Varsity, Wormleysburg, PA, pg. 860
Smith, Scott, VP & Creative Dir -- LEO BURNETT WORLDWIDE, INC., Chicago, IL, pg. 621
Smith, Sean, Art Dir -- GOODBY, SILVERSTEIN & PARTNERS, San Francisco, CA, pg. 428
Smith, Sean, Partner & Exec Creative Dir -- SOLVE, Minneapolis, MN, pg. 1028
Smith, Seth, Art Dir -- FUSIONFARM, Cedar Rapids, IA, pg. 404
Smith, Shasta, Principal-PR -- BLANC & OTUS PUBLIC RELATIONS, San Francisco, CA, pg. 1451
Smith, Shawn, Assoc Creative Dir -- SMITH BROTHERS AGENCY, LP, Pittsburgh, PA, pg. 1023
Smith, Sheila, VP & Media Dir -- PRINCETON PARTNERS, INC., Princeton, NJ, pg. 890
Smith, Stacy, Media Planner & Media Buyer -- GKV COMMUNICATIONS, Baltimore, MD, pg. 421
Smith, Stephanie, Chief Dev Officer, Chief Client Officer & Acct Dir-Netflix Global -- MSLGROUP, New York, NY, pg. 1587
Smith, Szu Ann Chen, Partner & Acct Dir -- HELLO DESIGN, Culver City, CA, pg. 495
Smith, Traci, Acct Exec -- MPG MEDIA SERVICES, Louisville, KY, pg. 1353
Smith, William, Acct Dir-Sainsbury's Bus -- Wieden + Kennedy, London, United Kingdom, pg. 1165
Smith-Klein, Misty, Acct Exec -- ACCESS ADVERTISING + PR, Roanoke, VA, pg. 19
Smitty, Justin, Art Dir -- ROUNDHOUSE, Portland, OR, pg. 969
Smizer, Karl, Owner & Creative Dir-Smizer Design -- SMIZER PERRY, Weymouth, MA, pg. 1024
Smolen, Megan, Acct Exec -- FULL CIRCLE, Grand Rapids, MI, pg. 401
Smoler, Shelley, Creative Dir -- droga5, London, United Kingdom, pg. 322
Smoller, Jessica, Acct Dir -- SapientRazorfish Miami, Miami, FL, pg. 914
Smukall, Becky, Acct Supvr -- ANSON-STONER INC., Winter Park, FL, pg. 60
Smutko, Joshua, Assoc Creative Dir -- OMELET LLC, Culver City, CA, pg. 835
Smutney, Rachel, Acct Dir -- DUNCAN CHANNON, San Francisco, CA, pg. 325
Smythe, Katherine, Acct Exec -- NOVITA COMMUNICATIONS, New York, NY, pg. 801
Smythe, Steve, Acct Exec & Strategist-Digital Media -- PROVE AGENCY, Los Angeles, CA, pg. 895
Snailum, Rick, Creative Dir -- SITEWIRE, Tempe, AZ, pg. 1016
Snellings, Fernando, Acct Exec -- AGENTRY PR, New York, NY, pg. 1428
Snels, Kristof, Creative Dir -- LDV United, Antwerp, Belgium, pg. 1180
Snels, Kristof, Creative Dir -- LDV United, Antwerp, Belgium, pg. 218
Snider, Alan, Assoc Dir-Creative & Copywriter -- THE WONDERFUL AGENCY, Los Angeles, CA, pg. 1228
Sniegane, Saida, Art Dir -- Adell Taivas Ogilvy, Vilnius, Lithuania, pg. 816
Snook Wilkins, Meredith, Acct Dir -- RED7E, Louisville, KY, pg. 942
Snorina, Linda, Assoc Creative Dir -- THE MARKETING ARM, Dallas, TX, pg. 682
Snow, Kalyn, Acct Dir -- Y&R New York, New York, NY, pg. 1198
Snow, Kevin, Creative Dir -- LUCI CREATIVE, Lincolnwood, IL, pg. 655
Snow, Matt, Acct Dir -- CATAPULT MARKETING, Wilton, CT, pg. 196
Snyder, Christina, Acct Supvr -- TANGELO, Houston, TX, pg. 1072
Snyder, Dana, Acct Exec -- CBC ADVERTISING, Saco, ME, pg. 197
Snyder, Dana, Acct Exec -- CREATIVE BROADCAST CONCEPTS, Saco, ME, pg. 239
Snyder, Dave, Sr VP & Exec Creative Dir -- FIRSTBORN, New York, NY, pg. 384
Snyder, Dillon, Creative Dir -- THE INTEGER GROUP - DENVER, Lakewood, CO, pg. 1406
Snyder, Michelle, Media Dir -- EAST BANK COMMUNICATIONS INC., Portland, OR, pg. 328
Soames, David, Partner & Creative Dir -- THE SHOP AGENCY, Dallas, TX, pg. 1009
Soares, Carmela, Exec Creative Dir -- Clemenger BBDO Melbourne, Melbourne, Australia, pg. 111
Soares, Tony, Acct Dir -- ADHOME CREATIVE, London, Canada, pg. 30
Sobhani, Chaka, Chief Creative Officer -- Fallon London, London, United Kingdom, pg. 360
Sobon, Krista, Media Planner & Buyer -- THE MARTIN GROUP, LLC., Buffalo, NY, pg. 688
Sobral, Jennifer Gaidola, Acct Supvr -- FCB Toronto, Toronto, Canada, pg. 366
Socianu, Vlad, Art Dir -- Graffiti BBDO, Sofia, Bulgaria, pg. 104
Socolow, Julie, Media Planner -- HEALIX, New York, NY, pg. 491
Sodano, Patrick, Creative Dir -- D2 CREATIVE, Somerset, NJ, pg. 256
Soetjoko, Rizka Amalia, Mgr-PR & Social Media -- Ogilvy (Amsterdam) B.V., Amsterdam, Netherlands, pg. 816
Sogutluoglu, Ahmet, Creative Dir -- FCB Artgroup, Istanbul, Turkey, pg. 368
Sohaili, Sam, Founder & Exec Creative Dir -- DMA UNITED, New York, NY, pg. 310
Sohal, Komal Bedi, Chief Creative Officer -- Saatchi & Saatchi, Dubai, United Arab Emirates, pg. 980
Sohm, Tyler, VP-Creative & Brand Experience -- RUMOR ADVERTISING, Salt Lake City, UT, pg. 972
Soike, Matt, Acct Dir -- JAY ADVERTISING, INC., Rochester, NY, pg. 573
Soileau, Tiffany, Acct Exec -- FOSTER MARKETING COMMUNICATIONS, Lafayette, LA, pg. 394
Sojka, Chris, Co-Founder & Chief Creative Officer -- MADWELL, Brooklyn, NY, pg. 670

PERSONNEL INDEX — AGENCIES

Sokal, Jessica, Acct Exec -- SOKAL MEDIA GROUP, Raleigh, NC, pg. 1027
Sokolnicki, Lisa, Acct Dir -- Match Marketing Group, Chicago, IL, pg. 693
Sokoloff, Jose Miguel, Chief Creative Officer -- MullenLowe London, London, United Kingdom, pg. 775
Sola, Augusto, Creative Dir -- MullenLowe London, London, United Kingdom, pg. 775
Solares, Stephanie, Acct Exec -- RAZ PUBLIC RELATIONS, Santa Monica, CA, pg. 1625
Solberg, Scott, Art Dir -- EVENTIVE MARKETING, New York, NY, pg. 353
Soldan, Matt, Exec Creative Dir-US -- GLOBAL TEAM BLUE, Dearborn, MI, pg. 423
Soleimani-Mafi, Amy, Acct Exec -- ROCKETLAWNCHAIR, Milwaukee, WI, pg. 965
Soler, Ricky, Partner & Chief Creative Officer -- ONEIGHTY, Guaynabo, PR, pg. 839
Soler, Sylvia, Exec VP & Creative Dir -- Y&R Puerto Rico, Inc., San Juan, PR, pg. 1207
Soliven, Vince, Exec Creative Dir -- MVNP, Honolulu, HI, pg. 780
Sollisch, Max, Creative Dir-Adv -- MARCUS THOMAS LLC, Cleveland, OH, pg. 679
Soloff, Jesse, Acct Dir -- GMR Marketing, Charlotte, NC, pg. 1404
Solomon, Eleanor, Acct Dir -- Ogilvy New York, New York, NY, pg. 811
Solomon, Elissa, Media Dir -- SCHIEFER CHOPSHOP, Irvine, CA, pg. 995
Solomon, Kobie, Creative Dir -- REBUILD GROUP, Detroit, MI, pg. 938
Solomon, Lauren, Acct Dir -- DDB New York, New York, NY, pg. 269
Solomon, Mo, Co-Founder, Partner & Creative Dir -- BLACKJET INC, Toronto, Canada, pg. 133
Solomons, Paul, Media Planner & Buyer -- CHAMPION MANAGEMENT, Addison, TX, pg. 1466
Solorzano, Jorge, VP-Creative & Strategy -- El Taier DDB, Guatemala, Guatemala, pg. 274
Soltanov, Erlan, Acct Dir -- TBWA Central Asia, Almaty, Kazakhstan, pg. 1088
Solway, Stuart, Creative Dir & Writer -- SPARKPLUG MARKETING & COMMUNICATIONS INC., Toronto, Canada, pg. 1031
Somerall, Mary Frances, Acct Supvr -- CAYENNE CREATIVE, Birmingham, AL, pg. 197
Somers, Spencer, Creative Dir -- STANDARD BLACK, Los Angeles, CA, pg. 1042
Somerville, Whitney, Acct Dir -- FRAZIERHEIBY, INC., Columbus, OH, pg. 1513
Someshwar, Mangesh, Sr Creative Dir -- Ogilvy India, Mumbai, India, pg. 824
Sommer, Leah, Media Dir -- CD&M COMMUNICATIONS, Portland, ME, pg. 198
Sommer, Matt, VP & Creative Dir -- BREWER DIRECT, INC., Monrovia, CA, pg. 161
Sommers, Peter, Sr VP & Acct Dir -- DENTSU AEGIS NETWORK AMERICAS, New York, NY, pg. 1318
Somodi, Anna, Media Planner -- Starcom Worldwide, Budapest, Hungary, pg. 1373
Sondak, Ayelet, Acct Dir -- TAG, Thornhill, Canada, pg. 1070
Sonderman, David, Chief Creative Officer -- THE SHIPYARD, Columbus, OH, pg. 1008
Sonderup, Nick, Creative Dir -- Pereira & O'Dell, New York, NY, pg. 863
Sone, Ron, Creative Dir -- SCHAFER CONDON CARTER, Chicago, IL, pg. 995
Song, Justine, Acct Dir -- HIRSHORN ZUCKERMAN DESIGN GROUP, Rockville, MD, pg. 502
Songer, Matt, Art Dir -- DEVITO/VERDI, New York, NY, pg. 296
Sonlin, Erik, Assoc Creative Dir-Design -- CADIENT GROUP, Malvern, PA, pg. 182
Sonneveld, Fre, Art Dir -- EMERGENCE, New York, NY, pg. 339
Sookloll, Vino, CEO & Exec Creative Dir -- FCB Cread, Beau Bassin, Mauritius, pg. 375
Soopramania, Dylan, Creative Dir -- VML, London, United Kingdom, pg. 1144
Sorcan, Kathy, Media Dir -- PLATYPUS ADVERTISING + DESIGN, Pewaukee, WI, pg. 877
Sorell, Jessie, Assoc Creative Dir -- BENSIMON BYRNE, Toronto, Canada, pg. 123
Sorensen, Eric, Founder & Creative Dir -- SOLVE, Minneapolis, MN, pg. 1028
Sorensen, Jill, VP & Acct Dir -- MAVEN COMMUNICATIONS LLC, Philadelphia, PA, pg. 695
Sorensen, Mark, Creative Dir -- FLYNN WRIGHT, Des Moines, IA, pg. 390
Sorensen, Mark, Partner & Creative Dir -- SEED FACTORY MARKETING, Atlanta, GA, pg. 1000
Sorenson, Scott, Creative Dir -- STRUCK, Salt Lake City, UT, pg. 1055
Soria, Nacho, Creative Dir -- Havas Worldwide Southern Spain, Madrid, Spain, pg. 481
Soriano, Linda, Acct Exec -- BODEN AGENCY, Miami, FL, pg. 1453
Sorice, Nicole, Acct Dir -- AMP Agency, New York, NY, pg. 1237
Sorine, Dan, VP & Acct Supvr -- THE CDM GROUP, New York, NY, pg. 198
Sorkin, Lane, VP & Media Dir -- Campbell Ewald New York, New York, NY, pg. 541
Sormani, Hora, Sr Copywriter-Creative -- BBH NEW YORK, New York, NY, pg. 115
Soroka, Brian, Assoc Creative Dir -- 23K STUDIOS, Wayne, PA, pg. 4
Sorrell, Willy, Art Dir -- TCAA, Cincinnati, OH, pg. 1093
Sorrisi, Alessio, Art Buyer & Producer-TV -- Y&R Italia, srl, Milan, Italy, pg. 1203
Sorsa, Barbara, Acct Dir -- Hasan & Partners Oy, Helsinki, Finland, pg. 703
Sorvino, Carl, Sr VP & Exec Creative Dir -- MWWPR, New York, NY, pg. 1591
Sosa, Luis D., Mgr-PR.O -- MERLOT MARKETING, Sacramento, CA, pg. 734
Sosa, Will, Creative Dir -- STRENG AGENCY, Saint Charles, IL, pg. 1055
Sosinski, Marcin, Creative Dir -- Polska McCann Erickson, Warsaw, Poland, pg. 708
Soskic, Dunja, Acct Exec -- McCann Erickson Group, Belgrade, Serbia, pg. 708
Soth, Kosal, Art Dir -- Planet Central, Richmond, VA, pg. 876
Soto, Ariel, Chief Creative Officer & VP -- BBDO Mexico, Mexico, Mexico, pg. 103
Soto, Jon, Partner & Co-Creative Dir -- MAD DOGS & ENGLISHMEN, Oakland, CA, pg. 668
Sotoodeh, Dana, Acct Coord-PR -- KGBTEXAS, San Antonio, TX, pg. 593
Sotorra, Elisabet Serra, Acct Exec -- DDB Barcelona S.A., Barcelona, Spain, pg. 280
Soubriet, Carmen, Partner & Creative Dir -- SOUBRIET & BYRNE, New York, NY, pg. 1029
Soucy, Sarah, Media Planner -- EISENBERG, VITAL & RYZE ADVERTISING, Manchester, NH, pg. 334
Souen, Samyr, Creative Dir -- ACHTUNG, Amsterdam, Netherlands, pg. 1232
Soukvilay, Robin, Art Dir -- GRIP LTD., Toronto, Canada, pg. 450
Souleau, Pierre, Art Dir -- Y&R Paris, Boulogne, France, pg. 1202
Sousa, Lisa, Acct Dir -- ZULU ALPHA KILO, Toronto, Canada, pg. 1216
Sousa, Miguel, Art Dir & Sr Designer -- MOTHER LTD., London, United Kingdom, pg. 762
Sousa, Zachary, Strategist-Social Media Creative -- AGENCY 451, Boston, MA, pg. 1427
Soussan, Stephane, Creative Dir -- SID LEE, Paris, France, pg. 1010
Southerland, Taylor, Acct Dir -- Crossmedia, Los Angeles, CA, pg. 1317
Souza, Andrea, Art Dir -- Almap BBDO, Sao Paulo, Brazil, pg. 101
Souza, Cicero, Art Dir -- Publicis Brasil Communicao, Sao Paulo, Brazil, pg. 906
Souza, Flavia, Acct Supvr-Social -- Spark44, New York, NY, pg. 1227
Souza, Paulo Filipe, Creative Dir & Art Dir -- McCann Erickson / SP, Sao Paulo, Brazil, pg. 701
Sovonick, Doug, Chief Creative Officer -- DESKEY, Cincinnati, OH, pg. 293
Sowers, Jami, Acct Exec -- LARGEMOUTH COMMUNICATIONS, INC., Durham, NC, pg. 1563
Sowinski, Samantha, Media Dir -- iCrossing Chicago, Chicago, IL, pg. 1262
Sowman, Dean, Acct Dir -- Portland, London, United Kingdom, pg. 306
Soyars, Michelle, VP-Creative Strategy -- VELA AGENCY, Winston Salem, NC, pg. 1132
Soylu, Guiru, Acct Supvr -- JOHANNES LEONARDO, New York, NY, pg. 1266
Spadavecchia, Dino, Exec Creative Dir -- GALLEGOS UNITED, Huntington Beach, CA, pg. 408
Spahn, Abbie, Mgr-Traffic -- WELL DONE MARKETING, Indianapolis, IN, pg. 1158
Spahr, Christine, Acct Exec -- PUSH22, Bingham Farms, MI, pg. 919
Spahr, Christine, Acct Exec -- PUSHTWENTYTWO, Pontiac, MI, pg. 919
Spahr, Jay, Assoc Creative Dir -- BBDO WORLDWIDE INC., New York, NY, pg. 97
Spain, Christopher, Art Dir -- GARRISON HUGHES, Pittsburgh, PA, pg. 410
Spakowski, Mike, Partner & Creative Dir -- ATOMICDUST, Saint Louis, MO, pg. 76
Spalding, Coleen, Mgr-PR & Acct Mgr -- THRIVE PR, Fort Worth, TX, pg. 1660
Spangler, Jennifer, Acct Supvr -- ZION & ZION, Tempe, AZ, pg. 1213
Spaniardi, Amy, Media Dir -- THE MEDIA MATTERS INC, Lexington, MA, pg. 726
Spaniolo, Angelina, Strategist-Creative -- AGENCYEA, Chicago, IL, pg. 40
Spanos, Louis, Acct Exec -- WORDWRITE COMMUNICATIONS, Pittsburgh, PA, pg. 1686
Sparks, Charlotte, Acct Coord -- MOMENTUM AGENCY, Charleston, SC, pg. 754
Sparks, Michael, Art Dir -- THE INTEGER GROUP-DALLAS, Dallas, TX, pg. 1405
Sparrer, John, Media Dir -- CARAT USA, INC., New York, NY, pg. 1314
Sparshott, Hayley, Acct Dir -- Cummins&Partners, Saint Kilda, Australia, pg. 253
Spassova, Aglika, Art Dir -- DDB Sofia, Sofia, Bulgaria, pg. 271
Spaulding, Sialoren, Acct Supvr -- Vitro NY, New York, NY, pg. 1141
Spear, Bryan, Creative Dir -- OCTANE VTM, Indianapolis, IN, pg. 808
Spears, Jamie, Assoc Creative Dir -- GREY CANADA, Toronto, Canada, pg. 437
Spece, Mara, Acct Supvr -- PUBLICIS NEW YORK, New York, NY, pg. 912
Speciale, Michael, Media Dir -- BLAINE WARREN ADVERTISING LLC, Las Vegas, NV, pg. 133
Speciale, Michael, Media Planner & Media Buyer -- QUILLIN ADVERTISING, Las Vegas, NV, pg. 923
Spector, Barry, Creative Dir -- SPECTOR & ASSOCIATES, INC., New York, NY, pg. 1649
Speech, Jeff, Partner & VP-Creative Svcs -- CORE CREATIVE, INC., Milwaukee, WI, pg. 231
Speer, Amanda, Sr Recruiter-Creative -- Mekanism, New York, NY, pg. 730
Speers, Amanda, Acct Exec -- BLACKJET INC, Toronto, Canada, pg. 133
Speers, Brad, Acct Exec -- KAHN MEDIA, INC., Moorpark, CA, pg. 1407
Speight, Diane, Art Dir -- MORTON VARDEMAN & CARLSON, Gainesville, GA, pg. 761
Spellman, Jennifer, Media Dir -- HUGHES AGENCY LLC, Greenville, SC, pg. 513
Spencer, Anna, Media Planner & Media Buyer -- HAPPY MEDIUM, Des Moines, IA, pg. 467
Spencer, Brandon, Dir-Digital & Creative Svcs -- CKR INTERACTIVE, Campbell, CA, pg. 211
Spencer, Brian, Sr VP & Media Dir -- Geometry Global, Akron, OH, pg. 416
Spencer, Geoff, Art Dir -- GRIGG GRAPHIC SERVICES, INC., Southfield, MI, pg. 450
Spencer, Hunter, Creative Dir -- OTTO, Norfolk, VA, pg. 845
Spencer, Jeanne, Creative Dir -- IDEA ENGINEERING, INC., Santa Barbara, CA, pg. 520
Spencer, Jeff, Creative Dir -- GOLDSTEIN GROUP COMMUNICATIONS, Solon, OH, pg. 428
Spencer, Kelsey, Jr Acct Exec -- Narrative, Los Angeles, CA, pg. 784
Spencer, Rob, Head-Brdcst & Video -- Ogilvy Sydney, Saint Leonards, Australia, pg. 821
Spencer, Ryan, Creative Dir -- Y MEDIA LABS, Redwood City, CA, pg. 1195
Spencer, Scott, Partner & Creative Dir -- POWELL CREATIVE, Nashville, TN, pg. 884
Spencer, Shawn, Acct Exec -- Allied Integrated Marketing, Hollywood, CA, pg. 47
Spencer, Steve, Art Dir -- NEXUS DIRECT, Norfolk, VA, pg. 793
Spencer, Steve, Sr VP & Exec Creative Dir -- Sandbox, Kansas City, MO, pg. 989
Spevak, Bryan, Acct Supvr -- ANTHONYBARNUM, Austin, TX, pg. 1433
Spicer, Tom, Creative Dir -- Abbott Mead Vickers BBDO, London, United Kingdom, pg. 109

AGENCIES — PERSONNEL INDEX

Spidell, Liz, Founder & Chief Creative Officer -- BLUEZOOM, Greensboro, NC, pg. 142
Spiegelman, David, VP & Creative Dir-Wagstaff Digital -- WAGSTAFF WORLDWIDE, Los Angeles, CA, pg. 1668
Spieles, Victor, Creative Dir -- SIMONS MICHELSON ZIEVE, INC., Troy, MI, pg. 1015
Spielvogel, Andreas, Exec Creative Dir -- DDB Vienna, Vienna, Austria, pg. 274
Spiewak, Michele, Acct Dir -- RHINO PUBLIC RELATIONS, Hamilton, MA, pg. 1631
Spigel, Artur, Founder, CEO & Chief Creative Officer -- 7ATE9 ENTERTAINMENT, Los Angeles, CA, pg. 12
Spigelman, Shelby, Dir-Brdcst Production -- Rethink, Toronto, Canada, pg. 951
Spijkerman, Marcel, Acct Dir -- Millward Brown/Centrum, Amsterdam, Netherlands, pg. 743
Spijkers, John, Mgr-Creative-IFBMcCANN -- McCann Amsterdam, Amstelveen, Netherlands, pg. 707
Spiker, Wes, Pres & Creative Dir -- SPIKER COMMUNICATIONS, INC., Missoula, MT, pg. 1033
Spilko, Emily, Sr VP & Grp Creative Dir -- EVOKE HEALTH, New York, NY, pg. 354
Spillars, Dalynn, Grp Creative Dir & Copywriter -- CHECKMARK COMMUNICATIONS, Saint Louis, MO, pg. 1220
Spink, Bill, Partner & Chief Creative Officer -- DMW WORLDWIDE LLC, Chesterbrook, PA, pg. 311
Spinola, Felipe, Creative Dir -- Grey Mexico, S.A. de C.V, Mexico, Mexico, pg. 444
Spitz, Jillian, Acct Supvr -- FRENCH/WEST/VAUGHAN, INC., Raleigh, NC, pg. 398
Spitzer, Douglas, Partner & Chief Creative Officer -- CATCH NEW YORK, New York, NY, pg. 196
Spitzer, Mike, VP & Creative Dir -- RES PUBLICA GROUP, Chicago, IL, pg. 1629
Spivey, Chesney, Acct Dir-Nissan North America -- EPSILON, Chicago, IL, pg. 344
Spliethoff, Sarah, Strategist-Creative -- AGENCYEA, Chicago, IL, pg. 40
Spolowitz, Loraine, Creative Dir -- EPSILON, Chicago, IL, pg. 344
Spoon, Katlin, Acct Coord-PR -- PAGE COMMUNICATIONS, Kansas City, MO, pg. 1604
Spoon, Randy, Acct Supvr -- KELLEN COMMUNICATIONS, New York, NY, pg. 590
Sprague, Tim, Art Dir, Creative Dir & Designer -- SPRAGUE NELSON, LLC, Weymouth, MA, pg. 1036
Sprecher, John, Pres & Creative Dir -- Noise, Inc., Sanibel, FL, pg. 797
Sprecher, John, Pres & Creative Dir -- NOISE, INC., Sanibel, FL, pg. 796
Sprecher, Tyler, Principal, VP & Creative Dir -- LOVE & COMPANY, INC., Frederick, MD, pg. 653
Spreckman, David, Acct Supvr -- LKH&S, Chicago, IL, pg. 647
Sprester, Mark, Art Dir -- THE MAREK GROUP, Bloomington, MN, pg. 679
Springer, Adam, Assoc Dir-Creative -- SAATCHI & SAATCHI WELLNESS, New York, NY, pg. 985
Springer, John, Owner & Creative Dir -- GRAY MATTER AGENCY INC., Hingham, MA, pg. 434
Springer, Katy, Dir-PR -- AKER INK, LLC, Scottsdale, AZ, pg. 1429
Springfeldt, Adam, Dir-Creative -- Acne Advertising, Stockholm, Sweden, pg. 1249
Sproul, Tim, Exec Creative Dir -- SOCKEYE CREATIVE, Portland, OR, pg. 1027
Sprouse, Alex, Assoc Dir-Creative -- FCB New York, New York, NY, pg. 365
Spurgeon, Alexandra, Acct Exec -- GREGORY FCA, Ardmore, PA, pg. 1524
Spurgeon, Andrew, Exec Creative Dir -- Langland, Windsor, United Kingdom, pg. 911
Spychalla, Jody, Creative Dir -- VML, Chicago, IL, pg. 1145
Squadrito, Anne, Sr VP & Creative Dir -- OGILVY COMMONWEALTH INSIGHTS & ANALYTICS, Parsippany, NJ, pg. 831
Squires, James, Creative Dir -- MOROCH HOLDINGS, INC., Dallas, TX, pg. 758
Squires, Troy, Acct Dir -- Ogilvy Cape Town, Cape Town, South Africa, pg. 829
Srangsomwong, Parinyaporn, Acct Dir -- Leo Burnett, Bangkok, Thailand, pg. 631
Srbkova, Lucie, Acct Dir -- McCann Erickson Prague, Prague, Czech Republic, pg. 702
Sree, Kash, Exec Creative Dir & Copywriter -- GYRO, New York, NY, pg. 457

Sridharan, Karunasagar, Creative Dir -- Ogilvy India, Mumbai, India, pg. 824
Srisukh, Thanan, Art Dir -- BBDO Bangkok, Bangkok, Thailand, pg. 115
Srithongchart, Nuchsinee, Acct Dir -- J. Walter Thompson Thailand, Bangkok, Thailand, pg. 559
Srivarin, Prasert, Art Dir -- BBDO Bangkok, Bangkok, Thailand, pg. 115
Srivastava, Neha, Acct Dir -- J. Walter Thompson, Kolkata, India, pg. 557
Srivastava, Nitin, Sr Creative Dir -- Ogilvy, New Delhi, India, pg. 825
Sroka, Andrew, Acct Exec -- NO LIMIT AGENCY, Chicago, IL, pg. 795
St. Jacques, Robert, Creative Dir -- GMLV LLC, Newark, NJ, pg. 425
St. James, Peter, Creative Dir & Sr Copywriter -- AD4CE MEDIA, Manchester, NH, pg. 25
St. John, Adam, Assoc Creative Dir -- COLLE+MCVOY, Minneapolis, MN, pg. 219
Stacey, Simon, Exec Creative Dir-South East & North Asia -- Fitch Design Pvt. Ltd., Singapore, Singapore, pg. 386
Stach, Arne, Creative Dir -- Heimat Werbeagentur GmbH, Berlin, Germany, pg. 1082
Stack, Jay, VP-Creative Svcs -- IGM CREATIVE GROUP, Lincoln Park, NJ, pg. 1405
Stack, Sunny, Acct Dir -- SWITCH, Saint Louis, MO, pg. 1067
Stack, Zack, Sr Strategist-Digital & Creative -- EDGE MULTIMEDIA, Portland, OR, pg. 331
Stacy, Brian, Art Dir -- CATCHFIRE, Minneapolis, MN, pg. 196
Stacy, Joel, Creative Dir -- MONO, Minneapolis, MN, pg. 755
Staebler, Bruce, Chief Creative Officer & Principal -- SIGNATURE BRAND FACTORY, Milldale, CT, pg. 1013
Staedler, Steve, Sr Acct Exec-PR -- LEPOIDEVIN MARKETING, Brookfield, WI, pg. 632
Stafford, Jerry, Art Dir -- PURE BRAND COMMUNICATIONS, LLC, Denver, CO, pg. 916
Stahl, Bjorn, Exec Creative Dir -- INGO, Stockholm, Sweden, pg. 442
Stahlke, Robert, Strategist-New Bus -- OCTANE VTM, Indianapolis, IN, pg. 808
Staicu, Adriana, Acct Dir -- Geometry Global, Bucharest, Romania, pg. 441
Stainback, Rob, Dir-Interactive Creative -- MY BLUE ROBOT, Safety Harbor, FL, pg. 782
Stainbrook, Laila, Acct Supvr -- MONO, Minneapolis, MN, pg. 755
Stair, Trev, Creative Dir -- STACKPOLE & PARTNERS ADVERTISING, Newburyport, MA, pg. 1041
Stake, Anders, Creative Dir -- 72andSunny, Amsterdam, Netherlands, pg. 11
Stakgold, Alissa, Pres-Strategy & Creative Svcs -- QUIGLEY-SIMPSON, Los Angeles, CA, pg. 923
Stalcup, Chad, Principal & Creative Dir -- SKYLINE MEDIA GROUP, Oklahoma City, OK, pg. 1019
Stallings, Susan, Assoc Creative Dir -- McCann Detroit, Birmingham, MI, pg. 699
Stallman, Dave, Creative Dir -- CANNONBALL, Saint Louis, MO, pg. 187
Stallman, Jim, Sr VP & Creative Dir -- LEO BURNETT WORLDWIDE, INC., Chicago, IL, pg. 621
Stallone, Shannon, Acct Exec-Digital Mktg -- PureRED/Ferrara, Tucker, GA, pg. 918
Stallsmith, Deanna, Chief Creative Officer -- REMEDY, Chicago, IL, pg. 946
Stampanato, Jason, Assoc Media Buyer -- U.S. INTERNATIONAL MEDIA, LLC, Los Angeles, CA, pg. 1378
Stamulis, Gray, Acct Supvr -- Moroch, Saint Louis, MO, pg. 759
Stander, Hennie, Creative Dir & Copywriter -- McCann Worldgroup Johannesburg, Johannesburg, South Africa, pg. 709
Standerfer, Courtney, Acct Dir-McDonald's -- Moroch, Atlanta, GA, pg. 759
Standerfer, Courtney, Acct Dir-McDonald's -- Moroch, Chesapeake, VA, pg. 760
Stanfield, Chris, Acct Dir -- BROWN BAG MARKETING, Atlanta, GA, pg. 167
Stanger, Patrick, Dir-Creative Svcs -- FEARWORM HAUNTVERTISING, Austin, TX, pg. 376
Stanhagen, Katie, Media Buyer -- E.W. BULLOCK ASSOCIATES, Pensacola, FL, pg. 354
Stanhope, Chad, Acct Exec -- BEDFORD ADVERTISING INC., Carrollton, TX, pg. 120
Stankiewicz, C. J., Dir-Creative Svcs -- GLOBAL-5, INC., Longwood, FL, pg. 1518
Stankovic, Milos, Mgr-New Bus -- McCann Erickson Group, Belgrade, Serbia, pg. 708

Stanley, Alyson, Sr Mgr-PR -- CLEAN DESIGN, INC., Raleigh, NC, pg. 212
Stanley, Jordan, Acct Exec -- BIG PICTURE PR, Mill Valley, CA, pg. 1450
Stanway, Joanne, Acct Dir -- RAINIER COMMUNICATIONS, Westborough, MA, pg. 1624
Staples, Chris, Creative Dir -- RETHINK, Vancouver, Canada, pg. 951
Staples, Joe, Exec Creative Dir -- Mother LA, Los Angeles, CA, pg. 763
Stapleton, Jay, VP-PR-Regan Comm -- QUINN & HARY MARKETING, New London, CT, pg. 924
Stapley, Robin, VP-Creative -- GLOBAL EXPERIENCE SPECIALISTS, INC., Las Vegas, NV, pg. 422
Starck, Philipp, Acct Dir -- DDB Berlin, Berlin, Germany, pg. 274
Stark, Alvin W., Pres, Dir-Creative & Dir-Media -- AL STARK'S A&M, Wadsworth, IL, pg. 43
Stark, David, Pres & Creative Dir -- DAVID STARK DESIGN & PRODUCTION, Brooklyn, NY, pg. 262
Stark, Jaclyn, Media Dir -- PUBLICIS HEALTHCARE COMMUNICATIONS GROUP, New York, NY, pg. 911
Stark, Jessica, Acct Dir-Australia -- DWA, A MERKLE COMPANY, San Francisco, CA, pg. 1319
Stark, Kevin, Creative Dir -- BARTLE BOGLE HEGARTY LIMITED, London, United Kingdom, pg. 92
Stark, Landry, Art Dir -- BETC, Paris, France, pg. 479
Stark, Michael, Creative Dir -- MATCHBOOK CREATIVE, Indianapolis, IN, pg. 693
Starkman, Aaron, Partner & Creative Dir -- Rethink, Toronto, Canada, pg. 951
Starodubov, Alexey, Creative Dir-Bootleg -- BBDO Moscow, Moscow, Russia, pg. 107
Starr, Brittanie, Creative Dir -- STREAM COMPANIES, Malvern, PA, pg. 1054
Starr, Eric, Creative Dir -- THE CONFLUENCE, Los Angeles, CA, pg. 226
Startz, Rachel, Acct Coord -- THE COMMUNITY, Miami, FL, pg. 223
Stathopoulou, Marina, Art Dir -- BBDO Athens, Athens, Greece, pg. 105
Statman, Matt, CEO & Creative Dir -- MOTIVE, Denver, CO, pg. 764
Staublin, Vanessa, Acct Exec -- DITTOE PUBLIC RELATIONS, INC., Indianapolis, IN, pg. 1486
Stauss, Alexander, Mng Creative Dir-GF Kreation -- Heimat Werbeagentur GmbH, Berlin, Germany, pg. 1082
Stead, David, Acct Dir -- DRAW, London, United Kingdom, pg. 319
Steaple, Mark, Media Buyer -- Havas Edge, Carlsbad, CA, pg. 476
Stearns, Lily, Acct Coord -- BULLFROG & BAUM, New York, NY, pg. 172
Stechschulte, Paul, Exec Creative Dir -- M/H VCCP, San Francisco, CA, pg. 664
Steckbeck, Craig, Creative Dir & Designer -- MIXTAPE MARKETING, Austin, TX, pg. 748
Steed, Katie Benjamin, Art Dir -- ARCHER MALMO, Memphis, TN, pg. 65
Steel, Christina, Acct Exec -- ROUNDHOUSE MARKETING & PROMOTION, INC., Verona, WI, pg. 969
Steele, Ben, Assoc Creative Dir -- GRIP LTD., Toronto, Canada, pg. 450
Steele, Emily, Acct Dir -- PLANET PROPAGANDA, INC., Madison, WI, pg. 876
Steele, Gary, Exec Creative Dir -- TBWA Singapore, Singapore, Singapore, pg. 1091
Steele, Kari, Sr Partner & Acct Dir -- OGILVY, New York, NY, pg. 809
Steele, Michael, Creative Dir -- VITALINK, Raleigh, NC, pg. 1140
Stefanidou, Nicoletta, Exec Creative Dir -- Isobar Hong Kong, North Point, China (Hong Kong), pg. 549
Stefanik, Brian, Assoc Creative Dir -- BOELTER + LINCOLN MARKETING COMMUNICATIONS, Milwaukee, WI, pg. 144
Steger, Carmen, Acct Supvr -- Cossette B2B, Toronto, Canada, pg. 233
Stegmeyer, Lauren, Assoc Creative Dir -- THE DESIGNORY, Long Beach, CA, pg. 293
Steidl, Megan, Creative Dir -- CAVALRY AGENCY, Chicago, IL, pg. 197
Steidl, Scott, Art Dir -- DEVITO/VERDI, New York, NY, pg. 296
Stein, Danielle, Acct Supvr-Digital Strategy & Insights-Samsung -- Edelman, New York, NY, pg. 1492
Stein, George, Creative Dir -- PACIFIC, San Diego, CA, pg. 1279
Stein, Jennifer, Acct Supvr -- ARCHER MALMO, Memphis, TN, pg. 65

PERSONNEL INDEX — AGENCIES

Stein, Joshua, Exec Creative Dir -- MCCANN CANADA, Toronto, Canada, pg. 712
Stein, Laura, Creative Dir -- SID LEE, Toronto, Canada, pg. 1010
Stein, Lindsay, Acct Exec -- THE DECKER/ROYAL AGENCY, New York, NY, pg. 1482
Stein, Randy, Partner-Creative -- GRIP LTD., Toronto, Canada, pg. 450
Stein, Sanford, VP & Exec Creative Dir -- TracyLocke, Wilton, CT, pg. 1113
Steinbach, April, Creative Dir & Writer -- LAUNCH AGENCY, Carrollton, TX, pg. 614
Steiner, Brendan, Acct Dir -- TracyLocke, Wilton, CT, pg. 1113
Steiner, Lauren, Acct Dir -- CANNONBALL, Saint Louis, MO, pg. 187
Steiner, Leif, Founder & Creative Dir -- MOXIE SOZO, Boulder, CO, pg. 765
Steinkemper, Andreas, Creative Dir -- Ogilvy, Dusseldorf, Germany, pg. 814
Steinwald, Matt, Exec Creative Dir -- ENGINE US, New York, NY, pg. 341
Steiper, Lischa, Acct Exec -- Publicis, Rome, Italy, pg. 900
Stell, Sean, Assoc Creative Dir -- MullenLowe, El Segundo, CA, pg. 772
Stella, Reid, VP & Assoc Creative Dir -- WOODRUFF, Columbia, MO, pg. 1175
Steller, Sebastian, Creative Dir -- BBDO Dusseldorf, Dusseldorf, Germany, pg. 105
Stellpflug, Abby, Assoc Creative Dir -- AREA 23, New York, NY, pg. 67
Stelzner, Ari, VP & Acct Dir -- GREY GROUP, New York, NY, pg. 438
Stemen, Sharon, Mgr-New Bus Dev -- HART, Toledo, OH, pg. 470
Stenander, Corinne, Art Dir -- GARRISON HUGHES, Pittsburgh, PA, pg. 410
Stenberg, Patrick, Acct Dir-Nordic -- MediaCom Denmark, Copenhagen, Denmark, pg. 1345
Stenberg-Schentz, Agnes, Art Dir -- Forsman & Bodenfors, Stockholm, Sweden, pg. 722
Stengel, Matt, Acct Suprv -- RED CIRCLE AGENCY, Minneapolis, MN, pg. 938
Stephan, Ashley, Art Dir -- SWANSON RUSSELL ASSOCIATES, Lincoln, NE, pg. 1064
Stephan, Charlie, VP & Creative Dir -- SWANSON RUSSELL ASSOCIATES, Lincoln, NE, pg. 1064
Stephens, Chris, Creative Dir -- BARTON F. GRAF, New York, NY, pg. 94
Stephens, Chris, Chief Creative Officer -- MAVEN CREATIVE, Orlando, FL, pg. 695
Stephens, Giannina, VP & Dir-Print Production -- Luckie & Co., Austin, TX, pg. 656
Stephens, Jim, VP-Creative -- CHERYL ANDREWS MARKETING COMMUNICATIONS, Coral Gables, FL, pg. 1468
Stephenson, Bettina, Acct Dir -- MCGARRYBOWEN, New York, NY, pg. 716
Stephenson, Jamie, Art Dir -- MPG MEDIA SERVICES, Louisville, KY, pg. 1353
Sterling, Mimi Crume, VP-Corp Comm & PR -- NEIMAN MARCUS ADVERTISING, Dallas, TX, pg. 1224
Stern, Danielle, VP & Acct Dir -- HILL HOLLIDAY, Boston, MA, pg. 500
Stern, Diana, Art Dir -- Istropolitana Ogilvy, Bratislava, Slovakia, pg. 816
Stern, Elsa, Acct Exec-Intl -- Publicis Conseil, Paris, France, pg. 898
Stern, Michael, Sr VP & Acct Dir -- Leo Burnett USA, Chicago, IL, pg. 622
Stern, Stacey, Media Dir -- KWG, New York, NY, pg. 604
Stern, Thomas, VP & Creative Dir -- W & Cie, Boulogne-Billancourt, France, pg. 473
Stern, Tony, Chief Creative Officer -- PHELPS, Playa Vista, CA, pg. 867
Sternal, John, Dir-PR & Social Media -- MERIT MILE COMMUNICATIONS, Boca Raton, FL, pg. 732
Sternbauer, Michelle, Exec VP & Acct Dir -- THAT AGENCY, West Palm Bch, FL, pg. 1098
Sternquist, Britni, Media Dir -- Initiative Los Angeles, Los Angeles, CA, pg. 1332
Stethers, Trisha, Mgr-Traffic -- ABC CREATIVE GROUP, Syracuse, NY, pg. 17
Stetzer, Emily, Art Dir -- R/GA, New York, NY, pg. 925
Stevanov, David, Assoc Creative Dir -- WE ARE UNLIMITED, Chicago, IL, pg. 1155
Stevens, Austyn, Creative Dir -- SIEGEL+GALE, New York, NY, pg. 1011

Stevens, Carly, Media Planner-Integrated -- ZIMMERMAN ADVERTISING, Fort Lauderdale, FL, pg. 1212
Stevens, Kelly, Dir-New Bus -- THE&PARTNERSHIP, New York, NY, pg. 55
Stevens, Laura, Acct Exec -- The Rosen Group, Washington, DC, pg. 1634
Stevens, Mark, Media Dir -- ADVANCED MARKETING STRATEGIES, San Diego, CA, pg. 33
Stevens, Mike, Art Dir -- OLIVER RUSSELL, Boise, ID, pg. 835
Stevens, Rachel, Creative Dir -- Hacker Agency, Seattle, WA, pg. 540
Stevens, Shannon, Partner & Creative Dir -- SHINY ADVERTISING, Wilmington, DE, pg. 1008
Stevens, Tanya Hoffman, Acct Dir -- DIAMOND MERCKENS HOGAN, Kansas City, MO, pg. 299
Stevens, Tristan, Acct Dir -- MARKHAM & STEIN UNLIMITED, Miami, FL, pg. 685
Stevenson, Dan, Exec Creative Dir -- SCHIFINO LEE ADVERTISING, Tampa, FL, pg. 996
Stevenson, Dave, Sr VP & Creative Dir -- ARIAD COMMUNICATIONS, Toronto, Canada, pg. 68
Stevenson, David W., Founder, Pres & Chief Creative Officer -- TWO BY FOUR, Chicago, IL, pg. 1124
Stevenson, Mal, Creative Dir -- BBDO Dublin, Dublin, Ireland, pg. 105
Stewart, Arthur, Art Dir -- THE RICHARDS GROUP, INC., Dallas, TX, pg. 956
Stewart, Audrey, Acct Dir -- THE BALCOM AGENCY, Fort Worth, TX, pg. 85
Stewart, Brie, Creative Dir-Content -- J. Walter Thompson Australia, Richmond, Australia, pg. 554
Stewart, Dave, VP & Exec Creative Dir -- ASSOCIATED INTEGRATED MARKETING, Wichita, KS, pg. 74
Stewart, David, VP & Dir-Creative Tech -- KARSH & HAGAN COMMUNICATIONS, INC., Denver, CO, pg. 588
Stewart, Emily, Acct Dir -- Adam & EveDDB, London, United Kingdom, pg. 281
Stewart, Geo, VP & Creative Dir -- MARKETING WERKS, INC., Chicago, IL, pg. 1411
Stewart, Graham, Creative Dir -- McCannBlue, Dublin, Ireland, pg. 705
Stewart, Jessica, Creative Dir -- J. WALTER THOMPSON, New York, NY, pg. 553
Stewart, Matt, Assoc Creative Dir -- &BARR, Orlando, FL, pg. 55
Stewart, Matthew, Creative Dir -- THE CREATIVE MOMENTUM, Roswell, GA, pg. 244
Stewart, Rob, Sr Exec Creative Dir -- FORGE WORLDWIDE, Boston, MA, pg. 392
Stewart, Sara, Acct Exec -- MAXWELL PR, Portland, OR, pg. 1578
Stewart, Sidney, Acct Exec-PR -- WICKED CREATIVE, Las Vegas, NV, pg. 1683
Stewart, Tara, Acct Dir -- STEPHENS & ASSOCIATES ADVERTISING, INC., Overland Park, KS, pg. 1047
Stewart, Terry, Creative Dir -- PARADOWSKI CREATIVE, Saint Louis, MO, pg. 853
Stiebitz, Richard, Chief Creative Officer -- Wunderman, Prague, Czech Republic, pg. 1191
Stiegler, Adrian, Art Dir -- UNION, Toronto, Canada, pg. 1126
Stiehr, Sarah, Acct Exec & Strategist-Social Media -- VISINTINE & RYAN PR, Manchester, MO, pg. 1667
Stiltner, Mark, Assoc Creative Dir -- KARSH & HAGAN COMMUNICATIONS, INC., Denver, CO, pg. 588
Stipp, Bill, Sr VP & Creative Dir -- ALLYN MEDIA, Dallas, TX, pg. 49
Stipp, Les, Suprv-Media & Media Buyer -- GSD&M Chicago, Chicago, IL, pg. 454
Stisser, Evan, Acct Dir -- BLISSPR, New York, NY, pg. 136
Stivers, Mark, Sr Creative Dir-KYK Mktg & Creative -- KYK ADVERTISING MARKETING PROMOTIONS, Louisville, KY, pg. 605
Stockbauer, Steve, Acct Exec -- SCOPPECHIO, Louisville, KY, pg. 997
Stocker, Hayley, Acct Coord -- CINDY RICCIO COMMUNICATIONS, INC., New York, NY, pg. 1469
Stocker, Mike, Exec Creative Dir -- McCann Detroit, Birmingham, MI, pg. 699
Stocker, Steve, Chief Creative Officer & Principal -- AFFIRM, Pewaukee, WI, pg. 37
Stockton, Chad, VP & Creative Dir -- HIRSHORN ZUCKERMAN DESIGN GROUP, Rockville, MD, pg. 502
Stockwell, Naomi, Strategist-Creative -- ChaseDesign, LLC, Skaneateles, NY, pg. 755
Stoddard, Kerry, Acct Exec -- THE PRIME TIME AGENCY, Gulfport, MS, pg. 889

Stoecker, Danielle, Dir-PR -- TRANSMEDIA GROUP, Boca Raton, FL, pg. 1662
Stoermer, Emily, Acct Suprv -- BACKBAY COMMUNICATIONS, INC., Boston, MA, pg. 82
Stoeter, Paul, Assoc Creative Dir -- SapientRazorfish UK, London, United Kingdom, pg. 1289
Stoger, Julia, Creative Dir -- Wunderman, Buenos Aires, Argentina, pg. 1189
Stojanovic, Boris, VP, Head-Content Mktg & Grp Creative Dir-FCA -- PUBLICIS.SAPIENT, Boston, MA, pg. 913
Stoker, Steven, Media Planner -- BACKBONE MEDIA LLC, Carbondale, CO, pg. 1437
Stokes, Elliott, Media Planner -- LAPLACA COHEN, New York, NY, pg. 611
Stokes, Maggie, Media Buyer -- BBR CREATIVE, Lafayette, LA, pg. 116
Stokes, Marianne Russolesi, Acct Exec -- ABLE&CO, Raleigh, NC, pg. 18
Stokes, Nick, Art Dir -- WIEDEN + KENNEDY, INC., Portland, OR, pg. 1163
Stokes, Tyler, Art Dir -- RAWLE MURDY ASSOCIATES, INC., Charleston, SC, pg. 934
Stolberg, Corey, Creative Dir -- BAKER STREET ADVERTISING, San Francisco, CA, pg. 85
Stolerman, Alexander, Acct Dir -- ADAM&EVEDDB, New York, NY, pg. 25
Stoliar, Robyn, Media Planner -- KELLY SCOTT MADISON, Chicago, IL, pg. 1336
Stoll, John, VP & Creative Dir -- GLOBAL TEAM BLUE, Dearborn, MI, pg. 423
Stoller, Heather, Art Dir -- PEEBLES CREATIVE GROUP, Dublin, OH, pg. 861
Stolove, Marc, Creative Dir & Writer -- Ogilvy North America, New York, NY, pg. 811
Stoltze, Sandra, Acct Dir & Head-Unit -- M&C Saatchi, Berlin, Germany, pg. 661
Stolz, Josh, Art Dir -- PREACHER, Austin, TX, pg. 886
Stone, Chris, Mgr-Brdcst & Digital Media -- Active International Ltd., London, United Kingdom, pg. 1306
Stone, Hannah Dillard, Mgr-Creative Svcs -- CRAWFORD STRATEGY, Greenville, SC, pg. 239
Stone, Jimmie, Chief Creative Officer -- Edelman, London, United Kingdom, pg. 1494
Stone, Jimmie, Chief Creative Officer -- Edelman, New York, NY, pg. 1492
Stone, Jon, Creative Dir -- Sawmill, New York, NY, pg. 1675
Stone, Kelsey, Acct Exec -- LYONS PUBLIC RELATIONS, LLC, Kensington, MD, pg. 1572
Stone, Larry, CEO & Exec Creative Dir -- STONE WARD, Little Rock, AR, pg. 1050
Stone, Rob, Art Dir -- ERICH & KALLMAN, Larkspur, CA, pg. 348
Stone, Steve, Founder & Chief Creative Officer -- HEAT, San Francisco, CA, pg. 492
Stone, Thacher, Sr Acct Mgr-PR -- BACKBONE MEDIA LLC, Carbondale, CO, pg. 1437
Stone, Todd, Sr VP & Exec Creative Dir -- Cramer-Krasselt, Milwaukee, WI, pg. 237
Stopford, Wyndham, Creative Dir -- PROTAGONIST LLC, New York, NY, pg. 894
Stopnick, Cheryl, Sr VP-PR & Dir-Ops-South Florida -- SACHS MEDIA GROUP, Tallahassee, FL, pg. 986
Storath, Matthias, Mng Dir & Exec Creative Dir -- Heimat Werbeagentur GmbH, Berlin, Germany, pg. 1082
Storey, Crystal, Specialist-PR -- QUEST GROUP, Starkville, MS, pg. 922
Storey, Jen, Head-Brdcst -- Colenso BBDO, Auckland, New Zealand, pg. 114
Storrs, Claire, Dir-PR -- PEOPLE MAKING GOOD, Burlington, VT, pg. 1607
Story, Addison, Acct Suprv -- 97 DEGREES WEST, Austin, TX, pg. 14
Story, Rob, Creative Dir -- Sanders\Wingo, Austin, TX, pg. 990
Stossel, Erick, Assoc Creative Dir -- MRM MCCANN, New York, NY, pg. 766
Stotts, Ryan, Assoc Creative Dir -- LEO BURNETT WORLDWIDE, INC., Chicago, IL, pg. 621
Stout, Craig, Assoc Partner & Creative Dir -- PROPHET, Atlanta, GA, pg. 894
Stout, Jordan, Acct Exec -- LUCAS PUBLIC AFFAIRS, Sacramento, CA, pg. 1571
Stout, Kevin, Assoc Creative Dir -- MEADSDURKET, San Diego, CA, pg. 724
Stowe, Bill, Principal & Exec Creative Dir -- KELLIHER SAMETS

VOLK, Burlington, VT, pg. 591
Stowers, Christina, Acct Supvr-Dept Energy-US -- THE HANNON GROUP, Fort Washington, MD, pg. 1526
Stoyanov, Manuela, Acct Exec -- COSSETTE COMMUNICATIONS, Vancouver, Canada, pg. 232
Stoyanova, Kristina, Acct Dir -- BLINK MEDIA WORKS, Vancouver, Canada, pg. 136
Stoyka, David, Acct Supvr -- MARX LAYNE & COMPANY, Farmington Hills, MI, pg. 690
Strader, Samantha, Acct Supvr-Corp Responsibility -- Padilla, Richmond, VA, pg. 850
Strahl, Jeff, Creative Dir & Art Dir -- CACTUS, Denver, CO, pg. 181
Strain, John K., Acct Dir -- BRIAN COMMUNICATIONS, Conshohocken, PA, pg. 1456
Stranges, Andrea, Acct Coord -- BBDO Toronto, Toronto, Canada, pg. 100
Strapp, Alyce, Media Dir -- QUESTUS, San Francisco, CA, pg. 922
Strappini, Paul, Exec Creative Dir -- J. Walter Thompson, Rivonia, South Africa, pg. 554
Straszewski, Vincent, Assoc Creative Dir -- SAATCHI & SAATCHI, New York, NY, pg. 975
Stratford, Kerry, Pres & Chief Creative Officer -- THE CALIBER GROUP, Tucson, AZ, pg. 183
Stratten, Whitney, Acct Dir -- MARKETING ARCHITECTS, INC., Minnetonka, MN, pg. 682
Strauss, Lane, VP & Creative Dir -- WYSE, Cleveland, OH, pg. 1193
Strauss, Lindsay, Acct Supvr -- ASO ADVERTISING, Atlanta, GA, pg. 74
Strauss, Peter, Creative Dir -- Ogilvy Frankfurt, Frankfurt, Germany, pg. 814
Strauss, Tamarah, Acct Supvr -- DKC NEW YORK, New York, NY, pg. 1486
Strayer, Zack, Media Dir-Newspaper & Direct Mail -- MEDIA BROKERS INTERNATIONAL, INC., Alpharetta, GA, pg. 1341
Strazds, Vairis, Creative Dir -- DDB Latvia, Riga, Latvia, pg. 276
Strazza, Lizzie, Acct Coord-PR -- BACKBONE MEDIA LLC, Carbondale, CO, pg. 1437
Strecker, Laura, Acct Exec -- FASONE & PARTNERS, Kansas City, MO, pg. 362
Street, Garrett, VP & Creative Dir -- MULLER BRESSLER BROWN, Leawood, KS, pg. 778
Street, Steve, Grp Creative Dir -- BIG SPACESHIP, Brooklyn, NY, pg. 129
Streiter, Jacob, Acct Supvr -- The Rosen Group, Washington, DC, pg. 1634
Streiter, Jacob, Acct Supvr -- THE ROSEN GROUP, New York, NY, pg. 1634
Strickford, Dan, Dir-PR -- CLEAN DESIGN, INC., Raleigh, NC, pg. 212
Strickland, Katrine, Acct Supvr -- ADJECTIVE & CO, Jacksonville Beach, FL, pg. 30
Strickler, Jennifer, Sr VP-Creative & Tech & Dir-User Experience -- Flint Interactive, Duluth, MN, pg. 388
Stricklin, Marc, Creative Dir -- BLR/FURTHER, Birmingham, AL, pg. 138
Stricklin, Stacey, VP & Acct Dir -- Havas Media, Chicago, IL, pg. 1327
Stringham, Thomas, Pres & Creative Dir -- HOT TOMALI COMMUNICATIONS INC, Vancouver, Canada, pg. 509
Strobbe, Melvin, Exec VP & Exec Creative Dir -- Geometry Global, Akron, OH, pg. 416
Strobel, Adrienne, Acct Exec-PR -- PAGE COMMUNICATIONS, Kansas City, MO, pg. 1604
Strohm, Anita, Acct Dir -- CROSSROADS, Kansas City, MO, pg. 250
Strohmeyer, Chris, Dir-Creative Svcs -- BROADHEAD, Minneapolis, MN, pg. 165
Strommer, Stephanie, Acct Exec -- REDPOINT MARKETING PUBLIC RELATIONS INC., New York, NY, pg. 1628
Strong, Jason, Exec Creative Dir -- LATITUDE, Dallas, TX, pg. 1408
Strong, Riley, Acct Coord -- UNION, Charlotte, NC, pg. 1298
Strother, Patrick, CEO & Chief Creative Officer -- STROTHER COMMUNICATIONS, Minneapolis, MN, pg. 1055
Strout, Deb, Dir-Creative Svcs -- V2 MARKETING COMMUNICATIONS, Rockford, IL, pg. 1130
Strozenberg, Rodrigo, Creative Dir -- GLOBAL TEAM BLUE, Dearborn, MI, pg. 423
Strubel, Jonathan, Media Planner & Buyer -- EVOK ADVERTISING, Heathrow, FL, pg. 353
Strugatsky, Zohar, Media Planner-Strategy -- Zenith Los Angeles, Santa Monica, CA, pg. 1392
Strunk, Bryan, Art Dir -- MARKETING OPTIONS, LLC, Dayton, OH, pg. 684
Strutz, Chelsea, Acct Supvr -- THE INTEGER GROUP - DENVER, Lakewood, CO, pg. 1406
Strydom, Craig, Creative Dir-Brand -- Blue Water, San Francisco, CA, pg. 1241
Stryker, Nicole, Acct Dir -- SINGLE THROW INTERNET MARKETING, Wall Township, NJ, pg. 1016
Strzepek, David, Acct Exec -- TOTAL PROMOTIONS, Highland Park, IL, pg. 1417
Stuart, Brandon, Sr VP-Brand Mktg & Creative Solutions -- The Marketing Arm, Los Angeles, CA, pg. 682
Stubbs, Colleen, Creative Dir -- ALTMAN-HALL ASSOCIATES, Erie, PA, pg. 50
Stubbs, Dave, VP & Exec Creative Dir -- RAIN43, Toronto, Canada, pg. 929
Stuber, David, Acct Exec -- MCGAFFIC ADVERTISING & MARKETING, Beaver, PA, pg. 716
Stuby, Liz, Acct Exec -- FERGUSON ADVERTISING INC., Fort Wayne, IN, pg. 378
Stude, Robert, Art Dir -- STUDE-BECKER ADVERTISING LLC, Saint Paul, MN, pg. 1055
Studrawa, Kate, Acct Exec -- THE MARKETING ARM, Dallas, TX, pg. 682
Stuebane, Tim, Mng Dir & Exec Creative Dir -- Ogilvy, Dusseldorf, Germany, pg. 814
Stuebane, Tim, Mng Dir & Exec Creative Dir -- OgilvyOne GmbH, Frankfurt, Germany, pg. 815
Stueber, Katherine, Acct Exec -- ABERNATHY MACGREGOR GROUP-NEW YORK, New York, NY, pg. 1425
Stuesser, Ginny Bronesky, Media Dir -- SHINE UNITED, Madison, WI, pg. 1008
Stulz, Martin, Exec Creative Dir -- Spillmann/Felser/Leo Burnett, Zurich, Switzerland, pg. 627
Stump, Jim, Creative Dir-Digital -- The&Partnership London, London, United Kingdom, pg. 56
Stump, Samantha, Acct Exec -- DAY ONE AGENCY, New York, NY, pg. 266
Stump, Veronica, Acct Dir -- SCHAFER CONDON CARTER, Chicago, IL, pg. 995
Stumpo, Kerri, Media Dir -- PHD Chicago, Chicago, IL, pg. 1362
Sturges, Sara, Acct Exec-PR -- SANTY INTEGRATED, Scottsdale, AZ, pg. 990
Sturgis, Michelle, Acct Supvr -- HUMANAUT, Chattanooga, TN, pg. 514
Sturrus, Angela, Assoc Dir-Creative -- HOOK STUDIOS LLC, Ann Arbor, MI, pg. 1260
Styczinski, Andrea, Acct Supvr -- CARMICHAEL LYNCH, Minneapolis, MN, pg. 189
Styer, Alex, Acct Exec -- BELLEVUE COMMUNICATIONS GROUP, Philadelphia, PA, pg. 1448
Su, BorFang, Creative Dir -- Y MEDIA LABS, Redwood City, CA, pg. 1195
Su, Lucia, Acct Dir -- Millward Brown China, Shanghai, China, pg. 743
Suaid, Jose Arnaldo, Sr Copywriter-Creative -- Grey, Sao Paulo, Brazil, pg. 443
Suarez, Agustin, Creative Dir -- Ponce Buenos Aires, Buenos Aires, Argentina, pg. 543
Suarez, Diego, Assoc Creative Dir -- Badillo Nazca Saatchi & Saatchi, Guaynabo, PR, pg. 982
Suarez, Jorge, Acct Exec -- THE EIGHTH FLOOR LLC, New York, NY, pg. 333
Suarez, Morgan, Media Planner -- 22squared Inc., Tampa, FL, pg. 4
Suarez, Reinier, Acct Exec -- CONILL ADVERTISING, INC., Miami, FL, pg. 226
Suarez, Ulissa, Supvr-Brdcst-Natl -- HAVAS MEDIA, New York, NY, pg. 1324
Succi, Lucas, Art Dir -- W+K Sao Paulo, Sao Paulo, Brazil, pg. 1164
Sucharittanonta, Suthisak, Chm-Creative -- BBDO Bangkok, Bangkok, Thailand, pg. 115
Suchet, Richard, Acct Dir -- Portland, London, United Kingdom, pg. 306
Suda, Kazuhiro, Creative Dir -- HAKUHODO INCORPORATED, Tokyo, Japan, pg. 461
Sudholt, Elke, Acct Dir -- Wavemaker, Munich, Germany, pg. 1382
Sugano, Kaoru, Dir-Creative -- DENTSU INC., Tokyo, Japan, pg. 289
Sugar, Ami, Creative Dir -- TIMEZONEONE, Chicago, IL, pg. 1104
Sugar, Tobias, Creative Dir -- QUANGO, Portland, OR, pg. 921
Sugarman, Lauren, Sr VP-Strategic & Creative Ping -- Ketchum, Chicago, IL, pg. 1556
Suggs, Susan, Project Mgr-Art & Creative -- JOHN APPLEYARD AGENCY, INC., Pensacola, FL, pg. 578
Sugioka, Yosuke, Art Dir -- TBWA/Hakuhodo, Tokyo, Japan, pg. 1090
Sugiyama, Rie, Acct Exec -- Fleishman-Hillard/Japan, Tokyo, Japan, pg. 1511
Suh, Jai, Dir-Creative-Brand Mktg & Adv Strategies -- CREATIVE MEDIA ALLIANCE, Seattle, WA, pg. 244
Suhanjaya, Agung, Creative Dir -- Matari Advertising, Jakarta, Indonesia, pg. 1201
Sukhija, Bhavna, Acct Dir -- Digitas, Mumbai, India, pg. 1252
Sulak, Ryan, Editor -Video -- PART FOUR LLC, Los Angeles, CA, pg. 1279
Sulbaran, Valentina, Copywriter-Creative -- Mother New York, New York, NY, pg. 763
Sullens, Kristopher, Art Dir -- J.W. MORTON & ASSOCIATES, Cedar Rapids, IA, pg. 586
Sullivan, Bridget, Acct Supvr -- PULSECX, Montgomeryville, PA, pg. 916
Sullivan, Brooke, Coord-Creative -- NRPR GROUP, Beverly Hills, CA, pg. 1597
Sullivan, David, Head-Creative Grp & Writer -- TARGET MARKETING & COMMUNICATIONS INC., Saint John's, Canada, pg. 1073
Sullivan, Eleanor, Dir-Creative Strategy -- Hill+Knowlton Strategies, London, United Kingdom, pg. 1533
Sullivan, Kate, Assoc Creative Dir -- Weber Shandwick-Chicago, Chicago, IL, pg. 1675
Sullivan, Katie, Acct Exec -- DDB Chicago, Chicago, IL, pg. 268
Sullivan, Kelly, Acct Exec -- MARKETING DIRECTIONS, INC., Cleveland, OH, pg. 683
Sullivan, Lara, Acct Exec -- BUZZ CREATORS, INC., Valhalla, NY, pg. 1460
Sullivan, Laura, Creative Dir -- BRIGHTWAVE MARKETING, Atlanta, GA, pg. 164
Sullivan, Lindsay, Acct Dir -- IN MARKETING SERVICES, Norwalk, CT, pg. 529
Sullivan, Mary, Acct Dir -- Weber Shandwick-Seattle, Seattle, WA, pg. 1677
Sullivan, Matt, Sr VP & Grp Creative Dir -- MARC USA CHICAGO, Chicago, IL, pg. 677
Sullivan, Max, Acct Dir -- Adam & EveDDB, London, United Kingdom, pg. 281
Sullivan, Michael, Mgr-Community & Acct Exec -- DDB New York, New York, NY, pg. 269
Sullivan, Patrick, VP & Grp Creative Dir -- THE INTEGER GROUP - DENVER, Lakewood, CO, pg. 1406
Sullivan, Taj, Sr VP & Creative Dir-Brand Mktg -- PMK*BNC, Los Angeles, CA, pg. 543
Sulzer, Matthew, Creative Dir -- CURRENT LIFESTYLE MARKETING, Chicago, IL, pg. 1479
Sulzer, Paul, Acct Supvr -- Zimmerman Advertising, New York, NY, pg. 1213
Suman, Eugen, Exec Creative Dir -- Friends\TBWA, Bucharest, Romania, pg. 1084
Suman, Simona, Creative Dir -- McCann Erickson Romania, Bucharest, Romania, pg. 708
Sumi, Kanae, Acct Supvr -- McCann Erickson Japan Inc., Tokyo, Japan, pg. 706
Summachaiyanun, Kanitta, Acct Dir -- TBWA Thailand, Bangkok, Thailand, pg. 1092
Summers, Christine, Acct Dir -- Doremus (San Francisco), San Francisco, CA, pg. 316
Summers, Jocelyn, Mgr-PR & Content -- OKEEFFE, Cincinnati, OH, pg. 1602
Summers, Kirby, Acct Exec -- O'KEEFE REINHARD & PAUL, Chicago, IL, pg. 834
Sumner, Brian, Acct Supvr -- GLYNNDEVINS ADVERTISING & MARKETING, Kansas City, MO, pg. 424
Sumner, Catherine, Acct Dir-PR -- 303 MullenLowe, Sydney, Australia, pg. 773
Sumners, Kristian, Assoc Dir-Creative & Writer -- SAATCHI & SAATCHI WELLNESS, New York, NY, pg. 985
Sun, Eric, Grp Creative Dir -- Leo Burnett Shanghai Advertising Co., Ltd., Shanghai, China, pg. 629
Sun, Jennie, Acct Exec -- O2IDEAS, INC., Birmingham, AL, pg. 803
Sundby, Joe, Founder & Chm-Creative -- ROUNDHOUSE, Portland, OR, pg. 969
Sundermeyer, Max, Acct Exec-PR -- LINNIHAN FOY ADVERTISING, Minneapolis, MN, pg. 642
Sundheim, Jamie, VP & Acct Dir -- HILL HOLLIDAY/NEW YORK, New York, NY, pg. 501
Sundholm, Shaun, Creative Dir -- Leo Burnett, Ltd., London, United Kingdom, pg. 624

PERSONNEL INDEX — AGENCIES

Sundqvist, Andreas, Sr Strategist-Creative -- Grey Gothenburg, Gothenburg, Sweden, pg. 1182
Sung, Angela, Assoc Dir-Creative & Art Dir -- ARRIVALS + DEPARTURES, Toronto, Canada, pg. 1238
Sung, Woonkyung, Art Dir -- AAAZA, Inc., Los Angeles, CA, pg. 31
Sunga, Nikki, Assoc Creative Dir -- BBDO Guerrero, Makati, Philippines, pg. 114
Sunsdahl, Kathy Malmloff, Acct Supvr -- CALDWELL VANRIPER, Indianapolis, IN, pg. 182
Sunsdahl, Melissa, Acct Supvr -- WELL DONE MARKETING, Indianapolis, IN, pg. 1158
Suozzo, Christopher, Acct Exec -- SPARK STRATEGIC IDEAS, Charlotte, NC, pg. 1031
Supple, Jack, Chief Creative Officer -- POCKET HERCULES, Minneapolis, MN, pg. 879
Sura, Carolyn, Exec VP & Dir-Brdcst -- LOCKARD & WECHSLER, Irvington, NY, pg. 649
Surdakowski, John, Founder & Creative Dir -- AVEXDESIGNS, New York, NY, pg. 1239
Suresh, A V N, Creative Dir & Art Dir -- R.K. Swamy BBDO, Chennai, India, pg. 112
Surgeon, Aoife, Acct Dir -- Havas Worldwide Dublin, Dublin, Ireland, pg. 480
Suri, Elisa, Acct Supvr -- TREVELINO/KELLER, Atlanta, GA, pg. 1662
Suria, Jorge, Pres & Creative Dir -- HOOAH LLC., Winter Park, FL, pg. 508
Surowiec, Joanna, Acct Exec -- LSHD ADVERTISING INC., Easthampton, MA, pg. 655
Surprenant, Jean-Claude, Assoc-Creative -- NOW COMMUNICATIONS, Vancouver, Canada, pg. 801
Surufka, Greg, VP & Creative Dir -- HEINZEROTH MARKETING GROUP, Rockford, IL, pg. 493
Susi, Tony, Art Dir -- SWBR, INC., Bethlehem, PA, pg. 1065
Sussman, Todd, VP-Creative -- DERSE INC., Milwaukee, WI, pg. 292
Sutch, Linda, Media Buyer -- ETHOS MARKETING & DESIGN, Westbrook, ME, pg. 351
Sutherland, Erica, Dir-PR & Media Buyer -- COXRASMUSSEN & CROSS MARKETING & ADVERTISING, INC., Eureka, CA, pg. 234
Sutherland, Jennifer, Acct Dir -- ARRIVALS + DEPARTURES, Toronto, Canada, pg. 1238
Sutherland, Kait, Mgr-Creative -- TBWA Chiat Day New York, New York, NY, pg. 1078
Sutherland, Mike, Creative Dir -- Abbott Mead Vickers BBDO, London, United Kingdom, pg. 109
Sutherland, Mike, Exec Creative Dir & Copywriter -- Adam & EveDDB, London, United Kingdom, pg. 281
Sutherland, Sean, Acct Dir -- KAPOWZA, Baltimore, MD, pg. 587
Suthers, Nina, Acct Dir -- OUTCAST COMMUNICATIONS, San Francisco, CA, pg. 1603
Sutil, Maria Sutil, Dir-Creative & Art -- TBWA Espana, Madrid, Spain, pg. 1085
Sutomo, Budi, Creative Dir -- MALONEY STRATEGIC COMMUNICATIONS, Dallas, TX, pg. 673
Sutter, Joe, Chief Creative Officer -- GMR MARKETING LLC, New Berlin, WI, pg. 1403
Sutton, Matt, Acct Supvr -- Access Brand Communications, New York, NY, pg. 20
Suyolcu, Erdem, Creative Dir -- MullenLowe Istanbul, Istanbul, Turkey, pg. 774
Suzuki, Katsuhiko, Creative Dir & Art Dir -- HAKUHODO INCORPORATED, Tokyo, Japan, pg. 461
Suzuki, Leticia, Acct Dir -- The Jeffrey Group Brazil, Sao Paulo, Brazil, pg. 1547
Svantesson, Johan, Creative Dir -- Grey Gothenburg, Gothenburg, Sweden, pg. 1182
Sverakova, Tereza, Chief Creative Officer -- Y&R Praha, s.r.o., Prague, Czech Republic, pg. 1205
Sverdlin, Leon, Creative Dir -- Mark BBDO, Prague, Czech Republic, pg. 104
Svireff, Amy, Acct Supvr -- GLOBAL TEAM BLUE, Dearborn, MI, pg. 423
Swan, Anne, Exec Creative Dir -- SIEGEL+GALE, New York, NY, pg. 1011
Swan, Britt E., Acct Exec -- O'BRIEN ET AL. ADVERTISING, Virginia Beach, VA, pg. 805
Swan, James, Exec Creative Dir -- Helia, London, United Kingdom, pg. 473
Swan, James, Exec Creative Dir -- Helia, London, United Kingdom, pg. 484
Swan, Kristen, Acct Supvr-PR -- KELLEN COMMUNICATIONS, New York, NY, pg. 590
Swanberg, Petter, Art Dir -- DDB Stockholm, Stockholm, Sweden, pg. 280
Swanker, Aaron, Pres & Creative Dir -- FLIGHT PATH CREATIVE, Traverse City, MI, pg. 388
Swanker, Heather, Art Dir -- FLIGHT PATH CREATIVE, Traverse City, MI, pg. 388
Swanson, Christopher, VP & Creative Dir -- Edelman, Los Angeles, CA, pg. 1491
Swanson, Craig, Exec Creative Dir -- BRANDTOPIA GROUP, Henderson, NV, pg. 159
Swanson, Jim, Partner-Creative -- PERFORMANCE MARKETING, West Des Moines, IA, pg. 864
Swarts, Anne, Mgr-Brdcst Production -- PRESTON KELLY, Minneapolis, MN, pg. 888
Swartz, Clayton, Art Dir -- Ogilvy South Africa (Pty.) Ltd., Johannesburg, South Africa, pg. 829
Swartz, Ryan, Assoc Creative Dir -- RE:GROUP, INC., Ann Arbor, MI, pg. 945
Sweatman, Mackie, Acct Dir -- AMELIE COMPANY, Denver, CO, pg. 51
Sweeney, Dom, Art Dir -- Ogilvy, Ltd., London, United Kingdom, pg. 818
Sweeney, Kevin, Creative Dir -- Movement Strategy, New York, NY, pg. 1274
Sweeney, Mark, Creative Dir -- PUBLICIS USA, New York, NY, pg. 912
Sweeney, Tony, Sr VP & Media Dir -- LEVLANE ADVERTISING/PR/INTERACTIVE, Philadelphia, PA, pg. 635
Sweet, Dan, Dir-PR -- RP3 AGENCY, Bethesda, MD, pg. 970
Sweeting, Claire, Acct Dir -- Havas London, London, United Kingdom, pg. 482
Swenson, Kristin, Acct Dir -- OUTCAST COMMUNICATIONS, San Francisco, CA, pg. 1603
Swenson, Megan, Acct Supvr -- BELLMONT PARTNERS, Minneapolis, MN, pg. 121
Swenson, Tim, Acct Exec -- D.TRIO, Minneapolis, MN, pg. 323
Swetnam, Hal, Sr VP & Sr Strategist-Creative -- GRAFIK MARKETING COMMUNICATIONS, Alexandria, VA, pg. 431
Swezey, Jessee, Asst Mgr-Print Production -- Sandbox, Kansas City, MO, pg. 989
Swift, Kenna, VP & Acct Dir -- SHERRY MATTHEWS ADVOCACY MARKETING, Austin, TX, pg. 1007
Swinburne, Matt, Creative Dir -- Havas London, London, United Kingdom, pg. 482
Swisher, John, Partner & Exec Creative Dir -- RONIN ADVERTISING GROUP, Miami, FL, pg. 967
Swoboda, Dan, Dir-Creative Svcs -- ANDERSON PARTNERS, Omaha, NE, pg. 58
Swofford, Leah, Acct Exec -- MYRIAD TRAVEL MARKETING, Manhattan Beach, CA, pg. 782
Swofford, Miriam, Acct Dir -- R&R Partners, Phoenix, AZ, pg. 925
Swonetz, Brad, Art Dir -- BARRETTSF, San Francisco, CA, pg. 91
Swords, Kelly, Acct Exec -- EXCALIBUR EXHIBITS, Houston, TX, pg. 1402
Sworn, Simon, Creative Dir -- J. Walter Thompson, London, United Kingdom, pg. 562
Syberg-Olsen, Matt, Exec Creative Dir -- DOUG&PARTNERS INC., Toronto, Canada, pg. 318
Syed, Sharik, Controller-Creative -- Happy mcgarrybowen, Bengaluru, India, pg. 717
Sygar, Dan, VP & Assoc Creative Dir -- PERICH ADVERTISING + DESIGN, Ann Arbor, MI, pg. 864
Sykes, Camille, Coord-Creative -- LG2, Montreal, Canada, pg. 639
Sykora, Jim, Partner, Chief Creative Officer & Dir -- WILLOW ST. AGENCY, Dallas, TX, pg. 1170
Sylvan, Matt, Assoc Creative Dir -- Vladimir Jones, Denver, CO, pg. 1142
Sylver, Phil, Creative Dir -- J. WALTER THOMPSON CANADA, Toronto, Canada, pg. 565
Sylvester, Jay, VP & Assoc Creative Dir -- Havas Life Metro, New York, NY, pg. 474
Sypal, Kevin, Acct Dir -- ARCHRIVAL, Lincoln, NE, pg. 66
Syring, Sharyl, Media Planner -- ESROCK PARTNERS, Orland Park, IL, pg. 349
Syromolotova, Ekaterina, Media Planner -- Abbott Mead Vickers BBDO, London, United Kingdom, pg. 109
Szabados, Janet, Art Dir -- Host, Sydney, Australia, pg. 486
Szabo, Randi, Dir-PR & Market Res -- BANIK COMMUNICATIONS, Great Falls, MT, pg. 87
Szadkowski, Chris, Creative Dir -- EVB, Oakland, CA, pg. 352
Szczepanik, Mark, Creative Dir-Comm -- THE ADCOM GROUP, Cleveland, OH, pg. 28
Szczuka, Gina, Acct Supvr -- THE ARCHER GROUP, Wilmington, DE, pg. 65
Szekely, Jenn, Exec Dir-Mktg & New Bus-North America -- FUTUREBRAND, New York, NY, pg. 405
Szeto, Silky, Art Dir -- CUTWATER, San Francisco, CA, pg. 255
Szimonisz, Greg, Acct Dir -- SPINX INC., Los Angeles, CA, pg. 1292
Szpekowski, Pat, Pres-PR Strategies & Comm -- PMS ADVERTISING, INC., Elgin, IL, pg. 879
Szwanek, Rod, Assoc Creative Dir-Electronic Media -- REDSTONE COMMUNICATIONS INC., Omaha, NE, pg. 944

T

Ta Trong, Viet, Art Dir -- FCB Amsterdam, Amsterdam, Netherlands, pg. 367
Tabar, Kaitlin, Acct Supvr -- AMELIE COMPANY, Denver, CO, pg. 51
Taber, Brianne, Acct Coord -- C SUITE COMMUNICATIONS, Sarasota, FL, pg. 180
Taber, Michele M., Dir-Creative & Principal -- TABER CREATIVE GROUP, Roseville, CA, pg. 1069
Tabery, Kiyo, Art Dir -- ETHOS MARKETING & DESIGN, Westbrook, ME, pg. 351
Taboryska, Alicja, Copywriter-Creative -- Saatchi & Saatchi, Warsaw, Poland, pg. 979
Tack, Sara, Exec VP & Dir-Creative -- BURST MARKETING, Troy, NY, pg. 176
Tack, Sara, Creative Dir -- SMITH & JONES, Troy, NY, pg. 1023
Tackett, Tina, Exec Creative Dir -- THE LOOMIS AGENCY, Dallas, TX, pg. 651
Tacopino, Alyssa, Acct Supvr -- Anomaly, Venice, CA, pg. 60
Tadaki, Kat, Art Dir -- Clemenger BBDO Wellington, Wellington, New Zealand, pg. 113
Taffer, Tia, Acct Dir -- CONNELLY PARTNERS, Boston, MA, pg. 227
Taft, Mara Connolly, Exec VP & Creative Dir-Taft Comm & ClearPoint -- TAFT & PARTNERS, Lawrenceville, NJ, pg. 1070
Taft, Meaghan, Acct Dir -- PJA Advertising + Marketing, San Francisco, CA, pg. 874
Tagle, Kara, Acct Exec -- Weber Shandwick-Denver, Denver, CO, pg. 1676
Taguiam, Joshua, Art Dir -- MullenLowe, Winston Salem, NC, pg. 772
Tahmasebi, Richard, Creative Dir -- MOTHER LTD., London, United Kingdom, pg. 762
Taht, Kenny, Chief Creative Officer -- GOCONVERGENCE, Orlando, FL, pg. 426
Taildeman, Nils, Creative Dir-Havas Lemz -- Havas Worldwide Amsterdam, Amsterdam, Netherlands, pg. 481
Tait, Iain, Exec Creative Dir -- Wieden + Kennedy, London, United Kingdom, pg. 1165
Tait, Orion, Principal & Creative Dir -- Buck NY, New York, NY, pg. 171
Taix, Jason, Art Dir -- HERO FARM, Metairie, LA, pg. 497
Takada, Satoko, Creative Dir -- McCann Erickson Inc., Osaka, Japan, pg. 706
Takada, Satoko, Creative Dir -- McCann Erickson Japan Inc., Tokyo, Japan, pg. 706
Takahashi, Akira, Creative Dir -- AKQA, INC., San Francisco, CA, pg. 1234
Takahashi, Haruyuki, Acct Exec -- DENTSU INC., Tokyo, Japan, pg. 289
Takahashi, James, Creative Dir -- DB&M MEDIA INC, Costa Mesa, CA, pg. 266
Takahashi, Mio, Dir-Creative Production -- LIQUID ADVERTISING, El Segundo, CA, pg. 644
Takahashi, Todd, Assoc Creative Dir -- Camp Pacific, Vancouver, Canada, pg. 1248
Takeda, Yoshifumi, Creative Dir -- HAKUHODO INCORPORATED, Tokyo, Japan, pg. 461
Takei, Yoshishige, Creative Dir -- Beacon Communications K.K., Tokyo, Japan, pg. 630
Takei, Yoshishige, Creative Dir -- Beacon Communications K.K., Tokyo, Japan, pg. 910
Takenaga, Zach, Assoc Creative Dir -- Weber Shandwick-Detroit, Birmingham, MI, pg. 1676
Takeyama, Jordan, Sr Mgr-PR -- EXPERIAN MARKETING SERVICES, Costa Mesa, CA, pg. 356
Takeyama, Yuhei, Assoc Creative Dir -- J. Walter Thompson Japan, Tokyo, Japan, pg. 557
Takohoutkova, Marke, Acct Exec -- Weber Shandwick, Prague, Czech Republic, pg. 1677
Talafer, Janan, Acct Coord-Healthy Air Campaign -- MADEIRA PUBLIC RELATIONS, Madeira Beach, FL, pg. 1574

AGENCIES — PERSONNEL INDEX

Talamino, Francesc, Creative Dir -- Bassat, Ogilvy Comunicacion, Barcelona, Spain, pg. 816

Talamino, Francesc, Creative Dir -- Bassat, Ogilvy Comunicacion, Barcelona, Spain, pg. 1600

Talamona, Michela, Assoc Dir-Creative -- Publicis, Rome, Italy, pg. 900

Talbot, Brock, Acct Exec-PR -- Eric Mower + Associates, Albany, NY, pg. 347

Talbot, Brock, Acct Exec-PR -- M&G/ERIC MOWER + ASSOCIATES, New York, NY, pg. 1572

Talbot, Kate, Dir-PR -- IGNITION INTERACTIVE, Los Angeles, CA, pg. 523

Talbot, Matt, Partner-Creative -- WORKINPROGRESS, Boulder, CO, pg. 1177

Talbot, Toby, Chief Creative Officer -- Saatchi & Saatchi, Auckland, New Zealand, pg. 984

Talbott, Joe, Pres-Content & Creative -- VIVA CREATIVE, Rockville, MD, pg. 1141

Talenfeld, Julie Silver, Pres-PR -- BOARDROOM COMMUNICATIONS INC., Fort Lauderdale, FL, pg. 1453

Talerico, James, Mng Dir & Exec Creative Dir -- HEARTBEAT DIGITAL, New York, NY, pg. 492

Talford, Paula, Creative Dir -- TURNER DUCKWORTH DESIGN, London, United Kingdom, pg. 1122

Tallmage, Elizabeth, Acct Exec -- WOODRUFF, Columbia, MO, pg. 1175

Taltavull, Taryn, Acct Dir -- BATES CREATIVE GROUP, Silver Spring, MD, pg. 95

Talu, Kivanc, Creative Dir -- C-Section, Istanbul, Turkey, pg. 1204

Talus, Raija, Acct Exec -- BRADSHAW ADVERTISING, Portland, OR, pg. 152

Talwar, Rakesh, Sr VP & Acct Dir -- DEUTSCH, INC., New York, NY, pg. 294

Tam, Raymond, Art Dir -- L3 ADVERTISING INC., New York, NY, pg. 606

Tamagni, Fabrizio, Assoc Dir-Creative -- Publicis, Rome, Italy, pg. 900

Tamagni, Fabrizio, Supvr-Creative -- Publicis Italia, Milan, Italy, pg. 899

Tamassia, Carlotta, Acct Exec -- Publicis, Rome, Italy, pg. 900

Tamayo, Andy, Art Dir -- DAVID The Agency, Miami, FL, pg. 261

Tamburelli, Sarah, Acct Coord -- THE SUMMIT GROUP, Salt Lake City, UT, pg. 1060

Tamilio, Dustin, Exec Creative Dir -- PP+K, Tampa, FL, pg. 885

Tammal, Kapil, Exec Creative Dir -- DDB Mudra Group, Mumbai, India, pg. 275

Tan Tang, Hang, Art Dir -- DENTSUBOS, Montreal, Canada, pg. 291

Tan, Alex, Head-Art & Art Dir -- MullenLowe Singapore, Singapore, Singapore, pg. 777

Tan, Benjamin, Art Dir -- Ogilvy (Singapore) Pvt. Ltd., Singapore, Singapore, pg. 827

Tan, Brandie, Exec Creative Dir -- J. Walter Thompson, Makati, Philippines, pg. 558

Tan, Diana, Creative Dir -- MullenLowe Profero Ltd., Shanghai, China, pg. 776

Tan, Glenn, Art Dir -- Wunderman, Shanghai, China, pg. 1190

Tan, Jules, Creative Dir -- Leo Burnett Indonesia, Jakarta, Indonesia, pg. 630

Tan, Linda, Media Planner -- Abbott Mead Vickers BBDO, London, United Kingdom, pg. 109

Tan, Max, Creative Dir -- Hakuhodo Malaysia Sdn. Bhd., Kuala Lumpur, Malaysia, pg. 463

Tan, Mimi, Creative Dir -- INTERACTIVE STRATEGIES, Washington, DC, pg. 537

Tan, Norman, Chm-China & Chief Creative Officer-North Asia -- J. Walter Thompson, Shanghai, China, pg. 555

Tan, Shen Guan, Chief Creative Officer & Chm-ASIA -- RED FUSE COMMUNICATIONS, INC., New York, NY, pg. 939

Tan, Shen Guan, Exec Creative Dir -- Y&R Hong Kong, Quarry Bay, China (Hong Kong), pg. 1199

Tan, Shen Guan, Reg Exec Creative Dir -- Young & Rubicam Guangzhou, Guangzhou, China, pg. 1200

Tan, Tess, Media Planner & Media Buyer -- SAESHE ADVERTISING, Los Angeles, CA, pg. 986

Tan, Theophilues, Assoc Creative Dir -- BBDO Singapore, Singapore, Singapore, pg. 115

Tanahara, Kris, Dir-PR -- MVNP, Honolulu, HI, pg. 780

Tanaka, Yoshihito, Acct Supvr -- McCann Erickson Japan Inc., Tokyo, Japan, pg. 706

Tanck, Zack, Acct Exec -- RFPR, INC., Los Angeles, CA, pg. 1631

Taneja, Annika, Copywriter-Creative -- Wieden + Kennedy Amsterdam, Amsterdam, Netherlands, pg. 1164

Tanenbaum, George, Exec Creative Dir -- OGILVY, New York, NY, pg. 809

Tang, Kitty, Assoc Creative Dir -- Ogilvy Advertising, Central, China (Hong Kong), pg. 822

Tang, Shane, Creative Dir -- THE JAMES AGENCY, Scottsdale, AZ, pg. 570

Tangan, Rizzo, Exec Dir-Creative -- Campaigns & Grey, Makati, Philippines, pg. 447

Tangsuwan, Wanrawee, Acct Exec -- Leo Burnett, Bangkok, Thailand, pg. 631

Tanico, Karen, Acct Exec -- PLUSMEDIA, LLC, Danbury, CT, pg. 878

Tannebaum, Michelle, Acct Exec -- TINSLEY ADVERTISING, Miami, FL, pg. 1104

Tannenbaum, Amy, Media Buyer-Direct Response -- DRM PARTNERS, INC., Hoboken, NJ, pg. 1319

Tannenbaum, George, Exec Creative Dir & Chief-Copy -- Ogilvy New York, New York, NY, pg. 811

Tanner, Becky, Media Dir -- AD PARTNERS INC., Tampa, FL, pg. 24

Tansky, Ron, Dir-Creative -- THE RON TANSKY ADVERTISING & PUBLIC RELATIONS, Thousand Oaks, CA, pg. 967

Tansrikeat, Watchara, Sr Art Dir -- TBWA Auckland, Auckland, New Zealand, pg. 1091

Tantisiriseranee, Chavanon, Copywriter-Creative -- Saatchi & Saatchi, Bangkok, Thailand, pg. 985

Tantivejakul, Trong, Chief Creative Officer -- Y&R Thailand, Bangkok, Thailand, pg. 1202

Tao, Stanley, Creative Dir -- Ogilvy Asia/Pacific, Central, China (Hong Kong), pg. 823

Tao, Will, Art Dir & Creative Dir -- Publicis Shanghai, Shanghai, China, pg. 908

Taoka, Risa, Art Dir & Planner -- I&S BBDO Inc., Tokyo, Japan, pg. 113

Tapia, Melissa, Acct Dir -- CASANOVA PENDRILL, Costa Mesa, CA, pg. 192

Tapia, Ron, Creative Dir -- M&C Saatchi, Santa Monica, CA, pg. 662

Tarantino, Lauren, Acct Exec-Social Media & Content Mktg -- DIDIT, Mineola, NY, pg. 1250

Tarantino, Mike, Pres & Dir-Creative & Mktg -- IM IMAGE MARKETING, Canfield, OH, pg. 524

Tarantino, Taryn, VP-Creative Svcs -- CMI Media, Parsippany, NJ, pg. 216

Taranto, Katie, Media Planner -- Blue 449, San Francisco, CA, pg. 1311

Tarasi, Kim, Mgr-Creative Svcs -- GARRISON HUGHES, Pittsburgh, PA, pg. 410

Tarazaga, Sebastian, Exec Creative Dir -- Wunderman, Buenos Aires, Argentina, pg. 1189

Tardif, Manon, Art Dir -- Ogilvy, Paris, France, pg. 814

Tarigan, Lydia, Creative Dir -- Ogilvy, Jakarta, Indonesia, pg. 825

Tarigan, Lydia, Creative Dir -- OgilvyInteractive, Jakarta, Indonesia, pg. 825

Tarleton, Olivia, Acct Exec -- Ketchum, Chicago, IL, pg. 1556

Tarnoff, Jesse, Exec Creative Dir -- GLASS & MARKER, Oakland, CA, pg. 421

Taroux, Phillipe, Art Dir -- TBWA Paris, Boulogne-Billancourt, France, pg. 1081

Tarquino, Jeannette, Media Planner & Media Buyer -- THE MARCUS GROUP, INC., Fairfield, NJ, pg. 678

Tarry, Rob, Creative Dir -- RETHINK, Vancouver, Canada, pg. 951

Tarry, Rob, Creative Dir -- Rethink, Toronto, Canada, pg. 951

Tartick, Steven, Exec Creative Dir -- RPM, New York, NY, pg. 971

Tarty, Feh, Chief Creative Officer -- SS+K AGENCY, New York, NY, pg. 1039

Tashjian, Jon, Dir-PR & Comm -- 19 IDEAS INC., Buffalo, NY, pg. 1421

Tassos, Charles, Founder & Sr Creative Dir -- EFM AGENCY, San Diego, CA, pg. 332

Tastenhoye, Pauline, Acct Dir -- DROGA5, New York, NY, pg. 321

Tatarko, Raffo, Creative Dir -- Wiktor/Leo Burnett, s.r.o., Bratislava, Slovakia, pg. 627

Tate, Sarah, Acct Exec -- DECIBEL BLUE, Scottsdale, AZ, pg. 285

Tateosian, Karla, VP & Acct Dir -- Havas Edge Boston, Boston, MA, pg. 476

Tateyama, Akira, Creative Dir -- Havas Worldwide Latin America, Sao Paulo, Brazil, pg. 484

Tatgenhorst, Lindsey, VP & Acct Dir -- FITZGERALD & CO, Atlanta, GA, pg. 386

Tatla, Harjot, Acct Supvr -- GREY CANADA, Toronto, Canada, pg. 437

Tatsuki, Junkichi, Assoc Creative Dir -- Ogilvy Japan K.K., Tokyo, Japan, pg. 825

Tatum, Grant, Creative Dir-Mktg & PR -- STYLE ADVERTISING, Birmingham, AL, pg. 1057

Tatzl, Thomas, Creative Dir -- DDB Vienna, Vienna, Austria, pg. 274

Tauch, Katy, Acct Dir -- DERSE INC., Milwaukee, WI, pg. 292

Taugher, Jim, CEO & Exec Creative Dir -- CI DESIGN INC., Milwaukee, WI, pg. 208

Taunton, Tiffany, Assoc Creative Dir -- CLARK/NIKDEL/POWELL, Winter Haven, FL, pg. 212

Taunton, Yvonne Camille, Acct Exec -- O2IDEAS, INC., Birmingham, AL, pg. 803

Tauro, Nick , Jr., Creative Dir-Brdcst & Writer -- RK VENTURE, Albuquerque, NM, pg. 961

Tavares, Eduardo, Creative Dir -- FCB Lisbon, Lisbon, Portugal, pg. 367

Tavares, Michael, VP & Assoc Dir-Creative & Art -- HAVAS WORLDWIDE, New York, NY, pg. 475

Tavares, Ronaldo, Creative Dir -- Fallon London, London, United Kingdom, pg. 360

Taveras-Rodriguez, Keila, Art Dir & Mgr-Studio -- STC ASSOCIATES, New York, NY, pg. 1651

Tavidde, Joerg, Creative Dir -- BBDO Dusseldorf, Dusseldorf, Germany, pg. 105

Tavis, Alex, Acct Exec -- SPOT ON, City Island, NY, pg. 1036

Tavkar, Pornima, Assoc Creative Dir -- NeON, New York, NY, pg. 364

Tay, Jian Xin, Dir-Creative & Art -- DDB New Zealand Ltd., Auckland, New Zealand, pg. 278

Taylor, Anna, Art Dir -- BBDO Atlanta, Atlanta, GA, pg. 98

Taylor, Brent, Creative Dir -- KEMP ADVERTISING & MARKETING, High Point, NC, pg. 592

Taylor, Brian, Creative Dir -- EVOLVE, INC., Greenville, NC, pg. 354

Taylor, Darren, Assoc Creative Dir -- NETPLUS MARKETING, INC., Philadelphia, PA, pg. 790

Taylor, Dave, Copywriter-B2B -- MADISON AVENUE SOCIAL, New York, NY, pg. 669

Taylor, Dustin, Partner & Creative Dir -- THE SHOP AGENCY, Dallas, TX, pg. 1009

Taylor, Emma, Acct Dir -- McCann Healthcare Sydney, Sydney, Australia, pg. 700

Taylor, Erin, Acct Dir-OMD Create -- OMD Australia, Sydney, Australia, pg. 1357

Taylor, Fay, Acct Dir -- Adam & EveDDB, London, United Kingdom, pg. 281

Taylor, Georgia, Art Dir -- WE ARE UNLIMITED, Chicago, IL, pg. 1155

Taylor, Glenn, Partner & Sr Creative Dir -- MITCHELL, LINDBERG & TAYLOR, INC., Tucker, GA, pg. 748

Taylor, Glenn, Partner & Sr Creative Dir -- MLT CREATIVE, Tucker, GA, pg. 749

Taylor, Heather, Media Dir -- DESTINATION MARKETING, Mountlake Terrace, WA, pg. 294

Taylor, Hunter, Acct Exec -- CHAPPELLROBERTS, Tampa, FL, pg. 202

Taylor, James, Creative Dir -- JONES KNOWLES RITCHIE, New York, NY, pg. 582

Taylor, Josh, Art Dir -- PIVOT MARKETING, Indianapolis, IN, pg. 874

Taylor, Katie, Exec Creative Dir -- Superunion, Hamburg, Germany, pg. 1063

Taylor, Kevin, Assoc Creative Dir -- 22squared Inc., Tampa, FL, pg. 4

Taylor, Kyle, Founder & Partner-Creative -- FACT & FICTION, LLC, Boulder, CO, pg. 357

Taylor, Matt, Assoc Creative Dir -- UNION, Charlotte, NC, pg. 1298

Taylor, Matthew, Acct Dir -- MOTHER LTD., London, United Kingdom, pg. 762

Taylor, Meredith, Acct Exec -- KELLEN COMMUNICATIONS, New York, NY, pg. 590

Taylor, Mike, VP-Enterprise-Highwire Tech PR -- HIGHWIRE PUBLIC RELATIONS, San Francisco, CA, pg. 1530

Taylor, Pamela, Acct Dir -- ONEMAGNIFY, Detroit, MI, pg. 840

Taylor, Paris, Assoc Acct Dir-PR -- BURRELL, Chicago, IL, pg. 176

Taylor, Paul, Partner & Chief Creative Officer-UK -- BRANDOPUS, New York, NY, pg. 158

Taylor, Rachel, Acct Dir-Europe -- LOHRE & ASSOCIATES, INCORPORATED, Cincinnati, OH, pg. 650

Taylor, Robb, Chief Creative Officer, Dir-Creative & Strategist-Brand -- JEKYLL AND HYDE, Redford, MI, pg. 574

Taylor, Scott, Art Dir -- droga5, London, United Kingdom, pg. 322

Taylor, Stephanie, Art Dir -- THE CROUCH GROUP, INC., Denton, TX, pg. 250

PERSONNEL INDEX — AGENCIES

Taylor, Tamara, Acct Dir -- HUDSON ROUGE, New York, NY, pg. 511

Taylor, Todd, VP, Art Dir & Creative Dir -- RED TETTEMER O'CONNELL & PARTNERS, Philadelphia, PA, pg. 941

Teal, Sarah, Acct Supvr -- FRENCH/WEST/VAUGHAN, INC., Raleigh, NC, pg. 398

Teare, Hunter, Acct Exec -- GREY NEW YORK, New York, NY, pg. 438

Teasdale, Jennifer, Acct Dir -- Momentum, Saint Louis, MO, pg. 755

Tebbe, Ashley, Art Dir -- EAG ADVERTISING & MARKETING, Kansas City, MO, pg. 328

Tecchio, Vinney, Creative Dir -- Deutsch New York, New York, NY, pg. 295

Tedeschi, Paul, VP & Exec Creative Dir -- DECKER CREATIVE MARKETING, Glastonbury, CT, pg. 285

Tedesco, Alexis, Acct Exec -- DAY ONE AGENCY, New York, NY, pg. 266

Tedford, Teddy, Gen Mgr & Creative Dir -- ADCOAST LLC, Fort Myers, FL, pg. 28

Tee, Denise, Art Dir -- BBH Singapore, Singapore, Singapore, pg. 94

Teh, Patrick, Acct Dir -- Epsilon International, Singapore, Singapore, pg. 345

Teigeler, Andreas, Exec Creative Dir -- Digitas, Munich, Germany, pg. 1252

Teixeira, Edouard, Acct Dir -- Y&R Paris, Boulogne, France, pg. 1202

Teixeira, Rafaela, Art Dir -- PEREIRA & O'DELL, San Francisco, CA, pg. 863

Teixeria, Nuno, Assoc Dir-Creative -- TBWA Chiat Day New York, New York, NY, pg. 1078

Tejasakulsin, Asawin, Art Dir -- Ogilvy Advertising, Bangkok, Thailand, pg. 828

Tejeda, Linda, Acct Dir -- BENNETT GROUP, Wellfleet, MA, pg. 123

Tejeda, Thays, Media Planner -- MullenLowe Mediahub, Boston, MA, pg. 771

Tekippe, Abe, Mgr-PR -- TAYLOR JOHNSON, Niles, IL, pg. 1656

Tell, Carolina, Planner-Creative -- Acne Advertising, Stockholm, Sweden, pg. 1249

Tell, Jacob, CEO & Head-Creative -- ONIRACOM CORP, Santa Barbara, CA, pg. 841

Temperley, James, Head-Brdcst -- Initiative, London, United Kingdom, pg. 547

Temple, Cameron, Exec Creative Dir -- Stink Studios, London, United Kingdom, pg. 1050

Templeton, Cameron, Creative Dir -- Momentum, Atlanta, GA, pg. 755

Templin, Laura, Acct Dir-Media -- M&K MEDIA, Toronto, Canada, pg. 1339

Templin, Todd, Exec VP-PR -- BOARDROOM COMMUNICATIONS INC., Fort Lauderdale, FL, pg. 1453

Temporale, Todd, Partner & Creative Dir -- VIVA & CO., Toronto, Canada, pg. 1141

Temsomboon, Peerawat, Grp Head-Creative & Art Dir -- Ogilvy Advertising, Bangkok, Thailand, pg. 828

Teng, Run Run, Creative Dir -- Saatchi & Saatchi Asia Pacific, Singapore, Singapore, pg. 985

Tenjo, Sergio, Creative Dir -- Grey: REP, Bogota, Colombia, pg. 444

Tennis, Jason, Creative Dir -- ALIPES CME, INC, Boston, MA, pg. 1235

Teodori, Fabio, Exec Creative Dir -- FCB Milan, Milan, Italy, pg. 367

Teoh, Alvin, Exec Creative Dir -- Naga DDB Sdn. Bhd., Petaling Jaya, Malaysia, pg. 277

Tercelan, Marina, Dir-Client Creative -- MCCANN WORLDGROUP S.R.L, Milan, Italy, pg. 715

Terchek, Tim, Partner & Exec Creative Dir -- THE DRUCKER GROUP, Des Plaines, IL, pg. 322

Terlizzi, Jessica, Assoc Creative Dir -- MCGARRYBOWEN, New York, NY, pg. 716

Terlizzi, Robert, Assoc Creative Dir-Design -- HAVAS MEDIA, New York, NY, pg. 1324

Ternstrom, Hanna, Acct Dir -- DDB Stockholm, Stockholm, Sweden, pg. 280

Terpstra, Ashley, Media Dir -- NINA HALE INC., Minneapolis, MN, pg. 1276

Terranova, Michael, Sr Creative Dir -- FLETCHER KNIGHT, Stamford, CT, pg. 388

Terrell, Matt, Art Dir -- Fallon Minneapolis, Minneapolis, MN, pg. 360

Terry, Aiden, Acct Supvr -- THE INTEGER GROUP-DALLAS, Dallas, TX, pg. 1405

Terry, Emmarose Villanueva, Media Dir -- R&R PARTNERS, Las Vegas, NV, pg. 924

Terry, Jim, Creative Dir -- R&R PARTNERS, Las Vegas, NV, pg. 924

Teruzzi, Alice, Art Dir -- Publicis Italia, Milan, Italy, pg. 899

Terwilleger, Bret A., Creative Dir-Principle ODEN & Strategist -- ODEN MARKETING AND DESIGN, Memphis, TN, pg. 808

Terwilliger, Jodi, Creative Dir -- Buck NY, New York, NY, pg. 171

Terzioglu, Ahmet, Grp Head-Creative -- 4129Grey, Istanbul, Turkey, pg. 442

Terzis, Kimberley, Creative Dir -- SIMPLE TRUTH COMMUNICATION PARTNERS, Chicago, IL, pg. 1015

Tesmaye, Jonathan, Dir-Digital & Creative Art -- VML Mexico, Mexico, Mexico, pg. 1144

Tesoro, Jake, Chief Creative Officer -- FCB Manila, Makati, Philippines, pg. 374

Tesseo, Christine, Assoc Creative Dir -- EMA Public Relations Services, Syracuse, NY, pg. 347

Tesseo, Christine, Assoc Creative Dir -- Eric Mower + Associates, Albany, NY, pg. 347

Tesseo, Christine, Assoc Creative Dir -- HB/Eric Mower + Associates, Newton, MA, pg. 348

Testa, Mary, VP & Creative Dir -- ARTCRAFT HEALTH EDUCATION, Flemington, NJ, pg. 71

Testa, Trey, Mgr-Creative Svcs -- COMMERCE HOUSE, Dallas, TX, pg. 221

Teston, Alessandra, Head-PR -- Ogilvy, Brussels, Belgium, pg. 1599

Teter, John M., Creative Dir -- HAVAS WORLDWIDE, New York, NY, pg. 475

Tetreault, Sara, Media Planner & Buyer -- PHOENIX GROUP, Regina, Canada, pg. 869

Teulingkx, Jan, Creative Dir -- Saatchi & Saatchi Zurich, Zurich, Switzerland, pg. 980

Teuwen, Geert, Co-Founder & Creative Dir -- TEUWEN COMMUNICATIONS, New York, NY, pg. 1657

Teuwen, Stephanie, Pres-Food, Wine, Spirits PR & Mktg -- TEUWEN COMMUNICATIONS, New York, NY, pg. 1657

Thach, Tim, Art Dir -- Ogilvy New Zealand, Auckland, New Zealand, pg. 826

Thacker, Wendy, Art Dir -- WEST CARY GROUP, Richmond, VA, pg. 1159

Thai Ang, Shun, Acct Exec -- TRIBAL WORLDWIDE, New York, NY, pg. 1295

Thaidumrong, Jureeporn, Chief Creative Officer -- GREYnj United, Bangkok, Thailand, pg. 448

Thairattanasuwan, Nattagorn, Grp Head-Creative -- J. Walter Thompson, Shanghai, China, pg. 555

Thakar, Preeti Joshi, VP & Acct Dir -- GYRO CINCINNATI, Cincinnati, OH, pg. 458

Thakur, Shuchi, Exec Creative Dir -- Wieden + Kennedy India, New Delhi, India, pg. 1166

Thakurta, Prajato Guha, Exec Creative Dir -- Leo Burnett India, Mumbai, India, pg. 629

Thaler, Ben, Head-Media Dept & Media Dir -- DAVIS ADVERTISING, INC., Worcester, MA, pg. 263

Tham, Anthony, Exec Creative Dir -- Publicis Shanghai, Shanghai, China, pg. 908

Thaman, Michael, Art Dir -- MILLER BROOKS, Zionsville, IN, pg. 742

Thanos, Dino, Mgr-Direct Mktg -- KDR MEDIA GROUP, Schaumburg, IL, pg. 589

Thares, Scott, Owner & Creative Dir -- WINK, INCORPORATED, Minneapolis, MN, pg. 1171

Tharp, Janis, Sr Acct Mgr-PR -- Pure Brand Communications, Cheyenne, WY, pg. 917

Thatcher, Sara, Acct Dir -- GOFF PUBLIC, Saint Paul, MN, pg. 1519

Thaxton, Vida, Acct Supvr -- DUNCAN CHANNON, San Francisco, CA, pg. 325

Thayer, Jillian, Acct Dir -- J PUBLIC RELATIONS, San Diego, CA, pg. 1407

Thayer, K. T., Creative Dir -- CP+B BOULDER, Boulder, CO, pg. 235

Theccanat, Nicholas, Acct Supvr-Fin Comm & Capital Markets -- Edelman, Atlanta, GA, pg. 1492

Theeng, Navin, Exec Creative Dir -- Havas Worldwide Gurgaon, Gurgaon, India, pg. 487

Theesfeld, Roz, Creative Dir -- AGENCY ENTOURAGE LLC, Dallas, TX, pg. 38

Thegze, Chuck, VP-New Bus -- SPARKPR, New York, NY, pg. 1648

Theinert, Amber, Acct Dir -- KOCH COMMUNICATIONS, Oklahoma City, OK, pg. 1559

Theis, Erin, Media Dir -- WILLIAMS RANDALL MARKETING, Indianapolis, IN, pg. 1169

Theisen, Scott, Head-Studio Specialist & Exec Creative Dir -- DELOITTE DIGITAL, Seattle, WA, pg. 1249

Then, EuChuan, Acct Exec -- TBWA Singapore, Singapore, Singapore, pg. 1091

Thenenbach, Anno, Creative Dir -- BBDO Dusseldorf, Dusseldorf, Germany, pg. 105

Theobald, Marcy, Acct Dir & Strategist -- CARABINER COMMUNICATIONS, Lilburn, GA, pg. 1462

Theodorakopoulos, George, Assoc Creative Dir -- OgilvyOne Worldwide, Athens, Greece, pg. 815

Thepparat, Supparat, Partner-Creative -- BBDO China, Shanghai, China, pg. 112

Theriault, Angela, VP & Acct Dir -- BVK, Milwaukee, WI, pg. 178

Theriault, Angela, VP & Acct Dir -- BVK DIRECT, Colleyville, TX, pg. 179

Theron, Natalie, Art Dir -- ZULU ALPHA KILO, Toronto, Canada, pg. 1216

Theroux, David, Art Dir -- Cossette Communication-Marketing (Montreal) Inc., Montreal, Canada, pg. 233

Therrien, Matt, Creative Dir -- PIERCE PROMOTIONS, POrtland, ME, pg. 1414

Thessman, Sami, Chief Creative Officer -- WUNDERMAN, New York, NY, pg. 1188

Theuer, Christian, Acct Supvr -- QORVIS MSLGROUP, Washington, DC, pg. 1621

Thibodeau, Michael, Creative Dir -- ETHICONE LLC, New York, NY, pg. 351

Thide, Gregory, Assoc Dir-Creative Strategy & Tech -- UNDERTONE, New York, NY, pg. 1126

Thiel, Paul, Creative Dir -- AVATARLABS, Encino, CA, pg. 79

Thiel, Stephanie, Acct Dir -- JOAN, New York, NY, pg. 577

Thielen, Amanda, Acct Supvr -- REAL INTEGRATED, Troy, MI, pg. 936

Thieman, Andy, Exec Creative Dir -- Yamamoto, Minneapolis, MN, pg. 723

Thien, Ton, Acct Dir -- Hakuhodo & Saigon Advertising Co., Ltd., Ho Chi Minh City, Vietnam, pg. 463

Thierry, Albert, Creative Dir -- Wieden + Kennedy Amsterdam, Amsterdam, Netherlands, pg. 1164

Thiessen, Hans, Creative Dir-Design -- Rethink, Toronto, Canada, pg. 951

Thiry, Julien, Assoc Dir-Creative & Art Dir -- DENTSUBOS, Montreal, Canada, pg. 291

Thoele, Maggie, Media Dir -- GABRIEL DEGROOD BENDT, MinneaPOlis, MN, pg. 407

Thoem, Kevin, Grp Creative Dir -- MCGARRYBOWEN, New York, NY, pg. 716

Thomas, Amy, Creative Dir-Copy -- YARD, New York, NY, pg. 1303

Thomas, Andrew, Creative Dir -- Jack Morton Worldwide, London, United Kingdom, pg. 568

Thomas, Andy, Creative Dir-Europe -- Huge, London, United Kingdom, pg. 512

Thomas, Bill, Creative Dir -- MATRIX2 ADVERTISING, Miami, FL, pg. 694

Thomas, Courtney, Sr Acct Exec-PR -- BROWNSTEIN GROUP, Philadelphia, PA, pg. 168

Thomas, Daniel, Media Planner -- Abbott Mead Vickers BBDO, London, United Kingdom, pg. 109

Thomas, Ian, Exec Creative Dir -- Ubachswisbrun J. Walter Thompson, Amsterdam, Netherlands, pg. 560

Thomas, Jeff, Acct Dir -- Anomaly, Toronto, Canada, pg. 59

Thomas, Jeff, Acct Dir -- Anomaly, Toronto, Canada, pg. 722

Thomas, Jeff, Art Dir -- Publicis JimenezBasic, Makati, Philippines, pg. 910

Thomas, Jeff, Art Dir -- Publicis Manila, Makati, Philippines, pg. 910

Thomas, Jenna, Sr Dir-PR & Social Media Mktg -- NEBO AGENCY LLC, Atlanta, GA, pg. 787

Thomas, JeWayne, VP & Acct Dir -- BURRELL, Chicago, IL, pg. 176

Thomas, Joyce King, Chm & Chief Creative Officer-McCannXBC -- McCann Erickson Italiana S.p.A., Rome, Italy, pg. 706

Thomas, Joyce King, Chm & Chief Creative Officer-McCannXBC -- McCann Erickson Italiana S.p.A., Rome, Italy, pg. 715

Thomas, Kat, Founder & Exec Creative Dir -- One Green Bean, Sydney, Australia, pg. 1528

Thomas, Latoya, Acct Exec -- GILBREATH COMMUNICATIONS, INC., Houston, TX, pg. 420

Thomas, Maegan, Acct Supvr -- SID LEE, Toronto, Canada, pg. 1010

AGENCIES — PERSONNEL INDEX

Thomas, Matt, Acct Dir -- Abbott Mead Vickers BBDO, London, United Kingdom, pg. 109

Thomas, Michelle, Art Dir -- HANLON CREATIVE, Kulpsville, PA, pg. 465

Thomas, Scott, Assoc Creative Dir -- THE BOSTON GROUP, Boston, MA, pg. 149

Thomas, Sonny, VP & Grp Creative Dir -- PureRED/Ferrara, Tucker, GA, pg. 918

Thomas, Tim, Creative Dir-Buick -- LEO BURNETT DETROIT, INC., Troy, MI, pg. 621

Thomas, Tracey, Art Dir -- CORNERSTONE MARKETING & ADVERTISING, INC., Santa Rosa Beach, FL, pg. 232

Thomas, Victoria, Acct Dir -- PIVOT DESIGN INC, San Francisco, CA, pg. 873

Thomason, Keith, Art Dir -- THE TOMBRAS GROUP, Knoxville, TN, pg. 1108

Thomasson, Jennifer, Acct Dir -- GMR Marketing, Charlotte, NC, pg. 1404

Thompson, Alyse, Acct Supvr-Canada -- 360i, Atlanta, GA, pg. 289

Thompson, Andrew, Acct Mgr-PR -- GARD COMMUNICATIONS, Portland, OR, pg. 409

Thompson, Brett, Sr Producer-Creative -- GS&F, Nashville, TN, pg. 453

Thompson, Chris, Media Buyer -- CAPPELLI MILES, Lake Oswego, OR, pg. 188

Thompson, Chris, Media Buyer -- Cappelli Miles, Eugene, OR, pg. 188

Thompson, Jason, Assoc Creative Dir -- SANDBOX CHICAGO, Chicago, IL, pg. 989

Thompson, Jonathan, Owner & Creative Dir -- FOXHOUND PRODUCTIONS, Topanga, CA, pg. 395

Thompson, Joshua, Creative Dir -- TOUCHPOINTS MARKETING, LLC, Gretna, LA, pg. 1111

Thompson, Juanita, VP & Creative Dir -- Ketchum, Washington, DC, pg. 1555

Thompson, Katie, Acct Dir -- Octagon, New York, NY, pg. 806

Thompson, Lesley, Media Dir -- BOUVIER KELLY INC., Greensboro, NC, pg. 149

Thompson, Lindsay, Creative Dir -- KHEMISTRY, London, United Kingdom, pg. 594

Thompson, Lori, VP & Acct Exec -- VISION CREATIVE GROUP, INC., Morris Plains, NJ, pg. 1139

Thompson, Mark, Assoc Dir-Creative -- Geometry Global, Akron, OH, pg. 416

Thompson, Martin, Acct Exec-Creative Svcs -- ABEL COMMUNICATIONS, INC., Baltimore, MD, pg. 1425

Thompson, Missy, Creative Dir -- THE BRANDON AGENCY, Myrtle Beach, SC, pg. 158

Thompson, Nathan, VP & Creative Dir -- Jack Morton Worldwide, London, United Kingdom, pg. 568

Thompson, Paige, Assoc Creative Dir -- GS&F, Nashville, TN, pg. 453

Thompson, Paul, Media Buyer -- HENKINSCHULTZ, Sioux Falls, SD, pg. 496

Thompson, Puffer, Creative Dir -- Lewis Communications, Mobile, AL, pg. 636

Thompson, Reid, Grp Creative Dir -- CHECKMARK COMMUNICATIONS, Saint Louis, MO, pg. 1220

Thompson, Sean, Partner & Creative Dir -- LOOKTHINKMAKE, LLC, Austin, TX, pg. 651

Thompson, Tara, Acct Supvr -- THE INTEGER GROUP-DALLAS, Dallas, TX, pg. 1405

Thompson, Tracy, Creative Dir -- THE KARMA AGENCY, Philadelphia, PA, pg. 1551

Thompson, Trent, VP & Creative Dir -- BBDO Toronto, Toronto, Canada, pg. 100

Thompson, Trevor, Acct Exec -- THE PR BOUTIQUE, Houston, TX, pg. 1617

Thompson, Troy P., Acct Exec -- HAVAS PR, New York, NY, pg. 1528

Thompson, Whit, Exec Creative Dir -- BRAND COOL MARKETING INC, Rochester, NY, pg. 154

Thomson, Carrie, Media Dir -- STRATEGIC AMERICA, West Des Moines, IA, pg. 1052

Thomson, Katherine, Acct Dir -- Wieden + Kennedy, London, United Kingdom, pg. 1165

Thomson, Laurence, Co-Pres, Co-Chief Creative Officer & Exec Creative Dir -- McCann Erickson Advertising Ltd., London, United Kingdom, pg. 711

Thomson, Ross, Exec VP & Grp Creative Dir -- OGILVY COMMONHEALTH WORLDWIDE, Parsippany, NJ, pg. 832

Thorn, Audrey, Acct Exec -- SAATCHI & SAATCHI, New York, NY, pg. 975

Thornam, Megan, Assoc Creative Dir -- GLOBAL TEAM BLUE, Dearborn, MI, pg. 423

Thornburg, Brent, Creative Dir -- STUN CREATIVE, Los Angeles, CA, pg. 1057

Thornburg, Grant, Creative Dir -- CREATIVE COMMUNICATIONS CONSULTANTS, INC., Minneapolis, MN, pg. 240

Thorne, Amy, Chief Creative Officer -- Merkle Inc., King of Prussia, PA, pg. 733

Thorne, Kitty, VP & Creative Dir -- YOUNG & RUBICAM, New York, NY, pg. 1197

Thorne, Rich, Assoc Dir-Creative & Art -- CAMBRIDGE BIOMARKETING, Cambridge, MA, pg. 184

Thornton, Aaron, Creative Dir -- THE RICHARDS GROUP, INC., Dallas, TX, pg. 956

Thornton, Cheryl, Acct Dir -- MARDEN-KANE, INC., Syosset, NY, pg. 1409

Thornton, Lori, Acct Coord -- MALLOF, ABRUZINO & NASH MARKETING, Carol Stream, IL, pg. 673

Thornton, Lori, Acct Coord -- MAN MARKETING, Carol Stream, IL, pg. 674

Thornton, Nathan, Exec Creative Dir -- OLOGIE, Columbus, OH, pg. 835

Thorogood, Julie, Art Dir -- FCB Johannesburg, Johannesburg, South Africa, pg. 375

Thorose, Anoush, Art Dir -- Havas Life, Toronto, Canada, pg. 474

Thorp, Susan Adler, Strategist-PR & Media -- TACTICAL MAGIC, Memphis, TN, pg. 1070

Thorpe, John, Creative Dir -- PRICEWEBER MARKETING COMMUNICATIONS, INC., Louisville, KY, pg. 889

Thorpe, Lindsey, Acct Dir-MICE -- Hills Balfour, London, United Kingdom, pg. 750

Thorslund, Susanna Glenndahl, Acct Dir -- Forsman & Bodenfors, Stockholm, Sweden, pg. 722

Thorson, Chris, Mgr-Studio & Creative Ops -- SIXSPEED, Minneapolis, MN, pg. 1017

Thorson, Krista, Acct Supvr -- CALLAHAN CREEK, INC., Lawrence, KS, pg. 183

Threlkel, Travis, Founder & Chief Creative Officer -- OBSCURA DIGITAL, INC., San Francisco, CA, pg. 1277

Thrivikraman, Ajay, Chief Creative Officer-Global Clients -- Publicis Asia/Pacific Pte. Ltd., Singapore, Singapore, pg. 907

Thrivikraman, Ajay, Chief Creative Officer-Global Clients -- Publicis Singapore, Singapore, Singapore, pg. 911

Thulo, Molefi, Creative Dir -- Ogilvy Johannesburg (Pty.) Ltd., Johannesburg, South Africa, pg. 829

Thulo, Molefi, Creative Dir -- Ogilvy South Africa (Pty.) Ltd., Johannesburg, South Africa, pg. 829

Thur, Adam, Art Dir & Creative Dir -- UNION, Toronto, Canada, pg. 1126

Thurlby, Steve, Art Dir -- Saatchi & Saatchi Australia, Sydney, Australia, pg. 983

Thurlow, Mia, Creative Dir -- MCDOUGALL & DUVAL, Amesbury, MA, pg. 715

Thurston, Susan, Acct Exec -- Hill + Knowlton Strategies, Tampa, FL, pg. 1531

Thysens, Thomas, Art Dir -- LDV United, Antwerp, Belgium, pg. 1180

Thysens, Thomas, Art Dir -- LDV United, Antwerp, Belgium, pg. 218

Tia, Nathan, Creative Dir -- VELIR INC., Somerville, MA, pg. 1299

Tibbles, Bill, Dir-Creative, Strategist & Designer -- THE INK TANK, Toronto, Canada, pg. 533

Ticianelli, Raquel, Acct Exec -- Edelman, Sao Paulo, Brazil, pg. 1496

Tiedy, Michael, Exec Creative Dir -- TETHER, INC., Seattle, WA, pg. 1097

Tiehen, Susan, Creative Dir -- JNA ADVERTISING, Overland Park, KS, pg. 577

Tiemann, Frauke, Grp Dir-Creative -- DAVID & GOLIATH, El Segundo, CA, pg. 261

Tiempo, Randy, Creative Dir -- McCann Erickson (Philippines), Inc., Manila, Philippines, pg. 707

Tiempo, Rey, Chief Creative Officer -- Young & Rubicam Philippines, Manila, Philippines, pg. 1201

Tiensri, Chanatthapol, Creative Dir -- TBWA Thailand, Bangkok, Thailand, pg. 1092

Tigue, Alyssa, Acct Supvr -- ZAMBEZI, Culver City, CA, pg. 1209

Tilak, Swapnil, Acct Dir -- MRM Worldwide, Mumbai, India, pg. 768

Tildsley, Sarah, Principal & Creative Dir -- CHAPPELLROBERTS, Tampa, FL, pg. 202

Tilford, Brandon, Acct Exec -- LEE TILFORD AGENCY, Austin, TX, pg. 619

Till, Spencer, Sr VP & Exec Creative Dir -- LEWIS COMMUNICATIONS, Birmingham, AL, pg. 636

Tillinghast, Jay, Acct Exec-PR -- FREEBAIRN & COMPANY PUBLIC RELATIONS, Atlanta, GA, pg. 1513

Tilliss, Jennifer, Acct Dir -- LINHART PUBLIC RELATIONS, Denver, CO, pg. 1568

Tilly, Ahmed, Chief Creative Officer -- FCB Johannesburg, Johannesburg, South Africa, pg. 375

Tilson, Cody, Assoc Creative Dir -- DIGITAL KITCHEN, Chicago, IL, pg. 301

Timberlake, Hope, Acct Exec -- SPIN COMMUNICATIONS, Mill Valley, CA, pg. 1649

Timblin, Stephen, Grp Creative Dir -- Organic, Inc., Troy, MI, pg. 1278

Timmer, Emilie, Media Dir -- BRADSHAW ADVERTISING, Portland, OR, pg. 152

Timmer, Lisette, Acct Dir -- DDB Dubai, Dubai, United Arab Emirates, pg. 281

Timmerman, Rachel, Strategist-Creative Media -- RED TETTEMER O'CONNELL & PARTNERS, Philadelphia, PA, pg. 941

Timms, Judy, Assoc Creative Dir -- Publicis Toronto, Toronto, Canada, pg. 904

Tims, Scott, Acct Supvr -- The Point Group, Houston, TX, pg. 880

Tindall, Justin, Grp Chief Creative Officer -- M&C SAATCHI PLC, London, United Kingdom, pg. 658

Ting, Gordon, Acct Dir -- BEYOND MARKETING GROUP, Santa Ana, CA, pg. 126

Tingcungco, Daniel Ansel, Art Dir -- Leo Burnett Manila, Makati, Philippines, pg. 631

Tinkham, Chris, Exec VP & Media Dir -- DEVITO/VERDI, New York, NY, pg. 296

Tinsman, Rob, Creative Dir -- AVENUE 25, Phoenix, AZ, pg. 79

Tintle, Alison, Grp Creative Dir -- VML Inc, Seattle, WA, pg. 1144

Tintle, Alison, Grp Creative Dir -- VML-White Salmon, White Salmon, WA, pg. 1144

Tippen, Amy, Acct Dir -- Abbott Mead Vickers BBDO, London, United Kingdom, pg. 109

Tipping, Luke, Creative Dir -- Anomaly, London, United Kingdom, pg. 59

Tipping, Luke, Creative Dir -- Anomaly, London, United Kingdom, pg. 721

Tippins, Julian, Creative Dir -- HAVAS WORLDWIDE, New York, NY, pg. 475

Tippitt, Brian, Creative Dir & Graphic Designer -- DSD CREATIVE GROUP, INC., Nipomo, CA, pg. 323

Tipton, Devin, Media Dir -- REDCHIP COMPANIES, INC., Maitland, FL, pg. 1627

Tipton, Franklin, Partner & Exec Creative Dir -- ODYSSEUS ARMS, San Francisco, CA, pg. 808

Tirado, Diego Cifuentes, Editor-Creative -- Circus Grey, Lima, Peru, pg. 444

Tirado, Laura, Creative Dir -- GENUINE INTERACTIVE, Boston, MA, pg. 414

Tirador, Renny, CEO & Chief Creative Officer -- OUTOFTHEBLUE ADVERTISING, Coral Gables, FL, pg. 847

Tittel, Mike, Exec Creative Dir -- GYRO CINCINNATI, Cincinnati, OH, pg. 458

Titze, Nicolas, Creative Dir -- ADAPTIVE EASEL LLC, Des Moines, IA, pg. 27

Tiuso, Carolina, Acct Exec -- BROCK COMMUNICATIONS, Tampa, FL, pg. 165

Tiwari, Brahmesh, Creative Dir -- Leo Burnett India, Mumbai, India, pg. 629

Tjerrild, Lone, Acct Dir -- Wunderman, Copenhagen, Denmark, pg. 1191

Tjoa, Sarah, Acct Dir -- 160OVER90, Philadelphia, PA, pg. 2

Tjong, Finy, Grp Head-Creative -- Grey Group Indonesia, Jakarta, Indonesia, pg. 447

Toal, Jean, Acct Exec -- COMCAST SPOTLIGHT, Fort Wayne, IN, pg. 221

Todai, Amin, Pres & Chief Creative Officer -- ONEMETHOD INC, Toronto, Canada, pg. 840

Todd, Ian, Creative Dir -- BRYAN MILLS LTD., Toronto, Canada, pg. 170

Todd, Ian, Art Dir -- MULLENLOWE GROUP, Boston, MA, pg. 770

Todd, Leanne, Acct Dir -- BRIGHTON AGENCY, INC., Saint Louis, MO, pg. 164

Todoroff, Jenna, Mgr-Digital Comm & Acct Supvr -- COMMON GROUND PUBLIC RELATIONS, Chesterfield, MO, pg. 1472

Toemtechatpong, Supachai, Creative Dir -- J. Walter Thompson Thailand, Bangkok, Thailand, pg. 559

Toffoli, Chris, Dir-Creative & Design -- DDB California, San Francisco, CA, pg. 57

Togias, Traci, Acct Supvr -- Partners+Napier, New York, NY, pg. 856

Toh, Benson, Creative Dir -- Tribal Worldwide Singapore, Singapore,

PERSONNEL INDEX — AGENCIES

Singapore, pg. 1297
Toher, Joni, Principal & Creative Dir -- THIRDEYE DESIGN, Newburyport, MA, pg. 1101
Toka, Mantwa, Art Dir -- Ogilvy South Africa (Pty.) Ltd., Johannesburg, South Africa, pg. 829
Tokar, Russell, Creative Dir-Digital -- IRON CREATIVE COMMUNICATION, San Francisco, CA, pg. 548
Tokarz, Lindsay, Acct Supvr -- Epsilon, New York, NY, pg. 345
Tokat, Serra, Acct Exec -- Ogilvy, Toronto, Canada, pg. 812
Tokunaga, Ken, Assoc Creative Dir -- WEDNESDAY, New York, NY, pg. 1156
Tol, Joris, Creative Dir -- Ogilvy (Amsterdam) B.V., Amsterdam, Netherlands, pg. 816
Toll, Jeff, Exec Creative Dir -- BKWLD, Sacramento, CA, pg. 1450
Tollefson, Liv, Acct Supvr & Sr Strategist-Media -- LINNIHAN FOY ADVERTISING, Minneapolis, MN, pg. 642
Tolleson, Steve, Principal & Exec Dir-Creative -- TOLLESON DESIGN, INC., San Francisco, CA, pg. 1108
Tollett, Ben, Grp Exec Creative Dir -- Adam & EveDDB, London, United Kingdom, pg. 281
Tolley, Geoff, Chief Creative Officer -- CHEMISTRY COMMUNICATIONS INC., Pittsburgh, PA, pg. 205
Tolley, Joe, Art Dir & Assoc Creative Dir -- LUQUIRE GEORGE ANDREWS, INC., Charlotte, NC, pg. 657
Tomasek, Toni, Chief Creative Officer & Dir-Slovenia -- PUBLICIS GROUPE S.A., Paris, France, pg. 897
Tomaselli, Deanna, Acct Supvr -- Havas PR, Pittsburgh, PA, pg. 1528
Tomasello, Deana, Media Buyer & Acct Supvr -- INTERMARK GROUP, INC., Birmingham, AL, pg. 539
Tomeo, Chris, Creative Dir -- FRUITION, Denver, CO, pg. 1258
Tomeu, Fernando, Creative Dir -- Wunderman, Sao Paulo, Brazil, pg. 1190
Tomich, Michael, Art Dir -- TRACK, Auckland, New Zealand, pg. 837
Tomita, Koyo, Acct Exec -- DENTSU INC., Tokyo, Japan, pg. 289
Tomkiewicz, Ressa, Acct Supvr-PR -- THE ZIMMERMAN AGENCY LLC, Tallahassee, FL, pg. 1213
Tomkins, Amanda, Acct Mgr-PR -- BACKBONE MEDIA LLC, Carbondale, CO, pg. 1437
Tomlin, Jade, Creative Dir -- Tribal Worldwide London, London, United Kingdom, pg. 1296
Tomlin, Jessica, Assoc Creative Dir -- BLACKDOG ADVERTISING, Miami, FL, pg. 132
Tomlinson, Brenda, Dir-PR -- MCDANIELS MARKETING COMMUNICATIONS, Pekin, IL, pg. 715
Tomlinson, Rebecca, Acct Dir -- OMOBONO, Chicago, IL, pg. 1277
Tompkins, Leslie, Media Dir -- WALLACE & COMPANY, Sterling, VA, pg. 1149
Tompkins, Maggie, Acct Exec -- RISDALL MARKETING GROUP, Roseville, MN, pg. 959
Tomson, Craig, Assoc Creative Dir -- HOWERTON+WHITE, Wichita, KS, pg. 510
Tone, Ketura, Acct Dir -- QUAKER CITY MERCANTILE, Philadelphia, PA, pg. 920
Toney, Brendon, Assoc Creative Dir -- DEVICEPHARM, Irvine, CA, pg. 296
Tong, Annie, Head-Brdcst -- DDB Worldwide Ltd., Hong Kong, China (Hong Kong), pg. 274
Tong, Richard, Grp Creative Dir -- Saatchi & Saatchi, Guangzhou, China, pg. 983
Tong, William, Acct Dir -- SMA NYC, New York, NY, pg. 1021
Tong, Yelan, VP & Creative Dir -- MULLENLOWE GROUP, Boston, MA, pg. 770
Tonick, Matthew, Acct Exec -- PACIFIC COMMUNICATIONS, Irvine, CA, pg. 848
Tonissoo, Natacha, Dir-PR -- JG BLACK BOOK OF TRAVEL, New York, NY, pg. 1548
Tonn, Cailley, Media Dir -- MERCURYCSC, Bozeman, MT, pg. 730
Toohey, Joe, Chief Creative Officer -- 2E CREATIVE, Saint Louis, MO, pg. 4
Toombs, Ian, Exec Creative Dir -- Leo Burnett, Ltd., London, United Kingdom, pg. 624
Toombs, Ian, Exec Creative Dir -- Wieden + Kennedy, Shanghai, China, pg. 1166
Toomey, Tanya Maldonado, Acct Dir-Social Media -- Conill Advertising, Inc., El Segundo, CA, pg. 227
Topinka, Madeline, Acct Exec -- GREY NEW YORK, New York, NY, pg. 438
Topol, Allan, Creative Dir & Writer -- DDB Canada, Toronto, Canada, pg. 267
Topol, Lisa, Co-Chief Creative Officer -- DDB New York, New York, NY, pg. 269
Topolewski, Natalee, Media Buyer -- THE INTERPUBLIC GROUP OF COMPANIES, INC., New York, NY, pg. 540
Toral, Magdalena, Acct Exec -- FLASH POINT COMMUNICATIONS LLC, Costa Mesa, CA, pg. 387
Torguet, Enrique, Art Dir & Copywriter -- LOLA MullenLowe, Madrid, Spain, pg. 542
Tormey, Cian, Art Dir -- TBWA\Dublin, Dublin, Ireland, pg. 1083
Torneil, Carlos, Creative Dir -- GALLEGOS UNITED, Huntington Beach, CA, pg. 408
Torney, Helen, Art Dir -- ADAM&EVEDDB, New York, NY, pg. 25
Tornincasa, Greg Ciro, Art Dir -- 300FEETOUT, San Francisco, CA, pg. 5
Toro, Alyssa D'Arienzo, Sr Partner & Chief Creative Officer -- CONNELLY PARTNERS, Boston, MA, pg. 227
Toro, Joaquin Exequiel, Art Dir -- Prolam Y&R S.A., Santiago, Chile, pg. 1206
Toro, Vanessa, VP-Creative Strategy -- Digitas, Atlanta, GA, pg. 1252
Torode, Jessica, Acct Dir -- TBWA\London, London, United Kingdom, pg. 1086
Torr, Michelle, Acct Supvr -- ORANGE LABEL ART & ADVERTISING, Newport Beach, CA, pg. 843
Torrans, Emily, Acct Supvr -- BEHRMAN COMMUNICATIONS, New York, NY, pg. 1447
Torrelles, Gabriel, Creative Dir -- BODEN AGENCY, Miami, FL, pg. 1453
Torrents, Federico Perie, Gen Dir-Creative & Plng -- Biedermann Publicidad S.A., Asuncion, Paraguay, pg. 707
Torres, Beatriz, Creative Dir -- ALMA, Coconut Grove, FL, pg. 49
Torres, Beatriz, Acct Dir -- Havas Worldwide Mexico, Mexico, Mexico, pg. 485
Torres, Bernardo, Assoc Creative Dir -- Prosek Partners, New York, NY, pg. 1619
Torres, Blair, Acct Dir -- FIREHOUSE, INC., Dallas, TX, pg. 1402
Torres, Joanne, Creative Dir -- Fallon Minneapolis, Minneapolis, MN, pg. 360
Torres, Juan, Assoc Creative Dir -- GRIP LTD., Toronto, Canada, pg. 450
Torres, Kate, Project Mgr-New Bus -- VENABLES, BELL & PARTNERS, San Francisco, CA, pg. 1132
Torres, Mauricio Macias, Assoc Creative Dir -- Conill Advertising, Inc., El Segundo, CA, pg. 227
Torres, Neil, Acct Supvr & Strategist-Media -- BLANC & OTUS PUBLIC RELATIONS, San Francisco, CA, pg. 1451
Torres, Paula, Acct Exec -- Wunderman, Buenos Aires, Argentina, pg. 1189
Torres, Roy, Creative Dir -- Huge, Atlanta, GA, pg. 513
Torres, Steve, Art Dir -- J. WALTER THOMPSON, New York, NY, pg. 553
Torres, Suzanne, Acct Dir -- NAS RECRUITMENT INNOVATION, Cleveland, OH, pg. 784
Torres, Vanessa, Mgr-Print Production -- GREY PUERTO RICO, San Juan, PR, pg. 448
Torretta, Mike, Art Dir -- ROUNDHOUSE, Portland, OR, pg. 969
Torrisi, Andrew, Art Dir -- TBWA Sydney, Sydney, Australia, pg. 1089
Torruella, Hope, Acct Exec -- LARGEMOUTH COMMUNICATIONS, INC., Durham, NC, pg. 1563
Torsey, Kate, Acct Supvr -- SWIFT AGENCY, Portland, OR, pg. 1066
Tortelli, Aurelio, Exec Creative Dir -- DDB S.r.L. Advertising, Milan, Italy, pg. 276
Torti, Sara, Media Planner & Buyer-Digital -- MINDGRUVE, INC., San Diego, CA, pg. 745
Toscana, Agostino, Exec Creative Dir -- Saatchi & Saatchi, Rome, Italy, pg. 978
Tosi, Luiz, Acct Dir & Client Svcs Dir -- Publicis Brasil Communicao, Sao Paulo, Brazil, pg. 906
Touger, Ben, Acct Exec -- Lane Marketing, New York, NY, pg. 1563
Toupin, Justin, Principal & Creative Dir -- ATEN DESIGN GROUP, INC., Denver, CO, pg. 1238
Tournay, Aurelie, Designer-Creative -- Publicis, Brussels, Belgium, pg. 897
Tourneur, Jeanne, Art Dir -- Gyro Paris, Paris, France, pg. 458
Tous, Jorge, Art Dir -- LOPITO, ILEANA & HOWIE, INC., Guaynabo, PR, pg. 652
Tovar, Diego, Dir-Creative Total Work -- Sancho BBDO, Bogota, Colombia, pg. 102
Tovar, Juan Pablo, Acct Exec-Latin America -- ANDER&CO, Miami, FL, pg. 1432
Towell, Carolyn, Acct Dir -- MediaCom Vancouver, Vancouver, Canada, pg. 1345
Tower, Elizabeth, Media Buyer -- VI MARKETING & BRANDING, Oklahoma City, OK, pg. 1135
Tower, Oliver, Creative Dir -- MCCANN HEALTH GLOBAL HQ, New York, NY, pg. 713
Towle, Britta, Acct Supvr -- BATTALION, New York, NY, pg. 1439
Townend, Brad, Creative Dir-Interactive -- PACIFIC COMMUNICATIONS, Irvine, CA, pg. 848
Townsend, Andrew J., Principal & Dir-Creative -- KRACOE SZYKULA & TOWNSEND INC., Troy, MI, pg. 602
Townsend, Emily Kosa, Mgr-Community & Acct Exec -- BRAINS ON FIRE, INC., Greenville, SC, pg. 152
Townsend, Natalie, Acct Dir -- SHIFT COMMUNICATIONS LLC, Brighton, MA, pg. 1644
Townsend, Vincent, Acct Exec -- Woodruff, Kansas City, MO, pg. 1176
Toye, Jessica, Creative Dir -- VIRTUE WORLDWIDE, Brooklyn, NY, pg. 1139
Toyofuku, Melissa, Media Dir -- CORE GROUP ONE, INC., Honolulu, HI, pg. 231
Toyofuku, Victor, Creative Dir & Art Dir -- DM9DDB, Sao Paulo, Brazil, pg. 271
Toyohama, Ricardo, Creative Dir -- Circus Grey, Lima, Peru, pg. 444
Tozzini, Maurizio, Creative Dir-Client -- DDB S.r.L. Advertising, Milan, Italy, pg. 276
Trabert, Ken, Creative Dir -- 15 FINGERS, Buffalo, NY, pg. 2
Tracey, Sean, Dir-Creative & Brand Strategist -- SEAN TRACEY ASSOCIATES, Portsmouth, NH, pg. 1000
Tracy, Jill, Founder, Pres & Chief Creative Officer -- BSTRO, INC., San Francisco, CA, pg. 1244
Tracy, Mike, Acct Supvr -- TRUTH COLLECTIVE LLC, Rochester, NY, pg. 1120
Trad, Bruno, Assoc Creative Dir -- ALMA, Coconut Grove, FL, pg. 49
Traficant, Gina, Acct Exec -- FORTE PR, Las Vegas, NV, pg. 1512
Traflet, Laura, Acct Supvr -- PUBLICIS NEW YORK, New York, NY, pg. 912
Trager, Alexa, Media Buyer-Brdcst-GroupM Direct -- GROUPM NORTH AMERICA & CORPORATE HQ, New York, NY, pg. 1322
Trahan-Miller, Cherise, Partner & Creative Dir -- ASHAY MEDIA GROUP, Brooklyn, NY, pg. 73
Trahar, John, Founder & Head-Strategic & Creative -- GREATEST COMMON FACTORY, Austin, TX, pg. 434
Trahey, Amy, Acct Dir -- ADPEARANCE INC., Portland, OR, pg. 1233
Traidman, Maggie, VP & Creative Dir -- PIVOT DESIGN INC, San Francisco, CA, pg. 873
Trainor, Judy, Acct Exec -- ETHOS MARKETING & DESIGN, Westbrook, ME, pg. 351
Trainor, Mike, VP-PR -- S&A COMMUNICATIONS, Cary, NC, pg. 974
Trammell, Alexis, Acct Exec -- FREESTYLE CREATIVE, Moore, OK, pg. 397
Tramoni, Jean-Marc, Art Dir -- Publicis Conseil, Paris, France, pg. 898
Tran, Connie, Art Dir -- PHILOSOPHY COMMUNICATION, Denver, CO, pg. 869
Tran, John Paul, Exec Creative Dir -- TRIPTENT INC, New York, NY, pg. 1119
Tran, Jon, Assoc Creative Dir-B2B, B2C & Branding -- FVM STRATEGIC COMMUNICATIONS, Plymouth Meeting, PA, pg. 406
Tran, Long, Creative Dir -- TVGLA, Los Angeles, CA, pg. 1123
Tran, Teresa, Acct Supvr -- GREY SAN FRANCISCO, San Francisco, CA, pg. 449
Tranter, Gary, Chief Creative Officer -- Digitas, Kwun Tong, China (Hong Kong), pg. 1252
Trapnell, Peter, Dir-Creative Svcs -- TRO, Isleworth, United Kingdom, pg. 307
Traschitti, Massimiliano, Creative Dir -- J. Walter Thompson, Rome, Italy, pg. 560
Traschitti, Massimiliano, Creative Dir -- J. Walter Thompson Milan, Milan, Italy, pg. 560
Travaglini, Christina, Acct Supvr -- FVM STRATEGIC COMMUNICATIONS, Plymouth Meeting, PA, pg. 406
Traverso, Mark, VP-New Bus & Sls -- LIGHTHOUSE LIST COMPANY, Pompano Beach, FL, pg. 640
Travis, Ciara, Acct Exec -- TRANSLATION LLC, New York, NY, pg. 1113
Travis, Patty, Media Dir -- 5METACOM, Indianapolis, IN, pg. 10
Travis, Taylor, Acct Exec -- GCG MARKETING, Fort Worth, TX, pg. 413
Trawinska, Monika, Art Dir-Digital -- Polska McCann Erickson,

Warsaw, Poland, pg. 708
Treacy, John, Exec Creative Dir -- Proximity Worldwide & London, London, United Kingdom, pg. 111
Treacy, Paddy, Creative Dir -- Wieden + Kennedy, London, United Kingdom, pg. 1165
Trecate, Cristina, Acct Exec -- R&J STRATEGIC COMMUNICATIONS, Bridgewater, NJ, pg. 1622
Treffiletti, Carmen, Creative Dir -- THREE21, Orlando, FL, pg. 1295
Trego, Matt, Creative Dir & Art Dir -- Publicis Seattle, Seattle, WA, pg. 905
Trego, Matt, Creative Dir & Art Dir -- Publicis Seattle, Seattle, WA, pg. 913
Trejos, Jeronimo Zapata, Copywriter-Creative -- Sancho BBDO, Bogota, Colombia, pg. 102
Treleven, Todd, Art Dir & Designer -- PUROHIT NAVIGATION, Chicago, IL, pg. 918
Tremblay, David, Media Dir -- Ogilvy Montreal, Montreal, Canada, pg. 812
Tremlett, Guy, Creative Dir -- SET CREATIVE, New York, NY, pg. 1003
Trepal, Judy, Co-Founder & VP-Creative -- ETHOS MARKETING & DESIGN, Westbrook, ME, pg. 351
Tresidder, Melissa, Creative Dir -- PRESTON KELLY, Minneapolis, MN, pg. 888
Tresler, Malachi, Dir-Creative Svcs -- Axxis Advertising LLC, Tampa, FL, pg. 81
Tressel, Peter, VP & Dir-Creative & Digital -- PRESTON KELLY, Minneapolis, MN, pg. 888
Trettel, Jon, Exec Creative Dir-Digital -- Yamamoto, Minneapolis, MN, pg. 723
Treuillard, Emilie, Acct Dir-Major Donor -- FAIRCOM NEW YORK, New York, NY, pg. 359
Trevelyan, Tom, Acct Dir -- Havas London, London, United Kingdom, pg. 482
Trevino, Sylvia, Media Dir -- ANDERSON MARKETING GROUP, San Antonio, TX, pg. 58
Treyer-Evans, Toby, Creative Dir -- DROGA5, New York, NY, pg. 321
Triana, Diana, Creative Dir -- Sancho BBDO, Bogota, Colombia, pg. 102
Tribe, Jeremy, Art Dir -- Abbott Mead Vickers BBDO, London, United Kingdom, pg. 109
Tribe, Norm, Partner & Dir-Creative & Digital -- GEARSHIFT ADVERTISING, Costa Mesa, CA, pg. 413
Trierweiler, Spencer, Grp Creative Dir -- MOTIVE, Denver, CO, pg. 764
Triggs, Alex, Acct Exec -- Vibrant Media Ltd., London, United Kingdom, pg. 1137
Trimble, Samuel, Art Dir -- Colenso BBDO, Auckland, New Zealand, pg. 114
Trimino, Anthony, Founder & Chief Creative Officer -- TRAFFIK, Irvine, CA, pg. 1113
Trinanes, John, Sr VP-Creative -- George P. Johnson Company, Inc., Boston, MA, pg. 416
Trindl, Craig, Acct Supvr -- ZIZZO GROUP, INC., Milwaukee, WI, pg. 1214
Trinick, Ros, Dir-PR & Comm-M&C Saatchi Counter Extremism -- M&C SAATCHI PLC, London, United Kingdom, pg. 658
Trinidad, Megan, Creative Dir-Copy -- R/GA, New York, NY, pg. 925
Trinitis, Oskars, Art Dir -- GREY CANADA, Toronto, Canada, pg. 437
Trinkle, Robert, VP & Acct Dir -- PRICEWEBER MARKETING COMMUNICATIONS, INC., Louisville, KY, pg. 889
Tripathi, Abhinav, Exec Creative Dir -- McCann Erickson India, Mumbai, India, pg. 704
Tripi, Julie, VP & Acct Supvr-AgencyRx -- DDB HEALTH, New York, NY, pg. 267
Tripi, Mike, Art Dir -- FOURTH IDEA, Buffalo, NY, pg. 394
Tripodi, John, Creative Dir -- NEPTUNE ADVERTISING, Ocala, FL, pg. 789
Trippel, Claudia, Creative Dir -- SapientRazorfish Germany, Berlin, Germany, pg. 1288
Tripukdeekul, Intira, Art Dir -- J. Walter Thompson Thailand, Bangkok, Thailand, pg. 559
Trisadikun, Sompat, Chief Creative Officer & Art Dir -- Leo Burnett, Bangkok, Thailand, pg. 631
Trivisonno-Hawley, Danielle, Chief Creative Officer-Americas -- Possible, Seattle, WA, pg. 1189
Trivisonno-Hawley, Danielle, Chief Creative Officer-Americas -- Possible, Seattle, WA, pg. 1181
Trivisonno-Hawley, Danielle, Chief Creative Officer-Americas -- POSSIBLE NEW YORK, New York, NY, pg. 1280

Trobaugh, Scott, VP & Exec Creative Dir -- GODFREY ADVERTISING, Lancaster, PA, pg. 426
Trochez, Vick, Art Dir -- FULLSCREEN, INC., Los Angeles, CA, pg. 402
Trogdon, Emily, Mgr-PR -- THE BRANDON AGENCY, Myrtle Beach, SC, pg. 158
Trollback, Jakob, FOunder & Chief Creative Officer -- TROLLBACK + COMPANY, New York, NY, pg. 1119
Trommler, Ashley, Art Dir -- FIELDTRIP, Louisville, KY, pg. 379
Troncone, William, Mng Partner & Creative Dir -- T+P ADVERTISING, New York, NY, pg. 1068
Troncoso, Tommy, Creative Dir -- HAVAS WORLDWIDE, New York, NY, pg. 475
Tronquini, Ricardo, Creative Dir -- J. Walter Thompson Singapore, Singapore, Singapore, pg. 558
Troop, Nicholas, Art Dir -- GSD&M, Austin, TX, pg. 453
Tropp, Harry, Media Dir -- POSNER MILLER ADVERTISING, New York, NY, pg. 883
Tropp, Sarah, Acct Supvr -- SCHAFER CONDON CARTER, Chicago, IL, pg. 995
Trosper, Elizabeth, Principal-PR, Mktg & Design -- TROSPER COMMUNICATIONS LLC, Henderson, NV, pg. 1663
Trott, Ryan, Acct Mgr & Media Planner -- MEDIA WORKS, LTD., Baltimore, MD, pg. 1344
Trotter, John, Partner & Creative Dir -- FORTY FORTY AGENCY, San Francisco, CA, pg. 393
Trougakos, Nick, Acct Dir -- KOCH COMMUNICATIONS, Oklahoma City, OK, pg. 1559
Trout, Brie, Acct Supvr -- BRAND COOL MARKETING INC, Rochester, NY, pg. 154
Trout, Megan, Acct Supvr -- RPA, Santa Monica, CA, pg. 970
Trout-Keiderling, Devon, Creative Dir -- Rauxa, New York, NY, pg. 933
Troutt, Jeremy, Creative Dir -- TRAFFIK, Irvine, CA, pg. 1113
Trovato, Vince, Creative Dir -- AVC MEDIA GROUP, Woodbury, NJ, pg. 79
Trowell, Jim, Art Dir -- THE JOEY COMPANY, Brooklyn, NY, pg. 578
Troy, Jordan, Acct Exec -- JASCULCA/TERMAN AND ASSOCIATES, Chicago, IL, pg. 1545
Truan, Andrea, Creative Dir -- FMB ADVERTISING, Knoxville, TN, pg. 390
Truitt, Joyce, Media Dir-Chisano Mktg Grp -- 78Madison, Altamonte Springs, FL, pg. 12
Trujillo-Kalianis, Shelly, Media Buyer-Brdcst -- BAKER STREET ADVERTISING, San Francisco, CA, pg. 85
Truong, Duyen, VP-PR -- SAGE COMMUNICATIONS, McLean, VA, pg. 986
Trybus, Mary, Creative Dir -- Jack Morton Worldwide, Detroit, MI, pg. 568
Tryon, Jordan, Creative Dir -- M&C Saatchi Abel, Cape Town, South Africa, pg. 660
Tsami, Anastasia, Creative Dir & Copywriter -- Telia & Pavla BBDO, Nicosia, Cyprus, pg. 104
Tsang, Arthur, Chief Creative Officer -- BBH China, Shanghai, China, pg. 93
Tsang, Jeff, Creative Dir -- DDB Worldwide Ltd., Hong Kong, China (Hong Kong), pg. 274
Tsang, Kato, Assoc Creative Dir -- Leo Burnett-Guangzhou, Guangzhou, China, pg. 629
Tsang, Kato, Assoc Creative Dir -- Leo Burnett-Hong Kong, Quarry Bay, China (Hong Kong), pg. 629
Tsanis, Michael, VP & Creative Dir -- THE MARTIN GROUP, LLC., Buffalo, NY, pg. 688
Tschantz, Chris, Creative Dir -- SPARKS GROVE, Atlanta, GA, pg. 1032
Tschida, Jeannette, Media Dir -- KRUSKOPF & COMPANY, INC., Minneapolis, MN, pg. 603
Tse, Jeremy, Acct Exec -- Blackie McDonald, North Sydney, Australia, pg. 1445
Tse, Monique, Art Dir -- DDB Worldwide Ltd., Hong Kong, China (Hong Kong), pg. 274
Tsecouras, Theodore, Creative Dir -- OgilvyOne Worldwide, Athens, Greece, pg. 815
Tsitouris, Courtney, Assoc Creative Dir -- BAREFOOT PROXIMITY, Cincinnati, OH, pg. 89
Tsui, Eric, Acct Dir -- Havas Worldwide Tonic, New York, NY, pg. 477
Tsui, Samantha, Acct Supvr -- ANTHOLOGY MARKETING GROUP, Honolulu, HI, pg. 1433
Tsukagoshi, Yuka, Acct Supvr -- Weber Shandwick, Tokyo, Japan, pg. 1681
Tsurkanu, Ella, Partner & Chief Creative Officer -- AUDACITY HEALTH LLC, San Diego, CA, pg. 76

Tsvayg, Paula, Media Planner -- NEO@OGILVY, New York, NY, pg. 789
Tubbs, Rachel Migliore, Art Dir -- THE RICHARDS GROUP, INC., Dallas, TX, pg. 956
Tucci, Amanda, Acct Supvr -- RAIN43, Toronto, Canada, pg. 929
Tucci, Meaghan, Acct Exec -- GS&F, Nashville, TN, pg. 453
Tuck, Lisa, Sr Producer-Creative -- MullenLowe London, London, United Kingdom, pg. 775
Tuck, Megan, Acct Dir -- BLISSPR, New York, NY, pg. 136
Tucker, Angus, Partner & Chief Creative Officer -- JOHN ST., Toronto, Canada, pg. 579
Tucker, Brian, Principal, Head-Innovation & Producer-Creative -- BLACKBELT AGENCY, San Francisco, CA, pg. 1240
Tucker, Michael, Creative Dir -- Doremus (San Francisco), San Francisco, CA, pg. 316
Tucker, Michelle, VP & Creative Dir-Mgmt -- SCOUT MARKETING, Atlanta, GA, pg. 998
Tucker, Russ, Dir-Digital Creative-Natl -- TBWA Sydney, Sydney, Australia, pg. 1089
Tudor, Richard, Acct Dir -- Mindshare, London, United Kingdom, pg. 1181
Tufuoh, Kwadwo, VP-Ops & Acct Dir -- HERO, New York, NY, pg. 497
Tugalan, Ertug, Creative Dir -- Medina/Turgul DDB, Beyoglu, Turkey, pg. 281
Tuisk, Erkki, Acct Dir -- Zavod BBDO, Tallinn, Estonia, pg. 104
Tule, Ben, Media Dir -- LEGACY WORLDWIDE, Duluth, GA, pg. 619
Tulipana, Cheryl, Media Dir -- Sullivan Higdon & Sink Incorporated, Kansas City, MO, pg. 1060
Tuller, Denyce, Sr Acct Exec-PR -- B&P ADVERTISING, Las Vegas, NV, pg. 81
Tuma, Ashley, Media Planner -- ZIMMERMAN ADVERTISING, Fort Lauderdale, FL, pg. 1212
Tumelty, Joshua, Exec VP & Exec Creative Dir -- Razorfish Health, Philadelphia, PA, pg. 1287
Tun, Lina, Creative Dir -- Hakuhodo Hong Kong Ltd., North Point, China (Hong Kong), pg. 462
Tunbridge, Richard, Grp Creative Dir -- Publicis Hong Kong, Hong Kong, China (Hong Kong), pg. 908
Tupper, Dave, Creative Dir -- AKQA, Inc., New York, NY, pg. 1235
Tupper, Shelley, Sr VP & Acct Dir -- PINEROCK, New York, NY, pg. 871
Turbaba, Oleg, Creative Dir -- CLAY, San Francisco, CA, pg. 1246
Turbeville, Dennis, Creative Dir -- ILLUSTRIA, INC., Washington, DC, pg. 524
Turco, Carlie, Art Dir -- AGENCY59, Toronto, Canada, pg. 39
Turek, Lisa Powys, Acct Dir -- BLUE FOUNTAIN MEDIA, New York, NY, pg. 1241
Turek, Victoria, Acct Supvr -- PIERPONT COMMUNICATIONS, INC., Houston, TX, pg. 1608
Turgul, Kurtcebe, Creative Dir -- Medina/Turgul DDB, Beyoglu, Turkey, pg. 281
Turi, Anthony, Exec VP & Grp Creative Dir -- CONCENTRIC HEALTH EXPERIENCE, New York, NY, pg. 225
Turk, Barnett, Creative Dir -- PURDIE ROGERS, INC., Seattle, WA, pg. 916
Turkel, Aaron, VP-Creative Strategy -- SYNDCTD, Los Angeles, CA, pg. 1068
Turley, Richard, Exec Creative Dir -- Wieden + Kennedy, London, United Kingdom, pg. 1165
Turner, Clay, Exec VP & Creative Dir -- Ackerman McQueen, Inc., Colorado Springs, CO, pg. 21
Turner, Drew, Assoc Creative Dir -- PATHFINDERS ADVERTISING & MARKETING GROUP, Mishawaka, IN, pg. 857
Turner, Ethan, Acct Supvr -- RED MOON MARKETING, Charlotte, NC, pg. 940
Turner, Hannah, Acct Exec -- PATHFINDERS ADVERTISING & MARKETING GROUP, Mishawaka, IN, pg. 857
Turner, Hillary, Media Buyer -- CREATIVE BROADCAST CONCEPTS, Saco, ME, pg. 239
Turner, Sam, Creative Dir -- MILLER-REID, INC., Chattanooga, TN, pg. 742
Turner, Sarah, Art Dir & Designer -- E.W. BULLOCK ASSOCIATES, Pensacola, FL, pg. 354
Turner, Sarah, Assoc Dir-Creative & Writer -- GREY GROUP, New York, NY, pg. 438
Turner, Steve, Principal-Traditional & Social Media PR-St. Louis -- SOLOMON TURNER PUBLIC RELATIONS, Chesterfield, MO, pg. 1648
Turner, Stu, Exec Creative Dir -- Host, Sydney, Australia, pg. 486
Turner, Todd, Creative Dir-Natl -- Adams Outdoor Advertising, North Charleston, SC, pg. 27
Turon, Marek, Mgr-PR -- Ogilvy, Bmo, Czech Republic, pg. 813

PERSONNEL INDEX — AGENCIES

Turpin, Jamie, Assoc Creative Dir -- Geometry Global, Akron, OH, pg. 416
Turpin-Lawlor, Katie, Dir-New Bus Dev -- FALLON MEDICA LLC, Tinton Falls, NJ, pg. 359
Turrini, Geneva, Acct Exec -- SPAWN IDEAS, Anchorage, AK, pg. 1032
Turton, Penny, Media Planner -- MINTZ & HOKE COMMUNICATIONS GROUP, Avon, CT, pg. 746
Tuten, Kerem, Grp Head-Creative -- Y&R Turkey, Istanbul, Turkey, pg. 1204
Tutssel, Mark, Creative Dir -- Leo Burnett Co., S.r.l., Milan, Italy, pg. 625
Tutssel, Mark, Chief Creative Officer-Worldwide -- Leo Burnett Tailor Made, New York, NY, pg. 622
Tutssel, Mark, Exec Chm & Chief Creative Officer -- LEO BURNETT WORLDWIDE, INC., Chicago, IL, pg. 621
Tuttle, Shelby, Dir-PR -- ANDERSON ADVERTISING & PUBLIC RELATIONS, Scottsdale, AZ, pg. 56
Tutty, Alicia, Media Dir -- Young & Rubicam Wellington, Wellington, New Zealand, pg. 1200
Tutunnik, Tatiana, Creative Dir -- Young & Rubicam FMS, Moscow, Russia, pg. 1205
Tuyluoglu, Fatih, Creative Dir -- C-Section, Istanbul, Turkey, pg. 1204
Twain, Kayla, Acct Exec -- THE CYPHERS AGENCY, INC., Annapolis, MD, pg. 256
Twala, Loyiso, Creative Dir -- FCB Johannesburg, Johannesburg, South Africa, pg. 375
Twigg, Jeremy, Acct Dir -- Fleishman-Hillard, Vancouver, Canada, pg. 1509
Twohill, Claire, Dir-Social, Innovation & Creative Strategy -- FleishmanHillard Group Ltd., London, United Kingdom, pg. 1510
Twomey, John, Sr Creative Dir -- WALTER F. CAMERON ADVERTISING INC., Hauppauge, NY, pg. 1151
Tyler, Catrin, Acct Dir -- The&Partnership London, London, United Kingdom, pg. 56
Tyler, Laura, Acct Exec -- LHWH ADVERTISING & PUBLIC RELATIONS, Myrtle Beach, SC, pg. 639
Tyler, Lauren, Acct Supvr -- ADFERO GROUP, Washington, DC, pg. 29
Tyler, Steven, Art Dir -- Net#work BBDO, Gauteng, South Africa, pg. 108
Tyner, Troy, Partner & Creative Dir -- MITRE AGENCY, Greensboro, NC, pg. 748
Tynski, Kristin, Sr VP-Creative -- FRACTL, Delray Beach, FL, pg. 395
Tyree, Alex, Acct Supvr -- Spike/DDB, Brooklyn, NY, pg. 269
Tyrrell, Brandon, Acct Supvr -- KRUSKOPF & COMPANY, INC., Minneapolis, MN, pg. 603
Tyson, Natalie, Acct Dir -- THE IMAGINATION GROUP, London, United Kingdom, pg. 525
Tzafa, Gert, Art Dir -- OgilvyOne Worldwide, Athens, Greece, pg. 815
Tzannes, Robin, Sr VP & Creative Dir-Copy -- THE CEMENTWORKS, LLC, New York, NY, pg. 199
Tzempelikos, Panagiotis, Creative Dir -- MullenLowe Athens, Athens, Greece, pg. 774

U

Ubeda, Pol, Creative Dir -- J. Walter Thompson, Barcelona, Spain, pg. 561
Uddman, Clara, Art Dir -- DDB Stockholm, Stockholm, Sweden, pg. 280
Udeze, Katherine, Acct Exec -- LAUNDRY SERVICE, New York, NY, pg. 615
Udomlapsakul, Juthamas, Art Dir -- Leo Burnett, Bangkok, Thailand, pg. 631
Udziela, Kara, Owner & Sr Strategist-PR -- VIBRANCE PR, Aliso Viejo, CA, pg. 1667
Ueland, Eivind, VP & Creative Dir -- CONE COMMUNICATIONS, Boston, MA, pg. 1473
Ugwumbah, Buchi, Art Dir -- 140 BBDO, Cape Town, South Africa, pg. 108
Ulbrich, Nina, Producer-Brdcst -- ARGONAUT INC., San Francisco, CA, pg. 67
Ulch, Jancy, Coord-PR -- KPS3 MARKETING, Reno, NV, pg. 602
Ulichney, Daniel, VP-Creative Svcs -- KUNO CREATIVE, Avon, OH, pg. 604
Ullensvang, Karina, Art Dir -- Forsman & Bodenfors, Stockholm, Sweden, pg. 722
Ullman, Lynn, VP & Creative Dir -- UPBRAND COLLABORATIVE, Saint Louis, MO, pg. 1128
Ulloa, Melissa, VP & Creative Dir -- AREA 23, New York, NY, pg. 67
Ulmer, Travis, Creative Dir -- CANNONBALL, Saint Louis, MO, pg. 187
Ulrich, Luis, Art Dir -- Grey, Sao Paulo, Brazil, pg. 443
Ulve, Kevin, Creative Dir -- Publicis Conseil, Paris, France, pg. 898
Unal, Ali Serhat, Acct Dir -- Ogilvy, Istanbul, Turkey, pg. 817
Underberger, Shira, Acct Supvr-Strategy -- PRAYTELL, Brooklyn, NY, pg. 1618
Underwood, Hannah, Acct Dir & Exec Producer -- STUDIO BLACK TOMATO, New York, NY, pg. 1056
Underwood, Jessica, Acct Exec -- GS&F, Nashville, TN, pg. 453
Undurraga, Raimundo, Creative Dir -- Prolam Y&R S.A., Santiago, Chile, pg. 1206
Ung, Sie, Media Dir -- QUIGLEY-SIMPSON, Los Angeles, CA, pg. 923
Ungar, Tom, Pres & Creative Dir -- THE UNGAR GROUP, Evanston, IL, pg. 1126
Unger, Mark, Partner & Chief Creative Officer -- PUSH, Orlando, FL, pg. 918
Ungru, Kristen Davis, Acct Supvr -- PRICEWEBER MARKETING COMMUNICATIONS, INC., Louisville, KY, pg. 889
Ungvarsky, Drew, CEO & Exec Creative Dir -- GROW, Norfolk, VA, pg. 453
Unlusoy, Selim, Exec Creative Dir -- Ogilvy, Istanbul, Turkey, pg. 817
Unruh, Evan, Assoc Creative Dir -- CORD MEDIA, Palm Desert, CA, pg. 231
Unverfehrt, Julia, Acct Supvr -- BARKLEY, Kansas City, MO, pg. 90
Upadhyay, Mukul, Assoc Dir-Creative -- Leo Burnett India, Mumbai, India, pg. 629
Upadhyay, Shraddha, Acct Dir -- Ogilvy, Mumbai, India, pg. 1601
Urban, Barbara, Acct Supvr -- Source Communications, Vista, CA, pg. 1029
Urban, Lauren, Creative Dir -- YOUTECH & ASSOCIATES, Naperville, IL, pg. 1209
Urbaniak, Liz, Acct Exec -- PUBLICIS EXPERIENCES, Seattle, WA, pg. 896
Urbina, Max, Art Dir -- McCann Erickson (Peru) Publicidad S.A., Lima, Peru, pg. 707
Urena, Rosanna, Media Dir-Brdcst Buying -- D EXPOSITO & PARTNERS, LLC, New York, NY, pg. 256
Urenha, Rafael, Chief Creative Officer -- DPZ-Duailibi, Petit, Zaragoza, Propaganda S.A., Sao Paulo, Brazil, pg. 906
Urenha, Rafael, Chief Creative Officer -- DPZ-Duailibi, Petit, Zaragoza, Propaganda S.A., Sao Paulo, Brazil, pg. 21
Urgino, Carl, Creative Dir -- Leo Burnett Manila, Makati, Philippines, pg. 631
Uribe, Natalie, Acct Supvr -- GALLEGOS UNITED, Huntington Beach, CA, pg. 408
Uribe, Viviana, Asst Acct Exec-PR -- CHARLES ZUKOW ASSOCIATES LLC, San Francisco, CA, pg. 1466
Urick, Anna, Acct Supvr -- YOUNG & RUBICAM, New York, NY, pg. 1197
Urlwin, Katya, Acct Dir -- DDB New Zealand Ltd., Auckland, New Zealand, pg. 278
Urruchua, Arantza, Acct Supvr -- Y&R New York, New York, NY, pg. 1198
Urrutia, Dana, Publr-Gwinnett Magazine & Mgr-PR-TAG Mktg -- TILLMAN, ALLEN, GREER, Buford, GA, pg. 1104
Urrutia, Jasmine, Creative Dir -- ENGELBRECHT ADVERTISING, LLC, Chico, CA, pg. 341
Urul, Alara, Acct Exec -- Ogilvy, Istanbul, Turkey, pg. 817
Ussetti, David Pastor, Art Dir & Designer-Digital -- Edelman, Barcelona, Spain, pg. 1496
Usta, Okan, Creative Dir -- Wieden + Kennedy, Shanghai, China, pg. 1166
Utech, Andrew, Media Planner -- ARCHER MALMO AUSTIN, Austin, TX, pg. 66
Utkin, Evgeniy Eugene, Art Dir -- Gitam/BBDO, Tel Aviv, Israel, pg. 106
Uttaranakorn, Pattira, Mgr-PR & Social Media -- J. Walter Thompson Thailand, Bangkok, Thailand, pg. 559
Utzeri, Pedro, Grp Creative Dir -- Leo Burnett Tailor Made, Sao Paulo, Brazil, pg. 623
Uvarov, Ilia, Exec Creative Dir-Experience Design -- R/GA London, London, United Kingdom, pg. 926
Uytuico, Theresa, Mgr-Creative -- HAVAS WORLDWIDE CHICAGO, Chicago, IL, pg. 488

V

V., Ganesan, Assoc Creative Dir -- Happy mcgarrybowen, Bengaluru, India, pg. 717
Vacca, Katie, Acct Supvr -- MARRINER MARKETING COMMUNICATIONS, INC., Columbia, MD, pg. 686
Vadala, David, Art Dir -- PRIMARY DESIGN INC, Haverhill, MA, pg. 889
Vaezi, Serge, Chief Strategy Officer & Chief Creative Officer-UK & EMEA -- Ogilvy, London, United Kingdom, pg. 1600
Vahn, Tina, Creative Dir -- Cossette B2B, Toronto, Canada, pg. 233
Vaidya, Yatin, Asst Creative Dir -- Scarecrow M&C Saatchi, Mumbai, India, pg. 663
Vaiskauskas, Caitlin, Acct Exec-Health -- Edelman, Atlanta, GA, pg. 1492
Vaivoda, Anna, Strategist-Mktg & New Bus -- FORGE WORLDWIDE, Boston, MA, pg. 392
Vakidis, Johan, Chief Creative Officer -- Publicis Shanghai, Shanghai, China, pg. 908
Valach, Natasha, Acct Supvr -- BRANDNER COMMUNICATIONS, INC., Federal Way, WA, pg. 157
Valderrama, Christian, Art Dir -- Young & Rubicam Midwest, Chicago, IL, pg. 1199
Valdes, Andrew, Acct Supvr -- METRO PUBLIC RELATIONS, Los Angeles, CA, pg. 1583
Valdes, Jesselle, Art Dir -- OGILVY, New York, NY, pg. 809
Valdez, Elisa, Mgr-Creative Svcs & Designer -- EAT SLEEP WORK, El Segundo, CA, pg. 329
Valdivieso, Juan Camilo, Creative Dir -- ALMA, Coconut Grove, FL, pg. 49
Valeiro, Vincius, Art Dir -- Almap BBDO, Sao Paulo, Brazil, pg. 101
Valencia, Alberto, Copywriter-Creative -- Leo Burnett Buenos Aires, Buenos Aires, Argentina, pg. 623
Valencia, Beatriz, Creative Dir -- Teran TBWA, Mexico, Mexico, pg. 1092
Valencia, Lenin, Art Dir -- Publicis Arredondo de Haro, Mexico, Mexico, pg. 907
Valencia, Leonardo, Head-Creative Team & Copywriter -- Leo Burnett Colombia, S.A., Bogota, Colombia, pg. 623
Valente, Megan, Media Planner -- 22squared Inc., Tampa, FL, pg. 4
Valenti, Andrea, Acct Dir -- FCB Lisbon, Lisbon, Portugal, pg. 367
Valentic, Zeljka Ivosevic, Acct Dir -- McCann Erickson, Zagreb, Croatia, pg. 702
Valentin, Andrezza, Partner-Creative & Exec Creative Dir-Martini -- Abbott Mead Vickers BBDO, London, United Kingdom, pg. 109
Valentin, Mike, Media Dir -- GIANT SPOON, Los Angeles, CA, pg. 418
Valentine, Bernard, Strategist-Creative -- Digitas, London, United Kingdom, pg. 1251
Valero, Lindsay, Acct Dir -- TEN, Fort Lauderdale, FL, pg. 1096
Valero, Ricard, Creative Dir -- OGILVY, New York, NY, pg. 809
Valeta, Danilo, Mgr-PR, Innovation & Tech Grp -- Burson-Marsteller, Ltda., Sao Paulo, Brazil, pg. 1444
Vallario, Andy, Pres & Chief Creative Officer -- MEDIA RESULTS, Wilmington, MA, pg. 727
Valle, Peter, VP & Grp Creative Dir -- ALLEN & GERRITSEN, Boston, MA, pg. 45
Valleau, Alyssa, Acct Exec -- RBB COMMUNICATIONS, Miami, FL, pg. 1625
Vallely, Colleen, Acct Supvr -- FRENCH/WEST/VAUGHAN, INC., Raleigh, NC, pg. 398
Vallone, Michael, Asst Creative Dir & Sr Designer-Exhibit -- HILL & PARTNERS INCORPORATED, East Weymouth, MA, pg. 500
Vallotton, Lucie, Art Dir -- Publicis Conseil, Paris, France, pg. 898
Valusek, Kathy, Mgr-Creative Svcs -- MUNROE CREATIVE PARTNERS, Philadelphia, PA, pg. 779
Valvano, Greg, Founder & Creative Dir -- CRAFTED, New York, NY, pg. 1247
Vamosy, Michael, Chief Creative Officer -- STUN CREATIVE, Los Angeles, CA, pg. 1057
Van Almelo, Carole, VP-Digital Creative -- PLOWSHARE GROUP, INC., Stamford, CT, pg. 878
van Bennekom, Eduard, Creative Dir -- DDB Amsterdam, Amstelveen, Netherlands, pg. 277
Van Bennekom, Eduard, Creative Dir -- Tribal Worldwide Amsterdam, Amstelveen, Netherlands, pg. 1296
van Bergen, Karen, CEO-Omnicom PR Grp -- OMNICOM GROUP INC., New York, NY, pg. 836
Van Bloem, Eddie, Grp Creative Dir -- MERKLEY+PARTNERS, New York, NY, pg. 733
Van Brocklin, Sue, Dir-PR -- COATES KOKES, Portland, OR, pg. 216
Van Buggenhout, Gregory, Art Dir -- TBWA Brussels, Brussels, Belgium, pg. 1080
Van Buren, Phil, Assoc Creative Dir -- HEAT, San Francisco, CA,

AGENCIES — PERSONNEL INDEX

pg. 492

Van Cauwenberghe, Hannelore, Acct Dir -- Darwin BBDO, Diegem, Belgium, pg. 103

van de Merwe, Lizandri, Art Dir -- Ogilvy South Africa (Pty.) Ltd., Johannesburg, South Africa, pg. 829

Van De Weerd, Jake, Pres, Partner & Dir-Creative -- NORTH FORTY, Hiawatha, IA, pg. 798

Van Den Berghe, Emilie, Acct Dir -- DDB Paris, Paris, France, pg. 273

Van den Broucke, Daniel, Art Dir -- Publicis, Brussels, Belgium, pg. 1397

van den Heever, Tian, Creative Dir & Copywriter -- FCB Johannesburg, Johannesburg, South Africa, pg. 375

van den Nieuwenhof, Ingrid, Acct Dir -- Lewis, Eindhoven, Netherlands, pg. 638

Van Den Steen, Hugues, Mgr-Creative -- Publicis, Brussels, Belgium, pg. 1397

Van Der Hart, Carol, Media Dir -- STRATEGIC AMERICA, West Des Moines, IA, pg. 1052

Van Der Meid, Scott, Partner & VP-Creative Svcs -- LMD AGENCY, Laurel, MD, pg. 648

van der Meij, Ruben, Acct Dir -- GODFREY ADVERTISING, Lancaster, PA, pg. 426

Van der Mersch, Xandra, Planner-Traffic -- TBWA Brussels, Brussels, Belgium, pg. 1080

van der Merwe, Riaad, Assoc Creative Dir -- AKQA, Inc., Portland, OR, pg. 1235

van der Plas, Massimo, Chief Creative Officer -- FCB Amsterdam, Amsterdam, Netherlands, pg. 367

Van Dev Yver, Iwein, Creative Dir -- FamousGrey, Groot-Bijgaarden, Belgium, pg. 439

Van Dewalle, Dennis, Assoc Creative Dir -- LDV United, Antwerp, Belgium, pg. 1180

Van Dewalle, Dennis, Assoc Creative Dir -- LDV United, Antwerp, Belgium, pg. 218

van Dieen, Wike, Acct Dir -- WWAV, Woerden, Netherlands, pg. 933

Van Dijk, Darre, Chief Creative Officer -- TBWA Company Group, Amsterdam, Netherlands, pg. 1084

van Dijk, Darre, Chief Creative Officer -- TBWA Neboko, Amsterdam, Netherlands, pg. 1084

van Dorst, Debbie, Acct Dir -- Bovil DDB, Eindhoven, Netherlands, pg. 277

van Dorst, Debbie, Acct Dir -- Bovil DDB, Eindhoven, Netherlands, pg. 1083

Van Duyn, Adriana, Acct Supvr -- BIANCHI PUBLIC RELATIONS INC., Troy, MI, pg. 1449

Van Fossen, Eric, Exec Creative Dir -- DENMARK ADVERTISING & PUBLIC RELATIONS, Atlanta, GA, pg. 288

van Ginkel, Dirk, Creative Dir -- JAM3, Toronto, Canada, pg. 570

van Ginkel, Tibor, Sr Dir-Creative & Art -- TBWA Neboko, Amsterdam, Netherlands, pg. 1084

van Haalen, Symon, Acct Dir -- M&C Saatchi, Melbourne, Australia, pg. 662

van Harten, Raoul, Art Dir -- J. Walter Thompson, Lisbon, Portugal, pg. 561

Van Kirk-Przywojski, Kathy, Principal-Creative -- VENDI ADVERTISING, La Crosse, WI, pg. 1133

Van Lijsebeth, Kenn, Copywriter-PR & Coord-PR Press -- DDB Group Belgium, Brussels, Belgium, pg. 271

Van Malssen, Hannah, Acct Supvr -- MSLGROUP, New York, NY, pg. 1587

Van Marle, Martijn, Exec Creative Dir -- Ogilvy (Amsterdam) B.V., Amsterdam, Netherlands, pg. 816

Van Nest, Christopher, Mgr-Social Media & Specialist-PR -- NRPR GROUP, Beverly Hills, CA, pg. 1597

Van Nostrand, Breanne, Acct Supvr -- Edelman, Washington, DC, pg. 1492

Van Oeckel, Johan, Art Dir -- TBWA Brussels, Brussels, Belgium, pg. 1080

Van Ongeval, Ad, Art Dir -- FamousGrey, Groot-Bijgaarden, Belgium, pg. 439

Van Rees, Alex, Acct Dir -- SMITHSOLVE LLC, Morristown, NJ, pg. 1024

van Rensburg, Joel, Acct Exec-Brand Leadership -- TBWA\Chiat\Day Los Angeles, Los Angeles, CA, pg. 1077

Van Rij, Peter, Chief Creative Officer -- Ogilvy (Amsterdam) B.V., Amsterdam, Netherlands, pg. 816

Van Rooijen, Frank, Exec Creative Dir -- Grey Amsterdam, Amsterdam, Netherlands, pg. 441

van Rossen, Ernst Jan, Partner & Creative Dir -- TBWA Neboko, Amsterdam, Netherlands, pg. 1084

Van Schepen, Michael, Acct Supvr -- HYDROGEN ADVERTISING, Seattle, WA, pg. 515

Van Skyhawk, Eric, Art Dir & Assoc Creative Dir -- NICKELODEON CREATIVE ADVERTISING, New York, NY, pg. 794

Van Slyke, Billie, Exec VP & Creative Dir -- LOVE ADVERTISING INC., Houston, TX, pg. 652

Van Woert, David Scott, Dir-Bus Dev & Producer-Supervising Creative -- TRANSPARENT HOUSE, San Francisco, CA, pg. 1114

Van Wonderen, Janelle, Acct Dir -- BBDO WORLDWIDE INC., New York, NY, pg. 97

van Wyk, Riaan, Assoc Creative Dir -- Ogilvy Cape Town, Cape Town, South Africa, pg. 829

van Wyk, Riaan, Assoc Creative Dir -- Ogilvy South Africa (Pty.) Ltd., Johannesburg, South Africa, pg. 829

Van Wyk, Roald, Chief Creative Officer -- MXM, New York, NY, pg. 781

Van Zile-Buchwalter, Aimee, Supvr-PR & Social Influence -- CONNELLY PARTNERS, Boston, MA, pg. 227

Van Zon, Kayla, Acct Dir -- INTERKOM CREATIVE MARKETING, Burlington, Canada, pg. 538

Vanaman, Jaime, Acct Dir -- DEARDORFF ASSOCIATES, Philadelphia, PA, pg. 284

Vanasse, Ashley, Acct Dir -- HAVAS MEDIA, New York, NY, pg. 1324

Vance, Jennifer Stolk, Dir-Creative Svcs -- LEVINE & ASSOCIATES, INC., Arlington, VA, pg. 634

Vance, Kathryn, Asst Media Buyer -- BANDY CARROLL HELLIGE ADVERTISING, Louisville, KY, pg. 87

Vance, Tim, Creative Dir -- Adam & EveDDB, London, United Kingdom, pg. 281

Vandebroek, Diane, Acct Dir -- Proximity BBDO, Brussels, Belgium, pg. 103

Vandehey, Bob, Creative Dir -- POLLINATE, Portland, OR, pg. 881

Vandenberg, Kristen, Acct Dir -- HAVAS WORLDWIDE CHICAGO, Chicago, IL, pg. 488

Vander Linden, Jake, Mng Dir & Acct Dir -- OMD WORLDWIDE, New York, NY, pg. 1357

Vanderloos, Kristin, Art Dir -- PEAK CREATIVE MEDIA, Denver, CO, pg. 860

VandeSande, Lizzie, Art Dir -- BURNS MARKETING, Denver, CO, pg. 175

Vandeven, Debbi, Chief Creative Officer -- VML, Inc., Atlanta, GA, pg. 1143

Vandeven, Debbi, Chief Creative Officer -- VML-White Salmon, White Salmon, WA, pg. 1144

VanDriel, Janelle, Acct Exec -- DAVIDSON & BELLUSO, Phoenix, AZ, pg. 263

Vandroff, Emily, Acct Supvr -- 360i, Atlanta, GA, pg. 289

VanGilder, Scott, Creative Dir -- THE MEDIA ADVANTAGE, Lansing, MI, pg. 725

Vanlerberghe, Jeffrey, Sr Designer & Strategist-Creative -- BRAND MATTERS INC., Toronto, Canada, pg. 155

Vanni, Emilio, Creative Dir -- FORWARD3D, New York, NY, pg. 1258

Vanremortel, Andy, Media Dir -- INSIGHT CREATIVE INC., Green Bay, WI, pg. 535

Vaquer, Sylvia, Founder & Chief Creative Officer -- SOCIOFABRICA, San Francisco, CA, pg. 1291

Varaitch, Rajpreet, Acct Dir -- Chameleon PR, London, United Kingdom, pg. 305

Varandas, Vanessa, Acct Exec -- AD PARTNERS INC., Tampa, FL, pg. 24

Vardaman, Jake, Art Dir-Motion Design -- FUSIONFARM, Cedar Rapids, IA, pg. 404

Varela, Facundo, Creative Dir -- DDB Argentina, Buenos Aires, Argentina, pg. 270

Varetoni, Brittany, Acct Exec -- BBG&G ADVERTISING, Campbell Hall, NY, pg. 115

Vargas, Christina, Media Planner-Paid Social -- Blue 449, Seattle, WA, pg. 1311

Vargas, Elizabeth, Acct Dir -- ACENTO ADVERTISING, INC., Santa Monica, CA, pg. 20

Vargas, Gustavo, Acct Exec-Integrated -- Saatchi & Saatchi Los Angeles, Torrance, CA, pg. 975

Vargas, Jeff, Media Planner-Sports -- Saatchi & Saatchi Los Angeles, Torrance, CA, pg. 975

Varghese, Anish, Creative Dir-Natl -- Isobar India, Mumbai, India, pg. 549

Varghese, Binu, Creative Dir -- Ogilvy India, Chennai, India, pg. 823

Varghese, Chacko, Dir-Creative & Art -- R.K. Swamy BBDO, Chennai, India, pg. 112

Varin, Maddy, Acct Exec -- SMOAK PUBLIC RELATIONS, Greenville, SC, pg. 1647

Varney, Anna, Acct Exec -- OVERIT, Albany, NY, pg. 847

Varney, Dave, Grp Head-Creative -- Leo Burnett Sydney, Sydney, Australia, pg. 628

Varroney, Shannon, VP & Acct Dir -- Golin, Miami, FL, pg. 1520

Varughese, Chris, Assoc Creative Dir -- PROPAC, Plano, TX, pg. 893

Vasey, Andy, Art Dir -- Abbott Mead Vickers BBDO, London, United Kingdom, pg. 109

Vasilachi, Stefan, Creative Dir -- DDB Bucharest, Bucharest, Romania, pg. 279

Vasili, Ellie, Acct Dir -- The Romans, London, United Kingdom, pg. 763

Vaske, Matthew, Acct Exec -- SCHAFER CONDON CARTER, Chicago, IL, pg. 995

Vass, Kathy, Exec Dir-PR & Social Media -- JACKSON MARKETING GROUP, Greenville, SC, pg. 569

Vassar, Greg, VP & Media Dir -- MEDIA BROKERS INTERNATIONAL, INC., Alpharetta, GA, pg. 1341

Vassek, Meri, Media Dir -- MICHAEL WALTERS ADVERTISING, Chicago, IL, pg. 738

Vassinen, Lauri, CEO & Creative Dir -- DDB Helsinki, Helsinki, Finland, pg. 273

Vattulainen, Marja, Acct Dir -- SEK & Grey, Helsinki, Finland, pg. 440

Vaudevire, Priscilla, Acct Exec -- TBWA Paris, Boulogne-Billancourt, France, pg. 1081

Vaudry, Billy, Sr VP-Creative Svcs -- RKD GROUP, Richardson, TX, pg. 961

Vaughan, Brian, Creative Dir -- SHADOW PR, New York, NY, pg. 1005

Vaughan, Minnie, Acct Dir -- LUCKY GENERALS, London, United Kingdom, pg. 656

Vaughn, Ivy, Media Planner & Media Buyer -- KARSH & HAGAN COMMUNICATIONS, INC., Denver, CO, pg. 588

Vaughn, Natalie, Acct Dir -- GALLEGOS UNITED, Huntington Beach, CA, pg. 408

Vaughn, Roger, Partner & Creative Dir -- THE JOHNSON GROUP, Chattanooga, TN, pg. 580

Vaz, Alfredo, Art Dir -- DDB Barcelona S.A., Barcelona, Spain, pg. 280

Vazquez, Gerardo, Creative Dir -- Y&R Puerto Rico, Inc., San Juan, PR, pg. 1207

Vazquez, Manuel Vera, Creative Dir -- Grey Mexico, S.A. de C.V, Mexico, Mexico, pg. 444

Vea, Julia, Creative Dir -- WILLIAM FRASER, Anchorage, AK, pg. 1301

Veal, David, Acct Exec -- REDMOND DESIGN, Memphis, TN, pg. 943

Veasey, Andrew, Creative Dir -- Essence Digital Limited, London, United Kingdom, pg. 1184

Veasey, Bill, Creative Dir -- ROKKAN, New York, NY, pg. 966

Veasey, Bob, Art Dir & Grp Creative Dir -- LEO BURNETT DETROIT, INC., Troy, MI, pg. 621

Vecchio, Angela, Exec Creative Dir -- GOLD N FISH MARKETING GROUP LLC, Armonk, NY, pg. 428

Vedder, Tinamarie, Acct Exec -- BOHAN, Nashville, TN, pg. 144

Vedts, Lennert, Creative Dir -- Leo Burnett Belgium, Brussels, Belgium, pg. 624

Veeder, Mark, Founder & Chief Creative Officer -- VP+C PARTNERS, New York, NY, pg. 1668

Veenhof, Steve, Creative Dir -- THE GAGE TEAM, Sioux Falls, SD, pg. 408

Vega, Benji, Chief Creative Officer -- CREATIVE ENERGY GROUP INC, Johnson City, TN, pg. 241

Vega, Carlos, Creative Dir -- AJ ROSS CREATIVE MEDIA, INC., Chester, NY, pg. 42

Vega, Guillermo, Chief Creative Officer -- Saatchi & Saatchi London, London, United Kingdom, pg. 980

Vega, Luis Alonso, Creative Dir & Copywriter -- Y&R Peru, Lima, Peru, pg. 1207

Vega, Silvia, Acct Dir -- J. Walter Thompson, Bogota, Colombia, pg. 564

Veilleux, Myriam, Acct Dir -- SID LEE, Montreal, Canada, pg. 1010

Veilleux, Stephane, Creative Dir -- LAROUCHE MARKETING COMMUNICATION, Quebec, Canada, pg. 611

Vela, Krystal, Media Dir -- TEXAS CREATIVE, San Antonio, TX, pg. 1098

Vela, Tony, Creative Dir -- VELA ADVERTISING, Warwick, NY, pg. 1132

Velan, Mary, Acct Supvr -- L.C. WILLIAMS & ASSOCIATES, LLC, Chicago, IL, pg. 1564

Velandria, Ed, Creative Dir-UX Design & Branding -- MOMENTUM COMMUNICATIONS GROUP, New York, NY, pg. 1585

PERSONNEL INDEX — AGENCIES

Velasco, Ana Maria, Partner & Dir-New Bus -- Extend Comunicaciones-Weber Shandwick, Santiago, Chile, pg. 1680
Velasco, Carlos, Art Dir -- TBWA Frederick, Santiago, Chile, pg. 1092
Velasco, Valeria, Acct Exec -- MARKETING MAVEN PUBLIC RELATIONS, INC., Camarillo, CA, pg. 1576
Velez, Eddie, Assoc Creative Dir -- VML-New York, New York, NY, pg. 1144
Velez, Joel, Mng Dir-Strategy & Creative -- (ADD)VENTURES, Providence, RI, pg. 29
Velez, Lindsay, Acct Supvr -- Alcone Marketing Group, Wilton, CT, pg. 1395
Velez, Orlando, Art Dir -- ALMA, Coconut Grove, FL, pg. 49
Velez, Salvador, Assoc Creative Dir-Design -- HAVAS MEDIA, New York, NY, pg. 1324
Velez, Wilmarie, Acct Exec-Social Media -- BODEN AGENCY, Miami, FL, pg. 1453
Vella, Roberto, Exec Creative Dir -- Red Cell, Milan, Italy, pg. 1181
Vella, Roberto, Exec Creative Dir -- Red Cell, Milan, Italy, pg. 218
Vella, Shanna, Acct Supvr -- MARKETSMITH INC, Cedar Knolls, NJ, pg. 685
Vellutini, Christiano, Art Dir -- DAVID, Sao Paulo, Brazil, pg. 261
Velonis, Suzanne, VP & Acct Supvr -- HYC/MERGE, Chicago, IL, pg. 515
Veloso, Lais, Art Dir -- Havas Worldwide Prague, Prague, Czech Republic, pg. 479
Velozo, Cristian Bahamondes, Art Dir -- McCann Erickson, Buenos Aires, Argentina, pg. 700
Veltre, Ashley, Assoc Creative Dir -- Ogilvy New York, New York, NY, pg. 811
Venancio, Alexandra, Acct Coord-PR -- DUFFY & SHANLEY, INC., Providence, RI, pg. 324
Vendramin, Benjamin, Chief Creative Officer -- WP NARRATIVE_, New York, NY, pg. 1178
Vendramine, Christiano, Supvr-Creative -- DDB Mozambique, Maputo, Mozambique, pg. 277
Venegas, Maria, Creative Dir -- RONIN ADVERTISING GROUP, Miami, FL, pg. 967
Venezia, Jim, Art Dir, Creative Dir, Mgr & Sr Graphic Designer -- VENEZIA DESIGN INC., Glendale, CA, pg. 1133
Venezia, Louis, Owner & Chief Creative Officer -- PILOT, New York, NY, pg. 871
Venezia, Matteo Della, Acct Dir -- McCann Erickson Advertising Ltd., London, United Kingdom, pg. 711
Venhuizen, Amy, Acct Dir & Sr Project Mgr -- SPURRIER MEDIA GROUP, Richmond, VA, pg. 1370
Venn, Martin, Exec Creative Dir-Copy -- Grey Group Germany, Dusseldorf, Germany, pg. 440
Venouziou, Nikki, Media Planner -- BLUE CHIP MARKETING WORLDWIDE, Northbrook, IL, pg. 138
Ventura, Jessica, Acct Dir -- SHARP COMMUNICATIONS, New York, NY, pg. 1006
Ventura, Scott, Chief Creative Officer -- INTEGRAPHIX, INC., Palatine, IL, pg. 536
Venturella, Amy, Creative Dir -- CANNONBALL, Saint Louis, MO, pg. 187
Venturelli, Marco, Exec Creative Dir -- Publicis, Rome, Italy, pg. 900
Venturelli, Marco, Exec Creative Dir -- Publicis Networks, Milan, Italy, pg. 900
Venturini, Claudio, Assoc Creative Dir -- WE ARE UNLIMITED, Chicago, IL, pg. 1155
Vera, Claudio, Creative Dir -- Conill Advertising, Inc., El Segundo, CA, pg. 227
Verba, Ashlee, Acct Coord -- THE IMPETUS AGENCY, Reno, NV, pg. 1541
Verbonac, Deb, Sr Acct Mgr-New Bus Dev -- ADFARM, Calgary, Canada, pg. 29
Vercellone, Peter, Mgr-Traffic & Production -- LITOS STRATEGIC COMMUNICATION, S Dartmouth, MA, pg. 645
Verderi, Ferdinando, Partner & Creative Dir -- JOHANNES LEONARDO, New York, NY, pg. 1266
Verdeyen, Isabelle, Mgr-PR -- TBWA Brussels, Brussels, Belgium, pg. 1080
Verdonck, Geert, Creative Dir -- TBWA Brussels, Brussels, Belgium, pg. 1080
Vergoni, Matt, Assoc Creative Dir -- Match Marketing Group, Chicago, IL, pg. 693
Verheijen, Erik-Jan, Dir-Brdcst Production -- Wieden + Kennedy Amsterdam, Amsterdam, Netherlands, pg. 1164
Verkerke, Eric, Co-Founder & Chief Creative Officer -- EMERGENCE, New York, NY, pg. 339
Verleije, Jasper, Art Dir -- VVL BBDO, Brussels, Belgium, pg. 103

Verliefde, Sebastien, Dir-Creative & Art -- TBWA Brussels, Brussels, Belgium, pg. 1080
Verly, Chad, VP & Creative Dir -- Cramer-Krasselt, Milwaukee, WI, pg. 237
Verma, Ashish Prakash, Creative Dir -- Everest Brand Solutions, Mumbai, India, pg. 1200
Verma, Gourav, Head-Creative Team -- McCann Erickson India, New Delhi, India, pg. 705
Vermeulen, Karen, Grp Head-Creative & Art Dir -- Ogilvy Cape Town, Cape Town, South Africa, pg. 829
Veroda, Scott, Acct Supvr -- OMG Los Angeles, Los Angeles, CA, pg. 1360
Veronezi, Andrea, Media Dir -- Publicis Brasil Communicao, Rio de Janeiro, Brazil, pg. 906
Verpent, Jillian, Acct Supvr -- BML PUBLIC RELATIONS, Florham Park, NJ, pg. 1452
Verrier, Monique, Assoc Partner & Dir-Creative Ops -- ELEVEN INC., San Francisco, CA, pg. 336
Verrone, Massimo, Grp Creative Dir -- FCB Milan, Milan, Italy, pg. 367
Versace, Armand, Creative Dir -- Saatchi & Saatchi, Budapest, Hungary, pg. 977
Versolato, Marco, Chief Creative Officer -- J. Walter Thompson Singapore, Singapore, Singapore, pg. 558
Vervisch, Carl, Pres & Creative Dir -- SOCIAL FORCES, LLC, Tampa, FL, pg. 1026
Vervroegen, Erik, Creative Dir-Worldwide -- PUBLICIS NEW YORK, New York, NY, pg. 912
Vest, Cody, Creative Dir -- VEST ADVERTISING, Louisville, KY, pg. 1135
Vetancourt, Victor, Assoc Creative Dir & Copywriter -- DIESTE, Dallas, TX, pg. 299
Vetter, Allison, Acct Exec -- TMINUS1 CREATIVE, INC., Exton, PA, pg. 1107
Vezza, Rodrigo, Creative Dir -- DPZ-Duailibi, Petit, Zaragoza, Propaganda S.A., Sao Paulo, Brazil, pg. 906
Vezza, Rodrigo, Creative Dir -- DPZ-Duailibi, Petit, Zaragoza, Propaganda S.A., Sao Paulo, Brazil, pg. 21
Viale, Armando, Deputy Creative Dir -- M&C Saatchi Milan, Milan, Italy, pg. 660
Viatrov, Aliaksandr, Acct Supvr-Team Unilever Shopper-Walmart -- Mirum Arkansas, Rogers, AR, pg. 1273
Vibar, Melissa, Art Dir-McCann Worldgroup -- McCann Erickson (Philippines), Inc., Manila, Philippines, pg. 707
Vicario, Estibalitz, Acct Exec -- Tiempo BBDO, Barcelona, Spain, pg. 108
Vicens, Sechel, Media Buyer-Natl -- ICON INTERNATIONAL INC., Stamford, CT, pg. 1330
Vicente, Daniel, Art Dir -- DIESTE, Dallas, TX, pg. 299
Vicic, Marija, Dir-Comm-Creative Excellence Adriatic & Nordic -- McCann Erickson Group, Belgrade, Serbia, pg. 708
Vickers, Melanie, Acct Dir -- McCann Erickson Worldwide, London, United Kingdom, pg. 712
Vickerstaff, Guy, Creative Dir -- The&Partnership London, London, United Kingdom, pg. 56
Vicknair, Alexis B., Producer-Brdcst -- PETER MAYER ADVERTISING, INC., New Orleans, LA, pg. 866
Vidal, Arnau, Creative Dir -- Hill+Knowlton Strategies, Madrid, Spain, pg. 1533
Vidal, Edgard, Creative Dir & Art Dir -- Publicis Brasil Communicao, Sao Paulo, Brazil, pg. 906
Vidal, Mara, Creative Dir -- BBH Singapore, Singapore, Singapore, pg. 94
Vidigal, Flavio, Art Dir -- VML, INC., Kansas City, MO, pg. 1143
Viegas, Joao, Dir-Creative & Art -- F/Nazca Saatchi & Saatchi, Sao Paulo, Brazil, pg. 981
Vieira, Jose, Creative Dir -- Havas Experience Lisbon, Lisbon, Portugal, pg. 481
Vieira, Jose, Creative Dir -- Havas Worldwide Digital Portugal, Lisbon, Portugal, pg. 481
Viemann, Anja, Assoc Creative Dir -- McCann Erickson Brand Communications Agency, Frankfurt am Main, Germany, pg. 703
Viento, Peter, Exec Creative Dir-Shopper Mktg -- GREY GROUP, New York, NY, pg. 438
Vigano, Marco, Creative Dir -- Havas Worldwide Milan, Milan, Italy, pg. 480
Vigna, Sol, Acct Dir -- Muchnik, Alurralde, Jasper & Assoc./MS&L, Buenos Aires, Argentina, pg. 1589
Vigne, Clement, Creative Dir -- TBWA Hunt Lascaris (Johannesburg), Johannesburg, South Africa, pg. 1087
Vigneault, Kathy, Acct Supvr -- LAVOIE STRATEGIC COMMUNICATIONS GROUP, INC., Boston, MA, pg. 1564
Vigneault, Kathy, Acct Supvr -- LAVOIEHEALTHSCIENCE, Boston, MA, pg. 1564

Vijayan, Sairam, Exec Creative Dir -- MullenLowe Lintas Group, Mumbai, India, pg. 774
Vikram, Ajay, Chief Creative Officer-Clients -- Saatchi & Saatchi Asia Pacific, Singapore, Singapore, pg. 985
Vilas, Leandro, Art Dir -- Y&R Sao Paulo, Sao Paulo, Brazil, pg. 1205
Vilchez, Valeryn, Acct Supvr -- MCCANN HEALTH GLOBAL HQ, New York, NY, pg. 713
Vildosola, Sebastian, Creative Dir & Copywriter -- Prolam Y&R S.A., Santiago, Chile, pg. 1206
Vilensky, Steven, Acct Dir -- The&Partnership London, London, United Kingdom, pg. 56
Villa, Alexandra, Acct Exec -- GYK Antler, Boston, MA, pg. 457
Villa, Bill, Creative Dir -- ALLEBACH COMMUNICATIONS, Souderton, PA, pg. 45
Villa, Dario, Creative Dir -- Havas Worldwide Digital Milan, Milan, Italy, pg. 480
Villa, Dario, Creative Dir -- Havas Worldwide Milan, Milan, Italy, pg. 481
Villa, Paul, Acct Dir -- GREENRUBINO, Seattle, WA, pg. 436
Villafan, Elizabeth, Acct Supvr -- Ketchum, Los Angeles, CA, pg. 1555
Villafania, Manuel, Creative Dir -- BBDO Guerrero, Makati, Philippines, pg. 114
Villaflor, Joel, Creative Dir -- PRICEWEBER MARKETING COMMUNICATIONS, INC., Louisville, KY, pg. 889
Villagomez, Sebastian, Art Dir -- Saltiveri Ogilvy Guayaquil, Quito, Ecuador, pg. 820
Villalba, Ximo, Creative Dir -- Grey Barcelona, Barcelona, Spain, pg. 442
Villanueva, Matt, Writer-Brand Creative -- RICHARDS/LERMA, Dallas, TX, pg. 957
Villareal, Juliana, Acct Dir -- Sancho BBDO, Bogota, Colombia, pg. 102
Villarreal, Maurizio, Exec Creative Dir -- VML, Inc., Atlanta, GA, pg. 1143
Villarreal, Teno, Acct Exec -- AGUILLON & ASSOCIATES LLC, San Antonio, TX, pg. 1428
Villavicencio, Nicolas Bouillet, Acct Supvr -- Prolam Y&R S.A., Santiago, Chile, pg. 1206
Villegas, Duvan, Creative Dir -- MullenLowe SSP3, Bogota, Colombia, pg. 777
Villegas, Gonzalo, Art Dir -- Ogilvy, Mexico, Mexico, pg. 821
Villegas, Manuel, Creative Dir -- LOPEZ NEGRETE COMMUNICATIONS, INC., Houston, TX, pg. 651
Villela, Jim, Acct Exec-Sls -- Lamar Advertising Company, Richmond, VA, pg. 608
Villela, Mariana, Art Dir -- Y&R Sao Paulo, Sao Paulo, Brazil, pg. 1205
Villela, Tim, Assoc Creative Dir -- J. Walter Thompson, Makati, Philippines, pg. 558
Villmann, Urmas, Partner & Dir-Creative -- Kontuur-Leo Burnett, Tallinn, Estonia, pg. 624
Villones, Javey, Creative Dir -- J. Walter Thompson, Makati, Philippines, pg. 558
Vinakmens, Mike, Co-Creative Dir -- MARSHALL FENN COMMUNICATIONS LTD., Toronto, Canada, pg. 1577
Vincelli, Erica, Acct Coord -- DENTSUBOS, Montreal, Canada, pg. 291
Vincent, Brent, Assoc Dir-Creative -- DAVIS HARRISON DION, INC., Chicago, IL, pg. 265
Vincent, Courtney, Creative Dir -- PETERSON MILLA HOOKS, Minneapolis, MN, pg. 866
Vincent, Marjorie, Creative Dir -- HARRISON AND STAR LLC, New York, NY, pg. 469
Vinchiarello, Linda, Mgr-Print Production -- BLASS MARKETING, Old Chatham, NY, pg. 134
Vinheiro, Saulo, Art Dir -- FCB Sao Paulo, Sao Paulo, Brazil, pg. 370
Vinick, Jeff, Exec Creative Dir -- DEUTSCH, INC., New York, NY, pg. 294
Vinick, Jeff, Exec VP & Exec Creative Dir -- Deutsch New York, New York, NY, pg. 295
Vining, Lance, Assoc Creative Dir -- DDB San Francisco, San Francisco, CA, pg. 269
Vinkler, Emanuel, Art Dir -- Pereira & O'Dell, New York, NY, pg. 863
Vintila, Bogdan, Creative Dir -- Graffiti BBDO, Sofia, Bulgaria, pg. 104
Vinyaratn, Veradis, Co-Chief Creative Officer & Copywriter -- TBWA Thailand, Bangkok, Thailand, pg. 1092
Vinyoli, Mireia, Acct Supvr -- TBWA Espana, Barcelona, Spain, pg. 1085
Vio, Pablo, Exec Creative Dir -- JAM3, Toronto, Canada, pg. 570

AGENCIES — PERSONNEL INDEX

Vio, Pablo, Exec Creative Dir -- SID LEE, Paris, France, pg. 1010
Viola, Kellie, Art Dir -- BBR CREATIVE, Lafayette, LA, pg. 116
Vior, Ricky, Grp Creative Dir -- The Community, Buenos Aires, Argentina, pg. 224
Virag, Krisztina, Acct Dir -- DDB Canada, Toronto, Canada, pg. 267
Viramontes, Christy, Acct Exec -- COHEN COMMUNICATIONS, Fresno, CA, pg. 217
Virola, Christine, Acct Dir & Strategist-Mktg -- MESSINA DESIGN, San Diego, CA, pg. 735
Virtanen, Maarika, Acct Dir -- Wavemaker, Helsinki, Finland, pg. 1382
Virtanen, Matti, Art Dir -- TBWA PHS, Helsinki, Finland, pg. 1080
Visco, Laura, Deputy Exec Creative Dir -- 72andSunny, Amsterdam, Netherlands, pg. 11
Viser, Pat, PR Pro -- WILLIAMS CREATIVE GROUP, Shreveport, LA, pg. 1169
Vissat, Dave, Creative Dir -- BRUNNER, Pittsburgh, PA, pg. 169
Vist, Terje, Creative Dir-Atmosphere BBDO -- Atmosphere Proximity, New York, NY, pg. 98
Vita, Francesca, Acct Exec -- J. Walter Thompson Milan, Milan, Italy, pg. 560
Vitale, Domenico, Founder & Co-Chief Creative Officer -- PEOPLE IDEAS & CULTURE, Brooklyn, NY, pg. 862
Vitale, Giovanna Frank, Acct Dir -- BERLINROSEN, New York, NY, pg. 1448
Vitelli, Angela, Acct Dir -- D'Adda, Lorenzini, Vigorelli, BBDO, Milan, Italy, pg. 106
Vitez-O'Donnell, Laura, Creative Dir-Content Dev -- D2 CREATIVE, Somerset, NJ, pg. 256
Vithoulkas, Mike, Creative Dir -- TWO BY FOUR, Chicago, IL, pg. 1124
Vitkun, Jeff, Assoc Creative Dir -- Ogilvy Advertising, Central, China (Hong Kong), pg. 822
Vitola, Annija, Acct Dir -- DDB Latvia, Riga, Latvia, pg. 276
Vitorovich, Johnny, Creative Dir -- GRAFIK MARKETING COMMUNICATIONS, Alexandria, VA, pg. 431
Vitrano, Amanda, Media Planner -- Havas Media, Chicago, IL, pg. 1327
Vitro, John, Partner & Chm-Creative -- VITRO, San Diego, CA, pg. 1141
Vitrone, Scott, Partner & Chief Creative Officer -- FIGLIULO&PARTNERS, LLC, New York, NY, pg. 380
Vitse, Lindsay, Acct Exec-Acct Mgmt -- Bader Rutter & Associates, Inc., Lincoln, NE, pg. 83
Vivas, Lucy, Art Dir -- Young & Rubicam, S.L., Madrid, Spain, pg. 1203
Vivian, Laura, Acct Dir -- HUGHESLEAHYKARLOVIC, Saint Louis, MO, pg. 513
Viviano, Carrie, Media Buyer -- VSA Partners, New York, NY, pg. 1147
Vladusic, Alan, Sr VP & Creative Dir -- AREA 23, New York, NY, pg. 67
Vlagouli, Elena, Acct Dir -- Bold Ogilvy Greece, Athens, Greece, pg. 815
Vo, Cathy, Acct Exec-PR -- B&P ADVERTISING, Las Vegas, NV, pg. 81
Vo, David, Dir-Creative Dev -- DRUMROLL, Austin, TX, pg. 323
Vodopivec, Iris Martin, Copywriter-Creative -- TBWA Espana, Madrid, Spain, pg. 1085
Voegel, Stephan, Chief Creative Officer -- MEMAC Ogilvy, Kuwait, Kuwait, pg. 830
Voetmann, Cameron, Acct Dir -- DESTINATION MARKETING, Mountlake Terrace, WA, pg. 294
Vogel, Shannon, Acct Supvr -- CROWLEY WEBB, Buffalo, NY, pg. 250
Vogel, Stephan, Chief Creative Officer-Europe, Middle East & Africa -- Ogilvy Frankfurt, Frankfurt, Germany, pg. 814
Vogel, Stephan, Chief Creative Officer-EMEA -- OgilvyOne GmbH, Frankfurt, Germany, pg. 815
Vogl, Stefanie, Acct Dir -- Weber Shandwick, Munich, Germany, pg. 1678
Vogrich, Allison, Acct Coord -- COLMAN BROHAN DAVIS, Chicago, IL, pg. 220
Vogt, Erin, Acct Supvr -- PERITUS PUBLIC RELATIONS, Birmingham, AL, pg. 1608
Vohwinkel, Bruno, Creative Dir -- Havas Worldwide Milan, Milan, Italy, pg. 481
Vohwinkel, Bruno, Assoc Dir-Creative -- Publicis Italia, Milan, Italy, pg. 899
Voigt, Eric, Assoc Creative Dir -- ABELSON-TAYLOR, INC., Chicago, IL, pg. 17
Vojta, Daniela, Exec VP & Exec Creative Dir -- BBDO New York, New York, NY, pg. 99

Volansky, Jamie, Art Dir -- MINT ADVERTISING, Clinton, NJ, pg. 746
Volavka, Steve, Owner, Partner-Creative, Art Dir & Designer -- ENSEMBLE CREATIVE & MARKETING, Lakeville, MN, pg. 341
Volenec, Kelley, Acct Exec -- CHAPPELLROBERTS, Tampa, FL, pg. 202
Volk, Chrissy, Acct Coord -- RYAN JAMES AGENCY, Trenton, NJ, pg. 973
Volker, David, Creative Dir -- LPK, Cincinnati, OH, pg. 654
Volkman, Bob, Co-Founder & Partner-Creative -- TOM, DICK & HARRY CREATIVE, Chicago, IL, pg. 1108
Volpe, Jim, Acct Supvr-Media -- GMLV LLC, Newark, NJ, pg. 425
Volper, Jason, Dir-Creative & Exec Producer -- FEROCIOUS COW, New York, NY, pg. 378
Von Aesch, Tobias, Assoc Creative Dir -- BBDO Dusseldorf, Dusseldorf, Germany, pg. 105
von Aesch, Tobias, Creative Dir-Art -- Havas Worldwide Dusseldorf, Dusseldorf, Germany, pg. 480
Von Czoernig, Elissa, Assoc Partner & Acct Dir -- PROOF ADVERTISING, Austin, TX, pg. 893
Von Der Heid, Betsy, Media Dir -- SRCPMEDIA, Alexandria, VA, pg. 1039
von Doenhoff, Semjon, Creative Dir -- WEDNESDAY, New York, NY, pg. 1156
von Hanau, Tassilo, Acct Dir -- Octagon, London, United Kingdom, pg. 807
Von Luhrte, Rhonda, Acct Coord -- GRAHAM OLESON, Colorado Springs, CO, pg. 432
Von Werder, Malinx, Art Dir -- Acne Advertising, Stockholm, Sweden, pg. 1249
VonDerLinn, Donna, Creative Dir -- BRAND COOL MARKETING INC, Rochester, NY, pg. 154
VonDerLinn, Pete, Exec Creative Dir -- PARTNERS+NAPIER, Rochester, NY, pg. 855
Vongsakulpaisal, Saowarak, Mgr-Traffic -- J. Walter Thompson Thailand, Bangkok, Thailand, pg. 559
VonOhlen, Adam, Sr VP & Creative Dir -- TWO BY FOUR, Chicago, IL, pg. 1124
Voon, James, Art Dir -- FCB Kuala Lumpur, Kuala Lumpur, Malaysia, pg. 374
Voors, Tim, Interim Dir-Creative -- McCann Amsterdam, Amstelveen, Netherlands, pg. 707
Vorobieva, Olga, Art Dir -- Adler, Chomski Grey, Tel Aviv, Israel, pg. 440
Vorster, Virginia, Acct Supvr -- LOVE ADVERTISING INC., Houston, TX, pg. 652
Vos, Jack, VP & Creative Dir -- RHEA + KAISER, Naperville, IL, pg. 954
Vosburgh, Evan, Assoc Creative Dir -- WALRUS, New York, NY, pg. 1150
Voskanian, Andrea, Assoc Creative Dir -- PETROL ADVERTISING, Burbank, CA, pg. 866
Vosper, Lauren, Gen Mgr-PR & Major Events -- TBWA Auckland, Auckland, New Zealand, pg. 1091
Vossen, Chad, Chief Creative Officer -- 522 DIGITAL, LLC, Alexandria, VA, pg. 9
Votto, Brie, Acct Supvr -- GROW MARKETING, San Francisco, CA, pg. 453
Vouhe, Christian, Creative Dir -- Publicis Conseil, Paris, France, pg. 898
Vreen, Typhanee, Acct Dir -- WongDoody, Culver City, CA, pg. 1175
Vrouwes, Maarten, Art Dir -- Ubachswisbrun J. Walter Thompson, Amsterdam, Netherlands, pg. 560
Vtulkin, Dmitry, Art Dir -- BBDO Moscow, Moscow, Russia, pg. 107
Vu, Teresa, Acct Exec -- A. BICOFF & CO., Chicago, IL, pg. 14
Vyatkina, Natalia, Acct Dir -- SPN Ogilvy Communications Agency, Moscow, Russia, pg. 816
Vyers, Dustin, Creative Dir -- EIGHTY THREE CREATIVE, Dallas, TX, pg. 333

W

Wabeke, Jessen, Assoc Dir-Creative -- DOVETAIL, Saint Louis, MO, pg. 318
Wachenheim, Sheri, Specialist-PR -- MINT ADVERTISING, Clinton, NJ, pg. 746
Wachs, Michael, Chief Creative Officer -- GYK Antler, Boston, MA, pg. 457
Wachsmann, Jean-Marc, Art Dir -- Publicis, Brussels, Belgium, pg. 1397
Wacker, Tobias, Partner & Creative Dir -- Hasan & Partners Oy, Helsinki, Finland, pg. 703

Wackett, Scott, Mgr-Creative Studio -- Southpaw, Tunbridge Wells, United Kingdom, pg. 463
Wada, Naoya, Mng Partner-Creative -- NEVER WITHOUT, LLC, Atlanta, GA, pg. 791
Waddel, Fergus, Acct Dir -- Saatchi & Saatchi London, London, United Kingdom, pg. 980
Waddell, Bob, Acct Supvr -- MULLER BRESSLER BROWN, Leawood, KS, pg. 778
Waddup, Paul, Head-Creative -- J. Walter Thompson, London, United Kingdom, pg. 562
Wade, Doug, Producer-Brdcst -- J. Walter Thompson, London, United Kingdom, pg. 562
Wade, Jessica, Acct Dir -- DH, Spokane, WA, pg. 298
Wade, Kat Romanowski, Acct Exec -- CHAPPELLROBERTS, Tampa, FL, pg. 202
Wade, Michele, Acct Dir -- MINDSHARE STRATEGIES, Waconia, MN, pg. 745
Wadhawan, Rocky, Acct Dir -- Havas Media, London, United Kingdom, pg. 1326
Wadher, Gautam, Creative Dir -- J. Walter Thompson, Dubai, United Arab Emirates, pg. 563
Wadhwania, Sohil, Assoc Creative Dir -- Ogilvy India, Mumbai, India, pg. 824
Wadkar, Vikrant, Art Dir -- Leo Burnett India, Mumbai, India, pg. 629
Wadley, Jeff, Creative Dir -- INSYNC PLUS, Los Angeles, CA, pg. 536
Wadwalkar, Sanket, Grp Creative Dir -- DDB Mudra Group, Mumbai, India, pg. 275
Wagener, Jeff, VP & Creative Dir -- QUESTUS, San Francisco, CA, pg. 922
Wagenseil, Robert, Mgr-Social Media & Acct Exec -- GOODMAN PUBLIC RELATIONS, Fort Lauderdale, FL, pg. 1523
Waggoner, Jennifer, Media Buyer -- HOOK, Charleston, SC, pg. 508
Wagman, Tal, Assoc Creative Dir & Writer -- ZAMBEZI, Culver City, CA, pg. 1209
Wagner, Alex, Acct Exec -- B/W/R, Beverly Hills, CA, pg. 1440
Wagner, Chelsea, Assoc Mgr-PR -- PARTNERS+NAPIER, Rochester, NY, pg. 855
Wagner, Dean, Creative Dir -- 54, LLC, Charlotte, NC, pg. 10
Wagner, Kayla, Acct Exec -- FACTORY PR, New York, NY, pg. 357
Wagner, Kristel, Mgr-PR -- RINCK ADVERTISING, Auburn, ME, pg. 1632
Wagner, Melissa, Media Dir -- CMI MEDIA, LLC, King of Prussia, PA, pg. 215
Wagner, Michael, Assoc Creative Dir -- MVNP, Honolulu, HI, pg. 780
Wagnon, Sam, Acct Exec -- TM ADVERTISING, Dallas, TX, pg. 1106
Wagoner, Peter J., Creative Dir -- GROW, Norfolk, VA, pg. 453
Wahlberg, Ted, Creative Dir -- Gyro Chicago, Chicago, IL, pg. 458
Wahledow, Hugo, Art Dir -- Poke, London, United Kingdom, pg. 902
Wahlstrom, Chelsey M., Acct Supvr -- Laughlin/Constable, Inc., Chicago, IL, pg. 614
Wai, Wong, Exec Creative Dir-South China -- Saatchi & Saatchi, Beijing, China, pg. 983
Waid, Denise, Partner & Creative Dir -- STEEL ADVERTISING & INTERACTIVE, Austin, TX, pg. 1045
Wainwright, Rupert, CEO & Creative Dir -- ADORE CREATIVE, Los Angeles, CA, pg. 32
Waite, Dave, Creative Dir & Strategist-Brand -- ZOOKEEPER INDUSTRIES LLC., Los Angeles, CA, pg. 1215
Waitzinger, Christian, VP & Exec Creative Dir-Continental Europe -- SapientRazorfish Munich, Munich, Germany, pg. 915
Waizbrot, Gustavo, Founder, Pres & Exec Creative Dir -- ONE ROCKWELL, New York, NY, pg. 1277
Wakani, Farah, Acct Supvr -- Digitas Health, New York, NY, pg. 1251
Wakeland, Eve, Acct Dir -- ESPARZA ADVERTISING, Albuquerque, NM, pg. 349
Wakeland, Robert, Assoc Creative Dir -- BBDO New York, New York, NY, pg. 99
Wakeman, Matthew, Creative Dir -- ELEVEN INC., San Francisco, CA, pg. 336
Walawalkar, Harshal, Creative Team -- Ogilvy India, Mumbai, India, pg. 824
Walbridge, Peter, Dir-Creative -- BIG THINK STUDIOS, San Francisco, CA, pg. 130
Walden, Clint, Exec Creative Dir -- MINDGRUVE, INC., San Diego, CA, pg. 745
Walden-Morden, Jessica, Creative Dir -- BARKLEY, Kansas City,

PERSONNEL INDEX — AGENCIES

MO, pg. 90

Waldner, Robert, Creative Dir -- DOREMUS, New York, NY, pg. 316

Waldron, Heather, Art Dir -- M&R MARKETING GROUP, Macon, GA, pg. 663

Wales, Summer, Acct Exec -- INTERMARK GROUP, INC., Birmingham, AL, pg. 539

Walian, Jaclyn, Acct Supvr -- OLIVE PR SOLUTIONS INC, San Diego, CA, pg. 835

Waligora, Maciek, Exec Creative Dir -- DDB Warsaw, Warsaw, Poland, pg. 279

Walker, Adrian, Assoc Creative Dir -- ANTHOLOGY MARKETING GROUP, Honolulu, HI, pg. 1433

Walker, Bob, Assoc Creative Dir-Direct Mktg & Production -- CURIOSITY ADVERTISING, Cincinnati, OH, pg. 254

Walker, Brittany, Acct Supvr -- TRIBE, Atlanta, GA, pg. 1116

Walker, Craig, Exec Creative Dir -- WALKER & COMPANY, INC., Santa Monica, CA, pg. 1149

Walker, David, Partner & Co-Creative Dir -- SAINT BERNADINE MISSION COMMUNICATIONS INC, Vancouver, Canada, pg. 988

Walker, Jacob, Acct Coord -- AMNET GROUP, New York, NY, pg. 1307

Walker, Jen, Media Dir -- HART, Columbus, OH, pg. 469

Walker, John, Creative Dir -- BROADHEAD, Minneapolis, MN, pg. 165

Walker, Laura, Acct Dir -- THE&PARTNERSHIP, New York, NY, pg. 55

Walker, Leslie Ali, Grp Creative Dir -- ANOMALY, New York, NY, pg. 59

Walker, Lorianne, Acct Exec -- ABEL COMMUNICATIONS, INC., Baltimore, MD, pg. 1425

Walker, Luke, Creative Dir -- Weber Shandwick UK, London, United Kingdom, pg. 1679

Walker, Matt, Partner & Creative Dir -- WHITE & PARTNERS, Tysons Corner, VA, pg. 1160

Walker, Melinda, Acct Dir-Propel Mktg Grp -- MOTTIS, Sanford, NC, pg. 764

Walker, Rachel, Acct Mgr-PR -- Hills Balfour, London, United Kingdom, pg. 750

Walker, Richard, Head-Creative -- Scanad, Nairobi, Kenya, pg. 1182

Walker, Robin, Partner-Photography & Art Dir -- SMITH WALKER DESIGN, Tukwila, WA, pg. 1024

Walker, Sara, Acct Supvr -- YOUNG & LARAMORE, Indianapolis, IN, pg. 1196

Walker, Shaun, Co-Founder & Creative Dir -- HERO FARM, Metairie, LA, pg. 497

Walker, Tommy, Dir-Brdcst Production -- STONE WARD, Little Rock, AR, pg. 1050

Walker, Tori, Acct Exec -- WELL DONE MARKETING, Indianapolis, IN, pg. 1158

Walker-Wells, Neil, Creative Dir -- Juniper Park/TBWA, Toronto, Canada, pg. 1079

Wall, Chad, Assoc Creative Dir -- EMA Public Relations Services, Syracuse, NY, pg. 347

Wall, Kylie, Acct Supvr -- THE VARIABLE AGENCY, Winston Salem, NC, pg. 1131

Wallace, Brooks B., Head-PR-West Coast -- HOLLYWOOD AGENCY, Plymouth, MA, pg. 1536

Wallace, Bruce, Art Dir -- STONE WARD, Little Rock, AR, pg. 1050

Wallace, Drew, Assoc Creative Dir -- MOTIVE, Denver, CO, pg. 764

Wallace, Earl, Creative Dir -- Publicis Seattle, Seattle, WA, pg. 905

Wallace, Earl, Creative Dir -- Publicis Seattle, Seattle, WA, pg. 913

Wallace, Giles, Art Dir -- BRANDHIVE, Salt Lake City, UT, pg. 156

Wallace, Jennifer, VP-Creative Svcs -- CHARLESTON/ORWIG, INC., Hartland, WI, pg. 203

Wallace, Jo, Creative Dir -- J. Walter Thompson, London, United Kingdom, pg. 562

Wallace, Laura, Acct Supvr -- BOONEOAKLEY, Charlotte, NC, pg. 147

Wallace, Melanie, Acct Supvr -- MCKINNEY, Durham, NC, pg. 719

Wallace, Paul, Exec Creative Dir -- DDB Canada, Toronto, Canada, pg. 267

Wallace, Rich, Creative Dir -- OGILVY, New York, NY, pg. 809

Wallace, Rich, Creative Dir -- Ogilvy New York, New York, NY, pg. 811

Wallace, Stacy, Acct Exec & Strategist-Mktg -- V2 MARKETING COMMUNICATIONS, Rockford, IL, pg. 1130

Wallach, Adam, Acct Exec -- CORINTHIAN MEDIA, INC., New York, NY, pg. 1316

Wallach, Diego, VP-Creative -- Publicis Arredondo de Haro, Mexico, Mexico, pg. 907

Wallenhorst, Theresa, Acct Exec -- SWEENEY, Cleveland, OH, pg. 1065

Wallin, Elena, Acct Exec -- MCCANN HEALTH GLOBAL HQ, New York, NY, pg. 713

Walling, Cheryl, Acct Coord -- CREATIVE OPTIONS COMMUNICATIONS, Lewisville, TX, pg. 244

Wallis, Ben, Assoc Dir-Creative -- MY FRIEND'S NEPHEW, Atlanta, GA, pg. 782

Wallis, Fiona, Acct Dir -- Havas Media, London, United Kingdom, pg. 1326

Wallman, Andy, Pres & Exec Creative Dir -- KW2, Madison, WI, pg. 604

Wallrich, Lila, CEO & Creative Dir -- WALLRICH, Sacramento, CA, pg. 1149

Walls, Marco, Creative Dir -- GYRO, New York, NY, pg. 457

Wallwork, Jack, CEO & Creative Dir -- WALLWORK CURRY MCKENNA, Charlestown, MA, pg. 1149

Wallwork, Pat, Partner & Media Dir -- MCKEE WALLWORK & COMPANY, Albuquerque, NM, pg. 718

Wally, Tara, Media Buyer -- JKR ADVERTISING & MARKETING, Maitland, FL, pg. 576

Walraff, Jean-Luc, Creative Dir -- J. Walter Thompson, Brussels, Belgium, pg. 559

Walsh, Abby, Acct Dir -- droga5, London, United Kingdom, pg. 322

Walsh, Barry, Acct Dir-Digital -- Wavemaker - EMEA HQ, London, United Kingdom, pg. 1381

Walsh, Brandi, Art Dir -- DECIBEL BLUE, Scottsdale, AZ, pg. 285

Walsh, Deborah, Creative Dir -- TSM DESIGN, Springfield, MA, pg. 1663

Walsh, Emily, Media Planner & Media Buyer -- CROSSMEDIA, New York, NY, pg. 1317

Walsh, Jessica, Creative Dir -- SAGMEISTER & WALSH, New York, NY, pg. 987

Walsh, Jim, Creative Dir -- Leo Burnett Melbourne, Melbourne, Australia, pg. 628

Walsh, John, Owner & Creative Dir -- IRON CREATIVE COMMUNICATION, San Francisco, CA, pg. 548

Walsh, Kate, Art Dir -- GRIGG GRAPHIC SERVICES, INC., Southfield, MI, pg. 450

Walsh, Kimberley, Exec VP & Exec Creative Dir -- TARGETBASE, Irving, TX, pg. 1073

Walsh, Meghan, Acct Exec-Mars & Wrigley -- THE INTEGER GROUP - DENVER, Lakewood, CO, pg. 1406

Walsh, Nancy, Acct Supvr-Mktg -- DUDNYK HEALTHCARE GROUP, Horsham, PA, pg. 324

Walsh, Oliver, Media Planner & Buyer -- GRAVITY MEDIA, New York, NY, pg. 433

Walsh, Renee, Creative Dir -- CHECKMARK COMMUNICATIONS, Saint Louis, MO, pg. 1220

Walshe, Neil, Art Dir -- M&C Saatchi, Sydney, Australia, pg. 661

Walshe, Peter, Acct Dir -- Millward Brown, London, United Kingdom, pg. 744

Walshe, Peter, Acct Dir-Global -- Millward Brown UK Ltd., Warwick, United Kingdom, pg. 744

Waltemeyer, Michael, Dir-New Bus Dev -- HOLBERG DESIGN, INC., York, PA, pg. 506

Walters, Kristen, Art Dir -- Leo Burnett USA, Chicago, IL, pg. 622

Walters, Lee, Creative Dir & Art Dir -- ARCANA ACADEMY, Los Angeles, CA, pg. 65

Walters, Mark, Art Dir -- JAN KELLEY MARKETING, Burlington, Canada, pg. 571

Walters, Meaghan, Acct Dir -- HELLOWORLD, A MERKLE COMPANY, Southfield, MI, pg. 495

Walterscheid, Tina, Brand Mgr & Acct Exec -- HOWERTON+WHITE, Wichita, KS, pg. 510

Walthall, Benjamin, Media Planner -- MODCO MEDIA, New York, NY, pg. 753

Walthall, Corey, Coord-PR -- CLYNE MEDIA INC., Nashville, TN, pg. 215

Walthall, T. J., Creative Dir -- R/GA, Austin, TX, pg. 927

Walthour, Ginny, Dir-Mktg & PR -- BURDETTE KETCHUM, Jacksonville, FL, pg. 173

Waltman, Wynne, Acct Supvr -- The Graham Group, Baton Rouge, LA, pg. 431

Walton, Ginny, Mgr-Pricing & Media Buyer -- GRETEMAN GROUP, Wichita, KS, pg. 437

Walton, Marlene, Media Buyer -- CARING MARKETING SOLUTIONS, Columbus, OH, pg. 189

Walton, Philip, Media Dir -- Agency59 Response, Toronto, Canada, pg. 40

Walton, Valencia, Acct Exec -- Signal Outdoor Advertising, Roswell, GA, pg. 1012

Waltz, Lindsey, Mgr-Traffic -- THE BRANDON AGENCY, Myrtle Beach, SC, pg. 158

Walzer, Karen, Acct Dir -- LAIRD+PARTNERS, New York, NY, pg. 607

Wanderley, Luiz Felipe, Acct Dir -- Y&R New York, New York, NY, pg. 1198

Wang, Aly, Art Dir -- Publicis Shanghai, Shanghai, China, pg. 908

Wang, Daqing, Exec Partner-Creative -- OgilvyOne, Shanghai, China, pg. 822

Wang, Emily, Sr Strategist-Creative -- REACH AGENCY, Santa Monica, CA, pg. 935

Wang, Irisy, Creative Dir -- BBH China, Shanghai, China, pg. 93

Wang, Jack, Art Dir -- ELL CREATIVE, Houston, TX, pg. 337

Wang, Janet, Acct Dir & Acct Supvr -- DAVID & GOLIATH, El Segundo, CA, pg. 261

Wang, Jason, Acct Dir -- Wieden + Kennedy, Shanghai, China, pg. 1166

Wang, Jenny, Acct Supvr -- Raffetto Herman, Washington, DC, pg. 1624

Wang, Jonathan, CEO & Creative Dir -- EAT SLEEP WORK, El Segundo, CA, pg. 329

Wang, Josephine, Acct Dir -- Fleishman-Hillard Link Ltd., Beijing, China, pg. 1511

Wang, Tuanpu, Exec Creative Dir -- ADMERASIA, INC., New York, NY, pg. 31

Wang, Yali, Dir-Creative -- ETHNICOM GROUP, Bala Cynwyd, PA, pg. 351

Wang, Zhifeng, Creative Dir -- BBH China, Shanghai, China, pg. 93

Wangler, Joe, Assoc Creative Dir -- O'KEEFE REINHARD & PAUL, Chicago, IL, pg. 834

Wannasiri, Park, Exec Creative Dir -- J. Walter Thompson Thailand, Bangkok, Thailand, pg. 559

Waradkar, Nikhil, Creative Dir -- Ogilvy, Bengaluru, India, pg. 823

Waradkar, Nikhil, Creative Dir -- Ogilvy India, Mumbai, India, pg. 824

Waraksa, Rosemarie, Acct Supvr -- Laughlin/Constable New York, New York, NY, pg. 614

Ward, Cameron, Art Dir -- BLACKJET INC, Toronto, Canada, pg. 133

Ward, Curtis Aj, Art Dir -- POCKET HERCULES, Minneapolis, MN, pg. 879

Ward, James, Acct Dir -- GMR Marketing, Chicago, IL, pg. 1404

Ward, Josh, Mgr-Creative & Sr Acct Exec-PR -- BLUE HERON COMMUNICATIONS, Norman, OK, pg. 1452

Ward, Matt, Creative Dir -- BOOYAH ADVERTISING, Denver, CO, pg. 1241

Ward, Mike, Creative Dir & Writer -- LEO BURNETT WORLDWIDE, INC., Chicago, IL, pg. 621

Ward, Raleigh, Acct Exec -- Leo Burnett USA, Chicago, IL, pg. 622

Ward, Stephanie, Creative Dir -- STATION FOUR, Jacksonville, FL, pg. 1044

Ward, Trish, Art Dir -- HOOK, Charleston, SC, pg. 508

Ward, Zack, Assoc Creative Dir -- JOHNSON & SEKIN, Dallas, TX, pg. 580

Wardale, Rosie, Acct Mgr-PR -- 3 Monkeys/Zeno, London, United Kingdom, pg. 1689

Wardell, Franky, Art Dir -- Wieden + Kennedy, London, United Kingdom, pg. 1165

Warden, Lori, Acct Exec-PR -- PARTNERS CREATIVE, Missoula, MT, pg. 855

Wardrep, Andrew, Assoc Dir-Creative -- BBDO New York, New York, NY, pg. 99

Warman, Jeffrey, Chief Creative Officer -- CURIOSITY ADVERTISING, Cincinnati, OH, pg. 254

Warneke, Joel, Partner & Exec Creative Dir -- MATTER CREATIVE GROUP, Cincinnati, OH, pg. 694

Warner, Carl, Creative Dir -- Ackerman McQueen, Inc., Dallas, TX, pg. 21

Warner, Chad, Dir-Integrated Creative -- McCann Erickson Advertising Ltd., London, United Kingdom, pg. 711

Warner, Kurt, Assoc Creative Dir & Writer -- DDB Chicago, Chicago, IL, pg. 268

Warner, Mary, Creative Dir -- J. WALTER THOMPSON, New York, NY, pg. 553

Warner, Molly, Assoc Partner & Acct Dir -- BARRETTSF, San Francisco, CA, pg. 91

Warner, Paul, Chief Creative Officer -- MetropolitanRepublic, Johannesburg, South Africa, pg. 1180

Warner, Rachel, Acct Supvr -- Edelman, Dallas, TX, pg. 1493

Warner, Ryan, Art Dir -- GSD&M, Austin, TX, pg. 453

Warren, Gail, Media Dir-Lattimer Comm -- METRICS MARKETING, INC., Atlanta, GA, pg. 736

Warren, Jeannette, Acct Exec & Specialist-Mktg -- CATMEDIA, Tucker, GA, pg. 196

Warren, Samuel, Acct Supvr & Strategist -- VAYNERMEDIA, New

York, NY, pg. 1299

Warren, Sarah, Specialist-PR -- DIXON SCHWABL ADVERTISING, Victor, NY, pg. 309

Warriner, Lindsey, Acct Supvr-Consumer Food & Nutrition -- Ketchum, San Francisco, CA, pg. 1555

Warski, Kristine, Media Dir -- AXIOMPORT, IndianaPOlis, IN, pg. 81

Washburn, Tim, Mng Partner & Exec Creative Dir -- NOMADIC AGENCY, Scottsdale, AZ, pg. 797

Washington, Cornelius, Art Dir -- SOCIALLYIN, Birmingham, AL, pg. 1291

Washington, Lourdes, Acct Dir -- ACENTO ADVERTISING, INC., Santa Monica, CA, pg. 20

Washington, Shannon, Sr VP & Grp Creative Dir -- Deutsch LA, Los Angeles, CA, pg. 294

Wasilewski, Michael, Founder, Partner & Chief Creative Officer -- FRANK COLLECTIVE, Brooklyn, NY, pg. 395

Wasko, Eva Marie, Supvr-PR -- Allen & Gerritsen, Philadelphia, PA, pg. 46

Wassell, David, Chief Creative Officer & Exec VP -- MGH, INC., Owings Mills, MD, pg. 736

Wasserman, Dave, VP & Creative Dir -- Match Marketing Group, Chicago, IL, pg. 693

Wasserstein, Andrew, Acct Exec -- XHIBITION, New York, NY, pg. 1687

Wasserstrom, Carolyn, Media Dir -- OUTOFTHEBLUE ADVERTISING, Coral Gables, FL, pg. 847

Waszkelewicz, Brett, Partner & Chief Creative Officer -- WONDERSAUCE, New York, NY, pg. 1302

Watabe, Remi, Media Planner -- MediaCom Japan, Tokyo, Japan, pg. 1349

Watanabe, Cathy, Art Dir -- PLAN A PR & MARKETING, INC, Orlando, FL, pg. 1610

Waterman, Seth, Acct Dir -- RETHINK, Vancouver, Canada, pg. 951

Waters, Deanna, Acct Dir -- EXCLAIM LLC, San Rafael, CA, pg. 355

Waters, Karl, Dir-Creative -- JWT Folk, Dublin, Ireland, pg. 560

Waters, Lily, Acct Dir -- ADAM&EVEDDB, New York, NY, pg. 25

Waters, Lori Llorente, Mng Partner & Creative Dir -- CRABB RADERMACHER, Atlanta, GA, pg. 236

Waters, Terri, Mgr-PR -- STUDIO D MARKETING COMMUNICATIONS, Saint Louis, MO, pg. 1056

Wati Longchar, Molona, Exec Creative Dir -- Wieden + Kennedy India, New Delhi, India, pg. 1166

Watkins, Jarrod, Media Buyer -- MATRIX MEDIA SERVICES, INC., Columbus, OH, pg. 1340

Watkins, Jillian, Creative Dir -- THE TERRI & SANDY SOLUTION, New York, NY, pg. 1097

Watkins, Kaia, Acct Supvr -- FLINT COMMUNICATIONS, Fargo, ND, pg. 388

Watkins, Kristene, Art Dir -- EPICOSITY, Sioux Falls, SD, pg. 344

Watsky, David, Acct Dir -- MANIFEST, New York, NY, pg. 1574

Watson, Alanna, Creative Dir & Copywriter -- VIRTUE WORLDWIDE, Brooklyn, NY, pg. 1139

Watson, Beth, VP & Acct Dir -- SPOTCO, New York, NY, pg. 1036

Watson, Brian, VP & Creative Dir -- CACTUS, Denver, CO, pg. 181

Watson, Brian, Art Dir -- THE SEVENTH ART, LLC, New York, NY, pg. 1004

Watson, Dan, Exec Producer-Brdcst -- ARGONAUT INC., San Francisco, CA, pg. 67

Watson, David, Creative Dir -- THE MERIDIAN GROUP, Virginia Beach, VA, pg. 731

Watson, Donna, Media Buyer -- THE ZIMMERMAN AGENCY LLC, Tallahassee, FL, pg. 1213

Watson, Gary, Creative Dir & Copywriter -- ZULU ALPHA KILO, Toronto, Canada, pg. 1216

Watson, Jeff, Assoc Creative Dir -- THE BUNTIN GROUP, Nashville, TN, pg. 173

Watson, Jo, Acct Dir -- FAST HORSE, Minneapolis, MN, pg. 362

Watson, Kerry Anne, Pres-PR -- THE ZIMMERMAN AGENCY LLC, Tallahassee, FL, pg. 1213

Watson, Matt, Creative Dir -- WATSON CREATIVE, POrtland, OR, pg. 1153

Watson, Monkey, Creative Dir -- WONGDOODY, Seattle, WA, pg. 1175

Watson, Paul, Producer-Brdcst -- MullenLowe, Winston Salem, NC, pg. 772

Watson, Scott, Chief Creative Officer & Exec VP -- OGILVY COMMONWEALTH WORLDWIDE, Parsippany, NJ, pg. 832

Watson, Wayne, Creative Dir-AV -- IGNITION INTERACTIVE, Los Angeles, CA, pg. 523

Watt, Greig, Creative Dir -- TBWA Hunt Lascaris (Johannesburg), Johannesburg, South Africa, pg. 1087

Watt, Julian, Chief Creative Officer -- DDB Melbourne Pty. Ltd., Melbourne, Australia, pg. 270

Watt, Julian James, Chief Creative Officer-Australia -- Global Team Blue, London, United Kingdom, pg. 423

Watt, Sue, Acct Dir-Mktg Comm -- IDEAS COLLIDE INC., Scottsdale, AZ, pg. 521

Wattanawaraporn, Nopparat, Creative Dir -- Ogilvy Advertising, Bangkok, Thailand, pg. 828

Watters, Johnny, Creative Dir -- Ogilvy EMEA, London, United Kingdom, pg. 818

Watters, Kirk, Acct Exec -- Signal Outdoor Advertising, Roswell, GA, pg. 1012

Wattler, Josh, Acct Coord -- ADRENALINE, INC., Atlanta, GA, pg. 32

Watts, Brent, Exec Creative Dir -- STRUCK, Salt Lake City, UT, pg. 1055

Watts, Jillian, Asst Acct Dir-PR -- AGENCY 451, Boston, MA, pg. 1427

Watts, Nathan, Creative Dir-Experiential Branding -- Fitch:London, London, United Kingdom, pg. 385

Watts, Vanessa, Exec VP & Media Dir -- LAUGHLIN/CONSTABLE, INC., Milwaukee, WI, pg. 613

Watuku, Jessica, CEO & Creative Dir -- GUSTIN ADVERTISING, Hopedale, MA, pg. 456

Wauters, Marc, Art Dir -- TBWA Brussels, Brussels, Belgium, pg. 1080

Wavish, Nick, Art Dir & Copywriter -- Havas London, London, United Kingdom, pg. 482

Waxel, Eoin, Creative Dir -- ART MACHINE, Hollywood, CA, pg. 71

Way, Christie, Grp Head-Creative -- BBDO Singapore, Singapore, Singapore, pg. 115

Waye, Amanda, Acct Supvr-Global -- Tribal Worldwide Vancouver, Vancouver, Canada, pg. 1296

Wayner, Taras, Chief Creative Officer -- SAATCHI & SAATCHI, New York, NY, pg. 975

Wearing, John, Acct Supvr -- PHD Canada, Toronto, Canada, pg. 1364

Weaver, Alexandra, Acct Dir -- FAST HORSE, Minneapolis, MN, pg. 362

Weaver, Alicia, Media Dir -- ID MEDIA, New York, NY, pg. 1331

Weaver, Ashley, Acct Exec -- JWALCHER COMMUNICATIONS, San Diego, CA, pg. 586

Weaver, Bonnie, VP & Acct Supvr -- AUGUST, LANG & HUSAK, INC., Bethesda, MD, pg. 77

Weaver, Kareth, Assoc Dir-Lifestyle & Mktg PR -- Hill+Knowlton Strategies B.V., Amsterdam, Netherlands, pg. 1533

Weaver, Kristin, Sr VP & Media Dir -- Cramer-Krasselt, New York, NY, pg. 237

Weaver, Lois, Creative Dir -- BURNS 360, Dallas, TX, pg. 1460

Weaver, Rhea, Specialist-Media & Acct Coord -- UNIVERSAL MEDIA INC., Mechanicsburg, PA, pg. 1378

Webb, Amanda, Media Planner-Northrop Grumman -- DWA, a Merkle Company, Austin, TX, pg. 1319

Webb, Art, Assoc Creative Dir -- MADISON + MAIN, Richmond, VA, pg. 669

Webb, Elizabeth, Media Buyer -- Totalcom, Inc., Huntsville, AL, pg. 1111

Webb, Emily, Acct Dir -- BAM COMMUNICATIONS, San Diego, CA, pg. 1438

Webb, Eric, Creative Dir -- DRINKCAFFEINE, Madison, CT, pg. 1253

Webb, Jamie, Acct Dir -- Saatchi & Saatchi Pro, London, United Kingdom, pg. 981

Webb, Jess, Head-PR & Bus Dir -- Ogilvy Cape Town, Cape Town, South Africa, pg. 829

Webb, Mary, Exec VP & Exec Creative Dir -- Havas Edge, Carlsbad, CA, pg. 476

Webb, Mary, Exec VP & Exec Creative Dir -- Havas Edge Portland, Carlsbad, CA, pg. 476

Webb, Melissa, Acct Dir -- PINEAPPLE PUBLIC RELATIONS, Atlanta, GA, pg. 1609

Webb, Reuben, Chief Creative & Values Officer -- STEIN IAS, New York, NY, pg. 1045

Webb, Shane, Dir-Creative -- THE MERIDIAN GROUP, Virginia Beach, VA, pg. 731

Webb, Simon, Exec Creative Dir-Global -- HeathWallace Ltd., Reading, United Kingdom, pg. 1186

Webber, Kim, Acct Exec -- ETHOS MARKETING & DESIGN, Westbrook, ME, pg. 351

Webber, Melissa, Creative Dir-Brand -- THE GARAGE TEAM MAZDA, Costa Mesa, CA, pg. 409

Webdell, Michael, Creative Dir -- AMERICAN MASS MEDIA, Chicago, IL, pg. 52

Weber, Adam, Partner & Exec Creative Dir-Johannesburg -- M&C Saatchi Abel, Cape Town, South Africa, pg. 660

Weber, Alexa, Acct Exec -- Allied Integrated Marketing, Seattle, WA, pg. 48

Weber, Dan, Creative Dir & Writer -- GLOBAL TEAM BLUE, Dearborn, MI, pg. 423

Weber, Emily, Acct Dir -- WALLWORK CURRY MCKENNA, Charlestown, MA, pg. 1149

Weber, Erik, VP-Experiential Creative -- SPARKS MARKETING CORP, Philadelphia, PA, pg. 1032

Weber, Kate, Acct Supvr -- TPN INC., Dallas, TX, pg. 1418

Weber, Neal, Sr Creative Dir -- WE ARE ALEXANDER, Saint Louis, MO, pg. 1155

Weber, Timm, Exec Dir-Creative-Hamburg -- Publicis Pixelpark, Bielefeld, Germany, pg. 899

Weber, Tom, VP & Exec Creative Dir -- GELIA-MEDIA, INC., Williamsville, NY, pg. 414

Webley, Stephen, Dir-Digital Creative-DLKW Lowe -- MullenLowe London, London, United Kingdom, pg. 775

Webley, Steve, Assoc Dir-Creative -- J. Walter Thompson, London, United Kingdom, pg. 562

Webre, Charles, Partner-Creative -- SHERRY MATTHEWS ADVOCACY MARKETING, Austin, TX, pg. 1007

Webster, Deacon, Co-Founder & Chief Creative Officer -- WALRUS, New York, NY, pg. 1150

Webster, Eirma, Grp Creative Dir -- McCann Worldgroup (Singapore) Pte Ltd, Singapore, Singapore, pg. 709

Webster, Mary, Assoc Creative Dir -- CLEAN DESIGN, INC., Raleigh, NC, pg. 212

Webster, Rob, Creative Dir -- McCann Erickson Advertising Ltd., London, United Kingdom, pg. 711

Wedel, Tobias, Copywriter-Creative -- TBWA Copenhagen, Copenhagen, Denmark, pg. 1080

Wedemeyer, Steve, Creative Dir -- BALL HORTICULTURAL COMPANY, West Chicago, IL, pg. 1219

Wedman, Kalista Max, Creative Dir -- ARGYLE INTERACTIVE, Philadelphia, PA, pg. 68

Wee, Alfred, Creative Dir -- McCann Healthcare Singapore, Singapore, Singapore, pg. 709

Wee, Alfred, Creative Dir -- McCann Worldgroup (Singapore) Pte Ltd, Singapore, Singapore, pg. 709

Wee, Francis, Exec Creative Dir -- Ogilvy (Singapore) Pvt. Ltd., Singapore, Singapore, pg. 827

Wee, Maurice, Creative Dir -- Grey Group Asia Pacific, Singapore, Singapore, pg. 445

Weed, Mike, VP & Creative Dir -- SPAWN IDEAS, Anchorage, AK, pg. 1032

Weeden, Lindsey, Art Dir -- 3HEADED MONSTER, Dallas, TX, pg. 7

Weeks, Monica, Media Buyer-Natl -- STRATEGIC MEDIA INC, Portland, ME, pg. 1053

Weessa, Jean, Art Dir -- DDB Communication France, Paris, France, pg. 273

Wegbrait, German, Creative Dir -- KITEROCKET, Phoenix, AZ, pg. 597

Wegerbauer, Eric, Chief Creative Officer -- OGILVY, New York, NY, pg. 809

Wei, Fei, Sr Creative Dir-Interactive -- J. Walter Thompson, Shanghai, China, pg. 555

Wei, Heng Thang, Creative Dir -- Grey Group Malaysia, Kuala Lumpur, Malaysia, pg. 447

Weiland, Melissa, Mng Partner & Media Dir-US -- GLOBAL TEAM BLUE, Dearborn, MI, pg. 423

Weiman, Julian, Producer-Brdcst -- J. WALTER THOMPSON CANADA, Toronto, Canada, pg. 565

Weinberg, Jay, Acct Exec -- ALL-WAYS ADVERTISING COMPANY, Bloomfield, NJ, pg. 1396

Weinberger, Paul, Creative Dir -- TBWA\London, London, United Kingdom, pg. 1086

Weiner, Adam, Acct Supvr -- Pereira & O'Dell, New York, NY, pg. 863

Weiner, Ami, Sr VP & Acct Dir -- BBDO Atlanta, Atlanta, GA, pg. 98

Weiner, Danielle, Acct Supvr -- SAATCHI & SAATCHI, New York, NY, pg. 975

Weiner, Matthew, Grp Creative Dir -- Walton Isaacson, New York, NY, pg. 1151

Weiner, Natalie, Acct Exec -- M18 PUBLIC RELATIONS, New York, NY, pg. 1573

Weiner, Zach, Art Dir -- METHOD ENGINE, LLC, Chicago, IL, pg. 1271

Weingarten, Ashlee, Acct Coord -- R&J STRATEGIC COMMUNICATIONS, Bridgewater, NJ, pg. 1622

Weinraub, Mara, Head-Social Media & Assoc Creative Dir -- GROK, New York, NY, pg. 451

PERSONNEL INDEX — AGENCIES

Weinstein, Evan, Art Dir -- SFW AGENCY, Winston Salem, NC, pg. 1004

Weinstein, Jacob, Art Dir & Copywriter -- Wieden + Kennedy New York, New York, NY, pg. 1165

Weinstein, Sharon, Acct Dir-Local Investment -- ZENITH USA, New York, NY, pg. 1391

Weinstein, Steve, Creative Dir -- ENVOI DESIGN, Cincinnati, OH, pg. 1256

Weinstein, Tracy, Acct Dir -- THE WEINSTEIN ORGANIZATION, INC., Chicago, IL, pg. 1157

Weinstock, David, Partner & Chief Creative Officer -- DECODED ADVERTISING, New York, NY, pg. 285

Weinstock, David, Chief Creative Officer -- RF BINDER, New York, NY, pg. 1630

Weir, John, Creative Dir-Australia -- Octagon Sydney, Sydney, Australia, pg. 807

Weis, Kristian, Strategist-Creative -- DAMN GOOD, Delray Beach, FL, pg. 259

Weisbarth, Samantha, Acct Supvr -- Ogilvy, Toronto, Canada, pg. 812

Weisberg, Lisa, Assoc Creative Dir-Copy -- MCCANN TORRE LAZUR, Parsippany, NJ, pg. 714

Weisberg, Melissa, Acct Exec -- NOVITA COMMUNICATIONS, New York, NY, pg. 801

Weisbrodt, Kathy, Acct Dir -- ELEVATED THIRD, Denver, CO, pg. 335

Weishaar, Andy, Partner & Chief Creative Officer -- CONNECTIONS MEDIA, Washington, DC, pg. 1247

Weisman, Benjamin, VP, Exec Creative Dir & Designer -- PureRED, Princeton, NJ, pg. 918

Weismiller, Kelly, VP & Acct Dir-White64 -- WHITE & PARTNERS, Tysons Corner, VA, pg. 1160

Weiss, Ari, Chief Creative Officer-North America -- DDB Chicago, Chicago, IL, pg. 268

Weiss, Ari, Chief Creative Officer-North America -- DDB New York, New York, NY, pg. 269

Weiss, Ari, Chief Creative Officer-North America -- DDB WORLDWIDE COMMUNICATIONS GROUP INC., New York, NY, pg. 268

Weiss, Chad, Sr Creative Dir -- THE DESIGNORY, Long Beach, CA, pg. 293

Weiss, Chris, Grp Creative Dir -- THREAD CONNECTED CONTENT, Minneapolis, MN, pg. 1102

Weiss, Gwyn, Acct Dir-Client Svcs -- MKTG, INC., New York, NY, pg. 1412

Weiss, Jennifer, Media Dir -- CMI Media, Parsippany, NJ, pg. 216

Weissbuch, Tal, Acct Dir -- Adler, Chomski Grey, Tel Aviv, Israel, pg. 440

Weissman, Kate, Acct Dir -- Weber Shandwick-Boston/Cambridge, Cambridge, MA, pg. 1675

Weissman, Lauren, Acct Supvr -- Rogers & Cowan, New York, NY, pg. 1675

Weitekamp, Rosina, Exec VP & Exec Creative Dir -- UMLAUT, San Francisco, CA, pg. 1125

Weitlauf, Lauren, Coord-PR -- BANDY CARROLL HELLIGE ADVERTISING, Louisville, KY, pg. 87

Weitz, Carter, Chm & Chief Creative Officer -- BAILEY LAUERMAN, Omaha, NE, pg. 84

Weitzel, Andrew, Founder, CEO & Creative Dir -- BOX CREATIVE, Manhattan, NY, pg. 1242

Weitzman, Alan, Exec Creative Dir -- WEITZMAN, INC., Annapolis, MD, pg. 1158

Welburn, Brian, Acct Supvr -- Carol H. Williams Advertising, Chicago, IL, pg. 190

Welch, Derek, Media Dir -- ALLEN & GERRITSEN, Boston, MA, pg. 45

Welch, Gregory, Assoc Creative Dir -- STRATEGIC AMERICA, West Des Moines, IA, pg. 1052

Welch, J.P, Strategist-Creative -- LMO Advertising, Baltimore, MD, pg. 648

Welch, Jack, Media Dir -- BRAINS ON FIRE, INC., Greenville, SC, pg. 152

Welch, Kerry, Acct Dir -- TOUCHPOINT COMMUNICATIONS, Charleston, SC, pg. 1111

Welch, Laurel, Exec VP & Media Dir -- JL Media, Inc., Miami, FL, pg. 1336

Welch, Lisa, Acct Exec-Briechle-Fernandez Mktg Svcs -- HAP MARKETING SERVICES, INC., Eatontown, NJ, pg. 466

Welch, Rob, Creative Dir -- PULSE CREATIVE LONDON, London, United Kingdom, pg. 916

Weld, Andrew, Acct Coord -- RASKY PARTNERS, INC., Boston, MA, pg. 1625

Welday, David, Acct Dir -- BBDO Atlanta, Atlanta, GA, pg. 98

Weldon, Meg, Acct Exec -- MULLENLOWE GROUP, Boston, MA, pg. 770

Welfeld, Ilya, Owner & Chief PR Officer -- SEYMOUR PR, Hackensack, NJ, pg. 1643

Wellfare, Judy, Co-Founder & Exec Creative Dir -- PLUS, New York, NY, pg. 878

Wellmer, Kristin, Assoc Creative Dir -- Ogilvy Atlanta, Atlanta, GA, pg. 1598

Wells, Alannah, Acct Dir -- Adam & EveDDB, London, United Kingdom, pg. 281

Wells, Ali, Chief Creative Officer -- VESTED, New York, NY, pg. 1135

Wells, Bob, Grp Creative Dir -- OSBORN & BARR COMMUNICATIONS, Saint Louis, MO, pg. 844

Wells, Danielle, Media Buyer -- MATRIX MEDIA SERVICES, INC., Columbus, OH, pg. 1340

Wells, Derick, Partner & Creative Dir -- OPUS 59 CREATIVE GROUP, Matthews, NC, pg. 843

Wells, Joan, Art Dir -- SWASH LABS, Denton, TX, pg. 1065

Wells, Jon, Assoc Creative Dir -- MRM London, London, United Kingdom, pg. 767

Wells, Jordan, VP & Dir-New Bus -- FCB West, San Francisco, CA, pg. 365

Wells, Keith, Art Dir -- HILL HOLLIDAY/NEW YORK, New York, NY, pg. 501

Wells, Leeann, Sr Producer-Brdcst -- MOROCH HOLDINGS, INC., Dallas, TX, pg. 758

Wells, Matthew, Acct Dir -- ART MACHINE, Hollywood, CA, pg. 71

Wells, Matthew, Acct Exec-Sls -- LAMAR ADVERTISING COMPANY, Baton Rouge, LA, pg. 608

Wells, Will, Art Dir -- Wieden + Kennedy, London, United Kingdom, pg. 1165

Welsh, Ben, Chief Creative Officer -- DDB Sydney Pty. Ltd., Ultimo, Australia, pg. 270

Welsh, Craig, Principal & Creative Dir -- GO WELSH, Lancaster, PA, pg. 425

Welsh, Jeff, Principal-Creative Svcs -- GA CREATIVE INC, Bellevue, WA, pg. 407

Welsh, Kevin, Founder, CTO & Creative Dir -- ANTICS DIGITAL MARKETING, San Carlos, CA, pg. 1237

Welten, Jooske, Acct Supvr -- Saatchi & Saatchi, Carouge, Switzerland, pg. 980

Welten, Jooske, Acct Dir -- Saatchi & Saatchi Zurich, Zurich, Switzerland, pg. 980

Welzel, Christiaan, Creative Dir -- CRITICAL MASS INC., Calgary, Canada, pg. 248

Wenborn, Tom, Creative Dir -- THINKERBELL, Melbourne, Australia, pg. 1099

Wendel, Erin, Grp Creative Dir -- MCCANN, New York, NY, pg. 697

Wendel, Erin, Grp Creative Dir -- McCann New York, New York, NY, pg. 698

Wendling, Steve, Media Dir -- THE MEDIA KITCHEN, New York, NY, pg. 1342

Wenger, Nick, Media Buyer -- MANSI MEDIA, Harrisburg, PA, pg. 1340

Wenner, Taylor, Art Dir -- AB+C, Philadelphia, PA, pg. 17

Wente, Mike, Chief Creative Officer -- SWIRL MCGARRYBOWEN, San Francisco, CA, pg. 1067

Wenzel, Karl, Sr VP & Acct Dir -- ARC WORLDWIDE, Chicago, IL, pg. 1397

Wenzel, Manuel, Creative Dir -- TBWA Health A.G., Zurich, Switzerland, pg. 1085

Wenzlau, Grant, Dir-Creative Strategy -- DAY ONE AGENCY, New York, NY, pg. 266

Werbaneth, Bill, Exec Creative Dir -- BEACON HEALTHCARE COMMUNICATIONS, Bedminster, NJ, pg. 118

Werner, Eva, Art Dir -- DDB Vienna, Vienna, Austria, pg. 274

Werner, Joel, Acct Supvr -- J. WALTER THOMPSON CANADA, Toronto, Canada, pg. 565

Werner, Lindsay, Acct Dir -- AKQA, Inc., Washington, DC, pg. 1234

Werner, Markus, Supvr-Art & Creative -- Grey Group Germany, Dusseldorf, Germany, pg. 440

Werner, Molly, Acct Dir-SC Johnson -- TracyLocke, Wilton, CT, pg. 1113

Werner, Ryan, Media Planner & Media Buyer -- STEPHAN & BRADY, INC., Madison, WI, pg. 1046

Wertz, Michael, Principal, Dir-Creative & Writer -- APPLE BOX STUDIOS, Pittsburgh, PA, pg. 64

Werwa, Craig, VP-Creative, Strategy & Social -- AYZENBERG GROUP, INC., Pasadena, CA, pg. 81

Wesierski, Ryan, Acct Dir -- SapientRazorfish San Francisco, San Francisco, CA, pg. 1288

Wesnaes, Kaare, Dir-Creative Tech -- OGILVY, New York, NY, pg. 809

Wesolowski, Kay, VP & Media Dir-Digital -- KELLY SCOTT MADISON, Chicago, IL, pg. 1336

Wesselo-Comas, Mariona, Art Dir -- J. Walter Thompson International, Auckland, New Zealand, pg. 558

Wessling, Nadine, Media Buyer -- TRUE MEDIA, Columbia, MO, pg. 1376

Wessner, Kevin J., Exec VP-Print -- BELO + COMPANY, Dallas, TX, pg. 121

Wesson, Marcus, Exec Creative Dir -- DAILEY & ASSOCIATES, West Hollywood, CA, pg. 258

West, Angel, Specialist-PR & Digital Mktg -- MAHOGANY BLUE PR, Fairfax, VA, pg. 1574

West, Archer, Art Dir -- J. WALTER THOMPSON, New York, NY, pg. 553

West, Azsa, Creative Dir -- WIEDEN + KENNEDY, INC., Portland, OR, pg. 1163

West, Azsa, Creative Dir -- Wieden + Kennedy Japan, Tokyo, Japan, pg. 1166

West, Cindy, Dir-Print Production -- CATALYST, SCIENCE + SOUL, Rochester, NY, pg. 195

West, Dan, Principal & Exec Dir-Creative -- WESTWERK, Minneapolis, MN, pg. 1159

West, Donna, Creative Dir -- Interbrand, London, United Kingdom, pg. 537

West, Joyanne, Acct Exec -- BIG COMMUNICATIONS, INC., Birmingham, AL, pg. 128

West, Justin, Acct Supvr -- ROKKAN, New York, NY, pg. 966

West, Rachel Jillian, Head-Creative Mgmt -- GREY GROUP, New York, NY, pg. 438

West, Robert Shaw, Chm, CEO & Exec Creative Dir -- THE REPUBLIK, Raleigh, NC, pg. 947

West, Taylor, Art Dir -- TANNER + WEST ADVERTISING & DESIGN AGENCY, Owensboro, KY, pg. 1072

West, Tracy, Grp Creative Dir -- 50,000FEET, INC., Chicago, IL, pg. 9

Westadt, Wendy, Mgr-Traffic & Production -- ROCKETLAWNCHAIR, Milwaukee, WI, pg. 965

Westaway, Sam, Media Dir -- Bohemia, Saint Leonards, Australia, pg. 659

Westbrook, Tripp, Partner, CMO, Chief Creative Officer & Exec Creative Dir -- FIREHOUSE, INC., Dallas, TX, pg. 1402

Westbrooks, James, Assoc Creative Dir -- Saatchi & Saatchi X, Chicago, IL, pg. 976

Westerby, Melissa, Acct Dir -- Ove Design & Communications Ltd., Toronto, Canada, pg. 904

Westerman, Jennie, Owner & Creative Dir -- DEEP FRIED ADVERTISING LLC, New Orleans, LA, pg. 285

Westfall, Sean-Paul, Assoc Creative Dir -- Y&R AUSTIN, Austin, TX, pg. 1194

Westley, Jonathan, Creative Dir -- Adam & EveDDB, London, United Kingdom, pg. 281

Weston, Brian, Exec VP & Acct Dir -- GREY NEW YORK, New York, NY, pg. 438

Wetherell, Julie, Acct Dir -- Targetbase, Greensboro, NC, pg. 1074

Wetmore, Alex, Creative Dir -- LUMENTUS LLC, New York, NY, pg. 656

Wetterer, Victoria, Creative Dir -- TRUE NORTH INTERACTIVE, San Francisco, CA, pg. 1298

Wey, Jessica, Sr VP & Assoc Creative Dir -- HARRISON AND STAR LLC, New York, NY, pg. 469

Weyer, Kai, Art Dir -- DDB Vienna, Vienna, Austria, pg. 274

Whaites, Chris, Creative Dir -- HEARTBEAT DIGITAL, New York, NY, pg. 492

Whalen, Carrie, Assoc Creative Dir -- CIVILIAN, Chicago, IL, pg. 210

Whalen, Elizabeth, Art Dir & Creative Dir -- GREY VANCOUVER, Vancouver, Canada, pg. 449

Whatcott, Chad, Acct Dir -- MCGARRYBOWEN, New York, NY, pg. 716

Wheat, Lee, Pres & Exec Creative Dir -- WHOLE WHEAT CREATIVE, Houston, TX, pg. 1162

Wheat, Russ, Acct Supvr -- BHW1 ADVERTISING, Spokane, WA, pg. 127

Wheeler, Amy, Media Dir -- CBC ADVERTISING, Saco, ME, pg. 197

Wheeler, Amy, Media Dir -- CREATIVE BROADCAST CONCEPTS, Saco, ME, pg. 239

Wheeler, Jenni, Art Dir -- LOGOWORKS, American Fork, UT, pg. 650

Wheeler, Kelly, Media Dir -- MEDIA SOLUTIONS, Sacramento, CA, pg. 1343

Wheeler, Rachel, Acct Exec-PR -- BOSE PUBLIC AFFAIRS

GROUP, Indianapolis, IN, pg. 148
Wheelis, Meredith, Media Dir -- SAATCHI & SAATCHI, New York, NY, pg. 975
Whelan, Courtney, Acct Exec -- FISH CONSULTING, INC., Ft Lauderdale, FL, pg. 384
Whelan, Jacquelyn, Acct Dir -- Leo Burnett Melbourne, Melbourne, Australia, pg. 628
Whelan, Jacquelyn, Acct Dir -- McCann Erickson Advertising Pty. Ltd., Melbourne, Australia, pg. 700
Whelan, Mark, Chief Creative Officer-UK -- Havas London, London, United Kingdom, pg. 482
Whelan, Mark, Chief Creative Officer -- Helia, London, United Kingdom, pg. 473
Whelan, Mark, Chief Creative Officer -- Helia, London, United Kingdom, pg. 484
Whipkey, Sarah, Creative Dir-Copy -- OBI CREATIVE, Omaha, NE, pg. 805
Whisnant, Jennifer, Acct Exec -- QUIXOTE RESEARCH, MARKETING & PUBLIC RELATIONS, Greensboro, NC, pg. 1622
Whitaker, Kim, Assoc Creative Dir -- CRABB RADERMACHER, Atlanta, GA, pg. 236
Whitaker, Thom, Creative Dir -- MOTHER LTD., London, United Kingdom, pg. 762
Whitcher, Bristol, Acct Supvr -- CONE COMMUNICATIONS, Boston, MA, pg. 1473
Whitcomb, Melissa, Media Dir -- MERKLEY+PARTNERS, New York, NY, pg. 733
White, Abi, Acct Coord-PR -- PAGE COMMUNICATIONS, Kansas City, MO, pg. 1604
White, Brad, Chief Creative Officer -- Luckie & Company, Duluth, GA, pg. 656
White, Brad, Chief Creative Officer -- Luckie & Co., Austin, TX, pg. 656
White, Brian, Creative Dir -- TRILION STUDIOS, Lawrence, KS, pg. 1228
White, Cindy, CEO & Creative Dir -- PARKERWHITE INC., Encinitas, CA, pg. 855
White, Daniel, Acct Exec -- GETO & DEMILLY, INC., New York, NY, pg. 1517
White, David, Acct Dir -- BARTLE BOGLE HEGARTY LIMITED, London, United Kingdom, pg. 92
White, Demetria, Sr Dir-Comm, Culture & Creative Accelerator -- NIKE COMMUNICATIONS, INC., New York, NY, pg. 1595
White, Jack K., Mgr-Brdcst Production -- OTEY WHITE & ASSOCIATES, Baton Rouge, LA, pg. 845
White, Jason, Co-Founder & Exec Creative Dir -- LEVIATHAN DESIGN, Chicago, IL, pg. 634
White, Jeff, Creative Dir -- THE MERIDIAN GROUP, Virginia Beach, VA, pg. 731
White, Jim, Sr VP & Media Dir -- SBC, Columbus, OH, pg. 993
White, Kendall, Acct Exec -- FKQ ADVERTISING + MARKETING, Clearwater, FL, pg. 386
White, Kristine, Acct Exec -- PERFORMANCE MARKETING, West Des Moines, IA, pg. 864
White, Madison, Media Planner -- HAVAS MEDIA, New York, NY, pg. 1324
White, Mara, Dir-PR -- FLYNN WRIGHT, Des Moines, IA, pg. 390
White, Max, Assoc Creative Dir -- CLM MARKETING & ADVERTISING, Boise, ID, pg. 214
White, Melissa, Acct Supvr -- NEWMARK ADVERTISING, INC., Woodland Hls, CA, pg. 793
White, Neil, Assoc Dir-Creative & Copywriter -- Ogilvy Johannesburg (Pty.) Ltd., Johannesburg, South Africa, pg. 829
White, Paul, Art Dir -- MRM London, London, United Kingdom, pg. 767
White, Regan, Creative Dir -- ABZ CREATIVE PARTNERS, Charlotte, NC, pg. 18
White, Robert, VP & Dir-Creative -- OPFER COMMUNICATIONS INC., Springfield, MO, pg. 842
White, Shannon, Mgr-PR -- BOLT ENTERPRISES, Dallas, TX, pg. 1454
White, Shannon, Mgr-PR -- BOLT PUBLIC RELATIONS, Irvine, CA, pg. 1454
White, Shey, Sr VP & Dir-Creative Production -- Porter Novelli Public Services, Washington, DC, pg. 1613
White, Spencer, Assoc Creative Dir -- LIDA, London, United Kingdom, pg. 659
White, Stacey, Acct Supvr -- COYNE PUBLIC RELATIONS, Parsippany, NJ, pg. 1476
White, Susie, Acct Dir-Acct Mgmt & Plng -- RHEA + KAISER, Naperville, IL, pg. 954
Whitehead, Adam, Creative Dir -- 303 MullenLowe, Sydney, Australia, pg. 773
Whitehead, Glenn, Creative Dir -- George P. Johnson (Australia)

Pty., Ltd., Sydney, Australia, pg. 417
Whitfield, Brock, Acct Supvr -- XENOPSI, New York, NY, pg. 1303
Whitfield, Mackenzie, Acct Exec -- Racepoint Global, San Francisco, CA, pg. 1624
Whiting, Josh, Creative Dir & Mgr-Production -- NEWFIRE MEDIA, North Augusta, SC, pg. 792
Whitlock, Amanda, Acct Supvr -- Edelman, Dallas, TX, pg. 1493
Whitlock, Tanya, Sr VP & Media Dir-Consumer -- CJRW NORTHWEST, Springdale, AR, pg. 210
Whitney, Jennifer, Creative Dir -- IMPRINT PROJECTS, New York, NY, pg. 528
Whitney, Jonathan, Acct Dir-Biddable -- Mindshare, London, United Kingdom, pg. 1181
Whitney, Skylar, Acct Exec -- DITTOE PUBLIC RELATIONS, INC., Indianapolis, IN, pg. 1486
Whitney-Smith, Lynn, Mgr-Creative Svcs -- EVOK ADVERTISING, Heathrow, FL, pg. 353
Whittle, Jennifer, Assoc Dir-PR -- THE LAVIDGE COMPANY, Phoenix, AZ, pg. 616
Whyte, Maureen, Media Buyer -- FORT GROUP INC., Ridgefield Park, NJ, pg. 393
Wichmann, Emalie, Creative Dir -- HABERMAN & ASSOCIATES, INC., Minneapolis, MN, pg. 460
Wickberg, Michael, Mgr-Project, Client Svcs, Traffic & Content -- WICK CREATIVE, Denver, CO, pg. 1301
Wickberg, Scott, Owner & Creative Dir -- WICK CREATIVE, Denver, CO, pg. 1301
Wickman, Sarah, Acct Supvr -- LEO BURNETT WORLDWIDE, INC., Chicago, IL, pg. 621
Wicks, David, Chief Creative Officer -- SIX POINT CREATIVE WORKS, Springfield, MA, pg. 1017
Wickstrand, Tenaya, Acct Exec -- ZENZI COMMUNICATIONS, Encinitas, CA, pg. 1690
Widgren, Kalle, CEO & Creative Dir -- TBWA\ AB Stockholm, Stockholm, Sweden, pg. 1085
Widgren, Kalle, CEO & Creative Dir -- TBWA Stockholm, Stockholm, Sweden, pg. 1085
Wiechmann, Scott, Assoc Creative Dir -- LAWRENCE & SCHILLER, INC., Sioux Falls, SD, pg. 616
Wieck, Marco, Acct Dir-Digital -- Weber Shandwick, Berlin, Germany, pg. 1678
Wiederin, Alex, Creative Dir -- BUERO NEW YORK, New York, NY, pg. 172
Wielopolski, Liam, Exec Creative Dir -- DDB South Africa, Johannesburg, South Africa, pg. 280
Wielopolski, Nicola, Creative Dir -- DDB South Africa, Johannesburg, South Africa, pg. 280
Wiener, Rick, Acct Dir & Strategist-Media -- ALLEBACH COMMUNICATIONS, Souderton, PA, pg. 45
Wienke, Steve, Creative Dir -- PHOENIX CREATIVE CO., Saint Louis, MO, pg. 1414
Wiering, Laura, Mgr-New Bus -- MARTIN WILLIAMS ADVERTISING INC., Minneapolis, MN, pg. 688
Wierzbicki, Julie, Acct Dir -- GIANTS & GENTLEMEN, Toronto, Canada, pg. 418
Wiese, Paige, Owner & Creative Dir -- TREE RING DIGITAL, Denver, CO, pg. 1114
Wiester, Maiya, Art Dir -- Ogilvy Japan K.K., Tokyo, Japan, pg. 825
Wiewiorski, Jaroslaw, Mng Dir-Creative -- McCann Erickson Georgia, Tbilisi, Georgia, pg. 703
Wigger, Kris, Project Mgr & Acct Exec -- TWENTY FOUR SEVEN, INC., Portland, OR, pg. 1123
Wigglesworth, Dave, Art Dir -- droga5, London, United Kingdom, pg. 322
Wigle, Kay, Sr VP & Media Dir -- SWANSON RUSSELL ASSOCIATES, Lincoln, NE, pg. 1064
Wilbanks, Alex, Acct Supvr -- SWIFT AGENCY, Portland, OR, pg. 1066
Wilburn, Jamie, Coord-PR -- LHWH ADVERTISING & PUBLIC RELATIONS, Myrtle Beach, SC, pg. 639
Wilco, Samantha, Creative Dir -- Edelman, New York, NY, pg. 1492
Wilcox, Audrey, Art Dir -- BARKLEY, Kansas City, MO, pg. 90
Wilcox, Bart, Assoc Creative Dir & Copywriter -- SULLIVAN HIGDON & SINK INCORPORATED, Wichita, KS, pg. 1059
Wilcox, Mary, Creative Dir -- ADG CREATIVE, Columbia, MD, pg. 29
Wildasin, Keith, VP-Creative Strategy & Narrative -- BPG ADVERTISING, Los Angeles, CA, pg. 151
Wildasinn, Cari, Acct Dir -- Fahlgren Mortine (Dayton), Beavercreek, OH, pg. 358
Wildberger, Thomas, Chief Creative Officer -- Publicis, Zurich, Switzerland, pg. 901

Wilden, Carly, Supvr-Brdcst -- GROUPM NORTH AMERICA & CORPORATE HQ, New York, NY, pg. 1322
Wilder, Brad, Co-Founder & Creative Dir -- GLYPHIX ADVERTISING, West Hills, CA, pg. 424
Wilder, Jason, Pres & Exec Creative Dir -- RED7 AGENCY, Andrews, SC, pg. 942
Wildermuth, Joan, Chief Creative Officer & Exec Dir -- JUICE PHARMA WORLDWIDE, New York, NY, pg. 584
Wildig, Jennie, Acct Dir-PR & Social Media -- McCann-Erickson Communications House Ltd , Macclesfield, Prestbury, United Kingdom, pg. 712
Wilds, Nathan, Chief Creative Officer -- CLEARRIVER COMMUNICATIONS GROUP, Midland, MI, pg. 213
Wiles, Erica, Media Planner & Media Buyer -- LMO ADVERTISING, Arlington, VA, pg. 648
Wiles, Ford, Chief Creative Officer -- BIG COMMUNICATIONS, INC., Birmingham, AL, pg. 128
Wilesmith, Margaret, CEO & Sr Creative Dir -- WILESMITH ADVERTISING & DESIGN, Palm Beach, FL, pg. 1167
Wilga, Glenn, Acct Dir -- RED MOON MARKETING, Charlotte, NC, pg. 940
Wilhelm, Sebastian, Founder & Strategist-Creative -- Santo Buenos Aires, Buenos Aires, Argentina, pg. 1181
Wilhelmer, Virginia, Art Dir -- PKP BBDO, Vienna, Austria, pg. 103
Wilkes, Nancy, Dir-PR -- PLATYPUS ADVERTISING + DESIGN, Pewaukee, WI, pg. 877
Wilkes, Sam, Assoc Dir-Creative -- VAULT49, New York, NY, pg. 1132
Wilkie, Lindsey, Acct Dir -- WALLRICH, Sacramento, CA, pg. 1149
Wilkie, Rob, Creative Dir -- PUSH22, Bingham Farms, MI, pg. 919
Wilkie, Rob, Creative Dir -- PUSHTWENTYTWO, Pontiac, MI, pg. 919
Wilkie, Shawn, Acct Dir -- PRICEWEBER MARKETING COMMUNICATIONS, INC., Louisville, KY, pg. 889
Wilking, Joan, Creative Dir -- DOERR ASSOCIATES, Winchester, MA, pg. 1487
Wilkins, Kelsey, Assoc Creative Dir -- M/H VCCP, San Francisco, CA, pg. 664
Wilkins, Rachel, Acct Coord -- GRAHAM OLESON, Colorado Springs, CO, pg. 432
Wilkins, Sherri, Chief Creative Officer -- CARLING COMMUNICATIONS, San Diego, CA, pg. 189
Wilkinson, Carrie, Media Dir & Coord-Pub Affairs -- KANEEN ADVERTISING & PR, Tucson, AZ, pg. 587
Wilkinson, Denise, Mgr-Creative-Havas Tonic -- HAVAS WORLDWIDE, New York, NY, pg. 475
Wilkinson, Harris, VP & Grp Creative Dir -- THE MARKETING ARM, Dallas, TX, pg. 682
Wilkinson, James, Chief Creative Officer -- POP, Seattle, WA, pg. 882
Wilkinson, Mandy, Media Planner & Buyer -- STONE WARD, Little Rock, AR, pg. 1050
Wilkinson, Rhonda, Acct Supvr -- Lewis Communications, Mobile, AL, pg. 636
Wilkinson, Roline, Acct Dir -- Magna Carta, Johannesburg, South Africa, pg. 1087
Will, Noah, Sr VP & Exec Creative Dir -- BROADHEAD, Minneapolis, MN, pg. 165
Willard, Caitlin, Acct Exec -- FISH CONSULTING, INC., Ft Lauderdale, FL, pg. 384
Wille, Kathleen Tax, VP & Creative Dir -- FCB Chicago, Chicago, IL, pg. 364
Willenzik, HoJo, Assoc Creative Dir & Writer -- COLLE+MCVOY, Minneapolis, MN, pg. 219
Willette, Pierre, Acct Exec -- GOFF PUBLIC, Saint Paul, MN, pg. 1519
Williams, Alexya, Acct Exec -- FISH CONSULTING, INC., Ft Lauderdale, FL, pg. 384
Williams, Amy, Acct Dir -- JAN KELLEY MARKETING, Burlington, Canada, pg. 571
Williams, Angela, Media Buyer-Style Adv, Mktg & PR -- STYLE ADVERTISING, Birmingham, AL, pg. 1057
Williams, Anne, Acct Dir -- INTREPID, Salt Lake City, UT, pg. 1544
Williams, Ashley, Media Planner -- TRACYLOCKE, Dallas, TX, pg. 1113
Williams, Barb, Exec Creative Dir -- TrackDDB, Toronto, Canada, pg. 931
Williams, Ben, VP & Exec Creative Dir-Products & Svcs -- R/GA, Portland, OR, pg. 927
Williams, Ben, VP & Exec Creative Dir -- R/GA Los Angeles, North Hollywood, CA, pg. 926

PERSONNEL INDEX — AGENCIES

Williams, Beth, Media Planner & Media Buyer -- TBC Direct, Inc., Baltimore, MD, pg. 1076
Williams, Blair, Acct Supvr -- GSD&M, Austin, TX, pg. 453
Williams, Brett, Acct Dir -- THE JOHNSON GROUP, Chattanooga, TN, pg. 580
Williams, Caroline, Acct Exec -- DUREE & COMPANY, Fort Lauderdale, FL, pg. 1489
Williams, Craig, Creative Dir -- Wieden + Kennedy Amsterdam, Amsterdam, Netherlands, pg. 1164
Williams, Damon, Art Dir & Assoc Creative Dir -- SHEPHERD, Jacksonville, FL, pg. 1007
Williams, Glyn, Media Dir-West Coast -- RAPPORT WORLDWIDE, New York, NY, pg. 1366
Williams, Grace, Acct Dir -- BLASTMEDIA, Fishers, IN, pg. 1451
Williams, Graham, Creative Dir -- BLINK MEDIA WORKS, Vancouver, Canada, pg. 136
Williams, Greg, Partner & Media Dir-Backbone Grp -- RYGR, Carbondale, CO, pg. 974
Williams, Jay, Exec VP & Exec Creative Dir -- PUBLICIS NEW YORK, New York, NY, pg. 912
Williams, Jenny, Media Dir -- WATAUGA GROUP, Orlando, FL, pg. 1153
Williams, Jeremy, Art Dir -- VEST ADVERTISING, Louisville, KY, pg. 1135
Williams, Jim, Creative Dir -- Publicis Hawkeye, Charlotte, NC, pg. 1282
Williams, Joe, Art Dir & Copywriter -- Havas London, London, United Kingdom, pg. 482
Williams, Jonathan, Creative Dir -- THE BRANDON AGENCY, Myrtle Beach, SC, pg. 158
Williams, Lewis, Chief Creative Officer -- BURRELL, Chicago, IL, pg. 176
Williams, Madison, Acct Coord -- WOODRUFF, Columbia, MO, pg. 1175
Williams, Marian, Grp Creative Dir -- O'KEEFE REINHARD & PAUL, Chicago, IL, pg. 834
Williams, Mark, Creative Dir -- FP7, Dubai, United Arab Emirates, pg. 710
Williams, Mark, VP & Acct Dir -- MullenLowe, New York, NY, pg. 772
Williams, Matt, Grp Head-Creative -- FCB Auckland, Auckland, New Zealand, pg. 374
Williams, Matthew, Art Dir -- 20/10 DESIGN & MARKETING, INC., West Chester, PA, pg. 3
Williams, Meagan, Head-Production & Acct Exec -- STEVENS ADVERTISING, Grand Rapids, MI, pg. 1048
Williams, Megan, Coord-Traffic & Asst-Media -- THE SELLS AGENCY, INC., Little Rock, AR, pg. 1002
Williams, Michael, Art Dir & Copywriter -- HIGHDIVE ADVERTISING, Chicago, IL, pg. 499
Williams, Mikayla, Acct Coord -- VEHR COMMUNICATIONS, LLC, Cincinnati, OH, pg. 1666
Williams, Peter, Creative Dir -- GEORGE P. JOHNSON, New York, NY, pg. 416
Williams, Rachel, Media Buyer -- SLEIGHT ADVERTISING INC, Omaha, NE, pg. 1020
Williams, Rebecca Feaman, VP & Grp Creative Dir -- BURRELL, Chicago, IL, pg. 176
Williams, Rosina, Acct Dir-Sls & Mktg -- Hills Balfour, London, United Kingdom, pg. 750
Williams, Samantha, Acct Dir -- RED INTERACTIVE AGENCY, Santa Monica, CA, pg. 1284
Williams, Sarah, Partner & Creative Dir -- BEARDWOOD & CO, New York, NY, pg. 118
Williams, Sean-Taylor, Head-Creative Svcs Partnerships -- STUDIO BLACK TOMATO, New York, NY, pg. 1056
Williams, Simone, Sr Mgr-Mktg & PR -- Flamingo, London, United Kingdom, pg. 306
Williams, Steve, Exec Creative Dir -- DNA SEATTLE, Seattle, WA, pg. 311
Williams, Steven, Art Dir -- YARD, New York, NY, pg. 1303
Williams, Suzanne, Art Dir -- JENNINGS & COMPANY, Chapel Hill, NC, pg. 575
Williams, Tara, VP & Acct Dir -- RIGHT PLACE MEDIA, Lexington, KY, pg. 1367
Williams, Tom, Acct Dir -- GREENLIGHT MEDIA & MARKETING, LLC, Hollywood, CA, pg. 435
Williams, Union, Acct Exec -- PIVOT MARKETING, Indianapolis, IN, pg. 874
Williams, Wally, Dir-Creative -- SHERRY MATTHEWS ADVOCACY MARKETING, Austin, TX, pg. 1007
Williams, Wes, VP & Dir-Creative -- THE RAMEY AGENCY LLC, Jackson, MS, pg. 930
Williams, Whitney, Acct Supvr & Mgr-Social Media -- MCKEEMAN COMMUNICATIONS, Raleigh, NC, pg. 1579
Williams, Yannick, Media Planner -- OMD WORLDWIDE, New York, NY, pg. 1357
Williams-Evans, Kendra, Acct Coord -- SOKAL MEDIA GROUP, Raleigh, NC, pg. 1027
Williamson, Amber, Dir-PR -- VOX PUBLIC RELATIONS, Walterville, OR, pg. 1668
Williamson, Christian, Mgr-Creative -- BAILEY BRAND CONSULTING, Plymouth Meeting, PA, pg. 84
Williamson, James, Creative Dir -- RED7E, Louisville, KY, pg. 942
Williamson, Jon, Art Dir -- GSD&M, Austin, TX, pg. 453
Williamson, Krystin, Acct Dir -- Allison & Partners, San Diego, CA, pg. 721
Williamson, Krystin, Acct Dir -- Allison & Partners, San Diego, CA, pg. 1431
Williamson, Tim, Media Dir -- COOPER SMITH AGENCY, Dallas, TX, pg. 1475
Williford, Lawrence, Creative Dir-Experience Design -- SapientRazorfish San Francisco, San Francisco, CA, pg. 1288
Willinger, Matthew, VP-PR -- BISIG IMPACT GROUP, Louisville, KY, pg. 132
Willis, Ashley, Acct Dir -- Resound Marketing, Princeton, NJ, pg. 1630
Willis, Ashley, Acct Dir -- RESOUND MARKETING, New York, NY, pg. 1630
Willis, Jim, Assoc Creative Dir -- GSW WORLDWIDE, Westerville, OH, pg. 454
Willis, Katie, Art Dir -- WIEDEN + KENNEDY, INC., Portland, OR, pg. 1163
Willis, Maisie, Copywriter-Creative -- Saatchi & Saatchi EMEA Region Headquarters, London, United Kingdom, pg. 980
Willis, Margaret, Media Planner & Media Buyer -- CJRW NORTHWEST, Springdale, AR, pg. 210
Willis, Steve, Acct Supvr -- PMK*BNC, Los Angeles, CA, pg. 543
Willison, Darla, Acct Supvr -- ACKERMAN MCQUEEN, INC., Oklahoma City, OK, pg. 21
Willoughby, Carl, Exec Creative Dir -- TBWA Hunt Lascaris Cape Town, Cape Town, South Africa, pg. 1087
Willoughby, Dan, Assoc Creative Dir -- MAXWELL & MILLER MARKETING COMMUNICATIONS, Kalamazoo, MI, pg. 695
Willoughby, Edith, Acct Exec -- PLAN B (THE AGENCY ALTERNATIVE), Chicago, IL, pg. 876
Willson, Mark, Sr VP & Dir-New Bus Dev -- KSM South, Austin, TX, pg. 1337
Willy, Scott, Co-Founder & VP-Creative Svcs -- 360 GROUP, Indianapolis, IN, pg. 6
Wilmont, Logan, Exec VP & Exec Creative Officer-UK -- Doner, London, London, United Kingdom, pg. 315
Wilmont, Logan, Exec VP & Exec Creative Officer-UK -- Doner, London, London, United Kingdom, pg. 722
Wilson, Banks, Pres & Creative Dir -- UNION, Charlotte, NC, pg. 1298
Wilson, Beth, Mgr-PR -- INFERNO, Memphis, TN, pg. 530
Wilson, Brent, Exec Creative Dir -- ALLING HENNING & ASSOCIATES, Vancouver, WA, pg. 48
Wilson, Caleb, Art Dir-Digital -- NEW WEST LLC, Louisville, KY, pg. 792
Wilson, Charlie, Exec Creative Dir -- Ogilvy EMEA, London, United Kingdom, pg. 818
Wilson, Charlie, Chief Creative Officer -- OgilvyOne Worldwide Ltd., London, United Kingdom, pg. 819
Wilson, Chelsea, Sr Acct Exec-PR -- GLYNNDEVINS ADVERTISING & MARKETING, Kansas City, MO, pg. 424
Wilson, Chris, Acct Exec-PR -- BOSE PUBLIC AFFAIRS GROUP, Indianapolis, IN, pg. 148
Wilson, Cori, Acct Dir -- CANNONBALL, Saint Louis, MO, pg. 187
Wilson, Erica, Acct Dir -- R/GA, Austin, TX, pg. 927
Wilson, Greg, Sr VP & Creative Dir -- CURLEY COMPANY INC, Washington, DC, pg. 1479
Wilson, Hallie, Media Planner -- MINDSHARE, New York, NY, pg. 1351
Wilson, Jamie, Acct Dir -- HOWARD MILLER ASSOCIATES, INC., Lancaster, PA, pg. 510
Wilson, Kelly, Acct Dir -- MOROCH HOLDINGS, INC., Dallas, TX, pg. 758
Wilson, Kimberly, Acct Exec -- DW ADVERTISING, Bloomfield, CT, pg. 326
Wilson, Kyra, Media Dir -- CAMPBELL EWALD, Detroit, MI, pg. 185
Wilson, Lauren, Acct Supvr -- Wieden + Kennedy New York, New York, NY, pg. 1165
Wilson, Lori, Sr VP & Exec Creative Dir -- iCrossing Dallas, Dallas, TX, pg. 1262
Wilson, Maranatha, Assoc Creative Dir -- THE LACEK GROUP, Minneapolis, MN, pg. 606
Wilson, Marilyn Simmons, Acct Dir -- JOHNSONRAUHOFF, Saint Joseph, MI, pg. 581
Wilson, Marilyn Simmons, Acct Dir -- JohnsonRauhoff Marketing Communications, Benton Harbor, MI, pg. 581
Wilson, Mark, Exec Creative Dir -- CRAMER PRODUCTIONS INC., Norwood, MA, pg. 238
Wilson, Marlo, Acct Exec -- Leo Burnett Melbourne, Melbourne, Australia, pg. 628
Wilson, Mike, Assoc Creative Dir -- RON FOTH ADVERTISING, Columbus, OH, pg. 967
Wilson, Morgan, Acct Exec -- RAPPORT WORLDWIDE, New York, NY, pg. 1366
Wilson, Randi Cooley, Acct Dir -- OCEAN BRIDGE GROUP, Los Angeles, CA, pg. 805
Wilson, Rebecca, Creative Dir -- WESTON MASON MARKETING, Santa Monica, CA, pg. 1159
Wilson, Riley, Acct Exec -- BARKER & CHRISTOL ADVERTISING, Murfreesboro, TN, pg. 90
Wilson, Samuel, Acct Exec -- THE INTEGER GROUP - DENVER, Lakewood, CO, pg. 1406
Wilson, Sarah, Media Buyer -- PLANIT, Baltimore, MD, pg. 877
Wilson, Scott, Dir-Creative -- SHOTWELL DIGITAL, Los Angeles, CA, pg. 1009
Wilson, Seth, Acct Exec -- MILLER AD AGENCY, Dallas, TX, pg. 741
Wilson, Sherrie, Media Buyer -- JONES HUYETT PARTNERS, Topeka, KS, pg. 582
Wilson, Steffany, Assoc Creative Dir -- ROKKAN, New York, NY, pg. 966
Wilson, Tom, Creative Dir -- BLAKESLEE ADVERTISING, Baltimore, MD, pg. 133
Wiltshire, Liz, Writer-Creative -- HAWK MARKETING SERVICES, Moncton, Canada, pg. 489
Wimmer, Bailey, Acct Exec -- LOVELL COMMUNICATIONS, INC., Nashville, TN, pg. 653
Wims, Meaghan, Acct Supvr -- DUFFY & SHANLEY, INC., Providence, RI, pg. 324
Winchester, Bill, Pres & Chief Creative Officer -- LINDSAY, STONE & BRIGGS, INC., Madison, WI, pg. 641
Winchester, Cheri, Acct Supvr -- COMMON GROUND PUBLIC RELATIONS, Chesterfield, MO, pg. 1472
Winchester, Evan, Assoc Dir-Creative -- GOLD FRONT, San Francisco, CA, pg. 427
Windheim, Justin, Sr Acct Supvr-PR & Social Media -- AB+C, Philadelphia, PA, pg. 17
Windhorst, Amy, Acct Supvr -- BAREFOOT PROXIMITY, Cincinnati, OH, pg. 89
Winey, Scott, Principal & Creative Dir -- BLUESPACE CREATIVE, Denison, IA, pg. 141
Winfield, Patrick, Art Dir-Media -- XENOPSI, New York, NY, pg. 1303
Winfield, Wayne, Exec Creative Dir & Copywriter -- DEVITO/VERDI, New York, NY, pg. 296
Wingard, David, Chief Creative Officer -- WINGARD CREATIVE, Jacksonville, FL, pg. 1170
Wingbermuehle, Jeff, VP-Print Production -- ANSIRA, Saint Louis, MO, pg. 60
Winkelman, Kurt, Assoc Creative Dir -- BEEBY CLARK + MEYLER, Stamford, CT, pg. 120
Winkelstein, Robyn, Assoc Creative Dir -- Cramer-Krasselt, New York, NY, pg. 237
Winkler, Erwin, Creative Dir -- HAVAS WORLDWIDE, New York, NY, pg. 475
Winkler, Jay, Chief Creative Officer -- IDEA LAB DIGITAL, LLC, Moorestown, NJ, pg. 1263
Winkler, Jen, Art Dir -- TUNGSTEN CREATIVE GROUP, Erie, PA, pg. 1121
Winkler, Mark, Creative Dir -- M&C Saatchi Abel, Cape Town, South Africa, pg. 660
Winn, Brett, Partner & Creative Dir-The Refinery AV -- THE REFINERY, Sherman Oaks, CA, pg. 944
Winn, Tori, Exec Creative Dir -- LIDA, London, United Kingdom, pg. 659
Winokur, Larry, Co-CEO-PR -- B/W/R, Beverly Hills, CA, pg. 1440
Winsor, Kyle, Art Dir -- ZULU ALPHA KILO, Toronto, Canada, pg. 1216
Winston, Stephen, Assoc Creative Dir & Copywriter -- BBDO New York, New York, NY, pg. 99
Winston, Tyler, Art Dir -- Y&R New York, New York, NY, pg. 1198
Wintemberg, Lauren, Acct Dir -- ALICE MARSHALL PUBLIC RELATIONS, New York, NY, pg. 1430
Winterling, Colleen, Acct Supvr -- MEDIA WORKS, LTD., Baltimore, MD, pg. 1344

AGENCIES — PERSONNEL INDEX

Winters, Carissa, Acct Supvr -- DIXON SCHWABL ADVERTISING, Victor, NY, pg. 309
Wioland, Steve, Creative Dir -- Adam & EveDDB, London, United Kingdom, pg. 281
Wirt, Tom, Exec Creative Dir -- JNA ADVERTISING, Overland Park, KS, pg. 577
Wirth, Brent, Creative Dir -- TRILIX MARKETING GROUP, INC., Des Moines, IA, pg. 1117
Wirth, Bridget, Acct Supvr -- BVK, Milwaukee, WI, pg. 178
Wirth, Bridget, Acct Supvr -- BVK DIRECT, Colleyville, TX, pg. 179
Wirth, Hillary, Media Dir -- NOBLE PEOPLE, New York, NY, pg. 796
Wirth, Tyler, Acct Exec -- Amobee, New York, NY, pg. 1236
Wirtshafter, Danielle, Acct Exec -- OPTIMUM SPORTS, New York, NY, pg. 842
Wise, Freddie, Sr Mgr-Print Production -- VML-New York, New York, NY, pg. 1144
Wiseman, Megan, Art Dir -- SIMMER MEDIA GROUP, New York, NY, pg. 1014
Wishau, Jackie, Acct Dir -- PLAN B (THE AGENCY ALTERNATIVE), Chicago, IL, pg. 876
Wishingrad, Ian, Founder & Creative Dir -- BIGEYEDWISH LLC, New York, NY, pg. 131
Wishna, Lauren, Acct Dir -- IGNITIONONE, New York, NY, pg. 1263
Wisk, Liza Abrams, Dir-New Bus Dev -- DEVRIES GLOBAL, New York, NY, pg. 1484
Wisnieski, Tiffany, Art Dir -- Commonwealth, Detroit, MI, pg. 698
Wisniewski, Julie, Acct Dir -- DIGITAS, Boston, MA, pg. 1250
Wisnu, Roy, Chief Creative Officer -- MullenLowe Indonesia, Jakarta, Indonesia, pg. 774
Wisznicki, Mateusz, Art Dir -- Saatchi & Saatchi, Warsaw, Poland, pg. 979
Witchel, Jeff, Creative Dir -- THE JPR GROUP LLC, Montclair, NJ, pg. 1550
Witherspoon, Chrystine, Assoc Partner & Creative Dir -- VSA PARTNERS, INC., Chicago, IL, pg. 1146
Witherspoon, Josh, Assoc Partner & Creative Dir -- VSA PARTNERS, INC., Chicago, IL, pg. 1146
Withorn, Melissa, Art Dir & Sr Designer -- MY FRIEND'S NEPHEW, Atlanta, GA, pg. 782
Witlin, Noah, Exec Creative Dir -- MIDNIGHT OIL CREATIVE, Burbank, CA, pg. 739
Witonsky, Diana, Acct Dir -- 1185 DESIGN, Palo Alto, CA, pg. 1
Witschard, Rosemary, Mgr-Traffic -- THE MARTIN GROUP, LLC., Buffalo, NY, pg. 688
Witt, Jess, Art Dir -- 303 MullenLowe, Sydney, Australia, pg. 773
Wittek, Janay, Acct Dir -- BADER RUTTER & ASSOCIATES, INC., Milwaukee, WI, pg. 83
Wittenberg, Nicholas, Assoc Exec Creative Dir -- Ogilvy Johannesburg (Pty.) Ltd., Johannesburg, South Africa, pg. 829
Witter, Vanessa, Creative Dir -- WongDoody, Culver City, CA, pg. 1175
Wittig, Lisa, VP-Creative -- LEVY INDUSTRIAL, Pittsburgh, PA, pg. 635
Wittig, Lori, Assoc Dir-Creative -- Saatchi & Saatchi Los Angeles, Torrance, CA, pg. 975
Wittke, Natasha, Art Dir -- RAIN43, Toronto, Canada, pg. 929
Wittman, Angela, Acct Supvr -- Digital Kitchen, Seattle, WA, pg. 301
Wixom, Alisa Sengel, Creative Dir & Copywriter -- GSD&M, Austin, TX, pg. 453
Wiznitzer, Dan, Acct Exec -- HIMMELRICH PR, Baltimore, MD, pg. 501
Woeppel, Brendan, Acct Exec -- WE ARE ALEXANDER, Saint Louis, MO, pg. 1155
Woh, Kelly, Grp Creative Dir -- Ogilvy (China) Ltd., Shanghai, China, pg. 822
Wohlstadter, Joshua, Media Planner -- FCB HEALTH, New York, NY, pg. 376
Wojan, Kate, Assoc Creative Dir -- DONER, Southfield, MI, pg. 314
Wojcicki, Rebecca, VP & Acct Dir -- MullenLowe, El Segundo, CA, pg. 772
Wojciechowski, Bastien, Acct Dir-Renault Intl -- Publicis Conseil, Paris, France, pg. 898
Wojdyla, Cindy, VP & Creative Dir -- THE PEPPER GROUP, Palatine, IL, pg. 862
Wolak-Frank, Rachel, Assoc Creative Dir -- OgilvyOne Worldwide New York, New York, NY, pg. 812
Wolan, Ben, Exec Creative Dir -- DDB San Francisco, San Francisco, CA, pg. 269
Wolanske, Jon, Creative Dir -- GOODBY, SILVERSTEIN & PARTNERS, San Francisco, CA, pg. 428
Wolch, Anthony, Partner & Chief Creative Officer -- BEYOND MARKETING GROUP, Santa Ana, CA, pg. 126
Wold, Steven, Partner & Chief Creative Officer -- JIGSAW LLC, Milwaukee, WI, pg. 576
Wolden, Alexandra, Acct Exec -- DELTA MEDIA, INC., Miami, FL, pg. 288
Wolf, David, Co-Founder, Partner & Creative Dir -- EASTERN STANDARD, Philadelphia, PA, pg. 329
Wolf, Jenny, Acct Exec -- Deutsch LA, Los Angeles, CA, pg. 294
Wolf, Joe, Acct Exec -- DALTON AGENCY JACKSONVILLE, Jacksonville, FL, pg. 258
Wolf, Joschka, Creative Dir-Customer Experience -- Ogilvy (Singapore) Pvt. Ltd., Singapore, Singapore, pg. 827
Wolf, Karl, Co-Founder & Creative Dir -- FELLOW, Minneapolis, MN, pg. 377
Wolf, Keith, Pres & Chief Creative Officer -- MODERN CLIMATE, MinneaPOlis, MN, pg. 753
Wolf, Lorin, Acct Exec -- ORANGE BARREL, Columbus, OH, pg. 843
Wolf, Torrie, Art Dir -- CLAY POT CREATIVE, Fort Collins, CO, pg. 212
Wolfe, Jessa, Creative Dir -- 360 PSG, INC., Amherst, NY, pg. 1231
Wolfe, Lauren, Acct Dir -- AKQA, Inc., Washington, DC, pg. 1234
Wolff, Bob, Dir-PR -- THE DRUCKER GROUP, Des Plaines, IL, pg. 322
Wolff, Charlie, Creative Dir -- Fallon Minneapolis, Minneapolis, MN, pg. 360
Wolff, Charlie, Creative Dir -- Fallon New York, New York, NY, pg. 360
Wolff, Charlie, Creative Dir -- FALLON WORLDWIDE, Minneapolis, MN, pg. 359
Wolff, Ricardo, Creative Dir -- DDB Berlin, Berlin, Germany, pg. 274
Wolff, Ricardo, Creative Dir -- DDB Group Germany, Berlin, Germany, pg. 274
Wolfgram, Pamela, Media Buyer-Natl -- STRATEGIC MEDIA INC, Portland, ME, pg. 1053
Wolfsohn, Mike, Chief Creative Officer -- HIGH WIDE & HANDSOME, Culver City, CA, pg. 499
Wolinsky, Adam, Assoc Creative Dir -- VBP ORANGE, San Francisco, CA, pg. 1132
Wolinsky, Adam, Assoc Creative Dir -- VENABLES, BELL & PARTNERS, San Francisco, CA, pg. 1132
Woloshun, Ron, Creative Dir -- BSTRO, INC., San Francisco, CA, pg. 1244
Woloszczenko, Anna, Media Dir -- Starcom Middle East & Egypt Regional Headquarters, Dubai, United Arab Emirates, pg. 1373
Wolowich, Curtis, Creative Dir -- AGENCY59, Toronto, Canada, pg. 39
Wolski-Davis, Theo, Acct Dir -- Cossette Communication-Marketing, Toronto, Canada, pg. 234
Woltman, Sophy, Acct Dir-Nike -- Wieden + Kennedy, London, United Kingdom, pg. 1165
Wong, Amy, Art Dir -- CAMP + KING, San Francisco, CA, pg. 185
Wong, Anita, VP-PR -- STRATEGICAMPERSAND INC., Toronto, Canada, pg. 1053
Wong, Denise, Head-Brdcst -- DDB Worldwide Ltd., Hong Kong, China (Hong Kong), pg. 274
Wong, Eddie, Chief Creative Officer -- MullenLowe Profero Ltd., Shanghai, China, pg. 776
Wong, Ella, Art Dir -- Grey Hong Kong, North Point, China (Hong Kong), pg. 446
Wong, Ginny, Acct Dir-APAC -- Epsilon International, Wanchai, China (Hong Kong), pg. 345
Wong, Iris, Acct Exec -- Grey Hong Kong, North Point, China (Hong Kong), pg. 446
Wong, Jackie, Assoc Creative Dir -- Grey Hong Kong, North Point, China (Hong Kong), pg. 446
Wong, Jeffrey, Assoc Creative Dir -- Grey Hong Kong, North Point, China (Hong Kong), pg. 446
Wong, Jessie, Acct Dir -- WE, San Francisco, CA, pg. 1672
Wong, Jillian, Acct Supvr -- KONNECT PUBLIC RELATIONS, Los Angeles, CA, pg. 1560
Wong, Jingwei, Grp Head-Creative -- Ogilvy Advertising, Kuala Lumpur, Malaysia, pg. 826
Wong, Kelly, Sr VP & Media Dir -- U.S. INTERNATIONAL MEDIA, LLC, Los Angeles, CA, pg. 1378
Wong, May, Grp Creative Dir -- DDB Worldwide Ltd., Hong Kong, China (Hong Kong), pg. 274
Wong, Michael, Art Dir -- HAMAZAKI WONG MARKETING GROUP, Vancouver, Canada, pg. 464
Wong, Roc, Art Dir -- Havas Worldwide Shanghai, Shanghai, China, pg. 486
Wong, Tracy, Acct Dir-Chevrolet -- AGENCY 720, Detroit, MI, pg. 37
Wong, Tracy, Chm & Exec Creative Dir -- WONGDOODY, Seattle, WA, pg. 1175
Wong, Wai, Art Dir -- McCann Erickson Hong Kong Ltd., Causeway Bay, China (Hong Kong), pg. 704
Wong, Wai Hung, Exec Creative Dir -- DDB Worldwide Ltd., Hong Kong, China (Hong Kong), pg. 274
Wong, Wenya, Art Dir -- Saatchi & Saatchi London, London, United Kingdom, pg. 980
Woo, Jacqueline, Acct Dir-Client Consulting & Svcs -- GMR Entertainment, New York, NY, pg. 422
Woo, John, VP-Design & Creative -- GLOBAL EXPERIENCE SPECIALISTS, INC., Las Vegas, NV, pg. 422
Wood, Aaron, Acct Mgr-PR -- CMW MEDIA, San Diego, CA, pg. 1471
Wood, Alex, Exec Creative Dir -- Golin, London, United Kingdom, pg. 1521
Wood, Carrie, Acct Exec, Asst Media Planner & Buyer -- Blue 449, Indianapolis, IN, pg. 1311
Wood, Craig, Assoc Creative Dir -- McCann Erickson Worldwide, London, United Kingdom, pg. 712
Wood, Darren, Dir-Creative Tech -- Digitas, London, United Kingdom, pg. 1251
Wood, Dawn, Acct Exec -- Zimmerman Advertising, New York, NY, pg. 1213
Wood, Deborah, Assoc Creative Dir -- BROGAN & PARTNERS CONVERGENCE MARKETING, Birmingham, MI, pg. 166
Wood, Gavin, Creative Dir -- Ogilvy Cape Town, Cape Town, South Africa, pg. 829
Wood, Greg, Creative Dir -- BACKBAY COMMUNICATIONS, INC., Boston, MA, pg. 82
Wood, Holly, Media Dir -- SCOPPECHIO, Louisville, KY, pg. 997
Wood, Jessica, Media Planner & Media Buyer -- THE WOOD AGENCY, San Antonio, TX, pg. 1175
Wood, Jim, Partner & Exec Creative Dir -- ANALOGFOLK, New York, NY, pg. 55
Wood, John, Sr Producer-Print -- DDB Sydney Pty. Ltd., Ultimo, Australia, pg. 270
Wood, Jordan, Acct Dir -- DDB San Francisco, San Francisco, CA, pg. 269
Wood, Kayla, Acct Dir -- OUTCAST COMMUNICATIONS, San Francisco, CA, pg. 1603
Wood, Laura Fallon, Art Dir -- WIEDEN + KENNEDY, INC., Portland, OR, pg. 1163
Wood, Nicola, Creative Dir -- Ogilvy, Ltd., London, United Kingdom, pg. 818
Wood, Olly, Sr Dir-Creative & Art -- McCann Erickson Worldwide, London, United Kingdom, pg. 712
Wood, Preston E., Partner & Creative Dir -- LOVE COMMUNICATIONS, Salt Lake City, UT, pg. 653
Wood, Shelby, Sr Acct Mgr-PR & Sr Writer -- COATES KOKES, Portland, OR, pg. 216
Woodard, Elisabeth, Acct Dir-Mktg & Acct Supvr -- GRISKO, Chicago, IL, pg. 1525
Woodbury, Juan, Sr VP, Creative Dir-Experiential & Exec Producer -- LEO BURNETT BUSINESS, New York, NY, pg. 620
Woodcock, Ana Maria, Acct Dir-Total Work -- Sancho BBDO, Bogota, Colombia, pg. 102
Woodcock, Andrew, Acct Exec -- THE VANDIVER GROUP INC., Saint Louis, MO, pg. 1666
Woodford, Allison, Mgr-Creative -- EPSILON, Chicago, IL, pg. 344
Woodhams-Roberts, Matthew, Creative Dir -- WOLFGANG LOS ANGELES, Venice, CA, pg. 1174
Woodhead, Andrew, Creative Dir -- McCann Erickson Advertising Pty. Ltd., Melbourne, Australia, pg. 700
Woodhouse, Dean, Grp Creative Dir -- BBH NEW YORK, New York, NY, pg. 115
Woodington, Steve, Assoc Creative Dir -- VANTAGEPOINT, INC, Greenville, SC, pg. 1131
Woodley, Neil, Creative Dir -- BOND BRAND LOYALTY, Mississauga, Canada, pg. 145
Woodring, Ryan, Dir-Project Mgmt & Creative Svcs -- JOHN MCNEIL STUDIO, Berkeley, CA, pg. 579
Woodruff, Andrew, Acct Dir -- BBDO Atlanta, Atlanta, GA, pg. 98
Woodruff, Andrew, Acct Dir -- Energy BBDO, Chicago, IL, pg. 100
Woods, Mary Kathryn, Acct Exec -- INTERMARK GROUP, INC., Birmingham, AL, pg. 539
Woods, Mike, Exec Creative Dir & Dir-Immersive Content -- M SS NG P ECES, Brooklyn, NY, pg. 665
Woods, Tom, Acct Dir -- WE, London, United Kingdom, pg. 1672
Woods, Tony, Art Dir & Designer -- RETHINK, Vancouver, Canada, pg. 951
Woodward, David, Creative Dir -- DAVID The Agency, Miami, FL, pg. 261

PERSONNEL INDEX — AGENCIES

Woodward, David, Acct Supvr -- TRACYLOCKE, Dallas, TX, pg. 1113
Woodward, Rohan, Art Dir -- HERO DIGITAL, San Francisco, CA, pg. 1260
Woolford, Michelle, Assoc Dir-PR -- 160OVER90, Philadelphia, PA, pg. 2
Woolner, Matt, Creative Dir -- Adam & EveDDB, London, United Kingdom, pg. 281
Woolridge, Carrie, Media Dir -- DAVIS & COMPANY, Virginia Beach, VA, pg. 263
Woolridge, Carrie, Media Dir -- Davis & Co. Inc., Washington, DC, pg. 264
Woolston, Tim, Dir-PR -- NORTHWEST STRATEGIES, Anchorage, AK, pg. 1596
Woolums, Amanda, Acct Exec -- DAC GROUP, Louisville, KY, pg. 257
Woolwine, Jessica, Creative Dir -- RUBIN COMMUNICATIONS GROUP, Virginia Bch, VA, pg. 1636
Wooster, Chris, Exec Creative Dir -- T3, Austin, TX, pg. 1069
Wootten, Sadie, Acct Supvr -- O2IDEAS, INC., Birmingham, AL, pg. 803
Worboys, Billy, Art Dir -- YOUNGER ASSOCIATES, Jackson, TN, pg. 1208
Worcester, Charlie, Assoc Creative Dir -- BLACKWING CREATIVE, Seattle, WA, pg. 133
Worley, Diane, Acct Dir -- DB&M MEDIA INC Costa Mesa, CA, pg. 266
Worley, Sara Chesterfield, Acct Supvr -- BAREFOOT PROXIMITY, Cincinnati, OH, pg. 89
Worsham, Marco, Creative Dir -- BLUE SKY AGENCY, Atlanta, GA, pg. 140
Worthington, John, Art Dir -- YOUNG & LARAMORE, Indianapolis, IN, pg. 1196
Worthington, Nick, Chm-Creative & Exec Creative Dir -- Colenso BBDO, Auckland, New Zealand, pg. 114
Worthy, Cecily, Creative Dir -- THE LOOMIS AGENCY, Dallas, TX, pg. 651
Wortman, Whitney, Acct Supvr -- VSA PARTNERS, INC., Chicago, IL, pg. 1146
Wostrel, Kellie, Sr VP & Dir-PR -- Swanson Russell Associates, Omaha, NE, pg. 1065
Wozniak, Danielle, Assoc Creative Dir -- Grey Healthcare Group, Kansas City, MO, pg. 417
Wraspir, Stephen, Media Dir -- SILVERLIGHT DIGITAL, New York, NY, pg. 1368
Wrenn, Rebecca, Creative Dir -- SWEENEY, Cleveland, OH, pg. 1065
Wrick, Kelsey, Media Planner -- MullenLowe Mediahub, Boston, MA, pg. 771
Wright, Bill, Exec Creative Dir -- McCann New York, New York, NY, pg. 698
Wright, Brittany, Acct Coord -- KENNA, Mississauga, Canada, pg. 592
Wright, Catherine, Acct Dir -- WEDNESDAY, New York, NY, pg. 1156
Wright, Dandi, Sr VP & Acct Dir -- SHERRY MATTHEWS ADVOCACY MARKETING, Austin, TX, pg. 1007
Wright, Daniel, Exec Creative Dir -- Colenso BBDO, Auckland, New Zealand, pg. 114
Wright, Ellen, Media Planner & Media Buyer -- BERLINE, Royal Oak, MI, pg. 124
Wright, James, Chm-Havas PR Collective -- HAVAS PR, New York, NY, pg. 1528
Wright, James, Chm-Havas PR Collective -- Havas Worldwide Australia, North Sydney, Australia, pg. 485
Wright, Judy Engelman, Creative Dir -- THE ADCOM GROUP, Cleveland, OH, pg. 28
Wright, Justin, Grp Creative Dir -- PUBLICIS HAWKEYE, Dallas, TX, pg. 1282
Wright, Kirstin, Acct Dir -- Ogilvy, London, United Kingdom, pg. 1600
Wright, Maureen, Mgr-PR -- LMA, Toronto, Canada, pg. 648
Wright, Molly, Acct Supvr -- SCOUT MARKETING, Atlanta, GA, pg. 998
Wright, Nathan, Art Dir -- PNEUMA33, Bend, OR, pg. 879
Wright, Shane, Assoc Creative Dir -- BERLINE, Royal Oak, MI, pg. 124
Wright, Shaun, Assoc Dir-Creative & Art Dir -- THE WONDERFUL AGENCY, Los Angeles, CA, pg. 1228
Wright, Shelly, Media Dir -- REDROC AUSTIN, Austin, TX, pg. 943
Wright, Stewart, Head-Creative Tech -- Doner, London, London, United Kingdom, pg. 315
Wright, Stewart, Head-Creative Tech -- Doner, London, London, United Kingdom, pg. 722

Wright, Susan, Dir-PR -- STEPHENS & ASSOCIATES ADVERTISING, INC., Overland Park, KS, pg. 1047
Wright, Will, Dir-Creative & Art -- J. Walter Thompson, London, United Kingdom, pg. 562
Wroblewski, Brittany, Acct Dir -- BAM STRATEGY, Montreal, Canada, pg. 87
Wu, Anson, Mng Dir-Creative -- FRESH DESIGN STUDIO LLC, Chicago, IL, pg. 399
Wu, Bati, Creative Dir -- Leo Burnett Shanghai Advertising Co., Ltd., Shanghai, China, pg. 629
Wu, Canon, Chief Creative Officer-Shanghai -- Grey Shanghai, Shanghai, China, pg. 446
Wu, Cindy, Acct Dir -- OFFICE, San Francisco, CA, pg. 809
Wu, Kevin, Grp Creative Dir -- Leo Burnett Shanghai Advertising Co., Ltd., Shanghai, China, pg. 629
Wu, Nuno, Exec Officer-Creative -- Publicis (Beijing), Beijing, China, pg. 908
Wu, Ricky, Acct Dir -- Fleishman-Hillard Guangzhou, Guangzhou, China, pg. 1511
Wu, Ronnie, Chief Creative Officer -- TBWA Shanghai, Shanghai, China, pg. 1090
Wu, Wicky, Art Dir -- Leo Burnett Shanghai Advertising Co., Ltd., Shanghai, China, pg. 629
Wuensch, Mary, Art Dir -- BUTLER, SHINE, STERN & PARTNERS, Sausalito, CA, pg. 177
Wuest, Stasha, Acct Supvr -- BOELTER + LINCOLN MARKETING COMMUNICATIONS, Milwaukee, WI, pg. 144
Wuetherich, Ross, Grp Creative Dir -- PRAIRIE DOG/TCG, Kansas City, MO, pg. 886
Wulf, Rebecca, Art Dir -- FUSION MARKETING, Saint Louis, MO, pg. 404
Wunsch, Ondrej, Art Dir -- DDB Prague, Prague, Czech Republic, pg. 272
Wurster, Lane, Partner & Creative Dir -- THE SPLINTER GROUP, Carrboro, NC, pg. 1034
Wyatt, Greg, Assoc Dir-Creative & Art Dir -- GSD&M, Austin, TX, pg. 453
Wyatt, Jessica, Assoc Creative Dir -- SPARK, Tampa, FL, pg. 1031
Wyatt, Rachel, Creative Dir -- ELIZABETH CHRISTIAN PUBLIC RELATIONS, Austin, TX, pg. 1499
Wyatt, Tina, Mgr-Traffic -- Wieden + Kennedy New York, New York, NY, pg. 1165
Wyckoff, Lara, Exec Creative Dir -- BERNSTEIN-REIN ADVERTISING, INC., Kansas City, MO, pg. 125
Wyeth, Andy, Creative Dir-Digital -- BBDO Dusseldorf, Dusseldorf, Germany, pg. 105
Wyker, Terri, Acct Exec -- Miller Advertising, Harrison, NY, pg. 741
Wyman, Suzanne, Acct Supvr -- ADAM&EVEDDB, New York, NY, pg. 25
Wyse, Murray, Grp Creative Dir -- R/GA, Austin, TX, pg. 927
Wysocki, David, VP & Grp Creative Dir -- THE MARS AGENCY, Southfield, MI, pg. 686
Wyss, Kevin, Acct Dir -- ANSIRA, Saint Louis, MO, pg. 60
Wyville, Jon, Exec Creative Dir -- Ogilvy, Chicago, IL, pg. 811

X

Xavier-Cochelin, Jessica, Acct Exec -- Saatchi & Saatchi, Suresnes, France, pg. 977
Xenopoulos, Jason, Chief Vision Officer & Chief Creative Officer-EMEA -- VML, London, United Kingdom, pg. 1144
Xenopoulos, Jason, Chief Creative Officer-North America -- VML, INC., Kansas City, MO, pg. 1143
Xhixha, Alba, Dir-PR -- MEMAC Ogilvy, Kuwait, Kuwait, pg. 830
Xie, Savvy, Acct Dir -- Millward Brown China, Shanghai, China, pg. 743
Ximba, Ntobeko, Art Dir -- M&C Saatchi Abel, Cape Town, South Africa, pg. 660
Xin, Jennifer, Creative Dir -- FIRSTBORN, New York, NY, pg. 384
Xu, Bingo, Art Dir -- mcgarrybowen, Shanghai, China, pg. 718
Xuan, Jack, Creative Dir -- Havas Worldwide Shanghai, Shanghai, China, pg. 486

Y

Yabu, Chrisie, Sr Dir-Natl PR -- KPS3 MARKETING, Reno, NV, pg. 602
Yacobucci, Jody, Media Dir -- FRONTIER 3 ADVERTISING, Grosse Pointe Park, MI, pg. 400
Yadav, Vibhor, Creative Dir -- Isobar India, Mumbai, India, pg. 549
Yadav, Vikrant, Sr Creative Dir -- Leo Burnett India, Mumbai, India, pg. 629

Yaffe, Steve, Creative Dir -- GENUINE INTERACTIVE, Boston, MA, pg. 414
Yager, Lindsay, Creative Dir -- PEARL BRANDS, Fort Myers, FL, pg. 861
Yajko, Glenn, Media Dir -- BAKER STREET ADVERTISING, San Francisco, CA, pg. 85
Yakobowitch, Danny, Exec Creative Dir -- Gitam/BBDO, Tel Aviv, Israel, pg. 106
Yakumo, Edward, Dir-PR -- Hill + Knowlton Strategies, Tokyo, Japan, pg. 1534
Yamaguchi, Noriko, Acct Supvr -- The Marketing Store, Quarry Bay, China (Hong Kong), pg. 1410
Yamahira, Yuko, Acct Exec -- Edelman, Tokyo, Japan, pg. 1494
Yamamoto, Nobuhiko, Chief Strategy Officer & Creative Dir -- M&C Saatchi, Tokyo, Japan, pg. 661
Yamazaki, Ryoichi, Art Dir -- LAPLACA COHEN, New York, NY, pg. 611
Yan, Lo Sheung, Chm-Creative Council-APAC -- J. Walter Thompson U.S.A., Inc., Indianapolis, IN, pg. 567
Yan, Lo Sheung, Chm-Creative Council-APAC -- J. Walter Thompson U.S.A., Inc., Dallas, TX, pg. 566
Yanagawa, Lauri, Acct Dir -- CORE GROUP ONE, INC., Honolulu, HI, pg. 231
Yancey, Brittany, Acct Exec -- TRENDYMINDS INC, Indianapolis, IN, pg. 1115
Yanez, Amy, Media Dir -- PYTCHBLACK, Fort Worth, TX, pg. 919
Yanez, Andrew, Owner & Head-Creative -- PYTCHBLACK, Fort Worth, TX, pg. 919
Yang, Adam, Art Dir -- mcgarrybowen, Shanghai, China, pg. 718
Yang, Chue Zeng, Art Dir -- POCKET HERCULES, Minneapolis, MN, pg. 879
Yang, David, Co-Founder, Owner & Partner-Creative -- TOM, DICK & HARRY CREATIVE, Chicago, IL, pg. 1108
Yang, Drake, Creative Dir -- SQUEAKY WHEEL MEDIA, New York, NY, pg. 1038
Yang, Eyrie, Assoc Creative Dir -- Nurun/China Interactive, Shanghai, China, pg. 903
Yang, Guojing, Grp Creative Dir -- Bates Chi & Partners, Causeway Bay, China (Hong Kong), pg. 1179
Yang, Jared, Art Dir -- Publicis Shanghai, Shanghai, China, pg. 908
Yang, Nicky, Media Planner -- NEO\OGILVY LOS ANGELES, Playa Vista, CA, pg. 789
Yang, Rocky, Creative Dir -- TBWA Shanghai, Shanghai, China, pg. 1090
Yang, Shangyong, Exec Creative Dir -- Havas Worldwide Shanghai, Shanghai, China, pg. 486
Yang, Thomas, Head-Art & Design & Deputy Exec Creative Dir -- DDB, Singapore, Singapore, pg. 279
Yang, Xing, Acct Dir-Corp & Pub Affairs & Acct Mgr -- Weber Shandwick, Beijing, China, pg. 1680
Yang, Young, Assoc Creative Dir -- Leo Burnett Shanghai Advertising Co., Ltd., Shanghai, China, pg. 629
Yangwei, Wu, Art Dir -- DDB, Singapore, Singapore, pg. 279
Yanilmaz, Umit, Art Dir -- Havas Worldwide Istanbul, Istanbul, Turkey, pg. 482
Yannello, Sue, VP-PR -- 919 MARKETING COMPANY, Holly Springs, NC, pg. 13
Yanon, Paul, Acct Dir -- COLANGELO & PARTNERS PUBLIC RELATIONS, New York, NY, pg. 1471
Yanoscik, Andrew, Creative Dir -- BASIC AGENCY, San Diego, CA, pg. 95
Yanzy, Scott, Exec Creative Dir -- OFFICE OF EXPERIENCE, Chicago, IL, pg. 1277
Yap, Ewan, Creative Dir -- FCB Shanghai, Shanghai, China, pg. 372
Yap, Henry, Exec Creative Dir -- M&C Saatchi, Kuala Lumpur, Malaysia, pg. 662
Yap, James, Creative Dir -- Leo Burnett Malaysia, Kuala Lumpur, Malaysia, pg. 631
Yardemian, Anita, Acct Dir-Consumer Div -- NRPR GROUP, Beverly Hills, CA, pg. 1597
Yarinich, Andrey, Head-Creative Grp -- Leo Burnett Moscow, Moscow, Russia, pg. 626
Yaroslavtsev, Sergey, Creative Dir -- Havas Worldwide Kiev, Kiev, Ukraine, pg. 482
Yasgur, Jon, Creative Dir -- THE BROOKLYN BROTHERS, New York, NY, pg. 167
Yasher, Anna, Media Planner -- Havas Media, Miami, FL, pg. 1327
Yasko, Chris, VP & Assoc Creative Dir -- EVANS, HARDY & YOUNG INC., Santa Barbara, CA, pg. 352
Yates, Jason, Creative Dir & Supvr-Digital -- GELIA-MEDIA, INC., Williamsville, NY, pg. 414
Yates, Tara, Acct Dir -- BCW (BURSON COHN & WOLFE), New

AGENCIES — PERSONNEL INDEX

York, NY, pg. 1439

Yau, Randy, Creative Dir -- TOLLESON DESIGN, INC., San Francisco, CA, pg. 1108

Yavasile, Nicole, Acct Dir -- B/H IMPACT, Los Angeles, CA, pg. 1436

Yax, Justin, Partner & Dir-PR -- DVA ADVERTISING, Bend, OR, pg. 326

Yazici, Eser, Grp Head-Creative -- TBWA Istanbul, Istanbul, Turkey, pg. 1088

Yazid, Zahriel, Grp Head-Creative -- FCB Kuala Lumpur, Kuala Lumpur, Malaysia, pg. 374

Ybarra, Teresa, Art Dir -- PINNACLE ADVERTISING, Schaumburg, IL, pg. 872

Yeager, Eric, Mgr-Creative -- BAILEY BRAND CONSULTING, Plymouth Meeting, PA, pg. 84

Yeap, Adrian, Creative Dir -- Leo Burnett, Singapore, Singapore, pg. 631

Yeardsley, Stuart, Creative Dir -- 3 Monkeys/Zeno, London, United Kingdom, pg. 1689

Yeary, Phillip, Creative Dir -- BOUVIER KELLY INC., Greensboro, NC, pg. 149

Yeates, Harry, Creative Dir -- Langland, Windsor, United Kingdom, pg. 911

Yeaton, Charlie, Pres & Creative Dir -- RUMBLETREE, North Hampton, NH, pg. 972

Yee, Sherman, VP & Assoc Creative Dir -- NeON, New York, NY, pg. 364

Yegen, Deniz, Assoc Creative Dir -- TAXI New York, New York, NY, pg. 1075

Yeh, Angela, Acct Exec -- Ogilvy, Taipei, Taiwan, pg. 828

Yemane, Feven, Acct Dir -- Sapient, New York, NY, pg. 914

Yen, Alen, Partner, Pres-IFactory & Creative Dir -- RDW Group, Inc., Worcester, MA, pg. 935

Yeo, Albert, Exec Creative Dir -- M&C Saatchi, Shanghai, China, pg. 662

Yeo, Byeol, Project Mgr & Acct Exec -- SULLIVAN & ASSOCIATES, Huntington Beach, CA, pg. 1654

Yeo, Derek, Grp Head-Creative -- Naga DDB Sdn. Bhd., Petaling Jaya, Malaysia, pg. 277

Yeo, Eric, Exec Creative Dir -- Leo Burnett, Singapore, Singapore, pg. 631

Yeo, Yang, Co-Chief Creative Officer-APAC -- Hakuhodo Singapore Pte. Ltd., Singapore, Singapore, pg. 463

Yeon, Kate, Art Dir -- FF NEW YORK, New York, NY, pg. 378

Yerian, Damon, VP-Creative -- SMARTBUG MEDIA INC, Newport Beach, CA, pg. 1290

Yerichev, Vladimir, Creative Dir -- ZETA GLOBAL, New York, NY, pg. 1303

Yesvetz, Kat, Media Buyer & Coord-Traffic -- KLUNK & MILLAN ADVERTISING INC., Allentown, PA, pg. 599

Yeung, Hera, Art Dir -- AKQA, Inc., New York, NY, pg. 1235

Yi, Rebecca, Acct Supvr -- Edelman, Atlanta, GA, pg. 1492

Yi, Sun, Project Mgr & Producer-Brdcst -- COPACINO + FUJIKADO, LLC, Seattle, WA, pg. 230

Yildirim, Dilge, Acct Exec -- Medina/Turgul DDB, Beyoglu, Turkey, pg. 281

Yildirim, Hasan, Art Dir -- Havas Worldwide Istanbul, Istanbul, Turkey, pg. 482

Yilmaz, Berk, Acct Dir -- Havas Worldwide Istanbul, Istanbul, Turkey, pg. 482

Yim, Henry, Co-Creative Dir -- J. Walter Thompson, Quarry Bay, China (Hong Kong), pg. 555

Yin, Percy, Partner-Integrated Creative-Shanghai Yangshi Adv -- Publicis Shanghai, Shanghai, China, pg. 908

Yinbo, Ma, Exec Creative Dir -- BBH China, Shanghai, China, pg. 93

Yindeeanant, Supakit, Art Dir -- GREYnj United, Bangkok, Thailand, pg. 448

Yip, Amy, Acct Dir -- TIME ADVERTISING, Millbrae, CA, pg. 1104

Yocklin, Yvette, Art Dir & Graphic Designer -- DEVINE COMMUNICATIONS, Saint Petersburg, FL, pg. 296

Yoder, Mike, Creative Dir -- CD&M COMMUNICATIONS, Portland, ME, pg. 198

Yohanan, Rachel, Media Planner -- Vladimir Jones, Denver, CO, pg. 1142

Yohanan, Rachel, Media Planner -- VLADIMIR JONES, Colorado Springs, CO, pg. 1142

Yokota, Shoji, Acct Dir -- McCann Erickson Japan Inc., Tokyo, Japan, pg. 706

Yoneyama, Casey, Acct Dir -- Wieden + Kennedy Japan, Tokyo, Japan, pg. 1166

Yong, Vivian, Exec Creative Dir -- Wieden + Kennedy, Shanghai, China, pg. 1166

Yontz, Robin, VP & Creative Dir -- TRONE BRAND ENERGY, INC., High Point, NC, pg. 1119

Yoo, HyunSeo, Dir-Creative & Art -- MEMAC Ogilvy, Dubai, United Arab Emirates, pg. 831

Yoon, Stephanie, Acct Supvr -- PUBLICIS USA, New York, NY, pg. 912

Yore, Patrick, Owner & Chief Creative Officer -- BRAINBLAZE ADVERTISING & DESIGN, Fairfax, CA, pg. 152

York, Ben, Art Dir -- IMAGEMAKERS INC., Wamego, KS, pg. 524

York, Howard, Exec Creative Dir -- WATSON CREATIVE, POrtland, OR, pg. 1153

Yorkin, Andy, Acct Dir -- BRANDHIVE, Salt Lake City, UT, pg. 156

Yoshia, Rotem Mizrachi, Acct Exec -- BBR Saatchi & Saatchi, Ramat Gan, Israel, pg. 977

Yoshikawa, Kazuhi, Art Dir -- Wieden + Kennedy Japan, Tokyo, Japan, pg. 1166

Yoshitomi, Ryosuke, Planner-Creative Div -- McCann Erickson Japan Inc., Tokyo, Japan, pg. 706

You, Ji, Acct Dir-Johnnie Walker & Crown Royal -- ANOMALY, New York, NY, pg. 59

Younes, Josephine, Creative Dir-McCann DXB -- FP7, Dubai, United Arab Emirates, pg. 710

Young, Al, Chief Creative Officer -- FCB Inferno, London, United Kingdom, pg. 369

Young, Amy, Acct Supvr -- CALLAHAN CREEK, INC., Lawrence, KS, pg. 183

Young, Bart, CEO & Creative Dir -- YOUNG COMPANY, Laguna Beach, CA, pg. 1208

Young, Blake, Assoc Creative Dir -- INTERMARK GROUP, INC., Birmingham, AL, pg. 539

Young, Cameron, Creative Dir -- MARICICH BRAND COMMUNICATIONS, Irvine, CA, pg. 679

Young, Carmin, Media Buyer -- VAN WINKLE & ASSOCIATES, Atlanta, GA, pg. 1130

Young, Christy, Acct Supvr-Mktg Activation -- Mirum Arkansas, Rogers, AR, pg. 1273

Young, Dan, Acct Dir -- OPTIMUM SPORTS, New York, NY, pg. 842

Young, Debbie, Media Dir -- 3H COMMUNICATIONS INC., Oakville, Canada, pg. 7

Young, Jenna, Acct Dir -- AGENCY 720, Detroit, MI, pg. 37

Young, Jennifer, Creative Dir -- THE WONDERFUL AGENCY, Los Angeles, CA, pg. 1228

Young, Kelly, Dir-PR -- CALDWELL VANRIPER, Indianapolis, IN, pg. 182

Young, Kelly, Art Dir -- MARY FISHER DESIGN, Jacksonville, FL, pg. 690

Young, Lauren, Acct Exec -- DALTON AGENCY JACKSONVILLE, Jacksonville, FL, pg. 258

Young, Megan, Acct Supvr -- BLUE SKY AGENCY, Atlanta, GA, pg. 140

Young, Michael, Pres-Mktg Insights & Creative -- SIX DEGREES, Orlando, FL, pg. 1017

Young, Paul, Art Dir -- BAROLIN & SPENCER, INC., Voorhees, NJ, pg. 91

Young, Scott, Chief Creative Officer -- EVANS, HARDY & YOUNG INC., Santa Barbara, CA, pg. 352

Young, Susan, Exec Creative Dir -- BBDO New York, New York, NY, pg. 99

Young, Thomas, Assoc Creative Dir -- Fortune Promoseven-Lebanon, Beirut, Lebanon, pg. 706

Young, Travis, Media Dir -- DUNHAM+COMPANY, Plano, TX, pg. 326

Yousuf-Al-Mamun, K. M., Art Dir -- Grey Bangladesh Ltd., Dhaka, Bangladesh, pg. 445

Ytterlid, Susanne, Acct Dir -- DDB Stockholm, Stockholm, Sweden, pg. 280

Ytterman, Jeanette, Acct Dir -- DDB Stockholm, Stockholm, Sweden, pg. 280

Yu, Allen, Assoc Creative Dir -- M/H VCCP, San Francisco, CA, pg. 664

Yu, Christina, Exec VP & Creative Dir -- RED URBAN, Toronto, Canada, pg. 942

Yu, Christopher, Media Planner -- Blue 449, San Francisco, CA, pg. 1311

Yu, Jacqueline, Acct Dir -- BBDO Hong Kong, Taikoo Shing, China (Hong Kong), pg. 112

Yu, Jina, Acct Dir -- BRAND ARC, Palm Springs, CA, pg. 154

Yu, Louie, Acct Dir -- BCD Pinpoint Direct Marketing Inc., Manila, Philippines, pg. 826

Yu, Matthew, Art Dir -- Campaigns & Grey, Makati, Philippines, pg. 447

Yu, Paul, Sr Creative Dir -- DDB Worldwide Ltd., Hong Kong, China (Hong Kong), pg. 274

Yu, Yijia, Acct Exec-Digital-BMW -- Wieden + Kennedy, Shanghai, China, pg. 1166

Yue, Chee-Guan, Grp Exec Creative Dir -- Ogilvy (China) Ltd., Shanghai, China, pg. 822

Yueh, Chris, Partner-Creative -- Publicis Shanghai, Shanghai, China, pg. 908

Yuen, Matthew, Creative Dir-Digital-Hong Kong -- Cheil Worldwide Inc., Seoul, Korea (South), pg. 462

Yuki, Nobu, Principal & Exec Creative Dir -- YS AND PARTNERS, INC., Irvine, CA, pg. 1209

Yuki, Yoshinobu, Pres, CEO & Dir-Creative -- YS AND PARTNERS, INC., Irvine, CA, pg. 1209

Yull, Paul, Exec Creative Dir -- Global Team Blue, London, United Kingdom, pg. 423

Yun, Sun, VP-Experience Design & Creative Dir-Digital -- GRAFIK MARKETING COMMUNICATIONS, Alexandria, VA, pg. 431

Yung, Benjamin, Jr., Creative Dir -- Almap BBDO, Sao Paulo, Brazil, pg. 101

Yuryev, Julia, Acct Dir -- Allison & Partners, San Diego, CA, pg. 721

Yuryev, Julia, Acct Dir -- Allison & Partners, San Diego, CA, pg. 1431

Yuskewich, Matt, Chief Creative Officer -- 160OVER90, Philadelphia, PA, pg. 2

Yuzwa, Michael, Creative Dir -- IBM iX, Columbus, OH, pg. 518

Z

Zaborowski, Russ, Assoc Creative Dir -- SCG ADVERTISING & PUBLIC RELATIONS, Haddonfield, NJ, pg. 994

Zabrodskaya, Polina, Creative Dir -- Abbott Mead Vickers BBDO, London, United Kingdom, pg. 109

Zabrodskaya, Polina, Art Dir -- Publicis UK, London, United Kingdom, pg. 902

Zacarias, David Sanchez, Creative Dir -- Ogilvy, Mexico, Mexico, pg. 821

Zaccagnini, Nicole, Acct Exec -- WHITE WATER AGENCY, Palm Beach Gardens, FL, pg. 1683

Zacharias, Dan, Acct Dir-Ford Sprint Cup Media Rels -- CAMPBELL MARKETING & COMMUNICATIONS, Dearborn, MI, pg. 186

Zacher, Nick, Assoc Creative Dir -- SWIRL MCGARRYBOWEN, San Francisco, CA, pg. 1067

Zafaranloo, Lily, Creative Dir -- THE VON AGENCY INC, Staten Island, NY, pg. 1146

Zafiris, Amanda, Media Planner -- Abbott Mead Vickers BBDO, London, United Kingdom, pg. 109

Zafirova, Mina, Media Planner -- ZenithOptimedia, Sofia, Bulgaria, pg. 1388

Zafonte, Nick, Assoc Dir-Creative -- HUDSON ROUGE, New York, NY, pg. 511

Zaguri, Yaniv, Art Dir -- McCann Erickson, Tel Aviv, Israel, pg. 705

Zahm, Devon, Acct Exec -- JMPR, INC., Woodland Hills, CA, pg. 1548

Zahoruiko, Brittany, Acct Supvr-PR & Social Influence -- MULLENLOWE GROUP, Boston, MA, pg. 770

Zahr, Munah, Exec Creative Dir -- Radius Leo Burnett, Dubai, United Arab Emirates, pg. 627

Zahran, Khalid, Art Dir-Digital -- FP7 Jeddah, Jeddah, Saudi Arabia, pg. 708

Zaiden, Lucas, Creative Dir -- RAPP, New York, NY, pg. 931

Zaidi, Zehra, Exec Creative Dir-Coca-Cola Brands -- Ogilvy, Karachi, Pakistan, pg. 830

Zainuddin, Asran Zakry, Acct Dir -- BBDO Malaysia, Kuala Lumpur, Malaysia, pg. 113

Zaitzev, Vlada, Acct Exec & Producer -- Ogilvy Montreal, Montreal, Canada, pg. 812

Zakariya, Akorede, Creative Dir & Copywriter -- DDB Casers, Lagos, Nigeria, pg. 278

Zakbah, Dillah, Dir-Creative Tech -- BBH Singapore, Singapore, Singapore, pg. 94

Zakeer, Kennedy, Acct Dir -- PETERSON MILLA HOOKS, Minneapolis, MN, pg. 866

Zakhar, Adam, Acct Exec -- BILLBOARD EXPRESS, INC., Trabuco Canyon, CA, pg. 1309

Zalas, Anna, Acct Supvr -- Zeno Group, Chicago, IL, pg. 1690

Zaloudek, Zuzana, VP & Assoc Creative Dir -- AREA 23, New York, NY, pg. 67

Zaluski, Henry, Assoc Creative Dir -- SCOTT THORNLEY + COMPANY, Toronto, Canada, pg. 998

Zamansky, Natalie, Acct Dir -- NINA HALE INC., Minneapolis, MN, pg. 1276

Zamaria, Allie, Acct Dir -- SUNSHINE SACHS, New York, NY, pg. 1654

Zamba, Dave, Creative Dir -- PROSEK PARTNERS, Stratford, CT, pg. 1619

PERSONNEL INDEX — AGENCIES

Zamboni, Luca, Creative Dir -- J. Walter Thompson Milan, Milan, Italy, pg. 560

Zambrano, Fernando Alcazar, Creative Dir -- McCann Erickson S.A., Barcelona, Spain, pg. 710

Zambrello, Brenda, Media Dir -- MASON, INC., Bethany, CT, pg. 691

Zamfir, Ioana, Grp Creative Dir -- McCann Erickson Romania, Bucharest, Romania, pg. 708

Zamlong, William, Grp Supvr-Creative -- SOURCE COMMUNICATIONS, Hackensack, NJ, pg. 1029

Zamora, Paulo, Creative Dir -- TBWA/Colombia Suiza de Publicidad Ltda, Bogota, Colombia, pg. 1092

Zamorano, Gabriela, Dir-PR & Event Plng -- VSBROOKS, Coral Gables, FL, pg. 1147

Zamprogno, Jean, Sr Art Dir -- DAVID, Sao Paulo, Brazil, pg. 261

Zamprogno, Jean, Sr Dir-Creative Art -- DAVID The Agency, Miami, FL, pg. 261

Zamudio, Andres, Art Dir -- GODIVERSITY, New York, NY, pg. 427

Zanatti, Marlon, Creative Dir -- Y&R Miami, Miami, FL, pg. 1205

Zandlo, Jennifer, Acct Exec -- RILEY HAYES ADVERTISING, Minneapolis, MN, pg. 959

Zandy, Kelly, Acct Exec -- MARCUS THOMAS LLC, Cleveland, OH, pg. 679

Zane, Melissa, Dir-Creative Ops -- GODFREY ADVERTISING, Lancaster, PA, pg. 426

Zanelli, Simone, Acct Dir -- Ogilvy, Milan, Italy, pg. 815

Zanfrisco, Salvatore, Creative Dir -- Havas Worldwide Milan, Milan, Italy, pg. 481

Zang, Keith, Assoc Creative Dir -- VML-New York, New York, NY, pg. 1144

Zanini, Sebastien, Gen Mgr & Exec Creative Dir -- Gyro Paris, Paris, France, pg. 458

Zanto, Andy, Dir-Brdcst Production -- SPAWN IDEAS, Anchorage, AK, pg. 1032

Zanvit, Margherita, Acct Dir-Digital -- M&C Saatchi Milan, Milan, Italy, pg. 660

Zapanta, Christine, Acct Dir -- Publicis JimenezBasic, Makati, Philippines, pg. 910

Zapanta, Nico, Assoc Creative Dir -- BBDO Guerrero, Makati, Philippines, pg. 114

Zapata, Marcela, Art Dir -- Sancho BBDO, Bogota, Colombia, pg. 102

Zapata, Stephanie, Acct Supvr -- GEOMETRY GLOBAL NORTH AMERICA HQ, New York, NY, pg. 415

Zapata, Thiara M., Dir-Studio & Creative -- Allied Advertising, Public Relations, New York, NY, pg. 47

Zaragoza, Diego, Creative Dir -- DPZ-Duailibi, Petit, Zaragoza, Propaganda S.A., Sao Paulo, Brazil, pg. 906

Zaragoza, Diego, Creative Dir -- DPZ-Duailibi, Petit, Zaragoza, Propaganda S.A., Sao Paulo, Brazil, pg. 21

Zarate, Jose, Art Dir -- Grey Chile, Santiago, Chile, pg. 443

Zarczynski, Lindsay, Art Dir -- BRUNNER, Pittsburgh, PA, pg. 169

Zauli, Elisabetta, Acct Exec -- J. Walter Thompson, Rome, Italy, pg. 560

Zavala, Adriana, Acct Supvr -- TOM, DICK & HARRY CREATIVE, Chicago, IL, pg. 1108

Zawadowski, Cass, VP & Creative Dir-Canada -- Wunderman, Toronto, Canada, pg. 1190

Zefferino, Massimo, Founder & Creative Dir -- ZFACTOR COMMUNICATIONS INC., Waterloo, Canada, pg. 1212

Zegman, Samantha, Acct Exec -- J. Walter Thompson Inside, New York, NY, pg. 566

Zehner, Lucas, Assoc Creative Dir -- BUTLER, SHINE, STERN & PARTNERS, Sausalito, CA, pg. 177

Zeidan, Samer, Gen Dir-Creative -- BBDO Chile, Santiago, Chile, pg. 102

Zeiler, Bianca, Creative Dir -- RONIN ADVERTISING GROUP, Miami, FL, pg. 967

Zein, Ali, Reg Creative Dir -- Impact BBDO, Beirut, Lebanon, pg. 106

Zeineddine, Jenni, Acct Exec -- MCCABE PROMOTIONAL ADVERTISING, London, Canada, pg. 1411

Zeins, Claude, Creative Dir -- SANDWICH VIDEO, Los Angeles, CA, pg. 990

Zeiter, Danielle, Art Dir-Experiential -- RELEVENT PARTNERS LLC, New York, NY, pg. 945

Zeitlin, Sarah, Acct Exec-Sis -- DATAXU, INC., Boston, MA, pg. 1317

Zeke, Nida, Art Dir -- Leo Burnett Vilnius, Vilnius, Lithuania, pg. 626

Zelen, Terry, Owner & Creative Dir -- ZELEN COMMUNICATIONS, Tampa, FL, pg. 1211

Zelina, Hayley Devlin, Acct Dir -- BARTON F. GRAF, New York, NY, pg. 94

Zelisko, Kristina, Acct Dir-Strategy, Content & Social -- Ogilvy Atlanta, Atlanta, GA, pg. 1598

Zeller, LouAnn, VP & Art Dir -- ZELLER MARKETING & DESIGN, East Dundee, IL, pg. 1211

Zeller, Tim, Partner & Creative Dir -- RECESS CREATIVE LLC, Cleveland, OH, pg. 938

Zellmer, Stefani, Partner & Creative Dir -- ZELLMER MCCONNELL ADVERTISING, Austin, TX, pg. 1211

Zellner, Jeff, Creative Dir -- MEDIALINKS ADVERTISING, Findlay, OH, pg. 728

Zeltser, Julia Vakser, Co-Founder & Creative Dir -- HYPERAKT, Brooklyn, NY, pg. 516

Zemanski, Kelsy, Acct Supvr & Assoc Producer -- Ogilvy, Chicago, IL, pg. 811

Zeno, Eva, Art Dir -- MILLER MAXFIELD INC, Santa Cruz, CA, pg. 1584

Zepeda, Robert, Principal & Creative Dir -- EL CREATIVE, INC., Dallas, TX, pg. 334

Zerbe, Jessica, Grp Head-Creative -- SWASH LABS, Denton, TX, pg. 1065

Zernhelt, Olga M, Acct Exec -- NIKI JONES AGENCY, Port Jervis, NY, pg. 794

Zeth, A. P., Grp Creative Dir -- MullenLowe Lintas Group, Mumbai, India, pg. 774

Zetterman, Agnes, Art Dir -- Acne Advertising, Stockholm, Sweden, pg. 1249

Zetune, Pedro, Acct Exec -- DAVID, Sao Paulo, Brazil, pg. 261

Zgheib, Joelle M., Creative Dir -- TBWA Raad, Dubai, United Arab Emirates, pg. 1088

Zhang, Angel, Acct Dir -- AKQA, Inc., New York, NY, pg. 1235

zhang, Angela, Assoc Creative Dir -- JUXT, Beijing, China, pg. 1266

Zhang, Chao, Grp Creative Dir -- J. Walter Thompson, Shanghai, China, pg. 555

Zhang, Cici, Media Planner -- DIGITAS, San Francisco, CA, pg. 302

Zhang, Jean, Creative Dir -- RISE INTERACTIVE, Chicago, IL, pg. 960

Zhang, Jeff, Creative Dir -- J. Walter Thompson Beijing, Beijing, China, pg. 555

Zhang, Juan, Creative Dir -- BBDO China, Shanghai, China, pg. 112

Zhang, Vic, Mgr-Print Production -- Wieden + Kennedy, Shanghai, China, pg. 1166

Zhao, Beryl, Mgr-Consumer Insights & New Bus -- MINDSHARE, New York, NY, pg. 1351

Zhao, Flora, Acct Dir -- IW GROUP, INC., West Hollywood, CA, pg. 551

Zhao, Liang, Acct Coord -- Racepoint Global, Wanchai, China (Hong Kong), pg. 1624

Zhao, Roc, Exec Creative Dir -- Publicis Shanghai, Shanghai, China, pg. 908

Zhao, Xiaofei, Exec Creative Dir -- BBDO China, Shanghai, China, pg. 112

Zhao, Zoe, Dir-Creative & Art -- Publicis Shanghai, Shanghai, China, pg. 908

Zharova, Inna, Acct Dir-Digital -- BBDO Moscow, Moscow, Russia, pg. 107

Zhawred, Stephen, Sr VP & Acct Dir -- GEOMETRY GLOBAL NORTH AMERICA HQ, New York, NY, pg. 415

Zhong, Sheryl, Acct Dir -- WAVEMAKER GLOBAL LTD, New York, NY, pg. 1379

Zhong, Tam Jian, Creative Dir -- BBDO China, Shanghai, China, pg. 112

Zhou, Joe, Grp Creative Dir -- McCann Erickson Guangming Ltd., Guangzhou, China, pg. 702

Zhou, T. T., Art Dir & Creative Dir -- Publicis Shanghai, Shanghai, China, pg. 908

Zhu, Adrian, Grp Exec Creative Dir -- Ogilvy Advertising Beijing, Beijing, China, pg. 822

Zhu, Thomas, Grp Exec Creative Dir -- Ogilvy (China) Ltd., Shanghai, China, pg. 822

Ziaco, Letizia, Deputy Creative Dir -- D'Adda, Lorenzini, Vigorelli, BBDO, Milan, Italy, pg. 106

Ziemba, Jason, Art Dir -- KLUNK & MILLAN ADVERTISING INC., Allentown, PA, pg. 599

Zierenberg, Jennifer, Assoc Creative Dir -- DE LA CRUZ & ASSOCIATES, Guaynabo, PR, pg. 283

Zigarelli, Merrilee, Dir-New Bus Dev -- CUMMINS, MACFAIL & NUTRY, INC., Somerville, NJ, pg. 254

Zihle, Sibulele, Art Dir -- Ogilvy Cape Town, Cape Town, South Africa, pg. 829

Zihle, Sibulele, Art Dir -- OgilvyOne Worldwide-Cape Town, Cape Town, South Africa, pg. 830

Zilenas, Dominykas, Creative Dir -- Adell Taivas Ogilvy, Vilnius, Lithuania, pg. 816

Zimarik, Kevin, Creative Dir -- THINK TANK PR & MARKETING, Saint Louis, MO, pg. 1659

Zimmer, Jim, Creative Dir -- METHOD ENGINE, LLC, Chicago, IL, pg. 1271

Zimmerman, Andrea, Acct Dir -- ICF Olson, Chicago, IL, pg. 518

Zimmerman, Debbie, Sr VP & Acct Dir -- Davis Elen Advertising, Arlington, VA, pg. 264

Zimmerman, Debbie, Sr VP & Acct Dir -- Davis Elen Advertising Inc, Tukwila, WA, pg. 265

Zimmerman, Debbie, Sr VP & Acct Dir -- DAVIS ELEN ADVERTISING, INC., Los Angeles, CA, pg. 264

Zimmerman, Debbie, Sr VP & Acct Dir -- Davis Elen Advertising, Inc., Solana Beach, CA, pg. 265

Zimmerman, Jami, VP-PR -- CHAMPION MANAGEMENT, Addison, TX, pg. 1466

Zimmerman, Joanna, Acct Supvr -- KETCHUM, New York, NY, pg. 1554

Zimmerman, Tim, Art Dir -- SID LEE, Toronto, Canada, pg. 1010

Zindel, Amanda, Acct Exec -- PLAN B (THE AGENCY ALTERNATIVE), Chicago, IL, pg. 876

Zinn, Lauren, Sr Acct Exec-PR & Social Influence -- MullenLowe, New York, NY, pg. 772

Zinni, Anthony, Assoc Creative Dir-Brand Expression -- SIMPLE TRUTH COMMUNICATION PARTNERS, Chicago, IL, pg. 1015

Zinoviev, Sergii, Creative Dir -- Provid BBDO, Kiev, Ukraine, pg. 109

Ziomek, Brooke, Acct Dir -- Stratacomm, Inc., Southfield, MI, pg. 1508

Ziplow, Jennifer, Acct Supvr -- COLANGELO & PARTNERS PUBLIC RELATIONS, New York, NY, pg. 1471

Zipperer, Chelsea, Art Dir -- LUQUIRE GEORGE ANDREWS, INC., Charlotte, NC, pg. 657

Zirpoli, Henrique, Assoc Creative Dir -- Publicis Singapore, Singapore, Singapore, pg. 911

Ziska, Robyn, Media Dir -- SWEDA ADVERTISING, Clarks Green, PA, pg. 1065

Ziskin, Diana, Acct Mgr-PR -- Rubenstein Public Relations, New York, NY, pg. 1636

Zita, Sandy, Partner & Creative Dir -- FIELD DAY INC., Toronto, Canada, pg. 379

Zito, Vincent, Jr., Creative Dir -- TANEN DIRECTED ADVERTISING, Norwalk, CT, pg. 1072

Zizzo, Joseph, Acct Exec -- ZIZZO GROUP, INC., Milwaukee, WI, pg. 1214

Zlatnik, Leah, Acct Supvr -- Sandbox, Kansas City, MO, pg. 989

Zobrist, Lauren Mangum, Acct Dir -- DIGITAL KITCHEN, Chicago, IL, pg. 301

Zoghlami, Ahmed El, Exec Creative Dir-North Africa & MENA -- J. Walter Thompson France, Neuilly-sur-Seine, France, pg. 559

Zoldan, Ben, Sr Media Planner & Media Buyer -- R&R Partners, El Segundo, CA, pg. 925

Zolla, Donna, Acct Dir -- SCG Advertising & Public Relations, New York, NY, pg. 994

Zolla, Donna, Acct Dir -- SCG ADVERTISING & PUBLIC RELATIONS, Haddonfield, NJ, pg. 994

Zolty, Andrew, Co-Founder & Chief Creative Officer -- BREAKFAST LLC, Brooklyn, NY, pg. 1243

Zonta, Marko, Principal & Creative Dir -- ZYNC COMMUNICATIONS INC., Toronto, Canada, pg. 1217

Zorn, David, Creative Dir -- TBWA\Media Arts Lab, Los Angeles, CA, pg. 1078

Zorn, Tricia, Acct Supvr-Digital -- THE EGC GROUP, Melville, NY, pg. 332

Zorrilla, Tania K, Acct Dir -- Ogilvy, Ltd., London, United Kingdom, pg. 818

Zou, Jessica, Acct Supvr -- VENABLES, BELL & PARTNERS, San Francisco, CA, pg. 1132

Zouag, Frederic, Art Dir -- DDB Group Belgium, Brussels, Belgium, pg. 271

Zouehid, Samer, Assoc Creative Dir -- Saatchi & Saatchi, Dubai, United Arab Emirates, pg. 980

Zub, Sandra, Grp Creative Dir -- CHECKMARK COMMUNICATIONS, Saint Louis, MO, pg. 1220

Zubair, Shaikh, Head-Creative Grp -- Grey (India) Pvt. Ltd., Mumbai, India, pg. 446

Zucker, Kelsey, Acct Exec -- NSA Media Group, Inc., Downers Grove, IL, pg. 1332

Zuckerman, Karen, Founder, Pres & Chief Creative Officer -- HIRSHORN ZUCKERMAN DESIGN GROUP, Rockville, MD, pg. 502

Zuegel, Andrea, Acct Dir -- BRAND COOL MARKETING INC,

AGENCIES

PERSONNEL INDEX

Rochester, NY, pg. 154
Zuerker, Elisabeth, Acct Dir -- AUGUSTINE, Roseville, CA, pg. 77
Zuidema, Holly, Acct Exec -- ABELSON-TAYLOR, INC., Chicago, IL, pg. 17
Zulauf, Jason, Art Dir -- CK ADVERTISING, Cape Coral, FL, pg. 210
Zullo, Jennifer, Creative Dir -- JMR CONNECT, Washington, DC, pg. 1549
Zuluaga, Alicia, Sr Producer-Brdcst & Content -- OGILVY, New York, NY, pg. 809
Zuluaga, Holly, Acct Supvr -- RAFFETTO HERMAN STRATEGIC COMMUNICATIONS, LLC, Seattle, WA, pg. 1624
Zuluaga, Sebastian, Art Dir -- McCann Erickson Corp. S.A., Bogota, Colombia, pg. 702
Zung, Kevin, Exec Creative Dir -- Publicis Brasil Communicao, Sao Paulo, Brazil, pg. 906
Zuniga, Enrique, Creative Dir -- TBWA Frederick, Santiago, Chile, pg. 1092
Zuniga, Nancy, Acct Exec -- MOREHEAD DOTTS RYBAK, Corpus Christi, TX, pg. 757
Zurfluh, Karl, Sr Assoc Creative Dir -- PETROL ADVERTISING, Burbank, CA, pg. 866
Zurilgen, Denise, VP & Creative Dir -- MullenLowe, New York, NY, pg. 772
Zuzelski, Lauren, Partner & Acct Dir -- BROGAN & PARTNERS CONVERGENCE MARKETING, Birmingham, MI, pg. 166
Zwer, Lorrie, Producer-Brdcst -- FCB Toronto, Toronto, Canada, pg. 366
Zydzik, Michael, Creative Dir -- FUSIONFARM, Cedar Rapids, IA, pg. 404
Zywicki, Ron, VP-Creative Svc -- DAVID JAMES GROUP, Oakbrook Terrace, IL, pg. 262

AGENCY RESPONSIBILITIES INDEX

Account Coordinator

Albert, Lauren, Account Coordinator --DUNN&CO, Tampa, FL, pg. 326

Alexander, Joelle, Account Coordinator --CLM MARKETING & ADVERTISING, Boise, ID, pg. 214

Alford, Alex, Account Coordinator --The Corkery Group, Inc., New York, NY, pg. 230

Anderson, Danielle, Account Coordinator --CTP, Boston, MA, pg. 252

Anderson, Tayler, Account Coordinator --THE MARTIN AGENCY, Richmond, VA, pg. 687

Atkinson, Holly, Account Coordinator --ADSMITH COMMUNICATIONS, Springfield, MO, pg. 33

Aviles, Jorge, Account Coordinator --TDW+CO, Seattle, WA, pg. 1094

Baena, Johanna, Account Coordinator --MIRESBALL, San Diego, CA, pg. 747

Baker, Shannon, Account Coordinator --ALLEBACH COMMUNICATIONS, Souderton, PA, pg. 45

Ballard, Caroline, Account Coordinator --FIELDTRIP, Louisville, KY, pg. 379

Barrett, Ryan, Account Coordinator --NEMO DESIGN, Portland, OR, pg. 789

Bench, Becca, Account Coordinator --BLAINE WARREN ADVERTISING LLC, Las Vegas, NV, pg. 133

Bergum, Lisa, Account Coordinator --CLEARPOINT AGENCY, Encinitas, CA, pg. 1470

Berry, Lauren, Account Coordinator --INFERNO, Memphis, TN, pg. 530

Besecker, Chelsea, Account Coordinator --PLAN A ADVERTISING, Wilmington, NC, pg. 875

Bingham, Jamie Golden, Account Coordinator --MALLOF, ABRUZINO & NASH MARKETING, Carol Stream, IL, pg. 673

Black, Natalie, Account Coordinator --PLETH, Batesville, AR, pg. 877

Blanchard, Brad, Account Coordinator --SOKAL MEDIA GROUP, Raleigh, NC, pg. 1027

Bogle, Julie, Account Coordinator --BOHAN, Nashville, TN, pg. 144

Bott, Amy, Account Coordinator --AGENCYEA, Chicago, IL, pg. 40

Brancato, Erica, Account Coordinator --TEUWEN COMMUNICATIONS, New York, NY, pg. 1657

Branner, Sarah, Account Coordinator --JAYMIE SCOTTO & ASSOCIATES LLC (JSA), Middlebrook, VA, pg. 1546

Brist, Kaylee, Account Coordinator --HOT DISH ADVERTISING, Minneapolis, MN, pg. 509

Bryant, Megan, Account Coordinator --GILBREATH COMMUNICATIONS, INC., Houston, TX, pg. 420

Bullard, Sharon, Account Coordinator --HOWERTON+WHITE, Wichita, KS, pg. 510

Bush, Destynee, Account Coordinator --B2 COMMUNICATIONS, Saint Petersburg, FL, pg. 1436

Caldwell, Phillip, Account Coordinator --SOKAL MEDIA GROUP, Raleigh, NC, pg. 1027

Cargle, Casey, Account Coordinator --ROUNTREE GROUP COMMUNICATIONS MANAGEMENT, Alpharetta, GA, pg. 1635

Castillo, Letty, Account Coordinator --RAIN43, Toronto, Canada, pg. 929

Cavnar, Becky, Account Coordinator --ANGLIN PUBLIC RELATIONS, INC., Oklahoma City, OK, pg. 1433

Cela, Victoria, Account Coordinator --SCHWARTZ MEDIA STRATEGIES, Miami, FL, pg. 1642

Center, Katie, Account Coordinator --ABZ CREATIVE PARTNERS, Charlotte, NC, pg. 18

Cerasoli, Sherry, Account Coordinator --MORGAN & MYERS, INC., Waukesha, WI, pg. 758

Cerasoli, Sherry, Account Coordinator --Morgan & Myers, Inc., Waterloo, IA, pg. 758

Chamberlain, Dianne, Account Coordinator --NANCY MARSHALL COMMUNICATIONS, Augusta, ME, pg. 1592

Chaney, Sarah, Account Coordinator --Woodruff, Kansas City, MO, pg. 1176

Ciereck, Lauren, Account Coordinator --ChaseDesign, LLC, Skaneateles, NY, pg. 755

Cleary, Macey, Account Coordinator --REED PUBLIC RELATIONS, Nashville, TN, pg. 1628

Conte, Donna, Account Coordinator --JL MEDIA, INC., Union, NJ, pg. 1336

Cooper, Katherine, Account Coordinator --LEAPFROG SOLUTIONS, INC., Alexandria, VA, pg. 618

Cordeiro, Victoria, Account Coordinator --DUFFY & SHANLEY, INC., Providence, RI, pg. 324

Cosgrove, Ryan, Account Coordinator --CSI GROUP, INC., Montvale, NJ, pg. 251

Covrig, Kara, Account Coordinator --CLARK CREATIVE GROUP, Omaha, NE, pg. 212

Coxen, Lauren, Account Coordinator --FERGUSON ADVERTISING INC., Fort Wayne, IN, pg. 378

Crowder, Megan, Account Coordinator --NANCY MARSHALL COMMUNICATIONS, Augusta, ME, pg. 1592

Cummings, Jessica, Account Coordinator --R&J STRATEGIC COMMUNICATIONS, Bridgewater, NJ, pg. 1622

Daniels, Trina, Account Coordinator --ACCESS ADVERTISING + PR, Roanoke, VA, pg. 19

Dent, Hilary, Account Coordinator --WILKINSON FERRARI & COMPANY, Salt Lake City, UT, pg. 1684

Dentith, Jessica, Account Coordinator --SWBR, INC., Bethlehem, PA, pg. 1065

DeWree, Caroline, Account Coordinator --PUBLICIS HAWKEYE, Dallas, TX, pg. 1282

DiCicco, Rachael, Account Coordinator --FSB CORE STRATEGIES, Sacramento, CA, pg. 1514

Dickey, Maren, Account Coordinator --KUNO CREATIVE, Avon, OH, pg. 604

Didwall, Paul, Account Coordinator --MGH, INC., Owings Mills, MD, pg. 736

Drew, Laura, Account Coordinator --PATHFINDERS ADVERTISING & MARKETING GROUP, Mishawaka, IN, pg. 857

Dyck, Kiley, Account Coordinator --Think Shift, Portland, OR, pg. 1099

Eads, Liz, Account Coordinator --DIAMOND PUBLIC RELATIONS, Miami, FL, pg. 1484

Edmondson, Maggie, Account Coordinator --MMGY GLOBAL, Kansas City, MO, pg. 750

Egeskov, Alyssa, Account Coordinator --VOX SOLID COMMUNICATIONS, Las Vegas, NV, pg. 1668

Elmer, Nikki, Account Coordinator --KUNO CREATIVE, Avon, OH, pg. 604

Erceg-Gogic, Nina, Account Coordinator --GIANTS & GENTLEMEN, Toronto, Canada, pg. 418

Estep, Katie, Account Coordinator --JAYMIE SCOTTO & ASSOCIATES LLC (JSA), Middlebrook, VA, pg. 1546

Ethington, Celeste, Account Coordinator --HEALTHCARE SUCCESS STRATEGIES, Irvine, CA, pg. 492

Faccenda, Jenna, Account Coordinator --FLACKABLE LLC, Philadelphia, PA, pg. 1506

Finamore, Rachel, Account Coordinator --FAULHABER COMMUNICATIONS, New York, NY, pg. 1503

Finch, Stephanie, Account Coordinator --CHECKMARK COMMUNICATIONS, Saint Louis, MO, pg. 1220

Finnerty, Katie Mccarthy, Account Coordinator --FAISS FOLEY WARREN, Las Vegas, NV, pg. 1502

Fischer, Kallie, Account Coordinator --TBC INC., Baltimore, MD, pg. 1076

Flemer, Grace, Account Coordinator --HMA PUBLIC RELATIONS, Phoenix, AZ, pg. 1535

Fondrisi, Lia, Account Coordinator --OH PARTNERS, Phoenix, AZ, pg. 833

Fones, Maddy, Account Coordinator --RYGR, Carbondale, CO, pg. 974

Franklin, Jeff, Account Coordinator --QUANTUM COMMUNICATIONS, Louisville, KY, pg. 921

Gallus, Adrienne, Account Coordinator --KFD PUBLIC RELATIONS, New York, NY, pg. 1558

Garton, Danielle, Account Coordinator --TREBLE PUBLIC RELATIONS, Austin, TX, pg. 1662

Gergely, Caroline, Account Coordinator --THE CYPHERS AGENCY, INC., Annapolis, MD, pg. 256

Goldberg, Brooke, Account Coordinator --M18 PUBLIC RELATIONS, New York, NY, pg. 1573

Grantz, Emily, Account Coordinator --GRAHAM OLESON, Colorado Springs, CO, pg. 432

Grice, Caroline, Account Coordinator --THIRD DEGREE ADVERTISING, Norman, OK, pg. 1100

Grizzle, Joshua, Account Coordinator --LENZ MARKETING, Decatur, GA, pg. 620

Hammer, Alaina, Account Coordinator --Sullivan Higdon & Sink Incorporated, Kansas City, MO, pg. 1060

Hanratty, Darcie, Account Coordinator --SMITH, PHILLIPS & DI PIETRO, Yakima, WA, pg. 1024

Harding, Annabel, Account Coordinator --RAIN43, Toronto, Canada, pg. 929

Harm, Joshua, Account Coordinator --VANTAGEPOINT, INC, Greenville, SC, pg. 1131

Haven, Michaela, Account Coordinator --SPARK STRATEGIC IDEAS, Charlotte, NC, pg. 1031

Hawley, Brooke, Account Coordinator --THE GARAGE TEAM MAZDA, Costa Mesa, CA, pg. 409

Helphand, Megan, Account Coordinator --BENSON MARKETING GROUP LLC, Napa, CA, pg. 123

Hinton, Courtney, Account Coordinator --POLISHED PIG MEDIA, Roanoke, VA, pg. 1611

Hobaica, Noelle, Account Coordinator --OH PARTNERS, Phoenix, AZ, pg. 833

Holland, Nicholas, Account Coordinator --ARPR, Atlanta, GA, pg. 1434

Holmes, Taylor, Account Coordinator --AKER INK, LLC, Scottsdale, AZ, pg. 1429

Holston, Katie, Account Coordinator --RUNSWITCH PUBLIC RELATIONS, Louisville, KY, pg. 1638

Hudson, Samantha, Account Coordinator --BOUVIER KELLY INC., Greensboro, NC, pg. 149

Jackson, Avery, Account Coordinator --DXAGENCY, Edgewater, NJ, pg. 327

Jackson, Rachel, Account Coordinator --FRENCH/WEST/VAUGHAN, INC., Raleigh, NC, pg. 398

Janicki, Jennifer, Account Coordinator --COOKSEY COMMUNICATIONS, INC., Irving, TX, pg. 1475

Joyce, Taylor, Account Coordinator --AGENCYEA, Chicago, IL, pg. 40

Judson, Mark, Account Coordinator --ST. JOHN & PARTNERS, Jacksonville, FL, pg. 1040

Jussaume, Allan Paul, Account Coordinator --D50 MEDIA, Newton, MA, pg. 257

Kalina, Jenna, Account Coordinator --Summit Group, Itasca, IL, pg. 1061

AGENCIES

RESPONSIBILITIES INDEX

Karner, Nick, Account Coordinator --WILDFIRE LLC, Winston Salem, NC, pg. 1167

Keppen, Garner, Account Coordinator --INFERNO, Memphis, TN, pg. 530

King, Briana, Account Coordinator --R&J STRATEGIC COMMUNICATIONS, Bridgewater, NJ, pg. 1622

Kringen, Alyssa, Account Coordinator --NEMER FIEGER, Minneapolis, MN, pg. 788

Lackey, Stephen, Account Coordinator --POWELL CREATIVE, Nashville, TN, pg. 884

Ladeira, Kaitlin, Account Coordinator --ANTHOLOGY MARKETING GROUP, INC., Honolulu, HI, pg. 1433

Lail, Christian, Account Coordinator --DVL SEIGENTHALER, Nashville, TN, pg. 326

Landa, Megan, Account Coordinator --FOUNDRY, Reno, NV, pg. 394

Landis, Nancy, Account Coordinator --ALLEBACH COMMUNICATIONS, Souderton, PA, pg. 45

Leavey, Kelsey, Account Coordinator --HODGES PARTNERSHIP, Richmond, VA, pg. 1535

LeClair, Liz, Account Coordinator --NANCY MARSHALL COMMUNICATIONS, Augusta, ME, pg. 1592

Lee, Katie, Account Coordinator --SANDRA EVANS & ASSOCIATES, Sausalito, CA, pg. 1640

Lemay, Catherine, Account Coordinator --PRECISION ADVERTISING, Montreal, Canada, pg. 887

Liberatori, Mackenzie, Account Coordinator --SWBR, INC., Bethlehem, PA, pg. 1065

Lien, Alycia, Account Coordinator --FURMAN ROTH ADVERTISING, New York, NY, pg. 403

Lozano, Hannah, Account Coordinator --Chemistry Atlanta, Atlanta, GA, pg. 205

Lubetkin, Julie, Account Coordinator --VECTOR MEDIA, New York, NY, pg. 1132

Lucas, Joy, Account Coordinator --COSSETTE COMMUNICATIONS, Vancouver, Canada, pg. 232

Lum, Michael, Account Coordinator --BECKER COMMUNICATIONS, Honolulu, HI, pg. 1446

Lynch, Katie, Account Coordinator --CRAMER PRODUCTIONS INC., Norwood, MA, pg. 238

MacLean, Monica, Account Coordinator --CALDER BATEMAN COMMUNICATIONS LTD., Edmonton, Canada, pg. 182

Marcum, Brooke, Account Coordinator --HOLT CREATIVE GROUP, Tyler, TX, pg. 507

Markowitz, Sarah, Account Coordinator --BBH NEW YORK, New York, NY, pg. 115

Martinez, Karen, Account Coordinator --SIMONS MICHELSON ZIEVE, INC., Troy, MI, pg. 1015

McBride, Tonia, Account Coordinator --MORGAN & MYERS, INC., Waukesha, WI, pg. 758

McClellan, Chris, Account Coordinator --YECK BROTHERS COMPANY, Dayton, OH, pg. 1195

McDarby, Michael, Account Coordinator --BOC PARTNERS, Middlesex, NJ, pg. 143

McLaughlin, Katie, Account Coordinator --NUFFER SMITH TUCKER PUBLIC RELATIONS, San Diego, CA, pg. 1597

Mele, Romina, Account Coordinator --J. Walter Thompson, Buenos Aires, Argentina, pg. 563

Mendez, Morgan Westenburg, Account Coordinator --REDSTONE COMMUNICATIONS INC., Omaha, NE, pg. 944

Mendoza, Emily, Account Coordinator --NFM+DYUMN, Pittsburgh, PA, pg. 794

Merkle, Jackie, Account Coordinator --KAHN MEDIA, INC., Moorpark, CA, pg. 1407

Miletic, Ante, Account Coordinator --LMA, Toronto, Canada, pg. 648

Mody, Nasreen, Account Coordinator --BBDO Toronto, Toronto, Canada, pg. 100

Moffatt, Haley, Account Coordinator --BAKER PUBLIC RELATIONS, Albany, NY, pg. 1438

Moore, Raleigh, Account Coordinator --FUSION MARKETING, Saint Louis, MO, pg. 404

Morales, Iris, Account Coordinator --BOC PARTNERS, Middlesex, NJ, pg. 143

Moreno, Alexis, Account Coordinator --JSTOKES AGENCY, Walnut Creek, CA, pg. 584

Morrell, Sara, Account Coordinator --&BARR, Orlando, FL, pg. 55

Murphy, Kathryn, Account Coordinator --PRECISIONEFFECT, Boston, MA, pg. 887

Nguyen, Joanne, Account Coordinator --IMAGINE THIS, INC., Irvine, CA, pg. 526

Noser, Sarah, Account Coordinator --BLACK TWIG COMMUNICATIONS, Saint Louis, MO, pg. 132

Novello, Marisa, Account Coordinator --DARCI CREATIVE, Portsmouth, NH, pg. 260

Okun, Maria, Account Coordinator --FORREST & BLAKE INC., Mountainside, NJ, pg. 392

Ortiz, Juan, Account Coordinator --RE:FUEL, New York, NY, pg. 944

Parker, Becky, Account Coordinator --KCD PUBLIC RELATIONS, San Diego, CA, pg. 1552

Parven, Olivia, Account Coordinator --DVL SEIGENTHALER, Nashville, TN, pg. 326

Patterson, Jill, Account Coordinator --HAPPY MEDIUM, Des Moines, IA, pg. 467

Paulson, Denise, Account Coordinator --THE REGAN GROUP, Los Angeles, CA, pg. 945

Peck, Courtney, Account Coordinator --IGNITE SOCIAL MEDIA, Cary, NC, pg. 1263

Pedersen, Kiersten, Account Coordinator --NOVA MARKETING, Boston, MA, pg. 801

Pendleton, Kristie, Account Coordinator --DEVELOPMENT COUNSELLORS INTERNATIONAL, LTD., New York, NY, pg. 296

Perkins, Justin, Account Coordinator --GOLD DOG COMMUNICATIONS, Falls Church, VA, pg. 427

Pershke, Lauren, Account Coordinator --LARGEMOUTH COMMUNICATIONS, INC., Durham, NC, pg. 1563

Pollack, Robyn Kessler, Account Coordinator --PRECISION ADVERTISING, Montreal, Canada, pg. 887

Pope, Haleigh, Account Coordinator --OTEY WHITE & ASSOCIATES, Baton Rouge, LA, pg. 845

Provenzano, Gaby, Account Coordinator --B2 COMMUNICATIONS, Saint Petersburg, FL, pg. 1436

Quach, Tiffany, Account Coordinator --OCEAN MEDIA INC., Huntington Beach, CA, pg. 1355

Reder, Sarah, Account Coordinator --BAREFOOT PROXIMITY, Cincinnati, OH, pg. 89

Robert, Ahjah, Account Coordinator --FKQ ADVERTISING + MARKETING, Clearwater, FL, pg. 386

Robertson, Hilary, Account Coordinator --WILKINSON FERRARI & COMPANY, Salt Lake City, UT, pg. 1684

Robinson, Laura, Account Coordinator --HOWARD COMMUNICATIONS INC, Elsberry, MO, pg. 1537

Rogers, Madeleine, Account Coordinator --R/GA, New York, NY, pg. 925

Rose, Melissa, Account Coordinator --ESROCK PARTNERS, Orland Park, IL, pg. 349

Ruggery, Alaina, Account Coordinator --FRENCH/WEST/VAUGHAN, INC., Raleigh, NC, pg. 398

Ruh, Lauren, Account Coordinator --JEFFREY SCOTT AGENCY, Fresno, CA, pg. 574

Russillo, Jacqueline, Account Coordinator --MINTZ & HOKE COMMUNICATIONS GROUP, Avon, CT, pg. 746

Rutledge, James, Account Coordinator --GRIP LTD., Toronto, Canada, pg. 450

Samuel, Michelle, Account Coordinator --REUBEN RINK, Winston Salem, NC, pg. 952

Serpico, Renata, Account Coordinator --MALLOF, ABRUZINO & NASH MARKETING, Carol Stream, IL, pg. 673

Serpico, Renata, Account Coordinator --MAN MARKETING, Carol Stream, IL, pg. 674

Setree, Karen, Account Coordinator --BLAKESLEE ADVERTISING, Baltimore, MD, pg. 133

Sharp, Jenna, Account Coordinator --RANDLE COMMUNICATIONS, Sacramento, CA, pg. 1625

Shelley, Allyson, Account Coordinator --COLLING MEDIA LLC, Scottsdale, AZ, pg. 220

Shepherd, Katherine, Account Coordinator --BEYOND FIFTEEN COMMUNICATIONS, INC., Irvine, CA, pg. 1449

Siceloff, Alana, Account Coordinator --B2 COMMUNICATIONS, Saint Petersburg, FL, pg. 1436

Simpson, Nicholas, Account Coordinator --KAHN MEDIA, INC., Moorpark, CA, pg. 1407

Smith, Jena, Account Coordinator --CURRENT360, Louisville, KY, pg. 255

Sotoodeh, Dana, Account Coordinator --KGBTEXAS, San Antonio, TX, pg. 593

Sparks, Charlotte, Account Coordinator --MOMENTUM MARKETING, Charleston, SC, pg. 754

Spoon, Katlin, Account Coordinator --PAGE COMMUNICATIONS, Kansas City, MO, pg. 1604

Startz, Rachel, Account Coordinator --THE COMMUNITY, Miami, FL, pg. 223

Stearns, Lily, Account Coordinator --BULLFROG & BAUM, New York, NY, pg. 172

Stocker, Hayley, Account Coordinator --CINDY RICCIO COMMUNICATIONS, INC., New York, NY, pg. 1469

Stranges, Andrea, Account Coordinator --BBDO Toronto, Toronto, Canada, pg. 100

Strazza, Lizzie, Account Coordinator --BACKBONE MEDIA LLC, Carbondale, CO, pg. 1437

Strong, Riley, Account Coordinator --UNION, Charlotte, NC, pg. 1298

Taber, Brianne, Account Coordinator --C SUITE COMMUNICATIONS, Sarasota, FL, pg. 180

Talafer, Janan, Account Coordinator --MADEIRA PUBLIC RELATIONS, Madeira Beach, FL, pg. 1574

Tamburelli, Sarah, Account Coordinator --THE SUMMIT GROUP, Salt Lake City, UT, pg. 1060

Thornton, Lori, Account Coordinator --MALLOF, ABRUZINO & NASH MARKETING, Carol Stream, IL, pg. 673

Thornton, Lori, Account Coordinator --MAN MARKETING, Carol Stream, IL, pg. 674

Venancio, Alexandra, Account Coordinator --DUFFY & SHANLEY, INC., Providence, RI, pg. 324

Verba, Ashlee, Account Coordinator --THE IMPETUS AGENCY, Reno, NV, pg. 1541

Vincelli, Erica, Account Coordinator --DENTSUBOS, Montreal, Canada, pg. 291

Vogrich, Allison, Account Coordinator --COLMAN BROHAN DAVIS, Chicago, IL, pg. 220

Volk, Chrissy, Account Coordinator --RYAN JAMES AGENCY, Trenton, NJ, pg. 973

Von Luhrte, Rhonda, Account Coordinator --GRAHAM OLESON, Colorado Springs, CO, pg. 432

Walker, Jacob, Account Coordinator --AMNET GROUP, New York, NY, pg. 1307

Walling, Cheryl, Account Coordinator --CREATIVE OPTIONS COMMUNICATIONS, Lewisville, TX, pg. 244

Wattler, Josh, Account Coordinator --ADRENALINE, INC., Atlanta, GA, pg. 32

Weaver, Rhea, Account Coordinator --UNIVERSAL MEDIA INC., Mechanicsburg, PA, pg. 1378

Weingarten, Ashlee, Account Coordinator --R&J STRATEGIC COMMUNICATIONS, Bridgewater, NJ, pg. 1622

Weld, Andrew, Account Coordinator --RASKY PARTNERS, INC., Boston, MA, pg. 1625

White, Abi, Account Coordinator --PAGE COMMUNICATIONS, Kansas City, MO, pg. 1604

Wilkins, Rachel, Account Coordinator --GRAHAM OLESON, Colorado Springs, CO, pg. 432

Williams, Madison, Account Coordinator --WOODRUFF, Columbia, MO, pg. 1175

Williams, Mikayla, Account Coordinator --VEHR COMMUNICATIONS, LLC, Cincinnati, OH, pg. 1666

Williams-Evans, Kendra, Account Coordinator --SOKAL MEDIA GROUP, Raleigh, NC, pg. 1027

Wright, Brittney, Account Coordinator --KENNA, Mississauga, Canada, pg. 592

Zhao, Liang, Account Coordinator --Racepoint Global, Wanchai, China (Hong Kong), pg. 1624

Account Director

Aardahl, James, Account Director --GREENLIGHT MEDIA & MARKETING, LLC, Hollywood, CA, pg. 435

Abadi, Sara, Account Director --DDB Chicago, Chicago, IL, pg. 268

Abbott, Erin, Account Director --Jack Morton Worldwide, Detroit, MI, pg. 568

Abiola, Demi, Account Director --PHD MEDIA UK, London, United Kingdom, pg. 1363

Abramson, Jennifer, Account Director --DAC GROUP, Louisville, KY, pg. 257

Achata Bottger, Anne Ginette, Account Director --Y&R Peru, Lima, Peru, pg. 1207

Acock, Jason, Account Director --SAXUM PUBLIC RELATIONS, Oklahoma City, OK, pg. 1641

Adams, Earl, Account Director --FCB New York, New York, NY, pg. 365

Adewumi, Kemi, Account Director --WALRUS, New York, NY, pg. 1150

Adiwiyoto, Dimas, Account Director --FCB New York, New York, NY, pg. 365

Adriana, Adriana, Account Director --STERLING COMMUNICATIONS, Los Gatos, CA, pg. 1652

Aeschbach, Jared, Account Director --GMR MARKETING LLC, New Berlin, WI, pg. 1403

Agnel, Franck, Account Director --Publicis Conseil, Paris, France, pg. 898

Agudelo, Jacqueline, Account Director --NORTH 6TH AGENCY, INC., New York, NY, pg. 798

Ahmet, Evren, Account Director --M&C SAATCHI PLC, London,

RESPONSIBILITIES INDEX — AGENCIES

United Kingdom, pg. 658
Ahrens, Cori, Account Director --SPM MARKETING & COMMUNICATIONS, La Grange, IL, pg. 1035
Alandt, Philip, Account Director --J. Walter Thompson U.S.A., Inc., Fort Washington, PA, pg. 567
Alauddin, Maria, Account Director --ADPEARANCE INC., Portland, OR, pg. 1233
Albaran, Mercy, Account Director --Fenton, San Francisco, CA, pg. 377
Albertelli, Sarah, Account Director --J. Walter Thompson Inside, New York, NY, pg. 566
Albrecht, Lauren, Account Director --Sawmill, Washington, DC, pg. 1675
Ali, Carolina, Account Director --Wunderman, Washington, DC, pg. 1198
Alifakioti, Christina, Account Director --Bold Ogilvy Greece, Athens, Greece, pg. 815
Alifakioti, Christina, Account Director --OgilvyOne Worldwide, Athens, Greece, pg. 815
Alkintar, Tameem, Account Director --ASDA'A Burson - Marsteller, Dubai, United Arab Emirates, pg. 1444
Allen, Jaclyn, Account Director --JWALK, New York, NY, pg. 586
Allen, Jodie, Account Director --Mccann, Sydney, Australia, pg. 700
Allen, Lee, Account Director --MullenLowe London, London, United Kingdom, pg. 775
Allen, Nancy, Account Director --&BARR, Orlando, FL, pg. 55
Alleyne, Lizzie, Account Director --Adam & EveDDB, London, United Kingdom, pg. 281
Allwein, Danielle, Account Director --SLEEK MACHINE, LLC, Boston, MA, pg. 1020
Almeida, Stephanie, Account Director --Rauxa, New York, NY, pg. 933
Almonroeder, Kimberly, Account Director --MCCANN, New York, NY, pg. 697
Alonso, Susanne, Account Director --DDB LATINA PUERTO RICO, San Juan, PR, pg. 267
Alpian, Massimo, Account Director --OUTSIDE PR, Sausalito, CA, pg. 1604
Alt, Patricia, Account Director --HUGHESLEAHYKARLOVIC, Saint Louis, MO, pg. 513
Altomare, Ingrid, Account Director --Y&R Italia, srl, Milan, Italy, pg. 1203
Alvarez, Norma, Account Director --NOBOX MARKETING GROUP, INC., Miami, FL, pg. 796
Amani, Ardel, Account Director --BARTLE BOGLE HEGARTY LIMITED, London, United Kingdom, pg. 92
Amodeo, Silvia, Account Director --Ogilvy Healthworld Barcelona, Barcelona, Spain, pg. 832
Andersen, Kristen, Account Director --HILL HOLLIDAY/NEW YORK, New York, NY, pg. 501
Anderson, Anita, Account Director --Doner, Playa Vista, CA, pg. 724
Anderson, Anita, Account Director --Doner, Playa Vista, CA, pg. 315
Anderson, Christina, Account Director --Kinetic, London, United Kingdom, pg. 1338
Anderson, Jake, Account Director --FAST HORSE, Minneapolis, MN, pg. 362
Anderson, Jessica, Account Director --Havas Media, Boston, MA, pg. 1327
Anderson, Kim Cremer, Account Director --Havas Media, Boston, MA, pg. 1327
Anderson, Tim, Account Director --DUDNYK HEALTHCARE GROUP, Horsham, PA, pg. 324
Ando, Masayuki, Account Director --The Hoffman Agency, Tokyo, Japan, pg. 1536
Andreozzi, Michael, Account Director --BARTON F. GRAF, New York, NY, pg. 94
Andrew, Nick, Account Director --Abbott Mead Vickers BBDO, London, United Kingdom, pg. 109
Andrist, Ryan, Account Director --THE INTEGER GROUP - DENVER, Lakewood, CO, pg. 1406
Andros, Nadine, Account Director --J. WALTER THOMPSON, New York, NY, pg. 553
Angelescu, Irina, Account Director --DDB Bucharest, Bucharest, Romania, pg. 279
Angrisani, Matt, Account Director --Wieden + Kennedy New York, New York, NY, pg. 1165
Apap, George, Account Director --PHD Canada, Toronto, Canada, pg. 1364
Apple, Michael, Account Director --J. Walter Thompson U.S.A., Inc., Dallas, TX, pg. 566
Applegate, Tina Arguelles, Account Director --FIREWOOD MARKETING, San Francisco, CA, pg. 383

Arango Trujillo, Ana Maria, Account Director --Sancho BBDO, Bogota, Colombia, pg. 102
Arbeene, Rebecca, Account Director --COPACINO + FUJIKADO, LLC, Seattle, WA, pg. 230
Arceo, Antonio Meraz, Account Director --LEGION ADVERTISING, Irving, TX, pg. 619
Archer, Nico, Account Director --DH, Spokane, WA, pg. 298
Archibald, Timothy, Account Director --MKTG, INC., New York, NY, pg. 1412
Argyrakis, George, Account Director --OgilvyOne Worldwide, Athens, Greece, pg. 815
Arias, Paula, Account Director --Sancho BBDO, Bogota, Colombia, pg. 102
Arjona, Catalina, Account Director --McCann Erickson Corp. S.A., Bogota, Colombia, pg. 702
Arm, Laura, Account Director --Young & Rubicam Brands, San Francisco, San Francisco, CA, pg. 1199
Armstrong, Philip, Account Director --madano partnership, London, United Kingdom, pg. 1593
Armstrong, Sarah, Account Director --AFG&, New York, NY, pg. 37
Arnal, Rebecca, Account Director --SCHAFER CONDON CARTER, Chicago, IL, pg. 995
Arnot, Andrew, Account Director --DEUTSCH, INC., New York, NY, pg. 294
Arthur, Priscilla, Account Director --CARMICHAEL LYNCH, Minneapolis, MN, pg. 189
Asbury, William, Account Director --BRIGHTWAVE MARKETING, Atlanta, GA, pg. 164
Ashburn, Kurt, Account Director --MILLER BROOKS, Zionsville, IN, pg. 742
Ashton, Kim, Account Director --IDEAOLOGY ADVERTISING INC., Marina Del Rey, CA, pg. 521
Aslan, Hogir, Account Director --DDB Stockholm, Stockholm, Sweden, pg. 280
Astfalk, Alexis, Account Director --THE BROWER GROUP, Los Angeles, CA, pg. 1458
Audibert, Geraldine, Account Director --Publicis Activ Annecy, Metz-Tessy, France, pg. 898
Aultz, Christine, Account Director --BOOYAH ADVERTISING, Denver, CO, pg. 1241
Auriol, Stephane, Account Director --MARC USA CHICAGO, Chicago, IL, pg. 677
Aust, Susan Touchette, Account Director --VERMILION INC., Boulder, CO, pg. 1134
Avdic, Meta Pavlin, Account Director --Futura DDB, Ljubljana, Slovenia, pg. 279
Aviles, Stephanie Marie, Account Director --QUAKER CITY MERCANTILE, Philadelphia, PA, pg. 920
Ayala, Lillian, Account Director --VANGUARDCOMM, East Brunswick, NJ, pg. 1130
Azizi, Emina, Account Director --McCann Erickson Group, Belgrade, Serbia, pg. 708
Azucena, Marco, Account Director --Lapiz, Chicago, IL, pg. 622
Baber, Tyler, Account Director --CREATIVE MULTIMEDIA SOLUTIONS LLC, Washington Crossing, PA, pg. 1247
Bacharach, Jason, Account Director --SOURCE COMMUNICATIONS, Hackensack, NJ, pg. 1029
Bacheller, Andrew, Account Director --LEO BURNETT DETROIT, INC., Troy, MI, pg. 621
Bachman, Kate, Account Director --INKHOUSE MEDIA + MARKETING, Waltham, MA, pg. 1542
Baciulis, Simas, Account Director --Adell Taivas Ogilvy, Vilnius, Lithuania, pg. 816
Back, Juliane, Account Director --McCann Erickson Deutschland, Frankfurt am Main, Germany, pg. 703
Badovinus, Marisa, Account Director --LIFT AGENCY, San Francisco, CA, pg. 639
Baer, Celeste, Account Director --Cummins&Partners, Saint Kilda, Australia, pg. 253
Bain, Sean, Account Director --NAS Recruitment Communications, Saint Louis, MO, pg. 785
Baizen, Amanda, Account Director --EP+Co, New York, NY, pg. 343
Bakar, Rasheed Abu, Account Director --The Hoffman Agency, Singapore, Singapore, pg. 1536
Baker, Erica, Account Director --GEOMETRY GLOBAL, Bentonville, AR, pg. 415
Baker, Gabbi, Account Director --OGILVY, New York, NY, pg. 809
Baker, Gabbi, Account Director --OgilvyOne Worldwide New York, New York, NY, pg. 812
Baker, John, Account Director --PARTNERS & SPADE, New York, NY, pg. 855
Baker, Kristen, Account Director --DNA SEATTLE, Seattle, WA, pg.

311
Bakri, Salah, Account Director --TBWA Raad, Dubai, United Arab Emirates, pg. 1088
Banks, Angie, Account Director --Moroch, San Antonio, TX, pg. 759
Banks, Claire, Account Director --J. Walter Thompson, London, United Kingdom, pg. 562
Banks, Yemina, Account Director --Wavemaker, Madrid, Spain, pg. 1383
Bannon, Joy, Account Director --CONVENTURES, INC., Boston, MA, pg. 1474
Bannon, Kristyn, Account Director --Y&R New York, New York, NY, pg. 1198
Baptiste, Jim, Account Director --MATTER COMMUNICATIONS, Newburyport, MA, pg. 694
Barbuto, Angela, Account Director --6 DEGREES INTEGRATED COMMUNICATIONS, Toronto, Canada, pg. 10
Barnes, Alex, Account Director --CROSSMEDIA, New York, NY, pg. 1317
Barnes, Kirsten, Account Director --FCB Inferno, London, United Kingdom, pg. 369
Barnes, Lauren, Account Director --Mccann, Sydney, Australia, pg. 700
Barnett, Jonathan, Account Director --CACTUS, Denver, CO, pg. 181
Barr, Devin, Account Director --MBT MARKETING, Portland, OR, pg. 696
Barrett, Jessica, Account Director --THE INTEGER GROUP-DALLAS, Dallas, TX, pg. 1405
Bartolomeo, Atalie Hafez, Account Director --SAATCHI & SAATCHI, New York, NY, pg. 975
Bass, Emma, Account Director --J. Walter Thompson, London, United Kingdom, pg. 562
Batenhorst, Julia, Account Director --DIGITAS, San Francisco, CA, pg. 302
Battistoni, Anne, Account Director --Source Communications, Vista, CA, pg. 1029
Battoo, Aparna, Account Director --Wieden + Kennedy India, New Delhi, India, pg. 1166
Bauman, Cecilia, Account Director --TBWA Stockholm, Stockholm, Sweden, pg. 1085
Beaudet, Ariane-Andree, Account Director --TAXI, Montreal, Canada, pg. 1075
Bedoya, Andrea, Account Director --Publicis UK, London, United Kingdom, pg. 902
Belfer, Margaret, Account Director --BIGEYEDWISH LLC, New York, NY, pg. 131
Bell, Diana, Account Director --RAPP, New York, NY, pg. 931
Belloir, Katharine, Account Director --BALDWIN&, Raleigh, NC, pg. 85
Belsinger, Kelli, Account Director --DUDNYK HEALTHCARE GROUP, Horsham, PA, pg. 324
Belt, Megan, Account Director --ERVIN & SMITH, Omaha, NE, pg. 348
Benden, Anouk, Account Director --Edelman, Amsterdam, Netherlands, pg. 1495
Bender, Jesse, Account Director --ALLEBACH COMMUNICATIONS, Souderton, PA, pg. 45
Bendz, Lovisa Friman, Account Director --Acne Advertising, Stockholm, Sweden, pg. 1249
Benedum, Rita Sweeney, Account Director --Possible, Seattle, WA, pg. 1189
Benedum, Rita Sweeney, Account Director --Possible, Seattle, WA, pg. 1181
Bennett, Belinda, Account Director --Havas London, London, United Kingdom, pg. 482
Bennett, Emily, Account Director --Saatchi & Saatchi EMEA Region Headquarters, London, United Kingdom, pg. 980
Bennett, Emily, Account Director --Saatchi & Saatchi London, London, United Kingdom, pg. 980
Bennett, Nathan, Account Director --Kinetic, London, United Kingdom, pg. 1338
Berg, Beth, Account Director --GREY GROUP, New York, NY, pg. 438
Berger, Lauren, Account Director --BOARDROOM COMMUNICATIONS INC., Fort Lauderdale, FL, pg. 1453
Berger, Paul, Account Director --OBI CREATIVE, Omaha, NE, pg. 805
Berggard, Goran, Account Director --Havas Worldwide Granath, Stockholm, Sweden, pg. 481
Berke, David, Account Director --FUEL PARTNERSHIPS, Boca Raton, FL, pg. 401
Bernique, Josee, Account Director --BBDO MONTREAL, Montreal, Canada, pg. 97

AGENCIES

Bertram, Jana Uhlarikova, Account Director --ANOMALY, New York, NY, pg. 59

Betancourt, Aimee, Account Director --Wieden + Kennedy Amsterdam, Amsterdam, Netherlands, pg. 1164

Betcher, Deena, Account Director --OUTSIDE PR, Sausalito, CA, pg. 1604

Beverlin, Sarah, Account Director --JNA ADVERTISING, Overland Park, KS, pg. 577

Bezzant, Lisa, Account Director --OGILVY HEALTHWORLD-TORONTO, Toronto, Canada, pg. 833

Bhadoria, Deepti, Account Director --Weber Shandwick, New Delhi, India, pg. 1681

Bielmann, Jessica, Account Director --QUINLAN & COMPANY, Buffalo, NY, pg. 923

Billups, Erica, Account Director --OUTCAST COMMUNICATIONS, San Francisco, CA, pg. 1603

Bingham, Quincy, Account Director --BE FOUND ONLINE, Chicago, IL, pg. 117

Bird, Carrie, Account Director --BARBER MARTIN AGENCY, Richmond, VA, pg. 88

Black, Kristine, Account Director --GRIP LTD., Toronto, Canada, pg. 450

Black, Sally, Account Director --The&Partnership London, London, United Kingdom, pg. 56

Blair, Chad, Account Director --TDG COMMUNICATIONS, Deadwood, SD, pg. 1094

Blais, Alexis, Account Director --Integrated Corporate Relations - New York, New York, NY, pg. 1543

Blake, Chris, Account Director --MSR COMMUNICATIONS, San Francisco, CA, pg. 1589

Blanco, Aymara, Account Director --BARTLE BOGLE HEGARTY LIMITED, London, United Kingdom, pg. 92

Blanco, Solange, Account Director --The Community, Buenos Aires, Argentina, pg. 224

Blank, Cameron, Account Director --BLUE SKY AGENCY, Atlanta, GA, pg. 140

Blasczyk, Sascha, Account Director --Lewis, Munich, Germany, pg. 637

Blaseby, Peter, Account Director --BARTLE BOGLE HEGARTY LIMITED, London, United Kingdom, pg. 92

Blaszczak, Emilia, Account Director --FCB Bridge2Fun, Warsaw, Poland, pg. 367

Blatchley, Ryan, Account Director --OCEAN MEDIA INC., Huntington Beach, CA, pg. 1355

Blau, Diana, Account Director --GREY GROUP, New York, NY, pg. 438

Blaze, Peggy, Account Director --INGEAR PUBLIC RELATIONS INC, Salt Lake City, UT, pg. 1541

Blears, Mark, Account Director --LEO BURNETT WORLDWIDE, INC., Chicago, IL, pg. 621

Blevins, Dani Barish, Account Director --THE TERRI & SANDY SOLUTION, New York, NY, pg. 1097

Block, Julia, Account Director --FISH CONSULTING, INC., Ft Lauderdale, FL, pg. 384

Blomquist, Melissa, Account Director --MRM MCCANN, New York, NY, pg. 766

Blunt, George, Account Director --ACTIVE INTERNATIONAL, Pearl River, NY, pg. 1305

Bodnar, Evgeniya, Account Director --Provid BBDO, Kiev, Ukraine, pg. 109

Bolls, Emily, Account Director --OFFICE, San Francisco, CA, pg. 809

Bolt, Ashley, Account Director --Havas Media, London, United Kingdom, pg. 1326

Bond, Emily, Account Director --BERLIN CAMERON UNITED, New York, NY, pg. 124

Bondarenko, Anastasya, Account Director --SPN Ogilvy Communications Agency, Moscow, Russia, pg. 816

Bone, Katie, Account Director --NOVITA COMMUNICATIONS, New York, NY, pg. 801

Bonesteel, Laura, Account Director --LEAP STRATEGIC MARKETING, LLC, Waukesha, WI, pg. 618

Bonfils, Berengere, Account Director --Gyro Paris, Paris, France, pg. 458

Bonvenuto, Stefanie, Account Director --Epsilon, Cincinnati, OH, pg. 346

Book, Pat, Account Director --THE MARKETING ARM, Dallas, TX, pg. 682

Boone, Michael, Account Director --LAUNCH AGENCY, Carrollton, TX, pg. 614

Boonsaeng, Suthatip, Account Director --H+K Strategies Thailand, Bangkok, Thailand, pg. 1534

Boracchia, Simona, Account Director --Saatchi & Saatchi, Milan, Italy, pg. 978

Borges, Gabriela, Account Director --Publicis Brasil Communicao, Sao Paulo, Brazil, pg. 906

Borko, Lacy, Account Director --deutschMedia, New York, NY, pg. 295

Bos, Chloe, Account Director --THE MARTIN AGENCY, Richmond, VA, pg. 687

Boswell, Joe, Account Director --TWO RIVERS MARKETING, Des Moines, IA, pg. 1124

Botti, Evelyn, Account Director --Muchnik, Alurralde, Jasper & Assoc./MS&L, Buenos Aires, Argentina, pg. 1589

Bouchacourt, Lani, Account Director --MASTERMINDS, Egg Harbor Township, NJ, pg. 692

Bourada, Caitlin, Account Director --JOHN ST., Toronto, Canada, pg. 579

Bovin, Kelli, Account Director --ICF Olson, Chicago, IL, pg. 518

Bowen, Ben, Account Director --JIBE MEDIA, Salt Lake City, UT, pg. 576

Bowen-Lowe, Lynne, Account Director --PRICEWEBER MARKETING COMMUNICATIONS, INC., Louisville, KY, pg. 889

Bowles, Loella, Account Director --Adam & EveDDB, London, United Kingdom, pg. 281

Bowling, Liz, Account Director --THE ABBI AGENCY, Reno, NV, pg. 1425

Bowness, Mollie, Account Director --LUCKY GENERALS, London, United Kingdom, pg. 656

Boyce, Carmen, Account Director --BVK-Tampa, Tampa, FL, pg. 179

Boyce, Debbie, Account Director --Veritas Communications, Inc., Toronto, Canada, pg. 723

Boyle, Lindsey, Account Director --MOXIE COMMUNICATIONS GROUP, New York, NY, pg. 765

Boynton, Vanessa, Account Director --MATTER COMMUNICATIONS, Newburyport, MA, pg. 694

Braasch, Laura Cooling, Account Director --ANSIRA, Chicago, IL, pg. 1396

Bradbury, Victoria, Account Director --Anomaly Amsterdam, Amsterdam, Netherlands, pg. 59

Bradford, Bianca, Account Director --Leo Burnett USA, Chicago, IL, pg. 622

Bradford, Bianca, Account Director --LEO BURNETT WORLDWIDE, INC., Chicago, IL, pg. 621

Bradley, Morgan, Account Director --BAROKAS PUBLIC RELATIONS, Seattle, WA, pg. 1438

Bradley, Summer, Account Director --THE CONFLUENCE, Los Angeles, CA, pg. 226

Brady, Janine, Account Director --DINI VON MUEFFLING COMMUNICATIONS, New York, NY, pg. 1485

Braga, Cristina, Account Director --Wavemaker, Lisbon, Portugal, pg. 1383

Brake, Ernie, Account Director --TARGET, Saint John's, Canada, pg. 1073

Brake, Ernie, Account Director --TARGET MARKETING & COMMUNICATIONS INC., Saint John's, Canada, pg. 1073

Brandes, Paula, Account Director --SUBLIME COMMUNICATIONS LLC, Stamford, CT, pg. 1057

Brandt, Arianne, Account Director --ZENZI COMMUNICATIONS, Encinitas, CA, pg. 1690

Brandt, Kimberly, Account Director --HERMAN ADVERTISING, Fort Lauderdale, FL, pg. 497

Brantman, Ashley, Account Director --INTERSPORT INC, Chicago, IL, pg. 544

Brashears, Victoria, Account Director --GRAPEVINE DESIGNS, Lenexa, KS, pg. 1404

Brauer, Alex, Account Director --FISH MARKETING, Portland, OR, pg. 385

Brauten, Hanne, Account Director --Wavemaker, Oslo, Norway, pg. 1383

Braveman, Stephanie Sills, Account Director --GREY GROUP, New York, NY, pg. 438

Braybrooke, Catherine, Account Director --REYNOLDS & ASSOCIATES, El Segundo, CA, pg. 953

Brayson, Caroline, Account Director --LAUNCHSQUAD, San Francisco, CA, pg. 615

Breard, Kent, Account Director --HILL HOLLIDAY, Boston, MA, pg. 500

Brecker, Danielle, Account Director --PUBLICIS USA, New York, NY, pg. 912

Breckley, Sean, Account Director --QUENZEL & ASSOCIATES, Fort Myers, FL, pg. 922

Breen, Laura, Account Director --OUTCAST COMMUNICATIONS, San Francisco, CA, pg. 1603

Breeze, Shannon, Account Director --140 BBDO, Cape Town, South Africa, pg. 108

Brenman, Jack, Account Director --Leo Burnett London, London, United Kingdom, pg. 627

RESPONSIBILITIES INDEX

Brennan, Jennifer, Account Director --360PR+, Boston, MA, pg. 1422

Brennan, Mary, Account Director --ATREBOR GROUP, New York, NY, pg. 1435

Brenner, Beth, Account Director --OGILVY COMMONHEALTH MEDICAL EDUCATION, Parsippany, NJ, pg. 831

Brewer, Becky, Account Director --CHANDELIER, New York, NY, pg. 202

Briceno, Tara, Account Director --TMP Worldwide/Advertising & Communications, Coral Gables, FL, pg. 1107

Bricker, Caitlin, Account Director --BUTLER, SHINE, STERN & PARTNERS, Sausalito, CA, pg. 177

Bridenbaugh, Kristen, Account Director --PARTNERS+NAPIER, Rochester, NY, pg. 855

Bridges, Jenny, Account Director --90OCTANE, Denver, CO, pg. 13

Bridges, Stacey, Account Director --Weber Shandwick, Edinburgh, United Kingdom, pg. 1679

Brignou, Loic, Account Director --ZIP COMMUNICATION INC, Montreal, Canada, pg. 1214

Briks, Vlada, Account Director --WOMEN'S MARKETING INC., Westport, CT, pg. 1174

Brocklesby, Nathan, Account Director --The&Partnership London, London, United Kingdom, pg. 56

Broda, Debbie, Account Director --DDB New York, New York, NY, pg. 269

Bromwich, Amanda, Account Director --TBWAWorldHealth, Chicago, IL, pg. 1077

Brooks, Brianna, Account Director --H&L PARTNERS, San Francisco, CA, pg. 459

Brosowsky, Ari, Account Director --UPRAISE MARKETING & PR, San Francisco, CA, pg. 1665

Brotze, Tracy, Account Director --WEST ADVERTISING, Alameda, CA, pg. 1159

Broughman, Ashley, Account Director --Deutsch LA, Los Angeles, CA, pg. 294

Brown, Alex, Account Director --Adam & EveDDB, London, United Kingdom, pg. 281

Brown, Alex, Account Director --Wavemaker - EMEA HQ, London, United Kingdom, pg. 1381

Brown, Kalie, Account Director --ADCETERA GROUP, Houston, TX, pg. 27

Brown, Kat, Account Director --OGILVY, New York, NY, pg. 809

Brown, Matthew, Account Director --TRUE NORTH INTERACTIVE, San Francisco, CA, pg. 1298

Brown, Sherri-Lynn, Account Director --Edelman, Toronto, Canada, pg. 1491

Browne, Pat, Account Director --ANDERSON DDB HEALTH & LIFESTYLE, Toronto, Canada, pg. 57

Broyard, Ayiko, Account Director --WALTON / ISAACSON, Culver City, CA, pg. 1151

Brozak, Bill, Account Director --PERISCOPE, Minneapolis, MN, pg. 864

Brunati, Paola, Account Director --FCB Milan, Milan, Italy, pg. 367

Bruneau, Romain, Account Director --CLM BBDO, Boulogne-Billancourt, France, pg. 104

Brunner, Max, Account Director --Ogilvy, Dusseldorf, Germany, pg. 814

Brunoni, Gaia, Account Director --Wunderman, Boulogne-Billancourt, France, pg. 1191

Bryan, Susan, Account Director --STAMP IDEA GROUP, LLC, Montgomery, AL, pg. 1042

Buchner, Caroline, Account Director --TBWA Health A.G., Zurich, Switzerland, pg. 1085

Buckland, David, Account Director --JOHNSONRAUHOFF, Saint Joseph, MI, pg. 581

Buckland, David, Account Director --JohnsonRauhoff Marketing Communications, Benton Harbor, MI, pg. 581

Buckley, Tanya, Account Director --Magna Carta, Johannesburg, South Africa, pg. 1087

Buferne, Fabien, Account Director --SID LEE, Paris, France, pg. 1010

Buffington, Nikki, Account Director --RILEY HAYES ADVERTISING, Minneapolis, MN, pg. 959

Bugler, Lucy, Account Director --Y&R London, London, United Kingdom, pg. 1204

Bukilica, Jason, Account Director --MJR CREATIVE GROUP, Fresno, CA, pg. 749

Bukowski, Jessica, Account Director --Sullivan Higdon & Sink Incorporated, Kansas City, MO, pg. 1060

Bulakites, Laine, Account Director --BOOYAH ADVERTISING, Denver, CO, pg. 1241

Bundock, Emma, Account Director --Doner, London, London, United

RESPONSIBILITIES INDEX — AGENCIES

Kingdom, pg. 315
Bundock, Emma, Account Director --Doner, London, London, United Kingdom, pg. 722
Bunn, Alexandra, Account Director --THE INTEGER GROUP - DENVER, Lakewood, CO, pg. 1406
Buonaiuto, Lauren, Account Director --ICONOLOGIC, Atlanta, GA, pg. 519
Burch, Renee, Account Director --JLM PARTNERS, Seattle, WA, pg. 577
Burgess, Lisa, Account Director --WE ARE UNLIMITED, Chicago, IL, pg. 1155
Burgess, Mark, Account Director --LEO BURNETT WORLDWIDE, INC., Chicago, IL, pg. 621
Burkus, Kim, Account Director --Jack Morton Worldwide, New York, NY, pg. 569
Burns, Kristina, Account Director --FRUKT, Los Angeles, CA, pg. 400
Burns, Robin, Account Director --ACENTO ADVERTISING, INC., Santa Monica, CA, pg. 20
Burrows, Courtney, Account Director --JAYMIE SCOTTO & ASSOCIATES LLC (JSA), Middlebrook, VA, pg. 1546
Burton, Samantha, Account Director --MAXWELL PR, Portland, OR, pg. 1578
Burtt, Lisa, Account Director --Ove Design & Communications Ltd., Toronto, Canada, pg. 904
Burzoni, Daria, Account Director --M&C Saatchi Milan, Milan, Italy, pg. 660
Busby, Becky, Account Director --WILLIAMS-HELDE MARKETING COMMUNICATIONS, Seattle, WA, pg. 1169
Butko, Jacob, Account Director --SLACK AND COMPANY, Chicago, IL, pg. 1020
Butler, Carolyn Jennings, Account Director --MARC USA, Pittsburgh, PA, pg. 676
Butler, Dean, Account Director --ELEVATOR STRATEGY, Vancouver, Canada, pg. 336
Bydlak, Jessica, Account Director --Epsilon, New York, NY, pg. 345
Byer, Sharon, Account Director --JOHANNES LEONARDO, New York, NY, pg. 1266
Byrne, Tara Lee, Account Director --DEAD AS WE KNOW IT, Brooklyn, NY, pg. 283
Byrnes, Jordan, Account Director --WE, San Francisco, CA, pg. 1672
Bystrom, Johanna, Account Director --FCB Faltman & Malmen, Stockholm, Sweden, pg. 368
Cadwallader, Mary Lynch, Account Director --RAINIER COMMUNICATIONS, Westborough, MA, pg. 1624
Cafarelli, Mariano, Account Director --Del Campo Nazca Saatchi & Saatchi, Buenos Aires, Argentina, pg. 981
Caggiano, Laura, Account Director --BLOOM, San Rafael, CA, pg. 137
Cahlan, Lauren, Account Director --WICKED CREATIVE, Las Vegas, NV, pg. 1683
Cain, Rachel, Account Director --Weber Shandwick-Atlanta, Atlanta, GA, pg. 1675
Cakste, Daina, Account Director --TBWA Latvija, Riga, Latvia, pg. 1083
Caldwell, Breanna Rotell, Account Director --J. WALTER THOMPSON ATLANTA, Atlanta, GA, pg. 564
Caldwell, Breanna Rotell, Account Director --J. Walter Thompson U.S.A., Inc., Coral Gables, FL, pg. 566
Caliente, Rachel, Account Director --The Marketing Arm, New York, NY, pg. 682
Callander, Kate, Account Director --BARTON F. GRAF, New York, NY, pg. 94
Calogera, Danielle, Account Director --360I, New York, NY, pg. 6
Calvert, Courtney, Account Director --MullenLowe, San Francisco, CA, pg. 772
Calvert, Courtney, Account Director --MULLENLOWE GROUP, Boston, MA, pg. 770
Cambridge, Hannah, Account Director --Fleishman-Hillard Fishburn, London, United Kingdom, pg. 1509
Campau, Lindsay, Account Director --Digital Kitchen, Seattle, WA, pg. 301
Campbell, Georgia, Account Director --LIDA, London, United Kingdom, pg. 659
Campbell, Kira, Account Director --BOB'S YOUR UNCLE, Toronto, Canada, pg. 143
Campbell, Megan, Account Director --VINCODO, Langhorne, PA, pg. 1138
Camus, Kat, Account Director --Young & Rubicam Philippines, Manila, Philippines, pg. 1201
Canavan, Kelly, Account Director --MADE MOVEMENT LLC, Boulder, CO, pg. 669

Candanedo, Idy, Account Director --LOPITO, ILEANA & HOWIE, INC., Guaynabo, PR, pg. 652
Capel, Fiona, Account Director --Havas People Birmingham, Birmingham, United Kingdom, pg. 483
Caplan, Mel, Account Director --McCann Erickson Advertising Ltd., London, United Kingdom, pg. 711
Caplan, Mel, Account Director --McCann Erickson Worldwide, London, United Kingdom, pg. 712
Caputo, Dan, Account Director --McCann Erickson Worldwide, London, United Kingdom, pg. 712
Caputo, Marika, Account Director --Weber Shandwick, Milan, Italy, pg. 1678
Caputo, Nancy, Account Director --NAS RECRUITMENT INNOVATION, Cleveland, OH, pg. 784
Cardoso, Claudia, Account Director --The Jeffrey Group Brazil, Sao Paulo, Brazil, pg. 1547
Cardovillis, Christos, Account Director --McCann Erickson Advertising Ltd., London, United Kingdom, pg. 711
Caridi, Christine, Account Director --OGILVY, New York, NY, pg. 809
Carless, Henry, Account Director --mcgarrybowen, London, United Kingdom, pg. 717
Carlotti, Nicolas, Account Director --CLM BBDO, Boulogne-Billancourt, France, pg. 104
Carlsson, Patric, Account Director --Initiative Universal Stockholm, Stockholm, Sweden, pg. 1333
Carolio, Kathy, Account Director --DRIVEN SOLUTIONS INC., Pleasant Rdg, MI, pg. 321
Carrasco, Brenda, Account Director --Publicis Arredondo de Haro, Mexico, Mexico, pg. 907
Carrington, Jessica, Account Director --Havas People Birmingham, Birmingham, United Kingdom, pg. 483
Carroll, Jennifer, Account Director --CURATOR, Seattle, WA, pg. 1479
Carroll, Shane, Account Director --IN MARKETING SERVICES, Norwalk, CT, pg. 529
Carrozza, Sheryl, Account Director --HAVAS MEDIA, New York, NY, pg. 1324
Carter, Jessica, Account Director --DRAKE COOPER INC., Boise, ID, pg. 319
Casanova, Casey, Account Director --BORDERS PERRIN NORRANDER INC, Portland, OR, pg. 147
Cashman, Gearoid, Account Director --Weber Shandwick, Manchester, United Kingdom, pg. 1680
Cassidy, Nicole, Account Director --BLISSPR, New York, NY, pg. 136
Castro, Adam, Account Director --STEPHENS & ASSOCIATES ADVERTISING, INC., Overland Park, KS, pg. 1047
Catacutan, Arianne, Account Director --Ogilvy Healthworld, Sydney, Australia, pg. 832
Cates, Elizabeth, Account Director --HUMANAUT, Chattanooga, TN, pg. 514
Cates, Elizabeth, Account Director --VAYNERMEDIA, New York, NY, pg. 1299
Catron, Glenda, Account Director --THE FRESH IDEAS GROUP, Boulder, CO, pg. 1514
Cavanaugh, Mark, Account Director --SMITH, Spokane, WA, pg. 1022
Ceballos, Leonardo Gonzalez, Account Director --Wavemaker, Medellin, Colombia, pg. 1384
Ceballos, Leonardo Gonzalez, Account Director --Wavemaker, Bogota, Colombia, pg. 1384
Cebryk, Craig, Account Director --ACART COMMUNICATIONS, INC., Ottawa, Canada, pg. 19
Cervantes, Sara, Account Director --Y&R Peru, Lima, Peru, pg. 1207
Cevallos, Ivan, Account Director --AL PUNTO ADVERTISING, INC., Tustin, CA, pg. 43
Chadwick, Amy, Account Director --McCann Erickson Bristol, Bristol, United Kingdom, pg. 711
Chain, Sarah, Account Director --GAVIN ADVERTISING, York, PA, pg. 413
Chammas, David, Account Director --Impact BBDO, Kuwait, Kuwait, pg. 107
Champa, Tracee, Account Director --NEW HONOR SOCIETY, Saint Louis, MO, pg. 791
Chang, Grace, Account Director --Millward Brown Taiwan, Taipei, Taiwan, pg. 744
Chang, Jenny, Account Director --PKPR, New York, NY, pg. 1610
Chanowitz, Jennifer, Account Director --GREY GROUP, New York, NY, pg. 438
Chapdelaine, Maggie, Account Director --MIRUM LLC, San Diego, CA, pg. 1272
Chaplin, Tiffany, Account Director --Zimmerman Advertising, New

York, NY, pg. 1213
Charley, Terra, Account Director --THE LACEK GROUP, Minneapolis, MN, pg. 606
Charron, Jarrod, Account Director --PHD Canada, Toronto, Canada, pg. 1364
Chartoff, Adam, Account Director --Havas Media, Boston, MA, pg. 1327
Chechelova, Maria, Account Director --Leo Burnett Moscow, Moscow, Russia, pg. 626
Cheesman, Emily, Account Director --FLYWHEEL, New York, NY, pg. 390
Cheick, Monica, Account Director --PUBLICCITY PR, Southfield, MI, pg. 1621
Chen, Jane, Account Director --BBH China, Shanghai, China, pg. 93
Cherba, Haley, Account Director --NAS Recruitment Communications, Los Angeles, CA, pg. 785
Chernikoff, Lisa, Account Director --AMENDOLA COMMUNICATIONS, Scottsdale, AZ, pg. 51
Chesler, Kerri, Account Director --Lida, Sydney, Australia, pg. 660
Cheung, Melody, Account Director --GOODBY, SILVERSTEIN & PARTNERS, San Francisco, CA, pg. 428
Chevez, Robert, Account Director --WESTBOUND COMMUNICATIONS, INC., Orange, CA, pg. 1159
Chew, Rachel, Account Director --Naga DDB Sdn. Bhd., Petaling Jaya, Malaysia, pg. 277
Chia, Melody, Account Director --J. Walter Thompson Australia, Richmond, Australia, pg. 554
Chiappardi, Giovanni, Account Director --MANHATTAN MARKETING ENSEMBLE, New York, NY, pg. 675
Chiari, Alberto, Account Director --ZenithOptimedia Interactive Direct, Milan, Italy, pg. 1388
Chick, Amanda, Account Director --Action Global Communications, Nicosia, Cyprus, pg. 1521
Chikvaidze, Sopho, Account Director --Momentum, Atlanta, GA, pg. 755
Childers, Kelly, Account Director --Deutsch LA, Los Angeles, CA, pg. 294
Chittenden, Olivia, Account Director --Adam & EveDDB, London, United Kingdom, pg. 281
Cho, Carolyn, Account Director --Fallon London, London, United Kingdom, pg. 360
Cho, Namju, Account Director --Fenton, San Francisco, CA, pg. 377
Cho, Samantha, Account Director --JWALK, New York, NY, pg. 586
Choi, Richard, Account Director --AAAZA, Inc., Los Angeles, CA, pg. 31
Choi, Sally, Account Director --IW GROUP, INC., West Hollywood, CA, pg. 551
Chomczuk, Callum, Account Director --Pagoda Porter Novelli, Edinburgh, United Kingdom, pg. 1615
Chopra, Disha Dhami, Account Director --Ogilvy, New Delhi, India, pg. 825
Chotivithayaporn, Jit-aree, Account Director --J. Walter Thompson Thailand, Bangkok, Thailand, pg. 559
Choudhury, Pereina, Account Director --FAYE CLACK COMMUNICATIONS INC., Toronto, Canada, pg. 1503
Chreih, Ana, Account Director --Publicis, Bucharest, Romania, pg. 901
Christensen, Kristie, Account Director --COLE & WEBER UNITED, Seattle, WA, pg. 218
Christiansen, Sophie, Account Director --J. Walter Thompson, London, United Kingdom, pg. 562
Christiansson, Carl, Account Director --Mobiento, Stockholm, Sweden, pg. 1249
Christophidou, Natalie, Account Director --Action Global Communications, Nicosia, Cyprus, pg. 1521
Chrysostomou, Christiana, Account Director --De Le Ma/ McCann Erickson, Nicosia, Cyprus, pg. 702
Chusid, Robert, Account Director --MILNER BUTCHER MEDIA GROUP, Los Angeles, CA, pg. 1351
Ciecierska, Agata, Account Director --BBDO, Warsaw, Poland, pg. 107
Cindric, Sandra, Account Director --McCann Erickson, Zagreb, Croatia, pg. 702
Cipolla, Nikki, Account Director --ALLEBACH COMMUNICATIONS, Souderton, PA, pg. 45
Ciresi, Tony, Account Director --GEOMETRY GLOBAL NORTH AMERICA HQ, New York, NY, pg. 415
Citarella, Mickey, Account Director --STERLING RICE GROUP, Boulder, CO, pg. 1047
Civanbay, Azize, Account Director --Medina/Turgul DDB, Beyoglu, Turkey, pg. 281

AGENCIES — RESPONSIBILITIES INDEX

Clark, Stephanie, Account Director --DAVID The Agency, Miami, FL, pg. 261
Clarke, Rebecca, Account Director --TBWA\Dublin, Dublin, Ireland, pg. 1083
Clarke, Rosanne, Account Director --BBDO Dublin, Dublin, Ireland, pg. 105
Claxton, Christine, Account Director --R/GA, New York, NY, pg. 925
Clay, Ella, Account Director --droga5, London, United Kingdom, pg. 322
Clayton, Janice, Account Director --O'Keeffe & Co., Atlanta, GA, pg. 1602
Clayton, Janice, Account Director --O'KEEFFE & CO., Alexandria, VA, pg. 1602
Clement, Siva, Account Director --The&Partnership London, London, United Kingdom, pg. 56
Click, Nancy, Account Director --THE MAYFIELD GROUP, Tallahassee, FL, pg. 1578
Clonts, Mackie, Account Director --AMELIE COMPANY, Denver, CO, pg. 51
Cochran, Zak, Account Director --Brunner, Atlanta, GA, pg. 170
Cody, Samantha, Account Director --Razorfish Health, Philadelphia, PA, pg. 1287
Coelho, John, Account Director --TEAM ONE USA, Los Angeles, CA, pg. 1095
Coffey, Claudia, Account Director --TANDEM PR, Louisville, KY, pg. 1655
Cohen, Adam C., Account Director --CORNERSTONE AGENCY, INC., New York, NY, pg. 1476
Cohen-Keidar, Nadav, Account Director --Gitam Porter Novelli, Tel Aviv, Israel, pg. 1615
Cohn, Russ, Account Director --GIANT SPOON, Los Angeles, CA, pg. 418
Colasurdo, Giuseppe, Account Director --TBWA Italia, Milan, Italy, pg. 1083
Cole, Brittany, Account Director --SPERO MEDIA, New York, NY, pg. 1033
Coleman, Kristin, Account Director --NOVITA COMMUNICATIONS, New York, NY, pg. 801
Collado, Jocelyn, Account Director --BECKER COMMUNICATIONS, Honolulu, HI, pg. 1446
Collin, Susanne, Account Director --Havas Worldwide London, London, United Kingdom, pg. 483
Collins, Brett, Account Director --GLOBAL TEAM BLUE, Dearborn, MI, pg. 423
Collins, Parker, Account Director --TBWA Chiat Day New York, New York, NY, pg. 1078
Combest, Lauren, Account Director --GOODWAY GROUP, Jenkintown, PA, pg. 1322
Congleton, Rosalind, Account Director --ALLIED INTEGRATED MARKETING, Las Vegas, NV, pg. 1430
Congleton, Rosalind, Account Director --ALLIED INTEGRATED MARKETING, Cambridge, MA, pg. 47
Conley, Brian, Account Director --LUCKIE & COMPANY, Birmingham, AL, pg. 655
Conlin, Elizabeth, Account Director --RE:GROUP, INC., Ann Arbor, MI, pg. 945
Connelly, Natalie, Account Director --BBDO WORLDWIDE INC., New York, NY, pg. 97
Conrad, Rebecca, Account Director --VaynerMedia, San Francisco, CA, pg. 1299
Contijoch, Elisabet, Account Director --Millward Brown Spain, Madrid, Spain, pg. 743
Contini, Cailean, Account Director --GREATER THAN ONE, New York, NY, pg. 434
Contreras, Erica-Renee, Account Director --Moroch, San Antonio, TX, pg. 759
Cook-Sandve, Sheri, Account Director --BEUTLER INK, Santa Monica, CA, pg. 1449
Cooley, Jill, Account Director --MRM Worldwide, Birmingham, MI, pg. 767
Cooley, Stephanie, Account Director --Dotted Line Communications, Los Angeles, CA, pg. 1487
Coolman, Sarah, Account Director --WILLIAM MILLS AGENCY, Atlanta, GA, pg. 1168
Cooper, Stephanie Sohol, Account Director --BLACKWING CREATIVE, Seattle, WA, pg. 133
Copacino, Chris, Account Director --COPACINO + FUJIKADO, LLC, Seattle, WA, pg. 230
Copelin, Nick, Account Director --WILL & GRAIL, Kansas City, MO, pg. 1168
Corbett, Katherine, Account Director --Clarion Communications, London, United Kingdom, pg. 1185
Cornils, Julia, Account Director --FCB Hamburg, Hamburg, Germany, pg. 366
Cornish, Sarah, Account Director --TBWA Sydney, Sydney, Australia, pg. 1089
Corredor, Diana, Account Director --Wavemaker, Medellin, Colombia, pg. 1384
Corredor, Diana, Account Director --Wavemaker, Bogota, Colombia, pg. 1384
Cortes, Trinidad, Account Director --Havas Worldwide Southern Spain, Madrid, Spain, pg. 481
Cosgrove, Katie, Account Director --ICF Olson, Chicago, IL, pg. 518
Cosgrove-Moloney, Eileen, Account Director --Y&R London, London, United Kingdom, pg. 1204
Cosmelli, Dario, Account Director --GREY NEW YORK, New York, NY, pg. 438
Costa, Roberta, Account Director --YOUNG & RUBICAM, New York, NY, pg. 1197
Coste, Raysa, Account Director --Pages BBDO, Santo Domingo, Dominican Republic, pg. 102
Costello, Ashley, Account Director --STACKPOLE & PARTNERS ADVERTISING, Newburyport, MA, pg. 1041
Cottam, Tommy, Account Director --Publicis, Rome, Italy, pg. 900
Cottam, Tommy, Account Director --Publicis Italia, Milan, Italy, pg. 899
Couldwell, Emily, Account Director --Helia, Cirencester, United Kingdom, pg. 473
Couldwell, Emily, Account Director --Helia, Cirencester, United Kingdom, pg. 484
Courtman, Roxanne, Account Director --Publicis UK, London, United Kingdom, pg. 902
Courtney, Hannah, Account Director --M&C SAATCHI PLC, London, United Kingdom, pg. 658
Coutain, Tracy, Account Director --FAIRCOM NEW YORK, New York, NY, pg. 359
Cox, Mandi, Account Director --SPARKLOFT MEDIA, Portland, OR, pg. 1031
Coyle, Maria, Account Director --MRM MCCANN, New York, NY, pg. 766
Craig, Hannah, Account Director --TALK.GLOBAL, London, United Kingdom, pg. 663
Craig, Katherine, Account Director --SID LEE, Toronto, Canada, pg. 1010
Craig, Kathryn, Account Director --DMW WORLDWIDE LLC, Chesterbrook, PA, pg. 311
Craw, Adam, Account Director --CARMICHAEL LYNCH, Minneapolis, MN, pg. 189
Crawford, Amy, Account Director --ROCKIT SCIENCE AGENCY, Baton Rouge, LA, pg. 965
Crawford, Brooke Baumer, Account Director --GRIFFIN COMMUNICATIONS GROUP, Seabrook, TX, pg. 449
Crawford, Tyler, Account Director --Crossmedia, Los Angeles, CA, pg. 1317
Creane, Michael, Account Director --Chameleon PR, London, United Kingdom, pg. 305
Crespo, Joe, Account Director --ATEN DESIGN GROUP, INC., Denver, CO, pg. 1238
Crilly, John, Account Director --BRAND INNOVATION GROUP, Fort Wayne, IN, pg. 155
Cronin, Dawn, Account Director --Havas People Birmingham, Birmingham, United Kingdom, pg. 483
Cross, Erin, Account Director --J. WALTER THOMPSON, New York, NY, pg. 553
Cross, Jennifer, Account Director --MullenLowe, Winston Salem, NC, pg. 772
Crossin, Molly, Account Director --MADWELL, Brooklyn, NY, pg. 670
Crouch, Krista, Account Director --KOCH COMMUNICATIONS, Oklahoma City, OK, pg. 1559
Cudiamat, Jana, Account Director --UNTITLED WORLDWIDE, New York, NY, pg. 1128
Cueva, Veronica, Account Director --Conill Advertising, Inc., El Segundo, CA, pg. 227
Cuevas, Meredith, Account Director --ARCHER MALMO AUSTIN, Austin, TX, pg. 66
Cuevas, Paola, Account Director --CAROLYN IZZO INTEGRATED COMMUNICATIONS, Nyack, NY, pg. 1463
Culic, Dan, Account Director --RETHINK, Vancouver, Canada, pg. 951
Curatolo, Dana, Account Director --LAURA DAVIDSON PUBLIC RELATIONS, INC., New York, NY, pg. 615
Curley, Rachael Myer, Account Director --DRA COLLECTIVE, Phoenix, AZ, pg. 1488
Cuzner, Lauralee, Account Director --Leo Burnett Melbourne, Melbourne, Australia, pg. 628
Cygan, Sarah, Account Director --OLOGIE, Columbus, OH, pg. 835
D'Angelo, Daria, Account Director --M&C Saatchi Milan, Milan, Italy, pg. 660
D'Aprile, Mariana, Account Director --DAVID The Agency, Miami, FL, pg. 261
d'Espagnac, Francois, Account Director --McCann Erickson Advertising Ltd., London, United Kingdom, pg. 711
D'Incecco, Novella, Account Director --Weber Shandwick, Milan, Italy, pg. 1678
Dabaghi, Farid, Account Director --MMI AGENCY, Houston, TX, pg. 751
Dahill, Katie, Account Director --SS+K AGENCY, New York, NY, pg. 1039
Dai, David, Account Director --Leo Burnett Shanghai Advertising Co., Ltd., Shanghai, China, pg. 629
Daigle, Jamie, Account Director --OPPERMAN WEISS, New York, NY, pg. 842
Daigneault, Ashley, Account Director --CASTER COMMUNICATIONS, INC., Wakefield, RI, pg. 1464
Dalencon, Daniela, Account Director --Prolam Y&R S.A., Santiago, Chile, pg. 1206
Dalton, Dom, Account Director --JOHANNES LEONARDO, New York, NY, pg. 1266
Daly, Bridget, Account Director --IDEAS COLLIDE INC., Scottsdale, AZ, pg. 521
Damian, Trapper, Account Director --BURRELL, Chicago, IL, pg. 176
Dandapani, Sivaramakrishnan, Account Director --Ogilvy, Bengaluru, India, pg. 1601
Daniel, Alexis, Account Director --BRIGHTWAVE MARKETING, Atlanta, GA, pg. 164
Daniel, Anna, Account Director --Forsman & Bodenfors, Stockholm, Sweden, pg. 722
Daniels, Kelly, Account Director --Possible, Seattle, WA, pg. 1189
Daniels, Kelly, Account Director --Possible, Seattle, WA, pg. 1181
Dankis, Matt, Account Director --Adam & EveDDB, London, United Kingdom, pg. 281
Danner, Courtney, Account Director --Aisle Rocket Studios, Palatine, IL, pg. 42
Darmstaedter, Erika, Account Director --FCB Hamburg, Hamburg, Germany, pg. 366
Darnai, Linda, Account Director --J. Walter Thompson Budapest, Budapest, Hungary, pg. 560
Davenport, Mark, Account Director --INTERACTIVE STRATEGIES, Washington, DC, pg. 537
David, Emma, Account Director --WE Buchan, Melbourne, Australia, pg. 1672
David, Michal, Account Director --BBDO San Francisco, San Francisco, CA, pg. 99
Davidson, Becky, Account Director --NELSON SCHMIDT, Milwaukee, WI, pg. 788
Davies, Phoebe, Account Director --Starcom UK, London, United Kingdom, pg. 1373
Davis, Harry, Account Director --PHD MEDIA UK, London, United Kingdom, pg. 1363
Davis, Josie, Account Director --Anomaly, London, United Kingdom, pg. 59
Davis, Josie, Account Director --Anomaly, London, United Kingdom, pg. 721
Dawkins, Deanne, Account Director --TMP Worldwide/Advertising & Communications, Toronto, Canada, pg. 1107
Dawkins, Jane, Account Director --Hills Balfour, London, United Kingdom, pg. 750
Day, Lindsay, Account Director --HAVAS MEDIA, New York, NY, pg. 1324
de Almeida Bottura, Mariana Silveira, Account Director --F/Nazca Saatchi & Saatchi, Sao Paulo, Brazil, pg. 981
De Bord, Amelia, Account Director --FIXATION MARKETING, Bethesda, MD, pg. 386
De Forest, Liz, Account Director --BLISSPR, New York, NY, pg. 136
De Geest, Sophie, Account Director --ABELSON-TAYLOR, INC., Chicago, IL, pg. 17
de Leon, Kellie, Account Director --THE MX GROUP, Burr Ridge, IL, pg. 781
De Leon, Meg, Account Director --WAX CUSTOM COMMUNICATIONS, Miami, FL, pg. 1154
de Lophem, Florence, Account Director --Publicis Italia, Milan, Italy, pg. 899
de Paiva, Ane-Marie Sylvest, Account Director --TBWA Copenhagen, Copenhagen, Denmark, pg. 1080
De Paoli, Federica, Account Director --Ogilvy S.p.A., Milan, Italy, pg. 1600

RESPONSIBILITIES INDEX — AGENCIES

de Quesada, Krysten, Account Director --PINTA USA LLC, Miami Beach, FL, pg. 872

De Ryk, William, Account Director --BARRETTSF, San Francisco, CA, pg. 91

de Vinaspre, Maite Ruiz, Account Director --Porter Novelli, Valencia, Spain, pg. 1615

Deacon, Jessica Schaevitz, Account Director --MCCANN WORLDGROUP, New York, NY, pg. 714

Deakin, Jessica, Account Director --M&C SAATCHI PLC, London, United Kingdom, pg. 658

DeBernardo, Elisa, Account Director --FKQ ADVERTISING + MARKETING, Clearwater, FL, pg. 386

Deepak, Meera, Account Director --Tribal Worldwide Chicago, Chicago, IL, pg. 1296

Degnan, Ashley, Account Director --THE INTEGER GROUP - DENVER, Lakewood, CO, pg. 1406

Del Villar Acebal, Diego, Account Director --OgilvyOne Worldwide, Mexico, Mexico, pg. 821

Delaney, Nicole, Account Director --PARADISE ADVERTISING & MARKETING, Saint Petersburg, FL, pg. 853

Delaney, Nicole, Account Director --Paradise Advertising & Marketing-Naples, Naples, FL, pg. 853

deLaski, Katie, Account Director --Hogarth Worldwide, New York, NY, pg. 1180

deLaski, Katie, Account Director --Hogarth Worldwide, New York, NY, pg. 506

Delaunay, Frederic, Account Director --fullsixadvertising, Levallois-Perret, France, pg. 472

Delgadillo, Jimena, Account Director --Ogilvy, Mexico, Mexico, pg. 821

Delgado, Daisy, Account Director --PUBLICIS MEDIA, New York, NY, pg. 1365

DeLillo, Jessica, Account Director --Anomaly, Venice, CA, pg. 60

Dell'Anna, Raffaello, Account Director --Leo Burnett Rome, Rome, Italy, pg. 625

Deloffre, Rachel, Account Director --DCI-West, Aurora, CO, pg. 296

Delost, Elizabeth, Account Director --RAIN43, Toronto, Canada, pg. 929

Dempsey, Marianne, Account Director --RAINIER COMMUNICATIONS, Westborough, MA, pg. 1624

Denne, Lindsey, Account Director --BOLIN MARKETING, Minneapolis, MN, pg. 145

Denney, Bess, Account Director --LEVLANE ADVERTISING/PR/INTERACTIVE, Philadelphia, PA, pg. 635

Densmore, Eric, Account Director --ABELSON-TAYLOR, INC., Chicago, IL, pg. 17

Deodhar, Abhinav, Account Director --Wieden + Kennedy India, New Delhi, India, pg. 1166

Depreter, Marleen, Account Director --N BBDO, Brussels, Belgium, pg. 103

Derrick, James, Account Director --Adam & EveDDB, London, United Kingdom, pg. 281

Desai, Jasmine, Account Director --EXPOSURE, New York, NY, pg. 356

DeSantis, Jessica, Account Director --Juniper Park/TBWA, Toronto, Canada, pg. 1079

Desimone, Katie, Account Director --THE BARBARIAN GROUP, New York, NY, pg. 88

DeStasio, Joyce, Account Director --1 TRICK PONY, Hammonton, NJ, pg. 1

Deutsch, Rebecca, Account Director --Lewis, New York, NY, pg. 638

Devenney, Alasdair, Account Director --Havas People London, London, United Kingdom, pg. 483

Devereaux, Christine, Account Director --THE DSM GROUP, Mahwah, NJ, pg. 323

Devore, Amy, Account Director --BEEHIVE PR, Saint Paul, MN, pg. 1447

DeYonker, Dennis, Account Director --PUBLICIS NEW YORK, New York, NY, pg. 912

DeYoung, Laurie, Account Director --KING MEDIA, East Lansing, MI, pg. 596

Di Vuono, Nadia, Account Director --Kinetic, London, United Kingdom, pg. 1338

Diamond, Denise, Account Director --ONE & ALL, Pasadena, CA, pg. 838

Diamond, Patti, Account Director --STRATEGIC OBJECTIVES, Toronto, Canada, pg. 1653

Dikeos, Lesley, Account Director --MARSHALL FENN COMMUNICATIONS LTD., Toronto, Canada, pg. 1577

DiLecce, Charlotte, Account Director --Publicis Dialog, Toronto, Canada, pg. 904

Dill, Holly, Account Director --ZION & ZION, Tempe, AZ, pg. 1213

Dillow, Cristina Maramonte, Account Director --ACTIVE INTERNATIONAL, Pearl River, NY, pg. 1305

Dilworth, Alycia Moller, Account Director --Kinetic, Chicago, IL, pg. 1338

Dimakopoulos, Emily Giordano, Account Director --GREY GROUP, New York, NY, pg. 438

Dimmock, Clare, Account Director --Adam & EveDDB, London, United Kingdom, pg. 281

Dinan, William P., Account Director --INTERMARK GROUP, INC., Birmingham, AL, pg. 539

Dionisi, Emanuela, Account Director --Publicis Italia, Milan, Italy, pg. 899

DiPolito, Allisa, Account Director --FISHBAT INC, Bohemia, NY, pg. 385

Divekar, Swapna, Account Director --Ogilvy, Bengaluru, India, pg. 823

Dixon, Samantha, Account Director --MullenLowe London, London, United Kingdom, pg. 775

Djabbari, Sascha, Account Director --Wirz Werbung AG, Zurich, Switzerland, pg. 109

Djordjevic, Nevena, Account Director --GREY CANADA, Toronto, Canada, pg. 437

Doaga, Raluca, Account Director --SUBLIME COMMUNICATIONS LLC, Stamford, CT, pg. 1057

Dobbs, Corey, Account Director --GREY NEW YORK, New York, NY, pg. 438

Dobrin, Danny, Account Director --PERISCOPE, Minneapolis, MN, pg. 864

Dock-Brown, Tammy, Account Director --MIGHTY 8TH MEDIA, LLC, Buford, GA, pg. 739

Dockendorf, Meghan, Account Director --VP+C PARTNERS, New York, NY, pg. 1668

Dodds, Gemma, Account Director --M&C SAATCHI PLC, London, United Kingdom, pg. 658

Dodds, Ginger, Account Director --Shaker Recruitment Advertising & Communications, Inc., Tampa, FL, pg. 1005

Doddy, Hugh, Account Director --TBWA\Dublin, Dublin, Ireland, pg. 1083

Dodge, Alex, Account Director --NETWORK AFFILIATES INC., Lakewood, CO, pg. 790

Doftert, Jonah, Account Director --SIMPLE TRUTH COMMUNICATION PARTNERS, Chicago, IL, pg. 1015

Dolan, Jennifer, Account Director --Crossmedia, Philadelphia, PA, pg. 1317

Dolan, Michael, Account Director --AMP AGENCY, Boston, MA, pg. 1236

Dolecki, Gina, Account Director --REDPOINT MARKETING PUBLIC RELATIONS INC., New York, NY, pg. 1628

Donohue, Christina, Account Director --PJA Advertising + Marketing, San Francisco, CA, pg. 874

Donovan, Jane, Account Director --KENNA, Mississauga, Canada, pg. 592

Doscher, Matt, Account Director --Energy BBDO, Chicago, IL, pg. 100

Dotterer, Holly, Account Director --ICF Olson, Chicago, IL, pg. 518

Dougherty, Heather, Account Director --THE KARMA AGENCY, Philadelphia, PA, pg. 1551

Doyle, Tim, Account Director --SUBJECT MATTER, Washington, DC, pg. 1654

Drake, Erik, Account Director --SK+G ADVERTISING LLC, Las Vegas, NV, pg. 1018

Draskovich, Allison, Account Director --MullenLowe, El Segundo, CA, pg. 772

Drewes, Melanie, Account Director --BPG ADVERTISING, Los Angeles, CA, pg. 151

Driggers, Amanda, Account Director --FIREHOUSE, INC., Dallas, TX, pg. 1402

Drucker, Jenna Rotner, Account Director --LIPPE TAYLOR, New York, NY, pg. 1568

Drummond, James, Account Director --Abbott Mead Vickers BBDO, London, United Kingdom, pg. 109

Drzadinski, Carrie, Account Director --RED BROWN KLE, Milwaukee, WI, pg. 938

Du Toit, Estelle, Account Director --Arc South Africa, Cape Town, South Africa, pg. 903

Dube, Clay, Account Director --SMAK, Vancouver, Canada, pg. 1022

Dubin, Chelsea, Account Director --VML, INC., Kansas City, MO, pg. 1143

Duchene, Delphine, Account Director --The Marketing Store, Levallois-Perret, France, pg. 1410

Ducker, Craig, Account Director --Geometry Global, Chicago, IL, pg. 415

Duerr, Matthew, Account Director --MullenLowe, New York, NY, pg. 772

Duerr, Matthew, Account Director --MULLENLOWE GROUP, Boston, MA, pg. 770

Duggan, Sarah, Account Director --FLYTEVU, Nashville, TN, pg. 390

Dukart, Simon, Account Director --Grey Argentina, Buenos Aires, Argentina, pg. 443

Dump, Cassandra, Account Director --PASCALE COMMUNICATIONS LLC, Fairfield, CT, pg. 1606

Dunbar, Carl, Account Director --McCann Erickson Worldwide, London, United Kingdom, pg. 712

Duncan, Renee, Account Director --Manning Selvage & Lee, Toronto, Canada, pg. 1587

Dupen, Jennifer, Account Director --FCB Auckland, Auckland, New Zealand, pg. 374

Dupre, Lesley, Account Director --THE BALCOM AGENCY, Fort Worth, TX, pg. 85

Dupuis, Julien, Account Director --THE IMAGINATION GROUP, London, United Kingdom, pg. 525

Dupy, Alexandra, Account Director --McCann Erickson Paris, Clichy, France, pg. 703

Durand, Carlos, Account Director --THE AXIS AGENCY, Los Angeles, CA, pg. 81

Durkes, Frances, Account Director --Havas Worldwide-Strat Farm, New York, NY, pg. 477

Dutta, Sreemoyee, Account Director --J. Walter Thompson, Kolkata, India, pg. 557

Dutton, Sian, Account Director --Havas People Birmingham, Birmingham, United Kingdom, pg. 483

Duvivier, Laurent, Account Director --Publicis Conseil, Paris, France, pg. 898

Dwyer, Amanda, Account Director --EP+CO, Greenville, SC, pg. 343

Dwyer, Amanda, Account Director --EP+Co, New York, NY, pg. 343

Dykstra, Julie, Account Director --BARKLEY, Kansas City, MO, pg. 90

Dyson, Amy, Account Director --CRITICAL MASS INC., Calgary, Canada, pg. 248

Dziak, Amanda, Account Director --PUSH22, Bingham Farms, MI, pg. 919

Dziak, Amanda, Account Director --PUSHTWENTYTWO, Pontiac, MI, pg. 919

Dziak-Woyda, Magda, Account Director --Fleishman-Hillard Poland, Warsaw, Poland, pg. 1510

Ecevit, Birol, Account Director --Havas Worldwide Istanbul, Istanbul, Turkey, pg. 482

Eckert, Carolyn, Account Director --AUSTIN & WILLIAMS, Hauppauge, NY, pg. 78

Eddings, Caroline, Account Director --ST. JOHN & PARTNERS, Jacksonville, FL, pg. 1040

Edelstein, Lee, Account Director --THE BRANDMAN AGENCY, New York, NY, pg. 157

Edinger, Toni, Account Director --HUGHES LEAHY KARLOVIC, Denver, CO, pg. 513

Edinger, Toni, Account Director --HUGHESLEAHYKARLOVIC, Saint Louis, MO, pg. 513

Edling, Zach, Account Director --TENDO COMMUNICATIONS INC., San Francisco, CA, pg. 1096

Edson, Katie, Account Director --DDB San Francisco, San Francisco, CA, pg. 269

Edwards, Josh, Account Director --Havas London, London, United Kingdom, pg. 482

Egan, Shannon, Account Director --TRACTION FACTORY, Milwaukee, WI, pg. 1112

Egan, Tracy, Account Director --MEDIA HORIZONS, INC., Norwalk, CT, pg. 726

Eggert, Ashley, Account Director --DITTOE PUBLIC RELATIONS, INC., Indianapolis, IN, pg. 1486

Ehly, Christine, Account Director --HUE & CRY, New York, NY, pg. 1538

Ehrlich, Amy, Account Director --SOURCE COMMUNICATIONS, Hackensack, NJ, pg. 1029

Ekberger, Mats, Account Director --FCB Faltman & Malmen, Stockholm, Sweden, pg. 368

Eley, Alex, Account Director --BUTLER, SHINE, STERN & PARTNERS, Sausalito, CA, pg. 177

Elkins, Ann, Account Director --WINGNUT ADVERTISING, Minneapolis, MN, pg. 1171

Ellis, Jim, Account Director --SIGNAL INC., Raleigh, NC, pg. 1012

Elliston, Tom, Account Director --LOLA MullenLowe, Madrid, Spain, pg. 542

Emery, Chris, Account Director --ARC WORLDWIDE, Chicago, IL, pg. 1397

AGENCIES — RESPONSIBILITIES INDEX

Emery, David, Account Director --Weber Shandwick-Chicago, Chicago, IL, pg. 1675
Emery, Gail, Account Director --O'Keeffe & Co., Portland, OR, pg. 1602
Emery, Gail, Account Director --O'KEEFFE & CO., Alexandria, VA, pg. 1602
Emery, Gail Repsher, Account Director --O'Keeffe & Co., Atlanta, GA, pg. 1602
Emery, Sarah, Account Director --CIVIC ENTERTAINMENT GROUP, LLC, New York, NY, pg. 209
Emms, Helena, Account Director --Grey Gothenburg, Gothenburg, Sweden, pg. 1182
Enderson, Emily, Account Director --HAVAS WORLDWIDE CHICAGO, Chicago, IL, pg. 488
Eng, Gunnar, Account Director --BARKER & CHRISTOL ADVERTISING, Murfreesboro, TN, pg. 90
Engelman, Jennifer, Account Director --BORDERS PERRIN NORRANDER INC, Portland, OR, pg. 147
English, Tanya, Account Director --BBDO Dublin, Dublin, Ireland, pg. 105
Epstein, Allison, Account Director --TEAK MEDIA & COMMUNICATION, Boston, MA, pg. 1657
Erickson, Brian, Account Director --GREY GROUP, New York, NY, pg. 438
Erickson, Neal, Account Director --WE ARE UNLIMITED, Chicago, IL, pg. 1155
Errickson, Sara, Account Director --Brodeur Partners, Washington, DC, pg. 1458
Errickson, Sara, Account Director --Brodeur Partners, Phoenix, AZ, pg. 1457
Escovedo, Richie, Account Director --THE BALCOM AGENCY, Fort Worth, TX, pg. 85
Escriva, Ana, Account Director --Starcom, Barcelona, Spain, pg. 1373
Escueta, Barbara, Account Director --Ace Saatchi & Saatchi, Makati, Philippines, pg. 985
Espinosa, Paulina, Account Director --DDB Mexico, Mexico, Mexico, pg. 277
Espinoza, Isabel, Account Director --Dittborn & Unzueta MRM, Santiago, Chile, pg. 768
Esposito, Jennie, Account Director --J. Walter Thompson, Sydney, Australia, pg. 554
Estacio, Julia, Account Director --CONILL ADVERTISING, INC., Miami, FL, pg. 226
Eu, Alicia, Account Director --WE Buchan, Melbourne, Australia, pg. 1672
Eure, Renea, Account Director --KIOSK CREATIVE LLC, Novato, CA, pg. 596
Evans, Halbert, Account Director --MERGE BOSTON, Boston, MA, pg. 731
Evans, Kristen, Account Director --RIBBOW MEDIA GROUP, INC., Franklin, TN, pg. 955
Everett, Lisa, Account Director --THE MX GROUP, Burr Ridge, IL, pg. 781
Everly, Mark, Account Director --AGENCY 720, Detroit, MI, pg. 37
Ewan, Rebecca, Account Director --LEO BURNETT WORLDWIDE, INC., Chicago, IL, pg. 621
Eyre, Sasha, Account Director --Clarion Communications, London, United Kingdom, pg. 1185
Ezeiza, Giselle, Account Director --Grey Argentina, Buenos Aires, Argentina, pg. 443
Fabbro, Gabriella, Account Director --DAVID The Agency, Miami, FL, pg. 261
Fager, Maria, Account Director --ANR BBDO, Stockholm, Sweden, pg. 109
Fagin, Rachel, Account Director --GOODBY, SILVERSTEIN & PARTNERS, San Francisco, CA, pg. 428
Fair, Chloe, Account Director --BBH Singapore, Singapore, Singapore, pg. 94
Faith, Sarah, Account Director --CONE COMMUNICATIONS, Boston, MA, pg. 1473
Falk, Rebecca, Account Director --Stein IAS, San Francisco, CA, pg. 1046
Fallon, Jennifer, Account Director --Wavemaker, Dublin, Ireland, pg. 1382
Fallon, Matt, Account Director --MMB, Boston, MA, pg. 750
Fanica, Sanziana, Account Director --Commonwealth, Detroit, MI, pg. 698
Farber, Julia, Account Director --TRANSLATION LLC, New York, NY, pg. 1113
Fares, Firas, Account Director --FP7 Jeddah, Jeddah, Saudi Arabia, pg. 708
Farhat, Tiffany, Account Director --SIGMA GROUP, Upper Saddle River, NJ, pg. 1011

Farias, Amy, Account Director --GREENLIGHT MEDIA & MARKETING, LLC, Hollywood, CA, pg. 435
Fast, Jessica, Account Director --ABEL COMMUNICATIONS, INC., Baltimore, MD, pg. 1425
Faust, Ria, Account Director --SOCIOFABRICA, San Francisco, CA, pg. 1291
Fayed, Salim, Account Director --Fortune Promoseven-Lebanon, Beirut, Lebanon, pg. 706
Feczko, Katie, Account Director --Y&R California, San Francisco, CA, pg. 1198
Feinberg, Alex, Account Director --JELLYFISH, Baltimore, MD, pg. 574
Felder, Bhara, Account Director --Leo Burnett Indonesia, Jakarta, Indonesia, pg. 630
Feldman, Shlomit, Account Director --DATAXU, INC., Boston, MA, pg. 1317
Felice, Christa, Account Director --PUBLICIS NEW YORK, New York, NY, pg. 912
Felice, Christa, Account Director --PUBLICIS USA, New York, NY, pg. 912
Felter, Cathy, Account Director --SPM MARKETING & COMMUNICATIONS, La Grange, IL, pg. 1035
Fergione, Stephanie, Account Director --INKHOUSE MEDIA + MARKETING, Waltham, MA, pg. 1542
Ferguson, Chris, Account Director --BBDO Dublin, Dublin, Ireland, pg. 105
Ferguson, Sarah, Account Director --CROSSROADS, Kansas City, MO, pg. 250
Fernandes, Juliana, Account Director --Ogilvy, Sao Paulo, Brazil, pg. 819
Fernandez, Diego, Account Director --Prolam Y&R S.A., Santiago, Chile, pg. 1206
Ferrara, Daniel, Account Director --Millward Brown Spain, Madrid, Spain, pg. 743
Ferreira, Trisha, Account Director --DAILEY & ASSOCIATES, West Hollywood, CA, pg. 258
Ferrer, Lily, Account Director --GROUPM NORTH AMERICA & CORPORATE HQ, New York, NY, pg. 1322
Fesser, Jorge, Account Director --Wieden + Kennedy Amsterdam, Amsterdam, Netherlands, pg. 1164
Festoso, Christina, Account Director --GREY CANADA, Toronto, Canada, pg. 437
Ficca, Rebecca, Account Director --QUATTRO DIRECT LLC, Berwyn, PA, pg. 921
Fidoten, Doug, Account Director --360I, New York, NY, pg. 6
Field, Joanna, Account Director --GENUINE INTERACTIVE, Boston, MA, pg. 414
Figurel, Amy, Account Director --2E CREATIVE, Saint Louis, MO, pg. 4
Fili, Vicky, Account Director --Bold Ogilvy Greece, Athens, Greece, pg. 815
Finch, Jenni, Account Director --Havas Worldwide New York, New York, NY, pg. 476
Fink, Jennifer, Account Director --MASTERMINDS, Egg Harbor Township, NJ, pg. 692
Finke, Michael, Account Director --TOM, DICK & HARRY CREATIVE, Chicago, IL, pg. 1108
Finlan, Karla, Account Director --LITTLE BIG BRANDS, White Plains, NY, pg. 645
Finn, Dave, Account Director --Taylor, Charlotte, NC, pg. 1656
Finn, Mark, Account Director --ABELSON-TAYLOR, INC., Chicago, IL, pg. 17
Finnegan, Molly, Account Director --CONE COMMUNICATIONS, Boston, MA, pg. 1473
Finnegan, Patrick, Account Director --SWANSON RUSSELL ASSOCIATES, Lincoln, NE, pg. 1064
Fischer, Erica, Account Director --W2O GROUP, San Francisco, CA, pg. 1148
Fischer, Franziska, Account Director --DDB Group Germany, Berlin, Germany, pg. 274
Fischer, Jenna, Account Director --B/W/R, Beverly Hills, CA, pg. 1440
Fischesser, Lindsey, Account Director --JSTOKES AGENCY, Walnut Creek, CA, pg. 584
Fisher, Cinda, Account Director --EAG ADVERTISING & MARKETING, Kansas City, MO, pg. 328
Fisher, Cinda, Account Director --ENTREPRENEUR ADVERTISING GROUP, Kansas City, MO, pg. 342
Fisher, Kevin, Account Director --CENTIGRADE INTERNATIONAL LTD., Atlanta, GA, pg. 200
Fisher, Susan, Account Director --G&S BUSINESS COMMUNICATIONS, New York, NY, pg. 406
Fletcher, Erin, Account Director --EAG ADVERTISING & MARKETING, Kansas City, MO, pg. 328

Flockhart, Angus, Account Director --J. Walter Thompson, London, United Kingdom, pg. 562
Flores, Sarah, Account Director --CITIZEN GROUP, San Francisco, CA, pg. 209
Fluney, Jordan, Account Director --EXPOSURE, New York, NY, pg. 356
Fonseca, Nancy Anguiano, Account Director --MARKETLOGIC, Doral, FL, pg. 1411
Fopiano, David, Account Director --SCA PROMOTIONS, INC., Dallas, TX, pg. 1415
Forbes, Julie, Account Director --Havas Media, Toronto, Canada, pg. 1327
Fordham, Kathy, Account Director --EVOK ADVERTISING, Heathrow, FL, pg. 353
Fordham, Kelly, Account Director --BULLFROG & BAUM, New York, NY, pg. 172
Forsell, Alyssa, Account Director --BCW (BURSON COHN & WOLFE), New York, NY, pg. 1439
Forshaw, Charlotte, Account Director --TBWA/WORLDHEALTH, New York, NY, pg. 1077
Foster, Carl, Account Director --31,000 FT, Addison, TX, pg. 6
Foster, Samantha, Account Director --CULTIVATE PUBLIC RELATIONS, Austin, TX, pg. 1479
Fouyaxis, Tina, Account Director --Clemenger BBDO Melbourne, Melbourne, Australia, pg. 111
Fowler, Samuel, Account Director --VAULT49, New York, NY, pg. 1132
Fox, Charlotte, Account Director --Hills Balfour, London, United Kingdom, pg. 750
Fox, George, Account Director --Adam & EveDDB, London, United Kingdom, pg. 281
Frampton, Shauna, Account Director --JESSON + COMPANY COMMUNICATIONS INC., Toronto, Canada, pg. 1548
Frankoski, Gail, Account Director --BRANDHIVE, Salt Lake City, UT, pg. 156
Frawley, Jim, Account Director --ADAMS & KNIGHT, INC., Avon, CT, pg. 25
Frederick, Andrea, Account Director --AKQA, Inc., Washington, DC, pg. 1234
French, Mary, Account Director --LAUNDRY SERVICE, New York, NY, pg. 615
Friday, Andrea, Account Director --JOHN ST., Toronto, Canada, pg. 579
Friday, Celena, Account Director --ELL CREATIVE, Houston, TX, pg. 337
Fuchs, Alexander, Account Director --Lewis, Munich, Germany, pg. 637
Fuentes, Valerie, Account Director --MAX BORGES AGENCY, Miami, FL, pg. 1578
Fulena, Dana, Account Director --CRAMER-KRASSELT, Chicago, IL, pg. 237
Fulga, Manuela, Account Director --Geometry Global, Bucharest, Romania, pg. 441
Fulk, Lauren, Account Director --SPECTRUM SCIENCE COMMUNICATIONS, INC., Washington, DC, pg. 1649
Fuller, Kevin, Account Director --ARCHRIVAL, Lincoln, NE, pg. 66
Furth, Margaret, Account Director --M/H VCCP, San Francisco, CA, pg. 664
Futterer, Devan, Account Director --MARKETING ARCHITECTS, INC., Minnetonka, MN, pg. 682
Gahn, Ashley, Account Director --THE SUNFLOWER GROUP, Lenexa, KS, pg. 1417
Galio, Peter, Account Director --HUDSON ROUGE, New York, NY, pg. 511
Gallagher, Katie, Account Director --FIGLIULO&PARTNERS, LLC, New York, NY, pg. 380
Gallagher, Katie, Account Director --NAS Recruitment Communications, Acworth, GA, pg. 785
Gallinat, Sara, Account Director --MRM MCCANN, New York, NY, pg. 766
Gallo, Matthew, Account Director --HIGHDIVE ADVERTISING, Chicago, IL, pg. 499
Galloway, Maureen, Account Director --OgilvyOne Worldwide, Chicago, IL, pg. 812
Gambolati, Erin, Account Director --CROSSMEDIA, New York, NY, pg. 1317
Gammill, Christal, Account Director --Publicis Dialog Boise, Boise, ID, pg. 905
Gammill, Christal, Account Director --Publicis Dialog Boise, Boise, ID, pg. 913
Gandarillas, Martin, Account Director --Havas Worldwide Mexico, Mexico, Mexico, pg. 485
Ganz, Laura Yetter, Account Director --ANALOGFOLK, New York, NY, pg. 55

RESPONSIBILITIES INDEX — AGENCIES

Ganz, Laura Yetter, Account Director --POSSIBLE NEW YORK, New York, NY, pg. 1280

Garaizabal, Jaime Arostegui, Account Director --Grupo Bassat, Ogilvy, Madrid, Spain, pg. 817

Garcia, Arturo, Account Director --CORNERSTONE AGENCY, INC., New York, NY, pg. 1476

Gardiner, Ryan, Account Director --MCKINNEY, Durham, NC, pg. 719

Gardner, Joanna, Account Director --E/LA (EVERYTHINGLA), Los Angeles, CA, pg. 327

Garella, Christie, Account Director --DANCIE PERUGINI WARE PUBLIC RELATIONS, Houston, TX, pg. 1480

Gargan, Madison, Account Director --FITZGERALD & CO, Atlanta, GA, pg. 386

Garnand, Stacy, Account Director --ROUNDHOUSE, Portland, OR, pg. 969

Garrity, Patricia, Account Director --Fenton, San Francisco, CA, pg. 377

Garvey, Keith, Account Director --COLANGELO, Darien, CT, pg. 218

Gary, Emily Wannarka, Account Director --PROOF ADVERTISING, Austin, TX, pg. 893

Gasna, Ragne, Account Director --DDB Estonia Ltd., Tallinn, Estonia, pg. 273

Gatdula, Regina, Account Director --ORION TRADING, New York, NY, pg. 1360

Gathy, Olivia, Account Director --J. Walter Thompson, Brussels, Belgium, pg. 559

Gaudino, Lou-Anne, Account Director --ANDERSON DDB HEALTH & LIFESTYLE, Toronto, Canada, pg. 57

Gauffin, Alexander, Account Director --MediaCom Sverige AB, Stockholm, Sweden, pg. 1347

Gauss, Mike, Account Director --ARTICULON MCKEEMAN, Raleigh, NC, pg. 1435

Gauthier, Maddie, Account Director --WAX PARTNERSHIP, Calgary, Canada, pg. 1154

Gaylord, Jeff, Account Director --MILLENNIUM COMMUNICATIONS, INC., Syosset, NY, pg. 741

Gaynor, Christopher, Account Director --Wavemaker, Dublin, Ireland, pg. 1382

Geary, Shaun, Account Director --McCann Erickson Advertising Ltd., London, United Kingdom, pg. 711

Gehman, Rebecca, Account Director --DEVELOPMENT COUNSELLORS INTERNATIONAL, LTD., New York, NY, pg. 296

Geli, Jessica, Account Director --Publicis Manila, Makati, Philippines, pg. 910

George, Lindsey, Account Director --Leo Burnett, Ltd., London, United Kingdom, pg. 624

Gerber, James, Account Director --MARCH COMMUNICATIONS, Boston, MA, pg. 1575

Germaine, Lera, Account Director --CLEAN DESIGN, INC., Raleigh, NC, pg. 212

Gerrans, Angie, Account Director --FAIRLY PAINLESS ADVERTISING, Holland, MI, pg. 359

Gerstner, Tony, Account Director --BOHAN, Nashville, TN, pg. 144

Getachew, Daniel, Account Director --GREENRUBINO, Seattle, WA, pg. 436

Geuter, Sam, Account Director --Adam & EveDDB, London, United Kingdom, pg. 281

Ghosh, Shagorika, Account Director --IW GROUP, INC., West Hollywood, CA, pg. 551

Giandurco, Vincent, Account Director --THE VOICE, Fairfield, CT, pg. 1145

Gibbs, Kendall, Account Director --IPROSPECT, Fort Worth, TX, pg. 1335

Gibson, Leigh, Account Director --INTREPID, Salt Lake City, UT, pg. 1544

Gilbert, Rhonda, Account Director --GEOMETRY GLOBAL, Bentonville, AR, pg. 415

Gilbertson, Irina, Account Director --THE TERRI & SANDY SOLUTION, New York, NY, pg. 1097

Gimber, Jane, Account Director --Fleishman-Hillard, Brussels, Belgium, pg. 1510

Giordano, Atria Medina, Account Director --Publicis Arredondo de Haro, Mexico, Mexico, pg. 907

Gislason, Laila, Account Director --CAMPBELL MARKETING & COMMUNICATIONS, Dearborn, MI, pg. 186

Gitau, Erin, Account Director --HUGHESLEAHYKARLOVIC, Saint Louis, MO, pg. 513

Giuffrida, Giulia, Account Director --M&C Saatchi Milan, Milan, Italy, pg. 660

Gladstone, Marissa, Account Director --MCCANN CANADA, Toronto, Canada, pg. 712

Glasnapp, Mary, Account Director --TRACYLOCKE, Dallas, TX, pg. 1113

Gleason, Ashley, Account Director --TANNER + WEST ADVERTISING & DESIGN AGENCY, Owensboro, KY, pg. 1072

Goff, Jamie L., Account Director --LOSASSO INTEGRATED MARKETING, Chicago, IL, pg. 652

Gogarowska, Karolina, Account Director --Publicis UK, London, United Kingdom, pg. 902

Gollamudi, Snigdha, Account Director --GREY GROUP, New York, NY, pg. 438

Gomes, Gabi, Account Director --ZYNC COMMUNICATIONS INC., Toronto, Canada, pg. 1217

Goncalves, Sonia, Account Director --FCB Lisbon, Lisbon, Portugal, pg. 367

Goodman, Nick, Account Director --NEO\@OGILVY LOS ANGELES, Playa Vista, CA, pg. 789

Goodman, Whitney, Account Director --YOUNG & RUBICAM, New York, NY, pg. 1197

Goodwin, Erica, Account Director --ISTRATEGYLABS, Washington, DC, pg. 1265

Goodwin, Kelli, Account Director --STERLING RICE GROUP, Boulder, CO, pg. 1047

Gordon, Keith, Account Director --MULLENLOWE GROUP, Boston, MA, pg. 770

Gordon, Mary, Account Director --G&S BUSINESS COMMUNICATIONS, New York, NY, pg. 406

Gordon, Michelle, Account Director --TIERNEY COMMUNICATIONS, Philadelphia, PA, pg. 1103

Gouin, Kathy, Account Director --G.W. HOFFMAN MARKETING & COMMUNICATIONS, Darien, CT, pg. 1404

Gourevitch, Hannah, Account Director --Wieden + Kennedy, London, United Kingdom, pg. 1165

Grabosky, Herman, Account Director --M8 AGENCY, Miami, FL, pg. 666

Gradin, Johanna, Account Director --Acne Advertising, Stockholm, Sweden, pg. 1249

Graham, Carmen, Account Director --THE COMMUNITY, Miami, FL, pg. 223

Graham, Hayley, Account Director --DH, Spokane, WA, pg. 298

Graham, Jessica, Account Director --BADJAR Ogilvy, Melbourne, Australia, pg. 821

Graham, Kelly, Account Director --GERSHONI, San Francisco, CA, pg. 417

Graham, Mark, Account Director --BBDO Toronto, Toronto, Canada, pg. 100

Graham, Norma, Account Director --NOBOX MARKETING GROUP, INC., Miami, FL, pg. 796

Graham, Tawn, Account Director --NORTHLICH, Cincinnati, OH, pg. 799

Grainger, Laura, Account Director --McCann-Erickson Communications House Ltd, Macclesfield, Prestbury, United Kingdom, pg. 712

Grams, Colleen, Account Director --Bader Rutter & Associates, Inc., Lincoln, NE, pg. 83

Granados, Maria, Account Director --Millward Brown Spain, Madrid, Spain, pg. 743

Grant, Nicholas, Account Director --THE INTEGER GROUP-MIDWEST, Des Moines, IA, pg. 1406

Grant, Susan, Account Director --GOODWAY GROUP, Jenkintown, PA, pg. 1322

Grant-Brabson, Chandra, Account Director --3HEADED MONSTER, Dallas, TX, pg. 7

Grant-Peterkin, Bryony, Account Director --SPARK44, Los Angeles, CA, pg. 1226

Gray, Andrea Still, Account Director --JPA HEALTH COMMUNICATIONS, Washington, DC, pg. 583

Gray, Annie, Account Director --THE DISTILLERY PROJECT, Chicago, IL, pg. 304

Gray, Caty Bennett, Account Director --KWT GLOBAL, New York, NY, pg. 604

Gray, Kristen, Account Director --OPTIMUM SPORTS, New York, NY, pg. 842

Greeley, Jon, Account Director --MMB, Boston, MA, pg. 750

Greene, Donna L., Account Director --SPM MARKETING & COMMUNICATIONS, La Grange, IL, pg. 1035

Greenlee, Rachel, Account Director --BBDO WORLDWIDE INC., New York, NY, pg. 97

Gregory, Kristin, Account Director --STRATACOMM, LLC, Washington, DC, pg. 1052

Gregory, Olivia, Account Director --M&C SAATCHI PLC, London, United Kingdom, pg. 658

Grenier, Felix-Antoine, Account Director --Publicis Montreal, Montreal, Canada, pg. 904

Grey, Katy, Account Director --J. Walter Thompson, Sydney, Australia, pg. 554

Griffin, Courtney, Account Director --GREY GROUP, New York, NY, pg. 438

Griffith, Charlie, Account Director --BARTLE BOGLE HEGARTY LIMITED, London, United Kingdom, pg. 92

Griffiths, Jason, Account Director --KENNA, Mississauga, Canada, pg. 592

Grigoryeva, Anastasiya, Account Director --SPN Ogilvy Communications Agency, Moscow, Russia, pg. 816

Groenke, Gaby, Account Director --FCB Hamburg, Hamburg, Germany, pg. 366

Groh, Remy, Account Director --THE BAIT SHOPPE, New York, NY, pg. 84

Grome, David, Account Director --BUTLER/TILL, Rochester, NY, pg. 1313

Grubb, Emily, Account Director --THE BRANDMAN AGENCY, New York, NY, pg. 157

Grummett, Tory, Account Director --J. WALTER THOMPSON CANADA, Toronto, Canada, pg. 565

Grymek, Jerry, Account Director --LMA, Toronto, Canada, pg. 648

Guerin, Noelle, Account Director --CERCONE BROWN CURTIS, Boston, MA, pg. 201

Guggi, Pamela, Account Director --FARM, Depew, NY, pg. 362

Guillermo, Myra, Account Director --ANSIRA, Saint Louis, MO, pg. 60

Guimaraes, Celina, Account Director --COLMAN BROHAN DAVIS, Chicago, IL, pg. 220

Guimarin, Victoria, Account Director --UPRAISE MARKETING & PR, San Francisco, CA, pg. 1665

Gunn, Charlotte, Account Director --Wieden + Kennedy, London, United Kingdom, pg. 1165

Gupta, Rishi, Account Director --MATCH MARKETING GROUP, Mississauga, Canada, pg. 693

Gurayca, Merve, Account Director --Wavemaker, Istanbul, Turkey, pg. 1383

Guryn, Gosia, Account Director --BBDO, Warsaw, Poland, pg. 107

Gustafson, Eva, Account Director --Wunderman, Copenhagen, Denmark, pg. 1191

Gustafson, Nick, Account Director --DUNCAN CHANNON, San Francisco, CA, pg. 325

Guthrie, Emilie, Account Director --GS&F, Nashville, TN, pg. 453

Guy, Katie, Account Director --The&Partnership London, London, United Kingdom, pg. 56

Gyoker, Dane, Account Director --PHD Canada, Toronto, Canada, pg. 1364

Haack, Natasha, Account Director --SelectNY.Hamburg GmbH, Hamburg, Germany, pg. 1001

Haar, Sarah, Account Director --GODFREY DADICH, San Francisco, CA, pg. 427

Hach, Christie, Account Director --DOTTED LINE COMMUNICATIONS, New York, NY, pg. 1487

Hade, Becca, Account Director --LRXD, Denver, CO, pg. 1269

Hagemann, Rob, Account Director --COLLE+MCVOY, Minneapolis, MN, pg. 219

Haim, Andrew W., Account Director --Group SJR, New York, NY, pg. 1530

Halkova, Patricie, Account Director --Y&R Praha, s.r.o., Prague, Czech Republic, pg. 1205

Hall, Brian, Account Director --Crossmedia, Philadelphia, PA, pg. 1317

Hall, Derek, Account Director --SKIVER, Newport Beach, CA, pg. 1019

Hall, Jane, Account Director --TARGET MARKETING & COMMUNICATIONS INC., Saint John's, Canada, pg. 1073

Hall, Paige, Account Director --REVEL INTERACTIVE, Grand Junction, CO, pg. 952

Hall, Shelley, Account Director --LATINWORKS MARKETING, INC., Austin, TX, pg. 612

Hall, Todd, Account Director --LINKMEDIA 360, Independence, OH, pg. 642

Hallgren, Andreas, Account Director --Acne Advertising, Stockholm, Sweden, pg. 1249

Halliday, Steven, Account Director --Adam & EveDDB, London, United Kingdom, pg. 281

Halpern, Jennifer, Account Director --88/BRAND PARTNERS, Chicago, IL, pg. 13

Hamidi, Madjid, Account Director --DDB Canada, Toronto, Canada, pg. 267

Hampton, Defausha, Account Director --SHIFT COMMUNICATIONS LLC, Brighton, MA, pg. 1644

Hanford, Diana, Account Director --PIERSON GRANT PUBLIC RELATIONS, Fort Lauderdale, FL, pg. 870

Hanke, Philipp, Account Director --Weber Shandwick, Munich, Germany, pg. 1678

Hanley, Madeleine, Account Director --Opr, Saint Leonards,

AGENCIES — RESPONSIBILITIES INDEX

Hanna, Jessica, Account Director --ARC WORLDWIDE, Chicago, IL, pg. 1397
Hanrahan, Colleen, Account Director --Cohn & Wolfe, Los Angeles, CA, pg. 1441
Hansen, Sarah Marcus, Account Director --SPOTCO, New York, NY, pg. 1036
Hansen, Shawn, Account Director --SOLVE, Minneapolis, MN, pg. 1028
Hansen, Susan, Account Director --VML, Kalamazoo, MI, pg. 1300
Harris, Brynn, Account Director --THE GARAGE TEAM MAZDA, Costa Mesa, CA, pg. 409
Harris, Jamie, Account Director --The&Partnership London, London, United Kingdom, pg. 56
Harris, Kyra, Account Director --Charles Ryan Associates, Richmond, VA, pg. 203
Harris, Stacey, Account Director --PATHFINDERS ADVERTISING & MARKETING GROUP, Mishawaka, IN, pg. 857
Harrison, Ashley, Account Director --ADVERTISING SAVANTS, INC., Saint Louis, MO, pg. 35
Harter, James, Account Director --MORTENSON SAFAR KIM, Indianapolis, IN, pg. 761
Hartland-Mahon, Emma, Account Director --J PUBLIC RELATIONS, San Diego, CA, pg. 1407
Hartong, Dana, Account Director --G&S BUSINESS COMMUNICATIONS, New York, NY, pg. 406
Harvey, Morgan, Account Director --MOXIE, Atlanta, GA, pg. 1274
Hashimi, Fadwa Al, Account Director --Gulf Hill & Knowlton, Dubai, United Arab Emirates, pg. 1534
Hass, Joanna, Account Director --Patients & Purpose, New York, NY, pg. 198
Hattori, Akiyo, Account Director --Y&R, LTD., Toronto, Canada, pg. 1194
Haughey, Tammy, Account Director --MERING & ASSOCIATES, Sacramento, CA, pg. 731
Hawley, Carolyn, Account Director --CANALE COMMUNICATIONS, San Diego, CA, pg. 187
Hay, Devon, Account Director --YARD, New York, NY, pg. 1303
Hayashi, Sharon, Account Director --AAAZA, Inc., Los Angeles, CA, pg. 31
Hayes, Geoffrey, Account Director --Imagination the Americas, New York, NY, pg. 526
Hayman, Erica, Account Director --SOURCE COMMUNICATIONS, Hackensack, NJ, pg. 1029
Hazell, Laura, Account Director --Abbott Mead Vickers BBDO, London, United Kingdom, pg. 109
Hazlitt, Courtney White, Account Director --ECLIPSE ADVERTISING, INC., Burbank, CA, pg. 330
Heady, Jen, Account Director --GREENOUGH COMMUNICATIONS, Watertown, MA, pg. 1524
Heather, Hannah, Account Director --WE Buchan, Melbourne, Australia, pg. 1672
Heffernan, Tracie, Account Director --REDHEAD MARKETING & PR, Park City, UT, pg. 943
Heitner-Anderson, Sheri, Account Director --ANDERSON ADVERTISING & PUBLIC RELATIONS, Scottsdale, AZ, pg. 56
Heitor, Joana, Account Director --TBWA Shanghai, Shanghai, China, pg. 1090
Heitzinger, Mark, Account Director --FUSE, LLC, Winooski, VT, pg. 404
Helson, Janique, Account Director --GREY GROUP, New York, NY, pg. 438
Helson, Janique, Account Director --GREY NEW YORK, New York, NY, pg. 438
Heltne, Ashley, Account Director --R/GA Los Angeles, North Hollywood, CA, pg. 926
Hemmingsson, Jessica, Account Director --FCB Faltman & Malmen, Stockholm, Sweden, pg. 368
Henderson, Evan, Account Director --JOHNSON & SEKIN, Dallas, TX, pg. 580
Henderson, Frank, Account Director --CROSSMEDIA, New York, NY, pg. 1317
Hendricks, Haley, Account Director --GLOBAL TEAM BLUE, Dearborn, MI, pg. 423
Hengst, Kyler, Account Director --ADVANTAGE SPONSORSHIP AND BRAND EXPERIENCE AGENCY, Stamford, CT, pg. 34
Henrie, Lindsey, Account Director --TRACTORBEAM, Dallas, TX, pg. 1112
Henry, Michael, Account Director --WEBER SHANDWICK, New York, NY, pg. 1673
Henry, Mike, Account Director --Moroch, Sacramento, CA, pg. 759
Henry, Rachel, Account Director --KIRVIN DOAK COMMUNICATIONS, Las Vegas, NV, pg. 1559
Hensch, Christina, Account Director --LEVELWING, New York, NY, pg. 1268
Hensel, Wendy, Account Director --PRIMACY, Farmington, CT, pg. 889
Hensley, Becky, Account Director --SULLIVAN BRANDING, Memphis, TN, pg. 1059
Hepworth, Samantha, Account Director --Agency59 Response, Toronto, Canada, pg. 40
Heres, Jakub, Account Director --Y&R Praha, s.r.o., Prague, Czech Republic, pg. 1205
Herman, Nicole, Account Director --ROKKAN, New York, NY, pg. 966
Herold, Alexandra, Account Director --mcgarrybowen, Chicago, IL, pg. 718
Herrasti, Nicolas, Account Director --Ogilvy Argentina, Buenos Aires, Argentina, pg. 819
Hershey, Summer, Account Director --CACTUS, Denver, CO, pg. 181
Hess, Elizabeth, Account Director --Patients & Purpose, New York, NY, pg. 198
Hesters, Veroniek, Account Director --These Days Y&R, Antwerp, Belgium, pg. 1202
Hestert-Vecoli, Barbel, Account Director --Weber Shandwick, Berlin, Germany, pg. 1678
Heyburn, Gage, Account Director --THE BARBARIAN GROUP, New York, NY, pg. 88
Hibbs, Jennifer, Account Director --MARDEN-KANE, INC., Syosset, NY, pg. 1409
Hickey, Monica, Account Director --IDEAS THAT EVOKE, Madison, WI, pg. 521
Hickling, George, Account Director --Porter Novelli-London, London, United Kingdom, pg. 1615
Higgins, Monica, Account Director --HOLLYWOOD AGENCY, Plymouth, MA, pg. 1536
Higgins, Tom, Account Director --Optimedia Blue 449, London, United Kingdom, pg. 1365
Higlett, Lex, Account Director --Wieden + Kennedy, London, United Kingdom, pg. 1165
Hill, David, Account Director --OMD Chicago, Chicago, IL, pg. 1356
Hill, Miles, Account Director --BLISSPR, New York, NY, pg. 136
Hille, Evelyn, Account Director --dBOD, Amsterdam, Netherlands, pg. 1180
Hirsh, Suzanne, Account Director --LIBERTY COMMUNICATIONS, San Francisco, CA, pg. 1567
Ho, Jennie, Account Director --WE, Bellevue, WA, pg. 1671
Ho, Yalun, Account Director --MYRIAD TRAVEL MARKETING, Manhattan Beach, CA, pg. 782
Hobin, Sarah, Account Director --LUCID AGENCY, Tempe, AZ, pg. 655
Hochberg, Casey, Account Director --BRANDFIRE, New York, NY, pg. 156
Hoedel, Lindsey, Account Director --TRIGGER COMMUNICATIONS & DESIGN, Calgary, Canada, pg. 1117
Hoffmann, Kathy, Account Director --DICOM, INC., Saint Louis, MO, pg. 1318
Hogrefe, David, Account Director --Fitch, Columbus, OH, pg. 385
Holland, Meg, Account Director --NeON, New York, NY, pg. 364
Holt, Kevin, Account Director --AMCI, Los Angeles, CA, pg. 305
Holz, Rebecca, Account Director --DDB Berlin, Berlin, Germany, pg. 274
Hooven, Bill, Account Director --THE PEDOWITZ GROUP, Milton, GA, pg. 861
Hopken, Meredith, Account Director --THE DSM GROUP, Mahwah, NJ, pg. 323
Hopkins, Erin, Account Director --J PUBLIC RELATIONS, San Diego, CA, pg. 1407
Hormuth, Christina, Account Director --ARC WORLDWIDE, Chicago, IL, pg. 1397
Hossfeld, Diana, Account Director --BECCA PR, New York, NY, pg. 1446
Houlston, Sam, Account Director --Leo Burnett London, London, United Kingdom, pg. 627
Howarth, Sarah, Account Director --GAGGI MEDIA COMMUNICATIONS, INC., Toronto, Canada, pg. 408
Howell, John, Account Director --GEARSHIFT ADVERTISING, Costa Mesa, CA, pg. 413
Hsiao, Wendy, Account Director --HOPE-BECKHAM, INC., Atlanta, GA, pg. 508
Hsu, Erika Lyons, Account Director --CITRUS STUDIOS, Santa Monica, CA, pg. 209
Huang, Emma, Account Director --Weber Shandwick, Beijing, China, pg. 1680
Huang, Janette Sung-En, Account Director --Ogilvy, Taipei, Taiwan, pg. 828
Huang, Janette Sung-En, Account Director --Ogilvy Taiwan, Taipei, Taiwan, pg. 1601
Huang, Lisa, Account Director --MCCANN, New York, NY, pg. 697
Hubbard, Scott, Account Director --SPARK44, Los Angeles, CA, pg. 1226
Hubich, Mandy, Account Director --THE VARIABLE AGENCY, Winston Salem, NC, pg. 1131
Hudson, Laura, Account Director --Merkle IMPAQT, Pittsburgh, PA, pg. 733
Huergo, Michelle, Account Director --INTRIGUE, Melville, NY, pg. 545
Hughes, Kristy, Account Director --HAVAS WORLDWIDE CHICAGO, Chicago, IL, pg. 488
Hughes, Melanie, Account Director --Publicis Conseil, Paris, France, pg. 898
Huie, Lisa, Account Director --A&C AGENCY, Toronto, Canada, pg. 1424
Hull, Kaurina, Account Director --90OCTANE, Denver, CO, pg. 13
Hulsey, Molly, Account Director --FLEISHMANHILLARD INC., Saint Louis, MO, pg. 1506
Hung, Lisa, Account Director --RED INTERACTIVE AGENCY, Santa Monica, CA, pg. 1284
Hunt, Lauren, Account Director --EP+CO, Greenville, SC, pg. 343
Hunt, Tom, Account Director --Chameleon PR, London, United Kingdom, pg. 305
Hunt, Will, Account Director --Wieden + Kennedy, London, United Kingdom, pg. 1165
Hussey, Joanna, Account Director --CAVALRY AGENCY, Chicago, IL, pg. 197
Hutchens, Emily, Account Director --THE INTEGER GROUP-DALLAS, Dallas, TX, pg. 1405
Hutchison, Jennifer, Account Director --JASCULCA/TERMAN AND ASSOCIATES, Chicago, IL, pg. 1545
Hutt, Amanda, Account Director --J. WALTER THOMPSON U.S.A., INC., New York, NY, pg. 566
Ianucci, David, Account Director --JAY ADVERTISING, INC., Rochester, NY, pg. 573
Idris, Kharis, Account Director --Hill & Knowlton (SEA) Sdn. Bhd., Kuala Lumpur, Malaysia, pg. 1534
Ingemann, Mette, Account Director --DDB Denmark, Copenhagen, Denmark, pg. 272
Ingeneri, Kristin, Account Director --FUSE/IDEAS, Winchester, MA, pg. 403
Ingram, Lindsey, Account Director --CALLAHAN CREEK, INC., Lawrence, KS, pg. 183
Inri, Zachery, Account Director --TBWA ISC Malaysia, Kuala Lumpur, Malaysia, pg. 1091
Ipsen, Rita, Account Director --GUMAS ADVERTISING, San Francisco, CA, pg. 455
Irobalieva, Stanimira S., Account Director --MullenLowe Swing, Sofia, Bulgaria, pg. 778
Ismert, Ted, Account Director --POSSIBLE NEW YORK, New York, NY, pg. 1280
Isozaki, Valerie, Account Director --VERTICAL MARKETING NETWORK LLC, Tustin, CA, pg. 1418
Iverson, Nicholas, Account Director --OGILVY, New York, NY, pg. 1598
Ivory, Lauren, Account Director --Wieden + Kennedy, London, United Kingdom, pg. 1165
Izurrategui, Aitziber, Account Director --Wieden + Kennedy Amsterdam, Amsterdam, Netherlands, pg. 1164
Jabbour, Jasmine, Account Director --VIRTUE WORLDWIDE, Brooklyn, NY, pg. 1139
Jaccopucci, Alexandra, Account Director --FCB Faltman & Malmen, Stockholm, Sweden, pg. 368
Jackman, Stephanie, Account Director --MARCH COMMUNICATIONS, Boston, MA, pg. 1575
Jackson, E. B., Account Director --mcgarrybowen, Chicago, IL, pg. 718
Jacobs, Shannon, Account Director --DEVICEPHARM, Irvine, CA, pg. 296
Jaeckel, Marissa, Account Director --HAVAS WORLDWIDE CHICAGO, Chicago, IL, pg. 488
Jain, Shrivika, Account Director --BIG SPACESHIP, Brooklyn, NY, pg. 129
Jakobsson, Ylva Weiber, Account Director --INGO, Stockholm, Sweden, pg. 442
Jalaluddin, Sariyah, Account Director --One Green Bean, Sydney, Australia, pg. 1528
Jales, Marta, Account Director --Y&R London, London, United Kingdom, pg. 1204
James, Nigel, Account Director --UWG, Brooklyn, NY, pg. 1129
Janak, Amanda, Account Director --TWO BY FOUR, Chicago, IL,

RESPONSIBILITIES INDEX — AGENCIES

pg. 1124
Janikowski, Ann, Account Director --PHINNEY BISCHOFF, Seattle, WA, pg. 869
Jatcko, Beth, Account Director --2E CREATIVE, Saint Louis, MO, pg. 4
Jaukovic, Jelica, Account Director --McCann Erickson Group, Belgrade, Serbia, pg. 708
Jazhal, Maria, Account Director --Wunderman, Buenos Aires, Argentina, pg. 1189
Jefferies, Nick, Account Director --Mediacom London, London, United Kingdom, pg. 1347
Jeleniewski, Julie, Account Director --MICROMASS COMMUNICATIONS INC, Cary, NC, pg. 738
Jenks, Dylan, Account Director --BLACKLIGHT, INC., New York, NY, pg. 1310
Jett, Sara, Account Director --GREY GROUP, New York, NY, pg. 438
Jilany, Jennifer, Account Director --KENNA, Mississauga, Canada, pg. 592
Jimenez, Mel, Account Director --MullenLowe Philippines, Manila, Philippines, pg. 776
Jimenez, Michelle, Account Director --GEOVISION, Watertown, MA, pg. 417
Johal, Sian, Account Director --PHD MEDIA UK, London, United Kingdom, pg. 1363
Johansen, Michael, Account Director --SET CREATIVE, New York, NY, pg. 1003
Johnson, Ashley, Account Director --TBC INC., Baltimore, MD, pg. 1076
Johnson, Joe, Account Director --SHINY ADVERTISING, Wilmington, DE, pg. 1008
Johnson, Karen, Account Director --COHN MARKETING, Denver, CO, pg. 217
Johnson, Renee, Account Director --JELENA GROUP, Alexandria, VA, pg. 1547
Johnson, Satchi, Account Director --TRIER AND COMPANY, San Francisco, CA, pg. 1117
Johnson, Scott, Account Director --SPOTCO, New York, NY, pg. 1036
Johnson, Steve, Account Director --Swanson Russell Associates, Omaha, NE, pg. 1065
Johnson, Thomas, Account Director --AxiCom Cohn & Wolfe, London, United Kingdom, pg. 1442
Johnsson, Robert, Account Director --Forsman & Bodenfors, Stockholm, Sweden, pg. 722
Johnston, Geoff, Account Director --MJR CREATIVE GROUP, Fresno, CA, pg. 749
Johnston-Donne, Emma, Account Director --BARTLE BOGLE HEGARTY LIMITED, London, United Kingdom, pg. 92
Jolley, Benjamin, Account Director --CONNECT MARKETING, INC., San Francisco, CA, pg. 1473
Jolley, Benjamin, Account Director --CONNECT PUBLIC RELATIONS, Provo, UT, pg. 1474
Jones, Amy, Account Director --PINEROCK, New York, NY, pg. 871
Jones, Annette, Account Director --SIMANTEL, Peoria, IL, pg. 1014
Jones, Cathy Madoc, Account Director --Coley Porter Bell, London, United Kingdom, pg. 817
Jones, Cathy Madoc, Account Director --Coley Porter Bell, London, United Kingdom, pg. 1179
Jones, Colleen Murphy, Account Director --TREVELINO/KELLER, Atlanta, GA, pg. 1662
Jones, Courtney, Account Director --360I, New York, NY, pg. 6
Jones, Nick, Account Director --GENOME, New York, NY, pg. 1259
Jones, Oliver, Account Director --Adam & EveDDB, London, United Kingdom, pg. 281
Jones, Rob, Account Director --Adam & EveDDB, London, United Kingdom, pg. 281
Jones, Rosalie Lindqvist, Account Director --LUCKY GENERALS, London, United Kingdom, pg. 656
Jones, Stephanie, Account Director --INITIATIVE WORLDWIDE, New York, NY, pg. 1332
Jonk, Danielle, Account Director --TBWA Company Group, Amsterdam, Netherlands, pg. 1084
Jou, Terence, Account Director --J. WALTER THOMPSON CANADA, Toronto, Canada, pg. 565
Joyce, Catherine, Account Director --Wavemaker, Dublin, Ireland, pg. 1382
Joyce, Thayer, Account Director --Y&R New York, New York, NY, pg. 1198
Juan, Idalia San, Account Director --LOPEZ NEGRETE COMMUNICATIONS, INC., Houston, TX, pg. 651

Jump, Suzi, Account Director --MullenLowe, New York, NY, pg. 772
Juncker, Jill, Account Director --CALISE PARTNERS INC., Dallas, TX, pg. 183
Kaewket, Vorawan, Account Director --GREYnj United, Bangkok, Thailand, pg. 448
Kahn, Katherine Elizabeth, Account Director --R/GA, New York, NY, pg. 925
Kahrimanian, Camille, Account Director --H&L PARTNERS, San Francisco, CA, pg. 459
Kai Qi, Khoo, Account Director --Tribal Worldwide Singapore, Singapore, Singapore, pg. 1297
Kai, Garrett, Account Director --QUESTUS, San Francisco, CA, pg. 922
Kaiman, Joel, Account Director --TJM COMMUNICATIONS, Oviedo, FL, pg. 1106
Kalis, Eric, Account Director --Boardroom Communication Inc., Miami, FL, pg. 1453
Kalis, Eric, Account Director --BOARDROOM COMMUNICATIONS INC., Fort Lauderdale, FL, pg. 1453
Kalogeropoulos, Elena, Account Director --Adam & EveDDB, London, United Kingdom, pg. 281
Kaluzny, Norbert, Account Director --ZenithOptimedia, Warsaw, Poland, pg. 1389
Kamada, Jessica, Account Director --BAMBOO, San Francisco, CA, pg. 1309
Kamstedt, Peter, Account Director --McCann Stockholm, Stockholm, Sweden, pg. 710
Kang, Julia, Account Director --ADASIA COMMUNICATIONS, INC., Englewood Cliffs, NJ, pg. 27
Kanjirath, Mihiri, Account Director --Leo Burnett London, London, United Kingdom, pg. 627
Kao, Miranda, Account Director --Wunderman, Shanghai, China, pg. 1190
Kao, Miranda, Account Director --Wunderman, Guangzhou, China, pg. 1191
Karasseferian, Marie, Account Director --BAM STRATEGY, Montreal, Canada, pg. 87
Karl, Andrew, Account Director --TRIPLEPOINT, San Francisco, CA, pg. 1663
Kauffman, Steve, Account Director --Doe-Anderson, Columbus, OH, pg. 313
Kaufman-Lewis, Shari, Account Director --LLOYD & CO., New York, NY, pg. 647
Kaulen, Frank, Account Director --LOHRE & ASSOCIATES, INCORPORATED, Cincinnati, OH, pg. 650
Kawaguchi, Amy, Account Director --Havas Worldwide Australia, North Sydney, Australia, pg. 485
Kearl, Steven, Account Director --TIC TOC, Dallas, TX, pg. 1102
Keating, Caeli, Account Director --One Green Bean, Sydney, Australia, pg. 1528
Keene, Michelle, Account Director --CALHOUN & COMPANY, San Francisco, CA, pg. 1461
Keffer, Donna, Account Director --ACROBATANT, Tulsa, OK, pg. 22
Kelberg, Elizabeth, Account Director --BBDO New York, New York, NY, pg. 99
Keller, Kristina, Account Director --Wirestone, LLC, Chicago, IL, pg. 1172
Kellner, Douglas, Account Director --MACIAS CREATIVE, Miami, FL, pg. 666
Kellogg, Jan, Account Director --BANDY CARROLL HELLIGE ADVERTISING, Louisville, KY, pg. 87
Kelly, Diana, Account Director --BRUCE MAU DESIGN, Toronto, Canada, pg. 169
Kelly, Joe, Account Director --OMOBONO, Chicago, IL, pg. 1277
Kelly, Kaitlyn, Account Director --OBERLAND, New York, NY, pg. 804
Kelly, Ryan, Account Director --Vibrant Media Ltd., London, United Kingdom, pg. 1137
Kelly, Shane, Account Director --OVERDRIVE INTERACTIVE, Boston, MA, pg. 1279
Kemmer, Dawn, Account Director --OH PARTNERS, Phoenix, AZ, pg. 833
Kemper, Kelsey, Account Director --LOOKTHINKMAKE, LLC, Austin, TX, pg. 651
Kennedy, Cathi, Account Director --PRO MOTION, INC., Chesterfield, MO, pg. 1414
Kennedy, Ciara, Account Director --Wilson Hartnell (WH), Dublin, Ireland, pg. 1600
Kennedy, Joanne, Account Director --Kinetic, London, United Kingdom, pg. 1338
Keogh, Laura, Account Director --Havas Media, London, United Kingdom, pg. 1326

Kerr, Carolyn, Account Director --JK DESIGN, Hillsborough, NJ, pg. 576
Kerr, Ken, Account Director --BBDO Dublin, Dublin, Ireland, pg. 105
Kertesz, David, Account Director --GOODWAY GROUP, Jenkintown, PA, pg. 1322
Kessler, Megan, Account Director --PAN COMMUNICATIONS, Boston, MA, pg. 1605
Ketcham, Kelly, Account Director --BLUE FLAME THINKING, Chicago, IL, pg. 139
Ketchum, Damon, Account Director --Moroch, Parkersburg, WV, pg. 760
Kettler, Julie, Account Director --CENTERLINE DIGITAL, Raleigh, NC, pg. 1244
Kganyago, Kgabo, Account Director --FCB Johannesburg, Johannesburg, South Africa, pg. 375
Khosla, Damini, Account Director --Weber Shandwick, Geneva, Switzerland, pg. 1679
Kibling, Emily, Account Director --HIRONS & COMPANY, Indianapolis, IN, pg. 502
Kiewert, Lorna, Account Director --3POINTS COMMUNICATIONS, Chicago, IL, pg. 1422
Kilty, Amy, Account Director --Wieden + Kennedy, London, United Kingdom, pg. 1165
Kim, Michelle, Account Director --Havas Media, Chicago, IL, pg. 1327
Kimsey, Shane, Account Director --TRAFFIK, Irvine, CA, pg. 1113
King, Julia, Account Director --Jack Morton Worldwide, Sydney, Australia, pg. 568
Kiofiri, Aggeliki, Account Director --Action Global Communications, Athens, Greece, pg. 1678
Kirkeide, Kristi, Account Director --CP+B BOULDER, Boulder, CO, pg. 235
Kirta, Nora, Account Director --DDB Latvia, Riga, Latvia, pg. 276
Kirwin, Beatrix, Account Director --MRM MCCANN, New York, NY, pg. 766
Klaas, Katie, Account Director --G&S BUSINESS COMMUNICATIONS, New York, NY, pg. 406
Klein, Kim, Account Director --MAGRINO PUBLIC RELATIONS, New York, NY, pg. 671
Klein, Ramiro Padilla, Account Director --Weber Shandwick-Los Angeles, Los Angeles, CA, pg. 1676
Kleine, Jay, Account Director --SANDERS\WINGO ADVERTISING, INC., El Paso, TX, pg. 989
Klemet, Sam, Account Director --ARLAND COMMUNICATIONS INC., Carmel, IN, pg. 69
Kligman, Erin Finestone, Account Director --YARD, New York, NY, pg. 1303
Klinger, Daniela, Account Director --McCann Erickson, Tel Aviv, Israel, pg. 705
Kluzek, Jennifer, Account Director --PUBLICIS NEW YORK, New York, NY, pg. 912
Knight, Kelle, Account Director --DROESE PUBLIC RELATIONS, Dallas, TX, pg. 1488
Knipe, Paul, Account Director --VERMILION INC., Boulder, CO, pg. 1134
Knox, Amiee, Account Director --TBWA Auckland, Auckland, New Zealand, pg. 1091
Knox, Stacey Rose, Account Director --PURE BRAND COMMUNICATIONS, LLC, Denver, CO, pg. 916
Knutson, Garth, Account Director --Publicis Seattle, Seattle, WA, pg. 905
Knutson, Garth, Account Director --Publicis Seattle, Seattle, WA, pg. 913
Koch, Mitchell, Account Director --FAST HORSE, Minneapolis, MN, pg. 362
Kocourek, Jenifer, Account Director --LAIRD+PARTNERS, New York, NY, pg. 607
Koenig, Marco, Account Director --Saatchi & Saatchi Los Angeles, Torrance, CA, pg. 975
Koenn, Amanda, Account Director --SCHIFINO LEE ADVERTISING, Tampa, FL, pg. 996
Kohler, Kate, Account Director --BREADNBUTTER, Seattle, WA, pg. 1243
Kolassa, Mary Jane, Account Director --PARADISE ADVERTISING & MARKETING, Saint Petersburg, FL, pg. 853
Kole, Katie, Account Director --THE MAYFIELD GROUP, Tallahassee, FL, pg. 1578
Kopilenko, Tegan, Account Director --CINCH PR & BRANDING GROUP, San Francisco, CA, pg. 1469
Kopp, Lisa, Account Director --Acne Advertising, Stockholm, Sweden, pg. 1249
Korfias, Amy, Account Director --HAVAS WORLDWIDE, New York, NY, pg. 475
Koros, Agnes, Account Director --DDB Budapest, Budapest,

AGENCIES — RESPONSIBILITIES INDEX

Hungary, pg. 275
Korotaeva, Alina, Account Director --MARCHEX, INC., Seattle, WA, pg. 678
Kostandoff, Kit, Account Director --MCCANN CANADA, Toronto, Canada, pg. 712
Kostelnik, Jayme, Account Director --BROKAW INC., Cleveland, OH, pg. 166
Kovach, Kristin, Account Director --CROSSROADS, Kansas City, MO, pg. 250
Kowalski, Bradley, Account Director --Havas Worldwide Digital Canada, Toronto, Canada, pg. 478
Kozarovich, Steve, Account Director --PRICEWEBER MARKETING COMMUNICATIONS, INC., Louisville, KY, pg. 889
Krall, Shannon, Account Director --Patients & Purpose, New York, NY, pg. 198
Krasavina, Yana, Account Director --Initiative Moscow, Moscow, Russia, pg. 1333
Kreider, Katie, Account Director --BLUE STATE DIGITAL, Washington, DC, pg. 140
Kreutz, Julie, Account Director --HEINRICH MARKETING, Denver, CO, pg. 493
Krol, Lukasz, Account Director --Polska McCann Erickson, Warsaw, Poland, pg. 708
Krongold, Jaclyn, Account Director --SAATCHI & SAATCHI, New York, NY, pg. 975
Krull, David, Account Director --THE KANTAR GROUP, New York, NY, pg. 587
Krumwiede, Ryan, Account Director --BROADHEAD, Minneapolis, MN, pg. 165
Kruse, Alexander, Account Director --WE, New York, NY, pg. 1673
Kruse, Kelly, Account Director --ODYSSEUS ARMS, San Francisco, CA, pg. 808
Krusz, Rob, Account Director --Havas - San Francisco, San Francisco, CA, pg. 476
Kruszewski, Emily, Account Director --UPROAR PR, Orlando, FL, pg. 1665
Kumar, Nisha, Account Director --OMD Canada, Toronto, Canada, pg. 1357
Kuo, Lung-An, Account Director --Millward Brown Taiwan, Taipei, Taiwan, pg. 744
Kurdina, Yulia, Account Director --J. Walter Thompson, Dubai, United Arab Emirates, pg. 563
Kurtz, Valerie, Account Director --MRM MCCANN, New York, NY, pg. 766
Kwak, Julie, Account Director --YOUNG & RUBICAM, New York, NY, pg. 1197
Kwiatkowski, Eric, Account Director --SAPIENTRAZORFISH NEW YORK, New York, NY, pg. 1286
Kwong, Leila, Account Director --ID Media-Los Angeles, West Hollywood, CA, pg. 1331
L'Etang, Samantha, Account Director --M&C Saatchi Abel, Cape Town, South Africa, pg. 660
Lachat, Erica, Account Director --Ogilvy, Chicago, IL, pg. 811
Lafave, Joanne, Account Director --DIXON SCHWABL ADVERTISING, Victor, NY, pg. 309
Laforga, Julie, Account Director --MILNER BUTCHER MEDIA GROUP, Los Angeles, CA, pg. 1351
Lafreniere, Kristine, Account Director --UNION, Toronto, Canada, pg. 1126
Lafuenti, Lucia, Account Director --Saatchi & Saatchi, Carouge, Switzerland, pg. 980
Lagrange, Kinley, Account Director --WongDoody, Culver City, CA, pg. 1175
Laham, Lindsley, Account Director --MCKINNEY, Durham, NC, pg. 719
LaMaack, Maggie, Account Director --FAST HORSE, Minneapolis, MN, pg. 362
Lambell, Claire, Account Director --Southpaw, Tunbridge Wells, United Kingdom, pg. 463
Lamiman, Bridget, Account Director --TOM, DICK & HARRY CREATIVE, Chicago, IL, pg. 1108
Lancaster, Holly, Account Director --WE, San Francisco, CA, pg. 1672
Landaker, Paul, Account Director --MAGNETO BRAND ADVERTISING, POrtland, OR, pg. 671
Landau, Lorena, Account Director --Contrapunto, Madrid, Spain, pg. 108
Landree, Caroline, Account Director --ICF OLSON, Minneapolis, MN, pg. 518
Langdell, Suzy, Account Director --Fallon Minneapolis, Minneapolis, MN, pg. 360
Larrieu, Sophie, Account Director --Publicis Conseil, Paris, France, pg. 898

Larriviere, Antony, Account Director --BAM STRATEGY, Montreal, Canada, pg. 87
Larter, Adam, Account Director --STUDIO BLACK TOMATO, New York, NY, pg. 1056
Lasure, Chad, Account Director --OVERGROUND INC, Charlotte, NC, pg. 847
Latif, Summer Dembek, Account Director --HILL HOLLIDAY, Boston, MA, pg. 500
Lau, Katie, Account Director --AOR, INC., Denver, CO, pg. 62
Laudanska-Tomczak, Maja, Account Director --BBDO, Warsaw, Poland, pg. 107
Launie, Anne Marie, Account Director --DIGITAS, Boston, MA, pg. 1250
Law, Daniel, Account Director --DDB Worldwide Ltd., Hong Kong, China (Hong Kong), pg. 274
Lawrence, Jennifer, Account Director --PLANET CENTRAL, Huntersville, NC, pg. 876
Lawrence, Leslie, Account Director --TMINUS1 CREATIVE, INC., Exton, PA, pg. 1107
Lawrence, Matthew, Account Director --SUNSHINE SACHS, New York, NY, pg. 1654
Lazarou, Emma, Account Director --Leo Burnett Melbourne, Melbourne, Australia, pg. 628
Lazarus, Katharine, Account Director --INFLUENT50, Washington, DC, pg. 532
Lazo, Barbara, Account Director --El Taier DDB, Guatemala, Guatemala, pg. 274
Leach, Rebecca, Account Director --PUBLICIS NEW YORK, New York, NY, pg. 912
Leakey, Sara, Account Director --ARC WORLDWIDE, Chicago, IL, pg. 1397
Lean, Allison Menell, Account Director --DAY ONE AGENCY, New York, NY, pg. 266
Lebakken, Michael, Account Director --MATTER UNLIMITED LLC, New York, NY, pg. 694
Lec'hvien, Thomas, Account Director --SID LEE, Paris, France, pg. 1010
LeCronier, Molly, Account Director --Integrate Agency, Houston, TX, pg. 1682
Lee, Brian, Account Director --OGILVY, New York, NY, pg. 809
Lee, Chelsea, Account Director --OMD UK, London, United Kingdom, pg. 1359
Lee, Hoonki, Account Director --Cheil Worldwide Inc., Seoul, Korea (South), pg. 462
Lee, Kevin, Account Director --MAXWELL PR, Portland, OR, pg. 1578
Leech, Helen, Account Director --Young & Rubicam Australia/New Zealand, Sydney, Australia, pg. 1199
Leff, Alanna, Account Director --FAIRCOM NEW YORK, New York, NY, pg. 359
Legere, Amy, Account Director --GREENOUGH COMMUNICATIONS, Watertown, MA, pg. 1524
Leighton, Scott, Account Director --KETTLE, New York, NY, pg. 1267
Lentz, Michelle, Account Director --PRIMACY, Farmington, CT, pg. 889
Leon, Henri, Account Director --McCann Erickson Advertising Pty. Ltd., Melbourne, Australia, pg. 700
Leonard, Betsy, Account Director --INTOUCH SOLUTIONS, Overland Park, KS, pg. 544
Leone, Sarah, Account Director --STRATEGIC OBJECTIVES, Toronto, Canada, pg. 1653
LeRoy, Lindsey, Account Director --CULTIVATE PUBLIC RELATIONS, Austin, TX, pg. 1479
Lestan, Jake, Account Director --DDB Chicago, Chicago, IL, pg. 268
Leventhal, Rachel, Account Director --THE WATSONS, New York, NY, pg. 1153
Levesque, Brandon, Account Director --THE MARINO ORGANIZATION, INC., New York, NY, pg. 680
Levine-Sauerhoff, Tessa, Account Director --ARTEFACT, Seattle, WA, pg. 72
Levman, Rachel, Account Director --Publicis Brand/Design, Toronto, Canada, pg. 904
Levy, Alexa, Account Director --Octagon, Los Angeles, CA, pg. 807
Lewis, Krystal Holster, Account Director --THE BALCOM AGENCY, Fort Worth, TX, pg. 85
Libbey, Matthew, Account Director --SAATCHI & SAATCHI, New York, NY, pg. 975
Lich, Sarah, Account Director --LOCATION3 MEDIA, INC., Denver, CO, pg. 649
Liebenstein, Lauri, Account Director --ZIMMERMAN ADVERTISING, Fort Lauderdale, FL, pg. 1212
Liepins, Kat, Account Director --PIVOT DESIGN INC, San Francisco,

CA, pg. 873
Liesner, Alex, Account Director --GREENLIGHT, Dallas, TX, pg. 435
Lim, Rich, Account Director --AGENDA, New York, NY, pg. 40
Lima, Aline, Account Director --Paim Comunicacao, Porto Alegre, Brazil, pg. 701
Lin, Sijia, Account Director --Millward Brown China, Shanghai, China, pg. 743
Linck, Carolyn, Account Director --ACCESS BRAND COMMUNICATIONS, San Francisco, CA, pg. 19
Lindemans, Charlotte, Account Director --TBWA Brussels, Brussels, Belgium, pg. 1080
Linehan, Meghan, Account Director --SOMETHING DIFFERENT, Brooklyn, NY, pg. 1028
Lino, Maria, Account Director --THE LATINO WAY, Hartford, CT, pg. 612
Linton, Jonathan, Account Director --Leo Burnett USA, Chicago, IL, pg. 622
Lipski, Jurek, Account Director --SPARKLOFT MEDIA, Portland, OR, pg. 1031
Lisenby, Lynda, Account Director --GOFF PUBLIC, Saint Paul, MN, pg. 1519
Lisk, Jaime, Account Director --BOATHOUSE GROUP INC., Waltham, MA, pg. 143
Liszka, James, Account Director --HAWORTH MARKETING + MEDIA, Minneapolis, MN, pg. 1328
Littleboy, Alice, Account Director --Mccann, Sydney, Australia, pg. 700
Littlejohn, Barry, Account Director --SIMANTEL, Peoria, IL, pg. 1014
Littlejohn, Lindsay, Account Director --OUTCAST COMMUNICATIONS, San Francisco, CA, pg. 1603
Livengood, Heather, Account Director --ORGANIC, INC., San Francisco, CA, pg. 1278
Livie, Ryan, Account Director --Net#work BBDO, Gauteng, South Africa, pg. 108
Livingston, Dena, Account Director --PARAMORE THE DIGITAL AGENCY, Nashville, TN, pg. 854
Lloyd, Abi, Account Director --Edelman, London, United Kingdom, pg. 1494
Lloyd, Rebecca, Account Director --OMD New Zealand/Auckland, Auckland, New Zealand, pg. 1358
Locke, Georgia, Account Director --BREADNBUTTER, Seattle, WA, pg. 1243
Loganbill, Kelly, Account Director --Sandbox, Kansas City, MO, pg. 989
Logue, Olivia, Account Director --Leo Burnett London, London, United Kingdom, pg. 627
Loiacono, Matthew, Account Director --Aisle Rocket Studios, Palatine, IL, pg. 42
Loken, Molly, Account Director --MONO, Minneapolis, MN, pg. 755
Lokey, Anne, Account Director --360i, Atlanta, GA, pg. 289
Lombardo, Luca, Account Director --DDB S.r.L. Advertising, Milan, Italy, pg. 276
Longhin, Ellie, Account Director --PHD Toronto, Toronto, Canada, pg. 1362
Longo, Amy, Account Director --WACHSMAN PR, New York, NY, pg. 1668
Longo, Claudia, Account Director --J. Walter Thompson Milan, Milan, Italy, pg. 560
Longoria, Neylu, Account Director --REMEZCLA LLC, Brooklyn, NY, pg. 946
Longstreet, Jamie, Account Director --The&Partnership London, London, United Kingdom, pg. 56
Lopez, Adriana, Account Director --THE AXIS AGENCY, Los Angeles, CA, pg. 81
Lopez, Romina, Account Director --VIVA PARTNERSHIP, Miami, FL, pg. 1141
Lopez, Salvador, Account Director --Wavemaker, Mexico, Mexico, pg. 1384
Lopez-Lay, Gloriana, Account Director --J. Walter Thompson, London, United Kingdom, pg. 562
Lorimer, Jo, Account Director --Adam & EveDDB, London, United Kingdom, pg. 281
Love, DeNeatra, Account Director --Weber Shandwick-Chicago, Chicago, IL, pg. 1675
Love, Hayley, Account Director --AD2PRO MEDIA SOLUTIONS, Woodland Hills, CA, pg. 25
Love, Tyler, Account Director --THE LACEK GROUP, Minneapolis, MN, pg. 606
Lovelace, Stefen, Account Director --IMRE, Baltimore, MD, pg. 528
Lovich, Mitch, Account Director --Adam & EveDDB, London, United Kingdom, pg. 281

RESPONSIBILITIES INDEX — AGENCIES

Lovitz, Alan, Account Director --BUYER ADVERTISING, INC., Newton, MA, pg. 178

Lowe, Alyssa Alexandra, Account Director --MOROCH HOLDINGS, INC., Dallas, TX, pg. 758

Loyd, Margaret-Parham, Account Director --DEFINITION 6, Atlanta, GA, pg. 286

Lucar, Renato Baracco, Account Director --Y&R Peru, Lima, Peru, pg. 1207

Lucas, Brianne, Account Director --PLACE CREATIVE COMPANY, Burlington, VT, pg. 875

Lucas, Jamie, Account Director --SQUIRES & COMPANY, Dallas, TX, pg. 1038

Lucero, Lindsey, Account Director --DDB San Francisco, San Francisco, CA, pg. 269

Luebke, Kim, Account Director --BROGAN & PARTNERS CONVERGENCE MARKETING, Birmingham, MI, pg. 166

Lukas, Scott, Account Director --MMB, Boston, MA, pg. 750

Lum, Erin Conron, Account Director --MOIRE MARKETING PARTNERS, Falls Church, VA, pg. 754

Lundberg, Kara, Account Director --RAFFETTO HERMAN STRATEGIC COMMUNICATIONS LLC, Seattle, WA, pg. 1624

Lutz, Elisha, Account Director --IDEAS COLLIDE INC., Scottsdale, AZ, pg. 521

Lynch, Sarah, Account Director --Epsilon, Wakefield, MA, pg. 345

Lyon, Amy, Account Director --GSD&M Chicago, Chicago, IL, pg. 454

Lyons, Jessica, Account Director --Leo Burnett London, London, United Kingdom, pg. 627

Lyons, Scott, Account Director --Rethink, Toronto, Canada, pg. 951

Ma, Lilian, Account Director --Weber Shandwick-Boston/Cambridge, Cambridge, MA, pg. 1675

MacDonald, Greta, Account Director --Wunderman, Miami, FL, pg. 1189

Macedo, Giuliana, Account Director --Publicis Brasil Communicao, Sao Paulo, Brazil, pg. 906

Machado, Carolina, Account Director --Blackie McDonald, North Sydney, Australia, pg. 1445

Machen, Lauren, Account Director --FUSE, LLC, Winooski, VT, pg. 404

Macias, Evie, Account Director --MARKHAM & STEIN UNLIMITED, Miami, FL, pg. 685

Mackenzie, Katie, Account Director --WE Buchan, Melbourne, Australia, pg. 1672

Maconachy, Rachel, Account Director --Portland, London, United Kingdom, pg. 306

Madalone, Chrissy, Account Director --KWG, New York, NY, pg. 604

Madan, Aarti, Account Director --OgilvyOne Worldwide, Mumbai, India, pg. 825

Madrigal, Patricia, Account Director --Edelman, Barcelona, Spain, pg. 1496

Magee, Kelly, Account Director --SCHWARTZ MEDIA STRATEGIES, Miami, FL, pg. 1642

Magee, Nathaniel, Account Director --BIG SKY COMMUNICATIONS, INC., San Jose, CA, pg. 1450

Magrane, Lindsay, Account Director --RETHINK, Vancouver, Canada, pg. 951

Maher, Laura, Account Director --ROBERTS + LANGER DDB, New York, NY, pg. 963

Mahoney, Michelle, Account Director --DRAW, London, United Kingdom, pg. 319

Maiboroda, Ksenia, Account Director --SPN Ogilvy Communications Agency, Moscow, Russia, pg. 816

Maida, Damon, Account Director --THE BRADFORD GROUP, Nashville, TN, pg. 1454

Majchrowicz, Megan, Account Director --ID Media-Chicago, Chicago, IL, pg. 1331

Maker, Gina, Account Director --CONNECTIVITY MARKETING AND MEDIA AGENCY, Tampa, FL, pg. 227

Malacarne, Kelly, Account Director --MKTG, INC., New York, NY, pg. 1412

Malan, Nicole, Account Director --FCB Johannesburg, Johannesburg, South Africa, pg. 375

Malavia, Vijay, Account Director --ZIMMERMAN ADVERTISING, Fort Lauderdale, FL, pg. 1212

Malfi, Renee, Account Director --TENET PARTNERS, New York, NY, pg. 1096

Malheiro, Antonieta, Account Director --Y&R Portugal, Lisbon, Portugal, pg. 1203

Malina, Jaroslav, Account Director --McCann Erickson Prague, Prague, Czech Republic, pg. 702

Mallory, Marrissa, Account Director --J PUBLIC RELATIONS, San Diego, CA, pg. 1407

Mandanna, Kaveri, Account Director --Corporate Voice-Weber Shandwick, Bengaluru, India, pg. 1681

Maness, Amanda, Account Director --RED MOON MARKETING, Charlotte, NC, pg. 940

Mann, Steven, Account Director --STUBS COMMUNICATIONS COMPANY, New York, NY, pg. 1227

Manning, Cory, Account Director --STREAM COMPANIES, Malvern, PA, pg. 1054

Mannion, Sarah, Account Director --Saatchi & Saatchi New York, New York, NY, pg. 976

Manola, Stephanie, Account Director --OUTLOOK MARKETING SERVICES, INC., Chicago, IL, pg. 846

Mantha, Anne, Account Director --MVP COLLABORATIVE, Madison Heights, MI, pg. 781

Marange, Patricia, Account Director --NEO@OGILVY LOS ANGELES, Playa Vista, CA, pg. 789

Marcia, Bryant, Account Director --TWOFIFTEENMCCANN, San Francisco, CA, pg. 1124

Marcucci, Patricia, Account Director --BRUCE MAU DESIGN, Toronto, Canada, pg. 169

Marderstein, Alyssa, Account Director --BCW (BURSON COHN & WOLFE), New York, NY, pg. 1439

Marklund, Malin, Account Director --DDB Denmark, Copenhagen, Denmark, pg. 272

Marklund, Malin, Account Director --DDB Stockholm, Stockholm, Sweden, pg. 280

Markman, Sloane, Account Director --Patients & Purpose, New York, NY, pg. 198

Marley, Brendan, Account Director --McCann Calgary, Calgary, Canada, pg. 713

Marlin, Daniela, Account Director --Wavemaker, Toronto, Canada, pg. 1380

Marples, James, Account Director --Mediacom London, London, United Kingdom, pg. 1347

Marquardt, Allison, Account Director --R2C Group, San Francisco, CA, pg. 928

Marti, Mike, Account Director --SITEWIRE, Tempe, AZ, pg. 1016

Martin, Allie, Account Director --RUNSWITCH PUBLIC RELATIONS, Louisville, KY, pg. 1638

Martin, Erica, Account Director --GLOBAL TEAM BLUE, Dearborn, MI, pg. 423

Martin, Malissa, Account Director --SapientRazorfish Miami, Miami, FL, pg. 914

Martin, Maria Cencerrado, Account Director --Arnold Madrid, Madrid, Spain, pg. 70

Martin, Melanie Laurence, Account Director --Hill + Knowlton Strategies, Houston, TX, pg. 1531

Martin, Ryan, Account Director --Saatchi & Saatchi New York, New York, NY, pg. 976

Martinez, Angelica, Account Director --SPIDERBOOST COMMUNICATIONS, Miami, FL, pg. 1292

Martinez, Raul, Account Director --Strauss Radio Strategies, Inc., New York, NY, pg. 1653

Martinez, Teresa, Account Director --NORTHLICH PUBLIC RELATIONS, Cincinnati, OH, pg. 799

Marx, Anouk, Account Director --Ogilvy (Amsterdam) B.V., Amsterdam, Netherlands, pg. 816

Masiakos, Greg, Account Director --MullenLowe, New York, NY, pg. 772

Masino, Kristin, Account Director --FETCH LA, Los Angeles, CA, pg. 378

Mason, Danielle, Account Director --THE IDEA WORKSHOP LIMITED, Toronto, Canada, pg. 1539

Massa, Agustina, Account Director --THE COMMUNITY, Miami, FL, pg. 223

Massey, Meghan, Account Director --BVK-CHICAGO, Roselle, IL, pg. 179

Massey, Meghan, Account Director --BVK-Fort Myers, Fort Myers, FL, pg. 179

Mastracci, Anthony, Account Director --DPA COMMUNICATIONS, Boston, MA, pg. 1487

Mastroberti, Lea, Account Director --PUBLICIS NEW YORK, New York, NY, pg. 912

Matas, Raquel Roses, Account Director --TBWA Espana, Barcelona, Spain, pg. 1085

Matheny, Meghan, Account Director --BLASTMEDIA, Fishers, IN, pg. 1451

Mathewson, Stefanie, Account Director --FutureBrand, London, United Kingdom, pg. 405

Matice, Jennie, Account Director --TMP Worldwide/Advertising & Communications, New Albany, IN, pg. 1107

Matice, Jennie, Account Director --TMP Worldwide/Advertising & Communications, Glendale, CA, pg. 1107

Matsumiya, Jacob, Account Director --AKA NYC, New York, NY, pg. 42

Mattern, Christina, Account Director --Publicis Seattle, Seattle, WA, pg. 905

Mattern, Christina, Account Director --Publicis Seattle, Seattle, WA, pg. 913

Mattingly, Caitlin, Account Director --FAMA PR, INC., Boston, MA, pg. 1502

Maule, James, Account Director --SIMPLE TRUTH COMMUNICATION PARTNERS, Chicago, IL, pg. 1015

Maxwell, Richard, Account Director --PAVLOV, Fort Worth, TX, pg. 859

May, Oliver, Account Director --The&Partnership London, London, United Kingdom, pg. 56

Mayer, Dennis, Account Director --CLEAN SHEET COMMUNICATIONS, Toronto, Canada, pg. 213

Mazzarelli, Sam, Account Director --Weber Shandwick-Boston/Cambridge, Cambridge, MA, pg. 1675

Mc Cue, Cheryl, Account Director --MASONBARONET, Dallas, TX, pg. 691

Mc Loughlin, Eibhin, Account Director --TBWA\Dublin, Dublin, Ireland, pg. 1083

McArthur, Andrea, Account Director --DESTINATION MARKETING, Mountlake Terrace, WA, pg. 294

McBurnett, Julie Cazalas, Account Director --MOROCH HOLDINGS, INC., Dallas, TX, pg. 758

McCafferty, Caitlan, Account Director --FURIA RUBEL COMMUNICATIONS, Doylestown, PA, pg. 1515

McCann, Christopher, Account Director --CROSSMEDIA, New York, NY, pg. 1317

McCann, Stephanie, Account Director --THE IMAGINATION GROUP, London, United Kingdom, pg. 525

Mccarthy, Elizabeth, Account Director --ALMA, Coconut Grove, FL, pg. 49

McCaskey, Scott, Account Director --GOLDMAN & ASSOCIATES, Norfolk, VA, pg. 1519

Mccauley, Abie, Account Director --360i, Atlanta, GA, pg. 289

McCleary, Kelly, Account Director --SWIFT AGENCY, Portland, OR, pg. 1066

McClellan, Kelley, Account Director --Geometry Global, Chicago, IL, pg. 415

McClenney, Jessica, Account Director --MICROMASS COMMUNICATIONS INC, Cary, NC, pg. 738

McClure, Travis, Account Director --ZIMMERMAN ADVERTISING, Fort Lauderdale, FL, pg. 1212

McConnell, Kathryn, Account Director --TIERNEY COMMUNICATIONS, Philadelphia, PA, pg. 1103

McCormick, Amanda, Account Director --DIGITAL PULP, New York, NY, pg. 301

McDevitt, Jessica, Account Director --Dudnyk, Horsham, PA, pg. 324

McDonald, Amy, Account Director --QUATTRO DIRECT LLC, Berwyn, PA, pg. 921

McDonald, Christie, Account Director --ONE NORTH INTERACTIVE, Chicago, IL, pg. 1277

McDonald, Jill, Account Director --M&K MEDIA, Toronto, Canada, pg. 1339

McDonald, Jim, Account Director --STOREBOARD MEDIA, New York, NY, pg. 1051

McEvoy, Amy, Account Director --RHEA + KAISER, Naperville, IL, pg. 954

McGauran, Laura, Account Director --Wieden + Kennedy, London, United Kingdom, pg. 1165

McGloughlin, Paul, Account Director --Havas Media, London, United Kingdom, pg. 1326

McGovern, Paige, Account Director --OPAD MEDIA SOLUTIONS, LLC, New York, NY, pg. 842

McGowan, Seton, Account Director --MullenLowe, Winston Salem, NC, pg. 772

McHoull, James, Account Director --Wieden + Kennedy, London, United Kingdom, pg. 1165

McKee, Benjamin, Account Director --Publicis UK, London, United Kingdom, pg. 902

McLagan, Marnie, Account Director --MRY, New York, NY, pg. 769

McMahon, Michelle Allard, Account Director --RAINIER COMMUNICATIONS, Westborough, MA, pg. 1624

McMahon, Philip, Account Director --LUMENTUS LLC, New York, NY, pg. 656

McMenamin, Jillian, Account Director --MWWPR, Los Angeles, CA, pg. 1591

McNamara, Katie, Account Director --DRM PARTNERS, INC., Hoboken, NJ, pg. 1319

McNickle, Michelle, Account Director --CD&M COMMUNICATIONS, Portland, ME, pg. 198

McQuaid, Ailsa, Account Director --Leo Burnett London, London,

AGENCIES — RESPONSIBILITIES INDEX

United Kingdom, pg. 627
Mecik, Philip, Account Director --Merkle IMPAQT, Pittsburgh, PA, pg. 733
Medellin, Amy, Account Director --Ogilvy, Chicago, IL, pg. 811
Melcon, Lara Bilbao, Account Director --Wavemaker, Valencia, Spain, pg. 1383
Melendez, Cristobal, Account Director --LAIRD+PARTNERS, New York, NY, pg. 607
Melnik-Stone, Michelle, Account Director --BRIGHTON AGENCY, INC., Saint Louis, MO, pg. 164
Melton, Diana, Account Director --EVOKE HEALTH, New York, NY, pg. 354
Menendez, Martin, Account Director --THE BRAVO GROUP HQ, Miami, FL, pg. 160
Mercado, Regine, Account Director --MullenLowe Philippines, Manila, Philippines, pg. 776
Mercandalli, Simona, Account Director --Weber Shandwick, Milan, Italy, pg. 1678
Mesmer, Kate, Account Director --Ketchum, San Francisco, CA, pg. 1555
Metz, Katie, Account Director --The Marketing Store, London, United Kingdom, pg. 1410
Metzl, Meredith, Account Director --ARC WORLDWIDE, Chicago, IL, pg. 1397
Mews, Susan, Account Director --GATESMAN, Pittsburgh, PA, pg. 412
Meyer, Megan, Account Director --Leo Burnett USA, Chicago, IL, pg. 622
Miano, Molly, Account Director --BUTLER, SHINE, STERN & PARTNERS, Sausalito, CA, pg. 177
Middleton, Camille, Account Director --WINGARD CREATIVE, Jacksonville, FL, pg. 1170
Middleton, Heike, Account Director --Y&R, Auckland, New Zealand, pg. 1192
Middleton, Heike, Account Director --Young & Rubicam NZ Ltd., Auckland, New Zealand, pg. 1199
Mijic, Goranka, Account Director --McCann Erickson, Zagreb, Croatia, pg. 702
Miketinas, Robert, Account Director --THE MORAN GROUP LLC, Baton Rouge, LA, pg. 757
Miller, Jeffrey, Account Director --TREVOR PETER COMMUNICATIONS LTD, Toronto, Canada, pg. 1115
Miller, Meghan, Account Director --LAUNCH DYNAMIC MEDIA, LLC, Reading, PA, pg. 614
Miller, Steve, Account Director --R2C GROUP, Portland, OR, pg. 927
Millhollin, Jayme, Account Director --MXM, Culver City, CA, pg. 781
Milligan, Stuart, Account Director --JOHN ST., Toronto, Canada, pg. 579
Mills, Alex, Account Director --WE Buchan, Melbourne, Australia, pg. 1672
Mills, Megan, Account Director --R/GA, Austin, TX, pg. 927
Min, Susan, Account Director --YOUNG & RUBICAM, New York, NY, pg. 1197
Minett, Joe, Account Director --DRAW, London, United Kingdom, pg. 319
Mir, Carla, Account Director --Edelman, Barcelona, Spain, pg. 1496
Mischler, Mande, Account Director --SIMPLE TRUTH COMMUNICATION PARTNERS, Chicago, IL, pg. 1015
Mistry, Devika, Account Director --MWW UK, London, United Kingdom, pg. 1592
Mitchell, Ben, Account Director --WRITE2MARKET, Atlanta, GA, pg. 1687
Mitchell, Michelle, Account Director --PHD Canada, Toronto, Canada, pg. 1364
Mitchell, Michelle, Account Director --PHD Toronto, Toronto, Canada, pg. 1362
Mitrasinovic, Suzana, Account Director --MRM Worldwide, Frankfurt, Germany, pg. 768
Mitsui, Kyoko, Account Director --Beacon Communications K.K., Tokyo, Japan, pg. 630
Mitsui, Kyoko, Account Director --Beacon Communications K.K., Tokyo, Japan, pg. 910
Mittler, Cara Civiletti, Account Director --PARTNERS+NAPIER, Rochester, NY, pg. 855
Moczydlowsky, Denise, Account Director --GLOBAL TEAM BLUE, Dearborn, MI, pg. 423
Moe, Hans, Account Director --Kitchen Leo Burnett, Oslo, Norway, pg. 626
Mohlin, Katarina, Account Director --DDB Stockholm, Stockholm, Sweden, pg. 280
Moissi, Mirella, Account Director --OgilvyOne Worldwide, Athens, Greece, pg. 815

Molasi, Mansi, Account Director --Weber Shandwick, New Delhi, India, pg. 1681
Moller, Andreas, Account Director --Ubachswisbrun J. Walter Thompson, Amsterdam, Netherlands, pg. 560
Molter, Amelie, Account Director --BETC, Paris, France, pg. 479
Moltsen, Josephine Bie, Account Director --Wunderman, Copenhagen, Denmark, pg. 1191
Monaco, Patti, Account Director --MANGOS, Conshohocken, PA, pg. 674
Montanile, Kate, Account Director --GYK Antler, Boston, MA, pg. 457
Monty, Brienne, Account Director --ARCHRIVAL, Lincoln, NE, pg. 66
Moody, Sherry, Account Director --TRUE NORTH INTERACTIVE, San Francisco, CA, pg. 1298
Mooradian, Julia, Account Director --ENVOY, Irvine, CA, pg. 342
Moore, Clare, Account Director --Millward Brown Ulster, Belfast, United Kingdom, pg. 744
Moore, Kelly, Account Director --Zimmerman Advertising, Los Angeles, CA, pg. 1212
Moore, Stephanie, Account Director --SUBJECT MATTER, Washington, DC, pg. 1654
Moore, William, Account Director --ZOOM ADVERTISING, Chicago, IL, pg. 1215
Morales, Dalia E., Account Director --Wavemaker, San Juan, PR, pg. 1385
Moran, Jamie, Account Director --COLLE+MCVOY, Minneapolis, MN, pg. 219
Moreira Costa, Renato F., Account Director --Grey, Sao Paulo, Brazil, pg. 443
Moresco, Josefina, Account Director --Argentina Porter Novelli, Buenos Aires, Argentina, pg. 1614
Morris, Darren, Account Director --FCB Johannesburg, Johannesburg, South Africa, pg. 375
Morrison, James, Account Director --ID29, Troy, NY, pg. 519
Mort, Tom, Account Director --M&C Saatchi, Sydney, Australia, pg. 661
Morton, Indira, Account Director --18OOVER90, Philadelphia, PA, pg. 2
Most, Brad, Account Director --HYC/MERGE, Chicago, IL, pg. 515
Motholo, Modjeyi, Account Director --Ogilvy Johannesburg (Pty.) Ltd., Johannesburg, South Africa, pg. 829
Mott, James, Account Director --McCann-Erickson Communications House Ltd, Macclesfield, Prestbury, United Kingdom, pg. 712
Moyer, Amanda, Account Director --SapientRazorfish Philadelphia, Philadelphia, PA, pg. 1288
Mpagazehe, Khari, Account Director --BBDO New York, New York, NY, pg. 99
Muckian, Karen, Account Director --TBWA\Dublin, Dublin, Ireland, pg. 1083
Mugnaini, Jen, Account Director --STONEARCH, Minneapolis, MN, pg. 1051
Muir, Matt, Account Director --COSSETTE COMMUNICATIONS, Vancouver, Canada, pg. 232
Muller, Christina, Account Director --Heimat Werbeagentur GmbH, Berlin, Germany, pg. 1082
Muller, Claudia, Account Director --Hill+Knowlton Strategies, Frankfurt, Germany, pg. 1533
Mulvany, Ann, Account Director --FRAZIERHEIBY, INC., Columbus, OH, pg. 1513
Mundt, Trevor, Account Director --OBERLAND, New York, NY, pg. 804
Muniz de Souza, Maria Silvia, Account Director --Millward Brown Brazil, Sao Paulo, Brazil, pg. 742
Munoz, Palmira, Account Director --Hill & Knowlton Espana, S.A., Barcelona, Spain, pg. 1533
Munoz-Cadilla, Isabel, Account Director --GREY GROUP, New York, NY, pg. 438
Murdock, Pam, Account Director --JAN KELLEY MARKETING, Burlington, Canada, pg. 571
Murphy, Jennifer, Account Director --RDA INTERNATIONAL, New York, NY, pg. 935
Murphy, Kristen, Account Director --PARADISE ADVERTISING & MARKETING, Saint Petersburg, FL, pg. 853
Murray, Dominic, Account Director --KINETIC, New York, NY, pg. 1337
Murray, Jessica, Account Director --R&R PARTNERS, Las Vegas, NV, pg. 924
Murray, Katya, Account Director --CATAPULT MARKETING, Wilton, CT, pg. 196
Murray, Ryan, Account Director --SOLVE, Minneapolis, MN, pg. 1028
Murtagh, Lynsey, Account Director --Young & Rubicam Australia/New Zealand, Sydney, Australia, pg. 1199

Murtagh, Susan, Account Director --Kinetic, Dublin, Ireland, pg. 1338
Myers, Bianca, Account Director --JOHN ST., Toronto, Canada, pg. 579
Myers, Diane, Account Director --MCKINNEY, Durham, NC, pg. 719
Myles, Hayley, Account Director --Hill+Knowlton Strategies, London, United Kingdom, pg. 1533
Nally, Eric, Account Director --SCHAFER CONDON CARTER, Chicago, IL, pg. 995
Nancy, Zhao, Account Director --Hill & Knowlton Hong Kong Ltd., Quarry Bay, China (Hong Kong), pg. 1534
Nascimento, Eliza, Account Director --CAMPBELL EWALD, Detroit, MI, pg. 185
Natalucci, Cristiana Montani, Account Director --Weber Shandwick, Rome, Italy, pg. 1678
Nathan, Jemma, Account Director --Sudler & Hennessey Ltd.- London, London, United Kingdom, pg. 1059
Navon, Benjamin, Account Director --PURE COMMUNICATIONS, INC., Wilmington, NC, pg. 1621
Nayak, Karuna, Account Director --FCB Interface, Mumbai, India, pg. 373
Nazarenus, Nicole, Account Director --GREY GROUP, New York, NY, pg. 438
Nealon, Megan, Account Director --THE MARINO ORGANIZATION, INC., New York, NY, pg. 680
Neil, Amanda, Account Director --ICROSSING NEW YORK, New York, NY, pg. 1261
Nelson, Anita, Account Director --IN FOOD MARKETING, Minneapolis, MN, pg. 529
Nelson, Lindsey, Account Director --RESOLUTION MEDIA, Chicago, IL, pg. 948
Nelson, Mike, Account Director --SUBJECT MATTER, Washington, DC, pg. 1654
Nemetsky, Elyssa, Account Director --MCCANN WORLDGROUP, New York, NY, pg. 714
Nerenberg, Jaci, Account Director --Narrative, Los Angeles, CA, pg. 784
New, Cary, Account Director --ARCHER MALMO, Memphis, TN, pg. 65
Newmarch, Jocelyn, Account Director --Edelman South Africa, Randburg, South Africa, pg. 1497
Ng, Jacintha, Account Director --The Hoffman Agency, Singapore, Singapore, pg. 1536
Ng, Jeffrey, Account Director --Leo Burnett Shanghai Advertising Co., Ltd., Shanghai, China, pg. 629
Nguy, Alexandra, Account Director --MAX BORGES AGENCY, Miami, FL, pg. 1578
Nguyen, Lien, Account Director --IMPRINT PROJECTS, New York, NY, pg. 528
Nichols, Scott, Account Director --BROADHEAD, Minneapolis, MN, pg. 165
Nickels, Cassandra Brown, Account Director --DIXON SCHWABL ADVERTISING, Victor, NY, pg. 309
Nickerson, Heather, Account Director --TBWA/Manchester, Manchester, United Kingdom, pg. 1086
Niemczyk, Greg, Account Director --HCB HEALTH CHICAGO, Chicago, IL, pg. 490
Nieto, Monica, Account Director --Sancho BBDO, Bogota, Colombia, pg. 102
Niguet, Audrey, Account Director --DDB Paris, Paris, France, pg. 273
Nikolic, Ana, Account Director --LUNA TBWA Belgrade, Belgrade, Serbia, pg. 1085
Nip, Terence, Account Director --Ogilvy, Central, China (Hong Kong), pg. 1600
Nisler, Farah, Account Director --THE STONE AGENCY, Raleigh, NC, pg. 1050
Niven, Andrew, Account Director --GroupM EMEA HQ, London, United Kingdom, pg. 1323
Noe, Adi, Account Director --POLISHED PIG MEDIA, Roanoke, VA, pg. 1611
Noer, Tracy Wascoe, Account Director --SHAKER RECRUITMENT ADVERTISING & COMMUNICATIONS, INC., Oak Park, IL, pg. 1005
Nolan, Brian, Account Director --Kinetic, Dublin, Ireland, pg. 1338
Noland, Holly Zuluaga, Account Director --RAFFETTO HERMAN STRATEGIC COMMUNICATIONS LLC, Seattle, WA, pg. 1624
Nold, Fabian, Account Director --Wirz Werbung AG, Zurich, Switzerland, pg. 109
Nondo, James Kudzai, Account Director --Net#work BBDO, Gauteng, South Africa, pg. 108
Norcini, Laura, Account Director --BEAUTY\@GOTHAM, New York, NY, pg. 119

RESPONSIBILITIES INDEX — AGENCIES

Nordstrom, Maria, Account Director --MediaCom Sverige AB, Stockholm, Sweden, pg. 1347

Norman, Mangus, Account Director --ANR BBDO, Stockholm, Sweden, pg. 109

Norris, Kelly, Account Director --GREY GROUP, New York, NY, pg. 438

Nott, Martin, Account Director --O'Keeffe & Co., Rochester, NY, pg. 1602

Nourian, Nathalie, Account Director --PMBC GROUP, Beverly Hills, CA, pg. 1610

Novotny, Shannon, Account Director --BOELTER + LINCOLN MARKETING COMMUNICATIONS, Milwaukee, WI, pg. 144

Noya, Natalia, Account Director --Ogilvy Argentina, Buenos Aires, Argentina, pg. 819

Nukui, Michiko, Account Director --McCann Erickson Japan Inc., Tokyo, Japan, pg. 706

Nuzum, Krista, Account Director --RED MOON MARKETING, Charlotte, NC, pg. 940

O'Boyle, Maureen, Account Director --TAG CREATIVE, New York, NY, pg. 1070

O'Brien, Kate, Account Director --Hills Balfour, London, United Kingdom, pg. 750

O'Brien, Meghan, Account Director --DDB New York, New York, NY, pg. 269

O'Donnell, Katharine, Account Director --Saatchi & Saatchi EMEA Region Headquarters, London, United Kingdom, pg. 980

O'Donnell, Nick, Account Director --BARTLE BOGLE HEGARTY LIMITED, London, United Kingdom, pg. 92

O'Dower, Clare, Account Director --HANLEY WOOD MARKETING, Minneapolis, MN, pg. 465

O'Hea, Michelle, Account Director --BUTLER, SHINE, STERN & PARTNERS, Sausalito, CA, pg. 177

O'Keefe, Aaron, Account Director --MONO, Minneapolis, MN, pg. 755

O'Neil, Carrie Norton, Account Director --Brodeur Partners, Phoenix, AZ, pg. 1457

O'Shaughnessy, Elaine, Account Director --Weber Shandwick, Belfast, United Kingdom, pg. 1679

Oberg, Stina Jansdotter, Account Director --INGO, Stockholm, Sweden, pg. 442

OBrien, Kevin, Account Director --KASTNER, Los Angeles, CA, pg. 588

Odia, Seun, Account Director --140 BBDO, Cape Town, South Africa, pg. 108

Offenbartlova, Jana, Account Director --FCB Czech, Prague, Czech Republic, pg. 366

Offord, Bob, Account Director --GRAPEVINE DESIGNS, Lenexa, KS, pg. 1404

Ogushwitz, Mary Blanton, Account Director --MAGRINO PUBLIC RELATIONS, New York, NY, pg. 671

Ohlin, Johan, Account Director --MullenLowe Brindfors, Stockholm, Sweden, pg. 774

Olanow, Anna M., Account Director --THE BARBARIAN GROUP, New York, NY, pg. 88

Olivera, Yuvitza, Account Director --MARCA MIAMI, Coconut Grove, FL, pg. 677

Olivo, Jeff, Account Director --DIGITAS HEALTH, Philadelphia, PA, pg. 302

Olson, Liz, Account Director --J. WALTER THOMPSON ATLANTA, Atlanta, GA, pg. 564

Ong, Fiona, Account Director --TBWA Singapore, Singapore, Singapore, pg. 1091

Opferkuch, Christina, Account Director --Ogilvy New Zealand, Auckland, New Zealand, pg. 826

Oram, Charlotte, Account Director --Abbott Mead Vickers BBDO, London, United Kingdom, pg. 109

Orfao, Olga, Account Director --Wunderman, Lisbon, Portugal, pg. 1192

Orozco, Carlos, Account Director --R/GA, Austin, TX, pg. 927

Orr, Jim, Account Director --PHD Canada, Toronto, Canada, pg. 1364

Ortega, Jamie, Account Director --M&C Saatchi, Santa Monica, CA, pg. 662

Ortmann, Erica, Account Director --OGILVY, New York, NY, pg. 809

Ory, Andre, Account Director --FENTON, New York, NY, pg. 377

Osadchuk, Oksana, Account Director --Adventa Lowe, Kiev, Ukraine, pg. 773

Osborne, Kathleen, Account Director --BAM COMMUNICATIONS, San Diego, CA, pg. 1438

Osorio, Susan, Account Director --ZUBI ADVERTISING SERVICES, INC., Coral Gables, FL, pg. 1215

Ostridge, Alexandra Stanley, Account Director --CASTILLO & RUIG COMMUNICATIONS, Santa Monica, CA, pg. 1464

Otasevic, Milica, Account Director --DDB Berlin, Berlin, Germany, pg. 274

Ottavio, Kate, Account Director --ICR, Norwalk, CT, pg. 1539

Ouyang, Qian, Account Director --Hill & Knowlton Hong Kong Ltd., Quarry Bay, China (Hong Kong), pg. 1534

Oven, Atara, Account Director --NCOMPASS INTERNATIONAL, West Hollywood, CA, pg. 787

Ovren, Christina Kopp, Account Director --MediaCom Sverige AB, Stockholm, Sweden, pg. 1347

Owens, Kate, Account Director --SAATCHI & SAATCHI, New York, NY, pg. 975

Padrick, Rebecca, Account Director --GROK, New York, NY, pg. 451

Paduanelli, Tiziana, Account Director --Publicis Italia, Milan, Italy, pg. 899

Paeglis, Didzis, Account Director --DDB Latvia, Riga, Latvia, pg. 276

Pagnoni, David, Account Director --Publicis, Amstelveen, Netherlands, pg. 901

Pagnoni, David, Account Director --Publicis, Rome, Italy, pg. 900

Pagnoni, David, Account Director --Publicis Italia, Milan, Italy, pg. 899

Pagnoni, David, Account Director --Publicis S.R.L., Milan, Italy, pg. 900

Pagulayan, Crissy, Account Director --RUSTY GEORGE CREATIVE, Tacoma, WA, pg. 973

Palazzolo, Michele, Account Director --G.W. HOFFMAN MARKETING & COMMUNICATIONS, Darien, CT, pg. 1404

Palin, Addie, Account Director --O'KEEFE REINHARD & PAUL, Chicago, IL, pg. 834

Pally, Christianna, Account Director --BCW (BURSON COHN & WOLFE), New York, NY, pg. 1439

Panaitescu, Andra, Account Director --MullenLowe Romania, Bucharest, Romania, pg. 777

Panek, Sofia, Account Director --Havas Worldwide Dusseldorf, Dusseldorf, Germany, pg. 480

Pang, Lorell, Account Director --Hakuhodo Hong Kong Ltd., North Point, China (Hong Kong), pg. 462

Panio, Carrie, Account Director --RETHINK, Vancouver, Canada, pg. 951

Papel, Elizabeth, Account Director --BOHAN, Nashville, TN, pg. 144

Papp, Mary, Account Director --HAWTHORNE DIRECT INC., Fairfield, IA, pg. 489

Parchman, Alan, Account Director --THE BALCOM AGENCY, Fort Worth, TX, pg. 85

Paris, Matthew, Account Director --Havas London, London, United Kingdom, pg. 482

Parker, Adrienne Chalfant, Account Director --RIGHTPOINT, Chicago, IL, pg. 1285

Parker, Andie, Account Director --TMP Worldwide/Advertising & Communications, San Francisco, CA, pg. 1107

Parmekar, Lars, Account Director --AIMIA, Minneapolis, MN, pg. 41

Parness, Reva, Account Director --OFFICE, San Francisco, CA, pg. 809

Parr, Brigid, Account Director --ZAPWATER COMMUNICATIONS, Chicago, IL, pg. 1688

Parrish, Kathryn, Account Director --RUNSWITCH PUBLIC RELATIONS, Louisville, KY, pg. 1638

Parsons, Susan, Account Director --HAVAS MEDIA, New York, NY, pg. 1324

Parten, Bryce, Account Director --IPROSPECT, Fort Worth, TX, pg. 1335

Particelli, Jennifer, Account Director --Octagon, New York, NY, pg. 806

Parvez, Masud, Account Director --Grey Bangladesh Ltd., Dhaka, Bangladesh, pg. 445

Pascual, Javier, Account Director --McCann Erickson S.A., Madrid, Spain, pg. 709

Patel, Hema, Account Director --Saatchi & Saatchi, Dubai, United Arab Emirates, pg. 980

Patel, Seema, Account Director --GREY NEW YORK, New York, NY, pg. 438

Patrick, Sian, Account Director --Global Team Blue, London, United Kingdom, pg. 423

Paul, Kimberly, Account Director --MARCHEX, INC., Seattle, WA, pg. 678

Paulsen, Sarah, Account Director --LEO BURNETT WORLDWIDE, INC., Chicago, IL, pg. 621

Pautz, Andrew, Account Director --SOLVE, Minneapolis, MN, pg. 1028

Peacock, Alexandra, Account Director --McCann Erickson Hong Kong Ltd., Causeway Bay, China (Hong Kong), pg. 704

Pearl, Melanie, Account Director --UNION, Charlotte, NC, pg. 1298

Pearson, Amanda, Account Director --MRM MCCANN, New York, NY, pg. 766

Peck, Jennifer, Account Director --ANVIL MEDIA, INC., Portland, OR, pg. 1307

Pedersen, Olav, Account Director --MediaCom AS, Oslo, Norway, pg. 1346

Peek, Julia, Account Director --FENTON, New York, NY, pg. 377

Peitzsch, Cilla, Account Director --Ogilvy (Singapore) Pvt. Ltd., Singapore, Singapore, pg. 827

Pena, Carlos Jimenez, Account Director --McCann Erickson Corp. S.A., Bogota, Colombia, pg. 702

Pena, Leticia, Account Director --Nueva Comunicacion-Weber Shandwick, Montevideo, Uruguay, pg. 1680

Pena, Melissa, Account Director --R&R PARTNERS, Las Vegas, NV, pg. 924

Penk, Andy, Account Director --TBWA/Manchester, Manchester, United Kingdom, pg. 1086

Penney, Jessica, Account Director --CORINTHIAN MEDIA, INC., New York, NY, pg. 1316

Pennington, Phil, Account Director --GLOBAL TEAM BLUE, Dearborn, MI, pg. 423

Pensky, Amber, Account Director --IDEAS COLLIDE INC., Scottsdale, AZ, pg. 521

Penta, Susan, Account Director --INLINE MEDIA, INC., Denver, CO, pg. 1334

Peralta, Daisy, Account Director --M&C Saatchi, Santa Monica, CA, pg. 662

Perez, Bridget, Account Director --PHINNEY BISCHOFF, Seattle, WA, pg. 869

Perkal, Janine, Account Director --Source Communications, Vista, CA, pg. 1029

Perkins, Monica, Account Director --Harte-Hanks Direct, Inc., Feasterville Trevose, PA, pg. 471

Perry, Jay, Account Director --Leo Burnett, Ltd., London, United Kingdom, pg. 624

Perry, Jay, Account Director --Leo Burnett London, London, United Kingdom, pg. 627

Persson, Jennifer, Account Director --VISION CREATIVE GROUP, INC., Morris Plains, NJ, pg. 1139

Peteet, Dean, Account Director --ATLAS BRANDING & DESIGN INC., Asheville, NC, pg. 75

Peters, Daniel, Account Director --BBDO San Francisco, San Francisco, CA, pg. 99

Peters, Eric, Account Director --George P. Johnson Company, Inc., La Vergne, TN, pg. 416

Peters, Katie, Account Director --INTRINZIC MARKETING + DESIGN INC., Newport, KY, pg. 545

Peterson, Dory, Account Director --BUTLER/TILL, Rochester, NY, pg. 1313

Peterson, Jennifer Pisczak, Account Director --22SQUARED, Atlanta, GA, pg. 4

Peterson, Melissa, Account Director --GALE PARTNERS, New York, NY, pg. 1258

Petr, Tomas, Account Director --MQI Brno, spol. s r.o., Brno, Czech Republic, pg. 1186

Petri, Erica, Account Director --Group SJR, New York, NY, pg. 1530

Petri, Shelley, Account Director --BLAST! PR, Santa Barbara, CA, pg. 1451

Petritz, Cathy, Account Director --NSA Media Group, Inc., Downers Grove, IL, pg. 1332

Petruni, Paola, Account Director --GreyUnited, Milan, Italy, pg. 441

Pettyjohn, Lindsey, Account Director --BBDO Atlanta, Atlanta, GA, pg. 98

Peyraud, Nikki, Account Director --GURU MEDIA SOLUTIONS LLC, Sausalito, CA, pg. 456

Pfleger, Julie, Account Director --ERICH & KALLMAN, Larkspur, CA, pg. 348

Phillips, Randy, Account Director --QUATTRO DIRECT LLC, Berwyn, PA, pg. 921

Piccolo, Michelle Lockhart, Account Director --LAFORCE, New York, NY, pg. 1562

Pickens, Kali, Account Director --Allison+Partners, Boston, MA, pg. 721

Pienaar, AJ, Account Director --Millward Brown South Africa, Gauteng, South Africa, pg. 743

Pierce, Bradley, Account Director --JAYNE AGENCY, Highland Park, IL, pg. 573

Pierce, Jennifer, Account Director --BLANC & OTUS PUBLIC RELATIONS, San Francisco, CA, pg. 1451

Pierson, Jake, Account Director --MARTINO FLYNN LLC, Pittsford, NY, pg. 689

AGENCIES — RESPONSIBILITIES INDEX

Pike, Michelle, Account Director --JEKYLL AND HYDE, Redford, MI, pg. 574

Pineda, Veronica, Account Director --ANDERSON DDB HEALTH & LIFESTYLE, Toronto, Canada, pg. 57

Pinkosky, Jana, Account Director --TEAM ONE USA, Los Angeles, CA, pg. 1095

Pinto, Alberto, Account Director --M&C Saatchi Milan, Milan, Italy, pg. 660

Pinto, Clemente, Account Director --Prolam Y&R S.A., Santiago, Chile, pg. 1206

Pinto, Nicolette, Account Director --M&C Saatchi Performance, New York, NY, pg. 660

Piscatelli, Katherine, Account Director --YOUNG & RUBICAM, New York, NY, pg. 1197

Pittner, Sarah, Account Director --Mortenson Safar Kim, Milwaukee, WI, pg. 761

Pitts, Melissa, Account Director --WUNDERMAN, New York, NY, pg. 1188

Plank, Torrey, Account Director --ROBERTS + LANGER DDB, New York, NY, pg. 963

Platz, Jesse, Account Director --WACHSMAN PR, New York, NY, pg. 1668

Podurgiel, Amy, Account Director --KETCHUM, New York, NY, pg. 1554

Pointer, Emma, Account Director --Weber Shandwick, Belfast, United Kingdom, pg. 1679

Pointer, Emma, Account Director --Weber Shandwick UK, London, United Kingdom, pg. 1679

Polat, Hasan, Account Director --Wavemaker, Istanbul, Turkey, pg. 1383

Polizogopulos, Eleni, Account Director --McCann Erickson (Peru) Publicidad S.A., Lima, Peru, pg. 707

Pommery, Gersende, Account Director --Sopexa, London, United Kingdom, pg. 1029

Pongracz, Erin, Account Director --COSSETTE COMMUNICATIONS, Vancouver, Canada, pg. 232

Popovic, Vladimir, Account Director --McCann Erickson Group, Belgrade, Serbia, pg. 708

Porsborg, Austin, Account Director --UNSER COMMUNICATIONS, Las Vegas, NV, pg. 1665

Porter, Matthew, Account Director --ROKKAN, New York, NY, pg. 966

Porvatova, Tatiana, Account Director --MullenLowe Moscow, Moscow, Russia, pg. 775

Posepna, Katerina, Account Director --DDB Prague, Prague, Czech Republic, pg. 272

Posta, Tom, Account Director --Bader Rutter & Associates, Inc., Lincoln, NE, pg. 83

Pote, Ketan, Account Director --20:20 MSL, Mumbai, India, pg. 1588

Pouliot, Catherine, Account Director --Edelman, Montreal, Canada, pg. 1491

Powell, Paige, Account Director --Havas Media, Boston, MA, pg. 1327

Powell, Pamela, Account Director --THE HAUSER GROUP INC., Saint Louis, MO, pg. 472

Powers, Natalie, Account Director --KOCH COMMUNICATIONS, Oklahoma City, OK, pg. 1559

Pradera, Nuria, Account Director --Publicis, Madrid, Spain, pg. 901

Prax, Siri, Account Director --SCHERMER, INC., Minneapolis. MN, pg. 995

Prendergast, Emma, Account Director --Havas London, London, United Kingdom, pg. 482

Prideaux, Thomas, Account Director --Fallon London, London, United Kingdom, pg. 360

Prieto, Natalia, Account Director --GIANT NOISE, Austin, TX, pg. 1517

Prior, Christian, Account Director --Weber Shandwick, Brussels, Belgium, pg. 1677

Pritchett, Chase, Account Director --Anomaly Amsterdam, Amsterdam, Netherlands, pg. 59

Proctor, Julia, Account Director --PUBLICIS HAWKEYE, Dallas, TX, pg. 1282

Prokopova, Hana, Account Director --McCann Erickson Prague, Prague, Czech Republic, pg. 702

Puech, Anne, Account Director --Havas London, London, United Kingdom, pg. 482

Pulwer, Lauren, Account Director --PUBLICIS USA, New York, NY, pg. 912

Purdy, Luke, Account Director --Wieden + Kennedy Amsterdam, Amsterdam, Netherlands, pg. 1164

Pusca, Barbara, Account Director --Publicis Italia, Milan, Italy, pg. 899

Pusca, Barbara, Account Director --Publicis Networks, Milan, Italy, pg. 900

Pusca, Barbara, Account Director --Publicis S.R.L., Milan, Italy, pg. 900

Putri, Dian, Account Director --FCB Jakarta, Jakarta, Indonesia, pg. 373

Pym, Oliver, Account Director --Wieden + Kennedy, London, United Kingdom, pg. 1165

Qiu, Billy, Account Director --Leo Burnett Shanghai Advertising Co., Ltd., Shanghai, China, pg. 629

Que, Connie, Account Director --GYRO, New York, NY, pg. 457

Quesada, Marion, Account Director --CLM BBDO, Boulogne-Billancourt, France, pg. 104

Quinn, Carol, Account Director --KARSH & HAGAN COMMUNICATIONS, INC., Denver, CO, pg. 588

Raach, Martina, Account Director --Wirz Werbung AG, Zurich, Switzerland, pg. 109

Raasch, Kate Miller, Account Director --Laughlin/Constable, Inc., Chicago, IL, pg. 614

Raaum, Fred, Account Director --FCB Faltman & Malmen, Stockholm, Sweden, pg. 368

Rackover, Ruthie, Account Director --WAVEMAKER - NA HQ, NEW YORK, New York, NY, pg. 1386

Racusin, David, Account Director --OUTCAST COMMUNICATIONS, San Francisco, CA, pg. 1603

Radford, Lucy, Account Director --Clarion Communications, London, United Kingdom, pg. 1185

Radu, Oana, Account Director --Publicis, Bucharest, Romania, pg. 901

Raffo, Piers, Account Director --BARTLE BOGLE HEGARTY LIMITED, London, United Kingdom, pg. 92

Ragone, Kaitlin, Account Director --THE ADDISON GROUP, Suffolk, VA, pg. 29

Rakowitsch, Natalia, Account Director --DAVID, Sao Paulo, Brazil, pg. 261

Ramage, Matthew, Account Director --Havas London, London, United Kingdom, pg. 482

Ramos, Beatriz Moreno, Account Director --TBWA Espana, Madrid, Spain, pg. 1085

Ramsey, Taylor, Account Director --Weber Shandwick-Boston/Cambridge, Cambridge, MA, pg. 1675

Ramsey, Tiffany, Account Director --TIERNEY COMMUNICATIONS, Philadelphia, PA, pg. 1103

Randall, Chris, Account Director --THE TOMBRAS GROUP, Knoxville, TN, pg. 1108

Rappaport, Sara, Account Director --SAPIENTRAZORFISH NEW YORK, New York, NY, pg. 1286

Rasmussen, Dan, Account Director --LINNIHAN FOY ADVERTISING, Minneapolis, MN, pg. 642

Rassi, Sara, Account Director --LEAPFROG SOLUTIONS, INC., Alexandria, VA, pg. 618

Ratcliffe, Ottilie, Account Director --The Romans, London, United Kingdom, pg. 763

Rathjen, Lindsey, Account Director --Narrative, Los Angeles, CA, pg. 784

Ratliff, Frances, Account Director --RAZ PUBLIC RELATIONS, Santa Monica, CA, pg. 1625

Ratner, Naomi, Account Director --RELEVENT PARTNERS LLC, New York, NY, pg. 945

Rauschertova, Katerina, Account Director --Ogilvy, Prague, Czech Republic, pg. 813

Ravindra, Madhu, Account Director --BIMM COMMUNICATIONS GROUP, Toronto, Canada, pg. 131

Raymond, Tesa, Account Director --FRIENDS & NEIGHBORS, Minneapolis, MN, pg. 399

Rayos, Rachelle, Account Director --McCann Erickson (Philippines), Inc., Manila, Philippines, pg. 707

Reames, Courtney, Account Director --ST. JOHN & PARTNERS, Jacksonville, FL, pg. 1040

Reardon, Michael, Account Director --BARRETTSF, San Francisco, CA, pg. 91

Reardon, Tara, Account Director --FCB Chicago, Chicago, IL, pg. 364

Redekop, Kathryn, Account Director --FIREWOOD MARKETING, San Francisco, CA, pg. 383

Redington, Andy, Account Director --LOCATION3 MEDIA, INC., Denver, CO, pg. 649

Redmond, Chrissy, Account Director --CONE COMMUNICATIONS, Boston, MA, pg. 1473

Reed, Jackie, Account Director --EXPOSURE, New York, NY, pg. 356

Reed, Louise, Account Director --WEST ADVERTISING, Alameda, CA, pg. 1159

Reed, Natalie, Account Director --Ogilvy, Ltd., London, United Kingdom, pg. 818

Reed, Oletta, Account Director --DDB San Francisco, San Francisco, CA, pg. 269

Reed, Veronica Mikitka, Account Director --MAVEN COMMUNICATIONS LLC, Philadelphia, PA, pg. 695

Reese, Lauren Dickson, Account Director --RED PEPPER, INC., Nashville, TN, pg. 940

Reichert, James, Account Director --LIKEABLE MEDIA, New York, NY, pg. 640

Reid, Erin, Account Director --DERSE INC., Milwaukee, WI, pg. 292

Reilly, Brendan, Account Director --STREAM COMPANIES, Malvern, PA, pg. 1054

Reilly, Claire, Account Director --JWT Folk, Dublin, Ireland, pg. 560

Reilly, Courtney, Account Director --UPSHIFT CREATIVE GROUP, Chicago, IL, pg. 1128

Reilly-Sicilian, Lisa, Account Director --FLEMING & COMPANY INC., NewPort, RI, pg. 387

Reimer, Harleigh, Account Director --Publicis Australia, Brisbane, Australia, pg. 907

Reincke, Nicole, Account Director --SAPIENTRAZORFISH NEW YORK, New York, NY, pg. 1286

Reiter, Crystal, Account Director --BRENER, ZWIKEL & ASSOCIATES, INC., Reseda, CA, pg. 1456

Reiz, Victoria, Account Director --Leo Burnett London, London, United Kingdom, pg. 627

Reizes, Daniel, Account Director --HANLON CREATIVE, Kulpsville, PA, pg. 465

Rekhi-Sharma, Pooja, Account Director --MEMAC Ogilvy W.L.L., Manama, Bahrain, pg. 830

Relyea, Britta, Account Director --BLND PUBLIC RELATIONS, Hermosa Beach, CA, pg. 137

Renaldo, John, Account Director --BLUE FOUNTAIN MEDIA, New York, NY, pg. 1241

Renken, Ashley, Account Director --DEG, Leawood, KS, pg. 1248

Rennoldson, Mark, Account Director --Imagination (USA) Inc., Dearborn, MI, pg. 526

Repasky, Edward, Account Director --MGH, INC., Owings Mills, MD, pg. 736

Repasky, Ellen, Account Director --Dalton Agency Atlanta, Atlanta, GA, pg. 258

Resenterra, Daniela, Account Director --Hills Balfour, London, United Kingdom, pg. 750

Restrepo, Melisa, Account Director --McCann Erickson Corp. S.A., Bogota, Colombia, pg. 702

Rey, Daniella, Account Director --WING, New York, NY, pg. 1170

Reyes, Tin, Account Director --Publicis JimenezBasic, Makati, Philippines, pg. 910

Reyna, Erika, Account Director --STIRISTA, LLC, San Antonio, TX, pg. 1293

Reynolds, Jason, Account Director --INSIGHT CREATIVE GROUP, Oklahoma City, OK, pg. 535

Reynolds, Lauren Kloepfer, Account Director --ARC WORLDWIDE, Chicago, IL, pg. 1397

Reynolds, Tom, Account Director --madano partnership, London, United Kingdom, pg. 1593

Ricchi, Alex, Account Director --LEGACY MARKETING PARTNERS, Chicago, IL, pg. 619

Ricciardi, Donna, Account Director --EMA Public Relations Services, Syracuse, NY, pg. 347

Ricciardi, Donna, Account Director --ERIC MOWER + ASSOCIATES, Syracuse, NY, pg. 346

Ricciardi, Donna, Account Director --Eric Mower + Associates, Albany, NY, pg. 347

Rice, Emily, Account Director --DIGITAS, San Francisco, CA, pg. 302

Rice, James, Account Director --BARTLE BOGLE HEGARTY LIMITED, London, United Kingdom, pg. 92

Rice, John, Account Director --MAGRINO PUBLIC RELATIONS, New York, NY, pg. 671

Richard, Aimee, Account Director --KENNA, Mississauga, Canada, pg. 592

Richards, Annie, Account Director --DNA SEATTLE, Seattle, WA, pg. 311

Rickey, Sharon, Account Director --BERRY NETWORK, INC., Dayton, OH, pg. 125

Riddle, Dustin, Account Director --One & All, Atlanta, GA, pg. 838

Ridgley, Marie, Account Director --Kantar, London, United Kingdom, pg. 1184

Ridsdale, Phil, Account Director --J. Walter Thompson, London, United Kingdom, pg. 562

Riekhof, Stephanie, Account Director --SWANSON RUSSELL ASSOCIATES, Lincoln, NE, pg. 1064

Rineman, Patrick, Account Director --RED MOON MARKETING, Charlotte, NC, pg. 940

Ringler, Tami, Account Director --Mirum Arkansas, Rogers, AR, pg.

RESPONSIBILITIES INDEX — AGENCIES

Rios, Emily, Account Director --COOKERLY PUBLIC RELATIONS, Atlanta, GA, pg. 1475

Rippberger, Adriane, Account Director --HARVEST PUBLIC RELATIONS, Portland, OR, pg. 1527

Rispoli, Joe, Account Director --MERKLEY+PARTNERS, New York, NY, pg. 733

Ritchie, Elizabeth, Account Director --McCann Healthcare Sydney, Sydney, Australia, pg. 700

Rivas, Soledad, Account Director --BBDO Argentina, Buenos Aires, Argentina, pg. 101

Rivera, Pamela, Account Director --SWIRL MCGARRYBOWEN, San Francisco, CA, pg. 1067

Rivet, Sophie, Account Director --Poke, London, United Kingdom, pg. 902

Rizzo, Jovana, Account Director --BERLINROSEN, New York, NY, pg. 1448

Ro Beyersdorf, Mark, Account Director --BERLINROSEN, New York, NY, pg. 1448

Robb, Susan, Account Director --GAGGI MEDIA COMMUNICATIONS, INC., Toronto, Canada, pg. 408

Roberts, Laura, Account Director --SPM MARKETING & COMMUNICATIONS, La Grange, IL, pg. 1035

Robertson, Holly, Account Director --GRAPEVINE DESIGNS, Lenexa, KS, pg. 1404

Robertson, Paul, Account Director --Portland, London, United Kingdom, pg. 306

Robertson, Ryan Leigh, Account Director --Geometry Global, Chicago, IL, pg. 415

Robinson, Abi, Account Director --Adam & EveDDB, London, United Kingdom, pg. 281

Robinson, Erin, Account Director --IDENTITY MARKETING & PUBLIC RELATIONS, LLC, Bingham Farms, MI, pg. 1540

Robinson, Julia, Account Director --6 DEGREES INTEGRATED COMMUNICATIONS, Toronto, Canada, pg. 10

Rochow, Breckenridge, Account Director --BULLFROG & BAUM, New York, NY, pg. 172

Rodarte, Richard, Account Director --WALTON / ISAACSON, Culver City, CA, pg. 1151

Rodriguez, Patricia, Account Director --PAPPAS GROUP, Arlington, VA, pg. 852

Rodriguez, Rafael, Account Director --Heinrich Hawaii, Honolulu, HI, pg. 493

Rodriguez, Rafael, Account Director --HEINRICH MARKETING, Denver, CO, pg. 493

Rodzik, Anna, Account Director --ZenithOptimedia, Warsaw, Poland, pg. 1389

Rogers, Claibourne, Account Director --FISH CONSULTING, INC., Ft Lauderdale, FL, pg. 384

Rolston, Nicholas, Account Director --BURRELL, Chicago, IL, pg. 176

Romanelli, Karen, Account Director --THE INTEGER GROUP, LLC, Lakewood, CO, pg. 536

Romero, John, Account Director --George P. Johnson Company, Inc., Torrance, CA, pg. 416

Romeu, Allison, Account Director --MCGARRYBOWEN, New York, NY, pg. 716

Rooney, Ashley, Account Director --SIMONS MICHELSON ZIEVE, INC., Troy, MI, pg. 1015

Rooney, Ed, Account Director --QUATTRO DIRECT LLC, Berwyn, PA, pg. 921

Rooney, Robin, Account Director --CLARITY COVERDALE FURY ADVERTISING, INC., Minneapolis, MN, pg. 211

Roper, Noah, Account Director --RED INTERACTIVE AGENCY, Santa Monica, CA, pg. 1284

Rorke, Jen, Account Director --FRIENDS & NEIGHBORS, MinneaPOlis, MN, pg. 399

Rosa, Stefane, Account Director --DAVID, Sao Paulo, Brazil, pg. 261

Rosa, Stefane, Account Director --DAVID The Agency, Miami, FL, pg. 261

Rosasco, Maria, Account Director --DDB Argentina, Buenos Aires, Argentina, pg. 270

Rosburg, Chris, Account Director --GRAPEVINE DESIGNS, Lenexa, KS, pg. 1404

Rosen, Melissa, Account Director --AGENDA, New York, NY, pg. 40

Rosenbloom, Hallie, Account Director --BREAD AND BUTTER PUBLIC RELATIONS, Los Angeles, CA, pg. 1456

Rosenblum, Lauren, Account Director --PHD Canada, Toronto, Canada, pg. 1364

Rosenthal, Jill, Account Director --INKHOUSE MEDIA + MARKETING, Waltham, MA, pg. 1542

Rosenthal, Sharon, Account Director --M&C Saatchi, Santa Monica, CA, pg. 1273

Ross, Steph, Account Director --TBWA\London, London, United Kingdom, pg. 1086

Rossano, Jason, Account Director --LEVLANE ADVERTISING/PR/INTERACTIVE, Philadelphia, PA, pg. 635

Rothschild, Lisa, Account Director --THE FALLS AGENCY, Minneapolis, MN, pg. 360

Rothweiler, Julie, Account Director --Leo Burnett USA, Chicago, IL, pg. 622

Rouech, Mike, Account Director --PHIRE GROUP, Ann Arbor, MI, pg. 869

Roullier, Roxane, Account Director --Saatchi & Saatchi, Suresnes, France, pg. 977

Roumegous, Clement, Account Director --BETC, Paris, France, pg. 479

Roux, Alexandra, Account Director --RABINOVICI & ASSOCIATES, Hallandle Beach, FL, pg. 928

Roytman, Lisa, Account Director --Mother New York, New York, NY, pg. 763

Ruben, Will, Account Director --3POINTS COMMUNICATIONS, Chicago, IL, pg. 1422

Rubenstein, Lauren Gelfman, Account Director --THE TERRI & SANDY SOLUTION, New York, NY, pg. 1097

Rudder, Julie, Account Director --BANDY CARROLL HELLIGE ADVERTISING, Louisville, KY, pg. 87

Rudloff, Dominique, Account Director --J. Walter Thompson France, Neuilly-sur-Seine, France, pg. 559

Ruiz, Isabel Cisneros, Account Director --DDB Barcelona S.A., Barcelona, Spain, pg. 280

Rupert, Emily, Account Director --RE:GROUP, INC., Ann Arbor, MI, pg. 945

Rush, Shaun, Account Director --J. Walter Thompson International, Auckland, New Zealand, pg. 558

Rush, Yury, Account Director --BLUE FOUNTAIN MEDIA, New York, NY, pg. 1241

Rushe, Shannon, Account Director --McCannBlue, Dublin, Ireland, pg. 705

Russell, Chrissie Bonaguidi, Account Director --ARC WORLDWIDE, Chicago, IL, pg. 1397

Russo, Jordan, Account Director --MullenLowe, New York, NY, pg. 772

Rustin, Chris, Account Director --J. Walter Thompson, Brussels, Belgium, pg. 559

Ruttner, Joanna, Account Director --MERCURY MEDIA, INC., Los Angeles, CA, pg. 730

Ryan, Alan, Account Director --RAINIER COMMUNICATIONS, Westborough, MA, pg. 1624

Ryan, Sara, Account Director --ALLIED INTEGRATED MARKETING, Las Vegas, NV, pg. 1430

Rytsarskaya, Svetlana, Account Director --SPN Ogilvy Communications Agency, Moscow, Russia, pg. 816

Saber-Pacha, Leila, Account Director --FP7 McCann Algeria, Algiers, Algeria, pg. 699

Sabourin, Jordan, Account Director --MERKLEY+PARTNERS, New York, NY, pg. 733

Sachs, Lauren, Account Director --DAY ONE AGENCY, New York, NY, pg. 266

Salerno, Giada, Account Director --Publicis, Rome, Italy, pg. 900

Salerno, Giada, Account Director --Publicis Italia, Milan, Italy, pg. 899

Salerno, Giada, Account Director --Publicis Networks, Milan, Italy, pg. 900

Salisbury, Angelica, Account Director --TMP Worldwide/Advertising & Communications, Glendale, CA, pg. 1107

Sallen, Leah, Account Director --FUSION92, Chicago, IL, pg. 404

San Martin, Oriana, Account Director --The Community, Buenos Aires, Argentina, pg. 224

Sanches, Ines, Account Director --Y&R Portugal, Lisbon, Portugal, pg. 1203

Sanchez, Ana Matilde, Account Director --Leo Burnett Colombia, S.A., Bogota, Colombia, pg. 623

Sanchez, Katlin, Account Director --BBDO Guerrero, Makati, Philippines, pg. 114

Sandall, Ruth, Account Director --PHD MEDIA UK, London, United Kingdom, pg. 1363

Sandi, Christel, Account Director --Lewis, Paris, France, pg. 637

Sandler, Tessa, Account Director --Philip Johnson Associates, San Francisco, CA, pg. 875

Sandquist, Karen, Account Director --Havas Media, Chicago, IL, pg. 1327

Sands, Katie, Account Director --SWANSON RUSSELL ASSOCIATES, Lincoln, NE, pg. 1064

Sandulescu, Miruna, Account Director --Publicis, Bucharest, Romania, pg. 901

SantaLucia, Laurie, Account Director --ANDERSON ADVERTISING & PUBLIC RELATIONS, Scottsdale, AZ, pg. 56

Santamaria, Malu, Account Director --CASTELLS & ASOCIADOS, Los Angeles, CA, pg. 194

Santiago, Orlando, Account Director --VENTURA ASSOCIATES INTERNATIONAL LLC, New York, NY, pg. 1418

Sapinski, David, Account Director --SILVERLIGHT DIGITAL, New York, NY, pg. 1368

Sarkar, Nilanjan, Account Director --J. Walter Thompson, Kolkata, India, pg. 557

Sava, Jamie, Account Director --DANCIE PERUGINI WARE PUBLIC RELATIONS, Houston, TX, pg. 1480

Savik, Britta, Account Director --Mono, San Francisco, CA, pg. 756

Saxon, Kiki, Account Director --VAULT49, New York, NY, pg. 1132

Scalabrin, Elisa, Account Director --J. Walter Thompson Milan, Milan, Italy, pg. 560

Scaletti, Ryan, Account Director --PORETTA & ORR, INC., Doylestown, PA, pg. 883

Scalici, Jamie, Account Director --M&G/ERIC MOWER + ASSOCIATES, New York, NY, pg. 1572

Scalisi, Tanya, Account Director --J PUBLIC RELATIONS, San Diego, CA, pg. 1407

Scallate, Michelle, Account Director --Leo Burnett USA, Chicago, IL, pg. 622

Scallate-Hartley, Michelle, Account Director --LEO BURNETT WORLDWIDE, INC., Chicago, IL, pg. 621

Schafer, Andrew, Account Director --MUST BE SOMETHING INC, Portland, OR, pg. 780

Schannen, Cathy, Account Director --LABOV ADVERTISING, MARKETING AND TRAINING, Fort Wayne, IN, pg. 606

Scheers, Kevin, Account Director --Weber Shandwick, Brussels, Belgium, pg. 1677

Scherbring, Sarah, Account Director --Carmichael Lynch Relate, Minneapolis, MN, pg. 190

Schields, Kristin, Account Director --PLANIT, Baltimore, MD, pg. 877

Schiff, Carly, Account Director --BROGAN & PARTNERS CONVERGENCE MARKETING, Birmingham, MI, pg. 166

Schindele, Scott, Account Director --AGENCY CREATIVE, Dallas, TX, pg. 38

Schinder, Amanda, Account Director --BALTZ & COMPANY, New York, NY, pg. 1438

Schlatter, Marion, Account Director --TBWA Health A.G., Zurich, Switzerland, pg. 1085

Schlatter, Marion, Account Director --TBWA Switzerland A.G., Zurich, Switzerland, pg. 1085

Schlossberg, Matt, Account Director --AMENDOLA COMMUNICATIONS, Scottsdale, AZ, pg. 51

Schmid, Caroline, Account Director --MCKEEMAN COMMUNICATIONS, Raleigh, NC, pg. 1579

Schmidt, Kara, Account Director --LOSASSO INTEGRATED MARKETING, Chicago, IL, pg. 652

Schmidt, Kelby Mae, Account Director --OBERLAND, New York, NY, pg. 804

Schmirler, Cailin, Account Director --BOOYAH ADVERTISING, Denver, CO, pg. 1241

Schmitt, Johanna King, Account Director --O'KEEFFE & CO., Alexandria, VA, pg. 1602

Schnurr, Jeannie, Account Director --PEAK SEVEN ADVERTISING, Boca Raton, FL, pg. 860

Schoenholtz, Samantha, Account Director --DIGENNARO COMMUNICATIONS, New York, NY, pg. 1485

Schoolfield, Susan, Account Director --THE BALCOM AGENCY, Fort Worth, TX, pg. 85

Schuldt, Christine, Account Director --LOCATION3 MEDIA, INC., Denver, CO, pg. 649

Schultheis, Kati, Account Director --THE SEIDEN GROUP, New York, NY, pg. 1001

Schultz, Courtney, Account Director --THE LACEK GROUP, Minneapolis, MN, pg. 606

Schuster-Rothenhauser, Jill, Account Director --RAPPORT WORLDWIDE, New York, NY, pg. 1366

Schwartz, Drew, Account Director --THE TERRI & SANDY SOLUTION, New York, NY, pg. 1097

Schwartz, Lauren, Account Director --Havas Media, Boston, MA, pg. 1327

Schwartz, Lisa, Account Director --MXM, New York, NY, pg. 781

Schwartz-Grant, Allie, Account Director --SCHWARTZ MEDIA STRATEGIES, Miami, FL, pg. 1642

Schwitzer, Rebecca, Account Director --SPACE150, Minneapolis, MN, pg. 1031

Scicchitano, Vincent, Account Director --McCann New York, New York, NY, pg. 698

Sciuto, Gabriele, Account Director --Lewis, Milan, Italy, pg. 637

Scott, Lindy, Account Director --COSSETTE COMMUNICATIONS, Vancouver, Canada, pg. 232
Scott, Nadra, Account Director --THE BURMEISTER GROUP, INC., Atlanta, GA, pg. 175
Scuiller, Karie, Account Director --CALIBER CREATIVE, LLC, Dallas, TX, pg. 183
Searle, Eric, Account Director --FAMA PR, INC., Boston, MA, pg. 1502
Seeker, Kevin, Account Director --BENSUR CREATIVE MARKETING GROUP, Erie, PA, pg. 123
Segers, Murielle, Account Director -- Havas Worldwide Digital Brussels, Brussels, Belgium, pg. 478
Seide, Michael, Account Director --ANOMALY, New York, NY, pg. 59
Sengupta, Soham, Account Director --J. Walter Thompson, Kolkata, India, pg. 557
Sengupta, Sriya, Account Director --Grey (India) Pvt. Ltd., Mumbai, India, pg. 446
Senich, Amie, Account Director --GREY GROUP, New York, NY, pg. 438
Senour, Sarah, Account Director --Aisle Rocket Studios, Palatine, IL, pg. 42
Sentucq, Olivier, Account Director --OgilvyOne Worldwide New York, New York, NY, pg. 812
Serino, Marco, Account Director --FLY COMMUNICATIONS, New York, NY, pg. 389
Sethi, Trina, Account Director --BBH LA, West Hollywood, CA, pg. 93
Severson, Courtney, Account Director --FLUID INC., Oakland, CA, pg. 1257
Sexton, Jeannie, Account Director --IN MARKETING SERVICES, Norwalk, CT, pg. 529
Sexton, Sara, Account Director --2E CREATIVE, Saint Louis, MO, pg. 4
Shacham, Melissa, Account Director --YARD, New York, NY, pg. 1303
Shah, Shazeen, Account Director --J PUBLIC RELATIONS, San Diego, CA, pg. 1407
shan, linlin, Account Director --Wieden + Kennedy, Shanghai, China, pg. 1166
Shank, Brendon, Account Director --DOMUS INC., Philadelphia, PA, pg. 313
Sharma, Manavi, Account Director --BBH Singapore, Singapore, Singapore, pg. 94
Sharma, Siddharth, Account Director --Happy mcgarrybowen, Bengaluru, India, pg. 717
Sharon, Kim Wicken, Account Director --Arc Worldwide, North America, Chicago, IL, pg. 1397
Shaughnessy, Mike, Account Director --TMP WORLDWIDE ADVERTISING & COMMUNICATIONS, LLC, New York, NY, pg. 1107
Shaw, Kacy, Account Director --FOX GREENBERG PUBLIC RELATIONS, New York, NY, pg. 1513
Shaw, Matt, Account Director --Wieden + Kennedy, London, United Kingdom, pg. 1165
Shea, Terry, Account Director --BRAND DEFINITION, New York, NY, pg. 154
Sheely, Alissa, Account Director --GOODBY, SILVERSTEIN & PARTNERS, San Francisco, CA, pg. 428
Shell, Jared, Account Director --FCB New York, New York, NY, pg. 365
Shen, Hellen, Account Director --Weber Shandwick, Beijing, China, pg. 1680
Shepherdson, Kirsty, Account Director --TRACK, Auckland, New Zealand, pg. 837
Sherman, Sarah, Account Director --NINA HALE INC., Minneapolis, MN, pg. 1276
Sherstobitoff, Kelly, Account Director --COSSETTE COMMUNICATIONS, Vancouver, Canada, pg. 232
Sherwood, Caitlin, Account Director --ROOM 214, INC., Boulder, CO, pg. 968
Shifrin, Brittany, Account Director --HAVAS WORLDWIDE CHICAGO, Chicago, IL, pg. 488
Shipley, Juanita, Account Director --ANDERSON DDB HEALTH & LIFESTYLE, Toronto, Canada, pg. 57
Shires, Stacey, Account Director --GROUP FIFTY FIVE MARKETING, Detroit, MI, pg. 452
Shoaf, Christine, Account Director --MOMENTUM WORLDWIDE, New York, NY, pg. 754
Showell, Brenda, Account Director --PLANIT, Baltimore, MD, pg. 877
Shuke, Ilisia, Account Director --GREY NEW YORK, New York, NY, pg. 438
Shvedun, Julia, Account Director --Provid BBDO, Kiev, Ukraine, pg. 109
Siddharth, M., Account Director --Ogilvy, Mumbai, India, pg. 1601
Siefer, Alison, Account Director --BERRY NETWORK, INC., Dayton, OH, pg. 125
Siegel, Ciara, Account Director --Saatchi & Saatchi New York, New York, NY, pg. 976
Siegel, Paul, Account Director --TDA_BOULDER, Boulder, CO, pg. 1094
Sikorski, Andy, Account Director --RABINOVICI & ASSOCIATES, Hallandle Beach, FL, pg. 928
Silliman, Heather, Account Director --EAG ADVERTISING & MARKETING, Kansas City, MO, pg. 328
Silliman, Heather, Account Director --ENTREPRENEUR ADVERTISING GROUP, Kansas City, MO, pg. 342
Silverman, Mark, Account Director --BODDEN PARTNERS, New York, NY, pg. 143
Simcox, Sarah, Account Director --Kinetic, London, United Kingdom, pg. 1338
Simmons, Emily, Account Director --AGENDA, New York, NY, pg. 40
Simms, Erika, Account Director --MAXWELL PR, Portland, OR, pg. 1578
Simon, Lindsay, Account Director --AGENCY 720, Detroit, MI, pg. 37
Simpson, Alex, Account Director --BBDO Dublin, Dublin, Ireland, pg. 105
Sinclair, Julie Nash, Account Director --TWOFIFTEENMCCANN, San Francisco, CA, pg. 1124
Singer, Alyssa, Account Director --FENTON, New York, NY, pg. 377
Singer, Alyssa, Account Director --Fenton, San Francisco, CA, pg. 377
Singh, Arshdeep, Account Director --Wieden + Kennedy India, New Delhi, India, pg. 1166
Sirisak, Pannawat, Account Director --Millward Brown Thailand, Bangkok, Thailand, pg. 744
Sitser, Matt, Account Director --THE SHOP AGENCY, Dallas, TX, pg. 1009
Sizemore, JD, Account Director --Orange Orchard, Maryville, TN, pg. 1632
Sizer, John, Account Director --LANETERRALEVER, Phoenix, AZ, pg. 610
Slagle, Katie, Account Director --LMD AGENCY, Laurel, MD, pg. 648
Slavcheva, Velichka, Account Director --Havas Worldwide Sofia, Sofia, Bulgaria, pg. 478
Slavin, Ana, Account Director --FETCH, San Francisco, CA, pg. 378
Slavin, Anya, Account Director --Havas Media, Boston, MA, pg. 1327
Small, Chandra Diggs, Account Director --Matlock Advertising & Public Relations-NY, New York, NY, pg. 693
Smalley, Ashley, Account Director --INTOUCH SOLUTIONS, Overland Park, KS, pg. 544
Smallwood, Scott, Account Director --OLOGIE, Columbus, OH, pg. 835
Smaragdi, Christina, Account Director --PHD MEDIA UK, London, United Kingdom, pg. 1363
Smith, Clare-Louise, Account Director --FUTUREBRAND, New York, NY, pg. 405
Smith, Corrie, Account Director --T3, Austin, TX, pg. 1069
Smith, Dan, Account Director --FLIGHT PATH CREATIVE, Traverse City, MI, pg. 388
Smith, Elizabeth, Account Director --iCrossing Chicago, Chicago, IL, pg. 1262
Smith, Joshua, Account Director --DIDIT, Mineola, NY, pg. 1250
Smith, Kelly, Account Director --ZIMMERMAN ADVERTISING, Fort Lauderdale, FL, pg. 1212
Smith, Kerry, Account Director --NSA Media Group, Inc., Downers Grove, IL, pg. 1332
Smith, Mel, Account Director --RAIN, New York, NY, pg. 1283
Smith, Mercedes, Account Director --TIERNEY COMMUNICATIONS, Philadelphia, PA, pg. 1103
Smith, Rachel Drescher, Account Director --TRACYLOCKE, Dallas, TX, pg. 1113
Smith, Riley McBride, Account Director --Allison+Partners, Boston, MA, pg. 721
Smith, Stephanie, Account Director --MSLGROUP, New York, NY, pg. 1587
Smith, Szu Ann Chen, Account Director --HELLO DESIGN, Culver City, CA, pg. 495
Smith, William, Account Director --Wieden + Kennedy, London, United Kingdom, pg. 1165
Smoller, Jessica, Account Director --SapientRazorfish Miami, Miami, FL, pg. 914
Smutney, Rachel, Account Director --DUNCAN CHANNON, San Francisco, CA, pg. 325
Snook Wilkins, Meredith, Account Director --RED7E, Louisville, KY, pg. 942
Snow, Kalyn, Account Director --Y&R New York, New York, NY, pg. 1198
Snow, Matt, Account Director --CATAPULT MARKETING, Wilton, CT, pg. 196
Soares, Tony, Account Director --ADHOME CREATIVE, London, Canada, pg. 30
Soike, Matt, Account Director --JAY ADVERTISING, INC., Rochester, NY, pg. 573
Sokolnicki, Lisa, Account Director --Match Marketing Group, Chicago, IL, pg. 693
Soloff, Jesse, Account Director --GMR Marketing, Charlotte, NC, pg. 1404
Solomon, Eleanor, Account Director --Ogilvy New York, New York, NY, pg. 811
Solomon, Lauren, Account Director --DDB New York, New York, NY, pg. 269
Soltanov, Erlan, Account Director --TBWA Central Asia, Almaty, Kazakhstan, pg. 1088
Somerville, Whitney, Account Director --FRAZIERHEIBY, INC., Columbus, OH, pg. 1513
Sommers, Peter, Account Director --DENTSU AEGIS NETWORK AMERICAS, New York, NY, pg. 1318
Sondak, Ayelet, Account Director --TAG, Thornhill, Canada, pg. 1070
Song, Justine, Account Director --HIRSHORN ZUCKERMAN DESIGN GROUP, Rockville, MD, pg. 502
Sorensen, Jill, Account Director --MAVEN COMMUNICATIONS LLC, Philadelphia, PA, pg. 695
Sorice, Nicole, Account Director --AMP Agency, New York, NY, pg. 1237
Sorsa, Barbara, Account Director --Hasan & Partners Oy, Helsinki, Finland, pg. 703
Sousa, Lisa, Account Director --ZULU ALPHA KILO, Toronto, Canada, pg. 1216
Southerland, Taylor, Account Director --Crossmedia, Los Angeles, CA, pg. 1317
Sowman, Dean, Account Director --Portland, London, United Kingdom, pg. 306
Sparshott, Hayley, Account Director --Cummins&Partners, Saint Kilda, Australia, pg. 253
Spiewak, Michele, Account Director --RHINO PUBLIC RELATIONS, Hamilton, MA, pg. 1631
Spijkerman, Marcel, Account Director --Millward Brown/Centrum, Amsterdam, Netherlands, pg. 743
Spivey, Chesney, Account Director --EPSILON, Chicago, IL, pg. 344
Squires, Troy, Account Director --Ogilvy Cape Town, Cape Town, South Africa, pg. 829
Srangsomwong, Parinyaporn, Account Director --Leo Burnett, Bangkok, Thailand, pg. 631
Srbkova, Lucie, Account Director --McCann Erickson Prague, Prague, Czech Republic, pg. 702
Srithongchart, Nuchsinee, Account Director --J. Walter Thompson Thailand, Bangkok, Thailand, pg. 559
Srivastava, Neha, Account Director --J. Walter Thompson, Kolkata, India, pg. 557
Stack, Sunny, Account Director --SWITCH, Saint Louis, MO, pg. 1067
Staicu, Adriana, Account Director --Geometry Global, Bucharest, Romania, pg. 441
Standerfer, Courtney, Account Director --Moroch, Atlanta, GA, pg. 759
Standerfer, Courtney, Account Director --Moroch, Chesapeake, VA, pg. 760
Stanfield, Chris, Account Director --BROWN BAG MARKETING, Atlanta, GA, pg. 167
Stanway, Joanne, Account Director --RAINIER COMMUNICATIONS, Westborough, MA, pg. 1624
Starck, Philipp, Account Director --DDB Berlin, Berlin, Germany, pg. 274
Stark, Jessica, Account Director --DWA, A MERKLE COMPANY, San Francisco, CA, pg. 1319
Stead, David, Account Director --DRAW, London, United Kingdom, pg. 319
Steele, Emily, Account Director --PLANET PROPAGANDA, INC., Madison, WI, pg. 876
Steele, Kari, Account Director --OGILVY, New York, NY, pg. 809
Steiner, Brendan, Account Director --TracyLocke, Wilton, CT, pg. 1113

RESPONSIBILITIES INDEX — AGENCIES

Steiner, Lauren, Account Director --CANNONBALL, Saint Louis, MO, pg. 187

Stelzner, Ari, Account Director --GREY GROUP, New York, NY, pg. 438

Stenberg, Patrick, Account Director --MediaCom Denmark, Copenhagen, Denmark, pg. 1345

Stephenson, Bettina, Account Director --MCGARRYBOWEN, New York, NY, pg. 716

Stern, Danielle, Account Director --HILL HOLLIDAY, Boston, MA, pg. 500

Stern, Michael, Account Director --Leo Burnett USA, Chicago, IL, pg. 622

Sternbauer, Michelle, Account Director --THAT AGENCY, West Palm Bch, FL, pg. 1098

Stevens, Tanya Hoffman, Account Director --DIAMOND MERCKENS HOGAN, Kansas City, MO, pg. 299

Stevens, Tristan, Account Director --MARKHAM & STEIN UNLIMITED, Miami, FL, pg. 685

Stewart, Audrey, Account Director --THE BALCOM AGENCY, Fort Worth, TX, pg. 85

Stewart, Emily, Account Director --Adam & EveDDB, London, United Kingdom, pg. 281

Stewart, Tara, Account Director --STEPHENS & ASSOCIATES ADVERTISING, INC., Overland Park, KS, pg. 1047

Stisser, Evan, Account Director --BLISSPR, New York, NY, pg. 136

Stockbauer, Steve, Account Director --SCOPPECHIO, Louisville, KY, pg. 997

Stolerman, Alexander, Account Director --ADAM&EVEDDB, New York, NY, pg. 25

Stoltze, Sandra, Account Director --M&C Saatchi, Berlin, Germany, pg. 661

Stoyanova, Kristina, Account Director --BLINK MEDIA WORKS, Vancouver, Canada, pg. 136

Strain, John K., Account Director --BRIAN COMMUNICATIONS, Conshohocken, PA, pg. 1456

Stratten, Whitney, Account Director --MARKETING ARCHITECTS, INC., Minnetonka, MN, pg. 682

Stricklin, Stacey, Account Director --Havas Media, Chicago, IL, pg. 1327

Strohm, Anita, Account Director --CROSSROADS, Kansas City, MO, pg. 250

Stryker, Nicole, Account Director --SINGLE THROW INTERNET MARKETING, Wall Township, NJ, pg. 1016

Stump, Veronica, Account Director --SCHAFER CONDON CARTER, Chicago, IL, pg. 995

Su, Lucia, Account Director --Millward Brown China, Shanghai, China, pg. 743

Suarez, Reinier, Account Director --CONILL ADVERTISING, INC., Miami, FL, pg. 226

Suchet, Richard, Account Director --Portland, London, United Kingdom, pg. 306

Sudholt, Elke, Account Director --Wavemaker, Munich, Germany, pg. 1382

Sukhija, Bhavna, Account Director --Digitas, Mumbai, India, pg. 1252

Sullivan, Lindsay, Account Director --IN MARKETING SERVICES, Norwalk, CT, pg. 529

Sullivan, Mary, Account Director --Weber Shandwick-Seattle, Seattle, WA, pg. 1677

Sullivan, Max, Account Director --Adam & EveDDB, London, United Kingdom, pg. 281

Summachaiyanun, Kanitta, Account Director --TBWA Thailand, Bangkok, Thailand, pg. 1092

Summers, Christine, Account Director --Doremus (San Francisco), San Francisco, CA, pg. 316

Sumner, Catherine, Account Director --303 MullenLowe, Sydney, Australia, pg. 773

Sundheim, Jamie, Account Director --HILL HOLLIDAY/NEW YORK, New York, NY, pg. 501

Surgeon, Aoife, Account Director --Havas Worldwide Dublin, Dublin, Ireland, pg. 480

Sutherland, Jennifer, Account Director --ARRIVALS + DEPARTURES, Toronto, Canada, pg. 1238

Sutherland, Sean, Account Director --KAPOWZA, Baltimore, MD, pg. 587

Suthers, Nina, Account Director --OUTCAST COMMUNICATIONS, San Francisco, CA, pg. 1603

Suzuki, Leticia, Account Director --The Jeffrey Group Brazil, Sao Paulo, Brazil, pg. 1547

Sweatman, Mackie, Account Director --AMELIE COMPANY, Denver, CO, pg. 51

Sweeting, Claire, Account Director --Havas London, London, United Kingdom, pg. 482

Swenson, Kristin, Account Director --OUTCAST COMMUNICATIONS, San Francisco, CA, pg. 1603

Swift, Kenna, Account Director --SHERRY MATTHEWS ADVOCACY MARKETING, Austin, TX, pg. 1007

Swofford, Miriam, Account Director --R&R Partners, Phoenix, AZ, pg. 925

Sypal, Kevin, Account Director --ARCHRIVAL, Lincoln, NE, pg. 66

Szimonisz, Greg, Account Director --SPINX INC., Los Angeles, CA, pg. 1292

Taffer, Tia, Account Director --CONNELLY PARTNERS, Boston, MA, pg. 227

Taft, Meaghan, Account Director --PJA Advertising + Marketing, San Francisco, CA, pg. 874

Tagle, Kara, Account Director --Weber Shandwick-Denver, Denver, CO, pg. 1676

Taltavull, Taryn, Account Director --BATES CREATIVE GROUP, Silver Spring, MD, pg. 95

Talwar, Rakesh, Account Director --DEUTSCH, INC., New York, NY, pg. 294

Tapia, Melissa, Account Director --CASANOVA PENDRILL, Costa Mesa, CA, pg. 192

Tastenhoye, Pauline, Account Director --DROGA5, New York, NY, pg. 321

Tateosian, Karla, Account Director --Havas Edge Boston, Boston, MA, pg. 476

Tatgenhorst, Lindsey, Account Director --FITZGERALD & CO, Atlanta, GA, pg. 386

Tauch, Katy, Account Director --DERSE INC., Milwaukee, WI, pg. 292

Taylor, Emma, Account Director --McCann Healthcare Sydney, Sydney, Australia, pg. 700

Taylor, Erin, Account Director --OMD Australia, Sydney, Australia, pg. 1357

Taylor, Fay, Account Director --Adam & EveDDB, London, United Kingdom, pg. 281

Taylor, Matthew, Account Director --MOTHER LTD., London, United Kingdom, pg. 762

Taylor, Pamela, Account Director --ONEMAGNIFY, Detroit, MI, pg. 840

Taylor, Rachel, Account Director --LOHRE & ASSOCIATES, INCORPORATED, Cincinnati, OH, pg. 650

Taylor, Tamara, Account Director --HUDSON ROUGE, New York, NY, pg. 511

Teasdale, Jennifer, Account Director --Momentum, Saint Louis, MO, pg. 755

Teh, Patrick, Account Director --Epsilon International, Singapore, Singapore, pg. 345

Teixeira, Edouard, Account Director --Y&R Paris, Boulogne, France, pg. 1202

Tejeda, Linda, Account Director --BENNETT GROUP, Wellfleet, MA, pg. 123

Templin, Laura, Account Director --M&K MEDIA, Toronto, Canada, pg. 1339

Ternstrom, Hanna, Account Director --DDB Stockholm, Stockholm, Sweden, pg. 280

Thakar, Preeti Joshi, Account Director --GYRO CINCINNATI, Cincinnati, OH, pg. 458

Thatcher, Sara, Account Director --GOFF PUBLIC, Saint Paul, MN, pg. 1519

Thayer, Jillian, Account Director --J PUBLIC RELATIONS, San Diego, CA, pg. 1407

Theinert, Amber, Account Director --KOCH COMMUNICATIONS, Oklahoma City, OK, pg. 1559

Theobald, Marcy, Account Director --CARABINER COMMUNICATIONS, Lilburn, GA, pg. 1462

Theriault, Angela, Account Director --BVK, Milwaukee, WI, pg. 178

Theriault, Angela, Account Director --BVK DIRECT, Colleyville, TX, pg. 179

Thiel, Stephanie, Account Director --JOAN, New York, NY, pg. 577

Thien, Ton, Account Director --Hakuhodo & Saigon Advertising Co., Ltd., Ho Chi Minh City, Vietnam, pg. 463

Thomas, Jeff, Account Director --Anomaly, Toronto, Canada, pg. 59

Thomas, Jeff, Account Director --Anomaly, Toronto, Canada, pg. 722

Thomas, JeWayne, Account Director --BURRELL, Chicago, IL, pg. 176

Thomas, Matt, Account Director --Abbott Mead Vickers BBDO, London, United Kingdom, pg. 109

Thomas, Victoria, Account Director --PIVOT DESIGN INC, San Francisco, CA, pg. 873

Thomasson, Jennifer, Account Director --GMR Marketing, Charlotte, NC, pg. 1404

Thompson, Katie, Account Director --Octagon, New York, NY, pg. 806

Thomson, Katherine, Account Director --Wieden + Kennedy, London, United Kingdom, pg. 1165

Thornton, Cheryl, Account Director --MARDEN-KANE, INC., Syosset, NY, pg. 1409

Thorpe, Lindsey, Account Director --Hills Balfour, London, United Kingdom, pg. 750

Thorslund, Susanna Glenndahl, Account Director --Forsman & Bodenfors, Stockholm, Sweden, pg. 722

Tilak, Swapnil, Account Director --MRM Worldwide, Mumbai, India, pg. 768

Tilliss, Jennifer, Account Director --LINHART PUBLIC RELATIONS, Denver, CO, pg. 1568

Timmer, Lisette, Account Director --DDB Dubai, Dubai, United Arab Emirates, pg. 281

Ting, Gordon, Account Director --BEYOND MARKETING GROUP, Santa Ana, CA, pg. 126

Tippen, Amy, Account Director --Abbott Mead Vickers BBDO, London, United Kingdom, pg. 109

Tjerrild, Lone, Account Director --Wunderman, Copenhagen, Denmark, pg. 1191

Tjoa, Sarah, Account Director --160VER90, Philadelphia, PA, pg. 2

Todd, Leanne, Account Director --BRIGHTON AGENCY, INC., Saint Louis, MO, pg. 164

Tomlinson, Rebecca, Account Director --OMOBONO, Chicago, IL, pg. 1277

Tone, Ketura, Account Director --QUAKER CITY MERCANTILE, Philadelphia, PA, pg. 920

Tong, William, Account Director --SMA NYC, New York, NY, pg. 1021

Toomey, Tanya Maldonado, Account Director --Conill Advertising, Inc., El Segundo, CA, pg. 227

Torode, Jessica, Account Director --TBWA\London, London, United Kingdom, pg. 1086

Torres, Beatriz, Account Director --Havas Worldwide Mexico, Mexico, Mexico, pg. 485

Torres, Blair, Account Director --FIREHOUSE, INC., Dallas, TX, pg. 1402

Torres, Suzanne, Account Director --NAS RECRUITMENT INNOVATION, Cleveland, OH, pg. 784

Tosi, Luiz, Account Director --Publicis Brasil Communicao, Sao Paulo, Brazil, pg. 906

Towell, Carolyn, Account Director --MediaCom Vancouver, Vancouver, Canada, pg. 1345

Townsend, Natalie, Account Director --SHIFT COMMUNICATIONS LLC, Brighton, MA, pg. 1644

Trahey, Amy, Account Director --ADPEARANCE INC., Portland, OR, pg. 1233

Treuillard, Emilie, Account Director --FAIRCOM NEW YORK, New York, NY, pg. 359

Trevelyan, Tom, Account Director --Havas London, London, United Kingdom, pg. 482

Trinkle, Robert, Account Director --PRICEWEBER MARKETING COMMUNICATIONS, INC., Louisville, KY, pg. 889

Trougakos, Nick, Account Director --KOCH COMMUNICATIONS, Oklahoma City, OK, pg. 1559

Tsui, Eric, Account Director --Havas Worldwide Tonic, New York, NY, pg. 477

Tuck, Megan, Account Director --BLISSPR, New York, NY, pg. 136

Tudor, Richard, Account Director --Mindshare, London, United Kingdom, pg. 1181

Tufuoh, Kwadwo, Account Director --HERO, New York, NY, pg. 497

Tuisk, Erkki, Account Director --Zavod BBDO, Tallinn, Estonia, pg. 104

Tupper, Shelley, Account Director --PINEROCK, New York, NY, pg. 871

Turek, Lisa Powys, Account Director --BLUE FOUNTAIN MEDIA, New York, NY, pg. 1241

Twigg, Jeremy, Account Director --Fleishman-Hillard, Vancouver, Canada, pg. 1509

Tyler, Catrin, Account Director --The&Partnership London, London, United Kingdom, pg. 56

Tyson, Natalie, Account Director --THE IMAGINATION GROUP, London, United Kingdom, pg. 525

Udeze, Katherine, Account Director --LAUNDRY SERVICE, New York, NY, pg. 615

Unal, Ali Serhat, Account Director --Ogilvy, Istanbul, Turkey, pg. 817

Underwood, Hannah, Account Director --STUDIO BLACK TOMATO, New York, NY, pg. 1056

AGENCIES

RESPONSIBILITIES INDEX

Upadhyay, Shraddha, Account Director --Ogilvy, Mumbai, India, pg. 1601

Urban, Barbara, Account Director --Source Communications, Vista, CA, pg. 1029

Urlwin, Katya, Account Director --DDB New Zealand Ltd., Auckland, New Zealand, pg. 278

Valenti, Andrea, Account Director --FCB Lisbon, Lisbon, Portugal, pg. 367

Valentic, Zeljka Ivosevic, Account Director --McCann Erickson, Zagreb, Croatia, pg. 702

Valero, Lindsay, Account Director --TEN, Fort Lauderdale, FL, pg. 1096

Van Cauwenberghe, Hannelore, Account Director --Darwin BBDO, Diegem, Belgium, pg. 103

Van Den Berghe, Emilie, Account Director --DDB Paris, Paris, France, pg. 273

van den Nieuwenhof, Ingrid, Account Director --Lewis, Eindhoven, Netherlands, pg. 638

van der Meij, Ruben, Account Director --GODFREY ADVERTISING, Lancaster, PA, pg. 426

van Dieen, Wike, Account Director --WWAV, Woerden, Netherlands, pg. 933

van Dorst, Debbie, Account Director --Bovil DDB, Eindhoven, Netherlands, pg. 277

van Dorst, Debbie, Account Director --Bovil DDB, Eindhoven, Netherlands, pg. 1083

van Haalen, Symon, Account Director --M&C Saatchi, Melbourne, Australia, pg. 662

Van Rees, Alex, Account Director --SMITHSOLVE LLC, Morristown, NJ, pg. 1024

Van Wonderen, Janelle, Account Director --BBDO WORLDWIDE INC., New York, NY, pg. 97

Van Zon, Kayla, Account Director --INTERKOM CREATIVE MARKETING, Burlington, Canada, pg. 538

Vanaman, Jaime, Account Director --DEARDORFF ASSOCIATES, Philadelphia, PA, pg. 284

Vanasse, Ashley, Account Director --HAVAS MEDIA, New York, NY, pg. 1324

Vandebroek, Diane, Account Director --Proximity BBDO, Brussels, Belgium, pg. 103

Vandenberg, Kristen, Account Director --HAVAS WORLDWIDE CHICAGO, Chicago, IL, pg. 488

Vander Linden, Jake, Account Director --OMD WORLDWIDE, New York, NY, pg. 1357

Varaitch, Rajpreet, Account Director --Chameleon PR, London, United Kingdom, pg. 305

Vargas, Elizabeth, Account Director --ACENTO ADVERTISING, INC., Santa Monica, CA, pg. 20

Varroney, Shannon, Account Director --Golin, Miami, FL, pg. 1520

Vasili, Ellie, Account Director --The Romans, London, United Kingdom, pg. 763

Vattulainen, Marja, Account Director --SEK & Grey, Helsinki, Finland, pg. 440

Vaughan, Minnie, Account Director --LUCKY GENERALS, London, United Kingdom, pg. 656

Vaughn, Natalie, Account Director --GALLEGOS UNITED, Huntington Beach, CA, pg. 408

Vega, Silvia, Account Director --J. Walter Thompson, Bogota, Colombia, pg. 564

Veilleux, Myriam, Account Director --SID LEE, Montreal, Canada, pg. 1010

Venezia, Matteo Della, Account Director --McCann Erickson Advertising Ltd., London, United Kingdom, pg. 711

Venhuizen, Amy, Account Director --SPURRIER MEDIA GROUP, Richmond, VA, pg. 1370

Ventura, Jessica, Account Director --SHARP COMMUNICATIONS, New York, NY, pg. 1006

Vickers, Melanie, Account Director --McCann Erickson Worldwide, London, United Kingdom, pg. 712

Vigna, Sol, Account Director --Muchnik, Alurralde, Jasper & Assoc./MS&L, Buenos Aires, Argentina, pg. 1589

Vilensky, Steven, Account Director --The&Partnership London, London, United Kingdom, pg. 56

Villa, Paul, Account Director --GREENRUBINO, Seattle, WA, pg. 436

Villareal, Juliana, Account Director --Sancho BBDO, Bogota, Colombia, pg. 102

Virag, Krisztina, Account Director --DDB Canada, Toronto, Canada, pg. 267

Virola, Christine, Account Director --MESSINA DESIGN, San Diego, CA, pg. 735

Virtanen, Maarika, Account Director --Wavemaker, Helsinki, Finland, pg. 1382

Vitale, Giovanna Frank, Account Director --BERLINROSEN, New York, NY, pg. 1448

Vitelli, Angela, Account Director --D'Adda, Lorenzini, Vigorelli, BBDO, Milan, Italy, pg. 106

Vitola, Annija, Account Director --DDB Latvia, Riga, Latvia, pg. 276

Vivian, Laura, Account Director --HUGHESLEAHYKARLOVIC, Saint Louis, MO, pg. 513

Vlagouli, Elena, Account Director --Bold Ogilvy Greece, Athens, Greece, pg. 815

Voetmann, Cameron, Account Director --DESTINATION MARKETING, Mountlake Terrace, WA, pg. 294

Vogl, Stefanie, Account Director --Weber Shandwick, Munich, Germany, pg. 1678

Von Czoernig, Elissa, Account Director --PROOF ADVERTISING, Austin, TX, pg. 893

von Hanau, Tassilo, Account Director --Octagon, London, United Kingdom, pg. 807

Vreen, Typhanee, Account Director --WongDoody, Culver City, CA, pg. 1175

Vyatkina, Natalia, Account Director --SPN Ogilvy Communications Agency, Moscow, Russia, pg. 816

Waddel, Fergus, Account Director --Saatchi & Saatchi London, London, United Kingdom, pg. 980

Wade, Jessica, Account Director --DH, Spokane, WA, pg. 298

Wade, Michele, Account Director --MINDSHARE STRATEGIES, Waconia, MN, pg. 745

Wadhawan, Rocky, Account Director --Havas Media, London, United Kingdom, pg. 1326

Wakeland, Eve, Account Director --ESPARZA ADVERTISING, Albuquerque, NM, pg. 349

Walker, Laura, Account Director --THE&PARTNERSHIP, New York, NY, pg. 55

Walker, Melinda, Account Director --MOTTIS, Sanford, NC, pg. 764

Wallis, Fiona, Account Director --Havas Media, London, United Kingdom, pg. 1326

Walsh, Abby, Account Director --droga5, London, United Kingdom, pg. 322

Walsh, Barry, Account Director --Wavemaker - EMEA HQ, London, United Kingdom, pg. 1381

Walshe, Peter, Account Director --Millward Brown, London, United Kingdom, pg. 744

Walshe, Peter, Account Director --Millward Brown UK Ltd., Warwick, United Kingdom, pg. 744

Walters, Meaghan, Account Director --HELLOWORLD, A MERKLE COMPANY, Southfield, MI, pg. 495

Walzer, Karen, Account Director --LAIRD+PARTNERS, New York, NY, pg. 607

Wanderley, Luiz Felipe, Account Director --Y&R New York, New York, NY, pg. 1198

Wang, Jason, Account Director --Wieden + Kennedy, Shanghai, China, pg. 1166

Wang, Josephine, Account Director --Fleishman-Hillard Link Ltd., Beijing, China, pg. 1511

Wang, Zhifeng, Account Director --BBH China, Shanghai, China, pg. 93

Ward, James, Account Director --GMR Marketing, Chicago, IL, pg. 1404

Wardell, Franky, Account Director --Wieden + Kennedy, London, United Kingdom, pg. 1165

Warner, Molly, Account Director --BARRETTSF, San Francisco, CA, pg. 91

Washington, Lourdes, Account Director --ACENTO ADVERTISING, INC., Santa Monica, CA, pg. 20

Waterman, Seth, Account Director --RETHINK, Vancouver, Canada, pg. 951

Waters, Deanna, Account Director --EXCLAIM LLC, San Rafael, CA, pg. 355

Waters, Lily, Account Director --ADAM&EVEDDB, New York, NY, pg. 25

Watsky, David, Account Director --MANIFEST, New York, NY, pg. 1574

Watson, Beth, Account Director --SPOTCO, New York, NY, pg. 1036

Watson, Jo, Account Director --FAST HORSE, Minneapolis, MN, pg. 362

Watt, Sue, Account Director --IDEAS COLLIDE INC., Scottsdale, AZ, pg. 521

Weaver, Alexandra, Account Director --FAST HORSE, Minneapolis, MN, pg. 362

Webb, Emily, Account Director --BAM COMMUNICATIONS, San Diego, CA, pg. 1438

Webb, Jamie, Account Director --Saatchi & Saatchi Pro, London, United Kingdom, pg. 981

Webb, Melissa, Account Director --PINEAPPLE PUBLIC RELATIONS, Atlanta, GA, pg. 1609

Weber, Emily, Account Director --WALLWORK CURRY MCKENNA, Charlestown, MA, pg. 1149

Weiner, Ami, Account Director --BBDO Atlanta, Atlanta, GA, pg. 98

Weinstein, Sharon, Account Director --ZENITH USA, New York, NY, pg. 1391

Weinstein, Tracy, Account Director --THE WEINSTEIN ORGANIZATION, INC., Chicago, IL, pg. 1157

Weisbrodt, Kathy, Account Director --ELEVATED THIRD, Denver, CO, pg. 335

Weismiller, Kelly, Account Director --WHITE & PARTNERS, Tysons Corner, VA, pg. 1160

Weiss, Gwyn, Account Director --MKTG, INC., New York, NY, pg. 1412

Weissbuch, Tal, Account Director --Adler, Chomski Grey, Tel Aviv, Israel, pg. 440

Weissman, Kate, Account Director --Weber Shandwick-Boston/Cambridge, Cambridge, MA, pg. 1675

Welch, Kerry, Account Director --TOUCHPOINT COMMUNICATIONS, Charleston, SC, pg. 1111

Welday, David, Account Director --BBDO Atlanta, Atlanta, GA, pg. 98

Wells, Alannah, Account Director --Adam & EveDDB, London, United Kingdom, pg. 281

Wells, Matthew, Account Director --ART MACHINE, Hollywood, CA, pg. 71

Welten, Jooske, Account Director --Saatchi & Saatchi, Carouge, Switzerland, pg. 980

Welten, Jooske, Account Director --Saatchi & Saatchi Zurich, Zurich, Switzerland, pg. 980

Wenzel, Karl, Account Director --ARC WORLDWIDE, Chicago, IL, pg. 1397

Werner, Lindsay, Account Director --AKQA, Inc., Washington, DC, pg. 1234

Werner, Molly, Account Director --TracyLocke, Wilton, CT, pg. 1113

Wesierski, Ryan, Account Director --SapientRazorfish San Francisco, San Francisco, CA, pg. 1288

Westerby, Melissa, Account Director --Ove Design & Communications Ltd., Toronto, Canada, pg. 904

Weston, Brian, Account Director --GREY NEW YORK, New York, NY, pg. 438

Wetherell, Julie, Account Director --Targetbase, Greensboro, NC, pg. 1074

Whatcott, Chad, Account Director --MCGARRYBOWEN, New York, NY, pg. 716

Whelan, Jacquelyn, Account Director --Leo Burnett Melbourne, Melbourne, Australia, pg. 628

Whelan, Jacquelyn, Account Director --McCann Erickson Advertising Pty. Ltd., Melbourne, Australia, pg. 700

White, David, Account Director --BARTLE BOGLE HEGARTY LIMITED, London, United Kingdom, pg. 92

White, Susie, Account Director --RHEA + KAISER, Naperville, IL, pg. 954

Whitney, Jonathan, Account Director --Mindshare, London, United Kingdom, pg. 1181

Wieck, Marco, Account Director --Weber Shandwick, Berlin, Germany, pg. 1678

Wiener, Rick, Account Director --ALLEBACH COMMUNICATIONS, Souderton, PA, pg. 45

Wierzbicki, Julie, Account Director --GIANTS & GENTLEMEN, Toronto, Canada, pg. 418

Wildasinn, Cari, Account Director --Fahlgren Mortine (Dayton), Beavercreek, OH, pg. 358

Wildig, Jennie, Account Director --McCann-Erickson Communications House Ltd., Macclesfield, Prestbury, United Kingdom, pg. 712

Wilga, Glenn, Account Director --RED MOON MARKETING, Charlotte, NC, pg. 940

Wilkie, Lindsey, Account Director --WALLRICH, Sacramento, CA, pg. 1149

Wilkie, Shawn, Account Director --PRICEWEBER MARKETING COMMUNICATIONS, INC., Louisville, KY, pg. 889

Wilkinson, Roline, Account Director --Magna Carta, Johannesburg, South Africa, pg. 1087

Williams, Amy, Account Director --JAN KELLEY MARKETING, Burlington, Canada, pg. 571

Williams, Anne, Account Director --INTREPID, Salt Lake City, UT, pg. 1544

Williams, Brett, Account Director --THE JOHNSON GROUP, Chattanooga, TN, pg. 580

Williams, Grace, Account Director --BLASTMEDIA, Fishers, IN, pg. 1451

RESPONSIBILITIES INDEX — AGENCIES

Williams, Mark, Account Director --MullenLowe, New York, NY, pg. 772

Williams, Rosina, Account Director --Hills Balfour, London, United Kingdom, pg. 750

Williams, Samantha, Account Director --RED INTERACTIVE AGENCY, Santa Monica, CA, pg. 1284

Williams, Tara, Account Director --RIGHT PLACE MEDIA, Lexington, KY, pg. 1367

Williams, Tom, Account Director --GREENLIGHT MEDIA & MARKETING, LLC, Hollywood, CA, pg. 435

Williamson, Krystin, Account Director --Allison & Partners, San Diego, CA, pg. 721

Williamson, Krystin, Account Director --Allison & Partners, San Diego, CA, pg. 1431

Willis, Ashley, Account Director --Resound Marketing, Princeton, NJ, pg. 1630

Willis, Ashley, Account Director --RESOUND MARKETING, New York, NY, pg. 1630

Wilson, Cori, Account Director --CANNONBALL, Saint Louis, MO, pg. 187

Wilson, Erica, Account Director --R/GA, Austin, TX, pg. 927

Wilson, Jamie, Account Director --HOWARD MILLER ASSOCIATES, INC., Lancaster, PA, pg. 510

Wilson, Kelly, Account Director --MOROCH HOLDINGS, INC., Dallas, TX, pg. 758

Wilson, Marilyn Simmons, Account Director --JOHNSONRAUHOFF, Saint Joseph, MI, pg. 581

Wilson, Marilyn Simmons, Account Director --JohnsonRauhoff Marketing Communications, Benton Harbor, MI, pg. 581

Wilson, Randi Cooley, Account Director --OCEAN BRIDGE GROUP, Los Angeles, CA, pg. 805

Wintemberg, Lauren, Account Director --ALICE MARSHALL PUBLIC RELATIONS, New York, NY, pg. 1430

Wishau, Jackie, Account Director --PLAN B (THE AGENCY ALTERNATIVE), Chicago, IL, pg. 876

Wishna, Lauren, Account Director --IGNITIONONE, New York, NY, pg. 1263

Wisniewski, Julie, Account Director --DIGITAS, Boston, MA, pg. 1250

Witonsky, Diana, Account Director --1185 DESIGN, Palo Alto, CA, pg. 1

Wittek, Janay, Account Director --BADER RUTTER & ASSOCIATES, INC., Milwaukee, WI, pg. 83

Wojcicki, Rebecca, Account Director --MullenLowe, El Segundo, CA, pg. 772

Wojciechowski, Bastien, Account Director --Publicis Conseil, Paris, France, pg. 898

Wolfe, Lauren, Account Director --AKQA, Inc., Washington, DC, pg. 1234

Wolski-Davis, Theo, Account Director --Cossette Communication-Marketing, Toronto, Canada, pg. 234

Woltman, Sophy, Account Director --Wieden + Kennedy, London, United Kingdom, pg. 1165

Wong, Ginny, Account Director --Epsilon International, Wanchai, China (Hong Kong), pg. 345

Wong, Jessie, Account Director --WE, San Francisco, CA, pg. 1672

Wong, Tracy, Account Director --AGENCY 720, Detroit, MI, pg. 37

Woo, Jacqueline, Account Director --GMR Entertainment, New York, NY, pg. 1404

Wood, Jordan, Account Director --DDB San Francisco, San Francisco, CA, pg. 269

Wood, Kayla, Account Director --OUTCAST COMMUNICATIONS, San Francisco, CA, pg. 1603

Woodcock, Ana Maria, Account Director --Sancho BBDO, Bogota, Colombia, pg. 102

Woodruff, Andrew, Account Director --BBDO Atlanta, Atlanta, GA, pg. 98

Woodruff, Andrew, Account Director --Energy BBDO, Chicago, IL, pg. 100

Woods, Tom, Account Director --WE, London, United Kingdom, pg. 1672

Worley, Diane, Account Director --DB&M MEDIA INC, Costa Mesa, CA, pg. 266

Wortman, Whitney, Account Director --VSA PARTNERS, INC., Chicago, IL, pg. 1146

Wright, Catherine, Account Director --WEDNESDAY, New York, NY, pg. 1156

Wright, Dandi, Account Director --SHERRY MATTHEWS ADVOCACY MARKETING, Austin, TX, pg. 1007

Wright, Kirstin, Account Director --Ogilvy, London, United Kingdom, pg. 1600

Wroblewski, Brittany, Account Director --BAM STRATEGY, Montreal, Canada, pg. 87

Wu, Cindy, Account Director --OFFICE, San Francisco, CA, pg. 809

Wu, Ricky, Account Director --Fleishman-Hillard Guangzhou, Guangzhou, China, pg. 1511

Wyss, Kevin, Account Director --ANSIRA, Saint Louis, MO, pg. 60

Xie, Savvy, Account Director --Millward Brown China, Shanghai, China, pg. 1511

Yanagawa, Lauri, Account Director --CORE GROUP ONE, INC., Honolulu, HI, pg. 231

Yang, Xing, Account Director --Weber Shandwick, Beijing, China, pg. 1680

Yanon, Paul, Account Director --COLANGELO & PARTNERS PUBLIC RELATIONS, New York, NY, pg. 1471

Yardemian, Anita, Account Director --NRPR GROUP, Beverly Hills, CA, pg. 1597

Yates, Tara, Account Director --BCW (BURSON COHN & WOLFE), New York, NY, pg. 1439

Yavasile, Nicole, Account Director --B/H IMPACT, Los Angeles, CA, pg. 1436

Yemane, Feven, Account Director --Sapient, New York, NY, pg. 914

Yilmaz, Berk, Account Director --Havas Worldwide Istanbul, Istanbul, Turkey, pg. 482

Yip, Amy, Account Director --TIME ADVERTISING, Millbrae, CA, pg. 1104

Yokota, Shoji, Account Director --McCann Erickson Japan Inc., Tokyo, Japan, pg. 706

Yoneyama, Casey, Account Director --Wieden + Kennedy Japan, Tokyo, Japan, pg. 1166

Yorkin, Andy, Account Director --BRANDHIVE, Salt Lake City, UT, pg. 156

You, Ji, Account Director --ANOMALY, New York, NY, pg. 59

Young, Dan, Account Director --OPTIMUM SPORTS, New York, NY, pg. 842

Young, Jenna, Account Director --AGENCY 720, Detroit, MI, pg. 37

Ytterlid, Susanne, Account Director --DDB Stockholm, Stockholm, Sweden, pg. 280

Ytterman, Jeanette, Account Director --DDB Stockholm, Stockholm, Sweden, pg. 280

Yu, Jacqueline, Account Director --BBDO Hong Kong, Taikoo Shing, China (Hong Kong), pg. 112

Yu, Jina, Account Director --BRAND ARC, Palm Springs, CA, pg. 154

Yu, Louie, Account Director --BCD Pinpoint Direct Marketing Inc., Manila, Philippines, pg. 826

Yuryev, Julia, Account Director --Allison & Partners, San Diego, CA, pg. 721

Yuryev, Julia, Account Director --Allison & Partners, San Diego, CA, pg. 1431

Zacharias, Dan, Account Director --CAMPBELL MARKETING & COMMUNICATIONS, Dearborn, MI, pg. 186

Zainuddin, Asran Zakry, Account Director --BBDO Malaysia, Kuala Lumpur, Malaysia, pg. 113

Zakeer, Kennedy, Account Director --PETERSON MILLA HOOKS, Minneapolis, MN, pg. 866

Zamansky, Natalie, Account Director --NINA HALE INC., Minneapolis, MN, pg. 1276

Zamaria, Allie, Account Director --SUNSHINE SACHS, New York, NY, pg. 1654

Zanelli, Simone, Account Director --Ogilvy, Milan, Italy, pg. 815

Zanvit, Margherita, Account Director --M&C Saatchi Milan, Milan, Italy, pg. 660

Zapanta, Christine, Account Director --Publicis JimenezBasic, Makati, Philippines, pg. 910

Zelina, Hayley Devlin, Account Director --BARTON F. GRAF, New York, NY, pg. 94

Zelisko, Kristina, Account Director --Ogilvy Atlanta, Atlanta, GA, pg. 1598

Zhang, Angel, Account Director --AKQA, Inc., New York, NY, pg. 1235

Zhao, Flora, Account Director --IW GROUP, INC., West Hollywood, CA, pg. 551

Zharova, Inna, Account Director --BBDO Moscow, Moscow, Russia, pg. 107

Zhawred, Stephen, Account Director --GEOMETRY GLOBAL NORTH AMERICA HQ, New York, NY, pg. 415

Zhong, Sheryl, Account Director --WAVEMAKER GLOBAL LTD, New York, NY, pg. 1379

Zimmerman, Andrea, Account Director --ICF Olson, Chicago, IL, pg. 518

Zimmerman, Debbie, Account Director --Davis Elen Advertising, Arlington, VA, pg. 264

Zimmerman, Debbie, Account Director --Davis Elen Advertising Inc, Tukwila, WA, pg. 265

Zimmerman, Debbie, Account Director --DAVIS ELEN ADVERTISING, INC., Los Angeles, CA, pg. 264

Zimmerman, Debbie, Account Director --Davis Elen Advertising, Inc., Solana Beach, CA, pg. 265

Ziomek, Brooke, Account Director --Stratacomm, Inc., Southfield, MI, pg. 1508

Zobrist, Lauren Mangum, Account Director --DIGITAL KITCHEN, Chicago, IL, pg. 301

Zolla, Donna, Account Director --SCG Advertising & Public Relations, New York, NY, pg. 994

Zolla, Donna, Account Director --SCG ADVERTISING & PUBLIC RELATIONS, Haddonfield, NJ, pg. 994

Zorrilla, Tania K, Account Director --Ogilvy, Ltd., London, United Kingdom, pg. 818

Zuegel, Andrea, Account Director --BRAND COOL MARKETING INC, Rochester, NY, pg. 154

Zuerker, Elisabeth, Account Director --AUGUSTINE, Roseville, CA, pg. 77

Zuzelski, Lauren, Account Director --BROGAN & PARTNERS CONVERGENCE MARKETING, Birmingham, MI, pg. 166

Account Executive

Acton, Jeff, Account Executive --STARKMEDIA INC., Milwaukee, WI, pg. 1292

Acuna, Gabriel, Account Executive --CULTURESPAN MARKETING, El Paso, TX, pg. 253

Adiletti, Lauren, Account Executive --LEVERAGE MARKETING GROUP, Newtown, CT, pg. 634

Adler, Emily, Account Executive --SCHMIDT PUBLIC AFFAIRS, Alexandria, VA, pg. 1641

Affiq, Yuza Dannial, Account Executive --McCann Erickson (Malaysia) Sdn. Bhd., Kuala Lumpur, Malaysia, pg. 706

Agurcia, Daniela, Account Executive --OMNI DIRECT INC., Miami, FL, pg. 835

Ajelli, Francesca, Account Executive --Leo Burnett Co., S.r.l., Milan, Italy, pg. 625

Akbay, Selin, Account Executive --Havas Worldwide Istanbul, Istanbul, Turkey, pg. 482

Akinyi, Susan Linet, Account Executive --Y&R New York, New York, NY, pg. 1198

Al Dimanshi, Dana, Account Executive --TBWA Raad, Dubai, United Arab Emirates, pg. 1088

Alberts, Roxanne, Account Executive --SPARK44, Los Angeles, CA, pg. 1226

Alderman, Mackenzie, Account Executive --BBDO New York, New York, NY, pg. 99

Aldritt, Ben, Account Executive --NEMER FIEGER, Minneapolis, MN, pg. 788

Alfaro, Raelle, Account Executive --Edelman, San Francisco, CA, pg. 1492

Allaben, Kathryn, Account Executive --WHITE HAT AGENCY, Austin, TX, pg. 1161

Allgeier, Taylor, Account Executive --MPG MEDIA SERVICES, Louisville, KY, pg. 1353

Almazan, James, Account Executive --WONGDOODY, Seattle, WA, pg. 1175

Alvarez, Natasha, Account Executive --SEYFERTH & ASSOCIATES INC., Grand Rapids, MI, pg. 1643

Alviti, Celia, Account Executive --Matter Communications, Boston, MA, pg. 694

Ambrogna, Barbara, Account Executive --Y&R Peru, Lima, Peru, pg. 1207

Ames, Grace, Account Executive --MONTAGNE COMMUNICATIONS, Manchester, NH, pg. 1585

Andersen, Kurt, Account Executive --HARRIS, BAIO & MCCULLOUGH INC., Philadelphia, PA, pg. 469

Anderson, Alex, Account Executive --NRPR GROUP, Beverly Hills, CA, pg. 1597

Anderson, Coleman, Account Executive --IMMOTION STUDIOS, Fort Worth, TX, pg. 527

Anderson, Mallorie, Account Executive --J.O. DESIGN, Fort Worth, TX, pg. 577

Anderson, Thomas, Account Executive --NEMER FIEGER, Minneapolis, MN, pg. 788

Andes, Cherith, Account Executive --CLAIREMONT COMMUNICATIONS, Raleigh, NC, pg. 1470

Andrade, Guilherme, Account Executive --NEO@OGILVY LOS ANGELES, Playa Vista, CA, pg. 789

Andrews, Charlene, Account Executive --FOUNDRY, Reno, NV, pg. 394

Andrews, Heather, Account Executive --DPR GROUP, INC., Frederick, MD, pg. 1488

1863

AGENCIES

RESPONSIBILITIES INDEX

Andry, Lindsey R., Account Executive --DEVENEY COMMUNICATIONS, New Orleans, LA, pg. 1483

Anthony, Trisha, Account Executive --GORDON C JAMES PUBLIC RELATIONS, Phoenix, AZ, pg. 1523

Antoine, Jessica, Account Executive --COVET PR, San Diego, CA, pg. 1476

Appendino, Gustavo, Account Executive --DAVID, Sao Paulo, Brazil, pg. 261

Aquilino, Liz, Account Executive --360PR+, Boston, MA, pg. 1422

Aran, Jaqueline, Account Executive --THE COMMUNITY, Miami, FL, pg. 223

Ariza, Kayla, Account Executive --STRAWBERRYFROG, New York, NY, pg. 1054

Arner, Hannah, Account Executive --TPN INC., Dallas, TX, pg. 1418

Arnett, Rebecca, Account Executive --GROUP 7EVEN, Valparaiso, IN, pg. 451

Arsenault, Kara, Account Executive --HAWK MARKETING SERVICES, Moncton, Canada, pg. 489

Arvizu, Andy, Account Executive --ARVIZU ADVERTISING & PROMOTIONS, Phoenix, AZ, pg. 73

Asad, Maryam, Account Executive --DDB Canada, Toronto, Canada, pg. 267

Asan, Ozge, Account Executive --Havas Worldwide Istanbul, Istanbul, Turkey, pg. 482

Asawasirisilp, Supada, Account Executive --GREYnj United, Bangkok, Thailand, pg. 448

Aschaker, Dana, Account Executive --GMR MARKETING LLC, New Berlin, WI, pg. 1403

Ataman, Gabriella, Account Executive --HANLON CREATIVE, Kulpsville, PA, pg. 465

Aubol, Todd, Account Executive --BVK DIRECT, Colleyville, TX, pg. 179

Aubol, Todd, Account Executive --BVK Direct, Milwaukee, WI, pg. 179

August, Alexa, Account Executive --Resound Marketing, Princeton, NJ, pg. 1630

Auvenshine, Heidi, Account Executive --SCHNEIDER ASSOCIATES, Boston, MA, pg. 1641

Babbitt, Tess, Account Executive --FCB Chicago, Chicago, IL, pg. 364

Babu, Christina, Account Executive --OBSIDIAN PUBLIC RELATIONS, Memphis, TN, pg. 805

Backes, Steve, Account Executive --JELLYFISH, Baltimore, MD, pg. 574

Bae, Shang Woo, Account Executive --TBWA Korea, Seoul, Korea (South), pg. 1092

Baebler, Erin, Account Executive --MOTION PR, Chicago, IL, pg. 1585

Baer, Ali, Account Executive --PAVLOV, Fort Worth, TX, pg. 859

Bahler, Lucy, Account Executive --mcgarrybowen, Chicago, IL, pg. 718

Bailey, Jason, Account Executive --MEDIASSOCIATES, INC., Sandy Hook, CT, pg. 1351

Baio, Chris, Account Executive --WHITEMYER ADVERTISING, INC., Zoar, OH, pg. 1161

Baker, Jeremy, Account Executive --CK ADVERTISING, Cape Coral, FL, pg. 210

Baker, Maggie, Account Executive --FLYNN WRIGHT, Des Moines, IA, pg. 390

Baker, Michelle, Account Executive --LUCAS PUBLIC AFFAIRS, Sacramento, CA, pg. 1571

Baker, Tonya, Account Executive --CREATIVE ENERGY GROUP INC, Johnson City, TN, pg. 241

Balbresky, Jordan, Account Executive --RUSHTON GREGORY COMMUNICATIONS, Lee, NH, pg. 972

Baldwin, Cara, Account Executive --FUSION MARKETING, Saint Louis, MO, pg. 404

Baldwin, Sierra, Account Executive --DCI-West, Aurora, CO, pg. 296

Ballinger, Molly, Account Executive --HIP ADVERTISING, Springfield, IL, pg. 501

Bandeen, Jesse, Account Executive --TRIPLEPOINT, San Francisco, CA, pg. 1663

Banion, Brittany, Account Executive --SHADOW PR, New York, NY, pg. 1005

Barcia, Jillian, Account Executive --GREY NEW YORK, New York, NY, pg. 438

Bare, Wade, Account Executive --MeringCarson, San Diego, CA, pg. 731

Barger, Jim, Account Executive --MEDIALINKS ADVERTISING, Findlay, OH, pg. 728

Barnett, Samantha, Account Executive --THE MARKETING ARM, Dallas, TX, pg. 682

Barratt, Andrew, Account Executive --OgilvyOne Worldwide, Madrid, Spain, pg. 817

Barrows, Lisa, Account Executive --B CREATIVE GROUP INC., Baltimore, MD, pg. 82

Bartron, Adie, Account Executive --OLIVER RUSSELL, Boise, ID, pg. 835

Bass, Samantha, Account Executive --ESB ADVERTISING, Chantilly, VA, pg. 349

Basso, Jose, Account Executive --GMG ADVERTISING, Miami, FL, pg. 425

Bastufan, Burtay, Account Executive --Havas Worldwide Istanbul, Istanbul, Turkey, pg. 482

Bauer, Emma, Account Executive --PLANIT, Baltimore, MD, pg. 877

Bauer, Paul J., Account Executive --LINKMEDIA 360, Independence, OH, pg. 642

Baugh, Colin, Account Executive --RANDALL PR, LLC, Seattle, WA, pg. 1625

Bear, Bridget, Account Executive --EG INTEGRATED, Omaha, NE, pg. 332

Bear, Chelsea, Account Executive --FISH CONSULTING, INC., Ft Lauderdale, FL, pg. 384

Beck, Liz, Account Executive --BREAD AND BUTTER PUBLIC RELATIONS, Los Angeles, CA, pg. 1456

Beckman, Melissa, Account Executive --ORCA COMMUNICATIONS UNLIMITED, LLC., Tempe, AZ, pg. 1603

Beebe, Adam, Account Executive --ARENA COMMUNICATIONS, Salt Lake City, UT, pg. 67

Behbehani, Erin, Account Executive --AGENCYEA, Chicago, IL, pg. 40

Belisario, Ryan, Account Executive --SAATCHI & SAATCHI, New York, NY, pg. 975

Bell, Barbie, Account Executive --DAVIS ADVERTISING, INC., Worcester, MA, pg. 263

Bell, Jenna, Account Executive --AVID MARKETING GROUP, Rocky Hill, CT, pg. 1397

Bell, Marissa, Account Executive --WATERHOUSE PUBLIC RELATIONS, Chattanooga, TN, pg. 1671

Belton, Victoria L, Account Executive --STAMP IDEA GROUP, LLC, Montgomery, AL, pg. 1042

Benedict, Cathy, Account Executive --BENEDICT ADVERTISING, Daytona Beach, FL, pg. 122

Benedict, Megan, Account Executive --MACCABEE GROUP, INC., Minneapolis, MN, pg. 1573

Benvenuto, Laura, Account Executive --Ketchum, Washington, DC, pg. 1555

Berberich, Garrett, Account Executive --HIMMELRICH PR, Baltimore, MD, pg. 501

Bernardo, Rachel, Account Executive --VaynerMedia, San Francisco, CA, pg. 1299

Bernhart, Erika, Account Executive --KENNA, Mississauga, Canada, pg. 592

Berriman, Alexandra, Account Executive --Porter Novelli Australia-Melbourne, Yarra, Australia, pg. 1616

Berry, Caitlin, Account Executive --INFERNO, Memphis, TN, pg. 530

Bevenour, Matt, Account Executive --JILL SCHMIDT PR, Northfield, IL, pg. 1548

Beyrooty, John, Account Executive --BRENER, ZWIKEL & ASSOCIATES, INC., Reseda, CA, pg. 1456

Bhat, Nakul, Account Executive --Happy mcgarrybowen, Bengaluru, India, pg. 717

Bianco, Katherine, Account Executive --PROOF ADVERTISING, Austin, TX, pg. 893

Biebel, Margaret, Account Executive --BBDO San Francisco, San Francisco, CA, pg. 99

Birge, Austin, Account Executive --RUNSWITCH PUBLIC RELATIONS, Louisville, KY, pg. 1638

Bishop, Abbey, Account Executive --AGENCYSACKS, New York, NY, pg. 40

Black, Susan, Account Executive --FAISS FOLEY WARREN, Las Vegas, NV, pg. 1502

Blainvaux, Chloe Le, Account Executive --SelectNY.Paris, Paris, France, pg. 1001

Blake, Jennifer, Account Executive --SURPRISE ADVERTISING, Portland, ME, pg. 1063

Blomberg, Brad, Account Executive --MEDIA ONE ADVERTISING/MARKETING, Sioux Falls, SD, pg. 727

Boccara, Hugo, Account Executive --Wieden + Kennedy Amsterdam, Amsterdam, Netherlands, pg. 1164

Bodak, Will, Account Executive --LEO BURNETT COMPANY LTD., Toronto, Canada, pg. 620

Boeck, Jenna, Account Executive --MNI TARGETED MEDIA INC., Stamford, CT, pg. 1352

Bohan, Allison, Account Executive --BOHAN, Nashville, TN, pg. 144

Bohling, Ember, Account Executive --THE INTEGER GROUP - DENVER, Lakewood, CO, pg. 1406

Bonventure, Alyssa, Account Executive --CASHMAN & ASSOCIATES, Philadelphia, PA, pg. 1463

Boontham, Jiratchana, Account Executive --GREYnj United, Bangkok, Thailand, pg. 448

Boos, Kenneth A., Account Executive --HAROLD WARNER ADVERTISING, INC., Buffalo, NY, pg. 468

Bossen, Dana, Account Executive --PADILLA, Minneapolis, MN, pg. 849

Bottaro, Lauren, Account Executive --GKV COMMUNICATIONS, Baltimore, MD, pg. 421

Boucher, Brielle, Account Executive --D3 NYC, New York, NY, pg. 256

Boulianne, Cloe, Account Executive --DENTSUBOS, Montreal, Canada, pg. 291

Bourassa, Paula, Account Executive --MCCABE DUVAL + ASSOCIATES, Harpswell, ME, pg. 697

Bouvat-Johnson, Jen, Account Executive --Epsilon, Lafayette, CO, pg. 345

Bowman, Rebecca, Account Executive --RED FAN COMMUNICATIONS, Austin, TX, pg. 1627

Box, Patrick, Account Executive --THE MORAN GROUP LLC, Baton Rouge, LA, pg. 757

Boxberger, Theresa, Account Executive --L7 CREATIVE, Carlsbad, CA, pg. 606

Boyadjian, Ana, Account Executive --Deutsch LA, Los Angeles, CA, pg. 294

Boyle, Abigail, Account Executive --THE VIMARC GROUP, Louisville, KY, pg. 1138

Brachman, Erin, Account Executive --CALIBER CREATIVE, LLC, Dallas, TX, pg. 183

Bradbury, Lauren, Account Executive --THE SELLS AGENCY, INC., Little Rock, AR, pg. 1002

Braden, Alyssa, Account Executive --ZEHNDER COMMUNICATIONS, INC., New Orleans, LA, pg. 1210

Bradley, Kelly, Account Executive --COLMAN BROHAN DAVIS, Chicago, IL, pg. 220

Brady, Kristin, Account Executive --AVID MARKETING GROUP, Rocky Hill, CT, pg. 1397

Bram, Austin, Account Executive --DRIVE SOCIAL MEDIA, Saint Louis, MO, pg. 1254

Brannen, Kellsie, Account Executive --CURA STRATEGIES, Arlington, VA, pg. 254

Brasser, Molly, Account Executive --DDB San Francisco, San Francisco, CA, pg. 269

Bravo, Kent, Account Executive --NECTAR COMMUNICATIONS, San Francisco, CA, pg. 1593

Bray, David, Account Executive --360 GROUP, Indianapolis, IN, pg. 6

Brehm, Matt, Account Executive --DATAXU, INC., Boston, MA, pg. 1317

Breihan, Annie, Account Executive --PROOF ADVERTISING, Austin, TX, pg. 893

Brenman, Susan, Account Executive --CGT MARKETING LLC, Amityville, NY, pg. 201

Brennan, Kasey, Account Executive --TRUE BLUE COMMUNICATIONS, Clearwater, FL, pg. 1663

Brennan, Keri, Account Executive --ENGELBRECHT ADVERTISING, LLC., Chico, CA, pg. 341

Brenner, Sara, Account Executive --XENOPSI, New York, NY, pg. 1303

Bresnahan, Stephanie, Account Executive --Amperage, Wausau, WI, pg. 53

Brey, Mary, Account Executive --PINNACLE ADVERTISING, Schaumburg, IL, pg. 872

Brice, Steve, Account Executive --IMG COLLEGE, Winston Salem, NC, pg. 527

Brickley, Miles R., Account Executive --FCB New York, New York, NY, pg. 365

Brodell, Jessica, Account Executive --UNDERTONE, New York, NY, pg. 1126

Broeckel, Amber, Account Executive --RED SKY PUBLIC RELATIONS, Boise, ID, pg. 1627

Brogan, Tanya, Account Executive --PLUSMEDIA, LLC, Danbury, CT, pg. 878

Broitman, Ariella, Account Executive --KETCHUM, New York, NY, pg. 1554

Bronson, Tiffany, Account Executive --AdFarm, Kansas City, MO, pg. 29

Bronson, Tiffany, Account Executive --AdFarm, Fargo, ND, pg. 29

Brooks, Will, Account Executive --RED MOON MARKETING,

RESPONSIBILITIES INDEX — AGENCIES

Charlotte, NC, pg. 940

Brown, Amanda, Account Executive --STEPHENS DIRECT, Kettering, OH, pg. 1047

Brown, Claire, Account Executive --MCGARRAH JESSEE, Austin, TX, pg. 716

Brown, Leah, Account Executive --S&A COMMUNICATIONS, Cary, NC, pg. 974

Brown, Megan, Account Executive --KAPLOW, New York, NY, pg. 1551

Brown, Sierra, Account Executive --DEVELOPMENT COUNSELLORS INTERNATIONAL, LTD., New York, NY, pg. 296

Brown, Stefanie, Account Executive --Neathawk Dubuque & Packett, Roanoke, VA, pg. 787

Brownell, Abigail, Account Executive --NEMER FIEGER, Minneapolis, MN, pg. 788

Brudnok, Beverly, Account Executive --PORETTA & ORR, INC., Doylestown, PA, pg. 883

Brueckner, Jordan, Account Executive --BERLINROSEN, New York, NY, pg. 1448

Bryan, Dan, Account Executive --B2C ENTERPRISES, Roanoke, VA, pg. 82

Bryant, Kevin W., Account Executive --Summit Marketing, Lenexa, KS, pg. 1061

Brzozowski, William, Account Executive --MERKLEY+PARTNERS, New York, NY, pg. 733

Buckler, Claudia, Account Executive --JOHN ST., Toronto, Canada, pg. 579

Bukowski, Erin, Account Executive --PURPLE PR, New York, NY, pg. 1621

Bundy, Stacy, Account Executive --O'BRIEN ET AL. ADVERTISING, Virginia Beach, VA, pg. 805

Buraczenski, Jenna Bouffard, Account Executive --Matter Communications, Boston, MA, pg. 694

Burda, Bryan, Account Executive --INTERSECTION, New York, NY, pg. 543

Burgeis, Kristen, Account Executive --THE SELLS AGENCY, INC., Little Rock, AR, pg. 1002

Burgeis, Kristen, Account Executive --The Sells Agency, Inc., Fayetteville, AR, pg. 1002

Burgess, Peyton, Account Executive --FRENCH/WEST/VAUGHAN, INC., Raleigh, NC, pg. 398

Burget, Megan, Account Executive --FOURTH IDEA, Buffalo, NY, pg. 394

Burgos, Lauren, Account Executive --SPOTLIGHT MARKETING COMMUNICATIONS, Orange, CA, pg. 1036

Burke, Joe, Account Executive --M5 NEW HAMPSHIRE, Manchester, NH, pg. 665

Burke, Katie, Account Executive --AMBASSADOR ADVERTISING AGENCY, Irvine, CA, pg. 50

Burkholder, Justin, Account Executive --Lamar Advertising Company, Richmond, VA, pg. 608

Burks, Katherine, Account Executive --MML INC., Santa Monica, CA, pg. 1585

Burns, Colin, Account Executive --PATHFINDERS ADVERTISING & MARKETING GROUP, Mishawaka, IN, pg. 857

Burns, Matthew J., Account Executive --ANNE KLEIN COMMUNICATIONS GROUP, LLC, Mount Laurel, NJ, pg. 1433

Bursack, Hannah, Account Executive --RBB COMMUNICATIONS, Miami, FL, pg. 1625

Busch, Megan, Account Executive --RACHEL KAY PUBLIC RELATIONS, Solana Beach, CA, pg. 1624

Bush, Lauran, Account Executive --Geometry Global, Akron, OH, pg. 416

Bushman, Beth, Account Executive --STAMP IDEA GROUP, LLC, Montgomery, AL, pg. 1042

Bustillo, Helenn, Account Executive --PUSH, Orlando, FL, pg. 918

Butler, Jeff, Account Executive --MORTON VARDEMAN & CARLSON, Gainesville, GA, pg. 761

Butler, Shelby, Account Executive --Integrate Agency, Houston, TX, pg. 1682

Byers, Lindsay, Account Executive --WILLIAMS RANDALL MARKETING, Indianapolis, IN, pg. 1169

Byrne, Mary Kate, Account Executive --NAIL COMMUNICATIONS, Providence, RI, pg. 783

Cafaro, Morgan, Account Executive --BLUE SKY COMMUNICATIONS, New York, NY, pg. 140

Caghassi, Marina, Account Executive --Y&R Paris, Boulogne, France, pg. 1202

Cahill, Rachel, Account Executive --ENGELBRECHT ADVERTISING, LLC, Chico, CA, pg. 341

Camacho, Dina, Account Executive --TBWA Lisbon, Lisbon, Portugal, pg. 1084

Campbell, Alesia, Account Executive --YECK BROTHERS COMPANY, Dayton, OH, pg. 1195

Campbell, Jay, Account Executive --ALCHEMY MEDIA HOLDINGS, LLC, Los Angeles, CA, pg. 44

Canada, Emily, Account Executive --The Sells Agency, Inc., Fayetteville, AR, pg. 1002

Capone, Dominic, Account Executive --GIOVATTO ADVERTISING & CONSULTING INC., Paramus, NJ, pg. 420

Carmona, Raisa Collazo, Account Executive --FCB West, San Francisco, CA, pg. 365

Caro, Jennifer, Account Executive --LARGEMOUTH COMMUNICATIONS, INC., Durham, NC, pg. 1563

Carp, Charlene, Account Executive --FOUNDRY, Reno, NV, pg. 394

Carroll, Eoin, Account Executive --Kinetic, Chicago, IL, pg. 1338

Carter, Elliot, Account Executive --KGLOBAL, Washington, DC, pg. 594

Carvalho, Julianna, Account Executive --F/Nazca Saatchi & Saatchi, Sao Paulo, Brazil, pg. 981

Casaretti, Diane, Account Executive --MICHAEL J. LONDON & ASSOCIATES, Trumbull, CT, pg. 1583

Casella, Katie, Account Executive --BOONEOAKLEY, Charlotte, NC, pg. 147

Casey, Amy, Account Executive --THE MARKETING ARM, Dallas, TX, pg. 682

Castaneda, Clarissa, Account Executive --NOISY TRUMPET, San Antonio, TX, pg. 1277

Castellanos, Lorena, Account Executive --Y&R Peru, Lima, Peru, pg. 1207

Castellon, Daisy, Account Executive --LUCAS PUBLIC AFFAIRS, Sacramento, CA, pg. 1571

Caswell, Michael, Account Executive --EDITION STUDIOS, LLC, MinneaPolis, MN, pg. 331

Cau, Jia, Account Executive --BBDO Toronto, Toronto, Canada, pg. 100

Caudle, Rosalyn, Account Executive --RAWLE MURDY ASSOCIATES, INC., Charleston, SC, pg. 934

Ceder, Leslie, Account Executive --WINSTANLEY PARTNERS, Lenox, MA, pg. 1171

Celeste, Kyle, Account Executive --Resound Marketing, Princeton, NJ, pg. 1630

Cerami, Charles, Account Executive --THE ALISON GROUP, North Miami Beach, FL, pg. 1396

Cesnick, Megan, Account Executive --STRONG, Birmingham, AL, pg. 1055

Chafetz, Hannah, Account Executive --LEO BURNETT COMPANY LTD., Toronto, Canada, pg. 620

Chaiken, Erin, Account Executive --MOTIVE, Denver, CO, pg. 764

Chalmers, Katie, Account Executive --MURPHY O'BRIEN, INC., Los Angeles, CA, pg. 1590

Chambers, Melissa, Account Executive --STEALTH CREATIVE, Saint Louis, MO, pg. 1044

Chang, Hilary, Account Executive --HOT DISH ADVERTISING, Minneapolis, MN, pg. 509

Chapman, Kirstie, Account Executive --MCGARRYBOWEN, New York, NY, pg. 716

Charles, Emily, Account Executive --MAVEN COMMUNICATIONS LLC, Philadelphia, PA, pg. 695

Charlton, Emily, Account Executive --PUBLICIS NEW YORK, New York, NY, pg. 912

Chatchavalkijkul, Nicharee, Account Executive --GREYnj United, Bangkok, Thailand, pg. 448

Chauncey, Tyler, Account Executive --THE INTEGER GROUP - DENVER, Lakewood, CO, pg. 1406

Chavarria, Stacia, Account Executive --DRUMROLL, Austin, TX, pg. 323

Chavez, Virginia, Account Executive --BLUETONE MARKETING & PUBLIC RELATIONS, Ladera Ranch, CA, pg. 1452

Cheney, Hannah, Account Executive --L.C. WILLIAMS & ASSOCIATES, LLC, Chicago, IL, pg. 1564

Cheong, Elizabeth, Account Executive --Geometry Global, Chicago, IL, pg. 415

Chigbrow, Julie, Account Executive --RED SKY PUBLIC RELATIONS, Boise, ID, pg. 1627

Chong, Watson, Account Executive --KENNA, Mississauga, Canada, pg. 592

Christopherson, Ashleigh, Account Executive --BADER RUTTER & ASSOCIATES, INC., Milwaukee, WI, pg. 83

Chua, Audrey, Account Executive --Grey Group Malaysia, Kuala Lumpur, Malaysia, pg. 447

Chua, Sally, Account Executive --J. Walter Thompson Singapore, Singapore, Singapore, pg. 558

Chvojan, Allison, Account Executive --COOKSEY COMMUNICATIONS, INC., Irving, TX, pg. 1475

Cianciosi, Alyssa, Account Executive --MINTZ & HOKE COMMUNICATIONS GROUP, Avon, CT, pg. 746

Cid, Adriana Gonzalez, Account Executive --LOLA MullenLowe, Madrid, Spain, pg. 542

Cioppa, Ryan, Account Executive --OPTIMUM SPORTS, New York, NY, pg. 842

Cipolla, Leslie, Account Executive --AIGNER/PRENSKY MARKETING GROUP, Allston, MA, pg. 1429

Clair, Jennifer, Account Executive --DW ADVERTISING, Bloomfield, CT, pg. 326

Classen, Erin, Account Executive --ALLISON & PARTNERS-WASHINGTON D.C., Washington, DC, pg. 48

Clawson, Catherine, Account Executive --MOMENTUM WORLDWIDE, New York, NY, pg. 754

Clayton, Lauren, Account Executive --MOREHEAD DOTTS RYBAK, Corpus Christi, TX, pg. 757

Clayton, Michael, Account Executive --Edelman, London, United Kingdom, pg. 1494

Clifford, Erin, Account Executive --BLUE WATER, Greenbelt, MD, pg. 1241

Clinciu, Silviu Theodor, Account Executive --FCB Bucharest, Bucharest, Romania, pg. 367

Cohan, Alia, Account Executive --MCGARRYBOWEN, New York, NY, pg. 716

Cohen, Kirby, Account Executive --THE PR BOUTIQUE, Houston, TX, pg. 1617

Cohen, Shelby, Account Executive --TBC INC., Baltimore, MD, pg. 1076

Cole, Andy, Account Executive --DEVENEY COMMUNICATIONS, New Orleans, LA, pg. 1483

Colella, Chiara, Account Executive --STUDIO BLACK TOMATO, New York, NY, pg. 1056

Collazos, Jose, Account Executive --OMD Cross Cultural, Miami, FL, pg. 1356

Collins, Andrew, Account Executive --RED TETTEMER O'CONNELL & PARTNERS, Philadelphia, PA, pg. 941

Colson, Hannah, Account Executive --BOARDROOM COMMUNICATIONS INC., Fort Lauderdale, FL, pg. 1453

Cone, Malia, Account Executive --SPACE150, Minneapolis, MN, pg. 1031

Conning, Rosie, Account Executive --TBWA/Manchester, Manchester, United Kingdom, pg. 1086

Connor, Lauren, Account Executive --FRANCO PUBLIC RELATIONS GROUP, Detroit, MI, pg. 1513

Considine, Jim, Account Executive --MPG MEDIA SERVICES, Louisville, KY, pg. 1353

Cooper, Abby, Account Executive --THOMPSON & CO. PUBLIC RELATIONS, Anchorage, AK, pg. 1660

Coppens, Sophie, Account Executive --Headline Publishing Agency, Antwerp, Belgium, pg. 1080

Corapi, Sarah, Account Executive --SCHAFER CONDON CARTER, Chicago, IL, pg. 995

Corazzini, Adriann, Account Executive --AGUILLON & ASSOCIATES LLC, San Antonio, TX, pg. 1428

Cottrell, Katelyn, Account Executive --SCHAFER CONDON CARTER, Chicago, IL, pg. 995

Court, Rachel, Account Executive --BENEDICT ADVERTISING, Daytona Beach, FL, pg. 122

Cowing, Monica, Account Executive --ZEEKEE INTERACTIVE, Birmingham, AL, pg. 1303

Cox, Rachel, Account Executive --OVERDRIVE INTERACTIVE, Boston, MA, pg. 1279

Cox, Stephanie, Account Executive --COLMAN BROHAN DAVIS, Chicago, IL, pg. 220

Crabtree, Lori, Account Executive --TERRA PUBLIC RELATIONS, Jackson, WY, pg. 1657

Craig, Mary, Account Executive --Havas Edge Portland, Carlsbad, CA, pg. 476

Croke, Lauren, Account Executive --HAVAS WORLDWIDE, New York, NY, pg. 475

Croteau, Samantha, Account Executive --CONVENTURES, INC., Boston, MA, pg. 1474

Crouse, Tyler, Account Executive --DAC GROUP, Louisville, KY, pg. 257

Crudup, Janai, Account Executive --Chemistry Atlanta, Atlanta, GA, pg. 205

Cruickshank, Brittany, Account Executive --DEVENEY COMMUNICATIONS, New Orleans, LA, pg. 1483

Crump, Mesha, Account Executive --OBSIDIAN PUBLIC RELATIONS, Memphis, TN, pg. 805

Cubano, Erika, Account Executive --PACE ADVERTISING, New York, NY, pg. 848

Cuffaro, Frankie, Account Executive --Adam & EveDDB, London, United Kingdom, pg. 281

Cunningham, Michelle, Account Executive --KELLEN COMMUNICATIONS, New York, NY, pg. 590

AGENCIES — RESPONSIBILITIES INDEX

Curtiss, Jasmin, Account Executive --BOARDROOM COMMUNICATIONS INC., Fort Lauderdale, FL, pg. 1453
Cuyler, Greta, Account Executive --CREATIVE MARKETING ALLIANCE INC., Princeton Junction, NJ, pg. 243
Cyr, Heather, Account Executive --RINCK ADVERTISING, Auburn, ME, pg. 1632
Czaplewski, Jeff, Account Executive --GEOMETRY GLOBAL NORTH AMERICA HQ, New York, NY, pg. 415
D'Andrea, Filippo, Account Executive --Publicis Networks, Milan, Italy, pg. 900
D'Erasmo, Maria Belen, Account Executive --Leo Burnett Buenos Aires, Buenos Aires, Argentina, pg. 623
D'Errico, Kathy, Account Executive --Signal Outdoor Advertising, Roswell, GA, pg. 1012
Daeschner, Marisa, Account Executive --GKV COMMUNICATIONS, Baltimore, MD, pg. 421
Dahan, Sharon, Account Executive --Gitam/BBDO, Tel Aviv, Israel, pg. 106
Damato, Christie, Account Executive --LITZKY PUBLIC RELATIONS, Hoboken, NJ, pg. 1569
Damiani, Rebecca, Account Executive --JOHN ST., Toronto, Canada, pg. 579
Daniels, Elizabeth, Account Executive --RINCK ADVERTISING, Auburn, ME, pg. 1632
Daniels, Theresa, Account Executive --MAN MARKETING, Carol Stream, IL, pg. 674
Danielson, Alexandra, Account Executive --M.R. DANIELSON ADVERTISING LLC, Saint Paul, MN, pg. 766
David, Cristina, Account Executive --MullenLowe Romania, Bucharest, Romania, pg. 777
Davidson, Catherina, Account Executive --DVL SEIGENTHALER, Nashville, TN, pg. 326
Davis, Andrew, Account Executive --SOKAL MEDIA GROUP, Raleigh, NC, pg. 1027
Davis, Betsy, Account Executive --GIBENS CREATIVE GROUP, Tupelo, MS, pg. 419
Davis, Lindsay, Account Executive --WORLDLINK MEDIA, Los Angeles, CA, pg. 1177
Dawson, Brandi, Account Executive --ACCESS ADVERTISING + PR, Roanoke, VA, pg. 19
Day, Amber, Account Executive --THREAD CONNECTED CONTENT, Minneapolis, MN, pg. 1102
De Filippis, Brielle, Account Executive --Walton Isaacson, New York, NY, pg. 1151
DeBardeleben, Mary Katherine, Account Executive --LEADING EDGES, Meridian, MS, pg. 618
Debus-Pesquet, Manon, Account Executive --CLM BBDO, Boulogne-Billancourt, France, pg. 104
Dechman, Erin, Account Executive --EAG ADVERTISING & MARKETING, Kansas City, MO, pg. 328
Dechman, Erin, Account Executive --ENTREPRENEUR ADVERTISING GROUP, Kansas City, MO, pg. 342
Decker, Lisa, Account Executive --STEVENS ADVERTISING, Grand Rapids, MI, pg. 1048
Decook, Neil, Account Executive --BRAND INNOVATION GROUP, Fort Wayne, IN, pg. 155
DeGeorge, Lauren, Account Executive --MARRINER MARKETING COMMUNICATIONS, INC., Columbia, MD, pg. 686
Degouy, Floriane, Account Executive --DDB Paris, Paris, France, pg. 273
Del Brocco, Angela, Account Executive --MURPHYEPSON, INC., Columbus, OH, pg. 780
Del Collo, Kerri, Account Executive --DEFAZIO COMMUNICATIONS, Conshohocken, PA, pg. 1482
del Rio, Laura, Account Executive --DDB Barcelona S.A., Barcelona, Spain, pg. 280
Dell'Isola, Casey, Account Executive --SPEAKERBOX COMMUNICATIONS, Vienna, VA, pg. 1648
DelVecchio, Dana, Account Executive --SPITBALL LLC, Red Bank, NJ, pg. 1034
Dendeevanichsorn, Nattaya, Account Executive --GREYnj United, Bangkok, Thailand, pg. 448
DeRosa, Trish, Account Executive --THE EGC GROUP, Melville, NY, pg. 332
DeSena, Brian, Account Executive --ALCHEMY MEDIA HOLDINGS, LLC, Los Angeles, CA, pg. 44
Dessert, Alison, Account Executive --FAMA PR, INC., Boston, MA, pg. 1502
Devery-Shaak, Katie, Account Executive --THINK COMMUNICATIONS GROUP, LLC, Pipersville, PA, pg. 1099
Devine, Kenny, Account Executive --PADILLA, Minneapolis, MN, pg. 849
DeVoti, Lori Rae, Account Executive --CREATIVE ENERGY GROUP INC, Johnson City, TN, pg. 241

DeVries, Deborah, Account Executive --RECRUITSAVVY, Mahwah, NJ, pg. 938
Devries, Melanie, Account Executive --QUILLIN ADVERTISING, Las Vegas, NV, pg. 923
Dexter, Jenny, Account Executive --MATCHBOOK CREATIVE, Indianapolis, IN, pg. 693
Dezen, Drew, Account Executive --JEFF DEZEN PUBLIC RELATIONS, Greenville, SC, pg. 1546
Di Modica Swan, Nancy, Account Executive --FREESTYLE MARKETING GROUP, Salt Lake City, UT, pg. 398
Diaz, Catherine, Account Executive --INKLINK MARKETING, Miami Lakes, FL, pg. 1542
Dicks, Nicole, Account Executive --SS PR, Colorado Spgs, CO, pg. 1650
DiFrangia, Jim, Account Executive --STEVENS STRATEGIC COMMUNICATIONS, INC., Westlake, OH, pg. 1048
Dill, Rebecca, Account Executive --FREESTYLE CREATIVE, Moore, OK, pg. 397
DiMarcantonio, Michaela, Account Executive --Ketchum Canada, Toronto, Canada, pg. 1556
Dimmitt, Jill, Account Executive --FORESIGHT GROUP, INC., Lansing, MI, pg. 392
Dinu, Stefania, Account Executive --FCB Bucharest, Bucharest, Romania, pg. 367
Djuanda, Susana, Account Executive --BRENLIN, Norco, CA, pg. 1398
Dodson, Hunter, Account Executive --Pierpont Communications, Inc., Austin, TX, pg. 1608
Dolan, Laura, Account Executive --GETO & DEMILLY, INC., New York, NY, pg. 1517
Dombey, Elian, Account Executive --RED BANYAN GROUP, Deerfield Bch, FL, pg. 1626
Domer, Derek, Account Executive --Media Resources/Boston, Reading, MA, pg. 1343
Don, Madesyn, Account Executive --ARCHER MALMO AUSTIN, Austin, TX, pg. 66
Donahoe, Brian, Account Executive --AGENCYEA, Chicago, IL, pg. 40
Donahue, Jessica, Account Executive --NANCY MARSHALL COMMUNICATIONS, Augusta, ME, pg. 1592
Donaldson, Carter, Account Executive --OH PARTNERS, Phoenix, AZ, pg. 833
Donaldson, Jackie, Account Executive --QUINLAN MARKETING COMMUNICATIONS, Carmel, IN, pg. 924
Donovan, Aileen, Account Executive --HAVAS FORMULA, El Segundo, CA, pg. 1527
Donovan, Matt, Account Executive --BRENER, ZWIKEL & ASSOCIATES, INC., Reseda, CA, pg. 1456
Douglass, Sarah, Account Executive --POMEGRANATE, INC, New York, NY, pg. 881
Dousharm, Chris, Account Executive --HATCH MARKETING, Boston, MA, pg. 471
Dover, Jodie Reagan, Account Executive --CENTRO LLC, Chicago, IL, pg. 1245
Doy, Jeff, Account Executive --O'BRIEN ET AL. ADVERTISING, Virginia Beach, VA, pg. 805
Doyle, Amy, Account Executive --McCann Erickson Advertising Ltd., London, United Kingdom, pg. 711
Doyle, Chelsea, Account Executive --ALCONE MARKETING GROUP, Irvine, CA, pg. 1395
Doyle, Chrissy, Account Executive --WORLDLINK MEDIA, Los Angeles, CA, pg. 1177
Drummond, Ashley, Account Executive --MASS MEDIA MARKETING, Augusta, GA, pg. 691
Drummond, Peter, Account Executive --BERLINROSEN, New York, NY, pg. 1448
Dudek, Marcella, Account Executive --Stratacomm, Inc., Southfield, MI, pg. 1508
Duke, Tisha, Account Executive --Intersection, Boston, MA, pg. 543
Duke, Tisha, Account Executive --Intersection, Gardena, CA, pg. 544
Duke, Tisha, Account Executive --Intersection, Seattle, WA, pg. 544
Dulle, Samantha, Account Executive --FUSION MARKETING, Saint Louis, MO, pg. 404
Duncan, Greg, Account Executive --BLUE HERON COMMUNICATIONS, Norman, OK, pg. 1452
Dutra, Chris, Account Executive --919 MARKETING COMPANY, Holly Springs, NC, pg. 13
Dwyer, Amy, Account Executive --LINKMEDIA 360, Independence, OH, pg. 642
Dykes, Anthony, Account Executive --QORVIS MSLGROUP, Washington, DC, pg. 1621

Dykstra, Steve, Account Executive --KRUEGER COMMUNICATIONS, Venice, CA, pg. 603
Earl, Chelsie, Account Executive --BUTLER, SHINE, STERN & PARTNERS, Sausalito, CA, pg. 177
Earnest, Carly, Account Executive --PP+K, Tampa, FL, pg. 885
Ebersole, Rachel, Account Executive --THE PR BOUTIQUE, Houston, TX, pg. 1617
Egan, Kendall Karm, Account Executive --SILVER CREATIVE GROUP, Norwalk, CT, pg. 1014
Elisabeth, Cassandra, Account Executive --PURE GROWTH, New York, NY, pg. 917
Ellender, Claire, Account Executive --MELT, Atlanta, GA, pg. 730
Ellison, Caitlin, Account Executive --GO2 ADVERTISING, Twinsburg, OH, pg. 425
Ellisor, Shannon, Account Executive --ADVOCATE DIGITAL MEDIA, Victoria, TX, pg. 36
Enfield, Andrew, Account Executive --GLYNNDEVINS ADVERTISING & MARKETING, Kansas City, MO, pg. 424
Engel, Carly, Account Executive --QOOQOO, Irvine, CA, pg. 920
Engh, Erica, Account Executive --RED CIRCLE AGENCY, Minneapolis, MN, pg. 938
English, Sayre, Account Executive --CD&M COMMUNICATIONS, Portland, ME, pg. 198
Enis, Christopher, Account Executive --LINKMEDIA 360, Independence, OH, pg. 642
Epstein, Elizabeth, Account Executive --KEMPERLESNIK, Northbrook, IL, pg. 1554
Erickson, Brad, Account Executive --NEW DAY MARKETING, LTD., Santa Barbara, CA, pg. 1353
Erickson, Emily, Account Executive --IN FOOD MARKETING, Minneapolis, MN, pg. 529
Espinel, Kattalina, Account Executive --Sancho BBDO, Bogota, Colombia, pg. 102
Esposito, Giuseppe, Account Executive --Publicis Italia, Milan, Italy, pg. 899
Estrada, Andres, Account Executive --Lamar Advertising Company, Richmond, VA, pg. 608
Evander, Karen, Account Executive --CLAPP COMMUNICATIONS, Baltimore, MD, pg. 211
Evans, Jasmine, Account Executive --G7 ENTERTAINMENT MARKETING, Nashville, TN, pg. 407
Exec, Account, Account Executive --THE EHRHARDT GROUP, New Orleans, LA, pg. 1498
Fagan, Cynthia, Account Executive --Q STRATEGIES, Chattanooga, TN, pg. 920
Fallara, Stephanie, Account Executive --POINT B COMMUNICATIONS, Chicago, IL, pg. 880
Farabaugh, Michelle, Account Executive --BONEAU/BRYAN-BROWN, New York, NY, pg. 1454
Farley, David, Account Executive --CAVALRY AGENCY, Chicago, IL, pg. 197
Federico, Megan, Account Executive --CHAPPELLROBERTS, Tampa, FL, pg. 202
Fedorowicz, Kayla, Account Executive --PAN COMMUNICATIONS, Boston, MA, pg. 1605
Feiner, Melissa, Account Executive --DAMN GOOD, Delray Beach, FL, pg. 259
Feltes, Olena, Account Executive --COMCAST SPOTLIGHT, Fort Wayne, IN, pg. 221
Ferber, Shahar, Account Executive --YOUNG & RUBICAM, New York, NY, pg. 1197
Ferguson, Lindsey, Account Executive --CAWOOD, Eugene, OR, pg. 1464
Ferguson, Roger, Account Executive --TDA_BOULDER, Boulder, CO, pg. 1094
Fern, Jeremy, Account Executive --SEVENTH POINT, Virginia Beach, VA, pg. 1004
Ferrari, Lucy, Account Executive --MALLOF, ABRUZINO & NASH MARKETING, Carol Stream, IL, pg. 673
Feurer, Greyson, Account Executive --LARGEMOUTH COMMUNICATIONS, INC., Durham, NC, pg. 1563
Fibkins, Heather, Account Executive --MCCANN ECHO NORTH AMERICA, Mountain Lakes, NJ, pg. 713
Field, Blake, Account Executive --Leo Burnett London, London, United Kingdom, pg. 627
Fingerov, Nitzan Cohen, Account Executive --BBR Saatchi & Saatchi, Ramat Gan, Israel, pg. 977
Fink, Samantha, Account Executive --OH PARTNERS, Phoenix, AZ, pg. 833
Finkelston, Alli, Account Executive --LOVELL COMMUNICATIONS, INC., Nashville, TN, pg. 653
Finley, Anna Marie, Account Executive --MORE ADVERTISING, Watertown, MA, pg. 757
Finnegan, Elizabeth, Account Executive --BURNS

RESPONSIBILITIES INDEX — AGENCIES

ENTERTAINMENT & SPORTS MARKETING, Evanston, IL, pg. 175

Finnstrom, Karin, Account Executive --BRANDSWAY CREATIVE, New York, NY, pg. 159

Fishburne, Ardis, Account Executive --BURFORD COMPANY ADVERTISING, Richmond, VA, pg. 173

Fiumara, Jayme, Account Executive --JACK NADEL INTERNATIONAL, Westport, CT, pg. 1407

Flamand, Katie, Account Executive --VLADIMIR JONES, Colorado Springs, CO, pg. 1142

Fleischl, Matthew, Account Executive --GREGORY FCA, Ardmore, PA, pg. 1524

Flint, Catriona, Account Executive --Buchanan Communications Ltd., London, United Kingdom, pg. 1184

Flynn, Chris, Account Executive --FCB Toronto, Toronto, Canada, pg. 366

Flynn, Katherine, Account Executive --MARTINO FLYNN LLC, Pittsford, NY, pg. 689

Flynn, Kelley, Account Executive --RED MOON MARKETING, Charlotte, NC, pg. 940

Forbes, Jamie, Account Executive --CRUCIAL INTERACTIVE INC., Toronto, Canada, pg. 251

Ford, Amanda, Account Executive --WILDROCK PUBLIC RELATIONS, Fort Collins, CO, pg. 1684

Ford, Lesley, Account Executive --THE PR BOUTIQUE, Houston, TX, pg. 1617

Forslund, Kathryn, Account Executive --Hellman, Saint Paul, MN, pg. 495

Fortier, Chelsea, Account Executive --CASHMAN & KATZ INTEGRATED COMMUNICATIONS, Glastonbury, CT, pg. 193

Fortmann, Tommy, Account Executive --METRO PUBLIC RELATIONS, Los Angeles, CA, pg. 1583

Foster, Courtney, Account Executive --THE MARKETING ARM, Dallas, TX, pg. 682

Foster, John, Account Executive --EMC OUTDOOR, Newtown Square, PA, pg. 1320

Foster, Kinsley, Account Executive --CAYENNE CREATIVE, Birmingham, AL, pg. 197

Fowler, Shannon, Account Executive --GEOMETRY GLOBAL, Bentonville, AR, pg. 415

Fox, Megan, Account Executive --IMRE, Baltimore, MD, pg. 528

Fox, Teri, Account Executive --LAMAR ADVERTISING COMPANY, Baton Rouge, LA, pg. 608

Fraguela, Katie, Account Executive --BALLANTINES PR, West Hollywood, CA, pg. 1438

Francis, Erica, Account Executive --AGENCY59, Toronto, Canada, pg. 39

Fraser, Kelsey, Account Executive --MANHATTAN MARKETING ENSEMBLE, New York, NY, pg. 675

Frawley, Amanda, Account Executive --Signature Graphics, Porter, IN, pg. 307

Frias, Maria Dolores, Account Executive --Hill & Knowlton de Argentina, Buenos Aires, Argentina, pg. 1532

Frickey, Danielle, Account Executive --VSBROOKS, Coral Gables, FL, pg. 1147

Friedel, Cyndi, Account Executive --GOLDSTEIN GROUP COMMUNICATIONS, Solon, OH, pg. 428

Fritcher, Breanne, Account Executive --PAGE COMMUNICATIONS, Kansas City, MO, pg. 1604

Froggett, Tom, Account Executive --Publicis UK, London, United Kingdom, pg. 902

Fulgenzio, Gloria, Account Executive --ENGEL O'NEILL ADVERTISING & PUBLIC RELATIONS, Erie, PA, pg. 340

Fuller, Olivia, Account Executive --THE FEAREY GROUP, Seattle, WA, pg. 1503

Funkhouser, Sean, Account Executive --LENNON & ASSOCIATES, Burbank, CA, pg. 620

Fuqua, H. Lee, Account Executive --RADIOVISION LP, Denison, TX, pg. 928

Furrell, Aimee, Account Executive --STEPHENS & ASSOCIATES ADVERTISING, INC., Overland Park, KS, pg. 1047

Gabbert, Jill, Account Executive --KELLEN COMMUNICATIONS, New York, NY, pg. 590

Gagne, Krista, Account Executive --THINK SHIFT, Winnipeg, Canada, pg. 1099

Gailey, Alyssa, Account Executive --TOWER MARKETING, Lancaster, PA, pg. 1111

Gaiser, Dana, Account Executive --The Lippin Group, New York, NY, pg. 1569

Galasso, Zach, Account Executive --DPA COMMUNICATIONS, Boston, MA, pg. 1487

Gale, Joey, Account Executive --COPACINO + FUJIKADO, LLC, Seattle, WA, pg. 230

Gall, Melissa, Account Executive --PARRIS COMMUNICATIONS, INC., Kansas City, MO, pg. 1606

Gallagher, Jared, Account Executive --KOCH COMMUNICATIONS, Oklahoma City, OK, pg. 1559

Galvez, Toni, Account Executive --AD CLUB, Modesto, CA, pg. 1306

Ganjei, John, Account Executive --QORVIS MSLGROUP, Washington, DC, pg. 1621

Gardiner, Kendall, Account Executive --THE MARTIN AGENCY, Richmond, VA, pg. 687

Gardner, Audrey, Account Executive --EAG ADVERTISING & MARKETING, Kansas City, MO, pg. 328

Gardner, Audrey, Account Executive --ENTREPRENEUR ADVERTISING GROUP, Kansas City, MO, pg. 342

Gardner, Kelly, Account Executive --KCD PUBLIC RELATIONS, San Diego, CA, pg. 1552

Garland, Helene, Account Executive --RECRUITSAVVY, Mahwah, NJ, pg. 938

Garnett, Amber, Account Executive --STRATACOMM, LLC, Washington, DC, pg. 1052

Garrison, Emily, Account Executive --Chemistry Atlanta, Atlanta, GA, pg. 205

Garvin, Kate, Account Executive --J.T. MEGA FOOD MARKETING COMMUNICATIONS, Minneapolis, MN, pg. 584

Gattin, Allyson Pittman, Account Executive --GHIDOTTI COMMUNICATIONS, Little Rock, AR, pg. 1517

Gauthier, Mallory, Account Executive --BBR CREATIVE, Lafayette, LA, pg. 116

Gay, Catalina, Account Executive --The Community, Buenos Aires, Argentina, pg. 224

Gedies, Alexa, Account Executive --MULLENLOWE GROUP, Boston, MA, pg. 770

Geherin, Jenna, Account Executive --UNDERTONE, New York, NY, pg. 1126

Geisler, Alexandra, Account Executive --HARVEY & DAUGHTERS, INC./ H&D BRANDING, Sparks, MD, pg. 471

Geisler, Kate, Account Executive --MSA: THE THINK AGENCY, Durham, NC, pg. 769

Gembarski, Robert, Account Executive --SKIVER, Newport Beach, CA, pg. 1019

Genovesi, Sonia, Account Executive --COMUNIKA, Montreal, Canada, pg. 225

Gentile, Katherine, Account Executive --MARKETLOGIC, Doral, FL, pg. 1411

George, Danielle, Account Executive --DYNAMIC INC, Sheboygan, WI, pg. 327

George, Melanie, Account Executive --Asher Agency, Inc., Charleston, WV, pg. 74

Gerringer, Emily, Account Executive --SOKAL MEDIA GROUP, Raleigh, NC, pg. 1027

Giambrone, Voni, Account Executive --GAMS COMMUNICATIONS, Chicago, IL, pg. 409

Gibbons, Kaitlyn, Account Executive --GKV COMMUNICATIONS, Baltimore, MD, pg. 421

Gibbs, Haley, Account Executive --THE ABBI AGENCY, Reno, NV, pg. 1425

Gibson, Casey, Account Executive --APPLE ROCK, Greensboro, NC, pg. 1396

Gibson, Kristy, Account Executive --O'BRIEN ET AL. ADVERTISING, Virginia Beach, VA, pg. 805

Gidley, Jake, Account Executive --Adam & EveDDB, London, United Kingdom, pg. 281

Gil, Alexandra, Account Executive --CASTER COMMUNICATIONS, INC., Wakefield, RI, pg. 1464

Gillis, Bhreigh, Account Executive --BBDO Toronto, Toronto, Canada, pg. 100

Gillis, Hannah, Account Executive --HATCH MARKETING, Boston, MA, pg. 471

Ginsberg, Carly, Account Executive --LFB MEDIA GROUP, New York, NY, pg. 1567

Giordonello, Thomas, Account Executive --THE ROSEN GROUP, New York, NY, pg. 1634

Girard, Peter, Account Executive --CASTER COMMUNICATIONS, INC., Wakefield, RI, pg. 1464

Girouard, Justin, Account Executive --JEKYLL AND HYDE, Redford, MI, pg. 574

Glaser, Megan, Account Executive --PUSH, Orlando, FL, pg. 918

Glynn, Greg, Account Executive --NANCY MARSHALL COMMUNICATIONS, Augusta, ME, pg. 1592

Gocio, Charlie, Account Executive --THE SELLS AGENCY, INC., Little Rock, AR, pg. 1002

Goldberg, Taylor, Account Executive --WICKED CREATIVE, Las Vegas, NV, pg. 1683

Goldman, Emily, Account Executive --INTEGRAL AD SCIENCE, New York, NY, pg. 1335

Goldwein, Robert, Account Executive --JM FOX ASSOCIATES INC, Norristown, PA, pg. 577

Gomez, Daniel, Account Executive --LATIN2LATIN MARKETING + COMMUNICATIONS LLC, Fort Lauderdale, FL, pg. 612

Gonya, Cindy, Account Executive --PANNOS MARKETING, Bedford, NH, pg. 852

Gonzalez, Alaina, Account Executive --EISENBERG, VITAL & RYZE ADVERTISING, Manchester, NH, pg. 334

Gonzalez, Aracely, Account Executive --BOUNCE MARKETING AND EVENTS, LLC, Austin, TX, pg. 1398

Gonzalez, Kevin, Account Executive --DDB California, San Francisco, CA, pg. 57

Gonzalez, Lauren Ciallella, Account Executive --Munroe Creative Partners, New York, NY, pg. 779

Goode, Patricia, Account Executive --SK+G ADVERTISING LLC, Las Vegas, NV, pg. 1018

Gordon, Dana, Account Executive --FKQ ADVERTISING + MARKETING, Clearwater, FL, pg. 386

Gordy, Becky, Account Executive --STONE WARD, Little Rock, AR, pg. 1050

Goren, Hadar, Account Executive --BBR Saatchi & Saatchi, Ramat Gan, Israel, pg. 977

Gorrod, Katie, Account Executive --TBWA\London, London, United Kingdom, pg. 1086

Gouaux, Allison, Account Executive --BEUERMAN MILLER FITZGERALD, INC., New Orleans, LA, pg. 125

Gould, Julia, Account Executive --MORE ADVERTISING, Watertown, MA, pg. 757

Goulet, Arianne, Account Executive --SID LEE, Montreal, Canada, pg. 1010

Graham, Avery, Account Executive --MCGARRAH JESSEE, Austin, TX, pg. 716

Graham, Caroline, Account Executive --ROUNTREE GROUP COMMUNICATIONS MANAGEMENT, Alpharetta, GA, pg. 1635

Graham, Martin, Account Executive --IMG COLLEGE, Winston Salem, NC, pg. 527

Grall, Ellen, Account Executive --QUIET LIGHT COMMUNICATIONS, Rockford, IL, pg. 923

Grant, Kiana, Account Executive --JOHANNES LEONARDO, New York, NY, pg. 1266

Grasswick, Jennifer, Account Executive --CREATIVE COMMUNICATIONS CONSULTANTS, INC., Minneapolis, MN, pg. 240

Gray, Kaylie, Account Executive --HEY ADVERTISING, Seattle, WA, pg. 498

Grayson, Allison, Account Executive --PERRY COMMUNICATIONS GROUP, INC., Sacramento, CA, pg. 865

Greathouse, Alexandra, Account Executive --CONVENTURES, INC., Boston, MA, pg. 1474

Greenberg, Michelle, Account Executive --CENTRA360, Westbury, NY, pg. 1399

Greninger, Shelby, Account Executive --REVEL ADVERTISING, Springfield, MO, pg. 952

Grieco, Katie, Account Executive --MGH, INC., Owings Mills, MD, pg. 736

Griffin, Danielle, Account Executive --COHEN COMMUNICATIONS, Fresno, CA, pg. 217

Grilk, David, Account Executive --CONVENTURES, INC., Boston, MA, pg. 1474

Grosse, Phillip, Account Executive --PATTISON OUTDOOR ADVERTISING, Oakville, Canada, pg. 858

Guagliardo, Amanda, Account Executive --IMRE, Baltimore, MD, pg. 528

Guell, Benjamin, Account Executive --VAULT COMMUNICATIONS, INC., Plymouth Meeting, PA, pg. 1666

Guentzler, Amanda, Account Executive --AMG MARKETING RESOURCES INC., Solon, OH, pg. 53

Guercio, Jessica, Account Executive --MARRINER MARKETING COMMUNICATIONS, INC., Columbia, MD, pg. 686

Guerriero-Lamy, Annmarie, Account Executive --PRIMARY DESIGN INC, Haverhill, MA, pg. 889

Gumowska, Kamila, Account Executive --BBDO, Warsaw, Poland, pg. 107

Gurarie, Kathleen, Account Executive --MILE 9, Calabasas, CA, pg. 740

Gurlides, Tara, Account Executive --QOOQOO, Irvine, CA, pg. 920

Guttridge, Dan W., Account Executive --VEHR COMMUNICATIONS, LLC, Cincinnati, OH, pg. 1666

Gwilt, Jessie, Account Executive --TRUE NORTH INC., New York, NY, pg. 1119

Ha, Diane, Account Executive --FLOURISH INC., Cleveland, OH, pg. 389

Haanraadts, Jack, Account Executive --FINN PARTNERS, New York, NY, pg. 381

AGENCIES — RESPONSIBILITIES INDEX

Hackmann, Alyssa, Account Executive --LITZKY PUBLIC RELATIONS, Hoboken, NJ, pg. 1569

Haidar, Aya, Account Executive --TBWA Raad, Dubai, United Arab Emirates, pg. 1088

Hale, Sebastian, Account Executive --RAWLE MURDY ASSOCIATES, INC., Charleston, SC, pg. 934

Haley, Debbe, Account Executive --SABA AGENCY, Bakersfield, CA, pg. 986

Hallahan, Devin, Account Executive --GIGUNDA GROUP, INC., Portsmouth, NH, pg. 419

Hallam, Maggie, Account Executive --COMMON GROUND PUBLIC RELATIONS, Chesterfield, MO, pg. 1472

Haller, Amanda, Account Executive --ID PUBLIC RELATIONS, Los Angeles, CA, pg. 1539

Hallstrom, Trisha, Account Executive --JACK NADEL, INC., Los Angeles, CA, pg. 1407

Hamby, Stuart, Account Executive --Intersection, Boston, MA, pg. 543

Hamel, Kelsey, Account Executive --HAVAS PR, New York, NY, pg. 1528

Hamilton, Lauren, Account Executive --GLYNNDEVINS ADVERTISING & MARKETING, Kansas City, MO, pg. 424

Hamrick, David, Account Executive --BOONEOAKLEY, Charlotte, NC, pg. 147

Hanlon, Ian, Account Executive --RED SIX MEDIA, Baton Rouge, LA, pg. 941

Hanna, Dayne G., Account Executive --HANNA & ASSOCIATES INC., Coeur D'Alene, ID, pg. 465

Hansen, Andrea, Account Executive --RANDLE COMMUNICATIONS, Sacramento, CA, pg. 1625

Hardgrave, Jennifer, Account Executive --ACROBATANT, Tulsa, OK, pg. 22

Harris, Ray, Account Executive --MARIS, WEST & BAKER, INC., Jackson, MS, pg. 680

Harris, Zoe, Account Executive --McCann Erickson Advertising Ltd., London, United Kingdom, pg. 711

Harwick, Benjamin, Account Executive --Endeavor, New York, NY, pg. 340

Hassan, Aryana, Account Executive --LEO BURNETT COMPANY LTD., Toronto, Canada, pg. 620

Hastings, Kevin, Account Executive --KGLOBAL, Washington, DC, pg. 594

Hauge, Jacob, Account Executive --ECHOS COMMUNICATIONS, San Francisco, CA, pg. 330

Hawkins, Morgan, Account Executive --THE SPR AGENCY, Paradise Valley, AZ, pg. 1649

Hay, David, Account Executive --Doremus (San Francisco), San Francisco, CA, pg. 316

Haymes, Sandy, Account Executive --GATESMAN, Pittsburgh, PA, pg. 412

Haynes, Laura, Account Executive --MP&F STRATEGIC COMMUNICATIONS, Nashville, TN, pg. 1586

Headley, Lori, Account Executive --VILLING & COMPANY, INC., South Bend, IN, pg. 1137

Headon, Amanda, Account Executive --PATTISON OUTDOOR ADVERTISING, Oakville, Canada, pg. 857

Heard, Camila, Account Executive --ALTERMARK LLC, Miami, FL, pg. 1307

Hearn, Jamie, Account Executive --KOCH CREATIVE GROUP, Wichita, KS, pg. 1223

Hedstrom, Lauren, Account Executive --FOX GREENBERG PUBLIC RELATIONS, New York, NY, pg. 1513

Heffley, Marcie, Account Executive --GCG MARKETING, Fort Worth, TX, pg. 413

Heinzeroth, Scott, Account Executive --HEINZEROTH MARKETING GROUP, Rockford, IL, pg. 493

Heleni, Sara, Account Executive --SKY ADVERTISING, INC., New York, NY, pg. 1019

Helscher, Katie, Account Executive --HIEBING, Madison, WI, pg. 498

Hendricks, Julie, Account Executive --GETO & DEMILLY, INC., New York, NY, pg. 1517

Hendry, Louise, Account Executive --DUREE & COMPANY, Fort Lauderdale, FL, pg. 1489

Heneghan, Suzanne, Account Executive --Havas Worldwide Dublin, Dublin, Ireland, pg. 480

Henriquez Ulloa, Josefa Belen, Account Executive --Prolam Y&R S.A., Santiago, Chile, pg. 1206

Henry, Jeffrey, Account Executive --M3 GROUP, Lansing, MI, pg. 665

Henry, Justin, Account Executive --JACK NADEL INTERNATIONAL, Westport, CT, pg. 1407

Hepler, Kiersten, Account Executive --FVM STRATEGIC COMMUNICATIONS, Plymouth Meeting, PA, pg. 406

Hernandez, Ali, Account Executive --BORSHOFF, Indianapolis, IN, pg. 148

Hernandez, Crista, Account Executive --ADMEDIA., Burbank, CA, pg. 31

Herndon, Carleen, Account Executive --MINDSHARE STRATEGIES, Waconia, MN, pg. 745

Herrick, Dan, Account Executive --TRUSCOTT ROSSMAN, Lansing, MI, pg. 1120

Herron, Scott, Account Executive --PINCKNEY HUGO GROUP, Syracuse, NY, pg. 871

Hersh, Michael, Account Executive --FREDERICK SWANSTON, Alpharetta, GA, pg. 397

Hester, Amy, Account Executive --BURKHOLDER/FLINT, Columbus, OH, pg. 175

Hettich, Cuyler, Account Executive --CROWLEY WEBB, Buffalo, NY, pg. 250

Hiatt, Leslie, Account Executive --LEADING EDGES, Meridian, MS, pg. 618

Hill, Katrina, Account Executive --CLARK/NIKDEL/POWELL, Winter Haven, FL, pg. 212

Hill, Mary Claire, Account Executive --MANGAN HOLCOMB PARTNERS, Little Rock, AR, pg. 674

Hillman, Anne, Account Executive --CKR INTERACTIVE, Campbell, CA, pg. 211

Hinson, Nicole, Account Executive --INFERNO, Memphis, TN, pg. 530

Hlebak, Janel, Account Executive --FALLS COMMUNICATIONS, Cleveland, OH, pg. 1502

Ho, Kathy, Account Executive --SHEILA DONNELLY & ASSOCIATES, Honolulu, HI, pg. 1006

Hochman, William, Account Executive --AMERICAN MEDIA CONCEPTS INC., Brooklyn, NY, pg. 52

Hodapp, Ally, Account Executive --BOND MOROCH, New Orleans, LA, pg. 1454

Hodgman, Alec, Account Executive --SILTANEN & PARTNERS, El Segundo, CA, pg. 1013

Hoesli, Alison, Account Executive --NO LIMIT AGENCY, Chicago, IL, pg. 795

Holland, Laura, Account Executive --THE MARTIN AGENCY, Richmond, VA, pg. 687

Hollomon, Molly, Account Executive --Integrate Agency, Houston, TX, pg. 1682

Holm, Ashley, Account Executive --W A FISHER, CO., Virginia, MN, pg. 1147

Holmes, Abigail E., Account Executive --CORPORATE INK, Boston, MA, pg. 1476

Holmes, Hayley, Account Executive --Ackerman McQueen, Inc., Dallas, TX, pg. 21

Holst, Kelsey, Account Executive --J. WALTER THOMPSON CANADA, Toronto, Canada, pg. 565

Holtz, Brittany, Account Executive --GOLD DOG COMMUNICATIONS, Falls Church, VA, pg. 427

Holub, Johanna, Account Executive --BELLMONT PARTNERS, Minneapolis, MN, pg. 121

Hondl, Scott, Account Executive --JOHNSON GROUP, Saint Cloud, MN, pg. 580

Honeycutt, Jessica, Account Executive --AMELIE COMPANY, Denver, CO, pg. 51

Hooker, Jamie, Account Executive --SNACKBOX LLC, Austin, TX, pg. 1647

Hopkins, Mark, Account Executive --TOM SCOTT COMMUNICATION SHOP, Boise, ID, pg. 1108

Horky, Rebecca, Account Executive --MERRITT GROUP, McLean, VA, pg. 1582

Horr, Angela, Account Executive --VISION CREATIVE GROUP, INC., Morris Plains, NJ, pg. 1139

Horton, Carolyn, Account Executive --MPG MEDIA SERVICES, Louisville, KY, pg. 1353

Hoskins, Ginny, Account Executive --THE INTEGER GROUP, LLC, Lakewood, CO, pg. 536

Hosler, Samantha, Account Executive --Amobee, New York, NY, pg. 1236

Howard, Andrew, Account Executive --HOWARD COMMUNICATIONS INC, Elsberry, MO, pg. 1537

Howard, Mikel, Account Executive --SULLIVAN BRANDING, Memphis, TN, pg. 1059

Howe, Elizabeth, Account Executive --VARALLO PUBLIC RELATIONS, Nashville, TN, pg. 1666

Howie, Savanna, Account Executive --MOXLEY CARMICHAEL, Knoxville, TN, pg. 765

Howindt, Leighton, Account Executive --McCann Erickson Advertising Pty. Ltd., Melbourne, Australia, pg. 700

Hoyte, Dhani, Account Executive --BAKER PUBLIC RELATIONS, Albany, NY, pg. 1438

Hrvatin, Bruce, Account Executive --E-B DISPLAY CO., INC., Massillon, OH, pg. 327

Huang, Elissa, Account Executive --Conill Advertising, Inc., El Segundo, CA, pg. 227

Hubler, Andrea, Account Executive --THE OHLMANN GROUP, Dayton, OH, pg. 834

Hufler, Candice, Account Executive --KFD PUBLIC RELATIONS, New York, NY, pg. 1558

Hughes, Shannon, Account Executive --LINHART PUBLIC RELATIONS, Denver, CO, pg. 1568

Hunt, Laura, Account Executive --JONES & THOMAS, INC., Decatur, IL, pg. 581

Hunter, Larisha, Account Executive --CANDOR, Oklahoma City, OK, pg. 1461

Hunter-Heath, Haley, Account Executive --PARTY LAND, Los Angeles, CA, pg. 857

Hurt, Karen, Account Executive --BOHLSENPR INC., Indianapolis, IN, pg. 1453

Hurtado, Kimi, Account Executive --CARMA PR, Miami Beach, FL, pg. 1463

Huson, Taryn, Account Executive --LUQUIRE GEORGE ANDREWS, INC., Charlotte, NC, pg. 657

Hutchman Brown, Martha Michaela, Account Executive --BTC MARKETING, Wayne, PA, pg. 171

Idso, Sarah, Account Executive --EPIC CREATIVE, West Bend, WI, pg. 343

Ireland, Andy, Account Executive --FLYNN WRIGHT, Des Moines, IA, pg. 390

Irish, Casey, Account Executive --DYNAMIC INC, Sheboygan, WI, pg. 327

Irwin, Julia, Account Executive --FIRMANI & ASSOCIATES, Seattle, WA, pg. 383

Iulita, Elisabetta, Account Executive --Leo Burnett Co., S.r.l., Milan, Italy, pg. 625

Jackson, Angela, Account Executive --A.B. Data, Ltd., Washington, DC, pg. 16

Jackson, Angela, Account Executive --A.B. DATA, LTD., Milwaukee, WI, pg. 16

Jackson, Sam, Account Executive --SWANSON COMMUNICATIONS, Washington, DC, pg. 1655

Jagla, Katie Grimshaw, Account Executive --SASQUATCH, Portland, OR, pg. 992

Jalbert, Martha, Account Executive --VECTOR 5, Fitchburg, MA, pg. 1418

Jameson, Skylar, Account Executive --MARTINO FLYNN LLC, Pittsford, NY, pg. 689

Janik, Nan, Account Executive --BRADSHAW ADVERTISING, Portland, OR, pg. 152

Jeffus, Jordan, Account Executive --LOOKTHINKMAKE, LLC, Austin, TX, pg. 651

Jelinkova, Anna, Account Executive --McCann Erickson Prague, Prague, Czech Republic, pg. 702

Jenkins, Jill, Account Executive --PRODIGAL MEDIA COMPANY, Boardman, OH, pg. 890

Jenkins, Kim, Account Executive --MASS MEDIA MARKETING, Augusta, GA, pg. 691

Jenkins, Steven, Account Executive --INGEAR PUBLIC RELATIONS INC, Salt Lake City, UT, pg. 1541

Jensen, Emily, Account Executive --PATHFINDERS ADVERTISING & MARKETING GROUP, Mishawaka, IN, pg. 857

Jeremias, Carla, Account Executive --Tiempo BBDO, Barcelona, Spain, pg. 108

Jimeson, Carly, Account Executive --ACKERMAN MCQUEEN, INC., Oklahoma City, OK, pg. 21

Johansson, Martin, Account Executive --Forsman & Bodenfors, Stockholm, Sweden, pg. 722

Johnson, Bret, Account Executive --SOKAL MEDIA GROUP, Raleigh, NC, pg. 1027

Johnson, Doug, Account Executive --JKR ADVERTISING & MARKETING, Maitland, FL, pg. 576

Johnson, Greg, Account Executive --CREATIVE BROADCAST CONCEPTS, Saco, ME, pg. 239

Johnson, Taylor, Account Executive --ID PUBLIC RELATIONS, Los Angeles, CA, pg. 1539

Johnson, Taylor, Account Executive --MBT MARKETING, Portland, OR, pg. 696

Jones, Martha, Account Executive --KELLEN COMMUNICATIONS, New York, NY, pg. 590

Jordan, Katie, Account Executive --M&C Saatchi, Santa Monica, CA, pg. 662

Jordan, Margo, Account Executive --MEDIA RELATIONS, INC., Burnsville, MN, pg. 1581

Joss, Jenny, Account Executive --Mando Brand Assurance Limited, Aylesbury, United Kingdom, pg. 1183

RESPONSIBILITIES INDEX — AGENCIES

Joy, Jennifer, Account Executive --RESULTS DIRECT MARKETING, Wichita, KS, pg. 950

Juarbe, Michelle, Account Executive --Nobox Marketing Group, Inc., Guaynabo, PR, pg. 796

Julson, Nancy, Account Executive --THE REFINERY, Sherman Oaks, CA, pg. 944

Kaarre, Jourdyn, Account Executive --ANTHOLOGY MARKETING GROUP, INC., Honolulu, HI, pg. 1433

Kadoich, Jeremy, Account Executive --Lamar Advertising Company, Richmond, VA, pg. 608

Kadosh, Michal, Account Executive --BBR Saatchi & Saatchi, Ramat Gan, Israel, pg. 977

Kaewnurachadasorn, Thosaporn, Account Executive --TBWA Thailand, Bangkok, Thailand, pg. 1092

Kaliser, Christy, Account Executive --TIC TOC, Dallas, TX, pg. 1102

Kalish, Ellie, Account Executive --TOTAL PROMOTIONS, Highland Park, IL, pg. 1417

Kaminski, James, Account Executive --THE MARLIN NETWORK, INC., Springfield, MO, pg. 685

Kampf, Linsey, Account Executive --RAIN43, Toronto, Canada, pg. 929

Kanazawa, Madeleine, Account Executive --ZEESMAN COMMUNICATIONS INC., Beverly Hills, CA, pg. 1210

Kantorikova, Lucie, Account Executive --Ogilvy, Prague, Czech Republic, pg. 1599

Kantorikova, Lucie, Account Executive --Ogilvy, Prague, Czech Republic, pg. 813

Kaplow, Lauren, Account Executive --KINDLING MEDIA, LLC, Hollywood, CA, pg. 595

Kapustka, Kyle, Account Executive --PADILLA, Minneapolis, MN, pg. 849

Katz, Rebecca, Account Executive --VERDE BRAND COMMUNICATIONS, Jackson, WY, pg. 1667

Kaupp, Terri D., Account Executive --DEVENEY COMMUNICATIONS, New Orleans, LA, pg. 1483

Kavjian, Mary Anne, Account Executive --THE MARTIN AGENCY, Richmond, VA, pg. 687

Kawas, Michelle, Account Executive --BODEN AGENCY, Miami, FL, pg. 1453

Kazan, Kate, Account Executive --LUQUIRE GEORGE ANDREWS, INC., Charlotte, NC, pg. 657

Kazanjian, Stephanie, Account Executive --WOLF-KASTELER, Los Angeles, CA, pg. 1685

Kazimer, Brandon, Account Executive --JILL SCHMIDT PR, Northfield, IL, pg. 1548

Kefalos, Lisa, Account Executive --APPLE BOX STUDIOS, Pittsburgh, PA, pg. 64

Kellner, Max, Account Executive --IDFIVE, Baltimore, MD, pg. 522

Kellogg, Rebecca, Account Executive --TEXAS CREATIVE, San Antonio, TX, pg. 1098

Kelly, Lisa, Account Executive --ORCA COMMUNICATIONS UNLIMITED, LLC., Tempe, AZ, pg. 1603

Kelly, Monica, Account Executive --KREPS DEMARIA, INC., Coral Gables, FL, pg. 1561

Kelly, Whitt, Account Executive --TURNER PUBLIC RELATIONS, Denver, CO, pg. 1664

Kennedy, Megan, Account Executive --RAPPORT WORLDWIDE, New York, NY, pg. 1366

Kennelly, Mary J., Account Executive --ALLEGRA MARKETING & PRINT, Phoenix, AZ, pg. 45

Kerbuski, Andrea, Account Executive --MARTIN WAYMIRE, Lansing, MI, pg. 688

Kercher, Margaret, Account Executive --BREAD AND BUTTER PUBLIC RELATIONS, Los Angeles, CA, pg. 1456

Kern, Rachel, Account Executive --MUELLER COMMUNICATIONS INC, Milwaukee, WI, pg. 1590

Kiley, Paul, Account Executive --EVERETT STUDIOS, Katonah, NY, pg. 353

Kim, Amanda, Account Executive --COLISEUM COMMUNICATIONS, North Wales, PA, pg. 218

King, Jessica, Account Executive --Signal Outdoor Advertising, Roswell, GA, pg. 1012

King, Kayla, Account Executive --ALIPES CME, INC, Boston, MA, pg. 1235

Kinman, Lili, Account Executive --SCOPPECHIO, Louisville, KY, pg. 997

Kinzelberg, Scott, Account Executive --TOTAL PROMOTIONS, Highland Park, IL, pg. 1417

Kirby, Jonathan, Account Executive --CANNONBALL, Saint Louis, MO, pg. 187

Kirk, Jim, Account Executive --WORLDLINK MEDIA, Los Angeles, CA, pg. 1177

Kirk, Karlie, Account Executive --BRANDNER COMMUNICATIONS, INC., Federal Way, WA, pg. 157

Kirma, Hila, Account Executive --BBR Saatchi & Saatchi, Ramat Gan, Israel, pg. 977

Klein, Hanna, Account Executive --TRUNGALE EGAN + ASSOCIATES, Chicago, IL, pg. 1120

Kleven, Kristin, Account Executive --GRIFFIN COMMUNICATIONS GROUP, Seabrook, TX, pg. 449

Kloss, Patti, Account Executive --PATHFINDERS ADVERTISING & MARKETING GROUP, Mishawaka, IN, pg. 857

Knightly, June, Account Executive --ZOOM CREATES, Hillsboro, OR, pg. 1215

Knorr, Kay, Account Executive --BRANDDIRECTIONS, Neenah, WI, pg. 155

Knudson, Mike, Account Executive --HENKINSCHULTZ, Sioux Falls, SD, pg. 496

Kong, James, Account Executive --Allied Integrated Marketing, Hollywood, CA, pg. 47

Koonce, Karen, Account Executive --RE:FUEL, New York, NY, pg. 944

Koop, Brooke, Account Executive --W A FISHER, CO., Virginia, MN, pg. 1147

Korecki, Christine, Account Executive --DAVIDSON & BELLUSO, Phoenix, AZ, pg. 263

Koslosky, Lauren, Account Executive --MRM MCCANN, New York, NY, pg. 766

Koszorus, Kirstin, Account Executive --TURNER PUBLIC RELATIONS, Denver, CO, pg. 1664

Kowalczyk, Jake, Account Executive --MCS ADVERTISING, Peru, IL, pg. 720

Kozma, Natalie, Account Executive --5W PUBLIC RELATIONS, New York, NY, pg. 1423

Krasnow, Jacob, Account Executive --MCCANN, New York, NY, pg. 697

Krauss, Jim, Account Executive --GILLESPIE GROUP, Wallingford, PA, pg. 420

Krebs, Gretchen, Account Executive --IMAGINE THIS, INC., Irvine, CA, pg. 526

Kremen, Maya, Account Executive --GETO & DEMILLY, INC., New York, NY, pg. 1517

Krigsten, Kim, Account Executive --ORCA COMMUNICATIONS UNLIMITED, LLC., Tempe, AZ, pg. 1603

Krueger, Jon, Account Executive --KELLEN COMMUNICATIONS, New York, NY, pg. 590

Kubes, Halli, Account Executive --Woodruff, Red Wing, MN, pg. 1176

Kucerova, Tereza, Account Executive --OGILVY, New York, NY, pg. 809

Kucerova, Tereza, Account Executive --Ogilvy, Prague, Czech Republic, pg. 813

Kucerova, Tereza, Account Executive --Ogilvy Czech, Prague, Czech Republic, pg. 813

Kuechenmeister, Emily, Account Executive --YUME, Redwood City, CA, pg. 1209

Kukler, Kate, Account Executive --ORCA COMMUNICATIONS UNLIMITED, LLC., Tempe, AZ, pg. 1603

Kunic, Nedim, Account Executive --HADROUT ADVERTISING & TECHNOLOGY, Ferndale, MI, pg. 460

Kunze, Charlie, Account Executive --BBDO New York, New York, NY, pg. 99

Kwan, Blanche, Account Executive --KENNA, Mississauga, Canada, pg. 592

Kwon, Ji-hyun, Account Executive --Leo Burnett Korea, Seoul, Korea (South), pg. 631

Labous, Alice, Account Executive --DDB Canada, Toronto, Canada, pg. 267

Labovitz, Michelle, Account Executive --M-SQUARED PUBLIC RELATIONS, Atlanta, GA, pg. 1573

LaBruno, Stacey, Account Executive --GUIDE PUBLICATIONS, Long Branch, NJ, pg. 455

Lace, Murray, Account Executive --OBSIDIAN PUBLIC RELATIONS, Memphis, TN, pg. 805

Lach, Amy, Account Executive --PIERPONT COMMUNICATIONS, INC., Houston, TX, pg. 1608

LaForce, Julie, Account Executive --INTERMARK GROUP, INC., Birmingham, AL, pg. 539

Lakanwal, Yousuf, Account Executive --YUME, Redwood City, CA, pg. 1209

Lalli, Rachel, Account Executive --QUIXOTE RESEARCH, MARKETING & PUBLIC RELATIONS, Greensboro, NC, pg. 1622

Lamb, Katie, Account Executive --GREGORY FCA, Ardmore, PA, pg. 1524

Lancaster, Trinity, Account Executive --CREATIVE ENERGY GROUP INC, Johnson City, TN, pg. 241

Landrum, Jason, Account Executive --STEPHENS & ASSOCIATES ADVERTISING, INC., Overland Park, KS, pg. 1047

Lane, Sarah, Account Executive --IMRE, Baltimore, MD, pg. 528

Lange, Patrick, Account Executive --Team One USA, Oak Brook, IL, pg. 1095

Langer, Alisa, Account Executive --BENSON MARKETING GROUP LLC, Napa, CA, pg. 123

Langer, Deanna, Account Executive --MARCUS THOMAS LLC, Cleveland, OH, pg. 679

Langley, Cait, Account Executive --BULLFROG & BAUM, New York, NY, pg. 172

Lansford, Maura, Account Executive --SOAR COMMUNICATIONS, Salt Lake City, UT, pg. 1026

Laplaca, Nicholas, Account Executive --R&J STRATEGIC COMMUNICATIONS, Bridgewater, NJ, pg. 1622

Lara, Nildaly, Account Executive --Wavemaker, San Juan, PR, pg. 1385

Laramy, Kim, Account Executive --ETHOS MARKETING & DESIGN, Westbrook, ME, pg. 351

Larkin, Alison, Account Executive --MNI TARGETED MEDIA INC., Stamford, CT, pg. 1352

Larsen, Julie, Account Executive --MAC STRATEGIES GROUP, Chicago, IL, pg. 666

Law, Larissa, Account Executive --ACART COMMUNICATIONS, INC., Ottawa, Canada, pg. 19

Layne, Carly, Account Executive --BLUETONE MARKETING & PUBLIC RELATIONS, Ladera Ranch, CA, pg. 1452

Lazor, Molly, Account Executive --KIOSK CREATIVE LLC, Novato, CA, pg. 596

Leboeuf, Beau, Account Executive --SHERRY MATTHEWS ADVOCACY MARKETING, Austin, TX, pg. 1007

Lee, Nathalie, Account Executive --OMG New York, Jersey City, NJ, pg. 1360

Lefferts, Madeline, Account Executive --GREY GROUP, New York, NY, pg. 438

Legein, Teresa, Account Executive --THE BOSTON GROUP, Boston, MA, pg. 149

Leger, Amy, Account Executive --METZGER ALBEE PUBLIC RELATIONS, Boulder, CO, pg. 1583

Leiviska, Kenneth, Account Executive --BOELTER + LINCOLN MARKETING COMMUNICATIONS, Milwaukee, WI, pg. 144

Lengeling, Gina, Account Executive --FOX GREENBERG PUBLIC RELATIONS, New York, NY, pg. 1513

Lenhart, Katie, Account Executive --KOCH COMMUNICATIONS, Oklahoma City, OK, pg. 1559

Lenz, Rick, Account Executive --HILL & PARTNERS INCORPORATED, East Weymouth, MA, pg. 500

Leonard, Natasha, Account Executive --FENTON, New York, NY, pg. 377

Letizia, Russell, Account Executive --LETIZIA MASS MEDIA, Las Vegas, NV, pg. 633

Leung, Christy, Account Executive --Grey Hong Kong, North Point, China (Hong Kong), pg. 446

Levi, Michelle, Account Executive --AD PARTNERS INC., Tampa, FL, pg. 24

Levin, Adam, Account Executive --Miller Legal Services, Chicago, IL, pg. 742

Levin, Quinn, Account Executive --HAVAS MEDIA, New York, NY, pg. 1324

Levine, Amanda, Account Executive --INTERSECTION, New York, NY, pg. 543

Levine, Jessica, Account Executive --Wagstaff Worldwide, New York, NY, pg. 1669

Lewis, Chad, Account Executive --STREETBLIMPS INC., West Babylon, NY, pg. 1417

Lewis, James, Account Executive --PATTISON OUTDOOR ADVERTISING, Oakville, Canada, pg. 858

Lewit, Mor, Account Executive --BBR Saatchi & Saatchi, Ramat Gan, Israel, pg. 977

LeZotte, Katey, Account Executive --ROBERTSON & MARKOWITZ ADVERTISING & PR, Savannah, GA, pg. 964

Lieberman, Sara, Account Executive --SHADOW PR, New York, NY, pg. 1005

Liebler, Lauren, Account Executive --CHERYL ANDREWS MARKETING COMMUNICATIONS, Coral Gables, FL, pg. 1468

Lifton, Max, Account Executive --SUNSHINE SACHS, New York, NY, pg. 1654

Lightfoot, Chris, Account Executive --FLYNN WRIGHT, Des Moines, IA, pg. 390

Lightle, Ally, Account Executive --RESOLUTE PR, Tulsa, OK, pg. 1630

Lillejord, Erik, Account Executive --LINNIHAN FOY ADVERTISING, Minneapolis, MN, pg. 642

Lingsweiler, Erin, Account Executive --A.B. Data, Ltd., Washington, DC, pg. 16

AGENCIES — RESPONSIBILITIES INDEX

Lingsweiler, Erin, Account Executive --A.B. DATA, LTD., Milwaukee, WI, pg. 16

Lipford, Liesl, Account Executive --WEBER SHANDWICK, New York, NY, pg. 1673

Lippert, Haley, Account Executive --BAREFOOT PROXIMITY, Cincinnati, OH, pg. 89

Lischick, Katie, Account Executive --THE CYPHERS AGENCY, INC., Annapolis, MD, pg. 256

Lisech, Aaron, Account Executive --CHEVALIER ADVERTISING, INC., Lake Oswego, OR, pg. 206

Livermore, Molly Boehm, Account Executive --HARLAND CLARKE CORP., San Antonio, TX, pg. 468

Lloyd, Alex, Account Executive --TBWA\Dublin, Dublin, Ireland, pg. 1083

Loncaric, Dijana, Account Executive --SUDLER & HENNESSEY, Montreal, Canada, pg. 1058

Lopez, Daniela, Account Executive --KGBTEXAS, San Antonio, TX, pg. 593

Loux, Carly, Account Executive --22SQUARED, Atlanta, GA, pg. 4

Lunden, Bethany, Account Executive --BBG&G ADVERTISING, Campbell Hall, NY, pg. 115

Lutomsky, Justin, Account Executive --THINK SHIFT, Winnipeg, Canada, pg. 1099

Luyckx, Victoria, Account Executive --JONESWORKS INC., New York, NY, pg. 1549

Lynch, Sharon, Account Executive --SHAKER RECRUITMENT ADVERTISING & COMMUNICATIONS, INC., Oak Park, IL, pg. 1005

Lynn Silva, Tricia, Account Executive --KGBTEXAS, San Antonio, TX, pg. 593

Lynn, Rachel, Account Executive --ZAMBEZI, Culver City, CA, pg. 1209

Lyster, Mackenzie, Account Executive --RAIN43, Toronto, Canada, pg. 929

M., Ermin, Account Executive --Saatchi & Saatchi, Dallas, TX, pg. 977

Ma, Vi, Account Executive --AAAZA, Inc., Los Angeles, CA, pg. 31

MaA, Max, Account Executive --Wieden + Kennedy, Shanghai, China, pg. 1166

Maccagnone, Sophie, Account Executive --DITTOE PUBLIC RELATIONS, INC., Indianapolis, IN, pg. 1486

MacLeod, Katie, Account Executive --360PR+, Boston, MA, pg. 1422

Madden, Linda, Account Executive --PIERPONT COMMUNICATIONS, INC., Houston, TX, pg. 1608

Madorsky, Tanya, Account Executive --HUDSON ROUGE, New York, NY, pg. 511

Magana, Jennifer, Account Executive --BOLT PUBLIC RELATIONS, Irvine, CA, pg. 1454

Maki, Cori, Account Executive --ADZ ETC., INC., Menomonee Falls, WI, pg. 37

Maki, Jonathan, Account Executive --CERBERUS AGENCY, New Orleans, LA, pg. 201

Malacrida, Margit, Account Executive --Wagstaff Worldwide, New York, NY, pg. 1669

Malave, Grecia, Account Executive --SUPERUNION, New York, NY, pg. 1062

Maltese, Christina, Account Executive --Zehnder Communications, Nashville, TN, pg. 1211

Manjarres, Aimee, Account Executive --ADFERO GROUP, Washington, DC, pg. 29

Manjooran, Katherine Thomas, Account Executive --Happy mcgarrybowen, Bengaluru, India, pg. 717

Manlove, Melody, Account Executive --JOHN MANLOVE ADVERTISING, Houston, TX, pg. 579

Manz, Samantha, Account Executive --CATALYST MARKETING COMMUNICATIONS INC., Stamford, CT, pg. 195

Marchesani, Brian, Account Executive --THE FOOD GROUP, New York, NY, pg. 391

Marin, Matthew, Account Executive --UPSPRING PR, New York, NY, pg. 1665

Marino, AJ, Account Executive --BUTLER, SHINE, STERN & PARTNERS, Sausalito, CA, pg. 177

Maris, Stephanie, Account Executive --ANTHOLOGY MARKETING GROUP, Honolulu, HI, pg. 1433

Mark, Morgan, Account Executive --IDENTITY MARKETING & PUBLIC RELATIONS, LLC, Bingham Farms, MI, pg. 1540

Markopoulos, Jamie, Account Executive --RESONANCE PR, Seattle, WA, pg. 1630

Marroquin, Marisol, Account Executive --MARKETLOGIC, Doral, FL, pg. 1411

Marsalis, Dana, Account Executive --MAD GENIUS, Ridgeland, MS, pg. 668

Marshall, Janine, Account Executive --ROBERTSON & PARTNERS, Las Vegas, NV, pg. 964

Martin, Fletcher, Account Executive --MELISSA LIBBY & ASSOCIATES, Atlanta, GA, pg. 1581

Martin, Kelly, Account Executive --FHC MARKETING, Chicago, IL, pg. 1402

Martin, Samantha, Account Executive --U.S. INTERNATIONAL MEDIA, LLC, Los Angeles, CA, pg. 1378

Martin-Cianfano, Jude, Account Executive --CREATIVE MARKETING ALLIANCE INC., Princeton Junction, NJ, pg. 243

Martinangelo, Michael, Account Executive --HAVAS WORLDWIDE, New York, NY, pg. 475

Martinez, Angelica, Account Executive --THE SAN JOSE GROUP, Winnetka, IL, pg. 989

Martinez, Manuel Galiano, Account Executive --DDB Barcelona S.A., Barcelona, Spain, pg. 280

Martinez-Meyer, Brandi, Account Executive --MarketVision, San Antonio, TX, pg. 1412

Mascilak, Sierra, Account Executive --PUSH DIGITAL, Charleston, SC, pg. 1283

Maselli, Giovanna, Account Executive --ANDER&CO, Miami, FL, pg. 1432

Mason, Dana, Account Executive --VEST ADVERTISING, Louisville, KY, pg. 1135

Massad, Elisabeth, Account Executive --KRAUSE ADVERTISING, Dallas, TX, pg. 602

Massanari, Jordan, Account Executive --KONNECT PUBLIC RELATIONS, Los Angeles, CA, pg. 1560

Massenberg, Marcia, Account Executive --BENDURE COMMUNICATIONS INC, Washington, DC, pg. 1448

Mastenbrook, Blaine, Account Executive --Energy BBDO, Chicago, IL, pg. 100

Masters, Colleene, Account Executive --DAC GROUP, Louisville, KY, pg. 257

Mastervich, Ashley, Account Executive --BREAD AND BUTTER PUBLIC RELATIONS, Los Angeles, CA, pg. 1456

Mathias, Lucy, Account Executive --NOVITA COMMUNICATIONS, New York, NY, pg. 801

Mathiot, Alexandra, Account Executive --XHIBITION, New York, NY, pg. 1687

Matos, Bruna, Account Executive --DAVID, Sao Paulo, Brazil, pg. 261

Matsuda, Hiromi, Account Executive --The Hoffman Agency, Tokyo, Japan, pg. 1536

Matthews, Jenna, Account Executive --GEOMETRY GLOBAL, Bentonville, AR, pg. 415

Maughan, Aaron, Account Executive --Manifest, Scottsdale, AZ, pg. 1270

Mayer, Scott, Account Executive --MPRM PUBLIC RELATIONS, Los Angeles, CA, pg. 1586

Mays, Ty, Account Executive --INCHRIST COMMUNICATIONS, Mooresville, NC, pg. 530

McAllister, Stephen, Account Executive --GS&F, Nashville, TN, pg. 453

McBride, Elizabeth, Account Executive --SHERRY MATTHEWS ADVOCACY MARKETING, Austin, TX, pg. 1007

McCarthy, Michelle, Account Executive --CHARLESTON/ORWIG, INC., Hartland, WI, pg. 203

McCoach, Kaitlyn, Account Executive --Weber Shandwick-Baltimore, Baltimore, MD, pg. 1675

McCollum, Liz, Account Executive --BRENER, ZWIKEL & ASSOCIATES, INC., Reseda, CA, pg. 1456

McConnell, Maggie, Account Executive --IN MARKETING SERVICES, Norwalk, CT, pg. 529

McCormick, Jody, Account Executive --KINZIEGREEN MARKETING GROUP, Wausau, WI, pg. 596

McDaniel, Madeline, Account Executive --DEVELOPMENT COUNSELLORS INTERNATIONAL, LTD., New York, NY, pg. 296

McDevitt, Molly, Account Executive --FVM STRATEGIC COMMUNICATIONS, Plymouth Meeting, PA, pg. 406

McDougall, Jennifer, Account Executive --MERLIN EDGE INC., Calgary, Canada, pg. 734

McElhannon, Collin, Account Executive --VANTAGEPOINT, INC, Greenville, SC, pg. 1131

McGlynn, Shannon, Account Executive --MANHATTAN MARKETING ENSEMBLE, New York, NY, pg. 675

Mcgowan, Mara, Account Executive --XHIBITION, New York, NY, pg. 1687

McGreevey, Owen, Account Executive --COMPASS MARKETING, Annapolis, MD, pg. 224

McGrogan, Chelsey, Account Executive --CHEMISTRY COMMUNICATIONS INC., Pittsburgh, PA, pg. 205

McKenna-McWilliams, Carmen, Account Executive --Acxiom LLC, Conway, AR, pg. 541

Mclemore, Nick, Account Executive --Adams Outdoor Advertising, Champaign, IL, pg. 26

McManus, Maija, Account Executive --SLOWEY MCMANUS COMMUNICATIONS, Boston, MA, pg. 1647

McManus, Matt, Account Executive --CRAMER-KRASSELT, Chicago, IL, pg. 237

Mcmullin, Katie, Account Executive --MAXWELL PR, Portland, OR, pg. 1578

McMurray, Shannon, Account Executive --SCOUTCOMMS, Fredericksburg, VA, pg. 999

McNaughton, Maeve, Account Executive --WINGER MARKETING, Chicago, IL, pg. 1170

Mctigue, Gerard, Account Executive --EMA Public Relations Services, Syracuse, NY, pg. 347

Mctigue, Gerard, Account Executive --M&G/ERIC MOWER + ASSOCIATES, New York, NY, pg. 1572

McVey, David, Account Executive --RIDE FOR THE BRAND, Fort Worth, TX, pg. 1285

Meacham, Rob, Account Executive --DIXON SCHWABL ADVERTISING, Victor, NY, pg. 309

Mehan, Gabrielle, Account Executive --INK PUBLIC RELATIONS, Austin, TX, pg. 1542

Meissner, Christian, Account Executive --GROK, New York, NY, pg. 451

Melendez, Armando, Account Executive --TWOFIFTEENMCCANN, San Francisco, CA, pg. 1124

Melita, Humphrey, Account Executive --Ogilvy, Nairobi, Kenya, pg. 1602

Melton, Hannah, Account Executive --GREY GROUP, New York, NY, pg. 438

Mendoza, Delia, Account Executive --NRPR GROUP, Beverly Hills, CA, pg. 1597

Mercier, Sandy, Account Executive --PROM KROG ALTSTIEL INC., Mequon, WI, pg. 892

Mertz, Shelby Lane, Account Executive --WOODRUFF, Columbia, MO, pg. 1175

Meyer, Annie, Account Executive --BOLT ENTERPRISES, Dallas, TX, pg. 1454

Meyer, Ellese, Account Executive --WE ARE UNLIMITED, Chicago, IL, pg. 1155

Meyer, Kelsey, Account Executive --LEPOIDEVIN MARKETING, Brookfield, WI, pg. 632

Micek, Chloe, Account Executive --ARC WORLDWIDE, Chicago, IL, pg. 1397

Michaelson, Ginny, Account Executive --REALWORLD MARKETING, Scottsdale, AZ, pg. 937

Micula, Liz-Marie, Account Executive --POINT B COMMUNICATIONS, Chicago, IL, pg. 880

Mihalkova, Simona, Account Executive --Optimedia, Bratislava, Slovakia, pg. 1389

Mikkola, Amy, Account Executive --SCREAM AGENCY, Denver, CO, pg. 999

Miles, Mickey, Account Executive --CAPPELLI MILES, Lake Oswego, OR, pg. 188

Miles, Mickey, Account Executive --Cappelli Miles, Eugene, OR, pg. 188

Milisav, Natasa, Account Executive --SRH MARKETING, Milwaukee, WI, pg. 1039

Millard, Leslie, Account Executive --FLYNN WRIGHT, Des Moines, IA, pg. 390

Miller, Bev, Account Executive --MPG MEDIA SERVICES, Louisville, KY, pg. 1353

Miller, Gloria, Account Executive --RED SKY PUBLIC RELATIONS, Boise, ID, pg. 1627

Miller, Greta, Account Executive --THE MARLIN NETWORK, INC., Springfield, MO, pg. 685

Miller, Jessica Dahl, Account Executive --REED & ASSOCIATES MARKETING, Norfolk, VA, pg. 944

Miller, Katy, Account Executive --RIGGS PARTNERS, West Columbia, SC, pg. 1631

Miller, Kayleigh, Account Executive --Team Enterprises, Inc., Fort Lauderdale, FL, pg. 723

Miller, Kristen, Account Executive --Energy BBDO, Chicago, IL, pg. 100

Miller, Olivia, Account Executive --TBWA Auckland, Auckland, New Zealand, pg. 1091

Miller, Tony, Account Executive --Y&R New York, New York, NY, pg. 1198

Milne, Maddie, Account Executive --DALTON AGENCY JACKSONVILLE, Jacksonville, FL, pg. 258

Minchenko, Zina, Account Executive --ELEVATOR STRATEGY, Vancouver, Canada, pg. 336

Minnick, Meredith LeFebvre, Account Executive --D4 CREATIVE GROUP, Philadelphia, PA, pg. 256

Minson, Doug, Account Executive --HOWERTON+WHITE, Wichita,

RESPONSIBILITIES INDEX — AGENCIES

KS, pg. 510

Mirani, Giorgio, Account Executive --J. Walter Thompson Milan, Milan, Italy, pg. 560

Missimer, Sarah, Account Executive --MCNEELY BROCKMAN PUBLIC RELATIONS, Nashville, TN, pg. 1580

Mlotkowski, Elena, Account Executive --AOR, INC., Denver, CO, pg. 62

Molina, Matthew, Account Executive --MANTERA ADVERTISING, Bakersfield, CA, pg. 675

Monifi, Melanie, Account Executive --Deutsch LA, Los Angeles, CA, pg. 294

Monroe, Daniel, Account Executive --LHWH ADVERTISING & PUBLIC RELATIONS, Myrtle Beach, SC, pg. 639

Montemayor, Lynnette, Account Executive --GIANT NOISE, Austin, TX, pg. 1517

Montgomery, Adam, Account Executive --MOORE COMMUNICATIONS GROUP, Tallahassee, FL, pg. 757

Montgomery, Caroline, Account Executive --THE LAVIDGE COMPANY, Phoenix, AZ, pg. 616

Moore, Claire, Account Executive --A.B. Data, Ltd., Washington, DC, pg. 16

Moore, Jessica Ring, Account Executive --ALLYN MEDIA, Dallas, TX, pg. 49

Moore, Lisa, Account Executive --LKF MARKETING, Kalamazoo, MI, pg. 647

Morales, Isabel, Account Executive --GODIVERSITY, New York, NY, pg. 427

Moran, Megan, Account Executive --LANE PR, Portland, OR, pg. 1563

Moreno, Camilo, Account Executive --JOHN ST., Toronto, Canada, pg. 579

Moreno, Luke, Account Executive --PROCEED INNOVATIVE, LLC., Schaumburg, IL, pg. 1281

Morgan, Brian, Account Executive --SOKAL MEDIA GROUP, Raleigh, NC, pg. 1027

Morgan, Francesca, Account Executive --DEEPSLEEP STUDIO, Miami, FL, pg. 286

Morgan, Jennifer, Account Executive --CRANFORD JOHNSON ROBINSON WOODS, Little Rock, AR, pg. 238

Morimitsu, Shuji, Account Executive --DENTSU INC., Tokyo, Japan, pg. 289

Morrow, Ally, Account Executive --FCB New York, New York, NY, pg. 365

Moscardini, Arianna, Account Executive --Ogilvy S.p.A., Milan, Italy, pg. 1600

Moscucci, Alessandra, Account Executive --NEVINS & ASSOCIATES, Towson, MD, pg. 1594

Moss, David, Account Executive --DATAXU, INC., Boston, MA, pg. 1317

Mote, Carla, Account Executive --RED TETTEMER O'CONNELL & PARTNERS, Philadelphia, PA, pg. 941

Mowery, Melissa, Account Executive --Ketchum, Washington, DC, pg. 1555

Mulgrew, Thomas, Account Executive --MP&F STRATEGIC COMMUNICATIONS, Nashville, TN, pg. 1586

Mulusa, Tukiya, Account Executive --FCB Johannesburg, Johannesburg, South Africa, pg. 375

Mungiguerra, Ashley, Account Executive --BIZCOM ASSOCIATES, Plano, TX, pg. 132

Muratyan, Thibaud, Account Executive --Publicis Conseil, Paris, France, pg. 898

Murdoch, Scot, Account Executive --RANDLE COMMUNICATIONS, Sacramento, CA, pg. 1625

Murphy, Grace, Account Executive --PAIGE PR, Houston, TX, pg. 1604

Murphy, Kacie, Account Executive --MLB ADVANCED MEDIA, L.P., New York, NY, pg. 1273

Murray, Iona, Account Executive --Saatchi & Saatchi London, London, United Kingdom, pg. 980

Murray, Kristen, Account Executive --Targetbase, Greensboro, NC, pg. 1074

Murray, Matt, Account Executive --JONESWORKS INC., New York, NY, pg. 1549

Murray, Ryan, Account Executive --ABERNATHY MACGREGOR GROUP-NEW YORK, New York, NY, pg. 1425

Murray, Sloane, Account Executive --D4 CREATIVE GROUP, Philadelphia, PA, pg. 256

Myers, Dan, Account Executive --360 GROUP, Indianapolis, IN, pg. 6

Myers, Laura, Account Executive --NEWMANPR, Miami, FL, pg. 1594

Myers, Sara, Account Executive --ARRAS KEATHLEY AGENCY, Cleveland, OH, pg. 71

Mynatt, Melody, Account Executive --HOWERTON+WHITE, Wichita, KS, pg. 510

Nall, Whitney, Account Executive --CLARK/NIKDEL/POWELL, Winter Haven, FL, pg. 212

Napier, Cassia, Account Executive --GREY CANADA, Toronto, Canada, pg. 437

Narcisse, Sonata Lee, Account Executive --Fenton, San Francisco, CA, pg. 377

Navarro, Monica, Account Executive --CONILL ADVERTISING, INC., Miami, FL, pg. 226

Navitski, Alanna, Account Executive --EVOLUTIONARY MEDIA GROUP, Los Angeles, CA, pg. 1502

Needelman, Dawn, Account Executive --COMCAST SPOTLIGHT, Fort Wayne, IN, pg. 221

Negrete, Michelle Lopez, Account Executive --LOPEZ NEGRETE COMMUNICATIONS, INC., Houston, TX, pg. 651

Nelson, Andie, Account Executive --THE LACEK GROUP, Minneapolis, MN, pg. 606

Nevil, Rachel, Account Executive --SOKAL MEDIA GROUP, Raleigh, NC, pg. 1027

Nguyen, Theresa Thao, Account Executive --ROCKIT SCIENCE AGENCY, Baton Rouge, LA, pg. 965

Nicholson, Martha, Account Executive --LKF MARKETING, Kalamazoo, MI, pg. 647

Nicolazzo, Richard E., Account Executive --BCW (BURSON COHN & WOLFE), New York, NY, pg. 1439

Nielsen, Lisa, Account Executive --HEINZEROTH MARKETING GROUP, Rockford, IL, pg. 493

Nielsen, Stephanie, Account Executive --THE STONE AGENCY, Raleigh, NC, pg. 1050

Nieves, Alyssa, Account Executive --RBB COMMUNICATIONS, Miami, FL, pg. 1625

Nist, Matt, Account Executive --WRL ADVERTISING, INC., Canton, OH, pg. 1188

Nix, Katie, Account Executive --RED MOON MARKETING, Charlotte, NC, pg. 940

Norton, Maritza, Account Executive --LAMAR ADVERTISING COMPANY, Baton Rouge, LA, pg. 608

Nouel, Rosalin Torres, Account Executive --Grey Chile, Santiago, Chile, pg. 443

Novino, Kim, Account Executive --TRIZCOM, INC., Dallas, TX, pg. 1663

Nowlin, Kary, Account Executive --NIMBLE WORLDWIDE, Dallas, TX, pg. 794

Nyberg, Kara, Account Executive --THE LACEK GROUP, Minneapolis, MN, pg. 606

O'Brien, Marissa, Account Executive --Resound Marketing, Princeton, NJ, pg. 1630

O'Callaghan, Sean, Account Executive --COSSETTE COMMUNICATIONS, Vancouver, Canada, pg. 232

O'Connell, Shannon, Account Executive --ACROBATANT, Tulsa, OK, pg. 22

O'Connor, Daniel, Account Executive --Clarion Communications, London, United Kingdom, pg. 1185

O'Donoghue, Maureen, Account Executive --TELARIA, INC., New York, NY, pg. 1294

O'Keefe, Caroline, Account Executive --FUSION MARKETING, Saint Louis, MO, pg. 404

O'Neill, Logan, Account Executive --BRIGHTLINE ITV, New York, NY, pg. 164

O'Neill-Gregory, Ben, Account Executive --J. Walter Thompson, London, United Kingdom, pg. 562

Oberman, Brett, Account Executive --KEITH SHERMAN & ASSOCIATES, INC., New York, NY, pg. 1553

Ochoa, Sandra, Account Executive --GALLEGOS UNITED, Huntington Beach, CA, pg. 408

Ogonda, Susan, Account Executive --Abbott Mead Vickers BBDO, London, United Kingdom, pg. 109

Oliver, Bill, Account Executive --JACK NADEL INTERNATIONAL, Westport, CT, pg. 1407

Opad, Amy, Account Executive --AFFIRM, Pewaukee, WI, pg. 37

Opperman, Cali, Account Executive --THE BAIT SHOPPE, New York, NY, pg. 84

Ortega-Foster, Kate, Account Executive --ANDERSON ADVERTISING & PUBLIC RELATIONS, Scottsdale, AZ, pg. 56

Ortinau, Justin, Account Executive --DRIVE SOCIAL MEDIA, Saint Louis, MO, pg. 1254

Ortiz, Irasema, Account Executive --INTERLEX COMMUNICATIONS INC., San Antonio, TX, pg. 538

Orzechowski, Brian, Account Executive --GELIA-MEDIA, INC., Williamsville, NY, pg. 414

Owings, Matt, Account Executive --MGH, INC., Owings Mills, MD, pg. 736

Oyedele, David, Account Executive --Abbott Mead Vickers BBDO, London, United Kingdom, pg. 109

Ozura, Vivian, Account Executive --ADVANTAGE COMMUNICATIONS, INC., Little Rock, AR, pg. 34

Padilla, Gabriela, Account Executive --EDELMAN, Chicago, IL, pg. 1490

Page, David, Account Executive --CD&M COMMUNICATIONS, Portland, ME, pg. 198

Pagios, Stephanie, Account Executive --BECKER MEDIA, Oakland, CA, pg. 120

Paine, Sydney, Account Executive --mcgarrybowen, Chicago, IL, pg. 718

Papantonopoulou, Lydia, Account Executive --Bold Ogilvy Greece, Athens, Greece, pg. 815

Paradis, Anne-Marie, Account Executive --Publicis Montreal, Montreal, Canada, pg. 904

Paresa, Bonnie, Account Executive --Prosek Partners, Los Angeles, CA, pg. 1619

Parmann, Andy, Account Executive --EPIC CREATIVE, West Bend, WI, pg. 343

Parnell, David, Account Executive --Signature Graphics, Porter, IN, pg. 307

Patenaude, Adrian, Account Executive --CROSSWIND MEDIA AND PUBLIC RELATIONS, Austin, TX, pg. 1478

Paul, Mallory McDonald, Account Executive --Match Marketing Group, Chicago, IL, pg. 693

Payne, Donna, Account Executive --MALONEY STRATEGIC COMMUNICATIONS, Dallas, TX, pg. 673

Paz, Cecilia, Account Executive --MARKETLOGIC, Doral, FL, pg. 1411

Pearson, Maura, Account Executive --GYRO CINCINNATI, Cincinnati, OH, pg. 458

Peaytt, Heather, Account Executive --Asher Agency, Inc., Charleston, WV, pg. 74

Pedroni, Abigail, Account Executive --TBC INC., Baltimore, MD, pg. 1076

Pellizzon, Cristina, Account Executive --AMUSEMENT PARK, Santa Ana, CA, pg. 54

Pena, Cristiana, Account Executive --GETO & DEMILLY, INC., New York, NY, pg. 1517

Peraza, Karen, Account Executive --TBC INC., Baltimore, MD, pg. 1076

Pereira, Santiago, Account Executive --MARKETLOGIC, Doral, FL, pg. 1411

Peters, Donna, Account Executive --TAYLOR & COMPANY, Los Angeles, CA, pg. 1656

Petersen, Danika, Account Executive --AMUSEMENT PARK, Santa Ana, CA, pg. 54

Petri, Sam, Account Executive --DENNY INK, Jackson, WY, pg. 1483

Petrillo, Nicholas, Account Executive --SS+K AGENCY, New York, NY, pg. 1039

PETRUS, Alyssa, Account Executive --THE BALCOM AGENCY, Fort Worth, TX, pg. 85

Pettit, Bryan, Account Executive --ADRENALINE, INC., Atlanta, GA, pg. 32

Phillips, Brittany, Account Executive --BRIGHTON AGENCY, INC., Saint Louis, MO, pg. 164

Piccaluga, Carlotta, Account Executive --Ogilvy S.p.A., Milan, Italy, pg. 1600

Pierson, Rachael, Account Executive --SARKISSIAN PARTNERS, New York, NY, pg. 991

Pinkerton, Libby, Account Executive --LINHART PUBLIC RELATIONS, Denver, CO, pg. 1568

Piotrowski, Pete, Account Executive --BOELTER + LINCOLN MARKETING COMMUNICATIONS, Milwaukee, WI, pg. 144

Plump, Kalli, Account Executive --RUNSWITCH PUBLIC RELATIONS, Louisville, KY, pg. 1638

Podber, Kris, Account Executive --JACK NADEL INTERNATIONAL, Westport, CT, pg. 1407

Poisall, Rachel, Account Executive --IMRE, Baltimore, MD, pg. 528

Polom, Cara, Account Executive --AGENCY 451, Boston, MA, pg. 1427

Pontillo, Dana, Account Executive --ENGEL O'NEILL ADVERTISING & PUBLIC RELATIONS, Erie, PA, pg. 340

Poor, John, Account Executive --YUME, Redwood City, CA, pg. 1209

Potthast, Mick, Account Executive --Deutsch New York, New York, NY, pg. 295

Powell, Nick, Account Executive --KRAUS MARKETING, Morristown, NJ, pg. 602

Pratt, Steve, Account Executive --BRENER, ZWIKEL & ASSOCIATES, INC., Reseda, CA, pg. 1456

Preble, Kareen, Account Executive --BELLEVUE COMMUNICATIONS GROUP, Philadelphia, PA, pg. 1448

Prestifilippo, Gina, Account Executive --SHAKER RECRUITMENT ADVERTISING & COMMUNICATIONS, INC., Oak Park, IL, pg. 1005
Preston, Stephanie, Account Executive --CONNECTIONS ADVERTISING & MARKETING, Lexington, KY, pg. 227
Preto, Sara, Account Executive --Resound Marketing, Princeton, NJ, pg. 1630
Price, Ann Marie, Account Executive --SCATENA DANIELS COMMUNICATIONS, INC., San Diego, CA, pg. 994
Price, Sarah Lyons, Account Executive --ETHOS MARKETING & DESIGN, Westbrook, ME, pg. 351
Prouty, Courtney, Account Executive --MASS MEDIA MARKETING, Augusta, GA, pg. 691
Proxmire, Brocky, Account Executive --Summit Group, Itasca, IL, pg. 1061
Pruett, Jennifer, Account Executive --HDE, LLC, Phoenix, AZ, pg. 490
Pucci, Felicia, Account Executive --LAKE GROUP MEDIA, INC., Armonk, NY, pg. 607
Pyatt, Krystal, Account Executive --THE FERRARO GROUP, Las Vegas, NV, pg. 1504
Queiroz, Elisangela, Account Executive --Wunderman, Sao Paulo, Brazil, pg. 1190
Radermacher, Zack, Account Executive --CRABB RADERMACHER, Atlanta, GA, pg. 236
Rado, Emily, Account Executive --LINHART PUBLIC RELATIONS, Denver, CO, pg. 1568
Radocaj, Laura, Account Executive --DIAN GRIESEL INC., New York, NY, pg. 1484
Radow, Ariel, Account Executive --NORTH 6TH AGENCY, INC., New York, NY, pg. 798
Ragsdale, Mary, Account Executive --MEDIAURA INC, Jeffersonvlle, IN, pg. 728
Raikar, Natasha, Account Executive --GKV COMMUNICATIONS, Baltimore, MD, pg. 421
Rainaldi, George, Account Executive --PUBLICIS MEDIA, New York, NY, pg. 1365
Ramire, Sherelle, Account Executive --Publicis Conseil, Paris, France, pg. 898
Ramirez, Carmen Jamile, Account Executive --MCCANN, New York, NY, pg. 697
Ramirez, Jamile, Account Executive --McCann New York, New York, NY, pg. 698
Ramsey, Matt, Account Executive --THE SELLS AGENCY, INC., Little Rock, AR, pg. 1002
Randolph, Molly, Account Executive --THE BARBAULD AGENCY, Valparaiso, IN, pg. 88
Rather, Mary, Account Executive --G.W. HOFFMAN MARKETING & COMMUNICATIONS, Darien, CT, pg. 1404
Raudabaugh, Rebecca, Account Executive --L.C. WILLIAMS & ASSOCIATES, LLC, Chicago, IL, pg. 1564
Rawson, Phoebe, Account Executive --Kinetic, Dublin, Ireland, pg. 1338
Ray, John, Account Executive --ANVIL MEDIA, INC., Portland, OR, pg. 1307
Raynor, Anna, Account Executive --PEREIRA & O'DELL, San Francisco, CA, pg. 863
Raynor, Brooke, Account Executive --M2 MARKETING AND MANAGEMENT SERVICES INC., Santa Ana, CA, pg. 665
Read, Ridge, Account Executive --RED MOON MARKETING, Charlotte, NC, pg. 940
Recine, Andrea, Account Executive --RESOUND MARKETING, New York, NY, pg. 1630
Reddell, Jennifer, Account Executive --AD CLUB, Modesto, CA, pg. 1306
Reifsnyder, Mark, Account Executive --TRIAD, Cuyahoga Falls, OH, pg. 1115
Reigle, Danielle, Account Executive --THE CYPHERS AGENCY, INC., Annapolis, MD, pg. 256
Reinecke, Sarah, Account Executive --DCI-West, Aurora, CO, pg. 296
Reis, Lauren, Account Executive --STERLING COMMUNICATIONS, Los Gatos, CA, pg. 1652
Reninger, Chrissy, Account Executive --KERN, Woodland Hills, CA, pg. 593
Renneker, Hayley, Account Executive --SCOPPECHIO, Louisville, KY, pg. 997
Reyes, Arleth Cueva, Account Executive --Y&R Peru, Lima, Peru, pg. 1207
Reynolds, John, Account Executive --BUCHANAN PUBLIC RELATIONS, Bryn Mawr, PA, pg. 1459
Reynolds, Tyler, Account Executive --JACK NADEL INTERNATIONAL, Westport, CT, pg. 1407
Rhoades, Sarah Ann, Account Executive --SCHMIDT PUBLIC AFFAIRS, Alexandria, VA, pg. 1641
Ricca, Lauren, Account Executive --ERBACH COMMUNICATIONS GROUP, INC., Lyndhurst, NJ, pg. 346
Rice, Michelle, Account Executive --CRONIN, Glastonbury, CT, pg. 248
Rice-Minoso, Charlie, Account Executive --PUBLIC COMMUNICATIONS, INC., Chicago, IL, pg. 896
Rickles, Ben, Account Executive --COOKERLY PUBLIC RELATIONS, Atlanta, GA, pg. 1475
Rigby, Shannon, Account Executive --JUMPSTART AUTOMOTIVE MEDIA, San Francisco, CA, pg. 585
Rigg, Coleman, Account Executive --FVM STRATEGIC COMMUNICATIONS, Plymouth Meeting, PA, pg. 406
Riggle, Carmen, Account Executive --RESULTS DIRECT MARKETING, Wichita, KS, pg. 950
Riggsbee, Taylor, Account Executive --SOKAL MEDIA GROUP, Raleigh, NC, pg. 1027
Riley, Bill A., Account Executive --SCA PROMOTIONS, INC., Dallas, TX, pg. 1415
Rinna, Fran, Account Executive --AQUA MARKETING & COMMUNICATIONS INC., Saint Petersburg, FL, pg. 64
Risher, Emily, Account Executive --SWIFT AGENCY, Portland, OR, pg. 1066
Roberts, Andrew, Account Executive --SWANSON COMMUNICATIONS, Washington, DC, pg. 1655
Roberts, Jacqlyn, Account Executive --KINETIC, New York, NY, pg. 1337
Robinson, Jaime, Account Executive --Wieden + Kennedy New York, New York, NY, pg. 1165
Robinson, Peggy, Account Executive --MILLER ADVERTISING AGENCY INC., New York, NY, pg. 741
Rocco, Bianca, Account Executive --MCCANN HEALTH GLOBAL HQ, New York, NY, pg. 713
Rodriguez, Angel, Account Executive --10FOLD COMMUNICATIONS, Pleasanton, CA, pg. 1421
Rodriguez, Diana, Account Executive --LATIN2LATIN MARKETING + COMMUNICATIONS LLC, Fort Lauderdale, FL, pg. 612
Rodriguez, Yessica, Account Executive --PARADIGM ASSOCIATES, San Juan, PR, pg. 1606
Rogala, Kim, Account Executive --WILLIAMS AND HOUSE, Avon, CT, pg. 1168
Rogers-Strahan, Kylie, Account Executive --BLOHM CREATIVE PARTNERS, East Lansing, MI, pg. 137
Roget, Ben, Account Executive --KAHN MEDIA, INC., Moorpark, CA, pg. 1407
Rohne, Alexandra, Account Executive --THINK SHIFT, Winnipeg, Canada, pg. 1099
Roldan, Daniela, Account Executive --PureRED/Ferrara, Tucker, GA, pg. 918
Rolland, Abigail, Account Executive --THE HAUSER GROUP INC., Saint Louis, MO, pg. 472
Romanach, Stephanie, Account Executive --ROARMEDIA, Coral Gables, FL, pg. 1632
Romano, Antonella, Account Executive --FCB Milan, Milan, Italy, pg. 367
Romero-Salazar, Isabel Garcia-Ajofrin, Account Executive --ARCOS COMMUNICATIONS, New York, NY, pg. 66
Rondinella, Francesca, Account Executive --BUSH COMMUNICATIONS, LLC, Pittsford, NY, pg. 176
Rose, Jackie, Account Executive --RPA, Santa Monica, CA, pg. 970
Rosen, Liz, Account Executive --BRILLIANT MEDIA STRATEGIES, Anchorage, AK, pg. 164
Rosenberg, Rowena, Account Executive --THE REFINERY, Sherman Oaks, CA, pg. 944
Rosiak, Shannon, Account Executive --VAULT COMMUNICATIONS, INC., Plymouth Meeting, PA, pg. 1666
Ross, Maggie, Account Executive --CLARK/NIKDEL/POWELL, Winter Haven, FL, pg. 212
Ross, Stephanie, Account Executive --HB/Eric Mower + Associates, Newton, MA, pg. 348
Rossi, Lynn, Account Executive --NO LIMIT AGENCY, Chicago, IL, pg. 795
Row, Dani, Account Executive --LINHART PUBLIC RELATIONS, Denver, CO, pg. 1568
Rowe, Darby, Account Executive --GREGORY FCA, Ardmore, PA, pg. 1524
Rubenacker, Stefanie, Account Executive --TBWA Switzerland A.G., Zurich, Switzerland, pg. 1085
Ruddy, Genevieve, Account Executive --OPTIMUM SPORTS, New York, NY, pg. 842
Rudolph, Taryn, Account Executive --MELT, Atlanta, GA, pg. 730
Rueckert, Chris, Account Executive --RUECKERT ADVERTISING, Albany, NY, pg. 972
Ruehmer, Krista, Account Executive --ZIZZO GROUP, INC., Milwaukee, WI, pg. 1214
Ruggiero, Eliza, Account Executive --ABERNATHY MACGREGOR GROUP-NEW YORK, New York, NY, pg. 1425
Rush, Madeleine, Account Executive --GOFF PUBLIC, Saint Paul, MN, pg. 1519
Russell, Ben, Account Executive --IN FOOD MARKETING, Minneapolis, MN, pg. 529
Russell, Joe, Account Executive --CROWLEY WEBB, Buffalo, NY, pg. 250
Russell, Julie Morsberger, Account Executive --BIG COMMUNICATIONS, INC., Birmingham, AL, pg. 128
Ruth, Austin, Account Executive --BALLANTINES PR, West Hollywood, CA, pg. 1438
Ruth, Nancy, Account Executive --GRIFFIN COMMUNICATIONS, INC., Sparks, MD, pg. 450
Rybak, Daniel, Account Executive --J. Walter Thompson, Sao Paulo, Brazil, pg. 563
Saad, Sirine, Account Executive --GCG MARKETING, Fort Worth, TX, pg. 413
Sabran, Brune, Account Executive --Ogilvy, Paris, France, pg. 814
Sadler, Shannon, Account Executive --THOMPSON & CO. PUBLIC RELATIONS, Anchorage, AK, pg. 1660
Sakakibara, Takayoshi, Account Executive --DENTSU INC., Tokyo, Japan, pg. 289
Salerno, Danielle, Account Executive --RBB COMMUNICATIONS, Miami, FL, pg. 1625
Salvany, Laura Mesa, Account Executive --Ogilvy Healthworld Barcelona, Barcelona, Spain, pg. 832
Sammonds, Jessica, Account Executive --The&Partnership London, London, United Kingdom, pg. 56
Samson, Aaron, Account Executive --PROSIO COMMUNICATIONS, Roseville, CA, pg. 1620
Sanchez, Anais, Account Executive --BODEN AGENCY, Miami, FL, pg. 1453
Sanchez, Sandra, Account Executive --CASTELLS & ASOCIADOS, Los Angeles, CA, pg. 194
Sanchez, Victoria, Account Executive --OgilvyOne Worldwide, Buenos Aires, Argentina, pg. 819
Sanders, Paige, Account Executive --Integrate Agency, Houston, TX, pg. 1682
Saneshige, Norio, Account Executive --WRL ADVERTISING, INC., Canton, OH, pg. 1188
Sankovsky, Eric, Account Executive --Adams Outdoor Advertising, Bethlehem, PA, pg. 26
Santos, Pedro, Account Executive --Ogilvy Portugal, Lisbon, Portugal, pg. 816
Santos, Rich De Los, Account Executive --Campbell Ewald Los Angeles, West Hollywood, CA, pg. 541
Sarosdy, Grace, Account Executive --RAPPORT WORLDWIDE, New York, NY, pg. 1366
Sartin, Hannah, Account Executive --CALLIS & ASSOC., Sedalia, MO, pg. 184
Sass, Rebecca, Account Executive --NOVITA COMMUNICATIONS, New York, NY, pg. 801
Saunders, Polly Harris, Account Executive --Ogilvy, Ltd., London, United Kingdom, pg. 818
Savva, Leslie, Account Executive --Action Global Communications, Nicosia, Cyprus, pg. 1521
Scadden, Michael, Account Executive --NAVAJO COMPANY, Milpitas, CA, pg. 786
Schapker, Jaimie, Account Executive --ESTES PUBLIC RELATIONS, Louisville, KY, pg. 1501
Scheideler, Kara, Account Executive --CREATIVE MEDIA MARKETING, New York, NY, pg. 1477
Scheller, Chloe, Account Executive --C BLOHM & ASSOCIATES INC, Monona, WI, pg. 1460
Schena, Joseph, Account Executive --CBC ADVERTISING, Saco, ME, pg. 197
Schimpff, Sarah, Account Executive --J.O. DESIGN, Fort Worth, TX, pg. 577
Schindo, Abigail, Account Executive --G&S BUSINESS COMMUNICATIONS, New York, NY, pg. 406
Schleicher, Megan, Account Executive --MSLGROUP, New York, NY, pg. 1587
Schmitt, Jennifer, Account Executive --SMM ADVERTISING, Smithtown, NY, pg. 1024
Schnell, Hayley, Account Executive --HOT DISH ADVERTISING, Minneapolis, MN, pg. 509
Schuckert, Debbie, Account Executive --LINKMEDIA 360, Independence, OH, pg. 642
Schultz, Lindsay, Account Executive --RON SONNTAG PUBLIC RELATIONS, Milwaukee, WI, pg. 1633
Schulz, Alex, Account Executive --VOX GLOBAL, Washington, DC,

RESPONSIBILITIES INDEX — AGENCIES

pg. 1146

Schum, Diane L., Account Executive --SCHUM & ASSOCIATES, McLean, VA, pg. 996

Schwantes, Andy, Account Executive --OUT THERE ADVERTISING, Duluth, MN, pg. 846

Schwark-Risko, Catherine, Account Executive --MARKETING DIRECTIONS, INC., Cleveland, OH, pg. 683

Scott, Brittany, Account Executive --JKR ADVERTISING & MARKETING, Maitland, FL, pg. 576

Scott, Elyse, Account Executive --BRYNN BAGOT PUBLIC RELATIONS, LLC, Dallas, TX, pg. 1459

Scutti, Susan, Account Executive --BERRY ECKE ASSOCIATES, Newton, NJ, pg. 1449

Seddelmeyer, Clara, Account Executive --GREENLIGHT, Dallas, TX, pg. 435

Sedelbauer, Mackenzie, Account Executive --ELEMENT ADVERTISING LLC, Asheville, NC, pg. 335

Sedeno, Mary, Account Executive --GLYNNDEVINS ADVERTISING & MARKETING, Kansas City, MO, pg. 424

Seiden, Liza, Account Executive --THE SEIDEN GROUP, New York, NY, pg. 1001

Severe, Patrick, Account Executive --ABEL COMMUNICATIONS, INC., Baltimore, MD, pg. 1425

Sexton, Jim, Account Executive --D&S CREATIVE COMMUNICATIONS INC., Mansfield, OH, pg. 256

Shaar, Faissal, Account Executive --FP7, Dubai, United Arab Emirates, pg. 710

Shackelford, Rachael, Account Executive --Strauss Radio Strategies, Inc., New York, NY, pg. 1653

Shackelford, Rachael, Account Executive --STRAUSS RADIO STRATEGIES, INC., Washington, DC, pg. 1653

Shamy, Chelsea, Account Executive --DEARING GROUP, West Lafayette, IN, pg. 284

Shanahan, Allie, Account Executive --RED PEPPER, INC., Nashville, TN, pg. 940

Shapiro, Ali, Account Executive --NORTH 6TH AGENCY, INC., New York, NY, pg. 798

Shapiro, Pam, Account Executive --PIERCE-COTE ADVERTISING, Osterville, MA, pg. 870

Sharp, Ian, Account Executive --ROBERT SHARP & ASSOCIATES, Rapid City, SD, pg. 963

Sharpe, Sara, Account Executive --JOHANNES LEONARDO, New York, NY, pg. 1266

Shaw, Stephanie, Account Executive --ROSE COMMUNICATIONS, INC., Hoboken, NJ, pg. 1634

Shedlin, Lindsay, Account Executive --NARRATIVE, New York, NY, pg. 784

Shein, Jessica, Account Executive --JMPR, INC., Woodland Hills, CA, pg. 1548

Shepherd, Erin, Account Executive --THE MARTIN AGENCY, Richmond, VA, pg. 687

Shin, Hyunjae, Account Executive --Cheil Worldwide Inc., Seoul, Korea (South), pg. 462

Shinn, Danielle, Account Executive --MNI TARGETED MEDIA INC., Stamford, CT, pg. 1352

Shipley, Ashley, Account Executive --MATRIX MEDIA SERVICES, INC., Columbus, OH, pg. 1340

Shoaf, Logan, Account Executive --BIG COMMUNICATIONS, INC., Birmingham, AL, pg. 128

Shon, Joshua, Account Executive --IQ 360, Mountain View, CA, pg. 548

Shouppe, Brigitta, Account Executive --B2 COMMUNICATIONS, Saint Petersburg, FL, pg. 1436

Shroyer, Amy, Account Executive --TRICOMB2B, Dayton, OH, pg. 1117

Shryock, Kelly, Account Executive --AZIONE PR, Los Angeles, CA, pg. 1436

Shum, Jasmine, Account Executive --BBDO Hong Kong, Taikoo Shing, China (Hong Kong), pg. 112

Siedlik, Taylor, Account Executive --SLEIGHT ADVERTISING INC, Omaha, NE, pg. 1020

Sileo, Katelyn, Account Executive --DEVENEY COMMUNICATIONS, New Orleans, LA, pg. 1483

Silva Coz, Macarena, Account Executive --Publicis Brasil Communicao, Sao Paulo, Brazil, pg. 906

Simmons, Alyssa, Account Executive --3HEADED MONSTER, Dallas, TX, pg. 7

Simmons, Anna, Account Executive --CRAWFORD STRATEGY, Greenville, SC, pg. 239

Simmons, Chelsea, Account Executive --ACKERMAN MCQUEEN, INC., Oklahoma City, OK, pg. 21

Simon, Kelley, Account Executive --BRIAN COMMUNICATIONS, Conshohocken, PA, pg. 1456

Simonian, Heidi, Account Executive --TAYLOR & COMPANY, Los Angeles, CA, pg. 1656

Singer, Jodie, Account Executive --RED BANYAN GROUP, Deerfield Bch, FL, pg. 1626

Siriamornsook, Wasin, Account Executive --Ogilvy Advertising, Bangkok, Thailand, pg. 828

Skenderian, Tyler, Account Executive --CONVENTURES, INC., Boston, MA, pg. 1474

Skipper, Michael, Account Executive --RED MOON MARKETING, Charlotte, NC, pg. 940

Slack, Jordan, Account Executive --ISABELLI MEDIA RELATIONS, Chicago, IL, pg. 1544

Slaight, Cortney, Account Executive --LAWRENCE & SCHILLER, INC., Sioux Falls, SD, pg. 616

Slapke, Jessica, Account Executive --BLUEFISH, Tempe, AZ, pg. 141

Slatkin, Alexandra, Account Executive --KERN, Woodland Hills, CA, pg. 593

Sloggett, Jordan, Account Executive --KENNA, Mississauga, Canada, pg. 592

Slovik, Katherine Orsini, Account Executive --Polskin Arts & Communications Counselors, New York, NY, pg. 1637

Smith, Amber, Account Executive --THE ATKINS GROUP, San Antonio, TX, pg. 75

Smith, Andrew, Account Executive --WEB SOLUTIONS INC., Meriden, CT, pg. 1155

Smith, Anna Hodges, Account Executive --HODGES ASSOCIATES, INC., Fayetteville, NC, pg. 505

Smith, Brian, Account Executive --SUMMIT MARKETING, Saint Louis, MO, pg. 1060

Smith, Cortney, Account Executive --SAY IT LOUD, Orlando, FL, pg. 993

Smith, Heather, Account Executive --BRAND INNOVATION GROUP, Fort Wayne, IN, pg. 155

Smith, James, Account Executive --JKR ADVERTISING & MARKETING, Maitland, FL, pg. 576

Smith, Kaitlyn, Account Executive --FLACKABLE LLC, Philadelphia, PA, pg. 1506

Smith, Kendall, Account Executive --GINGER GRIFFIN MARKETING & DESIGN, Cornelius, NC, pg. 420

Smith, Morgan, Account Executive --ARMENT DIETRICH, INC., Chicago, IL, pg. 69

Smith, Rebecca A., Account Executive --R&J STRATEGIC COMMUNICATIONS, Bridgewater, NJ, pg. 1622

Smith, Robert, Account Executive --HIGHWIRE PUBLIC RELATIONS, San Francisco, CA, pg. 1530

Smith, Traci, Account Executive --MPG MEDIA SERVICES, Louisville, KY, pg. 1353

Smith-Klein, Misty, Account Executive --ACCESS ADVERTISING + PR, Roanoke, VA, pg. 19

Smolen, Megan, Account Executive --FULL CIRCLE, Grand Rapids, MI, pg. 401

Smythe, Katherine, Account Executive --NOVITA COMMUNICATIONS, New York, NY, pg. 801

Smythe, Steve, Account Executive --PROVE AGENCY, Los Angeles, CA, pg. 895

Snellings, Fernando, Account Executive --AGENTRY PR, New York, NY, pg. 1428

Snyder, Dana, Account Executive --CBC ADVERTISING, Saco, ME, pg. 197

Snyder, Dana, Account Executive --CREATIVE BROADCAST CONCEPTS, Saco, ME, pg. 239

Soileau, Tiffany, Account Executive --FOSTER MARKETING COMMUNICATIONS, Lafayette, LA, pg. 394

Sokal, Jessica, Account Executive --SOKAL MEDIA GROUP, Raleigh, NC, pg. 1027

Solares, Stephanie, Account Executive --RAZ PUBLIC RELATIONS, Santa Monica, CA, pg. 1625

Soleimani-Mafi, Amy, Account Executive --ROCKETLAWNCHAIR, Milwaukee, WI, pg. 965

Soriano, Linda, Account Executive --BODEN AGENCY, Miami, FL, pg. 1453

Soskic, Dunja, Account Executive --McCann Erickson Group, Belgrade, Serbia, pg. 708

Sotorra, Elisabet Serra, Account Executive --DDB Barcelona S.A., Barcelona, Spain, pg. 280

Sowers, Jami, Account Executive --LARGEMOUTH COMMUNICATIONS, INC., Durham, NC, pg. 1563

Spahr, Christine, Account Executive --PUSH22, Bingham Farms, MI, pg. 919

Spahr, Christine, Account Executive --PUSHTWENTYTWO, Pontiac, MI, pg. 919

Spanos, Louis, Account Executive --WORDWRITE COMMUNICATIONS, Pittsburgh, PA, pg. 1686

Speers, Amanda, Account Executive --BLACKJET INC, Toronto, Canada, pg. 133

Speers, Brad, Account Executive --KAHN MEDIA, INC., Moorpark, CA, pg. 1407

Spencer, Kelsey, Account Executive --Narrative, Los Angeles, CA, pg. 784

Spencer, Shawn, Account Executive --Allied Integrated Marketing, Hollywood, CA, pg. 47

Spurgeon, Alexandra, Account Executive --GREGORY FCA, Ardmore, PA, pg. 1524

Sroka, Andrew, Account Executive --NO LIMIT AGENCY, Chicago, IL, pg. 795

Stallone, Shannon, Account Executive --PureRED/Ferrara, Tucker, GA, pg. 918

Stanhope, Chad, Account Executive --BEDFORD ADVERTISING INC., Carrollton, TX, pg. 120

Stanley, Jordan, Account Executive --BIG PICTURE PR, Mill Valley, CA, pg. 1450

Staublin, Vanessa, Account Executive --DITTOE PUBLIC RELATIONS, INC., Indianapolis, IN, pg. 1486

Steel, Christina, Account Executive --ROUNDHOUSE MARKETING & PROMOTION, INC., Verona, WI, pg. 969

Stein, Lindsay, Account Executive --THE DECKER/ROYAL AGENCY, New York, NY, pg. 1482

Steiper, Lischa, Account Executive --Publicis, Rome, Italy, pg. 900

Stern, Elsa, Account Executive --Publicis Conseil, Paris, France, pg. 898

Stevens, Laura, Account Executive --The Rosen Group, Washington, DC, pg. 1634

Stewart, Sara, Account Executive --MAXWELL PR, Portland, OR, pg. 1578

Stewart, Sidney, Account Executive --WICKED CREATIVE, Las Vegas, NV, pg. 1683

Stiehr, Sarah, Account Executive --VISINTINE & RYAN PR, Manchester, MO, pg. 1667

Stoddard, Kerry, Account Executive --THE PRIME TIME AGENCY, Gulfport, MS, pg. 889

Stokes, Marianne Russolesi, Account Executive --ABLE&CO, Raleigh, NC, pg. 18

Stone, Kelsey, Account Executive --LYONS PUBLIC RELATIONS, LLC, Kensington, MD, pg. 1572

Stout, Jordan, Account Executive --LUCAS PUBLIC AFFAIRS, Sacramento, CA, pg. 1571

Stoyanov, Manuela, Account Executive --COSSETTE COMMUNICATIONS, Vancouver, Canada, pg. 232

Strecker, Laura, Account Executive --FASONE & PARTNERS, Kansas City, MO, pg. 362

Strobel, Adrienne, Account Executive --PAGE COMMUNICATIONS, Kansas City, MO, pg. 1604

Strommer, Stephanie, Account Executive --REDPOINT MARKETING PUBLIC RELATIONS INC., New York, NY, pg. 1628

Strzepek, David, Account Executive --TOTAL PROMOTIONS, Highland Park, IL, pg. 1417

Stuber, David, Account Executive --MCGAFFIC ADVERTISING & MARKETING, Beaver, PA, pg. 716

Stuby, Liz, Account Executive --FERGUSON ADVERTISING INC., Fort Wayne, IN, pg. 378

Studrawa, Kate, Account Executive --THE MARKETING ARM, Dallas, TX, pg. 682

Stueber, Katherine, Account Executive --ABERNATHY MACGREGOR GROUP-NEW YORK, New York, NY, pg. 1425

Stump, Samantha, Account Executive --DAY ONE AGENCY, New York, NY, pg. 266

Sturges, Sara, Account Executive --SANTY INTEGRATED, Scottsdale, AZ, pg. 990

Styer, Alex, Account Executive --BELLEVUE COMMUNICATIONS GROUP, Philadelphia, PA, pg. 1448

Suarez, Jorge, Account Executive --THE EIGHTH FLOOR LLC, New York, NY, pg. 333

Sugiyama, Rie, Account Executive --Fleishman-Hillard/Japan, Tokyo, Japan, pg. 1511

Sullivan, Katie, Account Executive --DDB Chicago, Chicago, IL, pg. 268

Sullivan, Kelly, Account Executive --MARKETING DIRECTIONS, INC., Cleveland, OH, pg. 683

Sullivan, Lara, Account Executive --BUZZ CREATORS, INC., Valhalla, NY, pg. 1460

Sullivan, Michael, Account Executive --DDB New York, New York, NY, pg. 269

Summers, Kirby, Account Executive --O'KEEFE REINHARD & PAUL, Chicago, IL, pg. 834

Sun, Jennie, Account Executive --O2IDEAS, INC., Birmingham, AL, pg. 803

Sundermeyer, Max, Account Executive --LINNIHAN FOY

AGENCIES — RESPONSIBILITIES INDEX

ADVERTISING, Minneapolis, MN, pg. 642

Suozzo, Christopher, Account Executive --SPARK STRATEGIC IDEAS, Charlotte, NC, pg. 1031

Surowiec, Joanna, Account Executive --LSHD ADVERTISING INC., Easthampton, MA, pg. 655

Swan, Britt E., Account Executive --O'BRIEN ET AL. ADVERTISING, Virginia Beach, VA, pg. 805

Swenson, Tim, Account Executive --D.TRIO, Minneapolis, MN, pg. 323

Swofford, Leah, Account Executive --MYRIAD TRAVEL MARKETING, Manhattan Beach, CA, pg. 782

Swords, Kelly, Account Executive --EXCALIBUR EXHIBITS, Houston, TX, pg. 1402

Takahashi, Haruyuki, Account Executive --DENTSU INC., Tokyo, Japan, pg. 289

Takohoutkova, Marke, Account Executive --Weber Shandwick, Prague, Czech Republic, pg. 1677

Talbot, Brock, Account Executive --Eric Mower + Associates, Albany, NY, pg. 347

Talbot, Brock, Account Executive --M&G/ERIC MOWER + ASSOCIATES, New York, NY, pg. 1572

Tallmage, Elizabeth, Account Executive --WOODRUFF, Columbia, MO, pg. 1175

Talus, Raija, Account Executive --BRADSHAW ADVERTISING, Portland, OR, pg. 152

Tamassia, Carlotta, Account Executive --Publicis, Rome, Italy, pg. 900

Tanck, Zack, Account Executive --RFPR, INC., Los Angeles, CA, pg. 1631

Tangsuwan, Wanrawee, Account Executive --Leo Burnett, Bangkok, Thailand, pg. 631

Tanico, Karen, Account Executive --PLUSMEDIA, LLC, Danbury, CT, pg. 878

Tannebaum, Michelle, Account Executive --TINSLEY ADVERTISING, Miami, FL, pg. 1104

Tarantino, Lauren, Account Executive --DIDIT, Mineola, NY, pg. 1250

Tarleton, Olivia, Account Executive --Ketchum, Chicago, IL, pg. 1556

Tate, Sarah, Account Executive --DECIBEL BLUE, Scottsdale, AZ, pg. 285

Taunton, Yvonne Camille, Account Executive --O2IDEAS, INC., Birmingham, AL, pg. 803

Tavis, Alex, Account Executive --SPOT ON, City Island, NY, pg. 1036

Taylor, Hunter, Account Executive --CHAPPELLROBERTS, Tampa, FL, pg. 202

Taylor, Meredith, Account Executive --KELLEN COMMUNICATIONS, New York, NY, pg. 590

Teare, Hunter, Account Executive --GREY NEW YORK, New York, NY, pg. 438

Tedesco, Alexis, Account Executive --DAY ONE AGENCY, New York, NY, pg. 266

Thai Ang, Shun, Account Executive --TRIBAL WORLDWIDE, New York, NY, pg. 1295

Then, EuChuan, Account Executive --TBWA Singapore, Singapore, Singapore, pg. 1091

Thomas, Latoya, Account Executive --GILBREATH COMMUNICATIONS, INC., Houston, TX, pg. 420

Thompson, Lori, Account Executive --VISION CREATIVE GROUP, INC., Morris Plains, NJ, pg. 1139

Thompson, Martin, Account Executive --ABEL COMMUNICATIONS, INC., Baltimore, MD, pg. 1425

Thompson, Trevor, Account Executive --THE PR BOUTIQUE, Houston, TX, pg. 1617

Thompson, Troy P., Account Executive --HAVAS PR, New York, NY, pg. 1528

Thorn, Audrey, Account Executive --SAATCHI & SAATCHI, New York, NY, pg. 975

Thurston, Susan, Account Executive --Hill + Knowlton Strategies, Tampa, FL, pg. 1531

Ticianelli, Raquel, Account Executive --Edelman, Sao Paulo, Brazil, pg. 1496

Tilford, Brandon, Account Executive --LEE TILFORD AGENCY, Austin, TX, pg. 619

Tillinghast, Jay, Account Executive --FREEBAIRN & COMPANY PUBLIC RELATIONS, Atlanta, GA, pg. 1513

Timberlake, Hope, Account Executive --SPIN COMMUNICATIONS, Mill Valley, CA, pg. 1649

Tiuso, Carolina, Account Executive --BROCK COMMUNICATIONS, Tampa, FL, pg. 165

Toal, Jean, Account Executive --COMCAST SPOTLIGHT, Fort Wayne, IN, pg. 221

Tokat, Serra, Account Executive --Ogilvy, Toronto, Canada, pg. 812

Tomita, Koyo, Account Executive --DENTSU INC., Tokyo, Japan, pg. 289

Tompkins, Maggie, Account Executive --RISDALL MARKETING GROUP, Roseville, MN, pg. 959

Tonick, Matthew, Account Executive --PACIFIC COMMUNICATIONS, Irvine, CA, pg. 848

Topinka, Madeline, Account Executive --GREY NEW YORK, New York, NY, pg. 438

Toral, Magdalena, Account Executive --FLASH POINT COMMUNICATIONS LLC, Costa Mesa, CA, pg. 387

Torres, Paula, Account Executive --Wunderman, Buenos Aires, Argentina, pg. 1189

Torruella, Hope, Account Executive --LARGEMOUTH COMMUNICATIONS, INC., Durham, NC, pg. 1563

Touger, Ben, Account Executive --Lane Marketing, New York, NY, pg. 1563

Tovar, Juan Pablo, Account Executive --ANDER&CO, Miami, FL, pg. 1432

Townsend, Emily Kosa, Account Executive --BRAINS ON FIRE, INC., Greenville, SC, pg. 152

Townsend, Vincent, Account Executive --Woodruff, Kansas City, MO, pg. 1176

Traficant, Gina, Account Executive --FORTE PR, Las Vegas, NV, pg. 1512

Trainor, Judy, Account Executive --ETHOS MARKETING & DESIGN, Westbrook, ME, pg. 351

Trammell, Alexis, Account Executive --FREESTYLE CREATIVE, Moore, OK, pg. 397

Travis, Ciara, Account Executive --TRANSLATION LLC, New York, NY, pg. 1113

Travis, Taylor, Account Executive --GCG MARKETING, Fort Worth, TX, pg. 413

Trecate, Cristina, Account Executive --R&J STRATEGIC COMMUNICATIONS, Bridgewater, NJ, pg. 1622

Triggs, Alex, Account Executive --Vibrant Media Ltd., London, United Kingdom, pg. 1137

Troy, Jordan, Account Executive --JASCULCA/TERMAN AND ASSOCIATES, Chicago, IL, pg. 1545

Tse, Jeremy, Account Executive --Blackie McDonald, North Sydney, Australia, pg. 1445

Tucci, Meaghan, Account Executive --GS&F, Nashville, TN, pg. 453

Turner, Hannah, Account Executive --PATHFINDERS ADVERTISING & MARKETING GROUP, Mishawaka, IN, pg. 857

Turrini, Geneva, Account Executive --SPAWN IDEAS, Anchorage, AK, pg. 1032

Twain, Kayla, Account Executive --THE CYPHERS AGENCY, INC., Annapolis, MD, pg. 256

Tyler, Laura, Account Executive --LHWH ADVERTISING & PUBLIC RELATIONS, Myrtle Beach, SC, pg. 639

Underwood, Jessica, Account Executive --GS&F, Nashville, TN, pg. 453

Urbaniak, Liz, Account Executive --PUBLICIS EXPERIENCES, Seattle, WA, pg. 896

Urul, Alara, Account Executive --Ogilvy, Istanbul, Turkey, pg. 817

Vaiskauskas, Caitlin, Account Executive --Edelman, Atlanta, GA, pg. 1492

Valleau, Alyssa, Account Executive --RBB COMMUNICATIONS, Miami, FL, pg. 1625

van Rensburg, Joel, Account Executive --TBWA\Chiat\Day Los Angeles, Los Angeles, CA, pg. 1077

VanDriel, Janelle, Account Executive --DAVIDSON & BELLUSO, Phoenix, AZ, pg. 263

Varandas, Vanessa, Account Executive --AD PARTNERS INC., Tampa, FL, pg. 24

Varetoni, Brittany, Account Executive --BBG&G ADVERTISING, Campbell Hall, NY, pg. 115

Vargas, Gustavo, Account Executive --Saatchi & Saatchi Los Angeles, Torrance, CA, pg. 975

Varin, Maddy, Account Executive --SMOAK PUBLIC RELATIONS, Greenville, SC, pg. 1647

Varney, Anna, Account Executive --OVERIT, Albany, NY, pg. 847

Vaske, Matthew, Account Executive --SCHAFER CONDON CARTER, Chicago, IL, pg. 995

Vaudevire, Priscilla, Account Executive --TBWA Paris, Boulogne-Billancourt, France, pg. 1081

Veal, David, Account Executive --REDMOND DESIGN, Memphis, TN, pg. 943

Vedder, Tinamarie, Account Executive --BOHAN, Nashville, TN, pg. 144

Velasco, Valeria, Account Executive --MARKETING MAVEN PUBLIC RELATIONS, INC., Camarillo, CA, pg. 1576

Velez, Wilmarie, Account Executive --BODEN AGENCY, Miami, FL, pg. 1453

Vetter, Allison, Account Executive --TMINUS1 CREATIVE, INC., Exton, PA, pg. 1107

Vicario, Estibalitz, Account Executive --Tiempo BBDO, Barcelona, Spain, pg. 108

Villa, Alexandra, Account Executive --GYK Antler, Boston, MA, pg. 457

Villarreal, Teno, Account Executive --AGUILLON & ASSOCIATES LLC, San Antonio, TX, pg. 1428

Villela, Jim, Account Executive --Lamar Advertising Company, Richmond, VA, pg. 608

Viramontes, Christy, Account Executive --COHEN COMMUNICATIONS, Fresno, CA, pg. 217

Vita, Francesca, Account Executive --J. Walter Thompson Milan, Milan, Italy, pg. 560

Vitse, Lindsay, Account Executive --Bader Rutter & Associates, Inc., Lincoln, NE, pg. 83

Vo, Cathy, Account Executive --B&P ADVERTISING, Las Vegas, NV, pg. 81

Volenec, Kelley, Account Executive --CHAPPELLROBERTS, Tampa, FL, pg. 202

Vu, Teresa, Account Executive --A. EICOFF & CO., Chicago, IL, pg. 14

Wade, Kat Romanowski, Account Executive --CHAPPELLROBERTS, Tampa, FL, pg. 202

Wagenseil, Robert, Account Executive --GOODMAN PUBLIC RELATIONS, Fort Lauderdale, FL, pg. 1523

Wagner, Alex, Account Executive --B/W/R, Beverly Hills, CA, pg. 1440

Wagner, Kayla, Account Executive --FACTORY PR, New York, NY, pg. 357

Wagnon, Sam, Account Executive --TM ADVERTISING, Dallas, TX, pg. 1106

Wales, Summer, Account Executive --INTERMARK GROUP, INC., Birmingham, AL, pg. 539

Walker, Lorianne, Account Executive --ABEL COMMUNICATIONS, INC., Baltimore, MD, pg. 1425

Walker, Tori, Account Executive --WELL DONE MARKETING, Indianapolis, IN, pg. 1158

Wallace, Stacy, Account Executive --V2 MARKETING COMMUNICATIONS, Rockford, IL, pg. 1130

Wallach, Adam, Account Executive --CORINTHIAN MEDIA, INC., New York, NY, pg. 1316

Wallenhorst, Theresa, Account Executive --SWEENEY, Cleveland, OH, pg. 1065

Wallin, Elena, Account Executive --MCCANN HEALTH GLOBAL HQ, New York, NY, pg. 713

Walsh, Meghan, Account Executive --THE INTEGER GROUP - DENVER, Lakewood, CO, pg. 1406

Walterscheid, Tina, Account Executive --HOWERTON+WHITE, Wichita, KS, pg. 510

Walton, Valencia, Account Executive --Signal Outdoor Advertising, Roswell, GA, pg. 1012

Ward, Raleigh, Account Executive --Leo Burnett USA, Chicago, IL, pg. 622

Warden, Lori, Account Executive --PARTNERS CREATIVE, Missoula, MT, pg. 855

Warren, Jeannette, Account Executive --CATMEDIA, Tucker, GA, pg. 196

Wasserstein, Andrew, Account Executive --XHIBITION, New York, NY, pg. 1687

Watters, Kirk, Account Executive --Signal Outdoor Advertising, Roswell, GA, pg. 1012

Weaver, Ashley, Account Executive --JWALCHER COMMUNICATIONS, San Diego, CA, pg. 586

Webber, Kim, Account Executive --ETHOS MARKETING & DESIGN, Westbrook, ME, pg. 351

Weber, Alexa, Account Executive --Allied Integrated Marketing, Seattle, WA, pg. 48

Weinberg, Jay, Account Executive --ALL-WAYS ADVERTISING COMPANY, Bloomfield, NJ, pg. 1396

Weiner, Natalie, Account Executive --M18 PUBLIC RELATIONS, New York, NY, pg. 1573

Weisberg, Melissa, Account Executive --NOVITA COMMUNICATIONS, New York, NY, pg. 801

Welch, Lisa, Account Executive --HAP MARKETING SERVICES, INC., Eatontown, NJ, pg. 466

Weldon, Meg, Account Executive --MULLENLOWE GROUP, Boston, MA, pg. 770

Wells, Matthew, Account Executive --LAMAR ADVERTISING COMPANY, Baton Rouge, LA, pg. 608

West, Joyanne, Account Executive --BIG COMMUNICATIONS, INC., Birmingham, AL, pg. 128

Wheeler, Rachel, Account Executive --BOSE PUBLIC AFFAIRS

RESPONSIBILITIES INDEX — AGENCIES

GROUP, Indianapolis, IN, pg. 148

Whelan, Courtney, Account Executive --FISH CONSULTING, INC., Ft Lauderdale, FL, pg. 384

Whisnant, Jennifer, Account Executive --QUIXOTE RESEARCH, MARKETING & PUBLIC RELATIONS, Greensboro, NC, pg. 1622

White, Daniel, Account Executive --GETO & DEMILLY, INC., New York, NY, pg. 1517

White, Kendall, Account Executive --FKQ ADVERTISING + MARKETING, Clearwater, FL, pg. 386

White, Kristine, Account Executive --PERFORMANCE MARKETING, West Des Moines, IA, pg. 864

Whitfield, Mackenzie, Account Executive --Racepoint Global, San Francisco, CA, pg. 1624

Whitney, Skylar, Account Executive --DITTOE PUBLIC RELATIONS, INC., Indianapolis, IN, pg. 1486

Wickstrand, Tenaya, Account Executive --ZENZI COMMUNICATIONS, Encinitas, CA, pg. 1690

Wigger, Kris, Account Executive --TWENTY FOUR SEVEN, INC., Portland, OR, pg. 1123

Willard, Caitlin, Account Executive --FISH CONSULTING, INC., Ft Lauderdale, FL, pg. 384

Willette, Pierre, Account Executive --GOFF PUBLIC, Saint Paul, MN, pg. 1519

Williams, Alexya, Account Executive --FISH CONSULTING, INC., Ft Lauderdale, FL, pg. 384

Williams, Caroline, Account Executive --DUREE & COMPANY, Fort Lauderdale, FL, pg. 1489

Williams, Meagan, Account Executive --STEVENS ADVERTISING, Grand Rapids, MI, pg. 1048

Williams, Union, Account Executive --PIVOT MARKETING, Indianapolis, IN, pg. 874

Willoughby, Edith, Account Executive --PLAN B (THE AGENCY ALTERNATIVE), Chicago, IL, pg. 876

Wilson, Chris, Account Executive --BOSE PUBLIC AFFAIRS GROUP, Indianapolis, IN, pg. 148

Wilson, Kimberly, Account Executive --DW ADVERTISING, Bloomfield, CT, pg. 326

Wilson, Marlo, Account Executive --Leo Burnett Melbourne, Melbourne, Australia, pg. 628

Wilson, Morgan, Account Executive --RAPPORT WORLDWIDE, New York, NY, pg. 1366

Wilson, Riley, Account Executive --BARKER & CHRISTOL ADVERTISING, Murfreesboro, TN, pg. 90

Wilson, Samuel, Account Executive --THE INTEGER GROUP - DENVER, Lakewood, CO, pg. 1406

Wilson, Seth, Account Executive --MILLER AD AGENCY, Dallas, TX, pg. 741

Wimmer, Bailey, Account Executive --LOVELL COMMUNICATIONS, INC., Nashville, TN, pg. 653

Wirth, Tyler, Account Executive --Amobee, New York, NY, pg. 1236

Wirtshafter, Danielle, Account Executive --OPTIMUM SPORTS, New York, NY, pg. 842

Wiznitzer, Dan, Account Executive --HIMMELRICH PR, Baltimore, MD, pg. 501

Woeppel, Brendan, Account Executive --WE ARE ALEXANDER, Saint Louis, MO, pg. 1155

Wolden, Alexandra, Account Executive --DELTA MEDIA, INC., Miami, FL, pg. 288

Wolf, Jenny, Account Executive --Deutsch LA, Los Angeles, CA, pg. 294

Wolf, Joe, Account Executive --DALTON AGENCY JACKSONVILLE, Jacksonville, FL, pg. 258

Wolf, Lorin, Account Executive --ORANGE BARREL, Columbus, OH, pg. 843

Wong, Iris, Account Executive --Grey Hong Kong, North Point, China (Hong Kong), pg. 446

Wood, Carrie, Account Executive --Blue 449, Indianapolis, IN, pg. 1311

Wood, Dawn, Account Executive --Zimmerman Advertising, New York, NY, pg. 1213

Woodcock, Andrew, Account Executive --THE VANDIVER GROUP INC., Saint Louis, MO, pg. 1666

Woods, Mary Kathryn, Account Executive --INTERMARK GROUP, INC., Birmingham, AL, pg. 539

Woolums, Amanda, Account Executive --DAC GROUP, Louisville, KY, pg. 257

Wyker, Terri, Account Executive --Miller Advertising, Harrison, NY, pg. 741

Xavier-Cochelin, Jessica, Account Executive --Saatchi & Saatchi, Suresnes, France, pg. 977

Yamahira, Yuko, Account Executive --Edelman, Tokyo, Japan, pg. 1494

Yancey, Brittany, Account Executive --TRENDYMINDS INC, Indianapolis, IN, pg. 1115

Yeh, Angela, Account Executive --Ogilvy, Taipei, Taiwan, pg. 828

Yeo, Byeol, Account Executive --SULLIVAN & ASSOCIATES, Huntington Beach, CA, pg. 1654

Yildirim, Dilge, Account Executive --Medina/Turgul DDB, Beyoglu, Turkey, pg. 281

Yoshia, Rotem Mizrachi, Account Executive --BBR Saatchi & Saatchi, Ramat Gan, Israel, pg. 977

Young, Lauren, Account Executive --DALTON AGENCY JACKSONVILLE, Jacksonville, FL, pg. 258

Yu, Yijia, Account Executive --Wieden + Kennedy, Shanghai, China, pg. 1166

Zaccagnini, Nicole, Account Executive --WHITE WATER AGENCY, Palm Beach Gardens, FL, pg. 1683

Zahm, Devon, Account Executive --JMPR, INC., Woodland Hills, CA, pg. 1548

Zaitzev, Vlada, Account Executive --Ogilvy Montreal, Montreal, Canada, pg. 812

Zakhar, Adam, Account Executive --BILLBOARD EXPRESS, INC., Trabuco Canyon, CA, pg. 1309

Zandlo, Jennifer, Account Executive --RILEY HAYES ADVERTISING, Minneapolis, MN, pg. 959

Zandy, Kelly, Account Executive --MARCUS THOMAS LLC, Cleveland, OH, pg. 679

Zauli, Elisabetta, Account Executive --J. Walter Thompson, Rome, Italy, pg. 560

Zegman, Samantha, Account Executive --J. Walter Thompson Inside, New York, NY, pg. 566

Zeineddine, Jenni, Account Executive --MCCABE PROMOTIONAL ADVERTISING, London, Canada, pg. 1411

Zeitlin, Sarah, Account Executive --DATAXU, INC., Boston, MA, pg. 1317

Zernhelt, Olga M, Account Executive --NIKI JONES AGENCY, Port Jervis, NY, pg. 794

Zetune, Pedro, Account Executive --DAVID, Sao Paulo, Brazil, pg. 261

Zindel, Amanda, Account Executive --PLAN B (THE AGENCY ALTERNATIVE), Chicago, IL, pg. 876

Zizzo, Joseph, Account Executive --ZIZZO GROUP, INC., Milwaukee, WI, pg. 1214

Zucker, Kelsey, Account Executive --NSA Media Group, Inc., Downers Grove, IL, pg. 1332

Zuidema, Holly, Account Executive --ABELSON-TAYLOR, INC., Chicago, IL, pg. 17

Zuniga, Nancy, Account Executive --MOREHEAD DOTTS RYBAK, Corpus Christi, TX, pg. 757

Account Supervisor

Abbott, Emma, Account Supervisor --GKV COMMUNICATIONS, Baltimore, MD, pg. 421

Abukhader, Amanda, Account Supervisor --FLEISHMANHILLARD INC., Saint Louis, MO, pg. 1506

Ackerman, Mark, Account Supervisor --ACKERMAN MCQUEEN, INC., Oklahoma City, OK, pg. 21

Adachi, Kohei, Account Supervisor --Wieden + Kennedy Japan, Tokyo, Japan, pg. 1166

Adami, Elis, Account Supervisor --Publicis Brasil Communicao, Sao Paulo, Brazil, pg. 906

Adams, Katie, Account Supervisor --RAZ PUBLIC RELATIONS, Santa Monica, CA, pg. 1625

Adeola, Leanna, Account Supervisor --BORSHOFF, Indianapolis, IN, pg. 148

Aguirre, Catalina, Account Supervisor --Ponce Buenos Aires, Buenos Aires, Argentina, pg. 543

Akeyson, Dagny, Account Supervisor --FIONA HUTTON & ASSOCIATES, Studio City, CA, pg. 382

Alabiso, Katie, Account Supervisor --HOFFMAN AND PARTNERS, Braintree, MA, pg. 505

Alcala, Stacy Carr, Account Supervisor --MP&F STRATEGIC COMMUNICATIONS, Nashville, TN, pg. 1586

Allen, Douglas, Account Supervisor --STANTON, New York, NY, pg. 1042

Allen, Nicole, Account Supervisor --UWG, Brooklyn, NY, pg. 1129

Allison, Amanda, Account Supervisor --PMK*BNC, New York, NY, pg. 543

Alpaugh, Emma, Account Supervisor --MAXWELL PR, Portland, OR, pg. 1578

Alvarez, Alyssa, Account Supervisor --SapientRazorfish Chicago, Chicago, IL, pg. 1288

Ambos, Kristina, Account Supervisor --Finn Partners Ltd., Germering, Germany, pg. 381

Ampe, Cory, Account Supervisor --JIGSAW LLC, Milwaukee, WI, pg. 576

Anderson, Allie, Account Supervisor --GS&F, Nashville, TN, pg. 453

Anderson, Viviana, Account Supervisor --Wunderman, Santiago, Chile, pg. 1190

Andry, Katherine, Account Supervisor --ZEHNDER COMMUNICATIONS, INC., New Orleans, LA, pg. 1210

Angell, Karen, Account Supervisor --HORNALL ANDERSON, Seattle, WA, pg. 509

Apelo, Marika, Account Supervisor --OUTCAST COMMUNICATIONS, San Francisco, CA, pg. 1603

Appelbaum, Amber, Account Supervisor --NIKE COMMUNICATIONS, INC., New York, NY, pg. 1595

Arango, John, Account Supervisor --Zeno Group, Chicago, IL, pg. 1690

Armstead, Jonathan, Account Supervisor --SPIRE AGENCY, Dallas, TX, pg. 1034

Armstrong, Dane, Account Supervisor --LG2, Montreal, Canada, pg. 639

Armstrong, Mary, Account Supervisor --RED URBAN, Toronto, Canada, pg. 942

Arroliga, Alexandra, Account Supervisor --SPARK44, Los Angeles, CA, pg. 1226

Arther, Rachel, Account Supervisor --COHN MARKETING, Denver, CO, pg. 217

Arvidson, Justin, Account Supervisor --Ogilvy, Chicago, IL, pg. 811

Asami, Akiko, Account Supervisor --Edelman, Tokyo, Japan, pg. 1494

Atherton, Ebony, Account Supervisor --HAWKINS INTERNATIONAL PUBLIC RELATIONS, New York, NY, pg. 1533

Aude, Astrid, Account Supervisor --Ogilvy, Paris, France, pg. 814

Ayala, Nora, Account Supervisor --GALLEGOS UNITED, Huntington Beach, CA, pg. 408

Babuchenko, Anastasia, Account Supervisor --BBDO Moscow, Moscow, Russia, pg. 107

Baggley, Matt, Account Supervisor --Anomaly, Toronto, Canada, pg. 59

Baggley, Matt, Account Supervisor --Anomaly, Toronto, Canada, pg. 722

Baillie, Marian, Account Supervisor --6 DEGREES INTEGRATED COMMUNICATIONS, Toronto, Canada, pg. 10

Baker, Erica, Account Supervisor --FIREHOUSE, INC., Dallas, TX, pg. 1402

Baker, Olivia, Account Supervisor --GSD&M, Austin, TX, pg. 453

Baker, Stacy, Account Supervisor --AB+C, Wilmington, DE, pg. 16

Baldwin, Erica, Account Supervisor --PORTER NOVELLI, New York, NY, pg. 1612

Barabas, Jennifer, Account Supervisor --Manning Selvage & Lee, Atlanta, GA, pg. 1587

Barak, Guy, Account Supervisor --McCann Erickson, Tel Aviv, Israel, pg. 705

Barcelo, Daniela, Account Supervisor --Lapiz, Chicago, IL, pg. 622

Barendse, Alison, Account Supervisor --MXM, Culver City, CA, pg. 781

Barocas, Lisa Marie, Account Supervisor --KGBTEXAS, San Antonio, TX, pg. 593

BaRoss, Kelsey, Account Supervisor --ROSE COMMUNICATIONS, INC., Hoboken, NJ, pg. 1634

Barre, Brittany, Account Supervisor --Wunderman, Washington, DC, pg. 1198

Barreto, Andrea, Account Supervisor --ADLUCENT, Austin, TX, pg. 30

Barrientos, Tessa, Account Supervisor --TRACYLOCKE, Dallas, TX, pg. 1113

Bart, Kelly, Account Supervisor --MARSHALL FENN COMMUNICATIONS LTD., Toronto, Canada, pg. 1577

Bartolo, Carla, Account Supervisor --KENNA, Mississauga, Canada, pg. 592

Baryliuk, Andrea, Account Supervisor --MCKIM, Winnipeg, Canada, pg. 719

Bassett, Shannon, Account Supervisor --WALZ TETRICK ADVERTISING, Mission, KS, pg. 1151

Bateman, Tricia, Account Supervisor --ADG CREATIVE, Columbia, MD, pg. 29

Baumgartner, Lisa, Account Supervisor --PARTNERS+NAPIER, Rochester, NY, pg. 855

Bazik, Haylee, Account Supervisor --Ogilvy, Washington, DC, pg. 1599

Bearden, Monique, Account Supervisor --JACKSON MARKETING GROUP, Greenville, SC, pg. 569

Beauchamp, Monique, Account Supervisor --DAVID The Agency, Miami, FL, pg. 261

Beaudouin, Maggie, Account Supervisor --HUNTER PUBLIC

1875

AGENCIES — RESPONSIBILITIES INDEX

RELATIONS, New York, NY, pg. 1538
Becker, Christopher, Account Supervisor --JUST MEDIA, INC., Emeryville, CA, pg. 1336
Beckett, Anna, Account Supervisor --Publicis Experiences, Chicago, IL, pg. 896
Beere, Shelley, Account Supervisor --HIEBING, Madison, WI, pg. 498
Beesley, Valerie, Account Supervisor --BLOOM COMMUNICATIONS, Austin, TX, pg. 137
Bellavia, Kristen, Account Supervisor --Geometry Global, Chicago, IL, pg. 415
Beltran, Maximiliano, Account Supervisor --Del Campo Nazca Saatchi & Saatchi, Buenos Aires, Argentina, pg. 981
Belz, Lizzy, Account Supervisor --TogoRun, New York, NY, pg. 1508
Benjamini, Tracey, Account Supervisor --R&J STRATEGIC COMMUNICATIONS, Bridgewater, NJ, pg. 1622
Benko, Milly, Account Supervisor --LEO BURNETT COMPANY LTD., Toronto, Canada, pg. 620
Bennet, Marli, Account Supervisor --J. WALTER THOMPSON CANADA, Toronto, Canada, pg. 565
Benzikri, Aviv, Account Supervisor --BBR Saatchi & Saatchi, Ramat Gan, Israel, pg. 977
Beres, Krista, Account Supervisor --ROUNTREE GROUP COMMUNICATIONS MANAGEMENT, Alpharetta, GA, pg. 1635
Berg, Leah, Account Supervisor --CRAMER-KRASSELT, Chicago, IL, pg. 237
Berg, Leah, Account Supervisor --Cramer-Krasselt, Milwaukee, WI, pg. 237
Bergman, Hilary, Account Supervisor --THE BURNS GROUP, New York, NY, pg. 175
Berkley, Abigail, Account Supervisor --LEO BURNETT COMPANY LTD., Toronto, Canada, pg. 620
Bernhard, Dennis, Account Supervisor --ZIMMERMAN ADVERTISING, Fort Lauderdale, FL, pg. 1212
Bertalot, Christina, Account Supervisor --COATES KOKES, Portland, OR, pg. 216
Bholat, Fehmida, Account Supervisor --DOTTED LINE COMMUNICATIONS, New York, NY, pg. 1487
Bilyk, Rachel, Account Supervisor --EDGE MARKETING, Chicago, IL, pg. 331
Bisono, Keisy, Account Supervisor --SPARK44, Los Angeles, CA, pg. 1226
Blauner, Patrick, Account Supervisor --PROXIMITY CHICAGO, Chicago, IL, pg. 895
Bligh, Caroline, Account Supervisor --BECKERMAN PUBLIC RELATIONS, Hackensack, NJ, pg. 1446
Boarman, Ashley, Account Supervisor --LANDIS COMMUNICATIONS INC., San Francisco, CA, pg. 1563
Boate, Carol, Account Supervisor --Tribal Worldwide Toronto, Toronto, Canada, pg. 1296
Bochner, Brian, Account Supervisor --360I, New York, NY, pg. 6
Bodker, Kimberly, Account Supervisor --BERNSTEIN-REIN ADVERTISING, INC., Kansas City, MO, pg. 125
Bohochik, Emily, Account Supervisor --SHINE UNITED LLC, Madison, WI, pg. 1008
Bojara, Carri, Account Supervisor --THE STONE AGENCY, Raleigh, NC, pg. 1050
Bollea, Lindsay, Account Supervisor --FleishmanHillard Inc., Washington, DC, pg. 1512
Bonet, Maria, Account Supervisor --Lapiz, Chicago, IL, pg. 622
Bonnema, Laura, Account Supervisor --M&C SAATCHI PUBLIC RELATIONS, New York, NY, pg. 1572
Borgida, Lane, Account Supervisor --TEAM EPIPHANY, New York, NY, pg. 1095
Borowski, Rachel, Account Supervisor --GATESMAN, Pittsburgh, PA, pg. 412
Borysewicz, Anna Zuzanna, Account Supervisor --Saatchi & Saatchi, Warsaw, Poland, pg. 979
Borza, Tyler J., Account Supervisor --GROK, New York, NY, pg. 451
Boso, Elena, Account Supervisor --DDB S.r.L. Advertising, Milan, Italy, pg. 276
Boso, Elena, Account Supervisor --Verba S.r.l. Advertising, Milan, Italy, pg. 276
Boston, Brooke, Account Supervisor --SAATCHI & SAATCHI, New York, NY, pg. 975
Boulos, Kristy, Account Supervisor --MATRIX PARTNERS LTD., Chicago, IL, pg. 693
Boyd, Leigh, Account Supervisor --FIELDTRIP, Louisville, KY, pg. 379
Boyer, Evan, Account Supervisor --FRENCH/WEST/VAUGHAN, INC., Raleigh, NC, pg. 398
Bozick, Kimberly, Account Supervisor --MARC USA, Pittsburgh, PA, pg. 676
Brabham, Ashley E., Account Supervisor --Campbell Ewald Los Angeles, West Hollywood, CA, pg. 541
Bracha-Landau, Reni, Account Supervisor --BBR Saatchi & Saatchi, Ramat Gan, Israel, pg. 977
Brady, Jana, Account Supervisor --THE RAMEY AGENCY LLC, Jackson, MS, pg. 930
Brady, Sean Paul, Account Supervisor --DOUG&PARTNERS INC., Toronto, Canada, pg. 318
Brandenburg, Levi, Account Supervisor --RED PEPPER, INC., Nashville, TN, pg. 940
Branvold, Paula, Account Supervisor --WONGDOODY, Seattle, WA, pg. 1175
Brauneis, Eric, Account Supervisor --SCHAFER CONDON CARTER, Chicago, IL, pg. 995
Bravo, Giselle, Account Supervisor --O2IDEAS, INC., Birmingham, AL, pg. 803
Bray, Jeff, Account Supervisor --O'CONNELL & GOLDBERG, Hollywood, FL, pg. 1597
Brelig, Kristen, Account Supervisor --HEINRICH MARKETING, Denver, CO, pg. 493
Brennan, Tim, Account Supervisor --JENNINGS & COMPANY, Chapel Hill, NC, pg. 575
Breslin, Rachel, Account Supervisor --RP3 AGENCY, Bethesda, MD, pg. 970
Brittain, Megan, Account Supervisor --GS&F, Nashville, TN, pg. 453
Broad, Brianna, Account Supervisor --KGLOBAL, Washington, DC, pg. 594
Brockway, Rachel, Account Supervisor --SERENDIPIT, Phoenix, AZ, pg. 1003
Brodie, Nicole, Account Supervisor --Sandbox, Kansas City, MO, pg. 989
Brodie, Nicole, Account Supervisor --SANDBOX CHICAGO, Chicago, IL, pg. 989
Brogan, Erin, Account Supervisor --ADAM&EVEDDB, New York, NY, pg. 25
Brogdon, Brandon, Account Supervisor --BEDFORD ADVERTISING INC., Carrollton, TX, pg. 120
Brokamp, Mike, Account Supervisor --PUBLICIS NEW YORK, New York, NY, pg. 912
Broner, Nichelle, Account Supervisor --Pulsar Advertising, Inc., Washington, DC, pg. 915
Brooks, Mallory, Account Supervisor --BLUE SKY AGENCY, Atlanta, GA, pg. 140
Brorson, Alonna, Account Supervisor --SPAWN IDEAS, Anchorage, AK, pg. 1032
Brown, Chuck, Account Supervisor --BLATTEL COMMUNICATIONS, San Francisco, CA, pg. 135
Brown, Gentry, Account Supervisor --TRIPLEPOINT, San Francisco, CA, pg. 1663
Brown, Jason, Account Supervisor --ADHOME CREATIVE, London, Canada, pg. 30
Brown, Sarah, Account Supervisor --Olson Engage, Minneapolis, MN, pg. 518
Brumfield, Tori, Account Supervisor --EVANS, HARDY & YOUNG INC., Santa Barbara, CA, pg. 352
Bryn, Lee, Account Supervisor --BBR Saatchi & Saatchi, Ramat Gan, Israel, pg. 977
Buchanan, Angie, Account Supervisor --HOFFMAN YORK, Milwaukee, WI, pg. 506
Buechner, Lindsey, Account Supervisor --90OCTANE, Denver, CO, pg. 13
Bugg, Amy, Account Supervisor --THE LACEK GROUP, Minneapolis, MN, pg. 606
Burchfiel, Michelle, Account Supervisor --ANTHOLOGY MARKETING GROUP, INC., Honolulu, HI, pg. 1433
Burke, Katie, Account Supervisor --LIFT AGENCY, San Francisco, CA, pg. 639
Burke, Michael, Account Supervisor --MSR COMMUNICATIONS, San Francisco, CA, pg. 1589
Burness, Kylie, Account Supervisor --ICF Olson, Chicago, IL, pg. 518
Burrola, Alex, Account Supervisor --FSB CORE STRATEGIES, Sacramento, CA, pg. 1514
Bush, Bobby, Account Supervisor --YARD, New York, NY, pg. 1303
Bustillo-Aruca, Viviana, Account Supervisor --ALMA, Coconut Grove, FL, pg. 49
Bustin, Jordan, Account Supervisor --Ogilvy, Chicago, IL, pg. 1599
Butler, Morgan, Account Supervisor --JENNINGS & COMPANY, Chapel Hill, NC, pg. 575
Bzymek, Erin, Account Supervisor --MWWPR, Washington, DC, pg. 1591
Cabrera, Jose Luis, Account Supervisor --Wavemaker, Mexico, Mexico, pg. 1384
Cady, Trista, Account Supervisor --HARVEST PUBLIC RELATIONS, Portland, OR, pg. 1527
Caiazzo, Michelle Sprinkel, Account Supervisor --CRAWFORD STRATEGY, Greenville, SC, pg. 239
Caine, Marlee, Account Supervisor --Wieden + Kennedy New York, New York, NY, pg. 1165
Calderoni, Giulia, Account Supervisor --Ogilvy, Milan, Italy, pg. 815
Calderoni, Giulia, Account Supervisor --Ogilvy S.p.A., Milan, Italy, pg. 1600
Caldwell, Danielle, Account Supervisor --CRIER COMMUNICATIONS, Beverly Hills, CA, pg. 247
Calland, Grace, Account Supervisor --PIPITONE GROUP, Pittsburgh, PA, pg. 873
Calloway, Craig, Account Supervisor --THE STARR CONSPIRACY, Fort Worth, TX, pg. 1044
Calvachi, Andres, Account Supervisor --CASANOVA PENDRILL, Costa Mesa, CA, pg. 192
Cammareri, Paola, Account Supervisor --FCB West, San Francisco, CA, pg. 365
Campbell, Shannon, Account Supervisor --Pierpont Communications, Inc., Austin, TX, pg. 1608
Caraway, Pam, Account Supervisor --RHEA + KAISER, Naperville, IL, pg. 954
Carbajal, Brenda, Account Supervisor --LOVE ADVERTISING INC., Houston, TX, pg. 652
Carbonella, Suzanne, Account Supervisor --CRONIN, Glastonbury, CT, pg. 248
Careaga, Janet, Account Supervisor --BODEN AGENCY, Miami, FL, pg. 1453
Carfi, Alyssa, Account Supervisor --HAVAS PR, New York, NY, pg. 1528
Carlson, Brigit, Account Supervisor --Grayling, San Francisco, CA, pg. 1524
Carnevale, Noelle, Account Supervisor --MARINA MAHER COMMUNICATIONS, New York, NY, pg. 1576
Carney, Mia, Account Supervisor --MBT MARKETING, Portland, OR, pg. 696
Carpenter, Kristen, Account Supervisor --MARKETING PERFORMANCE GROUP, Boca Raton, FL, pg. 1340
Carpenter, Timothy K., Account Supervisor --GREY GROUP, New York, NY, pg. 438
Carr, James, Account Supervisor --DAC GROUP, Louisville, KY, pg. 257
Carroll, Julie, Account Supervisor --ADAM&EVEDDB, New York, NY, pg. 25
Carson, Carly, Account Supervisor --PMG WORLDWIDE, LLC, Fort Worth, TX, pg. 878
Carter, Leanne, Account Supervisor --KENNA, Mississauga, Canada, pg. 592
Carver, Andrea, Account Supervisor --LUCKIE & COMPANY, Birmingham, AL, pg. 655
Casaceli, Lauren, Account Supervisor --ALLEN & GERRITSEN, Boston, MA, pg. 45
Casey, Clair, Account Supervisor --HAVAS FORMULA, El Segundo, CA, pg. 1527
Casper, Eliza, Account Supervisor --PERISCOPE, Minneapolis, MN, pg. 864
Castro, Rachel, Account Supervisor --THE COMMUNITY, Miami, FL, pg. 223
Catletti, Sarah, Account Supervisor --R&R Partners, Reno, NV, pg. 925
Caverno, Kate, Account Supervisor --MORSEKODE, Minneapolis, MN, pg. 761
Cedeno, Paola, Account Supervisor --Y&R Miami, Miami, FL, pg. 1205
Cenci, Carolina, Account Supervisor --Saatchi & Saatchi, Rome, Italy, pg. 978
Cerino, Alanna, Account Supervisor --INTOUCH SOLUTIONS, Overland Park, KS, pg. 544
Cervantes, Paola, Account Supervisor --LA AGENCIA DE ORCI & ASOCIADOS, Santa Monica, CA, pg. 606
Chaikin, Ronny, Account Supervisor --BBR Saatchi & Saatchi, Ramat Gan, Israel, pg. 977
Chambers, Audrey, Account Supervisor --ACROBATANT, Tulsa, OK, pg. 22
Chambers, Leah, Account Supervisor --KOCH CREATIVE GROUP, Wichita, KS, pg. 1223
Chan, Carman, Account Supervisor --Myriad Travel Marketing, New York, NY, pg. 782
Chandler, Sebastian, Account Supervisor --PEREIRA & O'DELL, San Francisco, CA, pg. 863

RESPONSIBILITIES INDEX — AGENCIES

Charlton, Rob, Account Supervisor --CHARLTON MARKETING INC, Portland, OR, pg. 204

Charney, Amanda, Account Supervisor --HOW FUNWORKS LLC, Oakland, CA, pg. 510

Cheek, Zachary, Account Supervisor --ICF Olson, Chicago, IL, pg. 518

Cheeseman, Robyn, Account Supervisor --DOREMUS, New York, NY, pg. 316

Chi, Do Hoang Linh, Account Supervisor --Hakuhodo & Saigon Advertising Co., Ltd., Ho Chi Minh City, Vietnam, pg. 463

Chinoy, Fred, Account Supervisor --CLEAN SHEET COMMUNICATIONS, Toronto, Canada, pg. 213

Choi, Heejeong, Account Supervisor --TBWA Korea, Seoul, Korea (South), pg. 1092

Choy, Justin, Account Supervisor --GREY NEW YORK, New York, NY, pg. 438

Christopher, Devin, Account Supervisor --FCB HEALTH, New York, NY, pg. 376

Cieply, Rick, Account Supervisor --PARTNERS+NAPIER, Rochester, NY, pg. 855

Cioppa, Retha, Account Supervisor --GSD&M, Austin, TX, pg. 453

Cirrone, Katy, Account Supervisor --Cone Communications LLC, New York, NY, pg. 1473

Citro, Sofia, Account Supervisor --Leo Burnett Buenos Aires, Buenos Aires, Argentina, pg. 623

Clapp, Jenna, Account Supervisor --AMP Agency, New York, NY, pg. 1237

Clardy, Amanda, Account Supervisor --Racepoint Global, San Francisco, CA, pg. 1624

Clark, Ryan, Account Supervisor --BFG COMMUNICATIONS, Bluffton, SC, pg. 126

Claudio, Alina, Account Supervisor --DDB HEALTH, New York, NY, pg. 267

Cleeremans, Catherine, Account Supervisor --BUZZSAW ADVERTISING & DESIGN INC., Irvine, CA, pg. 178

Clem, Selina, Account Supervisor --THE ATKINS GROUP, San Antonio, TX, pg. 75

Clements, Karin, Account Supervisor --GLYNNDEVINS ADVERTISING & MARKETING, Kansas City, MO, pg. 424

Cloar, Sarah Beth, Account Supervisor --THE REIS GROUP, LLC, Washington, DC, pg. 1629

Close, Kerry, Account Supervisor --WACHSMAN PR, New York, NY, pg. 1668

Cockrell, Katie, Account Supervisor --MRM Worldwide, San Francisco, CA, pg. 767

Coe, Katie, Account Supervisor --MCGARRYBOWEN, New York, NY, pg. 716

Coffaro, John, Account Supervisor --RAPPORT WORLDWIDE, New York, NY, pg. 1366

Cohen, Ryan, Account Supervisor --MILLER ADVERTISING AGENCY INC., New York, NY, pg. 741

Cohrs, Hillary, Account Supervisor --Yamamoto, Minneapolis, MN, pg. 723

Colburn, Sandra, Account Supervisor --AGENCY59, Toronto, Canada, pg. 39

Collins, Amberly, Account Supervisor --THE GARAGE TEAM MAZDA, Costa Mesa, CA, pg. 409

Colombo, Chiara, Account Supervisor --Havas Worldwide Milan, Milan, Italy, pg. 481

Combs, Allison, Account Supervisor --IN MARKETING SERVICES, Norwalk, CT, pg. 529

Combs, Amanda, Account Supervisor --SWIFT AGENCY, Portland, OR, pg. 1066

Connell, Jennifer, Account Supervisor --MEDIASPOT, INC., Corona Del Mar, CA, pg. 1350

Connelly, Marissa, Account Supervisor --LITZKY PUBLIC RELATIONS, Hoboken, NJ, pg. 1569

Connolly, Mary, Account Supervisor --deutschMedia, New York, NY, pg. 295

Connors, Cadie, Account Supervisor --PARRIS COMMUNICATIONS, INC., Kansas City, MO, pg. 1606

Continanza, Stella, Account Supervisor --Havas Worldwide New York, New York, NY, pg. 476

Cook, Valorie, Account Supervisor --BILLUPS WORLDWIDE, Lake Oswego, OR, pg. 1309

Cooper, Jaclyn, Account Supervisor --JOHN ST., Toronto, Canada, pg. 579

Cooper, Rachel, Account Supervisor --Olson Engage, Minneapolis, MN, pg. 518

Copeland, Katie Hummel, Account Supervisor --PINGER PR AT POWERS, Cincinnati, OH, pg. 1609

Corna, Lauren, Account Supervisor --KARSH & HAGAN COMMUNICATIONS, INC., Denver, CO, pg. 588

Corwin, Ellissa, Account Supervisor --ROKKAN, New York, NY, pg. 966

Cosenza, Kimberly, Account Supervisor --DUDNYK HEALTHCARE GROUP, Horsham, PA, pg. 324

Costanzo, Francesca, Account Supervisor --J. Walter Thompson, Rome, Italy, pg. 560

Cox, Monica, Account Supervisor --THE MARTIN AGENCY, Richmond, VA, pg. 687

Coyne, Lauren, Account Supervisor --GLOBAL TEAM BLUE, Dearborn, MI, pg. 423

Craig, Colleen, Account Supervisor --GARRANDPARTNERS, Portland, ME, pg. 410

Crawford, Kennedy, Account Supervisor --Ogilvy, Toronto, Canada, pg. 812

Criddle, Leanna, Account Supervisor --PUBLICIS NEW YORK, New York, NY, pg. 912

Crum, Molly, Account Supervisor --REDROC AUSTIN, Austin, TX, pg. 943

Crye, Emily, Account Supervisor --PARAMORE THE DIGITAL AGENCY, Nashville, TN, pg. 854

Cunningham, Kimberly, Account Supervisor --MEADSDURKET, San Diego, CA, pg. 724

Curran, Kelly, Account Supervisor --DEMONSTRATE PR LLC, San Francisco, CA, pg. 1482

Curtis, Holly, Account Supervisor --MML INC., Santa Monica, CA, pg. 1585

D'Andrea, Filippo, Account Supervisor --Publicis Italia, Milan, Italy, pg. 899

Dagg, Leslie Clark, Account Supervisor --BIANCHI PUBLIC RELATIONS INC., Troy, MI, pg. 1449

Dana, Tatiana Romero, Account Supervisor --REPUBLICA HAVAS, Miami, FL, pg. 947

Daniels, Jeff, Account Supervisor --CALLAHAN CREEK, INC., Lawrence, KS, pg. 183

Darden, Kelly, Account Supervisor --INTERMARK GROUP, INC., Birmingham, AL, pg. 539

Darrenkamp, Julia, Account Supervisor --Ketchum, Chicago, IL, pg. 1556

DauSchmidt, Shelley, Account Supervisor --LINDSAY, STONE & BRIGGS, INC., Madison, WI, pg. 641

Dautel, Stacy, Account Supervisor --THE WEINSTEIN ORGANIZATION, INC., Chicago, IL, pg. 1157

Davidow, Cody, Account Supervisor --mcgarrybowen, Chicago, IL, pg. 718

Davis, Kristi, Account Supervisor --GRAHAM OLESON, Colorado Springs, CO, pg. 432

Davis, Kyle, Account Supervisor --MICROMASS COMMUNICATIONS INC, Cary, NC, pg. 738

Davis, Simone, Account Supervisor --MACDONALD MEDIA, New York, NY, pg. 1339

Davis, Simone, Account Supervisor --MACDONALD MEDIA, Portland, OR, pg. 666

de la Puente, Gabriela Castro, Account Supervisor --DDB Madrid, S.A., Madrid, Spain, pg. 280

de la Torre, Daniel, Account Supervisor --McCann New York, New York, NY, pg. 698

De La Torre, Daniel, Account Supervisor --SENSIS, Los Angeles, CA, pg. 1002

de Seve, Alexis, Account Supervisor --FIGLIULO&PARTNERS, LLC, New York, NY, pg. 380

Debrick, Nicole, Account Supervisor --C3 - CREATIVE CONSUMER CONCEPTS, Overland Park, KS, pg. 181

Deitsch, Gabby, Account Supervisor --Weber Shandwick-Saint Louis, Saint Louis, MO, pg. 1676

Del Valle, Frances, Account Supervisor --LIGHTSPEED PUBLIC RELATIONS, Brooklyn, NY, pg. 1567

Delaney, Margaret, Account Supervisor --BERLINROSEN, New York, NY, pg. 1448

DeMers, Anna Petrocco, Account Supervisor --COLEHOUR + COHEN, Seattle, WA, pg. 218

DeMinco, Jessica, Account Supervisor --Partners+Napier, New York, NY, pg. 856

Demmer, Catherine, Account Supervisor --TAXI, Toronto, Canada, pg. 1075

Derkey, Megan, Account Supervisor --BELLMONT PARTNERS, Minneapolis, MN, pg. 121

Determann, Julie, Account Supervisor --THE WEINSTEIN ORGANIZATION, INC., Chicago, IL, pg. 1157

Devin, Machel, Account Supervisor --STRUCK, Salt Lake City, UT, pg. 1055

Devine, Kaylee Vrem, Account Supervisor --SPAWN IDEAS, Anchorage, AK, pg. 1032

Devitt, Claudia, Account Supervisor --PUBLICIS NEW YORK, New York, NY, pg. 912

deVogelaere, Lexi, Account Supervisor --VIRTUE WORLDWIDE, Brooklyn, NY, pg. 1139

Devries, Carrie, Account Supervisor --DEVENEY COMMUNICATIONS, New Orleans, LA, pg. 1483

Diaz, Jocelyn, Account Supervisor --Edelman, Mexico, Mexico, pg. 1495

Diefenbach, Annie, Account Supervisor --RODGERS TOWNSEND, LLC, Saint Louis, MO, pg. 965

Dietz, Kelley, Account Supervisor --BVK, Milwaukee, WI, pg. 178

DiFurio, Dana, Account Supervisor --MASTERMIND MARKETING, Atlanta, GA, pg. 1411

Dillon, Casey, Account Supervisor --CURA STRATEGIES, Arlington, VA, pg. 254

DiMilia, Stephanie, Account Supervisor --GREY GROUP, New York, NY, pg. 438

Dmytriw, Gordon, Account Supervisor --THINK SHIFT, Winnipeg, Canada, pg. 1099

Doak, Eva, Account Supervisor --WongDoody, Culver City, CA, pg. 1175

Dobson, John, Account Supervisor --BARKLEY, Kansas City, MO, pg. 90

Dold, Laura, Account Supervisor --JNA ADVERTISING, Overland Park, KS, pg. 577

Domingo, Cynthia, Account Supervisor --SEYFERTH & ASSOCIATES INC., Grand Rapids, MI, pg. 1643

Donnelly, Scott, Account Supervisor --BRANDNER COMMUNICATIONS, INC., Federal Way, WA, pg. 157

Donoghoe, Dominique, Account Supervisor --GCG MARKETING, Fort Worth, TX, pg. 413

Donohue, Vanessa, Account Supervisor --ANTENNA GROUP, INC., San Francisco, CA, pg. 1433

Dooley, Virginia, Account Supervisor --NEWMARK ADVERTISING, INC., Woodland Hls, CA, pg. 793

Dorian, Lyndsey, Account Supervisor --BARRETTSF, San Francisco, CA, pg. 91

Dougherty, Jennyfer Butzen, Account Supervisor --LKH&S, Chicago, IL, pg. 647

Downing, Ali, Account Supervisor --THE INTEGER GROUP, LLC, Lakewood, CO, pg. 536

Doyle, Taylor, Account Supervisor --LAUNDRY SERVICE, New York, NY, pg. 615

Drevniak, Marta, Account Supervisor --MAXWELL PR, Portland, OR, pg. 1578

Drewnowski, Leah, Account Supervisor --HAVAS WORLDWIDE, New York, NY, pg. 475

Driesen, Randy, Account Supervisor --STRATEGIC AMERICA, West Des Moines, IA, pg. 1052

Drob, Aimee, Account Supervisor --Havas Worldwide New York, New York, NY, pg. 476

Duffy, Lacey, Account Supervisor --Ackerman McQueen, Inc., Dallas, TX, pg. 21

Duster, Skye, Account Supervisor --Y&R AUSTIN, Austin, TX, pg. 1194

Duttweiler, Toni, Account Supervisor --LEO BURNETT WORLDWIDE, INC., Chicago, IL, pg. 621

Dvir, Tom, Account Supervisor --BBR Saatchi & Saatchi, Ramat Gan, Israel, pg. 977

Easton, Kaylie, Account Supervisor --LITZKY PUBLIC RELATIONS, Hoboken, NJ, pg. 1569

Echeverri, Jennifer, Account Supervisor --Mirum Arkansas, Rogers, AR, pg. 1273

Edwards, Dana, Account Supervisor --FRENCH/WEST/VAUGHAN, INC., Raleigh, NC, pg. 398

Egami, Keisuke, Account Supervisor --TBWA/Hakuhodo, Tokyo, Japan, pg. 1090

Eiffe, Alison, Account Supervisor --HARRISON AND STAR LLC, New York, NY, pg. 469

Eisen, Samantha, Account Supervisor --Edelman, Seattle, WA, pg. 1493

Eldredge, Jillian, Account Supervisor --Narrative, Los Angeles, CA, pg. 784

Elen, Jason, Account Supervisor --Davis-Elen Advertising, Inc., Portland, OR, pg. 264

Elsom, Cindi, Account Supervisor --HMH, Portland, OR, pg. 504

Emer, Michael, Account Supervisor --GREY GROUP, New York, NY, pg. 438

Endara, Pablo, Account Supervisor --Grey Chile, Santiago, Chile, pg. 443

Eng, Candice, Account Supervisor --INK PUBLIC RELATIONS, Austin, TX, pg. 1542

Engle, Nichole, Account Supervisor --BACKE DIGITAL BRAND MARKETING, Radnor, PA, pg. 82

Entler, Evan, Account Supervisor --MONO, Minneapolis, MN, pg. 755

Epstein, Zachary, Account Supervisor --THE BURNS GROUP, New

AGENCIES — RESPONSIBILITIES INDEX

York, NY, pg. 175

Erhardt, Jamie, Account Supervisor --THE EGC GROUP, Melville, NY, pg. 332

Erickson, Mara, Account Supervisor --RDA INTERNATIONAL, New York, NY, pg. 935

Escude, Anna Riba, Account Supervisor --Grey Barcelona, Barcelona, Spain, pg. 442

Espinetti, Enrique, Account Supervisor --FCB New York, New York, NY, pg. 365

Etheart, Thibault, Account Supervisor --DENTSUBOS, Montreal, Canada, pg. 291

Evans, Dave, Account Supervisor --MARCUS THOMAS LLC, Cleveland, OH, pg. 679

Evans, Lauren, Account Supervisor --THE TOMBRAS GROUP, Knoxville, TN, pg. 1108

Even, Katie, Account Supervisor --CIVILIAN, Chicago, IL, pg. 210

Fabricant, Alexis, Account Supervisor --LIPPE TAYLOR, New York, NY, pg. 1568

Faison, Michelle, Account Supervisor --THE STONE AGENCY, Raleigh, NC, pg. 1050

Falk, Pollyanna, Account Supervisor --SPARK STRATEGIC IDEAS, Charlotte, NC, pg. 1031

Faltl, Jamie, Account Supervisor --JOHN ST., Toronto, Canada, pg. 579

Fancett, Matt, Account Supervisor --CAMPBELL MARKETING & COMMUNICATIONS, Dearborn, MI, pg. 186

Fanelli, Shannon Frampton, Account Supervisor --FCB/RED, Chicago, IL, pg. 365

Farias, Alison, Account Supervisor --B/H IMPACT, Los Angeles, CA, pg. 1436

Farkas, Maribeth, Account Supervisor --CAPONIGRO PUBLIC RELATIONS, INC., Southfield, MI, pg. 1462

Farley, Brian, Account Supervisor --COYNE PUBLIC RELATIONS, Parsippany, NJ, pg. 1476

Farmer, Jenna, Account Supervisor --Edelman, Atlanta, GA, pg. 1492

Farquharson, James, Account Supervisor --ZULU ALPHA KILO, Toronto, Canada, pg. 1216

Feder, Laura, Account Supervisor --FCB West, San Francisco, CA, pg. 365

Fee, Angela, Account Supervisor --Anomaly, Toronto, Canada, pg. 59

Fee, Angela, Account Supervisor --Anomaly, Toronto, Canada, pg. 722

Feldman, Debbie, Account Supervisor --OgilvyOne Worldwide, Chicago, IL, pg. 812

Fencl, Alex, Account Supervisor --Ketchum, Atlanta, GA, pg. 1556

Fernandez, Bailey, Account Supervisor --KERN, Woodland Hills, CA, pg. 593

Fernandez, Henry, Account Supervisor --M/H VCCP, San Francisco, CA, pg. 664

Fernstrum, Maureen, Account Supervisor --Cramer-Krasselt, Milwaukee, WI, pg. 237

Ferrante, Ariel, Account Supervisor --SCHNEIDER ASSOCIATES, Boston, MA, pg. 1641

Ferrari, Leonardo, Account Supervisor --Wunderman, Buenos Aires, Argentina, pg. 1189

Ferreira, Rute, Account Supervisor --Wavemaker, Lisbon, Portugal, pg. 1383

Ferreira, Sacha, Account Supervisor --THE COMMUNITY, Miami, FL, pg. 223

Fetchko, Andrea, Account Supervisor --JPA HEALTH COMMUNICATIONS, Washington, DC, pg. 583

Fields, Cathy, Account Supervisor --SIMPLE TRUTH COMMUNICATION PARTNERS, Chicago, IL, pg. 1015

Finch, Susan, Account Supervisor --COMMPRO LLC, Eagle, ID, pg. 222

Fine, Morgan, Account Supervisor --BLISSPR, New York, NY, pg. 136

Finelli, Michelle, Account Supervisor --BUTLER, SHINE, STERN & PARTNERS, Sausalito, CA, pg. 177

Fink, Rachel, Account Supervisor --GOLD DOG COMMUNICATIONS, Falls Church, VA, pg. 427

Firestone, Halley, Account Supervisor --MEDIA WORKS, LTD., Baltimore, MD, pg. 1344

Fischer, Chuck, Account Supervisor --GKV COMMUNICATIONS, Baltimore, MD, pg. 421

Fischer, Nicole, Account Supervisor --Padilla, New York, NY, pg. 850

Fisher, Francie, Account Supervisor --DVL SEIGENTHALER, Nashville, TN, pg. 1489

Fletcher, Kelli Beale, Account Supervisor --PAN COMMUNICATIONS, Boston, MA, pg. 1605

Foigel, Hagar, Account Supervisor --Gitam/BBDO, Tel Aviv, Israel, pg. 106

Foley, Jamie, Account Supervisor --BVK-Fort Myers, Fort Myers, FL, pg. 179

Fondren, Alex, Account Supervisor --CHARLES COMMUNICATIONS ASSOCIATES LLC, San Francisco, CA, pg. 1466

Forli, Ricardo, Account Supervisor --F/Nazca Saatchi & Saatchi, Sao Paulo, Brazil, pg. 981

Forrester, Ursula, Account Supervisor --LEWIS ADVERTISING, INC., Rocky Mount, NC, pg. 635

Fortunate, Ann Marie, Account Supervisor --FRANCO PUBLIC RELATIONS GROUP, Detroit, MI, pg. 1513

Fortune, Gina, Account Supervisor --MRM PRINCETON, Princeton, NJ, pg. 768

Foster, Michael, Account Supervisor --THE MARTIN AGENCY, Richmond, VA, pg. 687

Foulques, Luisa, Account Supervisor --Havas Media, Miami, FL, pg. 1327

Fowles, Hallie, Account Supervisor --CATAPULT MARKETING, Wilton, CT, pg. 196

Foy, Julia, Account Supervisor --AGENCY59, Toronto, Canada, pg. 39

Foy, Julia, Account Supervisor --Agency59 Response, Toronto, Canada, pg. 40

Frandsen, Laura, Account Supervisor --CADE & ASSOCIATES ADVERTISING, INC., Tallahassee, FL, pg. 181

Fratto, Kelli, Account Supervisor --LOVE COMMUNICATIONS, Salt Lake City, UT, pg. 653

Freeman, Andrew, Account Supervisor --BOND MOROCH, New Orleans, LA, pg. 1454

Freisthler, Aimee, Account Supervisor --BURNS ENTERTAINMENT & SPORTS MARKETING, Evanston, IL, pg. 175

Fried, Alexis, Account Supervisor --Resound Marketing, Princeton, NJ, pg. 1630

Friedman, Kayla, Account Supervisor --MCGARRYBOWEN, New York, NY, pg. 716

Friedman, Nicole, Account Supervisor --JACOBSON ROST, Milwaukee, WI, pg. 570

Fuge, Carlin, Account Supervisor --ADFERO GROUP, Washington, DC, pg. 29

Fuller, Amanda, Account Supervisor --DDB San Francisco, San Francisco, CA, pg. 269

Gage, Devon, Account Supervisor --RAWLE MURDY ASSOCIATES, INC., Charleston, SC, pg. 934

Galasso, Casey, Account Supervisor --QUINN & CO., New York, NY, pg. 1622

Galicia, Yolanda C., Account Supervisor --CASANOVA PENDRILL, Costa Mesa, CA, pg. 192

Gallagher, Kelly, Account Supervisor --PIXACORE, New York, NY, pg. 874

Gallardo, Anastasia, Account Supervisor --PRIMARY DESIGN INC, Haverhill, MA, pg. 889

Gallogly, Payton, Account Supervisor --Fallon Minneapolis, Minneapolis, MN, pg. 360

Gama, Luiz, Account Supervisor --F/Nazca Saatchi & Saatchi, Sao Paulo, Brazil, pg. 981

Gambrell, Ryan, Account Supervisor --Dalton Agency Atlanta, Atlanta, GA, pg. 258

Ganson, Lindsey, Account Supervisor --MP&F STRATEGIC COMMUNICATIONS, Nashville, TN, pg. 1586

Ganter, Julie Roth, Account Supervisor --J. Walter Thompson Inside, Atlanta, GA, pg. 565

Gapinske, Lisa, Account Supervisor --SLEEK MACHINE, LLC, Boston, MA, pg. 1020

Garcia, Jillian, Account Supervisor --Epsilon, New York, NY, pg. 345

Garcia, Pedro, Account Supervisor --CREATIVEONDEMAND, Coconut Grove, FL, pg. 246

Gardiner, Hannah, Account Supervisor --J PUBLIC RELATIONS, San Diego, CA, pg. 1407

Garlanger, Kara, Account Supervisor --78MADISON, Dayton, OH, pg. 12

Garten, Emma, Account Supervisor --LINHART PUBLIC RELATIONS, Denver, CO, pg. 1568

Gauthier, Anthony, Account Supervisor --Porter Novelli Public Services, Washington, DC, pg. 1613

Gauthier-Roy, Ariane, Account Supervisor --Publicis NetWorks, Toronto, Canada, pg. 904

Gavrelos, Ahna, Account Supervisor --Integrate Agency, Houston, TX, pg. 1682

Gehring, Lisa, Account Supervisor --Geometry Global, Chicago, IL, pg. 415

Geiser, Claire, Account Supervisor --BUTLER/TILL, Rochester, NY, pg. 1313

Geismar, Lauren, Account Supervisor --FCB West, San Francisco, CA, pg. 365

Gengler, Elle, Account Supervisor --BVK, Milwaukee, WI, pg. 178

Gestri, Alberto, Account Supervisor --OUTCAST COMMUNICATIONS, San Francisco, CA, pg. 1603

Getz, Hannah, Account Supervisor --M/H VCCP, San Francisco, CA, pg. 664

Ghiretti, Silvia, Account Supervisor --Publicis, Rome, Italy, pg. 900

Giacomotti, Federica, Account Supervisor --Y&R Italia, srl, Milan, Italy, pg. 1203

Giambrone, Janine, Account Supervisor --MENTUS, San Diego, CA, pg. 730

Gianotti, Jessa, Account Supervisor --OGILVY, New York, NY, pg. 1598

Giglio, Katelyn, Account Supervisor --22squared Inc., Tampa, FL, pg. 4

Gilbreth, Jason, Account Supervisor --TREVELINO/KELLER, Atlanta, GA, pg. 1662

Gilchrist, John, Account Supervisor --CUTWATER, San Francisco, CA, pg. 255

Gilles, Molly, Account Supervisor --Ogilvy, Chicago, IL, pg. 811

Gillespie, Jordan Noelle, Account Supervisor --HILL HOLLIDAY/NEW YORK, New York, NY, pg. 501

Gillette, Heather, Account Supervisor --MINTZ & HOKE COMMUNICATIONS GROUP, Avon, CT, pg. 746

Girolamo, Marissa, Account Supervisor --Porter Novelli-Los Angeles, Los Angeles, CA, pg. 1613

Giumarra, Joseph, Account Supervisor --HAVAS PR, New York, NY, pg. 1528

Glasko, Kimberly, Account Supervisor --GO2 ADVERTISING, Twinsburg, OH, pg. 425

Gochtovtt, Tessa, Account Supervisor --ASHER AGENCY, INC., Fort Wayne, IN, pg. 73

Godfrey, Angela, Account Supervisor --JACK MORTON WORLDWIDE, Boston, MA, pg. 567

Goebel, Tiffany, Account Supervisor --SIMPLE TRUTH COMMUNICATION PARTNERS, Chicago, IL, pg. 1015

Gold, Alana, Account Supervisor --BLISSPR, New York, NY, pg. 136

Goldman, Stephanie, Account Supervisor --The Pollack PR Marketing Group, New York, NY, pg. 1611

Gonzalez, David, Account Supervisor --PIERPONT COMMUNICATIONS, INC., Houston, TX, pg. 1608

Gonzalez, Lauren, Account Supervisor --MERKLEY+PARTNERS, New York, NY, pg. 733

Gonzalez, Yezenia, Account Supervisor --Olson Engage, Minneapolis, MN, pg. 518

Gordon, Emily, Account Supervisor --GLYNNDEVINS ADVERTISING & MARKETING, Kansas City, MO, pg. 424

Gorelick, Jessica, Account Supervisor --M&C Saatchi, Santa Monica, CA, pg. 662

Gossett, Amanda Mills, Account Supervisor --BFG COMMUNICATIONS, Bluffton, SC, pg. 126

Goulette, Andrea, Account Supervisor --Commonwealth, Detroit, MI, pg. 698

Grace, Lisa, Account Supervisor --MORE ADVERTISING, Watertown, MA, pg. 757

Grady, Kaitlynn, Account Supervisor --Edelman, New York, NY, pg. 1492

Grady, Rachel, Account Supervisor --M. BOOTH & ASSOCIATES, New York, NY, pg. 663

Graham, Joanna, Account Supervisor --22SQUARED, Atlanta, GA, pg. 4

Graham, Laura, Account Supervisor --MOTIVE, Denver, CO, pg. 764

Grant, Betsy, Account Supervisor --HMH-Charlotte N.C., Charlotte, NC, pg. 504

Gray, Holly, Account Supervisor --BROTHERS & CO., Tulsa, OK, pg. 167

Greenblatt, Melanie, Account Supervisor --OGILVY, New York, NY, pg. 809

Greene, Laura, Account Supervisor --HAVAS WORLDWIDE CHICAGO, Chicago, IL, pg. 488

Gregoire, Angelica, Account Supervisor --Geometry Global, Akron, OH, pg. 416

Gregory, Chase, Account Supervisor --RED MOON MARKETING, Charlotte, NC, pg. 940

Griffin, Aidan, Account Supervisor --KETNER GROUP, Austin, TX, pg. 1558

Griffin, Alison, Account Supervisor --ICF OLSON, Minneapolis, MN, pg. 518

Griffith-Roach, Ashley, Account Supervisor --MATRIX MEDIA SERVICES, INC., Columbus, OH, pg. 1340

Grogan, Owen, Account Supervisor --ATTENTION GLOBAL, New

RESPONSIBILITIES INDEX — AGENCIES

York, NY, pg. 76
Grogan, Rob, Account Supervisor --DAVIS HARRISON DION, INC., Chicago, IL, pg. 265
Gross, Brooke, Account Supervisor --MEDIA LOGIC, Albany, NY, pg. 726
Grubner, Nicole, Account Supervisor --Finn Partners, Jerusalem, Israel, pg. 382
Gudusky, Kim, Account Supervisor --OTTO, Norfolk, VA, pg. 845
Guerra, Hollis, Account Supervisor --BLAST! PR, Santa Barbara, CA, pg. 1451
Guerra, Kelly, Account Supervisor --PARADOWSKI CREATIVE, Saint Louis, MO, pg. 853
Guggenheimer, Allison, Account Supervisor --360i, New York, NY, pg. 6
Guidoboni, Jessica, Account Supervisor --AUSTIN & WILLIAMS, Hauppauge, NY, pg. 78
Gullickson, Ashley, Account Supervisor --WUNDERMAN, New York, NY, pg. 1188
Gunther, Shawna, Account Supervisor --FREESTYLE MARKETING GROUP, Salt Lake City, UT, pg. 398
Gutierrez, Nissa, Account Supervisor --Deutsch LA, Los Angeles, CA, pg. 294
Gutierrez, Nissa, Account Supervisor --deutschMedia, New York, NY, pg. 295
Haack, Natalie, Account Supervisor --NUFFER SMITH TUCKER PUBLIC RELATIONS, San Diego, CA, pg. 1597
Hackett, Hunter, Account Supervisor --L.C. WILLIAMS & ASSOCIATES, LLC, Chicago, IL, pg. 1564
Hadaway, Emily, Account Supervisor --J. WALTER THOMPSON, New York, NY, pg. 553
Hadden, Utahna, Account Supervisor --ADVANCED MARKETING STRATEGIES, San Diego, CA, pg. 33
Haines, Addison, Account Supervisor --RED MOON MARKETING, Charlotte, NC, pg. 940
Hake, Bernd, Account Supervisor --Mediacom Dusseldorf, Dusseldorf, Germany, pg. 1338
Hake, Bernd, Account Supervisor --Mediacom Dusseldorf, Dusseldorf, Germany, pg. 1346
Hale, Ben, Account Supervisor --BOHAN, Nashville, TN, pg. 144
Haley, Brooke, Account Supervisor --CREATIVE NOGGIN, San Antonio, TX, pg. 244
Hall, Ryan, Account Supervisor --NUFFER SMITH TUCKER PUBLIC RELATIONS, San Diego, CA, pg. 1597
Halley, Lauren, Account Supervisor --SAESHE ADVERTISING, Los Angeles, CA, pg. 986
Hamill, Alex, Account Supervisor --BBDO San Francisco, San Francisco, CA, pg. 99
Hamm, Jorie, Account Supervisor --Geometry Global, Chicago, IL, pg. 415
Hampel, Kristin, Account Supervisor --GS&F, Nashville, TN, pg. 453
Hanback, Clay, Account Supervisor --FRENCH/WEST/VAUGHAN, INC., Raleigh, NC, pg. 398
Hanley, Caroline, Account Supervisor --MullenLowe, El Segundo, CA, pg. 772
Hansel, Kristin, Account Supervisor --JS2 COMMUNICATIONS, Los Angeles, CA, pg. 583
Hansen, Bryan, Account Supervisor --MURPHY O'BRIEN, INC., Los Angeles, CA, pg. 1590
Hanson, Elizabeth, Account Supervisor --SHARAVSKY COMMUNICATIONS, Lafayette Hill, PA, pg. 1005
Hanson, Leanne, Account Supervisor --PADILLA, Minneapolis, MN, pg. 849
Hanson, Rebecca, Account Supervisor --BBDO San Francisco, San Francisco, CA, pg. 99
Hardatt, Devina A., Account Supervisor --TWOFIFTEENMCCANN, San Francisco, CA, pg. 1124
Hardwick, Meagan, Account Supervisor --RED SHOES PR, Appleton, WI, pg. 1627
Harkleroad, Mandy, Account Supervisor --KEYPATH EDUCATION, Lenexa, KS, pg. 593
Harmon, Jacqueline, Account Supervisor --CALLAHAN CREEK, INC., Lawrence, KS, pg. 183
Harrington, Kelsey, Account Supervisor --CASTILLO & RUIG COMMUNICATIONS, Santa Monica, CA, pg. 1464
Harris, Debbie, Account Supervisor --WALZ TETRICK ADVERTISING, Mission, KS, pg. 1151
Harrison, Kelly, Account Supervisor --J PUBLIC RELATIONS, San Diego, CA, pg. 1407
Harrison, Natalie, Account Supervisor --HABERMAN & ASSOCIATES, INC., Minneapolis, MN, pg. 460
Hart, Kelsey, Account Supervisor --RHEA + KAISER, Naperville, IL, pg. 954
Hartwig, Erin, Account Supervisor --Fleishman-Hillard Inc., San Francisco, CA, pg. 1507
Haun, Kristen, Account Supervisor --SAATCHI & SAATCHI WELLNESS, New York, NY, pg. 985
Hausman, Amanda, Account Supervisor --SANTY INTEGRATED, Scottsdale, AZ, pg. 990
Hawayek, Jose, Account Supervisor --ALMA, Coconut Grove, FL, pg. 49
Hawkins, Monte, Account Supervisor --GSD&M, Austin, TX, pg. 453
Hawkins, Whitnie, Account Supervisor --GREY GROUP, New York, NY, pg. 438
Hays, Gary, Account Supervisor --KERN, Woodland Hills, CA, pg. 593
Headlam, Marcus, Account Supervisor --CATAPULT MARKETING, Wilton, CT, pg. 196
Heffley, Alicia, Account Supervisor --BRABENDERCOX, Leesburg, VA, pg. 151
Hegge, Jamie, Account Supervisor --LAWRENCE & SCHILLER, INC., Sioux Falls, SD, pg. 616
Heinerikson, Katie, Account Supervisor --DAVID The Agency, Miami, FL, pg. 261
Heise, Kelly Maise, Account Supervisor --CAMPBELL EWALD, Detroit, MI, pg. 185
Helms, Sarah, Account Supervisor --LUQUIRE GEORGE ANDREWS, INC., Charlotte, NC, pg. 657
Hemingway, Cate, Account Supervisor --Narrative, Los Angeles, CA, pg. 784
Henderson, Reese, Account Supervisor --TRENDYMINDS INC, Indianapolis, IN, pg. 1115
Hendricks, Danielle, Account Supervisor --MAGRINO PUBLIC RELATIONS, New York, NY, pg. 671
Hendrickson, Lauren, Account Supervisor --BLISSPR, New York, NY, pg. 136
Heric, Merima, Account Supervisor --HEAT, San Francisco, CA, pg. 492
Hernandez, Diana, Account Supervisor --STARMARK INTERNATIONAL, INC., Fort Lauderdale, FL, pg. 1043
Herrera, Al, Account Supervisor --THE WOO, Culver City, CA, pg. 1175
Herrick, Tassi, Account Supervisor --LINHART PUBLIC RELATIONS, Denver, CO, pg. 1568
Herrin, Hanna, Account Supervisor --R2C GROUP, Portland, OR, pg. 927
Herron, Lori, Account Supervisor --FMB ADVERTISING, Knoxville, TN, pg. 390
Hersey, Brenna, Account Supervisor --AMELIE COMPANY, Denver, CO, pg. 51
Hershberger, Diana, Account Supervisor --3HEADED MONSTER, Dallas, TX, pg. 7
Hesse, Erinn, Account Supervisor --PLANIT, Baltimore, MD, pg. 877
Hettinger, Greg, Account Supervisor --DON JAGODA ASSOCIATES, INC., Melville, NY, pg. 1401
Hewson, Katie, Account Supervisor --THE BUNTIN GROUP, Nashville, TN, pg. 173
Hickey, Blair, Account Supervisor --Zeno Group, Chicago, IL, pg. 1690
Hickey, Melissa, Account Supervisor --Alcone Marketing Group, Wilton, CT, pg. 1395
Hicks, Andrea, Account Supervisor --DRM PARTNERS, INC., Hoboken, NJ, pg. 1319
Higgins, Chelsea, Account Supervisor --SFW AGENCY, Winston Salem, NC, pg. 1004
Hill, Becca, Account Supervisor --GO2 ADVERTISING, Twinsburg, OH, pg. 425
Hill, Kacey, Account Supervisor --PETER MAYER ADVERTISING, INC., New Orleans, LA, pg. 866
Hipple, Erin, Account Supervisor --LAUNCH DIGITAL MARKETING, Naperville, IL, pg. 1268
Hirst, Kevin, Account Supervisor --SERINO COYNE LLC, New York, NY, pg. 1003
Hjelm, Kerstin, Account Supervisor --LOU HAMMOND & ASSOCIATES, INC., New York, NY, pg. 1570
Hochanadel, Michael, Account Supervisor --Eric Mower + Associates, Albany, NY, pg. 347
Hoffman, Amy, Account Supervisor --PIERSON GRANT PUBLIC RELATIONS, Fort Lauderdale, FL, pg. 870
Hoffmannbeck, Jennifer, Account Supervisor --MATRIX MEDIA SERVICES, INC., Columbus, OH, pg. 1340
Hohman, Deborah, Account Supervisor --MEDIASPOT, INC., Corona Del Mar, CA, pg. 1350
Hollenbeck, Emily, Account Supervisor --DUFFY & SHANLEY, INC., Providence, RI, pg. 324
Holley, Kelly, Account Supervisor --Fallon Minneapolis, Minneapolis, MN, pg. 360
Holloway, Lauren, Account Supervisor --RAWLE MURDY ASSOCIATES, INC., Charleston, SC, pg. 934
Holm, Wilson, Account Supervisor --Saatchi & Saatchi, Dallas, TX, pg. 977
Holt, Lauren, Account Supervisor --THE FOOD GROUP, New York, NY, pg. 391
Holthaus, Maggie, Account Supervisor --TPN INC., Dallas, TX, pg. 1418
Holtkotter, Tim, Account Supervisor --Heimat Werbeagentur GmbH, Berlin, Germany, pg. 1082
Honig, Shana, Account Supervisor --BBH NEW YORK, New York, NY, pg. 115
Hooblal, Elena, Account Supervisor --RAPPORT WORLDWIDE, New York, NY, pg. 1366
Hood, Meghan, Account Supervisor --VML, Chicago, IL, pg. 1145
Hopkins, Kyle Anthony, Account Supervisor --THE PITCH AGENCY, Culver City, CA, pg. 873
Hopson, Jessica, Account Supervisor --LOVELL COMMUNICATIONS, INC., Nashville, TN, pg. 653
Horgan, Dayna, Account Supervisor --KENNA, Mississauga, Canada, pg. 592
Hornor, Liz, Account Supervisor --THE DEALEY GROUP, Dallas, TX, pg. 283
Houston, Jocelyn, Account Supervisor --BAILEY LAUERMAN, Omaha, NE, pg. 84
Howard, Erika, Account Supervisor --GOLD N FISH MARKETING GROUP LLC, Armonk, NY, pg. 428
Howard, Melissa, Account Supervisor --Rogers & Cowan, New York, NY, pg. 1675
Howden, Carla, Account Supervisor --MCCANN CANADA, Toronto, Canada, pg. 712
Howe, Jordan, Account Supervisor --THE SUMMIT GROUP, Salt Lake City, UT, pg. 1060
Hreshko, Jenna, Account Supervisor --MARINA MAHER COMMUNICATIONS, New York, NY, pg. 1576
Hubbard, Raven, Account Supervisor --Grey Healthcare Group, Kansas City, MO, pg. 417
Hudec, Erin, Account Supervisor --FCB Chicago, Chicago, IL, pg. 364
Huh, Jane, Account Supervisor --ADAM&EVEDDB, New York, NY, pg. 25
Hummel, Brooke, Account Supervisor --97 DEGREES WEST, Austin, TX, pg. 14
Iazzetta, Angela, Account Supervisor --WINGNUT ADVERTISING, Minneapolis, MN, pg. 1171
Igwe, Amaechi, Account Supervisor --SOCIOFABRICA, San Francisco, CA, pg. 1291
Imler, Colleen, Account Supervisor --COYNE PUBLIC RELATIONS, Parsippany, NJ, pg. 1476
Ingbritson, Mark, Account Supervisor --CHARLESTON/ORWIG, INC., Hartland, WI, pg. 203
Iodice, Amanda, Account Supervisor --COYNE PUBLIC RELATIONS, Parsippany, NJ, pg. 1476
Isom, Bobby, Account Supervisor --GMR Marketing, New York, NY, pg. 1404
Israel, Gail, Account Supervisor --MEDIASPOT, INC., Corona Del Mar, CA, pg. 1350
Iwanaga, Alyce, Account Supervisor --ARC WORLDWIDE, Chicago, IL, pg. 1397
Jacks, David, Account Supervisor --PUBLICIS HAWKEYE, Dallas, TX, pg. 1282
Jacks, David, Account Supervisor --PUBLICIS NEW YORK, New York, NY, pg. 912
Jackson, Shawn, II, Account Supervisor --MSLGROUP, New York, NY, pg. 1587
Jagielski, Monica, Account Supervisor --ZIMMERMAN ADVERTISING, Fort Lauderdale, FL, pg. 1212
Jagielski, Patrick, Account Supervisor --OGILVY, New York, NY, pg. 809
Jahng, Justin, Account Supervisor --PRAYTELL, Brooklyn, NY, pg. 1618
Jameson, Mary Dallas, Account Supervisor --Zeno Group, Santa Monica, CA, pg. 1689
Jameson, Mary Dallas, Account Supervisor --Zeno Group, Chicago, IL, pg. 1690
Jamison, Michelle, Account Supervisor --BENCHWORKS, Chestertown, MD, pg. 122
Jarrett, Erin, Account Supervisor --DNA SEATTLE, Seattle, WA, pg. 311
Jarrett, Jesse, Account Supervisor --FCB Chicago, Chicago, IL, pg. 364
Jeffas, Tracey, Account Supervisor --S3, Boonton, NJ, pg. 974
Jehle, Simone, Account Supervisor --Wirz Werbung AG, Zurich,

Switzerland, pg. 109

Jenkins, Liz, Account Supervisor --CARMICHAEL LYNCH, Minneapolis, MN, pg. 189

Jenson, Hillary, Account Supervisor --SHERRY MATTHEWS ADVOCACY MARKETING, Austin, TX, pg. 1007

Jimenez, Eric, Account Supervisor --THE COMMUNITY, Miami, FL, pg. 223

Jimenez, Lissete, Account Supervisor --Conill Advertising, Inc., El Segundo, CA, pg. 227

Johnson, Birgitta, Account Supervisor --RPA, Santa Monica, CA, pg. 970

Johnson, Carter, Account Supervisor --FITZGERALD & CO, Atlanta, GA, pg. 386

Johnson, Chris, Account Supervisor --PRICEWEBER MARKETING COMMUNICATIONS, INC., Louisville, KY, pg. 889

Johnson, Hanah, Account Supervisor --MARCH COMMUNICATIONS, Boston, MA, pg. 1575

Johnson, Jessie, Account Supervisor --RB OPPENHEIM ASSOCIATES + DIGITAL OPPS, Tallahassee, FL, pg. 934

Johnson, Lisa, Account Supervisor --SMALL ARMY, Boston, MA, pg. 1022

Jordan, Tre, Account Supervisor --PUBLICIS NEW YORK, New York, NY, pg. 912

Josephs, Michael, Account Supervisor --GMR MARKETING LLC, New Berlin, WI, pg. 1403

Joshi, Aparna, Account Supervisor --J. WALTER THOMPSON ATLANTA, Atlanta, GA, pg. 564

Judd, Natalie, Account Supervisor --10 THOUSAND DESIGN, Minneapolis, MN, pg. 1

Jurado, Erin, Account Supervisor --MULLER BRESSLER BROWN, Leawood, KS, pg. 778

Justice, Jim, Account Supervisor --1 TRICK PONY, Hammonton, NJ, pg. 1

Kaiman, Natalie, Account Supervisor --6 DEGREES INTEGRATED COMMUNICATIONS, Toronto, Canada, pg. 10

Kaiser, Katie, Account Supervisor --RHEA + KAISER, Naperville, IL, pg. 954

Kalia, Peggy, Account Supervisor --EPOCH 5 PUBLIC RELATIONS, Huntington, NY, pg. 1500

Kantor, Ira, Account Supervisor --GREENOUGH COMMUNICATIONS, Watertown, MA, pg. 1524

Kaplan, Eric, Account Supervisor --FORMATIVE, Seattle, WA, pg. 392

Kaplan, Josh, Account Supervisor --ACCESS BRAND COMMUNICATIONS, San Francisco, CA, pg. 19

Karabulut, Itir, Account Supervisor --Alice BBDO, Istanbul, Turkey, pg. 109

Karayan, Mark, Account Supervisor --Edelman, San Francisco, CA, pg. 1492

Karls, Amy, Account Supervisor --THE LACEK GROUP, Minneapolis, MN, pg. 606

Kasper, Chris, Account Supervisor --ARNOLD WORLDWIDE, Boston, MA, pg. 69

Katsanis, Leah, Account Supervisor --GREGORY FCA, Ardmore, PA, pg. 1524

Kaur, Monica, Account Supervisor --Grey (India) Pvt. Ltd., Mumbai, India, pg. 446

Kearns, Mikaela, Account Supervisor --M/H VCCP, San Francisco, CA, pg. 664

Keel, Mary, Account Supervisor --RESEARCH DEVELOPMENT & PROMOTIONS, Coral Gables, FL, pg. 948

Ken, Danilo, Account Supervisor --Publicis Brasil Communicao, Sao Paulo, Brazil, pg. 906

Kendall, Kylie, Account Supervisor --MullenLowe, San Francisco, CA, pg. 772

Kendall, Kylie, Account Supervisor --MULLENLOWE GROUP, Boston, MA, pg. 770

Kennedy, Erika, Account Supervisor --DAVIS HARRISON DION, INC., Chicago, IL, pg. 265

Kenski, Andrea, Account Supervisor --FRANCO PUBLIC RELATIONS GROUP, Detroit, MI, pg. 1513

Kerr, Lauren Kuester, Account Supervisor --Yamamoto, Minneapolis, MN, pg. 723

Kerwin, Jonathan, Account Supervisor --SPARK44, Los Angeles, CA, pg. 1226

Khattar, Monica, Account Supervisor --QORVIS MSLGROUP, Washington, DC, pg. 1621

Killblane, Trevor, Account Supervisor --STATION8 BRANDING, Tulsa, OK, pg. 1044

Kim, Stephanie, Account Supervisor --J. WALTER THOMPSON, New York, NY, pg. 553

Kimbell, Jason, Account Supervisor --BROWN BAG MARKETING, Atlanta, GA, pg. 167

King, Betsy, Account Supervisor --DDB Chicago, Chicago, IL, pg. 268

King, Jonathan, Account Supervisor --DDB Chicago, Chicago, IL, pg. 268

Kinka, Brittany, Account Supervisor --DUDNYK HEALTHCARE GROUP, Horsham, PA, pg. 324

Kinney, Caitlin, Account Supervisor --FREDERICK SWANSTON, Alpharetta, GA, pg. 397

Kirby, Matt, Account Supervisor --FIREHOUSE, INC., Dallas, TX, pg. 1402

Kirsch, Danielle, Account Supervisor --PAN COMMUNICATIONS, Boston, MA, pg. 1605

Kirsch, Sarah, Account Supervisor --GREENLIGHT MEDIA & MARKETING, LLC, Hollywood, CA, pg. 435

Kita, Lauren, Account Supervisor --J PUBLIC RELATIONS, San Diego, CA, pg. 1407

Kittel, Lucie, Account Supervisor --BBH NEW YORK, New York, NY, pg. 115

Klamik, Maura, Account Supervisor --BEACON HEALTHCARE COMMUNICATIONS, Bedminster, NJ, pg. 118

Klein, Lauren, Account Supervisor --Ogilvy, Chicago, IL, pg. 811

Klitenick, Joshua, Account Supervisor --HEALTHSTAR COMMUNICATIONS, INC., Mahwah, NJ, pg. 492

Knauff, Kyle, Account Supervisor --RP3 AGENCY, Bethesda, MD, pg. 970

Knobloch, Leslie, Account Supervisor --ZENO GROUP, New York, NY, pg. 1689

Knotts, Harry, Account Supervisor --CROWL, MONTGOMERY & CLARK, North Canton, OH, pg. 250

Knox, Katie, Account Supervisor --WALZ TETRICK ADVERTISING, Mission, KS, pg. 1151

Kobayashi, Marie, Account Supervisor --Beacon Communications K.K., Tokyo, Japan, pg. 630

Kobayashi, Marie, Account Supervisor --Beacon Communications K.K., Tokyo, Japan, pg. 910

Kobeszko, Stacey, Account Supervisor --COYNE PUBLIC RELATIONS, Parsippany, NJ, pg. 1476

Koehler, Kelly, Account Supervisor --WESTBOUND COMMUNICATIONS, INC., Orange, CA, pg. 1159

Koh, Catharina, Account Supervisor --RPA, Santa Monica, CA, pg. 970

Kopp, Allison Stouffer, Account Supervisor --VOX GLOBAL, Washington, DC, pg. 1146

Korngut, Jennifer, Account Supervisor --HAVAS HEALTH & YOU, New York, NY, pg. 474

Kornhaas, Ryan, Account Supervisor --DAC GROUP, Louisville, KY, pg. 257

Kowlessar, Lance, Account Supervisor --SID LEE, Toronto, Canada, pg. 1010

Kramer, Jessie, Account Supervisor --Edelman, New York, NY, pg. 1492

Krause, Amanda, Account Supervisor --DDB Chicago, Chicago, IL, pg. 268

Kravitz, Ben, Account Supervisor --R/GA, New York, NY, pg. 925

Kria, Nikki, Account Supervisor --HAVAS PR, New York, NY, pg. 1528

Krumme, Blair Reich, Account Supervisor --TRUE POINT COMMUNICATIONS, Dallas, TX, pg. 1663

Kucinski, Maria, Account Supervisor --GREENOUGH COMMUNICATIONS, Watertown, MA, pg. 1524

Kuhn, Levi, Account Supervisor --SANDBOX CHICAGO, Chicago, IL, pg. 989

Kuhn, Lindsey, Account Supervisor --GSD&M Chicago, Chicago, IL, pg. 454

Kuksis, Alia, Account Supervisor --BIMM COMMUNICATIONS GROUP, Toronto, Canada, pg. 131

Kull, Paula Silva, Account Supervisor --RITTA, Paramus, NJ, pg. 960

Kult, Nina, Account Supervisor --COMMON GROUND PUBLIC RELATIONS, Chesterfield, MO, pg. 1472

Kunhardt, Emmie, Account Supervisor --BALTZ & COMPANY, New York, NY, pg. 1438

Kushner, Elizabeth, Account Supervisor --THE BURNS GROUP, New York, NY, pg. 175

Kutanovski, Claire, Account Supervisor --Ogilvy, Chicago, IL, pg. 1599

Kutub, Sohana, Account Supervisor --TRUE POINT COMMUNICATIONS, Dallas, TX, pg. 1663

Kypraios, Nicole, Account Supervisor --BOLT ENTERPRISES, Dallas, TX, pg. 1454

La Cute, Dan, Account Supervisor --BBDO Toronto, Toronto, Canada, pg. 100

LaBelle, Thomas, Account Supervisor --MARINA MAHER COMMUNICATIONS, New York, NY, pg. 1576

LaCagnina, Claire H., Account Supervisor --BLISSPR, New York, NY, pg. 136

Ladewski, Kimm, Account Supervisor --MICHAEL WALTERS ADVERTISING, Chicago, IL, pg. 738

Lagzial, Ashley, Account Supervisor --QUINN & CO., New York, NY, pg. 1622

Lakin, Abbye, Account Supervisor --KETCHUM, New York, NY, pg. 1554

Lambert, Jenna, Account Supervisor --OTTO, Norfolk, VA, pg. 845

Lanaux, Mary, Account Supervisor --LUCKIE & COMPANY, Birmingham, AL, pg. 655

Lancieri, Roberta, Account Supervisor --Y&R Roma srl, Rome, Italy, pg. 1203

Landa, Amy Snow, Account Supervisor --NYHUS COMMUNICATIONS LLC, Seattle, WA, pg. 1597

Landman, Breana, Account Supervisor --Edelman, Sacramento, CA, pg. 1491

Landon, Simon, Account Supervisor --GOLIN, Chicago, IL, pg. 1519

Larson, Mark, Account Supervisor --Fleishman-Hillard Inc., San Diego, CA, pg. 1506

LaRue, Dale, Account Supervisor --RAIN, New York, NY, pg. 1283

LaScola, Hannah, Account Supervisor --FEREBEE LANE & CO., Greenville, SC, pg. 378

Laskey, Carly, Account Supervisor --EVOK ADVERTISING, Heathrow, FL, pg. 353

Lasky, Carolyn, Account Supervisor --MWWPR, New York, NY, pg. 1591

Lavigne, Maude, Account Supervisor --DDB Canada, Toronto, Canada, pg. 267

Lawniczak, Nicole, Account Supervisor --CROWLEY WEBB, Buffalo, NY, pg. 250

Lawrence, Sara, Account Supervisor --BELMONT ICEHOUSE, Dallas, TX, pg. 121

Lawson, Lauren, Account Supervisor --RIVERS AGENCY, Chapel Hill, NC, pg. 961

Leach, Denise, Account Supervisor --RHEA + KAISER, Naperville, IL, pg. 954

Leal, Vejurnae, Account Supervisor --WALTON / ISAACSON, Culver City, CA, pg. 1151

LeBeau, Sarah, Account Supervisor --COLLE+MCVOY, Minneapolis, MN, pg. 219

Leber, Julie, Account Supervisor --SPOTLIGHT MARKETING COMMUNICATIONS, Orange, CA, pg. 1036

Ledford, Katelyn, Account Supervisor --DDB Chicago, Chicago, IL, pg. 268

LeGendre, Renee, Account Supervisor --FAHLGREN MORTINE, Columbus, OH, pg. 358

Leger, Lauren, Account Supervisor --Edelman, Dallas, TX, pg. 1493

LeGros, Jayme, Account Supervisor --THE ATKINS GROUP, San Antonio, TX, pg. 75

Lehan, Emilie, Account Supervisor --Prosek Partners, New York, NY, pg. 1619

LePere, Julie, Account Supervisor --Padilla, New York, NY, pg. 850

Lesak-Greenberg, Kirsten, Account Supervisor --Padilla, New York, NY, pg. 850

Lessens, Eric, Account Supervisor --FCB Chicago, Chicago, IL, pg. 364

Lestinova, Martina, Account Supervisor --MediaCom Praha, Prague, Czech Republic, pg. 1345

Leupp, Alicia, Account Supervisor --RUNYON SALTZMAN & EINHORN, Sacramento, CA, pg. 972

Lev, Josh, Account Supervisor --LEVLANE ADVERTISING/PR/INTERACTIVE, Philadelphia, PA, pg. 635

Levi, Barbara Ruscio, Account Supervisor --Publicis, Rome, Italy, pg. 900

Levine, Stacey, Account Supervisor --MARINA MAHER COMMUNICATIONS, New York, NY, pg. 1576

Lewandowski, Dave, Account Supervisor --AB+C, Wilmington, DE, pg. 16

Lewensky, Amanda, Account Supervisor --WALTON / ISAACSON, Culver City, CA, pg. 1151

Lewis, Rachel, Account Supervisor --FETCH, San Francisco, CA, pg. 378

Lewis, Shawna, Account Supervisor --MASTERMINDS, Egg Harbor Township, NJ, pg. 692

Li, Serena, Account Supervisor --TDW+CO, Seattle, WA, pg. 1094

Libersat, Jill, Account Supervisor --CAMP, Austin, TX, pg. 185

Lichay, Jordan, Account Supervisor --TBWA/WORLDWIDE, New York, NY, pg. 1077

Lim, Niki, Account Supervisor --BIG COMMUNICATIONS, INC., Birmingham, AL, pg. 128

Limbaga, Elise, Account Supervisor --JACOB TYLER BRAND

COMMUNICATIONS, San Diego, CA, pg. 569
Lindner, Alissa, Account Supervisor --AUSTIN & WILLIAMS, Hauppauge, NY, pg. 78
Lindsey, Leigh Kelley, Account Supervisor --MP&F STRATEGIC COMMUNICATIONS, Nashville, TN, pg. 1586
Linen, Ethan, Account Supervisor --RAWLE MURDY ASSOCIATES, INC., Charleston, SC, pg. 934
Litoff, Jamie, Account Supervisor --INTERSPORT INC, Chicago, IL, pg. 544
Litsinger, Meghan, Account Supervisor --PARAMORE THE DIGITAL AGENCY, Nashville, TN, pg. 854
Little, John, Account Supervisor --ENGINE US, New York, NY, pg. 341
Liu, Jackie, Account Supervisor --THE POLLACK PR MARKETING GROUP, Los Angeles, CA, pg. 1611
Llewellyn, Lauren, Account Supervisor --Padilla, Richmond, VA, pg. 850
LoGuercio, Michelle, Account Supervisor --BML PUBLIC RELATIONS, Florham Park, NJ, pg. 1452
Lok, Daisy, Account Supervisor --MEDIASPOT, INC., Corona Del Mar, CA, pg. 1350
Long, Lisa Moakler, Account Supervisor --BROWN BAG MARKETING, Atlanta, GA, pg. 167
Lorenz, Jennifer, Account Supervisor --THE LACEK GROUP, Minneapolis, MN, pg. 606
Lorenzetti, Ilaria, Account Supervisor --Publicis, Rome, Italy, pg. 900
Loth, Adrian, Account Supervisor --MONTNER TECH PR, Westport, CT, pg. 1585
Louie, Alexis, Account Supervisor --Edelman, San Francisco, CA, pg. 1492
Louie, Sarah, Account Supervisor --HAVAS WORLDWIDE, New York, NY, pg. 475
Lucenta, Lindsey, Account Supervisor --L.C. WILLIAMS & ASSOCIATES, LLC, Chicago, IL, pg. 1564
Lucia, Dan Santa, Account Supervisor --MERCURY MEDIA, INC., Los Angeles, CA, pg. 730
Luhrsen, Brittany, Account Supervisor --ORGANIC, INC., San Francisco, CA, pg. 1278
Lukens, Kimberly, Account Supervisor --JONES ADVERTISING, Seattle, WA, pg. 581
Lullo, Lindsey, Account Supervisor --JB CHICAGO, Chicago, IL, pg. 573
Lunger, Carol, Account Supervisor --AB+C, Philadelphia, PA, pg. 17
Luton, Samantha, Account Supervisor --PUBLICIS HEALTHCARE COMMUNICATIONS GROUP, New York, NY, pg. 911
Lynch, Kelli, Account Supervisor --THE STONE AGENCY, Raleigh, NC, pg. 1050
Lynch, Kyle, Account Supervisor --DAC GROUP, Louisville, KY, pg. 257
Lyness, Jessica, Account Supervisor --MAXWELL PR, Portland, OR, pg. 1578
Machado, Vanessa, Account Supervisor --Wavemaker, Lisbon, Portugal, pg. 1383
Machalek, Stephanie, Account Supervisor --Team Enterprises, Inc., Fort Lauderdale, FL, pg. 723
Macintosh, Emily, Account Supervisor --AGENCY 451, Boston, MA, pg. 1427
MacPhee, Christine, Account Supervisor --PHD Canada, Toronto, Canada, pg. 1364
Maertens, Kiersten, Account Supervisor --FLYNN WRIGHT, Des Moines, IA, pg. 390
Maher, John, Account Supervisor --Porter Novelli Public Services, Washington, DC, pg. 1613
Mahon, Matt, Account Supervisor --LUCAS PUBLIC AFFAIRS, Sacramento, CA, pg. 1571
Maicon, Kelly, Account Supervisor --LARGEMOUTH COMMUNICATIONS, INC., Durham, NC, pg. 1563
Maldonado, Pepe, Account Supervisor --Zeno Group, Chicago, IL, pg. 1690
Malhotra, Uday, Account Supervisor --AYZENBERG GROUP, INC., Pasadena, CA, pg. 81
Malina, Michelle, Account Supervisor --Fleishman-Hillard Inc., Dallas, TX, pg. 1508
Mallon, Christina, Account Supervisor --POSSIBLE NEW YORK, New York, NY, pg. 1280
Mandato, Meredith, Account Supervisor --COYNE PUBLIC RELATIONS, Parsippany, NJ, pg. 1476
Mander, Christopher, Account Supervisor --HAVAS WORLDWIDE, New York, NY, pg. 475
Manship, Darren, Account Supervisor --MINT ADVERTISING, Clinton, NJ, pg. 746
Marchant, Lauren, Account Supervisor --TRACYLOCKE, Dallas, TX, pg. 1113
Marchitelli, Lauren, Account Supervisor --REVHEALTH, Morristown, NJ, pg. 952
Mariella, Adriana, Account Supervisor --JOHANNES LEONARDO, New York, NY, pg. 1266
Marinero, Mike, Account Supervisor --WALTON / ISAACSON, Culver City, CA, pg. 1151
Marino-Quinn, Suzanne, Account Supervisor --Patients & Purpose, New York, NY, pg. 198
Maroney, Cliff, Account Supervisor --CRENSHAW COMMUNICATIONS, New York, NY, pg. 1478
Marquard, Alex, Account Supervisor --AREA 23, New York, NY, pg. 67
Marshall, Matt, Account Supervisor --CRAMER-KRASSELT, Chicago, IL, pg. 237
Marshall, Nifateria, Account Supervisor --UWG, Brooklyn, NY, pg. 1129
Martin, Dan, Account Supervisor --Hiebing-Austin, Austin, TX, pg. 499
Martin, David, Account Supervisor --DIAMOND MERCKENS HOGAN, Kansas City, MO, pg. 299
Martin, Jamie, Account Supervisor --DIAMOND MERCKENS HOGAN, Kansas City, MO, pg. 299
Martin, Lindsay, Account Supervisor --MULLER BRESSLER BROWN, Leawood, KS, pg. 778
Martin, Lisa, Account Supervisor --ID Media-Los Angeles, West Hollywood, CA, pg. 1331
Martin, Pilar, Account Supervisor --Wunderman, Buenos Aires, Argentina, pg. 1189
Martinez, Raquel Novoa, Account Supervisor --GMR Marketing Spain, Madrid, Spain, pg. 1404
Martosella, Julie, Account Supervisor --DUDNYK HEALTHCARE GROUP, Horsham, PA, pg. 324
Marut, Rebecca U., Account Supervisor --INTERLEX COMMUNICATIONS INC., San Antonio, TX, pg. 538
Massinger, Tim, Account Supervisor --OVERDRIVE INTERACTIVE, Boston, MA, pg. 1279
Mastrangelo, Mary, Account Supervisor --KENNA, Mississauga, Canada, pg. 592
Matises, Todd, Account Supervisor --LORRAINE GREGORY COMMUNICATIONS, Edgewood, NY, pg. 652
Matone, Stephanie, Account Supervisor --DDB HEALTH, New York, NY, pg. 267
Matsushita, Reina, Account Supervisor --Weber Shandwick, Tokyo, Japan, pg. 1681
Mattingly, Colleen, Account Supervisor --MWWPR, New York, NY, pg. 1591
May, Sarah, Account Supervisor --GREGORY FCA, Ardmore, PA, pg. 1524
Mayer, Lauren, Account Supervisor --BROWNSTEIN GROUP, Philadelphia, PA, pg. 168
Mazar, Ryan, Account Supervisor --INTOUCH SOLUTIONS, Overland Park, KS, pg. 544
McAdams, Maxwell, Account Supervisor --DEFAZIO COMMUNICATIONS, Conshohocken, PA, pg. 1482
McCarthy, Amanda, Account Supervisor --AKQA, Inc., New York, NY, pg. 1235
McClean, Erin, Account Supervisor --SDI MARKETING, Toronto, Canada, pg. 1000
McDermott, Emily, Account Supervisor --VAN EPEREN & COMPANY, Rockville, MD, pg. 1665
McDonough, Jamie, Account Supervisor --FITZGERALD & CO, Atlanta, GA, pg. 386
McGarry, Erin, Account Supervisor --BUTLER, SHINE, STERN & PARTNERS, Sausalito, CA, pg. 177
McGovern, Kelsey, Account Supervisor --Ketchum, Chicago, IL, pg. 1556
McGraw, Erin, Account Supervisor --MOTION PR, Chicago, IL, pg. 1585
McLane, Madalyn, Account Supervisor --DEUTSCH, INC., New York, NY, pg. 294
McMahan, Jeff, Account Supervisor --INNIS MAGGIORE GROUP, INC., Canton, OH, pg. 533
McNamee, Gina, Account Supervisor --5W PUBLIC RELATIONS, New York, NY, pg. 1423
McPherson, Rachel, Account Supervisor --Padilla, New York, NY, pg. 850
Meadows, Alexa, Account Supervisor --Fleishman-Hillard Inc., Sacramento, CA, pg. 1506
Mears, Jen, Account Supervisor --IOSTUDIO, Nashville, TN, pg. 547
Melloh, Lindsay, Account Supervisor --Fallon Minneapolis, Minneapolis, MN, pg. 360
Mendez-Renk, Elissa, Account Supervisor --FCB HEALTH, New York, NY, pg. 376
Mendosa, Rebecca, Account Supervisor --PUBLICIS HAWKEYE, Dallas, TX, pg. 1282
Mercer, Erin, Account Supervisor --MP&F STRATEGIC COMMUNICATIONS, Nashville, TN, pg. 1586
Mercky, Janie, Account Supervisor --Porter Novelli, Vancouver, Canada, pg. 1614
Merritt, Lily Gedney, Account Supervisor --Manning Selvage & Lee, Chicago, IL, pg. 1588
Mestre, Esther, Account Supervisor --LOLA MullenLowe, Madrid, Spain, pg. 542
Miccone, Fabiola, Account Supervisor --Publicis Italia, Milan, Italy, pg. 899
Micklow, Jen, Account Supervisor --BROWNSTEIN GROUP, Philadelphia, PA, pg. 168
Millar, Alden, Account Supervisor --360I, New York, NY, pg. 6
Miller, Amy, Account Supervisor --J. WALTER THOMPSON ATLANTA, Atlanta, GA, pg. 564
Miller, Andrew, Account Supervisor --Olson Engage, Minneapolis, MN, pg. 518
Miller, Devon, Account Supervisor --INNIS MAGGIORE GROUP, INC., Canton, OH, pg. 533
Miller, Kari, Account Supervisor --BLOOM ADS INC., Woodland Hills, CA, pg. 137
Minoff, Erin, Account Supervisor --Weber Shandwick-Chicago, Chicago, IL, pg. 1675
Miranda, Gabriella, Account Supervisor --M. BOOTH & ASSOCIATES, New York, NY, pg. 663
Mirchandani, Monisha, Account Supervisor --TBWA Raad, Dubai, United Arab Emirates, pg. 1088
Misra, Celia, Account Supervisor --BREAKAWAY, Boston, MA, pg. 161
Miyazato, Kamila, Account Supervisor --Publicis Brasil Communicao, Sao Paulo, Brazil, pg. 906
Mizrahi, Halle, Account Supervisor --THE TERRI & SANDY SOLUTION, New York, NY, pg. 1097
Mlsna, Kelly, Account Supervisor --SHINE UNITED, Madison, WI, pg. 1008
Mohammed, Nadia, Account Supervisor --KENNA, Mississauga, Canada, pg. 592
Molina, Stephanie, Account Supervisor --J. Walter Thompson, Caracas, Venezuela, pg. 564
Moll, Lindsay, Account Supervisor --Geometry Global, Akron, OH, pg. 416
Mondre, Amanda, Account Supervisor --Narrative, Los Angeles, CA, pg. 784
Montsenigos, Mary, Account Supervisor --BBDO MONTREAL, Montreal, Canada, pg. 97
Moody, Dana, Account Supervisor --FRENCH/WEST/VAUGHAN, INC., Raleigh, NC, pg. 398
Moody, Scott, Account Supervisor --EP+Co, New York, NY, pg. 343
Moore, Katie, Account Supervisor --AMUSEMENT PARK, Santa Ana, CA, pg. 54
Morales, Jenna, Account Supervisor --FIELDTRIP, Louisville, KY, pg. 379
Morales, Michaela, Account Supervisor --JCONNELLY, INC., Parsippany, NJ, pg. 1546
Moreau, Whitney, Account Supervisor --NANCY MARSHALL COMMUNICATIONS, Augusta, ME, pg. 1592
Moreno, Jonathan, Account Supervisor --PACO COMMUNICATIONS, INC, Chicago, IL, pg. 849
Morgulis, Shlomo, Account Supervisor --BECKERMAN PUBLIC RELATIONS, Hackensack, NJ, pg. 1446
Mork, Angela, Account Supervisor --LEPOIDEVIN MARKETING, Brookfield, WI, pg. 632
Morris, Victoria, Account Supervisor --SCHNEIDER ASSOCIATES, Boston, MA, pg. 1641
Moss, Elizabeth, Account Supervisor --BITNER GOODMAN, Fort Lauderdale, FL, pg. 1450
Mueller, David, Account Supervisor --GMR Marketing, Charlotte, NC, pg. 1404
Mulcahey, Rebekah, Account Supervisor --PARTNERS+NAPIER, Rochester, NY, pg. 855
Munoz, Ashley, Account Supervisor --SILTANEN & PARTNERS, El Segundo, CA, pg. 1013
Murfield, Michelle, Account Supervisor --FAHLGREN MORTINE, Columbus, OH, pg. 358
Murphy, Alma, Account Supervisor --PROSIO COMMUNICATIONS, Roseville, CA, pg. 1620
Murray, Jessica, Account Supervisor --AGENCYEA, Chicago, IL, pg. 40
Murray, Lauren, Account Supervisor --BVK DIRECT, Colleyville, TX, pg. 179

AGENCIES — RESPONSIBILITIES INDEX

Murray, Maureen, Account Supervisor --Zeno Group, Chicago, IL, pg. 1690
Musolf, Rachel, Account Supervisor --MullenLowe, New York, NY, pg. 772
Muyskens, Sarah, Account Supervisor --SHERRY MATTHEWS ADVOCACY MARKETING, Austin, TX, pg. 1007
Myers, Susan, Account Supervisor --GCI Health, New York, NY, pg. 1184
Myles, Holly, Account Supervisor --AUTHENTIC, Richmond, VA, pg. 1239
Nadeau, Lesley, Account Supervisor --CAMPBELL MARKETING & COMMUNICATIONS, Dearborn, MI, pg. 186
Nalley, Coleman, Account Supervisor --EMA Public Relations Services, Syracuse, NY, pg. 347
Naugle, Grace, Account Supervisor --GCI Health, New York, NY, pg. 1184
Nebrig, Drew, Account Supervisor --SERINO COYNE LLC, New York, NY, pg. 1003
Nedeau, Julie Lechleiter, Account Supervisor --Fahlgren Mortine (Dayton), Beavercreek, OH, pg. 358
Nelson, Hyedi, Account Supervisor --BELLMONT PARTNERS, Minneapolis, MN, pg. 121
Nelson, Melissa, Account Supervisor --Alcone Marketing Group, Wilton, CT, pg. 1395
Neumann, Nikki, Account Supervisor --Dotted Line Communications, Los Angeles, CA, pg. 1487
Neuner, Shelby, Account Supervisor --Moroch, Saint Louis, MO, pg. 759
New, Caitlin, Account Supervisor --INK PUBLIC RELATIONS, Austin, TX, pg. 1542
Newcomb, Adrienne, Account Supervisor --KETNER GROUP, Austin, TX, pg. 1558
Newman, Cindy, Account Supervisor --CHERNOFF NEWMAN, Columbia, SC, pg. 206
Newman, Rachel, Account Supervisor --CINDY RICCIO COMMUNICATIONS, INC., New York, NY, pg. 1469
Nichols, Casey, Account Supervisor --LATCHA+ASSOCIATES, Farmington Hills, MI, pg. 611
Nichols, Kevin M., Account Supervisor --SKYLINE MEDIA GROUP, Oklahoma City, OK, pg. 1019
Nickerson, Catherine, Account Supervisor --BBDO Toronto, Toronto, Canada, pg. 100
Nicolau, Lourdes, Account Supervisor --TBWA Espana, Barcelona, Spain, pg. 1085
Niebeling, Tara, Account Supervisor --EXPONENT PR, Minneapolis, MN, pg. 1502
Nisbet, Nikki, Account Supervisor --DIXON SCHWABL ADVERTISING, Victor, NY, pg. 309
Normandin, Frank, Account Supervisor --SWIFT AGENCY, Portland, OR, pg. 1066
Norquist, Peter, Account Supervisor --THE MARTIN AGENCY, Richmond, VA, pg. 687
Norris, Sabrina, Account Supervisor --THE LAVIDGE COMPANY, Phoenix, AZ, pg. 616
Nungaray, Tiffany, Account Supervisor --BLAST RADIUS, New York, NY, pg. 134
Nye, Alexander, Account Supervisor --GREGORY FCA, Ardmore, PA, pg. 1524
O'Connor, Colleen, Account Supervisor --THE MARKETING ARM, Dallas, TX, pg. 682
O'Connor, Erin, Account Supervisor --WORDWRITE COMMUNICATIONS, Pittsburgh, PA, pg. 1686
O'Connor, Kelsey, Account Supervisor --5W PUBLIC RELATIONS, New York, NY, pg. 1423
O'Connor, Madeline, Account Supervisor --BLISSPR, New York, NY, pg. 136
O'Donnell, Brittany, Account Supervisor --SUKLE ADVERTISING, INC., Denver, CO, pg. 1059
O'Neil, Amanda, Account Supervisor --ROOP & CO., Cleveland, OH, pg. 1633
Ochoa, Jaylan, Account Supervisor --HUNTER PUBLIC RELATIONS, New York, NY, pg. 1538
Offenburger, Tim, Account Supervisor --Gyro Chicago, Chicago, IL, pg. 458
Ofsevit, Jordan, Account Supervisor --TRANSLATION LLC, New York, NY, pg. 1113
Okeowo, Toluwalope, Account Supervisor --CROSSMEDIA, New York, NY, pg. 1317
Okubo, David, Account Supervisor --Ogilvy, San Francisco, CA, pg. 1599
Olmer, Lana, Account Supervisor --R/GA San Francisco, San Francisco, CA, pg. 926
Olmo, Abel, Account Supervisor --NeON, New York, NY, pg. 364
Olson, Kelly, Account Supervisor --THE MX GROUP, Burr Ridge, IL, pg. 781

Ortega, Cesar, Account Supervisor --THE INTEGER GROUP-DALLAS, Dallas, TX, pg. 1405
Ortinez-Hansen, Julia, Account Supervisor --BARRETTSF, San Francisco, CA, pg. 91
Ortiz, Elvia, Account Supervisor --McCann New York, New York, NY, pg. 698
Otis, Jeanne, Account Supervisor --Asher Agency, Inc., Charleston, WV, pg. 74
Ouellette, Amanda, Account Supervisor --DDB Chicago, Chicago, IL, pg. 268
Oury, Lauren, Account Supervisor --DIESTE, Dallas, TX, pg. 299
Overton, Heath, Account Supervisor --GS&F, Nashville, TN, pg. 453
Owens, Kevin, Account Supervisor --RES PUBLICA GROUP, Chicago, IL, pg. 1629
Ozari, Fulya, Account Supervisor --Manajans Thompson Istanbul, Istanbul, Turkey, pg. 561
Pack, Jennifer, Account Supervisor --Edelman, New York, NY, pg. 1492
Paddon, Layne Steele, Account Supervisor --O'KEEFE REINHARD & PAUL, Chicago, IL, pg. 834
Palacios, Sylvester , Jr., Account Supervisor --Pierpont Communications, Inc., Austin, TX, pg. 1608
Palame, Megan, Account Supervisor --MORE ADVERTISING, Watertown, MA, pg. 757
Palmar, Andreina Plaza, Account Supervisor --J. Walter Thompson, Caracas, Venezuela, pg. 564
Palumbo, Stephanie, Account Supervisor --ICR, Norwalk, CT, pg. 1539
Pangburn, Lindsay, Account Supervisor --PROSIO COMMUNICATIONS, Roseville, CA, pg. 1620
Papazov, Gabriella, Account Supervisor --VaynerMedia, Sherman Oaks, CA, pg. 1299
Pappenfus, Allicia, Account Supervisor --Moroch, Raleigh, NC, pg. 759
Pappenfus, Allicia, Account Supervisor --MOROCH HOLDINGS, INC., Dallas, TX, pg. 758
Paradiso, Gina Lee, Account Supervisor --GEOMETRY GLOBAL NORTH AMERICA HQ, New York, NY, pg. 415
Pare-Cova, Charlotte, Account Supervisor --DENTSUBOS, Montreal, Canada, pg. 291
Park, Karen, Account Supervisor --ADASIA COMMUNICATIONS, INC., Englewood Cliffs, NJ, pg. 27
Park, Susanne, Account Supervisor --Grey Gothenburg, Gothenburg, Sweden, pg. 1182
Parkowski, Alex, Account Supervisor --AB+C, Wilmington, DE, pg. 16
Parks, Elena, Account Supervisor --MARKETSMITH INC, Cedar Knolls, NJ, pg. 685
Parrish, Sydney, Account Supervisor --CRAWFORD STRATEGY, Greenville, SC, pg. 239
Partite, Gina, Account Supervisor --MARKETSMITH INC, Cedar Knolls, NJ, pg. 685
Pasquale, Anna Eliav, Account Supervisor --CMD, Portland, OR, pg. 215
Pasquariello, Tony, Account Supervisor --THE EGC GROUP, Melville, NY, pg. 332
Passolt, Kevin, Account Supervisor --HYC/MERGE, Chicago, IL, pg. 515
Pasternak, Anna, Account Supervisor --BBDO, Warsaw, Poland, pg. 107
Patout, Krystal, Account Supervisor --PIERPONT COMMUNICATIONS, INC., Houston, TX, pg. 1608
Patterson, Jenn, Account Supervisor --J. Walter Thompson Inside, Atlanta, GA, pg. 565
Paulen, Adam, Account Supervisor --SAWYER STUDIOS INC., New York, NY, pg. 993
Pawlak, Ashley, Account Supervisor --RES PUBLICA GROUP, Chicago, IL, pg. 1629
Paxton, Colleen, Account Supervisor --GREY NEW YORK, New York, NY, pg. 438
Paynter, Ted, Account Supervisor --HITCHCOCK FLEMING & ASSOCIATES, INC., Akron, OH, pg. 502
Paz, Samia Reiter, Account Supervisor --Y&R Sao Paulo, Sao Paulo, Brazil, pg. 1205
Peaden, Kayla, Account Supervisor --JUST MEDIA, INC., Emeryville, CA, pg. 1336
Pearson, Brittany, Account Supervisor --M&C SAATCHI PUBLIC RELATIONS, New York, NY, pg. 1572
Pearson, Carter, Account Supervisor --OGILVY, New York, NY, pg. 809
Peck, Emily, Account Supervisor --KASTNER, Los Angeles, CA, pg. 588

Pegelow, Cilla, Account Supervisor --Forsman & Bodenfors, Stockholm, Sweden, pg. 722
Pelletier, Erica, Account Supervisor --88/BRAND PARTNERS, Chicago, IL, pg. 13
Pelto, Nicole, Account Supervisor --Stratacomm, Inc., Southfield, MI, pg. 1508
Pelton, Denise, Account Supervisor --DAILEY & ASSOCIATES, West Hollywood, CA, pg. 258
Peninger, Katie, Account Supervisor --Lewis Communications, Nashville, TN, pg. 637
Penn, Jennifer, Account Supervisor --SPM COMMUNICATIONS, Dallas, TX, pg. 1034
Pennypacker, Jason, Account Supervisor --PUSH, Orlando, FL, pg. 918
Perez, Rosanna, Account Supervisor --THE BRAVO GROUP HQ, Miami, FL, pg. 160
Persichilli, Katie, Account Supervisor --JOAN, New York, NY, pg. 577
Peteroy, Lauren, Account Supervisor --B/W/R, New York, NY, pg. 1440
Petersen, Shaun, Account Supervisor --NEW RIVER COMMUNICATIONS, INC., Fort Lauderdale, FL, pg. 791
Petruzelkova, Marketa, Account Supervisor --Y&R Praha, s.r.o., Prague, Czech Republic, pg. 1205
Pette, Lia, Account Supervisor --ELIZABETH CHRISTIAN PUBLIC RELATIONS, Austin, TX, pg. 1499
Pezza, Christine, Account Supervisor --MCCANN WORLDGROUP, New York, NY, pg. 714
Pfeifer, Robin, Account Supervisor --ADVENTURE ADVERTISING, Minneapolis, MN, pg. 35
Pfister, Katie, Account Supervisor --360PR+, New York, NY, pg. 1422
Pfister, Sharon, Account Supervisor --Asher Agency, Inc., Lexington, KY, pg. 74
Phelan, Elyse, Account Supervisor --REGAN COMMUNICATIONS GROUP, Boston, MA, pg. 1628
Phillips, Beth, Account Supervisor --BLOOM COMMUNICATIONS, Austin, TX, pg. 137
Phoenix, Leann, Account Supervisor --COMMONWEALTH CREATIVE ASSOCIATES, Framingham, MA, pg. 222
Pierce, Tori, Account Supervisor --ANOMALY, New York, NY, pg. 59
Pilgrim, Ashley, Account Supervisor --Manning Selvage & Lee, Atlanta, GA, pg. 1587
Pilot, Katie, Account Supervisor --MCGARRYBOWEN, New York, NY, pg. 716
Piper, Caitlin, Account Supervisor --Edelman, Dallas, TX, pg. 1493
Pipkin, Brad, Account Supervisor --DAN PIPKIN ADVERTISING AGENCY, INC., Danville, IL, pg. 259
Pirone, Debbie, Account Supervisor --MARCUS THOMAS LLC, Cleveland, OH, pg. 679
Pitera, Anna, Account Supervisor --SERINO COYNE LLC, New York, NY, pg. 1003
Pollack, Michele, Account Supervisor --BODDEN PARTNERS, New York, NY, pg. 143
Popke, Kiersten, Account Supervisor --Ogilvy, San Francisco, CA, pg. 1599
Porter, Gordon, Account Supervisor --GENUINE INTERACTIVE, Boston, MA, pg. 414
Porter, Sarah, Account Supervisor --Edelman, Miami, FL, pg. 1492
Potesta, Laura, Account Supervisor --Rogers & Cowan, Los Angeles, CA, pg. 1674
Powers, Martha, Account Supervisor --CP+B BOULDER, Boulder, CO, pg. 235
Powers, Samantha, Account Supervisor --MARCH COMMUNICATIONS, Boston, MA, pg. 1575
Pozzi, Elena, Account Supervisor --Havas Worldwide Milan, Milan, Italy, pg. 481
Prichard, Samantha, Account Supervisor --LOVELL COMMUNICATIONS, INC., Nashville, TN, pg. 653
Pridham, Natalie, Account Supervisor --BLANC & OTUS PUBLIC RELATIONS, San Francisco, CA, pg. 1451
Prieto, Raimundo Silva, Account Supervisor --Grey Chile, Santiago, Chile, pg. 443
Pritchett, Barbara, Account Supervisor --BOHAN, Nashville, TN, pg. 144
Promer, Annie, Account Supervisor --Vladimir Jones, Denver, CO, pg. 1142
Pruden, Ricci, Account Supervisor --THE WONDERFUL AGENCY, Los Angeles, CA, pg. 1228
Prybula, Nina, Account Supervisor --INTOUCH SOLUTIONS, Overland Park, KS, pg. 544
Pryor, Kat, Account Supervisor --JOHANNES LEONARDO, New York, NY, pg. 1266

RESPONSIBILITIES INDEX — AGENCIES

Pugliese, LouAnn, Account Supervisor --IMPRESSIONS-A.B.A. INDUSTRIES, INC., Mineola, NY, pg. 528
Puruczky, Dawn, Account Supervisor --ARRAS KEATHLEY AGENCY, Cleveland, OH, pg. 71
Qualley, Hannah, Account Supervisor --SCHAFER CONDON CARTER, Chicago, IL, pg. 995
Radish, Colleen, Account Supervisor --INFERNO, Memphis, TN, pg. 530
Rainone, Victoria, Account Supervisor --DEMONSTRATE PR LLC, San Francisco, CA, pg. 1482
Ramdohr, Josefina Correa, Account Supervisor --Prolam Y&R S.A., Santiago, Chile, pg. 1206
Ramirez, Angelita, Account Supervisor --KGLOBAL, Washington, DC, pg. 594
Ramirez, Daniela, Account Supervisor --THE COMMUNITY, Miami, FL, pg. 223
Ramos, Frances, Account Supervisor --H+K Strategies, Miami, FL, pg. 1531
Ramos, Monique, Account Supervisor --DRUMROLL, Austin, TX, pg. 323
Raney, Rebecca, Account Supervisor --GEOMETRY GLOBAL, Bentonville, AR, pg. 415
Ranjo, Erin Phillips, Account Supervisor --OXFORD COMMUNICATIONS, INC., Lambertville, NJ, pg. 847
Rao, Mallika, Account Supervisor --FCB New York, New York, NY, pg. 365
Rasmussen, Kelly, Account Supervisor --Lane Marketing, New York, NY, pg. 1563
Rasnak, Samantha, Account Supervisor --Leo Burnett USA, Chicago, IL, pg. 622
Rast, Amanda, Account Supervisor --FLEISHMANHILLARD INC., Saint Louis, MO, pg. 1506
Reardon, Kylee, Account Supervisor --CRAMER PRODUCTIONS INC., Norwood, MA, pg. 238
Reay, Stephanie, Account Supervisor --ZAPWATER COMMUNICATIONS, Chicago, IL, pg. 1688
Reckling, Haley Drake, Account Supervisor --Gyro Chicago, Chicago, IL, pg. 458
Reddy, Deepti, Account Supervisor --SAPIENTRAZORFISH NEW YORK, New York, NY, pg. 1286
Regalado, Alexis, Account Supervisor --REPUBLICA HAVAS, Miami, FL, pg. 947
Regan, Caroline, Account Supervisor --CONE COMMUNICATIONS, Boston, MA, pg. 1473
Rein, Ali, Account Supervisor --Match Marketing Group, Chicago, IL, pg. 693
Reinecke, Erin, Account Supervisor --GREY CANADA, Toronto, Canada, pg. 437
Reisman, Jamie, Account Supervisor --Rogers & Cowan, New York, NY, pg. 1675
Remo, Jessica, Account Supervisor --OGILVY COMMONHEALTH MEDICAL EDUCATION, Parsippany, NJ, pg. 831
Remo, Jessica, Account Supervisor --OGILVY COMMONHEALTH PAYER MARKETING, Parsippany, NJ, pg. 831
Remo, Jessica, Account Supervisor --OGILVY COMMONHEALTH WORLDWIDE, Parsippany, NJ, pg. 832
Repin, Stacy, Account Supervisor --BILLUPS WORLDWIDE, Lake Oswego, OR, pg. 1309
Resendez, Jose, Account Supervisor --Fleishman-Hillard Inc., Coral Gables, FL, pg. 1507
Rey, Agnimita, Account Supervisor --Happy mcgarrybowen, Bengaluru, India, pg. 717
Reyes, Paola, Account Supervisor --BCW (BURSON COHN & WOLFE), New York, NY, pg. 1439
Richardson, Chris, Account Supervisor --MARTIN RETAIL GROUP/MARTIN ADVERTISING, Birmingham, AL, pg. 688
Richter, Carly, Account Supervisor --WE ARE UNLIMITED, Chicago, IL, pg. 1155
Riedmiller, Nikki, Account Supervisor --KAHN MEDIA, INC., Moorpark, CA, pg. 1407
Rimel, John, Account Supervisor --Greer, Margolis, Mitchell, Burns & Associates (GMMB), Washington, DC, pg. 1508
Ritter, Koree, Account Supervisor --BACKE DIGITAL BRAND MARKETING, Radnor, PA, pg. 82
Rivera, Erica, Account Supervisor --TARGETBASE, Irving, TX, pg. 1073
Rivera, Horacio, Account Supervisor --OGILVY, New York, NY, pg. 809
Rivera, Melanie, Account Supervisor --Y&R MEMPHIS, Memphis, TN, pg. 1195
Rizvi, Sarah, Account Supervisor --KENNA, Mississauga, Canada, pg. 592
Roach, Kerry, Account Supervisor --WE ARE UNLIMITED, Chicago, IL, pg. 1155
Robbins, ZaVious, Account Supervisor --Moroch, Raleigh, NC, pg. 759
Robinson, Jacob, Account Supervisor --HYC/MERGE, Chicago, IL, pg. 515
Robinson, Marissa, Account Supervisor --PHD Canada, Toronto, Canada, pg. 1364
Rockefeller, Jackie, Account Supervisor --RPR PUBLIC RELATIONS INC., Boca Raton, FL, pg. 1635
Rockey, Kelsey, Account Supervisor --PARRIS COMMUNICATIONS, INC., Kansas City, MO, pg. 1606
Rodriguez, Anais, Account Supervisor --VSBROOKS, Coral Gables, FL, pg. 1147
Rodriguez, Selena, Account Supervisor --CHILD'S PLAY COMMUNICATIONS, New York, NY, pg. 1468
Rogers, Cheryl, III, Account Supervisor --Media Works Charlotte, Davidson, NC, pg. 1344
Rogers, Paul, Account Supervisor --ALCONE MARKETING GROUP, Irvine, CA, pg. 1395
Romano, Anna, Account Supervisor --Weber Shandwick-Los Angeles, Los Angeles, CA, pg. 1676
Romeo, Dominick, Account Supervisor --LAIRD+PARTNERS, New York, NY, pg. 607
Romero, Magali, Account Supervisor --Wunderman, Buenos Aires, Argentina, pg. 1189
Romero-Wilson, Alexander, Account Supervisor --Fleishman-Hillard Inc., San Francisco, CA, pg. 1507
Root, Sara, Account Supervisor --PRAXIS COMMUNICATIONS, INC., Huntingdon Valley, PA, pg. 886
Rosenblum, Stephanie, Account Supervisor --5W PUBLIC RELATIONS, New York, NY, pg. 1423
Rosenow, Bari, Account Supervisor --YARD, New York, NY, pg. 1303
Ross, Charles, Account Supervisor --H4B Chelsea, New York, NY, pg. 474
Ross, Kyle, Account Supervisor --McCann New York, New York, NY, pg. 698
Rossi, Emmanuele, Account Supervisor --Ogilvy S.p.A., Milan, Italy, pg. 1600
Roth, John, Account Supervisor --FUSION MARKETING, Saint Louis, MO, pg. 404
Rouse, Justin, Account Supervisor --VOXUS INC., Tacoma, WA, pg. 1146
Roussel, Marion, Account Supervisor --Fallon New York, New York, NY, pg. 360
Rovito, Dana, Account Supervisor --TURCHETTE ADVERTISING AGENCY LLC, Fairfield, NJ, pg. 1121
Rowland, Jessica, Account Supervisor --SBC, Columbus, OH, pg. 993
Rowland, Teri, Account Supervisor --JOHNSON GRAY ADVERTISING, Laguna Beach, CA, pg. 580
Rubin, Amber, Account Supervisor --THE DAVID JAMES AGENCY, Thousand Oaks, CA, pg. 262
Rudzinski, Caroline, Account Supervisor --CARMICHAEL LYNCH, Minneapolis, MN, pg. 189
Rumbaugh, Jen, Account Supervisor --QUEUE CREATIVE MARKETING GROUP LLC, Chicago, IL, pg. 923
Runkle, Susannah, Account Supervisor --RAWLE MURDY ASSOCIATES, INC., Charleston, SC, pg. 934
Rupp, Brittany, Account Supervisor --CREATIVE MEDIA MARKETING, New York, NY, pg. 1477
Rushton, Hagan, Account Supervisor --VIRTUE WORLDWIDE, Brooklyn, NY, pg. 1139
Russell, Barbara, Account Supervisor --TWO WEST, INC., Kansas City, MO, pg. 1124
Rutherford, Mandy, Account Supervisor --10 THOUSAND DESIGN, Minneapolis, MN, pg. 1
Ryan, Megan, Account Supervisor --Aisle Rocket Studios, Palatine, IL, pg. 42
Sackett, Meagan, Account Supervisor --XENOPSI, New York, NY, pg. 1303
Saenz, Diana, Account Supervisor --ARC WORLDWIDE, Chicago, IL, pg. 1397
Saia, Cathy, Account Supervisor --ABELSON-TAYLOR, INC., Chicago, IL, pg. 17
Saito, Kaoru, Account Supervisor --Beacon Communications K.K., Tokyo, Japan, pg. 630
Saito, Kaoru, Account Supervisor --Beacon Communications K.K., Tokyo, Japan, pg. 910
Salcito, Anne-Marie, Account Supervisor --KARSH & HAGAN COMMUNICATIONS, INC., Denver, CO, pg. 588
Salembier, Abagael, Account Supervisor --MRY, New York, NY, pg. 769
Salzberg, Allison, Account Supervisor --360PR+, Boston, MA, pg. 1422
Sampson, Cory, Account Supervisor --THE GARAGE TEAM MAZDA, Costa Mesa, CA, pg. 409
Sandell, Marissa, Account Supervisor --Edelman, San Mateo, CA, pg. 1491
Santiago, Desiree, Account Supervisor --BECKERMAN PUBLIC RELATIONS, Hackensack, NJ, pg. 1446
Sarabia, Claudia, Account Supervisor --THE WOW FACTOR, INC., Studio City, CA, pg. 1178
Saunders, Ann, Account Supervisor --MARRINER MARKETING COMMUNICATIONS, INC., Columbia, MD, pg. 686
Saxena, Darby, Account Supervisor --SPECTRUM SCIENCE COMMUNICATIONS, INC., Washington, DC, pg. 1649
Scanlon, Katey, Account Supervisor --ENSO COLLABORATIVE LLC, Santa Monica, CA, pg. 341
Schenck, Julie, Account Supervisor --SYMMETRI MARKETING GROUP, LLC, Chicago, IL, pg. 1067
Scher, Michael, Account Supervisor --PMK*BNC, Los Angeles, CA, pg. 543
Schillinger, Jaclyn, Account Supervisor --RAIN, New York, NY, pg. 1283
Schlenker, Trace, Account Supervisor --TRIBAL WORLDWIDE, New York, NY, pg. 1295
Schmaling, Taylor, Account Supervisor --FCB Chicago, Chicago, IL, pg. 364
Schmidt, Erin, Account Supervisor --SCHMIDT PUBLIC AFFAIRS, Alexandria, VA, pg. 1641
Schmitt, Emily, Account Supervisor --MULLENLOWE GROUP, Boston, MA, pg. 770
Schmitz, Stephen, Account Supervisor --COLANGELO & PARTNERS PUBLIC RELATIONS, New York, NY, pg. 1471
Schneider, Cory, Account Supervisor --YOUNG & LARAMORE, Indianapolis, IN, pg. 1196
Schneider, Jon, Account Supervisor --VANTAGEPOINT, INC., Greenville, SC, pg. 1131
Schneider, Lauren, Account Supervisor --GLYNNDEVINS ADVERTISING & MARKETING, Kansas City, MO, pg. 424
Schrandt, Stephanie, Account Supervisor --BOELTER + LINCOLN MARKETING COMMUNICATIONS, Milwaukee, WI, pg. 144
Schreiber, Kelcie, Account Supervisor --OSBORN & BARR COMMUNICATIONS, Saint Louis, MO, pg. 844
Schumann, Jennifer, Account Supervisor --Young & Rubicam Midwest, Chicago, IL, pg. 1199
Schwabe, Cori, Account Supervisor --PUBLICIS USA, New York, NY, pg. 912
Schwantes, Wendy, Account Supervisor --PAUL WERTH ASSOCIATES, INC., Columbus, OH, pg. 858
Schwartz, Jaime, Account Supervisor --ODEN MARKETING AND DESIGN, Memphis, TN, pg. 808
Scott, Allyson, Account Supervisor --MCGRATH/POWER, San Jose, CA, pg. 1579
Scott, Claire, Account Supervisor --CMD, Portland, OR, pg. 215
Seagram, Ryan, Account Supervisor --Leo Burnett USA, Chicago, IL, pg. 622
Seiwert, Christina, Account Supervisor --LKH&S, Chicago, IL, pg. 647
Seiwert, Christina, Account Supervisor --LKH&S Louisville, Fisherville, KY, pg. 647
Selby, Jason, Account Supervisor --WALZ TETRICK ADVERTISING, Mission, KS, pg. 1151
Serafin, Derek, Account Supervisor --MOTION PR, Chicago, IL, pg. 1585
Sexton, Greg, Account Supervisor --SANTY INTEGRATED, Scottsdale, AZ, pg. 990
Sexton, Lindsay, Account Supervisor --THE TOMBRAS GROUP, Knoxville, TN, pg. 1108
Shapiro, Mollie, Account Supervisor --SITUATION INTERACTIVE, New York, NY, pg. 1017
Shaughnessy, Brooke, Account Supervisor --QUINN & CO., New York, NY, pg. 1622
Shearer, Kendall, Account Supervisor --DIGITAL KITCHEN, Chicago, IL, pg. 301
Shelmerdine, Lily, Account Supervisor --JOHANNES LEONARDO, New York, NY, pg. 1266
Shepherd, Maggie, Account Supervisor --EDELMAN, Chicago, IL, pg. 1490
Sheppard, Heather, Account Supervisor --FAHLGREN MORTINE, Columbus, OH, pg. 358
Sheridan, Wendi, Account Supervisor --PACIFIC COMMUNICATIONS GROUP, Torrance, CA, pg. 848
Sherlock, Olivia, Account Supervisor --Fallon Minneapolis, Minneapolis, MN, pg. 360
Shields, Ryan, Account Supervisor --MRM MCCANN, New York, NY, pg. 766
Shin, Rachel, Account Supervisor --Cohn & Wolfe Austin, Austin, TX,

AGENCIES — RESPONSIBILITIES INDEX

pg. 1441
Shinnick, Mike, Account Supervisor --OVERDRIVE INTERACTIVE, Boston, MA, pg. 1279
Shlemmer, Paige, Account Supervisor --TEAM ONE USA, Los Angeles, CA, pg. 1095
Shoham, Maayan Ben, Account Supervisor --Adler, Chomski Grey, Tel Aviv, Israel, pg. 440
Shook, Marjanee, Account Supervisor --J. WALTER THOMPSON ATLANTA, Atlanta, GA, pg. 564
Shugars, Jenna, Account Supervisor --EXIT10, Baltimore, MD, pg. 355
Shuman, Brandy, Account Supervisor --KONNECT PUBLIC RELATIONS, Los Angeles, CA, pg. 1560
Shumilak, Marie, Account Supervisor --&BARR, Orlando, FL, pg. 55
Shurson, Ashton, Account Supervisor --GRAYLING, Los Angeles, CA, pg. 1523
Sidman, Meredith, Account Supervisor --BALTZ & COMPANY, New York, NY, pg. 1438
Sidwell, Samantha Test, Account Supervisor --COLE & WEBER UNITED, Seattle, WA, pg. 218
Siebert, Lisa, Account Supervisor --STEPHENS & ASSOCIATES ADVERTISING, INC., Overland Park, KS, pg. 1047
Simmons, Laurie, Account Supervisor --ANTHOLOGY MARKETING GROUP, Honolulu, HI, pg. 1433
Simon, Rebecca, Account Supervisor --LEO BURNETT COMPANY LTD., Toronto, Canada, pg. 620
Simon, Stacey, Account Supervisor --Havas PR, Pittsburgh, PA, pg. 1528
Simonini, Julia, Account Supervisor --Ogilvy Atlanta, Atlanta, GA, pg. 1598
Sipes, Dan, Account Supervisor --DIESTE, Dallas, TX, pg. 299
Sivakumar, Mai, Account Supervisor --RAIN43, Toronto, Canada, pg. 929
Sizemore, J. D., Account Supervisor --RIPLEY PR LLC, Maryville, TN, pg. 1632
Skalsky, Chris, Account Supervisor --Commonwealth, Detroit, MI, pg. 698
Skow-Lindsey, Sasha, Account Supervisor --ASHER AGENCY, INC., Fort Wayne, IN, pg. 73
Slavin, Chelsea, Account Supervisor --NIKE COMMUNICATIONS, INC., New York, NY, pg. 1595
Sleiman, Rheanne, Account Supervisor --COSSETTE COMMUNICATIONS, Vancouver, Canada, pg. 232
Slingerland, Ann, Account Supervisor --Havas Life Metro, Chicago, IL, pg. 474
Sloan, Meagan, Account Supervisor --BROWNSTEIN GROUP, Philadelphia, PA, pg. 168
Sloan, Rebecca, Account Supervisor --LUCAS PUBLIC AFFAIRS, Sacramento, CA, pg. 1571
Smagala, Catherine, Account Supervisor --MP&A DIGITAL & ADVERTISING, Williamsburg, VA, pg. 766
Smith, Ariel, Account Supervisor --WONGDOODY, Seattle, WA, pg. 1175
Smith, Diana, Account Supervisor --WICK MARKETING, Austin, TX, pg. 1163
Smith, Jackie, Account Supervisor --SCHAFER CONDON CARTER, Chicago, IL, pg. 995
Smith, Jennifer, Account Supervisor --PHD Canada, Toronto, Canada, pg. 1364
Smith, Mackenzie, Account Supervisor --FRENCH/WEST/VAUGHAN, INC., Raleigh, NC, pg. 398
Smith, Rachel, Account Supervisor --FCBCURE, Parsippany, NJ, pg. 376
Smukall, Becky, Account Supervisor --ANSON-STONER INC., Winter Park, FL, pg. 60
Snyder, Christina, Account Supervisor --TANGELO, Houston, TX, pg. 1072
Sobral, Jennifer Gaidola, Account Supervisor --FCB Toronto, Toronto, Canada, pg. 366
Somerall, Mary Frances, Account Supervisor --CAYENNE CREATIVE, Birmingham, AL, pg. 197
Sorine, Dan, Account Supervisor --THE CDM GROUP, New York, NY, pg. 198
Souza, Flavia, Account Supervisor --Spark44, New York, NY, pg. 1227
Soylu, Gulru, Account Supervisor --JOHANNES LEONARDO, New York, NY, pg. 1266
Spangler, Jennifer, Account Supervisor --ZION & ZION, Tempe, AZ, pg. 1213
Spaulding, Sialoren, Account Supervisor --Vitro NY, New York, NY, pg. 1141
Spece, Mara, Account Supervisor --PUBLICIS NEW YORK, New York, NY, pg. 912

Spevak, Bryan, Account Supervisor --ANTHONYBARNUM, Austin, TX, pg. 1433
Spitz, Jillian, Account Supervisor --FRENCH/WEST/VAUGHAN, INC., Raleigh, NC, pg. 398
Spoon, Randy, Account Supervisor --KELLEN COMMUNICATIONS, New York, NY, pg. 590
Spreckman, David, Account Supervisor --LKH&S, Chicago, IL, pg. 647
Stainbrook, Laila, Account Supervisor --MONO, Minneapolis, MN, pg. 755
Stamulis, Gray, Account Supervisor --Moroch, Saint Louis, MO, pg. 759
Steger, Carmen, Account Supervisor --Cossette B2B, Toronto, Canada, pg. 233
Stein, Danielle, Account Supervisor --Edelman, New York, NY, pg. 1492
Stein, Jennifer, Account Supervisor --ARCHER MALMO, Memphis, TN, pg. 65
Stengel, Matt, Account Supervisor --RED CIRCLE AGENCY, Minneapolis, MN, pg. 938
Stoermer, Emily, Account Supervisor --BACKBAY COMMUNICATIONS, INC., Boston, MA, pg. 82
Story, Addison, Account Supervisor --97 DEGREES WEST, Austin, TX, pg. 14
Stowers, Christina, Account Supervisor --THE HANNON GROUP, Fort Washington, MD, pg. 1526
Stoyka, David, Account Supervisor --MARX LAYNE & COMPANY, Farmington Hills, MI, pg. 690
Strader, Samantha, Account Supervisor --Padilla, Richmond, VA, pg. 850
Strauss, Lindsay, Account Supervisor --ASO ADVERTISING, Atlanta, GA, pg. 74
Strauss, Tamarah, Account Supervisor --DKC NEW YORK, New York, NY, pg. 1486
Streiter, Jacob, Account Supervisor --The Rosen Group, Washington, DC, pg. 1634
Streiter, Jacob, Account Supervisor --THE ROSEN GROUP, New York, NY, pg. 1634
Strickland, Katrine, Account Supervisor --ADJECTIVE & CO, Jacksonville Beach, FL, pg. 30
Strutz, Chelsea, Account Supervisor --THE INTEGER GROUP - DENVER, Lakewood, CO, pg. 1406
Sturgis, Michelle, Account Supervisor --HUMANAUT, Chattanooga, TN, pg. 514
Styczinski, Andrea, Account Supervisor --CARMICHAEL LYNCH, Minneapolis, MN, pg. 189
Sullivan, Bridget, Account Supervisor --PULSECX, Montgomeryville, PA, pg. 916
Sulzer, Paul, Account Supervisor --Zimmerman Advertising, New York, NY, pg. 1213
Sumi, Kanae, Account Supervisor --McCann Erickson Japan Inc., Tokyo, Japan, pg. 706
Sumner, Brian, Account Supervisor --GLYNNDEVINS ADVERTISING & MARKETING, Kansas City, MO, pg. 424
Sunsdahl, Kathy Malmloff, Account Supervisor --CALDWELL VANRIPER, Indianapolis, IN, pg. 182
Sunsdahl, Melissa, Account Supervisor --WELL DONE MARKETING, Indianapolis, IN, pg. 1158
Suri, Elisa, Account Supervisor --TREVELINO/KELLER, Atlanta, GA, pg. 1662
Sutton, Matt, Account Supervisor --Access Brand Communications, New York, NY, pg. 20
Svireff, Amy, Account Supervisor --GLOBAL TEAM BLUE, Dearborn, MI, pg. 423
Swan, Kristen, Account Supervisor --KELLEN COMMUNICATIONS, New York, NY, pg. 590
Swenson, Megan, Account Supervisor --BELLMONT PARTNERS, Minneapolis, MN, pg. 121
Szczuka, Gina, Account Supervisor --THE ARCHER GROUP, Wilmington, DE, pg. 65
Tabar, Kaitlin, Account Supervisor --AMELIE COMPANY, Denver, CO, pg. 51
Tacopino, Alyssa, Account Supervisor --Anomaly, Venice, CA, pg. 60
Tanaka, Yoshihito, Account Supervisor --McCann Erickson Japan Inc., Tokyo, Japan, pg. 706
Tatla, Harjot, Account Supervisor --GREY CANADA, Toronto, Canada, pg. 437
Teal, Sarah, Account Supervisor --FRENCH/WEST/VAUGHAN, INC., Raleigh, NC, pg. 398
Terry, Aiden, Account Supervisor --THE INTEGER GROUP-DALLAS, Dallas, TX, pg. 1405
Thaxton, Vida, Account Supervisor --DUNCAN CHANNON, San Francisco, CA, pg. 325

Theccanat, Nicholas, Account Supervisor --Edelman, Atlanta, GA, pg. 1492
Theuer, Christian, Account Supervisor --QORVIS MSLGROUP, Washington, DC, pg. 1621
Thielen, Amanda, Account Supervisor --REAL INTEGRATED, Troy, MI, pg. 936
Thomas, Maegan, Account Supervisor --SID LEE, Toronto, Canada, pg. 1010
Thompson, Alyse, Account Supervisor --360i, Atlanta, GA, pg. 289
Thompson, Tara, Account Supervisor --THE INTEGER GROUP-DALLAS, Dallas, TX, pg. 1405
Thorson, Krista, Account Supervisor --CALLAHAN CREEK, INC., Lawrence, KS, pg. 183
Tigue, Alyssa, Account Supervisor --ZAMBEZI, Culver City, CA, pg. 1209
Tims, Scott, Account Supervisor --The Point Group, Houston, TX, pg. 880
Todoroff, Jenna, Account Supervisor --COMMON GROUND PUBLIC RELATIONS, Chesterfield, MO, pg. 1472
Togias, Traci, Account Supervisor --Partners+Napier, New York, NY, pg. 856
Tokarz, Lindsay, Account Supervisor --Epsilon, New York, NY, pg. 345
Tollefson, Liv, Account Supervisor --LINNIHAN FOY ADVERTISING, Minneapolis, MN, pg. 642
Tomaselli, Deanna, Account Supervisor --Havas PR, Pittsburgh, PA, pg. 1528
Tomkiewicz, Ressa, Account Supervisor --THE ZIMMERMAN AGENCY LLC, Tallahassee, FL, pg. 1213
Torr, Michelle, Account Supervisor --ORANGE LABEL ART & ADVERTISING, Newport Beach, CA, pg. 843
Torrans, Emily, Account Supervisor --BEHRMAN COMMUNICATIONS, New York, NY, pg. 1447
Torres, Neil, Account Supervisor --BLANC & OTUS PUBLIC RELATIONS, San Francisco, CA, pg. 1451
Torsey, Kate, Account Supervisor --SWIFT AGENCY, Portland, OR, pg. 1066
Towle, Britta, Account Supervisor --BATTALION, New York, NY, pg. 1439
Tracy, Mike, Account Supervisor --TRUTH COLLECTIVE LLC, Rochester, NY, pg. 1120
Traflet, Laura, Account Supervisor --PUBLICIS NEW YORK, New York, NY, pg. 912
Tran, Teresa, Account Supervisor --GREY SAN FRANCISCO, San Francisco, CA, pg. 449
Travaglini, Christina, Account Supervisor --FVM STRATEGIC COMMUNICATIONS, Plymouth Meeting, PA, pg. 406
Trindl, Craig, Account Supervisor --ZIZZO GROUP, INC., Milwaukee, WI, pg. 1214
Tripi, Julie, Account Supervisor --DDB HEALTH, New York, NY, pg. 267
Tropp, Sarah, Account Supervisor --SCHAFER CONDON CARTER, Chicago, IL, pg. 995
Trout, Brie, Account Supervisor --BRAND COOL MARKETING INC, Rochester, NY, pg. 154
Trout, Megan, Account Supervisor --RPA, Santa Monica, CA, pg. 970
Tsui, Samantha, Account Supervisor --ANTHOLOGY MARKETING GROUP, Honolulu, HI, pg. 1433
Tsukagoshi, Yuka, Account Supervisor --Weber Shandwick, Tokyo, Japan, pg. 1681
Tucci, Amanda, Account Supervisor --RAIN43, Toronto, Canada, pg. 929
Turek, Victoria, Account Supervisor --PIERPONT COMMUNICATIONS, INC., Houston, TX, pg. 1608
Turner, Ethan, Account Supervisor --RED MOON MARKETING, Charlotte, NC, pg. 940
Tyler, Lauren, Account Supervisor --ADFERO GROUP, Washington, DC, pg. 29
Tyree, Alex, Account Supervisor --Spike/DDB, Brooklyn, NY, pg. 269
Tyrrell, Brandon, Account Supervisor --KRUSKOPF & COMPANY, INC., Minneapolis, MN, pg. 603
Underberger, Shira, Account Supervisor --PRAYTELL, Brooklyn, NY, pg. 1618
Ungru, Kristen Davis, Account Supervisor --PRICEWEBER MARKETING COMMUNICATIONS, INC., Louisville, KY, pg. 889
Unverfehrt, Julia, Account Supervisor --BARKLEY, Kansas City, MO, pg. 90
Uribe, Natalie, Account Supervisor --GALLEGOS UNITED, Huntington Beach, CA, pg. 408
Urick, Anna, Account Supervisor --YOUNG & RUBICAM, New York, NY, pg. 1197

RESPONSIBILITIES INDEX — AGENCIES

Urruchua, Arantza, Account Supervisor --Y&R New York, New York, NY, pg. 1198
Vacca, Katie, Account Supervisor --MARRINER MARKETING COMMUNICATIONS, INC., Columbia, MD, pg. 686
Valach, Natasha, Account Supervisor --BRANDNER COMMUNICATIONS, INC., Federal Way, WA, pg. 157
Valdes, Andrew, Account Supervisor --METRO PUBLIC RELATIONS, Los Angeles, CA, pg. 1583
Vallely, Colleen, Account Supervisor --FRENCH/WEST/VAUGHAN, INC., Raleigh, NC, pg. 398
Van Duyn, Adriana, Account Supervisor --BIANCHI PUBLIC RELATIONS INC., Troy, MI, pg. 1449
Van Malssen, Hannah, Account Supervisor --MSLGROUP, New York, NY, pg. 1587
Van Nostrand, Breanne, Account Supervisor --Edelman, Washington, DC, pg. 1492
Van Schepen, Michael, Account Supervisor --HYDROGEN ADVERTISING, Seattle, WA, pg. 515
Vandroff, Emily, Account Supervisor --360i, Atlanta, GA, pg. 289
Velan, Mary, Account Supervisor --L.C. WILLIAMS & ASSOCIATES, LLC, Chicago, IL, pg. 1564
Velez, Lindsay, Account Supervisor --Alcone Marketing Group, Wilton, CT, pg. 1395
Vella, Shanna, Account Supervisor --MARKETSMITH INC, Cedar Knolls, NJ, pg. 685
Velonis, Suzanne, Account Supervisor --HYC/MERGE, Chicago, IL, pg. 515
Veroda, Scott, Account Supervisor --OMG Los Angeles, Los Angeles, CA, pg. 1360
Verpent, Jillian, Account Supervisor --BML PUBLIC RELATIONS, Florham Park, NJ, pg. 1452
Viatrov, Aliaksandr, Account Supervisor --Mirum Arkansas, Rogers, AR, pg. 1273
Vigneault, Kathy, Account Supervisor --LAVOIE STRATEGIC COMMUNICATIONS GROUP, INC., Boston, MA, pg. 1564
Vigneault, Kathy, Account Supervisor --LAVOIEHEALTHSCIENCE, Boston, MA, pg. 1564
Vilchez, Valeryn, Account Supervisor --MCCANN HEALTH GLOBAL HQ, New York, NY, pg. 713
Villafan, Elizabeth, Account Supervisor --Ketchum, Los Angeles, CA, pg. 1555
Villavicencio, Nicolas Bouillet, Account Supervisor --Prolam Y&R S.A., Santiago, Chile, pg. 1206
Vinyoli, Mireia, Account Supervisor --TBWA Espana, Barcelona, Spain, pg. 1085
Vogel, Shannon, Account Supervisor --CROWLEY WEBB, Buffalo, NY, pg. 250
Vogt, Erin, Account Supervisor --PERITUS PUBLIC RELATIONS, Birmingham, AL, pg. 1608
Volpe, Jim, Account Supervisor --GMLV LLC, Newark, NJ, pg. 425
Vorster, Virginia, Account Supervisor --LOVE ADVERTISING INC., Houston, TX, pg. 652
Votto, Brie, Account Supervisor --GROW MARKETING, San Francisco, CA, pg. 453
Waddell, Bob, Account Supervisor --MULLER BRESSLER BROWN, Leawood, KS, pg. 778
Wahlstrom, Chelsey M., Account Supervisor --Laughlin/Constable, Inc., Chicago, IL, pg. 614
Wakani, Farah, Account Supervisor --Digitas Health, New York, NY, pg. 1251
Walian, Jaclyn, Account Supervisor --OLIVE PR SOLUTIONS INC, San Diego, CA, pg. 835
Walker, Brittany, Account Supervisor --TRIBE, Atlanta, GA, pg. 1116
Walker, Sara, Account Supervisor --YOUNG & LARAMORE, Indianapolis, IN, pg. 1196
Wall, Kylie, Account Supervisor --THE VARIABLE AGENCY, Winston Salem, NC, pg. 1131
Wallace, Laura, Account Supervisor --BOONEOAKLEY, Charlotte, NC, pg. 147
Wallace, Melanie, Account Supervisor --MCKINNEY, Durham, NC, pg. 719
Walsh, Nancy, Account Supervisor --DUDNYK HEALTHCARE GROUP, Horsham, PA, pg. 324
Waltman, Wynne, Account Supervisor --The Graham Group, Baton Rouge, LA, pg. 431
Wang, Janet, Account Supervisor --DAVID & GOLIATH, El Segundo, CA, pg. 261
Wang, Jenny, Account Supervisor --Raffetto Herman, Washington, DC, pg. 1624
Waraksa, Rosemarie, Account Supervisor --Laughlin/Constable, New York, New York, NY, pg. 614
Warner, Rachel, Account Supervisor --Edelman, Dallas, TX, pg. 1493
Warren, Samuel, Account Supervisor --VAYNERMEDIA, New York, NY, pg. 1299
Warriner, Lindsey, Account Supervisor --Ketchum, San Francisco, CA, pg. 1555
Watkins, Kaia, Account Supervisor --FLINT COMMUNICATIONS, Fargo, ND, pg. 388
Waye, Amanda, Account Supervisor --Tribal Worldwide Vancouver, Vancouver, Canada, pg. 1296
Wearing, John, Account Supervisor --PHD Canada, Toronto, Canada, pg. 1364
Weaver, Bonnie, Account Supervisor --AUGUST, LANG & HUSAK, INC., Bethesda, MD, pg. 77
Weber, Kate, Account Supervisor --TPN INC., Dallas, TX, pg. 1418
Weiner, Adam, Account Supervisor --Pereira & O'Dell, New York, NY, pg. 863
Weiner, Danielle, Account Supervisor --SAATCHI & SAATCHI, New York, NY, pg. 975
Weisbarth, Samantha, Account Supervisor --Ogilvy, Toronto, Canada, pg. 812
Weissman, Lauren, Account Supervisor --Rogers & Cowan, New York, NY, pg. 1675
Welburn, Brian, Account Supervisor --Carol H. Williams Advertising, Chicago, IL, pg. 190
Werner, Joel, Account Supervisor --J. WALTER THOMPSON CANADA, Toronto, Canada, pg. 565
West, Justin, Account Supervisor --ROKKAN, New York, NY, pg. 966
Wheat, Russ, Account Supervisor --BHW1 ADVERTISING, Spokane, WA, pg. 127
Whitcher, Bristol, Account Supervisor --CONE COMMUNICATIONS, Boston, MA, pg. 1473
White, Melissa, Account Supervisor --NEWMARK ADVERTISING, INC., Woodland Hls, CA, pg. 793
White, Stacey, Account Supervisor --COYNE PUBLIC RELATIONS, Parsippany, NJ, pg. 1476
Whitfield, Brock, Account Supervisor --XENOPSI, New York, NY, pg. 1303
Whitlock, Amanda, Account Supervisor --Edelman, Dallas, TX, pg. 1493
Wickman, Sarah, Account Supervisor --LEO BURNETT WORLDWIDE, INC., Chicago, IL, pg. 621
Wilbanks, Alex, Account Supervisor --SWIFT AGENCY, Portland, OR, pg. 1066
Wilkinson, Rhonda, Account Supervisor --Lewis Communications, Mobile, AL, pg. 636
Williams, Blair, Account Supervisor --GSD&M, Austin, TX, pg. 453
Williams, Whitney, Account Supervisor --MCKEEMAN COMMUNICATIONS, Raleigh, NC, pg. 1579
Willis, Steve, Account Supervisor --PMK*BNC, Los Angeles, CA, pg. 543
Willison, Darla, Account Supervisor --ACKERMAN MCQUEEN, INC., Oklahoma City, OK, pg. 21
Wilson, Lauren, Account Supervisor --Wieden + Kennedy New York, New York, NY, pg. 1165
Wims, Meaghan, Account Supervisor --DUFFY & SHANLEY, INC., Providence, RI, pg. 324
Winchester, Cheri, Account Supervisor --COMMON GROUND PUBLIC RELATIONS, Chesterfield, MO, pg. 1472
Windhorst, Amy, Account Supervisor --BAREFOOT PROXIMITY, Cincinnati, OH, pg. 89
Winterling, Colleen, Account Supervisor --MEDIA WORKS, LTD., Baltimore, MD, pg. 1344
Winters, Carissa, Account Supervisor --DIXON SCHWABL ADVERTISING, Victor, NY, pg. 309
Wirth, Bridget, Account Supervisor --BVK, Milwaukee, WI, pg. 178
Wirth, Bridget, Account Supervisor --BVK DIRECT, Colleyville, TX, pg. 179
Wittman, Angela, Account Supervisor --Digital Kitchen, Seattle, WA, pg. 301
Wong, Jillian, Account Supervisor --KONNECT PUBLIC RELATIONS, Los Angeles, CA, pg. 1560
Woodard, Elisabeth, Account Supervisor --GRISKO, Chicago, IL, pg. 1525
Woodward, David, Account Supervisor --TRACYLOCKE, Dallas, TX, pg. 1113
Woottten, Sadie, Account Supervisor --O2IDEAS, INC., Birmingham, AL, pg. 803
Worley, Sara Chesterfield, Account Supervisor --BAREFOOT PROXIMITY, Cincinnati, OH, pg. 89
Wright, Molly, Account Supervisor --SCOUT MARKETING, Atlanta, GA, pg. 998
Wuest, Stasha, Account Supervisor --BOELTER + LINCOLN MARKETING COMMUNICATIONS, Milwaukee, WI, pg. 144
Wyman, Suzanne, Account Supervisor --ADAM&EVEDDB, New York, NY, pg. 25
Yamaguchi, Noriko, Account Supervisor --The Marketing Store, Quarry Bay, China (Hong Kong), pg. 1410
Yi, Rebecca, Account Supervisor --Edelman, Atlanta, GA, pg. 1492
Yoon, Stephanie, Account Supervisor --PUBLICIS USA, New York, NY, pg. 912
Young, Amy, Account Supervisor --CALLAHAN CREEK, INC., Lawrence, KS, pg. 183
Young, Christy, Account Supervisor --Mirum Arkansas, Rogers, AR, pg. 1273
Young, Megan, Account Supervisor --BLUE SKY AGENCY, Atlanta, GA, pg. 140
Zahoruiko, Brittany, Account Supervisor --MULLENLOWE GROUP, Boston, MA, pg. 770
Zalas, Anna, Account Supervisor --Zeno Group, Chicago, IL, pg. 1690
Zapata, Stephanie, Account Supervisor --GEOMETRY GLOBAL NORTH AMERICA HQ, New York, NY, pg. 415
Zavala, Adriana, Account Supervisor --TOM, DICK & HARRY CREATIVE, Chicago, IL, pg. 1108
Zemanski, Kelsy, Account Supervisor --Ogilvy, Chicago, IL, pg. 811
Zimmerman, Joanna, Account Supervisor --KETCHUM, New York, NY, pg. 1554
Ziplow, Jennifer, Account Supervisor --COLANGELO & PARTNERS PUBLIC RELATIONS, New York, NY, pg. 1471
Zlatnik, Leah, Account Supervisor --Sandbox, Kansas City, MO, pg. 989
Zorn, Tricia, Account Supervisor --THE EGC GROUP, Melville, NY, pg. 332
Zou, Jessica, Account Supervisor --VENABLES, BELL & PARTNERS, San Francisco, CA, pg. 1132
Zuluaga, Holly, Account Supervisor --RAFFETTO HERMAN STRATEGIC COMMUNICATIONS LLC, Seattle, WA, pg. 1624

Art Buyer

Abreu, Izabel, Art Buyer --F.biz, Sao Paulo, Brazil, pg. 1183
Beretta, Monica, Art Buyer --Y&R Sao Paulo, Sao Paulo, Brazil, pg. 1205
Chevalier, Barbara, Art Buyer --TBWA Paris, Boulogne-Billancourt, France, pg. 1081
Collesano, Caterina, Art Buyer --Publicis Italia, Milan, Italy, pg. 899
Gill-Erhart, Mariah, Art Buyer --MEKANISM, San Francisco, CA, pg. 729
Gullixson, Jay, Art Buyer --HIEBING, Madison, WI, pg. 498
Hamilton, Ashleigh, Art Buyer --Y&R Cape Town, Cape Town, South Africa, pg. 1207
Hanna, Tasha, Art Buyer --HAVAS WORLDWIDE, New York, NY, pg. 475
Howes, Kathy, Art Buyer --Proximity Worldwide & London, London, United Kingdom, pg. 111
Hurley, Emma, Art Buyer --Ogilvy South Africa (Pty.) Ltd., Johannesburg, South Africa, pg. 829
Loccoz, Quentin Moenne, Art Buyer --DDB Paris, Paris, France, pg. 273
Lopuszanski, Piotr, Art Buyer --Polska McCann Erickson, Warsaw, Poland, pg. 708
Loveday-Herzinger, Ali, Art Buyer --Ogilvy (Singapore) Pvt. Ltd., Singapore, Singapore, pg. 827
Oliveira, Bibiana, Art Buyer --FCB Sao Paulo, Sao Paulo, Brazil, pg. 370
Orru, Maryana, Art Buyer --Almap BBDO, Sao Paulo, Brazil, pg. 101
Ortiz, Ana, Art Buyer --DDB Madrid, S.A., Madrid, Spain, pg. 280
Piampiano, Jane, Art Buyer --DDB New York, New York, NY, pg. 269
Rocha, Elayna, Art Buyer --Wunderman, Costa Mesa, CA, pg. 1189
Santiago, Francini, Art Buyer --Ogilvy, Sao Paulo, Brazil, pg. 819
Shponko, Marina, Art Buyer --BBDO Moscow, Moscow, Russia, pg. 107
Sorrisi, Alessio, Art Buyer --Y&R Italia, srl, Milan, Italy, pg. 1203

Art Director

Abasbek, Azim, Art Director --DDB Group Germany, Berlin, Germany, pg. 274
Abdou, Ahmed, Art Director --Impact BBDO, Cairo, Egypt, pg. 104
Abrahams, Nethaam, Art Director --MullenLowe South Africa, Johannesburg, South Africa, pg. 777
Achatz, Karin, Art Director --Heye & Partner GmbH, Munich,

AGENCIES
RESPONSIBILITIES INDEX

Germany, pg. 274
Acuna, Cristobal, Art Director --BBDO Chile, Santiago, Chile, pg. 102
Adali, Bora, Art Director --Saatchi & Saatchi Istanbul, Istanbul, Turkey, pg. 980
Adam, Daniella, Art Director --J. Walter Thompson Inside, Sydney, Australia, pg. 566
Adami, Simone, Art Director --J. Walter Thompson Milan, Milan, Italy, pg. 560
Adams, John, Art Director --BEDFORD ADVERTISING INC., Carrollton, TX, pg. 120
Adams, Kieran, Art Director --TBWA Melbourne, Melbourne, Australia, pg. 1088
Addison, Jordon, Art Director --STONE WARD, Little Rock, AR, pg. 1050
af Ornas, Erik Hiort, Art Director --Saatchi & Saatchi, Stockholm, Sweden, pg. 980
Afifi, Azadeh, Art Director --DECCA DESIGN, San Jose, CA, pg. 284
Afridi, Saks, Art Director --MERKLEY+PARTNERS, New York, NY, pg. 733
Agbuya, Gerardo, Art Director --JOHN ST., Toronto, Canada, pg. 579
Agius, Ollie, Art Director --Cheil Worldwide Inc., Seoul, Korea (South), pg. 462
Agnellini, Alessandro, Art Director --Ogilvy (Singapore) Pvt. Ltd., Singapore, Singapore, pg. 827
Agostini, Freddy, Art Director --Lapiz, Chicago, IL, pg. 622
Aguerri, Manuel Castillo, Art Director --LOLA MullenLowe, Madrid, Spain, pg. 542
Aguilar, Orlando, Art Director --McCann Erickson (Peru) Publicidad S.A., Lima, Peru, pg. 707
Ah Tow, Jason, Art Director --303 MullenLowe, Sydney, Australia, pg. 773
Ahmed, Ben Abdelghaffar, Art Director --J. Walter Thompson, Tunis, Tunisia, pg. 554
Akesson, Samuel, Art Director --Forsman & Bodenfors, Stockholm, Sweden, pg. 722
Akram, Kamran, Art Director --Southpaw, Tunbridge Wells, United Kingdom, pg. 463
Al'Shamal, Fahad Mecca, Art Director --FCB Jakarta, Jakarta, Indonesia, pg. 373
Alan, Francis, Art Director --Almap BBDO, Sao Paulo, Brazil, pg. 101
Alawusa, Peju, Art Director --ADRENALIN, INC, Denver, CO, pg. 32
Albatran, Mohammed, Art Director --Targets/Leo Burnett, Riyadh, Saudi Arabia, pg. 627
Albert, Joe, Art Director --WIEDEN + KENNEDY, INC., Portland, OR, pg. 1163
Albert, Matt, Art Director --MLT CREATIVE, Tucker, GA, pg. 749
Alblas, Andrew, Art Director --Rethink, Toronto, Canada, pg. 951
Alcala, Laura, Art Director --Ogilvy, Mexico, Mexico, pg. 821
Alcock, Mikael, Art Director --BARTLE BOGLE HEGARTY LIMITED, London, United Kingdom, pg. 92
Aldridge, Todd, Art Director --LUQUIRE GEORGE ANDREWS, INC., Charlotte, NC, pg. 657
Alegre, April, Art Director --SelectNY.Paris, Paris, France, pg. 1001
Alexandre, Joao, Art Director --DM9DDB, Sao Paulo, Brazil, pg. 271
Allbee, Scott, Art Director --NEW RIVER COMMUNICATIONS, INC., Fort Lauderdale, FL, pg. 791
Allinson, Rachel, Art Director --THE MEYOCKS GROUP, West Des Moines, IA, pg. 736
Almeida, Dalatando, Art Director --Abbott Mead Vickers BBDO, London, United Kingdom, pg. 109
Almeida, Joe, Art Director --Circus Grey, Lima, Peru, pg. 444
Altun, Cem, Art Director --Y&R Turkey, Istanbul, Turkey, pg. 1204
Alvarez, Felipe, Art Director --Grey: REP, Bogota, Colombia, pg. 444
Alvarez, Miguel, Art Director --DEEPSLEEP STUDIO, Miami, FL, pg. 286
Alves, Ricardo, Art Director --Y&R Portugal, Lisbon, Portugal, pg. 1203
Alves, Sandra, Art Director --Ogilvy, Sao Paulo, Brazil, pg. 819
Amavizca, Bernardo, Art Director --CORD MEDIA, Palm Desert, CA, pg. 231
Ameye, Alex, Art Director --TBWA Brussels, Brussels, Belgium, pg. 1080
Amin, Sonia, Art Director --LOOKTHINKMAKE, LLC, Austin, TX, pg. 651
Amoneau, Florian, Art Director --J. Walter Thompson France, Neuilly-sur-Seine, France, pg. 559

Amoni, Orianna, Art Director --HIPERVINCULO, Weston, FL, pg. 501
Andersen, Luke, Art Director --MISSION MEDIA, LLC., Baltimore, MD, pg. 747
Anderson, Kaleen, Art Director --NORTH, Portland, OR, pg. 797
Andersson, Tove, Art Director --DDB Stockholm, Stockholm, Sweden, pg. 280
Andreae, Eric, Art Director --JAJO, INC., Wichita, KS, pg. 570
Andres, Vicky, Art Director --31,000 FT, Addison, TX, pg. 6
Andrews, Jade, Art Director --Havas London, London, United Kingdom, pg. 482
Angelo, Carl, Art Director --Uncle Grey A/S, Arhus, Denmark, pg. 440
Angelo, Davia, Art Director --M&C SAATCHI PLC, London, United Kingdom, pg. 658
Angus, Paul, Art Director --Y&R London, London, United Kingdom, pg. 1204
Anton, Cristian, Art Director --Publicis, Bucharest, Romania, pg. 901
Anton, Rob, Art Director --Fallon Minneapolis, Minneapolis, MN, pg. 360
Antonioli, Felipe, Art Director --Ogilvy, Sao Paulo, Brazil, pg. 819
Anttila, Sami, Art Director --Hasan & Partners Oy, Helsinki, Finland, pg. 703
Anzenberger, Kathleen, Art Director --JENNINGS & COMPANY, Chapel Hill, NC, pg. 575
Aparicio, Javier, Art Director --MullenLowe SSP3, Bogota, Colombia, pg. 777
Apiwatmongkol, Danai, Art Director --J. Walter Thompson Thailand, Bangkok, Thailand, pg. 559
Apostolovich, Mike, Art Director --DAVIS HARRISON DION, INC., Chicago, IL, pg. 265
Aragon, Cesar, Art Director --DIESTE, Dallas, TX, pg. 299
Aragon, Oscar, Art Director --Y&R Miami, Miami, FL., pg. 1205
Arakawa, Alexandre, Art Director --DM9DDB, Sao Paulo, Brazil, pg. 271
Aram, Mohammad, Art Director --TBWA Raad, Dubai, United Arab Emirates, pg. 1088
Aranibar, Ricardo, Art Director --McCann Erickson (Peru) Publicidad S.A., Lima, Peru, pg. 707
Arantes, Raul, Art Director --Wieden + Kennedy, Shanghai, China, pg. 1166
Araya, Sergio, Art Director --Prolam Y&R S.A., Santiago, Chile, pg. 1206
Archibald, Sam, Art Director --REVOLVE, Bedford, Canada, pg. 953
Archie, Kevin, Art Director --RIGGS PARTNERS, West Columbia, SC, pg. 1631
Arcoverde, Leonardo, Art Director --McCann Erickson / SP, Sao Paulo, Brazil, pg. 701
Arellano, Pablo, Art Director --Clemenger BBDO Wellington, Wellington, New Zealand, pg. 113
Arguijo, Fran, Art Director --DDB Barcelona S.A., Barcelona, Spain, pg. 280
Arguijo, Fran, Art Director --DDB Madrid, S.A., Madrid, Spain, pg. 280
Arias, Sebastian, Art Director --Grey Argentina, Buenos Aires, Argentina, pg. 443
Arias, Sebastian Bautista, Art Director --Sancho BBDO, Bogota, Colombia, pg. 102
Arico-Torreno, Mirko, Art Director --MEMAC Ogilvy, Dubai, United Arab Emirates, pg. 831
Arnaud, Remi, Art Director --HAVAS, Puteaux, France, pg. 472
Arnaudet, Renaud, Art Director --TBWA Paris, Boulogne-Billancourt, France, pg. 1081
Arnold, Collin, Art Director --KELTON RESEARCH, Playa Vista, CA, pg. 1554
Arrigoni, Romain, Art Director --BETC, Paris, France, pg. 479
Arroyo, Alexander, Art Director --LEO BURNETT WORLDWIDE, INC., Chicago, IL, pg. 621
Art, Brian, Art Director --FERGUSON ADVERTISING INC., Fort Wayne, IN, pg. 378
Arthurs, Paul, Art Director --TBWA\Dublin, Dublin, Ireland, pg. 1083
Arunonondchai, Kusuma, Art Director --J. Walter Thompson Thailand, Bangkok, Thailand, pg. 559
Asada, Daisuke, Art Director --Wieden + Kennedy Japan, Tokyo, Japan, pg. 1166
Ashour, Ibrahim, Art Director --AMA Leo Burnett, Cairo, Egypt, pg. 624
Ashour, Maram, Art Director --MEMAC Ogilvy, Dubai, United Arab Emirates, pg. 831

Aslam, Hasheer, Art Director --J. Walter Thompson Singapore, Singapore, Singapore, pg. 558
Astorgue, Eric, Art Director --BETC, Paris, France, pg. 479
Atallah, Marc, Art Director --W & Cie, Boulogne-Billancourt, France, pg. 473
Atkinson, Dale, Art Director --CREATIVE ENERGY GROUP INC, Johnson City, TN, pg. 241
Atkinson, Pat, Art Director --CAIN & COMPANY, Rockford, IL, pg. 182
Auboyneau, Guillaume, Art Director --Y&R Paris, Boulogne, France, pg. 1202
Aud, Adam, Art Director --PLANIT, Baltimore, MD, pg. 877
Auzannet, Cedric, Art Director --Publicis Conseil, Paris, France, pg. 898
Avellaneda, Diana, Art Director --Sancho BBDO, Bogota, Colombia, pg. 102
Avendano, Andrea, Art Director --McCann Erickson Corp. S.A., Bogota, Colombia, pg. 702
Ayad, Momen, Art Director --MEMAC Ogilvy, Kuwait, Kuwait, pg. 830
Azevedo, Rafael Voltolino, Art Director --DDB Brazil, Sao Paulo, Brazil, pg. 271
Babineaux, Blair, Art Director --SCHAEFER ADVERTISING CO., Fort Worth, TX, pg. 994
Badiu, Alin, Art Director --Leo Burnett & Target SA, Bucharest, Romania, pg. 626
Baghdassarian, Laurent, Art Director --Y&R Paris, Boulogne, France, pg. 1202
Baglioni, Daniele, Art Director --DDB S.r.L. Advertising, Milan, Italy, pg. 276
Bahaa, Ahmed, Art Director --Saatchi & Saatchi, Cairo, Egypt, pg. 977
Bailey, Don, Art Director --THE BUNTIN GROUP, Nashville, TN, pg. 173
Bailey, Don, Art Director --BUNTIN OUT-OF-HOME MEDIA, Nashville, TN, pg. 1312
Bailey, Molly, Art Director --Totalcom, Inc., Huntsville, AL, pg. 1111
Bailey, Tariq, Art Director --Ogilvy Cape Town, Cape Town, South Africa, pg. 829
Bains, Raj, Art Director --McCann Healthcare Sydney, Sydney, Australia, pg. 700
Baker, Chris Ryan, Art Director --CAYENNE CREATIVE, Birmingham, AL, pg. 197
Baker, Cindy, Art Director --BAKER COMMUNICATIONS ADVERTISING/MARKETING/PUBLIC RELATIONS, Lexington, KY, pg. 85
Baker, Mollie, Art Director --DOUG CARPENTER + ASSOCIATES, Memphis, TN, pg. 318
Baksa, Aaron, Art Director --FVM STRATEGIC COMMUNICATIONS, Plymouth Meeting, PA, pg. 406
Balbino, Breno, Art Director --Leo Burnett Tailor Made, Sao Paulo, Brazil, pg. 623
Baldosea, Eddie, Art Director --DDB Worldwide Colombia S.A., Bogota, Colombia, pg. 272
Baldrich, Gloria, Art Director --Grey Barcelona, Barcelona, Spain, pg. 442
Baldwin, Marie, Art Director --PRAIRIE DOG/TCG, Kansas City, MO, pg. 886
Balogun, Toheeb, Art Director --DDB Casers, Lagos, Nigeria, pg. 278
Bandy, Patti Nelson, Art Director --IMMOTION STUDIOS, Fort Worth, TX, pg. 527
Bankston, Jennifer, Art Director --FIREHOUSE, INC., Dallas, TX, pg. 1402
Baraldi, Fabio, Art Director --BBDO Proximity Berlin, Berlin, Germany, pg. 105
Barber, Tennessee, Art Director --M&C Saatchi Abel, Cape Town, South Africa, pg. 660
Barberio, Alexandra, Art Director --STRAWBERRYFROG, New York, NY, pg. 1054
Barcinas, Edward Patrick, Art Director --BALDWIN & OBENAUF, INC., Somerville, NJ, pg. 86
Bardill, Kimberly, Art Director --MORVIL ADVERTISING & DESIGN GROUP, Wilmington, NC, pg. 762
Bardot, Christophe, Art Director --TANEN DIRECTED ADVERTISING, Norwalk, CT, pg. 1072
Barkhuizen, Katie, Art Director --Ogilvy Cape Town, Cape Town, South Africa, pg. 829
Barkhuizen, Ryan, Art Director --Ogilvy Cape Town, Cape Town, South Africa, pg. 829
Barna, Cristina, Art Director --Pereira & O'Dell, New York, NY, pg. 863
Barna, Fesus, Art Director --Friends\TBWA, Bucharest, Romania, pg. 1084

RESPONSIBILITIES INDEX — AGENCIES

Barnes, Colin, Art Director --BRUNET-GARCIA ADVERTISING, INC., Jacksonville, FL, pg. 169
Barnes, David, Art Director --JAN KELLEY MARKETING, Burlington, Canada, pg. 571
Barnes, Wade, Art Director --M&C Saatchi Abel, Cape Town, South Africa, pg. 660
Barnett, Emma, Art Director --WIEDEN + KENNEDY, INC., Portland, OR, pg. 1163
Barrea, Gabriel, Art Director --FCB Sao Paulo, Sao Paulo, Brazil, pg. 370
Barrett, Andrew, Art Director --GREY NEW YORK, New York, NY, pg. 438
Barrett, Chris, Art Director --RAIN43, Toronto, Canada, pg. 929
Barretto, Luiz Gustavo, Art Director --Wunderman, Sao Paulo, Brazil, pg. 1190
Barrios, Myriam, Art Director --McCann Erickson Mexico, Mexico, Mexico, pg. 706
Barrows, Lena, Art Director --Wieden + Kennedy New York, New York, NY, pg. 1165
Bartley, Tyler, Art Director --Energy BBDO, Chicago, IL, pg. 100
Basile, Chris, Art Director --KZSW ADVERTISING, Setauket, NY, pg. 605
Basile, Maria, Art Director --CDHM ADVERTISING, Stamford, CT, pg. 198
Bate, Will, Art Director --M&C SAATCHI PLC, London, United Kingdom, pg. 658
Bath, Vic, Art Director --RETHINK, Vancouver, Canada, pg. 951
Batten, Justin, Art Director --FCB New York, New York, NY, pg. 365
Baude, Martin, Art Director --TBWA Stockholm, Stockholm, Sweden, pg. 1085
Baumgard, Michelle, Art Director --MARKHAM & STEIN UNLIMITED, Miami, FL, pg. 685
Baunhuber, Kym, Art Director --CERAMI WORLDWIDE COMMUNICATIONS, INC., Fairfield, NJ, pg. 200
Bazin-Vinson, Clara, Art Director --McCann Erickson Paris, Clichy, France, pg. 703
Baztan, Leyre Gomez, Art Director --TBWA Espana, Barcelona, Spain, pg. 1085
Beals, Ryan, Art Director --THE RICHARDS GROUP, INC., Dallas, TX, pg. 956
Beanan, Chris, Art Director --SRH MARKETING, Milwaukee, WI, pg. 1039
Beaton, Lewis, Art Director --Leo Burnett London, London, United Kingdom, pg. 627
Beauvais, Francisco Javier Perez, Art Director --DDB Chile, Santiago, Chile, pg. 271
Beavers, Austin, Art Director --MASONBARONET, Dallas, TX, pg. 691
Beck, Leah, Art Director --PART FOUR LLC, Los Angeles, CA, pg. 1279
Becker, Greg, Art Director --BRAND INNOVATION GROUP, Fort Wayne, IN, pg. 155
Becker, Josh, Art Director --HOWERTON+WHITE, Wichita, KS, pg. 510
Beckman, Eric, Art Director --GODFREY ADVERTISING, Lancaster, PA, pg. 426
Becky, Sucha, Art Director --DESIGN ARMY, Washington, DC, pg. 292
Beebe, Laura Knight, Art Director --BOONEOAKLEY, Charlotte, NC, pg. 147
Beke, James Kwaku, Art Director --BBH LA, West Hollywood, CA, pg. 93
Beland, Alex, Art Director --SID LEE, Montreal, Canada, pg. 1010
Belibag, Bozkurt, Art Director --MullenLowe Istanbul, Istanbul, Turkey, pg. 774
Bellini, Enrico, Art Director --Publicis Networks, Milan, Italy, pg. 900
Beltran, Esteban, Art Director --Sancho BBDO, Bogota, Colombia, pg. 102
Beltrone, Elinor, Art Director --THE GATE WORLDWIDE NEW YORK, New York, NY, pg. 411
Ben Kimkhi, Ronen, Art Director --FCB Shimoni Finkelstein, Tel Aviv, Israel, pg. 370
Benavides, Alan Daniel, Art Director --Leo Burnett Mexico S.A. de C.V., Mexico, Mexico, pg. 624
Bender, Matt, Art Director --2E CREATIVE, Saint Louis, MO, pg. 4
Benoudiz, Anais, Art Director --FCB New York, New York, NY, pg. 365
Benson, Paul, Art Director --Lonsdale Saatchi & Saatchi, Port of Spain, Trinidad & Tobago, pg. 982
Benty, Jenna, Art Director --BREAD AND BUTTER PUBLIC RELATIONS, Los Angeles, CA, pg. 1456
Benzion, Adrianne, Art Director --RPA, Santa Monica, CA, pg. 970
Bercelli, Andre, Art Director --Rapp Brazil, Sao Paulo, Brazil, pg. 932
Beretta, Rafael, Art Director --FCB Sao Paulo, Sao Paulo, Brazil, pg. 370
Berg, Jon, Art Director --WOO CREATIVE LLC, Delray Beach, FL, pg. 1175
Bergdahl, John, Art Director --Forsman & Bodenfors, Stockholm, Sweden, pg. 722
Berger, Lucila, Art Director --BBDO Argentina, Buenos Aires, Argentina, pg. 101
Berggren, Phil, Art Director --ARCHER COMMUNICATIONS, INC., Rochester, NY, pg. 65
Berkheimer, Sarah, Art Director --CACTUS, Denver, CO, pg. 181
Berkley, Sarah, Art Director --DDB Chicago, Chicago, IL, pg. 268
Bernard, Thomas, Art Director --Publicis Conseil, Paris, France, pg. 898
Berne, Tom, Art Director --THIS IS CROWD LTD, Detroit, MI, pg. 1101
Bernedo, Victor, Art Director --M&C Saatchi, Santa Monica, CA, pg. 662
Berns, Mark, Art Director --ROBERT J. BERNS ADVERTISING LTD., Park Ridge, IL, pg. 963
Berta, Gabriel, Art Director --R/GA Sao Paulo, Sao Paulo, Brazil, pg. 926
Berthault, Matthieu, Art Director --Publicis Conseil, Paris, France, pg. 898
Bertrand, Patrick, Art Director --Mikado S.A., Luxembourg, Luxembourg, pg. 900
Besenzoni, Diego, Art Director --Publicis Impetu, Montevideo, Uruguay, pg. 907
Besnier, Ignacio, Art Director --Prolam Y&R S.A., Santiago, Chile, pg. 1206
Betancourt, Anderson, Art Director --Sancho BBDO, Bogota, Colombia, pg. 102
Betz, Bryan, Art Director --DRINKCAFFEINE, Madison, CT, pg. 1253
Beuvry, Julien, Art Director --DDB Paris, Paris, France, pg. 273
Bhat, Keshav, Art Director --Havas Southeast Asia, Singapore, Singapore, pg. 487
Bhowmik, Jatishankar, Art Director --J. Walter Thompson, Kolkata, India, pg. 557
Bianconi, Alessio, Art Director --MCCANN WORLDGROUP S.R.L., Milan, Italy, pg. 715
Bielienkov, Valentyn, Art Director --Havas Worldwide Kiev, Kiev, Ukraine, pg. 482
Bigay, Benjamin, Art Director --Leo Burnett France, Paris, France, pg. 898
Bigay, Benjamin, Art Director --Publicis Conseil, Paris, France, pg. 898
Billyeald, Adam, Art Director --McCann Erickson, Oslo, Norway, pg. 707
Bingham, Max, Art Director --Anomaly, Toronto, Canada, pg. 59
Bingham, Max, Art Director --Anomaly, Toronto, Canada, pg. 722
Biondo, Emily, Art Director --BATES CREATIVE GROUP, Silver Spring, MD, pg. 95
Bira, Lia, Art Director --McCann Erickson Romania, Bucharest, Romania, pg. 708
Birkelid, Stian, Art Director --McCann Erickson, Oslo, Norway, pg. 707
Bishop, Erin, Art Director --OBERLAND, New York, NY, pg. 804
Blake, Robin, Art Director --MCLELLAN MARKETING GROUP, Urbandale, IA, pg. 720
Bland, Jerry, Art Director --J. Walter Thompson, London, United Kingdom, pg. 562
Blazier, Nick, Art Director --FOURTH IDEA, Buffalo, NY, pg. 394
Bless, Nicole, Art Director --STACKPOLE & PARTNERS ADVERTISING, Newburyport, MA, pg. 1041
Blevins, Claire, Art Director --RIVERS AGENCY, Chapel Hill, NC, pg. 961
Blood, Jake, Art Director --Saatchi & Saatchi, Auckland, New Zealand, pg. 984
Blumette, Emily, Art Director --Munroe Creative Partners, New York, NY, pg. 779
Bockli, Laura Moreau, Art Director --J. Walter Thompson France, Neuilly-sur-Seine, France, pg. 559
Bogea, John, Art Director --Ogilvy, Sao Paulo, Brazil, pg. 819
Boissinot, Julien, Art Director --Publicis Conseil, Paris, France, pg. 898
Bolin, Anton, Art Director --DDB Denmark, Copenhagen, Denmark, pg. 272
Bolin, Anton, Art Director --DDB Stockholm, Stockholm, Sweden, pg. 280
Bombardier, Mitch, Art Director --PEPPERCOMM, New York, NY, pg. 1607
Bonner, Kevin, Art Director --VERMILION INC., Boulder, CO, pg. 1134
Bonomo, Bill, Art Director --O2KL, New York, NY, pg. 803
Bonse, Carina, Art Director --Ogilvy Johannesburg (Pty.) Ltd., Johannesburg, South Africa, pg. 829
Bontke, Jacqui, Art Director --MERKLEY+PARTNERS, New York, NY, pg. 733
Boonkate, Yannapat, Art Director --J. Walter Thompson Thailand, Bangkok, Thailand, pg. 559
Borden, Joshua, Art Director --RDA INTERNATIONAL, New York, NY, pg. 935
Bosworth, Marc, Art Director --GRETEMAN GROUP, Wichita, KS, pg. 437
Bottlinger, Rachel, Art Director --Leo Burnett USA, Chicago, IL, pg. 622
Boudeau, Nicolas, Art Director --MullenLowe Paris, Paris, France, pg. 776
Bougueret, Emmanuelle, Art Director --Publicis Conseil, Paris, France, pg. 898
Boulais, Marie-Claude, Art Director --ZIP COMMUNICATION INC, Montreal, Canada, pg. 1214
Boustani, Yasmina, Art Director --FP7, Dubai, United Arab Emirates, pg. 710
Boutwell, John, Art Director --BRINK, Tucson, AZ, pg. 1243
Bower, Marshall Ryan, Art Director --CHANDELIER, New York, NY, pg. 202
Bower, Nicola, Art Director --FCB Johannesburg, Johannesburg, South Africa, pg. 375
Braimi, Muhamed, Art Director --Havas Worldwide Dusseldorf, Dusseldorf, Germany, pg. 480
Branch, Clint, Art Director --ELISCO ADVERTISING, INC., Pittsburgh, PA, pg. 337
Brand, Steve, Art Director --BRADLEY & MONTGOMERY ADVERTISING, Indianapolis, IN, pg. 152
Brandner, Simeon, Art Director --Havas Worldwide Geneva, Geneva, Switzerland, pg. 482
Branta, Ingrida, Art Director --DDB Latvia, Riga, Latvia, pg. 276
Bratton, Jason, Art Director --LUCKYFISH, Atlanta, GA, pg. 656
Brazao, Bruno, Art Director --DPZ-Duailibi, Petit, Zaragoza, Propaganda S.A., Sao Paulo, Brazil, pg. 906
Brazao, Bruno, Art Director --DPZ-Duailibi, Petit, Zaragoza, Propaganda S.A., Sao Paulo, Brazil, pg. 21
Brazier, Ben, Art Director --Ogilvy, Sao Paulo, Brazil, pg. 819
Breaux, Blake, Art Director --OTEY WHITE & ASSOCIATES, Baton Rouge, LA, pg. 845
Brewer, Adam, Art Director --Juniper Park/TBWA, Toronto, Canada, pg. 1079
Brewis, Crystal, Art Director --Anomaly, Toronto, Canada, pg. 59
Brewis, Crystal, Art Director --Anomaly, Toronto, Canada, pg. 722
Brewster, Neil, Art Director --FUSIONFARM, Cedar Rapids, IA, pg. 404
Brian, Marion, Art Director --Ogilvy South Africa (Pty.) Ltd., Johannesburg, South Africa, pg. 829
Bright, Adam, Art Director --Team One USA, Oak Brook, IL, pg. 1095
Brillhart, Jenna, Art Director --XAXIS, LLC, New York, NY, pg. 1302
Broadfoot, Bob, Art Director --J. WALTER THOMPSON, New York, NY, pg. 553
Brocious, Kory, Art Director --BBDO WORLDWIDE INC., New York, NY, pg. 97
Brown, Alexander, Art Director --THE BURNS GROUP, New York, NY, pg. 175
Brown, Bonica, Art Director --AD CETERA, INC., Addison, TX, pg. 23
Brown, Christopher, Art Director --BENSIMON BYRNE, Toronto, Canada, pg. 123
Brown, Devin, Art Director --SULLIVAN HIGDON & SINK INCORPORATED, Wichita, KS, pg. 1059
Brown, Jesse, Art Director --BARTON F. GRAF, New York, NY, pg. 94
Brown-Hallman, Julie, Art Director --THE LETTER M MARKETING, Guelph, Canada, pg. 633
Browness, Sophie, Art Director --Saatchi & Saatchi London, London, United Kingdom, pg. 980
Browning, Kiley, Art Director --FREESTYLE CREATIVE, Moore, OK, pg. 397
Brubacher, Alex, Art Director --MEKANISM, San Francisco, CA, pg. 729
Brunet, Felix-Antoine, Art Director --DDB Canada, Toronto, Canada, pg. 267
Brunina, Inta, Art Director --TBWA Latvija, Riga, Latvia, pg. 1083
Brunner, Babette, Art Director --DDB Vienna, Vienna, Austria, pg.

AGENCIES — RESPONSIBILITIES INDEX

274
Bryan, Marion, Art Director --Ogilvy Johannesburg (Pty.) Ltd., Johannesburg, South Africa, pg. 829
Buccini, Jennifer, Art Director --ZAG INTERACTIVE, Glastonbury, CT, pg. 1303
Buchan, Debbie, Art Director --DOREMUS, New York, NY, pg. 316
Buchanan, Eric, Art Director --GRAPEVINE COMMUNICATIONS INC, Sarasota, FL, pg. 432
Budd, Robin, Art Director --ZOOM CREATES, Hillsboro, OR, pg. 1215
Bull, Josh, Art Director --McKinney New York, New York, NY, pg. 719
Bunaidi, Ronald, Art Director --BBH Singapore, Singapore, Singapore, pg. 94
Burch, Bob, Art Director --THE GEARY COMPANY, Las Vegas, NV, pg. 413
Burke, Casey, Art Director --VaynerMedia, San Francisco, CA, pg. 1299
Burkhart, Jessica, Art Director --HYC/MERGE, Chicago, IL, pg. 515
Burkholz, Rod, Art Director --HELIUS CREATIVE ADVERTISING LLC, Murray, UT, pg. 494
Burns, Gregg, Art Director --FULL CIRCLE, Grand Rapids, MI, pg. 401
Burns, Shannon, Art Director --DUNCAN CHANNON, San Francisco, CA, pg. 325
Burtenshaw, Aran, Art Director --Digitas, London, United Kingdom, pg. 1251
Burton, Chris, Art Director --WORKS DESIGN GROUP, Pennsauken, NJ, pg. 1177
Butler, Mike, Art Director --ELEVEN INC., San Francisco, CA, pg. 336
Butterfield, Jessica, Art Director --THE COMMUNICATORS GROUP, Keene, NH, pg. 223
Buyl, Menno, Art Director --TBWA Brussels, Brussels, Belgium, pg. 1080
Cabrera, Raphael, Art Director --Gyro Chicago, Chicago, IL, pg. 458
Cai, Li, Art Director --MCCANN CANADA, Toronto, Canada, pg. 712
Cain, Jon, Art Director --LUQUIRE GEORGE ANDREWS, INC., Charlotte, NC, pg. 657
Caiozzo, Vinnie, Art Director --QUIET LIGHT COMMUNICATIONS, Rockford, IL, pg. 923
Caja, Curtis, Art Director --DAVID, Sao Paulo, Brazil, pg. 261
Calamata, Marcos, Art Director --WHM CREATIVE, Oakland, CA, pg. 1162
Camacho, Eduardo, Art Director --HAVAS WORLDWIDE, New York, NY, pg. 475
Camacho, Eduardo, Art Director --Havas Worldwide New York, New York, NY, pg. 476
Campana, Diego, Art Director --Havas Worldwide Milan, Milan, Italy, pg. 481
Campbell, Adam, Art Director --BLAKESLEE ADVERTISING, Baltimore, MD, pg. 133
Campbell, Duncan, Art Director --jotabequ Advertising, San Jose, Costa Rica, pg. 1348
Campbell, Duncan, Art Director --jotabequ Advertising, San Jose, Costa Rica, pg. 444
Campbell, Rachel, Art Director --ONEMAGNIFY, Detroit, MI, pg. 840
Campisi, Giuseppe, Art Director --Leo Burnett Co. S.r.l., Turin, Italy, pg. 625
Campos, Diego, Art Director --Garnier BBDO, San Jose, Costa Rica, pg. 102
Cano, Jaime, Art Director --Prolam Y&R S.A., Santiago, Chile, pg. 1206
Cano, Julio, Art Director --WESTON MASON MARKETING, Santa Monica, CA, pg. 1159
Cantelon, Dan, Art Director --TAXI, Toronto, Canada, pg. 1075
Capretti, Luca, Art Director --M&C Saatchi Milan, Milan, Italy, pg. 660
Carbone, Noah, Art Director --SQ1, Portland, OR, pg. 1037
Cardenas, Sergio, Art Director --TBD, San Francisco, CA, pg. 1076
Cardoso, Douglas, Art Director --Leo Burnett Publicidade, Ltda., Lisbon, Portugal, pg. 626
Carluen, Alec, Art Director --SID LEE, Toronto, Canada, pg. 1010
Caron, Gael, Art Director --J. Walter Thompson France, Neuilly-sur-Seine, France, pg. 559
Carpender, Valerie, Art Director --THE STABLE, Minneapolis, MN, pg. 1041
Carr, James, Art Director --BBDO Dublin, Dublin, Ireland, pg. 105
Carr, Sara, Art Director --BARTON F. GRAF, New York, NY, pg. 94

Carriere, Helene, Art Director --ANDERSON DDB HEALTH & LIFESTYLE, Toronto, Canada, pg. 57
Carroll, Chitra, Art Director --JOHN APPLEYARD AGENCY, INC., Pensacola, FL, pg. 578
Carus, Chris, Art Director --Bookmark Content, London, United Kingdom, pg. 1186
Carvalhaes, Bruno Bicalho, Art Director --TBWA Paris, Boulogne-Billancourt, France, pg. 1081
Carvalheiro, Hugo, Art Director --BBDO Portugal, Lisbon, Portugal, pg. 107
Casassus, Eduardo, Art Director --Grey Chile, Santiago, Chile, pg. 443
Cass, Ted, Art Director --DVL SEIGENTHALER, Nashville, TN, pg. 1489
Cassaro, Gina, Art Director --VML, Inc., Atlanta, GA, pg. 1143
Cassaro, Gina, Art Director --VML, INC., Kansas City, MO, pg. 1143
Cassi, R. J., Art Director --LEVLANE ADVERTISING/PR/INTERACTIVE, Philadelphia, PA, pg. 635
Castagnola, Claudio, Art Director --J. WALTER THOMPSON, New York, NY, pg. 553
Castan, Marc, Art Director --TBWA Espana, Barcelona, Spain, pg. 1085
Castellanos, Diego, Art Director --McCann Erickson Corp. S.A., Bogota, Colombia, pg. 702
Castellanos, Edgar, Art Director --MediaCom Vienna, Vienna, Austria, pg. 1345
Castro, Andrea, Art Director --jotabequ Advertising, San Jose, Costa Rica, pg. 1348
Castro, Andrea, Art Director --jotabequ Advertising, San Jose, Costa Rica, pg. 444
Castro, Romerio, Art Director --Wunderman, Sao Paulo, Brazil, pg. 1190
Castro, Tomas, Art Director --Saatchi & Saatchi, Madrid, Spain, pg. 979
Cavallaro, Michael, Art Director --MUNROE CREATIVE PARTNERS, Philadelphia, PA, pg. 779
Cavanaugh, Alyssa, Art Director --TBWA Chiat Day New York, New York, NY, pg. 1078
Cavender, Jim, Art Director --RMR & ASSOCIATES, INC., Rockville, MD, pg. 962
Cavicchioli, Regine, Art Director --Publicis, Zurich, Switzerland, pg. 901
Cavicchioli, Regine, Art Director --Publicis Dialog Zurich, Zurich, Switzerland, pg. 901
Cazacu, Cristina, Art Director --Friends\TBWA, Bucharest, Romania, pg. 1084
Cecchini, Cara, Art Director --GREY NEW YORK, New York, NY, pg. 438
Cendales, Christian Avendano, Art Director --Sancho BBDO, Bogota, Colombia, pg. 102
Cerrutti, Francisco, Art Director --Wunderman, Buenos Aires, Argentina, pg. 1189
Cesar, Edu, Art Director --Ogilvy, Sao Paulo, Brazil, pg. 819
Cespedes, Nicolas, Art Director --Prolam Y&R S.A., Santiago, Chile, pg. 1206
Chadwick, Jason, Art Director --TBWA/Manchester, Manchester, United Kingdom, pg. 1086
Chakela, Kamohelo, Art Director --Ogilvy Johannesburg (Pty.) Ltd., Johannesburg, South Africa, pg. 829
Chalari, Anna, Art Director --Bold Ogilvy Greece, Athens, Greece, pg. 815
Chan, Kenny, Art Director --BUTCHER SHOP CREATIVE, San Francisco, CA, pg. 177
Chan, Peter, Art Director --MIDNIGHT OIL CREATIVE, Burbank, CA, pg. 739
Chandan, Divya, Art Director --FCB Ulka, Mumbai, India, pg. 373
Chansky, Rachel, Art Director --BIGBUZZ MARKETING GROUP, New York, NY, pg. 130
Chanthakitnukul, Kroekkiat, Art Director --BBDO Bangkok, Bangkok, Thailand, pg. 115
Charland, Melissa, Art Director --DDB Canada, Toronto, Canada, pg. 267
Charoensombut-Amorn, Valundh, Art Director --Leo Burnett, Bangkok, Thailand, pg. 631
Chattanachotikul, Supparerk, Art Director --J. Walter Thompson Thailand, Bangkok, Thailand, pg. 559
Chaves, Juan Pablo, Art Director --J. Walter Thompson, Santiago, Chile, pg. 564
Chavez R., Daniela, Art Director --FIRSTBORN, New York, NY, pg. 384
Chavez, Stevan, Art Director --GOODBY, SILVERSTEIN & PARTNERS, San Francisco, CA, pg. 428
Chawda, Priyanka, Art Director --Havas People London, London,

United Kingdom, pg. 483
Checket, Marc, Art Director --CALYPSO, Portsmouth, NH, pg. 184
Chee, Kooichi, Art Director --BBH Singapore, Singapore, Singapore, pg. 94
Chen, Cee, Art Director --Wieden + Kennedy, Shanghai, China, pg. 1166
Chengan, Delane, Art Director --M&C Saatchi Abel, Cape Town, South Africa, pg. 660
Chennault, Carrie, Art Director --MANSELL MEDIA, Clinton, MS, pg. 675
Chesne, Julien, Art Director --J. Walter Thompson France, Neuilly-sur-Seine, France, pg. 559
Chiabrando, Stefano, Art Director --Ogilvy, Sao Paulo, Brazil, pg. 819
Chiaffrino, Fabien, Art Director --Publicis Conseil, Paris, France, pg. 898
Cho, Jaehyun, Art Director --THE TERRI & SANDY SOLUTION, New York, NY, pg. 1097
Choi, Doug, Art Director --HAPPY MEDIUM, Des Moines, IA, pg. 467
Choi, Gayoung, Art Director --Cheil Worldwide Inc., Seoul, Korea (South), pg. 462
Choi, Hyewon, Art Director --TBWA Melbourne, Melbourne, Australia, pg. 1088
Chong, Weilun, Art Director --TBWA Singapore, Singapore, Singapore, pg. 1091
Choong, Alan, Art Director --TBWA Singapore, Singapore, Singapore, pg. 1091
Choremi, Nicholas, Art Director --TBWA Chiat Day New York, New York, NY, pg. 1078
Chotitat, Smach, Art Director --Leo Burnett, Bangkok, Thailand, pg. 631
Christian, Antoine, Art Director --AKQA, Inc., Portland, OR, pg. 1235
Chung, Beryl, Art Director --Ogilvy (China) Ltd., Shanghai, China, pg. 822
Chung, Erin Boram, Art Director --HAVAS WORLDWIDE, New York, NY, pg. 475
Churchill-Brown, Tom, Art Director --Ogilvy Sydney, Saint Leonards, Australia, pg. 821
Ciardha, Kelsey O., Art Director --CALYPSO, Portsmouth, NH, pg. 184
Cicero, Eric, Art Director --Juniper Park/TBWA, Toronto, Canada, pg. 1079
Cifuentes, Mario Virguez, Art Director --Ogilvy, Bogota, Colombia, pg. 820
Cimillo, Haley, Art Director --NIGHT AFTER NIGHT, New York, NY, pg. 794
Circolo, Bruno, Art Director --DSC (DILEONARDO SIANO CASERTA) ADVERTISING, Philadelphia, PA, pg. 323
Ciregia, Gabriele, Art Director --Publicis Italia, Milan, Italy, pg. 899
Citriniti, Dario, Art Director --Publicis Italia, Milan, Italy, pg. 899
Citroni, Pete, Art Director --TBWA Sydney, Sydney, Australia, pg. 1089
Clark, Laura Louise Suzanne, Art Director --Drum OMG, London, United Kingdom, pg. 1363
Clarke, Robyn, Art Director --ILLUMINATION ADVERTISING INC., Clearwater, FL, pg. 524
Claypool, Scott, Art Director --UNANIMOUS, Lincoln, NE, pg. 1125
Co, Jaclyn, Art Director --VML, INC., Kansas City, MO, pg. 1143
Co, Michelle, Art Director --BBDO Guerrero, Makati, Philippines, pg. 114
Coffee, Kaitlyn, Art Director --GREENLIGHT, Dallas, TX, pg. 435
Coffey, Kathy, Art Director --BLUE ADVERTISING LLC, Washington, DC, pg. 138
Coffey, Kathy, Art Director --Blue Worldwide, Washington, DC, pg. 1491
Colin, Helena, Art Director --Saatchi & Saatchi Australia, Sydney, Australia, pg. 983
Colley, Anita, Art Director --Chemistry Atlanta, Atlanta, GA, pg. 205
Colley, Greg, Art Director --BBDO Dublin, Dublin, Ireland, pg. 105
Collins, Rob, Art Director --COLLINS, New York, NY, pg. 220
Comastri, Nicolas, Art Director --TBWA Corporate, Boulogne-Billancourt, France, pg. 1081
Comez, Keith, Art Director --Ace Saatchi & Saatchi, Makati, Philippines, pg. 985
Comoglio, Bob, Art Director --QOOQOO, Irvine, CA, pg. 920
Conaghan, Benjamin, Art Director --VML, Chicago, IL, pg. 1145
Conant, Christine, Art Director --MARKETING EDGE GROUP, North Brunswick, NJ, pg. 683
Condroyer, Heloise, Art Director --DESIGN ARMY, Washington, DC, pg. 292
Congdon, Emily, Art Director --BRIGHTON AGENCY, INC., Saint

1888

RESPONSIBILITIES INDEX — AGENCIES

Louis, MO, pg. 164
Connell, Brad, Art Director --WAX PARTNERSHIP, Calgary, Canada, pg. 1154
Conrado, Ana, Art Director --Almap BBDO, Sao Paulo, Brazil, pg. 101
Contreras Amoretti, Michael Kevin, Art Director --Y&R Peru, Lima, Peru, pg. 1207
Contreras, Kevin, Art Director --McCann Erickson (Peru) Publicidad S.A., Lima, Peru, pg. 707
Conway, Christopher, Art Director --SCOTT, INC. OF MILWAUKEE, Milwaukee, WI, pg. 998
Cook, Dayton, Art Director --INNER SPARK CREATIVE, Auburn, AL, pg. 533
Cooke, Andy, Art Director --Ogilvy Sydney, Saint Leonards, Australia, pg. 821
Cooke, Frances, Art Director --Clemenger BBDO Wellington, Wellington, New Zealand, pg. 113
Cooper, Peter, Art Director --SPARK44, Los Angeles, CA, pg. 1226
Coral, Paula, Art Director --THE COMMUNITY, Miami, FL, pg. 223
Corazza, Fred, Art Director --Ogilvy Sydney, Saint Leonards, Australia, pg. 821
Cordora, Bern, Art Director --BBDO Guerrero, Makati, Philippines, pg. 114
Coreas, Victor, Art Director --FOCUS MEDIA INC, Goshen, NY, pg. 1402
Corless, Andrea, Art Director --SANDBOX CHICAGO, Chicago, IL, pg. 989
Corley, Michelle, Art Director --DUNCAN MCCALL, INC., Pensacola, FL, pg. 325
Cornea, Ioana, Art Director --PKP BBDO, Vienna, Austria, pg. 103
Corrales, Marcela Zapata, Art Director --Young & Rubicam Bogota, Bogota, Colombia, pg. 1206
Correa, Percy Chavarry, Art Director --Y&R Peru, Lima, Peru, pg. 1207
Cory, Aviram, Art Director --FCB Shimoni Finkelstein, Tel Aviv, Israel, pg. 370
Cosentino, Debbie, Art Director --LINX COMMUNICATIONS CORP., Smithtown, NY, pg. 642
Cosico, Caleb, Art Director --BBDO Guerrero, Makati, Philippines, pg. 114
Courty, Juliette, Art Director --Ogilvy, Paris, France, pg. 814
Coutino, Jake, Art Director --R/GA, Austin, TX, pg. 927
Couto, Vinny, Art Director --GLOBAL TEAM BLUE, Dearborn, MI, pg. 423
Coward, Katie, Art Director --PEREIRA & O'DELL, San Francisco, CA, pg. 863
Coyle, Alex, Art Director --SPARK, Tampa, FL, pg. 1031
Cranswick, Leila, Art Director --303 MullenLowe, Sydney, Australia, pg. 773
Cremer, Nathan, Art Director --CREATIVE DIMENSIONS, Cincinnati, OH, pg. 241
Crosby, Jerstin, Art Director --FRENCH/WEST/VAUGHAN, INC., Raleigh, NC, pg. 398
Cruz, Richard, Art Director --DAVID The Agency, Miami, FL, pg. 261
Cumyn, Anna, Art Director --SID LEE, Toronto, Canada, pg. 1010
Cunningham, Hannah, Art Director --Leo Burnett London, London, United Kingdom, pg. 627
Cunningham, Kim, Art Director --SPARK STRATEGIC IDEAS, Charlotte, NC, pg. 1031
Cureton, Chris, Art Director --BIRDSONG GREGORY, Charlotte, NC, pg. 131
Cury, Felipe, Art Director --DDB Berlin, Berlin, Germany, pg. 274
Cusso, Alejandro, Art Director --Ogilvy, Bogota, Colombia, pg. 820
Custodio, Carl, Art Director --ECHO FACTORY, Pasadena, CA, pg. 329
Cuthbert, Will, Art Director --TAXI, Toronto, Canada, pg. 1075
D'Elia, Lisa, Art Director --MILLENNIUM COMMUNICATIONS, INC., Syosset, NY, pg. 741
Daemen, Terrin, Art Director --WILLIAM JOSEPH COMMUNICATIONS, Calgary, Canada, pg. 1168
DaHarb, Kelsey, Art Director --McCann New York, New York, NY, pg. 698
Dahl, Mikael, Art Director --McCann Stockholm, Stockholm, Sweden, pg. 710
Dale, Clarissa, Art Director --Adam & EveDDB, London, United Kingdom, pg. 281
Dalin, Carl, Art Director --TBWA Stockholm, Stockholm, Sweden, pg. 1085
Daly, Sean, Art Director --FOURTH IDEA, Buffalo, NY, pg. 394
Damari, Shiran, Art Director --BBR Saatchi & Saatchi, Ramat Gan, Israel, pg. 977

Daniels, Doug, Art Director --QUANGO, Portland, OR, pg. 921
Dante, Alessandro, Art Director --Saatchi & Saatchi, Milan, Italy, pg. 978
Daorai, Paruj, Art Director --Leo Burnett, Bangkok, Thailand, pg. 631
Daoudi, Sarah, Art Director --NOBOX MARKETING GROUP, INC., Miami, FL, pg. 796
Dapito, Laura, Art Director --DO GOOD MARKETING, LLC, Ridgewood, NJ, pg. 312
Darma, Farhan, Art Director --Havas Southeast Asia, Singapore, Singapore, pg. 487
Darma, Farhan, Art Director --Havas Worldwide Southeast Asia, Singapore, Singapore, pg. 485
Dasseville, Antoine, Art Director --Ogilvy Montreal, Montreal, Canada, pg. 812
Dauksis, Ryan J., Art Director --ALLEBACH COMMUNICATIONS, Souderton, PA, pg. 45
Daum, Nik, Art Director --HUMANAUT, Chattanooga, TN, pg. 514
Dave, Jivan, Art Director --FEREBEE LANE & CO., Greenville, SC, pg. 378
David, Derrick, Art Director --EAG ADVERTISING & MARKETING, Kansas City, MO, pg. 328
Davis, Jonathan, Art Director --TKO ADVERTISING, Austin, TX, pg. 1106
Davis, Laura, Art Director --MBT MARKETING, Portland, OR, pg. 696
Davis, Ryan, Art Director --TEAM ONE USA, Los Angeles, CA, pg. 1095
Davis, Suzanne, Art Director --JEFFREY SCOTT AGENCY, Fresno, CA, pg. 574
Dawid, Catherine, Art Director --Publicis Toronto, Toronto, Canada, pg. 904
Day, Amanda, Art Director --REVEL ADVERTISING, Springfield, MO, pg. 952
Day, Jeff, Art Director --FG CREATIVE INC, Palm Desert, CA, pg. 378
de Almeida, Juliano, Art Director --MullenLowe Brasil, Sao Paulo, Brazil, pg. 542
De Angeli, Lea, Art Director --Publicis Conseil, Paris, France, pg. 898
De Cherisey, Natacha Olive, Art Director --DDB Paris, Paris, France, pg. 273
De Groot, Martijn, Art Director --WWAV, Woerden, Netherlands, pg. 933
de Jager, Danike, Art Director --Ogilvy Johannesburg (Pty.) Ltd., Johannesburg, South Africa, pg. 829
De Kuiper, Niels, Art Director --TBWA Neboko, Amsterdam, Netherlands, pg. 1084
de Lucas, Yuste, Art Director --TBWA Espana, Madrid, Spain, pg. 1085
De Meo, Rosalba, Art Director --DENTINO MARKETING, Princeton, NJ, pg. 289
de Villiers, Jean-Pierre, Art Director --Ogilvy Cape Town, Cape Town, South Africa, pg. 829
Dean, Jackie, Art Director --TRAFFIK, Irvine, CA, pg. 1113
Deer, Adam, Art Director --Publicis Seattle, Seattle, WA, pg. 905
Deer, Adam, Art Director --Publicis Seattle, Seattle, WA, pg. 913
Deering, Amanda, Art Director --THE INTEGER GROUP, LLC, Lakewood, CO, pg. 536
DeGeorge, Alyssa, Art Director --IBEL AGENCY, Columbus, OH, pg. 517
Del Lama, Henrique, Art Director --Almap BBDO, Sao Paulo, Brazil, pg. 101
Delarasse, Julien, Art Director --TBWA Corporate, Boulogne-Billancourt, France, pg. 1081
Delger, Tim, Art Director --BOHAN, Nashville, TN, pg. 144
Delisle, Raiven, Art Director --THE MARTIN AGENCY, Richmond, VA, pg. 687
Delisle, Raiven, Art Director --WEBER SHANDWICK, New York, NY, pg. 1673
Delph, Danielle, Art Director --WIEDEN + KENNEDY, INC., Portland, OR, pg. 1163
Deluz, Skye, Art Director --Rethink, Toronto, Canada, pg. 951
DeMastrie, Sam, Art Director --JIBE MEDIA, Salt Lake City, UT, pg. 576
Demirel, Mehmet, Art Director --Ogilvy, Istanbul, Turkey, pg. 817
Denman, Nick, Art Director --THE RICHARDS GROUP, INC., Dallas, TX, pg. 956
Dennison-Bunch, Michelle, Art Director --BRAND IT ADVERTISING, Spokane, WA, pg. 155
Dent, Neil, Art Director --BBDO Atlanta, Atlanta, GA, pg. 98
DePagter, Anna, Art Director --LEVEL MPLS, Minneapolis, MN, pg. 633
Derouet, David, Art Director --BETC, Paris, France, pg. 479

Deshayes, Julia, Art Director --TBWA Paris, Boulogne-Billancourt, France, pg. 1081
Dessent, Zack, Art Director --KILLIAN BRANDING, Chicago, IL, pg. 595
Dessi, Stefano, Art Director --Heimat Werbeagentur GmbH, Berlin, Germany, pg. 1082
Deyo, Walter, Art Director --CMDS, Colts Neck, NJ, pg. 215
Dherbecourt, Sophie, Art Director --SID LEE, Paris, France, pg. 1010
Di Cintio, Anna, Art Director --TBWA Italia, Milan, Italy, pg. 1083
di Filippo, Giulia, Art Director --Publicis Italia, Milan, Italy, pg. 899
Di Gregorio, Thiago, Art Director --Leo Burnett USA, Chicago, IL, pg. 622
Di Laus, Simone, Art Director --Publicis Networks, Milan, Italy, pg. 900
Diallo, Abdoul, Art Director --Ogilvy Montreal, Montreal, Canada, pg. 812
Diaz, Jhonattan, Art Director --DDB Worldwide Colombia S.A., Bogota, Colombia, pg. 272
Dick, Mary Kate, Art Director --PEAK CREATIVE MEDIA, Denver, CO, pg. 860
Diegor, Martin, Art Director --LAIRD+PARTNERS, New York, NY, pg. 607
Diez, David, Art Director --Wieden + Kennedy Japan, Tokyo, Japan, pg. 1166
Dilek, Metin, Art Director --Havas Worldwide Istanbul, Istanbul, Turkey, pg. 482
Dimalio, Fabio, Art Director --Y&R Roma srl, Rome, Italy, pg. 1203
Dimapindan, Tanya, Art Director --454 CREATIVE, Irvine, CA, pg. 9
DiMattia, David, Art Director --DODGE ASSOCIATES, INC., Providence, RI, pg. 312
Dinu, Bogdan, Art Director --Geometry Global, Bucharest, Romania, pg. 441
Divialle, Julien, Art Director --Leo Burnett, Suresnes, France, pg. 625
Dobbs, Hannah, Art Director --GSD&M, Austin, TX, pg. 453
Dojnik, Lisa, Art Director --FARM, Depew, NY, pg. 362
Domingues, Murilo, Art Director --Y&R Sao Paulo, Sao Paulo, Brazil, pg. 1205
Don, Beverly, Art Director --MERKLEY+PARTNERS, New York, NY, pg. 733
Donatelli, Jennifer, Art Director --GREY NEW YORK, New York, NY, pg. 438
Donato, Lisa, Art Director --DAVID & GOLIATH, El Segundo, CA, pg. 261
Donlin, Stephanie, Art Director --WHM CREATIVE, Oakland, CA, pg. 1162
Donnenwirth, Brian, Art Director --LOCOMOTION CREATIVE, Nashville, TN, pg. 649
Dore, Alessandro, Art Director --D'Adda, Lorenzini, Vigorelli, BBDO, Milan, Italy, pg. 106
Doring, Nick, Art Director --J. Walter Thompson, Sydney, Australia, pg. 554
Downey, Belinda, Art Director --WOMENKIND, New York, NY, pg. 1174
Downey, Nathan, Art Director --Vladimir Jones, Denver, CO, pg. 1142
Drea, Dizon, Art Director --J. Walter Thompson, Makati, Philippines, pg. 558
Drews-Leonard, Christina, Art Director --THE CYPHERS AGENCY, INC., Annapolis, MD, pg. 256
Drouvin, Francois, Art Director --Publicis Conseil, Paris, France, pg. 898
Drudi, Fernando, Art Director --Publicis Brasil Communicao, Sao Paulo, Brazil, pg. 906
Dubey, Vivek, Art Director --Ogilvy, Bengaluru, India, pg. 823
Ducoin, Nicole, Art Director --1 TRICK PONY, Hammonton, NJ, pg. 1
Duggan, Becca, Art Director --DDB Sydney Pty. Ltd., Ultimo, Australia, pg. 270
Dumas, Myles, Art Director --NAIL COMMUNICATIONS, Providence, RI, pg. 783
Dunlop, Lewis, Art Director --TBWA/Manchester, Manchester, United Kingdom, pg. 1086
Dupre, Naomi, Art Director --RIGHT ANGLE, Lafayette, LA, pg. 958
Dutra, Diogo, Art Director --Publicis Brasil Communicao, Sao Paulo, Brazil, pg. 906
Dzur, Ryan, Art Director --TAXI, Toronto, Canada, pg. 1075
Earle, Michael, Art Director --GIOVATTO ADVERTISING & CONSULTING INC., Paramus, NJ, pg. 420
Eaton, Brian, Art Director --mcgarrybowen, Chicago, IL, pg. 718
Ebeling, Moritz, Art Director --Ogilvy, Dusseldorf, Germany, pg.

AGENCIES — RESPONSIBILITIES INDEX

Echevarria, Jesse, Art Director --VML-New York, New York, NY, pg. 1144

Edelbring, Henrik, Art Director --Wieden + Kennedy Amsterdam, Amsterdam, Netherlands, pg. 1164

Edwards, Rusty, Art Director --CVA ADVERTISING & MARKETING, INC., Odessa, TX, pg. 255

Edwards, Sergio, Art Director --Prolam Y&R S.A., Santiago, Chile, pg. 1206

Effinger, Gregory, Art Director --CREATIVE BEARINGS, Steamboat Springs, CO, pg. 239

Efrem, Filmawi, Art Director --Abbott Mead Vickers BBDO, London, United Kingdom, pg. 109

Eich, Ande, Art Director --TDA_BOULDER, Boulder, CO, pg. 1094

Ekstrand, Joel, Art Director --DDB Stockholm, Stockholm, Sweden, pg. 280

Elfi, Patricio, Art Director --WE BELIEVERS, New York, NY, pg. 1155

Elfman, Lars, Art Director --Forsman & Bodenfors, Stockholm, Sweden, pg. 722

Elhabashy, Ahmed, Art Director --AMA Leo Burnett, Cairo, Egypt, pg. 624

Elias, Iiran, Art Director --McCann Erickson, Tel Aviv, Israel, pg. 705

Ellam, Rachel, Art Director --Mother New York, New York, NY, pg. 763

Ellams, J. J., Art Director --PHOENIX GROUP, Regina, Canada, pg. 869

Emery, Aaron, Art Director --POCKET HERCULES, Minneapolis, MN, pg. 879

Ennis, Tadhg, Art Director --J. WALTER THOMPSON, New York, NY, pg. 553

Erali, Andrea, Art Director --RXM CREATIVE, New York, NY, pg. 973

Errico, Mattia, Art Director --FCB Milan, Milan, Italy, pg. 367

Erwin, Sara, Art Director --CATAPULT MARKETING, Wilton, CT, pg. 196

Escalona, Andres, Art Director --Grey Chile, Santiago, Chile, pg. 443

Escobar, Andres, Art Director --Heimat Werbeagentur GmbH, Berlin, Germany, pg. 1082

Escobar, Felipe, Art Director --MullenLowe SSP3, Bogota, Colombia, pg. 777

Escobar, Gabriel, Art Director --Ogilvy, Bogota, Colombia, pg. 820

Escot, Giovanni, Art Director --Sky Advertising-Chicago, Oak Park, IL, pg. 1019

Escot, Giovanni, Art Director --SKY ADVERTISING, INC., New York, NY, pg. 1019

Espinosa, Christian, Art Director --OgilvyOne Worldwide, Barcelona, Spain, pg. 817

Espiritu, Jay, Art Director --WIRE STONE LLC, Sacramento, CA, pg. 1172

Essaf, Rich, Art Director --BACKE DIGITAL BRAND MARKETING, Radnor, PA, pg. 82

Estrada, Sergio, Art Director --MILAGRO MARKETING, San Jose, CA, pg. 740

Ettelson, Felix, Art Director --Ogilvy Sydney, Saint Leonards, Australia, pg. 821

Evans, Drake, Art Director --FAIRLY PAINLESS ADVERTISING, Holland, MI, pg. 359

Eveleigh, Meagan, Art Director --Publicis Toronto, Toronto, Canada, pg. 904

Evin, Onur, Art Director --4129Grey, Istanbul, Turkey, pg. 442

Fagan, Seamus, Art Director --Clemenger BBDO Melbourne, Melbourne, Australia, pg. 111

Fagedes, James, Art Director --BRANDHIVE, Salt Lake City, UT, pg. 156

Fahey, Niamh, Art Director --BBDO Dublin, Dublin, Ireland, pg. 105

Faircloth, Candace, Art Director --HOW FUNWORKS LLC, Oakland, CA, pg. 510

Fairfield, Clark, Art Director --YES& HOLDINGS, LLC, Alexandria, VA, pg. 1196

Fajardo, Alvaro, Art Director --AUDIENCEX, Marina Di Rey, CA, pg. 77

Fakhry, Elie, Art Director --Fortune Promoseven-Lebanon, Beirut, Lebanon, pg. 706

Falco, Rafael, Art Director --J. Walter Thompson, Sao Paulo, Brazil, pg. 563

Faledam, Celine, Art Director --MISTRESS, Santa Monica, CA, pg. 747

Faria, Luiz Cesar, Jr., Art Director --MullenLowe Brasil, Sao Paulo, Brazil, pg. 542

Farley, Jon, Art Director --Adam & EveDDB, London, United Kingdom, pg. 281

Fateen, Naila, Art Director --Saatchi & Saatchi, Cairo, Egypt, pg. 977

Fauche-Simon, Charline, Art Director --Ogilvy, Toronto, Canada, pg. 812

Faurote, Tim, Art Director --BOYDEN & YOUNGBLUTT ADVERTISING & MARKETING, Fort Wayne, IN, pg. 150

Fdez, Dani Garcia, Art Director --SCPF, Barcelona, Spain, pg. 1182

Feiler, Victoria, Art Director --FLOURISH INC., Cleveland, OH, pg. 389

Feldhouse, John, Art Director --MIDWEST COMMUNICATIONS & MEDIA, Powell, OH, pg. 1351

Feldman, Erin, Art Director --HERMAN ADVERTISING, Fort Lauderdale, FL, pg. 497

Feldmann, Paul, Art Director --O'KEEFE REINHARD & PAUL, Chicago, IL, pg. 834

Feleo, Irene, Art Director --SPONTANEOUS, New York, NY, pg. 1035

Fernandes, Amy, Art Director --Ogilvy, Toronto, Canada, pg. 812

Fernandez, Adrian, Art Director --MARKETLOGIC, Doral, FL, pg. 1411

Fernandez, Antonio, Art Director --Scanad, Nairobi, Kenya, pg. 1182

Fernandez, Javier, Art Director --DDB Barcelona S.A., Barcelona, Spain, pg. 280

Fernandez, Mateo, Art Director --McCann Erickson Paris, Clichy, France, pg. 703

Fernando, Eric, Art Director --Leo Burnett Tailor Made, Sao Paulo, Brazil, pg. 623

Ferrara, Christina, Art Director --SITUATION INTERACTIVE, New York, NY, pg. 1017

Ferraz, Jose, Art Director --W+K Sao Paulo, Sao Paulo, Brazil, pg. 1164

Ferraz, Marina, Art Director --DAVID The Agency, Miami, FL, pg. 261

Ferreira, Andrea, Art Director --Y&R Johannesburg, Bryanston, South Africa, pg. 1208

Ferreira, Thiago, Art Director --DAVID, Sao Paulo, Brazil, pg. 261

Fesyuk, Marco, Art Director --PARTNERS+NAPIER, Rochester, NY, pg. 855

Feytons, Geert, Art Director --TBWA Brussels, Brussels, Belgium, pg. 1080

Feytons, Geert, Art Director --TBWA Group, Brussels, Belgium, pg. 1080

Figueroa, Paula, Art Director --ATTENTION GLOBAL, New York, NY, pg. 76

Filbry, James, Art Director --SPRING ADVERTISING, Vancouver, Canada, pg. 1036

Filippo, Gaston, Art Director --TBWA Health A.G., Zurich, Switzerland, pg. 1085

Fillingim, Erin, Art Director --FITZGERALD & CO, Atlanta, GA, pg. 386

Fimmers, Audra, Art Director --ADFARM, Calgary, Canada, pg. 29

Fine, Steve, Art Director --LOVE AND WAR ASSOCIATES LLC, New York, NY, pg. 653

Finkei, Eugen, Art Director --Y&R Praha, s.r.o., Prague, Czech Republic, pg. 1205

Fiolitakis, Melina, Art Director --FCB Auckland, Auckland, New Zealand, pg. 374

Fiore, Alexandra, Art Director --DOERR ASSOCIATES, Winchester, MA, pg. 1487

Fiser, Kamil, Art Director --Fleishman-Hillard Czech Republic, Prague, Czech Republic, pg. 1509

Fisher, Sarah G., Art Director --DECODED ADVERTISING, New York, NY, pg. 285

Flaviani, Marco, Art Director --DDB S.r.L. Advertising, Milan, Italy, pg. 276

Fleming, Lia, Art Director --TRIAD, Cuyahoga Falls, OH, pg. 1115

Foekema, Gerard, Art Director --Ubachswisbrun J. Walter Thompson, Amsterdam, Netherlands, pg. 560

Foley, Josh, Art Director --Ogilvy New Zealand, Auckland, New Zealand, pg. 826

Forbes, Fredna Lynn, Art Director --MASS MEDIA MARKETING, Augusta, GA, pg. 691

Forbes, Lynn Lynn, Art Director --MASS MEDIA MARKETING, Augusta, GA, pg. 691

Forero, Diego, Art Director --Ogilvy, Bogota, Colombia, pg. 820

Forget, Camille, Art Director --DENTSUBOS, Montreal, Canada, pg. 291

Fose, Jen, Art Director --BATES CREATIVE GROUP, Silver Spring, MD, pg. 95

Foster, Donna, Art Director --LEO BURNETT WORLDWIDE, INC., Chicago, IL, pg. 621

Foster, Mark James, Art Director --SUB ROSA, New York, NY, pg. 1057

Foulonneau, Valentine, Art Director --TBWA Paris, Boulogne-Billancourt, France, pg. 1081

Fouquere, Guillaume, Art Director --BETC, Paris, France, pg. 479

Franchino, Bruno, Art Director --BBH NEW YORK, New York, NY, pg. 115

Franckowiak, Sally, Art Director --PREACHER, Austin, TX, pg. 886

Franklin, Mark, Art Director --Leo Burnett London, London, United Kingdom, pg. 627

Fraser, Regan, Art Director --McCann Calgary, Calgary, Canada, pg. 713

Frasketi, Rob, Art Director --WASSERMAN MEDIA GROUP, Los Angeles, CA, pg. 1153

Fredlund, Alexander, Art Director --TBWA\ AB Stockholm, Stockholm, Sweden, pg. 1085

Fredriksson, Wendy, Art Director --Ogilvy Cape Town, Cape Town, South Africa, pg. 829

Friesen, Caroline, Art Director --JOHN ST., Toronto, Canada, pg. 579

Frisell, Karin, Art Director --Forsman & Bodenfors, Stockholm, Sweden, pg. 722

Frontoni, Corrado, Art Director --Y&R Roma srl, Rome, Italy, pg. 1203

Fu, Winnie, Art Director --GroupM China, Shanghai, China, pg. 1323

Fulciniti, Luca, Art Director --M&C Saatchi Milan, Milan, Italy, pg. 660

Fung, Linda, Art Director --EP+CO, Greenville, SC, pg. 343

Fusco, Ellie, Art Director --ALLEN & GERRITSEN, Boston, MA, pg. 45

Gabbay, Pedro Savoi, Art Director --W+K Sao Paulo, Sao Paulo, Brazil, pg. 1164

Gable, Curtis, Art Director --THE CREATIVE DEPARTMENT, Cincinnati, OH, pg. 241

Gadea, Luis Garcia, Art Director --THE STONE AGENCY, Raleigh, NC, pg. 1050

Gajardo, Luis, Art Director --Prolam Y&R S.A., Santiago, Chile, pg. 1206

Galan-Dwyer, Bianca, Art Director --303 MullenLowe, Sydney, Australia, pg. 773

Galaz, Ivan, Art Director --OH PARTNERS, Phoenix, AZ, pg. 833

Gallmann, Michael, Art Director --Advico Y&R AG, Zurich, Switzerland, pg. 1203

Galuskova, Jitka, Art Director --Ogilvy, Prague, Czech Republic, pg. 813

Galvis, Paola, Art Director --DDB Worldwide Colombia, S.A., Cali, Colombia, pg. 272

Galvis, Paola, Art Director --DDB Worldwide Colombia S.A., Bogota, Colombia, pg. 272

Gamal, Khaled, Art Director --Impact BBDO, Jeddah, Saudi Arabia, pg. 108

Gambaretto, Adrian, Art Director --BBDO Argentina, Buenos Aires, Argentina, pg. 101

Gan, Jason, Art Director --ARNOLD WORLDWIDE, Boston, MA, pg. 69

Gannon, Megan, Art Director --MARCUS THOMAS LLC, Cleveland, OH, pg. 679

Garces, Carolina Parra, Art Director --TBWA/Colombia Suiza de Publicidad Ltda, Bogota, Colombia, pg. 1092

Garcia, Alisa Sera, Art Director --FCB Toronto, Toronto, Canada, pg. 366

Garcia, Carlos, Art Director --Grey: REP, Bogota, Colombia, pg. 444

Garcia, Gab, Art Director --BBDO Guerrero, Makati, Philippines, pg. 114

Garcia, Jamie, Art Director --FARM, Depew, NY, pg. 362

Garcia, Ricardo Sanchez, Art Director --Grey Mexico, S.A. de C.V, Mexico, Mexico, pg. 444

Garcia, Silvia Montes, Art Director --ENE Life, Barcelona, Spain, pg. 455

Gardello, Pierre-Olivier, Art Director --Havas Worldwide Geneva, Geneva, Switzerland, pg. 482

Garner, Lonnie, Art Director --MELT, Atlanta, GA, pg. 730

Garth, Heather, Art Director --Swanson Russell Associates, Omaha, NE, pg. 1065

Gatdula, Nichi, Art Director --Publicis JimenezBasic, Makati, Philippines, pg. 910

Gatlin, Gregory, Art Director --ATOMIC WASH, Norcross, GA, pg. 76

Gatlin, Tom, Art Director --DVL SEIGENTHALER, Nashville, TN, pg. 1489

Gato, Fangchi, Art Director --WEDNESDAY, New York, NY, pg.

RESPONSIBILITIES INDEX — AGENCIES

1156

Gauthier, Jacob, Art Director --RETHINK, Vancouver, Canada, pg. 951

Gay, Matt, Art Director --Adam & EveDDB, London, United Kingdom, pg. 281

Gayton, Rick, Art Director --Adam & EveDDB, London, United Kingdom, pg. 281

Geise, Allie, Art Director --Laughlin/Constable, Inc., Chicago, IL, pg. 614

Geisler, Lauren, Art Director --Deutsch New York, New York, NY, pg. 295

Gelemanovic, Sasha, Art Director --MILLER AD AGENCY, Dallas, TX, pg. 741

Gelfand, Morgan, Art Director --THE VIA AGENCY, Portland, ME, pg. 1136

Gelleny, Mario, Art Director --RAIN43, Toronto, Canada, pg. 929

Genc, Sukran, Art Director --Manajans Thompson Istanbul, Istanbul, Turkey, pg. 561

Geoghegan, Troy, Art Director --DDB Canada, Toronto, Canada, pg. 267

Georgiev, Sergei, Art Director --Publicis Marc, Sofia, Bulgaria, pg. 897

Georgieva, Anna, Art Director --Publicis Marc, Sofia, Bulgaria, pg. 897

Gershon, Geva, Art Director --McCann Erickson, Tel Aviv, Israel, pg. 705

Giambattista, Gerry, Art Director --NEWTON ASSOCIATES MARKETING COMMUNICATIONS, INC., Plymouth Meeting, PA, pg. 793

Gifford, Ryan, Art Director --BBH NEW YORK, New York, NY, pg. 115

Gilan, Carmel, Art Director --BBR Saatchi & Saatchi, Ramat Gan, Israel, pg. 977

Gillespie, Colin, Art Director --NAIL COMMUNICATIONS, Providence, RI, pg. 783

Gilley, Trevor, Art Director --Mother New York, New York, NY, pg. 763

Gillotte, Emese, Art Director --DDB Budapest, Budapest, Hungary, pg. 275

Gioffre, Lacopo, Art Director --Publicis Italia, Milan, Italy, pg. 899

Giordano, Mario, Art Director --DDB S.r.L. Advertising, Milan, Italy, pg. 276

Giovannoli, Marco, Art Director --DDB S.r.L. Advertising, Milan, Italy, pg. 276

Gipper, Samantha, Art Director --AMPERAGE, Cedar Falls, IA, pg. 53

Girard, Christine, Art Director --Cossette Communication-Marketing (Montreal) Inc., Montreal, Canada, pg. 233

Gire, Mack, Art Director --TBWA\Chiat\Day Los Angeles, Los Angeles, CA, pg. 1077

Godby, Morgan, Art Director --PAVLOV, Fort Worth, TX, pg. 859

Golbienko, Heather, Art Director --JSTOKES AGENCY, Walnut Creek, CA, pg. 584

Golobart, David Planells, Art Director --Contrapunto, Madrid, Spain, pg. 108

Gomes, Eduardo, Art Director --PUBLICIS NEW YORK, New York, NY, pg. 912

Gomes, Elisa-Sofia, Art Director --Havas Worldwide Middle East, Dubai, United Arab Emirates, pg. 488

Gomes, Hira, Art Director --Edelman, Toronto, Canada, pg. 1491

Gomes, Jose Filipe, Art Director --DDB Berlin, Berlin, Germany, pg. 274

Gomes, Nuno, Art Director --Ogilvy Portugal, Lisbon, Portugal, pg. 816

Gomez, Ariel, Art Director --Pages BBDO, Santo Domingo, Dominican Republic, pg. 102

Gomez, Bjay, Art Director --MullenLowe Philippines, Manila, Philippines, pg. 776

Gomez, Stefanie, Art Director --MEKANISM, San Francisco, CA, pg. 729

Goncalves, Alexandre, Art Director --Publicis Brasil Communicao, Sao Paulo, Brazil, pg. 906

Goncalves, Jason, Art Director --PLAY ADVERTISING, Burlington, Canada, pg. 877

Goncalves, Marco, Art Director --Havas Worldwide Digital Portugal, Lisbon, Portugal, pg. 481

Gonzalez, Agustin, Art Director --J. Walter Thompson, Caracas, Venezuela, pg. 564

Gonzalez, Miguel, Art Director --GOODBY, SILVERSTEIN & PARTNERS, San Francisco, CA, pg. 428

Good, Katie, Art Director --CI DESIGN INC., Milwaukee, WI, pg. 208

Gore, Christopher, Art Director --BBDO Dublin, Dublin, Ireland, pg. 105

Gorecki, Joe, Art Director --KEY GORDON COMMUNICATIONS, Toronto, Canada, pg. 593

Gorrell, Christopher, Art Director --Adams Outdoor Advertising, Peoria, IL, pg. 26

Goulet, Etienne, Art Director --SID LEE, Montreal, Canada, pg. 1010

Gouraud, Cassandre, Art Director --Wieden + Kennedy Amsterdam, Amsterdam, Netherlands, pg. 1164

Grace, Beth, Art Director --Leo Burnett London, London, United Kingdom, pg. 627

Graff, Alyssa, Art Director --Juniper Park/TBWA, Toronto, Canada, pg. 1079

Grammatico, Maurizio, Art Director --SAATCHI & SAATCHI WELLNESS, New York, NY, pg. 985

Granados, Angela, Art Director --ICROSSING NEW YORK, New York, NY, pg. 1261

Granath, Tomas, Art Director --Forsman & Bodenfors, Stockholm, Sweden, pg. 722

Granberg, Lisa, Art Director --TBWA Stockholm, Stockholm, Sweden, pg. 1085

Gray, Allison, Art Director --CRITICAL MASS INC., Calgary, Canada, pg. 248

Gray, Perry, Art Director --ACART COMMUNICATIONS, INC., Ottawa, Canada, pg. 19

Gray, Richard, Art Director --BUCK LA, Los Angeles, CA, pg. 171

Grayson, Chris, Art Director --RED OLIVE, Sandy, UT, pg. 1284

Graziano, Steven, Art Director --MCGARRYBOWEN, New York, NY, pg. 716

Grebe, Rodrigo, Art Director --Prolam Y&R S.A., Santiago, Chile, pg. 1206

Greco, Giovanni, Art Director --Publicis Italia, Milan, Italy, pg. 899

Greene, Jonathan, Art Director --BLR/FURTHER, Birmingham, AL, pg. 138

Greenholt, Mariesa, Art Director --RED TETTEMER O'CONNELL & PARTNERS, Philadelphia, PA, pg. 941

Greer, Chris, Art Director --GSD&M, Austin, TX, pg. 453

Greeson, Andrew, Art Director --NJI MEDIA LLC, Alexandria, VA, pg. 1276

Gregory, Peyton, Art Director --THE IDEA CENTER, Richmond, VA, pg. 520

Grillo, Adebiyi, Art Director --140 BBDO, Cape Town, South Africa, pg. 108

Grillo, Javier Ascue, Art Director --Y&R Peru, Lima, Peru, pg. 1207

Grodek, Tom, Art Director --SHERRY MATTHEWS ADVOCACY MARKETING, Austin, TX, pg. 1007

Groome, Kirby, Art Director --THE BRANDON AGENCY, Myrtle Beach, SC, pg. 158

Gros, Christoph, Art Director --Publicis Activ Annecy, Metz-Tessy, France, pg. 898

Guagni, Lorenzo, Art Director --M&C Saatchi Milan, Milan, Italy, pg. 660

Guelre, Jean, Art Director --Y&R Sao Paulo, Sao Paulo, Brazil, pg. 1205

Guerrero, Eduardo, Art Director --McCann Erickson Mexico, Mexico, Mexico, pg. 706

Guerrero, Jose, Art Director --RED INTERACTIVE AGENCY, Santa Monica, CA, pg. 1284

Guessoum, Sarah, Art Director --Team/Y&R HQ Dubai, Dubai, United Arab Emirates, pg. 1205

Guevara, Javier Vargas, Art Director --DDB Worldwide Colombia, S.A., Cali, Colombia, pg. 272

Gulsen, Mustafa, Art Director --TBWA Istanbul, Istanbul, Turkey, pg. 1088

Gunderson, Rita Garcia, Art Director --3MARKETEERS ADVERTISING, INC., San Jose, CA, pg. 8

Guo, Lucky, Art Director --mcgarrybowen, Shanghai, China, pg. 718

Gurtowsky, Pete, Art Director --E.W. BULLOCK ASSOCIATES, Pensacola, FL, pg. 354

Gusev, Artem, Art Director --Havas Worldwide Kiev, Kiev, Ukraine, pg. 482

Haberfield, Lauren, Art Director --McCann Erickson Paris, Clichy, France, pg. 703

Haddad, Dana, Art Director --NAIL COMMUNICATIONS, Providence, RI, pg. 783

Hager, Andrea, Art Director --CREATIVE SPOT, Columbus, OH, pg. 246

Hahs, Rebecca, Art Director --RK VENTURE, Albuquerque, NM, pg. 961

Halbert, Maya, Art Director --NA COLLECTIVE, New York, NY, pg. 783

Halin, Raphael, Art Director --Publicis Conseil, Paris, France, pg. 898

Hall, Alex, Art Director --R/P MARKETING PUBLIC RELATIONS, Holland, OH, pg. 1623

Hall, Sarah, Art Director --ARC WORLDWIDE, Chicago, IL, pg. 1397

Hallee, Andree-Anne, Art Director --LG2, Montreal, Canada, pg. 639

Ham, Julian, Art Director --OGILVY, New York, NY, pg. 809

Hamann, Dean, Art Director --Juniper Park/TBWA, Toronto, Canada, pg. 1079

Hamblock, Diana, Art Director --QUIET LIGHT COMMUNICATIONS, Rockford, IL, pg. 923

Hamilton, Sarah, Art Director --SCORCH AGENCY, Saint Louis, MO, pg. 997

Hammack, Will, Art Director --EVB, Oakland, CA, pg. 352

Han, Bo, Art Director --Pereira & O'Dell, New York, NY, pg. 863

Handjiski, Dejan, Art Director --BBDO Dusseldorf, Dusseldorf, Germany, pg. 105

Handler, Lukas, Art Director --PKP BBDO, Vienna, Austria, pg. 103

Hannett, Mike, Art Director --Abbott Mead Vickers BBDO, London, United Kingdom, pg. 109

Hansen, Jesper, Art Director --Uncle Grey A/S, Arhus, Denmark, pg. 440

Hansen, Kimberly, Art Director --STRATA-MEDIA, INC., Laguna Beach, CA, pg. 1052

Hanson, Travis, Art Director --3HEADED MONSTER, Dallas, TX, pg. 7

Hansson, Max, Art Director --McCann Stockholm, Stockholm, Sweden, pg. 710

Harbison, Collin, Art Director --DEARING GROUP, West Lafayette, IN, pg. 284

Harkness, Phillip Brendon, Art Director --Saatchi & Saatchi Australia, Sydney, Australia, pg. 983

Harlamoff, Nicolas, Art Director --HAVAS, Puteaux, France, pg. 472

Harman, Patti, Art Director --FLOURISH INC., Cleveland, OH, pg. 389

Harmeyer, Emily, Art Director --ASHER AGENCY, INC., Fort Wayne, IN, pg. 73

Harmon, Price, Art Director --O'BRIEN ET AL. ADVERTISING, Virginia Beach, VA, pg. 805

Harper, Brooks, Art Director --MP&F STRATEGIC COMMUNICATIONS, Nashville, TN, pg. 1586

Harris, Ant, Art Director --TBWA/Manchester, Manchester, United Kingdom, pg. 1086

Harris, Jay, Art Director --ORANGE BARREL, Columbus, OH, pg. 843

Harris, Scott, Art Director --MADISON + MAIN, Richmond, VA, pg. 669

Harrison, Chris, Art Director --BENSIMON BYRNE, Toronto, Canada, pg. 123

Harrison, Robert, Art Director --Ubachswisbrun J. Walter Thompson, Amsterdam, Netherlands, pg. 560

Hart, Jen, Art Director --BARRETTSF, San Francisco, CA, pg. 91

Hartsfield, Brett, Art Director --R+M, Cary, NC, pg. 927

Harvey, Greg, Art Director --FCB Inferno, London, United Kingdom, pg. 369

Hasan, Rakibul, Art Director --Grey Bangladesh Ltd., Dhaka, Bangladesh, pg. 445

Haugmard, Jenna, Art Director --DDB Paris, Paris, France, pg. 273

Hawkins, Alicia, Art Director --HIGH TIDE CREATIVE, New Bern, NC, pg. 499

Hawrylko, Delphine, Art Director --Grey Italia S.p.A, Milan, Italy, pg. 441

Hayden, Steph, Art Director --CARMICHAEL LYNCH, Minneapolis, MN, pg. 189

Hayes, Lauren, Art Director --SRW, Chicago, IL, pg. 1039

Healy, Bob, Art Director --SCHAFER CONDON CARTER, Chicago, IL, pg. 995

Healy, Claire, Art Director --J. WALTER THOMPSON, New York, NY, pg. 553

Heard, Kelsey, Art Director --DEUTSCH, INC., New York, NY, pg. 294

Heber, Vanessa, Art Director --CHEIL CANADA, Toronto, Canada, pg. 204

Hebert, Julien, Art Director --PAPRIKA COMMUNICATIONS, Montreal, Canada, pg. 852

Hegener-Carr, Tricia, Art Director --BRABENDERCOX, Leesburg, VA, pg. 151

Heibel, Brian, Art Director --A DAY ADVERTISING, Lititz, PA, pg. 14

Heisz, Jodi, Art Director --SIGNALFIRE, LCC, Delavan, WI, pg. 1013

AGENCIES — RESPONSIBILITIES INDEX

Helda, Renee, Art Director --MR. SMITH AGENCY LLC, Buffalo, NY, pg. 766

Helgesen, Julie, Art Director --BLUE FLAME THINKING, Chicago, IL, pg. 139

Heller, Ryan, Art Director --HELIUM CREATIVE, Fort Lauderdale, FL, pg. 494

Helms, Barry, Art Director --THE OWEN GROUP, Lubbock, TX, pg. 847

Henderson, Sam, Art Director --Ogilvy New Zealand, Auckland, New Zealand, pg. 826

Hendrickx, Vanessa, Art Director --Havas Worldwide Brussels, Brussels, Belgium, pg. 478

Heneffe, Renaud, Art Director --TONIC, Dubai, United Arab Emirates, pg. 1109

Hennessey, Steve, Art Director --VIVA CREATIVE, Rockville, MD, pg. 1141

Hepp, Nathan, Art Director --EMI STRATEGIC MARKETING, INC., Boston, MA, pg. 1401

Heredia, Huevo, Art Director --Young & Rubicam, S.L., Madrid, Spain, pg. 1203

Herisson, Julien, Art Director --SID LEE, Montreal, Canada, pg. 1010

Hernandez, Clelia, Art Director --Mother LA, Los Angeles, CA, pg. 763

Hernandez, Diana I, Art Director --DDB LATINA PUERTO RICO, San Juan, PR, pg. 267

Hernandez, Elkin, Art Director --Sancho BBDO, Bogota, Colombia, pg. 102

Hernandez, Lucyed, Art Director --LEO BURNETT COMPANY LTD., Toronto, Canada, pg. 620

Hersan, Murat, Art Director --Havas Worldwide Istanbul, Istanbul, Turkey, pg. 482

Hershauer, Mike, Art Director --BLUEFISH, Tempe, AZ, pg. 141

Hiatt, Nora, Art Director --THE MARLIN NETWORK, INC., Springfield, MO, pg. 685

Higashi, Fabiano Hikaru, Art Director --F/Nazca Saatchi & Saatchi, Sao Paulo, Brazil, pg. 981

Higgins, Zoe, Art Director --Havas Worldwide Dublin, Dublin, Ireland, pg. 480

Higginson, Steven, Art Director --NEWMAN GRACE INC., Woodland Hills, CA, pg. 792

Hildebrand, Vitor, Art Director --Publicis Brasil Communicao, Sao Paulo, Brazil, pg. 906

Hill, Christina, Art Director --BURGESS ADVERTISING & MARKETING, Falmouth, ME, pg. 174

Hillazli, Yagiz, Art Director --FCB Artgroup, Istanbul, Turkey, pg. 368

Hinde, Michael, Art Director --PRIMARY DESIGN INC, Haverhill, MA, pg. 889

Hinds, David, Art Director --VI MARKETING & BRANDING, Oklahoma City, OK, pg. 1135

Hinkle, Jeff, Art Director --Totalcom, Inc., Huntsville, AL, pg. 1111

Hinkle, Jeff, Art Director --TOTALCOM MARKETING, INC., Tuscaloosa, AL, pg. 1110

Hinkley, Hayley, Art Director --RETHINK, Vancouver, Canada, pg. 951

Hirunlikid, Natthaphol, Art Director --J. Walter Thompson Thailand, Bangkok, Thailand, pg. 559

Hisamichi, Mikiko, Art Director --Beacon Communications K.K., Tokyo, Japan, pg. 630

Hisamichi, Mikiko, Art Director --Beacon Communications K.K., Tokyo, Japan, pg. 910

Ho, Austin, Art Director --MISTRESS, Santa Monica, CA, pg. 747

Hodges, Patrick, Art Director --KASTNER, Los Angeles, CA, pg. 588

Hodgins, Ben, Art Director --INSIGHT MARKETING DESIGN, Sioux Falls, SD, pg. 535

Hoeppner, Ben, Art Director --BRAND INNOVATION GROUP, Fort Wayne, IN, pg. 155

Hofman-Bang, Johanna, Art Director --Forsman & Bodenfors, Stockholm, Sweden, pg. 722

Hogan, Rachel, Art Director --BARKLEY, Kansas City, MO, pg. 90

Holst, Rikard, Art Director --INGO, Stockholm, Sweden, pg. 442

Holt, Ryan, Art Director --SWANSON RUSSELL ASSOCIATES, Lincoln, NE, pg. 1064

Holtby, Joel, Art Director --Rethink, Toronto, Canada, pg. 951

Homer, Clayton, Art Director --BBDO Dublin, Dublin, Ireland, pg. 105

Hood, Kat, Art Director --ROBINSON CREATIVE INC., Southlake, TX, pg. 964

Hope, Jake, Art Director --RETHINK, Vancouver, Canada, pg. 951

Hopkins, Cameron, Art Director --BENSIMON BYRNE, Toronto, Canada, pg. 123

Hopkinson, Matt, Art Director --FCB Inferno, London, United Kingdom, pg. 369

Horne, Colleen, Art Director --M/H VCCP, San Francisco, CA, pg. 664

Horstman, Bryan, Art Director --GRAY LOON MARKETING GROUP, INC., Evansville, IN, pg. 433

Horut, Jiri, Art Director --McCann Erickson Prague, Prague, Czech Republic, pg. 702

Hoshikawa, Junya, Art Director --DENTSU INC., Tokyo, Japan, pg. 289

Hosser, Riddy, Art Director --DARCI CREATIVE, Portsmouth, NH, pg. 260

Hotz, Jaime, Art Director --LUCI CREATIVE, Lincolnwood, IL, pg. 655

Houghton, Nick, Art Director --J. Walter Thompson International, Auckland, New Zealand, pg. 558

House, Colby, Art Director --VML-New York, New York, NY, pg. 1144

How, Zhong, Art Director --Wieden + Kennedy, Shanghai, China, pg. 1166

Howayek, Carine, Art Director --J. Walter Thompson, Dubai, United Arab Emirates, pg. 563

Howe, Christopher, Art Director --MONO, Minneapolis, MN, pg. 755

Howes, George, Art Director --Colenso BBDO, Auckland, New Zealand, pg. 114

Hristov, Radostin, Art Director --MullenLowe Swing, Sofia, Bulgaria, pg. 778

Hsu, Arthur, Art Director --GRAFIK MARKETING COMMUNICATIONS, Alexandria, VA, pg. 431

Hsu, Stanley, Art Director --GYRO, New York, NY, pg. 457

Hu, Lawrence, Art Director --TBWA Singapore, Singapore, Singapore, pg. 1091

Huang, Mia, Art Director --ANTHEM BRANDING, Boulder, CO, pg. 61

Hudon, Renee, Art Director --RESERVOIR, Montreal, Canada, pg. 948

Huey, Brittany, Art Director --TINSLEY CREATIVE, Lakeland, FL, pg. 1105

Huft, Nathan, Art Director --THE WOO, Culver City, CA, pg. 1175

Hugentobler, Marvin, Art Director --Publicis, Zurich, Switzerland, pg. 901

Hughes, Dave, Art Director --GARRISON HUGHES, Pittsburgh, PA, pg. 410

Hughes, Kelsey, Art Director --COSSETTE COMMUNICATIONS, Vancouver, Canada, pg. 232

Huitsing, Suzanne, Art Director --CALDER BATEMAN COMMUNICATIONS LTD., Edmonton, Canada, pg. 182

Hulme, Gary, Art Director --TBWA/Manchester, Manchester, United Kingdom, pg. 1086

Hultberg, Max, Art Director --INGO, Stockholm, Sweden, pg. 442

Hurd, Arrie, Art Director --THE&PARTNERSHIP, New York, NY, pg. 55

Hurtado, Cristhian Camilo Hurtado, Art Director --Ogilvy, Bogota, Colombia, pg. 820

Huston, Dennis, Art Director --CREATIVE RESOURCES GROUP, Plymouth, MA, pg. 245

Hwang, Grace, Art Director --MEKANISM, San Francisco, CA, pg. 729

Hwang, YeJoon, Art Director --THE PITCH AGENCY, Culver City, CA, pg. 873

Hyde, Andrea, Art Director --PETERSON MILLA HOOKS, Minneapolis, MN, pg. 866

Ickert, Vera, Art Director --DDB Berlin, Berlin, Germany, pg. 274

Ide, John, Art Director --HAMMERQUIST STUDIOS, Seattle, WA, pg. 464

Idoni, Trisha, Art Director --E.W. BULLOCK ASSOCIATES, Pensacola, FL, pg. 354

Ilander, Leisa, Art Director --Ogilvy Sydney, Saint Leonards, Australia, pg. 821

Ilic, Brankica, Art Director --Ovation BBDO, Belgrade, Serbia, pg. 108

Imbur, Ellen, Art Director --VILLING & COMPANY, INC., South Bend, IN, pg. 1137

Imler, Frank, Art Director --FLUID ADVERTISING, Bountiful, UT, pg. 389

Imler, Frank, Art Director --FLUID STUDIO, Bountiful, UT, pg. 389

Infantas, Evin Vigo, Art Director --Quorum Nazca Saatchi & Saatchi, Lima, Peru, pg. 982

Infante, Sergio Diaz, Art Director --Ogilvy, Mexico, Mexico, pg. 821

Inglis, Sarah, Art Director --BAKER STREET ADVERTISING, San Francisco, CA, pg. 85

Ingram, Travis, Art Director --CRANIUM 360, Fruita, CO, pg. 238

Ingrassia, Cari, Art Director --CAWOOD, Eugene, OR, pg. 1464

Intamas, Supaset, Art Director --Ogilvy Advertising, Bangkok, Thailand, pg. 828

Ionescu, Valentin, Art Director --MullenLowe Romania, Bucharest, Romania, pg. 777

Iooss, Hedwig, Art Director --LAIRD+PARTNERS, New York, NY, pg. 607

Irureta, Ezequiel, Art Director --DDB Argentina, Buenos Aires, Argentina, pg. 270

Irwin, Jonathan, Art Director --THE STARR CONSPIRACY, Fort Worth, TX, pg. 1044

Iscan, Kaan, Art Director --Medina/Turgul DDB, Beyoglu, Turkey, pg. 281

Ishaeik, Aaron, Art Director --MJE MARKETING SERVICES, San Diego, CA, pg. 749

Islam, Nurul, Art Director --Grey Bangladesh Ltd., Dhaka, Bangladesh, pg. 445

Islam, Shariful, Art Director --Grey Bangladesh Ltd., Dhaka, Bangladesh, pg. 445

Isler, Jarard, Art Director --HILL HOLLIDAY/NEW YORK, New York, NY, pg. 501

Isteri, Ritva, Art Director --SEK & Grey, Helsinki, Finland, pg. 440

Jacobs, Reger, Art Director --TRUTH COLLECTIVE LLC, Rochester, NY, pg. 1120

Jacobs, Tom, Art Director --FamousGrey, Groot-Bijgaarden, Belgium, pg. 439

Jacobsen, Terje W., Art Director --Uncle Grey Oslo, Oslo, Norway, pg. 441

James, Duncan, Art Director --Havas People London, London, United Kingdom, pg. 483

Janny, Juli, Art Director --DDB Vienna, Vienna, Austria, pg. 274

Jarman, Ryan, Art Director --DIGITAL BREW, Orlando, FL, pg. 300

Jarzabek, Jennie, Art Director --AMELIE COMPANY, Denver, CO, pg. 54

Javier, Chico Jansen, Art Director --BBDO Guerrero, Makati, Philippines, pg. 114

Javo, Francisco, Art Director --Prolam Y&R S.A., Santiago, Chile, pg. 1206

Jeangout, Diederik, Art Director --FamousGrey, Groot-Bijgaarden, Belgium, pg. 439

Jeffries, Robert, Art Director --LOHRE & ASSOCIATES, INCORPORATED, Cincinnati, OH, pg. 650

Jencks, Robert, Art Director --GREY GROUP, New York, NY, pg. 438

Jenner, Suzanne, Art Director --Ogilvy Johannesburg (Pty.) Ltd., Johannesburg, South Africa, pg. 829

Jensen, David, Art Director --WRL ADVERTISING, INC., Canton, OH, pg. 1188

Jensen, Javier, Art Director --Prolam Y&R S.A., Santiago, Chile, pg. 1206

Jessup, Taylor, Art Director --360 GROUP, Indianapolis, IN, pg. 6

Jia, Carolyn, Art Director --ELEVATOR STRATEGY, Vancouver, Canada, pg. 336

Jimenez, Abraham, Art Director --BBDO Mexico, Mexico, Mexico, pg. 103

Jimenez, Arnaldo, Art Director --RECESS CREATIVE LLC, Cleveland, OH, pg. 938

Johnson, Cara, Art Director --JOAN, New York, NY, pg. 577

Johnson, Macaulay, Art Director --Pereira & O'Dell, New York, NY, pg. 863

Johnson, Tyler, Art Director --SWIM CREATIVE, Duluth, MN, pg. 1067

Johnston, Lorri, Art Director --BHW1 ADVERTISING, Spokane, WA, pg. 127

Johnstone, Liam, Art Director --LG2, Montreal, Canada, pg. 639

Jones, David, Art Director --CORNETT INTEGRATED MARKETING SOLUTIONS, Lexington, KY, pg. 232

Jones, Jake, Art Director --PRECISION ADVERTISING, Montreal, Canada, pg. 887

Jones, Joshua, Art Director --LMI ADVERTISING, E Petersburg, PA, pg. 648

Jones, Patrick, Art Director --SIGNAL INC., Raleigh, NC, pg. 1012

Jordan, Hope, Art Director --Wieden + Kennedy New York, New York, NY, pg. 1165

Jornada, Felipe, Art Director --BBDO New York, New York, NY, pg. 99

Jorquera, Rodrigo Pacheco, Art Director --DDB Chile, Santiago, Chile, pg. 271

Jorres, Sascha, Art Director --Heimat Werbeagentur GmbH, Berlin, Germany, pg. 1082

Josephson, Alan, Art Director --Flint Interactive, Duluth, MN, pg. 388

Jovanovic, Kristina, Art Director --McCann Erickson Group, Belgrade, Serbia, pg. 708

RESPONSIBILITIES INDEX — AGENCIES

Joveneau, Romain, Art Director --SID LEE, Montreal, Canada, pg. 1010
Joyce, Cindy, Art Director --MADE BRANDS, LLC, Lakeland, FL, pg. 669
Ju, Min Ho, Art Director --Ogilvy, Seoul, Korea (South), pg. 826
Juarbe, Christian, Art Director --Badillo Nazca Saatchi & Saatchi, Guaynabo, PR, pg. 982
Julien, Jim, Art Director --CREATIVE ENERGY GROUP INC, Johnson City, TN, pg. 241
Jutras, Alexandre, Art Director --Cossette Communication-Marketing (Montreal) Inc., Montreal, Canada, pg. 233
Kabulin, Stanislav, Art Director --Leo Burnett Moscow, Moscow, Russia, pg. 626
Kaisar, Zaheer, Art Director --Naga DDB Sdn. Bhd., Petaling Jaya, Malaysia, pg. 277
Kakamu, Masanari, Art Director --DENTSU INC., Tokyo, Japan, pg. 289
Kallenbach, Abby, Art Director --SULLIVAN HIGDON & SINK INCORPORATED, Wichita, KS, pg. 1059
Kampman, Wouter, Art Director --FCB Amsterdam, Amsterdam, Netherlands, pg. 367
Kana, Erin, Art Director --SCHAFER CONDON CARTER, Chicago, IL, pg. 995
Kanjanawadeekul, Wachira, Art Director --J. Walter Thompson Thailand, Bangkok, Thailand, pg. 559
Kapros, Nick, Art Director --BUERO NEW YORK, New York, NY, pg. 172
Karam, Pamela, Art Director --Fortune Promoseven-Lebanon, Beirut, Lebanon, pg. 706
Karim, Nadia, Art Director --Havas Worldwide Middle East, Dubai, United Arab Emirates, pg. 488
Karnes, Angelique Felice, Art Director --MEDIA MATCHED INC, Albuquerque, NM, pg. 726
Kasdon, Carter, Art Director --COMMONWEALTH CREATIVE ASSOCIATES, Framingham, MA, pg. 222
Kassner, Danyel, Art Director --J. Walter Thompson Frankfurt, Frankfurt am Main, Germany, pg. 560
Kaufmann, Adam, Art Director --BOLDWERKS, Portsmouth, NH, pg. 145
Kavelin, Peter, Art Director --PULSAR ADVERTISING, INC., Beverly Hills, CA, pg. 915
Kealani, Taryn, Art Director --PREACHER, Austin, TX, pg. 886
Kearney, Tara, Art Director --FORGE WORLDWIDE, Boston, MA, pg. 392
Kedrowski, Myles, Art Director --ELEGANT SEAGULLS INC, Marquette, MI, pg. 1255
Keisel, Nicole, Art Director --SOVRN, Boise, ID, pg. 1030
Keister, Ethan, Art Director --ZIZZO GROUP, INC., Milwaukee, WI, pg. 1214
Keiter, Nancy, Art Director --O2KL, New York, NY, pg. 803
Keith, Jamie, Art Director --PRAIRIE DOG/TCG, Kansas City, MO, pg. 886
Keller, Denise, Art Director --HUGHES & STUART, INC., Greenwood Village, CO, pg. 513
Kelley, Austin, Art Director --BVK, Milwaukee, WI, pg. 178
Kelley, Monique, Art Director --ZULU ALPHA KILO, Toronto, Canada, pg. 1216
Kellum, Keith, Art Director --ADAMS & LONGINO ADVERTISING, INC., Greenville, NC, pg. 25
Kelly, Gina, Art Director --Abbott Mead Vickers BBDO, London, United Kingdom, pg. 109
Keluskar, Akshay, Art Director --BBH Mumbai, Mumbai, India, pg. 93
Kennelly, Nolan, Art Director --Publicis Toronto, Toronto, Canada, pg. 904
Kenny, Dan, Art Director --TBWA\London, London, United Kingdom, pg. 1086
Kerkstra, Mario, Art Director --Abbott Mead Vickers BBDO, London, United Kingdom, pg. 109
Kernahan, Malcolm-Guy, Art Director --Lonsdale Saatchi & Saatchi, Port of Spain, Trinidad & Tobago, pg. 982
Kevreshan, Zdravko, Art Director --McCann Erickson Group, Belgrade, Serbia, pg. 708
Khan, Liz, Art Director --ROUNDHOUSE, Portland, OR, pg. 969
Khan, Musfar, Art Director --Ogilvy, New Delhi, India, pg. 825
Khodabux, Rayhaan, Art Director --BETC, Paris, France, pg. 479
Khorsi, Christophe, Art Director --Y&R Paris, Boulogne, France, pg. 1202
Kidd, Nick, Art Director --TRACYLOCKE, Dallas, TX, pg. 1113
Kidwell, Todd, Art Director --BURKHOLDER/FLINT, Columbus, OH, pg. 175
Kikuchi, Kana, Art Director --I&S BBDO Inc., Tokyo, Japan, pg. 113
Kilpatrick, April, Art Director --SIGNAL INC., Raleigh, NC, pg. 1012

Kim, Angela EunSung, Art Director --ANNEX88, New York, NY, pg. 1237
Kim, Chloe, Art Director --GREY CANADA, Toronto, Canada, pg. 437
Kim, Jason, Art Director --FIREWOOD MARKETING, San Francisco, CA, pg. 383
Kim, M K, Art Director --PUBLICIS NEW YORK, New York, NY, pg. 912
Kim, Paul, Art Director --DDB New Zealand Ltd., Auckland, New Zealand, pg. 278
Kim, Seontaek, Art Director --Cheil Worldwide Inc., Seoul, Korea (South), pg. 462
Kinard, Amy, Art Director --THE HARMON GROUP, Nashville, TN, pg. 468
King, Hannah, Art Director --DDB Sydney Pty. Ltd., Ultimo, Australia, pg. 270
King, Helen, Art Director --Havas Worldwide Sydney, Sydney, Australia, pg. 485
King, Josh, Art Director --Wieden + Kennedy, Shanghai, China, pg. 1166
Kiral, Pinar, Art Director --Y&R Turkey, Istanbul, Turkey, pg. 1204
Kirkelis, Andre, Art Director --Leo Burnett Tailor Made, Sao Paulo, Brazil, pg. 623
Kirklys, Stephen, Art Director --STUN CREATIVE, Los Angeles, CA, pg. 1057
Kirkwood, Kevin, Art Director --MARCOM GROUP INC., Mississauga, Canada, pg. 678
Kissling, Michel, Art Director --TBWA Health A.G., Zurich, Switzerland, pg. 1085
Kisztelinska, Kashka, Art Director --VIVA CREATIVE, Rockville, MD, pg. 1141
Kitani, Yusuke, Art Director --DENTSU INC., Tokyo, Japan, pg. 289
Kitchen, Lance, Art Director --HANCOCK ADVERTISING AGENCY, Nacogdoches, TX, pg. 465
Kiyalova, Assem, Art Director --TBWA Central Asia, Almaty, Kazakhstan, pg. 1088
Klainguti, Andrea, Art Director --Publicis, Zurich, Switzerland, pg. 901
Klang, Klaudia, Art Director --McCann Stockholm, Stockholm, Sweden, pg. 710
Klang, Magnus, Art Director --Prime Public Relations, Stockholm, Sweden, pg. 1678
Klemtz, Sergio, Art Director --F.biz, Sao Paulo, Brazil, pg. 1183
Kleps, Damon, Art Director --ROUTE 1A ADVERTISING, Erie, PA, pg. 969
Klossner, Bettina, Art Director --TBWA Health A.G., Zurich, Switzerland, pg. 1085
Knox, Susannah, Art Director --GREY NEW YORK, New York, NY, pg. 438
Koc, Emre, Art Director --Medina/Turgul DDB, Beyoglu, Turkey, pg. 281
Kocbek, Matija, Art Director --Pristop Group d.o.o., Ljubljana, Slovenia, pg. 1678
Koch, Maria, Art Director --TIC TOC, Dallas, TX, pg. 1102
Kochmanski, Doug, Art Director --THE IDEA MILL, Pittsburgh, PA, pg. 521
Kocsis, Natalie, Art Director --Acne Advertising, Stockholm, Sweden, pg. 1249
Kodrich, Jessica, Art Director --SPOTLIGHT MARKETING COMMUNICATIONS, Orange, CA, pg. 1036
Kogovsek, Ana, Art Director --Futura DDB, Ljubljana, Slovenia, pg. 279
Kolansky, Alexandra, Art Director --FCB Shimoni Finkelstein, Tel Aviv, Israel, pg. 370
Kologlu, Alper, Art Director --TWOFIFTEENMCCANN, San Francisco, CA, pg. 1124
Kono, Yoshihiro, Art Director --TBWA/Hakuhodo, Tokyo, Japan, pg. 1090
Koo, Dan, Art Director --Wieden + Kennedy New York, New York, NY, pg. 1165
Korn, James, Art Director --TODD ALLEN DESIGN, Elkhart, IN, pg. 1108
Kosatka, Filip, Art Director --McCann Erickson Prague, Prague, Czech Republic, pg. 702
Kotob, Zuheir, Art Director --J. WALTER THOMPSON CANADA, Toronto, Canada, pg. 565
Kotulis, Brian, Art Director --CENTIGRADE INTERNATIONAL LTD., Atlanta, GA, pg. 200
Koumae, Keisuke, Art Director --Wieden + Kennedy Japan, Tokyo, Japan, pg. 1166
Koundouri, Christina, Art Director --OgilvyOne Worldwide, Athens, Greece, pg. 815

Koyanagi, Yusuke, Art Director --DENTSU INC., Tokyo, Japan, pg. 289
Kozelj, Marusa, Art Director --Futura DDB, Ljubljana, Slovenia, pg. 279
Kraft, JJ, Art Director --BULLISH, New York, NY, pg. 172
Krairavee, Vanalee, Art Director --GREYnj United, Bangkok, Thailand, pg. 448
Kramer, Mathew, Art Director --Wieden + Kennedy, London, United Kingdom, pg. 1165
Kranjec, Brad, Art Director --HAVAS WORLDWIDE, New York, NY, pg. 475
Krasnova, Polina, Art Director --DDB Russia, Moscow, Russia, pg. 279
Kraus, Martin, Art Director --McCann Erickson Prague, Prague, Czech Republic, pg. 702
Kreiner, Troy Curtis, Art Director --USE ALL FIVE INC., Venice, CA, pg. 1129
Kremb, Nayeli, Art Director --ANR BBDO, Stockholm, Sweden, pg. 109
Kristiansen, Melissa, Art Director --Kitchen Leo Burnett, Oslo, Norway, pg. 626
Krizmancic, Robert, Art Director --Futura DDB, Ljubljana, Slovenia, pg. 279
Kruszewski, Leanna, Art Director --TAGLINE MEDIA GROUP, Tucson, AZ, pg. 1070
Kubien, Agata, Art Director --Wunderman, Buenos Aires, Argentina, pg. 1189
Kubis, Matt, Art Director --LRXD, Denver, CO, pg. 1269
Kulakoff, Jehoaddan, Art Director --BEUTLER INK, Santa Monica, CA, pg. 1449
Kulkarni, Manali, Art Director --ZULU ALPHA KILO, Toronto, Canada, pg. 1216
Kumari, Anamika, Art Director --FCB Ulka, Mumbai, India, pg. 373
Kumbhar, Vijay, Art Director --Leo Burnett India, Mumbai, India, pg. 629
Kumetaitis, Giedrius, Art Director --Adell Taivas Ogilvy, Vilnius, Lithuania, pg. 816
Kundathil, Nidhin, Art Director --Wieden + Kennedy India, New Delhi, India, pg. 1166
Kunder, Lori, Art Director --120 WEST STRATEGIC COMMUNICATIONS LLC, Reno, NV, pg. 2
Kuni, Katherine, Art Director --MCCANN HEALTH GLOBAL HQ, New York, NY, pg. 713
Kunimoto, Uno, Art Director --Beacon Communications K.K., Tokyo, Japan, pg. 630
Kunimoto, Uno, Art Director --Beacon Communications K.K., Tokyo, Japan, pg. 910
Kunkel, Gary, Art Director --McCann Detroit, Birmingham, MI, pg. 699
Kurata, Junichi, Art Director --HAKUHODO INCORPORATED, Tokyo, Japan, pg. 461
Kure, Anders, Art Director --DDB Denmark, Copenhagen, Denmark, pg. 272
Kurtaran, Sahap, Art Director --4129Grey, Istanbul, Turkey, pg. 442
Kuzman, Christian, Art Director --Ogilvy Frankfurt, Frankfurt, Germany, pg. 814
Kvoras, Roni, Art Director --McCann Erickson, Tel Aviv, Israel, pg. 705
Kwamongwe, Angela, Art Director --Ogilvy Johannesburg (Pty.) Ltd., Johannesburg, South Africa, pg. 829
LaBadia, Thomas, Art Director --ELECTRUM BRANDING, Fort Lauderdale, FL, pg. 335
Lacey, Dan, Art Director --Adam & EveDDB, London, United Kingdom, pg. 281
Lacombe, Mathieu, Art Director --Brad, Montreal, Canada, pg. 812
Laffray, Celine, Art Director --TBWA Paris, Boulogne-Billancourt, France, pg. 1081
Laflamme, Raynald, Art Director --LAROUCHE MARKETING COMMUNICATION, Quebec, Canada, pg. 611
Lafortune, Jenny, Art Director --CRAFT, New York, NY, pg. 236
Lagalle, Benoit, Art Director --CLM BBDO, Boulogne-Billancourt, France, pg. 104
Lagoet, Alexandre, Art Director --DDB Paris, Paris, France, pg. 273
Lagos, Cynthia, Art Director --PUMPED INC, Coral Gables, FL, pg. 916
Lahoz, Sergio, Art Director --TBWA Espana, Barcelona, Spain, pg. 1085
Lam, Jeffrey, Art Director --Wieden + Kennedy Amsterdam, Amsterdam, Netherlands, pg. 1164
Lam, Simon, Art Director --2E CREATIVE, Saint Louis, MO, pg. 4
Lamke, Maria, Art Director --Havas Worldwide Granath, Stockholm,

1893

AGENCIES — RESPONSIBILITIES INDEX

Sweden, pg. 481
Lang, Jil-Marie, Art Director --BBDO Dusseldorf, Dusseldorf, Germany, pg. 105
Laniel, JC, Art Director --LG2, Montreal, Canada, pg. 639
Lantz, Richard, Art Director --RAIN43, Toronto, Canada, pg. 929
Laracy, Jessica, Art Director --ETHOS MARKETING & DESIGN, Westbrook, ME, pg. 351
Larberg, Chris, Art Director --BARKLEY, Kansas City, MO, pg. 90
Larsen, Alfonso, Art Director --Prolam Y&R S.A., Santiago, Chile, pg. 1206
Larsen, Stacie, Art Director --ZAMBEZI, Culver City, CA, pg. 1209
Larson, Ronald, Art Director --LARSON O'BRIEN MARKETING GROUP, Bethel Park, PA, pg. 611
Lascault, Remi, Art Director --BETC, Paris, France, pg. 479
Lastra, Santiago, Art Director --Y&R New York, New York, NY, pg. 1198
Lau, Louisa, Art Director --STUDIO BLACK TOMATO, New York, NY, pg. 1056
Lauderdale, April, Art Director --BARTON F. GRAF, New York, NY, pg. 94
Lauriha, Michele, Art Director --CONDRON & COSGROVE, Scranton, PA, pg. 226
Lauziere, Yvonne, Art Director --JDCOMMUNICATIONS INC, Canton, MA, pg. 574
Lavayssiere, Adrien, Art Director --McCann Erickson Paris, Clichy, France, pg. 703
Lavoie, Anne-Marie, Art Director --FCB Montreal, Montreal, Canada, pg. 365
Lazdins, Ilze, Art Director --Geometry Global, Chicago, IL, pg. 415
Lazor, Bob, Art Director --GARRISON HUGHES, Pittsburgh, PA, pg. 410
Le Hir, Caroline, Art Director --SelectNY.Paris, Paris, France, pg. 1001
Le, Michel, Art Director --INTERMARK GROUP, INC., Birmingham, AL, pg. 539
Leah, Jennifer, Art Director --HARVEY & DAUGHTERS, INC./ H&D BRANDING, Sparks, MD, pg. 471
Leal, Lina Maria, Art Director --Sancho BBDO, Bogota, Colombia, pg. 102
Lee Jing Lin, Joel Sow, Art Director --BBH Singapore, Singapore, Singapore, pg. 94
Lee Ming Lin, Austin, Art Director --Grey Group Malaysia, Kuala Lumpur, Malaysia, pg. 447
Lee Vardi, Danielle, Art Director --Gitam/BBDO, Tel Aviv, Israel, pg. 106
Lee, Esther, Art Director --ROBINSON CREATIVE INC., Southlake, TX, pg. 964
Lee, Gary, Art Director --Pereira & O'Dell, New York, NY, pg. 863
Lee, Giho, Art Director --Cheil Worldwide Inc., Seoul, Korea (South), pg. 462
Lee, Jeein, Art Director --THE TERRI & SANDY SOLUTION, New York, NY, pg. 1097
Lee, Shyyi, Art Director --Leo Burnett Malaysia, Kuala Lumpur, Malaysia, pg. 631
Lee, Sook, Art Director --MASONBARONET, Dallas, TX, pg. 691
Legato, Tony, Art Director --BUCK LA, Los Angeles, CA, pg. 171
Lehor, Brandon, Art Director --DHX ADVERTISING, INC., Portland, OR, pg. 298
Leite, Felipe, Art Director --Leo Burnett USA, Chicago, IL, pg. 622
Lemarchand, Jordan, Art Director --Publicis Conseil, Paris, France, pg. 898
Lemay, Anne-Marie, Art Director --TAM-TAM/TBWA, Montreal, Canada, pg. 1079
Lemons, Shelby, Art Director --GOODBY, SILVERSTEIN & PARTNERS, San Francisco, CA, pg. 428
Lemos, Leandro, Art Director --F.biz, Sao Paulo, Brazil, pg. 1183
Leonard, Constance, Art Director --ORANGEYOUGLAD, Brooklyn, NY, pg. 844
Lepkowski, Diane, Art Director --WEB SOLUTIONS INC., Meriden, CT, pg. 1155
Lester, Jason, Art Director --QUINLAN MARKETING COMMUNICATIONS, Carmel, IN, pg. 924
Letellier, Jean, Art Director --Gyro Paris, Paris, France, pg. 458
Levites, Svetlana, Art Director --Yehoshua TBWA, Tel Aviv, Israel, pg. 1088
Li, Irene, Art Director --DIESTE, Dallas, TX, pg. 299
Li, Zerien, Art Director --Havas Worldwide Shanghai, Shanghai, China, pg. 486
Liang, Marvin, Art Director --DDB, Singapore, Singapore, pg. 279
Liao, Lyon, Art Director --Havas Worldwide Shanghai, Shanghai, China, pg. 486
Lichtenwalter, David, Art Director --HAMPTON CREATIVE, Tulsa, OK, pg. 465
Liebregts, Guido, Art Director --WWAV, Woerden, Netherlands, pg. 933
Lill, Kate, Art Director --Young & Rubicam NZ Ltd., Auckland, New Zealand, pg. 1199
Lim, Dana, Art Director --Saatchi & Saatchi Asia Pacific, Singapore, Singapore, pg. 985
Lim, Dana, Art Director --Saatchi & Saatchi London, London, United Kingdom, pg. 980
Lim, Nares, Art Director --Leo Burnett, Bangkok, Thailand, pg. 631
Lima, Melissa, Art Director --AGENDA GLOBAL, Albuquerque, NM, pg. 1428
Limsiriphan, Dethritt, Art Director --TBWA Thailand, Bangkok, Thailand, pg. 1092
Lindborg, Tobias, Art Director --DROGA5, New York, NY, pg. 321
Linders, Michael Ilias, Art Director --Ogilvy Cape Town, Cape Town, South Africa, pg. 829
Lindgren, Kristofer Gullard, Art Director --DDB Stockholm, Stockholm, Sweden, pg. 280
Lindholm, Sophia, Art Director --Forsman & Bodenfors, Stockholm, Sweden, pg. 722
Lindman, Martha, Art Director --RDW GROUP INC., Providence, RI, pg. 935
Lippert, Charlotte, Art Director --Publicis Pixelpark, Bielefeld, Germany, pg. 899
Liran, Elias, Art Director --McCann Erickson, Tel Aviv, Israel, pg. 705
Lista, Fabio, Art Director --Leo Burnett Co., S.r.l., Milan, Italy, pg. 625
Litman, Daniel, Art Director --OUT THERE ADVERTISING, Duluth, MN, pg. 846
Liu, Dan, Art Director --KING & PARTNERS, LLC, New York, NY, pg. 596
Liu, Kim, Art Director --Wieden + Kennedy, Shanghai, China, pg. 1166
Liu, Minn, Art Director --BBH China, Shanghai, China, pg. 93
Liuzzo, Michelle, Art Director --GREY GROUP, New York, NY, pg. 438
Lock, Heath, Art Director --M&C Saatchi, Berlin, Germany, pg. 661
Lockamy, Aubrie, Art Director --JAJO, INC., Wichita, KS, pg. 570
Lockard, Kyle, Art Director --HANLON CREATIVE, Kulpsville, PA, pg. 465
Loh, Benjamin, Art Director --SAPIENTRAZORFISH NEW YORK, New York, NY, pg. 1286
Lon Fung, Soon, Art Director --Leo Burnett Malaysia, Kuala Lumpur, Malaysia, pg. 631
Londono, Camilo, Art Director --MullenLowe SSP3, Bogota, Colombia, pg. 777
Loo, Adrian, Art Director --McCann Worldgroup (Singapore) Pte Ltd, Singapore, Singapore, pg. 709
Looney, Debbie, Art Director --LOONEY ADVERTISING AND DESIGN, Montclair, NJ, pg. 651
Lopez, Andrew, Art Director --MullenLowe SSP3, Bogota, Colombia, pg. 777
Lopez, Diego, Art Director --MullenLowe SSP3, Bogota, Colombia, pg. 777
Lopez, Walter, Art Director --El Taier DDB, Guatemala, Guatemala, pg. 274
Lora, Emilia, Art Director --ALMA, Coconut Grove, FL, pg. 49
Lorenz, Suraiya, Art Director --BADJAR Ogilvy, Melbourne, Australia, pg. 821
Lorin, Caroline, Art Director --DDB Paris, Paris, France, pg. 273
Lorusso, Pamela, Art Director --FORT GROUP INC., Ridgefield Park, NJ, pg. 393
Lowe, Keith, Art Director --SHEPHERD, Jacksonville, FL, pg. 1007
Loza, Andrea, Art Director --WALTON / ISAACSON, Culver City, CA, pg. 1151
Lozano, Marcos, Art Director --Grey Madrid, Madrid, Spain, pg. 442
Lu, Jun, Art Director --WEDNESDAY, New York, NY, pg. 1156
Lucas, Taylor, Art Director --EP+CO, Greenville, SC, pg. 343
Lucas, Taylor, Art Director --EP+Co, New York, NY, pg. 343
Lucey, Nicole, Art Director --THE BURNS GROUP, New York, NY, pg. 175
Lucone, Raphael, Art Director --DPZ-Duailibi, Petit, Zaragoza, Propaganda S.A., Sao Paulo, Brazil, pg. 906
Lucone, Raphael, Art Director --DPZ-Duailibi, Petit, Zaragoza, Propaganda S.A., Sao Paulo, Brazil, pg. 21
Lumsiricharoenchoke, Wisit, Art Director --Ogilvy Advertising, Bangkok, Thailand, pg. 828
Luna, Jordi, Art Director --Wieden + Kennedy Amsterdam, Amsterdam, Netherlands, pg. 1164
Lundeberg, Karl, Art Director --THE SUMMIT GROUP, Salt Lake City, UT, pg. 1060
Lundy, Gwenn, Art Director --KLUNK & MILLAN ADVERTISING INC., Allentown, PA, pg. 599
Luquetti, Hugo, Art Director --Almap BBDO, Sao Paulo, Brazil, pg. 101
Lynch, Jason, Art Director --HYPERAKT, Brooklyn, NY, pg. 516
Lyon, Mike, Art Director --STEELE & ASSOCIATES, INC., Pocatello, ID, pg. 1045
Lyons, Natasha, Art Director --BLUEFISH, Tempe, AZ, pg. 141
Mabe, Ronald S., Art Director --M&C Saatchi Abel, Cape Town, South Africa, pg. 660
Maben, Michelle, Art Director --RED TETTEMER O'CONNELL & PARTNERS, Philadelphia, PA, pg. 941
Macarian, Melissa, Art Director --CAMP + KING, San Francisco, CA, pg. 185
Macena, Daniel, Art Director --HIGHDIVE ADVERTISING, Chicago, IL, pg. 499
Maclean, Diana, Art Director --THE BYNE GROUP, Suffern, NY, pg. 179
MacLeod, Lia, Art Director --JOHN ST., Toronto, Canada, pg. 579
Madigan, Carrie, Art Director --GRAFIK MARKETING COMMUNICATIONS, Alexandria, VA, pg. 431
Magee, Shawn, Art Director --ARRAY CREATIVE, Akron, OH, pg. 71
Magnusson, Dominique, Art Director --Wirz Werbung AG, Zurich, Switzerland, pg. 109
Mahar, Spencer, Art Director --GEM ADVERTISING, New Haven, CT, pg. 414
Mai, Brandon, Art Director --72andSunny, Brooklyn, NY, pg. 12
Maki, Daisuke, Art Director --Wieden + Kennedy Japan, Tokyo, Japan, pg. 1166
Malalanayake, Thushara, Art Director --Leo Burnett Solutions Inc., Colombo, Sri Lanka, pg. 631
Maldonado, Luigi, Art Director --GUERILLA SUIT, Austin, TX, pg. 455
Malek, Brynn, Art Director --Doner, Playa Vista, CA, pg. 724
Malek, Brynn, Art Director --Doner, Playa Vista, CA, pg. 315
Mallinen, Emma, Art Director --Wieden + Kennedy Amsterdam, Amsterdam, Netherlands, pg. 1164
Malone, Donna, Art Director --VANTAGEPOINT, INC, Greenville, SC, pg. 1131
Maloney, Mike, Art Director --SCHAFER CONDON CARTER, Chicago, IL, pg. 995
Mancera, David Beltran, Art Director --Sancho BBDO, Bogota, Colombia, pg. 102
Mancini, Andre, Art Director --DM9DDB, Sao Paulo, Brazil, pg. 271
Manganiello, Claire, Art Director --Mother New York, New York, NY, pg. 763
Mangiafico, Valerio, Art Director --Radius Leo Burnett, Dubai, United Arab Emirates, pg. 627
Manuel, Rica, Art Director --J. Walter Thompson, Makati, Philippines, pg. 558
Manusutthipong, Kunanun, Art Director --TBWA Thailand, Bangkok, Thailand, pg. 1092
Manzanares, Anthony, Art Director --Crosby Marketing Communications, Bethesda, MD, pg. 249
Manzi, Guilherme, Art Director --FCB Sao Paulo, Sao Paulo, Brazil, pg. 370
Marcelina, Ancilla, Art Director --Grey Group Indonesia, Jakarta, Indonesia, pg. 447
Mariani, Kristopher, Art Director --DRIVE BRAND STUDIO, North Conway, NH, pg. 320
Mariano, Sasha, Art Director --WE ARE SOCIAL INC., New York, NY, pg. 1155
Marjoram, Gary, Art Director --MullenLowe London, London, United Kingdom, pg. 775
Mark Lee, David, Art Director --TBWA Sydney, Sydney, Australia, pg. 1089
Marohl, Jon, Art Director --PAULSEN MARKETING COMMUNICATIONS, INC., Sioux Falls, SD, pg. 859
Marquez, Eddy, Art Director --Leo Burnett Colombia, S.A., Bogota, Colombia, pg. 623
Marquez, Yamile, Art Director --Teran TBWA, Mexico, Mexico, pg. 1092
Martin, Daniel, Art Director --TBWA Espana, Madrid, Spain, pg. 1085
Martin, Emile, Art Director --CLM BBDO, Boulogne-Billancourt, France, pg. 104
Martinet, Thomas, Art Director --FCB CHANGE, Paris, France, pg. 366
Martinez, Fiorella, Art Director --BENSIMON BYRNE, Toronto, Canada, pg. 123
Martinez, Ignacio, Art Director --AYZENBERG GROUP, INC., Pasadena, CA, pg. 81
Martins, Daniel Chagas, Art Director --Almap BBDO, Sao Paulo, Brazil, pg. 101

RESPONSIBILITIES INDEX — AGENCIES

Mascagni, Liana, Art Director --RETHINK, Vancouver, Canada, pg. 951

Masciopinto, Gianni, Art Director --GINGER GRIFFIN MARKETING & DESIGN, Cornelius, NC, pg. 420

Massaro, Mary, Art Director --ERBACH COMMUNICATIONS GROUP, INC., Lyndhurst, NJ, pg. 346

Masse, Chris, Art Director --DUNCAN CHANNON, San Francisco, CA, pg. 325

Massey, Jamie, Art Director --TURNPOST CREATIVE GROUP, Omaha, NE, pg. 1122

Mastobaev, Sergey, Art Director --MullenLowe Singapore, Singapore, Singapore, pg. 777

Mather, Charlotte, Art Director --Abbott Mead Vickers BBDO, London, United Kingdom, pg. 109

Mathers, Natalie, Art Director --LEO BURNETT COMPANY LTD., Toronto, Canada, pg. 620

Matsumoto, Ryosuke, Art Director --BANDUJO ADVERTISING & DESIGN, New York, NY, pg. 87

Matsuo, Brent, Art Director --LIFT AGENCY, San Francisco, CA, pg. 639

Mattler, Lydia, Art Director --OSBORN & BARR COMMUNICATIONS, Saint Louis, MO, pg. 844

Matzunaga, Thiago, Art Director --DDB Worldwide Colombia S.A., Bogota, Colombia, pg. 272

May, Daniel, Art Director --CUBICLE NINJAS, Glen Ellyn, IL, pg. 252

May, Rebecca, Art Director --Rethink, Toronto, Canada, pg. 951

Mays, Emily, Art Director --INNIS MAGGIORE GROUP, INC., Canton, OH, pg. 533

Mazcurek, Martin, Art Director --Ogilvy, Dusseldorf, Germany, pg. 814

McAley, Tony, Art Director --PARADOWSKI CREATIVE, Saint Louis, MO, pg. 853

McArtor, Todd, Art Director --THE RICHARDS GROUP, INC., Dallas, TX, pg. 956

McBride, Stefanie, Art Director --ROCK CANDY MEDIA, Austin, TX, pg. 964

McCain, Heather, Art Director --BOZELL, Omaha, NE, pg. 150

McCauley, Sean, Art Director --LOADED CREATIVE LLC, Bellefonte, PA, pg. 648

McClain, Lindsay, Art Director --STATION8 BRANDING, Tulsa, OK, pg. 1044

McClellan, Jeremy, Art Director --Publicis Hawkeye, Charlotte, NC, pg. 1282

McCourt, Jessica, Art Director --1059 CREATIVE, Boston, MA, pg. 1

McCoy, Kara, Art Director --BOONEOAKLEY, Charlotte, NC, pg. 147

McCreery, Christy, Art Director --MAYCREATE, Chattanooga, TN, pg. 696

McEuen, Rachel, Art Director --DEUTSCH, INC., New York, NY, pg. 294

Mcfaden, Matt, Art Director --TEAM ONE USA, Los Angeles, CA, pg. 1095

McGuire, Nell, Art Director --SAATCHI & SAATCHI WELLNESS, New York, NY, pg. 985

McKenna, Jessica, Art Director --BURKE ADVERTISING LLC, Bedford, NH, pg. 174

Mckissick, Gary, Art Director --CHARLTON MARKETING INC., Portland, OR, pg. 204

Mckissick, Tyler, Art Director --SID LEE, Toronto, Canada, pg. 1010

McLean, Carolyn, Art Director --Epsilon, New York, NY, pg. 345

McMann, Kathy, Art Director --ARNOLD WORLDWIDE, Boston, MA, pg. 69

McMullen, Brendan, Art Director --BBDO Toronto, Toronto, Canada, pg. 100

McNeel, Brittain, Art Director --Fallon New York, New York, NY, pg. 360

McNeely, Brandon, Art Director --BACKE DIGITAL BRAND MARKETING, Radnor, PA, pg. 82

McPartland, John, Art Director --Havas London, London, United Kingdom, pg. 482

McRedmond, Kale, Art Director --Publicis Australia, Brisbane, Australia, pg. 907

Meadors, Noah, Art Director --SECRET WEAPON MARKETING, Los Angeles, CA, pg. 1000

Medeiros, Caiano, Art Director --J. Walter Thompson, Sao Paulo, Brazil, pg. 563

Mehringer, Jacob, Art Director --JOHANNES LEONARDO, New York, NY, pg. 1266

Mellstrom, Ted Harry, Art Director --Forsman & Bodenfors, Stockholm, Sweden, pg. 722

Melnyk-Krysachenko, Pavlo, Art Director --Provid BBDO, Kiev, Ukraine, pg. 109

Melograna, Julia, Art Director --DROGA5, New York, NY, pg. 321

Mencak, Daniel, Art Director --DDB Stockholm, Stockholm, Sweden, pg. 280

Menconi, Isabella Perrotat, Art Director --Wunderman, Buenos Aires, Argentina, pg. 1189

Mendes, Rodrigo, Art Director --WIEDEN + KENNEDY, INC., Portland, OR, pg. 1163

Mendez, Brandon, Art Director --DAVID & GOLIATH, El Segundo, CA, pg. 261

Mendonca, Diogo, Art Director --DAVID, Sao Paulo, Brazil, pg. 261

Mendoza, Andres, Art Director --Grey: REP, Bogota, Colombia, pg. 444

Mercedes-Rohena, Mayela, Art Director --VML, INC., Kansas City, MO, pg. 1143

Merikallio, Bill, Art Director --SCOTT DESIGN INC, Capitola, CA, pg. 998

Merola, Amy, Art Director --SIGNATURE COMMUNICATIONS, Philadelphia, PA, pg. 1013

Mesquita, Markito, Art Director --F.biz, Sao Paulo, Brazil, pg. 1183

Meyer, Gillian, Art Director --PHOENIX GROUP, Regina, Canada, pg. 869

Meyer, John, Art Director --ADCETERA GROUP, Houston, TX, pg. 27

Meyer, Kelsey, Art Director --THE INTEGER GROUP-MIDWEST, Des Moines, IA, pg. 1406

Michel, Teresa, Art Director --Myriad Travel Marketing, New York, NY, pg. 782

Mielke, Sarah, Art Director --CHARLESTON/ORWIG, INC., Hartland, WI, pg. 203

Milfort, Eddy, Art Director --Host, Sydney, Australia, pg. 486

Minami, Sayako, Art Director --TDA_BOULDER, Boulder, CO, pg. 1094

Mishra, Richa, Art Director --McCann Erickson India, New Delhi, India, pg. 705

Mitra, Sourish, Art Director --J. Walter Thompson, Kolkata, India, pg. 557

Mixon, Wendy, Art Director --MOCK, Atlanta, GA, pg. 752

Miyamoto, Takuya, Art Director --I&S BBDO Inc., Tokyo, Japan, pg. 113

Miyanka, Andra, Art Director --MullenLowe Indonesia, Jakarta, Indonesia, pg. 774

Miyashita, Ryosuke, Art Director --DENTSU INC., Tokyo, Japan, pg. 289

Moatlhodi, Thato, Art Director --FCB Johannesburg, Johannesburg, South Africa, pg. 375

Moe, J., Art Director --DUNCAN CHANNON, San Francisco, CA, pg. 325

Moffitt, Kathryn, Art Director --McKinney New York, New York, NY, pg. 719

Mohamed, Nasir, Art Director --ANDERSON DDB HEALTH & LIFESTYLE, Toronto, Canada, pg. 57

Mohammed, Sunny, Art Director --DDB Casers, Lagos, Nigeria, pg. 278

Moin, Gira, Art Director --FCB Toronto, Toronto, Canada, pg. 366

Mok, O., Art Director --McCann Erickson Hong Kong Ltd., Causeway Bay, China (Hong Kong), pg. 704

Molina, Marioly, Art Director --MVC, Ventura, CA, pg. 780

Molla, Marco, Art Director --B Fluid, Milan, Italy, pg. 1083

Moloney, Caity, Art Director --McCann Erickson Advertising Pty. Ltd., Melbourne, Australia, pg. 700

Moncapjuzan, Pascal, Art Director --BETC, Paris, France, pg. 479

Monceau, Lena, Art Director --TBWA Paris, Boulogne-Billancourt, France, pg. 1081

Mondol, Subhrakanti, Art Director --J. Walter Thompson, Kolkata, India, pg. 557

Monroy, Juan David, Art Director --MullenLowe SSP3, Bogota, Colombia, pg. 777

Monsalve, Catalina, Art Director --Mother New York, New York, NY, pg. 763

Montagne, Anthony, Art Director --MOTHER LTD., London, United Kingdom, pg. 762

Montenegro, Luis Veliz, Art Director --McCann Erickson (Peru) Publicidad S.A., Lima, Peru, pg. 707

Montenegro, Teresa, Art Director --Wieden + Kennedy Amsterdam, Amsterdam, Netherlands, pg. 1164

Montes, Raul, Art Director --OMELET LLC, Culver City, CA, pg. 835

Montoya, Javier, Art Director --Y&R Peru, Lima, Peru, pg. 1207

Montt, Nicolas, Art Director --BBDO Chile, Santiago, Chile, pg. 102

Moody, Josh, Art Director --WILDERNESS AGENCY, Fairborn, OH, pg. 1167

Moons, Ivan, Art Director --Leo Burnett Belgium, Brussels, Belgium, pg. 624

Moore, Brian, Art Director --CUBICLE NINJAS, Glen Ellyn, IL, pg. 252

Moore, Heather, Art Director --3H COMMUNICATIONS INC., Oakville, Canada, pg. 7

Moore, Melanie, Art Director --Ogilvy South Africa (Pty.) Ltd., Johannesburg, South Africa, pg. 829

Moore, Sophia, Art Director --VIRTUE WORLDWIDE, Brooklyn, NY, pg. 1139

Moosmann, Pedro, Art Director --Spillmann/Felser/Leo Burnett, Zurich, Switzerland, pg. 627

Morales, Juan, Art Director --Grey: REP, Bogota, Colombia, pg. 444

Moreno, Juan, Art Director --MullenLowe SSP3, Bogota, Colombia, pg. 777

Morgan de Aguiar, Joao Henrique, Art Director --Publicis Brasil Communicao, Sao Paulo, Brazil, pg. 906

Morley, Andrew, Art Director --Langland, Windsor, United Kingdom, pg. 911

Mornard, Megan, Art Director --BARD ADVERTISING, Edina, MN, pg. 89

Moro, Cecilia, Art Director --Publicis Italia, Milan, Italy, pg. 899

Morriss, Becky, Art Director --DDB Melbourne Pty. Ltd., Melbourne, Australia, pg. 270

Moses, Stacy, Art Director --MERRICK TOWLE COMMUNICATIONS, Greenbelt, MD, pg. 734

Mosokha, Oksana, Art Director --Saatchi & Saatchi Russia, Moscow, Russia, pg. 979

Mosquera, Sebastian, Art Director --Punto Ogilvy, Montevideo, Uruguay, pg. 821

Motta, Gabriel Perdomo, Art Director --J. Walter Thompson, Bogota, Colombia, pg. 564

Motti, Enrico, Art Director --Impact BBDO, Dubai, United Arab Emirates, pg. 109

Mouralli, Ange, Art Director --CLEAN SHEET COMMUNICATIONS, Toronto, Canada, pg. 213

Moya, Jason, Art Director --LOONEY ADVERTISING AND DESIGN, Montclair, NJ, pg. 651

Moyer, Devon, Art Director --FINCH BRANDS, Philadelphia, PA, pg. 380

Mpembe, Fezidingo, Art Director --FCB Johannesburg, Johannesburg, South Africa, pg. 375

Muhlbock, Greg, Art Director --Geometry Global, Montreal, Canada, pg. 415

Mulvaney, Tim, Art Director --BLOHM CREATIVE PARTNERS, East Lansing, MI, pg. 137

Munevar, Felipe, Art Director --DDB Worldwide Colombia S.A., Bogota, Colombia, pg. 272

Munoz, Nick, Art Director --RICHARDS/CARLBERG, Houston, TX, pg. 956

Munoz, Sebastian, Art Director --Prolam Y&R S.A., Santiago, Chile, pg. 1206

Munster, Andreas, Art Director --DDB Vienna, Vienna, Austria, pg. 274

Murphy, Kristen, Art Director --BADGER & WINTERS, INC., New York, NY, pg. 83

Murphy, Paul, Art Director --DAVIS ADVERTISING, INC., Worcester, MA, pg. 263

Murphy, Shannon, Art Director --SOLVE, Minneapolis, MN, pg. 1028

Murray, Bret, Art Director --TENTH CROW CREATIVE, Burlington, VT, pg. 1097

Naef, Anna Mae, Art Director --R/WEST, Portland, OR, pg. 927

Nagai, Nozomi, Art Director --TBWA/Hakuhodo, Tokyo, Japan, pg. 1090

Naja, Ana, Art Director --J. Walter Thompson, Sao Paulo, Brazil, pg. 563

Najjar, Habeeb, Art Director --Targets/Leo Burnett, Riyadh, Saudi Arabia, pg. 627

Nash, Zoe, Art Director --Adam & EveDDB, London, United Kingdom, pg. 281

Nasr, Elie, Art Director --J. Walter Thompson, Beirut, Lebanon, pg. 563

Nassour, Alex, Art Director --Mother New York, New York, NY, pg. 763

Navarro, Marc, Art Director --TBWA Espana, Barcelona, Spain, pg. 1085

Navot, Noa, Art Director --BBR Saatchi & Saatchi, Ramat Gan, Israel, pg. 977

Nawrocki, Nick, Art Director --STEVENS ADVERTISING, Grand Rapids, MI, pg. 1048

Nehmen, Peggy S., Art Director --NEHMEN-KODNER, Saint Louis,

AGENCIES — RESPONSIBILITIES INDEX

MO, pg. 788
Neils, Owen, Art Director --BLOHM CREATIVE PARTNERS, East Lansing, MI, pg. 137
Neirinckx, Els, Art Director --Carre Noir Barcelona, Barcelona, Spain, pg. 901
Nelson, Antony, Art Director --Adam & EveDDB, London, United Kingdom, pg. 281
Nelson, Brian, Art Director --DONER, Southfield, MI, pg. 314
Nemeschansky, Mikael, Art Director --Hasan & Partners Oy, Helsinki, Finland, pg. 703
Neves, Rita Cassiano, Art Director --Havas Worldwide Digital Portugal, Lisbon, Portugal, pg. 481
Neville-Towle, Harry, Art Director --JOHANNES LEONARDO, New York, NY, pg. 1266
Newell, Aaron, Art Director --INQUEST MARKETING, Kansas City, MO, pg. 534
Newham, Lochie, Art Director --J. Walter Thompson Australia, Richmond, Australia, pg. 554
Newman, Ben, Art Director --Leo Burnett London, London, United Kingdom, pg. 627
Newton, Joey, Art Director --Havas Worldwide Australia, North Sydney, Australia, pg. 485
Newton, Josh, Art Director --GROW, Norfolk, VA, pg. 453
Ng, Sandy, Art Director --Grey Group Malaysia, Kuala Lumpur, Malaysia, pg. 447
Ngewu, Mpumelelo Lungile, Art Director --M&C Saatchi Abel, Cape Town, South Africa, pg. 660
Nguyen, Phong, Art Director --MARCUS THOMAS LLC, Cleveland, OH, pg. 679
Nicholson, Liam, Art Director --Fallon London, London, United Kingdom, pg. 360
Niculae, Mario, Art Director --Friends\TBWA, Bucharest, Romania, pg. 1084
Nieli, Alissa, Art Director --KEENAN-NAGLE ADVERTISING, Allentown, PA, pg. 590
Nikdel, Christine E., Art Director --CLARK/NIKDEL/POWELL, Winter Haven, FL, pg. 212
Nino, Armando, Art Director --Ogilvy, Bogota, Colombia, pg. 820
Nistor, Theo, Art Director --Friends\TBWA, Bucharest, Romania, pg. 1084
Nkabinde, Sifiso, Art Director --TBWA Hunt Lascaris (Johannesburg), Johannesburg, South Africa, pg. 1087
Noble, Brett, Art Director --FCB Johannesburg, Johannesburg, South Africa, pg. 375
Noble, Illya, Art Director --STRATEGICAMPERSAND INC., Toronto, Canada, pg. 1053
Noel, Nicole, Art Director --Lonsdale Saatchi & Saatchi, Port of Spain, Trinidad & Tobago, pg. 982
Noh, Nick, Art Director --RETHINK, Vancouver, Canada, pg. 951
Nolte, Andrew, Art Director --PEAK CREATIVE MEDIA, Denver, CO, pg. 860
Norris, Patrick, Art Director --Lewis Communications, Nashville, TN, pg. 637
Nuggis, Marge, Art Director --Kontuur-Leo Burnett, Tallinn, Estonia, pg. 624
Nunes, Cesar, Art Director --McCann Worldgroup Portugal, Lisbon, Portugal, pg. 708
Nunes, Fabio, Art Director --MullenLowe Brasil, Sao Paulo, Brazil, pg. 542
O'Connell, Paddy, Art Director --ESCAPE POD, Chicago, IL, pg. 349
O'Connor, Chelsey, Art Director --TBWA\Dublin, Dublin, Ireland, pg. 1083
O'Driscoll, Jake, Art Director --DDB New Zealand Ltd., Auckland, New Zealand, pg. 278
O'Hanlon, David, Art Director --SJI ASSOCIATES, INC., New York, NY, pg. 1018
O'Malley, Tim, Art Director --STERLING RICE GROUP, Boulder, CO, pg. 1047
O'Neill, David, Art Director --THE MICHAEL ALAN GROUP, New York, NY, pg. 737
O'Reilly, Brendan, Art Director --Owens DDB, Dublin, Ireland, pg. 276
O'Rourke, Philippe, Art Director --BOB'S YOUR UNCLE, Toronto, Canada, pg. 143
O'Sullivan, Samantha, Art Director --LRXD, Denver, CO, pg. 1269
O'Toole, Kristen, Art Director --FISH MARKETING, Portland, OR, pg. 385
Obayemi, Emmanuel, Art Director --DDB Canada, Toronto, Canada, pg. 267
Ochiai, Kohei, Art Director --Beacon Communications K.K., Tokyo, Japan, pg. 630
Ochiai, Kohei, Art Director --Beacon Communications K.K., Tokyo, Japan, pg. 910
Ohno, Shingo, Art Director --Wieden + Kennedy Japan, Tokyo, Japan, pg. 1166
Okai, Kellie, Art Director --TRACTION CORPORATION, San Francisco, CA, pg. 1112
Oladunwo, Olalekan, Art Director --SO&U Saatchi & Saatchi, Lagos, Nigeria, pg. 978
Olamai, Farnosh, Art Director --CREATIVE PARTNERS, Stamford, CT, pg. 245
Olmos, Jonnathan, Art Director --McCann Erickson Corp. S.A., Bogota, Colombia, pg. 702
Olotu, Kayode, Art Director --DDB Casers, Lagos, Nigeria, pg. 278
Olsen, Nate, Art Director --HAMPTON CREATIVE, Tulsa, OK, pg. 465
Olson, Stephen, Art Director --BOLIN MARKETING, Minneapolis, MN, pg. 145
Olszewski, Olivia, Art Director --SQUEAKY WHEEL MEDIA, New York, NY, pg. 1038
Onesto, Chris, Art Director --DUNCAN CHANNON, San Francisco, CA, pg. 325
Onesto, Chris, Art Director --TWOFIFTEENMCCANN, San Francisco, CA, pg. 1124
Ono, Yujin, Art Director --IGNITION INTERACTIVE, Los Angeles, CA, pg. 523
Opacic, Boris, Art Director --JOAN, New York, NY, pg. 577
Orbay, Zeynep, Art Director --Wieden + Kennedy Amsterdam, Amsterdam, Netherlands, pg. 1164
Ortega, Marco, Art Director --Prolam Y&R S.A., Santiago, Chile, pg. 1206
Ortega, Sasha, Art Director --Cossette Communication-Marketing, Toronto, Canada, pg. 234
Osborne, Emily, Art Director --Colenso BBDO, Auckland, New Zealand, pg. 114
Osborne, Kolby, Art Director --Y&R MEMPHIS, Memphis, TN, pg. 1195
Osholowu, Dosh, Art Director --RETHINK, Vancouver, Canada, pg. 951
Osmond, Keshia, Art Director --MullenLowe South Africa, Johannesburg, South Africa, pg. 777
Ossa Briceno, Nicol Andres, Art Director --DDB Worldwide Colombia S.A., Bogota, Colombia, pg. 272
Otchik, Ivan, Art Director --BBDO Moscow, Moscow, Russia, pg. 107
Ouellette, Karl, Art Director --Publicis Montreal, Montreal, Canada, pg. 904
Overton, Matthew, Art Director --PUBLICIS HEALTHCARE COMMUNICATIONS GROUP, New York, NY, pg. 911
Ovsey, Mark, Art Director --Tribal Worldwide Toronto, Toronto, Canada, pg. 1296
Owens, Sarah, Art Director --RIVERS AGENCY, Chapel Hill, NC, pg. 961
Ozbakir, Tolga, Art Director --4129Grey, Istanbul, Turkey, pg. 442
Ozbakir, Tolga, Art Director --Medina/Turgul DDB, Beyoglu, Turkey, pg. 281
Pacheco, Rodrigo, Art Director --BBDO Chile, Santiago, Chile, pg. 102
Pacitto, James, Art Director --LEO BURNETT COMPANY LTD., Toronto, Canada, pg. 620
Paddock, Ben, Art Director --BLENDERBOX INC., Brooklyn, NY, pg. 135
Paglieri, Matias, Art Director --Wunderman, Buenos Aires, Argentina, pg. 1189
Pagonis, Panagiotis, Art Director --Bold Ogilvy Greece, Athens, Greece, pg. 815
Painter, Sue, Art Director --INVNT, New York, NY, pg. 546
Paiva, Felipe, Art Director --W+K Sao Paulo, Sao Paulo, Brazil, pg. 1164
Palacio, Felipe, Art Director --Leo Burnett Tailor Made, Sao Paulo, Brazil, pg. 623
Palma, Gonzalo, Art Director --DDB Argentina, Buenos Aires, Argentina, pg. 270
Panagiotopoulos, Andreas, Art Director --Forsman & Bodenfors, Stockholm, Sweden, pg. 722
Pang, Ben, Art Director --CAMP + KING, San Francisco, CA, pg. 185
Pang, Kong Wee, Art Director --ARCHER MALMO, Memphis, TN, pg. 65
Pankowska, Dorota, Art Director --JOHN ST., Toronto, Canada, pg. 579
Paraboni, Daria, Art Director --Grey Italia S.p.A, Milan, Italy, pg. 441
Paracencio, Juliana, Art Director --MEMAC Ogilvy, Kuwait, Kuwait, pg. 830
Paries, Kameron, Art Director --R&R PARTNERS, Las Vegas, NV, pg. 924
Park, Chris, Art Director --MCGARRYBOWEN, New York, NY, pg. 716
Park, Heejin, Art Director --LEFT FIELD CREATIVE, Saint Louis, MO, pg. 619
Park, Taejun, Art Director --J. WALTER THOMPSON, New York, NY, pg. 553
Parker, Michelle, Art Director --PARKER BRAND CREATIVE SERVICES, Sulphur, LA, pg. 854
Parsons, Andy, Art Director --BARTLE BOGLE HEGARTY LIMITED, London, United Kingdom, pg. 92
Parungao, Iya, Art Director --MullenLowe Philippines, Manila, Philippines, pg. 776
Pasternak, Johan, Art Director --Saatchi & Saatchi, Warsaw, Poland, pg. 979
Pasteur, Stephanie, Art Director --Y&R Paris, Boulogne, France, pg. 1202
Pate, Cody, Art Director --VENABLES, BELL & PARTNERS, San Francisco, CA, pg. 1132
Patino, Alejandra, Art Director --MullenLowe SSP3, Bogota, Colombia, pg. 777
Pau, Irene, Art Director --RETHINK, Vancouver, Canada, pg. 951
Paulter, Jason, Art Director --GELIA-MEDIA, INC., Williamsville, NY, pg. 414
Payen, Clement, Art Director --CLM BBDO, Boulogne-Billancourt, France, pg. 104
Payne, Thomas, Art Director --Wieden + Kennedy Amsterdam, Amsterdam, Netherlands, pg. 1164
Pazolt, Leigh, Art Director --RAKA, Portsmouth, NH, pg. 930
Peaslee, Cheryl, Art Director --DAVID JAMES GROUP, Oakbrook Terrace, IL, pg. 262
Pecora, Estefania, Art Director --Leo Burnett Buenos Aires, Buenos Aires, Argentina, pg. 623
Peitx, Nacho Diaz, Art Director --Vinizius/Y&R, Barcelona, Spain, pg. 1203
Peitx, Nacho Diaz, Art Director --Young & Rubicam, S.L., Madrid, Spain, pg. 1203
Pelamatti, Alfred, Art Director --HAVAS, Puteaux, France, pg. 472
Pelit, Oguzcan, Art Director --C-Section, Istanbul, Turkey, pg. 1204
Pelkonen, Satu, Art Director --STINK STUDIOS, Brooklyn, NY, pg. 1049
Pelley, Maria, Art Director --ESROCK PARTNERS, Orland Park, IL, pg. 349
Pena, Oscar, Art Director --MullenLowe SSP3, Bogota, Colombia, pg. 777
Penny, Grant, Art Director --GRANT MARKETING, Boston, MA, pg. 432
Perdereau, Alexandre, Art Director --Publicis Conseil, Paris, France, pg. 898
Perejoan, Javier Lores, Art Director --J. Walter Thompson, Barcelona, Spain, pg. 561
Peretz, Kfir, Art Director --McCann Erickson, Tel Aviv, Israel, pg. 705
Perez, Jorge Moreno, Art Director --Teran TBWA, Mexico, Mexico, pg. 1092
Perez, Nicolas, Art Director --Grey: REP, Bogota, Colombia, pg. 444
Perrin, Aimee, Art Director --BBH NEW YORK, New York, NY, pg. 115
Peschell, Marshall, Art Director --STRAWBERRYFROG, New York, NY, pg. 1054
Peterson, Gavin, Art Director --THE INTEGER GROUP - DENVER, Lakewood, CO, pg. 1406
Petra, John, Art Director --CALLAN ADVERTISING COMPANY, Burbank, CA, pg. 184
Pewinski, Laura, Art Director --Commonwealth, Detroit, MI, pg. 698
Pfuhl, Sandy, Art Director --Publicis, Zurich, Switzerland, pg. 901
Pham, Thuy, Art Director --THE ATKINS GROUP, San Antonio, TX, pg. 75
Phang, Dennis, Art Director --DDB Stockholm, Stockholm, Sweden, pg. 280
Phelan, Wes, Art Director --BANOWETZ + COMPANY INC., Dallas, TX, pg. 88
Phethle, Tshegofatso, Art Director --M&C Saatchi Abel, Cape Town, South Africa, pg. 660
Philippart, Joris, Art Director --Wieden + Kennedy, London, United Kingdom, pg. 1165
Phillips, Heather, Art Director --SPIKER COMMUNICATIONS, INC., Missoula, MT, pg. 1033
Phillips, Sara, Art Director --Wieden + Kennedy Japan, Tokyo, Japan, pg. 1166
Phipps, Allison, Art Director --ARMADA MEDICAL MARKETING,

RESPONSIBILITIES INDEX — AGENCIES

Arvada, CO, pg. 69
Picard, Remi, Art Director --DDB Paris, Paris, France, pg. 273
Pichon, Amelie, Art Director --SID LEE, Paris, France, pg. 1010
Picolo, Renato, Art Director --FCB Sao Paulo, Sao Paulo, Brazil, pg. 370
Pignocchi, Cecilia, Art Director --Wieden + Kennedy Amsterdam, Amsterdam, Netherlands, pg. 1164
Piipponen, Ossi, Art Director --Hasan & Partners Oy, Helsinki, Finland, pg. 703
Pikoulas, Carolyn, Art Director --WILMINGTON DESIGN COMPANY, Wilmington, NC, pg. 1301
Pineda, Alexander, Art Director --TBWA Raad, Dubai, United Arab Emirates, pg. 1088
Pineda, Tony, Art Director --PACE ADVERTISING, New York, NY, pg. 848
Pinheiro, Maicon R., Art Director --DM9DDB, Sao Paulo, Brazil, pg. 271
Pinon, Benoit, Art Director --HAVAS, Puteaux, France, pg. 472
Pirioux, Thibaut, Art Director --DDB Paris, Paris, France, pg. 273
Pitton, Cecile, Art Director --TBWA/Compact, Toulouse, France, pg. 1081
Pizarro, Pam, Art Director --THE SPI GROUP LLC, Fairfield, NJ, pg. 1649
Pla, Boris Puyana, Art Director --Bassat, Ogilvy Comunicacion, Barcelona, Spain, pg. 816
Pla, Boris Puyana, Art Director --Bassat, Ogilvy Comunicacion, Barcelona, Spain, pg. 1600
Placella, Monica, Art Director --J. Walter Thompson Australia, Richmond, Australia, pg. 554
Placentra, Kate, Art Director --Wieden + Kennedy New York, New York, NY, pg. 1165
Plaisier, Robin, Art Director --TBWA Neboko, Amsterdam, Netherlands, pg. 1084
Plard, Yoann, Art Director --SID LEE, Paris, France, pg. 1010
Playford, Rich, Art Director --ARCHER MALMO, Memphis, TN, pg. 65
Pleankrim, Itthipol, Art Director --GREYnj United, Bangkok, Thailand, pg. 448
Plotnikova, Maria, Art Director --Provid BBDO, Kiev, Ukraine, pg. 109
Pluntz, Francis, Art Director --SID LEE, Paris, France, pg. 1010
Poet, Michele, Art Director --DEVANEY & ASSOCIATES, Owings Mills, MD, pg. 295
Poindron, Steven, Art Director --BETC, Paris, France, pg. 479
Pokrasso, Leah, Art Director --12FPS, Santa Fe, NM, pg. 2
Pole, Jake, Art Director --McCann Erickson Bristol, Bristol, United Kingdom, pg. 711
Poole, Chris, Art Director --AGENCY 51, Santa Ana, CA, pg. 37
Poonsawat, Patara-on, Art Director --Leo Burnett, Bangkok, Thailand, pg. 631
Pope, Chloe, Art Director --Adam & EveDDB, London, United Kingdom, pg. 281
Popoola, Toheeb, Art Director --DDB Casers, Lagos, Nigeria, pg. 278
Por, Andrea, Art Director --ZULU ALPHA KILO, Toronto, Canada, pg. 1216
Porat, Gal, Art Director --McCann Erickson, Tel Aviv, Israel, pg. 705
Porrata, Marcos, Art Director --Y&R New York, New York, NY, pg. 1198
Porrata, Marcos, Art Director --YOUNG & RUBICAM, New York, NY, pg. 1197
Porte, Olivier, Art Director --Saatchi & Saatchi, Suresnes, France, pg. 977
Poszywak, Gregory, Art Director --LEE TILFORD AGENCY, Austin, TX, pg. 619
Poutre, Gregory, Art Director --IGNITE DESIGN AND ADVERTISING, INC., Rch Cucamonga, CA, pg. 522
Poveda, Jhon Byron, Art Director --MullenLowe SSP3, Bogota, Colombia, pg. 777
Pozza, Simon Dalla, Art Director --Ogilvy Sydney, Saint Leonards, Australia, pg. 821
Pracher, Emily, Art Director --GREY NEW YORK, New York, NY, pg. 438
Prasetia, Esa, Art Director --BBDO Komunika, Jakarta, Indonesia, pg. 113
Prather, Patricia, Art Director --AXIOMPORT, IndianaPOlis, IN, pg. 81
Preston, Dawn, Art Director --CAIN & COMPANY, Rockford, IL, pg. 182
Price, Corey, Art Director --ICF OLSON, Minneapolis, MN, pg. 518
Price, Darren, Art Director --VIRTUAL FARM CREATIVE INC., Phoenixville, PA, pg. 1138
Primc, Matija, Art Director --Grey Ljubljana d.o.o., Ljubljana, Slovenia, pg. 442
Prinsloo, Robert, Art Director --M&C Saatchi Abel, Cape Town, South Africa, pg. 660
Prior, Callum, Art Director --BARTLE BOGLE HEGARTY LIMITED, London, United Kingdom, pg. 92
Pritzl, Lisa, Art Director --PROPHIT MARKETING, Green Bay, WI, pg. 894
Proctor, Charla, Art Director --STEVENS ADVERTISING, Grand Rapids, MI, pg. 1048
Promsuwan, AtItaya, Art Director --Ogilvy Advertising, Bangkok, Thailand, pg. 828
Propst, Marilise, Art Director --BCA (BRIAN CRONIN & ASSOCIATES INC.), Rye Brook, NY, pg. 116
Prudhomme, Paul, Art Director --BIG COMMUNICATIONS, INC., Birmingham, AL, pg. 128
Puiatti, Martin, Art Director --Leo Burnett Buenos Aires, Buenos Aires, Argentina, pg. 623
Putra, Ichlas Yanuar, Art Director --FCB Jakarta, Jakarta, Indonesia, pg. 373
Querolle, Antoine, Art Director --Publicis Conseil, Paris, France, pg. 898
Quilantang, Vince, Art Director --DESTINATION MARKETING, Mountlake Terrace, WA, pg. 294
Quinn, Kim, Art Director --BLUECADET INTERACTIVE, Philadelphia, PA, pg. 1241
Quintos, Ronald, Art Director --Horizon FCB Jeddah, Jeddah, Saudi Arabia, pg. 369
Quirici, Michael, Art Director --MEDIA HORIZONS, INC., Norwalk, CT, pg. 726
Rachello, Riccardo, Art Director --Wieden + Kennedy Amsterdam, Amsterdam, Netherlands, pg. 1164
Racines, Diozen, Art Director --Saltiveri Ogilvy, Guayaquil, Ecuador, pg. 820
Radhakrishnan, Rashmi, Art Director --Happy mcgarrybowen, Bengaluru, India, pg. 717
Raevaara, Anton, Art Director --SEK & Grey, Helsinki, Finland, pg. 440
Raffaele, Paul, Art Director --VIRTUE WORLDWIDE, Brooklyn, NY, pg. 1139
Raffaelli, Giorgia, Art Director --MCCANN WORLDGROUP S.R.L., Milan, Italy, pg. 715
Rahman, Saniar, Art Director --Grey Bangladesh Ltd., Dhaka, Bangladesh, pg. 445
Rahn, Christian Kurt, Art Director --Uncle Grey Oslo, Oslo, Norway, pg. 441
Raia, Andrea, Art Director --Publicis Italia, Milan, Italy, pg. 899
Raia, Andrea, Art Director --Publicis Networks, Milan, Italy, pg. 900
Rakkhatham, Atthapong, Art Director --GREYnj United, Bangkok, Thailand, pg. 448
Rambaux, Christophe, Art Director --McCann Erickson Paris, Clichy, France, pg. 703
Ramirez Borja, Rafael Javier, Art Director --CIRCUS MARKETING, Santa Monica, CA, pg. 208
Ramirez, Florencia, Art Director --DDB Argentina, Buenos Aires, Argentina, pg. 270
Ramirez, Rafael, Art Director --Y&R Uruguay, Montevideo, Uruguay, pg. 1207
Ramos, Melissa, Art Director --BELMONT ICEHOUSE, Dallas, TX, pg. 121
Randall, Margaret, Art Director --NEW RIVER COMMUNICATIONS, INC., Fort Lauderdale, FL, pg. 791
Rands, Jonathan, Art Director --Havas London, London, United Kingdom, pg. 482
Rane, Robbie, Art Director --Wieden + Kennedy New York, New York, NY, pg. 1165
Ranney, Sarah Barger, Art Director --FCB West, San Francisco, CA, pg. 365
Rasmussen, Brent, Art Director --COXRASMUSSEN & CROSS MARKETING & ADVERTISING, INC., Eureka, CA, pg. 234
Raterink, Cameron, Art Director --RED OLIVE, Sandy, UT, pg. 1284
Ratner, Brian, Art Director --MMB, Boston, MA, pg. 750
Raubenheimer, Sophie, Art Director --Southpaw, Tunbridge Wells, United Kingdom, pg. 463
Raveh, Anahi, Art Director --BBR Saatchi & Saatchi, Ramat Gan, Israel, pg. 977
Rayburn, Aaron, Art Director --GS&F, Nashville, TN, pg. 453
Rayess, Ribale, Art Director --Fortune Promoseven-Lebanon, Beirut, Lebanon, pg. 706
Raymond, Paul-Emile, Art Director --J. Walter Thompson France, Neuilly-sur-Seine, France, pg. 559
Rearick, Amanda, Art Director --IBM iX, Columbus, OH, pg. 518
Rebolledo, Oscar Rivera, Art Director --BBDO Chile, Santiago, Chile, pg. 102
Redkar, Abhishek, Art Director --Publicis India Communications Pvt. Ltd., Mumbai, India, pg. 909
Regalo, Bruno, Art Director --DDB Worldwide Colombia S.A., Bogota, Colombia, pg. 272
Rehayel, Akram, Art Director --Impact BBDO, Kuwait, Kuwait, pg. 107
Rehnby, Alexander, Art Director --Saatchi & Saatchi, Stockholm, Sweden, pg. 980
Reid, Sue, Art Director --DO GOOD MARKETING, LLC, Ridgewood, NJ, pg. 312
Reihana, Jessica, Art Director --Saatchi & Saatchi, Auckland, New Zealand, pg. 984
Reischmann, Julia, Art Director --DDB Vienna, Vienna, Austria, pg. 274
Remensnyder, Derek, Art Director --THE DSM GROUP, Mahwah, NJ, pg. 323
Remsing, Dennis, Art Director --BUTLER, SHINE, STERN & PARTNERS, Sausalito, CA, pg. 177
Renaud, Davy, Art Director --TBWA Health A.G., Zurich, Switzerland, pg. 1085
Renaud, Olivier, Art Director --McCann Erickson Switzerland, Geneva, Switzerland, pg. 710
Renteria, Raquel Jauregui, Art Director --Leo Burnett Mexico S.A. de C.V., Mexico, Mexico, pg. 624
Restrepo, Felipe, Art Director --RABINOVICI & ASSOCIATES, Hallandale Beach, FL, pg. 928
Retter, Tammy, Art Director --Ogilvy Johannesburg (Pty.) Ltd., Johannesburg, South Africa, pg. 829
Revollo, Carlos, Art Director --McCann Erickson Corp. S.A., Bogota, Colombia, pg. 702
Reyes Ramirez, Juan Andres, Art Director --McCann Erickson Corp. S.A., Bogota, Colombia, pg. 702
Rich, Jordan Lee, Art Director --MISTRESS, Santa Monica, CA, pg. 747
Richard, Stacy, Art Director --GSW WORLDWIDE, Westerville, OH, pg. 454
Richards, Liz, Art Director --Y&R, Auckland, New Zealand, pg. 1192
Richards, Liz, Art Director --Young & Rubicam NZ Ltd., Auckland, New Zealand, pg. 1199
Richardson, Aaron, Art Director --BLUECADET INTERACTIVE, Philadelphia, PA, pg. 1241
Richardson, Eric, Art Director --SHORE CREATIVE GROUP, Long Branch, NJ, pg. 1009
Rimoldi, Oli, Art Director --MOTHER LTD., London, United Kingdom, pg. 762
Rios, Lynette, Art Director --LONDON : LOS ANGELES, El Segundo, CA, pg. 650
Ritz, Jeppe, Art Director --DDB Denmark, Copenhagen, Denmark, pg. 272
Rius, Nicolas Corvino, Art Director --Ogilvy Argentina, Buenos Aires, Argentina, pg. 819
Roach, Brian, Art Director --MARCUS THOMAS LLC, Cleveland, OH, pg. 679
Robaglia, Theophile, Art Director --CLM BBDO, Boulogne-Billancourt, France, pg. 104
Roberts, Krista, Art Director --QUINLAN & COMPANY, Buffalo, NY, pg. 923
Roberts, Sarah, Art Director --IRONCLAD MARKETING, West Fargo, ND, pg. 548
Robertson, Luke, Art Director --MUCHO, San Francisco, CA, pg. 770
Robertson, Travis, Art Director --MMB, Boston, MA, pg. 750
Robillard, Sebastien, Art Director --FCB Montreal, Montreal, Canada, pg. 365
Robin, Joy, Art Director --TBWA/G1, Boulogne-Billancourt, France, pg. 1081
Robinson, Doug, Art Director --CLAY POT CREATIVE, Fort Collins, CO, pg. 212
Rocha, Joao, Art Director --Y&R Portugal, Lisbon, Portugal, pg. 1203
Rochette, Hugo, Art Director --MEMAC Ogilvy, Dubai, United Arab Emirates, pg. 831
Rodrigues, Elson, Art Director --TBWA\London, London, United Kingdom, pg. 1086
Rodriguez, Christina, Art Director --DDB San Francisco, San Francisco, CA, pg. 269
Rodriguez, Leonardo Sanchez, Art Director --TBWA/Colombia Suiza de Publicidad Ltda, Bogota, Colombia, pg. 1092
Rodriguez, Lexi, Art Director --HAVAS WORLDWIDE CHICAGO, Chicago, IL, pg. 488
Rodriguez, Liza, Art Director --THE COMMUNICATIONS AGENCY, Washington, DC, pg. 1473
Rodriguez, Luis, Art Director --LOPEZ NEGRETE COMMUNICATIONS, INC., Houston, TX, pg. 651

AGENCIES — RESPONSIBILITIES INDEX

Rogers, Danny, Art Director --PULSE CREATIVE LONDON, London, United Kingdom, pg. 916
Rogers, Derek, Art Director --SCHAEFER MEDIA & MARKETING, Albany, NY, pg. 995
Rogers, Scott, Art Director --CEL PUBLIC RELATIONS INC, Minneapolis, MN, pg. 1465
Roiha, Heli, Art Director --SEK & Grey, Helsinki, Finland, pg. 440
Rojas, Luis, Art Director --J. Walter Thompson, Caracas, Venezuela, pg. 564
Rolle, Andre, Art Director --MDB COMMUNICATIONS, INC., Washington, DC, pg. 720
Romaniuk, Michael, Art Director --ZULU ALPHA KILO, Toronto, Canada, pg. 1216
Romano, Georja, Art Director --FCB Johannesburg, Johannesburg, South Africa, pg. 375
Romano, Georja, Art Director --TBWA Hunt Lascaris (Johannesburg), Johannesburg, South Africa, pg. 1087
Romera, Julian, Art Director --Leo Burnett Mexico S.A. de C.V., Mexico, Mexico, pg. 624
Romero, Santiago, Art Director --Sancho BBDO, Bogota, Colombia, pg. 102
Ronnung, Evelina, Art Director --Forsman & Bodenfors, Stockholm, Sweden, pg. 722
Rood, Mitch, Art Director --ADVENTURE ADVERTISING LLC, Buford, GA, pg. 35
Rooney, Jorden, Art Director --DIMASSIMO GOLDSTEIN, New York, NY, pg. 302
Roques, Thomas, Art Director --Publicis Conseil, Paris, France, pg. 898
Rose, Bernd, Art Director --BBDO Dusseldorf, Dusseldorf, Germany, pg. 105
Rose, Shannon, Art Director --BOLIN MARKETING, Minneapolis, MN, pg. 145
Rosen, Tracy, Art Director --ZAMBEZI, Culver City, CA, pg. 1209
Rosenbaum, Britt, Art Director --CARL BLOOM ASSOCIATES, INC., White Plains, NY, pg. 189
Rosenberg, Dan, Art Director --ZAMBEZI, Culver City, CA, pg. 1209
Rosenkrans, Brian, Art Director --THE WATSONS, New York, NY, pg. 1153
Rosier, Marc, Art Director --Publicis Conseil, Paris, France, pg. 898
Rosset, Sara, Art Director --Publicis Italia, Milan, Italy, pg. 899
Ruano, Irene Alvarez, Art Director --Grey Barcelona, Barcelona, Spain, pg. 442
Ruaychaiudomchok, Parinyawat, Art Director --Leo Burnett, Bangkok, Thailand, pg. 631
Rudhinata, Devan, Art Director --Grey Group Indonesia, Jakarta, Indonesia, pg. 447
Rudolf, Michael, Art Director --SWANSON RUSSELL ASSOCIATES, Lincoln, NE, pg. 1064
Rueckert, Jason, Art Director --RUECKERT ADVERTISING, Albany, NY, pg. 972
Ruiz, Frank, Art Director --MJR CREATIVE GROUP, Fresno, CA, pg. 749
Runfors, Martin, Art Director --DDB Stockholm, Stockholm, Sweden, pg. 280
Ryser, Maranda, Art Director --Vladimir Jones, Denver, CO, pg. 1142
Saarinen, Malin, Art Director --CP+B, Gothenburg, Sweden, pg. 235
Saavedra, Ivan, Art Director --Sancho BBDO, Bogota, Colombia, pg. 102
Sacktor, Rose, Art Director --JOAN, New York, NY, pg. 577
Saetiaw, Matthana, Art Director --GREYnj United, Bangkok, Thailand, pg. 448
Sakagawa, Minami, Art Director --DENTSU INC., Tokyo, Japan, pg. 289
Salgado, Emmanuel, Art Director --VML Mexico, Mexico, Mexico, pg. 1144
Salleh, Ishmael, Art Director --BRANDTAILERS, Newport Beach, CA, pg. 159
Salmonsen, Christian, Art Director --MEDIA LOGIC, Albany, NY, pg. 726
Salyers, Leah, Art Director --MURPHYEPSON, INC., Columbus, OH, pg. 780
Samara, Neven, Art Director --Fenton, San Francisco, CA, pg. 377
Samper, Julian, Art Director --TINSLEY ADVERTISING, Miami, FL, pg. 1104
Sanchez, Macky Laurens, Art Director --J. Walter Thompson, Makati, Philippines, pg. 558
Sanchez, Matt, Art Director --DIGITAL RELATIVITY, Fayetteville, WV, pg. 301
Sanchez, Richard W, Art Director --GREATEST COMMON FACTORY, Austin, TX, pg. 434

Sander, Christian, Art Director --BBDO Dusseldorf, Dusseldorf, Germany, pg. 105
Sanford, AK, Art Director --GSD&M, Austin, TX, pg. 453
Sanford, Keegan, Art Director --HAVAS WORLDWIDE, New York, NY, pg. 475
Santiago, Halina, Art Director --Grey Group Indonesia, Jakarta, Indonesia, pg. 447
Sanwo, Kayode, Art Director --DDB Casers, Lagos, Nigeria, pg. 278
Sarhadian, Yves, Art Director --Publicis Conseil, Paris, France, pg. 898
Sarkar, Anuj, Art Director --Leo Burnett India, New Delhi, India, pg. 630
Sarlin, Asher, Art Director --DOUBLESPACE INC., New York, NY, pg. 1253
Sarmiento, Sara, Art Director --Leo Burnett Manila, Makati, Philippines, pg. 631
Sasaki, Shinichi, Art Director --Dentsu Y&R Japan, Tokyo, Japan, pg. 1199
Satitviboon, Nattakit, Art Director --GREYnj United, Bangkok, Thailand, pg. 448
Sato, Kevin, Art Director --ZULU ALPHA KILO, Toronto, Canada, pg. 1216
Sauer, Drake, Art Director --SCORR MARKETING, Kearney, NE, pg. 1642
Saute, Maxime, Art Director --RETHINK, Vancouver, Canada, pg. 951
Savelloni, Andrea, Art Director --Publicis Italia, Milan, Italy, pg. 899
Sawant, Shalmali, Art Director --DDB Mudra Group, Mumbai, India, pg. 275
Say, Buse, Art Director --Manajans Thompson Istanbul, Istanbul, Turkey, pg. 561
Say, Ugur, Art Director --Y&R Turkey, Istanbul, Turkey, pg. 1204
Scalabre, Aurelie, Art Director --BETC, Paris, France, pg. 479
Schenning, Sue, Art Director --RINCK ADVERTISING, Auburn, ME, pg. 1632
Scheumann, Matthew, Art Director --THE VIA AGENCY, Portland, ME, pg. 1136
Schillaci, Angelo, Art Director --JVS MARKETING LLC, Jupiter, FL, pg. 585
Schilloff, Cate, Art Director --MINDVOLT, Athens, AL, pg. 746
Schlax, Candice, Art Director --WE ARE UNLIMITED, Chicago, IL, pg. 1155
Schmidt, Marissa, Art Director --TRACK, Auckland, New Zealand, pg. 837
Schmidt, Mike, Art Director --SUDDEN IMPACT MARKETING, Westerville, OH, pg. 1058
Schmidt, Ze Luis, Art Director --DDB Worldwide Colombia S.A., Bogota, Colombia, pg. 272
Schmitt, Kevin, Art Director --EFX MEDIA, Arlington, VA, pg. 1319
Schnabel, Robert, Art Director --AKA NYC, New York, NY, pg. 42
Schnorf, Heiri, Art Director --Wirz Werbung AG, Zurich, Switzerland, pg. 109
Scholl, Michael, Art Director --MASLOW LUMIA BARTORILLO ADVERTISING, Wilkes Barre, PA, pg. 690
Scholten, Madelien, Art Director --Manning Selvage & Lee London, London, United Kingdom, pg. 1589
Scholz, Ronny, Art Director --ARCHER MALMO, Memphis, TN, pg. 65
Schoner, Eric, Art Director --EXECUTIONISTS, Marina Del Rey, CA, pg. 1256
Schott, Sean, Art Director --Geometry Global, Akron, OH, pg. 416
Schultz, Evan, Art Director --ADAMS OUTDOOR ADVERTISING, Roswell, GA, pg. 26
Schwab, Ben, Art Director --GEILE LEON MARKETING COMMUNICATIONS, Saint Louis, MO, pg. 414
Scobby, Angie, Art Director --PEPPERSHOCK MEDIA PRODUCTIONS, LLC., Nampa, ID, pg. 862
Sechi, Simone, Art Director --Verba S.r.l. Advertising, Milan, Italy, pg. 276
Sedmak, Katie, Art Director --J. WALTER THOMPSON ATLANTA, Atlanta, GA, pg. 564
Segal, Robyn, Art Director --Edelman, London, United Kingdom, pg. 1494
Segarra, Lisa, Art Director --SUNDIN ASSOCIATES, INC., Natick, MA, pg. 1061
Seidel, Laura, Art Director --MARCUS THOMAS LLC, Cleveland, OH, pg. 679
Selamat, Hazwan, Art Director --FCB Kuala Lumpur, Kuala Lumpur, Malaysia, pg. 374
Self, Melinda, Art Director --G&T COMMUNICATIONS, INC., Boone, NC, pg. 1515
Selter, Zachary, Art Director --POWER CREATIVE, Louisville, KY, pg. 884

Seokjin, Josh, Art Director --Cheil Worldwide Inc., Seoul, Korea (South), pg. 462
Sepulveda, Rafael Alegria, Art Director --BBDO Chile, Santiago, Chile, pg. 102
Serafini, Daisy, Art Director --ELEVEN INC., San Francisco, CA, pg. 336
Serafini, Sean, Art Director --ANTHEM BRANDING, Boulder, CO, pg. 61
Serdukova, Anastasia, Art Director --BBH NEW YORK, New York, NY, pg. 115
Sesen, Kerem, Art Director --TBWA Istanbul, Istanbul, Turkey, pg. 1088
Sewell, Christian, Art Director --Adam & EveDDB, London, United Kingdom, pg. 281
Sexton, Carolyn, Art Director --LAUNCH AGENCY, Carrollton, TX, pg. 614
Seymour, Patrick, Art Director --LG2, Montreal, Canada, pg. 639
Sha, Zhou, Art Director --ici Barbes, Paris, France, pg. 1081
Shaffer, Elizabeth, Art Director --DIO, LLC, York, PA, pg. 302
Shaffer, Galen, Art Director --BLAINETURNER ADVERTISING, INC., Morgantown, WV, pg. 133
Shams, Tamer, Art Director --Team/Y&R HQ Dubai, Dubai, United Arab Emirates, pg. 1205
Shang, Kelsey, Art Director --INTERESTING DEVELOPMENT, New York, NY, pg. 538
Sheeran, Rachel, Art Director --EP+Co, New York, NY, pg. 343
Shepherd, Amanda, Art Director --NORTH CHARLES STREET DESIGN ORGANIZATION, Baltimore, MD, pg. 798
Shifflett, Owen, Art Director --VIGET, Falls Church, VA, pg. 1300
Shigetomi, Kenichiro, Art Director --Wieden + Kennedy Japan, Tokyo, Japan, pg. 1166
Shikata, Yukichi, Art Director --Beacon Communications K.K., Tokyo, Japan, pg. 630
Shikata, Yukichi, Art Director --Beacon Communications K.K., Tokyo, Japan, pg. 910
Shimizu, Katsuhiro, Art Director --TBWA/Hakuhodo, Tokyo, Japan, pg. 1090
Shin, Josh Seokjin, Art Director --Cheil Worldwide Inc., Seoul, Korea (South), pg. 462
Shinde, Harshada, Art Director --Ogilvy, Bengaluru, India, pg. 823
Shivka, Ally, Art Director --POTRATZ PARTNERS ADVERTISING INC., Schenectady, NY, pg. 884
Shryane, Brendan, Art Director --McCann-Erickson Communications House Ltd, Macclesfield, Prestbury, United Kingdom, pg. 712
Shuber, Cassandra, Art Director --BBDO Toronto, Toronto, Canada, pg. 100
Shymko, Scott, Art Director --CLEAN SHEET COMMUNICATIONS, Toronto, Canada, pg. 213
Siachoque, Guillermo, Art Director --Young & Rubicam Bogota, Bogota, Colombia, pg. 1206
Siberon, Angel, Art Director --ADCOM GROUP, INC., Guaynabo, PR, pg. 28
Siebert, Frederic, Art Director --Ogilvy, Paris, France, pg. 814
Sieg, Michelle, Art Director --MISTRESS, Santa Monica, CA, pg. 747
Siegers, Michael, Art Director --ZULU ALPHA KILO, Toronto, Canada, pg. 1216
Sikonski, Julie, Art Director --DEG, Leawood, KS, pg. 1248
Silimela, Thando, Art Director --Ogilvy Johannesburg (Pty.) Ltd., Johannesburg, South Africa, pg. 829
Silverberg, Jonathan, Art Director --LEVENSON GROUP, Dallas, TX, pg. 634
Silverman, Mia, Art Director --Saatchi & Saatchi London, London, United Kingdom, pg. 980
Simel, Dylan, Art Director --TRANSLATION LLC, New York, NY, pg. 1113
Simoes Nogueira, Silas Felipe, Art Director --Y&R Sao Paulo, Sao Paulo, Brazil, pg. 1205
Simoes, Darren, Art Director --THE JAMES AGENCY, Scottsdale, AZ, pg. 570
Simon, Crystal, Art Director --JOHNSON GROUP, Saint Cloud, MN, pg. 580
Simon, Hailey, Art Director --CACTUS, Denver, CO, pg. 181
Simpson, Jeff, Art Director --ARRIVALS + DEPARTURES, Toronto, Canada, pg. 1238
Sinclair, Ann, Art Director --SCHIFINO LEE ADVERTISING, Tampa, FL, pg. 996
Singh, Arvind, Art Director --MERLIN EDGE INC., Calgary, Canada, pg. 734
Singleton, Kelsie, Art Director --ROCK CANDY MEDIA, Austin, TX, pg. 964
Siphamla, Monde, Art Director --FCB AFRICA, Johannesburg,

RESPONSIBILITIES INDEX — AGENCIES

South Africa, pg. 375

Sippel, John, Jr., Art Director --HUDSON ROUGE, New York, NY, pg. 511

Sirgo, Chris, Art Director --CROWL, MONTGOMERY & CLARK, North Canton, OH, pg. 250

Skaggs, Jonina, Art Director --SKAGGS CREATIVE, New York, NY, pg. 1018

Skar, Ola Bagge, Art Director --Saatchi & Saatchi A/S, Oslo, Norway, pg. 979

Skelton, Ethan, Art Director --Commonwealth, Detroit, MI, pg. 698

Skelton, Harry, Art Director --Colenso BBDO, Auckland, New Zealand, pg. 114

Skillman, Jo, Art Director --THE BLACK SHEEP AGENCY, Houston, TX, pg. 1451

Slipsky, Laura, Art Director --MICROMASS COMMUNICATIONS INC, Cary, NC, pg. 738

Slovacek, Pavel, Art Director --Havas Worldwide Prague, Prague, Czech Republic, pg. 479

Smichowski, Caitlin, Art Director --THE TOMBRAS GROUP, Knoxville, TN, pg. 1108

Smillie, Theresa, Art Director --CONSTRUCTION MARKETING INC, Sarasota, FL, pg. 228

Smith, Ashley, Art Director --2930 CREATIVE, Dallas, TX, pg. 4

Smith, Dani, Art Director --BLUE FUSION, Washington, DC, pg. 139

Smith, Daniel K, Art Director --TBWA Sydney, Sydney, Australia, pg. 1089

Smith, David, Art Director --SMITH ADVERTISING AND DESIGN, Winnipeg, Canada, pg. 1022

Smith, Greg, Art Director --FERGUSON ADVERTISING INC., Fort Wayne, IN, pg. 378

Smith, Hayley, Art Director --McCann Erickson Prague, Prague, Czech Republic, pg. 702

Smith, Joellen, Art Director --TBWA\Chiat\Day Los Angeles, Los Angeles, CA, pg. 1077

Smith, Justin, Art Director --PHASE 3 MARKETING & COMMUNICATIONS, Atlanta, GA, pg. 867

Smith, Kristen, Art Director --THE IMAGINATION COMPANY, Bethel, VT, pg. 525

Smith, Meghan, Art Director --GRETEMAN GROUP, Wichita, KS, pg. 437

Smith, Michael, Art Director --REDHYPE, Greenville, SC, pg. 943

Smith, Sean, Art Director --GOODBY, SILVERSTEIN & PARTNERS, San Francisco, CA, pg. 428

Smith, Seth, Art Director --FUSIONFARM, Cedar Rapids, IA, pg. 404

Smitty, Justin, Art Director --ROUNDHOUSE, Portland, OR, pg. 969

Sniegane, Saida, Art Director --Adell Taivas Ogilvy, Vilnius, Lithuania, pg. 816

Socianu, Vlad, Art Director --Graffiti BBDO, Sofia, Bulgaria, pg. 104

Solberg, Scott, Art Director --EVENTIVE MARKETING, New York, NY, pg. 353

Songer, Matt, Art Director --DEVITO/VERDI, New York, NY, pg. 296

Sonneveld, Fre, Art Director --EMERGENCE, New York, NY, pg. 339

Sorrell, Willly, Art Director --TCAA, Cincinnati, OH, pg. 1093

Soth, Kosal, Art Director --Planet Central, Richmond, VA, pg. 876

Soukvilay, Robin, Art Director --GRIP LTD., Toronto, Canada, pg. 450

Souleau, Pierre, Art Director --Y&R Paris, Boulogne, France, pg. 1202

Sousa, Miguel, Art Director --MOTHER LTD., London, United Kingdom, pg. 762

Souza, Andrea, Art Director --Almap BBDO, Sao Paulo, Brazil, pg. 101

Souza, Cicero, Art Director --Publicis Brasil Communicao, Sao Paulo, Brazil, pg. 906

Spain, Christopher, Art Director --GARRISON HUGHES, Pittsburgh, PA, pg. 410

Sparks, Michael, Art Director --THE INTEGER GROUP-DALLAS, Dallas, TX, pg. 1405

Spassova, Aglika, Art Director --DDB Sofia, Sofia, Bulgaria, pg. 271

Speight, Diane, Art Director --MORTON VARDEMAN & CARLSON, Gainesville, GA, pg. 761

Spencer, Geoff, Art Director --GRIGG GRAPHIC SERVICES, INC., Southfield, MI, pg. 450

Spencer, Steve, Art Director --NEXUS DIRECT, Norfolk, VA, pg. 793

Sprester, Mark, Art Director --THE MAREK GROUP, Bloomington, MN, pg. 679

Srisukh, Thanan, Art Director --BBDO Bangkok, Bangkok, Thailand, pg. 115

Srivarin, Prasert, Art Director --BBDO Bangkok, Bangkok, Thailand, pg. 115

Stacy, Brian, Art Director --CATCHFIRE, Minneapolis, MN, pg. 196

Stafford, Jerry, Art Director --PURE BRAND COMMUNICATIONS, LLC, Denver, CO, pg. 916

Stark, Landry, Art Director --BETC, Paris, France, pg. 479

Stathopoulou, Marina, Art Director --BBDO Athens, Athens, Greece, pg. 105

Steed, Katie Benjamin, Art Director --ARCHER MALMO, Memphis, TN, pg. 65

Steidl, Scott, Art Director --DEVITO/VERDI, New York, NY, pg. 296

Stenander, Corinne, Art Director --GARRISON HUGHES, Pittsburgh, PA, pg. 410

Stenberg-Schentz, Agnes, Art Director --Forsman & Bodenfors, Stockholm, Sweden, pg. 722

Stephan, Ashley, Art Director --SWANSON RUSSELL ASSOCIATES, Lincoln, NE, pg. 1064

Stephenson, Jamie, Art Director --MPG MEDIA SERVICES, Louisville, KY, pg. 1353

Stern, Diana, Art Director --Istropolitana Ogilvy, Bratislava, Slovakia, pg. 816

Stetzer, Emily, Art Director --R/GA, New York, NY, pg. 925

Stevens, Mike, Art Director --OLIVER RUSSELL, Boise, ID, pg. 835

Stewart, Arthur, Art Director --THE RICHARDS GROUP, INC., Dallas, TX, pg. 956

Stiegler, Adrian, Art Director --UNION, Toronto, Canada, pg. 1126

Stokes, Nick, Art Director --WIEDEN + KENNEDY, INC., Portland, OR, pg. 1163

Stokes, Tyler, Art Director --RAWLE MURDY ASSOCIATES, INC., Charleston, SC, pg. 934

Stoller, Heather, Art Director --PEEBLES CREATIVE GROUP, Dublin, OH, pg. 861

Stolz, Josh, Art Director --PREACHER, Austin, TX, pg. 886

Stone, Rob, Art Director --ERICH & KALLMAN, Larkspur, CA, pg. 348

Strunk, Bryan, Art Director --MARKETING OPTIONS, LLC, Dayton, OH, pg. 684

Stude, Robert, Art Director --STUDE-BECKER ADVERTISING LLC, Saint Paul, MN, pg. 1055

Succi, Lucas, Art Director --W+K Sao Paulo, Sao Paulo, Brazil, pg. 1164

Sugioka, Yosuke, Art Director --TBWA/Hakuhodo, Tokyo, Japan, pg. 1090

Sullens, Kristopher, Art Director --J.W. MORTON & ASSOCIATES, Cedar Rapids, IA, pg. 586

Sung, Angela, Art Director --ARRIVALS + DEPARTURES, Toronto, Canada, pg. 1238

Sung, Woonkyung, Art Director --AAAZA, Inc., Los Angeles, CA, pg. 31

Susi, Tony, Art Director --SWBR, INC., Bethlehem, PA, pg. 1065

Swanberg, Petter, Art Director --DDB Stockholm, Stockholm, Sweden, pg. 280

Swanker, Heather, Art Director --FLIGHT PATH CREATIVE, Traverse City, MI, pg. 388

Swartz, Clayton, Art Director --Ogilvy South Africa (Pty.) Ltd., Johannesburg, South Africa, pg. 829

Sweeney, Dom, Art Director --Ogilvy, Ltd., London, United Kingdom, pg. 818

Swonetz, Brad, Art Director --BARRETTSF, San Francisco, CA, pg. 91

Szabados, Janet, Art Director --Host, Sydney, Australia, pg. 486

Szeto, Silky, Art Director --CUTWATER, San Francisco, CA, pg. 255

Ta Trong, Viet, Art Director --FCB Amsterdam, Amsterdam, Netherlands, pg. 367

Tabery, Kiyo, Art Director --ETHOS MARKETING & DESIGN, Westbrook, ME, pg. 351

Tadaki, Kat, Art Director --Clemenger BBDO Wellington, Wellington, New Zealand, pg. 113

Taguiam, Joshua, Art Director --MullenLowe, Winston Salem, NC, pg. 772

Taix, Jason, Art Director --HERO FARM, Metairie, LA, pg. 497

Tam, Raymond, Art Director --L3 ADVERTISING INC., New York, NY, pg. 606

Tamayo, Andy, Art Director --DAVID The Agency, Miami, FL, pg. 261

Tan Tang, Hang, Art Director --DENTSUBOS, Montreal, Canada, pg. 291

Tan, Alex, Art Director --MullenLowe Singapore, Singapore, Singapore, pg. 777

Tan, Benjamin, Art Director --Ogilvy (Singapore) Pvt. Ltd., Singapore, Singapore, pg. 827

Tan, Glenn, Art Director --Wunderman, Shanghai, China, pg. 1190

Tansrikeat, Watchara, Art Director --TBWA Auckland, Auckland, New Zealand, pg. 1091

Taoka, Risa, Art Director --I&S BBDO Inc., Tokyo, Japan, pg. 113

Tardif, Manon, Art Director --Ogilvy, Paris, France, pg. 814

Taroux, Phillipe, Art Director --TBWA Paris, Boulogne-Billancourt, France, pg. 1081

Taveras-Rodriguez, Keila, Art Director --STC ASSOCIATES, New York, NY, pg. 1651

Taylor, Anna, Art Director --BBDO Atlanta, Atlanta, GA, pg. 98

Taylor, Georgia, Art Director --WE ARE UNLIMITED, Chicago, IL, pg. 1155

Taylor, Josh, Art Director --PIVOT MARKETING, Indianapolis, IN, pg. 874

Taylor, Scott, Art Director --droga5, London, United Kingdom, pg. 322

Taylor, Stephanie, Art Director --THE CROUCH GROUP, INC., Denton, TX, pg. 250

Tebbe, Ashley, Art Director --EAG ADVERTISING & MARKETING, Kansas City, MO, pg. 328

Tee, Denise, Art Director --BBH Singapore, Singapore, Singapore, pg. 94

Teixeira, Rafaela, Art Director --PEREIRA & O'DELL, San Francisco, CA, pg. 863

Tejasakulsin, Asawin, Art Director --Ogilvy Advertising, Bangkok, Thailand, pg. 828

Temsomboon, Peerawat, Art Director --Ogilvy Advertising, Bangkok, Thailand, pg. 828

Terrell, Matt, Art Director --Fallon Minneapolis, Minneapolis, MN, pg. 360

Teruzzi, Alice, Art Director --Publicis Italia, Milan, Italy, pg. 899

Thach, Tim, Art Director --Ogilvy New Zealand, Auckland, New Zealand, pg. 826

Thacker, Wendy, Art Director --WEST CARY GROUP, Richmond, VA, pg. 1159

Thaman, Michael, Art Director --MILLER BROOKS, Zionsville, IN, pg. 742

Theron, Natalie, Art Director --ZULU ALPHA KILO, Toronto, Canada, pg. 1216

Theroux, David, Art Director --Cossette Communication-Montreal (Montreal) Inc., Montreal, Canada, pg. 233

Thiry, Julien, Art Director --DENTSUBOS, Montreal, Canada, pg. 291

Thomas, Jeff, Art Director --Publicis JimenezBasic, Makati, Philippines, pg. 910

Thomas, Jeff, Art Director --Publicis Manila, Makati, Philippines, pg. 910

Thomas, Michelle, Art Director --HANLON CREATIVE, Kulpsville, PA, pg. 465

Thomas, Tracey, Art Director --CORNERSTONE MARKETING & ADVERTISING, INC., Santa Rosa Beach, FL, pg. 232

Thomason, Keith, Art Director --THE TOMBRAS GROUP, Knoxville, TN, pg. 1108

Thorogood, Julie, Art Director --FCB Johannesburg, Johannesburg, South Africa, pg. 375

Thorose, Anoush, Art Director --Havas Life, Toronto, Canada, pg. 474

Thurlby, Steve, Art Director --Saatchi & Saatchi Australia, Sydney, Australia, pg. 983

Thysens, Thomas, Art Director --LDV United, Antwerp, Belgium, pg. 1180

Thysens, Thomas, Art Director --LDV United, Antwerp, Belgium, pg. 218

Tingcungco, Daniel Ansel, Art Director --Leo Burnett Manila, Makati, Philippines, pg. 631

Todd, Ian, Art Director --MULLENLOWE GROUP, Boston, MA, pg. 770

Toka, Mantwa, Art Director --Ogilvy South Africa (Pty.) Ltd., Johannesburg, South Africa, pg. 829

Tolley, Joe, Art Director --LUQUIRE GEORGE ANDREWS, INC., Charlotte, NC, pg. 657

Tomich, Michael, Art Director --TRACK, Auckland, New Zealand, pg. 837

Torguet, Enrique, Art Director --LOLA MullenLowe, Madrid, Spain, pg. 542

Tormey, Cian, Art Director --TBWA\Dublin, Dublin, Ireland, pg. 1083

Torney, Helen, Art Director --ADAM&EVEDDB, New York, NY, pg. 25

Tornincasa, Greg Ciro, Art Director --300FEETOUT, San Francisco, CA, pg. 5

Toro, Joaquin Exequiel, Art Director --Prolam Y&R S.A., Santiago, Chile, pg. 1206

AGENCIES — RESPONSIBILITIES INDEX

Torres, Steve, Art Director --J. WALTER THOMPSON, New York, NY, pg. 553

Torretta, Mike, Art Director --ROUNDHOUSE, Portland, OR, pg. 969

Torrisi, Andrew, Art Director --TBWA Sydney, Sydney, Australia, pg. 1089

Tourneur, Jeanne, Art Director --Gyro Paris, Paris, France, pg. 458

Tous, Jorge, Art Director --LOPITO, ILEANA & HOWIE, INC., Guaynabo, PR, pg. 652

Tramoni, Jean-Marc, Art Director --Publicis Conseil, Paris, France, pg. 898

Tran, Connie, Art Director --PHILOSOPHY COMMUNICATION, Denver, CO, pg. 869

Trawinska, Monika, Art Director --Polska McCann Erickson, Warsaw, Poland, pg. 708

Treleven, Todd, Art Director --PUROHIT NAVIGATION, Chicago, IL, pg. 918

Tribe, Jeremy, Art Director --Abbott Mead Vickers BBDO, London, United Kingdom, pg. 109

Trimble, Samuel, Art Director --Colenso BBDO, Auckland, New Zealand, pg. 114

Trinitis, Oskars, Art Director --GREY CANADA, Toronto, Canada, pg. 437

Tripi, Mike, Art Director --FOURTH IDEA, Buffalo, NY, pg. 394

Tripukdeekul, Intira, Art Director --J. Walter Thompson Thailand, Bangkok, Thailand, pg. 559

Trochez, Vick, Art Director --FULLSCREEN, INC., Los Angeles, CA, pg. 402

Trommler, Ashley, Art Director --FIELDTRIP, Louisville, KY, pg. 379

Troop, Nicholas, Art Director --GSD&M, Austin, TX, pg. 453

Trowell, Jim, Art Director --THE JOEY COMPANY, Brooklyn, NY, pg. 578

Tse, Monique, Art Director --DDB Worldwide Ltd., Hong Kong, China (Hong Kong), pg. 274

Tubbs, Rachel Migliore, Art Director --THE RICHARDS GROUP, INC., Dallas, TX, pg. 956

Turco, Carlie, Art Director --AGENCY59, Toronto, Canada, pg. 39

Turner, Sarah, Art Director --E.W. BULLOCK ASSOCIATES, Pensacola, FL, pg. 354

Tyler, Steven, Art Director --Net#work BBDO, Gauteng, South Africa, pg. 108

Tzafa, Gert, Art Director --OgilvyOne Worldwide, Athens, Greece, pg. 815

Uddman, Clara, Art Director --DDB Stockholm, Stockholm, Sweden, pg. 280

Udomlapsakul, Juthamas, Art Director --Leo Burnett, Bangkok, Thailand, pg. 631

Ugwumbah, Buchi, Art Director --140 BBDO, Cape Town, South Africa, pg. 108

Ullensvang, Karina, Art Director --Forsman & Bodenfors, Stockholm, Sweden, pg. 722

Ulrich, Luis, Art Director --Grey, Sao Paulo, Brazil, pg. 443

Urbina, Max, Art Director --McCann Erickson (Peru) Publicidad S.A., Lima, Peru, pg. 707

Ussetti, David Pastor, Art Director --Edelman, Barcelona, Spain, pg. 1496

Utkin, Evgeniy Eugene, Art Director --Gitam/BBDO, Tel Aviv, Israel, pg. 106

Vadala, David, Art Director --PRIMARY DESIGN INC, Haverhill, MA, pg. 889

Valderrama, Christian, Art Director --Young & Rubicam Midwest, Chicago, IL, pg. 1199

Valdes, Jesselle, Art Director --OGILVY, New York, NY, pg. 809

Valeiro, Vin cius, Art Director --Almap BBDO, Sao Paulo, Brazil, pg. 101

Valencia, Lenin, Art Director --Publicis Arredondo de Haro, Mexico, Mexico, pg. 907

Vallotton, Lucie, Art Director --Publicis Conseil, Paris, France, pg. 898

Van Buggenhout, Gregory, Art Director --TBWA Brussels, Brussels, Belgium, pg. 1080

van de Merwe, Lizandri, Art Director --Ogilvy South Africa (Pty.) Ltd., Johannesburg, South Africa, pg. 829

Van den Broucke, Daniel, Art Director --Publicis, Brussels, Belgium, pg. 1397

van Harten, Raoul, Art Director --J. Walter Thompson, Lisbon, Portugal, pg. 561

Van Oeckel, Johan, Art Director --TBWA Brussels, Brussels, Belgium, pg. 1080

Van Ongeval, Ad, Art Director --FamousGrey, Groot-Bijgaarden, Belgium, pg. 439

Van Skyhawk, Eric, Art Director --NICKELODEON CREATIVE ADVERTISING, New York, NY, pg. 794

Vanderloos, Kristin, Art Director --PEAK CREATIVE MEDIA, Denver, CO, pg. 860

VandeSande, Lizzie, Art Director --BURNS MARKETING, Denver, CO, pg. 175

Vardaman, Jake, Art Director --FUSIONFARM, Cedar Rapids, IA, pg. 404

Vasey, Andy, Art Director --Abbott Mead Vickers BBDO, London, United Kingdom, pg. 109

Vaz, Alfredo, Art Director --DDB Barcelona S.A., Barcelona, Spain, pg. 280

Veasey, Bob, Art Director --LEO BURNETT DETROIT, INC., Troy, MI, pg. 621

Velasco, Carlos, Art Director --TBWA Frederick, Santiago, Chile, pg. 1092

Velez, Orlando, Art Director --ALMA, Coconut Grove, FL, pg. 49

Vellutini, Christiano, Art Director --DAVID, Sao Paulo, Brazil, pg. 261

Veloso, Lais, Art Director --Havas Worldwide Prague, Prague, Czech Republic, pg. 479

Velozo, Cristian Bahamondes, Art Director --McCann Erickson, Buenos Aires, Argentina, pg. 700

Verleije, Jasper, Art Director --VVL BBDO, Brussels, Belgium, pg. 103

Vermeulen, Karen, Art Director --Ogilvy Cape Town, Cape Town, South Africa, pg. 829

Vibar, Melissa, Art Director --McCann Erickson (Philippines), Inc., Manila, Philippines, pg. 707

Vicente, Daniel, Art Director --DIESTE, Dallas, TX, pg. 299

Vidigal, Flavio, Art Director --VML, INC., Kansas City, MO, pg. 1143

Vilas, Leandro, Art Director --Y&R Sao Paulo, Sao Paulo, Brazil, pg. 1205

Villagomez, Sebastian, Art Director --Saltiveri Ogilvy Guayaquil, Quito, Ecuador, pg. 820

Villegas, Gonzalo, Art Director --Ogilvy, Mexico, Mexico, pg. 821

Villela, Mariana, Art Director --Y&R Sao Paulo, Sao Paulo, Brazil, pg. 1205

Vinheiro, Saulo, Art Director --FCB Sao Paulo, Sao Paulo, Brazil, pg. 370

Vinkler, Emanuel, Art Director --Pereira & O'Dell, New York, NY, pg. 863

Viola, Kellie, Art Director --BBR CREATIVE, Lafayette, LA, pg. 116

Virtanen, Matti, Art Director --TBWA PHS, Helsinki, Finland, pg. 1080

Vivas, Lucy, Art Director --Young & Rubicam, S.L., Madrid, Spain, pg. 1203

Volansky, Jamie, Art Director --MINT ADVERTISING, Clinton, NJ, pg. 746

Volavka, Steve, Art Director --ENSEMBLE CREATIVE & MARKETING, Lakeville, MN, pg. 341

Von Werder, Malinx, Art Director --Acne Advertising, Stockholm, Sweden, pg. 1249

Voon, James, Art Director --FCB Kuala Lumpur, Kuala Lumpur, Malaysia, pg. 374

Vorobieva, Olga, Art Director --Adler, Chomski Grey, Tel Aviv, Israel, pg. 440

Vrouwes, Maarten, Art Director --Ubachswisbrun J. Walter Thompson, Amsterdam, Netherlands, pg. 560

Vtulkin, Dmitry, Art Director --BBDO Moscow, Moscow, Russia, pg. 107

Wachsmann, Jean-Marc, Art Director --Publicis, Brussels, Belgium, pg. 1397

Wadkar, Vikrant, Art Director --Leo Burnett India, Mumbai, India, pg. 629

Wahledow, Hugo, Art Director --Poke, London, United Kingdom, pg. 902

Waldron, Heather, Art Director --M&R MARKETING GROUP, Macon, GA, pg. 663

Walker, Robin, Art Director --SMITH WALKER DESIGN, Tukwila, WA, pg. 1024

Wallace, Bruce, Art Director --STONE WARD, Little Rock, AR, pg. 1050

Wallace, Giles, Art Director --BRANDHIVE, Salt Lake City, UT, pg. 156

Walsh, Brandi, Art Director --DECIBEL BLUE, Scottsdale, AZ, pg. 285

Walsh, Kate, Art Director --GRIGG GRAPHIC SERVICES, INC., Southfield, MI, pg. 450

Walshe, Neil, Art Director --M&C Saatchi, Sydney, Australia, pg. 661

Walters, Kristen, Art Director --Leo Burnett USA, Chicago, IL, pg. 622

Walters, Mark, Art Director --JAN KELLEY MARKETING, Burlington, Canada, pg. 571

Wang, Aly, Art Director --Publicis Shanghai, Shanghai, China, pg. 908

Wang, Jack, Art Director --ELL CREATIVE, Houston, TX, pg. 337

Ward, Cameron, Art Director --BLACKJET INC, Toronto, Canada, pg. 133

Ward, Curtis Aj, Art Director --POCKET HERCULES, Minneapolis, MN, pg. 879

Ward, Trish, Art Director --HOOK, Charleston, SC, pg. 508

Warner, Ryan, Art Director --GSD&M, Austin, TX, pg. 453

Washington, Cornelius, Art Director --SOCIALLYIN, Birmingham, AL, pg. 1291

Watanabe, Cathy, Art Director --PLAN A PR & MARKETING, INC, Orlando, FL, pg. 1610

Watkins, Kristene, Art Director --EPICOSITY, Sioux Falls, SD, pg. 344

Watson, Brian, Art Director --THE SEVENTH ART, LLC, New York, NY, pg. 1004

Wauters, Marc, Art Director --TBWA Brussels, Brussels, Belgium, pg. 1080

Wavish, Nick, Art Director --Havas London, London, United Kingdom, pg. 482

Weeden, Lindsey, Art Director --3HEADED MONSTER, Dallas, TX, pg. 7

Weessa, Jean, Art Director --DDB Communication France, Paris, France, pg. 273

Weiner, Zach, Art Director --METHOD ENGINE, LLC, Chicago, IL, pg. 1271

Weinstein, Evan, Art Director --SFW AGENCY, Winston Salem, NC, pg. 1004

Weinstein, Jacob, Art Director --Wieden + Kennedy New York, New York, NY, pg. 1165

Wells, Joan, Art Director --SWASH LABS, Denton, TX, pg. 1065

Wells, Keith, Art Director --HILL HOLLIDAY/NEW YORK, New York, NY, pg. 501

Wells, Will, Art Director --Wieden + Kennedy, London, United Kingdom, pg. 1165

Wenner, Taylor, Art Director --AB+C, Philadelphia, PA, pg. 17

Werner, Eva, Art Director --DDB Vienna, Vienna, Austria, pg. 274

Wesselo-Comas, Mariona, Art Director --J. Walter Thompson International, Auckland, New Zealand, pg. 558

West, Archer, Art Director --J. WALTER THOMPSON, New York, NY, pg. 553

West, Taylor, Art Director --TANNER + WEST ADVERTISING & DESIGN AGENCY, Owensboro, KY, pg. 1072

Weyer, Kai, Art Director --DDB Vienna, Vienna, Austria, pg. 274

Wheeler, Jenni, Art Director --LOGOWORKS, American Fork, UT, pg. 650

White, Paul, Art Director --MRM London, London, United Kingdom, pg. 767

Wiester, Maiya, Art Director --Ogilvy Japan K.K., Tokyo, Japan, pg. 825

Wigglesworth, Dave, Art Director --droga5, London, United Kingdom, pg. 322

Wilcox, Audrey, Art Director --BARKLEY, Kansas City, MO, pg. 90

Wilhelmer, Virginia, Art Director --PKP BBDO, Vienna, Austria, pg. 103

Williams, Damon, Art Director --SHEPHERD, Jacksonville, FL, pg. 1007

Williams, Jeremy, Art Director --VEST ADVERTISING, Louisville, KY, pg. 1135

Williams, Joe, Art Director --Havas London, London, United Kingdom, pg. 482

Williams, Matthew, Art Director --20/10 DESIGN & MARKETING, INC., West Chester, PA, pg. 3

Williams, Michael, Art Director --HIGHDIVE ADVERTISING, Chicago, IL, pg. 499

Williams, Steven, Art Director --YARD, New York, NY, pg. 1303

Williams, Suzanne, Art Director --JENNINGS & COMPANY, Chapel Hill, NC, pg. 575

Williamson, Jon, Art Director --GSD&M, Austin, TX, pg. 453

Willis, Katie, Art Director --WIEDEN + KENNEDY, INC., Portland, OR, pg. 1163

Wilson, Caleb, Art Director --NEW WEST LLC, Louisville, KY, pg. 792

Winfield, Patrick, Art Director --XENOPSI, New York, NY, pg. 1303

Winkler, Jen, Art Director --TUNGSTEN CREATIVE GROUP, Erie, PA, pg. 1121

Winsor, Kyle, Art Director --ZULU ALPHA KILO, Toronto, Canada, pg. 1216

Winston, Tyler, Art Director --Y&R New York, New York, NY, pg. 1198

Wiseman, Megan, Art Director --SIMMER MEDIA GROUP, New

RESPONSIBILITIES INDEX — AGENCIES

York, NY, pg. 1014

Wisnieski, Tiffany, Art Director --Commonwealth, Detroit, MI, pg. 698

Wisznicki, Mateusz, Art Director --Saatchi & Saatchi, Warsaw, Poland, pg. 979

Withorn, Melissa, Art Director --MY FRIEND'S NEPHEW, Atlanta, GA, pg. 782

Witt, Jess, Art Director --303 MullenLowe, Sydney, Australia, pg. 773

Wittke, Natasha, Art Director --RAIN43, Toronto, Canada, pg. 929

Wolf, Torrie, Art Director --CLAY POT CREATIVE, Fort Collins, CO, pg. 212

Wong, Amy, Art Director --CAMP + KING, San Francisco, CA, pg. 185

Wong, Ella, Art Director --Grey Hong Kong, North Point, China (Hong Kong), pg. 446

Wong, Michael, Art Director --HAMAZAKI WONG MARKETING GROUP, Vancouver, Canada, pg. 464

Wong, Roc, Art Director --Havas Worldwide Shanghai, Shanghai, China, pg. 486

Wong, Wai, Art Director --McCann Erickson Hong Kong Ltd., Causeway Bay, China (Hong Kong), pg. 704

Wong, Wenya, Art Director --Saatchi & Saatchi London, London, United Kingdom, pg. 980

Wood, Laura Fallon, Art Director --WIEDEN + KENNEDY, INC., Portland, OR, pg. 1163

Woods, Tony, Art Director --RETHINK, Vancouver, Canada, pg. 951

Woodward, Rohan, Art Director --HERO DIGITAL, San Francisco, CA, pg. 1260

Worboys, Billy, Art Director --YOUNGER ASSOCIATES, Jackson, TN, pg. 1208

Worthington, John, Art Director --YOUNG & LARAMORE, Indianapolis, IN, pg. 1196

Wright, Nathan, Art Director --PNEUMA33, Bend, OR, pg. 879

Wright, Shaun, Art Director --THE WONDERFUL AGENCY, Los Angeles, CA, pg. 1228

Wu, Wicky, Art Director --Leo Burnett Shanghai Advertising Co. Ltd., Shanghai, China, pg. 629

Wuensch, Mary, Art Director --BUTLER, SHINE, STERN & PARTNERS, Sausalito, CA, pg. 177

Wulf, Rebecca, Art Director --FUSION MARKETING, Saint Louis, MO, pg. 404

Wunsch, Ondrej, Art Director --DDB Prague, Prague, Czech Republic, pg. 272

Wyatt, Greg, Art Director --GSD&M, Austin, TX, pg. 453

Ximba, Ntobeko, Art Director --M&C Saatchi Abel, Cape Town, South Africa, pg. 660

Xu, Bingo, Art Director --mcgarrybowen, Shanghai, China, pg. 718

Yamazaki, Ryoichi, Art Director --LAPLACA COHEN, New York, NY, pg. 611

Yang, Adam, Art Director --mcgarrybowen, Shanghai, China, pg. 718

Yang, Chue Zeng, Art Director --POCKET HERCULES, Minneapolis, MN, pg. 879

Yang, Jared, Art Director --Publicis Shanghai, Shanghai, China, pg. 908

Yangwei, Wu, Art Director --DDB, Singapore, Singapore, pg. 279

Yanilmaz, Umit, Art Director --Havas Worldwide Istanbul, Istanbul, Turkey, pg. 482

Ybarra, Teresa, Art Director --PINNACLE ADVERTISING, Schaumburg, IL, pg. 872

Yeon, Kate, Art Director --FF NEW YORK, New York, NY, pg. 378

Yeung, Hera, Art Director --AKQA, Inc., New York, NY, pg. 1235

Yildirim, Hasan, Art Director --Havas Worldwide Istanbul, Istanbul, Turkey, pg. 482

Yindeeanant, Supakit, Art Director --GREYnj United, Bangkok, Thailand, pg. 448

Yocklin, Yvette, Art Director --DEVINE COMMUNICATIONS, Saint Petersburg, FL, pg. 296

York, Ben, Art Director --IMAGEMAKERS INC., Wamego, KS, pg. 524

Yoshikawa, Kazuhi, Art Director --Wieden + Kennedy Japan, Tokyo, Japan, pg. 1166

Young, Kelly, Art Director --MARY FISHER DESIGN, Jacksonville, FL, pg. 690

Young, Paul, Art Director --BAROLIN & SPENCER, INC., Voorhees, NJ, pg. 91

Yousuf-Al-Mamun, K. M., Art Director --Grey Bangladesh Ltd., Dhaka, Bangladesh, pg. 445

Yu, Matthew, Art Director --Campaigns & Grey, Makati, Philippines, pg. 447

Zabrodskaya, Polina, Art Director --Publicis UK, London, United Kingdom, pg. 902

Zaguri, Yaniv, Art Director --McCann Erickson, Tel Aviv, Israel, pg. 705

Zahran, Khalid, Art Director --FP7 Jeddah, Jeddah, Saudi Arabia, pg. 708

Zamprogno, Jean, Art Director --DAVID, Sao Paulo, Brazil, pg. 261

Zamudio, Andres, Art Director --GODIVERSITY, New York, NY, pg. 427

Zapata, Marcela, Art Director --Sancho BBDO, Bogota, Colombia, pg. 102

Zarate, Jose, Art Director --Grey Chile, Santiago, Chile, pg. 443

Zarczynski, Lindsay, Art Director --BRUNNER, Pittsburgh, PA, pg. 169

Zeiter, Danielle, Art Director --RELEVENT PARTNERS LLC, New York, NY, pg. 945

Zeke, Nida, Art Director --Leo Burnett Vilnius, Vilnius, Lithuania, pg. 626

Zeller, LouAnn, Art Director --ZELLER MARKETING & DESIGN, East Dundee, IL, pg. 1211

Zeno, Eva, Art Director --MILLER MAXFIELD INC, Santa Cruz, CA, pg. 1584

Zetterman, Agnes, Art Director --Acne Advertising, Stockholm, Sweden, pg. 1249

Ziemba, Jason, Art Director --KLUNK & MILLAN ADVERTISING INC., Allentown, PA, pg. 599

Zihle, Sibulele, Art Director --Ogilvy Cape Town, Cape Town, South Africa, pg. 829

Zihle, Sibulele, Art Director --OgilvyOne Worldwide-Cape Town, Cape Town, South Africa, pg. 830

Zimmerman, Tim, Art Director --SID LEE, Toronto, Canada, pg. 1010

Zipperer, Chelsea, Art Director --LUQUIRE GEORGE ANDREWS, INC., Charlotte, NC, pg. 657

Zouag, Frederic, Art Director --DDB Group Belgium, Brussels, Belgium, pg. 271

Zulauf, Jason, Art Director --CK ADVERTISING, Cape Coral, FL, pg. 210

Zuluaga, Sebastian, Art Director --McCann Erickson Corp. S.A., Bogota, Colombia, pg. 702

Broadcast Production

Altan, Marissa, Broadcast Production --CANVAS WORLDWIDE, New York, NY, pg. 1314

Anderson, Deb, Broadcast Production --CLARITY COVERDALE FURY ADVERTISING, INC., Minneapolis, MN, pg. 211

April, Rochelle, Broadcast Production --J. Walter Thompson Cape Town, Cape Town, South Africa, pg. 554

Atkinson, Connie, Broadcast Production --GLOBAL TEAM BLUE, Dearborn, MI, pg. 423

Baker, Bonnie, Broadcast Production --Grey Healthcare Group, Kansas City, MO, pg. 417

Baldauf, Kathy, Broadcast Production --BRUNNER, Pittsburgh, PA, pg. 169

Barbour, Christi, Broadcast Production --LEWIS MEDIA PARTNERS, Richmond, VA, pg. 639

Bellmore, Jacqueline, Broadcast Production --MCCANN CANADA, Toronto, Canada, pg. 712

Bettman, Gary, Broadcast Production --THE MILLER GROUP, Los Angeles, CA, pg. 742

Blom, Heather, Broadcast Production --RETHINK, Vancouver, Canada, pg. 951

Borchardt, John, Broadcast Production --COLLE+MCVOY, Minneapolis, MN, pg. 219

Burkley, Gillian, Broadcast Production --FCB New York, New York, NY, pg. 365

Bushman, Fran, Broadcast Production --ALLSCOPE MEDIA, New York, NY, pg. 49

Calman, Kristy, Broadcast Production --DOE-ANDERSON, Louisville, KY, pg. 312

Cameron, Karley, Broadcast Production --Cummins&Partners, Saint Kilda, Australia, pg. 253

Carolan, Onagh, Broadcast Production --TBWA\Dublin, Dublin, Ireland, pg. 1083

Chanthalansy, Chanse, Broadcast Production --PP+K, Tampa, FL, pg. 885

Charpie, Anne-Camille, Broadcast Production --HAVAS MEDIA, New York, NY, pg. 1324

Churchwell, Ally, Broadcast Production --J. WALTER THOMPSON, New York, NY, pg. 553

Conant, Teresa, Broadcast Production --NORBELLA INC., Boston, MA, pg. 1354

Connell, Denise, Broadcast Production --J. Walter Thompson, London, United Kingdom, pg. 562

Crow, Alan, Broadcast Production --Campbell Ewald Los Angeles, West Hollywood, CA, pg. 541

Czyz, Magda, Broadcast Production --Wieden + Kennedy Amsterdam, Amsterdam, Netherlands, pg. 1164

Darvall, Cinnamon, Broadcast Production --McCann Erickson Advertising Pty. Ltd., Melbourne, Australia, pg. 700

Darvall, Cinnamon, Broadcast Production --McCann Erickson Worldwide, London, United Kingdom, pg. 712

Day, Cathy, Broadcast Production --Ogilvy Cape Town, Cape Town, South Africa, pg. 829

Dean, Ally, Broadcast Production --Saatchi & Saatchi London, London, United Kingdom, pg. 980

Dela Cruz, Maan, Broadcast Production --TBWA Santiago Mangada Puno, Manila, Philippines, pg. 1091

Denihan, Brendan, Broadcast Production --HAVAS MEDIA, New York, NY, pg. 1324

Derheim, Katie, Broadcast Production --PERISCOPE, Minneapolis, MN, pg. 864

Devine, Rachel, Broadcast Production --Leo Burnett Sydney, Sydney, Australia, pg. 628

Duignan, Conor, Broadcast Production --BARRETTSF, San Francisco, CA, pg. 91

Dwyer, Jennifer, Broadcast Production --MULLENLOWE GROUP, Boston, MA, pg. 770

Ebenstein, Amy, Broadcast Production --BCW (BURSON COHN & WOLFE), New York, NY, pg. 1439

Eggan, Claudia, Broadcast Production --HAWORTH MARKETING + MEDIA, Minneapolis, MN, pg. 1328

Eggleston, Josh, Broadcast Production --MCKINNEY, Durham, NC, pg. 719

Engesser, Stewart, Broadcast Production --ETHOS MARKETING & DESIGN, Westbrook, ME, pg. 351

English, Tanya, Broadcast Production --ROBERTS + LANGER DDB, New York, NY, pg. 963

Feng, Bettina, Broadcast Production --DDB, Singapore, Singapore, pg. 279

Ferguson, Becky, Broadcast Production --KARSH & HAGAN COMMUNICATIONS, INC., Denver, CO, pg. 588

Fontenot, Bridget, Broadcast Production --THE RICHARDS GROUP, INC., Dallas, TX, pg. 956

Galligan, Sherry, Broadcast Production --THE MARS AGENCY, Southfield, MI, pg. 686

Gearino, Laura, Broadcast Production --MCKINNEY, Durham, NC, pg. 719

Geis, Lara, Broadcast Production --LAIR, New York, NY, pg. 607

Ger, Margot, Broadcast Production --TBWA Melbourne, Melbourne, Australia, pg. 1088

Gibson, Greg, Broadcast Production --THE RICHARDS GROUP, INC., Dallas, TX, pg. 956

Giordano, Erin, Broadcast Production --JL MEDIA DIRECT RESPONSE, Union, NJ, pg. 577

Godown, Zoe, Broadcast Production --MINDSHARE, New York, NY, pg. 1351

Goldberg, Lee, Broadcast Production --LEO BURNETT BUSINESS, New York, NY, pg. 620

Goris, Dinah, Broadcast Production --Cramer-Krasselt, Milwaukee, WI, pg. 237

Greve, Mel, Broadcast Production --KELLY SCOTT MADISON, Chicago, IL, pg. 1336

Greve, Mel, Broadcast Production --KSM South, Austin, TX, pg. 1337

Grigsby, Nathen, Broadcast Production --HYC/MERGE, Chicago, IL, pg. 515

Grossman, Gary, Broadcast Production --MERKLEY+PARTNERS, New York, NY, pg. 733

Gutherman, Laurie, Broadcast Production --MINDSHARE, New York, NY, pg. 1351

Hamill, Gerri, Broadcast Production --J. Walter Thompson Singapore, Singapore, Singapore, pg. 558

Hammond, Gabe, Broadcast Production --Havas Worldwide Sydney, Sydney, Australia, pg. 485

Hecht, Julia, Broadcast Production --PROGRESSIVE MARKETING DYNAMICS, LLC, Boonton, NJ, pg. 891

Hernandez, Billy, Broadcast Production --Zenith Los Angeles, Santa Monica, CA, pg. 1392

Hoekstra, Lee Ann, Broadcast Production --KELLY SCOTT MADISON, Chicago, IL, pg. 1336

Holland, Emily B., Broadcast Production --MARTIN ADVERTISING, Anderson, SC, pg. 687

Hollis-Vitale, Nicole, Broadcast Production --ARNOLD WORLDWIDE, Boston, MA, pg. 69

Hughes, Miriam, Broadcast Production --MCKINNEY, Durham, NC, pg. 719

Jaffer, Shenny, Broadcast Production --J. WALTER THOMPSON

1901

AGENCIES   RESPONSIBILITIES INDEX

CANADA, Toronto, Canada, pg. 565
Jarnagin, Mary, Broadcast Production --CANNONBALL, Saint Louis, MO, pg. 187
Johnson, Zivy, Broadcast Production --Hogarth Worldwide, New York, NY, pg. 1180
Johnson, Zivy, Broadcast Production --Hogarth Worldwide, New York, NY, pg. 506
Karina, Eva Ayu, Broadcast Production --Leo Burnett Indonesia, Jakarta, Indonesia, pg. 630
Klumas, Jennifer, Broadcast Production --THE VIA AGENCY, Portland, ME, pg. 1136
Kutzner, Jennifer, Broadcast Production --GROUPM NORTH AMERICA & CORPORATE HQ, New York, NY, pg. 1322
LaPierre, Emily, Broadcast Production --ARNOLD WORLDWIDE, Boston, MA, pg. 69
Lawal, Elizabeth, Broadcast Production --KELLY SCOTT MADISON, Chicago, IL, pg. 1336
Lee, Vicki, Broadcast Production --Publicis Australia, Brisbane, Australia, pg. 907
Lekanides, Susan, Broadcast Production --CATAPULT MARKETING, Wilton, CT, pg. 196
Lian, Anita, Broadcast Production --PHD Los Angeles, Los Angeles, CA, pg. 1362
Little, Jason, Broadcast Production --QUIGLEY-SIMPSON, Los Angeles, CA, pg. 923
Lorch, Giovanna, Broadcast Production --MEDIA STORM LLC, South Norwalk, CT, pg. 1343
Louria, Lynn, Broadcast Production --THE RICHARDS GROUP, INC., Dallas, TX, pg. 956
Ly, Vyvy, Broadcast Production --HAVAS WORLDWIDE CHICAGO, Chicago, IL, pg. 488
MacKay, Chad, Broadcast Production --OMD Canada, Toronto, Canada, pg. 1357
Malone, Eliza, Broadcast Production --Leo Burnett Melbourne, Melbourne, Australia, pg. 628
Mattson, Christina, Broadcast Production --Saatchi & Saatchi New York, New York, NY, pg. 976
McDonald, Eve, Broadcast Production --TBWA\London, London, United Kingdom, pg. 1086
Mello Mourao, Beatriz Ramos e, Broadcast Production --PHD Toronto, Toronto, Canada, pg. 1362
Michelson, Barbara, Broadcast Production --DEVITO/VERDI, New York, NY, pg. 296
Miller, Ken, Broadcast Production --ICON INTERNATIONAL INC., Stamford, CT, pg. 1330
Mohammed, Yasmin, Broadcast Production --DVL SEIGENTHALER, Nashville, TN, pg. 1489
Moore, Andrea, Broadcast Production --PINNACLE ADVERTISING, Schaumburg, IL, pg. 872
Moura, Fernanda, Broadcast Production --W+K Sao Paulo, Sao Paulo, Brazil, pg. 1164
Murray, Jim, Broadcast Production --THE INK TANK, Toronto, Canada, pg. 533
Murray, Pamela, Broadcast Production --YOUNG & RUBICAM, New York, NY, pg. 1197
Nadin, Renee, Broadcast Production --Ogilvy Sydney, Saint Leonards, Australia, pg. 821
Neely, Tyler, Broadcast Production --BUTLER, SHINE, STERN & PARTNERS, Sausalito, CA, pg. 177
Nez, Richard, Broadcast Production --Zimmerman Advertising, New York, NY, pg. 1213
Ng, Elaine, Broadcast Production --DAILEY & ASSOCIATES, West Hollywood, CA, pg. 258
Nissen, Kate, Broadcast Production --MEDIA STORM LLC, South Norwalk, CT, pg. 1343
Nuruddin, Ruhiya, Broadcast Production --Hogarth Worldwide, New York, NY, pg. 1180
Nuruddin, Ruhiya, Broadcast Production --Hogarth Worldwide, New York, NY, pg. 506
Pancotti, Alessandro, Broadcast Production --D'Adda, Lorenzini, Vigorelli, BBDO, Milan, Italy, pg. 106
Pardavi, Monique, Broadcast Production --Havas Worldwide Sydney, Sydney, Australia, pg. 485
Parsons, Melody, Broadcast Production --GSD&M, Austin, TX, pg. 453
Pineda, Angelito, Broadcast Production --OMD Canada, Toronto, Canada, pg. 1357
Pitegoff, Cathy, Broadcast Production --HAVAS WORLDWIDE, New York, NY, pg. 475
Pool, Scott, Broadcast Production --MARC USA CHICAGO, Chicago, IL, pg. 677
Posey, Kathy, Broadcast Production --WYSE, Cleveland, OH, pg. 1193
Pron, Regina, Broadcast Production --CACTUS, Denver, CO, pg. 181
Pytko, Steve, Broadcast Production --SAATCHI & SAATCHI WELLNESS, New York, NY, pg. 985
Rahe, Penny, Broadcast Production --BOHAN, Nashville, TN, pg. 144
Rainsberger, Beth, Broadcast Production --ICON INTERNATIONAL INC., Stamford, CT, pg. 1330
Rawlinson, Rachel, Broadcast Production --HILL HOLLIDAY/NEW YORK, New York, NY, pg. 501
Reilly, Mike, Broadcast Production --MEDIASSOCIATES, INC., Sandy Hook, CT, pg. 1351
Riippa, John, Broadcast Production --MARTIN WILLIAMS ADVERTISING INC., Minneapolis, MN, pg. 688
Rioux, Laura, Broadcast Production --RETHINK, Vancouver, Canada, pg. 951
Roe, Alberta, Broadcast Production --MEDIASSOCIATES, INC., Sandy Hook, CT, pg. 1351
Rosenthal, Jessica, Broadcast Production --MAYOSEITZ MEDIA, Blue Bell, PA, pg. 1340
Roy, Gene, Broadcast Production --RON FOTH ADVERTISING, Columbus, OH, pg. 967
Sackett, Marcy, Broadcast Production --MEDIA STORM LLC, South Norwalk, CT, pg. 1343
Saxon, Rachel, Broadcast Production --GOODBY, SILVERSTEIN & PARTNERS, San Francisco, CA, pg. 428
Scharrer, Kathy, Broadcast Production --DDB South Africa, Johannesburg, South Africa, pg. 280
Schmidt, Michon, Broadcast Production --SUKLE ADVERTISING, INC., Denver, CO, pg. 1059
Shtrahman, Lana, Broadcast Production --MINDSHARE, New York, NY, pg. 1351
Siegel, Jessica, Broadcast Production --BERLINROSEN, New York, NY, pg. 1448
Slatyer, Amanda, Broadcast Production --J. Walter Thompson, Sydney, Australia, pg. 554
Smith, Chris, Broadcast Production --B&P ADVERTISING, Las Vegas, NV, pg. 81
Spencer, Rob, Broadcast Production --Ogilvy Sydney, Saint Leonards, Australia, pg. 821
Spigelman, Shelby, Broadcast Production --Rethink, Toronto, Canada, pg. 951
Stone, Chris, Broadcast Production --Active International Ltd., London, United Kingdom, pg. 1306
Storey, Jen, Broadcast Production --Colenso BBDO, Auckland, New Zealand, pg. 114
Suarez, Ulissa, Broadcast Production --HAVAS MEDIA, New York, NY, pg. 1324
Sura, Carolyn, Broadcast Production --LOCKARD & WECHSLER, Irvington, NY, pg. 649
Swarts, Anne, Broadcast Production --PRESTON KELLY, Minneapolis, MN, pg. 888
Temperley, James, Broadcast Production --Initiative, London, United Kingdom, pg. 547
Tong, Annie, Broadcast Production --DDB Worldwide Ltd., Hong Kong, China (Hong Kong), pg. 274
Ulbrich, Nina, Broadcast Production --ARGONAUT INC., San Francisco, CA, pg. 67
Verheijen, Erik-Jan, Broadcast Production --Wieden + Kennedy Amsterdam, Amsterdam, Netherlands, pg. 1164
Vicknair, Alexis B., Broadcast Production --PETER MAYER ADVERTISING, INC., New Orleans, LA, pg. 866
Wade, Doug, Broadcast Production --J. Walter Thompson, London, United Kingdom, pg. 562
Walker, Tommy, Broadcast Production --STONE WARD, Little Rock, AR, pg. 1050
Watson, Dan, Broadcast Production --ARGONAUT INC., San Francisco, CA, pg. 67
Watson, Paul, Broadcast Production --MullenLowe, Winston Salem, NC, pg. 772
Weiman, Julian, Broadcast Production --J. WALTER THOMPSON CANADA, Toronto, Canada, pg. 565
Wells, Leeann, Broadcast Production --MOROCH HOLDINGS, INC., Dallas, TX, pg. 758
White, Jack K., Broadcast Production --OTEY WHITE & ASSOCIATES, Baton Rouge, LA, pg. 845
Wilden, Carly, Broadcast Production --GROUPM NORTH AMERICA & CORPORATE HQ, New York, NY, pg. 1322
Wong, Denise, Broadcast Production --DDB Worldwide Ltd., Hong Kong, China (Hong Kong), pg. 274
Yi, Sun, Broadcast Production --COPACINO + FUJIKADO, LLC, Seattle, WA, pg. 230
Zanto, Andy, Broadcast Production --SPAWN IDEAS, Anchorage, AK, pg. 1032
Zuluaga, Alicia, Broadcast Production --OGILVY, New York, NY, pg. 809
Zwer, Lorrie, Broadcast Production --FCB Toronto, Toronto, Canada, pg. 366

Business to Business Advertising

Maple, Marie-Claire, Business to Business Advertising --Opr, Saint Leonards, Australia, pg. 1600
Taylor, Dave, Business to Business Advertising --MADISON AVENUE SOCIAL, New York, NY, pg. 669

Chief Creative Officer

Adducci, Brian, Chief Creative Officer --CAPSULE BRAND DEVELOPMENT, Minneapolis, MN, pg. 188
Adin, Chiara, Chief Creative Officer --NA COLLECTIVE, New York, NY, pg. 783
Adkins, Doug, Chief Creative Officer --HUNT ADKINS, Minneapolis, MN, pg. 514
Adkins, Fred, Chief Creative Officer --FRED AGENCY, Atlanta, GA, pg. 396
Ajello, Tom, Chief Creative Officer --VIVALDI, New York, NY, pg. 1142
Albano, Rick, Chief Creative Officer --SWIFT AGENCY, Portland, OR, pg. 1066
Aleman, Ileana, Chief Creative Officer --BVK/MEKA, Miami, FL, pg. 179
Allebach, Jamie, Chief Creative Officer --ALLEBACH COMMUNICATIONS, Souderton, PA, pg. 45
Alshazly, Faten, Chief Creative Officer --WEUSTHEM INC., Halifax, Canada, pg. 1160
Amato, Dawn, Chief Creative Officer --SLIGHTLY MAD, Northport, NY, pg. 1021
Anderson, Brent, Chief Creative Officer --TBWA\Media Arts Lab, Los Angeles, CA, pg. 1078
Antkowiak, Jeff, Chief Creative Officer --ADG CREATIVE, Columbia, MD, pg. 29
Antonelli, Dan, Chief Creative Officer --GRAPHIC D-SIGNS INC, Washington, NJ, pg. 433
Araujo, Gabriel, Chief Creative Officer --Ogilvy NV/SA, Brussels, Belgium, pg. 813
Ash, Greg, Chief Creative Officer --160OVER90, Philadelphia, PA, pg. 2
Athayde, Edson, Chief Creative Officer --FCB Lisbon, Lisbon, Portugal, pg. 367
Austin, Tim, Chief Creative Officer --TPN INC., Dallas, TX, pg. 1418
Ayrault, Terry, Chief Creative Officer --THE JRT AGENCY, Farmington Hills, MI, pg. 583
Bacino, Brian, Chief Creative Officer --BAKER STREET ADVERTISING, San Francisco, CA, pg. 85
Badger, Madonna, Chief Creative Officer --BADGER & WINTERS, INC., New York, NY, pg. 83
Baiocco, Rob, Chief Creative Officer --THE BAM CONNECTION, Brooklyn, NY, pg. 86
Baird, Rob, Chief Creative Officer --PREACHER, Austin, TX, pg. 886
Bajec, Dennis, Chief Creative Officer --IBM iX, Columbus, OH, pg. 518
Balarin, Ana, Chief Creative Officer --MOTHER LTD., London, United Kingdom, pg. 762
Barczak, Dan, Chief Creative Officer --HYPERQUAKE, Cincinnati, OH, pg. 516
Barlow, Sean, Chief Creative Officer --CUNDARI INTEGRATED ADVERTISING, Toronto, Canada, pg. 254
Barnes, Derek, Chief Creative Officer --DDB New York, New York, NY, pg. 269
Barnett, Guy, Chief Creative Officer --THE BROOKLYN BROTHERS, New York, NY, pg. 167
Barnwell, Mike, Chief Creative Officer --FCB AFRICA, Johannesburg, South Africa, pg. 375
Barnwell, Mike, Chief Creative Officer --FCB Cape Town, Cape Town, South Africa, pg. 375
Baron, Pat, Chief Creative Officer --McCann Erickson Advertising Pty. Ltd., Melbourne, Australia, pg. 700
Barrett, Russell, Chief Creative Officer --BBH Mumbai, Mumbai, India, pg. 93
Barry, Ian, Chief Creative Officer --LANETERRALEVER, Phoenix, AZ, pg. 610
Bassiri, Reza, Chief Creative Officer --Carre Noir, Suresnes, France, pg. 898
Bastien, Etienne, Chief Creative Officer --Ogilvy Montreal, Montreal,

RESPONSIBILITIES INDEX — AGENCIES

Canada, pg. 812
Batista, Dave, Chief Creative Officer --BEAM, Boston, MA, pg. 1240
Batista, Dave, Chief Creative Officer --BEAM INTERACTIVE, Boston, MA, pg. 1240
Baudenbacher, Beat, Chief Creative Officer --LOYALKASPAR, New York, NY, pg. 654
Bauman, Christian, Chief Creative Officer --H4B Chelsea, New York, NY, pg. 474
Beard, Tony, Chief Creative Officer --PRICEWEBER MARKETING COMMUNICATIONS, INC., Louisville, KY, pg. 889
Becker, Christoph, Chief Creative Officer --GYRO, New York, NY, pg. 457
Beggs, Jonathan, Chief Creative Officer --Saatchi & Saatchi, Johannesburg, South Africa, pg. 979
Beggs, Jonathan, Chief Creative Officer --Saatchi & Saatchi, Cape Town, South Africa, pg. 979
Belk, Howard, Chief Creative Officer --SIEGEL+GALE, New York, NY, pg. 1011
Bell, Lisa, Chief Creative Officer --TIVOLI PARTNERS, Asheville, NC, pg. 1105
Bell, Mike, Chief Creative Officer --TRICOMB2B, Dayton, OH, pg. 1117
Bellew, Bonner, Chief Creative Officer --SODA & LIME LLC, Los Angeles, CA, pg. 1027
Bennett, Lisa, Chief Creative Officer --LAUGHLIN/CONSTABLE, INC., Milwaukee, WI, pg. 613
Bergan, Gregg, Chief Creative Officer --PURE BRAND COMMUNICATIONS, LLC, Denver, CO, pg. 916
Bernstein, David, Chief Creative Officer --THE GATE WORLDWIDE NEW YORK, New York, NY, pg. 411
Bertelli, Bruno, Chief Creative Officer --Publicis, Rome, Italy, pg. 900
Bertino, Fred, Chief Creative Officer --MMB, Boston, MA, pg. 750
Bessler, Larry, Chief Creative Officer --RPM ADVERTISING, Chicago, IL, pg. 971
Bessler, Larry, Chief Creative Officer --RPM/Las Vegas, Las Vegas, NV, pg. 971
Bevilaqua, Adrianna, Chief Creative Officer --M. BOOTH & ASSOCIATES, New York, NY, pg. 663
Bhattacharya, Swati, Chief Creative Officer --FCB Ulka, Gurgaon, India, pg. 373
Bhattacharya, Swati, Chief Creative Officer --FCB Ulka, Mumbai, India, pg. 373
Bhattacharyya, Sandipan, Chief Creative Officer --Grey (India) Pvt. Ltd., Mumbai, India, pg. 446
Binyildiz, Ergin, Chief Creative Officer --Havas Worldwide Istanbul, Istanbul, Turkey, pg. 482
Bird, Andy, Chief Creative Officer --PUBLICIS NEW YORK, New York, NY, pg. 912
Bird, Andy, Chief Creative Officer --PUBLICIS USA, New York, NY, pg. 912
Birdsong, Troy, Chief Creative Officer --BIRDSONG CREATIVE, Franklin, TN, pg. 131
Bjorkman, Lincoln, Chief Creative Officer --Rauxa, New York, NY, pg. 933
Blackley, Cam, Chief Creative Officer --M&C Saatchi, Sydney, Australia, pg. 661
Blackley, Cam, Chief Creative Officer --M&C Saatchi, Melbourne, Australia, pg. 662
Bloom, Andrew, Chief Creative Officer --Mirum Africa, Cape Town, South Africa, pg. 1272
Blore, Mick, Chief Creative Officer --McCann Worldgroup Johannesburg, Johannesburg, South Africa, pg. 709
Blurton, Paul, Chief Creative Officer --INVNT, New York, NY, pg. 546
Boccassini, Cristiana, Chief Creative Officer --Publicis, Rome, Italy, pg. 900
Boccassini, Cristiana, Chief Creative Officer --Publicis Italia, Milan, Italy, pg. 899
Bonelli, Fabian, Chief Creative Officer --Publicis Panama, Panama, Panama, pg. 907
Bongiovanni, Brad, Chief Creative Officer --ROCKIT SCIENCE AGENCY, Baton Rouge, LA, pg. 965
Bonner, Daniel, Chief Creative Officer --Wunderman, London, United Kingdom, pg. 1193
Bonner, David, Chief Creative Officer --ON IDEAS, INC., Jacksonville, FL, pg. 838
Borrell, Rodolfo, Chief Creative Officer --Pages BBDO, Santo Domingo, Dominican Republic, pg. 102
Boudreau, Wil, Chief Creative Officer --THE&PARTNERSHIP, New York, NY, pg. 55
Bowden, Simon, Chief Creative Officer --AMERICAN ROGUE, Santa Monica, CA, pg. 52

Bowser, Ken, Chief Creative Officer --BRANDSTAR, Deerfield Beach, FL, pg. 158
Bozza, Francesco, Chief Creative Officer --FCB Milan, Milan, Italy, pg. 367
Brabender, John, Chief Creative Officer --BRABENDERCOX, Leesburg, VA, pg. 151
Bradley, Richard, Chief Creative Officer --PROJECT, Auburn Hills, MI, pg. 891
Bradnick, Shane, Chief Creative Officer --TBWA Auckland, Auckland, New Zealand, pg. 1091
Braga, Joao, Chief Creative Officer --J. Walter Thompson Thailand, Bangkok, Thailand, pg. 559
Braun, Ken, Chief Creative Officer --LOUNGE LIZARD WORLDWIDE, Patchogue, NY, pg. 652
Braunstein, Layne, Chief Creative Officer --FAKE LOVE, Brooklyn, NY, pg. 1256
Brazier, Paul, Chief Creative Officer --Abbott Mead Vickers BBDO, London, United Kingdom, pg. 109
Breen, Chris, Chief Creative Officer --Chemistry Atlanta, Atlanta, GA, pg. 205
Bremer, Bjorn, Chief Creative Officer --Ogilvy Frankfurt, Frankfurt, Germany, pg. 814
Bridges, Kristi, Chief Creative Officer --THE SAWTOOTH GROUP, Red Bank, NJ, pg. 992
Bridges, Kristi, Chief Creative Officer --Sawtooth Health, Woodbridge, NJ, pg. 993
Brocker, Jennifer, Chief Creative Officer --STEPHENS & ASSOCIATES ADVERTISING, INC., Overland Park, KS, pg. 1047
Brourman, Paul, Chief Creative Officer --SPONGE, LLC, Evanston, IL, pg. 1035
Brown, Ned, Chief Creative Officer --BADER RUTTER & ASSOCIATES, INC., Milwaukee, WI, pg. 83
Brown, Ronnie, Chief Creative Officer --Doremus (United Kingdom), London, United Kingdom, pg. 317
Brownstein, Berny, Chief Creative Officer --BROWNSTEIN GROUP, Philadelphia, PA, pg. 168
Budd, Josh, Chief Creative Officer --NO FIXED ADDRESS, INC., Toronto, Canada, pg. 795
Bullard, Nicky, Chief Creative Officer --MRM London, London, United Kingdom, pg. 767
Burch, Jessica, Chief Creative Officer --AMMUNITION, LLC, Atlanta, GA, pg. 1236
Burley, Jonathan, Chief Creative Officer --Y&R London, London, United Kingdom, pg. 1204
Caiozzo, Paul, Chief Creative Officer --INTERESTING DEVELOPMENT, New York, NY, pg. 538
Cakir, Ugur, Chief Creative Officer --McCann Erickson WorldGroup Turkey, Istanbul, Turkey, pg. 710
Caldwell, Christian, Chief Creative Officer --McCann Erickson (Peru) Publicidad S.A., Lima, Peru, pg. 707
Camp, Roger, Chief Creative Officer --CAMP + KING, San Francisco, CA, pg. 185
Campopiano, Javier, Chief Creative Officer --FCB Mexico City, Mexico, Mexico, pg. 372
Cancilla, Chris, Chief Creative Officer --Arc Worldwide, North America, Chicago, IL, pg. 1397
Canzano, Matt, Chief Creative Officer --Commonwealth, Detroit, MI, pg. 698
Capanescu, Razvan, Chief Creative Officer --McCann Erickson Prague, Prague, Czech Republic, pg. 702
Caputo, Gerard, Chief Creative Officer --BBH NEW YORK, New York, NY, pg. 115
Carley, Brian, Chief Creative Officer --ROKKAN, New York, NY, pg. 966
Carlos, Juan, Chief Creative Officer --Badillo Nazca Saatchi & Saatchi, Guaynabo, PR, pg. 982
Carlson, Scott, Chief Creative Officer --VAN'S GENERAL STORE, New York, NY, pg. 1131
Carlton, Jim, Chief Creative Officer --Geometry Global, Akron, OH, pg. 416
Carlton, Jim, Chief Creative Officer --Geometry Global, Chicago, IL, pg. 415
Carlton, Jim, Chief Creative Officer --GEOMETRY GLOBAL NORTH AMERICA HQ, New York, NY, pg. 415
Carreno, Cesar Agost, Chief Creative Officer --Ogilvy, Mexico, Mexico, pg. 821
Carson, Greg, Chief Creative Officer --MeringCarson, San Diego, CA, pg. 731
Caruso, John, Chief Creative Officer --MAGNANI CARUSO DUTTON, New York, NY, pg. 670
Case, Bob, Chief Creative Officer --THE LAVIDGE COMPANY, Phoenix, AZ, pg. 616
Case, Pete, Chief Creative Officer --Ogilvy Johannesburg (Pty.) Ltd., Johannesburg, South Africa, pg. 829

Caserta, Joseph, Chief Creative Officer --DSC (DILEONARDO SIANO CASERTA) ADVERTISING, Philadelphia, PA, pg. 323
Cassese, Marco, Chief Creative Officer --ACENTO ADVERTISING, INC., Santa Monica, CA, pg. 20
Castro, Noel, Chief Creative Officer --Havas Life Metro, New York, NY, pg. 474
Cawley, Tim, Chief Creative Officer --SLEEK MACHINE, LLC, Boston, MA, pg. 1020
Cecere, Joe, Chief Creative Officer --LITTLE & COMPANY, Minneapolis, MN, pg. 645
Ceradini, David, Chief Creative Officer --CERADINI BRAND DESIGN, Brooklyn, NY, pg. 200
Chakravarty, Ashish, Chief Creative Officer --Contract Advertising (India) Limited, Mumbai, India, pg. 555
Charles, Allan, Chief Creative Officer --TBC INC., Baltimore, MD, pg. 1076
Charlton, Peter, Chief Creative Officer --RICOCHET PARTNERS, INC., Portland, OR, pg. 957
Chen, Chris, Chief Creative Officer ---wwwins Isobar, Shanghai, China, pg. 550
Cheng, Tim, Chief Creative Officer --Grey Singapore, Singapore, Singapore, pg. 448
Cheong, Eugene, Chief Creative Officer --Ogilvy Advertising, Singapore, Singapore, pg. 827
Cheong, Eugene, Chief Creative Officer --Ogilvy Asia/Pacific, Central, China (Hong Kong), pg. 823
Cherry, Robert, Chief Creative Officer --SEED STRATEGY, INC., Crestview Hills, KY, pg. 1000
Chiorando, Rick, Chief Creative Officer --AUSTIN & WILLIAMS, Hauppauge, NY, pg. 78
Chiu, Chris, Chief Creative Officer --DDB, Singapore, Singapore, pg. 279
Choi, Wain, Chief Creative Officer --Cheil Worldwide Inc., Seoul, Korea (South), pg. 462
Choo, Kenny, Chief Creative Officer --Saatchi & Saatchi, Shanghai, China, pg. 983
Christmann, Tom, Chief Creative Officer --DIMASSIMO GOLDSTEIN, New York, NY, pg. 302
Chu, Daniel, Chief Creative Officer --MRM McCann, Salt Lake City, UT, pg. 699
Clarke, Darren, Chief Creative Officer --MCCANN CANADA, Toronto, Canada, pg. 712
Clazie, Ian, Chief Creative Officer --READY STATE LLC, San Francisco, CA, pg. 936
Clements, Stephen, Chief Creative Officer --Y MEDIA LABS, Redwood City, CA, pg. 1195
Coad, Richard M., Chief Creative Officer --MDB COMMUNICATIONS, INC., Washington, DC, pg. 720
Coelho, Paulo, Chief Creative Officer --DM9DDB, Sao Paulo, Brazil, pg. 271
Coffey, Megan, Chief Creative Officer --SPRINGBOX, LTD., Austin, TX, pg. 1037
Colgrove, William, Chief Creative Officer --THREESPOT MEDIA, LLC, Washington, DC, pg. 1295
Collins, Brian, Chief Creative Officer --COLLINS, New York, NY, pg. 220
Collins, Camellia, Chief Creative Officer --CAMELLIA DIGITAL AGENCY, Bristol, TN, pg. 185
Collins, Reed, Chief Creative Officer --Ogilvy Advertising, Central, China (Hong Kong), pg. 822
Colovin, Stewart, Chief Creative Officer --MMG, Bradenton, FL, pg. 751
Condon, John, Chief Creative Officer --THE DISTILLERY PROJECT, Chicago, IL, pg. 304
Coomer, David, Chief Creative Officer --CORNETT INTEGRATED MARKETING SOLUTIONS, Lexington, KY, pg. 232
Copacino, Jim, Chief Creative Officer --COPACINO + FUJIKADO, LLC, Seattle, WA, pg. 230
Copeland, Grant, Chief Creative Officer --WORX BRANDING & ADVERTISING, Prospect, CT, pg. 1178
Corder, Ernest, Chief Creative Officer --REDROC AUSTIN, Austin, TX, pg. 943
Costabile, Bob, Chief Creative Officer --BIGBUZZ MARKETING GROUP, New York, NY, pg. 130
Costanza, Bob, Chief Creative Officer --SCOUT MARKETING, Atlanta, GA, pg. 998
Cottrell, Noel, Chief Creative Officer --FITZGERALD & CO, Atlanta, GA, pg. 386
Cottrell, Noel, Chief Creative Officer --FITZGERALD MEDIA, Atlanta, GA, pg. 1321
Coveny, Kelly, Chief Creative Officer --MILKSONO LLC, South Norwalk, CT, pg. 740
Credle, Susan, Chief Creative Officer --FCB GLOBAL, New York,

AGENCIES — RESPONSIBILITIES INDEX

Creet, Simon, Chief Creative Officer --THE HIVE, Toronto, Canada, pg. 503

Cronin, Markham, Chief Creative Officer --MARKHAM & STEIN UNLIMITED, Miami, FL, pg. 685

Crowley, Ned, Chief Creative Officer --MCGARRYBOWEN, New York, NY, pg. 716

Cruz, Jeff, Chief Creative Officer --MRM Worldwide, Birmingham, MI, pg. 767

Cude, Jonathan, Chief Creative Officer --McKinney New York, New York, NY, pg. 719

Cuker, Aaron, Chief Creative Officer --CUKER, Solana Beach, CA, pg. 252

Cullen, Matt, Chief Creative Officer --Digitas, Kwun Tong, China (Hong Kong), pg. 1252

Culpepper, Chip, Chief Creative Officer --MANGAN HOLCOMB PARTNERS, Little Rock, AR, pg. 674

Cummings, Bryan, Chief Creative Officer --THE GARRIGAN LYMAN GROUP, INC, Seattle, WA, pg. 410

Cummings, Joey, Chief Creative Officer --THE JOEY COMPANY, Brooklyn, NY, pg. 578

Cuneo, Bob, Chief Creative Officer --BRADO CREATIVE INSIGHT, Saint Louis, MO, pg. 152

Curry, Matthew, Chief Creative Officer --BUTLER, SHINE, STERN & PARTNERS, Sausalito, CA, pg. 177

Cusac, Brian, Chief Creative Officer --DRIVEN SOLUTIONS INC., Pleasant Rdg, MI, pg. 321

Cusciotta, Thomas, Chief Creative Officer --SIXSPEED, Minneapolis, MN, pg. 1017

D'Rozario, Stuart, Chief Creative Officer --BARRIE D'ROZARIO DILORENZO, Minneapolis, MN, pg. 92

Dahlqvist, Andreas, Chief Creative Officer --DDB Denmark, Copenhagen, Denmark, pg. 272

Dahlqvist, Andreas, Chief Creative Officer --DDB Stockholm, Stockholm, Sweden, pg. 280

Dailey, Leyla, Chief Creative Officer --Young & Rubicam Midwest, Chicago, IL, pg. 1199

Dailey, Leyla Touma, Chief Creative Officer --CAVALRY AGENCY, Chicago, IL, pg. 197

Dainese, Livio, Chief Creative Officer --Wirz Werbung AG, Zurich, Switzerland, pg. 109

Damman, Dave, Chief Creative Officer --LEVEL MPLS, Minneapolis, MN, pg. 633

Das, RajDeepak, Chief Creative Officer --Leo Burnett India, Mumbai, India, pg. 629

Davis, Brock, Chief Creative Officer --MARTIN WILLIAMS ADVERTISING INC., Minneapolis, MN, pg. 688

Davis, Kevin Drew, Chief Creative Officer --Wunderman, Chicago, IL, pg. 1188

de la Fosse, Emma, Chief Creative Officer --Digitas, London, United Kingdom, pg. 1251

De Vinals, Jose Maria Roca, Chief Creative Officer --DDB Madrid, S.A., Madrid, Spain, pg. 280

DeBow, Thomas J., Jr., Chief Creative Officer --DEBOW COMMUNICATIONS, LTD., New York, NY, pg. 284

DeJesus, Ben, Chief Creative Officer --NGL COLLECTIVE, New York, NY, pg. 794

Delaney, Kathy, Chief Creative Officer --Publicis Touchpoint Solutions, Yardley, PA, pg. 912

Delaney, Kathy, Chief Creative Officer --SAATCHI & SAATCHI WELLNESS, New York, NY, pg. 985

Delio, Gina, Chief Creative Officer --TAG CREATIVE, New York, NY, pg. 1070

DeMars, Rob, Chief Creative Officer --MARKETING ARCHITECTS, INC., Minnetonka, MN, pg. 682

Demata, Eugene, Chief Creative Officer --Campaigns & Grey, Makati, Philippines, pg. 447

DeVito, Michael, Chief Creative Officer --DEALERON, INC, Rockville, MD, pg. 283

Devitt, Cedric, Chief Creative Officer --BIG SPACESHIP, Brooklyn, NY, pg. 129

DiMassimo, Mark, Chief Creative Officer --DIMASSIMO GOLDSTEIN, New York, NY, pg. 302

Dobre, Catalin, Chief Creative Officer --McCann Erickson Romania, Bucharest, Romania, pg. 708

Dobrita, Claudiu, Chief Creative Officer --FCB Bucharest, Bucharest, Romania, pg. 367

Dodson, Jennifer, Chief Creative Officer --ADASHMORE CREATIVE, White Marsh, MD, pg. 27

Dolak, David, Chief Creative Officer --PHOENIX CREATIVE CO., Saint Louis, MO, pg. 1414

Dolin, Samantha, Chief Creative Officer --OGILVY COMMONHEALTH WORLDWIDE, Parsippany, NJ, pg. 832

Doria, Icaro, Chief Creative Officer --ARNOLD WORLDWIDE, Boston, MA, pg. 69

Dorizza, Enrico, Chief Creative Officer --J. Walter Thompson, Rome, Italy, pg. 560

Dorsinville, Hans, Chief Creative Officer --SELECT WORLD, New York, NY, pg. 1001

Doubet, John, Chief Creative Officer --DEANHOUSTON, INC., Cincinnati, OH, pg. 284

Dowling, Chris, Chief Creative Officer --ROOM 214, INC., Boulder, CO, pg. 968

Duchon, Scott, Chief Creative Officer --TWOFIFTEENMCCANN, San Francisco, CA, pg. 1124

Duffy, Kevin, Chief Creative Officer --STRAIGHT NORTH, Downers Grove, IL, pg. 1052

Dufresne, Sylvain, Chief Creative Officer --FCB Montreal, Montreal, Canada, pg. 365

Dugow, Len, Chief Creative Officer --LGD COMMUNICATIONS, INC., Miami, FL, pg. 639

Dula, Michael, Chief Creative Officer --BRANDINGBUSINESS, Irvine, CA, pg. 157

Dunn, Troy, Chief Creative Officer --DUNN&CO, Tampa, FL, pg. 326

Ebel, Blake, Chief Creative Officer --FEAR NOT AGENCY, Denver, CO, pg. 376

Ehrenfeld, Marlee J., Chief Creative Officer --MJE MARKETING SERVICES, San Diego, CA, pg. 749

Eid, Trevor, Chief Creative Officer --CORNERSTONE AGENCY, INC., New York, NY, pg. 1476

Elfenbein, Elizabeth, Chief Creative Officer --THE CEMENTWORKS, LLC, New York, NY, pg. 199

Elkaim, Matthieu, Chief Creative Officer --CLM BBDO, Boulogne-Billancourt, France, pg. 104

Elmsly, Keri, Chief Creative Officer --Second Story, Inc., POrtland, OR, pg. 991

Emmett, Brad, Chief Creative Officer --McCann Detroit, Birmingham, MI, pg. 699

Endres, Simon, Chief Creative Officer --RED ANTLER, Brooklyn, NY, pg. 938

Engle, Steve, Chief Creative Officer --ENGLE CREATIVE SOLUTIONS LLC, Columbia, MO, pg. 341

Erhei, Ben Sun, Chief Creative Officer --Havas Worldwide Shanghai, Shanghai, China, pg. 486

Estemil, Marck E., Chief Creative Officer --ME CREATIVE AGENCY, Stratford, CT, pg. 724

Estrada, Samuel, Chief Creative Officer --McCann Erickson Corp. S.A., Bogota, Colombia, pg. 702

Evans, Craig, Chief Creative Officer --Wunderman, Costa Mesa, CA, pg. 1189

Evans, Craig, Chief Creative Officer --Wunderman Seattle, Seattle, WA, pg. 1189

Falter, Cory, Chief Creative Officer --LURE AGENCY, Lakeside, CA, pg. 657

Falusi, Corinna, Chief Creative Officer --Mother New York, New York, NY, pg. 763

Farhang, Omid, Chief Creative Officer --Momentum, Atlanta, GA, pg. 755

Farhang, Omid, Chief Creative Officer --MOMENTUM WORLDWIDE, New York, NY, pg. 754

Farrelly, Cameron, Chief Creative Officer --VIRTUE WORLDWIDE, Brooklyn, NY, pg. 1139

Farthing, Doug, Chief Creative Officer --INSIGHT CREATIVE GROUP, Oklahoma City, OK, pg. 535

Federico, David, Chief Creative Officer --NO FIXED ADDRESS, INC., Toronto, Canada, pg. 795

Fei, Wei, Chief Creative Officer --FCB Shanghai, Shanghai, China, pg. 372

Feinberg, Stephen, Chief Creative Officer --THE SEIDEN GROUP, New York, NY, pg. 1001

Fera, Lei Lani, Chief Creative Officer --KANATSIZ COMMUNICATIONS INC, San Clemente, CA, pg. 1551

Fernandes, Fabio, Chief Creative Officer --F/Nazca Saatchi & Saatchi, Sao Paulo, Brazil, pg. 981

Ferrer, Dave, Chief Creative Officer --J. Walter Thompson, Makati, Philippines, pg. 558

Fidler, Matt, Chief Creative Officer --Charles Ryan Associates, Richmond, VA, pg. 203

Fine, Edward, Chief Creative Officer --YELLOW SUBMARINE MARKETING COMMUNICATIONS INC., Pittsburgh, PA, pg. 1196

Fiore, Dave, Chief Creative Officer --CATAPULT MARKETING, Wilton, CT, pg. 196

Fittipaldi, Jayson, Chief Creative Officer --Nobox Marketing Group, Inc., Guaynabo, PR, pg. 796

Fittipaldi, Jayson, Chief Creative Officer --NOBOX MARKETING GROUP, INC., Miami, FL, pg. 796

Foerster, Drew, Chief Creative Officer --LOCAL MARKETING SOLUTIONS GROUP, INC., Rolling Meadows, IL, pg. 649

Ford, Ryan, Chief Creative Officer --CASHMERE AGENCY, Los Angeles, CA, pg. 193

Fortes, Aricio, Chief Creative Officer --DM9DDB, Sao Paulo, Brazil, pg. 271

Frank, Gerry, Chief Creative Officer --FRANK STRATEGIC MARKETING, Ellicott City, MD, pg. 396

Fredrick, Mike, Chief Creative Officer --NELSON SCHMIDT, Milwaukee, WI, pg. 788

Frej, David, Chief Creative Officer --OTHERWISE INC, Chicago, IL, pg. 845

Fresen, Max, Chief Creative Officer --BORN, New York, NY, pg. 148

Friedman, Mark, Chief Creative Officer --HARRISON AND STAR LLC, New York, NY, pg. 469

Funke, Erich, Chief Creative Officer --THE GARAGE TEAM MAZDA, Costa Mesa, CA, pg. 409

Gabel, Jeffery, Chief Creative Officer --PARTNERS+NAPIER, Rochester, NY, pg. 855

Gaboriau, Jason, Chief Creative Officer --Doner, Playa Vista, CA, pg. 724

Gaboriau, Jason, Chief Creative Officer --Doner, Playa Vista, CA, pg. 315

Gaede, Fred, Chief Creative Officer --BOOMM! MARKETING & COMMUNICATIONS, La Grange, IL, pg. 146

Gaffney, Seth, Chief Creative Officer --PREACHER, Austin, TX, pg. 886

Gainsford, Kirk, Chief Creative Officer --MullenLowe South Africa, Johannesburg, South Africa, pg. 777

Gamble, Jeffry, Chief Creative Officer --mcgarrybowen, Shanghai, China, pg. 718

Garbutt, Chris, Chief Creative Officer --TBWA/WORLDWIDE, New York, NY, pg. 1077

Gardner, April I., Chief Creative Officer --ARGUS, Boston, MA, pg. 67

Gasowski, Igor, Chief Creative Officer --BOLDIUM LLC, Berkeley, CA, pg. 145

Gaucys, Peter, Chief Creative Officer --PUBLICIS EXPERIENCES, Seattle, WA, pg. 896

Gharat, Mahesh, Chief Creative Officer --Ogilvy, Bengaluru, India, pg. 823

Giambrone, Ken, Chief Creative Officer --GIAMBRONE + PARTNERS, Cincinnati, OH, pg. 418

Gibbons, Roland, Chief Creative Officer --GS&F, Nashville, TN, pg. 453

Gier, George, Chief Creative Officer --Epsilon, Itasca, IL, pg. 345

Gigante, Paul, Chief Creative Officer --GIGANTE VAZ PARTNERS ADVERTISING, INC., New York, NY, pg. 419

Gilbert, Matthew, Chief Creative Officer --BAYARD ADVERTISING AGENCY, INC., New York, NY, pg. 96

Gines, Guillermo, Chief Creative Officer --TBWA Espana, Madrid, Spain, pg. 1085

Giroux, Francois, Chief Creative Officer --HAWK MARKETING SERVICES, Moncton, Canada, pg. 489

Gitto, Vicky, Chief Creative Officer --Y&R Italia, srl, Milan, Italy, pg. 1203

Gladstone, Doug, Chief Creative Officer --BRAND CONTENT, Boston, MA, pg. 154

Glantz, Keith, Chief Creative Officer --GLANTZ DESIGN INC, Evanston, IL, pg. 421

Godsey, John, Chief Creative Officer --VML, Inc., Atlanta, GA, pg. 1143

Godsey, John, Chief Creative Officer --VML, INC., Kansas City, MO, pg. 1143

Gold, Steve, Chief Creative Officer --GOLD N FISH MARKETING GROUP LLC, Armonk, NY, pg. 428

Goldsmith, Dea, Chief Creative Officer --ECHO-FACTORY INC, Pasadena, CA, pg. 329

Goldstein, Jamie, Chief Creative Officer --BECCA PR, New York, NY, pg. 1446

Goldston, Nancyjane, Chief Creative Officer --THE UXB, Beverly Hills, CA, pg. 1129

Golik, Benjamin, Chief Creative Officer --LIDA, London, United Kingdom, pg. 659

Golodner, Lynne Meredith, Chief Creative Officer --YOUR PEOPLE LLC, Huntington Woods, MI, pg. 1688

Goosmann, Tom, Chief Creative Officer --TRUE NORTH INC., New York, NY, pg. 1119

Goosmann, Tom, Chief Creative Officer --TRUE NORTH INTERACTIVE, San Francisco, CA, pg. 1298

Gotz, Chris, Chief Creative Officer --OgilvyInteractive, Cape Town, South Africa, pg. 830

Graham, Galen, Chief Creative Officer --THE PITCH AGENCY, Culver City, CA, pg. 873

RESPONSIBILITIES INDEX — AGENCIES

Graner, Alan, Chief Creative Officer --DALY-SWARTZ PUBLIC RELATIONS, Lake Forest, CA, pg. 1480

Granger, Tony, Chief Creative Officer --Armstrong Y&R, Lusaka, Zambia, pg. 1208

Granger, Tony, Chief Creative Officer --Young & Rubicam Brands, San Francisco, San Francisco, CA, pg. 1199

Grau, Rodrigo, Chief Creative Officer --J. Walter Thompson, Sao Paulo, Brazil, pg. 563

Greenblatt, Nikolas, Chief Creative Officer --2ONE5 CREATIVE INC, Philadelphia, PA, pg. 5

Greenhalgh, Tim, Chief Creative Officer --FITCH, London, United Kingdom, pg. 385

Greenhalgh, Tim, Chief Creative Officer --Fitch:London, London, United Kingdom, pg. 385

Greenwald, Dan, Chief Creative Officer --WHITE RHINO PRODUCTIONS, INC., Lexington, MA, pg. 1161

Greenwald, Tom, Chief Creative Officer --SPOTCO, New York, NY, pg. 1036

Gregory, Hannah Brazee, Chief Creative Officer --SHOESTRING, Gardiner, ME, pg. 1009

Grice, Mike, Chief Creative Officer --KEYSTONE MARKETING, Winston Salem, NC, pg. 593

Grice, Mike, Chief Creative Officer --WILDFIRE LLC, Winston Salem, NC, pg. 1167

Grigg, Lynne, Chief Creative Officer --THE DESIGNORY, Long Beach, CA, pg. 293

Gross, Gregory, Chief Creative Officer --GREATER THAN ONE, New York, NY, pg. 434

Gundrum, Steve, Chief Creative Officer --MATTSON, Foster City, CA, pg. 695

Gunter, Bryan, Chief Creative Officer --THREE21, Orlando, FL, pg. 1295

Gurpinar, Ilkay, Chief Creative Officer --TBWA Istanbul, Istanbul, Turkey, pg. 1088

Gut, Markus, Chief Creative Officer --Wunderman, Zurich, Switzerland, pg. 1192

Gutierrez, Eric, Chief Creative Officer --HEY ADVERTISING, Seattle, WA, pg. 498

Hadlock, Bryan, Chief Creative Officer --MARC USA, Pittsburgh, PA, pg. 676

Hagan, Deb, Chief Creative Officer --BARBER MARTIN AGENCY, Richmond, VA, pg. 88

Hagenheide, Bjorn, Chief Creative Officer --MediaCom Switzerland, Zurich, Switzerland, pg. 1347

Hahn, Greg, Chief Creative Officer --Adam & EveDDB, London, United Kingdom, pg. 281

Hahn, Greg, Chief Creative Officer --BBDO WORLDWIDE INC., New York, NY, pg. 97

Hainsworth, Stanley, Chief Creative Officer --TETHER, INC., Seattle, WA, pg. 1097

Hamburg, Steve, Chief Creative Officer --CALCIUM, Philadelphia, PA, pg. 182

Hamm, Jon, Chief Creative Officer --GEOMETRY GLOBAL NORTH AMERICA HQ, New York, NY, pg. 415

Hara, Miriam, Chief Creative Officer --3H COMMUNICATIONS INC., Oakville, Canada, pg. 7

Hardy, Patrick, Chief Creative Officer --TIERNEY COMMUNICATIONS, Philadelphia, PA, pg. 1103

Harris, David, Chief Creative Officer --gyro London, London, United Kingdom, pg. 458

Hart, Michael, Chief Creative Officer --MONO, Minneapolis, MN, pg. 755

Haworth, Ian, Chief Creative Officer --Wunderman, London, United Kingdom, pg. 1193

Heartfield, Ian, Chief Creative Officer --BARTLE BOGLE HEGARTY LIMITED, London, United Kingdom, pg. 92

Heath, Matt, Chief Creative Officer --PARTY LAND, Los Angeles, CA, pg. 857

Helm, Shane, Chief Creative Officer --ENGAGE, Alexandria, VA, pg. 1500

Henderson, Bruce, Chief Creative Officer --JACK MORTON WORLDWIDE, Boston, MA, pg. 567

Hendricks, Nathan, Chief Creative Officer --LPK, Cincinnati, OH, pg. 654

Heng, Liew Kok, Chief Creative Officer --FCB Kuala Lumpur, Kuala Lumpur, Malaysia, pg. 374

Henry, Eddy, Chief Creative Officer --JOHN MANLOVE ADVERTISING, Houston, TX, pg. 579

Hensley, Jonathon, Chief Creative Officer --EMERGE INTERACTIVE, Portland, OR, pg. 338

Henvey, Tommy, Chief Creative Officer --SOMETHING DIFFERENT, Brooklyn, NY, pg. 1028

Hernandez, Armando, Chief Creative Officer --MARCA MIAMI, Coconut Grove, FL, pg. 677

Herrmann, Judi, Chief Creative Officer --HERRMANN ADVERTISING DESIGN/COMMUNICATIONS, Annapolis, MD, pg. 497

Hillsman, Bill, Chief Creative Officer --NORTH WOODS ADVERTISING, Minneapolis, MN, pg. 799

Hindman, Hunter, Chief Creative Officer --ARGONAUT INC., San Francisco, CA, pg. 67

Hinson, Paris, Chief Creative Officer --PURE MOXIE, San Francisco, CA, pg. 917

Ho, Keith, Chief Creative Officer --DDB Worldwide Ltd., Hong Kong, China (Hong Kong), pg. 274

Hodgson, Mike, Chief Creative Officer --CAMBRIDGE BIOMARKETING, Cambridge, MA, pg. 184

Hoffman, Bob, Chief Creative Officer --HOFFMAN AND PARTNERS, Braintree, MA, pg. 505

Holcomb, Tim, Chief Creative Officer --TCREATIVE, INC., Orlando, FL, pg. 1093

Holden, Dave, Chief Creative Officer --KIOSK CREATIVE LLC, Novato, CA, pg. 596

Hollander, Ton, Chief Creative Officer --BBDO Proximity Berlin, Berlin, Germany, pg. 105

Hook, Andrew, Chief Creative Officer --Havas Southeast Asia, Singapore, Singapore, pg. 487

Hook, Andrew, Chief Creative Officer --Havas Worldwide Southeast Asia, Singapore, Singapore, pg. 485

Hornaday, Pacha, Chief Creative Officer --SOLVE AGENCY, INC., Pismo Beach, CA, pg. 1028

Houlihan, Kevin, Chief Creative Officer --HYC/MERGE, Chicago, IL, pg. 515

Howlett, Brian, Chief Creative Officer --AGENCY59, Toronto, Canada, pg. 39

Howlett, Brian, Chief Creative Officer --Agency59 Response, Toronto, Canada, pg. 40

Hughes, Alan, Chief Creative Officer --NEXT/NOW, Chicago, IL, pg. 1276

Hughes, Dion, Chief Creative Officer --PERSUASION ARTS & SCIENCES, Minneapolis, MN, pg. 865

Hughes, Richard, Chief Creative Officer --CLEARPH DESIGN, St Petersburg, FL, pg. 213

Hunt, Steve, Chief Creative Officer --CANNONBALL, Saint Louis, MO, pg. 187

Hunter, Alan, Chief Creative Officer --PETROL ADVERTISING, Burbank, CA, pg. 866

Huot, Edmond, Chief Creative Officer --THE CHR GROUP, New York, NY, pg. 207

Hussein, Saad, Chief Creative Officer --TBWA Thailand, Bangkok, Thailand, pg. 1092

Iabichino, Paolo, Chief Creative Officer --Ogilvy, Milan, Italy, pg. 815

Ian, Matt, Chief Creative Officer --MCGARRYBOWEN, New York, NY, pg. 716

Ignazi, Peter, Chief Creative Officer --Cossette B2B, Toronto, Canada, pg. 233

Ignazi, Peter, Chief Creative Officer --COSSETTE COMMUNICATIONS, Vancouver, Canada, pg. 232

Irwin, Jeremy, Chief Creative Officer --AGENCY ZERO, Denver, CO, pg. 39

Isaacs, Jonathan, Chief Creative Officer --TBWA/WORLDHEALTH, New York, NY, pg. 1077

Israel, David, Chief Creative Officer --Sterling Brands, New York, NY, pg. 307

Itzkoff, Maximiliano, Chief Creative Officer --Santo Buenos Aires, Buenos Aires, Argentina, pg. 1181

Jacobs, Jan, Chief Creative Officer --JOHANNES LEONARDO, New York, NY, pg. 1266

Jahara, Guilherme, Chief Creative Officer --F.biz, Sao Paulo, Brazil, pg. 1183

James, Ben, Chief Creative Officer --J. WALTER THOMPSON, New York, NY, pg. 553

James, Janine, Chief Creative Officer --THE MODERNS, New York, NY, pg. 753

James, Lee, Chief Creative Officer --MYTHIC, Charlotte, NC, pg. 782

Jaso, Maria Carolina, Chief Creative Officer --ARS DDB Publicidad, Caracas, Venezuela, pg. 283

Jatene, Rodrigo, Chief Creative Officer --GREY SAN FRANCISCO, San Francisco, CA, pg. 449

Jauhari, Rahul, Chief Creative Officer --Rediffusion Y&R Pvt. Ltd., Mumbai, India, pg. 1200

Jauregui, Hernan, Chief Creative Officer --DDB Argentina, Buenos Aires, Argentina, pg. 270

Jeffery, Colin, Chief Creative Officer --WOLFGANG LOS ANGELES, Venice, CA, pg. 1174

Jennus, Tom, Chief Creative Officer --TRICKEY JENNUS. INC, Tampa, FL, pg. 1117

Jex, Andy, Chief Creative Officer --TBWA\London, London, United Kingdom, pg. 1086

Johnson, Richard, Chief Creative Officer --PRICEWEBER MARKETING COMMUNICATIONS, INC., Louisville, KY, pg. 889

Johnson, Scott, Chief Creative Officer --DRUM, INC., Atlanta, GA, pg. 322

Jones, Christopher, Chief Creative Officer --WPP US, New York, NY, pg. 1183

Jones, Gary, Chief Creative Officer --JONES HUYETT PARTNERS, Topeka, KS, pg. 582

Jones, Tim, Chief Creative Officer --Havas London, London, United Kingdom, pg. 482

Jorgensen, Karen, Chief Creative Officer --KALEIDOSCOPE, New York, NY, pg. 586

Jung, Brian, Chief Creative Officer --IW GROUP, INC., West Hollywood, CA, pg. 551

Kamath, Jay, Chief Creative Officer --HAYMAKER, Los Angeles, CA, pg. 489

Kanaan, Walid, Chief Creative Officer --TBWA Raad, Dubai, United Arab Emirates, pg. 1088

Kassaei, Amir, Chief Creative Officer --DDB WORLDWIDE COMMUNICATIONS GROUP INC., New York, NY, pg. 268

Kauba, Eda, Chief Creative Officer --Havas Worldwide Digital Prague, Prague, Czech Republic, pg. 478

Kauba, Eda, Chief Creative Officer --Havas Worldwide Prague, Prague, Czech Republic, pg. 479

Kelly, Christopher, Chief Creative Officer --Organic, Inc., New York, NY, pg. 1278

Kelly, Kevin, Chief Creative Officer --BIGBUZZ MARKETING GROUP, New York, NY, pg. 130

Kemming, Jan Dirk, Chief Creative Officer --Weber Shandwick, Cologne, Germany, pg. 1678

Kerj, Adam, Chief Creative Officer --ACCENTURE INTERACTIVE, New York, NY, pg. 1232

Khosid, Philip, Chief Creative Officer --BATTERY, Los Angeles, CA, pg. 96

Khoury, Peter, Chief Creative Officer --TBWA Hunt Lascaris (Johannesburg), Johannesburg, South Africa, pg. 1087

Kimura, Kentaro, Chief Creative Officer --HAKUHODO INCORPORATED, Tokyo, Japan, pg. 461

King, Tom, Chief Creative Officer --23K STUDIOS, Wayne, PA, pg. 4

Kirner, Fabian, Chief Creative Officer --Grey, Frankfurt, Germany, pg. 440

Kirner, Fabian, Chief Creative Officer --Grey Group Germany, Dusseldorf, Germany, pg. 440

Kitakaze, Masaru, Chief Creative Officer --HAKUHODO INCORPORATED, Tokyo, Japan, pg. 461

Klein, Keith, Chief Creative Officer --MSA ADVERTISING & PUBLIC RELATIONS, New York, NY, pg. 769

Klingensmith, Ron, Chief Creative Officer --SLACK AND COMPANY, Chicago, IL, pg. 1020

Kluetz, James, Chief Creative Officer --BRAND TANGO INC., Deerfield Beach, IL, pg. 155

Klug, Valter, Chief Creative Officer --SAMBA ROCK, Miami Beach, FL, pg. 988

Knapp, Peter, Chief Creative Officer --Landor Associates, London, United Kingdom, pg. 609

Knox, Michael, Chief Creative Officer --Grey Hong Kong, North Point, China (Hong Kong), pg. 446

Kochen, Jonas, Chief Creative Officer --VERTIC, New York, NY, pg. 1135

Koeppel, Andrea, Chief Creative Officer --OCREATIVE DESIGN STUDIO, Oconomowoc, WI, pg. 806

Kollegian, Les, Chief Creative Officer --JACOB TYLER BRAND COMMUNICATIONS, San Diego, CA, pg. 569

Kollin, Jimmy, Chief Creative Officer --DUFFEY PETROSKY, Farmington Hills, MI, pg. 324

Kosstrin, Jane, Chief Creative Officer --DOUBLESPACE INC., New York, NY, pg. 1253

Kramer, Anna, Chief Creative Officer --PNEUMA33, Bend, OR, pg. 879

Krantz, Wally, Chief Creative Officer --FUTUREBRAND, New York, NY, pg. 405

Kritzer, Hernan, Chief Creative Officer --Grey Argentina, Buenos Aires, Argentina, pg. 443

Kucinsky, Ted, Chief Creative Officer --CATALYST MARKETING DESIGN, Fort Wayne, IN, pg. 195

Kumar, Senthil, Chief Creative Officer --J. Walter Thompson, Bengaluru, India, pg. 557

Kumar, Senthil, Chief Creative Officer --J. Walter Thompson, Mumbai, India, pg. 556

Kutschinski, Michael, Chief Creative Officer --OgilvyOne GmbH,

AGENCIES / RESPONSIBILITIES INDEX

Frankfurt, Germany, pg. 815
Kutschinski, Michael, Chief Creative Officer --OgilvyOne Worldwide Ltd., London, United Kingdom, pg. 819
Lada, Jesus, Chief Creative Officer --Havas Worldwide Southern Spain, Madrid, Spain, pg. 481
Ladden, Andrew, Chief Creative Officer --MADRAS BRAND SOLUTIONS, New York, NY, pg. 669
Ladden, Andrew, Chief Creative Officer --MADRAS GLOBAL, New York, NY, pg. 670
Laffey, June, Chief Creative Officer --MCCANN HEALTH GLOBAL HQ, New York, NY, pg. 713
Laing, Karee, Chief Creative Officer --STUDIO BRAND COLLECTIVE, Houston, TX, pg. 1056
Laird, Trey, Chief Creative Officer --LAIRD+PARTNERS, New York, NY, pg. 607
Lallo, Christian, Chief Creative Officer --B CREATIVE GROUP INC., Baltimore, MD, pg. 82
Lambrechts, Rob, Chief Creative Officer --Pereira & O'Dell, New York, NY, pg. 863
Lambrechts, Robert, Chief Creative Officer --PEREIRA & O'DELL, San Francisco, CA, pg. 863
Lamprecht, Thomas, Chief Creative Officer --PLUME21, La Jolla, CA, pg. 878
Lancaster, Todd, Chief Creative Officer --GREENLIGHT, Dallas, TX, pg. 435
Landsberg, Steve, Chief Creative Officer --GROK, New York, NY, pg. 451
Lang, Graham, Chief Creative Officer --Juniper Park/TBWA, Toronto, Canada, pg. 1079
Lange, Chris, Chief Creative Officer --MONO, Minneapolis, MN, pg. 755
Langer, Andy, Chief Creative Officer --ROBERTS + LANGER DDB, New York, NY, pg. 963
Lansbury, Jim, Chief Creative Officer --RP3 AGENCY, Bethesda, MD, pg. 970
Larson, Kraig, Chief Creative Officer --CICERON, INC., Minneapolis, MN, pg. 1245
Laurentino, Andre, Chief Creative Officer --Ogilvy EMEA, London, United Kingdom, pg. 818
Laux, Steven, Chief Creative Officer --FORT GROUP INC., Ridgefield Park, NJ, pg. 393
Law, Nick, Chief Creative Officer --PUBLICIS GROUPE S.A., Paris, France, pg. 897
Leahy, Joe, Chief Creative Officer --HUGHES LEAHY KARLOVIC, Denver, CO, pg. 513
Leahy, Joe, Chief Creative Officer --HUGHESLEAHYKARLOVIC, Saint Louis, MO, pg. 513
Leder, Steve, Chief Creative Officer --SCOPPECHIO, Louisville, KY, pg. 997
LeDoux, B. C., Chief Creative Officer --NOBLE STUDIOS, Las Vegas, NV, pg. 1276
Leduc, Michele, Chief Creative Officer --ZIP COMMUNICATION INC, Montreal, Canada, pg. 1214
Lee, Gigi, Chief Creative Officer --TBWA ISC Malaysia, Kuala Lumpur, Malaysia, pg. 1091
Lemme, Austin, Chief Creative Officer --ZOG DIGITAL, Phoenix, AZ, pg. 1214
Leonardini, Michael, Chief Creative Officer --THE ABBI AGENCY, Reno, NV, pg. 1425
Leong, Wai Foong, Chief Creative Officer --BBDO China, Shanghai, China, pg. 112
Lev, Bruce, Chief Creative Officer --LEVLANE ADVERTISING/PR/INTERACTIVE, Philadelphia, PA, pg. 635
Levine, Andrew, Chief Creative Officer --DEVELOPMENT COUNSELLORS INTERNATIONAL, LTD., New York, NY, pg. 296
Levy, Rich, Chief Creative Officer --FCB HEALTH, New York, NY, pg. 376
Lewis, A. J., Chief Creative Officer --FANOLOGY LLC, Culver City, CA, pg. 361
Lewis, Kyle, Chief Creative Officer --THE MORRISON AGENCY, Atlanta, GA, pg. 760
Licata, Michael, Chief Creative Officer --MUNROE CREATIVE PARTNERS, Philadelphia, PA, pg. 779
Lichter, Mike, Chief Creative Officer --CARDWELL BEACH, Brooklyn, NY, pg. 189
Lieman, Todd, Chief Creative Officer --SKADADDLE MEDIA, Mill Valley, CA, pg. 1018
Lieu, Alex, Chief Creative Officer --42 ENTERTAINMENT, LLC, Pasadena, CA, pg. 8
Lim, Melvyn, Chief Creative Officer --Ogilvy (Singapore) Pvt. Ltd., Singapore, Singapore, pg. 827
Lima, Claudio, Chief Creative Officer --CHEIL NORTH AMERICA, New York, NY, pg. 204
Lira, Joaquin, Chief Creative Officer --M8 AGENCY, Miami, FL, pg. 666

Littlejohn, David, Chief Creative Officer --HUMANAUT, Chattanooga, TN, pg. 514
Litzinger, Matthew, Chief Creative Officer --RED LION, Toronto, Canada, pg. 940
Livachoff, Diego, Chief Creative Officer --J. Walter Thompson, Lima, Peru, pg. 564
Livesey, Adam, Chief Creative Officer --LEO BURNETT DETROIT, INC., Troy, MI, pg. 621
Locey, Jason, Chief Creative Officer --ARRIVALS + DEPARTURES, Toronto, Canada, pg. 1238
Loli, Walter, Chief Creative Officer --DDB Chile, Santiago, Chile, pg. 271
Lotterman, Deborah, Chief Creative Officer --PRECISIONEFFECT, Boston, MA, pg. 887
Lourenco, Rui, Chief Creative Officer --Havas Experience Lisbon, Lisbon, Portugal, pg. 481
Lourenco, Rui, Chief Creative Officer --Havas Worldwide Digital Portugal, Lisbon, Portugal, pg. 481
Lubars, David, Chief Creative Officer --BBDO NORTH AMERICA, New York, NY, pg. 97
Lubars, David, Chief Creative Officer --BBDO San Francisco, San Francisco, CA, pg. 99
Lubars, David, Chief Creative Officer --BBDO WORLDWIDE INC., New York, NY, pg. 97
Luckin, Fran, Chief Creative Officer --Grey Group South Africa, Bryanston, South Africa, pg. 443
Ludlow, Jeffrey, Chief Creative Officer --BRUCE MAU DESIGN, Toronto, Canada, pg. 169
Macgadie, Colin, Chief Creative Officer --BDG architecture+design, London, United Kingdom, pg. 1179
Macias, Leo, Chief Creative Officer --DDB Worldwide Colombia S.A., Bogota, Colombia, pg. 272
Macias, Marcos, Chief Creative Officer --MACIAS CREATIVE, Miami, FL, pg. 666
Mackie, Al, Chief Creative Officer --Rapp London, London, United Kingdom, pg. 932
Madill, Alan, Chief Creative Officer --Juniper Park/TBWA, Toronto, Canada, pg. 1079
Madon, Valerie, Chief Creative Officer --Havas Southeast Asia, Singapore, Singapore, pg. 487
Madon, Valerie, Chief Creative Officer --Havas Worldwide Southeast Asia, Singapore, Singapore, pg. 485
Madsen, James, Chief Creative Officer --QUENCH, Harrisburg, PA, pg. 922
Maerov, Jeff, Chief Creative Officer --VERITONE MEDIA, Costa Mesa, CA, pg. 1134
Malak, Tarik, Chief Creative Officer --SWELL, New York, NY, pg. 1066
Mamus, John, Chief Creative Officer --MAMUS, INC., Tampa, FL, pg. 673
Mandelbaum, Jaime, Chief Creative Officer --Y&R Paris, Boulogne, France, pg. 1202
Mandelbaum, Jaime, Chief Creative Officer --Y&R Praha, s.r.o., Prague, Czech Republic, pg. 1205
Mandelbaum, Jaime, Chief Creative Officer --Young & Rubicam Ltd., London, United Kingdom, pg. 1204
Maney, Scott, Chief Creative Officer --BREAKAWAY, Boston, MA, pg. 161
Mangada, Melvin, Chief Creative Officer --TBWA Santiago Mangada Puno, Manila, Philippines, pg. 1091
Mangan, Craig, Chief Creative Officer --HOW FUNWORKS LLC, Oakland, CA, pg. 510
Mansour, Jac, Chief Creative Officer --PINNACLE ADVERTISING, Schaumburg, IL, pg. 872
Manzione, Tom, Chief Creative Officer --THE TOPSPIN GROUP, Princeton, NJ, pg. 1110
Marco, Harvey, Chief Creative Officer --GALLEGOS UNITED, Huntington Beach, CA, pg. 408
Marian, Alfonso, Chief Creative Officer --OGILVY, New York, NY, pg. 809
Marinaccio, David, Chief Creative Officer --LMO ADVERTISING, Arlington, VA, pg. 648
Mariotti, Beatrice, Chief Creative Officer --Carre Noir, Suresnes, France, pg. 898
Martel, Dan, Chief Creative Officer --SAXUM PUBLIC RELATIONS, Oklahoma City, OK, pg. 1641
Martin, Jeff, Chief Creative Officer --KARSH & HAGAN COMMUNICATIONS, INC., Denver, CO, pg. 588
Martin, Lance, Chief Creative Officer --UNION, Toronto, Canada, pg. 1126
Martin, Mike, Chief Creative Officer --Jackson Spalding, Atlanta, GA, pg. 1545
Martin, Tod, Chief Creative Officer --THE MARTIN GROUP, LLC.,

Buffalo, NY, pg. 688
Martinez, Mike, Chief Creative Officer --DYSTRICK DESIGN, INC., San Jose, CA, pg. 327
Mason, Ryan, Chief Creative Officer --CLOSERLOOK, INC., Chicago, IL, pg. 214
Massareto, Domenico, Chief Creative Officer --Publicis Brasil Communicao, Sao Paulo, Brazil, pg. 906
Mastromatteo, Giuseppe, Chief Creative Officer --Ogilvy, Milan, Italy, pg. 815
Mastromatteo, Giuseppe, Chief Creative Officer --Ogilvy S.p.A., Milan, Italy, pg. 1600
Mathew, Robby, Chief Creative Officer --FCB Interface, Mumbai, India, pg. 373
Mattar, Gabriel, Chief Creative Officer --INNOCEAN USA, Huntington Beach, CA, pg. 534
Matz, Scott, Chief Creative Officer --THORNBERG & FORESTER, New York, NY, pg. 1102
May, Dennis, Chief Creative Officer --DDB Berlin, Berlin, Germany, pg. 274
May, Dennis, Chief Creative Officer --DDB Group Germany, Berlin, Germany, pg. 274
Mayer, Josh, Chief Creative Officer --PETER MAYER ADVERTISING, INC., New Orleans, LA, pg. 866
McBride, Chuck, Chief Creative Officer --CUTWATER, San Francisco, CA, pg. 255
McCall, Cory, Chief Creative Officer --160VER90, Philadelphia, PA, pg. 2
McCarthy, Jamie, Chief Creative Officer --THE JRT AGENCY, Farmington Hills, MI, pg. 583
McCloud, Hubert, Chief Creative Officer --MCCLOUD & ASSOCIATES PR, Saint Petersburg, FL, pg. 1579
McConnell, Beth, Chief Creative Officer --ZELLMER MCCONNELL ADVERTISING, Austin, TX, pg. 1211
McCormack, Joe, Chief Creative Officer --Doremus (San Francisco), San Francisco, CA, pg. 316
McCormick, Lance, Chief Creative Officer --JNA ADVERTISING, Overland Park, KS, pg. 577
McCormick, Michael, Chief Creative Officer --RODGERS TOWNSEND, LLC, Saint Louis, MO, pg. 965
McCormick, Tom, Chief Creative Officer --THE BRICK FACTORY, Washington, DC, pg. 1243
McCracken, Catharine, Chief Creative Officer --TRELLIS MARKETING, INC, Buffalo, NY, pg. 1115
McGoldrick, Jack, Chief Creative Officer --MCGOLDRICK MARKETING, Medford, MA, pg. 718
McGrath, Casey, Chief Creative Officer --NIGHT AFTER NIGHT, New York, NY, pg. 794
McHale, John, Chief Creative Officer --PURERED/FERRARA, Stone Mountain, GA, pg. 917
Mckinney, Pat, Chief Creative Officer --Dalton Agency Atlanta, Atlanta, GA, pg. 258
McKinney, Patrick, Chief Creative Officer --DALTON AGENCY JACKSONVILLE, Jacksonville, FL, pg. 258
McMillan, Dorothy, Chief Creative Officer --BOB'S YOUR UNCLE, Toronto, Canada, pg. 143
McMillan, Mike, Chief Creative Officer --INTROWORKS, INC., Minnetonka, MN, pg. 545
McShane, Kevin, Chief Creative Officer --OMNICOM GROUP INC., New York, NY, pg. 836
McSweeney, Vince, Chief Creative Officer --McCann Detroit, Birmingham, MI, pg. 699
McSweeney, Vince, Chief Creative Officer --McCann Erickson Advertising Ltd., London, United Kingdom, pg. 711
McSweeney, Vince, Chief Creative Officer --McCann Erickson Central, Solihull, United Kingdom, pg. 712
McVey, Alicia, Chief Creative Officer --SWIFT AGENCY, Portland, OR, pg. 1066
Means, Gabrey, Chief Creative Officer --GROW MARKETING, San Francisco, CA, pg. 453
Medvedocky, Diego, Chief Creative Officer --Grey Argentina, Buenos Aires, Argentina, pg. 443
Medvedocky, Diego, Chief Creative Officer --Grey Chile, Santiago, Chile, pg. 443
Medvedocky, Diego, Chief Creative Officer --jotabequ Advertising, San Jose, Costa Rica, pg. 1348
Medvedocky, Diego, Chief Creative Officer --jotabequ Advertising, San Jose, Costa Rica, pg. 444
Melentin, Artur, Chief Creative Officer --GRAVITY MEDIA, New York, NY, pg. 433
Meng, Tham Khai, Chief Creative Officer --Ogilvy Asia/Pacific, Central, China (Hong Kong), pg. 823
Merino, Steve, Chief Creative Officer --AB+C, Philadelphia, PA, pg. 17
Merrick, Tom, Chief Creative Officer --PARADISE ADVERTISING &

RESPONSIBILITIES INDEX — AGENCIES

MARKETING, Saint Petersburg, FL, pg. 853
Messina, Mario G., Chief Creative Officer --MGM GOLD COMMUNICATIONS, New York, NY, pg. 737
Meyer, Rich, Chief Creative Officer --STUDIO D MARKETING COMMUNICATIONS, Saint Louis, MO, pg. 1056
Mietelski, Steve, Chief Creative Officer --THE FANTASTICAL, Boston, MA, pg. 361
Mikus, James, Chief Creative Officer --MCGARRAH JESSEE, Austin, TX, pg. 716
Milan, Pat, Chief Creative Officer --TUNHEIM PARTNERS, Minneapolis, MN, pg. 1664
Miller, Steve, Chief Creative Officer --Wunderman, Miami, FL, pg. 1189
Miller, Steve, Chief Creative Officer --WUNDERMAN, New York, NY, pg. 1188
Millman, Jeffrey I., Chief Creative Officer --GKV COMMUNICATIONS, Baltimore, MD, pg. 421
Millstein, Jacqueline, Chief Creative Officer --RITTA, Paramus, NJ, pg. 960
Minihan, Bob, Chief Creative Officer --MERGE BOSTON, Boston, MA, pg. 731
Mitchell, Peter, Chief Creative Officer --SALTERMITCHELL INC., Tallahassee, FL, pg. 1639
Molina, Siscu, Chief Creative Officer --Tiempo BBDO, Barcelona, Spain, pg. 108
Molla, Jose, Chief Creative Officer --The Community, Buenos Aires, Argentina, pg. 224
Monello, Mike, Chief Creative Officer --CAMPFIRE, New York, NY, pg. 186
Monroe, Kipp, Chief Creative Officer --WHITE & PARTNERS, Tysons Corner, VA, pg. 1160
Monteiro, Joanna, Chief Creative Officer --FCB Rio de Janeiro, Rio de Janeiro, Brazil, pg. 370
Monteiro, Joanna, Chief Creative Officer --FCB Sao Paulo, Sao Paulo, Brazil, pg. 370
Monterroso, Herberth, Chief Creative Officer --Leo Burnett Colombia, S.A., Bogota, Colombia, pg. 623
Moore, Matt, Chief Creative Officer --OH PARTNERS, Phoenix, AZ, pg. 833
Moran, Darren, Chief Creative Officer --THE WONDERFUL AGENCY, Los Angeles, CA, pg. 1228
Moranville, David, Chief Creative Officer --Davis Elen Advertising, Arlington, VA, pg. 264
Moranville, David, Chief Creative Officer --Davis Elen Advertising Inc, Tukwila, WA, pg. 265
Moranville, David, Chief Creative Officer --DAVIS ELEN ADVERTISING, INC., Los Angeles, CA, pg. 264
Moranville, David, Chief Creative Officer --Davis-Elen Advertising, Inc., Portland, OR, pg. 264
Morath, Swen, Chief Creative Officer --Advico Y&R AG, Zurich, Switzerland, pg. 1203
Moreno, Carlos, Chief Creative Officer --Cossette Communications, Halifax, Canada, pg. 233
Moreno, Carlos, Chief Creative Officer --COSSETTE COMMUNICATIONS, Vancouver, Canada, pg. 232
Moro, Hussam, Chief Creative Officer --Impact BBDO, Cairo, Egypt, pg. 104
Moro, Monica, Chief Creative Officer --McCann Erickson S.A., Madrid, Spain, pg. 709
Morse, Mark, Chief Creative Officer --MORSEKODE, Minneapolis, MN, pg. 761
Moscona, Michelle, Chief Creative Officer --CAPTURA GROUP, San Diego, CA, pg. 1244
Mota, Judite, Chief Creative Officer --Y&R Portugal, Lisbon, Portugal, pg. 1203
Moulton, Alex, Chief Creative Officer --TROLLBACK + COMPANY, New York, NY, pg. 1119
Mouzannar, Bechara, Chief Creative Officer --Radius Leo Burnett, Dubai, United Arab Emirates, pg. 627
Moya, Jorge R., Chief Creative Officer --SOCIEDAD, New York, NY, pg. 1027
Murray, Brian, Chief Creative Officer --Ogilvy, Toronto, Canada, pg. 812
Murrin, Stephanie, Chief Creative Officer --ARTCRAFT HEALTH EDUCATION, Flemington, NJ, pg. 71
Musco, Tre, Chief Creative Officer --TESSER INC., San Francisco, CA, pg. 1097
Musmanno, Anthony, Chief Creative Officer --THE IDEA MILL, Pittsburgh, PA, pg. 521
Nagy, Paul, Chief Creative Officer --Young & Rubicam Australia/New Zealand, Sydney, Australia, pg. 1199
Naja, Ramsey, Chief Creative Officer --J. Walter Thompson, Dubai, United Arab Emirates, pg. 563
Naja, Ramsey, Chief Creative Officer --J. Walter Thompson Cairo, Cairo, Egypt, pg. 562
Namchu, Nima D. T., Chief Creative Officer --Havas Worldwide Gurgaon, Gurgaon, India, pg. 487
Namchu, Nima D.T., Chief Creative Officer --Havas Worldwide Bangalore, Bengaluru, India, pg. 487
Nann, Christoph, Chief Creative Officer --FCB Hamburg, Hamburg, Germany, pg. 366
Nel-lo, Enric, Chief Creative Officer --Grey Madrid, Madrid, Spain, pg. 442
Netto, Moacyr, Chief Creative Officer --RAPP, New York, NY, pg. 931
Newquist, Eddie, Chief Creative Officer --GLOBAL EXPERIENCE SPECIALISTS, INC., Las Vegas, NV, pg. 422
Ng, Fan, Chief Creative Officer --Saatchi & Saatchi, Guangzhou, China, pg. 983
Ng, Ronald, Chief Creative Officer --ISOBAR, New York, NY, pg. 549
Niedzwiecki, Stephen, Chief Creative Officer --YARD, New York, NY, pg. 1303
Nielsen, Keld Lunda, Chief Creative Officer --The Kantar Group, London, United Kingdom, pg. 587
Nikolay, Megvelidze, Chief Creative Officer --BBDO Moscow, Moscow, Russia, pg. 107
Nisson, Bob, Chief Creative Officer --JAY ADVERTISING, INC., Rochester, NY, pg. 573
Nitipanont, Anuwat, Chief Creative Officer --BBDO Bangkok, Bangkok, Thailand, pg. 115
Noyes, Meredith, Chief Creative Officer --COOKSON STRATEGIC COMMUNICATIONS, Manchester, NH, pg. 1475
Nunziato, John, Chief Creative Officer --LITTLE BIG BRANDS, White Plains, NY, pg. 645
Nuss, Mark, Chief Creative Officer --THE ADCOM GROUP, Cleveland, OH, pg. 28
O'Neill, Carolyn, Chief Creative Officer --Centron, New York, NY, pg. 492
O'Rourke, Matthew, Chief Creative Officer --22SQUARED, Atlanta, GA, pg. 4
Ogando, Micky, Chief Creative Officer --BAKERY, Austin, TX, pg. 1240
Olavarrieta, Paco, Chief Creative Officer --D EXPOSITO & PARTNERS, LLC, New York, NY, pg. 256
Olen, Jim, Chief Creative Officer --DREAMENTIA INC, Los Angeles, CA, pg. 320
Onsager-Birch, Karin, Chief Creative Officer --FCB West, San Francisco, CA, pg. 365
Orlando, Matt, Chief Creative Officer --TAG, Thornhill, Canada, pg. 1070
Ortega, Tom, Chief Creative Officer --RIESTER, Phoenix, AZ, pg. 958
Oshima, Hiroshi, Chief Creative Officer --DDB Japan, Tokyo, Japan, pg. 276
Osuna, Fernando, Chief Creative Officer --LOPEZ NEGRETE COMMUNICATIONS, INC., Houston, TX, pg. 651
Ozan, Michael, Chief Creative Officer --TWIST CREATIVE INC., Cleveland, OH, pg. 1124
Padilla, Adam, Chief Creative Officer --BRANDFIRE, New York, NY, pg. 156
Pak, Helen, Chief Creative Officer --GREY VANCOUVER, Vancouver, Canada, pg. 449
Panes, Raoul, Chief Creative Officer --Leo Burnett Manila, Makati, Philippines, pg. 631
Papageorge, Stephen, Chief Creative Officer --MIRRORBALL, New York, NY, pg. 747
Pappalardo, Jeffrey, Chief Creative Officer --CROWLEY WEBB, Buffalo, NY, pg. 250
Paradise, Liz, Chief Creative Officer --BRIGHT RED\TBWA, Tallahassee, FL, pg. 163
Park, Joonyong, Chief Creative Officer --FIRSTBORN, New York, NY, pg. 384
Parker, Tom, Chief Creative Officer --Edelman, San Francisco, CA, pg. 1492
Parrish, Joe, Chief Creative Officer --THE VARIABLE AGENCY, Winston Salem, NC, pg. 1131
Pascoe, Karyn, Chief Creative Officer --BEYOND AGENCY, San Francisco, CA, pg. 126
Paul, Josy, Chief Creative Officer --BBDO India, Gurgaon, India, pg. 112
Pawar, Bobby, Chief Creative Officer --Publicis Ambience Mumbai, Mumbai, India, pg. 909
Pawar, Bobby, Chief Creative Officer --Publicis Beehive, Mumbai, India, pg. 909
Pawar, Bobby, Chief Creative Officer --Publicis India Communications Pvt. Ltd., Mumbai, India, pg. 909
Payne, Andrew Michael, Chief Creative Officer --BRANDWIZARD, New York, NY, pg. 160
Payne, Andrew Michael, Chief Creative Officer --Interbrand, London, United Kingdom, pg. 537
Pearce, Jon, Chief Creative Officer --HUDSON ROUGE, New York, NY, pg. 511
Pearman, Tony, Chief Creative Officer --ACCESS ADVERTISING + PR, Roanoke, VA, pg. 19
Peraza, Winston, Chief Creative Officer --CUBIC, Tulsa, OK, pg. 252
Perez, Lenin, Chief Creative Officer --AW Oveja Negra Saatchi & Saatchi, Caracas, Venezuela, pg. 982
Perry, William F., Chief Creative Officer --CARDENAS MARKETING NETWORK INC., Chicago, IL, pg. 188
Peters, Michael, Chief Creative Officer --SPARK, Tampa, FL, pg. 1031
Petruccio, Joe, Chief Creative Officer --AFG&, New York, NY, pg. 37
Phior, Rio, Chief Creative Officer --SAGON-PHIOR, West Los Angeles, CA, pg. 1638
Pia, Cliff, Chief Creative Officer --PIA AGENCY, Carlsbad, CA, pg. 870
Piattoni, Adrian, Chief Creative Officer --DDB Argentina, Buenos Aires, Argentina, pg. 270
Pilla, Megan, Chief Creative Officer --BULLDOG DRUMMOND, INC., San Diego, CA, pg. 172
Pillsbury, Whitney, Chief Creative Officer --AMMUNITION, LLC, Atlanta, GA, pg. 1236
Pilon, Benoit, Chief Creative Officer --TANK, Montreal, Canada, pg. 1072
Ping, Ong Shi, Chief Creative Officer --FCB Kuala Lumpur, Kuala Lumpur, Malaysia, pg. 374
Pitsikoulis, Constantine, Chief Creative Officer --PITBULL CREATIVE, Atlanta, GA, pg. 873
Pivrnec, Dieter, Chief Creative Officer --MullenLowe GGK, Vienna, Austria, pg. 774
Pizzorno, Rodriguez, Chief Creative Officer --Badillo Nazca Saatchi & Saatchi, Guaynabo, PR, pg. 982
Polar, Humberto, Chief Creative Officer --Grey Mexico, S.A. de C.V, Mexico, Mexico, pg. 444
Porro, Giovanni, Chief Creative Officer --Havas Worldwide Milan, Milan, Italy, pg. 481
Poutanen, Jyrki, Chief Creative Officer --TBWA PHS, Helsinki, Finland, pg. 1080
Powers, Lori, Chief Creative Officer --POWERS AGENCY, Cincinnati, OH, pg. 885
Poynton, Malcolm, Chief Creative Officer --Cheil Worldwide Inc., Seoul, Korea (South), pg. 462
Premutico, Leo, Chief Creative Officer --JOHANNES LEONARDO, New York, NY, pg. 1266
Publicis, Ceo, Chief Creative Officer --Publicis Italia, Milan, Italy, pg. 899
Pucci, John, Chief Creative Officer --HAWTHORNE DIRECT INC., Fairfield, IA, pg. 489
Puebla, Chacho, Chief Creative Officer --LOLA MullenLowe, Madrid, Spain, pg. 542
Puig, Carles, Chief Creative Officer --Grey Chile, Santiago, Chile, pg. 443
Pumfery, Aaron, Chief Creative Officer --EDGE PARTNERSHIPS, Lansing, MI, pg. 331
Putnam, Jennifer, Chief Creative Officer --ALLEN & GERRITSEN, Boston, MA, pg. 45
Putnam, Jennifer, Chief Creative Officer --Allen & Gerritsen, Philadelphia, PA, pg. 46
Quinones, Ignacio, Chief Creative Officer --Grey Chile, Santiago, Chile, pg. 443
Rabinovici, Ester, Chief Creative Officer --RABINOVICI & ASSOCIATES, Hallandle Beach, FL, pg. 928
Rambeau, Dee, Chief Creative Officer --150PR, Chandler, AZ, pg. 1421
Ramirez, Rafael, Chief Creative Officer --NEWLINK GROUP, Miami, FL, pg. 792
Ramos, Anselmo, Chief Creative Officer --DAVID, Sao Paulo, Brazil, pg. 261
Ramos, Anselmo, Chief Creative Officer --DAVID The Agency, Miami, FL, pg. 261
Randall, Jesse, Chief Creative Officer --THE RANDALL BRANDING, Richmond, VA, pg. 930
Rattenborg, Greg, Chief Creative Officer --WIRE STONE LLC, Sacramento, CA, pg. 1172
Rattenborg, Greg, Chief Creative Officer --Wirestone, Fort Collins, CO, pg. 1172
Ray, Mark, Chief Creative Officer --NORTH, Portland, OR, pg. 797
Reach, Amy L., Chief Creative Officer --PureRED/Ferrara, Tucker, GA, pg. 918

AGENCIES — RESPONSIBILITIES INDEX

Reardon, Paul, Chief Creative Officer --TBWA Melbourne, Melbourne, Australia, pg. 1088

Rebeschini, Marcus, Chief Creative Officer --Y&R Thailand, Bangkok, Thailand, pg. 1202

Rebeschini, Marcus, Chief Creative Officer --Young & Rubicam Philippines, Manila, Philippines, pg. 1201

Red, Steve, Chief Creative Officer --RED TETTEMER O'CONNELL & PARTNERS, Philadelphia, PA, pg. 941

Reeb, Sacha, Chief Creative Officer --MANIFEST, New York, NY, pg. 1574

Regev, Idan, Chief Creative Officer --BBR Saatchi & Saatchi, Ramat Gan, Israel, pg. 977

Reid, John, Chief Creative Officer --EVB, Oakland, CA, pg. 352

Reinhard, Matt, Chief Creative Officer --O'KEEFE REINHARD & PAUL, Chicago, IL, pg. 834

Remund, Colby, Chief Creative Officer --RELIC ADVERTISING, Provo, UT, pg. 945

Reno, Adam, Chief Creative Officer --VIMBY, Van Nuys, CA, pg. 1138

Renta, Enrique, Chief Creative Officer --DDB LATINA PUERTO RICO, San Juan, PR, pg. 267

Resnik, Jon, Chief Creative Officer --TAYLOR, New York, NY, pg. 1655

Revuelta, Jesus, Chief Creative Officer --FCB Spain, Madrid, Spain, pg. 368

Reyes, Leigh, Chief Creative Officer --MullenLowe Philippines, Manila, Philippines, pg. 776

Reyes, Rodrigo Figueroa, Chief Creative Officer --FCB&FiRe Argentina, Buenos Aires, Argentina, pg. 370

Richardson, Darren, Chief Creative Officer --Havas Worldwide Digital Dusseldorf, Dusseldorf, Germany, pg. 480

Richardson, Darren, Chief Creative Officer --Havas Worldwide Dusseldorf, Dusseldorf, Germany, pg. 480

Riddle, Todd, Chief Creative Officer --Commonwealth, Detroit, MI, pg. 698

Riggs, Robin, Chief Creative Officer --RKD GROUP, Richardson, TX, pg. 961

Rivera, Michael, Chief Creative Officer --THE MARKETING STORE, Chicago, IL, pg. 1410

Rizuto, Rafael, Chief Creative Officer --TBD, San Francisco, CA, pg. 1076

Roach, Bryan, Chief Creative Officer --SCORCH AGENCY, Saint Louis, MO, pg. 997

Robinson, Jaime, Chief Creative Officer --JOAN, New York, NY, pg. 577

Robinson, Laura, Chief Creative Officer --POWER CREATIVE, Louisville, KY, pg. 884

Roca de Vinals Delgado, Jose Maria, Chief Creative Officer --DDB Barcelona S.A., Barcelona, Spain, pg. 280

Roddy, Kevin, Chief Creative Officer --RINEY, San Francisco, CA, pg. 959

Rodgers, Scott, Chief Creative Officer --TIER10 MARKETING, Herndon, VA, pg. 1103

Rodriguez, Sergio, Chief Creative Officer --J. Walter Thompson, Rome, Italy, pg. 560

Rolfe, Tiffany, Chief Creative Officer --R/GA, New York, NY, pg. 925

Rolling, Brian, Chief Creative Officer --SRW, Chicago, IL, pg. 1039

Ronge, Stefan, Chief Creative Officer --Edelman, Stockholm, Sweden, pg. 1496

Ronge, Stefan, Chief Creative Officer --Edelman Deportivo, Stockholm, Sweden, pg. 1493

Rosa, Steve, Chief Creative Officer --(ADD)VENTURES, Providence, RI, pg. 29

Rose, Josh, Chief Creative Officer --Sawmill, New York, NY, pg. 1675

Rosen, Jane C., Chief Creative Officer --ROSEN, Portland, OR, pg. 968

Rosenberg, Lisa, Chief Creative Officer --Allison & Partners, New York, NY, pg. 1431

Rosenberg, Lisa, Chief Creative Officer --Allison & Partners, New York, NY, pg. 721

Rotter, Steve H., Chief Creative Officer --ROTTER GROUP INC., Huntington, NY, pg. 969

Rouxel, Jonathan, Chief Creative Officer --BLEUBLANCROUGE, Montreal, Canada, pg. 136

Rowe, Ben, Chief Creative Officer --SCORR MARKETING, Kearney, NE, pg. 1642

Ruoff, Kelly, Chief Creative Officer --OLOGIE, Columbus, OH, pg. 835

Sabean, Sandy, Chief Creative Officer --WOMENKIND, New York, NY, pg. 1174

Sabini, Alessandro, Chief Creative Officer --McCann Erickson Italiana S.p.A., Rome, Italy, pg. 706

Sabini, Alessandro, Chief Creative Officer --McCann Erickson Italiana S.p.A., Rome, Italy, pg. 715

Sabini, Alessandro, Chief Creative Officer --MCCANN WORLDGROUP S.R.L, Milan, Italy, pg. 715

Salvado, Rita, Chief Creative Officer --McCann Worldgroup Portugal, Lisbon, Portugal, pg. 708

San Jose, George L., Chief Creative Officer --THE SAN JOSE GROUP, Winnetka, IL, pg. 989

Sanches, Luiz, Chief Creative Officer --Almap BBDO, Sao Paulo, Brazil, pg. 101

Sanchez, Juan, Chief Creative Officer --TBWA Espana, Madrid, Spain, pg. 1085

Sanchez, Roehl, Chief Creative Officer --BIMM COMMUNICATIONS GROUP, Toronto, Canada, pg. 131

Sanna, Paulo, Chief Creative Officer --Wunderman, Sao Paulo, Brazil, pg. 1190

Sarmiento, Ciro, Chief Creative Officer --DIESTE, Dallas, TX, pg. 299

Savion, Ronnie, Chief Creative Officer --ELIAS SAVION ADVERTISING, PUBLIC RELATIONS & INTERACTIVE, Pittsburgh, PA, pg. 337

Scardino, Mike, Chief Creative Officer --BARNHARDT, DAY & HINES, Concord, NC, pg. 91

Schalit, Michael, Chief Creative Officer --Net#work BBDO, Gauteng, South Africa, pg. 108

Schalit, Mike, Chief Creative Officer --140 BBDO, Cape Town, South Africa, pg. 108

Schapiro, Rob, Chief Creative Officer --BRUNNER, Pittsburgh, PA, pg. 169

Scheiner, Gary, Chief Creative Officer --GHG, New York, NY, pg. 417

Schiff, Dave, Chief Creative Officer --MADE MOVEMENT LLC, Boulder, CO, pg. 669

Schiff, Doug, Chief Creative Officer --Ogilvy Japan K.K., Tokyo, Japan, pg. 825

Schneider, Scott, Chief Creative Officer --PRAYTELL, Brooklyn, NY, pg. 1618

Schneider, Wolfgang, Chief Creative Officer --BBDO Dusseldorf, Dusseldorf, Germany, pg. 105

Schnitzler, Adam, Chief Creative Officer --S3, Boonton, NJ, pg. 974

Schoeffler, Eric, Chief Creative Officer --Havas Worldwide Digital Dusseldorf, Dusseldorf, Germany, pg. 480

Schoeffler, Eric, Chief Creative Officer --Havas Worldwide Dusseldorf, Dusseldorf, Germany, pg. 480

Schoeneck, Heidi, Chief Creative Officer --GEOMETRY GLOBAL NORTH AMERICA HQ, New York, NY, pg. 415

Schragger, Jason, Chief Creative Officer --SAATCHI & SAATCHI, New York, NY, pg. 975

Schulman, Alan, Chief Creative Officer --DELOITTE DIGITAL, Seattle, WA, pg. 1249

Schultz, Brad, Chief Creative Officer --MASON MARKETING, INC, Penfield, NY, pg. 691

Schwartz, Aaron, Chief Creative Officer --HOOK STUDIOS LLC, Ann Arbor, MI, pg. 1260

Schwartz, Jay, Chief Creative Officer --IDEAWORK STUDIOS, Santa Barbara, CA, pg. 522

Scott, Derek, Chief Creative Officer --DUNHAM+COMPANY, Plano, TX, pg. 326

Searle, Danny, Chief Creative Officer --BBDO Singapore, Singapore, Singapore, pg. 115

Sebbag, Steph, Chief Creative Officer --BPG ADVERTISING, Los Angeles, CA, pg. 151

Seger, Sven, Chief Creative Officer --FUTUREBRAND, New York, NY, pg. 405

Seisser, Tod, Chief Creative Officer --GROK, New York, NY, pg. 451

Sena, Peter, II, Chief Creative Officer --DIGITAL SURGEONS LLC, New Haven, CT, pg. 301

Serkin, Mariano, Chief Creative Officer --Del Campo Nazca Saatchi & Saatchi, Buenos Aires, Argentina, pg. 981

Serkin, Mariano, Chief Creative Officer --Saatchi & Saatchi, Madrid, Spain, pg. 979

Sethna, Delna, Chief Creative Officer --Saatchi & Saatchi, Mumbai, India, pg. 984

Sexton, Kristy, Chief Creative Officer --ADCETERA GROUP, Houston, TX, pg. 27

Seymour, Scott, Chief Creative Officer --BFG COMMUNICATIONS, Bluffton, SC, pg. 126

Shabaz, Ali, Chief Creative Officer --Grey Group Middle East Network, Dubai, United Arab Emirates, pg. 443

Shabaz, Ali, Chief Creative Officer --Grey Hong Kong, North Point, China (Hong Kong), pg. 446

Shabaz, Ali, Chief Creative Officer --GREYnj United, Bangkok, Thailand, pg. 448

Shaon, Syed Gousul Alam, Chief Creative Officer --Grey Bangladesh Ltd., Dhaka, Bangladesh, pg. 445

Shaw, Simon, Chief Creative Officer --Hill+Knowlton Strategies, London, United Kingdom, pg. 1533

Shearer, Norm, Chief Creative Officer --CACTUS, Denver, CO, pg. 181

Shearer, Paul, Chief Creative Officer --BBDO EMEA, London, United Kingdom, pg. 111

Shearer, Paul, Chief Creative Officer --Impact BBDO, Jeddah, Saudi Arabia, pg. 108

Shearer, Paul, Chief Creative Officer --Impact BBDO, Dubai, United Arab Emirates, pg. 109

Shearer, Paul, Chief Creative Officer --MEMAC Ogilvy, Kuwait, Kuwait, pg. 830

Sheean, Chip, Chief Creative Officer --THEORY SF, San Francisco, CA, pg. 1294

Shoesmith, Jo, Chief Creative Officer --Campbell Ewald Los Angeles, West Hollywood, CA, pg. 541

Shore, Kurt, Chief Creative Officer --D4 CREATIVE GROUP, Philadelphia, PA, pg. 256

Silva, Rui, Chief Creative Officer --BBDO Portugal, Lisbon, Portugal, pg. 107

Silvestri, Phil, Chief Creative Officer --Havas Worldwide Tonic, New York, NY, pg. 477

Simon, Andrew, Chief Creative Officer --Edelman, Toronto, Canada, pg. 1491

Simon, Mark, Chief Creative Officer --YAFFE GROUP, Southfield, MI, pg. 1195

Simoncic, Steve, Chief Creative Officer --JACOBSON ROST, Milwaukee, WI, pg. 570

Simpson, Steve, Chief Creative Officer --Ogilvy North America, New York, NY, pg. 811

Sims, Leslie, Chief Creative Officer --RED FUSE COMMUNICATIONS, INC., New York, NY, pg. 939

Sinclair, Joe, Chief Creative Officer --The Romans, London, United Kingdom, pg. 763

Sindelar, Roman, Chief Creative Officer --PKP BBDO, Vienna, Austria, pg. 103

Singleton, Heidi, Chief Creative Officer --NEW HONOR SOCIETY, Saint Louis, MO, pg. 791

Sjoenell, Pelle, Chief Creative Officer --BARTLE BOGLE HEGARTY LIMITED, London, United Kingdom, pg. 92

Sjoenell, Pelle, Chief Creative Officer --BBH LA, West Hollywood, CA, pg. 93

Skrabal, Philipp, Chief Creative Officer --Farner Consulting AG, Zurich, Switzerland, pg. 1615

Slivka, Steven, Chief Creative Officer --Edelman, New York, NY, pg. 1492

Smith, Greg, Chief Creative Officer --THE VIA AGENCY, Portland, ME, pg. 1136

Smith, Jimmy, Chief Creative Officer --AMUSEMENT PARK, Santa Ana, CA, pg. 54

Smith, Lindsey, Chief Creative Officer --SMITH BROTHERS AGENCY, LP, Pittsburgh, PA, pg. 1023

Sobhani, Chaka, Chief Creative Officer --Fallon London, London, United Kingdom, pg. 360

Sohal, Komal Bedi, Chief Creative Officer --Saatchi & Saatchi, Dubai, United Arab Emirates, pg. 980

Sojka, Chris, Chief Creative Officer --MADWELL, Brooklyn, NY, pg. 670

Sokoloff, Jose Miguel, Chief Creative Officer --MullenLowe London, London, United Kingdom, pg. 775

Soler, Ricky, Chief Creative Officer --ONEIGHTY, Guaynabo, PR, pg. 839

Sonderman, David, Chief Creative Officer --THE SHIPYARD, Columbus, OH, pg. 1008

Soto, Ariel, Chief Creative Officer --BBDO Mexico, Mexico, Mexico, pg. 103

Sovonick, Doug, Chief Creative Officer --DESKEY, Cincinnati, OH, pg. 293

Spidell, Liz, Chief Creative Officer --BLUEZOOM, Greensboro, NC, pg. 142

Spigel, Artur, Chief Creative Officer --7ATE9 ENTERTAINMENT, Los Angeles, CA, pg. 12

Spink, Bill, Chief Creative Officer --DMW WORLDWIDE LLC, Chesterbrook, PA, pg. 311

Spitzer, Douglas, Chief Creative Officer --CATCH NEW YORK, New York, NY, pg. 196

Staebler, Bruce, Chief Creative Officer --SIGNATURE BRAND FACTORY, Milldale, CT, pg. 1013

Stallsmith, Deanna, Chief Creative Officer --REMEDY, Chicago, IL, pg. 946

Stephens, Chris, Chief Creative Officer --MAVEN CREATIVE,

RESPONSIBILITIES INDEX — AGENCIES

Orlando, FL, pg. 695.

Stern, Tony, Chief Creative Officer --PHELPS, Playa Vista, CA, pg. 867

Stevenson, David W., Chief Creative Officer --TWO BY FOUR, Chicago, IL, pg. 1124

Stiebitz, Richard, Chief Creative Officer --Wunderman, Prague, Czech Republic, pg. 1191

Stocker, Steve, Chief Creative Officer --AFFIRM, Pewaukee, WI, pg. 37

Stone, Jimmie, Chief Creative Officer --Edelman, London, United Kingdom, pg. 1494

Stone, Jimmie, Chief Creative Officer --Edelman, New York, NY, pg. 1492

Stone, Steve, Chief Creative Officer --HEAT, San Francisco, CA, pg. 492

Stratford, Kerry, Chief Creative Officer --THE CALIBER GROUP, Tucson, AZ, pg. 183

Strother, Patrick, Chief Creative Officer --STROTHER COMMUNICATIONS, Minneapolis, MN, pg. 1055

Supple, Jack, Chief Creative Officer --POCKET HERCULES, Minneapolis, MN, pg. 879

Sutter, Joe, Chief Creative Officer --GMR MARKETING LLC, New Berlin, WI, pg. 1403

Sverakova, Tereza, Chief Creative Officer --Y&R Praha, s.r.o., Prague, Czech Republic, pg. 1205

Sykora, Jim, Chief Creative Officer --WILLOW ST. AGENCY, Dallas, TX, pg. 1170

Taht, Kenny, Chief Creative Officer --GOCONVERGENCE, Orlando, FL, pg. 426

Talbot, Toby, Chief Creative Officer --Saatchi & Saatchi, Auckland, New Zealand, pg. 984

Tan, Norman, Chief Creative Officer --J. Walter Thompson, Shanghai, China, pg. 555

Tan, Shen Guan, Chief Creative Officer --RED FUSE COMMUNICATIONS, INC., New York, NY, pg. 939

Tantivejakul, Trong, Chief Creative Officer --Y&R Thailand, Bangkok, Thailand, pg. 1202

Tarty, Feh, Chief Creative Officer --SS+K AGENCY, New York, NY, pg. 1039

Taylor, Paul, Chief Creative Officer --BRANDOPUS, New York, NY, pg. 158

Taylor, Robb, Chief Creative Officer --JEKYLL AND HYDE, Redford, MI, pg. 574

Tesoro, Jake, Chief Creative Officer --FCB Manila, Makati, Philippines, pg. 374

Thaidumrong, Jureeporn, Chief Creative Officer --GREYnj United, Bangkok, Thailand, pg. 448

Thessman, Sami, Chief Creative Officer --WUNDERMAN, New York, NY, pg. 1188

Thomas, Joyce King, Chief Creative Officer --McCann Erickson Italiana S.p.A., Rome, Italy, pg. 706

Thomas, Joyce King, Chief Creative Officer --McCann Erickson Italiana S.p.A., Rome, Italy, pg. 715

Thomson, Laurence, Chief Creative Officer --McCann Erickson Advertising Ltd., London, United Kingdom, pg. 711

Thorne, Amy, Chief Creative Officer --Merkle Inc., King of Prussia, PA, pg. 733

Threlkel, Travis, Chief Creative Officer --OBSCURA DIGITAL, INC., San Francisco, CA, pg. 1277

Thrivikraman, Ajay, Chief Creative Officer --Publicis Asia/Pacific Pte. Ltd., Singapore, Singapore, pg. 907

Thrivikraman, Ajay, Chief Creative Officer --Publicis Singapore, Singapore, Singapore, pg. 911

Tiempo, Rey, Chief Creative Officer --Young & Rubicam Philippines, Manila, Philippines, pg. 1201

Tilly, Ahmed, Chief Creative Officer --FCB Johannesburg, Johannesburg, South Africa, pg. 375

Tirador, Renny, Chief Creative Officer --OUTOFTHEBLUE ADVERTISING, Coral Gables, FL, pg. 847

Todai, Amin, Chief Creative Officer --ONEMETHOD INC, Toronto, Canada, pg. 840

Tolley, Geoff, Chief Creative Officer --CHEMISTRY COMMUNICATIONS INC., Pittsburgh, PA, pg. 205

Tomasek, Toni, Chief Creative Officer --PUBLICIS GROUPE S.A., Paris, France, pg. 897

Toohey, Joe, Chief Creative Officer --2E CREATIVE, Saint Louis, MO, pg. 4

Topol, Lisa, Chief Creative Officer --DDB New York, New York, NY, pg. 269

Toro, Alyssa D'Arienzo, Chief Creative Officer --CONNELLY PARTNERS, Boston, MA, pg. 227

Tracy, Jill, Chief Creative Officer --BSTRO, INC., San Francisco, CA, pg. 1244

Tranter, Gary, Chief Creative Officer --Digitas, Kwun Tong, China (Hong Kong), pg. 1252

Trimino, Anthony, Chief Creative Officer --TRAFFIK, Irvine, CA, pg. 1113

Trisadikun, Sompat, Chief Creative Officer --Leo Burnett, Bangkok, Thailand, pg. 631

Trivisonno-Hawley, Danielle, Chief Creative Officer --Possible, Seattle, WA, pg. 1189

Trivisonno-Hawley, Danielle, Chief Creative Officer --Possible, Seattle, WA, pg. 1181

Trivisonno-Hawley, Danielle, Chief Creative Officer --POSSIBLE NEW YORK, New York, NY, pg. 1280

Trollback, Jakob, Chief Creative Officer --TROLLBACK + COMPANY, New York, NY, pg. 1119

Tsang, Arthur, Chief Creative Officer --BBH China, Shanghai, China, pg. 93

Tsurkanu, Ella, Chief Creative Officer --AUDACITY HEALTH LLC, San Diego, CA, pg. 76

Tucker, Angus, Chief Creative Officer --JOHN ST., Toronto, Canada, pg. 579

Tutssel, Mark, Chief Creative Officer --Leo Burnett Tailor Made, New York, NY, pg. 622

Tutssel, Mark, Chief Creative Officer --LEO BURNETT WORLDWIDE, INC., Chicago, IL, pg. 621

Unger, Mark, Chief Creative Officer --PUSH, Orlando, FL, pg. 918

Urenha, Rafael, Chief Creative Officer --DPZ-Duailibi, Petit, Zaragoza, Propaganda S.A., Sao Paulo, Brazil, pg. 906

Urenha, Rafael, Chief Creative Officer --DPZ-Duailibi, Petit, Zaragoza, Propaganda S.A., Sao Paulo, Brazil, pg. 21

Vaezi, Serge, Chief Creative Officer --Ogilvy, London, United Kingdom, pg. 1600

Vakidis, Johan, Chief Creative Officer --Publicis Shanghai, Shanghai, China, pg. 908

Vallario, Andy, Chief Creative Officer --MEDIA RESULTS, Wilmington, MA, pg. 727

Vamosy, Michael, Chief Creative Officer --STUN CREATIVE, Los Angeles, CA, pg. 1057

van der Plas, Massimo, Chief Creative Officer --FCB Amsterdam, Amsterdam, Netherlands, pg. 367

Van Dijk, Darre, Chief Creative Officer --TBWA Company Group, Amsterdam, Netherlands, pg. 1084

van Dijk, Darre, Chief Creative Officer --TBWA Neboko, Amsterdam, Netherlands, pg. 1084

Van Rij, Peter, Chief Creative Officer --Ogilvy (Amsterdam) B.V., Amsterdam, Netherlands, pg. 816

Van Wyk, Roald, Chief Creative Officer --MXM, New York, NY, pg. 781

Vandeven, Debbi, Chief Creative Officer --VML, Inc., Atlanta, GA, pg. 1143

Vandeven, Debbi, Chief Creative Officer --VML-White Salmon, White Salmon, WA, pg. 1144

Vaquer, Sylvia, Chief Creative Officer --SOCIOFABRICA, San Francisco, CA, pg. 1291

Veeder, Mark, Chief Creative Officer --VP+C PARTNERS, New York, NY, pg. 1668

Vega, Benji, Chief Creative Officer --CREATIVE ENERGY GROUP INC, Johnson City, TN, pg. 241

Vega, Guillermo, Chief Creative Officer --Saatchi & Saatchi London, London, United Kingdom, pg. 980

Vendramin, Benjamin, Chief Creative Officer --WP NARRATIVE_, New York, NY, pg. 1178

Venezia, Louis, Chief Creative Officer --PILOT, New York, NY, pg. 871

Ventura, Scott, Chief Creative Officer --INTEGRAPHIX, INC., Palatine, IL, pg. 536

Verkerke, Eric, Chief Creative Officer --EMERGENCE, New York, NY, pg. 339

Versolato, Marco, Chief Creative Officer --J. Walter Thompson Singapore, Singapore, Singapore, pg. 558

Vikram, Ajay, Chief Creative Officer --Saatchi & Saatchi Asia Pacific, Singapore, Singapore, pg. 985

Vinyaratn, Veradis, Chief Creative Officer --TBWA Thailand, Bangkok, Thailand, pg. 1092

Vitale, Domenico, Chief Creative Officer --PEOPLE IDEAS & CULTURE, Brooklyn, NY, pg. 862

Vitrone, Scott, Chief Creative Officer --FIGLIULO&PARTNERS, LLC, New York, NY, pg. 380

Voegel, Stephan, Chief Creative Officer --MEMAC Ogilvy, Kuwait, Kuwait, pg. 830

Vogel, Stephan, Chief Creative Officer --Ogilvy Frankfurt, Frankfurt, Germany, pg. 814

Vogel, Stephan, Chief Creative Officer --OgilvyOne GmbH, Frankfurt, Germany, pg. 815

Vossen, Chad, Chief Creative Officer --522 DIGITAL, LLC, Alexandria, VA, pg. 9

Wachs, Michael, Chief Creative Officer --GYK Antler, Boston, MA, pg. 457

Warman, Jeffrey, Chief Creative Officer --CURIOSITY ADVERTISING, Cincinnati, OH, pg. 254

Warner, Paul, Chief Creative Officer --MetropolitanRepublic, Johannesburg, South Africa, pg. 1180

Wasilewski, Michael, Chief Creative Officer --FRANK COLLECTIVE, Brooklyn, NY, pg. 395

Wassell, David, Chief Creative Officer --MGH, INC., Owings Mills, MD, pg. 736

Waszkelewicz, Brett, Chief Creative Officer --WONDERSAUCE, New York, NY, pg. 1302

Watson, Scott, Chief Creative Officer --OGILVY COMMONHEALTH WORLDWIDE, Parsippany, NJ, pg. 832

Watt, Julian, Chief Creative Officer --DDB Melbourne Pty. Ltd., Melbourne, Australia, pg. 270

Watt, Julian James, Chief Creative Officer --Global Team Blue, London, United Kingdom, pg. 423

Wayner, Taras, Chief Creative Officer --SAATCHI & SAATCHI, New York, NY, pg. 975

Webster, Deacon, Chief Creative Officer --WALRUS, New York, NY, pg. 1150

Wegerbauer, Eric, Chief Creative Officer --OGILVY, New York, NY, pg. 809

Weinstock, David, Chief Creative Officer --DECODED ADVERTISING, New York, NY, pg. 285

Weinstock, David, Chief Creative Officer --RF BINDER, New York, NY, pg. 1630

Weishaar, Andy, Chief Creative Officer --CONNECTIONS MEDIA, Washington, DC, pg. 1247

Weiss, Ari, Chief Creative Officer --DDB Chicago, Chicago, IL, pg. 268

Weiss, Ari, Chief Creative Officer --DDB New York, New York, NY, pg. 269

Weiss, Ari, Chief Creative Officer --DDB WORLDWIDE COMMUNICATIONS GROUP INC., New York, NY, pg. 268

Weitz, Carter, Chief Creative Officer --BAILEY LAUERMAN, Omaha, NE, pg. 84

Wells, Ali, Chief Creative Officer --VESTED, New York, NY, pg. 1135

Welsh, Ben, Chief Creative Officer --DDB Sydney Pty. Ltd., Ultimo, Australia, pg. 270

Wente, Mike, Chief Creative Officer --SWIRL MCGARRYBOWEN, San Francisco, CA, pg. 1067

Westbrook, Tripp, Chief Creative Officer --FIREHOUSE, INC., Dallas, TX, pg. 1402

Whelan, Mark, Chief Creative Officer --Havas London, London, United Kingdom, pg. 482

Whelan, Mark, Chief Creative Officer --Helia, London, United Kingdom, pg. 473

Whelan, Mark, Chief Creative Officer --Helia, London, United Kingdom, pg. 484

White, Brad, Chief Creative Officer --Luckie & Company, Duluth, GA, pg. 656

White, Brad, Chief Creative Officer --Luckie & Co., Austin, TX, pg. 656

Wicks, David, Chief Creative Officer --SIX POINT CREATIVE WORKS, Springfield, MA, pg. 1017

Wildberger, Thomas, Chief Creative Officer --Publicis, Zurich, Switzerland, pg. 901

Wildermuth, Joan, Chief Creative Officer --JUICE PHARMA WORLDWIDE, New York, NY, pg. 584

Wilds, Nathan, Chief Creative Officer --CLEARRIVER COMMUNICATIONS GROUP, Midland, MI, pg. 213

Wiles, Ford, Chief Creative Officer --BIG COMMUNICATIONS, INC., Birmingham, AL, pg. 128

Wilkins, Sherri, Chief Creative Officer --CARLING COMMUNICATIONS, San Diego, CA, pg. 189

Wilkinson, James, Chief Creative Officer --POP, Seattle, WA, pg. 882

Williams, Lewis, Chief Creative Officer --BURRELL, Chicago, IL, pg. 176

Wilson, Charlie, Chief Creative Officer --OgilvyOne Worldwide Ltd., London, United Kingdom, pg. 819

Winchester, Bill, Chief Creative Officer --LINDSAY, STONE & BRIGGS, INC., Madison, WI, pg. 641

Wingard, David, Chief Creative Officer --WINGARD CREATIVE, Jacksonville, FL, pg. 1170

Winkler, Jay, Chief Creative Officer --IDEA LAB DIGITAL, LLC, Moorestown, NJ, pg. 1263

Wisnu, Roy, Chief Creative Officer --MullenLowe Indonesia, Jakarta, Indonesia, pg. 774

Wolch, Anthony, Chief Creative Officer --BEYOND MARKETING GROUP, Santa Ana, CA, pg. 126

AGENCIES

Wold, Steven, Chief Creative Officer --JIGSAW LLC, Milwaukee, WI, pg. 576
Wolf, Keith, Chief Creative Officer --MODERN CLIMATE, MinneaPOlis, MN, pg. 753
Wolfsohn, Mike, Chief Creative Officer --HIGH WIDE & HANDSOME, Culver City, CA, pg. 499
Wong, Eddie, Chief Creative Officer --MullenLowe Profero Ltd., Shanghai, China, pg. 776
Wu, Canon, Chief Creative Officer --Grey Shanghai, Shanghai, China, pg. 446
Wu, Ronnie, Chief Creative Officer --TBWA Shanghai, Shanghai, China, pg. 1090
Xenopoulos, Jason, Chief Creative Officer --VML, London, United Kingdom, pg. 1144
Xenopoulos, Jason, Chief Creative Officer --VML, INC., Kansas City, MO, pg. 1143
Yeo, Yang, Chief Creative Officer --Hakuhodo Singapore Pte. Ltd., Singapore, Singapore, pg. 463
Yore, Patrick, Chief Creative Officer --BRAINBLAZE ADVERTISING & DESIGN, Fairfax, CA, pg. 152
Young, Al, Chief Creative Officer --FCB Inferno, London, United Kingdom, pg. 369
Young, Scott, Chief Creative Officer --EVANS, HARDY & YOUNG INC., Santa Barbara, CA, pg. 352
Yuskewich, Matt, Chief Creative Officer --160VER90, Philadelphia, PA, pg. 2
Zolty, Andrew, Chief Creative Officer --BREAKFAST LLC, Brooklyn, NY, pg. 1243
Zuckerman, Karen, Chief Creative Officer --HIRSHORN ZUCKERMAN DESIGN GROUP, Rockville, MD, pg. 502

Creative

Aasman, Zeke, Creative --Aasman Brand Communications, Whitehorse, Canada, pg. 16
Abadi, Mike, Creative --THE GATE WORLDWIDE NEW YORK, New York, NY, pg. 411
Abd Karim, Ferohaizal, Creative --FCB Kuala Lumpur, Kuala Lumpur, Malaysia, pg. 374
Abou-Khaled, Joe Abou, Creative --Impact BBDO, Beirut, Lebanon, pg. 106
Abraham, Ben, Creative --ISTRATEGYLABS, Washington, DC, pg. 1265
Abrams, Adrienne, Creative --3Q DIGITAL, San Mateo, CA, pg. 8
Abrantes, Alexandre, Creative --PUBLICIS NEW YORK, New York, NY, pg. 912
Acevedo, Andres, Creative --THE COMMUNITY, Miami, FL, pg. 223
Acevedo, Andres, Creative --The Community, Buenos Aires, Argentina, pg. 224
Ackmann, Nicole, Creative --THREAD CONNECTED CONTENT, Minneapolis, MN, pg. 1102
Acosta, Alex, Creative --McCann Erickson Central, Solihull, United Kingdom, pg. 712
Adachi, Yohey, Creative --Wieden + Kennedy Japan, Tokyo, Japan, pg. 1166
Adair, Adrienne, Creative --MMI AGENCY, Houston, TX, pg. 751
Adams, Corey, Creative --FRENCH/WEST/VAUGHAN, INC., Raleigh, NC, pg. 398
Adams, Jeremy, Creative --LEO BURNETT WORLDWIDE, INC., Chicago, IL, pg. 621
Adduci, MaryBeth, Creative --GOLIN, Chicago, IL, pg. 1519
Adelson, Robyn, Creative --Weber Shandwick, Toronto, Canada, pg. 1677
Adler, Mark, Creative --DONER, Southfield, MI, pg. 314
Adolfo, Ricardo, Creative --Ogilvy Japan K.K., Tokyo, Japan, pg. 825
Agapova, Daria, Creative --BBDO Moscow, Moscow, Russia, pg. 107
Agarwal, Rajat, Creative --Ogilvy, New Delhi, India, pg. 825
Agee, Sara Miles, Creative --Lewis Communications, Mobile, AL, pg. 636
Aggergaard, Tobias Lykke, Creative --TBWA Copenhagen, Copenhagen, Denmark, pg. 1080
Agliardo, Peter, Creative --DDB HEALTH, New York, NY, pg. 267
Aguayo, Berto, Creative --MADWELL, Brooklyn, NY, pg. 670
Aguinaldo, Mel, Creative --Campaigns & Grey, Makati, Philippines, pg. 447
Aguirre, Eddi, Creative --McCann Erickson Mexico, Mexico, Mexico, pg. 706
Ahmad, Nadia, Creative --WIEDEN + KENNEDY, INC., Portland, OR, pg. 1163
Ainsworth, Katie, Creative --COSSETTE COMMUNICATIONS, Vancouver, Canada, pg. 232

Akkarajindanon, Pathida, Creative --J. Walter Thompson, Shanghai, China, pg. 555
Alam, Faraz, Creative --Ogilvy, Bengaluru, India, pg. 823
Albarran, Letty, Creative --HAVAS HEALTH & YOU, New York, NY, pg. 474
Alberti, Jane Marie, Creative --DERSE INC., Milwaukee, WI, pg. 292
Albright, Lrichard, Creative --LAWLER BALLARD VAN DURAND, Birmingham, AL, pg. 616
Albro, Geoff, Creative --SPARKS MARKETING CORP, Philadelphia, PA, pg. 1032
Albuquerque, Dario, Creative --Saatchi & Saatchi, Dubai, United Arab Emirates, pg. 980
Alchin, Todd, Creative --NOBLE PEOPLE, New York, NY, pg. 796
Alesci, Laura, Creative --HAVAS SPORTS & ENTERTAINMENT, Atlanta, GA, pg. 1260
Alexander, Stuart, Creative --Leo Burnett Sydney, Sydney, Australia, pg. 628
Alfaro Alpizar, Jose David, Creative --Garnier BBDO, San Jose, Costa Rica, pg. 102
Alford, Suzanne, Creative --ALFORD ADVERTISING INC, New Orleans, LA, pg. 44
Alger, Wade, Creative --TBWA Chiat Day New York, New York, NY, pg. 1078
Ali, Noufal, Creative --FP7, Muscat, Oman, pg. 707
Alkema, Brigid, Creative --Clemenger BBDO Wellington, Wellington, New Zealand, pg. 113
Allen, Bill, Creative --TETHER, INC., Seattle, WA, pg. 1097
Allen, Hope, Creative --ALLEN & PARTNERS, Plainfield, NJ, pg. 46
Allen, Nick, Creative --Commonwealth, Detroit, MI, pg. 698
Allen, Toby, Creative --Abbott Mead Vickers BBDO, London, United Kingdom, pg. 109
Allen, Todd, Creative --TODD ALLEN DESIGN, Elkhart, IN, pg. 1108
Allenby, Patrick, Creative --Young & Rubicam Australia/New Zealand, Sydney, Australia, pg. 1199
Alm, Dave, Creative --BBDO PROXIMITY, Minneapolis, MN, pg. 97
Alm, David, Creative --BBDO Minneapolis, Minneapolis, MN, pg. 98
Almanza, Diego, Creative --Sancho BBDO, Bogota, Colombia, pg. 102
Almeida, Greg, Creative --MMB, Boston, MA, pg. 750
Almirante, Marcos, Creative --Global Team Blue, London, United Kingdom, pg. 423
Alvarez, Danny, Creative --DAVID The Agency, Miami, FL, pg. 261
Alvarez, Juan Pablo, Creative --Ogilvy, Bogota, Colombia, pg. 820
Alvarez, Lupita, Creative --WE BELIEVERS, New York, NY, pg. 1155
Alvarez, Orlando, Creative --Publicidad Comercial, La Libertad, El Salvador, pg. 543
Alves, Daniel, Creative --CARMICHAEL LYNCH, Minneapolis, MN, pg. 189
Amber, Renee, Creative --Pilot, Marina Del Rey, CA, pg. 871
Ambrose, Jason, Creative --R/GA, Austin, TX, pg. 927
Amelchenko, Paul, Creative --PUBLICIS.SAPIENT, Boston, MA, pg. 913
Amidi, Omid, Creative --JOHANNES LEONARDO, New York, NY, pg. 1266
Amodeo, Lou, Creative --RISE INTERACTIVE, Chicago, IL, pg. 960
Ampe, Peter, Creative --FamousGrey, Groot-Bijgaarden, Belgium, pg. 439
Amseyan, Carlos, Creative --Impact BBDO, Dubai, United Arab Emirates, pg. 109
Amsler, Marty, Creative --BAILEY LAUERMAN, Omaha, NE, pg. 84
An, Angelo, Creative --M&C SAATCHI PLC, London, United Kingdom, pg. 658
Anacker, Steven, Creative --PALMER AD AGENCY, San Francisco, CA, pg. 851
Anastasia, Vuchetich, Creative --BBDO Moscow, Moscow, Russia, pg. 107
Anda, Maeden, Creative --PRECISIONEFFECT, Boston, MA, pg. 887
Anda, Maeden, Creative --precisioneffect, Santa Ana, CA, pg. 887
Andersen, Mark, Creative --COLLE+MCVOY, Minneapolis, MN, pg. 219
Anderson, Chelsea, Creative --GREY GROUP, New York, NY, pg. 438
Anderson, Cheri, Creative --UNTITLED WORLDWIDE, New York, NY, pg. 1128
Anderson, Chuck, Creative --MKTG INC., Chicago, IL, pg. 749

RESPONSIBILITIES INDEX

Anderson, Derek, Creative --VML, Chicago, IL, pg. 1145
Anderson, Doug, Creative --ZION & ZION, Tempe, AZ, pg. 1213
Anderson, Jeff, Creative --GREY NEW YORK, New York, NY, pg. 438
Anderson, Jon, Creative --VIEWPOINT CREATIVE, Newton, MA, pg. 1137
Anderson, Kathryn, Creative --GODFREY ADVERTISING, Lancaster, PA, pg. 426
Anderson, Keith, Creative --OGILVY, New York, NY, pg. 809
Anderson, Matthew, Creative --STRUCK, Salt Lake City, UT, pg. 1055
Anderson, Matthew, Creative --Struck, Portland, OR, pg. 1055
Andrade, Felipe, Creative --Rapp Brazil, Sao Paulo, Brazil, pg. 932
Andrade, Leonardo, Creative --Publicis Brasil Communicao, Sao Paulo, Brazil, pg. 906
Andrews, Connie, Creative --THE RICHARDS GROUP, INC., Dallas, TX, pg. 956
Andrews, Jon, Creative --Possible London, London, United Kingdom, pg. 1281
Andrews, Kristine, Creative --ARNOLD WORLDWIDE, Boston, MA, pg. 69
Andrews, Mitzi, Creative --THE ROGERS AGENCY, Chesapeake, VA, pg. 966
Andrieu, Kory, Creative --PARTNERS+NAPIER, Rochester, NY, pg. 855
Ang, Pauline, Creative --M&C Saatchi, Kuala Lumpur, Malaysia, pg. 662
Anhut, Christian, Creative --Grey, Frankfurt, Germany, pg. 440
Ankowski, Andy, Creative --PULSAR ADVERTISING, INC., Beverly Hills, CA, pg. 915
Ansari, Samira, Creative --GREY GROUP, New York, NY, pg. 438
Anthony, Kiran, Creative --Ogilvy India, Mumbai, India, pg. 824
Anthony, Kiran, Creative --Ogilvy india, Chennai, India, pg. 823
Anthony, Kyle, Creative --BARKLEY, Kansas City, MO, pg. 90
Antill, Kieran, Creative --J. Walter Thompson Australia, Richmond, Australia, pg. 554
Antoniadis, Alexandros, Creative --Grey Group Germany, Dusseldorf, Germany, pg. 440
Antonini, Alessandro, Creative --Leo Burnett Co. S.r.l., Turin, Italy, pg. 625
Aoun, Rayyan, Creative --J. Walter Thompson, Dubai, United Arab Emirates, pg. 563
Apaliski, Jason, Creative --PEREIRA & O'DELL, San Francisco, CA, pg. 863
Apellaniz, Jessica, Creative --Ogilvy, Mexico, Mexico, pg. 821
Apple, Heather, Creative --SWIFT AGENCY, Portland, OR, pg. 1066
Appleby, Jack, Creative --PETROL ADVERTISING, Burbank, CA, pg. 866
Apthorpe, Alex, Creative --Edelman DABO, Dubai, United Arab Emirates, pg. 1497
Aquart, Bashan, Creative --AKA NYC, New York, NY, pg. 42
Aquino, Abi, Creative --MullenLowe Philippines, Manila, Philippines, pg. 776
Aquino, Arthur, Creative --BBDO Guerrero, Makati, Philippines, pg. 114
Aramis, Fred, Creative --TBWA North America, New York, NY, pg. 1079
Araneta, Tina, Creative --MullenLowe Philippines, Manila, Philippines, pg. 776
Arantes, Lucas, Creative --J. Walter Thompson, Sao Paulo, Brazil, pg. 563
Arber, Adam, Creative --AKQA, INC., San Francisco, CA, pg. 1234
Arbid, Joanne Raydan, Creative --TBWA Raad, Dubai, United Arab Emirates, pg. 1088
Arbos, Alfonso, Creative --Lowe MENA, Dubai, United Arab Emirates, pg. 773
Arbuaratna, Bhanu, Creative --BBDO New York, New York, NY, pg. 99
Arch, T. J., Creative --Juniper Park/TBWA, Toronto, Canada, pg. 1079
Ardito, Rick, Creative --MCGARRYBOWEN, New York, NY, pg. 716
Areas, Paulo, Creative --Bassat, Ogilvy Comunicacion, Barcelona, Spain, pg. 816
Areas, Paulo, Creative --Bassat, Ogilvy Comunicacion, Barcelona, Spain, pg. 1600
Arez, Joana, Creative --Publicis Publicidade Lda., Lisbon, Portugal, pg. 901
Argueta, Javier Suarez, Creative --M&C Saatchi, Berlin, Germany, pg. 661
Armenta, Felix, Creative --OH PARTNERS, Phoenix, AZ, pg. 833
Arnaouty, Osama, Creative --AMA Leo Burnett, Cairo, Egypt, pg.

RESPONSIBILITIES INDEX — AGENCIES

Arnold, Dave, Creative --Pereira & O'Dell, New York, NY, pg. 863
Arnold, Emma, Creative --Weber Shandwick-Chicago, Chicago, IL, pg. 1675
Aronson, Michael, Creative --DENTSUBOS, Montreal, Canada, pg. 291
Arozian, Matthew, Creative --ENC MARKETING & COMMUNICATIONS, McLean, VA, pg. 1500
Arrighi, Chris, Creative --DEVITO/VERDI, New York, NY, pg. 296
Arsiray, Ekin, Creative --Markom/Leo Burnett, Istanbul, Turkey, pg. 627
Artemenko, Maksym, Creative --MullenLowe Moscow, Moscow, Russia, pg. 775
Arzt, Christopher, Creative --Digital Kitchen, Seattle, WA, pg. 301
Asai, Masaya, Creative --TBWA\Media Arts Lab, Los Angeles, CA, pg. 1078
Ash, Alyssa, Creative --AOR, INC., Denver, CO, pg. 62
Ash, Kevin J., Creative --KEVIN J. ASH CREATIVE DESIGN, LLC, Northwood, NH, pg. 593
Ashley, Michael, Creative --Digitas, Atlanta, GA, pg. 1252
Ashman, Melissa, Creative --Sapient, Melbourne, Australia, pg. 915
Ashworth, Jimmy, Creative --NEATHAWK DUBUQUE & PACKETT, Richmond, VA, pg. 787
Ashworth, Jimmy, Creative --Neathawk Dubuque & Packett, Roanoke, VA, pg. 787
Askren, Andy, Creative --GRADY BRITTON, Portland, OR, pg. 430
Aslam, Arshad, Creative --Ogilvy, Karachi, Pakistan, pg. 830
Asplund, Bengt R, III, Creative --Edelman, London, United Kingdom, pg. 1494
Astolpho, Fabio, Creative --F.biz, Sao Paulo, Brazil, pg. 1183
Atkinson, Anthony, Creative --LEO BURNETT COMPANY LTD., Toronto, Canada, pg. 620
Atlas, Jordan, Creative --Edelman, Los Angeles, CA, pg. 1491
Atnip, Tim, Creative --GRAHAM OLESON, Colorado Springs, CO, pg. 432
Attewell, Bryn, Creative --Global Team Blue, London, United Kingdom, pg. 423
Attia, Gabrielle, Creative --BBDO New York, New York, NY, pg. 99
Attia, Gabrielle, Creative --BBDO WORLDWIDE INC., New York, NY, pg. 97
Audet, Cedric, Creative --JOHN ST., Toronto, Canada, pg. 579
Aumiller, Denis, Creative --LEHIGH MINING & NAVIGATION, Bethlehem, PA, pg. 619
Austin, Jon, Creative --Host, Sydney, Australia, pg. 486
Austin, Lauren, Creative --MKG, New York, NY, pg. 749
Avent-Wells, Lucy, Creative --The&Partnership London, London, United Kingdom, pg. 56
Aveyard, Martin, Creative --TRAPEZE COMMUNICATIONS, Victoria, Canada, pg. 1114
Avrea, Darren, Creative --AVREAFOSTER, Dallas, TX, pg. 80
Awad, Mike, Creative --Fortune Promoseven-Lebanon, Beirut, Lebanon, pg. 706
Awala, Jolomi, Creative --140 BBDO, Cape Town, South Africa, pg. 108
Axeman, Matthew, Creative --GATESMAN, Pittsburgh, PA, pg. 412
Aydin, Ayse, Creative --Y&R Turkey, Istanbul, Turkey, pg. 1204
Ayers, Caitlin, Creative --GYRO CINCINNATI, Cincinnati, OH, pg. 458
Aylward, Brynna, Creative --Energy BBDO, Chicago, IL, pg. 100
Azlan, Usamah, Creative --M&C Saatchi, Kuala Lumpur, Malaysia, pg. 662
Azzi, Dany, Creative --FP7 Jeddah, Jeddah, Saudi Arabia, pg. 708
Babcock, Julie, Creative --ART MACHINE, Hollywood, CA, pg. 71
Baber, Muhammad, Creative --J. Walter Thompson, Karachi, Pakistan, pg. 558
Badamo, Joanna, Creative --AGENCYEA, Chicago, IL, pg. 40
Badia, Jaume, Creative --DDB Barcelona S.A., Barcelona, Spain, pg. 280
Badia, Jaume, Creative --DDB Madrid, S.A., Madrid, Spain, pg. 280
Badri, Hicham, Creative --LAMBESIS, INC., La Jolla, CA, pg. 608
Baechler, John, Creative --HANNA & ASSOCIATES INC., Coeur D'Alene, ID, pg. 465
Baer, Stephen, Creative --THE GAME AGENCY, New York, NY, pg. 409
Bagola, Aljosa, Creative --Pristop Group d.o.o., Ljubljana, Slovenia, pg. 1678
Bailey, Paul, Creative --mcgarrybowen, London, United Kingdom, pg. 717
Baird, Sharon, Creative --LEGGETT & PLATT INC., Carthage, MO, pg. 1223
Baker, Andrew, Creative --CACTUS, Denver, CO, pg. 181

Baker, Chad, Creative --THE MEYOCKS GROUP, West Des Moines, IA, pg. 736
Baker, Nikki, Creative --Fallon New York, New York, NY, pg. 360
Baker, Philip, Creative --STAPLEGUN, Oklahoma City, OK, pg. 1042
Bakhtiar, Zaulin, Creative --FCB Kuala Lumpur, Kuala Lumpur, Malaysia, pg. 374
Baku, Gullit, Creative --SID LEE, Paris, France, pg. 1010
Balarin, Hermeti, Creative --MOTHER LTD., London, United Kingdom, pg. 762
Baldanza, Jamie, Creative --THE SAWTOOTH GROUP, Red Bank, NJ, pg. 992
Baldwin, David, Creative --BALDWIN&, Raleigh, NC, pg. 85
Baliga, Avinash, Creative --DDB New York, New York, NY, pg. 269
Ball, Ashley, Creative --Ackerman McQueen, Inc., Colorado Springs, CO, pg. 21
Ball, Ashley, Creative --ACKERMAN MCQUEEN, INC., Oklahoma City, OK, pg. 21
Ball, Bob, Creative --MASTERWORKS, Poulsbo, WA, pg. 692
Ballance, Feargal, Creative --Adam & EveDDB, London, United Kingdom, pg. 281
Ballerio, Agustin, Creative --Contrapunto, Madrid, Spain, pg. 108
Balloussier, Eduardo, Creative --FCB HEALTH, New York, NY, pg. 376
Balogh, Zsolt, Creative --DDB Budapest, Budapest, Hungary, pg. 275
Balzano, Thiago, Creative --AKQA, Inc., Washington, DC, pg. 1234
Balzer, Jennifer, Creative --BUBBLEUP, LLC., Spring, TX, pg. 171
Bamford, Chris, Creative --Freud Communications, London, United Kingdom, pg. 902
Banerjee, Anindya, Creative --FCB Ulka, Mumbai, India, pg. 373
Banerjee, Bipasha, Creative --J. Walter Thompson, Kolkata, India, pg. 557
Banham, Paul, Creative --FP7, Dubai, United Arab Emirates, pg. 710
Bannecke, David, Creative --Momentum, Saint Louis, MO, pg. 755
Banowetz, Leon, Creative --BANOWETZ + COMPANY INC., Dallas, TX, pg. 88
Barac-Roth, Claudia, Creative --MARRINER MARKETING COMMUNICATIONS, INC., Columbia, MD, pg. 686
Barbacovi, Jason, Creative --DELOITTE DIGITAL, Seattle, WA, pg. 1249
Barbaro-Benabib, Donna, Creative --YOUNG & RUBICAM, New York, NY, pg. 1197
Barbercheck, Dan, Creative --RED7E, Louisville, KY, pg. 942
Barcelos, Marcello, Creative --DPZ-Duailibi, Petit, Zaragoza, Propaganda S.A., Sao Paulo, Brazil, pg. 906
Barcelos, Marcello, Creative --DPZ-Duailibi, Petit, Zaragoza, Propaganda S.A., Sao Paulo, Brazil, pg. 21
Barefoot, Ashley, Creative --PREACHER, Austin, TX, pg. 886
Barissever, Selmi, Creative --Leo Burnett Co., S.r.l., Milan, Italy, pg. 625
Barissever, Selmi, Creative --Leo Burnett Co. S.r.l., Turin, Italy, pg. 625
Barke, Kim, Creative --FCB HEALTH, New York, NY, pg. 376
Barker, Jimmy, Creative --OMELET LLC, Culver City, CA, pg. 835
Barker-Evans, Janet, Creative --Epsilon, Arlington, VA, pg. 346
Barlar, David, Creative --LAM-ANDREWS INC., Nashville, TN, pg. 608
Barlow, Jamie, Creative --SPARKS MARKETING CORP, Philadelphia, PA, pg. 1032
Barnes, Justin, Creative --J. Walter Thompson International, Auckland, New Zealand, pg. 558
Barnes, Matthew, Creative --Ogilvy Johannesburg (Pty.) Ltd., Johannesburg, South Africa, pg. 829
Barnett, Augustus, Creative --AUGUSTUS BARNETT ADVERTISING/DESIGN, Fox Island, WA, pg. 77
Barnfield, Michael, Creative --DDB Sydney Pty. Ltd., Ultimo, Australia, pg. 270
Baron, Mike, Creative --PARTNERS+NAPIER, Rochester, NY, pg. 855
Barrett, Dianna, Creative --PERI MARKETING & PUBLIC RELATIONS, INC., Denver, CO, pg. 1608
Barrett, Steve, Creative --TETHER, INC., Seattle, WA, pg. 1097
Barroso, Albert, Creative --MOSES INC., Phoenix, AZ, pg. 762
Bart, Aaron, Creative --3Q DIGITAL, San Mateo, CA, pg. 8
Bartalucci, Paolo, Creative --Publicis Italia, Milan, Italy, pg. 899
Bartalucci, Paolo, Creative --Publicis Networks, Milan, Italy, pg. 900
Bartecki, Holly, Creative --JASCULCA/TERMAN AND ASSOCIATES, Chicago, IL, pg. 1545

Bartle, Rosann, Creative --DRUM, INC., Atlanta, GA, pg. 322
Bartman, Mark, Creative --INTERMARK GROUP, INC., Birmingham, AL, pg. 539
Barto, Josh, Creative --PUBLICIS HAWKEYE, Dallas, TX, pg. 1282
Bartolini, Robin, Creative --VITRO, San Diego, CA, pg. 1141
Basile, Francesco, Creative --Publicis Italia, Milan, Italy, pg. 899
Basirico, James, Creative --Havas Worldwide New York, New York, NY, pg. 476
Baskin, Elizabeth, Creative --TRIBE, Atlanta, GA, pg. 1116
Baskinger, Kim Ann, Creative --HAVAS WORLDWIDE, New York, NY, pg. 475
Bass, Meghann, Creative --THE WONDERFUL AGENCY, Los Angeles, CA, pg. 1228
Bastien, Baumann, Creative --OGILVY, New York, NY, pg. 809
Bastos, Tiago, Creative --F.biz, Sao Paulo, Brazil, pg. 1183
Bateman, Patti, Creative --HMH, Portland, OR, pg. 504
Bath, Tim, Creative --Publicis UK, London, United Kingdom, pg. 902
Bati, Ali, Creative --Leo Burnett & Target SA, Bucharest, Romania, pg. 626
Batla, Iraj Fraz, Creative --DDB Mudra Group, Mumbai, India, pg. 275
Batra, Kapil, Creative --McCann Erickson India, New Delhi, India, pg. 705
Battaglia, Roberto, Creative --GreyUnited, Milan, Italy, pg. 441
Baudet-Botella, Jonathan, Creative --BETC, Paris, France, pg. 479
Bauer, Gregg, Creative --WILLIAM MILLS AGENCY, Atlanta, GA, pg. 1168
Bauer, Mary Ann, Creative --VISIONMARK COMMUNICATIONS, Baltimore, MD, pg. 1139
Bauer, Ollie, Creative --SPACE150, Minneapolis, MN, pg. 1031
Bautista, Francisco, Creative --Teran TBWA, Mexico, Mexico, pg. 1092
Bayne, Nick, Creative --Vladimir Jones, Denver, CO, pg. 1142
Baynham, Maggie, Creative --HUMANAUT, Chattanooga, TN, pg. 514
Beach, Bob, Creative --J.T. MEGA FOOD MARKETING COMMUNICATIONS, Minneapolis, MN, pg. 584
Beachler, Sara Ebel, Creative --ABELSON-TAYLOR, INC., Chicago, IL, pg. 17
Beadle, Erik, Creative --LIQUIDHUB, INC., New York, NY, pg. 644
Beale, Oli, Creative --Anomaly, London, United Kingdom, pg. 59
Beale, Oli, Creative --Anomaly, London, United Kingdom, pg. 721
Bear, George, Creative --George P. Johnson (UK) Ltd, Kingston, United Kingdom, pg. 416
Beato, Luca, Creative --Grey Italia S.p.A, Milan, Italy, pg. 441
Beatty, Whitney, Creative --Publicis Experiences, Chicago, IL, pg. 896
Beaulieu, Bob, Creative --BEAULIEU ADVERTISING & DESIGN INC, North Scituate, MA, pg. 119
Beaulieu, Brian, Creative --RUMBLETREE, North Hampton, NH, pg. 972
Beaver, Tommy, Creative --BLUEZOOM, Greensboro, NC, pg. 142
Beberman, Jeff, Creative --MullenLowe, El Segundo, CA, pg. 772
Bechtoldt, Stephan, Creative --WORLDMEDIA INTERACTIVE, Miami, FL, pg. 1177
Becker, Alvaro, Creative --Prolam Y&R S.A., Santiago, Chile, pg. 1206
Becker, Nicolas, Creative --Havas Worldwide Dusseldorf, Dusseldorf, Germany, pg. 480
Beckett, Alec, Creative --NAIL COMMUNICATIONS, Providence, RI, pg. 783
Beckman, Tom, Creative --Powell Tate-Weber Shandwick, Washington, DC, pg. 1674
Beckman, Tom, Creative --Sawmill, New York, NY, pg. 1675
Bedinghaus, Elliott, Creative --SPARK, Tampa, FL, pg. 1031
Beechy, Mark, Creative --RED INTERACTIVE AGENCY, Santa Monica, CA, pg. 1284
Beegle, Christy, Creative --PP+K, Tampa, FL, pg. 885
Beezley, Mauriahh, Creative --Saatchi & Saatchi X, Springdale, AR, pg. 976
Behera, Srikant, Creative --Ogilvy, New Delhi, India, pg. 825
Behera, Srikant, Creative --Ogilvy India, Chennai, India, pg. 823
Bekerman, Sara, Creative --CODE AND THEORY, New York, NY, pg. 217
Belanger, Danae, Creative --O'KEEFE REINHARD & PAUL, Chicago, IL, pg. 834
Belanger, Martin, Creative --UNION, Toronto, Canada, pg. 1126
Belanger, Richard, Creative --Cossette Communication-Marketing (Montreal) Inc., Montreal, Canada, pg. 233
Belcher, Randy, Creative --DONER, Southfield, MI, pg. 314

AGENCIES — RESPONSIBILITIES INDEX

Belhumeur, Pilar, Creative --GREATER THAN ONE, New York, NY, pg. 434
Belko, Tomas, Creative --Ogilvy, Prague, Czech Republic, pg. 813
Belko, Tomas, Creative --Ogilvy Czech, Prague, Czech Republic, pg. 813
Bell, Logan, Creative --HOOK STUDIOS LLC, Ann Arbor, MI, pg. 1260
Bell, Peter, Creative --TRACTION FACTORY, Milwaukee, WI, pg. 1112
Bellerive, David, Creative --PHOENIX GROUP, Regina, Canada, pg. 869
Bello, Johan, Creative --Acne Advertising, Stockholm, Sweden, pg. 1249
Bellringer, Cory, Creative --Saatchi & Saatchi, Auckland, New Zealand, pg. 984
Belmonte, Gianluca, Creative --FCB Milan, Milan, Italy, pg. 367
Bemis, Todd, Creative --One & All, Atlanta, GA, pg. 838
Bender, Renee, Creative --Ketchum ICON Singapore, Singapore, Singapore, pg. 1556
Bender, Whitney, Creative --DUDNYK HEALTHCARE GROUP, Horsham, PA, pg. 324
Benedict, Jillian, Creative --EMA Public Relations Services, Syracuse, NY, pg. 347
Benevides, Vico, Creative --GLOBAL TEAM BLUE, Dearborn, MI, pg. 423
Benford, Trudi, Creative --Greer, Margolis, Mitchell, Burns & Associates (GMMB), Washington, DC, pg. 1508
Benivegna, Marybeth, Creative --PILOT, New York, NY, pg. 871
Bennett, Myron, Creative --THIRD WAVE DIGITAL, Macon, GA, pg. 1101
Bennett, Susan, Creative --SIMPLE TRUTH COMMUNICATION PARTNERS, Chicago, IL, pg. 1015
Bentley, Tim, Creative --FUSE, LLC, Winooski, VT, pg. 404
Berbari, Alejandro, Creative --MARCA MIAMI, Coconut Grove, FL, pg. 677
Berenson, Daniel, Creative --CP+B BOULDER, Boulder, CO, pg. 235
Beres, Jennifer, Creative --PADILLA, Minneapolis, MN, pg. 849
Berglund, Fabian, Creative --Anomaly Amsterdam, Amsterdam, Netherlands, pg. 59
Bergquist, Kate, Creative --MCCANN, New York, NY, pg. 697
Bergqvist, Erik, Creative --Acne Advertising, Stockholm, Sweden, pg. 1249
Bergstresser, Jessica, Creative --DIGITAS, Boston, MA, pg. 1250
Berkey, Melissa, Creative --BIGFISH CREATIVE GROUP, Scottsdale, AZ, pg. 131
Berkun, Fawne, Creative --TAG CREATIVE, New York, NY, pg. 1070
Berkus, Kelson, Creative --Edelman, Los Angeles, CA, pg. 1491
Bermudez, Alejandro, Creative --McCann Erickson Corp. S.A., Bogota, Colombia, pg. 702
Bermudez, Alejandro, Creative --McCann Erickson Corp. (S.A.), Medellin, Colombia, pg. 702
Berna, Tomas Ferrandiz, Creative --Tiempo BBDO, Barcelona, Spain, pg. 108
Bernardo, Alessandro, Creative --F.biz, Sao Paulo, Brazil, pg. 1183
Bernbaum, Alexis, Creative --BLAST RADIUS, New York, NY, pg. 134
Bernbaum, Alexis, Creative --BLAST RADIUS INC., San Francisco, CA, pg. 135
Bernick, Andrea, Creative --7ATE9 ENTERTAINMENT, Los Angeles, CA, pg. 12
Bernier, Brian, Creative --PJA, Cambridge, MA, pg. 874
Bernstein, Jeremy, Creative --Edelman, London, United Kingdom, pg. 1494
Bernstein, Jeremy, Creative --Edelman, New York, NY, pg. 1492
Berro, Sarah, Creative --Impact BBDO, Dubai, United Arab Emirates, pg. 109
Berry, Craig, Creative --ESPARZA ADVERTISING, Albuquerque, NM, pg. 349
Bertelli, Bruno, Creative --Publicis Italia, Milan, Italy, pg. 899
Bertelli, Bruno, Creative --Publicis Networks, Milan, Italy, pg. 900
Bertelli, Bruno, Creative --Publicis S.R.L., Milan, Italy, pg. 900
Bertz, Traci, Creative --OSBORN & BARR COMMUNICATIONS, Saint Louis, MO, pg. 844
Besancon, Claire, Creative --McCann Erickson Paris, Clichy, France, pg. 703
Besch, Marianne, Creative --MCGARRYBOWEN, New York, NY, pg. 716
Bessire, Jeremy, Creative --DIRECT MARKETING SOLUTIONS, Portland, OR, pg. 304
Betcher, Katherine, Creative --HANSON WATSON ASSOCIATES, Moline, IL, pg. 466
Bettencourt, Brian, Creative --WATT INTERNATIONAL, INC., Toronto, Canada, pg. 1154
Bettin, Chris, Creative --TM ADVERTISING, Dallas, TX, pg. 1106
Beugen, Joan, Creative --CRESTA CREATIVE, Chicago, IL, pg. 247
Beugen, Joan, Creative --Cresta West, Los Angeles, CA, pg. 247
Bezak, Brano, Creative --Istropolitana Ogilvy, Bratislava, Slovakia, pg. 816
Bezerra, Marco, Creative --J. Walter Thompson, Dubai, United Arab Emirates, pg. 563
Bhagat, Manoj, Creative --DDB Mudra Group, Mumbai, India, pg. 275
Bhambhani, Vivek, Creative --Grey (India) Pvt. Ltd., Mumbai, India, pg. 446
Bhasin, Gautam, Creative --Grey (India) Pvt. Pty. Ltd. (Delhi), Gurgaon, India, pg. 446
Bhatia, Divya, Creative --Ogilvy, New Delhi, India, pg. 825
Bhattacharya, Parixit, Creative --TBWA India, Mumbai, India, pg. 1090
Bhimekar, Kapil, Creative --Team/Y&R HQ Dubai, Dubai, United Arab Emirates, pg. 1205
Bichler, Paul, Creative --Saatchi & Saatchi New York, New York, NY, pg. 976
Biddle, Nancy, Creative --LAVOIE STRATEGIC COMMUNICATIONS GROUP, INC., Boston, MA, pg. 1564
Biddle, Nancy, Creative --LAVOIEHEALTHSCIENCE, Boston, MA, pg. 1564
Biela, Martin, Creative --McCann Erickson Brand Communications Agency, Frankfurt am Main, Germany, pg. 703
Biela, Martin, Creative --McCann Erickson Deutschland, Frankfurt am Main, Germany, pg. 703
Biela, Martin, Creative --MRM Worldwide, Frankfurt, Germany, pg. 768
Bierman, David, Creative --Campbell Ewald San Antonio, San Antonio, TX, pg. 541
Bierman, Robert, Creative --FALK HARRISON, Saint Louis, MO, pg. 359
Bierschenk, Hugo, Creative --BBH NEW YORK, New York, NY, pg. 115
Bigness, Kristin, Creative --SEER INTERACTIVE, Philadelphia, PA, pg. 1001
Billington, Simon, Creative --LEWIS COMMUNICATIONS LIMITED, London, United Kingdom, pg. 637
Bills, Sarah, Creative --GLOBAL TEAM BLUE, Dearborn, MI, pg. 423
Bilow, Ben, Creative --MSTONER, INC., Chicago, IL, pg. 770
Binder, Sian, Creative --DDB Sydney Pty. Ltd., Ultimo, Australia, pg. 270
Binyildiz, Ergin, Creative --4129Grey, Istanbul, Turkey, pg. 442
Bird, Duncan, Creative --GLOW INTERACTIVE, INC., New York, NY, pg. 424
Birkinshaw, Adrian, Creative --Global Team Blue, London, United Kingdom, pg. 423
Birney, Daniel, Creative --LEO BURNETT DETROIT, INC., Troy, MI, pg. 621
Bisaccia, Mariann, Creative --FCB HEALTH, New York, NY, pg. 376
Bishop, Pip, Creative --Y&R London, London, United Kingdom, pg. 1204
Bissonnette, Chris, Creative --McCann Detroit, Birmingham, MI, pg. 699
Bistrian, Carmen, Creative --McCann Erickson Romania, Bucharest, Romania, pg. 708
Biswas, Sukanta, Creative --J. Walter Thompson, Kolkata, India, pg. 557
Bittinger-Melito, Christina, Creative --ADG CREATIVE, Columbia, MD, pg. 29
Black, Bryan, Creative --BRANDFIRE, New York, NY, pg. 156
Black, Jason, Creative --COLE & WEBER UNITED, Seattle, WA, pg. 218
Blackburn, Michael, Creative --CONCEPT ARTS, Hollywood, CA, pg. 225
Blackman, Amanda LaFollette, Creative --AKA NYC, New York, NY, pg. 42
Blain, Christy, Creative --FRANK ABOUT WOMEN, Winston Salem, NC, pg. 395
Blain, Christy, Creative --MullenLowe, Winston Salem, NC, pg. 772
Blakley, Julie, Creative --Edelman, Los Angeles, CA, pg. 1491
Blanc, Alejandro, Creative --Ogilvy Argentina, Buenos Aires, Argentina, pg. 819
Bland, Trent, Creative --OTEY WHITE & ASSOCIATES, Baton Rouge, LA, pg. 845
Blank, Brandon, Creative --BAREFOOT PROXIMITY, Cincinnati, OH, pg. 89
Bleeden, John, Creative --FCB Chicago, Chicago, IL, pg. 364
Blitman, Rick, Creative --TINSLEY ADVERTISING, Miami, FL, pg. 1104
Blount, Kellyn, Creative --PREACHER, Austin, TX, pg. 886
Bluethmann, Jacquie Goetz, Creative --THE ALLEN LEWIS AGENCY, LLC, Farmington Hills, MI, pg. 1430
Blum, Holly, Creative --OGILVY COMMONHEALTH WORLDWIDE, Parsippany, NJ, pg. 832
Blum, Michael, Creative --MARTINO BLUM, Fallston, MD, pg. 689
Boarts, Alan, Creative --A TO Z COMMUNICATIONS, INC, Pittsburgh, PA, pg. 15
Bobryk, Matt, Creative --XPERIENCE COMMUNICATIONS, Dearborn, MI, pg. 1194
Boccassini, Cristiana, Creative --Publicis Networks, Milan, Italy, pg. 900
Bodkin, Aisling, Creative --OUR MAN IN HAVANA, Brooklyn, NY, pg. 845
Boe, Amy, Creative --Possible Los Angeles, Playa Vista, CA, pg. 1281
Boehnke, Richard, Creative --Publicis Toronto, Toronto, Canada, pg. 904
Boggis, Tamara, Creative --Zimmerman Advertising, Downers Grove, IL, pg. 1213
Bogusky, Alex, Creative --CP+B BOULDER, Boulder, CO, pg. 235
Bokuniewicz, Carol, Creative --STEPHAN PARTNERS, INC., Hastings Hdsn, NY, pg. 1046
Bolliger, Thomas, Creative --OgilvyOne AG, Zurich, Switzerland, pg. 817
Bolton, Darren, Creative --OgilvyOne Worldwide Ltd., London, United Kingdom, pg. 819
Bolton, Jim, Creative --The&Partnership London, London, United Kingdom, pg. 56
Bomediano, Bruno, Creative --Horizon FCB Dubai, Dubai, United Arab Emirates, pg. 369
Bommarito, Nick, Creative --FUSION MARKETING, Saint Louis, MO, pg. 404
Boncompagni, Luca, Creative --Publicis, Rome, Italy, pg. 900
Bonder, Daniel, Creative --ADAM&EVEDDB, New York, NY, pg. 25
Boneta, Maureen, Creative --TIPPIT & MOO ADVERTISING, Houston, TX, pg. 1105
Bonilla, Javier, Creative --GREY GROUP, New York, NY, pg. 438
Bonilla, Javier, Creative --GREY NEW YORK, New York, NY, pg. 438
Bonn, Frederic, Creative --ICROSSING NEW YORK, New York, NY, pg. 1261
Bonnan, Zach, Creative --DDB Chicago, Chicago, IL, pg. 268
Bono, Brian, Creative --CAMPBELL EWALD, Detroit, MI, pg. 185
Boone, Danny, Creative --BERGMAN GROUP, Glen Allen, VA, pg. 123
Boonyagate, Chanyutt, Creative --Leo Burnett, Bangkok, Thailand, pg. 631
Boord, Brian, Creative --PERISCOPE, Minneapolis, MN, pg. 864
Booth, Colin, Creative --AMP AGENCY, Boston, MA, pg. 1236
Booth, Colin, Creative --AMP Agency, New York, NY, pg. 1237
Booth, Tony, Creative --LEO BURNETT DETROIT, INC., Troy, MI, pg. 621
Boprey, Luc, Creative --THREE21, Orlando, FL, pg. 1295
Borde, Manuel, Creative --TBWA Raad, Dubai, United Arab Emirates, pg. 1088
Borders, Christine, Creative --BULLDOG CREATIVE SERVICES, Huntington, WV, pg. 172
Borgstrom, Joakim, Creative --BBH Singapore, Singapore, Singapore, pg. 94
Borgulenko, Yulia, Creative --Havas Worldwide Kiev, Kiev, Ukraine, pg. 482
Borra, Julian, Creative --Saatchi & Saatchi Pro, London, United Kingdom, pg. 981
Boscacci, Davide, Creative --Publicis Italia, Milan, Italy, pg. 899
Bose, Avik, Creative --Ogilvy, New Delhi, India, pg. 825
Bossin, Jeff, Creative --INNOCEAN USA, Huntington Beach, CA, pg. 534
Bostoen, Jeroen, Creative --TBWA Brussels, Brussels, Belgium, pg. 1080
Bostwick, Gary, Creative --THE VARIABLE AGENCY, Winston Salem, NC, pg. 1131
Boswell, Scott, Creative --DOE-ANDERSON, Louisville, KY, pg. 312
Boswell, Zac, Creative --AUXILIARY ADVERTISING & DESIGN, Grand Rapids, MI, pg. 79
Botan, Adrian, Creative --McCann Erickson Worldwide, London, United Kingdom, pg. 712
Botelho, Marcos, Creative --RPA, Santa Monica, CA, pg. 970

RESPONSIBILITIES INDEX — AGENCIES

Bottcher, Chad, Creative --MINDVOLT, Athens, AL, pg. 746
Bottenus, Jason, Creative --PERISCOPE, Minneapolis, MN, pg. 864
Bottger, Eduardo, Creative --AL PUNTO ADVERTISING, INC., Tustin, CA, pg. 43
Bottiau, Jeremie, Creative --Y&R Paris, Boulogne, France, pg. 1202
Bourget, Salim, Creative --LAMBERT & CO., Grand Rapids, MI, pg. 1562
Bovington, Rob, Creative --J. Walter Thompson, London, United Kingdom, pg. 562
Bowen, Jesse, Creative --BARKLEY, Kansas City, MO, pg. 90
Bowling, Jim, Creative --COMMERCE HOUSE, Dallas, TX, pg. 221
Boyd, Eric, Creative --TWOFIFTEENMCCANN, San Francisco, CA, pg. 1124
Boyd, Terry, Creative --88/BRAND PARTNERS, Chicago, IL, pg. 13
Bozkurt, Ozan Can, Creative --TBWA Istanbul, Istanbul, Turkey, pg. 1088
Bozzardi, Azeglio, Creative --Publicis, Rome, Italy, pg. 900
Bozzolini, Letizia, Creative --Leo Burnett Sydney, Sydney, Australia, pg. 628
Bradbury, David, Creative --OgilvyOne Worldwide Ltd., London, United Kingdom, pg. 819
Brady, Alice, Creative --CLEAN DESIGN, INC., Raleigh, NC, pg. 212
Braga, Mateus, Creative --Isobar Brazil, Sao Paulo, Brazil, pg. 549
Bramlet, Morgan, Creative --BLUE FUSION, Washington, DC, pg. 139
Branche, Desmond, Creative --MOVEMENT STRATEGY, Denver, CO, pg. 1274
Brando, Freddie, Creative --Publicis Publicidade Lda., Lisbon, Portugal, pg. 901
Brandt, Michael, Creative --SapientRazorfish Atlanta, Atlanta, GA, pg. 1287
Brashear, Todd, Creative --MCC, Dallas, TX, pg. 697
Brasileiro, Bruno, Creative --AREA 23, New York, NY, pg. 67
Bravo-Campbell, Andrea, Creative --COLUMN FIVE, Irvine, CA, pg. 221
Brazelton, Ryan, Creative --INTERBRAND DESIGN FORUM, Cincinnati, OH, pg. 538
Bredemeijer, Niels, Creative --J. WALTER THOMPSON, New York, NY, pg. 553
Breen, Susan, Creative --WHITESPACE CREATIVE, Akron, OH, pg. 1161
Brennen, Timothy, Creative --SUPERCOOL CREATIVE, Los Angeles, CA, pg. 1062
Brentnall, Mark, Creative --LEADING EDGES, Meridian, MS, pg. 618
Breton, Pete, Creative --Anomaly, Toronto, Canada, pg. 59
Breton, Pete, Creative --Anomaly, Toronto, Canada, pg. 722
Brewer, Scott, Creative --GSD&M Chicago, Chicago, IL, pg. 454
Breyer, Gavin, Creative --BBDO New York, New York, NY, pg. 99
Brida, Jay, Creative --THE DESIGNORY, Long Beach, CA, pg. 293
Bridger, Christine, Creative --CURRENT LIFESTYLE MARKETING, Chicago, IL, pg. 1479
Brienza, Giulio, Creative --D'Adda, Lorenzini, Vigorelli, BBDO, Milan, Italy, pg. 106
Briere, Alain, Creative --TBWA\Media Arts Lab, Los Angeles, CA, pg. 1078
Briggs, Martin, Creative --ERIC MOWER + ASSOCIATES, Syracuse, NY, pg. 346
Bright, Will, Creative --O'KEEFE REINHARD & PAUL, Chicago, IL, pg. 834
Brighton, Katy, Creative --Sterling Brands, New York, NY, pg. 307
Brignola, Chris, Creative --Laughlin/Constable New York, New York, NY, pg. 614
Britto, Victor, Creative --F.biz, Sao Paulo, Brazil, pg. 1183
Brodie, Paul, Creative --TROIKA DESIGN GROUP, Los Angeles, CA, pg. 1119
Bronstorph, Alexis, Creative --TAXI, Toronto, Canada, pg. 1075
Bronzan, Forest, Creative --ELITE SEM, New York, NY, pg. 1320
Brooks, Drew, Creative --Doner, Playa Vista, CA, pg. 724
Brooks, Drew, Creative --Doner, Playa Vista, CA, pg. 315
Brooks-Dutton, Ben, Creative --Freud Communications, London, United Kingdom, pg. 902
Brookson, Dwayne, Creative --BRAND MATTERS INC., Toronto, Canada, pg. 155
Brossa, Ana, Creative --McCann Erickson S.A., Barcelona, Spain, pg. 710
Brosseau, Isabelle, Creative --SID LEE, Montreal, Canada, pg. 1010
Brothers, Paul, Creative --BROTHERS & CO., Tulsa, OK, pg. 167
Broude, Chad, Creative --HIGHDIVE ADVERTISING, Chicago, IL, pg. 499

Brown, Aaron, Creative --PureRED, Princeton, NJ, pg. 918
Brown, Colin, Creative --TAXI, Toronto, Canada, pg. 1075
Brown, David, Creative --ADAM&EVEDDB, New York, NY, pg. 25
Brown, Erika, Creative --CERCONE BROWN CURTIS, Boston, MA, pg. 201
Brown, Evan, Creative --TBWA Los Angeles, Los Angeles, CA, pg. 1078
Brown, Jess, Creative --PLANIT, Baltimore, MD, pg. 877
Brown, Joseph, Creative --MCCANN TORRE LAZUR WEST, San Francisco, CA, pg. 714
Brown, Kevin, Creative --WE ARE UNLIMITED, Chicago, IL, pg. 1155
Brown, Rob, Creative --McCann Erickson Advertising Ltd., London, United Kingdom, pg. 711
Brown, Sonya, Creative --DNA CREATIVE COMMUNICATIONS, Greenville, SC, pg. 1486
Brown, Teddy, Creative --FCB/RED, Chicago, IL, pg. 365
Browne, Chris, Creative --TBWA North America, New York, NY, pg. 1079
Brubaker, Dave, Creative --SJI ASSOCIATES, INC., New York, NY, pg. 1018
Brubaker, Tod, Creative --KELLEY HABIB JOHN, Boston, MA, pg. 591
Bruges, Zena, Creative --McCann Erickson Worldwide, London, United Kingdom, pg. 712
Brumbeloe, Alan, Creative --BRUM ADVERTISING, Birmingham, AL, pg. 169
Brummer, Kevin, Creative --SEED STRATEGY, INC., Crestview Hills, KY, pg. 1000
Bruner, Michael, Creative --ODNEY, Bismarck, ND, pg. 808
Bruner, Mike, Creative --Odney Advertising-Minot, Minot, ND, pg. 808
Brunner, Mikki, Creative --FCB Hamburg, Hamburg, Germany, pg. 366
Bruno, Lindsay, Creative --DIAMOND MERCKENS HOGAN, Kansas City, MO, pg. 299
Bruns, Kim, Creative --HITCHCOCK FLEMING & ASSOCIATES, INC., Akron, OH, pg. 502
Brunson, Sean, Creative --ACME BRAND STUDIO, Winter Park, FL, pg. 22
Brust, Sean, Creative --AYZENBERG GROUP, INC., Pasadena, CA, pg. 81
Bruyn, Simon, Creative --TBWA\Chiat\Day Los Angeles, Los Angeles, CA, pg. 1077
Bryan, Sean, Creative --MCCANN, New York, NY, pg. 697
Bryant, Mel, Creative --PRICEWEBER MARKETING COMMUNICATIONS, INC., Louisville, KY, pg. 889
Brzozowski, Lukasz, Creative --Ogilvy, Dusseldorf, Germany, pg. 814
Buchanan, Martin, Creative --TRONE BRAND ENERGY, INC., High Point, NC, pg. 1119
Buchanan, Scott, Creative --THINK NOCTURNAL LLC, Exeter, NH, pg. 1099
Buchanan, Victoria, Creative --Tribal Worldwide London, London, United Kingdom, pg. 1296
Buck, Peter, Creative --SPARK44, Los Angeles, CA, pg. 1226
Buck, Rob, Creative --SHERRY MATTHEWS ADVOCACY MARKETING, Austin, TX, pg. 1007
Buckingham, Jamie, Creative --McCann Detroit, Birmingham, MI, pg. 699
Buckingham, Jamie, Creative --McCann Erickson Central, Solihull, United Kingdom, pg. 712
Buckingham, Nicholas, Creative --TBWA\Chiat\Day Los Angeles, Los Angeles, CA, pg. 1077
Buckley, Nadine, Creative --MCGILL BUCKLEY, Ottawa, Canada, pg. 718
Buckley, Pat, Creative --THE JOHNSON GROUP, Chattanooga, TN, pg. 580
Budinsky, Thomas, Creative --WRL ADVERTISING, INC., Canton, OH, pg. 1188
Buer, Christian, Creative --SID LEE, Toronto, Canada, pg. 1010
Buhrman, Chris, Creative --HANSON DODGE INC., Milwaukee, WI, pg. 466
Bujold, Martin, Creative --Geometry Global, Montreal, Canada, pg. 415
Buller, Patrick, Creative --R&R Partners, Salt Lake City, UT, pg. 925
Bulthuis, Dieuwer, Creative --Ubachswisbrun J. Walter Thompson, Amsterdam, Netherlands, pg. 560
Bundock, Jake, Creative --Cossette Communication-Marketing, Toronto, Canada, pg. 234
Bunk, Matt, Creative --DANIEL BRIAN ADVERTISING, Rochester, MI, pg. 259

Bunker, David, Creative --THE ABBI AGENCY, Reno, NV, pg. 1425
Bunker, Tim, Creative --PUBLICIS HAWKEYE, Dallas, TX, pg. 1282
Bunnag, Chayamon, Creative --Y&R Thailand, Bangkok, Thailand, pg. 1202
Burger, Paul, Creative --TRILIX MARKETING GROUP, INC., Des Moines, IA, pg. 1117
Burk, Jake, Creative --NEBO AGENCY LLC, Atlanta, GA, pg. 787
Burke, Joe, Creative --MARC USA CHICAGO, Chicago, IL, pg. 677
Burma, Sachin, Creative --Leo Burnett India, New Delhi, India, pg. 630
Burns, Benjamin, Creative --QUILLIN ADVERTISING, Las Vegas, NV, pg. 923
Burns, Ian, Creative --HUGE LLC, Brooklyn, NY, pg. 512
Burns, Scott, Creative --George P. Johnson Company, Inc., San Carlos, CA, pg. 416
Burns, Sean, Creative --RED FUSE COMMUNICATIONS, INC., New York, NY, pg. 939
Burris, Jim, Creative --BURRIS CREATIVE INC, Matthews, NC, pg. 176
Burris, Scott, Creative --HEILBRICE, Newport Beach, CA, pg. 493
Burt, David, Creative --SKF USA INC., Lansdale, PA, pg. 1226
Burton, Debbie, Creative --SUDLER & HENNESSEY, Montreal, Canada, pg. 1058
Burton, Doug, Creative --SALTWORKS, Salt Lake City, UT, pg. 988
Burton, Jeph, Creative --JOHANNES LEONARDO, New York, NY, pg. 1266
Burton, Trent, Creative --McCann Calgary, Calgary, Canada, pg. 713
Bury, Morgan, Creative --LUCI CREATIVE, Lincolnwood, IL, pg. 655
Bustos, Fernanda Alvarez, Creative --Grey Chile, Santiago, Chile, pg. 443
Buten, Norman, Creative --ONEWORLD COMMUNICATIONS, INC., San Francisco, CA, pg. 840
Butler, Fritsl, Creative --HUMANAUT, Chattanooga, TN, pg. 514
Butler, Murray, Creative --J. WALTER THOMPSON ATLANTA, Atlanta, GA, pg. 564
Butt, Richard, Creative --YOUNG & RUBICAM, New York, NY, pg. 1197
Butts, Jonathan, Creative --BLACKWING CREATIVE, Seattle, WA, pg. 133
Buyer, Marion, Creative --BUYER ADVERTISING, INC., Newton, MA, pg. 178
Byers, Scott, Creative --LEHIGH MINING & NAVIGATION, Bethlehem, PA, pg. 619
Byles, Nuala, Creative --Geometry Global, Montreal, Canada, pg. 415
Byrne, Colin, Creative --Poke, London, United Kingdom, pg. 902
Bystrov, Will, Creative --MUSTACHE AGENCY, Brooklyn, NY, pg. 780
C.V., Sabu, Creative --Happy mcgarrybowen, Bengaluru, India, pg. 717
Caballero, David, Creative --SCPF, Barcelona, Spain, pg. 1182
Cabatuando, Frances Lim, Creative --BBDO Guerrero, Makati, Philippines, pg. 114
Cabello, Eddy, Creative --CABELLO ASSOCIATES, Indianapolis, IN, pg. 181
Cabral, Izabella, Creative --TBWA/WORLDWIDE, New York, NY, pg. 1077
Cabrera, Greg, Creative --YESLER, Seattle, WA, pg. 1196
Cabrera, Jaime, Creative --ADVANTAGE SPONSORSHIP AND BRAND EXPERIENCE AGENCY, Stamford, CT, pg. 34
Cacali, Aaron, Creative --T3, Austin, TX, pg. 1069
Cacciola, Tara, Creative --KALEIDOSCOPE, New York, NY, pg. 586
Cady, Colin, Creative --THE BRANDON AGENCY, Myrtle Beach, SC, pg. 158
Cady, Daniel, Creative --Sandbox, Kansas City, MO, pg. 989
Caesar, Rohan, Creative --FEROCIOUS COW, New York, NY, pg. 378
Caggiano, Jeanie, Creative --LEO BURNETT WORLDWIDE, INC., Chicago, IL, pg. 621
Cahill, Aaron, Creative --VI MARKETING & BRANDING, Oklahoma City, OK, pg. 1135
Cahill, Sara, Creative --STUN CREATIVE, Los Angeles, CA, pg. 1057
Cai, Kyle, Creative --Leo Burnett Shanghai Advertising Co., Ltd., Shanghai, China, pg. 629
Calabro, Robert, Creative --ARGONAUT INC., San Francisco, CA, pg. 67
Calabuig, Daniel, Creative --DDB Barcelona S.A., Barcelona, Spain,

AGENCIES — RESPONSIBILITIES INDEX

pg. 280
Calafell, Ignasi Tudela, Creative --Wieden + Kennedy Amsterdam, Amsterdam, Netherlands, pg. 1164
Calderon, Lukas, Creative --Leo Burnett Colombia, S.A., Bogota, Colombia, pg. 623
Calio, Lulo, Creative --FCB&FiRe Argentina, Buenos Aires, Argentina, pg. 370
Callahan, Edward, Creative --PLANIT, Baltimore, MD, pg. 877
Calle Gomez, Daniel Felipe, Creative --DDB Worldwide Colombia S.A., Bogota, Colombia, pg. 272
Calle, Ivan, Creative --ZUBI ADVERTISING SERVICES, INC., Coral Gables, FL, pg. 1215
Calleja, Jorge, Creative --Deutsch LA, Los Angeles, CA, pg. 294
Callow, Dana, Creative --SCOUT MARKETING, Atlanta, GA, pg. 998
Caloca, Melissa, Creative --MOMENTUM MARKETING, Charleston, SC, pg. 754
Calvo, Jorge, Creative --Y&R Miami, Miami, FL, pg. 1205
Camacho, Carlos, Creative --J. Walter Thompson, Quarry Bay, China (Hong Kong), pg. 555
Camacho, Joao, Creative --TONIC, Dubai, United Arab Emirates, pg. 1109
Camarati, Scott, Creative --MARKETING DIRECTIONS, INC., Cleveland, OH, pg. 683
Camarena, Alejandro Gama, Creative --Publicis Arredondo de Haro, Mexico, Mexico, pg. 907
Cambiano, Lucas, Creative --Saatchi & Saatchi, Madrid, Spain, pg. 979
Cambo, Daniel, Creative --DDB S.r.L. Advertising, Milan, Italy, pg. 276
Cameron, Danielle, Creative --BADER RUTTER & ASSOCIATES, INC., Milwaukee, WI, pg. 83
Camozzi, Jake, Creative --VITRO, San Diego, CA, pg. 1141
Camozzi, Victor, Creative --VITRO, San Diego, CA, pg. 1141
Campbell, Chris, Creative --INTERBRAND CORPORATION, New York, NY, pg. 537
Campbell, Diane, Creative --McCann Detroit, Birmingham, MI, pg. 699
Campbell, Jeffrey, Creative --Ketchum, Chicago, IL, pg. 1556
Campbell, Justin, Creative --MODERN CLIMATE, MinneaPOlis, MN, pg. 753
Campbell, Tommy, Creative --BROTHERS & CO., Tulsa, OK, pg. 167
Campins, Joaquin, Creative --BBDO Argentina, Buenos Aires, Argentina, pg. 101
Campos, Dario, Creative --DIESTE, Dallas, TX, pg. 299
Campos, Julio, Creative --CAMPOS CREATIVE WORKS, Santa Monica, CA, pg. 186
Campos, Marcos Siqueira, Creative --Y&R Praha, s.r.o., Prague, Czech Republic, pg. 1205
Canales, Robert, Creative --DDB Chile, Santiago, Chile, pg. 271
Canavan, Mark, Creative --McCann Detroit, Birmingham, MI, pg. 699
Canciobello, Alejandro, Creative --Leo Burnett, Singapore, Singapore, pg. 631
Candler, Brandon, Creative --INFINITY MARKETING, Greenville, SC, pg. 531
Cani, Luciana, Creative --Lapiz, Chicago, IL, pg. 622
Canjura, Rodrigo, Creative --Publicidad Comercial, La Libertad, El Salvador, pg. 543
Canniff, Marty, Creative --INTOUCH SOLUTIONS, Overland Park, KS, pg. 544
Cannon, Dave, Creative --MOVEO, Chicago, IL, pg. 764
Cannon, Sam, Creative --MOLIO, INC., Bluffdale, UT, pg. 754
Cannucciari, John-Paul, Creative --YOUNG & RUBICAM, New York, NY, pg. 1197
Cano, Albert, Creative --PUBLICIS HAWKEYE, Dallas, TX, pg. 1282
Cantalejo, Rodrigo, Creative --LEO BURNETT BUSINESS, New York, NY, pg. 620
Caporimo, James, Creative --Y&R New York, New York, NY, pg. 1198
Capps, Brooke, Creative --SWELLSHARK, New York, NY, pg. 1066
Caputo, Steve, Creative --CORNERSTONE AGENCY, INC., New York, NY, pg. 1476
Carallo, Monica, Creative --D'Adda, Lorenzini, Vigorelli, BBDO, Milan, Italy, pg. 106
Cardone Velasco, Jose Pablo, Creative --BBDO Chile, Santiago, Chile, pg. 102
Carethers, Jarek, Creative --WPP US, New York, NY, pg. 1183
Carey, Shannon, Creative --GRIFFIN & ASSOCIATES, Albuquerque, NM, pg. 449
Carey, Steffany, Creative --THE BARBARIAN GROUP, New York, NY, pg. 88
Carl, Christian, Creative --YOUNG & RUBICAM, New York, NY, pg. 1197
Carlberg, Chuck, Creative --RICHARDS/CARLBERG, Houston, TX, pg. 956
Carlson, Bill, Creative --ROKKAN, New York, NY, pg. 966
Carlson, Valerie, Creative --Possible Los Angeles, Playa Vista, CA, pg. 1281
Carlton, Scott, Creative --SAATCHI & SAATCHI WELLNESS, New York, NY, pg. 985
Carmichael, Kent, Creative --LEO BURNETT WORLDWIDE, INC., Chicago, IL, pg. 621
Carncross, Ashley, Creative --STREAM COMPANIES, Malvern, PA, pg. 1054
Carney, Kelsey, Creative --CUKER, Solana Beach, CA, pg. 252
Carpenter, Jan, Creative --CORKTREE CREATIVE, Edwardsville, IL, pg. 1476
Carpenter, Mark, Creative --SKAR ADVERTISING, Omaha, NE, pg. 1018
Carr, Jeremy, Creative --Havas Worldwide London, London, United Kingdom, pg. 483
Carrasco, Ivan, Creative --Ogilvy, Mexico, Mexico, pg. 821
Carrasco, Rebecca, Creative --Publicis Australia, Sydney, Australia, pg. 907
Carroll, Morgan, Creative --DIGITAS, Boston, MA, pg. 1250
Carroll, Morgan, Creative --Digitas, Chicago, IL, pg. 1252
Carroll, Philip, Creative --re:fuel, Monmouth Jct, NJ, pg. 945
Carroll, Philip, Creative --RE:FUEL, New York, NY, pg. 944
Carroll, Ryan, Creative --GSD&M Chicago, Chicago, IL, pg. 454
Carter, Anita, Creative --BURDETTE KETCHUM, Jacksonville, FL, pg. 173
Carter, Marilyn, Creative --SHERRY MATTHEWS ADVOCACY MARKETING, Austin, TX, pg. 1007
Cartmell, Sam, Creative --Ogilvy, Ltd., London, United Kingdom, pg. 818
Caruso, Brian, Creative --ADAM&EVEDDB, New York, NY, pg. 25
Carvajal, Amy, Creative --J. WALTER THOMPSON, New York, NY, pg. 553
Carvajal, Amy, Creative --J. WALTER THOMPSON U.S.A., INC., New York, NY, pg. 566
Carvajal, Camilo, Creative --Publicis-CB, Bogota, Colombia, pg. 906
Carver, Joanna, Creative --GREY GROUP, New York, NY, pg. 438
Carver, Joanna, Creative --GREY NEW YORK, New York, NY, pg. 438
Casabella, Amanda, Creative --ARCHER MALMO, Memphis, TN, pg. 65
Casadevall, Luis, Creative --Havas Worldwide Southern Spain, Madrid, Spain, pg. 481
Cascarina, Jason, Creative --Proximity Worldwide & London, London, United Kingdom, pg. 111
Case, Daniel, Creative --AUXILIARY ADVERTISING & DESIGN, Grand Rapids, MI, pg. 79
Caselnova, Lisa, Creative --DIMASSIMO GOLDSTEIN, New York, NY, pg. 302
Caserio, Maria, Creative --ID PUBLIC RELATIONS, Los Angeles, CA, pg. 1539
Casey, Steve, Creative --MARTIN WILLIAMS ADVERTISING INC., Minneapolis, MN, pg. 688
Cash, Jada, Creative --LOSASSO INTEGRATED MARKETING, Chicago, IL, pg. 652
Cassidy, Marie-Therese, Creative --FutureBrand, London, United Kingdom, pg. 405
Cassidy, Zane, Creative --The Marketing Arm, Los Angeles, CA, pg. 682
Cassini, Michael, Creative --PINNACLE ADVERTISING & MARKETING GROUP, Boca Raton, FL, pg. 872
Cassis, Francisco, Creative --LOLA MullenLowe, Madrid, Spain, pg. 542
Castagnone, Stefano, Creative --DDB S.r.L. Advertising, Milan, Italy, pg. 276
Castaneda, John, Creative --Gyro Chicago, Chicago, IL, pg. 458
Castaneda, Lizther Ann, Creative --BBDO Guerrero, Makati, Philippines, pg. 114
Castaneda, Sebastian, Creative --J. Walter Thompson, Buenos Aires, Argentina, pg. 563
Castano, Viviana, Creative --ZUVI CREATIVE LLC, Orlando, FL, pg. 1217
Castellano, Jeffrey, Creative --IBM iX, New York, NY, pg. 517
Castellanos, David, Creative --DDB Mexico, Mexico, Mexico, pg. 277
Castelot, Michael, Creative --Alcone Marketing Group, Wilton, CT, pg. 1395
Catalano, Rob, Creative --B&P ADVERTISING, Las Vegas, NV, pg. 81
Catanese, Antonio Siracusano, Creative --FCB Caracas, Caracas, Venezuela, pg. 372
Catanzaro, Neko, Creative --PROVEN MEDIA, Carefree, AZ, pg. 1620
Cathel, Karen, Creative --DONER, Southfield, MI, pg. 314
Cathey, Aaron, Creative --MEKANISM, San Francisco, CA, pg. 729
Cato, Jon, Creative --OBJECT9, Atlanta, GA, pg. 805
Catoire, David, Creative --MESH DESIGN, Baton Rouge, LA, pg. 734
Cavada, Francisco, Creative --Prolam Y&R S.A., Santiago, Chile, pg. 1206
Cavalieri, Chris, Creative --MULLENLOWE GROUP, Boston, MA, pg. 770
Cavanaugh, Kyle, Creative --Publicis Seattle, Seattle, WA, pg. 905
Cavanaugh, Kyle, Creative --Publicis Seattle, Seattle, WA, pg. 913
Ceo, Carl, Creative --MRM MCCANN, New York, NY, pg. 766
Cerdeira Castro, Miguel Angel, Creative --Grey Chile, Santiago, Chile, pg. 443
Cereda, Lori, Creative --Syneos Health Communications, Irving, TX, pg. 1068
Ceria, Arthur, Creative --CREATIVE FEED, San Francisco, CA, pg. 242
Ceric, Claudine Guertin, Creative --SIMPLE TRUTH COMMUNICATION PARTNERS, Chicago, IL, pg. 1015
Cernuto, Nicoletta, Creative --J. Walter Thompson, Rome, Italy, pg. 560
Ceron, Julio, Creative --Publicis Arredondo de Haro, Mexico, Mexico, pg. 907
Cerri, Martin, Creative --Conill Advertising, Inc., El Segundo, CA, pg. 227
Cespedes, Ariadna, Creative --Contrapunto, Madrid, Spain, pg. 108
Chaar, Wissam, Creative --Impact BBDO, Jeddah, Saudi Arabia, pg. 108
Chadwick, Philip, Creative --SUN & MOON MARKETING COMMUNICATIONS, INC., New York, NY, pg. 1061
Chaffer, Elliott, Creative --TROLLBACK + COMPANY, New York, NY, pg. 1119
Chaimoungkalo, Keeratie, Creative --Leo Burnett, Bangkok, Thailand, pg. 631
Chalkley, Jules, Creative --Ogilvy EMEA, London, United Kingdom, pg. 818
Chalmers, Corey, Creative --Saatchi & Saatchi, Wellington, New Zealand, pg. 985
Chalmers, Corey, Creative --Saatchi & Saatchi, Auckland, New Zealand, pg. 984
Chamberlain, David, Creative --MOMENTUM WORLDWIDE, New York, NY, pg. 754
Chambers, Todd, Creative --THE FRANK AGENCY INC, Overland Park, KS, pg. 395
Champley, Conor, Creative --GREY GROUP, New York, NY, pg. 438
Chan, Emma, Creative --Lowe, Quarry Bay, China (Hong Kong), pg. 773
Chan, Kevin, Creative --THE BARBARIAN GROUP, New York, NY, pg. 88
Chan, Scott, Creative --WHIRLED, Venice, CA, pg. 1160
Chandler, Matt, Creative --DDB Sydney Pty. Ltd., Ultimo, Australia, pg. 270
Chang, I-Fei, Creative --J. Walter Thompson, Taipei, Taiwan, pg. 559
Chanthai, Sarita, Creative --BBDO Bangkok, Bangkok, Thailand, pg. 115
Chapin, Jud, Creative --COMBS & COMPANY, Little Rock, AR, pg. 221
Chapman, Curtis, Creative --ARRIVALS + DEPARTURES, Toronto, Canada, pg. 1238
Chapman, Lisa, Creative --LATCHA+ASSOCIATES, Farmington Hills, MI, pg. 611
Chapman, Susan, Creative --LEGGETT & PLATT INC., Carthage, MO, pg. 1223
Chappell, Sam, Creative --Saatchi & Saatchi Australia, Sydney, Australia, pg. 983
Charles, Sophie, Creative --Lonsdale Saatchi & Saatchi, Port of Spain, Trinidad & Tobago, pg. 982
Chase, Donna, Creative --HERMAN ADVERTISING, Fort Lauderdale, FL, pg. 497
Chassaignac, Henry, Creative --Zehnder Communications, Nashville, TN, pg. 1211

RESPONSIBILITIES INDEX — AGENCIES

Chaswal, Abhishek, Creative --McCann Erickson India, New Delhi, India, pg. 705

Chatchaiganan, Siravich, Creative --GREYnj United, Bangkok, Thailand, pg. 448

Chauton, Jaime Chavarri, Creative --J. Walter Thompson, Madrid, Spain, pg. 561

Chavan, Pramod, Creative --Ogilvy, Bengaluru, India, pg. 823

Chavarri, Jaime, Creative --DDB Madrid, S.A., Madrid, Spain, pg. 280

Chee, David, Creative --J. Walter Thompson, Shanghai, China, pg. 555

Cheetham, Julia, Creative --M&C SAATCHI PLC, London, United Kingdom, pg. 658

Chen, Vincent, Creative --Havas Worldwide Shanghai, Shanghai, China, pg. 486

Chen, YP, Creative --MullenLowe Profero Ltd., Shanghai, China, pg. 776

Cheng, Halo, Creative --THE GATE WORLDWIDE NEW YORK, New York, NY, pg. 411

Cheng, Josephine, Creative --THE PARTICIPATION AGENCY, New York, NY, pg. 1279

Cherland, Michelle, Creative --COLLE+MCVOY, Minneapolis, MN, pg. 219

Cherry, Judd, Creative --XENOPSI, New York, NY, pg. 1303

Chester, Craig, Creative --Team Saatchi/Saatchi & Saatchi Healthcare, Sydney, Australia, pg. 983

Chew, Donevan, Creative --BBDO Malaysia, Kuala Lumpur, Malaysia, pg. 113

Chewning, Chiny, Creative --SapientRazorfish Miami, Miami, FL, pg. 914

Chia, Jeremy, Creative --Publicis Singapore, Singapore, Singapore, pg. 911

Chiapolini, Julien, Creative --McCann Erickson Paris, Clichy, France, pg. 703

Chikayama, Satoshi, Creative --TBWA/Hakuhodo, Tokyo, Japan, pg. 1090

Chilton, Joshua, Creative --RUNYON SALTZMAN & EINHORN, Sacramento, CA, pg. 972

Chisnall, Kate, Creative --McCann Healthcare Sydney, Sydney, Australia, pg. 700

Chiu, Kevin, Creative --Saatchi & Saatchi, Beijing, China, pg. 983

Chiu, Mike, Creative --Hakuhodo Hong Kong Ltd., North Point, China (Hong Kong), pg. 462

Chodrow, Dan, Creative --Leo Burnett USA, Chicago, IL, pg. 622

Choi, Joe, Creative --TBWA Asia Pacific, Quarry Bay, China (Hong Kong), pg. 1089

Choi, Jung, Creative --MMI AGENCY, Houston, TX, pg. 751

Chomsinsub, Shanah, Creative --CORD MEDIA, Palm Desert, CA, pg. 231

Chonkar, Samir, Creative --Everest Brand Solutions, Mumbai, India, pg. 1200

Choudhary, Puran, Creative --Leo Burnett India, Mumbai, India, pg. 629

Choudhury, Sayantan, Creative --J. Walter Thompson, Mumbai, India, pg. 556

Chovanec, Tina, Creative --IMAGE MAKERS ADVERTISING INC, Brookfield, WI, pg. 524

Chowdhury, Partha, Creative --J. Walter Thompson, Kolkata, India, pg. 557

Christ, Samuel, Creative --Wirz Werbung AG, Zurich, Switzerland, pg. 109

Christensen, Aaron, Creative --ERVIN & SMITH, Omaha, NE, pg. 348

Christian, April, Creative --GMR MARKETING LLC, New Berlin, WI, pg. 1403

Christian, James, Creative --George P. Johnson Company, Inc., Torrance, CA, pg. 416

Chu, Grace, Creative --BADGER & WINTERS, INC., New York, NY, pg. 83

Chu, Jackson, Creative --ARTEFACT, Seattle, WA, pg. 72

Chuecos, Ricardo, Creative --THE BRAVO GROUP HQ, Miami, FL, pg. 160

Chuecos, Ricardo, Creative --Y&R Miami, Miami, FL, pg. 1205

Ciatti, Hannes, Creative --JOHNxHANNES, New York, NY, pg. 581

Cicalini, Barbara, Creative --Grey Italia S.p.A, Milan, Italy, pg. 441

Cicalini, Barbara, Creative --GreyUnited, Milan, Italy, pg. 441

Cicco, Adam, Creative --MARC USA, Pittsburgh, PA, pg. 676

Cierco, Nerea, Creative --DDB Madrid, S.A., Madrid, Spain, pg. 280

Ciesa, Lauren, Creative --CIESADESIGN, Lansing, MI, pg. 208

Cimmino, Craig, Creative --MCGARRYBOWEN, New York, NY, pg. 716

Cimorosi, David, Creative --BENCHWORKS, Chestertown, MD, pg. 122

Cinquepalmi, Luca, Creative --Poke, London, United Kingdom, pg. 902

Cinquepalmi, Luca, Creative --Publicis, Rome, Italy, pg. 900

Cinquepalmi, Luca, Creative --Publicis Italia, Milan, Italy, pg. 899

Cinquepalmi, Luca, Creative --Publicis Networks, Milan, Italy, pg. 900

Cipriano, Teco, Creative --Ogilvy, Sao Paulo, Brazil, pg. 819

Cirilli, Dominick, Creative --CUMMINS, MACFAIL & NUTRY, INC., Somerville, NJ, pg. 254

Cishek, Dan, Creative --TracyLocke, Wilton, CT, pg. 1113

Cisneros, Eduardo, Creative --Edelman, Mexico, Mexico, pg. 1495

Claessen, Sean, Creative --BOND BRAND LOYALTY, Mississauga, Canada, pg. 145

Clainos, Niki, Creative --DUNCAN CHANNON, San Francisco, CA, pg. 325

Clark, Amy, Creative --BEEHIVE PR, Saint Paul, MN, pg. 1447

Clark, Craig, Creative --TOLLESON DESIGN, INC., San Francisco, CA, pg. 1108

Clark, Dave, Creative --CHANDELIER, New York, NY, pg. 202

Clark, Dave, Creative --YARD, New York, NY, pg. 1303

Clark, David, Creative --PIA AGENCY, Carlsbad, CA, pg. 870

Clark, Frank, Creative --SQUARE TOMATO, Seattle, WA, pg. 1038

Clark, Todd, Creative --SKYLINE MEDIA GROUP, Oklahoma City, OK, pg. 1019

Clarke, Devon, Creative --ARRIVALS + DEPARTURES, Toronto, Canada, pg. 1238

Claudio, Javier, Creative --Y&R Puerto Rico, Inc., San Juan, PR, pg. 1207

Clegg, Tim, Creative --Digitas, London, United Kingdom, pg. 1251

Clement, Cameron, Creative --TWINOAKS, Plano, TX, pg. 1124

Clements, Katie, Creative --CALDWELL VANRIPER, Indianapolis, IN, pg. 182

Clewett, Tony, Creative --FCB Auckland, Auckland, New Zealand, pg. 374

Clift, Lynn, Creative --whiteGREY, Cremorne, Australia, pg. 445

Climer, Nicholas, Creative --RAPP, New York, NY, pg. 931

Climer, Nicholas, Creative --Rapp Dallas, Irving, TX, pg. 931

Climons, Steve, Creative --CROSSOVER CREATIVE GROUP, Pinole, CA, pg. 250

Clugston, Ross, Creative --SUPERUNION, New York, NY, pg. 1062

Coates, Nick, Creative --C Space, London, United Kingdom, pg. 305

Coats, David, Creative --SLINGSHOT, LLC, Dallas, TX, pg. 1021

Cobb, Daniel, Creative --HAVAS WORLDWIDE CHICAGO, Chicago, IL, pg. 488

Coburn, Jeff, Creative --Momentum, Saint Louis, MO, pg. 755

Cocchiere, Scott, Creative --Citizen Relations, New York, NY, pg. 1469

Cocchiere, Scott, Creative --CITIZEN RELATIONS, Irvine, CA, pg. 1469

Cochran, Steve, Creative --Colenso BBDO, Auckland, New Zealand, pg. 114

Cochrane, Kate, Creative --THE MILLER GROUP, Los Angeles, CA, pg. 742

Coego, Erick, Creative --GMG ADVERTISING, Miami, FL, pg. 425

Coelho, Alex, Creative --Isobar Brazil, Sao Paulo, Brazil, pg. 549

Coelho, Andre Duarte, Creative --Saatchi & Saatchi, Cape Town, South Africa, pg. 979

Coelho, Jorge, Creative --Ogilvy Portugal, Lisbon, Portugal, pg. 816

Cohen, Adam, Creative --CONCENTRIC HEALTH EXPERIENCE, New York, NY, pg. 225

Cohen, Chris Ryan, Creative --MCCANN HEALTH GLOBAL HQ, New York, NY, pg. 713

Cohen, Paul, Creative --Adam & EveDDB, London, United Kingdom, pg. 281

Cohen, Ramiro Rodriguez, Creative --BBDO Argentina, Buenos Aires, Argentina, pg. 101

Cohen, Samantha, Creative --AGENCY 451, Boston, MA, pg. 1427

Colbert, Brian, Creative --HYC/MERGE, Chicago, IL, pg. 515

Cole, Abraham, Creative --SO&U Saatchi & Saatchi, Lagos, Nigeria, pg. 978

Cole, Jeff, Creative --IDEA HALL, Costa Mesa, CA, pg. 520

Cole, Marty, Creative --PUBLICIS EXPERIENCES, Seattle, WA, pg. 896

Cole, Nick, Creative --Young & Rubicam Australia/New Zealand, Sydney, Australia, pg. 1199

Cole, Salina, Creative --PUBLICIS NEW YORK, New York, NY, pg. 912

Cole, Tim, Creative --MCGARRAH JESSEE, Austin, TX, pg. 716

Coleman, Clay, Creative --SLINGSHOT, LLC, Dallas, TX, pg. 1021

Coleman, Kori, Creative --AGENCYEA, Chicago, IL, pg. 40

Coleman, Ryan, Creative --LUQUIRE GEORGE ANDREWS, INC., Charlotte, NC, pg. 657

Colinet, Fritz, Creative --RETNA MEDIA INC., Houston, TX, pg. 952

Collin, Scott, Creative --HAVIT ADVERTISING, LLC, Arlington, VA, pg. 489

Colling, Darryl, Creative --CROWLEY WEBB, Buffalo, NY, pg. 250

Colling, Tom, Creative --BRAND COOL MARKETING INC, Rochester, NY, pg. 154

Collins, James, Creative --DIGITAS, Boston, MA, pg. 1250

Collins, Tom, Creative --EMA Public Relations Services, Syracuse, NY, pg. 347

Collyer, Phil, Creative --JACK MORTON WORLDWIDE, Boston, MA, pg. 567

Colmar, Steve, Creative --Leo Burnett Publicidade, Ltda., Lisbon, Portugal, pg. 626

Colmar, Steve, Creative --Publicis Publicidade Lda., Lisbon, Portugal, pg. 901

Colon, Arturo, Creative --AMUSE DIGITAL, Houston, TX, pg. 1237

Colovin, Stewart, Creative --MMGY GLOBAL, Kansas City, MO, pg. 750

Coltart, Freddie, Creative --FCB Auckland, Auckland, New Zealand, pg. 374

Combs, Josh, Creative --AKQA, Inc., Portland, OR, pg. 1235

Comer, Kevin, Creative --AMPLE, LLC, Cincinnati, OH, pg. 54

Comitis, John, Creative --VBAT, Amsterdam, Netherlands, pg. 1182

Commandatore, Dana, Creative --deutschMedia, New York, NY, pg. 295

Comte-Liniere, Jean-Baptiste, Creative --Publicis Shanghai, Shanghai, China, pg. 908

Coney, Charlie, Creative --Golin, Los Angeles, CA, pg. 1520

Conigliaro, Thomas, Creative --FCB HEALTH, New York, NY, pg. 376

Connor, Eric, Creative --MICROMASS COMMUNICATIONS INC, Cary, NC, pg. 738

Conran, Christopher, Creative --STEVENS ADVERTISING, Grand Rapids, MI, pg. 1048

Consiglio, Dan, Creative --DOWNTOWN PARTNERS CHICAGO, Chicago, IL, pg. 318

Conti, Vincent, Creative --THE IDEA FACTORY, New York, NY, pg. 520

Coogan, Lianne, Creative --THE MARTIN GROUP, LLC., Buffalo, NY, pg. 688

Cook, Matt, Creative --THE VARIABLE AGENCY, Winston Salem, NC, pg. 1131

Cook, Spencer, Creative --PHENOMENON, Los Angeles, CA, pg. 868

Cookson, Scott, Creative --AYZENBERG GROUP, INC., Pasadena, CA, pg. 81

Cooper, Courtney, Creative --BESON 4 MEDIA GROUP, Jacksonville, FL, pg. 125

Cooper, John, Creative --ESTEY-HOOVER INC. ADVERTISING-PUBLIC RELATIONS, NewPOrt Beach, CA, pg. 350

Cooper, Paul, Creative --BRAND TANGO INC., Deerfield Beach, IL, pg. 155

Copeland, Paul, Creative --Saatchi & Saatchi, Shanghai, China, pg. 983

Coplen, Dani, Creative --THE INTEGER GROUP, LLC, Lakewood, CO, pg. 536

Coppola, Martin, Creative --Ogilvy, Shanghai, China, pg. 1601

Corbeille, Michael, Creative --SIMONS MICHELSON ZIEVE, INC., Troy, MI, pg. 1015

Corbin, Jason, Creative --LEWIS COMMUNICATIONS, Birmingham, AL, pg. 636

Corbitt, Carl, Creative --Chemistry Atlanta, Atlanta, GA, pg. 205

Corcoran, Joe, Creative --Anomaly, London, United Kingdom, pg. 59

Corcoran, Joe, Creative --Anomaly, London, United Kingdom, pg. 721

Cordell, David, Creative --BOHLSENPR INC., IndianaPOlis, IN, pg. 1453

Corley, Chris, Creative --VML, Kalamazoo, MI, pg. 1300

Cormie, Adrienne, Creative --SPIN ADVERTISING, Ann Arbor, MI, pg. 1034

Cornette, John, Creative --EP+Co, New York, NY, pg. 343

Corr, David, Creative --PUBLICIS HEALTHCARE COMMUNICATIONS GROUP, New York, NY, pg. 911

Corr, David, Creative --PUBLICIS USA, New York, NY, pg. 912

Correa, Milton, Creative --ELEPHANT, San Francisco, CA, pg. 335

AGENCIES — RESPONSIBILITIES INDEX

Correa, Paulo, Creative --Campaigns & Grey, Makati, Philippines, pg. 447
Corredor, Hugo, Creative --Sancho BBDO, Bogota, Colombia, pg. 102
Correia, Augusto, Creative --DDB Sydney Pty. Ltd., Ultimo, Australia, pg. 270
Cortesini, Luca, Creative --DDB S.r.L. Advertising, Milan, Italy, pg. 276
Cortina, Jerges, Creative --CSI GROUP, INC., Montvale, NJ, pg. 251
Cosentino, Courtney, Creative --PILOT, New York, NY, pg. 871
Cosgrove, Rick, Creative --AGENCYEA, Chicago, IL, pg. 40
Coss, Reed, Creative --SapientRazorfish Atlanta, Atlanta, GA, pg. 1287
Costa, Fernando, Creative --Ogilvy Portugal, Lisbon, Portugal, pg. 816
Costa, Ravi, Creative --FCB Kuala Lumpur, Kuala Lumpur, Malaysia, pg. 374
Costanzi, Angela, Creative --MOVEO, Chicago, IL, pg. 764
Costarides, Nicholas, Creative --Ogilvy, Playa Vista, CA, pg. 811
Costello, Erin, Creative --RPA, Santa Monica, CA, pg. 970
Coto, Raphael, Creative --SIGNATURE BRAND FACTORY, Milldale, CT, pg. 1013
Cotter, Dylan, Creative --BBDO Dublin, Dublin, Ireland, pg. 105
Cotti, Leonardo, Creative --Saatchi & Saatchi, Milan, Italy, pg. 978
Cottier, Brian, Creative --SOVRN, Boise, ID, pg. 1030
Couagnon, Nicolas, Creative --ZAKKA, Boulogne-Billancourt, France, pg. 1082
Coupland, David, Creative --WE Buchan, Melbourne, Australia, pg. 1672
Courant, Nicolas, Creative --Ogilvy (Singapore) Pvt. Ltd., Singapore, Singapore, pg. 827
Courtney, Andalyn, Creative --CROWLEY WEBB, Buffalo, NY, pg. 250
Coutinho, Joao, Creative --RED FUSE COMMUNICATIONS, INC., New York, NY, pg. 939
Coutinho, Joao, Creative --YOUNG & RUBICAM, New York, NY, pg. 1197
Cowdy, Travis, Creative --DentsuBos, Toronto, Canada, pg. 291
Cowie, James, Creative --DEUTSCH, INC., New York, NY, pg. 294
Cowie, James, Creative --Deutsch New York, New York, NY, pg. 295
Cox, Elaine, Creative --HEAT, San Francisco, CA, pg. 492
Cox, John Michael, Creative --The Marketing Arm, Los Angeles, CA, pg. 682
Crabb, Nancy, Creative --THE STARR CONSPIRACY, Fort Worth, TX, pg. 1044
Craig, Colin, Creative --GRIP LTD., Toronto, Canada, pg. 450
Craighead, Michael, Creative --WALTON / ISAACSON, Culver City, CA, pg. 1151
Cramer, Adam, Creative --KELLEY HABIB JOHN, Boston, MA, pg. 591
Cramer, Garth, Creative --BOELTER + LINCOLN MARKETING COMMUNICATIONS, Milwaukee, WI, pg. 144
Craven, Jerry, Creative --UPSHOT, Chicago, IL, pg. 1128
Craven, Michael, Creative --McCann-Erickson Communications House Ltd., Macclesfield, Prestbury, United Kingdom, pg. 712
Crawford, David, Creative --THE RICHARDS GROUP, INC., Dallas, TX, pg. 956
Crawford, Molly Molina, Creative --Digitas, Atlanta, GA, pg. 1252
Crawford, Steve, Creative --DDB Melbourne Pty. Ltd., Melbourne, Australia, pg. 270
Crawford, Steve, Creative --Rapp Melbourne, Richmond, Australia, pg. 933
Crawford-Andrus, Andi, Creative --TACTICAL MAGIC, Memphis, TN, pg. 1070
Crawforth, Darren, Creative --Ogilvy (China) Ltd., Shanghai, China, pg. 822
Creally, Justin, Creative --NORTH STRATEGIC, Toronto, Canada, pg. 1596
Creek, Rob, Creative --ENVISIONIT MEDIA, Chicago, IL, pg. 342
Cremer, Mauricio, Creative --GREENLIGHT, Dallas, TX, pg. 435
Crespi, Lorenzo, Creative --Leo Burnett Co. S.r.l., Milan, Italy, pg. 625
Crespi, Lorenzo, Creative --Leo Burnett Co. S.r.l., Turin, Italy, pg. 625
Cristiana, Boccassini, Creative --Publicis Networks, Milan, Italy, pg. 900
Crofton, Liz, Creative --GRIP LTD., Toronto, Canada, pg. 450
Cronin, Mike, Creative --KRUSKOPF & COMPANY, INC., Minneapolis, MN, pg. 603
Cropsal, Elise, Creative --LG2, Montreal, Canada, pg. 639
Cross, Angela, Creative --ELASTICITY, Saint Louis, MO, pg. 1498

Cross, Jeremy, Creative --SAPIENTRAZORFISH NEW YORK, New York, NY, pg. 1286
Cross, Julian, Creative --Digitas Health London, London, United Kingdom, pg. 1251
Croteau, Lauren, Creative --THE VIA AGENCY, Portland, ME, pg. 1136
Crusham, Tom, Creative --SourceLink, Los Angeles, CA, pg. 1030
Cruz, Eric, Creative --AKQA, Inc., Shanghai, China, pg. 1234
Csurgo, Balazs, Creative --Havas Worldwide Budapest, Budapest, Hungary, pg. 480
Cueto, Jaime, Creative --TBWA/Colombia Suiza de Publicidad Ltda, Bogota, Colombia, pg. 1092
Cummings, Carl, Creative --MACDOUGALL BIOMEDICAL COMMUNICATIONS, INC., Wellesley, MA, pg. 666
Cummings, Daniel, Creative --ZULU ALPHA KILO, Toronto, Canada, pg. 1216
Cunningham, Gary, Creative --AFG&, New York, NY, pg. 37
Curioni, Juan Pablo, Creative --McCann Erickson, Buenos Aires, Argentina, pg. 700
Curley, Leah, Creative --3H COMMUNICATIONS INC., Oakville, Canada, pg. 7
Curreri, Giordano, Creative --Ogilvy, Milan, Italy, pg. 815
Curry, Mak, Creative --mcgarrybowen, Shanghai, China, pg. 718
Curry, Stephen, Creative --LEWIS COMMUNICATIONS, Birmingham, AL, pg. 636
Curtis, Kyle, Creative --R&R PARTNERS, Las Vegas, NV, pg. 924
Cutmore, Brooke, Creative --OgilvyOne Worldwide Ltd., London, United Kingdom, pg. 819
Cutter, Rich, Creative --EP+CO, Greenville, SC, pg. 343
Cuyler, Rachel, Creative --VML, INC., Kansas City, MO, pg. 1143
D'Alfonso, Julio, Creative --BBDO WORLDWIDE INC., New York, NY, pg. 97
D'Amico, Mike, Creative --GOLIN, Chicago, IL, pg. 1519
D'Aversa, Stefan, Creative --DENTSUBOS, Montreal, Canada, pg. 291
D'Innocenzo, Ron, Creative --GOLIN, Chicago, IL, pg. 1519
D'Mello, Shyamashree, Creative --Publicis Beehive, Mumbai, India, pg. 909
D'Rozario, Chris, Creative --TEAM ONE USA, Los Angeles, CA, pg. 1095
D'souza, Karen, Creative --BBDO New York, New York, NY, pg. 99
D'Souza, Rohan, Creative --Publicis Ambience Mumbai, Mumbai, India, pg. 909
Da Silva, Jeffrey, Creative --SID LEE, Toronto, Canada, pg. 1010
Dacyshyn, Chris, Creative --Ogilvy, Toronto, Canada, pg. 812
Dahl, Scott, Creative --PERISCOPE, Minneapolis, MN, pg. 864
Dale, Marilyn, Creative --SUNSTAR, Alexandria, VA, pg. 1062
Dalsgaard, Toby, Creative --GOCONVERGENCE, Orlando, FL, pg. 426
Dalvi, Vinicius, Creative --Publicis, Rome, Italy, pg. 900
Daly, Raven, Creative --Publicis Toronto, Toronto, Canada, pg. 904
Damiani, Jovita, Creative --TCP-TBWA Indonesia, Jakarta, Indonesia, pg. 1090
Dana, Sean, Creative --EMPOWER MEDIAMARKETING, Cincinnati, OH, pg. 1320
Dang, Toan, Creative --AGENCY CREATIVE, Dallas, TX, pg. 38
Dangelmaier, Michael, Creative --KARO GROUP, INC., Calgary, Canada, pg. 588
Dani, Amod, Creative --Leo Burnett Orchard, Bengaluru, India, pg. 630
Daniel, Rebecca, Creative --BBH Mumbai, Mumbai, India, pg. 93
Daniel, Streadbeck, Creative --MULLENLOWE GROUP, Boston, MA, pg. 770
Daniels, Morgan, Creative --PULSAR ADVERTISING, INC., Beverly Hills, CA, pg. 915
Danner, Linda, Creative --PILOT, New York, NY, pg. 871
Danylak, Greg, Creative --MASON MARKETING, INC, Penfield, NY, pg. 691
Danzig, Esther, Creative --CP+B BOULDER, Boulder, CO, pg. 235
Danzig, Marie Ewald, Creative --BLUE STATE DIGITAL, Washington, DC, pg. 140
Dardagan, Sanja, Creative --GLOBAL TEAM BLUE, Dearborn, MI, pg. 423
Darlow, Thomas, Creative --Colenso BBDO, Auckland, New Zealand, pg. 114
Darmory, Suzanne, Creative --Acxiom LLC, Conway, AR, pg. 541
Dasgupta, Nilanjan, Creative --Rediffusion Y&R Pvt. Ltd., Mumbai, India, pg. 1200
Dasgupta, Sarasij, Creative --J. Walter Thompson, Kolkata, India, pg. 557
DaSilva, Aaron, Creative --PJA, Cambridge, MA, pg. 874
Date, Tushar, Creative --CP+B LA, Santa Monica, CA, pg. 235

Datta, Subhashish, Creative --DDB Mudra, New Delhi, India, pg. 276
Datta, Subhashish, Creative --DDB Mudra Group, Mumbai, India, pg. 275
Dattalo, Frank, Creative --ORGANIC, INC., San Francisco, CA, pg. 1278
Daubert, Alison Gillanders, Creative --LP&G MARKETING, Tucson, AZ, pg. 654
Daugherty, Shannon, Creative --SCHERMER, INC., Minneapolis, MN, pg. 995
Daun, Sue, Creative --Interbrand, London, United Kingdom, pg. 537
Dave, Alm, Creative --BBDO Minneapolis, Minneapolis, MN, pg. 98
Davia, Richard, Creative --(ADD)VENTURES, Providence, RI, pg. 29
David, James, Creative --George P. Johnson (Australia) Pty., Ltd., Sydney, Australia, pg. 417
Davidge, Nick, Creative --GREENLIGHT MEDIA & MARKETING, LLC, Hollywood, CA, pg. 435
Davidson, Mike, Creative --LYONS CONSULTING GROUP, LLC, Chicago, IL, pg. 1269
Davies, Cherie, Creative --FCB Chicago, Chicago, IL, pg. 364
Davies, Rich, Creative --VREELAND MARKETING & DESIGN, Yarmouth, ME, pg. 1146
Davies, Steve, Creative --Havas London, London, United Kingdom, pg. 482
Davila, Cristina, Creative --TBWA Espana, Madrid, Spain, pg. 1085
Davis, Benjamin, Creative --Mccann, Sydney, Australia, pg. 700
Davis, Bryan, Creative --MEKANISM, San Francisco, CA, pg. 729
Davis, Chris, Creative --SWIZZLE COLLECTIVE, Austin, TX, pg. 1067
Davis, Diane, Creative --ACROBATANT, Tulsa, OK, pg. 22
Davis, EB, Creative --AKQA, INC., San Francisco, CA, pg. 1234
Davis, Eric, Creative --HARVEST PUBLIC RELATIONS, Portland, OR, pg. 1527
Davis, Joel, Creative --DELL BLUE, Round Rock, TX, pg. 1221
Davis, Noah, Creative --DOOR NUMBER 3, Austin, TX, pg. 316
Davis, Paul, Creative --OLOGIE, Columbus, OH, pg. 835
Dawes, Glenn, Creative --ADFARM, Calgary, Canada, pg. 29
Day, Aubrey, Creative --DDB San Francisco, San Francisco, CA, pg. 269
Day, Gayden, Creative --ROCKET RED, Dallas, TX, pg. 965
Days, Don, Creative --VIEWPOINT CREATIVE, Newton, MA, pg. 1137
De Angelo, James, Creative --DCF ADVERTISING, New York, NY, pg. 266
de backer, Dylan, Creative --DDB Amsterdam, Amstelveen, Netherlands, pg. 277
De Bruyn, Dries, Creative --LDV United, Antwerp, Belgium, pg. 1180
De Bruyn, Dries, Creative --LDV United, Antwerp, Belgium, pg. 218
de Jesus Andrade, Eduardo, Creative --Teran TBWA, Mexico, Mexico, pg. 1092
De Jong, Corien, Creative --INTERMUNDO MEDIA, Boulder, CO, pg. 539
de Kock, Joshua, Creative --M&C Saatchi Abel, Cape Town, South Africa, pg. 660
de la Herran, Eduardo, Creative --OGILVY, New York, NY, pg. 809
de la Torre, Juan Carlos Gomez, Creative --Circus Grey, Lima, Peru, pg. 444
de la Torre, Juan Carlos Gomez, Creative --Grey GCG Peru S.A.C., Lima, Peru, pg. 444
De La Villehuchet, Christian, Creative --Havas Worldwide Brussels, Brussels, Belgium, pg. 478
De LaGuardia, Gloria, Creative --RED FUSE COMMUNICATIONS, INC., New York, NY, pg. 939
de Leon, Dino, Creative --IN MARKETING SERVICES, Norwalk, CT, pg. 529
de Lesseux, Matthieu, Creative --HAVAS, Puteaux, France, pg. 472
De Libero, Gianfranco, Creative --BEYOND TOTAL BRANDING, Miami, FL, pg. 126
De Maayer, Maarten, Creative --Publicis, Brussels, Belgium, pg. 1397
De Melo, Randy, Creative --NO FIXED ADDRESS, INC., Toronto, Canada, pg. 795
De Menezes, Vinicius, Creative --Publicis Italia, Milan, Italy, pg. 899
De Pietri, Emiliano Gonzalez, Creative --Grey GCG Peru S.A.C., Lima, Peru, pg. 444
De Pietri, Emiliano Gonzalez, Creative --Grey: REP, Bogota,

RESPONSIBILITIES INDEX — AGENCIES

Colombia, pg. 444
de Raat, Ian, Creative --Publicis Australia, Brisbane, Australia, pg. 907
de Villiers, Hagan, Creative --TBWA Singapore, Singapore, Singapore, pg. 1091
de Wet, Andre, Creative --FCB AFRICA, Johannesburg, South Africa, pg. 375
de Wilde, Dries, Creative --Duval Guillaume, Antwerp, Belgium, pg. 897
de Wolf, Stephen, Creative --Clemenger BBDO Melbourne, Melbourne, Australia, pg. 111
Deakin, Wayne, Creative --Huge, London, United Kingdom, pg. 512
DeAngelo, Matt, Creative --FUSE INTERACTIVE, Laguna Beach, CA, pg. 403
DeAngelo, Tyler, Creative --STRAWBERRYFROG, New York, NY, pg. 1054
DeBiase, Judy, Creative --SMM ADVERTISING, Smithtown, NY, pg. 1024
Decazes, Jacques, Creative --BETC, Paris, France, pg. 479
DeCheser, David, Creative --R/GA, New York, NY, pg. 925
Dedering, Brian, Creative --PUBLICIS HAWKEYE, Dallas, TX, pg. 1282
Deenihan, Bridget, Creative --BOHAN, Nashville, TN, pg. 144
Deer, Joanne, Creative --NOW COMMUNICATIONS, Vancouver, Canada, pg. 801
DeFilippo, Lauren, Creative --PRIM COMMUNICATIONS, Littleton, CO, pg. 1619
DeGray, John, Creative --AMP Agency, New York, NY, pg. 1237
DeGrote, Paul, Creative --AMOBEE, INC., Redwood City, CA, pg. 1236
Del Nero, Daniele, Creative --Leo Burnett Co. S.r.l., Turin, Italy, pg. 625
Del Pizzo, Gaetano, Creative --MCCANN WORLDGROUP S.R.L., Milan, Italy, pg. 715
dela Cruz, Aissa Stephanie, Creative --Leo Burnett Manila, Makati, Philippines, pg. 631
Delafosse, Ryan, Creative --PRAYTELL, Brooklyn, NY, pg. 1618
Deleuse, Alexander, Creative --GURU MEDIA SOLUTIONS LLC, Sausalito, CA, pg. 456
Delgado, Rene, Creative --Leo Burnett USA, Chicago, IL, pg. 622
Delgado, Rene, Creative --LEO BURNETT WORLDWIDE, INC., Chicago, IL, pg. 621
Delorez, Steve, Creative --EDGE MARKETING, Chicago, IL, pg. 331
Delsol, Bob, Creative --ZLRIGNITION, Des Moines, IA, pg. 1214
DeMeo, Lee-Ann, Creative --INNIS MAGGIORE GROUP, INC., Canton, OH, pg. 533
DeNatale, Michael, Creative --COMCAST SPOTLIGHT, Fort Wayne, IN, pg. 221
Denekas, Steven, Creative --BASIC AGENCY, San Diego, CA, pg. 95
Denembo, Kiley, Creative --MISTRESS, Santa Monica, CA, pg. 747
Deng, Yingzhi, Creative --DDB, Singapore, Singapore, pg. 279
Densmore, Jim, Creative --ARKETI GROUP, Atlanta, GA, pg. 68
Dent, Amanda, Creative --ARCHER MALMO, Memphis, TN, pg. 65
Dente, Vincent, Creative --MSLGROUP, New York, NY, pg. 1587
DePalma, David, Creative --SANTA FE NATURAL TOBACCO ADVERTISING, Santa Fe, NM, pg. 1226
Derby, Sheriden, Creative --TBWA Auckland, Auckland, New Zealand, pg. 1091
DeRoller, Julie, Creative --PARTNERS+NAPIER, Rochester, NY, pg. 855
DeRosa, Mike, Creative --Organic, Inc., New York, NY, pg. 1278
derouault, Thomas, Creative --J. Walter Thompson France, Neuilly-sur-Seine, France, pg. 559
DeSanti, Meredith, Creative --BML PUBLIC RELATIONS, Florham Park, NJ, pg. 1452
Desimini, Guy, Creative --Patients & Purpose, New York, NY, pg. 198
Desmettre, Olivier, Creative --Publicis Conseil, Paris, France, pg. 898
Dettman, Caroline, Creative --Golin, San Francisco, CA, pg. 1520
Devadason, Ajit, Creative --MADRAS GLOBAL, New York, NY, pg. 670
Devgun, Rohit, Creative --McCann Erickson India, Mumbai, India, pg. 704
Devine, Tim, Creative --AKQA, Melbourne, Australia, pg. 1235
DeVito, Sal, Creative --DEVITO/VERDI, New York, NY, pg. 296
DeViva, Sara, Creative --VAULT COMMUNICATIONS, INC., Plymouth Meeting, PA, pg. 1666
Deweese, Jim, Creative --CURRENT360, Louisville, KY, pg. 255
DeWree, Madeline, Creative --DDB San Francisco, San Francisco,

CA, pg. 269
Dexter, Todd, Creative --PURERED/FERRARA, Stone Mountain, GA, pg. 917
Di Bruno, Serena, Creative --GreyUnited, Milan, Italy, pg. 441
di Carlo, Luca Scotto, Creative --M&C Saatchi Milan, Milan, Italy, pg. 660
Di Giulio, Caroline, Creative --THE WOO, Culver City, CA, pg. 1175
Di Laus, Simone, Creative --Publicis Italia, Milan, Italy, pg. 899
Di Napoli, Davide, Creative --J. Walter Thompson Milan, Milan, Italy, pg. 560
Di Virgilio, Joe, Creative --EMA Public Relations Services, Syracuse, NY, pg. 347
Di Virgilio, Joe, Creative --Eric Mower + Associates, Albany, NY, pg. 347
Diamond, Jared, Creative --STRAWBERRYFROG, New York, NY, pg. 1054
Diamond, Meaghan, Creative --MullenLowe, El Segundo, CA, pg. 772
Diamond, Todd, Creative --R2INTEGRATED, Campbell, CA, pg. 928
Diaz, Andres, Creative --Prolam Y&R S.A., Santiago, Chile, pg. 1206
Diaz, Jorgelina, Creative --FCB Mayo, Lima, Peru, pg. 372
DiBona, Brendan, Creative --AKQA, Inc., Washington, DC, pg. 1234
Dickerson, Adrian, Creative --TRIBAL WORLDWIDE, New York, NY, pg. 1295
Dicketts, Simon, Creative --M&C SAATCHI PLC, London, United Kingdom, pg. 658
Diefenbach, George, Creative --CREATIVE IMAGE ADVERTISING & DESIGN, INC., Holbrook, NY, pg. 242
Diego Guzman, Juan, Creative --ALMA, Coconut Grove, FL, pg. 49
Diestel, Till, Creative --BBDO Proximity Berlin, Berlin, Germany, pg. 105
DiGeorge, Arnie, Creative --R&R Partners, Phoenix, AZ, pg. 925
DiLibero, Devin, Creative --AMCI, Los Angeles, CA, pg. 305
Dimaano, Marco, Creative --McCann Erickson (Philippines), Inc., Manila, Philippines, pg. 707
Dimon, Doug, Creative --Definition 6, New York, NY, pg. 286
Dindo, Alan, Creative --DDB Berlin, Berlin, Germany, pg. 274
Dingle, Spencer, Creative --Cossette Communication-Marketing, Toronto, Canada, pg. 234
Dinh, Lien, Creative --TBWA/Vietnam, Ho Chi Minh City, Vietnam, pg. 1092
Dinler, M. Evren, Creative --Markom/Leo Burnett, Istanbul, Turkey, pg. 627
Dinnerman, Matthew, Creative --QUAINTISE, LLC, Scottsdale, AZ, pg. 920
Dionisio, Cathrina, Creative --CCH MARKETING & PUBLIC RELATIONS, Winter Park, FL, pg. 1465
DiPiazza, Jim, Creative --WALTON / ISAACSON, Culver City, CA, pg. 1151
DiPietro, Jason, Creative --IBM iX, Columbus, OH, pg. 518
DiRienz, David, Creative --MCGARRYBOWEN, New York, NY, pg. 716
Ditchik, Jen, Creative --ECLIPSE ADVERTISING, INC., Burbank, CA, pg. 330
Ditchman, Amy, Creative --SapientRazorfish Chicago, Chicago, IL, pg. 1288
DiVirgilio, Joe, Creative --ERIC MOWER + ASSOCIATES, Syracuse, NY, pg. 346
Dixit, Rachana, Creative --Leo Burnett India, Mumbai, India, pg. 629
Diyco, Trixie, Creative --Publicis JimenezBasic, Makati, Philippines, pg. 910
Dobbs, Justin, Creative --ARCHER MALMO, Memphis, TN, pg. 65
Dobrowsky, Trevor, Creative --MINTZ & HOKE COMMUNICATIONS GROUP, Avon, CT, pg. 746
Dobson, Tara J, Creative --FCB New York, New York, NY, pg. 365
Dockery, Will, Creative --RED ROOK ROYAL, Fayetteville, AR, pg. 941
Dockman, Kevin, Creative --LEAD TO CONVERSION, Hudson, OH, pg. 617
Dodson, Russell, Creative --BALDWIN&, Raleigh, NC, pg. 85
Dody, Evan, Creative --Huge, Los Angeles, CA, pg. 512
Doernemann, Daniel, Creative --LOYALKASPAR, New York, NY, pg. 654
Doerzbacher, Rob, Creative --SMITH BROTHERS AGENCY, LP, Pittsburgh, PA, pg. 1023
Domiati, Lyna, Creative --Impact BBDO, Beirut, Lebanon, pg. 106
Dominguez, Juan, Creative --OGILVY, New York, NY, pg. 809
Donaldson, Joanne, Creative --MDW ADVERTISING SOLUTIONS

INC, Pt Charlotte, FL, pg. 724
Donatelle, Drew, Creative --HAVAS WORLDWIDE CHICAGO, Chicago, IL, pg. 488
Donato, Rafael, Creative --DAVID, Sao Paulo, Brazil, pg. 261
Dong, WeiWei, Creative --360I, New York, NY, pg. 6
Dontos, Jordan, Creative --SLINGSHOT, LLC, Dallas, TX, pg. 1021
Doolan, Arizona, Creative --Young & Rubicam NZ Ltd., Auckland, New Zealand, pg. 1199
Dooley, Kyleigh, Creative --JUICE PHARMA WORLDWIDE, New York, NY, pg. 584
Dooley, Thomas, Creative --TDA_BOULDER, Boulder, CO, pg. 1094
Dorfman, Bob, Creative --BAKER STREET ADVERTISING, San Francisco, CA, pg. 85
Dorsey, Harold, Creative --G&G OUTFITTERS INC., Lanham, MD, pg. 406
Dorsey, Kelly, Creative --DIGITAL KITCHEN, Chicago, IL, pg. 301
Dorsey, Stephen, Creative --DORSEY STUDIOS, Toronto, Canada, pg. 317
Dosmann, Greg, Creative --MICROMASS COMMUNICATIONS INC, Cary, NC, pg. 738
DosSantos, Shawn, Creative --GALE PARTNERS, New York, NY, pg. 1258
Douaihy, Collette, Creative --DIGITAS HEALTH, Philadelphia, PA, pg. 302
Douek, Richard, Creative --HAVAS WORLDWIDE, New York, NY, pg. 475
Doughty, Scott C, Creative --DJ-LA LLC, Los Angeles, CA, pg. 309
Douglas, Kika, Creative --DAVID & GOLIATH, El Segundo, CA, pg. 261
Douglas, Wesley E, Creative --MADDOCK DOUGLAS, INC., Elmhurst, IL, pg. 668
Douglass, Dave, Creative --Anomaly, Toronto, Canada, pg. 59
Douglass, Dave, Creative --Anomaly, Toronto, Canada, pg. 722
Dow, Bob, Creative --ADDIS, Berkeley, CA, pg. 28
Dowdeswell, Ryan, Creative --PHOENIX GROUP, Regina, Canada, pg. 869
Dowling, Liane, Creative --Leo Burnett London, London, United Kingdom, pg. 627
Dowling, Mike, Creative --PAULSEN MARKETING COMMUNICATIONS, INC., Sioux Falls, SD, pg. 859
Downs, Lucy, Creative --STRAWBERRYFROG, New York, NY, pg. 1054
Downs, Tim, Creative --MARTINO FLYNN LLC, Pittsford, NY, pg. 689
Doyle, Amanda, Creative --ISTRATEGYLABS, Washington, DC, pg. 1265
Doyle, Darcy, Creative --HOFFMAN AND PARTNERS, Braintree, MA, pg. 505
Doyle, Lindsay, Creative --SMARTMARKETING COMMUNICATIONS, Albuquerque, NM, pg. 1647
Drake, Peter, Creative --Digitas, London, United Kingdom, pg. 1251
Draughon, Roman, Creative --DUFOUR ADVERTISING, Sheboygan, WI, pg. 325
Drayer, Dave, Creative --Y&R New York, New York, NY, pg. 1198
Dreistadt, Jason, Creative --INFINITY CONCEPTS, Export, PA, pg. 531
Drew, Graham, Creative --Grey Group Malaysia, Kuala Lumpur, Malaysia, pg. 447
Drohan, Paul, Creative --MIRUM LLC, San Diego, CA, pg. 1272
Drukas, Alexander, Creative --Doner, Playa Vista, CA, pg. 724
Drukas, Alexander, Creative --DONER, Southfield, MI, pg. 314
Drukas, Alexander, Creative --Doner, Playa Vista, CA, pg. 315
Drumheller, Jason, Creative --HIRSHORN ZUCKERMAN DESIGN GROUP, Rockville, MD, pg. 502
Drummey, Purr, Creative --GIANT CREATIVE/STRATEGY, LLC, San Francisco, CA, pg. 418
Drummond, Keith, Creative --Bookmark Content, London, United Kingdom, pg. 1186
Drust, Stefan, Creative --FUSE INTERACTIVE, Laguna Beach, CA, pg. 403
Dubey, Rohit, Creative --Ogilvy India, Mumbai, India, pg. 824
Dubhashi, Mayuresh, Creative --Grey (India) Pvt. Ltd., Mumbai, India, pg. 446
Dubois, David, Creative --THE PITCH AGENCY, Culver City, CA, pg. 873
Dubois, Josh, Creative --BARKLEY, Kansas City, MO, pg. 90
Duchniewska-Sobczak, Zuzanna, Creative --DDB Warsaw, Warsaw, Poland, pg. 279
Duckworth, Martin, Creative --OgilvyOne Worldwide Ltd., London, United Kingdom, pg. 819

1917

AGENCIES — RESPONSIBILITIES INDEX

Dudkiewicz, Kat, Creative --WE ARE UNLIMITED, Chicago, IL, pg. 1155
Duering, Anja, Creative --Chemistry Atlanta, Atlanta, GA, pg. 205
Duffy, James, Creative --VENABLES, BELL & PARTNERS, San Francisco, CA, pg. 1132
Duft, Ward, Creative --DUFT WATTERSON, Boise, ID, pg. 325
Duggan, Sarah, Creative --Ogilvy, Ltd., London, United Kingdom, pg. 818
Duggan, Sarah, Creative --OgilvyOne Business, London, United Kingdom, pg. 819
Duguay, Anthony, Creative --ANDERSON DDB HEALTH & LIFESTYLE, Toronto, Canada, pg. 57
Duguay, Anthony, Creative --Anderson DDB Sante.Vie.Esprit., Montreal, Canada, pg. 57
DuMont, Chris, Creative --GNET, Los Angeles, CA, pg. 425
Dumville, Anthony, Creative --Spillmann/Felser/Leo Burnett, Zurich, Switzerland, pg. 627
Dunbar, Don, Creative --Gyro Chicago, Chicago, IL, pg. 458
Dunbar, Leah Taylor, Creative --WE ARE LISTEN LLC, New York, NY, pg. 1301
Duncan, Mike, Creative --SAGE ISLAND, Wilmington, NC, pg. 987
Duncan, Shannon, Creative --TWOFIFTEENMCCANN, San Francisco, CA, pg. 1124
Dunford, Dick, Creative --TBWA\WorldHealth London, London, United Kingdom, pg. 1086
Dunkak, Geoff, Creative --BUSINESS-TO-BUSINESS MARKETING COMMUNICATIONS, Raleigh, NC, pg. 177
Dunn, Michael, Creative --BFG COMMUNICATIONS, Bluffton, SC, pg. 126
Dunn, Ryan, Creative --CHRLX, New York, NY, pg. 207
Dunne, Molly, Creative --FRIENDS & NEIGHBORS, Minneapolis, MN, pg. 399
Dunning, Amy, Creative --Sandbox, Kansas City, MO, pg. 989
Dupasquier, Agathe, Creative --McCann Erickson Paris, Clichy, France, pg. 703
Dupre, Lisa, Creative --Y&R, Auckland, New Zealand, pg. 1192
Dupre, Lisa, Creative --Young & Rubicam Wellington, Wellington, New Zealand, pg. 1200
Duran, Federico, Creative --CIRCUS MARKETING, Santa Monica, CA, pg. 208
Duran, Gaston, Creative --Wunderman, Buenos Aires, Argentina, pg. 1189
Durand, Camille, Creative --Digital Kitchen, Seattle, WA, pg. 301
Durco, Bryan, Creative --Commonwealth, Detroit, MI, pg. 698
Durrant, Miranda, Creative --SCHERMER, INC., Minneapolis, MN, pg. 995
Durrett, April, Creative --GERSHONI, San Francisco, CA, pg. 417
Durrett, Jake, Creative --GERSHONI, San Francisco, CA, pg. 417
Durst, Larry, Creative --BRUSHFIRE, INC., Cedar Knolls, NJ, pg. 170
Durst, Larry, Creative --MARKETSMITH INC, Cedar Knolls, NJ, pg. 685
Dutt, Surjo, Creative --FCB Ulka, Gurgaon, India, pg. 373
Dutta, Aritra, Creative --Ogilvy Advertising, Singapore, Singapore, pg. 827
Dutta, Joybrato, Creative --Scarecrow M&C Saatchi, Mumbai, India, pg. 663
Dutta, Rahul, Creative --DDB Mudra Group, Mumbai, India, pg. 275
Dveirin, Ben, Creative --RIESTER, Phoenix, AZ, pg. 958
Dveirin, Ben, Creative --Riester, Park City, UT, pg. 958
Dy, Joe, Creative --McCann Erickson (Philippines), Inc., Manila, Philippines, pg. 707
Dyrhaug, John, Creative --SCALES ADVERTISING, Saint Paul, MN, pg. 994
Eakin, Jordan, Creative --MCKINNEY, Durham, NC, pg. 719
Eales, Francesca, Creative --AMPLIFIED DIGITAL AGENCY LLC, Saint Louis, MO, pg. 1237
Eby, Erin, Creative --HILL HOLLIDAY, Boston, MA, pg. 500
Eccardt, Catherine, Creative --SAATCHI & SAATCHI, New York, NY, pg. 975
Echevarria, Tania, Creative --REPUBLICA HAVAS, Miami, FL, pg. 947
Eckman, Jon, Creative --HAVAS WORLDWIDE CHICAGO, Chicago, IL, pg. 488
Eckols, Bruce, Creative --CAPPELLI MILES, Lake Oswego, OR, pg. 188
Eckols, Bruce, Creative --Cappelli Miles, Eugene, OR, pg. 188
Eckstein, Axel, Creative --Spillmann/Felser/Leo Burnett, Zurich, Switzerland, pg. 627
Eddy, Nelson, Creative --DVL SEIGENTHALER, Nashville, TN, pg. 326
Eddy, Nelson, Creative --DVL SEIGENTHALER, Nashville, TN, pg. 1489

Edgar, Alan, Creative --TBWA Durban, Durban, South Africa, pg. 1087
Edgar, Alan, Creative --TBWA Hunt Lascaris (Durban), Durban, South Africa, pg. 1087
Edgerton, David, Creative --JONES ADVERTISING, Seattle, WA, pg. 581
Edgington, John, Creative --VIVA CREATIVE, Rockville, MD, pg. 1141
Edu, Michelle, Creative --BBDO Guerrero, Makati, Philippines, pg. 114
Edwards, Geoff, Creative --R/GA Los Angeles, North Hollywood, CA, pg. 926
Edwards, Kinney, Creative --TRIBAL WORLDWIDE, New York, NY, pg. 1295
Edwards, Scott, Creative --INNIS MAGGIORE GROUP, INC., Canton, OH, pg. 533
Egbert, Michael, Creative --BCW (BURSON COHN & WOLFE), New York, NY, pg. 1439
Eggermont, Gregory, Creative --MullenLowe Paris, Paris, France, pg. 776
Egloff-Ng, Jean, Creative --Digitas, Kwun Tong, China (Hong Kong), pg. 1252
Ehrlich, Ben, Creative --GOODEN GROUP, Edmond, OK, pg. 1522
Ehrlich, Eric, Creative --TPN INC., Dallas, TX, pg. 1418
Eicher, Kenny, Creative --CSI GROUP, INC., Montvale, NJ, pg. 251
Eigven, Eddu Enoary, Creative --Perwanal Saatchi & Saatchi, Jakarta, Indonesia, pg. 982
Eisentraut, Cory, Creative --J. WALTER THOMPSON CANADA, Toronto, Canada, pg. 565
Eiswirth, Darren, Creative --ADNORMA LLC, Spring, TX, pg. 1233
Ekren, Yagiz, Creative --J. Walter Thompson, Brussels, Belgium, pg. 559
Ekun, Anthony, Creative --SO&U Saatchi & Saatchi, Lagos, Nigeria, pg. 978
El Chami, Angelo, Creative --Impact BBDO, Beirut, Lebanon, pg. 106
El Keiy, Ahmed, Creative --Impact BBDO, Cairo, Egypt, pg. 104
El Ten, Georges, Creative --FP7, Dubai, United Arab Emirates, pg. 710
El-Mofty, Tarek, Creative --VSA Partners, Inc., Minneapolis, MN, pg. 1147
Elder, Andrea, Creative --ARC WORLDWIDE, Chicago, IL, pg. 1397
Elimeliah, Craig, Creative --VML-New York, New York, NY, pg. 1144
Elizondo, Veronica, Creative --CONILL ADVERTISING, INC., Miami, FL, pg. 226
Elkin, Greg, Creative --YOUNG & RUBICAM, New York, NY, pg. 1197
Elkins, Shelley, Creative --Jack Morton Worldwide, Chicago, IL, pg. 568
Ellerton, Nicole, Creative --LEO BURNETT COMPANY LTD., Toronto, Canada, pg. 620
Ellery, Michael, Creative --SPARKS MARKETING CORP, Philadelphia, PA, pg. 1032
Ellingson, Nicole, Creative --QUIGLEY-SIMPSON, Los Angeles, CA, pg. 923
Elliot, Charissa, Creative --1 TRICK PONY, Hammonton, NJ, pg. 1
Elliot, Jeremy, Creative --FIRSTBORN, New York, NY, pg. 384
Elliot, Jim, Creative --GOODBY, SILVERSTEIN & PARTNERS, San Francisco, CA, pg. 428
Elliott, Annie, Creative --McCann New York, New York, NY, pg. 698
Elliott, Kyla, Creative --PHENOMENON, Los Angeles, CA, pg. 868
Elliott, Yan, Creative --The&Partnership London, London, United Kingdom, pg. 56
Ellis, Abi, Creative --Wunderman, London, United Kingdom, pg. 1193
Ellis, Dan, Creative --Superunion, Shanghai, China, pg. 1063
Ellis, Kristina, Creative --GIANT CREATIVE/STRATEGY, LLC, San Francisco, CA, pg. 418
Ellis, Michelle, Creative --CONNELLY PARTNERS, Boston, MA, pg. 227
Ellison, Lori, Creative --HIGH WIDE & HANDSOME, Culver City, CA, pg. 499
Elms, Jared, Creative --MATTER UNLIMITED LLC, New York, NY, pg. 694
Elsom, Jon, Creative --McCann Erickson Bristol, Bristol, United Kingdom, pg. 711
Elwood, Mark, Creative --MullenLowe London, London, United Kingdom, pg. 775
Emley, Donna, Creative --EMLEY DESIGN GROUP, Fort Wayne, IN, pg. 339

Emmitt, David, Creative --MRM McCann, Salt Lake City, UT, pg. 699
Endy, Michael, Creative --JPL INTEGRATED COMMUNICATIONS, INC., Harrisburg, PA, pg. 583
Engels, Bas, Creative --TBWA Neboko, Amsterdam, Netherlands, pg. 1084
Englebert, Patti McGuire, Creative --ENVIROMEDIA SOCIAL MARKETING, Austin, TX, pg. 342
Englert, Jack, Creative --Havas Life Metro, New York, NY, pg. 474
Enzenberger, Erich, Creative --PKP BBDO, Vienna, Austria, pg. 103
Epifani, Francesco, Creative --Publicis Italia, Milan, Italy, pg. 899
Epifani, Francesco, Creative --Publicis Networks, Milan, Italy, pg. 900
Epifani, Francesco, Creative --Publicis S.R.L., Milan, Italy, pg. 900
Erdogan, Ayse Ayd n, Creative --Y&R Turkey, Istanbul, Turkey, pg. 1204
Ergin, Namik, Creative --Medina/Turgul DDB, Beyoglu, Turkey, pg. 281
Ericksen, Jeff, Creative --NELSON SCHMIDT, Milwaukee, WI, pg. 788
Erickson, Anne, Creative --LASPATA DECARO, New York, NY, pg. 611
Erickson, Lael, Creative --Ackerman McQueen, Inc., Oklahoma City, OK, pg. 21
Erol, Gokhan, Creative --Medina/Turgul DDB, Beyoglu, Turkey, pg. 281
Esguerra, Alex, Creative --Jack Morton Worldwide, Los Angeles, CA, pg. 568
Esguia, Josh, Creative --AMP Agency, Los Angeles, CA, pg. 1237
Eshwar, Ravi, Creative --BBDO Singapore, Singapore, Singapore, pg. 115
Espaldon, Gabriele, Creative --M&C Saatchi, Kuala Lumpur, Malaysia, pg. 662
Esparza, Melina, Creative --CONSORTIUM MEDIA SERVICES, Ventura, CA, pg. 228
Esparza, William, Creative --R/GA, New York, NY, pg. 925
Esparza, William, Creative --R/GA Los Angeles, North Hollywood, CA, pg. 926
Espmark, Fredrik, Creative --Havas Worldwide Granath, Stockholm, Sweden, pg. 481
Esser, Jason, Creative --DIGITAL KITCHEN, Chicago, IL, pg. 301
Essey, Lucille Marie, Creative --Jack Morton Worldwide (Hong Kong), Hong Kong, China (Hong Kong), pg. 568
Estella, Gerard, Creative --NORTH FORTY, Hiawatha, IA, pg. 798
Estrella, Gustavo, Creative --DAVIDSON & BELLUSO, Phoenix, AZ, pg. 263
Euker, Lisa, Creative --RPM, New York, NY, pg. 971
Eusebi, Matias, Creative --Leo Burnett Buenos Aires, Buenos Aires, Argentina, pg. 623
Euteneuer, Jeff, Creative --SUKLE ADVERTISING, INC., Denver, CO, pg. 1059
Evangelou, Sav, Creative --The Marketing Store, London, United Kingdom, pg. 1410
Evans, Daniel J., Creative --LOADED CREATIVE LLC, Bellefonte, PA, pg. 648
Evans, Kirk, Creative --EVANS, HARDY & YOUNG INC., Santa Barbara, CA, pg. 352
Evans, Matthew, Creative --MARLO MARKETING COMMUNICATIONS, Boston, MA, pg. 1576
Evanson, Aaron, Creative --VML, Kalamazoo, MI, pg. 1300
Everard, Michael, Creative --INNOCEAN USA, Huntington Beach, CA, pg. 534
Everett, R. Kyle, Creative --ROUNDHOUSE, Portland, OR, pg. 969
Everson, Dave, Creative --PINNACLE ADVERTISING, Schaumburg, IL, pg. 872
Everson, Patrick, Creative --SUBJECT MATTER, Washington, DC, pg. 1654
Ewing, Caitlin, Creative --GREY GROUP, New York, NY, pg. 438
Ewing, Caitlin, Creative --GREY NEW YORK, New York, NY, pg. 438
Fabbri, David, Creative --LOSASSO INTEGRATED MARKETING, Chicago, IL, pg. 652
Fackrell, Andy, Creative --R/GA, New York, NY, pg. 925
Fackrell, Andy, Creative --R/GA Los Angeles, North Hollywood, CA, pg. 926
Fagerstrom, Jerker, Creative --Mccann, Sydney, Australia, pg. 700
Fahrner, Matt, Creative --INTROWORKS, INC., Minnetonka, MN, pg. 545
Fairbanks, Mark, Creative --R/GA London, London, United Kingdom,

RESPONSIBILITIES INDEX — AGENCIES

Fairley, Rose, Creative --Wieden + Kennedy, London, United Kingdom, pg. 1165
Falk, Russell, Creative --FVM STRATEGIC COMMUNICATIONS, Plymouth Meeting, PA, pg. 406
Fallon, Doug, Creative --BBDO WORLDWIDE INC., New York, NY, pg. 97
Fang, Kai, Creative --Ogilvy, Washington, DC, pg. 1599
Fanning, Theo, Creative --TRACTION CORPORATION, San Francisco, CA, pg. 1112
Fanti, Federico, Creative --BBDO Guerrero, Makati, Philippines, pg. 114
Fantich, Eric, Creative --FANTICH MEDIA GROUP, McAllen, TX, pg. 361
Farago, Stew, Creative --JAN KELLEY MARKETING, Burlington, Canada, pg. 571
Faraut, Billy, Creative --J. WALTER THOMPSON, New York, NY, pg. 553
Farella, Chris, Creative --HAWK MARKETING SERVICES, Moncton, Canada, pg. 489
Farinella, David, Creative --FARINELLA, Emeryville, CA, pg. 362
Farmer, Brandt, Creative --FORCE MARKETING LLC, Atlanta, GA, pg. 392
Farmer, Justin, Creative --MMGY GLOBAL, Kansas City, MO, pg. 750
Farquhar, Kelly Welch, Creative --PROPAC, Plano, TX, pg. 893
Farr, Mike, Creative --Wieden + Kennedy Japan, Tokyo, Japan, pg. 1166
Farrington, Fleur, Creative --M&C Saatchi, Sydney, Australia, pg. 661
Fasoli, Carlo Maria, Creative --SapientRazorfish Milan, Milan, Italy, pg. 1288
Fate, Bill, Creative --SAGON-PHIOR, West Los Angeles, CA, pg. 1638
Faussurier, Pierre-Marie, Creative --Gyro Paris, Paris, France, pg. 458
Faust, Russell, Creative --THE ST. GREGORY GROUP, INC., Cincinnati, OH, pg. 1040
Fayad, Mazen, Creative --J. Walter Thompson, Daiya, Kuwait, pg. 563
Fazzari, Ammiel, Creative --Leo Burnett Buenos Aires, Buenos Aires, Argentina, pg. 623
Featherstone, Guy, Creative --Wieden + Kennedy, London, United Kingdom, pg. 1165
Fedyna, Ric, Creative --WS, Calgary, Canada, pg. 1176
Fedyszyn, Lisa, Creative --Ogilvy New Zealand, Auckland, New Zealand, pg. 826
Fehr, Josh, Creative --Camp Pacific, Vancouver, Canada, pg. 1248
Fei, Zhao, Creative --Publicis (Beijing), Beijing, China, pg. 908
Fei, Zhao, Creative --Saatchi & Saatchi, Beijing, China, pg. 983
Feige, Tobias, Creative --BBDO Dusseldorf, Dusseldorf, Germany, pg. 105
Felix, Andre, Creative --J. Walter Thompson, Lisbon, Portugal, pg. 561
Fell, Martin, Creative --Publicis Life Brands, London, United Kingdom, pg. 911
Felty, Rick, Creative --IVY CREATIVE, Natick, MA, pg. 551
Ferguson, Bill, Creative --EPSILON, Chicago, IL, pg. 344
Ferguson, Christopher, Creative --Cassidy & Associates/Weber Shandwick Government Relations, Washington, DC, pg. 1674
Ferguson, Christopher, Creative --Powell Tate-Weber Shandwick, Washington, DC, pg. 1674
Ferguson, Drew, Creative --Ketchum, Chicago, IL, pg. 1556
Ferino, Kyle, Creative --160OVER90, Philadelphia, PA, pg. 2
Fernandes, Fabio, Creative --F/Nazca Saatchi & Saatchi, Rio de Janeiro, Brazil, pg. 982
Fernandes, Vinicius, Creative --ARNOLD WORLDWIDE, Boston, MA, pg. 69
Fernandez, Angela, Creative --Ketchum, San Francisco, CA, pg. 1555
Fernandez, Cora Perez, Creative --THE COMMUNITY, Miami, FL, pg. 223
Fernandez, Daniel Correal, Creative --Tiempo BBDO, Barcelona, Spain, pg. 108
Fernandez, Lourdes, Creative --PIL CREATIVE GROUP, INC. Coral Gables, FL, pg. 871
Fernandez, Raquel Martinez, Creative --McCann Erickson S.A., Madrid, Spain, pg. 709
Fernandez, Rudy, Creative --THE CREATIVE OUTHOUSE, Atlanta, GA, pg. 245
Fernandez, Vanessa, Creative --Y&R Puerto Rico, Inc., San Juan, PR, pg. 1207
Fero, Scott, Creative --DNA SEATTLE, Seattle, WA, pg. 311
Ferrada, Gonzalo, Creative --Prolam Y&R S.A., Santiago, Chile, pg. 1206

Ferrar, Damian, Creative --Jack Morton Worldwide, London, United Kingdom, pg. 568
Ferrari, Danillo, Creative --Wunderman, Sao Paulo, Brazil, pg. 1190
Ferrari, Pablo, Creative --BBDO Mexico, Mexico, Mexico, pg. 103
Ferraro, James, Creative --BEEBY CLARK + MEYLER, Stamford, CT, pg. 120
Ferreira, John, Creative --FINCH BRANDS, Philadelphia, PA, pg. 380
Ferry, Miguel, Creative --TPG Direct, Philadelphia, PA, pg. 307
Ferzoco, Amy, Creative --CATMEDIA, Tucker, GA, pg. 196
Fiddes, Mark, Creative --Havas Worldwide Middle East, Dubai, United Arab Emirates, pg. 488
Fidelino, R. John, Creative --InterbrandHealth, New York, NY, pg. 538
Fidelo, Mark, Creative --Scanad, Nairobi, Kenya, pg. 1182
Fiedler, Matt, Creative --BBDO New York, New York, NY, pg. 99
Fielding, Emma, Creative --Ogilvy, Dublin, Ireland, pg. 815
Fields, Diane Y., Creative --YOUNG & RUBICAM, New York, NY, pg. 1197
Fiester, Janna, Creative --SANDSTORM DESIGN, Chicago, IL, pg. 1286
Figueroa, David, Creative --BBDO Mexico, Mexico, Mexico, pg. 103
Figueroa, Victor Hugo, Creative --Grey Mexico, S.A. de C.V, Mexico, Mexico, pg. 444
Filgate, Jeremy, Creative --PUBLICIS USA, New York, NY, pg. 912
Filliter, Kevin, Creative --Cossette Communication-Marketing, Toronto, Canada, pg. 234
Finamore, Ceasar, Creative --BBDO New York, New York, NY, pg. 99
Fineman, Michael, Creative --FINEMAN PR, San Francisco, CA, pg. 1504
Finley, Molly, Creative --Cramer-Krasselt, New York, NY, pg. 237
Fiorentino, Christine, Creative --J. WALTER THOMPSON, New York, NY, pg. 553
Fioretti, Greg, Creative --Gyro Chicago, Chicago, IL, pg. 458
Fischer, Brett, Creative --FCBCURE, Parsippany, NJ, pg. 376
Fisher, Caleb, Creative --ENGAGE, Alexandria, VA, pg. 1500
Fisher, Hannah, Creative --The&Partnership London, London, United Kingdom, pg. 56
Fisher, Jamie, Creative --THE BALCOM AGENCY, Fort Worth, TX, pg. 85
Fisher, Shannon, Creative --ACME BRAND STUDIO, Winter Park, FL, pg. 22
Fisher, Tim, Creative --ACME BRAND STUDIO, Winter Park, FL, pg. 22
Fishman, Hannah, Creative --GREY NEW YORK, New York, NY, pg. 438
Fiske, Barry, Creative --SAPIENTRAZORFISH NEW YORK, New York, NY, pg. 1286
Fiszer, Martha Porter, Creative --RHEA + KAISER, Naperville, IL, pg. 954
Fitzgerald, Ken, Creative --CATALYST, SCIENCE + SOUL, Rochester, NY, pg. 195
Fitzgerald, Liz, Creative --Porter Novelli Public Services, Washington, DC, pg. 1613
Fitzgerald, Sam, Creative --HAVAS WORLDWIDE, New York, NY, pg. 475
Fitzpatrick, Lucas, Creative --GMR Marketing, New York, NY, pg. 1404
Flachsenhaar, Matt, Creative --INVNT, New York, NY, pg. 546
Flagg, Danielle, Creative --ARTS & LETTERS CREATIVE CO, Richmond, VA, pg. 73
Flaherty, Andrea Pena, Creative --THE DESIGNORY, Long Beach, CA, pg. 293
Flannery, Jonathan, Creative --JOHANNES LEONARDO, New York, NY, pg. 1266
Flatley, Shannon, Creative --BBG&G ADVERTISING, Campbell Hall, NY, pg. 115
Fleming, Alex, Creative --Rethink, Toronto, Canada, pg. 951
Fleming, Brandy, Creative --FleishmanHillard Group Ltd., London, United Kingdom, pg. 1510
Flemming, Andy, Creative --M&C Saatchi, Sydney, Australia, pg. 661
Flemming, Lauren, Creative --EPSILON, Chicago, IL, pg. 344
Flemming, P. Scott, Creative --SULLIVAN HIGDON & SINK INCORPORATED, Wichita, KS, pg. 1059
Flemming, Scott, Creative --Sullivan Higdon & Sink Incorporated, Kansas City, MO, pg. 1060
Fletcher, Oliver, Creative --THE PARTICIPATION AGENCY, New York, NY, pg. 1279

Flood, Tim, Creative --ARNOLD WORLDWIDE, Boston, MA, pg. 69
Flood, Tim, Creative --ArnoldNYC, New York, NY, pg. 70
Fiorentino, Marcelo, Creative --J. WALTER THOMPSON ATLANTA, Atlanta, GA, pg. 564
Florit, Juan Pablo, Creative --Wunderman, Santiago, Chile, pg. 1190
Flory, Mark, Creative --Grey (India) Ltd. (Bangalore), Bengaluru, India, pg. 446
Floyd, Jennifer, Creative --CJ ADVERTISING LLC, Nashville, TN, pg. 210
Fogarty, Bill, Creative --UPSHOT, Chicago, IL, pg. 1128
Fong, Andrew, Creative --Grey Group Malaysia, Kuala Lumpur, Malaysia, pg. 447
Fonseca, Savio, Creative --VML Qais, Singapore, Singapore, pg. 1144
Fontaine, Matt, Creative --COMMONWEALTH CREATIVE ASSOCIATES, Framingham, MA, pg. 222
Fontana, Aureliano, Creative --Publicis Italia, Milan, Italy, pg. 899
Force, Mike, Creative --HARVEST CREATIVE, Memphis, TN, pg. 471
Ford, Josh, Creative --BOHAN, Nashville, TN, pg. 144
Ford, Tara, Creative --DDB Sydney Pty. Ltd., Ultimo, Australia, pg. 270
Fordyce, Graham, Creative --Fleishman-Hillard Link Ltd., Beijing, China, pg. 1511
Fordyce, Nev, Creative --TBWA Sydney, Sydney, Australia, pg. 1089
Fornasari, Federico, Creative --M&C Saatchi Milan, Milan, Italy, pg. 660
Forr, Amanda, Creative --BRAVO GROUP INC., Harrisburg, PA, pg. 1455
Forrest, Andy, Creative --Y&R London, London, United Kingdom, pg. 1204
Forsey, Craig, Creative --THE MARKETING DEPARTMENT, London, Canada, pg. 683
Fortier, Vanessa, Creative --MONO, Minneapolis, MN, pg. 755
Fortunato, Amy, Creative --AREA 23, New York, NY, pg. 67
Foster, Simon, Creative --MRM MCCANN, New York, NY, pg. 766
Foth, Ron, Creative --RON FOTH ADVERTISING, Columbus, OH, pg. 967
Foth, Ron, Jr., Creative --RON FOTH ADVERTISING, Columbus, OH, pg. 967
Fougere, Bruce, Creative --Momentum, Chicago, IL, pg. 755
Fowler, David, Creative --OGILVY, New York, NY, pg. 809
Fowles, Eric, Creative --VOLTAGE LTD, Louisville, CO, pg. 1146
Fox, Christopher, Creative --Possible, Seattle, WA, pg. 1189
Fox, Christopher, Creative --Possible, Seattle, WA, pg. 1181
Fox, David, Creative --WPP AUNZ, Saint Leonards, Australia, pg. 1182
Fox, Doreen, Creative --OGILVY, New York, NY, pg. 809
Fox, Ken, Creative --50,000FEET, INC., Chicago, IL, pg. 9
Fox, Kevin, Creative --SYNEOS HEALTH, INC., Raleigh, NC, pg. 1068
Fraczek, Marta, Creative --Saatchi & Saatchi, Warsaw, Poland, pg. 979
Francia, Lavinia, Creative --Ogilvy, Milan, Italy, pg. 815
Francis, Nick, Creative --THEFRAMEWORKS, Birmingham, MI, pg. 1098
Franco, Bitan, Creative --Publicis, Madrid, Spain, pg. 901
Franco, Fernando, Creative --Saltiveri Ogilvy, Guayaquil, Ecuador, pg. 820
Franco, Fernando, Creative --Saltiveri Ogilvy Guayaquil, Quito, Ecuador, pg. 820
Frank, Aaron, Creative --GMR MARKETING LLC, New Berlin, WI, pg. 1403
Frank, Kevin J., Creative --MSI, Chicago, IL, pg. 769
Frank, Megan, Creative --CFX INC, Saint Louis, MO, pg. 201
Frank, Nathan, Creative --INTERESTING DEVELOPMENT, New York, NY, pg. 538
Franus, Noel, Creative --R/GA San Francisco, San Francisco, CA, pg. 926
Fraz, Iraj, Creative --DDB Mudra Group, Mumbai, India, pg. 275
Fraze, Robert, Creative --BAKERY, Austin, TX, pg. 1240
Frechette, Barry, Creative --CONNELLY PARTNERS, Boston, MA, pg. 227
Freedman, Logan, Creative --TAKE 5 MEDIA GROUP, Boca Raton, FL, pg. 1071
Fregoso, Riccardo, Creative --McCann Erickson Paris, Clichy, France, pg. 703
Freid, Mark, Creative --THINK CREATIVE INC., Orlando, FL, pg. 1099
Fresh, Garrett, Creative --BROTHERS & CO., Tulsa, OK, pg. 167
Freytag, Bernie, Creative --ROMANELLI COMMUNICATIONS, Clinton, NY, pg. 1633

AGENCIES — RESPONSIBILITIES INDEX

Fridman, Maria, Creative --Forsman & Bodenfors, Stockholm, Sweden, pg. 722
Fried, David, Creative --EFM AGENCY, San Diego, CA, pg. 332
Friedrich, Brian, Creative --AMELIE COMPANY, Denver, CO, pg. 51
Friel-Wimmer, Joanna, Creative --INTOUCH SOLUTIONS, Overland Park, KS, pg. 544
Fritzen, Marcio, Creative --Ogilvy, Sao Paulo, Brazil, pg. 819
Frizzell, Michael, Creative --THREE ATLANTA, Atlanta, GA, pg. 1102
Frost, Jessica, Creative --Ketchum, Washington, DC, pg. 1555
Froude, Kimberly, Creative --EP+Co, New York, NY, pg. 343
Fry, Evan, Creative --DIGITAL DOVETAIL LLC, Boulder, CO, pg. 300
Fuentes, Ignasi, Creative --Young & Rubicam, S.L., Madrid, Spain, pg. 1203
Fuerst, Jason, Creative --RHEA + KAISER, Naperville, IL, pg. 954
Fugate, Bob, Creative --ZELLER MARKETING & DESIGN, East Dundee, IL, pg. 1211
Fugleberg, Tom, Creative --FRIENDS & NEIGHBORS, MinneaPOlis, MN, pg. 399
Fujitsuka, Toshiyuki, Creative --HAKUHODO INCORPORATED, Tokyo, Japan, pg. 461
Fulara, Mark, Creative --CAVALRY AGENCY, Chicago, IL, pg. 197
Fulbrook, John, Creative --TRANSLATION LLC, New York, NY, pg. 1113
Fulford, Charles, Creative --ELEPHANT, San Francisco, CA, pg. 335
Fuller, Brad, Creative --BRADO CREATIVE INSIGHT, Saint Louis, MO, pg. 152
Fuller, Sarah, Creative --GENUINE INTERACTIVE, Boston, MA, pg. 414
Fung, Frankie, Creative --J. Walter Thompson, Quarry Bay, China (Hong Kong), pg. 555
Furstenborg, Joni, Creative --TBWA PHS, Helsinki, Finland, pg. 1080
Gabaldon, Tiffany, Creative --ANDERSON MARKETING GROUP, San Antonio, TX, pg. 58
Gadallah, Khaled, Creative --TONIC, Dubai, United Arab Emirates, pg. 1109
Gadiyar, Archit, Creative --Leo Burnett India, Mumbai, India, pg. 629
Gadkar, Alok, Creative --Y&R Miami, Miami, FL, pg. 1205
Gadoua, Alexandre, Creative --TANK, Montreal, Canada, pg. 1072
Gadsby, Michael, Creative --O3 WORLD, LLC, Philadelphia, PA, pg. 804
Gage, Mark, Creative --GMR MARKETING LLC, New Berlin, WI, pg. 1403
Gagnon, Louis, Creative --PAPRIKA COMMUNICATIONS, Montreal, Canada, pg. 852
Galinato, Maryzyle, Creative --MullenLowe Vietnam, Ho Chi Minh City, Vietnam, pg. 778
Gall, Andrew, Creative --COPACINO + FUJIKADO, LLC, Seattle, WA, pg. 230
Gall, Jennifer Peterson, Creative --WALLRICH, Sacramento, CA, pg. 1149
Gallagher, Jillian, Creative --THE MARTIN GROUP, LLC., Buffalo, NY, pg. 688
Gallardo, Hugo, Creative --TBWA Roma, Rome, Italy, pg. 1083
Galle, Klaartje, Creative --N BBDO, Brussels, Belgium, pg. 103
Galletti, Ferdinando, Creative --TBWA Italia, Milan, Italy, pg. 1083
Galli, Kathy, Creative --Ogilvy, Chicago, IL, pg. 811
Galligan, Jim, Creative --JK DESIGN, Hillsborough, NJ, pg. 576
Gallimore, Megan, Creative --COMMCREATIVE, Framingham, MA, pg. 221
Gallino, Micaela, Creative --JOHANNES LEONARDO, New York, NY, pg. 1266
Galloway-Davis, Francheska, Creative --ARRIVALS + DEPARTURES, Toronto, Canada, pg. 1238
Galvan, David, Creative --SENSIS, Los Angeles, CA, pg. 1002
Galvao, Marcelo, Creative --CREAXION, Atlanta, GA, pg. 246
Gamez, Jesus Luque, Creative --OgilvyOne Worldwide, Madrid, Spain, pg. 817
Gangwere, Mike, Creative --JAJO, INC., Wichita, KS, pg. 570
Gant, Tim, Creative --CSSI CULINARY, Chicago, IL, pg. 251
Gaona, Quino Oneto, Creative --Rapp Argentina, Buenos Aires, Argentina, pg. 932
Garabito, Paco, Creative --LOPEZ NEGRETE COMMUNICATIONS, INC., Houston, TX, pg. 651
Garber, Israel, Creative --HAVAS WORLDWIDE, New York, NY, pg. 475
Garber, Israel, Creative --Havas Worldwide Tonic, New York, NY, pg. 477

Garcia, Andres, Creative --Sancho BBDO, Bogota, Colombia, pg. 102
Garcia, Armando, Creative --ZUBI ADVERTISING SERVICES, INC., Coral Gables, FL, pg. 1215
Garcia, Gabriel, Creative --LATINWORKS MARKETING, INC., Austin, TX, pg. 612
Garcia, Jacqui, Creative --&BARR, Orlando, FL, pg. 55
Garcia, Nestor, Creative --LOLA MullenLowe, Madrid, Spain, pg. 542
Gardiner, Chris, Creative --SANDSTROM PARTNERS, Portland, OR, pg. 1286
Gardiner, Daryl, Creative --DDB VANCOUVER, Vancouver, Canada, pg. 267
Gardiner, Lauren, Creative --REACH AGENCY, Santa Monica, CA, pg. 935
Gargan, Julie, Creative --TVGLA, Los Angeles, CA, pg. 1123
Gargano, Carolyn, Creative --W2O GROUP, San Francisco, CA, pg. 1148
Garin, Sebastian, Creative --GALLEGOS UNITED, Huntington Beach, CA, pg. 408
Garneau, Philippe, Creative --GWP BRAND ENGINEERING, Toronto, Canada, pg. 456
Garner, Mike, Creative --Ogilvy, Dublin, Ireland, pg. 815
Garnier, Laurie, Creative --PUBLICIS NEW YORK, New York, NY, pg. 912
Garrido, Luiggi Delgado, Creative --TBWA Peru, Lima, Peru, pg. 1093
Garrison, Katy, Creative --BRUNET-GARCIA ADVERTISING, INC., Jacksonville, FL, pg. 169
Garza, Paco, Creative --GARZA CREATIVE GROUP, Dallas, TX, pg. 411
Gatewood, Chris, Creative --VELOWERKS, San Francisco, CA, pg. 1299
Gatti, Luis Paulo, Creative --SAATCHI & SAATCHI, New York, NY, pg. 975
Gault, Christine, Creative --CARMICHAEL LYNCH, Minneapolis, MN, pg. 189
Gaur, Arjuna, Creative --Leo Burnett India, New Delhi, India, pg. 630
Gauthier, Patty, Creative --CATALYST, Providence, RI, pg. 194
Gavazzoni, Chris, Creative --SANDBOX CHICAGO, Chicago, IL, pg. 989
Gawrysiak, Jacob, Creative --ZULU ALPHA KILO, Toronto, Canada, pg. 1216
Gearon, Rowan, Creative --ADCETERA GROUP, Houston, TX, pg. 27
Geary, Tom, Creative --SCHOOL OF THOUGHT, San Francisco, CA, pg. 996
Gee, Alan, Creative --ARRIVALS + DEPARTURES, Toronto, Canada, pg. 1238
Gehlhausen, Greg, Creative --GRAY LOON MARKETING GROUP, INC., Evansville, IN, pg. 433
Gehrke, Robbin, Creative --ONE & ALL, Pasadena, CA, pg. 838
Gelardi, Jay, Creative --PHENOMENON, Los Angeles, CA, pg. 868
Gelbrich, Oliver, Creative --Saatchi & Saatchi, Frankfurt am Main, Germany, pg. 977
Geneivive, Mike, Creative --FRACTL, Delray Beach, FL, pg. 395
Genovese, Domenica, Creative --GREATEST CREATIVE FACTOR, Reedsville, PA, pg. 434
Gentile, Mike, Creative --MADISON AVENUE SOCIAL, New York, NY, pg. 669
George, Brandon, Creative --Digitas, Atlanta, GA, pg. 1252
Geraldo, Max, Creative --ARNOLD WORLDWIDE, Boston, MA, pg. 69
Geranzani, Marco, Creative --Ogilvy, Milan, Italy, pg. 815
Gerber, Scott, Creative --Publicis Hawkeye, Charlotte, NC, pg. 1282
Gerrard, Hana, Creative --McCann-Erickson Communications House Ltd , Macclesfield, Prestbury, United Kingdom, pg. 712
Ghazaly, Yan, Creative --Naga DDB Sdn. Bhd., Petaling Jaya, Malaysia, pg. 277
Ghilino, Luca, Creative --D'Adda, Lorenzini, Vigorelli, BBDO, Milan, Italy, pg. 106
Ghorayeb, Malek, Creative --H&C, Leo Burnett, Beirut, Lebanon, pg. 625
Ghosh, Aniruddha, Creative --Leo Burnett India, New Delhi, India, pg. 630
Ghosh, Rahul, Creative --Contract Advertising (India) Limited, Mumbai, India, pg. 555
Ghosh, Sumonto, Creative --J. Walter Thompson, Kolkata, India, pg. 557
Ghosh, Sumonto, Creative --J. Walter Thompson, Mumbai, India, pg. 556

Giacomo, Guiga, Creative --TRIBAL WORLDWIDE, New York, NY, pg. 1295
Giambrone, Mark, Creative --GIAMBRONE + PARTNERS, Cincinnati, OH, pg. 418
Gibney, Shannon, Creative --CP+B BOULDER, Boulder, CO, pg. 235
Gibson, Jim, Creative --LIQUID AGENCY, INC., San Jose, CA, pg. 644
Gibson, Randy, Creative --ARADIUS GROUP, Omaha, NE, pg. 64
Gibson, Simon, Creative --R/GA, New York, NY, pg. 925
Gignac, Christine, Creative --ANOMALY, New York, NY, pg. 59
Gilbert, John, Creative --QUENCH, Harrisburg, PA, pg. 922
Gilbert, William, Creative --ZEHNDER COMMUNICATIONS, INC., New Orleans, LA, pg. 1210
Gilhooly, Thomas, Creative --ERIC MOWER + ASSOCIATES, Syracuse, NY, pg. 346
Gililland, Brian, Creative --FREESTYLE CREATIVE, Moore, OK, pg. 397
Gillentine, Tricia, Creative --SPARKS GROVE, Atlanta, GA, pg. 1032
Gillespie, Sean, Creative --GILLESPIE GROUP, Wallingford, PA, pg. 420
Ginos, Becky, Creative --BATTERY, Los Angeles, CA, pg. 96
Ginsberg, Frank, Creative --AFG&, New York, NY, pg. 37
Ginsberg, Martha Kate, Creative --PORTER NOVELLI, New York, NY, pg. 1612
Ginsborg, Martin Peters, Creative --Uncle Grey A/S, Arhus, Denmark, pg. 440
Giordano, Anthony, Creative --Jack Morton Worldwide, Detroit, MI, pg. 568
Girandola, David, Creative --72andSunny, Brooklyn, NY, pg. 12
Gitlitz, Dan, Creative --THE ZIMMERMAN AGENCY LLC, Tallahassee, FL, pg. 1213
Gladding, David, Creative --POSTERSCOPE, New York, NY, pg. 884
Glasgow, John, Creative --VAULT49, New York, NY, pg. 1132
Glastetter, Stephanie, Creative --BRADO CREATIVE INSIGHT, Saint Louis, MO, pg. 152
Gleason, Dan, Creative --PULSECX, Montgomeryville, PA, pg. 916
Glenn, Barry, Creative --Furman, Feiner Advertising, Englewood Cliffs, NJ, pg. 403
Glicker, Sammy, Creative --Doner, Playa Vista, CA, pg. 724
Glicker, Sammy, Creative --Doner, Playa Vista, CA, pg. 315
Glickman, Eric, Creative --YOUNG & RUBICAM, New York, NY, pg. 1197
Gliha, Christina, Creative --Juniper Park/TBWA, Toronto, Canada, pg. 1079
Glijn, Bieneke, Creative --Havas Worldwide Amsterdam, Amsterdam, Netherlands, pg. 481
Glover, Jenny, Creative --Juniper Park/TBWA, Toronto, Canada, pg. 1079
Glover, Sarah, Creative --VML-New York, New York, NY, pg. 1144
Godinet, Charlie, Creative --Colenso BBDO, Auckland, New Zealand, pg. 114
Goewey, Heather, Creative --ESROCK PARTNERS, Orland Park, IL, pg. 349
Goff, Kevin, Creative --Leo Burnett USA, Chicago, IL, pg. 622
Goh, Douglas, Creative --TBWA Singapore, Singapore, Singapore, pg. 1091
Goin, Lisa, Creative --AVREAFOSTER, Dallas, TX, pg. 80
Going, Ian, Creative --ELEPHANT, San Francisco, CA, pg. 335
Goldberg, Alex, Creative --Ogilvy Cape Town, Cape Town, South Africa, pg. 829
Goldberg, Alex, Creative --Ogilvy South Africa (Pty.) Ltd., Johannesburg, South Africa, pg. 829
Goldberg, Keith, Creative --SULLIVAN BRANDING, Memphis, TN, pg. 1059
Golden, Ginny, Creative --AKQA, Inc., Portland, OR, pg. 1235
Golden, Josh, Creative --YES& HOLDINGS, LLC, Alexandria, VA, pg. 1196
Goldrosen, Richard, Creative --PUBLICIS HAWKEYE, Dallas, TX, pg. 1282
Goldsmith, Dea, Creative --ECHO FACTORY, Pasadena, CA, pg. 329
Goldstein, Andrew, Creative --SapientRazorfish Miami, Miami, FL, pg. 914
Goldstien, Abe, Creative --TRILIX MARKETING GROUP, INC., Des Moines, IA, pg. 1117
Goldthorp, Adrian, Creative --Imagination Australia, Pyrmont, Australia, pg. 526
Golik, Benjamin, Creative --Rapp London, London, United Kingdom, pg. 932
Goller, Shai, Creative --Allied Integrated Marketing, San Francisco, CA, pg. 47

RESPONSIBILITIES INDEX — AGENCIES

Golomb, Andrew, Creative --OUR MAN IN HAVANA, Brooklyn, NY, pg. 845

Golub, Stephen, Creative --DXAGENCY, Edgewater, NJ, pg. 327

Gomez, Alberto Rosa, Creative --ENE Life, Barcelona, Spain, pg. 455

Gomez, Bernardo, Creative --HAVAS WORLDWIDE CHICAGO, Chicago, IL, pg. 488

Gomez, Nathan, Creative --WUNDERMAN WORLD HEALTH, Washington, DC, pg. 1193

Gonnella, Harry, Creative --ZIMMERMAN ADVERTISING, Fort Lauderdale, FL, pg. 1212

Gonnella, John, Creative --RACEPOINT GLOBAL, Boston, MA, pg. 1623

Gonzales, Daniele, Creative --VML, Inc., Atlanta, GA, pg. 1143

Gonzalez, Alberto, Creative --PULSAR ADVERTISING, INC., Beverly Hills, CA, pg. 915

Gonzalez, Bruna, Creative --Deutsch LA, Los Angeles, CA, pg. 294

Gonzalez, Giovanni Martinez, Creative --Sancho BBDO, Bogota, Colombia, pg. 102

Gonzalez, Marcie, Creative --INTEGRATED MARKETING WORKS, Costa Mesa, CA, pg. 1406

Gonzalez, Rod, Creative --EASTWEST MARKETING GROUP, New York, NY, pg. 329

Gonzalez-Rubio, Kathy, Creative --STUDIO BRAND COLLECTIVE, Houston, TX, pg. 1056

Goodlett, Jason, Creative --Zenith San Francisco, San Francisco, CA, pg. 1393

Goodman, Gillian, Creative --HIRSHORN ZUCKERMAN DESIGN GROUP, Rockville, MD, pg. 502

Goodpaster, Bryan, Creative --LPK, Cincinnati, OH, pg. 654

Goodwin, Mark, Creative --M&C SAATCHI PLC, London, United Kingdom, pg. 658

Goodwin, Zach, Creative --ISTRATEGYLABS, Washington, DC, pg. 1265

Goonting, Leonard, Creative --M&C Saatchi, Singapore, Singapore, pg. 662

Goranson, Greg, Creative --THE LACEK GROUP, Minneapolis, MN, pg. 606

Gordon, Kathleen Kiegle, Creative --DDB WORLDWIDE COMMUNICATIONS GROUP INC, New York, NY, pg. 268

Gorodetski, David, Creative --SAGE COMMUNICATIONS, McLean, VA, pg. 986

Gosendi, Andy, Creative --NORTHSTAR DESTINATION STRATEGIES, Nashville, TN, pg. 968

Goswami, Varun, Creative --Grey (India) Pvt. Pty. Ltd. (Delhi), Gurgaon, India, pg. 446

Gothold, Jon, Creative --AMUSEMENT PARK, Santa Ana, CA, pg. 54

Gourley, Trevor, Creative --GRIP LTD., Toronto, Canada, pg. 450

Govier, Dave, Creative --DDB Sydney Pty. Ltd., Ultimo, Australia, pg. 270

Goya, Javier Agena, Creative --Publicis Graffiti, Buenos Aires, Argentina, pg. 906

Graccioli, Sebastian, Creative --Ogilvy Argentina, Buenos Aires, Argentina, pg. 819

Grandy, John, Creative --THE BOSTON GROUP, Boston, MA, pg. 149

Grant, Ben, Creative --Cummins&Partners, Saint Kilda, Australia, pg. 253

Grant, Bill, Creative --BIG BANG ELECTRICAL, Newcastle, WA, pg. 128

Gravolet, Ben, Creative --TOUCHPOINTS MARKETING, LLC, Gretna, LA, pg. 1111

Gray, Jen Todd, Creative --HELLOWORLD, A MERKLE COMPANY, Southfield, MI, pg. 495

Gray, Karen M., Creative --PARTNERSHIP OF PACKER, OESTERLING & SMITH (PPO&S), Harrisburg, PA, pg. 856

Grayeli, Ali, Creative --Weber Shandwick, Singapore, Singapore, pg. 1682

Greco, Steve, Creative --DON JAGODA ASSOCIATES, INC., Melville, NY, pg. 1401

Green, Ann, Creative --Millward Brown, New York, NY, pg. 744

Green, Mitch, Creative --FRIENDS & NEIGHBORS, MinneaPOlis, MN, pg. 399

Greenberg, Gary, Creative --BROWNSTEIN GROUP, Philadelphia, PA, pg. 168

Greenberger, Carol, Creative --PORETTA & ORR, INC., Doylestown, PA, pg. 883

Greene, Emily Anderson, Creative --VIVA CREATIVE, Rockville, MD, pg. 1141

Greenwood, Alisa, Creative --COMPASS MARKETING, Annapolis, MD, pg. 224

Greeves, Shane, Creative --FutureBrand, London, United Kingdom, pg. 405

Gregory, Paige, Creative --DELL BLUE, Round Rock, TX, pg. 1221

Gregson, Paul, Creative --JOHANNES LEONARDO, New York, NY, pg. 1266

Gresham, Aaron, Creative --BIG COMMUNICATIONS, INC., Birmingham, AL, pg. 128

Grether, Daniel, Creative --Saatchi & Saatchi, Frankfurt am Main, Germany, pg. 977

Grice, Jeremy, Creative --SPRING ADVERTISING, Vancouver, Canada, pg. 1036

Grieco-Ponzo, Carol, Creative --ZULLO AGENCY, INC., Princeton, NJ, pg. 1216

Griesedieck, Bill, Creative --BRIGHTON AGENCY, INC., Saint Louis, MO, pg. 164

Griffin, Kyra, Creative --LAIRD+PARTNERS, New York, NY, pg. 607

Griffin, Matt, Creative --VERT MOBILE, Atlanta, GA, pg. 1135

Griffith, Julie O., Creative --J.GRIFFITH PUBLIC RELATIONS, Houston, TX, pg. 1548

Griffith, Will, Creative --CREATIVE ENERGY GROUP INC, Johnson City, TN, pg. 241

Grillo, Miguel Angel, Creative --MullenLowe SSP3, Bogota, Colombia, pg. 777

Grimald, Axel, Creative --Publicis Singapore, Singapore, Singapore, pg. 911

Grimm, Myles, Creative --JACKSON MARKETING GROUP, Greenville, SC, pg. 569

Grimsley-Vaz, Ebony, Creative --ABOVE PROMOTIONS COMPANY, Tampa, FL, pg. 18

Grinley, Dan, Creative --GRINLEY CREATIVE LLC, Goffstown, NH, pg. 450

Groh, Lee, Creative --POSSIBLE NEW YORK, New York, NY, pg. 1280

Gronblom, Ida, Creative --ANOMALY, New York, NY, pg. 59

Gross, Avery, Creative --VSA PARTNERS, INC., Chicago, IL, pg. 1146

Gross, Mark, Creative --HIGHDIVE ADVERTISING, Chicago, IL, pg. 499

Gross, Nigel, Creative --PUBLICIS NEW YORK, New York, NY, pg. 912

Grossberg, Josh, Creative --McCann New York, New York, NY, pg. 698

Grossman, Jed, Creative --ARTS & LETTERS CREATIVE CO., Richmond, VA, pg. 73

Grove, Amy, Creative --BAILEY BRAND CONSULTING, Plymouth Meeting, PA, pg. 84

Grubbs, Elmer, Creative --MASON, INC., Bethany, CT, pg. 691

Grujicic, Sanya, Creative --JOHN ST., Toronto, Canada, pg. 579

Gruyer, Hector, Creative --ELEPHANT, San Francisco, CA, pg. 335

Guan Hin, Tay, Creative --J. Walter Thompson Singapore, Singapore, Singapore, pg. 558

Guardascione, Carlo, Creative --HAVAS WORLDWIDE CHICAGO, Chicago, IL, pg. 488

Guarino, Mike, Creative --BSY ASSOCIATES INC, Holmdel, NJ, pg. 170

Guberman, Steve, Creative --R&J STRATEGIC COMMUNICATIONS, Bridgewater, NJ, pg. 1622

Guckenberger, Anja, Creative --Edelman, Hamburg, Germany, pg. 1495

Guergov, Krassimir, Creative --FCB Sofia, Sofia, Bulgaria, pg. 366

Guerin, Cedric, Creative --FKQ ADVERTISING + MARKETING, Clearwater, FL, pg. 386

Guerrero, David, Creative --BBDO Guerrero, Makati, Philippines, pg. 114

Guerrero, Mauricio, Creative --Ogilvy, Bogota, Colombia, pg. 820

Guerrero, Pablo, Creative --Teran TBWA, Mexico, Mexico, pg. 1092

Guertin, Claudine, Creative --SIMPLE TRUTH COMMUNICATION PARTNERS, Chicago, IL, pg. 1015

Guertler, Samuel, Creative --ACKERMAN MCQUEEN, INC., Oklahoma City, OK, pg. 21

Guhathakurta, Shounak, Creative --J. Walter Thompson, Mumbai, India, pg. 556

Guidi, Stefano, Creative --M&C Saatchi Milan, Milan, Italy, pg. 660

Guido, Nick, Creative --JK DESIGN, Hillsborough, NJ, pg. 576

Guimaraes, Eddy, Creative --Publicis, Rome, Italy, pg. 900

Guimaraes, Eddy, Creative --Publicis Italia, Milan, Italy, pg. 899

Guimaraes, Luis, Creative --DDB Mozambique, Maputo, Mozambique, pg. 277

Guiry, Michael, Creative --SHEPHERD, Jacksonville, FL, pg. 1007

Gulock, Thom, Creative --DIALOG DIRECT, Highland Park, MI, pg. 298

Gunderson, Seth, Creative --Sullivan Higdon & Sink Incorporated, Kansas City, MO, pg. 1060

Gundlach, John, Creative --Greer, Margolis, Mitchell, Burns & Associates (GMMB), Washington, DC, pg. 1508

Gundzik, Jay, Creative --TAXI Vancouver, Vancouver, Canada, pg. 1075

Gunleiksrud, Eiliv, Creative --Saatchi & Saatchi A/S, Oslo, Norway, pg. 979

Gunton, Toby, Creative --Edelman, London, United Kingdom, pg. 1494

Gupta, Abhishek, Creative --OgilvyOne Worldwide, New Delhi, India, pg. 825

Gupta, Rajit, Creative --McCann Erickson India, Mumbai, India, pg. 704

Gupta, Shouvik, Creative --Grey (India) Pvt. Ltd., Mumbai, India, pg. 446

Gurisko, Tom, Creative --THE JRT AGENCY, Farmington Hills, MI, pg. 583

Gustavsen, Matthew, Creative --HB/Eric Mower + Associates, Newton, MA, pg. 348

Gustin, Jarrod, Creative --ODYSSEUS ARMS, San Francisco, CA, pg. 808

Gutelli, Michael, Creative --Commonwealth, Detroit, MI, pg. 698

Gutierrez, Andres Luque, Creative --Sancho BBDO, Bogota, Colombia, pg. 102

Gutierrez, Cion, Creative --DAYNER HALL INC., Orlando, FL, pg. 266

Gutierrez, Franco, Creative --KAHN MEDIA, INC., Moorpark, CA, pg. 1407

Gutierrez, Juan Carlos, Creative --NICKELODEON CREATIVE ADVERTISING, New York, NY, pg. 794

Gutierrez, Kike, Creative --Publicis UK, London, United Kingdom, pg. 902

Guy, Jonathan, Creative --Cossette B2B, Toronto, Canada, pg. 233

Ha, Roy, Creative --DDB Worldwide Ltd., Hong Kong, China (Hong Kong), pg. 274

Haag, Jim, Creative --CARLING COMMUNICATIONS, San Diego, CA, pg. 189

Haan, Noel, Creative --BBDO Minneapolis, Minneapolis, MN, pg. 98

Haas, Chris, Creative --FLOURISH INC., Cleveland, OH, pg. 389

Haavisto, Yrjo, Creative --McCann Helsinki, Helsinki, Finland, pg. 703

Hachlinski, Eric, Creative --GEORGE P. JOHNSON COMPANY, INC., Auburn Hills, MI, pg. 416

Haczkiewicz, Anna, Creative --MRY, New York, NY, pg. 769

Haddad, Chafic, Creative --J. Walter Thompson, Dubai, United Arab Emirates, pg. 563

Haefele, Mark, Creative --Ogilvy Johannesburg (Pty.) Ltd., Johannesburg, South Africa, pg. 829

Hager, Emily, Creative --VOX GLOBAL, Washington, DC, pg. 1146

Haggerty, Sean, Creative --SASQUATCH, Portland, OR, pg. 992

Haggman, Eric, Creative --HAGGMAN, INC., Beverly, MA, pg. 461

Haivri, E-ta-i, Creative --Grey Tel Aviv, Tel Aviv, Israel, pg. 441

Haldeman, Brock, Creative --PIVOT DESIGN INC, San Francisco, CA, pg. 873

Hale, Amy, Creative --FLEK, INC., Saint Johnsbury, VT, pg. 387

Hale, Lyndon, Creative --Digitas, Kwun Tong, China (Hong Kong), pg. 1252

Hall, Dustin, Creative --FREDERICK SWANSTON, Alpharetta, GA, pg. 397

Hall, Jason, Creative --Siegel+Gale, Los Angeles, CA, pg. 1011

Hall, Ken, Creative --RENEGADE COMMUNICATIONS, Hunt Valley, MD, pg. 946

Hall, Sarah, Creative --HARLEY & CO, New York, NY, pg. 468

Hall, Tosh, Creative --JONES KNOWLES RITCHIE, New York, NY, pg. 582

Hallock, Matthew, Creative --THE VOICE, Fairfield, CT, pg. 1145

Halloran, John, Creative --Macy + Associates Inc., San Francisco, CA, pg. 667

Halloran, John, Creative --MACY + ASSOCIATES INC., Los Angeles, CA, pg. 667

Hamali, Lina, Creative --De Le Ma/ McCann Erickson, Nicosia, Cyprus, pg. 702

Hamer, Jordan, Creative --Cossette Communication-Marketing, Toronto, Canada, pg. 234

Hamer, Lizi, Creative --Octagon Sydney, Sydney, Australia, pg. 807

Hamidi, Jamal, Creative --DDB China - Shanghai, Shanghai, China, pg. 272

Hamidi, Jamal, Creative --DDB Worldwide Ltd., Hong Kong, China

AGENCIES — RESPONSIBILITIES INDEX

(Hong Kong), pg. 274
Hamilton, Brad, Creative --PRAIRIE DOG/TCG, Kansas City, MO, pg. 886
Hamilton, Douglas, Creative --BBH NEW YORK, New York, NY, pg. 115
Hamilton, Jonny, Creative --ADSPACE NETWORKS, INC., New York, NY, pg. 1233
Hamilton, Karen, Creative --MULLER BRESSLER BROWN, Leawood, KS, pg. 778
Hamm, Dusky, Creative --KOCH COMMUNICATIONS, Oklahoma City, OK, pg. 1559
Hammack, Templin, Creative --FREESTYLE CREATIVE, Moore, OK, pg. 397
Hammond, Steve, Creative --H2R AGENCY, Loveland, CO, pg. 459
Hampton, Hunter, Creative --JOHANNES LEONARDO, New York, NY, pg. 1266
Hampton, Josh, Creative --QUANTUM COMMUNICATIONS, Louisville, KY, pg. 921
Hamza, Khaled, Creative --FP7, Dubai, United Arab Emirates, pg. 710
Hamzah, Asiah, Creative --McCann Healthcare Singapore, Singapore, Singapore, pg. 709
Hancock, Adam, Creative --MRM McCann, Salt Lake City, UT, pg. 699
Handermann, Amanda, Creative --INTERBRAND DESIGN FORUM, Cincinnati, OH, pg. 538
Hang, Sherry, Creative --YECK BROTHERS COMPANY, Dayton, OH, pg. 1195
Hangen, Chad, Creative --MELT, Atlanta, GA, pg. 730
Hankin, Andrew, Creative --Ogilvy Sydney, Saint Leonards, Australia, pg. 821
Hanneken, Dave, Creative --HOFFMAN YORK, Milwaukee, WI, pg. 506
Hansen, Jonathan, Creative --RODGERS TOWNSEND, LLC, Saint Louis, MO, pg. 965
Hansen, Miriam, Creative --IOSTUDIO, Nashville, TN, pg. 547
Hanson, Gilman, Creative --HANSON ASSOCIATES, INC., Philadelphia, PA, pg. 466
Hanson, Lee, Creative --COLLE+MCVOY, Minneapolis, MN, pg. 219
Hanson, Suzanne, Creative --George P. Johnson Company, Inc., San Carlos, CA, pg. 416
Hanstad, Tony, Creative --BEAUTY@GOTHAM, New York, NY, pg. 119
Hanzic, Stephen, Creative --TBWA Sydney, Sydney, Australia, pg. 1089
Hao, Rocky, Creative --Leo Burnett Shanghai Advertising Co., Ltd., Shanghai, China, pg. 629
Hao, Shum Qi, Creative --DDB, Singapore, Singapore, pg. 279
Haoxi, Lv, Creative --BBH China, Shanghai, China, pg. 93
Haque, Azazul, Creative --Ogilvy, Bengaluru, India, pg. 823
Harborg, Carl, Creative --TBWA/G1, Boulogne-Billancourt, France, pg. 1081
Harder, Don, Creative --COLMAN BROHAN DAVIS, Chicago, IL, pg. 220
Hardison, Lucas, Creative --ELITE SEM, New York, NY, pg. 1320
Hardwick, Kelly, Creative --SapientRazorfish Chicago, Chicago, IL, pg. 1288
Hardwick, Stan, Creative --Aspen Marketing Services, West Chicago, IL, pg. 344
Hardy, Penny, Creative --PS, New York, NY, pg. 896
Hardy, Sam, Creative --Porter Novelli-Seattle, Seattle, WA, pg. 1614
Hariharan, Ramakrishnan, Creative --Publicis India Communications Pvt. Ltd., Mumbai, India, pg. 909
Harkey, Taylor, Creative --ADJECTIVE & CO, Jacksonville Beach, FL, pg. 30
Harn, Brandon, Creative --Ackerman McQueen, Inc., Colorado Springs, CO, pg. 21
Haroutunian, Steve, Creative --MullenLowe, Winston Salem, NC, pg. 772
Harrington, Matthew, Creative --Abbott Mead Vickers BBDO, London, United Kingdom, pg. 109
Harris, Beth, Creative --PEOPLE WHO THINK, Mandeville, LA, pg. 862
Harris, Brad, Creative --CRAMER PRODUCTIONS INC., Norwood, MA, pg. 238
Harris, Chris, Creative --GOCONVERGENCE, Orlando, FL, pg. 426
Harris, Elliot, Creative --Havas London, London, United Kingdom, pg. 482
Harris, Josh, Creative --CASHMERE AGENCY, Los Angeles, CA, pg. 193

Harris, Julie, Creative --Lonsdale Saatchi & Saatchi, Port of Spain, Trinidad & Tobago, pg. 982
Harrison, David, Creative --Jack Morton Worldwide, San Francisco, CA, pg. 568
Harrison, Greg, Creative --MOCEAN, Los Angeles, CA, pg. 752
Harrison, James, Creative --JOHNSON & SEKIN, Dallas, TX, pg. 580
Harry, Doug, Creative --ARNOLD WORLDWIDE, Boston, MA, pg. 69
Harshwal, Saloni, Creative --J. Walter Thompson, Mumbai, India, pg. 556
Hart, Karen, Creative --REACH AGENCY, Santa Monica, CA, pg. 935
Harti, Mahantesh, Creative --Ogilvy India, Chennai, India, pg. 823
Hartung, Stefan, Creative --IDEAS THAT KICK, Minneapolis, MN, pg. 521
Harvel, Brittany, Creative --THE DESIGNORY, Long Beach, CA, pg. 293
Harvey, Aaron, Creative --READY SET ROCKET, New York, NY, pg. 936
Harvey, Pete, Creative --BARRETTSF, San Francisco, CA, pg. 91
Harwood, Chris, Creative --REMERINC, Seattle, WA, pg. 946
Harwood, Christopher, Creative --REMER INC. CREATIVE MARKETING, Seattle, WA, pg. 946
Haschtmann, Daniel, Creative --BBDO Dusseldorf, Dusseldorf, Germany, pg. 105
Haschtmann, Daniel, Creative --BBDO Proximity Berlin, Berlin, Germany, pg. 105
Hasegawa, Tota, Creative --Wieden + Kennedy Japan, Tokyo, Japan, pg. 1166
Hashim, Iska, Creative --Leo Burnett Malaysia, Kuala Lumpur, Malaysia, pg. 631
Haslam, Gil, Creative --TROIKA DESIGN GROUP, Los Angeles, CA, pg. 1119
Hassler, Tucker, Creative --ANSIRA, Saint Louis, MO, pg. 60
Hastings, Dawn, Creative --DUDNYK HEALTHCARE GROUP, Horsham, PA, pg. 324
Hastings, Gerald, Creative --WONDERSAUCE, New York, NY, pg. 1302
Hauri, Federico, Creative --THE BRAVO GROUP HQ, Miami, FL, pg. 160
Hauri, Federico, Creative --Y&R Miami, Miami, FL, pg. 1205
Hawkins, Jill, Creative --360PR+, Boston, MA, pg. 1422
Hawkins, Michael, Creative --DUDNYK HEALTHCARE GROUP, Horsham, PA, pg. 324
Hawthorne, Gary, Creative --PUBLICIS HAWKEYE, Dallas, TX, pg. 1282
Hawthorne, Molly, Creative --AVREAFOSTER, Dallas, TX, pg. 80
Hayden, Christine, Creative --HALL AND PARTNERS, New York, NY, pg. 463
Hayes, Deverin, Creative --LOVE ADVERTISING INC., Houston, TX, pg. 652
Hayward, Mike, Creative --COPACINO + FUJIKADO, LLC, Seattle, WA, pg. 230
Hazel, Katie, Creative --CROWLEY WEBB, Buffalo, NY, pg. 250
Hazen, Jessica, Creative --R&R PARTNERS, Las Vegas, NV, pg. 924
Healy, Forrest, Creative --HAIL CREATIVE, Seattle, WA, pg. 461
Heap, Ben, Creative --MOTHER LTD., London, United Kingdom, pg. 762
Heatley, Devin, Creative --DAVID & GOLIATH, El Segundo, CA, pg. 261
Heck, Chris, Creative --Aspen Marketing Services, West Chicago, IL, pg. 344
Heckenberger, Annie, Creative --DIGITAS HEALTH, Philadelphia, PA, pg. 302
Hegde, Shravan, Creative --ARGONAUT INC., San Francisco, CA, pg. 67
Heid, Mike, Creative --SLEEK MACHINE, LLC, Boston, MA, pg. 1020
Heilemann, Kristoffer, Creative --BBDO Dusseldorf, Dusseldorf, Germany, pg. 105
Heinze, Derek, Creative --R/GA, Chicago, IL, pg. 926
Heller, Ben, Creative --MEKANISM, San Francisco, CA, pg. 729
Helphand, Sam, Creative --IGNITED, El Segundo, CA, pg. 523
Hembury, Nick, Creative --Sudler & Hennessey Ltd -London, London, United Kingdom, pg. 1059
Hemp, Joe, Creative --SILTANEN & PARTNERS, El Segundo, CA, pg. 1013
Henderson, Anna, Creative --J. Walter Thompson, London, United Kingdom, pg. 562
Henderson, Mark, Creative --BADER RUTTER & ASSOCIATES, INC., Milwaukee, WI, pg. 83
Hendricks, Kevin D., Creative --TRILION STUDIOS, Lawrence, KS,

pg. 1228
Hendy, Mark, Creative --Grey, Frankfurt, Germany, pg. 440
Hendy, Mark, Creative --Grey Group Germany, Dusseldorf, Germany, pg. 440
Heney, Vincent, Creative --NORTHERN LIGHTS DIRECT, Chicago, IL, pg. 799
Hennisch, Steve, Creative --AREA 23, New York, NY, pg. 67
Hensen, Brad, Creative --GLOBAL TEAM BLUE, Dearborn, MI, pg. 423
Hepburn, Aden, Creative --VML, Sydney, Australia, pg. 1145
Hereso, Phillip, Creative --EVEO INC., San Francisco, CA, pg. 1256
Herfel, Julie, Creative --LINDSAY, STONE & BRIGGS, INC., Madison, WI, pg. 641
Herman, Chelsea, Creative --MADWELL, Brooklyn, NY, pg. 670
Herman, Christie, Creative --Naga DDB Sdn. Bhd., Petaling Jaya, Malaysia, pg. 277
Hermano, Sunny, Creative --Havas Worldwide Bangkok, Bangkok, Thailand, pg. 487
Hermel, Elad, Creative --Grey Tel Aviv, Tel Aviv, Israel, pg. 441
Hernandez, Carlos Jorge, Creative --Contrapunto, Madrid, Spain, pg. 108
Hernandez, David, Creative --Ogilvy, Chicago, IL, pg. 811
Hernandez, Maria, Creative --PIL CREATIVE GROUP, INC, Coral Gables, FL, pg. 871
Herrick, Craig, Creative --AGENCY 451, Boston, MA, pg. 1427
Herrmann, Alex, Creative --PULSAR ADVERTISING, INC., Beverly Hills, CA, pg. 915
Herzog, Joerg, Creative --TBWA Germany, Dusseldorf, Germany, pg. 1082
Heskett, Kate, Creative --STREAM COMPANIES, Malvern, PA, pg. 1054
Hessler, Holly, Creative --McCann New York, New York, NY, pg. 698
Heubach, Russell, Creative --PICO+, Santa Monica, CA, pg. 870
Heuglin, Bill, Creative --LKH&S, Chicago, IL, pg. 647
Heuglin, Bill, Creative --LKH&S Louisville, Fisherville, KY, pg. 647
Hewitt, Justin, Creative --SID LEE, Toronto, Canada, pg. 1010
Hey, Steve, Creative --J. Walter Thompson Inside, Sydney, Australia, pg. 566
Hickman, Mike, Creative --AKQA, Inc., Washington, DC, pg. 1234
Hicks, Velia, Creative --SIMONS MICHELSON ZIEVE, INC., Troy, MI, pg. 1015
Hierta, Magnus, Creative --HUE & CRY, New York, NY, pg. 1538
Higgason, Kristin, Creative --mcgarrybowen, Chicago, IL, pg. 718
Higgins, Seamus, Creative --Havas Worldwide Australia, North Sydney, Australia, pg. 485
Higgins, Seamus, Creative --Havas Worldwide Sydney, Sydney, Australia, pg. 485
Higgins, Seamus, Creative --Host, Sydney, Australia, pg. 486
Hilder, Zach, Creative --BBH LA, West Hollywood, CA, pg. 93
Hileman, Maria, Creative --MEDIA BRIDGE ADVERTISING, MinneaPolis, MN, pg. 725
Hill, Emma, Creative --M&C Saatchi, Melbourne, Australia, pg. 662
Hill, Joe, Creative --Leo Burnett Melbourne, Melbourne, Australia, pg. 628
Hills, Jonathan, Creative --DOMANI STUDIOS LLC, New York, NY, pg. 1253
Hilson, Jim, Creative --Abbott Mead Vickers BBDO, London, United Kingdom, pg. 109
Hilton, Kerry, Creative --HCB HEALTH, Austin, TX, pg. 490
Hines, Ron, Creative --NICKELODEON CREATIVE ADVERTISING, New York, NY, pg. 794
Hinrichs, Samantha, Creative --THE AMPERSAND AGENCY, Austin, TX, pg. 54
Hinson, Paris Mitzi, Creative --PUREMOXIE, Suisun City, CA, pg. 917
Hirneise, Bart, Creative --AGENCY CREATIVE, Dallas, TX, pg. 38
Hirsch, Andy, Creative --MERKLEY+PARTNERS, New York, NY, pg. 733
Hirsch, David, Creative --Jack Morton Worldwide, Detroit, MI, pg. 568
Hirth, Russ, Creative --RADIUS ADVERTISING, Strongsville, OH, pg. 929
Ho, Alan, Creative --Hakuhodo Malaysia Sdn. Bhd., Kuala Lumpur, Malaysia, pg. 463
Ho, Bill, Creative --Edelman, Hong Kong, China (Hong Kong), pg. 1496
Hoar, John, Creative --Planet Central, Richmond, VA, pg. 876
Hobbs, Austin, Creative --TWINOAKS, Plano, TX, pg. 1124
Hobbs, Ray, Creative --HOW FUNWORKS LLC, Oakland, CA, pg. 510
Hobson, Stephen, Creative --KOCH CREATIVE GROUP, Wichita, KS, pg. 1223

RESPONSIBILITIES INDEX — AGENCIES

Hock, Ben, Creative --GROUNDFLOOR MEDIA, INC., Denver, CO, pg. 1525

Hock, Matt, Creative --GREY GROUP, New York, NY, pg. 438

Hocker, Brett, Creative --HAMMER CREATIVE, Hollywood, CA, pg. 464

Hodges, Charles, Creative --ARTS & LETTERS CREATIVE CO., Richmond, VA, pg. 73

Hodges, Jon, Creative --THE SELLS AGENCY, INC., Little Rock, AR, pg. 1002

Hodges, Jon, Creative --The Sells Agency, Inc., Fayetteville, AR, pg. 1002

Hoe, Ong Kien, Creative --Young & Rubicam Shanghai, Shanghai, China, pg. 1200

Hoffman, Lily M, Creative --MARINA MAHER COMMUNICATIONS, New York, NY, pg. 1576

Hogan, Tim, Creative --BRANDIENCE LLC, Cincinnati, OH, pg. 156

Hogerton, Sam, Creative --SRH MARKETING, Milwaukee, WI, pg. 1039

Hogg, Jeremy, Creative --Young & Rubicam Australia/New Zealand, Sydney, Australia, pg. 1199

Hoggatt, Hannah, Creative --OUTCOLD LLC, Chicago, IL, pg. 846

Hogya, Bernie, Creative --CAMPBELL EWALD, Detroit, MI, pg. 185

Hoh, Gavin E., Creative --McCann Erickson (Malaysia) Sdn. Bhd., Kuala Lumpur, Malaysia, pg. 706

Hohlt, Jackie, Creative --ADSMITH COMMUNICATIONS, Springfield, MO, pg. 33

Hoke, Chris, Creative --MARKSTEIN CONSULTING, LLC, Birmingham, AL, pg. 1270

Hola, Mayur, Creative --Contract Advertising (India) Limited, Mumbai, India, pg. 555

Holewski, Christopher, Creative --JK DESIGN, Hillsborough, NJ, pg. 576

Holgate, Kate, Creative --STOLTZ MARKETING GROUP, Boise, ID, pg. 1050

Holland, Chris, Creative --MASTERMINDS, Egg Harbor Township, NJ, pg. 692

Holland, Karen, Creative --RICHARDS/CARLBERG, Houston, TX, pg. 956

Hollister, Derek, Creative --THE ANDERSON GROUP, Sinking Spring, PA, pg. 57

Hollister, Jeremy, Creative --PLUS, New York, NY, pg. 878

Holmes, Scott, Creative --Digitas, London, United Kingdom, pg. 1251

Honkanen, Ossi, Creative --Hasan & Partners Oy, Helsinki, Finland, pg. 703

Hoogerhuis, Katya, Creative --SHAW + SCOTT, Seattle, WA, pg. 1289

Hooton, Bryce, Creative --PUBLICIS NEW YORK, New York, NY, pg. 912

Hope, Valerie, Creative --WALRUS, New York, NY, pg. 1150

Hoppe, Meg, Creative --WEIDERT GROUP INC., Appleton, WI, pg. 1156

Horne, Kelsey, Creative --TAXI, Toronto, Canada, pg. 1075

Horsfall, Cheryl, Creative --DDB New York, New York, NY, pg. 269

Hoskins, Emily, Creative --THE DESIGNORY, Long Beach, CA, pg. 293

Hosler, Joe, Creative --ZORCH INTERNATIONAL, INC., Chicago, IL, pg. 1690

Hossain, Zubair, Creative --Grey Bangladesh Ltd., Dhaka, Bangladesh, pg. 445

Hostetler, Erik, Creative --Moxie, Pittsburgh, PA, pg. 1275

Hotts, Jonathan, Creative --ONEMETHOD INC, Toronto, Canada, pg. 840

Houseknecht, Eric, Creative --THE SEIDEN GROUP, New York, NY, pg. 1001

Houwer, Ralf De, Creative --BUTLER, SHINE, STERN & PARTNERS, Sausalito, CA, pg. 177

How, Tan Giap, Creative --BBDO Singapore, Singapore, Singapore, pg. 115

Howard, Jamie, Creative --PAYNE, ROSS & ASSOCIATES ADVERTISING, INC., Charlottesville, VA, pg. 860

Howe, Aaron, Creative --Possible Los Angeles, Playa Vista, CA, pg. 1281

Howe, Bob, Creative --ESCAPE POD, Chicago, IL, pg. 349

Howell, Cayah, Creative --LIVING PROOF CREATIVE, Austin, TX, pg. 646

Howell, Jo, Creative --Specialist, Bristol, United Kingdom, pg. 837

Howie, Craig, Creative --Digitas, Kwun Tong, China (Hong Kong), pg. 1252

Howson, Katie Moore, Creative --WRAY WARD MARKETING COMMUNICATIONS, Charlotte, NC, pg. 1187

Hoyt, David, Creative --TANGELO, Houston, TX, pg. 1072

Hsu, Andy, Creative --INNOCEAN USA, Huntington Beach, CA, pg. 534

Huang, Kenny J., Creative --Publicis Shanghai, Shanghai, China, pg. 908

Huang, Shengjie, Creative --mcgarrybowen, Shanghai, China, pg. 718

Hubbard, Trevor, Creative --BUTCHER SHOP CREATIVE, San Francisco, CA, pg. 177

Hubbard, Trevor, Creative --BUTCHERSHOP, San Francisco, CA, pg. 177

Hubbert, Wendy, Creative --SANDBOX CHICAGO, Chicago, IL, pg. 989

Hubert, Jenna, Creative --KPS3 MARKETING, Reno, NV, pg. 602

Hudak, Rob, Creative --ZEHNDER COMMUNICATIONS, INC., New Orleans, LA, pg. 1210

Hudson, Kimberly, Creative --THE LACEK GROUP, Minneapolis, MN, pg. 606

Hughes, Allison, Creative --MULLENLOWE GROUP, Boston, MA, pg. 770

Hughes, Ben, Creative --STINK STUDIOS, Brooklyn, NY, pg. 1049

Hughes, Randy, Creative --CARMICHAEL LYNCH, Minneapolis, MN, pg. 189

Hull, Jory, Creative --SapientRazorfish Atlanta, Atlanta, GA, pg. 1287

Human, Gerry, Creative --Ogilvy, Ltd., London, United Kingdom, pg. 818

Humphrey, Holly, Creative --YELLOW SUBMARINE MARKETING COMMUNICATIONS INC., Pittsburgh, PA, pg. 1196

Hung, Susan, Creative --Publicis Toronto, Toronto, Canada, pg. 904

Hunt, John, Creative --TBWA North America, New York, NY, pg. 1079

Hunt, John, Creative --TBWA/WORLDWIDE, New York, NY, pg. 1077

Hunt, Pete, Creative --BEUTLER INK, Santa Monica, CA, pg. 1449

Hunter, Gemma, Creative --MediaCom Australia Pty. Ltd., Melbourne, Australia, pg. 1348

Hunter, Gemma, Creative --MediaCom Sydney, Sydney, Australia, pg. 1349

Hunter, Perry, Creative --PureRED/Ferrara, Tucker, GA, pg. 918

Huppenthal, Jim, Creative --Brierley & Partners, Sherman Oaks, CA, pg. 1186

Huppenthal, Jim, Creative --Brierley & Partners, Sherman Oaks, CA, pg. 162

Huq, Jaiyyanul, Creative --Grey Bangladesh Ltd., Dhaka, Bangladesh, pg. 445

Hurley, Josh, Creative --FUSION92, Chicago, IL, pg. 404

Hurst, Guido, Creative --BEACON HEALTHCARE COMMUNICATIONS, Bedminster, NJ, pg. 118

Hussey, Jason, Creative --JKR ADVERTISING & MARKETING, Maitland, FL, pg. 576

Hutasankas, Kambhu, Creative --Creative Juice G1, Bangkok, Thailand, pg. 1092

Huysmans, Sarah, Creative --VVL BBDO, Brussels, Belgium, pg. 103

Hvidsten, Ann Elin, Creative --Burson-Marsteller A/S, Oslo, Norway, pg. 1442

Hyde, Jason, Creative --PLASTIC MOBILE, Toronto, Canada, pg. 877

Hyland, Cat, Creative --SWIFT AGENCY, Portland, OR, pg. 1066

Iaccarino, Giuseppina, Creative --GreyUnited, Milan, Italy, pg. 441

Ibanez, Hernan, Creative --FCB New York, New York, NY, pg. 365

Ibrahim, Hans, Creative --Grey Hong Kong, North Point, China (Hong Kong), pg. 446

Ichedef, Gamze, Creative --TBWA Istanbul, Istanbul, Turkey, pg. 1088

Igarashi, Taketo, Creative --Beacon Communications K.K., Tokyo, Japan, pg. 630

Igarashi, Taketo, Creative --Beacon Communications K.K., Tokyo, Japan, pg. 910

Ikram, Syeda Ayesha, Creative --BBDO Komunika, Jakarta, Indonesia, pg. 113

Imbert, Florent, Creative --J. WALTER THOMPSON, New York, NY, pg. 553

Imbierowicz, Michal, Creative --Havas Worldwide Poland, Warsaw, Poland, pg. 481

Ingraham, Sarah, Creative --LUCI CREATIVE, Lincolnwood, IL, pg. 655

Ingram, Chad, Creative --Geometry Global, Chicago, IL, pg. 415

Ingwalson, Matt, Creative --Vladimir Jones, Denver, CO, pg. 1142

Insco, Jeff, Creative --UPBRAND COLLABORATIVE, Saint Louis, MO, pg. 1128

Inton, Francis, Creative --Publicis JimenezBasic, Makati, Philippines, pg. 910

Ireland, Robert L., Jr., Creative --SHARP COMMUNICATIONS, New York, NY, pg. 1006

Isaacman, Ellen, Creative --GOOD ADVERTISING, INC., Memphis, TN, pg. 428

Isaacs, Steve, Creative --BPG ADVERTISING, Los Angeles, CA, pg. 151

Isenberg, Bob, Creative --WRL ADVERTISING, INC., Canton, OH, pg. 1188

Isenstein, Sam, Creative --FIRSTBORN, New York, NY, pg. 384

Ishola, Ayotunde, Creative --DDB Casers, Lagos, Nigeria, pg. 278

Isom, Will, Creative --EP+CO, Greenville, SC, pg. 343

Isom, Will, Creative --EP+Co, New York, NY, pg. 343

Itkowitz, Mark, Creative --LANETERRALEVER, Phoenix, AZ, pg. 610

Ives, Andy, Creative --BUTCHER SHOP CREATIVE, San Francisco, CA, pg. 177

Ivory, Joe, Creative --McCann Detroit, Birmingham, MI, pg. 699

Jachan, Cesar, Creative --Impact BBDO, Dubai, United Arab Emirates, pg. 109

Jack, Eloise, Creative --Colenso BBDO, Auckland, New Zealand, pg. 114

Jackson, David, Creative --DDB Sydney Pty. Ltd., Ultimo, Australia, pg. 270

Jackson, Jim, Creative --PERISCOPE, Minneapolis, MN, pg. 864

Jackson, Madison, Creative --O'KEEFE REINHARD & PAUL, Chicago, IL, pg. 834

Jackus, George, Creative --BALDWIN & OBENAUF, INC., Somerville, NJ, pg. 86

Jacobs, Chris, Creative --THE VIA AGENCY, Portland, ME, pg. 1136

Jacobs, Erik, Creative --PERISCOPE, Minneapolis, MN, pg. 864

Jacobs, Hank, Creative --BODDEN PARTNERS, New York, NY, pg. 143

Jacobs, Jesse, Creative --I IMAGINE STUDIO, Chicago, IL, pg. 517

Jacobs, Jesse, Creative --LUMENTUS LLC, New York, NY, pg. 656

Jacome, Jorge, Creative --GLOBAL TEAM BLUE, Dearborn, MI, pg. 423

Jacon, Thiago, Creative --Ogilvy, London, United Kingdom, pg. 1600

Jacquemin, Mickael, Creative --DDB Paris, Paris, France, pg. 273

Jacques, Dan, Creative --McCann Erickson Hong Kong Ltd., Causeway Bay, China (Hong Kong), pg. 704

Jadhav, Mukesh, Creative --FCB Interface, Mumbai, India, pg. 373

Jain, Piyush, Creative --Grey (India) Pvt. Pty. Ltd. (Delhi), Gurgaon, India, pg. 446

Jain, Richa, Creative --Happy mcgarrybowen, Bengaluru, India, pg. 717

Jakubiak, Jason, Creative --THE MARS AGENCY, Southfield, MI, pg. 686

James, P.A, Creative --Spike/DDB, Brooklyn, NY, pg. 269

Jamieson, Rob, Creative --Ogilvy, Chicago, IL, pg. 811

Jamison, Charles N., Jr., Creative --FOOTSTEPS, New York, NY, pg. 391

Jannon, Eric, Creative --R/GA, Chicago, IL, pg. 926

Jaramillo, Juan David, Creative --Sancho BBDO, Bogota, Colombia, pg. 102

Jarosh, Aaron, Creative --BAILEY LAUERMAN, Omaha, NE, pg. 84

Jarrin, Chris, Creative --Havas Worldwide-Strat Farm, New York, NY, pg. 477

Jasinowski, Jeff, Creative --STIR ADVERTISING & INTEGRATED MARKETING, Milwaukee, WI, pg. 1050

Jasli, Eaide, Creative --Leo Burnett Malaysia, Kuala Lumpur, Malaysia, pg. 631

Jayachandran, Amanda, Creative --EMA Public Relations Services, Syracuse, NY, pg. 347

Jayachandran, Amanda, Creative --HB/Eric Mower + Associates, Newton, MA, pg. 348

Jayamanna, Dilshara, Creative --MullenLowe Sri Lanka, Colombo, Sri Lanka, pg. 777

Jeffery, Glenn, Creative --Grey Group South Africa, Bryanston, South Africa, pg. 443

Jenkins, Lee, Creative --THE GLOVER PARK GROUP, Washington, DC, pg. 423

Jenks, Graham, Creative --Abbott Mead Vickers BBDO, London, United Kingdom, pg. 109

Jensen, Kara, Creative --BOP DESIGN, INC., San Diego, CA, pg. 1398

Jensen, Katie, Creative --DDB New York, New York, NY, pg. 269

Jereb, Anze, Creative --Provid BBDO, Kiev, Ukraine, pg. 109
Jernigan, Alex, Creative --EVEO INC., San Francisco, CA, pg. 1256
Jerrett, Mathew, Creative --ArnoldNYC, New York, NY, pg. 70
Jethi, Nishant, Creative --Publicis India Communications Pvt. Ltd., Mumbai, India, pg. 909
Jewell, Bridget, Creative --PERISCOPE, Minneapolis, MN, pg. 864
Jha, Shashank, Creative --Ogilvy (Eastern Africa) Ltd., Nairobi, Kenya, pg. 828
Jimenez, Allan, Creative --jotabequ Advertising, San Jose, Costa Rica, pg. 1348
Jimenez, Allan, Creative --jotabequ Advertising, San Jose, Costa Rica, pg. 444
Jin Ang, Sheng, Creative --MullenLowe Singapore, Singapore, Singapore, pg. 777
Jin, Jason, Creative --TBWA Greater China, Beijing, China, pg. 1089
Jin, Jason, Creative --TBWA Shanghai, Shanghai, China, pg. 1090
Jobson, Nikki, Creative --TAXI, Toronto, Canada, pg. 1075
Joglekar, Siddharth, Creative --Publicis India Communications Pvt. Ltd., Mumbai, India, pg. 909
Johannesdottir, Fura, Creative --Publicis.Sapient, London, United Kingdom, pg. 915
Johannsen, Lara, Creative --WONGDOODY, Seattle, WA, pg. 1175
Johansson, Gustav, Creative --Forsman & Bodenfors, Stockholm, Sweden, pg. 722
Johns, Jeff, Creative --SEED STRATEGY, INC., Crestview Hills, KY, pg. 1000
Johnsen, Line, Creative --TBWA Chiat Day New York, New York, NY, pg. 1078
Johnson, Bryan, Creative --MAIER ADVERTISING, INC., Farmington, CT, pg. 672
Johnson, Grant, Creative --SIXSPEED, Minneapolis, MN, pg. 1017
Johnson, Ian, Creative --R/WEST, Portland, OR, pg. 927
Johnson, Joe, Creative --PUBLICIS USA, New York, NY, pg. 912
Johnson, Joseph, Creative --PUBLICIS NEW YORK, New York, NY, pg. 912
Johnson, Matthew, Creative --THE INFINITE AGENCY, Irving, TX, pg. 531
Johnson, Neil, Creative --DDB, Singapore, Singapore, pg. 279
Johnson, Neil, Creative --High Road Communications, Toronto, Canada, pg. 1509
Johnson, Patrick, Creative --DIGITAS HEALTH, Philadelphia, PA, pg. 302
Johnson, Paul, Creative --HAVAS WORLDWIDE, New York, NY, pg. 475
Johnson, Paul, Creative --Havas Worldwide New York, New York, NY, pg. 476
Johnson, Paul M., Creative --LEGGETT & PLATT INC., Carthage, MO, pg. 1223
Johnson, Pete, Creative --DEUTSCH, INC., New York, NY, pg. 294
Johnson, Pete, Creative --Deutsch New York, New York, NY, pg. 295
Johnson, Pete, Creative --NICKELODEON CREATIVE ADVERTISING, New York, NY, pg. 794
Johnson, Steven, Creative --CRAMER PRODUCTIONS INC., Norwood, MA, pg. 238
Johnson, Wayne, Creative --SUBJECT MATTER, Washington, DC, pg. 1654
Johnston, Annie, Creative --PHENOMENON, Los Angeles, CA, pg. 868
Johnston, Laura, Creative --Geometry Global, Chicago, IL, pg. 415
Johnstone, Kirstie, Creative --Abbott Mead Vickers BBDO, London, United Kingdom, pg. 109
Jones, Barry, Creative --THE HARMON GROUP, Nashville, TN, pg. 468
Jones, Brian A., Creative --Saatchi & Saatchi Los Angeles, Torrance, CA, pg. 975
Jones, Corey, Creative --Golin, Dallas, TX, pg. 1521
Jones, Drew, Creative --TWO RIVERS MARKETING, Des Moines, IA, pg. 1124
Jones, Frank, Creative --PRIMEDIA INC., Warwick, RI, pg. 1364
Jones, Jeff, Creative --THE LACEK GROUP, Minneapolis, MN, pg. 606
Jones, Jennifer, Creative --LUQUIRE GEORGE ANDREWS, INC., Charlotte, NC, pg. 657
Jones, Jeremy, Creative --J. WALTER THOMPSON ATLANTA, Atlanta, GA, pg. 564
Jones, Kevin, Creative --CP+B LA, Santa Monica, CA, pg. 235
Jones, Kevin, Creative --KPS3 MARKETING, Reno, NV, pg. 602

Jones, Mike, Creative --DOUG&PARTNERS INC., Toronto, Canada, pg. 318
Jones, Pete, Creative --MCCANN, New York, NY, pg. 697
Jones, Rowe, Creative --JKR ADVERTISING & MARKETING, Maitland, FL, pg. 576
Jones, Stef, Creative --BIG AL'S CREATIVE EMPORIUM, London, United Kingdom, pg. 128
Jontos, Greg, Creative --NEWDAY COMMUNICATIONS, Norwalk, CT, pg. 1413
Jordan, Jason, Creative --LITTLEFIELD AGENCY, Tulsa, OK, pg. 646
Jorgensen, Eric, Creative --TEAM ONE USA, Los Angeles, CA, pg. 1095
Jose, Lowell San, Creative --Publicis JimenezBasic, Makati, Philippines, pg. 910
Joseph, Hannah Rohini, Creative --Publicis India Communications Pvt. Ltd., Mumbai, India, pg. 909
Joseph, Mridula, Creative --Ogilvy India, Mumbai, India, pg. 824
Joseph, Mridula, Creative --Ogilvy India, Chennai, India, pg. 823
Joshi, Kashyap, Creative --J. Walter Thompson, Mumbai, India, pg. 556
Joshi, Prasoon, Creative --McCann Erickson India, Mumbai, India, pg. 704
Joubert, David, Creative --DDB Sydney Pty. Ltd., Ultimo, Australia, pg. 270
Judd, Steven Paul, Creative --FREESTYLE CREATIVE, Moore, OK, pg. 397
Judelson, Marcie, Creative --EVEO INC., San Francisco, CA, pg. 1256
Judkins, Bryan, Creative --YOUNG & LARAMORE, Indianapolis, IN, pg. 1196
Julin, Derek, Creative --BRUNNER, Pittsburgh, PA, pg. 169
Jung, Bridget, Creative --Opr, Saint Leonards, Australia, pg. 1600
Jung, Calvin, Creative --CREATIVE:MINT LLC, San Francisco, CA, pg. 246
Jursinic, James, Creative --PATHFINDERS ADVERTISING & MARKETING GROUP, Mishawaka, IN, pg. 857
Just, Chris, Creative --MARRINER MARKETING COMMUNICATIONS, INC., Columbia, MD, pg. 686
Justis, Amber, Creative --THE WONDERFUL AGENCY, Los Angeles, CA, pg. 1228
Kacenka, Peter, Creative --Wiktor/Leo Burnett, s.r.o., Bratislava, Slovakia, pg. 627
Kachelhofer, Bradford, Creative --MODERN BRAND COMPANY, Birmingham, AL, pg. 753
Kaddoura, Mira, Creative --RED MARKETING COMMUNICATIONS, Calabasas, CA, pg. 940
Kagan, Maya, Creative --BARKER, New York, NY, pg. 89
Kahle, Brian, Creative --ADVENTIVE MARKETING, INC., Chicago, IL, pg. 35
Kahn, Adam, Creative --GREY GROUP, New York, NY, pg. 438
Kaikobad, Shahvan, Creative --Ogilvy India, Mumbai, India, pg. 824
Kalan, Abhijit, Creative --Leo Burnett India, Mumbai, India, pg. 629
Kalina, Ron, Creative --HARRIS, BAIO & MCCULLOUGH INC., Philadelphia, PA, pg. 469
Kalita, Mriganka, Creative --BPG Group, Dubai, United Arab Emirates, pg. 1179
Kamble, Sachin, Creative --Leo Burnett India, Mumbai, India, pg. 629
Kammien, Craig, Creative --SWITCH, Saint Louis, MO, pg. 1067
Kamp, Bill, Creative --BURKHEAD BRAND GROUP, Raleigh, NC, pg. 175
Kamran, Nadia, Creative --MRM MCCANN, New York, NY, pg. 766
Kanarek, Monica Noce, Creative --PUROHIT NAVIGATION, Chicago, IL, pg. 918
Kandarian, Israel, Creative --SET CREATIVE, New York, NY, pg. 1003
Kane, John, Creative --TBWA\Dublin, Dublin, Ireland, pg. 1083
Kane, Kiersten, Creative --MARLO MARKETING COMMUNICATIONS, Boston, MA, pg. 1576
Kang, Grace, Creative --PRAYTELL, Brooklyn, NY, pg. 1618
Kang, Tim, Creative --EP+CO, Greenville, SC, pg. 343
Kantekin, Serdar, Creative --Ogilvy, Dusseldorf, Germany, pg. 814
Kanter, Liz, Creative --PIVOT DESIGN INC, San Francisco, CA, pg. 873
Kapadia, Harsh, Creative --VML, London, United Kingdom, pg. 1088
Kapasi, Mustafa, Creative --Scarecrow M&C Saatchi, Mumbai, India, pg. 663
Kaplan, Joel, Creative --M/H VCCP, San Francisco, CA, pg. 664
kapoor, Amit, Creative --FP7, Manama, Bahrain, pg. 701
Karagoz, Yigit, Creative --TBWA Istanbul, Istanbul, Turkey, pg. 1088

Karandikar, Abhijit, Creative --Ogilvy India, Mumbai, India, pg. 824
Karas, Kate, Creative --PIVOT DESIGN INC, San Francisco, CA, pg. 873
Karasyk, Erik, Creative --HUSH, Brooklyn, NY, pg. 1261
Karatas, Mark, Creative --J. Walter Thompson Frankfurt, Frankfurt am Main, Germany, pg. 560
Karelson, Tina, Creative --RISDALL MARKETING GROUP, Roseville, MN, pg. 959
Karges, Dave, Creative --THE LACEK GROUP, Minneapolis, MN, pg. 606
Karir, Anand, Creative --DDB Mudra Group, Mumbai, India, pg. 275
Karmakar, Kainaz, Creative --Ogilvy, New Delhi, India, pg. 825
Karnad, Pranav, Creative --Happy mcgarrybowen, Bengaluru, India, pg. 717
Karnowsky, Debbie, Creative --MARICICH BRAND COMMUNICATIONS, Irvine, CA, pg. 679
Karpitskiy, Tanya, Creative --ARNOLD WORLDWIDE, Boston, MA, pg. 69
Karr, Meredith, Creative --BARRETTSF, San Francisco, CA, pg. 91
Kasey, Dave, Creative --NORTON RUBBLE & MERTZ ADVERTISING, Chicago, IL, pg. 800
Kasim, Nazly, Creative --HAVAS WORLDWIDE, New York, NY, pg. 475
Kasselman, Heidi, Creative --Net#work BBDO, Gauteng, South Africa, pg. 108
Katianda, Jeffry, Creative --Matari Advertising, Jakarta, Indonesia, pg. 1201
Katona, Diti, Creative --CONCRETE DESIGN COMMUNICATIONS INC, Toronto, Canada, pg. 226
Katyal, Varun, Creative --Ogilvy, Bengaluru, India, pg. 823
Katzman, David David, Creative --EPSILON, Chicago, IL, pg. 344
Kauker, Bill, Creative --IDEA HALL, Costa Mesa, CA, pg. 520
Kause, Tony, Creative --Weber Shandwick-Detroit, Birmingham, MI, pg. 1676
Kaushik, Naren, Creative --Happy mcgarrybowen, Bengaluru, India, pg. 717
Kavale, Mangesh, Creative --Grey (India) Pvt. Ltd., Mumbai, India, pg. 446
Kavanaugh, Ryan, Creative --EMG3, Falmouth, ME, pg. 1103
Kaya, Erkan, Creative --Y&R Turkey, Istanbul, Turkey, pg. 1204
Kaye, Sharon Chow, Creative --TWOFIFTEENMCCANN, San Francisco, CA, pg. 1124
Kazan, Karim, Creative --Fortune Promoseven-Lebanon, Beirut, Lebanon, pg. 706
Keane, James, Creative --THE IMAGINATION GROUP, London, United Kingdom, pg. 525
Keasler, Sam, Creative --THE MARTIN AGENCY, Richmond, VA, pg. 687
Keathley, Tom, Creative --ARRAS KEATHLEY AGENCY, Cleveland, OH, pg. 71
Kee, Daniel, Creative --MullenLowe Singapore, Singapore, Singapore, pg. 777
Keeler, Jeremy, Creative --MOCEAN, Los Angeles, CA, pg. 752
Keeley, Caitlin, Creative --UNION, Toronto, Canada, pg. 1126
Keene, Margaret, Creative --MullenLowe, El Segundo, CA, pg. 772
Keeton, Wes, Creative --DOE-ANDERSON, Louisville, KY, pg. 312
Keeven, Jason, Creative --BRIGHTON AGENCY, INC., Saint Louis, MO, pg. 164
Keith, Brian, Creative --EL CREATIVE, INC., Dallas, TX, pg. 334
Keith, Richard, Creative --G.W. HOFFMAN MARKETING & COMMUNICATIONS, Darien, CT, pg. 1404
Kelley, Jeff, Creative --MESS, Chicago, IL, pg. 1271
Kelley, Kyle, Creative --THE RICHARDS GROUP, INC., Dallas, TX, pg. 956
Kelley, Shawn, Creative --HMH-Charlotte N.C., Charlotte, NC, pg. 504
Kelly, Bridget, Creative --SAATCHI & SAATCHI WELLNESS, New York, NY, pg. 985
Kelly, Stephanie, Creative --Digitas, Chicago, IL, pg. 1252
Kelly, Troy, Creative --Ackerman McQueen, Inc., Dallas, TX, pg. 21
Kemp, Kate, Creative --Hacker Agency, Seattle, WA, pg. 540
Kennedy, Daniel Brett, Creative --MWWPR, New York, NY, pg. 1591
Kennedy, Kurt, Creative --KENNEDY COMMUNICATIONS, Rancho Mirage, CA, pg. 592
Kennedy, Toby, Creative --ADAM&EVEDDB, New York, NY, pg. 25
Kenney, John, Creative --PUBLICIS NEW YORK, New York, NY,

RESPONSIBILITIES INDEX — AGENCIES

Kenny, Ryan, Creative --CALDER BATEMAN COMMUNICATIONS LTD., Edmonton, Canada, pg. 182
Kenyon, Jonathan, Creative --VAULT49, New York, NY, pg. 1132
Kern, Michael, Creative --WELIKESMALL, INC, Salt Lake City, UT, pg. 1158
Kerr, Graham, Creative --Maher Bird Associates, London, United Kingdom, pg. 1086
Kerr, Rob, Creative --BRIGHT RED\TBWA, Tallahassee, FL, pg. 163
Kerry, Ken, Creative --SCRIPT TO SCREEN LLC, Santa Ana, CA, pg. 999
Kerry, Stephen, Creative --LEO BURNETT DETROIT, INC., Troy, MI, pg. 621
Kershner, Randy, Creative --PACE ADVERTISING, New York, NY, pg. 848
Ketchum, Matthew, Creative --MARRINER MARKETING COMMUNICATIONS, INC., Columbia, MD, pg. 686
Ketmanee, Nonthaporn, Creative --GREYnj United, Bangkok, Thailand, pg. 448
Khanawuthikarn, Skon, Creative --Leo Burnett, Bangkok, Thailand, pg. 631
Khanna, Anshumani, Creative --BBDO WORLDWIDE INC., New York, NY, pg. 97
Khanna, Rick, Creative --Edelman, Atlanta, GA, pg. 1492
Khot, Purnima, Creative --BBH Mumbai, Mumbai, India, pg. 93
Khuen, Yee, Creative --Y&R Hong Kong, Quarry Bay, China (Hong Kong), pg. 1199
Kiersted, Jamie, Creative --ZAMBEZI, Culver City, CA, pg. 1209
Kilkelly, Brona, Creative --J. Walter Thompson, Sydney, Australia, pg. 554
Killeen, Gerry, Creative --PUBLICIS NEW YORK, New York, NY, pg. 912
Kim, Han, Creative --Geometry Global, Akron, OH, pg. 416
Kim, Minsoo, Creative --ADASIA COMMUNICATIONS, INC., Englewood Cliffs, NJ, pg. 27
Kim, Nari, Creative --TBWA Chiat Day New York, New York, NY, pg. 1078
Kim, Pam, Creative --HAVAS WORLDWIDE, New York, NY, pg. 475
Kim, Peter, Creative --Mortenson Safar Kim, Milwaukee, WI, pg. 761
Kim, Peter, Creative --MORTENSON SAFAR KIM, Indianapolis, IN, pg. 761
Kim, Phillip, Creative --THE STEPHENZ GROUP, INC., San Jose, CA, pg. 1047
Kimball-Malone, Kalie, Creative --THE GARRIGAN LYMAN GROUP, INC, Seattle, WA, pg. 410
Kincaid, Tristan, Creative --GREY NEW YORK, New York, NY, pg. 438
Kinder, Jeremy, Creative --WUNDERMAN, New York, NY, pg. 1188
Kindred, Eunice, Creative --NeON, New York, NY, pg. 364
Kinee, Meredith, Creative --VML, INC., Kansas City, MO, pg. 1143
King, Dan, Creative --ZGM, Calgary, Canada, pg. 1212
King, Marilyn, Creative --PATTISON OUTDOOR ADVERTISING, Oakville, Canada, pg. 858
Kinkaid, Ryan, Creative --MARKETING ARCHITECTS, INC., Minnetonka, MN, pg. 682
Kinnealy, Karen, Creative --OGILVY COMMONHEALTH WORLDWIDE, Parsippany, NJ, pg. 832
Kinney, Patty, Creative --FREDERICK SWANSTON, Alpharetta, GA, pg. 397
Kinsella, Patrick, Creative --LAIRD+PARTNERS, New York, NY, pg. 607
Kinstan, Psembi, Creative --BARTLE BOGLE HEGARTY LIMITED, London, United Kingdom, pg. 92
Kirk, Christian, Creative --BRIGHTON AGENCY, INC., Saint Louis, MO, pg. 164
Kirsch, Tom, Creative --THE AMPERSAND AGENCY, Austin, TX, pg. 54
Kirshenblatt, Jason, Creative --CULT360, New York, NY, pg. 253
Kisker, Tom, Creative --SEED STRATEGY, INC., Crestview Hills, KY, pg. 1000
Kissier, Gregory, Creative --OGILVY, New York, NY, pg. 809
Kistler, Martin, Creative --IGNITION BRANDING, Sarasota, FL, pg. 523
Kitchen, Anita, Creative --JAN KELLEY MARKETING, Burlington, Canada, pg. 571
Kittle, Alan, Creative --Harte-Hanks Direct, Inc., Feasterville Trevose, PA, pg. 471
Kittle, Alan, Creative --Harte-Hanks, Inc., Wilkes Barre, PA, pg. 470
Klassen, Seth, Creative --WONDERSAUCE, New York, NY, pg. 1302

Klausmeier, Travis, Creative --Leo Burnett USA, Chicago, IL, pg. 622
Klausmeier, Travis, Creative --LEO BURNETT WORLDWIDE, INC., Chicago, IL, pg. 621
Klayman, Neil Steven, Creative --HAWTHORNE DIRECT INC., Fairfield, IA, pg. 489
Kleber, Kevin M., Creative --ALCONE MARKETING GROUP, Irvine, CA, pg. 1395
Klein, Daryl, Creative --BOB'S YOUR UNCLE, Toronto, Canada, pg. 143
Klein, Kathryn, Creative --AFTER MIDNIGHT, INC, Scotts Valley, CA, pg. 37
Kliebe, Kelly, Creative --INNOCEAN USA, Huntington Beach, CA, pg. 534
Kline, Adam, Creative --Saatchi & Saatchi New York, New York, NY, pg. 976
Kluskowski, Darryl, Creative --J. WALTER THOMPSON, New York, NY, pg. 553
Kluth, Ketti, Creative --WALK WEST, Raleigh, NC, pg. 1300
Knaggs, Mike, Creative --INTERBRAND CORPORATION, New York, NY, pg. 537
Knight, Ben, Creative --MEMAC Ogilvy, Kuwait, Kuwait, pg. 830
Knight, Mary, Creative --HYDROGEN ADVERTISING, Seattle, WA, pg. 515
Knight, Robin, Creative --C3 - CREATIVE CONSUMER CONCEPTS, Overland Park, KS, pg. 181
Knittel, Eric, Creative --GSD&M, Austin, TX, pg. 453
Koay, John, Creative --Ogilvy Advertising, Central, China (Hong Kong), pg. 822
Kobayashi, Marina, Creative --DENTSU INC., Tokyo, Japan, pg. 289
Kobler, Patrick, Creative --Ackerman McQueen, Inc., Dallas, TX, pg. 21
Koe, Mike, Creative --GRIP LTD., Toronto, Canada, pg. 450
Koecher, Joe, Creative --HAVAS WORLDWIDE, New York, NY, pg. 475
Koelfgen, Mark, Creative --DAVID & GOLIATH, El Segundo, CA, pg. 261
Koestner, Carl, Creative --BURRELL, Chicago, IL, pg. 176
Koh, Kit, Creative --BBDO China, Shanghai, China, pg. 112
Kohnen, Stephanie, Creative --WORKINPROGRESS, Boulder, CO, pg. 1177
Kohoutek, Tomas, Creative --CROW CREATIVE, New York, NY, pg. 250
Kolarik, Jakub, Creative --Havas Worldwide Prague, Prague, Czech Republic, pg. 479
Kolatac, Michael, Creative --S3, Boonton, NJ, pg. 974
Kolopeaua, Richard, Creative --Deutsch New York, New York, NY, pg. 295
Kong, Mark, Creative --FCB Shanghai, Shanghai, China, pg. 372
Konnor, Clay, Creative --NELSON SCHMIDT, Milwaukee, WI, pg. 788
Konold, Robert A., Creative --SPM MARKETING & COMMUNICATIONS, La Grange, IL, pg. 1035
Koop, Kristen, Creative --PUBLICIS NEW YORK, New York, NY, pg. 912
Korinek, Ondrej, Creative --MullenLowe GGK, Bratislava, Slovakia, pg. 774
Korolczuk, Jakub, Creative --Grey Group Poland, Warsaw, Poland, pg. 441
Korsten, Bas, Creative --J. WALTER THOMPSON, New York, NY, pg. 553
Korsten, Bas, Creative --Ubachswisbrun J. Walter Thompson, Amsterdam, Netherlands, pg. 560
Kort, Michael, Creative --Jack Morton Worldwide, New York, NY, pg. 569
Korzeniowski, Rick, Creative --SPM MARKETING & COMMUNICATIONS, La Grange, IL, pg. 1035
Koscho, Jason, Creative --QUATTRO DIRECT LLC, Berwyn, PA, pg. 921
Kossakowski, Ted, Creative --Cline, Davis & Mann, Inc., Princeton, NJ, pg. 199
Kostenko, Artiom Gelvez, Creative --MullenLowe Moscow, Moscow, Russia, pg. 775
Kotsokalis, Angela, Creative --ENVENTYS PARTNERS, LLC, Charlotte, NC, pg. 342
Koukodimos, Tom, Creative --SID LEE, Toronto, Canada, pg. 1010
Koutsis, Phil, Creative --MAGNETIC COLLABORATIVE, New York, NY, pg. 671
Kovacevich, John, Creative --DUNCAN CHANNON, San Francisco, CA, pg. 325
Kovanda, Hutson, Creative --FOODMIX MARKETING COMMUNICATIONS, Elmhurst, IL, pg. 391

Kovarik, Heather, Creative --MONCUR ASSOCIATES MIAMI, Miami, FL, pg. 1274
Kovoor, George, Creative --OgilvyOne Worldwide, Mumbai, India, pg. 825
Kowalczyk, Kamil, Creative --ARGONAUT INC., San Francisco, CA, pg. 67
Kowing, Jon, Creative --Sullivan Higdon & Sink Incorporated, Kansas City, MO, pg. 1060
Koye, Dennis, Creative --SOURCE COMMUNICATIONS, Hackensack, NJ, pg. 1029
Kozhevnikov, Sergey, Creative --BBDO Moscow, Moscow, Russia, pg. 107
Koziol, Jonathan, Creative --GELIA-MEDIA, INC., Williamsville, NY, pg. 414
Kozlov, Ruslan, Creative --Young & Rubicam FMS, Moscow, Russia, pg. 1205
Kraabel, Michael, Creative --BOLIN MARKETING, Minneapolis, MN, pg. 145
Kraemar, Meghan, Creative --THE HIVE, Toronto, Canada, pg. 503
Krajan, Mark, Creative --DDB San Francisco, San Francisco, CA, pg. 269
Krakowsky, Tali, Creative --Prophet, San Francisco, CA, pg. 894
Kramer, David Jacob, Creative --IMPRINT PROJECTS, New York, NY, pg. 528
Kramskaya, Natasha, Creative --DECCA DESIGN, San Jose, CA, pg. 284
Krebeck, Chris, Creative --CHECKMARK COMMUNICATIONS, Saint Louis, MO, pg. 1220
Krekeler, Sherri, Creative --TRACYLOCKE, Dallas, TX, pg. 1113
Kreske, Bartelme, Creative --J.T. MEGA FOOD MARKETING COMMUNICATIONS, Minneapolis, MN, pg. 584
Kriefski, Mike, Creative --SHINE UNITED, Madison, WI, pg. 1008
Krikava, Joe, Creative --SMALL ARMY, Boston, MA, pg. 1022
Kripas, Eric, Creative --HAVAS WORLDWIDE CHICAGO, Chicago, IL, pg. 488
Kroon, Regina, Creative --Havas Worldwide Amsterdam, Amsterdam, Netherlands, pg. 481
Krout, Steph, Creative --Razorfish Health, Philadelphia, PA, pg. 1287
Krulc, Petra, Creative --Grey Ljubljana d.o.o., Ljubljana, Slovenia, pg. 442
Krull, Stewart, Creative --Atmosphere Proximity, New York, NY, pg. 98
Kuan Wai, Yow, Creative --McCann Erickson (Malaysia) Sdn. Bhd., Kuala Lumpur, Malaysia, pg. 706
Kudashkin, Mikhail, Creative --Leo Burnett Moscow, Moscow, Russia, pg. 626
Kuehn, Mark, Creative --ANTHOLOGIE, INC., Milwaukee, WI, pg. 61
Kuenzer, Jim, Creative --BOXCAR CREATIVE LLC, Dallas, TX, pg. 1242
Kuhn, Richard, Creative --RK VENTURE, Albuquerque, NM, pg. 961
Kuijpers, Joris, Creative --DDB Amsterdam, Amstelveen, Netherlands, pg. 277
Kukla, Filip, Creative --McCann Erickson Prague, Prague, Czech Republic, pg. 702
Kulkarni, Saurabh, Creative --Ogilvy India, Chennai, India, pg. 823
Kumar, Hemant, Creative --Leo Burnett Orchard, Bengaluru, India, pg. 630
Kumar, Sendil, Creative --MADRAS GLOBAL, New York, NY, pg. 670
Kumar, Vedansh, Creative --MullenLowe Lintas Group, Mumbai, India, pg. 774
Kummer, Ali, Creative --AMOBEE, Santa Monica, CA, pg. 1307
Kundukulam, Sunny Johnny, Creative --Publicis India Communications Pvt. Ltd., Gurgaon, India, pg. 910
Kung, Giant, Creative --Ogilvy, Taipei, Taiwan, pg. 828
Kunken, Michele, Creative --Saatchi & Saatchi New York, New York, NY, pg. 976
Kunnath, Rijin, Creative --TBWA Raad, Dubai, United Arab Emirates, pg. 1088
Kurchak, Morgan, Creative --LEO BURNETT COMPANY LTD., Toronto, Canada, pg. 620
Kurfehs, Robert, Creative --Organic, Inc., New York, NY, pg. 1278
Kurnia, Fajar, Creative --Publicis Singapore, Singapore, Singapore, pg. 911
Kusay, Ozkan, Creative --Grey Singapore, Singapore, Singapore, pg. 448
Kuzava, John, Creative --XPERIENCE COMMUNICATIONS, Dearborn, MI, pg. 1194

AGENCIES — RESPONSIBILITIES INDEX

Kuznetsov, Andrey, Creative --BBDO Moscow, Moscow, Russia, pg. 107
Kwan, Megan, Creative --PUBLICIS HAWKEYE, Dallas, TX, pg. 1282
Kwok, Lan, Creative --DDB Worldwide Ltd., Hong Kong, China (Hong Kong), pg. 274
Kyle, Teresa, Creative --OGILVY COMMONHEALTH WORLDWIDE, Parsippany, NJ, pg. 832
Lachance, Troy, Creative --BLUECADET INTERACTIVE, Philadelphia, PA, pg. 1241
LaClair, Tracey, Creative --MEDIA RESOURCES, LTD., Canton, OH, pg. 1342
Ladeveze, Paul, Creative --Code and Theory, San Francisco, CA, pg. 217
Lafalla, Matias, Creative --Del Campo Nazca Saatchi & Saatchi, Buenos Aires, Argentina, pg. 981
Lagana, Vince, Creative --Leo Burnett Sydney, Sydney, Australia, pg. 628
Lageson, Steve, Creative --WYSE, Cleveland, OH, pg. 1193
Lago, Victor, Creative --AJ ROSS CREATIVE MEDIA, INC., Chester, NY, pg. 42
Lagos, Mario, Creative --Sancho BBDO, Bogota, Colombia, pg. 102
Lai, Awoo, Creative --BBDO China, Shanghai, China, pg. 112
Lai, Calvin, Creative --GALE PARTNERS, New York, NY, pg. 1258
Lai, Sunny, Creative --Leo Burnett Shanghai Advertising Co., Ltd., Shanghai, China, pg. 629
Lai, Vernon, Creative --ACART COMMUNICATIONS, INC., Ottawa, Canada, pg. 19
Lam, Almon, Creative --DDB Worldwide Ltd., Hong Kong, China (Hong Kong), pg. 274
Lam, Carmen, Creative --THE DESIGNORY, Long Beach, CA, pg. 293
Lam, Carol, Creative --Leo Burnett-Beijing, Beijing, China, pg. 629
Lam, Hunger, Creative --AYZENBERG GROUP, INC., Pasadena, CA, pg. 81
Lam, Marco, Creative --DDB Worldwide Ltd., Hong Kong, China (Hong Kong), pg. 274
Lam, Sharrow, Creative --Saatchi & Saatchi, Beijing, China, pg. 983
LaMacchia, John, Creative --BBDO New York, New York, NY, pg. 99
Lamb, Jillian, Creative --Leo Burnett USA, Chicago, IL, pg. 622
Lambert, Scott, Creative --Ogilvy Healthworld, Sydney, Australia, pg. 832
Lambie, Madeline, Creative --ODYSSEUS ARMS, San Francisco, CA, pg. 808
Lamond, Patrick, Creative --MISSION MEDIA, LLC., Baltimore, MD, pg. 747
Lampert, Ned, Creative --SPACE150, Minneapolis, MN, pg. 1031
Landivar, Andres, Creative --Leo Burnett Mexico S.A. de C.V., Mexico, Mexico, pg. 624
Landry, Jim, Creative --CLARITY COVERDALE FURY ADVERTISING, INC., Minneapolis, MN, pg. 211
Lang, William, Creative --CGT MARKETING LLC, Amityville, NY, pg. 201
Langer, Jason, Creative --RILEY HAYES ADVERTISING, Minneapolis, MN, pg. 959
Langford, Tim, Creative --IMAGINUITY INTERACTIVE, INC., Dallas, TX, pg. 1264
Langham, Michael, Creative --POLARIS RECRUITMENT COMMUNICATIONS, Miamisburg, OH, pg. 881
Langlie, Samantha, Creative --THE SAGE GROUP, San Francisco, CA, pg. 987
Lanners, Audrey, Creative --MCCANN MINNEAPOLIS, Minneapolis, MN, pg. 713
Lansche, Hunter, Creative --DOVETAIL, Saint Louis, MO, pg. 318
Lanza, Daniele, Creative --ICF OLSON, Minneapolis, MN, pg. 518
Laoag, Orville, Creative --THINK SHIFT, Winnipeg, Canada, pg. 1099
Lapenas, Gintas, Creative --Lukrecija BBDO, Vilnius, Lithuania, pg. 107
Lapini, Martino, Creative --Publicis, Rome, Italy, pg. 900
Larmon, Jim, Creative --SPM MARKETING & COMMUNICATIONS, La Grange, IL, pg. 1035
Larroquet, Nicolas, Creative --Publicis Italia, Milan, Italy, pg. 899
Larson, Drew, Creative --SIMPLE TRUTH COMMUNICATION PARTNERS, Chicago, IL, pg. 1015
Lasher, Jessica, Creative --PHENOMENON, Los Angeles, CA, pg. 868
LaSota, Chad, Creative --Alcone Marketing Group, San Francisco, CA, pg. 1396
Lassman, Michelle, Creative --AKQA, INC., San Francisco, CA, pg. 1234

Latshaw, Mike, Creative --MCGARRYBOWEN, New York, NY, pg. 716
Lattuada, Gerson, Creative --Paim Comunicacao, Porto Alegre, Brazil, pg. 701
Lau, Adam, Creative --HAVAS WORLDWIDE, New York, NY, pg. 475
Lau, Fanny, Creative --McCann Erickson Hong Kong Ltd., Causeway Bay, China (Hong Kong), pg. 704
Lau, Steven, Creative --Rapp Los Angeles, Los Angeles, CA, pg. 931
Lau, Tak Ho, Creative --Leo Burnett-Guangzhou, Guangzhou, China, pg. 629
Lau, Takho, Creative --DDB China - Shanghai, Shanghai, China, pg. 272
Lauen, Helen, Creative --DIGITAS, San Francisco, CA, pg. 302
Laurentino, Andre, Creative --Ogilvy, Toronto, Canada, pg. 812
LaVelle, Desmond, Creative --PETER MAYER ADVERTISING, INC., New Orleans, LA, pg. 866
Lawson, Alec, Creative --PRIMACY, Farmington, CT, pg. 889
Lawson, Marcos, Creative --WASSERMAN MEDIA GROUP, Los Angeles, CA, pg. 1153
Layton, Andy, Creative --RED SQUARE GAMING, Mobile, AL, pg. 941
Lea, Alex, Creative --ROKKAN, New York, NY, pg. 966
Lear, Mike, Creative --EP+CO, Greenville, SC, pg. 343
LeBlanc, Christopher, Creative --EVOK ADVERTISING, Heathrow, FL, pg. 353
Lebo, Erin, Creative --HOWARD MILLER ASSOCIATES, INC., Lancaster, PA, pg. 510
Lebrun, Gary, Creative --George P. Johnson Company, Inc., Boston, MA, pg. 416
Ledbury, Adam, Creative --M/H VCCP, San Francisco, CA, pg. 664
Ledesma, Carlos, Creative --MAGRINO PUBLIC RELATIONS, New York, NY, pg. 671
Lee, Agnes, Creative --McCann Erickson Hong Kong Ltd., Causeway Bay, China (Hong Kong), pg. 704
Lee, Christopher, Creative --Grey Hong Kong, North Point, China (Hong Kong), pg. 446
Lee, Darren, Creative --M&C Saatchi, Kuala Lumpur, Malaysia, pg. 662
Lee, Dean, Creative --DDB Canada, Toronto, Canada, pg. 267
Lee, Dean, Creative --DDB VANCOUVER, Vancouver, Canada, pg. 267
Lee, Dennis, Creative --WongDoody, Culver City, CA, pg. 1175
Lee, Dunstan, Creative --DDB, Singapore, Singapore, pg. 279
Lee, Jason, Creative --THE VIMARC GROUP, Louisville, KY, pg. 1138
Lee, Jason Chong, Creative --Sapient Washington DC, Arlington, VA, pg. 914
Lee, Junie, Creative --COLUMBIA UNIVERSITY PRESS ADVERTISING GROUP, New York, NY, pg. 1221
Lee, Maggie, Creative --PRAYTELL, Brooklyn, NY, pg. 1618
Lee, Margaret, Creative --ChaseDesign, LLC, Skaneateles, NY, pg. 755
Lee, Megan, Creative --Y&R MEMPHIS, Memphis, TN, pg. 1195
Lee, Philip, Creative --McCann Erickson Hong Kong Ltd., Causeway Bay, China (Hong Kong), pg. 704
Lee, Vong, Creative --BROGAN & PARTNERS CONVERGENCE MARKETING, Birmingham, MI, pg. 166
Lefkowitz, Brian, Creative --Digitas Health, New York, NY, pg. 1251
Lehman, Edward, Creative --LPNY LTD., New York, NY, pg. 655
Leisher, Devin, Creative --TIER10 MARKETING, Herndon, VA, pg. 1103
Lemcke, Felix, Creative --Grey Group Germany, Dusseldorf, Germany, pg. 440
Lena, Raf, Creative --FCB HEALTH, New York, NY, pg. 376
Lenfestey, Scott, Creative --Commonwealth, Detroit, MI, pg. 698
Lengholm, Sanna, Creative --WEBER SHANDWICK, New York, NY, pg. 1673
Lenn, Howard, Creative --J. WALTER THOMPSON, New York, NY, pg. 553
Lentz, David, Creative --SPARKS MARKETING CORP, Philadelphia, PA, pg. 1032
Leon, Cristian, Creative --Dittborn & Unzueta MRM, Santiago, Chile, pg. 768
Leon, Joey, Creative --10TWELVE, Glenview, IL, pg. 1
Leonardi, Amy, Creative --Powell Tate-Weber Shandwick, Washington, DC, pg. 1674
Leone, Leo, Creative --THE BARBARIAN GROUP, New York, NY, pg. 88
Leong, Adam, Creative --THE BARBARIAN GROUP, New York, NY, pg. 88

Leong, Alan, Creative --Tribal Worldwide Singapore, Singapore, pg. 1297
Leong, Terence, Creative --Leo Burnett, Ltd., London, United Kingdom, pg. 624
Lepore, George, Creative --H4B Chelsea, New York, NY, pg. 474
Lesser, Dave, Creative --D4 CREATIVE GROUP, Philadelphia, PA, pg. 256
Letelier, Francisco, Creative --THE AXIS AGENCY, Los Angeles, CA, pg. 81
Lethcoe, Lance, Creative --TWO RIVERS MARKETING, Des Moines, IA, pg. 1124
Leung, John, Creative --M&C Saatchi, Santa Monica, CA, pg. 662
Lever, Martin, Creative --McCann Erickson Hong Kong Ltd., Causeway Bay, China (Hong Kong), pg. 704
Levesque, Marc, Creative --Taxi 2, Toronto, Canada, pg. 1075
Levin, Ely, Creative --HARRISON AND STAR LLC, New York, NY, pg. 469
Levine, Diane, Creative --THINK CREATIVE INC., Orlando, FL, pg. 1099
Levine, Rachel, Creative --LLOYD & CO., New York, NY, pg. 647
Levram, Livna, Creative --CHERESKIN COMMUNICATIONS, Encinitas, CA, pg. 206
Levron, Fred, Creative --FCB GLOBAL, New York, NY, pg. 363
Levron, Fred, Creative --FCB New York, New York, NY, pg. 365
Levy, Amanda Havel, Creative --Doremus (San Francisco), San Francisco, CA, pg. 316
Levy, Kim, Creative --Publicis Conseil, Paris, France, pg. 898
Lew, Jolene, Creative --MONO, Minneapolis, MN, pg. 755
Lewis, Gerald, Creative --Ogilvy EMEA, London, United Kingdom, pg. 818
Lewis, Margot, Creative --PLATFORM MEDIA GROUP, Los Angeles, CA, pg. 877
Lewis, Scott, Creative --EVOKE HEALTH, New York, NY, pg. 354
Li, Danny, Creative --mcgarrybowen, Shanghai, China, pg. 718
Li, Ealon, Creative --Grey Hong Kong, North Point, China (Hong Kong), pg. 446
Li, Zimo, Creative --Saatchi & Saatchi, Beijing, China, pg. 983
Liatos, Nick, Creative --J. Walter Thompson, Rivonia, South Africa, pg. 554
Libey, Chris, Creative --MICROMASS COMMUNICATIONS INC, Cary, NC, pg. 738
Lieberman, Karl, Creative --Wieden + Kennedy New York, New York, NY, pg. 1165
Lieberthal, Amy, Creative --GREY NEW YORK, New York, NY, pg. 438
Liebowitz, Sarah, Creative --AREA 23, New York, NY, pg. 67
Lifeset, Ty, Creative --ENVOY, Irvine, CA, pg. 342
Light, Bill, Creative --AIRT GROUP, San Rafael, CA, pg. 41
Lim, Chris, Creative --Tribal Worldwide Singapore, Singapore, pg. 1297
Lim, Jake, Creative --RETHINK, Vancouver, Canada, pg. 951
Lim, Kelvin, Creative --Havas Southeast Asia, Singapore, Singapore, pg. 487
Lim, Kelvin, Creative --Havas Worldwide Southeast Asia, Singapore, Singapore, pg. 485
Lim, Paul, Creative --Naga DDB Sdn. Bhd., Petaling Jaya, Malaysia, pg. 277
Lim, Stan, Creative --TUS Isobar, Singapore, Singapore, pg. 550
Lim, Susie, Creative --Wunderman, Costa Mesa, CA, pg. 1189
Lima, Eduardo, Creative --W+K Sao Paulo, Sao Paulo, Brazil, pg. 1164
Limeri, Elizabeth, Creative --SANDBOX CHICAGO, Chicago, IL, pg. 989
Limotte, John, Creative --MUSTACHE AGENCY, Brooklyn, NY, pg. 780
Lin, Ting, Creative --IW GROUP, INC., West Hollywood, CA, pg. 551
Linardatos, Andy, Creative --Juniper Park/TBWA, Toronto, Canada, pg. 1079
Lindemann, Mark, Creative --DAILEY & ASSOCIATES, West Hollywood, CA, pg. 258
Lindgren, Peter, Creative --Prime Public Relations, Stockholm, Sweden, pg. 1678
Lineberry, Denise, Creative --APPLE ROCK, Greensboro, NC, pg. 1396
Linero, Benjamin, Creative --BENAMOR, Miami, FL, pg. 122
Linnell, Heather, Creative --EVOKE HEALTH, New York, NY, pg. 354
Liou, George, Creative --FCB Taipei, Taipei, Taiwan, pg. 374
Lipori, Artur, Creative --OGILVY, New York, NY, pg. 809
Lipson, Aaron, Creative --McCann Erickson Advertising Pty. Ltd., Melbourne, Australia, pg. 700
Lira, Ingrid, Creative --BBDO Chile, Santiago, Chile, pg. 102
Lisick, Chris, Creative --BBH NEW YORK, New York, NY, pg. 115

RESPONSIBILITIES INDEX — AGENCIES

Liss, Daniel, Creative --FAKE LOVE, Brooklyn, NY, pg. 1256
Liszewski, Brittany, Creative --MIRRORBALL, New York, NY, pg. 747
Liu, Davi Sing, Creative --ENSO COLLABORATIVE LLC, Santa Monica, CA, pg. 341
Liu, Gong, Creative --HUDSON ROUGE, New York, NY, pg. 511
Liu, Leo, Creative --J. Walter Thompson, Shanghai, China, pg. 555
Liu, Stephen, Creative --Grey Beijing, Beijing, China, pg. 445
Lively, Kendra, Creative --THE REYNOLDS GROUP, Atlanta, GA, pg. 954
Livingston, Katy, Creative --CUBIC, Tulsa, OK, pg. 252
Llenado, Armando, Creative --TVGLA, Los Angeles, CA, pg. 1123
Lo, Kevin, Creative --VML, INC., Kansas City, MO, pg. 1143
Lo, Sheung Yan, Creative --J. Walter Thompson, Shanghai, China, pg. 555
Lobo, Kevin, Creative --Leo Burnett India, Mumbai, India, pg. 629
Lockwood, Sarah, Creative --AKQA, Inc., Washington, DC, pg. 1234
Loew, Dave, Creative --Ogilvy, Chicago, IL, pg. 811
Loguercio, Theresa, Creative --LAIR, New York, NY, pg. 607
Logullo, Jennifer, Creative --CORECUBED, Asheville, NC, pg. 231
Lohkamp, Robin, Creative --TRUTH COLLECTIVE LLC, Rochester, NY, pg. 1120
Lohmann, Marius, Creative --BBDO Proximity Berlin, Berlin, Germany, pg. 105
Lohrius, Josh, Creative --Olson Engage, Minneapolis, MN, pg. 518
Loke, Jon, Creative --J. Walter Thompson Singapore, Singapore, Singapore, pg. 558
Lomb, Michael, Creative --MG LOMB ADVERTISING, INC., Fairport, NY, pg. 736
Lombardo, Ken, Creative --SGW, Montville, NJ, pg. 1004
Long, Michael, Creative --FCB West, San Francisco, CA, pg. 365
Long, Stacey, Creative --SANDIA ADVERTISING, Colorado Springs, CO, pg. 990
Loos, Ivan, Creative --Publicis Singapore, Singapore, Singapore, pg. 911
Lopez, Arturo, Creative --Publicis, Madrid, Spain, pg. 901
Lopez, Joanna, Creative --Grey Mexico, S.A. de C.V, Mexico, Mexico, pg. 444
Lopez, Raul, Creative --Contrapunto, Madrid, Spain, pg. 108
Lopez, Roberto, Creative --McCann Erickson (Peru) Publicidad S.A., Lima, Peru, pg. 707
Lorenzo, Nicky, Creative --OGILVY, New York, NY, pg. 809
Lorusso, Pietro, Creative --J. Walter Thompson Milan, Milan, Italy, pg. 560
Losada, Francisco, Creative --ZUBI ADVERTISING SERVICES, INC., Coral Gables, FL, pg. 1215
Lossgott, Nadja, Creative --Abbott Mead Vickers BBDO, London, United Kingdom, pg. 109
Louie, Wen-Hsiu, Creative --McCann Erickson Hong Kong Ltd., Causeway Bay, China (Hong Kong), pg. 704
Love, Craig, Creative --Y&R Hong Kong, Quarry Bay, China (Hong Kong), pg. 1199
Love, Richard B., Creative --LOVE COMMUNICATIONS, Salt Lake City, UT, pg. 653
Loveless, Stephen, Creative --Agency59 Response, Toronto, Canada, pg. 40
Lovely, Mark, Creative --McCann Calgary, Calgary, Canada, pg. 713
Low, Andrew, Creative --Ogilvy Advertising Beijing, Beijing, China, pg. 822
Lowery, Eric, Creative --HAVAS WORLDWIDE CHICAGO, Chicago, IL, pg. 488
Lu, Blue, Creative --BBH China, Shanghai, China, pg. 93
Luca, Cinquepalmi, Creative --Publicis Networks, Milan, Italy, pg. 900
Lucas, Alex, Creative --Adam & EveDDB, London, United Kingdom, pg. 281
Lucas, Jan, Creative --Grey Group Germany, Dusseldorf, Germany, pg. 440
Lucas, Jason, Creative --Publicis Seattle, Seattle, WA, pg. 905
Lucas, Jason, Creative --Publicis Seattle, Seattle, WA, pg. 913
Lucero, Nathaniel, Creative --MAXX MARKETING, Chicago, IL, pg. 696
Lucey, Dan, Creative --JOAN, New York, NY, pg. 577
Luchini, Samuel, Creative --FCB Chicago, Chicago, IL, pg. 364
Luengamornchai, Cholathis, Creative --MullenLowe Thailand, Bangkok, Thailand, pg. 778
Luffman, Joseph, Creative --Manning Selvage & Lee London, London, United Kingdom, pg. 1589
Lufrano, Juan Pablo, Creative --Santo Buenos Aires, Buenos Aires, Argentina, pg. 1181

Lugar, Joel, Creative --INTERMARK GROUP, INC., Birmingham, AL, pg. 539
Luis, Shalimar, Creative --KETTLE, New York, NY, pg. 1267
Lukasik, Bob, Creative --IBM IX, New York, NY, pg. 517
Lukjanow, Patrycja, Creative --Saatchi & Saatchi, Warsaw, Poland, pg. 979
Lund, Lukas, Creative --Uncle Grey A/S, Arhus, Denmark, pg. 440
Lv, Haoxi, Creative --BBH China, Shanghai, China, pg. 93
Lyman, Wes, Creative --PureRED/Ferrara, Tucker, GA, pg. 918
Lynch, Courtney, Creative --H4B Chelsea, New York, NY, pg. 474
Lyons, Peter, Creative --D2 CREATIVE, Somerset, NJ, pg. 256
Lysen, Rebecca, Creative --NIGHT AFTER NIGHT, New York, NY, pg. 794
Ma, Michael, Creative --ROKKAN, New York, NY, pg. 966
Ma, Yinbo, Creative --BBH China, Shanghai, China, pg. 93
Maalouf, Marie-Claire, Creative --Impact BBDO, Dubai, United Arab Emirates, pg. 109
Maani, Marzuki, Creative --M&C Saatchi, Kuala Lumpur, Malaysia, pg. 662
Mabie, Rebecca, Creative --HAVIT ADVERTISING, LLC, Arlington, VA, pg. 489
Macadam, Angus, Creative --mcgarrybowen, London, United Kingdom, pg. 717
MacDonald, Matt, Creative --BBDO Atlanta, Atlanta, GA, pg. 98
MacDonald, Matt, Creative --BBDO NORTH AMERICA, New York, NY, pg. 97
Mace, Justin, Creative --ST. JOHN & PARTNERS, Jacksonville, FL, pg. 1040
Machak, Joel, Creative --Crosby Marketing Communications, Bethesda, MD, pg. 249
Macken, Jan, Creative --TBWA Brussels, Brussels, Belgium, pg. 1080
Macken, Jan, Creative --TBWA Group, Brussels, Belgium, pg. 1080
Mackenzie, Chad, Creative --whiteGREY, Cremorne, Australia, pg. 445
Mackenzie, Ian, Creative --FCB Toronto, Toronto, Canada, pg. 366
Mackinnon, Angus, Creative --Poke, London, United Kingdom, pg. 902
Mackintosh, Bob, Creative --R/GA, Singapore, Singapore, pg. 926
Macko, Ed, Creative --ELLIANCE, Pittsburgh, PA, pg. 1255
MacNerland, Paul, Creative --RHEA + KAISER, Naperville, IL, pg. 954
Macomber, Patrick, Creative --160OVER90, Philadelphia, PA, pg. 2
Maconochie, Ryan, Creative --Match Marketing Group, Chicago, IL, pg. 693
Macouzet, Arturo, Creative --GREY NEW YORK, New York, NY, pg. 438
Maddalena, Maximiliano, Creative --Ogilvy Argentina, Buenos Aires, Argentina, pg. 819
Mader, Anne, Creative --MRM MCCANN, New York, NY, pg. 766
Madon, Farrokh, Creative --J. Walter Thompson Singapore, Singapore, Singapore, pg. 558
Magila, Marlene, Creative --PACIFIC COMMUNICATIONS, Irvine, CA, pg. 848
Maguire, Chris, Creative --RIOT, New York, NY, pg. 959
Mahajan, Jaideep, Creative --Rediffusion Y&R Pvt. Ltd., Gurgaon, India, pg. 1201
Mahajan, Jaideep, Creative --Rediffusion Y&R Pvt. Ltd., Mumbai, India, pg. 1200
Mahajan, Shailender, Creative --Ogilvy, New Delhi, India, pg. 825
Mahan, Richard, Creative --DAILEY & ASSOCIATES, West Hollywood, CA, pg. 258
Mai, Franka, Creative --Ogilvy, Dusseldorf, Germany, pg. 814
Mailliard, Daniel, Creative --MCCANN HEALTH GLOBAL HQ, New York, NY, pg. 713
Mair, Stu, Creative --FCB New York, New York, NY, pg. 365
Majee, Partha, Creative --DDB Mudra Group, Mumbai, India, pg. 275
Majid, Shirin, Creative --Cake Group Ltd, London, United Kingdom, pg. 473
Makmun, Afianto, Creative --MullenLowe Indonesia, Jakarta, Indonesia, pg. 774
Maktal, Mesh, Creative --THE JOEY COMPANY, Brooklyn, NY, pg. 578
Malak, Fouad Abdel, Creative --TBWA Raad, Dubai, United Arab Emirates, pg. 1088
Malcolm, Doug, Creative --Digitas, Chicago, IL, pg. 1252
Malcolm, Mark, Creative --WINGNUT ADVERTISING, Minneapolis, MN, pg. 1171
Maldini, Maria, Creative --GALLEGOS UNITED, Huntington Beach, CA, pg. 408

Maldonado, Joaquin, Creative --Teran TBWA, Mexico, Mexico, pg. 1092
Malhan, Madhu, Creative --FCB GLOBAL, New York, NY, pg. 363
Mallarino, Sebastian, Creative --Grey: REP, Bogota, Colombia, pg. 444
Mallof, Antoinette, Creative --MALLOF, ABRUZINO & NASH MARKETING, Carol Stream, IL, pg. 673
Malloy, Mark, Creative --EMI STRATEGIC MARKETING, INC., Boston, MA, pg. 1401
Malm, Andreas, Creative --Forsman & Bodenfors, Stockholm, Sweden, pg. 722
Malmstrom, Paul, Creative --Mother New York, New York, NY, pg. 763
Malone, Mike, Creative --RICHARDS/CARLBERG, Houston, TX, pg. 956
Maloney, Amy, Creative --DENTSUBOS, Montreal, Canada, pg. 291
Mancuso, Bradley, Creative --GREY GROUP, New York, NY, pg. 438
Mangalindan, Stephanie, Creative --Publicis Manila, Makati, Philippines, pg. 910
Mani, Krishna, Creative --Ogilvy, New Delhi, India, pg. 825
Mani, Rajesh, Creative --McCann Erickson India, Mumbai, India, pg. 704
Mankey, Austin, Creative --CP+B BOULDER, Boulder, CO, pg. 235
Manmohan, Vidya, Creative --Grey Group Middle East Network, Dubai, United Arab Emirates, pg. 443
Mann, Hylton, Creative --Juniper Park/TBWA, Toronto, Canada, pg. 1079
Mann, Luanne, Creative --FECHTOR ADVERTISING LLC, Columbus, OH, pg. 377
Mannes, Peter, Creative --CMT CREATIVE MARKETING TEAM, Houston, TX, pg. 216
Manning, Christer, Creative --LIQUIDHUB, INC., New York, NY, pg. 644
Manning, Jade, Creative --DDB Melbourne Pty. Ltd., Melbourne, Australia, pg. 270
Manning, Keith, Creative --JACK MORTON WORLDWIDE, Boston, MA, pg. 567
Manson, Clinton, Creative --Saatchi & Saatchi Asia Pacific, Singapore, Singapore, pg. 985
Manuszak, Mark, Creative --WILLOW MARKETING, Indianapolis, IN, pg. 1170
Manzella, Keith, Creative --EASTWEST MARKETING GROUP, New York, NY, pg. 329
Marais, Anton, Creative --Radius Leo Burnett, Dubai, United Arab Emirates, pg. 627
Maranta, Andres, Creative --J. Walter Thompson, Bogota, Colombia, pg. 564
Marceau, Bill, Creative --GSD&M Chicago, Chicago, IL, pg. 454
Marcelo Ojeda Harvez, Carlos, Creative --Dittborn & Unzueta MRM, Santiago, Chile, pg. 768
Marchini, Thomas, Creative --CASON NIGHTINGALE CREATIVE COMMUNICATIONS, Rye, NY, pg. 193
Marck, Glenn, Creative --MAGNETIC COLLABORATIVE, New York, NY, pg. 671
Marco, Venturelli, Creative --Poke, London, United Kingdom, pg. 902
Marghidanu, Alin, Creative --Leo Burnett & Target SA, Bucharest, Romania, pg. 626
Marholin, Hleb, Creative --WATSON DESIGN GROUP, Los Angeles, CA, pg. 1301
Mariano, Marcelo, Creative --SAPIENTRAZORFISH NEW YORK, New York, NY, pg. 1286
Markchoo, Arayanan, Creative --J. Walter Thompson Thailand, Bangkok, Thailand, pg. 559
Markevics, Loretta, Creative --DEVRIES GLOBAL, New York, NY, pg. 1484
Markham, Nick, Creative --GLASS & MARKER, Oakland, CA, pg. 421
Markle, Julie, Creative --Ogilvy, Toronto, Canada, pg. 812
Markmann, Amanda, Creative --BrandLinkDC, Washington, DC, pg. 1398
Marks, Jason, Creative --POSSIBLE NEW YORK, New York, NY, pg. 1280
Markus, Craig, Creative --Cramer-Krasselt, New York, NY, pg. 237
Marlo, Michele, Creative --ADVANCED MARKETING STRATEGIES, San Diego, CA, pg. 33
Marobella, Paul, Creative --HAVAS WORLDWIDE CHICAGO, Chicago, IL, pg. 488
Marois, Jeff, Creative --SLEEK MACHINE, LLC, Boston, MA, pg. 1020
Maron, Octavio, Creative --FETCH, San Francisco, CA, pg. 378

AGENCIES — RESPONSIBILITIES INDEX

Marques, Luis, Creative --BBDO WORLDWIDE INC., New York, NY, pg. 97
Marquis, Blake E., Creative --MISTRESS, Santa Monica, CA, pg. 747
Marrazza, Nick, Creative --CRAMER-KRASSELT, Chicago, IL, pg. 237
Marroquin, Ana, Creative --FCB Dos Puntos CREA, Guatemala, Guatemala, pg. 371
Marrotte, Jay, Creative --ESPN CREATIVEWORKS, New York, NY, pg. 349
Marshall, Talia, Creative --MCGARRYBOWEN, New York, NY, pg. 716
Martell, Andrew, Creative --JG BLACK BOOK OF TRAVEL, New York, NY, pg. 1548
Martin, Charlie, Creative --Leo Burnett London, London, United Kingdom, pg. 627
Martin, Christopher, Creative --G&S BUSINESS COMMUNICATIONS, New York, NY, pg. 406
Martin, Greg, III, Creative --Ace Saatchi & Saatchi, Makati, Philippines, pg. 985
Martin, Hallie, Creative --CODE AND THEORY, New York, NY, pg. 217
Martin, Henry, Creative --Ackerman McQueen, Inc., Dallas, TX, pg. 21
Martin, Joe, Creative --PRR INC, Seattle, WA, pg. 895
Martin, Joseph, Creative --McCann Erickson Prague, Prague, Czech Republic, pg. 702
Martin, Kate, Creative --BADER RUTTER & ASSOCIATES, INC., Milwaukee, WI, pg. 83
Martin, Manuel, Creative --Saltiveri Ogilvy Guayaquil, Quito, Ecuador, pg. 820
Martin, Mike, Creative --Ogilvy Johannesburg (Pty.) Ltd., Johannesburg, South Africa, pg. 829
Martin, Renee, Creative --Aisle Rocket Studios, Saint Joseph, MI, pg. 42
Martin, Renee, Creative --AISLE ROCKET STUDIOS, Chattanooga, TN, pg. 41
Martin, Renee Kae, Creative --Aisle Rocket Studios, Palatine, IL, pg. 42
Martin-Evans, Lyranda, Creative --DentsuBos, Toronto, Canada, pg. 291
Martinez, Christian, Creative --Publicis Toronto, Toronto, Canada, pg. 904
Martinez, Oscar, Creative --Saatchi & Saatchi, Madrid, Spain, pg. 979
Martinez, Raul, Creative --23 STORIES, New York, NY, pg. 1219
Martino, David, Creative --THE DIALOG MARKETING GROUP, Austin, TX, pg. 299
Martins, Joao, Creative --FCB Lisbon, Lisbon, Portugal, pg. 367
Marulanda, Monica, Creative --ALMA, Coconut Grove, FL, pg. 49
Mascarenhas, Darryl, Creative --SPONTANEOUS, New York, NY, pg. 1035
Maselli, Carmelo, Creative --Leo Burnett Buenos Aires, Buenos Aires, Argentina, pg. 623
Mashigo, Neo, Creative --M&C Saatchi Abel, Cape Town, South Africa, pg. 660
Masi, Eric, Creative --TORQUE, Chicago, IL, pg. 1110
Masi, Jennifer, Creative --TORQUE, Chicago, IL, pg. 1110
Masias, Carlos, Creative --THE LATINO WAY, Hartford, CT, pg. 612
Mason, Ben, Creative --EPIC CREATIVE, West Bend, WI, pg. 343
Mason, Neil, Creative --George P. Johnson (UK) Ltd, Kingston, United Kingdom, pg. 416
Mason, Sylvia, Creative --The PRactice Porter Novelli, Bengaluru, India, pg. 1616
Mast, Andrew, Creative --BE FOUND ONLINE, Chicago, IL, pg. 117
Mastrobattista, Michelle, Creative --SOLOMON MCCOWN & COMPANY, INC., Boston, MA, pg. 1648
Matejczyk, John, Creative --M/H VCCP, San Francisco, CA, pg. 664
Mateos, Wilson, Creative --Leo Burnett Tailor Made, Sao Paulo, Brazil, pg. 623
Mathers, Jonathan, Creative --AB+C, Philadelphia, PA, pg. 17
Mathews, Joanna, Creative --TETHER, INC., Seattle, WA, pg. 1097
Mathias, Orlando, Creative --AllofUs, London, United Kingdom, pg. 711
Mathias, Steve, Creative --J. Walter Thompson, Mumbai, India, pg. 556
Mati, Renzo, Creative --Publicis Italia, Milan, Italy, pg. 899
Mati, Renzo, Creative --Publicis S.R.L., Milan, Italy, pg. 900
Matilla, Pablo, Creative --CONCEPT ARTS, Hollywood, CA, pg. 225

Matisak, Anna, Creative --RADIUS ADVERTISING, Strongsville, OH, pg. 929
Matos, Adriano, Creative --Grey, Sao Paulo, Brazil, pg. 443
Mattar, Gabriel, Creative --DDB Berlin, Berlin, Germany, pg. 274
Mattei, Fernando, Creative --HAVAS WORLDWIDE, New York, NY, pg. 475
Mattera, Erynn, Creative --Pereira & O'Dell, New York, NY, pg. 863
Matthews, Eric, Creative --FLASH POINT COMMUNICATIONS LLC, Costa Mesa, CA, pg. 387
Matthews, Muna, Creative --NORTH FORTY, Hiawatha, IA, pg. 798
Mattingly, Erin, Creative --TRACYLOCKE, Dallas, TX, pg. 1113
Mattoso, Frederico, Creative --SAATCHI & SAATCHI, New York, NY, pg. 975
Mattoso, Kiko, Creative --SAATCHI & SAATCHI, New York, NY, pg. 975
Matykiewicz, Michael, Creative --HYC/MERGE, Chicago, IL, pg. 515
Matzenbacher, Patrick, Creative --FCB Chicago, Chicago, IL, pg. 364
Maupin, Ross, Creative --BIG SPACESHIP, Brooklyn, NY, pg. 129
Mauriello, Al, Creative --SENTIENT INTERACTIVE LLC, Florham Park, NJ, pg. 1289
Maxwell, Tony, Creative --NICKELODEON CREATIVE ADVERTISING, New York, NY, pg. 794
May, Aaron, Creative --VML-New York, New York, NY, pg. 1144
May, Chris, Creative --ELEPHANT, San Francisco, CA, pg. 335
Mayen, Miguel, Creative --FCB/RED, Chicago, IL, pg. 365
Mayfield, Jim, Creative --FLEISHMANHILLARD INC., Saint Louis, MO, pg. 1506
Mayfield, Todd, Creative --AXIA CREATIVE, Wellington, FL, pg. 80
Mayne, Michele, Creative --DUDNYK HEALTHCARE GROUP, Horsham, PA, pg. 324
Mazar, Mike, Creative --WIRE STONE LLC, Sacramento, CA, pg. 1172
Mazia, Fabio, Creative --Publicis Graffiti, Buenos Aires, Argentina, pg. 906
McAlister, Lisa, Creative --m/SIX, London, United Kingdom, pg. 1323
McAuley, Kelly, Creative --ARNOLD WORLDWIDE, Boston, MA, pg. 69
McBride, Sean, Creative --ARNOLD WORLDWIDE, Boston, MA, pg. 69
McCabe, Charlotte, Creative --MARTINO FLYNN LLC, Pittsford, NY, pg. 689
McCall, Brett, Creative --Fleishman-Hillard Inc., Chicago, IL, pg. 1507
McCants, Courtney, Creative --IMPACT CONSULTING ENTERPRISES, East Orange, NJ, pg. 1541
McCarthy, Ciaran, Creative --R/GA, New York, NY, pg. 925
McCarthy, Dan, Creative --ELIAS SAVION ADVERTISING, PUBLIC RELATIONS & INTERACTIVE, Pittsburgh, PA, pg. 337
McCarthy, Georgie, Creative --Wunderman, London, United Kingdom, pg. 1193
McCarthy, Jessica, Creative --DAVID STARK DESIGN & PRODUCTION, Brooklyn, NY, pg. 262
McCarthy, Mark, Creative --DEALER INSPIRE, Naperville, IL, pg. 283
McCarthy, Stephanie, Creative --DDB New York, New York, NY, pg. 269
McCarthy, Tayler, Creative --THE LOOMIS AGENCY, Dallas, TX, pg. 651
McCarthy, Taylor, Creative --MCCANN CANADA, Toronto, Canada, pg. 712
McCartney, Bob, Creative --RPM ADVERTISING, Chicago, IL, pg. 971
McClear, Brian, Creative --ADAMS & KNIGHT, INC., Avon, CT, pg. 25
McClure, Lynda, Creative --2E CREATIVE, Saint Louis, MO, pg. 4
McClure, Mike, Creative --YAFFE GROUP, Southfield, MI, pg. 1195
McCollester, Hamish, Creative --Rapp Los Angeles, Los Angeles, CA, pg. 931
McCormack, Dan, Creative --Energy BBDO, Chicago, IL, pg. 100
Mccown, Brent, Creative --INTERMUNDO MEDIA, Boulder, CO, pg. 539
McCrindle, Lauren, Creative --MCCANN, New York, NY, pg. 697
McCrindle, Lauren, Creative --McCann New York, New York, NY, pg. 698
McCue, Tony, Creative --CANNONBALL, Saint Louis, MO, pg. 187
McDonagh, Nicole Michels, Creative --Possible, Seattle, WA, pg. 1189
McDonagh, Nicole Michels, Creative --Possible, Seattle, WA, pg. 1181

McDonagh, Nicole Michels, Creative --POSSIBLE NEW YORK, New York, NY, pg. 1280
Mcdonald, Mark, Creative --Digitas, Mumbai, India, pg. 1252
McDonald, Marty, Creative --EGG, Everett, WA, pg. 332
McDonnell, Ian, Creative --CONCEPT ARTS, Hollywood, CA, pg. 225
McDougall, Fiona, Creative --ONEWORLD COMMUNICATIONS, INC., San Francisco, CA, pg. 840
McElroy, Kevin, Creative --MARKETING RESULTS INC., Henderson, NV, pg. 684
McElroy, Kevin, Creative --SapientRazorfish Chicago, Chicago, IL, pg. 1288
McFarlane, Tom, Creative --M&C Saatchi, Sydney, Australia, pg. 661
McGann, Geoff, Creative --AMF MEDIA GROUP, San Ramon, CA, pg. 53
McGowan, Matt, Creative --AGENCY 451, Boston, MA, pg. 1427
McGowan, Steven, Creative --NAS RECRUITMENT INNOVATION, Cleveland, OH, pg. 784
McGrath-Sing, Michael, Creative --CRITICAL MASS INC., Calgary, Canada, pg. 248
mcguire, rosie, Creative --VML, Chicago, IL, pg. 1145
McGuire, Shane, Creative --DELL BLUE, Round Rock, TX, pg. 1221
McGurr, Timothy, Creative --ICONOCLAST ARTIST MANAGEMENT LLC, New York, NY, pg. 519
McHale, Kevin, Creative --NeON, New York, NY, pg. 364
McHugh, Rick, Creative --HILL HOLLIDAY, Boston, MA, pg. 500
McIntyre, Karen, Creative --BEAUTY@GOTHAM, New York, NY, pg. 119
Mckain, Courtney, Creative --STREAM COMPANIES, Malvern, PA, pg. 1054
McKay, Matt, Creative --PUBLICIS NEW YORK, New York, NY, pg. 912
McKechnie, Christian, Creative --Publicis Australia, Brisbane, Australia, pg. 907
McKelvey, John, Creative --JOHNXHANNES, New York, NY, pg. 581
McKenna, Chris, Creative --WEE BEASTIE, New York, NY, pg. 1156
McKenna, Lula, Creative --DELL BLUE, Round Rock, TX, pg. 1221
McKeon, Maggie Mae, Creative --Weber Shandwick-Minneapolis, Minneapolis, MN, pg. 1676
McKeown, Steve, Creative --BROKAW INC., Cleveland, OH, pg. 166
McKinnis, Jim, Creative --THE INTEGER GROUP-DALLAS, Dallas, TX, pg. 1405
McLaurin, Michael, Creative --FIFTEEN DEGREES, New York, NY, pg. 379
McLeod, Gavin, Creative --AKQA, INC., San Francisco, CA, pg. 1234
Mcleod, Lisa, Creative --Ogilvy, Paris, France, pg. 814
McLeod, Pete, Creative --Cossette Communication-Marketing, Quebec, Canada, pg. 234
McMahon, Jonathan, Creative --Ogilvy New Zealand, Auckland, New Zealand, pg. 826
McNamara, Michael, Creative --LION & ORB, Malibu, CA, pg. 1568
McNany, Scott, Creative --PINCKNEY HUGO GROUP, Syracuse, NY, pg. 871
McNeill, Ryan, Creative --GREY CANADA, Toronto, Canada, pg. 437
McNeill, Tal, Creative --GODWIN ADVERTISING AGENCY, INC., Jackson, MS, pg. 427
McNeill, Tal, Creative --GODWINGROUP, Gulfport, MS, pg. 427
McNutt, Ben, Creative --BUTCHER SHOP CREATIVE, San Francisco, CA, pg. 177
McNutt, Ben, Creative --BUTCHERSHOP, San Francisco, CA, pg. 177
McQuaid, Dave, Creative --VANTAGEPOINT, INC, Greenville, SC, pg. 1131
McQuilkin, Charlie, Creative --Y&R California, San Francisco, CA, pg. 1198
McTighe, Tug, Creative --DEG, Leawood, KS, pg. 1248
McVey, Lewis, Creative --HAVAS WORLDWIDE CHICAGO, Chicago, IL, pg. 488
Mdlulwa, Qingqile WingWing, Creative --Collective ID, Sandton, South Africa, pg. 1179
Meade, Gregg, Creative --THE CREATIVE DEPARTMENT, Cincinnati, OH, pg. 241
Meddaugh, Deborah, Creative --MEDDAUGH ADVERTISING INC., Norwell, MA, pg. 725

RESPONSIBILITIES INDEX — AGENCIES

Medici, Bob, Creative --BBDO NORTH AMERICA, New York, NY, pg. 97
Medina, Christina, Creative --THE WOOD AGENCY, San Antonio, TX, pg. 1175
Medrows, Firas, Creative --DDB Dubai, Dubai, United Arab Emirates, pg. 281
Meehan, Chuck, Creative --DONER, Southfield, MI, pg. 314
Meehan, Mike, Creative --CLARK CREATIVE GROUP, Omaha, NE, pg. 212
Meeks, Natalie, Creative --22squared Inc., Tampa, FL, pg. 4
Meers, Shawn, Creative --CAPTIVA MARKETING, LLC., Saint Louis, MO, pg. 188
Megvelidze, Nikolay, Creative --BBDO Moscow, Moscow, Russia, pg. 107
Mehler, Ed, Creative --FALK HARRISON, Saint Louis, MO, pg. 359
Mehling, Dan, Creative --WHITEMYER ADVERTISING, INC., Zoar, OH, pg. 1161
Mehra, Vipul, Creative --Happy mcgarrybowen, Bengaluru, India, pg. 717
Mehta, Burzin, Creative --OgilvyOne Worldwide, Mumbai, India, pg. 825
Mehta, Sahil, Creative --Grey (India) Pvt. Pty. Ltd. (Delhi), Gurgaon, India, pg. 446
Meikle, Bruce, Creative --Suburbia Advertising, Delta, Canada, pg. 1058
Meikle, Bruce, Creative --SUBURBIA ADVERTISING, Victoria, Canada, pg. 1058
Melder, Ant, Creative --Havas Worldwide Sydney, Sydney, Australia, pg. 485
Melendez, Javier, Creative --DDB Barcelona S.A., Barcelona, Spain, pg. 280
Mellon, Rick, Creative --MAIER ADVERTISING, INC., Farmington, CT, pg. 672
Meltzer, Steve, Creative --STEPHAN PARTNERS, INC., Hastings Hdsn, NY, pg. 1046
Mencke, Matthias, Creative --Siegel+Gale, Los Angeles, CA, pg. 1011
Menon, Shubha, Creative --Ogilvy, New Delhi, India, pg. 825
Mericle, William, Creative --HAVAS WORLDWIDE CHICAGO, Chicago, IL, pg. 488
Merola, Nadia, Creative --Critical Mass Inc., Toronto, Canada, pg. 248
Merritt, Patrick, Creative --PUBLICIS USA, New York, NY, pg. 912
Mersch, Susan, Creative --GLOBAL TEAM BLUE, Dearborn, MI, pg. 423
Mertens, Terry, Creative --PLAN B (THE AGENCY ALTERNATIVE), Chicago, IL, pg. 876
Messano, Michael, Creative --GIOVATTO ADVERTISING & CONSULTING INC., Paramus, NJ, pg. 420
Messenger, Lexi, Creative --GEBEN COMMUNICATION, Columbus, OH, pg. 1516
Meyer, Nicole, Creative --PERISCOPE, Minneapolis, MN, pg. 864
Meyers, Gary, Creative --BLACKWING CREATIVE, Seattle, WA, pg. 133
Meza, Esteban, Creative --Circus Grey, Lima, Peru, pg. 444
Michael, Alison, Creative --HOW FUNWORKS LLC, Oakland, CA, pg. 510
Michaels, Carly, Creative --SITUATION INTERACTIVE, New York, NY, pg. 1017
Michaud, Patrick, Creative --Cossette Communication-Marketing (Montreal) Inc., Montreal, Canada, pg. 233
Mickalites, Chenoah, Creative --MICROMASS COMMUNICATIONS INC, Cary, NC, pg. 738
Mickalonis, Beth, Creative --CREATIVE COMMUNICATION ASSOCIATES, Troy, NY, pg. 240
Mickenberg, Kim, Creative --VSA Partners, New York, NY, pg. 1147
Middeleer, Michael, Creative --VIEWPOINT CREATIVE, Newton, MA, pg. 1137
Middleton, Morgan, Creative --STATION8 BRANDING, Tulsa, OK, pg. 1044
Midgett, Alex, Creative --ANOROC AGENCY, Raleigh, NC, pg. 60
Migliaccio, John, Creative --PIERCE-COTE ADVERTISING, Osterville, MA, pg. 870
Mikes, Craig, Creative --PROOF ADVERTISING, Austin, TX, pg. 893
Mikulsky, Matthew, Creative --CHATTER CREATIVE, Kirkland, WA, pg. 204
Milani, Simone, Creative --Impact BBDO, Dubai, United Arab Emirates, pg. 109
Milardo, Michael, Creative --COSSETTE COMMUNICATIONS, Vancouver, Canada, pg. 232
Milburn, Chad, Creative --RECESS CREATIVE LLC, Cleveland, OH, pg. 938

Miller, Andrew, Creative --OGILVY, New York, NY, pg. 809
Miller, Brent, Creative --THE COMMUNICATIONS GROUP, Little Rock, AR, pg. 223
Miller, Clay, Creative --VI MARKETING & BRANDING, Oklahoma City, OK, pg. 1135
Miller, Connie, Creative --RAWLE MURDY ASSOCIATES, INC., Charleston, SC, pg. 934
Miller, Courtney, Creative --DAVIS ADVERTISING, INC., Worcester, MA, pg. 263
Miller, Craig, Creative --BBDO Atlanta, Atlanta, GA, pg. 98
Miller, Craig, Creative --Match Marketing Group, Chicago, IL, pg. 693
Miller, Danny, Creative --PATHFINDERS ADVERTISING & MARKETING GROUP, Mishawaka, IN, pg. 857
Miller, Lori, Creative --LEVLANE ADVERTISING/PR/INTERACTIVE, Philadelphia, PA, pg. 635
Miller, Tera, Creative --Ketchum, Chicago, IL, pg. 1556
Miller, Tony, Creative --ANDERSON DDB HEALTH & LIFESTYLE, Toronto, Canada, pg. 57
Millman, Adam, Creative --Chemistry Atlanta, Atlanta, GA, pg. 205
Mills, Kurt, Creative --GOODBY, SILVERSTEIN & PARTNERS, San Francisco, CA, pg. 428
Mills, Seth, Creative --TBWA Chiat Day New York, New York, NY, pg. 1078
Milovanovic, Lidija, Creative --McCann Erickson Group, Belgrade, Serbia, pg. 708
Milton, Kent, Creative --iCrossing Dallas, Dallas, TX, pg. 1262
Minaker, Dany, Creative --Wunderman, Buenos Aires, Argentina, pg. 1189
Ming, Toh Han, Creative --M&C Saatchi, Singapore, Singapore, pg. 662
Mingledorff, Donna, Creative --AAC Saatchi & Saatchi, Hamilton, Bermuda, pg. 981
Minhas, Raman R.S, Creative --MullenLowe Lintas Group, Mumbai, India, pg. 774
Minisini, Nicolas, Creative --Superunion, Paris, France, pg. 1063
Minton, Trevor, Creative --OPENFIELD CREATIVE, Cincinnati, OH, pg. 842
Mirza, Zahir, Creative --DDB Dubai, Dubai, United Arab Emirates, pg. 281
Misail, Vaughn, Creative --THE BOSTON GROUP, Boston, MA, pg. 149
Misenheimer, Jeromie, Creative --Digitas Health, New York, NY, pg. 1251
Mishra, Kapil, Creative --Contract Advertising (India) Limited, Mumbai, India, pg. 555
Misra, Vasudha, Creative --BBH Mumbai, Mumbai, India, pg. 93
Misselhorn, Maggie Whalen, Creative --SIMANTEL, Peoria, IL, pg. 1014
Mistry, Sanjiv, Creative --McCann Erickson Advertising Ltd., London, United Kingdom, pg. 711
Mitchell, Colin, Creative --FCB West, San Francisco, CA, pg. 365
Mitchell, Rhonda, Creative --Ogilvy, Playa Vista, CA, pg. 811
Mitma, Rodrigo, Creative --McCann Healthcare Singapore, Singapore, Singapore, pg. 709
Moceri, Anthony, Creative --DONER, Southfield, MI, pg. 314
Moen, John, Creative --TBWA/WORLDHEALTH, New York, NY, pg. 1077
Moffit, Peter, Creative --Wirestone, LLC, Chicago, IL, pg. 1172
Mogrelia, Hanoz, Creative --J. Walter Thompson, Mumbai, India, pg. 556
Mohammed, Shameem, Creative --Scanad, Nairobi, Kenya, pg. 1182
Mohs, Sara, Creative --GEARBOX FUNCTIONAL CREATIVE INC., Saint Cloud, MN, pg. 413
Mohsin, Talha Bin, Creative --Ogilvy, Bengaluru, India, pg. 823
Moine, Olivier, Creative --ici Barbes, Paris, France, pg. 1081
Molinos, Javier, Creative --J. WALTER THOMPSON ATLANTA, Atlanta, GA, pg. 564
Moll, Mark, Creative --MARC USA, Pittsburgh, PA, pg. 676
Molloy, Jordy, Creative --ADAM&EVEDDB, New York, NY, pg. 25
Monaghan, Jane, Creative --WIEDEN + KENNEDY, INC., Portland, OR, pg. 1163
Monahan, Kendall, Creative --LOSASSO INTEGRATED MARKETING, Chicago, IL, pg. 652
Monahan, Sue, Creative --AMG MARKETING RESOURCES INC., Solon, OH, pg. 53
Moncaleano, Eric, Creative --PUBLICIS HAWKEYE, Dallas, TX, pg. 1282
Moncaleano, Eric, Creative --PUBLICIS USA, New York, NY, pg. 912
Moncrief, Justine, Creative --HILL HOLLIDAY/NEW YORK, New York, NY, pg. 501
Mongognia, Joe, Creative --GREY GROUP, New York, NY, pg. 438

Monn, Chuck, Creative --TBWA\Media Arts Lab, Los Angeles, CA, pg. 1078
Monroe, Ernie, Creative --DAVIESMOORE, Boise, ID, pg. 263
Monserrat, Javier Garcia, Creative --Grey Madrid, Madrid, Spain, pg. 442
Montagna, Susie, Creative --DAVID STARK DESIGN & PRODUCTION, Brooklyn, NY, pg. 262
Montalvo, Jose Manuel, Creative --Ogilvy, Mexico, Mexico, pg. 821
Montanti, Ryan, Creative --ZAMBEZI, Culver City, CA, pg. 1209
Monteforte, Michele, Creative --Patients & Purpose, New York, NY, pg. 198
Monteiro, Paulo, Creative --Y&R New York, New York, NY, pg. 1198
Montemurro, Ally, Creative --Sapient, New York, NY, pg. 914
Monter, Jeff, Creative --INNIS MAGGIORE GROUP, INC., Canton, OH, pg. 533
Montgomery, Brock, Creative --UPSHOT, Chicago, IL, pg. 1128
Montrucchio, Francesca, Creative --D'Adda, Lorenzini, Vigorelli, BBDO, Milan, Italy, pg. 106
Moodley, Sesh, Creative --Saatchi & Saatchi Australia, Sydney, Australia, pg. 983
Mooge, Ben, Creative --Havas London, London, United Kingdom, pg. 482
Mooge, Ben, Creative --Havas Worldwide London, London, United Kingdom, pg. 483
Mooney, Amanda, Creative --Edelman, Gurgaon, India, pg. 1495
Moonje, Nilay, Creative --Ogilvy, Bengaluru, India, pg. 823
Moore, Anne, Creative --Jack Morton Worldwide, Detroit, MI, pg. 568
Moore, David, Creative --BOZELL, Omaha, NE, pg. 150
Moore, Emily, Creative --Havas Media, Chicago, IL, pg. 1327
Moore, Justin, Creative --FCB West, San Francisco, CA, pg. 365
Moore, Kasey, Creative --TPN INC., Dallas, TX, pg. 1418
Moore, Katie, Creative --J. Walter Thompson Australia, Richmond, Australia, pg. 554
Moore, Stephen, Creative --McCannBlue, Dublin, Ireland, pg. 705
Moran, Mike J., Creative --SPEAK CREATIVE, Memphis, TN, pg. 1292
Moran, Rodrigo, Creative --Edelman, New York, NY, pg. 1492
Morano, Adrian Pipo, Creative --Maruri GREY, Guayaquil, Ecuador, pg. 444
Moreira, A. Chris, Creative --WE ARE UNLIMITED, Chicago, IL, pg. 1155
Moreira, Andre, Creative --The&Partnership London, London, United Kingdom, pg. 56
Moreira, Guilherme, Creative --Ogilvy, Sao Paulo, Brazil, pg. 819
Morello, Ignazio, Creative --Saatchi & Saatchi, Rome, Italy, pg. 978
Moreno, Gonzalo Palavecino, Creative --Ogilvy, Chicago, IL, pg. 811
Moreno, Miguel, Creative --RICHARDS/LERMA, Dallas, TX, pg. 957
Morgan, Clark, Creative --Huge, Los Angeles, CA, pg. 512
Morgan, Jeremy, Creative --Fenton, San Francisco, CA, pg. 377
Morgan, Richard, Creative --303 MullenLowe, Sydney, Australia, pg. 773
Mori, Thomas, Creative --GROK, New York, NY, pg. 451
Morillo, Sito, Creative --Publicis, Madrid, Spain, pg. 901
Morin, Vicky, Creative --Cossette Communication-Marketing (Montreal) Inc., Montreal, Canada, pg. 233
Moron, Cassio, Creative --J. Walter Thompson, Sao Paulo, Brazil, pg. 563
Morra, Julia, Creative --GRIP LTD., Toronto, Canada, pg. 450
Morra, Tim, Creative --JADI COMMUNICATIONS, Laguna Beach, CA, pg. 570
Morris, Bryan, Creative --WATT INTERNATIONAL, INC., Toronto, Canada, pg. 1154
Morris, Haydn, Creative --MCGARRYBOWEN, New York, NY, pg. 716
Morris, Suzanne, Creative --SAGEFROG MARKETING GROUP, LLC, Doylestown, PA, pg. 987
Morrison, Molly, Creative --MANGAN HOLCOMB PARTNERS, Little Rock, AR, pg. 674
Morrison, Nigel, Creative --Specialist, Bristol, United Kingdom, pg. 837
Morrison, Rob, Creative --Ogilvy Healthworld, Sydney, Australia, pg. 832
Mortimer, Matt, Creative --R/GA, Chicago, IL, pg. 926
Morvil, Jeff, Creative --MORVIL ADVERTISING & DESIGN GROUP, Wilmington, NC, pg. 762
Moscati, Joe, Creative --TBC Direct, Inc., Baltimore, MD, pg. 1076
Moscone, Michelle, Creative --JOHANNES LEONARDO, New York,

AGENCIES — RESPONSIBILITIES INDEX

NY, pg. 1266
Moses, Jeremy, Creative --UNITED LANDMARK ASSOCIATES, INC., Tampa, FL, pg. 1127
Moshapalo, Kabelo, Creative --TBWA Hunt Lascaris (Johannesburg), Johannesburg, South Africa, pg. 1087
Moshapalo, Kabelo, Creative --TBWA South Africa Group, Johannesburg, South Africa, pg. 1087
Moskal, Mark, Creative --LIVEAREALABS, Seattle, WA, pg. 646
Mosquera, Daniel, Creative --Grey: REP, Bogota, Colombia, pg. 444
Moss, Anthony, Creative --DDB Melbourne Pty. Ltd., Melbourne, Australia, pg. 270
Motka, Paola, Creative --Saatchi & Saatchi London, London, United Kingdom, pg. 980
Motlong, Craig, Creative --SUPER GENIUS LLC, Chicago, IL, pg. 1062
Mottershead, Steve, Creative --SID LEE, Toronto, Canada, pg. 1010
Moua, Mao, Creative --LEO BURNETT WORLDWIDE, INC., Chicago, IL, pg. 621
Mountjoy, Jim, Creative --BOONEOAKLEY, Charlotte, NC, pg. 147
Mourao, Ilka F, Creative --Ogilvy, Ltd., London, United Kingdom, pg. 818
Moussalli, Jason, Creative --BBDO San Francisco, San Francisco, CA, pg. 99
Moussaoui, Leila, Creative --TBD, San Francisco, CA, pg. 1076
Moy, Leah, Creative --GREY VANCOUVER, Vancouver, Canada, pg. 449
Moy-Miller, Tiffany, Creative --McCann Detroit, Birmingham, MI, pg. 699
Moye, Daniel, Creative --ALIANDA, Marietta, GA, pg. 45
Moyer, Tom, Creative --MASON MARKETING, INC, Penfield, NY, pg. 691
Mroszczak, Mateusz, Creative --BBDO Singapore, Singapore, pg. 115
Mruskovic, Steve, Creative --O'SULLIVAN COMMUNICATIONS, Acton, MA, pg. 845
Mudrakartha, Naren Kaushik, Creative --Happy mcgarrybowen, Bengaluru, India, pg. 717
Mueller, Jonathan, Creative --BBDO Atlanta, Atlanta, GA, pg. 98
Mugita, Keizo, Creative --J. Walter Thompson Japan, Tokyo, Japan, pg. 557
Mugnaini, Sergio, Creative --DPZ-Duailibi, Petit, Zaragoza, Propaganda S.A., Sao Paulo, Brazil, pg. 906
Mugnaini, Sergio, Creative --DPZ-Duailibi, Petit, Zaragoza, Propaganda S.A., Sao Paulo, Brazil, pg. 21
Muhammad, Adil, Creative --J. Walter Thompson, Karachi, Pakistan, pg. 558
Muinde, Albachir, Creative --DDB Mozambique, Maputo, Mozambique, pg. 277
Mujaes, Nayef, Creative --Horizon FCB Riyadh, Riyadh, Saudi Arabia, pg. 370
Mukherjee, Arjun, Creative --J. Walter Thompson, Kolkata, India, pg. 557
Mukherjee, Shouvik Prasanna, Creative --Golin, Singapore, Singapore, pg. 1522
Mulay, Shantanu, Creative --Interactive Avenues Pvt. Ltd., Mumbai, India, pg. 542
Muldoon, David, Creative --XENOPSI, New York, NY, pg. 1303
Mulhearn, Alex, Creative --VAYNERMEDIA, New York, NY, pg. 1299
Mull, Aerien, Creative --BRUNET-GARCIA ADVERTISING, INC., Jacksonville, FL, pg. 169
Mullen, Anne, Creative --NICKELODEON CREATIVE ADVERTISING, New York, NY, pg. 794
Muller-Eberhard, Kristina, Creative --PLUME21, La Jolla, CA, pg. 878
Muller-Nedebock, Jurgen, Creative --maxIIGyroHSR, Munich, Germany, pg. 458
Munck, Peter, Creative --Blast Radius Toronto, Toronto, Canada, pg. 134
Muniz, Mauricio Mariano Jacoby, Creative --Publicis Brasil Communicao, Sao Paulo, Brazil, pg. 906
Munoz, Ani, Creative --DDB New York, New York, NY, pg. 269
Murad, Kiran, Creative --MullenLowe Rauf, Karachi, Pakistan, pg. 776
Murdick, Heather, Creative --THE VANDIVER GROUP INC., Saint Louis, MO, pg. 1666
Murff, Sharon, Creative --GIANT SPOON, Los Angeles, CA, pg. 418
Murphy, Brian, Creative --MAYCREATE, Chattanooga, TN, pg. 696
Murphy, Cary, Creative --THE BRANDON AGENCY, Myrtle Beach, SC, pg. 158

Murphy, Shannon, Creative --TBWA Chiat Day New York, New York, NY, pg. 1078
Murray, Jane, Creative --RAIN43, Toronto, Canada, pg. 929
Murray, Marcia, Creative --DDB New York, New York, NY, pg. 269
Murray, Michael, Creative --CHEIL CANADA, Toronto, Canada, pg. 204
Murray, Scott M., Creative --MIDNIGHT OIL CREATIVE, Burbank, CA, pg. 739
Musquez, Carlos, Creative --E/LA (EVERYTHINGLA), Los Angeles, CA, pg. 327
Muth, Carol, Creative --GAUGER + ASSOCIATES, San Francisco, CA, pg. 412
Mutis, Mauricio, Creative --ALMA, Coconut Grove, FL, pg. 49
Mye, Geoffrey, Creative --George P. Johnson Company, Inc., Torrance, CA, pg. 416
Myers, Benjamin, Creative --IMRE, New York, NY, pg. 529
Myers, Jennie, Creative --DRAKE COOPER INC., Boise, ID, pg. 319
Myers, Megan, Creative --TREETREE, Columbus, OH, pg. 1114
Nacey, Gina, Creative --ADVENTURE ADVERTISING, Minneapolis, MN, pg. 35
Naik, Ashish, Creative --Scarecrow M&C Saatchi, Mumbai, India, pg. 663
Naima, Lauren, Creative --FCB HEALTH, New York, NY, pg. 376
Nair, Romit, Creative --FCB Ulka, Bengaluru, India, pg. 373
Nair, Suresh, Creative --GREY GROUP, New York, NY, pg. 438
Nakade, Masaya, Creative --AKQA, Inc., London, United Kingdom, pg. 1234
Nakahara, Genta, Creative --ESPN CREATIVEWORKS, New York, NY, pg. 349
Nakano, Tomohiko, Creative --J. Walter Thompson Japan, Tokyo, Japan, pg. 557
Nam, Ray, Creative --DDB Worldwide Ltd., Hong Kong, China (Hong Kong), pg. 274
Nance, Deric, Creative --THE MARTIN AGENCY, Richmond, VA, pg. 687
Nanda, Dhruv, Creative --OBERLAND, New York, NY, pg. 804
Nandwani, Amit, Creative --Leo Burnett India, Mumbai, India, pg. 629
Nanthavongsa, Tracy, Creative --CRITICAL LAUNCH, LLC, Dallas, TX, pg. 247
Naples, Michael, Creative --MACLYN GROUP, Naperville, IL, pg. 667
Naporlee, Marybeth, Creative --FALLON MEDICA LLC, Tinton Falls, NJ, pg. 359
Narayanan, Sathya, Creative --Interactive Avenues Pvt. Ltd., Mumbai, India, pg. 542
Nardini, Hope, Creative --McCann New York, New York, NY, pg. 698
Narvaez-Arango, Jorge E., Creative --George P. Johnson Company, Inc., San Carlos, CA, pg. 416
Nassar, Andre, Creative --Leo Burnett Tailor Made, Sao Paulo, Brazil, pg. 623
Nassar, Andre, Creative --Radius Leo Burnett, Dubai, United Arab Emirates, pg. 627
Nastase, Hortensia, Creative --MullenLowe Romania, Bucharest, Romania, pg. 777
Nathan, Edward, Creative --SAPIENTRAZORFISH NEW YORK, New York, NY, pg. 1286
Nautiyal, Gaurav, Creative --Ogilvy, New Delhi, India, pg. 825
Navarrate, Emerson, Creative --Prolam Y&R S.A., Santiago, Chile, pg. 1206
Navarro, Cindy Marie, Creative --FCB Toronto, Toronto, Canada, pg. 366
Navarro-McKay, Alex, Creative --BERLINROSEN, New York, NY, pg. 1448
Navas, Camilo Monzon, Creative --Grey: REP, Bogota, Colombia, pg. 444
Naver, Simon, Creative --Uncle Grey A/S, Arhus, Denmark, pg. 440
Nawrocki, Brad, Creative --HOOK STUDIOS LLC, Ann Arbor, MI, pg. 1260
Naylor, Nathan, Creative --BARTON F. GRAF, New York, NY, pg. 94
Nazarullah, Eddy, Creative --MullenLowe Malaysia, Petaling Jaya, Malaysia, pg. 775
Neal, Astrid O, Creative --Valdez & Torry Advertising Limited, Port of Spain, Trinidad & Tobago, pg. 444
Neatherlin, Rob, Creative --THE MARKETING ARM, Dallas, TX, pg. 682
Nebiker, Kurt, Creative --PURERED/FERRARA, Stone Mountain, GA, pg. 917
Needham, Sammi, Creative --R/GA, Portland, OR, pg. 927
Neil, Ross, Creative --McCann Erickson Advertising Ltd., London,

United Kingdom, pg. 711
Neilly, Geoff, Creative --Ogilvy, London, United Kingdom, pg. 1600
Neilson, Craig, Creative --Leo Burnett London, London, United Kingdom, pg. 627
Neitzel, Kristi Buckham, Creative --THE DISTILLERY PROJECT, Chicago, IL, pg. 304
Nel, Christo, Creative --Y&R Cape Town, Cape Town, South Africa, pg. 1207
Nelson, Chris, Creative --MKTWORKS, INC., Cold Spring, NY, pg. 749
Nelson, Gregg, Creative --ARNOLD WORLDWIDE, Boston, MA, pg. 69
Nelson, Scott, Creative --NELSON CREATIVE, Roswell, GA, pg. 788
Nemeth, Joe, Creative --TRIAD, Cuyahoga Falls, OH, pg. 1115
Nesci, Chris, Creative --MY BLUE ROBOT, Safety Harbor, FL, pg. 782
Nester, James, Creative --Weber Shandwick UK, London, United Kingdom, pg. 1679
Neuwirth, Sierra, Creative --OMOBONO, Chicago, IL, pg. 1277
Neveau, Eva, Creative --MXM, Culver City, CA, pg. 781
Neves, Christiano, Creative --J. Walter Thompson, London, United Kingdom, pg. 562
Nevistich, Sandra, Creative --HARRISON AND STAR LLC, New York, NY, pg. 469
Newbold, Dave, Creative --RICHTER7, Salt Lake City, UT, pg. 957
Newby, Alyson, Creative --METHOD SAVVY, Durham, NC, pg. 735
Newport, Katie, Creative --BLUE STATE DIGITAL, Washington, DC, pg. 140
Ng, Hex, Creative --TBWA ISC Malaysia, Kuala Lumpur, Malaysia, pg. 1091
Ng, Michael, Creative --CAMP + KING, San Francisco, CA, pg. 185
Ng, Patrick, Creative --Hakuhodo Singapore Pte. Ltd., Singapore, Singapore, pg. 463
Ngcobo, Nhlanhla, Creative --Ogilvy Johannesburg (Pty.) Ltd., Johannesburg, South Africa, pg. 829
Nica, Andrei, Creative --Graffiti BBDO, Sofia, Bulgaria, pg. 104
Nicdao, Celine, Creative --UM LA, Los Angeles, CA, pg. 1377
Nicely, Jesse, Creative --CASHMERE AGENCY, Los Angeles, CA, pg. 193
Nicholls, Andres, Creative --PROPHET, Atlanta, GA, pg. 894
Nicholls, Sallianne, Creative --AUSTIN & WILLIAMS, Hauppauge, NY, pg. 78
Nichols, Jeff, Creative --HMH, Portland, OR, pg. 504
Nie, Lindsay, Creative --CRAMER PRODUCTIONS INC., Norwood, MA, pg. 238
Nielsen, Nina, Creative --deutschMedia, New York, NY, pg. 295
Nieminen, Markus, Creative --TBWA PHS, Helsinki, Finland, pg. 1080
Nieto, Alejandro, Creative --DIESTE, Dallas, TX, pg. 299
Nieuwenhuizen, Ross, Creative --Mirum Africa, Cape Town, South Africa, pg. 1272
Nigus, Tammy, Creative --SUMMIT MARKETING, Saint Louis, MO, pg. 1060
Niizawa, Takayuki, Creative --TBWA/Hakuhodo, Tokyo, Japan, pg. 1090
Nijhof, Steef, Creative --Publicis, Amstelveen, Netherlands, pg. 901
Nikiforidis, Lazaros, Creative --Global Team Blue, London, United Kingdom, pg. 423
Nilsson, Bruce, Creative --DAVIDSON & BELLUSO, Phoenix, AZ, pg. 263
Nilsson, Victor, Creative --DDB Stockholm, Stockholm, Sweden, pg. 280
Nir, Eran, Creative --Gitam/BBDO, Tel Aviv, Israel, pg. 106
Nisbet, Matthew, Creative --Ogilvy Advertising, Central, China (Hong Kong), pg. 822
Njozela, TJ, Creative --Net#work BBDO, Gauteng, South Africa, pg. 108
Njuguna, Tony, Creative --Scanad, Nairobi, Kenya, pg. 1182
Nobay, David, Creative --Publicis Australia, Brisbane, Australia, pg. 907
Noel, Jeff, Creative --LOOKTHINKMAKE, LLC, Austin, TX, pg. 651
Noel, Omar Sotomayor, Creative --BBH Singapore, Singapore, Singapore, pg. 94
Noffsinger, Aaron, Creative --Edelman, San Francisco, CA, pg. 1492
Nolasco, Enid, Creative --HELIUM CREATIVE, Fort Lauderdale, FL, pg. 494
Nones, Marielle, Creative --Publicis JimenezBasic, Makati, Philippines, pg. 910
Nones, Marielle, Creative --Publicis Manila, Makati, Philippines, pg. 910

RESPONSIBILITIES INDEX — AGENCIES

Noonan, Tommy, Creative --DCX GROWTH ACCELERATOR, Brooklyn, NY, pg. 266

Noorani, Madhu, Creative --MullenLowe Lintas Group, Mumbai, India, pg. 774

Norbim, Vinicius Dalvi, Creative --Publicis Italia, Milan, Italy, pg. 899

Norbury, Joshua, Creative --Publicis UK, London, United Kingdom, pg. 902

Norman, Justin, Creative --Huge, Los Angeles, CA, pg. 512

Normando, Samuel, Creative --Publicis Brasil Communicao, Sao Paulo, Brazil, pg. 906

Norori, Norman, Creative --ZIMMERMAN ADVERTISING, Fort Lauderdale, FL, pg. 1212

Norton, Birch, Creative --BEAM, Boston, MA, pg. 1240

Norton, Birch, Creative --BEAM INTERACTIVE, Boston, MA, pg. 1240

Novack, Kurt, Creative --Leo Burnett, Suresnes, France, pg. 625

Novak, Cat, Creative --KILLIAN BRANDING, Chicago, IL, pg. 595

Novion, Eduardo, Creative --TBWA Frederick, Santiago, Chile, pg. 1092

Nowikowski, Paul, Creative --GOODBY, SILVERSTEIN & PARTNERS, San Francisco, CA, pg. 428

Nunez C, Julian Andres, Creative --El Taier DDB, Guatemala, Guatemala, pg. 274

Nurarifin, Nugroho, Creative --Grey Group Indonesia, Jakarta, Indonesia, pg. 447

Nurko, Kyle, Creative --ATTENTION GLOBAL, New York, NY, pg. 76

Nussbaum, John, Creative --HAVAS WORLDWIDE, New York, NY, pg. 475

Nussbaum, John, Creative --HAVAS WORLDWIDE CHICAGO, Chicago, IL, pg. 488

Nuti, Giacomo, Creative --M&C Saatchi, Berlin, Germany, pg. 661

Nuzzo, Michael, Creative --UNITED ENTERTAINMENT GROUP, New York, NY, pg. 1127

Nyman, Patrik, Creative --WEDNESDAY, New York, NY, pg. 1156

O Glesby, Marcella, Creative --EDGE MARKETING, Chicago, IL, pg. 331

O'Brien, Beth, Creative --Colenso BBDO, Auckland, New Zealand, pg. 114

O'Brien, Brendan, Creative --SMALL ARMY, Boston, MA, pg. 1022

O'Brien, Mike, Creative --ISTRATEGYLABS, Washington, DC, pg. 1265

O'Connell, Michael, Creative --CAMPBELL EWALD, Detroit, MI, pg. 185

O'Connor, Austin, Creative --HEAT, San Francisco, CA, pg. 492

O'Connor, Lillian, Creative --GREY GROUP, New York, NY, pg. 438

O'Donnell, Dan, Creative --PARTNERS+NAPIER, Rochester, NY, pg. 855

O'Donoghue, Kevin, Creative --YOUNG & RUBICAM, New York, NY, pg. 1197

O'Dwyer, Peter, Creative --Havas Worldwide Dublin, Dublin, Ireland, pg. 480

O'Grady, Patrick, Creative --Feinstein Kean Healthcare, Cambridge, MA, pg. 1598

O'Hara, Keeley, Creative --MCCANN CANADA, Toronto, Canada, pg. 712

O'Hara-Boyce, Lizzie, Creative --M&C SAATCHI PLC, London, United Kingdom, pg. 658

O'Hare, Fergus, Creative --Ogilvy, Paris, France, pg. 814

O'Keefe, Jeff, Creative --TBWA\Media Arts Lab, Los Angeles, CA, pg. 1078

O'Neill, Lisa, Creative --Leo Burnett Sydney, Sydney, Australia, pg. 628

O'Reilly, Dennis, Creative --RATIONAL INTERACTION, Seattle, WA, pg. 1283

O'Rourke, Matthew, Creative --MCCANN WORLDGROUP, New York, NY, pg. 714

O'Sullivan, Kevin, Creative --Fleishman-Hillard Fishburn, London, United Kingdom, pg. 1509

O'Toole, Lawrence, Creative --FULL CONTACT ADVERTISING, Boston, MA, pg. 402

Oberlander, Bill, Creative --OBERLAND, New York, NY, pg. 804

Oberlander, Bill, Creative --SHERRY MATTHEWS ADVOCACY MARKETING, Austin, TX, pg. 1007

Oberman, Michael, Creative --FUSION IDEA LAB, Chicago, IL, pg. 404

Ocasio, Diana, Creative --VSBROOKS, Coral Gables, FL, pg. 1147

Oclander, Marcelo, Creative --Publicis Chile SA, Santiago, Chile, pg. 906

Odom-Kurtz, Leisa, Creative --PERSUASION MARKETING & MEDIA, Milton, GA, pg. 865

Oelke, Erik, Creative --SIXSPEED, Minneapolis, MN, pg. 1017

Ogata, Yasushi, Creative --Grey Group Japan, Tokyo, Japan, pg. 447

Oh, Kate Hyewon, Creative --Cheil Worldwide Inc., Seoul, Korea (South), pg. 462

Okada, Yukio, Creative --J. Walter Thompson Japan, Tokyo, Japan, pg. 557

OKelly, Mariana, Creative --Ogilvy South Africa (Pty.) Ltd., Johannesburg, South Africa, pg. 829

Okubo, Nako, Creative --mcgarrybowen, Chicago, IL, pg. 718

Okun, Josh, Creative --The Company, Dallas, TX, pg. 224

Okun, Josh, Creative --THE COMPANY, Houston, TX, pg. 224

Olberding, Chris, Creative --STATION FOUR, Jacksonville, FL, pg. 1044

Oldfield, Avery, Creative --VBP ORANGE, San Francisco, CA, pg. 1132

Oldfield, Avery, Creative --VENABLES, BELL & PARTNERS, San Francisco, CA, pg. 1132

Oldfield, Katie, Creative --J. Walter Thompson, London, United Kingdom, pg. 562

Oldham, Christopher, Creative --TWIST CREATIVE INC., Cleveland, OH, pg. 1124

Olds, Patrick, Creative --MOOSYLVANIA MARKETING, Saint Louis, MO, pg. 757

Olguin, Gabriela Paredes, Creative --McCann Erickson Mexico, Mexico, Mexico, pg. 706

Olivieri, Mary, Creative --COLMAN BROHAN DAVIS, Chicago, IL, pg. 220

Ollivier, Jonathan, Creative --Ogilvy (Singapore) Pvt. Ltd., Singapore, Singapore, pg. 827

Olos, Radoslav, Creative --Istropolitana Ogilvy, Bratislava, Slovakia, pg. 816

Olson, Eric, Creative --FOODMIX MARKETING COMMUNICATIONS, Elmhurst, IL, pg. 391

Onal, Orkun, Creative --TBWA Istanbul, Istanbul, Turkey, pg. 1088

Onart, Lianne, Creative --DNA SEATTLE, Seattle, WA, pg. 311

Onate, Nacho, Creative --LOLA MullenLowe, Madrid, Spain, pg. 542

Ong, Aloysius, Creative --M&C Saatchi, Singapore, Singapore, pg. 662

Ong, Jonathan, Creative --THE BARBARIAN GROUP, New York, NY, pg. 88

Ong, Pearlyn, Creative --Publicis Asia/Pacific Pte. Ltd., Singapore, Singapore, pg. 907

Ong, Theresa, Creative --Saatchi & Saatchi Asia Pacific, Singapore, Singapore, pg. 985

Onsurez, Aaron, Creative --GALLEGOS UNITED, Huntington Beach, CA, pg. 408

Ooi, Jerome, Creative --TBWA Hong Kong, Hong Kong, China (Hong Kong), pg. 1089

Oprisan, Victor, Creative --MullenLowe Romania, Bucharest, Romania, pg. 777

Orengel, Ilan, Creative --R/GA Sao Paulo, Sao Paulo, Brazil, pg. 926

Orhun, Enis, Creative --C-Section, Istanbul, Turkey, pg. 1204

Ori, Marissa, Creative --ABELSON-TAYLOR, INC., Chicago, IL, pg. 17

Orlov, Yaroslav, Creative --BBDO Moscow, Moscow, Russia, pg. 107

Orologio, Dominic, Creative --Cline, Davis & Mann, Inc., Princeton, NJ, pg. 199

Orosa, Noel, Creative --Publicis Singapore, Singapore, Singapore, pg. 911

Orosa, Noel, Creative --Saatchi & Saatchi Asia Pacific, Singapore, Singapore, pg. 985

Ortiz, Diego, Creative --Leo Burnett Colombia, S.A., Bogota, Colombia, pg. 623

Ortiz, Juan Carlos, Creative --DDB WORLDWIDE COMMUNICATIONS GROUP INC., New York, NY, pg. 268

Ortiz, Roxana, Creative --KOOPMAN OSTBO, Portland, OR, pg. 601

Osinski, Piotr, Creative --Saatchi & Saatchi, Warsaw, Poland, pg. 979

Osorio, Alberto, Creative --Grey Chile, Santiago, Chile, pg. 443

Ostby, Jay, Creative --TETHER, Inc., Seattle, WA, pg. 1097

Osterloh, Susan, Creative --MEDTHINK COMMUNICATIONS, Cary, NC, pg. 729

Ostiglia, Martin, Creative --Young & Rubicam, S.L., Madrid, Spain, pg. 1203

Ots, Kieran, Creative --Leo Burnett Sydney, Sydney, Australia, pg. 628

Otter, Keith, Creative --INTERMARK GROUP, INC., Birmingham, AL, pg. 539

Otway, Ian, Creative --Saatchi & Saatchi Pro, London, United Kingdom, pg. 981

Ovadia, Ron, Creative --AIRT GROUP, San Rafael, CA, pg. 41

Overbaugh, Mark, Creative --J. WALTER THOMPSON INSIDE, Los Angeles, CA, pg. 565

Overholt, Tania, Creative --GRIP LTD., Toronto, Canada, pg. 450

Overton, Bonnie, Creative --MICROMASS COMMUNICATIONS INC, Cary, NC, pg. 738

Oviatt, Arlo, Creative --YOUNG & RUBICAM, New York, NY, pg. 1197

Owen, Mack, Creative --THE OWEN GROUP, Lubbock, TX, pg. 847

Owens, Renee, Creative --SFW AGENCY, Winston Salem, NC, pg. 1004

Owett, Margot, Creative --YOUNG & RUBICAM, New York, NY, pg. 1197

Owolawi, Seyi, Creative --DDB Casers, Lagos, Nigeria, pg. 278

Oxman, Robert, Creative --PASKILL STAPLETON & LORD, Glenside, PA, pg. 857

Ozdych, John, Creative --REAL INTEGRATED, Troy, MI, pg. 936

Ozmal, Mustafa, Creative --Y&R Turkey, Istanbul, Turkey, pg. 1204

Ozorio, Fabio, Creative --PUBLICIS USA, New York, NY, pg. 912

Pace, Grant, Creative --CTP, Boston, MA, pg. 252

Page, Mike, Creative --ERIC MOWER + ASSOCIATES, Syracuse, NY, pg. 346

Page, Ted, Creative --CAPTAINS OF INDUSTRY, Boston, MA, pg. 188

Paine, Tom, Creative --Y&R, Auckland, New Zealand, pg. 1192

Palatini, Richard, Creative --DELIA ASSOCIATES, Whitehouse, NJ, pg. 287

Paleczny, Chris, Creative --MCCANN CANADA, Toronto, Canada, pg. 712

Palm, Vickie, Creative --WongDoody, Culver City, CA, pg. 1175

Palma, Domingo, Creative --DIESTE, Dallas, TX, pg. 299

Palmantier, Guillaume, Creative --BETC, Paris, France, pg. 479

Palmer, Kristen, Creative --PERRONE GROUP, Braintree, MA, pg. 865

Pamungkas, Adam, Creative --Ogilvy, Jakarta, Indonesia, pg. 825

Panareo, Marco, Creative --Y&R Italia, srl, Milan, Italy, pg. 1203

Pandey, Vikram, Creative --Leo Burnett India, Mumbai, India, pg. 629

Pandit, Gautam, Creative --R.K. Swamy BBDO, Chennai, India, pg. 112

Panebianco, Andrew, Creative --Allen & Gerritsen, Philadelphia, PA, pg. 46

Pano, Angel Trallero, Creative --Grey Barcelona, Barcelona, Spain, pg. 442

Panozza, Blair, Creative --Young & Rubicam Australia/New Zealand, Sydney, Australia, pg. 1199

Panucci, Rodrigo, Creative --PUBLICIS NEW YORK, New York, NY, pg. 912

Papanikolaou, Theodosis, Creative --BBDO Athens, Athens, Greece, pg. 105

Papetti, Giulia, Creative --Leo Burnett Co., S.r.l., Milan, Italy, pg. 625

Papworth, Kim, Creative --Wieden + Kennedy, London, United Kingdom, pg. 1165

Papworth, Kim, Creative --Wieden + Kennedy India, New Delhi, India, pg. 1166

Paqueo, Nikki, Creative --Publicis JimenezBasic, Makati, Philippines, pg. 910

Parab, Mahesh, Creative --Ogilvy, Bengaluru, India, pg. 823

Parab, Mahesh, Creative --Ogilvy India, Mumbai, India, pg. 824

Paracencio, Juliana, Creative --Memac Ogilvy, Dubai, United Arab Emirates, pg. 1602

Paracencio, Juliana, Creative --MEMAC Ogilvy, Dubai, United Arab Emirates, pg. 831

Paradela, Victoria, Creative --Punto Ogilvy, Montevideo, Uruguay, pg. 821

Pardiansyah, Fanny, Creative --MullenLowe Indonesia, Jakarta, Indonesia, pg. 774

Pardikar, Pallavi, Creative --BBH Mumbai, Mumbai, India, pg. 93

Park, Rich, Creative --WILLIAMS WHITTLE ASSOCIATES, INC., Alexandria, VA, pg. 1169

Parker, Adrienne, Creative --PARKER AVENUE, San Mateo, CA, pg. 854

Parker, Chris, Creative --INTERPLANETARY, New York, NY, pg. 540

Parker, Clifton, Creative --ELLEV LLC, Myrtle Beach, SC, pg. 337

Parker, Jc, Creative --EVOKE HEALTH, New York, NY, pg. 354

Parker, Patrice, Creative --MELT, Atlanta, GA, pg. 730

Parkes, Stacey, Creative --ROBERTS + LANGER DDB, New York, NY, pg. 963

AGENCIES — RESPONSIBILITIES INDEX

Parks, Bruce, Creative --Ackerman McQueen, Inc., Oklahoma City, OK, pg. 21
Parks, Karen, Creative --SIGNATURE ADVERTISING, Memphis, TN, pg. 1013
Parks, Linda, Creative --THE FRESH IDEAS GROUP, Boulder, CO, pg. 1514
Parodi, Carlos Fernandez, Creative --Y&R Peru, Lima, Peru, pg. 1207
Parrish, Lance, Creative --DDB New York, New York, NY, pg. 269
Parry, Jim, Creative --STEPHAN PARTNERS, INC., Hastings Hdsn, NY, pg. 1046
Parubrub, Rich, Creative --BOHAN, Nashville, TN, pg. 144
Pasquali, Andre, Creative --Rapp Brazil, Sao Paulo, Brazil, pg. 932
Pasumarty, Sudhir, Creative --BBH Singapore, Singapore, Singapore, pg. 94
Patankar, Kalpesh, Creative --Team/Y&R HQ Dubai, Dubai, United Arab Emirates, pg. 1205
Patch, Jeffrey, Creative --RDW GROUP INC., Providence, RI, pg. 935
Patel, Mitul, Creative --BBH Mumbai, Mumbai, India, pg. 93
Patell, Rayomand J., Creative --Havas Worldwide Mumbai, Mumbai, India, pg. 488
Patera, Juliana, Creative --VML, London, United Kingdom, pg. 1144
Paterson, Ewan, Creative --BARTLE BOGLE HEGARTY LIMITED, London, United Kingdom, pg. 92
Paterson, Michael, Creative --OGILVY, New York, NY, pg. 809
Pathare, Sanket, Creative --McCann Erickson India, Mumbai, India, pg. 704
Patil, Niraj, Creative --FCB Ulka, Mumbai, India, pg. 373
Patillo, Sara, Creative --GA CREATIVE INC, Bellevue, WA, pg. 407
Patrick, Rebecca, Creative --JOAN, New York, NY, pg. 577
Patrick, Simone, Creative --J. Walter Thompson, Kolkata, India, pg. 557
Patterson, John, Creative --MGH, INC., Owings Mills, MD, pg. 736
Patton, Bill, Creative --6AM MARKETING, Madison, WI, pg. 6
Paul, Gareth, Creative --FCB Johannesburg, Johannesburg, South Africa, pg. 375
Paula Camacho, Maria, Creative --FCB&FiRe Colombia, Bogota, Colombia, pg. 371
Pauls, Bill, Creative --Sapient Consulting, Atlanta, GA, pg. 991
Paulson, Stephanie, Creative --THE STEPHENZ GROUP, INC., San Jose, CA, pg. 1047
Paultre, Gary, Creative --BRADLEY & MONTGOMERY ADVERTISING, Indianapolis, IN, pg. 152
Pavarini, Vitor, Creative --Burson-Marsteller, Ltda., Sao Paulo, Brazil, pg. 1444
Pavlik, Mick, Creative --SIMPLE TRUTH COMMUNICATION PARTNERS, Chicago, IL, pg. 1015
Pavlov, Elena, Creative --BEAUTY\@GOTHAM, New York, NY, pg. 119
Pavlovic, Dragan, Creative --Grey Gothenburg, Gothenburg, Sweden, pg. 1182
Pavone, Giuseppe, Creative --D'Adda, Lorenzini, Vigorelli, BBDO, Milan, Italy, pg. 106
Pawela, Tony, Creative --CAVALRY AGENCY, Chicago, IL, pg. 197
Pawlak, Bart, Creative --Young & Rubicam Australia/New Zealand, Sydney, Australia, pg. 1199
Pawlak, Kim, Creative --THE MARS AGENCY, Southfield, MI, pg. 686
Payne, Allan, Creative --ANTHOLOGY MARKETING GROUP, Honolulu, HI, pg. 1433
Payne, Chrissy, Creative --PEEBLES CREATIVE GROUP, Dublin, OH, pg. 861
Payne, Jay, Creative --SRCPMEDIA, Alexandria, VA, pg. 1039
Payne, Jeff, Creative --HUDSON ROUGE, New York, NY, pg. 511
Payne, Oliver, Creative --BURGESS ADVERTISING & MARKETING, Falmouth, ME, pg. 174
Paz, Joao, Creative --ELEPHANT, San Francisco, CA, pg. 335
Pearl, Maayan, Creative --DAY ONE AGENCY, New York, NY, pg. 266
Peck, Dina, Creative --Patients & Purpose, New York, NY, pg. 198
Peden, Glen, Creative --MOMENTUM WORLDWIDE, New York, NY, pg. 754
Pedersen, Per, Creative --Grey Chile, Santiago, Chile, pg. 443
Pedersen, Per, Creative --GREY GROUP, New York, NY, pg. 438
Pedersen, Per, Creative --GREYnj United, Bangkok, Thailand, pg. 448
Pederson, Per, Creative --Campaigns & Grey, Makati, Philippines, pg. 447
Peetermans, Ann, Creative --VVL BBDO, Brussels, Belgium, pg. 103
Peischel, Bob, Creative --HOLTON SENTIVAN AND GURY, Ambler, PA, pg. 507
Pekin, Ersin, Creative --Markom/Leo Burnett, Istanbul, Turkey, pg. 627
Pelo, Matteo, Creative --Ogilvy, Milan, Italy, pg. 815
Penglengpol, Jiradej, Creative --J. Walter Thompson Thailand, Bangkok, Thailand, pg. 559
Pennington, David, Creative --BRADO CREATIVE INSIGHT, Saint Louis, MO, pg. 152
Penton, Marty, Creative --GS&F, Nashville, TN, pg. 453
Peon, Lucas, Creative --J. Walter Thompson, London, United Kingdom, pg. 562
Peralta, Daniel, Creative --SENSIS, Los Angeles, CA, pg. 1002
Peraza, Deroy, Creative --HYPERAKT, Brooklyn, NY, pg. 516
Pere, Alejandro, Creative --THE COMMUNITY, Miami, FL, pg. 223
Pereira, Carlos, Creative --MullenLowe Lintas Group, Mumbai, India, pg. 774
Pereyra, Luciano Griessi, Creative --ARNOLD WORLDWIDE, Boston, MA, pg. 69
Perez, Aly, Creative --MARKHAM & STEIN UNLIMITED, Miami, FL, pg. 685
Perez, Arturo, Creative --Y&R Puerto Rico, Inc., San Juan, PR, pg. 1207
Perez, Carlos F., Creative --TBWA\Media Arts Lab, Los Angeles, CA, pg. 1078
Perez, David, Creative --MMGY Global, New York, NY, pg. 751
Perez, Fernando, Creative --Wirz Werbung AG, Zurich, Switzerland, pg. 109
Perillo, Fran, Creative --Proximity Worldwide & London, London, United Kingdom, pg. 111
Perillo, Rob, Creative --KLUNK & MILLAN ADVERTISING INC., Allentown, PA, pg. 599
Perisho, Seth, Creative --DELL BLUE, Round Rock, TX, pg. 1221
Perlmuter, Tal, Creative --FCB Shimoni Finkelstein, Tel Aviv, Israel, pg. 370
Perota, Rob, Creative --HARRISON AND STAR LLC, New York, NY, pg. 469
Perrakis, Manolis, Creative --Ogilvy Advertising, Central, China (Hong Kong), pg. 822
Perry, Matthew, Creative --LEO BURNETT DETROIT, INC., Troy, MI, pg. 621
Perryman, Shannon, Creative --ADSMITH COMMUNICATIONS, Springfield, MO, pg. 33
Pesce, Giovanni, Creative --Leo Burnett Co., S.r.l., Milan, Italy, pg. 625
Petch, Andrew, Creative --Ace Saatchi & Saatchi, Makati, Philippines, pg. 985
Peters, Ben, Creative --Wunderman, Costa Mesa, CA, pg. 1189
Peters, Dan, Creative --AKQA, INC., San Francisco, CA, pg. 1234
Peters, Steven, Creative --EMA Public Relations Services, Syracuse, NY, pg. 347
Petersen, Kerri, Creative --THE MARX GROUP, San Rafael, CA, pg. 689
Peterson, Dan, Creative --MEKANISM, San Francisco, CA, pg. 729
Peterson, David, Creative --PETERSON MILLA HOOKS, Minneapolis, MN, pg. 866
Petie, Ryan, Creative --Publicis Australia, Brisbane, Australia, pg. 907
Petrie, Michelle, Creative --PETRIE CREATIVE, Raleigh, NC, pg. 866
Petroski, Julie, Creative --TARGETBASE, Irving, TX, pg. 1073
Pettis, Rob, Creative --Skiver, Atlanta, GA, pg. 1019
Pettis, Rob, Creative --SKIVER, Newport Beach, CA, pg. 1019
Petty, Oskar, Creative --Ogilvy Cape Town, Cape Town, South Africa, pg. 829
Phanichwatana, Asawin, Creative --GREYnj United, Bangkok, Thailand, pg. 448
Philip, Mark, Creative --DIGITAS, Boston, MA, pg. 1250
Phillips, Brian, Creative --PULSECX, Montgomeryville, PA, pg. 916
Phillips, Robert, Creative --SMITH, PHILLIPS & DI PIETRO, Yakima, WA, pg. 1024
Phipps, Randy, Creative --HART, Toledo, OH, pg. 470
Phua, Aaron, Creative --Edelman, Singapore, Singapore, pg. 1496
Phuvasitkul, Susan, Creative --SAPIENTRAZORFISH NEW YORK, New York, NY, pg. 1286
Piasecki, Michael, Creative --2E CREATIVE, Saint Louis, MO, pg. 4
Pick, Kim, Creative --Y&R, Auckland, New Zealand, pg. 1192
Pick, Kim, Creative --Young & Rubicam NZ Ltd., Auckland, New Zealand, pg. 1199
Pick, Wayne, Creative --Colenso BBDO, Auckland, New Zealand, pg. 114
Pierantozzi, Mike, Creative --McKinney New York, New York, NY, pg. 719
Pierce, Brook, Creative --SCORR MARKETING, Kearney, NE, pg. 1642
Pierson, Christopher, Creative --JK DESIGN, Hillsborough, NJ, pg. 576
Pieske, Heather, Creative --VIRTUE WORLDWIDE, Brooklyn, NY, pg. 1139
Pilgrim, David, Creative --FOOTSTEPS, New York, NY, pg. 391
Pilhofer, Eric, Creative --MARKETING ARCHITECTS, INC., Minnetonka, MN, pg. 682
Pinchevsky, Avital, Creative --FCB Chicago, Chicago, IL, pg. 364
Pinckney, Christopher, Creative --PINCKNEY HUGO GROUP, Syracuse, NY, pg. 871
Pinheiro, Andre, Creative --THINKERBELL, Melbourne, Australia, pg. 1099
Pinkney, Scott, Creative --Publicis Toronto, Toronto, Canada, pg. 904
Pintaude, Giovanni, Creative --Possible, Budapest, Hungary, pg. 1281
Pinto, Jorge, Creative --MullenLowe SSP3, Bogota, Colombia, pg. 777
Piperno, Michael, Creative --IMBUE CREATIVE, Ewing, NJ, pg. 526
Pirman, Rick, Creative --EXPECT ADVERTISING, INC., Clifton, NJ, pg. 355
Pitanguy, Rafael, Creative --Y&R Sao Paulo, Sao Paulo, Brazil, pg. 1205
Pitrolo, Enza, Creative --ANDERSON DDB HEALTH & LIFESTYLE, Toronto, Canada, pg. 57
Pitts, Lynn, Creative --UWG, Brooklyn, NY, pg. 1129
Pivrnec, Dieter, Creative --FCB Neuwien, Vienna, Austria, pg. 366
Pizzo, Gaetano Del, Creative --McCann Erickson Italiana S.p.A., Rome, Italy, pg. 706
Pizzo, Gaetano Del, Creative --McCann Erickson Italiana S.p.A., Rome, Italy, pg. 715
Plachy, Lisa, Creative --VSA PARTNERS, INC., Chicago, IL, pg. 1146
Plansky, Daniel, Creative --H4B Chelsea, New York, NY, pg. 474
Plattman, Hal, Creative --BIGBUZZ MARKETING GROUP, New York, NY, pg. 130
Plaza, Juan Javier Pena, Creative --DAVID The Agency, Miami, FL, pg. 261
Pliego, Jonathan, Creative --WE ARE UNLIMITED, Chicago, IL, pg. 1155
Plottner, Kevin, Creative --PUGNACIOUS PR, San Francisco, CA, pg. 1621
Plumley, Ashley, Creative --GOCONVERGENCE, Orlando, FL, pg. 426
Pluta, Brian, Creative --GREY NEW YORK, New York, NY, pg. 438
Pochucha, Heath, Creative --PERISCOPE, Minneapolis, MN, pg. 864
Poddar, Ashish, Creative --Leo Burnett India, New Delhi, India, pg. 630
Poddar, Gunjan, Creative --Leo Burnett India, Mumbai, India, pg. 629
Poer, Brent, Creative --ZENITH USA, New York, NY, pg. 1391
Poett, Simon, Creative --The Brooklyn Brothers, London, United Kingdom, pg. 167
Pogson, Michael, Creative --Langland, Windsor, United Kingdom, pg. 911
Pok, Mitchell, Creative --MIGHTYHIVE, San Francisco, CA, pg. 1272
Polacek, Brian, Creative --RAGE AGENCY, Westmont, IL, pg. 1283
Polcaro, David, Creative --EAST COAST CATALYST, Boston, MA, pg. 328
Policella, Fabrice, Creative --SELECT WORLD, New York, NY, pg. 1001
Pollack, Patrice, Creative --ONEMETHOD INC, Toronto, Canada, pg. 840
Polychronopoulos, Chris, Creative --R/GA San Francisco, San Francisco, CA, pg. 926
Pon, Kelly, Creative --BBH China, Shanghai, China, pg. 93
Pondek, Audrey, Creative --DAVID STARK DESIGN & PRODUCTION, Brooklyn, NY, pg. 262
Pong, Hor Yew, Creative --Cheil Worldwide Inc., Seoul, Korea (South), pg. 462
Pony, Milt, Creative --1 TRICK PONY, Hammonton, NJ, pg. 1
Pooley, Shayne, Creative --Ogilvy (Singapore) Pvt. Ltd., Singapore, Singapore, pg. 827
Popa, Joseph, Creative --88/BRAND PARTNERS, Chicago, IL, pg. 13
Popper, Robert, Creative --GLYNNDEVINS ADVERTISING &

RESPONSIBILITIES INDEX — AGENCIES

MARKETING, Kansas City, MO, pg. 424
Porebski, Maciej, Creative --Leo Burnett Warsaw SP.Z.O.O., Warsaw, Poland, pg. 626
Porpossian, Jacob, Creative --Fleishman-Hillard Inc., New York, NY, pg. 1508
Porter, Duncan, Creative --RAIN43, Toronto, Canada, pg. 929
Porterfield, Erin, Creative --HOLT CREATIVE GROUP, Tyler, TX, pg. 507
Portrait, Daniel, Creative --KAMP GRIZZLY, Portland, OR, pg. 586
Potak, Kaity, Creative --MCCANN HEALTH GLOBAL HQ, New York, NY, pg. 713
Potesky, Bob, Creative --THE RAMEY AGENCY LLC, Jackson, MS, pg. 930
Pothier, Nancy, Creative --STUN CREATIVE, Los Angeles, CA, pg. 1057
Potter, Peggy, Creative --WALKING STAR MARKETING & DESIGN, Cody, WY, pg. 1149
Potucek, Laura, Creative --MAVEN COMMUNICATIONS LLC, Philadelphia, PA, pg. 695
Powers, Chris, Creative --SITUATION INTERACTIVE, New York, NY, pg. 1017
Powers, Laura, Creative --Lewis Communications, Nashville, TN, pg. 637
Pozzi, Matteo, Creative --DDB S.r.L. Advertising, Milan, Italy, pg. 276
Prada, Luis Fernando, Creative --McCann Erickson Corp. S.A., Bogota, Colombia, pg. 702
Prajapati, Mehul, Creative --Grey (India) Pvt. Ltd., Mumbai, India, pg. 446
Prat, Leo, Creative --WE BELIEVERS, New York, NY, pg. 1155
Prato, Paul, Creative --PP+K, Tampa, FL, pg. 885
Pratt, Whitney, Creative --FRANKLIN STREET MARKETING, Richmond, VA, pg. 396
Preciado, Maximiliano, Creative --Ogilvy, Mexico, Mexico, pg. 821
Pregont, Christy, Creative --MOVEMENT STRATEGY, Denver, CO, pg. 1274
Pressman, Nadav, Creative --McCann Erickson, Tel Aviv, Israel, pg. 705
Price, Daniel, Creative --Deutsch New York, New York, NY, pg. 295
Price, Dave, Creative --McCann-Erickson Communications House Ltd, Macclesfield, Prestbury, United Kingdom, pg. 712
Price, Rob, Creative --ELEVEN INC., San Francisco, CA, pg. 336
Prichard, Justin, Creative --SAATCHI & SAATCHI, New York, NY, pg. 975
Prichard, Justin, Creative --Saatchi & Saatchi Los Angeles, Torrance, CA, pg. 975
Priest, Brian, Creative --UPSHOT, Chicago, IL, pg. 1128
Primack, Laura, Creative --AVATARLABS, Encino, CA, pg. 79
Pringle, Ashley, Creative --JADI COMMUNICATIONS, Laguna Beach, CA, pg. 570
Pringle, Nick, Creative --R/GA, New York, NY, pg. 925
Propst, Amanda Hughes, Creative --INUVO, INC., Little Rock, AR, pg. 1265
Prosperi, Bruno, Creative --Almap BBDO, Sao Paulo, Brazil, pg. 101
Pruett, Matt, Creative --BARKLEY, Kansas City, MO, pg. 90
Pruitt, David, Creative --M IS GOOD, Raleigh, NC, pg. 664
Pucci, Marthon, Creative --ADAM&EVEDDB, New York, NY, pg. 25
Pugalia, Garima, Creative --Ogilvy, Bengaluru, India, pg. 823
Puig, Carles, Creative --Grey Singapore, Singapore, Singapore, pg. 448
Pundsack, Jodie, Creative --GASLIGHT CREATIVE, Saint Cloud, MN, pg. 411
Puphal, Joerg, Creative --Publicis Pixelpark, Bielefeld, Germany, pg. 899
Pupo, Marco, Creative --McCann New York, New York, NY, pg. 698
Putera, Tubagus, Creative --MullenLowe Indonesia, Jakarta, Indonesia, pg. 774
Putman, Mamie, Creative --ADVENTURE ADVERTISING LLC, Buford, GA, pg. 35
Putti, Julian, Creative --McCann Detroit, Birmingham, MI, pg. 699
Py, Jean-Laurent, Creative --Publicis Conseil, Paris, France, pg. 898
Pycherek, Maggie, Creative --Publicis Toronto, Toronto, Canada, pg. 904
Pyle, Lesly, Creative --BAKER STREET ADVERTISING, San Francisco, CA, pg. 85
Qablawi, Sari, Creative --Horizon FCB Jeddah, Jeddah, Saudi Arabia, pg. 369
Qian, Qian, Creative --GREY GROUP, New York, NY, pg. 438

Qian, Qian, Creative --GREY NEW YORK, New York, NY, pg. 438
Quam, Travis, Creative --44 INTERACTIVE, Sioux Falls, SD, pg. 8
Quarles, Brian, Creative --REVOLUTION MARKETING, LLC, Chicago, IL, pg. 953
Quattrochi, Ann, Creative --Fleishman-Hillard Inc., New York, NY, pg. 1508
Quek, Jasmine, Creative --BBH Singapore, Singapore, Singapore, pg. 94
Quennoy, Eric, Creative --Wieden + Kennedy Amsterdam, Amsterdam, Netherlands, pg. 1164
Quiney, Jessica, Creative --George P. Johnson (Australia) Pty., Ltd., Sydney, Australia, pg. 417
Quinn, Brian, Creative --NORTON RUBBLE & MERTZ ADVERTISING, Chicago, IL, pg. 800
Quintana, Juan Jose, Creative --LA AGENCIA DE ORCI & ASOCIADOS, Santa Monica, CA, pg. 606
Quintiliani, Dave, Creative --Y&R New York, New York, NY, pg. 1198
Quirke, Elaine, Creative --Wavemaker, Sydney, Australia, pg. 1385
Quish, Tom, Creative --RIGHTPOINT, Chicago, IL, pg. 1285
Quitoni, Lisa, Creative --MCCANN TORRE LAZUR, Parsippany, NJ, pg. 714
R., Deepika V., Creative --Happy mcgarrybowen, Bengaluru, India, pg. 717
Rabot, Peter, Creative --MUNN RABOT LLC, New York, NY, pg. 779
Rachel, Philippe, Creative --TBWA/G1, Boulogne-Billancourt, France, pg. 1081
Rachford, Chuck, Creative --CURRENT LIFESTYLE MARKETING, Chicago, IL, pg. 1479
Rachlitz, Adam, Creative --VOL.4, Los Angeles, CA, pg. 1146
Rad, Julian, Creative --Jack Morton Worldwide, San Francisco, CA, pg. 568
Radewych, Eugene, Creative --MullenLowe Moscow, Moscow, Russia, pg. 775
Radtke, Charlie, Creative --PHOENIX MARKETING INTERNATIONAL, Milwaukee, WI, pg. 869
Radulescu, Monica, Creative --Publicis Italia, Milan, Italy, pg. 899
Rahming, Miko, Creative --INTERSECTION, New York, NY, pg. 543
Raichman, David, Creative --OgilvyOne, Paris, France, pg. 814
Raj, Robin, Creative --CITIZEN GROUP, San Francisco, CA, pg. 209
Rakuscek, Janez, Creative --Luna TBWA, Ljubljana, Slovenia, pg. 1085
Ramachandran, Subramani, Creative --McCann Erickson India, Mumbai, India, pg. 704
Ramadhan, Gilang, Creative --BBDO Komunika, Jakarta, Indonesia, pg. 113
Ramirez, Carlos E., Creative --Grey Mexico, S.A. de C.V, Mexico, Mexico, pg. 444
Ramirez, Paul, Creative --Team Enterprises, Inc., Fort Lauderdale, FL, pg. 723
Ramos, Joey, Creative --BENEDICT ADVERTISING, Daytona Beach, FL, pg. 122
Ramos, Juan, Creative --MCCANN ECHO NORTH AMERICA, Mountain Lakes, NJ, pg. 713
Ramos, Simona, Creative --HEALTHCARE SUCCESS STRATEGIES, Irvine, CA, pg. 492
Ramos, Stephanie, Creative --ZAMBEZI, Culver City, CA, pg. 1209
Rampersad, Vikash, Creative --Valdez & Torry Advertising Limited, Port of Spain, Trinidad & Tobago, pg. 444
Ramphal, Hemma, Creative --Lonsdale Saatchi & Saatchi, Port of Spain, Trinidad & Tobago, pg. 982
Ramsden, James, Creative --Coley Porter Bell, London, United Kingdom, pg. 817
Ramsden, James, Creative --Coley Porter Bell, London, United Kingdom, pg. 1179
Ramskill, John, Creative --BRANDOPUS, New York, NY, pg. 158
Ranade, Rajdatta, Creative --FCB Ulka, Mumbai, India, pg. 373
Rand, Matt, Creative --ARCHER MALMO AUSTIN, Austin, TX, pg. 66
Rangaka, Tseliso, Creative --Ogilvy Johannesburg (Pty.) Ltd., Johannesburg, South Africa, pg. 829
Rangel, Carlos, Creative --GOODBY, SILVERSTEIN & PARTNERS, San Francisco, CA, pg. 428
Rankin, Chris, Creative --CREATIVE SPOT, Columbus, OH, pg. 246
Raphael, Jossy, Creative --Ogilvy, New Delhi, India, pg. 825
Raposo, Ramiro, Creative --The Community, Buenos Aires, Argentina, pg. 224
Rasheed, Roshana, Creative --Leo Burnett Solutions Inc., Colombo,

Sri Lanka, pg. 631
Raso, Michael, Creative --MCGARRYBOWEN, New York, NY, pg. 716
Rathbone, Shon, Creative --3HEADED MONSTER, Dallas, TX, pg. 7
Rave, Robert, Creative --CONCEPT ARTS, Hollywood, CA, pg. 225
Ravindran, Pradeep, Creative --J. Walter Thompson, Mumbai, India, pg. 556
Ravine, Nick, Creative --BRAINSTORMS ADVERTISING & MARKETING, INC., Fort Lauderdale, FL, pg. 153
Rawat, Hari, Creative --Ogilvy India, Mumbai, India, pg. 824
Ray, Gordon, Creative --M&C Saatchi Abel, Cape Town, South Africa, pg. 660
Ray, Sayan, Creative --CONCENTRIC HEALTH EXPERIENCE, New York, NY, pg. 225
Raymer, Lori, Creative --CERADINI BRAND DESIGN, Brooklyn, NY, pg. 200
Raymond, Luke, Creative --VMG CREATIVE, New York, NY, pg. 1143
Raynsford, Linda, Creative --JSTOKES AGENCY, Walnut Creek, CA, pg. 584
Rea, John, Creative --HAVAS WORLDWIDE, New York, NY, pg. 475
Rea, John, Creative --Havas Worldwide Tonic, New York, NY, pg. 477
Reach, Amy L., Creative --PURERED/FERRARA, Stone Mountain, GA, pg. 917
Read, Ginnie, Creative --THREAD CONNECTED CONTENT, Minneapolis, MN, pg. 1102
Reagan, Brenda, Creative --SANDBOX CHICAGO, Chicago, IL, pg. 989
Rearick, Alex, Creative --LAPLACA COHEN, New York, NY, pg. 611
Rebell, Eugene, Creative --Ogilvy India, Mumbai, India, pg. 824
Rebull, Alejandro, Creative --Biedermann Publicidad S.A., Asuncion, Paraguay, pg. 707
Reed, Allen, Creative --MADE BRANDS, LLC, Lakeland, FL, pg. 669
Reed, James, Creative --DECCA DESIGN, San Jose, CA, pg. 284
Reed, Jonathan, Creative --KEYSTONE MARKETING, Winston Salem, NC, pg. 593
Reed, Jonathan, Creative --WILDFIRE LLC, Winston Salem, NC, pg. 1167
Reed, Max, Creative --QUEST GROUP, Starkville, MS, pg. 922
Reedy, Matt, Creative --BRIGHTON AGENCY, INC., Saint Louis, MO, pg. 164
Reese, Brett, Creative --AKQA, INC., San Francisco, CA, pg. 1234
Reeves, Adam, Creative --TWOFIFTEENMCCANN, San Francisco, CA, pg. 1124
Reger, Dave, Creative --mcgarrybowen, Chicago, IL, pg. 718
Rego, Miguel, Creative --Ogilvy Mozambique, Maputo, Mozambique, pg. 828
Rehfeldt, Eddie, Creative --Edelman, Seattle, WA, pg. 1493
Reich, Mikal, Creative --DEAD AS WE KNOW IT, Brooklyn, NY, pg. 283
Reichard, Mark, Creative --SAATCHI & SAATCHI, New York, NY, pg. 975
Reid, John, Creative --Razorfish Health, Philadelphia, PA, pg. 1287
Reid, Nik, Creative --ADHOME CREATIVE, London, Canada, pg. 30
Reidmiller, Stephen, Creative --M&C Saatchi, Santa Monica, CA, pg. 662
Reidy, Dave, Creative --CLOSERLOOK, INC., Chicago, IL, pg. 214
Reightley, Lindsey, Creative --WIEDEN + KENNEDY, INC., Portland, OR, pg. 1163
Reilley, Chris, Creative --PARKWAY DIGITAL, Williamsville, NY, pg. 855
Reilly, Brad, Creative --Net#work BBDO, Gauteng, South Africa, pg. 108
Reilly, Kevin, Creative --OGILVY, New York, NY, pg. 809
Reilly, Rob, Creative --McCann New York, New York, NY, pg. 698
Reina, Rafael, Creative --OGILVY, New York, NY, pg. 809
Reinhart, Gino, Creative --ADVENTURE ADVERTISING LLC, Buford, GA, pg. 35
Reis, Kevin, Creative --Lonsdale Saatchi & Saatchi, Port of Spain, Trinidad & Tobago, pg. 982
Reisinger, Phil, Creative --PLANIT, Baltimore, MD, pg. 877
Reiss, Alexander, Creative --Saatchi & Saatchi, Frankfurt am Main, Germany, pg. 977
Reiter, Rich, Creative --WEITZMAN, INC., Annapolis, MD, pg. 1158
Reizuch, Andrew, Creative --SAATCHI & SAATCHI, New York, NY, pg. 975

AGENCIES — RESPONSIBILITIES INDEX

Rembielak, Dean, Creative --GO2 ADVERTISING, Twinsburg, OH, pg. 425
Remias, Lee, Creative --MCGARRYBOWEN, New York, NY, pg. 716
Rener, Zach, Creative --GREATEST COMMON FACTORY, Austin, TX, pg. 434
Renner, Jon, Creative --MARKETSMITH INC, Cedar Knolls, NJ, pg. 685
Repovs, Jernej, Creative --Studio Marketing, Ljubljana, Slovenia, pg. 561
Resch, Gary, Creative --FCB New York, New York, NY, pg. 365
Reyes, Eugenio, Creative --J. Walter Thompson, Caracas, Venezuela, pg. 564
Reyes, Olga, Creative --LOPEZ NEGRETE COMMUNICATIONS, INC., Houston, TX, pg. 651
Reyes, Rayna Vihuela, Creative --BBDO Guerrero, Makati, Philippines, pg. 114
Reyna-Neel, Cristina, Creative --DELL BLUE, Round Rock, TX, pg. 1221
Rhodes, Deb, Creative --BOHAN, Nashville, TN, pg. 144
Rhodes, Kevin, Creative --ST. JOHN & PARTNERS, Jacksonville, FL, pg. 1040
Riabov, David, Creative --SCRATCH, Toronto, Canada, pg. 999
Ribaudo, Ron, Creative --MONARCH COMMUNICATIONS INC., Millburn, NJ, pg. 755
Ribeiro, Marcos, Creative --GEORGE P. JOHNSON, New York, NY, pg. 416
Ribolla, Lino, Creative --PRIMACY, Farmington, CT, pg. 889
Ricci, Pete, Creative --EISENBERG, VITAL & RYZE ADVERTISING, Manchester, NH, pg. 334
Rich, Chip, Creative --Campbell Ewald Los Angeles, West Hollywood, CA, pg. 541
Rich, Chip, Creative --Campbell Ewald New York, New York, NY, pg. 541
Richards, Glenn, Creative --GEARBOX FUNCTIONAL CREATIVE INC., Saint Cloud, MN, pg. 413
Richards, Suzanne, Creative --Discovery USA, Chicago, IL, pg. 905
Richards, Wes, Creative --DEARDORFF ASSOCIATES, Philadelphia, PA, pg. 284
Richie, Thomas, Creative --TOM, DICK & HARRY CREATIVE, Chicago, IL, pg. 1108
Richman, Heather, Creative --RIPE MEDIA, INC, Los Angeles, CA, pg. 1285
Richmond, Sally, Creative --whiteGREY, Cremorne, Australia, pg. 445
Richter, Thomas, Creative --HAVAS WORLDWIDE, New York, NY, pg. 475
Ricketson, Bim, Creative --George P. Johnson (Australia) Pty., Ltd., Sydney, Australia, pg. 417
Ricque, Carlos, Creative --DIGITAS, San Francisco, CA, pg. 302
Riddle, Bryan, Creative --J. Walter Thompson, London, United Kingdom, pg. 562
Ridenti, Gina, Creative --TBWA Italia, Milan, Italy, pg. 1083
Ridley, Lynn, Creative --JAN KELLEY MARKETING, Burlington, Canada, pg. 571
Riera, Marcelo Con, Creative --BBDO Chile, Santiago, Chile, pg. 102
Riezebeek, Alexander, Creative --MEKANISM, San Francisco, CA, pg. 729
Rifkin, Hettie, Creative --MullenLowe London, London, United Kingdom, pg. 775
Rifkin, Jeff, Creative --WE ARE ALEXANDER, Saint Louis, MO, pg. 1155
Rigozzi, Alberto, Creative --DDB S.r.L. Advertising, Milan, Italy, pg. 276
Riley, Brittany, Creative --Chemistry Atlanta, Atlanta, GA, pg. 205
Riley, Dave, Creative --THE MARTIN GROUP, LLC., Buffalo, NY, pg. 688
Riley, Sandra, Creative --TOMSHEEHAN WORLDWIDE, Reading, PA, pg. 1109
Riley, Sean, Creative --THE MARTIN AGENCY, Richmond, VA, pg. 687
Riley, Sean, Creative --McCann Healthcare Singapore, Singapore, Singapore, pg. 709
Rineer, Gregg R., Creative --LMI ADVERTISING, E Petersburg, PA, pg. 648
Ringqvist, Martin, Creative --Forsman & Bodenfors, Stockholm, Sweden, pg. 722
Riommi, Jorg Carlo Nicolo, Creative --Publicis, Bucharest, Romania, pg. 901
Rios, Analia, Creative --J. Walter Thompson, Buenos Aires, Argentina, pg. 563
Rios, Ramon Sala, Creative --TBWA Espana, Barcelona, Spain, pg. 1085
Risser, John, Creative --MeringCarson, San Diego, CA, pg. 731
Ritchie, Brian, Creative --SPACE150, Minneapolis, MN, pg. 1031
Ritt, Mike, Creative --SLACK AND COMPANY, Chicago, IL, pg. 1020
Rivard, Katie, Creative --SapientRazorfish Chicago, Chicago, IL, pg. 1288
Rivera, Jose M., Creative --DDB LATINA PUERTO RICO, San Juan, PR, pg. 267
Rivera, Ricardo, Creative --CASANOVA PENDRILL, Costa Mesa, CA, pg. 192
Rivera, Sandra, Creative --HAVAS WORLDWIDE, New York, NY, pg. 475
Rivero, Chucky, Creative --Teran TBWA, Mexico, Mexico, pg. 1092
Roalfe, Mark, Creative --Y&R London, London, United Kingdom, pg. 1204
Robbins, Emma, Creative --M&C Saatchi, Melbourne, Australia, pg. 662
Roberge, Matthias, Creative --BOLDWERKS, Portsmouth, NH, pg. 145
Robert, Rodrigues, Creative --BBH Mumbai, Mumbai, India, pg. 93
Roberts, Amanda, Creative --HILL HOLLIDAY, Boston, MA, pg. 500
Roberts, Erica, Creative --PUBLICIS NEW YORK, New York, NY, pg. 912
Roberts, Guy, Creative --Saatchi & Saatchi, Auckland, New Zealand, pg. 984
Roberts, Irene, Creative --INTERNET MARKETING, INC., San Diego, CA, pg. 540
Roberts, Kyle, Creative --FREESTYLE CREATIVE, Moore, OK, pg. 397
Robertson, Chris, Creative --McCann Detroit, Birmingham, MI, pg. 699
Robertson, Scott, Creative --ROBERTSON & PARTNERS, Las Vegas, NV, pg. 964
Robilliard, Andy, Creative --Colenso BBDO, Auckland, New Zealand, pg. 114
Robinson, Danny, Creative --WEBER SHANDWICK, New York, NY, pg. 1673
Robinson, Neil, Creative --CHAPTER, San Francisco, CA, pg. 202
Robinson, Oliver, Creative --FP7, Dubai, United Arab Emirates, pg. 710
Robledo-Atwood, Blanca, Creative --WILD CONSORT, INC., Edgewood, IA, pg. 1167
Robles, Leslie, Creative --DDB LATINA PUERTO RICO, San Juan, PR, pg. 267
Roca, Camil, Creative --Bassat, Ogilvy Comunicacion, Barcelona, Spain, pg. 816
Roca, Camil, Creative --Bassat, Ogilvy Comunicacion, Barcelona, Spain, pg. 1600
Rocca, Marco, Creative --J. Walter Thompson Milan, Milan, Italy, pg. 560
Rocha, Saulo, Creative --LOLA MullenLowe, Madrid, Spain, pg. 542
Rocino, Ezequiel, Creative --McCann Erickson, Buenos Aires, Argentina, pg. 700
Rockett, Marie, Creative --ALLEN & GERRITSEN, Boston, MA, pg. 45
Rodocker, Andrew, Creative --BRADLEY & MONTGOMERY ADVERTISING, Indianapolis, IN, pg. 152
Rodriguez, Daniel, Creative --DDB Madrid, S.A., Madrid, Spain, pg. 280
Rodriguez, Dario, Creative --Publicis Arredondo de Haro, Mexico, Mexico, pg. 907
Rodriguez, Joel, Creative --MCCANN, New York, NY, pg. 697
Rodriguez, Luis M., Creative --Ogilvy, Playa Vista, CA, pg. 811
Rodriguez, Steve, Creative --EP+Co, New York, NY, pg. 343
Roe, Mike, Creative --SAPIENTRAZORFISH NEW YORK, New York, NY, pg. 1286
Roebuck, Rachel, Creative --AMP Agency, Seattle, WA, pg. 1236
Roedel, Victoria, Creative --LAUNDRY SERVICE, New York, NY, pg. 615
Roemmelt, Peter, Creative --Ogilvy Frankfurt, Frankfurt, Germany, pg. 814
Roesler, Robben, Creative --Sandbox, Kansas City, MO, pg. 989
Rogers, Brenden, Creative --STUBS COMMUNICATIONS COMPANY, New York, NY, pg. 1227
Rogers, Steve, Creative --Haygarth Group, London, United Kingdom, pg. 931
Rogers-Goode, Tanner, Creative --VML-White Salmon, White Salmon, WA, pg. 1144
Rohner, Trent, Creative --VIRTUE WORLDWIDE, Brooklyn, NY, pg. 1139
Rohrer, Jason, Creative --3 ADVERTISING, Albuquerque, NM, pg. 5
Rojas, Boris, Creative --Wunderman, Santiago, Chile, pg. 1190
Rojas, Francisco, Creative --CASANOVA PENDRILL, Costa Mesa, CA, pg. 192
Rojas, Gretel, Creative --PIL CREATIVE GROUP, INC, Coral Gables, FL, pg. 871
Rolli, Paola, Creative --Saatchi & Saatchi, Milan, Italy, pg. 978
Rollins, Alex, Creative --MEDIA BRIDGE ADVERTISING, MinneaPOlis, MN, pg. 725
Romanenghi, Stephen, Creative --STERN ADVERTISING, INC., Cleveland, OH, pg. 1048
Rome, Jamie, Creative --GREY GROUP, New York, NY, pg. 438
Romero, Adan, Creative --RAUXA, Costa Mesa, CA, pg. 933
Rommelfanger, Russell, Creative --ENVOY, Irvine, CA, pg. 342
Rommelfanger, Ryan, Creative --ENVOY, Irvine, CA, pg. 342
Ronk, Dirk, Creative --ANDERSON MARKETING GROUP, San Antonio, TX, pg. 58
Ronquillo, Mark, Creative --PUBLICIS USA, New York, NY, pg. 912
Roodenburg, Rod, Creative --ION BRAND DESIGN, Vancouver, Canada, pg. 546
Rooney, Elizabeth, Creative --INTOUCH SOLUTIONS, Overland Park, KS, pg. 544
Rooney, Maliya, Creative --Padilla, Richmond, VA, pg. 850
Roope, Nicolas, Creative --Nurun Spain, Barcelona, Spain, pg. 904
Roope, Nicolas, Creative --SapientRazorfish Paris, Paris, France, pg. 1287
Root, Jim, Creative --Cramer-Krasselt, Milwaukee, WI, pg. 237
Rosado, Jaime, Creative --J. Walter Thompson, San Juan, PR, pg. 564
Rose, Karin, Creative --GOLIN, Chicago, IL, pg. 1519
Rosen-Bernstein, Sylve, Creative --OUR MAN IN HAVANA, Brooklyn, NY, pg. 845
Rosenberg, Eleanor, Creative --Aasman Brand Communications, Whitehorse, Canada, pg. 16
Rosenberg, Jason, Creative --ELEVEN INC., San Francisco, CA, pg. 336
Rosenblatt, Adam, Creative --MOCEAN, Los Angeles, CA, pg. 752
Roser, Fabian, Creative --DDB Berlin, Berlin, Germany, pg. 274
Rosica, Mark, Creative --GKV COMMUNICATIONS, Baltimore, MD, pg. 421
Rosli, Christian, Creative --BBDO Argentina, Buenos Aires, Argentina, pg. 101
Ross, Alexis Brooke, Creative --CONTEND, Los Angeles, CA, pg. 229
Ross, Jesse, Creative --HABERMAN & ASSOCIATES, INC., Minneapolis, MN, pg. 460
Ross, Mike, Creative --RIESTER, Phoenix, AZ, pg. 958
Ross, Mike, Creative --Riester, Park City, UT, pg. 958
Ross, Pete, Creative --GREY CANADA, Toronto, Canada, pg. 437
Ross, Robert, Creative --OGILVY HEALTHWORLD, New York, NY, pg. 832
Rossi, Adrian, Creative --Abbott Mead Vickers BBDO, London, United Kingdom, pg. 109
Rossi, Costanza, Creative --Publicis Italia, Milan, Italy, pg. 899
Rossi, Jameson, Creative --Deutsch New York, New York, NY, pg. 295
Roth, Will, Creative --VITRO, San Diego, CA, pg. 1141
Rothkopf, David, Creative --MARKETING WERKS, INC., Chicago, IL, pg. 1411
Roufa, Michelle, Creative --MCGARRYBOWEN, New York, NY, pg. 716
Roussos, Antonis, Creative --OgilvyOne Worldwide, Athens, Greece, pg. 815
Routhier, Melissa, Creative --DDB Chicago, Chicago, IL, pg. 268
Rovner, Mike, Creative --MCGARRYBOWEN, New York, NY, pg. 716
Rowcliffe, Steve, Creative --CRITICAL MASS INC., Calgary, Canada, pg. 248
Roy, Neel, Creative --Leo Burnett Orchard, Bengaluru, India, pg. 630
Royce, Damian, Creative --Havas Worldwide Australia, North Sydney, Australia, pg. 485
Royce, Ginna, Creative --BLAINETURNER ADVERTISING, INC., Morgantown, WV, pg. 133
Rozier, Dan, Creative --LAUNDRY SERVICE, New York, NY, pg. 615
Rozzi, Pino, Creative --GreyUnited, Milan, Italy, pg. 441
Rubin, Dan, Creative --2E CREATIVE, Saint Louis, MO, pg. 4
Rubin, Josh, Creative --MCGARRYBOWEN, New York, NY, pg.

RESPONSIBILITIES INDEX — AGENCIES

716
Rudie, Nick, Creative --SIXSPEED, Minneapolis, MN, pg. 1017
Rudzinski, Rick, Creative --WALTER F. CAMERON ADVERTISING INC., Hauppauge, NY, pg. 1151
Rue, Juliette, Creative --deutschMedia, New York, NY, pg. 295
Rueda, Mariela, Creative --Grey Mexico, S.A. de C.V, Mexico, Mexico, pg. 444
Rufo, Lucio, Creative --R/GA London, London, United Kingdom, pg. 926
Ruggerio, Richard, Creative --IBM iX, Columbus, OH, pg. 518
Ruggieri, Jessica, Creative --ALLEN & GERRITSEN, Boston, MA, pg. 45
Ruiz, Heather Kristina, Creative --INTERLEX COMMUNICATIONS INC., San Antonio, TX, pg. 538
Rumaya, Arthur, Creative --CHRISTIE & CO, Santa Barbara, CA, pg. 1468
Runco, Patrick, Creative --LIQUID ADVERTISING, El Segundo, CA, pg. 644
Runion, Andrew, Creative --DUDNYK HEALTHCARE GROUP, Horsham, PA, pg. 324
Russell, Ed, Creative --ACKERMAN MCQUEEN, INC., Oklahoma City, OK, pg. 21
Russell, Tom, Creative --BADJAR Ogilvy, Melbourne, Australia, pg. 821
Russi, Federico, Creative --Leo Burnett Mexico S.A. de C.V., Mexico, Mexico, pg. 624
Russo, Becky, Creative --DAIGLE CREATIVE, Jacksonville, FL, pg. 257
Russo, Giancarlo, Creative --PINTA, New York, NY, pg. 872
Russo, Jennifer, Creative --THE LACEK GROUP, Minneapolis, MN, pg. 606
Rust, Anne, Creative --THE DEALEY GROUP, Dallas, TX, pg. 283
Rust, Marc, Creative --BOSTON INTERACTIVE, Charlestown, MA, pg. 1242
Rust, Will, Creative --Ogilvy Healthworld/Copenhagen, Copenhagen, Denmark, pg. 833
Ruth, Adam, Creative --OXFORD COMMUNICATIONS, INC., Lambertville, NJ, pg. 847
Rutolo, Brian, Creative --23K STUDIOS, Wayne, PA, pg. 4
Rutstein, Ashley, Creative --LRXD, Denver, CO, pg. 1269
Ruzzene, Piero, Creative --Saatchi & Saatchi Australia, Sydney, Australia, pg. 983
Ryan, David, Creative --BROGAN & PARTNERS CONVERGENCE MARKETING, Birmingham, MI, pg. 166
Ryan, David, Creative --IGNITE SOCIAL MEDIA, Cary, NC, pg. 1263
Ryan, Erika, Creative --HAVAS WORLDWIDE CHICAGO, Chicago, IL, pg. 488
Ryan, Jeremy, Creative --LIPMAN HEARNE, INC., Chicago, IL, pg. 643
Ryan, Maria, Creative --THE CASTLE GROUP, Boston, MA, pg. 1464
Ryan, Spencer, Creative --VAULT49, New York, NY, pg. 1132
Rybacki, Zac, Creative --EDELMAN, Chicago, IL, pg. 1490
ryou, sunjoo, Creative --FCB New York, New York, NY, pg. 365
Rys, Rafal, Creative --Saatchi & Saatchi, Warsaw, Poland, pg. 979
Sa, Oswaldo, Creative --TBWA Raad, Dubai, United Arab Emirates, pg. 1088
Sabol, Emily Simpson, Creative --SOKAL MEDIA GROUP, Raleigh, NC, pg. 1027
Saca-Schader, Erika, Creative --WALTON / ISAACSON, Culver City, CA, pg. 1151
Safi, Christian, Creative --MEMAC Ogilvy, Beirut, Lebanon, pg. 830
Saginor, Andrew, Creative --CO-COMMUNICATIONS INC., West Harrison, NY, pg. 1400
Sah, Anadi, Creative --Isobar India, Mumbai, India, pg. 549
Saha, Anusheela, Creative --FCB Ulka, Gurgaon, India, pg. 373
Saha, Anusheela, Creative --FCB Ulka, Mumbai, India, pg. 373
Saini, Ajay, Creative --Hakuhodo Percept Pvt. Ltd., Mumbai, India, pg. 463
Saini, Chhavi, Creative --Ogilvy India, Mumbai, India, pg. 824
Saitta, Randy, Creative --MERKLEY+PARTNERS, New York, NY, pg. 733
Sakamoto, Glenn, Creative --THE UXB, Beverly Hills, CA, pg. 1129
Salah, Bana, Creative --Impact BBDO, Dubai, United Arab Emirates, pg. 109
Saldanha, Fred, Creative --ARNOLD WORLDWIDE, Boston, MA, pg. 69
Salem, Ed, Creative --Swanson Russell Associates, Omaha, NE, pg. 1065
Salema, Ricardo, Creative --ISOBAR US, Boston, MA, pg. 549
Salerno, Janine, Creative --OGILVY COMMONHEALTH WORLDWIDE, Parsippany, NJ, pg. 832

Salim, Anees, Creative --FCB Interface, Kochi, India, pg. 373
Salinas, George, Creative --ADCETERA GROUP, Houston, TX, pg. 27
Salvador, Al, Creative --BBDO Guerrero, Makati, Philippines, pg. 114
Salvador, Fernando, Creative --R/GA San Francisco, San Francisco, CA, pg. 926
Salvaggio, Giovanni, Creative --Leo Burnett Co., S.r.l., Milan, Italy, pg. 625
Salvaterra, Nuno, Creative --Publicis Publicidade Lda., Lisbon, Portugal, pg. 901
Salzer, Kris, Creative --ANTHOLOGY MARKETING GROUP, Honolulu, HI, pg. 1433
Samanka, Kelley, Creative --CAMPBELL EWALD, Detroit, MI, pg. 185
Samanka, Kelley, Creative --Campbell Ewald New York, New York, NY, pg. 541
Sambrakos, Panos, Creative --OgilvyOne Worldwide, Athens, Greece, pg. 815
Samidin, Hasnah Mohammed, Creative --J. Walter Thompson, Kuala Lumpur, Malaysia, pg. 558
Samodio, Sydney, Creative --McCann Erickson (Philippines), Inc., Manila, Philippines, pg. 707
Sams, Matt, Creative --LEROY & ROSE, Santa Monica, CA, pg. 633
Samuel, Kanickraj, Creative --Happy mcgarrybowen, Bengaluru, India, pg. 717
Samuels, Lisa, Creative --ELEVATE INC., Tampa, FL, pg. 1499
San Juan, Mikel, Creative --Saatchi & Saatchi, Madrid, Spain, pg. 979
San Miguel, Javier, Creative --SENSIS, Los Angeles, CA, pg. 1002
Sanchez, Cristina, Creative --WE ARE UNLIMITED, Chicago, IL, pg. 1155
Sanchez, Julio, Creative --IMAGERY CREATIVE, Miami, FL, pg. 525
Sanchez, Tarryn, Creative --INFERNO, Memphis, TN, pg. 530
Sanchez, Tin, Creative --Y&R Peru, Lima, Peru, pg. 1207
Sanders, Cecil, Creative --OPTIMA PUBLIC RELATIONS LLC, Anchorage, AK, pg. 1603
Sanders, Glenn, Creative --ECLIPSE ADVERTISING, INC., Burbank, CA, pg. 330
Sandoval, Mags, Creative --Campaigns & Grey, Makati, Philippines, pg. 447
Sandoval, Manolo, Creative --BBDO Mexico, Mexico, Mexico, pg. 103
Sands, Steven, Creative --Longbottom Communications, McLean, VA, pg. 987
Sandstrom, Steve, Creative --SANDSTROM PARTNERS, Portland, OR, pg. 1286
Sanfillippo, Aaron, Creative --TWO BY FOUR, Chicago, IL, pg. 1124
Sanicola, Fred, Creative --MCGARRYBOWEN, New York, NY, pg. 716
Sano, Bret, Creative --CALIBER CREATIVE, LLC, Dallas, TX, pg. 183
Sano, Shogo, Creative --C.2K COMMUNICATIONS, Los Angeles, CA, pg. 181
Sant, Chris, Creative --Ubachswisbrun J. Walter Thompson, Amsterdam, Netherlands, pg. 560
Santamarina, Rafael, Creative --Del Campo Nazca Saatchi & Saatchi, Buenos Aires, Argentina, pg. 981
Santana, Adalberto, Creative --FCB New York, New York, NY, pg. 365
Santarelli, Marco, Creative --J. Walter Thompson Milan, Milan, Italy, pg. 560
Santiago, Henrique, Creative --THE MARTIN AGENCY, Richmond, VA, pg. 687
Santiago, Veronica, Creative --YOUNNEL ADVERTISING, INC., Stockton, CA, pg. 1208
Santo, Joao Espirito, Creative --Ogilvy (Eastern Africa) Ltd., Nairobi, Kenya, pg. 828
Santos, Daniel, Creative --STEIN IAS, New York, NY, pg. 1045
Santos, Vivian, Creative --VSBROOKS, Coral Gables, FL, pg. 1147
Santoso, Erwin, Creative --J. Walter Thompson, Jakarta, Indonesia, pg. 557
Saputo, Thomas, Creative --SAPUTO DESIGN, INC., Westlake Village, CA, pg. 991
Sardesai, Amol, Creative --PENNEBAKER, Houston, TX, pg. 862
Sardone, Joe, Creative --MACDOUGALL BIOMEDICAL COMMUNICATIONS, INC., Wellesley, MA, pg. 666
Sarkis, Gustavo, Creative --MullenLowe, El Segundo, CA, pg. 772

Sarmiento, Mauricio, Creative --Leo Burnett Colombia, S.A., Bogota, Colombia, pg. 623
Sartori, Michele, Creative --Leo Burnett Co. S.r.l., Turin, Italy, pg. 625
Sasdy, Anita, Creative --Abbott Mead Vickers BBDO, London, United Kingdom, pg. 109
Saucedo, Roberto, Creative --WE ARE ALEXANDER, Saint Louis, MO, pg. 1155
Saucier, Andy, Creative --EVOKE HEALTH, New York, NY, pg. 354
Saulitis, Mika, Creative --Loyalkaspar Inc, Los Angeles, CA, pg. 654
Sava, Sann, Creative --DDB Canada, Toronto, Canada, pg. 267
Savic, Steve, Creative --CRITICAL MASS INC., Calgary, Canada, pg. 248
Saville, Robert, Creative --MOTHER LTD., London, United Kingdom, pg. 762
Savrasova, Ekaterina, Creative --Young & Rubicam FMS, Moscow, Russia, pg. 1205
Savvakos, Dimitris, Creative --OgilvyOne Worldwide, Athens, Greece, pg. 815
Sawant, Kunal, Creative --Ogilvy, Bengaluru, India, pg. 823
Sawchuk, Ron, Creative --MCKIM, Winnipeg, Canada, pg. 719
Sayn-Wittgenstein, Peter, Creative --MIRUM LLC, San Diego, CA, pg. 1272
Scaglione, Richard, Creative --LOCOMOTION CREATIVE, Nashville, TN, pg. 649
Schachtner, Michael, Creative --BBDO Dusseldorf, Dusseldorf, Germany, pg. 105
Schalit, Mike, Creative --Abbott Mead Vickers BBDO, London, United Kingdom, pg. 109
Schaller, Russell, Creative --Cheil Worldwide Inc., Seoul, Korea (South), pg. 462
Schambow, Daniel, Creative --BADER RUTTER & ASSOCIATES, INC., Milwaukee, WI, pg. 83
Scheer, Eric, Creative --SEED STRATEGY, INC., Crestview Hills, KY, pg. 1000
Schell, Tyler, Creative --Publicis Toronto, Toronto, Canada, pg. 904
Scher, Taryn, Creative --Ogilvy Johannesburg (Pty.) Ltd., Johannesburg, South Africa, pg. 829
Scher, Taryn, Creative --Ogilvy South Africa (Pty.) Ltd., Johannesburg, South Africa, pg. 829
Schermer, Scott, Creative --OMOBONO, Chicago, IL, pg. 1277
Scheuerpflug, Joerg, Creative --McCann Erickson Brand Communications Agency, Frankfurt am Main, Germany, pg. 703
Scheyer, Brian, Creative --MORTAR ADVERTISING, San Francisco, CA, pg. 761
Schiding, Allison, Creative --STONER BUNTING ADVERTISING, Lancaster, PA, pg. 1051
Schiller, Chuck, Creative --THE RICHARDS GROUP, INC., Dallas, TX, pg. 956
Schleder, Carlos, Creative --DPZ-Duailibi, Petit, Zaragoza, Propaganda S.A., Sao Paulo, Brazil, pg. 906
Schleder, Carlos, Creative --DPZ-Duailibi, Petit, Zaragoza, Propaganda S.A., Sao Paulo, Brazil, pg. 21
Schlocker, Natalie, Creative --DRS & ASSOCIATES, Studio City, CA, pg. 322
Schmalfeld, Erin, Creative --PORTAL A LIMITED, San Francisco, CA, pg. 1280
Schmeling, Andrew, Creative --VELOWERKS, San Francisco, CA, pg. 1299
Schmelzer, Jessica, Creative --CATCHFIRE, Minneapolis, MN, pg. 196
Schmidt, Dustin, Creative --THIRD DEGREE ADVERTISING, Norman, OK, pg. 1100
Schmidt, Jim, Creative --Burson-Marsteller, Washington, DC, pg. 1441
Schmidt, Zachary, Creative --RES PUBLICA GROUP, Chicago, IL, pg. 1629
Schmitt, Erik, Creative --AYZENBERG GROUP, INC., Pasadena, CA, pg. 81
Schmitt, Gabriel, Creative --FCB New York, New York, NY, pg. 365
Schmitt, Jorg, Creative --Interbrand, Hamburg, Germany, pg. 836
Schnorr, Justin, Creative --FLIPELEVEN LLC, Milwaukee, WI, pg. 389
Schoenberg, Jonathan, Creative --TDA_BOULDER, Boulder, CO, pg. 1094
Scholz, Brent, Creative --INTOUCH SOLUTIONS, Overland Park, KS, pg. 544
Schonberger, Mike, Creative --BBDO Toronto, Toronto, Canada, pg. 100
Schreiber, Michael, Creative --DDB HEALTH, New York, NY, pg.

AGENCIES

RESPONSIBILITIES INDEX

267

Schrey, Sam, Creative --Saatchi & Saatchi, Auckland, New Zealand, pg. 984

Schriver, Philip, Creative --ZLRIGNITION, Des Moines, IA, pg. 1214

Schroeder, Kevin, Creative --Saatchi & Saatchi Los Angeles, Torrance, CA, pg. 975

Schuck, Christian, Creative --M&C Saatchi, Berlin, Germany, pg. 661

Schuckman, Amanda, Creative --STRADELLA ROAD, Los Angeles, CA, pg. 1293

Schuller, Tom, Creative --IMMOTION STUDIOS, Fort Worth, TX, pg. 527

Schulman, Paul, Creative --Y&R Peru, Lima, Peru, pg. 1207

Schulze, Zack, Creative --CRAMER-KRASSELT, Chicago, IL, pg. 237

Schuring, Lionell, Creative --Grey Amsterdam, Amsterdam, Netherlands, pg. 441

Schutte, Eric, Creative --DEVITO/VERDI, New York, NY, pg. 296

Schuyler, Claude, Creative --THE PAIGE GROUP, Utica, NY, pg. 851

Schwarz, Erin, Creative --HCB HEALTH CHICAGO, Chicago, IL, pg. 490

Schwarz, Stephan, Creative --BETC, Paris, France, pg. 479

Schwarzberg, Marc, Creative --DAVID & GOLIATH, El Segundo, CA, pg. 261

Schwatka, Mark, Creative --GREY GROUP, New York, NY, pg. 438

Schweikert, Casey, Creative --BBH NEW YORK, New York, NY, pg. 115

Schwey, Ian, Creative --TAG, Thornhill, Canada, pg. 1070

Sciancalepore, Jim, Creative --MEDIA LOGIC, Albany, NY, pg. 726

Sciolla, Angelina, Creative --BENCHWORKS, Chestertown, MD, pg. 122

Scissons, Patrick, Creative --ZULU ALPHA KILO, Toronto, Canada, pg. 1216

Scornajenghi, Alice, Creative --Saatchi & Saatchi, Rome, Italy, pg. 978

Scott, Austin, Creative --EP+CO, Greenville, SC, pg. 343

Scott, Dave, Creative --LONDON : LOS ANGELES, El Segundo, CA, pg. 650

Scott, Rachael, Creative --FUTUREBRAND, New York, NY, pg. 405

Scotting, Andrea, Creative --OGILVY, New York, NY, pg. 809

Scoville, Randall, Creative --GSW WORLDWIDE, Westerville, OH, pg. 454

Seah, Shervin, Creative --Havas Worldwide Southeast Asia, Singapore, Singapore, pg. 485

Seaman, Keith, Creative --PAVONE, Harrisburg, PA, pg. 859

Sebastian, Roni, Creative --RED INTERACTIVE AGENCY, Santa Monica, CA, pg. 1284

Seder, Craig, Creative --SMITH BROTHERS AGENCY, LP, Pittsburgh, PA, pg. 1023

Sedlacek, Mark, Creative --Gyro Chicago, Chicago, IL, pg. 458

Segri, Rafael, Creative --SAATCHI & SAATCHI, New York, NY, pg. 975

Sehgal, Sundeep, Creative --J. Walter Thompson, Chennai, India, pg. 557

Seidel, Patrick, Creative --Ogilvy, Chicago, IL, pg. 811

Seidl, Fabio, Creative --VML, INC., Kansas City, MO, pg. 1143

Sein, Raymond, Creative --CODE AND THEORY, New York, NY, pg. 217

Sekin, Chris, Creative --JOHNSON & SEKIN, Dallas, TX, pg. 580

Selden, Lindsey, Creative --IRON CREATIVE COMMUNICATION, San Francisco, CA, pg. 548

Seldin, Benjamin Y, Creative --DIGITAS, Boston, MA, pg. 1250

Self, Darcey, Creative --RUNYON SALTZMAN & EINHORN, Sacramento, CA, pg. 972

Sellmeyer, Marty, Creative --BRIGHTON AGENCY, INC., Saint Louis, MO, pg. 164

Sells, Lindsey, Creative --DERSE INC., Milwaukee, WI, pg. 292

Seman, David Benjamin, Creative --MARC USA, Pittsburgh, PA, pg. 676

Sen Gupta, Gresha, Creative --J. Walter Thompson, Chennai, India, pg. 557

Sengupta, Arijit, Creative --FCB Ulka, Gurgaon, India, pg. 373

Sengupta, Sabuj, Creative --Hakuhodo Percept Pvt. Ltd., Mumbai, India, pg. 463

Senn, Landon, Creative --INFINITY MARKETING, Greenville, SC, pg. 531

Sentenac, Serge, Creative --TBWA/Compact, Toulouse, France, pg. 1081

Seow, Roy, Creative --SAESHE ADVERTISING, Los Angeles, CA, pg. 986

Serafine-Clark, Jarrad, Creative --KCD PUBLIC RELATIONS, San Diego, CA, pg. 1552

Sereni, Jenna, Creative --WHOSAY, New York, NY, pg. 1162

Serio, Janine, Creative --Havas Life New York, New York, NY, pg. 474

Serken, Ed, Creative --AREA 23, New York, NY, pg. 67

Serna, Anthony, Creative --AGENCY 51, Santa Ana, CA, pg. 37

Serrano, Alexander Otto, Creative --Hill+Knowlton Strategies, Frankfurt, Germany, pg. 1533

Seth, Akshay, Creative --Ogilvy India, Mumbai, India, pg. 824

Settle, Chris, Creative --DESTINATION MARKETING, Mountlake Terrace, WA, pg. 294

Shaffer, Andrew, Creative --BBDO San Francisco, San Francisco, CA, pg. 99

Shaffer, Leslie, Creative --Fallon New York, New York, NY, pg. 360

Shafri, Emir, Creative --Y&R Malaysia, Kuala Lumpur, Malaysia, pg. 1201

Shah, Neville, Creative --Ogilvy India, Mumbai, India, pg. 824

Shaker, Daniel, Creative --SHAKER RECRUITMENT ADVERTISING & COMMUNICATIONS, INC., Oak Park, IL, pg. 1005

Shanker, Ravi, Creative --FCB Jakarta, Jakarta, Indonesia, pg. 373

Shapiro, Kiah, Creative --LUCI CREATIVE, Lincolnwood, IL, pg. 655

Shapiro, Lauren, Creative --FARM, Depew, NY, pg. 362

Shapiro, Matt, Creative --THE REPUBLIK, Raleigh, NC, pg. 947

Shapiro, Neil, Creative --DDB VANCOUVER, Vancouver, Canada, pg. 267

Sharma, Harshvardhan, Creative --Grey (India) Pvt. Pty. Ltd. (Delhi), Gurgaon, India, pg. 446

Sharma, Keshni, Creative --J. WALTER THOMPSON, New York, NY, pg. 553

Sharma, Pramod, Creative --Rediffusion Y&R Pvt. Ltd., Mumbai, India, pg. 1200

Sharma, Pranav Harihar, Creative --Leo Burnett India, Mumbai, India, pg. 629

Shaw, Richard, Creative --Young & Rubicam Australia/New Zealand, Sydney, Australia, pg. 1199

Shay, Steven, Creative --iCrossing Chicago, Chicago, IL, pg. 1262

Shay, Steven, Creative --iCrossing Dallas, Dallas, TX, pg. 1262

Shea, Emily, Creative --STEPHAN & BRADY, INC., Madison, WI, pg. 1046

Sheehan, Kevin, Creative --HYC/MERGE, Chicago, IL, pg. 515

Shek, Andrea De Francisco, Creative --CORD MEDIA, Palm Desert, CA, pg. 231

Shelton, Brandon, Creative --Woodruff, Kansas City, MO, pg. 1176

Shelton, Josh, Creative --CP+B BOULDER, Boulder, CO, pg. 235

Shengjie, Huang, Creative --mcgarrybowen, Shanghai, China, pg. 718

Shepard, Brooke, Creative --Weber Shandwick-Seattle, Seattle, WA, pg. 1677

Sherman, Regina, Creative --IMC, Holmdel, NJ, pg. 1405

Sherrill, Christina Lee, Creative --SILTANEN & PARTNERS, El Segundo, CA, pg. 1013

Sherwell, Brian, Creative --Digitas, Atlanta, GA, pg. 1252

Sherwood, Ben, Creative --VSA PARTNERS, INC., Chicago, IL, pg. 1146

Sherwood, Matthew, Creative --Patients & Purpose, New York, NY, pg. 198

Shetler, Brent, Creative --MINDSPACE, Tempe, AZ, pg. 745

Shetty, Akshay, Creative --J. Walter Thompson, Bengaluru, India, pg. 557

Shetty, Bharat, Creative --Happy mcgarrybowen, Bengaluru, India, pg. 717

Shi, Zizi, Creative --Ogilvy (China) Ltd., Shanghai, China, pg. 822

Shiffrar, Bob, Creative --PRECISIONEFFECT, Boston, MA, pg. 887

Shockley, Mark, Creative --ADAMUS MEDIA, Blackwood, NJ, pg. 27

Shringy, Hemant, Creative --BBDO India, Gurgaon, India, pg. 112

Shrivastava, Abhishek, Creative --OgilvyOne Worldwide, New Delhi, India, pg. 825

Shugrue, Lauren, Creative --MAMMOTH ADVERTISING LLC, New York, NY, pg. 673

Shun, Matsuzaka, Creative --McCann Erickson (Malaysia) Sdn. Bhd., Kuala Lumpur, Malaysia, pg. 706

Shune, Lee Tak, Creative --Publicis (Malaysia) Sdn. Bhd., Petaling Jaya, Malaysia, pg. 910

Shuquan, Liu, Creative --Wunderman, Shanghai, China, pg. 1190

Siber, Omer, Creative --Markom/Leo Burnett, Istanbul, Turkey, pg. 627

Sica, Martin, Creative --TBWA/Guatemala, Guatemala, Guatemala, pg. 1092

Siciliano, Italo, Creative --TrackDDB, Toronto, Canada, pg. 931

Sideris, Yannis, Creative --Bold Ogilvy Greece, Athens, Greece, pg. 815

Sidharta, Paul, Creative --TCP-TBWA Indonesia, Jakarta, Indonesia, pg. 1090

Sidhu, Gurdev Singh, Creative --Havas Worldwide Gurgaon, Gurgaon, India, pg. 487

Sie, Waimuk, Creative --Atmosphere Proximity, New York, NY, pg. 98

Siegel, Peter, Creative --PACIFIC COMMUNICATIONS, Irvine, CA, pg. 848

Siegelman, Steve, Creative --Ketchum, San Francisco, CA, pg. 1555

Sienaert, Niels, Creative --FCB Chicago, Chicago, IL, pg. 364

Sierralta, Addhemar, Creative --WE ARE UNLIMITED, Chicago, IL, pg. 1155

Siers, Steve, Creative --CALLAN ADVERTISING COMPANY, Burbank, CA, pg. 184

Siff, Katie, Creative --PRAYTELL, Brooklyn, NY, pg. 1618

Silcox, Alex, Creative --Hill+Knowlton Strategies, London, United Kingdom, pg. 1533

Silver, Bex, Creative --SWIFT AGENCY, Portland, OR, pg. 1066

Silver, Jamie, Creative --SOCIALFLY, LLC, New York, NY, pg. 1026

Silver, Randy, Creative --EFK GROUP, Trenton, NJ, pg. 332

Silverglate, Isaac, Creative --R/GA, New York, NY, pg. 925

Silverson, Erik, Creative --GSW WORLDWIDE, Westerville, OH, pg. 454

Simoes, Fabio, Creative --FCB Sao Paulo, Sao Paulo, Brazil, pg. 370

Simoes, Luiz Vicente, Creative --Lapiz, Chicago, IL, pg. 622

Simoes, Luiz Vicente, Creative --MEMAC Ogilvy, Kuwait, Kuwait, pg. 830

Simoes, Renato, Creative --W+K Sao Paulo, Sao Paulo, Brazil, pg. 1164

Simonetti, Francesco, Creative --Leo Burnett Co., S.r.l., Milan, Italy, pg. 625

Simos-Dziewonska, Claudia, Creative --Horizon Media, Inc., Los Angeles, CA, pg. 1329

Simpson, Bob, Creative --RETHINK, Vancouver, Canada, pg. 951

Simson, Annette, Creative --Fleishman-Hillard, Brussels, Belgium, pg. 1510

Sinay, Matias, Creative --Rapp Argentina, Buenos Aires, Argentina, pg. 932

Sinclair, Caroline, Creative --ODYSSEUS ARMS, San Francisco, CA, pg. 808

Sinclair, Dawn, Creative --GRIGG GRAPHIC SERVICES, INC., Southfield, MI, pg. 450

Sindhi, Safaraaz, Creative --Ogilvy Cape Town, Cape Town, South Africa, pg. 829

Sines, Lauren, Creative --BRADO CREATIVE INSIGHT, Saint Louis, MO, pg. 152

Singh, Gurdev, Creative --Grey (India) Pvt. Pty. Ltd. (Delhi), Gurgaon, India, pg. 446

Singh, Swati, Creative --FCB Ulka, Mumbai, India, pg. 373

Singh, Vinay, Creative --DDB Mudra Group, Mumbai, India, pg. 275

Singow, Scott, Creative --THE GATE WORLDWIDE NEW YORK, New York, NY, pg. 411

Sinko, Donna R., Creative --SWBR, INC., Bethlehem, PA, pg. 1065

Sirichankachorn, Piyakan, Creative --BBDO Bangkok, Bangkok, Thailand, pg. 115

Siripakdee, Panupak, Creative --Leo Burnett, Bangkok, Thailand, pg. 631

Siwach, Ravinder, Creative --McCann Erickson India, New Delhi, India, pg. 705

Siy, Bryan, Creative --TBWA Santiago Mangada Puno, Manila, Philippines, pg. 1091

Sjoberg, Michelle, Creative --DDB California, San Francisco, CA, pg. 57

Skidgel, Jennifer, Creative --LEO BURNETT WORLDWIDE, INC., Chicago, IL, pg. 621

Skinner, David, Creative --LEO BURNETT WORLDWIDE, INC., Chicago, IL, pg. 621

Skinner, Jason, Creative --GS&F, Nashville, TN, pg. 453

Skinner, Tom, Creative --BARTLE BOGLE HEGARTY LIMITED, London, United Kingdom, pg. 92

Skudlarek, Amanda, Creative --Clear, New York, NY, pg. 659

Skudlarek, Amanda, Creative --M&C SAATCHI PUBLIC RELATIONS, New York, NY, pg. 1572

Slade, Kristina, Creative --THE COMMUNITY, Miami, FL, pg. 223

RESPONSIBILITIES INDEX — AGENCIES

Slater, Mark J., Creative --CRAMER PRODUCTIONS INC., Norwood, MA, pg. 238

Sloan, David, Creative --MCKINNEY, Durham, NC, pg. 719

Sloan, Trevor, Creative --WUNDERMAN WORLD HEALTH, Washington, DC, pg. 1193

Sloboda, Gary, Creative --BANDY CARROLL HELLIGE ADVERTISING, Louisville, KY, pg. 87

Slody, E., Creative --I.D.E.A., San Diego, CA, pg. 519

Slotkin, Alex, Creative --LAUNCH AGENCY, Carrollton, TX, pg. 614

Smart, Dwain, Creative --HANNA & ASSOCIATES INC., Coeur D'Alene, ID, pg. 465

Smart, Tom, Creative --SYMMETRI MARKETING GROUP, LLC, Chicago, IL, pg. 1067

Smiertka, David, Creative --SPARKS MARKETING CORP, Philadelphia, PA, pg. 1032

Smigielski, Robb, Creative --VML, London, United Kingdom, pg. 1144

Smith, Aamir, Creative --THE GATE WORLDWIDE NEW YORK, New York, NY, pg. 411

Smith, Cleve, Creative --O2IDEAS, INC., Birmingham, AL, pg. 803

Smith, Colleen, Creative --SAPIENTRAZORFISH NEW YORK, New York, NY, pg. 1286

Smith, Courtney, Creative --PURE MATTER, San Jose, CA, pg. 917

Smith, David, Creative --ADVERTISING SAVANTS, INC., Saint Louis, MO, pg. 35

Smith, Erica, Creative --LIVE NATION, Saint Louis, MO, pg. 1223

Smith, Ferdinand, III, Creative --JAY ADVERTISING, INC., Rochester, NY, pg. 573

Smith, Jenna, Creative --Ogilvy Cape Town, Cape Town, South Africa, pg. 829

Smith, Joyce, Creative --SLACK AND COMPANY, Chicago, IL, pg. 1020

Smith, Kenna, Creative --KANEEN ADVERTISING & PR, Tucson, AZ, pg. 587

Smith, Kieran, Creative --OMD UK, London, United Kingdom, pg. 1359

Smith, Maria Salvador, Creative --M&C Saatchi, Santa Monica, CA, pg. 662

Smith, Paul, Creative --Ogilvy, Ltd., London, United Kingdom, pg. 818

Smith, Peter, Creative --Ogilvy Healthworld, Sydney, Australia, pg. 832

Smith, Sean, Creative --SOLVE, Minneapolis, MN, pg. 1028

Smith, Shawn, Creative --SMITH BROTHERS AGENCY, LP, Pittsburgh, PA, pg. 1023

Smutko, Joshua, Creative --OMELET LLC, Culver City, CA, pg. 835

Snider, Alan, Creative --THE WONDERFUL AGENCY, Los Angeles, CA, pg. 1228

Snorina, Linda, Creative --THE MARKETING ARM, Dallas, TX, pg. 682

Snyder, Dave, Creative --FIRSTBORN, New York, NY, pg. 384

Soares, Carmela, Creative --Clemenger BBDO Melbourne, Melbourne, Australia, pg. 111

Sohaili, Sam, Creative --DMA UNITED, New York, NY, pg. 310

Sohm, Tyler, Creative --RUMOR ADVERTISING, Salt Lake City, UT, pg. 972

Soldan, Matt, Creative --GLOBAL TEAM BLUE, Dearborn, MI, pg. 423

Soliven, Vince, Creative --MVNP, Honolulu, HI, pg. 780

Solorzano, Jorge, Creative --El Taier DDB, Guatemala, Guatemala, pg. 274

Someshwar, Mangesh, Creative --Ogilvy India, Mumbai, India, pg. 824

Sonlin, Erik, Creative --CADIENT GROUP, Malvern, PA, pg. 182

Sookloll, Vino, Creative --FCB Cread, Beau Bassin, Mauritius, pg. 375

Sorell, Jessie, Creative --BENSIMON BYRNE, Toronto, Canada, pg. 123

Sormani, Hora, Creative --BBH NEW YORK, New York, NY, pg. 115

Soroka, Brian, Creative --23K STUDIOS, Wayne, PA, pg. 4

Sorvino, Carl, Creative --MWWPR, New York, NY, pg. 1591

Sousa, Zachary, Creative --AGENCY 451, Boston, MA, pg. 1427

Soyars, Michelle, Creative --VELA AGENCY, Winston Salem, NC, pg. 1132

Spadavecchia, Dino, Creative --GALLEGOS UNITED, Huntington Beach, CA, pg. 408

Spahr, Jay, Creative --BBDO WORLDWIDE INC., New York, NY, pg. 97

Spaniolo, Angelina, Creative --AGENCYEA, Chicago, IL, pg. 40

Spears, Jamie, Creative --GREY CANADA, Toronto, Canada, pg. 437

Speech, Jeff, Creative --CORE CREATIVE, INC., Milwaukee, WI, pg. 231

Speer, Amanda, Creative --Mekanism, New York, NY, pg. 730

Spencer, Brandon, Creative --CKR INTERACTIVE, Campbell, CA, pg. 211

Spencer, Steve, Creative --Sandbox, Kansas City, MO, pg. 989

Spielvogel, Andreas, Creative --DDB Vienna, Vienna, Austria, pg. 274

Spijkers, John, Creative --McCann Amsterdam, Amstelveen, Netherlands, pg. 707

Spilko, Emily, Creative --EVOKE HEALTH, New York, NY, pg. 354

Spillars, Dalynn, Creative --CHECKMARK COMMUNICATIONS, Saint Louis, MO, pg. 1220

Spliethoff, Sarah, Creative --AGENCYEA, Chicago, IL, pg. 40

Springer, Adam, Creative --SAATCHI & SAATCHI WELLNESS, New York, NY, pg. 985

Springfeldt, Adam, Creative --Acne Advertising, Stockholm, Sweden, pg. 1249

Sproul, Tim, Creative --SOCKEYE CREATIVE, Portland, OR, pg. 1027

Sprouse, Alex, Creative --FCB New York, New York, NY, pg. 365

Spurgeon, Andrew, Creative --Langland, Windsor, United Kingdom, pg. 911

Sree, Kash, Creative --GYRO, New York, NY, pg. 457

Srivastava, Nitin, Creative --Ogilvy, New Delhi, India, pg. 825

St. John, Adam, Creative --COLLE+MCVOY, Minneapolis, MN, pg. 219

Stacey, Simon, Creative --Fitch Design Pvt. Ltd., Singapore, Singapore, pg. 386

Stack, Jay, Creative --IGM CREATIVE GROUP, Lincoln Park, NJ, pg. 1405

Stack, Zack, Creative --EDGE MULTIMEDIA, Portland, OR, pg. 331

Stahl, Bjorn, Creative --INGO, Stockholm, Sweden, pg. 442

Stainback, Rob, Creative --MY BLUE ROBOT, Safety Harbor, FL, pg. 782

Stakgold, Alissa, Creative --QUIGLEY-SIMPSON, Los Angeles, CA, pg. 923

Stallings, Susan, Creative --McCann Detroit, Birmingham, MI, pg. 699

Stanger, Patrick, Creative --FEARWORM HAUNTVERTISING, Austin, TX, pg. 376

Stankiewicz, C. J., Creative --GLOBAL-5, INC., Longwood, FL, pg. 1518

Staples, Joe, Creative --Mother LA, Los Angeles, CA, pg. 763

Stapley, Robin, Creative --GLOBAL EXPERIENCE SPECIALISTS, INC., Las Vegas, NV, pg. 422

Stark, Alvin W., Creative --AL STARK'S A&M, Wadsworth, IL, pg. 43

Stauss, Alexander, Creative --Heimat Werbeagentur GmbH, Berlin, Germany, pg. 1082

Stechschulte, Paul, Creative --M/H VCCP, San Francisco, CA, pg. 664

Steele, Ben, Creative --GRIP LTD., Toronto, Canada, pg. 450

Steele, Gary, Creative --TBWA Singapore, Singapore, Singapore, pg. 1091

Stefanidou, Nicoletta, Creative --Isobar Hong Kong, North Point, China (Hong Kong), pg. 549

Stefanik, Brian, Creative --BOELTER + LINCOLN MARKETING COMMUNICATIONS, Milwaukee, WI, pg. 144

Stegmeyer, Lauren, Creative --THE DESIGNORY, Long Beach, CA, pg. 293

Stein, Joshua, Creative --MCCANN CANADA, Toronto, Canada, pg. 712

Stein, Randy, Creative --GRIP LTD., Toronto, Canada, pg. 450

Stein, Sanford, Creative --TracyLocke, Wilton, CT, pg. 1113

Steinwald, Matt, Creative --ENGINE US, New York, NY, pg. 341

Stell, Sean, Creative --MullenLowe, El Segundo, CA, pg. 772

Stella, Reid, Creative --WOODRUFF, Columbia, MO, pg. 1175

Stellpflug, Abby, Creative --AREA 23, New York, NY, pg. 67

Stephens, Jim, Creative --CHERYL ANDREWS MARKETING COMMUNICATIONS, Coral Gables, FL, pg. 1468

Stevanov, David, Creative --WE ARE UNLIMITED, Chicago, IL, pg. 1155

Stevenson, Dan, Creative --SCHIFINO LEE ADVERTISING, Tampa, FL, pg. 996

Stewart, Dave, Creative --ASSOCIATED INTEGRATED MARKETING, Wichita, KS, pg. 74

Stewart, David, Creative --KARSH & HAGAN COMMUNICATIONS, INC., Denver, CO, pg. 588

Stewart, Matt, Creative --&BARR, Orlando, FL, pg. 55

Stewart, Rob, Creative --FORGE WORLDWIDE, Boston, MA, pg. 392

Stiltner, Mark, Creative --KARSH & HAGAN COMMUNICATIONS, INC., Denver, CO, pg. 588

Stivers, Mark, Creative --KYK ADVERTISING MARKETING PROMOTIONS, Louisville, KY, pg. 605

Stocker, Mike, Creative --McCann Detroit, Birmingham, MI, pg. 699

Stockwell, Naomi, Creative --ChaseDesign, LLC, Skaneateles, NY, pg. 755

Stoeter, Paul, Creative --SapientRazorfish UK, London, United Kingdom, pg. 1289

Stojanovic, Boris, Creative --PUBLICIS.SAPIENT, Boston, MA, pg. 913

Stone, Hannah Dillard, Creative --CRAWFORD STRATEGY, Greenville, SC, pg. 239

Stone, Larry, Creative --STONE WARD, Little Rock, AR, pg. 1050

Stone, Todd, Creative --Cramer-Krasselt, Milwaukee, WI, pg. 237

Storath, Matthias, Creative --Heimat Werbeagentur GmbH, Berlin, Germany, pg. 1082

Stossel, Erick, Creative --MRM MCCANN, New York, NY, pg. 766

Stotts, Ryan, Creative --LEO BURNETT WORLDWIDE, INC., Chicago, IL, pg. 621

Stout, Kevin, Creative --MEADSDURKET, San Diego, CA, pg. 724

Stowe, Bill, Creative --KELLIHER SAMETS VOLK, Burlington, VT, pg. 591

Strappini, Paul, Creative --J. Walter Thompson, Rivonia, South Africa, pg. 554

Straszewski, Vincent, Creative --SAATCHI & SAATCHI, New York, NY, pg. 975

Street, Steve, Creative --BIG SPACESHIP, Brooklyn, NY, pg. 129

Strickler, Jennifer, Creative --Flint Interactive, Duluth, MN, pg. 388

Strobbe, Melvin, Creative --Geometry Global, Akron, OH, pg. 416

Strohmeyer, Chris, Creative --BROADHEAD, Minneapolis, MN, pg. 165

Strong, Jason, Creative --LATITUDE, Dallas, TX, pg. 1408

Strout, Deb, Creative --V2 MARKETING COMMUNICATIONS, Rockford, IL, pg. 1130

Stuart, Brandon, Creative --The Marketing Arm, Los Angeles, CA, pg. 682

Stubbs, Dave, Creative --RAIN43, Toronto, Canada, pg. 929

Stuebane, Tim, Creative --Ogilvy, Dusseldorf, Germany, pg. 814

Stuebane, Tim, Creative --OgilvyOne GmbH, Frankfurt, Germany, pg. 815

Stulz, Martin, Creative --Spillmann/Felser/Leo Burnett, Zurich, Switzerland, pg. 627

Sturrus, Angela, Creative --HOOK STUDIOS LLC, Ann Arbor, MI, pg. 1260

Suaid, Jose Arnaldo, Creative --Grey, Sao Paulo, Brazil, pg. 443

Suarez, Diego, Creative --Badillo Nazca Saatchi & Saatchi, Guaynabo, PR, pg. 982

Sucharittanonta, Suthisak, Creative --BBDO Bangkok, Bangkok, Thailand, pg. 115

Sugano, Kaoru, Creative --DENTSU INC., Tokyo, Japan, pg. 289

Sugarman, Lauren, Creative --Ketchum, Chicago, IL, pg. 1556

Suggs, Susan, Creative --JOHN APPLEYARD AGENCY, INC., Pensacola, FL, pg. 578

Suh, Jai, Creative --CREATIVE MEDIA ALLIANCE, Seattle, WA, pg. 244

Sulbaran, Valentina, Creative --Mother New York, New York, NY, pg. 763

Sullivan, Brooke, Creative --NRPR GROUP, Beverly Hills, CA, pg. 1597

Sullivan, David, Creative --TARGET MARKETING & COMMUNICATIONS INC., Saint John's, Canada, pg. 1073

Sullivan, Eleanor, Creative --Hill+Knowlton Strategies, London, United Kingdom, pg. 1533

Sullivan, Kate, Creative --Weber Shandwick-Chicago, Chicago, IL, pg. 1675

Sullivan, Matt, Creative --MARC USA CHICAGO, Chicago, IL, pg. 677

Sullivan, Patrick, Creative --THE INTEGER GROUP - DENVER, Lakewood, CO, pg. 1406

Suman, Eugen, Creative --Friends\TBWA, Bucharest, Romania, pg. 1084

Sumners, Kristian, Creative --SAATCHI & SAATCHI WELLNESS, New York, NY, pg. 985

Sun, Eric, Creative --Leo Burnett Shanghai Advertising Co., Ltd., Shanghai, China, pg. 629

Sundby, Joe, Creative --ROUNDHOUSE, Portland, OR, pg. 969

Sundqvist, Andreas, Creative --Grey Gothenburg, Gothenburg, Sweden, pg. 1182

Sunga, Nikki, Creative --BBDO Guerrero, Makati, Philippines, pg. 114

Surprenant, Jean-Claude, Creative --NOW COMMUNICATIONS, Vancouver, Canada, pg. 801

1937

AGENCIES — RESPONSIBILITIES INDEX

Sussman, Todd, Creative --DERSE INC., Milwaukee, WI, pg. 292
Sutherland, Kait, Creative --TBWA Chiat Day New York, New York, NY, pg. 1078
Sutherland, Mike, Creative --Adam & EveDDB, London, United Kingdom, pg. 281
Sutil, Maria Sutil, Creative --TBWA Espana, Madrid, Spain, pg. 1085
Swan, Anne, Creative --SIEGEL+GALE, New York, NY, pg. 1011
Swan, James, Creative --Helia, London, United Kingdom, pg. 473
Swan, James, Creative --Helia, London, United Kingdom, pg. 484
Swanson, Craig, Creative --BRANDTOPIA GROUP, Henderson, NV, pg. 159
Swanson, Jim, Creative --PERFORMANCE MARKETING, West Des Moines, IA, pg. 864
Swartz, Ryan, Creative --RE:GROUP, INC., Ann Arbor, MI, pg. 945
Swetnam, Hal, Creative --GRAFIK MARKETING COMMUNICATIONS, Alexandria, VA, pg. 431
Swisher, John, Creative --RONIN ADVERTISING GROUP, Miami, FL, pg. 967
Swoboda, Dan, Creative --ANDERSON PARTNERS, Omaha, NE, pg. 58
Syberg-Olsen, Matt, Creative --DOUG&PARTNERS INC., Toronto, Canada, pg. 318
Syed, Sharik, Creative --Happy mcgarrybowen, Bengaluru, India, pg. 717
Sygar, Dan, Creative --PERICH ADVERTISING + DESIGN, Ann Arbor, MI, pg. 864
Sykes, Camille, Creative --LG2, Montreal, Canada, pg. 639
Sylvan, Matt, Creative --Vladimir Jones, Denver, CO, pg. 1142
Sylvester, Jay, Creative --Havas Life Metro, New York, NY, pg. 474
Szwanek, Rod, Creative --REDSTONE COMMUNICATIONS INC., Omaha, NE, pg. 944
Taber, Michele M., Creative --TABER CREATIVE GROUP, Roseville, CA, pg. 1069
Taboryska, Alicja, Creative --Saatchi & Saatchi, Warsaw, Poland, pg. 979
Tack, Sara, Creative --BURST MARKETING, Troy, NY, pg. 176
Tackett, Tina, Creative --THE LOOMIS AGENCY, Dallas, TX, pg. 651
Tait, Iain, Creative --Wieden + Kennedy, London, United Kingdom, pg. 1165
Takahashi, Mio, Creative --LIQUID ADVERTISING, El Segundo, CA, pg. 644
Takahashi, Todd, Creative --Camp Pacific, Vancouver, Canada, pg. 1248
Takenaga, Zach, Creative --Weber Shandwick-Detroit, Birmingham, MI, pg. 1676
Takeyama, Yuhei, Creative --J. Walter Thompson Japan, Tokyo, Japan, pg. 557
Talamona, Michela, Creative --Publicis, Rome, Italy, pg. 900
Talbot, Matt, Creative --WORKINPROGRESS, Boulder, CO, pg. 1177
Talbott, Joe, Creative --VIVA CREATIVE, Rockville, MD, pg. 1141
Talerico, James, Creative --HEARTBEAT DIGITAL, New York, NY, pg. 492
Tamagni, Fabrizio, Creative --Publicis, Rome, Italy, pg. 900
Tamagni, Fabrizio, Creative --Publicis Italia, Milan, Italy, pg. 899
Tamilio, Dustin, Creative --PP+K, Tampa, FL, pg. 885
Tammal, Kapil, Creative --DDB Mudra Group, Mumbai, India, pg. 275
Tan, Brandie, Creative --J. Walter Thompson, Makati, Philippines, pg. 558
Tan, Shen Guan, Creative --Y&R Hong Kong, Quarry Bay, China (Hong Kong), pg. 1199
Tan, Shen Guan, Creative --Young & Rubicam Guangzhou, Guangzhou, China, pg. 1200
Tan, Theophilues, Creative --BBDO Singapore, Singapore, Singapore, pg. 115
Taneja, Annika, Creative --Wieden + Kennedy Amsterdam, Amsterdam, Netherlands, pg. 1164
Tanenbaum, George, Creative --OGILVY, New York, NY, pg. 809
Tang, Kitty, Creative --Ogilvy Advertising, Central, China (Hong Kong), pg. 822
Tangan, Rizzo, Creative --Campaigns & Grey, Makati, Philippines, pg. 447
Tannenbaum, George, Creative --Ogilvy New York, New York, NY, pg. 811
Tansky, Ron, Creative --THE RON TANSKY ADVERTISING & PUBLIC RELATIONS, Thousand Oaks, CA, pg. 967
Tantisiriseranee, Chavanon, Creative --Saatchi & Saatchi, Bangkok, Thailand, pg. 985
Tarantino, Mike, Creative --IM IMAGE MARKETING, Canfield, OH, pg. 524
Tarantino, Taryn, Creative --CMI Media, Parsippany, NJ, pg. 216
Tarasi, Kim, Creative --GARRISON HUGHES, Pittsburgh, PA, pg. 410
Tarazaga, Sebastian, Creative --Wunderman, Buenos Aires, Argentina, pg. 1189
Tarnoff, Jesse, Creative --GLASS & MARKER, Oakland, CA, pg. 421
Tartick, Steven, Creative --RPM, New York, NY, pg. 971
Tassos, Charles, Creative --EFM AGENCY, San Diego, CA, pg. 332
Tatsuki, Junkichi, Creative --Ogilvy Japan K.K., Tokyo, Japan, pg. 825
Taugher, Jim, Creative --CI DESIGN INC., Milwaukee, WI, pg. 208
Taunton, Tiffany, Creative --CLARK/NIKDEL/POWELL, Winter Haven, FL, pg. 212
Tavares, Michael, Creative --HAVAS WORLDWIDE, New York, NY, pg. 475
Tavkar, Pornima, Creative --NeON, New York, NY, pg. 364
Tay, Jian Xin, Creative --DDB New Zealand Ltd., Auckland, New Zealand, pg. 278
Taylor, Darren, Creative --NETPLUS MARKETING, INC., Philadelphia, PA, pg. 790
Taylor, Glenn, Creative --MITCHELL, LINDBERG & TAYLOR, INC., Tucker, GA, pg. 748
Taylor, Glenn, Creative --MLT CREATIVE, Tucker, GA, pg. 749
Taylor, Katie, Creative --Superunion, Hamburg, Germany, pg. 1063
Taylor, Kevin, Creative --22squared Inc., Tampa, FL, pg. 4
Taylor, Kyle, Creative --FACT & FICTION, LLC, Boulder, CO, pg. 357
Taylor, Matt, Creative --UNION, Charlotte, NC, pg. 1298
Tedeschi, Paul, Creative --DECKER CREATIVE MARKETING, Glastonbury, CT, pg. 285
Teigeler, Andreas, Creative --Digitas, Munich, Germany, pg. 1252
Teixeria, Nuno, Creative --TBWA Chiat Day New York, New York, NY, pg. 1078
Tell, Carolina, Creative --Acne Advertising, Stockholm, Sweden, pg. 1249
Tell, Jacob, Creative --ONIRACOM CORP, Santa Barbara, CA, pg. 841
Temple, Cameron, Creative --Stink Studios, London, United Kingdom, pg. 1050
Teodori, Fabio, Creative --FCB Milan, Milan, Italy, pg. 367
Teoh, Alvin, Creative --Naga DDB Sdn. Bhd., Petaling Jaya, Malaysia, pg. 277
Tercelan, Marina, Creative --MCCANN WORLDGROUP S.R.L., Milan, Italy, pg. 715
Terchek, Tim, Creative --THE DRUCKER GROUP, Des Plaines, IL, pg. 322
Terlizzi, Jessica, Creative --MCGARRYBOWEN, New York, NY, pg. 716
Terlizzi, Robert, Creative --HAVAS MEDIA, New York, NY, pg. 1324
Terranova, Michael, Creative --FLETCHER KNIGHT, Stamford, CT, pg. 388
Terzioglu, Ahmet, Creative --4129Grey, Istanbul, Turkey, pg. 442
Tesmaye, Jonathan, Creative --VML Mexico, Mexico, Mexico, pg. 1144
Tesseo, Christine, Creative --EMA Public Relations Services, Syracuse, NY, pg. 347
Tesseo, Christine, Creative --Eric Mower + Associates, Albany, NY, pg. 347
Tesseo, Christine, Creative --HB/Eric Mower + Associates, Newton, MA, pg. 348
Testa, Trey, Creative --COMMERCE HOUSE, Dallas, TX, pg. 221
Thairattanasuwan, Nattagorn, Creative --J. Walter Thompson, Shanghai, China, pg. 555
Thakur, Shuchi, Creative --Wieden + Kennedy India, New Delhi, India, pg. 1166
Thakurta, Prajato Guha, Creative --Leo Burnett India, Mumbai, India, pg. 629
Tham, Anthony, Creative --Publicis Shanghai, Shanghai, China, pg. 908
Theeng, Navin, Creative --Havas Worldwide Gurgaon, Gurgaon, India, pg. 487
Theisen, Scott, Creative --DELOITTE DIGITAL, Seattle, WA, pg. 1249
Theodorakopoulos, George, Creative --OgilvyOne Worldwide, Athens, Greece, pg. 815
Thepparat, Supparat, Creative --BBDO China, Shanghai, China, pg. 112
Thide, Gregory, Creative --UNDERTONE, New York, NY, pg. 1126
Thieman, Andy, Creative --Yamamoto, Minneapolis, MN, pg. 723
Thoem, Kevin, Creative --MCGARRYBOWEN, New York, NY, pg. 716
Thomas, Ian, Creative --Ubachswisbrun J. Walter Thompson, Amsterdam, Netherlands, pg. 560
Thomas, Kat, Creative --One Green Bean, Sydney, Australia, pg. 1528
Thomas, Scott, Creative --THE BOSTON GROUP, Boston, MA, pg. 149
Thomas, Sonny, Creative --PureRED/Ferrara, Tucker, GA, pg. 918
Thompson, Brett, Creative --GS&F, Nashville, TN, pg. 453
Thompson, Jason, Creative --SANDBOX CHICAGO, Chicago, IL, pg. 989
Thompson, Mark, Creative --Geometry Global, Akron, OH, pg. 416
Thompson, Paige, Creative --GS&F, Nashville, TN, pg. 453
Thompson, Reid, Creative --CHECKMARK COMMUNICATIONS, Saint Louis, MO, pg. 1220
Thompson, Whit, Creative --BRAND COOL MARKETING INC, Rochester, NY, pg. 154
Thomson, Ross, Creative --OGILVY COMMONHEALTH WORLDWIDE, Parsippany, NJ, pg. 832
Thornam, Megan, Creative --GLOBAL TEAM BLUE, Dearborn, MI, pg. 423
Thorne, Rich, Creative --CAMBRIDGE BIOMARKETING, Cambridge, MA, pg. 184
Thornton, Nathan, Creative --OLOGIE, Columbus, OH, pg. 835
Thorson, Chris, Creative --SIXSPEED, Minneapolis, MN, pg. 1017
Tibbles, Bill, Creative --THE INK TANK, Toronto, Canada, pg. 533
Tiedy, Michael, Creative --TETHER, INC., Seattle, WA, pg. 1097
Tiemann, Frauke, Creative --DAVID & GOLIATH, El Segundo, CA, pg. 261
Till, Spencer, Creative --LEWIS COMMUNICATIONS, Birmingham, AL, pg. 636
Tilson, Cody, Creative --DIGITAL KITCHEN, Chicago, IL, pg. 301
Timblin, Stephen, Creative --Organic, Inc., Troy, MI, pg. 1278
Timmerman, Rachel, Creative --RED TETTEMER O'CONNELL & PARTNERS, Philadelphia, PA, pg. 941
Timms, Judy, Creative --Publicis Toronto, Toronto, Canada, pg. 904
Tindall, Justin, Creative --M&C SAATCHI PLC, London, United Kingdom, pg. 658
Tintle, Alison, Creative --VML Inc, Seattle, WA, pg. 1144
Tintle, Alison, Creative --VML-White Salmon, White Salmon, WA, pg. 1144
Tipton, Franklin, Creative --ODYSSEUS ARMS, San Francisco, CA, pg. 808
Tirado, Diego Cifuentes, Creative --Circus Grey, Lima, Peru, pg. 444
Tittel, Mike, Creative --GYRO CINCINNATI, Cincinnati, OH, pg. 458
Tjong, Finy, Creative --Grey Group Indonesia, Jakarta, Indonesia, pg. 447
Toffoli, Chris, Creative --DDB California, San Francisco, CA, pg. 57
Tokunaga, Ken, Creative --WEDNESDAY, New York, NY, pg. 1156
Toll, Jeff, Creative --BKWLD, Sacramento, CA, pg. 1450
Tolleson, Steve, Creative --TOLLESON DESIGN, INC., San Francisco, CA, pg. 1108
Tollett, Ben, Creative --Adam & EveDDB, London, United Kingdom, pg. 281
Tomlin, Jessica, Creative --BLACKDOG ADVERTISING, Miami, FL, pg. 132
Tomson, Craig, Creative --HOWERTON+WHITE, Wichita, KS, pg. 510
Toney, Brendon, Creative --DEVICEPHARM, Irvine, CA, pg. 296
Tong, Richard, Creative --Saatchi & Saatchi, Guangzhou, China, pg. 983
Toombs, Ian, Creative --Leo Burnett, Ltd., London, United Kingdom, pg. 624
Toombs, Ian, Creative --Wieden + Kennedy, Shanghai, China, pg. 1166
Toro, Vanessa, Creative --Digitas, Atlanta, GA, pg. 1252
Torrents, Federico Perie, Creative --Biedermann Publicidad S.A., Asuncion, Paraguay, pg. 707
Torres, Bernardo, Creative --Prosek Partners, New York, NY, pg. 1619
Torres, Juan, Creative --GRIP LTD., Toronto, Canada, pg. 450
Torres, Mauricio Macias, Creative --Conill Advertising, Inc., El Segundo, CA, pg. 227
Tortelli, Aurelio, Creative --DDB S.r.L. Advertising, Milan, Italy, pg. 276
Toscana, Agostino, Creative --Saatchi & Saatchi, Rome, Italy, pg.

RESPONSIBILITIES INDEX — AGENCIES

978
Tournay, Aurelie, Creative --Publicis, Brussels, Belgium, pg. 897
Tovar, Diego, Creative --Sancho BBDO, Bogota, Colombia, pg. 102
Townsend, Andrew J., Creative --KRACOE SZYKULA & TOWNSEND INC., Troy, MI, pg. 602
Tracey, Sean, Creative --SEAN TRACEY ASSOCIATES, Portsmouth, NH, pg. 1000
Trad, Bruno, Creative --ALMA, Coconut Grove, FL, pg. 49
Trahar, John, Creative --GREATEST COMMON FACTORY, Austin, TX, pg. 434
Tran, John Paul, Creative --TRIPTENT INC, New York, NY, pg. 1119
Tran, Jon, Creative --FVM STRATEGIC COMMUNICATIONS, Plymouth Meeting, PA, pg. 406
Trapnell, Peter, Creative --TRO, Isleworth, United Kingdom, pg. 307
Treacy, John, Creative --Proximity Worldwide & London, London, United Kingdom, pg. 111
Trejos, Jeronimo Zapata, Creative --Sancho BBDO, Bogota, Colombia, pg. 102
Trepal, Judy, Creative --ETHOS MARKETING & DESIGN, Westbrook, ME, pg. 351
Tresler, Malachi, Creative --Axxis Advertising LLC, Tampa, FL, pg. 81
Tressel, Peter, Creative --PRESTON KELLY, Minneapolis, MN, pg. 888
Trettel, Jon, Creative --Yamamoto, Minneapolis, MN, pg. 723
Tribe, Norm, Creative --GEARSHIFT ADVERTISING, Costa Mesa, CA, pg. 413
Trierweiler, Spencer, Creative --MOTIVE, Denver, CO, pg. 764
Trinanes, John, Creative --George P. Johnson Company, Inc., Boston, MA, pg. 416
Tripathi, Abhinav, Creative --McCann Erickson India, Mumbai, India, pg. 704
Trobaugh, Scott, Creative --GODFREY ADVERTISING, Lancaster, PA, pg. 426
Tsang, Kato, Creative --Leo Burnett-Guangzhou, Guangzhou, China, pg. 629
Tsang, Kato, Creative --Leo Burnett-Hong Kong, Quarry Bay, China (Hong Kong), pg. 629
Tsitouris, Courtney, Creative --BAREFOOT PROXIMITY, Cincinnati, OH, pg. 89
Tuck, Lisa, Creative --MullenLowe London, London, United Kingdom, pg. 775
Tucker, Brian, Creative --BLACKBELT AGENCY, San Francisco, CA, pg. 1240
Tucker, Russ, Creative --TBWA Sydney, Sydney, Australia, pg. 1089
Tumelty, Joshua, Creative --Razorfish Health, Philadelphia, PA, pg. 1287
Tunbridge, Richard, Creative --Publicis Hong Kong, Hong Kong, China (Hong Kong), pg. 908
Turi, Anthony, Creative --CONCENTRIC HEALTH EXPERIENCE, New York, NY, pg. 225
Turkel, Aaron, Creative --SYNDCTD, Los Angeles, CA, pg. 1068
Turley, Richard, Creative --Wieden + Kennedy, London, United Kingdom, pg. 1165
Turner, Drew, Creative --PATHFINDERS ADVERTISING & MARKETING GROUP, Mishawaka, IN, pg. 857
Turner, Sarah, Creative --GREY GROUP, New York, NY, pg. 438
Turner, Stu, Creative --Host, Sydney, Australia, pg. 486
Turpin, Jamie, Creative --Geometry Global, Akron, OH, pg. 416
Tuten, Kerem, Creative --Y&R Turkey, Istanbul, Turkey, pg. 1204
Twohill, Claire, Creative --FleishmanHillard Group Ltd., London, United Kingdom, pg. 1510
Twomey, John, Creative --WALTER F. CAMERON ADVERTISING INC., Hauppauge, NY, pg. 1151
Tynski, Kristin, Creative --FRACTL, Delray Beach, FL, pg. 395
Ulichney, Daniel, Creative --KUNO CREATIVE, Avon, OH, pg. 604
Ungvarsky, Drew, Creative --GROW, Norfolk, VA, pg. 453
Unlusoy, Selim, Creative --Ogilvy, Istanbul, Turkey, pg. 817
Unruh, Evan, Creative --CORD MEDIA, Palm Desert, CA, pg. 231
Upadhyay, Mukul, Creative --Leo Burnett India, Mumbai, India, pg. 629
Utzeri, Pedro, Creative --Leo Burnett Tailor Made, Sao Paulo, Brazil, pg. 623
Uvarov, Ilia, Creative --R/GA London, London, United Kingdom, pg. 926
Uytuico, Theresa, Creative --HAVAS WORLDWIDE CHICAGO, Chicago, IL, pg. 488
V., Ganesan, Creative --Happy mcgarrybowen, Bengaluru, India, pg. 717
Vaidya, Yatin, Creative --Scarecrow M&C Saatchi, Mumbai, India,

pg. 663
Valdez, Elisa, Creative --EAT SLEEP WORK, El Segundo, CA, pg. 329
Valencia, Alberto, Creative --Leo Burnett Buenos Aires, Buenos Aires, Argentina, pg. 623
Valencia, Leonardo, Creative --Leo Burnett Colombia, S.A., Bogota, Colombia, pg. 623
Valentin, Andrezza, Creative --Abbott Mead Vickers BBDO, London, United Kingdom, pg. 109
Valentine, Bernard, Creative --Digitas, London, United Kingdom, pg. 1251
Valle, Peter, Creative --ALLEN & GERRITSEN, Boston, MA, pg. 45
Vallone, Michael, Creative --HILL & PARTNERS INCORPORATED, East Weymouth, MA, pg. 500
Valusek, Kathy, Creative --MUNROE CREATIVE PARTNERS, Philadelphia, PA, pg. 779
Van Almelo, Carole, Creative --PLOWSHARE GROUP, INC., Stamford, CT, pg. 878
Van Bloem, Eddie, Creative --MERKLEY+PARTNERS, New York, NY, pg. 733
Van Buren, Phil, Creative --HEAT, San Francisco, CA, pg. 492
Van De Weerd, Jake, Creative --NORTH FORTY, Hiawatha, IA, pg. 798
Van Den Steen, Hugues, Creative --Publicis, Brussels, Belgium, pg. 1397
Van Der Meid, Scott, Creative --LMD AGENCY, Laurel, MD, pg. 648
van der Merwe, Riaad, Creative --AKQA, Inc., Portland, OR, pg. 1235
Van Dewalle, Dennis, Creative --LDV United, Antwerp, Belgium, pg. 1180
Van Dewalle, Dennis, Creative --LDV United, Antwerp, Belgium, pg. 218
Van Fossen, Eric, Creative --DENMARK ADVERTISING & PUBLIC RELATIONS, Atlanta, GA, pg. 288
van Ginkel, Tibor, Creative --TBWA Neboko, Amsterdam, Netherlands, pg. 1084
Van Kirk-Przywojski, Kathy, Creative --VENDI ADVERTISING, La Crosse, WI, pg. 1133
Van Marle, Martijn, Creative --Ogilvy (Amsterdam) B.V., Amsterdam, Netherlands, pg. 816
Van Rooijen, Frank, Creative --Grey Amsterdam, Amsterdam, Netherlands, pg. 441
Van Woert, David Scott, Creative --TRANSPARENT HOUSE, San Francisco, CA, pg. 1114
van Wyk, Riaan, Creative --Ogilvy Cape Town, Cape Town, South Africa, pg. 829
van Wyk, Riaan, Creative --Ogilvy South Africa (Pty.) Ltd., Johannesburg, South Africa, pg. 829
Vance, Jennifer Stolk, Creative --LEVINE & ASSOCIATES, INC., Arlington, VA, pg. 634
Vanlerberghe, Jeffrey, Creative --BRAND MATTERS INC., Toronto, Canada, pg. 155
Varghese, Chacko, Creative --R.K. Swamy BBDO, Chennai, India, pg. 112
Varney, Dave, Creative --Leo Burnett Sydney, Sydney, Australia, pg. 628
Varughese, Chris, Creative --PROPAC, Plano, TX, pg. 893
Vaudry, Billy, Creative --RKD GROUP, Richardson, TX, pg. 961
Vecchio, Angela, Creative --GOLD N FISH MARKETING GROUP LLC, Armonk, NY, pg. 428
Velez, Eddie, Creative --VML-New York, New York, NY, pg. 1144
Velez, Joel, Creative --(ADD)VENTURES, Providence, RI, pg. 29
Velez, Salvador, Creative --HAVAS MEDIA, New York, NY, pg. 1324
Vella, Roberto, Creative --Red Cell, Milan, Italy, pg. 1181
Vella, Roberto, Creative --Red Cell, Milan, Italy, pg. 218
Veltre, Ashley, Creative --Ogilvy New York, New York, NY, pg. 811
Vendramine, Christiano, Creative --DDB Mozambique, Maputo, Mozambique, pg. 277
Venn, Martin, Creative --Grey Group Germany, Dusseldorf, Germany, pg. 440
Venturelli, Marco, Creative --Publicis, Rome, Italy, pg. 900
Venturelli, Marco, Creative --Publicis Networks, Milan, Italy, pg. 900
Venturini, Claudio, Creative --WE ARE UNLIMITED, Chicago, IL, pg. 1155
Vergoni, Matt, Creative --Match Marketing Group, Chicago, IL, pg. 693
Verliefde, Sebastien, Creative --TBWA Brussels, Brussels, Belgium, pg. 1080
Verma, Gourav, Creative --McCann Erickson India, New Delhi, India, pg. 705
Verrier, Monique, Creative --ELEVEN INC., San Francisco, CA, pg.

336
Verrone, Massimo, Creative --FCB Milan, Milan, Italy, pg. 367
Vetancourt, Victor, Creative --DIESTE, Dallas, TX, pg. 299
Viale, Armando, Creative --M&C Saatchi Milan, Milan, Italy, pg. 660
Vicic, Marija, Creative --McCann Erickson Group, Belgrade, Serbia, pg. 708
Viegas, Joao, Creative --F/Nazca Saatchi & Saatchi, Sao Paulo, Brazil, pg. 981
Viemann, Anja, Creative --McCann Erickson Brand Communications Agency, Frankfurt am Main, Germany, pg. 703
Viento, Peter, Creative --GREY GROUP, New York, NY, pg. 438
Vijayan, Sairam, Creative --MullenLowe Lintas Group, Mumbai, India, pg. 774
Villanueva, Matt, Creative --RICHARDS/LERMA, Dallas, TX, pg. 957
Villarreal, Maurizio, Creative --VML, Inc., Atlanta, GA, pg. 1143
Villela, Tim, Creative --J. Walter Thompson, Makati, Philippines, pg. 558
Villmann, Urmas, Creative --Kontuur-Leo Burnett, Tallinn, Estonia, pg. 624
Vincent, Brent, Creative --DAVIS HARRISON DION, INC., Chicago, IL, pg. 265
Vinick, Jeff, Creative --DEUTSCH, INC., New York, NY, pg. 294
Vinick, Jeff, Creative --Deutsch New York, New York, NY, pg. 295
Vining, Lance, Creative --DDB San Francisco, San Francisco, CA, pg. 269
Vio, Pablo, Creative --JAM3, Toronto, Canada, pg. 570
Vio, Pablo, Creative --SID LEE, Paris, France, pg. 1010
Vior, Ricky, Creative --The Community, Buenos Aires, Argentina, pg. 224
Vitkun, Jeff, Creative --Ogilvy Advertising, Central, China (Hong Kong), pg. 822
Vitro, John, Creative --VITRO, San Diego, CA, pg. 1141
Vo, David, Creative --DRUMROLL, Austin, TX, pg. 323
Vodopivec, Iris Martin, Creative --TBWA Espana, Madrid, Spain, pg. 1085
Vohwinkel, Bruno, Creative --Publicis Italia, Milan, Italy, pg. 899
Voigt, Eric, Creative --ABELSON-TAYLOR, INC., Chicago, IL, pg. 17
Vojta, Daniela, Creative --BBDO New York, New York, NY, pg. 99
Volkman, Bob, Creative --TOM, DICK & HARRY CREATIVE, Chicago, IL, pg. 1108
Volper, Jason, Creative --FEROCIOUS COW, New York, NY, pg. 378
Von Aesch, Tobias, Creative --BBDO Dusseldorf, Dusseldorf, Germany, pg. 105
VonDerLinn, Pete, Creative --PARTNERS+NAPIER, Rochester, NY, pg. 855
Voors, Tim, Creative --McCann Amsterdam, Amstelveen, Netherlands, pg. 707
Vosburgh, Evan, Creative --WALRUS, New York, NY, pg. 1150
Voskanian, Andrea, Creative --PETROL ADVERTISING, Burbank, CA, pg. 866
Wabeke, Jessen, Creative --DOVETAIL, Saint Louis, MO, pg. 318
Wackett, Scott, Creative --Southpaw, Tunbridge Wells, United Kingdom, pg. 463
Wada, Naoya, Creative --NEVER WITHOUT, LLC, Atlanta, GA, pg. 791
Waddup, Paul, Creative --J. Walter Thompson, London, United Kingdom, pg. 562
Wadhwania, Sohil, Creative --Ogilvy India, Mumbai, India, pg. 824
Wadwalkar, Sanket, Creative --DDB Mudra Group, Mumbai, India, pg. 275
Wagman, Tal, Creative --ZAMBEZI, Culver City, CA, pg. 1209
Wagner, Michael, Creative --MVNP, Honolulu, HI, pg. 780
Wai, Wong, Creative --Saatchi & Saatchi, Beijing, China, pg. 983
Waitzinger, Christian, Creative --SapientRazorfish Munich, Munich, Germany, pg. 915
Waizbrot, Gustavo, Creative --ONE ROCKWELL, New York, NY, pg. 1277
Wakeland, Robert, Creative --BBDO New York, New York, NY, pg. 99
Walawalkar, Harshal, Creative --Ogilvy India, Mumbai, India, pg. 824
Walbridge, Peter, Creative --BIG THINK STUDIOS, San Francisco, CA, pg. 130
Walden, Clint, Creative --MINDGRUVE, INC., San Diego, CA, pg. 745
Waligora, Maciek, Creative --DDB Warsaw, Warsaw, Poland, pg. 279
Walker, Adrian, Creative --ANTHOLOGY MARKETING GROUP, Honolulu, HI, pg. 1433
Walker, Craig, Creative --WALKER & COMPANY, INC., Santa

AGENCIES

RESPONSIBILITIES INDEX

Monica, CA, pg. 1149
Walker, Leslie Ali, Creative --ANOMALY, New York, NY, pg. 59
Walker, Richard, Creative --Scanad, Nairobi, Kenya, pg. 1182
Wall, Chad, Creative --EMA Public Relations Services, Syracuse, NY, pg. 347
Wallace, Drew, Creative --MOTIVE, Denver, CO, pg. 764
Wallace, Jennifer, Creative --CHARLESTON/ORWIG, INC., Hartland, WI, pg. 203
Wallace, Paul, Creative --DDB Canada, Toronto, Canada, pg. 267
Wallach, Diego, Creative --Publicis Arredondo de Haro, Mexico, Mexico, pg. 907
Wallis, Ben, Creative --MY FRIEND'S NEPHEW, Atlanta, GA, pg. 782
Wallman, Andy, Creative --KW2, Madison, WI, pg. 604
Walsh, Kimberley, Creative --TARGETBASE, Irving, TX, pg. 1073
Wang, Daqing, Creative --OgilvyOne, Shanghai, China, pg. 822
Wang, Emily, Creative --REACH AGENCY, Santa Monica, CA, pg. 935
Wang, Tuanpu, Creative --ADMERASIA, INC., New York, NY, pg. 31
Wang, Yali, Creative --ETHNICOM GROUP, Bala Cynwyd, PA, pg. 351
Wangler, Joe, Creative --O'KEEFE REINHARD & PAUL, Chicago, IL, pg. 834
Wannasiri, Park, Creative --J. Walter Thompson Thailand, Bangkok, Thailand, pg. 559
Ward, Josh, Creative --BLUE HERON COMMUNICATIONS, Norman, OK, pg. 1452
Ward, Zack, Creative --JOHNSON & SEKIN, Dallas, TX, pg. 580
Wardrep, Andrew, Creative --BBDO New York, New York, NY, pg. 99
Warneke, Joel, Creative --MATTER CREATIVE GROUP, Cincinnati, OH, pg. 694
Warner, Chad, Creative --McCann Erickson Advertising Ltd., London, United Kingdom, pg. 711
Warner, Kurt, Creative --DDB Chicago, Chicago, IL, pg. 268
Washburn, Tim, Creative --NOMADIC AGENCY, Scottsdale, AZ, pg. 797
Washington, Shannon, Creative --Deutsch LA, Los Angeles, CA, pg. 294
Waters, Karl, Creative --JWT Folk, Dublin, Ireland, pg. 560
Wati Longchar, Molona, Creative --Wieden + Kennedy India, New Delhi, India, pg. 1166
Watson, Jeff, Creative --THE BUNTIN GROUP, Nashville, TN, pg. 173
Watts, Brent, Creative --STRUCK, Salt Lake City, UT, pg. 1055
Way, Christie, Creative --BBDO Singapore, Singapore, Singapore, pg. 115
Webb, Art, Creative --MADISON + MAIN, Richmond, VA, pg. 669
Webb, Mary, Creative --Havas Edge, Carlsbad, CA, pg. 476
Webb, Mary, Creative --Havas Edge Portland, Carlsbad, CA, pg. 476
Webb, Reuben, Creative --STEIN IAS, New York, NY, pg. 1045
Webb, Shane, Creative --THE MERIDIAN GROUP, Virginia Beach, VA, pg. 731
Webb, Simon, Creative --HeathWallace Ltd, Reading, United Kingdom, pg. 1186
Weber, Adam, Creative --M&C Saatchi Abel, Cape Town, South Africa, pg. 660
Weber, Erik, Creative --SPARKS MARKETING CORP, Philadelphia, PA, pg. 1032
Weber, Neal, Creative --WE ARE ALEXANDER, Saint Louis, MO, pg. 1155
Weber, Timm, Creative --Publicis Pixelpark, Bielefeld, Germany, pg. 899
Weber, Tom, Creative --GELIA-MEDIA, INC., Williamsville, NY, pg. 414
Webley, Stephen, Creative --MullenLowe London, London, United Kingdom, pg. 775
Webley, Steve, Creative --J. Walter Thompson, London, United Kingdom, pg. 562
Webre, Charles, Creative --SHERRY MATTHEWS ADVOCACY MARKETING, Austin, TX, pg. 1007
Webster, Mary, Creative --CLEAN DESIGN, INC., Raleigh, NC, pg. 212
Wedel, Tobias, Creative --TBWA Copenhagen, Copenhagen, Denmark, pg. 1080
Wee, Francis, Creative --Ogilvy (Singapore) Pvt. Ltd., Singapore, Singapore, pg. 827
Wei, Fei, Creative --J. Walter Thompson, Shanghai, China, pg. 555
Weiner, Matthew, Creative --Walton Isaacson, New York, NY, pg. 1151
Weinraub, Mara, Creative --GROK, New York, NY, pg. 451
Weis, Kristian, Creative --DAMN GOOD, Delray Beach, FL, pg. 259
Weisberg, Lisa, Creative --MCCANN TORRE LAZUR, Parsippany, NJ, pg. 714
Weisman, Benjamin, Creative --PureRED, Princeton, NJ, pg. 918
Weiss, Chad, Creative --THE DESIGNORY, Long Beach, CA, pg. 293
Weiss, Chris, Creative --THREAD CONNECTED CONTENT, Minneapolis, MN, pg. 1102
Weitekamp, Rosina, Creative --UMLAUT, San Francisco, CA, pg. 1125
Weitzman, Alan, Creative --WEITZMAN, INC., Annapolis, MD, pg. 1158
Welch, Gregory, Creative --STRATEGIC AMERICA, West Des Moines, IA, pg. 1052
Welch, J.P., Creative --LMO Advertising, Baltimore, MD, pg. 648
Wellfare, Judy, Creative --PLUS, New York, NY, pg. 878
Wellmer, Kristin, Creative --Ogilvy Atlanta, Atlanta, GA, pg. 1598
Wells, Bob, Creative --OSBORN & BARR COMMUNICATIONS, Saint Louis, MO, pg. 844
Wells, Jon, Creative --MRM London, London, United Kingdom, pg. 767
Welsh, Jeff, Creative --GA CREATIVE INC, Bellevue, WA, pg. 407
Wendel, Erin, Creative --MCCANN, New York, NY, pg. 697
Wendel, Erin, Creative --McCann New York, New York, NY, pg. 698
Wenzlau, Grant, Creative --DAY ONE AGENCY, New York, NY, pg. 266
Werbaneth, Bill, Creative --BEACON HEALTHCARE COMMUNICATIONS, Bedminster, NJ, pg. 118
Werner, Markus, Creative --Grey Group Germany, Dusseldorf, Germany, pg. 440
Wertz, Michael, Creative --APPLE BOX STUDIOS, Pittsburgh, PA, pg. 64
Werwa, Craig, Creative --AYZENBERG GROUP, INC., Pasadena, CA, pg. 81
Wesnaes, Kaare, Creative --OGILVY, New York, NY, pg. 809
Wesson, Marcus, Creative --DAILEY & ASSOCIATES, West Hollywood, CA, pg. 258
West, Dan, Creative --WESTWERK, Minneapolis, MN, pg. 1159
West, Rachel Jillian, Creative --GREY GROUP, New York, NY, pg. 438
West, Robert Shaw, Creative --THE REPUBLIK, Raleigh, NC, pg. 947
West, Tracy, Creative --50,000FEET, INC., Chicago, IL, pg. 9
Westbrooks, James, Creative --Saatchi & Saatchi X, Chicago, IL, pg. 976
Westfall, Sean-Paul, Creative --Y&R AUSTIN, Austin, TX, pg. 1194
Wey, Jessica, Creative --HARRISON AND STAR LLC, New York, NY, pg. 469
Whalen, Carrie, Creative --CIVILIAN, Chicago, IL, pg. 210
Wheat, Lee, Creative --WHOLE WHEAT CREATIVE, Houston, TX, pg. 1162
Whitaker, Kim, Creative --CRABB RADERMACHER, Atlanta, GA, pg. 236
White, Demetria, Creative --NIKE COMMUNICATIONS, INC., New York, NY, pg. 1595
White, Jason, Creative --LEVIATHAN DESIGN, Chicago, IL, pg. 634
White, Max, Creative --CLM MARKETING & ADVERTISING, Boise, ID, pg. 214
White, Neil, Creative --Ogilvy Johannesburg (Pty.) Ltd., Johannesburg, South Africa, pg. 829
White, Robert, Creative --OPFER COMMUNICATIONS INC., Springfield, MO, pg. 842
White, Shey, Creative --Porter Novelli Public Services, Washington, DC, pg. 1613
White, Spencer, Creative --LIDA, London, United Kingdom, pg. 659
Whitney-Smith, Lynn, Creative --EVOK ADVERTISING, Heathrow, FL, pg. 353
Wiechmann, Scott, Creative --LAWRENCE & SCHILLER, INC., Sioux Falls, SD, pg. 616
Wielopolski, Liam, Creative --DDB South Africa, Johannesburg, South Africa, pg. 280
Wiewiorski, Jaroslaw, Creative --McCann Erickson Georgia, Tbilisi, Georgia, pg. 703
Wilcox, Bart, Creative --SULLIVAN HIGDON & SINK INCORPORATED, Wichita, KS, pg. 1059
Wildasin, Keith, Creative --BPG ADVERTISING, Los Angeles, CA, pg. 151
Wilder, Jason, Creative --RED7 AGENCY, Andrews, SC, pg. 942
Wilesmith, Margaret, Creative --WILESMITH ADVERTISING & DESIGN, Palm Beach, FL, pg. 1167
Wilhelm, Sebastian, Creative --Santo Buenos Aires, Buenos Aires, Argentina, pg. 1181
Wilkes, Sam, Creative --VAULT49, New York, NY, pg. 1132
Wilkins, Kelsey, Creative --M/H VCCP, San Francisco, CA, pg. 664
Wilkinson, Denise, Creative --HAVAS WORLDWIDE, New York, NY, pg. 475
Wilkinson, Harris, Creative --THE MARKETING ARM, Dallas, TX, pg. 682
Will, Noah, Creative --BROADHEAD, Minneapolis, MN, pg. 165
Willenzik, HoJo, Creative --COLLE+MCVOY, Minneapolis, MN, pg. 219
Williams, Barb, Creative --TrackDDB, Toronto, Canada, pg. 931
Williams, Ben, Creative --R/GA, Portland, OR, pg. 927
Williams, Ben, Creative --R/GA Los Angeles, North Hollywood, CA, pg. 926
Williams, Jay, Creative --PUBLICIS NEW YORK, New York, NY, pg. 912
Williams, Marian, Creative --O'KEEFE REINHARD & PAUL, Chicago, IL, pg. 834
Williams, Matt, Creative --FCB Auckland, Auckland, New Zealand, pg. 374
Williams, Rebecca Feaman, Creative --BURRELL, Chicago, IL, pg. 176
Williams, Sean-Taylor, Creative --STUDIO BLACK TOMATO, New York, NY, pg. 1056
Williams, Steve, Creative --DNA SEATTLE, Seattle, WA, pg. 311
Williams, Wally, Creative --SHERRY MATTHEWS ADVOCACY MARKETING, Austin, TX, pg. 1007
Williams, Wes, Creative --THE RAMEY AGENCY LLC, Jackson, MS, pg. 930
Williamson, Christian, Creative --BAILEY BRAND CONSULTING, Plymouth Meeting, PA, pg. 84
Willis, Jim, Creative --GSW WORLDWIDE, Westerville, OH, pg. 454
Willis, Maisie, Creative --Saatchi & Saatchi EMEA Region Headquarters, London, United Kingdom, pg. 980
Willoughby, Carl, Creative --TBWA Hunt Lascaris Cape Town, Cape Town, South Africa, pg. 1087
Willoughby, Dan, Creative --MAXWELL & MILLER MARKETING COMMUNICATIONS, Kalamazoo, MI, pg. 695
Willy, Scott, Creative --360 GROUP, Indianapolis, IN, pg. 6
Wilmont, Logan, Creative --Doner, London, London, United Kingdom, pg. 315
Wilmont, Logan, Creative --Doner, London, London, United Kingdom, pg. 722
Wilson, Brent, Creative --ALLING HENNING & ASSOCIATES, Vancouver, WA, pg. 48
Wilson, Charlie, Creative --Ogilvy EMEA, London, United Kingdom, pg. 818
Wilson, Lori, Creative --iCrossing Dallas, Dallas, TX, pg. 1262
Wilson, Maranatha, Creative --THE LACEK GROUP, Minneapolis, MN, pg. 606
Wilson, Mark, Creative --CRAMER PRODUCTIONS INC., Norwood, MA, pg. 238
Wilson, Mike, Creative --RON FOTH ADVERTISING, Columbus, OH, pg. 967
Wilson, Scott, Creative --SHOTWELL DIGITAL, Los Angeles, CA, pg. 1009
Wilson, Steffany, Creative --ROKKAN, New York, NY, pg. 966
Wiltshire, Liz, Creative --HAWK MARKETING SERVICES, Moncton, Canada, pg. 489
Winchester, Evan, Creative --GOLD FRONT, San Francisco, CA, pg. 427
Winfield, Wayne, Creative --DEVITO/VERDI, New York, NY, pg. 296
Winkelman, Kurt, Creative --BEEBY CLARK + MEYLER, Stamford, CT, pg. 120
Winkelstein, Robyn, Creative --Cramer-Krasselt, New York, NY, pg. 237
Winn, Tori, Creative --LIDA, London, United Kingdom, pg. 659
Winston, Stephen, Creative --BBDO New York, New York, NY, pg. 99
Wirt, Tom, Creative --JNA ADVERTISING, Overland Park, KS, pg. 577
Witlin, Noah, Creative --MIDNIGHT OIL CREATIVE, Burbank, CA, pg. 739
Wittenberg, Nicholas, Creative --Ogilvy Johannesburg (Pty.) Ltd., Johannesburg, South Africa, pg. 829
Wittig, Lisa, Creative --LEVY INDUSTRIAL, Pittsburgh, PA, pg. 635
Wittig, Lori, Creative --Saatchi & Saatchi Los Angeles, Torrance, CA, pg. 975
Woh, Kelly, Creative --Ogilvy (China) Ltd., Shanghai, China, pg. 822

RESPONSIBILITIES INDEX — AGENCIES

Wojan, Kate, Creative --DONER, Southfield, MI, pg. 314
Wolak-Frank, Rachel, Creative --OgilvyOne Worldwide New York, New York, NY, pg. 812
Wolan, Ben, Creative --DDB San Francisco, San Francisco, CA, pg. 269
Wolinsky, Adam, Creative --VBP ORANGE, San Francisco, CA, pg. 1132
Wolinsky, Adam, Creative --VENABLES, BELL & PARTNERS, San Francisco, CA, pg. 1132
Wong, Jackie, Creative --Grey Hong Kong, North Point, China (Hong Kong), pg. 446
Wong, Jeffrey, Creative --Grey Hong Kong, North Point, China (Hong Kong), pg. 446
Wong, Jingwei, Creative --Ogilvy Advertising, Kuala Lumpur, Malaysia, pg. 826
Wong, May, Creative --DDB Worldwide Ltd., Hong Kong, China (Hong Kong), pg. 274
Wong, Tracy, Creative --WONGDOODY, Seattle, WA, pg. 1175
Wong, Wai Hung, Creative --DDB Worldwide Ltd., Hong Kong, China (Hong Kong), pg. 274
Woo, John, Creative --GLOBAL EXPERIENCE SPECIALISTS, INC., Las Vegas, NV, pg. 422
Wood, Alex, Creative --Golin, London, United Kingdom, pg. 1521
Wood, Craig, Creative --McCann Erickson Worldwide, London, United Kingdom, pg. 712
Wood, Darren, Creative --Digitas, London, United Kingdom, pg. 1251
Wood, Deborah, Creative --BROGAN & PARTNERS CONVERGENCE MARKETING, Birmingham, MI, pg. 166
Wood, Jim, Creative --ANALOGFOLK, New York, NY, pg. 55
Wood, Olly, Creative --McCann Erickson Worldwide, London, United Kingdom, pg. 712
Woodford, Allison, Creative --EPSILON, Chicago, IL, pg. 344
Woodhouse, Dean, Creative --BBH NEW YORK, New York, NY, pg. 115
Woodington, Steve, Creative --VANTAGEPOINT, INC, Greenville, SC, pg. 1131
Woodring, Ryan, Creative --JOHN MCNEIL STUDIO, Berkeley, CA, pg. 579
Woods, Mike, Creative --M SS NG P ECES, Brooklyn, NY, pg. 665
Wooster, Chris, Creative --T3, Austin, TX, pg. 1069
Worcester, Charlie, Creative --BLACKWING CREATIVE, Seattle, WA, pg. 133
Worthington, Nick, Creative --Colenso BBDO, Auckland, New Zealand, pg. 114
Wozniak, Danielle, Creative --Grey Healthcare Group, Kansas City, MO, pg. 417
Wright, Bill, Creative --McCann New York, New York, NY, pg. 698
Wright, Daniel, Creative --Colenso BBDO, Auckland, New Zealand, pg. 114
Wright, Justin, Creative --PUBLICIS HAWKEYE, Dallas, TX, pg. 1282
Wright, Shane, Creative --BERLINE, Royal Oak, MI, pg. 124
Wright, Stewart, Creative --Doner, London, London, United Kingdom, pg. 315
Wright, Stewart, Creative --Doner, London, London, United Kingdom, pg. 722
Wright, Will, Creative --J. Walter Thompson, London, United Kingdom, pg. 562
Wu, Anson, Creative --FRESH DESIGN STUDIO LLC, Chicago, IL, pg. 399
Wu, Kevin, Creative --Leo Burnett Shanghai Advertising Co., Ltd., Shanghai, China, pg. 629
Wu, Nuno, Creative --Publicis (Beijing), Beijing, China, pg. 908
Wuetherich, Ross, Creative --PRAIRIE DOG/TCG, Kansas City, MO, pg. 886
Wyatt, Jessica, Creative --SPARK, Tampa, FL, pg. 1031
Wyckoff, Lara, Creative --BERNSTEIN-REIN ADVERTISING, INC., Kansas City, MO, pg. 125
Wyse, Murray, Creative --R/GA, Austin, TX, pg. 927
Wysocki, David, Creative --THE MARS AGENCY, Southfield, MI, pg. 686
Wyville, Jon, Creative --Ogilvy, Chicago, IL, pg. 811
Yadav, Vikrant, Creative --Leo Burnett India, Mumbai, India, pg. 629
Yakobowitch, Danny, Creative --Gitam/BBDO, Tel Aviv, Israel, pg. 106
Yan, Lo Sheung, Creative --J. Walter Thompson U.S.A., Inc., Indianapolis, IN, pg. 567
Yan, Lo Sheung, Creative --J. Walter Thompson U.S.A., Inc., Dallas, TX, pg. 566
Yanez, Andrew, Creative --PYTCHBLACK, Fort Worth, TX, pg. 919
Yang, David, Creative --TOM, DICK & HARRY CREATIVE, Chicago, IL, pg. 1108
Yang, Eyrie, Creative --Nurun/China Interactive, Shanghai, China, pg. 903
Yang, Guojing, Creative --Bates Chi & Partners, Causeway Bay, China (Hong Kong), pg. 1179
Yang, Shangyong, Creative --Havas Worldwide Shanghai, Shanghai, China, pg. 486
Yang, Thomas, Creative --DDB, Singapore, Singapore, pg. 279
Yang, Young, Creative --Leo Burnett Shanghai Advertising Co., Ltd., Shanghai, China, pg. 629
Yanzy, Scott, Creative --OFFICE OF EXPERIENCE, Chicago, IL, pg. 1277
Yap, Henry, Creative --M&C Saatchi, Kuala Lumpur, Malaysia, pg. 662
Yarinich, Andrey, Creative --Leo Burnett Moscow, Moscow, Russia, pg. 626
Yasko, Chris, Creative --EVANS, HARDY & YOUNG INC., Santa Barbara, CA, pg. 352
Yazici, Eser, Creative --TBWA Istanbul, Istanbul, Turkey, pg. 1088
Yazid, Zahriel, Creative --FCB Kuala Lumpur, Kuala Lumpur, Malaysia, pg. 374
Yeager, Eric, Creative --BAILEY BRAND CONSULTING, Plymouth Meeting, PA, pg. 84
Yee, Sherman, Creative --NeON, New York, NY, pg. 364
Yegen, Deniz, Creative --TAXI New York, New York, NY, pg. 1075
Yeo, Albert, Creative --M&C Saatchi, Shanghai, China, pg. 662
Yeo, Derek, Creative --Naga DDB Sdn. Bhd., Petaling Jaya, Malaysia, pg. 277
Yeo, Eric, Creative --Leo Burnett, Singapore, Singapore, pg. 631
Yerian, Damon, Creative --SMARTBUG MEDIA INC, Newport Beach, CA, pg. 1290
Yin, Percy, Creative --Publicis Shanghai, Shanghai, China, pg. 908
Yinbo, Ma, Creative --BBH China, Shanghai, China, pg. 93
Yong, Vivian, Creative --Wieden + Kennedy, Shanghai, China, pg. 1166
Yoo, HyunSeo, Creative --MEMAC Ogilvy, Dubai, United Arab Emirates, pg. 831
York, Howard, Creative --WATSON CREATIVE, POrtland, OR, pg. 1153
Yoshitomi, Ryosuke, Creative --McCann Erickson Japan Inc., Tokyo, Japan, pg. 706
Young, Blake, Creative --INTERMARK GROUP, INC., Birmingham, AL, pg. 539
Young, Michael, Creative --SIX DEGREES, Orlando, FL, pg. 1017
Young, Susan, Creative --BBDO New York, New York, NY, pg. 99
Young, Thomas, Creative --Fortune Promoseven-Lebanon, Beirut, Lebanon, pg. 706
Yu, Allen, Creative --M/H VCCP, San Francisco, CA, pg. 664
Yu, Paul, Creative --DDB Worldwide Ltd., Hong Kong, China (Hong Kong), pg. 274
Yue, Chee-Guan, Creative --Ogilvy (China) Ltd., Shanghai, China, pg. 822
Yueh, Chris, Creative --Publicis Shanghai, Shanghai, China, pg. 908
Yuki, Nobu, Creative --YS AND PARTNERS, INC., Irvine, CA, pg. 1209
Yuki, Yoshinobu, Creative --YS AND PARTNERS, INC., Irvine, CA, pg. 1209
Yull, Paul, Creative --Global Team Blue, London, United Kingdom, pg. 423
Zaborowski, Russ, Creative --SCG ADVERTISING & PUBLIC RELATIONS, Haddonfield, NJ, pg. 994
Zacher, Nick, Creative --SWIRL MCGARRYBOWEN, San Francisco, CA, pg. 1067
Zafonte, Nick, Creative --HUDSON ROUGE, New York, NY, pg. 511
Zahr, Munah, Creative --Radius Leo Burnett, Dubai, United Arab Emirates, pg. 627
Zaidi, Zehra, Creative --Ogilvy, Karachi, Pakistan, pg. 830
Zakbah, Dillah, Creative --BBH Singapore, Singapore, Singapore, pg. 94
Zaloudek, Zuzana, Creative --AREA 23, New York, NY, pg. 67
Zaluski, Henry, Creative --SCOTT THORNLEY + COMPANY, Toronto, Canada, pg. 998
Zamfir, Ioana, Creative --McCann Erickson Romania, Bucharest, Romania, pg. 708
Zamlong, William, Creative --SOURCE COMMUNICATIONS, Hackensack, NJ, pg. 1029
Zamprogno, Jean, Creative --DAVID The Agency, Miami, FL, pg. 261
Zane, Melissa, Creative --GODFREY ADVERTISING, Lancaster, PA, pg. 426
Zang, Keith, Creative --VML-New York, New York, NY, pg. 1144
Zanini, Sebastien, Creative --Gyro Paris, Paris, France, pg. 458
Zapanta, Nico, Creative --BBDO Guerrero, Makati, Philippines, pg. 114
Zapata, Thiara M., Creative --Allied Advertising, Public Relations, New York, NY, pg. 47
Zehner, Lucas, Creative --BUTLER, SHINE, STERN & PARTNERS, Sausalito, CA, pg. 177
Zeidan, Samer, Creative --BBDO Chile, Santiago, Chile, pg. 102
Zein, Ali, Creative --Impact BBDO, Beirut, Lebanon, pg. 106
Zerbe, Jessica, Creative --SWASH LABS, Denton, TX, pg. 1065
Zeth, A. P., Creative --MullenLowe Lintas Group, Mumbai, India, pg. 774
zhang, Angela, Creative --JUXT, Beijing, China, pg. 1266
Zhang, Chao, Creative --J. Walter Thompson, Shanghai, China, pg. 555
Zhao, Roc, Creative --Publicis Shanghai, Shanghai, China, pg. 908
Zhao, Xiaofei, Creative --BBDO China, Shanghai, China, pg. 112
Zhao, Zoe, Creative --Publicis Shanghai, Shanghai, China, pg. 908
Zhou, Joe, Creative --McCann Erickson Guangming Ltd., Guangzhou, China, pg. 702
Zhu, Adrian, Creative --Ogilvy Advertising Beijing, Beijing, China, pg. 822
Zhu, Thomas, Creative --Ogilvy (China) Ltd., Shanghai, China, pg. 822
Ziaco, Letizia, Creative --D'Adda, Lorenzini, Vigorelli, BBDO, Milan, Italy, pg. 106
Zierenberg, Jennifer, Creative --DE LA CRUZ & ASSOCIATES, Guaynabo, PR, pg. 283
Zinni, Anthony, Creative --SIMPLE TRUTH COMMUNICATION PARTNERS, Chicago, IL, pg. 1015
Zirpoli, Henrique, Creative --Publicis Singapore, Singapore, Singapore, pg. 911
Zoghlami, Ahmed El, Creative --J. Walter Thompson France, Neuilly-sur-Seine, France, pg. 559
Zouehid, Samer, Creative --Saatchi & Saatchi, Dubai, United Arab Emirates, pg. 980
Zub, Sandra, Creative --CHECKMARK COMMUNICATIONS, Saint Louis, MO, pg. 1220
Zubair, Shaikh, Creative --Grey (India) Pvt. Ltd., Mumbai, India, pg. 446
Zung, Kevin, Creative --Publicis Brasil Communicao, Sao Paulo, Brazil, pg. 906
Zurfluh, Karl, Creative --PETROL ADVERTISING, Burbank, CA, pg. 866
Zywicki, Ron, Creative --DAVID JAMES GROUP, Oakbrook Terrace, IL, pg. 262

Creative Director

Aal, Scott, Creative Director --CHEMISTRY CLUB, San Francisco, CA, pg. 205
Abbate, Karen, Creative Director --J. WALTER THOMPSON, New York, NY, pg. 553
Abbenda, Catherine, Creative Director --Cramer-Krasselt, New York, NY, pg. 237
Abbott, Scott, Creative Director --MARKER SEVEN, INC., San Francisco, CA, pg. 681
Abe, Mitsushi, Creative Director --DENTSU INC., Tokyo, Japan, pg. 289
Abe, Tatsunori, Creative Director --DENTSU INC., Tokyo, Japan, pg. 289
Abegglen, Ryan, Creative Director --PIVOT MARKETING, Indianapolis, IN, pg. 874
Abelson, Dennis, Creative Director --MATRIX PARTNERS LTD., Chicago, IL, pg. 693
Abouhamad, Khalil, Creative Director --FP7 Jeddah, Jeddah, Saudi Arabia, pg. 708
Abracen, Jeff, Creative Director --BAM STRATEGY, Montreal, Canada, pg. 87
Abramovitz, Bill, Creative Director --BIOTICA LLC, Cincinnati, OH, pg. 131
Abrams, Amanda, Creative Director --TEAM ONE USA, Los Angeles, CA, pg. 1095
Abrams, Rachel, Creative Director --Cossette B2B, Toronto, Canada, pg. 233
Abrol, Manasvi, Creative Director --Leo Burnett India, Mumbai, India, pg. 629
Acar, Serhan, Creative Director --Havas Worldwide Istanbul, Istanbul, Turkey, pg. 482
Acharya, Anurag, Creative Director --J. Walter Thompson, Kolkata, India, pg. 557
Ackermann, Karl, Creative Director --J. WALTER THOMPSON, New York, NY, pg. 553
Acosta, Nicolas, Creative Director --Sancho BBDO, Bogota, Colombia, pg. 102

1941

AGENCIES — RESPONSIBILITIES INDEX

Adams, Bill, Creative Director --POTTS MARKETING GROUP LLC, Anniston, AL, pg. 884

Adams, Chris, Creative Director --WOLFGANG LOS ANGELES, Venice, CA, pg. 1174

Adams, Michele, Creative Director --GIANT CREATIVE/STRATEGY, LLC, San Francisco, CA, pg. 418

Adcock, Leslie, Creative Director --VISINTINE & RYAN PR, Manchester, MO, pg. 1667

Adkins, David, Creative Director --THE BARBER SHOP MARKETING, Addison, TX, pg. 88

Adkins, George, Creative Director --NAARTJIE MULTIMEDIA, Columbus, GA, pg. 783

Adkins, Mark, Creative Director --CLARK/NIKDEL/POWELL, Winter Haven, FL, pg. 212

Adler, David, Creative Director --AREA 23, New York, NY, pg. 67

Adler, Stan, Creative Director --STAN ADLER ASSOCIATES, New York, NY, pg. 1042

Adolph, Michael, Creative Director --FleishmanHillard Inc., Washington, DC, pg. 1512

Adsit, Bob, Creative Director --FCB HEALTH, New York, NY, pg. 376

Afanador, Juan, Creative Director --McCann Erickson Corp. S.A., Bogota, Colombia, pg. 702

Afonso, Victor, Creative Director --FCB Lisbon, Lisbon, Portugal, pg. 367

Agerbeek, Richard, Creative Director --SWEDEN UNLIMITED, New York, NY, pg. 1294

Aguiar, Paulo, Creative Director --Publicis Brasil Communicao, Sao Paulo, Brazil, pg. 906

Aguirre, Cesar Aburto, Creative Director --McCann Erickson S.A. de Publicidad, Santiago, Chile, pg. 701

Ahluwalia, Sapna, Creative Director --BBH Mumbai, Mumbai, India, pg. 93

Ahrens, Greg, Creative Director --SKAR ADVERTISING, Omaha, NE, pg. 1018

Ahrens, Laurie, Creative Director --Momentum, Saint Louis, MO, pg. 755

Aikens, Kyle, Creative Director --CREATIVE MULTIMEDIA SOLUTIONS LLC, Washington Crossing, PA, pg. 1247

Ainsley, Craig, Creative Director --Anomaly, London, United Kingdom, pg. 59

Ainsley, Craig, Creative Director --Anomaly, London, United Kingdom, pg. 721

Aipa, Moses, Creative Director --ICONOCLAST ARTIST MANAGEMENT LLC, New York, NY, pg. 519

Aitken, Casey, Creative Director --J. Walter Thompson Inside, Atlanta, GA, pg. 565

Akin, Oktar, Creative Director --Markom/Leo Burnett, Istanbul, Turkey, pg. 627

Akinaga, Hiroshi, Creative Director --DENTSU INC., Tokyo, Japan, pg. 289

Akoleowo, Olakunle, Creative Director --140 BBDO, Cape Town, South Africa, pg. 108

Al-Jorani, Caleb, Creative Director --Wieden + Kennedy, London, United Kingdom, pg. 1165

Al-Jorani, Caleb, Creative Director --Wieden + Kennedy Amsterdam, Amsterdam, Netherlands, pg. 1164

Al-Naqeeb, Manaf, Creative Director --DAILEY & ASSOCIATES, West Hollywood, CA, pg. 258

Alarcon, Adriano, Creative Director --DM9DDB, Sao Paulo, Brazil, pg. 271

Alatorre, Sean, Creative Director --NEURON SYNDICATE, Santa Monica, CA, pg. 790

Albers, Trey, Creative Director --HEARTBEAT DIGITAL, New York, NY, pg. 492

Albert, Thierry Tudela, Creative Director --Wieden + Kennedy Amsterdam, Amsterdam, Netherlands, pg. 1164

Aldridge, Lee, Creative Director --SPARK44, Los Angeles, CA, pg. 1226

Alepuz, Pucho, Creative Director --Vinizius/Y&R, Barcelona, Spain, pg. 1203

Alexander, Rob, Creative Director --OFFICE, San Francisco, CA, pg. 809

Alexander, Toni, Creative Director --INTERCOMMUNICATIONS INC., Newport Beach, CA, pg. 538

Alexiou, Maria, Creative Director --McCann Erickson Athens, Athens, Greece, pg. 704

Alger, Jed, Creative Director --MUST BE SOMETHING INC, Portland, OR, pg. 780

Alija, Carlos, Creative Director --Wieden + Kennedy London, United Kingdom, pg. 1165

Allan, Lee, Creative Director --GAGE, Minneapolis, MN, pg. 1403

Allanson, Logan, Creative Director --Impact BBDO, Dubai, United Arab Emirates, pg. 109

Allen, Brian, Creative Director --Havas Worldwide Canada, Montreal, Canada, pg. 477

Allen, Bryan, Creative Director --IGNITION INTERACTIVE, Los Angeles, CA, pg. 523

Allen, Catherine, Creative Director --ZULU ALPHA KILO, Toronto, Canada, pg. 1216

Allen, Drew, Creative Director --PEPPERSHOCK MEDIA PRODUCTIONS, LLC., Nampa, ID, pg. 862

Allen, Emlyn, Creative Director --HUDSON ROUGE, New York, NY, pg. 511

Allen, Matthew, Creative Director --REVOLVE, Bedford, Canada, pg. 953

Allen, Michele, Creative Director --CRUX CREATIVE, Milwaukee, WI, pg. 251

Allen, Skeek, Creative Director --AD PARTNERS INC., Tampa, FL, pg. 24

Aller, Matt, Creative Director --BRANDHIVE, Salt Lake City, UT, pg. 156

Allex, Brian, Creative Director --EXCITANT HEALTHCARE ADVERTISING, Woodstock, GA, pg. 355

Almuna, Tomas, Creative Director --Conill Advertising, Inc., El Segundo, CA, pg. 227

Alonso, Sergio, Creative Director --ELEPHANT, San Francisco, CA, pg. 335

Alonzo, Javier, Creative Director --SKAI BLUE MEDIA, Philadelphia, PA, pg. 1646

Altman, Eli, Creative Director --A HUNDRED MONKEYS INC, Berkeley, CA, pg. 15

Alvarado, Daniel, Creative Director --BBDO Guatemala, Guatemala, Guatemala, pg. 103

Alvarez, Armando, Creative Director --VIVA + IMPULSE CREATIVE CO, El Paso, TX, pg. 1141

Alvarez, Audel, Creative Director --M8 AGENCY, Miami, FL, pg. 666

Alvarez, Leandro, Creative Director --TBWA Lisbon, Lisbon, Portugal, pg. 1084

Amadeo, Jim, Creative Director --MECHANICA, Newburyport, MA, pg. 725

Amador, Victor, Creative Director --Y&R Miami, Miami, FL, pg. 1205

Ambrose, Leilah, Creative Director --Edelman, Toronto, Canada, pg. 1491

Amende, Monte, Creative Director --TDG COMMUNICATIONS, Deadwood, SD, pg. 1094

Amenta, Valentina, Creative Director --D'Adda, Lorenzini, Vigorelli, BBDO, Milan, Italy, pg. 106

Aminzadeh, Aryan, Creative Director --BARRETTSF, San Francisco, CA, pg. 91

Amorim, Ricardo, Creative Director --AllofUs, London, United Kingdom, pg. 711

Amorim, Silvio, Creative Director --DPZ-Duailibi, Petit, Zaragoza, Propaganda S.A., Sao Paulo, Brazil, pg. 906

Amorim, Silvio, Creative Director --DPZ-Duailibi, Petit, Zaragoza, Propaganda S.A., Sao Paulo, Brazil, pg. 21

Amow, James, Creative Director --Publicis Caribbean, Port of Spain, Trinidad & Tobago, pg. 907

Anchietta, Yoshua Leon, Creative Director --Garnier BBDO, San Jose, Costa Rica, pg. 102

Anderson, Brent, Creative Director --MMGY GLOBAL, Kansas City, MO, pg. 750

Anderson, Cassandra, Creative Director --DDB New York, New York, NY, pg. 269

Anderson, Daryl, Creative Director --CLARK CREATIVE GROUP, Omaha, NE, pg. 212

Anderson, Jason, Creative Director --NEATHAWK DUBUQUE & PACKETT, Richmond, VA, pg. 787

Anderson, Jason, Creative Director --Neathawk Dubuque & Packett, Roanoke, VA, pg. 787

Anderson, Jeff, Creative Director --CATALYST MARKETING DESIGN, Fort Wayne, IN, pg. 195

Anderson, Miles, Creative Director --HORICH HECTOR LEBOW, Hunt Valley, MD, pg. 508

Anderson, Peter, Creative Director --HORNALL ANDERSON, Seattle, WA, pg. 509

Anderson, Rachel, Creative Director --454 CREATIVE, Irvine, CA, pg. 9

Anderson, Ryan, Creative Director --FLUID ADVERTISING, Bountiful, UT, pg. 389

Andrade, Reymundo, Creative Director --72andSunny, Amsterdam, Netherlands, pg. 11

Andrae, Garrett, Creative Director --LARSON O'BRIEN MARKETING GROUP, Bethel Park, PA, pg. 611

Andrejco, Stefan, Creative Director --Wiktor/Leo Burnett, s.r.o., Bratislava, Slovakia, pg. 627

Andrew, Ray, Creative Director --POP-DOT MARKETING, Madison, WI, pg. 882

Andrews, Julian, Creative Director --TBWA Auckland, Auckland, New Zealand, pg. 1091

Andrews, Michael, Creative Director --M&C Saatchi, Sydney, Australia, pg. 661

Andrews, Scott, Creative Director --TBWA\London, London, United Kingdom, pg. 1086

Andrus, Andruya, Creative Director --Publicis Indonesia, Jakarta, Indonesia, pg. 910

Angeles, Marcela, Creative Director --CIRCUS MARKETING, Santa Monica, CA, pg. 208

Angulo, Janeth Vazquez, Creative Director --Grey Mexico, S.A. de C.V, Mexico, Mexico, pg. 444

Angus, Paul, Creative Director --Adam & EveDDB, London, United Kingdom, pg. 281

Ansley, James, Creative Director --GREY VANCOUVER, Vancouver, Canada, pg. 449

Antillon, Chepe, Creative Director --Garnier BBDO, San Jose, Costa Rica, pg. 102

Antonini, Alessandro, Creative Director --Leo Burnett Co., S.r.l., Milan, Italy, pg. 625

Antonini, Alessandro, Creative Director --Leo Burnett Rome, Rome, Italy, pg. 625

Apitz, Shanna, Creative Director --HUNT ADKINS, Minneapolis, MN, pg. 514

Appelmann, Sean, Creative Director --FABCOM, Scottsdale, AZ, pg. 357

Araiz, Sergio Eransus, Creative Director --Bassat, Ogilvy Comunicacion, Barcelona, Spain, pg. 816

Araiz, Sergio Eransus, Creative Director --Bassat, Ogilvy Comunicacion, Barcelona, Spain, pg. 1600

Arambulo, Angela, Creative Director --PROJECT 2050, New York, NY, pg. 892

Aramini, Steven, Creative Director --FOUNDRY, Reno, NV, pg. 394

Arao, Kensui, Creative Director --Ogilvy Japan K.K., Tokyo, Japan, pg. 825

Araujo, F Hauck, Creative Director --Almap BBDO, Sao Paulo, Brazil, pg. 101

Araujo, Viton, Creative Director --FCB Lisbon, Lisbon, Portugal, pg. 367

Araya, Felipe, Creative Director --Publicis Chile SA, Santiago, Chile, pg. 906

Arcade, Samantha, Creative Director --THE BURNS GROUP, New York, NY, pg. 175

Archer, Stevie Maple, Creative Director --BIG SPACESHIP, Brooklyn, NY, pg. 129

Areas, Paulo, Creative Director --LOLA MullenLowe, Madrid, Spain, pg. 542

Arellano, Rafael, Creative Director --MARKETLOGIC, Doral, FL, pg. 1411

Arenas, Diego, Creative Director --Grey: REP, Bogota, Colombia, pg. 444

Arlia, Andres, Creative Director --MCGARRYBOWEN, New York, NY, pg. 716

Arlia, Andres, Creative Director --mcgarrybowen, Chicago, IL, pg. 718

Armata, Natalie, Creative Director --GIANTS & GENTLEMEN, Toronto, Canada, pg. 418

Armbruster, Steven, Creative Director --REDSTONE COMMUNICATIONS INC., Omaha, NE, pg. 944

Armstrong, Jeff, Creative Director --SLEIGHT ADVERTISING INC, Omaha, NE, pg. 1020

Armstrong, Robert, Creative Director --SPIRO & ASSOCIATES MARKETING, ADVERTISING & PUBLIC RELATIONS, Fort Myers, FL, pg. 1034

Arnold, Alfred, Creative Director --LEWIS ADVERTISING, INC., Rocky Mount, NC, pg. 635

Arnold, Caron, Creative Director --FUSION MARKETING, Saint Louis, MO, pg. 404

Arroyo, Vanesa Sanz, Creative Director --Young & Rubicam, S.L., Madrid, Spain, pg. 1203

Arthur, Nathin, Creative Director --YOUTECH & ASSOCIATES, Naperville, IL, pg. 1209

Asensio, Danny, Creative Director --THE&PARTNERSHIP, New York, NY, pg. 55

Ashbourne, Laurie, Creative Director --STRATEGIC MARKETING INC., Palm Beach Gardens, FL, pg. 1053

Asher, Larry, Creative Director --WORKER BEES, INC., Seattle, WA, pg. 1177

Ashlock, Jason, Creative Director --MCCANN, New York, NY, pg. 697

Ashton, Michael, Creative Director --THE&PARTNERSHIP, New

RESPONSIBILITIES INDEX — AGENCIES

York, NY, pg. 55
Ashworth, Matt, Creative Director --TBD, San Francisco, CA, pg. 1076
Askar, Marwa, Creative Director --Horizon FCB Cairo, Cairo, Egypt, pg. 370
Assadian, Chermine, Creative Director --J. Walter Thompson, London, United Kingdom, pg. 562
Assouline, Arnaud, Creative Director --BETC, Paris, France, pg. 479
Astogar, Camilo, Creative Director --McCann Erickson (Peru) Publicidad S.A., Lima, Peru, pg. 707
Atilla, Kaan, Creative Director --Doner, Playa Vista, CA, pg. 724
Atilla, Kaan, Creative Director --Doner, Playa Vista, CA, pg. 315
Atkin, Lynsey, Creative Director --Havas London, London, United Kingdom, pg. 482
Atkin, Lynsey, Creative Director --Havas Worldwide London, London, United Kingdom, pg. 483
Attwood, Kemp, Creative Director --AREA 17, Brooklyn, NY, pg. 1238
Atunwa, Ranti, Creative Director --TBWA Concept Unit, Lagos, Nigeria, pg. 1087
Augustine, Dan, Creative Director --EPIC CREATIVE, West Bend, WI, pg. 343
Augusto, Rafael, Creative Director --Radius Leo Burnett, Dubai, United Arab Emirates, pg. 627
Avramov, Silvia, Creative Director --EAST HOUSE CREATIVE, Hackensack, NJ, pg. 328
Avramov, Youlian, Creative Director --EAST HOUSE CREATIVE, Hackensack, NJ, pg. 328
Ayass, Tariq, Creative Director --Radius Leo Burnett, Dubai, United Arab Emirates, pg. 627
Baba, Marcin, Creative Director --FCB Zurich, Zurich, Switzerland, pg. 368
Babinet, Remi, Creative Director --Havas Worldwide Southeast Asia, Singapore, Singapore, pg. 485
Bac, Tien, Creative Director --Ogilvy (Vietnam) Ltd., Ho Chi Minh City, Vietnam, pg. 828
Baccollo, Dom, Creative Director --MCCANN, New York, NY, pg. 697
Baccollo, Dominick, Creative Director --McCann New York, New York, NY, pg. 698
Backus, Sara, Creative Director --KERIGAN MARKETING ASSOCIATES, INC., Mexico Beach, FL, pg. 592
Badger, Chris, Creative Director --J. Walter Thompson, Sydney, Australia, pg. 554
Baek, Marc, Creative Director --Cheil Worldwide Inc., Seoul, Korea (South), pg. 462
Baer, Brad, Creative Director --BLUECADET INTERACTIVE, Philadelphia, PA, pg. 1241
Baffi, Kim, Creative Director --BBDO San Francisco, San Francisco, CA, pg. 99
Bagby, Mike, Creative Director --DOE-ANDERSON, Louisville, KY, pg. 312
Bagdadi, Jack Daniel, Creative Director --MARKHAM & STEIN UNLIMITED, Miami, FL, pg. 685
Baginsky, Abe, Creative Director --Mother New York, New York, NY, pg. 763
Bagley, Jeff, Creative Director --Riester, Park City, UT, pg. 958
Bagliani, Anthony, Creative Director --RDA INTERNATIONAL, New York, NY, pg. 935
Bagri, Akhilesh, Creative Director --Radius Leo Burnett, Dubai, United Arab Emirates, pg. 627
Bailey, Ben, Creative Director --Wieden + Kennedy, London, United Kingdom, pg. 1165
Bailey, Michael, Creative Director --PLAN LEFT LLC, Nashville, TN, pg. 876
Bailey, Ryan, Creative Director --BANOWETZ + COMPANY INC., Dallas, TX, pg. 88
Bailey, Steve, Creative Director --SPITBALL LLC, Red Bank, NJ, pg. 1034
Baird, Al, Creative Director --Manning Selvage & Lee London, London, United Kingdom, pg. 1589
Bajaj, Avinash, Creative Director --J. Walter Thompson, Chennai, India, pg. 557
Bajwa, Hari, Creative Director --AKQA, Inc., London, United Kingdom, pg. 1234
Bake, Albrecht, Creative Director --J. Walter Thompson, Bogota, Colombia, pg. 564
Baker, Claire, Creative Director --Drum OMG, London, United Kingdom, pg. 1363
Baker, Kerry, Creative Director --DDB HEALTH, New York, NY, pg. 267
Balch, Chip, Creative Director --THE MONOGRAM GROUP, Chicago, IL, pg. 756

Baldwin, Bruce, Creative Director --TBWA Melbourne, Melbourne, Australia, pg. 1088
Balgos, Joshua, Creative Director --FACULTY NY LLC, Brooklyn, NY, pg. 357
Ball, John, Creative Director --MIRESBALL, San Diego, CA, pg. 747
Balla, Greg, Creative Director --ZENMARK VERBAL DESIGN, San Francisco, CA, pg. 1211
Ballarini, Maximiliano, Creative Director --Ogilvy Argentina, Buenos Aires, Argentina, pg. 819
Balmaceda, Byron, Creative Director --TBWA Costa Rica, San Jose, Costa Rica, pg. 1092
Balows, Scott, Creative Director --mcgarrybowen, Chicago, IL, pg. 718
Bandlish, Jay, Creative Director --Energy BBDO, Chicago, IL, pg. 100
Banerjee, Ananyo, Creative Director --J. Walter Thompson, Kolkata, India, pg. 557
Bank, Adam, Creative Director --THINKHOUSE, Huntington, NY, pg. 1100
Bank, Joyce, Creative Director --THINKHOUSE, Huntington, NY, pg. 1100
Bannick, Shena, Creative Director --CROWN SOCIAL AGENCY, Seattle, WA, pg. 251
Bannon, Kirk, Creative Director --BBDO Dublin, Dublin, Ireland, pg. 105
Banny, Rudy, Creative Director --TATTOO PROJECTS, Charlotte, NC, pg. 1074
Bansley, Adam, Creative Director --EMPIRE MEDIA GROUP, Monroe, WI, pg. 339
Banuelos, Joseph, Creative Director --DEVICEPHARM, Irvine, CA, pg. 296
Banwell, Bonn, Creative Director --RED CIRCLE AGENCY, Minneapolis, MN, pg. 938
Banzil, Joel, Creative Director --MullenLowe Philippines, Manila, Philippines, pg. 776
Bappe, Mark, Creative Director --CTP, Boston, MA, pg. 252
Baranovic, Vesna, Creative Director --DDB Group Germany, Berlin, Germany, pg. 274
Barbosa, Bruno de Carvalho, Creative Director --Publicis Graffiti, Buenos Aires, Argentina, pg. 906
Barbosa, Leonardo, Creative Director --GREY NEW YORK, New York, NY, pg. 438
Barboutis, Yiannis, Creative Director --FCB Gnomi, Athens, Greece, pg. 367
Bareche, Mohamed, Creative Director --Leo Burnett France, Paris, France, pg. 898
Bareche, Mohamed, Creative Director --Publicis Conseil, Paris, France, pg. 898
Barela, Kenny, Creative Director --The Marketing Arm, Los Angeles, CA, pg. 682
Bares, Jordi, Creative Director --Ogilvy, Ltd., London, United Kingdom, pg. 818
Barfoot, Jeff, Creative Director --RBMM, Dallas, TX, pg. 934
Barker, Steve, Creative Director --BARKER & CHRISTOL ADVERTISING, Murfreesboro, TN, pg. 90
Barkey, Chuck, Creative Director --CHEMISTRY COMMUNICATIONS INC., Pittsburgh, PA, pg. 205
Barkley, Nik, Creative Director --HATCH MARKETING, Boston, MA, pg. 471
Barnard, Chris, Creative Director --MCGARRAH JESSEE, Austin, TX, pg. 716
Barnes, Ben, Creative Director --LENZ MARKETING, Decatur, GA, pg. 620
Barnes, Billy, Creative Director --THE STONE AGENCY, Raleigh, NC, pg. 1050
Baroni, Mike, Creative Director --IN MARKETING SERVICES, Norwalk, CT, pg. 529
Barraza, Walter, Creative Director --WALO CREATIVE, INC, Dallas, TX, pg. 1150
Barreras, Alejandro, Creative Director --PINTA, New York, NY, pg. 872
Barrero, Paola, Creative Director --J. Walter Thompson, Bogota, Colombia, pg. 564
Barrett, Richard, Creative Director --Ogilvy, Ltd., London, United Kingdom, pg. 818
Barrie, Bob, Creative Director --BARRIE D'ROZARIO DILORENZO, Minneapolis, MN, pg. 92
Barrineau, David, Creative Director --AKA NYC, New York, NY, pg. 42
Barron, Noah, Creative Director --ONIRACOM CORP, Santa Barbara, CA, pg. 841
Barrote, Jorge, Creative Director --J. Walter Thompson, Lisbon, Portugal, pg. 561

Barry, Kelley, Creative Director --PIXELETTE STUDIOS, Berkeley, CA, pg. 874
Barth, Elizabeth, Creative Director --THREESPOT MEDIA, LLC, Washington, DC, pg. 1295
Barthuel, Antoine, Creative Director --M&C Saatchi, Paris, France, pg. 661
Bartley, Scott M., Creative Director --BARTLEY & DICK, New York, NY, pg. 94
Basckin, Raphael, Creative Director --droga5, London, United Kingdom, pg. 322
Bass, Austin, Creative Director --BASS ADVERTISING, Sioux City, IA, pg. 95
Batchelor, Brian, Creative Director --BRASCO DESIGN + MARKETING, Raleigh, NC, pg. 160
Bateman, Tim, Creative Director --PHENOMENON, Los Angeles, CA, pg. 868
Batlle, Daniel, Creative Director --NATCOM MARKETING, Miami, FL, pg. 785
Battaglia, Marc, Creative Director --DEMI & COOPER ADVERTISING, Elgin, IL, pg. 288
Battersby, William, Creative Director --AKQA, Inc., London, United Kingdom, pg. 1234
Battistel, Hugo, Creative Director --Havas Worldwide Brussels, Brussels, Belgium, pg. 478
Battistel, Hugo, Creative Director --Havas Worldwide Digital Brussels, Brussels, Belgium, pg. 478
Baude, Martin, Creative Director --TBWA\ AB Stockholm, Stockholm, Sweden, pg. 1085
Bauer, Jay, Creative Director --INSIGHT CREATIVE INC., Green Bay, WI, pg. 535
Baughman, Terry, Creative Director --LATITUDE, Dallas, TX, pg. 1408
Bautista, Jao, Creative Director --Publicis JimenezBasic, Makati, Philippines, pg. 910
Bautista, Maan, Creative Director --McCann Erickson (Philippines), Inc., Manila, Philippines, pg. 707
Baxter, Kristin, Creative Director --MASONBARONET, Dallas, TX, pg. 691
Bayer, Brandon, Creative Director --WONDERSAUCE, New York, NY, pg. 1302
Bayett, Kelly, Creative Director --Deutsch LA, Los Angeles, CA, pg. 294
Bayfield, Chas, Creative Director --J. Walter Thompson, London, United Kingdom, pg. 562
Baylinson, Lisa, Creative Director --SUASION COMMUNICATIONS GROUP, Somers Point, NJ, pg. 1057
Baynham, Richard, Creative Director --INGO, Stockholm, Sweden, pg. 442
Bayraktar, Onder, Creative Director --Ogilvy, Istanbul, Turkey, pg. 817
Bea, Danger, Creative Director --BBH LA, West Hollywood, CA, pg. 93
Beach, Chris, Creative Director --WILDERNESS AGENCY, Fairborn, OH, pg. 1167
Beall, Julie, Creative Director --PROPAC, Plano, TX, pg. 893
Beam, Jake, Creative Director --ROCK CANDY MEDIA, Austin, TX, pg. 964
Beaman, Zach, Creative Director --CONCEPT ENVY, Waukesha, WI, pg. 226
Beamer, Mike, Creative Director --FCB GLOBAL, New York, NY, pg. 363
Beard, Steve, Creative Director --BORSHOFF, Indianapolis, IN, pg. 148
Beaudoin, Jim, Creative Director --AKQA, Inc., Washington, DC, pg. 1234
Beaumont, Philip, Creative Director --The&Partnership London, London, United Kingdom, pg. 56
Beaupre, Greg, Creative Director --PERISCOPE, Minneapolis, MN, pg. 864
Beautrais, Emily, Creative Director --Clemenger BBDO Wellington, Wellington, New Zealand, pg. 113
Becher, Irina, Creative Director --Leo Burnett & Target SA, Bucharest, Romania, pg. 626
Beck, Jeffrey, Creative Director --VML, Chicago, IL, pg. 1145
Beck, Tyrone, Creative Director --Saatchi & Saatchi, Johannesburg, South Africa, pg. 979
Beck, Tyrone, Creative Director --Saatchi & Saatchi, Cape Town, South Africa, pg. 979
Becker, Jack, Creative Director --ELEMENT ADVERTISING LLC, Asheville, NC, pg. 335
Beckerling, Tim, Creative Director --Net#work BBDO, Gauteng, South Africa, pg. 108
Beckman, Tom, Creative Director --Nueva Comunicacion-Weber Shandwick, Rosario, Argentina, pg. 1680

AGENCIES

RESPONSIBILITIES INDEX

Bedway, Tom, Creative Director --BURKHOLDER/FLINT, Columbus, OH, pg. 175
Beeli, Patrick, Creative Director --Havas Worldwide Zurich, Zurich, Switzerland, pg. 482
Behr, Mario, Creative Director --GREEN DOT ADVERTISING & MARKETING, Miami, FL, pg. 435
Bekkering, Herman, Creative Director --PATTISON OUTDOOR ADVERTISING, Oakville, Canada, pg. 858
Bell, Jim, Creative Director --FORGE WORLDWIDE, Boston, MA, pg. 392
Bellemare, Jay, Creative Director --PANNOS MARKETING, Bedford, NH, pg. 852
Bellgardt, Ryan, Creative Director --BOILING POINT MEDIA, Oklahoma City, OK, pg. 144
Bellini, Giuliano, Creative Director --MRM Worldwide, Milan, Italy, pg. 768
Bellotti, Fernando, Creative Director --Leo Burnett Mexico S.A. de C.V., Mexico, Mexico, pg. 624
Belmont, Dick, Creative Director --INSIGHT MARKETING COMMUNICATIONS, Wallingford, CT, pg. 535
Beltran, Alejandro, Creative Director --Ogilvy, Mexico, Mexico, pg. 821
Benavides, Pablo Sanchez, Creative Director --DDB Barcelona S.A., Barcelona, Spain, pg. 280
Benbehe, Alexis, Creative Director --DDB Paris, Paris, France, pg. 273
Benjamin, Michael, Creative Director --ANTHEM BRANDING, Boulder, CO, pg. 61
Bennett, Dan, Creative Director --ELEMENT ELEVEN, Nixa, MO, pg. 335
Bennett, Patrick, Creative Director --SBPR CORP., Fort Lauderdale, FL, pg. 1641
Bentley, Jeff, Creative Director --BLUE C, Costa Mesa, CA, pg. 138
Bentley, Perry Ryan, Creative Director --GRAFITZ GROUP NETWORK, Huntington, WV, pg. 431
Benton, Sean, Creative Director --PARTNERS CREATIVE, Missoula, MT, pg. 855
Beran, Paul F., Creative Director --ADVERTEL, INC., Pittsburgh, PA, pg. 35
Berendt, Filip, Creative Director --DDB Warsaw, Warsaw, Poland, pg. 279
Berg, Dylan, Creative Director --R/GA Los Angeles, North Hollywood, CA, pg. 926
Berg, Jeff, Creative Director --HABERMAN & ASSOCIATES, INC., Minneapolis, MN, pg. 460
Bergen, Carolyn, Creative Director --O'KEEFE REINHARD & PAUL, Chicago, IL, pg. 834
Bergmann, Robyn, Creative Director --Ogilvy Johannesburg (Pty.) Ltd., Johannesburg, South Africa, pg. 829
Bernal, Maria, Creative Director --Lapiz, Chicago, IL, pg. 622
Bernast, Johann, Creative Director --BETC, Paris, France, pg. 479
Bernesby, Chris, Creative Director --AREA 23, New York, NY, pg. 67
Bernhardt, Karen, Creative Director --VENDI ADVERTISING, La Crosse, WI, pg. 1133
Bernier, Alex, Creative Director --SID LEE, Montreal, Canada, pg. 1010
Bernier, Jean-Francois, Creative Director --ALFRED COMMUNICATIONS, Montreal, Canada, pg. 44
Berrios, Edwin, Creative Director --DDM ADVERTISING INC, Miami, FL, pg. 283
Berroya, Paw, Creative Director --Publicis JimenezBasic, Makati, Philippines, pg. 910
Berry, Jason, Creative Director --J. Walter Thompson, London, United Kingdom, pg. 562
Berry, Megan, Creative Director --STANTON COMMUNICATIONS, INC., Washington, DC, pg. 1651
Berthiaume, Cathy, Creative Director --SABA AGENCY, Bakersfield, CA, pg. 986
Bertrand, Victor, Creative Director --FCB CREA, Tegucigalpa, Honduras, pg. 371
Bertuccio, Eric, Creative Director --Havas Worldwide-Strat Farm, New York, NY, pg. 477
Berzina, Liene, Creative Director --DDB Latvia, Riga, Latvia, pg. 276
Bessell, Scott, Creative Director --SONNHALTER, Cleveland, OH, pg. 1028
Best, Marie-Eve, Creative Director --BLEUBLANCROUGE, Montreal, Canada, pg. 136
Best, Wayne, Creative Director --SAATCHI & SAATCHI, New York, NY, pg. 975
Betoulaud, Gregoire, Creative Director --Carre Noir, Suresnes, France, pg. 898

Betz, Jane D., Creative Director --ABELSON-TAYLOR, INC., Chicago, IL, pg. 17
Beuche, Frances, Creative Director --RED TETTEMER O'CONNELL & PARTNERS, Philadelphia, PA, pg. 941
Beukema, Michael, Creative Director --SQUIRES & COMPANY, Dallas, TX, pg. 1038
Bey, Allen, Creative Director --AYZENBERG GROUP, INC., Pasadena, CA, pg. 81
Beyer, Sean, Creative Director --WALTER F. CAMERON ADVERTISING INC., Hauppauge, NY, pg. 1151
Beyhl, Jake, Creative Director --SIMANTEL, Peoria, IL, pg. 1014
Beyhum, Toufic, Creative Director --Advantage Y&R, Windhoek, Namibia, pg. 1207
Bhalla, Vikas, Creative Director --HOOK STUDIOS LLC, Ann Arbor, MI, pg. 1260
Bhambhani, Vivek, Creative Director --MullenLowe Lintas Group, Mumbai, India, pg. 774
Bhanu, Chitra, Creative Director --J. Walter Thompson, Mumbai, India, pg. 556
Bhardwaj, Prateek, Creative Director --McCann Erickson India, Mumbai, India, pg. 704
Bhatt, Hiten, Creative Director --Rapp London, London, United Kingdom, pg. 932
Bhatti, Jamil, Creative Director --Edelman, Sydney, Australia, pg. 1495
Bhengra, Sudhir, Creative Director --Rediffusion Wunderman, New Delhi, India, pg. 1191
Bhide, Pranav, Creative Director --McCann Erickson India, Mumbai, India, pg. 704
Bhimwal, Arjun Dominic, Creative Director --Grey (India) Pvt. Pty. Ltd. (Delhi), Gurgaon, India, pg. 446
Bianca, Davide, Creative Director --RPA, Santa Monica, CA, pg. 970
Biddle, Graham, Creative Director --SPAWN IDEAS, Anchorage, AK, pg. 1032
Bieber, Elizabeth, Creative Director --AKQA, Inc., Washington, DC, pg. 1234
Bikova, Maria, Creative Director --Huts J. Walter Thompson Sofia, Sofia, Bulgaria, pg. 559
Bilicki, Justin, Creative Director --ANOMALY, New York, NY, pg. 59
Biller, Mark, Creative Director --THE AGENCY MARKETING GROUP, Charlotte, NC, pg. 38
Billig, Jeff, Creative Director --MITTCOM LTD., Needham, MA, pg. 748
Bills, Jennifer, Creative Director --O'KEEFE REINHARD & PAUL, Chicago, IL, pg. 834
Biondi, Cheryl, Creative Director --DMW WORLDWIDE LLC, Chesterbrook, PA, pg. 311
Birchfield, Craig, Creative Director --JAMES & MATTHEW, Shirley, MA, pg. 571
Bird, Brandon, Creative Director --MOTIV, Boston, MA, pg. 763
Birdsall, Connie, Creative Director --LIPPINCOTT, New York, NY, pg. 643
Biros, JD, Creative Director --SUDDEN IMPACT MARKETING, Westerville, OH, pg. 1058
Bishop, Joseph, Creative Director --CANNONBALL, Saint Louis, MO, pg. 187
Biskin, Lisa, Creative Director --SMITHGIFFORD, Falls Church, VA, pg. 1024
Bisquera, Erico, Creative Director --PENNA POWERS, Salt Lake City, UT, pg. 861
Bistrong, Allison, Creative Director --SapientRazorfish Miami, Miami, FL, pg. 914
Bizier, Jim, Creative Director --BRAND CONTENT, Boston, MA, pg. 154
Bjork, Paul, Creative Director --SWIFT AGENCY, Portland, OR, pg. 1066
Bjorklund, Erik, Creative Director --Commonwealth, Detroit, MI, pg. 698
Blackburn, Barnaby, Creative Director --72ANDSUNNY, Playa Vista, CA, pg. 11
Blackstone, Allison, Creative Director --GARRANDPARTNERS, Portland, ME, pg. 410
Blackstone, Tim, Creative Director --ETHOS MARKETING & DESIGN, Westbrook, ME, pg. 351
Blaho, Daniel, Creative Director --DSB CREATIVE, Tulsa, OK, pg. 1254
Blair, Chris, Creative Director --B&Y Magnetic, Evansville, IN, pg. 150
Blakney, Gerry, Creative Director --EROI, INC., Portland, OR, pg. 348
Blandford, Bob, Creative Director --Haygarth Group, London, United Kingdom, pg. 931
Blaney, Bill, Creative Director --SMM ADVERTISING, Smithtown, NY, pg. 1024

Blaney, Michael, Creative Director --THE WOO, Culver City, CA, pg. 1175
Blankenship, Brian, Creative Director --THE BALCOM AGENCY, Fort Worth, TX, pg. 85
Blattry, Nicolas, Creative Director --Heimat Werbeagentur GmbH, Berlin, Germany, pg. 1082
Blatz, Jesse, Creative Director --TEAM ONE USA, Los Angeles, CA, pg. 1095
Blaze, Jackie, Creative Director --GREY GROUP, New York, NY, pg. 438
Bledel, Francisco, Creative Director --Publicis Graffiti, Buenos Aires, Argentina, pg. 906
Blewett, Neil, Creative Director --Anomaly, Toronto, Canada, pg. 59
Blewett, Neil, Creative Director --Anomaly, Toronto, Canada, pg. 722
Blitz, Jared, Creative Director --ADVANTAGE SPONSORSHIP AND BRAND EXPERIENCE AGENCY, Stamford, CT, pg. 34
Blitz, Matthew, Creative Director --M&C Saatchi Abel, Cape Town, South Africa, pg. 660
Block, Sarah, Creative Director --LEO BURNETT WORLDWIDE, INC., Chicago, IL, pg. 621
Bloom, Joel, Creative Director --Atmosphere Proximity, New York, NY, pg. 98
Bloom, Rob, Creative Director --&BARR, Orlando, FL, pg. 55
Blount, Tim, Creative Director --STINK STUDIOS, Brooklyn, NY, pg. 1049
Blumberg, Jay, Creative Director --SOURCELINK, Itasca, IL, pg. 1030
Blumenau, Jake, Creative Director --PUBLICIS NEW YORK, New York, NY, pg. 912
Boak, Helen, Creative Director --REVHEALTH, Morristown, NJ, pg. 952
Boatright, Tim, Creative Director --VISTRA COMMUNICATIONS, Lutz, FL, pg. 1667
Boccardi, Paolo, Creative Director --MCCANN WORLDGROUP S.R.L., Milan, Italy, pg. 715
Boccia, Casey, Creative Director --DEVANEY & ASSOCIATES, Owings Mills, MD, pg. 295
Bodet, Florian, Creative Director --OMELET LLC, Culver City, CA, pg. 835
Bodoh, Sophie, Creative Director --Wieden + Kennedy, London, United Kingdom, pg. 1165
Boggins, Luke, Creative Director --Leo Burnett, Ltd., London, United Kingdom, pg. 624
Boggins, Luke, Creative Director --Leo Burnett London, London, United Kingdom, pg. 627
Bogle, Iain, Creative Director --BLOHM CREATIVE PARTNERS, East Lansing, MI, pg. 137
Bohinec, Robert, Creative Director --Futura DDB, Ljubljana, Slovenia, pg. 279
Boixader, Albert Sanfeliu, Creative Director --TBWA Espana, Madrid, Spain, pg. 1085
Boland, Nicole, Creative Director --VIRGEN ADVERTISING, CORP., Henderson, NV, pg. 1138
Bolen, Rory, Creative Director --BAD MONKEY CIRCUS, Aurora, IL, pg. 83
Bolin, Scott, Creative Director --BOLIN MARKETING, Minneapolis, MN, pg. 145
Bolivar, Andres, Creative Director --Young & Rubicam Bogota, Bogota, Colombia, pg. 1206
Bolles, JP, Creative Director --SANDWICH VIDEO, Los Angeles, CA, pg. 990
Bolton, Greg, Creative Director --SID LEE, Paris, France, pg. 1010
Bolton, Jim, Creative Director --Y&R London, London, United Kingdom, pg. 1204
Bonato, Donna, Creative Director --SILVER CREATIVE GROUP, Norwalk, CT, pg. 1014
Bone, Brady, Creative Director --TEAM CREATIF USA, Charlotte, NC, pg. 1095
Bongioanni, Lucas, Creative Director --BBH NEW YORK, New York, NY, pg. 115
Bonifer, Dennis, Creative Director --CURRENT360, Louisville, KY, pg. 255
Bonilla, Tony, Creative Director --HYC/MERGE, Chicago, IL, pg. 515
Bonney, Jennifer, Creative Director --PAN COMMUNICATIONS, Boston, MA, pg. 1605
Bonura, Justin, Creative Director --CERBERUS AGENCY, New Orleans, LA, pg. 201
Booker, Alex, Creative Director --MullenLowe, New York, NY, pg. 772
Boonyanate, Thasorn, Creative Director --J. Walter Thompson Thailand, Bangkok, Thailand, pg. 559

RESPONSIBILITIES INDEX — AGENCIES

Booth, Colin, Creative Director --Adam & EveDDB, London, United Kingdom, pg. 281

Bordeaux, April, Creative Director --CONRIC PR & MARKETING, Fort Myers, FL, pg. 1474

Borga, Mariana, Creative Director --J. Walter Thompson, Sao Paulo, Brazil, pg. 563

Borges, Anderson, Creative Director --Ketchum, Sao Paulo, Brazil, pg. 1558

Boroff, Jerome, Creative Director --WC&G AD LOGIC, Atlanta, GA, pg. 1154

Borosky, Michael, Creative Director --ELEVEN INC., San Francisco, CA, pg. 336

Borrell, Rodolfo, Creative Director --J. Walter Thompson, Bogota, Colombia, pg. 564

Bort, Travis, Creative Director --ABC CREATIVE GROUP, Syracuse, NY, pg. 17

Borzilova, Maria, Creative Director --BBDO Moscow, Moscow, Russia, pg. 107

Bosch, Arnau, Creative Director --TBWA\Media Arts Lab, Los Angeles, CA, pg. 1078

Bosch, Fred, Creative Director --LOLA MullenLowe, Madrid, Spain, pg. 542

Bosch, Tom, Creative Director --PureRED/Ferrara, Tucker, GA, pg. 918

Boswell, Matt, Creative Director --SPARK, Tampa, FL, pg. 1031

Botarel, Mihai, Creative Director --RXM CREATIVE, New York, NY, pg. 973

Botet, Beatriz, Creative Director --TBWA Espana, Madrid, Spain, pg. 1085

Botte, Gustavo, Creative Director --Leo Burnett Buenos Aires, Buenos Aires, Argentina, pg. 623

Bou, Aleix, Creative Director --Contrapunto, Madrid, Spain, pg. 108

Bouchard, Harry, Creative Director --BCP LTD., Montreal, Canada, pg. 117

Bouchie, Andrew, Creative Director --MullenLowe, New York, NY, pg. 772

Bouillon, Xavier, Creative Director --J. Walter Thompson, Brussels, Belgium, pg. 559

Boutebel, Sebastien, Creative Director --McCann Erickson Advertising Ltd., London, United Kingdom, pg. 711

Boutebel, Sebastien, Creative Director --McCann Erickson Paris, Clichy, France, pg. 703

Bowden, Monte, Creative Director --AMPERAGE, Cedar Falls, IA, pg. 53

Bowen, Don, Creative Director --Leo Burnett, Ltd., London, United Kingdom, pg. 624

Bowen, KJ, Creative Director --Ogilvy New York, New York, NY, pg. 811

Bowers, Bill, Creative Director --TOLLESON DESIGN, INC., San Francisco, CA, pg. 1108

Bowlus, Ann, Creative Director --UNIT PARTNERS, San Francisco, CA, pg. 1127

Bowman, Brian, Creative Director --TROLLBACK + COMPANY, New York, NY, pg. 1119

Bowman, Glenn, Creative Director --PARADISE ADVERTISING & MARKETING, Saint Petersburg, FL, pg. 853

Bowman, Glenn, Creative Director --Paradise Advertising & Marketing-Naples, Naples, FL, pg. 853

Box, Daniel, Creative Director --KNI, San Francisco, CA, pg. 1267

Boylan, Gary, Creative Director --Havas Worldwide Dublin, Dublin, Ireland, pg. 480

Boylan, Tom, Creative Director --BOYLAN POINT AGENCY, Santa Rosa, CA, pg. 150

Boynton, Jane, Creative Director --Landor Associates, New York, NY, pg. 610

Boynton, Kevin, Creative Director --METROPOLIS ADVERTISING, Orlando, FL, pg. 736

Boynton, Kyle, Creative Director --Imagination (USA) Inc., Dearborn, MI, pg. 526

Bozic, Goran, Creative Director --McCann Erickson, Zagreb, Croatia, pg. 702

Bozzardi, Azeglio, Creative Director --Publicis Italia, Milan, Italy, pg. 899

Braatz, Stephanie, Creative Director --HUGHES MEDIA, Atlanta, GA, pg. 1261

Braccia, Nick, Creative Director --CAMPFIRE, New York, NY, pg. 186

Bradley, Mikio, Creative Director --72andSunny, Brooklyn, NY, pg. 12

Bradley, Patrice, Creative Director --SWIM CREATIVE, Duluth, MN, pg. 1067

Bradley, Randy, Creative Director --JORDAN ASSOCIATES, Oklahoma City, OK, pg. 582

Brady, Dave, Creative Director --Colenso BBDO, Auckland, New Zealand, pg. 114

Brady, Kevin, Creative Director --BATTERY, Los Angeles, CA, pg. 96

Brady, Tim, Creative Director --ELLINGSEN BRADY ADVERTISING (EBA), Milwaukee, WI, pg. 337

Braga, Filipe, Creative Director --Isobar Brazil, Sao Paulo, Brazil, pg. 549

Brailey, Chris, Creative Director --M&C Saatchi, Sydney, Australia, pg. 661

Braley, Michael, Creative Director --BRALEY DESIGN, Brooklyn, NY, pg. 153

Brasil, Karine, Creative Director --Hogarth Worldwide, New York, NY, pg. 1180

Brasil, Karine, Creative Director --Hogarth Worldwide, New York, NY, pg. 506

Bratskeir, Rob, Creative Director --360PR+, New York, NY, pg. 1422

Braxton, Alex, Creative Director --SAATCHI & SAATCHI, New York, NY, pg. 975

Brechtel, Erika, Creative Director --CITRUS STUDIOS, Santa Monica, CA, pg. 209

Bredice, Dustin, Creative Director --THE INTEGER GROUP - DENVER, Lakewood, CO, pg. 1406

Breen, Liz, Creative Director --VIEWPOINT CREATIVE, Newton, MA, pg. 1137

Brekke, Dennis, Creative Director --LINNIHAN FOY ADVERTISING, Minneapolis, MN, pg. 642

Bremner, Scott, Creative Director --SILTANEN & PARTNERS, El Segundo, CA, pg. 1013

Brenek, Gene, Creative Director --GSD&M, Austin, TX, pg. 453

Brenes, Leane, Creative Director --BRENESCO LLC, New York, NY, pg. 161

Bresenden, Paul, Creative Director --454 CREATIVE, Irvine, CA, pg. 9

Breshears, Jason, Creative Director --J. LINCOLN GROUP, The Woodlands, TX, pg. 552

Breslin, Gary, Creative Director --HAVAS WORLDWIDE CHICAGO, Chicago, IL, pg. 488

Bressler, Dean, Creative Director --ROCKETLAWNCHAIR, Milwaukee, WI, pg. 965

Brettholle, Dan, Creative Director --APPLE BOX STUDIOS, Pittsburgh, PA, pg. 64

Breunig, Andreas, Creative Director --BBDO Dusseldorf, Dusseldorf, Germany, pg. 105

Brewer, Toby, Creative Director --The&Partnership London, London, United Kingdom, pg. 56

Briceno, Carlos, Creative Director --Sancho BBDO, Bogota, Colombia, pg. 102

Brickel, Darren, Creative Director --Sandbox, Kansas City, MO, pg. 989

Bridwell, Robert, Creative Director --LONDON : LOS ANGELES, El Segundo, CA, pg. 650

Brigante, Farah, Creative Director --The Marketing Arm, New York, NY, pg. 682

Brigido, Fabio, Creative Director --LOLA MullenLowe, Madrid, Spain, pg. 542

Brillson, Lindsay, Creative Director --RED ANTLER, Brooklyn, NY, pg. 938

Brindley, Dan, Creative Director --OSBORN & BARR COMMUNICATIONS, Saint Louis, MO, pg. 844

Brinkhus, Dave, Creative Director --TRIGHTON INTERACTIVE, Ocoee, FL, pg. 1297

Brinkworth, Katie, Creative Director --BBDO San Francisco, San Francisco, CA, pg. 99

Broadfoot, Rob, Creative Director --MOCK, Atlanta, GA, pg. 752

Brockett, Matthew, Creative Director --BROCKETT CREATIVE GROUP, INC., New Hartford, NY, pg. 165

Brockhoff, Libby, Creative Director --ODYSSEUS ARMS, San Francisco, CA, pg. 808

Broeke, Paul Ten, Creative Director --Weber Shandwick, Hague, Netherlands, pg. 1678

Broekhuizen, Ian, Creative Director --Leo Burnett Sydney, Sydney, Australia, pg. 628

Broggi, Ariel, Creative Director --SOMETHING MASSIVE, Los Angeles, CA, pg. 1291

Bronnimann, Peter, Creative Director --Publicis, Zurich, Switzerland, pg. 901

Brooks, Heather, Creative Director --DIGITAS, Boston, MA, pg. 1250

Broscious, David, Creative Director --GKV COMMUNICATIONS, Baltimore, MD, pg. 421

Brosnan, Tracy, Creative Director --DEVRIES GLOBAL, New York, NY, pg. 1484

Brotherhood, Vashti, Creative Director --WARNER COMMUNICATIONS, Manchester, MA, pg. 1670

Brothers, Robert John Francis, Creative Director --BANDUJO ADVERTISING & DESIGN, New York, NY, pg. 87

Brown, Daniel, Creative Director --HARVEST CREATIVE, Memphis, TN, pg. 471

Brown, Daniel, Creative Director --TRUE NORTH INTERACTIVE, San Francisco, CA, pg. 1298

Brown, Jane, Creative Director --EMOTIVE BRAND, Oakland, CA, pg. 339

Brown, Jay, Creative Director --ENLARGE MEDIA GROUP, Los Angeles, CA, pg. 341

Brown, Kevin, Creative Director --NONBOX, Hales Corners, WI, pg. 797

Brown, Marcus, Creative Director --PREACHER, Austin, TX, pg. 886

Brown, Samantha, Creative Director --DDB San Francisco, San Francisco, CA, pg. 269

Brown, Scott, Creative Director --BATTERY, Los Angeles, CA, pg. 96

Brownell, Mike, Creative Director --SCHAFER CONDON CARTER, Chicago, IL, pg. 995

Bruce, Neil, Creative Director --TWOFIFTEENMCCANN, San Francisco, CA, pg. 1124

Bruckner, Jason, Creative Director --Scanad, Nairobi, Kenya, pg. 1182

Bruhns, Konstanze, Creative Director --BBDO Dusseldorf, Dusseldorf, Germany, pg. 105

Bruker, Mark, Creative Director --Ogilvy, Chicago, IL, pg. 811

Brumbley, Kyle, Creative Director --MEDIA MIX, Jacksonville, FL, pg. 727

Brune, Mike, Creative Director --OGILVY COMMONHEALTH WORLDWIDE, Parsippany, NJ, pg. 832

Bruniquel, Frederic, Creative Director --Havas Worldwide Canada, Montreal, Canada, pg. 477

Brux, Bruno, Creative Director --Grey, Sao Paulo, Brazil, pg. 443

Bryan, Jesse, Creative Director --BELIEF LLC, Seattle, WA, pg. 121

Buchan, Ken, Creative Director --TBWA Sydney, Sydney, Australia, pg. 1089

Buck, David, Creative Director --CROWLEY WEBB, Buffalo, NY, pg. 250

Buckhurst, Matthew, Creative Director --FutureBrand, London, United Kingdom, pg. 405

Buckley, Aaron, Creative Director --61 CELSIUS, Hot Springs, AR, pg. 10

Budney, Mike, Creative Director --PILOT, New York, NY, pg. 871

Buhler, Peter, Creative Director --SHIFT Communications, Boston, MA, pg. 1644

Bullen, Dave, Creative Director --MONO, Minneapolis, MN, pg. 755

Bulmer, Dominique, Creative Director --BLEUBLANCROUGE, Montreal, Canada, pg. 136

Bulskamper, Malte, Creative Director --Heimat Werbeagentur GmbH, Berlin, Germany, pg. 1082

Buonantuono, James, Creative Director --MCCANN HEALTH GLOBAL HQ, New York, NY, pg. 713

Bupp, Robert, Creative Director --CHEMISTRY COMMUNICATIONS INC., Pittsburgh, PA, pg. 205

Burelle, Jason, Creative Director --IMRE, Baltimore, MD, pg. 528

Burgess, Matt, Creative Director --WongDoody, Culver City, CA, pg. 1175

Burke, Jim, Creative Director --BURKE ADVERTISING LLC, Bedford, NH, pg. 174

Burke, Robin, Creative Director --IGNITION INTERACTIVE, Los Angeles, CA, pg. 523

Burke, Ryan, Creative Director --SLATE COMMUNICATIONS, Fort Collins, CO, pg. 1646

Burmeister, Julie, Creative Director --THE BURMEISTER GROUP, INC., Atlanta, GA, pg. 175

Burn, David, Creative Director --BONEHOOK, Portland, OR, pg. 146

Burnham, Robb, Creative Director --KRUSKOPF & COMPANY, INC., Minneapolis, MN, pg. 603

Burns, Roy, III, Creative Director --LEWIS COMMUNICATIONS, Birmingham, AL, pg. 636

Burns, Walt, Creative Director --BROADHEAD, Minneapolis, MN, pg. 165

Burton, Alice, Creative Director --The&Partnership London, London, United Kingdom, pg. 56

Burton, Caroline, Creative Director --HARRISON AND STAR LLC, New York, NY, pg. 469

Burton, Hugo, Creative Director --FACTORY 360, New York, NY, pg. 357

Burwinkel, David, Creative Director --Ackerman McQueen, Inc., Dallas, TX, pg. 21

1945

AGENCIES — RESPONSIBILITIES INDEX

Buscemi, Frank, Creative Director --THE MARX GROUP, San Rafael, CA, pg. 689

Bushway, Chris, Creative Director --GO2 ADVERTISING, Twinsburg, OH, pg. 425

Buss, Michael, Creative Director --FIREHOUSE, INC., Dallas, TX, pg. 1402

Buth, Kevin, Creative Director --ZAMBEZI, Culver City, CA, pg. 1209

Butler, Dom, Creative Director --McCann Erickson Advertising Ltd., London, United Kingdom, pg. 711

Butsabakorn, Chatchai, Creative Director --J. Walter Thompson Thailand, Bangkok, Thailand, pg. 559

Butters, Gareth, Creative Director --Leo Burnett London, London, United Kingdom, pg. 627

Butts, Amanda, Creative Director --LEO BURNETT WORLDWIDE, INC., Chicago, IL, pg. 621

Byers, Gregg, Creative Director --LEVEL MPLS, Minneapolis, MN, pg. 633

Byrd, David, Creative Director --MRM McCann, Salt Lake City, UT, pg. 699

Byrd, Kevin, Creative Director --SCHIFINO LEE ADVERTISING, Tampa, FL, pg. 996

Byrne, Philip, Creative Director --SOUBRIET & BYRNE, New York, NY, pg. 1029

Byun, Peter, Creative Director --PANCOM INTERNATIONAL, INC., Glendale, CA, pg. 852

Caampued, Bianca, Creative Director --SMALL GIRLS PR, New York, NY, pg. 1647

Cabanillas, Carlos Tapia, Creative Director --Y&R Peru, Lima, Peru, pg. 1207

Cabrera, Dino, Creative Director --Leo Burnett Manila, Makati, Philippines, pg. 631

Cabrera, Paco, Creative Director --DDB Barcelona S.A., Barcelona, Spain, pg. 280

Cachon, Pablo, Creative Director --Ogilvy, Paris, France, pg. 814

Cadden, Zam, Creative Director --WHERE EAGLES DARE, Pittsburgh, PA, pg. 1160

Caffelle, Matthew, Creative Director --GARRANDPARTNERS, Portland, ME, pg. 410

Cai, Ryan, Creative Director --WE MARKETING GROUP, Beijing, China, pg. 1228

Cain, Melissa, Creative Director --McCann Erickson Advertising Ltd., London, United Kingdom, pg. 711

Calcagno, Chris, Creative Director --SEVENTH POINT, Virginia Beach, VA, pg. 1004

Calderon, Aileen, Creative Director --STRAWBERRYFROG, New York, NY, pg. 1054

Calderon, Christina, Creative Director --JB CHICAGO, Chicago, IL, pg. 573

Calderon, Jamie, Creative Director --TOLLESON DESIGN, INC., San Francisco, CA, pg. 1108

Caldwell, Alex, Creative Director --BROLIK, Philadelphia, PA, pg. 1243

Caldwell, Amber, Creative Director --ANCHOR MARKETING & DESIGN, LLC, Fort Worth, TX, pg. 55

Caldwell, Malcolm, Creative Director --Leo Burnett Sydney, Sydney, Australia, pg. 628

Calva, Alberto, Creative Director --ALMA, Coconut Grove, FL, pg. 49

Calvert, Adam, Creative Director --MULLENLOWE GROUP, Boston, MA, pg. 770

Calvillo, Emily, Creative Director --TWEYEN INC, Arlington Heights, IL, pg. 1123

Calvo, Juan, Creative Director --Wunderman, Buenos Aires, Argentina, pg. 1189

Camacho, Enrique, Creative Director --MULLENLOWE GROUP, Boston, MA, pg. 770

Camara, Leandro, Creative Director --Almap BBDO, Sao Paulo, Brazil, pg. 101

Camara, Michael, Creative Director --SapientRazorfish San Francisco, San Francisco, CA, pg. 1288

Camargos, Guilherme, Creative Director --Ogilvy (Singapore) Pvt. Ltd., Singapore, Singapore, pg. 827

Camarota, Phil, Creative Director --TracyLocke, Wilton, CT, pg. 1113

Camberos, Francisco, Creative Director --TVGLA, Los Angeles, CA, pg. 1123

Camelo, Alejandro, Creative Director --FCB&FiRe Colombia, Bogota, Colombia, pg. 371

Campbell, Brad, Creative Director --MARKET CONNECTIONS, Asheville, NC, pg. 681

Campbell, Cher, Creative Director --JOHN ST., Toronto, Canada, pg. 579

Campbell, Milo, Creative Director --Abbott Mead Vickers BBDO, London, United Kingdom, pg. 109

Campbell, Ray, Creative Director --SUPEROXYGEN, INC., Los Angeles, CA, pg. 1062

Campbell, Tom, Creative Director --THIEL DESIGN LLC, Milwaukee, WI, pg. 1098

Campbell, Tyler, Creative Director --Young & Rubicam Midwest, Chicago, IL, pg. 1199

Campbell, William, Creative Director --Pereira & O'Dell, New York, NY, pg. 863

Campese, Jeff, Creative Director --RED ROCKET STUDIOS, Orlando, FL, pg. 941

Campisto, Jaime Diaz, Creative Director --Prolam Y&R S.A., Santiago, Chile, pg. 1206

Canada, Vickie, Creative Director --SFW AGENCY, Winston Salem, NC, pg. 1004

Canchola, Serafin, Creative Director --FUSEBOXWEST, Los Angeles, CA, pg. 404

Candido, Jeff, Creative Director --Leo Burnett USA, Chicago, IL, pg. 622

Candiotti, Fred, Creative Director --CGT MARKETING LLC, Amityville, NY, pg. 201

Candito, Alessandro, Creative Director --M&C Saatchi Milan, Milan, Italy, pg. 660

Canete, Matias Visciglia, Creative Director --McCann Erickson S.A., Madrid, Spain, pg. 709

Canning, Kasia Haupt, Creative Director --BARTON F. GRAF, New York, NY, pg. 94

Cannon, Alison, Creative Director --WUNDERMAN, New York, NY, pg. 1188

Cannon, Christopher, Creative Director --THE TERRI & SANDY SOLUTION, New York, NY, pg. 1097

Cano Garcia, Roger, Creative Director --TBWA Espana, Barcelona, Spain, pg. 1085

Cano, Adrian, Creative Director --PM PUBLICIDAD, Atlanta, GA, pg. 878

Cantero, Jorge, Creative Director --TVGLA, Los Angeles, CA, pg. 1123

Capanear, Joe, Creative Director --AREA 23, New York, NY, pg. 67

Cappi, Graham, Creative Director --Adam & EveDDB, London, United Kingdom, pg. 281

Caraker, Dave, Creative Director --IRON CREATIVE COMMUNICATION, San Francisco, CA, pg. 548

Carbajal, Mario, Creative Director --McCann Erickson Mexico, Mexico, Mexico, pg. 706

Cardillo, Charlie, Creative Director --UNDERGROUND ADVERTISING, San Francisco, CA, pg. 1126

Cardwell, Michael, Creative Director --DIGITAL BREW, Orlando, FL, pg. 300

Careless, Jonathan, Creative Director --Cossette B2B, Toronto, Canada, pg. 233

Carew, Justin, Creative Director --Mccann, Sydney, Australia, pg. 700

Carey, Ben, Creative Director --Anomaly, London, United Kingdom, pg. 59

Carey, Ben, Creative Director --Anomaly, London, United Kingdom, pg. 721

Carey, Bruce, Creative Director --J. WALTER THOMPSON INSIDE, Los Angeles, CA, pg. 565

Carey, Rick, Creative Director --HART, Columbus, OH, pg. 469

Carey, Tom, Creative Director --Landor Associates, North Sydney, Australia, pg. 1199

Carlberg, Gayl, Creative Director --RICHARDS/CARLBERG, Houston, TX, pg. 956

Carlson, Tina, Creative Director --MORTON VARDEMAN & CARLSON, Gainesville, GA, pg. 761

Carlton, Rory, Creative Director --ARKETI GROUP, Atlanta, GA, pg. 68

Carmi, Elio, Creative Director --Carmi & Ubertis Design S.R.L., Casale Monferrato, Italy, pg. 899

Carney, Jennifer, Creative Director --DIRECT ASSOCIATES, Natick, MA, pg. 303

Carolini, Gino, Creative Director --CODE AND THEORY, New York, NY, pg. 217

Carpenter, Charles, Creative Director --WIGWAM CREATIVE, Denver, CO, pg. 1166

Carr, Candace, Creative Director --AXIOM MARKETING COMMUNICATIONS, Bloomington, MN, pg. 80

Carraway, Chris, Creative Director --Ogilvy, Chicago, IL, pg. 811

Carrillo Fabra, Juan Antonio, Creative Director --DDB Barcelona S.A., Barcelona, Spain, pg. 280

Carrillo Fabra, Juan Antonio, Creative Director --DDB Madrid, S.A., Madrid, Spain, pg. 280

Carrillo, Rafael Huicochea, Creative Director --VML Mexico, Mexico, Mexico, pg. 1144

Carroll, Jon, Creative Director --INSIGHT MARKETING DESIGN, Sioux Falls, SD, pg. 535

Carrus, Jeremy A., Creative Director --CREATIVE PRODUCERS GROUP, Saint Louis, MO, pg. 245

Cartelli-Burrow, Amanda, Creative Director --FRED AGENCY, Atlanta, GA, pg. 396

Carter, Don, Creative Director --ADAMS & KNIGHT, INC., Avon, CT, pg. 25

Carter, James, Creative Director --Clemenger BBDO Melbourne, Melbourne, Australia, pg. 111

Caruso, Ellyn, Creative Director --CARUSOPR, Chicago, IL, pg. 1463

Caruso, Jessie, Creative Director --YESLER, Seattle, WA, pg. 1196

Caruso, Joseph, Creative Director --DORN MARKETING, Geneva, IL, pg. 317

Casado, Lorena, Creative Director --PARADIGM ASSOCIATES, San Juan, PR, pg. 1606

Casao, Lucas, Creative Director --ARNOLD WORLDWIDE, Boston, MA, pg. 69

Casarreal, Oscar, Creative Director --Teran TBWA, Mexico, Mexico, pg. 1092

Casera, Frank, Creative Director --BRYAN MILLS LTD., Toronto, Canada, pg. 170

Caspari, Matt, Creative Director --CASPARI MCCORMICK, Wilmington, DE, pg. 193

Cassella, John, Creative Director --THE SUTTER GROUP, Lanham, MD, pg. 1064

Castiglione, Aaron, Creative Director --ANDERSON ADVERTISING & PUBLIC RELATIONS, Scottsdale, AZ, pg. 56

Castillo, Antonio, Creative Director --Contrapunto, Madrid, Spain, pg. 108

Castillo, Jairo Rubiano, Creative Director --Sancho BBDO, Bogota, Colombia, pg. 102

Castro, Felix, Creative Director --THE WOW FACTOR, INC., Studio City, CA, pg. 1178

Catalinac, Kate, Creative Director --BBDO San Francisco, San Francisco, CA, pg. 99

Cavanaugh, Eric, Creative Director --George P. Johnson Company, Inc., Boston, MA, pg. 416

Cavin, Ross, Creative Director --WOLFGANG LOS ANGELES, Venice, CA, pg. 1174

Cavoli, Eric, Creative Director --CASHMAN & KATZ INTEGRATED COMMUNICATIONS, Glastonbury, CT, pg. 193

Cecil, Christopher, Creative Director --SLANT MEDIA LLC, Greenville, SC, pg. 1020

Cenoz, Juan, Creative Director --Young & Rubicam, S.L., Madrid, Spain, pg. 1203

Centroni, Nicolas, Creative Director --J. Walter Thompson, Buenos Aires, Argentina, pg. 563

Cerezo, Fernando, Creative Director --McCann Erickson S.A., Madrid, Spain, pg. 709

Cermak, Dave, Creative Director --TRUNGALE EGAN + ASSOCIATES, Chicago, IL, pg. 1120

Cervantes, Jaime Jara, Creative Director --GODIVERSITY, New York, NY, pg. 427

Cesano, Paolo, Creative Director --J. Walter Thompson Milan, Milan, Italy, pg. 560

Cesareo, Mario, Creative Director --Cossette Communication-Marketing, Quebec, Canada, pg. 234

Chacon, Jhon, Creative Director --Ogilvy, Bogota, Colombia, pg. 820

Chadwick, George, Creative Director --VERY, INC., Menlo Park, CA, pg. 1135

Chae, Sam, Creative Director --CLEVERBIRD CREATIVE INC, Morton Grove, IL, pg. 213

Chaldecott, Axel, Creative Director --J. Walter Thompson, London, United Kingdom, pg. 562

Chamberlin, Florence, Creative Director --FLEK, INC., Saint Johnsbury, VT, pg. 387

Chambers, Clayton, Creative Director --WILLIAMS MEDIA GROUP, Lisbon, IA, pg. 1169

Chambers, J., Creative Director --RODGERS TOWNSEND, LLC, Saint Louis, MO, pg. 965

Chan, Alex, Creative Director --STUDIO BLACK TOMATO, New York, NY, pg. 1056

Chan, Pierre, Creative Director --COSSETTE COMMUNICATIONS, Vancouver, Canada, pg. 232

Chance, Chris, Creative Director --Ogilvy EMEA, London, United Kingdom, pg. 818

Chancellor, Ray, Creative Director --SHOTWELL PUBLIC RELATIONS, Watsonville, CA, pg. 1645

Chandler, Leigh, Creative Director --VAULT49, New York, NY, pg.

RESPONSIBILITIES INDEX — AGENCIES

1132

Chandra, Harwin, Creative Director --Syzygy UK Ltd, London, United Kingdom, pg. 1182

Chang, Winnie, Creative Director --J. WALTER THOMPSON, New York, NY, pg. 553

Chao, Rus, Creative Director --R/GA San Francisco, San Francisco, CA, pg. 926

Chapman, Doug, Creative Director --PRECISIONEFFECT, Boston, MA, pg. 887

Chapman, Jon, Creative Director --Havas Lynx, London, United Kingdom, pg. 474

Chapple, Liam, Creative Director --CRAMER-KRASSELT, Chicago, IL, pg. 237

Chapuis, Emeric, Creative Director --FCB CHANGE, Paris, France, pg. 356

Charoux, Chris, Creative Director --DDB South Africa, Johannesburg, South Africa, pg. 280

Chase, Jeff, Creative Director --WALZ TETRICK ADVERTISING, Mission, KS, pg. 1151

Chathukutty, Athul, Creative Director --Happy mcgarrybowen, Bengaluru, India, pg. 717

Chaudhury, Malini, Creative Director --BBDO India, Gurgaon, India, pg. 112

Chauhan, Pradyumna, Creative Director --McCann Erickson India, Mumbai, India, pg. 704

Chen, Ian, Creative Director --J. Walter Thompson, Taipei, Taiwan, pg. 559

Chen, Josh, Creative Director --CHEN DESIGN ASSOCIATES INC, Oakland, CA, pg. 205

Chenier, Anne-Claude, Creative Director --Cossette Communication-Marketing (Montreal) Inc., Montreal, Canada, pg. 233

Chernin, Lisa, Creative Director --THE MIXX, New York, NY, pg. 748

Cheung, Gabriel, Creative Director --R/GA Los Angeles, North Hollywood, CA, pg. 926

Chevalier, Patrick, Creative Director --NOT MAURICE, Venice, CA, pg. 801

Chew, Gregory, Creative Director --DAE ADVERTISING, INC., San Francisco, CA, pg. 257

Chew, Jon, Creative Director --PRAYTELL, Brooklyn, NY, pg. 1618

Chia, Uma Rudd, Creative Director --Ogilvy (Singapore) Pvt. Ltd., Singapore, Singapore, pg. 827

Chiappe, Adam, Creative Director --Saatchi & Saatchi London, London, United Kingdom, pg. 980

Chikiamco, Arick, Creative Director --ADCETERA GROUP, Houston, TX, pg. 27

Chimes, Anna, Creative Director --Fitch:London, London, United Kingdom, pg. 385

Chin, Joel, Creative Director --Tribal Worldwide Singapore, Singapore, Singapore, pg. 1297

Chiong, Alex, Creative Director --FCBCURE, Parsippany, NJ, pg. 376

Chlaika, Montassar, Creative Director --Leo Burnett France, Paris, France, pg. 898

Chlaika, Montassar, Creative Director --Publicis Conseil, Paris, France, pg. 898

Cho, Marcus, Creative Director --ES ADVERTISING, Los Angeles, CA, pg. 348

Cho, Yu Ming, Creative Director --Grey Shanghai, Shanghai, China, pg. 446

Choi, Sarah, Creative Director --ADASIA COMMUNICATIONS, INC., Englewood Cliffs, NJ, pg. 27

Choo, Janson, Creative Director --BBH Singapore, Singapore, Singapore, pg. 94

Choucair, Alexandre, Creative Director --H&C, Leo Burnett, Beirut, Lebanon, pg. 625

Choudhari, Manoj, Creative Director --EGGFIRST, Mumbai, India, pg. 333

Chow, Tracy, Creative Director --AGENDA, Hong Kong, China (Hong Kong), pg. 1190

Chow, Tracy, Creative Director --AGENDA, Hong Kong, China (Hong Kong), pg. 1179

Chrissovergis, Maria, Creative Director --MARIA CHRISSOVERGIS PUBLIC RELATIONS, Jacksonville, FL, pg. 1576

Christensen, Debbie, Creative Director --BROADHEAD, Minneapolis, MN, pg. 165

Christiansen, Dave, Creative Director --SWANSON RUSSELL ASSOCIATES, Lincoln, NE, pg. 1064

Christman, Lacey Jae, Creative Director --CARLING COMMUNICATIONS, San Diego, CA, pg. 189

Christophersen, Verdell, Creative Director --ANDROVETT LEGAL MEDIA AND MARKETING, Dallas, TX, pg. 1432

Chrumka, Robin, Creative Director --McCann Detroit, Birmingham, MI, pg. 699

Chuang, Penny, Creative Director --ADVENTIUM, LLC, New York, NY, pg. 34

Chung, Chris, Creative Director --PART FOUR LLC, Los Angeles, CA, pg. 1279

Chung, Jeannie, Creative Director --GREY GROUP, New York, NY, pg. 438

Chung, Nicola, Creative Director --FCB Shanghai, Shanghai, China, pg. 372

Churcher, Jed, Creative Director --Publicis Toronto, Toronto, Canada, pg. 904

Churchill, Gaelyn, Creative Director --Ogilvy New Zealand, Auckland, New Zealand, pg. 826

Ciauro, Deborah, Creative Director --OGILVY COMMONHEALTH WORLDWIDE, Parsippany, NJ, pg. 832

Cicale, Mike, Creative Director --GREY GROUP, New York, NY, pg. 438

Ciccocioppo, David W., Creative Director --REDROC AUSTIN, Austin, TX, pg. 943

Cierco, Nerea, Creative Director --DDB Barcelona S.A., Barcelona, Spain, pg. 280

Cima, Chris, Creative Director --BARKLEY, Kansas City, MO, pg. 90

Cinco, Patrick, Creative Director --RED DOOR INTERACTIVE, INC., San Diego, CA, pg. 939

Cirrone, Julian, Creative Director --M&C SAATCHI PLC, London, United Kingdom, pg. 658

Ciszek, Corey, Creative Director --EPSILON, Chicago, IL, pg. 344

Clampffer, Gregg, Creative Director --72andSunny, Amsterdam, Netherlands, pg. 11

Clark, David, Creative Director --STATION8 BRANDING, Tulsa, OK, pg. 1044

Clark, Jim, Creative Director --BLIND SOCIETY, Scottsdale, AZ, pg. 136

Clark, Nigel, Creative Director --Leo Burnett Sydney, Sydney, Australia, pg. 628

Clark, Scott, Creative Director --LEGGETT & PLATT INC., Carthage, MO, pg. 1223

Clark, Sean, Creative Director --DMW WORLDWIDE LLC, Chesterbrook, PA, pg. 311

Clarke, Christopher, Creative Director --BARTLE BOGLE HEGARTY LIMITED, London, United Kingdom, pg. 92

Clarke, Clinton, Creative Director --DESANTIS BREINDEL, New York, NY, pg. 292

Clarke, Tim, Creative Director --VAYNERMEDIA, New York, NY, pg. 1299

Clay, Sheldon, Creative Director --Carmichael Lynch Relate, Minneapolis, MN, pg. 190

Cleary, Mark, Creative Director --Wunderman, Singapore, Singapore, pg. 1192

Cleary, Sharon, Creative Director --GALLEGOS UNITED, Huntington Beach, CA, pg. 408

Cline, Bryce, Creative Director --ANOMALY, New York, NY, pg. 59

Cline, Nick, Creative Director --Stink Studios, London, United Kingdom, pg. 1050

Clinger, Aaron, Creative Director --MULLENLOWE GROUP, Boston, MA, pg. 770

Clormann, Lorenz, Creative Director --Publicis, Zurich, Switzerland, pg. 901

Clormann, Lorenz, Creative Director --Publicis Dialog Zurich, Zurich, Switzerland, pg. 901

Cobb, Chris, Creative Director --SPACE150, Minneapolis, MN, pg. 1031

Cobos, Horacio, Creative Director --REVEL, Richardson, TX, pg. 952

Cobos, Horacio, Creative Director --REVEL UNITED, Richardson, TX, pg. 952

Cochran, Amanda, Creative Director --DAGGER, Atlanta, GA, pg. 1247

Cocito, Beto, Creative Director --DDB Argentina, Buenos Aires, Argentina, pg. 270

Cocito, Beto, Creative Director --DDB Chile, Santiago, Chile, pg. 271

Coderque, Luis, Creative Director --BRUCE MAU DESIGN, Toronto, Canada, pg. 169

Cody, Rob, Creative Director --VML, Chicago, IL, pg. 1145

Coelho, Luis, Creative Director --Wunderman, Lisbon, Portugal, pg. 1192

Coffre, Christophe, Creative Director --HAVAS, Puteaux, France, pg. 472

Coggin, Clark, Creative Director --CAMPAIGN CONNECTIONS, Raleigh, NC, pg. 1461

Coggle, Sally, Creative Director --Clemenger BBDO Melbourne, Melbourne, Australia, pg. 111

Cohen, Bob, Creative Director --R/GA San Francisco, San Francisco, CA, pg. 926

Cohen, Edmond, Creative Director --NEWKIRK COMMUNICATIONS, INC., Philadelphia, PA, pg. 792

Cohen, Jed, Creative Director --TBWA\Media Arts Lab, Los Angeles, CA, pg. 1078

Cohen, Kobi, Creative Director --BBR Saatchi & Saatchi, Ramat Gan, Israel, pg. 977

Cohen, Nick, Creative Director --MAD DOGS & ENGLISHMEN, Oakland, CA, pg. 668

Cohn, Stu, Creative Director --LIMEGREEN MOROCH, LLC, Chicago, IL, pg. 640

Coimbra, Bobby, Creative Director --Ogilvy, Caracas, Venezuela, pg. 821

Cojocaru, Ion, Creative Director --Saatchi & Saatchi, Dubai, United Arab Emirates, pg. 980

Colbourne, Richard, Creative Director --THE ADDISON GROUP, Suffolk, VA, pg. 29

Coldagelli, Nick, Creative Director --PERISCOPE, Minneapolis, MN, pg. 864

Cole, Jeff, Creative Director --THREE ATLANTA, Atlanta, GA, pg. 1102

Coleman, Zac, Creative Director --DRIVE SOCIAL MEDIA, Saint Louis, MO, pg. 1254

Colenbrander, Elaine, Creative Director --POP, Seattle, WA, pg. 882

Collett, Brad, Creative Director --DDB New Zealand Ltd., Auckland, New Zealand, pg. 278

Collier, Matt, Creative Director --M&C SAATCHI PLC, London, United Kingdom, pg. 658

Collins, Andy, Creative Director --LATORRA, PAUL & MCCANN, Syracuse, NY, pg. 613

Collins, David, Creative Director --GRAFIK MARKETING COMMUNICATIONS, Alexandria, VA, pg. 431

Collins, Matt, Creative Director --PK NETWORK COMMUNICATIONS, New York, NY, pg. 875

Colton, Christopher, Creative Director --GSD&M, Austin, TX, pg. 453

Colvin, Alan, Creative Director --CUE INC, Minneapolis, MN, pg. 252

Comand, Cristian, Creative Director --Y&R Italia, srl, Milan, Italy, pg. 1203

Combs, Sean, Creative Director --THE BLUE FLAME AGENCY, New York, NY, pg. 139

Compton, Brett, Creative Director --RED CLAY INTERACTIVE, Buford, GA, pg. 1284

Conciatore, Matthew, Creative Director --IMPULSE CONCEPT GROUP, Norwalk, CT, pg. 528

Conciatore, Sean, Creative Director --NATREL COMMUNICATIONS, Parsippany, NJ, pg. 786

Condie, Todd, Creative Director --THE TERRI & SANDY SOLUTION, New York, NY, pg. 1097

Condrick, Mike, Creative Director --THE WONDERFUL AGENCY, Los Angeles, CA, pg. 1228

Conjerti, Frank, Creative Director --QUINLAN & COMPANY, Buffalo, NY, pg. 923

Connelly, Bill, Creative Director --DOE-ANDERSON, Louisville, KY, pg. 312

Conner, James, Creative Director --DDB New Zealand Ltd., Auckland, New Zealand, pg. 278

Connolly, Lauren, Creative Director --BBDO New York, New York, NY, pg. 99

Contreras, Diego, Creative Director --Sancho BBDO, Bogota, Colombia, pg. 102

Conway, Scott C., Creative Director --MeringCarson, San Diego, CA, pg. 731

Cooney, Scott, Creative Director --BBH NEW YORK, New York, NY, pg. 115

Cooper, Christie, Creative Director --DDB New Zealand Ltd., Auckland, New Zealand, pg. 278

Cooper, Dan, Creative Director --BOZELL, Omaha, NE, pg. 150

Cooper, Jay, Creative Director --SERINO COYNE LLC, New York, NY, pg. 1003

Cooper, Todd, Creative Director --DIAZ & COOPER ADVERTISING INC, Miami, FL, pg. 299

Cooter, Scott, Creative Director --ALLEBACH COMMUNICATIONS, Souderton, PA, pg. 45

Copeland, Kris, Creative Director --GCG MARKETING, Fort Worth, TX, pg. 413

Coppens, Carle, Creative Director --Havas Worldwide Canada, Montreal, Canada, pg. 477

Corbelle, Matias, Creative Director --Del Campo Nazca Saatchi & Saatchi, Buenos Aires, Argentina, pg. 981

Corbett, James, Creative Director --IPG MEDIABRANDS, New York,

AGENCIES — RESPONSIBILITIES INDEX

NY, pg. 547
Corcoran, Peter, Creative Director --STEPHENS & ASSOCIATES ADVERTISING, INC., Overland Park, KS, pg. 1047
Cordeiro, Lucas, Creative Director --Publicis Brasil Communicao, Sao Paulo, Brazil, pg. 906
Cordova, Rolando, Creative Director --FITZGERALD & CO, Atlanta, GA, pg. 386
Cornelius, Jason, Creative Director --Grey Hong Kong, North Point, China (Hong Kong), pg. 446
Cornish, Tiffiney, Creative Director --TC CREATIVES LLC, Woodland Hills, CA, pg. 1093
Cornmell, Dave, Creative Director --mcgarrybowen, London, United Kingdom, pg. 717
Cornwell, Kevin, Creative Director --BIGFISH CREATIVE GROUP, Scottsdale, AZ, pg. 131
Corrales, Danny, Creative Director --HAVAS WORLDWIDE, New York, NY, pg. 475
Correa, Daniel, Creative Director --Impact BBDO, Dubai, United Arab Emirates, pg. 109
Correa, Memo, Creative Director --SANDERS\WINGO ADVERTISING, INC., El Paso, TX, pg. 989
Correa, Tomas, Creative Director --Leo Burnett Tailor Made, Sao Paulo, Brazil, pg. 623
Corrigan, Don, Creative Director --Greer, Margolis, Mitchell, Burns & Associates (GMMB), Washington, DC, pg. 1508
Corsaro, Ricardo, Creative Director --McCann Erickson S.A. de Publicidad, Santiago, Chile, pg. 701
Cortavarria, Jefferson, Creative Director --Y&R Peru, Lima, Peru, pg. 1207
Cortes, Luis, Creative Director --DIGITAL STYLE TECHNOLOGIES, San Diego, CA, pg. 1250
Corzo, Paul, Creative Director --PURPLE GROUP, Chicago, IL, pg. 918
Cosgrove, Adrian, Creative Director --Owens DDB, Dublin, Ireland, pg. 276
Cosic, Vladimir, Creative Director --McCann Erickson Group, Belgrade, Serbia, pg. 708
Cosper, Eric, Creative Director --MEKANISM, San Francisco, CA, pg. 729
Costello, Mike, Creative Director --BBDO San Francisco, San Francisco, CA, pg. 99
Costello, Patricia, Creative Director --ON BOARD EXPERIENTIAL MARKETING, Sausalito, CA, pg. 1413
Cotta, Breno, Creative Director --Scanad, Nairobi, Kenya, pg. 1182
Cottam, William, Creative Director --McCann Erickson Advertising Ltd., London, United Kingdom, pg. 711
Cotu, Chris, Creative Director --LEROY & ROSE, Santa Monica, CA, pg. 633
Couch, Kevin, Creative Director --MANGOS, Conshohocken, PA, pg. 674
Couchman, Brent, Creative Director --MONIKER INC., San Francisco, CA, pg. 755
Coughlin, Megan, Creative Director --SCHAFER CONDON CARTER, Chicago, IL, pg. 995
Coulter, Cyrus, Creative Director --R/GA Los Angeles, North Hollywood, CA, pg. 926
Cournoyer, Shawn, Creative Director --G MEDIA STUDIOS, Providence, RI, pg. 406
Courtemanche, Olivier, Creative Director --J. Walter Thompson France, Neuilly-sur-Seine, France, pg. 559
Coutroulis, Niko, Creative Director --HILL HOLLIDAY/NEW YORK, New York, NY, pg. 501
Covington, Rob, Creative Director --IDYLLWILD ADVERTISING, Sandy, UT, pg. 522
Cox, Darren, Creative Director --SPOTCO, New York, NY, pg. 1036
Cox, Simon, Creative Director --J. Walter Thompson, Sydney, Australia, pg. 554
Cox, Steve, Creative Director --HMH, Portland, OR, pg. 504
Coyle, Kara, Creative Director --Ogilvy New York, New York, NY, pg. 811
Crabtree, Matt, Creative Director --McCann Erickson Advertising Ltd., London, United Kingdom, pg. 711
Cramer, Ryan, Creative Director --NEURON SYNDICATE, Santa Monica, CA, pg. 790
Craner, Nate, Creative Director --THE INTEGER GROUP - DENVER, Lakewood, CO, pg. 1406
Crawford, Erin, Creative Director --ONTOGENY ADVERTISING & DESIGN LLC, Mosinee, WI, pg. 841
Crawford, Justin, Creative Director --Deutsch LA, Los Angeles, CA, pg. 294
Creamer, Scott, Creative Director --SCREAMER CO., Austin, TX, pg. 999
Credeur, Raymond, Creative Director --THE GRAHAM GROUP, Lafayette, LA, pg. 431
Creedon, Des, Creative Director --TBWA\Dublin, Dublin, Ireland, pg. 1083
Cregan, Shawn, Creative Director --YELLOW SUBMARINE MARKETING COMMUNICATIONS INC., Pittsburgh, PA, pg. 1196
Crespo, Joaquim, Creative Director --Vinizius/Y&R, Barcelona, Spain, pg. 1203
Cribelier, Jean-christophe, Creative Director --Carre Noir, Suresnes, France, pg. 898
Crisell, Luke, Creative Director --GSD&M, Austin, TX, pg. 453
Croft, Dan, Creative Director --LMD AGENCY, Laurel, MD, pg. 648
Cronwright, Cuanan, Creative Director --GREY NEW YORK, New York, NY, pg. 438
Crosby, James, Creative Director --McCann Erickson Advertising Ltd., London, United Kingdom, pg. 711
Cross, Stephen, Creative Director --mcgarrybowen, London, United Kingdom, pg. 717
Crowell, Scott, Creative Director --RED RACER ADVERTISING, Dallas, TX, pg. 941
Cruse, Kurt, Creative Director --ORBIT MEDIA STUDIOS, Chicago, IL, pg. 844
Cruthirds, Jason, Creative Director --DOGWOOD PRODUCTIONS, INC., Mobile, AL, pg. 313
Cruz, Bob, Creative Director --J. Walter Thompson, Makati, Philippines, pg. 558
Cruz, Cesar, Creative Director --CHANNEL V MEDIA, New York, NY, pg. 1466
Cruz, Jay, Creative Director --ENVOY, Irvine, CA, pg. 342
Cruz, Thiago, Creative Director --Publicis Italia, Milan, Italy, pg. 899
Cruz, Xzenia, Creative Director --McCann Erickson (Philippines), Inc., Manila, Philippines, pg. 707
Cuadras, Olaf, Creative Director --DDB Barcelona S.A., Barcelona, Spain, pg. 280
Cubel, Eduard, Creative Director --McCann Erickson S.A., Madrid, Spain, pg. 709
Cubillos, Ruben, Creative Director --A BIG CHIHUAHUA, INC., San Antonio, TX, pg. 14
Cuevas, Daniela, Creative Director --THE SPARK GROUP, New York, NY, pg. 1291
Cuevas, Sebastian, Creative Director --Sancho BBDO, Bogota, Colombia, pg. 102
Culbertson, David, Creative Director --MELT, Atlanta, GA, pg. 730
Cullipher, David, Creative Director --SABERTOOTH INTERACTIVE, Venice, CA, pg. 1286
Culp, Brian, Creative Director --DDB Chicago, Chicago, IL, pg. 268
Cummings, Rachelle, Creative Director --BELIEF LLC, Seattle, WA, pg. 121
Cunha, Vinicius, Creative Director --Ogilvy (Singapore) Pvt. Ltd., Singapore, Singapore, pg. 827
Cunningham, Geoff, Jr., Creative Director --MICROARTS, Greenland, NH, pg. 738
Cunningham, Margaret, Creative Director --CUNNINGHAM GROUP, Montgomery, AL, pg. 254
Cunningham, Ryan, Creative Director --AKA NYC, New York, NY, pg. 42
Cuny, Pierre-Andre, Creative Director --TBWA Corporate, Boulogne-Billancourt, France, pg. 1081
Curielcha, Gabo, Creative Director --72ANDSUNNY, Playa Vista, CA, pg. 11
Currie, Tony, Creative Director --THE IMAGINATION GROUP, London, United Kingdom, pg. 525
Curtis, John, Creative Director --TCAA, Dedham, MA, pg. 1093
Cvetkovic, Bozidar, Creative Director --FCB Afirma, Belgrade, Serbia, pg. 368
Cwiertny, Eric M., Creative Director --GEARSHIFT ADVERTISING, Costa Mesa, CA, pg. 413
D'Amato, Maria, Creative Director --GSD&M, Austin, TX, pg. 453
D'Angelo, Matt, Creative Director --MARTINO FLYNN LLC, Pittsford, NY, pg. 689
D'Arcy, Daniel, Creative Director --JONES KNOWLES RITCHIE, New York, NY, pg. 582
D'Elboux, Marcelo, Creative Director --Publicis Brasil Communicao, Sao Paulo, Brazil, pg. 906
D'mello, Godwin, Creative Director --DDB Mudra Group, Mumbai, India, pg. 275
da Silva, Anders, Creative Director --HAVAS WORLDWIDE CHICAGO, Chicago, IL, pg. 488
da Silva, Anders, Creative Director --Havas Worldwide New York, New York, NY, pg. 476
Da Silva, Nour, Creative Director --FLYING MACHINE, New York, NY, pg. 389
DaCosta, Lucille, Creative Director --SHORE CREATIVE GROUP, Long Branch, NJ, pg. 1009
Dagli, Ilker, Creative Director --Y&R Turkey, Istanbul, Turkey, pg. 1204
Dahilig, Niko, Creative Director --ETA ADVERTISING, Long Beach, CA, pg. 350
Dahl, Tanya, Creative Director --GIANT PROPELLER, Burbank, CA, pg. 1259
Dalton, Stephen, Creative Director --WORKINPROGRESS, Boulder, CO, pg. 1177
Dam, Mervyn Ten, Creative Director --ACHTUNG, Amsterdam, Netherlands, pg. 1232
Damanik, Christoph, Creative Director --Havas Worldwide Dusseldorf, Dusseldorf, Germany, pg. 480
Damasceno, Paulo, Creative Director --DAVID, Sao Paulo, Brazil, pg. 261
Daniel, Stephane, Creative Director --Havas Worldwide Brussels, Brussels, Belgium, pg. 478
Daniel, Stephane, Creative Director --Havas Worldwide Digital Brussels, Brussels, Belgium, pg. 478
Danielski, Stefan, Creative Director --SMA NYC, New York, NY, pg. 1021
Danielson, Michael, Creative Director --M.R. DANIELSON ADVERTISING LLC, Saint Paul, MN, pg. 766
Danovitz, Malaika, Creative Director --PUBLICIS NEW YORK, New York, NY, pg. 912
Daou, Mario, Creative Director --MEMAC Ogilvy, Kuwait, Kuwait, pg. 830
Dardenne, Matt, Creative Director --RED SIX MEDIA, Baton Rouge, LA, pg. 941
Darovec, Peter, Creative Director --Istropolitana Ogilvy, Bratislava, Slovakia, pg. 816
Darretta, Jeannine, Creative Director --WILSON CREATIVE GROUP, INC., Naples, FL, pg. 1170
Das, Shruti, Creative Director --BBH Mumbai, Mumbai, India, pg. 93
Dasgupta, Saurav, Creative Director --Hakuhodo Percept Pvt. Ltd., Mumbai, India, pg. 463
DaSylva-LaRue, Jean-Francois, Creative Director --TANK, Montreal, Canada, pg. 1072
Daughters, Jenny, Creative Director --CLEVELAND DESIGN, Quincy, MA, pg. 213
Daughtry, Kate, Creative Director --RAWLE MURDY ASSOCIATES, INC., Charleston, SC, pg. 934
Dauphinee, Jason, Creative Director --ECLIPSE CREATIVE INC., Victoria, Canada, pg. 330
Dauteuille, Yves, Creative Director --Publicis Activ Annecy, Metz-Tessy, France, pg. 898
Davaris, Bill, Creative Director --MADRAS GLOBAL, New York, NY, pg. 670
Davenport, Jason, Creative Director --GOING INTERACTIVE, Roswell, GA, pg. 427
Davenport, Kevin, Creative Director --CORDERO & DAVENPORT ADVERTISING, San Diego, CA, pg. 231
Daver, Yohan, Creative Director --BBH Mumbai, Mumbai, India, pg. 93
Davila, Carlos, Creative Director --JMD COMMUNICATIONS, San Juan, PR, pg. 577
Davila, Morris, Creative Director --LATINWORKS MARKETING, INC., Austin, TX, pg. 612
Davila, Tere, Creative Director --LOPITO, ILEANA & HOWIE, INC., Guaynabo, PR, pg. 652
Davin, Jean Charles, Creative Director --TBWA Corporate, Boulogne-Billancourt, France, pg. 1081
Davis, Andrew, Creative Director --OOTEM, INC., San Francisco, CA, pg. 841
Davis, Andy, Creative Director --OgilvyOne Worldwide Ltd., London, United Kingdom, pg. 819
Davis, Brandon, Creative Director --BLOCK CLUB INC., Buffalo, NY, pg. 137
Davis, Joshua, Creative Director --JOHNNY LIGHTNING STRIKES AGAIN LLC, Kansas City, MO, pg. 579
Davis, Kate, Creative Director --BRALEY DESIGN, Brooklyn, NY, pg. 153
Davis, Matt, Creative Director --Saatchi & Saatchi, Dallas, TX, pg. 977
Davis, Matt, Creative Director --Saatchi & Saatchi Los Angeles, Torrance, CA, pg. 975
Davis, Stacey, Creative Director --CADIENT GROUP, Malvern, PA, pg. 182
Davis, Steve, Creative Director --THE DESIGNORY, Long Beach, CA, pg. 293
Dawes, Curtis, Creative Director --ESPN CREATIVEWORKS, New York, NY, pg. 349
Dawson, Elizabeth, Creative Director --JUST MEDIA, INC., Emeryville, CA, pg. 1336

RESPONSIBILITIES INDEX — AGENCIES

Day, Glen, Creative Director --TRACYLOCKE, Dallas, TX, pg. 1113
Day, Stacey, Creative Director --DUNCAN/DAY ADVERTISING, Plano, TX, pg. 325
Dayaram, Kit, Creative Director --Wieden + Kennedy, London, United Kingdom, pg. 1165
De Castro, Rodrigo, Creative Director --DDB New York, New York, NY, pg. 269
de Dios Elices, Ivan, Creative Director --J. Walter Thompson, Madrid, Spain, pg. 561
de Gracia, Vicente Rodriguez, Creative Director --TBWA Espana, Madrid, Spain, pg. 1085
De Grood, Doug, Creative Director --GABRIEL DEGROOD BENDT, Minneapolis, MN, pg. 407
de Haan, Todd, Creative Director --VML, Kalamazoo, MI, pg. 1300
De Kuiper, Niels, Creative Director --TBWA Company Group, Amsterdam, Netherlands, pg. 1084
de la Pena, Pablo Gonzalez, Creative Director --BARTLE BOGLE HEGARTY LIMITED, London, United Kingdom, pg. 92
De Lacourt, Fabrice, Creative Director --Publicis Communications, Paris, France, pg. 898
de Lange, Stephanus, Creative Director --Impact BBDO, Dubai, United Arab Emirates, pg. 109
De Leon, Daniel, Creative Director --Grey Mexico, S.A. de C.V, Mexico, Mexico, pg. 444
De Leon, Leo, Creative Director --BOONE DELEON COMMUNICATIONS, INC., Houston, TX, pg. 147
de Leon, Mario, Creative Director --DILYON CREATIVE GROUP, Doral, FL, pg. 302
de Lestrade, Robin, Creative Director --M&C Saatchi, Paris, France, pg. 661
De Meyer, Kwint, Creative Director --Publicis, Brussels, Belgium, pg. 1397
de Mierre, Charlie, Creative Director --Porter Novelli-London, London, United Kingdom, pg. 1615
de Ochoa, Luis Lopez, Creative Director --Young & Rubicam, S.L., Madrid, Spain, pg. 1203
de Oliveira, Lucas, Creative Director --ARNOLD WORLDWIDE, Boston, MA, pg. 69
de Pinho, John, Creative Director --LPi Communications, Edmonton, Canada, pg. 654
de Queiroz Tatu, Fabiano, Creative Director --RPA, Santa Monica, CA, pg. 970
De Ridder, Dieter, Creative Director --DDB Group Belgium, Brussels, Belgium, pg. 271
de Silva-Ong, C.J., Creative Director --TBWA Santiago Mangada Puno, Manila, Philippines, pg. 1091
de Tray, Adrien, Creative Director --GNET, Los Angeles, CA, pg. 425
De Valck, Sebastien, Creative Director --N BBDO, Brussels, Belgium, pg. 103
De Valck, Sebastien, Creative Director --Proximity BBDO, Brussels, Belgium, pg. 103
De Volder, Samuel, Creative Director --WUNDERMAN, New York, NY, pg. 1188
De Wachter, Willem, Creative Director --Publicis, Brussels, Belgium, pg. 1397
Deboey, Yves-Eric, Creative Director --Publicis Conseil, Paris, France, pg. 898
DeCaro, Charles, Creative Director --LASPATA DECARO, New York, NY, pg. 611
Decker, Carrie, Creative Director --LONGREN & PARKS, Hopkins, MN, pg. 651
Deeter, Linda, Creative Director --DEETERUSA, Doylestown, PA, pg. 286
Degni, Rich, Creative Director --SOURCE COMMUNICATIONS, Hackensack, NJ, pg. 1029
Deines, Kahrin, Creative Director --MEDIA MADE GREAT, Chicago, IL, pg. 1271
Delehag, Henrik, Creative Director --Anomaly, London, United Kingdom, pg. 59
Delehag, Henrik, Creative Director --Anomaly, London, United Kingdom, pg. 721
DeLeon, Ken, Creative Director --DELEON GROUP, LLC, Staten Island, NY, pg. 286
Delgado, Daniel, Creative Director --Sancho BBDO, Bogota, Colombia, pg. 102
Delgado, Javier, Creative Director --McCann Erickson (Peru) Publicidad S.A., Lima, Peru, pg. 707
Delgado, Roberto, Creative Director --FCB Mayo, Lima, Peru, pg. 372
Delhommer, Joseph, Creative Director --HAVAS WORLDWIDE, New York, NY, pg. 475
Delhommer, Joseph, Creative Director --Havas Worldwide New York, New York, NY, pg. 476
Deligiannis, Dimitris, Creative Director --Tribal Worldwide Athens, Athens, Greece, pg. 1296
Dello Stritto, Mark D., Creative Director --LOADED CREATIVE LLC, Bellefonte, PA, pg. 648
DelVecchio, Maria, Creative Director --THE CALIBER GROUP, Tucson, AZ, pg. 183
DeMarco, Tony, Creative Director --SIGNATURE COMMUNICATIONS, Philadelphia, PA, pg. 1013
Demeersman, Nicolas, Creative Director --CLM BBDO, Boulogne-Billancourt, France, pg. 104
Denberg, Josh, Creative Director --DIVISION OF LABOR, Sausalito, CA, pg. 308
Denise, Angela, Creative Director --THE TERRI & SANDY SOLUTION, New York, NY, pg. 1097
Denniston, Guy, Creative Director --Y&R, Auckland, New Zealand, pg. 1192
Denniston, Guy, Creative Director --Young & Rubicam Wellington, Wellington, New Zealand, pg. 1200
Denten, Matt, Creative Director --ARC WORLDWIDE, Chicago, IL, pg. 1397
Denton, Katie, Creative Director --DOBERMAN, New York, NY, pg. 312
Derrick, Mike, Creative Director --THE ADCOM GROUP, Cleveland, OH, pg. 28
DeSalvo, Chris, Creative Director --TracyLocke, Wilton, CT, pg. 1113
Descollonges, Justine, Creative Director --HDSF, San Francisco, CA, pg. 491
Desikan, Raghu, Creative Director --OGILVY HEALTHWORLD, New York, NY, pg. 832
DeSimone, Rich, Creative Director --THE EGC GROUP, Melville, NY, pg. 332
Dessagne, Benjamin, Creative Director --CLM BBDO, Boulogne-Billancourt, France, pg. 104
Dev, Anyaa, Creative Director --Wieden + Kennedy Amsterdam, Amsterdam, Netherlands, pg. 1164
Dev, Sangita, Creative Director --Ogilvy, Hyderabad, India, pg. 824
Devanand, Sadanand, Creative Director --Leo Burnett India, New Delhi, India, pg. 630
Devereux, Maria, Creative Director --Colenso BBDO, Auckland, New Zealand, pg. 114
Devine, Lee, Creative Director --Text 100 Singapore Pvt. Ltd., Singapore, Singapore, pg. 1659
DeVito, Chris, Creative Director --DEVITO GROUP, New York, NY, pg. 296
Devlin, Mike, Creative Director --FCB HEALTH, New York, NY, pg. 376
Devoto, Alejandro, Creative Director --Grey Argentina, Buenos Aires, Argentina, pg. 443
DeYoung, Christopher, Creative Director --MOBIUM INTEGRATED BRANDING, Chicago, IL, pg. 752
Dhembare, Vikram, Creative Director --McCann Erickson India, Mumbai, India, pg. 704
Dhende, Nishigandh, Creative Director --Ogilvy India, Mumbai, India, pg. 824
Di Battista, Antonio, Creative Director --J. Walter Thompson Milan, Milan, Italy, pg. 560
Diaz, Jesus, Creative Director --BALDWIN&, Raleigh, NC, pg. 85
DiCampli, Paul, Creative Director --ONEMAGNIFY, Detroit, MI, pg. 840
Dickhaus, Duane, Creative Director --SCALES ADVERTISING, Saint Paul, MN, pg. 994
Diebel, Floyd, Creative Director --EMRL, Sacramento, CA, pg. 339
Dietrich, Jon, Creative Director --Possible, Seattle, WA, pg. 1189
Dietrich, Jon, Creative Director --Possible, Seattle, WA, pg. 1181
Dietz, Aaron, Creative Director --PEREIRA & O'DELL, San Francisco, CA, pg. 863
Dietz, Mandy, Creative Director --PEREIRA & O'DELL, San Francisco, CA, pg. 863
Dietz, Philipp, Creative Director --TEAM ONE USA, Los Angeles, CA, pg. 1095
DiGiesi, Kelly, Creative Director --VISION CREATIVE GROUP, INC., Morris Plains, NJ, pg. 1139
DiGioia, Michael, Creative Director --MEDIA MADE GREAT, Chicago, IL, pg. 1271
Diiullo, Shane, Creative Director --JUMBOSHRIMP ADVERTISING, INC., San Francisco, CA, pg. 585
Diks, Jasper, Creative Director --DDB Amsterdam, Amstelveen, Netherlands, pg. 277
Diks, Jasper, Creative Director --Tribal Worldwide Amsterdam, Amstelveen, Netherlands, pg. 1296
Dileep, Divya, Creative Director --THE CDM GROUP, New York, NY, pg. 198
Dillon, Terry, Creative Director --PINGER PR AT POWERS, Cincinnati, OH, pg. 1609
Dillon, Terry, Creative Director --POWERS AGENCY, Cincinnati, OH, pg. 885
Dillow, Jesse, Creative Director --CAMP + KING, San Francisco, CA, pg. 185
Dimitrov, Hristo, Creative Director --DDB Sofia, Sofia, Bulgaria, pg. 271
DiNapoli, Rhonda Smith, Creative Director --WORDS AND PICTURES CREATIVE SERVICE, INC., Park Ridge, NJ, pg. 1176
Dingman, Mark, Creative Director --MILLENNIUM AGENCY, Manchester, NH, pg. 740
DiNicola, Anthony, Creative Director --SIXSPEED, Minneapolis, MN, pg. 1017
Dinkel, Joel, Creative Director --MYTHIC, Charlotte, NC, pg. 782
Dionisi, Daniele, Creative Director --M&C Saatchi Milan, Milan, Italy, pg. 660
DiPaula, Anthony, Creative Director --ROKKAN, New York, NY, pg. 966
DiPeri, Andrew, Creative Director --TAXI New York, New York, NY, pg. 1075
Disbennett, Michael, Creative Director --WIDE AWAKE, Reno, NV, pg. 1163
Ditzler, Daniel, Creative Director --NEWTON ASSOCIATES MARKETING COMMUNICATIONS, INC., Plymouth Meeting, PA, pg. 793
Divecha, Zarwan, Creative Director --FCB Interface, Mumbai, India, pg. 373
do Nascimento, Marco Antonio, Creative Director --Y&R Praha, s.r.o., Prague, Czech Republic, pg. 1205
Dodenhoff, Annemarie, Creative Director --SWBR, INC., Bethlehem, PA, pg. 1065
Doeden, Brian, Creative Director --THE ZIMMERMAN GROUP, Hopkins, MN, pg. 1213
Doggendorf, Ryan, Creative Director --HUGHESLEAHYKARLOVIC, Saint Louis, MO, pg. 513
Doggett, Rory, Creative Director --DAVID & GOLIATH, El Segundo, CA, pg. 261
Doherty, Matthew, Creative Director --mcgarrybowen, Chicago, IL, pg. 718
Dohjoka, Akram, Creative Director --Impact BBDO, Dubai, United Arab Emirates, pg. 109
Dohogne, Maeve, Creative Director --HUGHESLEAHYKARLOVIC, Saint Louis, MO, pg. 513
Dominguez, Hugo Gallardo, Creative Director --Leo Burnett Co. S.r.l., Turin, Italy, pg. 625
Dominguez, Rene, Creative Director --MullenLowe Philippines, Manila, Philippines, pg. 776
Donabed, Nate, Creative Director --ARNOLD WORLDWIDE, Boston, MA, pg. 69
Donnelly, Brendan, Creative Director --M&C Saatchi, Sydney, Australia, pg. 661
Donohoe, Jed, Creative Director --Rapp Los Angeles, Los Angeles, CA, pg. 931
Donohue, Marty, Creative Director --FULL CONTACT ADVERTISING, Boston, MA, pg. 402
Donovan, April, Creative Director --BLUE COLLAR INTERACTIVE MARKETING, Hood River, OR, pg. 139
Donovan, Brian, Creative Director --AGENCY 451, Boston, MA, pg. 1427
Donovan, Dan, Creative Director --McCann New York, New York, NY, pg. 698
Donovan, Rich, Creative Director --Lida, Sydney, Australia, pg. 660
Doolan, Arizona, Creative Director --Y&R, Auckland, New Zealand, pg. 1192
Doolittle, David, Creative Director --SUSSMAN AGENCY, Southfield, MI, pg. 1064
Dorai, John, Creative Director --Hakuhodo Malaysia Sdn. Bhd., Kuala Lumpur, Malaysia, pg. 463
Dorbin, Sariah, Creative Director --QUIGLEY-SIMPSON, Los Angeles, CA, pg. 923
Dorion, Jac-Martin, Creative Director --SIDEWAYS8 INTERACTIVE LLC, Lilburn, GA, pg. 1290
Doroguntsova, Oleksandra, Creative Director --Ogilvy, Kiev, Ukraine, pg. 817
Doss, Eduardo, Creative Director --Ogilvy, Sao Paulo, Brazil, pg. 819
Dotson, Aaron, Creative Director --SWANSON R, Richmond, VA, pg. 1064
Dougall, Brett, Creative Director --GLOBE RUNNER, Addison, TX, pg. 423
Dougherty, Dan, Creative Director --TM ADVERTISING, Dallas, TX, pg. 1106

AGENCIES   RESPONSIBILITIES INDEX

Downend, Kat, Creative Director --KATALYST CREATIVE MARKETING, Atlanta, GA, pg. 588

Downey, Catherine, Creative Director --CATMEDIA, Tucker, GA, pg. 196

Downs, Joshua, Creative Director --FORMATIVE, Seattle, WA, pg. 392

Drossman, Neil, Creative Director --NEEDLEMAN DROSSMAN & PARTNERS, New York, NY, pg. 788

Drummond, Gavin, Creative Director --CLOUDRAKER, Montreal, Canada, pg. 214

Duarte, Mitchell, Creative Director --10TH DEGREE, Lake Forest, CA, pg. 1231

Dube, Scott, Creative Director --GRIP LTD., Toronto, Canada, pg. 450

Duberry, Katie, Creative Director --AGENDA GLOBAL, Albuquerque, NM, pg. 1428

DuBois, Erin, Creative Director --NORTON CREATIVE, Houston, TX, pg. 800

Dubrick, Mike, Creative Director --RETHINK, Vancouver, Canada, pg. 951

Dubs, Jake, Creative Director --Pereira & O'Dell, New York, NY, pg. 863

Duck, Mike, Creative Director --NEW WEST LLC, Louisville, KY, pg. 792

Duckworth, Mike, Creative Director --HEAT, San Francisco, CA, pg. 492

Dugan, Patrick, Creative Director --ADAMS & KNIGHT, INC., Avon, CT, pg. 25

Duman, Michael, Creative Director --SKAR ADVERTISING, Omaha, NE, pg. 1018

Dunaway, Brian, Creative Director --VITRO, San Diego, CA, pg. 1141

Duncan, Rob, Creative Director --MUCHO, San Francisco, CA, pg. 770

Dungate, Scott, Creative Director --Wieden + Kennedy, London, United Kingdom, pg. 1165

Dunlap, John, Creative Director --BROTHERS & CO., Tulsa, OK, pg. 167

Duplay, Adam, Creative Director --CORD MEDIA, Palm Desert, CA, pg. 231

Duque, Mauricio, Creative Director --Publicis, Madrid, Spain, pg. 901

Duran, Danny, Creative Director --72ANDSUNNY, Playa Vista, CA, pg. 11

Durban, Christopher, Creative Director --Weber Shandwick-Baltimore, Baltimore, MD, pg. 1675

Durham, Jeff, Creative Director --DW ADVERTISING, Bloomfield, CT, pg. 326

Durkin, Pat, Creative Director --O'KEEFE REINHARD & PAUL, Chicago, IL, pg. 834

Dusadeedumkoeng, Nopharit, Creative Director --BBDO Bangkok, Bangkok, Thailand, pg. 115

Dutlinger, Andy, Creative Director --LRXD, Denver, CO, pg. 1269

Dutt, Surjo, Creative Director --FCB Ulka, Mumbai, India, pg. 373

Dutton, Greg, Creative Director --WINGNUT ADVERTISING, Minneapolis, MN, pg. 1171

Eagle, Jim, Creative Director --THE ALTUS AGENCY, Philadelphia, PA, pg. 50

Eagleston, Paul, Creative Director --FUEL MARKETING, Salt Lake City, UT, pg. 401

Earle, Drex, Creative Director --BOUNCE MARKETING AND EVENTS, LLC, Austin, TX, pg. 1398

Earnhardt, Alison, Creative Director --THE INTEGER GROUP - DENVER, Lakewood, CO, pg. 1406

Eash, Kendra, Creative Director --AND/OR, Brooklyn, NY, pg. 55

East, Nina, Creative Director --J. Walter Thompson International, Auckland, New Zealand, pg. 558

Easton, Darren, Creative Director --THE CYPHERS AGENCY, INC., Annapolis, MD, pg. 256

Echevarria, Marco, Creative Director --BURN CREATIVE, Avery, TX, pg. 175

Echeverria, Andres, Creative Director --Prolam Y&R S.A., Santiago, Chile, pg. 1206

Echols, Paul, Creative Director --SQUARE205, Denton, TX, pg. 1292

Eckersley, Rica, Creative Director --UNION, Toronto, Canada, pg. 1126

Edginton-Vigus, Nigel, Creative Director --Global Team Blue, London, United Kingdom, pg. 423

Edmondston, Sharon, Creative Director --M&C Saatchi, Sydney, Australia, pg. 661

Edwards, Greg, Creative Director --MARC USA, Pittsburgh, PA, pg. 676

Edwards, Scott, Creative Director --The Marketing Store, Quarry Bay, China (Hong Kong), pg. 1410

Edwards, Will, Creative Director --J. Walter Thompson, Sydney, Australia, pg. 554

Egerstedt, Gustav, Creative Director --Saatchi & Saatchi, Stockholm, Sweden, pg. 980

Egozcue, Alejandro, Creative Director --LATINWORKS MARKETING, INC., Austin, TX, pg. 612

Ehrens, Art, Creative Director --ESB ADVERTISING, Chantilly, VA, pg. 349

Eich, Aftin, Creative Director --FACTOR360 DESIGN + TECHNOLOGY, Pierre, SD, pg. 357

Eichler, David, Creative Director --DECIBEL BLUE, Scottsdale, AZ, pg. 285

Eidsmoe, Jacob, Creative Director --LAUNCHPAD, Watertown, MA, pg. 615

Eilerts, Clint, Creative Director --ARTHUR AGENCY, Carbondale, IL, pg. 72

Eisenberg, Arlo, Creative Director --Eisenberg & Associates, Dallas, TX, pg. 334

Eisenstein, Brad, Creative Director --MANHATTAN MARKETING ENSEMBLE, New York, NY, pg. 675

El Haddad, Amr, Creative Director --Impact BBDO, Dubai, United Arab Emirates, pg. 109

El-Mofty, Jared, Creative Director --TOM, DICK & HARRY CREATIVE, Chicago, IL, pg. 1108

ELbosraty, Summer, Creative Director --FP7, Muscat, Oman, pg. 707

Eldred, Charles, Creative Director --DMN3, Houston, TX, pg. 311

Eldred, Charles, Creative Director --DMN3/Dallas, Dallas, TX, pg. 311

Elgarably, Hossam, Creative Director --FP7, Muscat, Oman, pg. 707

Elkis, Beth Goozman, Creative Director --OGILVY COMMONHEALTH WELLNESS MARKETING, Parsippany, NJ, pg. 832

Elkjar, Christopher, Creative Director --CAMPBELL EWALD, Detroit, MI, pg. 185

Ellen, Elizabeth, Creative Director --FIXATION MARKETING, Bethesda, MD, pg. 386

Ellinger, Max, Creative Director --BOLDIUM LLC, Berkeley, CA, pg. 145

Elliot, Cassie, Creative Director --QORVIS MSLGROUP, Washington, DC, pg. 1621

Elliott, Nick, Creative Director --HAVAS WORLDWIDE, New York, NY, pg. 475

Ellis, Drew, Creative Director --NJI MEDIA LLC, Alexandria, VA, pg. 1276

Ellis, Kaeli, Creative Director --CLEARPH DESIGN, St Petersburg, FL, pg. 213

Ellis, Nate, Creative Director --INNERWORKINGS INC., Chicago, IL, pg. 1405

Ellis, Peter, Creative Director --DIF INC., Springfield, MA, pg. 1250

Ely, Adrian, Creative Director --Leo Burnett Sydney, Sydney, Australia, pg. 628

Emmons, Sharp, Creative Director --AROLUXE, Brentwood, TN, pg. 70

Emond-Turcotte, Alexandre, Creative Director --Ogilvy Montreal, Montreal, Canada, pg. 812

Encina, Matthew, Creative Director --BLIND, Santa Monica, CA, pg. 136

Endo, Daisuke, Creative Director --FLYING MACHINE, New York, NY, pg. 389

Englehart, Adam, Creative Director --NEFF + ASSOCIATES, INC., Philadelphia, PA, pg. 788

English, Glenda, Creative Director --GMC+COMPANY, New Orleans, LA, pg. 424

English, Heather, Creative Director --DEUTSCH, INC., New York, NY, pg. 294

Ennis, Gary, Creative Director --THE BAM CONNECTION, Brooklyn, NY, pg. 86

Enriquez-Ponferrada, Cey, Creative Director --Leo Burnett Manila, Makati, Philippines, pg. 631

Eretzian, Karly, Creative Director --RINCK ADVERTISING, Auburn, ME, pg. 1632

Erickson, Dain, Creative Director --RED HOUSE MEDIA LLC, Brainerd, MN, pg. 939

Ervin, Becky, Creative Director --VML, INC., Kansas City, MO, pg. 1143

Ervin, Tom, Creative Director --EG INTEGRATED, Omaha, NE, pg. 332

Escamilla, Cristian, Creative Director --J. Walter Thompson, Santiago, Chile, pg. 564

EshaghPour, Ayman, Creative Director --NIKALABS, San Jose, CA, pg. 1276

Esling, Deborah, Creative Director --UBU ENTERPRISES, Santa Rosa Beach, FL, pg. 1125

Espinal, Melvin, Creative Director --PIXEL LOGIC, INC., San Juan, PR, pg. 874

Espinosa, Eduardo, Creative Director --DDB Mexico, Mexico, Mexico, pg. 277

Espinoza, David, Creative Director --AYZENBERG GROUP, INC., Pasadena, CA, pg. 81

Espinoza, Fern, Creative Director --AYZENBERG GROUP, INC., Pasadena, CA, pg. 81

Esposito, Sebastian, Creative Director --J. Walter Thompson, Buenos Aires, Argentina, pg. 563

Essig, Grant, Creative Director --BRIGHTON AGENCY, INC., Saint Louis, MO, pg. 164

Essig, Perry, Creative Director --Juniper Park/TBWA, Toronto, Canada, pg. 1079

Esteves, Laura, Creative Director --Y&R Sao Paulo, Sao Paulo, Brazil, pg. 1205

Estrada, Andres, Creative Director --Sancho BBDO, Bogota, Colombia, pg. 102

Estrada, Dave, Creative Director --TBWA\Media Arts Lab, Los Angeles, CA, pg. 1078

Etchanique, Juan Ignacio, Creative Director --Santo Buenos Aires, Buenos Aires, Argentina, pg. 1181

Eva, Liz, Creative Director --FIREWOOD MARKETING, San Francisco, CA, pg. 383

Evangelista, Tish, Creative Director --CHARACTER, San Francisco, CA, pg. 203

Evans, Claire, Creative Director --RATIONAL INTERACTION, Seattle, WA, pg. 1283

Evans, Clark, Creative Director --CAMP, Austin, TX, pg. 185

Evans, Craig, Creative Director --3 SONS MEDIA, Nashville, TN, pg. 5

Evans, James, Creative Director --ILLUME COMMUNICATIONS, Baltimore, MD, pg. 524

Evans, Landon, Creative Director --HDE, LLC, Phoenix, AZ, pg. 490

Evans, Sandra, Creative Director --SANDRA EVANS & ASSOCIATES, Sausalito, CA, pg. 1640

Eveleth, Brent, Creative Director --DIGITAS, Boston, MA, pg. 1250

Everett, Dale, Creative Director --TROIKA DESIGN GROUP, Los Angeles, CA, pg. 1119

Eyler, Justin, Creative Director --EYLER CREATIVE, Baltimore, MD, pg. 1256

Eyre, Rodger, Creative Director --ZULU ALPHA KILO, Toronto, Canada, pg. 1216

Ezugwu, Uche, Creative Director --BARTLE BOGLE HEGARTY LIMITED, London, United Kingdom, pg. 92

Fabricius, Thomas, Creative Director --DDB Denmark, Copenhagen, Denmark, pg. 272

Faden, Sean, Creative Director --BAILEY LAUERMAN, Omaha, NE, pg. 84

Fairbrother, Ian, Creative Director --ARTS & LETTERS CREATIVE CO, Richmond, VA, pg. 73

Falen, Steve, Creative Director --PARTNERS CREATIVE, Missoula, MT, pg. 855

Falke, Erik, Creative Director --TBWA Neboko, Amsterdam, Netherlands, pg. 1084

Fallon, Thomas, Creative Director --PWC DIGITAL SERVICES, New York, NY, pg. 1283

Fallone, Michael, Creative Director --ID29, Troy, NY, pg. 519

Faltman, Magnus, Creative Director --FCB Faltman & Malmen, Stockholm, Sweden, pg. 368

Falvay, Laszlo, Creative Director --Y&R Budapest, Budapest, Hungary, pg. 1205

Fandino, Yago, Creative Director --J. Walter Thompson, Buenos Aires, Argentina, pg. 563

Fannon, Fredrick, Creative Director --McCann Worldgroup Portugal, Lisbon, Portugal, pg. 708

Fardzinov, Zaur, Creative Director --DDB Russia, Moscow, Russia, pg. 279

Farias, Reini, Creative Director --McCann Erickson Corp. S.A., Bogota, Colombia, pg. 702

Farinha, Mark, Creative Director --Y&R London, London, United Kingdom, pg. 1204

Farls, Jarrett, Creative Director --HIGH WIDE & HANDSOME, Culver City, CA, pg. 499

Farmer, Ryan, Creative Director --MAD GENIUS, Ridgeland, MS, pg. 668

Farquhar, Alyssa, Creative Director --Centron, New York, NY, pg. 492

Farquhar, Megan, Creative Director --Energy BBDO, Chicago, IL, pg. 100

Farrington, Oliver, Creative Director --Leo Burnett, Ltd., London,

1950

RESPONSIBILITIES INDEX — AGENCIES

United Kingdom, pg. 624
Farrington, Oliver, Creative Director --Leo Burnett London, London, United Kingdom, pg. 627
Fassett, Wayne, Creative Director --GSW WORLDWIDE, Westerville, OH, pg. 454
Fathy, Mohamed, Creative Director --Impact BBDO, Cairo, Egypt, pg. 104
Fattore, Luigi, Creative Director --Havas Worldwide Milan, Milan, Italy, pg. 481
Faulkenberry, Kevyn, Creative Director --Dalton Agency Atlanta, Atlanta, GA, pg. 258
Faulkner, James, Creative Director --SODAPOP MEDIA LLC, Lewisville, TX, pg. 1027
Feath, Deb, Creative Director --MCCANN TORRE LAZUR, Parsippany, NJ, pg. 714
Featherstone, Angie, Creative Director --McCann Worldgroup (Singapore) Pte Ltd, Singapore, Singapore, pg. 709
Fecci, Jomarie, Creative Director --HAVAS PR, New York, NY, pg. 1528
Federico, Paul, Creative Director --PRINCETON PARTNERS, INC., Princeton, NJ, pg. 890
Fedorenko, Tatiana, Creative Director --Leo Burnett Kiev, Kiev, Ukraine, pg. 627
Fedorov, Alexey, Creative Director --BBDO Moscow, Moscow, Russia, pg. 107
Feehery, Patrick, Creative Director --AMELIE COMPANY, Denver, CO, pg. 51
Feeny, Laureen, Creative Director --INSTRUMENT, Portland, OR, pg. 536
Fehrenbach, Greg, Creative Director --MATTER CREATIVE GROUP, Cincinnati, OH, pg. 694
Feitlin, Todd, Creative Director --Mekanism, New York, NY, pg. 730
Feldman, Jeremy, Creative Director --Atmosphere Proximity, New York, NY, pg. 98
Felix, Mike, Creative Director --DDB New Zealand Ltd., Auckland, New Zealand, pg. 278
Fenwick, Jon, Creative Director --WEB SOLUTIONS INC., Meriden, CT, pg. 1155
Ferguson, Craig, Creative Director --DDB Canada, Toronto, Canada, pg. 267
Ferguson, David, Creative Director --HYPHEN DIGITAL, New York, NY, pg. 516
Ferguson, William, Creative Director --TWG COMMUNICATIONS, North Bay, Canada, pg. 1123
Fernandes, Alexandre, Creative Director --Publicis Brasil Communicao, Sao Paulo, Brazil, pg. 906
Fernandes, Sandeep, Creative Director --TBWA Raad, Dubai, United Arab Emirates, pg. 1088
Fernandez, Chris, Creative Director --Allen & Gerritsen, Philadelphia, PA, pg. 46
Fernandez, David, Creative Director --McCann Erickson S.A., Madrid, Spain, pg. 709
Fernandez, Eddy, Creative Director --Punto Ogilvy, Montevideo, Uruguay, pg. 821
Fernandez-Famularcano, Bia, Creative Director --Publicis JimenezBasic, Makati, Philippines, pg. 910
Fernandez-Famularcano, Bia, Creative Director --Publicis Manila, Makati, Philippines, pg. 910
Ferralis, Tomas Cabrera, Creative Director --Dittbom & Unzueta MRM, Santiago, Chile, pg. 768
Ferrarini, Manuel, Creative Director --TAM-TAM/TBWA, Montreal, Canada, pg. 1079
Ferreira, Felipe, Creative Director --CORNERSTONE AGENCY, INC., New York, NY, pg. 1476
Ferreira, Pedro, Creative Director --Y&R Portugal, Lisbon, Portugal, pg. 1203
Ferrence, Craig, Creative Director --GATESMAN, Pittsburgh, PA, pg. 412
Ferretto, Aldo, Creative Director --Publicis Australia, Brisbane, Australia, pg. 907
Fetcu, Mihai, Creative Director --Geometry Global, Bucharest, Romania, pg. 441
Feyerer, Julie, Creative Director --FAME, Minneapolis, MN, pg. 361
Fiebke, John, Creative Director --Commonwealth, Detroit, MI, pg. 698
Field, Dennis, Creative Director --Langland, Windsor, United Kingdom, pg. 911
Fife, Blake, Creative Director --BLASTMEDIA, Fishers, IN, pg. 1451
Figallo, Luis, Creative Director --IMAGINUITY INTERACTIVE, INC., Dallas, TX, pg. 1264
Figueiredo, Luis Felipe, Creative Director --Publicis Brasil Communicao, Sao Paulo, Brazil, pg. 906
Figueroa, Laura, Creative Director --ARTEAGA & ARTEAGA, San Juan, PR, pg. 71
Finch, Jolyon, Creative Director --Publicis UK, London, United Kingdom, pg. 902
Finelli, Matt, Creative Director --SHOTWELL DIGITAL, Los Angeles, CA, pg. 1009
Finizio, Matt, Creative Director --SLACK AND COMPANY, Chicago, IL, pg. 1020
Fiorelli, Abbey, Creative Director --DIGITAL RELATIVITY, Fayetteville, WV, pg. 301
Fiorino, Carol, Creative Director --SAATCHI & SAATCHI WELLNESS, New York, NY, pg. 985
Firth, Matt, Creative Director --72andSunny, Amsterdam, Netherlands, pg. 11
Fischer, Ariel, Creative Director --CAMEO PUBLIC RELATIONS, Marlboro, NJ, pg. 1461
Fischer, David, Creative Director --Spillmann/Felser/Leo Burnett, Zurich, Switzerland, pg. 627
Fischer, Lindsay, Creative Director --PERISCOPE, Minneapolis, MN, pg. 864
Fischer, Marlon, Creative Director --Heimat Werbeagentur GmbH, Berlin, Germany, pg. 1082
Fischer, Matt, Creative Director --MOSES INC., Phoenix, AZ, pg. 762
Fish, Rex, Creative Director --SILTANEN & PARTNERS, El Segundo, CA, pg. 1013
Fish, Roger, Creative Director --GREY GROUP, New York, NY, pg. 438
Fisher, Robert, Creative Director --DELPHIC DIGITAL, Philadelphia, PA, pg. 1249
Fisher, Robert, Creative Director --HERO DIGITAL, San Francisco, CA, pg. 1260
Fisher, Stephanie, Creative Director --TM ADVERTISING, Dallas, TX, pg. 1106
Fisler, Parke, Creative Director --FISLER COMMUNICATIONS, Newbury, MA, pg. 385
Fister, Amy, Creative Director --FISTER, Saint Louis, MO, pg. 385
Fitch, Matt, Creative Director --Adam & EveDDB, London, United Kingdom, pg. 281
Fite, Erica, Creative Director --FANCY LLC, New York, NY, pg. 361
Fitz-Simon, Adrian, Creative Director --Havas Worldwide Dublin, Dublin, Ireland, pg. 480
Flanigan, Tom, Creative Director --FCB Chicago, Chicago, IL, pg. 364
Fleming, John, Creative Director --GNET, Los Angeles, CA, pg. 425
Fletcher, Ross, Creative Director --FIGLIULO&PARTNERS, LLC, New York, NY, pg. 380
Flickinger, Bruce, Creative Director --MAVEN COMMUNICATIONS LLC, Philadelphia, PA, pg. 695
Flinn, Eric, Creative Director --ONION LABS, Chicago, IL, pg. 840
Flis, Brian, Creative Director --LINNIHAN FOY ADVERTISING, Minneapolis, MN, pg. 642
Florek, John, Creative Director --ARC WORLDWIDE, Chicago, IL, pg. 1397
Flores, Alexander, Creative Director --TRACYLOCKE, Dallas, TX, pg. 1113
Flores, Armando, Creative Director --SS+K AGENCY, New York, NY, pg. 1039
Flores, Gabriel, Creative Director --TIPPIT & MOO ADVERTISING, Houston, TX, pg. 1105
Flores, Israel Ortiz, Creative Director --DDB Madrid, S.A., Madrid, Spain, pg. 280
Flotta, Ignacio, Creative Director --DAVID The Agency, Miami, FL, pg. 261
Floyd, Kyle, Creative Director --STONE WARD, Little Rock, AR, pg. 1050
Floyde, Latham, Creative Director --FABCOM, Scottsdale, AZ, pg. 357
Fluet, Ryan, Creative Director --BULLISH, New York, NY, pg. 172
Fogell, Andrew, Creative Director --VUP MEDIA, Cranston, RI, pg. 1147
Foglia, Billy, Creative Director --O'BRIEN ET AL. ADVERTISING, Virginia Beach, VA, pg. 805
Foley, Tim, Creative Director --FULL CONTACT ADVERTISING, Boston, MA, pg. 402
Folino, Michael, Creative Director --BBDO New York, New York, NY, pg. 99
Folmert, Jana, Creative Director --IQUANTI, INC., Jersey City, NJ, pg. 548
Fonferrier, Marianne, Creative Director --TBWA/G1, Boulogne-Billancourt, France, pg. 1081
Fonferrier, Marianne, Creative Director --TBWA Paris, Boulogne-Billancourt, France, pg. 1081
Fong, Jim, Creative Director --Ogilvy Advertising, Central, China (Hong Kong), pg. 822
Fong, Jim, Creative Director --OgilvyOne Worldwide, Central, China (Hong Kong), pg. 823
Fonseca, Diego, Creative Director --BBH NEW YORK, New York, NY, pg. 115
Font, Jordi Almuni, Creative Director --Vinizius/Y&R, Barcelona, Spain, pg. 1203
Fontaine, Anita, Creative Director --Wieden + Kennedy Amsterdam, Amsterdam, Netherlands, pg. 1164
Fontana, Aureliano, Creative Director --Havas Worldwide Milan, Milan, Italy, pg. 481
Fontayne, Cynthia L., Creative Director --THE FONTAYNE GROUP, Marysville, CA, pg. 1512
Fontcuberta, Nina, Creative Director --Vinizius/Y&R, Barcelona, Spain, pg. 1203
For, Diego, Creative Director --Sancho BBDO, Bogota, Colombia, pg. 102
Forbes, Shane, Creative Director --TBWA Hunt Lascaris (Johannesburg), Johannesburg, South Africa, pg. 1087
Ford, Amanda, Creative Director --READY SET ROCKET, New York, NY, pg. 936
Ford, Mark, Creative Director --3HEADED MONSTER, Dallas, TX, pg. 7
Forero, Diego Fernando, Creative Director --Sancho BBDO, Bogota, Colombia, pg. 102
Forrest, Andy, Creative Director --Ogilvy, Ltd., London, United Kingdom, pg. 818
Forsyth, Paul, Creative Director --Doner, Cleveland, OH, pg. 315
Forsyth, Paul, Creative Director --Doner, Cleveland, OH, pg. 724
Fortin, Marc, Creative Director --LG2, Montreal, Canada, pg. 639
Foster, Eric, Creative Director --BEDFORD ADVERTISING INC., Carrollton, TX, pg. 120
Foulon, Chistian, Creative Director --OgilvyHealthcare, Paris, France, pg. 814
Foulon, Christian, Creative Director --OgilvyOne, Paris, France, pg. 814
Foust, Uriaha, Creative Director --MILLER BROOKS, Zionsville, IN, pg. 742
Fowler, Ross, Creative Director --Ogilvy (Amsterdam) B.V., Amsterdam, Netherlands, pg. 816
Fox, Brian, Creative Director --THE MARKETING STORE, Chicago, IL, pg. 1410
Fox, Russel, Creative Director --M&C Saatchi, Melbourne, Australia, pg. 662
Fozman, Mike, Creative Director --ROSBERG FOZMAN ROLANDELLI ADVERTISING, Jacksonville, FL, pg. 968
Fraire, Peter, Creative Director --MITHOFF BURTON PARTNERS, El Paso, TX, pg. 748
Frame, Christopher, Creative Director --Philip Johnson Associates, San Francisco, CA, pg. 875
Frame, Christopher, Creative Director --PJA, Cambridge, MA, pg. 874
Frame, Christopher, Creative Director --PJA Advertising + Marketing, San Francisco, CA, pg. 874
Francis, David, Creative Director --SHOREPOINT COMMUNICATIONS, LLC, Wall, NJ, pg. 1009
Franco, Gilber, Creative Director --Sancho BBDO, Bogota, Colombia, pg. 102
Franco, Sandra Murillo, Creative Director --DDB Worldwide Colombia S.A., Bogota, Colombia, pg. 272
Frangos, Constantine, Creative Director --RUDER FINN INC., New York, NY, pg. 1637
Franke, Stephanie, Creative Director --Razorfish Health, Philadelphia, PA, pg. 1287
Franklin, Curtis, Creative Director --KENNEDY COMMUNICATIONS, Rancho Mirage, CA, pg. 592
Franklin, Michael, Creative Director --Ogilvy, Chicago, IL, pg. 811
Franzini, Raphael, Creative Director --THE COMMUNITY, Miami, FL, pg. 223
Franzino, Anthony, Creative Director --TRACYLOCKE, Dallas, TX, pg. 1113
Fraracci, Matt, Creative Director --SID LEE, Toronto, Canada, pg. 1010
Frascheri, Fiorella, Creative Director --FCB Montevideo, Montevideo, Uruguay, pg. 372
Fraser, Keith, Creative Director --MARIS, WEST & BAKER, INC., Jackson, MS, pg. 680
Fraser, Maurus, Creative Director --WINKREATIVE, Toronto, Canada, pg. 1171
Fraser, Tyler, Creative Director --TRADEMARK PRODUCTIONS, Royal Oak, MI, pg. 1113
Fraticelli, Damian, Creative Director --HIGH WIDE & HANDSOME,

AGENCIES — RESPONSIBILITIES INDEX

Culver City, CA, pg. 499
Freese, Ryan, Creative Director --MOTIV, Boston, MA, pg. 763
Freda, Jordan, Creative Director --GIANT PROPELLER, Burbank, CA, pg. 1259
Freese, Felix, Creative Director --Saatchi & Saatchi, Carouge, Switzerland, pg. 980
Freitag, Wayne A., Creative Director --FORREST & BLAKE INC., Mountainside, NJ, pg. 392
French, Rebekkah, Creative Director --SPECK COMMUNICATIONS, Dallas, TX, pg. 1033
Frey, Robyn, Creative Director --BOLCHALK FREY MARKETING, ADVERTISING & PUBLIC RELATIONS, Tucson, AZ, pg. 144
Freyder, Mike, Creative Director --THE MORAN GROUP LLC, Baton Rouge, LA, pg. 757
Friedman, Mitch, Creative Director --THE POINT GROUP, Dallas, TX, pg. 880
Frizzo, Laura, Creative Director --SapientRazorfish Chicago, Chicago, IL, pg. 1288
Froedge, Robert, Creative Director --Lewis Communications, Nashville, TN, pg. 637
Frost, Karen, Creative Director --GATESMAN, Pittsburgh, PA, pg. 412
Fruehauf, Benjamin, Creative Director --MARKETING ARCHITECTS, INC., Minnetonka, MN, pg. 682
Fry, Kris, Creative Director --CAPITAL GOODS, Denver, CO, pg. 187
Fryer, Jason, Creative Director --THE WONDERFUL AGENCY, Los Angeles, CA, pg. 1228
Fujita, Yoko, Creative Director --CAMPBELL EWALD, Detroit, MI, pg. 185
Fujita, Yoko, Creative Director --Campbell Ewald New York, New York, NY, pg. 541
Fukui, Hideaki, Creative Director --DENTSU INC., Tokyo, Japan, pg. 289
Fulkerson, Gary, Creative Director --DVA ADVERTISING, Bend, OR, pg. 326
Funegra, Jose, Creative Director --Mother New York, New York, NY, pg. 763
Funkhouser, David, Creative Director --FUNKHAUS, Los Angeles, CA, pg. 403
Funston, Jeff, Creative Director --BRAVADA CONSUMER COMMUNICATIONS INC., Waterloo, Canada, pg. 160
Fusco, Liz, Creative Director --BROWN BAG MARKETING, Atlanta, GA, pg. 167
Fusetti, Guido, Creative Director --ALMA, Coconut Grove, FL, pg. 49
Futcher, Guy, Creative Director --M&C Saatchi, Sydney, Australia, pg. 661
Gabbay, Lisa, Creative Director --RUDER FINN INC., New York, NY, pg. 1637
Gable, Seth, Creative Director --ALL TERRAIN, Chicago, IL, pg. 45
Gabor, Torday, Creative Director --TBWA Budapest, Budapest, Hungary, pg. 1083
Gabriel, Pat, Creative Director --GCG MARKETING, Fort Worth, TX, pg. 413
Gajjar, Bhavik, Creative Director --DDB Chicago, Chicago, IL, pg. 268
Galacz, Karolina, Creative Director --DDB Budapest, Budapest, Hungary, pg. 275
Galan, Oscar, Creative Director --TBWA Espana, Barcelona, Spain, pg. 1085
Galati, Tom, Creative Director --Patients & Purpose, New York, NY, pg. 198
Galeoto, Paige, Creative Director --ESTIPONA GROUP, Reno, NV, pg. 350
Gallagher, Bryn, Creative Director --Publicis Montreal, Montreal, Canada, pg. 904
Gallagher, Mike, Creative Director --HAGER SHARP INC., Washington, DC, pg. 1526
Gallery, Meghan, Creative Director --WESTFOURTH COMMUNICATIONS, Arlington, VA, pg. 1682
Gallo, Diego Verduzco, Creative Director --Teran TBWA, Mexico, Mexico, pg. 1092
Galloway, Jon, Creative Director --CREATIVE CANNON, Amarillo, TX, pg. 240
Galvin, Justin, Creative Director --ARNOLD WORLDWIDE, Boston, MA, pg. 69
Galyapa, Vlad, Creative Director --Provid BBDO, Kiev, Ukraine, pg. 109
Gamba, Mariano, Creative Director --THE COMMUNITY, Miami, FL, pg. 223
Gamba, Mariano, Creative Director --The Community, Buenos Aires, Argentina, pg. 224
Gamble, Max, Creative Director --PLAN A ADVERTISING, Wilmington, NC, pg. 875

Gamblin, Olivier, Creative Director --Publicis Conseil, Paris, France, pg. 898
Gamer, Richard, Creative Director --MASON, INC., Bethany, CT, pg. 691
Gammon, Kevin, Creative Director --TEAK, San Francisco, CA, pg. 1094
Ganan, Ana, Creative Director --McCann Erickson S.A., Madrid, Spain, pg. 709
Gandolf, Stewart, Creative Director --HEALTHCARE SUCCESS STRATEGIES, Irvine, CA, pg. 492
Ganser, Matt, Creative Director --VSA PARTNERS, INC., Chicago, IL, pg. 1146
Garaventi, Jim, Creative Director --MECHANICA, Newburyport, MA, pg. 728
Garcia Moya, Hugo Mario, Creative Director --Ogilvy, Bogota, Colombia, pg. 820
Garcia, Abe, Creative Director --DIESTE, Dallas, TX, pg. 299
Garcia, Chad, Creative Director --Zimmerman Advertising, New York, NY, pg. 1213
Garcia, Dennis, Creative Director --AD PARTNERS INC., Tampa, FL, pg. 24
Garcia, Eric F., Creative Director --EFG CREATIVE INC., Rio Rancho, NM, pg. 332
Garcia, Mauricio, Creative Director --Wunderman, Santiago, Chile, pg. 1190
Garcia, Paco, Creative Director --TRIBAL WORLDWIDE, New York, NY, pg. 1295
Garcia, Rizza, Creative Director --Publicis JimenezBasic, Makati, Philippines, pg. 910
Garcia, Tom, Creative Director --Leo Burnett Belgium, Brussels, Belgium, pg. 624
Garcia, Yirayah, Creative Director --UWG, Dearborn, MI, pg. 1129
Gariepy, Roger, Creative Director --DentsuBos, Toronto, Canada, pg. 291
Gariepy, Roger, Creative Director --DENTSUBOS, Montreal, Canada, pg. 291
Garin, Tomas, Creative Director --BBDO Chile, Santiago, Chile, pg. 102
Garman, Mark, Creative Director --Allen & Gerritsen, Philadelphia, PA, pg. 46
Garolera, Gerard, Creative Director --RED FUSE COMMUNICATIONS, INC., New York, NY, pg. 939
Garrett, Stu, Creative Director --DOREMUS, New York, NY, pg. 316
Garschina, Rosie, Creative Director --TROLLBACK + COMPANY, New York, NY, pg. 1119
Garton, Robin, Creative Director --The&Partnership London, London, United Kingdom, pg. 56
Garvey, Chris, Creative Director --Turner Duckworth, San Francisco, CA, pg. 903
Garvey, Liz, Creative Director --FLYNN WRIGHT, Des Moines, IA, pg. 390
Garza, Manny, Creative Director --FANTICH MEDIA GROUP, McAllen, TX, pg. 361
Garza, Raul, Creative Director --TKO ADVERTISING, Austin, TX, pg. 1106
Garza, Sean, Creative Director --EISEN MANAGEMENT GROUP, Erlanger, KY, pg. 333
Gasbarro, Vincenzo, Creative Director --M&C Saatchi Milan, Milan, Italy, pg. 660
Gasper, Debi, Creative Director --THE AD AGENCY, Washington, DC, pg. 23
Gasper, Jim, Creative Director --MEYERS + PARTNERS, Chicago, IL, pg. 736
Gasque, Ken, Creative Director --GASQUE ADVERTISING, INC., West Columbia, SC, pg. 411
Gatti, Michael, Creative Director --GYK ANTLER, Manchester, NH, pg. 457
Gatto, Michael, Creative Director --PHIRE GROUP, Ann Arbor, MI, pg. 869
Gauen, Bob, Creative Director --LEINICKE GROUP, Saint Louis, MO, pg. 620
Gaumont, Damon, Creative Director --EMERGE INTERACTIVE, Portland, OR, pg. 338
Gayer, Kelly, Creative Director --ASHER AGENCY, INC., Fort Wayne, IN, pg. 73
Gayle, Alexis, Creative Director --WEST CARY GROUP, Richmond, VA, pg. 1159
Gaynes, Alex Adema, Creative Director --DDB Barcelona S.A., Barcelona, Spain, pg. 280
Gaynes, Alex Adema, Creative Director --DDB Madrid, S.A., Madrid, Spain, pg. 280
Gebara, Omar, Creative Director --Horizon FCB Kuwait, Kuwait, Kuwait, pg. 369

Gebhardt, Maximilian, Creative Director --Anomaly, London, United Kingdom, pg. 59
Gebhardt, Maximilian, Creative Director --Anomaly, London, United Kingdom, pg. 721
Gebler, James, Creative Director --CLM BBDO, Boulogne-Billancourt, France, pg. 104
Geddes, Nichole, Creative Director --TWOFIFTEENMCCANN, San Francisco, CA, pg. 1124
Geile, David, Creative Director --GEILE LEON MARKETING COMMUNICATIONS, Saint Louis, MO, pg. 414
Gel, Yavuzhan, Creative Director --Havas Worldwide Istanbul, Istanbul, Turkey, pg. 482
Gellos, John, Creative Director --CONCEPT FARM, Long Is City, NY, pg. 226
Genghi, Michele, Creative Director --Landor Associates, Milan, Italy, pg. 609
Gentile, Kevin, Creative Director --GREY GROUP, New York, NY, pg. 438
Geoffrion, Seth H., Creative Director --VRRB INTERACTIVE, Los Angeles, CA, pg. 1146
George, Angus, Creative Director --Ogilvy EMEA, London, United Kingdom, pg. 818
George, John, Creative Director --LOVIO GEORGE INC., Detroit, MI, pg. 1571
George, Jonathan, Creative Director --Wieden + Kennedy India, New Delhi, India, pg. 1166
George, Matt, Creative Director --TRACTORBEAM, Dallas, TX, pg. 1112
Georgi, Matt, Creative Director --CALDWELL VANRIPER, Indianapolis, IN, pg. 182
Georgis, Shelby, Creative Director --DDB Chicago, Chicago, IL, pg. 268
Gerchak, Andrew, Creative Director --AREA 23, New York, NY, pg. 67
Gerdts, Lori, Creative Director --IN FOOD MARKETING, Minneapolis, MN, pg. 529
Gershoni, Gil, Creative Director --GERSHONI, San Francisco, CA, pg. 417
Gheorghiu, Mihnea, Creative Director --Publicis, Bucharest, Romania, pg. 901
Gheorghiu, Mihnea, Creative Director --Publicis Italia, Milan, Italy, pg. 899
Ghosh, Ronojoy, Creative Director --Grey Group Malaysia, Kuala Lumpur, Malaysia, pg. 447
Ghosh, Ronojoy, Creative Director --whiteGREY, Cremorne, Australia, pg. 445
Gianesi, Edgard, Creative Director --DAVID, Sao Paulo, Brazil, pg. 261
Gibbons, Anne Peck, Creative Director --GIBBONS/PECK MARKETING COMMUNICATION, Greenville, SC, pg. 419
Giberti, Jim, Creative Director --THE IMAGINATION COMPANY, Bethel, VT, pg. 525
Gibson, Dan, Creative Director --ARCHRIVAL, Lincoln, NE, pg. 66
Gibson, John, Creative Director --SIGNAL INC., Raleigh, NC, pg. 1012
Gibson, Shane, Creative Director --M&C Saatchi, Sydney, Australia, pg. 661
Gigliotti, Antonio, Creative Director --Saatchi & Saatchi Healthcare, Milan, Italy, pg. 978
Gilbert, Leigh, Creative Director --TBWA\London, London, United Kingdom, pg. 1086
Gile, Rodney, Creative Director --ELLINGSEN BRADY ADVERTISING (EBA), Milwaukee, WI, pg. 337
Giles, Dave, Creative Director --THE BAM CONNECTION, Brooklyn, NY, pg. 86
Gill, Brian, Creative Director --SID LEE, Montreal, Canada, pg. 1010
Gill, Slade, Creative Director --SAATCHI & SAATCHI, New York, NY, pg. 975
Gilliam, Frank, Creative Director --SWANSON R, Richmond, VA, pg. 1064
Gillingham, Andrew, Creative Director --AGENCY59, Toronto, Canada, pg. 39
Gillingham, Andrew, Creative Director --Agency59 Response, Toronto, Canada, pg. 40
Gillispie, Zebbie, Creative Director --SCOUT MARKETING, Atlanta, GA, pg. 998
Gilman, Chris, Creative Director --Alcone Marketing Group, Wilton, CT, pg. 1395
Gilmore, Gary, Creative Director --ACCESS ADVERTISING + PR, Roanoke, VA, pg. 19
Gilmore, Matt, Creative Director --Possible, Seattle, WA, pg. 1189
Gilmore, Matt, Creative Director --Possible, Seattle, WA, pg. 1181

RESPONSIBILITIES INDEX — AGENCIES

Ginger, Frank, Creative Director --Adam & EveDDB, London, United Kingdom, pg. 281
Giraldo, Lukas Calderon, Creative Director --Leo Burnett Colombia, S.A., Bogota, Colombia, pg. 623
Giraldo, Miguel, Creative Director --El Taier DDB, Guatemala, Guatemala, pg. 274
Girard, Brock, Creative Director --WILLIAMS/CRAWFORD & ASSOCIATES, Fort Smith, AR, pg. 1168
Girard, Mike, Creative Director --PEARL BRANDS, Fort Myers, FL, pg. 861
Girouard, Bill, Creative Director --ARNOLD WORLDWIDE, Boston, MA, pg. 69
Giuggio, Elizabeth, Creative Director --GENUINE INTERACTIVE, Boston, MA, pg. 414
Giunta, George, Creative Director --OGILVY COMMONHEALTH WORLDWIDE, Parsippany, NJ, pg. 832
Glarner, Matt, Creative Director --NEW HONOR SOCIETY, Saint Louis, MO, pg. 791
Glaviano, Gregg, Creative Director --GRAFIK MARKETING COMMUNICATIONS, Alexandria, VA, pg. 431
Glazier, Nick, Creative Director --TRO, Isleworth, United Kingdom, pg. 307
Glenn, Stephen, Creative Director --Publicis UK, London, United Kingdom, pg. 902
Gley, Ove, Creative Director --Heimat Werbeagentur GmbH, Berlin, Germany, pg. 1082
Glinsek, Petra, Creative Director --Grey Ljubljana d.o.o., Ljubljana, Slovenia, pg. 442
Glover, Carol, Creative Director --THE BALCOM AGENCY, Fort Worth, TX, pg. 85
Gnass, Camron, Creative Director --TRACTION, Lansing, MI, pg. 1112
Gnocchi, Massimo, Creative Director --B Fluid, Milan, Italy, pg. 1083
Godenzi, Cesar, Creative Director --Circus Grey, Lima, Peru, pg. 444
Godzik, Tony, Creative Director --PHIRE GROUP, Ann Arbor, MI, pg. 869
Goffredo, Gabriele, Creative Director --DDB S.r.L. Advertising, Milan, Italy, pg. 276
Goger, Jillian, Creative Director --Mekanism, New York, NY, pg. 730
Goger, Jillian, Creative Director --MEKANISM, San Francisco, CA, pg. 729
Gogu, Manuela, Creative Director --MullenLowe Romania, Bucharest, Romania, pg. 777
Goh, Jia Ying, Creative Director --Publicis Singapore, Singapore, pg. 911
Goh, Ray, Creative Director --Hakuhodo Malaysia Sdn. Bhd., Kuala Lumpur, Malaysia, pg. 463
Gohel, Suketu, Creative Director --Ogilvy, Hyderabad, India, pg. 824
Gola, Andre, Creative Director --Almap BBDO, Sao Paulo, Brazil, pg. 101
Golden, Patrick, Creative Director --BURDETTE KETCHUM, Jacksonville, FL, pg. 173
Goldman, Bruce, Creative Director --BRIGHT ORANGE ADVERTISING, Pittsburgh, PA, pg. 163
Goldsmith, Sara, Creative Director --HILL HOLLIDAY, Boston, MA, pg. 500
Goldstein, Ritchie, Creative Director --YOUNG & RUBICAM, New York, NY, pg. 1197
Gollner, Liz, Creative Director --MAXX MARKETING, Chicago, IL, pg. 696
Gomberg, Neal, Creative Director --Zimmerman Advertising, Downers Grove, IL, pg. 1213
Gomez, Juan, Creative Director --McCann Erickson Corp. S.A., Bogota, Colombia, pg. 702
Gomez, Juan Pablo, Creative Director --THE TERRI & SANDY SOLUTION, New York, NY, pg. 1097
Gomez, Maeca, Creative Director --AJL Park, Caracas, Venezuela, pg. 372
Gomez, Noel, Creative Director --CIRCUS MARKETING, Santa Monica, CA, pg. 208
Gomez, Victor, Creative Director --McCann Erickson S.A., Madrid, Spain, pg. 709
Gondim, Lucas Sousa, Creative Director --Grey Chile, Santiago, Chile, pg. 443
Goni, Arturo, Creative Director --YOUNG & RUBICAM, New York, NY, pg. 1197
Gonzaga, Rafael, Creative Director --Grey, Sao Paulo, Brazil, pg. 443
Gonzalez, Daniel, Creative Director --McCann Erickson Corp. S.A., Bogota, Colombia, pg. 702
Gonzalez, Gustavo, Creative Director --Grey Mexico, S.A. de C.V, Mexico, Mexico, pg. 444
Gonzalez, Jimmy, Creative Director --WAX CUSTOM COMMUNICATIONS, Miami, FL, pg. 1154
Gonzalez, Michael, Creative Director --EL CREATIVE, INC., Dallas, TX, pg. 334
Gonzalez, Sebastian Benitez, Creative Director --Grey: REP, Bogota, Colombia, pg. 444
Goode, Corinne, Creative Director --BBDO San Francisco, San Francisco, CA, pg. 99
Gooding, Martyn, Creative Director --Jack Morton Worldwide, London, United Kingdom, pg. 568
Goodness, Terri, Creative Director --THE GOODNESS COMPANY, Wisconsin Rapids, WI, pg. 429
Goodwin, Jodee, Creative Director --THE CREATIVE ALLIANCE, INC., Lafayette, CO, pg. 239
Goorvich, Jonathan, Creative Director --STARCOM, Chicago, IL, pg. 1370
Gopal, Ashwin, Creative Director --TBWA Auckland, Auckland, New Zealand, pg. 1091
Gora, Angela, Creative Director --GORA COMMUNICATIONS, Stonington, CT, pg. 429
Goran, Jill, Creative Director --Brierley & Partners, Sherman Oaks, CA, pg. 1186
Goran, Jill, Creative Director --Brierley & Partners, Sherman Oaks, CA, pg. 162
Goran, Jill, Creative Director --BRIERLEY & PARTNERS, Plano, TX, pg. 162
Gordaychik, Kelly, Creative Director --FATHOM COMMUNICATIONS, New York, NY, pg. 363
Gordhan, Suhana, Creative Director --FCB Johannesburg, Johannesburg, South Africa, pg. 375
Gordon, Dave, Creative Director --FITZGERALD & CO, Atlanta, GA, pg. 386
Gordon, Grant, Creative Director --KEY GORDON COMMUNICATIONS, Toronto, Canada, pg. 593
Gordon, Jeff, Creative Director --ANTIDOTE 71, Sioux City, IA, pg. 62
Gordon, Stephen, Creative Director --Rapp London, London, United Kingdom, pg. 932
Gorman, Jon, Creative Director --Buck NY, New York, NY, pg. 171
Grace, Brad, Creative Director --SPEAK, Hillsboro, OR, pg. 1033
Graham, Travis, Creative Director --TACO TRUCK CREATIVE, Carlsbad, CA, pg. 1069
Graham, Tristan, Creative Director --GOODBY, SILVERSTEIN & PARTNERS, San Francisco, CA, pg. 428
Grais, Ian, Creative Director --Rethink, Toronto, Canada, pg. 951
Grandese, Matteo, Creative Director --M&C Saatchi Milan, Milan, Italy, pg. 660
Grasser, Martin, Creative Director --MUST BE SOMETHING INC, Portland, OR, pg. 780
Graves, Thom, Creative Director --PIXACORE, New York, NY, pg. 874
Gray, Daniel, Creative Director --DAILEY & ASSOCIATES, West Hollywood, CA, pg. 258
Gray, Michael, Creative Director --G&G ADVERTISING, INC., Billings, MT, pg. 406
Greco, Rodrigo, Creative Director --THE COMMUNITY, Miami, FL, pg. 223
Greco, Rodrigo, Creative Director --The Community, Buenos Aires, Argentina, pg. 224
Green, Jim, Creative Director --THE LOOMIS AGENCY, Dallas, TX, pg. 651
Green, Josh, Creative Director --Octagon, London, United Kingdom, pg. 807
Greene, Linda, Creative Director --CHILLINGWORTH/RADDING INC., New York, NY, pg. 207
Greenlaw, Liam, Creative Director --WASSERMAN & PARTNERS ADVERTISING INC., Vancouver, Canada, pg. 1153
Greenstein, Joey, Creative Director --JK DESIGN, Hillsborough, NJ, pg. 576
Greenstein, Lara, Creative Director --JUICE GROUP, Vancouver, Canada, pg. 584
Greer, Taylor, Creative Director --OPANCO, LLC, Dallas, TX, pg. 1278
Gregor, Jean-Pierre, Creative Director --Saatchi & Saatchi, Frankfurt am Main, Germany, pg. 977
Gregory, Dan, Creative Director --Havas People Birmingham, Birmingham, United Kingdom, pg. 483
Gregory, Dan, Creative Director --Havas People London, London, United Kingdom, pg. 483
Gregory, John, Creative Director --IMG COLLEGE, Winston Salem, NC, pg. 527
Gregory, Mitch, Creative Director --PROMEDIA GROUP, New Albany, IN, pg. 893
Greteman, Sonia, Creative Director --GRETEMAN GROUP, Wichita, KS, pg. 437
Grider, Jon, Creative Director --NONBOX, Hales Corners, WI, pg. 797
Grieves, Mark, Creative Director --Fahlgren Mortine (Dayton), Beavercreek, OH, pg. 358
Griff, Bob, Creative Director --GRIFF/SMC, INC. MEDICAL MARKETING COMMUNICATIONS, Boulder, CO, pg. 449
Griffin, Shane, Creative Director --LOS YORK, Santa Monica, CA, pg. 652
Grignon, Paul, Creative Director --MANDALA, Bend, OR, pg. 674
Grimald, Axel, Creative Director --Ogilvy (Singapore) Pvt. Ltd., Singapore, Singapore, pg. 827
Grimberg, Joseph, Creative Director --OFFICE OF EXPERIENCE, Chicago, IL, pg. 1277
Groenweghe, Marisa, Creative Director --FCB Chicago, Chicago, IL, pg. 364
Groglio, Kelly, Creative Director --MUNGO CREATIVE GROUP, New York, NY, pg. 779
Grossman, Alex, Creative Director --THE SAGE GROUP, San Francisco, CA, pg. 987
Grossman, Emily, Creative Director --INK PUBLIC RELATIONS, Austin, TX, pg. 1542
Groves, Adam, Creative Director --GIANT SPOON, Los Angeles, CA, pg. 418
Groves, Paul, Creative Director --W & Cie, Boulogne-Billancourt, France, pg. 473
Grummun, Kyle, Creative Director --TRACYLOCKE, Dallas, TX, pg. 1113
Grzelewska, Kinga, Creative Director --MullenLowe Warsaw, Warsaw, Poland, pg. 778
Gschwend, Charlie, Creative Director --Wieden + Kennedy Japan, Tokyo, Japan, pg. 1166
Gubbels, Sharim, Creative Director --Publicis Singapore, Singapore, pg. 911
Guberman, Dario, Creative Director --Vinizius/Y&R, Barcelona, Spain, pg. 1203
Gude, Julian Seery, Creative Director --EXCELER8, West Palm Beach, FL, pg. 355
Guedes, Carlos, Creative Director --Mirum Australia, Sydney, Australia, pg. 1273
Guemes, Javier, Creative Director --LA AGENCIA DE ORCI & ASOCIADOS, Santa Monica, CA, pg. 606
Guenther, Andon, Creative Director --ANDON GUENTHER DESIGN LLC, Denver, CO, pg. 58
Guenther, Jd, Creative Director --BRIGHTON AGENCY, INC., Saint Louis, MO, pg. 164
Guerboyan, Hovsep, Creative Director --Impact BBDO, Beirut, Lebanon, pg. 106
Guerci, Massimo, Creative Director --Publicis Italia, Milan, Italy, pg. 899
Guerci, Massimo, Creative Director --Publicis Networks, Milan, Italy, pg. 900
Guerry, Peter, Creative Director --BECKER GUERRY, Middletown, NJ, pg. 119
Guglielmo, Rich, Creative Director --PHASE 3 MARKETING & COMMUNICATIONS, Atlanta, GA, pg. 867
Guglielmo, Rich, Creative Director --THE REYNOLDS GROUP, Atlanta, GA, pg. 954
Guidry, Joel, Creative Director --VITRO, San Diego, CA, pg. 1141
Guler, Hande, Creative Director --Edelman, Munich, Germany, pg. 1495
Guney, Mehmet, Creative Director --Y&R Turkey, Istanbul, Turkey, pg. 1204
Gunji, On, Creative Director --DENTSU INC., Tokyo, Japan, pg. 289
Gunn, Greg, Creative Director --BLIND, Santa Monica, CA, pg. 136
Gupta, Ira, Creative Director --BBH Mumbai, Mumbai, India, pg. 93
Gurney, Lisa, Creative Director --DION MARKETING COMPANY, Jacksonville, FL, pg. 303
Gurnow, Karrie, Creative Director --TRUTH COLLECTIVE LLC, Rochester, NY, pg. 1120
Gustafson, Mike, Creative Director --FIFTY EIGHT ADVERTISING LLC, Atlanta, GA, pg. 379
Gustafsson, Anders, Creative Director --ARGONAUT INC., San Francisco, CA, pg. 67
Gustin, Kevin, Creative Director --MEANS ADVERTISING, Birmingham, AL, pg. 725
Gutierrez, Aste, Creative Director --TBWA\Chiat\Day Los Angeles, Los Angeles, CA, pg. 1077
Gutierrez, Kike, Creative Director --Publicis Indonesia, Jakarta, Indonesia, pg. 910
Gutierrez, Miriam, Creative Director --Saatchi & Saatchi, Madrid,

AGENCIES — RESPONSIBILITIES INDEX

Spain, pg. 979
Gutman, Ken, Creative Director --Havas - San Francisco, San Francisco, CA, pg. 476
Guttmann, Amy, Creative Director --SE2, Denver, CO, pg. 1643
Guyon, Sophie, Creative Director --TBWA Paris, Boulogne-Billancourt, France, pg. 1081
Guzman, Alvaro, Creative Director --DDB Barcelona S.A., Barcelona, Spain, pg. 280
Guzman, Alvaro, Creative Director --DDB Madrid, S.A., Madrid, Spain, pg. 280
Gygi, Paul, Creative Director --Haygarth Group, London, United Kingdom, pg. 931
Haas, Gary, Creative Director --PLATYPUS ADVERTISING + DESIGN, Pewaukee, WI, pg. 877
Haas, Nick, Creative Director --PWC DIGITAL SERVICES, New York, NY, pg. 1283
Hackett, Paul, Creative Director --REVIVEHEALTH, Nashville, TN, pg. 952
Hackett, Thomas, Creative Director --DEVRIES GLOBAL, New York, NY, pg. 1484
Hackforth-Jones, George, Creative Director --Abbott Mead Vickers BBDO, London, United Kingdom, pg. 109
Hackler, Jonathan, Creative Director --APPLE ROCK, Greensboro, NC, pg. 1396
Hackney, Spence, Creative Director --PROCLAIM INTERACTIVE, Wilmington, NC, pg. 1282
Hadem, Juliane, Creative Director --OGILVY, New York, NY, pg. 809
Hadfield, Paul, Creative Director --Havas People Manchester, Manchester, United Kingdom, pg. 483
Haegele, Ford, Creative Director --THE KARMA AGENCY, Philadelphia, PA, pg. 1551
Hagopian, Christina, Creative Director --HAGOPIAN INK, New York, NY, pg. 1259
Hagos, Michael, Creative Director --INTERESTING DEVELOPMENT, New York, NY, pg. 538
Haguiara, Luciana, Creative Director --Almap BBDO, Sao Paulo, Brazil, pg. 101
Hahn, Peter, Creative Director --Finn Partners, Washington, DC, pg. 382
Hahn, Steve, Creative Director --Ogilvy, Chicago, IL, pg. 811
Haider, Ammar, Creative Director --J. Walter Thompson, Karachi, Pakistan, pg. 558
Haines, Ben, Creative Director --IMAGINE THIS, INC., Irvine, CA, pg. 526
Hakim, Yogi, Creative Director --KAMP GRIZZLY, Portland, OR, pg. 586
Halas, Chris, Creative Director --Commonwealth, Detroit, MI, pg. 698
Hale, Edward, Creative Director --GLOBE RUNNER, Addison, TX, pg. 423
Hales, Stephen A., Creative Director --STEPHEN HALES CREATIVE INC, Provo, UT, pg. 1047
Halim, Firman, Creative Director --MullenLowe Indonesia, Jakarta, Indonesia, pg. 774
Hall, Andrew, Creative Director --KLUNK & MILLAN ADVERTISING INC., Allentown, PA, pg. 599
Hall, Terri, Creative Director --DOUBLETAKE STUDIOS, INC., Tampa, FL, pg. 318
Hall-Lewis, Suzanne, Creative Director --HSC MARKETING, Dallas, TX, pg. 510
Halliday, John, Creative Director --VENTURE COMMUNICATIONS LTD., Calgary, Canada, pg. 1133
Hallsten, Magnus, Creative Director --BBH Stockholm, Stockholm, Sweden, pg. 94
Halvorsen, Mike, Creative Director --PureRED/Ferrara, Tucker, GA, pg. 918
Hambly, Beth, Creative Director --GLOBAL TEAM BLUE, Dearborn, MI, pg. 423
Hamdalla, Ahmed, Creative Director --J. Walter Thompson Cairo, Cairo, Egypt, pg. 562
Hamid, Mehr, Creative Director --J. Walter Thompson, Karachi, Pakistan, pg. 558
Hamill, Patrick, Creative Director --BBDO Dublin, Dublin, Ireland, pg. 105
Hammarberg, Markus, Creative Director --STOCKHOLM DESIGN, Studio City, CA, pg. 1050
Hammer, Ariel, Creative Director --PWC DIGITAL SERVICES, New York, NY, pg. 1283
Hammond, Kevin, Creative Director --20NINE DESIGN STUDIOS LLC, Conshohocken, PA, pg. 3
Hampton, Brandon, Creative Director --Moxie, Pittsburgh, PA, pg. 1275
Hancock, Rupert, Creative Director --Ogilvy New Zealand, Auckland,

New Zealand, pg. 826
Hand, Becca, Creative Director --PARADIGM MARKETING & CREATIVE, Memphis, TN, pg. 852
Hanig, Amanda, Creative Director --STUN CREATIVE, Los Angeles, CA, pg. 1057
Hanley, Mike, Creative Director --BBDO Atlanta, Atlanta, GA, pg. 98
Hanlon, Christopher, Creative Director --HANLON CREATIVE, Kulpsville, PA, pg. 465
Hannasch, Heather, Creative Director --IW GROUP, INC., West Hollywood, CA, pg. 551
Hansen, Amy, Creative Director --HCB HEALTH, Austin, TX, pg. 490
Hansen, Amy, Creative Director --HCB HEALTH CHICAGO, Chicago, IL, pg. 490
Hansen, Hans, Creative Director --SOLVE, Minneapolis, MN, pg. 1028
Hansen, Krista, Creative Director --GMR MARKETING LLC, New Berlin, WI, pg. 1403
Hanthorn, Steve, Creative Director --WARREN DOUGLAS, Fort Worth, TX, pg. 1152
Hanzlicek, Jakub, Creative Director --Mark BBDO, Prague, Czech Republic, pg. 104
Hao, Dong, Creative Director --Wieden + Kennedy, Shanghai, China, pg. 1166
Hara, Josh, Creative Director --IBM iX, Columbus, OH, pg. 518
Harari, Sandi, Creative Director --BARKER, New York, NY, pg. 89
Hardcastle, Tony, Creative Director --MullenLowe London, London, United Kingdom, pg. 775
Hardy, Chips, Creative Director --J. Walter Thompson, London, United Kingdom, pg. 562
Harkins, Tim, Creative Director --HOOK STUDIOS LLC, Ann Arbor, MI, pg. 1260
Harman-Turner, Kyle, Creative Director --MOTHER LTD., London, United Kingdom, pg. 762
Harris, Brian, Creative Director --BRADLEY & MONTGOMERY ADVERTISING, Indianapolis, IN, pg. 152
Harris, Jeff, Creative Director --TRACK, Auckland, New Zealand, pg. 837
Harris, Justin, Creative Director --THE MARTIN AGENCY, Richmond, VA, pg. 687
Harris, Laurel, Creative Director --STELLARHEAD, Brooklyn, NY, pg. 1046
Harris, Lindsey, Creative Director --MJD INTERACTIVE AGENCY, San Diego, CA, pg. 1273
Harris, Matt Lane, Creative Director --BIG COMMUNICATIONS, INC., Birmingham, AL, pg. 128
Harris, Pat, Creative Director --LHWH ADVERTISING & PUBLIC RELATIONS, Myrtle Beach, SC, pg. 639
Harrison, Jason, Creative Director --FREESTYLE MARKETING GROUP, Salt Lake City, UT, pg. 398
Harrison, Steve, Creative Director --FALK HARRISON, Saint Louis, MO, pg. 359
Harry, Roy, Creative Director --MEDIA II, INC., Northfield, OH, pg. 726
Hart, Adam, Creative Director --THE BECKET AGENCY, Charleston, SC, pg. 1447
Hart, Kevin, Creative Director --HB/Eric Mower + Associates, Newton, MA, pg. 348
Harth, Kelly, Creative Director --Flint Interactive, Duluth, MN, pg. 388
Hartman, Chace, Creative Director --Pereira & O'Dell, New York, NY, pg. 863
Hartmann, Patrik, Creative Director --FCB Hamburg, Hamburg, Germany, pg. 366
Hartnady, Kean, Creative Director --Ogilvy South Africa (Pty.) Ltd., Johannesburg, South Africa, pg. 829
Harvey, Ruth, Creative Director --HOT DISH ADVERTISING, Minneapolis, MN, pg. 509
Harvey, Todd, Creative Director --MISSION MEDIA, LLC., Baltimore, MD, pg. 747
Hary, Peter, Creative Director --QUINN & HARY MARKETING, New London, CT, pg. 924
Hashiguchi, Yukio, Creative Director --DENTSU INC., Tokyo, Japan, pg. 289
Hashimoto, Reietsu, Creative Director --DENTSU INC., Tokyo, Japan, pg. 289
Hashimoto, Takeshi, Creative Director --I&S BBDO Inc., Tokyo, Japan, pg. 113
Haskell, Chip, Creative Director --LOVE COMMUNICATIONS, Salt Lake City, UT, pg. 653
Hasson, Kai, Creative Director --PORTAL A LIMITED, San Francisco, CA, pg. 1280
Hatch, Sheila, Creative Director --DECCA DESIGN, San Jose, CA,

pg. 284
Haus, Laila, Creative Director --PHOENIX GROUP, Regina, Canada, pg. 869
Hausfeld, Jim, Creative Director --THE OHLMANN GROUP, Dayton, OH, pg. 834
Hausman, David, Creative Director --Carre Noir, Suresnes, France, pg. 898
Hawkins, Greg, Creative Director --Havas - San Francisco, San Francisco, CA, pg. 476
Hawkins, Joe, Creative Director --J. Walter Thompson, Sydney, Australia, pg. 554
Hawkins, Luke, Creative Director --Ogilvy Sydney, Saint Leonards, Australia, pg. 821
Hawley, Kristina, Creative Director --THE MANAHAN GROUP, Charleston, WV, pg. 674
Hayashi, Jiro, Creative Director --Dentsu Y&R Japan, Tokyo, Japan, pg. 1199
Hayek, Joyce, Creative Director --REBUILD GROUP, Detroit, MI, pg. 938
Hayes, Brian, Creative Director --MMB, Boston, MA, pg. 750
Hazelton, Les, Creative Director --NEMER FIEGER, Minneapolis, MN, pg. 788
Heath, Ted, Creative Director --Adam & EveDDB, London, United Kingdom, pg. 281
Heather, Suki, Creative Director --AKQA, Inc., London, United Kingdom, pg. 1234
Heatherly, Jason, Creative Director --FIREHOUSE, INC., Dallas, TX, pg. 1402
Heaton, James, Creative Director --TRONVIG GROUP, Brooklyn, NY, pg. 1119
Heck, Lucas, Creative Director --J. WALTER THOMPSON ATLANTA, Atlanta, GA, pg. 564
Hedgecoth, Mason, Creative Director --EP+CO, Greenville, SC, pg. 343
Heid, Pete, Creative Director --Edelman, Atlanta, GA, pg. 1492
Heidle, Eric, Creative Director --BANIK COMMUNICATIONS, Great Falls, MT, pg. 87
Heil, Sharon, Creative Director --SIMPLE TRUTH COMMUNICATION PARTNERS, Chicago, IL, pg. 1015
Heiss, Flo, Creative Director --Wieden + Kennedy, London, United Kingdom, pg. 1165
Heitzman, Tim, Creative Director --VOXUS INC., Tacoma, WA, pg. 1146
Helfman, Jonathan, Creative Director --EXIT10, Baltimore, MD, pg. 355
Hellens, Candice, Creative Director --FCB New York, New York, NY, pg. 365
Heller, Christopher, Creative Director --HELIUM CREATIVE, Fort Lauderdale, FL, pg. 494
Hellevik, Mark, Creative Director --PERISCOPE, Minneapolis, MN, pg. 864
Henderson, Jennifer, Creative Director --THE HENKER GROUP, LLC., Easton, MD, pg. 496
Hennelly, Susan Schneider, Creative Director --MASTERMINDS, Egg Harbor Township, NJ, pg. 692
Henriques, Anthony, Creative Director --MERGE BOSTON, Boston, MA, pg. 731
Henriques, Rod, Creative Director --BBDO Dusseldorf, Dusseldorf, Germany, pg. 105
Henry, Stephen, Creative Director --BRANDNER COMMUNICATIONS, INC., Federal Way, WA, pg. 157
Henson, Chris, Creative Director --ACCESS ADVERTISING + PR, Roanoke, VA, pg. 19
Henson, Phil, Creative Director --SOMETHING MASSIVE, Los Angeles, CA, pg. 1291
Henthorne, David, Creative Director --RON FOTH ADVERTISING, Columbus, OH, pg. 967
Hepler, Alexandra, Creative Director --HIGHER IMAGES INC., Bridgeville, PA, pg. 499
Hepton, Simon, Creative Director --McCann Erickson Advertising Ltd., London, United Kingdom, pg. 711
Herazo, Julio, Creative Director --Ogilvy, Cali, Colombia, pg. 820
Herazo, Julio, Creative Director --Ogilvy, Bogota, Colombia, pg. 820
Herczeg, Alfred, Creative Director --A TO Z COMMUNICATIONS, INC, Pittsburgh, PA, pg. 15
Herman, Lauren, Creative Director --HILL HOLLIDAY/NEW YORK, New York, NY, pg. 501
Hernandez, Holmes, Creative Director --GODIVERSITY, New York, NY, pg. 427
Hernandez, Jose Ariel, Creative Director --Sancho BBDO, Bogota, Colombia, pg. 102
Hernandez, Nacho, Creative Director --Grey Madrid, Madrid, Spain, pg. 442

RESPONSIBILITIES INDEX — AGENCIES

Hernandez, Rodolfo, Creative Director --ELEVATION, Washington, DC, pg. 336

Hernandez, Tommy, Creative Director --BREADNBUTTER, Seattle, WA, pg. 1243

Hernmarck, Marie, Creative Director --Grey Gothenburg, Gothenburg, Sweden, pg. 1182

Herr, Matt, Creative Director --ANOMALY, New York, NY, pg. 59

Herrmann, Matt, Creative Director --BVK-Fort Myers, Fort Myers, FL, pg. 179

Hershey, Douglas, Creative Director --SCHEFFEY INC, Lancaster, PA, pg. 995

Herzer, Brant, Creative Director --Young & Rubicam Midwest, Chicago, IL, pg. 1199

Herzog, David, Creative Director --NIFTIC AGENCY, Washington, DC, pg. 794

Hess, Chris, Creative Director --MONDO ROBOT, Boulder, CO, pg. 755

Hesse, Sabina, Creative Director --CP+B LA, Santa Monica, CA, pg. 235

Heuss, Caspar, Creative Director --Wirz Werbung AG, Zurich, Switzerland, pg. 109

Hewitt, Victor, Creative Director --MORONEY & GILL, INC., New York, NY, pg. 760

Heyes, Peter, Creative Director --Leo Burnett London, London, United Kingdom, pg. 627

Higdon, David, Creative Director --RED7E, Louisville, KY, pg. 942

Higgin, Mark, Creative Director --M3 GROUP, Lansing, MI, pg. 665

Higgins, Jerry, Creative Director --CORE CREATIVE, INC., Milwaukee, WI, pg. 231

Higgins, Sam, Creative Director --Havas Worldwide-Strat Farm, New York, NY, pg. 477

Higley, John, Creative Director --HIGLEY DESIGN, Ashland, OR, pg. 500

Hillman, Erika Wolfel, Creative Director --Energy BBDO, Chicago, IL, pg. 100

Hines, Eric, Creative Director --AMELIE COMPANY, Denver, CO, pg. 51

Hines, Erwin, Creative Director --BASIC AGENCY, San Diego, CA, pg. 95

Hines, Robin, Creative Director --ROMPH & POU AGENCY, Shreveport, LA, pg. 967

Hipsz, Peter, Creative Director --EFK GROUP, Trenton, NJ, pg. 332

Hirabayashi, Jan, Creative Director --BROADBASED COMMUNICATIONS INC., Jacksonville, FL, pg. 165

Hirby, Ben, Creative Director --PLANET PROPAGANDA, INC., Madison, WI, pg. 876

Hirsley, Quentin, Creative Director --mcgarrybowen, Chicago, IL, pg. 718

Hisle, Chip, Creative Director --CARBON8, Denver, CO, pg. 188

Hite, Karen, Creative Director --HILL HOLLIDAY, Boston, MA, pg. 500

Hitner, Zach, Creative Director --HAIL CREATIVE, Seattle, WA, pg. 461

Hix, Laurie, Creative Director --BROGAN & PARTNERS CONVERGENCE MARKETING, Birmingham, MI, pg. 166

Hlavinka, Dean, Creative Director --31,000 FT, Addison, TX, pg. 6

Ho, Adrian, Creative Director --McCann Erickson (Malaysia) Sdn. Bhd., Kuala Lumpur, Malaysia, pg. 706

Ho, Clara, Creative Director --BBDO Hong Kong, Taikoo Shing, China (Hong Kong), pg. 112

Ho, Kurt, Creative Director --CRESCENDO, San Ramon, CA, pg. 247

Ho, Pei Ling, Creative Director --Publicis Singapore, Singapore, Singapore, pg. 911

Hodgkins, Leland, Creative Director --CHONG & KOSTER, Washington, DC, pg. 1245

Hodgkiss, Chris, Creative Director --Y&R London, London, United Kingdom, pg. 1204

Hoenderboom, Pol, Creative Director --BBDO WORLDWIDE INC., New York, NY, pg. 97

Hoffman, Camila, Creative Director --HUE STUDIOS, Binghamton, NY, pg. 512

Hoflich, Daryl, Creative Director --PORCARO COMMUNICATIONS, Anchorage, AK, pg. 883

Hogan, William, Creative Director --IMAGE ASSOCIATES LLC, Charleston, WV, pg. 524

Hogsett, Keli, Creative Director --R/GA, Austin, TX, pg. 927

Hohn, Jen, Creative Director --Vladimir Jones, Denver, CO, pg. 1142

Hola, Lorena, Creative Director --Dittborn & Unzueta MRM, Santiago, Chile, pg. 768

Holbrook, Phil, Creative Director --BARTLE BOGLE HEGARTY LIMITED, London, United Kingdom, pg. 92

Holden, James, Creative Director --SANDBOX CHICAGO, Chicago, IL, pg. 989

Holland, Jacqueline, Creative Director --HATCH MARKETING, Boston, MA, pg. 471

Holman, Vic, Creative Director --QUINN GROUP, Spokane, WA, pg. 924

Holme, Mark, Creative Director --HILL & PARTNERS INCORPORATED, East Weymouth, MA, pg. 500

Holmes, Jeff, Creative Director --3MARKETEERS ADVERTISING, INC., San Jose, CA, pg. 8

Holmes, Richard, Creative Director --mcgarrybowen, London, United Kingdom, pg. 717

Holmgren, Dan, Creative Director --IMAGEMAKERS INC., Wamego, KS, pg. 524

Holt, Shandra, Creative Director --MANZELLA MARKETING GROUP, Bowmansville, NY, pg. 676

Holtby, Joel, Creative Director --RETHINK, Vancouver, Canada, pg. 951

Holtof, Bout, Creative Director --TBWA Brussels, Brussels, Belgium, pg. 1080

Holtz, Estefanio, Creative Director --PEREIRA & O'DELL, San Francisco, CA, pg. 863

Holub, Sherry, Creative Director --JV MEDIA DESIGN, Roseburg, OR, pg. 585

Honda, Masaki, Creative Director --I&S BBDO Inc., Tokyo, Japan, pg. 113

Honey, Ryan, Creative Director --BUCK LA, Los Angeles, CA, pg. 171

Honeywell, Ken, Creative Director --WELL DONE MARKETING, Indianapolis, IN, pg. 1158

Hong, Devon Tsz-Kin, Creative Director --72andSunny, Brooklyn, NY, pg. 12

Hood, Jeffrey, Creative Director --TASTE ADVERTISING, BRANDING & PACKAGING, Palm Desert, CA, pg. 1074

Hoong, Yeoh Oon, Creative Director --McCann Erickson (Malaysia) Sdn. Bhd., Kuala Lumpur, Malaysia, pg. 706

Hooper, Marta, Creative Director --TREVOR PETER COMMUNICATIONS LTD, Toronto, Canada, pg. 1115

Hooven, Daniel, Creative Director --SPENCER ADVERTISING AND MARKETING, Mountville, PA, pg. 1033

Hopkins, Greg, Creative Director --CHOPS ADVERTISING, LLC, Murfreesboro, TN, pg. 207

Hopman, Bruce, Creative Director --AMERICAN ROGUE, Santa Monica, CA, pg. 52

Hoppe, Enrico, Creative Director --Heimat Werbeagentur GmbH, Berlin, Germany, pg. 1082

Hopson, Brian, Creative Director --BRIGHTON AGENCY, INC., Saint Louis, MO, pg. 164

Hor, Yew Pong, Creative Director --BBDO Malaysia, Kuala Lumpur, Malaysia, pg. 113

Horak, Markus, Creative Director --ACCENTURE INTERACTIVE, New York, NY, pg. 1232

Horn, Glenn, Creative Director --CHAPPELLROBERTS, Tampa, FL, pg. 202

Horowitz, Daivd, Creative Director --MEKANISM, San Francisco, CA, pg. 729

Horton, Dave, Creative Director --WOLFGANG LOS ANGELES, Venice, CA, pg. 1174

Horton, Nathan, Creative Director --RAMSEY MEDIAWORKS LLC, Joplin, MO, pg. 930

Hose, Frank, Creative Director --Heimat Werbeagentur GmbH, Berlin, Germany, pg. 1082

Hoskins, Tom, Creative Director --Havas Worldwide Sydney, Sydney, Australia, pg. 485

Hossain, Mohammad Akrum, Creative Director --Grey Bangladesh Ltd., Dhaka, Bangladesh, pg. 445

Hove, Clay, Creative Director --KK BOLD, Bismarck, ND, pg. 597

Howard, Aaron, Creative Director --Havas London, London, United Kingdom, pg. 482

Howard, Aaron, Creative Director --Helia, London, United Kingdom, pg. 473

Howard, Aaron, Creative Director --Helia, London, United Kingdom, pg. 484

Howe, A.J., Creative Director --Specialist, Bristol, United Kingdom, pg. 837

Howe, Richard, Creative Director --ART MACHINE, Hollywood, CA, pg. 71

Howell, Kathy Erp, Creative Director --ARTICULON MCKEEMAN, Raleigh, NC, pg. 1435

Howells, John, Creative Director --SITUATION INTERACTIVE, New York, NY, pg. 1017

Howlett, Charlie, Creative Director --SCHAEFER ADVERTISING CO., Fort Worth, TX, pg. 994

Hoxley, James, Creative Director --LIVE & BREATHE, London, United Kingdom, pg. 646

Hoyle, James, Creative Director --Manning Selvage & Lee London, London, United Kingdom, pg. 1589

Hoyuela, Ashley, Creative Director --MUDBUG MEDIA INC., New Orleans, LA, pg. 1275

Hruby, David, Creative Director --LINNIHAN FOY ADVERTISING, Minneapolis, MN, pg. 642

Hrutkay, Bradley, Creative Director --Z BRAND, Pittsburgh, PA, pg. 1209

Hsia, David, Creative Director --R/GA Los Angeles, North Hollywood, CA, pg. 926

Huang, Alex, Creative Director --Y MEDIA LABS, Redwood City, CA, pg. 1195

Huang, Cavan, Creative Director --POSSIBLE NEW YORK, New York, NY, pg. 1280

Hubl, Ondrej, Creative Director --Saatchi & Saatchi, Prague, Czech Republic, pg. 977

Hubregtse, Dimitri, Creative Director --FCB Amsterdam, Amsterdam, Netherlands, pg. 367

Hucek, Brian, Creative Director --PLANET PROPAGANDA, INC., Madison, WI, pg. 876

Huddleston, Barry, Creative Director --WILKINSON FERRARI & COMPANY, Salt Lake City, UT, pg. 1684

Hudson, Cory, Creative Director --JELLYFISH, Baltimore, MD, pg. 574

Hudson, Kaitlyn, Creative Director --COMPLETE PUBLIC RELATIONS, Greenville, SC, pg. 1473

Hudson, Tim, Creative Director --BELMONT ICEHOUSE, Dallas, TX, pg. 121

Hudson, Tom, Creative Director --MullenLowe London, London, United Kingdom, pg. 775

Huelsman, Kim, Creative Director --CREATIVE PARTNERS, Stamford, CT, pg. 245

Huerta, Dave, Creative Director --TACO TRUCK CREATIVE, Carlsbad, CA, pg. 1069

Huggett, Paul, Creative Director --TETHER, INC., Seattle, WA, pg. 1097

Hughes, Anette, Creative Director --MIDNIGHT OIL CREATIVE, Burbank, CA, pg. 739

Hughes, Bill, Creative Director --MXM, New York, NY, pg. 781

Hughes, Deirdre, Creative Director --AGENCY59, Toronto, Canada, pg. 39

Hughes, Jason, Creative Director --FARM, Depew, NY, pg. 362

Hughes, Nancy, Creative Director --OGILVY, New York, NY, pg. 809

Hughes, Toni, Creative Director --FCB Johannesburg, Johannesburg, South Africa, pg. 375

Hughlett, Neal, Creative Director --MMB, Boston, MA, pg. 750

Huie, Rhonda, Creative Director --RE:GROUP, INC., Ann Arbor, MI, pg. 945

Hula, Rena Menkes, Creative Director --Jack Morton Worldwide, Chicago, IL, pg. 568

Hull, Andre, Creative Director --Abbott Mead Vickers BBDO, London, United Kingdom, pg. 109

Hullegie, Joey, Creative Director --Initiative, Amsterdam, Netherlands, pg. 1334

Humphrey, Jim, Creative Director --HUMPHREY ASSOCIATES INC, Tulsa, OK, pg. 514

Humphreys, Quanah, Creative Director --FCB/RED, Chicago, IL, pg. 365

Hunt, Danny, Creative Director --The&Partnership London, London, United Kingdom, pg. 56

Hunt, Jay, Creative Director --HAVAS WORLDWIDE, New York, NY, pg. 475

Hunt, Kia, Creative Director --LUNDMARK ADVERTISING + DESIGN INC., Kansas City, MO, pg. 657

Hunter, Andrew, Creative Director --360I, New York, NY, pg. 6

Hunter, Bill, Creative Director --WILMINGTON DESIGN COMPANY, Wilmington, NC, pg. 1301

Hunter, Blais, Creative Director --Merkle Inc., King of Prussia, PA, pg. 733

Hunter, Greg, Creative Director --PREACHER, Austin, TX, pg. 886

Hurd, Ken, Creative Director --CRITICAL MASS INC., Calgary, Canada, pg. 248

Hurlbert, Grant, Creative Director --ROCKIT SCIENCE AGENCY, Baton Rouge, LA, pg. 965

Huser, Jeff, Creative Director --Publicis Indianapolis, Indianapolis, IN, pg. 913

Huser, Jeff, Creative Director --Publicis Indianapolis, Indianapolis, IN, pg. 905

Hutchison, Scott, Creative Director --PUBLICIS HAWKEYE, Dallas, TX, pg. 1282

Hutton, Shane, Creative Director --ARCANA ACADEMY, Los Angeles, CA, pg. 65

AGENCIES — RESPONSIBILITIES INDEX

Hwang, Raymond, Creative Director --BATTERY, Los Angeles, CA, pg. 96

Hwang, Seongphil, Creative Director --Cheil Worldwide Inc., Seoul, Korea (South), pg. 462

Hyer, Bruce, Creative Director --ADVENTURE ADVERTISING LLC, Buford, GA, pg. 35

Hygen, Christian, Creative Director --Kitchen Leo Burnett, Oslo, Norway, pg. 626

Hyland, Douglas, Creative Director --VITRO, San Diego, CA, pg. 1141

Hynes, Bryan, Creative Director --AUSTIN & WILLIAMS, Hauppauge, NY, pg. 78

Iamele, Pat, Creative Director --NOVA MARKETING, Boston, MA, pg. 801

Ianno, Joey, Creative Director --BARTON F. GRAF, New York, NY, pg. 94

Ibaviosa, Mark, Creative Director --Publicis Singapore, Singapore, Singapore, pg. 911

Ikeda, Shinichi, Creative Director --I&S BBDO Inc., Tokyo, Japan, pg. 113

Ikwuegbu, Duzie, Creative Director --DDB Casers, Lagos, Nigeria, pg. 278

Ilum, Thomas, Creative Director --Uncle Grey A/S, Arhus, Denmark, pg. 440

Imbert, Camille, Creative Director --KETTLE, New York, NY, pg. 1267

Imerman, Krystal, Creative Director --D.L. MEDIA INC., Nixa, MO, pg. 309

Immanuel, Rangga, Creative Director --DDB Indonesia, Jakarta, Indonesia, pg. 276

Immel, Jeff, Creative Director --Weber Shandwick-Chicago, Chicago, IL, pg. 1675

Impey, Simon, Creative Director --MEMAC Ogilvy W.L.L., Manama, Bahrain, pg. 830

Imre, Viktor Manuel, Creative Director --Havas Worldwide Budapest, Budapest, Hungary, pg. 480

Inda, Brandon, Creative Director --STAPLEGUN, Oklahoma City, OK, pg. 1042

Ingelmo, Sindo, Creative Director --BBDO Mexico, Mexico, Mexico, pg. 103

Innes, Chantal, Creative Director --Havas Life, Toronto, Canada, pg. 474

Inselberg, Itai, Creative Director --J. WALTER THOMPSON, New York, NY, pg. 553

Irani, Shahrukh, Creative Director --Publicis India Communications Pvt. Ltd., Mumbai, India, pg. 909

Irias, Frank, Creative Director --DAISHO CREATIVE STRATEGIES, Miami, FL, pg. 258

Irvine, Steve, Creative Director --Coley Porter Bell, London, United Kingdom, pg. 817

Irvine, Steve, Creative Director --Coley Porter Bell, London, United Kingdom, pg. 1179

Iyer, Theo, Creative Director --MELTY CONE LLC, Brooklyn, NY, pg. 1271

Izquierdo, Damian, Creative Director --J. Walter Thompson, Buenos Aires, Argentina, pg. 563

Jackson, Gina, Creative Director --TAYLOR WEST ADVERTISING, San Antonio, TX, pg. 1076

Jacob, Clara, Creative Director --PAULSEN MARKETING COMMUNICATIONS, INC., Sioux Falls, SD, pg. 859

Jacobs, Gary, Creative Director --LIVE & BREATHE, London, United Kingdom, pg. 646

Jacobs, Peter, Creative Director --SHARK COMMUNICATIONS, Burlington, VT, pg. 1005

Jacobsen, Sherri, Creative Director --MOCEAN, Los Angeles, CA, pg. 752

Jacques, Barbara, Creative Director --Cossette Communication-Marketing (Montreal) Inc., Montreal, Canada, pg. 233

Jagger, Vix, Creative Director --Anomaly, London, United Kingdom, pg. 59

Jagger, Vix, Creative Director --Anomaly, London, United Kingdom, pg. 721

Jahnke, Lindsey, Creative Director --Allied Integrated Marketing, Hollywood, CA, pg. 47

Jaiswal, Geetanjali, Creative Director --Ogilvy, Bengaluru, India, pg. 823

Jallick, Shane, Creative Director --INTERBRAND, Cincinnati, OH, pg. 537

James, Brett, Creative Director --Abbott Mead Vickers BBDO, London, United Kingdom, pg. 109

James, Nicole, Creative Director --VIRTUE WORLDWIDE, Brooklyn, NY, pg. 1139

James, Sijay, Creative Director --ONBEYOND LLC, Fairfax, CA, pg. 838

James, Steve, Creative Director --OCTANE VTM, Indianapolis, IN, pg. 808

Janneau, Pierre, Creative Director --JOHNXHANNES, New York, NY, pg. 581

Janssens, Alain, Creative Director --Publicis, Brussels, Belgium, pg. 897

Janssens, Alain, Creative Director --Publicis, Brussels, Belgium, pg. 1397

Janssens, Steven, Creative Director --TBWA Brussels, Brussels, Belgium, pg. 1080

Jaramillo, Edward, Creative Director --Sancho BBDO, Bogota, Colombia, pg. 102

Jaramillo, Juliana, Creative Director --BMF MEDIA, New York, NY, pg. 142

Jarman, James B., Jr., Creative Director --INNOVA DESIGN & ADVERTISING, Houston, TX, pg. 534

Jarosz, Simon, Creative Director --MediaCom Sydney, Sydney, Australia, pg. 1349

Jarratt, Chris, Creative Director --REVEL ADVERTISING, Springfield, MO, pg. 952

Jasinski, Raymond W., Creative Director --LINEAR CREATIVE LLC, Columbus, OH, pg. 641

Jaturonrasmi, Nateepat, Creative Director --DDB Worldwide Ltd., Hong Kong, China (Hong Kong), pg. 274

Jaz, Andrew, Creative Director --mcgarrybowen, Chicago, IL, pg. 718

Jeffers, Johnny, Creative Director --HMG CREATIVE, Austin, TX, pg. 1260

Jeffries, Cordell, Creative Director --OSBORN & BARR COMMUNICATIONS, Saint Louis, MO, pg. 844

Jeffries, Sarah, Creative Director --BLENDERBOX INC., Brooklyn, NY, pg. 135

Jendrysik, Ted, Creative Director --MECHANICA, Newburyport, MA, pg. 725

Jenkins, Jo, Creative Director --FCB Inferno, London, United Kingdom, pg. 369

Jenkins, Whitney, Creative Director --AKQA, Inc., Portland, OR, pg. 1235

Jenks, Lyle, Creative Director --DRUMROLL, Austin, TX, pg. 323

Jenner, Dave, Creative Director --J. Walter Thompson, London, United Kingdom, pg. 562

Jennings, Suzanne, Creative Director --THE COMPANY, Houston, TX, pg. 224

Jennings, Vann, Creative Director --CHEMISTRY COMMUNICATIONS INC., Pittsburgh, PA, pg. 205

Jensen, Bob, Creative Director --O'KEEFE REINHARD & PAUL, Chicago, IL, pg. 834

Jensen, Paul, Creative Director --ONE TRIBE CREATIVE LLC, Fort Collins, CO, pg. 839

Jessee, Todd, Creative Director --BRANDIENCE LLC, Cincinnati, OH, pg. 156

Jimenez, Camilo, Creative Director --MullenLowe SSP3, Bogota, Colombia, pg. 777

Jimenez, Ed, Creative Director --BRANDTRUST, Chicago, IL, pg. 159

Jimenez, Valerie, Creative Director --BOLD ENTITY, Dallas, TX, pg. 145

Jin Ang, Sheng, Creative Director --MullenLowe Asia-Pacific, Singapore, Singapore, pg. 774

Johns, Sally, Creative Director --SALLY JOHNS DESIGN, Raleigh, NC, pg. 988

Johnson, Ben, Creative Director --ELEGANT SEAGULLS INC, Marquette, MI, pg. 1255

Johnson, Joe, Creative Director --FALLON WORLDWIDE, Minneapolis, MN, pg. 359

Johnson, Kent, Creative Director --JOHNSON & SEKIN, Dallas, TX, pg. 580

Johnson, Kristian, Creative Director --FABCOM, Scottsdale, AZ, pg. 357

Johnson, Larre, Creative Director --BIG HONKIN' IDEAS (BHI), Los Angeles, CA, pg. 129

Johnson, Margo, Creative Director --EISENBERG, VITAL & RYZE ADVERTISING, Manchester, NH, pg. 334

Johnson, Matty, Creative Director --Landor Associates, North Sydney, Australia, pg. 1199

Johnson, Michael, Creative Director --BAILEY LAUERMAN, Omaha, NE, pg. 84

Johnson, Neil, Creative Director --MASON, INC., Bethany, CT, pg. 691

Johnson, Scott, Creative Director --MCCANN CANADA, Toronto, Canada, pg. 712

Johnson, Trip, Creative Director --PERISCOPE, Minneapolis, MN, pg. 864

Johnson, Will, Creative Director --Pereira & O'Dell, New York, NY, pg. 863

Johnson, William, Creative Director --JOHNSON GRAY ADVERTISING, Laguna Beach, CA, pg. 580

Johnson-Pond, Rebecca, Creative Director --ANOMALY, New York, NY, pg. 59

Johnston, Barbara, Creative Director --ECLIPSE MARKETING SERVICES, INC., Cedar Knolls, NJ, pg. 330

Jolivel, Arnaud, Creative Director --Publicis Conseil, Paris, France, pg. 898

Jon Adolfsson, Martin, Creative Director --Edelman Deportivo, Stockholm, Sweden, pg. 1493

Jones, Angela, Creative Director --SEED STRATEGY, INC., Crestview Hills, KY, pg. 1000

Jones, Chris, Creative Director --Deutsch New York, New York, NY, pg. 295

Jones, Chris, Creative Director --THE JOHNSON GROUP, Chattanooga, TN, pg. 580

Jones, David, Creative Director --THE VARIABLE AGENCY, Winston Salem, NC, pg. 1131

Jones, Evan, Creative Director --BVK, Milwaukee, WI, pg. 178

Jones, Iain, Creative Director --BAREFOOT PROXIMITY, Cincinnati, OH, pg. 89

Jones, Jason, Creative Director --50,000FEET, INC., Chicago, IL, pg. 9

Jones, Mary-Catherine, Creative Director --GRADY BRITTON, Portland, OR, pg. 430

Jones, Melissa, Creative Director --DTE STUDIO, New York, NY, pg. 323

Jones, Michael, Creative Director --Abbott Mead Vickers BBDO, London, United Kingdom, pg. 109

Jones, Miller, Creative Director --LEO BURNETT WORLDWIDE, INC., Chicago, IL, pg. 621

Jones, Tim, Creative Director --CORNETT INTEGRATED MARKETING SOLUTIONS, Lexington, KY, pg. 232

Jones, Tim, Creative Director --MORVIL ADVERTISING & DESIGN GROUP, Wilmington, NC, pg. 762

Jones, Tony, Creative Director --MRM Worldwide New York, New York, NY, pg. 767

Jongenelen, Reyn, Creative Director --dBOD, Amsterdam, Netherlands, pg. 1180

Jordan, Nathan, Creative Director --MARKET CONNECTIONS, Asheville, NC, pg. 681

Jordan, Ryan, Creative Director --IMRE, Baltimore, MD, pg. 528

Jordan, Ryan, Creative Director --IMRE, New York, NY, pg. 529

Jorden, Louise, Creative Director --THE IMAGINATION GROUP, London, United Kingdom, pg. 525

Joshpe, Kent, Creative Director --ANTITHESIS ADVERTISING, Rochester, NY, pg. 62

Jost, Aric, Creative Director --CANNONBALL, Saint Louis, MO, pg. 187

Jovanov, Chris, Creative Director --Leo Burnett Melbourne, Melbourne, Australia, pg. 628

Jovi, Carlos, Creative Director --EAG GROUP, Miami, FL, pg. 328

Juan, Noel San, Creative Director --Leo Burnett Manila, Makati, Philippines, pg. 631

Judd, Lori, Creative Director --CREATIVE IMPACT AGENCY, Encino, CA, pg. 243

Jullien, Thomas, Creative Director --TBWA/United State of Fans, Amsterdam, Netherlands, pg. 1084

Juneau, Angelle, Creative Director --31 LENGTHS LLC, New York, NY, pg. 6

Jung, Teresa, Creative Director --Heimat Werbeagentur GmbH, Berlin, Germany, pg. 1082

Junger, Paulo, Creative Director --DDB New York, New York, NY, pg. 269

Junger, Paulo, Creative Director --DDB WORLDWIDE COMMUNICATIONS GROUP INC., New York, NY, pg. 268

Junius, Megan, Creative Director --PETER HILL DESIGN, Minneapolis, MN, pg. 866

Juntaratip, Ariyawat, Creative Director --Leo Burnett, Bangkok, Thailand, pg. 631

Kadam, Indrajeet, Creative Director --Grey (India) Pvt. Ltd., Mumbai, India, pg. 446

Kadam, Satyajeet, Creative Director --DDB Mudra Group, Mumbai, India, pg. 275

Kadavy, Troy, Creative Director --92 WEST, Omaha, NE, pg. 14

Kaddoum, Shadi, Creative Director --Saatchi & Saatchi, Beirut, Lebanon, pg. 978

Kahl, Les, Creative Director --AdFarm, Kansas City, MO, pg. 29

Kahn, Joshua, Creative Director --ARNOLD WORLDWIDE, Boston, MA, pg. 69

Kahyaoglu, Arkin, Creative Director --TBWA Istanbul, Istanbul, Turkey, pg. 1088

Kala, Anuj, Creative Director --Ogilvy, New Delhi, India, pg. 825

RESPONSIBILITIES INDEX — AGENCIES

Kalathara, Tony, Creative Director --DAVID The Agency, Miami, FL, pg. 261

Kalish, Matt, Creative Director --Anomaly, Venice, CA, pg. 60

Kallman, Eric, Creative Director --ERICH & KALLMAN, Larkspur, CA, pg. 348

Kane, Tommy, Creative Director --THE BARBARIAN GROUP, New York, NY, pg. 88

Kang'eri, Joris, Creative Director --DDB Amsterdam, Amstelveen, Netherlands, pg. 277

Kang, Elizabeth, Creative Director --GODA ADVERTISING, Inverness, IL, pg. 426

Kapec, Charles, Creative Director --NAS RECRUITMENT INNOVATION, Cleveland, OH, pg. 784

Kaplan, Eric, Creative Director --JOELE FRANK, WILKINSON BRIMMER KATCHER, New York, NY, pg. 1549

Kaplan, John R., Creative Director --CENTERLINE DIGITAL, Raleigh, NC, pg. 1244

Kapusta, Ted, Creative Director --PHENOMENON, Los Angeles, CA, pg. 868

Karacam, Ozhan, Creative Director --FCB Artgroup, Istanbul, Turkey, pg. 368

Karakasoglu, Volkan, Creative Director --TBWA Istanbul, Istanbul, Turkey, pg. 1088

Karlberg, Ulrika, Creative Director --YARD, New York, NY, pg. 1303

Karlen, Kacy, Creative Director --CAPTAINS OF INDUSTRY, Boston, MA, pg. 188

Karlsson, Andre, Creative Director --BARTLE BOGLE HEGARTY LIMITED, London, United Kingdom, pg. 92

Karp, Kevin, Creative Director --DIMASSIMO GOLDSTEIN, New York, NY, pg. 302

Karpavicius, Tomas, Creative Director --Adell Taivas Ogilvy, Vilnius, Lithuania, pg. 816

Karstad, David, Creative Director --FRANK CREATIVE INC, POrtland, OR, pg. 396

Kasallis, Scott, Creative Director --ON ADVERTISING, Phoenix, AZ, pg. 1277

Kashani, Dan, Creative Director --McCann Erickson, Tel Aviv, Israel, pg. 705

Kasner, Ryan, Creative Director --CLOSERLOOK, INC., Chicago, IL, pg. 214

Kastan, Kathy, Creative Director --GELIA-MEDIA, INC., Williamsville, NY, pg. 414

Kastranec, Kyle, Creative Director --OLOGIE, Columbus, OH, pg. 835

Katz, Lawrence, Creative Director --DDB South Africa, Johannesburg, South Africa, pg. 280

Kavanagh, Des, Creative Director --BBDO Dublin, Dublin, Ireland, pg. 105

Kavander, Tim, Creative Director --Publicis Toronto, Toronto, Canada, pg. 904

Kavina, Roshni, Creative Director --Publicis India Communications Pvt. Ltd., Mumbai, India, pg. 909

Kawalecki, Erin, Creative Director --Tribal Worldwide Toronto, Toronto, Canada, pg. 1296

Kawano, Masataka, Creative Director --FIGLIULO&PARTNERS, LLC, New York, NY, pg. 380

Kaye, Marco, Creative Director --BARTON F. GRAF, New York, NY, pg. 94

Kazarinoff, Elyse, Creative Director --Landor Associates, New York, NY, pg. 610

Keating, Katie, Creative Director --FANCY LLC, New York, NY, pg. 361

Keehn, Kevin, Creative Director --ROKKAN, New York, NY, pg. 966

Keen, Suzanne, Creative Director --Pereira & O'Dell, New York, NY, pg. 863

Keff, Darren, Creative Director --M&C SAATCHI PLC, London, United Kingdom, pg. 658

Keil, Thomas, Creative Director --McCann Erickson Deutschland, Frankfurt am Main, Germany, pg. 703

Kelderhouse, Aaron, Creative Director --B2C ENTERPRISES, Roanoke, VA, pg. 82

Keleberdenko, Denis, Creative Director --Provid BBDO, Kiev, Ukraine, pg. 109

Keller, Kurt, Creative Director --PHIRE GROUP, Ann Arbor, MI, pg. 869

Kelliher, Linda, Creative Director --KELLIHER SAMETS VOLK, Burlington, VT, pg. 591

Kelliher, Linda, Creative Director --KELLIHER SAMETS VOLK NY, New York, NY, pg. 592

Kellogg, Ryan, Creative Director --Huge, Los Angeles, CA, pg. 512

Kelly, Gary, Creative Director --Davis-Elen Advertising, Inc., Portland, OR, pg. 264

Kelly, Paul, Creative Director --GLOBAL TEAM BLUE, Dearborn, MI, pg. 423

Kelly, Shawn, Creative Director --BANDUJO ADVERTISING & DESIGN, New York, NY, pg. 87

Kelsen, Matt, Creative Director --ARGONAUT INC., San Francisco, CA, pg. 67

Kemble, John, Creative Director --Dudnyk, Horsham, PA, pg. 324

Kemp, Marcus, Creative Director --HYPERBOLOUS, New York, NY, pg. 516

Kemp, Paul, Creative Director --Ogilvy Japan K.K., Tokyo, Japan, pg. 825

Kemp, Robert, Creative Director --DIGITAL EDGE, Jacksonville, FL, pg. 300

Kempf, Craig, Creative Director --CK COMMUNICATIONS, INC. (CKC), Indialantic, FL, pg. 210

Kempkensteffen, Anika, Creative Director --DDB Berlin, Berlin, Germany, pg. 274

Kendall, Christy, Creative Director --RED CIRCLE AGENCY, Minneapolis, MN, pg. 938

Kenefick, James, Creative Director --DEVINE COMMUNICATIONS, Saint Petersburg, FL, pg. 296

Kenger, Dan, Creative Director --GIN LANE MEDIA, New York, NY, pg. 420

Kennaway, Jamie, Creative Director --Impact BBDO, Dubai, United Arab Emirates, pg. 109

Kenneally, Dan, Creative Director --BBDO WORLDWIDE INC., New York, NY, pg. 97

Kennedy, Jesse, Creative Director --GREGORY FCA, Ardmore, PA, pg. 1524

Kenny, Stacy, Creative Director --EVENTIVE MARKETING, New York, NY, pg. 353

Kentris, Jordan, Creative Director --Tribal Worldwide Toronto, Toronto, Canada, pg. 1296

Kernspeckt, Bjorn, Creative Director --BBDO Proximity Berlin, Berlin, Germany, pg. 105

Kerr, Haydn, Creative Director --DDB New Zealand Ltd., Auckland, New Zealand, pg. 278

Kerttula, Gregg, Creative Director --LEPOIDEVIN MARKETING, Brookfield, WI, pg. 632

Kesling, Khris, Creative Director --PAVLOV, Fort Worth, TX, pg. 859

Kessler, Stephanie, Creative Director --TRIAD ADVERTISING, Canton, MA, pg. 1116

Ketruangroch, Nuwadee, Creative Director --Leo Burnett, Bangkok, Thailand, pg. 631

Khan, Irfan, Creative Director --ZULU ALPHA KILO, Toronto, Canada, pg. 1216

Khare, Utsav, Creative Director --McCann Erickson India, Mumbai, India, pg. 704

Kheereerak, Denchai, Creative Director --Ogilvy Advertising, Bangkok, Thailand, pg. 828

Kidd, Kendrick, Creative Director --SHEPHERD, Jacksonville, FL, pg. 1007

Kidney, Nick, Creative Director --BARTLE BOGLE HEGARTY LIMITED, London, United Kingdom, pg. 92

Kiefer, Nick, Creative Director --NETWAVE INTERACTIVE MARKETING, INC., Point Pleasant, NJ, pg. 790

Kiel, Bob, Creative Director --FERGUSON ADVERTISING INC., Fort Wayne, IN, pg. 378

Kieler, Tiffini, Creative Director --AMPERAGE, Cedar Falls, IA, pg. 53

Kiesel, Ed, Creative Director --CK ADVERTISING, Cape Coral, FL, pg. 210

Kilkenny, John, Creative Director --TBWA\Dublin, Dublin, Ireland, pg. 1083

Killorin, Chuck, Creative Director --MILLENNIUM COMMUNICATIONS, INC., Syosset, NY, pg. 741

Kim, Colin, Creative Director --BBH NEW YORK, New York, NY, pg. 115

Kim, Inii, Creative Director --KING & PARTNERS, LLC, New York, NY, pg. 596

Kim, Linda, Creative Director --BADGER & WINTERS, INC., New York, NY, pg. 83

Kim, Nellie, Creative Director --LG2, Montreal, Canada, pg. 639

Kimber, Blair, Creative Director --Leo Burnett Melbourne, Melbourne, Australia, pg. 628

Kindermann, Wolfgang, Creative Director --Pjure Isobar, Vienna, Austria, pg. 550

King, Dan, Creative Director --BLUECADET INTERACTIVE, Philadelphia, PA, pg. 1241

King, Eric, Creative Director --R/GA, Chicago, IL, pg. 926

King, Lindsey, Creative Director --CP+B LA, Santa Monica, CA, pg. 235

King, Marlayn, Creative Director --MULLIN/ASHLEY ASSOCIATES, INC., Chestertown, MD, pg. 778

Kinnear, Miku, Creative Director --O'KEEFE REINHARD & PAUL, Chicago, IL, pg. 834

Kipp, Ryerson, Creative Director --THE DSM GROUP, Mahwah, NJ, pg. 323

Kirkpatrick, Mack, Creative Director --FREEBAIRN & COMPANY PUBLIC RELATIONS, Atlanta, GA, pg. 1513

Kirsanov, Serge, Creative Director --LOS YORK, Santa Monica, CA, pg. 652

Kissane, John, Creative Director --JACOBS & CLEVENGER, INC., Chicago, IL, pg. 569

Kistler, Martin, Creative Director --IGNITION INTERACTIVE, Los Angeles, CA, pg. 523

Kistner, John, Creative Director --LEO BURNETT WORLDWIDE, INC., Chicago, IL, pg. 621

Kitlan, Becky, Creative Director --Rauxa, New York, NY, pg. 933

Kittikorn, Krai, Creative Director --Ogilvy Advertising, Bangkok, Thailand, pg. 828

Kitzmiller, John, Creative Director --SEED STRATEGY, INC., Crestview Hills, KY, pg. 1000

Kivihall, Tauno, Creative Director --Inorek & Grey, Tallinn, Estonia, pg. 440

Kizilbash, Michael, Creative Director --AREA 23, New York, NY, pg. 67

Kjaer, Morten, Creative Director --Acne Advertising, Stockholm, Sweden, pg. 1249

Kleckner, Rob, Creative Director --Publicis Seattle, Seattle, WA, pg. 905

Kleckner, Rob, Creative Director --Publicis Seattle, Seattle, WA, pg. 913

Klein, Danny, Creative Director --O2KL, New York, NY, pg. 803

Kleinschmidt, Janine, Creative Director --FCB Johannesburg, Johannesburg, South Africa, pg. 375

Kleman, Kurt, Creative Director --RED BROWN KLE, Milwaukee, WI, pg. 938

Kligerman, Idan, Creative Director --BBR Saatchi & Saatchi, Ramat Gan, Israel, pg. 977

Klimaszewski, Bartek, Creative Director --Polska McCann Erickson, Warsaw, Poland, pg. 708

Kline, Adam, Creative Director --JUICE PHARMA WORLDWIDE, New York, NY, pg. 584

Klinger, Tim, Creative Director --KLEIDON & ASSOCIATES, Akron, OH, pg. 598

Klotz, David, Creative Director --MARKETING REFRESH, Houston, TX, pg. 1270

Klundt, Darin, Creative Director --KLUNDT HOSMER, Spokane, WA, pg. 598

Klundt, Jean, Creative Director --KLUNDT HOSMER, Spokane, WA, pg. 598

Kmet-Hunt, Sarah, Creative Director --BADER RUTTER & ASSOCIATES, INC., Milwaukee, WI, pg. 83

Knight, Andy, Creative Director --SBC, Columbus, OH, pg. 993

Knight, Katie, Creative Director --Colenso BBDO, Auckland, New Zealand, pg. 114

Knight, Kristal, Creative Director --Saatchi & Saatchi, Auckland, New Zealand, pg. 984

Knott, Paul, Creative Director --Adam & EveDDB, London, United Kingdom, pg. 281

Knowlton, Patrick, Creative Director --GOODBY, SILVERSTEIN & PARTNERS, San Francisco, CA, pg. 428

Ko, Jenny, Creative Director --BUCK LA, Los Angeles, CA, pg. 171

Kobler, Craig, Creative Director --DIAMOND MERCKENS HOGAN, Kansas City, MO, pg. 299

Koci, Milos, Creative Director --Havas Worldwide Prague, Prague, Czech Republic, pg. 479

Koestner, Kevin, Creative Director --Fleishman-Hillard Inc., Kansas City, MO, pg. 1507

Koh, Daniel, Creative Director --AGENDA, New York, NY, pg. 40

Kohlhase, John, Creative Director --W A FISHER, CO., Virginia, MN, pg. 1147

Kohm, Sue, Creative Director --R/GA, Chicago, IL, pg. 926

Kok, Melina, Creative Director --LAIRD+PARTNERS, New York, NY, pg. 607

Koller, Kevin, Creative Director --R/GA San Francisco, San Francisco, CA, pg. 926

Kollin, Dani, Creative Director --MIDNIGHT OIL CREATIVE, Burbank, CA, pg. 739

Kono, Guto, Creative Director --Leo Burnett Mexico S.A. de C.V., Mexico, Mexico, pg. 624

Kooijmans, Gaston, Creative Director --Darwin BBDO, Diegem, Belgium, pg. 103

Kootint-Hadiatmodjo, Pritsana, Creative Director --SPOON+FORK, New York, NY, pg. 1035

Kopay, Jeff, Creative Director --Deutsch New York, New York, NY,

1957

AGENCIES — RESPONSIBILITIES INDEX

Kopilak, John, Creative Director —O2KL, New York, NY, pg. 803

Kornelatou, Angeliki, Creative Director —Bold Ogilvy Greece, Athens, Greece, pg. 815

Kornowski, Shiri, Creative Director —SQUAT NEW YORK, New York, NY, pg. 1038

Koroglu, Seren, Creative Director —4129Grey, Istanbul, Turkey, pg. 442

Koscielniak, Jennifer, Creative Director —BLUE WATER, Greenbelt, MD, pg. 1241

Koscinski, Ron, Creative Director —J. FITZGERALD GROUP, Lockport, NY, pg. 552

Kosinski, Greg, Creative Director —MICHAEL WALTERS ADVERTISING, Chicago, IL, pg. 738

Koston, Ale, Creative Director —Grey, Sao Paulo, Brazil, pg. 443

Koteras, Danny, Creative Director —STONE WARD, Little Rock, AR, pg. 1050

Koukkos, George, Creative Director —COMMCREATIVE, Framingham, MA, pg. 221

Koumantos, Christos, Creative Director —Bold Ogilvy Greece, Athens, Greece, pg. 815

Kouwenhoven, Michael, Creative Director —FCB Amsterdam, Amsterdam, Netherlands, pg. 367

Kovalik, Ian, Creative Director —Mekanism, New York, NY, pg. 730

Kovalik, Ian, Creative Director —MEKANISM, San Francisco, CA, pg. 729

Koziol, Richard, Creative Director —TURCHETTE ADVERTISING AGENCY LLC, Fairfield, NJ, pg. 1121

Kraft, Marissa, Creative Director —FCB HEALTH, New York, NY, pg. 376

Krajan, Mark, Creative Director —TBD, San Francisco, CA, pg. 1076

Krantz, Ben, Creative Director —ATTENTION GLOBAL, New York, NY, pg. 76

Krasts, Kerry, Creative Director —MeringCarson, San Diego, CA, pg. 731

Krause, Elaine, Creative Director —GYK ANTLER, Manchester, NH, pg. 457

Krauss, Ken, Creative Director —CD&M COMMUNICATIONS, Portland, ME, pg. 198

Kreitmann, Paul, Creative Director —CLM BBDO, Boulogne-Billancourt, France, pg. 104

Kriegsman, Teresa, Creative Director —S&A COMMUNICATIONS, Cary, NC, pg. 974

Kroeger, Dan, Creative Director —JOHNXHANNES, New York, NY, pg. 581

Kroeker, Chad, Creative Director —CLEARMOTIVE MARKETING GROUP, Calgary, Canada, pg. 213

Krull, John, Creative Director —SHINE UNITED, Madison, WI, pg. 1008

Krupicka, Wendy Brown, Creative Director —TOTH BRAND IMAGING, Boston, MA, pg. 1111

Kubo, Alexandre Kazuo, Creative Director —BETC, Paris, France, pg. 479

Kucharski, Jason, Creative Director —SIX DEGREES, Orlando, FL, pg. 1017

Kuehnel, Ken, Creative Director —FALK HARRISON, Saint Louis, MO, pg. 359

Kugel, Allison, Creative Director —FULL SCALE MEDIA, New York, NY, pg. 1515

Kugler, Gerald, Creative Director —ZULU ALPHA KILO, Toronto, Canada, pg. 1216

Kuhla, Stephanie, Creative Director —ADVANTA ADVERTISING, LLC, Haddonfield, NJ, pg. 34

Kuhn, Thomas, Creative Director —Grey Group Germany, Dusseldorf, Germany, pg. 440

Kulakov, Alexander, Creative Director —Havas Worldwide Kiev, Kiev, Ukraine, pg. 482

Kumar, Ranjeet, Creative Director —Isobar India, Mumbai, India, pg. 549

Kumar, Rohan, Creative Director —Leo Burnett India, Mumbai, India, pg. 629

Kuntz, Justin, Creative Director —CREATIVE SOAPBOX, Eugene, OR, pg. 245

Kuntzes, Sascha, Creative Director —BBH Singapore, Singapore, Singapore, pg. 94

Kuruneri, Gil, Creative Director —Edelman, New York, NY, pg. 1492

Kurzak, Manja, Creative Director —SAPIENTRAZORFISH NEW YORK, New York, NY, pg. 1286

Kusano, Denison, Creative Director —VSA PARTNERS, INC., Chicago, IL, pg. 1146

Kuzuya, Haruko, Creative Director —I&S BBDO Inc., Tokyo, Japan, pg. 113

Kwon, Alex hyuckjin, Creative Director —Cheil Worldwide Inc., Seoul, Korea (South), pg. 462

Kyrillos, Georges, Creative Director —Impact BBDO, Beirut, Lebanon, pg. 106

Laasik, Silvar, Creative Director —Zavod BBDO, Tallinn, Estonia, pg. 104

LaBeck, Owen, Creative Director —Weber Shandwick, Manchester, United Kingdom, pg. 1680

Laberge, Mario, Creative Director —Publicis Montreal, Montreal, Canada, pg. 904

Lacerda, Gustavo, Creative Director —J. Walter Thompson, Sao Paulo, Brazil, pg. 563

Lachowicz, David, Creative Director —DMI PARTNERS, Philadelphia, PA, pg. 311

Lacy, Kristen, Creative Director —SLACK AND COMPANY, Chicago, IL, pg. 1020

LaDuca, Mike, Creative Director —LUMINUS MEDIA, LLC, Buffalo, NY, pg. 1269

Laham, Jared, Creative Director —IMARC, Amesbury, MA, pg. 1264

Lahde, Suvi, Creative Director —SEK & Grey, Helsinki, Finland, pg. 440

LaHue, Jennifer, Creative Director —GORDLEY GROUP, Tucson, AZ, pg. 429

Lai, David, Creative Director —HELLO DESIGN, Culver City, CA, pg. 495

Lai, Pimwadee, Creative Director —R/GA, Singapore, Singapore, pg. 926

Lai, Shawnn, Creative Director —Ogilvy (Singapore) Pvt. Ltd., Singapore, Singapore, pg. 827

Lai, Shawnn, Creative Director —OgilvyOne Worldwide, Singapore, Singapore, pg. 827

Lake, Michael, Creative Director —DEWAR COMMUNICATIONS INC., Toronto, Canada, pg. 297

Lakeland, Graham, Creative Director —Leo Burnett London, London, United Kingdom, pg. 627

Laksanajinda, Gumpon, Creative Director —Ogilvy Advertising, Bangkok, Thailand, pg. 828

Lal, Rikesh, Creative Director —CAMP + KING, San Francisco, CA, pg. 185

Lam, Steve, Creative Director —A PARTNERSHIP, New York, NY, pg. 15

Lamb, Eric, Creative Director —RED INTERACTIVE AGENCY, Santa Monica, CA, pg. 1284

Lamont, Graham, Creative Director —Ogilvy Johannesburg (Pty.) Ltd., Johannesburg, South Africa, pg. 829

Lamy, Melchior, Creative Director —LEROY & ROSE, Santa Monica, CA, pg. 633

Lancaster, Neil, Creative Director —McCann Erickson Advertising Ltd., London, United Kingdom, pg. 711

Lancaster, Neil, Creative Director —McCann-Erickson Communications House Ltd., Macclesfield, Prestbury, United Kingdom, pg. 712

Lance, Mindy, Creative Director —KETCHUM, New York, NY, pg. 1554

Landes-Burris, Stephanie, Creative Director —MARCUS THOMAS LLC, Cleveland, OH, pg. 679

Landon, Michael, Creative Director —COOKSEY COMMUNICATIONS, INC., Irving, TX, pg. 1475

Landreth, Ron, Creative Director —KGBTEXAS, San Antonio, TX, pg. 593

Lanfranco, Gian Carlo, Creative Director —FITZGERALD & CO., Atlanta, GA, pg. 386

Lang, Ben, Creative Director —SPYGLASS BRAND MARKETING, Minneapolis, MN, pg. 1037

Lang, Michel, Creative Director —Sandbox, Toronto, Canada, pg. 989

Langdon, Dickon, Creative Director —Digitas, Amstelveen, Netherlands, pg. 1253

Langford, Janelle, Creative Director —SUITE PUBLIC RELATIONS, Brooklyn, NY, pg. 1654

Langkay, Alnair, Creative Director —Publicis JimenezBasic, Makati, Philippines, pg. 910

Langseth, Olle, Creative Director —DDB Stockholm, Stockholm, Sweden, pg. 280

Langsfeld, Benjamin, Creative Director —Buck NY, New York, NY, pg. 171

Lanpher, Lindsey, Creative Director —JOAN, New York, NY, pg. 577

Lanzdorf, Matt, Creative Director —TEAM ONE USA, Los Angeles, CA, pg. 1095

Lapann, Alicia, Creative Director —MOLE STREET, Philadelphia, PA, pg. 1274

Largo, Ty, Creative Director —AWE COLLECTIVE, Tempe, AZ, pg. 1435

Larkin, Sean, Creative Director —303 MullenLowe, Sydney, Australia, pg. 773

Larkin, Shabazz, Creative Director —MATTER UNLIMITED LLC, New York, NY, pg. 694

Larochelle, Helene, Creative Director —Fleishman-Hillard, Toronto, Canada, pg. 1509

Larsen, Glenn, Creative Director —THE GEARY COMPANY, Las Vegas, NV, pg. 413

Larson, Dain, Creative Director —MORSEKODE, Minneapolis, MN, pg. 761

Larson, Laura, Creative Director —THE PUBLIC RELATIONS & MARKETING GROUP, Patchogue, NY, pg. 896

Laspata, Rocco, Creative Director —LASPATA DECARO, New York, NY, pg. 611

Lassailly-Ramel, Beatrice, Creative Director —Ogilvy, Paris, France, pg. 814

Last, Richard, Creative Director —Global Team Blue, London, United Kingdom, pg. 423

Laswell, Jane, Creative Director —IMBUE CREATIVE, Ewing, NJ, pg. 526

Latendresse, Jamie, Creative Director —ZOYES CREATIVE GROUP, Ferndale, MI, pg. 1215

Lau, Eric Kwan Tai, Creative Director —SPARKS & HONEY, New York, NY, pg. 1032

Lau, Kevin, Creative Director —LEO BURNETT DETROIT, INC., Troy, MI, pg. 621

Laughlin, Jon, Creative Director —Laughlin/Constable, Inc., Chicago, IL, pg. 614

Laughlin, Patrick, Creative Director —LAUGHLIN/CONSTABLE, INC., Milwaukee, WI, pg. 613

Laurel, Joaquim, Creative Director —VML Qais, Singapore, Singapore, pg. 1144

Lauri, Steve, Creative Director —THE ENGINE ROOM, Aliso Viejo, CA, pg. 341

Lava, Joel, Creative Director —STUN CREATIVE, Los Angeles, CA, pg. 1057

Lavenac, Eric, Creative Director —Y&R France S.A., Boulogne-Billancourt, France, pg. 1202

Lavenac, Eric, Creative Director —Y&R Paris, Boulogne, France, pg. 1202

Lavery, Andrew, Creative Director —CRITICAL MASS INC., Calgary, Canada, pg. 248

Lavizzari, Leandro, Creative Director —FCB CREA, San Salvador, El Salvador, pg. 371

Law, Amy, Creative Director —SWIRL MCGARRYBOWEN, San Francisco, CA, pg. 1067

Lawless, Kevin, Creative Director —MAVEN COMMUNICATIONS LLC, Philadelphia, PA, pg. 695

Lawley, Brad, Creative Director —FIREFLY CREATIVE, INC., Atlanta, GA, pg. 383

Lawrence, Paris, Creative Director —R/GA London, London, United Kingdom, pg. 926

Lawrie, David, Creative Director —Anomaly, London, United Kingdom, pg. 59

Lawrie, David, Creative Director —Anomaly, London, United Kingdom, pg. 721

Lawton, Jon, Creative Director —Stink Studios, London, United Kingdom, pg. 1050

Lawton, Pete, Creative Director —NEBO AGENCY LLC, Atlanta, GA, pg. 787

Lax, Kory, Creative Director —IMAGINASIUM INC., Green Bay, WI, pg. 525

Lay, Jian Yi, Creative Director —BBDO Malaysia, Kuala Lumpur, Malaysia, pg. 113

Laychock, Jason, Creative Director —GIOVATTO ADVERTISING & CONSULTING INC., Paramus, NJ, pg. 420

Lazar, Jon, Creative Director —DNA SEATTLE, Seattle, WA, pg. 311

Lazarovic, Sarah, Creative Director —PILOT PMR, Toronto, Canada, pg. 1414

Le Roux, Tommy, Creative Director —HEAT, San Francisco, CA, pg. 492

Leach, Dan, Creative Director —Edelman DABO, Dubai, United Arab Emirates, pg. 1497

Lear, Andrew, Creative Director —FCB HEALTH, New York, NY, pg. 376

Leary, Aimee, Creative Director —VICTORY HEALTHCARE COMMUNICATIONS, Basking Ridge, NJ, pg. 1137

Leblanc, Scott, Creative Director —KRAUSE ADVERTISING, Dallas, TX, pg. 602

Lebrun, Vincent, Creative Director —Superunion, Paris, France, pg. 1063

Leccia, Laurent, Creative Director —FF NEW YORK, New York, NY,

RESPONSIBILITIES INDEX — AGENCIES

pg. 378

Leclerc, Mark, Creative Director --BORSHOFF, Indianapolis, IN, pg. 148

Ledebuhr, KyleAnn, Creative Director --THE SOLUTIONS GROUP INC., Warren, NJ, pg. 1027

Lee, Benjamin, Creative Director --DDB, Singapore, Singapore, pg. 279

Lee, Bruce, Creative Director --INTERPLANETARY, New York, NY, pg. 540

Lee, Chris, Creative Director --THE BOSTON GROUP, Boston, MA, pg. 149

Lee, EJ, Creative Director --McCann New York, New York, NY, pg. 698

Lee, Gary, Creative Director --DDB Worldwide Ltd., Hong Kong, China (Hong Kong), pg. 274

Lee, James K, Creative Director --MILLER AD AGENCY, Dallas, TX, pg. 741

Lee, Jessica, Creative Director --CODE AND THEORY, New York, NY, pg. 217

Lee, Jessica, Creative Director --Rauxa, New York, NY, pg. 933

Lee, Kregg, Creative Director --VI MARKETING & BRANDING, Oklahoma City, OK, pg. 1135

Lee, Leo, Creative Director --Publicis Shanghai, Shanghai, China, pg. 908

Lee, Mary, Creative Director --FRONTIER STRATEGIES LLC, Ridgeland, MS, pg. 1514

Lee, Matt, Creative Director --Almap BBDO, Sao Paulo, Brazil, pg. 101

Lee, Xander, Creative Director --BBH Singapore, Singapore, Singapore, pg. 94

Lefebure, Pum, Creative Director --DESIGN ARMY, Washington, DC, pg. 292

Lefever, Koenraad, Creative Director --Duval Guillaume, Antwerp, Belgium, pg. 897

Leff, Sarah, Creative Director --JSL MARKETING & WEB DESIGN LLC, Dallas, TX, pg. 1266

Leffler, Marc, Creative Director --MARIS, WEST & BAKER, INC., Jackson, MS, pg. 680

Legaspi, Bong, Creative Director --McCann Erickson (Philippines), Inc., Manila, Philippines, pg. 707

Leguizamon, Juan, Creative Director --Havas Worldwide Dusseldorf, Dusseldorf, Germany, pg. 480

Lehmann, Robert, Creative Director --CROW CREATIVE, New York, NY, pg. 250

Lehmann, Tom, Creative Director --BLUE COLLAR INTERACTIVE MARKETING, Hood River, OR, pg. 139

Lehr, Ryan, Creative Director --Deutsch LA, Los Angeles, CA, pg. 294

Lemus, Teresa, Creative Director --BBDO Mexico, Mexico, Mexico, pg. 103

Lendrum, Patrick, Creative Director --AKQA, Inc., London, United Kingdom, pg. 1234

Lenhart, Patrik, Creative Director --DDB Berlin, Berlin, Germany, pg. 274

Lenhart, Patrik, Creative Director --DDB Group Germany, Berlin, Germany, pg. 274

Lenig, Matthew, Creative Director --360PR+, Boston, MA, pg. 1422

Lennon, Dan, Creative Director --LENNON & ASSOCIATES, Burbank, CA, pg. 620

Lent, Ron, Creative Director --Atmosphere Proximity, New York, NY, pg. 98

Lent, Ron, Creative Director --MOMENT STUDIO, New York, NY, pg. 754

Leon Bonilla, Mario Alberto, Creative Director --DDB Worldwide Colombia, S.A., Cali, Colombia, pg. 272

Leon Bonilla, Mario Alberto, Creative Director --DDB Worldwide Colombia S.A., Bogota, Colombia, pg. 272

Leon, Omar, Creative Director --Leo Burnett Mexico S.A. de C.V., Mexico, Mexico, pg. 624

Leonardis, Lou, Creative Director --TRILLION CREATIVE LLC, Summit, NJ, pg. 1118

Leong, Alan, Creative Director --J. Walter Thompson Singapore, Singapore, Singapore, pg. 558

Lerch, David, Creative Director --AXIOM, Houston, TX, pg. 80

Lerner, Lindsey, Creative Director --MK COMMUNICATIONS INC, Chicago, IL, pg. 1584

Lesiak, Jill, Creative Director --OGILVY COMMONHEALTH WORLDWIDE, Parsippany, NJ, pg. 832

Lesley, Lynda, Creative Director --THE CIRLOT AGENCY, INC., Jackson, MS, pg. 209

Lessner, Lisa, Creative Director --WEINRICH ADVERTISING/COMMUNICATIONS, INC., Clifton, NJ, pg. 1157

Lestz, Marshall, Creative Director --31,000 FT, Addison, TX, pg. 6

Letelier, Francisco, Creative Director --PHELPS, Playa Vista, CA, pg. 867

Leung, Justin, Creative Director --BBH China, Shanghai, China, pg. 93

Levant, Susan, Creative Director --EXPECT ADVERTISING, INC., Clifton, NJ, pg. 355

Levi, Amy, Creative Director --STRADA ADVERTISING, LLC., Denver, CO, pg. 1052

Levin, Vanessa, Creative Director --FUSE/IDEAS, Winchester, MA, pg. 403

Levine, Carissa, Creative Director --THE PITCH AGENCY, Culver City, CA, pg. 873

Levis, Anne Marie, Creative Director --FUNK/LEVIS & ASSOCIATES, Eugene, OR, pg. 402

Levite, Adam, Creative Director --MADWELL, Brooklyn, NY, pg. 670

Levitt, Katie, Creative Director --EPICOSITY, Sioux Falls, SD, pg. 344

Lewis, Chris, Creative Director --PART FOUR LLC, Los Angeles, CA, pg. 1279

Lewis, Gene, Creative Director --DIGITAL PULP, New York, NY, pg. 301

Lewis, Guy, Creative Director --McCann Erickson Paris, Clichy, France, pg. 703

Lewis, Jerry, Creative Director --BROWN BAG MARKETING, Atlanta, GA, pg. 167

Lewis, Mark, Creative Director --Lowe MENA, Dubai, United Arab Emirates, pg. 773

Lewis, Mery, Creative Director --WRAGG & CASAS PUBLIC RELATIONS, INC., Miami, FL, pg. 1686

Lewis, Robbie, Creative Director --FACT & FICTION, LLC, Boulder, CO, pg. 357

Lewis, Tom, Creative Director --HIGH TIDE CREATIVE, New Bern, NC, pg. 499

Lewman, Mark, Creative Director --NEMO DESIGN, Portland, OR, pg. 789

Li, Penn, Creative Director --SAPIENTRAZORFISH NEW YORK, New York, NY, pg. 1286

Liaw, Irwina, Creative Director --MINDENSEMBLE, Houston, TX, pg. 744

Liebenthal, John, Creative Director --CLM MARKETING & ADVERTISING, Boise, ID, pg. 214

Lilley, Jess, Creative Director --Leo Burnett Melbourne, Melbourne, Australia, pg. 628

Lim, James Keng, Creative Director --Hakuhodo Singapore Pte. Ltd., Singapore, Singapore, pg. 463

Lim, Lauren Yrastorza, Creative Director --BBDO Singapore, Singapore, Singapore, pg. 115

Lim, Pann, Creative Director --Kinetic Design & Advertising Pvt. Ltd., Singapore, Singapore, pg. 1337

Lim, Vince, Creative Director --McCann New York, New York, NY, pg. 698

Lim, Wee Ling, Creative Director --BBDO Malaysia, Kuala Lumpur, Malaysia, pg. 113

Lima, Eduardo, Creative Director --F/Nazca Saatchi & Saatchi, Sao Paulo, Brazil, pg. 981

Limwanatipong, Puripong, Creative Director --Ogilvy Advertising, Bangkok, Thailand, pg. 828

Lin, James, Creative Director --Ketchum, San Francisco, CA, pg. 1555

Linares, Patsy I., Creative Director --PIL CREATIVE GROUP, INC, Coral Gables, FL, pg. 871

Lincoln, Luciano, Creative Director --Leo Burnett Tailor Made, Sao Paulo, Brazil, pg. 623

Lindner, John, Creative Director --93 OCTANE, Richmond, VA, pg. 14

Ling, Ben, Creative Director --DDB Worldwide Ltd., Hong Kong, China (Hong Kong), pg. 274

Lingan, Ashwin, Creative Director --J. Walter Thompson, Mumbai, India, pg. 556

Linneu, Joao, Creative Director --Ogilvy, Ltd., London, United Kingdom, pg. 818

Linsley, Pam, Creative Director --HIRONS & COMPANY, Indianapolis, IN, pg. 502

Lipari, Frank, Creative Director --MKTG, INC., New York, NY, pg. 1412

Lipinska, Blanka, Creative Director --Saatchi & Saatchi, Warsaw, Poland, pg. 979

Lipovsky, Melissa, Creative Director --THE BYNE GROUP, Suffern, NY, pg. 179

Lipsky, Mark, Creative Director --THE RADIO AGENCY, Newtown Sq, PA, pg. 928

Lissau, Casey, Creative Director --Saatchi & Saatchi X, Springdale, AR, pg. 976

Liston, Tia, Creative Director --ADVERTISING SAVANTS, INC., Saint Louis, MO, pg. 35

Litchfield, Michael, Creative Director --Doremus (San Francisco), San Francisco, CA, pg. 316

Litos, Michelle, Creative Director --O'KEEFE REINHARD & PAUL, Chicago, IL, pg. 834

Little, Alex, Creative Director --McCann New York, New York, NY, pg. 698

Little, Maggie, Creative Director --SLINGSHOT INC., Toronto, Canada, pg. 1021

Little, Paul, Creative Director --JOHN ST., Toronto, Canada, pg. 579

Little, Peter, Creative Director --Ogilvy Johannesburg (Pty.) Ltd., Johannesburg, South Africa, pg. 829

Littlefield, Lee, Creative Director --ILFUSION INC, Fort Worth, TX, pg. 523

Littlejohn, Scott, Creative Director --MARICICH BRAND COMMUNICATIONS, Irvine, CA, pg. 679

Litz, Clare, Creative Director --OGILVY COMMONHEALTH WELLNESS MARKETING, Parsippany, NJ, pg. 832

Liu, Iris, Creative Director --MullenLowe Profero Ltd., Shanghai, China, pg. 776

Liu, Jefferson, Creative Director --AKQA, Inc., Washington, DC, pg. 1234

Liyu, Minzie, Creative Director --J. Walter Thompson Singapore, Singapore, Singapore, pg. 558

Lloyd, Douglas, Creative Director --LLOYD & CO., New York, NY, pg. 647

Lloyd, Simon, Creative Director --Adam & EveDDB, London, United Kingdom, pg. 281

Lobaton, Daniel, Creative Director --SAATCHI & SAATCHI, New York, NY, pg. 975

Lobel, Alan, Creative Director --CREATIVE IMPACT AGENCY, Encino, CA, pg. 243

Locascio, Brian, Creative Director --THE TOMBRAS GROUP, Knoxville, TN, pg. 1108

Locascio, David, Creative Director --THE TOMBRAS GROUP, Knoxville, TN, pg. 1108

Lockwood, Ryan, Creative Director --FAIRLY PAINLESS ADVERTISING, Holland, MI, pg. 359

Loda, Florencia, Creative Director --Grey Argentina, Buenos Aires, Argentina, pg. 443

Lodise, Jim, Creative Director --RIDGE MARKETING & DESIGN LLC, Basking Ridge, NJ, pg. 958

Loeb, Jef, Creative Director --BRAINCHILD CREATIVE, San Francisco, CA, pg. 152

LoFurno, Janet, Creative Director --PRAXIS COMMUNICATIONS, INC., Huntingdon Valley, PA, pg. 886

Logan, Bruce, Creative Director --B&P ADVERTISING, Las Vegas, NV, pg. 81

Lohman, Eric, Creative Director --GROW, Norfolk, VA, pg. 453

Loht, Ben, Creative Director --TracyLocke, Wilton, CT, pg. 1113

Loibl, Jeff, Creative Director --THE DESIGNORY, Long Beach, CA, pg. 293

Lomas, Bryon, Creative Director --GARFIELD GROUP, Philadelphia, PA, pg. 410

Lombardi, Mariano, Creative Director --Y&R Italia, srl, Milan, Italy, pg. 1203

Lombardi, Mariano, Creative Director --Y&R Roma srl, Rome, Italy, pg. 1203

Long, Ben, Creative Director --DARE, London, United Kingdom, pg. 1248

Longoni, Stefano, Creative Director --Red Cell, Milan, Italy, pg. 1181

Longoni, Stefano, Creative Director --Red Cell, Milan, Italy, pg. 218

Lonn, Andreas, Creative Director --ANR BBDO, Stockholm, Sweden, pg. 109

Looney, Sean, Creative Director --LOONEY ADVERTISING AND DESIGN, Montclair, NJ, pg. 651

Lopez Farfan, Rodolfo David, Creative Director --VML Mexico, Mexico, Mexico, pg. 1144

Lopez, Eyra, Creative Director --MINDSTREAM MEDIA, San Diego, CA, pg. 1272

Lopez, Joe, Creative Director --AMF MEDIA GROUP, San Ramon, CA, pg. 53

Lopez, Ron, Creative Director --R&R PARTNERS, Las Vegas, NV, pg. 924

Loraine, Martin, Creative Director --BBDO Dublin, Dublin, Ireland, pg. 105

Lord, Tom, Creative Director --ICF OLSON, Minneapolis, MN, pg. 518

Lorenzo, Lixaida, Creative Director --MISTRESS, Santa Monica, CA, pg. 747

1959

AGENCIES — RESPONSIBILITIES INDEX

Lorenzo, Tom, Creative Director --SITUATION INTERACTIVE, New York, NY, pg. 1017
Lota, Reg, Creative Director --Ace Saatchi & Saatchi, Makati, Philippines, pg. 985
Lotter, Bibi, Creative Director --PUBLICIS USA, New York, NY, pg. 912
Lotze, Simon, Creative Director --mcgarrybowen, London, United Kingdom, pg. 717
Louie, Steven, Creative Director --FLIGHTPATH INC, New York, NY, pg. 388
Louis, Charisse, Creative Director --CHARENE CREATIVE, Aurora, OH, pg. 203
Louis, Cyril, Creative Director --R/GA, Singapore, Singapore, pg. 926
Love, Carmen, Creative Director --Deutsch LA, Los Angeles, CA, pg. 294
Love, Craig, Creative Director --Mother New York, New York, NY, pg. 763
Low, George, Creative Director --TBWA Hunt Lascaris (Johannesburg), Johannesburg, South Africa, pg. 1087
Low, Selwyn, Creative Director --BBH China, Shanghai, China, pg. 93
Lowman, Josh, Creative Director --GOLD FRONT, San Francisco, CA, pg. 427
Lowry, Robin, Creative Director --Burrows Shenfield, Brentwood, United Kingdom, pg. 1193
Loy, Ken, Creative Director --E-B DISPLAY CO., INC., Massillon, OH, pg. 327
Loyd, Blaine, Creative Director --TRACYLOCKE, Dallas, TX, pg. 1113
Lu, Hesky, Creative Director --Wieden + Kennedy, Shanghai, China, pg. 1166
Lu, Minhao, Creative Director --Wieden + Kennedy, Shanghai, China, pg. 1166
Lublin, Petter, Creative Director --Prime Public Relations, Stockholm, Sweden, pg. 1678
Luciano, Sandra, Creative Director --Saatchi & Saatchi Los Angeles, Torrance, CA, pg. 975
Ludenhoff, Friso, Creative Director --Ubachswisbrun J. Walter Thompson, Amsterdam, Netherlands, pg. 560
Lueck, Christopher, Creative Director --THE PEKOE GROUP, New York, NY, pg. 861
Luetkehans, Nate, Creative Director --MONIKER INC., San Francisco, CA, pg. 755
Luetkehans, Tony, Creative Director --HELLMAN, Waterloo, IA, pg. 494
Luker, Steve, Creative Director --MUTT INDUSTRIES, Portland, OR, pg. 780
Lundstrom, Matt, Creative Director --PALISADES MEDIA GROUP, INC., Santa Monica, CA, pg. 1361
Luoma, Eric, Creative Director --FELLOW, Minneapolis, MN, pg. 377
Lupo, Santiago Luna, Creative Director --WE BELIEVERS, New York, NY, pg. 1155
Luque, Andres, Creative Director --Sancho BBDO, Bogota, Colombia, pg. 102
Lynch, Matt, Creative Director --INSIDE OUT COMMUNICATIONS, Holliston, MA, pg. 534
Lynn, Randy, Creative Director --MARIS, WEST & BAKER, INC., Jackson, MS, pg. 680
Lyons, Stefanie, Creative Director --HYC/MERGE, Chicago, IL, pg. 515
Lyons, Tom, Creative Director --MEKANISM, San Francisco, CA, pg. 729
Lytle, Dana, Creative Director --PLANET PROPAGANDA, INC., Madison, WI, pg. 876
Ma, Kym, Creative Director --J. Walter Thompson, Quarry Bay, China (Hong Kong), pg. 555
Maasri, Natasha Romariz, Creative Director --THE&PARTNERSHIP, New York, NY, pg. 55
Macaluso, Tom, Creative Director --ANSON-STONER INC., Winter Park, FL, pg. 60
MacBeth, Jim, Creative Director --BERLINE, Royal Oak, MI, pg. 124
Maccarini, Paolo, Creative Director --MCCANN WORLDGROUP S.R.L, Milan, Italy, pg. 715
Macdonald, Travis, Creative Director --GODFREY ADVERTISING, Lancaster, PA, pg. 426
Macera, Frank, Creative Director --TAXI, Toronto, Canada, pg. 1075
MacGibbon, Doug, Creative Director --THE IN-HOUSE AGENCY, INC., Morristown, NJ, pg. 529
Machado, Diego, Creative Director --AKQA, INC., San Francisco, CA, pg. 1234

Machado, Guilherme, Creative Director --DDB Sydney Pty. Ltd., Ultimo, Australia, pg. 270
Macias, Bartek, Creative Director --Saatchi & Saatchi, Warsaw, Poland, pg. 979
Mack, Stephania, Creative Director --CLIENT COMMAND, Cumming, GA, pg. 213
Mackereth, David, Creative Director --BBDO Minneapolis, Minneapolis, MN, pg. 98
Mackereth, David, Creative Director --BBDO PROXIMITY, Minneapolis, MN, pg. 97
Mackler, Jonathan, Creative Director --PARTNERS & SPADE, New York, NY, pg. 855
Maclay, Sam, Creative Director --3 ADVERTISING, Albuquerque, NM, pg. 5
Maclean, Chris, Creative Director --Wolff Olins-New York, New York, NY, pg. 1174
MacLean, Neil, Creative Director --ELEPHANT, San Francisco, CA, pg. 335
Macmillan, Dave, Creative Director --CENTERLINE DIGITAL, Raleigh, NC, pg. 1244
MacMillin, Andrew, Creative Director --FINDSOME & WINMORE, Orlando, FL, pg. 380
Macone, Rene, Creative Director --Grey Madrid, Madrid, Spain, pg. 442
MacRae, Kenn, Creative Director --Havas London, London, United Kingdom, pg. 482
Madariaga, Miguel, Creative Director --SCPF, Barcelona, Spain, pg. 1182
Madden, Leo, Creative Director --BRIGHTON AGENCY, INC., Saint Louis, MO, pg. 164
Madrid, Chase, Creative Director --PHENOMENON, Los Angeles, CA, pg. 868
Magestro, Mike, Creative Director --MINDSPIKE DESIGN LLC, Milwaukee, WI, pg. 745
Magin, Cory, Creative Director --VITAMIN, Baltimore, MD, pg. 1140
Maier, Renee, Creative Director --TUREC ADVERTISING ASSOCIATES, INC., Saint Louis, MO, pg. 1122
Malnoli, Flavio, Creative Director --J. Walter Thompson, Rome, Italy, pg. 560
Maiorana, Erin, Creative Director --Epsilon, Cincinnati, OH, pg. 346
Majewski, Kamil, Creative Director --Saatchi & Saatchi, Warsaw, Poland, pg. 979
Majiet, Ashraf, Creative Director --M&C Saatchi Abel, Cape Town, South Africa, pg. 660
Major, Robb, Creative Director --Charles Ryan Associates, Richmond, VA, pg. 203
Majumdar, Tito, Creative Director --Ogilvy, New Delhi, India, pg. 825
Makowski, John, Creative Director --HARVEY & DAUGHTERS, INC./ H&D BRANDING, Sparks, MD, pg. 471
Malakoff, Ilene, Creative Director --EVEO INC., San Francisco, CA, pg. 1256
Maldonado, Juan Pablo, Creative Director --MullenLowe SSP3, Bogota, Colombia, pg. 777
Maldonado, Pablo, Creative Director --Wunderman, Buenos Aires, Argentina, pg. 1189
Maletti, Gio, Creative Director --BERLIN CAMERON UNITED, New York, NY, pg. 124
Malhoit, Todd, Creative Director --SOKAL MEDIA GROUP, Raleigh, NC, pg. 1027
Malone, Bryan, Creative Director --HOWERTON+WHITE, Wichita, KS, pg. 510
Maloy, Kurt, Creative Director --CELTIC MARKETING, INC., Niles, IL, pg. 199
Maltzman, Debra, Creative Director --THE TERRI & SANDY SOLUTION, New York, NY, pg. 1097
Mammone, Natalie, Creative Director --HUGE LLC, Brooklyn, NY, pg. 512
Mamott, Andrew, Creative Director --GYRO DENVER, Denver, CO, pg. 459
Mamott, Andrew, Creative Director --Gyro Chicago, Chicago, IL, pg. 458
Man, Jeffrey, Creative Director --PHOENIX MEDIA GROUP INC., New York, NY, pg. 869
Mandelbaum, Juan, Creative Director --GEOVISION, Watertown, MA, pg. 417
Mandile, Nicole, Creative Director --McCann Erickson Advertising Pty. Ltd., Melbourne, Australia, pg. 700
Mandli, Jen, Creative Director --THINKINK COMMUNICATIONS, Coral Gables, FL, pg. 1100
Mandru, Raul, Creative Director --RXM CREATIVE, New York, NY, pg. 973

Manfrede, Christine, Creative Director --DOVETAIL, Saint Louis, MO, pg. 318
Manklow, Kevin, Creative Director --SCRATCH, Toronto, Canada, pg. 999
Mann, Jason, Creative Director --HAVAS WORLDWIDE CHICAGO, Chicago, IL, pg. 488
Mannila, Jukka, Creative Director --Hasan & Partners Oy, Helsinki, Finland, pg. 703
Manning, James, Creative Director --Ogilvy, Ltd., London, United Kingdom, pg. 818
Manon, Jan, Creative Director --ELF, Coral Gables, FL, pg. 337
Mansfield, Abby, Creative Director --HCB HEALTH, Austin, TX, pg. 490
Mansfield, Abby, Creative Director --HCB HEALTH CHICAGO, Chicago, IL, pg. 490
Manzotti, Pablo, Creative Director --FCB Lisbon, Lisbon, Portugal, pg. 367
Mapp, Steve, Creative Director --TBD, San Francisco, CA, pg. 1076
Marcella, Kyle, Creative Director --MOTIV, Boston, MA, pg. 763
Marcus, Adrian, Creative Director --SOCIALLYIN, Birmingham, AL, pg. 1291
Margolis, Lee, Creative Director --RAUXA, Costa Mesa, CA, pg. 933
Marguccio, Tom, Creative Director --SCG ADVERTISING & PUBLIC RELATIONS, Haddonfield, NJ, pg. 994
Mariano, Alfredo Goncalves, Creative Director --Rapp Brazil, Sao Paulo, Brazil, pg. 932
Marin, Tony, Creative Director --VML, Kalamazoo, MI, pg. 1300
Marino, Daniel, Creative Director --RAKA, Portsmouth, NH, pg. 930
Marino, Marco, Creative Director --BLACKJET INC, Toronto, Canada, pg. 133
Marinus, Frank, Creative Director --TBWA Brussels, Brussels, Belgium, pg. 1080
Marinus, Frank, Creative Director --TBWA Shanghai, Shanghai, China, pg. 1090
Mark, Claudia, Creative Director --DIMASSIMO GOLDSTEIN, New York, NY, pg. 302
Markmann, Amanda, Creative Director --ADFERO GROUP, Washington, DC, pg. 29
Markov, Martin, Creative Director --MullenLowe Swing, Sofia, Bulgaria, pg. 778
Marques, Gezo, Creative Director --TBWA Lisbon, Lisbon, Portugal, pg. 1084
Marrocco, Ludovic, Creative Director --J. Walter Thompson France, Neuilly-sur-Seine, France, pg. 559
Marshall, John, Creative Director --AGENCY 720, Detroit, MI, pg. 37
Marshall, Lisa, Creative Director --MKTG INC., Chicago, IL, pg. 749
Martell, Dorn, Creative Director --TINSLEY ADVERTISING, Miami, FL, pg. 1104
Martelli, Frank, Creative Director --Wunderman, Sydney, Australia, pg. 1190
Marten, Michael, Creative Director --FLIPELEVEN LLC, Milwaukee, WI, pg. 389
Martin, Clint, Creative Director --PRICEWEBER MARKETING COMMUNICATIONS, INC., Louisville, KY, pg. 889
Martin, David, Creative Director --HYPHEN COMMUNICATIONS, Vancouver, Canada, pg. 516
Martin, Jeff, Creative Director --EPIC MARKETING, Draper, UT, pg. 343
Martin, Joe, Creative Director --RED SIX MEDIA, Baton Rouge, LA, pg. 941
Martin, Lori, Creative Director --THE ST. GREGORY GROUP, INC., Cincinnati, OH, pg. 1040
Martin, Mike, Creative Director --Ogilvy Cape Town, Cape Town, South Africa, pg. 829
Martin, Phil, Creative Director --Abbott Mead Vickers BBDO, London, United Kingdom, pg. 109
Martinez, Alex, Creative Director --DEEPSLEEP STUDIO, Miami, FL, pg. 286
Martinez, Alfonso, Creative Director --WALKER ADVERTISING, INC., San Pedro, CA, pg. 1148
Martinez, Kristina, Creative Director --BD&E, Pittsburgh, PA, pg. 117
Martini, Francesco, Creative Director --Publicis Italia, Milan, Italy, pg. 899
Martins, Fred, Creative Director --TIZIANI & WHITMYRE, INC., Sharon, MA, pg. 1105
Martirez, Trina, Creative Director --BBDO Komunika, Jakarta, Indonesia, pg. 113
Martty, Matias, Creative Director --Wunderman, Buenos Aires,

RESPONSIBILITIES INDEX — AGENCIES

Argentina, pg. 1189

Marvin, Dan, Creative Director --Commonwealth, Detroit, MI, pg. 698

Marzagalli, Andrea, Creative Director --Grey Italia S.p.A, Milan, Italy, pg. 441

Masaki, Zak, Creative Director --THE GARAGE TEAM MAZDA, Costa Mesa, CA, pg. 409

Masekela, Agisanang, Creative Director --Ogilvy Johannesburg (Pty.) Ltd., Johannesburg, South Africa, pg. 829

Masem, Peter, Creative Director --IN PLACE MARKETING, Tampa, FL, pg. 529

Masilun, Jeff, Creative Director --MINDSTORM COMMUNICATIONS GROUP, INC., Charlotte, NC, pg. 745

Mason, Lear, Creative Director --RESONANCE PR, Seattle, WA, pg. 1630

Mason, Michael, Creative Director --IDEAS COLLIDE INC., Scottsdale, AZ, pg. 521

Massardo, Jacques, Creative Director --Ogilvy (Amsterdam) B.V., Amsterdam, Netherlands, pg. 816

Masseur, Mark, Creative Director --SYMMETRI MARKETING GROUP, LLC, Chicago, IL, pg. 1067

Masters, Don, Creative Director --MEDIAPLUS ADVERTISING, Ottawa, Canada, pg. 728

Mathew, Della, Creative Director --OGILVY, New York, NY, pg. 809

Mathovani, William, Creative Director --Saatchi & Saatchi, Dubai, United Arab Emirates, pg. 980

Mathur, Shobhit, Creative Director --Hakuhodo Percept Pvt. Ltd., Mumbai, India, pg. 463

Matsubara, Ken, Creative Director --THE VIA AGENCY, Portland, ME, pg. 1136

Matthews, Drew, Creative Director --THE MATTHEWS GROUP, INC., Bryan, TX, pg. 694

Matthews, Jon, Creative Director --Wieden + Kennedy, London, United Kingdom, pg. 1165

Matthews, Sean, Creative Director --72ANDSUNNY, Playa Vista, CA, pg. 11

Mattimore, Tim, Creative Director --BBDO Minneapolis, Minneapolis, MN, pg. 98

Matus, Michael K., Creative Director --TOWER MARKETING, Lancaster, PA, pg. 1111

Matute, Andres, Creative Director --PURE MOXIE, San Francisco, CA, pg. 917

Matute, Andres, Creative Director --PUREMOXIE, Suisun City, CA, pg. 917

Matyas, Mark, Creative Director --THE SIMON GROUP, INC., Sellersville, PA, pg. 1014

Matzell, Thomas, Creative Director --MRW COMMUNICATIONS LLC, Pembroke, MA, pg. 769

Matzke, Anne, Creative Director --THE FRESH IDEAS GROUP, Boulder, CO, pg. 1514

Mauron, Gabriel, Creative Director --Havas Worldwide Geneva, Geneva, Switzerland, pg. 482

Mawhinney, Steve, Creative Director --JOHN MCNEIL STUDIO, Berkeley, CA, pg. 579

Maxwell, Ken, Creative Director --LDWWGROUP, Dallas, TX, pg. 617

Mazewski, Michael, Creative Director --VISION CREATIVE GROUP, INC., Morris Plains, NJ, pg. 1139

McAllister, Bryan, Creative Director --FINE DOG CREATIVE, Saint Louis, MO, pg. 380

McAllister, Martin, Creative Director --FCB Inferno, London, United Kingdom, pg. 369

McBride, Matt, Creative Director --Possible Los Angeles, Playa Vista, CA, pg. 1281

McCabe, Constance, Creative Director --MCCABE DUVAL + ASSOCIATES, Harpswell, ME, pg. 697

McCabe-Rawls, Trish, Creative Director --CREATIVE NOGGIN, San Antonio, TX, pg. 244

McCafferty, John, Creative Director --MCCAFFERTY & CO. ADVERTISING, Louisville, KY, pg. 697

McCaig, John, Creative Director --QUINLAN MARKETING COMMUNICATIONS, Carmel, IN, pg. 924

McCain, Jeremy, Creative Director --BKWLD, Sacramento, CA, pg. 1450

McCallum, Michael James, Creative Director --MUSE COMMUNICATIONS, Santa Monica, CA, pg. 780

McCaren, Pat, Creative Director --SWIFT AGENCY, Portland, OR, pg. 1066

McCarthy, Ryan, Creative Director --GREY GROUP, New York, NY, pg. 438

McCathie, Jamie, Creative Director --Turner Duckworth, San Francisco, CA, pg. 903

McClabb, Jill, Creative Director --INTERPLANETARY, New York, NY, pg. 540

McClintock, Sean, Creative Director --HUE & CRY, New York, NY, pg. 1538

McClure, Scott, Creative Director --R2C GROUP, Portland, OR, pg. 927

McConnell, Lisa, Creative Director --BURRELL, Chicago, IL, pg. 176

McCormack, Dan, Creative Director --Leo Burnett, Ltd., London, United Kingdom, pg. 624

McCormack, Dan, Creative Director --Leo Burnett London, London, United Kingdom, pg. 627

McCormick, Michael, Creative Director --LOIS GELLER MARKETING GROUP, Miami, FL, pg. 650

McCrimmon, Krista, Creative Director --JOHNSON & SEKIN, Dallas, TX, pg. 580

McCune, Wade, Creative Director --CJRW NORTHWEST, Springdale, AR, pg. 210

McCutchen, Brent, Creative Director --STAPLEGUN, Oklahoma City, OK, pg. 1042

McDermott, Matt, Creative Director --IDFIVE, Baltimore, MD, pg. 522

McDonald, Curtis, Creative Director --M&C Saatchi, Sydney, Australia, pg. 661

McDonald, Zack, Creative Director --R/GA, Portland, OR, pg. 927

McDonough, Patrick, Creative Director --QUIET LIGHT COMMUNICATIONS, Rockford, IL, pg. 923

McEachern, Matt, Creative Director --WALKER BRANDS, Tampa, FL, pg. 1149

McElduff, Erin, Creative Director --JUGULAR LLC, New York, NY, pg. 584

McGill, Stephen, Creative Director --MCGILL BUCKLEY, Ottawa, Canada, pg. 718

McGrann, Richard, Creative Director --Abbott Mead Vickers BBDO, London, United Kingdom, pg. 109

McGrath, Gavin, Creative Director --Y&R London, London, United Kingdom, pg. 1204

McGrath, Michael, Creative Director --HYDROGEN ADVERTISING, Seattle, WA, pg. 515

McGuffin, Justin, Creative Director --AARS & WELLS, INC., Dallas, TX, pg. 15

McGuinness, Troy, Creative Director --Cossette B2B, Toronto, Canada, pg. 233

McHatton, Danny, Creative Director --GREY GROUP, New York, NY, pg. 438

McKechnie, Rory, Creative Director --DDB New Zealand Ltd., Auckland, New Zealand, pg. 278

McKee, Christopher, Creative Director --Wunderman, London, United Kingdom, pg. 1193

McKeever, Mike, Creative Director --AREA 23, New York, NY, pg. 67

McKenna, Terry, Creative Director --Ogilvy Johannesburg (Pty.) Ltd., Johannesburg, South Africa, pg. 829

McKenzie, Chad, Creative Director --MCKENZIE WAGNER INC., Champaign, IL, pg. 719

McKeon, Max, Creative Director --Colenso BBDO, Auckland, New Zealand, pg. 114

Mclarty, Tim, Creative Director --ONTRACK COMMUNICATIONS, Toronto, Canada, pg. 841

McLaughlin, Stirling, Creative Director --Ogilvy, Chicago, IL, pg. 811

McLean, Rory, Creative Director --Young & Rubicam Australia/New Zealand, Sydney, Australia, pg. 1199

McLeod, Andy, Creative Director --VML-New York, New York, NY, pg. 1144

McMillan, Lynda, Creative Director --ZANDER GUINN MILLAN, Charlotte, NC, pg. 1210

McMillen, Michael, Creative Director --ARC WORLDWIDE, Chicago, IL, pg. 1397

McMonagle, Kevin, Creative Director --WUNDERMAN WORLD HEALTH, Washington, DC, pg. 1193

McMurdy, Nick, Creative Director --PP+K, Tampa, FL, pg. 885

McMurtrey, Chris, Creative Director --MCCANN WORLDGROUP, New York, NY, pg. 714

McPhee, Robert, Creative Director --Heinrich Hawaii, Honolulu, HI, pg. 493

McPhee, Robert L., Creative Director --HEINRICH MARKETING, Denver, CO, pg. 493

McQuaid, Kathleen, Creative Director --KATHODERAY MEDIA INC., Greenville, NY, pg. 588

McRae, Matt, Creative Director --BLND PUBLIC RELATIONS, Hermosa Beach, CA, pg. 137

Meadows, Greg, Creative Director --TELESCO CREATIVE GROUP, Tonawanda, NY, pg. 1096

Meale, Shelby Alexander, Creative Director --FP7, Dubai, United Arab Emirates, pg. 710

Mears, Eben, Creative Director --MCKINNEY, Durham, NC, pg. 719

Medeiros, Mark, Creative Director --JK DESIGN, Hillsborough, NJ, pg. 576

Meepaibul, Panu, Creative Director --Ogilvy Advertising, Bangkok, Thailand, pg. 828

Megginson, Tom, Creative Director --ACART COMMUNICATIONS, INC., Ottawa, Canada, pg. 19

Meifert, Tom, Creative Director --Heimat Werbeagentur GmbH, Berlin, Germany, pg. 1082

Meiri, Lior, Creative Director --McCann Erickson, Tel Aviv, Israel, pg. 705

Mekjian, Brian, Creative Director --GREY GROUP, New York, NY, pg. 438

Mendelson, Bowen, Creative Director --Leo Burnett USA, Chicago, IL, pg. 622

Mendez, Beni, Creative Director --OUTOFTHEBLUE ADVERTISING, Coral Gables, FL, pg. 847

Mendez, Kako, Creative Director --TBWA Los Angeles, Los Angeles, CA, pg. 1078

Mendiola, Ignacio, Creative Director --J. Walter Thompson, Sao Paulo, Brazil, pg. 563

Meneguzzo, Anna, Creative Director --Leo Burnett Co., S.r.l., Milan, Italy, pg. 625

Menzie, April, Creative Director --TSA COMMUNICATIONS, INC., Warsaw, IN, pg. 1121

Mera, Andy, Creative Director --GODFREY DADICH, San Francisco, CA, pg. 427

Mercer, Judd, Creative Director --ELEVATED THIRD, Denver, CO, pg. 335

Meroni, Flavio, Creative Director --FCB Zurich, Zurich, Switzerland, pg. 368

Messer, Larae, Creative Director --EM MEDIA INC, Steubenville, OH, pg. 338

Messina, Daniela, Creative Director --MESSINA DESIGN, San Diego, CA, pg. 735

Mesz, Juan, Creative Director --DDB Argentina, Buenos Aires, Argentina, pg. 270

Methrath, Harshad, Creative Director --MP&A DIGITAL & ADVERTISING, Wiliamsburg, VA, pg. 766

Metz, Peter, Creative Director --SOCKEYE CREATIVE, Portland, OR, pg. 1027

Meyer, Staci, Creative Director --Sullivan Higdon & Sink Incorporated, Kansas City, MO, pg. 1060

Meyer, Trevor, Creative Director --ARCHRIVAL, Lincoln, NE, pg. 66

Meyers, Brad, Creative Director --TWOFIFTEENMCCANN, San Francisco, CA, pg. 1124

Meyler, Phill, Creative Director --Kitchen Leo Burnett, Oslo, Norway, pg. 626

Meza, Cesar, Creative Director --McCann Erickson Corp. S.A., Bogota, Colombia, pg. 702

Micarelli, Angel, Creative Director --CRAMER PRODUCTIONS INC., Norwood, MA, pg. 238

Michalek, Corey, Creative Director --WONDERSAUCE, New York, NY, pg. 1302

Michaluk, Matt, Creative Director --Fitch:London, London, United Kingdom, pg. 385

Michele, Picci, Creative Director --Publicis Italia, Milan, Italy, pg. 899

Middaugh, Jeff, Creative Director --VILLING & COMPANY, INC., South Bend, IN, pg. 1137

Middleton, Angela, Creative Director --THE MARCUS GROUP, INC., Fairfield, NJ, pg. 678

Middleton, Jason, Creative Director --TBC INC., Baltimore, MD, pg. 1076

Mietz, Jamie, Creative Director --McCann Erickson Advertising Ltd., London, United Kingdom, pg. 711

Migliozzi, Michael, Creative Director --FORZA MIGLIOZZI, LLC, Hollywood, CA, pg. 393

Mihalow, Joe, Creative Director --WASABI RABBIT INC, New York, NY, pg. 1152

Mikker, Meelis, Creative Director --DDB Estonia Ltd., Tallinn, Estonia, pg. 273

Milanesi, German, Creative Director --Bassat, Ogilvy Comunicacion, Barcelona, Spain, pg. 816

Milanesi, German, Creative Director --Bassat, Ogilvy Comunicacion, Barcelona, Spain, pg. 1600

Milanesi, Julian, Creative Director --ALMA, Coconut Grove, FL, pg. 49

Milby, Ryan, Creative Director --FLYTEVU, Nashville, TN, pg. 390

Miles, Danielle, Creative Director --IMC, Holmdel, NJ, pg. 1405

Miles, Paul H., Creative Director --PAUL MILES ADVERTISING,

AGENCIES — RESPONSIBILITIES INDEX

Grand Rapids, MI, pg. 858
Mileti, Ronald, Creative Director --VILOCITY INTERACTIVE, INC., Scottsdale, AZ, pg. 1138
Miley, Tim, Creative Director --NOBLE STUDIOS, Las Vegas, NV, pg. 1276
Miller, Allison, Creative Director --mcgarrybowen, Chicago, IL, pg. 718
Miller, Bennett, Creative Director --Doremus (San Francisco), San Francisco, CA, pg. 316
Miller, Cam, Creative Director --GOODBY, SILVERSTEIN & PARTNERS, San Francisco, CA, pg. 428
Miller, Derek, Creative Director --SPRY GROUP, Orlando, FL, pg. 1037
Miller, Dustin, Creative Director --MOBILITY QUOTIENT SOLUTIONS INC., Calgary, Canada, pg. 1273
Miller, Glenn, Creative Director --G&M PLUMBING, Anaheim, CA, pg. 406
Miller, Gregory, Creative Director --MAXWELL & MILLER MARKETING COMMUNICATIONS, Kalamazoo, MI, pg. 695
Miller, Jason, Creative Director --Mother New York, New York, NY, pg. 763
Miller, Jason, Creative Director --WILLIAM JOSEPH COMMUNICATIONS, Calgary, Canada, pg. 1168
Miller, Jay, Creative Director --IMAGEHAUS, MinneaPOlis, MN, pg. 524
Miller, Kyle, Creative Director --THORNBERG & FORESTER, New York, NY, pg. 1102
Miller, Louis Paul, Creative Director --CHARACTER, San Francisco, CA, pg. 203
Miller, Michael, Creative Director --DAILEY & ASSOCIATES, West Hollywood, CA, pg. 258
Miller, Omari J., Creative Director --Momentum, Chicago, IL, pg. 755
Miller, Paul, Creative Director --ARDENT CREATIVE INC, Fort Worth, TX, pg. 67
Miller, Renee, Creative Director --THE MILLER GROUP, Los Angeles, CA, pg. 742
Miller, Rick, Creative Director --NORTHLIGHT ADVERTISING, Chester Springs, PA, pg. 800
Miller, Steve, Creative Director --ONEMETHOD INC, Toronto, Canada, pg. 840
Milligan, Michael, Creative Director --BERLIN CAMERON UNITED, New York, NY, pg. 124
Millis, Jim, Creative Director --Campbell Ewald San Antonio, San Antonio, TX, pg. 541
Mindt, Monte, Creative Director --QUISENBERRY, SPOkane Vly, WA, pg. 924
Minieri, Brett, Creative Director --HUDSON ROUGE, New York, NY, pg. 511
Minkkinen, Anna, Creative Director --LOYALKASPAR, New York, NY, pg. 654
Minot, Judy, Creative Director --D2 CREATIVE, Somerset, NJ, pg. 256
Minter, Mark, Creative Director --BG, West Palm Beach, FL, pg. 127
Mintle, Marc, Creative Director --TM ADVERTISING, Dallas, TX, pg. 1106
Mirabella, Mario S., Creative Director --MSM DESIGNZ INC, Tarrytown, NY, pg. 770
Mirza, Farhan, Creative Director --Y&R Cape Town, Cape Town, South Africa, pg. 1207
Mitchell, Dirk, Creative Director --THE ATKINS GROUP, San Antonio, TX, pg. 75
Mitchell, Jay, Creative Director --JOHNSON GRAY ADVERTISING, Laguna Beach, CA, pg. 580
Mitchell, Randy, Creative Director --BOOMM! MARKETING & COMMUNICATIONS, La Grange, IL, pg. 146
Mitsunaga, Tracy K., Creative Director --MENTUS, San Diego, CA, pg. 730
Miyaki, Russell, Creative Director --TMP WORLDWIDE ADVERTISING & COMMUNICATIONS, LLC, New York, NY, pg. 1107
Miyamoto, Mako, Creative Director --ROUNDHOUSE, Portland, OR, pg. 969
Mladenova, Ana, Creative Director --Havas Worldwide Sofia, Sofia, Bulgaria, pg. 478
Mock, Donald J., Creative Director --MOCK, Atlanta, GA, pg. 752
Model, Scott, Creative Director --MullenLowe, El Segundo, CA, pg. 772
Modise, Bonolo, Creative Director --FCB Johannesburg, Johannesburg, South Africa, pg. 375
Moedano, Hugo, Creative Director --TONIC, Dubai, United Arab Emirates, pg. 1109
Moehn, Chris, Creative Director --SIMANTEL, Peoria, IL, pg. 1014

Moessinger, Simone, Creative Director --72andSunny, Amsterdam, Netherlands, pg. 11
Moffat, Sarah, Creative Director --Turner Duckworth, San Francisco, CA, pg. 903
Mohanty, Sambit, Creative Director --J. Walter Thompson, Chennai, India, pg. 557
Mohanty, Sambit, Creative Director --J. Walter Thompson, Mumbai, India, pg. 556
Mokry, Will, Creative Director --WILL MOKRY DESIGN LLC, Austin, TX, pg. 1168
Molho, David, Creative Director --2E CREATIVE, Saint Louis, MO, pg. 4
Molina, J. C., Creative Director --TENZING COMMUNICATIONS, London, Canada, pg. 1097
Moll, Justin, Creative Director --MANGOS, Conshohocken, PA, pg. 674
Molloy, Brenda, Creative Director --OGILVY COMMONHEALTH WORLDWIDE, Parsippany, NJ, pg. 832
Moltedo, Sebastian, Creative Director --MARCA MIAMI, Coconut Grove, FL, pg. 677
Monaghan, Jona Cole, Creative Director --ON-TARGET GRAPHICS, Oceano, CA, pg. 838
Monahan, Jeff, Creative Director --PROPERVILLAINS, Boston, MA, pg. 894
Mondzi, Khairul, Creative Director --BBH Singapore, Singapore, Singapore, pg. 94
Monica, Sam, Creative Director --BORGMEYER MARKETING GROUP, Saint Charles, MO, pg. 148
Monroy, Greg, Creative Director --RLF COMMUNICATIONS LLC, Greensboro, NC, pg. 1632
Monson, Mitch, Creative Director --MOCEAN, Los Angeles, CA, pg. 752
Montecuollo, Larissa, Creative Director --TRILLION CREATIVE LLC, Summit, NJ, pg. 1118
Monteiro, Marco, Creative Director --FCB Sao Paulo, Sao Paulo, Brazil, pg. 370
Montenegro, Jorge Valencia, Creative Director --DDB Worldwide Colombia S.A., Bogota, Colombia, pg. 272
Monticelli, Chiara, Creative Director --Havas Worldwide Milan, Milan, Italy, pg. 481
Montilla, Duilio Perez, Creative Director --ARS DDB Publicidad, Caracas, Venezuela, pg. 283
Montoto, Carol, Creative Director --IQ AGENCY, Atlanta, GA, pg. 1265
Montseny, Jordi Comas, Creative Director --Tiempo BBDO, Barcelona, Spain, pg. 108
Monzillo, Marcelo, Creative Director --LOLA MullenLowe, Madrid, Spain, pg. 542
Mooney, Tess, Creative Director --NINICO COMMUNICATIONS, San Jose, CA, pg. 1595
Moore, Aaron, Creative Director --ORANGE ELEMENT, Baltimore, MD, pg. 843
Moore, Brian, Creative Director --MJR CREATIVE GROUP, Fresno, CA, pg. 749
Moore, Jarrett, Creative Director --INNER SPARK CREATIVE, Auburn, AL, pg. 533
Moore, Jennie, Creative Director --WONGDOODY, Seattle, WA, pg. 1175
Moore, Joe, Creative Director --TRUTH COLLECTIVE LLC, Rochester, NY, pg. 1120
Moore, John, Creative Director --FRENCH/WEST/VAUGHAN, INC., Raleigh, NC, pg. 398
Moore, Jonathan, Creative Director --Field Day London, London, United Kingdom, pg. 1326
Moraes, Tico, Creative Director --Ogilvy (Eastern Africa) Ltd., Nairobi, Kenya, pg. 828
Morais, Amy, Creative Director --MARKETING RESULTS INC., Henderson, NV, pg. 684
Morales, Gaston, Creative Director --TBWA Frederick, Santiago, Chile, pg. 1092
Morales, Nestor, Creative Director --TBWA/Colombia Suiza de Publicidad Ltda, Bogota, Colombia, pg. 1092
Moran, Brendan, Creative Director --SPARK44, Los Angeles, CA, pg. 1226
Moraud, Patrice, Creative Director --TBWA/Compact, Toulouse, France, pg. 1081
Moravia, Yego, Creative Director --STINK STUDIOS, Brooklyn, NY, pg. 1049
Morawski, Hope, Creative Director --Merkle Inc., King of Prussia, PA, pg. 733
Morazzani, Lizette, Creative Director --R/GA, Chicago, IL, pg. 926
Moreland, Matthew, Creative Director --BARTLE BOGLE HEGARTY LIMITED, London, United Kingdom, pg. 92
Morelle, Keka, Creative Director --Almap BBDO, Sao Paulo, Brazil, pg. 101

Morelli, Vasco, Creative Director --WHM CREATIVE, Oakland, CA, pg. 1162
Moreno, Andres, Creative Director --Arnold Madrid, Madrid, Spain, pg. 70
Morey, Daniel Lobaton, Creative Director --Saatchi & Saatchi New York, New York, NY, pg. 976
Morgan, Alistair, Creative Director --FCB Cape Town, Cape Town, South Africa, pg. 375
Morgan, Ken, Creative Director --KENNA, Mississauga, Canada, pg. 592
Morgan, Richard, Creative Director --Wunderman, London, United Kingdom, pg. 1193
Morin, Hugues, Creative Director --Brad, Montreal, Canada, pg. 812
Mornet-Landa, Celine, Creative Director --SID LEE, Paris, France, pg. 1010
Mornet-Landa, Clement, Creative Director --SID LEE, Paris, France, pg. 1010
Morrell, Brookney, Creative Director --ASEN MARKETING & ADVERTISING, INC., Knoxville, TN, pg. 73
Morris, Jeff, Creative Director --THE FLATLAND, Indianapolis, IN, pg. 387
Morris, Kristin, Creative Director --DUDNYK HEALTHCARE GROUP, Horsham, PA, pg. 324
Morrison, Betsy, Creative Director --SCOUT MARKETING, Atlanta, GA, pg. 998
Morrison, Tim, Creative Director --LPi Communications, Edmonton, Canada, pg. 654
Morrissey, James, Creative Director --CACTUS, Denver, CO, pg. 181
Morrow, Jonathan, Creative Director --THE MARS AGENCY, Southfield, MI, pg. 686
Morse, Jami Ouellette, Creative Director --IMAJ ASSOCIATES, West Kingston, RI, pg. 526
Morse, Libby, Creative Director --LIPMAN HEARNE, INC., Chicago, IL, pg. 643
Moses, Aaron, Creative Director --MASSMEDIA CORPORATE COMMUNICATIONS, Henderson, NV, pg. 692
Moses, Louie S., Creative Director --MOSES INC., Phoenix, AZ, pg. 762
Mosher, Ian, Creative Director --BOYDEN & YOUNGBLUTT ADVERTISING & MARKETING, Fort Wayne, IN, pg. 150
Moss, Michele, Creative Director --OGILVY COMMONHEALTH WELLNESS MARKETING, Parsippany, NJ, pg. 832
Moss, Steve, Creative Director --Publicis UK, London, United Kingdom, pg. 902
Mosterio, Joao, Creative Director --DM9DDB, Sao Paulo, Brazil, pg. 271
Motacek, Martin, Creative Director --Wiktor/Leo Burnett, s.r.o., Bratislava, Slovakia, pg. 627
Motta, Daniel, Creative Director --DPZ-Duailibi, Petit, Zaragoza, Propaganda S.A., Sao Paulo, Brazil, pg. 906
Motta, Daniel, Creative Director --DPZ-Duailibi, Petit, Zaragoza, Propaganda S.A., Sao Paulo, Brazil, pg. 21
Motti, Ricardo, Creative Director --Fallon London, London, United Kingdom, pg. 360
Mounla, Paola, Creative Director --J. Walter Thompson, Beirut, Lebanon, pg. 563
Mourao, Kleyton, Creative Director --Y&R Sao Paulo, Sao Paulo, Brazil, pg. 1205
Moure, Marcos, Creative Director --THE BRAVO GROUP HQ, Miami, FL, pg. 160
Moure, Marcos, Creative Director --Y&R Latin American Headquarters, Miami, FL, pg. 1198
Mowbray, Jordon, Creative Director --CRITICAL MASS INC., Calgary, Canada, pg. 248
Mroszczak, Marcin, Creative Director --DDB Warsaw, Warsaw, Poland, pg. 279
Mucciaccio, Rob, Creative Director --JUNE ADVERTISING, Omaha, NE, pg. 585
Mudd, Debbie, Creative Director --WEBER SHANDWICK, New York, NY, pg. 1673
Mukherjee, Rajat, Creative Director --HS Ad, Inc., Seoul, Korea (South), pg. 1201
Mullen, Joe, Creative Director --BUCK LA, Los Angeles, CA, pg. 171
Mullen, Sean, Creative Director --HIEBING, Madison, WI, pg. 498
Muller, Lothar, Creative Director --Ogilvy Frankfurt, Frankfurt, Germany, pg. 814
Muller, Mike, Creative Director --McCann Worldgroup Johannesburg, Johannesburg, South Africa, pg. 709
Mullins, Brian, Creative Director --KELLIHER SAMETS VOLK, Burlington, VT, pg. 591

RESPONSIBILITIES INDEX — AGENCIES

Mullins, Brian, Creative Director --KELLIHER SAMETS VOLK NY, New York, NY, pg. 592

Mullins, Sam, Creative Director --ARNOLD WORLDWIDE, Boston, MA, pg. 69

Muncy, Austin, Creative Director --ROKKAN, New York, NY, pg. 966

Munne, Luis, Creative Director --TBWA Espana, Madrid, Spain, pg. 1085

Munnik, Chris, Creative Director --LEO BURNETT COMPANY LTD., Toronto, Canada, pg. 620

Munoz, Diego, Creative Director --MullenLowe SSP3, Bogota, Colombia, pg. 777

Munoz, Hugo, Creative Director --Leo Burnett Mexico S.A. de C.V., Mexico, Mexico, pg. 624

Munoz, Marco Antonio, Creative Director --DDB LATINA PUERTO RICO, San Juan, PR, pg. 267

Munro, Jo-Ann, Creative Director --MCCANN MONTREAL, Montreal, Canada, pg. 714

Murdico, David, Creative Director --SUPERCOOL CREATIVE, Los Angeles, CA, pg. 1062

Murdoch, Tom, Creative Director --MURDOCH MARKETING, Holland, MI, pg. 779

Murillo, Nicolas, Creative Director --Sancho BBDO, Bogota, Colombia, pg. 102

Murlidhar, Siddharth, Creative Director --CONNELLY PARTNERS, Boston, MA, pg. 227

Murphy, Aaron, Creative Director --HAGER SHARP INC., Washington, DC, pg. 1526

Murphy, Brian, Creative Director --EAST BANK COMMUNICATIONS INC., Portland, OR, pg. 328

Murphy, Rob, Creative Director --FARM, Depew, NY, pg. 362

Murphy, Shannon, Creative Director --VERTICAL MARKETING NETWORK LLC, Tustin, CA, pg. 1418

Murphy, Teesha Noelle, Creative Director --TYLER BARNETT PUBLIC RELATIONS, Beverly Hills, CA, pg. 1664

Murray, Doug, Creative Director --360I, New York, NY, pg. 6

Murray, Eric, Creative Director --360 GROUP, Indianapolis, IN, pg. 6

Murray, Jackie, Creative Director --BRUNNER, Pittsburgh, PA, pg. 169

Murray, Loriann, Creative Director --CRAMER PRODUCTIONS INC., Norwood, MA, pg. 238

Murrell, Brian, Creative Director --ADCO, Columbia, SC, pg. 28

Murrell, Josh, Creative Director --BADJAR Ogilvy, Melbourne, Australia, pg. 821

Musa, Luiz Alexandre, Creative Director --Publicis Brasil Communicao, Sao Paulo, Brazil, pg. 906

Musich, Brian, Creative Director --VML-New York, New York, NY, pg. 1144

Musilli, Manuel, Creative Director --Saatchi & Saatchi, Rome, Italy, pg. 978

Musilli, Manuel, Creative Director --Saatchi & Saatchi, Milan, Italy, pg. 978

Myers, Darrel, Creative Director --BARNHARDT, DAY & HINES, Concord, NC, pg. 91

Mygind, Dave, Creative Director --Havas London, London, United Kingdom, pg. 482

Myrick, Mark, Creative Director --DIGITAL SURGEONS LLC, New Haven, CT, pg. 301

Myrow, Zach, Creative Director --Anomaly, Venice, CA, pg. 60

Mytych, Rick, Creative Director --SEVENTH POINT, Virginia Beach, VA, pg. 1004

N, Sangeetha, Creative Director --R.K. Swamy BBDO, Chennai, India, pg. 112

Nachumi, Dror, Creative Director --McCann Erickson, Tel Aviv, Israel, pg. 705

Nadler, Matt Laguna, Creative Director --BFG COMMUNICATIONS, Bluffton, SC, pg. 126

Naff, Traci, Creative Director --WILDFIRE LLC, Winston Salem, NC, pg. 1167

Nagel, Sven, Creative Director --Berger Baader Hermes GmbH, Munich, Germany, pg. 1202

Nagle, David, Creative Director --A WORK OF ART INC., Coral Springs, FL, pg. 15

Nagy, Ramy, Creative Director --MADEO, Brooklyn, NY, pg. 1269

Nail, Rusty, Creative Director --Grey Healthcare Group, Kansas City, MO, pg. 417

Nair, Yamini, Creative Director --Ogilvy, Bengaluru, India, pg. 823

Nakamura, Lisa, Creative Director --COSSETTE COMMUNICATIONS, Vancouver, Canada, pg. 232

Nakano, Bruno, Creative Director --FCB West, San Francisco, CA, pg. 365

Naman, Stephanie, Creative Director --LUCKIE & COMPANY, Birmingham, AL, pg. 655

Nantz, Garrett, Creative Director --LUXURIOUS ANIMALS LLC, Roswell, GA, pg. 657

Napoleone, Francesco, Creative Director --TBWA Italia, Milan, Italy, pg. 1083

Nardo, Cristiano, Creative Director --Leo Burnett Co., S.r.l., Milan, Italy, pg. 625

Nash, Brendan, Creative Director --ARC WORLDWIDE, Chicago, IL, pg. 1397

Nathan, Valerie, Creative Director --TRAPEZE COMMUNICATIONS, Victoria, Canada, pg. 1114

Nathanson, Alanna, Creative Director --GIANTS & GENTLEMEN, Toronto, Canada, pg. 418

Nations, Tom, Creative Director --NEW HONOR SOCIETY, Saint Louis, MO, pg. 791

Naude, Meryke, Creative Director --MullenLowe Singapore, Singapore, Singapore, pg. 777

Navarrete, Patricio, Creative Director --McCann Erickson S.A. de Publicidad, Santiago, Chile, pg. 701

Navas, Antonio, Creative Director --OPPERMAN WEISS, New York, NY, pg. 842

Nazzaro, Chris, Creative Director --TracyLocke, Wilton, CT, pg. 1113

Neel, Ashley, Creative Director --BOONEOAKLEY, Charlotte, NC, pg. 147

Neely, Jill, Creative Director --OLOGIE, Columbus, OH, pg. 835

Neely, Shan, Creative Director --MULLER BRESSLER BROWN, Leawood, KS, pg. 778

Nelson, Don, Creative Director --TOM, DICK & HARRY CREATIVE, Chicago, IL, pg. 1108

Nelson, Nick, Creative Director --LEVEL MPLS, Minneapolis, MN, pg. 633

Nelson, Ted, Creative Director --NORTHSTAR DESTINATION STRATEGIES, Nashville, TN, pg. 800

Nemeno, Gomersindo, Creative Director --Horizon FCB Jeddah, Jeddah, Saudi Arabia, pg. 369

Neo, Jimmy, Creative Director --TBWA Singapore, Singapore, Singapore, pg. 1091

Newman, Josh, Creative Director --ST8MNT INC., Nashville, TN, pg. 1041

Newton, Conn, Creative Director --CRAMER-KRASSELT, Chicago, IL, pg. 237

Ney, Joseph, Creative Director --REINGOLD, INC., Alexandria, VA, pg. 1629

Ng, Buji, Creative Director --Ogilvy Advertising, Central, China (Hong Kong), pg. 822

Ng, Jimmy, Creative Director --MANHATTAN MARKETING ENSEMBLE, New York, NY, pg. 675

Ng, Martin, Creative Director --Leo Burnett Malaysia, Kuala Lumpur, Malaysia, pg. 631

Ng, Vincent, Creative Director --AREA 23, New York, NY, pg. 67

Nguyen, Duc, Creative Director --TAXI New York, New York, NY, pg. 1075

Nguyen, Paul, Creative Director --72ANDSUNNY, Playa Vista, CA, pg. 11

Ngy, Sitha, Creative Director --HEY ADVERTISING, Seattle, WA, pg. 498

Niceva, Dominik, Creative Director --RABINOVICI & ASSOCIATES, Hallandle Beach, FL, pg. 928

Nichlani, Aarti, Creative Director --J. Walter Thompson Singapore, Singapore, Singapore, pg. 558

Nicholas, George, Creative Director --GRAFIK MARKETING COMMUNICATIONS, Alexandria, VA, pg. 431

Nichols, Christopher, Creative Director --NL PARTNERS, Portland, ME, pg. 795

Nicholson, Mark, Creative Director --The Martin Agency, London, United Kingdom, pg. 687

Nickol, Noel, Creative Director --DNA SEATTLE, Seattle, WA, pg. 311

Niebaum, Jason, Creative Director --TM ADVERTISING, Dallas, TX, pg. 1106

Nield, Kelly, Creative Director --STEPHEN HALES CREATIVE INC, Provo, UT, pg. 1047

Nielsen, Scott, Creative Director --MARTOPIA, INC., Saint Charles, IL, pg. 689

Nienow, Michael, Creative Director --HDM/ZOOMEDIA, Chicago, IL, pg. 491

Nieto, Jose, Creative Director --ARGUS, Boston, MA, pg. 67

Nieuwenhuis, Henk, Creative Director --Ogilvy (Amsterdam) B.V., Amsterdam, Netherlands, pg. 816

Nishimura, Naoki, Creative Director --Beacon Communications K.K., Tokyo, Japan, pg. 630

Nishimura, Naoki, Creative Director --Beacon Communications K.K., Tokyo, Japan, pg. 910

Nissenboim, Josh, Creative Director --FUZZCO INC., Charleston, SC, pg. 405

Niswonger, Amy, Creative Director --NOVA CREATIVE GROUP, INC., Dayton, OH, pg. 801

Nixon, Jeff, Creative Director --CAMP, Austin, TX, pg. 185

Nobili, Simone, Creative Director --KASTNER, Los Angeles, CA, pg. 588

Nobles, Greg, Creative Director --CREATIVE ENERGY GROUP INC, Johnson City, TN, pg. 241

Noel, Adam, Creative Director --BARTLE BOGLE HEGARTY LIMITED, London, United Kingdom, pg. 92

Noel, Banks, Creative Director --BBDO New York, New York, NY, pg. 99

Noel, Ryan, Creative Director --BORSHOFF, Indianapolis, IN, pg. 148

Nogueira, Marcelo, Creative Director --Almap BBDO, Sao Paulo, Brazil, pg. 101

Noland, Tim, Creative Director --CALLIS & ASSOC., Sedalia, MO, pg. 184

Noorlander, Jon, Creative Director --DAVID & GOLIATH, El Segundo, CA, pg. 261

Norato, Miguel Andres, Creative Director --J. Walter Thompson, Bogota, Colombia, pg. 564

Norell, Steve, Creative Director --DRAKE COOPER INC., Boise, ID, pg. 319

Noriega, Beto, Creative Director --Y&R Peru, Lima, Peru, pg. 1207

Norin, Erik, Creative Director --Mother New York, New York, NY, pg. 763

Norman, Josh, Creative Director --TEXAS CREATIVE, San Antonio, TX, pg. 1098

Norman, Naomi, Creative Director --SHORE CREATIVE GROUP, Long Branch, NJ, pg. 1009

Norris, Dan, Creative Director --Wieden + Kennedy, London, United Kingdom, pg. 1165

Northrop, Shaun, Creative Director --Bovil DDB, Eindhoven, Netherlands, pg. 277

Northrop, Shaun, Creative Director --Bovil DDB, Eindhoven, Netherlands, pg. 1083

Nosan, Bill, Creative Director --BENEDICT ADVERTISING, Daytona Beach, FL, pg. 122

Nothegger, Christopher, Creative Director --Ogilvy, Dusseldorf, Germany, pg. 814

Noury, Chris, Creative Director --TRONVIG GROUP, Brooklyn, NY, pg. 1119

Nova, Adriana, Creative Director --LIPPE TAYLOR, New York, NY, pg. 1568

Novack, Lauren, Creative Director --FCB HEALTH, New York, NY, pg. 376

Nowak, Adam, Creative Director --WONGDOODY, Seattle, WA, pg. 1175

Nowak, Marcin, Creative Director --MullenLowe Warsaw, Warsaw, Poland, pg. 778

Nowels, Vogue, Creative Director --THE SCOTT & MILLER GROUP, Saginaw, MI, pg. 997

Nuchia, Ashley, Creative Director --NORTON CREATIVE, Houston, TX, pg. 800

Nuckols, Nikki, Creative Director --DOODLE DOG ADVERTISING, Dallas, TX, pg. 316

Nunes, Miguel, Creative Director --mcgarrybowen, London, United Kingdom, pg. 717

Nunez, Damian, Creative Director --MullenLowe Romania, Bucharest, Romania, pg. 777

Nunez, Tony Cruz, Creative Director --Y&R Peru, Lima, Peru, pg. 1207

Nutley, Mark, Creative Director --BBDO Dublin, Dublin, Ireland, pg. 105

Nuts, Studio, Creative Director --Ogilvy (Eastern Africa) Ltd., Nairobi, Kenya, pg. 828

Nuzbach, Jamie, Creative Director --IDEAS COLLIDE INC., Scottsdale, AZ, pg. 521

Nybo, Craig, Creative Director --MEDIARIF CORPORATION, Kaysville, UT, pg. 1271

Nybo, Kjetill, Creative Director --Kitchen Leo Burnett, Oslo, Norway, pg. 626

O' Connor, Fiona, Creative Director --Havas Worldwide Johannesburg, Bryanston, South Africa, pg. 488

O'Brien, Chelsea, Creative Director --OMELET LLC, Culver City, CA, pg. 835

O'Brien, David, Creative Director --PULSE MARKETING & ADVERTISING LLC, Leawood, KS, pg. 916

O'Brien, Gainer, Creative Director --DARBY O'BRIEN ADVERTISING, South Hadley, MA, pg. 260

O'Dea, Donal, Creative Director --Owens DDB, Dublin, Ireland, pg. 276

O'Donnell, Carey, Creative Director --O'DONNELL AGENCY, West

1963

AGENCIES — RESPONSIBILITIES INDEX

Palm Beach, FL, pg. 808
O'Dowd, Bernie, Creative Director --BATTERY, Los Angeles, CA, pg. 96
O'Farrill, Luis Nunez, Creative Director --BBDO Mexico, Mexico, Mexico, pg. 103
O'Gaora, Colm, Creative Director --BBDO Dublin, Dublin, Ireland, pg. 105
O'Hea, John, Creative Director --DAVID & GOLIATH, El Segundo, CA, pg. 261
O'Keeffe, John, Creative Director --WPP PLC, London, United Kingdom, pg. 1178
O'kelly, Mariana, Creative Director --Ogilvy Johannesburg (Pty.) Ltd., Johannesburg, South Africa, pg. 829
O'Leary, Meghan, Creative Director --GRAPEVINE DESIGNS, Lenexa, KS, pg. 1404
O'Leary, Steve, Creative Director --Publicis Conseil, Paris, France, pg. 898
O'Leary, Steve, Creative Director --Publicis Hong Kong, Hong Kong, China (Hong Kong), pg. 908
O'Neil, D. J., Creative Director --HUB STRATEGY AND COMMUNICATION, San Francisco, CA, pg. 511
O'Neill, Gregg, Creative Director --CRAWFORD STRATEGY, Greenville, SC, pg. 239
O'Neill, Stuart, Creative Director --Tribal Worldwide London, London, United Kingdom, pg. 1296
O'Reilly, Brian, Creative Director --BEAUTY\@GOTHAM, New York, NY, pg. 119
Oade, Anthony, Creative Director --GIOVATTO ADVERTISING & CONSULTING INC., Paramus, NJ, pg. 420
Oakley, David, Creative Director --BOONEOAKLEY, Charlotte, NC, pg. 147
Obando, Carlos, Creative Director --Garnier BBDO, San Jose, Costa Rica, pg. 102
Oberlander, John, Creative Director --OBERLANDER GROUP, Cohoes, NY, pg. 804
Oberwiler, Dominik, Creative Director --Advico Y&R AG, Zurich, Switzerland, pg. 1203
Ocasio, Casey, Creative Director --FLOURISH INC., Cleveland, OH, pg. 389
Ochi, Kazuyoshi, Creative Director --DENTSU INC., Tokyo, Japan, pg. 289
Odell, Cole Moore, Creative Director --THE COMMUNICATORS GROUP, Keene, NH, pg. 223
Odonnell, Eileen, Creative Director --ODONNELL COMPANY, New Haven, CT, pg. 808
Odum, Andy, Creative Director --CAYENNE CREATIVE, Birmingham, AL, pg. 197
Oermann, Kim, Creative Director --MONCUR ASSOCIATES MIAMI, Miami, FL, pg. 1274
Offen, Gail, Creative Director --DONER, Southfield, MI, pg. 314
Ogasahara, Takeshi, Creative Director --TBWA/Hakuhodo, Tokyo, Japan, pg. 1090
Ogawa, Yuto, Creative Director --DENTSU INC., Tokyo, Japan, pg. 289
Ogunlowo, Chris, Creative Director --SO&U Saatchi & Saatchi, Lagos, Nigeria, pg. 978
Oh, Hoon, Creative Director --Allen & Gerritsen, Philadelphia, PA, pg. 46
Oh, Hyungkyun, Creative Director --Cheil Worldwide Inc., Seoul, Korea (South), pg. 462
Oh, Peter, Creative Director --BBDO Bangkok, Bangkok, Thailand, pg. 115
Okada, Alexandre Alex, Creative Director --MullenLowe London, London, United Kingdom, pg. 775
Oki, Geoff, Creative Director --HEAVENSPOT, Glendale, CA, pg. 493
Oki, Kei, Creative Director --I&S BBDO Inc., Tokyo, Japan, pg. 113
Okun, Michael, Creative Director --FCB Hamburg, Hamburg, Germany, pg. 366
Oldham, Sherri, Creative Director --SO CREATIVE, Houston, TX, pg. 1025
Olimpio, Vinny, Creative Director --BARTLE BOGLE HEGARTY LIMITED, London, United Kingdom, pg. 92
Olita, Ivan, Creative Director --BRAVO, New York, NY, pg. 1242
Olivarez, Roman Carlo, Creative Director --MullenLowe Philippines, Manila, Philippines, pg. 776
Oliveira, Fabiano, Creative Director --Saatchi & Saatchi, Frankfurt am Main, Germany, pg. 977
Oliveira, Joao, Creative Director --J. Walter Thompson, Lisbon, Portugal, pg. 561
Oliver, Meredith, Creative Director --MEREDITH COMMUNICATIONS, Raleigh, NC, pg. 731
Olma, Frank, Creative Director --Mediacom Dusseldorf, Dusseldorf, Germany, pg. 1338

Olma, Frank, Creative Director --Mediacom Dusseldorf, Dusseldorf, Germany, pg. 1346
Olschewski, Felicitas, Creative Director --72andSunny, Amsterdam, Netherlands, pg. 11
Olson, Kurt, Creative Director --Publicis Dialog Boise, Boise, ID, pg. 905
Olson, Kurt, Creative Director --Publicis Dialog Boise, Boise, ID, pg. 913
Olsson, Joakim, Creative Director --STOCKHOLM DESIGN, Studio City, CA, pg. 1050
Ong, Karen, Creative Director --SALTERMITCHELL INC., Tallahassee, FL, pg. 1639
Ongsano, Ridward, Creative Director --Grey Group Indonesia, Jakarta, Indonesia, pg. 447
Opfer, Craig, Creative Director --MAGNETO BRAND ADVERTISING, POrtland, OR, pg. 671
Orlandi, Alessandro, Creative Director --Saatchi & Saatchi, Rome, Italy, pg. 978
Orlandi, Alessandro, Creative Director --Saatchi & Saatchi, Milan, Italy, pg. 978
Orlandi, Alessandro, Creative Director --Saatchi & Saatchi Healthcare, Milan, Italy, pg. 978
Orlandi, Ezequiel, Creative Director --Wunderman, Buenos Aires, Argentina, pg. 1189
Orlowicz, Kyle, Creative Director --PILOT, New York, NY, pg. 871
Orozco, Alejandro Calero, Creative Director --Sancho BBDO, Bogota, Colombia, pg. 102
Orr, Jenny, Creative Director --MERGE Atlanta, Alpharetta, GA, pg. 731
Ortega, Dave, Creative Director --MCKEE WALLWORK & COMPANY, Albuquerque, NM, pg. 718
Ortiz, Alejandro, Creative Director --CASANOVA PENDRILL, Costa Mesa, CA, pg. 192
Ortman, Patrick, Creative Director --PATRICKORTMAN, INC., Studio City, CA, pg. 1279
Osborne, Kenny, Creative Director --AVREAFOSTER, Dallas, TX, pg. 80
Osmond, Vincent, Creative Director --DDB Sydney Pty. Ltd., Ultimo, Australia, pg. 270
Oso, Rodrigo, Creative Director --Ogilvy, Mexico, Mexico, pg. 821
Ostberg, Tommy, Creative Director --Grey Gothenburg, Gothenburg, Sweden, pg. 1182
Ostiglia, Tomas, Creative Director --LOLA MullenLowe, Madrid, Spain, pg. 542
Ostman, Scott, Creative Director --EPICOSITY, Sioux Falls, SD, pg. 344
Ottati, Miguel, Creative Director --CIRCUS MARKETING, Santa Monica, CA, pg. 208
Outhwaite-Noel, Danielle, Creative Director --MOTHER LTD., London, United Kingdom, pg. 762
Overkamp, Jamie, Creative Director --ESPN CREATIVEWORKS, New York, NY, pg. 349
Overton, Michael, Creative Director --INFERNO, Memphis, TN, pg. 530
Owen, Ian, Creative Director --The&Partnership London, London, United Kingdom, pg. 56
Owen, Laura, Creative Director --Doner, Cleveland, OH, pg. 315
Owen, Laura, Creative Director --Doner, Cleveland, OH, pg. 724
Owen, Matt, Creative Director --Acxiom LLC, Conway, AR, pg. 541
Owens, Geoff, Creative Director --BELMONT ICEHOUSE, Dallas, TX, pg. 121
Oxte, Carlos, Creative Director --BBDO Mexico, Mexico, Mexico, pg. 103
Oztunali, Cenk, Creative Director --McCann Erickson WorldGroup Turkey, Istanbul, Turkey, pg. 710
Pacheco, Alberto, Creative Director --BBDO Mexico, Mexico, Mexico, pg. 103
Pacheco, Marco, Creative Director --BBDO Portugal, Lisbon, Portugal, pg. 107
Pacheco, Marco, Creative Director --TBWA Lisbon, Lisbon, Portugal, pg. 1084
Padgett, Neil, Creative Director --FCB Halesway, Andover, United Kingdom, pg. 376
Pagano, Alexandre, Creative Director --Leo Burnett Tailor Made, Sao Paulo, Brazil, pg. 623
Paget, Nick, Creative Director --R/GA London, London, United Kingdom, pg. 926
Paikkari, Laura, Creative Director --TBWA PHS, Helsinki, Finland, pg. 1080
Paindiris, Kirsten, Creative Director --O'CONNELL & GOLDBERG, Hollywood, FL, pg. 1597
Palacios, Isabel R., Creative Director --McCann Erickson Mexico, Mexico, Mexico, pg. 706
Palacios, Juan, Creative Director --BBDO Mexico, Mexico, Mexico,

pg. 103
Palama, Anna, Creative Director --TBWA Italia, Milan, Italy, pg. 1083
Palermo, Rafael, Creative Director --Wunderman, Sao Paulo, Brazil, pg. 1190
Pallu, Andre, Creative Director --FCB Sao Paulo, Sao Paulo, Brazil, pg. 370
Palm, Tim, Creative Director --SPYGLASS BRAND MARKETING, Minneapolis, MN, pg. 1037
Palmer, Klara, Creative Director --McCann Erickson Prague, Prague, Czech Republic, pg. 702
Palmer, Matt, Creative Director --PARTNERS+NAPIER, Rochester, NY, pg. 855
Palmer, Richard, Creative Director --LITTLE BIG BRANDS, White Plains, NY, pg. 645
Palmer, Scott, Creative Director --CRAMER PRODUCTIONS INC., Norwood, MA, pg. 238
Palmer, Todd, Creative Director --VIRTUAL FARM CREATIVE INC., Phoenixville, PA, pg. 1138
Pals, Shawn, Creative Director --Yamamoto, Minneapolis, MN, pg. 723
Pandey, Piyush, Creative Director --Ogilvy India, Chennai, India, pg. 823
Pandya, Hital, Creative Director --Ogilvy, Chicago, IL, pg. 811
Pandya, Pooja, Creative Director --OgilvyOne Worldwide, Mumbai, India, pg. 825
Panjwani, Nikhil, Creative Director --BBH Singapore, Singapore, Singapore, pg. 94
Panteleev, Mikhail, Creative Director --MullenLowe Moscow, Moscow, Russia, pg. 775
Pantland, Charles, Creative Director --Ogilvy South Africa (Pty.) Ltd., Johannesburg, South Africa, pg. 829
Pantland, Charles, Creative Director --TBWA Hunt Lascaris (Johannesburg), Johannesburg, South Africa, pg. 1087
Paonessa, Jay, Creative Director --MACLYN GROUP, Naperville, IL, pg. 667
Papatsonis, Alexandros, Creative Director --Bold Ogilvy Greece, Athens, Greece, pg. 815
Paprocki, Joe, Creative Director --PAPROCKI & CO., Atlanta, GA, pg. 852
Parente, Francis, Creative Director --DANIELS & ROBERTS, INC., Boynton Beach, FL, pg. 260
Pari, Cesare, Creative Director --SGW, Montville, NJ, pg. 1004
Parise, David, Creative Director --HILL HOLLIDAY/NEW YORK, New York, NY, pg. 501
Park, Billy, Creative Director --AD DAWG CREATIVE, Redwood City, CA, pg. 23
Park, Hyunjung, Creative Director --Cheil Worldwide Inc., Seoul, Korea (South), pg. 462
Park, James, Creative Director --LENNON & ASSOCIATES, Burbank, CA, pg. 620
Park, Scott, Creative Director --6 DEGREES INTEGRATED COMMUNICATIONS, Toronto, Canada, pg. 10
Park, Scott, Creative Director --THE PARK GROUP, Macon, GA, pg. 854
Parkes, Martin, Creative Director --McCann Erickson Worldwide, London, United Kingdom, pg. 712
Parkinson, Richard, Creative Director --Text 100 Singapore Pvt. Ltd., Singapore, Singapore, pg. 1659
Parks, Angela, Creative Director --HIP ADVERTISING, Springfield, IL, pg. 501
Parks, Bruce, Creative Director --Ackerman McQueen, Inc., Dallas, TX, pg. 21
Parks, Bruce, Creative Director --ACKERMAN MCQUEEN, INC., Oklahoma City, OK, pg. 21
Parrish, John, Creative Director --MARKETING IN COLOR, Tampa, FL, pg. 683
Parrott, Michael, Creative Director --MCGARRYBOWEN, New York, NY, pg. 716
Partika, Sebastien, Creative Director --Wieden + Kennedy Amsterdam, Amsterdam, Netherlands, pg. 1164
Partridge, Luke, Creative Director --HUDSON ROUGE, New York, NY, pg. 511
Parzuchowski, Jason, Creative Director --THE MARS AGENCY, Southfield, MI, pg. 686
Paschall, Wade, Creative Director --GRENADIER, Boulder, CO, pg. 437
Pasotti, Nick, Creative Director --TRENDYMINDS INC, Indianapolis, IN, pg. 1115
Patil, Makarand, Creative Director --DDB Dubai, Dubai, United Arab Emirates, pg. 281
Patmore, Richard, Creative Director --JUMP BRANDING & DESIGN INC., Toronto, Canada, pg. 585
Pato, Cristina, Creative Director --DDB Madrid, S.A., Madrid, Spain,

1964

RESPONSIBILITIES INDEX — AGENCIES

pg. 280

Patriquin, Ben, Creative Director --CANALE COMMUNICATIONS, San Diego, CA, pg. 187

Patron, Joshua, Creative Director --DIESTE, Dallas, TX, pg. 299

Pattalarungkhan, Apiwat, Creative Director --GREYnj United, Bangkok, Thailand, pg. 448

Patten, Mark, Creative Director --MASTERPIECE ADVERTISING, Atlantic City, NJ, pg. 692

Paunovic, Goran, Creative Director --ARTVERSION CREATIVE, Lake Bluff, IL, pg. 1238

Pausback, Don, Creative Director --PAUSBACK ADVERTISING, Durham, NC, pg. 859

Pavani, Felipe, Creative Director --Y&R Sao Paulo, Sao Paulo, Brazil, pg. 1205

Pavy, Cathi, Creative Director --BBR CREATIVE, Lafayette, LA, pg. 116

Pawlicki, Ronald, Creative Director --Imagination the Americas, New York, NY, pg. 526

Pawlik, Arkadiusz, Creative Director --TBWA Group Poland, Warsaw, Poland, pg. 1084

Pawlik, Arkadiusz, Creative Director --TBWA Warszawa, Warsaw, Poland, pg. 1084

Pawlik, Chris, Creative Director --ANDERSON MARKETING GROUP, San Antonio, TX, pg. 58

Pawlowski, Michal, Creative Director --Saatchi & Saatchi, Warsaw, Poland, pg. 979

Payne, Brantley, Creative Director --UN/COMMON, Sacramento, CA, pg. 1125

Paz, Javier Garcia, Creative Director --Santo Buenos Aires, Buenos Aires, Argentina, pg. 1181

Peace, Pilar, Creative Director --MOTHER LTD., London, United Kingdom, pg. 762

Pearson, Andrew, Creative Director --Havas Worldwide Middle East, Dubai, United Arab Emirates, pg. 488

Pearson, Andy, Creative Director --HUMANAUT, Chattanooga, TN, pg. 514

Pecego, Guilherme, Creative Director --McCann Erickson Hong Kong Ltd., Causeway Bay, China (Hong Kong), pg. 704

Pecina, Mike, Creative Director --FIREVINE INC., Edwardsburg, MI, pg. 383

Peck, Kari, Creative Director --Match Marketing Group, Chicago, IL, pg. 693

Pedersen, Beth, Creative Director --Weber Shandwick-Dallas, Dallas, TX, pg. 1676

Pedersen, Mary, Creative Director --JPL INTEGRATED COMMUNICATIONS, INC., Harrisburg, PA, pg. 583

Pedicone, Kristina, Creative Director --BLENDERBOX INC., Brooklyn, NY, pg. 135

Pedreira, Margarida, Creative Director --Havas Worldwide Digital Portugal, Lisbon, Portugal, pg. 481

Pedzwater, Devin, Creative Director --KOVERT CREATIVE, Brooklyn, NY, pg. 601

Pekar, Carol, Creative Director --POUTRAY PEKAR ASSOCIATES, Milford, CT, pg. 884

Peksen, Bahad?rhan, Creative Director --Ogilvy, Istanbul, Turkey, pg. 817

Pelz, Craig, Creative Director --THE INTEGER GROUP - DENVER, Lakewood, CO, pg. 1406

Pendleton, Aaron, Creative Director --LEO BURNETT WORLDWIDE, INC., Chicago, IL, pg. 621

Penicaut, Alban, Creative Director --HAVAS, Puteaux, France, pg. 472

Penicaut, Alban, Creative Director --Havas Digital Factory, Rennes, France, pg. 480

Penicaut, Alban, Creative Director --Havas Worldwide-Europe, Puteaux, France, pg. 478

Penn, Suosdey, Creative Director --CHEMISTRY CLUB, San Francisco, CA, pg. 205

Pennec, Melanie, Creative Director --DDB Communication France, Paris, France, pg. 273

Pennec, Melanie, Creative Director --DDB Paris, Paris, France, pg. 273

Penney, John W., Creative Director --BLACKDOG ADVERTISING, Miami, FL, pg. 132

Pennington, Matt, Creative Director --MARKETING FACTORY, Venice, CA, pg. 683

Penteado, Fernando, Creative Director --McCann Erickson / SP, Sao Paulo, Brazil, pg. 701

Percelay, James, Creative Director --THINKMODO, INC., New York, NY, pg. 1100

Perea, Jaime, Creative Director --J. Walter Thompson, Bogota, Colombia, pg. 564

Pereira, Tiago, Creative Director --ENSO COLLABORATIVE LLC, Santa Monica, CA, pg. 341

Perel, Yaron, Creative Director --BBR Saatchi & Saatchi, Ramat Gan, Israel, pg. 977

Perez, Frances, Creative Director --THE WONDERFUL AGENCY, Los Angeles, CA, pg. 1228

Perez, Jacobo, Creative Director --CIRCUS MARKETING, Santa Monica, CA, pg. 208

Perez, Lolo Ortega, Creative Director --Contrapunto, Madrid, Spain, pg. 108

Perez, Noe, Creative Director --TKO ADVERTISING, Austin, TX, pg. 1106

Perich, Ernie, Creative Director --PERICH ADVERTISING + DESIGN, Ann Arbor, MI, pg. 864

Perkel, Chri, Creative Director --THERAPY, Culver City, CA, pg. 1098

Perlow, Lauren, Creative Director --WORKINPROGRESS, Boulder, CO, pg. 1177

Perls, Leslie, Creative Director --LP&G MARKETING, Tucson, AZ, pg. 654

Permenter, Jason, Creative Director --FANTASY INTERACTIVE, INC., New York, NY, pg. 1257

Pernil, Gola Benjamin Nogueira, Creative Director --Almap BBDO, Sao Paulo, Brazil, pg. 101

Pernod, Eric, Creative Director --ABELSON-TAYLOR, INC., Chicago, IL, pg. 17

Perritt, Christian, Creative Director --GRAVITY GROUP, Harrisonburg, VA, pg. 433

Perrone, Chris, Creative Director --GREY NEW YORK, New York, NY, pg. 438

Perrone, Paolo, Creative Director --M&C Saatchi Milan, Milan, Italy, pg. 660

Perruchas, Christophe, Creative Director --FCB CHANGE, Paris, France, pg. 366

Perry, Steve, Creative Director --BAILEY BRAND CONSULTING, Plymouth Meeting, PA, pg. 84

Persson, Andre, Creative Director --TBWA\ AB Stockholm, Stockholm, Sweden, pg. 1085

Perston, Rua, Creative Director --DDB Chicago, Chicago, IL, pg. 268

Perz, Joe, Creative Director --PANTIN/BEBER SILVERSTEIN PUBLIC RELATIONS, Miami, FL, pg. 1605

Peteet, Lisa, Creative Director --ATLAS BRANDING & DESIGN INC., Asheville, NC, pg. 75

Peteet, Rex, Creative Director --SHERRY MATTHEWS ADVOCACY MARKETING, Austin, TX, pg. 1007

Peters, Mark, Creative Director --TBWA\Chiat\Day Los Angeles, Los Angeles, CA, pg. 1077

Petersen, Eduardo, Creative Director --TRANSLATION LLC, New York, NY, pg. 1113

Petersen, Toby, Creative Director --CUTWATER, San Francisco, CA, pg. 255

Peterson, Gary, Creative Director --WAVELENGTH, Columbia, PA, pg. 1154

Peterson, Gayle, Creative Director --BIG CAT ADVERTISING, Novato, CA, pg. 128

Peterson, Jeff, Creative Director --ENCITE INTERNATIONAL, Denver, CO, pg. 340

Peterson, Sanjyot, Creative Director --GENOME, New York, NY, pg. 1259

Petkovic, Alen, Creative Director --PETROL ADVERTISING, Burbank, CA, pg. 866

Petrakov, Vasil, Creative Director --DDB Sofia, Sofia, Bulgaria, pg. 271

Petrenko, Maria, Creative Director --HADROUT ADVERTISING & TECHNOLOGY, Ferndale, MI, pg. 460

Petropoulou, Eleftheria, Creative Director --McCann Erickson Athens, Athens, Greece, pg. 704

Petty, Shannon, Creative Director --INFINITEE COMMUNICATIONS, INC., Atlanta, GA, pg. 531

Peyraque, Christophe, Creative Director --Publicis Conseil, Paris, France, pg. 898

Peyre, Olivier, Creative Director --KETTLE, New York, NY, pg. 1267

Pfannmueller, Felix, Creative Director --Heimat Werbeagentur GmbH, Berlin, Germany, pg. 1082

Pfautz, Sabrina, Creative Director --PUSH10, INC., Philadelphia, PA, pg. 919

Pfeifer, Erich, Creative Director --VENABLES, BELL & PARTNERS, San Francisco, CA, pg. 1132

Phadke, Janhavi, Creative Director --Havas - San Francisco, San Francisco, CA, pg. 476

Phalon, Patrick, Creative Director --PRIMACY, Farmington, CT, pg. 889

Pham, Anh Tuan, Creative Director --FOR OFFICE USE ONLY LLC, New York, NY, pg. 1258

Pham, Benjamin, Creative Director --CHARACTER, San Francisco, CA, pg. 203

Phelps, Joshua, Creative Director --ARLAND COMMUNICATIONS INC., Carmel, IN, pg. 69

Phillips, Amy, Creative Director --PEAKBIETY, BRANDING + ADVERTISING, Tampa, FL, pg. 860

Phillips, Christen, Creative Director --STUDIO 2 ADVERTISING, Greensburg, PA, pg. 1056

Phillips, Jay, Creative Director --Abbott Mead Vickers BBDO, London, United Kingdom, pg. 109

Phillips, Jeff, Creative Director --THE ANDERSON GROUP, Sinking Spring, PA, pg. 57

Phillips, Matt, Creative Director --ORANGESQUARE, Orlando, FL, pg. 844

Phillips, Paul, Creative Director --CAIN & COMPANY, Rockford, IL, pg. 182

Phillips, Tom, Creative Director --EXPOSURE, New York, NY, pg. 356

Phillips, Violet, Creative Director --DIGITAS HEALTH, Philadelphia, PA, pg. 302

Phinney, Leslie, Creative Director --PHINNEY BISCHOFF, Seattle, WA, pg. 869

Phipps, Cass, Creative Director --GIBENS CREATIVE GROUP, Tupelo, MS, pg. 419

Phox, Ken, Creative Director --OH PARTNERS, Phoenix, AZ, pg. 833

Piasecki, Tricia, Creative Director --Cossette B2B, Toronto, Canada, pg. 233

Picci, Michele, Creative Director --Publicis Italia, Milan, Italy, pg. 899

Piccinini, Marcos, Creative Director --J. WALTER THOMPSON ATLANTA, Atlanta, GA, pg. 564

Piccirilli, Micah, Creative Director --PICCIRILLI DORSEY, INC., Bel Air, MD, pg. 870

Piccolo, Joe, Creative Director --MCCANN CANADA, Toronto, Canada, pg. 712

Pieper, Doug, Creative Director --MAN MARKETING, Carol Stream, IL, pg. 674

Pierach, Jorg, Creative Director --FAST HORSE, Minneapolis, MN, pg. 362

Pierre, Eric, Creative Director --TBWA/G1, Boulogne-Billancourt, France, pg. 1081

Pilla, Gary, Creative Director --FRANKEL MEDIA GROUP, Newberry, FL, pg. 396

Pillot, Martin, Creative Director --DAS GROUP, INC., Pembroke Pines, FL, pg. 260

Piltz, Sascha, Creative Director --HAVAS WORLDWIDE, New York, NY, pg. 475

Pimsler, Stephen, Creative Director --KARLIN+PIMSLER, New York, NY, pg. 587

Pina, Flavio, Creative Director --Lapiz, Chicago, IL, pg. 622

Pinas, Max, Creative Director --DEPT AGENCY, Amsterdam, Netherlands, pg. 292

Pine, Derek, Creative Director --FLYNN WRIGHT, Des Moines, IA, pg. 390

Ping, Loo Yong, Creative Director --Ogilvy (Singapore) Pvt. Ltd., Singapore, Singapore, pg. 827

Pinna, Gilmar, Creative Director --MullenLowe Brasil, Sao Paulo, Brazil, pg. 542

Pinnell, Hamish, Creative Director --BARTLE BOGLE HEGARTY LIMITED, London, United Kingdom, pg. 92

Pinto, Keegan, Creative Director --FCB Ulka, Mumbai, India, pg. 373

Pinto, Rodrigo, Creative Director --Paim Comunicacao, Porto Alegre, Brazil, pg. 701

Pisani, Giancarlo, Creative Director --SapientRazorfish Boston, Boston, MA, pg. 914

Pisano, James, Creative Director --BLUE MOON STUDIOS, West Paterson, NJ, pg. 139

Pitino, Sam, Creative Director --SMALL ARMY, Boston, MA, pg. 1022

Pittman, Mikal, Creative Director --LEO BURNETT WORLDWIDE, INC., Chicago, IL, pg. 621

Pittman, Sis, Creative Director --FOCUSED IMAGE, Falls Church, VA, pg. 391

Pitz, Arnaud, Creative Director --N BBDO, Brussels, Belgium, pg. 103

Pitz, Arnaud, Creative Director --Proximity BBDO, Brussels, Belgium, pg. 103

Pitz, Arnaud, Creative Director --VVL BBDO, Brussels, Belgium, pg. 103

Pizarro, Armando, Creative Director --ACENTO ADVERTISING, INC., Santa Monica, CA, pg. 20

Pizzato, Daniel, Creative Director --Leo Burnett Melbourne,

Melbourne, Australia, pg. 628
Plain, David, Creative Director --MEDIASSOCIATES, INC., Sandy Hook, CT, pg. 1351
Platoni, Tom, Creative Director --Allied Advertising, Public Relations, New York, NY, pg. 47
Platoni, Tom, Creative Director --Allied Integrated Marketing, Kansas City, MO, pg. 48
Platoni, Tom, Creative Director --Allied Integrated Marketing, Scottsdale, AZ, pg. 47
Platt, Brian, Creative Director --MONO, Minneapolis, MN, pg. 755
Platt, Kelly, Creative Director --DARLING, New York, NY, pg. 260
Plehal, Chris, Creative Director --RED TETTEMER O'CONNELL & PARTNERS, Philadelphia, PA, pg. 941
Plotniece, Ulrika, Creative Director --DDB Latvia, Riga, Latvia, pg. 276
Pluckhahn, Michael, Creative Director --BBDO Dusseldorf, Dusseldorf, Germany, pg. 105
Plymale, John, Creative Director --GARD COMMUNICATIONS, Portland, OR, pg. 409
Poblete, Fernando, Creative Director --CASANOVA PENDRILL, Costa Mesa, CA, pg. 192
Poirier, Jordan, Creative Director --CONCRETE DESIGN COMMUNICATIONS INC, Toronto, Canada, pg. 226
Polanski, Denise, Creative Director --SHAKER RECRUITMENT ADVERTISING & COMMUNICATIONS, INC., Oak Park, IL, pg. 1005
Polcari, Mike, Creative Director --THE JOHNSON GROUP, Chattanooga, TN, pg. 580
Policarpo, I-van, Creative Director --Saatchi & Saatchi Asia Pacific, Singapore, Singapore, pg. 985
Polis, Eva, Creative Director --DDB Canada, Edmonton, Canada, pg. 267
Polkes, Debra, Creative Director --THE CDM GROUP, New York, NY, pg. 198
Polkes, Debra, Creative Director --Cline, Davis & Mann, Inc., Princeton, NJ, pg. 199
Polkinghorne, Ben, Creative Director --Abbott Mead Vickers BBDO, London, United Kingdom, pg. 109
Pollo, Paolo, Creative Director --Y&R Italia, srl, Milan, Italy, pg. 1203
Pomikal, Miroslav, Creative Director --Y&R Praha, s.r.o., Prague, Czech Republic, pg. 1205
Pongacha, Thanyaluck, Creative Director --GREYnj United, Bangkok, Thailand, pg. 448
Pongrakananon, Piti, Creative Director --Leo Burnett, Bangkok, Thailand, pg. 631
Pons, Bernardo Rodriguez, Creative Director --WING, New York, NY, pg. 1170
Pontz, Corey, Creative Director --GRAHAM MEDIA PARTNERS, Wayne, PA, pg. 431
Poor, Kevin, Creative Director --DIX & EATON, Cleveland, OH, pg. 308
Pope, Seymour, Creative Director --Y&R, Auckland, New Zealand, pg. 1192
Popich, Mark, Creative Director --FELL SWOOP, INC, Seattle, WA, pg. 1257
Portales, Jorge, Creative Director --DDB Chile, Santiago, Chile, pg. 271
Portello, Sara, Creative Director --D'Adda, Lorenzini, Vigorelli, BBDO, Milan, Italy, pg. 106
Porter, Dave, Creative Director --MIRAGE ADVERTISING, Monroeville, PA, pg. 747
Porterie, Dario, Creative Director --Santo Buenos Aires, Buenos Aires, Argentina, pg. 1181
Portz, Jan C., Creative Director --McCann Erickson Brand Communications Agency, Frankfurt am Main, Germany, pg. 703
Postrel, Pam, Creative Director --MOCEAN, Los Angeles, CA, pg. 752
Potack, Jesse, Creative Director --EP+CO, Greenville, SC, pg. 343
Potosnak, Jamie, Creative Director --ROUTE 1A ADVERTISING, Erie, PA, pg. 969
Potter, Carrie, Creative Director --PIXACORE, New York, NY, pg. 874
Potter, JW, Creative Director --JOHNSON & MURPHY, Van Nuys, CA, pg. 579
Potter, Nathanael, Creative Director --Adam & EveDDB, London, United Kingdom, pg. 281
Potter, Stephen, Creative Director --GENUINE INTERACTIVE, Boston, MA, pg. 414
Pottgen, Troy, Creative Director --RIESTER, Phoenix, AZ, pg. 958
Potts, Taylor, Creative Director --THE BALCOM AGENCY, Fort Worth, TX, pg. 85
Poulier, Mark, Creative Director --Clemenger BBDO Melbourne, Melbourne, Australia, pg. 111

Poulios, Dimitri, Creative Director --HYC/MERGE, Chicago, IL, pg. 515
Powell, Dylan, Creative Director --UNLEADED COMMUNICATIONS, INC., Houston, TX, pg. 1127
Powelson, Michael, Creative Director --RIGGS PARTNERS, West Columbia, SC, pg. 1631
Power, Tyler, Creative Director --ARCANE, Calgary, Canada, pg. 65
Powers, Maggie, Creative Director --GYRO, New York, NY, pg. 457
Powers, Michael, Creative Director --CRAMER PRODUCTIONS INC., Norwood, MA, pg. 238
Poyekar, Sandeep, Creative Director --Saatchi & Saatchi, Mumbai, India, pg. 984
Prabhu, Jag, Creative Director --J. WALTER THOMPSON, New York, NY, pg. 553
Pradana, Yogi, Creative Director --Leo Burnett Indonesia, Jakarta, Indonesia, pg. 630
Pradinuk, Carey, Creative Director --MCKIM, Winnipeg, Canada, pg. 719
Prager, Ben, Creative Director --PRAGER CREATIVE, New York, NY, pg. 886
Prahin, Andrew, Creative Director --The Marketing Arm, Chicago, IL, pg. 682
Pratomo, Cynthia, Creative Director --Wolff Olins-New York, New York, NY, pg. 1174
Prentice, Brian, Creative Director --PADILLA, Minneapolis, MN, pg. 849
Preston, Chris, Creative Director --PRESTON KELLY, Minneapolis, MN, pg. 888
Preston, Corinne, Creative Director --STREAM COMPANIES, Malvern, PA, pg. 1054
Pretorius, Gareth, Creative Director --J. Walter Thompson Cape Town, Cape Town, South Africa, pg. 554
Prettyman, Alyssa, Creative Director --SCRATCH MARKETING + MEDIA, Cambridge, MA, pg. 999
Price, Annie, Creative Director --J. Walter Thompson Australia, Richmond, Australia, pg. 554
Price, Heather, Creative Director --CHERNOFF NEWMAN, Columbia, SC, pg. 206
Price, Larry, Creative Director --VISION CREATIVE GROUP, INC., Morris Plains, NJ, pg. 1139
Prichard, Zach, Creative Director --MAD GENIUS, Ridgeland, MS, pg. 668
Priddy, Ben, Creative Director --TBWA\Chiat\Day Los Angeles, Los Angeles, CA, pg. 1077
Primachenko, Evgeny, Creative Director --Wieden + Kennedy Amsterdam, Amsterdam, Netherlands, pg. 1164
Prior, Stephen, Creative Director --HS Ad, Inc., Seoul, Korea (South), pg. 1201
Prisilia, Irvine, Creative Director --GREYnj United, Bangkok, Thailand, pg. 448
Prosser, Luke, Creative Director --ACKMANN & DICKENSON, MinneaPolis, MN, pg. 21
Proud, Geoff, Creative Director --TRANSLATION LLC, New York, NY, pg. 1113
Proud, Mark, Creative Director --STEP ONE CREATIVE, Oswego, NY, pg. 1046
Pruzincova, Dora, Creative Director --Y&R Praha, s.r.o., Prague, Czech Republic, pg. 1205
Pujals, Lisa, Creative Director --BOUCHARD MCELROY COMMUNICATIONS GROUP INC., Roseville, CA, pg. 149
Pujolas, Pat, Creative Director --NORTH_ICH PUBLIC RELATIONS, Cincinnati, OH, pg. 799
Pulchin, Howard, Creative Director --APCO Worldwide, New York, NY, pg. 63
Puppio, Francisco, Creative Director --72ANDSUNNY, Playa Vista, CA, pg. 11
Purcell, Alex, Creative Director --Golin, London, United Kingdom, pg. 1521
Purdin, Bill, Creative Director --LEGEND INC., Marblehead, MA, pg. 619
Purther, Julianne, Creative Director --McCann Detroit, Birmingham, MI, pg. 699
Puskar, Jeff, Creative Director --Possible Los Angeles, Playa Vista, CA, pg. 1281
Puttagio, Marissa, Creative Director --EVENTIGE MEDIA GROUP, New York, NY, pg. 352
Pyne, Chrissy, Creative Director --MR. SMITH AGENCY LLC, Buffalo, NY, pg. 766
Qian, Frankie, Creative Director --Leo Burnett Shanghai Advertising Co., Ltd., Shanghai, China, pg. 629
Quevedo, Aldo, Creative Director --RICHARDS/LERMA, Dallas, TX, pg. 957

Quick, Jim, Creative Director --REDFONT MARKETING GROUP, Concord, NC, pg. 943
Quigley, Thomas, Creative Director --VERBAL+VISUAL, New York, NY, pg. 1300
Quimbay, Jonathan, Creative Director --MullenLowe SSP3, Bogota, Colombia, pg. 777
Quinn, Georgina, Creative Director --INTANDEM INC., Greenville, NC, pg. 536
Quintal, Nelson, Creative Director --Cheil Worldwide Inc., Seoul, Korea (South), pg. 462
Quintal, Nicolas, Creative Director --RETHINK, Vancouver, Canada, pg. 951
Quintero, Juan Manuel, Creative Director --Santo Buenos Aires, Buenos Aires, Argentina, pg. 1181
Quirk, Cara, Creative Director --DAY COMMUNICATIONS VANCOUVER, Vancouver, Canada, pg. 265
Quiroga, Anderson, Creative Director --McCann Erickson Corp. S.A., Bogota, Colombia, pg. 702
Quiroz, German, Creative Director --BBDO Chile, Santiago, Chile, pg. 102
Quiroz, German, Creative Director --Prolam Y&R S.A., Santiago, Chile, pg. 1206
Quong, Ed, Creative Director --LPI COMMUNICATIONS GROUP INC., Calgary, Canada, pg. 654
Raab, Ryan, Creative Director --DROGA5, New York, NY, pg. 321
Rabdau, James, Creative Director --THE SUMMIT GROUP, Salt Lake City, UT, pg. 1060
Rabe, Tobias, Creative Director --Havas Worldwide Dusseldorf, Dusseldorf, Germany, pg. 480
Rabinowitz, Jacob, Creative Director --FURMAN ROTH ADVERTISING, New York, NY, pg. 403
Racano, Debbey, Creative Director --LEVLANE ADVERTISING/PR/INTERACTIVE, Philadelphia, PA, pg. 635
Rademacher, Lisa, Creative Director --Team Enterprises, Inc., Fort Lauderdale, FL, pg. 723
Rader, Kai, Creative Director --MONDO ROBOT, Boulder, CO, pg. 755
Raftery, Rodney, Creative Director --DIGITAS, Boston, MA, pg. 1250
Ragan, Kimberley, Creative Director --Colenso BBDO, Auckland, New Zealand, pg. 114
Rahman, Jeff, Creative Director --THE MARKETING STORE, Chicago, IL, pg. 1410
Rahman, Nurur, Creative Director --Grey Bangladesh Ltd., Dhaka, Bangladesh, pg. 445
Raices, Rodrigo, Creative Director --Grey Argentina, Buenos Aires, Argentina, pg. 443
Raileanu, Bogdan, Creative Director --Geometry Global, Bucharest, Romania, pg. 441
Rainey, Mike, Creative Director --ZEHNDER COMMUNICATIONS, INC., New Orleans, LA, pg. 1210
Rains, Jon, Creative Director --RAINS BIRCHARD MARKETING, Portland, OR, pg. 929
Raleigh, Jennifer, Creative Director --TENTH CROW CREATIVE, Burlington, VT, pg. 1097
Ramadan, Jihad, Creative Director --Team/Y&R HQ Dubai, Dubai, United Arab Emirates, pg. 1205
Ramanathan, Sanjay, Creative Director --MullenLowe Lintas Group, Mumbai, India, pg. 774
Ramirez Arias, Luis Gabriel, Creative Director --Ogilvy, Chicago, IL, pg. 811
Ramirez, David Correa, Creative Director --Ogilvy, Bogota, Colombia, pg. 820
Ramirez, Fernando, Creative Director --WATSON DESIGN GROUP, Los Angeles, CA, pg. 1301
Ramirez, Guille, Creative Director --DDB Barcelona S.A., Barcelona, Spain, pg. 280
Ramirez, Guille, Creative Director --DDB Madrid, S.A., Madrid, Spain, pg. 280
Ramirez, Hector Hernandez, Creative Director --CASANOVA PENDRILL, Costa Mesa, CA, pg. 192
Ramirez, Sergio, Creative Director --J. Walter Thompson, Mexico, Mexico, pg. 564
Ramos, Francheska Boria, Creative Director --BBG&G ADVERTISING, Campbell Hall, NY, pg. 115
Rampino, Amber, Creative Director --19 IDEAS INC., Buffalo, NY, pg. 1421
Ramsell, David, Creative Director --GRANTSTREET CREATIVE, Dover, OH, pg. 432
Ramsey, Brad, Creative Director --THREE ATLANTA, Atlanta, GA, pg. 1102
Randall, Doug, Creative Director --CRAMER PRODUCTIONS INC., Norwood, MA, pg. 238
Ranew, Bob, Creative Director --CLEAN DESIGN, INC., Raleigh, NC,

RESPONSIBILITIES INDEX — AGENCIES

Rasak, Charlie, Creative Director --CREATIVE RESOURCES GROUP, Plymouth, MA, pg. 245

Rasiel, Josh, Creative Director --LIGHTSPEED PUBLIC RELATIONS, Brooklyn, NY, pg. 1567

Rasmussen, Mark, Creative Director --Weber Shandwick, Shanghai, China, pg. 1681

Rastovac, Jana Savic, Creative Director --McCann Erickson Group, Belgrade, Serbia, pg. 708

Ratner, Steve, Creative Director --IVY CREATIVE, Natick, MA, pg. 551

Ratti, Angelo, Creative Director --D'Adda, Lorenzini, Vigorelli, BBDO, Milan, Italy, pg. 106

Raube, Nicholla, Creative Director --J. Walter Thompson, London, United Kingdom, pg. 562

Raulie, Ryan, Creative Director --CONE COMMUNICATIONS, Boston, MA, pg. 1473

Raut, Chinmay, Creative Director --Ogilvy, Mumbai, India, pg. 1601

Raut, Mukul, Creative Director --Leo Burnett India, New Delhi, India, pg. 630

Rayfield, Dan, Creative Director --PARADOWSKI CREATIVE, Saint Louis, MO, pg. 853

Reading, Shay, Creative Director --Adam & EveDDB, London, United Kingdom, pg. 281

Rebilas, Brenda, Creative Director --OGILVY COMMONHEALTH WORLDWIDE, Parsippany, NJ, pg. 832

Rector, Brent, Creative Director --FUEL CREATIVE GROUP, Sacramento, CA, pg. 401

Rector, David, Creative Director --MRC MEDICAL COMMUNICATIONS, Emerson, NJ, pg. 766

Reddick, Ryan, Creative Director --Edelman, London, United Kingdom, pg. 1494

Redestowicz, Kamil, Creative Director --BBDO, Warsaw, Poland, pg. 107

Redmond, Craig, Creative Director --ELEVATOR STRATEGY, Vancouver, Canada, pg. 336

Redwood, Geoff, Creative Director --JAN KELLEY MARKETING, Burlington, Canada, pg. 571

Reed, Aaron, Creative Director --GOCONVERGENCE, Orlando, FL, pg. 426

Reed, Andrew, Creative Director --OGILVY, New York, NY, pg. 809

Reed, Martin, Creative Director --Young & Rubicam Ltd., London, United Kingdom, pg. 1204

Reed, Susan, Creative Director --INTROWORKS, INC., Minnetonka, MN, pg. 545

Reedy, Jamie, Creative Director --LRXD, Denver, CO, pg. 1269

Reeves, Rana, Creative Director --THE BLUE FLAME AGENCY, New York, NY, pg. 139

Regalado, Preston, Creative Director --CUBICLE NINJAS, Glen Ellyn, IL, pg. 252

Regan, John, Creative Director --FITCH, London, United Kingdom, pg. 385

Regiani, Sebastian, Creative Director --Ogilvy Argentina, Buenos Aires, Argentina, pg. 819

Reginald, Jarrod, Creative Director --Ogilvy Advertising, Kuala Lumpur, Malaysia, pg. 826

Rego, Pedro, Creative Director --McCann Erickson S.A., Madrid, Spain, pg. 709

Rehne, Stefan, Creative Director --DDB Berlin, Berlin, Germany, pg. 274

Reichard, Mark, Creative Director --MCCANN WORLDGROUP, New York, NY, pg. 714

Reicher, Jerome N., Creative Director --ARRCO MEDICAL MARKETING, Walpole, MA, pg. 71

Reifschneider, Kurt, Creative Director --THE GARRIGAN LYMAN GROUP, INC, Seattle, WA, pg. 410

Reilley, James, Creative Director --DIGITAS HEALTH, Philadelphia, PA, pg. 302

Reilly-Taylor, Claire, Creative Director --ENA HEALTHCARE COMMUNICATIONS, Shrewsbury, NJ, pg. 340

Reina, Cristina Rodriguez, Creative Director --DDB New York, New York, NY, pg. 269

Reinaas, Marek, Creative Director --Zavod BBDO, Tallinn, Estonia, pg. 104

Reiner, Megan, Creative Director --SCALES ADVERTISING, Saint Paul, MN, pg. 994

Reinertson, Liz, Creative Director --ICF OLSON, Minneapolis, MN, pg. 518

Rekward, Robert, Creative Director --DELICIOUS DESIGN, Bend, OR, pg. 287

Rementeria, Jose, Creative Director --BRAINSWITCH ADVERTISING, Miami, FL, pg. 153

Remer, Dave, Creative Director --REMERINC, Seattle, WA, pg. 946

Remer, David, Creative Director --REMER INC. CREATIVE MARKETING, Seattle, WA, pg. 946

Rench, Scott, Creative Director --mcgarrybowen, Chicago, IL, pg. 718

Renfer, Brett, Creative Director --BLUECADET INTERACTIVE, Philadelphia, PA, pg. 1241

Resler, Jessica, Creative Director --THE PARTICIPATION AGENCY, New York, NY, pg. 1279

Reuter, Kevin, Creative Director --CORD MEDIA, Palm Desert, CA, pg. 231

Rey, Mervyn, Creative Director --Ogilvy Advertising, Singapore, Singapore, pg. 827

Reyes Aqueveque, Patricio Andres, Creative Director --Prolam Y&R S.A., Santiago, Chile, pg. 1206

Reyes, Ricardo, Creative Director --SONSHINE COMMUNICATIONS, Miami, FL, pg. 1029

Reynolds, Andrew, Creative Director --Superunion, Central, China (Hong Kong), pg. 1063

Rhyne, Brett, Creative Director --THE GLENN GROUP, Reno, NV, pg. 421

Rhyne, Brett, Creative Director --WIDE AWAKE, Reno, NV, pg. 1163

Riachi, Odile, Creative Director --H&C, Leo Burnett, Beirut, Lebanon, pg. 625

Ribeiro, Bruno, Creative Director --MullenLowe London, London, United Kingdom, pg. 775

Ribeiro, Lucas, Creative Director --BETC, Paris, France, pg. 479

Rice, Alex, Creative Director --TDA_BOULDER, Boulder, CO, pg. 1094

Rice, Helen, Creative Director --FUZZCO INC., Charleston, SC, pg. 405

Richards, David, Creative Director --BRING, Green Bay, WI, pg. 165

Richards, Josefine, Creative Director --INGO, Stockholm, Sweden, pg. 442

Richards, Tom, Creative Director --Havas London, London, United Kingdom, pg. 482

Richardson, Neil, Creative Director --Fallon London, London, United Kingdom, pg. 360

Richardson, Neil, Creative Director --Leo Burnett, Ltd., London, United Kingdom, pg. 624

Ridolfi, Aline, Creative Director --FAKE LOVE, Brooklyn, NY, pg. 1256

Riefer, Torsten Michael, Creative Director --Wunderman, Vienna, Austria, pg. 1190

Riehl, Johner, Creative Director --WONACOTT COMMUNICATIONS, LLC, Sherman Oaks, CA, pg. 1685

Riemann, Ted, Creative Director --THE PRIME TIME AGENCY, Gulfport, MS, pg. 889

Riffault, Herve, Creative Director --Publicis Conseil, Paris, France, pg. 898

Riffle, Dallas, Creative Director --DALLAS RIFFLE MEDIA, Cleveland, OH, pg. 258

Riffner, Max, Creative Director --B2 INTERACTIVE, Omaha, NE, pg. 82

Riley, David, Creative Director --SQUARE ONE MARKETING, West Hartford, CT, pg. 1037

Riley, Martha, Creative Director --Ogilvy EMEA, London, United Kingdom, pg. 818

Riley, Rick, Creative Director --PARTNERSRILEY, Bay Village, OH, pg. 856

Ring, Grace, Creative Director --VEHR COMMUNICATIONS, LLC, Cincinnati, OH, pg. 1666

Rinke, Russell J., Creative Director --Jack Morton Worldwide, Detroit, MI, pg. 568

Rios, Adrian, Creative Director --Young & Rubicam, S.L., Madrid, Spain, pg. 1203

Rios, Nick, Creative Director --M&R MARKETING GROUP, Macon, GA, pg. 663

Ritchie, Craig, Creative Director --Weber Shandwick, Toronto, Canada, pg. 1677

Ritz, Peggy, Creative Director --Merkle Inc., King of Prussia, PA, pg. 733

Rivera, Ivan, Creative Director --Ogilvy, Bogota, Colombia, pg. 820

Riveros, Fernando, Creative Director --Grey Madrid, Madrid, Spain, pg. 442

Rivers, Robert, Creative Director --HYPE CREATIVE PARTNERS, Los Angeles, CA, pg. 516

Rivest, Sebastien, Creative Director --DENTSUBOS, Montreal, Canada, pg. 291

Rizkallah, Raja, Creative Director --Saatchi & Saatchi, Dubai, United Arab Emirates, pg. 980

Rizo, David Alvarez, Creative Director --ALMA, Coconut Grove, FL, pg. 49

Rizwan, Mohamed, Creative Director --Wieden + Kennedy India, New Delhi, India, pg. 1166

Rizzello, Paul, Creative Director --J. Walter Thompson, London, United Kingdom, pg. 562

Roach, Matt, Creative Director --Anomaly, London, United Kingdom, pg. 59

Roach, Matt, Creative Director --Anomaly, London, United Kingdom, pg. 721

Roberts, Ben, Creative Director --RYAN MARKETING PARTNERS, LLC, Farmington, CT, pg. 973

Roberts, Bruce, Creative Director --TBWA Health A.G., Zurich, Switzerland, pg. 1085

Roberts, Jeff, Creative Director --MOIRE MARKETING PARTNERS, Falls Church, VA, pg. 754

Roberts, Keith, Creative Director --ZENMAN, Denver, CO, pg. 1211

Roberts, Paul, Creative Director --72andSunny, Brooklyn, NY, pg. 12

Roberts, Ted, Creative Director --VIEWPOINT CREATIVE, Newton, MA, pg. 1137

Robertson, Joe, Creative Director --KOCH CREATIVE GROUP, Wichita, KS, pg. 1223

Robertson, Peter, Creative Director --MOTHER LTD., London, United Kingdom, pg. 762

Robertson, Steve, Creative Director --Leo Burnett, Ltd., London, United Kingdom, pg. 624

Robertson, Steve, Creative Director --Leo Burnett London, London, United Kingdom, pg. 627

Robin, Kenneth, Creative Director --THE BROOKLYN BROTHERS, New York, NY, pg. 167

Robinson, Ed, Creative Director --Publicis UK, London, United Kingdom, pg. 902

Robinson, Mendi, Creative Director --LAMAR ADVERTISING COMPANY, Baton Rouge, LA, pg. 608

Robinson, Mendi, Creative Director --Lamar Advertising Company, Richmond, VA, pg. 608

Robinson, Rob, Creative Director --DRAW, London, United Kingdom, pg. 319

Robinson, Rob, Creative Director --MESS, Chicago, IL, pg. 1271

Robinson, Wayne, Creative Director --M&C SAATCHI PLC, London, United Kingdom, pg. 658

Robison, Jen, Creative Director --WRG PHILADELPHIA, Philadelphia, PA, pg. 1187

Rocco, Mike, Creative Director --LITTLEFIELD AGENCY, Tulsa, OK, pg. 646

Rodbard, Jason, Creative Director --Jack Morton Worldwide (Dubai), Dubai, United Arab Emirates, pg. 567

Rodenbeck, Eric, Creative Director --STAMEN DESIGN, San Francisco, CA, pg. 1042

Roderick, Craig, Creative Director --Southpaw, Tunbridge Wells, United Kingdom, pg. 463

Rodgers, Nick, Creative Director --ZAMBEZI, Culver City, CA, pg. 1209

Rodman, Sean, Creative Director --HART, Toledo, OH, pg. 470

Rodriguez Serra, Silvia Julieta, Creative Director --MullenLowe SSP3, Bogota, Colombia, pg. 777

Rodriguez, Dave, Creative Director --AGENDA, New York, NY, pg. 40

Rodriguez, Harold, Creative Director --Mass Nazca Saatchi & Saatchi, Tegucigalpa, Honduras, pg. 982

Rodriguez, Iggy, Creative Director --Mccann, Sydney, Australia, pg. 700

Rodriguez, Jose Oscar, Creative Director --BRANDSTAR, Deerfield Beach, FL, pg. 158

Rodriguez, Oddo, Creative Director --RABINOVICI & ASSOCIATES, Hallandale Beach, FL, pg. 928

Rodriguez, Roly, Creative Director --THE PINK COLLECTIVE, Hollywood, FL, pg. 872

Rodriguez, Sam, Creative Director --ROCKORANGE, Miami, FL, pg. 1633

Roettger, Dan, Creative Director --MARTIN WILLIAMS ADVERTISING INC., Minneapolis, MN, pg. 688

Rogers, Jules, Creative Director --August Media, London, United Kingdom, pg. 902

Rogers, Leia, Creative Director --RETHINK, Vancouver, Canada, pg. 951

Rogers, Leia, Creative Director --Rethink, Toronto, Canada, pg. 951

Rogers, Matt, Creative Director --PARTY LAND, Los Angeles, CA, pg. 857

Rogoski, Beto, Creative Director --Y&R Sao Paulo, Sao Paulo, Brazil, pg. 1205

1967

AGENCIES   RESPONSIBILITIES INDEX

Rogowski, Mary Rose, Creative Director --PULSECX, Montgomeryville, PA, pg. 916
Rohn, Randy, Creative Director --ESWSTORYLAB, Chicago, IL, pg. 350
Rojas, Miguel, Creative Director --Sancho BBDO, Bogota, Colombia, pg. 102
Rolfe, Adam, Creative Director --Rapp London, London, United Kingdom, pg. 932
Roman, Vic, Creative Director --BROWN COMMUNICATIONS GROUP, Regina, Canada, pg. 168
Romano, Nicolas, Creative Director --J. Walter Thompson, Sao Paulo, Brazil, pg. 563
Romero, Luis, Creative Director --BBDO New York, New York, NY, pg. 99
Romney, Roz, Creative Director --TBD, San Francisco, CA, pg. 1076
Ronayne, L. A., Creative Director --Stink Studios, London, United Kingdom, pg. 1050
Ronca-Shumskas, Pamela, Creative Director --THINK COMMUNICATIONS GROUP, LLC, Pipersville, PA, pg. 1099
ronda, Xavi gimeno, Creative Director --McCann Erickson S.A., Barcelona, Spain, pg. 710
Rooney, Rob, Creative Director --ROKKAN, New York, NY, pg. 966
Roos, Kyley, Creative Director --Superunion, Johannesburg, South Africa, pg. 1063
Rooth, Nick, Creative Director --ALCONE MARKETING GROUP, Irvine, CA, pg. 1395
Ros, Mariana Navarrete, Creative Director --Teran TBWA, Mexico, Mexico, pg. 1092
Rose, Martin, Creative Director --MOTHER LTD., London, United Kingdom, pg. 762
Rose, Matt, Creative Director --THE MARLIN NETWORK, INC., Springfield, MO, pg. 685
Rose, Natalie, Creative Director --R/GA, New York, NY, pg. 925
Rose, Szymon, Creative Director --Wieden + Kennedy Amsterdam, Amsterdam, Netherlands, pg. 1164
Rosene, James, Creative Director --ERASERFARM, Tampa, FL, pg. 346
Rosenkranz, Klaudia, Creative Director --Saatchi & Saatchi, Budapest, Hungary, pg. 977
Rosenthal, Barry, Creative Director --BR CREATIVE, Hingham, MA, pg. 151
Rosenthal, Rob, Creative Director --POLLINATE, Portland, OR, pg. 881
Ross, Keith, Creative Director --Atmosphere Proximity, New York, NY, pg. 98
Rossini, Fernando, Creative Director --Wunderman, Buenos Aires, Argentina, pg. 1189
Rossini, Jennifer, Creative Director --SID LEE, Toronto, Canada, pg. 1010
Rossler, Fabian, Creative Director --Heimat Werbeagentur GmbH, Berlin, Germany, pg. 1082
Rosswaag, Robert, Creative Director --J. WALTER THOMPSON, New York, NY, pg. 553
Roth, Jonas, Creative Director --Adam & EveDDB, London, United Kingdom, pg. 281
Roth, Justin, Creative Director --GREY GROUP, New York, NY, pg. 438
Rothschild, Anne, Creative Director --RENEGADE, LLC, New York, NY, pg. 946
Rothwell, James, Creative Director --Wunderman, Washington, DC, pg. 1198
Rouleau, Rene, Creative Director --BIMM COMMUNICATIONS GROUP, Toronto, Canada, pg. 131
Roux, Frederic, Creative Director --Digitas, Paris, France, pg. 1252
Roux, Yves, Creative Director --FAME, Minneapolis, MN, pg. 361
Rovira, Sergi Perez, Creative Director --DDB Barcelona S.A., Barcelona, Spain, pg. 280
Rowan, Greg, Creative Director --TEAK, San Francisco, CA, pg. 1094
Rowe, Erica, Creative Director --OBI CREATIVE, Omaha, NE, pg. 805
Roxas, Miles, Creative Director --SUITS & SANDALS, LLC, Brooklyn, NY, pg. 1293
Royall, Stu, Creative Director --BARTLE BOGLE HEGARTY LIMITED, London, United Kingdom, pg. 92
Rozental, Ignacio, Creative Director --Wunderman, Buenos Aires, Argentina, pg. 1189
Ruano, Camilo, Creative Director --Ogilvy, Bogota, Colombia, pg. 820
Rubinstein, Joel, Creative Director --DENTINO MARKETING, Princeton, NJ, pg. 289

Rubinstein, Moti, Creative Director --Adler, Chomski Grey, Tel Aviv, Israel, pg. 440
Ruchakityanon, Kusuma, Creative Director --BBDO Bangkok, Bangkok, Thailand, pg. 115
Rucker, Chad, Creative Director --JACKSON MARKETING GROUP, Greenville, SC, pg. 569
Ruderman, Loren, Creative Director --SENTIENT INTERACTIVE LLC, Florham Park, NJ, pg. 1289
Rudolf, Barbara, Creative Director --GRIFFIN & ASSOCIATES, Albuquerque, NM, pg. 449
Rueda, Ricardo A., Creative Director --Teran TBWA, Mexico, Mexico, pg. 1092
Rufach, Jaume, Creative Director --McCann Erickson S.A., Madrid, Spain, pg. 709
Rufino, Kenny, Creative Director --REQ, Washington, DC, pg. 948
Ruhnke, Kirk, Creative Director --Mortenson Safar Kim, Milwaukee, WI, pg. 761
Ruiz, Juan Pablo, Creative Director --JJR MARKETING, INC, Naperville, IL, pg. 1548
Ruiz-Abogado, Vincent, Creative Director --STUN CREATIVE, Los Angeles, CA, pg. 1057
Rundgren, Derek, Creative Director --PUBLICIS HAWKEYE, Dallas, TX, pg. 1282
Runkle, Jonathon, Creative Director --PHENOMENON, Los Angeles, CA, pg. 868
Rusen, Hart, Creative Director --MEKANISM, San Francisco, CA, pg. 729
Rusevski, Antonio, Creative Director --BSTRO, INC., San Francisco, CA, pg. 1244
Russell, Fran, Creative Director --INVERVE MARKETING, Lansing, MI, pg. 546
Russett, Anna, Creative Director --HAVAS WORLDWIDE CHICAGO, Chicago, IL, pg. 488
Russo, Margaret, Creative Director --GREY GROUP, New York, NY, pg. 438
Russo, Rocky, Creative Director --CERBERUS AGENCY, New Orleans, LA, pg. 201
Rutherford, April, Creative Director --ANTHOLOGY MARKETING GROUP, Honolulu, HI, pg. 1433
Rutherford, Kirsten, Creative Director --TBWA\Chiat\Day Los Angeles, Los Angeles, CA, pg. 1077
Ryan, Ben, Creative Director --MILLER AD AGENCY, Dallas, TX, pg. 741
Ryan, Chip, Creative Director --BRANDDIRECTIONS, Neenah, WI, pg. 155
Ryan, Richard, Creative Director --SOMETHING DIFFERENT, Brooklyn, NY, pg. 1028
Rybak, Stephen, Creative Director --MOREHEAD DOTTS RYBAK, Corpus Christi, TX, pg. 757
Ryder, Zac, Creative Director --GIANT SPOON, Los Angeles, CA, pg. 418
Saad, Siham, Creative Director --Horizon FCB Beirut, Beirut, Lebanon, pg. 369
Saari, Steve, Creative Director --Lawler Ballard Van Durand, Atlanta, GA, pg. 616
Sabioni, Riccardo, Creative Director --THE ZIMMERMAN AGENCY LLC, Tallahassee, FL, pg. 1213
Sabo, Adrienne, Creative Director --PRODIGAL MEDIA COMPANY, Boardman, OH, pg. 890
Sabo, Lisa, Creative Director --SIMONS MICHELSON ZIEVE, INC., Troy, MI, pg. 1015
Sabran, Barbara L., Creative Director --LODICO & COMPANY, Carlisle, MA, pg. 650
Sachdev, Ruchir, Creative Director --Saatchi & Saatchi Asia Pacific, Singapore, Singapore, pg. 985
Sadhu, Neil, Creative Director --INTERTREND COMMUNICATIONS, INC., Long Beach, CA, pg. 544
Sadler, Danny, Creative Director --ACROBATANT, Tulsa, OK, pg. 22
Sahoo, Ajit Kumar, Creative Director --Ogilvy India, Mumbai, India, pg. 824
Saklas, Andrew, Creative Director --LANMARK360, West Long Branch, NJ, pg. 610
Salcedo, Brian, Creative Director --GIANT PROPELLER, Burbank, CA, pg. 1259
Salesa, Annabel, Creative Director --Publicis Conseil, Paris, France, pg. 898
Salg, Chris, Creative Director --TCREATIVE, INC., Orlando, FL, pg. 1093
Salinas, Adrian, Creative Director --ARENAS ENTERTAINMENT, Los Angeles, CA, pg. 67
Salles, Celio, Creative Director --Havas Worldwide Latin America, Sao Paulo, Brazil, pg. 484
Salles, Daniel, Creative Director --Radius Leo Burnett, Dubai, United

Arab Emirates, pg. 627
Salles, Eduardo, Creative Director --MullenLowe Brasil, Sao Paulo, Brazil, pg. 542
Salter, Sean, Creative Director --MIDNIGHT OIL CREATIVE, Burbank, CA, pg. 739
Sammy, Ryan, Creative Director --FRACTL, Delray Beach, FL, pg. 395
Samper, Diana, Creative Director --WE ARE UNLIMITED, Chicago, IL, pg. 1155
Samson, Jeff, Creative Director --ROKKAN, New York, NY, pg. 966
Samson, Jim, Creative Director --THE DRUCKER GROUP, Des Plaines, IL, pg. 322
Sanchez, Fernando Parra, Creative Director --Ogilvy, Cali, Colombia, pg. 820
Sanchez, Fernando Parra, Creative Director --Ogilvy, Bogota, Colombia, pg. 820
Sanchez, Mauricio, Creative Director --Ogilvy, Bogota, Colombia, pg. 820
Sanchez, Pedro Andres, Creative Director --LEVIATHAN DESIGN, Chicago, IL, pg. 634
Sand, Jessica, Creative Director --SUN & MOON MARKETING COMMUNICATIONS, INC., New York, NY, pg. 1061
Sander, Leigh, Creative Director --COMMERCE HOUSE, Dallas, TX, pg. 221
Sanders, Grant, Creative Director --MINTZ & HOKE COMMUNICATIONS GROUP, Avon, CT, pg. 746
Sanders, Scott, Creative Director --AIM ADVERTISING, Winfield, PA, pg. 41
Sandy, Paul, Creative Director --SPEAK, Hillsboro, OR, pg. 1033
Sanford, Mike, Creative Director --FECHTOR ADVERTISING LLC, Columbus, OH, pg. 377
Sangeetha, N., Creative Director --R.K. Swamy BBDO, Chennai, India, pg. 112
Sanmartin, Marjorieth, Creative Director --Grey Group Germany, Dusseldorf, Germany, pg. 440
Sann, Alexandra, Creative Director --ZAMBEZI, Culver City, CA, pg. 1209
Sanna, Christopher, Creative Director --ATOMIC WASH, Norcross, GA, pg. 76
Sant'Anna, Victor, Creative Director --Y&R Sao Paulo, Sao Paulo, Brazil, pg. 1205
Santana, Joe, Creative Director --MKTX INC, Hillsboro, OR, pg. 749
Santana, Stephane, Creative Director --CLM BBDO, Boulogne-Billancourt, France, pg. 104
Santiago, Alexander, Creative Director --PureRED/Ferrara, Tucker, GA, pg. 918
Santiago, Johanna, Creative Director --J. Walter Thompson, San Juan, PR, pg. 564
Santilli, Dino, Creative Director --IDEAOLOGY ADVERTISING INC., Marina Del Rey, CA, pg. 521
Santos, Dio W., Creative Director --Horizon FCB Dubai, Dubai, United Arab Emirates, pg. 369
Santos, Manny, Creative Director --DEVITO/VERDI, New York, NY, pg. 296
Saotome, Shinichiro, Creative Director --DDB Japan, Tokyo, Japan, pg. 276
Sarhi, Moe, Creative Director --Impact BBDO, Jeddah, Saudi Arabia, pg. 108
Sarrett, Brittany, Creative Director --J. WALTER THOMPSON, New York, NY, pg. 553
Sattelmeyer, Daniel, Creative Director --BARK BARK, Atlanta, GA, pg. 89
Saucedo, Guille, Creative Director --LEGION ADVERTISING, Irving, TX, pg. 619
Sauret, Jofre Biscarri, Creative Director --Contrapunto, Madrid, Spain, pg. 108
Savage, Pamela, Creative Director --AREA 23, New York, NY, pg. 67
Scaloni, Samantha, Creative Director --DDB S.r.L. Advertising, Milan, Italy, pg. 276
Scalzo, Nick, Creative Director --S.MARK GRAPHICS FLORIDA INC., Fort Lauderdale, FL, pg. 1022
Scarci, Robert, Creative Director --ESROCK PARTNERS, Orland Park, IL, pg. 349
Scardino, Jeff, Creative Director --FIGLIULO&PARTNERS, LLC, New York, NY, pg. 380
Scardulla, Agustin Speroni, Creative Director --BBDO Chile, Santiago, Chile, pg. 102
Scassa, Frank, Creative Director --CROWL, MONTGOMERY & CLARK, North Canton, OH, pg. 250
Schacherer, Mike, Creative Director --LITTLE & COMPANY, Minneapolis, MN, pg. 645

RESPONSIBILITIES INDEX — AGENCIES

Schaefer, Daniel, Creative Director --Wieden + Kennedy Amsterdam, Amsterdam, Netherlands, pg. 1164
Schaefer, Vanessa, Creative Director --CLOCKWORK DESIGN GROUP INC., Waltham, MA, pg. 214
Schaeffer, Steve, Creative Director --CREATIVE DIMENSIONS, Cincinnati, OH, pg. 241
Schaffer, Adam, Creative Director --5IVECANONS, Jacksonville, FL, pg. 10
Schaffer, Tyronne, Creative Director --GREY GROUP, New York, NY, pg. 438
Schardein, Lisa, Creative Director --CURRENT360, Louisville, KY, pg. 255
Schatz, Mike, Creative Director --BLUE SKY AGENCY, Atlanta, GA, pg. 140
Scheffer, Richard, Creative Director --MANA MEANS ADVERTISING & PUBLIC RELATIONS, Honolulu, HI, pg. 1574
Scheflen, Rick, Creative Director --HARRIS, BAIO & MCCULLOUGH INC., Philadelphia, PA, pg. 469
Scheib, Lauren, Creative Director --WARSCHAWSKI, Baltimore, MD, pg. 1670
Schepleng, Dan, Creative Director --KAPOWZA, Baltimore, MD, pg. 587
Schiavone, Lou, Creative Director --HARVEST CREATIVE SERVICES, Lansing, MI, pg. 471
Schipper, Menno, Creative Director --Havas Worldwide Amsterdam, Amsterdam, Netherlands, pg. 481
Schlarb, Steffan, Creative Director --REDSHIFT, San Francisco, CA, pg. 1284
Schleder, Carlos, Creative Director --DDB Brazil, Sao Paulo, Brazil, pg. 271
Schleicher, Jamie, Creative Director --SEED STRATEGY, INC., Crestview Hills, KY, pg. 1000
Schlyecher, Rob, Creative Director --SPRING ADVERTISING, Vancouver, Canada, pg. 1036
Schmidt, Michael, Creative Director --Wirz Werbung AG, Zurich, Switzerland, pg. 109
Schmidtberger, Clay, Creative Director --BIG CORNER CREATIVE, Wichita, KS, pg. 128
Schmitz, Zach, Creative Director --Golin, Miami, FL, pg. 1520
Schneider, Joan, Creative Director --SCHNEIDER ASSOCIATES, Boston, MA, pg. 1641
Schneider, Martin, Creative Director --SMA NYC, New York, NY, pg. 1021
Schneider, Scott, Creative Director --COSSETTE COMMUNICATIONS, Vancouver, Canada, pg. 232
Schnobb, Alex, Creative Director --PERENNIAL INC., Toronto, Canada, pg. 863
Schofield, John, Creative Director --WONGDOODY, Seattle, WA, pg. 1175
Scholtes, Erik, Creative Director --VIZWERKS, Portland, OR, pg. 1142
Schooler, Josh, Creative Director --THE RAMEY AGENCY LLC, Jackson, MS, pg. 930
Schrack, Stacy, Creative Director --SHOPTOLOGY INC, Plano, TX, pg. 1009
Schrad, Dan, Creative Director --90OCTANE, Denver, CO, pg. 13
Schrader, Mike, Creative Director --TCAA, Cincinnati, OH, pg. 1093
Schrepfer, Urs, Creative Director --Publicis, Zurich, Switzerland, pg. 901
Schrock, Jay, Creative Director --THE CARSON GROUP, Houston, TX, pg. 191
Schroeter, Dan, Creative Director --ASHER AGENCY, INC., Fort Wayne, IN, pg. 73
Schroeter, Dan, Creative Director --Asher Agency, Inc., Lexington, KY, pg. 74
Schuler, John, Creative Director --EXCLAIM LLC, San Rafael, CA, pg. 355
Schulist, Megan, Creative Director --POSSIBLE NEW YORK, New York, NY, pg. 1280
Schulte, Jason, Creative Director --OFFICE, San Francisco, CA, pg. 809
Schultheis, Cameron, Creative Director --HAVAS WORLDWIDE CHICAGO, Chicago, IL, pg. 488
Schultheis, Jack, Creative Director --KZSW ADVERTISING, Setauket, NY, pg. 605
Schum, Guy, Creative Director --SCHUM & ASSOCIATES, McLean, VA, pg. 996
Schurr, Mike, Creative Director --FULL CIRCLE, Grand Rapids, MI, pg. 401
Schwab, Joey, Creative Director --ZOYES CREATIVE GROUP, Ferndale, MI, pg. 1215
Schwandner, Kristin, Creative Director --RED212, Cincinnati, OH, pg. 942

Schwella, Johann, Creative Director --TBWA Hunt Lascaris (Johannesburg), Johannesburg, South Africa, pg. 1087
Scinta, Christopher, Creative Director --FCB Chicago, Chicago, IL, pg. 364
Sciortino, Alessandro M, Creative Director --MCCANN WORLDGROUP S.R.L., Milan, Italy, pg. 715
Sciortino, Alessandro M., Creative Director --McCann Erickson Italiana S.p.A., Rome, Italy, pg. 706
Sciortino, Alessandro M., Creative Director --McCann Erickson Italiana S.p.A., Rome, Italy, pg. 715
Scott, Dave, Creative Director --NATREL COMMUNICATIONS, Parsippany, NJ, pg. 786
Scott, Kirsti, Creative Director --SCOTT DESIGN INC, Capitola, CA, pg. 998
Scott, Mark, Creative Director --JOHN ST., Toronto, Canada, pg. 579
Scott, Russell, Creative Director --JETSET STUDIOS, Los Angeles, CA, pg. 575
Scott-Ford, Ila, Creative Director --HELLMAN, Waterloo, IA, pg. 494
Seabert, Bob, Creative Director --D4 CREATIVE GROUP, Philadelphia, PA, pg. 256
Seaman, Tony, Creative Director --ZIZZO GROUP, INC., Milwaukee, WI, pg. 1214
Sears, Mindy, Creative Director --Rapp Los Angeles, Los Angeles, CA, pg. 931
Seaton, Corey D., Creative Director --BURRELL, Chicago, IL, pg. 176
Seddon, Daniel, Creative Director --THE WONDERFUL AGENCY, Los Angeles, CA, pg. 1228
Seese, Guy, Creative Director --SOCKEYE CREATIVE, Portland, OR, pg. 1027
Seftel, Larry, Creative Director --Wieden + Kennedy, London, United Kingdom, pg. 1165
Segura, Seth, Creative Director --BIGEYE AGENCY, Orlando, FL, pg. 130
Seibold, Jeremy, Creative Director --TDA_BOULDER, Boulder, CO, pg. 1094
Seitzberg, Beth, Creative Director --D.TRIO, Minneapolis, MN, pg. 323
Selander, Jessica, Creative Director --Greer, Margolis, Mitchell, Burns & Associates (GMMB), Washington, DC, pg. 1508
Self, Nancy, Creative Director --FREED ADVERTISING, Sugar Land, TX, pg. 397
Selling, Ron, Creative Director --ALL-WAYS ADVERTISING COMPANY, Bloomfield, NJ, pg. 1396
Selvarajah, Indy, Creative Director --Edelman, London, United Kingdom, pg. 1494
Selwyn, Adam, Creative Director --Text 100 New York Corp., New York, NY, pg. 1658
Sen Gupta, Shamik, Creative Director --Ogilvy, Bengaluru, India, pg. 823
Sen, Aunindo Anoop, Creative Director --FP7, Dubai, United Arab Emirates, pg. 710
Sengupta, Moeinuk, Creative Director --J. Walter Thompson, Kolkata, India, pg. 557
Senovilla, Javier, Creative Director --Ogilvy Comunicacion, Madrid, Spain, pg. 1600
Sepulveda, Carlos, Creative Director --APOLLO INTERACTIVE, INC., El Segundo, CA, pg. 64
Sergey, Kozhevnikov, Creative Director --BBDO Moscow, Moscow, Russia, pg. 107
Serra, Fernando, Creative Director --J. Walter Thompson, Buenos Aires, Argentina, pg. 563
Serviss, Gary, Creative Director --LANETERRALEVER, Phoenix, AZ, pg. 610
Sessa, Stefania, Creative Director --PEOPLE IDEAS & CULTURE, Brooklyn, NY, pg. 862
Sethebe, Tumi, Creative Director --Havas Worldwide Johannesburg, Bryanston, South Africa, pg. 488
Sethi, Kanika, Creative Director --Ogilvy India, Mumbai, India, pg. 824
Sexton, Charley, Creative Director --MOXLEY CARMICHAEL, Knoxville, TN, pg. 765
Shabazz, Cecelia, Creative Director --THE FOCUS GROUP, Gulfport, MS, pg. 391
Shaffer, Tj, Creative Director --FRIENDS & NEIGHBORS, MinneaPOlis, MN, pg. 399
Shaffer, Trevor, Creative Director --INFLIGHT CREATIONS, Scottsdale, AZ, pg. 532
Shah, Puja, Creative Director --COLLE+MCVOY, Minneapolis, MN, pg. 219
Shakarian, Alisa, Creative Director --CAMBRIDGE BIOMARKETING, Cambridge, MA, pg. 184

Shalles, Scott, Creative Director --STIR ADVERTISING & INTEGRATED MARKETING, Milwaukee, WI, pg. 1050
Shalom, Kira, Creative Director --SAATCHI & SAATCHI, New York, NY, pg. 975
Sham, Helen, Creative Director --Ogilvy Advertising, Central, China (Hong Kong), pg. 822
Shamlian, Fred, Creative Director --SHAMLIAN CREATIVE, Media, PA, pg. 1005
Shamon, Pete, Creative Director --HILL HOLLIDAY, Boston, MA, pg. 500
Shands, Joe, Creative Director --TBWA Chiat Day New York, New York, NY, pg. 1078
Shands, Joseph, Creative Director --BATTERY, Los Angeles, CA, pg. 96
Shankar, Amit, Creative Director --Publicis India Communications Pvt. Ltd., Gurgaon, India, pg. 910
Sharrieff, Munier, Creative Director --BURRELL, Chicago, IL, pg. 176
Shaughnessy, Ray, Creative Director --Wieden + Kennedy, London, United Kingdom, pg. 1165
Shaw, Steven, Creative Director --TWENTY FOUR SEVEN, INC., Portland, OR, pg. 1123
Shaw, Tim, Creative Director --QUINN FABLE ADVERTISING, New York, NY, pg. 924
Shea, Anthony, Creative Director --TOTH BRAND IMAGING, Boston, MA, pg. 1111
Shea, Tanner, Creative Director --Endeavor, New York, NY, pg. 340
Shearer, Chad David, Creative Director --CAREN WEST PR, LLC, Atlanta, GA, pg. 1462
Sheehan, Jan, Creative Director --LIGHT YEARS AHEAD, Los Angeles, CA, pg. 1567
Sheehan, Megan, Creative Director --INTERESTING DEVELOPMENT, New York, NY, pg. 538
Sheen, Mike, Creative Director --COATES KOKES, Portland, OR, pg. 216
Shelley, Tim, Creative Director --AKQA, INC., San Francisco, CA, pg. 1234
Shemtov, Susan, Creative Director --FUZE, Miami, FL, pg. 1258
Sheppard, Daniel, Creative Director --SHEPPARD LEGER NOWAK INC., East Providence, RI, pg. 1007
Sherry, Eoin, Creative Director --MCCANN WORLDGROUP S.R.L., Milan, Italy, pg. 715
Sherwood, Bradley, Creative Director --MIGHTY 8TH MEDIA, LLC, Buford, GA, pg. 739
Sherwood, Dave, Creative Director --CREATIVE MARKETING ALLIANCE INC., Princeton Junction, NJ, pg. 243
Shesh, Katy, Creative Director --BEAUTY@GOTHAM, New York, NY, pg. 119
Sheterline, John, Creative Director --TBWA Singapore, Singapore, Singapore, pg. 1091
Shettigar, Sudarshan, Creative Director --Interactive Avenues Pvt. Ltd., Mumbai, India, pg. 542
Shimazu, Yusuke, Creative Director --DENTSU INC., Tokyo, Japan, pg. 289
Shimomura, Kenji, Creative Director --Saatchi & Saatchi Los Angeles, Torrance, CA, pg. 975
Shipley, Teddy, Creative Director --MYTHIC, Charlotte, NC, pg. 782
Shirk, Bill, Creative Director --THINK TANK COMMUNICATIONS, Johns Creek, GA, pg. 1099
Shirley, Michael, Creative Director --Leo Burnett USA, Chicago, IL, pg. 622
Shivakumar, Priya, Creative Director --J. Walter Thompson, Bengaluru, India, pg. 557
Shor, David, Creative Director --George P. Johnson Company, Inc., Boston, MA, pg. 416
Shore, Kenny, Creative Director --THE GEARY COMPANY, Las Vegas, NV, pg. 413
Shotwell, Jeff, Creative Director --IMAGINE IT MEDIA, Palm Springs, CA, pg. 526
Shourie, Rishi, Creative Director --CHARACTER, San Francisco, CA, pg. 203
Shroff, Ateet, Creative Director --MullenLowe Singapore, Singapore, Singapore, pg. 777
Shuldiner, Quentin, Creative Director --HOW FUNWORKS LLC, Oakland, CA, pg. 510
Shulow, Allison, Creative Director --STONEARCH, Minneapolis, MN, pg. 1051
Shultz, Al, Creative Director --AL SHULTZ ADVERTISING, INC., San Jose, CA, pg. 43
Shuman, Mike, Creative Director --MCCANN CANADA, Toronto, Canada, pg. 712
Siakimotu, Gavin, Creative Director --Y&R, Auckland, New Zealand,

1969

AGENCIES — RESPONSIBILITIES INDEX

Siakimotu, Gavin, Creative Director --Young & Rubicam Wellington, Wellington, New Zealand, pg. 1200
Sibert, Gregg, Creative Director --SILVER COMMUNICATIONS, INC., New York, NY, pg. 1014
Sicam, Mike, Creative Director --OgilvyOne Worldwide, Manila, Philippines, pg. 827
Sicklinger, Philip, Creative Director --BBH NEW YORK, New York, NY, pg. 115
Sicko, Matt, Creative Director --LANETERRALEVER, Phoenix, AZ, pg. 610
Sides, Brandon, Creative Director --PHENOMENON, Los Angeles, CA, pg. 868
Siebold, Tana, Creative Director --ORCA COMMUNICATIONS UNLIMITED, LLC., Tempe, AZ, pg. 1603
Siedband, Brian, Creative Director --Leo Burnett USA, Chicago, IL, pg. 622
Siedband, Brian, Creative Director --LEO BURNETT WORLDWIDE, INC., Chicago, IL, pg. 621
Siegel, Adam, Creative Director --SEED STRATEGY, INC., Crestview Hills, KY, pg. 1000
Siegel, Jeff, Creative Director --ZAMBEZI, Culver City, CA, pg. 1209
Sieu, Tom, Creative Director --CIBO, San Francisco, CA, pg. 1245
Sievers, Jason, Creative Director --DAVIESMOORE, Boise, ID, pg. 263
Sigege, Jabulani, Creative Director --M&C Saatchi Abel, Cape Town, South Africa, pg. 660
Sigers, Shanteka, Creative Director --GSD&M, Austin, TX, pg. 453
Silberman, Cary, Creative Director --O'BERRY CAVANAUGH, Bozeman, MT, pg. 804
Silburn, Lovisa, Creative Director --MullenLowe London, London, United Kingdom, pg. 775
Silva Guimaraes, Bruno Augusto, Creative Director --DUNN&CO, Tampa, FL, pg. 326
Silva, Rui, Creative Director --TBWA Lisbon, Lisbon, Portugal, pg. 1084
Silvani, Mariangela, Creative Director --Grey, Sao Paulo, Brazil, pg. 443
Silveira, Alexandre, Creative Director --Wunderman, Sao Paulo, Brazil, pg. 1190
Silvia, Michael, Creative Director --DUFFY & SHANLEY, INC., Providence, RI, pg. 324
Simbrom, Michael, Creative Director --COMMUNICATION STRATEGY GROUP & BRANDTELLING, Smithtown, NY, pg. 223
Simchak, Paula, Creative Director --Y&R AUSTIN, Austin, TX, pg. 1194
Siminerio, Tony, Creative Director --BRUSHFIRE, INC., Cedar Knolls, NJ, pg. 170
Siminerio, Tony, Creative Director --MARKETSMITH INC, Cedar Knolls, NJ, pg. 685
Simkins, Patrick, Creative Director --MullenLowe, El Segundo, CA, pg. 772
Simon, Dave, Creative Director --ROSENBERG ADVERTISING, Lakewood, OH, pg. 968
Simon, Eve, Creative Director --BEACONFIRE RED, Arlington, VA, pg. 118
Simon, Paul, Creative Director --LIQUID AGENCY, INC., San Jose, CA, pg. 644
Simonian, Ashod, Creative Director --NORTH, Portland, OR, pg. 797
Simonich, Melanie, Creative Director --ARNOLD WORLDWIDE, Boston, MA, pg. 69
Simpson, Erik, Creative Director --ESD & ASSOCIATES, San Antonio, TX, pg. 349
Simpson, Grant, Creative Director --Laughlin/Constable, Inc., Chicago, IL, pg. 614
Simpson, Ian, Creative Director --ZULU ALPHA KILO, Toronto, Canada, pg. 1216
Sims, Natalie, Creative Director --IMPRINT PROJECTS, New York, NY, pg. 528
Sinclair, Alex, Creative Director --IBM iX, Chicago, IL, pg. 517
Sindhi, Saf, Creative Director --Ogilvy Johannesburg (Pty.) Ltd., Johannesburg, South Africa, pg. 829
Singh, Amit, Creative Director --Isobar India, Mumbai, India, pg. 549
Siolka, Taylor, Creative Director --R/WEST, Portland, OR, pg. 927
Sjobergh, Jens, Creative Director --Deutsch LA, Los Angeles, CA, pg. 294
Sjolseth, Raymond, Creative Director --10TWELVE, Glenview, IL, pg. 1
Skaggs, Bradley, Creative Director --SKAGGS CREATIVE, New York, NY, pg. 1018
pg. 1192

Skhirtladze, Irakli, Creative Director --McCann Erickson Georgia, Tbilisi, Georgia, pg. 703
Skibiak, Matt, Creative Director --Wieden + Kennedy, Shanghai, China, pg. 1166
Skinner, Dave, Creative Director --OGILVY, New York, NY, pg. 809
Sklar, Josh, Creative Director --HERESY, LLC, Austin, TX, pg. 496
Skodis, Kirk, Creative Director --REAL PIE MEDIA, Georgetown, CT, pg. 936
Skonieczny, Molly, Creative Director --TOLLESON DESIGN, INC., San Francisco, CA, pg. 1108
Sky, Jordan, Creative Director --Saatchi & Saatchi, Wellington, New Zealand, pg. 985
Sky, Jordan, Creative Director --Saatchi & Saatchi, Auckland, New Zealand, pg. 984
Slack, Mark, Creative Director --Saatchi & Saatchi London, London, United Kingdom, pg. 980
Slagle, Jean-Luc, Creative Director --SCOPE CREATIVE AGENCY, Bakersfield, CA, pg. 997
Slivka, Vlado, Creative Director --Mark BBDO, Prague, Czech Republic, pg. 104
Sloat, Rebecca, Creative Director --THE STABLE, Minneapolis, MN, pg. 1041
Slosberg, Rob, Creative Director --DEVITO/VERDI, New York, NY, pg. 296
Slot, Matthijs, Creative Director --TBWA Neboko, Amsterdam, Netherlands, pg. 1084
Sluijters, Gijs, Creative Director --Ogilvy (Amsterdam) B.V., Amsterdam, Netherlands, pg. 816
Smaul, Jeff, Creative Director --MILE 9, Calabasas, CA, pg. 740
Smee, Olly, Creative Director --Ketchum, London, United Kingdom, pg. 1557
Smit, Hannah, Creative Director --Wieden + Kennedy Amsterdam, Amsterdam, Netherlands, pg. 1164
Smith, Andy, Creative Director --J. Walter Thompson, London, United Kingdom, pg. 562
Smith, Ben, Creative Director --Ogilvy Sydney, Saint Leonards, Australia, pg. 821
Smith, Chantal, Creative Director --GEOMETRY GLOBAL NORTH AMERICA HQ, New York, NY, pg. 415
Smith, Dan, Creative Director --TETHER, INC., Seattle, WA, pg. 1097
Smith, Glenn, Creative Director --Southpaw, Tunbridge Wells, United Kingdom, pg. 463
Smith, Hal, Creative Director --KLEBER & ASSOCIATES MARKETING & COMMUNICATIONS, Atlanta, GA, pg. 598
Smith, Jen, Creative Director --T3, Austin, TX, pg. 1069
Smith, Kara, Creative Director --THE WENDT AGENCY, Great Falls, MT, pg. 1159
Smith, Kimberly, Creative Director --THE LOOMIS AGENCY, Dallas, TX, pg. 651
Smith, Martin, Creative Director --Cheetham Bell, Manchester, United Kingdom, pg. 561
Smith, Matt, Creative Director --BELMONT ICEHOUSE, Dallas, TX, pg. 121
Smith, Matty, Creative Director --TBWA Chiat Day New York, New York, NY, pg. 1078
Smith, Michael, Creative Director --ZIG MARKETING, Cleveland, OH, pg. 1212
Smith, Mike, Creative Director --MINDFIRE COMMUNICATIONS INC, Le Claire, IA, pg. 744
Smith, Richard L., III, Creative Director --GAGA MARKETING, Stevenson, MD, pg. 408
Smith, Robinson, Creative Director --Varsity, Wormleysburg, PA, pg. 860
Smith, Scott, Creative Director --LEO BURNETT WORLDWIDE, INC., Chicago, IL, pg. 621
Smizer, Karl, Creative Director --SMIZER PERRY, Weymouth, MA, pg. 1024
Smoler, Shelley, Creative Director --droga5, London, United Kingdom, pg. 322
Snailum, Rick, Creative Director --SITEWIRE, Tempe, AZ, pg. 1016
Snels, Kristof, Creative Director --LDV United, Antwerp, Belgium, pg. 1180
Snels, Kristof, Creative Director --LDV United, Antwerp, Belgium, pg. 218
Snow, Kevin, Creative Director --LUCI CREATIVE, Lincolnwood, IL, pg. 655
Snyder, Dillon, Creative Director --THE INTEGER GROUP - DENVER, Lakewood, CO, pg. 1406
Soames, David, Creative Director --THE SHOP AGENCY, Dallas, TX, pg. 1009
Sodano, Patrick, Creative Director --D2 CREATIVE, Somerset, NJ, pg. 256

Sogutluoglu, Ahmet, Creative Director --FCB Artgroup, Istanbul, Turkey, pg. 368
Sola, Augusto, Creative Director --MullenLowe London, London, United Kingdom, pg. 775
Soler, Sylvia, Creative Director --Y&R Puerto Rico, Inc., San Juan, PR, pg. 1207
Sollisch, Max, Creative Director --MARCUS THOMAS LLC, Cleveland, OH, pg. 679
Solomon, Kobie, Creative Director --REBUILD GROUP, Detroit, MI, pg. 938
Solomon, Mo, Creative Director --BLACKJET INC, Toronto, Canada, pg. 133
Solway, Stuart, Creative Director --SPARKPLUG MARKETING & COMMUNICATIONS INC., Toronto, Canada, pg. 1031
Somers, Spencer, Creative Director --STANDARD BLACK, Los Angeles, CA, pg. 1042
Sommer, Matt, Creative Director --BREWER DIRECT, INC., Monrovia, CA, pg. 161
Sonderup, Nick, Creative Director --Pereira & O'Dell, New York, NY, pg. 863
Sone, Ron, Creative Director --SCHAFER CONDON CARTER, Chicago, IL, pg. 995
Soopramania, Dylan, Creative Director --VML, London, United Kingdom, pg. 1144
Sorensen, Eric, Creative Director --SOLVE, Minneapolis, MN, pg. 1028
Sorensen, Mark, Creative Director --FLYNN WRIGHT, Des Moines, IA, pg. 390
Sorensen, Mark, Creative Director --SEED FACTORY MARKETING, Atlanta, GA, pg. 1000
Sorenson, Scott, Creative Director --STRUCK, Salt Lake City, UT, pg. 1055
Soria, Nacho, Creative Director --Havas Worldwide Southern Spain, Madrid, Spain, pg. 481
Sosa, Will, Creative Director --STRENG AGENCY, Saint Charles, IL, pg. 1055
Sosinski, Marcin, Creative Director --Polska McCann Erickson, Warsaw, Poland, pg. 708
Soto, Jon, Creative Director --MAD DOGS & ENGLISHMEN, Oakland, CA, pg. 668
Soubriet, Carmen, Creative Director --SOUBRIET & BYRNE, New York, NY, pg. 1029
Souen, Samyr, Creative Director --ACHTUNG, Amsterdam, Netherlands, pg. 1232
Soussan, Stephane, Creative Director --SID LEE, Paris, France, pg. 1010
Souza, Paulo Filipe, Creative Director --McCann Erickson / SP, Sao Paulo, Brazil, pg. 701
Spakowski, Mike, Creative Director --ATOMICDUST, Saint Louis, MO, pg. 76
Spear, Bryan, Creative Director --OCTANE VTM, Indianapolis, IN, pg. 808
Spector, Barry, Creative Director --SPECTOR & ASSOCIATES, INC., New York, NY, pg. 1649
Spencer, Hunter, Creative Director --OTTO, Norfolk, VA, pg. 845
Spencer, Jeanne, Creative Director --IDEA ENGINEERING, INC., Santa Barbara, CA, pg. 520
Spencer, Jeff, Creative Director --GOLDSTEIN GROUP COMMUNICATIONS, Solon, OH, pg. 428
Spencer, Ryan, Creative Director --Y MEDIA LABS, Redwood City, CA, pg. 1195
Spencer, Scott, Creative Director --POWELL CREATIVE, Nashville, TN, pg. 884
Spicer, Tom, Creative Director --Abbott Mead Vickers BBDO, London, United Kingdom, pg. 109
Spiegelman, David, Creative Director --WAGSTAFF WORLDWIDE, Los Angeles, CA, pg. 1668
Spieles, Victor, Creative Director --SIMONS MICHELSON ZIEVE, INC., Troy, MI, pg. 1015
Spiker, Wes, Creative Director --SPIKER COMMUNICATIONS, INC., Missoula, MT, pg. 1033
Spinola, Felipe, Creative Director --Grey Mexico, S.A. de C.V, Mexico, Mexico, pg. 444
Spitzer, Mike, Creative Director --RES PUBLICA GROUP, Chicago, IL, pg. 1629
Spolowitz, Loraine, Creative Director --EPSILON, Chicago, IL, pg. 344
Sprague, Tim, Creative Director --SPRAGUE NELSON, LLC., Weymouth, MA, pg. 1036
Sprecher, John, Creative Director --Noise, Inc., Sanibel, FL, pg. 797
Sprecher, John, Creative Director --NOISE, INC., Sanibel, FL, pg. 796

RESPONSIBILITIES INDEX — AGENCIES

Sprecher, Tyler, Creative Director --LOVE & COMPANY, INC., Frederick, MD, pg. 653

Springer, John, Creative Director --GRAY MATTER AGENCY INC., Hingham, MA, pg. 434

Spychalla, Jody, Creative Director --VML, Chicago, IL, pg. 1145

Squadrito, Anne, Creative Director --OGILVY COMMONHEALTH INSIGHTS & ANALYTICS, Parsippany, NJ, pg. 831

Squires, James, Creative Director --MOROCH HOLDINGS, INC., Dallas, TX, pg. 758

Sridharan, Karunasagar, Creative Director --Ogilvy India, Mumbai, India, pg. 824

St. Jacques, Robert, Creative Director --GMLV LLC, Newark, NJ, pg. 425

St. James, Peter, Creative Director --AD4CE MEDIA, Manchester, NH, pg. 25

Stach, Arne, Creative Director --Heimat Werbeagentur GmbH, Berlin, Germany, pg. 1082

Stacy, Joel, Creative Director --MONO, Minneapolis, MN, pg. 755

Stair, Trev, Creative Director --STACKPOLE & PARTNERS ADVERTISING, Newburyport, MA, pg. 1041

Stake, Anders, Creative Director --72andSunny, Amsterdam, Netherlands, pg. 11

Stalcup, Chad, Creative Director --SKYLINE MEDIA GROUP, Oklahoma City, OK, pg. 1019

Stallman, Dave, Creative Director --CANNONBALL, Saint Louis, MO, pg. 187

Stallman, Jim, Creative Director --LEO BURNETT WORLDWIDE, INC., Chicago, IL, pg. 621

Stander, Hennie, Creative Director --McCann Worldgroup Johannesburg, Johannesburg, South Africa, pg. 709

Staples, Chris, Creative Director --RETHINK, Vancouver, Canada, pg. 951

Stark, David, Creative Director --DAVID STARK DESIGN & PRODUCTION, Brooklyn, NY, pg. 262

Stark, Kevin, Creative Director --BARTLE BOGLE HEGARTY LIMITED, London, United Kingdom, pg. 92

Stark, Michael, Creative Director --MATCHBOOK CREATIVE, Indianapolis, IN, pg. 693

Starkman, Aaron, Creative Director --Rethink, Toronto, Canada, pg. 951

Starodubov, Alexey, Creative Director --BBDO Moscow, Moscow, Russia, pg. 107

Starr, Brittanie, Creative Director --STREAM COMPANIES, Malvern, PA, pg. 1054

Starr, Eric, Creative Director --THE CONFLUENCE, Los Angeles, CA, pg. 226

Statman, Matt, Creative Director --MOTIVE, Denver, CO, pg. 764

Steckbeck, Craig, Creative Director --MIXTAPE MARKETING, Austin, TX, pg. 748

Steele, Michael, Creative Director --VITALINK, Raleigh, NC, pg. 1140

Steidl, Megan, Creative Director --CAVALRY AGENCY, Chicago, IL, pg. 197

Stein, George, Creative Director --PACIFIC, San Diego, CA, pg. 1279

Stein, Laura, Creative Director --SID LEE, Toronto, Canada, pg. 1010

Steinbach, April, Creative Director --LAUNCH AGENCY, Carrollton, TX, pg. 614

Steiner, Leif, Creative Director --MOXIE SOZO, Boulder, CO, pg. 765

Steinkemper, Andreas, Creative Director --Ogilvy, Dusseldorf, Germany, pg. 814

Steller, Sebastian, Creative Director --BBDO Dusseldorf, Dusseldorf, Germany, pg. 105

Stephan, Charlie, Creative Director --SWANSON RUSSELL ASSOCIATES, Lincoln, NE, pg. 1064

Stephens, Chris, Creative Director --BARTON F. GRAF, New York, NY, pg. 94

Stern, Thomas, Creative Director --W & Cie, Boulogne-Billancourt, France, pg. 473

Stevens, Austyn, Creative Director --SIEGEL+GALE, New York, NY, pg. 1011

Stevens, Rachel, Creative Director --Hacker Agency, Seattle, WA, pg. 540

Stevens, Shannon, Creative Director --SHINY ADVERTISING, Wilmington, DE, pg. 1008

Stevenson, Dave, Creative Director --ARIAD COMMUNICATIONS, Toronto, Canada, pg. 68

Stevenson, Mal, Creative Director --BBDO Dublin, Dublin, Ireland, pg. 105

Stewart, Brie, Creative Director --J. Walter Thompson Australia, Richmond, Australia, pg. 554

Stewart, Geo, Creative Director --MARKETING WERKS, INC., Chicago, IL, pg. 1411

Stewart, Graham, Creative Director --McCannBlue, Dublin, Ireland, pg. 705

Stewart, Jessica, Creative Director --J. WALTER THOMPSON, New York, NY, pg. 553

Stewart, Matthew, Creative Director --THE CREATIVE MOMENTUM, Roswell, GA, pg. 244

Stewart, Terry, Creative Director --PARADOWSKI CREATIVE, Saint Louis, MO, pg. 853

Stipp, Bill, Creative Director --ALLYN MEDIA, Dallas, TX, pg. 49

Stockton, Chad, Creative Director --HIRSHORN ZUCKERMAN DESIGN GROUP, Rockville, MD, pg. 502

Stoger, Julia, Creative Director --Wunderman, Buenos Aires, Argentina, pg. 1189

Stolberg, Corey, Creative Director --BAKER STREET ADVERTISING, San Francisco, CA, pg. 85

Stoll, John, Creative Director --GLOBAL TEAM BLUE, Dearborn, MI, pg. 423

Stolove, Marc, Creative Director --Ogilvy North America, New York, NY, pg. 811

Stone, Jon, Creative Director --Sawmill, New York, NY, pg. 1675

Stopford, Wyndham, Creative Director --PROTAGONIST LLC, New York, NY, pg. 894

Story, Rob, Creative Director --Sanders\Wingo, Austin, TX, pg. 990

Stout, Craig, Creative Director --PROPHET, Atlanta, GA, pg. 894

Strahl, Jeff, Creative Director --CACTUS, Denver, CO, pg. 181

Strauss, Lane, Creative Director --WYSE, Cleveland, OH, pg. 1193

Strauss, Peter, Creative Director --Ogilvy Frankfurt, Frankfurt, Germany, pg. 814

Strazds, Vairis, Creative Director --DDB Latvia, Riga, Latvia, pg. 276

Street, Garrett, Creative Director --MULLER BRESSLER BROWN, Leawood, KS, pg. 778

Stricklin, Marc, Creative Director --BLR/FURTHER, Birmingham, AL, pg. 138

Stringham, Thomas, Creative Director --HOT TOMALI COMMUNICATIONS INC, Vancouver, Canada, pg. 509

Strozenberg, Rodrigo, Creative Director --GLOBAL TEAM BLUE, Dearborn, MI, pg. 423

Strydom, Craig, Creative Director --Blue Water, San Francisco, CA, pg. 1241

Stubbs, Colleen, Creative Director --ALTMAN-HALL ASSOCIATES, Erie, PA, pg. 50

Stump, Jim, Creative Director --The&Partnership London, London, United Kingdom, pg. 56

Su, BorFang, Creative Director --Y MEDIA LABS, Redwood City, CA, pg. 1195

Suarez, Agustin, Creative Director --Ponce Buenos Aires, Buenos Aires, Argentina, pg. 543

Suda, Kazuhiro, Creative Director --HAKUHODO INCORPORATED, Tokyo, Japan, pg. 461

Sugar, Ami, Creative Director --TIMEZONEONE, Chicago, IL, pg. 1104

Sugar, Tobias, Creative Director --QUANGO, Portland, OR, pg. 921

Suhanjaya, Agung, Creative Director --Matari Advertising, Jakarta, Indonesia, pg. 1201

Sullivan, Laura, Creative Director --BRIGHTWAVE MARKETING, Atlanta, GA, pg. 164

Sullivan, Taj, Creative Director --PMK*BNC, Los Angeles, CA, pg. 543

Sulzer, Matthew, Creative Director --CURRENT LIFESTYLE MARKETING, Chicago, IL, pg. 1479

Suman, Simona, Creative Director --McCann Erickson Romania, Bucharest, Romania, pg. 708

Sundholm, Shaun, Creative Director --Leo Burnett, Ltd., London, United Kingdom, pg. 624

Surdakowski, John, Creative Director --AVEXDESIGNS, New York, NY, pg. 1239

Suresh, A V N, Creative Director --R.K. Swamy BBDO, Chennai, India, pg. 112

Suria, Jorge, Creative Director --HOOAH LLC., Winter Park, FL, pg. 508

Surufka, Greg, Creative Director --HEINZEROTH MARKETING GROUP, Rockford, IL, pg. 493

Sutherland, Mike, Creative Director --Abbott Mead Vickers BBDO, London, United Kingdom, pg. 109

Sutomo, Budi, Creative Director --MALONEY STRATEGIC COMMUNICATIONS, Dallas, TX, pg. 673

Suyolcu, Erdem, Creative Director --MullenLowe Istanbul, Istanbul, Turkey, pg. 774

Suzuki, Katsuhiko, Creative Director --HAKUHODO INCORPORATED, Tokyo, Japan, pg. 461

Svantesson, Johan, Creative Director --Grey Gothenburg, Gothenburg, Sweden, pg. 1182

Sverdlin, Leon, Creative Director --Mark BBDO, Prague, Czech Republic, pg. 104

Swanker, Aaron, Creative Director --FLIGHT PATH CREATIVE, Traverse City, MI, pg. 388

Swanson, Christopher, Creative Director --Edelman, Los Angeles, CA, pg. 1491

Sweeney, Kevin, Creative Director --Movement Strategy, New York, NY, pg. 1274

Sweeney, Mark, Creative Director --PUBLICIS USA, New York, NY, pg. 912

Swinburne, Matt, Creative Director --Havas London, London, United Kingdom, pg. 482

Sworn, Simon, Creative Director --J. Walter Thompson, London, United Kingdom, pg. 562

Sylver, Phil, Creative Director --J. WALTER THOMPSON CANADA, Toronto, Canada, pg. 565

Szadkowski, Chris, Creative Director --EVB, Oakland, CA, pg. 352

Szczepanik, Mark, Creative Director --THE ADCOM GROUP, Cleveland, OH, pg. 28

Tack, Sara, Creative Director --SMITH & JONES, Troy, NY, pg. 1023

Taft, Mara Connolly, Creative Director --TAFT & PARTNERS, Lawrenceville, NJ, pg. 1070

Tahmasebi, Richard, Creative Director --MOTHER LTD., London, United Kingdom, pg. 762

Taildeman, Nils, Creative Director --Havas Worldwide Amsterdam, Amsterdam, Netherlands, pg. 481

Tait, Orion, Creative Director --Buck NY, New York, NY, pg. 171

Takada, Satoko, Creative Director --McCann Erickson Inc., Osaka, Japan, pg. 706

Takada, Satoko, Creative Director --McCann Erickson Japan Inc., Tokyo, Japan, pg. 706

Takahashi, Akira, Creative Director --AKQA, INC., San Francisco, CA, pg. 1234

Takahashi, James, Creative Director --DB&M MEDIA INC, Costa Mesa, CA, pg. 266

Takeda, Yoshifumi, Creative Director --HAKUHODO INCORPORATED, Tokyo, Japan, pg. 461

Takei, Yoshishige, Creative Director --Beacon Communications K.K., Tokyo, Japan, pg. 630

Takei, Yoshishige, Creative Director --Beacon Communications K.K., Tokyo, Japan, pg. 910

Talamino, Francesc, Creative Director --Bassat, Ogilvy Comunicacion, Barcelona, Spain, pg. 816

Talamino, Francesc, Creative Director --Bassat, Ogilvy Comunicacion, Barcelona, Spain, pg. 1600

Talford, Paula, Creative Director --TURNER DUCKWORTH DESIGN, London, United Kingdom, pg. 1122

Talu, Kivanc, Creative Director --C-Section, Istanbul, Turkey, pg. 1204

Tan, Diana, Creative Director --MullenLowe Profero Ltd., Shanghai, China, pg. 776

Tan, Jules, Creative Director --Leo Burnett Indonesia, Jakarta, Indonesia, pg. 630

Tan, Max, Creative Director --Hakuhodo Malaysia Sdn. Bhd., Kuala Lumpur, Malaysia, pg. 463

Tan, Mimi, Creative Director --INTERACTIVE STRATEGIES, Washington, DC, pg. 537

Tang, Shane, Creative Director --THE JAMES AGENCY, Scottsdale, AZ, pg. 570

Tao, Stanley, Creative Director --Ogilvy Asia/Pacific, Central, China (Hong Kong), pg. 823

Tao, Will, Creative Director --Publicis Shanghai, Shanghai, China, pg. 908

Tapia, Ron, Creative Director --M&C Saatchi, Santa Monica, CA, pg. 662

Tarigan, Lydia, Creative Director --Ogilvy, Jakarta, Indonesia, pg. 825

Tarigan, Lydia, Creative Director --OgilvyInteractive, Jakarta, Indonesia, pg. 825

Tarry, Rob, Creative Director --RETHINK, Vancouver, Canada, pg. 951

Tarry, Rob, Creative Director --Rethink, Toronto, Canada, pg. 951

Tatarko, Raffo, Creative Director --Wiktor/Leo Burnett, s.r.o., Bratislava, Slovakia, pg. 627

Tateyama, Akira, Creative Director --Havas Worldwide Latin America, Sao Paulo, Brazil, pg. 484

Tatum, Grant, Creative Director --STYLE ADVERTISING, Birmingham, AL, pg. 1057

Tatzl, Thomas, Creative Director --DDB Vienna, Vienna, Austria, pg. 274

1971

AGENCIES

RESPONSIBILITIES INDEX

Tauro, Nick, Jr., Creative Director --RK VENTURE, Albuquerque, NM, pg. 961

Tavares, Eduardo, Creative Director --FCB Lisbon, Lisbon, Portugal, pg. 367

Tavares, Ronaldo, Creative Director --Fallon London, London, United Kingdom, pg. 360

Tavidde, Joerg, Creative Director --BBDO Dusseldorf, Dusseldorf, Germany, pg. 105

Taylor, Brent, Creative Director --KEMP ADVERTISING & MARKETING, High Point, NC, pg. 592

Taylor, Brian, Creative Director --EVOLVE, INC., Greenville, NC, pg. 354

Taylor, Dustin, Creative Director --THE SHOP AGENCY, Dallas, TX, pg. 1009

Taylor, James, Creative Director --JONES KNOWLES RITCHIE, New York, NY, pg. 582

Taylor, Todd, Creative Director --RED TETTEMER O'CONNELL & PARTNERS, Philadelphia, PA, pg. 941

Tecchio, Vinney, Creative Director --Deutsch New York, New York, NY, pg. 295

Tedford, Teddy, Creative Director --ADCOAST LLC, Fort Myers, FL, pg. 28

Templeton, Cameron, Creative Director --Momentum, Atlanta, GA, pg. 755

Temporale, Todd, Creative Director --VIVA & CO., Toronto, Canada, pg. 1141

Teng, Run Run, Creative Director --Saatchi & Saatchi Asia Pacific, Singapore, Singapore, pg. 985

Tenjo, Sergio, Creative Director --Grey: REP, Bogota, Colombia, pg. 444

Tennis, Jason, Creative Director --ALIPES CME, INC, Boston, MA, pg. 1235

Terry, Jim, Creative Director --R&R PARTNERS, Las Vegas, NV, pg. 924

Terwilleger, Bret A., Creative Director --ODEN MARKETING AND DESIGN, Memphis, TN, pg. 808

Terwilliger, Jodi, Creative Director --Buck NY, New York, NY, pg. 171

Terzis, Kimberley, Creative Director --SIMPLE TRUTH COMMUNICATION PARTNERS, Chicago, IL, pg. 1015

Testa, Mary, Creative Director --ARTCRAFT HEALTH EDUCATION, Flemington, NJ, pg. 71

Teter, John M., Creative Director --HAVAS WORLDWIDE, New York, NY, pg. 475

Teulingkx, Jan, Creative Director --Saatchi & Saatchi Zurich, Zurich, Switzerland, pg. 980

Teuwen, Geert, Creative Director --TEUWEN COMMUNICATIONS, New York, NY, pg. 1657

Thares, Scott, Creative Director --WINK, INCORPORATED, Minneapolis, MN, pg. 1171

Thayer, K. T., Creative Director --CP+B BOULDER, Boulder, CO, pg. 235

Theesfeld, Roz, Creative Director --AGENCY ENTOURAGE LLC, Dallas, TX, pg. 38

Thenenbach, Anno, Creative Director --BBDO Dusseldorf, Dusseldorf, Germany, pg. 105

Therrien, Matt, Creative Director --PIERCE PROMOTIONS, Portland, ME, pg. 1414

Thibodeau, Michael, Creative Director --ETHICONE LLC, New York, NY, pg. 351

Thiel, Paul, Creative Director --AVATARLABS, Encino, CA, pg. 79

Thierry, Albert, Creative Director --Wieden + Kennedy Amsterdam, Amsterdam, Netherlands, pg. 1164

Thiessen, Hans, Creative Director --Rethink, Toronto, Canada, pg. 951

Thomas, Amy, Creative Director --YARD, New York, NY, pg. 1303

Thomas, Andrew, Creative Director --Jack Morton Worldwide, London, United Kingdom, pg. 568

Thomas, Andy, Creative Director --Huge, London, United Kingdom, pg. 512

Thomas, Bill, Creative Director --MATRIX2 ADVERTISING, Miami, FL, pg. 694

Thomas, Tim, Creative Director --LEO BURNETT DETROIT, INC., Troy, MI, pg. 621

Thompson, Jonathan, Creative Director --FOXHOUND PRODUCTIONS, Topanga, CA, pg. 395

Thompson, Joshua, Creative Director --TOUCHPOINTS MARKETING, LLC, Gretna, LA, pg. 1111

Thompson, Juanita, Creative Director --Ketchum, Washington, DC, pg. 1555

Thompson, Lindsay, Creative Director --KHEMISTRY, London, United Kingdom, pg. 594

Thompson, Missy, Creative Director --THE BRANDON AGENCY, Myrtle Beach, SC, pg. 158

Thompson, Nathan, Creative Director --Jack Morton Worldwide, London, United Kingdom, pg. 568

Thompson, Puffer, Creative Director --Lewis Communications, Mobile, AL, pg. 636

Thompson, Sean, Creative Director --LOOKTHINKMAKE, LLC, Austin, TX, pg. 651

Thompson, Tracy, Creative Director --THE KARMA AGENCY, Philadelphia, PA, pg. 1551

Thompson, Trent, Creative Director --BBDO Toronto, Toronto, Canada, pg. 100

Thornburg, Brent, Creative Director --STUN CREATIVE, Los Angeles, CA, pg. 1057

Thornburg, Grant, Creative Director --CREATIVE COMMUNICATIONS CONSULTANTS, INC., Minneapolis, MN, pg. 240

Thorne, Kitty, Creative Director --YOUNG & RUBICAM, New York, NY, pg. 1197

Thornton, Aaron, Creative Director --THE RICHARDS GROUP, INC., Dallas, TX, pg. 956

Thorpe, John, Creative Director --PRICEWEBER MARKETING COMMUNICATIONS, INC., Louisville, KY, pg. 889

Thulo, Molefi, Creative Director --Ogilvy Johannesburg (Pty.) Ltd., Johannesburg, South Africa, pg. 829

Thulo, Molefi, Creative Director --Ogilvy South Africa (Pty.) Ltd., Johannesburg, South Africa, pg. 829

Thur, Adam, Creative Director --UNION, Toronto, Canada, pg. 1126

Thurlow, Mia, Creative Director --MCDOUGALL & DUVAL, Amesbury, MA, pg. 715

Tia, Nathan, Creative Director --VELIR INC., Somerville, MA, pg. 1299

Tiehen, Susan, Creative Director --JNA ADVERTISING, Overland Park, KS, pg. 577

Tiempo, Randy, Creative Director --McCann Erickson (Philippines), Inc., Manila, Philippines, pg. 707

Tiensri, Chanatthapol, Creative Director --TBWA Thailand, Bangkok, Thailand, pg. 1092

Tildsley, Sarah, Creative Director --CHAPPELLROBERTS, Tampa, FL, pg. 202

Tinsman, Rob, Creative Director --AVENUE 25, Phoenix, AZ, pg. 79

Tipping, Luke, Creative Director --Anomaly, London, United Kingdom, pg. 59

Tipping, Luke, Creative Director --Anomaly, London, United Kingdom, pg. 721

Tippins, Julian, Creative Director --HAVAS WORLDWIDE, New York, NY, pg. 475

Tippitt, Brian, Creative Director --DSD CREATIVE GROUP, INC., Nipomo, CA, pg. 323

Tirado, Laura, Creative Director --GENUINE INTERACTIVE, Boston, MA, pg. 414

Titze, Nicolas, Creative Director --ADAPTIVE EASEL LLC, Des Moines, IA, pg. 27

Tiwari, Brahmesh, Creative Director --Leo Burnett India, Mumbai, India, pg. 629

Todd, Ian, Creative Director --BRYAN MILLS LTD., Toronto, Canada, pg. 170

Toemtechatpong, Supachai, Creative Director --J. Walter Thompson Thailand, Bangkok, Thailand, pg. 559

Toh, Benson, Creative Director --Tribal Worldwide Singapore, Singapore, Singapore, pg. 1297

Toher, Joni, Creative Director --THIRDEYE DESIGN, Newburyport, MA, pg. 1101

Tokar, Russell, Creative Director --IRON CREATIVE COMMUNICATION, San Francisco, CA, pg. 548

Tol, Joris, Creative Director --Ogilvy (Amsterdam) B.V., Amsterdam, Netherlands, pg. 816

Tomeo, Chris, Creative Director --FRUITION, Denver, CO, pg. 1258

Tomeu, Fernando, Creative Director --Wunderman, Sao Paulo, Brazil, pg. 1190

Tomlin, Jade, Creative Director --Tribal Worldwide London, London, United Kingdom, pg. 1296

Tong, Yelan, Creative Director --MULLENLOWE GROUP, Boston, MA, pg. 770

Topol, Allan, Creative Director --DDB Canada, Toronto, Canada, pg. 267

Tornell, Carlos, Creative Director --GALLEGOS UNITED, Huntington Beach, CA, pg. 408

Torrelles, Gabriel, Creative Director --BODEN AGENCY, Miami, FL, pg. 1453

Torres, Beatriz, Creative Director --ALMA, Coconut Grove, FL, pg. 49

Torres, Joanne, Creative Director --Fallon Minneapolis, Minneapolis, MN, pg. 360

Torres, Roy, Creative Director --Huge, Atlanta, GA, pg. 513

Toupin, Justin, Creative Director --ATEN DESIGN GROUP, INC., Denver, CO, pg. 1238

Tower, Oliver, Creative Director --MCCANN HEALTH GLOBAL HQ, New York, NY, pg. 713

Townend, Brad, Creative Director --PACIFIC COMMUNICATIONS, Irvine, CA, pg. 848

Toye, Jessica, Creative Director --VIRTUE WORLDWIDE, Brooklyn, NY, pg. 1139

Toyofuku, Victor, Creative Director --DM9DDB, Sao Paulo, Brazil, pg. 271

Toyohama, Ricardo, Creative Director --Circus Grey, Lima, Peru, pg. 444

Tozzini, Maurizio, Creative Director --DDB S.r.L. Advertising, Milan, Italy, pg. 276

Trabert, Ken, Creative Director --15 FINGERS, Buffalo, NY, pg. 2

Trahan-Miller, Cherise, Creative Director --ASHAY MEDIA GROUP, Brooklyn, NY, pg. 73

Traidman, Maggie, Creative Director --PIVOT DESIGN INC, San Francisco, CA, pg. 873

Tran, Long, Creative Director --TVGLA, Los Angeles, CA, pg. 1123

Traschitti, Massimiliano, Creative Director --J. Walter Thompson, Rome, Italy, pg. 560

Traschitti, Massimiliano, Creative Director --J. Walter Thompson Milan, Milan, Italy, pg. 560

Treacy, Paddy, Creative Director --Wieden + Kennedy, London, United Kingdom, pg. 1165

Treffiletti, Carmen, Creative Director --THREE21, Orlando, FL, pg. 1295

Trego, Matt, Creative Director --Publicis Seattle, Seattle, WA, pg. 905

Trego, Matt, Creative Director --Publicis Seattle, Seattle, WA, pg. 913

Tremlett, Guy, Creative Director --SET CREATIVE, New York, NY, pg. 1003

Tresidder, Melissa, Creative Director --PRESTON KELLY, Minneapolis, MN, pg. 888

Treyer-Evans, Toby, Creative Director --DROGA5, New York, NY, pg. 321

Triana, Diana, Creative Director --Sancho BBDO, Bogota, Colombia, pg. 102

Trinidad, Megan, Creative Director --R/GA, New York, NY, pg. 925

Tripodi, John, Creative Director --NEPTUNE ADVERTISING, Ocala, FL, pg. 789

Trippel, Claudia, Creative Director --SapientRazorfish Germany, Berlin, Germany, pg. 1288

Troncone, William, Creative Director --T+P ADVERTISING, New York, NY, pg. 1068

Troncoso, Tommy, Creative Director --HAVAS WORLDWIDE, New York, NY, pg. 475

Tronquini, Ricardo, Creative Director --J. Walter Thompson Singapore, Singapore, Singapore, pg. 558

Trotter, John, Creative Director --FORTY FORTY AGENCY, San Francisco, CA, pg. 393

Trout-Keiderling, Devon, Creative Director --Rauxa, New York, NY, pg. 933

Troutt, Jeremy, Creative Director --TRAFFIK, Irvine, CA, pg. 1113

Trovato, Vince, Creative Director --AVC MEDIA GROUP, Woodbury, NJ, pg. 79

Truan, Andrea, Creative Director --FMB ADVERTISING, Knoxville, TN, pg. 390

Trybus, Mary, Creative Director --Jack Morton Worldwide, Detroit, MI, pg. 568

Tryon, Jordan, Creative Director --M&C Saatchi Abel, Cape Town, South Africa, pg. 660

Tsami, Anastasia, Creative Director --Telia & Pavla BBDO, Nicosia, Cyprus, pg. 104

Tsang, Jeff, Creative Director --DDB Worldwide Ltd., Hong Kong, China (Hong Kong), pg. 274

Tsanis, Michael, Creative Director --THE MARTIN GROUP, LLC., Buffalo, NY, pg. 688

Tschantz, Chris, Creative Director --SPARKS GROVE, Atlanta, GA, pg. 1032

Tsecouras, Theodore, Creative Director --OgilvyOne Worldwide, Athens, Greece, pg. 815

Tucker, Michael, Creative Director --Doremus (San Francisco), San Francisco, CA, pg. 316

Tucker, Michelle, Creative Director --SCOUT MARKETING, Atlanta, GA, pg. 998

Tugalan, Ertug, Creative Director --Medina/Turgul DDB, Beyoglu, Turkey, pg. 281

Tun, Lina, Creative Director --Hakuhodo Hong Kong Ltd., North Point, China (Hong Kong), pg. 462

RESPONSIBILITIES INDEX — AGENCIES

Tupper, Dave, Creative Director --AKQA, Inc., New York, NY, pg. 1235

Turbaba, Oleg, Creative Director --CLAY, San Francisco, CA, pg. 1246

Turbeville, Dennis, Creative Director --ILLUSTRIA, INC., Washington, DC, pg. 524

Turgul, Kurtcebe, Creative Director --Medina/Turgul DDB, Beyoglu, Turkey, pg. 281

Turk, Barnett, Creative Director --PURDIE ROGERS, INC., Seattle, WA, pg. 916

Turner, Clay, Creative Director --Ackerman McQueen, Inc., Colorado Springs, CO, pg. 21

Turner, Sam, Creative Director --MILLER-REID, INC., Chattanooga, TN, pg. 742

Turner, Todd, Creative Director --Adams Outdoor Advertising, North Charleston, SC, pg. 27

Tutssel, Mark, Creative Director --Leo Burnett Co., S.r.l., Milan, Italy, pg. 625

Tutunnik, Tatiana, Creative Director --Young & Rubicam FMS, Moscow, Russia, pg. 1205

Tuyluoglu, Fatih, Creative Director --C-Section, Istanbul, Turkey, pg. 1204

Twala, Loyiso, Creative Director --FCB Johannesburg, Johannesburg, South Africa, pg. 375

Tyner, Troy, Creative Director --MITRE AGENCY, Greensboro, NC, pg. 748

Tzannes, Robin, Creative Director --THE CEMENTWORKS, LLC, New York, NY, pg. 199

Tzempelikos, Panagiotis, Creative Director --MullenLowe Athens, Athens, Greece, pg. 774

Ubeda, Pol, Creative Director --J. Walter Thompson, Barcelona, Spain, pg. 561

Ueland, Eivind, Creative Director --CONE COMMUNICATIONS, Boston, MA, pg. 1473

Ullman, Lynn, Creative Director --UPBRAND COLLABORATIVE, Saint Louis, MO, pg. 1128

Ulloa, Melissa, Creative Director --AREA 23, New York, NY, pg. 67

Ulmer, Travis, Creative Director --CANNONBALL, Saint Louis, MO, pg. 187

Ulve, Kevin, Creative Director --Publicis Conseil, Paris, France, pg. 898

Undurraga, Raimundo, Creative Director --Prolam Y&R S.A., Santiago, Chile, pg. 1206

Ungar, Tom, Creative Director --THE UNGAR GROUP, Evanston, IL, pg. 1126

Urban, Lauren, Creative Director --YOUTECH & ASSOCIATES, Naperville, IL, pg. 1209

Urgino, Carl, Creative Director --Leo Burnett Manila, Makati, Philippines, pg. 631

Urrutia, Jasmine, Creative Director --ENGELBRECHT ADVERTISING, LLC., Chico, CA, pg. 341

Usta, Okan, Creative Director --Wieden + Kennedy, Shanghai, China, pg. 1166

Vahn, Tina, Creative Director --Cossette B2B, Toronto, Canada, pg. 233

Valdivieso, Juan Camilo, Creative Director --ALMA, Coconut Grove, FL, pg. 49

Valencia, Beatriz, Creative Director --Teran TBWA, Mexico, Mexico, pg. 1092

Valero, Ricard, Creative Director --OGILVY, New York, NY, pg. 809

Valvano, Greg, Creative Director --CRAFTED, New York, NY, pg. 1247

van Bennekom, Eduard, Creative Director --DDB Amsterdam, Amstelveen, Netherlands, pg. 277

Van Bennekom, Eduard, Creative Director --Tribal Worldwide Amsterdam, Amstelveen, Netherlands, pg. 1296

van den Heever, Tian, Creative Director --FCB Johannesburg, Johannesburg, South Africa, pg. 375

Van Dev Yver, Iwein, Creative Director --FamousGrey, Groot-Bijgaarden, Belgium, pg. 439

van Ginkel, Dirk, Creative Director --JAM3, Toronto, Canada, pg. 570

van Rossen, Ernst Jan, Creative Director --TBWA Neboko, Amsterdam, Netherlands, pg. 1084

Van Slyke, Billie, Creative Director --LOVE ADVERTISING INC., Houston, TX, pg. 652

Vance, Tim, Creative Director --Adam & EveDDB, London, United Kingdom, pg. 281

Vandehey, Bob, Creative Director --POLLINATE, Portland, OR, pg. 881

VanGilder, Scott, Creative Director --THE MEDIA ADVANTAGE, Lansing, MI, pg. 725

Vanni, Emilio, Creative Director --FORWARD3D, New York, NY, pg. 1258

Varela, Facundo, Creative Director --DDB Argentina, Buenos Aires, Argentina, pg. 270

Varghese, Anish, Creative Director --Isobar India, Mumbai, India, pg. 549

Varghese, Binu, Creative Director --Ogilvy India, Chennai, India, pg. 823

Vasilachi, Stefan, Creative Director --DDB Bucharest, Bucharest, Romania, pg. 279

Vassinen, Lauri, Creative Director --DDB Helsinki, Helsinki, Finland, pg. 273

Vaughan, Brian, Creative Director --SHADOW PR, New York, NY, pg. 1005

Vaughn, Roger, Creative Director --THE JOHNSON GROUP, Chattanooga, TN, pg. 580

Vazquez, Gerardo, Creative Director --Y&R Puerto Rico, Inc., San Juan, PR, pg. 1207

Vazquez, Manuel Vera, Creative Director --Grey Mexico, S.A. de C.V, Mexico, Mexico, pg. 444

Vea, Julia, Creative Director --WILLIAM FRASER, Anchorage, AK, pg. 1301

Veasey, Andrew, Creative Director --Essence Digital Limited, London, United Kingdom, pg. 1184

Veasey, Bill, Creative Director --ROKKAN, New York, NY, pg. 966

Vedts, Lennert, Creative Director --Leo Burnett Belgium, Brussels, Belgium, pg. 624

Veenhof, Steve, Creative Director --THE GAGE TEAM, Sioux Falls, SD, pg. 408

Vega, Carlos, Creative Director --AJ ROSS CREATIVE MEDIA, INC., Chester, NY, pg. 42

Vega, Luis Alonso, Creative Director --Y&R Peru, Lima, Peru, pg. 1207

Veilleux, Stephane, Creative Director --LAROUCHE MARKETING COMMUNICATION, Quebec, Canada, pg. 611

Vela, Tony, Creative Director --VELA ADVERTISING, Warwick, NY, pg. 1132

Velandria, Ed, Creative Director --MOMENTUM COMMUNICATIONS GROUP, New York, NY, pg. 1585

Venegas, Maria, Creative Director --RONIN ADVERTISING GROUP, Miami, FL, pg. 967

Venezia, Jim, Creative Director --VENEZIA DESIGN INC., Glendale, CA, pg. 1133

Venturella, Amy, Creative Director --CANNONBALL, Saint Louis, MO, pg. 187

Vera, Claudio, Creative Director --Conill Advertising, Inc., El Segundo, CA, pg. 227

Verderi, Ferdinando, Creative Director --JOHANNES LEONARDO, New York, NY, pg. 1266

Verdonck, Geert, Creative Director --TBWA Brussels, Brussels, Belgium, pg. 1080

Verly, Chad, Creative Director --Cramer-Krasselt, Milwaukee, WI, pg. 237

Verma, Ashish Prakash, Creative Director --Everest Brand Solutions, Mumbai, India, pg. 1200

Versace, Armand, Creative Director --Saatchi & Saatchi, Budapest, Hungary, pg. 977

Vervisch, Carl, Creative Director --SOCIAL FORCES, LLC, Tampa, FL, pg. 1026

Vervroegen, Erik, Creative Director --PUBLICIS NEW YORK, New York, NY, pg. 912

Vest, Cody, Creative Director --VEST ADVERTISING, Louisville, KY, pg. 1135

Vezza, Rodrigo, Creative Director --DPZ-Duailibi, Petit, Zaragoza, Propaganda S.A., Sao Paulo, Brazil, pg. 906

Vezza, Rodrigo, Creative Director --DPZ-Duailibi, Petit, Zaragoza, Propaganda S.A., Sao Paulo, Brazil, pg. 21

Vickerstaff, Guy, Creative Director --The&Partnership London, London, United Kingdom, pg. 56

Vidal, Arnau, Creative Director --Hill+Knowlton Strategies, Madrid, Spain, pg. 1533

Vidal, Edgard, Creative Director --Publicis Brasil Communicao, Sao Paulo, Brazil, pg. 906

Vidal, Mara, Creative Director --BBH Singapore, Singapore, Singapore, pg. 94

Vieira, Jose, Creative Director --Havas Experience Lisbon, Lisbon, Portugal, pg. 481

Vieira, Jose, Creative Director --Havas Worldwide Digital Portugal, Lisbon, Portugal, pg. 481

Vigano, Marco, Creative Director --Havas Worldwide Milan, Milan, Italy, pg. 481

Vigne, Clement, Creative Director --TBWA Hunt Lascaris (Johannesburg), Johannesburg, South Africa, pg. 1087

Vildosola, Sebastian, Creative Director --Prolam Y&R S.A., Santiago, Chile, pg. 1206

Villa, Bill, Creative Director --ALLEBACH COMMUNICATIONS, Souderton, PA, pg. 45

Villa, Dario, Creative Director --Havas Worldwide Digital Milan, Milan, Italy, pg. 480

Villa, Dario, Creative Director --Havas Worldwide Milan, Milan, Italy, pg. 481

Villafania, Manuel, Creative Director --BBDO Guerrero, Makati, Philippines, pg. 114

Villaflor, Joel, Creative Director --PRICEWEBER MARKETING COMMUNICATIONS, INC., Louisville, KY, pg. 889

Villalba, Ximo, Creative Director --Grey Barcelona, Barcelona, Spain, pg. 442

Villegas, Duvan, Creative Director --MullenLowe SSP3, Bogota, Colombia, pg. 777

Villegas, Manuel, Creative Director --LOPEZ NEGRETE COMMUNICATIONS, INC., Houston, TX, pg. 651

Villones, Javey, Creative Director --J. Walter Thompson, Makati, Philippines, pg. 558

Vinakmens, Mike, Creative Director --MARSHALL FENN COMMUNICATIONS LTD., Toronto, Canada, pg. 1577

Vincent, Courtney, Creative Director --PETERSON MILLA HOOKS, Minneapolis, MN, pg. 866

Vincent, Marjorie, Creative Director --HARRISON AND STAR LLC, New York, NY, pg. 469

Vintila, Bogdan, Creative Director --Graffiti BBDO, Sofia, Bulgaria, pg. 104

Visco, Laura, Creative Director --72andSunny, Amsterdam, Netherlands, pg. 11

Vissat, Dave, Creative Director --BRUNNER, Pittsburgh, PA, pg. 169

Vist, Terje, Creative Director --Atmosphere Proximity, New York, NY, pg. 98

Vitez-O'Donnell, Laura, Creative Director --D2 CREATIVE, Somerset, NJ, pg. 256

Vithoulkas, Mike, Creative Director --TWO BY FOUR, Chicago, IL, pg. 1124

Vitorovich, Johnny, Creative Director --GRAFIK MARKETING COMMUNICATIONS, Alexandria, VA, pg. 431

Vladusic, Alan, Creative Director --AREA 23, New York, NY, pg. 67

Vohwinkel, Bruno, Creative Director --Havas Worldwide Milan, Milan, Italy, pg. 481

Volker, David, Creative Director --LPK, Cincinnati, OH, pg. 654

von Aesch, Tobias, Creative Director --Havas Worldwide Dusseldorf, Dusseldorf, Germany, pg. 480

von Doenhoff, Semjon, Creative Director --WEDNESDAY, New York, NY, pg. 1156

VonDerLinn, Donna, Creative Director --BRAND COOL MARKETING INC, Rochester, NY, pg. 154

VonOhlen, Adam, Creative Director --TWO BY FOUR, Chicago, IL, pg. 1124

Vos, Jack, Creative Director --RHEA + KAISER, Naperville, IL, pg. 954

Vouhe, Christian, Creative Director --Publicis Conseil, Paris, France, pg. 898

Vyers, Dustin, Creative Director --EIGHTY THREE CREATIVE, Dallas, TX, pg. 333

Wacker, Tobias, Creative Director --Hasan & Partners Oy, Helsinki, Finland, pg. 703

Wadher, Gautam, Creative Director --J. Walter Thompson, Dubai, United Arab Emirates, pg. 563

Wadley, Jeff, Creative Director --INSYNC PLUS, Los Angeles, CA, pg. 536

Wagener, Jeff, Creative Director --QUESTUS, San Francisco, CA, pg. 922

Wagner, Dean, Creative Director --54, LLC., Charlotte, NC, pg. 10

Wagoner, Peter J., Creative Director --GROW, Norfolk, VA, pg. 453

Wahlberg, Ted, Creative Director --Gyro Chicago, Chicago, IL, pg. 458

Waid, Denise, Creative Director --STEEL ADVERTISING & INTERACTIVE, Austin, TX, pg. 1045

Wainwright, Rupert, Creative Director --ADORE CREATIVE, Los Angeles, CA, pg. 32

Waite, Dave, Creative Director --ZOOKEEPER INDUSTRIES LLC., Los Angeles, CA, pg. 1215

Wakeman, Matthew, Creative Director --ELEVEN INC., San Francisco, CA, pg. 336

Walden-Morden, Jessica, Creative Director --BARKLEY, Kansas City, MO, pg. 90

Waldner, Robert, Creative Director --DOREMUS, New York, NY, pg. 316

Walker, David, Creative Director --SAINT BERNADINE MISSION COMMUNICATIONS INC, Vancouver, Canada, pg. 988

Walker, John, Creative Director --BROADHEAD, Minneapolis, MN,

1973

AGENCIES — RESPONSIBILITIES INDEX

Walker, Luke, Creative Director --Weber Shandwick UK, London, United Kingdom, pg. 1679
Walker, Matt, Creative Director --WHITE & PARTNERS, Tysons Corner, VA, pg. 1160
Walker, Shaun, Creative Director --HERO FARM, Metairie, LA, pg. 497
Walker-Wells, Neil, Creative Director --Juniper Park/TBWA, Toronto, Canada, pg. 1079
Wallace, Earl, Creative Director --Publicis Seattle, Seattle, WA, pg. 905
Wallace, Earl, Creative Director --Publicis Seattle, Seattle, WA, pg. 913
Wallace, Jo, Creative Director --J. Walter Thompson, London, United Kingdom, pg. 562
Wallace, Rich, Creative Director --OGILVY, New York, NY, pg. 809
Wallace, Rich, Creative Director --Ogilvy New York, New York, NY, pg. 811
Wallrich, Lila, Creative Director --WALLRICH, Sacramento, CA, pg. 1149
Walls, Marco, Creative Director --GYRO, New York, NY, pg. 457
Wallwork, Jack, Creative Director --WALLWORK CURRY MCKENNA, Charlestown, MA, pg. 1149
Walraff, Jean-Luc, Creative Director --J. Walter Thompson, Brussels, Belgium, pg. 559
Walsh, Deborah, Creative Director --TSM DESIGN, Springfield, MA, pg. 1663
Walsh, Jessica, Creative Director --SAGMEISTER & WALSH, New York, NY, pg. 987
Walsh, Jim, Creative Director --Leo Burnett Melbourne, Melbourne, Australia, pg. 628
Walsh, John, Creative Director --IRON CREATIVE COMMUNICATION, San Francisco, CA, pg. 548
Walsh, Renee, Creative Director --CHECKMARK COMMUNICATIONS, Saint Louis, MO, pg. 1220
Walters, Lee, Creative Director --ARCANA ACADEMY, Los Angeles, CA, pg. 65
Walthall, T. J., Creative Director --R/GA, Austin, TX, pg. 927
Wang, Irisy, Creative Director --BBH China, Shanghai, China, pg. 93
Wang, Jonathan, Creative Director --EAT SLEEP WORK, El Segundo, CA, pg. 329
Waradkar, Nikhil, Creative Director --Ogilvy, Bengaluru, India, pg. 823
Waradkar, Nikhil, Creative Director --Ogilvy India, Mumbai, India, pg. 824
Ward, Matt, Creative Director --BOOYAH ADVERTISING, Denver, CO, pg. 1241
Ward, Mike, Creative Director --LEO BURNETT WORLDWIDE, INC., Chicago, IL, pg. 621
Ward, Stephanie, Creative Director --STATION FOUR, Jacksonville, FL, pg. 1044
Warner, Carl, Creative Director --Ackerman McQueen, Inc., Dallas, TX, pg. 21
Warner, Mary, Creative Director --J. WALTER THOMPSON, New York, NY, pg. 553
Wasserman, Dave, Creative Director --Match Marketing Group, Chicago, IL, pg. 693
Waters, Lori Llorente, Creative Director --CRABB RADERMACHER, Atlanta, GA, pg. 236
Watkins, Jillian, Creative Director --THE TERRI & SANDY SOLUTION, New York, NY, pg. 1097
Watson, Alanna, Creative Director --VIRTUE WORLDWIDE, Brooklyn, NY, pg. 1139
Watson, Brian, Creative Director --CACTUS, Denver, CO, pg. 181
Watson, David, Creative Director --THE MERIDIAN GROUP, Virginia Beach, VA, pg. 731
Watson, Gary, Creative Director --ZULU ALPHA KILO, Toronto, Canada, pg. 1216
Watson, Matt, Creative Director --WATSON CREATIVE, POrtland, OR, pg. 1153
Watson, Monkey, Creative Director --WONGDOODY, Seattle, WA, pg. 1175
Watson, Wayne, Creative Director --IGNITION INTERACTIVE, Los Angeles, CA, pg. 523
Watt, Greig, Creative Director --TBWA Hunt Lascaris (Johannesburg), Johannesburg, South Africa, pg. 1087
Wattanawaraporn, Nopparat, Creative Director --Ogilvy Advertising, Bangkok, Thailand, pg. 828
Watters, Johnny, Creative Director --Ogilvy EMEA, London, United Kingdom, pg. 818
Watts, Nathan, Creative Director --Fitch:London, London, United Kingdom, pg. 385
Watuku, Jessica, Creative Director --GUSTIN ADVERTISING, Hopedale, MA, pg. 456
Waxel, Eoin, Creative Director --ART MACHINE, Hollywood, CA, pg. 71
Weaver, Lois, Creative Director --BURNS 360, Dallas, TX, pg. 1460
Webb, Eric, Creative Director --DRINKCAFFEINE, Madison, CT, pg. 1253
Webber, Melissa, Creative Director --THE GARAGE TEAM MAZDA, Costa Mesa, CA, pg. 409
Webdell, Michael, Creative Director --AMERICAN MASS MEDIA, Chicago, IL, pg. 52
Weber, Dan, Creative Director --GLOBAL TEAM BLUE, Dearborn, MI, pg. 423
Webster, Eirma, Creative Director --McCann Worldgroup (Singapore) Pte Ltd, Singapore, Singapore, pg. 709
Webster, Rob, Creative Director --McCann Erickson Advertising Ltd., London, United Kingdom, pg. 711
Wedemeyer, Steve, Creative Director --BALL HORTICULTURAL COMPANY, West Chicago, IL, pg. 1219
Wedman, Kalista Max, Creative Director --ARGYLE INTERACTIVE, Philadelphia, PA, pg. 68
Wee, Alfred, Creative Director --McCann Healthcare Singapore, Singapore, Singapore, pg. 709
Wee, Alfred, Creative Director --McCann Worldgroup (Singapore) Pte Ltd, Singapore, Singapore, pg. 709
Wee, Maurice, Creative Director --Grey Group Asia Pacific, Singapore, Singapore, pg. 445
Weed, Mike, Creative Director --SPAWN IDEAS, Anchorage, AK, pg. 1032
Wegbrait, German, Creative Director --KITEROCKET, Phoenix, AZ, pg. 597
Wei, Heng Thang, Creative Director --Grey Group Malaysia, Kuala Lumpur, Malaysia, pg. 447
Weinberger, Paul, Creative Director --TBWA\London, London, United Kingdom, pg. 1086
Weinstein, Steve, Creative Director --ENVOI DESIGN, Cincinnati, OH, pg. 1256
Weir, John, Creative Director --Octagon Sydney, Sydney, Australia, pg. 807
Weitzel, Andrew, Creative Director --BOX CREATIVE, Manhattan, NY, pg. 1242
Welch, Rob, Creative Director --PULSE CREATIVE LONDON, London, United Kingdom, pg. 916
Wells, Derick, Creative Director --OPUS 59 CREATIVE GROUP, Matthews, NC, pg. 843
Welsh, Craig, Creative Director --GO WELSH, Lancaster, PA, pg. 425
Welsh, Kevin, Creative Director --ANTICS DIGITAL MARKETING, San Carlos, CA, pg. 1237
Welzel, Christiaan, Creative Director --CRITICAL MASS INC., Calgary, Canada, pg. 248
Wenborn, Tom, Creative Director --THINKERBELL, Melbourne, Australia, pg. 1099
Wenzel, Manuel, Creative Director --TBWA Health A.G., Zurich, Switzerland, pg. 1085
West, Azsa, Creative Director --WIEDEN + KENNEDY, INC., Portland, OR, pg. 1163
West, Azsa, Creative Director --Wieden + Kennedy Japan, Tokyo, Japan, pg. 1166
West, Donna, Creative Director --Interbrand, London, United Kingdom, pg. 537
Westerman, Jennie, Creative Director --DEEP FRIED ADVERTISING LLC, New Orleans, LA, pg. 285
Westley, Jonathan, Creative Director --Adam & EveDDB, London, United Kingdom, pg. 281
Wetmore, Alex, Creative Director --LUMENTUS LLC, New York, NY, pg. 656
Wetterer, Victoria, Creative Director --TRUE NORTH INTERACTIVE, San Francisco, CA, pg. 1298
Whaites, Chris, Creative Director --HEARTBEAT DIGITAL, New York, NY, pg. 492
Whalen, Elizabeth, Creative Director --GREY VANCOUVER, Vancouver, Canada, pg. 449
Whipkey, Sarah, Creative Director --OBI CREATIVE, Omaha, NE, pg. 805
Whitaker, Thom, Creative Director --MOTHER LTD., London, United Kingdom, pg. 762
White, Brian, Creative Director --TRILION STUDIOS, Lawrence, KS, pg. 1228
White, Cindy, Creative Director --PARKERWHITE INC., Encinitas, CA, pg. 855
White, Jeff, Creative Director --THE MERIDIAN GROUP, Virginia Beach, VA, pg. 731
White, Regan, Creative Director --ABZ CREATIVE PARTNERS, Charlotte, NC, pg. 18
Whitehead, Adam, Creative Director --303 MullenLowe, Sydney, Australia, pg. 773
Whitehead, Glenn, Creative Director --George P. Johnson (Australia) Pty., Ltd., Sydney, Australia, pg. 417
Whiting, Josh, Creative Director --NEWFIRE MEDIA, North Augusta, SC, pg. 792
Whitney, Jennifer, Creative Director --IMPRINT PROJECTS, New York, NY, pg. 528
Wichmann, Emalie, Creative Director --HABERMAN & ASSOCIATES, INC., Minneapolis, MN, pg. 460
Wickberg, Scott, Creative Director --WICK CREATIVE, Denver, CO, pg. 1301
Widgren, Kalle, Creative Director --TBWA\ AB Stockholm, Stockholm, Sweden, pg. 1085
Widgren, Kalle, Creative Director --TBWA Stockholm, Stockholm, Sweden, pg. 1085
Wiederin, Alex, Creative Director --BUERO NEW YORK, New York, NY, pg. 172
Wielopolski, Nicola, Creative Director --DDB South Africa, Johannesburg, South Africa, pg. 280
Wienke, Steve, Creative Director --PHOENIX CREATIVE CO., Saint Louis, MO, pg. 1414
Wiese, Paige, Creative Director --TREE RING DIGITAL, Denver, CO, pg. 1114
Wilco, Samantha, Creative Director --Edelman, New York, NY, pg. 1492
Wilcox, Mary, Creative Director --ADG CREATIVE, Columbia, MD, pg. 29
Wilder, Brad, Creative Director --GLYPHIX ADVERTISING, West Hills, CA, pg. 424
Wilkie, Rob, Creative Director --PUSH22, Bingham Farms, MI, pg. 919
Wilkie, Rob, Creative Director --PUSHTWENTYTWO, Pontiac, MI, pg. 919
Wilking, Joan, Creative Director --DOERR ASSOCIATES, Winchester, MA, pg. 1487
Wille, Kathleen Tax, Creative Director --FCB Chicago, Chicago, IL, pg. 364
Williams, Craig, Creative Director --Wieden + Kennedy Amsterdam, Amsterdam, Netherlands, pg. 1164
Williams, Graham, Creative Director --BLINK MEDIA WORKS, Vancouver, Canada, pg. 136
Williams, Jim, Creative Director --Publicis Hawkeye, Charlotte, NC, pg. 1282
Williams, Jonathan, Creative Director --THE BRANDON AGENCY, Myrtle Beach, SC, pg. 158
Williams, Mark, Creative Director --FP7, Dubai, United Arab Emirates, pg. 710
Williams, Peter, Creative Director --GEORGE P. JOHNSON, New York, NY, pg. 416
Williams, Sarah, Creative Director --BEARDWOOD & CO, New York, NY, pg. 118
Williamson, James, Creative Director --RED7E, Louisville, KY, pg. 942
Williford, Lawrence, Creative Director --SapientRazorfish San Francisco, San Francisco, CA, pg. 1288
Wilson, Banks, Creative Director --UNION, Charlotte, NC, pg. 1298
Wilson, Greg, Creative Director --CURLEY COMPANY INC, Washington, DC, pg. 1479
Wilson, Rebecca, Creative Director --WESTON MASON MARKETING, Santa Monica, CA, pg. 1159
Wilson, Tom, Creative Director --BLAKESLEE ADVERTISING, Baltimore, MD, pg. 133
Winey, Scott, Creative Director --BLUESPACE CREATIVE, Denison, IA, pg. 141
Winkler, Erwin, Creative Director --HAVAS WORLDWIDE, New York, NY, pg. 475
Winkler, Mark, Creative Director --M&C Saatchi Abel, Cape Town, South Africa, pg. 660
Winn, Brett, Creative Director --THE REFINERY, Shefman Oaks, CA, pg. 944
Wioland, Steve, Creative Director --Adam & EveDDB, London, United Kingdom, pg. 281
Wirth, Brent, Creative Director --TRILIX MARKETING GROUP, INC., Des Moines, IA, pg. 1117
Wishingrad, Ian, Creative Director --BIGEYEDWISH LLC, New York, NY, pg. 131
Witchel, Jeff, Creative Director --THE JPR GROUP LLC, Montclair, NJ, pg. 1550
Witherspoon, Chrystine, Creative Director --VSA PARTNERS, INC., Chicago, IL, pg. 1146
Witherspoon, Josh, Creative Director --VSA PARTNERS, INC.,

RESPONSIBILITIES INDEX — AGENCIES

Chicago, IL, pg. 1146
Witter, Vanessa, Creative Director --WongDoody, Culver City, CA, pg. 1175
Wixom, Alisa Sengel, Creative Director --GSD&M, Austin, TX, pg. 453
Wojdyla, Cindy, Creative Director --THE PEPPER GROUP, Palatine, IL, pg. 862
Wolanske, Jon, Creative Director --GOODBY, SILVERSTEIN & PARTNERS, San Francisco, CA, pg. 428
Wolf, David, Creative Director --EASTERN STANDARD, Philadelphia, PA, pg. 329
Wolf, Joschka, Creative Director --Ogilvy (Singapore) Pvt. Ltd., Singapore, Singapore, pg. 827
Wolf, Karl, Creative Director --FELLOW, Minneapolis, MN, pg. 377
Wolfe, Jessa, Creative Director --360 PSG, INC., Amherst, NY, pg. 1231
Wolff, Charlie, Creative Director --Fallon Minneapolis, Minneapolis, MN, pg. 360
Wolff, Charlie, Creative Director --Fallon New York, New York, NY, pg. 360
Wolff, Charlie, Creative Director --FALLON WORLDWIDE, Minneapolis, MN, pg. 359
Wolff, Ricardo, Creative Director --DDB Berlin, Berlin, Germany, pg. 274
Wolff, Ricardo, Creative Director --DDB Group Germany, Berlin, Germany, pg. 274
Woloshun, Ron, Creative Director --BSTRO, INC., San Francisco, CA, pg. 1244
Wolowich, Curtis, Creative Director --AGENCY59, Toronto, Canada, pg. 39
Wood, Gavin, Creative Director --Ogilvy Cape Town, Cape Town, South Africa, pg. 829
Wood, Greg, Creative Director --BACKBAY COMMUNICATIONS, INC., Boston, MA, pg. 82
Wood, Nicola, Creative Director --Ogilvy, Ltd., London, United Kingdom, pg. 818
Wood, Preston E., Creative Director --LOVE COMMUNICATIONS, Salt Lake City, UT, pg. 653
Woodbury, Juan, Creative Director --LEO BURNETT BUSINESS, New York, NY, pg. 620
Woodhams-Roberts, Matthew, Creative Director --WOLFGANG LOS ANGELES, Venice, CA, pg. 1174
Woodhead, Andrew, Creative Director --McCann Erickson Advertising Pty. Ltd., Melbourne, Australia, pg. 700
Woodley, Neil, Creative Director --BOND BRAND LOYALTY, Mississauga, Canada, pg. 145
Woodward, David, Creative Director --DAVID The Agency, Miami, FL, pg. 261
Woolner, Matt, Creative Director --Adam & EveDDB, London, United Kingdom, pg. 281
Woolwine, Jessica, Creative Director --RUBIN COMMUNICATIONS GROUP, Virginia Bch, VA, pg. 1636
Worsham, Marco, Creative Director --BLUE SKY AGENCY, Atlanta, GA, pg. 140
Worthy, Cecily, Creative Director --THE LOOMIS AGENCY, Dallas, TX, pg. 651
Wrenn, Rebecca, Creative Director --SWEENEY, Cleveland, OH, pg. 1065
Wright, Judy Engelman, Creative Director --THE ADCOM GROUP, Cleveland, OH, pg. 28
Wu, Bati, Creative Director --Leo Burnett Shanghai Advertising Co., Ltd., Shanghai, China, pg. 629
Wurster, Lane, Creative Director --THE SPLINTER GROUP, Carrboro, NC, pg. 1034
Wyatt, Rachel, Creative Director --ELIZABETH CHRISTIAN PUBLIC RELATIONS, Austin, TX, pg. 1499
Wyeth, Andy, Creative Director --BBDO Dusseldorf, Dusseldorf, Germany, pg. 105
Xin, Jennifer, Creative Director --FIRSTBORN, New York, NY, pg. 384
Xuan, Jack, Creative Director --Havas Worldwide Shanghai, Shanghai, China, pg. 486
Yadav, Vibhor, Creative Director --Isobar India, Mumbai, India, pg. 549
Yaffe, Steve, Creative Director --GENUINE INTERACTIVE, Boston, MA, pg. 414
Yager, Lindsay, Creative Director --PEARL BRANDS, Fort Myers, FL, pg. 861
Yamamoto, Nobuhiko, Creative Director --M&C Saatchi, Tokyo, Japan, pg. 661
Yang, Drake, Creative Director --SQUEAKY WHEEL MEDIA, New York, NY, pg. 1038
Yang, Rocky, Creative Director --TBWA Shanghai, Shanghai, China, pg. 1090

Yanoscik, Andrew, Creative Director --BASIC AGENCY, San Diego, CA, pg. 95
Yap, Ewan, Creative Director --FCB Shanghai, Shanghai, China, pg. 372
Yap, James, Creative Director --Leo Burnett Malaysia, Kuala Lumpur, Malaysia, pg. 631
Yaroslavtsev, Sergey, Creative Director --Havas Worldwide Kiev, Kiev, Ukraine, pg. 482
Yasgur, Jon, Creative Director --THE BROOKLYN BROTHERS, New York, NY, pg. 167
Yates, Jason, Creative Director --GELIA-MEDIA, INC., Williamsville, NY, pg. 414
Yau, Randy, Creative Director --TOLLESON DESIGN, INC., San Francisco, CA, pg. 1108
Yeap, Adrian, Creative Director --Leo Burnett, Singapore, Singapore, pg. 631
Yeardsley, Stuart, Creative Director --3 Monkeys/Zeno, London, United Kingdom, pg. 1689
Yeary, Phillip, Creative Director --BOUVIER KELLY INC., Greensboro, NC, pg. 149
Yeates, Harry, Creative Director --Langland, Windsor, United Kingdom, pg. 911
Yeaton, Charlie, Creative Director --RUMBLETREE, North Hampton, NH, pg. 972
Yen, Alen, Creative Director --RDW Group, Inc., Worcester, MA, pg. 935
Yerichev, Vladimir, Creative Director --ZETA GLOBAL, New York, NY, pg. 1303
Yim, Henry, Creative Director --J. Walter Thompson, Quarry Bay, China (Hong Kong), pg. 555
Yoder, Mike, Creative Director --CD&M COMMUNICATIONS, Portland, ME, pg. 198
Yontz, Robin, Creative Director --TRONE BRAND ENERGY, INC., High Point, NC, pg. 1119
Younes, Josephine, Creative Director --FP7, Dubai, United Arab Emirates, pg. 710
Young, Bart, Creative Director --YOUNG COMPANY, Laguna Beach, CA, pg. 1208
Young, Cameron, Creative Director --MARICICH BRAND COMMUNICATIONS, Irvine, CA, pg. 679
Young, Jennifer, Creative Director --THE WONDERFUL AGENCY, Los Angeles, CA, pg. 1228
Yu, Christina, Creative Director --RED URBAN, Toronto, Canada, pg. 942
Yuen, Matthew, Creative Director --Cheil Worldwide Inc., Seoul, Korea (South), pg. 462
Yun, Sun, Creative Director --GRAFIK MARKETING COMMUNICATIONS, Alexandria, VA, pg. 431
Yung, Benjamin, Jr., Creative Director --Almap BBDO, Sao Paulo, Brazil, pg. 101
Yuzwa, Michael, Creative Director --IBM iX, Columbus, OH, pg. 518
Zabrodskaya, Polina, Creative Director --Abbott Mead Vickers BBDO, London, United Kingdom, pg. 109
Zacarias, David Sanchez, Creative Director --Ogilvy, Mexico, Mexico, pg. 821
Zafaranloo, Lily, Creative Director --THE VON AGENCY INC, Staten Island, NY, pg. 1146
Zaiden, Lucas, Creative Director --RAPP, New York, NY, pg. 931
Zakariya, Akorede, Creative Director --DDB Casers, Lagos, Nigeria, pg. 278
Zamba, Dave, Creative Director --PROSEK PARTNERS, Stratford, CT, pg. 1619
Zamboni, Luca, Creative Director --J. Walter Thompson Milan, Milan, Italy, pg. 560
Zambrano, Fernando Alcazar, Creative Director --McCann Erickson S.A., Barcelona, Spain, pg. 710
Zamora, Paulo, Creative Director --TBWA/Colombia Suiza de Publicidad Ltda, Bogota, Colombia, pg. 1092
Zanatti, Marlon, Creative Director --Y&R Miami, Miami, FL, pg. 1205
Zanfrisco, Salvatore, Creative Director --Havas Worldwide Milan, Milan, Italy, pg. 481
Zaragoza, Diego, Creative Director --DPZ-Duailibi, Petit, Zaragoza, Propaganda S.A., Sao Paulo, Brazil, pg. 906
Zaragoza, Diego, Creative Director --DPZ-Duailibi, Petit, Zaragoza, Propaganda S.A., Sao Paulo, Brazil, pg. 21
Zawadowski, Cass, Creative Director --Wunderman, Toronto, Canada, pg. 1190
Zefferino, Massimo, Creative Director --ZFACTOR COMMUNICATIONS INC., Waterloo, Canada, pg. 1212
Zeiler, Bianca, Creative Director --RONIN ADVERTISING GROUP, Miami, FL, pg. 967
Zeins, Claude, Creative Director --SANDWICH VIDEO, Los Angeles,

CA, pg. 990
Zelen, Terry, Creative Director --ZELEN COMMUNICATIONS, Tampa, FL, pg. 1211
Zeller, Tim, Creative Director --RECESS CREATIVE LLC, Cleveland, OH, pg. 938
Zellmer, Stefani, Creative Director --ZELLMER MCCONNELL ADVERTISING, Austin, TX, pg. 1211
Zellner, Jeff, Creative Director --MEDIALINKS ADVERTISING, Findlay, OH, pg. 728
Zeltser, Julia Vakser, Creative Director --HYPERAKT, Brooklyn, NY, pg. 516
Zepeda, Robert, Creative Director --EL CREATIVE, INC., Dallas, TX, pg. 334
Zgheib, Joelle M., Creative Director --TBWA Raad, Dubai, United Arab Emirates, pg. 1088
Zhang, Jean, Creative Director --RISE INTERACTIVE, Chicago, IL, pg. 960
Zhang, Jeff, Creative Director --J. Walter Thompson Beijing, Beijing, China, pg. 555
Zhang, Juan, Creative Director --BBDO China, Shanghai, China, pg. 112
Zhong, Tam Jian, Creative Director --BBDO China, Shanghai, China, pg. 112
Zhou, T. T., Creative Director --Publicis Shanghai, Shanghai, China, pg. 908
Zilenas, Dominykas, Creative Director --Adell Taivas Ogilvy, Vilnius, Lithuania, pg. 816
Zimarik, Kevin, Creative Director --THINK TANK PR & MARKETING, Saint Louis, MO, pg. 1659
Zimmer, Jim, Creative Director --METHOD ENGINE, LLC, Chicago, IL, pg. 1271
Zinoviev, Sergii, Creative Director --Provid BBDO, Kiev, Ukraine, pg. 109
Zita, Sandy, Creative Director --FIELD DAY INC., Toronto, Canada, pg. 379
Zito, Vincent, Jr., Creative Director --TANEN DIRECTED ADVERTISING, Norwalk, CT, pg. 1072
Zonta, Marko, Creative Director --ZYNC COMMUNICATIONS INC., Toronto, Canada, pg. 1217
Zorn, David, Creative Director --TBWA\Media Arts Lab, Los Angeles, CA, pg. 1078
Zullo, Jennifer, Creative Director --JMR CONNECT, Washington, DC, pg. 1549
Zuniga, Enrique, Creative Director --TBWA Frederick, Santiago, Chile, pg. 1092
Zurilgen, Denise, Creative Director --MullenLowe, New York, NY, pg. 772
Zydzik, Michael, Creative Director --FUSIONFARM, Cedar Rapids, IA, pg. 404

Direct Marketing/Direct Response

Brehm, Patty, Direct Marketing/Direct Response --DIDIT, Mineola, NY, pg. 1250
Crncich, Tony, Direct Marketing/Direct Response --ARCANE, Calgary, Canada, pg. 65
Ehrlich, Lisa, Direct Marketing/Direct Response --KREIGER & ASSOCIATES, Paoli, PA, pg. 1339
Farber, Micky, Direct Marketing/Direct Response --FARM, Depew, NY, pg. 362
Feinberg, Bob, Direct Marketing/Direct Response --STEPHAN PARTNERS, INC., Hastings Hdsn, NY, pg. 1046
Formenti, Christine, Direct Marketing/Direct Response --CRAMER-KRASSELT, Chicago, IL, pg. 237
Olson, Cara, Direct Marketing/Direct Response --DEG, Leawood, KS, pg. 1248
Schneiderman, Larry, Direct Marketing/Direct Response --CORINTHIAN MEDIA, INC., New York, NY, pg. 1316
Schofield-Broadbent, Keith, Direct Marketing/Direct Response --ERIC MOWER + ASSOCIATES, Syracuse, NY, pg. 346
Thanos, Dino, Direct Marketing/Direct Response --KDR MEDIA GROUP, Schaumburg, IL, pg. 589
Walker, Bob, Direct Marketing/Direct Response --CURIOSITY ADVERTISING, Cincinnati, OH, pg. 254

Media Buyer

Adame, Charlene, Media Buyer --CROSSMEDIA, New York, NY, pg. 1317
Aguinaldo, Daryll, Media Buyer --ICON MEDIA DIRECT, Van Nuys, CA, pg. 1331
Agurto, Monica, Media Buyer --VSBROOKS, Coral Gables, FL, pg.

… 1147
Akin, Abby, Media Buyer --ADSMITH COMMUNICATIONS, Springfield, MO, pg. 33
Alardin, Kristine, Media Buyer --FREED ADVERTISING, Sugar Land, TX, pg. 397
Albright, Katelyn; Media Buyer --ASHER MEDIA, INC., Addison, TX, pg. 1308
Aleo, Kristen, Media Buyer --SOUND COMMUNICATIONS, INC., New York, NY, pg. 1369
Allumbaugh, Ginny, Media Buyer --ANDERSON PARTNERS, Omaha, NE, pg. 58
Alviar, Rona, Media Buyer --MEDIA BUYING SERVICES, INC., Phoenix, AZ, pg. 1341
Amiscaray, Rochelle L., Media Buyer --GATESMAN, Pittsburgh, PA, pg. 412
Anderson, Lauren Taylor, Media Buyer --SKAR ADVERTISING, Omaha, NE, pg. 1018
Anzaldua, Athena, Media Buyer --BRIGGS & CALDWELL, Houston, TX, pg. 163
Arnaldo, Monica, Media Buyer --CATALYST MARKETING COMPANY, Fresno, CA, pg. 195
Arnold, Dan, Media Buyer --J. LINCOLN GROUP, The Woodlands, TX, pg. 552
Ayer, Vicky, Media Buyer --RINCK ADVERTISING, Auburn, ME, pg. 1632
Babcock, Samantha, Media Buyer --HARRISON MEDIA, Clinton Township, MI, pg. 469
Bahen, Debra, Media Buyer --SPURRIER MEDIA GROUP, Richmond, VA, pg. 1370
Bailey, Heather, Media Buyer --THE COMMUNICATIONS GROUP, Little Rock, AR, pg. 223
Balazova, Alexandra, Media Buyer --Optimedia, Bratislava, Slovakia, pg. 1389
Barnett, Gabby, Media Buyer --MUDD ADVERTISING, Cedar Falls, IA, pg. 770
Bass, Ira, Media Buyer --INSPIRE CREATIVE STUDIOS, Wilmington, NC, pg. 535
Bates, Kimberly, Media Buyer --AD RESULTS, Houston, TX, pg. 24
Bayley, Julie, Media Buyer --SRCPMEDIA, Alexandria, VA, pg. 1039
Beason, Lauren, Media Buyer --BLR/FURTHER, Birmingham, AL, pg. 138
Beatty, Kim, Media Buyer --BIG COMMUNICATIONS, INC., Birmingham, AL, pg. 128
Beovides, Hilda, Media Buyer --GMG ADVERTISING, Miami, FL, pg. 425
Berg, Ashley, Media Buyer --HIEBING, Madison, WI, pg. 498
Berkey, Nicole, Media Buyer --GARRISON HUGHES, Pittsburgh, PA, pg. 410
Bickers, Anna, Media Buyer --Dalton Agency Atlanta, Atlanta, GA, pg. 258
Bilbrey, Robyn, Media Buyer --LEAP CREATIVE INC., Kennesaw, GA, pg. 618
Bishop, Denise, Media Buyer --THE GRAHAM GROUP, Lafayette, LA, pg. 431
Bleuer, Dorothy, Media Buyer --CROWLEY WEBB, Buffalo, NY, pg. 250
Blotsky, Penny, Media Buyer --KK BOLD, Bismarck, ND, pg. 597
Blute, Jayne, Media Buyer --TCAA, Cincinnati, OH, pg. 1093
Bobb, Michelle, Media Buyer --MEDIA WORKS, LTD., Baltimore, MD, pg. 1344
Bosch, Crystal, Media Buyer --FLINT COMMUNICATIONS, Fargo, ND, pg. 388
Bouwman, Jason, Media Buyer --LANDERS & PARTNERS, INC., Clearwater, FL, pg. 609
Brandenburg, Jenny, Media Buyer --INSIGHT CREATIVE INC., Green Bay, WI, pg. 535
Bresler, Desi, Media Buyer --DVA ADVERTISING, Bend, OR, pg. 326
Brown, Kendra, Media Buyer --DICOM, INC., Saint Louis, MO, pg. 1318
Bunker, Robin, Media Buyer --STRATEGIC MEDIA INC, Portland, ME, pg. 1053
Butler, Alexa, Media Buyer --THE BALCOM AGENCY, Fort Worth, TX, pg. 85
Butler, Anna, Media Buyer --REED & ASSOCIATES MARKETING, Norfolk, VA, pg. 944
Butler, Diane, Media Buyer --ROBERTSON & MARKOWITZ ADVERTISING & PR, Savannah, GA, pg. 964
Butler, Samantha, Media Buyer --STONE WARD, Little Rock, AR, pg. 1050
Butler, Sarah, Media Buyer --HAVAS MEDIA, New York, NY, pg. 1324

Caldwell, Tiffany, Media Buyer --THE SUMMIT GROUP, Salt Lake City, UT, pg. 1060
Camarda, Sal, Media Buyer --Havas Edge, Carlsbad, CA, pg. 476
Cano, Jill, Media Buyer --MARC USA CHICAGO, Chicago, IL, pg. 677
Cappiello, Giuliana, Media Buyer --MINDSHARE, New York, NY, pg. 1351
Carballo, Joe, Media Buyer --Havas Edge, Carlsbad, CA, pg. 476
Castellanos, Karla, Media Buyer --Allied Integrated Marketing, Atlanta, GA, pg. 48
Castello, Nick, Media Buyer --JAY ADVERTISING, INC., Rochester, NY, pg. 573
Cates, Laura, Media Buyer --THE VIMARC GROUP, Louisville, KY, pg. 1138
Caulfield, Ben, Media Buyer --RED COMMA MEDIA, INC., Madison, WI, pg. 1367
Cernochova, Patricia, Media Buyer --Optimedia, Buenos Aires, Argentina, pg. 1388
Chapin, Sarah, Media Buyer --EXPLORE COMMUNICATIONS, Denver, CO, pg. 1321
Chapman, Alisa, Media Buyer --MEDIA WORKS, LTD., Baltimore, MD, pg. 1344
Chappell, Judy, Media Buyer --KIRVIN DOAK COMMUNICATIONS, Las Vegas, NV, pg. 1559
Childress, Brandi, Media Buyer --CJRW NORTHWEST, Springdale, AR, pg. 210
Childress, Brandi, Media Buyer --CRANFORD JOHNSON ROBINSON WOODS, Little Rock, AR, pg. 238
Chiodo, Bryan, Media Buyer --ICON INTERNATIONAL INC., Stamford, CT, pg. 1330
Christiano, Tara, Media Buyer --MBT MARKETING, Portland, OR, pg. 696
Cipollina, Brian, Media Buyer --CROSSMEDIA, New York, NY, pg. 1317
Clay, Brandi, Media Buyer --ZION & ZION, Tempe, AZ, pg. 1213
Coleman, Jen, Media Buyer --Charles Ryan Associates, Richmond, VA, pg. 203
Cooke, Mary, Media Buyer --CROWLEY WEBB, Buffalo, NY, pg. 250
Cordell, Amy, Media Buyer --STEELE & ASSOCIATES, INC., Pocatello, ID, pg. 1045
Cornette, Kristi, Media Buyer --ADWERKS, Sioux Falls, SD, pg. 36
Correia, Helder, Media Buyer --KWG, New York, NY, pg. 604
Costello, Lynn, Media Buyer --OH PARTNERS, Phoenix, AZ, pg. 833
Cox, Lauren, Media Buyer --BANDY CARROLL HELLIGE ADVERTISING, Louisville, KY, pg. 87
Cruz, Imelda, Media Buyer --REZONATE MEDIA INC., Long Beach, CA, pg. 954
Cuervo, Rebecca, Media Buyer --ANTHONY BARADAT & ASSOCIATES, Miami, FL, pg. 61
D'Amato, Olivia, Media Buyer --SMITH BROTHERS AGENCY, LP, Pittsburgh, PA, pg. 1023
Daboub, Jon, Media Buyer --22SQUARED, Atlanta, GA, pg. 4
Davis, Gina, Media Buyer --ZIZZO GROUP, INC., Milwaukee, WI, pg. 1214
Davis, Jordan, Media Buyer --COLLING MEDIA LLC, Scottsdale, AZ, pg. 220
Davis, Megan, Media Buyer --CHEVALIER ADVERTISING, INC., Lake Oswego, OR, pg. 206
Deang, Mellisa, Media Buyer --R&R PARTNERS, Las Vegas, NV, pg. 924
del Castillo, Judy, Media Buyer --MERCURY MEDIA, INC., Los Angeles, CA, pg. 730
Delhey, Judy, Media Buyer --ADRENALIN, INC, Denver, CO, pg. 32
Delich, Katie, Media Buyer --THE JOHNSON GROUP, Chattanooga, TN, pg. 580
Denaro, Helene, Media Buyer --ICON INTERNATIONAL INC., Stamford, CT, pg. 1330
Denick, Julia, Media Buyer --TBC INC., Baltimore, MD, pg. 1076
DeStefano, Laraine, Media Buyer --CARAT USA, INC., New York, NY, pg. 1314
Dickert, Christine, Media Buyer --Zenith Chicago, Chicago, IL, pg. 1392
Ditty, Jennifer, Media Buyer --THE SUMMIT GROUP, Salt Lake City, UT, pg. 1060
Dolan, Meaghan, Media Buyer --MARC USA CHICAGO, Chicago, IL, pg. 677
Drozynski, Carolyn, Media Buyer --BOOYAH ADVERTISING, Denver, CO, pg. 1241
Dudenhoeffer, Lisa Dell, Media Buyer --TRUE MEDIA, Columbia, MO, pg. 1376
Dueck, Joshua, Media Buyer --TAMM + KIT, Toronto, Canada, pg. 1072

Duer, Cathy, Media Buyer --HANNA & ASSOCIATES INC., Coeur D'Alene, ID, pg. 465
Duncan, Toiia, Media Buyer --IGNITE SOCIAL MEDIA, Cary, NC, pg. 1263
Dunham, Lena, Media Buyer --INFINITY MARKETING, Greenville, SC, pg. 531
Dutton, Shannon, Media Buyer --BLUESOHO, New York, NY, pg. 141
Early, Kristina, Media Buyer --BRIGGS & CALDWELL, Houston, TX, pg. 163
Eash, Allison, Media Buyer --THE IDEA MILL, Pittsburgh, PA, pg. 521
Ellenbogen, Marcy, Media Buyer --THE GARY GROUP, Santa Monica, CA, pg. 411
Embry Selig, Jane, Media Buyer --CRANFORD JOHNSON ROBINSON WOODS, Little Rock, AR, pg. 238
Enright, Chelsea, Media Buyer --THE WARD GROUP, Frisco, TX, pg. 1152
Esala, Mindi, Media Buyer --MARKETING ARCHITECTS, INC., Minnetonka, MN, pg. 682
Esposito, Sarah, Media Buyer --KWG, New York, NY, pg. 604
Evans, Lila, Media Buyer --CVA ADVERTISING & MARKETING, INC., Odessa, TX, pg. 255
Farrell, Kyle, Media Buyer --DIRECTAVENUE, Carlsbad, CA, pg. 1319
Fay, Kevin, Media Buyer --Havas Edge, Carlsbad, CA, pg. 476
Feldman, Nina, Media Buyer --TCAA, Dedham, MA, pg. 1093
Feldman, Nina, Media Buyer --TCAA, Cincinnati, OH, pg. 1093
Felt, Emilie, Media Buyer --REALWORLD MARKETING, Scottsdale, AZ, pg. 937
Ferrier, Kendra, Media Buyer --NOVUS MEDIA INC, Plymouth, MN, pg. 1354
Ferris, Alyssa, Media Buyer --RED COMMA MEDIA, INC., Madison, WI, pg. 1367
Fisk, Sara, Media Buyer --CALLAHAN CREEK, INC., Lawrence, KS, pg. 183
Fitzgerald, Jackie, Media Buyer --REALWORLD MARKETING, Scottsdale, AZ, pg. 937
Flinkfelt, Sara, Media Buyer --COMMONWEALTH CREATIVE ASSOCIATES, Framingham, MA, pg. 222
Flynn, Melissa, Media Buyer --THE ATKINS GROUP, San Antonio, TX, pg. 75
Folkers-Whitesell, Kelli Jo, Media Buyer --AMPERAGE, Cedar Falls, IA, pg. 53
Fong, Alyssa, Media Buyer --NEW & IMPROVED MEDIA, El Segundo, CA, pg. 1353
Forsythe, Adam, Media Buyer --THE CREATIVE ALLIANCE, INC., Lafayette, CO, pg. 239
Fradette, Debbie, Media Buyer --RON FOTH ADVERTISING, Columbus, OH, pg. 967
Francis, Mckenzie, Media Buyer --OSBORN & BARR COMMUNICATIONS, Saint Louis, MO, pg. 844
Franklin, Callie, Media Buyer --INSIGHT CREATIVE GROUP, Oklahoma City, OK, pg. 535
Frauen, Sierra, Media Buyer --FIRESPRING, Lincoln, NE, pg. 383
Friedel, Stephanie, Media Buyer --MEDIA BROKERS INTERNATIONAL, INC., Alpharetta, GA, pg. 1341
Fuller, Dustin, Media Buyer --DRAKE COOPER INC., Boise, ID, pg. 319
Furnish, Kathy, Media Buyer --BANDY CARROLL HELLIGE ADVERTISING, Louisville, KY, pg. 87
Gadtke, Chelsea, Media Buyer --CLARITY COVERDALE FURY ADVERTISING, INC., Minneapolis, MN, pg. 211
Gagne, Katelyn, Media Buyer --RUNYON SALTZMAN & EINHORN, Sacramento, CA, pg. 972
Garbarz, Michelle, Media Buyer --MALLOF, ABRUZINO & NASH MARKETING, Carol Stream, IL, pg. 673
Gillis, Kelly, Media Buyer --MASS MEDIA MARKETING, Augusta, GA, pg. 691
Glasco, Bryan, Media Buyer --KNOODLE ADVERTISING, Phoenix, AZ, pg. 599
Godwin, Alexa, Media Buyer --CROWLEY WEBB, Buffalo, NY, pg. 250
Goetz, David, Media Buyer --MARTIN RETAIL GROUP/MARTIN ADVERTISING, Birmingham, AL, pg. 688
Golding, Tricia, Media Buyer --HOEGGER COMMUNICATIONS, Wichita Falls, TX, pg. 505
Golliver, Felicia, Media Buyer --BLUE OLIVE CONSULTING, Florence, AL, pg. 139
Gonzales, Lindsey, Media Buyer --ZEHNDER COMMUNICATIONS, INC., New Orleans, LA, pg. 1210
Gonzalez, Yamy, Media Buyer --22squared Inc., Tampa, FL, pg. 4
Goodman, Earl, Media Buyer --TENNESSEE PRESS SERVICE,

RESPONSIBILITIES INDEX — AGENCIES

INC, Knoxville, TN, pg. 1375

Goodman, Erin, Media Buyer --RED CROW MARKETING INC., Springfield, MO, pg. 939

Gow, Janice, Media Buyer --MERCURY MEDIA, INC., Los Angeles, CA, pg. 730

Gower, Denise, Media Buyer --MANSI MEDIA, Harrisburg, PA, pg. 1340

Greene, Nadine, Media Buyer --PALISADES MEDIA GROUP, INC., Santa Monica, CA, pg. 1361

Griffith, Crystal, Media Buyer --J. LINCOLN GROUP, The Woodlands, TX, pg. 552

Guemraoui, Rosalyn, Media Buyer --ANSON-STONER INC., Winter Park, FL, pg. 60

Gullen, Victoria, Media Buyer --CARAT USA, INC., New York, NY, pg. 1314

Hall, Jim, Media Buyer --TRUE MEDIA, Columbia, MO, pg. 1376

Haltiwanger, Dana, Media Buyer --INFINITY MARKETING, Greenville, SC, pg. 531

Hamilton, Kelly, Media Buyer --HIRONS & COMPANY, Indianapolis, IN, pg. 502

Hancock, Leslie, Media Buyer --ADRENALIN, INC, Denver, CO, pg. 32

Harris, Terri, Media Buyer --GWA/GREGORY WELTEROTH ADVERTISING, Montoursville, PA, pg. 456

Havertape, Leanne, Media Buyer --HIEBING, Madison, WI, pg. 498

Heideman, Megan, Media Buyer --FLYNN WRIGHT, Des Moines, IA, pg. 390

Hernandez, Jessica, Media Buyer --WALKER ADVERTISING, INC., San Pedro, CA, pg. 1148

Hershberger, Michelle, Media Buyer --BERNSTEIN-REIN ADVERTISING, INC., Kansas City, MO, pg. 125

High, Emily, Media Buyer --SENSIS, Los Angeles, CA, pg. 1002

Hillmann, Judi, Media Buyer --WILLIAMS RANDALL MARKETING, Indianapolis, IN, pg. 1169

Hoffman, Cristy, Media Buyer --MASTERMINDS, Egg Harbor Township, NJ, pg. 692

Hogfoss, Katie, Media Buyer --Odney Advertising-Fargo, Fargo, ND, pg. 808

Holm, Melissa, Media Buyer --MARKETSMITH INC, Cedar Knolls, NJ, pg. 685

Holm, Melissa, Media Buyer --MARKETSMITHS CONTENT STRATEGISTS LLC, New York, NY, pg. 685

Holtzman, Julie, Media Buyer --MEDIA DESIGN GROUP LLC, Los Angeles, CA, pg. 1341

Holzman, Stephanie, Media Buyer --RUNYON SALTZMAN & EINHORN, Sacramento, CA, pg. 972

Horan, Brian, Media Buyer --STREAM COMPANIES, Malvern, PA, pg. 1054

Howard, Kaili, Media Buyer --LITTLE DOG AGENCY INC., Mount Pleasant, SC, pg. 645

Howard, Merissa, Media Buyer --CHARLTON MARKETING INC, Portland, OR, pg. 204

Howe, Melanie, Media Buyer --KIOSK CREATIVE LLC, Novato, CA, pg. 596

Hurley, Brian, Media Buyer --CARAT USA, INC., New York, NY, pg. 1314

Hurt, Megan, Media Buyer --SHEEHY & ASSOCIATES, Louisville, KY, pg. 1006

Irvin, Michelle, Media Buyer --STRATEGIC MEDIA, INC., Clearwater, FL, pg. 1053

Israel, Sarah, Media Buyer --BOOYAH ADVERTISING, Denver, CO, pg. 1241

Jackson, Ashley, Media Buyer --HARRISON MEDIA, Clinton Township, MI, pg. 469

James, Aimee, Media Buyer --NEWTON MEDIA, Chesapeake, VA, pg. 1354

Jensen, Liesle, Media Buyer --DRAKE COOPER INC., Boise, ID, pg. 319

Jones, Lauren, Media Buyer --THE BRANDON AGENCY, Myrtle Beach, SC, pg. 158

Jones, Patricia, Media Buyer --CK ADVERTISING, Cape Coral, FL, pg. 210

Karimi, Mandy, Media Buyer --THE JAMES AGENCY, Scottsdale, AZ, pg. 570

Kassa, Emilie Vick, Media Buyer --NONBOX, Hales Comers, WI, pg. 797

Katz, Sloane, Media Buyer --SK+G ADVERTISING LLC, Las Vegas, NV, pg. 1018

Kehoe, Sarah, Media Buyer --BOELTER + LINCOLN MARKETING COMMUNICATIONS, Milwaukee, WI, pg. 144

Kennedy, Kristie, Media Buyer --LEWIS ADVERTISING, INC., Rocky Mount, NC, pg. 635

Kessler, Patricia, Media Buyer --REED SENDECKE KREBSBACH, Madison, WI, pg. 944

Kettering, Paola, Media Buyer --DIRECTAVENUE, Carlsbad, CA, pg. 1319

Kinnett, Kristina, Media Buyer --HARRISON MARKETING & ADVERTISING, Bakersfield, CA, pg. 469

Kitterman, Elizabeth, Media Buyer --POWER CREATIVE, Louisville, KY, pg. 884

Knock, Josh, Media Buyer --STRATEGIC MEDIA INC, Portland, ME, pg. 1053

Kohl, Annette, Media Buyer --MARTINO FLYNN LLC, Pittsford, NY, pg. 689

Kotys, Alex, Media Buyer --ICON INTERNATIONAL INC., Stamford, CT, pg. 1330

Lacuesta, Melissa, Media Buyer --U.S. INTERNATIONAL MEDIA, LLC, Los Angeles, CA, pg. 1378

Landries, Sara, Media Buyer --DRM PARTNERS, INC., Hoboken, NJ, pg. 1319

Landry, Baylie, Media Buyer --THE GRAHAM GROUP, Lafayette, LA, pg. 431

Lane, Gina, Media Buyer --PRIMARY DESIGN INC, Haverhill, MA, pg. 889

Langley, Ginger, Media Buyer --AGENCY501 INC., Little Rock, AR, pg. 39

LaRosa, Gabrielle, Media Buyer --CROSSMEDIA, New York, NY, pg. 1317

Leon, Leyda, Media Buyer --BARU ADVERTISING, Culver City, CA, pg. 95

Leonard, Jennifer, Media Buyer --JERRY DEFALCO ADVERTISING, Maitland, FL, pg. 575

Levtzow, Matthew, Media Buyer --DAILEY & ASSOCIATES, West Hollywood, CA, pg. 258

Leyva, Matthew, Media Buyer --Havas Edge, Carlsbad, CA, pg. 476

Limon, Hilda, Media Buyer --THE BALCOM AGENCY, Fort Worth, TX, pg. 85

Lindgren, Carly, Media Buyer --Havas Edge, Carlsbad, CA, pg. 476

Lippman, Jordan, Media Buyer --FREED ADVERTISING, Sugar Land, TX, pg. 397

Lobosco, Stevie, Media Buyer --RIESTER, Phoenix, AZ, pg. 958

Lombaer, Trevor, Media Buyer --ARAGON ADVERTISING, Forest Hills, NY, pg. 64

Long, Kimberly, Media Buyer --SOUTHWEST MEDIA GROUP, Dallas, TX, pg. 1369

Longton, Jim, Media Buyer --COOPER HONG INC., Saint Charles, IL, pg. 1475

Love, John, Media Buyer --MEDIA WORKS, LTD., Baltimore, MD, pg. 1344

Lowrey, Ronald, Media Buyer --J. LINCOLN GROUP, The Woodlands, TX, pg. 552

Luisi, Elizabeth, Media Buyer --CANVAS WORLDWIDE, New York, NY, pg. 1314

Lysle, Lisa, Media Buyer --SCHEFFEY INC, Lancaster, PA, pg. 995

MacDonald, Christine, Media Buyer --CASHMAN & KATZ INTEGRATED COMMUNICATIONS, Glastonbury, CT, pg. 193

Mackin, Conner, Media Buyer --Zenith Los Angeles, Santa Monica, CA, pg. 1392

Madelung, Emily, Media Buyer --JACOBSON ROST, Milwaukee, WI, pg. 570

Maduko, Amanda, Media Buyer --GOODWAY GROUP, Jenkintown, PA, pg. 1322

Maggi, Alexis, Media Buyer --ACCESS TO MEDIA, Chicopee, MA, pg. 20

Maina, Peris, Media Buyer --OCEAN MEDIA INC., Huntington Beach, CA, pg. 1355

Malloy, Marc, Media Buyer --R&R PARTNERS, Las Vegas, NV, pg. 924

Malo, Kathleen, Media Buyer --Starcom, Detroit, MI, pg. 1372

Maranell, Kayla, Media Buyer --INTEGRAL MEDIA INC., Excelsior, MN, pg. 1335

Marchitto, Kathryn, Media Buyer --ICON INTERNATIONAL INC., Stamford, CT, pg. 1330

Marin, Jenna, Media Buyer --REALWORLD MARKETING, Scottsdale, AZ, pg. 937

Maslan, Kelly, Media Buyer --MP&F STRATEGIC COMMUNICATIONS, Nashville, TN, pg. 1586

Mastropiero, Analeigh, Media Buyer --Crossmedia, Los Angeles, CA, pg. 1317

Mathieu, Shelby, Media Buyer --HILL HOLLIDAY, Boston, MA, pg. 500

Matter, Kim, Media Buyer --FLINT COMMUNICATIONS, Fargo, ND, pg. 388

McAtee, Brett, Media Buyer --MMGY GLOBAL, Kansas City, MO, pg. 750

McCord, Adam, Media Buyer --SCOPPECHIO, Louisville, KY, pg. 997

McDaniel, Leanne, Media Buyer --BOYDEN & YOUNGBLUTT ADVERTISING & MARKETING, Fort Wayne, IN, pg. 150

McLeish, Merle, Media Buyer --THE WENDT AGENCY, Great Falls, MT, pg. 1159

Meagher, Brooke, Media Buyer --CREATIVE BROADCAST CONCEPTS, Saco, ME, pg. 239

Meltzer, Dana, Media Buyer --Campbell Ewald Los Angeles, West Hollywood, CA, pg. 541

Mendiola, Maddy, Media Buyer --DRAKE COOPER INC., Boise, ID, pg. 319

Mericka, Lindsey, Media Buyer --BOOYAH ADVERTISING, Denver, CO, pg. 1241

Mickova, Iva, Media Buyer --Initiative Prague, Prague, Czech Republic, pg. 1333

Migueles, Maggie, Media Buyer --HORIZON MEDIA, INC., New York, NY, pg. 1329

Mihill, Kristy, Media Buyer --AD WORKSHOP, Lake Placid, NY, pg. 24

Milanich, Megan, Media Buyer --BROKAW INC., Cleveland, OH, pg. 166

Milazzo, Antoinette, Media Buyer --TUCCI CREATIVE INC, Tucson, AZ, pg. 1121

Miller, Jordan, Media Buyer --MEDIACOMP, INC., Houston, TX, pg. 1350

Milone, Daniel, Media Buyer --MEDIA RESULTS, Wilmington, MA, pg. 727

Mitosinkova, Andrea, Media Buyer --Optimedia, Bratislava, Slovakia, pg. 1389

Montalto, Dana, Media Buyer --&BARR, Orlando, FL, pg. 55

Mora, Andrea N, Media Buyer --OCEAN MEDIA INC., Huntington Beach, CA, pg. 1355

Muench, Susan, Media Buyer --PINCKNEY HUGO GROUP, Syracuse, NY, pg. 871

Mulhall, Cheryl, Media Buyer --SRCPMEDIA, Alexandria, VA, pg. 1039

Mumaw, Helen, Media Buyer --THE OHLMANN GROUP, Dayton, OH, pg. 834

Murphy, Brendan S., Media Buyer --DIRECTAVENUE, Carlsbad, CA, pg. 1319

Nash, Andrea, Media Buyer --CLARK CREATIVE GROUP, Omaha, NE, pg. 212

Needham, Darla, Media Buyer --JOBELEPHANT.COM INC., San Diego, CA, pg. 578

Nelson, Lisa, Media Buyer --VAN EPEREN & COMPANY, Rockville, MD, pg. 1665

Ng, Shelly, Media Buyer --AMERICAN MASS MEDIA, Chicago, IL, pg. 52

Noel, Sam, Media Buyer --MEDIA WORKS, LTD., Baltimore, MD, pg. 1344

Northrup, Marie, Media Buyer --BOOYAH ADVERTISING, Denver, CO, pg. 1241

Noyes, Kathryn, Media Buyer --SRCPMEDIA, Alexandria, VA, pg. 1039

Odell, Benita, Media Buyer --BLUESOHO, New York, NY, pg. 141

Olsen, Andrea, Media Buyer --PRAIRIE DOG/TCG, Kansas City, MO, pg. 886

Ornstein, Andrea, Media Buyer --Horizon Next, New York, NY, pg. 1330

Padden, Julie Block, Media Buyer --MEDIA WORKS, LTD., Baltimore, MD, pg. 1344

Palmeri, Chris, Media Buyer --BUTLER/TILL, Rochester, NY, pg. 1313

Papp, Heather, Media Buyer --MEDIA BUYING SERVICES, INC., Phoenix, AZ, pg. 1341

Pappert, Stefani, Media Buyer --MOTIVATED MARKETING, North Charleston, SC, pg. 764

Patronella, Carley Thompson, Media Buyer --THE CARSON GROUP, Houston, TX, pg. 191

Pawlowski, Christina, Media Buyer --DVL SEIGENTHALER, Nashville, TN, pg. 326

Pearson, Anna, Media Buyer --STONE WARD, Little Rock, AR, pg. 1050

Pekarsky, Caroline, Media Buyer --THE TOMBRAS GROUP, Knoxville, TN, pg. 1108

Pendock, Chelsey, Media Buyer --INNOVISION ADVERTISING, LLC, New York, NY, pg. 534

Peters, Rebecca, Media Buyer --MORTENSON SAFAR KIM, Indianapolis, IN, pg. 761

Piccari, Corinne, Media Buyer --HILL HOLLIDAY/NEW YORK, New York, NY, pg. 501

Pierce, Deanna, Media Buyer --Allied Integrated Marketing, Atlanta, GA, pg. 48

1977

AGENCIES   RESPONSIBILITIES INDEX

Pierce, Katie, Media Buyer --CBC ADVERTISING, Saco, ME, pg. 197
Pierce, Katie, Media Buyer --CREATIVE BROADCAST CONCEPTS, Saco, ME, pg. 239
Pilla, Krista, Media Buyer --BUTLER/TILL, Rochester, NY, pg. 1313
Poe, Brian, Media Buyer --MEDIASSOCIATES, INC., Sandy Hook, CT, pg. 1351
Poole, Cheryl, Media Buyer --BLAKESLEE ADVERTISING, Baltimore, MD, pg. 133
Price, Leanne, Media Buyer --GOODWAY GROUP, Jenkintown, PA, pg. 1322
Prusha, Brynn, Media Buyer --ASHER MEDIA, INC., Addison, TX, pg. 1308
Pupshis, Jennifer, Media Buyer --MEDIA WORKS, LTD., Baltimore, MD, pg. 1344
Quartarone, Simone, Media Buyer --MARSHALL FENN COMMUNICATIONS LTD., Toronto, Canada, pg. 1577
Rabiee, Shaydah, Media Buyer --BIG COMMUNICATIONS, INC., Birmingham, AL, pg. 128
Radzinski, Jeff, Media Buyer --HARRISON MEDIA, Clinton Township, MI, pg. 469
Rance, Kelly, Media Buyer --ICON INTERNATIONAL INC., Stamford, CT, pg. 1330
Rappaport, Erick, Media Buyer --BLOOM ADS INC., Woodland Hills, CA, pg. 137
Rasak, Dawn, Media Buyer --CREATIVE RESOURCES GROUP, Plymouth, MA, pg. 245
Remeto, Mandy, Media Buyer --MEDIA WORKS, LTD., Baltimore, MD, pg. 1344
Renander, Megan, Media Buyer --CHEVALIER ADVERTISING, INC., Lake Oswego, OR, pg. 206
Renee Hall, Gaela, Media Buyer --THE BARBER SHOP MARKETING, Addison, TX, pg. 88
Rheault, Ben, Media Buyer --STRATEGIC MEDIA, INC., Clearwater, FL, pg. 1053
Riccobono, Kaitlyn, Media Buyer --FORT GROUP INC., Ridgefield Park, NJ, pg. 393
Riordan, Tyler, Media Buyer --Blue 449, Indianapolis, IN, pg. 1311
Rischitelli, Bob, Media Buyer --FIG ADVERTISING & MARKETING, Denver, CO, pg. 379
Rocklin, Nathalie, Media Buyer --Campbell Ewald New York, New York, NY, pg. 541
Rockwell, Ana, Media Buyer --AD PARTNERS INC., Tampa, FL, pg. 24
Rodriguez, Roberto, Media Buyer --PROOF ADVERTISING, Austin, TX, pg. 893
Rogers, Cindy, Media Buyer --MARTINO FLYNN LLC, Pittsford, NY, pg. 689
Romano, Paige, Media Buyer --BG, West Palm Beach, FL, pg. 127
Ross, Andrea, Media Buyer --MISSISSIPPI PRESS SERVICES, Jackson, MS, pg. 1352
Ross, Sam, Media Buyer --BOOYAH ADVERTISING, Denver, CO, pg. 1241
Rothenstein, Bonnie, Media Buyer --CJ ADVERTISING LLC, Nashville, TN, pg. 210
Rothouse, Danielle, Media Buyer --MEDIA WORKS, LTD., Baltimore, MD, pg. 1344
Rowe, Bryan, Media Buyer --CORNETT INTEGRATED MARKETING SOLUTIONS, Lexington, KY, pg. 232
Ruark, Natalie, Media Buyer --SCOPPECHIO, Louisville, KY, pg. 997
Sabbatini, Kerry, Media Buyer --JEFFREY SCOTT AGENCY, Fresno, CA, pg. 574
Saelee, Karen, Media Buyer --UN/COMMON, Sacramento, CA, pg. 1125
Sahs, Michelle, Media Buyer --Zenith Chicago, Chicago, IL, pg. 1392
Salvio, Andrea, Media Buyer --CATALYST MARKETING COMPANY, Fresno, CA, pg. 195
Sanders, Cindy, Media Buyer --RHEA + KAISER, Naperville, IL, pg. 954
Schmiegel, Casey, Media Buyer --MEDIA WORKS, LTD., Baltimore, MD, pg. 1344
Schoenblatt, Josh, Media Buyer --FLYNN WRIGHT, Des Moines, IA, pg. 390
Seale, Donna, Media Buyer --THE VIMARC GROUP, Louisville, KY, pg. 1138
Secova, Zuzana, Media Buyer --Optimedia, Bratislava, Slovakia, pg. 1389
Shah, Chandni, Media Buyer --VSA PARTNERS, INC., Chicago, IL, pg. 1146
Shake, Christine, Media Buyer --MGH, INC., Owings Mills, MD, pg. 736
Shea, Meg, Media Buyer --ANDERSON PARTNERS, Omaha, NE, pg. 58
Shelby, Angela, Media Buyer --INTREPID, Salt Lake City, UT, pg. 1544
Shell, Farr, Media Buyer --MARTIN RETAIL GROUP/MARTIN ADVERTISING, Birmingham, AL, pg. 688
Shirey, Kaila, Media Buyer --Swanson Russell Associates, Omaha, NE, pg. 1065
Siebern, Natalie, Media Buyer --Crossmedia, Los Angeles, CA, pg. 1317
Siemann, Maria, Media Buyer --R/GA, Chicago, IL, pg. 926
Sigman, Nicole, Media Buyer --E.W. BULLOCK ASSOCIATES, Pensacola, FL, pg. 354
Smith, Brandon E., Media Buyer --BUTLER/TILL, Rochester, NY, pg. 1313
Smith, Brooke, Media Buyer --CLM MARKETING & ADVERTISING, Boise, ID, pg. 214
Smith, Debra, Media Buyer --SLEIGHT ADVERTISING INC, Omaha, NE, pg. 1020
Smith, Jill, Media Buyer --DRAKE COOPER INC., Boise, ID, pg. 319
Smith, Leah, Media Buyer --BRIGGS & CALDWELL, Houston, TX, pg. 163
Smith, Stacy, Media Buyer --GKV COMMUNICATIONS, Baltimore, MD, pg. 421
Speciale, Michael, Media Buyer --QUILLIN ADVERTISING, Las Vegas, NV, pg. 923
Spencer, Anna, Media Buyer --HAPPY MEDIUM, Des Moines, IA, pg. 467
Stampanato, Jason, Media Buyer --U.S. INTERNATIONAL MEDIA, LLC, Los Angeles, CA, pg. 1378
Stanhagen, Katie, Media Buyer --E.W. BULLOCK ASSOCIATES, Pensacola, FL, pg. 354
Steaple, Mark, Media Buyer --Havas Edge, Carlsbad, CA, pg. 476
Stipp, Les, Media Buyer --GSD&M Chicago, Chicago, IL, pg. 454
Stokes, Maggie, Media Buyer --BBR CREATIVE, Lafayette, LA, pg. 116
Sutch, Linda, Media Buyer --ETHOS MARKETING & DESIGN, Westbrook, ME, pg. 351
Sutherland, Erica, Media Buyer --COXRASMUSSEN & CROSS MARKETING & ADVERTISING, INC., Eureka, CA, pg. 234
Tan, Tess, Media Buyer --SAESHE ADVERTISING, Los Angeles, CA, pg. 986
Tannenbaum, Amy, Media Buyer --DRM PARTNERS, INC., Hoboken, NJ, pg. 1319
Tarquino, Jeannette, Media Buyer --THE MARCUS GROUP, INC., Fairfield, NJ, pg. 678
Thompson, Chris, Media Buyer --CAPPELLI MILES, Lake Oswego, OR, pg. 188
Thompson, Chris, Media Buyer --Cappelli Miles, Eugene, OR, pg. 188
Thompson, Paul, Media Buyer --HENKINSCHULTZ, Sioux Falls, SD, pg. 496
Tomasello, Deana, Media Buyer --INTERMARK GROUP, INC., Birmingham, AL, pg. 539
Topolewski, Natalee, Media Buyer --THE INTERPUBLIC GROUP OF COMPANIES, INC., New York, NY, pg. 540
Tower, Elizabeth, Media Buyer --VI MARKETING & BRANDING, Oklahoma City, OK, pg. 1135
Trager, Alexa, Media Buyer --GROUPM NORTH AMERICA & CORPORATE HQ, New York, NY, pg. 1322
Trujillo-Kalianis, Shelly, Media Buyer --BAKER STREET ADVERTISING, San Francisco, CA, pg. 85
Turner, Hillary, Media Buyer --CREATIVE BROADCAST CONCEPTS, Saco, ME, pg. 239
Vance, Kathryn, Media Buyer --BANDY CARROLL HELLIGE ADVERTISING, Louisville, KY, pg. 87
Vaughn, Ivy, Media Buyer --KARSH & HAGAN COMMUNICATIONS, INC., Denver, CO, pg. 588
Vicens, Sechel, Media Buyer --ICON INTERNATIONAL INC., Stamford, CT, pg. 1330
Viviano, Carrie, Media Buyer --VSA Partners, New York, NY, pg. 1147
Waggoner, Jennifer, Media Buyer --HOOK, Charleston, SC, pg. 508
Wally, Tara, Media Buyer --JKR ADVERTISING & MARKETING, Maitland, FL, pg. 576
Walsh, Emily, Media Buyer --CROSSMEDIA, New York, NY, pg. 1317
Walton, Ginny, Media Buyer --GRETEMAN GROUP, Wichita, KS, pg. 437
Walton, Marlene, Media Buyer --CARING MARKETING SOLUTIONS, Columbus, OH, pg. 189
Watkins, Jarrod, Media Buyer --MATRIX MEDIA SERVICES, INC., Columbus, OH, pg. 1340
Watson, Donna, Media Buyer --THE ZIMMERMAN AGENCY LLC, Tallahassee, FL, pg. 1213
Webb, Elizabeth, Media Buyer --Totalcom, Inc., Huntsville, AL, pg. 1111
Weeks, Monica, Media Buyer --STRATEGIC MEDIA INC, Portland, ME, pg. 1053
Wells, Danielle, Media Buyer --MATRIX MEDIA SERVICES, INC., Columbus, OH, pg. 1340
Wenger, Nick, Media Buyer --MANSI MEDIA, Harrisburg, PA, pg. 1340
Werner, Ryan, Media Buyer --STEPHAN & BRADY, INC., Madison, WI, pg. 1046
Wessling, Nadine, Media Buyer --TRUE MEDIA, Columbia, MO, pg. 1376
Whyte, Maureen, Media Buyer --FORT GROUP INC., Ridgefield Park, NJ, pg. 393
Wiles, Erica, Media Buyer --LMO ADVERTISING, Arlington, VA, pg. 648
Williams, Angela, Media Buyer --STYLE ADVERTISING, Birmingham, AL, pg. 1057
Williams, Beth, Media Buyer --TBC Direct, Inc., Baltimore, MD, pg. 1076
Williams, Rachel, Media Buyer --SLEIGHT ADVERTISING INC, Omaha, NE, pg. 1020
Willis, Margaret, Media Buyer --CJRW NORTHWEST, Springdale, AR, pg. 210
Wilson, Sarah, Media Buyer --PLANIT, Baltimore, MD, pg. 877
Wilson, Sherrie, Media Buyer --JONES HUYETT PARTNERS, Topeka, KS, pg. 582
Wolfgram, Pamela, Media Buyer --STRATEGIC MEDIA INC, Portland, ME, pg. 1053
Wood, Jessica, Media Buyer --THE WOOD AGENCY, San Antonio, TX, pg. 1175
Wright, Ellen, Media Buyer --BERLINE, Royal Oak, MI, pg. 124
Yesvetz, Kat, Media Buyer --KLUNK & MILLAN ADVERTISING INC., Allentown, PA, pg. 599
Young, Carmin, Media Buyer --VAN WINKLE & ASSOCIATES, Atlanta, GA, pg. 1130
Zoldan, Ben, Media Buyer --R&R Partners, El Segundo, CA, pg. 925

Media Director

Abbas, Mushahid, Media Director --Interactive Avenues Pvt. Ltd., Mumbai, India, pg. 542
Abbott, Jeff, Media Director --Chemistry Atlanta, Atlanta, GA, pg. 205
Aberg, Sandra, Media Director --Edelman, Stockholm, Sweden, pg. 1496
Acuff, Erin, Media Director --INSIGHT CREATIVE GROUP, Oklahoma City, OK, pg. 535
Adams, Coniah, Media Director --TMP Worldwide/Advertising & Communications, Chicago, IL, pg. 1107
Adley, Saba, Media Director --NORTHWEST STRATEGIES, Anchorage, AK, pg. 1596
Ahmed, Mehnaz, Media Director --MullenLowe Rauf, Karachi, Pakistan, pg. 776
Allen, Maureen, Media Director --DOLABANY COMMUNICATIONS GROUP, Norwood, MA, pg. 313
Alpert, Margaux, Media Director --HEALIX, New York, NY, pg. 491
Anders, Sara, Media Director --Chernoff Newman, Columbia, SC, pg. 1467
Anders, Sara, Media Director --CHERNOFF NEWMAN, Columbia, SC, pg. 206
Andren, Jennifer, Media Director --PARTNERSHIP OF PACKER, OESTERLING & SMITH (PPO&S), Harrisburg, PA, pg. 856
Angell, Betty, Media Director --BURGESS ADVERTISING & MARKETING, Falmouth, ME, pg. 174
Angland, Greg, Media Director --NORBELLA INC., Boston, MA, pg. 1354
Arcos, Donette, Media Director --PEAKBIETY, BRANDING + ADVERTISING, Tampa, FL, pg. 860
Arena, Nicole, Media Director --LATINWORKS MARKETING, INC., Austin, TX, pg. 612
Ariza, Carlos A., Media Director --DAILEY & ASSOCIATES, West Hollywood, CA, pg. 258
Armelino, Anne, Media Director --MINT ADVERTISING, Clinton, NJ, pg. 746
Armstrong, Patti, Media Director --MEDIA BROKERS INTERNATIONAL, INC., Alpharetta, GA, pg. 1341
Arter, Holly, Media Director --THIRD DEGREE ADVERTISING, Norman, OK, pg. 1100

RESPONSIBILITIES INDEX — AGENCIES

August, Gina, Media Director --Mortenson Safar Kim, Milwaukee, WI, pg. 761

August, Gina, Media Director --MORTENSON SAFAR KIM, Indianapolis, IN, pg. 761

Aziza, Monique, Media Director --Active International (Europe) S.A.R.L., Paris, France, pg. 1306

Babooram, Nashira, Media Director --SPARK, Tampa, FL, pg. 1031

Bachman, Donna, Media Director --COHLMIA MARKETING, Wichita, KS, pg. 217

Bahng, Caroline, Media Director --SCREEN STRATEGIES MEDIA, Fairfax, VA, pg. 999

Barbieri, Benedetta, Media Director --ZenithOptimedia, Milan, Italy, pg. 1389

Barnes, Allison, Media Director --MISTRESS, Santa Monica, CA, pg. 747

Barrett, Carol, Media Director --HART, Columbus, OH, pg. 469

Batka, Jennifer, Media Director --BLUE 449, New York, NY, pg. 1310

Bazluke, Paula, Media Director --HMC ADVERTISING LLC, Richmond, VT, pg. 504

Bechtloff, Jeff, Media Director --M/K ADVERTISING PARTNERS, LTD., New York, NY, pg. 664

Bellamy, Kathy, Media Director --THE WOOD AGENCY, San Antonio, TX, pg. 1175

Benckini, Karen, Media Director --CLAPP COMMUNICATIONS, Baltimore, MD, pg. 211

Beniflah, Madeline, Media Director --ACENTO ADVERTISING, INC., Santa Monica, CA, pg. 20

Benjamin, Malorie, Media Director --QUINLAN & COMPANY, Buffalo, NY, pg. 923

Berger, Molly, Media Director --Wavemaker, San Francisco, CA, pg. 1380

Berjawi, Ali, Media Director --Initiative Dubai, Dubai, United Arab Emirates, pg. 1334

Berke, Carole, Media Director --CAROLE BERKE MEDIA SERVICES, Portland, OR, pg. 191

Berkel, Paula, Media Director --AMP AGENCY, Boston, MA, pg. 1236

Bernadelli, Maureen, Media Director --COATES KOKES, Portland, OR, pg. 216

Best, Johanna, Media Director --PHD MEDIA UK, London, United Kingdom, pg. 1363

Bilenchi, Erin, Media Director --STACKPOLE & PARTNERS ADVERTISING, Newburyport, MA, pg. 1041

Binay, Hope, Media Director --Starcom Worldwide, Makati, Philippines, pg. 1374

Bingemann, Pip, Media Director --CUTWATER, San Francisco, CA, pg. 255

Birkholz, Jessica, Media Director --MEDIA BRIDGE ADVERTISING, Minneapolis, MN, pg. 725

Blevins, Lisa, Media Director --HAWORTH MARKETING + MEDIA, Minneapolis, MN, pg. 1328

Blume, Bill, Media Director --ROBERTS COMMUNICATIONS INC., Rochester, NY, pg. 963

Bogart, Colleen, Media Director --MARTINO FLYNN LLC, Pittsford, NY, pg. 689

Bondanza, Tammy, Media Director --PJA Advertising + Marketing, San Francisco, CA, pg. 874

Borkenhagen, Lynn, Media Director --HIEBING, Madison, WI, pg. 498

Boron-Pembleton, Gloria, Media Director --GELIA-MEDIA, INC., Williamsville, NY, pg. 414

Bowen, Tammy, Media Director --GODWINGROUP, Gulfport, MS, pg. 427

Brady, Kate, Media Director --REVOLUTION MARKETING, LLC, Chicago, IL, pg. 953

Brandt, Caroline Hirota, Media Director --Wunderman, Sao Paulo, Brazil, pg. 1190

Brassine, Bill, Media Director --BRANDIENCE LLC, Cincinnati, OH, pg. 156

Brauneisen, Alicia, Media Director --WALTER F. CAMERON ADVERTISING INC., Hauppauge, NY, pg. 1151

Brooks, Paula, Media Director --JL MEDIA, INC., Union, NJ, pg. 1336

Bross, Jon, Media Director --VLADIMIR JONES, Colorado Springs, CO, pg. 1142

Brown, Jill, Media Director --ASHER AGENCY, INC., Fort Wayne, IN, pg. 73

Brown, Jill, Media Director --Asher Agency, Inc., Lexington, KY, pg. 74

Brown, Kelly Stinson, Media Director --MERKLE INC., Columbia, MD, pg. 732

Bruckstein, Michael, Media Director --NEO@OGILVY LOS ANGELES, Playa Vista, CA, pg. 789

Brunner, Leticia, Media Director --REYNOLDS & ASSOCIATES, El Segundo, CA, pg. 953

Buchele, Mark, Media Director --GRAGG ADVERTISING, Kansas City, MO, pg. 431

Bukovinsky, Shannon, Media Director --R&R Partners, Salt Lake City, UT, pg. 925

Burcham, Heather, Media Director --BANIK COMMUNICATIONS, Great Falls, MT, pg. 87

Burk, Jennifer, Media Director --HOLT CREATIVE GROUP, Tyler, TX, pg. 507

Burke, Janet, Media Director --NEWTON MEDIA, Chesapeake, VA, pg. 1354

Burke, Meghan, Media Director --COATES KOKES, Portland, OR, pg. 216

Burstein, Seth, Media Director --SWELLSHARK, New York, NY, pg. 1066

Bush, Jessica, Media Director --PROOF ADVERTISING, Austin, TX, pg. 893

Busman, Lisa, Media Director --MEDIA BROKERS INTERNATIONAL, INC., Alpharetta, GA, pg. 1341

Byrd, Kerri Nagy, Media Director --PUSH, Orlando, FL, pg. 918

Byrne, Katey, Media Director --MEDIA BROKERS INTERNATIONAL, INC., Alpharetta, GA, pg. 1341

Callahan, Jennifer, Media Director --PGR MEDIA, LLC., Boston, MA, pg. 867

Camacho, Iwalani, Media Director --BRUNET-GARCIA ADVERTISING, INC., Jacksonville, FL, pg. 169

Camp, Jeanie, Media Director --MILLER-REID, INC., Chattanooga, TN, pg. 742

Cancelmo, Chrissy, Media Director --BTC MARKETING, Wayne, PA, pg. 171

Candis, Will, Media Director --VINE COMMUNICATIONS INC, Coral Gables, FL, pg. 1138

Cantilo, Joy, Media Director --MEDIA BROKERS INTERNATIONAL, INC., Alpharetta, GA, pg. 1341

Capasso, Michelle, Media Director --CONNELLY PARTNERS, Boston, MA, pg. 227

Capitelli, Lori-Ann, Media Director --ALLSCOPE MEDIA, New York, NY, pg. 49

Caplan, Judy, Media Director --BARKER & CHRISTOL ADVERTISING, Murfreesboro, TN, pg. 90

Cardona, Karyn, Media Director --CK ADVERTISING, Cape Coral, FL, pg. 210

Carmona, Jessica, Media Director --NORBELLA INC., Boston, MA, pg. 1354

Carpenter, Michelle, Media Director --HAVAS MEDIA, New York, NY, pg. 1324

Casey, Susan, Media Director --DEVANEY & ASSOCIATES, Owings Mills, MD, pg. 295

Castillo, Katie, Media Director --Golin, Miami, FL, pg. 1520

Chapman, Sandy, Media Director --FREEBAIRN & CO., Atlanta, GA, pg. 397

Chase, Melissa, Media Director --DECIBEL MEDIA, Boston, MA, pg. 285

Chavkin, Arielle, Media Director --NOBLE PEOPLE, New York, NY, pg. 796

Childers, Justin, Media Director --HANNA & ASSOCIATES INC., Coeur D'Alene, ID, pg. 465

Chin, Christina, Media Director --KWG, New York, NY, pg. 604

Chin, Leanna, Media Director --CMI MEDIA, LLC, King of Prussia, PA, pg. 215

Choi, Vicky, Media Director --Zenith Los Angeles, Santa Monica, CA, pg. 1392

Christ, Matthew, Media Director --CHAPPELLROBERTS, Tampa, FL, pg. 202

Christian, Kevin, Media Director --TANGIBLE MEDIA, INC., New York, NY, pg. 1375

Chung, Janice, Media Director --J. Walter Thompson Inside, Houston, TX, pg. 565

Chung, Janice, Media Director --J. WALTER THOMPSON INSIDE, Los Angeles, CA, pg. 565

Cohen, Dee Dee, Media Director --BLARE INC., Metairie, LA, pg. 134

Cole, Amye, Media Director --BILLUPS WORLDWIDE, Lake Oswego, OR, pg. 1309

Conger, Kelli, Media Director --FLYNN WRIGHT, Des Moines, IA, pg. 390

Conte, Suzanne, Media Director --LUNTZ GLOBAL, Washington, DC, pg. 1572

Conway, Peggy, Media Director --LOVE COMMUNICATIONS, Salt Lake City, UT, pg. 653

Cooley, Will, Media Director --GROUPM NORTH AMERICA & CORPORATE HQ, New York, NY, pg. 1322

Copertino, Giuseppe, Media Director --Spark Foundry, Los Angeles, CA, pg. 1366

Court, Amy, Media Director --SPIRO & ASSOCIATES MARKETING, ADVERTISING & PUBLIC RELATIONS, Fort Myers, FL, pg. 1034

Courtemanche, Julie, Media Director --Cossette Communication-Marketing (Montreal) Inc., Montreal, Canada, pg. 233

Courtney, Ann, Media Director --THE CALIBER GROUP, Tucson, AZ, pg. 183

Coury, Maryanne, Media Director --THE JONES AGENCY, Palm Springs, CA, pg. 581

Crawford, Pam, Media Director --MEDIA BROKERS INTERNATIONAL, INC., Alpharetta, GA, pg. 1341

Cruz, Michelle, Media Director --PLUSMEDIA, LLC, Danbury, CT, pg. 878

Cunningham-Long, Stephanie, Media Director --LEAPFROG ONLINE, Evanston, IL, pg. 618

Curp, Brian, Media Director --BROADSTREET, New York, NY, pg. 1398

Currin, Dan, Media Director --FCB Auckland, Auckland, New Zealand, pg. 374

Davis, Kathleen, Media Director --TCAA, Cincinnati, OH, pg. 1093

Davis, Kathy, Media Director --FASONE & PARTNERS, Kansas City, MO, pg. 362

Davis, Melissa Durfee, Media Director --GREENRUBINO, Seattle, WA, pg. 436

Dawson, Lori, Media Director --BURFORD COMPANY ADVERTISING, Richmond, VA, pg. 173

Dawson, Tamara, Media Director --MCCANN CANADA, Toronto, Canada, pg. 712

Day, Tasha, Media Director --Starcom, North Hollywood, CA, pg. 1371

De Stefani, Stefania, Media Director --ZenithOptimedia, Milan, Italy, pg. 1389

De Stefani, Stefania, Media Director --ZenithOptimedia Interactive Direct, Milan, Italy, pg. 1388

DeCamp, Lashena Huddleston, Media Director --MediaCom US, New York, NY, pg. 1345

Deininger, Bob, Media Director --NORBELLA INC., Boston, MA, pg. 1354

Demko, Courtney, Media Director --SapientRazorfish Atlanta, Atlanta, GA, pg. 1287

DeMong, Abby, Media Director --SPARK FOUNDRY, Chicago, IL, pg. 1369

DesLauriers, Amy, Media Director --LAWRENCE & SCHILLER, INC., Sioux Falls, SD, pg. 616

Detchev, Colleen, Media Director --UPSHOT, Chicago, IL, pg. 1128

Deur, Vicky, Media Director --ARVIZU ADVERTISING & PROMOTIONS, Phoenix, AZ, pg. 73

Deutsch, Ken, Media Director --SENSIS, Los Angeles, CA, pg. 1002

Devereux, Olivia, Media Director --TIER10 MARKETING, Herndon, VA, pg. 1103

DiBenedetto, Marsha Block, Media Director --JVS MARKETING LLC, Jupiter, FL, pg. 585

Dickert, Trey, Media Director --MEDIA TWO INTERACTIVE, Raleigh, NC, pg. 727

Dickinson, Amy Lynne, Media Director --RIGHT PLACE MEDIA, Lexington, KY, pg. 1367

Dicks, Holly, Media Director --FUSION92, Chicago, IL, pg. 404

Dille, Melinda, Media Director --CAWOOD, Eugene, OR, pg. 1464

Dineen, Molly, Media Director --MSI, Chicago, IL, pg. 769

DiPisa, Christin, Media Director --PGR MEDIA, LLC., Boston, MA, pg. 867

Dive, Becci, Media Director --PHD MEDIA UK, London, United Kingdom, pg. 1363

Dixon, Linda, Media Director --THE MORAN GROUP LLC, Baton Rouge, LA, pg. 757

Dold, Emily, Media Director --HOFFMAN YORK, Milwaukee, WI, pg. 506

Dominick, Mike, Media Director --CORNETT INTEGRATED MARKETING SOLUTIONS, Lexington, KY, pg. 232

Donovan, Thomas, Media Director --HAWORTH MARKETING + MEDIA, Minneapolis, MN, pg. 1328

Dowdy, Stephanie, Media Director --RIGHT PLACE MEDIA, Lexington, KY, pg. 1367

Dowling, Matt, Media Director --AMP AGENCY, Boston, MA, pg. 1236

Drake, Deborah, Media Director --LEHIGH MINING & NAVIGATION, Bethlehem, PA, pg. 619

Draper, Nick, Media Director --Active International Australia Pty Ltd., Sydney, Australia, pg. 1306

Dreyfuss, Zachary, Media Director --360I, New York, NY, pg. 6

Driggs, Katie, Media Director --FEREBEE LANE & CO., Greenville,

AGENCIES RESPONSIBILITIES INDEX

SC, pg. 378
Dulac, Marcella, Media Director --FUSION92, Chicago, IL, pg. 404
DuPaul-Vogelsang, Cindy, Media Director --ODNEY, Bismarck, ND, pg. 808
DuPaul-Vogelsang, Cindy, Media Director --Odney Advertising-Minot, Minot, ND, pg. 808
Dykes, David, Media Director --BALDWIN&, Raleigh, NC, pg. 85
Edwards, Melanie, Media Director --BERLINE, Royal Oak, MI, pg. 124
Eisen, Audrey, Media Director --CAPITOL MEDIA SOLUTIONS, Atlanta, GA, pg. 187
Elliot, Fraser, Media Director --LANETERRALEVER, Phoenix, AZ, pg. 610
Elliot, Jackie, Media Director --MediaCom Puerto Rico, San Juan, PR, pg. 1348
Engels, Traci, Media Director --REALWORLD MARKETING, Scottsdale, AZ, pg. 937
Enos, Robert, Media Director --ABELSON-TAYLOR, INC., Chicago, IL, pg. 17
Estep, Scott, Media Director --STEELE+, Atlanta, GA, pg. 1045
Etheridge, Nicole, Media Director --LINDSAY, STONE & BRIGGS, INC., Madison, WI, pg. 641
Ewing, Stephanie, Media Director --BEDFORD ADVERTISING INC., Carrollton, TX, pg. 120
Fagnano, Steve, Media Director --GWA/GREGORY WELTEROTH ADVERTISING, Montoursville, PA, pg. 456
Falcone, Kat, Media Director --THE SUMMIT GROUP, Salt Lake City, UT, pg. 1060
Farrell, Zachary, Media Director --CMI MEDIA, LLC, King of Prussia, PA, pg. 215
Feazell, Haley, Media Director --MINDGRUVE, INC., San Diego, CA, pg. 745
Fegarsky, Michelle, Media Director --HARMELIN MEDIA, Bala Cynwyd, PA, pg. 1324
Feingold, Martha, Media Director --Edelman, San Francisco, CA, pg. 1492
Ferranti, Lisa, Media Director --FLOURISH INC., Cleveland, OH, pg. 389
Ferraro, Anthony, Media Director --Performics, Chicago, IL, pg. 1365
Field, Debbie, Media Director --GILLESPIE GROUP, Wallingford, PA, pg. 420
Finch, Kristy, Media Director --O'MALLEY HANSEN COMMUNICATIONS, Chicago, IL, pg. 1413
Fisher, Brian, Media Director --THE WONDERFUL AGENCY, Los Angeles, CA, pg. 1228
Fisher, Kelly, Media Director --360I, New York, NY, pg. 6
Foord, Bridgette, Media Director --ZION & ZION, Tempe, AZ, pg. 1213
Foote, Betsy, Media Director --Geometry Global, Akron, OH, pg. 416
Ford, Brooke, Media Director --NEO\@OGILVY LOS ANGELES, Playa Vista, CA, pg. 789
Ford, Sara, Media Director --STARCOM, New York, NY, pg. 1043
Fortune, Jennifer K, Media Director --15 FINGERS, Buffalo, NY, pg. 2
Frangella, Lisa, Media Director --NOBLE PEOPLE, New York, NY, pg. 796
Frankel, Linda, Media Director --SOURCE COMMUNICATIONS, Hackensack, NJ, pg. 1029
Gaffney, Cheryl C., Media Director --FORREST & BLAKE INC., Mountainside, NJ, pg. 392
Gallos, Christina, Media Director --JKR ADVERTISING & MARKETING, Maitland, FL, pg. 576
Gantner, Mindy, Media Director --EXPLORE COMMUNICATIONS, Denver, CO, pg. 1321
Garcia, Gus, Media Director --BOTTOM LINE MARKETING, Marquette, MI, pg. 149
Garrett, Brian, Media Director --LEWIS COMMUNICATIONS, Birmingham, AL, pg. 636
Garrett, Brian, Media Director --Lewis Communications, Mobile, AL, pg. 636
Garske, Seth, Media Director --Spark Foundry, New York, NY, pg. 1366
Garzon, Roxane, Media Director --CASANOVA PENDRILL, Costa Mesa, CA, pg. 192
Gatto, Alexis, Media Director --HERRMANN ADVERTISING DESIGN/COMMUNICATIONS, Annapolis, MD, pg. 497
Gaylord, Page, Media Director --ANTHOLOGY MARKETING GROUP, Honolulu, HI, pg. 1433
Gibson, Melissa, Media Director --ACCESS ADVERTISING + PR, Roanoke, VA, pg. 19
Gilbert, Colleen, Media Director --SAPIENTRAZORFISH NEW YORK, New York, NY, pg. 1286

Gilham, Catherine, Media Director --Blue 449, Seattle, WA, pg. 1311
Gilham, Catherine, Media Director --Blue 449, Plano, TX, pg. 1310
Goldberg, Alison, Media Director --KREIGER & ASSOCIATES, Paoli, PA, pg. 1339
Goodenow, Jeni, Media Director --REALWORLD MARKETING, Scottsdale, AZ, pg. 937
Goodwin, Allison, Media Director --BLUE CHIP MARKETING WORLDWIDE, Northbrook, IL, pg. 138
Gordon, Shawn, Media Director --LUQUIRE GEORGE ANDREWS, INC., Charlotte, NC, pg. 657
Gorin, David, Media Director --J. Walter Thompson Cape Town, Cape Town, South Africa, pg. 554
Gowland-Smith, Jarrod, Media Director --Active International Ltd., London, United Kingdom, pg. 1306
Grace, Pshone, Media Director --MAD GENIUS, Ridgeland, MS, pg. 668
Gray, Carly, Media Director --SapientRazorfish Seattle, Seattle, WA, pg. 1288
Green, Sally, Media Director --LIPOF MCGEE ADVERTISING, Plantation, FL, pg. 643
Greene, Shelby, Media Director --THE BRANDON AGENCY, Myrtle Beach, SC, pg. 158
Greenwald, Steven, Media Director --Heinrich Hawaii, Honolulu, HI, pg. 493
Greenwald, Steven, Media Director --HEINRICH MARKETING, Denver, CO, pg. 493
Grider, Gaye, Media Director --INSIGHT MARKETING DESIGN, Sioux Falls, SD, pg. 535
Grimm, Jennifer, Media Director --MARKETING ARCHITECTS, INC., Minnetonka, MN, pg. 682
Groeneweg, Geri, Media Director --MSI COMMUNICATIONS, Anchorage, AK, pg. 1586
Gross, Don, Media Director --SPIRO & ASSOCIATES MARKETING, ADVERTISING & PUBLIC RELATIONS, Fort Myers, FL, pg. 1034
Guthrie, Emily, Media Director --GYRO CINCINNATI, Cincinnati, OH, pg. 458
Guzzardo, Jordan, Media Director --CMW MEDIA, San Diego, CA, pg. 1471
Haazelager, Thomas, Media Director --OMD Nederland, Amstelveen, Netherlands, pg. 1358
Habisreitinger, Joann, Media Director --ZEHNDER COMMUNICATIONS, INC., New Orleans, LA, pg. 1210
Halkin, Bruce, Media Director --MEDIA RESPONSE, INC., Hollywood, FL, pg. 727
Hamilton, Keith, Media Director --AGENCY 720, Detroit, MI, pg. 37
Hamilton, Rebecca, Media Director --Bohemia, Saint Leonards, Australia, pg. 659
Hanna, Jeff, Media Director --HANNA & ASSOCIATES INC., Coeur D'Alene, ID, pg. 465
Hansen, Heather, Media Director --STRATEGIC MEDIA INC, Portland, ME, pg. 1053
Harland, Megan, Media Director --BROTHERS & CO., Tulsa, OK, pg. 167
Harlow-Mote, Gina, Media Director --THE BARBER SHOP MARKETING, Addison, TX, pg. 88
Harrison, Sue, Media Director --DAVIS HARRISON DION, INC., Chicago, IL, pg. 265
Hart, Gloria S., Media Director --SKYLINE MEDIA GROUP, Oklahoma City, OK, pg. 1019
Hartman, Erin, Media Director --J. Walter Thompson Inside, New York, NY, pg. 566
Hartman, Erin, Media Director --J. Walter Thompson U.S.A., Inc., Coral Gables, FL, pg. 566
Haus, Susan, Media Director --AINSLEY & CO, Baltimore, MD, pg. 41
Hausman, Jenn, Media Director --HMH, Portland, OR, pg. 504
Hausman, Jennifer, Media Director --HMH-Charlotte N.C., Charlotte, NC, pg. 504
Haut, Debra, Media Director --ADSERVICES INC., Hollywood, FL, pg. 33
Hawthorne, Chris, Media Director --THE BALCOM AGENCY, Fort Worth, TX, pg. 85
Hay, Maureene, Media Director --THE DESIGNORY, Long Beach, CA, pg. 293
Hayashi, Dianne, Media Director --AKQA, INC., San Francisco, CA, pg. 1234
Heffner, Rick, Media Director --CAIN & COMPANY, Rockford, IL, pg. 182
Hemond, Tina, Media Director --ACCESS TO MEDIA, Chicopee, MA, pg. 20
Herron, Aimee, Media Director --THE LOOMIS AGENCY, Dallas, TX, pg. 651

Hess, Ashley, Media Director --MMI AGENCY, Houston, TX, pg. 751
Hilde, Matt, Media Director --BLUE 449, New York, NY, pg. 1310
Hill, Dawn, Media Director --MEDIA BROKERS INTERNATIONAL, INC., Alpharetta, GA, pg. 1341
Hill, James, Media Director --PROOF ADVERTISING, Austin, TX, pg. 893
Hill, Nikki, Media Director --Laughlin/Constable New York, New York, NY, pg. 614
Hilscher, Janice, Media Director --THE AMPERSAND AGENCY, Austin, TX, pg. 54
Houston, Julie, Media Director --TOM SCOTT COMMUNICATION SHOP, Boise, ID, pg. 1108
Huang, Doris, Media Director --ADMERASIA, INC., New York, NY, pg. 31
Huber, Sharon, Media Director --TUREC ADVERTISING ASSOCIATES, INC., Saint Louis, MO, pg. 1122
Huebner, Lisa, Media Director --BOELTER + LINCOLN MARKETING COMMUNICATIONS, Milwaukee, WI, pg. 144
Huffstutter, Greg, Media Director --GEARSHIFT ADVERTISING, Costa Mesa, CA, pg. 413
Hughes, Teriann, Media Director --DAVIS ELEN ADVERTISING, INC., Los Angeles, CA, pg. 264
Hughes, Tonja, Media Director --VERTICAL MARKETING NETWORK LLC, Tustin, CA, pg. 1418
Hum, Jasmine, Media Director --Blue 449, San Francisco, CA, pg. 1311
Humbert, Cindy, Media Director --IDEAOLOGY ADVERTISING INC., Marina Del Rey, CA, pg. 521
Hyden, Deb, Media Director --CREATIVE COMMUNICATIONS CONSULTANTS, INC., Minneapolis, MN, pg. 240
Iadanza, Julie, Media Director --TARGET ENTERPRISES, INC., Sherman Oaks, CA, pg. 1375
Ibarra, Rocio, Media Director --PHD Los Angeles, Los Angeles, CA, pg. 1362
Idle, Veronica Johnson, Media Director --FIELDTRIP, Louisville, KY, pg. 379
Igarashi, Jeanette, Media Director --ALWAYS ON COMMUNICATIONS, Pasadena, CA, pg. 50
Imholte, Robin, Media Director --THRIVE ADVERTISING CO., Issaquah, WA, pg. 1102
Iqbal, Rehan, Media Director --TRUE NORTH INTERACTIVE, San Francisco, CA, pg. 1298
Irwin, Doris, Media Director --FIELDTRIP, Louisville, KY, pg. 379
Jackson, Brandi Bashford, Media Director --O'BRIEN ET AL. ADVERTISING, Virginia Beach, VA, pg. 805
Janssen-Egan, Amanda, Media Director --JIGSAW LLC, Milwaukee, WI, pg. 576
Jenkins, Jennie, Media Director --SCOPPECHIO, Louisville, KY, pg. 997
Johnson, Candice, Media Director --CHUMNEY & ASSOCIATES, North Palm Beach, FL, pg. 207
Johnson, Kristen, Media Director --CELTIC, INC., Milwaukee, WI, pg. 199
Johnson, Samantha, Media Director --LRXD, Denver, CO, pg. 1269
Jones, Owen, Media Director --OMD San Francisco, San Francisco, CA, pg. 1356
Jones, Rachael, Media Director --SCREEN STRATEGIES MEDIA, Fairfax, VA, pg. 999
Joubert, Julie Nusloch, Media Director --FEIGLEY COMMUNICATIONS, Baton Rouge, LA, pg. 377
Jurkovic, Joseph, Media Director --MODCO MEDIA, New York, NY, pg. 753
Kadric, Muamera, Media Director --McCann Erickson Sarajevo, Sarajevo, Bosnia & Herzegovina, pg. 701
Kasey, Courtney, Media Director --Wavemaker, Los Angeles, CA, pg. 1380
Kashima, Tricia, Media Director --RIESTER, Phoenix, AZ, pg. 958
Kassal, Ronni, Media Director --U.S. INTERNATIONAL MEDIA, LLC, Los Angeles, CA, pg. 1378
Katz, Phillip, Media Director --DOREMUS, New York, NY, pg. 316
Kelchner, Tara, Media Director --22squared Inc., Tampa, FL, pg. 4
Kelsey, Hayley, Media Director --Geometry Global, Akron, OH, pg. 416
Kent, Kelley, Media Director --RUNYON SALTZMAN & EINHORN, Sacramento, CA, pg. 972
Khan, Nadine, Media Director --Valdez & Torry Advertising Limited, Port of Spain, Trinidad & Tobago, pg. 444
Kimura, Lori, Media Director --MVNP, Honolulu, HI, pg. 780
Kirksey, Susan, Media Director --GOODWAY GROUP, Jenkintown, PA, pg. 1322
Kirsch, Nichole, Media Director --FIREHOUSE, INC., Dallas, TX, pg. 1402

1980

RESPONSIBILITIES INDEX — AGENCIES

Kiss, Eszter, Media Director --Starcom Worldwide, Budapest, Hungary, pg. 1373

Knegt, Alex, Media Director --BEYOND MARKETING GROUP, Santa Ana, CA, pg. 126

Koeneke, Tracy, Media Director --BOZELL, Omaha, NE, pg. 150

Koepke, Lori, Media Director --FIRESPRING, Lincoln, NE, pg. 383

Konopasek, Scott C., Media Director --NOBLE PEOPLE, New York, NY, pg. 796

Koppel, Kerri Levine, Media Director --SIGMA GROUP, Upper Saddle River, NJ, pg. 1011

Kraupa, Stefanie, Media Director --ELEVATOR STRATEGY, Vancouver, Canada, pg. 336

Krausman, Christine, Media Director --NOBLE PEOPLE, New York, NY, pg. 796

Krogstad, Laura, Media Director --STEPHAN & BRADY, INC., Madison, WI, pg. 1046

Kruger, Kim, Media Director --HIGH TIDE CREATIVE, New Bern, NC, pg. 499

Kumar, Pramod, Media Director --Havas Worldwide Middle East, Dubai, United Arab Emirates, pg. 488

Kunkel, Matthew, Media Director --M8 AGENCY, Miami, FL, pg. 666

Lago, Nereyda, Media Director --BVK/MEKA, Miami, FL, pg. 179

Lake, Heidi, Media Director --RED HOUSE MEDIA LLC, Brainerd, MN, pg. 939

Larkin, McKenzie, Media Director --PGR MEDIA, LLC., Boston, MA, pg. 867

Lay, Jennifer, Media Director --GRP MEDIA, INC., Chicago, IL, pg. 1324

Lefkowitz, Mark, Media Director --FURMAN ROTH ADVERTISING, New York, NY, pg. 403

Lemons, Lesli, Media Director --SEVENTH POINT, Virginia Beach, VA, pg. 1004

Lennon, Sara, Media Director --Vladimir Jones, Denver, CO, pg. 1142

Little, Chessie, Media Director --THAYER MEDIA, INC., Denver, CO, pg. 1376

Lluro, German, Media Director --Starcom, Detroit, MI, pg. 1372

Loehr, Michelle, Media Director --H&L Partners, Saint Louis, MO, pg. 459

Lonsbury, Kristin, Media Director --KOSE, Minneapolis, MN, pg. 1267

Looze, Cathy, Media Director --AFFIRM, Pewaukee, WI, pg. 37

Lopez, Liza, Media Director --SODA & LIME LLC, Los Angeles, CA, pg. 1027

Lozada, Giselle, Media Director --BVK, Milwaukee, WI, pg. 178

Lozen, Michel, Media Director --MCGARRAH JESSEE, Austin, TX, pg. 716

Lucas, Sue, Media Director --ENGEL O'NEILL ADVERTISING & PUBLIC RELATIONS, Erie, PA, pg. 340

Lucas, Tim, Media Director --POWER CREATIVE, Louisville, KY, pg. 884

Lunetta, Maggie, Media Director --HAWORTH MARKETING + MEDIA, Minneapolis, MN, pg. 1328

Lynch, Jim, Media Director --THE MARTIN GROUP, LLC., Buffalo, NY, pg. 688

Lyons, Monica, Media Director --BRANDTAILERS, Newport Beach, CA, pg. 159

Machuca, Claudia, Media Director --ICON MEDIA DIRECT, Van Nuys, CA, pg. 1331

Mackley, Crysta, Media Director --Spark Foundry, Los Angeles, CA, pg. 1366

Madanick, Karen, Media Director --ANSON-STONER INC., Winter Park, FL, pg. 60

Maiocchi, Simona, Media Director --ZenithOptimedia, Milan, Italy, pg. 1389

Maire, Francis, Media Director --Active International (Europe) S.A.R.L., Paris, France, pg. 1306

Manning, Christopher, Media Director --KWG, New York, NY, pg. 604

Mansour, Siobhann, Media Director --UN/COMMON, Sacramento, CA, pg. 1125

Manzano, Jorge, Media Director --Punto Ogilvy, Montevideo, Uruguay, pg. 821

Marek, Carolyn, Media Director --INTERCOMMUNICATIONS INC., Newport Beach, CA, pg. 538

Markley, Melinda, Media Director --TMP Worldwide/Advertising & Communications, Chicago, IL, pg. 1107

Martin, Adeline, Media Director --GYRO, New York, NY, pg. 457

Mathieu, Joseph, Media Director --ENVISIONIT MEDIA, Chicago, IL, pg. 342

May, Alan, Media Director --JUST MEDIA, INC., Emeryville, CA, pg. 1336

McDermott, Terrance, Media Director --SLACK AND COMPANY, Chicago, IL, pg. 1020

McDonald, Neal, Media Director --MULTI MEDIA SERVICES CORP., Alexandria, VA, pg. 1353

McDonald, Paul, Media Director --INFINITY CONCEPTS, Export, PA, pg. 531

McFadden, Kelly, Media Director --CMI Media, Parsippany, NJ, pg. 216

McGannon, Dagmar, Media Director --MARCUS THOMAS LLC, Cleveland, OH, pg. 679

McGlone, Greg, Media Director --THE RADIO AGENCY, Newtown Sq, PA, pg. 928

McMillen, Dan, Media Director --NL PARTNERS, Portland, ME, pg. 795

McMunn, Corinne, Media Director --GARRISON HUGHES, Pittsburgh, PA, pg. 410

McNider, Mary Tyler, Media Director --HUDSON ROUGE, New York, NY, pg. 511

Meadows-Rose, Lauren, Media Director --HYDROGEN ADVERTISING, Seattle, WA, pg. 515

Mednick, Ron, Media Director --JL MEDIA, INC., Union, NJ, pg. 1336

Mello, Lydia, Media Director --TIZIANI & WHITMYRE, INC., Sharon, MA, pg. 1105

Meredith, Marissa, Media Director --PLUSMEDIA, LLC, Danbury, CT, pg. 878

Meyers, Amy, Media Director --APPLE BOX STUDIOS, Pittsburgh, PA, pg. 64

Meyers, Brian, Media Director --Starcom, North Hollywood, CA, pg. 1371

Micklo, Kevin, Media Director --PINNACLE ADVERTISING, Schaumburg, IL, pg. 872

Middleton, Janis, Media Director --22SQUARED, Atlanta, GA, pg. 4

Milbert, Maya, Media Director --KWG, New York, NY, pg. 604

Miller, Jackie, Media Director --Golin, New York, NY, pg. 1521

Minton, Amber, Media Director --BEALS CUNNINGHAM STRATEGIC SERVICES, Oklahoma City, OK, pg. 118

Mistretta, Matt, Media Director --VELOCITY AGENCY, New Orleans, LA, pg. 1132

Mitchell, Andrea, Media Director --BORDERS PERRIN NORRANDER INC, Portland, OR, pg. 147

Mitchell, Melissa Vogel, Media Director --STARCOM, Chicago, IL, pg. 1370

Monden, Tammy, Media Director --JORDAN ASSOCIATES, Oklahoma City, OK, pg. 582

Montague, Kathie Wright, Media Director --MACDONALD MEDIA, Portland, OR, pg. 666

Montague, Kathie Wright, Media Director --MacDonald Media/Los Angeles, Encino, CA, pg. 1339

Morales, Sonia, Media Director --Starcom, Detroit, MI, pg. 1372

Moss, Kristi, Media Director --PAULSEN MARKETING COMMUNICATIONS, INC., Sioux Falls, SD, pg. 859

Moulson, Erin, Media Director --Performics, Chicago, IL, pg. 1365

Mullen, Don, Media Director --J.T. MEGA FOOD MARKETING COMMUNICATIONS, Minneapolis, MN, pg. 584

Mullins, Anna, Media Director --HAWORTH MARKETING + MEDIA, Minneapolis, MN, pg. 1328

Murawsky, Mandy, Media Director --STARCOM, New York, NY, pg. 1043

Murphy, Kieron, Media Director --Active International Ltd., London, United Kingdom, pg. 1306

Murphy, Patrick, Media Director --Off Madison Ave, Santa Monica, CA, pg. 809

Murphy, Tonya, Media Director --COPACINO + FUJIKADO, LLC, Seattle, WA, pg. 230

Murray, Paul, Media Director --DUFFEY PETROSKY, Farmington Hills, MI, pg. 324

Musser, Emmie, Media Director --GUD MARKETING, Lansing, MI, pg. 455

Muth, Terry, Media Director --ZIMMERMAN ADVERTISING, Fort Lauderdale, FL, pg. 1212

Myers, Lisa, Media Director --IGNITED, El Segundo, CA, pg. 523

Natta, Paul, Media Director --SQ1, Portland, OR, pg. 1037

Navitsky, Matt, Media Director --Edelman, Los Angeles, CA, pg. 1491

Nelson, Eric, Media Director --DICOM, INC., Saint Louis, MO, pg. 1318

Neu, Brittany, Media Director --RED7E, Louisville, KY, pg. 942

Newby, Noelle, Media Director --MCGARRAH JESSEE, Austin, TX, pg. 716

Nielsen, Julie, Media Director --BILLUPS WORLDWIDE, Lake Oswego, OR, pg. 1309

Nieves, Martha, Media Director --DDB LATINA PUERTO RICO, San Juan, PR, pg. 267

Nikiforov, Crystal, Media Director --WALTON / ISAACSON, Culver City, CA, pg. 1151

Nolan, Mary, Media Director --DUNCAN MCCALL, INC., Pensacola, FL, pg. 325

Noone, Tim, Media Director --IGNITIONONE, New York, NY, pg. 1263

Nordin, Melissa, Media Director --BLUE SKY AGENCY, Atlanta, GA, pg. 140

Norford, Kathy, Media Director --SPAWN IDEAS, Anchorage, AK, pg. 1032

Norman, Camille, Media Director --ERIC ROB & ISAAC, Little Rock, AR, pg. 348

Norris, Debbie, Media Director --HIRSHORN ZUCKERMAN DESIGN GROUP, Rockville, MD, pg. 502

Norton, Melissa, Media Director --AMUSEMENT PARK, Santa Ana, CA, pg. 54

Noyes, Melissa, Media Director --YELLIN/MCCARRON, INC., Salem, NH, pg. 1387

Nurrie, Ruth, Media Director --MAXWELL & MILLER MARKETING COMMUNICATIONS, Kalamazoo, MI, pg. 695

Nyen, Amanda, Media Director --FORTYTWOEIGHTYNINE, Rockton, IL, pg. 393

O'Brien, Sue Madigan, Media Director --SUSSMAN AGENCY, Southfield, MI, pg. 1064

O'Shaughnessy, Karen, Media Director --SAGE COMMUNICATIONS, McLean, VA, pg. 986

OHara, Alena, Media Director --PUBLICIS MEDIA, New York, NY, pg. 1365

Oldaker, Kathy, Media Director --GATESMAN, Pittsburgh, PA, pg. 412

Oleszkiewicz, Karry, Media Director --RE:GROUP, INC., Ann Arbor, MI, pg. 945

Olsen, Tim, Media Director --JSML MEDIA, LLC, Maple Grove, MN, pg. 1336

Oporto, Tara, Media Director --MEDIA BROKERS INTERNATIONAL, INC., Alpharetta, GA, pg. 1341

Padula-Hite, Mary, Media Director --COMPAS, INC., Cherry Hill, NJ, pg. 1316

Pagano, Chris, Media Director --MERING & ASSOCIATES, Sacramento, CA, pg. 731

Pajewski, Mark, Media Director --PLOWSHARE GROUP, INC., Stamford, CT, pg. 878

Palacios, Claude, Media Director --SPARK FOUNDRY, Chicago, IL, pg. 1369

Pantlind, John, Media Director --HDM/ZOOMEDIA, Chicago, IL, pg. 491

Parikh, Mita, Media Director --Zenith Los Angeles, Santa Monica, CA, pg. 1392

Parker, Brett, Media Director --STONE WARD, Little Rock, AR, pg. 1050

Parker, Pat, Media Director --GARMEZY MEDIA, Nashville, TN, pg. 410

Pass, Vikki, Media Director --CATALYST MARKETING COMPANY, Fresno, CA, pg. 195

Paton, Karen, Media Director --DANA COMMUNICATIONS, INC., Hopewell, NJ, pg. 259

Patterson, Lindsey Hill, Media Director --R&R PARTNERS, Las Vegas, NV, pg. 924

Pavone, Mary, Media Director --SUNDANCE MARKETING, LLC, Webster, NY, pg. 1061

Pazos, Ximena, Media Director --HISPANIC GROUP, Miami, FL, pg. 502

Pegula, Tricia, Media Director --DELUCA FRIGOLETTO ADVERTISING, INC., Honesdale, PA, pg. 288

Penn, Vicki, Media Director --PANTIN/BEBER SILVERSTEIN PUBLIC RELATIONS, Miami, FL, pg. 1605

Penn, Victoria, Media Director --BEBER SILVERSTEIN GROUP, Miami, FL, pg. 119

Pepper, Rebekah, Media Director --SUBJECT MATTER, Washington, DC, pg. 1654

Perez, Danielle, Media Director --R/WEST, Portland, OR, pg. 927

Petersen, Julie, Media Director --THE WELL ADVERTISING, Chicago, IL, pg. 1158

Peterson, Amanda, Media Director --REDSTONE COMMUNICATIONS INC., Omaha, NE, pg. 944

Peterson, Laura, Media Director --Blue 449, Plano, TX, pg. 1310

Pfaff, Lynda, Media Director --BARNHART, Denver, CO, pg. 91

Pico, Josh, Media Director --DIRECTAVENUE, Carlsbad, CA, pg. 1319

Piedra, Sandy, Media Director --KINER COMMUNICATIONS, Palm Desert, CA, pg. 595

Pierce, Laurie, Media Director --MESH DESIGN, Baton Rouge, LA, pg. 734

PilaV, Azra, Media Director --M.I.T.A., Sarajevo, Bosnia &

1981

AGENCIES — RESPONSIBILITIES INDEX

Herzegovina, pg. 897
Pinto, Marla, Media Director --RDW GROUP INC., Providence, RI, pg. 935
Piretti, Larry, Media Director --TAGTEAM BUSINESS PARTNERS LLC, Rocky Hill, CT, pg. 1070
Porter, Rue Ann, Media Director --C SUITE COMMUNICATIONS, Sarasota, FL, pg. 180
Porter, Shelley, Media Director --PRAIRIE DOG/TCG, Kansas City, MO, pg. 886
Prada, Natasha, Media Director --Starcom, North Hollywood, CA, pg. 1371
Pratt, Rosa, Media Director --HMC ADVERTISING, Chula Vista, CA, pg. 504
Preziosa, Gina, Media Director --THE BOSTON GROUP, Boston, MA, pg. 149
Price, Darcey, Media Director --CAPPELLI MILES, Lake Oswego, OR, pg. 188
Price, Darcey, Media Director --Cappelli Miles, Eugene, OR, pg. 188
Prickett, Dane, Media Director --BOOMM! MARKETING & COMMUNICATIONS, La Grange, IL, pg. 146
Priester, Sherri, Media Director --Otto, Virginia Beach, VA, pg. 845
Priester, Sherri, Media Director --OTTO, Norfolk, VA, pg. 845
Prince, Sarah, Media Director --GRADY BRITTON, Portland, OR, pg. 430
Puckett, Melissa Landsman, Media Director --THOMAS PUCKETT ADVERTISING, Las Vegas, NV, pg. 1101
Puig, Lisa, Media Director --INNOCEAN USA, Huntington Beach, CA, pg. 534
Purcell, Karen, Media Director --SHERRY MATTHEWS ADVOCACY MARKETING, Austin, TX, pg. 1007
Qualls, Lee Ann, Media Director --AB+C, Wilmington, DE, pg. 16
Quayle, Peter, Media Director --NEMER FIEGER, Minneapolis, MN, pg. 788
Quinn, Susan, Media Director --UNDERSCORE MARKETING LLC, New York, NY, pg. 1378
Racioppo, Toni, Media Director --XENOPSI, New York, NY, pg. 1303
Ramirez, Michael, Media Director --H&L PARTNERS, San Francisco, CA, pg. 459
Rand, David, Media Director --HARRISONRAND ADVERTISING, Guttenberg, NJ, pg. 469
Rankin, Sarah, Media Director --deutschMedia, New York, NY, pg. 295
Rasmussen, Julie, Media Director --Mortenson Safar Kim, Milwaukee, WI, pg. 761
Rathke, Kelli, Media Director --Cramer-Krasselt, Milwaukee, WI, pg. 237
Rector, Jake, Media Director --TILTED CHAIR CREATIVE, Austin, TX, pg. 1104
Reed, Mary Kate, Media Director --PRICEWEBER MARKETING COMMUNICATIONS, INC., Louisville, KY, pg. 889
Reibel, Robin, Media Director --SCHNEIDER ASSOCIATES, Boston, MA, pg. 1641
Reid, Sharon, Media Director --FLYING A, Pasadena, CA, pg. 1322
Reid, Zaneta, Media Director --VML-New York, New York, NY, pg. 1144
Reilley, Catherine, Media Director --DWA, A MERKLE COMPANY, San Francisco, CA, pg. 1319
Reinhiemer-Mercer, Helen, Media Director --JORDAN ASSOCIATES, Oklahoma City, OK, pg. 582
Reuschle, Carole, Media Director --MDB COMMUNICATIONS, INC., Washington, DC, pg. 720
Reynolds, Amy, Media Director --WOMEN'S MARKETING INC., Westport, CT, pg. 1174
Rhode, Andy, Media Director --Fallon Minneapolis, Minneapolis, MN, pg. 360
Richardson, Ryan, Media Director --HUNT ADKINS, Minneapolis, MN, pg. 514
Riegel, Cecilia, Media Director --Callahan Creek, Torrance, CA, pg. 183
Riegel, Cecilia, Media Director --CALLAHAN CREEK, INC., Lawrence, KS, pg. 183
Ries, Laura, Media Director --FIGLIULO&PARTNERS, LLC, New York, NY, pg. 380
Rioux, Daniel, Media Director --PUSH22, Bingham Farms, MI, pg. 919
Rivard, Diane, Media Director --STEVENS ADVERTISING, Grand Rapids, MI, pg. 1048
Robbins, Debra, Media Director --LEAD ME MEDIA, Deerfield Beach, FL, pg. 617
Robertson, Becky, Media Director --BROGAN & PARTNERS CONVERGENCE MARKETING, Birmingham, MI, pg. 166
Robinson, Kelley, Media Director --BRIVIC MEDIA, Houston, TX, pg. 165
Rogowski, Brittney, Media Director --HAWORTH MARKETING + MEDIA, Minneapolis, MN, pg. 1328
Romaniuk, Jessica, Media Director --TWO BY FOUR, Chicago, IL, pg. 1124
Rothrock, Chris, Media Director --LMO ADVERTISING, Arlington, VA, pg. 648
Row, Larry, Media Director --RON FOTH ADVERTISING, Columbus, OH, pg. 967
Rozzi, Alexandra, Media Director --Blue 449, San Francisco, CA, pg. 1311
Rulapaugh, Karen, Media Director --R&R Partners, Phoenix, AZ, pg. 925
Rushford, Karen, Media Director --GELIA-MEDIA, INC., Williamsville, NY, pg. 414
Ryan, Lizzy, Media Director --DIGITAS, San Francisco, CA, pg. 302
Salas, Karin, Media Director --SKAR ADVERTISING, Omaha, NE, pg. 1018
Salvo, michael, Media Director --PHD Los Angeles, Los Angeles, CA, pg. 1362
Sanderson, Stacy, Media Director --INQUEST MARKETING, Kansas City, MO, pg. 534
Sandham, Dave, Media Director --GroupM EMEA HQ, London, United Kingdom, pg. 1323
Sanstrom, Jim, Media Director --RISDALL MARKETING GROUP, Roseville, MN, pg. 959
Santee, Michael, Media Director --FAST HORSE, Minneapolis, MN, pg. 362
Sarlo, Debbie, Media Director --LUMENTUS LLC, New York, NY, pg. 656
Satterfield, Pam, Media Director --MARTIN RETAIL GROUP/MARTIN ADVERTISING, Birmingham, AL, pg. 688
Scannell, Kevin, Media Director --ACART COMMUNICATIONS, INC., Ottawa, Canada, pg. 19
Scheer, Jennie, Media Director --DIGITAS, Boston, MA, pg. 1250
Schillinger, Alex, Media Director --PHIRE GROUP, Ann Arbor, MI, pg. 869
Schinzing, Carly, Media Director --BASS ADVERTISING, Sioux City, IA, pg. 95
Schmich, Marie, Media Director --STEALTH CREATIVE, Saint Louis, MO, pg. 1044
Schmidt, Kerry, Media Director --CHARLTON MARKETING INC, Portland, OR, pg. 204
Schweighoffer, Eric, Media Director --CASHMAN & KATZ INTEGRATED COMMUNICATIONS, Glastonbury, CT, pg. 193
Schweitzer, Kurt, Media Director --SOUTHWEST MEDIA GROUP, Dallas, TX, pg. 1369
Scopinich, Emily, Media Director --OOH PITCH INC., New York, NY, pg. 1360
Scott, Gail, Media Director --U.S. INTERNATIONAL MEDIA, LLC, Los Angeles, CA, pg. 1378
Scott, Nicole, Media Director --MERKLE INC., Columbia, MD, pg. 732
Seda, Milka, Media Director --LOPITO, ILEANA & HOWIE, INC., Guaynabo, PR, pg. 652
Serafino, Paula Zambello, Media Director --CTP, Boston, MA, pg. 252
Sharon, Rebecca, Media Director --NOBLE PEOPLE, New York, NY, pg. 796
Sharpe, Pam, Media Director --THE PRICE GROUP, INC., Lubbock, TX, pg. 888
Shaw, Angela, Media Director --INTOUCH SOLUTIONS, Overland Park, KS, pg. 544
Shaw, Ryan, Media Director --Digitas, Chicago, IL, pg. 1252
Sheehan, Diana, Media Director --CASANOVA PENDRILL, Costa Mesa, CA, pg. 192
Sheeran, Carrie, Media Director --LEAPFROG ONLINE, Evanston, IL, pg. 618
Sher, Greg, Media Director --APOLLO INTERACTIVE, INC., El Segundo, CA, pg. 64
Shields, Christine, Media Director --THE PAIGE GROUP, Utica, NY, pg. 851
Shih, Minyi, Media Director --ZENITH USA, New York, NY, pg. 1391
Shuster, Karen, Media Director --DUFFY & SHANLEY, INC., Providence, RI, pg. 324
Siciliano, Rhona, Media Director --TURCHETTE ADVERTISING AGENCY LLC, Fairfield, NJ, pg. 1121
Sidoti, Brenda, Media Director --BENEDICT ADVERTISING, Daytona Beach, FL, pg. 122
Silny, Tammy, Media Director --MARSHALL FENN COMMUNICATIONS LTD., Toronto, Canada, pg. 1577
Skochdopole, Angie, Media Director --BROADHEAD, Minneapolis, MN, pg. 165
Slaughter, Janet, Media Director --THE ST. GREGORY GROUP, INC., Cincinnati, OH, pg. 1040
Smith, Angie, Media Director --MARIS, WEST & BAKER, INC., Jackson, MS, pg. 680
Smith, Merry Michael, Media Director --BIG COMMUNICATIONS, INC., Birmingham, AL, pg. 128
Smith, Sheila, Media Director --PRINCETON PARTNERS, INC., Princeton, NJ, pg. 890
Snyder, Michelle, Media Director --EAST BANK COMMUNICATIONS INC., Portland, OR, pg. 328
Solomon, Elissa, Media Director --SCHIEFER CHOPSHOP, Irvine, CA, pg. 995
Sommer, Leah, Media Director --CD&M COMMUNICATIONS, Portland, ME, pg. 198
Sorcan, Kathy, Media Director --PLATYPUS ADVERTISING + DESIGN, Pewaukee, WI, pg. 877
Sorkin, Lane, Media Director --Campbell Ewald New York, New York, NY, pg. 541
Sowinski, Samantha, Media Director --iCrossing Chicago, Chicago, IL, pg. 1262
Spaniardi, Amy, Media Director --THE MEDIA MATTERS INC, Lexington, NC, pg. 726
Sparrer, John, Media Director --CARAT USA, INC., New York, NY, pg. 1314
Speciale, Michael, Media Director --BLAINE WARREN ADVERTISING LLC, Las Vegas, NV, pg. 133
Spellman, Jennifer, Media Director --HUGHES AGENCY LLC, Greenville, SC, pg. 513
Spencer, Brian, Media Director --Geometry Global, Akron, OH, pg. 416
Stark, Jaclyn, Media Director --PUBLICIS HEALTHCARE COMMUNICATIONS GROUP, New York, NY, pg. 911
Stern, Stacey, Media Director --KWG, New York, NY, pg. 604
Sternquist, Britni, Media Director --Initiative Los Angeles, Los Angeles, CA, pg. 1332
Stevens, Mark, Media Director --ADVANCED MARKETING STRATEGIES, San Diego, CA, pg. 33
Strapp, Alyce, Media Director --QUESTUS, San Francisco, CA, pg. 922
Strayer, Zack, Media Director --MEDIA BROKERS INTERNATIONAL, INC., Alpharetta, GA, pg. 1341
Stuesser, Ginny Bronesky, Media Director --SHINE UNITED, Madison, WI, pg. 1008
Stumpo, Kerri, Media Director --PHD Chicago, Chicago, IL, pg. 1362
Sweeney, Tony, Media Director --LEVLANE ADVERTISING/PR/INTERACTIVE, Philadelphia, PA, pg. 635
Tanner, Becky, Media Director --AD PARTNERS INC., Tampa, FL, pg. 24
Taylor, Heather, Media Director --DESTINATION MARKETING, Mountlake Terrace, WA, pg. 294
Terpstra, Ashley, Media Director --NINA HALE INC., Minneapolis, MN, pg. 1276
Terry, Emmarose Villanueva, Media Director --R&R PARTNERS, Las Vegas, NV, pg. 924
Thaler, Ben, Media Director --DAVIS ADVERTISING, INC., Worcester, MA, pg. 263
Theis, Erin, Media Director --WILLIAMS RANDALL MARKETING, Indianapolis, IN, pg. 1169
Thoele, Maggie, Media Director --GABRIEL DEGROOD BENDT, MinneaPOlis, MN, pg. 407
Thompson, Lesley, Media Director --BOUVIER KELLY INC., Greensboro, NC, pg. 149
Thomson, Carrie, Media Director --STRATEGIC AMERICA, West Des Moines, IA, pg. 1052
Timmer, Emilie, Media Director --BRADSHAW ADVERTISING, Portland, OR, pg. 152
Tinkham, Chris, Media Director --DEVITO/VERDI, New York, NY, pg. 296
Tipton, Devin, Media Director --REDCHIP COMPANIES, INC., Maitland, FL, pg. 1627
Tompkins, Leslie, Media Director --WALLACE & COMPANY, Sterling, VA, pg. 1149
Tonn, Cailley, Media Director --MERCURYCSC, Bozeman, MT, pg. 730
Toyofuku, Melissa, Media Director --CORE GROUP ONE, INC., Honolulu, HI, pg. 231
Travis, Patty, Media Director --5METACOM, IndianaPOlis, IN, pg. 10
Tremblay, David, Media Director --Ogilvy Montreal, Montreal, Canada, pg. 812
Trevino, Sylvia, Media Director --ANDERSON MARKETING

RESPONSIBILITIES INDEX — AGENCIES

GROUP, San Antonio, TX, pg. 58
Tropp, Harry, Media Director --POSNER MILLER ADVERTISING, New York, NY, pg. 883
Truitt, Joyce, Media Director --78Madison, Altamonte Springs, FL, pg. 12
Tschida, Jeannette, Media Director --KRUSKOPF & COMPANY, INC., Minneapolis, MN, pg. 603
Tule, Ben, Media Director --LEGACY WORLDWIDE, Duluth, GA, pg. 619
Tulipana, Cheryl, Media Director --Sullivan Higdon & Sink Incorporated, Kansas City, MO, pg. 1060
Tutty, Alicia, Media Director --Young & Rubicam Wellington, Wellington, New Zealand, pg. 1200
Ung, Sie, Media Director --QUIGLEY-SIMPSON, Los Angeles, CA, pg. 923
Urena, Rosanna, Media Director --D EXPOSITO & PARTNERS, LLC, New York, NY, pg. 256
Valentin, Mike, Media Director --GIANT SPOON, Los Angeles, CA, pg. 418
Van Der Hart, Carol, Media Director --STRATEGIC AMERICA, West Des Moines, IA, pg. 1052
Vanremortel, Andy, Media Director --INSIGHT CREATIVE INC., Green Bay, WI, pg. 535
Vassar, Greg, Media Director --MEDIA BROKERS INTERNATIONAL, INC., Alpharetta, GA, pg. 1341
Vassek, Meri, Media Director --MICHAEL WALTERS ADVERTISING, Chicago, IL, pg. 738
Vela, Krystal, Media Director --TEXAS CREATIVE, San Antonio, TX, pg. 1098
Veronezi, Andrea, Media Director --Publicis Brasil Communicao, Rio de Janeiro, Brazil, pg. 906
Von Der Heid, Betsy, Media Director --SRCPMEDIA, Alexandria, VA, pg. 1039
Wagner, Melissa, Media Director --CMI MEDIA, LLC, King of Prussia, PA, pg. 215
Walker, Jen, Media Director --HART, Columbus, OH, pg. 469
Wallwork, Pat, Media Director --MCKEE WALLWORK & COMPANY, Albuquerque, NM, pg. 718
Walton, Philip, Media Director --Agency59 Response, Toronto, Canada, pg. 40
Warren, Gail, Media Director --METRICS MARKETING, INC., Atlanta, GA, pg. 736
Warski, Kristine, Media Director --AXIOMPORT, IndianaPOlis, IN, pg. 81
Wasserstrom, Carolyn, Media Director --OUTOFTHEBLUE ADVERTISING, Coral Gables, FL, pg. 847
Watts, Vanessa, Media Director --LAUGHLIN/CONSTABLE, INC., Milwaukee, WI, pg. 613
Weaver, Alicia, Media Director --ID MEDIA, New York, NY, pg. 1331
Weaver, Kristin, Media Director --Cramer-Krasselt, New York, NY, pg. 237
Weiland, Melissa, Media Director --GLOBAL TEAM BLUE, Dearborn, MI, pg. 423
Weiss, Jennifer, Media Director --CMI Media, Parsippany, NJ, pg. 216
Welch, Derek, Media Director --ALLEN & GERRITSEN, Boston, MA, pg. 45
Welch, Jack, Media Director --BRAINS ON FIRE, INC., Greenville, SC, pg. 152
Welch, Laurel, Media Director --JL Media, Inc., Miami, FL, pg. 1336
Wendling, Steve, Media Director --THE MEDIA KITCHEN, New York, NY, pg. 1342
Wesolowski, Kay, Media Director --KELLY SCOTT MADISON, Chicago, IL, pg. 1336
Westaway, Sam, Media Director --Bohemia, Saint Leonards, Australia, pg. 659
Wheeler, Amy, Media Director --CBC ADVERTISING, Saco, ME, pg. 197
Wheeler, Amy, Media Director --CREATIVE BROADCAST CONCEPTS, Saco, ME, pg. 239
Wheeler, Kelly, Media Director --MEDIA SOLUTIONS, Sacramento, CA, pg. 1343
Wheelis, Meredith, Media Director --SAATCHI & SAATCHI, New York, NY, pg. 975
Whitcomb, Melissa, Media Director --MERKLEY+PARTNERS, New York, NY, pg. 733
White, Jim, Media Director --SBC, Columbus, OH, pg. 993
Whitlock, Tanya, Media Director --CJRW NORTHWEST, Springdale, AR, pg. 210
Wigle, Kay, Media Director --SWANSON RUSSELL ASSOCIATES, Lincoln, NE, pg. 1064
Wilkinson, Carrie, Media Director --KANEEN ADVERTISING & PR,

Tucson, AZ, pg. 587
Williams, Glyn, Media Director --RAPPORT WORLDWIDE, New York, NY, pg. 1366
Williams, Greg, Media Director --RYGR, Carbondale, CO, pg. 974
Williams, Jenny, Media Director --WATAUGA GROUP, Orlando, FL, pg. 1153
Williamson, Tim, Media Director --COOPER SMITH AGENCY, Dallas, TX, pg. 1475
Wilson, Kyra, Media Director --CAMPBELL EWALD, Detroit, MI, pg. 185
Wirth, Hillary, Media Director --NOBLE PEOPLE, New York, NY, pg. 796
Woloszczenko, Anna, Media Director --Starcom Middle East & Egypt Regional Headquarters, Dubai, United Arab Emirates, pg. 1373
Wong, Kelly, Media Director --U.S. INTERNATIONAL MEDIA, LLC, Los Angeles, CA, pg. 1378
Wood, Holly, Media Director --SCOPPECHIO, Louisville, KY, pg. 997
Woolridge, Carrie, Media Director --DAVIS & COMPANY, Virginia Beach, VA, pg. 263
Woolridge, Carrie, Media Director --Davis & Co. inc., Washington, DC, pg. 264
Wraspir, Stephen, Media Director --SILVERLIGHT DIGITAL, New York, NY, pg. 1368
Wright, Shelly, Media Director --REDROC AUSTIN, Austin, TX, pg. 943
Yacobucci, Jody, Media Director --FRONTIER 3 ADVERTISING, Grosse Pointe Park, MI, pg. 400
Yajko, Glenn, Media Director --BAKER STREET ADVERTISING, San Francisco, CA, pg. 85
Yanez, Amy, Media Director --PYTCHBLACK, Fort Worth, TX, pg. 919
Young, Debbie, Media Director --3H COMMUNICATIONS INC., Oakville, Canada, pg. 7
Young, Travis, Media Director --DUNHAM+COMPANY, Plano, TX, pg. 326
Zambrello, Brenda, Media Director --MASON, INC., Bethany, CT, pg. 691
Ziska, Robyn, Media Director --SWEDA ADVERTISING, Clarks Green, PA, pg. 1065

Media Planner

Adams, Meredith Deery, Media Planner --WRAY WARD MARKETING COMMUNICATIONS, Charlotte, NC, pg. 1187
Adams, Stuart, Media Planner --SWANSON RUSSELL ASSOCIATES, Lincoln, NE, pg. 1064
Albano, Rose, Media Planner --GROUPM NORTH AMERICA & CORPORATE HQ, New York, NY, pg. 1322
Ali, Melissa, Media Planner --POSTERSCOPE, New York, NY, pg. 884
Altman, Melissa, Media Planner --SERINO COYNE LLC, New York, NY, pg. 1003
Anderson, Tachelle, Media Planner --MOXIE, Atlanta, GA, pg. 1274
Anderson, Therese, Media Planner --LOVE ADVERTISING INC., Houston, TX, pg. 652
Andrews, Kiera, Media Planner --KSM South, Austin, TX, pg. 1337
Angrisani, Geena, Media Planner --Campbell Ewald Los Angeles, West Hollywood, CA, pg. 541
Bacco, Laura, Media Planner --HAVAS MEDIA, New York, NY, pg. 1324
Baker-Olson, Maya, Media Planner --GRP MEDIA, INC., Chicago, IL, pg. 1324
Baldenko, Elise, Media Planner --MINTZ & HOKE COMMUNICATIONS GROUP, Avon, CT, pg. 746
Barbour, Lyn, Media Planner --RIGGS PARTNERS, West Columbia, SC, pg. 1631
Beebe, Justin, Media Planner --THE ARCHER GROUP, Wilmington, DE, pg. 65
Berrio, Angela, Media Planner --Havas Media, Miami, FL, pg. 1327
Berry-Sellers, Madison, Media Planner --MACDONALD MEDIA, Portland, OR, pg. 666
Bey, Tyler, Media Planner --FALLON WORLDWIDE, Minneapolis, MN, pg. 359
Binns, Becky, Media Planner --ZIZZO GROUP, INC., Milwaukee, WI, pg. 1214
Bishop, Alanna, Media Planner --Abbott Mead Vickers BBDO, London, United Kingdom, pg. 109
Blake, Lauren, Media Planner --Wavemaker, Los Angeles, CA, pg. 1380

Bolognesi, Barbara, Media Planner --Wavemaker, Milan, Italy, pg. 1382
Bondini, Axelle Basso, Media Planner --IPG MEDIABRANDS, New York, NY, pg. 547
Boswell, Amy, Media Planner --Havas People London, London, United Kingdom, pg. 483
Brauer, Amanda, Media Planner --SLINGSHOT, LLC, Dallas, TX, pg. 1021
Bregonzio, Francesca, Media Planner --Kinetic, Milan, Italy, pg. 1337
Brock, Julia, Media Planner --HABERMAN & ASSOCIATES, INC., Minneapolis, MN, pg. 460
Brooks, Isa, Media Planner --AKQA, INC., San Francisco, CA, pg. 1234
Cacace, Alicia, Media Planner --O'BRIEN ET AL. ADVERTISING, Virginia Beach, VA, pg. 805
Cagliostro, Giuseppe, Media Planner --Wavemaker, San Francisco, CA, pg. 1380
Caldarella, Michele, Media Planner --PHD New York, New York, NY, pg. 1362
Cameron, Kaitlyn, Media Planner --DWA, a Merkle Company, Austin, TX, pg. 1319
Campos, Kailey, Media Planner --WongDoody, Culver City, CA, pg. 1175
Canady, Lisa, Media Planner --DVA ADVERTISING, Bend, OR, pg. 326
Caragliano, Kristin, Media Planner --Blue 449, Indianapolis, IN, pg. 1311
Carasa, Victoria, Media Planner --LATINWORKS MARKETING, INC., Austin, TX, pg. 612
Carr, Lucy, Media Planner --MERKLEY+PARTNERS, New York, NY, pg. 733
Carrillo-Harry, Joni, Media Planner --RICHTER7, Salt Lake City, UT, pg. 957
Carrion, Ligia, Media Planner --Havas Media, Miami, FL, pg. 1327
Casali, Eloi, Media Planner --Abbott Mead Vickers BBDO, London, United Kingdom, pg. 109
Castelluccio, Kimberly, Media Planner --SPRINGBOX, LTD., Austin, TX, pg. 1037
Caven, Dan, Media Planner --Saatchi & Saatchi London, London, United Kingdom, pg. 980
Challis, Laura, Media Planner --TRUE NORTH INTERACTIVE, San Francisco, CA, pg. 1298
Cheng, Natalie, Media Planner --Havas Media, Miami, FL, pg. 1327
Chin, Waverly, Media Planner --BACKBONE MEDIA LLC, Carbondale, CO, pg. 1437
Cid, Clara, Media Planner --CAYENNE CREATIVE, Birmingham, AL, pg. 197
Clemmons, Joshua, Media Planner --ROMANELLI COMMUNICATIONS, Clinton, NY, pg. 1633
Cole, Morgan, Media Planner --BACKBONE MEDIA LLC, Carbondale, CO, pg. 1437
Conner, Catherine, Media Planner --MOXIE, Atlanta, GA, pg. 1274
Cook, Jon, Media Planner --Saatchi & Saatchi London, London, United Kingdom, pg. 980
Cooper, Nicole, Media Planner --COPP MEDIA SERVICES INC, Wichita, KS, pg. 231
Cornett, Charlotte, Media Planner --CORNETT INTEGRATED MARKETING SOLUTIONS, Lexington, KY, pg. 232
Correa, Katerina, Media Planner --MODCO MEDIA, New York, NY, pg. 753
Coughlin, Brenna, Media Planner --GROUPM NORTH AMERICA & CORPORATE HQ, New York, NY, pg. 1322
Crum, Marina, Media Planner --Campbell Ewald Los Angeles, West Hollywood, CA, pg. 541
Cucuzza, Kathryn, Media Planner --MULLENLOWE GROUP, Boston, MA, pg. 770
Dellacato, Melissa, Media Planner --MediaCom US, New York, NY, pg. 1345
DePew, Jeff, Media Planner --MeringCarson, San Diego, CA, pg. 731
Dietz, Kayla, Media Planner --THE RICHARDS GROUP, INC., Dallas, TX, pg. 956
DiFazio, Abigail, Media Planner --KRT MARKETING, Lafayette, CA, pg. 603
Dobbs, Linzie, Media Planner --MARC USA CHICAGO, Chicago, IL, pg. 677
Dolan, Nicole, Media Planner --MullenLowe Mediahub, Boston, MA, pg. 771
Dorney, Devon, Media Planner --THE MARTIN AGENCY, Richmond, VA, pg. 687
Dudder, Lori, Media Planner --ADFARM, Calgary, Canada, pg. 29

AGENCIES — RESPONSIBILITIES INDEX

Duriguetto, Carla, Media Planner --Almap BBDO, Sao Paulo, Brazil, pg. 101
Eastman, Jennie, Media Planner --BALDWIN&, Raleigh, NC, pg. 85
Eng, Dennis, Media Planner --CMI MEDIA, LLC, King of Prussia, PA, pg. 215
Ezell, Madeleine, Media Planner --ZENITH USA, New York, NY, pg. 1391
Fayngor, Stephanie, Media Planner --HUGE LLC, Brooklyn, NY, pg. 512
Ferraresi, Laura, Media Planner --Kinetic, Milan, Italy, pg. 1337
Fidencio-Ramos, Ana, Media Planner --INTERLEX COMMUNICATIONS INC., San Antonio, TX, pg. 538
Fielding, Savannah, Media Planner --CORNETT INTEGRATED MARKETING SOLUTIONS, Lexington, KY, pg. 232
Fischer, Katie, Media Planner --R&R Partners, El Segundo, CA, pg. 925
Fish, Lindsay, Media Planner --OXFORD COMMUNICATIONS, INC., Lambertville, NJ, pg. 847
Fitzgerald, Kyle, Media Planner --ICON MEDIA DIRECT, Van Nuys, CA, pg. 1331
Flores, Garrett, Media Planner --THE COMPANY, Houston, TX, pg. 224
Flowers, Katherine, Media Planner --SITUATION INTERACTIVE, New York, NY, pg. 1017
Forrest, Judy E., Media Planner --MARTIN ADVERTISING, Anderson, SC, pg. 687
Francisco, Julianne, Media Planner --HEALIX, New York, NY, pg. 491
Francois, Aaron, Media Planner --MEDIACOM, New York, NY, pg. 1344
Fuchs, Jessica, Media Planner --MullenLowe Mediahub, Boston, MA, pg. 771
Gans, Casey, Media Planner --BLUE CHIP MARKETING WORLDWIDE, Northbrook, IL, pg. 138
Gelb, Michael, Media Planner --ALLSCOPE MEDIA, New York, NY, pg. 49
Giancarlini, Cristiano, Media Planner --Wavemaker, Milan, Italy, pg. 1382
Gibson, Paige, Media Planner --ZENITH USA, New York, NY, pg. 1391
Gigliotti, Cassie, Media Planner --MullenLowe Mediahub, Boston, MA, pg. 771
Goicouria, Alejandro, Media Planner --DECIBEL MEDIA, Boston, MA, pg. 285
Golzar, Tarah, Media Planner --LMO ADVERTISING, Arlington, VA, pg. 648
Guggenbuehl, Mike, Media Planner --Fallon Minneapolis, Minneapolis, MN, pg. 360
Gutkowski, Jennifer, Media Planner --WATAUGA GROUP, Orlando, FL, pg. 1153
Hamaguti, Atsushi, Media Planner --DENTSU INC., Tokyo, Japan, pg. 289
Hargett, Linda, Media Planner --RIGGS PARTNERS, West Columbia, SC, pg. 1631
Harker, Katie, Media Planner --CACTUS, Denver, CO, pg. 181
Harris, Tom, Media Planner --Abbott Mead Vickers BBDO, London, United Kingdom, pg. 109
Hedlund, Anna, Media Planner --STERLING RICE GROUP, Boulder, CO, pg. 1047
Herink, Ashley, Media Planner --CLARITY COVERDALE FURY ADVERTISING, INC., Minneapolis, MN, pg. 211
Hernandez, Gabriela, Media Planner --THE COMPANY, Houston, TX, pg. 224
Hickey, Erin, Media Planner --KELLY SCOTT MADISON, Chicago, IL, pg. 1336
Hickman, Candice, Media Planner --GHIDOTTI COMMUNICATIONS, Little Rock, AR, pg. 1517
Hightower, Kerry, Media Planner --OOH PITCH INC., New York, NY, pg. 1360
Hippelheuser, Catherine, Media Planner --PP+K, Tampa, FL, pg. 885
Ho, Bonnie Bonnie, Media Planner --TIME ADVERTISING, Millbrae, CA, pg. 1104
Holbrook, Hunter, Media Planner --Mekanism, New York, NY, pg. 730
Holroyd, Rupert, Media Planner --Abbott Mead Vickers BBDO, London, United Kingdom, pg. 109
Honeycutt, Justin, Media Planner --SOUTHWEST MEDIA GROUP, Dallas, TX, pg. 1369
Hsu, Emily, Media Planner --NEW & IMPROVED MEDIA, El Segundo, CA, pg. 1353
Hutchins, Theresa, Media Planner --MediaCom USA, Santa Monica, CA, pg. 1345
Imperati, Gina, Media Planner --SAPIENTRAZORFISH NEW YORK, New York, NY, pg. 1286
Isedeh, Gabriel, Media Planner --FCB HEALTH, New York, NY, pg. 376
Ives, Brittany, Media Planner --ZENITH USA, New York, NY, pg. 1391
Jackson, Connor, Media Planner --BACKBONE MEDIA LLC, Carbondale, CO, pg. 1437
Jalloh, Mohamed, Media Planner --ZENITH USA, New York, NY, pg. 1391
Jaquins, Tiffany, Media Planner --NOBLE PEOPLE, New York, NY, pg. 796
Johansen, Line Jeanette, Media Planner --Initiative Universal Media Norway, Oslo, Norway, pg. 1333
Jones, Alyssa, Media Planner --YOUNG & RUBICAM, New York, NY, pg. 1197
Jones, Maxwell, Media Planner --DNA SEATTLE, Seattle, WA, pg. 311
Kagitani, Takehiro, Media Planner --DENTSU INC., Tokyo, Japan, pg. 289
Kanchuga, Leslie, Media Planner --ALLEN & GERRITSEN, Boston, MA, pg. 45
Kazakova, Rumena, Media Planner --APRA Porter Novelli, Sofia, Bulgaria, pg. 1614
Keasey, Natasha, Media Planner --PERICH ADVERTISING + DESIGN, Ann Arbor, MI, pg. 864
Keith, Melissa, Media Planner --ABBEY, MECCA & COMPANY, Buffalo, NY, pg. 17
Kiefaber, Libby, Media Planner --Team One USA, Oak Brook, IL, pg. 1095
Kim, Joshua, Media Planner --Crossmedia, Los Angeles, CA, pg. 1317
Kim, Sohee, Media Planner --Cheil Worldwide Inc., Seoul, Korea (South), pg. 462
King, Sharri, Media Planner --COPP MEDIA SERVICES INC, Wichita, KS, pg. 231
Kircher, Jakob, Media Planner --INQUEST MARKETING, Kansas City, MO, pg. 534
Kopke, Kathrin, Media Planner --OMD, Berlin, Germany, pg. 1359
Koranda, Casey, Media Planner --Team One USA, Oak Brook, IL, pg. 1095
Kovacs, Laura, Media Planner --MMGY GLOBAL, Kansas City, MO, pg. 750
Kraemer, Emily, Media Planner --Zenith Los Angeles, Santa Monica, CA, pg. 1392
Kramer, Becky, Media Planner --NEO@OGILVY, New York, NY, pg. 789
Kubinski, Alexa, Media Planner --FALLON WORLDWIDE, Minneapolis, MN, pg. 359
Kundu, Liz, Media Planner --BRABENDERCOX, Leesburg, VA, pg. 151
Labanowski, Katie, Media Planner --CAMP, Austin, TX, pg. 185
Lafleche, Natalie, Media Planner --ACART COMMUNICATIONS, INC., Ottawa, Canada, pg. 19
Larkins, Leslie, Media Planner --Asher Agency, Inc., Charleston, WV, pg. 74
Lay, Kady, Media Planner --MEDIA DESIGN GROUP LLC, Los Angeles, CA, pg. 1341
Lee, Shannon, Media Planner --MullenLowe, El Segundo, CA, pg. 772
Leibowitz, Jenna, Media Planner --DIGITAS, San Francisco, CA, pg. 302
Leondi, Rebecca, Media Planner --MRM Worldwide, San Francisco, CA, pg. 767
Levison, Dee, Media Planner --Abbott Mead Vickers BBDO, London, United Kingdom, pg. 109
Long, Hollie, Media Planner --MILLER BROOKS, Zionsville, IN, pg. 742
Lubenow, Lindsey, Media Planner --COMMIT AGENCY, Chandler, AZ, pg. 221
Luker, Jennifer, Media Planner --SCHAFER CONDON CARTER, Chicago, IL, pg. 995
Lurie, Shaina Allison, Media Planner --BOATHOUSE GROUP INC., Waltham, MA, pg. 143
Luthra, Juhi, Media Planner --CAMPBELL EWALD, Detroit, MI, pg. 185
Lynch, Glenda, Media Planner --STRATEGIC AMERICA, West Des Moines, IA, pg. 1052
Lynch, Patrick, Media Planner --BACKBONE MEDIA LLC, Carbondale, CO, pg. 1437
Madison, Jacob, Media Planner --TEAM ONE USA, Los Angeles, CA, pg. 1095
Madsen, Mariah, Media Planner --FLINT COMMUNICATIONS, Fargo, ND, pg. 388
Mak, Megan, Media Planner --AMP AGENCY, Boston, MA, pg. 1236
Makeshina, Daria, Media Planner --Initiative Moscow, Moscow, Russia, pg. 1333
Maroon, Haley, Media Planner --THE SEIDEN GROUP, New York, NY, pg. 1001
Marr, Italia, Media Planner --CMI Media, Parsippany, NJ, pg. 216
Martin, Alison, Media Planner --CHARLTON MARKETING INC, Portland, OR, pg. 204
Martins, Victoria, Media Planner --MODCO MEDIA, New York, NY, pg. 753
McBrien, Laura, Media Planner --SEAN TRACEY ASSOCIATES, Portsmouth, NH, pg. 1000
McClure, Deanna, Media Planner --ROI MEDIA, Tulsa, OK, pg. 1368
McDonell, Jennifer, Media Planner --ONEMAGNIFY, Detroit, MI, pg. 840
McMahan, Kelsey, Media Planner --MACDONALD MEDIA, Portland, OR, pg. 666
McNally, Kerry, Media Planner --THE MARTIN AGENCY, Richmond, VA, pg. 687
Mellody, Sarah, Media Planner --DELUCA FRIGOLETTO ADVERTISING, INC., Honesdale, PA, pg. 288
Merrett, Laura, Media Planner --MINDSHARE, New York, NY, pg. 1351
Montenegro, Claire Homme, Media Planner --Blue 449, San Francisco, CA, pg. 1311
Moquin, Lauren, Media Planner --CONNELLY PARTNERS, Boston, MA, pg. 227
Moran, Megan, Media Planner --TDA_BOULDER, Boulder, CO, pg. 1094
Morris, Sarah, Media Planner --PP+K, Tampa, FL, pg. 885
Murphy, Erin, Media Planner --TRUE NORTH INC., New York, NY, pg. 1119
Naugler, Jane, Media Planner --MullenLowe Mediahub, Boston, MA, pg. 771
Nelson, Alex, Media Planner --COATES KOKES, Portland, OR, pg. 216
Nelson, Brittanie, Media Planner --MMGY GLOBAL, Kansas City, MO, pg. 750
Neugebauer, Jonathan, Media Planner --VLADIMIR JONES, Colorado Springs, CO, pg. 1142
Nguyen, Catherine, Media Planner --Blue 449, Seattle, WA, pg. 1311
Nichols, Kristy, Media Planner --MACDONALD MEDIA, New York, NY, pg. 1339
Niedosik, Jordan, Media Planner --HEALIX, New York, NY, pg. 491
Nistler, Anna, Media Planner --DIGITAS, San Francisco, CA, pg. 302
Nunez, Natalie, Media Planner --THE COMPANY, Houston, TX, pg. 224
Ozkan, Selen, Media Planner --Abbott Mead Vickers BBDO, London, United Kingdom, pg. 109
Padgett, Amy, Media Planner --MASS MEDIA MARKETING, Augusta, GA, pg. 691
Palmer, Brande, Media Planner --TRIAD RETAIL MEDIA, LLC, Saint Petersburg, FL, pg. 1116
Paradis, Alexa, Media Planner --OCD MEDIA, New York, NY, pg. 805
Patterson, Dorothy Yu, Media Planner --DWA, a Merkle Company, Austin, TX, pg. 1319
Paul, Amber, Media Planner --TRILIA MEDIA, Boston, MA, pg. 1117
Paulen, Samantha, Media Planner --INITIATIVE, New York, NY, pg. 1331
Pearl, Karen, Media Planner --TEAM ONE USA, Los Angeles, CA, pg. 1095
Pearl, Samantha, Media Planner --CMI MEDIA, LLC, King of Prussia, PA, pg. 215
Perez, Monica, Media Planner --BILLUPS WORLDWIDE, Lake Oswego, OR, pg. 1309
Perrier, Michelle, Media Planner --MINDGRUVE, INC., San Diego, CA, pg. 745
Persak, Laura, Media Planner --MODCO MEDIA, New York, NY, pg. 753
Person, Piper, Media Planner --BOOYAH ADVERTISING, Denver, CO, pg. 1241
Peterson, Hannah, Media Planner --SQ1, Portland, OR, pg. 1037
Pettenati, Olivia, Media Planner --MullenLowe Mediahub, Boston, MA, pg. 771
Pickens, Judy, Media Planner --Swanson Russell Associates, Omaha, NE, pg. 1065
Pineda, Sasha, Media Planner --HAVAS MEDIA, New York, NY,

RESPONSIBILITIES INDEX — AGENCIES

pg. 1324

Pirozhkov, Rita, Media Planner --CMI Media, Parsippany, NJ, pg. 216

Powers, Alexandra, Media Planner --DIGITAS, San Francisco, CA, pg. 302

Rabe, Lauren, Media Planner --HAVAS WORLDWIDE CHICAGO, Chicago, IL, pg. 488

Radner, Zoe, Media Planner --Havas Media, Boston, MA, pg. 1327

Ransom-Becker, Ingeborg, Media Planner --SAATCHI & SAATCHI, New York, NY, pg. 975

Redfield, Dana, Media Planner --HOFFMAN YORK, Milwaukee, WI, pg. 506

Richmond, Ryan, Media Planner --SAATCHI & SAATCHI, New York, NY, pg. 975

Rinck, Mariah, Media Planner --RINCK ADVERTISING, Auburn, ME, pg. 1632

Rizo, Jessica, Media Planner --M8 AGENCY, Miami, FL, pg. 666

Roberts, Chad, Media Planner --PHD Los Angeles, Los Angeles, CA, pg. 1362

Roberts, Rebecca, Media Planner --Lewis Communications, Mobile, AL, pg. 636

Robinson, Kaila, Media Planner --Blue 449, Seattle, WA, pg. 1311

Rombolotti, Alice, Media Planner --Kinetic, Milan, Italy, pg. 1337

Rosen, Jared, Media Planner --M&C Saatchi Performance, New York, NY, pg. 660

Ross, Elana, Media Planner --DENTSU AEGIS NETWORK AMERICAS, New York, NY, pg. 1318

Rowley, Meghan, Media Planner --Crossmedia, Philadelphia, PA, pg. 1317

Roxas, Jade, Media Planner --Campbell Ewald Los Angeles, West Hollywood, CA, pg. 541

Rummel, Mitchell, Media Planner --LATINWORKS MARKETING, INC., Austin, TX, pg. 612

Rycyzyn, Anna, Media Planner --INNOVISION MARKETING GROUP, San Diego, CA, pg. 534

Sarceda, Manel, Media Planner --Grey Barcelona, Barcelona, Spain, pg. 442

Schaefer, Lisa, Media Planner --MARTIN WILLIAMS ADVERTISING INC., Minneapolis, MN, pg. 688

Scharf, Kari, Media Planner --CLEAN DESIGN, INC., Raleigh, NC, pg. 212

Schmidt, James Patrick, Media Planner --MINDFIRE COMMUNICATIONS INC, Le Claire, IA, pg. 744

Schott, Devin, Media Planner --AKQA, INC., San Francisco, CA, pg. 1234

Scott, Breanne, Media Planner --M&K MEDIA, Toronto, Canada, pg. 1339

Sechrest, Avery, Media Planner --BLUE SKY AGENCY, Atlanta, GA, pg. 140

Sharp, Johnnie, Media Planner --GROUPM NORTH AMERICA & CORPORATE HQ, New York, NY, pg. 1322

Shoemaker, Robyn, Media Planner --Blue 449, Indianapolis, IN, pg. 1311

Smart, Nick, Media Planner --PP+K, Tampa, FL, pg. 885

Smith, Kailey, Media Planner --SERINO COYNE LLC, New York, NY, pg. 1003

Sobon, Krista, Media Planner --THE MARTIN GROUP, LLC., Buffalo, NY, pg. 688

Socolow, Julie, Media Planner --HEALIX, New York, NY, pg. 491

Solomons, Paul, Media Planner --CHAMPION MANAGEMENT, Addison, TX, pg. 1466

Somodi, Anna, Media Planner --Starcom Worldwide, Budapest, Hungary, pg. 1373

Soucy, Sarah, Media Planner --EISENBERG, VITAL & RYZE ADVERTISING, Manchester, NH, pg. 334

Stevens, Carly, Media Planner --ZIMMERMAN ADVERTISING, Fort Lauderdale, FL, pg. 1212

Stoker, Steven, Media Planner --BACKBONE MEDIA LLC, Carbondale, CO, pg. 1437

Stokes, Elliott, Media Planner --LAPLACA COHEN, New York, NY, pg. 611

Stoliar, Robyn, Media Planner --KELLY SCOTT MADISON, Chicago, IL, pg. 1336

Strubel, Jonathan, Media Planner --EVOK ADVERTISING, Heathrow, FL, pg. 353

Strugatsky, Zohar, Media Planner --Zenith Los Angeles, Santa Monica, CA, pg. 1392

Suarez, Morgan, Media Planner --22squared Inc., Tampa, FL, pg. 4

Syring, Sharyl, Media Planner --ESROCK PARTNERS, Orland Park, IL, pg. 349

Syromolotova, Ekaterina, Media Planner --Abbott Mead Vickers BBDO, London, United Kingdom, pg. 109

Tan, Linda, Media Planner --Abbott Mead Vickers BBDO, London, United Kingdom, pg. 109

Taranto, Katie, Media Planner --Blue 449, San Francisco, CA, pg. 1311

Tejeda, Thays, Media Planner --MullenLowe Mediahub, Boston, MA, pg. 771

Tetreault, Sara, Media Planner --PHOENIX GROUP, Regina, Canada, pg. 869

Thomas, Daniel, Media Planner --Abbott Mead Vickers BBDO, London, United Kingdom, pg. 109

Torti, Sara, Media Planner --MINDGRUVE, INC., San Diego, CA, pg. 745

Trott, Ryan, Media Planner --MEDIA WORKS, LTD., Baltimore, MD, pg. 1344

Tsvayg, Paula, Media Planner --NEO\@OGILVY, New York, NY, pg. 789

Tuma, Ashley, Media Planner --ZIMMERMAN ADVERTISING, Fort Lauderdale, FL, pg. 1212

Turton, Penny, Media Planner --MINTZ & HOKE COMMUNICATIONS GROUP, Avon, CT, pg. 746

Utech, Andrew, Media Planner --ARCHER MALMO AUSTIN, Austin, TX, pg. 66

Valente, Megan, Media Planner --22squared Inc., Tampa, FL, pg. 4

Vargas, Christina, Media Planner --Blue 449, Seattle, WA, pg. 1311

Vargas, Jeff, Media Planner --Saatchi & Saatchi Los Angeles, Torrance, CA, pg. 975

Venouziou, Nikki, Media Planner --BLUE CHIP MARKETING WORLDWIDE, Northbrook, IL, pg. 138

Vitrano, Amanda, Media Planner --Havas Media, Chicago, IL, pg. 1327

Walsh, Oliver, Media Planner --GRAVITY MEDIA, New York, NY, pg. 433

Walthall, Benjamin, Media Planner --MODCO MEDIA, New York, NY, pg. 753

Watabe, Remi, Media Planner --MediaCom Japan, Tokyo, Japan, pg. 1349

Webb, Amanda, Media Planner --DWA, a Merkle Company, Austin, TX, pg. 1319

White, Madison, Media Planner --HAVAS MEDIA, New York, NY, pg. 1324

Wilkinson, Mandy, Media Planner --STONE WARD, Little Rock, AR, pg. 1050

Williams, Ashley, Media Planner --TRACYLOCKE, Dallas, TX, pg. 1113

Williams, Yannick, Media Planner --OMD WORLDWIDE, New York, NY, pg. 1357

Wilson, Hallie, Media Planner --MINDSHARE, New York, NY, pg. 1351

Wohlstadter, Joshua, Media Planner --FCB HEALTH, New York, NY, pg. 376

Wrick, Kelsey, Media Planner --MullenLowe Mediahub, Boston, MA, pg. 771

Yang, Nicky, Media Planner --NEO\@OGILVY LOS ANGELES, Playa Vista, CA, pg. 789

Yasher, Anna, Media Planner --Havas Media, Miami, FL, pg. 1327

Yohanan, Rachel, Media Planner --Vladimir Jones, Denver, CO, pg. 1142

Yohanan, Rachel, Media Planner --VLADIMIR JONES, Colorado Springs, CO, pg. 1142

Yu, Christopher, Media Planner --Blue 449, San Francisco, CA, pg. 1311

Zafiris, Amanda, Media Planner --Abbott Mead Vickers BBDO, London, United Kingdom, pg. 109

Zafirova, Mina, Media Planner --ZenithOptimedia, Sofia, Bulgaria, pg. 1388

Zhang, Cici, Media Planner --DIGITAS, San Francisco, CA, pg. 302

New Business Contact

Adami, Kellie, New Business Contact --DIXON SCHWABL ADVERTISING, Victor, NY, pg. 309

Amir, Ruth, New Business Contact --SILTANEN & PARTNERS, El Segundo, CA, pg. 1013

Anderson, Kristin Marie, New Business Contact --IN MARKETING SERVICES, Norwalk, CT, pg. 529

Andrew, Charmaine, New Business Contact --Team Saatchi/Saatchi & Saatchi Healthcare, Sydney, Australia, pg. 983

Arnazzi, John, New Business Contact --JOE AGENCY, Los Angeles, CA, pg. 578

Baldini, Isabelle, New Business Contact --Superunion, Paris, France, pg. 1063

Barber, Tracey, New Business Contact --OgilvyOne Worldwide Ltd., London, United Kingdom, pg. 819

Barrett, Maria, New Business Contact --INTERMEDIA ADVERTISING, Woodland Hills, CA, pg. 539

Bath, Gurjit, New Business Contact --Active Media Services Canada Inc., Toronto, Canada, pg. 1306

Bellville, Corinne, New Business Contact --RAUXA, Costa Mesa, CA, pg. 933

Bernstein, Elizabeth, New Business Contact --McCann Erickson Advertising Ltd., London, United Kingdom, pg. 711

Bisseret-Foucher, Melanie, New Business Contact --Publicis, Zurich, Switzerland, pg. 901

Bonilla, Juan, New Business Contact --Walton Isaacson, New York, NY, pg. 1151

Brophy, Laura, New Business Contact --MARKETCOM PUBLIC RELATIONS, LLC, New York, NY, pg. 1576

Brucksch, Kira, New Business Contact --facts & fiction GmbH, Cologne, Germany, pg. 1191

Busoms, Fina Sola, New Business Contact --Young & Rubicam, S.L., Madrid, Spain, pg. 1203

Buyce, Joan, New Business Contact --SEYMOUR PR, Hackensack, NJ, pg. 1643

Cabral de Melo, Joao Batista, New Business Contact --Paim Comunicacao, Porto Alegre, Brazil, pg. 701

Carbo, Anne-Sophie, New Business Contact --McCann Erickson Paris, Clichy, France, pg. 703

Carvajal, Cristian Gomez, New Business Contact --BBDO Chile, Santiago, Chile, pg. 102

Casebolt, Sarah, New Business Contact --HAVAS WORLDWIDE, New York, NY, pg. 475

Chauhan, Ulka, New Business Contact --Rediffusion Y&R Pvt. Ltd., Mumbai, India, pg. 1200

Chiam, Valerie, New Business Contact --TEAM EPIPHANY, New York, NY, pg. 1095

Collins, Erika, New Business Contact --Carmichael Lynch Relate, Minneapolis, MN, pg. 190

Collins, Jennifer, New Business Contact --PEAK CREATIVE MEDIA, Denver, CO, pg. 860

Cooper, Alan, New Business Contact --Eisenberg & Associates, Dallas, TX, pg. 334

Crider, Sabrina Friedman, New Business Contact --Zeno Group, Chicago, IL, pg. 1690

Crowther, Zoe, New Business Contact --Leo Burnett, Ltd., London, United Kingdom, pg. 624

Crowther, Zoe, New Business Contact --Leo Burnett London, London, United Kingdom, pg. 627

Cudd, Mitch, New Business Contact --MINDSTORM COMMUNICATIONS GROUP, INC., Charlotte, NC, pg. 745

Cymerint, Jeffrey, New Business Contact --SHAZAAAM LLC, West Bloomfield, MI, pg. 1006

Delabre, Sandrine, New Business Contact --Y&R France S.A., Boulogne-Billancourt, France, pg. 1202

Edwards, Stephanie, New Business Contact --MULLIN/ASHLEY ASSOCIATES, INC., Chestertown, MD, pg. 778

Eliel-Finger, Tara, New Business Contact --TAKE 5 MEDIA GROUP, Boca Raton, FL, pg. 1071

Engelbrecht, Leigh, New Business Contact --PROFESSIONAL MEDIA MANAGEMENT, Grand Rapids, MI, pg. 1364

Faulkner, Joyce, New Business Contact --FITZGERALD MEDIA, Atlanta, GA, pg. 1321

Foster, Zach, New Business Contact --BRADO CREATIVE INSIGHT, Saint Louis, MO, pg. 152

Franks, Julia, New Business Contact --Saatchi & Saatchi EMEA Region Headquarters, London, United Kingdom, pg. 980

Frayne, Jason, New Business Contact --Hill+Knowlton Strategies, London, United Kingdom, pg. 1533

Gala, Pawel, New Business Contact --Wavemaker, Warsaw, Poland, pg. 1383

Galante, John, New Business Contact --BOZEKEN, LLC, Phoenixville, PA, pg. 150

Galonek, Gary, New Business Contact --ALL STAR INCENTIVE MARKETING, INC., Fiskdale, MA, pg. 1396

Garcia, Erin Hoover, New Business Contact --ROSEN, Portland, OR, pg. 968

Gelbecke, Monica, New Business Contact --F.biz, Sao Paulo, Brazil, pg. 1183

Gerich, Jennifer, New Business Contact --CAMPOS CREATIVE WORKS, Santa Monica, CA, pg. 186

Goda, Melissa, New Business Contact --THINK, INC., Pittsburgh, PA, pg. 1099

Goffee, Tom, New Business Contact --FutureBrand, London, United Kingdom, pg. 405

Goldstein, Jake, New Business Contact --YARD, New York, NY, pg. 1303

Gonzales, Carla Wilson, New Business Contact --Y&R Peru, Lima, Peru, pg. 1207

AGENCIES
RESPONSIBILITIES INDEX

Gonzalez, Victor, New Business Contact --EL CREATIVE, INC., Dallas, TX, pg. 334

Gordon, Ben, New Business Contact --Wavemaker Global HQ, London, London, United Kingdom, pg. 1380

Grandi, Domenico, New Business Contact --TBWA Italia, Milan, Italy, pg. 1083

Green, Kathryn, New Business Contact --Rubenstein Public Relations, New York, NY, pg. 1636

Green, Laura, New Business Contact --Carmichael Lynch Relate, Minneapolis, MN, pg. 190

Griffin, Todd, New Business Contact --MUSTACHE AGENCY, Brooklyn, NY, pg. 780

Hakim, Marine, New Business Contact --DDB Communication France, Paris, France, pg. 273

Hegedus, Nicole, New Business Contact --PROSPECT MEDIA GROUP LTD., Toronto, Canada, pg. 1415

Hodson, Tara, New Business Contact --DIGITAS, Boston, MA, pg. 1250

Isgrigg, Terri, New Business Contact --BANDY CARROLL HELLIGE ADVERTISING, Louisville, KY, pg. 87

Jones, Dennis, New Business Contact --DESKEY, Cincinnati, OH, pg. 293

Kane, Lisa Sahd, New Business Contact --LAMAR ADVERTISING COMPANY, Baton Rouge, LA, pg. 608

Keepax, Kate, New Business Contact --Helia, London, United Kingdom, pg. 473

Keepax, Kate, New Business Contact --Helia, London, United Kingdom, pg. 484

Kehoe, Danielle, New Business Contact --CASANOVA PENDRILL, Costa Mesa, CA, pg. 192

Kissell, Dan, New Business Contact --Zimmerman Advertising, Downers Grove, IL, pg. 1213

Klein, Bob, New Business Contact --CORINTHIAN MEDIA, INC., New York, NY, pg. 1316

Kline, Liz, New Business Contact --Eisenberg & Associates, Dallas, TX, pg. 334

Komarnitsky, Steven, New Business Contact --ECLIPSE ADVERTISING, INC., Burbank, CA, pg. 330

Kostrzewski, Dan, New Business Contact --COLE & WEBER UNITED, Seattle, WA, pg. 218

Kowalski, Matt, New Business Contact --LIGHTHOUSE LIST COMPANY, Pompano Beach, FL, pg. 640

Kyle, Angela, New Business Contact --GYRO, New York, NY, pg. 457

Kyriacou, Athos, New Business Contact --Telia & Pavla BBDO, Nicosia, Cyprus, pg. 104

Laverty, Karen, New Business Contact --GREENOUGH COMMUNICATIONS, Watertown, MA, pg. 1524

Lawler, Brooke, New Business Contact --MIDNIGHT OIL CREATIVE, Burbank, CA, pg. 739

Leue, Christian, New Business Contact --BENVENUTI PUBLIC RELATIONS, New York, NY, pg. 1448

Lewis, Tripp, New Business Contact --Lewis Communications, Nashville, TN, pg. 637

Lewis, Tripp, New Business Contact --LEWIS COMMUNICATIONS, Birmingham, AL, pg. 636

Lewis, Tripp, New Business Contact --Lewis Communications, Mobile, AL, pg. 636

Macfarlane, Hannah, New Business Contact --J. Walter Thompson, London, United Kingdom, pg. 562

Macintyre, Lindsay, New Business Contact --Havas Worldwide London, London, United Kingdom, pg. 483

Manhart, Lisa, New Business Contact --VENTURA ASSOCIATES INTERNATIONAL LLC, New York, NY, pg. 1418

Martyn, Charles, New Business Contact --J. Walter Thompson, London, United Kingdom, pg. 562

Mason, Jeff, New Business Contact --CATMEDIA, Tucker, GA, pg. 196

McCormick, Paul, New Business Contact --DEVITO/VERDI, New York, NY, pg. 296

McEvady, Andrea, New Business Contact --ACCESS TO MEDIA, Chicopee, MA, pg. 20

McNamara, Michael Patrick, New Business Contact --DEAD AS WE KNOW IT, Brooklyn, NY, pg. 283

McPherson, Heather, New Business Contact --ROCKAWAY PR, Miami, FL, pg. 1633

Medini, Elena, New Business Contact --Y&R Paris, Boulogne, France, pg. 1202

Mendez, Elina, New Business Contact --DDB Argentina, Buenos Aires, Argentina, pg. 270

Mendonca, Kallee, New Business Contact --DAVIESMOORE, Boise, ID, pg. 263

Mills, Dan, New Business Contact --T3, New York, NY, pg. 1069

Mittelstadt, Kathryn, New Business Contact --APPLE ROCK, Greensboro, NC, pg. 1396

Monies, Jemima, New Business Contact --Adam & EveDDB, London, United Kingdom, pg. 281

Monteiro, Erica, New Business Contact --FCB Sao Paulo, Sao Paulo, Brazil, pg. 370

Mosafi, Alexandra, New Business Contact --Wieden + Kennedy, London, United Kingdom, pg. 1165

Muir, Kate, New Business Contact --J. Walter Thompson, London, United Kingdom, pg. 562

Murphy, Kara, New Business Contact --Mirum Minneapolis, Minneapolis, MN, pg. 1273

Myers, Bill, New Business Contact --THE ARTIME GROUP, Pasadena, CA, pg. 72

Nagle, Steve, New Business Contact --MICHAELSWILDER, Peoria, AZ, pg. 738

Nowak-Bunce, Kristina, New Business Contact --BUYER ADVERTISING, INC., Newton, MA, pg. 178

Null, Meredith, New Business Contact --VIRTUE WORLDWIDE, Brooklyn, NY, pg. 1139

Olivart, Xavier Paris, New Business Contact --CPM Spain, Barcelona, Spain, pg. 236

Paciulli, Alaina, New Business Contact --THE SEIDEN GROUP, New York, NY, pg. 1001

Parish, Jessica, New Business Contact --Wunderman, London, United Kingdom, pg. 1193

Perrone, Samantha, New Business Contact --ACTIVE INTERNATIONAL, Pearl River, NY, pg. 1305

Pharris, Patrick, New Business Contact --THE REGAN GROUP, Los Angeles, CA, pg. 945

Pinet, Julien, New Business Contact --CLM BBDO, Boulogne-Billancourt, France, pg. 104

Pool, Phil, New Business Contact --PATRIOT ADVERTISING INC., Katy, TX, pg. 858

Potter, Geary, New Business Contact --REDDING COMMUNICATIONS LLC, High Point, NC, pg. 943

Prout, Ben, New Business Contact --Wieden + Kennedy Amsterdam, Amsterdam, Netherlands, pg. 1164

Quart, Miriam, New Business Contact --BRANDFIRE, New York, NY, pg. 156

Rada, Alicia Pena, New Business Contact --Wavemaker, Madrid, Spain, pg. 1383

Ramos, Thady, New Business Contact --Possible London, London, United Kingdom, pg. 1281

Rector, Susan, New Business Contact --MRC MEDICAL COMMUNICATIONS, Emerson, NJ, pg. 766

Reid, Bruce, New Business Contact --STAMP IDEA GROUP, LLC, Montgomery, AL, pg. 1042

Rice, Liz, New Business Contact --Metro Broadcast Ltd., London, United Kingdom, pg. 1186

Ritchie, Kristie, New Business Contact --UPSHOT, Chicago, IL, pg. 1128

Roeder, Doug, New Business Contact --ACTIVE INTERNATIONAL, Pearl River, NY, pg. 1305

Rosen, Kelly, New Business Contact --TBWA\Chiat\Day Los Angeles, Los Angeles, CA, pg. 1077

Rothnie, Jim, New Business Contact --McCann Erickson Advertising Ltd., London, United Kingdom, pg. 711

Rousseau, Greg, New Business Contact --Bayard Advertising Agency, Inc., Los Angeles, CA, pg. 96

Saiyanthan, Abi, New Business Contact --ANDERSON DDB HEALTH & LIFESTYLE, Toronto, Canada, pg. 57

Salemme, Lorenzo, New Business Contact --Wunderman, Milan, Italy, pg. 1192

Sands, Eira, New Business Contact --TBWA Hunt Lascaris (Durban), Durban, South Africa, pg. 1087

Schneider, Eric, New Business Contact --FUSION MARKETING, Saint Louis, MO, pg. 404

Schwartz, Wendy, New Business Contact --LEROY & ROSE, Santa Monica, CA, pg. 633

Scott, Susan, New Business Contact --PUBLICIS HAWKEYE, Dallas, TX, pg. 1282

Scott, Susan, New Business Contact --PUBLICIS USA, New York, NY, pg. 912

Segura, Pedro, New Business Contact --GO LOCAL INTERACTIVE, LLC, Overland Park, KS, pg. 1259

Shields, Anthony, New Business Contact --POP LABS, INC, Houston, TX, pg. 883

Short, Toni, New Business Contact --SIGNAL OUTDOOR ADVERTISING, Orlando, FL, pg. 1012

Sinn, Jessica, New Business Contact --Wieden + Kennedy, Shanghai, China, pg. 1166

Smith, Neil, New Business Contact --360i, New York, NY, pg. 6

Smith, Neil, New Business Contact --360i, Atlanta, GA, pg. 289

Stahlke, Robert, New Business Contact --OCTANE VTM, Indianapolis, IN, pg. 808

Stankovic, Milos, New Business Contact --McCann Erickson Group, Belgrade, Serbia, pg. 708

Stemen, Sharon, New Business Contact --HART, Toledo, OH, pg. 470

Stevens, Kelly, New Business Contact --THE&PARTNERSHIP, New York, NY, pg. 55

Szekely, Jenn, New Business Contact --FUTUREBRAND, New York, NY, pg. 405

Thegze, Chuck, New Business Contact --SPARKPR, New York, NY, pg. 1648

Torres, Kate, New Business Contact --VENABLES, BELL & PARTNERS, San Francisco, CA, pg. 1132

Traverso, Mark, New Business Contact --LIGHTHOUSE LIST COMPANY, Pompano Beach, FL, pg. 640

Turpin-Lawlor, Katie, New Business Contact --FALLON MEDICA LLC, Tinton Falls, NJ, pg. 359

Vaivoda, Anna, New Business Contact --FORGE WORLDWIDE, Boston, MA, pg. 392

Velasco, Ana Maria, New Business Contact --Extend Comunicaciones-Weber Shandwick, Santiago, Chile, pg. 1680

Verbonac, Deb, New Business Contact --ADFARM, Calgary, Canada, pg. 29

Waltemeyer, Michael, New Business Contact --HOLBERG DESIGN, INC., York, PA, pg. 506

Wells, Jordan, New Business Contact --FCB West, San Francisco, CA, pg. 365

Wiering, Laura, New Business Contact --MARTIN WILLIAMS ADVERTISING INC., Minneapolis, MN, pg. 688

Willson, Mark, New Business Contact --KSM South, Austin, TX, pg. 1337

Wisk, Liza Abrams, New Business Contact --DEVRIES GLOBAL, New York, NY, pg. 1484

Zhao, Beryl, New Business Contact --MINDSHARE, New York, NY, pg. 1351

Zigarelli, Merrilee, New Business Contact --CUMMINS, MACFAIL & NUTRY, INC., Somerville, NJ, pg. 254

Print Production

Arcuri, Christopher, Print Production --PETER MAYER ADVERTISING, INC., New Orleans, LA, pg. 866

Askew, Patti, Print Production --FAIRCOM NEW YORK, New York, NY, pg. 359

Buechler, Chad, Print Production --ANDERSON DDB HEALTH & LIFESTYLE, Toronto, Canada, pg. 57

Calnan, Jules, Print Production --Ogilvy New Zealand, Auckland, New Zealand, pg. 826

Cohen, Meredith, Print Production --THE SEIDEN GROUP, New York, NY, pg. 1001

Cossio, Mimi, Print Production --ALMA, Coconut Grove, FL, pg. 49

Daniel, Kerney, Print Production --THE INTEGER GROUP - DENVER, Lakewood, CO, pg. 1406

Day, Ed, Print Production --M&C SAATCHI PLC, London, United Kingdom, pg. 658

De Veer, Drusilla, Print Production --WESTON MASON MARKETING, Santa Monica, CA, pg. 1159

Difazio, GiGi, Print Production --RONIN ADVERTISING GROUP, Miami, FL, pg. 967

Dunn, Mike, Print Production --YOUNG & RUBICAM, New York, NY, pg. 1197

Ellis, Linda, Print Production --SAATCHI & SAATCHI WELLNESS, New York, NY, pg. 985

Ferrara, Karen, Print Production --TOUCHPOINTS MARKETING, LLC, Gretna, LA, pg. 1111

Fijan, Kim, Print Production --J. WALTER THOMPSON CANADA, Toronto, Canada, pg. 565

Finley, Kathleen, Print Production --SIMONS MICHELSON ZIEVE, INC., Troy, MI, pg. 1015

Fowler, Brenda, Print Production --STONE WARD, Little Rock, AR, pg. 1050

Gettelfinger, Megan, Print Production --DQE-ANDERSON, Louisville, KY, pg. 312

Grube, Renee, Print Production --Digitas Health, New York, NY, pg. 1251

Guimond, Julie, Print Production --J. Walter Thompson Canada, Montreal, Canada, pg. 553

Hanggi, Denise, Print Production --WIEDEN + KENNEDY, INC., Portland, OR, pg. 1163

Hayes, Michael, Print Production --LAMBESIS, INC., La Jolla, CA, pg. 608

Hurley, Kathy, Print Production --THE INTEGER GROUP-DALLAS, Dallas, TX, pg. 1405

Jahanshahi, Chloe, Print Production --Ogilvy, Ltd., London, United

RESPONSIBILITIES INDEX — AGENCIES

Kingdom, pg. 818

Johnson, Jan, Print Production --THE GLENN GROUP, Reno, NV, pg. 421

Jones, Barbara Barry, Print Production --THE INTEGER GROUP-DALLAS, Dallas, TX, pg. 1405

Junior, Antonio, Print Production --Publicis Publicidade Lda., Lisbon, Portugal, pg. 901

Karnes, Andi, Print Production --SQ1, Portland, OR, pg. 1037

Kaufman, Jackie, Print Production --Rapp Dallas, Irving, TX, pg. 931

Klarstrom, Beckie, Print Production --THE DESIGNORY, Long Beach, CA, pg. 293

Lawless, Sharon, Print Production --SMITH & JONES, Troy, NY, pg. 1023

Lawrence, Dale, Print Production --Arc South Africa, Cape Town, South Africa, pg. 903

Lekhi, Ranjeet, Print Production --TBWA India, Mumbai, India, pg. 1090

Lidster-Burdett, Erika, Print Production --Heinrich Hawaii, Honolulu, HI, pg. 493

Lidster-Burdett, Erika, Print Production --HEINRICH MARKETING, Denver, CO, pg. 493

Loizeau, Jean-Didier, Print Production --M&C Saatchi, Paris, France, pg. 661

MacAdam, Chris, Print Production --BERNSTEIN-REIN ADVERTISING, INC., Kansas City, MO, pg. 125

Maloka, Monica, Print Production --FCB Johannesburg, Johannesburg, South Africa, pg. 375

Manke, Robert, Print Production --THE REGAN GROUP, Los Angeles, CA, pg. 945

Manna, Sarah, Print Production --DEUTSCH, INC., New York, NY, pg. 294

March, Lauren, Print Production --MCKINNEY, Durham, NC, pg. 719

Martin, Cesar, Print Production --REALITY2 LLC, Los Angeles, CA, pg. 936

Mastin, Nick, Print Production --ARMADA MEDICAL MARKETING, Arvada, CO, pg. 69

Petty, Carolyn, Print Production --MCKINNEY, Durham, NC, pg. 719

Pflederer, Erika, Print Production --mcgarrybowen, Chicago, IL, pg. 718

Podwysocki, Gawel, Print Production --J. Walter Thompson Poland, Warsaw, Poland, pg. 561

Principe-Aloi, Desiree, Print Production --eg+ Worldwide, Chicago, IL, pg. 1077

Ramirez, Cindy, Print Production --MARICICH BRAND COMMUNICATIONS, Irvine, CA, pg. 679

Riley, Joann, Print Production --ALIMED INC, Dedham, MA, pg. 1219

Ring-Janicki, Kristine, Print Production --MULLENLOWE GROUP, Boston, MA, pg. 770

Robbins, Robert, Print Production --PUBLICIS USA, New York, NY, pg. 912

Samet, Laura, Print Production --STAN ADLER ASSOCIATES, New York, NY, pg. 1042

Scheiner, Steve, Print Production --RITTA, Paramus, NJ, pg. 960

Shay, Jess, Print Production --ARGONAUT INC., San Francisco, CA, pg. 67

Simonian, Ian, Print Production --WESTON MASON MARKETING, Santa Monica, CA, pg. 1159

Stephens, Giannina, Print Production --Luckie & Co., Austin, TX, pg. 656

Swezey, Jessee, Print Production --Sandbox, Kansas City, MO, pg. 989

Torres, Vanessa, Print Production --GREY PUERTO RICO, San Juan, PR, pg. 448

Vinchiarello, Linda, Print Production --BLASS MARKETING, Old Chatham, NY, pg. 134

Wessner, Kevin J., Print Production --BELO + COMPANY, Dallas, TX, pg. 121

West, Cindy, Print Production --CATALYST, SCIENCE + SOUL, Rochester, NY, pg. 195

Wingbermuehle, Jeff, Print Production --ANSIRA, Saint Louis, MO, pg. 60

Wise, Freddie, Print Production --VML-New York, New York, NY, pg. 1144

Wood, John, Print Production --DDB Sydney Pty. Ltd., Ultimo, Australia, pg. 270

Zhang, Vic, Print Production --Wieden + Kennedy, Shanghai, China, pg. 1166

Public Relations

Abraham, Jules, Public Relations --CORE IR, Garden City, NY, pg. 231

Abrams, Debbie, Public Relations --THE BUZZ AGENCY, Delray Beach, FL, pg. 1460

Acree, Charissa, Public Relations --PRICEWEBER MARKETING COMMUNICATIONS, INC., Louisville, KY, pg. 889

Adler, Jennifer, Public Relations --THE JAMES AGENCY, Scottsdale, AZ, pg. 570

Alderman, Steve, Public Relations --GODWIN ADVERTISING AGENCY, INC., Jackson, MS, pg. 427

Alderman, Steve, Public Relations --GODWINGROUP, Gulfport, MS, pg. 427

Aldrich, Andrew, Public Relations --BONNIE HENESON COMMUNICATIONS, INC., Owings Mills, MD, pg. 146

Alexander, Mimi, Public Relations --MEMAC Ogilvy, Kuwait, Kuwait, pg. 830

Alomia, Danitra, Public Relations --REVERB COMMUNICATIONS INC., Twain Harte, CA, pg. 952

Altman, Lisa Mazer, Public Relations --JAFFE, Stephenville, TX, pg. 1545

Anderson, Alisa, Public Relations --PURE BRAND COMMUNICATIONS, LLC, Denver, CO, pg. 916

Anderson, Ian, Public Relations --BACKBONE MEDIA LLC, Carbondale, CO, pg. 1437

Anderson, Jill, Public Relations --SVM PUBLIC RELATIONS & MARKETING COMMUNICATIONS, Providence, RI, pg. 1064

Anderson, Michele, Public Relations --Ogilvy, Chicago, IL, pg. 1599

Anderson, Tracy, Public Relations --BURRELL, Chicago, IL, pg. 176

Angel, Bruria, Public Relations --TRANSMEDIA GROUP, Boca Raton, FL, pg. 1662

Anglin, Andrea, Public Relations --BASELINE CREATIVE, Wichita, KS, pg. 95

Annick, Mark, Public Relations --ANDROVETT LEGAL MEDIA AND MARKETING, Dallas, TX, pg. 1432

Antoszewski, Kuba, Public Relations --Millward Brown SMG/KRC, Warsaw, Poland, pg. 743

Appelryd, Maria, Public Relations --Prime Public Relations, Stockholm, Sweden, pg. 1678

Arcos, Carlos, Public Relations --JAFFE, Stephenville, TX, pg. 1545

Armano, Kara, Public Relations --BACKBONE MEDIA LLC, Carbondale, CO, pg. 1437

Armitage, Grace, Public Relations --Hills Balfour, London, United Kingdom, pg. 750

Armstrong, Claire Bloxom, Public Relations --PAVLOV, Fort Worth, TX, pg. 859

Armstrong, Julia R., Public Relations --PAGE COMMUNICATIONS, Kansas City, MO, pg. 1604

Arnold, Dana, Public Relations --HIEBING, Madison, WI, pg. 498

Arnold, Edwina, Public Relations --KUNDELL COMMUNICATIONS, New York, NY, pg. 1561

Atherton, Manty, Public Relations --Flamingo, London, United Kingdom, pg. 306

Atkins, Julia, Public Relations --Integrate Agency, Houston, TX, pg. 1682

Atwater, Enid, Public Relations --THE BUZZ AGENCY, Delray Beach, FL, pg. 1460

Aust, Amy, Public Relations --THE JAMES AGENCY, Scottsdale, AZ, pg. 570

Ayers, David, Public Relations --Z MARKETING PARTNERS, Indianapolis, IN, pg. 1209

Bach, Eric, Public Relations --A. BRIGHT IDEA, Bel Air, MD, pg. 1425

Baker, Julia, Public Relations --PHASE 3 MARKETING & COMMUNICATIONS, Atlanta, GA, pg. 867

Baker, Michele Moninger, Public Relations --CHERESKIN COMMUNICATIONS, Encinitas, CA, pg. 206

Baldwin, Kelly Wolf, Public Relations --NEFF + ASSOCIATES, INC., Philadelphia, PA, pg. 788

Ball, Kim, Public Relations --Ogilvy, Paris, France, pg. 814

Ban, Jean, Public Relations --COLMAN BROHAN DAVIS, Chicago, IL, pg. 220

Barnes, Marc, Public Relations --KINGS ENGLISH LLC, Greensboro, NC, pg. 596

Barr, Dane, Public Relations --Ogilvy Advertising, Kuala Lumpur, Malaysia, pg. 826

Barth, Kate, Public Relations --Carlton Fields Jorden Burt, Hartford, CT, pg. 1592

Bartoe, Desiree, Public Relations --GATESMAN, Pittsburgh, PA, pg. 412

Bassil, Beth, Public Relations --JENNIFER BETT COMMUNICATIONS, New York, NY, pg. 574

Bates, Chuck, Public Relations --DGS MARKETING ENGINEERS, Fishers, IN, pg. 297

Baugh, Colin, Public Relations --DRINKPR, San Francisco, CA, pg. 320

Beck, Katie, Public Relations --STYLE ADVERTISING, Birmingham, AL, pg. 1057

Beeler, Chuck, Public Relations --EMA Public Relations Services, Syracuse, NY, pg. 347

Beeler, Chuck, Public Relations --ERIC MOWER + ASSOCIATES, Syracuse, NY, pg. 346

Beesley, Claire, Public Relations --Wieden + Kennedy Amsterdam, Amsterdam, Netherlands, pg. 1164

Belfer, Ross, Public Relations --XHIBITION, New York, NY, pg. 1687

Bell, Gaelen, Public Relations --MSI, Chicago, IL, pg. 769

Belz, Kassi, Public Relations --DALTON AGENCY JACKSONVILLE, Jacksonville, FL, pg. 258

Bennett, Tim, Public Relations --MARCUS THOMAS LLC, Cleveland, OH, pg. 679

Bennett, Tricia, Public Relations --GROUNDFLOOR MEDIA, INC., Denver, CO, pg. 1525

Bergevin, Kristen, Public Relations --PHELPS, Playa Vista, CA, pg. 867

Berrien, Lacey, Public Relations --ALLEN & GERRITSEN, Boston, MA, pg. 45

Berry, Ralph, Public Relations --SULLIVAN BRANDING, Memphis, TN, pg. 1059

Berstler, Aaron, Public Relations --KOHNSTAMM COMMUNICATIONS, Saint Paul, MN, pg. 600

Beynon, Julie, Public Relations --KCD, INC., New York, NY, pg. 1552

Biedenharn, Tom, Public Relations --WILDERNESS AGENCY, Fairborn, OH, pg. 1167

Bieger, Mike, Public Relations --FOCUS MEDIA INC, Goshen, NY, pg. 1402

Biggerstaff, Katy, Public Relations --NEWGROUND PR & MARKETING, Marina Del Rey, CA, pg. 1594

Bins, Charles, Public Relations --HAP MARKETING SERVICES, INC., Eatontown, NJ, pg. 466

Bires, Matthew, Public Relations --KCD PUBLIC RELATIONS, San Diego, CA, pg. 1552

Birnbaum, Jeffrey, Public Relations --BGR GROUP, Washington, DC, pg. 1449

Bodi, Tamara, Public Relations --MCKIM, Winnipeg, Canada, pg. 719

Boedeker, Erin, Public Relations --OSBORN & BARR COMMUNICATIONS, Saint Louis, MO, pg. 844

Bogitsh, Florence Lousqui, Public Relations --NORTH 6TH AGENCY, INC., New York, NY, pg. 798

Borrego, Christina, Public Relations --RIESTER, Phoenix, AZ, pg. 958

Bostrom, Nancy, Public Relations --919 MARKETING COMPANY, Holly Springs, NC, pg. 13

Bouchard, Ryann, Public Relations --DIXON SCHWABL ADVERTISING, Victor, NY, pg. 309

Bowles, Ashley, Public Relations --SULLIVAN BRANDING, Memphis, TN, pg. 1059

Bradford, Vanessa, Public Relations --C3PR, Sunnyvale, CA, pg. 1461

Brannon, Matthew, Public Relations --SWBR, INC., Bethlehem, PA, pg. 1065

Bredberg, Maja, Public Relations --Forsman & Bodenfors, Stockholm, Sweden, pg. 722

Breindel, Mitchell, Public Relations --RELEVANCE INTERNATIONAL, New York, NY, pg. 1629

Breinig, Megan, Public Relations --DECIBEL BLUE, Scottsdale, AZ, pg. 285

Brennan, Astrid, Public Relations --FleishmanHillard Dublin, Dublin, Ireland, pg. 1510

Brennan, Maureen, Public Relations --MSI, Chicago, IL, pg. 769

Bridges, Kaitlyn, Public Relations --TOUCHPOINT COMMUNICATIONS, Charleston, SC, pg. 1111

Briggs, Katie, Public Relations --CROWLEY WEBB, Buffalo, NY, pg. 250

Briggs, Michael, Public Relations --OGILVY, New York, NY, pg. 1598

Brocker, Ginny, Public Relations --HIEBING, Madison, WI, pg. 498

Broderick, Amanda, Public Relations --HIEBING, Madison, WI, pg. 498

Brodsky, Alyson, Public Relations --MATRIX PARTNERS LTD., Chicago, IL, pg. 693

Broe, Nancy, Public Relations --THE MCDONNELL GROUP INC., Roswell, GA, pg. 1579

Brogan, Brooke, Public Relations --BrandLinkDC, Washington, DC,

1987

AGENCIES / RESPONSIBILITIES INDEX

pg. 1398
Brown, Emma, Public Relations --THE VARIABLE AGENCY, Winston Salem, NC, pg. 1131
Brown, Jason, Public Relations --THE COMMUNICATIONS GROUP, Little Rock, AR, pg. 223
Brown, Lauren, Public Relations --R+M, Cary, NC, pg. 927
Bucan, Christine, Public Relations --PANTIN/BEBER SILVERSTEIN PUBLIC RELATIONS, Miami, FL, pg. 1605
Bucchianeri, Julia, Public Relations --HB/Eric Mower + Associates, Newton, MA, pg. 348
Buccianti, Elizabeth, Public Relations --SIX DEGREES, Orlando, FL, pg. 1017
Buddingh, Rebecca, Public Relations --Allison & Partners, San Diego, CA, pg. 721
Buddingh, Rebecca, Public Relations --Allison & Partners, San Diego, CA, pg. 1431
Bui-McCoy, Jennie, Public Relations --ANDROVETT LEGAL MEDIA AND MARKETING, Dallas, TX, pg. 1432
Burdette, Lauren, Public Relations --BANDY CARROLL HELLIGE ADVERTISING, Louisville, KY, pg. 87
Burkhardt, Brent, Public Relations --TBC, INC./PR DIVISION, Baltimore, MD, pg. 1656
Burn, Jen, Public Relations --BACKBONE MEDIA LLC, Carbondale, CO, pg. 1437
Burns, Laura, Public Relations --BOARDROOM COMMUNICATIONS INC., Fort Lauderdale, FL, pg. 1453
Burns, Sam, Public Relations --BOELTER + LINCOLN MARKETING COMMUNICATIONS, Milwaukee, WI, pg. 144
Buss, Greg, Public Relations --GARD COMMUNICATIONS, Portland, OR, pg. 409
Cacaia, Maria, Public Relations --FCB Rio de Janeiro, Rio de Janeiro, Brazil, pg. 370
Cain, Rachel, Public Relations --BAILEY LAUERMAN, Omaha, NE, pg. 84
Calder, Glen, Public Relations --PINNACLE ADVERTISING & MARKETING GROUP, Boca Raton, FL, pg. 872
Caldwell, Halie, Public Relations --THE CIRLOT AGENCY, INC., Jackson, MS, pg. 209
Callaway, Caroline, Public Relations --BOLT ENTERPRISES, Dallas, TX, pg. 1454
Calvanese, Alessia, Public Relations --Hill & Knowlton Gaia, Rome, Italy, pg. 1533
Calvert, Paige, Public Relations --DDB VANCOUVER, Vancouver, Canada, pg. 267
Camacho, Carlos Enrique Vargas, Public Relations --ANDER&CO, Miami, FL, pg. 1432
Campagnoli, Julie, Public Relations --JAM COLLECTIVE, San Francisco, CA, pg. 1545
Candee, Paige, Public Relations --10E MEDIA, Las Vegas, NV, pg. 1
Caouette, Heather, Public Relations --AMENDOLA COMMUNICATIONS, Scottsdale, AZ, pg. 51
Capron, Marlene Cimicato, Public Relations --KARLA OTTO, New York, NY, pg. 1551
Capuzzi, Silvia, Public Relations --TBWA Roma, Rome, Italy, pg. 1083
Carfi, Alyssa, Public Relations --INTERBRAND, Cincinnati, OH, pg. 537
Cargal, Chuck, Public Relations --STYLE ADVERTISING, Birmingham, AL, pg. 1057
Carosello, Meg, Public Relations --CAPTIVA MARKETING, LLC., Saint Louis, MO, pg. 188
Casales, Nancy, Public Relations --THE SAN JOSE GROUP, Winnetka, IL, pg. 989
Cash, Jennifer, Public Relations --DRS & ASSOCIATES, Studio City, CA, pg. 322
Chamberlin, Mark, Public Relations --ARMSTRONG CHAMBERLIN, Haysville, KS, pg. 69
Chandler, Liz, Public Relations --LUQUIRE GEORGE ANDREWS, INC., Charlotte, NC, pg. 657
Chase, Bob, Public Relations --GELIA-MEDIA, INC., Williamsville, NY, pg. 414
Chen, Allison, Public Relations --ARCHER MALMO, Memphis, TN, pg. 65
Christie, Jaylen, Public Relations --MOXE, Winter Park, FL, pg. 765
Chu, Christina, Public Relations --HMH-Charlotte N.C., Charlotte, NC, pg. 504
Chuck, Catherine, Public Relations --THE ROSE GROUP, Culver City, CA, pg. 1634
Chuppe, Tania, Public Relations --FleishmanHillard Group Ltd., London, United Kingdom, pg. 1510
Church, Colleen, Public Relations --Osborn & Barr, Kansas City, MO, pg. 844

Ciccone, Elysse, Public Relations --SLICE COMMUNICATIONS, Philadelphia, PA, pg. 1646
Cicero, Aimee, Public Relations --BROWNSTEIN GROUP, Philadelphia, PA, pg. 168
Clarin, Jennifer, Public Relations --BOARDROOM COMMUNICATIONS INC., Fort Lauderdale, FL, pg. 1453
Clark, Kaitlyn, Public Relations --Orange Orchard, Maryville, TN, pg. 1632
Clarke, Fiona, Public Relations --Hills Balfour, London, United Kingdom, pg. 750
Clement, Amira, Public Relations --CINDY RICCIO COMMUNICATIONS, INC., New York, NY, pg. 1469
Clutterbuck, William, Public Relations --Maitland/AMO, London, United Kingdom, pg. 484
Cogswell, Mckinzie A., Public Relations --FAISS FOLEY WARREN, Las Vegas, NV, pg. 1502
Cohen, Linda Welter, Public Relations --THE CALIBER GROUP, Tucson, AZ, pg. 183
Colar, Laura, Public Relations --SCHAFER CONDON CARTER, Chicago, IL, pg. 995
Collons, Brenda, Public Relations --HYDROGEN ADVERTISING, Seattle, WA, pg. 515
Colna, Jill, Public Relations --SVM PUBLIC RELATIONS & MARKETING COMMUNICATIONS, Providence, RI, pg. 1064
Compton, Anna, Public Relations --OVATION PR & ADVERTISING, Washington, DC, pg. 847
Conklin, Lisa, Public Relations --REPLACEMENTS, LTD., McLeansville, NC, pg. 1225
Copp, Jackie, Public Relations --PITCH PUBLIC RELATIONS, Chandler, AZ, pg. 1610
Cordova, Christine, Public Relations --FOCUS MEDIA INC, Goshen, NY, pg. 1402
Cornelius, Terri, Public Relations --GRISKO, Chicago, IL, pg. 1525
Cortez - Fox, Jessica, Public Relations --FKQ ADVERTISING + MARKETING, Clearwater, FL, pg. 386
Costello, Jonina, Public Relations --FULL-THROTTLE COMMUNICATIONS INC., Moorpark, CA, pg. 402
Covelli, Scott, Public Relations --EPIC CREATIVE, West Bend, WI, pg. 343
Cox, Kimberly, Public Relations --GARFIELD GROUP, Philadelphia, PA, pg. 410
Coyne, Eileen, Public Relations --KIMBALL COMMUNICATIONS LLC, Blue Bell, PA, pg. 1558
Crabbe, Sarah, Public Relations --NO FIXED ADDRESS, INC., Toronto, Canada, pg. 795
Crozier, Jessica, Public Relations --INQUEST MARKETING, Kansas City, MO, pg. 534
Culver, David, Public Relations --BTC MARKETING, Wayne, PA, pg. 171
d'Amato, Federica, Public Relations --Hill & Knowlton Gaia, Rome, Italy, pg. 1533
Dalton, Ryanne, Public Relations --NOISY TRUMPET, San Antonio, TX, pg. 1277
Daniel, Sara B, Public Relations --E.W. BULLOCK ASSOCIATES, Pensacola, FL, pg. 354
Danley-Greiner, Kristin, Public Relations --ALBERS COMMUNICATIONS GROUP, Omaha, NE, pg. 1429
Daril, Ginger, Public Relations --THE SELLS AGENCY, INC., Little Rock, AR, pg. 1002
Darwall, Bjarne, Public Relations --Forsman & Bodenfors, Stockholm, Sweden, pg. 722
Davis, Lori, Public Relations --AMPERAGE, Cedar Falls, IA, pg. 53
Davison, Matt, Public Relations --MARTIN DAVISON PUBLIC RELATIONS, Buffalo, NY, pg. 1577
Day, Christin Crampton, Public Relations --BARNHART, Denver, CO, pg. 91
de La Rochebrochard, Valerie, Public Relations --DDB Communication France, Paris, France, pg. 273
DeCandia, Gina, Public Relations --SHARP COMMUNICATIONS, New York, NY, pg. 1006
Denham, Christine, Public Relations --MARTIN DAVISON PUBLIC RELATIONS, Buffalo, NY, pg. 1577
DeSmidt, Kristen, Public Relations --DAIGLE CREATIVE, Jacksonville, FL, pg. 257
DeStefano, Lisa, Public Relations --PAN COMMUNICATIONS, Boston, MA, pg. 1605
DeWeese, Amanda, Public Relations --CHERNOFF NEWMAN, Charlotte, NC, pg. 1467
Dey, Nikhil, Public Relations --Genesis Burson-Marsteller, Gurgaon, India, pg. 1446
DeYoung, Natalie, Public Relations --WINGARD CREATIVE, Jacksonville, FL, pg. 1170
Diaz, Sonia, Public Relations --BALSERA COMMUNICATIONS,

Coral Gables, FL, pg. 1438
Dickerman, Jamie, Public Relations --GRIFFIN & ASSOCIATES, Albuquerque, NM, pg. 449
Dietrich, Cobey, Public Relations --A. BRIGHT IDEA, Bel Air, MD, pg. 1425
Difasi, Nicole, Public Relations --PARASOL MARKETING, New York, NY, pg. 1413
DiGianfilippo, Melissa, Public Relations --SERENDIPIT, Phoenix, AZ, pg. 1003
Dillman, Susan, Public Relations --OCTANE VTM, Indianapolis, IN, pg. 808
Dillon, Sue, Public Relations --WOODRUFF, Columbia, MO, pg. 1175
DiNaro, Joy, Public Relations --AMENDOLA COMMUNICATIONS, Scottsdale, AZ, pg. 51
Dinino, Gregg, Public Relations --PARTNERS+NAPIER, Rochester, NY, pg. 855
DiVito, Elizabeth, Public Relations --THE CASTLE GROUP, Boston, MA, pg. 1464
Dixon, Louise, Public Relations --CHERNOFF NEWMAN, Charlotte, NC, pg. 1467
Doggwiler, Tanya Alexandra, Public Relations --ZENITH USA, New York, NY, pg. 1391
Dominguez, Janet, Public Relations --PACO COMMUNICATIONS, INC, Chicago, IL, pg. 849
Donovan, Belinda, Public Relations --ETHOS MARKETING & DESIGN, Westbrook, ME, pg. 351
Dowell, Cassandra, Public Relations --CMW MEDIA, San Diego, CA, pg. 1471
Dressler, Stephanie, Public Relations --DUKAS LINDEN PUBLIC RELATIONS, INC., New York, NY, pg. 1489
Duensing, Laura, Public Relations --SWANSON RUSSELL ASSOCIATES, Lincoln, NE, pg. 1064
Dunleavy, Lauren, Public Relations --ALTITUDE MARKETING, Emmaus, PA, pg. 50
Dunn, Dave, Public Relations --GLYNNDEVINS ADVERTISING & MARKETING, Kansas City, MO, pg. 424
Dunn, Jennifer, Public Relations --CONVERSA, Tampa, FL, pg. 1474
Dupont, Stephen, Public Relations --POCKET HERCULES, Minneapolis, MN, pg. 879
Durcan, Kelly, Public Relations --DEVITO/VERDI, New York, NY, pg. 296
Dwyer, Lorraine, Public Relations --Wilson Hartnell (WH), Dublin, Ireland, pg. 1600
Dye, Karen, Public Relations --DEMOSS, Atlanta, GA, pg. 1483
Eagle, Ron, Public Relations --R&R PARTNERS, Las Vegas, NV, pg. 924
Early, Bethany, Public Relations --JAFFE, Stephenville, TX, pg. 1545
Easley, Hema, Public Relations --FOCUS MEDIA INC, Goshen, NY, pg. 1402
Edelman, Ann, Public Relations --ZEHNDER COMMUNICATIONS, INC., New Orleans, LA, pg. 1210
Egan, Megan, Public Relations --AB+C, Philadelphia, PA, pg. 17
Elverman, Bill, Public Relations --PROM KROG ALTSTIEL INC., Mequon, WI, pg. 892
Emanuel, Laura, Public Relations --BROWNSTEIN GROUP, Philadelphia, PA, pg. 168
Engel, Courtney, Public Relations --GREY GROUP, New York, NY, pg. 438
Erb, Kevin, Public Relations --FERGUSON ADVERTISING INC., Fort Wayne, IN, pg. 378
Ertel, Whitney, Public Relations --BORSHOFF, Indianapolis, IN, pg. 148
Erwin, Tara, Public Relations --15 FINGERS, Buffalo, NY, pg. 2
Everett, Matthew, Public Relations --Orange Orchard, Maryville, TN, pg. 1632
Faulkner, Ivette Marques, Public Relations --THE ZIMMERMAN AGENCY LLC, Tallahassee, FL, pg. 1213
Fennell, Jim, Public Relations --EISENBERG, VITAL & RYZE ADVERTISING, Manchester, NH, pg. 334
Ferrer, Stephanie, Public Relations --THE KNIGHT AGENCY, Scottsdale, AZ, pg. 599
Ferris, Jennifer, Public Relations --GELIA-MEDIA, INC., Williamsville, NY, pg. 414
Fershtadt, Elisa, Public Relations --MARDIKS PUBLIC RELATIONS, Brooklyn, NY, pg. 1575
Fier, Amanda, Public Relations --Hiebing-Austin, Austin, TX, pg. 499
Filomena, Anthony, Public Relations --HILL+KNOWLTON STRATEGIES, New York, NY, pg. 1530
Fisher, Hallie, Public Relations --THE ADCOM GROUP, Cleveland, OH, pg. 28

RESPONSIBILITIES INDEX — AGENCIES

Fisher, Jody, Public Relations --AUSTIN & WILLIAMS, Hauppauge, NY, pg. 78

Fitzpatrick, Madelyn, Public Relations --HYLINK DIGITAL SOLUTIONS, Santa Monica, CA, pg. 1261

Flannery, Clare, Public Relations --MDB COMMUNICATIONS, INC., Washington, DC, pg. 720

Fleming, Olga, Public Relations --BCW (BURSON COHN & WOLFE), New York, NY, pg. 1439

Ford, Joanna, Public Relations --AB+C, Philadelphia, PA, pg. 17

Forkner, Allen, Public Relations --SWANSON RUSSELL ASSOCIATES, Lincoln, NE, pg. 1064

Forte, Danielle, Public Relations --4M COMMUNICATION, Feasterville Trevose, PA, pg. 1423

Franco, Clara, Public Relations --HAMILTON INK, Mill Valley, CA, pg. 1526

Franklin, Kate, Public Relations --COAST PUBLIC RELATIONS, Irvine, CA, pg. 1471

Freeman, Julie, Public Relations --MMGY Global, New York, NY, pg. 751

Freeman, Julie, Public Relations --NANCY J. FRIEDMAN PUBLIC RELATIONS, INC., New York, NY, pg. 784

Freer, Ashley, Public Relations --THE BALCOM AGENCY, Fort Worth, TX, pg. 85

Fulks, Kerri, Public Relations --HCK2 PARTNERS, Addison, TX, pg. 490

Funk, Kirsten Ebert, Public Relations --STYLE ADVERTISING, Birmingham, AL, pg. 1057

Furey, Shannon, Public Relations --M STUDIO, Asbury Park, NJ, pg. 665

Gallagher, Katie, Public Relations --LAVOIEHEALTHSCIENCE, Boston, MA, pg. 1564

Gallagher, Scott, Public Relations --GARD COMMUNICATIONS, Portland, OR, pg. 409

Gallitelli, Ashley, Public Relations --BUFFALO.AGENCY, Reston, VA, pg. 1459

Garcia, Allison, Public Relations --DESIGN AT WORK, Houston, TX, pg. 293

Garcia, Suzy, Public Relations --SCATENA DANIELS COMMUNICATIONS, INC., San Diego, CA, pg. 994

Gauss, Dan, Public Relations --KOROBERI, Durham, NC, pg. 1267

Gaydosh, Kevin, Public Relations --O'BRIEN ET AL. ADVERTISING, Virginia Beach, VA, pg. 805

Genauer, Jeanine, Public Relations --THE JPR GROUP LLC, Montclair, NJ, pg. 1550

Gibaldi, Gabriel, Public Relations --DISNEY'S YELLOW SHOES CREATIVE GROUP/WALT DISNEY PARKS & RESORTS, Lake Buena Vista, FL, pg. 1221

Gilbertson, Krista, Public Relations --THE FERRARO GROUP, Las Vegas, NV, pg. 1504

Gillespie, Andrea, Public Relations --LOSASSO INTEGRATED MARKETING, Chicago, IL, pg. 652

Gillespie, Jennifer, Public Relations --DIAMOND PUBLIC RELATIONS, Miami, FL, pg. 1484

Gilman, Jessica, Public Relations --VREELAND MARKETING & DESIGN, Yarmouth, ME, pg. 1146

Glynn, John, Public Relations --THE JAMES AGENCY, Scottsdale, AZ, pg. 570

Godfrey, Megan, Public Relations --KEMPERLESNIK, Northbrook, IL, pg. 1554

Goldstein-Macadar, Victoria, Public Relations --RESEARCH DEVELOPMENT & PROMOTIONS, Coral Gables, FL, pg. 948

Gomes, Anita, Public Relations --HAVAS FORMULA, El Segundo, CA, pg. 1527

Goodling, Sarah L, Public Relations --CROSBY MARKETING COMMUNICATIONS, Annapolis, MD, pg. 249

Goodman, Lindsey Scott, Public Relations --SHEPHERD, Jacksonville, FL, pg. 1007

Gorbunoff, Noelle Nocera, Public Relations --JENNIFER BETT COMMUNICATIONS, New York, NY, pg. 574

Gordon, Lisa, Public Relations --HJMT COMMUNICATIONS, LLC, Long Beach, NY, pg. 503

Gordon-Bay, Alisa, Public Relations --WINGER MARKETING, Chicago, IL, pg. 1170

Gove, Kevin, Public Relations --RINCK ADVERTISING, Auburn, ME, pg. 1632

Graby, Hope, Public Relations --SCHEFFEY INC, Lancaster, PA, pg. 995

Gracia, Higinio Martinez, Public Relations --OMNICOM GROUP INC., New York, NY, pg. 836

Graham, Steven, Public Relations --GODFREY ADVERTISING, Lancaster, PA, pg. 426

Grayum, Julie Jameson, Public Relations --LOPEZ NEGRETE COMMUNICATIONS, INC., Houston, TX, pg. 651

Grayum, Julie Jameson, Public Relations --Lopez Negrete Communications West, Inc., Burbank, CA, pg. 652

Green, Ben, Public Relations --GLYNNDEVINS ADVERTISING & MARKETING, Kansas City, MO, pg. 424

Greenlaw, Katie, Public Relations --RINCK ADVERTISING, Auburn, ME, pg. 1632

Greenstein, Cara, Public Relations --DOUG CARPENTER + ASSOCIATES, Memphis, TN, pg. 318

Greenwald, Katie, Public Relations --HITCHCOCK FLEMING & ASSOCIATES, INC., Akron, OH, pg. 502

Greenwood, Rhonda, Public Relations --LOVE COMMUNICATIONS, Salt Lake City, UT, pg. 653

Greever, Amanda, Public Relations --Orange Orchard, Maryville, TN, pg. 1632

Griffin, Sean, Public Relations --LOSASSO INTEGRATED MARKETING, Chicago, IL, pg. 652

Gruber, Lisa, Public Relations --Jack Morton Worldwide, New York, NY, pg. 569

Guenther, A. J., Public Relations --CONNELLYWORKS, INC., Arlington, VA, pg. 1474

Guertin, Britney, Public Relations --GRAPEVINE COMMUNICATIONS INC, Sarasota, FL, pg. 432

Guisti, Dianna, Public Relations --1-800-PUBLIC RELATIONS INC., New York, NY, pg. 1421

Gunn, Paul, Public Relations --Colenso BBDO, Auckland, New Zealand, pg. 114

Gurney, Dallas, Public Relations --PHD New Zealand, Auckland, New Zealand, pg. 1363

Gutierrez, David E., Public Relations --DRESNER CORPORATE SERVICES, Chicago, IL, pg. 1488

Hagen, Chris, Public Relations --FLINT COMMUNICATIONS, Fargo, ND, pg. 388

Hager, Laura, Public Relations --PLANIT, Baltimore, MD, pg. 877

Hall, Jamie, Public Relations --PASCALE COMMUNICATIONS LLC, Fairfield, CT, pg. 1606

Hallowell, Lori, Public Relations --Bader Rutter & Associates, Inc., Lincoln, NE, pg. 83

Hamlin, Julie, Public Relations --BURKHOLDER/FLINT, Columbus, OH, pg. 175

Hanley, Laurie, Public Relations --AHA CREATIVE STRATEGIES INC., Gibsons, Canada, pg. 1428

Hansen, Amy, Public Relations --SEROKA, Waukesha, WI, pg. 1003

Harkin, Nick, Public Relations --CAROL FOX AND ASSOCIATES, Chicago, IL, pg. 190

Harling, Jonathan, Public Relations --GRAY LOON MARKETING GROUP, INC., Evansville, IN, pg. 433

Harmon, Mark, Public Relations --MELT, Atlanta, GA, pg. 730

Harris, Cassandra, Public Relations --THE IMAGINATION GROUP, London, United Kingdom, pg. 525

Harris, Liz, Public Relations --MODERN BRAND COMPANY, Birmingham, AL, pg. 753

Hart, Becci, Public Relations --INTERMARK GROUP, INC., Birmingham, AL, pg. 539

Hartline, Jana, Public Relations --SAATCHI & SAATCHI, New York, NY, pg. 975

Hassett, Shawna, Public Relations --DUFFY & SHANLEY, INC., Providence, RI, pg. 324

Hatch, Gardner, Public Relations --Woodruff, Red Wing, MN, pg. 1176

Hatcher, Jessica, Public Relations --NATIONAL HOT ROD ASSOCIATION, Glendora, CA, pg. 1224

Hathaway, Kimberly, Public Relations --SPRITZ LLC, San Francisco, CA, pg. 1650

Haugen, Zoe, Public Relations --BOARDROOM COMMUNICATIONS INC., Fort Lauderdale, FL, pg. 1453

Hawley, Laureston, Public Relations --WRAY WARD MARKETING COMMUNICATIONS, Charlotte, NC, pg. 1187

Haye, Caroline, Public Relations --PHASE 3 MARKETING & COMMUNICATIONS, Atlanta, GA, pg. 867

Haynes, Allen, Public Relations --DUFFEY COMMUNICATIONS, INC., Atlanta, GA, pg. 1489

Hayward, Bill, Public Relations --MARKETING WORKS, INC., Worthington, OH, pg. 684

Heins, James, Public Relations --Integrated Corporate Relations - New York, New York, NY, pg. 1543

Heisler, Lance, Public Relations --COATES KOKES, Portland, OR, pg. 216

Hendrix-Inman, Jesse, Public Relations --ESTES PUBLIC RELATIONS, Louisville, KY, pg. 1501

Hennessy, Madeleine, Public Relations --PACIFIC, San Diego, CA, pg. 1279

Herrera, Xiomara, Public Relations --Ogilvy El Salvador, San Salvador, El Salvador, pg. 820

Hickman, Jay, Public Relations --MMI AGENCY, Houston, TX, pg. 751

Hilt, Debbie, Public Relations --EG INTEGRATED, Omaha, NE, pg. 332

Hinton, Tory, Public Relations --MAIZE MARKETING INC., Los Angeles, CA, pg. 672

Hitchner, Kenneth, Public Relations --CREATIVE MARKETING ALLIANCE INC., Princeton Junction, NJ, pg. 243

Hixon, Patti, Public Relations --BUIE & CO, Austin, TX, pg. 1460

Hodson, Jocelyn, Public Relations --TRICOMB2B, Dayton, OH, pg. 1117

Holbe-Finkelnburg, Miriam, Public Relations --Hill+Knowlton Strategies, Frankfurt, Germany, pg. 1533

Holka, Jordyn, Public Relations --CROWLEY WEBB, Buffalo, NY, pg. 250

Holscher, Dave, Public Relations --KANATSIZ COMMUNICATIONS INC, San Clemente, CA, pg. 1551

Holschuh, Andrea, Public Relations --BVK, Milwaukee, WI, pg. 178

Holtzman, Stephanie Kantor, Public Relations --JAFFE, Stephenville, TX, pg. 1545

Hood, Vivian, Public Relations --JAFFE, Stephenville, TX, pg. 1545

House, Kerryn, Public Relations --BAERING, Raleigh, NC, pg. 1437

Howard, Jenny, Public Relations --BANDY CARROLL HELLIGE ADVERTISING, Louisville, KY, pg. 87

Hsiang, Wei, Public Relations --Ogilvy Taiwan, Taipei, Taiwan, pg. 1601

Hsu, Heidi, Public Relations --ES ADVERTISING, Los Angeles, CA, pg. 348

Huber, Kendall, Public Relations --Golin, Dallas, TX, pg. 1521

Hudson, Candice, Public Relations --COLMAN BROHAN DAVIS, Chicago, IL, pg. 220

Hunt, Liz, Public Relations --Leo Burnett Sydney, Sydney, Australia, pg. 628

Hurley-Schubert, Victoria, Public Relations --CREATIVE MARKETING ALLIANCE INC., Princeton Junction, NJ, pg. 243

Hussain, Harry, Public Relations --Weber Shandwick, Edinburgh, United Kingdom, pg. 1679

Hutchinson, Elliot, Public Relations --ZEHNDER COMMUNICATIONS, INC., New Orleans, LA, pg. 1210

Hyde, Kelsey, Public Relations --BOND MOROCH, New Orleans, LA, pg. 1454

Jackson, Jamie R., Public Relations --TWO RIVERS MARKETING, Des Moines, IA, pg. 1124

Jackson, Justin W., Public Relations --BURNS MCCLELLAN, INC., New York, NY, pg. 175

Jackson, Matthew, Public Relations --Lambert Edwards & Associates, Lansing, MI, pg. 1563

Jacobs, Audra, Public Relations --CAPTURE MARKETING, Pewaukee, WI, pg. 1462

Jaworowska, Natalia, Public Relations --Grey Group Poland, Warsaw, Poland, pg. 441

Jefferies, Brenna, Public Relations --PAVLOV, Fort Worth, TX, pg. 859

Jenkins, Annabel, Public Relations --Hills Balfour, London, United Kingdom, pg. 750

Jenkins, Karen, Public Relations --CREATIVE ENERGY GROUP INC, Johnson City, TN, pg. 241

Johansson, Susanne, Public Relations --DDB Denmark, Copenhagen, Denmark, pg. 272

Johansson, Susanne, Public Relations --DDB Stockholm, Stockholm, Sweden, pg. 280

Johnson, Amelie, Public Relations --GEORGE COHEN COMMUNICATIONS, West Roxbury, MA, pg. 1517

Jones, Ashley, Public Relations --BRUNNER, Pittsburgh, PA, pg. 169

Jones, Carrie, Public Relations --MEADSDURKET, San Diego, CA, pg. 724

Jones, Felicity, Public Relations --Golin, London, United Kingdom, pg. 1521

Jones, Simon, Public Relations --BLANC & OTUS PUBLIC RELATIONS, San Francisco, CA, pg. 1451

Joyce, Kara, Public Relations --CROSBY MARKETING COMMUNICATIONS, Annapolis, MD, pg. 249

Kalmanovitz, Andrea, Public Relations --DECIBEL BLUE, Scottsdale, AZ, pg. 285

Kalupski, Kristen, Public Relations --iCrossing Scottsdale, Scottsdale, AZ, pg. 1263

Kam, Nathan, Public Relations --ANTHOLOGY MARKETING GROUP, INC., Honolulu, HI, pg. 1433

Kandel, Marissa, Public Relations --Ketchum, Atlanta, GA, pg. 1556

1989

AGENCIES — RESPONSIBILITIES INDEX

Kaplan, Jill, Public Relations --LATIN2LATIN MARKETING + COMMUNICATIONS LLC, Fort Lauderdale, FL, pg. 612
Karp, Shae Sneed, Public Relations --Golin, New York, NY, pg. 1521
Katz, Nancy, Public Relations --PURDUE MARION & ASSOCIATES, Las Vegas, NV, pg. 1621
Keating, Jacki, Public Relations --SPARK STRATEGIC IDEAS, Charlotte, NC, pg. 1031
Kelley, Brian, Public Relations --SAGE COMMUNICATIONS, McLean, VA, pg. 986
Kennedy, Brendan, Public Relations --Eric Mower + Associates, Albany, NY, pg. 347
Kernan, Colleen, Public Relations --PINCKNEY HUGO GROUP, Syracuse, NY, pg. 871
Kerr, Amy, Public Relations --MP&A DIGITAL & ADVERTISING, Williamsburg, VA, pg. 766
Kilcup, Patty, Public Relations --QUISENBERRY, SPOkane Vly, WA, pg. 924
Killen, Janet, Public Relations --ADVENTIVE MARKETING, INC., Chicago, IL, pg. 35
King, Katie, Public Relations --E.W. BULLOCK ASSOCIATES, Pensacola, FL, pg. 354
King, Kristina, Public Relations --HUGE LLC, Brooklyn, NY, pg. 512
King, Patrick, Public Relations --BACKBONE MEDIA LLC, Carbondale, CO, pg. 1437
Kirk, Steve, Public Relations --The Brooklyn Brothers, London, United Kingdom, pg. 167
Knaack, Mike, Public Relations --TAIGMARKS INC., Elkhart, IN, pg. 1071
Knight, Erica, Public Relations --THE KNIGHT AGENCY, Scottsdale, AZ, pg. 599
Knox, Lauren, Public Relations --Ketchum, Atlanta, GA, pg. 1556
Knutson, Malory, Public Relations --ZION & ZION, Tempe, AZ, pg. 1213
Koehl, Anna Corin, Public Relations --BEUERMAN MILLER FITZGERALD, INC., New Orleans, LA, pg. 125
Koeppel, Katie, Public Relations --BOTTOM LINE MARKETING & PUBLIC RELATIONS, Milwaukee, WI, pg. 1454
Kolodkin, Leonid, Public Relations --SPN Ogilvy Communications Agency, Moscow, Russia, pg. 816
Kolozsvary, Kailey, Public Relations --MARTIN DAVISON PUBLIC RELATIONS, Buffalo, NY, pg. 1577
Kopjak, Kevin, Public Relations --CHARLES ZUKOW ASSOCIATES LLC, San Francisco, CA, pg. 1466
Kriz, Nancy, Public Relations --FOCUS MEDIA INC, Goshen, NY, pg. 1402
Kroeker, Holli, Public Relations --SCORR MARKETING, Kearney, NE, pg. 1642
Krol, Stephanie, Public Relations --MATRIX PARTNERS LTD., Chicago, IL, pg. 693
Kronick, Scott, Public Relations --Ogilvy Advertising Beijing, Beijing, China, pg. 822
Kruger, Carol, Public Relations --THE WENDT AGENCY, Great Falls, MT, pg. 1159
Krumina, Ance, Public Relations --DDB Latvia, Riga, Latvia, pg. 276
Kuckuck, Minda, Public Relations --TWO RIVERS MARKETING, Des Moines, IA, pg. 1124
Kukla, Molly, Public Relations --B/W/R, Beverly Hills, CA, pg. 1440
Kuper, Carly, Public Relations --CMI MEDIA, LLC, King of Prussia, PA, pg. 215
LaBar, David, Public Relations --ACCENTURE INTERACTIVE, New York, NY, pg. 1232
Labuzinski, Randy, Public Relations --JAFFE, Stephenville, TX, pg. 1545
Lammert, Greg, Public Relations --RHEA + KAISER, Naperville, IL, pg. 954
Lamonica, Karen, Public Relations --78Madison, Altamonte Springs, FL, pg. 12
Larsen, Andy, Public Relations --BOELTER + LINCOLN MARKETING COMMUNICATIONS, Milwaukee, WI, pg. 144
Lattari, Ellen, Public Relations --AUSTIN & WILLIAMS, Hauppauge, NY, pg. 78
Lazzara, Marie, Public Relations --JJR MARKETING, INC, Naperville, IL, pg. 1548
Leeper, Emily, Public Relations --BAILEY LAUERMAN, Omaha, NE, pg. 84
Lehman, Sarah, Public Relations --PAGE COMMUNICATIONS, Kansas City, MO, pg. 1604
Levy, Martine, Public Relations --DDB Canada, Toronto, Canada, pg. 267
Liening, Clare, Public Relations --Lambert Edwards & Associates, Lansing, MI, pg. 1563

Lightell, Karen, Public Relations --RED HOUSE COMMUNICATIONS, Pittsburgh, PA, pg. 1627
Lim, Katy, Public Relations --CHANGE COMMUNICATIONS, San Francisco, CA, pg. 1466
Linnemann, Ellen, Public Relations --SMARTMARKETING COMMUNICATIONS, Albuquerque, NM, pg. 1647
Lischwe, Krystle, Public Relations --MULLENLOWE GROUP, Boston, MA, pg. 770
Lizun, Mike, Public Relations --GREGORY FCA, Ardmore, PA, pg. 1524
Lloyd, Cathy, Public Relations --THE MEDIA MATTERS INC, Lexington, NC, pg. 726
Logan, Kari, Public Relations --CEL PUBLIC RELATIONS INC, MinneaPOlis, MN, pg. 1465
Long, Sarah, Public Relations --The Brighter Group, London, United Kingdom, pg. 381
Longmire, Ahlilah, Public Relations --CANOPY BRAND GROUP, New York, NY, pg. 187
LoParco, Melissa, Public Relations --CATALYST MARKETING COMMUNICATIONS INC., Stamford, CT, pg. 195
Lopez, Danixa, Public Relations --SANTA CRUZ COMMUNICATIONS INC., Pasadena, CA, pg. 1640
Loredo, Anthony, Public Relations --CENTRO LLC, Chicago, IL, pg. 1245
Lovell, Larry, Public Relations --PETER MAYER ADVERTISING, INC., New Orleans, LA, pg. 866
Lucero-Conklin, Natasha, Public Relations --BACKBONE MEDIA LLC, Carbondale, CO, pg. 1437
Lynn, Laura, Public Relations --AGENCY 451, Boston, MA, pg. 1427
Maccia, Veronica, Public Relations --BCW (BURSON COHN & WOLFE), New York, NY, pg. 1439
MacGuire, Morgan, Public Relations --VLADIMIR JONES, Colorado Springs, CO, pg. 1142
Mackowiak, John, Public Relations --MARTIN DAVISON PUBLIC RELATIONS, Buffalo, NY, pg. 1577
Maddox, Angie, Public Relations --SEED FACTORY MARKETING, Atlanta, GA, pg. 1000
Maggiacomo, Annette, Public Relations --DUFFY & SHANLEY, INC., Providence, RI, pg. 324
Maier, Amy Spanbauer, Public Relations --FAISS FOLEY WARREN, Las Vegas, NV, pg. 1502
Manning, Jessica, Public Relations --LOVE ADVERTISING INC., Houston, TX, pg. 652
Marchitto, Kristina, Public Relations --KONICA MINOLTA BUSINESS SOLUTIONS, Ramsey, NJ, pg. 1223
Marlowe, Brook, Public Relations --BLAST! PR, Santa Barbara, CA, pg. 1451
Marple, Sandy, Public Relations --NEIMAN MARCUS ADVERTISING, Dallas, TX, pg. 1224
Martin, Chris, Public Relations --Orange Orchard, Maryville, TN, pg. 1632
Martin, Lisa M, Public Relations --GRADY BRITTON, Portland, OR, pg. 430
Martinez, Jacqueline, Public Relations --OFF MADISON AVE, Phoenix, AZ, pg. 809
Masi, Lindsay, Public Relations --BOUVIER KELLY INC., Greensboro, NC, pg. 149
Masseur, Michael, Public Relations --RDW GROUP INC., Providence, RI, pg. 935
Massey, Beth, Public Relations --BETH DICKSTEIN ENTERPRISES, New York, NY, pg. 1449
Mather, Kedesh, Public Relations --MWW UK, London, United Kingdom, pg. 1592
Mathews, Kate, Public Relations --Stickyeyes, Leeds, United Kingdom, pg. 548
Matters, Brittany, Public Relations --SFW AGENCY, Winston Salem, NC, pg. 1004
Mayer, Benita, Public Relations --Kinetic, Dusseldorf, Germany, pg. 1338
Maynes, Leslie, Public Relations --TWO RIVERS MARKETING, Des Moines, IA, pg. 1124
Mazur, Kellie, Public Relations --GELIA-MEDIA, INC., Williamsville, NY, pg. 414
McCauley, Danika, Public Relations --PREFERRED PUBLIC RELATIONS & MARKETING, Las Vegas, NV, pg. 1618
McCleskey, Erin, Public Relations --R&R Partners, El Segundo, CA, pg. 925
McCloy, Diana Brown, Public Relations --TEAK MEDIA & COMMUNICATION, Boston, MA, pg. 1657
McClung, Debbie, Public Relations --TWO RIVERS MARKETING, Des Moines, IA, pg. 1124
McCormick, Michelle, Public Relations --JAFFE, Stephenville, TX, pg. 1545

McCoy, Gary, Public Relations --THE MARX GROUP, San Rafael, CA, pg. 689
McDaniel, Katie, Public Relations --WISER STRATEGIES, Lexington, KY, pg. 1685
McDonnell, Whitney Kellogg, Public Relations --THE MCDONNELL GROUP INC., Roswell, GA, pg. 1579
McFall, Carole, Public Relations --THE CASTLE GROUP, Boston, MA, pg. 1464
McGee, Trish, Public Relations --BOHAN, Nashville, TN, pg. 144
Mcgovern, Chelsea, Public Relations --Acne Advertising, Stockholm, Sweden, pg. 1249
McGovern, Madigan, Public Relations --KCD, INC., New York, NY, pg. 1552
McGowan, Ali, Public Relations --(ADD)VENTURES, Providence, RI, pg. 29
McGuire, Kyle, Public Relations --AMF MEDIA GROUP, San Ramon, CA, pg. 53
McKinley, Heidi, Public Relations --THE POINT GROUP, Dallas, TX, pg. 880
McLain, Heather, Public Relations --ON IDEAS, INC., Jacksonville, FL, pg. 838
McLean, David, Public Relations --KINGS ENGLISH LLC, Greensboro, NC, pg. 596
McMurry, Chris, Public Relations --MGH, INC., Owings Mills, MD, pg. 736
McMurry, Graham, Public Relations --FORTE PR, Las Vegas, NV, pg. 1512
Meckler, Paige, Public Relations --CROWLEY WEBB, Buffalo, NY, pg. 250
Meier, Emily, Public Relations --MGH, INC., Owings Mills, MD, pg. 736
Meilhac, Pierre-Hubert, Public Relations --Ogilvy, Paris, France, pg. 814
Melingagio, John, Public Relations --BOZELL, Omaha, NE, pg. 150
Mellon, Anita, Public Relations --IDEA HALL, Costa Mesa, CA, pg. 520
Merrill, Caitlin, Public Relations --ED LEWI AND ASSOCIATES, Albany, NY, pg. 1490
Messner, Kristina, Public Relations --FOCUSED IMAGE, Falls Church, VA, pg. 391
Metzger, Chelsea, Public Relations --MARTINO FLYNN LLC, Pittsford, NY, pg. 689
Miller, Casey, Public Relations --LOOKTHINKMAKE, LLC, Austin, TX, pg. 651
Miller, Todd, Public Relations --LEVY INDUSTRIAL, Pittsburgh, PA, pg. 635
Miura, Takahiro, Public Relations --TBWA/Hakuhodo, Tokyo, Japan, pg. 1090
Moc, Martin, Public Relations --Weber Shandwick, Prague, Czech Republic, pg. 1677
Molina, Amanda, Public Relations --KONNECT PUBLIC RELATIONS, Los Angeles, CA, pg. 1560
Molise, Michelle, Public Relations --MOLISE PR, Chicago, IL, pg. 1585
Monagle, Laura, Public Relations --AFFIRM, Pewaukee, WI, pg. 37
Moore, Dana, Public Relations --VECTOR MEDIA GROUP, New York, NY, pg. 1299
Moore, Kieran M., Public Relations --WPP AUNZ, Saint Leonards, Australia, pg. 1182
Morales, Michiko Murakami, Public Relations --GABRIEL MARKETING GROUP, McLean, VA, pg. 408
Moran, Ashley, Public Relations --WRAY WARD MARKETING COMMUNICATIONS, Charlotte, NC, pg. 1187
Morgan, Janelle, Public Relations --AMELIE COMPANY, Denver, CO, pg. 51
Mose, John, Public Relations --Cramer-Krasselt, Milwaukee, WI, pg. 237
Moseley, Emily, Public Relations --CRAWFORD STRATEGY, Greenville, SC, pg. 239
Moter, Polly, Public Relations --PRO COMMUNICATIONS, Louisville, KY, pg. 1619
Mousseau, Bethany, Public Relations --MOMENTUM MEDIA PR, Boulder, CO, pg. 1585
Moutran, Sami, Public Relations --Memac Ogilvy, Dubai, United Arab Emirates, pg. 1602
Mueller, Amanda, Public Relations --CASHMAN & KATZ INTEGRATED COMMUNICATIONS, Glastonbury, CT, pg. 193
Muldoon, Molly, Public Relations --Siegel+Gale, Los Angeles, CA, pg. 1011
Munz, Michael, Public Relations --DALTON AGENCY JACKSONVILLE, Jacksonville, FL, pg. 258
Muraki, Michiru, Public Relations --DENTSU INC., Tokyo, Japan,

RESPONSIBILITIES INDEX — AGENCIES

pg. 289
Murphy, Julie, Public Relations --SAGE COMMUNICATIONS, McLean, VA, pg. 986
Murphy, Martha, Public Relations --REUBEN RINK, Winston Salem, NC, pg. 952
Murray, Kevin, Public Relations --Chime Communications Plc, London, United Kingdom, pg. 1185
Murtagh, Melissa, Public Relations --AGENCY 451, Boston, MA, pg. 1427
Musinski, Bob, Public Relations --COLMAN BROHAN DAVIS, Chicago, IL, pg. 220
Naidl, Kristine Lueneburg, Public Relations -- LAUGHLIN/CONSTABLE, INC., Milwaukee, WI, pg. 613
Nank, Andrea, Public Relations --PHIRE GROUP, Ann Arbor, MI, pg. 869
Naranjo, Paulina, Public Relations --ROCKORANGE, Miami, FL, pg. 1633
Neace, Amanda, Public Relations --THE RICHARDS GROUP, INC., Dallas, TX, pg. 956
Nelson, Laura, Public Relations --SVM PUBLIC RELATIONS & MARKETING COMMUNICATIONS, Providence, RI, pg. 1064
Nero, John, Public Relations --TIZIANI & WHITMYRE, INC., Sharon, MA, pg. 1105
Nestor, Mendy, Public Relations --INFINITY CONCEPTS, Export, PA, pg. 531
Nickrent, Michelle, Public Relations --RHEA + KAISER, Naperville, IL, pg. 954
Northrup, Rebecca, Public Relations --AD WORKSHOP, Lake Placid, NY, pg. 24
Norton, Shaun, Public Relations --SANDBOX STRATEGIES, New York, NY, pg. 1640
Nowacki, Sebastian, Public Relations --Forsman & Bodenfors, Stockholm, Sweden, pg. 722
Nugent, Patricia, Public Relations --M&G/ERIC MOWER + ASSOCIATES, New York, NY, pg. 1572
Nunnemacher, Amy, Public Relations --NELSON SCHMIDT, Milwaukee, WI, pg. 788
Nuzzo, Danielle, Public Relations --I.D.E.A., San Diego, CA, pg. 519
O'brien, Kathy, Public Relations --JAFFE, Stephenville, TX, pg. 1545
O'Brien, Kelley, Public Relations --THE VARIABLE AGENCY, Winston Salem, NC, pg. 1131
O'Hara, Rosie, Public Relations --MILLER BROOKS, Zionsville, IN, pg. 742
O'Regan, Leanne Jakubowski, Public Relations --DISNEY'S YELLOW SHOES CREATIVE GROUP/WALT DISNEY PARKS & RESORTS, Lake Buena Vista, FL, pg. 1221
Oborne, Nick, Public Relations --Weber Shandwick Financial, London, United Kingdom, pg. 1679
Ochsner, Bob, Public Relations --AMUSEMENT PARK, Santa Ana, CA, pg. 54
Offermann, Adrianne, Public Relations --VOX SOLID COMMUNICATIONS, Las Vegas, NV, pg. 1668
Oldroyd, Chelsea, Public Relations --RELIC ADVERTISING, Provo, UT, pg. 945
Olenik, Jessica, Public Relations --NEFF + ASSOCIATES, INC., Philadelphia, PA, pg. 788
Oliva, Abby, Public Relations --REVERB COMMUNICATIONS INC., Twain Harte, CA, pg. 952
Ongpin, Ana Ysabel, Public Relations --Campaigns & Grey, Makati, Philippines, pg. 447
Orr, John, Public Relations --AB+C, Wilmington, DE, pg. 16
Otero, Antonio, Public Relations --FCB Spain, Madrid, Spain, pg. 368
Otway, Heidi, Public Relations --SALTERMITCHELL INC., Tallahassee, FL, pg. 1639
Pace, Kimberly, Public Relations --THE COMPANY, Houston, TX, pg. 224
Pachuta, Ryan, Public Relations --JENNIFER BETT COMMUNICATIONS, New York, NY, pg. 574
Pageau, Nanette, Public Relations --KANEEN ADVERTISING & PR, Tucson, AZ, pg. 587
Palmer, Shannon, Public Relations --FKQ ADVERTISING + MARKETING, Clearwater, FL, pg. 386
Paitzer, Kristin, Public Relations --CELTIC, INC., Milwaukee, WI, pg. 199
Pannell, Audrey, Public Relations --STYLE ADVERTISING, Birmingham, AL, pg. 1057
Paquin, Megan, Public Relations --&BARR, Orlando, FL, pg. 55
Paradis, Eric, Public Relations --GAGE, Minneapolis, MN, pg. 1403
Parham, Edward S.G., Public Relations --RUECKERT ADVERTISING, Albany, NY, pg. 972

Park, Bo, Public Relations --ICR, Norwalk, CT, pg. 1539
Park, Bo, Public Relations --Integrated Corporate Relations - New York, New York, NY, pg. 1543
Parnell, Tom, Public Relations --RACEPOINT GLOBAL, Boston, MA, pg. 1623
Parr, Kimberly, Public Relations --LATORRA, PAUL & MCCANN, Syracuse, NY, pg. 613
Parrotta, Julie, Public Relations --SPARK STRATEGIC IDEAS, Charlotte, NC, pg. 1031
Parruccini, Federica, Public Relations --KARLA OTTO, New York, NY, pg. 1551
Parry, Matt, Public Relations --EMA Public Relations Services, Syracuse, NY, pg. 347
Parry, Matt, Public Relations --ERIC MOWER + ASSOCIATES, Syracuse, NY, pg. 346
Pasquinucci, Rob, Public Relations --INTRINZIC MARKETING + DESIGN INC., Newport, KY, pg. 545
Patel, Nisha, Public Relations --CRAWFORD STRATEGY, Greenville, SC, pg. 239
Paulino, Elizabeth, Public Relations --OGILVY COMMONHEALTH WORLDWIDE, Parsippany, NJ, pg. 832
Peck, Jon, Public Relations --SACHS MEDIA GROUP, Tallahassee, FL, pg. 986
Per-Lee, Claire, Public Relations --STYLE ADVERTISING, Birmingham, AL, pg. 1057
Perkins, Kathryn, Public Relations --PROSPER FOR PURPOSE, Cleveland, OH, pg. 1620
Perry, Keller, Public Relations --THE JAMES AGENCY, Scottsdale, AZ, pg. 570
Peterson, Lindsay, Public Relations --Golin, Los Angeles, CA, pg. 1520
Pettey, Danny, Public Relations --SASQUATCH, Portland, OR, pg. 992
Pierce, Patrick, Public Relations --OSTER & ASSOCIATES, INC., San Diego, CA, pg. 845
Pins, Brianne, Public Relations --CASHMERE AGENCY, Los Angeles, CA, pg. 193
Plumbe, Emma, Public Relations --Proximity Worldwide & London, London, United Kingdom, pg. 111
Poe, Laura, Public Relations --UPROAR PR, Orlando, FL, pg. 1665
Politi, Jason, Public Relations --BAKER PUBLIC RELATIONS, Albany, NY, pg. 1438
Pollard, Janice, Public Relations --HELLOWORLD, A MERKLE COMPANY, Southfield, MI, pg. 495
Polowczuk, Susan, Public Relations --Zehnder Communications, Baton Rouge, LA, pg. 1211
Ponto, Rob, Public Relations --COMCAST SPOTLIGHT, Fort Wayne, IN, pg. 221
Praschak, Kurt, Public Relations --SCG ADVERTISING & PUBLIC RELATIONS, Haddonfield, NJ, pg. 994
Predescu, Andreea, Public Relations --McCann Erickson Romania, Bucharest, Romania, pg. 708
Presley, Gina, Public Relations --BRIGHTON AGENCY, INC., Saint Louis, MO, pg. 164
Puglisi-Barley, Joanna, Public Relations --THE SIMON GROUP, INC., Sellersville, PA, pg. 1014
Purdum, Ashley, Public Relations --NIGHT AFTER NIGHT, New York, NY, pg. 794
Quezada, Lily, Public Relations --GARRITY GROUP PUBLIC RELATIONS LLC, Albuquerque, NM, pg. 1516
Quinn, Kristen, Public Relations --PAIGE PR, Houston, TX, pg. 1604
Quintana, Marlaina, Public Relations --Cramer-Krasselt, Milwaukee, WI, pg. 237
Quintana, Natalia, Public Relations --Edelman, Buenos Aires, Argentina, pg. 1496
Quintero, Cortney, Public Relations --RED ENERGY PUBLIC RELATIONS, Colorado Springs, CO, pg. 1627
Quintero, Danielle, Public Relations --SHARP COMMUNICATIONS, New York, NY, pg. 1006
Qureshi, Huma, Public Relations --Grey Group Asia Pacific, Singapore, Singapore, pg. 445
Qureshi, Huma, Public Relations --Grey Group Malaysia, Kuala Lumpur, Malaysia, pg. 447
Qureshi, Huma, Public Relations --GREYnj United, Bangkok, Thailand, pg. 448
Raab, Henry, Public Relations --SWBR, INC., Bethlehem, PA, pg. 1065
Ragland, Lee, Public Relations --GODWIN ADVERTISING AGENCY, INC., Jackson, MS, pg. 427
Ragland, Lee, Public Relations --GODWINGROUP, Gulfport, MS, pg. 427
Ramirez, Rena, Public Relations --DRINKPR, San Francisco, CA,

pg. 320
Rea, Alycia, Public Relations --THE ZIMMERMAN AGENCY LLC, Tallahassee, FL, pg. 1213
Red, Meredith, Public Relations --CASEY & SAYRE, Los Angeles, CA, pg. 1463
Reed, Laura, Public Relations --CORKTREE CREATIVE, Edwardsville, IL, pg. 1476
Reed, Sheila, Public Relations --BRANDING IRON MARKETING, Johnson City, TN, pg. 157
Reenders, Rachel, Public Relations --KANATSIZ COMMUNICATIONS INC, San Clemente, CA, pg. 1551
Reeves, Heather, Public Relations --KANATSIZ COMMUNICATIONS INC, San Clemente, CA, pg. 1551
Reichman, Sandra, Public Relations --BOARDROOM COMMUNICATIONS INC., Fort Lauderdale, FL, pg. 1453
Reierson, Jennifer, Public Relations --Flint Interactive, Duluth, MN, pg. 388
Reynolds, Mary, Public Relations --PHASE 3 MARKETING & COMMUNICATIONS, Atlanta, GA, pg. 867
Ribeiro, Ingrid, Public Relations --Ogilvy, Caracas, Venezuela, pg. 821
Rickus, Melanie, Public Relations --4M COMMUNICATION, Feasterville Trevose, PA, pg. 1423
Risatti, Heather, Public Relations --GYRO DENVER, Denver, CO, pg. 459
Rivera, Ana, Public Relations --EAG GROUP, Miami, FL, pg. 328
Roberts, Alexis, Public Relations --BLAST! PR, Santa Barbara, CA, pg. 1451
Roberts, Katie, Public Relations --LOVE ADVERTISING INC., Houston, TX, pg. 652
Roberts, Wendy, Public Relations --ORCA COMMUNICATIONS UNLIMITED, LLC., Tempe, AZ, pg. 1603
Robertson, Anne, Public Relations --THE LAVIDGE COMPANY, Phoenix, AZ, pg. 616
Robinson, Jane, Public Relations --ADFARM, Calgary, Canada, pg. 29
Robinson, Paige, Public Relations --SCHAFER CONDON CARTER, Chicago, IL, pg. 995
Rogsten, Channa, Public Relations --ANR BBDO, Stockholm, Sweden, pg. 109
Rohn, Amy, Public Relations --LINDSAY, STONE & BRIGGS, INC., Madison, WI, pg. 641
Roig, Giselle-Marie, Public Relations --BrandLinkDC, Washington, DC, pg. 1398
Rose, Alison, Public Relations --48 WEST AGENCY LLC, Phoenix, AZ, pg. 1423
Rose, Cybil, Public Relations --KEMPERLESNIK, Northbrook, IL, pg. 1554
Rosell, Andria, Public Relations --JACOBSON ROST, Milwaukee, WI, pg. 570
Rosen, Shari, Public Relations --BROWNSTEIN GROUP, Philadelphia, PA, pg. 168
Rosenberg, Heidi, Public Relations --BRANDHIVE, Salt Lake City, UT, pg. 156
Rothschild, Roberta Chopp, Public Relations --KUNDELL COMMUNICATIONS, New York, NY, pg. 1561
Rotondo, Olivia M., Public Relations --Tipping Point Communications Inc., Rochester, NY, pg. 1105
Rubin, Joseph, Public Relations --MWWPR, Washington, DC, pg. 1591
Rueckert, Dean, Public Relations --RUECKERT ADVERTISING, Albany, NY, pg. 972
Rule, Courtney, Public Relations --Leo Burnett Sydney, Sydney, Australia, pg. 628
Russo, Joseph, Public Relations --OMNICOM GROUP INC., New York, NY, pg. 836
Ryder, Nanci, Public Relations --B/W/R, New York, NY, pg. 1440
Sadler, Brenna Kriviskey, Public Relations -- LAUGHLIN/CONSTABLE, INC., Milwaukee, WI, pg. 613
Salguero, Leslie, Public Relations --FORTE PR, Las Vegas, NV, pg. 1512
Sailander, Louise, Public Relations --TBWA Stockholm, Stockholm, Sweden, pg. 1085
Salman, Tamara, Public Relations --BPG LLC, Dubai, United Arab Emirates, pg. 832
Samadani, Erica, Public Relations --TBWA Los Angeles, Los Angeles, CA, pg. 1078
Sampson, Andrea, Public Relations --SULLIVAN & ASSOCIATES, Huntington Beach, CA, pg. 1654
Sanchez, Christina, Public Relations --THE SIMON GROUP, INC., Sellersville, PA, pg. 1014
Sanchez, Raquel, Public Relations --THE FERRARO GROUP, Las Vegas, NV, pg. 1504
Sancton, Lauren, Public Relations --MMI AGENCY, Houston, TX,

AGENCIES — RESPONSIBILITIES INDEX

pg. 751

Santiago, Kelley, Public Relations --GOODMAN PUBLIC RELATIONS, Fort Lauderdale, FL, pg. 1523

Santilli, Tracey, Public Relations --TIERNEY COMMUNICATIONS, Philadelphia, PA, pg. 1103

Schieve, Mary, Public Relations --Flint Interactive, Duluth, MN, pg. 388

Schlein, Garrett, Public Relations --GREATER THAN ONE, New York, NY, pg. 434

Scholz, Teri, Public Relations --ZION & ZION, Tempe, AZ, pg. 1213

Schroeder, Kiersten, Public Relations --BROADHEAD, Minneapolis, MN, pg. 165

Schupack, Andrew, Public Relations --KERMISH-GEYLIN PUBLIC RELATIONS, Harrington Park, NJ, pg. 1554

Schwartz, Alison, Public Relations --CKC AGENCY, Farmington Hills, MI, pg. 1470

Schweiger, Wendi, Public Relations --FELDSCHER HORWITZ PUBLIC RELATIONS, Marlton, NJ, pg. 1504

Scott, Amy, Public Relations --Hills Balfour, London, United Kingdom, pg. 750

Scott, Jesse, Public Relations --THE FIRM PUBLIC RELATIONS & MARKETING, Las Vegas, NV, pg. 1505

Seita, Jennifer, Public Relations --JEFFREY SCOTT AGENCY, Fresno, CA, pg. 574

Self, Josie, Public Relations --Hills Balfour, London, United Kingdom, pg. 750

Shadowens, Ashley, Public Relations --FIREHOUSE, INC., Dallas, TX, pg. 1402

Shah, Rachna, Public Relations --KCD, INC., New York, NY, pg. 1552

Shaw, Justin, Public Relations --DIXON SCHWABL ADVERTISING, Victor, NY, pg. 309

Shaw, Yvonne, Public Relations --DEVRIES GLOBAL, New York, NY, pg. 1484

Sheatsley, Kelli, Public Relations --ALTITUDE MARKETING, Emmaus, PA, pg. 50

Shelton, Jackie, Public Relations --ESTIPONA GROUP, Reno, NV, pg. 350

Sheridan, Kim, Public Relations --OKEEFFE, Cincinnati, OH, pg. 1602

Sheriff, Katie, Public Relations --I.D.E.A., San Diego, CA, pg. 519

Shields, Cameron, Public Relations --Fleishman-Hillard Inc., Charlotte, NC, pg. 1507

Simpson, Rebecca, Public Relations --SapientRazorfish Hong Kong, Quarry Bay, China (Hong Kong), pg. 1288

Simrell, Andrea, Public Relations --VANTAGEPOINT, INC, Greenville, SC, pg. 1131

Singleton, Ben, Public Relations --BIOTICA LLC, Cincinnati, OH, pg. 131

Siomporas, Karin Jorgensen, Public Relations --CROSBY MARKETING COMMUNICATIONS, Annapolis, MD, pg. 249

Skelding, Amy, Public Relations --The Brighter Group, London, United Kingdom, pg. 381

Slattery, Kerianne, Public Relations --OGILVY COMMONHEALTH INSIGHTS & ANALYTICS, Parsippany, NJ, pg. 831

Slavich, Tambry Reed, Public Relations --Zehnder Communications, Baton Rouge, LA, pg. 1211

Slavich, Tambry Reed, Public Relations --ZEHNDER COMMUNICATIONS, INC., New Orleans, LA, pg. 1210

Smalheiser, Lawrence, Public Relations --SPARK PUBLIC RELATIONS, San Francisco, CA, pg. 1648

Smith, Dusty, Public Relations --COMMONWEALTH CONSULTANTS, Tysons Corner, VA, pg. 1472

Smith, Heather, Public Relations --AGENCY 451, Boston, MA, pg. 1427

Smith, Lauren, Public Relations --HIEBING, Madison, WI, pg. 498

Smith, Lindsey, Public Relations --PINCKNEY HUGO GROUP, Syracuse, NY, pg. 871

Smith, Shasta, Public Relations --BLANC & OTUS PUBLIC RELATIONS, San Francisco, CA, pg. 1451

Soetjoko, Rizka Amalia, Public Relations --Ogilvy (Amsterdam) B.V., Amsterdam, Netherlands, pg. 816

Sosa, Luis D., Public Relations --MERLOT MARKETING, Sacramento, CA, pg. 734

Spalding, Coleen, Public Relations --THRIVE PR, Fort Worth, TX, pg. 1660

Springer, Katy, Public Relations --AKER INK, LLC, Scottsdale, AZ, pg. 1429

Staedler, Steve, Public Relations --LEPOIDEVIN MARKETING, Brookfield, WI, pg. 632

Stanley, Alyson, Public Relations --CLEAN DESIGN, INC., Raleigh, NC, pg. 212

Stapleton, Jay, Public Relations --QUINN & HARY MARKETING, New London, CT, pg. 924

Sterling, Mimi Crume, Public Relations --NEIMAN MARCUS ADVERTISING, Dallas, TX, pg. 1224

Sternal, John, Public Relations --MERIT MILE COMMUNICATIONS, Boca Raton, FL, pg. 732

Stoecker, Danielle, Public Relations --TRANSMEDIA GROUP, Boca Raton, FL, pg. 1662

Stone, Thacher, Public Relations --BACKBONE MEDIA LLC, Carbondale, CO, pg. 1437

Stopnick, Cheryl, Public Relations --SACHS MEDIA GROUP, Tallahassee, FL, pg. 986

Storey, Crystal, Public Relations --QUEST GROUP, Starkville, MS, pg. 922

Storrs, Claire, Public Relations --PEOPLE MAKING GOOD, Burlington, VT, pg. 1607

Strickford, Dan, Public Relations --CLEAN DESIGN, INC., Raleigh, NC, pg. 212

Summers, Jocelyn, Public Relations --OKEEFFE, Cincinnati, OH, pg. 1602

Sweet, Dan, Public Relations --RP3 AGENCY, Bethesda, MD, pg. 970

Szabo, Randi, Public Relations --BANIK COMMUNICATIONS, Great Falls, MT, pg. 87

Szpekowski, Pat, Public Relations --PMS ADVERTISING, INC., Elgin, IL, pg. 879

Takeyama, Jordan, Public Relations --EXPERIAN MARKETING SERVICES, Costa Mesa, CA, pg. 356

Talbot, Kate, Public Relations --IGNITION INTERACTIVE, Los Angeles, CA, pg. 523

Talenfeld, Julie Silver, Public Relations --BOARDROOM COMMUNICATIONS INC., Fort Lauderdale, FL, pg. 1453

Tanahara, Kris, Public Relations --MVNP, Honolulu, HI, pg. 780

Tashjian, Jon, Public Relations --19 IDEAS INC., Buffalo, NY, pg. 1421

Taylor, Mike, Public Relations --HIGHWIRE PUBLIC RELATIONS, San Francisco, CA, pg. 1530

Taylor, Paris, Public Relations --BURRELL, Chicago, IL, pg. 176

Tekippe, Abe, Public Relations --TAYLOR JOHNSON, Niles, IL, pg. 1656

Templin, Todd, Public Relations --BOARDROOM COMMUNICATIONS INC., Fort Lauderdale, FL, pg. 1453

Teston, Alessandra, Public Relations --Ogilvy, Brussels, Belgium, pg. 1599

Teuwen, Stephanie, Public Relations --TEUWEN COMMUNICATIONS, New York, NY, pg. 1657

Tharp, Janis, Public Relations --Pure Brand Communications, Cheyenne, WY, pg. 917

Thomas, Courtney, Public Relations --BROWNSTEIN GROUP, Philadelphia, PA, pg. 168

Thomas, Jenna, Public Relations --NEBO AGENCY LLC, Atlanta, GA, pg. 787

Thompson, Andrew, Public Relations --GARD COMMUNICATIONS, Portland, OR, pg. 409

Thorp, Susan Adler, Public Relations --TACTICAL MAGIC, Memphis, TN, pg. 1070

Tomkins, Amanda, Public Relations --BACKBONE MEDIA LLC, Carbondale, CO, pg. 1437

Tomlinson, Brenda, Public Relations --MCDANIELS MARKETING COMMUNICATIONS, Pekin, IL, pg. 715

Tonissoo, Natacha, Public Relations --JG BLACK BOOK OF TRAVEL, New York, NY, pg. 1548

Trainor, Mike, Public Relations --S&A COMMUNICATIONS, Cary, NC, pg. 974

Trinick, Ros, Public Relations --M&C SAATCHI PLC, London, United Kingdom, pg. 658

Trogdon, Emily, Public Relations --THE BRANDON AGENCY, Myrtle Beach, SC, pg. 158

Trosper, Elizabeth, Public Relations --TROSPER COMMUNICATIONS LLC, Henderson, NV, pg. 1663

Truong, Duyen, Public Relations --SAGE COMMUNICATIONS, McLean, VA, pg. 986

Tuller, Denyce, Public Relations --B&P ADVERTISING, Las Vegas, NV, pg. 81

Turner, Steve, Public Relations --SOLOMON TURNER PUBLIC RELATIONS, Chesterfield, MO, pg. 1648

Turon, Marek, Public Relations --Ogilvy, Brno, Czech Republic, pg. 813

Tuttle, Shelby, Public Relations --ANDERSON ADVERTISING & PUBLIC RELATIONS, Scottsdale, AZ, pg. 56

Udziela, Kara, Public Relations --VIBRANCE PR, Aliso Viejo, CA, pg. 1667

Ulch, Jancy, Public Relations --KPS3 MARKETING, Reno, NV, pg. 602

Uribe, Viviana, Public Relations --CHARLES ZUKOW ASSOCIATES LLC, San Francisco, CA, pg. 1466

Urrutia, Dana, Public Relations --TILLMAN, ALLEN, GREER, Buford, GA, pg. 1104

Uttaranakorn, Pattira, Public Relations --J. Walter Thompson Thailand, Bangkok, Thailand, pg. 559

Valeta, Danilo, Public Relations --Burson-Marsteller, Ltda., Sao Paulo, Brazil, pg. 1444

van Bergen, Karen, Public Relations --OMNICOM GROUP INC., New York, NY, pg. 836

Van Brocklin, Sue, Public Relations --COATES KOKES, Portland, OR, pg. 216

Van Lijsebeth, Kenn, Public Relations --DDB Group Belgium, Brussels, Belgium, pg. 271

Van Nest, Christopher, Public Relations --NRPR GROUP, Beverly Hills, CA, pg. 1597

Van Zile-Buchwalter, Aimee, Public Relations --CONNELLY PARTNERS, Boston, MA, pg. 227

Vass, Kathy, Public Relations --JACKSON MARKETING GROUP, Greenville, SC, pg. 569

Verdeyen, Isabelle, Public Relations --TBWA Brussels, Brussels, Belgium, pg. 1080

Viser, Pat, Public Relations --WILLIAMS CREATIVE GROUP, Shreveport, LA, pg. 1169

Vosper, Lauren, Public Relations --TBWA Auckland, Auckland, New Zealand, pg. 1091

Wachenheim, Sheri, Public Relations --MINT ADVERTISING, Clinton, NJ, pg. 746

Wagner, Chelsea, Public Relations --PARTNERS+NAPIER, Rochester, NY, pg. 855

Wagner, Kristel, Public Relations --RINCK ADVERTISING, Auburn, ME, pg. 1632

Walker, Rachel, Public Relations --Hills Balfour, London, United Kingdom, pg. 750

Wallace, Brooks B., Public Relations --HOLLYWOOD AGENCY, Plymouth, MA, pg. 1536

Walthall, Corey, Public Relations --CLYNE MEDIA INC., Nashville, TN, pg. 215

Walthour, Ginny, Public Relations --BURDETTE KETCHUM, Jacksonville, FL, pg. 173

Wardale, Rosie, Public Relations --3 Monkeys/Zeno, London, United Kingdom, pg. 1689

Warren, Sarah, Public Relations --DIXON SCHWABL ADVERTISING, Victor, NY, pg. 309

Wasko, Eva Marie, Public Relations --Allen & Gerritsen, Philadelphia, PA, pg. 46

Waters, Terri, Public Relations --STUDIO D MARKETING COMMUNICATIONS, Saint Louis, MO, pg. 1056

Watson, Kerry Anne, Public Relations --THE ZIMMERMAN AGENCY LLC, Tallahassee, FL, pg. 1213

Watts, Jillian, Public Relations --AGENCY 451, Boston, MA, pg. 1427

Weaver, Kareth, Public Relations --Hill+Knowlton Strategies B.V., Amsterdam, Netherlands, pg. 1533

Webb, Jess, Public Relations --Ogilvy Cape Town, Cape Town, South Africa, pg. 829

Weitlauf, Lauren, Public Relations --BANDY CARROLL HELLIGE ADVERTISING, Louisville, KY, pg. 87

Welfeld, Ilya, Public Relations --SEYMOUR PR, Hackensack, NJ, pg. 1643

West, Angel, Public Relations --MAHOGANY BLUE PR, Fairfax, VA, pg. 1574

White, Mara, Public Relations --FLYNN WRIGHT, Des Moines, IA, pg. 390

White, Shannon, Public Relations --BOLT ENTERPRISES, Dallas, TX, pg. 1454

White, Shannon, Public Relations --BOLT PUBLIC RELATIONS, Irvine, CA, pg. 1454

Whittle, Jennifer, Public Relations --THE LAVIDGE COMPANY, Phoenix, AZ, pg. 616

Wilburn, Jamie, Public Relations --LHWH ADVERTISING & PUBLIC RELATIONS, Myrtle Beach, SC, pg. 639

Wilkes, Nancy, Public Relations --PLATYPUS ADVERTISING + DESIGN, Pewaukee, WI, pg. 877

Williams, Simone, Public Relations --Flamingo, London, United Kingdom, pg. 306

Williamson, Amber, Public Relations --VOX PUBLIC RELATIONS, Walterville, OR, pg. 1668

Willinger, Matthew, Public Relations --BISIG IMPACT GROUP, Louisville, KY, pg. 132

Wilson, Beth, Public Relations --INFERNO, Memphis, TN, pg. 530

Wilson, Chelsea, Public Relations --GLYNNDEVINS ADVERTISING & MARKETING, Kansas City, MO, pg. 424

Windheim, Justin, Public Relations --AB+C, Philadelphia, PA, pg. 17

RESPONSIBILITIES INDEX — AGENCIES

Winokur, Larry, Public Relations --B/W/R, Beverly Hills, CA, pg. 1440
Wolff, Bob, Public Relations --THE DRUCKER GROUP, Des Plaines, IL, pg. 322
Wong, Anita, Public Relations --STRATEGICAMPERSAND INC., Toronto, Canada, pg. 1053
Wood, Aaron, Public Relations --CMW MEDIA, San Diego, CA, pg. 1471
Wood, Shelby, Public Relations --COATES KOKES, Portland, OR, pg. 216
Woolford, Michelle, Public Relations --160OVER90, Philadelphia, PA, pg. 2
Woolston, Tim, Public Relations --NORTHWEST STRATEGIES, Anchorage, AK, pg. 1596
Wostrel, Kellie, Public Relations --Swanson Russell Associates, Omaha, NE, pg. 1065
Wright, James, Public Relations --HAVAS PR, New York, NY, pg. 1528
Wright, James, Public Relations --Havas Worldwide Australia, North Sydney, Australia, pg. 485
Wright, Maureen, Public Relations --LMA, Toronto, Canada, pg. 648
Wright, Susan, Public Relations --STEPHENS & ASSOCIATES ADVERTISING, INC., Overland Park, KS, pg. 1047
Xhixha, Alba, Public Relations --MEMAC Ogilvy, Kuwait, Kuwait, pg. 830
Yabu, Chrisie, Public Relations --KPS3 MARKETING, Reno, NV, pg. 602
Yakumo, Edward, Public Relations --Hill + Knowlton Strategies, Tokyo, Japan, pg. 1534
Yannello, Sue, Public Relations --919 MARKETING COMPANY, Holly Springs, NC, pg. 13
Yax, Justin, Public Relations --DVA ADVERTISING, Bend, OR, pg. 326
Young, Kelly, Public Relations --CALDWELL VANRIPER, Indianapolis, IN, pg. 182
Zamorano, Gabriela, Public Relations --VSBROOKS, Coral Gables, FL, pg. 1147
Zimmerman, Jami, Public Relations --CHAMPION MANAGEMENT, Addison, TX, pg. 1466
Zinn, Lauren, Public Relations --MullenLowe, New York, NY, pg. 772
Ziskin, Diana, Public Relations --Rubenstein Public Relations, New York, NY, pg. 1636

Traffic

Adamson, Maggie, Traffic --THE CREATIVE DEPARTMENT, Cincinnati, OH, pg. 241
Anita, Elizabeth, Traffic --Leo Burnett Malaysia, Kuala Lumpur, Malaysia, pg. 631
Barto, Pat, Traffic --LOVE & COMPANY, INC., Frederick, MD, pg. 653
Basker, Jane, Traffic --PATHFINDERS ADVERTISING & MARKETING GROUP, Mishawaka, IN, pg. 857
Blizard, Megan, Traffic --FKQ ADVERTISING + MARKETING, Clearwater, FL, pg. 386
Brezinski, Catherine, Traffic --RINCK ADVERTISING, Auburn, ME, pg. 1632
Brock, Nancy, Traffic --TRUE MEDIA, Columbia, MO, pg. 1376
Brumbeloe, Stephanie, Traffic --BRUM ADVERTISING, Birmingham, AL, pg. 169
Burnell, Joan, Traffic --GRAPEVINE COMMUNICATIONS INC, Sarasota, FL, pg. 432
Campbell, Gina, Traffic --KOCH COMMUNICATIONS, Oklahoma City, OK, pg. 1559
Castle, Dave, Traffic --ADBAY, Casper, WY, pg. 27
Chandler, Hannah, Traffic --SCOPPECHIO, Louisville, KY, pg. 997
Clarke, Clancey, Traffic --THE BARBER SHOP MARKETING, Addison, TX, pg. 88
Cox, Kara, Traffic --TRICOMB2B, Dayton, OH, pg. 1117
Czorny, Michael, Traffic --JKR ADVERTISING & MARKETING, Maitland, FL, pg. 576
Dallicardillo, Steve, Traffic --PROGRESSIVE MARKETING DYNAMICS, LLC, Boonton, NJ, pg. 891
Dorisme, Sabine, Traffic --MERKLEY+PARTNERS, New York, NY, pg. 733
Dugan, Anne, Traffic --INFERNO, Memphis, TN, pg. 530
Dynes, Brooke, Traffic --MESH DESIGN, Baton Rouge, LA, pg. 734
Egonu, Uchechi, Traffic --140 BBDO, Cape Town, South Africa, pg. 108
Gabbard, Mary, Traffic --LABOV ADVERTISING, MARKETING AND TRAINING, Fort Wayne, IN, pg. 606
Gheorghe, Monica, Traffic --Geometry Global, Bucharest, Romania, pg. 441
Goldring, Gaynor, Traffic --Leo Burnett, Ltd., London, United Kingdom, pg. 624
Greenidge, Julien, Traffic --Lonsdale Saatchi & Saatchi, Port of Spain, Trinidad & Tobago, pg. 982
Hawkins, Don, Traffic --GODWINGROUP, Gulfport, MS, pg. 427
Herawati, Nethie, Traffic --Publicis Indonesia, Jakarta, Indonesia, pg. 910
Herbots, Laurie, Traffic --TBWA Brussels, Brussels, Belgium, pg. 1080
Hernandez, Maria, Traffic --WIEDEN + KENNEDY, INC., Portland, OR, pg. 1163
Hodgson, Denise, Traffic --CONSORTIUM MEDIA SERVICES, Ventura, CA, pg. 228
Holanova, Milada, Traffic --Ogilvy, Prague, Czech Republic, pg. 813
Hultgren, Sheila, Traffic --TUNGSTEN CREATIVE GROUP, Erie, PA, pg. 1121
Hunter, Stefan, Traffic --REPUBLICA HAVAS, Miami, FL, pg. 947
Hursey, Juanita, Traffic --SIMONS MICHELSON ZIEVE, INC., Troy, MI, pg. 1015
Janjic, Anthony, Traffic --Havas Worldwide Australia, North Sydney, Australia, pg. 485
Jones-Lopez, Kiki, Traffic --ESPARZA ADVERTISING, Albuquerque, NM, pg. 349
Jundi, Udai Al, Traffic --J. Walter Thompson, Damascus, Syria, pg. 563
Kager, Karen, Traffic --BHW1 ADVERTISING, Spokane, WA, pg. 127
Keino, Atsuko, Traffic --Ogilvy Japan K.K., Tokyo, Japan, pg. 825
Kij, Joanne M., Traffic --HAROLD WARNER ADVERTISING, INC., Buffalo, NY, pg. 468
King, Alana, Traffic --MULTI-NET MARKETING, INC., Colorado Spgs, CO, pg. 1353
King, Melissa, Traffic --EMC OUTDOOR, Newtown Square, PA, pg. 1320
Kovarovicova, Katerina, Traffic --Saatchi & Saatchi, Prague, Czech Republic, pg. 977
Leone, Tony, Traffic --DSC (DILEONARDO SIANO CASERTA) ADVERTISING, Philadelphia, PA, pg. 323
Loser, Helga, Traffic --Ogilvy Johannesburg (Pty.) Ltd., Johannesburg, South Africa, pg. 829
Martin, Lorna, Traffic --PHOENIX GROUP, Regina, Canada, pg. 869
Mashatole, Refilwe, Traffic --Ogilvy Johannesburg (Pty.) Ltd., Johannesburg, South Africa, pg. 829
Matuskova, Petra, Traffic --Ogilvy, Prague, Czech Republic, pg. 813
Metzger, Nancy, Traffic --GUD MARKETING, Lansing, MI, pg. 455
Mondschein, Tomas, Traffic --DDB Prague, Prague, Czech Republic, pg. 272
Naksakul, Warangkana, Traffic --GREYnj United, Bangkok, Thailand, pg. 448
Neubert, Danielle, Traffic --ALLEBACH COMMUNICATIONS, Souderton, PA, pg. 45
Ngcwama, Sinovuyo, Traffic --Ogilvy Cape Town, Cape Town, South Africa, pg. 829
Osinska, Aleksandra, Traffic --Initiative Universal Warsaw, Warsaw, Poland, pg. 1333
Osterlund-Martin, Dawn, Traffic --HIGH TIDE CREATIVE, New Bern, NC, pg. 499
Pazik, Karen, Traffic --PROGRESSIVE MARKETING DYNAMICS, LLC, Boonton, NJ, pg. 891
Perkins, Matt, Traffic --STRATEGIC MEDIA INC, Portland, ME, pg. 1053
Pernice, Anthony, Traffic --HEALTH SCIENCE COMMUNICATIONS, New York, NY, pg. 491
Pickert, Melissa, Traffic --NOVUS MEDIA INC, Plymouth, MN, pg. 1354
Poole, Kerstin, Traffic --MULTI-NET MARKETING, INC., Colorado Spgs, CO, pg. 1353
Ramirez, Mary, Traffic --FOODMIX MARKETING COMMUNICATIONS, Elmhurst, IL, pg. 391
Randolph, Kaitlin, Traffic --NEBO AGENCY LLC, Atlanta, GA, pg. 787
Reisdorf, Lauren, Traffic --BISIG IMPACT GROUP, Louisville, KY, pg. 132
Rodriguez, Nanette, Traffic --CREATIVE NOGGIN, San Antonio, TX, pg. 244
Ronk, Cindy, Traffic --TSA COMMUNICATIONS, INC., Warsaw, IN, pg. 1121
Saelen, Tracey, Traffic --DOE-ANDERSON, Louisville, KY, pg. 312
Sato, Chie, Traffic --Ogilvy Japan K.K., Tokyo, Japan, pg. 825
Schmitt, Eric, Traffic --PROGRESSIVE MARKETING DYNAMICS, LLC, Boonton, NJ, pg. 891
Schoeb, Sara, Traffic --TIER10 MARKETING, Herndon, VA, pg. 1103
Shelley, Whitney, Traffic --MATCHBOOK CREATIVE, Indianapolis, IN, pg. 693
Shiriyazdanova, Anastasia, Traffic --SCHAFER CONDON CARTER, Chicago, IL, pg. 995
Sirotiak, Lori, Traffic --STEPHENS & ASSOCIATES ADVERTISING, INC., Overland Park, KS, pg. 1047
Spahn, Abbie, Traffic --WELL DONE MARKETING, Indianapolis, IN, pg. 1158
Stethers, Trisha, Traffic --ABC CREATIVE GROUP, Syracuse, NY, pg. 17
Van der Mersch, Xandra, Traffic --TBWA Brussels, Brussels, Belgium, pg. 1080
Vercellone, Peter, Traffic --LITOS STRATEGIC COMMUNICATION, S Dartmouth, MA, pg. 645
Vongsakulpaisal, Saowarak, Traffic --J. Walter Thompson Thailand, Bangkok, Thailand, pg. 559
Waltz, Lindsey, Traffic --THE BRANDON AGENCY, Myrtle Beach, SC, pg. 158
Westadt, Wendy, Traffic --ROCKETLAWNCHAIR, Milwaukee, WI, pg. 965
Wickberg, Michael, Traffic --WICK CREATIVE, Denver, CO, pg. 1301
Williams, Megan, Traffic --THE SELLS AGENCY, INC., Little Rock, AR, pg. 1002
Witschard, Rosemary, Traffic --THE MARTIN GROUP, LLC., Buffalo, NY, pg. 688
Wyatt, Tina, Traffic --Wieden + Kennedy New York, New York, NY, pg. 1165

Video Systems

Sagaro, Jose, Video Systems --DEEPSLEEP STUDIO, Miami, FL, pg. 286
Sulak, Ryan, Video Systems --PART FOUR LLC, Los Angeles, CA, pg. 1279